WP Handbuch

WP Handbuch

Wirtschaftsprüfung und Rechnungslegung

bearbeitet von

WP RA Dr. Hans Friedrich Gelhausen
WP StB RA Dr. Jochen Haußer
Prof. Dr. Joachim Hennrichs
WP StB Dipl.-Kfm. Heiner Kompenhans
WP StB RA Dr. Ernst-Thomas Kraft
WP StB Prof. Dr. Klaus-Peter Naumann
WP StB Dr. Christian Orth
WP StB RA Dr. Eckhard Ott
WP StB Prof. Dr. Martin Plendl
WP StB Dipl.-Kfm. Ronald Rulfs
WP StB Prof. Dr. Joachim Schindler
WP StB Dr. Stefan Schmidt
WP StB Dipl.-Kfm. Hermann-Josef Schulze Osthoff
WP StB Dr. Ulrich Störk
WP StB Prof. Dr. Peter Wollmert

herausgegeben vom
Institut der Wirtschaftsprüfer
in Deutschland e.V.

Gesamtverantwortung: WP StB Melanie Sack

Gesamtredaktion: Dr. Petra Wiedefeldt

16. Auflage
Hauptband der WPH Edition

Düsseldorf 2019

IDW VERLAG GMBH

Zitiervorschlag:
IDW, WPH Edition, WP Handbuch, Wirtschaftsprüfung & Rechnungslegung[16], Kap. B, Tz. 9.

Das Werk einschließlich aller seiner Teile ist urheberrechtlich geschützt. Jede Verwertung außerhalb der engen Grenzen des Urheberrechtsgesetzes ist ohne vorherige schriftliche Einwilligung des Verlages unzulässig und strafbar. Dies gilt insbesondere für Vervielfältigungen, Übersetzungen, Mikroverfilmungen und die Einspeicherung und Verbreitung in elektronischen Systemen. Es wird darauf hingewiesen, dass im Werk verwendete Markennamen und Produktbezeichnungen dem marken-, kennzeichen- oder urheberrechtlichen Schutz unterliegen.

© 2019 IDW Verlag GmbH, Tersteegenstraße 14, 40474 Düsseldorf
Die IDW Verlag GmbH ist ein Unternehmen des Instituts der Wirtschaftsprüfer in Deutschland e.V. (IDW).
Satz: Merlin Digital GmbH, Essen
Druck und Verarbeitung: Druckerei C.H.Beck, Nördlingen
Elektronische Fassung: doctronic GmbH & Co. KG, Bonn
KN 11824

Die Angaben in diesem Werk wurden sorgfältig erstellt und entsprechen dem Wissensstand bei Redaktionsschluss. Da Hinweise und Fakten jedoch dem Wandel der Rechtsprechung und der Gesetzgebung unterliegen, kann für die Richtigkeit und Vollständigkeit der Angaben in diesem Werk keine Haftung übernommen werden. Gleichfalls werden die in diesem Werk abgedruckten Texte und Abbildungen einer üblichen Kontrolle unterzogen; das Auftreten von Druckfehlern kann jedoch gleichwohl nicht völlig ausgeschlossen werden, so dass für aufgrund von Druckfehlern fehlerhafte Texte und Abbildungen ebenfalls keine Haftung übernommen werden kann.

ISBN 978-3-8021-2193-7

Bibliografische Information der Deutschen Bibliothek
Die Deutsche Bibliothek verzeichnet diese Publikation in der Deutschen Nationalbibliografie; detaillierte bibliografische Daten sind im Internet über http://www.d-nb.de abrufbar.

www.idw-verlag.de

Vorwort

Liebe Leserinnen und Leser,

der Hauptband der WPH Edition liegt nunmehr in 16. Auflage vor. Wir bedanken uns bei allen, die mit höchster Qualität trotz der busy season für uns die Voraussetzung geschaffen haben, termintreu zu sein.

Der aktualisierte Hauptband ist Nukleus der WPH Edition, die mit sieben weiteren Themenbänden ein Kompendium des Wissens der Wirtschaftsprüfer darstellt. Außer den Ausführungen zu Rechnungslegung, Prüfung und Berufsrecht in diesem Hauptband stehen Ihnen derzeit auch die bereits erschienenen vier Themenbände zu spezialisierten Leistungsangeboten der Wirtschaftsprüfer zur Verfügung:

- Vertrauensleistungen außerhalb der Abschlussprüfung (Assurance-Leistungen)
- Sanierung und Insolvenz (Rechnungslegung und Prüfung in der Unternehmenskrise)
- Bewertung und Transaktionsberatung
- Rechnungslegung und Prüfung von Versicherungsunternehmen.

Drei weitere Themenbände werden derzeit erstellt:

- Rechnungslegung und Prüfung bei der öffentlichen Hand, besonderen Branchen und Non-Profits
- Rechnungslegung und Prüfung im Bankwesen sowie
- Wirtschaftsrecht in der Wirtschaftsprüfung.

Für die Inhalte der WPH Edition haben wir Autoren gewonnen, die sich durch langjährige Erfahrung als Praktiker in den jeweils behandelten Fachgebieten auszeichnen.

Was ist neu im WP Handbuch?

Alle Kapitel sind mit Blick auf die aktuelle Gesetzgebung und Rechtsprechung, neue und überarbeitete *IDW Verlautbarungen* sowie das diesbezügliche Fachschrifttum überarbeitet worden.

Einen Schwerpunkt der Aktualisierung bildet das CSR-Richtlinie-Umsetzungsgesetz, das eine Stärkung der nichtfinanziellen Berichterstattung der Unternehmen in ihren Lage- und Konzernlageberichten bewirken soll. Es finden sich integriert in die bestehenden Kapitel: Ausführungen zur sog. nichtfinanziellen Erklärung, ihrem Inhalt, der diesbezüglichen Prüfungspflicht des Aufsichtsrats und den notwendigen Prüfungshandlungen und -aussagen des Abschlussprüfers im Rahmen der Abschlussprüfung bzw. bei einer durch den Aufsichtsrat in Auftrag gegebenen inhaltlichen Prüfung. Hinzu kommen Ausführungen zum sog. Entgeltbericht, einem Bericht zur Gleichstellung und Entgeltgleichheit bei Arbeitgebern mit i.d.R. mehr als 500 Beschäftigten, die nach § 264 HGB zur Aufstellung eines Lageberichts verpflichtet sind.

Beantwortet werden Zweifelsfragen zur VO (EU) Nr. 537/2014 und der in deutsches Recht transformierten RL 2014/56/EU. Dazu gehören u.a. Fragen zur externen Rotation und der damit verbundenen „Höchstlaufzeit", zur internen Rotation, zur Auswahl des Abschlussprüfers, zu den Folgen des Beginns bzw. des Endes der Eigenschaft, Unternehmen von öffentlichem Interesse zu sein, zu den berufsrechtlichen Vorgaben zur internen Qualitätssicherung und zur externen Qualitätskontrolle.

Die Rechnungslegungskapitel behandeln vertiefend Themen wie

- die Bilanzierung der Gewinnrealisierung bei Mehrkomponentengeschäften, Versandhandel und Massengeschäften,

- unmittelbare und mittelbare Altersversorgungsverpflichtungen,
- Zweifelsfragen bei der Umrechnung von Fremdwährungsgeschäften,
- Sonderposten der Passivseite, z.B. Sonderposten für unentgeltlich erworbene Emissionsberechtigungen und passive Unterschiedsbeträge aus einem Unternehmenserwerb,
- die Quotenkonsolidierung bei Gemeinschaftsunternehmen,
- Erfassungsgrundsätze und Abschlussposten nach IFRS,
- die Definition zeitraumbezogener Leistungen nach IFRS,
- Präzisierungen zu verschiedenen Anhangangabepflichten,
- die Bilanzierung bei Abfindung ausscheidender Gesellschafter durch die Personenhandelsgesellschaft.

Mit Bezug auf die Prüfungsthemen werden Aspekte

- des Mandatsmanagements,
- der Vorbereitung des Unternehmens auf die Abschlussprüfung,
- von Datenanalysen und IT im Unternehmen,
- der Unternehmensfortführung unter besonderer Berücksichtigung des *IDW PS 270 n.F.* sowie
- der Berichterstattung über die Prüfung gemäß *IDW PS 450 n.F.* und der *IDW PS 400er-Reihe*

neu bzw. ausführlicher aufgegriffen.

Wesentliche Gesichtspunkte im Zusammenhang mit den sog. Nichtprüfungsleistungen, der Verschwiegenheitspflicht und der Haftung werden ebenso intensiv beleuchtet wie auch Fragen der Qualitätssicherung, insb. auf der Grundlage des *IDW QS 1* i.V.m. dem überarbeiteten International Standard on Quality Contol 1 (ISQC 1).

Was wurde im WP Handbuch geändert?

Wir haben uns entschieden, auf den Abdruck des bisherigen Anhangs mit den *IDW Verlautbarungen*, ihre Entstehung und zeitliche Übersicht zu verzichten. Weil dieser Anhang für all jene von Bedeutung sein kann, die ggf. noch auf ältere *IDW Verlautbarungen* – sei es z.B. aus wissenschaftlichen oder juristischen Gründen – zurückgreifen wollen, finden Sie ihn künftig als Download auf den Seiten der IDW Gruppe (www.idw.de/Verlautbarungen). Im Literaturverzeichnis führen wir nur noch die *IDW Verlautbarungen* auf, die im WP Handbuch direkt angesprochen werden.

Welcher Rechtsstand gilt?

Die Darstellungen im WP Handbuch berücksichtigen den Stand der Gesetzgebung, Rechtsprechung und Literatur bis mindestens 01.07.2018.

Wer zeichnet für diese Ausgabe verantwortlich?

An dieser Stelle bedanken wir uns bei allen Verfasserinnen und Verfassern sowie deren Mitarbeiterinnen und Mitarbeitern, die zum Gelingen dieses WP Handbuchs beigetragen haben. Für die fachliche Begleitung durch das IDW bedanken wir uns bei den Fachreferentinnen und Fachreferenten WP StB Daniel Groove, Dr. Janine Harrison, StB Kerstin Klinner, Syndikus-RA Dr. Sebastian Kuck, WP Dr. Torsten Moser, WP StB Nicola Penkwitt, WP StB Andreas Pöhlmann, WP StB Beatrix Reisch, WP Dr. Anja

Schmitz-Herkendell, WP StB Dr. Ute Siebler, StB Dr. Daniel Siegel, WP Isabell Ulrich, WP StB Felix Weiser. Unser Dank gilt WP StB Melanie Sack, die die Gesamtverantwortung für die WPH Edition trägt, und Dr. Petra Wiedefeldt für das Projektmanagement.

Wir hoffen, Sie neugierig gemacht zu haben auf höchst aktuelle Informationen in einem traditionell bewährten Werk für den Berufsstand, Bilanzierer, Unternehmenslenker und -aufsichten sowie all jene, für die Rechnungslegung und Prüfung Gegenstand des Interesses sind.

Düsseldorf, im November 2018

Prof. Dr. Klaus-Peter Naumann
Vorstandssprecher des IDW

Inhaltsübersicht

Inhaltsübersicht

	Seite
Vorwort	V

- A. Beruf und Dienstleistungen des Wirtschaftsprüfers 1
  1. Einleitung 7
  2. Leistungsangebot des Wirtschaftsprüfers 8
  3. Rechte und Pflichten des Wirtschaftsprüfers 27
  4. Abwicklung beruflicher Aufträge, Vergütung und Haftung 81
  5. Rahmenbedingungen für Berufszugang und -ausübung 113
  6. Berufsaufsicht und Berufsgerichtsbarkeit 154
  7. Organisation des Berufsstands 167

- B. Verantwortung der Unternehmensorgane für Rechnungslegung und Prüfung 183
  1. Einleitung 187
  2. Buchführungspflicht 189
  3. Aufstellung des Abschlusses 192
  4. Prüfung der Abschlüsse und Kommunikation zwischen Abschlussprüfer und Unternehmen 194
  5. Feststellung des Jahresabschlusses und Billigung des Konzernabschlusses 222
  6. Entgegennahme der Abschlüsse durch die Hauptversammlung und Verhandlungen darüber 222
  7. Beschlussfassung der Hauptversammlung über die Gewinnverwendung (§ 174 AktG) 224
  8. Unterzeichnung des Abschlusses und Bilanzeid 228
  9. Offenlegung 238
  10. Enforcement 249
  11. Nichtigkeit und sonstige Fehlerhaftigkeit des Abschlusses 262
  12. Änderung von Jahres- und Konzernabschlüssen 286
  13. Besonderheiten bei anderen Rechtsformen 292

- C. Unternehmensverbindungen 297
  1. Einleitung 301
  2. Unternehmensführung und verbundene Unternehmen 302
  3. Verbundene Unternehmen im Aktiengesetz und im Handelsgesetzbuch 307
  4. Unternehmensverbindungen im Aktiengesetz 311
  5. Verbundene Unternehmen im Dritten Buch des Handelsgesetzbuches 401

- D. Qualitätsmanagement in der Wirtschaftsprüferpraxis 423
  1. Grundlagen 425
  2. Gesetzliche und berufsständische Bestimmungen zur Qualität der Wirtschaftsprüfung 431
  3. Einrichtung interner Qualitätssicherungssysteme 454
  4. Ansätze zur Weiterentwicklung des Qualitätsmanagements in den WP-Praxen 537

- E. Externe Kontrolle der Qualität von Wirtschaftsprüferleistungen 553
  1. Externe Qualitätskontrollen und Inspektionen 555
  2. Zertifizierung von Qualitätsmanagementsystemen 653

F. Rechnungslegung im Jahresabschluss und Lagebericht nach Handels- und
   Publizitätsgesetz 661
   1. Einleitung. 673
   2. Buchführung (§§ 238 f., 241a HGB) 673
   3. Inventur/Inventar (§§ 240 f., 241a HGB) 675
   4. Aufstellungspflicht 676
   5. Ansatz... 679
   6. Bewertung 691
   7. Gliederung. 734
   8. Jahresabschluss von Kapitalgesellschaften...................... 738
   9. Sonderthemen 1011
   10. Lagebericht der Kapitalgesellschaft (§§ 289 ff. HGB) 1033
   11. Größenabhängige Erleichterungen............................... 1055
   12. Rechtsformspezifische Abschlussvorschriften für Kapitalgesellschaften . 1059
   13. Besonderheiten für (haftungsbeschränkte) Personenhandelsgesellschaften (§§ 264a bis 264c HGB) 1061
   14. Besonderheiten für Unternehmen im Anwendungsbereich des PublG . . 1081

G. Rechnungslegung im Konzern nach dem HGB und dem PublG 1095
   1. Grundlagen der Konzernrechnungslegung......................... 1104
   2. Pflicht zur Aufstellung eines Konzernabschlusses und
      Konzernlageberichts 1108
   3. Abgrenzung des Konsolidierungskreises 1147
   4. Konzernbilanz. 1155
   5. Konzern-Gewinn- und Verlustrechnung........................... 1176
   6. Überleitung von der Handelsbilanz I zur Handelsbilanz II 1180
   7. Währungsumrechnung.. 1182
   8. Kapitalkonsolidierung 1191
   9. Schuldenkonsolidierung 1219
   10. Eliminierung von Zwischenergebnissen.......................... 1224
   11. Aufwands- und Ertragskonsolidierung........................... 1230
   12. Berücksichtigung latenter Steuern aus der Konsolidierung 1238
   13. Quotenkonsolidierung 1250
   14. Equity-Methode 1254
   15. Konzernanhang... 1270
   16. Kapitalflussrechnung 1298
   17. Eigenkapitalspiegel 1304
   18. Segmentberichterstattung 1306
   19. Konzernlagebericht 1311

H. Ergänzende Vorschriften zu Abschlüssen und Lageberichten für
   eingetragene Genossenschaften..................................... 1327
   1. Rechnungslegung von Genossenschaften 1328
   2. Jahresabschluss und Lagebericht 1329
   3. Besondere Vorschriften für die Bilanz.......................... 1332
   4. Besondere Vorschriften für den Anhang 1334
   5. Konzernabschluss und Konzernlagebericht 1335
   6. Offenlegung des Abschlusses 1336

Inhaltsübersicht

J. Rechnungslegungsbezogene Besonderheiten bei Kapitalmarktorientierung . 1339
   1. Einleitung 1342
   2. Besonderheiten beim Jahresabschluss 1344
   3. Besonderheiten beim Konzernabschluss 1354
   4. Besonderheiten beim (Konzern-)Lagebericht 1357
   5. Bilanzeid 1388

K. Überblick über die IFRS-Rechnungslegung 1391
   1. Rechtliche Grundlagen zur Aufstellung des IFRS-Abschlusses 1394
   2. Konzeption der IFRS-Rechnungslegung 1396
   3. Bilanzierung wesentlicher Einzelposten 1409
   4. Konzernspezifische Regelungen zur IFRS-Rechnungslegung 1448
   5. Besondere Angabepflichten 1458

L. Die Durchführung der Abschlussprüfung 1463
   1. Einleitung 1472
   2. Auftrags- bzw. Mandatsmanagement 1508
   3. Verständnis des Unternehmens und seines Umfeldes 1526
   4. Prüfungsplanung 1554
   5. Festlegung der Wesentlichkeit und Beurteilung der Risiken von Fehlern . 1600
   6. Beurteilung der Fortführung der Unternehmenstätigkeit 1611
   7. Verwertung der Arbeit Dritter 1619
   8. Berücksichtigung von Verstößen im Rahmen der Abschlussprüfung 1628
   9. Abschlussprüfung bei teilweiser Auslagerung der Rechnungslegung
      auf Dienstleistungsunternehmen 1651
   10. IT in der Prüfung 1660
   11. Aufbauprüfung 1695
   12. Funktionsprüfungen 1738
   13. Aussagebezogene Prüfungshandlungen 1742
   14. Beziehungen zu nahe stehenden Personen 1812
   15. Besonderheiten von geschätzten Werten einschließlich von Zeitwerten . 1820
   16. Prüfung des Lageberichts 1828
   17. Abschließende Prüfungshandlungen 1863
   18. Besonderheiten der Konzernabschlussprüfung 1876
   19. Besonderheiten von Gemeinschaftsprüfungen 1899
   20. Ausblick 1902

M. Berichterstattung über die Abschlussprüfung 1905
   1. Einleitung 1909
   2. Berichterstattungspflichten des Abschlussprüfers 1913
   3. Prüfungsbericht 1950
   4. Bestätigungsvermerk 2093
   5. Ausblick 2264

N. Pflichten nach Erteilung des Bestätigungsvermerks 2267
   1. Einleitung. 2268
   2. Abschluss und Aufbewahrung der Auftragsdokumentation. 2269
   3. Tätigkeiten im Zusammenhang mit der Publikation von
      Abschlussunterlagen 2271
   4. Nachtragsprüfung 2273
   5. Ergänzende Prüfung. 2281
   6. Widerruf des Bestätigungsvermerks 2282
   7. Auskunftspflichten 2290

O. Erweiterungen des Prüfungsauftrags 2297
   1. Allgemeine Grundsätze für Erweiterungen von Abschlussprüfungen . . . 2299
   2. Prüfung des Risikofrüherkennungssystems 2303
   3. Prüfung des Abhängigkeitsberichts 2316
   4. Prüfung der nichtfinanziellen Erklärung/des nichtfinanziellen Berichts. . 2325

P. Prüferische Durchsicht von Abschlüssen, insb. von Zwischenberichten 2331
   1. Einführung in die prüferische Durchsicht. 2333
   2. Durchführung des Reviews 2341
   3. Ergebnis der prüferischen Durchsicht und Berichterstattung 2360
   4. Ausblick. 2380
   5. Musterformulierungen 2381

Abkürzungsverzeichnis. 2393

Literaturverzeichnis. 2403
   1. Kommentare und Standardliteratur 2404
   2. Monographien und Beiträge in Sammelwerken. 2410
   3. Beiträge in Zeitschriften. 2419
   4. Zitierte IDW Verlautbarungen 2455

Stichwortverzeichnis 2469

Kapitel A

Beruf und Dienstleistungen des Wirtschaftsprüfers

Verfasser:
WP StB Prof. Dr. Klaus-Peter Naumann, Düsseldorf

Mitarbeit:
WP StB Dr. Klaus-Peter Feld, Düsseldorf
RA Dr. Daniela Kelm, LL.M., Düsseldorf
RA StB Dipl.-Finw. Marita Rindermann, Düsseldorf
WP StB Dipl.-Kffr. Melanie Sack, Düsseldorf

A Beruf und Dienstleistungen des Wirtschaftsprüfers

Inhalt	Tz.
1. Einleitung.	1
2. Leistungsangebot des Wirtschaftsprüfers	7
2.1 Allgemeines.	7
2.2 Abschlussprüfungen – das Kerngeschäft.	12
2.3 Assurance-Leistungen und ähnliche Tätigkeiten	20
2.3.1 Kategorisierungsmöglichkeiten für Assurance-Leistungen.	20
2.3.2 Finanzinformationen als Beurteilungsgegenstand	23
2.3.3 Andere Beurteilungsgegenstände	26
2.3.3.1 Prüfung von Systemen und Funktionen der Unternehmenssteuerung und -überwachung	26
2.3.3.2 Prüfungen i.Z.m. dem IT-Einsatz im Unternehmen.	34
2.3.3.3 Gesellschaftsrechtliche Sonderprüfungen	38
2.3.3.4 Bestätigungs- bzw. bestätigungsähnliche Leistungen bei Kapitalmarkttransaktionen	40
2.3.3.5 Nichtfinanzielle Erklärung.	42
2.4 Outsourcing-Dienstleistungen	43
2.5 Consulting/Advisory/Beratung.	46
2.5.1 Überblick	46
2.5.2 Transaktionsberatung	47
2.5.3 Unternehmensbewertung	50
2.5.4 Restrukturierungs- und Sanierungsberatung	52
2.5.5 Forensic-/Fraud-Untersuchungen	59
2.5.6 IT-Beratung.	60
2.5.7 Steuerberatung und Rechtsdienstleistungen.	62
2.6 Branchen und Märkte	66
3. Rechte und Pflichten des Wirtschaftsprüfers	67
3.1 Vereinbare und unvereinbare Tätigkeiten.	67
3.1.1 Vereinbare Tätigkeiten	68
3.1.1.1 Ausübung eines anderen freien Berufs	69
3.1.1.2 Lehr- und Vortragstätigkeit.	73
3.1.1.3 Angestellter bei bestimmten Organisationen	75
3.1.1.4 Schriftstellerische/künstlerische Tätigkeit	77
3.1.1.5 Exkurs: Mitgliedschaft/Tätigkeit in Kontrollorganen	78
3.1.2 Unvereinbare Tätigkeiten.	80
3.1.2.1 Gewerbliche Tätigkeiten.	81
3.1.2.2 Unzulässige Anstellungsverhältnisse	83
3.1.2.3 Öffentlich-rechtliche Dienst- oder Amtsverhältnisse	87
3.2 Berufspflichten	89
3.2.1 Allgemeines.	89
3.2.2 Berufspflichten und Bilanzrecht	92
3.2.3 Unabhängigkeit	95
3.2.3.1 Besorgnis der Befangenheit.	97
3.2.3.1.1 Eigeninteresse	100
3.2.3.1.2 Selbstprüfung.	105
3.2.3.1.3 Verhältnis der absoluten Ausschlussgründe zur allgemeinen Besorgnis der Befangenheit	117

3.2.3.1.4 Interessenvertretung	118
3.2.3.1.5 Persönliche Vertrautheit	123
3.2.3.2 Besondere Ausschlussgründe bei Unternehmen von öffentlichem Interesse	125
3.2.3.2.1 Nichtprüfungsleistungen	126
3.2.3.2.2 Honorargrenze	136
3.2.3.2.3 Rotation	138
3.2.3.3 Personenkreis, der Besorgnis der Befangenheit auslösen kann	146
3.2.3.4 Schutzmaßnahmen	150
3.2.3.5 Sonstige Prüfungen	154
3.2.3.6 Auswirkungen bei gemeinsamer Berufsausübung oder Kooperationen	155
3.2.3.7 Auswirkungen der Zugehörigkeit zu einem Netzwerk	157
3.2.3.8 Rechtsfolgen bei Verstößen gegen Unabhängigkeitsanforderungen	162
3.2.4 Unparteilichkeit	167
3.2.5 Wechsel zu einem Prüfungsmandanten	169
3.2.6 Verschwiegenheit	170
3.2.6.1 Allgemeines	170
3.2.6.2 Betroffener Personenkreis	171
3.2.6.3 Inhalt und Umfang	178
3.2.6.4 Ausnahmen von der Verschwiegenheitspflicht	188
3.2.7 Gewissenhaftigkeit	209
3.2.8 Eigenverantwortlichkeit	220
3.2.9 Berufswürdiges Verhalten	228
3.2.9.1 Unterrichtung des Auftraggebers über Gesetzesverstöße	229
3.2.9.2 Verbot eines Erfolgshonorars	230
3.2.9.3 Verbote bei der Honorargestaltung für gesetzliche Abschlussprüfungen	233
3.2.9.4 Verbot der Provisionszahlung für die Auftragsvermittlung	235
3.2.9.5 Mandantenschutzklauseln	236
3.2.9.6 Pflicht zur Veröffentlichung eines Transparenzberichts § 55c WPO ist durch das APAReG aufgehoben worden	244
3.2.10 Werbung	250
4. Abwicklung beruflicher Aufträge, Vergütung und Haftung	273
4.1 Abwicklung beruflicher Aufträge	273
4.1.1 Entstehung des Vertragsverhältnisses	273
4.1.2 Beauftragung von Wirtschaftsprüfungsgesellschaften	280
4.1.3 Beauftragung von Sozietäten	281
4.1.4 Beendigung des Vertragsverhältnisses	284
4.1.4.1 Erfüllung oder Kündigung	284
4.1.4.2 Besonderheiten bei der gesetzlich vorgeschriebenen Abschlussprüfung	288
4.1.5 Herausgabepflicht und Zurückbehaltungsrecht	291
4.1.5.1 Herausgabepflicht	291
4.1.5.2 Zurückbehaltungsrecht	292
4.2 Vergütungsregelungen	295

4.2.1	Vertragliche Vereinbarung		295
4.2.2	Erfolgs- und Pauschalhonorar		297
4.2.3	Tätigkeit als Sachverständiger für Gerichte und Behörden		299
4.2.4	Verjährung von Vergütungsansprüchen		303
4.2.5	Gerichtsstand für Honorarklagen		304
4.3	Haftung		307
4.3.1	Haftung gegenüber dem Auftraggeber		307
	4.3.1.1	Haftung aus Vertrag	307
	4.3.1.2	Haftung aus § 323 HGB bei gesetzlicher Abschlussprüfung	309
		4.3.1.2.1 Pflichtverletzung	309
		4.3.1.2.2 Verschulden	313
		4.3.1.2.3 Schaden und Kausalität	317
		4.3.1.2.4 Ersatzberechtigte	322
		4.3.1.2.5 Ersatzverpflichtete	323
		4.3.1.2.6 Mitverschulden	324
		4.3.1.2.7 Haftungsbegrenzung	325
	4.3.1.3	Haftung bei freiwilliger Prüfung	327
	4.3.1.4	Schadensersatz wg. verspäteter Auftragsablehnung	328
	4.3.1.5	Haftung aus unerlaubter Handlung gem. §§ 823 ff. BGB	330
4.3.2	Haftung gegenüber Dritten		334
	4.3.2.1	Vertrag mit Schutzwirkung zugunsten Dritter	334
	4.3.2.2	Drittschadensliquidation	344
	4.3.2.3	Auskunftsvertrag	345
	4.3.2.4	Prospekthaftung	349
	4.3.2.5	Ansprüche aus rechtsgeschäftlichen oder rechtsgeschäftsähnlichen Schuldverhältnissen	353
	4.3.2.6	Dritthaftung aus unerlaubter Handlung gem. §§ 823 ff. BGB	355
4.3.3	Haftung des WP als gerichtlicher Sachverständiger		359
4.3.4	Möglichkeiten einer vertraglichen Haftungsbeschränkung		360
4.3.5	Anrechnung von Mitverschulden des Vertragspartners		367
4.3.6	Verjährung		368
	4.3.6.1	Fristen und Voraussetzungen	368
	4.3.6.2	Sekundärhaftung	372
5.	Rahmenbedingungen für Berufszugang und -ausübung		376
5.1	Zugang zum Beruf		376
5.1.1	WP-Examen		377
	5.1.1.1	Zulassungsverfahren	377
	5.1.1.2	Zulassungsvoraussetzungen	378
		5.1.1.2.1 Vorbildung	379
		5.1.1.2.2 Praktische Tätigkeiten	381
		5.1.1.2.3 Reihenfolge	392
		5.1.1.2.4 Befreiung vom Nachweis der Prüfungstätigkeit	393
	5.1.1.3	Nachweis der Zulassungsvoraussetzung – verbindliche Auskunft	394
	5.1.1.4	Prüfungsverfahren	396
	5.1.1.5	Verkürzung des WP-Examens	400
		5.1.1.5.1 Verkürzte Prüfung für Steuerberater	401
		5.1.1.5.2 Verkürzte Prüfung für vereidigte Buchprüfer	402

5.1.2 Zugang zum WP-Beruf in Sonderfällen 403
    5.1.2.1 Eignungsprüfung nach dem Neunten Teil der WPO 404
    5.1.2.2 Berücksichtigung von Studienleistungen 407
5.2 Bestellung als Wirtschaftsprüfer 413
5.3 Erlöschen, Rücknahme und Widerruf der Bestellung 418
    5.3.1 Erlöschen 418
    5.3.2 Rücknahme und Widerruf 421
        5.3.2.1 Rücknahme 422
        5.3.2.2 Widerruf 423
    5.3.3 Wiederbestellung 425
    5.3.4 Gebühren 427
5.4 Wirtschaftsprüfungsgesellschaften 428
    5.4.1 Errichtung einer Wirtschaftsprüfungsgesellschaft 429
        5.4.1.1 Zulässige Rechtsformen 431
        5.4.1.2 Gesetzliche Vertretung 436
            5.4.1.2.1 Berufung von vBP, StB, RA und europäischen APr. als gesetzliche Vertreter 438
            5.4.1.2.2 Ausnahmen für besonders befähigte Personen 439
            5.4.1.2.3 Ausnahmen für Angehörige von Prüferberufen aus Drittstaaten 440
            5.4.1.2.4 Zahlenmäßige Beschränkung der Nicht-WP, WPK-Mitgliedschaft 441
            5.4.1.2.5 Versagung der Ausnahmegenehmigung 442
            5.4.1.2.6 Umfang der Befugnisse von Nicht-WP 443
        5.4.1.3 Gesellschafter/Kapitalbindung 446
            5.4.1.3.1 Beschränkter Gesellschafterkreis 446
            5.4.1.3.2 Mehrheitserfordernisse 448
            5.4.1.3.3 Vinkulierung der Anteile 454
            5.4.1.3.4 Mindestkapital und Kapitaleinzahlung 455
        5.4.1.4 Firma 456
            5.4.1.4.1 Orts- und Regionalangaben 458
            5.4.1.4.2 Hinweise auf Wirtschaftsgruppen und Branchen 460
            5.4.1.4.3 Verwendung von Personennamen 461
            5.4.1.4.4 Verwendung der Firma bei Neugründung 463
    5.4.2 Erlöschen, Rücknahme und Widerruf der Anerkennung 464
        5.4.2.1 Erlöschen 464
        5.4.2.2 Verzicht 465
        5.4.2.3 Auflösung 467
        5.4.2.4 Insolvenz der Wirtschaftsprüfungsgesellschaft 469
        5.4.2.5 Umwandlung 470
            5.4.2.5.1 Verschmelzung 471
            5.4.2.5.2 Spaltung 473
            5.4.2.5.3 Vermögensübertragung 474
            5.4.2.5.4 Formwechsel 475
        5.4.2.6 Rücknahme und Widerruf 476
        5.4.2.7 Fortfall von Anerkennungsvoraussetzungen 477
        5.4.2.8 Vermögensverfall 483

A Beruf und Dienstleistungen des Wirtschaftsprüfers

      5.4.2.9 Verstoß gegen Publizitätspflichten 484
      5.4.3 Gebühren 485
   5.5 Anforderungen an die Berufsausübung 486
      5.5.1 Berufssitz 486
      5.5.2 Zweigniederlassungen 490
      5.5.3 Sonstige Fragen zur Art der Berufsausübung 496
         5.5.3.1 Allgemeines 496
         5.5.3.2 Einzelpraxis 498
         5.5.3.3 Gemeinschaftliche Berufsausübung (Sozietät) 499
         5.5.3.4 Partnerschaftsgesellschaft 507
         5.5.3.5 Bürogemeinschaften 512
         5.5.3.6 Kooperation 513
         5.5.3.7 Anstellungsverhältnis 515
         5.5.3.8 Freie Mitarbeit 520
      5.5.4 Berufssiegel 522
      5.5.5 Berufsbezeichnung 530
      5.5.6 Berufshaftpflichtversicherung 536
      5.5.7 Auftragsdatei 546
      5.5.8 Handakten 547
      5.5.9 Berufsregister 554
      5.5.10 Datenschutz 558
      5.5.11 Beurlaubung 561
6. Berufsaufsicht und Berufsgerichtsbarkeit 563
   6.1 Berufsaufsicht 563
      6.1.1 Vorbemerkung 563
      6.1.2 Betroffener Personenkreis 564
      6.1.3 Zuständigkeiten 568
      6.1.4 Abschlussprüferaufsichtsstelle (APAS) 569
         6.1.4.1 Organisation 569
         6.1.4.2 Aufgaben 573
      6.1.5 Verfahrensgrundsätze 574
         6.1.5.1 Ermittlungen von Amts wegen 575
         6.1.5.2 Mitwirkungspflichten 576
         6.1.5.3 Rechtliches Gehör 584
      6.1.6 Berufsaufsichtliche Maßnahmen, Rechtsmittel und öffentliche
         Bekanntgabe 585
         6.1.6.1 Berufsaufsichtliche Maßnahmen 585
         6.1.6.2 Rechtsmittel 590
         6.1.6.3 Öffentliche Bekanntgabe von Berufsaufsichtsmaßnahmen . . . 591
      6.1.7 Untersagungsverfügung 594
      6.1.8 Zivilrechtliche Unterlassungsklage 595
      6.1.9 Verjährung 596
   6.2 Berufsgerichtsbarkeit 597
      6.2.1 Zuständigkeit 597
      6.2.2 Berufsgerichtliches Verfahren 598
      6.2.3 Berufsgerichtliche Entscheidung 601
      6.2.4 Rechtsmittel 602

	6.2.4.1 Berufung	602
	6.2.4.2 Revision	603
	6.2.5 Sicherung von Beweisen, vorläufiges Berufsverbot	604
7.	Organisation des Berufsstands	606
	7.1 Institut der Wirtschaftsprüfer in Deutschland e.V. (IDW)	606
	7.1.1 Einleitung	606
	7.1.2 Aufgaben des IDW	611
	7.1.3 Mitgliedschaft im IDW	616
	7.1.4 Organe des IDW	619
	7.1.5 Facharbeit	623
	7.1.5.1 Verlautbarungen des IDW	624
	7.1.5.2 Fachgremien des IDW	626
	7.1.6 Angebote des IDW	629
	7.1.6.1 Aus- und Fortbildung und weitere Veranstaltungen	629
	7.1.6.2 Kommunikation und Medien	632
	7.2 Wirtschaftsprüferkammer (WPK)	634
	7.3 Weitere nationale und internationale berufsständische Organisationen und Institutionen	638
	7.3.1 Versorgungswerk der Wirtschaftsprüfer (WPV)	638
	7.3.2 Deutscher Buchprüferverband e.V. (DBV)	639
	7.3.3 International Federation of Accountants (IFAC)	640
	7.3.4 Accountancy Europe (AE)	649
	7.3.5 Forum of Firms (FoF)	653
	7.3.6 Global Accounting Alliance (GAA)	654
	7.4 Nationale und internationale Rechnungslegungsorganisationen	657
	7.4.1 International Financial Reporting Standards Foundation (IFRS Foundation) / IASB	657
	7.4.2 Deutsches Rechnungslegungs Standards Committee e.V. (DRSC)	660
	7.4.3 Deutsche Prüfstelle für Rechnungslegung (DPR/FREP)	666

1. Einleitung

Wirtschaftsprüfer sind vom Gesetzgeber mit der Aufgabe betraut, die JA und die konsolidierten Abschlüsse zu prüfen. Mit diesen ihnen vorbehaltenen Prüfungen, insb. bei Unternehmen von öffentlichem Interesse, stärken sie das **Vertrauen der Öffentlichkeit** in diese Abschlüsse und leisten damit einen bedeutenden Beitrag zum ordnungsgemäßen Funktionieren der Kapitalmärkte. WP erfüllen als APr. damit eine besonders wichtige gesellschaftliche Funktion[1].

1

Die zur Gewährleistung der erforderlichen Qualität hohen Anforderungen an die Durchführung einer Abschlussprüfung verlangen von den Berufsangehörigen eine entsprechend ausgeprägte **fachliche Qualifikation**. Der Zugang zum Beruf des WP erfolgt

2

---

[1] VO (EU) Nr. 537/2014 des Europäischen Parlaments und des Rates vom 16.04.2014 über spezifische Anforderungen an die Abschlussprüfung bei Unternehmen von öffentlichem Interesse und zur Aufhebung des Beschlusses 2005/909/EG der Kommission (im Folgenden: VO (EU) Nr. 537/2014), Abl.EU Nr. L 158 v. 27.05.2014, S. 77 ff., Erwägungsgrund 1.

daher nach entsprechender Vorbildung und praktischer Tätigkeit durch das Ablegen eines Examens, mit dem die fachliche und persönliche Eignung für diesen Beruf nachzuweisen ist[2].

3   Wirtschaftsprüfer haben bei Ihrer Berufsausübung grds. gesetzlich **normierte Pflichten** wie Unabhängigkeit, Unbefangenheit, Verschwiegenheit und Gewissenhaftigkeit einzuhalten, was die Glaubwürdigkeit der Ergebnisse ihrer Dienstleistungen zusätzlich erhöht.

4   Die verantwortungsvolle Tätigkeit als APr. und das Vertrauen der Marktteilnehmer in die Ordnungsmäßigkeit von Abschluss und LB hat zu umfangreichen Regulierungen und Eingriffen in die Berufsausübung geführt. **Europäische Rechtsakte** setzen dabei den Rahmen. Insbesondere zu nennen sind die Richtlinie 2014/56/EU[3] zur Änderung der Abschlussprüferrichtlinie 2006/43/EG über Abschlussprüfungen von Jahresabschlüssen und konsolidierten Abschlüssen und ergänzend hierzu die VO (EU) Nr. 537/2014[4] über spezifische Anforderungen an die Abschlussprüfung bei Unternehmen von öffentlichem Interesse (sog. Public Interest Entities – PIE). Seit 2016 ist die Richtlinie in deutsches Recht überführt und die VO (EU) Nr. 537/2014 ist unmittelbar anzuwenden, d.h. neben dem nationalen Regelwerk zu beachten[5].

5   § 2 WPO beschreibt den grundsätzlichen **gesetzlichen Rahmen für die Tätigkeit** der WP: die Durchführung betriebswirtschaftlicher Prüfungen, die Beratung und Vertretung in steuerlichen Angelegenheiten sowie auf den Gebieten der wirtschaftlichen Betriebsführung als Sachverständige aufzutreten, in wirtschaftlichen Angelegenheiten zu beraten und fremde Interessen zu wahren, sowie die treuhänderische Verwaltung. Zwei Kernelemente seien hier hervorgehoben: die Kompetenz in wirtschaftlichen Angelegenheiten sowie das zugrundeliegende Vertrauen.

6   Das Dienstleistungsspektrum von WP bzw. WPG ist weit gespannt. Durch neue (technologische) Möglichkeiten und sich verändernde Anforderungen des Marktes entwickelt es sich stetig weiter.

2. Leistungsangebot des Wirtschaftsprüfers

2.1 Allgemeines

7   Wirtschaftsprüfer üben einen **freien Beruf** aus[6]. Als WP darf nur tätig sein, wer gem. § 15 WPO als solcher öffentlich bestellt ist. Voraussetzung für die Bestellung ist der Nachweis der persönlichen und fachlichen Eignung, die im Zulassungsverfahren und durch ein Examen festgestellt wird[7]. Nur WP sind befugt, gesetzliche Abschlussprüfungen durchzuführen; eine Ausnahme gilt für mittelgroße GmbH und PersGes. i.S.d. § 264a Abs. 1 HGB, deren JA auch von vBP bzw. BPG geprüft werden können (§ 319

---

2   Vgl. Kap. A Tz. 376.
3   Richtlinie 2014/56/EU des Europäischen Parlaments und des Rates vom 16.04.2014 zur Änderung der Richtlinie 2006/43/EG über Abschlussprüfungen von Jahresabschlüssen und konsolidierten Abschlüssen (im Folgenden: RL 2014/56/EU), Abl.EU Nr. L 158 v. 27.05.2014, S. 196 ff.
4   Vgl. VO (EU) Nr. 537/2014; Berichtigung der VO (EU) Nr. 537/2014, Abl.EU Nr. L 170/66 v. 11.06.2014.
5   Konkret wurden die europarechtlichen Vorgaben und Mitgliedstaatenwahlrechte in Deutschland durch das Abschlussprüfungsreformgesetz (AReG) und das Abschlussprüferaufsichtsreformgesetz (APAReG) umgesetzt.
6   Zur Definition „Freier Berufe" siehe § 1 Abs. 2 S. 1 PartGG.
7   Vgl. Kap. A Tz. 377 ff.

Abs. 1 S. 2 HGB). Die Fähigkeiten und Kenntnisse, über die der WP für diese **Vorbehaltsaufgabe** verfügt, prädestinieren ihn zugleich, zahlreiche weitere Prüfungstätigkeiten und Beratungsaufgaben wahrzunehmen.

Das **Leistungsangebot** des WP zeichnet sich durch eine – dem Wandel der Marktbedürfnisse Rechnung tragende – dynamische Weiterentwicklung sowie durch eine zunehmende Differenzierung und Erweiterung aus. Aufgrund ihrer Ausgestaltung als Vorbehaltsaufgabe für den Wirtschaftsprüferberuf und ihrer expliziten Verankerung im Kern des Berufsbilds (§ 2 Abs. 1 WPO) steht die (gesetzliche) Abschlussprüfung nach wie vor in dessen Zentrum. Zugleich ist sie Grundlage und Ausgangspunkt für die Gestaltung neuartiger und für die Weiterentwicklung bestehender Dienstleistungen, seien sie prüferischer oder beratender Art. Diese profitieren insb. von

- der für die Abschlussprüfung erforderlichen Vielfalt methodischer und fachlicher Kenntnisse,
- den aus der Umsetzung des risikoorientierten Prüfungsansatzes im Einzelfall und allgemein folgenden Einblicken in unterschiedlichste Unternehmen, Geschäftsmodelle und Branchen,
- der Vertrautheit mit (IT-gestützten) internen Kontroll- und anderen Systemen für Risikomanagement und -steuerung sowie Geschäftsprozessen,
- dem Einsatz innovativer, die Analyse- und Erkenntnismöglichkeiten erweiternder Technologien sowie nicht zuletzt
- vom besonderen öffentlichen Vertrauen, das der Abschlussprüfung entgegengebracht wird und das auf die Tätigkeit des WP insgesamt abstrahlt.

Der heute zu beobachtende gesellschaftliche und wirtschaftliche Wandel ist sowohl in seinem Ausmaß als auch in seiner Geschwindigkeit bemerkenswert. Maßgebliche – und sich gegenseitig verstärkende – Treiber des Wandels sind **Digitalisierung und Globalisierung**. Die Verbreitung von Internet, Breitbandtechnologien, mobilen Endgeräten, leistungsfähigen Analysetools, kontinuierlich steigenden Rechnerkapazitäten, künstlicher Intelligenz u.Ä. geht einher mit dem exponentiellen Wachstum strukturierter und unstrukturierter Informationen (Big Data), Echtzeitverfügbarkeit von Informationen, Konnektivität und abnehmender Bedeutung von Raum-/Zeitgrenzen. Gefördert werden hierdurch neue Formen der Wertschöpfung (Arbeitsteilung, Automatisierung, Standardisierung, Auslagerung) ebenso wie die Herausbildung neuer, bisher unbekannter Geschäftsmodelle (z.B. basierend auf Daten als „Ressource") oder das Verschwimmen tradierter Branchengrenzen durch das Auftreten neuer, bis dato als „branchenfremd" angesehener Anbieter.

Diese Entwicklung begründet für Unternehmen nahezu aller Branchen und Größenklassen grundlegende Herausforderungen. Häufig sind Anpassungsmaßnahmen von erheblicher Tragweite und hoher Geschwindigkeit erforderlich, um die Chancen der *Digitalisierung und Globalisierung* zu nutzen bzw. deren Risiken zu bewältigen. WP können diese Anpassung durch diverse Dienstleistungen wirksam unterstützen und begleiten. Gefragt sind dabei insb. die **vertrauensbildenden Dienstleistungen**, die diese Funktion im spezifischen Sachverhaltszusammenhang ausfüllen. Generell gilt, dass die fortschreitende Arbeitsteilung (wie sie aus der Automatisierung von Tätigkeiten, der Verlagerung in Shared Service Center im In- oder Ausland oder aus dem Outsourcing in sämtlichen Erscheinungsformen einschl. Inanspruchnahme von Cloud-Angeboten resultiert) die Schnittstellen zwischen internem und externem Unternehmensgeschehen

A Beruf und Dienstleistungen des Wirtschaftsprüfers

signifikant ausweitet und damit den Fokus auf ein angemessenes Management der direkten und indirekten Schnittstellenrisiken in ihren unterschiedlichen Facetten lenkt. Nur beispielhaft seien Faktoren genannt wie die Anonymität neu hinzutretender Transaktionspartner (Beurteilbarkeit der Leistungsfähigkeit, laufende Überwachung der Arbeitsqualität, Gewährleistung ausreichender Einflussmöglichkeiten, Durchsetzung von Ansprüchen) oder die Nutzung des Internets als Medium zur Kommunikation zwischen Unternehmensinnen- und -außenwelt (Verfügbarkeit der Leistung, Wahrung der Vertraulichkeit, Anfälligkeit gegen Hacker-Attacken und andere Spielarten von Cyber-Kriminalität, Einhaltung von Datenschutz- und weiteren rechtlichen Anforderungen).

11 Vor diesem Hintergrund prägen Arbeitsteilung, Komplexität, internationale Vernetzung, IT und Digitalisierung als wettbewerbsrelevante Ressource, Volatilität von Geschäftsmodellen u.v.m. – und infolgedessen Entscheidungssituationen, die mehr denn je durch Unsicherheit geprägt sind – zunehmend die Agenda der jeweils für Unternehmensführung und -überwachung Verantwortlichen und damit derjenigen Personengruppen, die zu den unmittelbaren Stakeholdern der Arbeit des WP gehören. Dies gilt auch und gerade für die Funktionen des Finanzvorstands auf Managementebene und des AR bzw. PrA auf Überwachungsebene. Beide sind unter den geänderten Rahmenbedingungen deutlich stärker als früher mit Aspekten der Unternehmensperformance, des Risikomanagements sowie der System- und Prozesseffizienz befasst, während die Rechnungslegung i.S. vergangenheitsorientierter Finanzinformationen relativ an Bedeutung eingebüßt hat. Die **Relevanz des WP** für diese Stakeholder wird daher verstärkt durch den Beitrag definiert, den die Dienstleistungen des WP zur Lösung der vorstehenden Fragen zu erbringen vermögen. Gleichzeitig ist auf Management- und Aufsichtsebene ein wachsendes Bewusstsein für die potentiellen Reputations- und Haftungsrisiken zu beobachten, die aus einer unzureichenden Corporate Governance erwachsen können. Assurance- und andere Leistungen von WP können insoweit auch den Nachweis der angemessenen Beachtung der Sorgfaltspflichten durch die Unternehmensorgane erleichtern.

> **! Hinweis 1:**
>
> Inwieweit die Fortentwicklung des Leistungsangebots den sich ändernden Rahmenbedingungen Rechnung trägt, spiegelt sich auch in den Verlautbarungen des IDW wider. Zu nennen sind bspw.:
> - IDW PS 300 n.F.: *Prüfungsnachweise im Rahmen der Abschlussprüfung*
> - IDW PS 350 n.F.: *Prüfung des Lageberichts im Rahmen der Abschlussprüfung*
> - IDW PS 400 n.F.: *Bildung eines Prüfungsurteils und Erteilung eines Bestätigungsvermerks*
> - IDW PS 401: *Mitteilung besonders wichtiger Prüfungssachverhalte im Bestätigungsvermerk*
> - IDW PS 405: *Modifizierungen des Prüfungsvermerks im Bestätigungsvermerk*
> - IDW PS 406: *Hinweise im Bestätigungsvermerk*
> - IDW PS 450 n.F.: *Grundsätze ordnungsmäßiger Berichterstattung bei Abschlussprüfung*
> - IDW PS 860: *IT-Prüfung außerhalb der Abschlussprüfung*
> - IDW PS 981: *Grundsätze ordnungsmäßiger Prüfung von Risikomanagementsystemen*
> - IDW PS 982: *Grundsätze ordnungsmäßiger Prüfung des internen Kontrollsystems des internen und externen Berichtswesens*

- IDW RS BFA 3 n.F.: Einzelfragen der verlustfreien Bewertung von zinsbezogenen Geschäften des Bankbuchs (Zinsbuchs)
- IDW RS HFA 7 n.F.: Handelsrechtliche Rechnungslegung bei Personenhandelsgesellschaften
- IDW QS 1: Anforderungen an die Qualitätssicherung in der Wirtschaftsprüferpraxis.

2.2 Abschlussprüfungen – das Kerngeschäft

Die Wahrnehmung des WP und seiner Kompetenzen wird maßgeblich durch die **Vorbehaltsaufgabe**, die gesetzlich vorgeschriebenen Prüfungen bestimmter Abschlüsse, geprägt. Die gesetzliche Prüfungspflicht betrifft Unternehmen unterschiedlicher Rechtsformen, Größe und Branchen.

Die zu prüfenden Abschlüsse sind nach nationalen oder internationalen Rechnungslegungsvorschriften aufgestellt. Zu den Letzteren gehören vor allem KA kapitalmarktorientierter MU, die aufgrund europarechtlicher Vorgaben nicht nach den jeweiligen Rechnungslegungsvorschriften des Mitgliedstaats, sondern nach IFRS aufgestellt werden müssen. **Ziel der Abschlussprüfung** ist es in beiden Fällen, gem. § 317 Abs. 1 S. 2 HGB festzustellen, „ob die gesetzlichen Vorschriften und sie ergänzende Bestimmungen des Gesellschaftsvertrags oder der Satzung beachtet worden sind".

Art, Umfang und Dokumentation der Prüfungsdurchführung werden von Größe, Komplexität und Risiko des Prüfungsgegenstands bestimmt.

Gegenstand gesetzlicher Abschlussprüfungen sind gem. § 316 Abs. 1 und 2 i.V.m. § 317 HGB neben dem **JA bzw. KA** auch der **LB bzw. KLB**. Aufgrund des gestiegenen Interesses der Adressaten an zukunftsorientierten Informationen über das Unternehmen – v.a. über seine voraussichtliche Entwicklung und die insoweit maßgeblichen Chancen und Risiken – kommt diesem Berichtsinstrument verstärkt Bedeutung zu, gerade in einem volatileren und sich ständig schneller wandelnden wirtschaftlichen Umfeld. Auch die Prüfung von LB und KLB hat daher an Bedeutung gewonnen. Ihr Ziel ist in § 317 Abs. 2 HGB definiert. Demnach erstreckt sich die Prüfung darauf, ob der LB bzw. KLB mit dem Abschluss und den bei der Prüfung gewonnenen Erkenntnissen des APr. in Einklang steht und ob der LB insgesamt ein zutreffendes Bild von der Lage des Unternehmens bzw. des Konzerns vermittelt. Dabei ist auch zu prüfen, ob die Chancen und Risiken der künftigen Entwicklung zutreffend dargestellt und die gesetzlichen Vorschriften zur Aufstellung des LB oder KLB beachtet worden sind.

Die Abschlussprüfung hat zum einen eine **Kontrollfunktion**. Dabei steht die präventive Wirkung im Vordergrund, d.h. aufgedeckte Fehler sollen vom Unternehmen vor Erteilung des BestV korrigiert werden können, wodurch vermieden werden kann, dass das Prüfungsurteil einzuschränken oder sogar zu versagen ist. Außerdem kommt der Abschlussprüfung eine **Informationsfunktion** gegenüber den gesetzlichen Vertretern, den Aufsichtsorganen, den Anteilseignern sowie generell der interessierten Öffentlichkeit zu. Gegenüber den gesetzlichen Vertretern und den Aufsichtsorganen ist der PrB ein wichtiges Informationsinstrument. Mit der Erteilung oder Versagung eines BestV über die Vornahme und das Ergebnis der Prüfungen (§ 2 Abs. 1 WPO) hat der JA zudem eine **Beglaubigungsfunktion** gegenüber externen Adressaten (vgl. Kap. L Tz. 1).

17 Unterbleibt die gesetzlich vorgeschriebene Abschlussprüfung, ist die **wirksame Feststellung** des Abschlusses nicht möglich, mit der Folge, dass auch der Gewinnverwendungsbeschluss nichtig ist[8]. Weiterhin können zivil-, straf- und steuerrechtliche Auswirkungen einer unterlassenen Pflichtprüfung überaus schwerwiegend sein[9].

18 Auch unter dem Aspekt der Wirtschaftlichkeit folgt die Abschlussprüfung dem sog. **risikoorientierten Prüfungsansatz**, d.h. unter Berücksichtigung der nach den individuellen Verhältnissen des Unternehmens zu unterstellenden Anfälligkeit für wesentliche falsche Angaben in Abschluss oder LB. Ein maßgeblicher Einfluss auf die Ausgestaltung des risikoorientierten Prüfungsansatzes geht von der Prägung der Unternehmenstätigkeit durch IT aus. Die Abwicklung und Abbildung von Geschäftsprozessen erfolgen zunehmend mittels ERP-Systemen mit der Folge, dass rechnungslegungsrelevante Informationen bereits in den Vorsystemen generiert werden und dort auch entsprechende Kontrollen zur Gewährleistung einer ordnungsgemäßen Rechnungslegung integriert sind. Die Eignung und Wirksamkeit des IKS des Unternehmens sowie die Art der Geschäftsprozesse beeinflussen damit den Prüfungsansatz. Ferner haben sich die Möglichkeiten, Massendaten automatisiert auszuwerten (auch im Big-Data-Umfeld), aufgrund fortentwickelter Werkzeuge, zunehmender Rechnerkapazitäten und stärker integrierter und vereinheitlichter Mandantensysteme in jüngster Vergangenheit stark verbessert. Datenanalysen gewinnen daher für nahezu alle Phasen der Abschlussprüfung an Bedeutung, wobei momentan der Einsatzschwerpunkt auf der Prüfung des IKS sowie der Risikoidentifikation und -beurteilung liegt. Beide Trends sind geeignet, die Relevanz und den Nutzwert der Abschlussprüfung zu erhöhen, z.B. durch Erkenntnisse zur Soll-Ist-Effizienz von Geschäftsprozessen oder zu ihrer relativen Effizienz im unternehmensübergreifenden Vergleich (Benchmarking). Insoweit ist auch die Abschlussprüfung selbst in der Lage, Antworten auf die veränderten Fragen von Management und Aufsichtsorganen zu liefern (vgl. Kap. A Tz. 11).

19 Wegen der besonderen Befähigung zum gesetzlichen APr. werden WP regelmäßig die sog. **freiwilligen**, d.h. die nicht gesetzlich vorgeschriebenen **Prüfungen** von Abschlüssen übertragen. Vielfach besteht bei den nicht kraft Gesetzes prüfungspflichtigen Unternehmen aufgrund von Satzung/Gesellschaftsvertrag, entsprechender Beschlussfassung der Gesellschafter oder kreditvertraglicher Abreden die Pflicht, eine Prüfung des Abschlusses durch WP vornehmen zu lassen, so dass die Bezeichnung als „freiwillige" Prüfung mitunter irreführend ist[10]. Ein BestV darf bei einer freiwilligen Prüfung nur erteilt werden, wenn diese nach Art und Umfang einer Pflichtprüfung entspricht und ein PrB erstellt wird[11].

2.3 Assurance-Leistungen und ähnliche Tätigkeiten

2.3.1 Kategorisierungsmöglichkeiten für Assurance-Leistungen

20 Außer der Abschlussprüfung gibt es zahlreiche weitere Prüfungsleistungen und damit verwandte Tätigkeiten, die WP durchführen. Abweichend von dem in § 2 Abs. 1 WPO verwendeten Terminus der „betriebswirtschaftlichen Prüfungen" hat sich im prakti-

---

[8] Vgl. § 253 Abs. 1 S. 1 AktG.
[9] Wegen der möglichen zivil- und steuerrechtlichen Folgen vgl. *Weilep*.
[10] OLG München v. 10.07.1996, DB, S. 1666, BB, S. 1824.
[11] *IDW PS 450 n.F.*, Tz. 20.

schen Sprachgebrauch mittlerweile der Begriff „**Assurance**" auch in Deutschland durchgesetzt. Unter Assurance-Leistungen werden Leistungen verstanden, bei denen WP auf der Grundlage eines Soll-Ist-Vergleichs ein Urteil (bspw. in Form einer Bescheinigung oder einer anderen schriftlichen Erklärung) abgeben, um das Vertrauen der vorgesehenen Nutzer in eine vom Unternehmen gegebene Sachverhaltsinformation zu erhöhen. Durch das Urteil einer sachverständigen und unabhängigen Partei soll die Verlässlichkeit von Informationen bestätigt und damit Vertrauen Dritter in die Informationen geschaffen werden.

Assurance-Leistungen können zum einen wie bei der Abschlussprüfung die externe Rechnungslegung des Unternehmens zum Gegenstand haben. Sie münden aber in einem Urteil, das ggf. mit einem **anderen Sicherheitsgrad** als bei der Abschlussprüfung getroffen wird. Beispiele hierfür sind die prüferische Durchsicht bzw. der Review von Quartals- oder Halbjahresabschlüssen[12]. Weiter existieren – sei es im Einzelfall auf gesetzlicher Grundlage oder aufgrund freiwilliger Vereinbarung – Assurance-Leistungen zu anderen (historischen oder prospektiven) Finanzinformationen als der nach Gesellschafts- oder Kapitalmarktrecht vorgeschriebenen periodischen Rechnungslegung (z.B. zu sog. Pro-Forma-Abschlüssen i.Z.m. Börsentransaktionen). Schließlich kann der Gegenstand von Assurance-Leistungen von Finanzinformationen **wesensverschieden** sein, so etwa bei der Prüfung von sog. Compliance-Management-Systemen (CMS), einer eigenständigen Beurteilung des rechnungslegungsbezogenen IKS außerhalb der Abschlussprüfung, der Beurteilung des IKS eines Outsourcing-Dienstleisters zugunsten des auslagernden Unternehmens und dessen APr. oder die Prüfung von Software auf die Einhaltung bestimmter funktionaler und technischer Anforderungen. Gemeinsam ist diesen Leistungen, dass sie in aller Regel Know-how erfordern, das auch für die Abschlussprüfung notwendig ist, und zwar in Gestalt entweder fundierter Rechnungslegungsexpertise oder Kenntnissen über die prüferische Methodologie und den Einsatz prüferischer Werkzeuge oder der Kombination beider Kompetenzbereiche.

Hinzu kommt, dass WP aufgrund der unternehmensindividuellen Kenntnisse und Einblicke, die bei der Durchführung von Abschlussprüfungen und Assurance-Aufträgen unterschiedlicher Art gewonnen werden, auch **qualifizierte Beratungsleistungen** in einem breiten Spektrum von Sachgebieten anbieten können. Die Lösungen, die WP entwickeln, können dabei in besonderem Maß der unternehmensindividuellen Situation Rechnung tragen. Insoweit beeinflusst das jeweilige Assurance-Angebot zugleich das Beratungsspektrum und die Ausrichtung von Beratungsleistungen des einzelnen WP.

---

12 Vgl. Kap. A Tz. 23 sowie Kap. P.

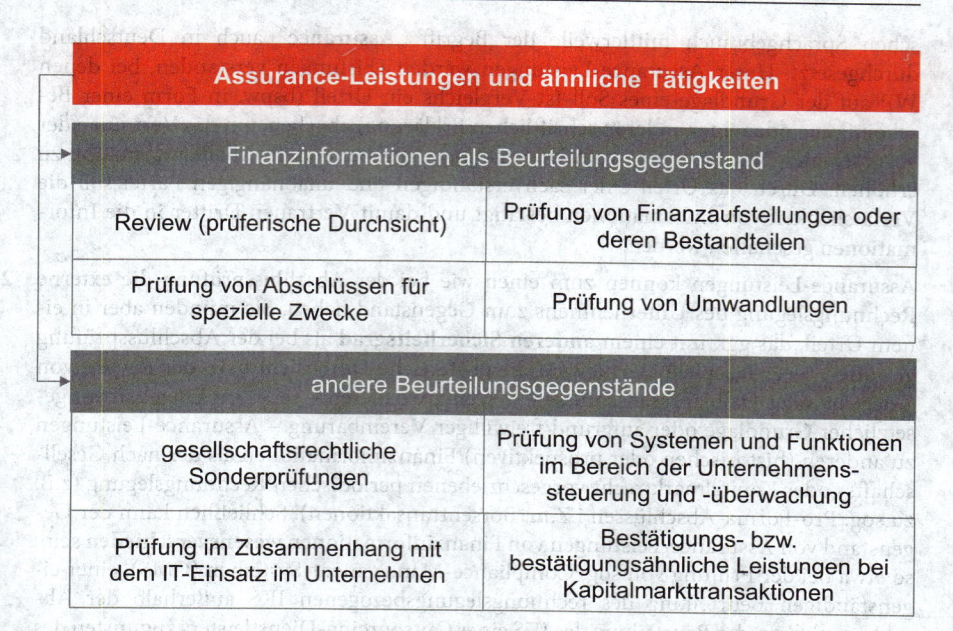

Assurance-Leistungen und ähnliche Tätigkeiten	
Finanzinformationen als Beurteilungsgegenstand	
Review (prüferische Durchsicht)	Prüfung von Finanzaufstellungen oder deren Bestandteilen
Prüfung von Abschlüssen für spezielle Zwecke	Prüfung von Umwandlungen
andere Beurteilungsgegenstände	
gesellschaftsrechtliche Sonderprüfungen	Prüfung von Systemen und Funktionen im Bereich der Unternehmenssteuerung und -überwachung
Prüfung im Zusammenhang mit dem IT-Einsatz im Unternehmen	Bestätigungs- bzw. bestätigungsähnliche Leistungen bei Kapitalmarkttransaktionen

Abb. 1: Überblick über wichtige Assurance-Leistungen

2.3.2 Finanzinformationen als Beurteilungsgegenstand

23 Abzugrenzen von der Abschlussprüfung ist die **prüferische Durchsicht** (Review) von Abschlüssen. Hierbei handelt es sich um eine kritische Würdigung auf der Grundlage von Befragungen und Plausibilitätsüberlegungen. Ziel ist es, die Glaubhaftigkeit der in den Abschlüssen enthaltenen Informationen zu erhöhen; allerdings wird ein geringerer Sicherheitsgrad für die Aussage des Prüfers angestrebt als bei einem mit hinreichender Sicherheit zu treffenden Prüfungsurteil mit positiver Gesamtaussage, wie es bei der Abschlussprüfung der Fall ist[13]. Vielmehr muss beim Review der WP nach kritischer Würdigung mit einer gewissen Sicherheit ausschließen können, dass der Abschluss in wesentlichen Belangen nicht in Übereinstimmung mit den angewandten Rechnungslegungsgrundsätzen erstellt worden ist (negativ formulierte Aussage). Typische Anwendungsfälle eines Reviews sind der Zwischenabschluss oder ein Halbjahresfinanzbericht eines zum GJ-Ende geprüften Unternehmens oder der nicht prüfungspflichtige Abschluss oder das sog. Reporting Package für ein TU, die jeweils in den KA der Mutter einbezogen werden.

24 Aufträge für Prüfungen, die in die Kategorien „Prüfung von Abschlüssen, die nach Rechnungslegungsgrundsätzen für einen speziellen Zweck aufgestellt wurden" *(IDW PS 480)* – z.B. nach steuerlichen Gewinnermittlungsvorschriften – oder „Prüfung von Finanzaufstellungen oder deren Bestandteilen" *(IDW PS 490)* – z.B. stichtagsbezogene Vermögensaufstellung ohne korrespondierende periodenbezogene Erfolgsrechnung – *eingeordnet werden*, ermöglichen dem Auftraggeber weitgehende Freiheitsgrade bei der Festlegung des Prüfungsgegenstands und den darin abgebildeten Informationen.

---

[13] IDW PS 900.

So können WP auch dann ein Urteil abgeben, wenn **Abschlüsse** nicht nach allgemein anerkannten, an typisierten Informationsinteressen ausgerichteten Rechnungslegungsgrundsätzen (HGB oder IFRS), sondern nach Normen **für einen speziellen Zweck** aufgestellt wurden, d.h. auf die spezifischen Informationsbedürfnisse ausgewählter Adressaten ausgerichtet sind. Gleiches gilt, wenn aufgrund der Umstände des Einzelfalls auf einen vollständigen Abschluss, der definitionsgemäß aus mehreren Finanzaufstellungen (z.B. Bilanz und GuV, Vermögensaufstellung und Einnahmen-Ausgaben-Rechnung) besteht, verzichtet werden kann[14].

Gegenstand eines Auftrags zur **Prüfung von Finanzaufstellungen oder deren Bestandteilen** können also bspw. ein bestimmtes Konto oder ein bestimmter Abschlussposten sein, aber auch in sich geschlossene, eigenständige Abschluss-Bestandteile (Bilanz, GuV, KFR, EK-Spiegel, Segmentberichterstattung). Sofern die Finanzaufstellungen zugleich nach speziellen Rechnungslegungsgrundsätzen aufgestellt wurden, ist neben *IDW PS 490* auch *IDW PS 480* einschlägig (z.B. Steuerbilanz nach Maßgabe spezieller steuerlicher Gewinnermittlungsvorschriften).

Auch **Umwandlungsprüfungen** gehören zu den Assurance-Leistungen. Umwandlungen und deren Prüfung sind abschließend im UmwG und für die dort vorgesehenen Möglichkeiten der Umwandlung geregelt: 25

- Verschmelzung,
- Spaltung,
- Vermögensübertragung,
- Formwechsel.

Im Sinne der Differenzierung von Assurance-Leistungen zwischen Finanzinformationen und anderen Informationen als Beurteilungsgegenstand handelt es sich bei den umwandlungsrechtlichen Prüfungen allerdings i.d.R. um hybride Aufträge, d.h. solche, die beide Auftragstypen in sich vereinigen. So schreibt das UmwG bspw. die Prüfung des Verschmelzungsvertrags, der Angemessenheit der Barabfindung oder der Bilanz des übertragenden Rechtsträgers vor. Die umwandlungsrechtlichen Prüfungen verfolgen v.a. Schutzzwecke. Sichergestellt werden soll, dass die Rechtspositionen von Gläubigern und Anteilseignern nicht dadurch beeinträchtigt werden, dass Vermögen zwischen bislang existierenden oder neu entstehenden selbständigen Rechtsträgern verlagert wird.

2.3.3 Andere Beurteilungsgegenstände

2.3.3.1 Prüfung von Systemen und Funktionen der Unternehmenssteuerung und -überwachung

Zu den Assurance-Leistungen mit anderen Beurteilungsgegenständen als Finanzinformationen gehört ein **breites Spektrum von Prüfungsleistungen**. Soweit diese Prüfungen nicht gesetzlich vorgeschrieben sind, handelt es sich v.a. um sich dynamisch fortentwickelnde Angebote, die auf die im Wandel befindlichen wirtschaftlichen Rahmenbedingungen für die Unternehmen und die in der Folge neu entstehenden Bedarfe der Mandanten reagieren (vgl. auch Kap. A Tz. 8 ff.). In einem gesonderten Band der 26

---

14 Weitere Beispiele: *IDW PS 480*, Tz. A2.

WPH Edition sind die nachfolgend nur kurz angesprochenen, ausgewählten sowie weitere Leistungen umfassend erläutert[15].

27 Neue Assurance-Leistungen bilden sich zum einen im Bereich der **Systemprüfung** i.w.S. heraus. Vor allem aufgrund der bereits dargestellten Trends (vgl. Kap. A Tz. 9 ff.) werden hergebrachte aufbau- und ablauforganisatorische Strukturen der Unternehmen vermehrt in Frage gestellt und – bspw. infolge der Auslagerung von Geschäftsprozessen – angepasst. Mit entsprechenden Anpassungsmaßnahmen geht häufig die Überprüfung, Modifikation oder Neueinrichtung von Systemen der Unternehmenssteuerung und -überwachung (Corporate Governance) einher; sie können Anlass für eine externe Evaluierung des Systems durch einen WP geben. Dabei ist die Reichweite derartiger Systemprüfungen variabel und kann somit an die Bedürfnisse des Einzelfalls angepasst werden. Konzeptionell und methodisch folgen Systemprüfungen in weiten Teilen der Beurteilung des rechnungslegungsbezogenen IKS i.R.d. Abschlussprüfung, so dass sich auch hierin die positiven Impulse der Abschlussprüfung für das breitere Spektrum der Vertrauensleistungen zeigen.

28 Eine lebhafte Nachfrage haben in den letzten Jahren Aufträge zur **Prüfung von CMS** nach *IDW PS 980* erlebt. Auslöser waren verschiedene medienwirksame Korruptions- und Bestechungsskandale und andere Vorfälle i.Z.m. Verstößen gegen einschlägige Rechtsvorschriften bzw. Verhaltensregeln, die für die betroffenen Unternehmen zu teilweise empfindlichen wirtschaftlichen Nachteilen und Reputationsschäden geführt haben. Hierdurch ist die Frage, wie in Unternehmen ein rechtkonformes Handeln sichergestellt werden kann, verstärkt in den Blickpunkt von Management und Aufsichtsorganen gerückt. Für diesen Personenkreis kann die Beauftragung von WP mit CMS-Prüfungen den Nachweis der Beachtung einschlägiger Organisations- und Sorgfaltspflichten erleichtern[16].

29 Ein **CMS** wird gebildet aus den eingeführten Grundsätzen und Maßnahmen eines Unternehmens, die auf die Sicherstellung eines regelkonformen Verhaltens der am Unternehmen Beteiligten, d.h. die Einhaltung der Unternehmensregeln abzielen[17]. Die Verantwortung für das CMS und die Inhalte der CMS-Beschreibung liegt bei den gesetzlichen Vertretern des Unternehmens. Um Sicherheit über die internen Strukturen zu erhalten oder um nach außen ein funktionierendes System dokumentieren zu können, bieten WP den Unternehmen in Ziel und Tiefe verschiedene Prüfungen an:

- Angemessenheitsprüfung: Zusätzlich zur Konzeption wird geprüft, ob die dargestellten Grundsätze und Maßnahmen geeignet sind, Risiken zu erkennen bzw. Regelverstöße zu verhindern, und ob die Grundsätze und Maßnahmen zu einem bestimmten Zeitpunkt implementiert waren.
- Wirksamkeitsprüfung: Zusätzlich wird die Wirksamkeit der Grundsätze und Maßnahmen innerhalb eines bestimmten Zeitraums geprüft.

30 Dabei muss nicht notwendigerweise das gesamte CMS des Unternehmens geprüft werden. Häufig reicht es aus, einzelne Teilbereiche prüfen zu lassen, die sich aus Geschäfts-

---

15 Vgl. *IDW*, WPH Edition, Assurance, mit 21 Kapiteln zu Vertrauensleistungen außerhalb der Abschlussprüfung.
16 Gem. § 107 Abs. 3 S. 2 AktG hat sich der AR bzw. der Prüfungsausschuss mit der Überwachung von RMS, IKS und IRS zu befassen.
17 Vgl. hierzu und im Folgenden: *IDW PS 980*, Tz. 6.

prozessen (bspw. Vertragsmanagement oder Einkauf), aus Rechtsgebieten (bspw. Wettbewerbsrecht) oder aus Funktionen (bspw. Tax Compliance) ableiten lassen.

Ein funktionierendes **IKS** ist für jedes Unternehmen von wesentlicher Bedeutung. Mit Größe, Komplexität und Grad der Arbeitsteilung steigt i.d.R. die Notwendigkeit für explizite und differenzierte Regelungen und Maßnahmen (bspw. Berechtigungskonzepte, Funktionstrennung, Abstimmhandlungen u.Ä.), die in ihrer jeweiligen Gesamtheit das IKS bilden. Umfang und Tiefe der Befassung des APr. mit dem rechnungslegungsbezogenen IKS können von Fall zu Fall variieren und hängen von diversen Faktoren ab; hierzu gehören bspw. Wesentlichkeitsüberlegungen, die Einschätzung von inhärentem und Kontrollrisiko oder die Abhängigkeit von Funktionsprüfungen von der Einschätzung der Angemessenheit des IKS oder der Frage, ob alternative Prüfungshandlungen bei gleicher Aussagesicherheit als effizienter anzusehen sind. Diese Variabilität folgt letztlich aus der spezifischen Aufgabe der Abschlussprüfung, bei der die Auseinandersetzung mit dem rechnungslegungsbezogenen IKS letztlich nur Mittel zum Zweck der Abgabe eines Urteils zum Abschluss, nicht aber ein selbständiges Beurteilungs- und Berichtsobjekt ist. Besteht hierfür Bedarf, können WP indes mit einer eigenständigen Prüfung des IKS betraut werden. Auch diese Systemprüfung ist als Angemessenheits- oder darüber hinausgehende Wirksamkeitsprüfung ausgestaltbar. **31**

Steigende Anforderungen an ein **RMS** sind auf ein intensiveres Wettbewerbsumfeld, volatiler werdende Geschäftsmodelle, restriktivere regulatorische Vorgaben (besonders in bestimmten Branchen; z.B. Kreditwirtschaft), aber auch auf die wachsende Abhängigkeit von externen Einflüssen auf Beschaffungs- und Absatzmärkte und von technischen Entwicklungen und ähnliche Faktoren zurückzuführen. Für Unternehmen ist es unerlässlich, die unternehmenseigenen Risiken zu kennen und zu steuern, unabhängig davon, ob diese strategischer oder operativer Art sind. Der Prüfungsgegenstand kann nach Risikofeldern, Prozessen, Regionen oder Unternehmensbereichen abgegrenzt werden. Der WP kann aus seiner Erfahrung als APr. hilfreiche Analysen erstellen und beurteilen, ob ein RMS geeignet ist, alle relevanten Risiken zu erfassen. Wichtig für die Unternehmensleitung kann dabei eine Dokumentation der Pflichterfüllung sein, um im Bedarfsfall entsprechende Nachweise gegenüber unterschiedlichen Anspruchsgruppen zu erbringen. **32**

Die **Interne Revision** ist eine unternehmensinterne Funktion. Aufgabe ist die unabhängige, prüfende, beurteilende und beratende Tätigkeit zur Erreichung der Unternehmensziele. Dazu bewertet sie die Wirksamkeit des RMS, des Steuerungs- und Überwachungssystems einschl. des IKS[18]. Mit wachsender Kompliziertheit der betrieblichen Prozesse und des Rechnungswesens ist eine wirksame Interne Revision von wesentlicher Bedeutung. Sie hat auch Bedeutung für die Abschlussprüfung, da eine wirksame Interne Revision das Risiko verringert, dass Fehler mit Rechnungslegungsrelevanz unentdeckt bleiben[19]. Gleichwohl kann es sinnvoll sein, dass ein WP eine neutrale und unabhängige Beurteilung der Wirksamkeit der Internen Revision auch außerhalb der Abschlussprüfung vornimmt. So kann sich die Unternehmensleitung auf diese Überwachungsinstrumente verlassen und der AR erhält angemessene Informationen für die Überwachung der Geschäftsführung. **33**

---

18 Vgl. *IDW PS 321*, Tz. 1.
19 Vgl. *IDW PS 321*, Tz. 12.

2.3.3.2 Prüfungen i.Z.m. dem IT-Einsatz im Unternehmen

34 §§ 238, 239 und 257 HGB formulieren die Anforderungen an die Führung der Handelsbücher. Sofern diese mittels IT-gestützter Systeme geführt werden, ergeben sich **besondere Risiken**. *IDW RS FAIT 1* konkretisiert die Anforderungen und Risiken. Im Rahmen der Abschlussprüfung ist das IT-System des Unternehmens als Teil des IKS insoweit zu prüfen, als rechnungslegungsrelevante Daten erzeugt werden: „Ziel der IT-Systemprüfung ist die Beurteilung der IT-Fehlerrisiken, d.h. des Risikos wesentlicher Fehler im IT-System, soweit diese rechnungslegungsrelevant sind"[20]. Eine solche Prüfung kann auch außerhalb der Abschlussprüfung sinnvoll sein. Zudem ist es möglich, nicht nur den rechnungslegungsrelevanten Teil, sondern einen davon abweichenden Bereich des IT-Systems zu überprüfen.

35 Haben Unternehmen betriebliche Prozesse und Funktionen, z.B. die Personalabrechnung, auf andere Dienstleistungsunternehmen ausgelagert, sind gleichwohl die resultierenden Anforderungen an die Führung der Handelsbücher einzuhalten *(IDW RS FAIT 5)*. Die damit im Zusammenhang stehenden möglichen Risiken sind allerdings vielfältiger, insb. falls der Einsatz von **Cloud Computing** hinzutritt. Beim **IT-Outsourcing** sind Aufgaben, Rollen und Verantwortlichkeiten zwischen auslagerndem Unternehmen und Dienstleistungsunternehmen vollständig und transparent zuzuordnen. Ansonsten besteht, neben rechtlichen Risiken, bspw. das Risiko, dass Sicherheitsanforderungen nicht eingehalten werden. Die Einhaltung der Anforderungen kann ein gesonderter Auftragsgegenstand sein.

36 Die Prüfung von **Softwareprodukten** *(IDW PS 880)* erfolgt beim Softwarehersteller, um eine Aussage zu ermöglichen, ob das Produkt den funktionalen Anforderungen entspricht. Die zugrunde zu legenden Kriterien können dabei gesetzlich, regulatorisch oder eigendefiniert sein.

37 Der Gegenstand von **projektbegleitenden Prüfungen von IT-Projekten** *(IDW PS 850)* ist die fortlaufende Beurteilung der Projektergebnisse unter Ordnungsmäßigkeits-, Sicherheits- und Kontrollgesichtspunkten[21]. Dadurch können potentielle Risiken in Projekten frühzeitig erkannt und kommuniziert werden. Die Verantwortung für die IT-Systeme und damit zugleich für deren Änderung oder Erweiterung trägt hingegen die Unternehmensleitung, die aufgrund der vom Prüfer kommunizierten Risiken entsprechende Sicherungsmaßnahmen einleiten kann.

2.3.3.3 Gesellschaftsrechtliche Sonderprüfungen

38 Zum klassischen Angebot sonstiger Assurance-Leistungen gehören die **gesellschaftsrechtlichen Sonderprüfungen**[22]. Viele gesellschaftsrechtliche Sonderprüfungen sind im AktG geregelt. Ihnen ist gemeinsam, dass sie an einen Vorgang geknüpft sind, der eine besondere Schutzwürdigkeit der Adressaten, wie Kapitalgeber und Gläubiger, auslöst. Die Bedeutung der Prüfung liegt in der Schaffung von Vertrauen zwischen den Marktteilnehmern.

---

20   *IDW PS 330*, Tz. 9.
21   Vgl. *IDW PS 850*, Tz. 13.
22   Vgl. dazu auch *IDW*, WPH Edition, Assurance, Kap. J.

- Im Rahmen der **Gründungsprüfung**[23] ist der Hergang der Gründung zu prüfen. Eine externe Prüfung ist nur unter den Voraussetzungen des § 33 Abs. 2 AktG erforderlich, bspw. wenn ein Mitglied des Vorstands oder AR zu den Gründern gehört oder für deren Rechnung Aktien übernommen wurden oder – unter den weiteren Voraussetzungen des § 33a AktG – eine Gründung mit Sacheinlagen oder Sachübernahmen erfolgt. Der Umfang der Prüfung ist in § 34 AktG festgelegt und erstreckt sich insb. darauf, ob die Angaben der Gründer in ihrem Gründungsbericht richtig und vollständig sind und ob der Wert der Sacheinlagen oder Sachübernahmen den geringsten Ausgabebetrag der dafür zu gewährenden Aktien oder den Wert der dafür zu gewährenden Leistungen erreicht.
- Eine **Nachgründungsprüfung**[24] gem. § 52 AktG erstreckt sich hingegen nicht auf den Hergang der Gründung, sondern auf die die Nachgründung auslösenden Verträge[25].
- Prüfungen i.Z.m. Kapitalbeschaffungsmaßnahmen[26] erstrecken sich bei Kapitalerhöhungen mit Sacheinlagen auf die Ausgeglichenheit von Leistung und Gegenleistung.
- Die **allgemeine Sonderprüfung nach § 142 AktG** wiederum bezieht sich auf bestimmte Vorgänge i.Z.m. der Gründung (bspw. einzelne unaufgeklärte Gründungsvorgänge) oder der Geschäftsführung sowie auf Maßnahmen der Kapitalbeschaffung und Kapitalherabsetzung.
- Besteht Anlass für die Annahme, dass bei einem festgestellten JA bestimmte Posten nicht unwesentlich unterbewertet sind oder der Anh. die vorgeschriebenen Angaben nicht oder nicht vollständig enthält und diese auch nicht an anderer Stelle erfolgen, bestellt das Gericht auf Antrag einen Sonderprüfer wg. **unzulässiger Unterbewertung oder Unvollständigkeit des Anh.**[27].
- Die Prüfung des **Abhängigkeitsberichts**[28], die im Fall der gesetzlichen Erweiterung des Prüfungsauftrags zusammen mit der Prüfung des JA erfolgt, erstreckt sich darauf, ob
  – die tatsächlichen Angaben des Berichts richtig sind,
  – bei den im Bericht aufgeführten Rechtsgeschäften nach den Umständen, die im Zeitpunkt ihrer Vornahme bekannt waren, die Leistung der Gesellschaft nicht unangemessen hoch war bzw. soweit sie dies war, ob die Nachteile ausgeglichen worden sind,
  – bei den im Bericht aufgeführten Maßnahmen keine Umstände für eine wesentlich andere Beurteilung als die durch den Vorstand sprechen.

Weitere Sonderprüfungen sind bspw. die Prüfung von Unternehmensverträgen[29], die Prüfung von Barabfindungen beim Squeeze-out[30] oder die Prüfung der Eingliederung einer AG in eine andere AG[31]. **39**

---

23 § 33 Abs. 2 AktG.
24 § 52 Abs. 4 AktG i.V.m. § 33 Abs. 3-5, §§ 34 f. AktG.
25 Vgl. *IDW*, WPH Edition, Assurance, Kap. J Tz. 171 ff.
26 Prüfung der Sacheinlagen bei Kapitalbeschaffungsmaßnahmen, § 183 Abs. 3, § 194 Abs. 4, § 205 Abs. 5, § 206, § 209 Abs. 1 und 3 AktG; Prüfung der Kapitalerhöhung aus Gesellschaftsmitteln, § 57e und f Abs. 2 GmbHG.
27 §§ 258 Abs. 1 AktG i.V.m. §§ 259-261a AktG.
28 § 313 AktG i.V.m. § 312, § 312 Abs. 2, 4 AktG; vgl. Kap. O Tz. 74 ff.
29 §§ 291, 292 AktG, 293b AktG i.V.m. 293c-293e AktG.
30 § 327a Abs. 1 AktG.
31 §§ 319, 320 AktG.

2.3.3.4 Bestätigungs- bzw. bestätigungsähnliche Leistungen bei Kapitalmarkttransaktionen

40 Zur **Vorbereitung von Kapitalmarkttransaktionen** werden meist Prospekte erstellt, in denen zur Information potentieller Erwerber von Wertpapieren Abschlüsse und weitere Finanzangaben der Emittenten wiedergegeben sind. Prospektverantwortliche sind typischerweise neben dem Emittenten die Emissionsbanken.

41 Wirtschaftsprüfer können damit beauftragt werden, **Verkaufsprospekte/Verkaufsunterlagen** über Vermögensanlagen zu beurteilen. Hierzu gehören bspw. die nach den Vorschriften den Kapitalanlagegesetzbuchs erstellten gesetzlichen Verkaufsunterlagen für inländische Alternative Investmentfonds[32]. In der Regel begutachtet der WP dabei die Richtigkeit, Nachvollziehbarkeit und die Klarheit (Eindeutigkeit) der Angaben in den gesetzlichen Verkaufsunterlagen[33].

Außerdem möglich ist die Beauftragung zur Erstellung eines **Comfort Letter**. Die Einholung eines Comfort Letter dient häufig als Nachweis, dass Prospektverantwortliche bei der Prospekterstellung mit der erforderlichen Sorgfalt vorgegangen sind[34]. Der WP trägt insoweit mit dem Comfort Letter mittelbar zur Erfüllung der Pflichten der Prospektverantwortlichen bei. Definiert ist ein Comfort Letter als ein Schreiben, in welchem der WP die Ergebnisse gesondert vereinbarter Untersuchungshandlungen zu bestimmten Finanzangaben, die Eingang in einen Prospekt finden, zusammenfasst.

2.3.3.5 Nichtfinanzielle Erklärung

42 Mit dem CSR-Richtlinie-Umsetzungsgesetz wurden bestimmte große Unternehmen verpflichtet, ihren LB um eine **nichtfinanzielle Erklärung** zu erweitern[35]. Der AR ist verpflichtet, diese mit derselben Intensität zu prüfen wie den JA und den LB[36]. Der APr. hat hingegen nur die Vorlage der Erklärung zu prüfen, nicht deren Inhalt[37]. Da der APr. für die inhaltliche Prüfung aufgrund seiner erworbenen Kenntnisse über das Unternehmen und dessen Prozesse prädestiniert ist, bietet sich die Vereinbarung einer freiwilligen Prüfung bzw. prüfungsähnlichen Leistung an. Auftragsumfang und -intensität können dabei den Umständen entsprechend angepasst werden. Es bietet sich jedoch an, sich dabei an der Prüfungspflicht des AR zu orientieren.

2.4 Outsourcing-Dienstleistungen

43 Aufgrund der Vielzahl von Unternehmen, die der WP im Rahmen seiner Tätigkeiten kennenlernt und analysiert, kommen unterschiedliche Funktionen und Prozesse für eine **Auslagerung auf den WP** in Betracht. WP bieten etwa Unterstützung bei der Finanzbuchhaltung, dem Rechnungswesen, dem Controlling, der Personaladministration, der

---

32 *IDW S 4*.
33 *IDW S 4*, Tz. 13; *IDW ES 14*, Tz. 14.
34 Vgl. *IDW PS 910*, Tz. 8.
35 Gem. § 289b Abs. 3 HGB n.F. entfällt die Pflicht zur Erweiterung des LB, wenn ein gesonderter nichtfinanzieller Bericht außerhalb des LB erstellt wird.
36 Vgl. *IDW Positionspapier: Pflichten und Zweifelsfragen zur nichtfinanziellen Erklärung als Bestandteil der Unternehmensführung* (Stand: 14.06.2017), S. 7; https://www.idw.de/blob/101498/30d545b52d2fcc5d71a71035b8336a70/down-positionspapier-csr-data.pdf. (abgerufen am 29.08.2018).
37 Vgl. *IDW Positionspapier zu Bestandteilen der externen Berichterstattung und zur Reichweite ihrer Prüfung* (Stand: 08.02.2018), S. 23; https://www.idw.de/blob/106766/dbfa391772c951018387d9720bf6b6c0/down-positionspapier-externes-reporting-data.pdf (abgerufen am 29.08.2018).

Lohn- und Gehaltsabrechnung oder der Internen Revision und unter bestimmten Umständen auch die (zeitweise) Übernahme von Managementaufgaben[38] an.

Eine lange etablierte Form der Auslagerung von Unternehmenstätigkeiten auf WP betrifft –insb. im Kreis kleinerer und mittlerer Unternehmen – die Beauftragung eines WP mit der **Abschlusserstellung**. Der Auftragsumfang ist gesetzlich nicht normiert und kann frei vereinbart werden. In Betracht kommen gem. *IDW S 7* grds. drei verschiedene Auftragskategorien: 44

- die Abschlusserstellung ohne Beurteilung,
- die Erstellung mit Plausibilitätsbeurteilungen oder
- die Erstellung mit umfassenden Beurteilungen.

Die Erstellung ohne Beurteilung ist die Entwicklung des Abschlusses aus den vorgelegten Belegen, Büchern und Bestandsnachweisen unter Berücksichtigung der erteilten Auskünfte. Die Erstellung mit Plausibilitätsbeurteilungen bedeutet, dass auch die vorgelegten Belege, Bücher und Bestandsnachweise durch Befragungen und analytische Beurteilungen auf ihre Plausibilität hin beurteilt werden, um mit einer gewissen Sicherheit auszuschließen, dass diese nicht ordnungsgemäß sind. Bei der Erstellung mit umfassenden Beurteilungen überzeugt sich der WP von der Ordnungsmäßigkeit der ihm vorgelegten Belege, Bücher und Bestandsnachweise.

Vor dem Hintergrund der gestiegenen Bedeutung des Datenschutzes und der hiermit einhergehenden Ausweitung der Unternehmenspflichten wird WP auch vermehrt die Funktion des **Datenschutzbeauftragten**[39] übertragen. Öffentliche und nicht öffentliche Stellen, die personenbezogene Daten automatisiert erheben, verarbeiten oder nutzen, haben grds. einen Beauftragten für den Datenschutz schriftlich zu bestellen[40]. Zum Datenschutzbeauftragten darf nur bestellt werden, wer die zur Erfüllung seiner Aufgaben **erforderliche Fachkunde und Zuverlässigkeit** besitzt (§ 4f Abs. 2 S. 1 BDSG). Von hinreichender Fachkunde ist dann auszugehen, wenn die betreffende Person über Rechtskenntnisse (insb. im Datenschutzrecht), IT-Kenntnisse und Kenntnisse über Betriebsabläufe und Betriebsorganisation verfügt[41]. 45

2.5 Consulting/Advisory/Beratung

2.5.1 Überblick

Wirtschaftsprüfer bieten eine Vielzahl von **betriebswirtschaftlichen Beratungen** an. Ihr Leistungsspektrum umfasst nicht nur die operative, sondern zunehmend auch die strategische Beratung bis hin zur Umsetzung der Strategie. Hier macht der WP sich seine Methodenkompetenz, die breit gefächerte Ausbildung und seine Erfahrungen aus Prüfungstätigkeiten einschl. der häufig langjährigen Kenntnis des Unternehmens bzw. der Branche zunutze. Bei vielen Beratungsleistungen stehen Themen im Vordergrund, die auch für die Abschlussprüfung oder andere Assurance-Leistungen von Bedeutung sind. Wichtige Kategorien von Beratungsleistungen umfassen: 46

- Transaktionsberatung,

---

38 § 43a Abs. 3 S. 3 WPO, z.B. die Tätigkeit als Notgeschäftsführer.
39 § 4f BDSG.
40 Zu den einzelnen Voraussetzungen s. § 4f BDSG.
41 *Bergmann/Möhrle/Herb*, Datenschutzrecht, § 4f BDSG, Rz. 51 ff.

- Unternehmensbewertung,
- Restrukturierungs- und Sanierungsberatung,
- Forensic-/Fraud-Untersuchungen,
- IT-Beratung,
- Steuer- und Rechtsberatung.

2.5.2 Transaktionsberatung

47 Anlass für **Beratungsleistungen i.Z.m. Unternehmenstransaktionen** (Mergers and Acquisitions) sind i.d.R. Unternehmens- bzw. Beteiligungskäufe, Fusionen oder Börsengänge. Der WP begleitet bei Bedarf von der Vorbereitung und Entscheidung über die Umsetzung bis zur Nachbereitung einzelne oder alle Prozessschritte. Dies gilt auch bei speziellen Formen wie grenzüberschreitenden Transaktionen oder Management-Buy-out- oder Management-Buy-in-Prozessen.

48 **Due-Diligence-Untersuchungen** („erforderliche Sorgfalt") werden häufig im Vorfeld von Transaktionen durchgeführt, um ausreichende Sicherheit über unterschiedliche Aspekte des Zielobjekts zu erreichen. Es gibt je nach Untersuchungsgegenstand verschiedene Arten von Due-Diligence-Untersuchungen. Klassisch ist die Financial Due Diligence. Dabei werden die finanziellen Strukturen eines Unternehmens – von der Vermögens-, Finanz- und Ertragslage bis zur Planungsrechnung – analysiert, um die mit dem Erwerb verbundenen wirtschaftlichen Chancen und Risiken im Einzelnen zu ermitteln und die Kaufentscheidung zu unterstützen. Der WP berät außerdem bei der Finanzierung oder der Bilanzierung.

> **! Hinweis 2:**
> Eine Vendor Due Diligence bezeichnet üblicherweise eine Due-Diligence-Untersuchung, die vom Verkäufer selbst zur Vorbereitung einer Transaktion veranlasst wird.

Folgende Arten von Due-Diligence-Untersuchungen sind zu unterscheiden:
- Tax Due Diligence (Steuern),
- Legal Due Diligence (rechtliche Strukturen),
- Technical Due Diligence (Produktionsabläufe),
- Insurance Due Diligence (versicherungstechnische Risiken),
- Commercial Due Diligence (Marktposition und -entwicklung),
- Operational Due Diligence (Geschäftsbetrieb).

49 **Fairness Opinions** *(IDW S 8)* sind Stellungnahmen zu dem Ergebnis von Entscheidungsprozessen und werden oft beauftragt, um die finanzielle Angemessenheit eines Transaktionspreises zu beurteilen. Der genaue Auftragsgegenstand ist – ebenso wie die Mitwirkungs- und Informationspflichten des Auftraggebers – frei vereinbar. Fairness Opinions haben vielfältige Informationsfunktionen für die Unternehmensleitung oder den AR und können der Absicherung und Dokumentation genauso dienen wie als Grundlage für Preisverhandlungen. Die Beurteilung der Angemessenheit erfolgt anhand einer „Bandbreite von kapitalwertorientiert ermittelten Werten und zum Vergleich herangezogenen Transaktionspreisen"[42].

---

42 *IDW S 8*, Tz. 6.

2.5.3 Unternehmensbewertung

Die Unternehmensbewertung gehört zu den klassischen, traditionellen Aufgaben des WP. Die Grundlagen dafür finden sich im *IDW S 1 i.d.F. 2008*. Wissen, Technik und Rechtsprechung erfordern eine **kontinuierliche Fortentwicklung der Bewertungspraxis**. Neben Unternehmenstransaktionen gibt es diverse weitere Anlässe für die Bewertung von Unternehmen oder Unternehmensteilen, bspw. für Impairment-Tests oder Kaufpreisallokationen, Vermögens- bzw. Erbauseinandersetzungen oder aus gesellschaftsrechtlichen, gesetzlichen, steuerlichen, versicherungstechnischen, finanzierungsbedingten oder vertraglichen Vorschriften.

Wie die Wertermittlung zu erfolgen hat, hängt wesentlich vom Bewertungsanlass ab. Der WP agiert je nach Anlass als **Berater**, **neutraler Gutachter** oder **Schiedsgutachter**.

- Als neutraler Gutachter ermittelt er einen von den individuellen Wertvorstellungen betroffener Parteien unabhängigen Wert des Unternehmens – den objektivierten Unternehmenswert,
- als Berater einen subjektiven Entscheidungswert,
- als Vermittler oder Schiedsgutachter einen – unter Berücksichtigung der verschiedenen subjektiven Wertvorstellungen der Parteien – Einigungswert[43].

2.5.4 Restrukturierungs- und Sanierungsberatung[44]

Unerkannte Krisen können für Unternehmen lebensbedrohend sein. Transparenz ist für Management und Kapitalgeber wichtig, um eine **fundierte Risikoabschätzung** vornehmen und eine Entscheidung über weitere Maßnahmen treffen zu können. Die gesetzlichen Vertreter müssen Hinweise auf eine Insolvenzgefahr erkennen. Andernfalls drohen außerdem empfindliche haftungs- und strafrechtliche Risiken.

Dienstleistungen von WP bei **Unternehmenskrisen** umfassen insb.:

- Plausibilisierung/Erstellung der (Liquiditäts-)Planung[45],
- Erstellung oder Beurteilung von Sanierungskonzepten *(IDW S 6)*,
- Beurteilung von Insolvenzantragsgründen *(IDW S 11)*,
- Beurteilung oder Erstellung von Insolvenzplänen *(IDW S 2)*,
- Erstellung einer Schutzschirm-Bescheinigung nach § 270b InsO *(IDW S 9)*,
- Tätigkeit als Insolvenzverwalter oder Unterstützung bei der Eigenverwaltung.

Ein **Sanierungskonzept** enthält Informationen über die wirtschaftliche und rechtliche Ausgangslage, die Analyse von Krisenstadium und -ursachen, die Darstellung des Leitbilds, die Darstellung der Maßnahmen zur Abwendung einer Insolvenzgefahr und Bewältigung der Unternehmenskrise sowie zur Herstellung des Leitbilds des sanierten Unternehmens einschl. einer integrierten Planung sowie eine zusammenfassende Einschätzung der Sanierungsfähigkeit[46].

Neben der Überschuldung sind Zahlungsunfähigkeit und drohende Zahlungsunfähigkeit **Insolvenzeröffnungsgründe**. Die Einschätzung, ob ein solcher Grund vorliegt,

---

43 Vgl. *IDW S 1*, Tz. 12.
44 Vgl. *IDW*, WPH Edition, Sanierung und Insolvenz.
45 Vgl. auch *IDW Praxishinweis 2/2017*: Beurteilung einer Unternehmensplanung bei Bewertung, Restrukturierungen, Due Diligence und Fairness Opinion.
46 Vgl. *IDW S 6*, Tz. 11.

kann komplex sein: Eine Überschuldungsprüfung erfordert ein zweistufiges Verfahren mit Fortführungsprognose und Überschuldungsstatus. Zur Beurteilung der Zahlungsfähigkeit bedarf es eines Finanzstatus und eines Finanzplans.

56 Falls das Insolvenzgericht die **Eigenverwaltung** anordnet, kann das Unternehmen selbst unter der Aufsicht eines Sachwalters die Insolvenzmasse verwalten. Der WP kann dabei unterstützen oder als eigenständiger Insolvenzverwalter tätig werden.

57 Befindet sich ein Unternehmen in der Insolvenz, sieht der Gesetzgeber die zügige Verwertung vor. Eine Erstellung oder Beurteilung einer abweichenden Gestaltung (**Insolvenzplan**, z.B. Eigensanierung oder eine Veräußerung nach der Sanierung) kann durch einen WP erfolgen.

58 Mit § 270b InsO wird dem Unternehmen auf Antrag unter bestimmten Voraussetzungen ein eigenständiges Sanierungsverfahren (sog. **Schutzschirmverfahren**) zur Verfügung gestellt. Dem Antrag ist eine Bescheinigung beizufügen, aus der sich ergibt, dass keine Zahlungsunfähigkeit vorliegt und die angestrebte Sanierung nach Einschätzung des Gutachters nicht offensichtlich aussichtslos ist.

2.5.5 Forensic-/Fraud-Untersuchungen

59 Wirtschaftsprüfer helfen dabei, Wirtschaftskriminalität in Form von Betrug, Geldwäsche, Korruption und Unterschlagung oder andere Formen von **Vermögensschädigungen** aufzudecken. Beispielsweise werden bei entsprechenden Verdachtsfällen mit forensischen Methoden durchzuführende Unterschlagungsprüfungen beauftragt. Gefährdungsanalysen oder die Entwicklung angemessener Prozesse oder Compliance-Systeme zum Schutze vor Wirtschaftskriminalität gehören ebenso zum Leistungsspektrum. Und durch moderne Data Analytics Verfahren werden Anzeichen von Kriminalität oder Kontrollschwächen noch sicherer identifizierbar.

2.5.6 IT-Beratung

60 Die IT ist in vielen Unternehmen wesentlicher Bestandteil der Organisation und nicht selten auch Erfolgsfaktor für deren strategische Ausrichtung. IT-Systeme und der Grad der Abhängigkeit von der IT sind unterschiedlich, der Beratungsbedarf entsprechend vielfältig und unterschiedlich umfassend. Das Auftragsspektrum reicht von der Analyse der Geschäftsabläufe über die Festlegung der IT-Strategie bis hin zum Aufbau maßgeschneiderter Lösungen und der prozessbegleitenden Einführung von Softwareprodukten oder auch Optimierungspotenziale zu erkennen und Effizienz und Kosten zu verbessern.

61 Cyber Security, also Sicherheitsaspekte werden immer wichtiger. Die Beratung kann dabei die IT-Abhängigkeit und -Verfügbarkeit (Business Continuity Management) betreffen. Der Aufbau einer IT-Risikomanagementlösung oder eines internen IT-Kontrollsystems sind ebenfalls denkbar. Datenschutz ist genauso Beratungsgegenstand wie der sichere Umgang mit Cloud-Lösungen oder der Schutz vor Datenverlusten.

2.5.7 Steuerberatung und Rechtsdienstleistungen

62 Zum Kern des Berufsbilds des WP gehört die unbeschränkte (geschäftsmäßige) **Hilfeleistung in Steuersachen**[47]. Sie schließt für WP die Befugnis ein, den Steuerpflichtigen

---

[47] § 2 Abs. 2 WPO i.V.m. §§ 3, 12 StBerG.

vor den FG und dem BFH zu vertreten. Die Vertretung vor den Verwaltungsgerichten ist zulässig, soweit die Überprüfung steuerrechtlich relevanter Verwaltungsakte Gegenstand des Verfahrens ist.

Steuergestalterische Aspekte sind bei fast allen unternehmerischen Entscheidungen zu beachten, häufig bestimmen sie deren Vorteilhaftigkeit. Dies gilt bspw. bei Unternehmensgründungen, Unternehmenserwerben, Nachfolgeregelungen und zahlreichen weiteren Investitionsentscheidungen. 63

Daneben gehört die laufende **Steuerberatung** inkl. der Erstellung der erforderlichen Steuererklärungen zu den Standardleistungen. Steuerbescheide überprüfen zu lassen, bringt die Gewissheit, dass das Unternehmen nicht mehr Steuern zahlt als gesetzlich gefordert. Die Unterstützung erstreckt sich auch auf die Begleitung von Betriebsprüfungen, die Verhandlungen mit Finanzbehörden und außergerichtliche und gerichtliche Rechtsbehelfsverfahren. Darüber hinaus unterstützen WP bei der Entwicklung und Implementierung von **Tax-Compliance-Systemen**. 64

Zur **Rechtsberatung** besteht für WP nur eine eingeschränkte Befugnis. In Angelegenheiten, mit denen der WP beruflich befasst ist, darf er auch die rechtliche Bearbeitung übernehmen, soweit sich diese als Nebenleistung seines Berufs- oder Tätigkeitsbilds darstellt (§ 5 Abs. 1 S. 1 RDG). Rechtsdienstleistungen sind alle Tätigkeiten in konkreten fremden Angelegenheiten, sobald sie eine rechtliche Prüfung des Einzelfalls erfordern (§ 2 Abs. 1 RDG). Nicht zu den Rechtsdienstleistungen gehören die Erstattung wissenschaftlicher Gutachten, die Tätigkeit als Schiedsrichter, die Mediation, die Erteilung von allgemeinen Rechtsauskünften in den Medien oder die Erledigung von Rechtsangelegenheiten innerhalb verbundener Unternehmen (§ 2 Abs. 3 RDG). Bei der Abgrenzung einer zulässigen von einer unzulässigen Rechtsdienstleistung kommt es darauf an, ob die Tätigkeit überwiegend auf wirtschaftlichem Gebiet liegt und auf der Wahrnehmung wirtschaftlicher Belange beruht oder ob es wesentlich um die Klärung einer konkreten, fremden Rechtsangelegenheit geht. 65

2.6 Branchen und Märkte

Außer der Art der Dienstleistung ist das Angebot von WP häufig durch besondere Märkte und **Branchenschwerpunkte** gekennzeichnet, so dass sich für weite Teile des Leistungsspektrums eine Matrixbetrachtung ergibt. Hervorzuheben sind Dienstleistungen, die sich speziell an bestimmte Anspruchsgruppen richten, bspw. an Familienunternehmen oder Start-ups. Branchenschwerpunkte werden oft von der Regulierung oder von Besonderheiten des Geschäftsmodells und Marktumfelds abgeleitet. Beobachtbar sind u.a. folgende Schwerpunkte: 66

- Transport- und Automobilindustrie/Verkehr & Logistik

Verändertes Mobilitätsverhalten und Elektromobilität stellen grundlegende neue Herausforderungen dar. Durch die technologische Entwicklung ergeben sich steigende Anforderungen an die Logistik. Es herrscht ein intensiver und globaler Wettbewerb. Marktwachstum wird zunehmend in den Schwellenländern generiert und ist mit entsprechenden Risiken behaftet (wirtschaftliche Rückschläge, politische Instabilität). Ferner besteht eine starke Abhängigkeit innerhalb der Wertschöpfungskette (Zulieferindustrie).

- Chemie- und Pharmaindustrie

Diese Branche charakterisiert sich durch extrem hohe Forschungsaufwendungen, wobei die Amortisationsaussichten über lange Zeit unsicher sind. Zulassungsverfahren für Produkte sind i.d.R. langwierig. Es existieren zudem besonders umfangreiche Rechtsvorschriften im Nachhaltigkeitsbereich.

- Handel und Konsumgüter

Die Geschäftsmodelle dieser Branche ändern sich durch das Internet und neue Kaufverhaltensmuster nachhaltig. Der Preisdruck ist immens. Neben Besonderheiten, die sich bei der Abschlussprüfung ergeben, gibt es hier eine Vielzahl von Beratungsthemen, bspw. der Aufbau kosteneffizienter Prozesse, flexibler und stabiler Lieferketten oder die Verbesserung von Kundenbeziehungen und Servicequalität sowie steuerliche Optimierungen.

- Financial Services (KI und VU)[48]

Die Branche ist permanent mit neuen gesetzlichen und aufsichtsrechtlichen Anforderungen konfrontiert. Eigenkapital- und Liquiditätsanforderungen stellen KI immer wieder vor neue Herausforderungen. Prüferische und bilanzielle Besonderheiten gibt es bei Versicherungen, KI, FDLI und Wertpapierdienstleistungsunternehmen gleichermaßen. Daneben sind die Beratungsleistungen vielfältig: Compliance, Governance und RMS haben spätestens seit der Finanzmarktkrise einen besonders hohen Stellenwert. Die Änderungen der äußeren Rahmenbedingungen haben z.T. Konsequenzen für die Produktpolitik bis hin zur Entwicklung neuer Geschäftsmodelle.

- Energiesektor[49]

Etablierte Geschäftsmodelle sind von politischen Eingriffen bedroht (Vorrang für erneuerbare Energien, Ausstieg aus der Atomenergie). Herausforderungen resultieren außerdem aus sinkenden Börsenstrompreisen. Vertikal integrierte Energieversorgungsunternehmen (i.S.d. § 3 Nr. 38 EnWG) und rechtlich selbständige Netzbetreiber sowie Betreiber von Speicheranlagen haben die Entflechtung der Tätigkeitsbereiche prüfen zu lassen. Die Regulierungsbehörden können zusätzlich besondere Prüfungsschwerpunkte vorgeben. Zudem gibt es eine Reihe von besonderen Prüfungen, bspw. nach KWK-G oder nach EEG[50].

- Öffentlicher Sektor[51]

Der öffentliche Sektor ist gekennzeichnet durch eine Vielzahl an Regelwerken. Je nach Rechtsform (Gebietskörperschaften, Zweckverbände, Anstalten des öffentlichen Rechts, Eigenbetriebe, privatrechtliche Unternehmen in öffentlicher Hand, etc.) und je nach Bundesland gelten unterschiedliche Rechnungslegungs- und Prüfungsvorschriften. Darüber hinaus sind ggf. Besonderheiten des Haushaltsrechts, Gebührenrechts oder EU-Beihilfenrechts zu beachten. Spezielle Vorschriften gibt es branchenbezogen für die jeweiligen Aufgaben der Daseinsvorsorge. Bei öffentlichen Unternehmen wird regelmäßig

---

[48] Vgl. zur Prüfung *IDW PS 521, IDW PS 522, IDW PS 525, IDW PS 560, IDW PS 570, IDW PH 9.520.1*.
[49] Vgl. allgemein *IDW*, WPH Edition, Öffentliche Hand, besondere Branchen und Non-Profits, Kap. Q; zur Prüfung s.a. *IDW PS 610, IDW EPS 970 n.F.*
[50] Vgl. hierzu auch *IDW PH 9.970.6* ff.
[51] Vgl. umfassende Ausführungen in *IDW*, WPH Edition, Öffentliche Hand, besondere Branchen und Non-Profits; zur Prüfung s.a. *IDW PS 700, IDW PS 720, IDW PS 730*.

die Abschlussprüfung nach § 53 HGrG oder aufgrund kommunalrechtlicher Vorschriften erweitert.

- Stiftungen[52]

Über 20.000 Stiftungen gibt es in Deutschland, die in den verschiedensten Rechtsformen auftreten. Der Begriff ist gesetzlich nicht definiert. Gemein ist ihnen, dass Vermögen i.S. d. Stifters zu verwenden ist. Häufig erfüllen Stiftungen gemeinnützige Aufgaben und dienen so dem Gemeinwohl. Die Pflicht zur Prüfung von Stiftungen ist in Landesstiftungsgesetzen unterschiedlich geregelt. Von der Erhaltung des Stiftungsvermögens über die satzungsgemäße Verwendung der Stiftungsmittel bis zur Ordnungsmäßigkeit der Geschäftsführung sind bei der Prüfung i.d.R. Besonderheiten zu beachten.

- Krankenhäuser[53]

In einigen Bundesländern ist die Prüfung der JA von Krankenhäusern vorgeschrieben und der Umfang im Vergleich zu den handelsrechtlichen Regelungen erweitert worden[54]. Die Prüfung umfasst die Ordnungsmäßigkeit der Geschäftsführung und des Rechnungswesens (inkl. Kosten- und Leistungsrechnung, Betriebsstatistik und betriebliche Planungsrechnung), die zweckentsprechende, sparsame und wirtschaftliche Verwendung der öffentlichen Fördermittel und die wirtschaftlichen Verhältnisse.

- Immobilien[55]

Die nachhaltig niedrigen Zinsen haben dazu beigetragen, dass Immobilienpreise gestiegen sind. Der Wettbewerb ist dynamisch und global. Immobiliengesellschaften, Investoren, Projektentwickler, Asset-Manager und Makler brauchen geeignete Organisations- und Prozessstrukturen. Da sichergestellt sein soll[56], dass die Tätigkeit als Makler, Darlehens- und Anlagenvermittler, Anlageberater, Bauträger und Baubetreuer nur geeignete Personen anbieten, ist nach § 16 MaBV eine Gesetzmäßigkeitsprüfung durchzuführen.

3. Rechte und Pflichten des Wirtschaftsprüfers

3.1 Vereinbare und unvereinbare Tätigkeiten

Das Berufsbild und der Umfang der beruflichen Tätigkeit werden nicht nur durch die prägenden Berufsaufgaben (Abschlussprüfung, Steuerberatung, betriebswirtschaftliche Beratung), sondern auch durch das erweiterte Tätigkeitsspektrum bestimmt. Damit hat sich das Berufsbild in den letzten Jahrzehnten deutlich erweitert[57]. **67**

3.1.1 Vereinbare Tätigkeiten

Die zum WP-Beruf zu rechnenden und die mit ihm zu vereinbarenden Tätigkeiten werden unterteilt in solche Tätigkeiten, die zum Berufsbild des WP gehören (§ 43a Abs. 1 **68**

---

52 Vgl. allgemein *IDW*, WPH Edition, Öffentliche Hand, besondere Branchen und Non-Profits, Kap. V und Kap. X; zur Prüfung s.a. *IDW PS 740*.
53 Vgl. allgemein IDW, WPH Edition, Öffentliche Hand, besondere Branchen und Non-Profits, Kap. R; zur Prüfung s.a. *IDW PS 650*.
54 Vgl. *IDW PS 650*, Tz. 1.
55 Vgl. *IDW*, WPH Edition, Assurance, Kap. Q; zur Prüfung s.a. *IDW PS 830*.
56 § 34c GewO.
57 So auch Regierungsbegründung zum APAReG, BT-Drs. 18/6282, S. 73.

WPO), und jene Tätigkeiten, die mit dem WP-Beruf nur vereinbar sind (§ 43a Abs. 2 WPO).[58] Diese unterschiedliche Zuordnung hat **praktische Konsequenzen**. Bei einer nach § 43a Abs. 1 WPO zum Berufsbild des WP gehörenden Tätigkeit entfällt die Pflicht zur Unterhaltung einer eigenen Praxis und damit die Notwendigkeit einer eigenen Berufshaftpflichtversicherung[59]. Die Wahrnehmung einer vereinbaren Tätigkeit i.S.d. § 43a Abs. 2 WPO setzt dagegen wie bisher voraus, dass der Berufsangehörige daneben eine zum Berufsbild gehörende Tätigkeit ausüben, also z.B. eine eigene Praxis unterhalten muss. Die zum Berufsbild gehörenden Arten der Berufsausübung werden unter Kap. A Tz. 496 ff. dargestellt.

3.1.1.1 Ausübung eines anderen freien Berufs

69 Zu den vereinbaren Tätigkeiten gehört die gleichzeitige Ausübung eines freien Berufs auf den Gebieten der Technik oder des Rechtswesens sowie eines nach § 44b Abs. 1 WPO sozietätsfähigen Berufs (§ 43a Abs. 2 Nr. 1 WPO). Vereinbar mit dem WP-Beruf sind damit die Ausübung des Berufs als **StB, RA** und **Patentanwalt**. Dieser freiberuflichen Tätigkeit in eigener Praxis gleichgestellt und damit zulässig ist die Funktion als **gesetzlicher Vertreter** einer **BPG, StBG** oder einer **Rechtsanwaltsgesellschaft** (§ 43a Abs. 1 Nr. 4 WPO).

70 Seit dem Beschluss des BVerfG v. 08.04.1998[60] ist ebenfalls die gleichzeitige Tätigkeit als WP und **Anwaltsnotar** zulässig, solange der Anwaltsnotar selbst StB sein darf und auch nicht gehindert ist, sich mit Nur-StB zur gemeinsamen Berufsausübung zusammenzuschließen. Zur Sozietät mit einem Anwaltsnotar s. Kap. A Tz. 501.

71 Ebenfalls statthaft dürfte auch die Tätigkeit als freiberuflicher **Architekt**[61], **beratender Ingenieur** u.Ä. sein. Entsprechende Berufsbezeichnungen dürfen geführt werden, wenn sie amtlich verliehen worden sind (§ 18 Abs. 2 WPO).

72 Zu den freiberuflichen Tätigkeiten auf den Gebieten der Technik oder des Rechtswesens wird häufig auch die Betätigung als **öffentlich bestellter Sachverständiger** zählen. Berufsrechtlich bestehen gegen den Hinweis auf diese öffentliche Bestellung keine Bedenken[62].

3.1.1.2 Lehr- und Vortragstätigkeit

73 Das Berufsrecht (§ 43a Abs. 2 Nr. 2, 4 und 5 WPO) gestattet dem WP eine Lehrtätigkeit; dazu gehört nicht nur die Betätigung an wissenschaftlichen Instituten und als **Lehrer an Hochschulen** (Universitäten und Fachhochschulen), sondern auch die **Vortragstätigkeit** bei Veranstaltungen, die der Unterrichtung, fachlichen Fortbildung oder der Ausbildung zum Beruf dienen. Dabei ist es grds. gleichgültig, wer als Veranstalter auftritt. Zulässig ist auch die Tätigkeit als **beamteter Hochschullehrer** (§ 43a Abs. 3 Nr. 3 i.V.m. § 43a Abs. 2 Nr. 2 WPO).

74 Ausdrücklich vereinbar ist die **Durchführung** von Lehr- und Vortragsveranstaltungen zur Vorbereitung auf die Examina als WP, vBP und StB sowie zur Fortbildung der Mit-

---

58 Neu geordnet durch APAReG, BGBl. 2016 I, S. 518.
59 *Regierungsbegründung zum APAReG*.
60 NJW 1998, S. 2269.
61 BVerfG v. 04.04.1990, WPK-Mitt., S. 272.
62 BS WP/vBP i.d.F. v. 21.06.2016; vgl. http://www.wpk.de/neu-auf-wpkde/alle/2016/sv/satzungen-vom-beirat-der-wpk-einstimmig-beschlossen/ (abgerufen am 26.08.2018).

glieder der WPK (§ 43a Abs. 2 Nr. 4 WPO). Diese Betätigung wurde trotz ihres gewerblichen Charakters seit jeher aus Sicht des Berufsrechts als zulässig angesehen. Allerdings bleibt zu beachten, dass die Durchführung von Vorbereitungsveranstaltungen für andere Berufsexamina, z.B. als RA, nicht genannt ist. Wegen der Unzulässigkeit der Betätigung als sonstiger Seminarveranstalter s. Kap. A Tz. 81.

3.1.1.3 Angestellter bei bestimmten Organisationen

Zulässig ist die Tätigkeit als Angestellter bei 75

- dem BAFA, soweit es sich um eine Tätigkeit bei der APAS handelt (§ 43a Abs. 1 Nr. 8 WPO),
- der WPK (§ 43a Abs. 1 Nr. 7 WPO) oder
- einer freiwilligen Vereinigung von mehrheitlich WPK-Mitgliedern, deren ausschließlicher Zweck die Vertretung der beruflichen Belange der WP, vBP etc. ist, z.B. IDW oder DBV (§ 43a Abs. 1 Nr. 9 WPO).

Bestimmte in der WPO genannte Angestelltenverhältnisse sind für WP nicht nur zulässig, sondern gehören auch zum (erweiterten) Berufsbild des WP[63].

Gestattet wird auch eine Tätigkeit beim DRSC (§ 342 Abs. 1 HGB), bei der DPR (§ 342b Abs. 1 HGB) und bei der BaFin sowie die Tätigkeit als Angestellter eines Prüfungsverbands nach § 26 Abs. 2 KWG (§ 43a Abs. 1 Nr. 9-11 WPO).

Die Einbeziehung der Tätigkeit als Geschäftsführer einer ausschließlich aus sozietätsfähigen Personen i.S.d. § 44 b Abs. 1 WPO bestehenden **EWIV** (§ 43a Abs. 1 Nr. 3 WPO) entspricht der berufsrechtlich gegebenen Möglichkeit der Mitgliedschaft in einer solchen Organisation, deren Zweck allerdings nicht auf die Berufsausübung, sondern nur auf damit verbundene Hilfsgeschäfte gerichtet sein darf[64]. 76

3.1.1.4 Schriftstellerische/künstlerische Tätigkeit

Zu den vereinbaren Tätigkeiten gehört auch die freie schriftstellerische und künstlerische Betätigung (§ 43a Abs. 2 Nr. 5 WPO); unter die schriftstellerische Betätigung fallen sowohl fachliterarische als auch belletristische Werke. Vertragliche Verpflichtungen, deren Gegenstand die schriftstellerische oder künstlerische Tätigkeit bildet, z.B. gegenüber einem Verlag oder Kunsthändler, sind unschädlich. Die Entgeltlichkeit bzw. Gewinnerzielungsabsicht wirkt sich auf die Zulässigkeit der Betätigung nicht aus. WP/WPG dürfen auch als **Herausgeber** tätig werden, nicht aber als **Verleger**, weil in letzterem Fall eine gewerbliche Betätigung vorliegt. 77

3.1.1.5 Exkurs: Mitgliedschaft/Tätigkeit in Kontrollorganen

Obwohl in § 43a WPO nicht ausdrücklich erwähnt, aber ohne Zweifel zulässig ist die Mitgliedschaft/Tätigkeit in Kontrollorganen (**AR, Prüfungsausschuss, Beirat**) privater bzw. öffentlich-rechtlicher Unternehmen; anders bei der Verwaltungsratsfunktion bei einer **Schweizer AG** – vgl. Kap. A Tz. 81. Risiken aus diesen Tätigkeiten werden allerdings regelmäßig nicht von der **Berufshaftpflichtversicherung**, mit der sich eine Klärung insoweit empfiehlt, abgedeckt. Zu beachten ist, dass die aufgrund der Zugehörigkeit 78

---

63 Änderung der WPO durch APAReG, BGBl. I 2016, S. 518.
64 Wg. der steuerlichen Behandlung der EWIV s. BMF-Schreiben v. 15.11.1988, WPK-Mitt. 1989, S. 56; wg. der Unzulässigkeit als reine Sachfirma OLG Frankfurt am Main v. 18.05.1993, WM, S. 1097.

zu einem AR **geschuldete Beratung** nicht zugleich ohne Weiteres Gegenstand eines gesonderten Beratungsvertrags zwischen dem Unternehmen und dem als AR-Mitglied tätigen Berater sein kann, entsprechende Verträge vielmehr der Gefahr der **Nichtigkeit** ausgesetzt sind[65]. Etwaige Ausschlussgründe i.S.v. § 319 Abs. 3 Nr. 2 und 3 HGB betreffen die gleichzeitige Funktion als **APr.**, nicht die grundsätzliche Zulässigkeit einer Mitgliedschaft in diesen Kontroll- bzw. Beratungsgremien. Unbedenklich dürfte es sein, wenn der APr. zu den Sitzungen eines solchen Kontrollgremiums als Berater hinzugezogen wird.

79 Zu den zulässigen Tätigkeiten eines WP zählt auch die Übernahme der Funktion eines **Datenschutzbeauftragten** (s. Kap. A Tz. 113). Grds. statthaft, dem WP als APr. jedoch verboten, ist die **Übernahme der Internen Revision** (§ 319 Abs. 3 Nr. 3 HGB)[66].

3.1.2 Unvereinbare Tätigkeiten

80 Als Angehöriger eines freien Berufs, dem durch Gesetz die Durchführung bestimmter Aufgaben exklusiv zugewiesen ist, hat sich der WP der Tätigkeiten zu enthalten, welche die Einhaltung der Berufspflichten gefährden können.

3.1.2.1 Gewerbliche Tätigkeiten

81 Grds. unstatthaft ist gem. § 43a Abs. 2 Nr. 1 WPO jede **gewerbliche Betätigung**[67], auch die gelegentliche. Die Unvereinbarkeit der Ausübung eines freien Berufs mit erwerbswirtschaftlicher Betätigung ist verfassungsrechtlich nicht zu beanstanden, wenn sich die Gefahr einer Interessenkollision bei gleichzeitiger Ausübung beider Berufe deutlich absehen lässt und mit Hilfe von Berufsausübungsregeln nicht zu bannen ist[68]. Das ist beim Betreiben eines gewerblich tätigen Ein-Mann-Unternehmens ebenso wie bei der Übernahme der Stellung eines persönlich haftenden Gesellschafters bei einer OHG oder KG zu bejahen. Zu den gewerblichen Betätigungen gehören sog. **Provisionsgeschäfte**, die durch die eigentliche Berufstätigkeit ausgelöst sein können, z.B. die entgeltliche Vermittlung von Kapitalanlagen. Ebenfalls unzulässig ist die geschäftsmäßige entgeltliche **Arbeitnehmerüberlassung** an Dritte, und zwar auch dann, wenn die Behörden der Arbeitsverwaltung eine Erlaubnis nach dem AÜG erteilt haben. Die Arbeitnehmerüberlassung innerhalb eines Netzwerks i.S.v. § 319b HGB wird berufsrechtlich nicht zu beanstanden sein. In diesen Fällen fehlt es regelmäßig an der vom BVerfG[69] für die Unzulässigkeit einer gewerblichen Beschäftigung geforderten Interessenkollision. Die **Durchführung von Seminarveranstaltungen** für Nichtmandanten stellt eine gewerbliche Betätigung dar und ist nur ausnahmsweise unter den engen Voraussetzungen des § 43a Abs. 2 Nr. 4 WPO (Kap. A Tz. 74) als vereinbar mit dem Beruf des WP anzusehen[70]. Allerdings schlägt die Veranstaltung von Seminaren erst bei einem gewissen Umfang und entsprechender Nachhaltigkeit in eine gewerbliche Tätigkeit um[71]. Die

---

[65] BGH v. 27.04.2009 – II ZR 160/08, www.bundesgerichtshof.de, Rubrik „Entscheidungen", m.w.N. (abgerufen am 26.08.2018).
[66] S. dazu Kap. A Tz. 113 und Kap. A Tz. 133.
[67] Zum berufsrechtlichen Gewerbebegriff vgl. *Hense/Ulrich*, WPO³, § 43a, Rn. 190 ff.
[68] BVerfG v. 21.11.1995, DB 1996, S. 89; WPK-Mitt. 1996, S. 116.
[69] B*VerfG v. 21.11.1995, DB 1996, S. 89; WPK-Mitt. 1996, S. 116.*
[70] BVerfG v. 21.11.1995, DB 1996, S. 89, WPK-Mitt. 1996, S. 116; zur Abgrenzung s. auch LG Berlin v. 05.01.1999, WPK-Mitt., S. 109, mit Anm.
[71] BGH v. 25.02.2003, WPK-Mitt., S. 257; der BGH hat die Durchführung von vier Seminaren (zusammen mit einem KI) noch nicht als gewerblich eingestuft.

Mitantragstellung bei Aktienemissionen nach § 71 BörsG[72] ist als unzulässig einzustufen. Als gewerbliche Tätigkeit untersagt ist auch die Übernahme der Vorsitzendenfunktion des Verwaltungsrats bei einer Schweizer AG[73].

Nicht unter das Verbot der gewerblichen Betätigung fällt die **Beteiligung am Kapital** eines gewerblichen Unternehmens, z.B. als Aktionär, GmbH-Gesellschafter oder Kommanditist, und zwar auch dann nicht, wenn, wie regelmäßig bei der Kommanditbeteiligung, die daraus erzielten Erträge gewerbliche Einkünfte i.S.d. § 15 EStG darstellen. Die Anlage oder Verwaltung des eigenen Vermögens fällt aus Sicht des Berufsrechts grds. nicht unter den Begriff der gewerblichen Betätigung[74]. Gehört zum eigenen Vermögen jedoch ein gewerbliches Unternehmen, z.B. aufgrund Erbfalls, ist eine Tätigkeit in diesem Unternehmen, die über die Wahrnehmung von Gesellschafterrechten hinausgeht, grds. unzulässig. Möglich ist aber die vorübergehende Genehmigung einer Angestelltentätigkeit, wenn diese der Übernahme einer Notgeschäftsführung oder der Sanierung einer gewerblichen Gesellschaft dient. Die WPK erteilt die entsprechende Genehmigung auf Antrag (§ 43a Abs. 3 letzter Satz WPO). Zur Tätigkeit bei einer Vorratsgesellschaft s. Kap. A Tz. 84. Im Übrigen kann seit dem Inkrafttreten des APAReG die WPK die Übernahme gewerblicher Tätigkeiten, die mit den in § 43a Abs. 1 und 2 WPO genannten Tätigkeiten vergleichbar sind, genehmigen (§ 43a Abs. 3 S. 2 WPO).

3.1.2.2 Unzulässige Anstellungsverhältnisse

Untersagt sind alle **berufsfremden** Anstellungsverhältnisse (§ 43a Abs. 3 Nr. 2 WPO), und zwar gleichgültig, ob es sich um die Stellung als gesetzlicher Vertreter (Vorstand, Geschäftsführer, persönlich haftender Gesellschafter), gewillkürter Vertreter (Prokurist, Handlungsbevollmächtigter) oder um ein Angestelltenverhältnis ohne herausgehobene Funktion oder Vertretungsmacht handelt. Auf die tatsächliche Ausübung kommt es nicht an. So ist schon die Eintragung als Geschäftsführer ins HR als unzulässig anzusehen[75].

Die Tätigkeit eines WP als Syndikus gestattet die WPO – anders als die BRAO und das StBerG – derzeit nicht. Untersagt sind auch Angestelltenverhältnisse im Dienste einer sog. **Vorratsgesellschaft**[76], Vermögensverwaltungs-Treuhand- und Unternehmensberatungsgesellschaft[77] oder bei einem hochschulnahen Institut in der Rechtsform einer GmbH[78] sowie bei der Übernahme einer Funktion als gesetzlicher Vertreter nur „pro forma", aber ohne Ausnahmegenehmigung[79]. Nach wie vor unstatthaft bleibt auch die Tätigkeit als gesetzlicher Vertreter oder Angestellter einer gewerblich tätigen Organisation, auch wenn sie, wie die DATEV, auf berufsständischer Basis errichtet ist; es fehlt insoweit eine dem § 58 Abs. 2 Nr. 5a StBerG entsprechende Vorschrift.

---

72 Hessischer VGH v. 19.03.1996, WPK-Mitt., S. 223.
73 BVerwG v. 20.01.2016 – 10 C 24.14, www.bundesverwaltungsgericht.de, Rubrik „Rechtsprechung" (abgerufen am 26.08.2018); vgl. Kap. A Tz. 78.
74 So auch *Hense/Ulrich*, WPO³, § 43a, Rn. 214 ff.; soweit dort der Eindruck erweckt wird, die Rspr. des BFH zum gewerblichen Grundstückshandel führe auch berufsrechtlich zu einer gewerblichen Betätigung, ist dem zu widersprechen. Die Rspr. des BFH beruht auf rein steuerlichen Erwägungen.
75 VG Berlin v. 30.08.2007, WPK-Magazin 4/2007, S. 69.
76 LG München v. 31.08.1992, Stbg. 1993, S. 78; LG Hamburg v. 17.08.1993, StB, S. 387; zur möglichen Ausnahme i.Z.m. der Anerkennung einer WPG s. *Hense/Ulrich*, WPO³, § 43a, Rn. 200.
77 BGH v. 04.03.1996, DB, S. 1509, NJW, S. 1833; VG Berlin v. 30.08.2007, WPK-Magazin 4/2007, S. 69.
78 S. WPK-Magazin 1/2009, S. 27.
79 LG Münster v. 10.04.1992, DStR 1993, S. 738.

85 Das Verbot des § 43a Abs. 3 Nr. 2 WPO betrifft nicht nur Anstellungsverhältnisse bei gewerblichen Unternehmen (z.B. als Leiter des Rechnungswesens), sondern auch **Anstellungsverhältnisse bei sozietätsfähigen Personen** (vBP, StB, RA) oder – falls die Ausnahmeregelung nicht greift (Kap. A Tz. 86) – bei entsprechenden Berufsgesellschaften (BPG, StBG, Rechtsanwaltsgesellschaften). Vom Verbot des berufsfremden Anstellungsverhältnisses betroffen sind auch **ehrenamtliche Tätigkeiten** in gewerblichen Unternehmen, etwa als Mitglied des Vorstands einer Genossenschaft[80] oder eines genossenschaftlichen KI[81]. Entsprechendes gilt für Anstellungsverhältnisse bei nicht gewerblichen Organisationen, z.B. **Wirtschafts- oder Berufsverbänden** (ausgenommen Berufsorganisationen von WP, vBP oder eine EWIV, s. Kap. A Tz. 75 f.), gemeinnützigen Organisationen[82] und Idealvereinen. Nicht vom Verbot erfasst ist die Funktion als gesetzlicher Vertreter eines Idealvereins oder einer gemeinnützigen Stiftung, weil insoweit kein Anstellungsverhältnis, sondern regelmäßig nur eine ehrenamtliche Tätigkeit im nicht gewerblichen Bereich vorliegt; auf die Höhe einer etwaigen Aufwandsentschädigung kommt es dabei nicht an.

86 Eine Ausnahme vom Verbot der gewerblichen Tätigkeit gilt für die Übernahme der Funktion als **gesetzlicher Vertreter einer BPG, StBG** oder einer **Rechtsanwaltsgesellschaft** (§ 43a Abs. 1 Nr. 4 WPO), weil insoweit eine Tätigkeit ausgeübt wird, die der freiberuflichen Tätigkeit als vBP, StB oder RA entspricht. Ebenso gestattet ist die Tätigkeit als zeichnungsberechtigter Vertreter bzw. Angestellter eines Angehörigen eines ausländischen Prüferberufs oder einer ausländischen Prüfungsgesellschaft (§ 43a Abs. 1 Nr. 5 WPO); als „zeichnungsberechtigte Vertreter" (Kap. A Tz. 516) sind auch die gesetzlichen Vertreter ausländischer Prüfungsgesellschaften anzusehen.

3.1.2.3 Öffentlich-rechtliche Dienst- oder Amtsverhältnisse

87 Untersagt ist WP die Tätigkeit in einem Beamten- oder Richterverhältnis. Ausgenommen von diesem Verbot sind ehrenamtlich ausgeübte Funktionen sowie die Tätigkeit als Lehrer an Hochschulen und an wissenschaftlichen Instituten (Kap. A Tz. 73). Gem. § 44a WPO **unvereinbar** mit dem WP-Beruf ist die Übernahme eines öffentlich-rechtlichen Dienst- oder Amtsverhältnisses, z.B. als **Wahlbeamter** oder als **Minister**. Die WPK kann die Übernahme eines öffentlich-rechtlichen Dienst- oder Anstellungsverhältnisses gestatten, wenn die Wahrnehmung der Berufspflichten dadurch nicht gefährdet wird. Auf Antrag des betroffenen WP kann sie stattdessen auch einen Vertreter für diesen bestellen. Auch die Möglichkeit der Beurlaubung (§ 46 WPO) kommt in einem solchen Fall in Betracht.

88 Nicht vom Verbot des § 44a WPO betroffen und damit zulässig ist die Übernahme eines Mandats als **Abgeordneter** des BT, eines Landtags oder eines Gemeindeparlaments; in diesen Fällen besteht kein öffentlich-rechtliches Amtsverhältnis.

---

80 BGH v. 29.02.1988, WM, S. 662.
81 BFH v. 17.05.2011 – VII R 47/10, www.bundesfinanzhof.de, Rubrik „Entscheidungen" – Stichwort „StB als Vorstandsmitglied einer Genossenschaftsbank" (abgerufen am 26.08.2018).
82 OVG NRW v. 20.12.2011, Stbg. 2012, S. 229.

3.2 Berufspflichten

3.2.1 Allgemeines

Zum Kernbestand eines jeden Berufsgesetzes gehören die Regelungen zu den Berufspflichten. Darunter sind die bei der Berufsausübung zu beachtenden gesetzlichen Ge- und Verbote zu verstehen. Die **WPO** enthält die wesentlichen Vorschriften. Die aufgrund einer entsprechenden Ermächtigung (§ 57 Abs. 4 WPO) erlassene BS WP/vBP konkretisiert als untergesetzliche Norm[83] einzelne dieser Berufspflichten. Die Satzungsbestimmungen haben für die Mitglieder der WPK materiell-rechtlichen Charakter und sind zu befolgen. 89

Bestehen Zweifel, ob ein bestimmtes Handeln den berufsrechtlichen Pflichten entspricht, empfiehlt sich eine Klärung, etwa durch Unterrichtung der WPK. Hinsichtlich der Abgrenzung erlaubter bzw. verbotener Tätigkeiten darf sich der Berufsangehörige nach Auffassung des OLG Frankfurt am Main[84] nicht auf sein eigenes Urteil verlassen. 90

Die Einhaltung der Berufspflichten (wie etwa die Unabhängigkeit) ist, soweit sie sich auf einen konkreten Auftrag beziehen, von der Entscheidung über die Auftragsannahme an bis zu dessen Erledigung und bei einzelnen Berufspflichten (Verschwiegenheit) darüber hinaus zu gewährleisten. Dem dient die Einrichtung des Qualitätssicherungssystems nach § 55b WPO (vgl. im Einzelnen Kap. D). 91

3.2.2 Berufspflichten und Bilanzrecht

Die WPO normiert die unmittelbaren Berufspflichten des WP. Aber auch dem **Bilanzrecht** lassen sich unmittelbar oder zumindest mittelbar Anforderungen an die Berufsausübung entnehmen. Die Tatbestände des § 319 HGB regeln die **Befangenheits- und Ausschlussgründe**, die bei jeder gesetzlichen Abschlussprüfung im privaten wie im öffentlich-rechtlichen Bereich zu beachten sind.[85] Bei Abschlussprüfungen von Unternehmen von öffentlichem Interesse i.S.d. §§ 319a, 264d HGB sind zusätzlich die **besonderen Ausschlussgründe** von Bedeutung, die in der VO (EU) Nr. 537/2014 geregelt sind. Daneben sind die Regelungen in §§ 318, 319a HGB zu beachten, in denen der deutsche Gesetzgeber die in der VO (EU) Nr. 537/2014 eingeräumten Wahlrechte ausgeübt hat. Diese besonderen Ausschlussgründe berücksichtigen die erhebliche öffentliche Bedeutung, die solchen Unternehmen wg. des Umfangs, der Komplexität und der Art ihrer Geschäftstätigkeit zukommt, so dass die Beurteilung der Besorgnis der Befangenheit eines APr. auch aus Sicht eines verständigen Dritten kritischer ausfällt mit der Folge, dass strengere Maßstäbe anzulegen sind.[86] Durch § 319b HGB wird sichergestellt, dass die Unabhängigkeitsregelungen bei Zugehörigkeit zu einem Netzwerk (Kap. A Tz. 157 ff.) auch von diesem zu beachten sind. 92

Berufsrecht und Bilanzrecht stimmen insoweit überein, als der Begriff „**Besorgnis der Befangenheit**" sowohl in § 49 Hs. 2 WPO als auch in § 319 Abs. 2 HGB verwendet wird. 93

---

83 BVerfG v. 14.12.1999, WPK-Mitt. 2000, S. 63.
84 OLG Frankfurt am Main v. 28.02.1996, DStR, S. 1304.
85 Die Unabhängigkeitsvorschriften konkretisieren die Richtlinienregelungen unter Berücksichtigung der bisherigen nationalen Rechtslage sowie der EU-Empfehlung zur Unabhängigkeit des Abschlussprüfers. Daneben werden auch Elemente des US-amerikanischen SOA v. 30.07.2002 berücksichtigt.
86 RL 2014/56/EU, Erwägungsgrund 2.; vgl. auch Regierungsbegründung zum BilReG zu § 319a HGB, BT-Drs. 15/3419 v. 24.06.2004, S. 50, rechte Sp.

Die Verwendung desselben Begriffes führt dazu, dass bei einer Verwirklichung der **Ausschlusstatbestände** der §§ 319 Abs. 3, 319a, 319b Abs. 1 HGB zugleich berufsrechtlich ein **Tätigkeitsverbot** besteht[87]. Auch berufsrechtlich wird die Besorgnis der Befangenheit in diesen Fällen also unwiderleglich vermutet (vgl. § 31 Abs. 2 BS WP/vBP).

94 Ferner normiert **§ 323 Abs. 1 HGB** weitere Pflichten für den APr. Dieser ist demnach bei der Durchführung einer Prüfung zur Gewissenhaftigkeit, Unparteilichkeit und Verschwiegenheit verpflichtet. Inhaltlich stimmen diese Regelungen mit den Berufspflichten des § 43 Abs. 1 WPO überein.

3.2.3 Unabhängigkeit

95 Der Beruf des WP muss unabhängig ausgeübt werden (§ 43 Abs. 1 S. 1 WPO). Die Unabhängigkeit ist auch international als Anforderung an den prüfenden Beruf anerkannt; sie ist bereits in der 8. EG-Richtlinie[88] (Art. 24) verankert und in der RL 2014/56/EU manifestiert[89].

96 Nach der **EU-Empfehlung zur Unabhängigkeit des APr.**[90] und dem **IESBA Code of Ethics for Professional Accountants**[91] umfasst die Unabhängigkeit sowohl die innere[92] als auch die äußere Unabhängigkeit. Die **äußere Unabhängigkeit** (das Nichtbestehen der Besorgnis der Befangenheit) wird aufgefasst als Vermeidung von Tatsachen und Umständen, die so schwer ins Gewicht fallen, dass ein sachverständiger und informierter Dritter die Fähigkeit des APr. zur objektiven Wahrnehmung seiner Aufgaben in Zweifel ziehen würde.

3.2.3.1 Besorgnis der Befangenheit

97 Die Berufsangehörigen müssen ihre Unbefangenheit gewährleisten. Unbefangen ist, wer sich sein Urteil frei von unsachgemäßen Erwägungen bildet (§ 29 Abs. 2 BS WP/vBP). Insb. die im öffentlichen Interesse wahrgenommene Funktion des APr. verlangt, dass der WP bei seinen Feststellungen, Beurteilungen und Entscheidungen frei von Einflüssen, Bindungen und Rücksichten ist, und zwar gleichgültig, ob sie persönlicher, wirtschaftlicher oder rechtlicher Natur sind. Er muss alles vermeiden, was bei objektiver Betrachtung Misstrauen in seine unabhängige und neutrale Stellung begründet. Demgemäß bestimmt § 49 Hs. 2 WPO (ebenso § 29 Abs. 1 BS WP/vBP), dass der WP seine Tätigkeit zu versagen hat, wenn die Besorgnis der Befangenheit bei der Durchführung eines Auftrags besteht. Ebenso schließt § 319 Abs. 2 HGB einen WP als APr. aus, wenn während des GJ, für dessen Schluss der zu prüfende JA aufgestellt wird oder während der

---

[87] Zu den Rechtsfolgen bei Verwirklichung von Ausschlusstatbeständen der VO (EU) Nr. 537/2014 s. Kap. A Tz. 162.
[88] RL 84/253/EWG, Abl.EG, Nr. L 126, S. 20, abgedruckt in *Biener/Berneke*, BiRiLiG, S. 858. Auch die RL 2014/56/EU enthält in Art. 22 und 40 entsprechende Regelungen.
[89] Vgl. RL 2014/56/EU, Erwägungsgründe 1 und 6.
[90] Empfehlungen der Kommission v. 16.05.2002 zur Unabhängigkeit des APr. in der EU – Grundprinzipien (im Folgenden: EU-Empfehlung zur Unabhängigkeit), Abl.EG, Nr. L 191 v. 19.07.2002, S. 22-57; s. dazu *Niehues*, WPK-Mitt. 2002, S. 182.
[91] Hrsg. im Juli 2009, in Kraft getreten am 01.01.2011, zuletzt geändert mit Wirkung vom 15.07.2017, www.ifac.org; die deutsche Fassung kann unter http://www.wpk.de/wpk/rechtsvorschriften (abgerufen am 26.08.2018) abgerufen werden.
[92] Innere Unabhängigkeit (= Unbefangenheit) meint die innere Einstellung, die ausschließlich die zur Erfüllung des vorliegenden Auftrags relevanten Aspekte in Betracht zieht.

Abschlussprüfung Gründe vorliegen, nach denen die Besorgnis der Befangenheit besteht.[93] Der Ausschluss gilt so lange, wie der APr. die Besorgnis der Befangenheit nicht durch geeignete Schutzmaßnahmen beseitigt hat[94]. In den Fällen der gesetzlichen Ausschlusstatbestände der §§ 318, 319 Abs. 3, 319a, 319b Abs. 1 S. 2 HGB und der Art. 4, 5, 17 VO (EU) Nr. 537/2014 wird die Besorgnis der Befangenheit unwiderleglich vermutet. Darüber hinaus kann der bestellte APr. wegen Besorgnis der Befangenheit unter den Voraussetzungen des § 318 Abs. 3 HGB vom Gericht durch einen anderen WP ersetzt werden (s. dazu Kap. A Tz. 163 ff.).

98 Die Unbefangenheit kann insb. durch **Eigeninteressen, Selbstprüfung, Interessenvertretung** sowie **persönliche Vertrautheit** beeinträchtigt werden[95]. Umstände, die die Unbefangenheit beeinflussen, können sich aus Beziehungen **geschäftlicher, finanzieller** oder **persönlicher Art** ergeben (§ 319 Abs. 2 HGB, § 29 Abs. 2 BS WP/vBP).

99 Ob bei Vorliegen bestimmter Sachverhalte die Besorgnis der Befangenheit zu bejahen ist, beurteilt sich **aus Sicht eines verständigen Dritten**; auf die eigene Einschätzung des Berufsangehörigen oder die bloße Behauptung eines Betroffenen kommt es nicht an. Dabei sind die im Einzelfall getroffenen **Schutzmaßnahmen** in die Wertung einzubeziehen[96]. Zu derartigen Maßnahmen s. Kap. A Tz. 150. Wenn gesetzliche Ausschlusstatbestände verwirklicht worden sind, bleiben solche Schutzmaßnahmen allerdings außer Betracht (s. auch § 31 Abs. 2 S. 2 BS WP/vBP) und können die Verwirklichung dieser Tatbestände nicht verhindern. Ebenso wenig stehen gesetzliche Ausschlussgründe zur Disposition der zu prüfenden Gesellschaft, so dass eine Bestellung des WP zum APr. in Kenntnis der Ausschlussgründe Letztere nicht beseitigt.

3.2.3.1.1 Eigeninteresse

100 Berührt die Tätigkeit die eigenen, meist finanziellen Interessen des WP, ist seine unbefangene Urteilsfähigkeit in Frage gestellt. Sind darüber hinaus seine finanziellen Belange mit denen des Auftraggebers verknüpft, ist die Besorgnis der Befangenheit kaum zu vermeiden.

101 § 319 Abs. 3 S. 1 HGB greift die wirtschaftliche Abhängigkeit ebenfalls auf und bestimmt, dass als APr. ausgeschlossen ist, wer bei dem zu prüfenden Unternehmen im **Anstellungsverhältnis** tätig (Nr. 2) oder wg. des **Honorarvolumens** als von dem zu prüfenden Unternehmen wirtschaftlich abhängig anzusehen ist (Nr. 5). Diese wirtschaftliche Abhängigkeit ist nach Auffassung des Gesetzgebers erreicht, wenn der APr. in den letzten fünf Jahren jeweils mehr als 30% der Gesamteinnahmen seiner beruflichen Tätigkeit aus der Prüfung und Beratung der zu prüfenden KapGes. sowie von Unternehmen, an denen diese mehr als 20% der Anteile besitzt, bezogen hat und diese Relation auch im lfd. GJ zu erwarten ist. In **Härtefällen** kann die WPK einem Berufsangehörigen trotz Überschreitens dieser Grenze gestatten, als APr. bei der entsprechenden Gesellschaft tätig zu werden (§ 319 Abs. 3 Nr. 5 letzter Hs. HGB).

Zur Honorargrenze bei Unternehmen von öffentlichem Interesse s. Kap. A Tz. 136 ff.

---

93 § 319 Abs. 2 HGB in Umsetzung v. Art. 22 Abs. 1 Unterabs. 2 RL 2014/56/EU.
94 Regierungsbegründung zum AReG, BT-Drs. 18/7219 v. 11.01.2016, S. 48.
95 EU-Empfehlung zur Unabhängigkeit, A: Rahmenkonzept 3. sowie im Anhang unter 3.
96 So auch die Regierungsbegründung zum BilReG zu § 319 Abs. 2 HGB, BT-Drs. 15/3419 v. 24.06.2004, S. 38, rechte Sp.

102 Eigene finanzielle Interessen hat auch, wer **Anteile** an der zu prüfenden KapGes. oder an einem mit dieser verbundenen Unternehmen besitzt (§ 319 Abs. 3 S. 1 Nr. 1 HGB). Zu den Anteilen gehören auch solche, die nur **treuhänderisch** gehalten werden. Unwesentliche Beteiligungen an einem **Fonds** mit wechselndem Bestand, auf den der Anleger keinen Einfluss ausüben kann (z.B. Investmentfonds), bleiben davon unberührt[97].

103 Die Vorschrift des § 319 Abs. 3 S. 1 Nr. 1 HGB schließt ebenso Berufsangehörige ein, die zwar keine Anteile halten, aber andere **nicht nur unwesentliche Interessen** an dem zu prüfenden Unternehmen besitzen[98]. Solche Interessen können bestehen, wenn der APr. aus anderen als in § 319 Abs. 3 Nr. 5 HGB geregelten Gründen vom wirtschaftlichen Gedeihen bzw. Fortbestand des Auftraggebers abhängig ist. In diesen Fällen dürften seine Interessen im Allgemeinen auch als wesentlich einzustufen sein. § 2 Abs. 2 BS WP/vBP enthält einen Katalog von Leistungen, die dem WP verboten sind. Danach ist die Annahme von **Versorgungszusagen**, die Aufnahme eines **Darlehens** von dem Mandanten oder eine **Bürgschaft** durch diesen für den WP untersagt. Umgekehrt dürfen auch keine **Mandantenrisiken** übernommen werden, z.B. eine Bürgschaft, Schuldscheine oder Schuldverschreibungen für den Auftraggeber. Die Unbefangenheit ist ebenfalls nicht gewährleistet, wenn ein WP dem andauernden Druck einer **wirtschaftlichen Notlage** ausgesetzt ist. In diesem Fall liegt die Gefahr nahe, dass jedes Mandat ohne Rücksicht darauf angenommen wird, ob es mit der gebotenen Sorgfalt bearbeitet wird[99]. Die Rspr. sieht in einem solchen Fall keine Schutzmaßnahme darin, dass der in wirtschaftliche Not geratene WP noch als Angestellter unter Aufsicht eines anderen WP tätig werden kann[100]. Darüber hinaus ist auch die Vereinbarung eines Erfolgshonorars bei bestimmten Tätigkeiten verboten. Zu weiteren Fällen des Eigeninteresses vgl. § 32 BS WP/vBP.

104 Nicht nur finanzielle Eigeninteressen können die Besorgnis der Befangenheit auslösen, sondern auch sonstige eigene Belange. Nach § 23 Abs. 2 BS WP/vBP können solche aus Pflichtverletzungen aus vorangegangenen Tätigkeiten resultieren, sofern ein Verdeckungsrisiko besteht. Dabei reicht die abstrakte Möglichkeit der Haftung allerdings nicht aus[101]. Einen Fall des Verdeckungsrisikos nahm der BGH in seiner Entscheidung v. 25.11.2002[102] an. Demnach führt der Umstand, dass der APr. in einem der Prüfung vorausgehenden Verschmelzungsgutachten nicht auf Erschwernisse bei der Wertermittlung, die eine sachgemäße Ermittlung der Verschmelzungswertrelation unmöglich machen, hinweist, zu einem **Verdeckungsrisiko**. Bei einem derartigen Sachverhalt bestehe die Versuchung, schon aus natürlicher Selbstrechtfertigungstendenz und dem Bemühen um Ansehenswahrung, die gegebenen Risiken im BestV und LB als nicht gravierend und ungefährlich darzustellen[103].

---

97 Beschlussempfehlung und Bericht des Rechtsausschusses zum BilReG, BT-Drs. 15/4054 v. 27.10.2004, S. 38, rechte Sp. Der Rechtsausschuss weist zugleich darauf hin, dass finanzielle Interessen dann nicht verwirklicht sind, wenn sie nur einen laufenden Vergütungs- oder Verzinsungsanspruch betreffen.
98 Vgl. Regierungsbegründung zum BilReG, BT-Drs. 15/3419 v. 24.06.2004, S. 38 f.
99 OLG Düsseldorf v. 10.08.1988, Stbg. 1989, S. 128; BGH v. 05.06.1989, Stbg. 1989, S. 345.
100 *OVG Berlin v. 03.09.2004*, WPK-Magazin 4/2004, S. 46.
101 S. dazu im Einzelnen Erläuterungen zu § 33 Abs. 2 BS WP/vBP.
102 NJW 2003, S. 970.
103 Zu rechtlichen und praktischen Aspekten dieser Entscheidung vgl. *Gelhausen/Kuss*, NZG 2003, S. 424; *Knorr*, in: FS Röhricht, S. 941; s. auch *Ebke*, Befangenheit, S. 517.

3.2.3.1.2 Selbstprüfung

Besorgnis der Befangenheit und damit eine Unvereinbarkeit der Prüfungs- und sonstigen Tätigkeit beim selben Auftraggeber erwächst auch aus dem Umstand, dass der WP einen Sachverhalt zu beurteilen hat, an dessen Entstehung er selbst unmittelbar beteiligt und diese Beteiligung nicht von nur untergeordneter Beteiligung war (Selbstprüfungsverbot, § 33 BS WP/vBP). Problematisch ist die Prüfungstätigkeit aber nur dann, wenn sie der sonstigen Tätigkeit nachfolgt. Geht die Prüfungstätigkeit etwa der Beratung des Mandanten voraus, ist die Prüfungstätigkeit ohnehin zulässig. **105**

Einen Fall der Selbstprüfung bildet auch § 319 Abs. 3 S. 1 Nr. 3 Buchst. a) HGB ab, wenn der APr. über die Prüfungstätigkeit hinaus in dem zu prüfenden GJ oder bis zur Erteilung des BestV bei der **Führung der Bücher** oder der **Aufstellung des zu prüfenden JA** der KapGes. mitgewirkt hat. Ein Verstoß gegen das Selbstprüfungsverbot ist auch zu bejahen, wenn die Erstellung von Teilen des JA vom APr. übernommen und etwa Abschreibungen und Wertberichtigungen erst vom Prüfer ermittelt werden[104]. Kritisch gesehen werden muss auch die Übernahme von Teilbereichen der Buchführung, etwa die verantwortliche Übernahme der gesamten **Lohn- und Gehaltsbuchführung**[105]; zu Unternehmen von öffentlichem Interesse s. Kap. A Tz. 126. **106**

Als einen Fall der unzulässigen Selbstprüfung i.S.d. § 319 Abs. 3 Nr. 3a HGB wird vor dem Hintergrund des § 317 Abs. 3 S. 2 HGB die Prüfung eines KA angesehen, wenn der KAPr. den **JA eines TU**, das in den JA des Konzerns eingeht, erstellt hat[106]. **107**

Eine schädliche Mitwirkung i.S.v. § 319 Abs. 3 S. 1 Nr. 3 Buchst. a) HGB ist von einer zulässigen Beratung abzugrenzen. Mit seiner richtungweisenden Entscheidung v. 21.04.1997[107] zur Zulässigkeit von **Abschlussprüfung und gleichzeitiger Beratung** desselben Mandanten stellt der BGH dabei maßgeblich auf das Merkmal der funktionalen Entscheidungszuständigkeit ab. Demnach liegt eine unschädliche Beratung so lange vor, wie sich der APr. in seiner Rolle als Berater darauf beschränkt, Handlungsmöglichkeiten und ihre Konsequenzen aufzuzeigen, während die Entscheidung dem Mandanten selbst vorbehalten bleibt. Stellt das so beratene Unternehmen den JA in eigener Verantwortung und Entscheidungszuständigkeit gem. § 242 HGB selbst auf, bleibt die Prüfungsbefugnis des APr. selbst dann erhalten, wenn der Mandant seinem Rat folgt. Da der Rat des APr. nur eine **Entscheidungshilfe** darstellt, wird bei der nachfolgenden Prüfung des JA eine fremde Leistung und Entscheidung und nicht die eigene überprüft. Ein Verstoß gegen das Selbstprüfungsverbot liegt im Regelfall erst dann vor, wenn seine Beratung über die Darstellung von Alternativen zum Zwecke der Entscheidungshilfe hinausgeht und er selbst anstelle des Mandanten eine **unternehmerische Entscheidung** trifft. Solange dem Mandanten die Entscheidungskompetenz verbleibt, dem Rat zu folgen oder nicht, kann sogar eine alternativlose Empfehlung innerhalb der zulässigen Grenzen bleiben. In einem solchen Fall kommt der Rat nämlich einer zulässigen Teilprüfungsentscheidung i.S. einer die Prüfung vorbereitenden Beratung gleich. Der BGH hat damit dem APr. auch den Weg geebnet zu einer konkreten und nicht nur abstrakt **108**

---

104 S. OLG Köln v. 01.07.1992, BB, S. 2108.
105 BeBiKo¹¹, § 319, Rn. 50.
106 WPK-Magazin 1/2010, S. 26, WPK-Magazin 3/2010, S. 37.
107 NJW, S. 2178, WPg, S. 566.

allgemeinen Beratung. Diese Entscheidung deckt sich auch mit der vom Berufsstand vertretenen Auffassung[108] und steht in Einklang mit der RL 2014/56/EU[109].

109 Unzweifelhaft ist nach der Entscheidung des BGH v. 21.04.1997[110], dass der APr. eine umfassende **Steuerberatungsleistung** gegenüber der zu prüfenden Gesellschaft erbringen kann (zu den Einschränkungen bei Unternehmen von öffentlichem Interesse vgl. Kap. A Tz. 129 f.), wozu auch die Beratung bei der KSt-Rückstellung und die Berechnung der Pensionsrückstellung[111] gehört. Sofern allerdings bei der Bildung von Rückstellungen Entscheidungsspielräume gegeben sind, müssen diese vom Unternehmen selbst wahrgenommen werden. Ansonsten läuft der APr. Gefahr, den Ausschlusstatbestand des § 319 Abs. 3 S. 1 Nr. 3 Buchst. d) HGB (Kap. A Tz. 115) zu verwirklichen. Zudem wird die Grenze zur unzulässigen Mitwirkung überschritten, wenn der Prüfer eine sog. **Einheitsbilanz**, die zugleich Handels- und Steuerbilanz ist, erstellt[112] und prüft.

110 Kein Streit besteht darüber, dass der APr. i.R. seines Beanstandungsrechts und seiner **Korrekturfunktion**[113] auf Änderungen der Buchführung und des JA hinzuwirken hat, um einen BestV erteilen zu können. Es gehört zu seiner Korrekturfunktion, dass aufgedeckte Mängel beseitigt werden. Wird in diesem Zusammenhang eine Umbuchungsliste erstellt, liegt auch darin keine schädliche Mitwirkung[114]. Allenfalls dann, wenn die vom Unternehmen vorgelegten Zahlen völlig unbrauchbar sind, dürfte die Grenze zur Erstellung überschritten werden[115]. Nach Auffassung des OLG Brandenburg muss das zur Prüfung vorzulegende Zahlenwerk inhaltlich und formal den gesetzlichen Anforderungen entsprechen sowie von dem zuständigen Organ in gutem Glauben aufgestellt worden sein[116].

111 Zulässig ist die Beratung zur Gestaltung der **Arbeits- und Ablauforganisation** sowie zur Nutzung von Organisationshilfen wie Buchführungssystemen; ebenfalls zulässig ist es, eine Beraternummer bei der DATEV[117] zur Verfügung zu stellen.

112 Die Besorgnis der Befangenheit führt bei **MaBV-Prüfungen** zum Ausschluss, wenn der Prüfer die zu prüfenden Aufzeichnungen selbst – ganz oder z.T. – erstellt hat; grds. nicht schädlich ist hingegen die Mitwirkung bei der steuer-/handelsrechtlichen Buchführung in diesen Fällen. Ebenso wenig bestehen grundsätzliche Bedenken gegen eine Vereinbarkeit der Erstellung des JA und einer **Prüfung nach § 36 Abs. 1 WpHG** sowie einer

---

108 Vgl. ADS[6], § 319 HGB, Tz. 63; Verlautbarung des WPK-Vorstands zur Abgrenzung von Prüfung und Erstellung, WPK-Mitt. 1996, S. 196.
109 S. Erwägungsgrund 6 RL 2014/56/EU.
110 NJW 1997, S. 2178, WPg 1997, S. 566; BeBiKo[11], § 319, Rn. 52.
111 *Heni*, DStR 1997, S. 1210/1213; *Dörner* in: FS Stehle, S. 96; *Röhricht*, WPg 1998, S. 153/161, m.w.N.; *Ebke* in: MünchKomm HGB[3], § 319, Rn. 67; kritisch zu Pensionsrückstellungen BeBiKo[11], § 319, Rn. 53.
112 *Röhricht*, WPg 1998, S. 153; ADS[6], § 319 HGB, Tz. 132, m.w.N.; *Ebke* in: MünchKomm HGB[3] § 319, Rn. 61; zur Kompetenz für die Erstellung der Handelsbilanz und der Ausübung von Wahlrechten im Allgemeinen s. auch BGH v. 29.03.1996, DB, S. 926.
113 Vgl. BeBiKo[11], § 319, Rn. 49.
114 A.A. LG Berlin v. 06.07.1996, Stbg., S. 413, das vorgenommene Korrekturen als unzulässige Erstellung gewertet hatte, wenn im Vergleich des zur Prüfung vorgelegten Abschlusses zu dem testierten Abschluss *erhebliche Unterschiede in den einzelnen Bilanzpositionen* bestehen.
115 *Röhricht*, WPg 1998, S. 153.
116 OLG Brandenburg v. 10.07.2001 – 11 U 37/00, GmbHR, S. 8, mit Anm. *Römermann*; OLG Hamm v. 27.01.2009, WPK Magazin 4/2009, S. 56.
117 Ähnlich EU-Empfehlung zur Unabhängigkeit, B. 7.2.1.2.; s. BeBiKo[11], § 19, Rn. 49 m.w.N.

Prüfung nach § 24 FinVermV[118], weil diese Prüfungen nicht den JA zum Gegenstand haben und daher keine Prüfungsaussage zur Finanzbuchhaltung bzw. Rechnungslegung getroffen wird. Dasselbe gilt für die Durchführung unterschiedlicher Prüfungsaufträge in demselben Unternehmen, sofern dies nicht kraft Gesetzes, z.B. im Falle der **Sonderprüfung** nach § 258 Abs. 1 AktG, ausgeschlossen ist (§ 258 Abs. 4 AktG). Der spätere APr. einer AG kann auch als deren **Gründungsprüfer** (§ 33 AktG) tätig werden. Ebenfalls bestehen grds. keine Bedenken gegen die Übernahme der **Sacheinlageprüfung** und der **Verschmelzungsprüfung**[119] durch den APr. Weiterhin ist es möglich, dass der APr. gleichzeitig eine **Mittelverwendungskontrolle** vornimmt. Auch sind **Due-Diligence-Aufträge** mit der Abschlussprüfung vereinbar[120]. Gleichermaßen unbedenklich ist die Bestellung als gerichtlicher Sachverständiger im Spruchstellenverfahren[121].

Für die Stellung als APr. schädlich ordnet § 319 Abs. 3 S. 1 Nr. 3 Buchst. b) HGB die Mitwirkung bei der **Durchführung der internen Revision** in verantwortlicher Position ein. Auch in diesem Ausschlussgrund sieht der Gesetzgeber – internationalen Vorgaben[122] folgend – einen Anwendungsfall des Selbstprüfungsverbots, weil der APr. das rechnungslegungsbezogene IKS beurteilen muss[123]. Zur Vermeidung einer Mitwirkung in verantwortlicher Position sollte der APr. darauf achten, dass die Unternehmensleitung die Verantwortung für das gesamte IKS übernimmt, die Aufgaben und Tätigkeiten der Internen Revision festlegt sowie deren Feststellungen und Empfehlungen umsetzt[124]. Wirkt der APr. unter Berücksichtigung der dargelegten Verantwortung in Teilbereichen der Internen Revision mit oder übernimmt er einzelne Prüfungstätigkeiten auf diesem Gebiet, ist dies zulässig[125]. Nicht miteinander vereinbar sind auch die Funktionen als APr. und **Datenschutzbeauftragter** (Kap. A Tz. 79). Zu Unternehmen von öffentlichem Interesse s. Kap. A Tz. 133.

113

Übernimmt der WP Funktionen der Unternehmensleitung, liegt darin stets ein Ausschlussgrund (§ 319 Abs. 3 S. 1 Nr. 3 Buchst. c) HGB). Das gilt unabhängig davon, auf welchem Gebiet diese Funktion übernommen wird. Ebenso ist nach der genannten Vorschrift derjenige als APr. ausgeschlossen, der gegenüber dem zu prüfenden Unternehmen bestimmte Finanzdienstleistungen erbringt (s. auch § 33 Abs. 5 BS WP/vBP).

114

Als weiteren Fall der Selbstprüfung und damit als Ausschlussgrund qualifiziert § 319 Abs. 3 S. 1 Nr. 3 Buchst. d) HGB das Erbringen von **eigenständigen** versicherungsmathematischen oder **Bewertungsleistungen**, die sich auf den zu prüfenden JA nicht nur unwesentlich auswirken. Die Regelung knüpft an das Urteil des BGH v. 25.11.2002 an, wonach die Erstattung des Verschmelzungswertgutachtens und die Verschmelzungswertermittlung den Berufsangehörigen nicht ohne Weiteres von der Abschlussprüfung bei der Zielgesellschaft ausschließen. Eine **eigenständige** Bewertungsleistung ist zu bejahen, wenn der WP wichtige Annahmen für die Bewertung, z.B. den Kapitalisierungszinsfuß, selbst festlegt. Werden alle Berechnungsgrundlagen vom Unternehmen

115

---

118 Vgl. Stellungnahme der WPK, WPK Magazin 02/2014, S. 36 f.
119 BGH v. 25.11.2002 – II ZR 49/01, NJW 2003, S. 970.
120 Vgl. dazu FAR, *FN-IDW* 1998, S. 287.
121 OLG Düsseldorf v. 24.05.2006, WM, S. 2137.
122 SOA of 2002, sec. 201, S. 771 f.; EU-Empfehlung zur Unabhängigkeit, B. 7.2.4.
123 S. Regierungsbegründung zum BilReG, BT-Drs. 15/3419, S. 39, linke Sp.
124 *Peemöller/Oehler*, BB 2004, S. 539; vgl. auch BeBiKo¹¹, § 319, Rn. 58.
125 Vgl. auch § 33 Abs. 4 BS WP/vBP.

oder durch die Sachlogik vorgegeben, fehlt es an der Eigenständigkeit. Außerdem muss sich das Ergebnis der eigenständigen Bewertung unmittelbar im JA wiederfinden. Die Frage, ob sich Bewertungsleistungen wesentlich auf den zu prüfenden JA auswirken, ist für sämtliche im GJ erbrachten Bewertungsleistungen einheitlich zu beurteilen. Zu Unternehmen von öffentlichem Interesse s. Kap. A Tz. 131.

116 Tätigkeiten von untergeordneter Bedeutung gem. § 319 Abs. 3 S. 1 letzter Hs. HGB sind für die Verwirklichung der Ausschlusstatbestände des § 319 Abs. 3 S. 1 Nr. 3 Buchst. a)-d) HGB unschädlich. Welche Tätigkeiten erfasst gehören, ist nicht geklärt. Jedenfalls muss die Tätigkeit für die Abschlussprüfung unter dem Gesichtspunkt der Selbstprüfung von untergeordneter Bedeutung sein, was unter Berücksichtigung aller Umstände des Einzelfalls unter Einschluss von Schutzmaßnahmen zu beurteilen ist. Daraus folgt, dass Wesentlichkeitsüberlegungen zu einzelnen Bilanzpositionen nicht allein ausschlaggebend sind.

3.2.3.1.3 Verhältnis der absoluten Ausschlussgründe zur allgemeinen Besorgnis der Befangenheit

117 § 319 Abs. 2 und Abs. 3 HGB stehen im Verhältnis von Grundregel und Konkretisierung zueinander[126]. Sind Tatbestandsmerkmale des § 319 Abs. 3 HGB nicht vollständig erfüllt, kann Besorgnis der Befangenheit i.R.d. Generalklausel nur dann bestehen, wenn **zusätzliche Umstände** eine nicht unbedeutende Gefährdung der Unbefangenheit begründen (§ 31 Abs. 3 BS WP/vBP)[127]. Solche Gefährdungen können sich z.B. aus der besonderen wirtschaftlichen Bedeutung des Sachverhalts ergeben. Darüber hinaus hat zur Reichweite der Ausschlussgründe des § 319 Abs. 3 HGB das LG Berlin mit Beschluss v. 25.02.2010[128] gegen einen Rügebescheid der WPK ansatzweise Stellung genommen. In dem entschiedenen Fall ging es um die Frage, ob ein Berufsangehöriger von der Abschlussprüfung bei einer GmbH & Co. KG gem. § 319 Abs. 3 S. 1 Nr. 2 HGB ausgeschlossen ist, wenn ein Sozius Mitglied im Beirat der Komplementär-GmbH der geprüften Gesellschaft ist. Das LG hat abweichend von der Wertung der WPK lediglich das Vorliegen einer allgemeinen Besorgnis der Befangenheit nach § 319 Abs. 2 HGB bejaht. Es sei zweifelhaft, ob rechtssystematisch eine Normverwirklichung der Ausschlusstatbestände des § 319 Abs. 3 S. 1 HGB bei Sachverhalten bejaht werden kann, die von dem Wortlaut nicht unmittelbar erfasst sind. Außerdem sei der Beirat nicht ein solcher der geprüften Gesellschaft, sondern ihrer Komplementärin. Dieser Entscheidung kommt im Hinblick auf die unterschiedlichen Rechtsfolgen von § 319 Abs. 3 oder § 319 Abs. 2 HGB (Schutzmaßnahmen nach § 31 BS WP/vBP) für die Praxis erhebliche Bedeutung zu[129].

3.2.3.1.4 Interessenvertretung

118 Eine Beratungstätigkeit, die über eine fachliche oder wissenschaftliche Sachaufklärung bzw. über eine gutachterliche Darstellung von Alternativen, also über eine Entscheidungshilfe, hinausgeht, steht der gleichzeitigen Tätigkeit als APr. des beratenen

---

[126] Vgl. Regierungsbegründung zum AReG, BT-Drs. 18/7219 v. 11.01.2016, S. 47.
[127] Vgl. hierzu auch *Heidel/Schall*, HGB², § 319, Rn. 12.
[128] WPK-Magazin 2/2010, S. 54.
[129] Kritisch zu dem Beschluss, insb. zu der Frage der Anwendung des § 319 Abs. 3 S. 1 Nr. 2 HGB auf dem AR gleichgestellte Gremien vgl. *Gelhausen/Buchenau*, WPK-Magazin 2/2010, S. 42.

Unternehmens entgegen, wenn der Eindruck erweckt wird, dass die Funktion des außenstehenden unbefangenen WP nicht mehr gegeben ist, weil der Berufsangehörige als **Interessenvertreter** des zu prüfenden Unternehmens auftritt.

Besorgnis der Befangenheit wg. Interessenvertretung kann sich ergeben, wenn der WP in anderer Angelegenheit beauftragt war, Interessen für oder gegen das zu prüfende, das zu begutachtende oder das den Auftrag erteilende Unternehmen zu vertreten (§ 34 Abs. 1 BS WP/vBP). Voraussetzung ist, dass die Interessenvertretung von einigem Gewicht ist. Tritt der Berufsangehörige etwa als Generalbevollmächtigter[130] des zu prüfenden Unternehmens auf, ist die Interessenvertretung und eine unbefangene Abschlussprüfung aus Sicht eines verständigen Dritten offensichtlich nicht mehr vorstellbar. Gleiches gilt für die Abschlussprüfung eines Bauträgers, wenn der WP als Treuhänder der Bauherren fungiert. Zu weiteren Fällen unzulässiger Interessenvertretung vgl. § 34 Abs. 2 BS WP/vBP. 119

Praktisch relevant sind Fälle, in denen **Treuhandfunktionen** für Gesellschafter des zu prüfenden Unternehmens wahrgenommen werden. Ist damit die Interessenwahrnehmung nur für einzelne Gesellschafter oder eine Gruppe von Gesellschaftern verbunden, lässt sich die Besorgnis der Befangenheit nicht vermeiden[131]. 120

Für die Eignung als gesetzlicher APr. unschädlich ist es, wenn neben der Prüfung ergänzende Kontrolltätigkeiten im Auftrag von Gesellschaftern vorgenommen werden und alle anderen Gesellschafter zugestimmt haben. Eine solche Kontrolltätigkeit ist etwa die **Bucheinsicht** nach § 166 HGB. 121

Zum Sonderfall des Verbots der Wahrnehmung **widerstreitender** Interessen gem. § 53 WPO vgl. Kap. A Tz. 152 f. 122

3.2.3.1.5 Persönliche Vertrautheit

Neben geschäftlichen und finanziellen Beziehungen nennt § 319 Abs. 2 HGB Beziehungen persönlicher Art als Grund für die Besorgnis der Befangenheit. Verwandtschaftliche, aber auch andere persönliche Beziehungen, die zu einer Vertrautheit führen können, gefährden eine unvoreingenommene Prüfung oder Urteilsbildung. Nach § 35 BS WP/vBP werden hiervon persönliche Beziehungen zu dem zu prüfenden, zu begutachtenden oder den Auftrag erteilenden Unternehmen, den Mitgliedern der Unternehmensleitung oder zu Personen, die auf den Prüfungsgegenstand Einfluss haben, erfasst. Zum Tragen kommt dieser Befangenheitsgrund etwa in Fällen, in denen ein naher Familienangehöriger des WP beim Prüfungsmandanten für die Führung der Bücher oder die Erstellung des JA verantwortlich ist oder unmittelbar Einfluss hierauf hat. Das gleiche gilt, wenn diese persönliche Vertrautheit zwischen Mitgliedern des Prüfungsteams und deren nahen Familienangehörigen oder dem genannten Personenkreis des Unternehmens besteht[132]. 123

Ein Befangenheitsrisiko kann sich gem. § 319 Abs. 2 HGB unter dem Aspekt der persönlichen Vertrautheit auch daraus ergeben, dass der APr., ein Mitarbeiter oder ein ehemaliger Prüfungspartner zum Prüfungsmandanten wechselt und entgegen § 43 124

---

130 S. Erläuterungen zu § 34 Abs. 2 BS WP/vBP; die Tätigkeit als Generalbevollmächtigter ist ohnehin verboten.
131 S. auch § 34 Abs. 3 BS WP/vBP.
132 Vgl. EU-Empfehlung zur Unabhängigkeit B. 6.

Abs. 3 WPO innerhalb der Karenzzeit von zwei Jahren bei Unternehmen von öffentlichem Interesse oder von einem Jahr bei anderen Unternehmen eine wichtige Führungstätigkeit ausübt (s. Kap. A Tz. 169). Diesem Risiko kann allerdings durch Schutzmaßnahmen begegnet werden, indem z.B. die Mitglieder des Prüfungsteams, die besonders enge Beziehungen zu dem Prüfungspartner hatten, für eine Übergangszeit in einem anderen Mandat eingesetzt werden[133].

3.2.3.2 Besondere Ausschlussgründe bei Unternehmen von öffentlichem Interesse

125 Bei der Prüfung von Unternehmen i.S. des § 319a HGB – und nur bei diesen – sind zusätzlich die **besonderen Ausschlussgründe** der Art. 4, 5 und 17 VO (EU) Nr. 537/2014 bzw. der §§ 318, 319a HGB zu beachten, die aber nur insoweit zur Anwendung kommen, als nicht die VO (EU) Nr. 537/2014 anzuwenden ist (§ 317 Abs. 3a HGB). § 319a HGB erfasst kapitalmarktorientierte Unternehmen i.S.d. § 264d HGB, CRR-KI i.S.d. § 1 Abs. 3d S. 1 KWG (z.B. Einlagen) mit Ausnahme der in § 2 Abs. 1 Nr. 1 und 2 KWG genannten Institute und VU i.S.d. § 341 HGB. Unternehmen von öffentlichem Interesse sind demnach KI, mit Ausnahme der Deutschen Bundesbank und der KfW, sowie VU mit folgenden Tätigkeiten: Lebensversicherungen sowie Zusatzversicherungen zur Lebensversicherung (z.B. Berufsunfähigkeit) und Rentenversicherungen; Schadenversicherungen sowie Rückversicherungen. Nicht erfasst werden dagegen u.a. Sparkassen und Genossenschaftsbanken[134] sowie Sterbekassen i.S.v. § 218 Abs. 1 VAG, Pensionskassen i.S.v. § 232 Abs. 1 VAG und Pensionsfonds i.S.v. § 236 Abs. 1 VAG. Die Frage, ob ein Unternehmen in den Anwendungsbereich des § 319a Abs. 1 HGB fällt, ist für jede Gesellschaft, auch im Konzern, gesondert zu beurteilen.

3.2.3.2.1 Nichtprüfungsleistungen

126 Art. 5 Abs. 1 VO (EU) Nr. 537/2014 enthält eine Liste bestimmter prüfungsfremder Leistungen (sog. **Black List**), die der APr. eines Unternehmens von öffentlichem Interesse und jedes Mitglied seines Netzwerks weder an das zu prüfende Unternehmen noch an dessen Muttergesellschaft noch an die von der zu prüfenden Gesellschaft beherrschten Unternehmen erbringen darf[135].

> **Hinweis 3:**
> „Verbotene Nichtprüfungsleistungen" gem. Art. 5 Abs. 1 VO (EU) Nr. 537/2014:
> a) die Erbringung von Steuerberatungsleistungen i.Z.m.:
>   i. Erstellung von Steuererklärungen;
>   ii. LSt;
>   iii. Zöllen;
>   iv. Ermittlung von staatlichen Beihilfen und steuerlichen Anreizen, es sei denn, die Unterstützung durch den Abschlussprüfer oder die Prüfungsgesellschaft bei solchen Leistungen ist gesetzlich vorgeschrieben;
>   v. Unterstützung hinsichtlich Steuerprüfungen durch die Steuerbehörden, es sei denn, die Unterstützung durch den Abschlussprüfer oder die Prüfungsgesellschaft bei diesen Prüfungen ist gesetzlich vorgeschrieben;

---

133 Hense/Ulrich, WPO³, § 43, Rn. 675 f.
134 Aufgrund der Inanspruchnahme des Wahlrechts nach Art. 2 Abs. 3 VO (EU) Nr. 537/2014 ausgenommen.
135 Zum Vergleich der „Black List" mit dem IESBA Code of Ethics s. Klaas, WPg 2014, S. 763 ff.

	vi.	Berechnung der direkten und indirekten Steuern sowie latenter Steuern;
	vii.	Erbringung von Steuerberatungsleistungen;
b)		Leistungen, mit denen eine Teilnahme an der Führung oder an Entscheidungen des geprüften Unternehmens verbunden ist;
c)		Buchhaltung und Erstellung von Unterlagen der Rechnungslegung und von Abschlüssen;
d)		Lohn und Gehaltsabrechnung;
e)		Gestaltung und Umsetzung interner Kontroll- oder Risikomanagementverfahren, die bei der Erstellung und/oder Kontrolle von Finanzinformationen oder Finanzinformationstechnologiesystemen zum Einsatz kommen;
f)		Bewertungsleistungen einschl. Bewertungsleistungen in Zusammenhang mit Leistungen im Bereich der Versicherungsmathematik und der Unterstützung bei Rechtsstreitigkeiten;
g)		juristische Leistungen i.Z.m.
	i.	allgemeiner Beratung;
	ii.	Verhandlungen im Namen des geprüften Unternehmens
	iii.	Vermittlungstätigkeiten in Bezug auf die Beilegung von Rechtsstreitigkeiten;
h)		Leistungen i.Z.m. der Internen Revision des geprüften Unternehmens;
i)		Leistungen i.Z.m. der Finanzierung, der Kapitalstruktur und -ausstattung sowie der Anlagestrategie des geprüften Unternehmens, ausgenommen die Erbringung von Bestätigungsleistungen i.Z.m. Abschlüssen einschl. der Ausstellung von Prüfbescheinigungen (Comfort Letters) i.Z.m. vom geprüften Unternehmen herausgegebenen Prospekten;
j)		Werbung für, Handel mit oder Zeichnung von Aktien des geprüften Unternehmens;
k)		Personaldienstleistungen in Bezug auf
	i.	Mitglieder der Unternehmensleitung, die in der Position sind, erheblichen Einfluss auf die Vorbereitung der Rechnungslegungsunterlagen oder der Abschlüsse, die Gegenstand der Abschlussprüfung sind, auszuüben, wenn zu diesen Dienstleistungen Folgendes gehört:
		• Suche nach oder Auswahl von Kandidaten für solche Positionen oder
		• Überprüfung der Referenzen von Kandidaten für diese Positionen;
	ii.	Aufbau der Organisationsstruktur;
	iii.	Kostenkontrolle.

127 Soweit Mitgliedstaaten die in der VO (EU) Nr. 537/2014 enthaltenen Wahlrechte in Bezug auf die **Nichtprüfungsleistungen** unterschiedlich ausgeübt haben, gelten innerhalb eines europäischen Konzerns unterschiedlich weite Beratungsverbote. In diesem Fall kommt das lokale Recht des Sitzstaats des jeweiligen Unternehmens zur Anwendung (**Territorialitätsprinzip**)[136]. Auswirkungen auf das Netzwerk des lokalen APr. ergeben sich folglich aus einer Verschärfung der Black List in einem anderen Mitgliedstaat nicht.

128 Der Zeitraum, in dem die Erbringung einer Leistung von der Black List verboten ist, fängt mit Beginn des Prüfungszeitraums an und endet mit der Abgabe des Bestätigungsvermerks (Art. 5 Abs. 1 VO (EU) Nr. 537/2014). Zu beachten ist, dass Beratungsleistungen i.Z.m. dem rechnungslegungsbezogenen IKS oder RMS gem. Art. 5 Abs. 1 S. 2

---

136 Generaldirektion Finanzstabilität, Finanzdienstleistungen und Kapitalmarktunion der EU-Kommission, 03.09.2014; Q&A – Implementation of the New Statutory Audit Framework, S. 5, http://ec.europa.eu/internal_market/auditing/docs/reform/140903-questions-answers_en.pdf (abgerufen am 26.03.2018).

Buchst. e) VO (EU) Nr. 537/2014 bereits in dem GJ verboten sind, das dem zu prüfenden GJ vorausgeht.

129 Die Black List enthält eine vielfältige Auflistung von Verboten zu Steuerberatungsleistungen, die u.a. Tax-Compliance-Leistungen, Steuerberechnungen sowie die nicht näher definierte „Erbringung von Steuerberatungsleistungen" erfassen. Allerdings können die Mitgliedstaaten aufgrund des Wahlrechts in Abs. 3 die Erbringung der unter Buchst. a) Nr. i und iv-vii sowie Buchst. f) genannten Leistungen unter bestimmten Voraussetzungen zulassen. § 319a Abs. 1 Nr. 2 HGB untersagt die Erbringung von Steuerberatungsleistungen (mit Ausnahme von Leistungen i.Z.m. LSt und Zöllen, die stets verboten sind[137]) nur dann, wenn sie sich in dem GJ einzeln oder zusammen auf den zu prüfenden JA unmittelbar und nicht nur unwesentlich auswirken. In Anlehnung an Erwägungsgrund 9 VO (EU) Nr. 537/2014 und den dortigen Bezug zur „aggressiven Steuerplanung" wird der Begriff der Wesentlichkeit in § 319a Abs. 1 Nr. 2 HGB i.V.m. der Regierungsbegründung zum AReG[138] wie folgt näher erläutert: Eine nicht nur unwesentliche Auswirkung liegt insb. dann vor, wenn die Erbringung der Steuerberatungsleistungen im zu prüfenden GJ den für steuerliche Zwecke zu ermittelnden Gewinn im Inland erheblich gekürzt hat oder ein erheblicher Teil des Gewinns auf eine Betriebsstätte oder ein verbundenes Unternehmen im Ausland mit einem Steuersatz von unter 15% verlagert worden ist, ohne dass eine über die steuerliche Vorteilserlangung hinausgehende wirtschaftliche Notwendigkeit für das Unternehmen besteht[139]. Die Erbringung steht unter der weiteren Voraussetzung, dass die Einschätzung der Auswirkungen dieser Leistungen auf den Abschluss im zusätzlichen Bericht an den Prüfungsausschuss gem. Art. 11 VO (EU) Nr. 537/2014 umfassend dokumentiert und erläutert wird und die allgemeinen Grundsätze zur Unabhängigkeit beachtet werden. Zudem muss der **Prüfungsausschuss** bzw. bei dessen Fehlen der AR oder der Verwaltungsrat demnach zulässigen Steuerberatungsleistungen vorab zustimmen.

130 Aufgrund der i.Ü. beibehaltenen Auslegung der Kriterien „unmittelbar" und „unwesentlich" durch die VO (EU) Nr. 537/2014 bleibt die ausschließliche Darlegung von Optionen zulässig, da sie keine unmittelbare Auswirkung hat. Gleiches gilt für Beratungsleistungen, die Hinweise auf die **bestehende Rechtslage** geben oder sich auf die **Beurteilung bereits verwirklichter Sachverhalte** beziehen. Steuerberatungsleistungen mit dem Ziel der Reduzierung der Steuerlast werden hingegen künftig im Einzelfall geprüft werden müssen.

131 Für **Bewertungsleistungen** hat der Gesetzgeber eine entsprechende Regelung in § 319a Abs. 1 Nr. 3 HGB getroffen. Erfasst werden Bewertungsleistungen, die i.Z.m. versicherungsmathematischen Dienstleistungen oder zur Unterstützung bei Rechtsstreitigkeiten erbracht werden. Zu beachten ist hierbei, dass es im Gegensatz zu § 319 Abs. 3 Nr. 3 Buchst. c) HGB nicht auf die Eigenständigkeit dieser Leistungen ankommt. Das Erfordernis der Zustimmung des Prüfungsausschusses ergibt sich bei Bewertungsleistungen unmittelbar aus Art. 5 Abs. 4 VO (EU) Nr. 537/2014.

---

137 S. Art. 5 Abs. 1 S. 2 Buchst. a) VO (EU) Nr. 537/2014.
138 BT-Drs. 18/7219, S. 41.
139 Die SEC Final Rule: Strengthening the Commission's Requirements Regarding Auditor Independence enthält ein ähnliches Verbot bei bestimmten Steuergestaltungen (IOI. B. II).

Nach Art. 5 Abs. 1 Unterabs. 2 Buchst. e) VO (EU) Nr. 537/2014 ist dem APr. auch die **132** Teilnahme an der Führung oder der Entscheidung des geprüften Unternehmens und der Gestaltung und Umsetzung interner Kontroll- oder Risikomanagementverfahren verboten, die bei der Erstellung und/oder Kontrolle von Finanzinformationen oder Finanztechnologiesystemen zum Einsatz kommen[140]. Der Begriff „Finanzinformationen" ist anhand Rn. 200.5 des IESBA Code of Ethics auszulegen. Zu Finanzinformationen dürften alle Informationen gehören, die selbst Eingang in den JA oder KA und/oder den LB/KLB finden oder die als Grundlage bzw. zur Verprobung von dort enthaltenen Informationen dienen (z.B. die Finanz-, Material-, Anlagen- und Lohnbuchhaltung sowie das interne Rechnungswesen); nicht aber bspw. Informationen, die lediglich für regulatorische Zwecke an Aufsichtsbehörden übermittelt werden[141].

Art. 5 Abs. 1 S. 2 Buchst. h) VO (EU) Nr. 537/2014 verbietet „Leistungen i.Z.m. der internen **133** Revision des geprüften Unternehmens". Aus der VO (EU) Nr. 537/2014 ergibt sich nicht, was im Einzelnen dazu gehört. Aufgrund des weit gefassten Tatbestands ist davon auszugehen, dass dem APr. über § 319 Abs. 3 S. 1 Buchst. b) HGB hinaus sämtliche Prüfungs- und Beratungstätigkeiten untersagt sind. Unzulässig sind jedenfalls Leistungen des APr. im Auftrag oder anstelle der Internen Revision. Darüber hinaus kann zur Beurteilung auch Rn. 290.192 des IESBA Code of Ethics herangezogen werden. Danach zählen z.B. die Überwachung von internen Kontrollen, die Überprüfung von Kontrollen, die Überwachung ihrer Funktion und die Empfehlung von Verbesserungen oder Untersuchungen von Finanz- und Betriebsinformationen zu den verbotenen Tätigkeiten[142]. Ihre Grenze findet sich allerdings dort, wo die Leistungen Teil der Abschlussprüfung sind.

Bei der Auslegung der nach Art. 5 Abs. 1 S. 2 Buchst. i) VO (EU) Nr. 537/2014 unter- **134** sagten Leistungen i.Z.m. der Finanzierung, der Kapitalstruktur und -ausstattung sowie der Anlagestrategie des geprüften Unternehmens kann ebenfalls auf den IESBA Code of Ethics (Rn. 290.213 ff.) zurückgegriffen werden. Für die Praxis bedeutsam ist, dass Due-Diligence-Leistungen nicht darunterfallen und daher weiter zulässig sind.

Für den APr. – auch von Unternehmen i.S.d. § 319a Abs. 1 HGB – **statthaft** ist nach wie **135** vor die Betreuung des Mandanten in **außergerichtlichen wie gerichtlichen Verfahren**, insb. also in Einspruchsverfahren bei der FinVerw. und in FG-Prozessen. Beide Tätigkeiten werden weder unter den Steuerberatungsleistungen in Art. 5 Abs. 1 S. 2 Buchst. a) VO (EU) Nr. 537/2014 aufgeführt noch fallen sie unter die juristischen Leistungen des Art. 5 Abs. 1 S. 2 Buchst. g) VO (EU) Nr. 537/2014[143]. Sollte gleichwohl Besorgnis der Befangenheit im Einzelfall zu befürchten sein, kann § 319 Abs. 2 HGB zur Anwendung kommen[144].

---

140 § 319a Abs. 1 S. 1 Nr. 3 HGB ist durch das AReG gestrichen worden.
141 Vgl. *IDW Positionspapier zu Nichtprüfungsleistungen des Abschlussprüfers* (3. überarbeitete Fassung mit Stand 09.01.2018), Frage 3.15, https://www.idw.de/blob/98172/f07286ea7bd4d8beed3f2dead535fa8d/down-positionspapier-nichtpruefungsleistungen-data.pdf (abgerufen am 26.08.2018).
142 Vgl. *IDW Positionspapier zu Nichtprüfungsleistungen des Abschlussprüfers* (3. überarb. Fassung mit Stand 09.01.2018), Frage 3.11. https://www.idw.de/blob/98172/f07286ea7bd4d8beed3f2dead535fa8d/down-positionspapier-nichtpruefungsleistungen-data.pdf (abgerufen am 26.08.2018).
143 Vgl. *Klaas*, WPg 2014, S. 763 (765); die „Black List" bleibt hinter dem IESBA Code of Ethics zurück, der die Vertretung vor FG untersagt.
144 Beschlussempfehlung und Bericht des Rechtsausschusses des BT zum BilReG, BT-Drs. 15/4054, S. 39, rechte Sp.

3.2.3.2.2 Honorargrenze

136 Die Gesamthonorare für erlaubte Nichtprüfungsleistungen des APr. werden auf maximal 70% des Durchschnitts der in den letzten drei aufeinanderfolgenden GJ an den APr. oder die Prüfungsgesellschaft für die Abschlussprüfung durchschnittlich gezahlten **Honorare begrenzt** (Art. 4 Abs. 2 VO (EU) Nr. 537/2014 – sog. **Cap**). Dabei umfasst das (durchschnittlich gezahlte) Prüfungshonorar sämtliche Honorare „für die Abschlussprüfung(en) des geprüften Unternehmens und ggf. seines Mutterunternehmens, der von ihm beherrschten Unternehmen und der konsolidierten Abschlüsse der betreffenden Unternehmensgruppe". § 319a Abs. 1a HGB sieht in Ausübung des Mitgliedstaatenwahlrechts auf Antrag eine **Befreiungsmöglichkeit** durch die APAS höchstens für ein GJ und i.H.v. bis zu 140% des Durchschnitts der Honorare vor[145]. Für die Beurteilung, welche Leistungen als Abschlussprüfungsleistungen qualifiziert werden, hat die APAS in ihrer Verlautbarung Nr. 4 vom 06.10.2017 zur Abgrenzung der Einnahmen des APr. nach Art. 14 VO (EU) Nr. 537/2014 festgestellt, dass diese Abgrenzung auch für Zwecke der Cap-Berechnung maßgebend sei. Nach dieser Verlautbarung sind Einnahmen aus der Abschlussprüfung Einnahmen aus nach Unionsrecht vorgeschriebenen Abschlussprüfungen. Darüber hinaus sind gesetzliche Erweiterungen der Jahres- und Konzernabschlussprüfung erfasst. Außerdem fallen sowohl beim APr. des KA als auch bei den Teilbereichsprüfern sämtliche Tätigkeiten in Bezug auf die sog. Reporting Packages in die Kategorie „Abschlussprüfungsleistungen". Die Zuordnung einzelner Tätigkeiten zu einer der in der Verlautbarung der APAS genannten Leistungskategorien kann im Einzelfall schwierig sein. Dies ist insb. dann der Fall, wenn diese Tätigkeiten als Bestandteil der Abschlussprüfung zugleich anderen (Prüfungs-)Zwecken dienen oder trotz gesonderter Abrechnung der Abschlussprüfung hinreichend konkret zurechenbar sind. Dies gilt bspw. für Prüfungshandlungen zu internen Kontrollen, die nach dem Sarbanes-Oxley Act (sog. SOX-404-Prüfungen) erforderlich sind. Diese Prüfungshandlungen sind Teil des „integrated audit" und damit Abschlussprüfungsleistungen[146]. Die Regelung ist erstmals in GJ anzuwenden, die nach dem 17.06.2016 beginnen. Das bedeutet für den Fall des kalendergleichen GJ, dass der 70%-Cap das erste Mal im GJ 2020 beachtet werden muss[147]. In Fällen, in denen ein Unternehmen erst später in den Anwendungsbereich des § 319a HGB fällt, darf der APr. weitere drei Jahre erlaubte Nichtprüfungsleistungen ohne Beschränkung der Höhe nach erbringen.

137 Überschreiten die von einem Unternehmen von öffentlichem Interesse insgesamt gezahlten Honorare 15% sämtlicher Honorare, hat der APr. den Prüfungsausschuss hierüber zu informieren, damit dieser prüfen kann, ob das Prüfungsmandat vor Erteilung des BestV einer auftragsbegleitenden Qualitätssicherungsprüfung durch einen anderen APr. unterzogen werden soll (Art. 4 Abs. 3 VO (EU) Nr. 537/2014).

---

[145] Eingefügt durch AReG, mit dem § 319a Abs. 1 Nr. 1 HGB aufgehoben wurde.
[146] Vgl. *IDW Positionspapier zu Inhalten und Zweifelsfragen der EU-Verordnung und der Abschlussprüferrichtlinie* (4. überarbeitete Fassung mit Stand 23.05.2018), Frage 12.2.5 (https://www.idw.de/blob/86498/ea346a862c94cf8619af57187ea153ee/down-positionspapier-zweifelsfragen-data.pdf (abgerufen am 16.07.2018).
[147] Vgl. FEE Briefing Paper „Provision of Non-Audit-Services to Public Interest Entity Statutory Audit Clients: A Need for Clarification and Consistency", S. 6, https://www.accountancyeurope.eu/publications/fee-publishes-two-briefing-papers-on-the-audit-reform/ (abgerufen am 26.03.2018).

3.2.3.2.3 Rotation

Gemäß Art. 17 Abs. 1 VO (EU) Nr. 537/2014 darf bei Unternehmen von öffentlichem Interesse das „Prüfungsmandat" grds. nicht länger als zehn Jahre laufen (**Höchstlaufzeit**), danach muss der APr. wechseln (Pflicht zur **externen Rotation**). Die Höchstlaufzeit berechnet sich von dem GJ an, für dessen JA der APr. erstmals die Abschlussprüfung durchführt (Art. 17 Abs. 8 VO (EU) Nr. 537/2014), und endet nach Ablauf von zehn Jahren, wobei auf den Zeitraum und nicht auf die Anzahl von GJ oder die Anzahl der geprüften JA abgestellt wird; bei unterjähriger Erlangung der Eigenschaft eines Unternehmens von öffentlichem Interesse kommt es darauf an, ob die Eigenschaft vor Bestellung des APr. oder danach („during the course of an audit") erlangt wird[148].

138

Die Höchstlaufzeit verlängert sich gem. § 318 Abs. 1a HGB[149] auf 20 Jahre, wenn für das elfte GJ in Folge, auf das sich die Prüfungstätigkeit des APr. erstreckt, ein Auswahl- und Vorschlagsverfahren durchgeführt wird, das den Anforderungen des Art. 16 Abs. 2-5 VO (EU) Nr. 537/2014 entspricht und gem. Art. 17 Abs. 4 Buchst. a VO (EU) Nr. 537/2014 öffentlich ist; zu Erleichterungen für Unternehmen mit geringer Marktkapitalisierung s. Art. 16 Abs. 4 VO (EU) Nr. 537/2014. Dabei muss es sich aber nicht um eine „öffentliche Ausschreibung" i.S.d. Ausschreibung öffentlicher Aufträge handeln[150], auch sind keine weiteren Ausschreibungen im Verlauf der folgenden Jahre erforderlich[151]. Eine Verlängerung auf 24 Jahre ist möglich, wenn ab dem elften GJ bis zur Beendigung des Mandats in jedem Jahr ein Joint Audit stattfindet (§ 318 Abs. 1a HGB).

139

Zu beachten ist, dass diese **Verlängerungsoptionen** nur für kapitalmarktorientierte Unternehmen gelten, die nicht KI oder VU sind (§§ 340k Abs. 1 S. 1, 341k Abs. 1 S. 1 HGB). Letztere sind von einer Verlängerung der Höchstlaufzeit ausgenommen[152].

140

Nach Ablauf der Höchstlaufzeit und in Anspruch genommener Verlängerungsoption kann die Mandatsdauer ausnahmsweise auf Antrag der zu prüfenden Gesellschaft bei der APAS um maximal zwei weitere Jahre verlängert werden (Art. 17 Abs. 6 VO (EU) Nr. 537/2014). Ein solcher **Ausnahmefall** kann bspw. bei Zusammenschlüssen oder erfolglosen Ausschreibungsprozessen vorliegen.

141

Die Pflicht zur externen Rotation des KAPr. betrifft ausschließlich die Prüfung der Konzernobergesellschaft als Unternehmen von öffentlichem Interesse (KA und auch JA), nicht die Abschlussprüfung bei ihren TU. Demnach verhindert die ehemalige Tätigkeit als KAPr. nicht die Prüfungstätigkeit bei einem TU.

142

Unabhängig von der externen Rotation besteht zusätzlich die Pflicht zur **internen Rotation** (Art. 17 Abs. 7, Unterabs. 1 und 2 VO (EU) Nr. 537/2014). Danach haben die verantwortlichen Prüfungspartner ihre Teilnahme an der Abschlussprüfung des ge-

143

---

148 Vgl. *IDW Positionspapier zu Inhalten und Zweifelsfragen der EU-Verordnung und der Abschlussprüferrichtlinie* (4. überarbeitete Fassung mit Stand 23.05.2018), Fragen 3.3.2 und 3.3.3.), https://www.idw.de/blob/86498/ea346a862c94cf8619af57187ea153ee/down-positionspapier-zweifelsfragen-data.pdf (abgerufen am 17.06.2018).
149 AReG, mit dem das Wahlrecht zur Verlängerung des Art. 17 Abs. 4 VO (EU) Nr. 537/2014 ausgeübt wurde.
150 So auch *Blöink/Kumm*, BB 2015, S. 1067 (1069).
151 Vgl. Regierungsbegründung zum APAReG zu § 318 Abs. 1a HGB, BT-Drs. 18/7219 v. 11.01.2016, S. 46.
152 Zur Begründung s. Regierungsbegründung zum APAReG zu § 318 Abs. 1a HGB, BT-Drs. 18/7219 v. 11.01.2016, S. 45, sowie Beschlüsse des Ausschusses für Recht und Verbraucherschutz zum AReG, BT-Drs. 18/7219 v. 11.03.2016, S. 66.

prüften Unternehmens spätestens sieben Jahre nach dem Datum ihrer Bestellung (i.d.R. Zeitpunkt des Abschlusses des Prüfungsvertrages) zu beenden. Für die Beendigung ist auf das Datum des BestV und die Auslieferung des PrB abzustellen. Selbst wenn beides nach Ablauf von sieben Jahren nach der Bestellung liegen sollte, dürfte nach Sinn und Zweck der Regelung und unter Beachtung des Grundsatzes der Verhältnismäßigkeit kein Verstoß gegen Art. 17 VO (EU) Nr. 537/2014 vorliegen.[153] Die verantwortlichen Prüfungspartner können frühestens drei Jahre nach der Beendigung ihrer Teilnahme wieder an der Abschlussprüfung des geprüften PIE mitwirken (sog. **Cooling-off-Periode**). **Verantwortlich** für eine Prüfung ist nach der unveränderten Legaldefinition des § 319a Abs. 1 Nr. 4 S. 5 HGB, wer den BestV nach § 322 HGB über die Abschlussprüfung unterzeichnet hat oder wer als WP von einer WPG als für die Durchführung einer Abschlussprüfung **vorrangig verantwortlich bestimmt**[154] worden ist. Dies umfasst auch den Mitunterzeichner. Nach dem IESBA Code of Ethics umfasst der Begriff des verantwortlichen Prüfungspartners (Key Audit Partner) darüber hinaus auch die für die auftragsbegleitende Qualitätssicherung verantwortliche Person. Nach *IDW QS 1*, Tz. 171 gilt dies nur für verantwortliche Personen bei gesetzlichen Abschlussprüfungen kapitalmarktorientierter Unternehmen i.S.d. § 264d HGB. Nicht vorausgesetzt wird, dass der WP die Stellung eines Partners in der WPG hat; auch angestellte WP fallen darunter. Für die Praxis bedeutsam ist, dass die dreijährige Cooling-off-Periode für alle Perioden gilt, die nach dem 16.06.2016 begonnen haben[155]. Bei der Berechnung der Sieben-Jahres-Frist sind wohl auch Abschlussprüfungen von Jahren mitzuzählen, bevor ein Unternehmen in den Anwendungsbereich des § 319a Abs. 1 HGB fällt[156]. Daneben hat der APr. nach Art. 17 Abs. 7 Unterabs. 3 VO (EU) Nr. 537/2014 ein angemessenes **graduelles Rotationssystem** für das an der Abschlussprüfung beteiligte Führungspersonal einzuführen. Zum **Führungspersonal** gehört das an der Abschlussprüfung beteiligte Führungspersonal, zumindest in dem Umfang, soweit es als WP registriert ist. Konkret kann auf entsprechende hierarchische Positionen oder mandatsspezifische Verantwortung abgestellt werden. Jede WP-Praxis muss insoweit eigene Regeln i.R. ihres Qualitätssicherungssystems treffen.

144 Die Regelung bezieht sich auf die Abschlussprüfung des JA, sie gilt gem. § 319a Abs. 2 HGB entsprechend für den KA. Für **KA-Prüfungen** wird der Begriff des **verantwortlichen Prüfungspartners** auf WP ausgedehnt, die auf der **Ebene bedeutender TU** als für die Durchführung einer Abschlussprüfung vorrangig verantwortlich bestimmt worden sind, wobei nicht vorausgesetzt wird, dass das TU selbst kapitalmarktorientiert ist. Dies

---

153 Vgl. *IDW Positionspapier zu Inhalten und Zweifelsfragen der EU-Verordnung und der Abschlussprüferrichtlinie* (4. überarbeitete Fassung mit Stand 23.05.2018), Frage 5.3.7., https://www.idw.de/blob/86498/ea346a862c94cf8619af57187ea153ee/down-positionspapier-zweifelsfragen-data.pdf (abgerufen am 17.06.2018).

154 In der Prüfungsakte ist der verantwortliche Prüfungspartner zu benennen (§ 51b Abs. 5 WPO).

155 Vgl. *IDW Positionspapier zu Inhalten und Zweifelsfragen der EU-Verordnung und der Abschlussprüferrichtlinie* (4. überarbeitete Fassung mit Stand 23.05.2018), Frage 5.3.8, https://www.idw.de/blob/86498/ea346a862c94cf8619af57187ea153ee/down-positionspapier-zweifelsfragen-data.pdf (abgerufen am *17.06.2018*).

156 Vgl. *IDW Positionspapier zu Inhalten und Zweifelsfragen der EU-Verordnung und der Abschlussprüferrichtlinie* (4. überarbeitete Fassung mit Stand 23.05.2018), Frage 5.3.5, https://www.idw.de/blob/86498/ea346a862c94cf8619af57187ea153ee/down-positionspapier-zweifelsfragen-data.pdf (abgerufen am 17.06.2018).

betrifft nicht nur deutsche TU[157]. Bedeutende TU sind nach der Gesetzesbegründung[158] solche, deren Einbeziehung in den KA sich erheblich auf die Vermögens-, Finanz- und Ertragslage des Konzerns auswirkt. Dies soll regelmäßig angenommen werden, wenn das TU mehr als 20% des Konzernvermögens hält oder mit mehr als 20% zum Konzernumsatz beiträgt. Für die Frage der Verantwortlichkeit kommt es nicht darauf an, ob der APr./verantwortliche Prüfungspartner nur oder auch die HB II bzw. das **Reporting Package** prüft. Für die Frage der Rotationspflicht sind seine Tätigkeiten auf der Ebene der bedeutenden TU und auf Konzernebene zusammenzuzählen, nicht aber solche bei anderen bedeutenden TU.

Durch die Anordnung der entsprechenden Anwendung für den KA in § 319a Abs. 2 HGB ist klar geregelt, dass sich bei **gleichzeitiger Prüfung von JA und KA** die Frage einer Mehrfachzählung nicht stellt. JA und KA sind jeweils getrennt zu zählen[159]. 145

3.2.3.3 Personenkreis, der Besorgnis der Befangenheit auslösen kann

Nicht nur der WP selbst, sondern auch andere Personen können die Umstände verwirklichen, die eine Besorgnis der Befangenheit nach § 319 Abs. 2 HGB oder einen Ausschlussgrund nach §§ 319 Abs. 3, 319a Abs. 1 HGB oder Art. 5 VO (EU) Nr. 537/2014 begründen. Nach § 29 BS WP/vBP sind dies: 146

- Personen, mit denen der WP/vBP seinen **Beruf gemeinsam ausübt,**
- Personen, mit denen der WP/vBP in einem **Netzwerk** verbunden ist,
- Personen, soweit diese bei der Auftragsdurchführung beschäftigt sind,
- **Ehegatten, Lebenspartner** oder **Verwandte** in gerader Linie des WP[160] oder für eine dieser Personen handelnde Vertreter,
- Unternehmen, auf die der WP/vBP **maßgeblichen Einfluss** hat.

Für **Berufsgesellschaften** enthält **§ 319 Abs. 4 HGB** Regelungen zur Besorgnis der Befangenheit. Sie kann ausgelöst werden, wenn die Berufsgesellschaft selbst, einer ihrer gesetzlichen Vertreter, ein Gesellschafter, der mehr als 20% der den Gesellschaftern zustehenden Stimmrechte besitzt oder bei der Prüfung in verantwortlicher Position beschäftigt ist, oder andere beschäftigte Personen, die das Ergebnis der Prüfung beeinflussen können, oder Unternehmen, auf die die WPG oder BPG maßgeblichen Einfluss hat, Sachverhalte nach § 319 Abs. 2 oder Abs. 3 HGB verwirklichen. Die Vorschrift greift auch ein, wenn mehrere Gesellschafter, die zusammen mehr als 20% der den Gesellschaftern zustehenden Stimmrechte besitzen, jeweils einzeln oder zusammen die schädlichen Tatbestände verwirklichen. 147

Durch den entsprechenden Verweis in § 319 Abs. 4 S. 1 HGB auf § 319 Abs. 2 und 3 HGB ist die sog. Sozietätsklausel des § 319 Abs. 3 S. 1 HGB grds. auch bei Anwendung des § 319 Abs. 4 HGB zu beachten. Dies kann dazu führen, dass etwa einem Geschäftsführer einer WPG, der zugleich Mitglied einer Sozietät ist, ein Ausschlusstatbestand zugerechnet wird, den nur einer seiner nicht an der WPG beteiligten oder dort beschäftigten Sozien verwirklicht. Zum Verhältnis des § 319b zu § 319 Abs. 4 HGB vgl. Kap. A Tz. 155. 148

---

157 Vgl. *IDW QS 1*, Tz. 110.
158 Vgl. Regierungsbegründung zum BilMoG zu § 319a, BT-DrS. 16/10067 v. 21.05.2008, S. 89, rechte Sp.
159 S. Begründung Beschlussempfehlung und Bericht Rechtsausschuss zum BilMoG, BT-Drs. 16/12407, S. 91.
160 § 29 BS WP/vBP stellt nicht auf Angehörige i.S.d. § 15 AO ab, weil dies einen zu großen, in der Berufspraxis kaum erfassbaren Personenkreis einschließt.

149 Ein Befangenheitsrisiko kann sich gem. § 319 Abs. 2 i.V.m. Abs. 4 HGB auch daraus ergeben, dass ein Mitarbeiter oder verantwortlicher Prüfungspartner zum Prüfungsmandanten wechselt und innerhalb der Karenzzeit eine wichtige Führungstätigkeit ausübt; zu entsprechenden Schutzmaßnahmen s. Kap. A Tz. 169.

3.2.3.4 Schutzmaßnahmen

150 Gründe, die zu einer Besorgnis der Befangenheit i.S.v. § 319 Abs. 2 HGB führen können, lassen sich durch **Schutzmaßnahmen** in ihrer Wirkung in einem Maße mindern, dass auch ein verständiger und objektiver Dritter aufgrund solcher Maßnahmen eine Gefährdung der Unbefangenheit verneinen würde[161]. Hierzu können nach § 30 BS WP/vBP insb. gehören:

- Erörterungen mit Aufsichtsgremien des Auftraggebers,
- Erörterungen mit Aufsichtsstellen außerhalb des Unternehmens,
- Einschaltung von Personen in den Prüfungsauftrag, die nicht schon anderweitig damit befasst sind,
- personelle und organisatorische Maßnahmen, durch die sichergestellt wird, dass Informationen aus der zusätzlichen Tätigkeit, die zu einer Befangenheit als APr. führen können, den für die Abschlussprüfung Verantwortlichen nicht zur Kenntnis gelangen (**Firewalls**).

151 Das Gebot der **Unbefangenheit** gilt nicht nur für den Bereich der Prüfungstätigkeit, sondern auch für die **Beratungstätigkeit**[162], wenngleich das Risiko der Befangenheit in diesem Tätigkeitsbereich weitaus geringer ist, weil nur das Verhältnis Mandant/Berater, nicht aber die Interessen Dritter oder der Öffentlichkeit berührt sind. Eine solche Befangenheit besteht, wenn der Berufsangehörige durch das finanzielle Eigeninteresse gehindert ist, seinem Mandanten den bestmöglichen Rat zu erteilen. Davon ausgenommen sind zulässige Vereinbarungen über Erfolgshonorare (§§ 55, 55a WPO). Besorgnis der Befangenheit ist aber z.B. in Fällen anzunehmen, in denen der Berater für die Empfehlung einer vermeintlich steuergünstigen Kapitalanlage von dem Vertreiber eine berufsrechtlich ohnehin unzulässige **Provision** erhält[163]. Ungeachtet dessen bleibt zu beachten, dass der Berater die Sondervorteile herauszugeben hat, auch wenn sie ihm nicht unmittelbar, sondern über einen Strohmann zugeflossen sind[164]. Hinzu kommt, dass derjenige, der sich pflichtwidrig von einem Dritten eine Vermittlungsprovision gewähren lässt und die Zuwendung seinem Mandanten nicht offenbart, dem Mandanten einen durch die Anlageentscheidung entstandenen Schaden zu ersetzen hat. Das gilt selbst dann, wenn ihm kein weiteres Vergehen, etwa eine falsche Beratung, anzulasten ist[165].

152 Für den Beratungsbereich nicht außergewöhnlich ist auch das Risiko der Befangenheit wg. eventueller **Interessenkollision**[166] (§ 53 WPO, § 3 BS WP/vBP). In solchen Fällen

---

161 Die Berücksichtigung solcher Schutzmaßnahmen (safeguards) ist international üblich, vgl. EU-Empfehlung zur Unabhängigkeit sowie IESBA Code of Ethics.
162 BGH v. 26.09.1990, BB, S. 2362, WPK-Mitt. 1991, S. 41.
163 *BGH v. 20.05.1987*, NJW-RR, S. 1381; OLG Frankfurt am Main v. 12.06.2013, DStR, S. 2650, mit Anm. *Wolf*.
164 BGH v. 18.12.1990, BB 1991, S. 441.
165 BGH v. 19.06.1985, NJW, S. 2325, BGHZ 95, S. 81.
166 Bayerischer EGH v. 09.12.1980, MittBl.WPK, Nr. 97/1981, S. 6.

besteht ein Verbot der Vertretung **widerstreitender Interessen**. Dieses Verbot gilt auch, wenn Personen, mit denen der Beruf gemeinsam ausgeübt wird oder in der Vergangenheit ausgeübt wurde, für einen anderen Auftraggeber in derselben Sache tätig sind oder waren. Solche widerstreitenden Interessen können z.B. auftreten bei der gleichzeitigen Beratung mehrerer Auftraggeber (Eheleute, Erbengemeinschaft, GmbH und ihre Gesellschafter etc.).[167] So ist es bspw. untersagt, für einen GmbH-Gesellschafter eine Unternehmensbewertung etwa zur Bemessung einer möglichen Abfindung durchzuführen, wenn eine solche Unternehmensbewertung bereits im Auftrag der GmbH erfolgte und das Einverständnis der GmbH nicht gegeben ist.

Bei derartigen Sachverhalten kann sich die ursprünglich gleichartige Interessenlage im Verlauf der Beratungstätigkeit aufgrund anderer Ereignisse (Scheidung, Auflösung einer Gemeinschaft, Streit zwischen GmbH und Gesellschafter oder Geschäftsführer) verändern. Daraus kann sich die Notwendigkeit zur **Mandatsbeendigung** ergeben, weil insoweit kein Wechsel des Auftraggebers mit der Möglichkeit einer einvernehmlichen Lösung nach § 53 WPO in Betracht kommt. Wird das Verbot der Wahrnehmung widerstreitender Interessen nicht beachtet, führt dies zum Verlust des Honoraranspruchs[168]. Von derselben Sache (i.S.v. § 53 WPO) kann nur gesprochen werden, wenn derselbe historische Vorgang von rechtlicher bzw. wirtschaftlicher Bedeutung betroffen ist. Dies ist z.B. nicht der Fall, wenn der Berufsangehörige früher als Insolvenzverwalter mit einem KI zu tun hatte und später für einen Schuldner dieses KI Verkaufsverhandlungen mit Dritten führt[169]. 153

3.2.3.5 Sonstige Prüfungen

Die Ausschlussgründe der §§ 319 Abs. 3, 319b Abs. 1 S. 2 HGB gelten berufsrechtlich für **alle gesetzlich vorgeschriebenen Prüfungen**, auch wenn es an einer ausdrücklichen Verweisung fehlt. Darüber hinaus führen diese Tatbestände bei freiwilligen Abschlussprüfungen, bei denen ein BestV erteilt wird, der dem bei Pflichtprüfungen zu erteilenden BestV nachgebildet ist, zu einem Ausschluss als APr. (§ 31 Abs. 1 BS WP/vBP). Dagegen sind die Ausschlussgründe des § 319a HGB auf den in der Vorschrift vorgegebenen Anwendungsbereich begrenzt (§ 31 Abs. 4 BS WP/vBP). Dies gilt auch für Art. 4, 5 und 17 VO (EU) Nr. 537/2014. 154

3.2.3.6 Auswirkungen bei gemeinsamer Berufsausübung oder Kooperationen

Liegt eine **gemeinsame Berufsausübung** vor, wirken sich Ausschlussgründe in der Person eines Sozius/Partners auch auf die übrigen Mitglieder des Zusammenschlusses aus (§ 319 Abs. 3 S. 1 HGB). Eine gemeinsame Berufsausübung ist bei Sozietäten und einfachen PartG gegeben. Für das berufliche Zusammenwirken in einer anerkannten Berufsgesellschaft gilt § 319 Abs. 4 HGB, zum Verhältnis der beiden Vorschriften zueinander s. Kap. A Tz. 148. Die Netzwerkregelung des § 319b HGB (s. Kap. A, Tz. 157) und die sog. Sozietätsklausel stehen im Verhältnis der Spezialität zueinander, so dass eine 155

---

167 Bayerischer EGH, MittBl.WPK, Nr. 97/1981, S. 6. Die gleichzeitige Beratung mehrerer Auftraggeber ist allerdings dann zulässig, wenn alle Auftraggeber, ggf. ausdrücklich, zugestimmt haben (§ 3 Abs. 1 S. 3 f. BS WP/vBP).
168 OLG Düsseldorf v. 23.01.1992, Stbg. 1993, S. 354.
169 OLG München v. 02.10.1996, NJW 1997, S. 1313.

Anwendung des § 319b HGB ausgeschlossen ist, wenn die Tatbestandsvoraussetzungen der Sozietätsklausel erfüllt sind[170].

156 Hervorzuheben ist, dass auch ein Verhinderungsgrund aus der Zeit vor dem beruflichen Zusammenschluss nachwirken kann, so dass die Mitglieder als APr. oder Gutachter ausgeschlossen sind, weil ihr nunmehriger Partner den Verhinderungsgrund „mitbringt". Dies gilt nicht nur beim Zusammenschluss in einer Sozietät oder einfachen PartG, sondern auch bei der Errichtung bzw. der Fusion von Berufsgesellschaften.

3.2.3.7 Auswirkungen der Zugehörigkeit zu einem Netzwerk

157 § 319b HGB erweitert den Kreis der Personen, deren Ausschlussgründe dem APr. zugerechnet werden, auf solche, mit denen er in einem **Netzwerk** verbunden ist[171]. Die Regelung trägt dem Umstand Rechnung, dass die Unabhängigkeit des APr. gefährdet erscheint, wenn zwischen seinem Netzwerk und dem zu prüfenden Unternehmen eine finanzielle oder geschäftliche Beziehung oder eine sonstige Verbindung besteht, die auch die Erbringung zusätzlicher Leistungen, die keine Prüfungsleistungen sind, umfasst[172]. Nach der Legaldefinition in § 319b Abs. 1 S. 3 HGB liegt ein Netzwerk vor, wenn Personen bei ihrer Berufsausübung zur Verfolgung gemeinsamer wirtschaftlicher Interessen für eine gewisse Dauer zusammenwirken[173].

158 Ein einmaliges oder nur gelegentliches **Zusammenwirken**, etwa bei Gemeinschaftsprüfungen oder der gemeinsamen Erstellung von Gutachten, reicht ebenso wenig für die Annahme eines Netzwerks aus wie eine Zusammenarbeit, die nicht die berufliche Tätigkeit betrifft. Kein Netzwerk bildet daher der Zusammenschluss in Form einer **Bürogemeinschaft**, die sachliche und ggf. personelle, nicht aber fachliche Ressourcen betrifft, wie auch die **Mitgliedschaft in Berufsverbänden**.

159 Von der **Verfolgung gemeinsamer wirtschaftlicher Interessen** ist auszugehen, wenn die Netzwerkmitglieder **ein Merkmal** der in Art. 2 Nr. 7 RL 2014/56/EU genannten Kriterien erfüllen. Grund hierfür ist die darin zum Ausdruck kommende Gleichrichtung der wirtschaftlichen Interessen der Netzwerkmitglieder. Solche werden bei gemeinsamer Gewinn- und Kostenteilung, gemeinsamem Eigentum sowie gemeinsamer Kontrolle oder gemeinsamer Geschäftsführung regelmäßig angenommen. Gleiches gilt bei gemeinsamen Qualitätssicherungsmaßnahmen und -verfahren sowie bei gemeinsamer Nutzung fachlicher Ressourcen. Satzung und Organisationsstruktur geben im Allgemeinen Aufschluss über das Vorliegen eines Netzwerks[174]. So kann etwa das Bestehen eines „worldwide" und eines „regional" Board ein Merkmal für eine netzwerktypische Organisationsstruktur sein[175]. Aus dem unmittelbaren Zusammenhang von Netzwerkbegriff und beruflicher Unabhängigkeit folgt allerdings, dass die einzelnen Netzwerkmerkmale nur dann die Mitgliedschaft in einem Netzwerk begründen, wenn sie mindestens von einer Intensität sind, die für die berufliche Unabhängigkeit überhaupt Re-

---

[170] Vgl. *Gelhausen/Fey/Kämpfer*, BilMoG, Kap. T, Rn. 121.
[171] Umsetzung von Art. 22 Abs. 2 RL 2014/56/EU, § 29 Abs. 4 Nr. 2 BS WP/vBP.
[172] Vgl. Regierungsbegründung zum BilMoG zu § 319b HGB, BT-Drs. 16/10067 v. 21.05.2008, S. 89, rechte Sp.
[173] Die Definition übernimmt die Kriterien des Art. 2 Nr. 7 RL 2014/56/EU nicht wörtlich, sondern fasst sie zusammen, ohne deren Gehalt abzuändern, vgl. Regierungsbegründung zum BilMoG zu § 319b v. 21.05.2008, BT-Drs. 16/10067, S. 90, rechte Sp.
[174] *WPK*, Praxishinweis „Netzwerk" v. 24.07.2018, https://www.wpk.de/Mitglieder/praxishinweise/netzwerk/ (abgerufen am 16.08.2018).
[175] Vgl. Fragebogen der WPK zur Ermittlung der Netzwerkkriterien, WPK Magazin 1/2013, S. 22 f.

levanz entfalten kann. Untergeordnete Formen des Zusammenwirkens zur Verfolgung gemeinsamer wirtschaftlicher Interessen können allein kein Netzwerk begründen[176].

Besondere Bedeutung kommt der **Verwendung einer gemeinsamen Marke** zu. Sie führt zur Annahme eines Netzwerks, wenn der Außenauftritt der die Marke verwendenden Personen durch die verwandte Marke bestimmt wird[177]. Maßgeblich ist der durch den Außenauftritt der beteiligen Praxen (Briefbogen, Internet, Werbematerial usw.) vermittelte Gesamteindruck. Prägend ist insb. die Verwendung gemeinsamer Firmen-/Namensbestandteile oder eines gut wahrnehmbaren gemeinsamen Logos oder sonst den Außenauftritt bestimmender gemeinsamer Gestaltungselemente. Praxen sind durch die Verwendung einer gemeinsamen Marke nicht miteinander verbunden, wenn ihr Zusammenwirken erkennbar keinen Bezug zur konkreten beruflichen Tätigkeit aufweist. Das ist etwa der Fall, wenn die Marke auf die Mitgliedschaft in einem bloßen Fortbildungsverbund, einer Berufsorganisation oder einem bloßen Empfehlungsverbund hinweist[178]. **160**

Bei den **Rechtsfolgen** ist zu unterscheiden: In Fällen der Verletzung eines Tatbestands des Selbstprüfungsverbots (§§ 319 Abs. 3 Nr. 3, 319a HGB) erfolgt stets eine Zurechnung im Netzwerk. Demgegenüber werden dem APr. Sachverhalte der §§ 319 Abs. 2, 319 Abs. 3 Nr. 1, 2 und 4 HGB nicht zugerechnet, wenn das Netzwerkmitglied auf das Ergebnis der Prüfung keinen Einfluss nehmen kann. Unter Einflussnahme auf die JA-Prüfung ist sowohl rechtlicher als auch faktischer Einfluss zu verstehen. Neben den vertraglichen Beziehungen kommt es hierbei auf die wirtschaftlichen Machtverhältnisse im Netzwerk an[179]. Eine Zurechnung von Sachverhalten, die zu einer übermäßigen Umsatzabhängigkeit i.S.d. § 319 Abs. 3 Nr. 5 HGB führen (§ 32 Abs. 1 Nr. 3 BS WP/vBP), ist ausgeschlossen.

In der Praxis ist im Einzelfall eine äußerst sorgfältige Prüfung angeraten, damit Ausschlusstatbestände und ihre Rechtsfolgen (dazu s. Kap. A Tz. 162) vermieden und gegenüber Auftraggebern keine unrichtigen Unabhängigkeitserklärungen nach Ziff. 7.2.1 DCGK[180] abgegeben werden. Hierzu sind insb. bei beruflichen Zusammenschlüssen eine regelmäßige gegenseitige Aufklärung, Abstimmung und entsprechende **organisatorische Maßnahmen** notwendig[181]. **161**

3.2.3.8 Rechtsfolgen bei Verstößen gegen Unabhängigkeitsanforderungen

Die Rechtsfolgen eines Verstoßes gegen die Ausschlussgründe der §§ 319, 319a, 319b HGB sowie der Art. 4 und 17 VO (EU) Nr. 537/2014 ergeben sich aus § 318 Abs. 3 HGB, wobei es sich nicht um eine abschließende Aufzählung handelt[182], und aus allgemeinen **zivilrechtlichen Grundsätzen**[183]; sie treffen den Berufsangehörigen. Nach § 256 Abs. 1 **162**

---

176 *WPK*, Praxishinweis „Netzwerk" v. 24.07.2018, https://www.wpk.de/Mitglieder/praxishinweise/netzwerk/ (abgerufen am 16.08.2018).
177 Vgl. Regierungsbegründung zum BilMoG zu § 319b v. 21.05.2008, BT-Drs. 16/10067, S. 90, rechte Sp.
178 Erläuterungstext zu § 29 Abs. 4 S. 1 Nr. 2 BS WP/vBP; *WPK*, Praxishinweis „Netzwerk" v. 24.07.2018, https://www.wpk.de/Mitglieder/praxishinweise/netzwerk/ (abgerufen am 16.08.2018).
179 *Heidel/Schall*, HGB², § 319b Rn. 10.
180 Zur Unabhängigkeitserklärung s. *IDW PS 345* sowie *Pfitzer/Orth/Wacker*, DB 2002, S. 753.
181 S. dazu *IDW QS 1*, 4.1.1.
182 *Schürnbrand*, AG 2016, S. 70 ff.
183 Deshalb hat der Gesetzgeber auf eine ausdrückliche Regelung in § 319 HGB verzichtet, vgl. Regierungsbegründung zum BilReG, BT-Drs. 15/3419, S. 37, rechte Sp.

Nr. 3 AktG[184], der analog für GmbH gilt, bleibt der geprüfte JA wirksam. Da die Verwirklichung des untersagten Tätigwerdens einen Verstoß gegen ein Verbot und zugleich eine Ordnungswidrigkeit i.S.v. § 334 Abs. 2 HGB darstellt, ist der **Prüfungsauftrag** nach § 134 BGB **nichtig**[185]. Als Folge daraus hat der Prüfer seine Vergütung zurückzuerstatten (§ 812 BGB) bzw. keinen Anspruch darauf[186]. Der Anspruch auf Rückerstattung der Vergütung, der naturgemäß keinen Versicherungsschaden darstellt, verjährt in der Regelfrist der §§ 195, 199 BGB (Kap. A Tz. 368). Welche Rechtsfolgen ein Verstoß gegen Art. 5 VO (EU) Nr. 537/2014 für den Prüfungsvertrag hat, ist bisher nicht geklärt. Ein Verstoß dürfte aber unschädlich sein, wenn er nicht die Unabhängigkeit des APr. beeinträchtigt, weil ein objektiver, sachverständiger und informierter Dritter nicht von einer Befangenheit des APr. ausgehen würde. Anderenfalls ist zu unterscheiden, ob die unzulässige Nichtprüfungsleistung vor oder nach Abschluss des Prüfungsvertrages erbracht worden ist. Entweder darf der APr. den Prüfungsauftrag dann nicht mehr annehmen oder er hat das Mandat niederzulegen bzw. das Unternehmen hat das Ersetzungsverfahren nach § 318 Abs. 3 HGB einzuleiten.[187]

163 Eine weitere mögliche Konsequenz der Verwirklichung eines Befangenheitsgrundes in der Person des APr. nach §§ 319 Abs. 2-5, 319a, 319b HGB oder nach Art. 5 Abs. 4 Unterabs. 1 oder Abs. 5 Unterabs. 2 S. 2 VO (EU) Nr. 537/2014 oder der Nichteinhaltung der Vorschriften zur Laufzeit des Prüfungsmandats nach Art. 17 VO (EU) Nr. 537/2014 ist seine **Ersetzung** nach § 318 Abs. 3 HGB[188]. Die Vorschrift sieht ein besonderes Gerichtsverfahren vor, das allerdings nur von bestimmten Personen durch einen entsprechenden Antrag in Gang gesetzt werden kann. Antragsberechtigt sind der gesetzliche Vertreter, der AR und Gesellschafter (unabhängig von der Rechtsform der Gesellschaft), wenn z.B. ihre Anteile zusammen den 20. Teil des Grundkapitals erreichen, wobei Anteile an Stimmrechten Anteilen am Grundkapital gleichgestellt werden[189].

164 Ein solcher **Antrag** muss binnen **zwei Wochen** nach Wahl des APr. gestellt werden. Aktionäre können den Antrag stellen, wenn sie gegen die Wahl des APr. bei der Beschlussfassung in der HV Widerspruch erklärt haben (§ 318 Abs. 3 S. 2 HGB). Für den Fall, dass der Befangenheitsgrund erst nach der Wahl eintritt oder bekannt wird, beginnt die Zweiwochenfrist an dem Tag, an dem der Antragsberechtigte von den die Befangenheit auslösenden Umständen Kenntnis erlangt hat oder ohne große Fahrlässigkeit hätte erlangen müssen. Für die Praxis bedeutsam dürfte die Antragsbefugnis **von Aufsichtsbehörden** und die ausdrückliche Regelung sein, dass **nach Erteilung des BestV** der Antrag auf Ersetzung des befangenen APr. nicht mehr gestellt werden kann (§ 318 Abs. 3 S. 6 und 7 HGB).

---

184 So auch die Regierungsbegründung zum BilReG, BT-Drs. 15/3419, S. 37, rechte Sp.
185 Keine Nichtigkeit liegt nach BGH v. 21.01.2010 – Xa ZR 175/07 für freiwillige Prüfungen vor, wenn der Verbotstatbestand erst nach Abschluss des Prüfungsvertrags verwirklicht wird; gleichwohl besteht kein Honoraranspruch, da der Prüfungsvertrag lt. BGH auf eine rechtlich unmögliche Leistung gerichtet ist. Nicht gefolgt werden kann hier der Auffassung des BGH, dass die berufsständischen Vorschriften (§ 31 BS WP/vBP) ein gesetzliches Verbot begründen.
186 S. *Gelhausen/Heinz*, WPg 2005, S. 693.
187 Vgl. *IDW Positionspapier zu Nichtprüfungsleistungen des Abschlussprüfers* (3. überarb. Fassung mit Stand 09.01.2018), Frage 2.4.3, https://www.idw.de/blob/98172/f07286ea7bd4d8beed3f2dead535fa8d/down-positionspapier-nichtpruefungsleistungen-data.pdf (abgerufen am 26.03.2018).
188 Mit der Neufassung des § 318 Abs. 3 HGB durch das AReG wird Art. 38 RL 2014/56/EU umgesetzt.
189 Vgl. Regierungsbegründung zum AReG zu § 318 Abs. 3 HGB, BT-Drs. 18/7219, S. 40.

Das Ersetzungsverfahren nach § 318 Abs. 3 HGB (Kap. A Tz. 163) gilt nur für **prüfungspflichtige Unternehmen**, so dass eine Abberufung des APr. bzw. eine Kündigung des Prüfungsauftrags bei nicht gesetzlich vorgeschriebenen Prüfungen auf diesem Wege nicht möglich ist. 165

Zu beachten ist, dass bei Verstößen gegen Art. 5 VO (EU) Nr. 537/2014 auch der **Beratungsvertrag über die verbotenen Nichtprüfungsleistungen** nichtig sein kann, da Art. 5 VO (EU) Nr. 537/2014 ein Tätigkeitsverbot vorsieht. Dies ist aber nur dann der Fall, wenn zum Zeitpunkt des Vertragsabschlusses der APr. bereits bestellt oder die Beratungsleistung trotz möglicher Bestellung beabsichtigt ist[190]. 166

3.2.4 Unparteilichkeit

Gem. § 43 Abs. 1 S. 2 WPO hat sich der WP bei der Prüfungstätigkeit und der Erstattung von Gutachten unparteiisch zu verhalten, ein Gebot, das vom WP in seiner Funktion als Prüfer oder Gutachter unbedingte **Neutralität** verlangt. Er darf keinen der Beteiligten benachteiligen oder bevorzugen (§ 28 Abs. 1 S. 1 BS WP/vBP). Letzteres ist v.a. dann von Bedeutung, wenn der WP mehreren Auftraggebern gleichzeitig verpflichtet ist, z.B. in seiner Funktion als Treuhänder einer Vielzahl von Treugebern. Der WP verliert die Eignung als Schiedsgutachter, wenn er statt des Schiedsgutachtens ein Gutachten im Interesse einer Partei erstattet[191]. Ein solches darf nach § 28 Abs. 2 BS WP/vBP allerdings nicht als Gutachten bezeichnet werden. 167

Die Neutralität muss in PrB und Gutachten auch zum Ausdruck kommen. Wesentliche Sachverhalte dürfen nicht verschwiegen werden oder i.R.d. fachlichen Würdigung unberücksichtigt bleiben. Die fachliche Würdigung der ermittelten Fakten muss nachvollziehbar sein und darf nicht durch Sonderinteressen beeinflusst werden. 168

3.2.5 Wechsel zu einem Prüfungsmandanten

Wechselt der APr. eines Unternehmens von öffentlichem Interesse i.S.d. § 319a Abs. 1 S. 1 HGB oder der verantwortliche Prüfungspartner i.S.d. § 319a Abs. 1 S. 4, Abs. 2 S. 2 HGB (zum Begriff vgl. Kap. A Tz. 143) **zu seinem bisherigen Prüfungsmandanten**, darf er gem. § 43 Abs. 3 WPO dort innerhalb von zwei Jahren nach der Beendigung der Prüfungstätigkeit keine wichtige Führungstätigkeit ausüben. Für APr. anderer Unternehmen beträgt die Frist ein Jahr. Diese Frist gilt auch für Partner und Mitarbeiter des APr., die zwar nicht selbst als APr. oder verantwortlicher Prüfungspartner tätig, aber unmittelbar am Prüfungsauftrag beteiligt und als WP, vBP etc. bestellt waren, sowie für alle anderen Berufsangehörigen, vBP oder EU- oder EWR-APr., deren Leistungen der APr. des Unternehmens in Anspruch nehmen oder kontrollieren kann und die unmittelbar am Prüfungsauftrag beteiligt waren. War der APr./verantwortliche Prüfungspartner nur auf der Ebene bedeutender TU (vgl. Kap. A Tz. 144) tätig, bezieht sich das *Tätigkeitsverbot* auf das MU und darüber hinaus auf das einzelne TU, sofern dieses selbst kapitalmarktorientiert ist[192]. Für den Beginn der Cooling-off-Periode wird auf die Beendigung der Prüfungstätigkeit und damit im Regelfall auf den Zeitpunkt der Erteilung des BestV abzustellen sein[193]. Zu beachten ist, dass eine Mitwirkung an einer 169

---

190 *Schürnbrand*, AG 2016, S. 70, 74.
191 BGH v. 06.06.1994, NJW-RR, S. 1314, DB, S. 2131.
192 *Hense/Ulrich*, WPO³, § 43, Rn. 666.
193 Zu Ausnahmen hiervon vgl. *Gelhausen/Fey/Kämpfer*, BilMoG, Kap. Z, Rn. 42.

Nachtragsprüfung für ein vorangegangenes GJ die Frist erneut auslöst. Da die Cooling-off-Periode der Wahrung der Unabhängigkeit des aktuellen APr. dient, übt der vormalige APr. eine wichtige Führungtätigkeit aus, wenn er aufgrund seiner persönlichen Vertrautheit zum Prüfungsteam auf den aktuellen APr. Einfluss nehmen oder vergangenes Fehlverhalten verschleiern kann[194]. Ob eine solche Einflussmöglichkeit besteht, hängt entscheidend von seiner Stellung im Unternehmen und von dem Bereich ab, in dem er tätig ist. Dies betrifft v.a. die Übernahme einer leitenden Funktion im Rechnungswesen, wg. der damit verbundenen Gesamtverantwortung aber auch eine Tätigkeit als Geschäftsführer oder Vorstand des Unternehmens, nicht aber die Übernahme anderer Tätigkeiten ohne Führungsverantwortung. Unzulässig ist aber die Mitgliedschaft im AR, PrA oder Verwaltungsrat. Ein Verstoß gegen dieses Verbot wird nach § 133a WPO mit einer Geldbuße von bis zu 50.000 € geahndet. Da nicht auf die Übernahme, sondern auf die Ausübung der Tätigkeit abgestellt wird, handelt es sich um eine Dauerordnungswidrigkeit. Die Geldbuße kann daher auch mehrfach verhängt werden[195]. Zu den Auswirkungen für den APr. bzw. die Prüfungsgesellschaft, wenn der APr., Mitarbeiter oder verantwortliche Prüfungspartner die Cooling-off-Periode nicht einhält, s. Kap. A Tz. 149.

3.2.6 Verschwiegenheit

3.2.6.1 Allgemeines

170 Die Pflicht zur **Verschwiegenheit** bildet das Fundament für das Vertrauen, das dem WP entgegengebracht wird; ohne dieses Vertrauen wäre die Erfüllung der beruflichen Aufgaben, v.a. in kritischen Phasen, nicht möglich. Dementsprechend ist die Verschwiegenheitspflicht nicht nur durch das Berufsrecht (§ 43 Abs. 1 S. 1 WPO), sondern auch durch die Verfassung[196], das Zivilrecht (§ 323 Abs. 1 HGB) und das Strafrecht (§ 203 StGB) sowie eine Vielzahl spezialgesetzlicher Normen vorgeschrieben und abgesichert[197].

3.2.6.2 Betroffener Personenkreis

171 Die Pflicht zur Verschwiegenheit gilt unabhängig von der Art der Berufsausübung für **alle Berufsangehörigen**, also auch für den im Anstellungsverhältnis tätigen WP. Zu beachten ist in diesem Zusammenhang, dass die vom Berufsangehörigen beschäftigten Personen, soweit sie nicht schon durch Gesetz zur Verschwiegenheit verpflichtet sind, und die Personen, die im Rahmen einer berufsvorbereitenden Tätigkeit oder einer sonstigen Hilfstätigkeit mitwirken, in schriftlicher Form zur Verschwiegenheit verpflichtet und dabei über die strafrechtlichen Folgen belehrt werden müssen (§ 50 WPO, § 6 Abs. 3 BS WP/vBP). Durch die Neuregelungen der §§ 50, 50a WPO sind ebenfalls

---

[194] Vgl. Regierungsbegründung zum BilMoG, BT-Drs. 16/10067 v. 30.07.2008, S. 109.
[195] Nach der Übergangsregelung des § 140 WPO gilt die Regelung nicht für Personen, die ihre Prüfungstätigkeit vor Inkrafttreten des BilMoG aufgegeben haben.
[196] BVerfG v. 12.04.2005 – 2 BvR 1027/02, www.bundesverfassungsgericht.de, Rubrik „Entscheidungen" (abgerufen am 26.08.2018).
[197] Einen Katalog der einschlägigen Vorschriften enthält die Verpflichtungserklärung zur Verschwiegenheit gem. §§ 50, 50a WPO, Formular erhältlich bei der IDW Verlag GmbH.

externe Dienstleister zur Verschwiegenheit zu verpflichten[198]. Hinsichtlich der bei Sozietäten angestellten Personen genügt der Nachweis, dass ein Sozius die Verpflichtung vorgenommen hat (§ 50 S. 5 WPO). Ebenfalls neu gefasst wurden die §§ 43a, 43e BRAO, §§ 62, 62a StBerG sowie § 203 StGB.

172 Mit der Reform hat der Gesetzgeber unter straf- und berufsrechtlichen Aspekten den Berufsträgern rechtssicher die Möglichkeit verschafft, Personen, die außerhalb der eigenen Sphäre stehen, in Anspruch zu nehmen. Während sich für in der Sphäre des WP eingebundene Mitwirkende grundsätzlich nichts geändert hat, gelten für außerhalb dieser Sphäre mitwirkende Dritte weitergehende berufsrechtliche Anforderungen. Zu beachten ist, dass die bisher vom weiten Begriff erfassten externen Gehilfen nunmehr in § 50a WPO geregelt sind. Zu den Mitwirkenden i.S.d. § 50 WPO zählen neben den beschäftigten Personen vor allem Arbeitnehmer, Auszubildende und Praktikanten. § 50a WPO erfasst alle anderen Personen, wie z.B. Aktenvernichtung und -archivierung, Einrichtung, Betrieb und Wartung von IT-Anlagen etc.[199]. So ist z.B. unklar, ob auch freie Mitarbeiter, Mitarbeiter aus verbundenen Unternehmen, Kooperationen und Netzwerkgesellschaften unter § 50a WPO fallen. Freie Mitarbeiter sind Mitwirkenden i.S.d. § 50 WPO zuzuordnen, wenn sie bei der Berufsausübung vergleichbar wie die in § 50 S. 1 WPO genannten Personen tätig werden, z.B. weil dem Berufsträger vergleichbare Kontroll- und Weisungsrechte hinsichtlich des Umgangs mit vertraulichen Informationen zustehen und die freien Mitarbeiter insoweit in das Qualitätssicherungssystem des WP/vBP bzw. des jeweiligen Netzwerks einbezogen sind[200]. Die Unterscheidung ist wichtig für die Frage, ob die Tätigkeit des Dienstleisters einem einzelnen Mandat dient. In diesem Fall ist der Zugang zu fremden Geheimnissen nur geöffnet, wenn der Mandant eingewilligt hat (§ 50a Abs. 5 WPO). Ein „unmittelbares Dienen" ist so zu verstehen, dass es um eine fachlich inhaltliche Befassung mit dem Mandat geht[201]. Dies bedeutet, dass alle nicht inhaltsbezogenen Dienstleistungen, die der Berufsträger im Tagesgeschäft in seinem Geschäftsbetrieb einsetzt, z.B. IT-Dienstleistungen, nicht unter § 50a Abs. 5 WPO fallen. Beispiel für einen Anwendungsfall des § 50a Abs. 5 WPO ist die Hinzuziehung von Sachverständigen, Detektiven und Übersetzern[202].

173 Bei der Inanspruchnahme externer Dienstleister sind folgende Anforderungen zu beachten:

- Externe Dienstleister dürfen nur im notwendigen Rahmen unterrichtet werden bzw. Kenntnis aus den Aufträgen erlangen, soweit dies zur Vertragserfüllung erforderlich ist.
- WP haben den Dienstleister sorgfältig auszuwählen, d.h. sich von der fachlichen Eignung und Zuverlässigkeit zu überzeugen.

---

198 Gesetz zur Neuregelung des Schutzes von Geheimnissen bei der Mitwirkung Dritter an der Berufsausübung schweigepflichtiger Personen vom 30.10.2017, BGBl I, S. 3618;Regierungsbegründung zum Gesetz zur Neuregelung des Schutzes von Geheimnissen bei der Mitwirkung Dritter an der Berufsausübung schweigepflichtiger Personen, BT-Drs. 18/11936 v. 12.04.2017, S. 18.
199 *Hense/Ulrich*, WPO³, § 50a, Rn. 5.
200 https://www.wpk.de/neu-auf-wpkde/alle/2014/sv/praxishinweis-mitwirkung-dritter-an-der-berufs-ausuebung-50-50a-wpo/ (abgerufen am 16.08.2018).
201 *Hense/Ulrich*, WPO³, § 50a, Rn. 27.
202 Regierungsbegründung zum Gesetz zur Neuregelung des Schutzes von Geheimnissen bei der Mitwirkung Dritter an der Berufsausübung schweigepflichtiger Personen, BT-Drs. 18/11936 v. 12.04.2017, S. 36.

- Form und Inhalt des Dienstleistungsvertrags gem. § 50a Abs. 3 WPO sind einzuhalten (z.B. ist Textform ausreichend).
- Die Vereinbarung eines außerordentlichen Kündigungsrechts kann empfehlenswert sein für den Fall, dass die Einhaltung der dem Dienstleister gem. § 50a Abs. 3 WPO zu machenden Vorgaben nicht gewährleistet ist. In diesem Fall ist die Zusammenarbeit unverzüglich zu beenden.
- Es ist festzulegen, ob der Dienstleister befugt ist, weitere Personen zur Erfüllung des Vertrages hinzuzuziehen und ihm aufzuerlegen, den Subunternehmer seinerseits in Textform zur Verschwiegenheit zu verpflichten.

174 Die Inanspruchnahme von Dienstleistungen, die im Ausland erbracht werden, ist zulässig, wenn der dort bestehende Schutz der Geheimnisse dem Schutz im Inland vergleichbar ist, es sei denn, dass der Schutz der Geheimnisse dies nicht gebietet (§ 50a Abs. 4 WPO). Es spricht vieles dafür, dass der deutsche Gesetzgeber davon ausgeht, dass der Geheimnisschutz innerhalb der EU vergleichbar ist und ein Berufsträger daher bereits die Voraussetzungen des § 50a Abs. 4, Hs. 1 WPO erfüllt, wenn er Dienstleistungen, die in einem EU-Mitgliedstaat erbracht werden, in Anspruch nimmt. Wann der Geheimnisschutz die Vergleichbarkeit nicht gebietet, stellt der Gesetzgeber an zwei (nicht abschließenden) Beispielen dar:

- in Fällen, in denen zeitlich begrenzt vom Ausland her Zugriff auf Daten genommen wird (z.B. Fernwartung),
- in Fällen, in denen Daten „aus sich selbst heraus kaum verständlich" sind.

Mit den beiden Beispielen macht der Gesetzgeber deutlich, dass es ihm auf eine wesentliche Reduzierung des Risikos der Geheimnisschutzverletzung ankommt; nicht verlangt wird ein vollständiger Ausschluss des Zugriffsrisikos. Eine wesentliche Reduzierung des Risikos des unbefugten Zugriffs auf Daten kann auch durch die Befolgung rechtlicher Vorschriften wie des Datenschutzrechts erreicht werden. Für die Praxis bedeutsam ist, dass die Einschaltung mitwirkender Dritter im Ausland bei Vorliegen einer üblichen informierten Einwilligung stets zulässig ist[203]. Im Zusammenspiel der Regelungen ist zu beachten, dass berufsrechtskonformes Verhalten niemals strafbar sein kann, hingegen aber berufsrechtswidriges Verhalten nicht zwingend eine Strafbarkeit begründet[204].

175 Ob Personen, mit denen der Beruf innerhalb einer **Sozietät** oder **Partnerschaft** gemeinsam ausgeübt wird oder die in einer WPG zusammengeschlossen sind, als fremde Dritte anzusehen sind, ist nach den Umständen des Einzelfalls zu entscheiden. Bei einem Beratungsmandat sind im Regelfall alle Partner als beauftragt anzusehen[205], und zwar auch später eintretende[206], so dass sie als informationsberechtigt gelten. Eine abweichende Beurteilung ist geboten, wenn das Mandat erkennbar auf einen der Partner beschränkt ist[207]. Bei einem Prüfungsauftrag, der einer gemischten Sozietät erteilt wird, ist gegenüber den Nicht-WP-Sozien (Partnern) Verschwiegenheit zu wahren, soweit sie

---

203 Vgl. i.E. IDW, Inanspruchnahme von Dienstleistungen im Ausland (Stand: 07.02.2018), https://www.idw.de/idw/idw-aktuell/inanspruchnahme-von-dienstleistungen-im-ausland/106946 (abgerufen am 26.03.2018).
204 Vgl. Deutscher Bundestag, 243. Sitzung, Plenarprotokoll 18/243 v. 29.06.2017.
205 BGH v. 04.02.1988, ZIP, S. 415, BB, S. 658; BGH v. 17.10.1989, WM 1990, S. 188, WPK-Mitt. 1990, S. 91.
206 BGH v. 05.11.1993, WM 1994, S. 355, NJW 1994, S. 257, BB 1994, S. 29.
207 BGH v. 07.06.1994, NJW, S. 2302.

nicht mit der Erledigung der Prüfung befasst werden[208]. Dies gilt bei bestehenden Mandaten im Hinblick auf die Höchstpersönlichkeit des Auftrags auch für neu eintretende WP-Sozien oder Partner[209].

176 Unverändert gilt die Pflicht zur Verschwiegenheit gegenüber den Mitgliedern des eigenen AR einer WPG (§ 323 Abs. 3 HGB), auch gegenüber den Gesellschaftern, nicht nur gegenüber den Berufsfremden[210].

177 Gegenüber **Mitgliedern eines Netzwerks** i.S.d. § 319b HGB ist ebenfalls Verschwiegenheit zu wahren. Davon ausgenommen sind Informationen, die der prüfende Netzwerkpartner benötigt, um seine Unabhängigkeit beurteilen und die Anforderungen des § 51b Abs. 5 Nr. 1 WPO erfüllen zu können.

3.2.6.3 Inhalt und Umfang

178 Alle Tatsachen und Umstände, die WP bei ihrer Berufstätigkeit anvertraut oder bekannt werden, dürfen **nicht unbefugt offenbart** werden (§ 10 BS WP/vBP). Zu diesen Tatsachen und Umständen gehören auch solche, die in einem mittelbaren oder inneren Zusammenhang mit der Tätigkeit stehen[211]. Die Berufsangehörigen haben zum Schutz der Vertraulichkeit auch durch **geeignete Vorkehrungen** dafür Sorge zu tragen, dass diese Tatsachen und Umstände Unbefugten nicht bekannt werden (vgl. § 10 Abs. 2 BS WP/vBP). Verschwiegenheit ist **zeitlich unbegrenzt**[212] und gegenüber jedermann zu bewahren. Sie besteht auch nach Verzicht auf die Bestellung, Beurlaubung oder Ausschluss aus dem Beruf fort.

179 Durch die Pflicht zur Verschwiegenheit wird der WP auch gehindert, geschützte Kenntnisse über Vermögensdispositionen Dritter für sich auszunutzen (§ 11 BS WP/vBP); insoweit enthält das Berufsrecht bereits das Verbot der Verwertung sog. **Insiderkenntnisse** für Entscheidungen, die das eigene Vermögen betreffen[213]. Ein Verbot von Insidergeschäften nach § 14 WpHG tritt neben die berufsrechtliche Verschwiegenheitspflicht. Der Vorschrift unterliegt z.B. der APr. einer börsennotierten KapGes.[214]. Zur Klarstellung ist aber festzuhalten, dass dem Schutz der Verschwiegenheit und damit dem Verwertungsverbot nicht die aus der beruflichen Tätigkeit gewonnenen **Erfahrungen und Kenntnisse** in fachlicher und rechtlicher Hinsicht unterliegen. Allerdings darf durch eine z.B. fachliterarische Verwertung der geschützte Bereich nicht verletzt werden. Es ist infolgedessen nicht zulässig, i.R. von Aufsätzen oder Vorträgen der Verschwiegenheit unterliegende fachliche Fragen oder tatsächliche Verhältnisse zu offenbaren, wenn dadurch der Auftraggeber erkennbar wird[215] und dieser in die Veröffentlichung nicht eingewilligt hat.

---

208 Zur Erteilung von Aufträgen an gemischte Sozietäten vgl. Kap. A Tz. 281.
209 Vgl. *IDW PS 208*.
210 Zur Verschwiegenheitspflicht freier Mitarbeiter s. WPK-Mitt. 2001, S. 30.
211 Im Übrigen besteht auch nach § 323 Abs. 1 S. 2 HGB ein ausdrückliches Verwertungsverbot für Geschäfts- und Betriebsgeheimnisse des geprüften Unternehmens.
212 § 10 Abs. 3 BS WP/vBP; BayObLG v. 02.03.1966, NJW, S. 1664; OLG Stuttgart v. 18.10.1992, NJW 1993, S. 1070; wg. der Auskunftspflicht gegenüber Erben s. OLG Koblenz v. 17.01.1991, DStR, S. 789.
213 Im Übrigen besteht auch nach § 323 Abs. 1 S. 2 HGB ein ausdrückliches Verwertungsverbot für Geschäfts- und Betriebsgeheimnisse des geprüften Unternehmens.
214 Zu Inhalt und Umfang des Verbots von Insidergeschäften nach § 14 WpHG vgl. auch ADS[6], § 323 HGB, Tz. 70.
215 Ebenso ADS[6], § 323 HGB, Tz. 36.

180 **Gegenüber der Finanzverwaltung** ist aufgrund der Verschwiegenheitspflicht von dem nach § 102 Abs. 1 Nr. 3 Buchst. b) AO bestehenden Auskunftsverweigerungsrecht Gebrauch zu machen. Infolgedessen trifft den steuerlichen Berater keine Berichtigungspflicht, wenn er (nachträglich) von einem steuerunehrlichen Verhalten des Mandanten erfährt[216]. Trotz der gesetzlichen Verschwiegenheitspflicht kann bei StB und WP eine Außenprüfung angeordnet werden[217]. Wegen der beruflichen Pflicht zur Verschwiegenheit besteht auch grds. keine Auskunftspflicht gegenüber der **Wertpapieraufsicht**[218]. Im **Enforcement-Verfahren** ist der APr. gem. § 370 Abs. 4 WpHG gegenüber der BaFin zur Vorlage seiner Arbeitspapiere verpflichtet, soweit sie für die Prüfung eines speziellen Fehlers der Rechnungslegung relevant sind[219].

181 **Kenntnisse**, die der WP i.R. seiner **beratenden Tätigkeit** über die oder von der Gegenseite erlangt, unterliegen ebenfalls der Verschwiegenheitspflicht. Seinem Auftraggeber gegenüber hat er aber im Hinblick auf die Verpflichtung zur bestmöglichen Durchführung des Auftrags diese Kenntnisse zu offenbaren. Ein typischer Fall für eine derartige Offenbarungspflicht ist gegeben, wenn der WP vom Auftraggeber als Zeuge über den Verlauf oder das Ergebnis von Verhandlungen benannt worden ist; hier kann sich die Gegenseite, weil insoweit nicht geschützt, nicht auf die Verschwiegenheitspflicht des WP berufen.

182 Betreut der WP **mehrere Mandanten** mit ggf. widerstreitenden Interessen, ist die Verschwiegenheitspflicht bezogen auf jeden Mandanten zu beachten. Derartige Konstellationen treten z.B. auf, wenn sowohl der Kreditgeber als auch der Kreditnehmer Auftraggeber des WP sind und die Bewertung eines Kredits i.R.d. Prüfung des Kreditgebers ansteht. Kenntnisse, die bei der Prüfung des JA bei dem einen Mandanten erlangt werden, dürfen nicht bei einem anderen Auftraggeber offenbart werden. Die Entscheidung des BGH v. 27.11.1990[220], wonach der Konflikt zwischen der Pflicht eines KI, Kunden auf Risiken (Konkursreife eines Bauträgers) hinzuweisen, und der Pflicht zur Wahrung des Bankgeheimnisses durch eine Güterabwägung zu lösen ist, kann auf WP nicht übertragen werden. Möglichen künftigen Mandanten gegenüber gilt ebenfalls die Verschwiegenheitspflicht; sie sind bis zur Mandatserteilung unbefugte Dritte. Die Vorlage von Inspektionsberichten i.R. eines Angebots gegenüber einem potentiellen Mandanten verletzt nicht die Verschwiegenheitspflicht, wenn nur das Gesamtergebnis des Inspektionsberichts (vgl. Art. 26 Abs. 9 VO (EU) Nr. 537/2014) offenbart wird. Sollten allerdings Mandantendaten ersichtlich sein, müssten sie vor Vorlage des Inspektionsberichts unkenntlich gemacht werden.

183 Die Verschwiegenheitspflicht gilt auch für Wissen, das WP zufällig erwerben, sofern dieses **Zufallswissen** i.R. beruflicher Tätigkeit erlangt worden ist. Hiervon abzugrenzen ist etwaiges Zufallswissen, das ihm nur anlässlich seiner beruflichen Tätigkeit zur Kenntnis kommt[221].

---

216 BGH v. 20.12.1995, WPK-Mitt. 1997, S. 74, Stbg. 1996, S. 410.
217 BFH v. 08.04.2008 – VIII R 61/06, www.bundesfinanzhof.de, Rubrik „Entscheidungen" (abgerufen am 26.03.2018).
218 *Wirth*, BB 1996, S. 1725.
219 Zum Umfang der Auskünfte s. OLG Frankfurt am Main v. 12.02.2007, FN-IDW, S. 187; *Paal*, BB 2007, S. 1775.
220 NJW 1991, S. 693.
221 BGH v. 16.02.2011, NJW, S. 1077.

184 Nach wie vor umstritten ist, ob den WP bzgl. solcher Informationen, die er in Ausübung seines Berufs von einem Dritten erhält und an deren Geheimhaltung dieser ein Interesse hat, auch dem **Dritten gegenüber** eine Verschwiegenheitspflicht trifft[222].

185 Die Verschwiegenheitspflicht erstreckt sich auch auf den prozessualen Bereich (§ 53 Abs. 1 S. 1 Nr. 3 StPO, § 383 Nr. 6 ZPO, § 385 AO); hier hat der Berufsangehörige ein **Zeugnisverweigerungsrecht**, auf das er sich im Regelfall zu berufen hat. Das Zeugnisverweigerungsrecht des § 53 Abs. 1 S. 1 Nr. 3 StPO bezieht sich ebenso wie die Verschwiegenheitspflicht auf Tatsachen, die einem WP bei der Berufsausübung anvertraut oder bekannt geworden sind bzw. die in unmittelbarem oder in einem inneren Zusammenhang mit der Verschwiegenheitspflicht stehen, was weit auszulegen ist[223]. Das Zeugnisverweigerungsrecht dient, wie § 53 Abs. 2 StPO zeigt, allerdings nur den Geheimhaltungsinteressen des Mandanten. Durch das Gesetz zur Neuregelung des Schutzes von Geheimnissen bei der Mitwirkung Dritter an der Berufsausübung schweigepflichtiger Personen[224] haben nun auch die mitwirkenden Personen (§ 53a StPO) ein Zeugnisverweigerungsrecht. Zum Umfang des Zeugnisverweigerungsrechts eines StB vgl. BFH v. 14.05.2002[225].

186 **Gegenstände**, auf die sich das **Zeugnisverweigerungsrecht** des WP bzw. der mitwirkenden Personen bezieht, unterliegen nicht der Beschlagnahme (§ 97 Abs. 1 Nr. 3 StPO). Dazu zählen auch elektronisch gespeicherte Datenbestände. Da die Sicherstellung und Beschlagnahme von Datenträgern und darauf gespeicherter Daten in das Grundrecht der Mandanten auf informationelle Selbstbestimmung eingreift und die vertrauliche Kommunikation zwischen Mandanten und Berater (ebenso Prüfer) beeinträchtigen kann, ist ein Datenzugriff nur in beschränktem Umfang verfassungsrechtlich zulässig[226]. Zeugnisverweigerungsrecht und **Beschlagnahmeverbot** erstrecken sich auf Kenntnisse und Unterlagen, die aus zulässigen Tätigkeiten nach § 2 Abs. 2 und 3 WPO stammen[227]. Ob eine WP-Tätigkeit allerdings mit der Begründung verneint werden kann, es handele sich nur um eine Innenrevision, ist auch in den Augen des BVerfG bedenklich[228].

187 Durch die Verpflichtung zur Verschwiegenheit ist der WP gehalten, die Beschlagnahme sowohl seiner Akten oder Datenbestände als auch ihm anvertrauter Unterlagen i.R.d. Möglichen zu verhindern. Das Beschlagnahmeverbot gilt auch für Unterlagen von **juristischen Personen**[229]. Hier zeigt allerdings die jüngere Rechtsprechung, dass das Beschlagnahmeverbot des § 97 Abs. 1 Nr. 3 StPO in vielen Fällen ins Leere läuft, da es sich um Gegenstände des konkret Beschuldigten handeln muss, die der WP von diesem erhalten hat. Eine solche Einschränkung des Beschlagnahmeverbots ist u.E. weder mit dem Wortlaut noch mit dem Sinn und Zweck der Norm vereinbar. Allerdings bleibt zu be-

---

222 Bejahend OLG Köln, NJW 2000, S. 3656; verneinend *Dahns*, NJW-Spezial 2011, S. 190.
223 BGH v. 07.04.2005 – 1 StR 326/04, www.bundesgerichtshof.de, Rubrik „Entscheidungen" (abgerufen am 26.03.2018).
224 Gesetz v. 30.10.2017, BGBl. I, S. 3618.
225 WPK-Mitt. 2002, S. 309.
226 BVerfG v. 12.04.2005 – 2 BvR 1027/02, www.bundesverfassungsgericht.de, Rubrik „Entscheidungen" (abgerufen am 26.03.2018); BFH v. 19.08.2009, BFH/NV 2010, S. 5 – Beschlagnahme zugelassen, da der Ermittlungszweck Vorrang vor geschützten Interessen des Einzelnen hat.
227 LG Bonn v. 29.10.2001, FN-IDW 2002, S. 104.
228 BVerG, Nichtannahmebeschluss v. 27.10.2003 – 2 BvR 2211/00, www.bundesverfassungsgericht.de, Rubrik „Entscheidungen" (abgerufen am 26.03.2018).
229 *Schmitt*, wistra 1993, S. 9.

3.2.6.4 Ausnahmen von der Verschwiegenheitspflicht

188 Die Pflicht zur Verschwiegenheit entfällt, wenn die Verschwiegenheitspflicht durch gesetzliche Regelungen durchbrochen wird oder der WP wirksam von ihr entbunden worden ist[230].

189 Eine **gesetzliche Durchbrechung der Verschwiegenheitsverpflichtung** findet sich in § 320 Abs. 3 S. 2 HGB für den Bereich der **KA-Prüfung**. Demnach hat der KAPr. Einsichts- und Auskunftsrechte gegenüber den APr. des MU bzw. des/der TU mit der Folge, dass diese APr. Einsicht gewähren und Auskunft geben dürfen/müssen. Sofern das MU seinen Sitz nicht in der EU oder dem EWR hat, kann der APr. nach § 320 Abs. 2 HGB zur Verfügung gestellte Unterlagen unter Beachtung der Art. 44, 46 und 49 DS-GVO (EU) Nr. 679/2016[231] an den APr. des KA weitergeben; eine Pflicht zur Weitergabe besteht demnach nicht. Allerdings bestehen die Auskunftsrechte und Vorlagepflichten nur, soweit es für eine sorgfältige Prüfung notwendig ist (§ 320 Abs. 2 S. 1 und S. 3 i.V.m. § 320 Abs. 3 S. 2 HGB). Dazu gehören v.a. mündliche Erläuterungen und Unterlagen des geprüften Unternehmens, die der APr. des TU oder MU zu seinen Handakten genommen hat. In Arbeitspapiere, auf deren Herausgabe kein genereller Anspruch besteht, sollte nur gegen eine Haftungsfreistellung, einen sog. Hold Harmless Letter, Einsicht gewährt werden. Wird der JA eines in den KA einbezogenen TU freiwillig geprüft, gilt Entsprechendes[232].

190 Gemäß § 320 Abs. 4 HGB hat der bisherige APr. sowohl beim regulären als auch beim vorzeitigen **APr.-Wechsel** dem neuen APr. auf schriftliche Aufforderung hin über das Ergebnis der Prüfung zu berichten. Hierzu reicht die Übersendung einer Kopie des Berichts, den auch das geprüfte Unternehmen erhält. Eine Pflicht, Einsichtnahme in die Arbeitspapiere zu gestatten, ist damit nicht verbunden[233].

191 Die Vorschriften zum Schutz personenbezogener Daten bleiben gem. § 50a Abs. 8 WPO unberührt. Zur Frage der Zulässigkeit der **Datenerhebung, -verarbeitung und -nutzung** (§ 26 BDSG[234]) i.R. gesetzlicher und freiwilliger Abschlussprüfungen sowie zur Frage der Auftragsdatenverarbeitung (§ 11 Abs. 2 BDSG; Art. 28 DS-GVO); zur Rechtslage vgl. Hinweise des FAR zur Datenschutznovelle 2018 vom 07.06.2018[235]; zum Verhältnis Verschwiegenheitspflicht/Datenschutzrecht vgl. Fragen und Antworten zu der

---

230 Vgl. dazu auch WPK-Mitt. 2002, S. 30.
231 In Kraft getreten am 25.05.2018.
232 ADS[6], § 320 HGB, Tz. 66.
233 Regierungsbegründung zum BilMoG zu § 320 HGB, BT-Drs. 16/10067 v. 30.07.2008, S. 91, rechte Sp.
234 *Gesetz zur Anpassung des Datenschutzrechts an die Verordnung (EU) Nr. 2016/679 und zur Umsetzung der Richtlinie (EU) Nr. 2016/680 (Datenschutz-Anpassungs- und -Umsetzungsgesetz – EU-DSAnpUG-EU).*
235 https://www.idw.de/idw/idw-aktuell/hinweise-des-fachausschusses-recht-zur-datenschutznovelle-2018/109316 (abgerufen am 16.08.2018).

DSGVO (EU) und dem neuen Bundesdatenschutzgesetz vom 08.03.2018[236]; zum Datenaustausch zwischen der EU und den USA s. EU-US-Privacy-Shield-Abkommen, den Nachfolger für das Safe-Harbor-Abkommen zwischen den USA und der EU (s. Kap. A Tz. 560).

192 Eine weitere Einschränkung der Verschwiegenheitpflicht besteht gem. § 57b Abs. 3 WPO bei dem Verfahren der **externen Qualitätskontrolle** für die daran beteiligten Personen. Die Einschränkung gilt aber nur so weit, wie dies zur Durchführung der Qualitätskontrolle erforderlich ist. Da sie sich gem. § 57a Abs. 2 WPO nur auf gesetzliche Abschlussprüfungen und auf betriebswirtschaftliche Prüfungen, die von der BaFin beauftragt werden, erstreckt, sind freiwillige Prüfungen ausgenommen. Zulässig dürfte gleichwohl die Vorlage des Nachschauberichts sein, da er zur Beurteilung des praxisinternen Qualitätssicherungssystems erforderlich ist.

193 Eine weitere Durchbrechung der Verschwiegenheitspflicht enthält § 43 Abs. 3 GwG[237]. Demnach sind u.a. WP und vBP verpflichtet, in bestimmten Fällen Sachverhalte zu melden, wenn bei der beruflichen Tätigkeit Tatsachen festgestellt werden, die darauf schließen lassen, dass die Finanztransaktion einer **Geldwäsche** nach § 261 StGB dient[238].

194 Die in § 18a Abs. 2 UStG normierte Meldepflicht stellt ebenfalls eine gesetzliche Durchbrechung der Schweigepflicht dar. Der WP ist daher berechtigt und verpflichtet, bei der Erbringung von Dienstleistungen an Mandanten im EU-Ausland die „**Zusammenfassende Meldung**" dem BZSt im Umfang der gesetzlichen Anforderungen zu übermitteln, ohne dass hierfür eine Entbindung durch den Mandanten erforderlich ist[239].

195 Die **Pflicht zur Meldung sog. grenzüberschreitender Steuermodelle** wird nicht zu einer weiteren Unterbrechung führen[240]. Nach der RL 2014/56/EU sind zwar sog. Intermediäre verpflichtet, grenzüberschreitende Steuermodelle, die sie ihren Mandanten zur Verfügung stellen, den Steuerbehörden zu melden. Zu den Intermediären gehören auch steuerberatende WP. Intermediäre, die der Verschwiegenheitspflicht unterliegen, sind allerdings von der Anzeigepflicht ausgenommen. In diesem Fall muss der Intermediär den Steuerpflichtigen lediglich darauf hinweisen, dass eine Anzeigepflicht bestehen könnte. Die erstmalige Anwendung der RL 2014/56/EU soll bis zum 01.07.2020 erfolgen. Der deutsche Gesetzgeber hat für die Umsetzung der RL 2014/56/EU Frist bis zum 31.12.2019. Alle anzeigepflichtigen grenzüberschreitenden Modelle, deren Umsetzung nach dem Zeitpunkt des Inkrafttretens der RL 2014/56/EU erfolgt, sind bis spätestens bis zum 31.08.2020 anzuzeigen. Damit sind Steuerpflichtige und Intermediäre bereits vor einem deutschen Umsetzungsgesetz verpflichtet, Gestaltungen zu dokumentieren.

196 Von der Verschwiegenheitspflicht kann wirksam nur **entbinden, wer** von ihr **geschützt** werden soll, i.d.R. also der **Auftraggeber**. Sind mehrere Personen Auftraggeber, z.B.

---

236 https://www.idw.de/blob/107866/528016427b62499f7b7c2fe0ae4d284d/down-datenschutz-fragen-und-antworten-data.pdf (abgerufen am 16.08.2018).
237 Gesetz über das Aufspüren von Gewinnen aus schweren Straftaten (Geldwäschegesetz – GwG) v. 23.06.2017, BGBl. I, S. 1822.
238 Zu Auslegungs- und Anwendungshinweisen der WPK zum GwG vgl. http://www.wpk.de/mitglieder/praxishinweise/geldwaeschebekaempfung (abgerufen am 26.03.2018).
239 WPK-Magazin 3/2010, S. 33; BFH v. 27.09.2017, DStR, S. 2611 zu Rechtsanwälten.
240 Verpflichtender automatischer Informationsaustausch im Bereich der Besteuerung über meldepflichtige grenzüberschreitende Modelle, Rat der Europäischen Union v. 09.03.2018, Interinstitutionelles Dossier 2017/0138 (CNS), 6804/18, http://data.consilium.europa.eu/doc/document/ST-6804-2018-INIT/de/pdf (abgerufen am 16.08.2018).

Eheleute, müssen alle den WP von der Verschwiegenheitspflicht befreien. Bei juristischen Personen entscheidet über die Entbindung von der Verschwiegenheitspflicht das zur Geschäftsführung **befugte Organ** (bei der AG der Vorstand, bei der GmbH die Geschäftsführer usw.). Dies gilt auch dann, wenn der Vertrag über die Durchführung einer JA-Prüfung mit dem AR zu schließen ist (s. dazu Kap. A Tz. 277)[241]. Werden beide Parteien eines Zivilprozesses beraten, ist der WP beiden gegenüber verpflichtet; die Entbindung nur einer Partei reicht nicht aus[242]. Ist der Auftraggeber verstorben, können seine **Erben** den WP von der Schweigepflicht entbinden, sofern es sich nicht um Umstände handelt, die die persönliche Sphäre des früheren Auftraggebers betreffen[243].

197 Nicht abschließend geklärt ist die Frage, ob im **Insolvenzverfahren** über das Vermögen einer juristischen Person der Insolvenzverwalter allein den WP wirksam von der Verschwiegenheitspflicht entbinden kann. Die Möglichkeit des Insolvenzverwalters, von der Verschwiegenheitspflicht zu befreien, wird überwiegend bejaht, falls es um **Regressansprüche** der früheren Mandantin gegen die ehemaligen gesetzlichen Vertreter in einem Zivilprozess geht[244]. Für den **strafrechtlichen Bereich** ist in der Rspr. mittlerweile eine Tendenz zu erkennen, wonach differenziert wird, ob der Berufsgeheimnisträger allein vom geschäftsführenden Organ beauftragt wurde oder zusätzlich auch von der dahinterstehenden handelnden Person. Im ersten Falle ist eine Alleinbefugnis des Insolvenzverwalters anzunehmen, im zweiten nicht[245], höchstrichterlich geklärt ist die Frage aber noch nicht[246]. Daher sollte sich der WP sowohl von dem früheren als auch von dem aktuellen gesetzlichen Vertreter entbinden lassen[247] oder sich auf die Verschwiegenheitspflicht und ggf. das Zeugnisverweigerungsrecht berufen. Anderenfalls besteht die Gefahr, sich nach § 203 StGB strafbar zu machen. Demgegenüber reicht vor den Arbeitsgerichten die Entbindungserklärung des Insolvenzverwalters nicht aus[248].

198 Liegt eine **gesetzliche Durchbrechung** oder eine **Entbindung** vor, ist der **WP zur Offenbarung befugt**. Erfolgt die Entbindung i.R. eines gerichtlichen Verfahrens, muss der WP aussagen (§ 53 Abs. 2 StPO, § 385 Abs. 2 ZPO, § 102 Abs. 3 AO)[249]. Ein Zeugnisverweigerungsrecht aus persönlichen Gründen (z.B. als Angehöriger gem. § 52 Abs. 1 Nr. 3 StPO) bleibt davon allerdings unberührt.

199 Über das **Zeugnisverweigerungsrecht der Mitarbeiter** im Strafverfahren entscheidet der WP in seiner Funktion als Dienstherr (§ 53a Abs. 1 S. 2 StPO). Auch **freie Mitarbeiter** eines WP oder einer WPG haben als Hilfspersonen i.S.v. § 53a Abs. 2 StPO ein Zeugnisverweigerungsrecht. Unklar ist aber, durch wen sie von der Verschwiegenheits-

---

241 Vgl. auch ADS[6], § 323 HGB, Tz. 34, m.w.N; eine Ausnahme soll gelten, wenn bei der Erteilung des Auftrags durch den AR Inhalt und Umfang der Verschwiegenheitspflicht mit geregelt werden – so *Müller*, in: Kölner Komm. Rechnungslegungsrecht, § 323 HGB, Rn. 43.
242 BGH v. 20.04.1993, WM, S. 653, ZIP, S. 735.
243 So auch *Koslowski*, StBerG[7], § 57, Rn. 68.
244 OLG Nürnberg v. 19.07.1976, MittBl.WPK Nr. 68/1976, S. 17, NJW 1977, S. 303; BGH v. 30.11.1989, BB 1990, S. 91, WPK-Mitt. 1990, S. 93; OLG Düsseldorf v. 06.10.1993, ZIP, S. 1807, WPK-Mitt. 1989, S. 16.
245 OLG Zweibrücken, Beschluss v. 08.12.2016, 1 Ws 334/16; OLG Hamm, Beschluss v. 17.08.2017, 4 Ws 130/17.
246 Für Entbindung allein durch den Insolvenzverwalter: OLG Oldenburg v. 28.05.2004, ZIP, S. 1968; *Beschluss des OLG Nürnberg v. 18.06.2009, BeckRS 2009, 20184*, sowie des AG Bochum v. 04.06.2010 (n.v.); dagegen OLG Schleswig v. 27.05.1980, NJW 1981, S. 294.
247 So auch *Hense/Ulrich*, WPO[3], § 43, Rn. 260.
248 LAG RhldPf. v. 08.07.2004 – 4 Sa 1287/03 (n.v.).
249 LG Mannheim v. 07.03.1984, MittBl.WPK Nr. 110/1984, S. 11.

pflicht entbunden werden können. In einem staatsanwaltlichen Ermittlungsverfahren oder Prozess sollten sich freie Mitarbeiter aber auf den Standpunkt stellen, dass auch eine Entbindung durch ihren Auftraggeber (WP, WPG) erforderlich ist[250].

200 Auch wenn eine gesetzliche Durchbrechung oder eine wirksame Entbindung von der Verschwiegenheitspflicht gegeben ist, kann der WP u.U. zum Schweigen berechtigt sein. So besteht z.B. keine Verpflichtung, bei von anderen WP durchgeführten Due-Diligence-Aufträgen das **eigene Know-how** etwa durch Vorlage von Arbeitspapieren diesen gegenüber preiszugeben[251].

201 Soweit das betroffene Unternehmen selbst **Umstände öffentlich** macht, z.B. durch Veröffentlichungen im HR, besteht keine Verschwiegenheitspflicht. Sie hat im Zweifel aber Vorrang[252]; das gilt v.a. dann, wenn nicht zweifelsfrei feststeht, dass die öffentlich gemachten Umstände tatsächlich vom Unternehmen selbst autorisiert sind.

202 Eine Befugnis zur Offenbarung von der Verschwiegenheitsverpflichtung unterliegenden Tatsachen oder Umständen kann sich auch aus der **Wahrnehmung berechtigter eigener Interessen** ergeben. So können Honorare eingeklagt werden, ohne dass darin eine Verletzung der Verschwiegenheitspflicht zu sehen ist. Auch in Regress- oder Strafverfahren gegen WP[253] sowie bei berufsaufsichtlichen Verfahren (Kap. A Tz. 563 ff.) liegen solche berechtigten eigenen Interessen vor. Zu beachten bleibt allerdings, dass nur in dem zur Wahrung der berechtigten Belange notwendigen Umfang offenbart werden darf[254].

203 Im Rahmen von bei WP stattfindenden **Betriebsprüfungen**[255] kann sich der WP aufgrund der ihm obliegenden Mitwirkungspflicht bei Auskunfts- und Vorlageverlangen sowie beim Datenzugriff der Finanzverwaltung nur eingeschränkt auf seine Verschwiegenheitspflicht berufen. Nach dem BFH-Urteil v. 28.10.2009[256] dürfen Unterlagen, die Mandanteninformationen enthalten, zwar nur vorgelegt werden, wenn der Mandant auf die Geheimhaltung seiner Identität verzichtet hat. Der unterschriebene Mitwirkungsvermerk in der Steuererklärung gilt allerdings bereits als Verzicht[257]. Anderenfalls muss der WP Vorkehrungen zum Identitätsschutz treffen, da er sich in Zweifelsfällen nicht erfolgreich auf seine Verschwiegenheitspflicht wird berufen können. Das FG Nürnberg hat entschieden, dass die Datenbestände so zu organisieren sind, dass bei einer zulässigen Einsichtnahme in steuerlich relevante Datenbestände keine geschützten Bereiche tangiert werden können. Der Datenzugriff ist deshalb nicht ermessenswidrig, weil dem WP eine Trennung zwischen steuerlich relevanten und nicht relevanten Daten nicht möglich war[258]. Dazu gehört nicht nur das Schwärzen entsprechender Unterlagen, er muss auch die Daten seiner Buchhaltung so aufbereiten, dass die Finanzverwaltung

---

250 WPK, WPK-Mitt. 2001, S. 30.
251 Vgl. dazu FAR, *FN-IDW 1998*, S. 287.
252 Vgl. dazu *Bormann/Greulich*, in: MünchKomm. BilR, § 323 HGB, Rn. 61.
253 LG München I v. 19.11.1980, DStR 1982, S. 179; BeBiKo[10], § 323, Rn. 47; *Ebke*, in: MünchKomm. HGB[3], § 323 HGB, Anm. 58.
254 KG v. 07.10.1993, NJW 1994, S. 462; BeBiKo[10], § 323, Rn. 47.
255 Vgl. BFH v. 08.04.2008, BStBl. II 2009, S. 579.
256 DStR 2010, S. 950, mit Anm. *Mutschler*.
257 BFH v. 08.04.2008, BStBl. II 2009, S. 579.
258 FG Nürnberg v. 30.07.2009 – 6 K 1286/2008 (rkr.), EFG, S. 1991, mit Anm. *Matthes*.

keine Kenntnis von der Verschwiegenheitspflicht unterliegenden Informationen i.R.d. Datenzugriffs nach § 147 Abs. 6 AO erlangen kann[259].

204 Ob bei öffentlichen Angriffen oder Vorwürfen, insb. bei Presseveröffentlichungen, die Verschwiegenheitspflicht durchbrochen werden kann, ist nicht geklärt, dürfte aber nur in besonderen Ausnahmefällen in Betracht kommen[260].

205 Die **Abtretung von Honoraransprüchen** oder die Übertragung ihrer Einziehung ist nach § 55 Abs. 3 WPO ohne Zustimmung des Auftraggebers zulässig an WP, Berufsgesellschaften und Berufsausübungsgemeinschaften sowie an alle Berufsangehörigen anderer freier Berufe, die einer gesetzlichen Verschwiegenheitspflicht unterliegen. Mithin ist auch die Abtretung oder die Übertragung einer Vergütungsforderung zur Einziehung an einen RA oder StB wirksam. Im Gegensatz zu § 64 Abs. 2 StBerG, der ebenfalls ohne weitere Voraussetzungen eine Abtretung an sämtliche in § 3 Nr. 1-3 StBerG genannten Berufsgeheimnisträger gestattet, beschränkt § 49b Abs. 4 BRAO den Kreis der Abtretungsempfänger auf RA und Berufsausübungsgemeinschaften i.S.d. § 59a BRAO.

206 Die Abtretung von Vergütungsforderungen oder die Übertragung ihrer Einziehung an andere Personen, insb. an ein Inkassobüro, ist grds. weiterhin unzulässig. Ausnahmsweise ist sie wirksam, wenn die Forderung rechtskräftig festgestellt worden ist oder wenn der Auftraggeber zugestimmt hat. Eines erfolglosen Vollstreckungsversuchs bedarf es nicht. Die entsprechenden Vorschriften für StB und RA verlangen bei einer Abtretung an Dritte ausdrücklich die Einholung einer schriftlichen Einwilligung des Auftraggebers sowie die Aufklärung des Mandanten über seine Informationspflicht gegenüber dem neuen Gläubiger oder Einziehungsermächtigten (§ 64 Abs. 2 StBerG; § 49b Abs. 4 BRAO).

207 Trotz des grundsätzlichen Verbots der Honorarabtretung an „Dritte" bleibt eine **Pfändung von** Honorarforderungen zulässig. Allerdings muss sich nach Auffassung des BGH der Berufsangehörige als Schuldner aufgrund seiner Verschwiegenheitspflicht darauf beschränken, lediglich Namen und Anschrift des Drittschuldners, den Grund der Forderung und Beweismittel zu bezeichnen. Auf sonstige insb. uneingeschränkte schutzwürdige persönliche Daten des Mandanten erstreckt sich die Auskunftspflicht eines zur Verschwiegenheit verpflichteten Schuldners nicht[261].

208 Im Rahmen eines **Praxiskaufs** besteht ebenfalls Verschwiegenheitspflicht, es sei denn, der Erwerber hat zuvor als Mitarbeiter die Angelegenheiten der Mandanten umfassend kennengelernt oder war als Sozius zuvor in die Praxis eingetreten[262]. In allen anderen Fällen empfiehlt sich, bei den Vertragsverhandlungen dem potentiellen Erwerber zunächst nur anonymisierte Unterlagen, z.B. Mandantenlisten, zur Kenntnis zu bringen; bei der Übertragung einer Praxis ist i.d.R. ohnehin die Zustimmung der Auftraggeber zum Mandatsübergang erforderlich. Gegen eine Abtretung von Honoraransprüchen i.R. eines Praxisverkaufs bestehen nach § 55 Abs. 3 WPO sowie § 64 Abs. 2 StBerG und § 49b Abs. 4 BRAO (Kap. A Tz. 205) keine Bedenken.

---

259 Empfehlungen der BStBK zum Verhalten bei der EDV-gestützten Betriebsprüfung, Beihefter zu DStR 03/2002.
260 ADS[6], § 323 HGB, Tz. 36; BeBiKo[10], § 323, Rn. 32, sowie *Ebke* in: MünchKomm. HGB[3], § 323 HGB, Rn. 59.
261 BGH v. 25.03.1999, NJW, S. 1544.
262 BGH v. 11.12.1991, NJW 1992, S. 737; BGH v. 17.05.1995, DStR, S. 1360, m. Anm. *Grotte*, DB, S. 1853; BGH v. 22.05.1996, DB, S. 1513; BGH v. 19.08.1995, BB, S. 2499; BGH v. 13.06.2001, DStR, S. 1263; BGH v. 11.11.2004, NJW 2005, S. 507.

3.2.7 Gewissenhaftigkeit

Gemäß § 43 Abs. 1 S. 1 WPO hat der WP seinen Beruf gewissenhaft auszuüben. Der Grundsatz der **Gewissenhaftigkeit** wird insb. durch §§ 4-9 BS WP/vBP konkretisiert. Nach § 4 BS WP/vBP sind WP bei der Durchführung ihrer Aufgaben an das Gesetz gebunden und haben die für die Berufsausübung geltenden Bestimmungen sowie die gesetzlichen Regeln zu beachten. Mandate dürfen nur übernommen werden, wenn der WP über die dafür erforderliche Sachkunde und die zur Bearbeitung erforderliche Zeit verfügt. Aufträge müssen ordnungsgemäß durchgeführt und zeitgerecht erledigt werden[263], was durch eine Gesamtplanung sowie durch weitere geeignete organisatorische Maßnahmen[264] sicherzustellen ist. **209**

Als nach § 4 BS WP/vBP zu beachtende **fachliche Regeln** sind die GoB, die Verlautbarungen des DRSC (Standards) und insb. die von den Fachgremien des IDW verabschiedeten GoA – *IDW Prüfungsstandards (IDW PS)* und *IDW Prüfungshinweise (IDW PH)* – sowie die *IDW Stellungnahmen zur Rechnungslegung (IDW RS)* und *IDW Rechnungslegungshinweise (IDW RH)* anzusehen. Werden vom BMJV bekanntgemachte Standards des DRSC zur Konzernrechnungslegung beachtet, wird vermutet, dass damit zugleich die GoB zur Konzernrechnungslegung befolgt werden (§ 342 Abs. 2 HGB), so dass insoweit auch eine gewissenhafte Berufsausübung gegeben ist[265]. **210**

Die fachlichen Verlautbarungen des IDW geben die Fachmeinung der von dem Vertrauen des Berufs getragenen, besonders erfahrenen und sachverständigen Berufsangehörigen wieder. Die *IDW Verlautbarungen* werden vor ihrer Verabschiedung als Entwurf online und in der IDW Life veröffentlicht, um Gelegenheit zu Anregungen sowohl aus dem Mitgliederkreis als auch von der interessierten Öffentlichkeit zu geben, und erscheinen als Loseblattausgabe und CD-ROM bei der IDW Verlag GmbH, Düsseldorf. **211**

Den von den Fachausschüssen des IDW herausgegebenen **Verlautbarungen** kommt gerade im Hinblick auf diese Art der Meinungsbildung (due process), die sich von der sonstigen Fachmeinung signifikant unterscheidet, ein **besonderes Gewicht** zu. Der WP hat sie sich schon deshalb bei seinen eigenverantwortlichen Entscheidungen stets zu vergegenwärtigen und zu prüfen, ob die Grundsätze eines Standards oder eines Hinweises in dem von ihm zu bearbeitenden Fall anzuwenden sind. Dies ergibt sich daraus, dass Gerichte diese Verlautbarungen, die zweifellos keine Rechtsnormen darstellen, als Verkehrs- und Berufspflicht ansehen und ihnen damit mittelbar einen Verbindlichkeitscharakter beimessen werden[266]. Beachtet ein APr. ohne gewichtige Gründe die Grundsätze eines Standards oder eines Hinweises nicht, muss er damit rechnen, dass dies zu seinem Nachteil – und zwar sowohl zivil- als auch berufsrechtlich – ausgelegt werden kann, s. auch Kap. A Tz. 210. **212**

Ungeachtet der Pflicht zur Beachtung fachlicher Regeln ist zur Rechtslage festzustellen, dass weder die WPK als Aufsichtsbehörde noch ein Gericht konkrete Weisungen für die **213**

---

263 Fehlt es z.B. an einer zeitgerechten Erledigung eines Auftrags, kann dies eine Rüge wg. eines Verstoßes gegen die gewissenhafte Berufsausübung nach sich ziehen (LG Berlin v. 18.10.2004, WPK-Magazin 2/2005, S. 36).
264 Vgl. dazu insb. § 52 BS WP/vBP.
265 Vgl. zur Einrichtung des DRSC *Ernst*, WPg 1998, S. 1025.
266 So *Hopt*, WPg 1986, S. 461 (498, 500); zum Verbindlichkeitscharakter von IDW Verlautbarungen ausführlich *Krein*, S. 138, mit umfassenden Nachweisen. *Gehringer*, WPg 2003, S. 849 (853); *Niemann*, DStR 2003, S. 1454 (1455); zum Meinungsstand s. auch *Ebke* in: MünchKomm. HGB³, § 323 HGB, Rn. 38 ff.

Rechtsanwendung im Einzelfall erteilen darf. Eine solche Maßnahme würde die Eigenverantwortlichkeit des Berufsangehörigen erheblich beeinträchtigen. Dies folgt auch aus der Unabhängigkeit des WP, die insoweit z.T. der des Notars[267] vergleichbar ist.

214 Auch für fachliche **Verlautbarungen internationaler Berufsorganisationen** (wie IFAC, IASB) gilt, dass sie keine unmittelbaren Rechtswirkungen entfalten. Unmittelbar anzuwendendes Recht sind hingegen die internationalen Standards, wenn und soweit sie nach dem Verfahren in Art. 26 Abs. 1 RL 2014/56/EU durch die EU-Kommission in **EU-Recht** umgesetzt worden sind.

215 Auch die in Bd. I und Bd. II der Berufsgerichtlichen Entscheidungen sowie im WPK-Magazin veröffentlichten Fälle geben entsprechende Hinweise. Zur gewissenhaften Berufsausübung gehören z.B. die Klärung, ob eine wirksame Bestellung als APr. vorliegt[268], sowie eine funktionierende Fristenkontrolle. Bei beruflichen Zusammenschlüssen, insb. überörtlichen, ist die Verantwortlichkeit der einzelnen Berufsangehörigen zu klären bzw. zu beachten[269]. Des Weiteren enthält § 53 BS WP/vBP bei vorzeitiger Beendigung eines Prüfungsauftrags sowohl für den bisherigen Prüfer als auch für den Nachfolger konkrete Auskunfts- und Informationspflichten.

216 Ausfluss der Pflicht zur Gewissenhaftigkeit sind auch die Maßnahmen zur **Sicherung der Qualität der Berufsarbeit**, die allerdings nicht auf den fachlichen Bereich beschränkt sind. Die BS WP/vBP enthält in §§ 37 ff., 45 ff. nähere Regelungen zur Qualitätssicherung für den Bereich der Prüfungstätigkeit (§ 2 Abs. 1 WPO). Außer dem Bereich der Abschlussprüfung betrifft sie alle im Einzelfall übernommenen beruflichen Tätigkeiten und deren Abwicklung, was durch den Wortlaut des § 55b WPO verdeutlicht wird[270].

217 Eine ordnungsgemäße Prüfungsplanung umfasst auch die **Überprüfung der Unabhängigkeit** des APr. Bei gesetzlichen Abschlussprüfungen hat der Berufsangehörige die zur Überprüfung seiner Unabhängigkeit i.S. der §§ 319 Abs. 2-5, 319a HGB ergriffenen Maßnahmen, seine Unabhängigkeit gefährdende Umstände und ergriffene Schutzmaßnahmen schriftlich zu dokumentieren (§ 51b Abs. 5 Nr. 1 WPO). Entsprechende Vorkehrungen sind v.a. in einem Netzwerk (§ 319b HGB, s. Kap. A Tz. 161) zu treffen.

218 Die Verpflichtung, sich fortzubilden (§ 43 Abs. 2 S. 4 WPO), ergibt sich ebenfalls aus der Pflicht zur Gewissenhaftigkeit. Die WPK hat von ihrer Ermächtigung in § 57 Abs. 4 Nr. 1 Buchst. l) WPO Gebrauch gemacht und in § 5 BS WP/vBP Regelungen zu Art, Umfang und Nachweis der allgemeinen **Fortbildungspflicht** der Berufsangehörigen getroffen. Einzelheiten ergeben sich aus § 5 BS WP/vBP. Zur **Fortbildung des Qualitätskontrollprüfers** s. § 6 der SaQK[271]. Zur gewissenhaften Berufsausübung gehört auch, bei der Einstellung von Mitarbeitern deren fachliche und persönliche Eignung zu prüfen, sie über die Berufspflichten zu unterrichten und für ihre angemessene praktische und theoretische Aus- und Fortbildung zu sorgen (§§ 6, 7 BS WP/vBP) sowie an der Ausbildung des Berufsnachwuchses i.R. ihrer Möglichkeiten mitzuwirken (§ 17 BS WP/vBP).

---

267 Vgl. etwa BGH v. 15.05.1997, NJW 1998, S. 142; BGH v. 02.08.1993, NJW-RR 1994, S. 181; BGH v. 13.12.1971, NJW 1972, S. 541; OLG Hamm v. 26.11.1975, NJW 1976, S. 974.
268 *LG Köln v. 13.09.1991*, DB 1992, S. 266, BB 1992, S. 181, WPK-Mitt. 1992, S. 88.
269 BGH v. 24.03.1994, NJW, S. 1878, BB, S. 1173.
270 FN-IDW 1994, S. 493, WPK-Mitt. 4/1994, Beil., WPg 1995, S. 824.
271 Satzung für Qualitätskontrolle (§ 57c WPO), http://www.wpk.de/wpk/rechtsvorschriften (abgerufen am 26.08.2018).

219 Das **grob fahrlässige oder gar vorsätzliche Abweichen** von Gesetz, Rspr. und fachlichen Regeln ist als Verletzung der Berufspflicht zur gewissenhaften Berufsausübung einzustufen. Das LG Berlin verlangt in seinem Beschluss v. 12.05.2006[272], dass eine objektive Fehlentscheidung des Berufsangehörigen vorliegen muss, der eine gewisse – über den Bagatellbereich hinausgehende – Wertigkeit zukommt. Entlastend wertet das Gericht, dass bei der Ausübung eines freien Berufs in fachlichen Fragen regelmäßig verschiedene Auffassungen und Handhabungen vertretbar oder doch zumindest nicht fernliegend sind[273].

3.2.8 Eigenverantwortlichkeit

220 Der WP ist gehalten, seinen Beruf **eigenverantwortlich** auszuüben (§ 43 Abs. 1 S. 1 WPO, § 12 BS WP/vBP). Er hat sein Handeln in eigener Verantwortung zu bestimmen, sich selbst ein Urteil zu bilden und seine Entscheidungen selbst zu treffen. Er muss die Tätigkeit seiner Mitarbeiter so überblicken und beurteilen können, dass er sich selbst eine auf Kenntnis beruhende eigene fachliche Überzeugung bilden kann (vgl. § 13 BS WP/vBP). Der Katalog der Formen und Funktionen eigenverantwortlicher Berufsausübung findet sich in § 43a Abs. 1 WPO (Kap. A Tz. 496 ff.).

221 Die Eigenverantwortlichkeit als Berufspflicht wird als Negativdefinition beschrieben. Der WP, nicht nur der zeichnungsberechtigte, darf **keinen fachlichen Weisungen** unterliegen. Solche Weisungen sind unzulässig und damit unbeachtlich (§ 44 Abs. 1 WPO). § 44 Abs. 1 S. 3 WPO ist eine Schutzvorschrift v.a. für diejenigen WP, die im Anstellungsverhältnis tätig sind, für das im Allgemeinen ein Direktionsrecht des Arbeitgebers typisch ist, oder denen nach Gesellschaftsrecht einzuhaltende Vorgaben erteilt werden könnten.

222 § 45 WPO, wonach dem angestellten WP einer WPG Prokura erteilt werden soll, ist nur eine Sollvorschrift. Es bestehen keine berufsrechtlichen Bedenken, einem angestellten WP erst nach einer gewissen Zeit der beruflichen Bewährung die Rechtsstellung eines Prokuristen einzuräumen.

223 Aufgrund der gesetzlichen Pflicht zur Eigenverantwortlichkeit gelten angestellte WP stets als **leitende Angestellte** i.S.d. BetrVerfG (§ 45 S. 2 WPO). Das BAG hat mit Beschluss v. 29.06.2011[274] bestätigt, dass diese Regelung nicht gegen den allgemeinen Gleichheitssatz des Art. 3 Abs. 1 GG verstößt. § 45 S. 2 WPO ist i.V.m. § 45 S. 1 WPO verfassungskonform einschränkend so zu verstehen, dass die Bereichsausnahme des § 5 Abs. 3 S. 2 BetrVG für angestellte WP mit Prokura gilt.

224 Mit dem Gebot der Eigenverantwortlichkeit vereinbar ist es, sich bei der Erledigung beruflicher Aufgaben der **Mithilfe von fachlich vorgebildeten Mitarbeitern**[275] zu bedienen"[276]. Mitarbeiter ohne entsprechende Berufsqualifikation dürfen nicht für den WP nach außen auftreten, etwa durch Unterzeichnung der Gebührenrechnung; vielmehr muss der WP als Berufsträger an der praktischen Arbeit in ausreichendem Umfang selbst

---

272 WPK-Magazin 1/2007, S. 49.
273 Kritisch hierzu WPK 1/2007, S. 50, insb. auch zu der Frage der Aufteilbarkeit eines Berufsvergehens, vgl. hierzu auch *Wulff*, WPK 1/2007, S. 38.
274 Az.: 7 ABR 15/10, DB 2012, S. 465.
275 Zum Begriff vgl. BFH v. 21.03.1995, BStBl. II, S. 732.
276 So auch § 18 Abs. 1 Nr. 1 S. 3 EStG.

teilnehmen und der Tätigkeit den „Stempel der Persönlichkeit" aufdrücken[277]. Entscheidend ist, dass WP persönlich über das „Ob" der erforderlichen Einzelakte der jeweiligen Tätigkeit entscheiden. Dann ist die Eigenverantwortlichkeit selbst zu bejahen, so dass auch dann keine gewerbliche Tätigkeit vorliegt, wenn mehrere qualifizierte Mitarbeiter beschäftigt werden[278]. Anderenfalls droht die GewSt-Pflicht, und zwar auch für die ansonsten freiberufliche Tätigkeit[279]. Reine Hilfstätigkeiten von fachlich nicht vorgebildetem Personal (Schreibkräfte, Telefonisten etc.) bleiben für die Beurteilung der Eigenverantwortlichkeit außer Betracht[280]. Bei beruflichen Zusammenschlüssen (z.B. Sozietät, PartG) gilt das Gebot der Eigenverantwortlichkeit für den übernommenen Tätigkeitsbereich.

225 Im Bereich der **Vorbehaltsaufgaben** und bei der Steuerberatung gilt, dass eine Vertretung durch Angestellte ohne persönliche Befugnis, z.B. gem. § 3 StBerG, unzulässig ist[281]. Dieselbe Beurteilung greift Platz, wenn ein Berufsangehöriger es zulässt, dass nicht zur Steuerberatung Befugte in seinem Büro steuerliche Angelegenheiten Dritter selbständig erledigen und sich dabei seines Namens bzw. seiner Berufsqualifikation bedienen[282]. Für Berufsgesellschaften gilt Entsprechendes. In diesen Fällen besteht das Risiko, dass ein Handeln durch persönlich nicht befugte Personen wg. fehlender Befugnis zur unbeschränkten Hilfestellung in Steuersachen i.S.v. § 3 StBerG sich als Verstoß gegen ein gesetzliches Verbot (§ 5 StBerG) darstellt und Nichtigkeit gem. § 134 BGB zur Folge hat[283]. Darin kann gleichzeitig ein Wettbewerbsverstoß gem. § 5 Abs. 1 S. 2 Nr. 3, § 3 UWG liegen[284].

226 Im Rahmen der **gemeinsamen Berufsausübung** (Kap. A Tz. 499 ff.) mit Nicht-WP hat der WP darauf zu achten, dass er hinsichtlich der Entscheidung, Aufträge zur Durchführung gesetzlich vorgeschriebener Prüfungen anzunehmen, nicht von der Zustimmung seiner Sozien/Partner abhängig sein darf. Nicht erforderlich ist allerdings, dass das Honorar aus dieser Tätigkeit ausschließlich dem WP zufließt; es ist durchaus denkbar, dass die entsprechenden Einnahmen aufgrund interner Vereinbarung allen Mitgliedern eines beruflichen Zusammenschlusses zustehen.

227 § 12 Abs. 2 BS WP/vBP untersagt die Übernahme beruflicher Tätigkeiten, wenn die geforderte berufliche Verantwortung nicht getragen werden kann oder soll. Diese Regelung spricht v.a. Fälle an, in denen WP **mehrere Funktionen** übernehmen, etwa eine eigene Praxis unterhalten und zugleich noch bei einer WPG angestellt sind, die NL eines anderen WP leiten oder Mitglied einer Sozietät sind. Bei solchen Mehrfachfunktionen ist der Grundsatz der Eigenverantwortlichkeit nur gewahrt, wenn jede der übernommenen Tätigkeiten unter Beachtung der Berufspflichten tatsächlich und nicht nur pro forma ausgeübt sowie persönlich übersehen werden kann. Als grober Verstoß gegen die Eigenverantwortlichkeit wird z.B. die Übernahme der Geschäftsführerstellung und der

---

277 Vgl. BFH v. 05.07.1997, BStBl. II, S. 681; für das Steuerrecht BFH v. 01.02.1990, BStBl. II, S. 507.
278 BFH v. 15.12.2010, BStBl. II 2011, S. 606 ff.
279 BFH v. 05.06.1997, BStBl. II, S. 681; BFH v. 21.03.1995, BStBl. II, S. 732, m.w.N., DB, S. 2146, s. dazu auch *Frick/Spatscheck*, DB 1995, S. 239, sowie *Korn*, DStR 1995, S. 1249.
280 *Wacker/Schmidt*, EStG[36], § 18, Rn. 24.
281 LG Düsseldorf v. 11.05.1993, DB, S. 1179, Stbg., S. 397.
282 LG Berlin v. 15.05.1992, DStR 1993, S. 36.
283 BGH v. 21.03.1996, NJW, S. 1954, m.w.N; BGH v. 14.04.2005, NJW-RR, 1290.
284 LG Dessau-Roßlau, Urt. v. 15.05.2015 – 3 O 50/14 (Berufung OLG Naumburg, Az.: 9 U 51/15).

Mehrheit des Kapitals anzusehen sein, wenn damit nur die Anerkennung als Berufsgesellschaft erreicht werden soll[285].

3.2.9 Berufswürdiges Verhalten

Der WP hat sich sowohl innerhalb als auch außerhalb der Berufstätigkeit berufswürdig zu verhalten (§ 43 Abs. 2 S. 2 und 3 WPO). Von WP als Angehörigen eines staatlich geregelten freien Berufs, dem wichtige, auch im öffentlichen Interesse liegende Aufgaben im Bereich der Prüfung und Steuerberatung vorbehalten sind, wird daher ein korrektes Verhalten nicht nur gegenüber Mandanten, Kollegen und Mitarbeitern, sondern auch gegenüber Dritten und der WPK erwartet[286]. Die BS WP/vBP enthält in § 14 einige Verhaltensregeln, die den allgemein gehaltenen Gesetzeswortlaut näher ausgestalten.

228

3.2.9.1 Unterrichtung des Auftraggebers über Gesetzesverstöße

WP sind verpflichtet, Auftraggeber auf **Gesetzesverstöße**, die sie bei Wahrnehmung ihrer Aufgaben festgestellt haben, aufmerksam zu machen (§ 14 Abs. 2 BS WP/vBP). Die Pflicht zur Unterrichtung des Mandanten setzt einen vom WP gelegentlich seiner Berufstätigkeit festgestellten (also nicht auf privaten Kenntnissen beruhenden) Gesetzesverstoß voraus. Es ist nicht Aufgabe des WP, gezielt nach solchen Verstößen zu forschen[287]. Wenngleich der Wortlaut der Bestimmung dies nicht erkennen lässt, soll die Unterrichtungspflicht erst bei **erheblichen Gesetzesverstößen**, nicht aber bei Bagatellsachverhalten zum Tragen kommen[288]. Die Art und Weise der Unterrichtung des Auftraggebers über festgestellte Gesetzesverstöße bleibt dem einzelnen Berufsangehörigen überlassen. In schwerwiegenden Fällen empfiehlt sich eine schriftliche Darstellung gegenüber dem Mandanten, bei mündlicher Unterrichtung sollte diese dokumentiert werden. Die Unterrichtungspflicht über festgestellte Gesetzesverstöße ist bei allen beruflichen Tätigkeiten zu beachten. Für die Abschlussprüfung gilt darüber hinaus § 321 Abs. 1 S. 3 HGB, der die Redepflicht des APr. beschreibt[289].

229

3.2.9.2 Verbot eines Erfolgshonorars

Das **Verbot eines Erfolgshonorars**, das ursprünglich die gesamte Berufstätigkeit des WP erfasste, beschränkt sich auf seine **Kerntätigkeiten** (§ 55 WPO), also auf betriebswirtschaftliche Prüfungen (Assurance-Leistungen), steuerberatende Tätigkeiten (zu Ausnahmen s. Kap. A Tz. 231), die Tätigkeit als Sachverständiger sowie die treuhänderische Verwaltung (§ 2 Abs. 1, 2 und 3 Nr. 1 und 3 WPO)[290]. Ein Erfolgshonorar liegt vor, wenn das Entstehen des Honoraranspruchs vom Eintritt eines bestimmten Erfolgs, also einer Bedingung, abhängt und/oder ein bestimmter Teil des Erfolgs als Honorar (quota litis) ausbedungen wird. Art. 4 Abs. 1 Unterabs. 1 VO (EU) Nr. 537/2014 bestimmt ein Honorar für ein Prüfungsmandat eines Unternehmens von öffentlichem Interesse als

230

---

[285] Vgl. Erläuterungen zu § 11 BS WP/vBP.
[286] Zur Bedeutung ethischer Anforderungen und Grundsätze für die Beratung im Allgemeinen vgl. *Ludewig*, WPg 2003, S. 1093; *Ludewig*, Das berufswürdige Verhalten des Wirtschaftsprüfers in Rechnungslegung und Wirtschaftsprüfung, in: Festschrift zum 70. Geburtstag von Jörg Baetge, Düsseldorf 2007, S. 985.
[287] Vgl. Erläuterungen zu § 13 BS WP/vBP.
[288] Vgl. Erläuterungen zu § 13 BS WP/vBP; kritisch zu dieser Unterrichtungspflicht *IDW*, Stellungnahme zum Entwurf einer Berufssatzung, v. 07.07.1995, FN-IDW, S. 460.
[289] Vgl. dazu im Einzelnen Kap. M Tz. 124 ff.; Kap. B Tz. 221; Kap. L Tz. 539.
[290] Auslöser für die Liberalisierung der Vergütungsgestaltung war der Beschluss des BVerfG v. 12.12.2006 – 1 BvR 2576/04, NJW 2007, S. 242 f.

ergebnisabhängig, wenn es im Hinblick auf den Ausgang oder das Ergebnis einer Transaktion oder das Ergebnis der ausgeführten Arbeiten auf einer vorab festgelegten Basis berechnet wird. Ausgenommen sind Honorare, die von einem Gericht oder einer zuständigen Behörde festgesetzt werden. Bedeutung könnte diese Regelung für die Vereinbarung von Pauschalhonoraren haben. Da § 27 BS WP/vBP solche aber auch nur zulässt, wenn festgelegt wird, dass bei Eintritt nicht vorhersehbarer Umstände im Bereich des Auftraggebers, die zu einer erheblichen Erhöhung des Aufwands führen, das Honorar entsprechend zu erhöhen ist (sog. Öffnungsklausel), dürften sich insoweit keine Änderungen aus der Verordnungsbestimmung ergeben.

231 § 55a WPO lässt für **steuerberatende Tätigkeiten** in Ausnahmefällen die Vereinbarung von Erfolgshonoraren zu (entsprechende Regelungen enthalten § 9a StBerG und § 49b BRAO). Für die Praxis wichtig ist, dass die Vereinbarung über das Erfolgshonorar den formalen Anforderungen des § 55a Abs. 2 und 3 WPO genügen muss. Anderenfalls erhält der WP nur die nach BGB bemessene Vergütung.

232 Die Vereinbarung eines unzulässigen Erfolgshonorars stellt eine gegen §§ 134, 138 BGB verstoßende und damit nichtige Absprache dar[291].

3.2.9.3 Verbote bei der Honorargestaltung für gesetzliche Abschlussprüfungen

233 Zur Wahrung der Unabhängigkeit enthält § 55 WPO weitere Regelungen zur **Honorargestaltung bei gesetzlichen Abschlussprüfungen**[292]. Gem. § 55 Abs. 1 S. 3 Alt. 1 WPO darf die Vergütung nicht an weitere Bedingungen geknüpft sein. Untersagt sind z.B. Gestaltungen, die die Höhe der Vergütung von einem Erfolgsmoment abhängig machen, das nicht unmittelbar an das Ergebnis der Tätigkeit des WP/vBP anknüpft (z.B. Anknüpfung an einen Sanierungserfolg oder an die Durchführung eines geplanten Börsengangs). Nicht darunter fällt hingegen, mit dem Mandanten einen Honorarnachlass für eventuelle Folgeprüfungen zu vereinbaren oder die Erstprüfung zu einem entsprechend niedrigeren Stundensatz durchzuführen[293].

234 Ferner darf die Vergütung nicht von der Erbringung zusätzlicher Leistungen für das geprüfte Unternehmen beeinflusst oder bestimmt sein (§ 55 Abs. 1 S. 3 Alt. 2 WPO). Die Regelung enthält kein Verbot zusätzlicher Leistungen neben der Abschlussprüfung, sondern setzt deren Zulässigkeit voraus und bestätigt damit die Vereinbarkeit von Prüfung und Beratung (s.a. Kap. A Tz. 68 ff.). Untersagt ist aber eine Quersubventionierung, wenn neben der Abschlussprüfung weitere Leistungen für das geprüfte Unternehmen erbracht werden. Gleiches gilt für die Vergütung von Personen, die an der Abschlussprüfung beteiligt sind oder auf andere Weise auf das Ergebnis der Prüfung Einfluss nehmen können. Vereinbart der WP allerdings ein sehr niedriges Prüfungshonorar, weil er sich vermutlich Vorteile aus späteren Aufträgen verspricht, muss der Berufsangehörige der WPK oder der APAS auf Verlangen nachweisen, dass für die Prüfung eine angemessene Zeit aufgewandt und qualifiziertes Personal eingesetzt wurde (§ 55 Abs. 1 S. 3 WPO). Die Regelung dürfte in der Praxis nur schwer umzusetzen sein, da §§ 43, 61 BS WP/vBP sie nicht näher konkretisieren.

---

291 Vgl. OLG Hamburg v. 05.04.1989, WPK-Mitt. 1990, S. 44.
292 Vgl. auch die Empfehlungen des IESBA Code of Ethics.
293 *Hense/Ulrich*, WPO³, § 55, Rn. 22.

3.2.9.4 Verbot der Provisionszahlung für die Auftragsvermittlung

Für alle Bereiche der beruflichen Tätigkeit des WP ist die Abgabe und die Entgegennahme eines Teils der Vergütung oder sonstiger Vorteile für die Vermittlung von Aufträgen gesetzlich verboten, und zwar ohne Rücksicht darauf, ob dies im Verhältnis zu einem WP oder einem Dritten, z.B. einem Angehörigen sozietätsfähiger Berufe, geschieht (§ 55 Abs. 2 WPO). Untersagt ist jede Form der Vergütung, auch eine verdeckte[294], ebenso die Gewährung von Geschenken[295] und Gutscheinen für künftige Beratungsleistungen[296].

235

3.2.9.5 Mandantenschutzklauseln

Mandantenschutzklauseln untersagen einem Arbeitnehmer, nach Beendigung des Beschäftigungsverhältnisses Mandanten des früheren Arbeitgebers zu betreuen, wobei das Verbot regelmäßig sowohl bei einer Tätigkeit als Angestellter als auch bei selbständiger Berufsausübung gilt. Dabei handelt es sich um **Wettbewerbsverbote** i.S.d. §§ 74 ff. HGB, deren Grundsätze, insb. zur **Karenzentschädigung**[297], hier entsprechend gelten. Mandantschutzvereinbarungen mit Angestellten, also auch mit angestellten WP, bedürfen der Schriftform (§ 74 Abs. 1 HGB) und sind bedingungsfeindlich. Eine unzulässige Bedingung liegt nicht vor, wenn der Arbeitgeber sich vorbehalten hat, den Umfang des Verbots vor Beendigung des Dienstverhältnisses zu konkretisieren. Derartige Vereinbarungen sind nur wirksam, wenn gleichzeitig die Zahlung einer Karenzentschädigung in gesetzlich vorgeschriebener Mindesthöhe, also 50% der zuletzt bezogenen vertragsmäßigen Leistungen, zugesagt wird (§ 74 Abs. 2 HGB). Ob tatsächlich Karenzentschädigung gezahlt werden muss, hängt von der Höhe des **anderweitigen Erwerbs** des früheren Mitarbeiters während des Zeitraums, für den die Entschädigung gezahlt wird, ab (§ 74c HGB). Über die Höhe seines Erwerbs hat der ausgeschiedene Mitarbeiter ggf. Auskunft zu erteilen. Dies gilt auch, wenn die Höhe der an einen aus einer Wettbewerbsabrede Begünstigten zu zahlenden Entschädigung von dem aus einem Mandat erzielten Honorar abhängt; die Verschwiegenheitspflicht steht dem nicht entgegen[298].

236

Der mit dem Mitarbeiter vereinbarte Mandantenschutz darf die **Dauer von zwei Jahren** nicht übersteigen (§ 74a Abs. 1 S. 3 HGB). Wichtig für die Praxis ist, dass im Zweifel nur solche Mandate Gegenstand einer Wettbewerbsabrede sein können, mit denen die geschäftlichen Beziehungen zum Zeitpunkt der Beendigung des Arbeitsverhältnisses noch bestehen bzw. nicht endgültig beendet sind. Zu Mandanten in der **Akquisitionsphase** vgl. OLG Köln v. 05.10.2000[299].

237

Vorbereitungen für den **Aufbau einer Existenz** als selbständiger WP darf der Mitarbeiter aber auch während des Bestehens eines Beschäftigungsverhältnisses treffen; allerdings ist es ihm untersagt, in dieser Zeit Beziehungen zu (auch nur möglichen) Man-

238

---

[294] BGH v. 21.03.1996, NJW, S. 1954.
[295] OLG Thüringen v. 12.02.2003, DStRE, S. 700.
[296] KG Berlin v. 08.06.2006, WPK-Magazin 4/2006, S. 58.
[297] Bei Eintritt des Mitarbeiters in den Ruhestand: BAG v. 30.10.1984, DB 1985, S. 709; bei Arbeitsunfähigkeit des Arbeitnehmers: BAG v. 23.11.2004, BB 2006, S. 1118; zur Anrechnung anderweitigen Erwerbs und Auskunftspflicht des Mitarbeiters (kein Verstoß gegen Verschwiegenheitspflicht): BGH v. 21.04.1993, NJW-RR, S. 1468.
[298] BGH v. 21.04.1993, NJW-RR, S. 1468.
[299] NZG 2001, S. 165.

danten seines Dienstherrn vorzubereiten[300]. Ob es möglich ist, den Mitarbeitern zu untersagen, in die Dienste eines Mandanten zu treten, erscheint im Hinblick auf § 74a Abs. 1 S. 2 HGB zweifelhaft, weil damit das berufliche Fortkommen erheblich behindert wird; im Übrigen würde dies nicht nur eine Mandantenschutzklausel, sondern ein echtes Wettbewerbsverbot bedeuten.

239 Höchstrichterlich noch nicht entschieden ist, ob Wettbewerbsabreden mit **freien Mitarbeitern** zu ihrer Gültigkeit der Zusage einer Karenzentschädigung bedürfen. Bei echter freier Mitarbeit, die nur fallweise vorkommt und auf die Bearbeitung bestimmter Aufträge beschränkt sein dürfte, erscheint die Zusage von Karenzentschädigung entbehrlich[301].

240 Wettbewerbsabreden bzw. Mandantenschutzvereinbarungen unter **Mitgliedern einer Sozietät**, Partnern einer PartG oder mit gesetzlichen Vertretern von WPG bedürfen zu ihrer Wirksamkeit nicht der Zusage einer Karenzentschädigung[302]; neben § 138 BGB sind die in § 74a Abs. 1 HGB genannten Einschränkungen aber zu beachten[303]. Hat die vereinbarte Wettbewerbsklausel mit einem geschäftsführenden WP zum Ziel, diesen nach Beendigung seines Anstellungsverhältnisses als Konkurrenten der Gesellschaft auszuschalten, ist sie insoweit nichtig[304]. Der Geschäftsführer einer GmbH muss sich seinen anderweitigen Verdienst nicht auf die Karenzentschädigung anrechnen lassen[305]. Nach ständiger Rspr. des BGH[306] darf ein in einem Sozietätsvertrag vereinbartes Wettbewerbsverbot den Verpflichteten in seinem **Recht auf freie Berufsausübung aus Art. 12 GG** nicht übermäßig beschränken und nach **Ort, Zeit und Gegenstand** nicht über die schutzwürdigen Interessen des Begünstigten hinausgehen[307]. Infolgedessen sind Wettbewerbsverbote unwirksam, wenn sie sich als faktische Berufsverbote auswirken[308]. Ein sittenwidriges Wettbewerbsverbot ist gegeben, wenn i.R. einer nachvertraglichen Wettbewerbsabrede einem ausscheidenden Mitglied einer GbR auferlegt wird, im **Umkreis von 30 km** vom Sitz der Praxis keine konkurrierende Tätigkeit auszuüben[309]. Gegen § 138 BGB verstößt auch die Klausel „Es besteht grundsätzlich Mandantenschutz für die Sozietät"[310]. Das gilt ebenso, wenn die in § 74a Abs. 1 S. 3 HGB festgelegte **Maximaldauer von zwei Jahren überschritten** oder regionale bzw. branchenbezogene Verbote vereinbart werden[311].

241 Eine sittenwidrige Beschränkung der Berufsausübungsfreiheit aus Art. 12 GG kann auch gegeben sein, wenn dem Betroffenen **schwer erträgliche finanzielle Lasten** auferlegt

---

300 Palandt, BGB[77], § 611, Rn. 42a, m.w.N.
301 So *Michalski/Römermann*, ZIP 1994, S. 433; a.A. LG Frankfurt am Main v. 13.01.1992, Stbg. 1993, S. 477.
302 BGH v. 26.03.1984, DB, S. 1717; nach BGH v. 07.07.2008 – II ZR 81/07, www.bundesgerichtshof.de, Rubrik „Entscheidungen" (abgerufen am 26.08.2018), gilt der Grundsatz der bezahlten Karenz gem. § 74 Abs. 2 HGB nicht für Geschäftsführer einer GmbH.
303 BGH v. 29.10.1990, DB, S. 258; BGH v. 19.10.1993, DB 1994, S. 34.
304 BGH v. 09.05.1986, NJW, S. 1717, BB, S. 808, DB, S. 1263.
305 BGH v. 28.04.2008, DB, S. 1558, GmbHR, S. 930, mit Anm. *Menke*.
306 BGH v. 29.09.2003, NJW 2004, S. 66; vgl. dazu insb. die Darstellung von *Krämer*, in: FS Röhricht, S. 335.
307 Vgl. BGH v. 14.07.1997, NJW, S. 3089, m.w.N.; v. 18.07.2005 – II 159/03, www.bundesgerichtshof.de, Rubrik „Entscheidungen" (abgerufen am 26.08.2018).
308 *BGH v. 15.03.1989, DB, S. 1620.*
309 BGH v. 14.07.1997, NJW, S. 3089.
310 OLG Hamburg v. 07.10.1998, NZG 1999, S. 342.
311 BGH v. 08.05.1968, DB, S. 1263; BGH v. 26.03.1984, DB, S. 1717; BGH v. 29.01.1996, DStR, S. 1254, WPK-Mitt. 1997, S. 150; BGH v. 08.05.2000, NJW, S. 2584; BGH v. 29.09.2003, NJW 2004, S. 66.

werden. Das ist etwa der Fall, wenn der Verpflichtete aus einer Mandantenschutzklausel an den Berechtigten das Jahreshonorar, das der Mandant im Durchschnitt der letzten drei Jahre gezahlt hat, abführen muss[312]. Die Partner eines beruflichen Zusammenschlusses sind nicht gehindert, für den Fall der Teilung der Praxiseinrichtung und der Möglichkeit der „Mitnahme" von Mandaten einen Abfindungsanspruch vertraglich auszuschließen[313].

Ein **Praxisverkauf** begründet nicht automatisch Mandantenschutz zugunsten des Erwerbers. Der Verkäufer ist auch nicht verpflichtet, die aus der Betreuung wieder übernommener Mandanten erzielten Honorare an den Erwerber der Praxis herauszugeben, falls diese Mandanten zuvor das zum Erwerber bestehende Mandatsverhältnis durch Kündigung beendet hatten; in einem solchen Fall entsteht dem Praxisübernehmer kein Schaden[314]. Das Risiko eines späteren Mandatsverlusts geht zu Lasten des Erwerbers, sofern keine Revisionsklausel vereinbart ist, die spätere Kürzungen des Kaufpreises zulässt. 242

Verstößt ein vereinbartes Wettbewerbsverbot gegen § 138 BGB, kann es im Wege der **geltungserhaltenden Reduktion** (Analogie zu § 139 BGB) auf das noch vertretbare Maß zurückgeführt werden. Dies kommt etwa bei einer zeitlichen Überdehnung[315] eines ansonsten zulässigen Wettbewerbsverbots in Betracht mit der Folge, dass die Laufzeit auf den zu billigenden Zeitraum (zwei Jahre) verkürzt wird[316]. Ob eine geltungserhaltende Reduktion bei einer unangemessenen örtlichen oder gegenständlichen Beschränkung in Betracht kommt, erscheint fraglich[317]. Ist eine entsprechende Klausel aber nicht nur wg. eines einzigen Punkts, sondern wg. mehrerer Bestandteile sittenwidrig, scheidet eine geltungserhaltende Reduktion aus, so dass die Nichtigkeit alle Teile der Vereinbarung erfasst[318]. 243

3.2.9.6 Pflicht zur Veröffentlichung eines Transparenzberichts[319]

Gem. Art. 13 Abs. 1 VO (EU) Nr. 537/2014 haben APr. bzw. Prüfungsgesellschaften, die Abschlussprüfungen bei Unternehmen von öffentlichem Interesse durchführen, jährlich spätestens vier Monate nach Abschluss eines jeden GJ einen Transparenzbericht zu veröffentlichen. Art. 13 VO (EU) Nr. 537/2014 gilt seit dem 17.06.2016[320]. 244

---

312 BGH v. 29.01.1996, DStR, S. 1254, WPK-Mitt. 1997, S. 150.
313 BGH v. 06.12.1993, DB, 1994, S. 469.
314 BGH v. 23.03.1988, NJW, S. 3018, WM, S. 903.
315 Beträgt die Dauer sieben Jahre, ist die Wettbewerbsabrede aber unwirksam und eine geltungserhaltende Reduktion nicht mehr möglich, OLG Stuttgart v. 01.08.2001, NJW 2002, S. 1431.
316 BGH v. 29.10.1990, NJW 1991, S. 699, m.w.N., v. 08.05.2000, NJW, S. 2584.
317 Verneinend *Krämer*, in: FS Röhricht, S. 335.
318 BGH v. 14.07.1997, NJW, S. 3089.
319 § 55c WPO ist durch das APAReG aufgehoben worden.
320 Zur erstmaligen Abgabe eines Transparenzberichts nach den neuen Regelungen vgl. APAS-Verlautbarung vom 07.03.2017; *IDW Positionspapier zu Inhalten und Zweifelsfragen der EU-Verordnung und der Abschlussprüferrichtlinie* (4. überarbeitete Fassung mit Stand 23.05.2018), Frage 12.2.2, https://www.idw.de/blob/86498/ea346a862c94cf8619af57187ea153ee/down-positionspapier-zweifelsfragen-data.pdf (abgerufen am 17.08.2018).

> **Hinweis 4:**
>
> Der Transparenzbericht muss die Informationen nach Art. 13 Abs. 2 VO (EU) Nr. 537/2014 enthalten. Das sind im Wesentlichen:
> - Beschreibung der Rechts- und Eigentümerstruktur sowie der Leitungsstruktur der Prüfungsgesellschaft
> - Informationen zum Netzwerk der Prüfungsgesellschaft, einschl. der Namen der Mitglieder des Netzwerks sowie deren Gesamtumsatz aus der Prüfung von Jahres- und konsolidierten Abschlüssen
> - Beschreibung des internen Qualitätssicherungssystems der Prüfungsgesellschaft und eine Erklärung der Verwaltungs- bzw. Leitungsorgane zu dessen Wirksamkeit sowie das Datum der letzten Qualitätssicherungsprüfung
> - Liste der PIE, bei denen die Prüfungsgesellschaft im vorangegangenen GJ Abschlussprüfungen durchgeführt hat
> - Erklärung zu den praxisinternen Maßnahmen zur Sicherstellung der Unabhängigkeit und zur Überprüfung der Einhaltung der Unabhängigkeitsanforderungen
> - Erklärung zur kontinuierlichen Fortbildung
> - Angaben zu den Grundlagen der Partnervergütung
> - Beschreibung der Grundsätze zur Einhaltung der Anforderungen an die interne Rotation
> - Angabe und Aufschlüsselung des Gesamtumsatzes der Prüfungsgesellschaft.

245 Die Veröffentlichung des Transparenzberichts hat auf der Website des APr. zu erfolgen; er ist dort mindestens fünf Jahre lang verfügbar zu machen. Über die Veröffentlichung ist die zuständige Aufsichtsbehörde zu informieren. Wird der Transparenzbericht aktualisiert, ist hierauf in dem aktualisierten Transparenzbericht hinzuweisen. Auf der Website sind sowohl die aktualisierte als auch die bisherige Fassung verfügbar zu machen.

246 Ist der APr. oder die Prüfungsgesellschaft Mitglied eines Netzwerks, sind nach Art. 13 Abs. 2 Buchst. b) VO (EU) Nr. 537/2014 nur die Einnahmen der Netzwerkmitglieder anzugeben, die als APr. registriert sind.

247 Nach Art. 14 VO (EU) Nr. 537/2014 besteht neben der Erstellung eines Transparenzberichts eine Informationspflicht von APr. bzw. Prüfungsgesellschaften gegenüber der zuständigen Aufsichtsbehörde (APAS), der jährlich eine Liste der geprüften Unternehmen von öffentlichem Interesse vorzulegen ist, wobei die daraus erzielten Einnahmen aufgeschlüsselt werden müssen.

> **Hinweis 5:**
>
> Die Einnahmen sind aufzuschlüsseln nach:
> - Einnahmen aus der Abschlussprüfung
> - Einnahmen aus anderen Nichtprüfungsleistungen als solchen nach Art. 5 Abs. 1 VO (EU) Nr. 537/2014, die aufgrund von Unionsrecht oder nationalem Recht erforderlich sind
> - *Einnahmen aus anderen Nichtprüfungsleistungen* als solchen nach Art. 5 Abs. 1 VO (EU) Nr. 537/2014, die nicht aufgrund von Unionsrecht oder nationalem Recht erforderlich sind.

248 Die Einnahmen sind der APAS auf Grundlage des auf ihrer Homepage erhältlichen Meldebogens jährlich bis spätestens vier Monate nach Abschluss des GJ mitzuteilen. Der Meldebogen stellt keinen Bestandteil des Transparenzberichts dar; er dient vielmehr internen Zwecken der APAS. Die APAS hat mit ihrer Verlautbarung Nr. 4 v. 06.10.2017[321] zu dem in Art. 14 VO (EU) Nr. 537/2014 verwendeten Einnahmenbegriff Stellung genommen, die eine Vielzahl von Fragen aufwirft, z.B. wie SOX-404-Prüfungen einzuordnen sind. Außerdem soll diese Verlautbarung auch für die CAP-Berechnung herangezogen werden.

249 Für die Praxis bedeutsam ist, dass freiwillige Abschlussprüfungen bei der Aufschlüsselung des Gesamtumsatzes zu berücksichtigen sind. Zur Kategorisierung der Tätigkeiten des Teilbereichsprüfers und des Konzernprüfungsteams vgl. *IDW Positionspapier zu Inhalten und Zweifelsfragen der EU-Verordnung und der Abschlussprüferrichtlinie*[322].

3.2.10 Werbung

250 Das ursprüngliche Werbeverbot für WP, StB und RA ist aufgrund der Rspr. des BVerfG[323] kontinuierlich gelockert worden, bis der Gesetzgeber i.R.d. BARefG v. 03.09.2007[324] § 52 WPO sprachlich positiv gefasst und Werbung für den Berufsstand der WP in den Grenzen des **UWG**[325] für zulässig erklärt hat. Die Neuregelung entspricht der Tendenz der BGH-Rspr., die Werbemaßnahmen vorrangig unter wettbewerbsrechtlichen und nicht unter berufsrechtlichen Gesichtspunkten würdigt[326]. § 4 Abs. 2 Alt. 1 BS WP/vBP, wonach WP Leistungen nur anbieten dürfen, wenn sie über die dafür erforderliche Sachkunde und die zur Bearbeitung nötige Zeit verfügen, stellt die Grundsätze der für die Praxis bedeutsamsten Regelungen unlauterer Werbung, der §§ 4, 5 und 7 UWG, dar.

251 Die **anderen Berufsgesetze** sind bisher nicht entsprechend liberalisiert worden. Im StBerG wird unverändert zwischen erlaubter (§ 57a) und berufswidriger Werbung (§ 57 Abs. 1) unterschieden; § 43b BRAO befasst sich allein mit der erlaubten Werbung. § 52 WPO unterscheidet sich somit grundlegend von den gesetzlichen Vorschriften für StB und RA. Die Berufssatzung bzw. die Berufsordnungen, die die gesetzlichen Vorschriften näher ausgestalten und im Streitfall wesentliche Erkenntnisquelle für die Berufsanschauung sein können[327], weisen aufgrund der unterschiedlichen gesetzlichen Vorgaben erhebliche Abweichungen auf. Diese Unterschiede sind v.a. für Berufsangehörige mit mehreren Qualifikationen und Sozietäten oder PartG mit Angehörigen verschiedener

---

321 zur Informationspflicht nach Art. 14 VO (EU) Nr. 537/2014, http://www.bafa.de/SharedDocs/Kurzmeldungen/DE/Bundesamt/20171009_apas_verlautbarung_4.html. (abgerufen am 26.08.2018).
322 4. überarbeitete Fassung mit Stand: 23.05.2018), Frage 12.2.6, https://www.idw.de/blob/86498/ea346a862c94cf8619af57187ea153ee/down-positionspapier-zweifelsfragen-data.pdf (abgerufen am 17.08.2018).
323 BVerfG v. 14.07.1987, NJW 1988, S. 191; BVerfG v. 01.12.1999, BRAK-Mitt. 2000, S. 89; BVerfG v. 26.10.2004 – 1 BvR 981/00, www.bundesverfassungsgericht.de, Rubrik „Entscheidungen" – Stichwort „Straßenbahnwerbung" (abgerufen am 26.08.2018).
324 BGBl. I, S. 2178 sowie Regierungsbegründung zum BARefG, BT-Drs. 16/2858 v. 04.10.2006, S. 20, 27.
325 BGBl. I 2009, S. 2413.
326 BGH v. 29.07.2009, NJW 2010, S. 1968.
327 BGH v. 03.12.1998, NJW 1999, S. 2444.

Berufe von Bedeutung[328] und führen nicht selten zu Erschwernissen für diese interprofessionellen Zusammenschlüsse. Aufgrund der auf dem Recht auf Werbung aus Art. 12 GG beruhenden Rspr. des BVerfG und der Fachgerichte dürften die einschränkenden Regelungen im StBerG und in der BRAO aber weiter an Bedeutung verlieren. Dies macht insb. auch die Entscheidung des BGH v. 29.07.2009 – I ZR 77/07[329] deutlich.

252 Nach der Verkehrsauffassung[330] liegt **Werbung** vor, wenn sich jemand mit positiven Bewertungen der eigenen Fähigkeiten und Leistungen oder mit Aufforderungen zur Inanspruchnahme der Leistungen an das Publikum wendet. Das Verhalten muss darauf angelegt sein, weiter bekannt zu werden und umsatzfördernd zu wirken. Treten solche Wirkungen nur als Reflex auf, fehlt es bereits an einer Werbung[331].

253 Untersagt ist WP jede **unlautere Werbung** i.S.d. UWG. Werbung findet daher dort eine Grenze, wo der Umworbene davor bewahrt werden muss, durch Nötigung, Belästigung oder Ausnutzung einer Notlage in seiner Freiheit beeinträchtigt zu werden, um eine eigene Entscheidung über die Auftragserteilung zu treffen (§§ 4 Nr. 1 und 7 UWG). Gleichermaßen untersagt ist irreführende Werbung (§ 5 UWG). Irreführende Werbung ist z.B. gegeben, wenn Dienstleistungen angeboten werden, die aus Zeit- oder sonstigen Gründen nicht oder nicht in der beworbenen Weise erbracht werden können[332]. Darunter fällt auch die Werbung mit Dienstleistungen, zu deren Erbringung der WP aufgrund rechtlicher Beschränkungen nicht befugt ist (z.B. Abfassung von Arbeitsverträgen).

254 Für die berufliche Praxis dürften die nachfolgend dargestellten Einzelaspekte von Bedeutung sein, bei denen es sich im Grundsatz schon bisher um zulässige Werbung handelte, bei denen aber durch § 52 WPO die **Methoden**, mit denen der WP werben darf, **liberalisiert** worden sind.

255 Gestattet ist die Verwendung von **Firmenzeichen** (Embleme, Logogramme, Signets, Kurzbezeichnungen) und Dienstleistungsmarken. WP und WPG, die einem entsprechenden Verbund angehören, dürfen auf die bestehende **Corporate Identity** auch durch Verwendung einer Kurzbezeichnung[333] hinweisen.

256 Zulässig sind **Stellenanzeigen,** auch wenn sie werbende Angaben enthalten, z.B. großformatige Bilder, durch die der Anzeigentext völlig in den Hintergrund tritt und der Eindruck einer PR-Anzeige erweckt wird, sowie ganzseitige Stellenanzeigen, bei denen nicht die Stellenbeschreibung, sondern die Darstellung des Stellenanbieters als Dienstleister im Vordergrund stehen.

257 **Zeitungsanzeigen** dürfen ohne Anlass geschaltet werden, auch wenn sie wertende (Selbst-)Urteile wie „optimale Interessenvertretung"[334] enthalten.

---

328 Ein kritischer Vergleich der Werberechte von WP, StB, RA findet sich in *Kleine-Cosack*, Werberecht. Vgl. zum Ganzen auch *Jaeger*, AnwBl. 2000, S. 475.
329 NJW 2010, S. 1968.
330 *BVerfG v. 17.04.2000, AnwBl., S. 449, WPK-Mitt., S. 196.*
331 BGH v. 07.10.1991, NJW 1992, S. 45.
332 Vgl. Erläuterungen zu § 4 BS WP/vBP.
333 BGH v. 11.03.2004, NJW, S. 1651; BGH v. 17.12.2001, NJW 2002, S. 608.
334 BVerfG v. 28.02.2003, NJW, S. 1307.

Praxisbroschüren und Rundschreiben an Mandanten und Nichtmandanten, in denen Arbeits- bzw. Tätigkeitsgebiete der Praxis genannt werden, sind zulässig. 258

Werbung durch diverse, z.T. auch banale oder suggestive, **Fragen** an den Umworbenen zur laufenden Beratung ist ebenfalls gestattet[335]. Die Darstellung, wie die Umworbenen „zu viel Steuerberatungshonorare sowie Steuern und Abgaben zumindest für die Zukunft einsparen können", sieht der BGH allerdings als Verstoß gegen § 4 Nr. 7 und § 5 UWG. Nicht abschließend geklärt ist, ob das Angebot einer **kostenlosen Erstberatung** zulässig ist[336]. Das für RA aus § 49b Abs. 1 BRAO i.V.m. dem RVG hergeleitete Verbot einer kostenlosen Beratung findet auf WP jedenfalls keine Anwendung, da es keine Gebührenordnung gibt. 259

Überlassung von Räumen an einen Seminarveranstalter[337] sowie die Teilnahme als Aussteller an einer **Fachmesse** sind zulässig[338]. 260

Erlaubt sind die in § 18 Abs. 2 WPO i.E. genannten Amts-, Berufs- und Fachanwaltsbezeichnungen. StB dürfen die in der Fachberaterverordnung vorgesehenen Fachberaterbezeichnungen „Fachberater für internationales Steuerrecht" und „Fachberater für Zölle und Verbrauchsteuern" führen. Diese werden von den StBK verliehen und dürfen nur zusammen mit der Berufsbezeichnung „Steuerberater" geführt werden. Darüber hinaus ist auch das Führen der vom IDW verliehenen Bezeichnung „IT-Auditor^{IDW}" und der vom DStV verliehenen Bezeichnung für vereinbare Tätigkeiten berufsrechtlich zulässig, allerdings nicht als Zusatz zur Berufsbezeichnung, sondern räumlich abgesetzt von dieser und dem Namen des WP/StB, z.B. bei Geschäftspapieren in der Seiten- oder Fußleiste[339]. Die Bezeichnung muss „IT-Auditor^{IDW}" bzw. „Fachberater für … (DStV e.V.)" lauten, um die Verleihung durch eine private Institution deutlich zu machen. Die Bezeichnung IT-Auditor^{IDW} darf auch von Nicht-WP geführt werden, wenn sie den Akkreditierungsprozess erfolgreich durchlaufen haben. Ferner dürfen vergleichbare ausländische Berufsbezeichnungen verwendet werden. Zulässig ist auch ein Hinweis auf die Registrierung als **Prüfer für Qualitätskontrolle** nach § 57a Abs. 3 WPO sowie ein Hinweis auf die Teilnahme am Qualitätskontrollverfahren, wenn ein Auszug aus dem Berufsregister vorliegt. Gestattet ist auch die – verkürzte oder auszugsweise – Veröffentlichung von Qualitätskontrollberichten zu Werbezwecken. Unter Beachtung der wettbewerbsrechtlichen Regelungen der §§ 3 und 5 UWG gilt dies auch für die Werbung mit Ergebnissen einer Sonderuntersuchung[340]. 261

---

335 BGH v. 29.07.2009, NJW 2010, S. 1968.
336 Nicht beanstandet: BGH v. 29.07.2009, NJW 2010, S. 1968; zustimmend: *Kleine-Cosack*, NJW 2010, S. 1921; a.A. BGH v. 09.06.2008, NJW 2009, S. 534.
337 So schon LG Berlin v. 05.01.1999 selbst für den Fall, dass die Räume einer WPG gehören, deren Angestellte als Referenten bei der Veranstaltung auftreten, und der Seminarveranstalter für dieses Seminar wirbt, WPK-Mitt., S. 109, mit Anm.
338 BGH v. 03.12.1998, NJW 1999, S. 2444, BB, S. 1028; diese Rspr. bestätigt BVerfG v. 11.11.1999, BRAK-Mitt. 2000, S. 89; ebenso OLG Saarbrücken v. 05.04.2000, NJW, S. 2826 bzgl. der Teilnahme eines RA an einer Kreisleistungsschau.
339 BFH v. 23.02.2010 – VII R 24/09, DStR, S. 895, für die Bezeichnung „Fachberater für Sanierung und Insolvenzordnung (DStV e.V.)"; kritisch hierzu *Kleine-Cosack*, NJW 2010, S. 1921. Das BVerfG hat die Entscheidung des BFH mit Beschluss v. 09.06.2010 – 1 BvR 1198/10 bestätigt, DStR 2010, S. 1694, mit Anm. *Hund*; FG BaWü v. 29.10.2014 zu „Zertifizierter Rating-Analyst (IHK)" als unzulässige Zusatzbezeichnung eines StB wg. Verletzung des Abstandsgebots, DStR 2015, S. 670, m. Anm. *Rechner*.
340 WPK-Magazin 3/2010, S. 32, m.w.N.

262 **Spezialisierungshinweise**[341] sowie die Kundgabe von **Tätigkeits- und Interessenschwerpunkten** sind ebenfalls unbedenklich. Als **Tätigkeitsschwerpunkte** können etwa gesetzliche Vorbehaltsaufgaben, spezielle Beratungs- oder Gutachtergebiete genannt werden. Zulässig ist auch der Hinweis auf die Betreuung bestimmter Branchen[342]. Einen Informationsgehalt haben **Schwerpunktangaben** allerdings nur, wenn sie einen bestimmten Tätigkeitsbereich hinreichend konkret hervortreten lassen, so dass auch ein Leser zumindest laienhaft nachvollziehen kann, womit sich der WP beschäftigt[343].

263 Die Aufnahme in **Verzeichnisse**, in denen auch Informationen über die berufliche Tätigkeit gegeben werden dürfen, ist ebenfalls erlaubt. Zu diesen Verzeichnissen gehören nationale und internationale Branchentelefonbücher, Adressverzeichnisse, Telefonbücher u.Ä.

264 **Werbung im Internet** ist gestattet. Das betrifft insb. die Einrichtung einer Homepage oder die Aufnahme in ein Online-Verzeichnis[344]. Einzelheiten regelt das TMG.

Gegen die Einrichtung oder Beteiligung an sog. **Internet-Foren**, in denen Probleme geschildert und Lösungen in Zusammenarbeit mit anderen Besuchern erarbeitet werden können, dürften keine wettbewerbsrechtlichen Bedenken bestehen, solange keine herabsetzenden oder verunglimpfenden Äußerungen über Mitbewerber gemacht werden (§ 6 Abs. 2 Nr. 5 UWG).

265 **Persönliche Angaben** über die Zugehörigkeit zu Organen und Ausschüssen von Berufskammern und -vereinigungen (Imagewerbung) dürfen nur unter bestimmten Voraussetzungen[345] ebenso wie **Funktions- und Tätigkeitsbezeichnungen**, die nicht praxis- oder gesellschaftsbezogen sind, verwendet werden. Gleiches gilt für Hinweise auf ein früheres **öffentlich-rechtliches Beschäftigungsverhältnis** oder auf eine **frühere Berufstätigkeit**.

266 Beim **Umgang mit den Medien** bestehen ebenfalls keine Beschränkungen mehr. So ist eine Darstellung des Dienstleistungsangebots in Rundfunk und Fernsehen gestattet[346].

267 **Vergleichende Werbung** ist zulässig, wenn bestimmte Voraussetzungen der §§ 5 und 6 UWG eingehalten werden.

268 Unaufgeforderte **Telefon-, Telefax- und E-Mail-Werbung** ist unzulässig, sofern keine Einwilligung des Empfängers vorliegt[347]; anders hingegen unaufgeforderte Briefwerbung.

269 Eine auf die Erteilung eines Auftrags im Einzelfall gerichtete Werbemaßnahme ist nur noch unzulässig, wenn die Grenze zur Aufdringlichkeit überschritten wird (vgl. Kap. A Tz. 253)[348].

---

341 BVerfG v. 28.07.2004, AnwBl, S. 586, demnach ist die Bezeichnung „Spezialist für Verkehrsrecht" auf dem Briefkopf zulässig.
342 *Maxl*, WPK-Mitt. 1998, S. 114 (117).
343 Vgl. BGH v. 26.05.1997, NJW, S. 2522.
344 S. WPK-Mitt. 1996, S. 334; OLG Koblenz v. 13.02.1997, ZIP, S. 377; LG Nürnberg-Fürth v. 12.02.1997, Stbg., S. 233; *Disterer*, WPK-Mitt. 1998, S. 22.
345 Vgl. Kap. A Tz. 530 f.
346 Für eine grundsätzliche Zulässigkeit der Rundfunkwerbung bereits OLG München v. 23.04.1998, AnwBl., S. 478; s. auch OLG Dresden v. 18.04.1997, Stbg. 1998, S. 125 (Fernsehwerbung).
347 So auch BGH v. 11.03.2004, WPK-Magazin 3/2004, S. 46.
348 So auch schon OLG Koblenz v. 13.04.1999, WPK-Mitt. 2000, S. 68; a.A. wohl OLG München v. 29.03.2000, NJW, S. 2824.

Werbung Dritter zugunsten eines WP bzw. einer WPG, z.B. durch sog. Verbandsrundschreiben oder durch Aktivitäten ausländischer Partner eines internationalen beruflichen Verbunds, ist in dem Umfang zulässig, wie eine eigene Werbung des WP für sich und seine Praxis zulässig ist. Anderenfalls haben die für die Leitung der WPG verantwortlichen WP dafür zu sorgen, dass das Verbot der berufswidrigen Werbung nicht durch verbundene bzw. kooperierende Firmen unterlaufen wird. 270

Erlaubt ist die Werbung mit dem Namen und der Berufsqualifikation durch Dritte dann, wenn Produkte oder Dienstleistungen mit Berufsbezug, z.B. Computerprogramme zur Prüfungsabwicklung oder Steuerberatung, von Dritten beworben werden. 271

EU-Ausland: Für die Werbung bei beruflicher Tätigkeit im EU-Ausland dürften keine Besonderheiten mehr gelten. 272

4. Abwicklung beruflicher Aufträge, Vergütung und Haftung

4.1 Abwicklung beruflicher Aufträge

4.1.1 Entstehung des Vertragsverhältnisses

Die einzelnen möglicherweise sehr unterschiedlichen Tätigkeiten des WP lassen sich i.d.R. als **Dienstvertrag (§ 611 BGB) oder Werkvertrag (§ 631 BGB) in der Form des Geschäftsbesorgungsvertrags** (§ 675 BGB) qualifizieren. Ob im Einzelfall ein Dienstvertrag vorliegt, z.B. bei der steuerlichen Beratung, oder ob ein Werkvertrag zu erfüllen ist, z.B. bei der Abschlussprüfung[349], oder ob es sich um **Mischformen** handelt, kann im Hinblick auf die Rechtsfolgen von Bedeutung sein. Die Unterscheidung zwischen Dienst- und Werkvertrag kann etwa wg. denkbarer Unterschiede hinsichtlich der Vergütungsregeln oder der besonderen Verjährungsvorschrift des § 634a BGB (Werkvertrag) relevant werden. **Buchhaltungsarbeiten** einschl. des Entwurfs des JA sind entweder ein einheitlicher Werkvertrag oder ein typengemischter Vertrag[350], auf den das Gewährleistungsrecht Anwendung findet. Für die in Frage kommenden Vertragsverhältnisse, d.h. für die Auftragserteilung bzw. -annahme, ist gesetzlich eine besondere Form oder ein besonderes Verfahren nicht vorgesehen[351]. Allerdings empfiehlt es sich, die erteilten Aufträge **schriftlich** zu bestätigen, damit im Streitfall, etwa wg. der Haftung oder des Honorars, ein eindeutiger Nachweis über den Inhalt des Vertrags möglich ist. 273

Bei Vertragsschluss können **AAB/AGB** zugrunde gelegt werden (§ 54a WPO); von WP und WPG werden im Regelfall die AAB für WP und WPG (hrsg. vom IDW)[352] verwendet, weil diese insb. bzgl. der Haftungsbeschränkung (Kap. A Tz. 362) den berufsrechtlichen Anforderungen (§ 54a Abs. 1 Nr. 2 WPO) entsprechen. Die AAB müssen spätestens bei der Auftragsannahme Bestandteil der vertraglichen Absprache werden; das spätere Beifügen, z.B. zum PrB, wird im Allgemeinen nicht ausreichen, um sie wirksam zur rechtlichen Grundlage der Auftragsdurchführung zu machen[353]. 274

---

349 So BGH v. 01.02.2000 – ZR 198-197, DB 2000, S. 916.
350 BGH v. 07.03.2002, NJW, S. 1571; BGH v. 01.02.2000, DB, S. 2028, WPK-Mitt., S. 129.
351 Zur Entwicklung s. WPK-Mitt. 2000, S. 159, rechte Sp.
352 Allgemeine Auftragsbedingungen für Wirtschaftsprüfer und Wirtschaftsprüfungsgesellschaften, hrsg. v. IDW; erhältlich bei der IDW Verlag GmbH, Düsseldorf, letzte Aktualisierung 01.01.2017.
353 S.a. *IDW PS 220.*

275 Verfügt der Berufsangehörige über **mehrere Berufsqualifikationen**, empfiehlt sich vorab die Klärung, in welcher Berufseigenschaft er beauftragt wird. Handelt es sich um eine Vorbehaltsaufgabe, die nur einer bestimmten Qualifikation zugeordnet werden kann, z.B. die gesetzliche Abschlussprüfung dem WP oder die reine Rechtsberatung und -besorgung dem RA, ist die Zuordnung ohne Schwierigkeiten möglich. Bei der Steuerberatung ist aber nach § 3 Nr. 1 StBerG eine dreifache Zuordnung (StB, RA, WP) denkbar; dasselbe gilt für den übrigen Bereich der beruflich erlaubten, aber nicht eindeutig durch Gesetz einer Berufsgruppe zugewiesenen Tätigkeiten. Insofern ist gesetzlich ungeklärt und sollte daher, soweit es sich um dispositives Recht handelt, vertraglich vereinbart werden, welches Berufsrecht anwendbar ist. Eine allgemeine Regel, dass im Zweifel das strengste Berufsrecht gelte, ist nicht praktikabel, da nur im Einzelfall festgestellt werden kann, welche einschlägige Berufsrechtsvorschrift die strengste ist.

276 Fehlt eine besondere Vereinbarung, ist entscheidend, wo nach dem Willen der Parteien der **Schwerpunkt der vertraglichen Verpflichtung** liegen soll[354] und welche Berufsordnung die Grundlage für diese vertraglichen Verpflichtungen bildet[355]. Zur Einordnung der Insolvenzverwaltertätigkeit s. BGH v. 12.10.2004[356].

277 Besondere Sorgfalt ist bei der Erteilung von Aufträgen zur **Durchführung gesetzlich vorgeschriebener Abschlussprüfungen** geboten[357]. Der WP hat sich selbst zu vergewissern, dass er die Voraussetzungen für eine Bestellung als gesetzlicher APr. nach § 319 Abs. 1 S. 3 HGB erfüllt und rechtswirksam als APr. bestellt worden ist. Voraussetzung des § 319 Abs. 1 S. 3 HGB ist es, dass der WP über einen Auszug aus dem Berufsregister verfügt, der seine Anzeige als gesetzlicher APr. belegt; bei erstmaliger gesetzlicher Abschlussprüfung muss der WP spätestens sechs Wochen nach Annahme des Prüfungsauftrags über diesen Registerauszug verfügen. Die Bestellung des APr. vollzieht sich in zwei Stufen: Zunächst erfolgt seine **Wahl als APr.** durch das zuständige Gesellschaftsorgan (§ 318 Abs. 1 S. 1 und 2 HGB)[358]. Wird der WP in der **Gründungsurkunde** einer AG für das erste GJ bestellt (§ 30 Abs. 1 AktG), ersetzt dies die Wahl. Anschließend haben die gesetzlichen Vertreter oder bei Zuständigkeit der AR[359] unverzüglich den **Prüfungsauftrag** zu erteilen (§ 318 Abs. 1 S. 4 HGB), der dann vom APr. angenommen wird. Das mit Annahme des Prüfungsauftrags (i.d.R. durch Zusendung des Auftragsbestätigungsschreibens[360]) zustande gekommene Vertragsverhältnis zwischen Gesellschaft und APr. ist ein Werkvertrag[361]. Durch wirksame Bestellung erhält der WP im konkreten Einzelfall die Stellung als **gesetzlicher** APr.[362]. Fehlen die Wahl oder die Erteilung

---

354 BGH v. 25.02.1994, NJW, S. 1405, BB, S. 599, WM, S. 504.
355 BGH v. 25.03.1987, NJW, S. 3136, WM, S. 928; BGH v. 21.04.1982, NJW, S. 1866, BGHZ 83, S. 328.
356 AnwBl. 2005, S. 149.
357 S. dazu insb. *IDW PS 220*.
358 Bei OHG und KG ist, falls der Gesellschaftsvertrag keine anderweitige Regelung enthält, die Gesellschafterversammlung zuständig, s. BGH v. 24.03.1980, ZIP 1980, S. 447.
359 Zu den Fällen, in denen der AR für die Erteilung des Prüfungsauftrags zuständig ist, und zu den Einzelheiten dieses Auftrags s. ADS⁶, § 318 HGB, Tz. 142, 146, sowie *Gelhausen*, AG 1997, S. 73; vgl. auch Kap. B Tz. 91 f.
360 Muster für das Auftragsbestätigungsschreiben (hrsg. v. IDW) sind bei der IDW Verlag GmbH, Düsseldorf erhältlich.
361 BGH v. 01.02.2000 – X ZR 198-197, DStR, S. 480.
362 *IDW PS 220*, Tz. 4.

des Prüfungsauftrags, kommt ein wirksamer Prüfungsvertrag nicht zustande[363]. Rechtsfolge ist die **Nichtigkeit** des prüfungspflichtigen JA gem. § 256 Abs. 1 Nr. 2 AktG, deren Geltendmachung nicht durch Zeitablauf ausgeschlossen ist (d.h. keine Heilung nach § 256 Abs. 6 AktG). Zu beachten ist, dass die Bestellung sich immer nur auf den JA eines GJ beziehen kann und nicht mehrere GJ Gegenstand einer Beschlussfassung des Bestellungsorgans sein dürfen. Denkbar ist aber der Abschluss einer **Rahmenvereinbarung**, nach der ein WP für mehrere GJ APr. sein soll[364].

Die Bestellung als gesetzlicher APr. ist eine **höchstpersönliche** Verpflichtung. Eine Stellvertretung durch einen anderen WP ist deshalb nicht möglich. Ist der als APr. gewählte und beauftragte WP verhindert, die Prüfung durchzuführen, muss entweder ein anderer APr. gewählt oder durch das Gericht bestellt werden (§ 318 Abs. 4 S. 2 HGB). Eine gleichartige Höchstpersönlichkeit gilt auch für die Durchführung eines vom Gericht erteilten Gutachterauftrags[365]. 278

Diese höchstpersönliche Verpflichtung des WP bedeutet aber nicht, dass er den gesamten Auftrag allein durchführen muss; es ist wie bei allen anderen Aufträgen möglich, Hilfspersonen, z.B. Sozien und/oder Mitarbeiter, einzusetzen, die nach den Anweisungen des WP und unter seiner Aufsicht an der Erledigung des Auftrags mitwirken. 279

4.1.2 Beauftragung von Wirtschaftsprüfungsgesellschaften

Soweit WPG beauftragt werden, richtet sich die konkrete Auftragsdurchführung nach den in der WPG geltenden Vertretungsregeln. Bei gesetzlich vorgeschriebenen Prüfungen sowie bei sonstigen Erklärungen im Vorbehaltsbereich dürfen BestV und PrB grds. nur von vertretungsberechtigten WP bzw. – im Falle von mittelgroßen GmbH oder mittelgroßen Personenhandelsgesellschaften i.S.v. § 264a Abs. 1 HGB – von vBP unterzeichnet werden (vgl. § 32 WPO). Die Vertretungsberechtigung des WP kann auf der gesetzlichen Vertretungsmacht und damit der Organstellung (gesetzliche Vertreter, d.h. Vorstand, Komplementäre, Partner) oder auf rechtsgeschäftlicher Vertretungsmacht (z.B. Prokura) beruhen; zulässig ist es auch, einen nicht in der Gesellschaft tätigen WP für den Einzelfall entsprechend zu ermächtigen. 280

4.1.3 Beauftragung von Sozietäten

Schließen sich WP untereinander oder WP und Angehörige anderer sozietätsfähiger Berufe zur **gemeinsamen Berufsausübung** (Kap. A Tz. 499 ff.) zusammen, bekunden sie damit im Regelfall ihren Willen, alle Aufträge gemeinschaftlich entgegenzunehmen und durchzuführen[366]. Eine solche gemeinschaftliche Auftragsannahme und -durchführung durch die Sozien ist, insb. seit der BGH die Rechts- und Parteifähigkeit der GbR allgemein anerkannt hat[367], ohne Einschränkung möglich, falls alle Mitglieder dieses beruflichen Zusammenschlusses über die notwendigen Befugnisse verfügen, z.B. über die Befugnis zur uneingeschränkten Steuerberatung (§§ 3, 12 StBerG), oder besondere berufliche Befugnisse für die Auftragsannahme nicht erforderlich sind, z.B. bei der Unter- 281

363　Vgl. LG Köln v. 13.09.1991, DB 1992, S. 266, WPK-Mitt. 1992, S. 88; LG Berlin v. 27.10.1994, WPK-Mitt. 1995, S. 180.
364　S. dazu ADS[6,] § 318 HGB, Tz. 54.
365　OLG Frankfurt am Main v. 18.05.1983, ZIP, S. 1000.
366　BGH v. 04.02.1988, ZIP, S. 415, BB, S. 658; BGH v. 17.10.1989, WM 1990, S. 188, WPK-Mitt. 1990, S. 91; BGH v. 19.01.1995, NJW, S. 1841.
367　BGH v. 18.02.2002, NJW, S. 1207.

nehmensberatung oder Treuhandtätigkeit. Dementsprechend gelten im Regelfall alle Sozien als berechtigt und verpflichtet, den Auftrag durchzuführen, und zwar auch solche, die erst später eingetreten sind. Eine Ausnahme gilt insoweit bei der Abwicklung einer gesetzlich vorgeschriebenen Prüfung. Sind für die Übernahme eines Mandats besondere berufliche Befugnisse erforderlich und weisen nicht alle Sozien einer gemischten Sozietät diese Befugnisse auf, konnte nach alter Rspr. des BGH (s. BGH v. 26.01.2006 – IX ZR 225/04[368]) die Sozietät nicht Vertragspartner sein mit der Folge, dass ein entsprechender Vertrag nichtig war. Diese Rspr. hat der BGH mit seiner Grundsatzentscheidung v. 09.12.2010 – IX ZR 44/10[369] aufgegeben, weil u.a. die Mandatserteilung an die gemischte Sozietät im haftungsrechtlichen Interesse des Mandanten liegt (der Mandant gewinnt die rechtsfähige Sozietät als unmittelbaren Haftungsschuldner, wenn er dieser und nicht nur dem befugten Gesellschafter das Mandat erteilt). Demnach durfte sich im zu entscheidenden Fall eine Sozietät bestehend aus RA und StB zur Erbringung anwaltlicher Dienstleistungen verpflichten. Auch wenn die Sozietät damit Vertragspartner sein kann, ist die tatsächliche Erbringung der Dienstleistungen jedoch weiterhin den dazu befugten Sozien vorbehalten; insofern bleibt es bei der alten Rspr. (s. BGH v. 09.12.2010). In diesem Sinne ist als Vorbehaltsaufgabe des WP insb. die Durchführung gesetzlich vorgeschriebener Abschlussprüfungen zu erwähnen. Zu beachten ist, dass im Haftungsfall alle Sozien persönlich haften, und zwar auch diejenigen, die in eigener Person die vertraglich geschuldete Beratung nicht vornehmen dürfen. Dies hatte der BGH in seinem Urteil v. 09.12.2010 noch offengelassen, später aber bejaht (BGH v. 10.05.2012 – IX ZR 125/10, Rn. 68)[370].

282 Die Beauftragung zur Durchführung einer gesetzlichen Abschlussprüfung erfolgt zivilrechtlich gegenüber der Sozietät als GbR; die Bestellung bezieht sich hingegen weiterhin nur auf diejenigen Sozien, die zur Abschlussprüfung befugt sind (WP, ggf. vBP). Bei mehreren Sozien sind diese als Gemeinschaftsprüfer zur Prüfungsdurchführung verpflichtet[371].

283 Bei größeren Sozietäten ist eine solche Auftragsdurchführung nicht nur unzweckmäßig, sondern auch faktisch kaum möglich. Es ist daher üblich, dass nur ein WP-Sozius als APr. gewählt und bestellt wird; die übrigen WP-Sozien können – in beliebiger Reihenfolge – als Ersatzprüfer gewählt und beauftragt werden, so dass die Durchführung des Auftrags i.R.d. Möglichen und Zulässigen gesichert ist.

4.1.4 Beendigung des Vertragsverhältnisses

4.1.4.1 Erfüllung oder Kündigung

284 Das Vertragsverhältnis endet durch Erbringung der geschuldeten Leistung (Erfüllung) oder durch Kündigung.

---

368 WM 2006, S. 830.
369 WM 2011, S. 1770; DB 2011, S. 171.
370 ZIP 2012, S. 1413; die gesamtschuldnerische Haftung kann gem. § 54a Abs. 2 WPO jedoch vertraglich durchbrochen und auf die Sozien begrenzt werden, die das Mandat tatsächlich verantwortlich betreuen, s. *Kilian/Esser*, DStR 2017, S. 564.
371 *Hense/Ulrich*, WPO³, § 44b, Rz. 16; zur Gemeinschaftsprüfung vgl. *IDW PS 208*.

Je nachdem, ob es sich bei den beruflichen Tätigkeiten um einen Werk- oder Dienstvertrag handelt, sind die entsprechenden zivilrechtlichen Kündigungsregeln anwendbar (zur Ausnahme bei gesetzlichen APr. sogleich). **285**

Bei Dienstleistungen eines WP ist zu beachten, dass es sich regelmäßig um Dienste höherer Art[372] handelt, die auf einem besonderen Vertrauensverhältnis beruhen, weshalb eine Kündigung grds. nicht nur aus wichtigem Grund (§ 626 BGB), sondern jederzeit möglich ist (§ 627 BGB: fristlose Kündigung bei Vertrauensstellung). Während das Recht zur Kündigung aus wichtigem Grund (§ 626 Abs. 1 BGB) nicht abbedungen werden kann, ist es grds. möglich, das jederzeitige Kündigungsrecht nach § 627 BGB durch vertragliche Vereinbarung auszuschließen[373]. Zweifelhaft ist, ob eine solche Abrede über den Ausschluss der jederzeit möglichen Kündigung i.R. von AAB/AGB zulässig ist[374]. **286**

Für Werkverträge gilt hinsichtlich der Kündigung § 649 BGB, wonach (außerhalb der Geltung des § 318 Abs. 3 HGB) dem Besteller (Mandant) ein jederzeitiges Kündigungsrecht zusteht. Dem WP steht ein Kündigungsrecht nur bei unterlassener Mitwirkung gem. § 643 BGB zu; zu sonstigen Auflösungsrechten nach dem allgemeinen Leistungsstörungsrecht vgl. *Palandt*, BGB[77], § 643, Rn. 1. **287**

4.1.4.2 Besonderheiten bei der gesetzlich vorgeschriebenen Abschlussprüfung

Besonderheiten bei den Kündigungsmöglichkeiten bestehen für den Bereich der **gesetzlich vorgeschriebenen Abschlussprüfung**. Dem gem. § 318 Abs. 1 HGB bestellten APr. kann der Auftrag nicht durch Kündigung seitens des zu prüfenden Unternehmens entzogen werden. Der APr. kann vielmehr nur aus den in § 318 Abs. 3 HGB genannten Gründen auf Antrag der insoweit Berechtigten **durch das Gericht abberufen** und durch einen anderen APr. ersetzt werden. Der Widerruf des Prüfungsauftrags gegenüber dem „alten" APr. nach § 318 Abs. 1 S. 5 HGB stellt daher keine Kündigung, sondern nur die notwendige zivilrechtliche Folge der gerichtlichen Abberufung dar. **288**

Demgegenüber kann der APr. den angenommenen **Prüfungsauftrag kündigen**, allerdings nur **aus wichtigem Grund** (§ 318 Abs. 6 S. 1 HGB). Meinungsverschiedenheiten fachlicher Art zwischen dem APr. und der zu prüfenden Gesellschaft sind jedoch kein wichtiger Grund für die Kündigung. Als wichtiger Grund können Nötigungen, die massive Behinderung bei der Durchführung des Prüfungsauftrags oder auch der Wegfall der Vertrauensgrundlage wg. krimineller Betätigung der Gesellschaft oder ihrer Organe in Betracht kommen[375]. Liegt ein wichtiger Grund i.S.v. § 318 Abs. 6 S. 1 HGB vor und ist daher eine Kündigung angezeigt, ist diese gegenüber dem Unternehmen **schriftlich zu begründen**; über das Ergebnis seiner bisherigen Prüfung hat der APr. zu berichten (§ 318 Abs. 6 S. 3 und 4 HGB). Die gesetzlichen Vertreter müssen den AR, die HV bzw. die Gesellschafter über die Kündigung unterrichten (§ 318 Abs. 7 HGB). Sowohl der APr. als auch die gesetzlichen Vertreter der Gesellschaft müssen außerdem der WPK die Kündigung oder den Widerruf des Prüfungsauftrags schriftlich und mit Begründung mit- **289**

---

[372] Dienste höherer Art sind solche, die eine überdurchschnittliche Kenntnis oder Fertigkeit verlangen; freie Berufe gehören i.d.R. dazu, vgl. *Palandt*, BGB[77], § 627, Rn. 2.
[373] OLG Düsseldorf v. 22.11.1990, StB 1991, S. 52, WPK-Mitt. 1991, S. 89; BGH v. 19.11.1992, WM 1993, S. 515; OLG Hamm v. 04.03.1994, StBG, S. 570.
[374] Vgl. *Palandt*, BGB[77], § 627, Rn. 5, m.w.N. (nach der h.M. grds. nicht möglich).
[375] Vgl. zum Vorliegen eines wichtigen Grunds BeBiKo[11], § 318, Rn. 132; ADS[6], § 318 HGB, Tz. 435 ff.

teilen (§ 318 Abs. 8 HGB). Hat der AR zuständigkeitshalber den Prüfungsauftrag erteilt, ist ihm gegenüber zu kündigen (vgl. § 318 Abs. 7 S. 5 HGB). In diesem Fall obliegt dem AR die Unterrichtungspflicht gegenüber den übrigen Beteiligten; die Unterrichtungspflicht gegenüber der WPK besteht zusätzlich für den APr.

290 Hinsichtlich der Pflichten bei vorzeitiger Beendigung eines Prüfungsauftrags enthält § 42 BS WP/vBP konkrete berufsrechtliche Gebote.

4.1.5 Herausgabepflicht und Zurückbehaltungsrecht

4.1.5.1 Herausgabepflicht

291 Grundsätzlich hat der WP alles, was er zur Ausführung des Auftrags erhält und was er aus der Geschäftsbesorgung erlangt hat, gem. §§ 667, 675 BGB an den Auftraggeber herauszugeben. Der Herausgabeanspruch des Auftraggebers wird grds. fällig mit der Ausführung des Auftrags (Erreichen des Auftragszwecks), jedenfalls mit der Beendigung des Auftragsverhältnisses[376]. Der Umfang dessen, was herauszugeben ist, wird durch die spezialgesetzliche Regelung[377] des § 51b WPO insofern konkretisiert, als sich aus dem Zurückbehaltungsrecht des § 51b Abs. 3 WPO sowie der Definition von Handakten in § 51b Abs. 4 WPO im Umkehrschluss ergibt, was der WP dem Mandanten herausgeben muss: Herauszugeben sind alle **Schriftstücke**, die der WP aus Anlass seiner beruflichen Tätigkeit **von dem oder für den Auftraggeber erhalten hat** (sog. Handakten i.e.S.). Es besteht i.R.d. Herausgabepflicht auch die Pflicht, **Datenbestände** auf den Mandanten (oder auf den Insolvenzverwalter) zu überspielen[378]. Nicht zu den herausgabepflichtigen Unterlagen zählen der **Briefwechsel** zwischen WP und seinem Auftraggeber, die Schriftstücke, die dieser bereits in Urschrift oder in Abschrift erhalten hat, sowie die zu internen Zwecken gefertigten **Arbeitspapiere** (§ 51b Abs. 4 WPO). Der WP kommt seiner Herausgabeverpflichtung nach, wenn er dem Mandanten die Handakten an seinem Berufssitz zur Verfügung stellt. Hält der WP vom Mandanten überlassene Unterlagen vertragswidrig zurück, kann dies u.U. einen Schadensersatzanspruch des Mandanten auslösen[379]. Eine grundlose oder rechtsmissbräuchliche Verweigerung der Herausgabe wird außerdem grds. als Berufspflichtverletzung angesehen[380].

4.1.5.2 Zurückbehaltungsrecht

292 Wirtschaftsprüfer können nach § 51b Abs. 3 WPO an den herauszugebenden Unterlagen (d.h. den Handakten im engeren Sinne) ein Zurückbehaltungsrecht geltend machen, sofern ihnen noch Vergütungsansprüche oder Auslagenersatz zustehen. Dieses **Sonderrecht** geht als lex specialis dem allgemeinen Zurückbehaltungsrecht nach § 273 BGB vor.

293 Das Zurückbehaltungsrecht besteht nur wg. der **Honorarforderung aus der konkreten Angelegenheit**, auf die sich die zurückbehaltene Handakte bezieht. Handakten, die eine andere Angelegenheit betreffen, dürfen auch dann nicht zurückbehalten werden, wenn es sich insgesamt um einen – für § 273 BGB ausreichenden – einheitlichen Lebenssach-

---

[376] *Palandt*, BGB[77], § 667, Rn. 8.
[377] BGH v. 03.07.1997, NJW, S. 2944, WM, S. 2087.
[378] LG München I v. 10.05.1988, DStR 1989, S. 398; OLG Celle v. 12.10.1988, DStR 1989, S. 398; LG Bielefeld v. 11.07.1991, Stbg. 1994, S. 46; LG Essen v. 24.05.1996, ZIP, S. 1878.
[379] S. zu einem solchen Sachverhalt BGH v. 27.09.2001, NJW 2002, S. 825.
[380] *Hense/Ulrich*, WPO[3], § 51b, Rn. 35.

verhalt handelt. Diese Auslegung ist auch bei § 51b Abs. 3 WPO zu berücksichtigen, so dass etwa wg. rückständiger Forderungen aus der Durchführung einer Abschlussprüfung Geschäftspapiere, die i.Z.m. der Steuerberatung des Vj. stehen, nicht zurückbehalten werden dürfen[381].

Mit Geltendmachung des Zurückbehaltungsrechts kann der WP die Unterlagen bis zur Zahlung durch den Mandanten zurückhalten. Mit Zahlung erfolgt dann Zug um Zug[382] die Herausgabe der Unterlagen.

294

Die Geltendmachung des Zurückbehaltungsrechts nach § 51b Abs. 3 WPO ist ausgeschlossen, wenn dies nach den Umständen unangemessen wäre (§ 51b Abs. 3 S. 2 WPO), z.B. wg. eines nur geringen Betrags. Gegenüber dem Insolvenzverwalter kann sich der WP nicht auf sein Zurückbehaltungsrecht wg. seiner Honorarforderungen berufen[383].

4.2 Vergütungsregelungen

4.2.1 Vertragliche Vereinbarung

Gesetzliche Vorgaben für die Höhe ihrer Vergütung, wie die StBGebV für StB und das RVG[384] für RA, bestehen für WP nicht. Soweit der WP allerdings steuerberatende Tätigkeiten ausübt, ist die StBGebV als gesetzliche Gebührenregelung maßgebend, und auch die formalen Vorschriften der StBGebV sind zu beachten, z.B. §§ 4, 9, 14 StBGebV[385]. Die früher in § 55 WPO a.F. vorgesehene Möglichkeit, mit Zustimmung des BR eine GebO für den Bereich der gesetzlich vorgeschriebenen Prüfungen zu erlassen, ist durch das BARefG entfallen. Die Vertragsparteien sind damit **grds. frei** (zu bestehenden Grenzen vgl. Kap. A Tz. 297), eine Vergütung zu vereinbaren. Es empfiehlt sich, dies schriftlich im Vertrag zu regeln.

295

Fehlt eine solche schriftliche Vereinbarung, gilt bei Bestehen einer Taxe die taxmäßige Vergütung, ansonsten die übliche Vergütung als vereinbart (§ 612 Abs. 2 BGB für Dienstverträge, § 632 Abs. 2 BGB für Werkverträge). Nach Auffassung des OLG Düsseldorf stellt bei steuerberatenden Tätigkeiten die StBGebV eine Taxe i.S.d. §§ 612, 632 BGB dar[386], die auch bei WP/WPG zur Anwendung kommt, falls keine vertragliche Vereinbarung über die Honorarberechnung vorliegt. Ausdrücklich a.A. ist das KG Berlin, das wg. des Wortlauts des § 612 Abs. 2 BGB die StBGebV nicht als Taxe qualifiziert[387]. Ist eine übliche Vergütung nicht feststellbar oder gibt sie nur einen Rahmen vor, kann der WP die Höhe der Vergütung gem. §§ 315, 316 BGB nach billigem Ermessen bestimmen[388].

296

---

381 Vgl. dazu auch *Fiala/v. Walter*, DStR 1998, S. 694.
382 BGH v. 17.02.1988, ZIP, S. 442, BB, S. 656; BGH v. 25.10.1988, WM, S. 1755, ZIP, S. 1474, BB, S. 2428.
383 BGH v. 25.10.1988, NJW 1989, S. 1216.
384 RVG v. 05.05.2004, BGBl. I S. 788.
385 BGH v. 19.10.1995, NJW-RR 1996, S. 375, WM 1996, S. 73, DB 1996, S. 210; OLG Düsseldorf v. 22.04.1993, Stbg. 1994, S. 158; OLG Köln v. 22.04.1993, Stbg., S. 504, OLG Köln v. 07.01.1994, StB 1995, S. 229; OLG Düsseldorf v. 08.02.1996, Stbg 1997, S. 77; OLG Köln v. 08.05.1996, BB, S. 2219; zur Unterzeichnung von Honorarrechnungen s. *Ueberfeldt/Keller*, DStR 2010, S. 1604.
386 OLG Düsseldorf v. 06.04.1989, WPK-Mitt., S. 87.
387 Urt. v. 14.09.2009, WPK-Magazin 1/2010, S. 35 ff.
388 Vgl. *Palandt*, BGB[77], § 612, Rn. 10, § 632, Rn. 17.

4.2.2 Erfolgs- und Pauschalhonorar

297 § 55 WPO verbietet die Vereinbarung eines Erfolgshonorars ausdrücklich nur noch für Tätigkeiten nach § 2 Abs. 1, 2 und 3 Nr. 1 und 3 WPO, also betriebswirtschaftliche Prüfungen, steuerberatende Tätigkeiten (zu Ausnahmen s. § 55a WPO) und die Tätigkeit als Sachverständiger sowie die treuhänderische Verwaltung. D.h., bei diesen Tätigkeiten darf die Höhe der Vergütung nicht vom Ergebnis der Tätigkeit des WP abhängig sein. Zulässig ist ein Erfolgshonorar für die Beratung und Interessenwahrnehmung in wirtschaftlichen Angelegenheiten gem. § 2 Abs. 3 Nr. 2 WPO.

298 Ein Pauschalhonorar darf für einen Prüfungs- oder Gutachtenauftrag nur dann vereinbart werden, wenn es angemessen ist und wenn festgelegt wird, dass bei Eintritt nicht vorhersehbarer Umstände im Bereich des Auftraggebers, die zu einer erheblichen Erhöhung des Prüfungsumfangs führen, das Honorar entsprechend zu erhöhen ist (§ 43 Abs. 2 BS WP/vBP). Diese Voraussetzung soll sicherstellen, dass die unparteiische und gewissenhafte Prüfung auch bei Auftreten besonderer Prüfungserschwernisse gewährleistet ist[389]. Fehlt eine solche Öffnungsklausel, handelt es sich bei dem Pauschalhonorar um ein berufsrechtlich nicht zulässiges Festhonorar.

4.2.3 Tätigkeit als Sachverständiger für Gerichte und Behörden

299 Die Tätigkeit als Sachverständiger für ein Gericht, die Staatsanwaltschaft oder Verwaltungsbehörden erfolgt nicht auf vertraglicher Basis, sondern in einem öffentlich-rechtlichen Verhältnis. Die Vergütung für die Erstattung von Sachverständigengutachten wird im JVEG[390] geregelt. Die gerichtliche Tätigkeit von Sachverständigen wird auf der Basis eines leistungsgerechten Vergütungsmodells honoriert, das sich am Leitbild des selbständig und hauptberuflich Tätigen orientiert. Die Leistungen werden klar definierten Honorargruppen mit festen Stundensätzen zugeordnet, deren Höhe allerdings immer noch deutlich unter den auf dem freien Markt üblichen Entgelten liegt.

300 Gem. § 8 Abs. 1 Nr. 1 JVEG erhält der Sachverständige ein Honorar für seine Leistungen (§§ 9-11 JVEG). § 9 Abs. 1 S. 1 JVEG enthält 13 Honorargruppen für nicht medizinische und psychologische Gutachten, beginnend mit 65 € in Schritten von 5 € bis zu einer Höhe von 125 €. Im Rahmen einer Anlage 1 zu § 9 JVEG wird eine feste Zuordnung von Leistungen auf einzelnen Sachgebieten zu den Honorargruppen vorgenommen. Leistungen auf nicht genannten Sachgebieten sind gem. § 9 Abs. 1 S. 3 JVEG unter Berücksichtigung der allgemein für Leistungen dieser Art außergerichtlich und außerbehördlich vereinbarten Stundensätze einer Honorargruppe nach billigem Ermessen zuzuordnen. Aus dem Bereich der WP-Tätigkeit wird in der Anlage lediglich die Unternehmensbewertung als Leistung aufgeführt, die der Honorargruppe 11 zugeordnet wird und deren Stundensatz 115 € beträgt. Wird der WP in anderen Bereichen als Sachverständiger tätig, ist die Höhe der Vergütung daher nach § 9 Abs. 1 S. 3 JVEG zu bestimmen.

301 Gem. § 13 JVEG besteht die Möglichkeit, eine höhere als die in § 9 JVEG bestimmte Vergütung zu erhalten, falls sich die Parteien dem Gericht gegenüber damit einverstanden erklärt haben und ein ausreichender Betrag an die Staatskasse gezahlt ist[391]. Die

---

[389] ADS[6], § 318 HGB, Tz. 227.
[390] Justizvergütungs- und -entschädigungsgesetz v. 05.05.2004, BGBl. I, S. 776.
[391] So zu § 7 ZuSEG: OLG Koblenz v. 10.08.1994, WPK-Mitt., S. 246; LG Köln v. 04.12.1996, DB 1997, S. 369.

Erklärung nur einer Partei genügt, wenn sie sich auf den Stundensatz nach § 9 JVEG bezieht und das Gericht zustimmt; die Zustimmung soll nur erteilt werden, wenn das Eineinhalbfache des nach § 9 JVEG maximal zulässigen Honorars nicht überschritten wird. Eine solche besondere Vergütung muss vorab vereinbart werden.

Vergütet wird der Zeitaufwand, der objektiv für die sachgerechte Erarbeitung und Erstattung des Gutachtens erforderlich gewesen ist[392]. Neben der Vergütung für die aufgewendete Zeit kann der Sachverständige den Ersatz seiner Aufwendungen und eine Entschädigung für Aufwand verlangen, soweit diese zur Erledigung seines Auftrags notwendig waren (vgl. dazu insb. §§ 5-12 JVEG). Die Vergütung oder Entschädigung wird nur auf Antrag des Sachverständigen gewährt; der Antrag muss innerhalb von drei Monaten nach Beendigung seiner Zuziehung gegenüber dem Gericht etc. geltend gemacht werden, ansonsten erlischt der Anspruch (§ 2 JVEG). 302

4.2.4 Verjährung von Vergütungsansprüchen

Vergütungsansprüche des WP unterfallen der Regelverjährung der §§ 195, 199 BGB (Kap. A Tz. 368). Zur Bedeutung von Abschlagszahlungen für die Verjährung vgl. BGH v. 21.11.1996[393]. 303

4.2.5 Gerichtsstand für Honorarklagen

Die Frage, welches Gericht bei Honorarklagen örtlich zuständig ist, beantwortet sich danach, an welchem Ort der WP seine Leistung zu erbringen hat (§ 29 Abs. 1 ZPO). Dies wiederum richtet sich nach dem Inhalt des Vertragsverhältnisses. Bei einer JA-Prüfung wird die Leistung im Zweifel an dem Ort erbracht, an dem die BestV gem. § 322 Abs. 5 HGB unterzeichnet wird. 304

Für RA hat der BGH mit Beschluss v. 11.11.2003[394] ausdrücklich unter Aufgabe bisheriger Rspr. entschieden, dass Gebührenforderungen von RA nicht gem. § 29 ZPO am Gericht des Kanzleisitzes geltend gemacht werden können. Für den WP-Bereich gibt es nur einige Entscheidungen[395], die den Gerichtsstand der beruflichen Niederlassung (§ 3 WPO) für maßgeblich halten. Von einer gefestigten Rspr. kann aber angesichts der BGH-Entscheidung v. 11.11.2003[396] nicht ausgegangen werden. Hinzu kommt, dass die Rspr. für den StB-Bereich uneinheitlich ist[397]. 305

Eine Vereinbarung des Gerichtsstands i.R. von AAB/AGB kann nach h.M. gegen § 307 BGB[398] und Art. 17 Abs. 1 S. 2 EuGVÜ[399] verstoßen. Auch unter Kaufleuten sind Gerichtsstandsvereinbarungen mit rechtlichen Unsicherheiten belastet[400]. Dementsprechend sehen auch die AAB für WP und WPG (hrsg. vom IDW) eine Vereinbarung 306

---

392 Zu den Tätigkeiten, die zur ordnungsgemäßen Durchführung eines solchen Gutachterauftrags gehören können, s. *Müller, K.*, WPK-Mitt. 1991, Sonderheft Oktober, S. 1 (47), dessen Ausarbeitung auch unter Geltung des JVEG noch Bedeutung zukommt.
393 DB 1997, S. 423, NJW 1997, S. 516, WM 1997, S. 330.
394 BGH-Beschluss v. 11.11.2003 – X ARZ 91/03, WPK-Magazin 2004, S. 51.
395 AG Dürkheim v. 28.11.1985, MittBl.WPK. Nr. 119/1986, S. 29; LG Köln v. 15.05.1990, WPK-Mitt., S. 157.
396 BGH v. 11.11.2003 – X ARZ 91/03, WPK-Magazin 2004, S. 51.
397 Bejahend LG Darmstadt v. 01.03.1984, AnwBl., S. 503, MittBl.WPK Nr. 113, S. 10; verneinend OLG Düsseldorf v. 09.10.1986, StB, S. 309.
398 *Palandt*, BGB[77], § 307, Rn. 93.
399 BGH v. 09.03.1994, DStR, S. 716.
400 *Palandt*, BGB[77], § 307, Rn. 93.

des Gerichtsstands nicht vor; dgl. enthalten sie keine Regelung über den Erfüllungsort, weil dies eine indirekte Gerichtsstandsvereinbarung bedeuten könnte.

4.3 Haftung

4.3.1 Haftung gegenüber dem Auftraggeber

4.3.1.1 Haftung aus Vertrag

307 Im Hinblick auf die gleichgelagerten Haftungsfolgen ist es unerheblich, ob es sich im Einzelfall um die Durchführung eines Dienst- oder Werkvertrags handelt. Grundsätzlich haftet der WP bei einer schuldhaften Pflichtverletzung dem Auftraggeber für den dadurch verursachten Schaden. Dabei hat er für die eigene schuldhafte Verletzung der ihm obliegenden Pflichten ebenso einzustehen (§ 276 BGB) wie für das Verschulden seiner Erfüllungsgehilfen (§ 278 BGB).

308 Wichtig ist eine eindeutige, konkrete Auftragsbeschreibung, damit Inhalt und Umfang der zu erbringenden beruflichen Leistungen und die sie bestimmenden Merkmale für die Vertragspartner und ggf. die Gerichte eindeutig erkennbar sind. In jedem Fall empfiehlt sich schon aus Beweisgründen eine Dokumentation des Auftragsinhalts, etwa durch ein Auftragsbestätigungsschreiben[401].

4.3.1.2 Haftung aus § 323 HGB bei gesetzlicher Abschlussprüfung

4.3.1.2.1 Pflichtverletzung

309 Verletzen der APr., seine Gehilfen oder die bei der Prüfung mitwirkenden gesetzlichen Vertreter einer WPG vorsätzlich oder fahrlässig ihre Pflichten bei der Durchführung einer gesetzlich vorgeschriebenen Abschlussprüfung, sind sie der geprüften Gesellschaft und ggf. einem mit ihr verbundenen Unternehmen zum Ersatz des daraus entstandenen Schadens verpflichtet (§ 323 Abs. 1 S. 3 HGB). Unter Pflichten i.S. dieser Vorschrift werden alle Anforderungen gefasst, die nach Sinn und Zweck der gesetzlichen Regelung über die Abschlussprüfung (also §§ 316 ff. HGB) an den Prüfer und die übrigen Verpflichteten zu stellen sind. **Pflichtverletzungen** können sich insb. durch einen Verstoß gegen die Pflicht zur gewissenhaften und unparteiischen Prüfung, zur Verschwiegenheit (siehe Kap. A Tz. 170 ff.) und durch einen Verstoß gegen das Verbot der unbefugten Verwertung von Geschäfts- und Betriebsgeheimnissen ergeben.

310 Die **Pflicht zur gewissenhaften Prüfung** ist anhand eines objektiven Maßstabs zu beurteilen, subjektive Vorstellungen (oder Umstände wie etwa Überlastung) sind insofern irrelevant[402]. Welche Anforderungen an eine gewissenhafte Prüfung im Einzelnen zu stellen sind, wird etwa durch die Berufsauffassung unter Berücksichtigung von Sinn und Zweck der Abschlussprüfung konkretisiert[403].

---

401 Vgl. dazu *IDW*, Praxishandbuch zur Qualitätssicherung[11], CD-ROM, IDW Arbeitshilfen, A-4.2.3.(1) bis A-4.2.3.(5).
402 *Hennrichs*, in: MünchKomm³, § 323 HGB, Rn. 25.
403 Zur Berücksichtigung von Standards des IDW vgl. OLG Braunschweig v. 11.02.1993, WPK-Mitt. 1995, S. 209. Zu beachten sind insofern die Grundsätze ordnungsmäßiger Durchführung von Abschlussprüfung *(IDW PS 300 ff.)*, Ziele und Grundsätze der Durchführung von Abschlussprüfungen *(IDW PS 200)*, die Grundsätze ordnungsmäßiger Berichterstattung bei Abschlussprüfungen *(IDW PS 450 n.F.)* und die Grundsätze für die Erteilung von Bestätigungsvermerken bei Abschlussprüfungen *(sog. IDW PS 400er-Reihe)*.

311 Die **Pflicht zur unparteiischen Prüfung** verlangt, dass sich der APr. weder von den Organen der prüfungspflichtigen Gesellschaft oder von Dritten in seiner Eigenverantwortlichkeit einschränken noch sonst wie von Gruppeninteressen leiten lassen darf[404].

312 Die **Darlegungs- und Beweislast** für das Vorliegen einer Pflichtverletzung trägt der Anspruchsteller, d.h. die den Schadensersatz einklagende Gesellschaft. Sie hat im Einzelnen darzulegen und zu beweisen, dass etwa bei Vornahme der erforderlichen Prüfungshandlung ein bestimmter Fehler festgestellt worden sei[405]. Beweiserleichterungen können sich für den Anspruchsteller durch die Anwendung der Regeln des sog. Anscheinsbeweises ergeben[406]. Die Grundsätze des Anscheinsbeweises kommen aber nur zum Tragen, wenn ein Sachverhalt gegeben ist, der es rechtfertigt, von einem typischen Geschehensablauf auszugehen[407]. Im Hinblick auf die Komplexität und Unterschiedlichkeit der Prüfungsabläufe, die gerade auf die Besonderheiten des einzelnen Unternehmens auszurichten sind, werden solche typischen Geschehensabläufe nur ausnahmsweise gegeben sein können[408]. Daher bleibt es bei der Abschlussprüfung bei dem Grundsatz, dass derjenige die Pflichtverletzung beweisen muss, der den Anspruch geltend macht. Das gilt auch dann, wenn der testierte JA unrichtig ist. Allein aus der Unrichtigkeit folgt nämlich noch keine schuldhafte Pflichtverletzung des APr. Allerdings trifft den APr. die Darlegungs- und Beweislast für alle anspruchsverneinenden Umstände. So muss er ggf. beweisen, dass er von der Verschwiegenheitspflicht entbunden oder zur Verwertung von Geschäftsgeheimnissen berechtigt war.

4.3.1.2.2 Verschulden

313 Eine Ersatzpflicht für eine schädigende Pflichtverletzung besteht nur dann, wenn die Pflichtverletzung schuldhaft, d.h. vorsätzlich oder fahrlässig begangen worden ist (§ 323 Abs. 1 S. 3 HGB). Unter Vorsatz ist das Wissen und Wollen des pflichtwidrigen Erfolgs, also der Pflichtverletzung, zu verstehen (direkter Vorsatz); der eingetretene Schaden braucht nach ständiger Rspr. vom Vorsatz nicht umfasst zu sein[409]. Wie im Strafrecht umfasst der Begriff des Vorsatzes auch den bedingten Vorsatz (dolus eventualis), d.h. es reicht aus, dass der Schädiger die Pflichtverletzung für möglich hält und billigend in Kauf nimmt[410]. Das Vertrauen des APr. darauf, dass die von ihm erkannte und gewollte, jedenfalls in Kauf genommene Pflichtverletzung nicht zu einem Schaden führt, schließt sein Verschulden demnach nicht aus[411].

314 Nach § 276 Abs. 2 BGB handelt fahrlässig, wer die im Verkehr erforderliche Sorgfalt außer Acht lässt. Fahrlässigkeit setzt Voraussehbarkeit und Vermeidbarkeit der Pflichtverletzung voraus[412]. Ein fahrlässiges Handeln in diesem Sinne wird bei einem Verstoß gegen den Grundsatz der Gewissenhaftigkeit (Kap. A Tz. 209 ff.), der zugleich die im Verkehr erforderliche Sorgfalt konkretisiert, anzunehmen sein. Ob dem APr. grobe oder

---

404 *Poll*, in: Beck OK HGB, § 323, Rn. 14; zur Unparteilichkeit s. auch § 28 BS WP/vBP.
405 OLG Hamburg v. 25.09.1996; WPK-Mitt. 1997, S. 33; BeBiKo[11], § 323, Rn. 102.
406 OLG Hamburg v. 25.09.1996, WPK-Mitt. 1997, S. 33.
407 BGH v. 30.09.1993, NJW, S. 3259.
408 So auch ADS[6], § 323 HGB, Tz. 101; BeBiKo[11], § 323, Rn. 102.
409 *Palandt*, BGB[77], § 276, Rn. 10, m.w.N.
410 Zur ständigen Rspr. vgl. BGH v. 17.09.1985, NJW 1986, S. 180; BGH v. 27.04.1985, NJW-RR, S. 936.
411 *Baetge/Kirsch/Thiele*, Bilanzrecht, § 323 HGB, Rn. 50.
412 *Palandt*, BGB[77], § 276, Rn. 12.

nur einfache Fahrlässigkeit vorgeworfen wird, ist für die Haftung aus § 323 HGB ohne Relevanz.

315 Ist eine WPG Auftragnehmer eines Prüfungsauftrags, wird ihr das Verschulden der für sie handelnden gesetzlichen Vertreter als eigenes Verschulden zugerechnet[413]. Soweit sich der APr. bei der Durchführung der Abschlussprüfung der Mitwirkung von Erfüllungsgehilfen bedient, haftet er für deren Verschulden wie für ein eigenes (vgl. § 278 BGB). Daneben haften die Gehilfen selbst aus § 323 HGB.

316 Wen die Darlegungs- und Beweislast hinsichtlich des Verschuldens trifft, ist umstritten. Mit Hinweis auf § 280 Abs. 1 S. 2 BGB wird vertreten, dass bei Vorliegen einer objektiven Pflichtverletzung des APr. dessen Verschulden zu vermuten sei und dass dies auch für die Vorsatzhaftung gelte[414]. Diese Beweislastumkehr zu Lasten des APr. würde bedeuten, dass der APr. mit z.T. gravierenden Folgen haftet, wenn er nicht beweisen kann, dass sein Handeln nicht vorsätzlich war. Somit trüge der APr. schon das Risiko des non liquet. Dies ist jedoch mit der gesetzgeberischen Intention des § 323 HGB, das Haftungsrisiko des APr. angemessen zu begrenzen, nicht vereinbar[415]. Eine Beweislastumkehr ist deshalb nicht vorzunehmen; wenn überhaupt, kann sie höchstens in Bezug auf den Vorwurf fahrlässigen Handelns in Betracht kommen[416].

4.3.1.2.3 Schaden und Kausalität

317 Eine Schadensersatzpflicht des WP setzt neben der Pflichtverletzung den Eintritt eines **Schadens** im Sinne einer Vermögensminderung voraus. Ein solcher ist etwa zu bejahen, wenn aufgrund eines uneingeschränkt testierten JA, der einen Gewinn statt richtigerweise einen Verlust ausweist, die HV eine Gewinnausschüttung beschließt und die ausgeschüttete Dividende von den Aktionären nicht zurückverlangt werden kann (§ 62 Abs. 1 S. 1 AktG)[417] oder überhöhte Erfolgsprämien an Organmitglieder gezahlt werden[418]. Eine Ersatzpflicht kommt ggf. erst dann in Betracht, wenn das EK der Gesellschaft nachhaltig geschädigt ist[419].

318 Für einen Ersatzanspruch ist auch erforderlich, dass die Pflichtverletzung ursächlich (**Adäquanztheorie**: adäquat kausal[420]) ist für einen bestimmten Schaden (**Kausalzusammenhang**[421]). Die Möglichkeit des Schadenseintritts darf nach der Lebenserfahrung nicht außerhalb aller Wahrscheinlichkeit liegen.

319 Der Einwand des WP, dass der Schaden auch entstanden wäre, wenn er keine Pflicht verletzt hätte (sog. **rechtmäßiges Alternativverhalten**), kann zum Ausschluss der Er-

---

413 Insoweit ist nicht § 278 BGB, sondern § 31 BGB anzuwenden, vgl. *Palandt*, BGB[77], § 278, Rn. 6, ADS[6], § 323 HGB, Tz. 97.
414 *Habersack/Schürnbrand*, in: Staub, HGB[5], § 323 HGB, Rn. 42; *Baetge/Kirsch/Thiele*, Bilanzrecht, § 323, Rn. 54 (differenzierend: soweit Haftung für Gehilfen bzw. der gesetzlichen Vertreter in Rede steht, ist der Geschädigte für Verschulden darlegungs- und beweisbelastet).
415 BeBiKo[11], § 323, Rn. 106; *Quick*, BB 1992, S. 1677.
416 ADS[6], § 323 HGB, Tz. 104, BeBiKo § 323 HGB, Rn. 106 (Beweislastumkehr für Vorsatz verstößt außerdem gegen das verfassungsrechtliche Übermaßverbot).
417 BGH v. 28.10.1993, NJW 1994, S. 323, DB 1994, S. 926.
418 *Habersack/Schürnbrand*, in: Staub, HGB[5], § 323 HGB, Rn. 35.
419 So BeBiKo[11], § 323, Rn. 107.
420 *Palandt*, BGB[77], Vorbem. v. § 249, Rn. 26 ff., m.w.N.
421 Dazu im Allgemeinen *Palandt*, BGB[77], Vorbem. v. § 249, Rn. 24.

satzpflicht führen[422]. Die Darlegungs- und Beweislast, dass der Schaden auch bei rechtmäßigem Alternativverhalten eingetreten wäre, trägt der Schädiger[423], d.h. der WP. Für dessen Verteidigung reicht es allerdings nicht aus, dass der Schaden bei rechtmäßigem Alternativverhalten nur aufgrund hypothetischer Ereignisse ebenfalls eingetreten wäre[424]. Für die Beurteilung der Rechtmäßigkeit des Alternativverhaltens kommt es auf die Rechtslage an, die zum Zeitpunkt des behaupteten **schädigenden Verhaltens** galt[425].

Für Schäden, die nicht in unmittelbarem Zusammenhang mit der Pflichtverletzung stehen, kann ggf. zu berücksichtigen sein, dass derselbe Schaden später aufgrund eines Geschehensablaufs eingetreten wäre, der nichts mit der Pflichtverletzung des WP zu tun hat (sog. hypothetische Kausalität[426], Reserveursache). **320**

Die **Darlegungs- und ggf. Beweislast** für den Schadenseintritt und die Kausalität trifft den Anspruchsteller, d.h. die einen Schaden einklagende Gesellschaft. **321**

4.3.1.2.4 Ersatzberechtigte

Die Schadensersatzpflicht des APr. besteht gegenüber der geprüften KapGes. (oder KapGes. & Co. KG) und/oder gegenüber einem mit diesen verbundenen Unternehmen, wenn diese aufgrund der Verletzung einer ihnen gegenüber bestehenden Pflicht[427] einen Schaden erlitten haben (vgl. § 323 Abs. 1 S. 3 HGB). Was als verbundenes Unternehmen zu qualifizieren ist, richtet sich nach § 271 Abs. 2 HGB[428]. **322**

4.3.1.2.5 Ersatzverpflichtete

Nach § 323 Abs. 1 S. 1, 3 HGB sind der APr., seine Gehilfen und die bei der Prüfung mitwirkenden gesetzlichen Vertreter einer WPG zum Ersatz des durch eine fahrlässige oder vorsätzliche Pflichtverletzung entstandenen Schadens verpflichtet. Der Umstand, dass der APr. auch für seine Gehilfen (gem. § 278 BGB) und eine WPG zudem für das Verschulden ihrer bei der Prüfung mitwirkenden gesetzlichen Vertreter (gem. § 31 BGB) einzustehen hat (s. Kap. A Tz. 315), lässt eine eigene Haftung dieser Personen unberührt[429]. Die in § 323 Abs. 1 S. 1 HGB genannten Personen haften als Gesamtschuldner (§ 323 Abs. 1 S. 4 HGB), allerdings kann der Ersatzberechtigte den gesamten Schadensbetrag nur einmal, nach seinem Belieben aber von jedem der Schuldner ganz oder z.T., fordern (§ 421 BGB). Die Gesamtschuldner sind gem. § 426 BGB untereinander zum Ausgleich verpflichtet, wobei eine ggf. sich aus dem Arbeitsverhältnis ergebende modifizierte Risikoverteilung zu berücksichtigen ist[430]. Zur Haftung von in einer Sozietät zusammengeschlossenen WP s. Kap. A Tz. 281. **323**

---

422 *Hennrichs*, in: MünchKomm. HGB³, § 323 HGB, Rn. 69; *Habersack/Schürnbrand*, in: Staub, HGB⁵, § 323, Rn. 34.
423 BGH v. 18.03.2005, NJW, S. 1718; *Palandt*, BGB⁷⁷, Vorbem. v. § 249, Rn. 66.
424 *BGH v. 27.04.1995, NJW-RR, S. 937.*
425 BGH v. 28.09.2000, NJW 2001, S. 146.
426 *Palandt*, BGB⁷⁷, Vorbemerkung vor § 249, Rn. 55 ff.
427 BeBiKo¹¹, § 323, Rn. 116; a.A.: *Hennrichs* , in: MünchKomm. HGB³, § 323 HGB, Rn. 58 (Wortlaut und weiter Schutzzweck sprechen dafür, jede Pflichtverletzung mit Bezug zur auftraggebenden Gesellschaft oder zum verbundenen Unternehmen zu erfassen).
428 *Hennrichs*, in: MünchKomm. HGB³, § 323 HGB, Rn. 58.
429 BeBiKo¹¹, § 323, Rn. 114. Zur möglichen Einschränkung der Haftung von Arbeitnehmern s. *Hennrichs*, in: MünchKomm. HGB³, § 323, Rn. 78.
430 *Baetge/Kirsch/Thiele*, Bilanzrecht, § 323 HGB, Rn. 48.

4.3.1.2.6 Mitverschulden

324 Die Schadensersatzpflicht kann ganz oder teilweise entfallen, wenn die Gesellschaft den Schaden mitverursacht hat. Dieser Einwand des Mitverschuldens ist auch gegenüber der Haftung aus § 323 HGB relevant[431]. Vgl. zum Mitverschulden Kap. A Tz. 367 sowie BeBiKo[11], § 323, Rn. 121 ff.

4.3.1.2.7 Haftungsbegrenzung

325 § 323 Abs. 2 HGB regelt eine gesetzliche Haftungsbeschränkung, wodurch die Ersatzpflicht des APr. und seiner Gehilfen gegenüber dem geprüften Unternehmen bei fahrlässiger Pflichtverletzung auf 1 Mio. € begrenzt ist. Handelt es sich bei dem geprüften Unternehmen um eine AG, deren Aktien zum Handel im regulierten Markt[432] zugelassen sind, erhöht sich die gesetzliche Haftungsobergrenze auf 4 Mio. €. § 323 Abs. 2 HGB findet durch entsprechende Verweisung für fast alle gesetzlich vorgeschriebenen Abschlussprüfungen sowie andere gesetzlich vorgeschriebene Prüfungen (sinngemäß) Anwendung (z.B. bei Gründungs-, Nachgründungs- und Sonderprüfungen nach dem AktG, vgl. die Verweise in §§ 49, 53, 144, 258 Abs. 5 S. 1 AktG)[433]. Bei mehreren an der Prüfung beteiligten Personen ist für jeden Beteiligten das für ihn zutreffende Verschulden maßgeblich: Handelt der Prüfungsgehilfe vorsätzlich, der APr. hingegen nicht, greift die Haftungsbegrenzung nicht für den Prüfungsgehilfen, während sein Vorsatz nicht dem APr. zugerechnet werden kann, für den demnach die Haftungsbegrenzung gilt (vgl. § 323 Abs. 2 S. 3 HGB). Im Verhältnis der Prüfungsgesellschaft zu ihren gesetzlichen Vertretern ist dies anders: Gem. § 31 BGB ist der Vorsatz Letzterer auch der Gesellschaft zuzurechnen, so dass die Gesellschaft neben ihrem gesetzlichen Vertreter unbegrenzt haftet[434]. Zur Anwendung des § 323 Abs. 2 HGB bei der Prüfung von Parteien s. FAR (FN-IDW 2003, S. 167). Zu den Auswirkungen bei unterschiedlichem Verschulden des APr. einerseits und der Prüfungsgehilfen bzw. gesetzlichen Vertreter andererseits s. ADS[6], § 323 HGB, Anm. 131.

326 Die Haftung nach § 323 HGB kann durch Vertrag weder ausgeschlossen noch weiter beschränkt werden (§ 323 Abs. 4 HGB); dennoch getroffene Vereinbarungen sind wg. des Verstoßes gegen ein gesetzliches Verbot gem. § 134 BGB nichtig. Hingegen bleibt es möglich, dass der Ersatzberechtigte dem Ersatzverpflichteten die entstandene (nicht aber generell eine künftige, noch unbekannte) Schuld erlässt (Erlassvertrag gem. § 397 BGB)[435]. Eine Erweiterung des Haftungstatbestands bzw. eine Erhöhung der Haftungsgrenze ist zwar durch § 323 Abs. 4 HGB nicht ausgeschlossen. Jedoch ist es berufsrechtlich nicht zulässig, abw. von § 323 Abs. 1 S. 1 HGB eine höhere Haftung anzubieten oder zuzusagen (§ 18 BS WP/vBP). Ein derartiger Wettbewerb um Pflichtprüfungsaufträge ist als unlauter und daher berufswidrig anzusehen. Im Übrigen würde die Berufshaftpflichtversicherung die Deckung der erweiterten Haftung grds. ablehnen, so dass es zu schwerwiegenden Haftungsfolgen für den APr. kommen könnte[436].

---

431 *Hennrichs*, in: MünchKomm. HGB³, § 323 HGB, Rn. 57, m.w.N., für eine restriktive Anwendung *Zacher/Stöcker*, DStR 2004, S. 1537 (1540).
432 *Zum Begriff s. BeBiKo[11], § 323, Rn. 130.*
433 Vgl. zur Haftung bei Anwendung des § 53 HGrG *Schüppen*, ZIP 2015, S. 814 ff.
434 BeBiKo[11], § 323, Rn. 132; *Hennrichs*, in: MünchKomm. HGB³, § 323 HGB, Rn. 74.
435 BeBiKo[11], § 323, Rn. 135; *Hennrichs*, in: MünchKomm. HGB³, § 323 HGB, Rn. 91.
436 ADS[6], § 323 HGB, Tz. 147.

4.3.1.3 Haftung bei freiwilliger Prüfung

Im Rahmen **freiwilliger Abschlussprüfungen** findet § 323 HGB keine Anwendung, sodass auch die Haftungsbeschränkung des § 323 Abs. 2 HGB nicht greift. Die Haftung richtet sich je nach getroffener vertraglicher Vereinbarung nach allgemeinen zivilrechtlichen Regelungen. Die Haftung kann durch eine vertragliche Haftungsvereinbarung (individuell gem. § 54a Abs. 1 Nr. 1 WPO oder durch Verwendung vorformulierter Vertragsbedingungen gem. § 54a Abs. 1 Nr. 2 WPO) beschränkt werden[437]. Gleiches gilt bei der **Erweiterung des Prüfungsauftrags** um zusätzliche, über die Pflichtprüfung hinausgehende Tätigkeiten. Für eine solche Erweiterung (ohne gesetzliche Haftungsbegrenzung) kann eine gesonderte Auftragserteilung oder -bestätigung, Berichterstattung oder Abrechnung sprechen, allerdings ist dies in keinem Fall ein ausreichendes Kriterium[438].

327

4.3.1.4 Schadensersatz wg. verspäteter Auftragsablehnung

Einen besonderen gesetzlichen Haftungstatbestand enthält § 51 WPO, der § 663 BGB nachgebildet, im Verhältnis zu diesem aber als lex specialis anzusehen ist. Demnach haftet der WP auch für Schäden, die durch eine nicht rechtzeitige Ablehnung eines Auftrags entstehen, und zwar gleichgültig, ob es sich um einen Prüfungs- oder Beratungsauftrag handelt. Die Ablehnung kommt etwa in Betracht, wenn bei einem Prüfungsauftrag ein Ausschlussgrund i.S.v. §§ 319 Abs. 2 oder 3, 319a, 319b HGB vorliegt oder die Annahme eines Auftrags zur Wahrnehmung widerstreitender Interessen (§ 53 WPO, § 3 BS WP/vBP) führen würde. Die Ablehnung des Auftrags ist zwar unverzüglich, d.h. ohne schuldhaftes Zögern (§ 121 BGB) zu erklären, um eine Schadensersatzpflicht zu vermeiden. Grundsätzlich ist dem WP aber eine angemessene Frist zur Prüfung zuzugestehen, um die sachgerechte Prüfung der ggf. vorliegenden Ablehnungsgründe zu ermöglichen. Ist hierfür ein längerer Zeitraum erforderlich, etwa weil die Besorgnis der fehlenden Unabhängigkeit eines Netzwerkmitglieds nicht binnen weniger Tage ausgeräumt werden kann, sollte dem potentiellen Auftraggeber eine Nachricht zum Zwischenstand erteilt werden[439]. Zu beachten ist, dass das Haftungsrisiko auch für WP besteht, deren Praxis ruht (z.B. wg. Beurlaubung nach § 46 WPO).

328

Der Schadensersatzanspruch aus § 51 WPO ist ein gesetzlich geregelter Fall des Verschuldens bei der Vertragsanbahnung nach § 311 Abs. 2 BGB (sog. culpa in contrahendo[440]), für den die Regelverjährung nach § 195 BGB (drei Jahre) gilt. Für StB besteht mit § 63 StBerG eine inhaltlich übereinstimmende Regelung zur unverzüglichen Auftragsablehnung.

329

4.3.1.5 Haftung aus unerlaubter Handlung gem. §§ 823 ff. BGB

Für den WP kommt schließlich auch eine **deliktische Haftung** in Betracht. Zwar scheidet eine Haftung nach **§ 823 Abs. 1 BGB** grds. aus, weil die dort genannten Rechtsgüter durch eine Berufspflichtverletzung des WP regelmäßig nicht verletzt werden können. Insb. ist das Vermögen des Auftraggebers durch diese Vorschrift nicht geschützt; eine

330

---

437 *Schüppen*, in: Heidel/Schall, HGB², § 323 HGB, Rn. 17, verweist auf die vom IDW herausgegebenen AAB.
438 BeBiKo¹¹, § 323, Rn. 161.
439 *Hense/Ulrich*, WPO³, § 51, Rn. 9.
440 BGH v.19.04.1967, NJW, S. 1567.

331 Durchaus möglich erscheint aber eine Haftung nach **§ 823 Abs. 2 BGB i.V.m. der Verletzung eines Schutzgesetzes**[441]. Schutzgesetze i.S.v. § 823 Abs. 2 BGB sind z.B. §§ 332, 333 HGB und §§ 403, 404 AktG (Verletzung der Berichtspflicht bzw. der Geheimhaltungspflicht), wobei allerdings §§ 403, 404 AktG von §§ 332, 333 HGB als den spezielleren Regeln im Bereich der gesetzlichen Abschlussprüfung verdrängt werden[442]. Anerkannte Schutzgesetze des StGB sind insb. §§ 263, 264, 264a, 266, 267, 283-283d StGB (Betrugsdelikte, Untreue, Urkundenfälschung, Insolvenzstraftaten), bei denen auch das Risiko einer Mittäterschaft, Anstiftung oder Beihilfe droht, oder für § 203 StGB (Verletzung von Privatgeheimnissen). Die Vorschriften der WPO und der BS WP/vBP sind grds. keine Schutzgesetze i.S.d. § 823 Abs. 2 BGB, da sie sich als berufsrechtliche Standespflichten allein an den Berufsangehörigen richten[443]. Rechnungslegungsvorschriften des HGB sind ebenfalls keine Schutzgesetze (LG Bonn v. 15.05.2001[444]); ebenso wenig kommt § 323 HGB als Schutzgesetz in Betracht[445].

332 Eine weitere deliktische Haftungsgrundlage ist **§ 826 BGB**: Eine Haftung aufgrund sittenwidriger vorsätzlicher Schädigung kommt allerdings insb. gegenüber Dritten in Betracht, vgl. Kap. A Tz. 356 ff.

333 Schließlich kann sich eine Haftung des WP aus **§ 831 BGB** für eine unerlaubte Handlung i.S.d. §§ 823-826 BGB des Verrichtungsgehilfen ergeben. Demnach haftet er – ohne Rücksicht auf das Verschulden des Gehilfen – unmittelbar für das eigene vermutete (Auswahl- oder Überwachungs-)Verschulden beim Einsatz von Hilfspersonen. Gem. § 831 Abs. 1 S. 2 BGB ist dem Geschäftsherrn aber eine Exkulpationsmöglichkeit gegeben: Der WP kann sich demnach gegenüber dem Geschädigten dadurch entlasten, dass er beweist, dass er bei der Auswahl und der Überwachung des Gehilfen die im Verkehr erforderliche Sorgfalt beachtet hat oder dass der Schaden auch bei Anwendung dieser Sorgfalt entstanden wäre.

4.3.2 Haftung gegenüber Dritten

4.3.2.1 Vertrag mit Schutzwirkung zugunsten Dritter

334 Über den sog. Vertrag mit Schutzwirkung zugunsten Dritter[446] kann auch ein Nichtmandant, der in den zwischen WP und Mandant geschlossenen Vertrag einbezogen und dessen Vermögen durch eine Pflichtverletzung des WP beeinträchtigt wurde, einen

---

441 *Baetge/Kirsch/Thiele*, Bilanzrecht, § 323, Rn. 60 (Anspruchskonkurrenz zu § 323 HGB); a.A. ADS[6], § 323 HGB, Tz. 175 (§ 323 HGB verdrängt als Sonderregelung die Deliktshaftung nach §§ 823 ff. BGB); wohl auch *Ebke*, Dritthaftung, S. 37; offen gelassen in BeBiKo[11], § 323, Rn. 155.
442 BGH v. 25.04.1961, BB, S. 652, DB, S. 837.
443 Vgl. BGH v. 03.06.2004, DB, S. 1605; ADS[6], § 323 HGB, Tz. 185; BeBiKo[11], § 323, Rn. 178; *Zacher/Stöcker*, DStR 2004, S. 1537 (1539).
444 WPK-Mitt., S. 344.
445 OLG Düsseldorf v. 19.11.1998, NGZ 1999, S. 901; a.A. *Zacher/Stöcker*, DStR 2004, S. 1537 (1540); für den Schutzcharakter der Abschlussprüfung vgl. *Doralt*, ZGR 2015, S. 266 (287).
446 *Ob die Rechtsgrundlage für das Institut des Vertrags mit Schutzwirkung zugunsten Dritter in einer richterlichen Rechtsfortbildung, einer Analogie zu § 328 Abs. 2 BGB, in einer ergänzenden Vertragsauslegung nach §§ 133, 157 BGB oder im Gewohnheitsrecht zu sehen ist, kann dahin stehen, da die Haftung hiernach jedenfalls anerkannt ist (vgl. BGH v. 11.01.1974, NJW, S. 2074 dogmatische Herleitung für Haftungsfrage „gleichgültig").*

Schadensersatzanspruch geltend machen. Voraussetzung für das Vorliegen eines Vertrags mit Schutzwirkung zugunsten Dritter ist nach ständiger Rspr.[447] und Literatur[448], dass erstens eine **Leistungsnähe des Dritten** zur zwischen Schuldner (z.B. WP) und Gläubiger (z.B. Mandant) vereinbarten vertraglichen Leistung vorliegt. D.h. der Dritte muss mit der Hauptleistung des WP bestimmungsgemäß und nicht nur zufällig in Berührung kommen und somit den Gefahren der Leistungserbringung in ähnlicher Weise wie der Mandant ausgesetzt sein. Zweitens muss der Vertragsgläubiger (Mandant) ein **Einbeziehungsinteresse** zugunsten des Dritten haben, d.h. die Leistung des Vertragsgläubigers muss nach dem Willen der Parteien dem Dritten bestimmungsgemäß zugutekommen. Drittens muss das Kriterium der **Erkennbarkeit** erfüllt sein, d.h. dem Vertragsschuldner (WP) müssen die Drittbezogenheit seiner Leistung und der geschützte Kreis der einzubeziehenden Dritten (nicht hingegen deren Identität) erkennbar sein. Schließlich muss viertens der einzubeziehende Dritte ein **Schutzbedürfnis** haben. Ein solches liegt etwa dann nicht vor, wenn dem Dritten ein inhaltsgleicher Anspruch gegen eine andere Person als dem Vertragsgläubiger zusteht. Dabei soll es nach Ansicht des BGH auf die Durchsetzbarkeit dieses Anspruchs nicht ankommen[449]. Eine Einbeziehung Dritter ist grds. bei jedem Vertrag möglich. Ob die Voraussetzungen für das Vorliegen eines Vertrags mit Schutzwirkung zugunsten Dritter erfüllt sind, ist im jeweiligen Einzelfall zu prüfen.

Der Auftrag zur Durchführung einer **gesetzlichen Abschlussprüfung (§§ 316 ff. HGB)** führt grds. nicht zu einer Haftung aus einem Vertrag mit Schutzwirkung zugunsten Dritter. Aus § 323 Abs. 1 S. 3 HGB können dem Wortlaut nach nur Ansprüche der geprüften KapGes. und ggf. verbundener Unternehmen resultieren (s. Kap. A Tz. 322). Auch die in § 323 Abs. 1 S. 3 HGB zum Ausdruck kommende gesetzliche Intention[450], die Haftung des APr. zu begrenzen, belegt, dass es grds. nicht zu einer Haftung gegenüber Dritten kommen soll[451] (bspw. kommt auch eine Einbeziehung stiller Beteiligter an dem Unternehmen in die Schutzwirkung des Prüfungsauftrags bei der gesetzlichen Abschlussprüfung nicht in Betracht[452]). Dieser Auffassung hat sich der BGH[453] im Grundsatz angeschlossen. Gleichwohl hält er es für möglich, dass unter dem Gesichtspunkt des Vertrags mit Schutzwirkung zugunsten Dritter ausnahmsweise ein Haftungsanspruch von Dritten entstehen kann. Das könne der Fall sein, wenn sich für den mit der gesetzlich vorgeschriebenen Abschlussprüfung beauftragten APr. hinreichend deutlich und klar ergibt, dass von ihm anlässlich dieser Prüfung eine besondere Leistung begehrt wird, von der gegenüber einem Dritten (z.B. Kreditgeber oder Kaufinteressent),

---

447 BGH v. 15.02.1978, DB, S. 836; BGH v. 02.07.1996, WM, S. 1739; ausführlich OLG Köln v. 13.11.2008, DB 2009, S. 278; OLG Düsseldorf v. 02.06.2009, DB, S. 2369.
448 *Palandt*, BGB[77], § 328, Rn. 17 ff.; *Wiedmann*[2], § 323, Rn. 26; *Ebke*, JZ 1998, S. 93; *Feddersen*, WM 1999, S. 109; *Seibt/Wollenschläger*, DB 2011, S. 1381.
449 BGH v. 16.07.2004, WM, S. 1827; gegen das Ausreichen eines „nur wertlosen Anspruchs" *Zugehör*, NJW 2008, S. 1106.
450 BT-Drs. 13/10038 v. 04.03.1998, S. 25.
451 LG Mönchengladbach v. 31.05.1990, NJW-RR 1991, S. 415; LG Frankfurt am Main v. 08.04.1997, BB, S. 1682; LG Hamburg v. 22.06.1998, WM 1999, S. 139; OLG Nürnberg v. 18.01.2005, WPK-Magazin 2005, S. 38; ADS[6], § 323 HGB, Tz. 177; *Ebke/Scheel*, WM 1991, S. 389 (395); *Lang*, WPg 1989, S. 57; *Schüppen*, in: Heidel/Schall, HGB[2], § 323 HGB, Rn. 13; s. dazu auch *Feddersen*, WM 1999, S. 105.
452 OLG Nürnberg v. 18.01.2005, WPK-Magazin 2005, S. 38.
453 BGH v. 02.04.1998, DB, S. 1075, NJW, S. 1948; s. auch OLG Düsseldorf v. 19.11.1998, NZG 1999, S. 901, und OLG Celle v. 05.01.2000, NZG, S. 613; BGH v. 24.04.2014 – III ZR 156/13 – Rn. 21.

der auf seine Sachkunde vertraut, Gebrauch gemacht werden soll. § 323 HGB entfalte insofern keine Sperrwirkung[454] gegenüber einer Dritthaftung des APr. Zur grundsätzlichen Anwendbarkeit des Vertrags mit Schutzwirkung zugunsten Dritter im Bereich der Pflichtprüfung vgl. BGH v. 06.04.2006[455]. Aus den strengen Anforderungen des BGH ergibt sich, dass ohne eine Vereinbarung der Vertragsparteien mit dem Inhalt, dass gegenüber einem bestimmten Dritten eine Schutzpflicht begründet werden soll, ohne einen direkten Kontakt des APr. mit dem Dritten bzw. ohne eine besondere Erklärung des APr. gegenüber dem Dritten eine Haftung des APr. aus Vertrag mit Schutzwirkung zugunsten Dritter nicht in Betracht kommt[456].

336 Hohe Anforderungen an die Schutzwirkung zugunsten Dritter hatte der BGH[457] bereits im Jahre 2005 bezüglich eines Prüfungsvertrags für eine **freiwillige Abschlussprüfung** gestellt. Im zu entscheidenden Fall forderten Kapitalanleger, die verbriefte Genussrechte an einer später insolventen GmbH gezeichnet hatten, vom APr. Schadensersatz wg. eines mangelhaften uneingeschränkten BestV und einer fehlerhaften Erklärung zur Vorprüfung des nächsten JA. Für die freiwillige Prüfung, die gem. §§ 316 ff. HGB durchgeführt wurde, hat der BGH den Maßstab angelegt, den er auch an eine gesetzliche Pflichtprüfung anlegt, weil „billigerweise" nur ein Drittschutz wie bei einer Pflichtprüfung zu erwarten sei[458]. Angesichts der unüberschaubaren Anzahl von Genussrechtserwerbern sah der BGH keine Anhaltspunkte für eine Bereitschaft des APr., die Haftung gegenüber den Anlegern zu übernehmen, und lehnte einen Schadensersatzanspruch nach den Regeln des Vertrags mit Schutzwirkung zugunsten Dritter ab[459].

337 Der Auftrag zur **Erstellung eines JA**[460] kann nach den strengen Anforderungen des BGH nur dann ein Vertrag mit Schutzwirkung zugunsten Dritter sein, wenn für den WP erkennbar ist, dass der von ihm erstellte Abschluss einem Dritten vorgelegt werden soll, der daraufhin eine Vermögensdisposition trifft[461]. Fehlt es an dem Kriterium der Erkennbarkeit der Drittbezogenheit, wird zugunsten des erstellenden WP anzunehmen sein, dass er seine Leistungen allein im Interesse des ihn beauftragenden Unternehmens erbringt. Allein die Kenntnis des WP, dass der JA auch anderen Dritten vorgelegt wird, reicht für das Vorliegen der Voraussetzung „Erkennbarkeit" nicht aus[462].

338 In einem weiteren Fall, in dem der WP vom BAK (heutige BaFin) beauftragt wurde, eine **Sonderprüfung nach § 44b KWG** durchzuführen, hat der BGH den drittschützenden

---

454 Zum Meinungsstreit über eine Sperrwirkung vgl. *Seibt/Wollenschläger*, DB 2011, S. 1382.
455 BGH v. 06.04.2006, DB, S. 1105; zustimmend *Lettl*, NJW 2006, S. 2817. Der Senat sieht diese Anforderung im entschiedenen Fall, in dem ein Erwerber von Aktien (einer später insolventen AG) Schadensersatz wg. eines angeblich mangelhaften uneingeschränkten BestV einer WPG beansprucht hatte, als nicht erfüllt an. Ebenfalls strenge Anforderungen an die Annahme der Einbeziehung eines Dritten: BGH v. 30.10.2008, DB, S. 2756; OLG München v. 12.11.2009 – 23 U 2516/09 (keine Einbeziehung des Finanzierungsgläubigers in den Schutzbereich des Prüfungsvertrags); OLG Düsseldorf v. 20.01.2015, DStR, S. 1174.
456 ADS[6], § 323 HGB, Tz. 201; vgl. auch BeBiKo[110], § 323, Rn. 194 ff; vgl. OLG Düsseldorf v. 02.06.2009, DB, S. 2369, wonach es für die Erkennbarkeit der Drittbezogenheit der Leistung nicht ausreicht, dass der AP bei einem Gespräch seiner Mandantin mit ihrem Kreditinstitut lediglich anwesend war.
457 BGH v. 15.12.2005, NJW-RR 2006, S. 611 (Genussrechte-Entscheidung); vgl. auch BGH v. 24.04.2014 – III ZR 156/13, Rn. 21.
458 Gegen eine Analogie zur gesetzlichen Abschlussprüfung und für eine erheblich niedrigere Haftungsschwelle: *Seibt/Wollenschläger*, DB 2011, S. 1384, m.w.N.
459 BGH v. 15.12.2005, NJW-RR 2006, S. 611; so auch OLG Bremen v. 30.08.2006, GmbHR 2007, S. 96.
460 *IDW Standard: Grundsätze für die Erstellung von Jahresabschlüssen (IDW S 7).*
461 Vgl. zur Haftung eines StB: BGH v. 21.01.1993, WM, S. 897.
462 BeBiKo[11], § 323, Rn. 204.

Charakter des Auftragsverhältnisses zwischen Behörde und WP ebenfalls verneint: der PrB der WPG sollte nicht als Entscheidungsgrundlage für Vermögensdispositionen, sondern allein als Grundlage für das weitere behördliche Vorgehen des BAK dienen. Ein Vertrag mit Schutzwirkung zugunsten Dritter sei außerdem auch deshalb nicht anzunehmen, weil das BAK sich lediglich anderer Personen zur Durchführung seiner hoheitlichen Aufgaben bediene und deshalb etwa Prüfungsumfang und Prüfungsgegenstand selbst festlege[463].

339 Wird der **WP als Gutachter** beauftragt, kann sich ebenfalls eine Haftung aus Vertrag mit Schutzwirkung zugunsten Dritter ergeben. So nimmt der BGH in ständiger Rspr. eine stillschweigende Einbeziehung Dritter in den Schutzbereich eines Vertrags insb. bei Aufträgen zur Erstattung von Gutachten an, wenn der Beauftragte über besondere, vom Staat anerkannte Sachkunde verfügt, z.B. ein öffentlich bestellter Sachverständiger, ein WP oder StB, und wenn das Gutachten vertragsgemäß einem Dritten vorgelegt werden soll[464]. Dies ist z.B. der Fall bei Gutachten durch einen öffentlich-bestellten Sachverständigen zum Wert eines Grundstücks[465] oder bei Gutachten über die Kreditwürdigkeit des Auftraggebers, das als Basis für die Entscheidung eines Kreditgebers dienen soll. Als Dritte, die in den Schutzbereich eines Gutachtenauftrags einbezogen sind, kommen aber auch eine namentlich nicht bekannte Vielzahl privater Kreditgeber oder Kapitalanleger in Betracht, wenn der Gutachter nach dem Inhalt des ihm erteilten Gutachtenauftrags wusste oder damit rechnen musste, dass der Auftraggeber das Gutachten zur Erlangung von in der Höhe begrenzten Krediten verwenden wird[466]. Schutzwirkungen zugunsten der an einer Kapitalerhöhung teilnehmenden Altgesellschafter kann ein Vertrag mit einer GmbH zur Vorbereitung der für eine Kapitalerhöhung erforderlichen Erklärungen und Beurkundungen entfalten[467]. Die Haftung besteht auch dann, wenn der Auftraggeber die Unrichtigkeit des Gutachtens arglistig herbeigeführt hat[468]. Zur Schutzwirkung eines Vertrags zugunsten Dritter bei Gutachten vgl. auch OLG Düsseldorf v. 16.04.2002[469].

340 Nach BGH v. 08.06.2004[470] kann auch ein Bericht über eine **Prospektbegutachtung**, die einem Werbeprospekt für eine Kapitalanlage Vollständigkeit und Richtigkeit, Plausibilität und Glaubhaftigkeit bescheinigt, die Voraussetzungen des Vertrags mit Schutzwirkung zugunsten Dritter erfüllen. Entsprechendes gilt, wenn der WP an den Kreditverhandlungen beteiligt war und die Richtigkeit des von ihm erstellten Zahlenwerks bekräftigt hat[471]. In gleich drei Urteilen v. 14.06.2007[472] zur Begutachtung von Verkaufsprospekten[473] hat der BGH bestätigt, dass eine Einbeziehung von Kapitalanlegern in den

---

463 BGH v. 26.06.2001, DB, S. 2090; s. auch BGH v. 07.05.2009, DB, S. 1400.
464 BGH v. 02.11.1984, NJW, S. 355; v. 13.11.1997, DB 1998, S. 515.
465 BGH v. 26.06.2001, DB, S. 2090.
466 BGH v. 20.04.2004, NJW, S. 3035.
467 BGH v. 02.12.1999, NJW 2000, S. 725.
468 BGH v. 10.11.1994, WM 1995, S. 205, NJW 1995, S. 392.
469 WPK-Mitt. 2003, S. 266.
470 DB, S. 2153, NJW, S. 3420.
471 OLG Hamm v. 27.10.1994, WM 1995, S. 2042; BGH v. 19.12.1996, DB 1997, S. 572, NJW 1997, S. 1235, WPK-Mitt. 1997, S. 146.
472 BGH v. 14.06.2007, NJW-RR, S. 1329, 1332, 1479.
473 Zur Beurteilung von Verkaufsprospekten vgl. IDW Standard: Grundsätze ordnungsmäßiger Begutachtung der gesetzlichen Verkaufsunterlagen von Alternativen Investmentfonds (IDW S 4); kritisch dazu *Fölsing*, WP-Praxis 2014, S. 195 ff.

Schutzbereich des Prospekt-Prüfungsvertrags nach den Grundsätzen des Vertrags mit Schutzwirkung zugunsten Dritter in Betracht kommt. In den gleichgelagerten Fällen hatte eine WPG im Auftrag eines von der Fondsgesellschaft eingeschalteten KI den fehlerhaften Emissionsprospekt angeblich mangelhaft geprüft. Nach Ansicht des BGH setzt die Annahme eines Vertrags mit Schutzwirkung zugunsten Dritter voraus, dass der Experte ein konkretes Vertrauen des Dritten – und nicht nur dessen typisiertes Vertrauen wie i.R.d. Prospekthaftung – in Anspruch genommen hat. Hierfür muss der einzelne Anleger konkrete Kenntnis vom Inhalt des Prospektgutachtens (nicht jedoch vom Namen des WP) haben. Die drei o.g. Urteile des BGH v. 14.06.2007 werden als eine Art Rückschritt gegenüber dem „strengeren" Urteil des BGH v. 06.04.2006[474] angesehen, da eine unbekannte Vielzahl von Kapitalanlegern in den Schutzbereich des Prüfungsvertrags einbezogen wird[475]. Die Entscheidung des BGH v. 24.04.2014 – III ZR 156/13 zu dem in den Wertpapierprospekt aufgenommenen Bericht des WP über die **Testierung der Gewinnprognosen** und -schätzungen begründet die Haftung des WP aus einem Vertrag mit Schutzwirkung zugunsten Dritter wie folgt: Als Person mit vom Staat anerkannter Sachkunde haftet der WP gegenüber Dritten, denen gegenüber der Vertragspartner des WP von dem Gutachten bestimmungsgemäß Gebrauch macht. Der Senat betrachtet dabei das Urteil des BGH v. 06.04.2006 als „nicht einschlägig", da es dort um die gesetzlich vorgeschriebene Prüfung des JA ging. Bei dieser gelte die gesetzgeberische Wertentscheidung des § 323 HGB zur Begrenzung der APr.-Haftung, während es im vorliegenden Fall auch und gerade um den Schutz der konkreten Anleger gehe[476].

341 Ist ein **Dritter in den Vertrag mit Schutzwirkung zugunsten Dritter einbezogen**, gilt der Grundsatz, dass die Schutzpflicht des Schuldners (WP) gegenüber dem Dritten nicht weiter reicht als gegenüber dem Vertragspartner (Mandant). Die Geltendmachung sämtlicher Einwendungen des Schuldners, die ihm gegenüber seinem Vertragspartner zustehen, auch gegenüber dem Dritten, basiert auf **§ 334 BGB in analoger Anwendung**, wonach Einwendungen aus dem Vertrag auch dem einbezogenen Dritten entgegengehalten werden können. Zu den Einwendungen zählen etwa ein Mitverschulden des Auftraggebers oder gesetzliche bzw. vertragliche Haftungsbeschränkungen. So hat der BGH mit Urteil v. 02.04.1998 festgestellt, dass die gesetzliche Haftungsbegrenzung gem. § 323 Abs. 2 HGB zu berücksichtigen ist, wenn eine Abschlussprüfung ausnahmsweise einen Vertrag mit Schutzwirkung zugunsten Dritter darstellt[477].

342 Zu beachten ist allerdings, dass die Erhebung von Einwendungen analog **§ 334 BGB** gegenüber dem Dritten nicht möglich ist, wenn die Parteien (z.B. WP und Mandant) diese Möglichkeit abbedungen haben. Nach der Rspr. und Literatur können die Parteien § 334 BGB auch **stillschweigend abbedungen** haben, wenn dies die Auslegung des individuellen Vertrags ergibt[478]. Bei einer gesetzlichen Abschlussprüfung wird man eine solche Abbedingung nicht annehmen können, da der APr. nicht willentlich gegen das für ihn geltende Berufsrecht verstoßen wird, indem er entgegen § 18 BS WP/vBP eine über

---

474 BGH v. 06.04.2006, DB, S. 1105.
475 Zugehör, NJW 2008, S. 1109.
476 BGH v. 24.04.2014 – III ZR 156/13, Rn. 27.
477 BGH v. 02.04.1998, NJW, S. 1948, DB, S. 1075.
478 BGH v. 10.11.1994, BB 1995, S. 170; *Palandt*, BGB[77], § 254, Rn. 56.

die gesetzliche Höchstgrenze hinausgehende Haftung übernimmt[479]. Bei **Beratungsverhältnissen** kann die Interessenlage jedoch anders sein[480].

Hingegen kann der (analog § 334 BGB erhebbare) Einwand des **Mitverschuldens** des Auftraggebers konkludent abbedungen worden sein, wenn ein Experte (z.B. Bausachverständiger[481]) offensichtlich fehlerhafte Angaben des Auftraggebers nicht hinterfragt und verwendet, obwohl erkennbar ist, dass der Dritte, für den das Gutachten (auch) bestimmt ist, auf die Prüfung genau dieser Angaben vertraut. Im Übrigen kann dem Dritten auch sein eigenes Mitverschulden angerechnet werden[482]. 343

4.3.2.2 Drittschadensliquidation

Zu dem rechtlichen Instrumentarium, das als Anspruchsgrundlage für die Geltendmachung eines bei einem Dritten entstandenen Schadens dient, zählt die gesetzlich nicht geregelte sog. **Drittschadensliquidation**. Sie ist dadurch gekennzeichnet, dass aufgrund einer zufälligen Schadensverlagerung der Vertragspartner zwar einen vertraglichen Anspruch, aber keinen Schaden, der geschädigte Dritte den Schaden, aber keinen Anspruch hat[483]. In einem solchen Fall kann der Vertragspartner ausnahmsweise den Schaden des Dritten geltend machen, wenn das durch den Vertrag geschützte Interesse infolge der rechtlichen Beziehung zu einem Außenstehenden so auf diesen verlagert ist, dass der Schaden ihn und nicht den Vertragspartner (Gläubiger) trifft[484]. Der Vertragsgläubiger kann dann die Leistung des Schadensersatzes an sich oder an den Dritten verlangen[485]. Zu einem solchen Fall bei einem anwaltlichen Treuhandauftrag vgl. BGH v. 04.12.1997[486]. Eine Haftung des WP aus diesem Rechtsinstitut dürfte in der Praxis selten vorkommen[487]. 344

4.3.2.3 Auskunftsvertrag

Eine Haftung gegenüber einem Dritten für die Erteilung eines Rats oder einer Auskunft kommt in Betracht, wenn ein **eigenständiger Auskunftsvertrag** zwischen dem Geber einer Auskunft und deren Empfänger **ausdrücklich oder stillschweigend** durch schlüssiges Verhalten (konkludent)[488] zustande kommt[489]. Nach ständiger Rspr. ist der stillschweigende Abschluss eines Auskunftsvertrags und damit eine vertragliche Haftungsgrundlage bei falscher Auskunft regelmäßig zu bejahen, wenn unter Berücksichtigung der Gesamtumstände des Einzelfalls und der Verkehrsauffassung die Auskunft für den Empfänger erkennbar von erheblicher Bedeutung ist und er sie zur Grundlage we- 345

---

479 BeBiKo[11], § 323, Rn. 208.
480 Vgl. *Eschenfelder*, BB 2015, S. 1963 (1967).
481 BGH v. 13.11.1997, BB 1998, S. 339.
482 Vgl. BeBiKo[11], § 323, Rn. 209.
483 *Palandt*, BGB[77], Vorbem. v. § 249, Rn. 105.
484 Vgl. nur BGH v. 04.12.1997, NJW 1998, S. 1864, s. dazu auch *Zugehör*, NJW 2000, S. 1601 (1605).
485 BGH v. 08.12.1986, NJW-RR 1987, S. 880, WM 1987, S. 581, m.w.N.
486 NJW 1998, S. 1864.
487 Zur Abgrenzung zum Vertrag mit Schutzwirkung zugunsten Dritter vgl. *Zugehör*, NJW 2000, S. 1601 (1605); zum Ausschluss der Drittschadensliquidation wg. des Vorrangs des Vertrags mit Schutzwirkung zugunsten Dritter vgl. *Palandt*, BGB[77], Vorbem. v. § 249, Rn. 109; die Haftung des WP aufgrund Drittschadensliquidation geprüft, aber abgelehnt: BGH v. 07.05.2009, DB, S. 1400.
488 S. etwa BGH v. 15.06.1993, NJW, S. 3073, m.w.N.
489 *Zugehör*, WM, Sonderbeilage 3/2006, S. 43.

sentlicher Vermögensverfügungen machen will[490]. Das gilt insb. in Fällen, in denen der Auskunftsgeber besonders sachkundig oder ein eigenes wirtschaftliches Interesse bei ihm im Spiel ist[491].

346 Entscheidend ist, dass beide Parteien nach dem objektiven Inhalt ihrer Erklärungen die Auskunft zum Vertragsgegenstand machen und sich somit rechtlich binden wollen (sog. Rechtsbindungswille). Dies ist bei der Vereinbarung einer Vergütung regelmäßig der Fall, aber auch bei einer unentgeltlichen Auskunft möglich. Ein **Rechtsbindungswille** kann sich allein aus der Tatsache der Auskunftserteilung jedoch nicht ergeben. I.d.R. ist ein Kontakt zwischen dem Auskunftsgeber und dem Auskunftsempfänger erforderlich[492], allerdings kann ein Vertrag auch ohne einen solchen Kontakt zustande kommen[493].

347 Die Gefahr, dass ein Auskunftsvertrag durch schlüssiges Verhalten zustande kommt, besteht für WP als berufsmäßige Sachkenner v.a. dann, wenn sie i.R.d. Interessenwahrnehmung von Mandanten, ohne als deren Bevollmächtigte zu handeln, Auskünfte erteilen oder Erklärungen abgeben, was z.B. bei Kreditverhandlungen mit KI[494] oder i.R.d. Vorbereitung von Unternehmenskaufverträgen[495], aber auch bei einer Bescheinigung über die Kreditwürdigkeit des Mandanten der Fall sein kann. Dabei spielen auch weitere Umstände – etwa das eigene wirtschaftliche Interesse am Geschäftsabschluss oder die Einbeziehung in Verhandlungen als unabhängige neutrale Person – eine Rolle[496]. Nicht ausreichend für die Annahme eines Auskunftsvertrags ist die Überlassung des PrB an einen Beteiligungsinteressenten ohne Zustimmung des APr.[497]. Ebenso wenig kann es ausreichen, wenn der APr. den PrB im Auftrag des Mandanten direkt an den Dritten versendet, sofern er bei Übersendung nicht noch weitergehende Erklärungen abgibt, die auf einen Rechtsbindungswillen schließen lassen[498]. Nach Auffassung des LG Frankfurt am Main[499] beschränkt sich die Annahme eines vertraglichen Auskunftsanspruchs mit dem APr. auf die Fälle, in denen der APr. auf Verlangen von Dritten hinzugezogen wird und dann unter Berufung auf seine Sachkunde und Prüfungstätigkeit Erklärungen oder Zusicherungen unmittelbar gegenüber Dritten abgibt.

348 Kommt es (stillschweigend) zu einem Auskunftsvertrag mit einem Dritten, haftet der WP dem Dritten nach § 280 BGB auf Schadensersatz wg. schuldhafter Pflichtverletzung; für den Vorsatz genügt, dass der Auskunftsgeber die Unrichtigkeit der Auskunft

---

490 BGH v. 16.10.1990, NJW 1991, S. 353, m.w.N.; BGH v. 15.06.1993, NJW, S. 3073; BGH v. 13.02.1992, NJW, S. 2080; BGH v. 19.09.1985, WM, S. 1531.
491 BGH v. 16.09.1989, NJW 1990, S. 513, m.w.N.
492 BGH v. 29.01.2009, WM, S. 400 ff.; *Hennrichs* in: MünchKomm. HGB³, § 323, Rn. 127; BeBiKo¹¹, § 323, Rn. 212; *Grunewald*, ZGR 1999, S. 586.
493 Vgl. BGH v. 12.02.1979, NJW, S. 1595; BGH v. 22.09.1982, NJW 1983, S. 276; v. 07.07.1998, NJW-RR, S. 1344; vgl. zu den vielen Indizien für einen Vertragsabschluss *Palandt*, BGB⁷⁷, § 675, Rn. 36 f., m.w.N. zur Rspr.
494 BGH v. 13.06.1962, NJW, S. 1500.
495 Vgl. OLG Stuttgart v. 25.07.1995, WPK-Mitt., S. 223, mit Anm. *Siebert*; WPK-Mitt. 1996, S. 235; der BGH hat die Revision gegen das Urteil des OLG Stuttgart nicht angenommen, weil er es im Ergebnis (ggf. auch *aufgrund eines Auftragsverhältnisses*) für zutreffend hielt; BGH v. 28.05.1997, BB, S. 1685.
496 S. BGH v. 13.02.1992, NJW, S. 2080, m.w.N. zu den angesprochenen Fällen.
497 OLG Saarbrücken v. 12.07.1978, BB, S. 1434; BeBiKo¹¹, § 323, Rn. 212.
498 BeBiKo¹¹, § 323, Rn. 212.
499 Urt. v. 08.04.1997, WPK-Mitt., S. 236; OLG Düsseldorf v. 02.06.2009, DB, S. 2370.

kennt[500]. Bei verschuldeter fehlerhafter Auskunft muss er den Schaden ersetzen, der dem Auskunftsempfänger aufgrund des Vertrauens auf die Richtigkeit und Vollständigkeit entstanden ist[501]. Zu beachten ist, dass eine **Haftungsbeschränkung** nur dann greifen kann, wenn sie im Auskunftsvertrag wirksam vereinbart wurde[502], was bei – ggf. überraschend zustande gekommenen – konkludenten Auskunftsverträgen selten der Fall sein wird.

4.3.2.4 Prospekthaftung

349 Neben der **spezialgesetzlichen Prospekthaftung**[503] besteht eine **bürgerlich-rechtliche Prospekthaftung** (auch Prospekthaftung i.e.S.), bei der die Zugehörigkeit zu einem Beruf, der kraft Ausbildung und Aufgabenstellung allseits Vertrauen genießt, eine maßgebende Rolle spielt. Die bürgerlich-rechtliche Prospekthaftung wurde von der Rspr. basierend auf dem Gedanken der Vertrauenshaftung für Vollständigkeit und Richtigkeit von Prospekten in Anlehnung an gesetzliche Prospekthaftungsregeln entwickelt[504].

350 Die bürgerlich-rechtliche Prospekthaftung knüpft an ein (enttäuschtes) typisiertes, d.h. abstraktes und nicht an eine konkrete Person gebundenes, Vertrauen von Anlegern an: Hiernach können zusätzlich diejenigen haften, die als berufsmäßige Sachkenner eine Garantenstellung einnehmen, mit ihrer Zustimmung als Fachleute im Prospekt angeführt werden und durch diese erkennbare Mitwirkung am Prospekt nach außen einen besonderen **Vertrauenstatbestand** schaffen, wobei ihre Eigenständigkeit auf die ihnen selbst zuzurechnenden Prospektaussagen beschränkt ist[505]. Dies gilt insb. für als unabhängige Treuhänder im Prospekt genannte Berufsangehörige[506], aber auch für die Prospektbegutachtung[507]. Eine erkennbare Mitwirkung am Inhalt des Prospekts und damit eine Garantenstellung resp. Prospekthaftung des WP hat das OLG Nürnberg[508] in dem Fall verneint, in dem in Emissionsprospekten die vom APr. geprüften und uneingeschränkt testierten Bilanzen und GuV abgedruckt waren. Ebenso wenig kommt nach Ansicht des BGH eine Haftung des WP in Betracht, wenn PrB ohne Kenntnis des APr. und vertragswidrig für die Werbung genutzt werden[509]. In einem anderen Fall hat der BGH entschieden, dass der APr., dessen BestV in den Prospekt aufgenommen wurde, nicht verpflichtet ist, den Prospekt zu aktualisieren[510].

351 Neben der sich aus einer Garantenstellung ergebenden Haftung ist die Haftung als „Hintermann" ein weiterer Fall der Prospekthaftung i.e.S. Nach ständiger Rspr. kann

---

500 *Palandt*, BGB[77], § 675, Rn. 40.
501 *Palandt*, BGB[77], § 675, Rn. 41; *Zugehör*, WM, Sonderbeilage 3/2006, S. 43 f. (Ersatz des sog. negativen Interesses).
502 BeBiKo[11], § 323, Rn. 213.
503 Zur spezialgesetzlichen Prospekthaftung des WP insb. nach § 13 VerkProspG i.V.m. §§ 44 ff. BörsG a.F. (nunmehr §§ 21 ff. WpPG, §§ 20 ff. VermAnlG, vormals § 13 VerkProspG), § 127 InvG oder § 12 WpÜG, die im Regelfall (auch in analoger Anwendung) mangels Prospektverantwortlichkeit des WP nicht in Betracht kommt, vgl. BeBiKo[11], § 323, Rn. 231; *Schultheiß*, BKR 2015, S. 133 ff.
504 *Palandt*, BGB[77], § 311, Rn. 19, 67 ff.; *Zugehör*, WM, Sonderbeilage 3/2006, S. 47.
505 BGH v. 22.05.1980, NJW, S. 1840; BGH v. 31.05.1990, NJW, S. 2461, DB, S. 1913, WPK-Mitt., S. 275, m.w.N.; BGH v. 01.12.1994, NJW 1995, S. 1025; BGH v. 27.01.2004, NJW, S. 1379; vgl. auch *Schultheiß*, BKR 2015; S. 133 (137).
506 BGH v. 01.06.1994, NJW, S. 2226, DB, S. 2024, WM, S. 1371.
507 BGH v. 31.05.1990, NJW, S. 2461, DB, S. 1913, WPK-Mitt., S. 275.
508 OLG Nürnberg v. 18.01.2005, WPK-Magazin, S. 38.
509 BGH v. 26.09.2000, NJW 2001, S. 360.
510 BGH v. 15.12.2005, ZIP 2006, S. 854.

sich die Prospektverantwortlichkeit auch auf Personen neben den Initiatoren, Gründern und Gestaltern der Gesellschaft erstrecken, wenn diese Personen hinter der Gesellschaft stehen und auf ihr Geschäftsgebaren oder die Gestaltung des konkreten Modells besonderen Einfluss ausüben und deshalb **Mitverantwortung** tragen[511]. Dabei kommt es nicht darauf an, dass die „Hintermänner" nach außen erkennbar in Erscheinung getreten sind[512]. Demnach haftet ein WP, der i.R. eines Kapitalanlagemodells die **Mittelverwendungskontrolle**[513] übernimmt, sie aber tatsächlich nicht in dem den Anlegern versprochenen Umfang durchführt und dennoch die Ordnungsmäßigkeit der Mittelverwendung bestätigt, jedenfalls dann, wenn er in das Kapitalanlagesystem als Kontrollorgan eingebunden ist. Dem Mittelverwendungskontrolleur muss allerdings als „Hintermann" faktisch eine Schlüsselfunktion zukommen, die mit derjenigen der Geschäftsleitung vergleichbar ist[514].

352 Im Gegensatz zur Prospekthaftung i.e.S. knüpft die **Prospekthaftung i.w.S.** an ein besonderes persönliches (statt typisiertes) Vertrauen an. Wer im Zuge von Vertragshandlungen als künftiger Vertragspartner, Vertreter, Sachwalter oder Garant das persönliche Vertrauen eines Anlegers in Anspruch nimmt, haftet für Mängel des bei den Vertragsverhandlungen verwendeten Prospekts[515]. Erforderlich für die Begründung eines solchen Vertrauens ist allerdings ein persönlicher Kontakt zwischen den Beteiligten, der im Regelfall zwischen WP und Anleger nicht vorliegen wird[516]. Seit dem SMG[517] sind die Voraussetzungen der Prospekthaftung i.e.S. in § 311 Abs. 2 und 3 BGB i.V.m. § 280 BGB normiert.

4.3.2.5 Ansprüche aus rechtsgeschäftlichen oder rechtsgeschäftsähnlichen Schuldverhältnissen

353 Für die Haftung aus einem Verschulden vor Vertragsschluss (sog. **culpa in contrahendo, c.i.c.**) formuliert **§ 311 Abs. 2 BGB** die drei Fallgruppen der c.i.c., in denen ein Schuldverhältnis entsteht:

- Aufnahme von Vertragsverhandlungen
- Anbahnung eines Vertrags
- ähnliche geschäftliche Kontakte[518].

Die Haftung aus c.i.c. trifft grds. nur die Parteien des angebahnten Vertrags, ausnahmsweise haften Vertreter oder Gehilfen dann, wenn sie am Vertragsschluss ein unmittelbares eigenes wirtschaftliches Interesse haben oder wenn sie besonderes persönli-

---

511 BGH v. 01.12.1994, NJW 1995, S. 1025; BGH v. 27.01.2004, NJW, S. 1376; BGH v. 12.02.2004, NJW, S. 1732; BGH v. 14.06.2007, NJW-RR, S. 1479.
512 BGH v. 07.12.2009, DStR 2010, S. 235.
513 Zu verschiedenen Vertragsmodellen vgl. *Fölsing*, WP-Praxis 2015, S. 8 ff.
514 BGH v. 14.06.2007, DB, S. 1631; so auch BGH v. 19.11.2009 – III ZR 109/08, DB 2010, S. 219 (Prospekthaftung i.e.S. im zu entscheidenden Fall aber verneint, weil Mittelverwendungskontrolleur keine maßgeblichen Einflussmöglichkeiten auf die Gestaltung des Prospekts hatte; auch Prospekthaftung i.w.S. verneint; allerdings Haftung wg. Verstoßes gegen Hinweis- und Kontrollpflichten aus dem Mittelverwendungskontrollvertrag bejaht).
515 *Palandt*, BGB[77], § 311, Rn. 71, m.w.N. zur Rspr.
516 BeBiKo[11], § 323, Rn. 234.
517 Gesetz zur Modernisierung des Schuldrechts v. 26.11.2001, BGBl. I, S. 3138.
518 Zu den drei Fallgruppen mit jeweiligen Beispielen vgl. *Palandt*, BGB[77], § 311, Rn. 22 ff.

ches Vertrauen in Anspruch genommen haben und dadurch die Vertragsverhandlungen bzw. den Vertragsschluss erheblich beeinflussen[519].

Nach § 311 Abs. 3 BGB kann ein Schuldverhältnis auch zu Personen entstehen, die nicht selbst Vertragspartei sind (**Dritthaftung**). Ein solches Schuldverhältnis soll insb. dann begründet werden, wenn ein Dritter besonderes Vertrauen für sich in Anspruch nimmt und dadurch Vertragsverhandlungen oder gar den Vertragsschluss zwischen zwei anderen Parteien erheblich beeinflusst (§ 311 Abs. 3 S. 2 BGB). Bei einem weiten Verständnis dieser Vorschrift[520] bietet sie genügend Auslegungsspielraum, um alle Fälle der Dritthaftung zu erfassen. Gegen dieses weite Verständnis kann die Begründung zum RegE des SMG[521] und somit die Entstehungsgeschichte der Norm angeführt werden. Mit § 311 Abs. 3 BGB sollte nur der von Rspr. und Wissenschaft entwickelte Rechtszustand wiedergegeben werden. Die Auslegung sollte den Gerichten überlassen bleiben. Nach Auffassung des Rechtsausschusses sollte mit dieser Norm keine allgemeine Dritthaftung gesetzlich verankert werden[522]. Die überwiegende Meinung hält deshalb § 311 Abs. 3 S. 2 BGB nicht in den Fällen für anwendbar, in denen nach bisheriger Rspr. die Grundsätze des Vertrags mit Schutzwirkung zugunsten Dritter greifen[523]. Die allgemeine Funktion des APr. wird demnach also nicht ausreichen, um den Tatbestand des § 311 Abs. 3 S. 2 BGB zu verwirklichen[524].

4.3.2.6 Dritthaftung aus unerlaubter Handlung gem. §§ 823 ff. BGB

Der WP kann einem Dritten – wie auch seinem Mandanten – gegenüber aus unerlaubter Handlung gem. §§ 823 ff. BGB auf Schadensersatz haften. Für eine Haftung aus **§ 823 Abs. 2 BGB i.V.m. einem Schutzgesetz** (vgl. Kap. A Tz. 331) muss der WP nicht selbst Täter sein, sondern es reicht eine Tatbeteiligung als Gehilfe, Anstifter oder Mittäter.

Eine Ersatzpflicht nach **§ 826 BGB (sittenwidrige vorsätzliche Schädigung)** gegenüber Dritten setzt voraus, dass dem WP in einem solchen Maße Leichtfertigkeit nachgewiesen werden kann, dass sie als Gewissenlosigkeit zu beurteilen ist[525]. Ein solches Verhalten kann etwa bei einem aus Gefälligkeit und ohne Durchführung der erforderlichen Prüfungshandlungen erteilten BestV „ins Blaue hinein" der Fall sein[526].

Eine Haftung aus § 826 BGB gegenüber einem KI kann eintreten, wenn der pflichtwidrig erteilte BestV dazu bestimmt ist, die Kreditgewährung durch das KI zu beeinflussen[527]. Eine solche Haftung kommt auch in Betracht, wenn der Berufsangehörige nur als „verlängerter Arm" des Auftraggebers tätig war, jedoch erhebliche Zweifel an der Richtigkeit der Angaben des Mandanten bestanden. Der Sittenverstoß erfordert keine positive

---

519 *Palandt*, BGB[77], § 311, Rn. 60.
520 So *Canaris*, JZ 2001, S. 520, der eine solche sog. Expertenhaftung befürwortet.
521 BT-Drs. 14/4040, S. 162.
522 BT-Drs. 14/7052, S. 25.
523 BGH v. 03.12.2007, DStR 2008, S. 518; *Palandt*, BGB[77], § 311, Rn. 60, § 328, Rn. 34; BeBiKo[11], § 323, Rn. 225 ff. (mit zusätzlichem zutreffenden Hinweis auf die Wertentscheidung des § 323 HGB, bei einer Pflichtprüfung den Kreis von Anspruchsberechtigten zu beschränken).
524 So im Ergebnis auch *Seibt/Wollenschläger*, DB 2011, S. 1380.
525 Vgl. BGH v. 12.12.1978, WM 1979, S. 326; eine Ersatzpflicht aus § 826 BGB für „fragwürdig zumindest aber dogmatisch nicht befriedigend" haltend: *Doralt*, ZGR 2015, S. 266 (287); ebenfalls kritisch *Schüppen*, in: Heidel/Schall, HGB[2], § 323 HGB, Rn. 14b.
526 Vgl. BGH v. 26.09.2000, WM 2001, S. 2114; BeBiKo[110], § 323, Rn. 184; *Fölsing*, ZCG 2013, S. 115 (117).
527 OLG Oldenburg v. 06.03.1980, VersR 1981, S. 88.

Kenntnis der Unrichtigkeit, es genügt schon leichtfertiges Handeln[528]. Der Vorwurf der Sittenwidrigkeit kann auch bei der Mitwirkung an der Verletzung vertraglicher Pflichten liegen, allerdings nur dann, wenn schwerwiegende Verstöße gegen das Anstandsgefühl vorliegen, die mit den Grundbedürfnissen loyaler Rechtsgesinnung unvereinbar sind. Dies kommt bei kollusivem Zusammenwirken mit dem Vertragsschuldner gerade zur Vereitelung der Ansprüche des Vertragsgläubigers in Betracht[529]. Dass ein Sachverständiger ein fehlerhaftes Gutachten erstattet, reicht ohne das Hinzukommen weiterer, den Sittenverstoß begründender Umstände nicht aus[530].

358 Zur Haftung aus § 831 BGB aufgrund eines (Auswahl- oder Überwachungs-)Verschuldens beim Einsatz von Hilfspersonen vgl. Kap. A Tz. 333.

4.3.3 Haftung des WP als gerichtlicher Sachverständiger

359 Häufig werden WP auch als sachverständige Gutachter von Gerichten ernannt. Für diese Tätigkeit hat der Gesetzgeber eine eigene Haftungsnorm geschaffen. § 839a BGB bestimmt, dass vom Gericht ernannte Sachverständige zum Schadensersatz verpflichtet sind, wenn sie vorsätzlich oder grob fahrlässig ein unrichtiges Gutachten erstatten und dadurch einem Verfahrensbeteiligten durch eine auf dem Gutachten beruhende gerichtliche Entscheidung ein Schaden entsteht. Diese spezielle Haftungsvorschrift ist nur auf gerichtlich bestellte Sachverständige anzuwenden. Die Norm greift somit nicht (auch nicht in analoger Anwendung) bei der Hinzuziehung von Sachverständigen im Schiedsverfahren oder Verwaltungsverfahren[531].

4.3.4 Möglichkeiten einer vertraglichen Haftungsbeschränkung

360 Grundsätzlich haftet ein WP für berufliche Pflichtverletzungen, die zu einem Schaden führen, in unbegrenzter Höhe. Wenn eine Haftungsbegrenzung nicht gesetzlich vorgeschrieben ist, wie etwa in § 323 Abs. 2 HGB bei der gesetzlichen Abschlussprüfung, kann sie vertraglich zwischen den Parteien vereinbart werden. Haftungsbegrenzungen können also bei allen beruflichen Tätigkeiten außerhalb der gesetzlich vorgeschriebenen Abschlussprüfung vereinbart werden. Möglich ist dies entweder durch schriftliche Vereinbarung im Einzelfall (sog. Individualabrede) oder durch vorformulierte Vertragsbedingungen (AAB)[532], § 54a Abs. 1 Nr. 1 und 2 WPO. Sind vertraglich vereinbarte Haftungsbeschränkungen nicht wirksam (vereinbart), haftet der WP unbegrenzt.

361 Im Falle einer **Individualabrede** darf die Mindesthöhe der gesetzlich vorgesehenen Deckungssumme – zurzeit 1 Mio. € je Schadensfall – zwar überschritten, aber nicht unterschritten werden (§ 54a Abs. 1 Nr. 1 WPO). Die weiteren Voraussetzungen für eine wirksame Individualabrede können kaum verlässlich beschrieben werden[533]. Keinesfalls darf eine solche Vereinbarung einseitig vorgegeben sein, vielmehr muss sie „ausgehandelt" werden[534]. Außerdem verlangt die für die Individualvereinbarung gem. § 54a Abs. 1 Nr. 1 WPO geforderte Schriftform eine von beiden Parteien unterschriebene Er-

---

[528] BGH v. 17.09.1985, NJW 1986, S. 180, DB 1986 S. 422.
[529] BGH v. 19.10.1993, NJW 1994, S. 128, ZIP 1994, S. 121.
[530] BGH v. 24.09.1991, NJW, S. 3282, VersR, S. 1413.
[531] *Palandt, BGB*[77], § 839a, Rn. 1a.
[532] Überblick über Praxisfragen in WPK-Magazin 2007, S. 43 ff.
[533] Vgl. dazu *Wolf*, WPK-Mitt. 1998, S. 197, m.w.N.
[534] Vgl. § 305 Abs. 1 S. 3 BGB; zu den Anforderungen des *Aushandelns* s. BGH v. 03.11.1999, NJW 2000, S. 1110; BGH v. 17.02.2010, ZIP, S. 628; *v. Westfalen*, ZIP 2010, S. 1110; WPK-Magazin 2007, S. 45.

klärung (§ 126 Abs. 2 BGB). Die bloße Dokumentation der Abrede durch den WP reicht demnach nicht aus. Die Haftungsbegrenzung muss für jedes einzelne Mandat, d.h. auch für jeden einzelnen Auftrag eines Mandanten, individuell vereinbart werden[535].

Werden **vorformulierte Vertragsbedingungen**, d.h. z.B. die vom IDW herausgegebenen AAB verwendet, darf eine Haftungsbegrenzung nicht unter dem vierfachen Betrag der Mindesthöhe der Deckungssumme der Berufshaftpflichtversicherung (also zurzeit 4 Mio. €) mit dem Vertragspartner vereinbart werden (vgl. § 54a Abs. 1 Nr. 2 WPO). Eine unter diesem Mindesthaftungsbetrag vereinbarte Haftungsbegrenzung ist durch AAB nicht zulässig bzw. nicht wirksam vereinbart mit der ggf. gravierenden Folge einer unbeschränkten Haftung des WP. Hingegen kann eine höhere Haftungssumme vorgesehen werden[536]. Gleichwohl besteht die Möglichkeit der Verwendung von AAB ohne Haftungsbegrenzungsklausel mit einer zusätzlichen individualvertraglich vereinbarten (ausgehandelten) Haftungsbegrenzung, für die jedoch der gem. § 54a Abs. 1 Nr. 1 WPO geltende Mindesthaftungsbetrag von zurzeit 1 Mio. € nicht unterschritten werden darf. Weiter ist bei der Verwendung von AAB für die Wirksamkeit der Haftungsbeschränkung erforderlich, dass tatsächlich in der vereinbarten Höhe Versicherungsschutz besteht (§ 54a Abs. 1 Nr. 2 WPO). Besteht Versicherungsschutz etwa nur i.H.v. 1 Mio. €, ist die Haftungsbegrenzung der AAB unwirksam, wiederum mit der Folge einer unbeschränkten Haftung des WP. Zur umstrittenen Vereinbarung einer Jahreshöchstleistung (sog. Maximierung) vgl. *Hense/Ulrich*, WPO³, § 54a, Rn. 20. Zur wirksamen Verwendung, d.h. Einbeziehung der AAB in den Vertrag durch ausdrücklichen Hinweis bei Vertragsschluss mit der Möglichkeit der Kenntnisnahme durch den Vertragspartner vgl. *Palandt*, BGB[77], § 305, Rn. 24 ff.

Darüber hinaus kann neben der Beschränkung der Haftungssumme die persönliche Haftung von Mitgliedern einer Sozietät durch vorformulierte Bedingungen oder auch (erst recht) individualvertraglich[537] auf einzelne namentlich bezeichnete Sozien, die die vertragliche Leistung erbringen sollen, beschränkt werden (**Haftungskonzentration**, § 54a Abs. 2 WPO). Einer solchen Abrede sollte, sofern sie durch AAB verwendet wird, der Mandant ggf. durch gesonderte Erklärung zustimmen, damit sie nicht als „überraschende Klausel" i.S.v. § 305c Abs. 1 BGB unwirksam ist[538]. Die Vereinbarung einer Haftungskonzentration auf das Gesellschaftsvermögen der Sozietät ist hingegen nicht möglich[539]. Für PartG gilt die Sonderregelung der Haftungskonzentration in § 8 Abs. 2 PartGG für Verbindlichkeiten aus der Mandatsbearbeitung. Bei interprofessionellen Zusammenschlüssen mit RA ist zu beachten, dass die Haftungshöchstsumme für die RA-PartGmbB 10 Mio. € beträgt[540].

Die nach § 54a WPO möglichen Beschränkungen der Inanspruchnahme wg. Schadensersatzes beschränkt sich auf alle **fahrlässig verursachten Schäden**, eine Beschränkung wg. vorsätzlich verursachter Schäden ist gem. § 276 Abs. 3 BGB nicht möglich. Der Wortlaut des § 54a WPO unterscheidet nicht zwischen grober und einfacher Fahrlässigkeit, so dass beide Grade fahrlässigen Verhaltens und somit auch grob fahrlässiges

---

535 *Hense/Ulrich*, WPO³, § 54a, Rn. 14.
536 *Hense/Ulrich*, WPO³, § 54a, Rn. 19.
537 *Hense/Ulrich*, WPO³, § 54a, Rn. 24.
538 *Hense/Ulrich*, WPO³, § 54a, Rn. 26.
539 *Hense/Ulrich*, WPO³, § 54a, Rn. 25.
540 § 52 Abs. 1 S. 1 Nr. 2 i.V.m. § 51a Abs. 2 BRAO.

Verhalten unter diese Regelung fallen[541], und zwar unabhängig davon, ob die Haftungsbeschränkung individuell ausgehandelt oder durch AAB vereinbart wurde. Eine vergleichbare Regelung enthält § 67a StBG. Beide Bestimmungen werden in der Literatur überwiegend als ausschließliche Sonderregelung gegenüber dem grundsätzlichen Verbot der Vereinbarung einer Haftungsbeschränkung durch AGB/AAB bei grober Fahrlässigkeit nach § 309 Abs. 7b BGB angesehen[542]. Demnach ist davon auszugehen, dass eine Beschränkung der Haftung bei grober Fahrlässigkeit durch AAB vereinbart werden kann. Im Gegensatz dazu wird bei RA insofern zwischen der Verwendung vorformulierter Vertragsbedingungen und schriftlicher Vereinbarung unterschieden: Während die Haftung bei Verwendung vorformulierter Vertragsbedingungen gem. **§ 51a Abs. 1 Nr. 2 BRAO** ausdrücklich nur auf Fälle einfacher Fahrlässigkeit beschränkbar ist, ist bei individualvertraglicher Vereinbarung eine solche Einschränkung nicht vorgegeben und somit eine (individuelle) Haftungsbeschränkung auch für Fälle grober Fahrlässigkeit möglich[543].

365 Schwierigkeiten tatsächlicher und rechtlicher Art bestehen hinsichtlich der Möglichkeiten, die **Haftung Dritten gegenüber** zu beschränken, weil im Regelfall keine vorherigen Kontakte bestehen. Eine Ausnahme ist für den Fall denkbar, dass der WP an Verhandlungen mit Dritten, z.B. dem Kreditgeber, teilnimmt und hierbei mit dem Dritten, der sich später auf eine Haftung aus Auskunftsvertrag berufen könnte, vorab die Begrenzung seiner Haftung für derartige Auskünfte i.R. eines Auskunftsvertrags (Kap. A Tz. 348) vereinbart. Eine solche individuelle oder durch Verwendung der AAB vereinbarte Haftungsbegrenzung unterliegt den Anforderungen des § 54a Abs. 1 WPO. Bei der Prospektbegutachtung bietet es sich an zu vereinbaren, dass das Prospektgutachten den Anlageinteressenten nur i.R. einer Auskunftsvereinbarung zwischen diesen und dem WP ausgehändigt werden darf; in dieser Auskunftsvereinbarung kann eine Haftungsbeschränkung geregelt werden.

366 Die Möglichkeiten, dem Dritten gegenüber die mit dem Mandanten vereinbarte konkrete Haftungsbeschränkung geltend zu machen, werden unterschiedlich beurteilt[544]. Zur Möglichkeit des Einwands gesetzlicher oder vertraglich vereinbarter Haftungsbeschränkungen bei Vertrag mit Schutzwirkung zugunsten Dritter auch gegenüber dem Dritten s. Kap. A Tz. 341 ff. Es empfiehlt sich, bei Vertragsschluss zusätzlich zur Einbeziehung der schriftlichen beruflichen Erklärungen (PrB, Gutachten etc.) stets ein Exemplar der vom IDW herausgegebenen AAB beizufügen, um dem Empfänger unmissverständlich aufzuzeigen, dass die Haftung für diese Erklärungen des WP beschränkt ist.

---

541 So auch BeBiKo[11], § 323, Rn. 166.
542 *Goez*, in: Kuhls/Meurers/Maxl, StBG[3], § 67a, Rn. 26; *Hense/Ulrich*, WPO[3], § 54a, Rn. 12; *von der Horst*, DStR 1995, S. 2027 (2029); *Alvermann/Wollweber*, DStR 2008, S. 1707 (1708), m.w.N.; a.A.: *Busse*, DStR 1995, S. 660 (664); LG Hamburg v. 12.06.2013 – 309 O 425/08: Eine Klausel, die – wie in den vom IDW hrsg. *AAB Nr. 9 Abs. 2* – nur „fahrlässig" verursachte Schäden betreffe, sei für den Vertragspartner nicht eindeutig und deshalb wg. Verstoßes gegen §§ 310 Abs. 1, 307 Abs. 1 S. 2 BGB unwirksam.
543 Zur Haftungsbegrenzung durch schriftliche Vereinbarung gem. § 51a Abs. 1 Nr. 1 BRAO s. BGH v. 04.12.1997, NJW 1998, S. 1866.
544 Bejahend *Ebke/Scheel*, WM 1991, S. 389; zweifelnd *Lang*, WPg 1989, S. 57.

4.3.5 Anrechnung von Mitverschulden des Vertragspartners

Der Auftraggeber muss sich eigenes Fehlverhalten bei der Geltendmachung von Schadensersatzansprüchen anrechnen lassen (§ 254 BGB) mit der Folge, dass sein **Anspruch verkürzt oder beseitigt** wird. D.h. je nach Lage des Falls kann jegliche Haftung des Berufsangehörigen entfallen[545], eine Haftungsverteilung (mit Rücksicht in erster Linie auf das Maß der beiderseitigen Verursachung des Schadens sowie in zweiter Linie auf den Umfang des wechselseitigen Verschuldens[546]) in Betracht kommen oder den Schädiger die volle Haftung treffen[547]. Das gilt sowohl für den Bereich der Abschlussprüfung[548] als auch für die Beratung[549]. Hat der Auftraggeber den WP vorsätzlich getäuscht, kann dieses dolose Handeln ein nur fahrlässiges Versehen[550] des WP überlagern mit der Folge, dass der Mandant den Schaden selbst zu tragen hat. Der Gesellschaft, deren persönlich haftender Gesellschafter oder deren besonderes Vertrauen genießender Buchhaltungsleiter[551] die Täuschung der Gläubiger veranlasst haben, soll nicht die Möglichkeit gegeben werden, von ihrem StB oder WP Schadensersatz zu verlangen, weil dieser auf die Richtigkeit der Angaben, die sich aus VollstE ergeben können, vertraute. Diese Wertung entspricht dem Grundsatz von Treu und Glauben, nach dem es in der Fallgruppe des widersprüchlichen Verhaltens (venire contra factum proprium) unzulässig ist, Ersatz für einen Schaden zu verlangen, den man selbst vorsätzlich verursacht hat[552]. Es ist jedoch zu beachten, dass der BGH bei der Anwendung des § 254 Abs. 1 BGB i.R.d. Haftung des APr. nach eigenen Angaben „mehr Zurückhaltung als sonst üblich" für geboten hält, weil es die vorrangige Aufgabe des APr. sei, Fehler in der Rechnungslegung des Unternehmens aufzudecken und daraus drohende Schäden von diesem abzuwenden[553]. Im zu entscheidenden Fall hatte der APr. den Geschäftsführer zur Einholung von Bankbestätigungen aufgefordert und – obwohl der Geschäftsführer dieser Aufforderung nicht vollständig nachkam – die Vollständigkeit der Buchhaltung und des JA bestätigt. Da der APr. aber entschieden hatte, Bankbestätigungen einholen zu lassen, oblag ihm auch die Rücklaufkontrolle. Selbst wenn er zur Einholung der Bankbestätigungen nicht verpflichtet gewesen sei, hätte er dem Verdachtsmoment nachgehen müssen[554]. Die vom BGH angenommene Mitverschuldensquote der Gesellschaft (die sich das Verhalten des

---

545 Streitig für die Haftung des gesetzlichen APr.: Gegen eine vollständige Freizeichnung LG Bonn v. 31.05.2007 – 2 O 7/01, n.v., Rn. 141/2 (besondere Verantwortung und ausdrücklich zugewiesene Kontrolltätigkeit des APr.); dem folgend *Fölsing*, ZCG 2010, S. 81 f.; eine vollständige Freizeichnung bei Vorsatz der Geschäftsführung und einfacher Fahrlässigkeit des APr. hält die Versicherungsstelle Wiesbaden für möglich, WPK-Magazin 1/2010, S. 41; eine vollständige Freizeichnung nicht ausschließend *Pöschke*, DStR 2010, S. 775; vgl. zur Insolvenzberatung *Eschenfelder*, BB 2015, S. 1963 (1967).
546 BGH v. 10.12.2009, WM 2010, S. 185 und v. 25.03.2003, NJW, S. 1931; *Palandt*, BGB[77], § 254 BGB, Rn. 58 f.
547 *Palandt*, BGB[77], § 254, Rn. 64.
548 OLG Köln v. 14.12.1990, VersR, S. 564, WPK-Mitt. 1991, S. 131; OLG Hamm v. 17.02.1993 (v. BGH bestätigt), Stbg. 1995, S. 315; BGH v. 23.10.1997, NJWE-VHR 1998, S. 39.
549 OLG Hamburg v. 06.05.1988, ZIP, S. 1551; vgl. auch BGH v. 28.10.1993, DB 1994, S. 779 (StB, der seine Aufklärungspflicht verletzte, woraufhin sein Mandant keinen weiteren, objektiv gebotenen fachkundigen Rat einholte, musste drei Fünftel des Schadens seines Mandanten ersetzen).
550 BGH v. 01.07.1991, NJW-RR, S. 1312, m.w.N.
551 Schuldhaftes Verhalten von Organen ist gem. § 31 BGB ohne Entlastungsmöglichkeit, das schuldhafte Verhalten von Hilfspersonen des Auftraggebers gem. § 831 BGB jedoch mit der dort gegebenen Entlastungsmöglichkeit zu berücksichtigen (*Palandt*, BGB[77], § 254, Rn. 49).
552 OLG Köln v. 14.12.1990, VersR, S. 564, WPK-Mitt. 1991, S. 131; BeBiKo[11], § 323, Rn. 122.
553 BGH v. 10.12.2009, WM 2010, S. 185, vgl. auch BGH v. 23.10.1997, NJWE-VHR 1998, S. 40.
554 BGH v. 10.12.2009, WM 2010, S. 185. (Der BGH äußerte sich nicht abschließend zu der Frage, ob APr. verpflichtet ist, Salden- und andere Bestätigungen über Drittbeziehungen einzuholen.)

Geschäftsführers analog § 31 BGB zurechnen lassen muss) von zwei Dritteln berücksichtigt auch Verursachungsbeiträge des Geschäftsführers, die vor der Prüfung des JA liegen (Einrichtung „schwarzer Konten"). Auch bei einer vorsätzlichen Irreführung des APr. kann dessen Haftung somit (teilweise) bestehen bleiben. Jedenfalls darf sich der Berufsangehörige nicht auf die Angaben des Mandanten verlassen, wenn Anhaltspunkte für deren Unrichtigkeit vorliegen[555].

4.3.6 Verjährung

4.3.6.1 Fristen und Voraussetzungen

368 Bei Ersatzansprüchen gegen WP gelten für die Verjährung die allgemeinen Regeln des BGB (§§ 194 ff. BGB)[556]. Nach § 195 BGB beträgt die **regelmäßige Verjährungsfrist** drei Jahre. Der Lauf der Verjährungsfrist beginnt gem. § 199 Abs. 1 BGB mit dem Schluss des Jahres, in dem erstens der Anspruch entstanden ist und zweitens der Gläubiger (Auftraggeber) von den den Anspruch begründenden Umständen und der Person des Schuldners (WP) Kenntnis erlangt hat oder ohne grobe Fahrlässigkeit hätte erlangen müssen. Dem berechtigten Interesse eines Schädigers daran, nicht auf unabsehbare Zeit einem Ersatzanspruch ausgesetzt zu sein, trägt die generelle Regelung des § 199 Abs. 3 BGB Rechnung. Demnach verjähren u.a. Ansprüche auf Ersatz von Vermögensschäden in zehn Jahren von ihrer Entstehung (d.h. Schadenseintritt) an und – unabhängig vom Schadenseintritt – in 30 Jahren von der Pflichtverletzung an. Maßgeblich ist dabei die früher endende Frist. Die 30jährige Frist kann etwa zum Tragen kommen bei Beratungsfehlern i.Z.m. langfristig wirkenden Regelungen zur Unternehmensnachfolge, bei denen ein Schaden auch nach Ablauf von 30 Jahren überhaupt erst entstehen kann.

369 Der **Schaden** ist **entstanden**, wenn er erstmals geltend gemacht werden kann und notfalls im Wege der Klage durchsetzbar[557] ist; die bloße Abgabe eines fehlerhaften PrB führt demnach noch nicht zum Laufen der Verjährungsfrist[558]. Nicht erforderlich ist es, dass der Anspruch bereits beziffert werden und Gegenstand einer Leistungsklage sein kann. Notwendig aber auch ausreichend ist eine Verschlechterung der Vermögenslage, wobei die Höhe und das endgültige Bestehenbleiben des Schadens noch nicht feststehen müssen[559]. Besteht die schädigende Pflichtverletzung in einer unklaren Vertragsgestaltung, entsteht der Schaden, sobald der Vertragsgegner aus dem für ihn vermeintlich günstigen Vertragsinhalt Rechte gegen seinen Vertragspartner herleitet[560].

370 Besteht nur ein Schadensrisiko i. S. einer bloßen Gefährdung ohne eine Vermögensverschlechterung, ist der Schaden noch nicht eingetreten[561]. Daraus ergibt sich für eine gesetzlich vorgeschriebene Abschlussprüfung, dass der Schaden bei einem fehlerhaft zu hoch ausgewiesenen Gewinn erst mit dem Gewinnverwendungsbeschluss gegeben ist

---

555 S. auch OLG Köln v. 09.06.1993, DStR 1994, S. 443.
556 Durch das WPRefG wurde zum 01.01.2004 die Spezialregelung zur Verjährung von vertraglichen Ansprüchen gegen WP (§ 51a WPO a.F.) wie auch § 68 StBerG a.F. für StB und § 51b BRAO a.F. für RA aufgehoben.
557 BGH v. 17.02.1971, NJW, S. 979; BGH v. 23.03.1987, NJW, S. 1887; *Palandt*, BGB[77], § 199, Rn. 3.
558 *Poll* in: Beck OK HGB, § 323 HGB, Rn. 43, m.w.N.
559 BGH v. 23.03.1987 NJW, S. 1887; BGH v. 28.10.1993, DB 1994, S. 926, NJW 1994, S. 323; BGH v. 17.02.2000, WM, S. 1345.
560 BGH v. 17.02.2000, NJW, S. 1489, m.w.N.
561 BGH v. 20.01.1982, NJW, S. 1285, DStR, S. 299, zu § 68 StBerG, der insoweit § 51a WPO entspricht.

und nicht bereits mit der Abfassung des entsprechenden PrB[562]. Hat der WP steuerliche Nachteile seines Mandanten verschuldet, ist für den Verjährungsbeginn regelmäßig die Bekanntgabe des belastenden Steuerbescheids entscheidend; dessen Bestandskraft oder Unanfechtbarkeit ist für den Verjährungsbeginn nicht erforderlich[563]. Dies gilt auch dann, wenn der Steuerbescheid noch keine Steuerfestsetzung enthält, sondern Besteuerungsgrundlagen selbständig feststellt, die für die nachfolgende Steuerfestsetzung gem. § 182 AO bindend sind (BHG v. 07.02.2008 – IX ZR 198/06). Wird es hingegen pflichtwidrig unterlassen, dem Mandanten die Einlegung eines Einspruchs gegen einen Steuerbescheid zu empfehlen, beginnt die Verjährung erst mit der Bestandskraft des Bescheids. Fehlt es an einer ordnungsgemäßen Einspruchsbegründung, ist für den Beginn der Verjährung die Bekanntgabe des Einspruchsbescheids[564] entscheidend.

371 Die Verjährung tritt ein, wenn die Verjährungsfrist unter Berücksichtigung etwaiger Hemmungen (z.B. durch Klageerhebung oder Beginn des schiedsrichterlichen Verfahrens, § 204 BGB, s. auch §§ 205 ff. BGB) abgelaufen ist und keine Tatbestände eines Neubeginns der Verjährung verwirklicht sind. (Die frühere „Unterbrechung" wurde durch „Neubeginn" ersetzt und auf die Fälle des Anerkenntnisses und der Beantragung oder Vornahme gerichtlicher oder behördlicher Vollstreckungshandlungen beschränkt, vgl. § 212 BGB). Ist die Verjährung eingetreten[565], berechtigt dies den anspruchsverpflichteten WP dazu, die Leistung (Ersatz des Schadens) zu verweigern (vgl. § 214 Abs. 1 BGB). Dieses sog. dauernde[566] **Leistungsverweigerungsrecht** muss im Prozess als Einrede geltend gemacht werden, da es nicht von Amts wg. berücksichtigt wird.

4.3.6.2 Sekundärhaftung

372 Auf den Eintritt der Verjährung kann sich der Schuldner ausnahmsweise nicht berufen, wenn die Voraussetzungen der vom BGH entwickelten sog. Sekundärhaftung vorliegen[567]. Nach dieser Rspr., die für Architekten[568] und RA[569] entwickelt und auf StB[570] übertragen wurde, besteht für den Berufsangehörigen die Verpflichtung, den Auftraggeber auf einen gegen ihn als Auftragnehmer gerichteten Schadensersatzanspruch und dessen kurze (dreijährige) Verjährungsfrist hinzuweisen. Unterlässt der Berufsangehörige trotz eines entsprechenden Anlasses diesen Hinweis, macht er sich erneut schadensersatzpflichtig, wodurch der sog. **sekundäre Schadensersatzanspruch** des Mandanten entsteht. Solange dieser neue Sekundäranspruch, für den die zivilrechtlichen Verjährungsregeln ebenfalls gelten, nicht seinerseits verjährt ist, kann sich der Ersatzverpflichtete nicht auf die Verjährung des ersten (primären) Schadensersatzanspruchs

---

562 BGH v. 28.10.1993, DB 1994, S. 926, NJW 1994, S. 323.
563 BGH v. 11.05.1995, NJW, S. 2108, DB, S. 2111.
564 BGH v. 20.06.1996, BB, S. 1859, NJW-RR 1997, S. 50.
565 S. dazu *Palandt*, BGB[77], § 214, Rn. 1 f.
566 Ausnahmsweise kann das Leistungsverweigerungsrecht, z.B. wg. zu langen Abwartens der Geltendmachung, gem. § 242 BGB verwirkt sein; vgl. zur Verwirkung als Fall der unzulässigen Rechtsausübung wg. widersprüchlichen Verhaltens (venire contra factum proprium); *Palandt*, BGB[77], § 242, Rn. 87 ff.
567 Grundlegend BGH v. 23.05.1985, NJW, S. 2250, BGHZ 94, S. 380; ständige Rspr. s. BGH v. 12.12.2002, NJW 2003, S. 822.
568 BGH v. 16.03.1978, BGHZ 71, S. 144; zuletzt BGH v. 23.07.2009, NJW, S. 3360.
569 BGH v. 23.05.1985, NJW, S. 2250, BGHZ 94, S. 380, m.w.N.; BGH v. 10.05.2002 – IX ZR 125/10, Rn. 65 ff.
570 BGH v. 25.09.1990, NJW-RR 1991, S. 92; BGH v. 28.09.1995, DB, S. 2468; BGH v. 20.06.1996, BB, S. 1859, DB 1997, S. 40.

berufen[571]. Ob diese Sekundärhaftung auch für den WP gilt, war lange Zeit umstritten[572]. Mit Urteil v. 10.12.2009 – VII ZR 42/08[573] **verneint** der BGH diese Frage jedenfalls **für den als APr.**[574] **tätigen WP**, da dessen Berufsbild nicht mit dem des RA und StB vergleichbar sei. Der APr. habe seinen Auftraggeber nicht umfassend rechtlich zu beraten, sondern seine Beratungs- und Prüfungspflicht beschränke sich auf den zu prüfenden JA und die dazugehörigen Unterlagen. Er sei im Übrigen unparteiischer Dritter, der eine im öffentlichen Interesse liegende Funktion wahrnehme. Außerdem seien die Interessen des Auftraggebers insofern nicht in dem Maße wie bei Auftraggebern für RA und StB beeinträchtigt, als die Verjährungsfrist eines Schadensersatzanspruchs gegen den WP gem. § 51a WPO a.F. bzw. § 323 Abs. 5 HGB a.F. fünf (statt – bei RA und StB – drei) Jahre beträgt. Welche Auswirkungen diesbezüglich allerdings der Umstand hat, dass nunmehr für die Verjährung der Schadensersatzansprüche gegen RA, StB und WP einheitlich § 199 BGB gilt, hat der BGH offengelassen. Das ist bedauerlich, da die Frage, ob die Sekundärhaftung auch nach Änderung der Verjährungsbestimmungen des BGB durch das SMG insgesamt noch eine Rechtfertigung hat, vom Gesetzgeber[575] und in der Literatur[576] schon länger diskutiert wird. Die Entwicklung bleibt weiterhin abzuwarten.

373 Der sekundäre Schadensersatzanspruch entsteht im Augenblick der **Verjährung des primären Anspruchs**[577]. Der Hinweis auf den Schadensersatzanspruch gegen sich selbst ist zu geben, wenn vor Ablauf des Primäranspruchs ein begründeter Anlass zur Prüfung besteht, ob dem Mandanten durch einen auf einer eigenen Pflichtverletzung beruhenden Fehler ein Schaden zugefügt wurde[578]. Auf die Sekundärverjährung hat es keinen Einfluss, wenn der Mandant selbst nach seinen Kenntnissen die Möglichkeit eines Regressanspruchs und den Zeitpunkt der Verjährung hätte erkennen müssen[579].

374 Die Hinweispflicht entfällt, wenn der Mandant wg. der Haftungsfrage anwaltlich beraten wird[580] oder auf anderen Wege vom Schadensersatzanspruch und dessen Verjährung Kenntnis erlangt hat[581]. Nach Beendigung des Auftrags entfällt die Pflicht zur Überprüfung der eigenen Tätigkeit ebenfalls, sofern nicht vor Eintritt der Primärverjährung ein neuer Auftrag über denselben Gegenstand erteilt wird[582].

375 Eine vertragliche Verkürzung der Verjährungsfrist oder eine Verlängerung der Frist um bis zu 30 Jahre ist nach § 202 BGB möglich, da die Verjährungsfristen grds. dispositiv[583]

---

571 BGH v. 12.12.2002, NJW 2003, S. 822.
572 Bejahend: OLG Hamburg, WPK.-Mitt. 1990, S. 45; LG Köln, GI 1990, S. 68; verneinend: OLG Düsseldorf, MDR 2008, S. 775; LG Mannheim, GI 1991, S. 140 f.; *Zugehör*, DStR 2001, S. 1665.
573 WM 2010, S. 185.
574 Ebenso hat der BGH für den als Mittelverwendungskontrolleur tätigen WP entschieden, s. BGH v. 11.04.2013, DStRE 2013, S. 1401.
575 Nach Auffassung des Gesetzgebers besteht für dieses Rechtsinstitut seit dem 01.01.2002 kein Bedürfnis mehr, s. BT-Drs. 15/3653, S. 14, rechte Sp., letzter Satz.
576 Nur *Sontheimer*, DStR 2005, S. 834.
577 BGH v. 20.06.1996, BB, S. 1859, DB 1997, S. 40, NJW-RR 1997, S. 50, m.w.N.
578 BGH v. 21.09.1995, DB, S. 2597, NJW 1996, S. 48, m.w.N.
579 BGH v. 15.04.1999, NJW, S. 2183, DStR, S. 1159.
580 Dabei kommt es nicht darauf an, ob dem Berater die Prüfung eines solchen Anspruchs durch einen RA bekannt ist, vgl. BGH v. 12.12.2002, NJW 2003, S. 822.
581 *BGH v. 21.09.1995, DB, S. 2597, NJW 1996, S. 48; BGH v. 20.06.1996, BB, S. 1859, DB 1997, S. 40, NJW-RR 1997, S. 50.*
582 BGH v. 20.06.1996, BB, S. 1859, DB 1997, S. 40, NJW-RR 1997, S. 50.
583 *Palandt*, BGB[77], § 202, Rn. 1.

sind. Bei gesetzlichen Abschlussprüfungen wird die rechtsgeschäftliche Verkürzung der Verjährung teilweise mit der Begründung abgelehnt, dass dies eine nach § 323 Abs. 4 HGB **verbotene Haftungsbeschränkung** darstelle[584]. Überzeugender ist es jedoch, die Grundsätze zur regelmäßigen Verjährung (§§ 195 ff. BGB) auch auf § 323 HGB anzuwenden und die Grenze des Zulässigen bei § 202 BGB zu ziehen: unzulässig ist hiernach die Verkürzung der Verjährungsfrist bei vorsätzlichen Pflichtverletzungen; ansonsten ist die rechtsgeschäftliche Verjährungsverkürzung zuzulassen[585]. Demgegenüber wird die Wirksamkeit rechtsgeschäftlicher Ausschlussfristen aber gerichtlich verneint, da hierin eine unangemessene Benachteiligung i.S.v. § 307 BGB liege[586].

5. Rahmenbedingungen für Berufszugang und -ausübung

5.1 Zugang zum Beruf

Eine Bestellung zum WP erfordert eine **bestandene Prüfung** (§ 15 WPO). Neben dem üblichen Examen (§§ 12 ff. WPO) gibt es besondere Eignungsprüfungen (§§ 131g ff. WPO) v.a. für Angehörige vergleichbarer Prüferberufe aus den anderen EU-Staaten (Kap. A Tz. 404 ff.). Eine prüfungsfreie Bestellung zum WP ist nicht möglich. **376**

5.1.1 WP-Examen

5.1.1.1 Zulassungsverfahren

Für das WP-Examen ist ein gesondertes **Zulassungsverfahren** vorgesehen, dessen Einzelheiten §§ 5-11 WPO regeln. Über die Zulassung zu dieser WP-Prüfung entscheidet die **Prüfungsstelle** für das WP-Examen bei der WPK (im Folgenden: Prüfungsstelle) auf Antrag (§ 7 WPO). Die Prüfungsstelle ist eine selbständige Verwaltungseinheit bei der WPK, die bei der Erfüllung ihrer Aufgaben nicht an Weisungen gebunden ist (§ 5 Abs. 2 WPO). Bei der Erledigung ihrer gesetzlichen Aufgaben bezieht die Prüfungsstelle die Landesgeschäftsstellen der WPK in das Verfahren ein. Die Landesgeschäftsstellen der WPK führen für die Prüfungsstelle das Zulassungsverfahren durch und organisieren an ihrem jeweiligen Sitz die schriftlichen und mündlichen Examina. Bei Erledigung dieser Aufgaben sind die Landesgeschäftsstellen der WPK ausschließlich der Prüfungsstelle unterstellt. **377**

Der fristgebundene[587] **Antrag auf Zulassung** ist schriftlich oder elektronisch[588] zu stellen und grds. an die Prüfungsstelle/Landesgeschäftsstelle der WPK zu richten, in deren Zuständigkeitsbereich der Bewerber wohnt (§ 7 i.V.m. § 5 Abs. 3 WPO). Geht der Antrag bei der Hauptgeschäftsstelle oder einer anderen Landesgeschäftsstelle der WPK ein, werden die Fristen ebenfalls gewahrt[589].

---

584 *Habersack/Schürnbrand*, in: Staub, HGB⁵, § 323 HGB, Rn. 39.
585 *Poll*, in: Beck OK HGB, § 323 HGB, Rn. 44, m.w.N.
586 OLG Düsseldorf, DStRE 2010, S. 54; OLG Frankfurt am Main, BeckRS 2010, 25843; *Habersack/Schürnbrand*, in: Staub, HGB⁵, § 323 HGB, Rn. 50; *Poll*, in: Beck OK HGB, § 323 HGB, Rn. 45. Für eine grundsätzliche Zulässigkeit vereinbarter Ausschlussfristen hingegen *Hennrichs*, in: MünchKomm. HGB³, § 323 HGB, Rn. 102.
587 Die Fristen für die Antragstellung werden auf der Internetseite der WPK unter https://www.wpk.de/nachwuchs/pruefungsstelle/examensdurchfuehrung veröffentlicht (abgerufen am 27.08.2018).
588 Entsprechende Änderung des § 7 WPO durch das APAReG.
589 S. *Hense/Ulrich*, WPO³, § 7, Rn. 3.

5.1.1.2 Zulassungsvoraussetzungen

378 Die Zulassung zur Prüfung setzt eine bestimmte Vorbildung (§ 8 WPO) und eine für die Ausübung des Berufs genügende praktische Ausbildung/Tätigkeit (§ 9 WPO) voraus.

5.1.1.2.1 Vorbildung

379 Im Hinblick auf die vielfältigen und erheblichen beruflichen Anforderungen geht die WPO von einer **akademischen Vorbildung**[590] des Bewerbers aus, lässt aber Ausnahmen zu. Dementsprechend ist gem. § 8 Abs. 1 WPO Zulassungsvoraussetzung, dass der Bewerber den Abschluss einer Hochschulausbildung im In- oder Ausland nachweist. Wurde das Studium im Ausland abgeleistet, muss das Abschlusszeugnis einem deutschen Hochschulabschluss gleichwertig sein (§ 8 Abs. 3 WPO). Zur Frage der Gleichwertigkeit können Informationen bei der Zentralstelle für ausländisches Bildungswesen (einer Einrichtung der Ständigen Konferenz der Kultusminister der Länder) eingeholt werden[591]. Eine bestimmte Ausrichtung des Studiums wird nicht verlangt[592]. Welche Bildungseinrichtungen als Hochschule anerkannt sind, richtet sich nach § 1 HRG i.V.m. dem jeweiligen Landesrecht.

380 Das Fehlen eines abgeschlossenen Hochschulstudiums kann durch den Nachweis bestimmter praktischer Tätigkeiten ersetzt werden, und zwar

- gem. § 8 Abs. 2 Nr. 1 WPO durch eine **zehnjährige Bewährung als Mitarbeiter** eines WP/vBP, einer WPG/BPG, eines genossenschaftlichen Prüfungsverbands, der Prüfungsstelle eines Sparkassen- und Giroverbands oder einer überörtlichen Prüfungseinrichtung für Körperschaften und Anstalten öffentlichen Rechts; Ausbildungszeiten werden nicht angerechnet;
- gem. § 8 Abs. 2 Nr. 2 WPO durch eine mindestens **fünfjährige Berufsausübung** als vBP oder StB; es findet keine Anrechnung von Tätigkeiten als StBv. statt.

5.1.1.2.2 Praktische Tätigkeiten

381 Für die praktischen Tätigkeiten schreibt die WPO **Mindestzeiten** vor. Alle Bewerber mit abgeschlossener Hochschulausbildung haben gem. § 9 Abs. 1 WPO wenigstens drei Jahre **praktische Ausbildung** (im Gesetz als „Tätigkeit" bezeichnet) nachzuweisen. Beträgt allerdings die Regelstudienzeit der Hochschulausbildung weniger als acht Semester, verlängert sich die erforderliche praktische Ausbildungszeit auf insgesamt vier Jahre (§ 9 Abs. 1 S. 3 WPO). Im Zulassungsverfahren muss die Regelstudienzeit nachgewiesen werden (§ 1 Abs. 1 S. 2 Nr. 4 WiPrPrüfV – vgl. auch Kap. A Tz. 396 ff.). Bewerber, die einen Studiengang nach § 8a WPO abgeleistet haben, werden zum Examen selbst dann zugelassen, wenn sie noch nicht drei Jahre praktische Tätigkeit nachweisen können (§ 9 Abs. 1 S. 4 letzter Hs. i.V.m. § 9 Abs. 6 WPO). In diesem Fall muss der Nachweis über die dreijährige praktische Tätigkeit jedenfalls bis zur Bestellung als WP geführt werden (§ 15 S. 4 WPO).

---

[590] Ca. 95% der WP haben ein Hochschulstudium abgeschlossen, davon mehr als vier Fünftel ein solches der Betriebswirtschaft, s. WPK-Statistiken zum 01.07.2017, http://www.wpk.de/wpk/organisation/mitgliederstatistik (abgerufen am 27.08.2018).
[591] http://anabin.kmk.org/anabin.html (abgerufen am 27.08.2018).
[592] Der sog. Fakultätsvorbehalt ist durch das WPRefG v. 01.12.2003 aufgehoben worden.

Der Begriff **„Prüfungstätigkeit"** ist in § 9 Abs. 2 S. 1 i.V.m. Abs. 2 S. 4 WPO definiert. Es muss sich demnach um eine Teilnahme an Abschlussprüfungen und Mitwirkung an der Abfassung von PrB handeln. Das Merkmal der Prüfungstätigkeit ist erfüllt, wenn der Bewerber materielle Buch- und Bilanzprüfungen nach betriebswirtschaftlichen Grundsätzen in fremden Unternehmen durchgeführt bzw. daran mitgewirkt hat. Diese Tätigkeit kann erbracht werden als Angestellter oder freier Mitarbeiter einer auf dem Gebiet des wirtschaftlichen Prüfungs- und Treuhandwesens tätigen Person oder Gesellschaft bzw. Prüfungseinrichtung (z.B. eines genossenschaftlichen Prüfungsverbands); s. im Einzelnen § 9 Abs. 3 WPO. 382

Bestimmte Tätigkeiten können auf die Tätigkeit i.S.v. § 9 Abs. 1 WPO angerechnet werden. Anrechnungsfähig sind gem. § 9 Abs. 5 WPO die Tätigkeiten als 383

- StB,
- Revisor in größeren Unternehmen (so z.B. als Mitarbeiter der Internen Revision oder der Konzernrevision); insoweit besteht eine Ausnahme vom Erfordernis der Prüfungstätigkeit in „fremden" Unternehmen,
- Mitarbeiter bei einem Prüfungsverband nach § 26 Abs. 2 KWG,
- Prüfer im öffentlichen Dienst, sofern der Bewerber selbständig Prüfungen von größeren Betrieben durchgeführt hat (z.B. i.R.d. Prüfungsdienste der Finanzbehörden),
- Mitarbeiter der WPK, der APAS oder einer Personenvereinigung i.S.v. § 43a Abs. 1 Nr. 9 WPO, falls die Tätigkeit mit der Prüfungstätigkeit i.S.v. § 2 Abs. 1 WPO im Zusammenhang gestanden hat, oder als
- Mitarbeiter des DRSC und der nach § 342b HGB eingerichteten Prüfstelle.

Die in § 9 Abs. 5 WPO aufgezählten Arten der Beschäftigung können nur bis zur Höchstdauer von einem Jahr angerechnet werden. 384

Auf die Tätigkeit i.S.v. § 9 Abs. 1 WPO anzurechnen ist auch eine **im Ausland abgeleistete Tätigkeit**. Allerdings werden im Ausland abgelegte Examina beim üblichen WP-Examen nicht berücksichtigt, sondern nur mittelbar bei der Eignungsprüfung nach dem Neunten Teil der WPO (Kap. A Tz. 404 ff.); derartige ausländische Berufsqualifikationen begründen auch keine Befugnisse im Vorbehaltsbereich der gesetzlichen Abschlussprüfung. 385

Bewerber müssen mindestens **zwei Jahre Prüfungstätigkeit** bei einer Person, Gesellschaft oder Institution ableisten, die zur Durchführung gesetzlich vorgeschriebener Abschlussprüfungen befugt ist, also bei WP, vBP, WPG, BPG oder Prüfungseinrichtungen, bei denen WP tätig sind, z.B. genossenschaftlichen Prüfungsverbänden oder der Prüfungsstelle eines Sparkassen- oder Giroverbands (§ 9 Abs. 3 WPO). Während dieser Prüfungstätigkeit i.S.v. § 9 Abs. 2 WPO muss der Bewerber überwiegend an Abschlussprüfungen teilgenommen und beim Abfassen der PrB mitgewirkt haben; er soll auch an der Durchführung gesetzlich vorgeschriebener Prüfungen (sog. Pflichtprüfungen) teilgenommen haben; die Mitwirkung an einer gutachterlichen Beurteilung eines JA reicht nicht aus. Eine überwiegende Teilnahme an Abschlussprüfungen in einem Zeitraum von zwei Jahren ist gegeben, wenn der Bewerber mindestens 53 Wochen (bei Vollzeittätigkeit) derartiger Prüfungstätigkeit nachweist. 386

387 Die besondere Prüfungstätigkeit i.S.v. § 9 Abs. 2 WPO kann grds. **nicht in eigener Praxis** erbracht werden[593], um eine sachgerechte Ausbildung im Kernbereich der Prüfungstätigkeit sicherzustellen[594]. Im Regelfall wird diese Prüfungstätigkeit jedoch als Mitarbeiter einer Person oder Einrichtung i.S.v. § 9 Abs. 3 WPO abgeleistet. Das Wort „Mitarbeit" ist nicht im Sinne eines Anstellungsverhältnisses zu verstehen, sondern umfasst auch die Tätigkeit als freier Mitarbeiter eines WP oder vBP bzw. einer WPG. Maßgebend ist, dass der Bewerber während des geforderten Zeitraums an der Durchführung von Abschlussprüfungen tatsächlich beteiligt war.

388 Die Anforderungen an den zeitlichen **Nachweis** sind nachvollziehbar und schlüssig darzulegen. Die Person, bei der die Tätigkeit abgeleistet wurde, hat hierüber eine den Anforderungen der Zulassung genügende Bescheinigung auszustellen, und zwar auch dann, wenn das Arbeitsverhältnis bereits beendet ist.

389 Bewerber **ohne Hochschulabschluss** i.S.v. § 8 Abs. 2 Nr. 2 WPO, also mit vBP- und/oder StB-Qualifikation, erfüllen durch die fünfjährige Ausübung dieses Berufs automatisch das Erfordernis der einjährigen Tätigkeit i.S.v. § 9 Abs. 1 WPO; auf die vorhergehenden Zeiten der Ausbildung zum vBP oder StB kommt es daher nicht an.

390 Bewerbern mit **StB-Qualifikation** kann gem. § 9 Abs. 5 WPO ein Jahr Berufstätigkeit als Prüfungstätigkeit angerechnet werden. Die Prüfungstätigkeit i.S.v. § 9 Abs. 2 WPO muss zwar wie von allen anderen Bewerbern nachgewiesen werden, kann aber, wie bei vBP, erst während der fünf Mindestjahre i.S.v. § 8 Abs. 2 Nr. 2 WPO erbracht werden.

391 Die praktische Ausbildung nach § 9 Abs. 1 und 2 WPO muss nicht als Vollzeittätigkeit, sondern kann auch i.R. einer **Teilzeitbeschäftigung** abgeleistet werden. Eine solche Teilzeitbeschäftigung wird im Verhältnis von Teilzeit- zur Vollzeitbeschäftigung berücksichtigt.

5.1.1.2.3 Reihenfolge

392 Die WPO schreibt in bestimmtem Umfang eine **zeitliche Abfolge** für das Erbringen der Vorbildung und der praktischen Tätigkeiten vor. Die Prüfungstätigkeit gem. § 9 Abs. 2 WPO muss nach Abschluss der Hochschulausbildung, von StB oder vBP während oder nach dem Erwerb der Qualifikation als StB oder vBP abgeleistet werden. Bewerber ohne Studium bzw. ohne die Qualifikation als StB oder vBP (§ 8 Abs. 2 Nr. 1 WPO) müssen die gesamte Mindestprüfungstätigkeit von zwei Jahren nach dem fünften Jahr der Mitarbeit erbringen.

5.1.1.2.4 Befreiung vom Nachweis der Prüfungstätigkeit

393 Die WPO sieht nur für eine Fallgruppe von Bewerbern die Befreiung vom Nachweis der Prüfungstätigkeit vor. Nach § 9 Abs. 4 WPO entfällt der Nachweis der Prüfungstätigkeit für Bewerber, die im Zeitpunkt des Antrags auf Zulassung seit mindestens 15 Jahren, also ununterbrochen, den Beruf als vBP oder StB ausüben; eine Tätigkeit als StBv. kann mit bis zu zehn Jahren angerechnet werden. Im Übrigen erfüllen diese Bewerber wg. der

---

593 Zu Ausnahmen s. *Hense/Ulrich*, WPO³, § 9, Rn. 15.
594 Diese Möglichkeit hat der Gesetzgeber i.R.d. WPRefG (BGBl. I 2003, S. 2446, in Kraft getreten am 01.01.2004) abgeschafft; Begründung zum RegE des WPRefG in: BT-Drs. 15/1241 v. 25.06.2003, S. 31, rechte Sp.

Dauer der beruflichen Tätigkeit die sonstigen Zulassungsvoraussetzungen und gleichen u.a. auch das Fehlen eines abgeschlossenen Hochschulstudiums aus.

5.1.1.3 Nachweis der Zulassungsvoraussetzung – verbindliche Auskunft

Die Erfüllung der Zulassungsvoraussetzungen ist gegenüber der Prüfungsstelle bei der WPK nachzuweisen. Einzelheiten dazu regelt die WiPrPrüfV (vgl. Kap. A Tz. 396 ff.). Nach § 1 WiPrPrüfV sind bestimmte Unterlagen dem Antrag auf Zulassung beizufügen. Zu diesen Unterlagen gehören u.a. die **Zeugnisse** über Hochschulprüfungen und über die Regelstudienzeit sowie ein **Nachweis über die Prüfungstätigkeit** nach § 9 Abs. 2 WPO. 394

Über die Erfüllung einzelner Voraussetzungen für die Zulassung zum Examen, für die Befreiung von Zulassungsvoraussetzungen und für die Anrechnung von Studienleistungen (vgl. dazu Kap. A Tz. 407 ff.) erteilt die Prüfungsstelle bei der WPK auf Antrag eine gebührenpflichtige verbindliche Auskunft (§ 6 WPO). Über den Zulassungsantrag entscheidet die Prüfungsstelle durch Bescheid. Bis zu dieser Entscheidung kann der Antrag zurückgenommen werden. Wird dem Antrag entsprochen, entsteht ein Prüfungsrechtsverhältnis und das Prüfungsverfahren beginnt[595]. 395

5.1.1.4 Prüfungsverfahren

Das WP-Examen selbst ist in den §§ 12-14a WPO nur in Grundzügen normiert; die Einzelheiten des Prüfungsverfahrens regelt eine gem. § 14 WPO vom BMWi ohne Zustimmung des BR erlassene Rechtsverordnung (WiPrPrüfV[596]). 396

Die Prüfung wird vor einer **Prüfungskommission** abgelegt, die bei der Prüfungsstelle eingerichtet ist und der neben WP auch Mitglieder aus verschiedenen anderen Bereichen angehören (s. im Einzelnen § 2 WiPrPrüfV). 397

Die Prüfung gliedert sich in einen **schriftlichen und mündlichen Teil**. An alle Bewerber sind ohne Rücksicht auf ihren beruflichen Werdegang gleiche Anforderungen zu stellen (§ 12 Abs. 3 WPO). Prüfungsverfahren und -ablauf regelt im Einzelnen die WiPrPrüfV. 398

Stellt der Prüfling die Entscheidung der Prüfungskommission in Frage, ist eine **gerichtliche Überprüfung** der Entscheidung möglich[597], und zwar ohne Einschränkungen. Zu den Grenzen einer gerichtlichen Überprüfung (bei StB) s. BFH v. 05.10.1999, BB 2000, S. 86, sowie BVerfG v. 20.05.1998, WPK-Mitt. 1999, S. 75. Selbst bei einer verfassungswidrigen Prüfungsentscheidung steht einem Bewerber kein Entschädigungsaufwand zu[598]. 399

5.1.1.5 Verkürzung des WP-Examens

Die WPO sieht für **StB** und **vBP** Möglichkeiten vor, das **Examen in verkürzter Form** abzulegen; dabei entfallen bestimmte Prüfungsgebiete i.R.d. schriftlichen und der mündlichen Prüfung. 400

---

595 Vgl. im Einzelnen Hense/Ulrich, WPO³, § 7, Rn. 8.
596 BGBl. I 2004, S. 1707; zuletzt geändert durch Art. 2 VO v. 06.07.2016, BGBl. I, S. 1615.
597 BVerfG v. 17.04.1991, NJW, S. 2005, BVerwG v. 09.12.1992, WPK-Mitt. 1993, S. 143, wg. der mündlichen Prüfung s. BVerfG v. 14.02.1996, NJW 1997, S. 1434; BFH v. 30.04.1996, DStR, S. 1708.
598 BGH v. 21.10.1993, NJW 1994, S. 2229; anders aber bei Voreingenommenheit eines Prüfers, BGH v. 03.03.1983, NJW, S. 2241.

5.1.1.5.1 Verkürzte Prüfung für Steuerberater

401 Gemäß § 13 WPO entfällt für Bewerber, die StB sind oder jedenfalls die Prüfung als StB bestanden haben, die schriftliche und mündliche Prüfung im Steuerrecht (§ 4 Abschn. D WiPrPrüfV). Die Erleichterung gilt auch für diejenigen StB, die gem. § 38 StBerG prüfungsbefreit bestellt worden sind. Der Antrag auf Prüfungsverkürzung muss mit dem Antrag auf Zulassung gestellt werden (§ 1 Abs. 1 Nr. 8 WiPrPrüfV).

5.1.1.5.2 Verkürzte Prüfung für vereidigte Buchprüfer

402 Gem. § 13a WPO sind auf Antrag Möglichkeiten der Examensverkürzung für vBP vorgesehen. Die verkürzte Prüfung für vBP war zwar durch das WPRefG bis zum 31.12.2007 befristet und gleichzeitig der Zugang zum Beruf des vBP durch Streichung der entsprechenden Zulassungsregeln zum vBP (§ 131-131d WPO) geschlossen worden (§ 13a Abs. 2 WPO). Mit dem APAReG wurde der erleichterte Zugang für vBP wieder eröffnet[599]. Nach § 13a Abs. 2 WPO entfallen für vBP die Prüfungsgebiete „Angewandte Betriebswirtschaftslehre" und „Volkswirtschaftslehre" sowie beim „Wirtschaftlichen Prüfungswesen", bei „Unternehmensbewertung", „Berufs- und Wirtschaftsrecht" jene Bereiche, die bereits Gegenstand des vBP-Examens waren. Ist ein vBP zugleich StB und/ oder RA, entfallen die Prüfungen auf dem Gebiet „Steuerrecht" oder „Wirtschaftsrecht" bzw. auf beiden Gebieten (§ 13a Abs. 2 S. 2 WPO).

5.1.2 Zugang zum WP-Beruf in Sonderfällen

403 Neben dem üblichen WP-Examen (einschl. der Verkürzungsmöglichkeiten) sieht die WPO einige Möglichkeiten vor, i.R. besonderer Prüfungsverfahren, die gegenüber dem üblichen Examen geringere Anforderungen stellen, die fachliche Eignung als WP nachzuweisen und damit die Voraussetzungen für die Bestellung (§ 15 WPO) zu erbringen.

5.1.2.1 Eignungsprüfung nach dem Neunten Teil der WPO

404 Wer in einem **Mitgliedstaat der EU oder in einem anderen Staat des EWR-Abkommens** sowie in der **Schweiz** als APr. zugelassen ist, hat die Möglichkeit, durch ein erleichtertes Examen[600] die fachliche Eignung für die Ausübung des WP-Berufs nachzuweisen und damit die Bestellung als WP zu erreichen (§§ 131g ff. WPO). Die Einzelheiten der Eignungsprüfung regeln §§ 25 ff. WiPrPrüfV. Die Voraussetzung der Zulassung als APr. verlangt, dass der Bewerber Mitglied eines der RL 2014/56/EU entsprechenden APr.-Berufs in einer Weise ist, die der Bestellung gem. § 15 WPO entspricht[601].

405 Über die Zulassung entscheidet die Prüfungsstelle bei der WPK, an die auch der **Zulassungsantrag** zu richten ist. Zu den dem schriftlich oder elektronisch zu stellenden Antrag beizufügenden Unterlagen vgl. § 25 Abs. 2 und 3 WiPrPrüfV.

406 Bei dieser Eignungsprüfung handelt es sich in erster Linie um eine sog. **Rechtsprüfung**. Gegenstand der Prüfung sind die besonderen nationalen Rechtsvorschriften, die für die Berufsausübung Bedeutung haben, z.B. die über die sog. Bilanz-RL hinausgehenden

---

[599] Zur Begründung für die Wiedereröffnung vgl. Regierungsbegründung zum APAReG, BT-Drs. 18/6282, S. 58 f. und S. 68 f.
[600] Eine prüfungsbefreite Bestellung als WP kommt auch für diesen Personenkreis nicht in Betracht, OVG Berlin-Brandenburg v. 15.02.2011, WPK-Magazin 2/2011, S. 38.
[601] Vgl. *Hense/Ulrich*, WPO³, § 131g, Rn. 11.

entsprechenden Rechnungslegungsvorschriften des HGB, die steuer- und wirtschaftsrechtlichen Vorschriften sowie das Berufsrecht. Die Prüfung gliedert sich in eine **schriftliche Prüfung**, bestehend aus nur zwei Aufsichtsarbeiten, sowie eine **mündliche Prüfung**. Die Prüfung wird naturgemäß **in deutscher Sprache** abgenommen.

5.1.2.2 Berücksichtigung von Studienleistungen

Unter bestimmten Voraussetzungen ermöglichen §§ 8a und 13b WPO die **Berücksichtigung von Studienleistungen** beim WP-Examen. Die WPAnrV[602] regelt die Einzelheiten für die Umsetzung dieser Vorschriften. 407

§ 8a WPO gibt Hochschulen die Möglichkeit, **Studiengänge** einzurichten, die als zur Ausbildung von WP besonders geeignet anerkannt werden können. Die in diesen Studiengängen erbrachten Studienleistungen sollen z.T. die Prüfungsleistungen im WP-Examen ersetzen. Ein solcher Studiengang erfolgt in einem wenigstens **zweijährigen Masterstudium**, das auf die Prüfungsgebiete des § 4 WiPrPrüfV ausgerichtet ist. Der Zugang zum Masterstudium setzt neben einem dreijährigen Bachelor-Studium und einer mindestens sechsmonatigen praktischen Ausbildung, davon drei Monate Prüfungstätigkeit, das Bestehen einer Zugangsprüfung an der Hochschule voraus. Der erfolgreiche Abschluss des Masterstudiums berechtigt zu einer Befreiung von den Prüfungsgebieten Angewandte Betriebswirtschaftslehre, Volkswirtschaftslehre und Wirtschaftsrecht, so dass insgesamt vier Klausuren, zwei Klausuren in den Prüfungsgebieten Wirtschaftliches Prüfungswesen, Unternehmensbewertung, Berufsrecht sowie zwei im Steuerrecht, verbleiben. 408

Die Absolventen des besonderen **Studiengangs nach § 8a WPO** sind außerdem dadurch zusätzlich begünstigt, dass ihre Zulassung zum Berufsexamen unmittelbar nach dem Abschluss des Masterstudiums erfolgen kann. Die Bestellung zum WP kann in diesem Fall aber erst nach Ableistung der noch fehlenden Teile der dreijährigen praktischen Ausbildung erfolgen. 409

Die nach § 8a WPO für das Masterstudium erforderliche **Akkreditierung des Studiengangs** erfolgt auf der Grundlage eines Referenzrahmens, der das Anforderungsprofil hinsichtlich der zu vermittelnden Qualifikation vorgibt und von den berufsständischen Organisationen und Vertretern der Hochschule erarbeitet wird. Eine Liste der Hochschulen, die §-8a-Studiengänge anbieten, findet sich auf der Website der WPK[603]. 410

§ 13b WPO eröffnet daneben die Möglichkeit, bestimmte **berufsspezifische Studienleistungen**, die auch in einem Bachelorstudium erbracht werden können, auf die entsprechenden Prüfungsleistungen im WP-Examen **anzurechnen** und das Berufsexamen um maximal drei Klausuren zu verkürzen. Eine Befreiung kann für die Prüfungsgebiete Angewandte Betriebswirtschaftslehre, Volkswirtschaftslehre und/oder Wirtschaftsrecht erreicht werden. Dies setzt den Nachweis voraus, dass die Studienleistungen in Inhalt, *Umfang und Form den Anforderungen im WP-Examen* entsprechen. Die inhaltliche **Gleichwertigkeit** wird auf der Grundlage des Referenzrahmens von der Prüfungsstelle 411

---

[602] VO über die Voraussetzung der Anerkennung von Studiengängen nach § 8a der WPO und über die Anrechnung von Prüfungsleistungen aus Studiengängen nach § 13b der WPO (Wirtschaftsprüferexamens-Anrechnungsverordnung, WPAnrV) v. 27.05.2005, BGBl. I, S. 1520, zuletzt geändert durch Art. 4 VO v. 28.04.2016, BGBl. I, S. 1046.
[603] http://www.wpk.de/nachwuchs/examen (abgerufen am 27.08.2018).

i.R.d. Zulassung zum WP-Examen beurteilt. Die Anrechnung kann nur für Prüfungsleistungen erfolgen, die nach Inkrafttreten der WPAnrV erbracht wurden.

412 § 8a und § 13b WPO befreien von den genannten Prüfungsgebieten unter der Voraussetzung, dass die Gleichwertigkeit der Studienleistungen nachgewiesen wird. Ein akkreditierter Studiengang nach § 8a WPO erfüllt diese Voraussetzung ohne Weiteres. Nach § 13b WPO ist der Nachweis der Gleichwertigkeit für das jeweilige Prüfungsgebiet, für das eine Befreiung beantragt wird, im Einzelfall zu erbringen (s. Kap. A Tz. 411). Eine Akkreditierung des Studiengangs ist nicht vorgesehen. Das Risiko, dass der Nachweis der Gleichwertigkeit scheitert, trägt der Examenskandidat.

5.2 Bestellung als Wirtschaftsprüfer

413 Die Bestellung als WP (§ 15 WPO) erfolgt **auf Antrag**. Der Antrag ist nicht an Fristen gebunden; wird er jedoch nicht **innerhalb von fünf Jahren** nach bestandener Prüfung gestellt, finden die Vorschriften über die Wiederbestellung (§ 23 Abs. 2 und 3 WPO, Kap. A Tz. 425 ff.) entsprechende Anwendung. Das bedeutet, dass im Einzelfall der Bewerber sich der Prüfung oder Teilen derselben nochmals unterziehen muss, wenn die pflichtgemäße Ausübung des Berufs ansonsten nicht gewährleistet erscheint.

414 Die Bestellung muss versagt werden, wenn in der Person des Bewerbers Gründe für eine Versagung der Bestellung zum WP vorliegen. Nach § 16 Abs. 1 WPO sind zwingende Versagungsgründe:

- die Verwirkung der Grundrechte
- das Fehlen der Fähigkeit, öffentliche Ämter zu bekleiden
- der **fehlende** Nachweis über den Abschluss einer Berufshaftpflichtversicherung nach § 54 Abs. 1 WPO; die Vorlage einer bloßen Deckungszusage reicht aufgrund des durch das APAReG geänderten Gesetzeswortlauts nicht mehr aus. § 54 Abs. 1 WPO verlangt eine Berufshaftpflichtversicherung allerdings nur, wenn der Berufsangehörige in eigener Praxis oder in gemeinsamer Berufsausübung gem. § 44b WPO tätig wird. Sie ist damit entbehrlich, wenn der Bewerber nach der Bestellung etwa ausschließlich als Angestellter in einer Berufsgesellschaft seinen Beruf ausüben wird
- ein Verhalten des Berufsangehörigen, das eine Ausschließung aus dem Beruf rechtfertigen würde
- die Tatsache, dass die ordnungsgemäße Ausübung aus gesundheitlichen oder anderen Gründen nicht nur vorübergehend nicht möglich ist; falls erforderlich, kann die WPK dem Bewerber auf seine Kosten die Vorlage eines (amts-)ärztlichen Gutachtens aufgeben (§ 16a Abs. 1 WPO); kommt der Bewerber der Anordnung auf Vorlage eines solchen Gutachtens ohne ausreichenden Grund nicht nach, gilt der Antrag auf Bestellung als zurückgenommen (§ 16a Abs. 3 WPO)
- die Ausübung einer Tätigkeit, die mit dem Beruf nach § 43 Abs. 2 S. 1, § 43a Abs. 3 S. 1 oder § 44a S. 1 WPO **unvereinbar**[604] und nicht genehmigungsfähig ist (Kap. A Tz. 80 ff.) und
- die Feststellung, dass sich der Bewerber in nicht geordneten wirtschaftlichen Verhältnissen, insb. in Vermögensverfall, befindet. Vgl. dazu im Einzelnen Kap. A Tz. 423. Anders als beim Widerruf (vgl. Kap. A Tz. 423 f.) ist die Bestellung zum WP

---

[604] OVG Rheinland-Pfalz v. 29.03.1994, WPK-Mitt., S. 192.

auch dann zu versagen, wenn trotz des Vermögensverfalls die Interessen Dritter (z.B. Mandanten) nicht gefährdet sind.

Die Bestellung kann versagt werden, wenn der Bewerber sich so verhalten hat, dass die Besorgnis begründet ist, er werde den Berufspflichten als WP nicht genügen (§ 16 Abs. 2 WPO). Davon ist insb. dann auszugehen, wenn das frühere Verhalten begründeten Anlass für die Sorge gibt, dass künftig Berufspflichtverletzungen drohen[605]. 415

Bestellungsbehörde ist die WPK. Die Bestellung erfolgt durch Aushändigung der **Berufsurkunde**; vorher haben die Bewerber den Berufseid zu leisten, dessen Text in § 17 Abs. 1 WPO festgelegt ist. Eine Bestellung in elektronischer Form ist ausgeschlossen. Gegen Bescheide im Bestellungs-, Anerkennungs- und Widerrufsverfahren ist Klage vor dem Verwaltungsgericht ohne Durchführung eines Vorverfahrens statthaft (§ 41 WPO). 416

Die Bestellung als WP stellt ein **höchstpersönliches Recht** dar. Die Berufsqualifikation und die darauf beruhenden Befugnisse können daher nicht auf andere Personen übertragen werden. 417

5.3 Erlöschen, Rücknahme und Widerruf der Bestellung

5.3.1 Erlöschen

Das Erlöschen der Bestellung kann auf **Tod, Verzicht** oder unanfechtbarer **Ausschließung** aus dem Beruf beruhen (§ 19 WPO). Es hat kraft Gesetzes zur Folge, dass alle Rechte und Pflichten aus der Bestellung ohne Weiteres enden. Insbesondere endet die **Pflichtmitgliedschaft** bei der WPK (§ 58 WPO), aber auch die Befugnis zur Führung der Berufsbezeichnung WP (§ 18 Abs. 3 WPO). Aufsichtsrechtliche oder berufsgerichtliche Maßnahmen sind nach Erlöschen der Bestellung nicht mehr möglich. 418

Wegen der Höchstpersönlichkeit erlischt die Bestellung als WP durch den **Tod des Berufsangehörigen** unmittelbar (§ 19 Abs. 1 Nr. 1 WPO).

Die Bestellung erlischt weiterhin durch **Verzicht** (§ 19 Abs. 1 Nr. 2 WPO), der schriftlich[606] gegenüber der WPK zu erklären ist (§ 19 Abs. 2 WPO). Es besteht die Möglichkeit, den Verzicht zu einem konkreten künftigen Termin auszusprechen; es kann allerdings nicht rückwirkend auf die Bestellung verzichtet werden. Ist der Verzicht nicht zu einem bestimmten Zeitpunkt erklärt worden, wird er mit dem Eingang der schriftlichen Verzichtserklärung bei der WPK wirksam. Zur ausnahmsweise möglichen Fortführung der Berufsbezeichnung im Falle des Verzichts s. § 18 Abs. 4 WPO. 419

Die Bestellung erlischt schließlich auch durch die unanfechtbare **Ausschließung** aus dem Beruf (§ 19 Abs. 1 Nr. 3 WPO). Zur Wiederbestellung in diesem Fall s. Kap. A Tz. 425. 420

5.3.2 Rücknahme und Widerruf

Zu einem Fortfall der Bestellung als WP führen nach § 20 WPO auch ihre Rücknahme sowie ihr Widerruf. 421

---

[605] Vgl. dazu *Hense/Ulrich*, WPO³, § 16, Rn. 48 ff.
[606] Zur Form der Verzichtserklärung vgl. *Hense/Ulrich*, WPO³, § 19, Rn. 10.

5.3.2.1 Rücknahme

422 Gemäß § 20 Abs. 1 WPO ist die Bestellung allerdings nur mit Wirkung für die Zukunft (ex nunc) zurückzunehmen, wenn nachträglich Tatsachen bekannt werden, bei deren Kenntnis die Bestellung hätte versagt werden müssen. Solche Tatsachen liegen z.B. vor, wenn der WP die Zulassung zur Prüfung oder die Bestellung als WP durch arglistige Täuschung, Drohung, Bestechung oder durch Angaben erwirkt hat, die in wesentlicher Beziehung unrichtig oder unvollständig waren. Die Zulassung zum Examen und die Bestellung als WP sind Verwaltungsakte, die den jeweiligen Bewerber begünstigen. Solche Verwaltungsakte können schon nach allgemeinem Verwaltungsrecht zurückgenommen werden, wenn sie erschlichen worden sind. Diese allgemeine Regelung greift § 20 Abs. 1 WPO auf, um ein Verbleiben solcher Personen im Beruf zu verhindern.

5.3.2.2 Widerruf

423 Die Bestellung muss nach § 20 Abs. 2 WPO widerrufen werden, wenn der WP

- **nicht eigenverantwortlich** i.S.v. von § 44 Abs. 1 WPO tätig ist oder unvereinbare Tätigkeiten (§§ 43a Abs. 3 S. 1 oder 44a S. 1 WPO) ohne Genehmigung der WPK ausübt, z.B. sich gewerblich betätigt oder ein unzulässiges Anstellungsverhältnis eingegangen ist (Kap. A Tz. 81 f.). Wenn die Annahme gerechtfertigt ist, dass der Berufsangehörige künftig eigenverantwortlich tätig sein oder die unvereinbare Tätigkeit dauernd aufgegeben wird, ist von einem Widerruf abzusehen (§ 20 Abs. 4 S. 1 WPO),
- infolge **strafgerichtlicher Verurteilung** die Fähigkeit zur Bekleidung öffentlicher Ämter verloren hat (§ 45 StGB),
- aus **gesundheitlichen Gründen**, etwa wg. körperlicher Gebrechen, geistiger Schwäche oder einer Sucht, nicht nur vorübergehend unfähig ist, den Beruf ordnungsgemäß auszuüben. Eine nur vorübergehende Erkrankung, sei sie auch noch so schwer, führt nicht zum Widerruf, auch wenn sie die Ausübung des Berufs in tatsächlicher Hinsicht verhindert,
- nicht die vorgeschriebene **Berufshaftpflichtversicherung** (§ 54 WPO) unterhält. Dieser Widerrufsgrund (§ 20 Abs. 2 Nr. 4 WPO) hat durchaus praktische Bedeutung. Der Widerruf ist auch auszusprechen, wenn innerhalb der letzten fünf Jahre wiederholt und mit nennenswerter Dauer eine Versicherungslücke entstanden ist, die durch eine Rückwärtsversicherung nicht geschlossen werden kann[607]. Ist die Annahme gerechtfertigt, dass die Berufshaftpflichtversicherung künftig laufend unterhalten wird, ist vom Widerruf abzusehen (§ 20 Abs. 4 S. 1 WPO), jedoch drohen auch bei Versicherungslücken von nur kurzer Dauer berufsrechtliche Sanktionen[608].
- sich nicht in **geordneten wirtschaftlichen Verhältnissen** befindet. Von nicht geordneten wirtschaftlichen Verhältnissen ist gem. § 20 Abs. 2 Nr. 5 i.V.m. § 16 Abs. 1 Nr. 7 WPO auszugehen, wenn über das Vermögen eines WP ein Insolvenzverfahren eröffnet[609] oder er in das vom Insolvenzgericht oder vom Vollstreckungsgericht zu

---

[607] VG Dessau v. 23.07.1997, WPK-Mitt., S. 320.
[608] LG Berlin v. 22.12.2006, WPK-Magazin 1/2008, S. 48; LG Berlin v. 31.10.2007, WPK-Magazin 1/2008, S. 47.
[609] OVG Berlin v. 27.05.2004, WPK-Magazin 3/2004, S. 43; OVG Berlin v. 03.09.2004, WPK-Magazin 4/2004, S. 46; VG Berlin v. 30.08.2007, WPK-Magazin 4/2007, S. 70; BFH v. 28.08.2003, WPK-Magazin 2/2004, S. 54; für StB. vgl. auch OVG NRW v. 29.07.2004, AnwBl. 2005, S. 72. S. auch WPK-Magazin 2/2008, S. 22. Zum Ganzen s. *Hense/Ulrich*, WPO³, § 16, Rn. 24 ff.

führende Verzeichnis eingetragen worden ist[610]. [Wird der WPK nachgewiesen, dass durch die nicht geordneten wirtschaftlichen Verhältnisse die Interessen der Auftraggeber oder anderer Personen nicht gefährdet sind, kann sie vom Widerruf absehen (§ 20 Abs. 4 S. 4 WPO). Für die mögliche Behauptung, dass trotz Vermögensverfalls Interessen von Auftraggeber oder Dritten nicht gefährdet sind, trägt der Berufsangehörige die Darstellungslast[611]. Zur Frage, inwieweit das Eingehen von Anstellungsverhältnissen und dabei eingegangene Beschränkungen die Gefährdung der Interessen Dritter ausschließen können, vgl. OVG Berlin/Brandenburg v. 02.03.2009[612] sowie VG Berlin v. 08.01.2015 – VG 22 K 40.14,

- keine **berufliche NL** nach § 3 Abs. 1 S. 1 WPO unterhält – diese fehlt auch bei einer nicht nur kurzfristigen Haft im geschlossenen Vollzug[613],
- nach der Entscheidung des BVerfG ein **Grundrecht verwirkt** hat (§ 20 Abs. 2 Nr. 7 WPO).

Der Widerruf der Bestellung wirkt ex nunc und ist – ebenso wie die Rücknahme – ein rechtsgestaltender Verwaltungsakt. Für die Beurteilung des Widerrufs kommt es auf die Sach- und Rechtslage zum Zeitpunkt des Abschlusses des Verwaltungsverfahrens (also die Entscheidung der WPK) an. Spätere Entwicklungen sind nicht zu berücksichtigen[614]. Mit der Bestandskraft des Verwaltungsakts endet die Mitgliedschaft in der WPK und alle Rechte und Pflichten aus der Bestellung als WP erlöschen. Berufsrechtliche und berufsgerichtliche Sanktionen sind nicht mehr möglich; entsprechende Verfahren sind nach § 103 Abs. 3 Nr. 1 WPO einzustellen.

424

5.3.3 Wiederbestellung

§ 23 WPO eröffnet die Möglichkeit der Wiederbestellung, und zwar dann, wenn

425

- die Bestellung durch **Verzicht** erloschen ist,
- die unanfechtbare Ausschließung **im Gnadenwege** aufgehoben worden ist oder seit der unanfechtbaren Ausschließung mindestens acht Jahre vergangen sind. Dieser Fall betrifft nur die dauerhafte Ausschließung aus dem Beruf; bei der nur vorübergehenden Ausschließung nach § 68 Abs. 1 Nr. 5 WPO ist eine Wiederbestellung auf entsprechenden Antrag unmittelbar nach Ablauf der Ausschlussfrist vorzunehmen, sofern keine Versagungsgründe vorliegen[615],
- die Bestellung nach § 20 WPO zurückgenommen oder widerrufen worden ist, die dafür maßgebenden **Gründe aber nicht mehr bestehen**. Praxisrelevant ist nach bisherigen Erfahrungen der Fortfall der Widerrufsgründe nach § 20 Abs. 2 Nr. 1 und 4 WPO, also die Beendigung eines unzulässigen Anstellungsverhältnisses oder der Nachweis der erforderlichen Berufshaftpflichtversicherung.

---

610 Wg. der Widerlegbarkeit der Vermutung des Vermögensverfalls s. BFH v. 22.08.1995, DStR 1996, S. 1911, NJW 1996, S. 2598.
611 OVG Berlin v. 27.05.2004, WPK-Magazin 3/2004, S. 43. Auf die Einschätzung des Mandanten kommt es dabei nicht an, vgl. BFH v. 27.10.2010 – VII V 92/10, www.bundesfinanzhof.de, Rubrik „Entscheidungen" (abgerufen am 27.08.2018).
612 WPK-Magazin 2/2009, S. 34 f.
613 Vgl. VG Berlin v. 09.01.2014, WPK-Magazin 1/2014, S. 45.
614 BVerwG v. 17.08.2005, WPK-Magazin 1/2006, S. 48.
615 BVerfGE 66, S. 337. Diese Regelung ist aufgrund einer Entscheidung des BVerfG v. 04.04.1984 durch das Zweite Gesetz zur Änderung der Wirtschaftsprüferordnung v. 20.07.1990, BGBl. I, S. 1462, eingeführt worden.

426 Eine **erneute Prüfung** ist grds. nicht erforderlich; sie kann (auch partiell) von der WPK angeordnet werden, wenn berechtigte Zweifel bestehen, ob der Bewerber (noch) in der Lage ist, den Beruf pflichtgemäß auszuüben[616]. Solche Zweifel sind gerechtfertigt, wenn der Bewerber schon vor langer Zeit[617] aus dem Beruf ausgeschieden ist und präsentes Wissen der geltenden Vorschriften für die praktische Berufsarbeit, also insb. im Gesellschafts-, Steuer-, Berufsrecht oder Prüfungswesen, fehlt und aufgrund der bisherigen Tätigkeit nicht gewährleistet erscheint, dass er mit der Berufsarbeit eines WP vertraut geblieben ist. So ist etwa die Funktion eines kaufmännischen Geschäftsführers eines gewerblichen Unternehmens zur Tätigkeit des WP grundverschieden mit der Folge, dass Zweifel an der Befähigung zur pflichtgemäßen Berufsausübung grds. gerechtfertigt sind.

5.3.4 Gebühren

427 Für die Verfahren der **Zulassung**, **Prüfung**, **Bestellung** und **Wiederbestellung** sind nach der gem. § 61 Abs. 2 WPO vom Beirat der WPK beschlossenen Gebührenordnung[618] an die WPK Gebühren in unterschiedlicher Höhe zu entrichten.

5.4 Wirtschaftsprüfungsgesellschaften

428 WPG sind selbst Träger von in der WPO niedergelegten Rechten und Pflichten (§ 56 WPO). Voraussetzung für die Anerkennung als WPG und für deren Aufrechterhaltung ist, dass die Gesellschaft **von WP verantwortlich geführt** wird (§ 1 Abs. 3 WPO). Diese verantwortliche Führung wird durch Beherrschungs- und/oder Gewinnabführungsverträge, die nur steuerlichen Zwecken dienen und die fachliche Weisungsfreiheit des WP (§ 44 Abs. 1 WPO) unberührt lassen, nicht beeinträchtigt. Dasselbe gilt für **Betriebsführungsabsprachen**, also für ein Tätigwerden zwar im eigenen Namen, aber für Rechnung einer anderen WPG. Abhängig von den Voraussetzungen der jeweiligen Rechtsform ist der Fortbestand einer WPG auch dann gewährleistet, wenn die in ihr tätigen natürlichen Personen wechseln.

5.4.1 Errichtung einer Wirtschaftsprüfungsgesellschaft

429 Das **Verfahren** und die **Voraussetzungen** für die **Anerkennung** als WPG regeln §§ 27 ff. WPO. Viele dieser Voraussetzungen sind durch EU-Recht vorgegeben[619]. Zuständig für die Anerkennung von WPG ist die WPK (§ 29 Abs. 1 WPO). Merkblätter und Musterverträge (GmbH, PartG mbB) zur Gründung sind bei der WPK erhältlich[620]. Im Hinblick auf dieses ausführliche Informationsmaterial beschränken sich die nachfolgenden Hinweise auf wichtige Anforderungen und Besonderheiten, die bei der Errichtung einer WPG und im Anerkennungsverfahren zu beachten sind.

---

616 Vgl. VG Düsseldorf v. 15.10.1996, MittBl.WPK 1998, S. 179; VG Arnsberg v. 13.06.2001, WPK-Mitt. 2002, S. 307.
617 Wird die Wiederbestellung innerhalb von fünf Jahren nach Erlöschen der Bestellung beantragt, ist eine Prüfung nicht erforderlich, s. *Hense/Ulrich*, WPO³, § 23, Rn. 20.
618 GebO – Gebührenordnung der WPK, die in der jeweils aktuellen Fassung unter http://www.wpk.de/wpk/rechtsvorschriften veröffentlicht ist (abgerufen am 27.08.2018).
619 Insb. durch die RL 2014/56/EU.
620 Die Merkblätter können auch von der Website der WPK heruntergeladen werden, http://www.wpk.de/service-center/berufsregister (abgerufen am 27.08.2018).

430 Die **Anerkennung** als WPG stellt einen (öffentlich-rechtlichen) Verwaltungsakt dar, welcher der Bestellung als WP (Kap. A Tz. 417) vergleichbar ist. Diese Anerkennung kann daher ebenso wenig wie eine Berufsqualifikation übertragen werden.

5.4.1.1 Zulässige Rechtsformen

431 § 27 WPO eröffnet den Berufsangehörigen die Möglichkeit, neben allen europäischen und deutschen Gesellschaftsformen auch die in einem EU-Mitgliedstaat oder einem anderen Vertragsstaat des EWR[621] zugelassenen Rechtsformen als Rechtsform für eine WPG zu nutzen. Damit kann neben der **AG, SE, GmbH, KGaA, OHG, KG** und als **PartG** nunmehr auch eine **GbR** als WPG anerkannt werden. Bei OHG und KG ist Voraussetzung, dass sie wg. der Treuhandtätigkeit als Handelsgesellschaften in das HR eingetragen worden sind (§ 27 Abs. 2 WPO). Nach der Entscheidung des BGH v. 15.07.2014[622] ist diese Vorschrift ebenso wie § 49 Abs. 2 StBerG eine spezialgesetzliche Regelung, die § 105 HGB vorgeht. Einer Eintragung in das HR steht es nach Auffassung des BGH nicht entgegen, dass die Treuhandtätigkeit für die WPG bzw. StBerG nur von untergeordneter Bedeutung ist. Trotz der Eintragung im HR üben auch die als WPG anerkannten OHG und KG eine freiberufliche Tätigkeit i.S.v. WPO und EStG aus[623]. Für die Anerkennung einer mehrstöckigen Freiberufler-PersGes. fordert das Schleswig-Holsteinische FG[624], dass alle unmittelbar und mittelbar beteiligten Gesellschafter über die erforderliche Berufsqualifikation verfügen und leitend und eigenverantwortlich tätig sind. Eine KG, die Einkünfte i.S.d. Handelsrechts aus selbständiger Tätigkeit erzielt, kann trotz ihrer Eintragung im HR kein abweichendes WJ haben[625].

432 Soweit die WPO nichts anderes bestimmt, gelten für WPG die jeweiligen Vorschriften der für die gewählte Rechtsform einschlägigen Gesetze.

433 Wirtschaftsprüfer, nicht aber WPG, können sich ggf. mit Angehörigen bestimmter anderer freier Berufe in einer **PartG** zusammenschließen und für diese Gesellschaftsform die Anerkennung als WPG erlangen. Wegen der Einzelheiten zu dieser Rechtsform s. Kap. A Tz. 507 ff.

434 **Mischformen** aus Personenhandelsgesellschaft und KapGes., also AG & Co. sowie GmbH & Co. KG, sind zulässig. Diese Gesellschaften erfüllen gem. § 28 Abs. 1 S. 2 WPO die berufsrechtlichen Anforderungen für eine Anerkennung, wonach gesetzliche Vertreter auch Berufsgesellschaften sein können.

435 Die **stille Gesellschaft** (§ 230 HGB) kann als reine Innengesellschaft nicht als WPG anerkannt werden[626]. Die **stille Beteiligung** wird von der WPO nicht angesprochen; gegen deren Möglichkeit[627] spricht der Wortlaut sowohl von § 28 Abs. 4 als auch von § 38 Abs. 1 Nr. 2d WPO. Im Übrigen könnten nur die in § 28 Abs. 4 S. 1 Nr. 1 WPO genannten Personen eine solche stille Beteiligung halten. Entstünde durch eine stille Ge-

---

[621] Vertragsstaaten des EWR sind neben den EU-Mitgliedstaaten Norwegen, Island und Liechtenstein.
[622] Az: II ZB 2/13, www.bundesgerichtshof.de, Rubrik „Entscheidungen" (abgerufen am 27.08.2018).
[623] Zur GewSt-Pflicht vgl. *Schmidt, L.*, EStG[36], § 18, Rn. 41.
[624] Urt. v. 17.11.2015 - 4K93/14, EFG 2017, S. 1092; Rev. unter Az. III R 7/17.
[625] BFH v. 18.05.2000, DStR, S. 1431.
[626] S. auch *Hense/Ulrich*, WPO³, § 27, Rn. 15.
[627] Für die uneingeschränkte Zulässigkeit im Anwendungsbereich des StBerG *Koslowski*, StBerG[7], § 49, Rz. 10; für eine Zulässigkeit als Beteiligungsform an einer WPG *Hense/Ulrich*, WPO³, § 27, Rn. 15.

sellschaft eine wirtschaftliche (oder persönliche) Abhängigkeit, wäre sie gem. § 134 BGB nichtig[628].

5.4.1.2 Gesetzliche Vertretung

436 Gemäß § 28 Abs. 1 WPO muss die Mehrheit der gesetzlichen Vertreter aus Berufsangehörigen oder in einem anderen EU- oder EWR-Mitgliedstaat zugelassenen APr. bestehen; mindestens einer davon muss seine **berufliche NL** am Verwaltungssitz der Gesellschaft haben[629]. Zu beachten bleibt, dass § 50 Abs. 1 S. 2 StBerG für StBG eine abweichende Regelung enthält. Demnach reicht es bei StBG aus, dass ein gesetzlicher Vertreter seinen Berufssitz entweder am Sitz der Gesellschaft, das ist – abweichend von § 3 Abs. 2 WPO – der statuarische Sitz, oder in dessen Nahbereich hat. Damit kann eine doppelte berufliche NL mit unterschiedlichen Adressen entstehen, wenn nicht am Sitz der Gesellschaft, sondern nur im „Nahbereich" ein gesetzlicher Vertreter seinen beruflichen Sitz hat[630]. Auf den Wohnsitz kommt es nicht an.

437 Mangels Vorschriften in der WPO wird der Umfang der **Vertretungsmacht** von der Satzung bzw. dem Gesellschaftsvertrag bestimmt. Ist nur ein gesetzlicher Vertreter mit WP-Qualifikation vorhanden, muss dieser Allein- bzw. Einzelvertretungsrecht haben, weil die Gesellschaft ansonsten beruflich nicht handlungsfähig ist (§§ 1 Abs. 3 S. 2, 32 WPO).

5.4.1.2.1 Berufung von vBP, StB, RA und europäischen APr. als gesetzliche Vertreter

438 Um die Zusammenarbeit mit Angehörigen anderer Berufe zu ermöglichen, aber auch wg. der vielfachen gleichzeitigen Anerkennung einer WPG als StBG, sieht § 28 Abs. 2 S. 1 WPO die Möglichkeit vor, vBP, StB und RA neben WP oder EU- oder anderen EWR-APr. als gesetzliche Vertreter von WPG zu berufen. Einer Ausnahmegenehmigung bedarf es bei diesen Personen nicht.

5.4.1.2.2 Ausnahmen für besonders befähigte Personen

439 Nach § 28 Abs. 2 S. 2 WPO kann die WPK auf Antrag genehmigen, dass **besonders befähigte Personen**, die nicht bereits von § 28 Abs. 2 S. 1 WPO erfasst sind und einen mit dem Beruf des WP nach § 43a Abs. 2 WPO vereinbaren Beruf ausüben, neben WP als gesetzliche Vertreter berufen werden. Zum Kreis der besonders befähigten Personen, welche die Merkmale der §§ 43a Abs. 2, 44b Abs. 1 WPO erfüllen, zählen etwa Ingenieure, Umweltgutachter, Informatiker oder Mathematiker. Zu den weiteren Einzelfragen dieser Regelung vgl. Hense/Ulrich, WPO[3], § 28, Rn. 31 ff. Zur Versagung einer solchen Ausnahmegenehmigung s. Kap. A Tz. 442.

5.4.1.2.3 Ausnahmen für Angehörige von Prüferberufen aus Drittstaaten

440 Zur Förderung der internationalen Zusammenarbeit können gem. § 28 Abs. 3 WPO auch in einem Drittstaat (d.h. kein Mitgliedstaat der EU oder des EWR) ermächtigte oder bestellte sachverständige Prüfer mit Ausnahmegenehmigung der WPK als gesetzliche

---

628 BGH v. 24.09.1979, NJW 1980, S. 638.
629 Vgl. § 3 Abs. 2 WPO; aufgrund der entsprechenden Änderung durch das APAReG ist nunmehr der Verwaltungssitz entscheidend.
630 S. BFH v. 31.08.1995, DStR 1996, S. 604.

Vertreter von WPG berufen werden, wenn sie über eine **adäquate Berufsqualifikation** verfügen. Adäquanz ist für Drittstaatenprüfer gegeben, wenn die Voraussetzungen für ihre Bestellung oder Ermächtigung den Vorschriften der WPO im Wesentlichen entsprechen. Diese Gleichwertigkeit ist für Personen mit Prüfungsberechtigung auf der Grundlage der Vorschriften in den USA und für CA, die nach britischem Muster in einem dem Commonwealth angehörenden Staat ihre Prüfungsbefugnis erhalten haben, regelmäßig zu bejahen[631]. Die Regelungen für Drittstaatenprüfer gelten auch für RA, StB und Patentanwälte anderer Staaten, wenn diese einen nach Ausbildung und Befugnissen der BRAO, des StBerG oder der Patentanwaltsordnung entsprechenden Beruf ausüben (§ 28 Abs. 3 S. 3 WPO).

5.4.1.2.4 Zahlenmäßige Beschränkung der Nicht-WP, WPK-Mitgliedschaft

Die Anzahl der gesetzlichen Vertreter einer WPG, die nicht zugelassene APr. in einem EU-Mitgliedstaat oder einem anderen Vertragsstaat des EWR sind, darf die Anzahl der WP nicht erreichen; hat die WPG nur zwei gesetzliche Vertreter, genügt ausnahmsweise Parität (§ 28 Abs. 1 S. 3 WPO). Das bedeutet nach dem insoweit eindeutigen Gesetzeswortlaut, dass z.B. bei einer WPG in der Rechtsform der GmbH bei zwei Geschäftsführern nur einer die Qualifikation als EU-APr. besitzen muss (nicht notwendigerweise als WP). § 1 Abs. 3 S. 2 WPO dürfte insoweit durch diese Spezialvorschrift überlagert werden[632]. Zu berücksichtigen ist, dass auch stellvertretende Vorstandsmitglieder bzw. Geschäftsführer gesetzliche Vertreter sind.

441

Gesetzliche Vertreter ohne APr.-Qualifikation i.S.v. § 28 Abs. 1 S. 1 WPO gehören der WPK als Pflichtmitglieder mit entsprechenden Rechten und Pflichten an (§ 58 Abs. 1 WPO).

5.4.1.2.5 Versagung der Ausnahmegenehmigung

Im Rahmen der Genehmigung zur Übernahme der Stellung als gesetzlicher Vertreter einer WPG ist bei den besonders befähigten Personen auch die **persönliche Zuverlässigkeit** zu prüfen[633]. Bei dieser Prüfung wird man sich an den Tatbeständen, bei denen eine Bestellung zu versagen, zurückzunehmen oder zu widerrufen wäre (s. Kap. A Tz. 423), ausrichten können.

442

Da für gesetzliche Vertreter von WPG ohne WP/vBP-Qualifikation gem. § 56 Abs. 1 WPO die in § 43 WPO genannten Berufspflichten sinngemäß gelten, führt auch eine unzulässige Tätigkeit i.S.v. § 43a Abs. 3 WPO, z.B. ein Anstellungsverhältnis bei einem gewerblichen Unternehmen, zur Versagung der Ausnahmegenehmigung.

5.4.1.2.6 Umfang der Befugnisse von Nicht-WP

Art und Umfang der Rechte von Nicht-WP zur Vertretung der WPG sind in der WPO nicht allgemein geregelt. Nach § 1 Abs. 3 WPO muss eine WPG von WP verantwortlich geführt werden, so dass ein generelles Alleinvertretungsrecht für Nicht-WP grds. nicht in Betracht kommt. Dies schließt nicht aus, dass ein Nicht-WP die WPG nach außen rechtsgeschäftlich vertreten darf. Eine Vertretung der WPG durch Nicht-WP ist jedoch

443

---

631   Ebenso *Hense/Ulrich*, WPO³, § 28, Rn. 52.
632   A.A. *Hense/Ulrich*, WPO³, § 1, Rn. 40. Einzuräumen ist, dass eine solche WPG in ihren beruflichen Aktivitäten eingeschränkt ist, z.B. wg. § 32 WPO (s. Kap. A Tz. 443) keinen BestV erteilen kann.
633   So auch *Hense/Ulrich*, WPO³, § 28, Rn. 47.

grds. nicht möglich in Fällen der **gesetzlich vorgeschriebenen Prüfung von JA bzw. KA** sowie bei anderen WP vorbehaltenen Tätigkeiten. Nach § 32 WPO ist die Erteilung von entsprechenden BestV (bzw. Versagungen) bei übernommenen Prüfungsaufträgen den WP vorbehalten. Eine Ausnahme davon gilt für die Prüfung des JA **mittelgroßer GmbH und KG**, bei denen auch vertretungsberechtigte vBP den BestV unterzeichnen können. Diese Befugnis besteht aber nicht, wenn die GmbH oder KG nach den Größenmerkmalen des § 267 HGB zwar nur klein oder mittelgroß ist, aus Rechtsgründen aber die Vorschriften für große KapGes. anzuwenden sind. Wird unter Missachtung von § 32 WPO ein gesetzlich vorgeschriebener BestV nur von einem Nicht-WP unterzeichnet, können sowohl die gesetzlichen Vertreter mit WP-Qualifikation als auch der Nicht-WP wg. Nichtbeachtung des Gebots der Gewissenhaftigkeit berufsrechtlich belangt werden. Im Übrigen führt ein solcher BestV zur Nichtigkeit des JA[634]. Diese Nichtigkeit kann zivilrechtlich allerdings gem. § 256 Abs. 6 S. 1 AktG nicht mehr geltend gemacht werden, wenn seit der Bekanntmachung nach § 325 Abs. 2 HGB im BAnz. sechs Monate verstrichen sind. Die Mitunterzeichnung durch einen Nicht-WP dürfte zivilrechtlich dagegen unbedeutend sein.

444 Abgesehen von den in Kap. A Tz. 443 dargestellten Besonderheiten richtet sich die **Vertretungsbefugnis** von Nicht-WP bei WPG nach deren jeweiliger **Rechtsform**[635].

445 Die Aufnahme von Nicht-WP als gesetzliche Vertreter einer WPG kann nicht zu einer Erweiterung der **Tätigkeitsbefugnisse** der WPG führen. Nimmt etwa eine WPG in der Rechtsform der GmbH einen RA als Geschäftsführer auf, erlangt sie damit nicht die Befugnis zur uneingeschränkten Rechtsbesorgung, sondern unterliegt weiterhin den Beschränkungen des § 5 RDG (dazu s. Kap. A Tz. 65).

5.4.1.3 Gesellschafter/Kapitalbindung

5.4.1.3.1 Beschränkter Gesellschafterkreis

446 Der **Kreis der zulässigen Gesellschafter** einschl. der Kommanditisten ist in § 28 Abs. 4 S. 1 Nr. 1 und Nr. 1a WPO **abschließend** aufgezählt[636] und umfasst WP (auch wenn er gem. § 46 WPO beurlaubt ist[637]), WPG, EU- und andere EWR-APr. bzw. -Prüfungsgesellschaften, vBP, StB, StBv., RA, besonders befähigte Personen i.S.d. § 28 Abs. 2 WPO sowie in einem Drittstaat ermächtigte oder bestellte sachverständige Prüfer i.S.v. § 28 Abs. 3 WPO. Die Gesellschafterfähigkeit von Angehörigen wirtschaftsnaher freier Berufe (vBP, StB, RA, StBv.) sowie gesetzlicher Vertreter ohne WP-Qualifikation i.S.v. § 28 Abs. 2 und 3 WPO hängt – anders als bei WP – davon ab, dass mindestens die Hälfte dieser Personen **in der Gesellschaft tätig** ist (§ 28 Abs. 4 Nr. 1a WPO). Eine Tätigkeit nur für die Gesellschaft (z.B. als freier Mitarbeiter) reicht insoweit nicht aus. Der Nachweis der Tätigkeit in der Gesellschaft ist erbracht durch die Übernahme der Funktion als gesetzlicher Vertreter (Vorstand, Geschäftsführer, persönlich haftender Gesellschafter, Partner). Bei gewillkürten Vertretern (Prokurist, Handlungsbevollmächtigter) ist es nicht ausgeschlossen, dass – ebenso wie in den anderen Fällen – die Tätigkeit in der Ge-

---

634 Vgl. § 256 Abs. 1 Nr. 3 AktG, der analog für GmbH gilt.
635 Zu den möglichen Rechtsformen s. Kap. A Tz. 431.
636 Zur Verfassungsmäßigkeit v. § 28 Abs. 4 WPO s. BVerfG v. 17.03.1988, MittBl.WPK Nr. 131/1988, S. 12.
637 *Hense/Ulrich*, WPO³, § 28, Rn. 62.

sellschaft gesondert nachgewiesen werden muss, was etwa durch die Vorlage eines Anstellungsvertrags geschehen kann[638].

Die **Gesellschafterfähigkeit einer WPG** bei einer anderen WPG setzt voraus, dass Erstere selbst die Anforderungen des § 28 Abs. 4 WPO erfüllt, und zwar nicht nur hinsichtlich der Kapitalbeteiligung, sondern auch in Bezug auf die übrigen Erfordernisse. Deshalb sind sog. Altgesellschaften als Gesellschafter einer WPG ausgeschlossen[639]. Mangels Nennung in § 28 Abs. 4 Nr. 1 WPO können weder BPG, StBG, genossenschaftliche Prüfungsverbände noch Prüfungseinrichtungen i.S.v. § 9 Abs. 5 WPO Gesellschafter einer WPG sein. Insbesondere für WP/StBG ist bedeutsam, dass WPG nicht Gesellschafter einer StBG sein können (§ 50a Abs. 1 Nr. 1 StBerG). Bei PartG (Kap. A Tz. 507), die als WPG anerkannt werden, ist eine Beteiligung von Prüfungsgesellschaften ausgeschlossen. 447

5.4.1.3.2 Mehrheitserfordernisse

Bei KapGes. muss die **Mehrheit der Anteile** WP, in einem Mitgliedstaat der EU oder in einem anderen Vertragsstaat des EWR zugelassenen APr. oder Prüfungsgesellschaften und/oder WPG gehören – und zwar bezogen auf die Summe ihrer Beteiligungen (§ 28 Abs. 4 S. 1 Nr. 3 WPO). Das gilt auch für das Kommanditkapital (§ 28 Abs. 1 Nr. 4 WPO) und für die Stimmrechte (§ 28 Abs. 4 S. 1 Nr. 5 WPO). 448

Gemäß § 28 Abs. 4 Nr. 3a WPO können sich auch andere Personen als solche i.S.d. § 28 Abs. 1 WPO oder WPG an einer WPG beteiligen, **ohne in der WPG tätig zu sein.** Als Kapitaleigner sind insoweit diejenigen Personen zugelassen, die auch Geschäftsführer/ Vorstand einer WPG sein können (s. Kap. A Tz. 438). Allerdings darf dieser Personenkreis nur einen **Anteil von weniger als 25%** am Kapital der WPG (Minderheitenbeteiligung) halten. 449

Zulässige Gesellschafter i.S.v. § 28 Abs. 4 S. 1 Nr. 1 und 1a WPO können ihre Anteile an einer WPG über eine **GbR** halten. Die Höhe der jeweiligen Beteiligung an der WPG bestimmt sich in diesem Fall nach der Beteiligung an der GbR; sie darf gem. § 28 Abs. 4 S. 2 WPO nur den Zweck haben, die Anteile an dieser WPG zu halten, und es wird in der Praxis beanstandet, wenn der Vertrag dieser BGB-Gesellschaft gleichzeitig auch die gemeinschaftliche Berufsausübung vorsieht[640]. Sofern die GbR auch der gemeinschaftlichen Berufsausübung dienen soll, kommt eine Anerkennung der GbR als WPG in Betracht. Über das gemeinschaftliche Halten der Anteile kann weder der Kreis der zulässigen Gesellschafter erweitert noch können die Mehrheitserfordernisse aufgehoben oder umgangen werden. 450

Als zulässige Gesellschafter gelten weiterhin **Stiftungen** und **e.V.**, wenn sie ausschließlich 451

- der **Altersversorgung** von in der WPG tätigen Personen und deren Hinterbliebenen *dienen oder*
- die Berufsausbildung, Berufsfortbildung oder die Wissenschaft fördern und wenn
- die zur gesetzlichen Vertretung berufenen Organe der Stiftung oder des Vereins **mehrheitlich WP** sind (§ 28 Abs. 4 S. 3 WPO).

---

638 Vgl. dazu auch *Hense/Ulrich*, WPO³, § 28, Rn. 73.
639 *Hense/Ulrich*, WPO³, § 28, Rn. 63.
640 *Hense/Ulrich*, WPO³, § 28, Rn. 95.

Stiftungen und Vereine gelten nur als zulässige Gesellschafter, nicht aber als WP bzw. WPG und können daher nicht Mehrheitsgesellschafter einer WPG sein.

452 Es ist wohl nicht erforderlich, dass die Stiftungen oder e.V. ausschließlich der Altersversorgung derjenigen Personen dienen, die in der betreffenden WPG tätig sind. Zum Kreise der Empfänger von Versorgungsleistungen zählen auch solche Personen, die nicht unmittelbar bei der betreffenden WPG, sondern bei Mutter-, Tochter- oder Schwestergesellschaften beschäftigt sind. Infolgedessen ist es möglich, dass miteinander verbundene WPG eine gemeinschaftliche Einrichtung für die Altersversorgung unterhalten, die zum Kreis der – zulässigen – Gesellschafter bei der Obergesellschaft zählen kann.

453 Die Möglichkeit einer WPG, **eigene Anteile** zu halten, ist begrenzt. Sie kommt nur in Betracht, wenn nach erfolgter Anerkennung – ohne Berücksichtigung der eigenen Anteile – die Beteiligungsverhältnisse § 28 Abs. 4 WPO entsprechen, und zwar bezogen auf das Gesamtkapital; es muss also mehr als die Hälfte des Gesamtkapitals/der Stimmrechte WP/WPG etc. gehören/zustehen[641].

5.4.1.3.3 Vinkulierung der Anteile

454 Bei AG und KGaA müssen die Aktien auf den Namen lauten; ihre Übertragung muss an die **Zustimmung der Gesellschaft** gebunden sein (Vinkulierung, § 28 Abs. 5 S. 1 WPO). Dieses Zustimmungsgebot gilt auch für die Übertragung von Geschäftsanteilen an GmbH (§ 28 Abs. 5 S. 2 WPO). Fehlt ein gesetzliches Vinkulierungserfordernis (z.B. bei der KG), muss die Satzung bzw. der Gesellschaftsvertrag sie ausdrücklich vorschreiben. Die Zustimmung der Gesellschaft wird von den gesetzlichen Vertretern erteilt. Eine Zustimmung der Gesellschafter, des AR oder der Gesellschafterversammlung reicht nicht aus, kann aber zusätzlich durch die Satzung bzw. den Gesellschaftsvertrag vorgesehen werden (§ 68 Abs. 2 AktG, § 15 Abs. 5 GmbHG).

5.4.1.3.4 Mindestkapital und Kapitaleinzahlung

455 Hinsichtlich des Mindestkapitals gelten die jeweiligen für die Rechtsform einschlägigen Vorschriften (z.B. AktG, GmbHG)[642]. Darüber hinaus bestimmt jedoch § 28 Abs. 6 S. 1 WPO, dass das Stammkapital **mindestens 25.000 €** betragen muss. Eine sog. Unternehmergesellschaft i.S.d. § 5a GmbHG kann deshalb nicht als WPG anerkannt werden. Ansonsten bleiben die jeweiligen Vorschriften über die Mindesteinzahlung (§ 36a AktG, § 7 Abs. 2 S. 1 GmbHG) unberührt. Bei Antragstellung muss nachgewiesen werden, dass der Wert der einzelnen Vermögensgegenstände abzgl. der Schulden mindestens dem gesetzlichen Mindestbetrag des Grund- oder Stammkapitals entspricht (§ 28 Abs. 6 S. 2 WPO).

Der Wortlaut des Gesetzes schließt **Sachgründungen** nicht aus[643]. **Vorratsgesellschaften** können insb. zur Beschleunigung des Anerkennungsverfahrens genutzt werden[644].

---

641 *Hense/Ulrich*, WPO³, § 28, Rn. 65.
642 *Hense/Ulrich*, WPO³, § 29, Rn. 4.
643 S. auch *Hense/Ulrich*, WPO³, § 28, Rn. 107 f.
644 Vgl. im Einzelnen *Hense/Ulrich*, WPO³, § 28, Rn. 107 f.

5.4.1.4 Firma

Bei der Wahl der Firma sind neben handels- und gesellschaftsrechtlichen Erfordernissen auch die berufsrechtlichen Anforderungen[645] sowie die Vorschriften des UWG zu berücksichtigen. Weiter bleibt zu beachten, dass die Gesellschaft nur unter einer **einheitlichen Firma** anerkannt wird. Eine abweichende Firmierung für ZNL, die ansonsten im gewerblichen Bereich möglich ist, scheidet u.a. schon wg. des Verstoßes gegen § 133 WPO aus. Zulässig sind aber der Zusatz „Zweigniederlassung" und die Angabe des Orts der ZNL.

456

Die WPO schreibt in § 31 WPO, § 22 Abs. 1 BS WP/vBP vor, dass die Bezeichnung **„Wirtschaftsprüfungsgesellschaft"** in die Firma aufzunehmen ist, und zwar nach der Rechtsformbezeichnung. Die Bezeichnung muss unverändert, d.h. ungekürzt, ungebrochen und auch nicht i.V.m. anderen Wörtern, in die Firma eingefügt werden.

Eine korrekte Firmierung lautet wie folgt:
- X Treuhand GmbH Wirtschaftsprüfungsgesellschaft bzw.
- X Treuhand GmbH Wirtschaftsprüfungsgesellschaft/Steuerberatungsgesellschaft.

Den Gesellschaften mit der Anerkennung als WPG und/oder StBG und/oder Rechtsanwaltsgesellschaft bleibt es überlassen, die Reihenfolge der Anerkennungen selbst festzulegen.

Nach § 22 Abs. 2 BS WP/vBP besteht ein Verbot, in der Firma auf unvereinbare Tätigkeiten hinzuweisen. Damit wird auch mittelbar der Hinweis auf berufsfremde Unternehmen sowie Unternehmensgruppen untersagt. Zum Fall der Firmierung einer als WPG/StBG anerkannten PartG, bei der auch RA beschäftigt sind, s. WPK-Magazin 2/2011, S. 29; zur Frage, was der Hinweis auf RA für die Haftung bedeuten kann, vgl. Kap. A Tz. 321.

457

5.4.1.4.1 Orts- und Regionalangaben

Ortsangaben in der Firma sind im Zweifel zulässig, wenn sie in substantivischer Form erfolgen und damit nur der **Firmensitz** angegeben wird[646], z.B. „Treuhand A-Dorf GmbH Wirtschaftsprüfungsgesellschaft".

458

Es ist jedoch zu beanstanden, wenn sie in attributiver Weise erscheinen, also „A-Dorfer Treuhand GmbH Wirtschaftsprüfungsgesellschaft", und damit den Eindruck einer herausragenden Bedeutung der Gesellschaft für diesen Ort erwecken[647].

Ob diese Verwendungsregeln auch für Regional-, Landes- oder gar Bundesbezeichnungen gelten, ist sehr zweifelhaft. Die Aufnahme von Landes- oder Bundesbezeichnungen in die Firma kommt für **Neugründungen** regelmäßig nicht in Betracht, weil es an der nach Größe und Bedeutung erforderlichen Sonderstellung fehlt, die eine solche anspruchsvolle Firmierung rechtfertigen könnte, und zwar gleichgültig, ob sie in substantivischer oder attributiver Form erfolgt[648]. Ob im Falle von Umwandlungen, insb. Verschmelzungen, die Größe des Zusammenschlusses eine solche Firmierung erlaubt, kann nur aufgrund der Umstände des Einzelfalls beurteilt und entschieden werden. Zu

459

---

645 Bei WPG, die zugleich als StBG anerkannt werden wollen, sind auch §§ 24 f. BOStB zu beachten.
646 Niedersächsisches FG v. 13.06.1996, EFG, S. 1125.
647 BGH v. 19.10.1989, BB, S. 2349, WPK-Mitt. 1990, S. 47; BFH v. 13.05.1987, StB, S. 277.
648 Kreisgericht Gera-Stadt v. 11.06.1993, WPK-Mitt., S. 186.

beachten ist in diesem Zusammenhang, dass bereits die IHK und auch die Registerrichter eine restriktive Haltung einnehmen und infolgedessen besonders anspruchsvolle Firmierungen schon im Zweifel an der ablehnenden Haltung dieser beteiligten Stellen scheitern.

5.4.1.4.2 Hinweise auf Wirtschaftsgruppen und Branchen

460 Ob und in welcher Form Hinweise auf bestimmte Wirtschaftsgruppen, z.B. den Mittelstand, zulässig sind, lässt sich nur nach **Maßgabe des Einzelfalls** beurteilen. Als nicht zulässig ist die Firmierung „Revisions-Treuhandgesellschaft für den Mittelstand" oder „Fachberatung für den Automobilhandel" anzusehen, weil insoweit sowohl eine besondere Qualifikation und Zuständigkeit für diese Wirtschaftsgruppe als auch eine Spezialisierung für Fragen und Probleme des Mittelstands behauptet wird. Zulässig ist hingegen der Firmenbestandteil „Mittelstandstreu", weil einem solchen Kürzel keine unzulässige Werbewirkung zukommt, v.a. dann nicht, wenn es nur einer von mehreren markanten Firmenbestandteilen ist[649].

5.4.1.4.3 Verwendung von Personennamen

461 Namen von Personen i.S.v. § 28 Abs. 4 S. 1 Nr. 1 WPO dürfen neben WP-Namen aufgenommen werden. Besteht der Name oder die Firma nur aus zwei Gesellschafternamen, muss ein Name des WP oder der (beteiligten) WPG verwendet werden. Nicht ausdrücklich geregelt ist die Zulässigkeit der Verwendung nur eines Namens eines Nicht-WP. Bei nur einem Namen wird der Rechtsverkehr davon ausgehen, dass ein WP Namensträger ist. Entspricht dies nicht den wirklichen Umständen, liegt im Zweifel eine Irreführung i.S.v. § 3 UWG vor. Anders die Entscheidung des OLG Oldenburg[650], die aber vom Vorliegen einer Sachfirma ausging. Eine andere Beurteilung kann in Betracht kommen, wenn der Name des Nicht-WP aus tatsächlichen Gründen, u.a. wg. der Schreibweise, wie ein Sach- oder Phantasiewort anzusehen ist[651]. Die Rspr. zur Firmierung von Nur-StBG[652] gibt Anhaltspunkte, dürfte aber wg. der abweichenden Beteiligungsregeln (nach § 50a StBerG muss nicht zwingend ein StB am Gesellschaftskapital beteiligt sein) insoweit nicht ohne Weiteres anwendbar sein.

462 Bei der Verwendung von Personennamen gilt, dass die **Namen Verstorbener** zwar fortgeführt werden können (vgl. etwa § 24 Abs. 3 BOStB[653]), bei Neugründung aber nicht mehr verwendet werden dürfen. Führt eine WPG den Namen eines verstorbenen WP in der Firma fort, kann sie bei einer Neugründung einer anderen WPG als Gesellschafterin und Namensgeberin mitwirken, weil die WPG als selbständiges Rechtssubjekt ein Eigenleben führt, das sich auch auf die Firma erstreckt.

---

649 BayVGH v. 11.04.1989, StB, S. 371.
650 OLG Oldenburg v. 24.02.1994, WPK-Mitt., S. 196.
651 OLG Frankfurt v. 06.09.1995, WPK-Mitt., S. 183, BB, S. 1473; OLG Karlsruhe v. 01.02.2001, NJW, S. 1584.
652 *BFH v. 27.07.1993*, StB 1994, S. 13; s. dazu auch *Koslowski*, StBerG[7], § 53, Rn. 3 ff.
653 Satzung über die Rechte und Pflichten bei der Ausübung der Berufe der Steuerberater und der Steuerbevollmächtigten – Berufsordnung (BOStB) i.d.F. v. 08.09.2010, genehmigt durch das BMF am 16.12.2010 und veröffentlicht in DStR 2010, S. 2659. Die neu gefasste Berufsordnung ist zum 01.01.2011 in Kraft getreten.

5.4.1.4.4 Verwendung der Firma bei Neugründung

Ist eine WPG i.R. einer Neugründung Namensgeberin, muss die neue WPG nicht die volle Firma der WPG-Gesellschafterin übernehmen, die **Verwendung eines Firmenbestandteils** reicht aus.

463

5.4.2 Erlöschen, Rücknahme und Widerruf der Anerkennung

5.4.2.1 Erlöschen

Die Anerkennung als WPG erlischt kraft Gesetzes durch Verzicht oder Auflösung (§ 33 Abs. 1 Nr. 1 und 2 WPO). Eines Verwaltungsakts, der etwa das Erlöschen feststellt, bedarf es nicht. Das Erlöschen der Anerkennung entspricht dem in § 19 Abs. 1 WPO geregelten Erlöschen der Bestellung als WP.

464

5.4.2.2 Verzicht

Nach § 33 Abs. 1 Nr. 2 WPO erlischt die Anerkennung als WPG durch Verzicht, der schriftlich von den gesetzlichen Vertretern **gegenüber der WPK zu erklären** ist und mit Eingang bei dieser wirksam wird. Die Gesellschaft (z.B. AG, SE, KGaA, GmbH, OHG, KG, GmbH & Co. KG oder PartG) besteht im rechtlichen Sinne fort, muss aber die Firma ändern. Entfernt werden müssen neben der Bezeichnung WPG nunmehr unzulässige Firmenbestandteile wie „Revision" oder „Prüfung". Die bisher in der Gesellschaft tätigen WP haben zur Vermeidung eines unzulässigen Anstellungsverhältnisses (§ 43a Abs. 3 Nr. 2 WPO) auszuscheiden; dies gilt nicht, soweit die Gesellschaft weiterhin über die Anerkennung als StBG oder Rechtsanwaltsgesellschaft verfügt oder die Rechtsform der PartG hat und die WP die Funktion als gesetzlicher Vertreter bzw. Partner ausüben (§ 43a Abs. 1 Nr. 4 WPO).

465

Mit dem Verlust der Anerkennung als WPG verliert die Gesellschaft zugleich die Befugnis zur Durchführung von WP bzw. WPG vorbehaltenen Tätigkeiten, z.B. die APr.-Tätigkeit i.S.v. § 319 Abs. 1 HGB. Allerdings enden für die Gesellschaft mit dem Verzicht auch grds. die Berufspflichten (§ 56 WPO) und die Pflichtmitgliedschaft bei der WPK (§ 58 Abs. 1 WPO). Die WPG ist im Berufsregister zu löschen (§ 39 Nr. 2 WPO). Sind Aufträge zur Durchführung gesetzlich vorgeschriebener Abschlussprüfungen im Zeitpunkt des Verzichts auf die Anerkennung als WPG noch nicht ausgeführt (ist z.B. der PrB noch nicht ausgeliefert), fällt für das zu prüfende Unternehmen der gesetzliche APr. weg i.S.d. § 318 Abs. 4 S. 2 HGB. Zu den möglichen Rechtsfolgen eines solchen Wegfalls vgl. ADS[6], § 318 HGB, Tz. 37, 46, 414. Gegebenenfalls ist von der zuständigen Berufskammer, WPK oder StBK, ein Abwickler zur Erledigung der schwebenden Angelegenheiten zu bestellen (§§ 55c WPO, 70 StBerG). Die Pflicht zur Verschwiegenheit der bei der früheren WPG tätigen Personen bleibt bestehen (s. Kap. A Tz. 178).

466

5.4.2.3 Auflösung

Die Anerkennung erlischt nach § 33 Abs. 1 Nr. 1 WPO auch durch Auflösung. Die Auflösung von Gesellschaften setzt einen entsprechenden **Beschluss** der HV bzw. der Gesellschafter gemäß den für die jeweilige Rechtsform geltenden Vorschriften und ggf. den gesellschaftsvertraglichen Abreden oder die Eröffnung des **Insolvenzverfahrens** voraus. Die Auflösung kann aber nicht rückwirkend beschlossen werden. Die Auflösung ist der WPK unverzüglich anzuzeigen (§ 33 Abs. 2 S. 2 WPO).

467

468 Beschließt die Gesellschaft ihre Liquidation und liegen bis zur Löschung im HR bzw. Partnerschaftsregister die Anerkennungsvoraussetzungen der WPO weiterhin vor, bleibt die Gesellschaft bis zur Löschung als Berufsgesellschaft existent.

5.4.2.4 Insolvenz der Wirtschaftsprüfungsgesellschaft

469 Durch die Eröffnung des Insolvenzverfahrens wird die Gesellschaft ebenfalls aufgelöst (§ 262 Abs. 1 Nr. 3 und 4 AktG, § 60 Abs. 1 Nr. 4 GmbHG, § 131 Abs. 1 Nr. 3 und Abs. 2 Nr. 1 HGB, § 9 PartGG i.V.m. § 131 Abs. 1 Nr. 3 und Abs. 2 Nr. 1 HGB). Es kann als **Berufspflichtverletzung** angesehen werden, wenn über das Vermögen einer WPG das Insolvenzverfahren eröffnet wird. Ein solcher Vorfall ist möglicherweise als Verletzung des Gebots zur gewissenhaften Berufsausübung zu werten[654]. Ein Verstoß gegen Berufspflichten kann vermieden werden, indem vor Eröffnung des Insolvenzverfahrens auf die Anerkennung als WPG **verzichtet** wird.

5.4.2.5 Umwandlung

470 Bei einem Teil der Umwandlungsarten des UmwG (Verschmelzung, Spaltung, Vermögensübertragung) tritt die Auflösung (§§ 2, 123 174 UmwG) und damit auch der Verlust der Anerkennung als WPG ein; beim Formwechsel (§§ 190 ff. UmwG) bleibt die Gesellschaft bestehen[655] und prima facie die Anerkennung erhalten. Die Beteiligung von Nicht-WPG (z.B. BPG und StBG) an der Umwandlung ist berufsrechtlich dann ohne Bedeutung, wenn eine (bestehende!) WPG als übernehmender Rechtsträger auftritt; eine andere Beurteilung gilt, falls eine gewerblich tätige Gesellschaft an der Verschmelzung beteiligt ist[656], selbst wenn die gewerbliche Betätigung nach der Verschmelzung nicht fortgeführt werden soll. Wichtig ist aber, dass auch i.R. von Umwandlungen die Voraussetzungen für die Anerkennung als WPG, insb. die Anforderungen des § 28 Abs. 4 WPO, aufrechterhalten werden (Kap. A Tz. 446 ff.).

5.4.2.5.1 Verschmelzung

471 Werden Rechtsträger i.S.v. § 3 Abs. 1 Nr. 1 und 2 UmwG, die zugleich WPG sind, nach § 2 Nr. 1 UmwG verschmolzen, **erlischt für die übertragende WPG die Anerkennung** durch Auflösung. Das gesamte Vermögen einschl. der Verbindlichkeiten geht kraft Gesetzes (§ 20 Abs. 1 Nr. 1 UmwG) auf die übernehmende WPG im Wege der Gesamtrechtsnachfolge über, abweichende Regelungen sind insoweit nicht möglich. Ausnahmen sind allenfalls für Rechte und Pflichten denkbar, die aufgrund ihrer Eigenart nicht auf einen Gesamtrechtsnachfolger übergehen können (sog. höchstpersönliche Rechte) oder deren Erlöschen ausdrücklich bestimmt ist. Die Stellung als gesetzlicher APr. gehört zwar grds. zu den höchstpersönlichen Rechten. Allerdings ist die Höchstpersönlichkeit bei WPG eingeschränkt, weil der Auftrag zur Durchführung der Abschlussprüfung gerade nicht einem einzelnen WP, sondern der WPG als einer organisatorischen Einheit mit gebündeltem Fachwissen und von einzelnen Personen unab-

---

[654] *WPK*, Berufsgerichtliche Entscheidungen Bd. I, S. 42.
[655] LG Berlin v. 26.02.1997, DB, S. 969.
[656] OLG Hamm v. 26.09.1996, DB 1997, S. 268, NJW, S. 666; die Entscheidung beruht auf der Annahme einer Nichtigkeit gem. § 134 BGB, weil die Verschmelzung einer StBG mit einer Gesellschaft des Handelsrechts gegen das Berufsrecht (§ 57 StBerG) verstoße. Das OLG Hamm gibt allerdings keine Begründung dafür, warum ein Verstoß gegen berufsrechtliche Vorschriften ohne Weiteres als Fall des § 134 BGB angesehen wird; grds. a.A. BGH v. 03.06.2004, DB, S. 1605.

hängiger Kontinuität übertragen wird. Dies gilt insb., seit der Gesetzgeber in § 319a Abs. 1 Nr. 4 HGB a.F., Art. 17 Abs. 7 Unterabs. 1 VO (EU) Nr. 537/2014 unter bestimmten Voraussetzungen ein zwingendes Auswechseln derjenigen Berufsangehörigen vorgeschrieben hat, die den BestV unterzeichnen. Bei dieser Sachlage wird der Wille der Vertragsparteien bei der Abschlussprüfung regelmäßig darauf gerichtet sein, dass die Stellung als gesetzlicher APr. auf den übernehmenden Rechtsträger übergeht[657]. Einer Neubestellung des APr. bedarf es in Verschmelzungsfällen daher jedenfalls dann nicht, wenn nicht ausdrücklich vereinbart wurde, dass die Abschlussprüfung durch einen bestimmten WP durchzuführen ist und dieser der übernehmenden WPG nicht mehr zur Verfügung steht. Ungeachtet dessen kann in derartigen Fällen eine Ersatzbestellung der übernehmenden WPG nach § 318 Abs. 4 HGB in Betracht kommen.

472 Findet eine **Verschmelzung durch Neugründung** statt (§ 2 Nr. 2 UmwG), verlieren beide bisher bestehenden WPG ihre Anerkennung durch Auflösung. Ist die neue Gesellschaft vor Wirksamwerden der Verschmelzung als WPG anerkannt, kann sie das berufliche Geschäft fortführen. Für diesen Fall gelten die Darlegungen zur Verschmelzung durch Aufnahme entsprechend[658]. Fehlt es der neu gegründeten Gesellschaft an einer Anerkennung als WPG, kann sie nicht als APr. tätig werden, so dass für einen noch nicht erledigten Auftrag zur Durchführung einer gesetzlich vorgeschriebenen Abschlussprüfung die bisherige WPG als „weggefallen" i.S.v. § 318 Abs. 4 S. 2 HGB anzusehen ist. Führt eine WPG, die nicht als APr. gewählt und bestellt worden ist, anstelle der gewählten und bestellten WPG die Abschlussprüfung durch, stellt dies auch einen Verstoß gegen das Gebot der Gewissenhaftigkeit dar[659].

5.4.2.5.2 Spaltung

473 Bei der Spaltung (§ 123 UmwG) gelten die Ausführungen zu Kap. A Tz. 471 entsprechend. Voraussetzung ist aber, dass stets eine (bereits bestehende) WPG als **übernehmender Rechtsträger** zur Verfügung steht.

5.4.2.5.3 Vermögensübertragung

474 Die Vermögensübertragung nach §§ 174 ff. UmwG ist **berufsrechtlich ohne Bedeutung**, weil WPG nicht zum Kreis der nach § 175 UmwG beteiligten Rechtsträger zählen. Die entgeltliche Überlassung des Geschäftsbetriebs oder nur des Mandantenstamms durch Verkauf oder Verpachtung[660] bleibt unberührt.

5.4.2.5.4 Formwechsel

475 Erfolgt lediglich ein **Wechsel der Rechtsform** nach § 190 UmwG, führt dies nicht zur Auflösung der formwechselnden Gesellschaft. Damit liegt auch weder ein Grund für ein Erlöschen der Anerkennung vor noch tritt ein Identitätsverlust ein, eine im Hinblick auf § 318 Abs. 4 S. 2 HGB wichtige Folge. Allerdings drohen bei gleichzeitigem Fortfall von *Anerkennungsvoraussetzungen*, z.B. durch Nichtbeachtung der Anforderungen des § 28 WPO, der Widerruf der Anerkennung nach § 34 Abs. 1 Nr. 2 WPO (Kap. A Tz. 477 ff.).

---

657 So auch ADS[6], § 319 HGB, Tz. 33.
658 ADS[6], § 319 HGB HGB, Tz. 33 a.E.
659 *WPK*, Berufsgerichtliche Entscheidungen Bd. I, S. 44.
660 Ausweislich § 28 Abs. 4 BOStB ist der Abschluss eines Pachtvertrags über Praxen von StB zulässig.

Wegen der Anzeige- und Meldepflichten hinsichtlich der durch den Formwechsel bedingten Änderungen des Gesellschaftsvertrags/der Satzung s. Kap. A Tz. 481.

5.4.2.6 Rücknahme und Widerruf

476 § 34 WPO beschreibt mehrere Tatbestände, bei deren Verwirklichung die Anerkennung als WPG zurückzunehmen oder zu widerrufen ist.

5.4.2.7 Fortfall von Anerkennungsvoraussetzungen

477 Die Anerkennung muss **mit Wirkung für die Zukunft** widerrufen werden, wenn nachträglich Anerkennungsvoraussetzungen entfallen, und zwar gleichgültig, ob dies auf tatsächlichen oder rechtlichen Gründen beruht. Für die Praxis v.a. von Bedeutung sind die Fälle, in denen

- die Organe der Gesellschaft durch das **Ausscheiden** von gesetzlichen Vertretern mit WP-Qualifikation nicht mehr ordnungsgemäß besetzt sind,
- sich die **Kapitalbeteiligung** in unzulässiger Weise verändert hat oder
- **der Gesellschaftsvertrag/die Satzung geändert** und dabei zwingendes Recht nicht beachtet worden ist.

478 Das gesetzliche Vertretungsorgan ist z.B. nicht mehr ordnungsgemäß besetzt, wenn die Zahl der Nicht-WP die Zahl der WP und EU-/EWR-APr. erreicht oder gar übersteigt (§ 28 Abs. 2 und 3 WPO). Welche Gründe dieses Missverhältnis auslösen (z.B. Tod, Kündigung, Verlust der WP-Qualifikation durch Rücknahme/Widerruf der Bestellung, Ausschließung aus dem Beruf oder Verzicht auf die Bestellung), ist ohne Bedeutung. Verringert sich die Zahl der gesetzlichen Vertreter auf zwei, bleibt die Anerkennungsvoraussetzung erhalten, wenn mindestens ein gesetzlicher Vertreter WP bzw. EU-/EWR-APr. ist (s. Kap. A Tz. 441).

An einer ordnungsgemäßen Besetzung des Vertretungsorgans fehlt es auch, wenn ihm noch eine Person i.S.v. § 28 Abs. 2 und 3 WPO angehört, der die Eignung zur Vertretung und Geschäftsführung einer WPG aberkannt worden ist; insoweit erlischt die Ausnahmegenehmigung nach § 28 Abs. 2 oder 3 WPO kraft Gesetzes.

479 Die **Kapitalbeteiligung** verändert sich in unzulässiger Weise, wenn Personen als Gesellschafter aufgenommen werden, die nicht zum Kreis der zulässigen Gesellschafter (Kap. A Tz. 446 ff.) gehören, und zwar ohne Rücksicht auf die Höhe ihrer Beteiligung. Entsprechendes gilt, wenn ein bisher zulässiger Gesellschafter seine **Gesellschafterfähigkeit** verliert, z.B. die Bestellung als WP erlischt, die Anerkennung als WPG widerrufen wird oder die erforderliche Tätigkeit in der Gesellschaft endet. Damit soll vermieden werden, dass die Anerkennung durch nur vorübergehende, der Umgehung dienende Gestaltungen erlangt wird.

480 Der Gesellschaft ist vor dem Widerruf eine angemessene **Anpassungsfrist** zu gewähren, binnen derer der dem Gesetz entsprechende Zustand herbeigeführt werden muss. Ist die Mehrheit der gesetzlichen Vertreter mit WP-Qualifikation nicht mehr gegeben, darf die Anpassungsfrist zwei Jahre nicht überschreiten. Haben sich bei der Kapitalbeteiligung durch **Erbfall** für die Aufrechterhaltung der Anerkennung schädliche Veränderungen ergeben (z.B. weil ein Erbe kein zulässiger Anteilseigner i.S.v. § 28 Abs. 4 WPO ist), muss die Anpassungsfrist **mindestens fünf Jahre** betragen (§ 34 Abs. 1 Nr. 2 WPO). Ist einem gesetzlichen Vertreter die Berufsqualifikation entzogen worden, und zwar gleichgültig auf welche Weise, oder hat ein gesetzlicher Vertreter ohne WP-Qualifikation die Eignung zur Vertretung und Geschäftsführung verloren, muss die WPG zur Vermeidung des Widerrufs ihrer Anerkennung der betreffenden Person unverzüglich jede Vertretungs- und Geschäftsführungsbefugnis entziehen.

Wird die **Satzung/der Gesellschaftsvertrag geändert**, ist dies der WPK anzuzeigen. Eine öffentlich beglaubigte Abschrift der jeweiligen Urkunde sowie der Eintragung im HR sind beizufügen bzw. nachzureichen (§ 29 Abs. 2 WPO). Werden durch die Änderung Anerkennungsvoraussetzungen beseitigt, wird z.B. die Vinkulierung der Aktien oder Geschäftsanteile (§ 28 Abs. 5 WPO) aufgehoben oder der Gesellschaftszweck unter Missachtung des Verbots gewerblicher Tätigkeit (§ 56 i.V.m. § 43a Abs. 3 Nr. 1 WPO) geändert, ist die Anerkennung ebenfalls zu widerrufen, falls nicht fristgerecht die schädlichen Umstände beseitigt werden.

481

Ob durch eine Veränderung der Firma, bei der § 22 BS WP/vBP nicht beachtet wird, auch eine Anerkennungsvoraussetzung nachträglich entfällt, ist zweifelhaft. Ein solches Handeln führt aber jedenfalls zu Maßnahmen der Berufsaufsicht, wenn die neue Firmierung nicht zulässig ist (Kap. A Tz. 456 f.).

482

5.4.2.8 Vermögensverfall

Die Anerkennung als WPG ist zu widerrufen, wenn die Gesellschaft in Vermögensverfall geraten ist, es sei denn, dass dadurch die Interessen der Auftraggeber oder anderer Personen nicht gefährdet sind (§ 34 Abs. 2 WPO). Insoweit besteht eine **Parallele zum Widerruf der Bestellung** eines WP gem. § 20 Abs. 2 Nr. 5 WPO (Kap. A Tz. 423). Ist eine WPG im amtlichen Schuldnerverzeichnis eingetragen, begründet dies einen hinreichenden Verdacht des Vermögensverfalls, so dass die Anerkennung zurückgenommen werden kann[661].

483

5.4.2.9 Verstoß gegen Publizitätspflichten

Auch für Berufsgesellschaften gelten abhängig von Rechtsform und Größe Publizitätspflichten. Ihre Nichtbeachtung gefährdet zwar nicht die Anerkennung, kann aber **berufsrechtlich geahndet** werden[662].

484

5.4.3 Gebühren

Für das **Anerkennungsverfahren** sowie für die Erteilung von **Ausnahmegenehmigungen** sind Gebühren an die WPK zu entrichten, die im Einzelnen durch die jeweils aktuelle Gebührenordnung der WPK festgelegt sind.

485

5.5 Anforderungen an die Berufsausübung

5.5.1 Berufssitz

Die WPO gewährt sowohl **Niederlassungs-** als auch **Dienstleistungsfreiheit**. Der WP kann daher seine berufliche NL (Berufssitz) sowohl im Inland als auch im Ausland begründen.

486

---

661 VG München v. 08.11.1988, MittBl.WPK Nr. 133/1989, S. 20, VG München v. 02.03.1999, WPK-Mitt., S. 198.
662 WPK-Mitt. 1999, S. 161.

487 Jeder Berufsangehörige hat nur eine berufliche NL. Bei selbständig tätigen wie auch bei angestellten WP befindet sich der Berufssitz an der Anschrift der Praxis, von der aus er seinen Beruf überwiegend ausübt. Entsprechendes gilt daher auch bei Übernahme der Funktion als gesetzlicher Vertreter einer WPG (§ 28 Abs. 1 WPO) oder als **NL-Leiter** (§ 47 WPO) eines WP, vBP oder einer WPG bzw. BPG. Die Tatsache, dass ein WP nur eine einzige berufliche NL haben kann, schließt nicht aus, dass er in weiteren beruflichen Funktionen tätig wird.

488 Nach der Bestellung hat der WP unmittelbar eine berufliche NL zu begründen und zu unterhalten (§ 3 Abs. 1 S. 1 WPO) sowie unverzüglich die Anschrift der beruflichen NL, also des Berufssitzes, zum Berufsregister zu melden (§ 38 Abs. 1 Nr. 1c WPO). Andernfalls liegt hierin ein Grund für die Versagung (richtiger: Widerruf) der Bestellung (§ 16 Abs. 1 Nr. 4 WPO, vgl. Kap. A Tz. 423).

489 Bei **WPG** ist die berufliche NL ihr Verwaltungssitz[663], also dort, wo sich der Sitz der Hauptverwaltung tatsächlich befindet und an dem die grundlegenden Entscheidungen der Unternehmensleitung getroffen und umgesetzt werden.

5.5.2 Zweigniederlassungen

490 WP und WPG dürfen ZNL im In- und Ausland errichten (§ 3 Abs. 3 WPO). Jede neben der beruflichen NL **kundgemachte Anschrift** begründet das Bestehen einer ZNL i.S.v. §§ 3, 47 WPO.

491 Eine ZNL i.S.v. § 47 WPO liegt jedoch nur dann vor, wenn in dem entsprechenden Büro zugleich Kernaufgaben des WP entweder angeboten oder wahrgenommen werden. Gliedert aber ein Berufsangehöriger Tätigkeiten, die nicht zu den Kerntätigkeiten des WP gehören, räumlich und organisatorisch aus, ist § 47 WPO auf die ausgegliederte Einheit nicht anzuwenden[664]. Denkbar ist dies etwa für die Tätigkeit als Insolvenzverwalter[665], wohl auch für Testamentsvollstreckung und andere vereinbare Tätigkeiten. Allerdings darf in dieser ZNL der WP-Titel nicht geführt werden.

492 ZNL von WP oder WPG müssen nach § 47 WPO von einem am Ort der ZNL beruflich ansässigen Berufsangehörigen oder EU- oder EWR-APr. geleitet werden. Gegen die grundsätzliche Pflicht, die **Leitung einer NL** einem Berufsangehörigen zu übertragen, bestehen verfassungsrechtlich keine Bedenken. Allerdings hat das BVerfG für § 34 Abs. 2 StBerG es als ausreichend angesehen, dass der Leiter einer Beratungsstelle auch am Hauptsitz tätig sein kann; er darf aber nicht zugleich Leiter der Haupt-NL sein[666]. Dieses Verständnis wird auch für die Regelung des § 47 WPO zu beachten sein. Eine berufliche NL im Nahbereich der ZNL ist im Gegensatz zu § 34 Abs. 2 S. 2 StBerG[667] nicht zulässig.

493 Von dem **Leitungserfordernis** kann die WPK bei ZNL von WP (also **nicht** für solche von WPG) **auf Antrag** nach pflichtgemäßem Ermessen Ausnahmen zulassen (§ 47 S. 2

---

[663] Vgl. § 3 Abs. 2 WPO, geändert durch APAReG; bisher war der Sitz der Gesellschaft maßgebend.
[664] BGH v. 12.10.2004, WPK-Magazin 1/2005, S. 48; so im Wesentlichen bereits BVerwG v. 22.08.2000, WPK-Mitt. 2001, S. 70.
[665] BGH v. 12.10.2004, WPK-Magazin 1/2005, S. 48.
[666] BVerfG v. 17.12.2001 – 1 BvR 381/01, www.bundesverfassungsgericht.de, Rubrik „Entscheidungen" (abgerufen am 26.08.2018).
[667] Dazu BFH v. 31.08.1995, BStBl. II 1997, S. 629.

WPO), allerdings nur in besonderen Fällen[668], z.B. beim Erwerb einer Praxis an einem anderen Ort. Diese Ausnahmegenehmigungen werden regelmäßig befristet erteilt. Kostennachteile für die Anstellung eines NL-Leiters reichen für eine Ausnahmegenehmigung nicht aus. Gleichzeitige Ausnahmegenehmigungen für mehrere ZNL eines WP kommen ebenfalls nicht in Betracht[669]. Hartnäckiges Hinwegsehen über das Leitungserfordernis wird als Berufspflichtverletzung geahndet[670]. Bei Mehrfachqualifikation ist eine Aufteilung nach den unterschiedlichen Berufsqualifikationen auf örtlich verschiedene NL möglich[671].

494 Von dem Erfordernis des beruflich ortsansässigen WP/EU-/EWR-APr. sind Ausnahmen nicht möglich. Ob an dieser stringenten Sichtweise nach der Entscheidung des BVerfG v. 17.12.2001[672] festgehalten werden kann, erscheint zweifelhaft, ist bislang aber nach wie vor ungeklärt.

495 Bei Fortfall des NL-Leiters kann nur in entsprechender Anwendung von § 34 Abs. 1 Nr. 2 WPO eine angemessene Anpassungsfrist gewährt werden. Wegen des Verbots der abweichenden Firmierung einer ZNL s. Kap. A Tz. 456, zur Siegelführung s. Kap. A Tz. 528. Eine ZNL kann nicht zum APr. bestellt werden[673].

5.5.3 Sonstige Fragen zur Art der Berufsausübung

5.5.3.1 Allgemeines

496 Ein WP kann seinen Beruf sowohl **in eigener Praxis** (selbständig) als auch im **Anstellungsverhältnis** ausüben (§ 43a Abs. 1 WPO). Der Bewerber hat bereits mit dem Antrag auf Bestellung anzugeben, wie er ab der Bestellung tätig sein will. Beabsichtigt er eine Tätigkeit i.S.d. § 43a Abs. 1 Nr. 1 WPO, muss er den Nachweis einer ausreichenden **Berufshaftpflichtversicherung** erbringen (§ 54 Abs. 1 WPO). Zulässig ist die gleichzeitige Tätigkeit in eigener Praxis und im **Anstellungsverhältnis**. Es besteht kein berufsrechtliches Verbot, mehrere Anstellungsverhältnisse zu begründen oder mehreren beruflichen Zusammenschlüssen anzugehören. Dies gilt stets unter dem Vorbehalt der Wahrung der Gewissenhaftigkeit und Eigenverantwortlichkeit. Nicht möglich ist es daher, an verschiedenen Orten oder innerhalb einer politischen Gemeinde unter verschiedenen Anschriften Alleinfunktionen auszuüben. Keine Bedenken bestehen hingegen, wenn sich eigene Praxis, Sitz der WPG X und ZNL der WPG Y an derselben Adresse befinden und eine organisatorische Einheit bilden.

497 Befindet sich der WP nicht in einem (zulässigen) Anstellungsverhältnis, gilt er als in eigener Praxis tätig mit der Folge, das Bestehen einer dem Gesetz entsprechenden Berufshaftpflichtversicherung (s. Kap. A Tz. 536) nachweisen zu müssen (§ 54 Abs. 1 WPO). Zur **Auswirkung der Arbeitslosigkeit** eines bisher angestellten WP und der Ausnahme von der Pflicht zur Unterhaltung einer Berufshaftpflichtversicherung vgl. Kap. A Tz. 536.

---

[668] BVerwG v. 22.08.2000, WPK-Mitt. 2001, S. 69.
[669] So im Ergebnis auch VG Düsseldorf v. 13.05.1997, WPK-Mitt., S. 234.
[670] Vgl. Kammergericht Berlin v. 08.09.1999, WPK-Mitt. 2000, S. 66.
[671] BVerwG v. 22.08.2000, WPK-Mitt. 2001, S. 69.
[672] BVerfG v. 17.12.2001 – 1 BvR 381/01, www.bundesverfassungsgericht.de, Rubrik „Entscheidungen" (abgerufen am 26.08.2018).
[673] S. WPK-Magazin 4/2006, S. 32.

5.5.3.2 Einzelpraxis

498 Der WP bestimmt, in welcher organisatorischen Form er seine Tätigkeit ausübt. An die Ausübung der Tätigkeit i.R. einer Einzelpraxis werden keine Anforderungen an die Einrichtung von Praxisräumen und die räumliche Nähe des Wohnsitzes zum Ort der beruflichen NL gestellt. Allerdings unterliegt ein Tätigwerden in eigener Praxis **organisatorischen Mindestanforderungen**, insb. Qualitätssicherungsmaßnahmen i.S.v. § 55b WPO, um die gewissenhafte Berufsausübung sicherzustellen.

5.5.3.3 Gemeinschaftliche Berufsausübung (Sozietät)

499 Wirtschaftsprüfer können sich zur gemeinschaftlichen Berufsausübung örtlich oder überörtlich zusammenschließen (§ 43a Abs. 1 Nr. 1 WPO). Das Gesetz gestattet einen solchen Zusammenschluss **in der Form der PersGes.** (§ 44b Abs. 1 WPO)[674]. Der Umfang der Zusammenarbeit bestimmt sich nach den vertraglichen Abreden; es ist daher durchaus möglich, neben der Tätigkeit in der Gesellschaft auch eine Einzelpraxis zu unterhalten, sofern die gesamte selbständige Tätigkeit unter derselben Anschrift ausgeübt wird. Des Weiteren ist zu beachten, dass eine gemeinsame Berufsausübung nicht ohne Weiteres eine gemeinschaftliche Auftragsübernahme zur Folge hat bzw. voraussetzt (Kap. A Tz. 281). Es ist zu beachten, dass eine gemeinsame Berufsausübung für die Annahme von Aufträgen zur Durchführung einer gesetzlich vorgeschriebenen Abschlussprüfung (§ 319 Abs. 3 S. 1 HGB, s. Kap. A Tz. 155) und darüber hinaus für Haftungsfragen von Bedeutung sein kann.

500 Eine gemeinschaftliche Berufsausübung z.B. in Form einer gemischten Sozietät ist mit natürlichen und juristischen Personen sowie mit PersGes. möglich, wenn diese der **Berufsaufsicht** einer Berufskammer eines freien Berufs in Deutschland unterliegen und zur **Zeugnisverweigerung** nach § 53 Abs. 1 S. 1 Nr. 3 StPO berechtigt sind (§ 44b Abs. 1 WPO). Darüber hinaus ist die gemeinsame Berufsausübung auch mit ausländischen sachverständigen Prüfern i.S.d. § 28 Abs. 3 WPO sowie mit RA, StB und Patentanwälten anderer Staaten zulässig (§ 44b Abs. 2 WPO). Eine Sozietät mit ausländischen Berufsträgern i.S.v. § 44b Abs. 2 WPO sollte allerdings nur eingegangen werden, wenn auch diese ein Zeugnisverweigerungsrecht besitzen. Zur Berufshaftpflichtversicherung s. Kap. A Tz. 536 ff.

501 Zulässig ist demnach eine Sozietät mit vBP, StB, StBv, RA, Patentanwälten und Anwaltsnotaren; mit Letzteren allerdings nur in ihrer Eigenschaft als Anwalt[675]. Anders als § 59a BRAO[676] gestattet § 44b WPO eine gemeinsame Berufsausübung mit Ärzten, Zahnärzten und Apothekern.

502 Die Mitglieder einer Sozietät können in verschiedenen politischen Gemeinden ansässig sein.

---

[674] S. Regierungsbegründung zum APAReG zu § 44b WPO, BT-Drs. 18/6282 v. 08.10.2015, S. 75: Durch die Verwendung des Oberbegriffs „PersGes." soll klargestellt werden, dass es für die gemeinsame Berufsausübung keine Beschränkungen für die Wahl der Rechtsform mehr gibt.

[675] So ausdrücklich § 44b Abs. 1 S. 2 WPO. Ein Verbot von Sozietäten zwischen Anwaltsnotaren und WP ohne entsprechende gesetzliche Regelung wurde vom BVerfG als verfassungswidrig angesehen, BVerfG v. 08.04.1998, WPK-Mitt., S. 245; *Prütting*, in: FS Oppenhoff, S. 259.

[676] S. aber BVerfG Beschluss v. 12.01.2016, ZIPS. 258, mit dem das Verbot einer PartG von RA mit Ärzten und Apothekern aus § 59a BRAO für nichtig erklärt wurde.

Nicht „sozietätsfähig" sind nach wie vor Angehörige nicht verkammerter freier Berufe, auch wenn sie Tätigkeiten ausüben, die mit dem WP-Beruf gem. § 43a Abs. 2 Nr. 1 WPO vereinbar sind. Zu diesem Personenkreis gehören insb. Unternehmensberater oder ein nicht zum StB bestellter Dipl.-Finanzwirt[677]. Das gleiche gilt für Angehörige verkammerter freier Berufe, wenn diesen kein Zeugnisverweigerungsrecht nach der StPO zusteht. Hierzu könnten etwa nach Landesrecht verkammerte Ingenieure zählen, sofern sie sich nicht auf ein Zeugnisverweigerungsrecht als Berufshelfer i.S.d. § 53a StPO stützen können. Zur Vermeidung entsprechender Unsicherheiten kann eine berufliche Zusammenarbeit mit den genannten Berufsträgern i.R. einer WPG in Betracht kommen, vorausgesetzt der entsprechende Angehörige eines nicht sozietätsfähigen Berufs erhält die Genehmigung nach § 28 Abs. 2 WPO, als besonders befähigte Person eine Gesellschafter- bzw. Organstellung in einer WPG zu übernehmen (s. Kap. A Tz. 439). **503**

Sozietäten **zwischen natürlichen und juristischen Personen**, also Berufsgesellschaften sowie PersGes. sind aus WP-Sicht zulässig (§ 44b Abs. 1 WPO), wenngleich selten. **504**

Da die Rechtsform für die gemeinsame Berufsausübung keinen Beschränkungen mehr unterliegt, sind die Worte „Außen- und Scheinsozietät" in der Überschrift des § 44b WPO gestrichen worden[678]. Auch wenn damit der Bezug zwischen den für Sozietäten geltenden Bestimmungen und der Rechtsfigur der **„Scheinsozietät"** weggefallen ist, gelten die Konsequenzen gleichwohl nach allgemeinen Rechtsgrundsätzen fort. Eine Scheinsozietät ist dadurch gekennzeichnet, dass Berufsträger nach außen durch gemeinsames Kanzleischild, Briefkopf, Stempel u.Ä. den Anschein einer Sozietät erwecken, obwohl zwischen ihnen nur ein Anstellungsverhältnis oder ein freies Mitarbeiterverhältnis besteht[679]. Ein solcher Zusammenschluss erzeugt gegenüber dem Rechtsverkehr den Anschein, dass ein einzeln handelndes Mitglied der „Scheinsozietät" alle anderen Mitglieder vertritt, was insb. zur Anwendung der Grundsätze der Anscheins- und Duldungsvollmacht mit den entsprechenden Konsequenzen, etwa für die Haftung, führt (s. dazu Kap. A Tz. 514). **505**

WP müssen eine gemeinsame Berufsausübung unverzüglich beenden, wenn sie aufgrund des Verhaltens eines Mitglieds der PersGes. ihren eigenen beruflichen Pflichten nicht mehr uneingeschränkt nachkommen können (§ 44b Abs. 5 WPO). **506**

5.5.3.4 Partnerschaftsgesellschaft

Die PartG[680] ist eine eigene, der OHG vergleichbare Rechtsform, die der Gesetzgeber ausschließlich **Angehörigen freier Berufe**[681]**, die natürliche Personen sind**, zur Organisation ihrer beruflichen Zusammenarbeit zur Verfügung stellt. Grds. haften für Verbindlichkeiten das Vermögen der PartG und daneben die Partner als Gesamtschuldner. Die Haftungsbestimmung erfährt aber in zweifacher Hinsicht für die Praxis bedeutsame Ausnahmen, wodurch die PartG an Attraktivität für die freien Berufe gewonnen hat: **507**

---

677 BFH v. 15.05.1997, DStRE 1998, S. 476.
678 Gestrichen i.R.d. APAReG; vgl. die damalige Gesetzesbegründung zum WPRefG zur Änderung des § 44b WPO, BT-Drs. 15/1241, S. 36, rechte Sp.
679 BGH v. 12.10.2000, NJW 2001, S. 165; WPK-Mitteilung 2001, S. 74.
680 Auf eine ausführliche Darstellung der PartG wird im Hinblick auf die sonstige Literatur verzichtet.
681 Zur Definition des Begriffs „freier Beruf" vgl. § 1 Abs. 1 PartGG; diese Definition ist allerdings für die Anwendung des § 18 EStG nicht präjudizierend, BT-Drs. 12/6152, S. 10, BFH v. 03.03.1998, BFH/NV, S. 1206.

Waren nur einzelne Partner mit der Bearbeitung eines Auftrags befasst, haften kraft Gesetzes neben der Partnerschaft nur diese (§ 8 Abs. 2 PartGG). Daher entfällt die bei Sozietäten weiterhin bestehende Notwendigkeit einer entsprechenden Vereinbarung mit dem Mandanten über eine Konzentration der Haftung auf einen bestimmten Sozius. Daneben besteht die Möglichkeit, eine **PartGmbB** zu gründen, bei der die Haftung für Verbindlichkeiten aus Schäden wg. fehlerhafter Berufsausübung auf das Gesellschaftsvermögen begrenzt und die persönliche Haftung ausgeschlossen werden kann (§ 8 Abs. 4 PartGG[682]). Voraussetzung für die Beschränkung der Haftung ist, dass die Gesellschaft eine Berufshaftpflichtversicherung abschließt (§ 54 Abs. 1 WPO) und die Partnerschaft den Zusatz „mit beschränkter Berufshaftung" oder eine allgemeinverständliche Abkürzung dieser Bezeichnung führt. Durch diese Regelungen wird das Einstehen-Müssen für berufliche Fehler anderer Partner, wie es für die Sozietät typisch ist, erheblich eingeschränkt und mit der PartGmbB eine wettbewerbsfähige Alternative zur englischen LLP und zur Rechtsform der Freiberufler-GmbH & Co. KG eingeführt, die es ermöglicht, die Vorteile einer PersGes. mit denen einer Haftungsbeschränkung zu kombinieren.

508 Sofern die Partner WP, vBP und/oder StB sind, ergeben sich keine Änderungen hinsichtlich der Versicherungspflicht. Bei Beteiligung von RA muss hingegen die Regelung des § 51a BRAO beachtet werden, die die Mindestversicherungssumme auf 2,5 Mio. € für jeden Versicherungsfall festlegt; bei Verwendung von AAB vervierfacht sich dieser Betrag. Die Rechtsform wird daher für kleinere Einheiten wg. der möglichweise erheblichen finanziellen Belastung durch die Berufshaftpflichtversicherung eher unattraktiv sein; s. auch Kap. A Tz. 541.

509 Die PartG kann in vierfacher Art am Rechtsverkehr teilnehmen: als sog. einfache PartG bzw. als als Berufsgesellschaft anerkannte PartG oder als sog. einfache PartGmbB bzw. als als Berufsgesellschaft anerkannte PartGmbB. Unter einer einfachen oder Nur-PartG wird eine solche verstanden, die nicht zugleich als WPG, BPG oder StBG anerkannt ist. Zu den allgemeinen Anforderungen an eine PartG/PartGmbB, die als WPG anerkannt wird, vgl. Kap. A Tz. 431.

510 Es bleibt zu beachten, dass die „einfache Partnerschaft" mangels Anerkennung als WPG im Bereich der gesetzlichen Abschlussprüfung nicht tätig werden kann; sie ist auch nicht zur Siegelführung nach § 48 WPO befugt (Kap. A Tz. 523). Gehen WP eine einfache PartG/PartGmbB ein, müssen sie dafür Sorge tragen, dass sie zur Durchführung von gesetzlich vorgeschriebenen Abschlussprüfungen berechtigt bleiben, etwa durch Betreiben einer Einzelpraxis neben der PartG/PartGmbB[683].

511 Nach § 3 Nr. 3 StBerG sind einfache PartG allerdings zur uneingeschränkten Hilfeleistung in Steuersachen befugt, wenn die Partner diese Befugnis nach § 3 Nr. 1 und 4 StBerG besitzen. Damit hat der Gesetzgeber der einfachen PartG ein für die Berufspraxis wesentliches Betätigungsfeld eröffnet. Ähnlich wie bei Sozietäten (Kap. A Tz. 505) ist auch eine Schein-PartG möglich. Allerdings ist es im Gegensatz zur Sozietät nicht zu beanstanden, wenn ein Scheinpartner auf Briefbögen aufgeführt wird[684].

---

[682] Gesetz zur Einführung einer Partnerschaftsgesellschaft mit beschränkter Berufshaftung und zur Änderung des Berufsrechts der Rechtsanwälte, Patentanwälte, Steuerberater und Wirtschaftsprüfer v. 15.07.2013, BGBl. I, S. 2386.
[683] S. auch WPK-Magazin 1/2007, S. 22.
[684] OLG München v. 18.01.2001, WPK-Mitt. 2002, S. 154.

5.5.3.5 Bürogemeinschaften

Mit den Angehörigen sozietätsfähiger Berufe können WP eine Bürogemeinschaft begründen. Für StB ist die Zulässigkeit ausdrücklich im Gesetz verankert[685]. Es handelt sich dabei meist um eine GbR in der Form einer sog. **Innengesellschaft**[686]. Deren Zweck ist auf die gemeinschaftliche Nutzung sachlicher oder personeller Ressourcen (z.B. Telefonzentrale, Schreibbüro, Bibliothek, Büroräume), nicht aber auf ein Auftreten nach außen gerichtet. Vielmehr betreiben die Mitglieder einer Bürogemeinschaft ihren jeweiligen Beruf selbständig und auf eigene Rechnung und Gefahr[687]. Ihr Umfang richtet sich im Einzelnen nach den vertraglichen Absprachen. Treten Personen, die lediglich eine Bürogemeinschaft vereinbart haben, i.R.d. Berufsausübung dennoch gemeinschaftlich auf (etwa durch gemeinsamen Briefbogen), werden sie u.U. als **(Schein-)Sozien** behandelt. Daraus ergeben sich einschneidende Folgen hinsichtlich der gesamtschuldnerischen Haftung bei Berufsversehen oder gar strafrechtlichen Handlungen[688]. Bei der gemeinschaftlichen Nutzung des Personals droht, falls nur ein Gesellschafter Arbeitgeber ist, wg. evtl. Entgeltzahlungen für Personalüberlassung GewSt-Pflicht; dasselbe gilt, wenn die einer Einzelpraxis/Sozietät angegliederte WPG das Personal des WP/der Sozietät gegen Entgelt mit nutzt[689].

512

5.5.3.6 Kooperation

In der Praxis sind immer häufiger Formen der Zusammenarbeit von WP mit anderen, im In- oder Ausland ansässigen Berufsträgern unter der Bezeichnung „in Zusammenarbeit mit" oder „Kooperationspartner" anzutreffen, ohne dass der Begriff der Kooperation gesetzlich definiert ist. Mit einer solchen berufsrechtlich zulässigen Kooperation soll i.d.R. kundgetan werden, dass die entsprechenden Berufsträger in die Abwicklung von Dienstleistungen in Einzelfällen oder i.R. eines auf Dauer angelegten Zusammenwirkens bei Bedarf einbezogen werden können und damit die eigene Leistungsfähigkeit erhöht wird. Auf eine Kooperation darf hingewiesen werden.

513

Bei einer Kooperation handelt es sich grds. nicht um eine gemeinsame Berufsausübung i. S.v. § 319 Abs. 3 S. 1 HGB (zur Abgrenzung zum Netzwerk s. Kap. A Tz. 157 ff.), gleichwohl sind auch i.R. einer Kooperation die **Berufspflichten** zu befolgen. § 44b WPO findet auf deren Mitglieder allerdings keine unmittelbare Anwendung. Die Mitglieder einer Kooperation schließen die entsprechenden Verträge mit Mandanten nur jeweils mit Wirkung für sich selbst ab[690]. Zur Vermeidung einer **Haftung** für durch den Kooperationspartner verursachte Schadensersatzansprüche ist darauf zu achten, dass nach außen (z.B. Gestaltung des Briefbogens) nicht der Eindruck einer (Schein-)Sozietät (s. Kap. A Tz. 505) erweckt wird. Bei der Gestaltung des **Briefbogens** einer Sozietät ist

514

---

[685] § 56 Abs. 2 StBerG; zur Bürogemeinschaft eines RA mit einer StBG s. BGH v. 29.09.2003, NJW, S. 3548.
[686] Tritt sie aber im Rechtsverkehr gegenüber Dritten, etwa einem Vermieter, auf, ist sie insoweit zugleich *Außengesellschaft*.
[687] BT-Drs. 12/6753, S. 16.
[688] BGH v. 08.07.1999, NJW, S. 3040.
[689] Zur Zulässigkeit von Personalüberlassung vgl. Gesetz zur Änderung des Arbeitnehmerüberlassungsgesetzes v. 21.02.2017, BGBl. I, S. 258. Danach fallen Mitarbeiter von beratenden Dienstleistern, die zur Erfüllung eines Auftrags ihres Arbeitgebers für eine gewisse Zeit im Betrieb des beauftragten beratenden Unternehmens tätig sind, nicht unter das AÜG. Das dürfte für die Tätigkeit i.R. eines Prüfungsmandats gelten. S. auch Ergebnisbericht des FAR v. 27.04.2017, https://www.idw.de/mein-idw/sitzungsberichte/far (abgerufen am 26.08.2018).
[690] *Kamps/Wollweber*, DStR 2009, S. 926; *Hartung* in: Henssler/Prütting, BrAO², § 59a, Rn. 174.

außerdem darauf zu achten, dass die Aufnahme von Kooperationspartnern im Kopf des Briefbogens nicht zu einer Irreführung über die wahren Berufe (und damit Befugnisse) der Sozietätsmitglieder führt[691].

5.5.3.7 Anstellungsverhältnis

515 Mit dem WP-Beruf grds. unvereinbar ist jede Tätigkeit aufgrund eines Anstellungsvertrags, so dass es auch einen Syndikus-WP (anders als bei RA und StB) nicht gibt. **Ausnahmsweise** gestattet sind aber Anstellungsverhältnisse bei WP und WPG sowie bei den übrigen in § 43a Abs. 1 WPO genannten Prüfungseinrichtungen sowie bei Angehörigen eines ausländischen Prüferberufs oder einer ausländischen Prüfungsgesellschaft. Zur Ausgestaltung eines Anstellungsverhältnisses enthält die WPO im Übrigen keine Vorschriften. Zu beachten ist, dass ein Anstellungsverhältnis bei einer Sozietät (GbR) trotz ihrer in der Rspr. inzwischen anerkannten Teilrechtsfähigkeit[692] wg. der abschließenden Aufzählung in § 43a Abs. 1 WPO nicht zulässig ist. Ebenso wenig gestattet ist ein Anstellungsverhältnis bei StB, vBP oder RA; bei den entsprechenden Berufsgesellschaften (StBG, BPG, Rechtsanwaltsgesellschaft) ist nur eine Stellung als gesetzlicher Vertreter (s. Kap. A Tz. 69) zulässig.

516 Als Angestellter muss der WP in den o.g. Fällen zeichnungsberechtigt sein. **Zeichnungsberechtigung** ist bei einem Anstellungsverhältnis bei einer handelsrechtlichen Berufsgesellschaft außer durch Organstellung bei Prokura (§ 48 HGB), Handlungsvollmacht (§ 54 HGB) oder einer über die genannten Vertretungsbefugnisse hinausgehenden[693] (General-)Vollmacht ohne Weiteres gegeben. Bei einer PartG ist eine vergleichbare Vollmacht (keine Prokura) zu erteilen. Zeichnungsberechtigung wird zu bejahen sein, wenn der angestellte WP zwar nicht generell vertretungsbefugt, aber in einer Reihe von Einzelfällen entsprechend ermächtigt ist. Eine nur zur Vertretung in einem Einzelfall erteilte Vollmacht (§ 164 BGB) reicht hingegen nicht aus. Ist der WP bei einem Einzelpraxisinhaber angestellt, ist zu berücksichtigen, dass eine Vertretung des Praxisinhabers bei gesetzlich vorgeschriebenen Abschlussprüfungen aufgrund der Höchstpersönlichkeit der Stellung als gesetzlicher APr. nicht möglich ist. Auf eine Zeichnungsberechtigung kommt es nicht an, wenn das Anstellungsverhältnis bei den in § 43a Abs. 2 Nr. 2 WPO genannten Einrichtungen besteht.

517 Die Befugnis, **neben** der Tätigkeit als gesetzlicher Vertreter einer BPG, StBG oder Rechtsanwaltsgesellschaft Aufträge zur **Durchführung gesetzlich vorgeschriebener Prüfungen** zu übernehmen und abzuwickeln, wird nicht mehr verlangt (§ 43a Abs. 1 Nr. 4 WPO[694]).

518 Gebraucht ein nicht selbständig tätiger WP außerhalb seiner privaten Sphäre allerdings einen **Geschäftsbriefbogen**, der üblicherweise nur i.R.d. Tätigkeit in eigener Praxis Verwendung findet und u.a. Bankverbindungen sowie die üblichen geschäftlichen Kommunikationsangaben (Telefax, E-Mail etc.) enthält, erweckt er den **Anschein des Bestehens einer eigenen Praxis**. Das hat zur Folge, dass der Nachweis der Berufshaftpflichtversicherung erbracht werden muss und sich persönliche Haftungsrisiken ergeben können, die ggf. nicht durch die Berufshaftpflichtversicherung des Arbeitgebers

---

691 BGH v. 23.09.2002, NJW 2003, S. 346.
692 BGH v. 29.01.2001, NJW, S. 1056.
693 BGHZ 36, S. 292 (295).
694 APAReG, BGBl. I 2016, Nr. 14, S. 518 (524 f.).

gedeckt sind. Ein solches Risiko besteht nicht, wenn der WP im Einzelfall zwar im eigenen Namen, aber für Rechnung seines Dienstherrn tätig wird und über diesen insoweit Versicherungsschutz genießt.

Für WP im Anstellungsverhältnis sind vertragliche Wettbewerbsbeschränkungen, insb. **Mandantenschutzklauseln,** ebenso üblich wie bedeutsam; vgl. im Einzelnen Kap. A Tz. 236 ff.

5.5.3.8 Freie Mitarbeit

Bei der echten freien Mitarbeit handelt es sich um eine **selbständige Tätigkeit** mit der Besonderheit, dass Auftraggeber des WP nicht ein Mandant, sondern ein Berufskollege (bzw. eine Berufsgesellschaft) ist, der den WP als freien Mitarbeiter bei der Durchführung von Aufträgen einsetzt. Ist er allerdings wie ein Angestellter in die Praxis des Auftraggebers integriert (Dauerbeschäftigung, feste Arbeitszeiten, kein eigenes Büro), liegt im Zweifel ein **Dienst-/Arbeitsverhältnis** vor[695], was bedeutet, dass Sozialversicherungspflicht besteht sowie LSt einbehalten und abgeführt werden muss. Für freie Mitarbeiter, die von ihrem Auftraggeber wirtschaftlich abhängig sind, gelten die Wettbewerbsregeln der §§ 74 ff. HGB, insb. die gleichen Anforderungen an Mandantenschutzklauseln wie bei Angestellten[696] (vgl. dazu Kap. A Tz. 239).

Hinsichtlich der Berufshaftpflichtversicherung gilt, dass der freie Mitarbeiter in diejenige des Auftraggebers einbezogen ist, also insoweit hinsichtlich möglicher Schäden aus den Auftragsverhältnissen des Auftraggebers zu dessen Mandanten wie ein Angestellter behandelt wird, selbstverständlich nur i.R.d. jeweils erteilten Aufträge. Daneben erbrachte selbständige Tätigkeiten des freien Mitarbeiters müssen in jedem Fall durch eine **eigene Berufshaftpflichtversicherung**, die den gesetzlichen Mindestanforderungen entspricht, abgesichert sein[697]. Zur Verschwiegenheitspflicht des WP bei Inanspruchnahme freier Mitarbeiter s. Kap. A Tz. 171 ff.

5.5.4 Berufssiegel

WP und WPG sind gem. § 48 WPO i.V.m. § 19 BS WP/vBP befugt und verpflichtet, ein Berufssiegel zu führen. Die Siegelführungsbefugnis beruht ausschließlich auf der WP-Qualifikation bzw. der Anerkennung als WPG. **Andere Berufsbezeichnungen** als WP dürfen nicht im Siegel enthalten sein, auch wenn sie ansonsten geführt werden dürfen (§ 18 Abs. 2 WPO); zulässig ist aber die Erwähnung von **akademischen Graden oder Titeln**. Bei dem Siegel einer WPG bzw. WPG/StBG bleibt zu beachten, dass die **gesamte Firma** einschl. des Rechtsformhinweises und des evtl. Firmenbestandteils „Steuerberatungsgesellschaft" (§ 53 StBerG) im äußeren Ring des Siegels anzugeben ist; im inneren Ring darf nur die Bezeichnung „Wirtschaftsprüfungsgesellschaft" erscheinen. Form, Größe, Art und Beschriftung des Siegels ergeben sich aus § 20 BS WP/vBP.

Gemeinschaftliche Siegel, z.B. von in einer Sozietät zusammengeschlossenen WP, sind nicht zulässig; dasselbe gilt für Partner einer PartG, die nicht als WPG anerkannt ist

---

[695] BSG v. 17.10.1969, MittBl.WPK Nr. 33/1970, S. 19, AnwBl. 1970, S. 52. Wg. der arbeitsrechtlichen Abgrenzung zwischen Arbeitsverhältnis und freier Mitarbeit s. BAG v. 09.11.1994, BB 1995, S. 1293; OLG Köln v. 03.12.2001, DStR 2003, S. 1505.
[696] BGH v. 10.04.2003, NJW, S. 1864.
[697] S. dazu auch WPK-Magazin 1/2007, S. 22/23, und Merkblatt zur Unterhaltung einer Berufshaftpflichtversicherung, http://www.wpk.de/service-center/berufsregister/bhv (abgerufen am 26.08.2018).

(Kap. A Tz. 510). Zur Siegelführung bei einer einfachen PartG vgl. Praxishinweis „Siegelführung" auf der Website der WPK[698].

524 Das Siegel **muss** benutzt werden, wenn WP in ihrer Berufseigenschaft Erklärungen abgeben, die ihnen gesetzlich vorbehalten sind (§ 48 Abs. 1 S. 1 WPO), also z.B. bei der Erteilung eines BestV gem. § 322 HGB. Zu Einzelfällen der Siegelpflicht s. die Begründung zu § 19 BS WP/vBP.

525 Das Siegel **darf** verwendet werden, wenn Erklärungen über sonstige Prüfungsergebnisse (BestV bei freiwilligen Prüfungen/Bescheinigungen) abgegeben oder Gutachten erstattet werden[699]. Aus der Befugnis zur Siegelführung erwächst keine Befugnis zur **Beglaubigung** i.S.d. Beurkundungsgesetzes[700]. WP dürfen weder öffentliche (§ 129 BGB) noch amtliche Beglaubigungen vornehmen. Zu nichtamtlichen Beglaubigungen von fremden Schriftstücken sind sie aber im FG-Verfahren ebenso berechtigt wie RA[701].

526 Das Siegel darf nur vom Berufsangehörigen selbst verwendet werden. Erteilt eine WPG einen BestV, darf nur das Siegel der WPG, nicht aber das persönliche Siegel des unterzeichnenden WP beigefügt werden. Ist ein WP als Geschäftsführer einer StBG tätig, darf er in dieser Eigenschaft das Berufssiegel nicht verwenden.

527 Nur im **Anstellungsverhältnis** tätige WP (Kap. A Tz. 516) benötigen im Regelfall kein Siegel, denn sie kommen nicht als Auftragnehmer in Betracht. Ausnahmen sind denkbar für den Bereich der Gerichtsgutachtertätigkeit, weil eine Vielzahl von Gerichten nur natürliche Personen als Gerichtsgutachter bestellt, nicht aber juristische Personen.

528 Für ZNL von WP und WPG können gesonderte Siegel verwendet werden (§ 20 Abs. 3 und 4 BS WP/vBP).

529 Nach § 19 Abs. 4 BS WP/vBP ist dem WP die Verwendung/Führung **siegelimitierender** Rundstempel verboten[702]. Soweit er jedoch nur unter einer anderen Berufsqualifikation (StB/RA) zulässigerweise auftritt (s. Kap. A Tz. 491, Kap. A Tz. 532), wird die Verwendung des Rundstempels toleriert. Von vornherein durch § 19 Abs. 4 BS WP/vBP nicht erfasst sind die Fälle, in denen der WP z.B. als Geschäftsführer einer StBG oder Partner einer einfachen PartG selbst nicht siegelführungsbefugt ist, da hier nicht ein persönlicher Rundstempel, sondern der der StBG oder PartG verwendet wird[703].

5.5.5 Berufsbezeichnung

530 Alle WP haben gem. § 18 Abs. 1 WPO im beruflichen Verkehr, also bei allen Tätigkeiten, zu denen sie aufgrund der WP-Qualifikation befugt sind, die **Berufsbezeichnung** „**Wirtschaftsprüfer**" bzw. „**Wirtschaftsprüferin**" zu führen. Es ist grds. nicht zulässig, die steuerberatende Tätigkeit „abzuspalten" und nur mit der Qualifikation als StB aufzutreten, es sei denn, die Tätigkeit wird organisatorisch (etwa auf eine ZNL) ausgegliedert (s. Kap. A Tz. 491, Kap. A Tz. 532). Auch als gesetzliche Vertreter bei StBG haben

---

[698] http://www.wpk.de/mitglieder/praxishinweise/siegelfuehrung (abgerufen am 26.08.2018).
[699] Zur Siegelführung bei Stiftungen s. http://www.wpk.de/mitglieder/praxishinweise/siegelfuehrung (abgerufen am 26.08.2018).
[700] *OVG Münster v. 02.01.1978*, MittBl.WPK Nr. 89/1980, S. 21.
[701] Vgl. WPK-Mitt. 4/2008, S. 42.
[702] Ausnahme bei einfachen PartG und allgemein zur Siegelführung: https://www.wpk.de/mitglieder/praxishinweise/siegelfuehrung/ (abgerufen am 26.08.2018).
[703] *Hense/Ulrich*, WPO³, § 48, Rn. 28.

WP ihre Berufsbezeichnung zu führen. Die Berufsbezeichnung ist gesetzlich geschützt (vgl. § 132a StGB).

Eine **Ausnahme** besteht für diejenigen beruflichen Tätigkeiten, bei denen die Befugnisse nicht auf der WP-Qualifikation, sondern ausschließlich auf anderen Berufsqualifikationen, z.B. als RA, StB oder Patentanwalt, beruhen. Hier ist es möglich, nur unter der maßgebenden Berufsbezeichnung aufzutreten, also einen gesonderten Briefbogen zu verwenden. 531

Wird der WP i.R. **gesetzlich vorgeschriebener Prüfungen** tätig, darf er nur die Bezeichnung „Wirtschaftsprüfer" führen; weitere Berufsbezeichnungen dürfen nicht erwähnt werden. Akademische Grade und Titel dürfen geführt werden.

§ 21 BS WP/vBP enthält Regelungen zum Außenauftritt von **Sozietäten**. Demnach müssen alle Mitglieder der Sozietät unter ihrem Namen und ihren Berufsbezeichnungen, bei überörtlicher Sozietät darüber hinaus mit ihren beruflichen NL, aufgeführt werden. Bei der Verwendung von firmen- oder namensähnliche **Kurzbezeichnungen**, bei der nicht alle ihrer Mitglieder genannt werden[704], müssen diese Angaben an anderer Stelle auf dem Briefbogen oder auf andere Weise gemacht werden[705]. Folgende Kurzformen sind üblich: 532

- A, B und C,
- A, B und Kollegen,
- A, B und Sozien,
- A, B und C WP/StB/RA (RA).

Allerdings ist es möglich, dass ein WP/RA bzw. ein WP/StB/RA ausschließlich in seiner RA-Eigenschaft einer Sozietät aus RA ohne weitere Berufsqualifikationen angehört, weil dieser Bereich der beruflichen Betätigung von der des WP i.d.R. eindeutig abgetrennt werden kann. Tritt er in einem solchen Fall gleichzeitig auch als WP (oder als StB) i.R.d. Kundmachung auf, ist im Außenverhältnis eine **gemischte Sozietät** (Kap. A Tz. 500) gegeben mit den daraus resultierenden Pflichten, u.a. hinsichtlich des Nachweises einer ausreichenden Berufshaftpflichtversicherung für den Fall einer gesamtschuldnerischen Inanspruchnahme für von Sozien verursachte Schäden (Kap. A Tz. 545). Zu einer sog. **intraurbanen Sozietät** vgl. BGH v. 05.05.1994[706]. 533

Nach § 11 PartGG ist der Zusatz „Partnerschaft" oder „und Partner" allein den PartG (Kap. A Tz. 507) vorbehalten. 534

Bei **WPG** schreibt § 31 WPO lediglich die Aufnahme des Wortes „Wirtschaftsprüfungsgesellschaft" in die **Firma** vor (Kap. A Tz. 456). Zu beachten ist, dass bei gleichzeitiger Anerkennung als StBG auch die Bezeichnung „Steuerberatungsgesellschaft" notwendiger Firmenbestandteil ist (§ 53 StBerG) mit der Folge, dass WPG/StBG auch im Vorbehaltsbereich der gesetzlich vorgeschriebenen Prüfungen mit der vollen Firma, also ebenfalls mit der Bezeichnung „Steuerberatungsgesellschaft" in Erscheinung 535

---

704 S. auch BGH v. 11.03.2004, NJW, S. 1651 (für RA-Sozietäten); und BGH v. 17.12.2001, NJW 2002, S. 608 (Zulässigkeit der Buchstabenfolge einer EWIV).
705 Gegen die Pflicht nach § 10 Abs. 1 BRAO, bei Verwendung einer Kurzbezeichnung die Namen sämtlicher Gesellschafter auf dem Briefbogen aufzuführen, bestehen keine verfassungsrechtlichen Bedenken, BVerfG v. 13.06.2002 – 1 BvR 736/02, www.bundesverfassungsgericht.de, Rubrik „Entscheidungen" (abgerufen am 26.08.2018).
706 NJW, S. 2288, DB, S. 1772.

treten (müssen); vgl. Kap. A Tz. 456. Wegen der Gestaltung der Firma der WPG s. Kap. A Tz. 456 ff. Die **ZNL** einer WPG darf **keine abweichende Firma** führen; eine besondere Kennzeichnung als ZNL ist, abgesehen vom Siegel (Kap. A Tz. 529), nicht erforderlich, weil sich diese bei Beachtung der allgemeinen gesetzlichen Vorschriften (z.B. § 80 AktG, § 35a GmbHG) aus dem Geschäftsbriefbogen ergibt.

5.5.6 Berufshaftpflichtversicherung

536 Berufsangehörige, die ihren Beruf nach § 43a Abs. 1 Nr. 1 WPO ausüben, also jeder **in eigener Praxis** bzw. **in gemeinsamer Berufsausübung** gem. § 44b tätige WP, jede WPG sowie jede „einfache" PartGmbB, müssen gem. § 54 Abs. 1 WPO eine **eigene Berufshaftpflichtversicherung** unterhalten[707]. Bei einer nach § 43a Abs. 1 Nr. 2 ff. WPO zum Berufsbild des WP gehörenden Tätigkeit entfällt künftig die Pflicht zur Unterhaltung einer eigenen Praxis und damit die Notwendigkeit einer eigenen Berufshaftpflichtversicherung[708]. Im Umkehrschluss bedeutet das, dass WP in zulässigen Anstellungsverhältnissen keine Berufshaftpflichtversicherung mehr benötigen. Bei Arbeitslosigkeit eines bisher angestellten WP besteht grds. keine Pflicht zum Abschluss einer Berufshaftpflichtversicherung[709]. Das Fehlen einer Berufshaftpflichtversicherung führt nicht nur zur Versagung (Kap. A Tz. 414) bzw. zum Widerruf der Bestellung (Kap. A Tz. 423), sondern wird auch als Berufspflichtverletzung verfolgt[710]. Eine schuldhaft verursachte Versicherungslücke, z.B. durch Nichtzahlung der Versicherungsprämie, ist eine Berufspflichtverletzung, und zwar selbst dann, wenn die Lücke später rückwirkend geschlossen wird[711].

537 Die **Mindestversicherungssumme** für den einzelnen Schadensfall muss den in § 323 Abs. 2 S. 1 HGB bezeichneten Umfang betragen, zurzeit 1 Mio. €, und für eine unbeschränkte Zahl von Schadensfällen zur Verfügung stehen; damit scheidet eine Beschränkung der **Jahreshöchstleistung** der Versicherung auf einen bestimmten Betrag aus. Einzelheiten des Inhalts der Versicherungsbedingungen regelt die WPBHV[712], die zwar i.R.d. BARefG aufgehoben wurde, aber gem. § 137 WPO so weit fortgilt, als in § 54 WPO keine Regelung getroffen wurde[713]. § 54 WPO ist i.R.d. APAReG überarbeitet und Teile der WPBHV sind in das Gesetz übernommen worden; die BS WP/vBP enthält in §§ 23 ff. nur wenige allgemeine Grundsätze. So regelt jetzt z.B. § 54 Abs. 2 WPO die sog. **Serienschadenklausel** aus § 3 Abs. 2 WPBHV, die auch in Nr. 9 Abs. 5 der vom IDW hrsg. AAB enthalten ist. Sie erlaubt die Beschränkung der Leistung des Versicherers auf einen einmaligen Höchstbetrag, wenn bestimmte Sachverhaltskonstellationen vorliegen. Diese Klausel greift jedoch nach wie vor nicht, wenn mehrere Anleger eines Erwerbermodells wg. desselben Fehlverhaltens Schadensersatz beanspruchen oder sich bei der steuerlichen Beratung der Fehler alljährlich wiederholt[714]. Ferner sieht § 54 Abs. 4 WPO

---

707 § 54 WPO neu gefasst durch das APAReG v. 31.03.2016, BGBl. I, S. 518.
708 Regierungsbegründung zum APAReG zu § 54 WPO, BT-Drs. 18/6282 v. 08.10.2015, S. 73.
709 Vgl. BVerfG v. 28.03.2002 – 1 BvR 1082/00, www.bundesverfassungsgericht.de, Rubrik „Entscheidungen" (abgerufen am 26.08.2018); a.A. WPK-Magazin 1/2006, S. 30.
710 LG Düsseldorf v. 12.11.1990, WPK-Mitt. 1991, S. 37; LG Düsseldorf v. 28.02.1992, DStR, S. 36; LG Berlin v. 31.10.2007, WPK-Magazin 1/2008, S. 47.
711 LG Düsseldorf v. 11.03.1994, WPK-Mitt., S. 188; vgl. auch WPK-Magazin 1/2005, S. 33.
712 https://www.wpk.de/service-center/berufsregister/bhv (abgerufen am 26.08.2018).
713 Vgl. Regierungsbegründung zum APAReG zu § 54 WPO, BT-Drs. 18/6282 v. 08.10.2015, S. 77.
714 BGH v. 15.05.1991, BB, S. 1376, DB, S. 1723; LG Köln v. 01.06.1988, MittBl.WPK Nr. 132, S. 20.

vor, dass ein **Selbstbehalt** von maximal 1% der Mindestversicherungssumme (also höchstens 10.000 €) zulässig ist.

Gleichzeitig soll mit der Neufassung des § 54 WPO eine Vereinheitlichung der verschiedenen Berufsrechte erreicht werden. Nach § 54 Abs. 1 WPO muss die Versicherung alle Haftpflichtgefahren abdecken, die sich aus ihrer Berufstätigkeit i.S.d. §§ 2 oder 129 WPO ergeben. Unter Bezugnahme auf die Gesetzesbegründung zu § 8 Abs. 4 PartGG[715] wird klargestellt, dass bei Tätigkeiten, die von Angehörigen mehrerer Berufe wahrgenommen werden, auf die Zulassung des jeweils handelnden Berufsträgers abzustellen ist. Übt dieser Berufsträger mehrere Berufe aus, sollen die Anforderungen des strengeren Berufsrechts gelten.[716] Die Regelung kann dazu führen, dass es zu Unterschieden im Versicherungsumfang kommen kann, je nachdem, ob innerhalb der Partnerschaft ein WP, StB oder RA die Leistung erbringt. Deshalb sollte vertraglich vereinbart werden, welches Berufsrecht anwendbar ist – vorausgesetzt, es handelt sich um dispositives Recht (vgl. Kap. A. Tz. 275). **538**

Zu beachten bleibt, dass durch § 54 Abs. 1 WPO nur die **Mindestversicherungssumme** vorgeschrieben ist; versichert sich ein WP oder eine WPG höher, geschieht dies freiwillig. Infolgedessen muss auch nur die Mindestsumme von derzeit 1 Mio. € unbeschränkt zur Verfügung stehen; für eine **freiwillige Höherversicherung** ist eine Beschränkung der Jahreshöchstleistung zulässig. Ob die Mindestsumme allerdings die Risiken aus der Praxis ausreichend abdeckt, hat der WP i.R. seiner Eigenverantwortung zu beurteilen und zu entscheiden. Zu beachten ist, dass eine hohe Gesamtversicherungssumme die Deckungslücke nicht ausgleicht, die durch eine Begrenzung des Versicherungsschutzes auf eine Jahreshöchstleistung geschaffen wird. Es besteht immer die Gefahr, dass diese Jahreshöchstleistung durch die Vielzahl der Haftungsfälle aufgezehrt wird mit der Folge, dass für nachfolgende Schäden kein Versicherungsschutz mehr besteht. **539**

Eine **Pflicht zur Erhöhung der Mindestversicherungssumme** auf das Vierfache (derzeit also von 1 Mio. € auf 4 Mio. €) tritt ein, wenn der WP von der in § 54a Abs. 1 Nr. 2 WPO vorgesehenen Möglichkeit Gebrauch macht, durch vorformulierte Vertragsbedingungen (AAB) den Anspruch des Auftraggebers auf Ersatz eines fahrlässig verursachten Schadens zu beschränken (Kap. A Tz. 362). Für den Bereich der gesetzlich vorgeschriebenen Prüfungen, insb. der Abschlussprüfung nach §§ 316 ff. HGB, kommt diese Haftungsbeschränkungsmöglichkeit wg. § 323 Abs. 2 HGB nicht in Betracht (Kap. A Tz. 325). **540**

Bei **interprofessionellen einfachen PartGmbB**, an denen RA beteiligt sind, ist zu beachten, dass die Mindestversicherungssumme 2,5 Mio. € beträgt, die sich bei Verwendung von AAB entsprechend auf 10 Mio. € erhöht. Etwas anderes gilt nur, wenn die PartGmbB als Berufsgesellschaft anerkannt ist. Dann richtet sich die Versicherungspflicht grds. nach den Regelungen der WPO (s. Kap. A Tz. 537)[717], bei Beteiligung eines RA und entsprechendem Hinweis im Briefbogen erhöht sich ggf. die Versicherungssumme. **541**

---

715 BT-Drs. 17/13948, S. 15, linke Sp.
716 Vgl. Regierungsbegründung zum APAReG, BT-Drs. 18/6282 v. 08.10.2015, S. 77.
717 *Graf von Westphalen*, in: Meilicke u.a., PartGG, § 8, Rn. 108; zu Versicherungsfragen bei einer Partnerschaft ohne Anerkennung als Berufsgesellschaft s. *Gladys*, Stbg. 2004, S. 336.

542 § 54a WPO regelt in einem neu eingefügten Abs. 3, dass die Pflichtenstellung des Berufsangehörigen gegenüber den Auftraggebern unberührt bleibt, wenn Prüfungstätigkeiten an externe Dienstleister, z.B. IT-Spezialisten, ausgelagert werden[718].

543 Bei **gemeinschaftlicher Berufsausübung** in einer WP-Sozietät (auch bei einer Scheinsozietät) haben alle Mitglieder der Sozietät den Nachweis des Mindestversicherungsschutzes zu erbringen[719]; keine Rolle spielt es, ob dies i.R. einer Gemeinschaftspolice oder durch Einzelpolicen erfolgt.

544 Übt ein WP seinen Beruf i.R. einer **gemischten Sozietät** (Kap. A Tz. 500) aus, also (auch) mit Sozien ohne WP- bzw. vBP-Qualifikation, ist er zum Nachweis gegenüber der WPK verpflichtet, dass die Berufshaftpflichtversicherung auch bei gesamtschuldnerischer Inanspruchnahme für von anderen (Nicht-WP-)Sozien verursachte Schäden für jeden Schadensfall uneingeschränkt zur Verfügung steht (§ 44b Abs. 4 WPO).

545 Die Berufshaftpflichtversicherung deckt grds. die Risiken aus der **gesamten zulässigen berufsrechtlichen Tätigkeit**[720]. Im Einzelnen ergibt sich ihr Umfang aus der Risikobeschreibung des Versicherers.

5.5.7 Auftragsdatei

546 Nach § 51c WPO haben WP für gesetzlich vorgeschriebene Abschlussprüfungen ein Auftragsverzeichnis (**Auftragsdatei**) zu führen, das für jeden Auftraggeber Namen, Anschrift, verantwortlichen Prüfungspartner sowie für jedes GJ die für die Abschlussprüfung und für andere Leistungen in Rechnung gestellten Honorare enthält. Sie ist spätestens mit Annahme des Prüfungsvertrags anzulegen und kann elektronisch geführt werden (§ 45 BS WP/vBP). Diese Daten können dann bspw. auch zur Berechnung der Grenzen nach Art. 4 VO (EU) Nr. 537/2014 genutzt werden[721].

5.5.8 Handakten

547 § 51b Abs. 1 WPO begründet die Pflicht zum Anlegen von Handakten zu dem Zweck, ein zutreffendes Bild über die entfaltete Tätigkeit geben zu können.

Die WPO verwendet den Begriff „**Handakten**" mit mehrfacher Bedeutung: Die Handakten i.S.v. § 51b Abs. 1 WPO (ebenso wie die Handakten i.S.v. § 62 WPO, die in Aufsichts- und Beschwerdesachen ggf. der WPK vorzulegen sind) umfassen sowohl die Schriftstücke, die der WP i.R. seiner beruflichen Tätigkeit vom oder für den Auftraggeber erhalten hat, als auch den Briefwechsel mit dem Auftraggeber und die zu internen Zwecken gefertigten Arbeitspapiere. Zu den aufbewahrungs- und ggf. herausgabepflichtigen Handakten i.S.v. § 51b Abs. 2 und 3 WPO zählen nur die Schriftstücke, die der WP vom oder für den Auftraggeber erhalten hat (§ 51 b Abs. 4 WPO), die Arbeitspapiere aber gerade nicht[722]. Daneben gibt es die bei gesetzlichen Abschlussprüfungen anzulegende Handakte, die sog. Prüfungsakte (§ 51b Abs. 5 WPO).

---

[718] Diese Vorgabe ergibt sich aus Art. 24a Abs. 1 Unterabs. 4 RL 2014/56/EU.
[719] Vgl. Kammergericht v. 08.03.2000, WPK-Mitt., S. 201.
[720] Zu den Risiken bei Rechtsberatung s. Kap. A Tz. 65.
[721] *Vgl. zu Divergenzen der relevanten Rechnungsgrößen von WP-Honoraren in Transparenzvorschriften Ergebnisbericht der 119. Sitzung des FAR am 23.03.2017.*
[722] AG Charlottenburg v. 30.08.1996, NJW 1997, S. 1450. Zur Frage, welche Unterlagen im Einzelnen zu den Handakten zählen, s. *Dohle/Peitscher*, DStR 2000, S. 1265. Zur Vorlage von Arbeitspapieren im Zivilprozess s. Kap. A Tz. 549.

Die gesetzliche Aufbewahrungspflicht für die Handakten i.S.v. § 51b Abs. 2 und 3 WPO **548**
beträgt zehn Jahre, so grds. auch § 66 Abs. 1 StBerG[723]. Sie beginnt mit der (rechtlichen)
Beendigung des Auftrags, bei Prüfungsaufträgen also mit der Unterzeichnung des BestV
oder der Bescheinigung. Umstritten ist, ob ein über einen längeren Zeitraum laufendes
Vertragsverhältnis als Einheit[724] anzusehen ist oder in Teilabschnitte[725] zerlegt werden
kann. Zur **vorzeitigen Beendigung** der Aufbewahrungspflicht s. § 51b Abs. 2 WPO; sie
kann auch durch eine vertragliche Vereinbarung verkürzt werden. Sowohl die Aufforderung zur Empfangnahme als auch eine Abrede über die Verkürzung der Auf-
bewahrungsdauer sollten aus Nachweisgründen schriftlich dokumentiert werden. Entsprechendes gilt, falls sich der WP zum Führen der Handakten der IT bedient (§ 51b
Abs. 7 S. 1 WPO).

Für die übrigen Handakten, z.B. die Kopien von Schreiben an den Auftraggeber und die **549**
Arbeitspapiere, enthält die WPO keine Regelung zur Dauer der Aufbewahrung. In anderen Gesetzen (HGB, AO) enthaltene Bestimmungen über die Pflichten zur Aufbewahrung von Geschäftsunterlagen bleiben unberührt (§ 51b Abs. 7 S. 2 WPO) und
sind vom WP zu beachten. Werden Unterlagen, die nach anderen Gesetzen noch aufzubewahren sind, an den Auftraggeber vor Ablauf der entsprechenden Fristen zurückgegeben, empfiehlt sich ein Hinweis auf die fortbestehenden Aufbewahrungspflichten.
Unklar ist, unter welchen Voraussetzungen Arbeitspapiere in einem Zivilprozess nach
§ 142 ZPO vorgelegt werden müssen[726].

In Umsetzung der Art. 22b und 24b RL 2014/56/EU enthält § 51b Abs. 5 WPO die be- **550**
sonderen Vorgaben für die **Prüfungsakte**, die für jede gesetzliche Abschlussprüfung
nach § 316 HGB anzulegen und spätestens 60 Tage nach Unterzeichnung des BestV zu
schließen ist. Darin sind zu dokumentieren:

- die Einhaltung der Unabhängigkeitsanforderungen bzw. die hierzu ergriffenen Maßnahmen
- die Umsetzung der Vorgaben zum Einsatz ausreichender Mitarbeiter und Ressourcen
  und
- bei Einholung externen Rats die entsprechenden Anfragen und Antworten.

Darüber hinaus ist bei WPG der verantwortliche Prüfungspartner zu benennen. Die
Aufbewahrungspflicht umfasst alle Informationen und Unterlagen, die zur Begründung
des BestV, des PrB und zur Kontrolle der Einhaltung von Berufspflichten von Bedeutung
sind. Die Dokumentationspflichten nach Art. 6-8 VO (EU) Nr. 537/2014, die Prüfungen
bei Unternehmen von öffentlichem Interesse (z.B. in Bezug auf Honorargrenzen, Erbringung von Nichtprüfungsleistungen, externe Rotation) betreffen, bleiben hiervon
unberührt. Zur Aufbewahrungsfrist vgl. *IDW QS 1*, Tz. 197.

Eine **Aktenvernichtung** ist erst nach dem **Ende der Aufbewahrungspflicht** zulässig. **551**
Von der Aktenvernichtung ausgeschlossen sind Unterlagen und Belege (Urkunden,

---

723 Diese Aufbewahrungspflicht deckt sich nicht mit denen, die nach anderen Vorschriften, etwa § 147 AO, für den Auftraggeber gelten.
724 *Koslowski*, StBerG[7], § 66, Rn. 7.
725 *Kuhls* u.a., StBerG[3], § 66, Rn. 3.
726 Zur Bedeutung der Arbeitspapiere in Zivilprozessen *Ebke*, Arbeitspapiere; s. dazu die Buchbesprechung von *Stadler*, WPK-Magazin 1/2004, S. 54, die im Gegensatz zu *Ebke* eine Vorlage der Arbeitspapiere im Haftungsprozess generell bejaht.

Steuerbescheide etc.), die im Eigentum des Mandanten stehen; sie sind an diesen zu übergeben. Über die Vernichtung der Handakten ist eine Niederschrift anzufertigen, aus der sich ergibt, welche Akten wann, wo und von wem vernichtet worden sind, damit jederzeit der Nachweis über den Verbleib bzw. die Vernichtung der Handakten geführt werden kann. Bei der Vernichtung von Akten ist darauf zu achten, dass die Verschwiegenheitspflicht nicht verletzt wird. Im Übrigen ist die DIN 66399 zur Datenträgervernichtung zu beachten.

552 Die Aufbewahrungspflicht bzw. das Recht zur Aktenvernichtung hat keinen Einfluss auf die allgemeinen **Verjährungsfristen**[727] des BGB, die ausnahmslos auch für die berufliche Tätigkeit des WP gelten. Der Berufsangehörige hat daher i.R. seiner Eigenverantwortung das Risiko zu berücksichtigen, nach Vernichtung der Handakten in **Beweisnot** zu geraten.

553 Zur **Herausgabepflicht** von Handakten bzw. Unterlagen, die zu diesen gehören, an den Auftraggeber und zu einem möglicherweise bestehendes **Zurückhaltungsrecht** s. Kap. A Tz. 292 ff.

5.5.9 Berufsregister

554 Die WPK führt ein Berufsregister (§§ 37-40 WPO). Darin werden WP sowie WPG und sonstige berufliche Zusammenschlüsse (PersGes., EU- und EWR-Abschlussprüfungsgesellschaften, sofern sie in Deutschland tätig werden) mit bestimmten **beruflichen und persönlichen Daten** eingetragen. Das Register ist **öffentlich**, kann also von jedermann ohne den Nachweis eines berechtigten Interesses eingesehen werden. Die dort verzeichneten Pflichtangaben genießen keinen **Datenschutz**. Mögliche Auftraggeber können daher das Berufsregister auch mit dem Ziel einsehen, Ausschlussgründe i.S.d. § 319 HGB (z.B. Netzwerkzugehörigkeit) zu klären. Auf Verlangen des WP hat die Eintragung in ein von der WPK veröffentlichtes **Mitgliederverzeichnis** zu unterbleiben (§ 37 Abs. 4 WPO).

555 **Eintragungen** und **Löschungen** werden von Amts wg. vorgenommen. Die Mitglieder der WPK sind verpflichtet, **unverzüglich Tatsachen**, die zu einer Eintragung, Veränderung oder Löschung führen, schriftlich der WPK **mitzuteilen** (§ 40 Abs. 2 WPO). Kommt ein Berufsangehöriger dieser Verpflichtung nicht nach, ist die WPK berechtigt, ein Zwangsgeld bis zur Höhe von 1.000 € (ggf. mehrfach) festzusetzen (§ 42 Abs. 2 i.V.m. § 62a WPO). Falls der WPK entsprechende Mitteilungen (§§ 22, 35 WPO) von Behörden, anderen Berufskammern oder von Gerichten, v.a. den HR, übermittelt werden, sind auch diese im Berufsregister zu berücksichtigen.

556 Für **WPG** ist es wichtig, Veränderungen in der **gesetzlichen Vertretung** und im **Gesellschafterbereich** mitzuteilen, weil von diesen Daten u.U. das Fortbestehen der Anerkennung als WPG abhängt (Kap. A Tz. 477).

557 Die WPK stellt auf Antrag des WP oder der WPG einen Registerauszug über die jeweilige Eintragung nach § 38 Nr. 1 Buchst. h) oder Nr. 2 Buchst. f) WPO aus. Hintergrund von § 40 Abs. 3 WPO ist, dass nach Abschaffung der Teilnahmebescheinigung zugunsten einer Anzeige, gesetzlich vorgeschriebene Abschlussprüfungen durchführen zu wollen, es weiterhin eines bestätigenden Verwaltungsakts bedarf, damit für die Unternehmen

---

[727] Zur Verjährung s. Kap. A Tz. 596 ff.

Rechtsscheinprobleme bei der Bestellung des APr. vermieden werden. Die bloße Eintragung reicht insofern nicht aus.

5.5.10 Datenschutz

In § 36a WPO wird das Recht der WPK geregelt, **personenbezogene Daten** von WP zu erheben. Die Regelung findet vorbehaltlich spezieller Regelungen auf alle Verfahren der WPK Anwendung[728], so z.B. auch in Bezug auf WP-Kandidaten, soweit die Daten für Entscheidungen über die Zulassung zur Prüfung, die Rücknahme oder den Widerruf der Zulassung zur Prüfung, die Bestellung, die Wiederbestellung, die Anerkennung sowie Rücknahme oder den Widerruf der Anerkennung bzw. einer Genehmigung nach § 28 Abs. 2 und 3 WPO erforderlich sind. 558

Weiterhin ist die WPK befugt, Gerichten und Behörden, v.a. anderen Berufskammern und dem Versorgungswerk für WP und vBP, die benötigten personenbezogenen Daten zu übermitteln.

Für die WP-Praxis selbst gewinnt das Thema „Datenschutz" durch die seit dem 25.05.2018 geltende DSGVO (EU) und das daraufhin geänderte BDSG in den letzten Jahren zunehmend an Bedeutung[729]. Zu Zweifelsfragen vgl. *IDW*, Fragen und Antworten zu der EU Datenschutz-Grundverordnung und dem neuen Bundesdatenschutzgesetz[730]. 559

Zur Übermittlung personenbezogener Daten in die USA hat der EuGH mit Urteil v. 06.10.2015[731] entschieden, dass diese nicht mehr auf die Grundsätze des Safe-Harbor-Abkommens gestützt werden kann. Seit dem 02.02.2016 gilt das EU-US Privacy Shield, in dem sich die EU und die USA über eine Regelung zum künftigen Datenaustausch zwischen den Wirtschaftsräumen geeinigt haben. Beschlossen ist u.a., dass das US-Handelsministerium die Unternehmen kontrolliert, die Daten aus Europa verarbeiten. Der Zugriff von öffentlichen Behörden ebenso wie von Geheimdiensten auf die Daten europäischer Bürger wird eingeschränkt. Insb. gibt es keine Massenauswertung der transferierten Daten mehr. EU-Bürger können sich an eine Vertrauensperson wenden – eine sog. Ombudsperson –, die Beschwerden und Anfragen über die Nutzung ihrer Daten überprüft. Ferner können EU-Bürger auch unabhängig davon gegen Datenschutzverstöße vorgehen. Zudem wird das Abkommen jährlich überprüft. Die EU-Kommission hat bei ihrer ersten Prüfung im Oktober 2017 festgestellt, dass die Vereinbarung insgesamt funktioniert, aber auch gefordert, dass die US-Regierung strenger kontrollieren und eine feste Schiedsstelle einreichten müsse[732]. US-Unternehmen können von der Zertifizierungsmöglichkeit Gebrauch machen. 560

Ungeachtet dessen ist die Übermittlung personenbezogener Daten auf der Grundlage der EU-Standardverträge und der Corporate Binding Rules unverändert zulässig[733].

---

728 *Hense/Ulrich*, WPO³, § 36a Rn. 1.
729 Gesetz zur Anpassung des Datenschutzrechts an die Verordnung (EU) Nr. 2016/679 und zur Umsetzung der Richtlinie (EU) Nr. 2016/680 (Datenschutz-Anpassungs- und Umsetzungsgesetz EU – DSAnpUG-EU).
730 https://www.idw.de/idw/im-fokus/datenschutz (abgerufen am 17.08.2018).
731 Sog. „Safe Harbor"-Entscheidung (Rs. C-362/14), NJW 2015, S. 3151.
732 Vgl. Pressemitteilung der EU-Kommission v. 20.10.2017.
733 Vgl. hierzu Ergebnisbericht des FAR v. 26.11.2015.

5.5.11 Beurlaubung

561 Auf Antrag bei der WPK ermöglicht § 46 WPO dem WP eine Beurlaubung, wenn er beabsichtigt, vorübergehend eine unvereinbare Tätigkeit i.S.v. § 43a Abs. 3 WPO (Kap. A Tz. 80) aufzunehmen oder aufgrund besonderer Umstände, insb. wg. Kindererziehung oder Pflege von Angehörigen, den Beruf nicht auszuüben[734]. Vorübergehend ist eine solche unvereinbare Tätigkeit aber nur, wenn der Zeitpunkt der Beendigung schon bei Beginn feststeht. Die Möglichkeit einer kurzfristigen Beendigung durch Kündigung reicht nicht aus; eine vereinbarte Probezeit gilt aber noch als vorübergehend[735].

Während der Zeit der Beurlaubung darf der Berufsangehörige weder die **Berufsbezeichnung** „Wirtschaftsprüfer" führen (§ 18 Abs. 3 WPO) noch eine WP vorbehaltene Tätigkeit ausüben. Befugnisse aufgrund einer evtl. fortbestehenden StB- oder RA-Qualifikation bleiben von der Beurlaubung unberührt. Ferner ruht die Mitgliedschaft in der WPK und damit die **Beitragspflicht**; es besteht wg. des Verbots der WP-Tätigkeit auch keine Verpflichtung, während der Beurlaubung eine **Berufshaftpflichtversicherung** zu unterhalten. Zur **Berufsaufsicht** über beurlaubte WP s. Kap. A Tz. 567.

562 Die **Gesamtzeit der Beurlaubung** soll fünf aufeinander folgende Jahre nicht übersteigen. Da es sich um eine Sollvorschrift handelt, ist es in Ausnahmefällen möglich, die Beurlaubung auch für einen längeren Zeitraum auszusprechen. Im Gegensatz zur Wiederbestellung (§ 23 Abs. 2 WPO) kann der Berufsangehörige nach Ende der Beurlaubung seine Tätigkeit als WP wieder aufnehmen, ohne dass im Einzelfall eine mündliche Prüfung verlangt werden könnte.

6. Berufsaufsicht und Berufsgerichtsbarkeit

6.1 Berufsaufsicht

6.1.1 Vorbemerkung

563 Bei freien Berufen, die verantwortungsvolle, für das Gemeinwohl wichtige Aufgaben in der Rechtspflege, im Gesundheitswesen oder anderen Bereichen wahrnehmen, kommt es zum Schutze der Allgemeinheit wie auch des Berufsstands selbst darauf an, die Einhaltung normativ vorgegebener Standards zu überwachen und sicherzustellen[736]. Diese Berufsaufsicht gehört bei einer Selbstverwaltung in Form einer öffentlich-rechtlichen Kammer mit Pflichtmitgliedschaft regelmäßig zu deren Aufgaben. Bis zum Inkrafttreten des APAReG am 17.06.2016 oblag die Aufsicht über APr. der WPK und der bei ihr angesiedelten vom Berufsstand unabhängigen APAK sowie in Fällen von Berufspflichtverletzungen mit schwerer Schuld der Berufsgerichtsbarkeit. Aufgrund europäischer Rechtsakte (VO (EU) Nr. 537/2014 und RL 2014/56/EU) waren die bisherigen Regelungen zur Berufsaufsicht an die europäischen Vorgaben anzupassen. Diese notwendigen Anpassungen haben die Struktur der Abschlussprüferaufsicht erheblich verändert. Die Berufsaufsicht obliegt nunmehr **zwei Behörden**, der beim BAFA[737] angesiedelten

---

[734] S. auch Merkblatt zur Beurlaubung, https://www.wpk.de/service-center/berufsregister/beurlaubung/ (abgerufen am 17.08.2018).
[735] So auch *Hense/Ulrich*, WPO³, § 46, Rn. 6. Zur Bestimmung der vorausgehenden Tätigkeiten können auch Tatsachen herangezogen werden, die sich aus dem Vertragsverhältnis selbst ergeben.
[736] *Tettinger*, S. 137 f.
[737] Bundesamt für Wirtschaft und Ausfuhrkontrolle, das zum Geschäftsbereich des BMWi gehört.

APAS und der WPK. Die APAS wurde mit einem besonderen Einrichtungsgesetz (Art. 2 APAReG)[738] geschaffen. Die APAK wurde mit Wirkung zum 16.06.2016 aufgelöst[739], ihre Aufgaben werden seitdem von der APAS wahrgenommen.

APAS und WPK unterliegen ihrerseits der Rechtsaufsicht durch das BMWi. Dabei ist das BMWi berechtigt, den Erlass der BS WP/vBP oder der SaQK anzuordnen oder u.U. diese sogar selbst zu erlassen (§ 66 WPO).

6.1.2 Betroffener Personenkreis

Der Berufsaufsicht unterliegen **alle Mitglieder der WPK** i.S.d. § 58 Abs. 1 WPO. Dazu zählen nicht nur WP/vBP und WPG/BPG, sondern auch alle Organmitglieder von Berufsgesellschaften, die nicht WP sind.   564

Abschlussprüfungsgesellschaften, die in einem EU-/EWR-Mitgliedstaat zugelassen sind, können ebenfalls der Berufsaufsicht unterliegen. Die Berufsaufsicht über diese Gesellschaften findet anlassbezogen bei Prüfungsmandaten durch die APAS und im Übrigen bei Berufspflichtverletzungen i.R.d. Erledigung sonstiger Vorbehaltsaufgaben durch die WPK statt.   565

Freiwillige Mitglieder (§ 58 Abs. 2 WPO) wie genossenschaftliche Prüfungsverbände, die die Mitgliedschaft bei der WPK erworben haben, unterliegen nicht der Berufsaufsicht.   566

Mit dem **Ausscheiden aus dem Beruf** endet nicht nur die Kammermitgliedschaft, sondern auch die Berufsaufsicht. Gem. § 46 WPO beurlaubte Berufsangehörige (vgl. Kap. A Tz. 561 f.) bleiben gem. § 58 Abs. 1 S. 3 WPO der Berufsgerichtsbarkeit unterworfen. Die Beibehaltung dieser Vorschrift erscheint jedoch als gesetzgeberisches Versehen, weil die Berufsgerichtsbarkeit aufgrund der Änderungen durch das APAReG für die Berufsaufsicht nicht mehr zuständig ist.   567

6.1.3 Zuständigkeiten

Die VO (EU) Nr. 537/2014 und die RL 2014/56/EU verlangen, dass die Aufsicht über APr. von einer berufsstandsunabhängigen Behörde ausgeübt wird. Diese Abschlussprüferaufsicht kann nach der VO (EU) Nr. 537/2014 jedoch teilweise auf eine berufsständische Einrichtung übertragen werden. Deutschland hat von dieser Gestaltungsmöglichkeit Gebrauch gemacht und einen Teil der Berufsaufsicht über den Berufsstand weiterhin der WPK[740] zugeordnet. Dabei obliegt jedoch die **Letztverantwortung** für die Wahrnehmung der Berufsaufsicht durch die WPK der grds. für die Aufsicht zuständigen Behörde. Zuständige Behörde i.S.d. EU-Rechts ist die APAS (§ 66 Abs. 2 WPO i.V.m. Art. 20 Abs. 1 VO (EU) Nr. 537/2014). Bestimmte Aufgaben müssen zwingend von der APAS als berufsstandsunabhängiger Behörde in eigener Zuständigkeit wahrgenommen werden, z.B. die Aufsicht über APr. von Unternehmen von öffentlichem Interesse (s. dazu Kap. A Tz. 573), soweit diese solche Unternehmen prüfen (Art. 24 Abs. 1 Buchst. a) i.V.m. Art. 26 VO (EU) Nr. 537/2014, § 66a Abs. 6 S. 1 Nr. 1 WPO).   568

---

738   Gesetz zur Einrichtung einer Abschlussprüferaufsichtsstelle beim Bundesamt für Wirtschaft und Ausfuhrkontrolle (APAS-Einrichtungsgesetz APAstErG).
739   S. § 7 APAstErG.
740   Zu Aufgaben und Organisation der WPK im Einzelnen s. Kap. A Tz. 634 ff.

6.1.4 Abschlussprüferaufsichtsstelle (APAS)

6.1.4.1 Organisation

569 Eingerichtet durch das **APAS-Einrichtungsgesetz** (Art. 2 APAReG) ist die APAS eine eigenständige Abteilung beim BAFA.

570 Die Führung besteht aus einem Leiter sowie zwei Stellvertretern, die jeweils in einem unabhängigen und transparenten Verfahren ausgewählt werden müssen. Diese **Führungsebene muss mit Nichtberufsausübenden besetzt werden**. Als solche gelten natürliche Personen, die während der letzten drei Jahre vor ihrer Tätigkeit bei der APAS u.a. keine Abschlussprüfungen durchgeführt haben, keine Stimmrechte an einer Prüfungsgesellschaft hielten oder Mitglied eines Verwaltungs-, Leitungs- oder Aufsichtsorgans einer Prüfungsgesellschaft waren (vgl. § 1 Abs. 4 APAstErG). Diese Vorgaben entsprechen auch europäischen Anforderungen[741]. Die genannten Unabhängigkeitsanforderungen müssen ebenso von den Inspektoren der APAS eingehalten werden. Für den genannten Personenkreis gelten diese Erfordernisse naturgemäß auch während ihrer Tätigkeit für die APAS.

571 Entscheidungen trifft die APAS durch **Beschlusskammern**, wobei den Vorsitz in einer Beschlusskammer ein Mitglied der Leitung der APAS führt. Mindestens zwei Mitglieder der Beschlusskammer müssen die Befähigung zum Richteramt haben (§ 1 Abs. 6 APAstErG). Entscheidungen in der Beschlusskammer werden mit einfacher Mehrheit getroffen (§ 1 Abs. 7 APAstErG)[742]. Dienstvorgesetzter des Personals der APAS ist der Präsident des BAFA.

572 Bei der APAS wird ein **Fachbeirat** eingerichtet, dem drei bis fünf Mitglieder angehören. Sie müssen ebenfalls vom Berufsstand unabhängig sein sowie Fachkenntnisse und einschlägige Erfahrung auf den Gebieten der Abschlussprüfung und der Rechnungslegung nachweisen. BMF und BMJV dürfen jeweils ein Mitglied des Fachbeirats benennen, das dann zu bestellen ist. Die Mitglieder des Fachbeirats werden vom BMWi bestellt und sind ehrenamtlich tätig. Ihre Aufgabe besteht darin, die APAS bei der Erfüllung ihrer Aufgaben zu beraten (§ 3 APAstErG).

6.1.4.2 Aufgaben

573 Zu den Aufgaben der APAS gehören:

- Durchführung regelmäßiger anlassunabhängiger Inspektionen bei APr. von Unternehmen des öffentlichen Interesses,
- Durchführung anlassbezogener Untersuchungen, die sich bei der Feststellung von Berufspflichtverletzungen bei solchen Inspektionen oder aus anderen Gründen ergeben können (Art. 24 Abs. 1 Buchst. b) VO (EU) Nr. 537/2014, § 66a Abs. 6 S. 1 Nr. 2 und 3 WPO),
- Auferlegung präventiver oder repressiver Maßnahmen und Sanktionen i.Z.m. diesen Inspektionen (Art. 24 Abs. 1 Buchst. c) VO (EU) Nr. 537/2014, § 66a Abs. 6 S. 2 und 3 WPO); zu den möglichen Sanktionen s. Kap. A Tz. 588,
- öffentliche fachbezogene Aufsicht über die WPK, soweit diese Aufgaben nach § 4 Abs. 1 S. 1 WPO erfüllt, die gegenüber zu gesetzlichen Abschlussprüfungen befugten

---

741 Art. 2 Nr. 15 RL 2014/56/EU v. 16.04.2014; Art. 21 Abs. 3 VO (EU) Nr. 537/2014.
742 Vgl. dazu auch *Kelm/Schneiß/Schmitz-Herkendell*, WPg 2016, S. 60 (61 f.).

Berufsangehörigen und Berufsgesellschaften oder Personen, die unbefugt solche Prüfungen durchführen, wahrzunehmen sind (§ 66a Abs. 1 WPO),
- Überprüfung von Entscheidungen der WPK mit der Möglichkeit, selbst im Wege der Ersatzvornahme Entscheidungen zu treffen und gem. § 66a Abs. 4 WPO die erforderlichen Maßnahmen zu erlassen (Letztentscheidung),
- Überwachung der Qualität und des Wettbewerbs auf dem Markt für APr.-Leistungen einschl. der Bewertung der Tätigkeitsergebnisse der PrA der Unternehmen von öffentlichem Interesse und
- Zusammenarbeit mit den zuständigen Behörden anderer EU-Mitgliedstaaten sowie mit europäischen und internationalen Aufsichtsstellen (§ 66c WPO).

6.1.5 Verfahrensgrundsätze

Die Berufsaufsicht ist Angelegenheit der APAS, wenn sie mit Abschlussprüfungen von **Unternehmen von öffentlichem Interesse** im Zusammenhang steht (§ 66a Abs. 6 WPO). In den übrigen Fällen ist der Vorstand bzw. die entsprechende Vorstandsabteilung der WPK (§ 61a WPO i.V.m. § 8 Satzung der WPK) zuständig. Berufsaufsichtliche Maßnahmen reichen von der Rüge bis zum Ausschluss aus dem Beruf (§ 68 Abs. 1 WPO); s. im Einzelnen Kap. A Tz. 588. APAS oder WPK fungieren in diesen Fällen als Ermittlungsbehörde. 574

6.1.5.1 Ermittlungen von Amts wegen

Der Gesetzgeber hat mit dem BARefG und dem APAReG die Ermittlungs- und Sanktionsmöglichkeiten erheblich erweitert. Liegen konkrete Anhaltspunkte („Anfangsverdacht"[743]) für einen **Verstoß gegen Berufspflichten** vor, werden APAS oder WPK i.R.d. Berufsaufsicht von Amts wg. (§§ 36a Abs. 1, 66a Abs. 6 WPO) tätig. Solche Anhaltspunkte können sich aus den unterschiedlichsten Erkenntnisquellen, z.B. aus Inspektionen, Qualitätskontrollverfahren[744], Anzeigen bzw. Beschwerden oder aufgrund einer Mitteilung von Gerichten, Berufskammern, anderen Behörden oder der DPR ergeben. Mit Mitteilungen in Strafsachen (MiStr.) unterrichten Strafverfolgungsbehörden bzw. die Strafgerichtsbarkeit die WPK bzw. APAS über die Erhebung der Anklage oder die Verurteilung im strafgerichtlichen Verfahren, soweit Berufsangehörige betroffen sind. Weitere Erkenntnisquellen sind die Durchsicht des BAnz und die Auswertung von öffentlichen Publikationen. WPK und APAS sind zudem berechtigt, WPK-Mitglieder, aber auch Personen, die nicht Mitglied der WPK sind (Nichtkammerangehörige), um Auskünfte zu bitten. Letztere sind allerdings grds. nicht zur Auskunft verpflichtet. Eine Verpflichtung zur Auskunft besteht für Nichtkammerangehörige jedoch in Fällen, in denen sich die Auskunft auf gesetzliche Abschlussprüfungen bei Unternehmen von öffentlichem Interesse i.S.v. § 319a Abs. 1 S. 1 HGB bezieht und außerdem diese Personen unter Art. 23 Abs. 3 Unterabs. 2 Buchst. b)-e) VO (EU) Nr. 537/2014 fallen. 575

WPK und APAS haben weitreichende Ermittlungsmöglichkeiten. Ihre Angestellten sowie andere Personen, die bei der Berufsaufsicht mitwirken, sind ohne richterliche Anordnung zum Betreten und zur Besichtigung von Geschäftsräumen der Berufsange-

---

743 S. dazu *Hense/Ulrich*, WPO³, § 61a, Rn. 23.
744 Das bisher für bei Qualitätskontrollen festgestellte Berufspflichtverletzungen geltende Verwertungsverbot für Berufsaufsichtsverfahren wurde durch das APAReG aufgehoben. S. dazu BT-Drs. 18/6282, Begründung, S. 85 (zu Nr. 45).

6.1.5.2 Mitwirkungspflichten

576 Die Mitglieder der WPK treffen in einem Ermittlungsverfahren der WPK oder APAS erhebliche Mitwirkungspflichten. So haben Berufsangehörige vor der WPK oder APAS zu erscheinen, wenn sie zur **Anhörung** geladen werden. Sie müssen zudem grds. Auskunft[746] erteilen sowie ihre Handakten und sonstige Unterlagen, die für das Aufsichts- oder Beschwerdeverfahren von Bedeutung sein können, vorlegen (§ 62 WPO). Die bei den Ermittlungsmaßnahmen gegebenen Auskünfte und vorgelegten Unterlagen dürfen aufgrund einer entsprechenden Erweiterung durch das APAReG nicht mehr nur für Zwecke des Aufsichtsverfahrens verwertet werden, das dem Ermittlungsverfahren zugrunde liegt, sondern auch für sonstige, von der WPK oder APAS eingeleitete oder geführte Aufsichtsverfahren. Im Übrigen besteht aber ein striktes Verwertungsverbot (§ 62 Abs. 5 WPO). Dieses verhindert insb. die Verwertung der Aussagen und die Auswertung der vorgelegten Unterlagen in Strafverfahren.

577 Die Pflicht zur **Auskunft und Vorlage von Unterlagen** besteht allerdings nicht, wenn und soweit dadurch der Berufsangehörige die **Verpflichtung zur Verschwiegenheit** verletzen würde (§ 62 Abs. 2 S. 1 WPO). Die Auskunft (nicht aber die Vorlage von Unterlagen) kann darüber hinaus verweigert werden, wenn und soweit sich durch die Auskunft für den Berufsangehörigen die Gefahr ergäbe, selbst wg. einer Straftat, Ordnungswidrigkeit oder Berufspflichtverletzung verfolgt zu werden (**Selbstbelastungsverbot**). Der Gesetzgeber hat mit diesem Auskunftsverweigerungsrecht den Grundsatz des „nemo tenetur se ipse accusare" gesetzlich verankert[747]. Das Auskunftsverweigerungsrecht des § 62 Abs. 2 S. 2 WPO kommt nur zum Tragen, wenn sich das betroffene Mitglied der WPK hierauf ausdrücklich beruft.

578 Von der Verschwiegenheitspflicht kann der Berufsangehörige vom Mandanten entbunden werden. Beruht das Ermittlungsverfahren der WPK auf einer Beschwerde des Mandanten, kann, zumindest soweit die Beschwerde konkrete Tatsachen und Umstände benennt, von einer konkludenten **Entbindung von der Verschwiegenheitspflicht** ausgegangen werden[748]. Eine Durchbrechung der Verschwiegenheitspflicht ist ebenfalls zulässig, wenn und soweit der Berufsangehörige dadurch in Wahrnehmung seiner eigenen berechtigten Interessen handelt[749], etwa um unrichtige Darstellungen von Sachverhalten aufzuklären. Gem. § 62 S. 3 WPO sind Berufsangehörige auf das Recht zur Auskunftsverweigerung hinzuweisen[750]. Beruft sich der Berufsangehörige nicht auf sein Recht zur Verweigerung der Auskunft und zur Vorlage von Unterlagen, regelt § 62

---

[745] Zu Einzelfragen dieser Vorschrift s. *Hense/Ulrich*, WPO³, § 62, Rn. 69 ff.
[746] Ein ausdrückliches Auskunfts- und Einsichtsrecht regelt davon unabhängig für Sozietätsverträge § 44b Abs. 3 WPO und für Gesellschaftsverträge und Satzungen von Berufsgesellschaften § 29 Abs. 2 WPO.
[747] Vgl. dazu auch BVerfG v. 08.10.1974, BVerfGE 38, S. 105; BGH v. 27.02.1978, BGHSt 27, S. 374.
[748] So generell *Koslowski/Gehre*, StBerG⁶, § 80, Rn. 15.
[749] So auch *Hense/Ulrich*, WPO³, § 62, Rn. 43.
[750] *Koslowski/Gehre*, StBerG⁶, § 80, Rn. 16.

Abs. 2 S. 4 WPO ausdrücklich die Pflicht, richtige und vollständige Auskünfte zu erteilen und richtige und vollständige Unterlagen vorzulegen[751].

579 Das **Recht zur Verweigerung von Auskünften und zur Vorlage von Unterlagen** ist jedoch **eingeschränkt**. Es gilt gem. § 62 Abs. 3 WPO nicht für persönliche Mitglieder der WPK, die zur Durchführung gesetzlich vorgeschriebener Abschlussprüfungen befugt sind. Weitere Voraussetzung für diese partielle Aussetzung des Rechts auf Verschwiegenheit ist, dass der Inhalt der Auskunft und die vorzulegenden Unterlagen mit der Prüfung eines Unternehmens, das der gesetzlichen Prüfungspflicht unterliegt, in Zusammenhang stehen. In den entsprechenden Fällen verpflichtet das Gesetz den Berufsangehörigen zur Auskunft und zur Vorlage von Unterlagen. Eine Entbindung von der Verschwiegenheitspflicht ist insoweit nicht erforderlich. Diese Regelung betrifft nicht nur Berufspflichtverletzungen, die bei der gesetzlich angeordneten Abschlussprüfung begangen werden[752]. Vielmehr werden auch Verstöße erfasst, die bei anderen betriebswirtschaftlichen Prüfungen dieser Unternehmen vorgekommen sind, z.B. bei der prüferischen Durchsicht gem. § 37w Abs. 5 WpHG oder der Prüfung der EEG-Umlage. Das Recht der Aussageverweigerung wg. der Gefahr der Selbstbelastung (Kap. A Tz. 577) ist auch in diesen Fällen gegeben (§ 62 Abs. 3 S. 2 WPO).

580 Die in § 62 WPO normierten Pflichten gelten nicht nur bei Berufsaufsichtsverfahren, die auf Anhaltspunkten für eine konkrete Berufspflichtverletzung beruhen, sondern auch bei **anlassunabhängigen Inspektionen**. Ebenso sind die Vorschriften zum Zwangsgeld im letztgenannten Verfahren anzuwenden (§ 62b Abs. 2 i.V.m. §§ 62 und 62a WPO).

581 WPK bzw. APAS können den Berufsangehörigen zur Erfüllung der Erscheinungs-, Auskunfts- und Vorlagepflicht nach § 62 WPO durch ein (ggf. mehrfaches) **Zwangsgeld** anhalten (§ 62a WPO). Ein solches Zwangsgeld muss vorher schriftlich angekündigt werden. Gegen seine Festsetzung kann die Entscheidung des LG beantragt werden. Der Beschluss des LG ist nicht anfechtbar (§ 62a Abs. 3 WPO).

582 § 64 WPO stellt sicher, dass die i.R. eines Berufsaufsichtsverfahrens offenbarten Tatsachen und Umstände vor Offenlegung geschützt werden. Alle Mitglieder der WPK-Gremien sowie die Mitarbeiter der WPK sind hinsichtlich der Angelegenheiten, die sie i.R. ihrer Tätigkeiten über Berufsangehörige erfahren, gegenüber jedermann zur **Verschwiegenheit** verpflichtet. Das gilt v.a. für Verfahren der Berufsaufsicht, aber auch für andere Vorfälle, die i.R.d. Arbeit der WPK oder der APAS bekannt werden. Infolgedessen werden Beschwerdeführer grds. nicht darüber unterrichtet[753], ob eine und falls ja, welche Maßnahme vonseiten der Berufsaufsicht ergriffen worden ist. Zulässig ist allerdings die Unterrichtung darüber, dass keine Berufspflichtverletzung festgestellt worden ist, weil eine derartige Nachricht den Berufsangehörigen lediglich begünstigt. Wurde die Berufspflichtverletzung i.R. eines Vertretungsverhältnisses begangen, darf der Vertretene über das berufsaufsichtliche Verfahren unterrichtet werden (§ 64 Abs. 5 WPO)[754]. Damit sind WPK und APAS befugt, z.B. Arbeitgeber von angestellten WP über diese betreffende Berufsaufsichtsverfahren zu informieren.

---

751 Zur verfassungsrechtlichen Problematik dieser Vorlagepflicht s. *Hense/Ulrich*, WPO³, § 62, Rn. 48.
752 Vgl. *Hense/Ulrich*, WPO³, § 62, Rn. 61 ff.
753 Vgl. dazu *Hense/Ulrich*, WPO³, § 64, Rn. 11 ff.
754 Diese Regelung wurde durch das APAReG ausdrücklich gesetzlich verankert.

Nicht erfasst von der Verschwiegenheitspflicht nach § 64 WPO sind die Tatsachen und Mitteilungen, die im Berufsregister eingetragen und damit allgemein zugänglich sind (§ 38 WPO), z.B. ein berufsaufsichtlich festgesetztes Tätigkeitsverbot. Zur allgemeinen, mit dem APAReG eingeführten Berichterstattung über verhängte Sanktionen s. Kap. A Tz. 591 ff.

583 Die **Verschwiegenheitspflicht** der innerhalb der WPK mit einer Angelegenheit befassten Personen gilt auch für Verfahren **vor Gerichten und Behörden**. Hier dürfen Aussagen nur mit entsprechender Genehmigung des Vorstands erfolgen, über deren Erteilung nach pflichtgemäßem Ermessen zu entscheiden ist. Die Genehmigung soll allerdings nur versagt werden, wenn Rücksicht auf die Stellung oder die Aufgaben der WPK oder berechtigte Belange der Personen, über welche die Tatsachen bekannt geworden sind, es unabweisbar erfordert. Die Verschwiegenheitspflicht des § 64 WPO gilt unbegrenzt und ist auch nach dem Ausscheiden aus den entsprechenden Gremien zu beachten.

Die Genehmigungspflicht des § 64 Abs. 2, 3 WPO gilt nicht für die Übermittlung von Daten an andere Behörden (insb. an andere Berufskammern) und Gerichte von Amts wg. nach § 36a WPO. In diesen Fällen ist die Verschwiegenheitspflicht durch die genannte gesetzliche Regelung ausdrücklich durchbrochen.

6.1.5.3 Rechtliches Gehör

584 Vor Verhängung einer berufsaufsichtlichen Maßnahme ist das **rechtliche Gehör** zu gewähren (§ 68 Abs. 4 WPO). Dies geschieht schriftlich oder durch persönliche Anhörung des Betroffenen. Den betroffenen Berufsangehörigen ist **Akteneinsicht** zur Gewährleistung des rechtlichen Gehörs nach allgemeinen Grundsätzen des Verwaltungsverfahrens zu gewähren[755]. Ein allgemeines **Akteneinsichtsrecht** ist in der WPO nicht vorgesehen. Infolgedessen kann Personen, die etwa zur Untermauerung eigener Schadensersatzansprüche gegen einen WP um Informationen ersuchen, eine solche Akteneinsicht nicht gestattet werden[756]. Wegen der Letztentscheidungsbefugnis der APAS in Berufsaufsichtsangelegenheiten (Kap. A Tz. 573) ist sie in die Entscheidung der WPK einzubinden und zwar vor deren Bekanntgabe an den Berufsangehörigen, der gesetzliche Abschlussprüfungen durchführt.

6.1.6 Berufsaufsichtliche Maßnahmen, Rechtsmittel und öffentliche Bekanntgabe

6.1.6.1 Berufsaufsichtliche Maßnahmen

585 Durch das APAReG wurden die Berufsaufsicht und das berufsgerichtliche Verfahren neu geregelt. Dabei wurden die Vorgaben der RL 2014/56/EU (Art. 30a) umgesetzt und alle berufsaufsichtlichen Maßnahmen bei der WPK bzw. der APAS konzentriert. Die Zuständigkeit der Berufsgerichte für die Durchführung der Berufsaufsicht wurde vollständig aufgegeben, die Berufsgerichtsbarkeit ist damit nur noch für die Überprüfung der berufsaufsichtlichen Maßnahmen zuständig (vgl. §§ 71a, 85 WPO). Zum berufsgerichtlichen Verfahren s. Kap. A Tz. 598 ff.

---

755 *Hense/Ulrich*, WPO³, § 63, Rn. 47.
756 Ein Akteneinsichtsrecht besteht auch nicht nach dem IFG, s. dazu *Hense/Ulrich*, WPO³, § 68, Rn. 48.

586 Nach § 68 Abs. 1 S. 1 WPO können die WPK oder die APAS das Verhalten eines WP ahnden, wenn er die ihm obliegenden Pflichten verletzt hat. Die **Verletzung von Berufspflichten** ist etwa bei Verstößen gegen die Unabhängigkeit, Gewissenhaftigkeit oder die Verschwiegenheitspflicht gegeben. Ein Fehlverhalten außerhalb der beruflichen Betätigung kann als Grund für eine Aufsichtsmaßnahme nur in Betracht kommen, wenn nach den Umständen des Einzelfalls das Verhalten des Berufsangehörigen in besonderem Maße geeignet ist, Achtung und Vertrauen in einer für die Berufsausübung oder für das Ansehen des Berufs bedeutsamen Weise zu beeinträchtigen.

Wie die durch das APAReG im Gesetz verankerte Regelung zur Rüge zeigt, verlangen berufsaufsichtliche Maßnahmen bei fahrlässigen Berufspflichtverletzungen besondere Feststellungen. So darf nach § 68 Abs. 3 WPO eine Rüge, also die mildeste berufsaufsichtliche Maßnahme, nur verhängt werden, wenn die fahrlässig begangenen tatsächlichen Fehler von „einigem Gewicht" sind. Nach Auffassung des ausschließlich zuständigen LG Berlin kommt eine Rüge nur in Betracht, wenn die WPK unter Bezugnahme auf Tatsachen nachweist, „welche Erkenntnisse und Anhaltspunkte es gibt, dass andere Berufsangehörige in einer ernsthaft vergleichbaren Situation sich typischerweise nicht so wie der gerügte Berufsangehörige verhalten hätten". Das Verhalten des Berufsangehörigen muss eine deutliche Unterschreitung des Standards darstellen, wie er unter Berücksichtigung der tatsächlichen Verhältnisse jedenfalls geleistet werden kann[757]. Zu berücksichtigen sind bei der Festsetzung einer Sanktion alle relevanten Umstände, auch etwa die Mitwirkung an der Aufklärung der Pflichtverletzung (§ 68 Abs. 3 WPO). Allerdings darf es sich nicht verschärfend auswirken, wenn sich ein Berufsangehöriger auf das Selbstbelastungsverbot (Kap. A Tz. 577) beruft.

587 Mit Inkrafttreten des WPRefG wurde der Vorrang des Strafverfahrens für das Verfahren vor dem Berufsgericht **aufgehoben**. Das berufsaufsichtliche und ein strafgerichtliches Verfahren können nebeneinander durchgeführt werden.

Ist der Berufsangehörige ein sog. Mehrfachberufler (WP/StB, WP/RA, WP/StB/RA), kann er mehreren Berufsrechten unterliegen. Im berufsaufsichtlichen Verfahren nach der WPO wird nur entschieden, wenn die vorgeworfene Pflichtverletzung überwiegend mit der **Ausübung des WP-Berufs** zusammenhängt[758]. Ein solcher Zusammenhang ist z.B. gegeben, wenn Pflichtverletzungen i.R. von Prüfungstätigkeiten zu beurteilen und zu ahnden sind. Wird hingegen einem WP/StB eine Pflichtverletzung i.R. seiner steuerberatenden Tätigkeit vorgeworfen, besteht Verfolgungsvorrang nach Maßgabe des StBerG. Entsprechendes gilt, wenn gegen einen WP/RA Vorwürfe erhoben werden, die seiner Anwaltstätigkeit zuzuordnen sind. Der Vorrang anderer berufsaufsichtlicher oder berufsgerichtlicher Verfahren gilt jedoch dann nicht, wenn vorübergehende oder dauerhafte Tätigkeitsverbote oder gar der Ausschluss aus dem Beruf in Betracht kommen (vgl. § 69a Abs. 3 WPO).

588 Als berufsaufsichtliche Maßnahmen, die von der WPK oder der APAS verhängt werden können, kommen in Betracht:

---

[757] LG Berlin v. 19.06.2016 – WiL 5/13, wistra, S 47 (48).
[758] § 69a Abs. 3 WPO. Nach dieser Vorschrift wird im berufsaufsichtlichen Verfahren nicht entschieden, wenn der Pflichtverletzung überwiegend mit der Ausübung eines anderen Berufs in Zusammenhang steht. Dieser Grundsatz gilt nach Änderung durch das APAReG nunmehr für Verfahren der WPK/der APAS und kann auch noch im berufsgerichtlichen Verfahren vorgetragen werden.

- Rüge
- Geldbuße bis zu 500.000 €
- Verbot, auf bestimmten Tätigkeitsgebieten für die Dauer von einem Jahr bis zu fünf Jahren tätig zu werden
- Verbot, bei Unternehmen von öffentlichem Interesse nach § 319a Abs. 1 S. 1 HGB für die Dauer von einem Jahr bis zu drei Jahren tätig zu werden
- Berufsverbot von einem bis zu fünf Jahren
- Ausschließung aus dem Beruf
- Feststellung, dass der BestV nicht die Anforderungen der §§ 322, 322a HGB und – soweit Unternehmen von öffentlichem Interesse nach § 319a Abs. 1 S. 1 HGB betroffen sind – des Art. 10 VO (EU) Nr. 537/2014 erfüllt.

Der **Bescheid** über eine berufsaufsichtliche Maßnahme ist zu begründen und dem betroffenen WP zuzustellen. Alle berufsaufsichtlichen Maßnahmen (z.B. Rüge, vorübergehendes Tätigkeitsverbot) können mit einer **Geldbuße** von bis zu 500.000 €[759] verbunden werden (§ 68 Abs. 2 WPO). Die Festsetzung der Höhe des Bußgelds liegt im pflichtgemäßen Ermessen der WPK bzw. der APAS und erlaubt die differenzierte Berücksichtigung der Umstände des Einzelfalls. In die Entscheidung über die Verhängung einer berufsaufsichtlichen Maßnahme sind gem. § 68 Abs. 2 WPO alle im Zeitpunkt der Entscheidung bekannten Pflichtverletzungen einzubeziehen.

589 Mit dem APAReG wurde erstmalig die Möglichkeit geschaffen, berufsaufsichtliche Maßnahmen **unmittelbar gegen Berufsgesellschaften** zu verhängen (§ 71 WPO)[760]. Voraussetzung ist, dass Organmitglieder, Generalbevollmächtigte, in leitender Stellung tätige Prokuristen oder sonstige Personen, die für die Leitung der WPG/BPG verantwortlich handeln, Berufspflichten der WPG/BPG bei Durchführung gesetzlicher Abschlussprüfungen verletzt haben (vgl. § 71 Abs. 2 WPO). Bei der Entscheidung, ob auch gegen die WPG eine berufsaufsichtliche Sanktion verhängt wird, sind alle relevanten Umstände zu berücksichtigen. Zu diesen Umständen gehören u.a. auch die Gleichförmigkeit und die Häufigkeit von Pflichtverletzungen innerhalb der Gesellschaft. Die Maßnahmen können gegen die WPG/BPG, aber auch kumulativ gegen die Berufsgesellschaft und gegen die verantwortlichen Berufsträger verhängt werden[761]. Maßnahmen gegen die WPG/BPG sollen grds. nur in Betracht kommen, wenn sich deren Organisation als Ursache der Pflichtverletzung herausstellt[762].

6.1.6.2 Rechtsmittel

590 Gegen den Bescheid über die Verhängung einer berufsaufsichtlichen Maßnahme kann binnen eines Monats nach Zustellung beim Vorstand der WPK bzw. bei der APAS **Einspruch** erhoben werden, über den auch der Vorstand bzw. die APAS selbst entscheidet (§ 68 Abs. 5 WPO, § 66a Abs. 6 i.V.m. § 68 Abs. 5 WPO). Gegen den abweisenden Ein-

---

[759] Die Anhebung des Betrags der Geldbußen von 50.000 auf 500.000 € durch das APAReG spiegelt die durch dieses Gesetz erweiterte Zuständigkeit der WPK bzw. der APAS für alle Fälle von Berufspflichtverletzungen wider.

[760] Zur Kritik an dieser Regelung s. *IDW Stellungnahme zum Referentenentwurf eines Abschlussprüferaufsichtsreformgesetzes (APAReG)* v. 05.06.2015, https://www.idw.de/blob/83438/c14a0fce16e483e5af09688b3b8c1d27/down-apareg-referentenentwurf-data.pdf (abgerufen am 27.08.2018) und in FN-IDW 2015, S. 373.

[761] So auch die Regierungsbegründung zum APAReG, BT-Drs. 18/6282, Begründung zu Nr. 67, S. 100.

[762] Regierungsbegründung zum APAReG, BT-Drs. 18/6282, Begründung zu Nr. 67, S. 101.

spruchsbescheid kann der WP innerhalb eines Monats nach Zustellung schriftlich die Entscheidung der Kammer für WP-Sachen beim LG Berlin beantragen (§ 71a WPO). Der Inspektionsbericht der APAS (§ 62b Abs. 3 WPO) ist ein Verwaltungsakt und kann bei Beschwer auf dem Verwaltungsrechtsweg angefochten werden.

6.1.6.3 Öffentliche Bekanntgabe von Berufsaufsichtsmaßnahmen

WPK und APAS sollen künftig unanfechtbare berufsaufsichtliche Maßnahmen unverzüglich auf ihrer Internetseite öffentlich bekannt machen (§ 69 Abs. 1 WPO). Dabei sind auch Informationen zu Art und Charakter des Verstoßes, der zu der entsprechenden Maßnahme geführt hat, mitzuteilen. Mit dieser Regelung werden Art. 30 Abs. 3, Art. 30a Abs. 1 Buchst. b) und Art. 30c RL 2014/56/EU in nationales Recht umgesetzt. 591

Personenbezogene Daten darf die Bekanntmachung nicht enthalten. Das Verbot der Bekanntmachung personenbezogener Daten gilt allerdings nur für natürliche, nicht aber für juristische Personen. Namen von WPG müssten demnach also benannt werden[763]. Da nicht jede WPG die Rechtsform einer juristischen Person hat (z.B. die nach entsprechender Änderung von § 27 WPO durch das APAReG zulässige Rechtsform der GbR), ist bei Berufsgesellschaften mit personaler Struktur zu prüfen, ob sie ebenfalls Datenschutz genießt[764]. 592

Die Bekanntmachung darf erst erfolgen, wenn die berufsaufsichtliche Maßnahme unanfechtbar geworden ist. Diese Voraussetzung wird betroffene Berufsangehörige zur Prüfung veranlassen, ob der Rechtsweg ausgeschöpft werden soll. Die Veröffentlichung auf der Internetseite der WPK bzw. der APAS ist fünf Jahre lang aufrechtzuerhalten. Eine anonymisierte Bekanntgabe von berufsaufsichtlichen Maßnahmen ist in jedem Fall dann gesetzlich vorgeschrieben, wenn die Stabilität der Finanzmärkte oder laufende strafrechtliche Ermittlungen gefährdet würden oder den Beteiligten ein unverhältnismäßig großer Schaden zugefügt würde (§ 69 Abs. 2 WPO). 593

6.1.7 Untersagungsverfügung

In bestimmten Fällen kann die WPK bzw. die APAS über die berufsaufsichtliche Maßnahme hinaus andauerndes pflichtwidriges Verhalten untersagen (§ 68a WPO). Zu den Einzelheiten dieser Untersagungsverfügung vgl. *Hense/Ulrich*, WPO³, § 68a, Rn. 4 ff. 594

6.1.8 Zivilrechtliche Unterlassungsklage

Rechtsfähige Verbände zur Förderung gewerblicher oder selbständiger beruflicher Interessen sind nach § 8 Abs. 3 Nr. 2 UWG befugt, auf **Unterlassung von unlauteren Wettbewerbshandlungen** i.S.v. § 3 UWG zu klagen. Zu den rechtsfähigen Verbänden gehören auch die Kammern der freien Berufe, also ebenfalls die WPK. Mit einer solchen Klage kann Berufsangehörigen wettbewerbswidriges Verhalten, z.B. irreführende Werbung i.S.d. § 5 UWG untersagt werden. Dabei ist eine solche gerichtliche Untersagung unabhängig vom Verschulden des Berufsangehörigen möglich. In Betracht kommen solche Unterlassungsansprüche v.a. bei der Verletzung von berufsrechtlichen Regelungen, die die Außendarstellung betreffen; die Verletzung solcher Regelungen kann zu 595

---

763 Vgl. Regierungsbegründung zum APAReG, BT-Drs. 18/6282, Begründung zu Nr. 65, S. 99.
764 Vgl. zur Ein-Personen-Gesellschaft *Hense/Ulrich*, WPO³, § 69, Rn. 17.

Wettbewerbsnachteilen für rechtstreue Berufsangehörige führen[765]. Die WPK hat damit ein Mittel in der Hand, das im Verhältnis zur Belehrung oder zu einem berufsaufsichtlichen Verfahren schneller wirkt. Unter **Verhältnismäßigkeitsgesichtspunkten** kann es nach Auffassung des BVerfG[766] aber erforderlich sein, das Vorgehen der WPK auf die milderen Mittel des Aufsichtsrechts zu beschränken.

6.1.9 Verjährung

596 Die Verfolgung einer Pflichtverletzung **verjährt grds. in fünf Jahren**. Dies gilt nicht, sofern ein Tätigkeitsverbot, ein befristetes Berufsverbot oder die Ausschließung aus dem Beruf gerechtfertigt gewesen wäre (§ 70 S. 1 WPO). In diesen Fällen tritt keine Verjährung ein. Ist vor Ablauf der Verjährungsfrist wg. desselben Sachverhalts ein Strafverfahren eingeleitet worden, wird der Ablauf der Verjährungsfrist für die Dauer des Strafverfahrens gehemmt (§ 70 Abs. 2 WPO).

6.2 Berufsgerichtsbarkeit

6.2.1 Zuständigkeit

597 Berufsaufsichtliche Maßnahmen obliegen seit dem Inkrafttreten des APAReG (17.06.2016) abhängig von der Zuständigkeit ausschließlich der WPK oder der APAS. Die Berufsgerichte sind seit dieser Änderung nur noch für die Überprüfung der verhängten Sanktionen zuständig[767]. Die Berufsgerichtsbarkeit ist Bestandteil der **ordentlichen Gerichtsbarkeit**, um den verfassungsrechtlichen Anforderungen an die Gewaltenteilung zu genügen. Dem steht die Mitwirkung ehrenamtlicher Beisitzer aus dem Berufsstand nicht entgegen, weil diese Beisitzer weder gleichzeitig dem Vorstand oder dem Beirat der WPK angehören noch bei der WPK im Haupt- oder Nebenberuf (§ 76 Abs. 2 WPO) tätig sein dürfen. Die Berufsgerichtsbarkeit ist wie folgt aufgebaut:

- 1. Instanz: **Kammer für WP-Sachen** beim LG Berlin, weil in dessen Bezirk die WPK ihren satzungsmäßigen Sitz hat (§ 72 Abs. 1 WPO).
- 2. Instanz: **Senat für WP-Sachen beim Kammergericht Berlin**[768] (§ 73 WPO).
- 3. Instanz: **Senat für WP-Sachen beim BGH** (§ 74 WPO).

In der ersten und der zweiten Instanz nimmt die Generalstaatsanwaltschaft beim Kammergericht Berlin die Aufgaben der Staatsanwaltschaft wahr (§§ 84, 106 WPO); in der dritten Instanz ist der Generalbundesanwalt zuständig (§ 108 WPO). In jeder Instanz gehören dem Spruchkörper als ehrenamtliche Vertreter jeweils zwei Berufsangehörige an, die nach Maßgabe der jeweils einschlägigen Regelung an der Entscheidung beteiligt sind. Zur Berufung der ehrenamtlichen Richter s. § 75 WPO.

6.2.2 Berufsgerichtliches Verfahren

598 Im berufsgerichtlichen Verfahren sind über die Regelungen der WPO hinaus ergänzend die Vorschriften der **StPO** (und des GVG) sinngemäß anzuwenden (s. § 127 WPO),

---

765 BVerfG v. 26.10.2004 – 1 BVR 981/00, http://www.bundesverfassungsgericht.de/SharedDocs/Entscheidungen/DE/2004/10/rs20041026_1bvr098100.html (abgerufen am 27.08.2018).
766 BVerfG v. 26.10.2004 – 1 BVR 981/00.
767 Zur Neuordnung im Einzelnen s. Regierungsbegründung zum APAReG, BT-Drs. 18/6282, Begründung, Allgemeiner Teil, S. 56 f.
768 Die Stellung des OLG nimmt in Berlin das Kammergericht ein.

dennoch handelt es sich um ein Disziplinar- und nicht um ein Strafverfahren. Das berufsgerichtliche Verfahren wird gem. § 85 WPO durch Antrag des von einer berufsaufsichtlichen Maßnahme betroffenen Berufsangehörigen auf Erlass einer berufsgerichtlichen Entscheidung eingeleitet. Der Antrag ist beim LG in schriftlicher Form einzureichen. Eines Beschlusses über die Eröffnung bedarf es nicht; das Gericht muss entscheiden, es sei denn, der Berufsangehörige nimmt den Antrag zurück[769]. Gem. § 103 Abs. 3 Nr. 1 WPO wird das Verfahren eingestellt, wenn z.B. die Bestellung des WP oder bei einem Verfahren gegen eine Berufsgesellschaft deren Anerkennung erlischt.

Die **Hauptverhandlung** wird regelmäßig in Anwesenheit des Berufsangehörigen geführt. Sie kann in Abwesenheit des WP abgehalten werden, wenn er ordnungsgemäß geladen und entsprechend belehrt worden ist (§ 98 WPO); eine öffentliche Ladung ist allerdings nicht zulässig. Die Hauptverhandlung ist grds. nicht öffentlich. Auf Antrag der Staatsanwaltschaft kann, auf Antrag des WP muss die Öffentlichkeit hergestellt werden. Die Hauptverhandlung ist jedoch immer in den Fällen **öffentlich**, in denen die dem Berufsangehörigen vorgeworfene Pflichtverletzung i.Z.m. der Durchführung einer **Prüfung nach § 316 HGB** steht (§ 99 Abs. 1 S. 3 WPO)[770]. Zutritt zur nichtöffentlichen Verhandlung haben u.a. Vertreter der WPK und der APAS.

599

Eine **Verhaftung** des WP ist im berufsgerichtlichen Verfahren nicht zulässig; er darf weder vorläufig festgenommen noch vorgeführt werden. Ebenso wenig darf er zur Vorbereitung eines Gutachtens über seinen psychischen Zustand in ein psychiatrisches Krankenhaus eingeliefert werden (§ 82 WPO). Zu Verteidigern im berufsgerichtlichen Verfahren vor dem LG und dem Kammergericht können auch WP gewählt werden. Im berufsgerichtlichen Verfahren wird dem betroffenen Berufsangehörigen, dem Vorstand der WPK, der APAS und von diesen beauftragten Personen **Akteneinsicht** gewährt (§ 82b WPO).

Das berufsgerichtliche Verfahren ist unabhängig von anderen Gerichtsverfahren durchzuführen, insb. ist durch das WPRefG der Vorrang des Strafverfahrens aufgehoben worden. Das berufsgerichtliche Verfahren kann bei Vorliegen bestimmter Sachverhalte **ausgesetzt** werden (s. im Einzelnen § 83b WPO).

600

6.2.3 Berufsgerichtliche Entscheidung

Das LG-Verfahren schließt mit einem Urteil ab. Dabei entscheidet das Gericht in der Sache selbst über alle Berufspflichtverletzungen, die Gegenstand der angefochtenen Entscheidung sind (§ 103 WPO).

601

6.2.4 Rechtsmittel

6.2.4.1 Berufung

Gegen das Urteil der Kammer für WP-Sachen beim LG ist gem. § 105 WPO die **Berufung** an den Senat für WP-Sachen beim Kammergericht zulässig. Sie muss binnen einer Woche nach Verkündung des Urteils **bei der Kammer für WP-Sachen beim LG** schriftlich eingelegt werden. Ist das Urteil nicht in Anwesenheit des Berufsangehörigen verkündet worden, beginnt diese sehr kurze Frist mit der Zustellung der Entscheidung.

602

---

769 S. dazu Regierungsbegründung zum APAReG, BT-Drs. 18/6282, Begründung zu Nr. 82, S. 102.
770 Diese generelle Ausnahme vom Grundsatz der nicht öffentlichen Hauptverhandlung ist durch das WPRefG eingeführt worden.

Die Berufung muss binnen einer Woche nach Ablauf der Frist für die Einlegung oder wenn zu diesem Zeitpunkt das Urteil noch nicht zugestellt war, nach dessen Zustellung (§ 317 StPO) schriftlich begründet werden.

6.2.4.2 Revision

603 Gegen ein Urteil des Senats für WP-Sachen beim Kammergericht ist grds. die **Revision** an den BGH möglich. Diese ist aber nur zulässig, wenn

- das Urteil auf Ausschließung aus dem Beruf lautet,
- der Senat für WP-Sachen beim Kammergericht entgegen einem Antrag der Generalstaatsanwaltschaft nicht auf Ausschließung erkannt hat oder
- der Senat für WP-Sachen beim Kammergericht die Revision im Urteil ausdrücklich zugelassen hat (§ 107 Abs. 1 WPO).

Die **Zulassung der Revision** ist nur statthaft, wenn in der zweiten Instanz über Rechtsfragen oder Fragen der Berufspflichten entschieden worden ist, die von grundsätzlicher Bedeutung sind.

Die Nichtzulassung der Revision kann selbständig durch Beschwerde innerhalb eines Monats nach Zustellung des Urteils angefochten werden (§ 107 Abs. 3 WPO). Die Beschwerde ist beim Kammergericht einzulegen.

Auch die Revision ist **binnen einer Woche** nach Verkündung des Urteils beim Kammergericht schriftlich einzulegen; ist das Urteil nicht in Anwesenheit des WP verkündet worden, beginnt für ihn die Frist auch in diesem Fall erst mit der Zustellung (§ 107a WPO). Vom WP können die Revisionsanträge und deren Begründung nur schriftlich angebracht werden (§ 107a Abs. 2 WPO). Die Revision muss ebenfalls binnen einer Woche nach Ablauf der Frist für die Einlegung oder wenn zu diesem Zeitpunkt das Urteil noch nicht zugestellt war, nach dessen Zustellung (§ 107a Abs. 3 i.V.m. § 345 Abs. 1 S. 2 StPO) **schriftlich** angebracht werden (§ 107a Abs. 2 WPO).

6.2.5 Sicherung von Beweisen, vorläufiges Berufsverbot

604 Wird ein berufsgerichtliches Verfahren gegen einen WP eingestellt, weil seine Bestellung als WP erloschen oder zurückgenommen ist und er damit nicht mehr der Berufsaufsicht und demzufolge auch nicht mehr der Berufsgerichtsbarkeit unterliegt (Kap. A Tz. 418 ff.), kann auf **Antrag der Generalstaatsanwaltschaft** die **Sicherung der Beweise** angeordnet werden, wenn zu erwarten ist bzw. war, dass auf Ausschließung aus dem Beruf erkannt worden wäre (§ 109 WPO). Eine solche Beweissicherung ist v.a. dann angebracht, wenn damit zu rechnen ist, dass der Betroffene die Wiederbestellung als WP (§ 23 WPO) betreiben wird; damit soll vermieden werden, dass sich ein Berufsangehöriger durch vorübergehendes Ausscheiden aus dem Beruf der befürchteten berufsgerichtlichen Ahndung durch Ausschließung aus dem Beruf (§ 68 Abs. 1 Nr. 4 WPO) entzieht.

605 Gem. § 111 WPO kann gegen einen WP ein **vorläufiges Berufsverbot** verhängt werden, wenn dringende Gründe für die Annahme vorhanden sind, dass gegen ihn auf Ausschließung aus dem Beruf erkannt werden wird. Ein solcher Antrag auf Erlass eines Berufsverbots kann schon vor Einleitung des berufsgerichtlichen Verfahrens (§ 85 WPO) gestellt werden. Die Verhängung eines Berufsverbots kann auch i.R. eines strafgerichtlichen Verfahrens erfolgen (§ 70 StGB); es handelt sich insoweit aber um ein von der

WPO getrenntes Verfahren, bei dem der Berufsstand auch nicht durch ehrenamtliche Beisitzer beteiligt ist.

7. Organisation des Berufsstands

7.1 Institut der Wirtschaftsprüfer in Deutschland e.V. (IDW)

7.1.1 Einleitung

Die ersten Bestrebungen zur Organisation des Berufs standen i.Z.m. der Einführung der Pflichtprüfung für AG und Wirtschaftsbetriebe der öffentlichen Hand. Im Jahr 1930 wurde das „Institut für das Revisions- und Treuhandwesen" ins Leben gerufen und im Jahr 1932, nachdem die Pflichtprüfung dem inzwischen geschaffenen Berufsstand der WP übertragen worden war, als „Institut der Wirtschaftsprüfer" reorganisiert. 606

Nach diversen strukturellen Anpassungen[771] ist das heutige **IDW** die größte Vereinigung der deutschen WP und WPG auf der Grundlage freiwilliger Mitgliedschaft. Das IDW ist nicht auf einen wirtschaftlichen Geschäftsbetrieb ausgerichtet. 607

Dem IDW als Tochtergesellschaft angeschlossen ist die IDW Verlag GmbH. Sie wurde 1950 als „Verlagsbuchhandlung des Instituts der Wirtschaftsprüfer (IDW)" gegründet. Die Anbindung an die hochwertigen fachlichen Arbeitsergebnisse, die sich der Berufsstand der WP über das IDW selbst geschaffen hat, und die konsequente Auswahl von Publikationen und Autoren mit hoher fachlicher Kompetenz haben dem IDW Verlag ein besonderes Renommee als Fachverlag für Rechnungslegung, Wirtschaftsprüfung, Steuerrecht und Betriebswirtschaft eingebracht. 608

Die IDW Akademie GmbH ist – mit Ausnahme der IDW Landesgruppenveranstaltungen (vgl. Kap. A Tz. 618) – Träger aller Aus- und Fortbildungsmaßnahmen des IDW (vgl. Kap. A Tz. 629 ff.). Sie ist Tochtergesellschaft der IDW Verlag GmbH. 609

Seit 1951 unterhält das IDW eine Hilfskasse für die Unterstützung unverschuldet in Not geratener Berufsangehöriger und ihrer Hinterbliebenen für den Fall von Krankheit, Gebrechlichkeit oder Tod. 610

7.1.2 Aufgaben des IDW

Gem. § 2 seiner Satzung hat das IDW 611

- für die **Aus- und Fortbildung** der WP und ihres beruflichen Nachwuchses zu sorgen und entsprechende Maßnahmen durchzuführen;
- für **einheitliche Grundsätze der** unabhängigen, eigenverantwortlichen und gewissenhaften **Berufsausübung** einzutreten und deren Einhaltung durch die Mitglieder sicherzustellen;
- die **Weiterentwicklung des Berufsbilds** des Wirtschaftsprüfers zu fördern.

Hierbei kann das IDW zu Fach- und Berufsfragen, die den gesamten WP-Beruf angehen, auch gutachtlich Stellung nehmen.

Das IDW versteht sich somit als Verband, der für die Interessen aller seiner Mitglieder in der gesamten Breite des Berufsstands eintritt. Für das IDW ist dabei der Grundsatz der Einheit des Berufs ebenso zu beachten wie die gerechtfertigten Erwartungen, die dem 612

---

771 Vgl. *IDW*, Jubiläumsschrift, „75 Jahre Wirtschaftsprüfer im IDW", Band I „Rückblicke".

613 Für die Interessen des Berufsstands einzutreten bedeutet auch den **Aufbau und die Aufrechterhaltung von Kontakten** zu nationalen und internationalen Institutionen. Dabei geht es v.a. um jene, die auf das rechtliche Umfeld der Berufsausübung gestaltend einwirken, wie etwa den deutschen und europäischen Gesetzgeber. Ziel ist es, durch die Einbringung des Sachverstands des Berufs für sinnvolle und angemessene Rahmenbedingungen der Berufsausübung zu sorgen und dabei den Berufsstand vor unnötiger (Über-)Reglementierung zu schützen. In diesem Zusammenhang sucht das IDW auch die Zusammenarbeit mit weiteren berufsständischen und Rechnungslegungsorganisationen (vgl. Kap. A Tz. 638 ff.).

614 Zudem repräsentiert das IDW den Beruf maßgeblich in der allgemeinen Öffentlichkeit und steht im permanenten Meinungsaustausch mit relevanten Marktteilnehmern. Die Aktivitäten des IDW sind darauf gerichtet, das Berufsbild nach außen verständlich zu erklären und positiv zu besetzen. Die Änderungen der äußeren Faktoren, z.B. Digitalisierung und Globalisierung, führen auch für den Berufsstand zum Wandel (vgl. Kap. A Tz. 9 ff. Er passt sein Dienstleistungsangebot laufend an. Seine Kompetenz und Vielseitigkeit gepaart mit seinem Know-how – generiert aus seiner Vorbehaltsaufgabe, der Abschlussprüfung – macht den Berufsstand zum gefragten Anbieter von Vertrauensleistungen.

615 Zur Interessenvertretung für den gesamten Berufsstand gehört es – auch i.S.d. Abgrenzung von anderen prüfenden und beratenden Berufen –, die **Qualität** seiner Tätigkeiten zu verdeutlichen und entsprechend zu fördern. Wichtig ist daher eine einheitliche Berufsausübung auf qualitativ hohem Niveau. Dem trägt das IDW mit seiner Facharbeit und den Serviceleistungen für seine Mitglieder Rechnung.

7.1.3 Mitgliedschaft im IDW

616 Ordentliches Mitglied im IDW können WP und WPG sein. Dem IDW gehören ca. 81% der WP Deutschlands als ordentliche Mitglieder an. Als außerordentliche Mitglieder werden ehemalige WP, die Prüfungsstellen der Sparkassen- und Giroverbände sowie Vorstandsmitglieder, Geschäftsführer, persönlich haftende Gesellschafter und PartG-Partner von WPG, die nicht WP sind, sowie in der IDW Satzung speziell genannte Personen geführt. Persönlichkeiten, die sich außergewöhnliche Verdienste um den Beruf des WP erworben haben, können zu Ehrenmitgliedern ernannt werden. Der jeweils aktuelle Mitgliederstand des IDW und die Namen der Ehrenmitglieder können auf der Webseite des IDW[772] eingesehen werden.

617 IDW Mitglieder zeichnen sich durch das Bestreben nach höchster Qualität ihrer Leistungen aus. Dazu erfüllen sie freiwillig die in der Satzung des IDW festgeschriebenen **Selbstverpflichtungen**,
- die vom IDW herausgegebenen Grundsätze zur Qualitätssicherung in der WP-Praxis zu beachten und anzuwenden sowie ihre Beachtung und Anwendung durch Mit*arbeiter sicherzustellen* und zu überwachen,

---

[772] www.idw.de.

- im Rahmen ihrer beruflichen Eigenverantwortlichkeit die von den Fachausschüssen des IDW abgegebenen *IDW Prüfungsstandards (IDW PS), IDW Stellungnahmen zur Rechnungslegung (IDW RS), IDW Fachgutachten (IDW FG) und IDW Standards (IDW S)* zu beachten,
- im Rahmen ihrer Berufspflicht zur Fortbildung neben dem notwendigen Literaturstudium an Fortbildungsmaßnahmen teilzunehmen, deren Art und Umfang in der Eigenverantwortlichkeit des WP liegen und deren Mindeststandard durchschnittlich 40 Stunden pro Jahr nicht unterschreiten darf,
- stets ihre Unabhängigkeit, insb. ihre finanzielle Unabhängigkeit gegenüber dem Mandanten, zu wahren und die übrigen vom IDW herausgegebenen Berufsgrundsätze zu beachten.

Die Mitglieder des IDW sind in **Landesgruppen** organisiert. Die zwölf bestehenden Landesgruppen sind in einzelnen Bundesländern oder gemeinsam von benachbarten Bundesländern geschaffen worden. Die Landesgruppen besitzen keine rechtliche Selbständigkeit. Wesentliche Aufgabe der Landesgruppen ist es, für die Fortbildung ihrer Mitglieder und den Informationsaustausch zu sorgen. Sie sind zugleich Wahlkörper für den Verwaltungsrat. In den Landesgruppen werden insgesamt 50 der 57 Mitglieder des Verwaltungsrats gewählt. Aus dem Verwaltungsrat werden anschließend die sechs Mitglieder des ehrenamtlichen Vorstands gewählt.

7.1.4 Organe des IDW

Organe des IDW sind

- der Wirtschaftsprüfertag,
- der Verwaltungsrat,
- der Vorstand.

Der **Wirtschaftsprüfertag** ist Mitgliederversammlung i.S.d. BGB. Sieben Mitglieder des Verwaltungsrats werden vom Wirtschaftsprüfertag ohne Rücksicht auf den Ort ihres beruflichen Wohnsitzes gewählt. Des Weiteren obliegen dem Wirtschaftsprüfertag die Wahl der Mitglieder des Ehrenrats, die Entgegennahme des Berichts von Vorstand und Verwaltungsrat über die Entwicklung des Berufsstands und des IDW sowie über andere wichtige Fragen, die Entlastung des Verwaltungsrats sowie Satzungsänderungen. Zuletzt wurde die Satzung mit dem Beschluss vom 14.11.2017 auf dem 33. Wirtschaftsprüfertag geändert[773]. Der Wirtschaftsprüfertag tritt mindestens alle zwei Jahre zusammen.

Der **Verwaltungsrat** ist zuständig für

- die Wahl der ehrenamtlichen Mitglieder des Vorstands,
- die Wahl des Vorsitzers des HFA,
- die Festsetzung des Wirtschaftsplanes,
- den Erlass der Beitragsordnung,
- die Genehmigung des JA und des Geschäftsberichts sowie die Entlastung des Vorstands,
- die Bestellung des APr.,

---

[773] Die Satzungsänderungen umfassen Anpassungen aufgrund der Neuausrichtung der IDW Fachgremien (§ 12) und eine Ergänzung zur Beschlussfähigkeit des IDW Verwaltungsrats (§ 9 Abs. 9 S. 1), vgl. Protokoll des 33. Wirtschaftsprüfertags https://www.idw.de/blob/105658/9e1e0dada036ee65347b96bbc21d9d99/down-33-wptag-protokoll-data.pdf (abgerufen am 17.08.2018).

- die Ernennung von Ehrenmitgliedern,
- die Ernennung von Mitgliedern des Beirats der Hilfskasse sowie die Änderung der Satzung der Hilfskasse,
- die Errichtung, Verlegung und Aufgabe von Landesgeschäftsstellen.

622 Der **Vorstand** des Instituts ist für alle Entscheidungen und Maßnahmen zuständig, die nicht nach der Satzung anderen Organen zugewiesen sind. Zu den Aufgaben des Vorstands gehört die Entscheidung über die grundsätzliche Ausrichtung der Berufspolitik. Der Vorstand setzt sich aus sechs ehrenamtlichen und vier geschäftsführenden Mitgliedern zusammen. Die geschäftsführenden Mitglieder des Vorstands, die von den ehrenamtlichen Vorstandsmitgliedern berufen werden, führen die Geschäfte des IDW, soweit der Vorstand für besondere Geschäfte nichts anderes beschließt.

7.1.5 Facharbeit

623 Die Facharbeit des IDW umfasst die Behandlung von **Grundsatzfragen** aus allen Tätigkeitsgebieten des WP. Sie richtet sich in erster Linie an die Mitglieder, gleichwohl aber auch an die Bilanzierenden und die interessierte Öffentlichkeit sowie an entsprechende nationale und internationale Institutionen. So wird das IDW bspw. vom deutschen Gesetzgeber in Gesetzgebungsverfahren einbezogen, die für den Berufsstand von Bedeutung sind oder für die im Berufsstand besondere Sachkunde besteht. Über seine Facharbeit unterrichtet das IDW u.a. auch in Fachveranstaltungen, insb. Symposien.

Die Facharbeit dient der einheitlichen und fachgerechten Berufsausübung. Wesentlich sind die Beratung einzelner Mitglieder in fachlichen Zweifelsfragen von grundsätzlicher Bedeutung und die **Hilfestellung** bei der praktischen Berufsarbeit. Mitglieder haben die Möglichkeit, schriftliche oder telefonische **Fachanfragen** an das IDW zu richten. Der Austausch mit den Fachexperten des IDW wird von den IDW Mitgliedern intensiv genutzt.

Weiteres wesentliches Element der Facharbeit des IDW ist die Herausgabe von fachlichen Verlautbarungen.

7.1.5.1 Verlautbarungen des IDW

624 Die von den Fachausschüssen des IDW verabschiedeten Verlautbarungen legen die Berufsauffassung der WP zu fachlichen Fragen der Rechnungslegung und Prüfung sowie zu sonstigen Gegenständen und Inhalten der beruflichen Tätigkeit dar und tragen zu ihrer Entwicklung bei. In der Rechnungslegung handelt es sich um fachliche Äußerungen zu ausgewählten Fragen, zu denen keine allgemein anerkannten Standards bestehen oder bei denen existierende Normen auslegungsbedürftig sind. In der Prüfung bilden sie die für die deutsche Berufspraxis maßgeblichen **GoA**. Der WP hat daher sorgfältig zu prüfen, ob die Verlautbarungen in dem von ihm zu bearbeitenden Fall anzuwenden sind[774].

> **Hinweis 6:**
> Beachtet ein APr. diese Grundsätze nicht oder lässt er die Nichtbeachtung durch das geprüfte Unternehmen ohne Widerspruch zu, ohne dass dafür gewichtige Gründe vorliegen, muss er damit rechnen, dass dies ggf. in Regressfällen, in einem Verfahren

---

774 Vgl. https://www.idw.de/idw/verlautbarungen (abgerufen am 17.08.2018)

der Berufsaufsicht oder in einem Strafverfahren zu seinem Nachteil ausgelegt werden kann. Abweichungen von diesen Grundsätzen sind schriftlich und an geeigneter Stelle (z.B. im PrB) hervorzuheben und zu begründen (*IDW PS 201*, Tz. 13 und 29).

IDW Stellungnahmen zur Rechnungslegung und *IDW Standards* sowie *IDW Prüfungsstandards* durchlaufen einen sog. **due process** (vgl. Kap. A Tz. 210 ff.). Entwürfe von Verlautbarungen werden veröffentlicht, um allen Berufsangehörigen und allen interessierten Kreisen Gelegenheit zur Meinungsäußerung zu geben. Das stellt sicher, dass die Berufsangehörigen sich auch individuell in die Bildung der Berufsauffassung einbringen können. Außerdem erfolgt eine Erörterung mit Sachkundigen aus den führenden Verbänden der Wirtschaft, den Gewerkschaften, den Hochschulen und anderen Beteiligten. Diese Erörterung gibt vor der abschließenden Verabschiedung der Verlautbarung nochmals die Gelegenheit zur weiteren Vervollkommnung der dargelegten Inhalte.

625

Folgende Arten von IDW Verlautbarungen stehen zur Verfügung:

- IDW Prüfungsstandards (IDW PS)
- IDW Stellungnahmen zur Rechnungslegung (IDW RS)
- IDW Standards (IDW S)
- IDW Qualitätssicherungsstandard (IDW QS)
- IDW Prüfungshinweise (IDW PH)
- IDW Rechnungslegungshinweise (IDW RH)
- IDW Praxishinweise
- IDW Steuerhinweis
- IDW Fragen & Antworten zu IDW Prüfungsstandards (F&A IDW PS)
- IDW Fragen & Antworten zu IDW Standards (F&A IDW S).

Darüber hinaus veröffentlicht das IDW in unregelmäßigen Abständen *IDW Positions- oder Diskussionspapiere*.

7.1.5.2 Fachgremien des IDW

In den **Fachgremien** des IDW sind Mitglieder aus allen Segmenten des Berufsstands vertreten, die für das jeweilige Fachgremium über entsprechende besondere praktische Erfahrungen verfügen, ein wissenschaftliches Interesse an den Themen des jeweiligen Gremiums haben und bereit sind, sich ehrenamtlich für die Belange des Berufsstands einzusetzen. Dadurch ist sichergestellt, dass die fachlichen Äußerungen des IDW das vielfältige praktische Know-how des Berufsstands erfassen.

626

Die Fachgremienstruktur wird derzeit an den Wandel des Berufsstands und der strategischen Ausrichtung hin zu einer stärkeren Marktorientierung angeglichen[775]. Insbesondere wird der bisherige **Hauptfachausschuss (HFA)** mit seinen beiden Abteilungen „Prüfung" und „Rechnungslegung" aufgeteilt in einen HFA und in den **Fachausschuss für Unternehmensberichterstattung (FAB)**. Der HFA ist insb. zuständig für den Bereich Abschlussprüfung und sonstige betriebswirtschaftliche Prüfungen. Der FAB wird sich mit der internen und externen Rechnungslegung sowie anderen Bestandteilen der Unternehmensberichterstattung befassen. Die beiden Ausschüsse haben einander vor der Verabschiedung bindender Verlautbarungen zu konsultieren.

627

---

[775] Voraussetzungen hierzu wurden durch die Satzungsänderung im November 2017 geschaffen; vgl. Kap. A. Tz. 620.

628 Der Vorstand setzt daneben **weitere Ausschüsse** ein und legt deren Aufgaben fest (§ 12 Abs. 2 S. 1 IDW Satzung). Die eingerichteten Ausschüsse bearbeiten eigenständig branchen- oder fachspezifische Fragestellungen. Sie sollen den HFA oder FAB konsultieren.

Die Ausschüsse können zur Lösung von Teilfragen Arbeitskreise und Arbeitsgruppen einrichten.

7.1.6 Angebote des IDW

7.1.6.1 Aus- und Fortbildung und weitere Veranstaltungen

629 Die fachliche Fortbildung gehört gem. § 43 Abs. 2 S. 4 WPO zu den Berufspflichten des WP. IDW Mitglieder haben sich – über die gesetzlichen Anforderungen hinaus – freiwillig zu strukturierten Fortbildungsmaßnahmen im Umfang von mindestens 40 Stunden pro Jahr verpflichtet (Kap. A Tz. 617). Die fachliche Förderung des WP und seines beruflichen Nachwuchses ist eine der satzungsmäßigen Aufgaben des IDW. Aktuelle Entwicklungen auf diesem Gebiet werden im Ausschuss für Aus- und Fortbildung (AAF) behandelt. Zusammen mit der IDW Akademie und den IDW Landesgruppen bietet das IDW ein umfangreiches Aus- und Fortbildungsprogramm an.

630 Das Programm der **Berufsbegleitenden Ausbildung** ist für Berufsanfänger konzipiert. Innerhalb der ersten Jahre der Berufstätigkeit werden Grund- und Spezialkenntnisse in den Fachgebieten vermittelt, die mit den Tätigkeitsbereichen des WP eng verknüpft sind. Das im Studium erworbene Basiswissen wird vertieft. Das Kursangebot umfasst die Themengebiete Prüfungswesen, Steuerrecht, Betriebswirtschaftslehre und Wirtschaftsrecht.

631 Im Bereich der Fortbildung werden folgende Formate angeboten:

- Veranstaltungen der IDW Landesgruppen

Die Berufsangehörigen können sich i.R. von **Vortrags- und Diskussionsveranstaltungen** laufend über aktuelle Entwicklungen in allen Tätigkeitsbereichen des WP informieren. Die Veranstaltungen werden als Halbtags- bzw. Abendveranstaltungen dezentral in den IDW Landesgruppen durchgeführt. Diese Veranstaltungen sind für IDW Mitglieder kostenlos. Darüber hinaus bieten einzelne IDW Landesgruppen jährlich ein- bzw. mehrtägige Fachveranstaltungen an. Unterlagen und Videomitschnitte ausgewählter Fachvorträge können im Mitgliederbereich der IDW Website abgerufen werden; teilweise sind hierzu elektronische Fortbildungsnachweise möglich.

- IDW Arbeitstagungen Baden-Baden

Die jährlich durchgeführte **IDW Arbeitstagung** dient außer der Darstellung aktueller Themen vornehmlich dem Meinungs- und Erfahrungsaustausch der Berufsangehörigen in verschiedenen Diskussionsgruppen. Die IDW Arbeitstagung ist IDW Mitgliedern und deren Mitarbeitern vorbehalten.

- Seminare der IDW Akademie

Die Seminare haben das Ziel, praxisrelevante Fragen unter wirtschaftsrechtlichen, steuerrechtlichen sowie Bilanzierungs- und Prüfungsaspekten darzustellen. Es werden aktuelle Kenntnisse in verschiedenen Fachgebieten vermittelt sowie neue Lösungen und Entwicklungen aufgezeigt. Die Seminarformate sind vielfältig – von Mehrtagesplenarveranstaltungen bis hin zu Tagesseminaren mit Workshop-Charakter. Das Themenspektrum umfasst alle für den WP relevanten Arbeitsbereiche, z.B. neue Dienstleistungen, Unternehmensbewertung oder Vermittlung von IT-Kenntnissen. Da viele Themen auch für andere Berufsgruppen, etwa für Steuer- oder Unternehmensberater, interessant sind, stehen die Seminare auch Nicht-Mitgliedern offen.

7.1.6.2 Kommunikation und Medien

Das IDW gibt monatlich die **Mitgliederzeitschrift IDW Life** heraus. Alle IDW Verlautbarungen sowie Hinweise der Fachausschüsse sind in der eigenständigen Rubrik „IDW Fachnachrichten" der Zeitschrift enthalten. Darüber hinaus präsentiert die IDW Life Themen rund um Wirtschaft, Berufsstand und Verbandsleben. Dazu gehören auch redaktionell aufbereitete Antworten zu Anfragen an die Fachabteilungen des IDW. Die Zeitschrift kann auch als App gelesen werden. **632**

Informative Inhalte finden sich auch auf der **IDW Website** (www.idw.de). Dort werden u.a. alle IDW Eingaben gegenüber Gesetzgebern, Aufsichtsbehörden, nationalen und internationalen Fachgremien und Institutionen im Volltext publiziert. Aktuelle Informationen können Mitglieder darüber hinaus im Mitgliederbereich abrufen. Neben den Sitzungsprotokollen der Fachausschüsse informiert das IDW hier zusammenfassend über die Arbeitsergebnisse der Fach- und Satzungsgremien, über Entwicklungen in der Rechnungslegung und Abschlussprüfung sowie über Neuigkeiten aus dem Berufs-, Unternehmens-, Kapitalmarkt- und Steuerrecht. **633**

Angeboten werden auch verschiedene **Newsletter** für Mitglieder sowie Interessierte. Zudem bieten **Video-Podcasts** Informationen in kurzer und prägnanter Form.

Weiterhin gibt das IDW in 14-tägiger Folge die **Fachzeitschrift „Die Wirtschaftsprüfung" (WPg)** heraus – samt ePaper (App) und elektronischem Datenbank-Archiv. Die Zeitschrift erscheint in der IDW Verlag GmbH.

7.2 Wirtschaftsprüferkammer (WPK)

Die WPK wurde zur Erfüllung der beruflichen **Selbstverwaltungsaufgaben** des Berufsstands im Jahr 1961 geschaffen. Sie ist eine Körperschaft des öffentlichen Rechts und nimmt die ihr (allein) durch Gesetz zugewiesenen Aufgaben in mittelbarer Staatsverwaltung wahr (§ 4 Abs. 1 WPO). Mitglieder der WPK sind kraft Gesetzes (§ 58 Abs. 1, § 128 Abs. 3 WPO) alle WP, vBP, WPG, BPG sowie alle Mitglieder des Vorstands, nach dem PartGG verbundene Personen, Geschäftsführer oder persönlich haftende Gesellschafter von WPG, die nicht WP sind. Die genossenschaftlichen Prüfungsverbände, die Sparkassen- und Giroverbände für ihre Prüfungsstellen sowie die überörtlichen Prüfungseinrichtungen für öffentliche Körperschaften können die Mitgliedschaft bei der WPK erwerben (§ 58 Abs. 2 WPO). **634**

Im Hinblick auf die Unterschiedlichkeit der Mitgliedergruppen unterliegt die WPK dem **Gebot der Neutralität** mit der Folge, dass es ihr nicht möglich ist, für eine der Mitgliedergruppen gegen eine andere tätig zu werden.

Organe der WPK sind gem. § 59 WPO: **635**

- der Beirat
- der Vorstand
- der Präsident
- die Kommission für Qualitätskontrolle

636 Gemäß § 4 i.V.m. § 57 Abs. 1 WPO erfüllt die WPK die ihr durch Gesetz zugewiesenen **Aufgaben**. Sie hat die beruflichen Belange der Gesamtheit der Mitglieder zu wahren und die Erfüllung der beruflichen Pflichten zu überwachen. Zu den Aufgaben gehören u.a.:

- Beratung und Belehrung der Mitglieder in Fragen der Berufspflichten
- Überwachung der Erfüllung der den Mitgliedern obliegenden Pflichten und ggf. Verhängung berufsaufsichtlicher Maßnahmen
- Förderung der beruflichen Fortbildung der Mitglieder und der Ausbildung des Nachwuchses (also nicht die Fort- und Ausbildung selbst)
- Führung des Berufsregisters
- Schaffung von Fürsorgeeinrichtungen für WP und vBP sowie deren Hinterbliebene, wozu insb. das berufsständische Versorgungswerk gehört (vgl. Kap. A Tz. 638)
- Betreiben eines Systems der Qualitätskontrolle
- Bestellung von WP und Anerkennung von WPG und BPG sowie Rücknahme bzw. Widerruf von Bestellungen bzw. Anerkennungen
- Einrichtung und Unterhalt einer selbständigen Prüfungsstelle.

Die WPK kann außerdem (§ 57 Abs. 3 WPO) eine **Berufssatzung (BS WP/vBP)** erlassen. Die BS WP/vBP beinhaltet materielles Recht, d.h. die darin festgelegten Anforderungen sind von den Berufsangehörigen zu beachten.

637 Mit dem APAReG, das der Umsetzung der aufsichts- und berufsrechtlichen Regelungen der RL 2014/56/EU sowie der Ausführung der entsprechenden Vorgaben der VO (EU) Nr. 537/2014 im Hinblick auf die Abschlussprüfung bei Unternehmen von öffentlichem Interesse dient, wurde die **Berufsaufsicht** neu geregelt und obliegt nunmehr der WPK und der beim BAFA angesiedelten APAS; zur APAS im Einzelnen vgl. Kap. A Tz. 569 ff.

Das BMWi führt die **Rechtsaufsicht** über die WPK und die APAS (s. Tz. 563), wobei die APAS in bestimmten Bereichen eine öffentliche fachbezogene Aufsicht über die WPK führt (§ 66a Abs. 1 WPO). Diese Aufsicht betrifft die Aufgaben der WPK nach § 4 Abs. 1 S. 1 WPO (Prüfung und Eignungsprüfung, Bestellung bzw. Anerkennung von WPG bzw. BPG, Widerruf, Registrierung, Beaufsichtigung der kontinuierlichen Fortbildung, Berufsaufsicht, Qualitätskontrolle und Erlass von Berufsausübungsregelungen) grds. nur insoweit, als sie diese Aufgaben gegenüber Berufsangehörigen bzw. Berufsgesellschaften wahrnimmt, die zur Durchführung gesetzlich vorgeschriebener Abschlussprüfungen befugt sind oder sie ohne diese Befugnis tatsächlich durchführen.

7.3 Weitere nationale und internationale berufsständische Organisationen und Institutionen

7.3.1 Versorgungswerk der Wirtschaftsprüfer (WPV)

638 Im Jahr 1993 wurde in NRW das **WPV** als Körperschaft des öffentlichen Rechts des Landes NRW errichtet. Außer dem Saarland haben sich alle Bundesländer dem WPV angeschlossen. Das WPV hat die Aufgabe, seinen Mitgliedern und sonstigen zum Empfang von Leistungen Berechtigten eine adäquate Alters-, Invaliditäts- und Hinterbliebenenversorgung zu gewähren. Das WPV erbringt dabei seine Leistungen ohne *staatliche Zuschüsse ausschließlich* aus eigenen Mitteln. Für WP, vBP und die gesetzlichen Vertreter von WPG und BPG besteht grds. die Pflicht zur Mitgliedschaft.

7.3.2 Deutscher Buchprüferverband e.V. (DBV)

Im **DBV** sind vereidigte Buchprüfer und Buchprüfungsgesellschaften freiwillig zusammengeschlossen. Der DBV vertritt die fachlichen und die beruflichen Interessen der vereidigten vBP und BPG. Um diese Aufgabe zu erfüllen, hat der DBV die hohen Qualitätsstandards der Facharbeit des IDW anerkannt und sich verpflichtet, seine Mitglieder zur deren Anwendung in ihrer beruflichen Tätigkeit zu verpflichten. Das IDW hat mit dem DBV eine Kooperationsvereinbarung geschlossen. Die Zusammenarbeit beider Verbände erstreckt sich auf die Fachgebiete, die zu den gemeinsamen Tätigkeitsbereichen der WP und der vBP gehören. Aufgrund dieser Zusammenarbeit können die Mitglieder des DBV u.a. die IDW Life (Kap. A Tz. 632) kostenlos beziehen und an den Veranstaltungen in den Landesgruppen teilnehmen.

639

7.3.3 International Federation of Accountants (IFAC)

Die IFAC – ein Weltverband der Accountancy-Berufe – wurde im Jahr 1977 mit der Zielsetzung gegründet, eine Harmonisierung der Berufe herbeizuführen. Das IDW ist Gründungsmitglied. Die IFAC versteht sich als eine Organisation, die den Berufsstand stärkt und gleichzeitig im öffentlichen Interesse agiert. **Ziele** sind die Entwicklung und Anwendung qualitativ hochwertiger Standards und Richtlinien, um die Leistungsfähigkeit der Berufsorganisationen zu fördern.

640

Der IFAC, die ihren Sitz in New York hat, gehören derzeit 175 Berufsorganisationen (**Mitglieder** und Assoziierte) aus 130 Ländern an – darunter für Deutschland das IDW und die WPK. In der IFAC sind insgesamt fast 3 Mio. Berufsangehörige zusammengeschlossen[776].

Die Mitgliedsorganisationen der IFAC sind insb. verpflichtet, die Aufgaben der IFAC zu unterstützen und sich an die festgelegten Regeln zu halten. Das **Member Compliance Program** vereint die Maßnahmen, mit denen die IFAC sicherstellen will, dass ihre Verlautbarungen von den Mitgliedsorganisationen beachtet werden. Dazu wurden die SMO erarbeitet, die jedes Mitglied zu beachten hat. Die Mitgliedsorganisationen müssen zudem selbst über eine entsprechende Governance-Struktur verfügen.

Die **wesentlichen Organe** der IFAC sind:

641

- Der **Council** ist die Mitgliederversammlung der IFAC. Ihm gehört jeweils ein Delegierter jeder Mitgliedsorganisation an. Der Council kommt gewöhnlich einmal jährlich zusammen. Zu seinen Aufgaben gehören die Wahl der Board-Mitglieder sowie Entscheidungen zu konstitutionellen und strategischen Fragen.
- Der **Board** bestimmt die Leitlinien und überwacht die Aktivitäten der IFAC. Ihm gehören der Präsident und nicht mehr als 22 Mitglieder (einschl. des Vize-Präsidenten) an. Die Board-Mitglieder werden auf Vorschlag des **Nominating Committee** für die Amtszeit von drei Jahren gewählt.
- Die **Officers** der IFAC sind der Präsident und der Vize-Präsident; die laufenden Geschäfte werden vom Chief Executive Officer geführt.

Der IFAC Board wird von weiteren sog. **Subcommittees** unterstützt:

642

- Audit Committee – unterstützt bei der Erstellung/Prüfung des JA der IFAC und überwacht das Risk Management

---

776 http://www.ifac.org/about-ifac (abgerufen am 29.08.2018).

- Governance Committee – überwacht die Wirksamkeit der IFAC-Governance
- Planning and Finance Committee – überwacht die Strategien der IFAC und deren Finanzierung
- Public Policy and Regulatory Advisory Committee – unterstützt das Public Policy and Regulatory Department der IFAC.

643 Zur Verwirklichung ihrer Zielsetzung hat die IFAC vier **unabhängige Gremien** zur Erarbeitung und Verabschiedung von Standards eingerichtet:
- International Auditing and Assurance Standards Board (**IAASB**): Standards zur Prüfung und Qualitätssicherung,
- International Accounting Education Standards Board (**IAESB**): Berufsaus- und -fortbildung,
- International Ethics Standards Board for Accountants (**IESBA**): Ethische Fragen (Code of Ethics),
- International Public Sector Accounting Standards Board (**IPSASB**): Rechnungslegung und Prüfung der öffentlichen Hand.

644 Ein wiederkehrender Diskussionspunkt in der IFAC ist die ist die Frage des angemessenen Grades der Unabhängigkeit des Standard-Settings vom Berufsstand. Insbesondere die sog. **Monitoring Group** (MG), die Vertreter diverser internationaler Regulatoren vereinigt, drängt fortwährend auf eine Verringerung des Einflusses des Berufsstands auf das Standard-Setting. Zuletzt dokumentiert sind derartige Bestrebungen der MG in einem im November 2017 veröffentlichten Konsultationspapier, das auf eventuell anstehende signifikante Änderungen in der Struktur des Standard-Settings hindeutet[777].

> **Hinweis 7:**
> Damit die Belange der kleineren und mittleren Praxen berücksichtigt werden, werden die Gremien vom **Small and Medium Practice Committee (SMPC)** beraten.

645 Die Verlautbarungen der IFAC sind an die nationalen Mitgliedsorganisationen gerichtet und verpflichten deshalb die Berufsangehörigen nicht unmittelbar. Der IAASB hat im Jahr 2010 nach seinem sog. Clarity Project die z.T. überarbeiteten, z.T. neu **strukturierten ISA** veröffentlicht. Die ISA werden fortlaufend überarbeitet bzw. ergänzt. Nach Art. 26 Abs. 1 RL 2014/56/EU sollen gesetzliche Abschlussprüfungen künftig unter unmittelbarer Anwendung der ISA durchgeführt werden, nachdem diese von der EU-Kommission angenommen wurden („adoption") und damit zum Bestandteil europäischen Rechts geworden sind. Die RL 2014/56/EU war von den Mitgliedstaaten in das jeweilige nationale Recht zu transformieren; in Deutschland wird die Anwendung der ISA verbindlich in § 317 Abs. 5 HGB vorgeschrieben. Allerdings ist die Verpflichtung zur Anwendung der ISA davon abhängig, dass diese von der EU-Kommission förmlich angenommen werden. Bis zu dieser Annahme, die noch aussteht und für deren Prozess noch kein detaillierter Plan besteht, dürfen die ISA, müssen aber nicht, angewendet werden. Daher finden in Deutschland weiterhin die *IDW Prüfungsstandards* Anwendung. Das IDW hat bisher die ISA transformiert, sodass die *IDW Prüfungsstandards* die inhaltlichen Anforderungen der ISA grds. erfüllen und den ISA in Umfang und Detaillierungsgrad entsprochen haben. Künftig werden die ISA nicht mehr transformiert,

---

[777] https://www.iosco.org/library/pubdocs/pdf/IOSCOPD586.pdf (abgerufen am 16.08.2018).

sondern transparent – unter Berücksichtigung abweichender oder ergänzender gesetzlicher Vorschriften – in das Modell der vom IDW festgestellten deutschen GoA integriert[778].

vom IDW festgestellte deutsche GoA

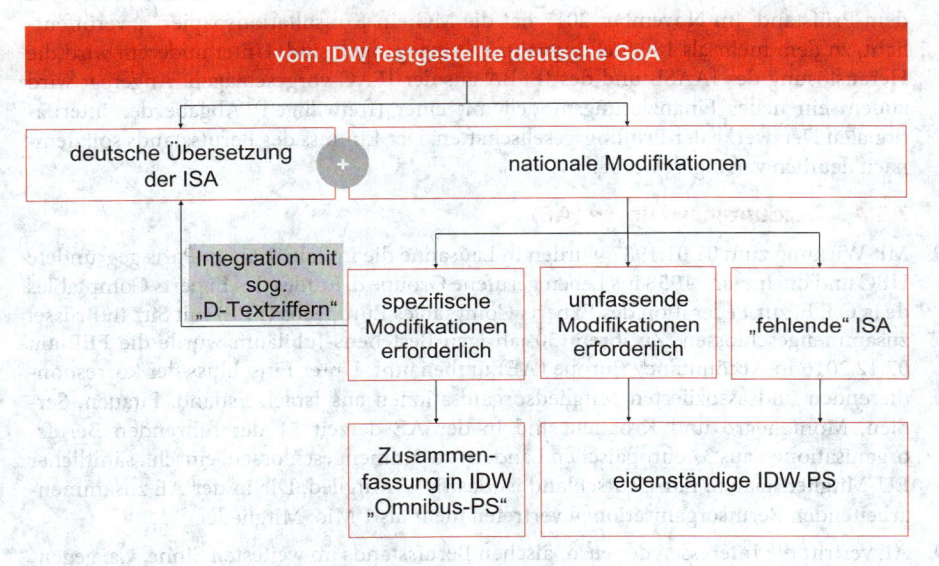

- deutsche Übersetzung der ISA
  - Integration mit sog. „D-Textziffern"
- nationale Modifikationen
  - spezifische Modifikationen erforderlich → Zusammenfassung in IDW „Omnibus-PS"
  - umfassende Modifikationen erforderlich → eigenständige IDW PS
  - „fehlende" ISA → eigenständige IDW PS

Abb. 2: Integration der ISA in die deutschen GoA

Die Überwachung des Standard-Setting-Prozesses durch die Standard-Setting-Gremien IAASB, IAESB und IESBA obliegt seit dem Jahr 2005 dem Public Interest Oversight Board (PIOB). Diese unabhängige Aufsicht stellt sicher, dass die **Standards hoher Qualität**, in einem **transparenten Prozess** erarbeitet werden und dem öffentlichen Interesse Rechnung getragen wird. Die Mitglieder des PIOB werden von der MG benannt, die gleichzeitig beratend tätig ist. Dies stellt sicher, dass Standards nicht alleine i.S.d. Berufsstands entwickelt werden. In der MG sind internationale Regulatoren aus dem Umfeld der Abschlussprüfung vereint: **646**

- Baseler Ausschuss für Bankenaufsicht (Basel Committee)
- EU-Kommission
- Financial Stability Board (FSB)
- Internationales Forum der unabhängigen Regulierungsbehörden im Bereich der Abschlussprüfung (IFIAR)
- Internationale Organisation der Wertpapieraufsichtsbehörden (IOSCO)
- Internationale Vereinigung der Versicherungsaufsichtsbehörden (IAIS)
- World Bank.

Für die Entwicklung von Standards für den öffentlichen Sektor (IPSAS) ist der **IPSASB** der IFAC zuständig. Das Ziel besteht darin, hochwertige Rechnungslegungsstandards zu erarbeiten, auf deren Grundlage die Qualität und Einheitlichkeit der Finanzberichter- **647**

---

778 Vgl. auch *Gewehr/Moser*, WPg 2018, S. 193 ff.

648 Der Standard-Setting-Prozess und die Strukturen der IFAC befinden sich derzeit auf dem Prüfstand. Im November 2017 hat die MG ein Konsultationspapier[779] veröffentlicht, zu dem mehr als 180 Stellungnahmen eingegangen sind. Unter anderem wird die Herauslösung des IAASB und des IESBA aus der IFAC vorgeschlagen. Angeregt wird zudem ein neues Finanzierungsmodell mit einer (freiwilligen) Abgabe der internationalen Netzwerke der Prüfungsgesellschaften. Der Einfluss des Berufsstands soll demnach deutlich verringert werden.

7.3.4 Accountancy Europe (AE)

649 Mit Wirkung zum 01.01.1987 wurden in Lausanne die im Jahr 1951 in Paris gegründete UEC und die im Jahr 1958 ins Leben gerufene Groupe d' Etudes des Experts Comptables de la C.E.E. zur Fédération des Experts Comptables Européens (FEE) mit Sitz in Brüssel zusammengeschlossen. Zu ihrem 30-jährigen Bestehens-Jubiläum wurde die FEE am 07.12.2016 in Accountancy Europe (AE) umbenannt. Unter Einschluss der korrespondierenden und assoziierten Mitgliedsorganisationen aus Israel, Estland, Litauen, Serbien, Montenegro und Kroatien sind in der AE derzeit 51 der führenden Berufsorganisationen aus 37 europäischen Ländern zusammengeschlossen, einschl. sämtlicher EU-Mitgliedstaaten. Für Deutschland ist das IDW Mitglied. Die in der AE zusammenarbeitenden Berufsorganisationen vertreten mehr als 1 Mio. Mitglieder[780].

650 AE vertritt die Interessen des europäischen Berufsstands im weitesten Sinne, v.a. gegenüber den Organen der EU. In ihrer Arbeit befasst sich AE mit fachlichen und politischen Fragen und Problemlösungen, v.a. in der Rechnungslegung und der Prüfung, in Corporate Governance sowie Steuern. Die spezifischen Belange kleiner und mittlerer Praxen wahrt eine eigens dafür bestehende Arbeitsgruppe.

Organe der AE sind die Mitgliederversammlung (Members' Assembly) und der Board.

651 Die **Mitgliederversammlung** besteht aus allen Mitgliederorganisationen (Full Members). Jede dieser Mitgliederorganisationen benennt einen Repräsentanten, der wahlberechtigt ist. Die Mitgliederversammlung tagt dreimal im Jahr. Sie berät den Board in High-Level-Strategiefragen, überwacht den Board, wählt den stellvertretenden Präsidenten (Deputy-President) und die übrigen Mitglieder des Board. Auch beschließt sie über die Aufnahme und den Ausschluss von Mitgliedern.

652 Der **Board** setzt sich zusammen aus: President, Deputy-President, CEO, Deputy-CEO und Vice-Presidents. Er umfasst aktuell zwölf Mitglieder aus elf Ländern. Der Board überwacht und koordiniert die Arbeit von AE und entscheidet über sämtliche Aktivitäten und Projekte.

Der Präsident vertritt AE während seiner zweijährigen Amtszeit. Er ist Vorsitzer von Board und Mitgliederversammlung und forciert die AE-Strategie unter enger Einbindung des stellvertretenden Präsidenten sowie des CEO und in Konsultation mit dem Board. Der CEO trägt zur Implementierung der AE-Strategie bei, unterliegt der Aufsicht

---

779 Abrufbar unter https://www.iosco.org/library/pubdocs/pdf/IOSCOPD586.pdf (abgerufen am 28.08.2018).

780 https://www.accountancyeurope.eu/about-us/ (abgerufen am 19.08.2018).

durch die Mitgliederversammlung und ist verantwortlich für das Tagesgeschäft der Organisation.

Das IDW ist in sämtlichen AE-Gremien aktiv vertreten. Derzeit hat mit WP StB Prof. Dr. Edelfried Schneider erstmals ein Vertreter Deutschlands das Amt des Präsidenten inne.

7.3.5 Forum of Firms (FoF)

Das FoF ist ein **unabhängiger Zusammenschluss** international tätiger WPG bzw. deren Netzwerke. Es wurde im Jahr 2002 eingerichtet und hat sich zur Aufgabe gesetzt, in enger Zusammenarbeit mit IFAC weltweit auf eine Verbesserung der Bilanzierungs- und Prüfungsstandards sowie der Berufsgrundsätze hinzuwirken. Die Verbindung zwischen der IFAC und dem FoF erfolgt über das IFAC Transnational Auditors Committee (TAC), das außerdem darauf hinwirkt, dass die Mitglieder ihre Verpflichtung zur Anwendung der Berufsstandards einhalten.

653

7.3.6 Global Accounting Alliance (GAA)

Die GAA ist eine **globale Informations- und Kooperationsplattform** für die Accountancy-Berufsorganisationen, gegründet im November 2005.

654

Die GAA fördert qualitativ hochwertige Dienstleistungen. Beispielsweise können die Mitglieder der assoziierten Institute, die vorübergehend nicht in ihrem Herkunftsstaat arbeiten, die jeweiligen Serviceleistungen der Mitgliedsorganisationen nutzen, in deren Zuständigkeitsbereich sie tätig sind. Darüber hinaus setzt sich die GAA für die Herbeiführung und Kommunikation von Konsensmeinungen der Mitgliedsorganisationen ein. Vor diesem Hintergrund versteht sie sich auch als Gesprächspartner für (supranationale) Regulatoren, Regierungen und andere Adressaten der Rechnungslegung.

Die in der GAA vertretenen Organisationen – überwiegend aus den wichtigsten Industriestaaten – sind zugleich Mitglied der IFAC und unterstützen deren fachliche und berufspolitische Arbeit. Die Mitgliedsorganisationen vertreten fast 1 Mio. Mitglieder in über 180 Ländern[781].

Das IDW ist seit dem Jahr 2009 GAA-Mitglied. Daneben sind folgende Organisationen Mitglieder der GAA:

655

- The American Institute of Certified Public Accountants (AICPA)
- Chartered Accountants Ireland (CAI)
- Chartered Professional Accountants Canada (CPA Canada)
- Hong Kong Institute of Certified Public Accountants (HKICPA)
- Chartered Accountants Australia and New Zealand (CA ANZ)
- Institute of Chartered Accountants in England and Wales (ICAEW)
- Institute of Chartered Accountants of Scotland (ICAS)
- The Japanese Institute of Certified Public Accountants (JICPA)
- New Zealand Institute of Chartered Accountants (NZICA)
- South African Institute of Chartered Accountants (SAICA).

Die GAA ist als Company limited by guarantee in England and Wales registriert. Dem Vorstand gehören die CEO der Mitgliedsorganisationen an. Der Vorstand trifft sich dreimal im Jahr. In den restlichen Monaten finden Telefonkonferenzen statt.

656

---

781 http://www.globalaccountingalliance.com (abgerufen am 19.08.2018).

7.4 Nationale und internationale Rechnungslegungsorganisationen

7.4.1 International Financial Reporting Standards Foundation (IFRS Foundation) / IASB

657 Die IFRS Foundation wurde im Jahr 2001 gegründet – als Nachfolgerin des International Accounting Standards Committee (IASC), zu dessen Gründungsmitgliedern u.a. auch IDW und WPK zählten. Ziel der IFRS Foundation ist die **Entwicklung eines einheitlichen Regelwerks** hochwertiger, verständlicher, durchsetzbarer und weltweit anerkannter Rechnungslegungsstandards, die auf klar formulierten Grundsätzen basieren. Transparenz, Rechenschaft und Effizienz sind die Leitlinien. Das IDW hat keine unmittelbare Beziehung zur IFRS Foundation.

658 Die wichtigsten Gremien der IFRS Foundation haben folgende Aufgaben:

Die insgesamt **21 Trustees**[782] sind für die Governance und die Aufsicht des International Accounting Standards Board (IASB) verantwortlich. In die inhaltliche Erarbeitung von Standards sind sie nicht eingebunden. Die Amtszeit der einzelnen Trustees beträgt jeweils drei Jahre mit einmaliger Wiederwahlmöglichkeit. Die Satzung sieht eine geografische Gleichverteilung der Trustees vor. Deshalb sollten sechs der Trustees jeweils aus Asien/Ozeanien, Nordamerika und Europa kommen; ein Vertreter aus Afrika und drei weitere aus einer beliebigen Region.

Der **Monitoring Board** besteht aus Vertretern großer internationaler Organisationen wie SEC, EU-Kommission, IOSCO. Der Monitoring Board wurde mit dem Ziel gegründet, die Transparenz und öffentliche Rechenschaftspflicht der IFRS Foundation zu verbessern, ohne die Unabhängigkeit des Standard-Setting-Prozesses einzuschränken. Dementsprechend überwacht und berät der Monitoring Board die Trustees bei der Erfüllung ihrer Aufgaben.

Das **IFRS Advisory Council** (IFRS-Beirat) setzt sich aus einer Vielzahl von Interessengruppen bspw. Investoren, Finanzanalysten oder Regulatoren zusammen und berät sowohl den IASB als auch die Trustees.

Dem **IASB**, der derzeit aus 14 unabhängigen Experten besteht, obliegt die alleinige Verantwortung und Kompetenz für den Standard-Setting-Prozess. Bei der Besetzung des IASB und der Nominierung neuer Mitglieder haben die Trustees eine ausgeglichene Zusammensetzung des Board u.a. aus WP, Rechnungslegern, Analysten und Akademikern mit hoher fachlicher Kompetenz und Erfahrung sicherzustellen.

Das **IFRS Interpretations Committee** entwickelt in wichtigen Zweifelsfällen bindende Interpretationen (IFRIC) zu bestehenden Standards des IASB.

659 Derzeit ist die **Anwendung der IFRS** in 126 Ländern vorgeschrieben oder gestattet. Nach VO (EG) 1606/2002, der sog. IAS-Verordnung[783] müssen europäische kapitalmarktorientierte Unternehmen ihren KA grds. seit dem Jahr 2005 nach den IFRS aufstellen und veröffentlichen. Für die KA der übrigen europäischen Unternehmen sowie für die EA gewährt die VO (EG) 1606/2002 den EU-Mitgliedstaaten die Option, IFRS-Abschlüsse wahlweise zuzulassen oder vorzuschreiben. Mit dem BilReG hat der deutsche

---

[782] Vgl. http://www.ifrs.org/groups/trustees-of-the-ifrs-foundation/pages/trustee-distribution/ (abgerufen am 20.08.2018).

[783] Verordnung (EG) Nr. 1606/2002 des Europäischen Parlaments und des Rats v. 19.07.2002 betreffend die Anwendung internationaler Rechnungslegungsstandards, Abl.EG Nr. L 243.

Gesetzgeber das Wahlrecht zur Anwendung der IFRS im KA nicht kapitalmarktorientierter Unternehmen weitergegeben (§ 315a HGB), wobei die nationalen Vorschriften, bspw. zum KLB, zu beachten sind. Auch für den offenzulegenden EA ist die Anwendung der IFRS anstelle der handelsrechtlichen Grundsätze gestattet, allerdings ist ergänzend für gesellschaftsrechtliche Zwecke ein JA nach HGB aufzustellen.

7.4.2 Deutsches Rechnungslegungs Standards Committee e.V. (DRSC)

Das DRSC ist ein e.V. mit Sitz in Berlin. Ziele der Arbeit sind u.a. die Entwicklung von Empfehlungen zur Anwendung der Grundsätze zur Konzernrechnungslegung, die Beratung bei Gesetzgebungsvorhaben und die Vertretung Deutschlands in internationalen Gremien der Rechnungslegung. | 660

Organe des DRSC sind: | 661
- Mitgliederversammlung
- Verwaltungsrat
- Nominierungsausschuss
- Präsidium
- Ausschüsse und Arbeitsgruppen

Die **Mitgliederversammlung** beschließt insb. über Wahl, Abberufung und Entlastung der Mitglieder des Verwaltungsrats und des Nominierungsausschusses. Zudem setzt sie die Höhe des Jahresbeitrags fest, beschließt den Wirtschaftsplan und Satzungsänderungen und stellt den JA fest. Die Mitglieder sind juristische Personen oder Personenvereinigungen aus verschiedenen Segmenten, bspw. Industrieunternehmen, Verbänden, KI, VU oder WPG. IDW und WPK sind Mitglieder des DRSC. | 662

Der **Verwaltungsrat** hat 20 Mitglieder und legt unter Berücksichtigung des gesamtwirtschaftlichen Interesses die Grundsätze und Leitlinien des Vereins fest. | 663

Die sieben Mitglieder des **Nominierungsausausschusses** unterbreiten dem Verwaltungsrat Vorschläge für die Wahl der Mitglieder des Präsidiums und der Fachausschüsse. | 664

Es gibt einen IFRS- und einen HGB-**Fachausschuss**, in denen jeweils sieben ehrenamtlich tätige Mitglieder ihre Arbeit unabhängig ausüben. Die fachlichen Verlautbarungen werden in einem öffentlichen Konsultationsprozess erarbeitet. Neben verschiedenen Stellungnahmen gehören dazu die Rechnungslegungsstandards i.S.d. § 342 HGB und Interpretationen der internationalen Rechnungslegungsstandards i.S.d. § 315a HGB. Die Fachausschüsse setzen unterstützende Arbeitsgruppen ein. | 665

7.4.3 Deutsche Prüfstelle für Rechnungslegung (DPR/FREP)

Die DPR tritt international als Financial Reporting Enforcement Panel (FREP) auf und ist neben der BaFin **Teil des zweistufigen nationalen Enforcement**. Die DPR prüft die Rechnungslegung von kapitalmarktorientierten Unternehmen. Der Verein hat seinen Sitz in Berlin. Das IDW ist Gründungsmitglied. | 666

Seit dem Jahr 2012 vermittelt das IDW regelmäßig einen **Erfahrungsaustausch** zwischen der DPR und mittelständischen APr. kapitalmarktorientierter Unternehmen, um die Qualität der Abschlüsse zu verbessern.

> **Hinweis 8:**
> Leitspruch der DPR ist: „Im Interesse des Kapitalmarktes wollen wir zu einer wahrhaften und transparenten Rechnungslegung der kapitalmarktorientierten Unternehmen beitragen. Maßstäbe unseres Handelns sind der Zweck und die maßgeblichen Normen der Rechnungslegung, höchste fachliche Qualität, persönliche Integrität und Unabhängigkeit, Exzellenz der Arbeit und vernünftiges Augenmaß".

667 Die **Organe** des Vereins sind:
- Vorstand
- Nominierungsausschuss
- Prüfstelle
- Mitgliederversammlung.

668 Der **Vorstand** besteht aus drei bis fünf ehrenamtlich tätigen Mitgliedern. Er legt die Grundsätze für die Arbeit der DPR fest.

669 Der **Nominierungsausschuss** besteht aus sieben ehrenamtlich tätigen und sachkundigen Mitgliedern. Er ist zuständig für die Wahl des Präsidenten, des Vizepräsidenten und der Mitglieder der Prüfstelle i.R. eines öffentlichen Ausschreibungsverfahrens sowie für die Entlastung der Prüfstelle. Die Wahl der Mitglieder der Prüfstelle bedarf der Zustimmung des BMJV im Einvernehmen mit dem BMF. Aus wichtigem Grund kann der Ausschuss Mitglieder der Prüfstelle abberufen.

Die Prüfstelle nimmt die Aufgaben gem. §§ 342b ff. HGB wahr. Die Mitglieder sind hauptamtlich und weisungsunabhängig tätig. Die Prüfstelle gibt sich eine Verfahrensordnung.

670 Die **Mitgliederversammlung** ist insb. für die Wahl und Entlastung der Vorstandsmitglieder und des Nominierungsausschusses verantwortlich. Weiterhin beschließt sie den Wirtschaftsplan und Satzungsänderungen und wählt den APr.

Kapitel B

Verantwortung der Unternehmensorgane für Rechnungslegung und Prüfung

Verfasser:
WP RA Dr. Hans Friedrich Gelhausen, Frankfurt am Main
Prof. Dr. Joachim Hennrichs, Köln

Mitarbeit:
RA Dr. Christian Feldmüller, Frankfurt am Main
Ass. Stephan Heinz, Frankfurt am Main
RA Dr. Timo Hermesmeier, Frankfurt am Main

B Verantwortung der Unternehmensorgane für Rechnungslegung und Prüfung

Inhalt	Tz.
1. Einleitung	1
2. Buchführungspflicht	9
2.1 Subjekt der Buchführungspflicht, Verantwortlichkeiten und Delegationsmöglichkeiten	9
2.2 Beginn und Ende der Buchführungspflicht	19
2.3 Sanktionierung bei Verletzung der Buchführungspflicht	21
3. Aufstellung des Abschlusses	25
3.1 Rechtsnatur und Zuständigkeiten	25
3.2 Aufstellungsfristen	27
3.3 Bestandteile des Jahres- und Konzernabschlusses	28
3.4 Vorschlag für die Gewinnverwendung	33
4. Prüfung der Abschlüsse und Kommunikation zwischen Abschlussprüfer und Unternehmen	36
4.1 Grundlagen	36
4.2 Prüfung durch den Abschlussprüfer	42
4.2.1 Wahl und Bestellung des Abschlussprüfers	42
4.2.1.1 Zuständigkeit für Wahlvorschlag; Aufgaben des Prüfungsausschusses	42
4.2.1.2 Insb.: Billigung von Nichtprüfungsleistungen (Art. 5 Abs. 4 VO (EU) Nr. 537/2014, § 319a Abs. 3 HGB)	47
4.2.1.3 Allgemeine Anforderungen an das Auswahlverfahren durch den AR/PrA und Auswahlkriterien	52
4.2.1.4 Besonderheiten bei Unternehmen von öffentlichem Interesse (PIE)	59
4.2.1.5 Wahl des Abschlussprüfers durch die Hauptversammlung	75
4.2.1.6 Rechtsfolgen bei Wahl des Abschlussprüfers unter Verstößen gegen Vorschriften der VO (EU) Nr. 537/2014 und §§ 319 ff. HGB	76
4.2.1.6.1 Inhabilität, Wahl des Abschlussprüfers	76
4.2.1.6.2 Ersetzungsverfahren und Bestandsschutz des Jahresabschlusses	81
4.2.1.6.3 Prüfungsvertrag; Honoraranspruch	83
4.2.1.6.4 Anfechtung aus sonstigen Gründen	88
4.2.1.6.5 Ordnungswidrigkeiten- und Straftatbestände	90
4.2.2 Erteilung des Prüfungsauftrags	91
4.2.3 Kommunikation während der Abschlussprüfung	93
4.3 Prüfung durch den Aufsichtsrat	96
4.3.1 Grundlagen und Zuständigkeiten	96
4.3.2 Persönliche Anforderungen	99
4.3.3 Anforderungen an die Prüfung durch den Aufsichtsrat im Einzelnen	102
4.3.3.1 Allgemeines	102
4.3.3.2 Sorgfaltsmaßstab bei vorangegangener Abschlussprüfung	107
4.3.3.3 Sorgfaltsmaßstab, wenn keine Abschlussprüfung stattgefunden hat	113
4.3.3.4 AR-Prüfung der CSR-Berichterstattung	114
4.3.4 Insbesondere: Berichtspflicht des Abschlussprüfers und Fragerechte des Aufsichtsrats	117

Verantwortung der Unternehmensorgane für Rechnungslegung und Prüfung B

	4.3.5 Bericht des Aufsichtsrats	121
	4.3.6 Beschluss des Aufsichtsratsplenums über die Billigung des Abschlusses	123
5.	Feststellung des Jahresabschlusses und Billigung des Konzernabschlusses	128
6.	Entgegennahme der Abschlüsse durch die Hauptversammlung und Verhandlungen darüber	132
7.	Beschlussfassung der Hauptversammlung über die Gewinnverwendung (§ 174 AktG)	139
	7.1 Grundlagen	139
	7.2 Verwendungsmöglichkeiten	144
	7.3 Änderung des Gewinnverwendungsbeschlusses	149
	7.4 Nichtigkeit des Gewinnverwendungsbeschlusses und Heilungsmöglichkeiten	150
8.	Unterzeichnung des Abschlusses und Bilanzeid	155
	8.1 Unterzeichnung des Jahresabschlusses	155
	8.1.1 Allgemeines	155
	8.1.2 Adressaten und Inhalt der Verpflichtung	157
	8.1.3 Sanktionen	166
	8.2 Bilanzeid	168
	8.2.1 Allgemeines	168
	8.2.2 Anwendungsbereich	170
	8.2.3 Erklärungsinhalt	177
	8.2.4 Form, Ort und Zeitpunkt der Erklärungsabgabe	179
	8.2.5 Prüfung und Offenlegung, Verbindung mit anderen Erklärungen	185
	8.2.6 Sanktionen	190
9.	Offenlegung	194
	9.1 Gesetzliche Offenlegungspflicht	196
	9.1.1 Sinn und Zweck der Offenlegungsvorschriften	198
	9.1.2 Adressat der Offenlegungsvorschriften	200
	9.1.3 Gegenstand der Offenlegung	203
	9.1.4 Größenabhängige Erleichterungen	209
	9.1.5 Offenlegungsfristen	211
	9.1.6 Form der Einreichung und Bekanntmachung	216
	9.2 Folgen der Verletzung von gesetzlichen Offenlegungsverpflichtungen	218
	9.2.1 Geldbuße (§ 334 Abs. 1 Nr. 5 HGB)	223
	9.2.2 Ordnungsgeld (§ 335 HGB)	225
	9.3 Freiwillige Publikation von Rechnungslegungsunterlagen	230
10.	Enforcement	234
	10.1 Zuständigkeiten und Verfahren	239
	10.1.1 Beteiligte; Mitwirkungs- und Auskunftspflichten	250
	10.1.2 Erste Stufe: Deutsche Prüfstelle für Rechnungslegung	253
	10.1.3 Zweite Stufe: Bundesanstalt für Finanzdienstleistungsaufsicht (BaFin)	255
	10.2 Folgen aus der Fehlerfeststellung	258
	10.2.1 Folgen für das Unternehmen	261
	10.2.1.1 Bekanntmachung einer Fehlerfeststellung	261
	10.2.1.2 Folgen für den betroffenen Abschluss	267

B Verantwortung der Unternehmensorgane für Rechnungslegung und Prüfung

   10.2.2 Folgen für den Abschlussprüfer 269
  10.3 Sanktionen/Haftungsfragen 272
 11. Nichtigkeit und sonstige Fehlerhaftigkeit des Abschlusses 277
  11.1 Nichtigkeit und Anfechtbarkeit von Organbeschlüssen im Allgemeinen 277
  11.2 Fehlerhafte Abschlüsse 281
   11.2.1 Verfahrensfehler 283
   11.2.2 Inhaltliche Fehler 284
  11.3 Nichtigkeit des festgestellten Jahresabschlusses 285
   11.3.1 Allgemeines 285
   11.3.2 Einzelne Nichtigkeitsgründe 295
    11.3.2.1 § 256 Abs. 1 Nr. 1 AktG 297
    11.3.2.2 § 256 Abs. 1 Nr. 2 AktG 302
    11.3.2.3 § 256 Abs. 1 Nr. 3 AktG 307
    11.3.2.4 § 256 Abs. 1 Nr. 4 AktG 316
    11.3.2.5 Besonderer Nichtigkeitsgrund bei Feststellung durch die Verwaltung 324
    11.3.2.6 Besondere Nichtigkeitsgründe bei Feststellung des Jahresabschlusses durch die HV 330
     11.3.2.6.1 § 173 Abs. 3 AktG 331
     11.3.2.6.2 § 234 Abs. 3 AktG 332
     11.3.2.6.3 § 235 Abs. 2 AktG 333
     11.3.2.6.4 § 256 Abs. 3 AktG 334
    11.3.2.7 Verstöße gegen Gliederungsvorschriften und Nichtbeachtung von Formblättern 335
    11.3.2.8 Verstöße gegen Bewertungsvorschriften 338
   11.3.3 Feststellung der Nichtigkeit und ihre Folgen 351
   11.3.4 Heilung der Nichtigkeit 358
  11.4 Anfechtbarkeit des Feststellungsbeschlusses der Hauptversammlung 364
  11.5 Nichtigkeit und Anfechtbarkeit des Beschlusses der Hauptversammlung über die Gewinnverwendung 370
 12. Änderung von Jahres- und Konzernabschlüssen 372
  12.1 Änderung im Aufstellungsverfahren 373
   12.1.1 Änderung während der Abschlussprüfung 373
   12.1.2 Änderung nach Erteilung des Bestätigungsvermerks .. 374
  12.2 Änderung nach der Feststellung/Billigung 375
   12.2.1 Nichtige Jahresabschlüsse 378
   12.2.2 Fehlerhafte Abschlüsse 384
   12.2.3 Fehlerfreie Abschlüsse 388
 13. Besonderheiten bei anderen Rechtsformen 391
  13.1 Societas Europaea (SE) 392
  13.2 KGaA 394
  13.3 GmbH 396
  13.4 Personenhandelsgesellschaft 398
  13.5 Andere Organisationsformen mit Pflicht zur Rechnungslegung ... 400

1. Einleitung

Die **Verantwortung** dafür, dass die Rechnungslegung den gesetzlichen Vorschriften einschl. den GoB und den sonst relevanten Standards entspricht, liegt in erster Linie bei dem zur Rechnungslegung verpflichteten Unternehmen. Adressat und damit Subjekt der gesetzlichen Buchführungs- und Rechnungslegungspflichten ist der jeweilige **Unternehmensträger**, d.h. die AG, GmbH, OHG, KG oder der Einzelkaufmann usw. Handelsgesellschaften handeln dabei durch die zuständigen Organpersonen. Soweit eine Abschlussprüfung gesetzlich vorgeschrieben (§§ 316 ff. HGB) oder vertraglich vereinbart ist oder freiwillig durchgeführt wird, unterstützt der APr. die Unternehmensorgane bei der Wahrnehmung ihrer Pflichten (vgl. § 171 Abs. 1 S. 2, 3 AktG), indem er die Abschlüsse sachverständig und mit kritischer Grundhaltung (Art. 21 Abs. 2 RL 2014/56/EU[1]; § 43 Abs. 4 WPO[2]) prüft. Diese **Unterstützungsfunktion des APr.** ändert aber nichts an der eigenen Verantwortung der zuständigen Unternehmensorgane für die Rechnungslegung. 1

Der **Prozess der Rechnungslegung**, der zum rechtlich verbindlichen JA und KA hinführt, beginnt mit der laufenden **Buchführung** (Kap. B Tz. 9 ff.), aus der das Geschäftsleitungsorgan, bei der AG also der VO[3], den JA entwickelt. Der Vorstand stellt den JA auf (Kap. B Tz. 25 ff.). Damit ist der JA allerdings noch nicht rechtsverbindlich. Wirkung dieser **Aufstellung** ist vielmehr zunächst nur ein Jahresabschlussentwurf, d.h. ein Zahlen- und Wortbericht ohne Rechtsverbindlichkeit nach innen oder außen[4]. 2

Bei prüfungspflichtigen Gesellschaften schließt sich hieran die **Abschlussprüfung** durch den APr. an. Über dessen Bestellung beschließt auf Vorschlag des AR (§ 124 Abs. 3 S. 1 AktG; Kap. B Tz. 42 ff.), ggf. gestützt auf die Empfehlung des PrA (§ 124 Abs. 3 S. 2 AktG), die HV (§ 119 Abs. 1 Nr. 4 AktG). Den Prüfungsauftrag erteilt wiederum der AR (§ 111 Abs. 2 S. 3 AktG). Er vereinbart mit dem APr. auch etwaige besondere Prüfungsschwerpunkte und begleitet den Prozess der Abschlussprüfung. Hat die AG einen PrA (§ 107 Abs. 3 S. 2 AktG), ist dieser der Kommunikationspartner des APr. und kann diesem auch den Prüfungsauftrag erteilen (arg. § 107 Abs. 3 S. 3 AktG). 3

An die externe Abschlussprüfung durch den APr. schließt sich sodann die interne **Prüfung durch den AR** nach Maßgabe des § 171 AktG an (Kap. B Tz. 96 ff.). Diese ist eines der zentralen Elemente i.R.d. grds. Überwachungsaufgabe des AR (§ 111 AktG) und eine Vorbehaltsaufgabe für den Gesamtaufsichtsrat. Hat der AR aus seiner Mitte einen besonderen **PrA** bestellt, was ihm weiterhin freigestellt ist (§ 107 Abs. 3 S. 1 AktG: „kann"[5]), so kann die Prüfung der Abschlüsse in dem Ausschuss zwar vorbereitet, aber nicht ersetzend beschieden werden (§ 107 Abs. 3 S. 3 AktG)[6]. 4

---

1   RL 2014/56/EU des Europäischen Parlaments und des Rats v. 16.04.2014 zur Änderung der RL 2006/43/EG über *Abschlussprüfungen* von Jahresabschlüssen und konsolidierten Abschlüssen (im Folgenden: RL 2014/56/EU).
2   Vgl. auch *IDW PS 210*, Tz. 14; *Chekushina/Loth*, NZG 2014, S. 85; *Deckers/Hermann*, DB 2013, S. 2315; *Koch/Worret*, Der Konzern 2013, S. 475.
3   Im Folgenden liegt der Darstellung grds. die Rechtslage bei der AG zugrunde. Zu den Besonderheiten der anderen Rechtsformen s. Kap. B Tz. 391 ff.
4   ADS[6], § 171 AktG Tz. 7.
5   In der Praxis ist die Einrichtung eines PrA zumindest bei größeren Unternehmen weithin üblich und auch empfehlenswert, s. Ziff. 5.3.1 DCGK.
6   *Koch*, in: Hüffer/Koch, AktG[13], § 107, Rn. 27.

5 Die „Prüfung" durch den AR gem. § 171 AktG ist naturgemäß **keine zweite Abschlussprüfung** (dazu wäre der AR gar nicht in der Lage[7]; Kap. B Tz. 38). Ihr Akzent liegt zum einen auf einer **Zweckmäßigkeitskontrolle** (Kap. B Tz. 106). Namentlich die sog. Bilanz- und Dividendenpolitik des Vorstands (z.B. durch die Ausübung von Wahlrechten und die Dotierung von oder die Entnahme aus Rücklagen) hat der AR zu hinterfragen[8]. Hinsichtlich der **Rechtmäßigkeitskontrolle** (Kap. B Tz. 107 ff.) wird der AR sich dagegen weitgehend auf die Abschlussprüfung durch den APr. stützen. Dazu hat der APr. an der sog. Bilanzsitzung des AR, also an den Verhandlungen des AR (oder des PrA) über die Abschlüsse und die weiteren Vorlagen des Vorstands gem. § 170 AktG, teilzunehmen (Kap. B Tz. 109) und über die wesentlichen Ergebnisse seiner eigenen Prüfung zu berichten (§ 171 Abs. 1 S. 2 AktG). Insoweit ist der APr. ein Partner des AR bei dessen eigener Überwachungsverantwortung. Allerdings darf diese Einbindung des APr. in die Corporate Governance nicht dahin missverstanden werden, dass er ggü. dem AR weisungsabhängig wäre. Das ist er nicht, vielmehr übt der APr. einen freien Beruf aus und wird bei einer gesetzlichen Abschlussprüfung auch im öffentlichen Interesse tätig (sog. Watchdog-Funktion des APr.). Insofern ist es missverständlich, wenn der APr. mitunter als „Gehilfe" des AR bezeichnet wird. Treffender ist der **APr. ein sachverständiger Kommunikationspartner (Sparringspartner)** des AR (und PrA)[9].

6 Billigt der AR den Abschluss nach seiner eigenen Prüfung, so ist der JA damit festgestellt (§ 172 AktG). Erst mit dieser **Feststellung** erlangt der JA seine **rechtliche Verbindlichkeit** und ist ein JA im Rechtssinne gegeben (Kap. B Tz. 128 ff.). Die Feststellung ist ein (korporationsrechtliches) Rechtsgeschäft, das dem Zahlen- und Wortbericht seine Verbindlichkeit gibt und durch das die Rechtswirkungen des JA eintreten. Erst der festgestellte JA ist namentlich taugliche Grundlage des Dividendenanspruchs der Aktionäre (Kap. B Tz. 139 ff.). Ein wirksamer Gewinnverwendungsbeschluss, durch den der Dividendenauszahlungsanspruch der Aktionäre entsteht, setzt einen wirksam festgestellten JA voraus. Ist der JA nichtig (§ 256 AktG), ist auch der Beschluss über die Gewinnverwendung nichtig (§ 253 Abs. 1 AktG) und sind zu Unrecht bezogene Dividenden grds. gem. § 62 AktG zurückzuzahlen (aber Schutz der gutgläubigen Aktionäre gem. § 62 Abs. 1 S. 2 AktG).

7 Der festgestellte JA wird schließlich nach Maßgabe der §§ 325 ff. HGB **offengelegt**.

8 Das nachstehende Kapitel veranschaulicht die notwendigen Aktivitäten der Unternehmensorgane i.Z.m. dem gesamten Prozess der Rechnungslegung des Unternehmens. Dabei geht es insbesondere darum, die Rechte und Pflichten der Unternehmensorgane und die Möglichkeiten zu einer vertrauensvollen und zielführenden Kommunikation zwischen AR und APr. aufzuzeigen sowie die Konsequenzen darzustellen, wenn die Pflichten nicht oder unzureichend erfüllt werden.

---

[7] Zutr. *Nonnenmacher*, in: FS Ballwieser, S. 547 (551, 554 ff.).
[8] *Nonnenmacher*, in: FS Ballwieser, S. 547 (554).
[9] Zutr. *Nonnenmacher*, in: FS Ballwieser, S. 547 (549).

2. Buchführungspflicht

2.1 Subjekt der Buchführungspflicht, Verantwortlichkeiten und Delegationsmöglichkeiten

Gem. § 238 HGB ist grds. jeder **Kaufmann** zur Buchführung verpflichtet. Die Kaufmannseigenschaft bestimmt sich nach §§ 1 bis 7 HGB. Kaufleute sind namentlich auch die **Handelsgesellschaften**, und zwar OHG und KG kraft Betreibens eines Handelsgewerbes (§§ 105, 161 HGB), AG, KGaA, SE und GmbH als sog. Formkaufleute allein wg. ihrer Rechtsform (§§ 3 Abs. 1, 278 Abs. 3 AktG, Art. 61 SE-VO, § 13 Abs. 3 GmbH, jeweils i.V.m. § 6 HGB), also selbst dann, wenn sie kein Handelsgewerbe betreiben (sondern z.B. eine freiberufliche Tätigkeit). Gleichfalls als Formkaufmann gelten Genossenschaften (§ 17 Abs. 2 GenG) und EWIV (§ 1 EWIV-AusfG). Für VVaG ergibt sich eine Pflicht zur kaufmännischen Buchführung aus § 16 VAG. Keine Kaufleute und nicht nach §§ 238 ff. HGB buchführungspflichtig sind dagegen die PartG (§ 1 Abs. 1 S. 2 PartGG) und die GbR (§§ 705 ff. BGB). Betreibt ein nichtwirtschaftlicher e.V. zusätzlich zu seinem Idealbereich ein Handelsgewerbe, das unter § 1 HGB fällt, besteht für diesen kaufmännischen Bereich eine Buchführungspflicht[10]. Entsprechendes gilt für andere juristische Personen des Privatrechts (z.B. Unternehmensträgerstiftungen) oder des öffentlichen Rechts (also Buchführungspflicht gem. §§ 238 ff. HGB, wenn und soweit sie ein Handelsgewerbe betreiben).

9

Die Buchführungspflicht der Gesellschaften trifft die jeweilige (Außen-)Gesellschaft[11]. Subjekt der gesetzlichen Verpflichtung ist also die **Gesellschaft als Rechtsträger**. Allerdings handelt die Gesellschaft durch ihre jeweils zuständigen Organpersonen. Bei der stillen Gesellschaft (§§ 230 ff. HGB), die keine Außen-, sondern eine sog. Innengesellschaft ist, ist handelsrechtlich nur der Geschäftsinhaber zur Buchführung verpflichtet, weil allein er das Handelsgewerbe betreibt (§ 230 HGB).

10

Bei der AG obliegt die Sorge für die erforderliche Buchführung dem Vorstand (§ 91 Abs. 1 AktG). Sorge für eine erforderliche Buchführung heißt nicht höchstpersönliche Buchführung, sondern **organisatorische Verantwortung**. Eine **Delegation** an nachgeordnete Mitarbeiter ist also zulässig und üblich[12]. Auch externe (inländische oder ggf. auch ausländische[13]) Dienstleister dürfen eingeschaltet werden (sog. **Fernbuchführung**[14]). In diesen Fällen hat der Vorstand die Verantwortung, geeignetes Personal auszusuchen, Richtlinien für die Durchführung der delegierten Arbeiten zu setzen und deren Einhaltung sowie allgemein die ordnungsgemäße Durchführung der Arbeiten zu überwachen[15].

11

Die Organisationsverantwortung (Sorge für die erforderliche Buchführung) obliegt dem Vorstand als Kollegialorgan, wobei eine **Geschäftsverteilung** (z.B. Zuständigkeit des Finanzvorstands, CFO) hier wie sonst zulässig ist. Für eine Geschäftsverteilung inner-

12

---

10 Siehe *IDW RS HFA 14*; *Winkeljohann/Lewe*, in: BeBiKo[11], § 238 HGB Rn. 48.
11 Missverständlich *Winkeljohann/Lewe*, in: BeBiKo[11], § 238 HGB Rn. 57.
12 *Winkeljohann/Lewe*, in: BeBiKo[11], § 238 HGB Rn. 58; *Krieger/Sailer-Coccani*, in: Schmidt/Lutter, AktG[3], § 91 Rn. 4.
13 Steuerrechtlich ist allerdings § 146 Abs. 2, 2a AO zu beachten. Bei Einschaltung ausländischer Dienstleister sind außerdem ggf. andere rechtliche Grenzen (z.B. datenschutzrechtliche Vorgaben) zu beachten.
14 *Fleischer*, in: Spindler/Stilz, AktG[3], § 91 Rn. 17.
15 BFH v. 26.11.1997, I B 81/97, BFH/NV 1998, 559; *Pöschke*, in: Staub, HGB[5], § 238 Rn. 20.

halb des Vorstands gelten die allgemeinen Grundsätze über Ressortaufteilungen. Die nach der Aufteilung nicht primär zuständigen Organpersonen werden hiernach zwar grds. entlastet, bei ihnen verbleiben aber eine Überwachungsverantwortlichkeit und die Pflicht, tätig zu werden, wenn sich Missstände zeigen.

13 Von der Buchführungspflicht ausgenommen sind nach Maßgabe des § 241a HGB nur **kleine Einzelkaufleute**. Bei Gesellschaften gibt es eine entsprechende Ausnahme nicht, weil die Buchführung und Rechnungslegung hier aus gesellschaftsrechtlichen Gründen auch bei kleinen Gesellschaften benötigt wird.

14 Bei **zu Unrecht eingetragener Firma (§ 5 HGB)** ist die Buchführungspflicht umstritten, nach vorzugswürdiger Ansicht aber im Hinblick auf den ö.-r. Charakter der Vorschriften der §§ 238 ff. HGB und die strafrechtliche Sanktionierung zu verneinen[16]. Der fälschlich Eingetragene ist eben nur Fiktivkaufmann.

15 **Zweigniederlassungen** ohne eigene Rechtspersönlichkeit eines inländischen Unternehmens sind gesetzlich nicht selbst Subjekt der Buchführungspflicht, das ist vielmehr der Kaufmann, also der Rechtsträger des Unternehmens. Dessen Buchführungspflicht erstreckt sich allerdings auf das gesamte Unternehmen, also einschl. der Zweigniederlassung. Für diese kann eine besondere Filialbuchhaltung geführt werden. Dies ändert dann aber nichts an der Buchführungspflicht des Kaufmanns für sein Gesamtunternehmen. Das gilt auch, wenn ein inländisches Unternehmen eine ausländische Zweigniederlassung unterhält. Auch in diesem Fall gilt die Buchführungspflicht des Unternehmensträgers für das gesamte Unternehmen einschl. in- und ausländischer Zweigniederlassungen.

16 Für **inländische Zweigniederlassungen ausländischer Gesellschaften** ist die Buchführungspflicht umstritten. Teilweise wird angenommen, bei dieser Sachlage bestehe eine eigene Buchführungspflicht für den Bereich der inländischen Zweigniederlassung[17]. Unseres Erachtens verhält es sich aber grds. spiegelverkehrt zum Fall der ausländischen Zweigniederlassung inländischer Unternehmen (Kap. B Tz. 15), d.h. die Zweigniederlassung selbst ist mangels Rechtsträgerschaft prinzipiell (zur Ausnahme nach § 53 Abs. 1 KWG Kap. B Tz. 17) nicht selbst nach HGB buchführungspflichtig, sondern, wie sich auch aus § 325a HGB ableiten lässt, Teil der Buchführungspflicht des ausländischen Rechtsträgers nach Maßgabe des ausländischen Rechts des Hauptsitzes[18]. Steuerrechtlich ist insoweit allerdings eine Gewinnermittlung nach § 4 Abs. 1 EStG erforderlich[19].

17 Für inländische Zweigstellen von ausländischen Unternehmen, die im Inland **Bankgeschäfte** betreiben oder **Finanzdienstleistungen** erbringen, gilt die Sondervorschrift des § 53 Abs. 1 KWG. Danach gilt eine solche inländische Zweigstelle als KI oder Finanz-

---

16 ADS[6], § 238 HGB Tz. 4; *Merkt*, in: Baumbach/Hopt, HGB[38], § 238 Rn. 8; a.A. *Pöschke*, in: Staub, HGB[5], § 238 Rn. 8 m.w.N.

17 ADS[6], § 238 HGB Tz. 18; vgl. auch *Winkeljohann/Lewe*, in: BeBiKo[11], § 238 HGB Rn. 46, die aber (ganz im hier vertretenen Sinne) konzedieren, dass den Anforderungen durch Einbeziehung in die Buchführung des *ausländischen Unternehmens* genügt werde und eine besondere Buchführung nach HGB nicht erforderlich sei.

18 *Hennrichs*, in: FS Horn, S. 387 (394 f.); *Pöschke*, in: Staub, HGB[5], § 238 Rn. 26; *Schulze-Osterloh*, in: HdJ, I/1 Rn. 140 ff., 144; je m.w.N.

19 *Schulze-Osterloh*, in: HdJ, I/1 Rn. 147 ff., 150.

dienstleistungsinstitut und unterliegt aufgrund dieser gesetzlichen Fiktion dann auch einer eigenen Buchführungspflicht.

In **Konzernen** obliegt die Buchführung jeder einzelnen rechtlichen Einheit (legal entity). 18

2.2 Beginn und Ende der Buchführungspflicht

Die Buchführungspflicht gilt **ab dem Beginn der Kaufmannstätigkeit**. Dazu können auch Vorbereitungsgeschäfte gehören, wenn die geplante Tätigkeit insgesamt als kaufmännisch zu qualifizieren ist. Bei Gesellschaften beginnt die Buchführungspflicht, sobald sie Geschäfte tätigt. Auch die sog. Vor-Gesellschaft (errichtete KapGes. vor Eintragung) ist bereits buchführungspflichtig[20]. 19

Die Pflicht zur Buchführung **endet** mit der (Voll-)Beendigung der kaufmännischen Betätigung, bei Gesellschaften also nicht bereits mit Auflösung, sondern erst nach Beendigung der Abwicklung (sog. Vollbeendigung). Während der Liquidation obliegt die Buchführung allerdings den Liquidatoren[21]. Auch ein etwaiges Insolvenzverfahren beendet die Buchführungspflicht nicht. Während der Dauer des Insolvenzverfahrens führt der Insolvenzverwalter die Bücher (§ 155 Abs. 1 InsO)[22]. 20

2.3 Sanktionierung bei Verletzung der Buchführungspflicht

Die Verletzung der Buchführungspflicht kann gem. §§ 283 Abs. 1 Nr. 5, Abs. 2, 283b Abs. 1 Nr. 1 StGB **strafrechtlich** relevant sein. Bei Vernichtung oder Fälschung von Buchungsunterlagen kommt außerdem Urkundenunterdrückung (§ 274 StGB) oder Urkundenfälschung (§ 267 StGB) in Betracht[23]. Wird ein Geschäftsleiter rkr. nach §§ 283-283d StGB verurteilt, führt das zum Ausschluss von der Organmitgliedschaft im Vorstand (§ 76 Abs. 3 S. 2 Nr. 3 Buchst. b AktG) oder als Geschäftsführer einer GmbH (§ 6 Abs. 2 S. 2 Nr. 3 Buchst. b GmbHG)[24]. 21

Im Verhältnis zur Gesellschaft stellt eine Verletzung der Buchführungspflicht außerdem eine **Pflichtverletzung des Geschäftsleiters** dar. Das kann im Einzelfall zur Schadensersatzpflicht des Vorstands (Geschäftsführers) ggü. der Gesellschaft gem. § 93 Abs. 2 AktG (oder § 43 Abs. 2 GmbHG) führen[25]. Eine Außenhaftung des Geschäftsleiters ggü. Dritten kann demgegenüber nicht allein auf die Verletzung der Buchführungspflicht gestützt werden, weil § 238 HGB nach h.M. kein Schutzgesetz i.S.d. § 823 Abs. 2 BGB ist[26]. In Betracht kommt eine Außenhaftung aber bei begleitenden anderen Schutzgesetzverletzungen (z.B. Kreditbetrug oder andere Straftatbestände). 22

Bei prüfungspflichtigen Gesellschaften kann eine Verletzung der Buchführungspflicht nach Maßgabe des § 322 Abs. 4 HGB zur **Einschränkung oder Versagung des BestV** führen[27]. 23

---

20 *Pöschke,* in: Staub, HGB[5], § 238 Rn. 17; i.E. auch *Winkeljohann/Lewe,* in: BeBiKo[11], § 238 HGB Rn. 44.
21 *Pöschke,* in: Staub, HGB[5], § 238 Rn. 15.
22 Zur handelsrechtlichen externen Rechnungslegung im Insolvenzverfahren s. *IDW RH HFA 1.012; Pöschke,* in: Staub, HGB[5], § 238 Rn. 14.
23 *Winkeljohann/Lewe,* in: BeBiKo[11], § 238 HGB Rn. 145.
24 *Pöschke,* in: Staub, HGB[5], § 238 Rn. 67.
25 *Pöschke,* in: Staub, HGB[5], § 238 Rn. 67.
26 *Schulze-Osterloh,* in: HdJ, I/1 Rn. 40 ff.; *Pöschke,* in: Staub, HGB[5], § 238 Rn. 4, 67; je m.w.N.
27 *IDW PS 400 n.F.,* Tz. 54; ADS[6], § 238 HGB Tz. 58.

24 **Steuerrechtlich** kann eine Verletzung der Buchführungspflicht ggf. zur Schätzung gem. § 162 AO führen. Außerdem kann die Finanzverwaltung die Erfüllung der Buchführungspflicht ggf. durch Zwangsgeld erzwingen (§ 328 Abs. 1 AO)[28].

3. Aufstellung des Abschlusses

3.1 Rechtsnatur und Zuständigkeiten

25 Im Hinblick auf die Rechtsverbindlichkeit des Abschlusses im Innen- wie im Außenverhältnis sind die Aufstellung und die Feststellung oder Billigung des Abschlusses zu unterscheiden. Die **Aufstellung** bewirkt zunächst nur einen Abschlussentwurf, d.h. der aufgestellte (aber noch nicht festgestellte oder gebilligte) Abschluss ist lediglich ein Zahlen- und Wortbericht ohne rechtliche Verbindlichkeit (s. Kap. B Tz. 2, Kap. B Tz. 6). Der aufgestellte, aber noch nicht festgestellte Abschluss kann deshalb auch noch beliebig **geändert** werden (z.B. auch für eine Anpassung von Handelsbilanzwerten an die Steuerbilanz im Anschluss an eine steuerliche Betriebsprüfung). Nach *IDW RS HFA 6*, Tz. 3 liegt bei Änderungen des Abschlusses (einschl. der Buchführung) vor Beendigung der Abschlussprüfung schon begrifflich keine Änderung i.S.d. Verlautbarung vor. Bis dahin kann der Abschluss daher jederzeit aus beliebigem Grund geändert werden[29]. Lag zum Zeitpunkt der Änderung bereits der PrB vor, können bis zum Feststellungs- bzw. Billigungsbeschluss Änderungen des Abschlusses ebenfalls noch ohne weiteres vorgenommen werden[30]. Allerdings ist bei Änderungen des Abschlusses in dieser Phase gem. § 316 Abs. 3 HGB eine sog. **Nachtragsprüfung** vorzunehmen.

26 **Zuständig** für die Aufstellung des Abschlusses sind die gesetzlichen Vertreter der Gesellschaft (§§ 242, 264 Abs. 1 HGB), d.h. das jeweilige Geschäftsleitungsorgan, bei der AG also der **Vorstand** (s.a. §§ 91 Abs. 1, 170 Abs. 1 AktG).

3.2 Aufstellungsfristen

27 Der JA und der LB sind gem. § 264 Abs. 1 S. 3 HGB grds. **in den ersten drei Monaten** des GJ für das vergangene GJ aufzustellen. Kleine KapGes. i.S.d. § 267 Abs. 1 HGB können den Abschluss auch später aufstellen, wenn dies einem ordnungsgemäßen Geschäftsgang entspricht, aber spätestens innerhalb der ersten sechs Monate des nachfolgenden GJ (§ 264 Abs. 1 S. 4 HGB). Für den KA gilt gem. § 290 Abs. 1 HGB, dass er grds. in den ersten fünf Monaten aufzustellen ist.

3.3 Bestandteile des Jahres- und Konzernabschlusses

28 Bestandteile des JA sind für alle Kaufleute gem. § 242 Abs. 3 HGB die **Bilanz** und die **GuV**. Bei KapGes. und gleichgestellten Personenhandelsgesellschaften (insb. GmbH & Co. KG, bei denen keine natürliche Person Vollhafter ist, § 264a HGB) kommt gem. § 264 Abs. 1 S. 1 HGB der **Anh.** (§§ 284 ff. HGB) hinzu. Kapitalmarktorientierte Gesellschaften, die nicht zur Aufstellung eines KA verpflichtet sind, haben verpflichtend zusätzlich eine **KFR** und einen **EK-Spiegel** zu erstellen und können den JA wahlweise au-

---

28 *Werth*, in: Klein, AO[13], § 328 Rn. 3.
29 *IDW RS HFA 6*, Tz. 3.
30 *IDW RS HFA 6*, Tz. 4.

ßerdem um eine **Segmentberichterstattung** erweitern (§ 264 Abs. 1 S. 2 HGB). All diese Bestandteile sind eine Einheit und bilden den JA im Rechtssinne.

Demgegenüber gehört der **LB** (§§ 289, 289a HGB)[31] nicht zum JA (arg. § 264 Abs. 1 S. 3 HGB). Er ist vielmehr ein rechtlich selbständiges Informationsinstrument. Dies hat bspw. zur Folge, dass der LB nicht festgestellt wird und auch nicht gem. § 256 AktG nichtig sein kann. Gleiches gilt für die **CSR-Berichterstattung** gem. §§ 289b ff. HGB. Erfolgt diese als sog. nichtfinanzielle Erklärung, ist sie Teil des LB (§ 289c Abs. 1 HGB). Zulässig ist aber auch ein gesonderter nichtfinanzieller Bericht außerhalb des LB (§ 289c Abs. 3 HGB). Dieser gehört ebenfalls nicht zum JA und wird nicht festgestellt. **29**

Kein Bestandteil des JA, sondern ein selbständiger Bericht ist außerdem der sog. **Abhängigkeitsbericht** gem. § 312 AktG[32]. Dieser unterliegt nach Maßgabe des § 313 AktG genauso wie der LB der Prüfung durch den APr. und gem. § 314 AktG einer Prüfung durch den AR. **30**

Verpflichtende Bestandteile des **KA** sind gem. § 297 Abs. 1 HGB die Konzernbilanz, die Konzern-GuV, der KAnh., eine KFR und ein EK-Spiegel[33]. Fakultativ kann außerdem eine Segmentberichterstattung erstellt werden. Der KLB (§ 315 HGB) gehört wiederum nicht zum KA, sondern ist auch auf Gruppenebene ein selbständiges Informationsinstrument. **31**

Die Bestandteile des **IFRS-KA** gem. § 315a HGB, Art. 4 IAS-VO (VO (EG) Nr. 1606/2002) bestimmen sich nach den von der EU übernommenen IFRS (vgl. § 315a Abs. 1 HGB). Gemäß IAS 1.10 gehören zu einem vollständigen IFRS-Abschluss insbesondere eine Bilanz zum Abschlussstichtag (statement of financial position at the end of the period), eine Darstellung von Gewinn oder Verlust und sonstigem Ergebnis (Gesamtergebnisrechnung, statement of profit or loss and other comprehensive income of the period), eine Eigenkapitalveränderungsrechnung (statement of changes in equity for the period), eine KFR (statement of cash flows for the period), ein Anh. (notes) sowie Vergleichsinformationen hinsichtlich der vorangegangenen Periode nach Maßgabe des IAS 1.38, 38A (comparative information in respect of the preceding period). Einen LB kennen die IFRS nicht. Dieser ist als KLB aber gem. § 315a Abs. 1 HGB (a.E.) ergänzend auch bei einem IFRS-KA zusätzlich zu erstellen. **32**

3.4 Vorschlag für die Gewinnverwendung

Der Vorstand hat den JA (und den LB) unverzüglich nach der Aufstellung dem AR zur Prüfung vorzulegen (§ 170 Abs. 1 AktG). Dazu gehört gem. § 170 Abs. 2 AktG auch einen **Vorschlag zur Gewinnverwendung** (bei einem Bilanzverlust erübrigt sich eine Beschlussfassung der HV gem. § 174 AktG, konsequent ist es dann auch, keinen Verwendungsvorschlag zu unterbreiten[34]). Dieser ist nach Maßgabe des § 170 Abs. 2 AktG zu gliedern. Bei **Barausschüttung** ist die vorgeschlagene Dividende nach € pro Stück anzugeben (arg. § 174 Abs. 2 Nr. 2 AktG), soweit vorhanden aufgeschlüsselt nach Stamm- und Vorzugsaktien[35]. Gesetzliche Ausschüttungssperren (z.B. § 268 Abs. 8 **33**

---

31 Dazu eingehend Kap. F Tz. 1354 ff.
32 Dazu eingehend Kap. O Tz. 74 ff.
33 Dazu eingehend Kap. G.
34 *Koch*, in: Hüffer/Koch, AktG[13], § 170 Rn. 5, § 174 Rn. 2.
35 *Koch*, in: Hüffer/Koch, AktG[13], § 170 Rn. 7; *Hennrichs/Pöschke*, in: MünchKomm. AktG[4], § 170 Rn. 58.

HGB, § 253 Abs. 6 HGB) sind zu beachten[36]. Eigene Aktien sind nicht gewinnberechtigt (§ 71b AktG). Bei vorgeschlagener **Sachausschüttung** (die die Satzung vorsehen kann, § 58 Abs. 5 AktG) ist diese Tatsache, der konkrete Sachwert und deren Gesamtwert in € anzugeben (§ 174 Abs. 2 Nr. 2 AktG)[37]. Die Sachdividende ist dabei nach h.M. mit dem **Verkehrswert** (Zeitwert) des Sachwertes auf den Bilanzgewinn anzurechnen[38]. Sollen gleichartige und **gleichwertige Gegenstände** (z.B. Anteile an einer Tochtergesellschaft) ausgeschüttet werden und ist damit gewährleistet, dass alle Aktionäre gleichbehandelt werden (§ 53a AktG), erscheint aber wahlweise auch die Ausschüttung **zum Buchwert zulässig**[39]. Die Auskehrung der stillen Reserven erfolgt dann gleichmäßig nach Maßgabe der Gewinnbeteiligung, was entscheidend ist.

34 Der Gewinnverwendungsvorschlag des Vorstands wird ebenfalls **vom AR geprüft** (§ 171 Abs. 1 S. 1 AktG, dazu eingehend in Kap. B Tz. 36 ff.). Im Vordergrund steht hierbei die **Zweckmäßigkeit** der vorgeschlagenen Maßnahmen[40]. Auch über diese Prüfung berichtet der AR an die HV (§ 171 Abs. 2 S. 1 AktG). Dies ist zugleich die Basis für den Beschlussvorschlag gem. § 124 Abs. 3 S. 1 AktG[41].

35 Die **HV** ist an den Gewinnverwendungsvorschlag der Verwaltung (Vorstand und AR) naturgemäß nicht gebunden, sondern kann i.R.d. Beschlussfassung gem. § 174 AktG eine andere Gewinnverwendung beschließen[42]. In der Praxis folgt die HV allerdings zumeist dem Verwaltungsvorschlag.

4. Prüfung der Abschlüsse und Kommunikation zwischen Abschlussprüfer und Unternehmen

4.1 Grundlagen

36 Eine Vielzahl gesetzlicher Bestimmungen schreibt auf verschiedenen Gebieten Prüfungen vor, die die Überwachung wirtschaftlicher Betätigung im weitesten Sinne bezwecken[43]. Eine besondere Stellung nehmen die Vorschriften über die **gesetzliche Pflichtprüfung des JA und des KA** ein (§§ 316 ff. HGB). Prüfungspflichten können aber außerdem **privatautonom** vereinbart sein, also auch dort, wo das Gesetz an sich keine Prüfung verlangt. **Namentlich in Gesellschafts- oder Kreditverträgen** finden sich häufiger Klauseln zu Prüfungen von Abschlüssen oder Rechnungen.

37 Bei der AG und der KGaA kennt das Gesetz neben der externen Prüfung der Abschlüsse durch den sachverständigen APr. außerdem eine zusätzliche **innergesellschaftliche**

---

36 *Koch*, in: Hüffer/Koch, AktG[13], § 170 Rn. 7; *Hennrichs/Pöschke*, in: MünchKomm. AktG[4], § 170 Rn. 62, § 174 Rn. 11.
37 *Hennrichs/Pöschke*, in: MünchKomm. AktG[4], § 170 Rn. 63; *Koch*, in: Hüffer/Koch, AktG[13], § 170 Rn. 7.
38 *Cahn/v. Spannenberg*, in: Spindler/Stilz, AktG[3], § 58 Rn. 110; *Crezelius*, in: FS *Korn*, S. 273 (281); *Grottel/Hoffmann*, in: BeBiKo[11], vor § 325 HGB Rn. 57; *Fleischer*, in: Schmidt/Lutter, AktG[3], § 58 Rn. 60; *Förschle/Büssow*, in: BeBiKo[9], § 278 HGB Rn. 137; *Koch*, in: Hüffer/Koch, AktG[13], § 58 Rn. 33; *Müller, W.*, NZG 2002, S. 752 (758 ff.); *Naumann/Breker/Siebler/Weiser*, HdJ, I/7 Rn. 292; *Orth*, WPg 2004, S. 777 (782 ff., 841 ff., 853); *Schulze-Osterloh*, in: FS Priester, S. 749 (753); *Schulze-Osterloh*, WPg 2008, S. 562 (563).
39 Zutr. *Hoffmann-Becking*, in: MünchHdb. AG[4], § 46 Rn. 28; ferner *Hennrichs/Pöschke*, in: MünchKomm. AktG[4], § 170 Rn. 65.
40 *Euler/Klein*, in: Spindler/Stilz, AktG[3], § 171 Rn. 52 f.
41 *Koch*, in: Hüffer/Koch, AktG[13], § 170 Rn. 5.
42 *Koch*, in: Hüffer/Koch, AktG[13], § 174 Rn. 5.
43 Ausführliche Übersicht in: WP Handbuch 2012 Bd. I, Kap. D.

Prüfung durch den AR (§ 171 AktG). Entsprechendes gilt für eine GmbH, die einen AR hat (§ 52 GmbHG).

Diese innergesellschaftliche Prüfung durch den AR ist naturgemäß **keine „volle zweite Abschlussprüfung"**[44] (Kap. B Tz. 5). Hinsichtlich der **Prüfung der Rechtmäßigkeit** des Abschlusses, also der Übereinstimmung mit Gesetz und Satzung, ist der **APr.** aufgrund seiner besonderen Sachkunde und der durch seine örtliche Prüfung der Bücher und Schriften erlangten Kenntnisse der **erste Garant**[45]. Bei seiner eigenen Prüfung kann und soll der AR sich auf den Bericht des APr. stützen und verlassen[46], denn dieser ist der vom Gesetz für die Abschlussprüfung eingesetzte Sachverständige. Das macht eine eigene Prüfung durch den AR nicht überflüssig[47]. Zum einen dient die Prüfung des AR dazu, etwaige besondere unternehmensinterne Kenntnisse des AR einzubringen. Zum anderen ist die Prüfung des AR gem. § 171 AktG Teil seiner (Mit-)Verantwortung für die Abschlüsse, die sich darin manifestiert, dass der AR i.d.R. den JA gemeinsam mit dem Vorstand feststellt (§ 172 AktG) und den KA billigt (vgl. § 171 Abs. 2 S. 4 und 5 AktG)[48]. Damit übernimmt der AR eine Mitverantwortung nicht nur für die Recht-, sondern v.a. für die Zweckmäßigkeit der Rechnungslegung der Gesellschaft, namentlich für die sog. Bilanzpolitik und die Rücklagenbildung[49]. **38**

Besonderheiten gelten für die Prüfung der **CSR-Berichterstattung** gem. §§ 289b ff. HGB. Das Gesetz schreibt bezogen darauf nur eine **formelle externe Prüfung** vor; der APr. hat allein zu prüfen, ob die nichtfinanzielle Erklärung oder der gesonderte nichtfinanzielle Bericht vorgelegt wurden (§ 317 Abs. 2 S. 4 HGB). Allerdings bestehen zwischen der neuen CSR-Berichterstattung und den schon bislang vorgeschriebenen Angaben im LB über **nichtfinanzielle Leistungsindikatoren** (§ 289 Abs. 3, § 315 Abs. 3 [ex Abs. 1 S. 4] HGB) Überschneidungen[50]. Soweit die CSR-Angaben bereits unter den Erläuterungen zu den nichtfinanziellen Leistungsindikatoren gem. §§ 289 Abs. 3, 315 Abs. 3 HGB erfolgen, handelt es sich um Pflichtinhalte des LB, die – wie bisher – inhaltlich extern prüfungspflichtig sind (§ 317 Abs. 2 S. 1-3 HGB). (Nur) bezogen auf Angaben, die nicht unter §§ 289 Abs. 3, 315 Abs. 3 HGB fallen, sowie für selbständige Nachhaltigkeitsberichte außerhalb des LB ist eine **freiwillige externe Prüfung** oder prüferische Durchsicht möglich[51]. Dabei besteht ein unternehmerisches Ermessen hinsichtlich Ob, Umfang und Intensität dieser Prüfung. **39**

---

44 *Hennrichs/Pöschke*, in: MünchKomm. AktG[4], § 171 Rn. 35; *Nonnenmacher*, in: FS Ballwieser, S. 547 (551, 554).
45 *Hennrichs/Pöschke*, in: MünchKomm. AktG[4], § 171 Rn. 33.
46 *Hennrichs/Pöschke*, in: MünchKomm. AktG[4], § 171 Rn. 97, 99 ff.; *Nonnenmacher*, in: FS Ballwieser, S. 547 (555) dazu eingehend auch Kap. B Tz. 102 ff.
47 ADS[6], § 171 AktG Tz. 17 ff.; *Hennrichs/Pöschke*, in: MünchKomm. AktG[4], § 171 Rn. 33, 35; krit. aber z.B. *Nonnenmacher*, in: FS Ballwieser, S. 547 (555 ff.); *Nonnenmacher*, in: FS Haarmann, S. 143 (150), der dafür plädiert, die eigene Prüfungspflicht des AR de lege ferenda durch eine bloße Überwachungspflicht zu ersetzen.
48 *Hennrichs*, in: FS für Hommelhoff, S. 383 (385).
49 *Hennrichs/Pöschke*, in: MünchKomm. AktG[4], § 171 Rn. 6 ff., 30, m.w.N.
50 Siehe dazu *Hennrichs*, ZGR 2018, S. 206 (216 ff.) m.w.N.
51 Für eine „freiwillige" externe Prüfung der CSR-Berichterstattung s.a. *Böcking/Althoff*, Der Konzern 2017, S. 246 (251, 254); *Velte*, NZG 2014, S. 1046 (1049); *Kirsch/Huter*, WPg 2017, S. 1017 (1021 ff.); s. ferner *Grundel*, WPg 2018, S. 108 (113); *Lanfermann*, BB 2017, S. 747 (749); *Richter/Johne/König*, WPg 2017, S. 566 (570).

40 Ungeachtet dessen gilt das Erfordernis der **innergesellschaftlichen Prüfung durch den AR** auch für die **CSR-Berichterstattung** gem. §§ 289b ff. Gibt das Unternehmen in Erweiterung des LB eine nichtfinanzielle Erklärung ab (gesetzlicher Grundfall gem. § 289b Abs. 1 HGB), folgt die Prüfungspflicht des AR schon aus § 171 Abs. 1 S. 1 AktG. Erfolgt die CSR-Berichterstattung in einem gesonderten nichtfinanziellen Bericht außerhalb des LB (zulässig gem. § 289b Abs. 3 HGB), ergibt sich die Prüfungspflicht des AR aus § 171 Abs. 1 S. 4 AktG. Zu den inhaltlichen Anforderungen an die Prüfung der CSR-Berichterstattung durch den AR s. unten Kap. B Tz. 114 ff.

41 Für das **Verhältnis von AR und APr.** liegt dem Gesetz das **Leitbild eines intensiven, vertrauensvollen und konstruktiven Dialogs** zugrunde[52]. Der APr. ist zwar kein Organ der Gesellschaft und auch nicht etwa Erfüllungsgehilfe des AR, wohl aber dessen **unabhängiger Berater und Kommunikationspartner** (Kap. B Tz. 5)[53]. Das kommt in verschiedenen Vorschriften zum Ausdruck: Bereits zur Wahl des APr. hat – nur – der AR einen Vorschlag zu unterbreiten (§ 124 Abs. 3 S. 1, 2 AktG). Das Auswahlverfahren[54] obliegt dabei dem AR (bzw. PrA, s. Art. 16 Abs. 3 Unterabs. 3 VO (EU) Nr. 537/2014, Kap. B Tz. 65 ff.) in eigener Verantwortung. Sodann ist der eigentliche Prüfungsauftrag vom AR (oder seinem PrA) zu erteilen (§ 111 Abs. 2 S. 3; § 107 Abs. 3 S. 3 AktG). Dabei kann der AR (PrA) auch eigene Schwerpunkte abstimmen. Es entspricht außerdem guter Praxis, dass der APr. und zumindest der Vorsitzende des PrA auch während der Prüfungsdurchführung wechselseitig im Gespräch bleiben und namentlich der APr. über alle für die Aufgaben des AR wesentlichen Feststellungen und Vorkommnisse unverzüglich an den Vorsitzenden des AR oder PrA berichtet (vgl. Ziff. 7.2.3 DCGK). Sodann ist der abschließende PrB des APr. gem. § 321 Abs. 5 S. 2 HGB unmittelbar dem AR vorzulegen. Schließlich hat der APr. gem. § 171 Abs. 1 S. 2 AktG an der Bilanzsitzung des AR teilzunehmen (in der Praxis nimmt der APr. üblicherweise außerdem an den Sitzungen des PrA teil, Kap. B Tz. 109) und ihm ggü. umfassend zu berichten. Gerade die Bilanzsitzung des AR kann und soll dabei nach dem gesetzlichen Leitbild dazu genutzt werden, durch Nachfragen und einen kritischen Dialog rechnungslegungsrelevante Aspekte zwischen AR und APr. zu erörtern. Vom Gesetz gewollt ist m.a.W. **intensive Zusammenarbeit und Kommunikation** zwischen APr. und AR (bzw. PrA) **in allen Phasen der Abschlussprüfung**[55].

---

[52] Vgl. auch Erwägungsgrund 14 der VO (EU) Nr. 537/2014, IDW Positionspapier zur Zusammenarbeit zwischen Aufsichtsrat und Abschlussprüfer v. 14.5.2012, abrufbar unter http://www.idw.de/idw/portal/d619676 – zit. 29.07.2016, (im Folgenden: IDW Positionspapier „Zusammenarbeit"), Tz. 4.

[53] *Hennrichs/Pöschke*, in: MünchKomm. AktG⁴, § 171 Rn. 17, 33; *Habersack*, ebda., § 111 Rn. 79; *Habersack*, in: Hüffer/Koch, AktG¹³, § 111 Rn. 25; *Nonnenmacher*, in: FS Ballwieser, S. 547 (549); je m.w.N.

[54] *IDW Positionspapier zur Ausschreibung der Abschlussprüfung bei Unternehmen von öffentlichem Interesse v. 31.05.2016, abrufbar unter: http://www.idw.de/idw/portal/n281334/n619666/n619954/index.jsp – zit. 26.09.2018 – (im Folgenden: IDW Positionspapier „Ausschreibung").

[55] Zutr. IDW Positionspapier „Zusammenarbeit", Tz. 4; in dieselbe Richtung weist Erwägungsgrund 14 der VO (EU) Nr. 537/2014; *Hennrichs/Pöschke*, in: MünchKomm. AktG⁴, § 171 Rn. 33.

4.2 Prüfung durch den Abschlussprüfer

4.2.1 Wahl und Bestellung des Abschlussprüfers

4.2.1.1 Zuständigkeit für Wahlvorschlag; Aufgaben des Prüfungsausschusses

Den **Vorschlag zur Wahl des APr.** durch die HV unterbreitet gem. § 124 Abs. 3 S. 1 AktG der **AR**. Da der Vorstand für die erforderliche Buchführung zu sorgen hat (§ 91 Abs. 1 AktG) und die Abschlüsse aufstellt (§ 264 HGB, § 170 AktG), die der APr. zu prüfen hat, soll der **Vorstand keinen Einfluss** auf die Auswahl „seines" Prüfers nehmen[56]. Aus demselben Grund erteilt dem gewählten APr. den Prüfungsauftrag wiederum der AR, nicht der Vorstand (§ 111 Abs. 1 S. 3 AktG). Vom Gesetz gewollt ist mithin eine vom Vorstand unabhängige Abschlussprüfung mit kritischer Grundhaltung[57]. **42**

Die Aufgabe zur Auswahl des APr. kann auch einem **PrA** übertragen werden (arg. e. § 107 Abs. 3 S. 3 AktG)[58]. Bei **Public Interest Entities (PIE)** ist der Wahlvorschlag des AR an die HV ohnehin auf die Empfehlung des PrA zu stützen (Art. 16 Abs. 2 VO (EU) Nr. 537/2014[59]; § 124 Abs. 3 S. 2 AktG), wenn die Gesellschaft einen solchen hat. § 124 AktG verpflichtet allerdings nicht selbst zur Einrichtung eines PrA, sondern setzt einen solchen voraus[60]. **43**

Ob der AR einen PrA bestellt, ist ihm weiterhin freigestellt und obliegt seiner **Organisationsautonomie** (§ 107 Abs. 3 S. 1 AktG: „kann"[61]). In Ausübung des Mitgliedsstaatenwahlrechts gem. Art. 39 Abs. 2 der überarbeiteten EU-Abschlussprüferrichtlinie[62] lässt das deutsche Recht es damit wie bisher zu, dass die Aufgaben, die das Unionsrecht dem PrA zuweist, durch den AR selbst wahrgenommen werden können (Art. 39 Abs. 2 RL 2014/56/EU). In der Praxis ist die Einrichtung eines besonderen PrA allerdings bei größeren kapitalmarktorientierten Gesellschaften die Regel (vgl. auch Ziff. 5.3.2 S. 1 DCGK). **44**

Die **Aufgaben des PrA** wurden im Zuge der EU-Abschlussprüfungsreform in Art. 39 Abs. 6 RL 2014/56/EU beispielhaft normiert[63]. Nach Buchst. b hat der PrA u.a. „den **Rechnungslegungsprozess zu beobachten und Empfehlungen oder Vorschläge zur Gewährleistung von dessen Integrität zu unterbreiten**". Der erste Teil dieser EU-rechtlichen Anforderungen, die „Überwachung des Rechnungslegungsprozesses", gehört gem. § 107 Abs. 3 S. 2 AktG schon bislang zu den Aufgaben des PrA. Den zweiten Teilsatz greift das AReG nunmehr in § 107 Abs. 3 S. 3 AktG n.F. auf, wonach der PrA „Empfehlungen oder Vorschläge zur Gewährleistung der Integrität des Rechnungslegungsprozesses unterbreiten" kann. **45**

---

56 *Koch,* in: Hüffer/Koch, AktG[13], § 124 Rn. 18, § 111 Rn. 25; *Ziemons,* in: Schmidt/Lutter, AktG[3], § 124 Rn. 33.
57 Erwägungsgrund 5 und 6 RL 2014/56/EU.
58 *Koch,* in: Hüffer/Koch, AktG[13], § 124 Rn. 20.
59 Siehe dazu *Kelm/Naumann,* WPg 2016, S. 653 ff. m.w.N.
60 *Ziemons,* in: Schmidt/Lutter, AktG[3] § 124 Rn. 35.
61 Für kapitalmarktorientierte Unternehmen, die keinen AR oder Verwaltungsrat (VR) haben, der mindestens einen Finanzexperten i.S.d. § 100 Abs. 5 AktG haben muss, ist § 324 HGB zu beachten.
62 Die RL 2006/43/EG wurde i.R.d. EU-Abschlussprüfungsreform durch die RL 2014/56/EU überarbeitet.
63 Siehe dazu *Kelm/Naumann,* WPg 2016, S. 653 (659), *Lanfermann,* BB 2014, S. 2348 (2348 f.).

46 Sachlich bedeutet das allerdings **keine grundsätzlich neuen Anforderungen**[64]. Hinsichtlich der Empfehlungen zur Gewährleistung der Integrität des Rechnungslegungsprozesses ergibt sich das schon daraus, dass dies nach § 107 Abs. 3 S. 3 AktG n.F. eine bloße Kann-Anforderung ist[65]. Im Übrigen ist daran zu erinnern, dass weder der Unionsgesetzgeber noch der nationale Gesetzgeber das aktienrechtliche Gewaltenteilungssystem verändern wollen. Auch wird der AR weiterhin grds. kein eigenes Budget und keinen eigenen Mitarbeiterstab haben müssen (s.a. Kap. B Tz. 68). Hinsichtlich des Prozesses der Rechnungslegung gilt Ähnliches: Diesen Prozess auszugestalten und für dessen Integrität zu sorgen, ist in erster Linie Aufgabe des Vorstands (§ 91 AktG). Der AR wird insoweit nur (aber immerhin) dann aktiv werden müssen, wenn er, bspw. aufgrund der Berichte seitens des APr., Hinweise erhält, die Zweifel an der Integrität des Rechnungslegungsprozesses aufkommen lassen. Dann sind diese im vertrauensvollen Dialog mit Vorstand und APr. zu erörtern[66], etwaigen Beanstandungen ist abzuhelfen. Nach wie vor hat der AR aber nicht von sich aus gleichsam als „Integritätsbeauftragter" auf „investigative Spurensuche" zu gehen. Das würde seine Aufgabe überdehnen und seine Ressourcen überlasten.

4.2.1.2 Insb.: Billigung von Nichtprüfungsleistungen (Art. 5 Abs. 4 VO (EU) Nr. 537/2014, § 319a Abs. 3 HGB)

47 Praktisch bedeutsam ist, dass der PrA fortan sämtliche **erlaubten Nichtprüfungsleistungen, insb. zulässige Steuerberatungsleistungen** durch den APr. vorab zu **billigen** hat (sog. **Pre-Approval**, Art. 5 Abs. 4 VO (EU) Nr. 537/2014, § 319a Abs. 3 HGB). Für die Vergabe solcher Nichtprüfungsleistungen an den APr. ist zwar weiterhin der Vorstand als das Vertretungsorgan der Gesellschaft zuständig (§ 78 Abs. 1 S. 1 AktG)[67]. Der PrA muss diesen Aufträgen aber (vorher) zustimmen[68]. Hierfür wird der PrA wissen wollen, was erlaubt ist und was nicht, d.h. er wird sich mit den Vorgaben der VO (EU) Nr. 537/2014 dazu auseinandersetzen[69]. Will der Ausschuss bestimmte Arten von unkritischen Nichtprüfungsleistungen bis zu einem festgelegten Volumen vorab (antizipiert) billigen, was u.E. zulässig ist[70], wird er hierfür **Leitlinien** aufzustellen haben. Selbst das dürfte freilich in Teilen bereits guter Praxis entsprechen[71], denn schon bisher gehörte es zu den Aufgaben des PrA, die Unabhängigkeit des APr. und damit auch etwaige die Unabhängigkeit gefährdende Umstände zu überwachen (§ 107 Abs. 3 S. 3 AktG a.F.).

---

64 So auch BT-Drs. 18/7219, S. 34 f., 59; ebenso *Kelm/Naumann*, WPg 2016, S. 653 (654); s. aber auch *Schilha*, ZIP 2016, S. 1316 (1324): dadurch habe das Gesetz dem AR/PrA „explizit eine (aktivere) Beratungsfunktion" auch in Bezug auf den Rechnungslegungsprozess zugewiesen.
65 Kritisch dazu *Kelm/Naumann*, WPg 2016, S. 653 (659), die meinen, ein Ermessen sei von der RL nicht gedeckt, weshalb der PrA sich in richtlinienkonformer Auslegung mit dieser Frage befassen sollte.
66 Ebenso *Schilha*, ZIP 2016, S. 1316 (1324).
67 *Schilha*, ZIP 2016, S. 1316 (1325).
68 *Einwilligung i.S.d. § 183 BGB, Kelm/Naumann*, WPg 2016, S. 653 (657).
69 *Henrichs/Bode*, NZG 2016, S. 1281 (1283).
70 BT-Drs. 18/7902, S. 64; ferner *Meyer/Mattheus*, DB 2016, S. 695, 698; *Kelm/Naumann*, WPg 2016, S. 653 (657); *Schilha*, ZIP 2016, S. 1316 (1325); vgl. *Schüppen*, Abschlussprüfung, § 319a HGB Rn. 26.
71 Ebenso BT-Drs. 18/7219, S. 35.

Die **Verbotstatbestände** des Art. 5 VO (EU) Nr. 537/2014[72] sind **subjektiv, objektiv und zeitlich begrenzt** formuliert[73]. Aufseiten des APr. adressiert sich das Verbot an den APr. oder die Prüfungsgesellschaft sowie jedes Mitglied seines Netzwerks[74]. Auf Unternehmensseite dürfen die verbotenen Nichtprüfungsleistungen nicht erbracht werden für PIE, und zwar für „das geprüfte Unternehmen [das PIE ist], dessen Mutterunternehmen oder die von ihm beherrschten Unternehmen in der (Europäischen) Union". Nicht erfasst werden danach Schwestergesellschaften und Tochtergesellschaften außerhalb der EU[75]; insoweit kann aber § 319 Abs. 2 HGB einschlägig sein. Zeitlich schließlich geht es um Nichtprüfungsleistungen innerhalb des Zeitraums zwischen dem Beginn des Prüfungszeitraums und der Abgabe des BestV. Bestimmte (Nichtprüfungs-)Leistungen, nämlich Gestaltung und Umsetzung von rechnungslegungsbezogenen internen Kontroll- oder Risikomanagementsystemen, sind auch bereits innerhalb des unmittelbar vorausgehenden GJ verboten[76] (sog. **Cooling-in:** Art. 5 Abs. 1 Unterabs. 1 Buchst. b i.V.m. Unterabs. 2 Buchst. e VO (EU) Nr. 537/2014[77]). **48**

Die Voraussetzungen des Verbotstatbestands gem. Art. 5 VO (EU) Nr. 537/2014 müssen **kumulativ** erfüllt sein. Die verbotene Nichtprüfungsleistung muss also gerade innerhalb des gesetzlich bestimmten Zeitraums und an die gesetzlich bestimmten Unternehmen erbracht werden. Nur wenn die sachlichen, zeitlichen und subjektiven Merkmale sämtlich erfüllt sind, gilt als Rechtsfolge das Verbot. Hinsichtlich der betroffenen Zeiträume kommt es dabei nach dem Gesetz auf die **Leistungserbringung** an. **49**

> **Praxistipp 1:**
>
> Werden Cooling-in-relevante Nichtprüfungsleistungen zwar innerhalb des Cooling-in-Zeitraums erbracht, aber nicht an ein PIE, weil das die Leistung empfangende Unternehmen z.Z. der Leistungserbringung noch kein PIE war, liegen die Voraussetzungen des Verbotstatbestands nicht vor. Dasselbe gilt, wenn das Unternehmen, an das die Nichtprüfungsleistungen erbracht wurden, bei der Leistungserbringung noch kein TU eines PIE war. Auch in diesem Fall ist Art. 5 Abs. 1 Buchst. b VO (EU) Nr. 537/2014 nicht einschlägig. Denn der Verbotstatbestand setzt, wie ausgeführt, die o.g. Merkmale kumulativ voraus[78].

> **Beispiel 1:**
>
> (1) Die Y-AG ist bislang nicht börsennotiert. Sie plant einen Börsengang, wobei sie von ihrem APr., der WPG B, beraten wird.
> Die WPG B kann bei der Y-AG nach dem erfolgreichen Börsengang weiterhin die Abschlussprüfung übernehmen.

---

72 Dazu eingehend IDW Positionspapier zu Nichtprüfungsleistungen des Abschlussprüfers (dritte Fassung mit Stand: 09.01.2018), im Folgenden: IDW Positionspapier „Nichtprüfungsleistungen".
73 *Hennrichs/Bode*, NZG 2016, S. 1281 (1284 f.).
74 *Schüppen*, Abschlussprüfung, Anh. zu § 319 HGB Rn. 19.
75 *Schüppen*, Abschlussprüfung, Anh. zu § 319 HGB Rn. 18.
76 *Schüppen*, Abschlussprüfung, Anh. zu § 319 HGB Rn. 20.
77 In der ursprünglichen Fassung nahm Art. 5 Abs. 1 Buchst. b VO (EU) Nr. 537/2014 den Unterabs. 2 Buchst. g in Bezug (und damit bestimmte juristische Leistungen). Dies war allerdings ein Redaktionsversehen und wurde durch ABl. EU Nr. L 170/66 v. 11.06.2014 berichtigt.
78 *Hennrichs/Bode*, NZG 2016, S. 1281 (1284 f.).

> (2) Die X-AG hat 2016 sämtliche Anteile an der T-AG erworben. Die WPG A hatte für die T-AG Anfang 2016 ein Buchhaltungs-IT-System gestaltet und implementiert.
> Die WPG A ist nicht von der Abschlussprüfung 2017 bei der X-AG ausgeschlossen, weil die T-AG z.Z. der Leistungserbringung noch nicht TU der X-AG war.

50 Zur Beurteilung, ob diese Vorgaben des Art. 5 VO (EU) Nr. 537/2014 eingehalten werden, kann ein **konzernweites Monitoring** der Vergabe von Nichtprüfungsleistungen an den APr. hilfreich sein[79]. Außerdem empfiehlt es sich, das Auswahlverfahren **frühzeitig** zu beginnen[80] (etwa mit zweijährigem Vorlauf, z.B. Ausschreibungsverfahren in 2015 für Prüfung ab 2017, wie es Bayer praktiziert hat[81]).

51 Das Erfordernis der Billigung von Beratungsleistungen gem. Art. 5 Abs. 4 VO (EU) Nr. 537/2014 gilt ab dem 17.06.2016 (Art. 44 Abs. 2 VO (EU) Nr. 537/2014). Für zu diesem Stichtag bereits **laufende Beratungsaufträge** bietet es sich an, dass der PrA im Vorfeld der Geltung der VO (EU) Nr. 537/2014 eine Bestandsaufnahme der vom APr. erbrachten Nichtprüfungsleistungen fertigt und hierzu eine summarische Billigung erteilt, damit sichergestellt ist, dass diese Leistungen zu Ende erbracht werden können.

4.2.1.3 Allgemeine Anforderungen an das Auswahlverfahren durch den AR/PrA und Auswahlkriterien

52 Zu einem **ordnungsgemäßen Verfahren** zur **Auswahl des APr.** gehört es, dass der AR selbst (bzw. der PrA) – unabhängig vom Vorstand oder von Personen, die dem Vorstand zuarbeiten – **eigene Leitlinien** dafür festsetzt,

- **ob und wann** eine **Ausschreibung** des Prüfungsauftrags erfolgen soll,
- wie ein evtl. **Ausschreibungsverfahren** gestaltet werden soll und
- nach welchen **Kriterien** er die Leistungen des bisherigen APr. bzw. eine neue Bewerbung beurteilen wird[82].

Bei neuer Ausschreibung des Prüfungsmandats wird der Vorsitzende des PrA eingehende Angebote sichten und aufbereiten. Er wird i.d.R. unter Hinzuziehung von anderen Ausschussmitgliedern die **Auswahlgespräche** mit den in Betracht kommenden APr. führen, in denen u.a. die Erwartungen des AR an den APr. sowie der Prüfungsansatz und mögliche Prüfungsschwerpunkte erörtert werden[83].

53 Sachliche **Kriterien** für die Beschlussfassung des AR (und des evtl. PrA) über seine Wahlempfehlung können namentlich sein

- die **Qualität** der zu erwartenden Prüfungsleistungen für das zu prüfende Unternehmen oder die Unternehmensgruppe,
- die **Unabhängigkeit** des APr. sowie
- der **Preis** für die angebotene Leistung.

---

[79] *Kelm/Naumann*, WPg 2016, S. 653 (657). Vgl. auch *Schilha*, ZIP 2016, S. 1316 (1326): „gruppenweites Monitoring der Nichtprüfungsleistungen notwendig".
[80] *Kelm/Naumann*, WPg 2016, S. 653 (658).
[81] Vgl. die Ausschreibung der Abschlussprüfung des Bayer-Konzerns durch die Bayer AG v. 01.06.2015 (eBAnz).
[82] IDW Positionspapier „Zusammenarbeit", Tz. 9.
[83] IDW Positionspapier „Zusammenarbeit", Tz. 10.

Hinsichtlich der **Qualität** der zu erwartenden Prüfungsleistungen des APr. gilt es u.a. zu **54** bewerten, ob der fragliche APr. hinsichtlich seiner **personellen und sachlichen Ressourcen** voraussichtlich in der Lage sein wird, das zu prüfende Unternehmen angemessen und gründlich zu prüfen. Dabei können Besonderheiten des zu prüfenden Unternehmens hinsichtlich Branche, Größe und/oder regionaler bzw. weltweiter Aufstellung relevant werden. Zwar sind sog. Big4-only-Klauseln nach Art. 16 Abs. 6 VO (EU) Nr. 537/2014 und § 318 Abs. 1b HGB nichtig[84]. Aber die Prüfung des KA von weltweit agierenden Unternehmensgruppen dürfte im Regelfall eine entsprechende Struktur der Prüfungsgesellschaft erfordern, also ebenfalls entweder deren weltweite Präsenz oder zumindest die Einbindung in ein entsprechendes Netzwerk. Die Prüfung von KI kann nur von solchen APr. angemessen durchgeführt werden, die über einschlägige Expertise verfügen. Allgemein sind **geschäfts- und branchenspezifische Erfahrungen** sowie die **Qualifikation** und **Fortbildung** der an der Prüfung beteiligten Personen relevant[85]. Der AR sollte sich den **Transparenzbericht** nebst Erläuterungen vorlegen lassen und die vom APr. vorgesehenen Maßnahmen zur Qualitätssicherung im konkreten Mandantenverhältnis mit ihm erörtern[86].

Für die Beurteilung der zu erwartenden Prüfungsqualität können außerdem die **Ergebnisse bisheriger Prüfungen** herangezogen werden. Dabei können neben unternehmensinternen Erfahrungen auch bekannt gewordene Beanstandungen der APr.-Aufsicht oder der Deutschen Prüfstelle für Rechnungslegung und Fehlerfeststellungen der Bundesanstalt für Finanzdienstleistungsaufsicht (BaFin) im Enforcement-Verfahren in anderen Fällen von Interesse sein, insbesondere dann, wenn die Beanstandungen oder Fehlerfeststellungen Prüfungen von vergleichbaren Unternehmen oder Unternehmensgruppen betreffen. Solche Fehler und ihre Ursachen sowie die Fragen, ob und warum sie vom APr. nicht aufgedeckt worden sind, sind mit dem APr. zu erörtern und zu beurteilen, ob geeignete Maßnahmen zur künftigen Vermeidung etwaiger Schwächen der Prüfung ergriffen worden sind. **55**

Hinsichtlich der **Bewertung der Unabhängigkeit des APr.** sind zunächst die zwingenden gesetzlichen Vorschriften zu beachten (insb. §§ 319, 319a HGB). Dazu hat sich der AR die Unabhängigkeitserklärung des Prüfers vorlegen zu lassen.[87] Auch die Dauer der bisherigen Prüfungsmandate sowie der Umfang von Beratungsleistungen für das zu prüfende Unternehmen können in diesem Zusammenhang mögliche Entscheidungsparameter für den AR sein. Die strikten Vorgaben der **VO (EU) Nr. 537/2014** (dazu s.u. Kap. B Tz. 59 ff.) gelten allerdings nur **bei Abschlussprüfungen von Unternehmen von öffentlichem Interesse** und brauchen von anderen Unternehmen (im Folgenden auch: Non-PIE) nicht eingehalten zu werden. Die Entscheidung, ob und wann eine neue Ausschreibung des Prüfungsmandats erfolgen soll und ob und in welchem Umfang Beratungsleistungen vom APr. an das geprüfte Unternehmen oder die Mitglieder seiner *Gruppe* geleistet werden dürfen, unterliegt bei Non-PIE der Verantwortung der zuständigen Unternehmensorgane, insbesondere dem AR[88]. **56**

---

84 *Schüppen*, Abschlussprüfung, § 318 HGB Rn. 8.
85 IDW Positionspapier „Zusammenarbeit", Tz. 12.
86 IDW Positionspapier „Zusammenarbeit", Tz. 12.
87 Zur Unabhängigkeitserklärung s. *IDW PS 345*, hierzu *Probst/Szondy*, WPg 2017, S. 176 (179).
88 IDW Positionspapier „Zusammenarbeit", Tz. 14.

57 Hinsichtlich der **Einschätzung eines angemessenen Honorars** des APr. sollte der AR vom APr. u.a. Angaben dazu verlangen, mit welchen personellen Ressourcen und zeitlichen Kapazitäten die Abschlussprüfung durchgeführt werden soll. Da der Preis stets auch in Beziehung zur Prüfungsqualität steht, ist insoweit außerdem relevant, welche Qualifikationen im Prüfungsteam vorhanden sein werden[89].

58 Das Verfahren zur Auswahl des APr. durch den AR mündet in einen **konkreten Wahlvorschlag des AR an die HV.** Dabei genügt die Angabe **eines** Wahlvorschlags[90].

4.2.1.4 Besonderheiten bei Unternehmen von öffentlichem Interesse (PIE)

59 Für die Abschlussprüfung bei Unternehmen von öffentlichem Interesse gelten vorrangig § 317 Abs. 3a HGB und unmittelbar die strikten Vorgaben der **VO (EU) Nr. 537/2014**.[91] Hier zu nennen sind insbesondere die Vorschriften zur Höchstmandatsdauer (sog. **externe Rotation**, s. Art. 17 VO (EU) Nr. 537/2014, § 318 Abs. 1a HGB), zur Durchführung eines besonderen **Auswahlverfahrens** (Art. 16 VO (EU) Nr. 537/2014) sowie zu den **Prüfungshonoraren** und zur **Begrenzung von Nichtprüfungsleistungen** (vgl. Art. 4, 5 dieser VO, § 319a Abs. 1 HGB, zu Art. 5 VO (EU) Nr. 537/2014 bereits oben Kap. B Tz. 47)[92].

60 Diese Vorgaben sind in erster Linie vom APr. selbst zu beurteilen und zu dokumentieren (Art. 6 Abs. 1 VO (EU) Nr. 537/2014). Dennoch sind die Vorschriften **auch vom AR (PrA)** bei seinem Vorschlag zur Wahl **zu berücksichtigen**[93]. Denn für das Auswahlverfahren ist der AR/PrA zuständig und verantwortlich[94] (Art. 16 Abs. 3 Unterabs. 2 VO (EU) Nr. 537/2014; s.a. Art. 39 Abs. 6 Buchst. f der RL 2014/56/EU). Dies umfasst, den Anlass für eine etwaige Ausschreibung zu beurteilen, d.h. der AR/PrA muss wissen, ob der APr. wechseln muss und die sonstigen Vorgaben einhält[95]. Ein APr., der die EU-rechtlichen Vorgaben nicht erfüllt, darf vom AR/PrA nicht empfohlen und vorgeschlagen werden. Auch für die Billigung von erlaubten Nichtprüfungsleistungen gem. Art. 5 Abs. 4 VO (EU) Nr. 537/2014, § 319a Abs. 3 HGB (dazu Kap. B Tz. 47) muss der AR/PrA beurteilen, ob eine in Rede stehende Leistung erlaubt ist oder nicht. Zwar darf der **PrA** grundsätzlich **auf die Unabhängigkeitserklärung des APr. gem. Art. 6 Abs. 2 VO (EU) Nr. 537/2014 vertrauen**[96]. In diese Unabhängigkeitserklärung des APr. fließt dessen eigene Beurteilung ein, ob er die Anforderungen der Art. 4, 5 und 17 VO (EU) Nr. 537/2014 erfüllt. Wenn der APr. ggü. dem PrA erklärt, vom geprüften Unternehmen unabhängig zu sein, so darf der PrA daraus deshalb grds. den Schluss ziehen, dass der APr. die Einhaltung der Anforderungen gem. Art. 4, 5 und 17 VO (EU) Nr. 537/2014 geprüft hat und diese Anforderungen auch erfüllt. Dennoch wird der PrA sich auch selbst mit diesen Fragen zu befassen haben. Zum einen hat der PrA gem. Art. 6 Abs. 2 Buchst. b VO (EU) Nr. 537/2014 etwaige Gefahren für die Unabhängigkeit des APr. mit diesem zu erörtern. „Erörtern" kann diese Umstände nur, wer sich damit zuvor selbst

---

89 IDW Positionspapier „Zusammenarbeit", Tz. 15.
90 *Koch*, in: Hüffer/Koch, AktG[13], § 124 Rn. 25; *Schmidt/Heinz*, BeBiKo[11], § 318 Rn. 4.
91 Dazu IDW Positionspapier „Ausschreibung".
92 Siehe dazu *Lanfermann*, BB 2014, S. 2348 (2350 f.).
93 Vgl. *Probst*, Der Aufsichtsrat 2016, S. 10.
94 IDW Positionspapier „Ausschreibung", Tz. 11.
95 IDW Positionspapier „Ausschreibung", Tz. 18 f.
96 IDW Positionspapier „Ausschreibung", Tz. 31.

auseinandergesetzt hat. Zum anderen begründet die Pflicht zur Billigung von erlaubten Nichtprüfungsleistungen (Art. 5 Abs. 4 VO (EU) Nr. 537/2014, § 319a Abs. 3 HGB) gleichsam eine Daueraufgabe des PrA: jede zu billigende Nichtprüfungsleistung ist selbständig zu beurteilen. Die jährliche Unabhängigkeitserklärung des APr. kann diese gebotene Einzelfallbeurteilung nicht ersetzen.

Gemäß der Grundregel des Art. 17 Abs. 1 Unterabs. 2 VO (EU) Nr. 537/2014 beträgt die **Höchstlaufzeit** für die Durchführung von aufeinanderfolgenden Abschlussprüfungen zehn Jahre. Für andere Unternehmen als KI und Versicherungsunternehmen[97] besteht allerdings in Ausübung des Mitgliedsstaatenwahlrechts gem. Art. 17 Abs. 4 VO (EU) Nr. 537/2014 die **Verlängerungsoption** gem. § 318 Abs. 1a HGB: Geht der Wahl für das elfte GJ in Folge, auf das sich die Prüfungstätigkeit des APr. erstreckt, ein (öffentliches, dazu Kap. B Tz. 62) Auswahlverfahren gem. Art. 16 Abs. 2 bis 5 VO (EU) Nr. 537/2014 voraus, verlängert sich die Höchstlaufzeit des Prüfungsmandats auf 20 Jahre; werden ab dem in § 318 Abs. 1a S. 1 HGB genannten elften GJ mehrere APr. gemeinsam bestellt (sog. Joint Audit), verlängert sich die Höchstlaufzeit des Prüfungsmandats sogar auf 24 Jahre. **61**

Um die grds. zehnjährige Höchstlaufzeit auf 20 Jahre zu verlangen, muss ein öffentliches Ausschreibungsverfahren durchgeführt werden, das zudem im Einklang mit Art. 16 Abs. 2 bis 5 VO (EU) Nr. 537/2014 steht (arg. Art. 17 Abs. 4 Buchst. a VO (EU) Nr. 537/2014). Das bedeutet keine öffentliche Ausschreibung i.S.d. Vorschriften für die Ausschreibung öffentlicher Aufträge[98]. Ausreichend, aber auch erforderlich ist, dass gewährleistet ist, dass sich grds. jeder APr. bewerben kann, also von der Ausschreibung weiß[99]. **62**

> **!** **Hinweis 1:**
> Die erforderliche Öffentlichkeit der Ausschreibung kann bspw. durch Veröffentlichung im **eBAnz** hergestellt werden[100], aber u.E. etwa auch durch Einstellen auf die **Webseite** des Unternehmens.

Die Verlängerungsoption greift gem. § 318 Abs. 1a HGB nur, wenn „der Wahl für das elfte Geschäftsjahr in Folge, auf das sich die Prüfungstätigkeit des APr. erstreckt" ein geeignetes Ausschreibungsverfahren vorausgeht. Wird das Ausschreibungsverfahren früher durchgeführt (z.B. bereits im fünften Prüfungsjahr in Folge), hat dies mithin keine Ausübung der Verlängerungsoption zur Folge.

Bei der Beurteilung der Frage, ob ein Prüferwechsel vorgeschrieben ist, sind in der Übergangsphase zum neuen Recht außerdem die **Übergangsbestimmungen** gem. Art. 41 VO (EU) Nr. 537/2014 zu beachten. Danach haben Unternehmen, bei denen die Mandatsbeziehung zum Zeitpunkt des Inkrafttretens der VO (EU) Nr. 537/2014 (am 16.06.2014) ununterbrochen weniger als elf aufeinanderfolgende Jahre bestand, den **63**

---

97 Für KI und VU bleibt es bei der maximalen Höchstlaufzeit von zehn Jahren, s. §§ 340k Abs. 1 S. 1, Hs. 2, 341k Abs. 1 S. 2 HGB.
98 *Blöink/Kumm*, BB 2015, 1067 (1069); IDW Positionspapier „Ausschreibung", Tz. 18; *Bode*, BB 2016, S. 1707 (1708); *Schüppen*, Abschlussprüfung, Anh. zu § 318 HGB Rn. 15 f.
99 *Schüppen*, Abschlussprüfung, Anh. zu § 318 HGB Rn. 15.
100 *Bode*, BB 2016, S. 1707 (1708); *Kelm/Naumann*, WPg 2016, S. 653 (655).

Prüfer möglicherweise schon bald zu wechseln. Denn für diese sog. **Kurzläufer**[101] bestimmt Art. 41 Abs. 3 VO (EU) Nr. 537/2014, dass die Prüfungsmandate nur noch bis zum Ablauf der in Art. 17 Abs. 1 Unterabs. 2, Abs. 4 VO (EU) Nr. 537/2014 (i.V.m. § 318 Abs. 1a HGB) normierten Höchstlaufzeit fortgeführt werden können. Dabei soll die Frist nach der zwar umstrittenen, aber mittlerweile h.M. bereits mit der ersten Mandatierung beginnen, selbst wenn dieser Zeitpunkt vor dem Inkrafttreten der VO (EU) Nr. 537/2014 liegt[102]. Hat ein PIE denselben APr. also bspw. bereits seit 2008 beauftragt, müsste es nach dieser Lesart bereits 2018 den APr. wechseln. Kurzläufer werden dadurch ggü. Mittel- und Langläufern (für die gem. Art. 41 Abs. 1, 2 VO (EU) Nr. 537/2014 großzügige Übergangsfristen gelten) benachteiligt.

64 Zu beachten sind außerdem die **Cooling-Off**-Vorgaben gem. Art. 17 Abs. 3 VO (EU) Nr. 537/2014. Danach dürfen weder der Prüfer noch ggf. Mitglieder seines Netzwerkes innerhalb der Union nach Ablauf der Höchstlaufzeit „innerhalb des folgenden Vierjahreszeitraums" die Abschlussprüfung bei demselben PIE durchführen.

65 Soll oder kann das Prüfungsmandat nicht erneuert werden (weil die Höchstlaufzeit gem. Art. 17 Abs. 1 Unterabs. 2, Abs. 4 VO (EU) Nr. 537/2014, § 318 Abs. 1a HGB überschritten würden oder das Unternehmen das Prüfungsmandat vorher freiwillig neu ausschreiben will[103]), so führt das geprüfte Unternehmen ein **Auswahlverfahren** durch. Eine Pflicht zu einer öffentlichen Ausschreibung besteht grds. nicht (arg. Art. 16 Abs. 3 Unterabs. 1 Buchst. a VO (EU) Nr. 537/2014, wonach es lediglich nicht zur Diskriminierung von Prüfungsgesellschaften mit einem geringeren Marktanteil kommen darf[104]; s. aber auch Art. 17 Abs. 4 VO (EU) Nr. 537/2014 i.V.m. § 318 Abs. 1a HGB für den Fall der Ausschreibung zwecks Ausübung der Verlängerungsoption auf 20 Jahre, dazu Kap. B Tz. 62). PIE müssen allerdings fortan grds. die Vorgaben des Art. 16 Abs. VO (EU) Nr. 537/2014 beachten[105]. Von dieser Verpflichtung ausgenommen sind gem. Art. 16 Abs. 4 VO (EU) Nr. 537/2014 bestimmte **PIE mit geringer Marktkapitalisierung**[106], nämlich solche, die die Größenkriterien des Art. 2 Abs. 1 Buchst. f und t RL 2003/71/EG erfüllen. Dies betrifft PIE, die lt. ihrem letzten JA bzw. konsolidierten Abschluss zumindest zwei der nachfolgenden drei Kriterien erfüllen: eine durchschnittliche Beschäftigtenzahl im letzten GJ von weniger als 250, eine Gesamtbilanzsumme von höchstens 43 Mio. € und ein Jahresnettoumsatz von höchstens 50 Mio. €.

---

101 Dazu eingehend *Kelm/Naumann*, WPg 2016, S. 653 (655).
102 Vgl. *Schüppen*, in: Heidel/Schall, HGB², Anh. zu vor §§ 316-324a Rn. 5; *Lanfermann*, BB 2014, S. 2348 (2350); krit. *Hennrichs*, ZGR 2015, S. 248 (259).
103 Ein Unternehmen kann den APr. auch bereits vor Ablauf der Höchstlaufzeiten freiwillig wechseln. Die VO (EU) Nr. 537/2014 regelt eben nur Höchstlaufzeiten, verpflichtet die PIE aber nicht zu deren Ausreizung. Die Frage, ob ein Prüfungsmandat erneuert werden soll (wenn dies möglich ist) oder neu ausgeschrieben werden soll, obliegt der Entscheidung des AR (arg. § 124 Abs. 3 S. 1 AktG) bzw. PA (Art. 16 Abs. 3 Unterabs. 2 VO (EU) Nr. 537/2014).
104 *Nonnenmacher*, in: FS Haarmann, S. 143 (157). – Ein öffentliches Ausschreibungsverfahren ist allerdings gem. Art. 17 Abs. 4 VO (EU) Nr. 537/2014 dann erforderlich, wenn die grds. zehnjährige Höchstlaufzeit *auf 20 Jahre verlängert werden soll*.
105 Zu VU s. IDW Positionspapier „Ausschreibung", Tz. 2: „ist grundsätzlich davon auszugehen, dass der AR eines VU für sein Auswahlverfahren die Vorgaben des Art. 16 Abs. 3 VO (EU) Nr. 537/2014 entsprechend berücksichtigen wird. Sonderfälle sollten mit der BaFin abgestimmt werden".
106 IDW Positionspapier „Ausschreibung", Tz. 2.

Hervorzuheben sind insb. die Regelungen gem. Art. 16 Abs. 3 Unterabs. 1 Buchst. b und e VO (EU) Nr. 537/2014. Danach erstellt das geprüfte Unternehmen **Ausschreibungsunterlagen**, die es ermöglichen, die Geschäftstätigkeit des geprüften Unternehmens und die Art der durchzuführenden Abschlussprüfung zu erfassen[107]. Die Ausschreibungsunterlagen haben „transparente, diskriminierungsfreie **Auswahlkriterien** für die Bewertung der Vorschläge der APr." zu enthalten (Art. 16 Abs. 3 Unterabs. 1 Buchst. b VO (EU) Nr. 537/2014). An diese Auswahlkriterien ist das geprüfte Unternehmen dann im Weiteren bei der Beurteilung der Bewerbungen und der Auswahl gebunden (arg. Art. 16 Abs. 3 Unterabs. 1 Buchst. e VO (EU) Nr. 537/2014[108]). Die Festlegung geeigneter Auswahlkriterien überlässt die VO (EU) Nr. 537/2014 wie bisher dem Ermessen des PrA bzw. AR (zu denkbaren Kriterien s. Kap. B Tz. 41 ff. sowie ausführlich IDW Positionspapier zur Ausschreibung der Abschlussprüfung bei Unternehmen von öffentlichem Interesse v. 09.01.2018).

66

Die Unterlagen sind nach dem Wortlaut des Art. 16 Abs. 3 Unterabs. 1 Buchst. b VO (EU) Nr. 537/2014 von dem „geprüfte(n) Unternehmen" zu erstellen. Dennoch soll gem. Art. 16 Abs. 3 Unterabs. 2 VO (EU) Nr. 537/2014 für das Auswahlverfahren insgesamt der PrA **zuständig** sein (s.a. Art. 39 Abs. 6 Buchst. f der RL 2014/56/EU). Vor diesem Hintergrund ist von der VO (EU) Nr. 537/2014 eine **Arbeitsteilung** gewollt[109]:

67

- Die Leitlinien für die Ausschreibungsunterlagen legt der PrA fest (arg. Art. 16 Abs. 3 Unterabs. 2 VO (EU) Nr. 537/2014).
- Die Ausfüllung dieser Leitlinien und die administrative Umsetzung (operative Durchführung) erfolgt durch „das geprüfte Unternehmen" (arg. Wortlaut Einleitung zu Art. 16 Abs. 3 Unterabs. 1 Buchst. b VO (EU) Nr. 537/2014).
- Die hiernach vom Stab des geprüften Unternehmens entworfenen Ausschreibungsunterlagen werden schließlich wieder dem PrA zugeleitet und von ihm finalisiert (arg. Art. 16 Abs. 3 Unterabs. 2 VO (EU) Nr. 537/2014).

Diese Arbeitsteilung trägt dem Umstand Rechnung, dass der **PrA** herkömmlich keinen eigenen Stab und **kein eigenes Budget** hat[110]. Daher müssen die „durchführenden Arbeiten" von anderen Mitarbeitern des geprüften Unternehmens geleistet werden. Dabei sollte aber sichergestellt bleiben, dass der PrA die „inhaltliche Hoheit" behält[111], insb. also die Leitlinien und die eigentlichen Auswahlkriterien vorgibt und die entworfenen Unterlagen abschließend genehmigt[112].

68

Bei **Konzernen** muss jedes zum Konzern gehörende PIE ein eigenes Auswahlverfahren durchführen. Dessen ordnungsgemäße Durchführung liegt in der eigenen Verantwortung des jeweiligen Tochter-PrA/-AR[113]. Von dem Wahlrecht gem. Art. 39 Abs. 3 lit. a

---

107 IDW Positionspapier „Ausschreibung", Tz. 21 ff.
108 *Schüppen*, in: Heidel/Schall, HGB², Anh. zu § 318 Rn. 5 spricht deshalb von „Selbstbindung".
109 Vgl. auch *Lanfermann*, BB 2014, S. 2348 (2351); *Nonnenmacher*, in: FS Haarmann, S. 143 (156); *Schilha*, ZIP 2016, S. 1316 (1326 f.); *Bode*, BB 2016, S. 1707 (1708); wohl auch (wenngleich rechtspolitisch krit.) *Schüppen*, in: Heidel/Schall, HGB², Anh. zu § 318 Rn. 4; IDW Positionspapier „Ausschreibung", Tz. 12.
110 Zu rechtspolitischen Vorschlägen, dem AR ein eigenes Budget zu geben, s. *Hennrichs*, in: FS Hommelhoff, S. 383 (392 f.); *Theisen*, Der Aufsichtsrat 2011, S. 1; *Theisen*, in: FS Säcker, S. 487 ff.
111 *Bode*, BB 2016, S. 1707 (1708): PrA muss „Herr des Verfahrens" sein; *Schilha*, ZIP 2016, S. 1316 (1327): der PrA ist „prozessverantwortlich".
112 IDW Positionspapier „Ausschreibung", Tz. 11; *Bode*, BB 2016, S. 1707 (1708).
113 *Bode*, BB 2016, S. 1707 (1708 f.).

der RL 2014/56/EU, wonach TU unter bestimmten Voraussetzungen von der Pflicht zur Einsetzung eines PrA befreit werden können, hat Deutschland keinen Gebrauch gemacht. In der Praxis dürfte es sich aber regelmäßig empfehlen, die Verfahren zur Auswahl des jeweiligen APr. für die einzelnen Konzerngesellschaften zentral zu koordinieren. Dazu kann bspw. innerhalb des Konzerns (zweckmäßigerweise beim MU) ein Stab gebildet werden, der alle PrA der Konzerngesellschaften bei der Durchführung des Auswahlverfahrens unterstützt[114]. Auch sollten die PrA der Konzerngesellschaften ihre Auswahlkriterien frühzeitig abstimmen. Dabei kann der PrA des MU vorangehen und einen Katalog gemeinsamer Kriterien entwerfen und mit den PrA der anderen Konzerngesellschaften abstimmen[115]. Zu beachten ist freilich, dass die nicht delegierbaren Grundsatzentscheidungen, insb. die abschließende Entscheidung über das Ergebnis des Auswahlverfahrens, stets vom PrA der jeweiligen Konzerngesellschaft selbst zu treffen sind[116]. Das kann und wird in der praktischen Regel zur koordinierten Auswahl eines konzerneinheitlichen Prüfers für den gesamten Konzern führen. Zwingend ist das aber nicht. Aus der eigenen Verantwortlichkeit der einzelnen PrA und der Nichtdelegierbarkeit der materiellen Grundsatzentscheidungen folgt vielmehr letztlich die Offenheit des Ausgangs des Auswahlverfahrens[117].

69 Über die Schlussfolgerungen des Auswahlverfahrens hat das geprüfte Unternehmen schließlich einen **Bericht** zu erstellen, der vom PrA validiert wird (Art. 16 Abs. 3 Unterabs. 1 Buchst. e S. 2 VO (EU) Nr. 537/2014)[118]. Auch hier zeigt sich, dass die VO (EU) Nr. 537/2014 von einem arbeitsteiligen Prozess ausgeht, bei dem der PrA die „inhaltliche Hoheit" haben soll, während die durchführenden Arbeiten von den Mitarbeitern des geprüften Unternehmens geleistet werden. Bei den Schlussfolgerungen und dem Bericht darüber ist an die in den Ausschreibungsunterlagen festgelegten Auswahlkriterien anzuknüpfen. Zu beurteilen ist „anhand der in den Ausschreibungsunterlagen festgelegten Auswahlkriterien". Mit der Festlegung dieser Kriterien werden also gleichzeitig die abschließende Beurteilung sowie die Berichterstattung über die Schlussfolgerungen präjudiziert[119].

70 Die VO (EU) Nr. 537/2014 regelt nicht ausdrücklich, **wem gegenüber** der Bericht nach Art. 16 Abs. 3 Unterabs. 1 Buchst. e S. 2 VO (EU) Nr. 537/2014 zu erstatten ist. Es ist davon auszugehen, dass der Bericht grds. intern bleibt, und das Auswahlverfahren des PrA **intern dokumentiert**. Allerdings muss das geprüfte Unternehmen gem. Art. 16 Abs. 3 Unterabs. 1 Buchst. f VO (EU) Nr. 537/2014 auf Verlangen in der Lage sein, ggü. der APr.-Aufsichtsbehörde (in Deutschland: ggü. der APAS beim BAFA) darzulegen, dass das Auswahlverfahren auf faire Weise durchgeführt wurde (vgl. außerdem Art. 27 Abs. 1 Buchst. c VO; § 324 Abs. 3 HGB)[120]. Auch hierzu kann der Bericht i.S.d. Art. 16 Abs. 3 Unterabs. 1 Buchst. e S. 2 VO (EU) Nr. 537/2014 ein Hilfsmittel sein[121].

---

114 *Bode*, BB 2016, S. 1707 (1709).
115 *Bode*, BB 2016, S. 1707 (1709 f.).
116 *Bode*, BB 2016, S. 1707 (1709).
117 *Bode*, BB 2016, S. 1707 (1709).
118 IDW Positionspapier „Ausschreibung", Tz. 54 f.
119 *Schüppen*, in: Heidel/Schall, HGB², Anh. zu § 318 Rn. 5.
120 IDW Positionspapier „Ausschreibung", Tz. 64.
121 Vgl. auch *Schüppen*, in: Heidel/Schall, HGB², Anh. zu § 318 Rn. 5.

Das Auswahlverfahren mündet schließlich in konkreten **Empfehlungen des PrA** für die Bestellung von APr. **an den AR**. Bei **PIE** sind gem. Art. 16 Abs. 2 Unterabs. 2 VO (EU) Nr. 537/2014 **mindestens zwei begründete Vorschläge** zu machen; dabei ist eine Präferenz anzugeben und zu begründen[122]. Die Anforderungen an die Begründung sind nicht näher spezifiziert. Man wird aber jedenfalls eine Rückkopplung zu den in den Ausschreibungsunterlagen festgelegten Auswahlkriterien verlangen müssen. 71

Schließlich sind gem. Art. 16 Abs. 5 Unterabs. 1 VO (EU) Nr. 537/2014 die Empfehlung und Präferenz des PrA in den **an die HV gerichteten Vorschlag des AR** für die Bestellung des APr. aufzunehmen[123]. Dabei wird der HV, sofern kein Joint Audit stattfinden soll, nach bisherigem Verständnis allerdings im Ergebnis nur ein APr. zur Wahl vorgeschlagen[124] (Kap. B Tz. 58); Alternativ- oder Eventualvorschläge sind freilich zulässig[125]. 72

Im Normalfall wird der AR bei seinem Vorschlag der **Empfehlung des PrA folgen**. Zwingend ist das aber nicht. Sollte ausnahmsweise der Vorschlag des AR von der Präferenz des PrA abweichen, so sind in dem Vorschlag an die HV die Gründe hierfür zu nennen (Art. 16 Abs. 5 Unterabs. 2 VO (EU) Nr. 537/2014). Der AR darf jedoch keinen APr. vorschlagen, der nicht an dem vom PrA durchzuführenden Auswahlverfahren teilgenommen hat (Art. 16 Abs. 5 Unterabs. 2 S. 2 VO (EU) Nr. 537/2014)[126]. 73

Hat der AR **keinen PrA** gebildet, führt er das Auswahlverfahren selbst durch (vgl. Art. 39 Abs. 2 RL 2014/56/EU). In diesem Fall sollen nach einer in der Literatur vertretenen Auffassung an die HV künftig mindestens zwei Wahlvorschläge zu unterbreiten sein[127]. Dagegen lässt sich anführen, dass die Nennung von zwei Vorschlägen allein für die Empfehlung des PrA an den AR gem. Art. 16 Abs. 2 VO (EU) Nr. 537/2014 vorgesehen ist und dies der Vorbereitung der Entscheidungsfindung im AR-Plenum dient. Der Vorschlag vom AR an die HV gem. Art. 16 Abs. 5 VO (EU) Nr. 537/2014 hat zwar eine etwaige Empfehlung des PrA zu enthalten, wenn es einen solchen gibt, kann sich aber nach bisherigem Verständnis, wie dargelegt (Kap. B Tz. 72), auch in diesem Fall auf einen Vorschlag konzentrieren. Warum vor diesem Hintergrund dann, wenn kein PrA gebildet ist, dennoch stets mindestens zwei Vorschläge an die HV zu unterbreiten sein sollen, ist nicht einzusehen. Näher liegt, dass der AR sich auch in diesem Fall (erst recht) auf eine Empfehlung festlegen und diese der HV unterbreiten kann. Zur Wahl des APr. durch die HV s. Kap. B Tz. 75. 74

4.2.1.5 Wahl des Abschlussprüfers durch die Hauptversammlung

Die **Wahl des Prüfers** selbst erfolgt durch die **HV** (§ 119 Abs. 1 Nr. 4 AktG, § 318 Abs. 1 S. 1, Abs. 2 S. 1 HGB). Die HV ist an den Vorschlag des AR nicht gebunden[128], auch Gegenanträge von Aktionären sind möglich (vgl. §§ 127, 126 AktG). 75

---

122 IDW Positionspapier „Ausschreibung", Tz. 56 ff.
123 IDW Positionspapier „Ausschreibung", Tz. 59.
124 *Koch*, in: Hüffer/Koch, AktG[13], § 124 Rn. 25.
125 *Liebscher*, in: Hensler/Strohn, GesR[3], § 124 AktG Rn. 5; *Kubis*, in: MünchKomm. AktG[4], § 124 Rn. 36.
126 IDW Positionspapier „Ausschreibung", Tz. 60.
127 So *Schüppen*, NZG 2016, S. 247 (251 f.); dem folgend *Schilha*, ZIP 2016, S. 1316 (1327).
128 *Schmidt/Heinz*, in: BeBiKo[11], § 318 HGB Rn. 4 m.w.N.

4.2.1.6 Rechtsfolgen bei Wahl des Abschlussprüfers unter Verstößen gegen Vorschriften der VO (EU) Nr. 537/2014 und §§ 319 ff. HGB

4.2.1.6.1 Inhabilität, Wahl des Abschlussprüfers

76 Ist der **APr.** inhabil, d.h. **von der Abschlussprüfung ausgeschlossen** (§§ 319 ff. HGB), darf er nicht gewählt werden[129]. Ein inhabiler APr. darf nicht (weiter) prüfen[130] und darf keinen BestV erteilen (§ 334 Abs. 2 HGB; zum Bestandsschutz für den Abschluss, wenn dies dennoch geschieht, z.B. weil die Inhabilität zunächst nicht erkannt wird, s. Kap. B Tz. 82).

77 Ob die Erbringung **verbotener Nichtprüfungsleistungen nach Art. 5 Abs. 1 VO (EU) Nr. 537/2014** per se zur Inhabilität des APr. führt, ist umstr. Nach einer strengeren Ansicht macht die Erbringung einer verbotenen Nichtprüfungsleistung den APr. stets befangen (unwiderlegliche Vermutung der Inhabilität)[131]. Die Blacklist-Tatbestände des Art. 5 Abs. 1 VO (EU) Nr. 537/2014 konkretisierten die Generalklausel des § 319 Abs. 2 HGB für einzelne, besonders wesentliche Sachverhalte. Wann die Tatbestandsmerkmale erfüllt seien, könne nicht argumentiert werden, im Einzelfall läge doch keine Beeinträchtigung der Unabhängigkeit vor[132]. Dafür wird auf den Zweck der Norm hingewiesen, der es um die Sicherung der Unabhängigkeit des APr. gehe. Zudem zeige § 319a Abs. 1 HGB, dass der Gesetzgeber die Verbotstatbestände gem. Art. 5 VO (EU) Nr. 537/2014 als Ausschlussgründe verstanden wissen wolle.

78 Im Hinblick auf den Gesetzeszweck (Sicherung der Unabhängigkeit des APr.) und zur Wahrung des Verhältnismäßigkeitsgrundsatzes wird man freilich **Bagatellfälle** ausnehmen müssen (teleologische Reduktion)[133]. Denn sonst würden sogar Bagatellverstöße gegen Art. 5 Abs. 1 VO (EU) Nr. 537/2014 zur Inhabilität des APr. führen (mit u.a. auch für das geprüfte Unternehmen unverhältnismäßig belastenden Folgen, nämlich Ersetzungsverfahren und Verzögerung der Abschlussprüfung und Feststellung des JA), obwohl der Bagatellverstoß für die intendierte Unabhängigkeit des APr. völlig irrelevant ist. Solche ungeschriebenen Bagatellgrenzen aus Gründen des Verhältnismäßigkeitsgrundsatzes sind auch aus anderen Rechtsbereichen geläufig, insb. im Kartell- und Wettbewerbsrecht, nämlich i.R.d. Auslegung des Art. 101 AEUV[134], § 1 GWB[135] und § 3 UWG[136].

---

[129] *Bormann*, in: MünchKomm. BilR, § 319 HGB Rn. 139.
[130] *Ebke*, in: MünchKomm. HGB, § 319 Rn. 41, 43.
[131] *Schürnbrand*, AG 2016, S. 70 (75); *Petersen/Zwirner/Boecker*, in: Petersen/Zwirner, Hdb. BilanzR², Kap. A § 319a HGB Rn. 8, 12; s.a. *Hennrichs/Bode*, NZG 2016, S. 1281 (1284).
[132] Vgl. *Schmidt/Nagel*, in: BeBiKo¹¹, vor § 319 Rn. 4 f.
[133] So zutr. *Schmidt/Nagel*, in: BeBiKo¹¹, § 319a HGB Rn. 74, 220 f.; s. ferner *Hennrichs*, WPg 2018, S. 1057 und 1127.
[134] Vgl. EuGH v. 09.07.1969, Slg. 1969, S. 295 (Rn. 7); EuGH v. 13.12.2012 – C-226/11, ABl. EU 2013, Nr. C 38, 6 (Rn. 16 f. m.w.N.); *Lotze*, in: Saenger u.a., § 12 Rn. 40.
[135] BGH v. 14.10.1976, KZR 36/75, BGHZ 68, 6 (unter III.2. der Gründe; dort auch zur Unterscheidung von „wesentlicher Beeinträchtigung" [die § 1 GWG nicht voraussetzt] und „praktisch nicht ins Gewicht fallenden" Beeinträchtigungen [die dennoch ausgeschlossen werden sollen]); *Maritzen*, in: Kölner Komm. zum Kartellrecht, Bd. 3, § 1 GWG Rn. 260 ff.; *Zimmer*, in: Immenga/Mestmäcker, Wettbewerbsrecht⁵, § 1 GWG Rn. 139 ff.; ferner *Vogel/Brodowski*, in: Sieber/Satzger/von Heintschel-Heinegg, Europäisches Strafrecht², § 6 Rn. 18; je m.w.N.
[136] Vgl. *Podszun*, in: Harte-Bavendamm/Henning-Bodewig, UWG⁴, § 3 Rn. 203; *Koos*, WRP 2005, S. 1096 (1101 f.).

79 Nach der Gegenmeinung[137] normiert Art. 5 VO (EU) Nr. 537/2014 entspr. seinem Wortlaut und der Systematik des Unionsrechts (vgl. Art. 22 Abs. 1 Unterabs. 4 RL 2014/56/EU) demgegenüber nur ein **Tätigkeitsverbot** bezogen auf die verbotene Nichtprüfungsleistung, aber **keinen absoluten Ausschlussgrund** für die Prüfung. Die Inhabilität des APr. sei vielmehr eigenständig nach Maßgabe der §§ 319 ff. (insb. § 319 Abs. 2) HGB zu beurteilen und danach nur anzunehmen, wenn nach Lage des Einzelfalles die Besorgnis der Befangenheit bestehe. Bei unwesentlichen Verstößen sei diese Besorgnis nicht gegeben, weshalb der APr. den Prüfungsauftrag in diesen Fällen wirksam annehmen bzw. eine begonnene Prüfung weiter durchführen könne[138].

80 In jedem Fall sind Verstöße gegen die Verbote der Katalogleistungen des Art. 5 Abs. 1 VO (EU) Nr. 537/2014 gem. Art. 6 Abs. 2 Buchst. b VO (EU) Nr. 537/2014 **mit dem PrA zu erörtern** und entspr. dem Rechtsgedanken des Art. 5 Abs. 3 Buchst. b VO (EU) Nr. 537/2014 im **PrB** (§ 321 HGB) zu erläutern[139]. Hinsichtlich der **Erklärung im BestV nach Art. 10 Abs. 2 Buchst. f VO (EU) Nr. 537/2014** ist zu differenzieren: **Bagatellfälle** sind nach hier vertretener Meinung aus dem tatbestandlichen Anwendungsbereich des Art. 5 Abs. 1 VO (EU) Nr. 537/2014 ausgenommen (Kap. B Tz. 78) und brauchen deshalb auch nicht angegeben zu werden. **Sonstige Verstöße** gegen Blacklist-Tatbestände gem. Art. 5 Abs. 1 VO (EU) Nr. 537/2014 sollten demgegenüber **im BestV vermerkt werden**, weil anderenfalls die Erklärung gem. Art. 10 Abs. 2 Buchst. f VO (EU) Nr. 537/2014 nicht wahrheitsgetreu abgegeben werden könnte[140].

4.2.1.6.2 Ersetzungsverfahren und Bestandsschutz des Jahresabschlusses

81 Wird ein Grund für den Ausschluss des Prüfers von der Abschlussprüfung erst nach der Wahl erkannt, ist der gewählte Prüfer nach Maßgabe des § 318 Abs. 3 HGB zu ersetzen, d.h. ist **auf Antrag durch das Gericht ein anderer APr.** zu bestellen[141]. Vorstand und AR sind zur Antragstellung **verpflichtet**, wenn und sobald ihnen ein konkreter Anhaltspunkt für einen Befangenheitsgrund bekannt wird[142]. Diese Kenntnis können sie z.B. aufgrund der Erörterungen des APr. mit dem PrA über Gefahren für die Unabhängigkeit gem. Art. 6 Abs. 2 Buchst. b VO (EU) Nr. 537/2014 erlangen.

82 Der Antrag im Ersetzungsverfahren ist allerdings nur **bis zur Erteilung des BestV** zulässig (§ 318 Abs. 3 S. 7 HGB). Zwar darf ein inhabiler APr. den BestV nicht (mehr) erteilen. Geschieht dies aber dennoch (z.B. weil die Inhabilität zunächst nicht erkannt wird), sind Abschlussprüfung und JA zum Schutz des geprüften Unternehmens allerdings mit einem gewissen Bestandsschutz versehen: Auf Befangenheitsgründe (zu anderen Gründen Kap. B Tz. 88) kann gem. § 243 Abs. 3 Nr. 3 AktG **keine Anfechtung des Wahlbeschlusses** der HV gestützt werden[143] (insoweit ebenfalls keine Nichtigkeitsklage, s. § 249 Abs. 1 S. 1 AktG[144]), und Befangenheitsgründe führen auch **nicht zur Nichtig-**

---

137 Schüppen, Abschlussprüfung, Anh. zu § 319 HGB Rn. 3 f.; s.a. Schmidt/Nagel, in: BeBiKo[11], § 319a HGB Rn. 220 f. (anders aber dies. vor § 319 HGB Rn. 4 f.).
138 So i.E. auch IDW Positionspapier „Nichtprüfungsleistungen", Frage 2.4.3.
139 Ebenso Schmidt/Nagel, in BeBiKo[11], § 319a Rn. 73.
140 Ebenso Schmidt/Nagel, in BeBiKo[11], § 319a Rn. 73 f.; s. ferner Hennrichs, WPg 2018, S. 1057 und 1127.
141 Schüppen, Abschlussprüfung, Anh. zu § 319 HGB Rn. 34 ff.
142 Gelhausen/Heinz, WPg 2005, S. 693 (698); Frings, WPg 2006, S. 821 (829); Ebke, in: MünchKomm. HGB³, § 318 Rn. 64.
143 Vgl. auch Schürnbrand, AG 2016, S. 70 (73 ff., 77).
144 Hoffmann-Becking, in: MünchHdb. AG⁴, § 45 Rn. 3.

keit des JA i.S.d. § 256 AktG. Letzteres stellt das AReG durch entsprechende Änderung des § 256 Abs. 1 Nr. 3 AktG (erfreulicherweise) klar[145]. Nach Beendigung der Prüfung kann die wirksame Prüfungsdurchführung mithin nicht mehr mit dem Hinweis auf eine Inhabilität des APr. infrage gestellt werden[146].

4.2.1.6.3 Prüfungsvertrag; Honoraranspruch

83 Bei **Bestellung eines** von Anfang an **inhabilen APr.** ist der **Prüfungsvertrag** gem. § 134 BGB **nichtig**[147]. Das gilt auch bei Verstößen gegen die Inhabilitätsvorschriften der VO (EU) Nr. 537/2014 [148]. Der APr. hat in diesem Fall keinen Anspruch auf Vergütung, und zwar auch nicht aus Bereicherungsrecht (s. § 817 S. 2 BGB)[149]. Zur umstr. Frage, ob ein Verstoß gegen Art. 5 Abs. 1 VO (EU) Nr. 537/2014 stets zur Inhabilität führt, s. Kap. B Tz. 77 ff.

84 Tritt der Befangenheitsgrund erst **später** ein, bleibt der Bestand des Prüfungsvertrags unberührt (weil § 134 BGB auf den Zeitpunkt des Abschlusses des Rechtsgeschäfts bezogen zu prüfen ist). Da ein inhabil gewordener APr. aber nicht weiter prüfen darf[150], wird ihm die Leistung **nachträglich rechtlich unmöglich**; für bereits erbrachte Teilleistungen, soweit diese für den Auftraggeber verwendbar sind, bleibt die Vergütungspflicht bestehen[151].

85 Bei einem **Verstoß gegen die Vorschriften des Art. 5 VO (EU) Nr. 537/2014**, § 319a Abs. 1 HGB (Erbringung verbotener Nichtprüfungsleistungen) ist gem. § 134 BGB der **Beratungsvertrag** grds. **nichtig**, wenn der Mangel bereits bei Vertragsschluss bestand (s. Kap. A Tz. 166)[152]. Bei später eintretendem Verstoß gegen Art. 5 VO (EU) Nr. 537/2014 liegt nachträgliche **Unmöglichkeit** vor, mit der Folge, dass die Vergütungspflicht für etwaige künftige Teilleistungen entfällt (§§ 275, 326 BGB)[153]; für bereits erbrachte Teilleistungen, soweit diese für den Auftraggeber verwendbar sind, bleibt die Vergütungspflicht bestehen[154].

86 Ein **Überschreiten des Caps für erlaubte Nichtprüfungsleistungen gemäß Art. 4 Abs. 2 VO (EU) Nr. 537/2014** ist nach denselben Maßstäben wie ein Verstoß gegen Art. 5 VO (EU) Nr. 537/2014 zu beurteilen[155].

---

145 *Schürnbrand*, AG 2016, S. 70 (75); vorher schon *Hoffmann-Becking*, in: MünchHdb. AG⁴, § 44 Rn. 3; *Hennrichs*, ZGR 2015, S. 248 (260).
146 Zutr. *Schüppen*, Abschlussprüfung, § 319 HGB Rn. 45; s.a. *Bormann* in MünchKomm. BilR, § 319 HGB Rn. 139, 141.
147 BGH v. 21.01.2010, Xa ZR 175/07, NZG 2010, S. 310; *Hoffmann-Becking*, in: MünchHdb. AG⁴, § 45 Rn. 3; *Schmidt/Nagel*, in: BeBiKo¹¹, § 319 Rn. 93; *Merkt*, in: Baumbach/ Hopt, HGB, § 319 Rn. 32; *Bormann*, in: MünchKomm. BilR, § 319 HGB Rn. 145 f.; a.A. *Schüppen*, Abschlussprüfung, § 319 HGB Rn. 45 ff.; *Schüppen*, NZG 2016, S. 247 (253).
148 *Schürnbrand*, AG 2016, S. 70 (72); *Hennrichs*, ZGR 2015, S. 248 (260).
149 *Schürnbrand*, AG 2016, S. 70 (72).
150 *Ebke*, in: MünchKomm. HGB, § 319 Rn. 41.
151 BGH v. 21.01.2010, Xa ZR 175/07, NZG 2010, S. 310. I.E. ebenso, allerdings dogmatisch anders *Ebke*, in: MünchKomm. HGB, § 319 Rn. 43 f.: Nichtigkeit nur mit Wirkung für die Zukunft (*ex nunc*); strenger *Bormann*, in: MünchKomm. BilR, § 319 HGB Rn. 152 (gem. § 654 BGB kein Vergütungsanspruch, wenn der APr. sich in grob leichtfertiger Weise der Einsicht verschlossen hat, dass er gegen ein Prüfungsverbot verstößt).
152 Vgl. *Schüppen*, Abschlussprüfung, Anh. zu § 319a HGB Rn. 4.
153 *Schürnbrand*, AG 2016, S. 70 (74 f.).
154 *Schürnbrand*, AG 2016, S. 70 (74 f.).
155 *Schürnbrand*, AG 2016, S. 70 (76).

Sofern der PrA (bzw. AR, wenn kein PrA eingerichtet ist) kein sog. **Pre-Approval** erteilt (Art. 5 Abs. 4 Unterabs. 1 VO (EU) Nr. 537/2014; § 319a Abs. 3 HGB, Kap. B Tz. 47), kommt der **Beratungsvertrag** ebenfalls **nicht wirksam** zustande[156]. Zwar bleiben Verstöße gegen gesellschaftsrechtliche Kompetenzvorschriften im Allgemeinen auf das Innenverhältnis beschränkt. Der APr. hat sich aber wg. Art. 6 Abs. 1 Buchst. a i.V.m. Art. 5 VO (EU) Nr. 537/2014 darüber zu vergewissern, ob der Vorstand die erforderliche Zustimmung des PrA (bzw. AR, wenn kein PrA eingerichtet ist) eingeholt hat. Fehlt die Zustimmung und weiß der APr. das, kommt der Beratungsvertrag grds. schon nach den allgemeinen Grundsätzen über den Missbrauch der Vertretungsmacht nicht wirksam zustande[157]. Die Wirksamkeit des JA berührt das wiederum nicht, wie § 256 Abs. 1 Nr. 3 Buchst. d AktG klarstellt. Zur konkludenten Vereinbarung der Billigung als Voraussetzung der Wirksamkeit des Beratungsvertrags zwischen Vorstand und APr. und der damit verbundenen Wirksamkeit des Vertrags mit Erteilung der Zustimmung vgl. IDW Positionspapier „Nichtprüfungsleistungen", 2.4.2 i.V.m. 2.3.1. 87

4.2.1.6.4 Anfechtung aus sonstigen Gründen

Wie gezeigt, kann die Bestellung des APr. durch die HV nicht wg. Befangenheit oder anderer in der Person des Prüfers liegender Gründe angefochten werden (Kap. B Tz. 82). Wegen **sonstiger Gründe** bleibt die **Anfechtung** aber **möglich**. Zu nennen ist hier insb. die **Verletzung des Auskunftsrechts** der Aktionäre (§ 131 AktG). Ist eine Anfechtungsklage erfolgreich, wird der Bestellungsbeschluss der HV für nichtig erklärt (§ 248 AktG). Dies kann gem. § 256 Abs. 1 Nr. 2 AktG zur Nichtigkeit des JA führen. Die Gesellschaft hat daher ein erhebliches Interesse daran, bei Anfechtungsklagen gegen die Bestellung des APr. diesen vom Gericht bestellen zu lassen. 88

§ 318 Abs. 4 HGB ermöglicht in bestimmten Fällen eine **gerichtliche Bestellung** des APr. (u.a., wenn dieser bis zum Abschluss des GJ nicht gewählt ist)[158]. Nach einer Entscheidung des OLG Karlsruhe gilt diese Vorschrift **analog, wenn gegen den Beschluss zur Wahl des APr. eine Anfechtungsklage anhängig ist**[159]. Dabei kann das Gericht auch den von der HV gewählten APr. bestellen, und zwar auch schon während des lfd. GJ, auf das sich die Prüfung beziehen soll. Gesellschaften können auf diesem Wege also bereits vor dem Ende des GJ Klarheit schaffen und der APr. kann mit der Arbeit beginnen (was gerade bei kapitalmarktorientierten Unternehmen begrüßenswert ist, die ihre Abschlüsse innerhalb der ersten Monate nach dem Ende des GJ fertigstellen müssen)[160]. Entsprechendes gilt bei einer anhängigen Anfechtungsklage gegen den Beschluss zur Wahl des KAPr. sowie des Prüfers für die prüferische Durchsicht des im Halbjahresbericht enthaltenen verkürzten Abschluss- und Zwischenlageberichts[161]. 89

---

156 *Schüppen*, Abschlussprüfung, Anh. zu § 319a HGB Rn. 4.
157 Zutr. *Schürnbrand*, AG 2016, S. 70, (76).
158 Ausführlich zur Thematik *Hennrichs*, WPg 2017, S. 482 ff.
159 OLG Karlsruhe v. 27.10.2015, 11 Wx 87/15, NZG 2016, S. 64, BB 2015, S. 3022 mit krit. Anm. *Müller-Michael*; *Schüppen*, Abschlussprüfung, § 318 HGB Rn. 33.
160 Zust. *Pöschke*, FAZ v. 3.2.2016, Nr. 28, S. 16: „Wacklige Wirtschaftsprüfer".
161 OLG Karlsruhe v. 27.10.2015, 11 Wx 87/15, NZG 2016, S. 64, BB 2015, S. 3022 mit krit. Anm. *Müller-Michael*.

4.2.1.6.5 Ordnungswidrigkeiten- und Straftatbestände

90 Schließlich kommen bei bestimmten Pflichtverletzungen von **Mitgliedern des AR und PrA** i.Z.m. der Bestellung des APr. auch **Ordnungswidrigkeiten(OWi)- und Straftatbestände** in Betracht (§§ 404a, 405 Abs. 3b-3d AktG u.a.)[162]. Diese neuen Sanktionsvorschriften beruhen auf Art. 30 Abs. 1 und Art. 30a Abs. 1 Buchst. e und f der RL 2014/56/EU. Die neuen Vorschriften betreffen in ihrem subjektiven Anwendungsbereich die Mitglieder des AR oder eines PrA von Unternehmen von öffentlichem Interesse. Hinsichtlich des sachlichen Anwendungsbereichs werden bestimmte, genau bezeichnete prüfungsbezogene Pflichten der AR- und PrA-Mitglieder sanktioniert[163]. Die Grundtatbestände sind als Ordnungswidrigkeiten ausgestaltet (§ 405 Abs. 3b-3d AktG). Der Straftatbestand (§ 404a AktG) baut darauf auf und greift ein, wenn die OWi-Tatbestände in qualifizierter Art und Weise begangen werden, nämlich wenn der Täter entweder für die Handlung „einen Vermögensvorteil erhält oder sich versprechen lässt" oder die Handlung „beharrlich wiederholt". Nur unter diesen zusätzlichen Voraussetzungen und außerdem nur, wenn Vorsatz gegeben ist (§ 15 StGB), qualifizieren die (OWi-)Tathandlungen als Straftatbestand. Der Strafrahmen umfasst Freiheitsstrafe bis zu einem Jahr oder Geldstrafe. Nach Maßgabe des § 70 StGB kann in besonders schwerwiegenden Fällen außerdem im Einzelfall ein Berufsverbot verhängt werden.

4.2.2 Erteilung des Prüfungsauftrags

91 Die **Erteilung des Prüfungsauftrags** an den von der HV gewählten APr. erfolgt, wie angedeutet, wiederum durch den **AR**, nicht durch den Vorstand (§ 111 Abs. 2 S. 3 AktG, § 318 Abs. 1 S. 4 HGB). Der Gesamt-AR kann diese Aufgabe nach. h.M. an den **PrA** delegieren (arg. e. § 107 Abs. 3 S. 3 AktG; Ziff. 5.3.2 DCGK)[164], was in der Praxis auch häufig geschieht. Die Zuständigkeit umfasst die (ausschließliche) Vertretungsmacht zum Abschluss des schuldrechtlichen (Werk-)Vertrags[165] mit dem von der HV gewählten APr. einschl. der Vereinbarung des Honorars[166]. Der APr. bestätigt die Annahme des Auftrags.

92 Im Zuge der Erteilung des Prüfungsauftrags oder auch noch später im weiteren Verlauf der Prüfung können mit dem APr. **Prüfungsschwerpunkte** erörtert werden[167]. Zwar obliegt die Prüfungsplanung und -durchführung der eigenverantwortlichen Entscheidung des APr. Dabei können und sollten aber Vorstellungen des AR über Prüfungsschwerpunkte oder besondere Prüfungshandlungen berücksichtigt werden[168]. Gerade darin können sich besondere unternehmensinterne Kenntnisse des AR ausdrücken, die für den APr. eine wichtige Informationsquelle zum tiefen Verständnis der Geschäftstätigkeit des Unternehmens sowie dessen Risikobereiche darstellen[169]. Die Berücksich-

---

162 *Probst/Szondy*, WPg 2017, S. 176 (181).
163 Vgl. *Blöink/Woodtli*, Der Konzern 2016, S. 75 (84 f.); *Lanfermann/Maul*, BB 2016, 363 ff.; *Schilha* ZIP 2016, S. 1316 (1327 ff.).
164 *Koch*, in: Hüffer/Koch, AktG[13], § 111 Rn. 27; *Habersack*, in: MünchKomm. AktG[4], § 111 Rn. 82, 86; je m.w.N. zum Streitstand.
165 BGH v. 01.02.2000, X ZR 198/97, NJW 2000, S. 1107.
166 *Hoffmann-Becking*, in: MünchHdb. AG[4], § 45 Rn. 5.
167 *Hoffmann-Becking*, in: MünchHdb. AG[4], § 45 Rn. 5; *Koch*, in: Hüffer/Koch, AktG[13], § 111 Rn. 29; IDW Positionspapier „Zusammenarbeit", Tz. 20 ff.
168 IDW Positionspapier „Zusammenarbeit", Tz. 20.
169 IDW Positionspapier „Zusammenarbeit", Tz. 22.

tigung solcher vom AR vorgeschlagener Prüfungsschwerpunkte kann die Qualität der Abschlussprüfung insgesamt erhöhen. Überhaupt sollte die Prüfungsplanung i.S.d. o.g. Leitlinie – intensive Zusammenarbeit zwischen AR und APr. in allen Phasen der Abschlussprüfung – vom APr. mit dem AR oder PrA erörtert werden[170].

4.2.3 Kommunikation während der Abschlussprüfung

Die **Zusammenarbeit zwischen APr. und AR** endet nicht mit dem Prüfungsauftrag, sondern setzt sich **während der Prüfungsdurchführung** fort. Namentlich wird der APr. **anlassbezogen Hinweise** an den AR/PrA(-Vorsitzenden) geben und etwa bei der Prüfung aufgetretene Ungereimtheiten oder erkannte Mängel mit dem PrA-Vorsitzenden erörtern. Auch der AR/PrA seinerseits wird etwaige neu erlangte, prüfungsrelevante Kenntnisse mit dem APr. besprechen. Überhaupt ist eine kontinuierliche Begleitung des Prüfungsvorgangs durch den Vorsitzenden des PrA sinnvoll. Der APr. sollte außerdem an den Sitzungen des PrA teilnehmen. Die Prüfung des APr. mündet in seinem PrB und dem BestV. Der Entwurf des PrB ist mit dem AR/PrA zu erörtern. Gleiches gilt für die Berichterstattung über sog. **Key Audit Matters** (KAMs) im (neuen) BestV für PIE[171]. Aufgrund der Publizität und Bedeutung des BestV werden sich auch PrA und AR intensiv mit den KAMs zu befassen und im Bericht an die HV (§ 171 Abs. 2 AktG) auseinanderzusetzen haben[172].

93

Auch wenn der AR/PrA(-Vorsitzende) der Hauptansprechpartner für den APr. sein wird und soll, so ist es dennoch nicht ausgeschlossen, dass der APr. während seiner Prüfung auch mit dem **Vorstand** Fragen erörtert. Dem Vorstand ist zudem bei aufgedeckten Vorkommnissen stets Gelegenheit zur Stellungnahme und zu Erklärungen zu geben.

94

Mit **nachgeordneten Mitarbeitern** des Unternehmens sollte der APr. grds. nur nach Abstimmung mit den Unternehmensorganen (AR/PrA bzw. VO) kommunizieren. Die Unternehmen können und sollten für solche Prozesse vorab Leitlinien erstellen und bestimmte Ansprechpartner von vornherein für direkte Nachfragen des APr. freigeben. Es ist auch wünschenswert, dass Mitarbeiter des Unternehmens sich bei Bedarf ggü. dem AR offen äußern und ihm etwaige Missstände zur Kenntnis bringen können, ohne berufliche Sanktionen fürchten zu müssen. Dies kann durch Institutionalisierung von Whistle-Blower-Ansprechmöglichkeiten (**Hinweisgebersysteme** wie Hotlines oder anonymisierte Briefkästen) geschehen[173].

95

4.3 Prüfung durch den Aufsichtsrat

4.3.1 Grundlagen und Zuständigkeiten

Es gehört zu den Aufgaben des (Gesamt-)AR, die **Rechnungslegung** der Gesellschaft eigenverantwortlich zu **prüfen** (§ 171 AktG) und **mitzugestalten** (§ 172 AktG). Der Umfang der Prüfungspflicht ist im Einzelnen umstritten (s. Kap. B Tz. 102 ff.). Unzweifelhaft ist aber, dass der AR den Prozess der Rechnungslegung einschl. der Prüfung zu überwachen (§ 111 AktG) und kritisch zu begleiten hat: Er bzw. der PrA nimmt die Be-

96

---

170 IDW Positionspapier „Zusammenarbeit", Tz. 21 ff.
171 *Schilha*, ZIP 2016, S. 1316 (1325); Kap. M Tz. 7, Kap. M Tz. 309, Kap. M Tz. 867 ff.
172 *Schilha*, ZIP 2016, S. 1316 (1325).
173 Vgl. *Korte*.

richte von Vorstand (§ 90 AktG) und APr. (§ 321 HGB) entgegen, bespricht mit letzterem mögliche Prüfungsschwerpunkte (Kap. B Tz. 92) und mit beiden besonders bedeutsame Rechnungslegungsaspekte, sorgt dafür, dass alle offenen Fragen geklärt werden, und ist überhaupt ständiger Kommunikationspartner des Vorstands einerseits und des APr. andererseits (Kap. B Tz. 93 ff.)[174].

97 Die Prüfung des AR ist naturgemäß **keine zweite Abschlussprüfung** (Kap. B Tz. 38). Der AR kann und soll sich bei seiner nachfolgenden Prüfung auf die Ergebnisse des APr. stützen[175].

98 Zuständig zur Prüfung ist der **Gesamtausschuss**. Ein Ausschuss, insb. der **PrA**, kann die Prüfung zwar **vorbereiten**, aber nicht abschließend erledigen, wie sich aus § 107 Abs. 3 S. 3 AktG ergibt. Die Pflicht des AR, den JA selbst zu prüfen, gilt auch bei Übertragung der Feststellung des JA auf die HV (Kap. B Tz. 123)[176].

4.3.2 Persönliche Anforderungen

99 Gewöhnlich werden innerhalb des AR unterschiedliche Persönlichkeiten mit unterschiedlichen Kompetenzen und Fähigkeiten vertreten sein. Naturgemäß muss nicht jedes Mitglied des AR Finanzexperte sein; selbst bei PIE verlangt das Gesetz nur, dass mindestens ein Mitglied des AR über **Sachverstand** auf den Gebieten der Rechnungslegung oder Abschlussprüfung verfügen muss (§ 100 Abs. 5, Hs. 1 AktG, sog. Finanzexperte). Andererseits müssen alle Mitglieder des AR, auch evtl. Arbeitnehmer-Vertreter, die für die Erfüllung der gesetzlichen Aufgaben erforderlichen Fähigkeiten haben und in der Lage sein, die normalerweise anfallenden Tätigkeiten – und dazu zählt die Prüfung des Abschlusses gem. § 171 AktG – ohne fremde Hilfe zu verstehen und sachgerecht beurteilen zu können[177]. Bezogen auf die Aufgabe zur Prüfung der Abschlüsse gem. § 171 AktG ist daher von allen AR-Mitgliedern mindestens Verständnis der Grundprinzipien der Rechnungslegung zu verlangen; jedes AR-Mitglied muss in der Lage sein, den Abschluss und den PrB des APr. verständig zu lesen und sachgerechte Fragen zu stellen[178]. Wer diese persönlichen Anforderungen nicht erfüllt, muss die Übernahme eines AR-Mandats ablehnen (anderenfalls Risiko der Haftung gem. §§ 93, 116 AktG wg. sog. Übernahmeverschuldens).

Bei PIE müssen die Mitglieder des AR in ihrer Gesamtheit außerdem **mit dem Sektor**, in dem die Gesellschaft tätig ist, **vertraut** sein (§ 100 Abs. 5, Hs. 2 AktG)[179]. Diese Anforderung richtet sich nicht nur, wie von Art. 39 Abs. 1 Unterabs. 3 RL 2014/56/EU an sich allein gefordert, an die Gesamtheit der Mitglieder des PrA, sondern an den Gesamtaufsichtsrat, und zwar selbst dann, wenn dieser einen PrA gebildet hat[180]. Der deutsche Gesetzgeber ist insoweit über die Anforderungen der RL 2014/56/EU hinausgegangen. Ohne Sektorvertrautheit dürfte der AR seine Überwachungsaufgabe freilich in der Tat nicht sinnvoll erfüllen können. Für die erforderliche Vertrautheit mit dem Sektor

---

174 Anschaulich *Nonnenmacher*, in: FS Ballwieser, S. 547 (556 ff.).
175 *Buhleier/Krowas*, DB 2010, S. 1165.
176 OLG Düsseldorf v. 06.11.2014, I-6U16/14, ZIP 2015, S. 1586.
177 BGHZ 85, S. 293 (295 f.); *Hennrichs/Pöschke*, in: MünchKomm. AktG⁴, § 171 Rn. 93 ff.; *Hennrichs*, in: FS Hommelhoff, S. 383 (396); je m.w.N.
178 *Hennrichs/Pöschke*, in: MünchKomm. AktG⁴, § 171 Rn. 94 m.w.N. zu unterschiedlich formulierten Anforderungen in der Literatur.
179 Dazu *Blöink/Woodtli*, Der Konzern 2016, S. 75 (83 f.); eingehend *Schilha*, ZIP 2016, S. 1313 (1320 ff.).
180 Zutr. *Schilha*, ZIP 2016, S. 1316 (1320).

ist eine unternehmerische oder gar leitende Tätigkeit in der Branche nicht erforderlich[181]; auch anderweitig erworbene praktische Erfahrung und Sektorvertrautheit (z.B. als Berater, durch Tätigkeit im Beteiligungsmanagement oder als leitender Angestellter im Unternehmen) genügen[182], ebenso kann die Vertrautheit durch einschlägige Weiterbildungsmaßnahmen erlangt werden[183]. Bei integrierten Unternehmen und Konzernmuttergesellschaften ist die Sektorvertrautheit **konzerndimensional** zu beurteilen, d.h. auch mit Blick auf die Geschäftsfelder der Konzerngesellschaften zu bestimmen[184]. Denn im Konzernverbund erstreckt sich die Überwachungsaufgabe des AR des MU auf die Konzernleitung (s.a. § 171 Abs. 1 S. 1 AktG). Die Sektorvertrautheit richtet sich an das **Kollegialorgan** (Mitglieder des AR „in ihrer Gesamtheit"). Es muss also nicht jedes Mitglied alle Spezialkenntnisse mitbringen. Das Gesetz geht vielmehr von einem arbeitsteiligen Zusammenwirken aller AR-Mitglieder aus[185].

Besondere **Unabhängigkeitsanforderungen** bestehen für **AR** nach dem Gesetz nicht (mehr); die frühere Minimalanforderung, wonach mindestens ein Mitglied des AR auch unabhängig sein sollte (§ 100 Abs. 5 AktG a.F.), wurde durch das AReG in Ausübung des Mitgliedsstaatenwahlrechts gem. Art. 39 Abs. 5 RL 2014/56/EU gestrichen.[186] Der Gesetzgeber begründet dies damit, dass die Unabhängigkeit des AR im deutschen dualistischen System schon institutionalisiert gewährleistet sei (arg. § 105 AktG)[187]. Auch Vertreter des Mehrheitsaktionärs und Arbeitnehmer-Vertreter kommen danach künftig ohne Weiteres als Finanzexperten in Betracht. Unberührt bleiben freilich einstweilen die DCGK-Empfehlungen gem. Ziff. 5.3.2 S. 3 und Ziff. 5.4.2 nebst der Entsprechenserklärung gem. § 161 AktG[188]. Es bleibt abzuwarten, ob der Kodex künftig diesbezüglich angepasst wird[189]. Für kapitalmarktorientierte Unternehmen, die keinen AR haben (und bei denen die Unabhängigkeit der PrA-Mitglieder daher nicht bereits institutionalisiert gewährleistet ist), gilt dagegen, dass „die Mehrheit der Mitglieder" des PrA, „darunter der Vorsitzende", unabhängig sein muss (§ 324 Abs. 2 S. 2 Hs. 2 HGB)[190].

100

Ist ein **PrA** eingerichtet, was auch weiterhin dem AR freisteht (§ 107 Abs. 3 S. 1 AktG: „kann"[191]), aber üblich und empfehlenswert ist (Ziff. 5.3.2 DCGK), wirkt dies ähnlich wie eine Ressortaufteilung im VO: Die Mitglieder des AR, die dem Ausschuss nicht angehören, dürfen sich grds. auf die Sachkenntnis und Sorgfalt der Ausschussmitglieder verlassen. Im Gegenzug trifft die Ausschussmitglieder eine gesteigerte Verantwortlichkeit[192]. Sie müssen in der Lage sein, mit dem APr. den vom Gesetz gewollten inten-

101

---

181 *Schilha*, ZIP 2016, S. 1316 (1321 f.).
182 *Schilha*, ZIP 2016, S. 1316 (1322). *Schüppen*, NZG 2016, S. 245 (254) meint deshalb, diese „neue Anforderung [...(sei)] vollkommen banal und praktisch bedeutungslos".
183 BT-Drs. 18/7219, S. 59; *Blöink/Woodtli*, Der Konzern 2016, S. 75 (83 f.); *Schilha*, ZIP 2016, S. 1316 (1321).
184 Zutr. *Schilha*, ZIP 2016, S. 1316 (1320 f.).
185 *Schilha*, ZIP 2016, S. 1316 (1322). Zu den Folgen bei Fehlen der Sektorkompetenz *Schilha*, ZIP 2016, S. 1323 m.w.N.
186 Vgl. *Schüppen*, Abschlussprüfung, § 324 HGB Rn. 5.
187 BT-Drs. 18/7219, S. 58; krit. dazu *Kelm/Naumann*, WPg 2016, S. 653 (654); eher zust. dagegen *Schilha*, ZIP 2016, S. 1316 (1317 ff.).
188 *Schilha*, ZIP 2016, S. 1316 (1318).
189 Dem Vernehmen nach ist eine Anpassung des DCGK insoweit nicht zu erwarten, so dass diese außergesetzlichen Unabhängigkeitserfordernisse wohl aufrechterhalten werden, so *Schilha*, ZIP 2016, S. 1316 (1318 f.).
190 *Schilha*, ZIP 2016, S. 1316 (1319); *Schüppen*, Abschlussprüfung, § 324 HGB Rn. 18.
191 *Schüppen*, Abschlussprüfung, § 324 HGB Rn. 3.
192 *Hennrichs*, in: FS Hommelhoff, S. 383 (396).

siven Dialog „auf Augenhöhe" zu führen. Das qualifiziert naturgemäß nicht nur WP oder StB zum Mitglied in einem PrA, aber erforderlich sind doch gründliche Kenntnisse der Rechnungslegungsanforderungen. Für alle AR-Mitglieder verbleibt die Pflicht, die Arbeit des PrA zu überwachen und kritisch nachzuhaken, falls Unklarheiten oder Verdachtsmomente bestehen[193]. Dazu müssen sie insb. den Bericht des Ausschusses zur Kenntnis nehmen, kritisch würdigen und etwaige Zweifelsfragen im Plenum erörtern[194]. Etwaiges Sonderwissen einzelner AR-Mitglieder ist stets einzubringen.

4.3.3 Anforderungen an die Prüfung durch den Aufsichtsrat im Einzelnen

4.3.3.1 Allgemeines

102 Der AR hat zunächst und insb. die ihm **vorzulegenden Unterlagen** zur Kenntnis zu nehmen und kritisch durchzuarbeiten, also v.a. den jeweiligen **Abschluss**, den **LB** (ggf. inkl. **nichtfinanzieller Erklärung** oder des gesonderten nichtfinanziellen Berichts), den **Vorschlag für die Gewinnverwendung** und den **PrB** des APr. (§ 170 AktG; § 111 Abs. 2 S. 3 AktG, § 321 Abs. 5 HGB). Ein etwaiger **Abhängigkeitsbericht** (§ 312 AktG) ist zwar nicht Bestandteil des JA, sondern selbständiges Berichtselement. Gleichwohl ist auch ein Abhängigkeitsbericht vom AR zu prüfen (§ 314 AktG).

103 Gem. § 170 Abs. 3 AktG hat jedes AR-Mitglied das **Recht zur Kenntnisnahme** und ggf. auch **Übermittlung** der Vorlagen und des PrB. Diese gesetzlichen **Individualrechte** der AR-Mitglieder sind zwingend und können ggf. durch Klage gegen die Gesellschaft (vertreten durch den VO) durchgesetzt werden[195]. Allerdings soll der AR nach h.M. beschließen können, die Unterlagen nur einem (Prüfungs-)Ausschuss auszuhändigen; für die übrigen AR-Mitglieder verbliebe es hiernach nur bei dem Recht zur Kenntnisnahme, das als Minimalrecht nicht entziehbar ist[196]. Diese Beschränkung des Rechts zur Übermittlung der ggf. heiklen Unterlagen soll der besonderen Vertraulichkeit (insb. des PrB) dienen und aus § 170 Abs. 3 S. 2 AktG abzuleiten sein[197]. Sachgerecht erscheint das nicht. Schlechthin unabdingbar dürfte die Übermittlung der Vorlagen gem. § 170 Abs. 1, 2 AktG sein; ohne diese ist eine Prüfung nicht sinnvoll möglich[198]. Aber auch ein Vorenthalten der Übermittlung des PrB (§ 321 HGB) erscheint ganz fragwürdig, denn dieser ist ein wesentliches, u.E. unverzichtbares Hilfsmittel für die Prüfung durch den AR gem. § 171 AktG. Er sollte stets allen AR-Mitgliedern auf Verlangen auch schriftlich übermittelt werden, damit jedes AR-Mitglied die durchaus komplexen Informationen in Ruhe durcharbeiten kann. Vertraulichkeitsaspekte erzwingen keine Beschränkung, denn zum einen unterliegen AR-Mitglieder ohnehin der Pflicht zur Vertraulichkeit, was gem. § 116 S. 2 AktG haftungsbewehrt ist. Zum anderen lässt sich eine gesteigerte Vertraulichkeit auch durch elektronische Übermittlung nebst geeigneten Verschlüsselungsverfahren gewährleisten. Man mag sogar umgekehrt fordern, dass jedes AR-Mitglied nicht nur das Recht, sondern auch die **Pflicht** hat (§§ 93, 116 AktG), die Vorlagen

---

193 RGZ S. 93, 338, 340.
194 *Hennrichs/Pöschke*, in: MünchKomm. AktG⁴, § 171 Rn. 95, 107 m.w.N.
195 *Hoffmann-Becking*, in: MünchHdb. AG⁴, § 45 Rn. 12.
196 *Hennrichs/Pöschke*, in: MünchKomm. AktG⁴, § 170 Rn. 85, 107 f.
197 Vgl. *Hoffmann-Becking*, in: MünchHdb. AG⁴, § 44 Rn. 12; zum Ganzen auch *Hennrichs/Pöschke*, in: MünchKomm. AktG⁴, § 170 Rn. 98 ff. m.w.N.
198 Vgl. *Hennrichs/Pöschke*, in: MünchKomm. AktG⁴, § 170 Rn. 98.

und PrB eingehend zu studieren und durchzuarbeiten[199]. Das wird regelmäßig eine schriftliche bzw. elektronische Übermittlung der Unterlagen erfordern.

Die Unterlagen sind dem AR so **rechtzeitig vor der Bilanzsitzung** vorzulegen und zu übermitteln, dass eine angemessene Zeit zur Durcharbeitung und damit zur Vorbereitung der Sitzung bleibt[200]. Hinsichtlich des PrB genügt es dabei nach h.M., dass zunächst ein Vorabexemplar (Entwurf) vorgelegt wird[201]. Allerdings muss der endgültige PrB spätestens vor der abschließenden Beschlussfassung des AR über die Billigung des Abschlusses (§ 171 Abs. 3 S. 4, § 172 AktG) unterzeichnet vorliegen[202], denn ohne Prüfung kann der Abschluss nicht festgestellt bzw. gebilligt werden (§ 316 Abs. 1 S. 2, Abs. 2 S. 2 HGB). Die Prüfung ist erst abgeschlossen mit Vorlage des unterzeichneten Berichts[203].

104

Fraglich ist, ob ein AR-Mitglied sich bei der Einsicht in die und der Durcharbeitung der Unterlagen **externer sachverständiger Hilfe** bedienen darf. Das wird von der h.M. für den Regelfall verneint, vielmehr müsse das AR-Mitglied sich zur Klärung von Fragen und bei Problemen grds. vorrangig an den Vorstand und den APr. halten[204]. Dass andererseits die Hinzuziehung externer Sachverständiger dem Gesetz auch nicht völlig fremd ist, belegen § 109 Abs. 1 S. 2 und § 111 Abs. 2 S. 2 AktG. Insbesondere wenn der Abschluss nicht geprüft ist (namentlich bei nicht prüfungspflichtigen Gesellschaften), wird man es dem AR-Mitglied im Einzelfall erlauben müssen, auch externe Sachverständige hinzuzuziehen[205].

105

Die Prüfung durch den AR gem. § 171 AktG umfasst v.a. die **Zweckmäßigkeit** der getroffenen bilanzpolitischen Entscheidungen und der Gewinnverwendung[206]. Bei der Zweckmäßigkeitsüberwachung liegt ein besonderes Schwergewicht der eigenen Prüfungstätigkeit des AR[207]. Hierzu wird der AR namentlich seine besonderen Kenntnisse aus den laufenden Berichten des Vorstands (§ 90 AktG) und seine Sachkunde über die Geschäftstätigkeit der Gesellschaft einbringen.

106

4.3.3.2 Sorgfaltsmaßstab bei vorangegangener Abschlussprüfung

Hinsichtlich des bei der **Rechtmäßigkeitsprüfung** anzuwendenden **Sorgfaltsmaßstabs** ist zu unterscheiden:

107

Hat eine **Abschlussprüfung stattgefunden**, genügt der AR seiner Überwachungsaufgabe in Bezug auf die Prüfung der Abschlüsse zunächst durch das sorgfältige und kritische Studium der Berichte und Unterlagen. Diese sind mit dem erforderlichen Zeitaufwand durchzuarbeiten und auf Plausibilität zu hinterfragen; Unverständlichkeiten ist

---

199 *Hennrichs/Pöschke*, in: MünchKomm. AktG⁴, § 170 Rn. 111.
200 *Hennrichs/Pöschke*, in: MünchKomm. AktG⁴, § 170 Rn. 48.
201 *Hennrichs/Pöschke*, in: MünchKomm. AktG⁴, § 170 45 m.w.N.
202 OLG Stuttgart, DB 2009, S. 1521; *Hennrichs/Pöschke*, in: MünchKomm. AktG⁴, § 170 Rn. 45, 48.
203 *Schmidt/Deicke*, in: BeBiKo¹¹, § 321 Rn. 10.
204 *Hoffmann-Becking*, in: MünchHdb. AG⁴, § 44 Rn. 12, 16 m.w.N.; großzügiger *Nonnenmacher*, in: FS Ballwieser, S. 547 (552), nach dem „insbesondere aus Gründen der Komplexität [...] und weil reine Plausibilitätsprüfungen häufig nicht ausreichen dürften", doch „eher regelmäßig (!) auf unabhängige Sachverständige zurückgegriffen werden" sollte.
205 Zum Ganzen *Hennrichs/Pöschke*, in: MünchKomm. AktG⁴, § 171 Rn. 113 ff., 119.
206 *Hoffmann-Becking*, in: MünchHdb. AG⁴, § 45 Rn. 14; *Koch*, in: Hüffer/Koch, AktG¹³, § 171 Rn. 6 ff.
207 *Hoffmann-Becking*, in: MünchHdb. AG⁴, § 45 Rn. 15.

nachzugehen; der Bericht ist an der eigenen Lebens- und Geschäftserfahrung zu messen[208]. Sodann ist weiter zu differenzieren:

108 Ergeben sich aus dem **PrB** Bedenken oder **Einwände**, ist diesen durch Nachfragen beim APr. und ggf. durch Ausübung weiterer Einsichts- und Prüfungsrechte gem. § 111 Abs. 2 AktG nachzugehen[209]. Dasselbe gilt, wenn ein AR-Mitglied aus anderen Quellen (z.B. aus den laufenden Vorstandsberichten oder aus etwaigem eigenem Spezialwissen) Bedenken gegen die Richtigkeit einzelner Bilanzansätze oder Berichtsinhalte hat.

109 Hierzu ist der **Dialog mit dem APr.** zu suchen, der dafür an den Sitzungen des PrA und auch an der Bilanzsitzung des AR teilnehmen sollte (§ 171 Abs. 1 S. 2 AktG). Das Gesetz schreibt zwar missverständlich nur die **Teilnahme des APr.** an den Verhandlungen des AR „oder" des PrA vor. Sinnvollerweise sollte der AR die Teilnahme des APr. aber an allen Sitzungen des PrA und an der **Bilanzsitzung** des AR verlangen, um etwaige Fragen im vertrauensvollen Dialog klären zu können[210]. Dabei sind auch die Wesentlichkeitsbeurteilungen des APr. kritisch zu hinterfragen und selbständig zu würdigen. Insb. wenn die Gesellschaft in **wirtschaftlichen Schwierigkeiten** ist, hat der AR etwaigen Bedenken gegen die Gesetzmäßigkeit der Rechnungslegung nachzugehen und besonders kritisch nachzufragen[211].

110 Sind die Bedenken so schwerwiegend, dass der APr. den **BestV eingeschränkt oder versagt** hat, muss der AR sich durch eingehende Erörterungen mit Vorstand und APr. ein möglichst klares Bild von dem Sach- und Streitstand verschaffen und sich ein eigenes Urteil darüber bilden, ob er die Bedenken des APr. teilt[212]. Ggf. kommt in diesem Fall die Einholung von Sachverständigengutachten in Betracht. Sind die Mängel behebbar, muss der AR darauf dringen, dass der Vorstand den Abschluss entspr. ändert. Bleibt dies erfolglos oder sind Mängel nicht behebbar, muss der AR dem Abschluss seine Billigung versagen[213].

111 Ob der AR im Einzelfall auch auf **nachgeordnete Mitarbeiter** (z.B. den Leiter der Innenrevision, Compliance u.ä.) zugreifen kann, ist umstritten. Eine im Vordringen befindliche Auffassung spricht sich für ein eigenes Informationsrecht des AR ggü. solchen Mitarbeitern aus[214]. Möglich und wünschenswert sind jedenfalls einvernehmliche Lösungen wie entsprechende Informations- und Berichtsordnungen zwischen Vorstand und AR (vgl. Ziff. 3.4 III 1 DCGK)[215].

112 Sind aus dem PrB **keine Bedenken** ersichtlich, darf der AR grds. darauf vertrauen, dass der Abschluss den gesetzlichen Vorschriften entspricht[216]. **Eigene Prüfungshandlungen** (selbst oder durch Sachverständige) braucht der AR grds. nicht vorzunehmen. Auch **Stichproben** verlangt die h.M. im Allgemeinen nicht[217].

---

208 *Hennrichs/Pöschke*, in: MünchKomm. AktG[4], § 171 Rn. 100; *Koch*, in: Hüffer/Koch, AktG[13], § 171 Rn. 9.
209 *Koch*, in: Hüffer/Koch, AktG[13], § 171 Rn. 9.
210 *Hennrichs/Pöschke*, in: MünchKomm. AktG[4], § 171 Rn. 133. Das entspricht auch weitgehend bereits gelebter Praxis, vgl. *Nonnenmacher*, in: FS Ballwieser, S. 547 (561).
211 *Koch*, in: Hüffer/Koch, AktG[13], § 171 Rn. 9 a.E.
212 *Hennrichs/Pöschke*, in: MünchKomm. AktG[4], § 171 Rn. 46 ff.; *Koch*, in: Hüffer/Koch, AktG[13], § 171 Rn. 10.
213 *Hennrichs/Pöschke*, in: MünchKomm. AktG[4], § 171 Rn. 48, 108.
214 Vgl. *Hopt/Roth*, in: Großkomm. AktG[4], § 111 Rn. 502 ff.; *Kropff*, in: FS Raiser, S. 225 (242); a.A. (grds. kein Recht des AR, sich über Vorstand hinweg bei nachgeordneten Mitarbeitern zu informieren) *Lutter*, AG 2006, S. 517 (520 f.); *Koch*, in: Hüffer/Koch, AktG[13], § 90 Rn. 11.
215 *Koch*, in: Hüffer/Koch, AktG[13], § 90 Rn. 11 *Hennrichs/Pöschke*, in: MünchKomm. AktG[4], § 171 Rn. 110 f.
216 ADS[6], § 171 AktG Tz. 24 f.; *Koch*, in: Hüffer/Koch, AktG[13], § 171 Rn. 10; *Forster*, in: FS Kropff, S. 71 (75 f.)
217 *Hoffmann-Becking*, in: MünchHdb. AG[4], § 45 Rn. 15; *Koch*, in: Hüffer/Koch, AktG[13], § 171 Rn. 10.

4.3.3.3 Sorgfaltsmaßstab, wenn keine Abschlussprüfung stattgefunden hat

Ist gesetzlich **keine Abschlussprüfung** vorgeschrieben und hat eine solche auch nicht freiwillig stattgefunden, nimmt das Gesetz ein gewisses „Niveaugefälle" hinsichtlich der Validierung der Abschlüsse sehenden Auges in Kauf[218]. Der AR kann dann eigene Prüfungshandlungen vornehmen. Freilich ist der AR kein APr. und er muss dies nach dem Gesetz auch nicht sein. Im Fachschrifttum wird in Teilen die Meinung vertreten, dass der AR seinen Pflichten – bezogen auf nicht extern geprüfte Abschlüsse – i.d.R. durch kritisches Lesen, aktives Fragen, seine eigene Plausibilitätskontrolle und durch das Einbringen etwaiger besonderer Erfahrungen und Kenntnisse genügt[219]. Freilich darf der AR in solchen Fällen auch externe Sachverständige hinzuziehen (§ 111 Abs. 2 S. 2 AktG). 113

4.3.3.4 AR-Prüfung der CSR-Berichterstattung

Besonders umstritten sind die inhaltlichen Anforderungen an die Prüfungspflicht des AR gem. § 171 Abs. 1 S. 1, 4 AktG bezogen auf die **CSR-Berichterstattung** gem. §§ 289b ff. HGB (Kap. B Tz. 40). Etliche Autoren[220] sind der Meinung, der AR habe eine umfassendere Rechtmäßigkeitsprüfung durchzuführen. Seien die CSR-Angaben nicht extern geprüft, könne der AR entweder „freiwillig" eine solche Prüfung beauftragen (§ 111 Abs. 2 S. 4 AktG) oder er müsse vergleichbare Prüfungshandlungen selbst vornehmen. Dazu wird vorgeschlagen, der AR könne sich an den Standards orientieren, die für entsprechende Prüfungshandlungen durch einen APr. entwickelt worden sind (nämlich ISAE 3000 (Rev.) und *IDW PS 821*)[221]. Sehe der AR sich dazu nicht in der Lage, sei er sogar verpflichtet, eine externe inhaltliche Prüfung zu beauftragen[222]. 114

Andere Autoren sind dagegen der Auffassung, dass der AR für Prüfungshandlungen auch nur des Umfangs, den APr. bei einer Prüfung zur Erlangung begrenzter Sicherheit durchführen, **weder personell noch sachlich ausgestattet** sei[223]. Der AR genüge deshalb seinen Pflichten bezogen auf nicht extern prüfungspflichtige CSR-Angaben i.d.R. bereits durch kritisches Lesen, aktives Fragen, eine Plausibilitätskontrolle und durch das Einbringen seiner etwaigen besonderen Erfahrungen und Kenntnisse. 115

Freilich wird die Problematik in dem Maße entschärft, in dem CSR-Angaben als **nichtfinanzielle Leistungsindikatoren** gem. §§ 289 Abs. 3, 315 Abs. 3 HGB ohnehin zu den 116

---

218 *Hüffer/Koch*, AktG[13], § 171 Rz. 11; KK-AktG/*Ekkenga*, § 171 Rz. 46; *Hennrichs/Pöschke*, in: MünchKomm. AktG[4], § 171 Rn. 109.
219 *Hüffer/Koch*, AktG[13], § 171 Rz. 11; KK-AktG/*Ekkenga*, § 171 Rz. 46; *Hennrichs/Pöschke*, in: MünchKomm. AktG[4], § 171 Rn. 109.
220 Vgl. IDW Positionspapier: Pflichten und Zweifelsfragen zur nichtfinanziellen Erklärung als Bestandteil der Unternehmensführung, Kap. 1.3; *Kirsch/Huter*, WPg 2017, S. 1017 (1021 ff.); *Naumann/Siegel*, WPg 2017, S. 1170; *Grundel*, WPg 2018, S. 108 (110 ff.); Strenger/Schmidt, KPMG, ACI Q3/2017, Sonderheft CSR-Richtlinie-Umsetzungsgesetz; wohl auch *Hommelhoff*, NZG 2017, S. 1361 (1365).
221 *Kirsch/Huter*, WPg 2017, S. 1017 (1021 ff.).
222 So *Grundel*, WPg 2018, S. 108 (113). Für eine „freiwillige" externe Prüfung der CSR-Berichterstattung auch *Böcking/Althoff*, Der Konzern 2017, S. 246 (251, 254); *Velte*, NZG 2014, S. 1046 (1049); *Kirsch/Huter*, WPg 2017, S. 1017 (1021 ff.); s.a. *Lanfermann*, BB 2017, S. 747 (749). Auch *Kajüter*, IRZ 2017, S. 137 und *Richter/Johne/König*, WPg 2017, S. 566 (570) gehen davon aus, dass die Prüfungspflicht des AR gem. § 171 AktG faktisch zu einer zunehmenden Überprüfung der nichtfinanziellen Berichterstattung führen wird.
223 So *Hecker/Bröcker*, AG 2017, S. 761 (766); *Hennrichs/Pöschke*, NZG 2017, S. 121 (123 ff.); *Hennrichs*, NZG 2017, S. 841 (845 ff.); *Hennrichs*, ZGR 2018, 206 (222 f.); *Hüffer/Koch*, AktG[13], § 171 Rz. 8a, 11; *Pellens*, ACQ 2017, CSR extra, S. 28 (31).

voll prüfungspflichtigen Pflichtinhalten des LB zählen[224] (Kap. B Tz. 39). Insoweit kann sich der AR wie bisher auf die Prüfung und den PrB des APr. stützen.

4.3.4 Insbesondere: Berichtspflicht des Abschlussprüfers und Fragerechte des Aufsichtsrats

117 Gem. § 171 Abs. 1 S. 2 AktG ist der APr. verpflichtet, an den Verhandlungen des AR oder des PrA (dazu bereits Kap. B Tz. 109) teilzunehmen und über die wesentlichen Ergebnisse seiner Prüfung auch mündlich zu **berichten**. Die Praxis orientiert sich i.d.R. an *IDW PS 470*[225].

118 Obwohl das Gesetz ausdrücklich nur den Bericht des APr. erwähnt, entspricht es der Zielsetzung des Gesetzes und guter Praxis, dass der APr. dem AR außerdem für **Rückfragen und Erläuterungen** zur Verfügung steht[226]. Dabei hat der APr. ggü. dem AR keine Verschwiegenheitspflicht[227]. Die Unterstützung des AR hat auch Vorrang vor der Aufrechterhaltung des Klimas mit dem Vorstand[228]. Gewollt ist eine enge Kooperation und Kommunikation zwischen APr. und AR. Im unmittelbaren Austausch von Fragen und Antworten sollen möglichst sämtliche offenen Fragen und Unklarheiten geklärt werden.

119 Im Regelfall wird der AR-Vorsitzende als Sitzungsleiter dabei eine **offene Diskussion** ermöglichen, in der auch **einzelne AR-Mitglieder** Fragen direkt an den Prüfer richten können. Die Sitzungsorganisation obliegt allerdings der Autonomie des AR. Üblicherweise hat der AR-Vorsitzende die Sitzungsleitung und kann in dieser Funktion Fragen einzelner AR-Mitglieder auch zurückweisen. Wenn ein Mitglied der Meinung ist, dass der Vorsitzende ihn zu stark beschränke, kann es die Entscheidung des Gesamtaufsichtsrats anrufen und notfalls seine Billigung versagen.

120 **Außerhalb der AR-Sitzung** hat ein einzelnes AR-Mitglied keinen Anspruch auf Auskünfte durch den APr[229]. Dagegen ist der **Dialog zwischen APr. und Vorsitzendem des PrA** auch außerhalb der Sitzungen des PrA oder AR üblich und nach dem Prüfungsvertrag zulässig[230].

4.3.5 Bericht des Aufsichtsrats

121 Über das Ergebnis seiner Prüfung hat der AR an die HV zu **berichten** (§ 171 Abs. 2 AktG; s.a. Ziff. 4.2.3 III, 5.4.8. und 5.5.3. DCGK)[231]. Der Bericht ist innerhalb eines Monats, nachdem der AR die Vorlagen erhalten hat, dem **Vorstand zuzuleiten** (§ 171 Abs. 3 S. 1 AktG). Dieser beruft dann unverzüglich die HV ein (§ 175 AktG) und verfährt nach § 325 Abs. 1, 2 HGB (Offenlegung).

---

224 Siehe dazu *Hennrichs*, ZGR 2018, S. 206 (216 ff.) m.w.N.
225 Zu den Informationspflichten des APr. unter Berücksichtigung des neuen *IDW S 11* s. *Seidler*, BB 2015, S. 1451.
226 *Hennrichs/Pöschke*, in: MünchKomm. AktG⁴, § 171 Rn. 154 ff.; IDW Positionspapier „Zusammenarbeit", Tz. 42 ff.
227 *Hennrichs/Pöschke*, in: MünchKomm. AktG⁴, § 171 Rn. 155.
228 *Hennrichs/Pöschke*, in: MünchKomm. AktG⁴, § 171 Rn. 156 m.w.N.
229 *Hennrichs/Pöschke*, in: MünchKomm. AktG⁴, § 171 Rn. 169.
230 *Hennrichs/Pöschke*, in: MünchKomm. AktG⁴, § 171 Rn. 169.
231 Einzelheiten *Hennrichs/Pöschke*, in: MünchKomm. AktG⁴, § 171 Rn. 181 ff.

Sind keine Einwendungen zu erheben, fällt der Bericht **üblicherweise kurz** aus[232]. Einwendungen sind dagegen verständlich zu erläutern. Das gilt namentlich, wenn eine Abschlussprüfung stattgefunden hat und der BestV eingeschränkt oder versagt wurde. In diesem Fall ist in dem Bericht zu den Einwendungen ausführlich Stellung zu nehmen, damit die HV eine zusätzliche Beurteilungsgrundlage erhält[233]. Eine Stellungnahme kann außerdem geboten sein, wenn (nur) der PrB Kritikpunkte enthält, denn dieser lässt sich i.w.S. zum Prüfungsergebnis zählen[234].

4.3.6 Beschluss des Aufsichtsratsplenums über die Billigung des Abschlusses

Am Schluss des Berichts hat der AR auch zu erklären, ob er den Abschluss **billigt** (§ 171 Abs. 2 S. 4, 5 AktG). Billigt er ihn, ist der JA damit grds. festgestellt (§ 172 AktG). Allerdings können Vorstand und AR trotz Billigung durch den AR beschließen, die Feststellung des JA der HV zu überlassen (§ 172 AktG). Praktisch kommt das aber kaum vor.

Billigt der AR den JA **nicht**, fällt die Feststellung der Abschlüsse ebenfalls der HV zu (§ 173 AktG). In diesem Fall sind die Einwendungen im Bericht zu spezifizieren[235].

Zu beschließen ist über die Billigung des **JA** (§ 171 Abs. 2 S. 4 AktG) und des **KA** (§ 171 Abs. 2 S. 5 AktG) sowie ggf. eines **IFRS-EA** (§ 171 Abs. 4 AktG i.V.m. § 325 Abs. 2a HGB). Rechtlich handelt es sich dabei um verschiedene Beschlüsse. Dasselbe gilt, wenn mit den Beschlüssen über die Billigung des JA und KA der Beschluss über den **Abhängigkeitsbericht** verbunden wird (vgl. § 314 Abs. 3 AktG). Auch dieser Beschluss ist rechtlich selbständig, weil der Abhängigkeitsbericht kein Teil des JA ist[236].

Über die Billigung (oder Nichtbilligung) entscheidet das **AR-Plenum** (nicht der PrA, § 107 Abs. 3 S. 3 AktG) durch **Beschluss** (§ 108 AktG). Der Beschluss bedarf der einfachen Mehrheit. Er ist dem Vorstand mitzuteilen[237].

Der AR kann den JA nur in der Form und mit dem Inhalt billigen, wie er aufgestellt und geprüft worden ist; er kann den Abschluss also nicht eigenmächtig ändern oder nur in veränderter Form billigen. Auch eine **bedingte Billigung** (unter der Bedingung der inhaltlichen Änderung des Abschlusses) ist **unzulässig**[238]. Will der AR auf inhaltliche Änderungen hinwirken, hat er dies im Vorfeld beim Vorstand als dem für die Aufstellung zuständigen Organ anzustoßen; ggf. ist dann freilich nach Maßgabe des § 316 Abs. 3 HGB eine Nachtragsprüfung erforderlich.[239]

---

232 *Hennrichs/Pöschke*, in: MünchKomm. AktG⁴, § 171 Rn. 187, 206.
233 *Koch*, in: Hüffer/Koch, AktG¹³, § 171 Rn. 22; *Hennrichs/Pöschke*, in: MünchKomm. AktG⁴, § 171 Rn. 207.
234 So *Koch*, in: Hüffer/Koch, AktG¹³, § 171 Rn. 22; s.a. *Hennrichs/Pöschke*, in: MünchKomm. AktG⁴, § 171 Rn. 205.
235 *Koch*, in: Hüffer/Koch, AktG¹³, § 171 Rn. 24.
236 *Hoffmann-Becking*, in: MünchHdb. AG⁴, § 46 Rn. 5.
237 *Hennrichs/Pöschke*, in: MünchKomm. AktG⁴, § 172 Rn. 27.
238 *Brönner*, in: Großkomm. AktG, § 172 Rn. 15; *Drygala*, in: Lutter/Schmidt, AktG³, § 172 Rn. 15; *Hennrichs/Pöschke*, in: MünchKomm. AktG⁴, § 172 Rn. 30; *Hüffer/Koch*, AktG¹³, § 172 Rn. 4; a.A. ADS⁶, § 172 AktG Tz. 18.
239 *Schüppen*, Abschlussprüfung, § 316 HGB Rn. 13.

5. Feststellung des Jahresabschlusses und Billigung des Konzernabschlusses

128 Mit der Billigung durch den AR ist der **JA** gem. § 172 AktG **festgestellt** (wenn nicht Vorstand und AR ausnahmsweise beschließen, die Feststellung der HV zu überlassen). Diese Feststellung ist ein **korporationsrechtliches Rechtsgeschäft** eigener Art[240], das aus der Vorlage des JA durch den Vorstand und dem Billigungsbeschluss des AR besteht[241].

129 Durch die Feststellung werden die im aufgestellten JA vorgeschlagenen bilanzpolitischen Maßnahmen und die vorgeschlagenen Einstellungen in oder Auflösungen von Rücklagen **rechtlich wirksam**[242]. Vorher waren sie lediglich rechtlich unverbindliche Entwürfe, bloß tatsächliche Buchungen und Wortberichte. Nach der Feststellung sind **Änderungen** des fehlerfreien JA nur noch aus besonderen Gründen zulässig (näher Kap. B Tz. 388). Der im festgestellten JA ausgewiesene **Bilanzgewinn** steht zur Disposition der HV. Diese ist bei ihrem Beschluss über die Gewinnverwendung (durch den der Dividendenauszahlungsanspruch der Aktionäre entsteht) an den festgestellten JA gebunden (§ 174 Abs. 1 S. 2 AktG). Bei einem **Gewinnabführungsvertrag** bemisst sich nach dem festgestellten JA die Gewinnabführungspflicht (§§ 291 Abs. 1, 301 AktG)[243].

130 An die Feststellung als Rechtsgeschäft knüpfen schließlich die besonderen Vorschriften über die **Nichtigkeit** gem. § 256 AktG an[244]. Vorher ist der JA lediglich ein Zahlen- und Wortbericht. Nur und erst der festgestellte JA kann gem. § 256 AktG nichtig sein (näher Kap. B Tz. 285 ff.). Folgerichtig gilt § 256 AktG bspw. für den KA nicht, weil dieser nicht festgestellt wird (Kap. B Tz. 131).

131 Der **KA** wird ebenfalls vom AR gebilligt (§ 171 Abs. 2 S. 5 AktG; ersatzweise von der HV, § 173 Abs. 1 S. 2 AktG). Allerdings nennt das Gesetz dies nicht Feststellung, diese gibt es nur beim JA (§§ 172, 173 AktG). Damit trägt das Gesetz dem Umstand Rechnung, dass der KA unmittelbar keine Grundlage der Gewinnverwendung ist[245].

6. Entgegennahme der Abschlüsse durch die Hauptversammlung und Verhandlungen darüber

132 Unverzüglich nach dem Bericht des AR gem. § 171 Abs. 2, 3 AktG hat der Vorstand die **HV einzuberufen** (§ 175 AktG). Die HV nimmt den festgestellten JA und den LB entgegen (§ 175 Abs. 1 AktG) und beschließt über die Verwendung des Bilanzgewinns (§§ 119 Abs. 1 Nr. 2, 174 AktG). Dabei ist sie an den festgestellten JA gebunden (§ 174 Abs. 1 S. 2 AktG). Nur ausnahmsweise beschließt die HV selbst über die Feststellung des

---

[240] BGHZ 124, S. 111 (116); *Hennrichs/Pöschke*, in: MünchKomm. AktG⁴, § 172 Rn. 10; *Hüffer/Koch*, AktG¹³, § 172 Rn. 3.
[241] *Koch*, in: Hüffer/Koch, AktG¹³, § 172 Rn. 3.
[242] *Koch*, in: Hüffer/Koch, AktG¹³, § 172 Rn. 5; *Hennrichs/Pöschke*, in: MünchKomm. AktG⁴, § 172 Rn. 10 ff., 46 ff.
[243] *Koch*, in: Hüffer/Koch, AktG¹³, § 291 Rn. 26; *Hennrichs*, ZHR 2010, S. 683, 688 ff., 698.
[244] *Hennrichs*, ZHR 2010, S. 683, 688 ff. m.w.N.
[245] BGH v. 14.01.2008, II ZR 282/06, AG 2008, S. 325; zuvor OLG Frankfurt am Main v. 21.11.2006, 5 U 115/05, AG 2007, S. 282; *Hoffmann-Becking*, in: MünchHdb. AG⁴, § 46 Rn. 6; *Koch*, in: Hüffer/Koch, AktG¹³, § 171 Rn. 25. Zu rechtspolitischen Alternativen s. *Hennrichs/Pöschke*, in: MünchKomm. AktG⁴, § 172 Rn. 105 ff.

JA, wenn nämlich entweder Vorstand und AR das beschlossen haben oder der AR den JA nicht gebilligt hat (§ 173 AktG).

133 Nach § 175 Abs. 2 AktG sind von der Einberufung der HV an verschiedene **Unterlagen** in den Geschäftsräumen der Gesellschaft **auszulegen**; auf Verlangen ist jedem Aktionär eine **Abschrift** zu erteilen. Auslage und Abschrift können dadurch ersetzt werden, dass die Gesellschaft die Dokumente über die **Internetseite** zugänglich macht, was heute vielfach geschieht. Zu den Dokumenten zählen der JA, der LB, der Bericht des AR und der Vorschlag der Verwaltung für die Verwendung des Bilanzgewinns.

134 Zu Beginn der HV soll der Vorstand seine Vorlagen, der Vorsitzende des AR den Bericht des AR **erläutern** (§ 176 Abs. 1 S. 2 AktG). Der Vorstand (in der Praxis zumeist der Vorsitzende) wird dabei besonders auf die voraussichtliche Entwicklung der Gesellschaft und die Risiken der künftigen Entwicklung eingehen. Das Gesetz hebt außerdem die Pflicht zur Stellungnahme des Vorstands zu einem etwaigen **Jahresfehlbetrag** oder **wesentlichen Verlust** hervor (§ 176 Abs. 1 S. 3 AktG). Da das Gesetz zwischen Jahresfehlbetrag und Verlust differenziert, ist namentlich auch auf wesentliche Verluste einzugehen, die noch nicht zu einem Jahresfehlbetrag geführt haben, weil sie anderweitig ausgeglichen werden konnten[246]. Dadurch sollen die Aktionäre rechtzeitig auf ungünstige Entwicklungen aufmerksam gemacht werden[247]. Ferner sollte der Vorstand stets dazu Stellung nehmen, wenn er sich zur Auflösung von Gewinnrücklagen veranlasst gesehen hat[248].

135 An die Erläuterungen schließen sich üblicherweise **Fragen der Aktionäre** an. Zum Fragerecht der Aktionäre und dessen Grenzen (Auskunftsverweigerungsrechte) s. § 131 AktG.

136 Der **APr.** nimmt an der **HV** i.d.R. nur als **zuhörender Gast** teil. Die Erlaubnis zur Teilnahme erfolgt durch den Versammlungsleiter. Sollte die Teilnahme des APr. an der HV bestritten werden, kann hierüber auch ein HV-Beschluss herbeigeführt werden[249].

137 Nach geltendem Recht gibt es **keine Auskunftspflicht des APr.** ggü. den Aktionären (s. § 176 Abs. 2 S. 3 AktG)[250] und korrespondierend auch kein eigenes Rederecht des APr. ggü. den Aktionären[251]. Fragen der Aktionäre zu beantworten, ist vielmehr Sache des Vorstands (§ 131 AktG). Dazu wird der Vorstand aber ggf. seinerseits bei dem APr. rückfragen. Dem Vorstand ggü. ist der APr. durchaus zu klärenden Auskünften verpflichtet[252]. Der Vorstand kann den APr. außerdem ermächtigen, auf Fragen von Aktionären auch unmittelbar Auskunft zu geben[253], z.B. wenn er eine an ihn gerichtete Frage zur Beantwortung an den APr. weitergibt. Darin liegt dann zugleich insoweit eine Befreiung von der Verschwiegenheitspflicht gem. § 323 Abs. 1 S. 1 HGB[254].

138 Eine **gesetzliche Pflicht zur Teilnahme** des APr. besteht gem. § 176 Abs. 2 AktG nur dann, wenn ausnahmsweise die HV gem. § 173 AktG den JA feststellt. Seine Anwesen-

---

246 ADS⁶, § 176 AktG Tz. 19; *Koch*, in: Hüffer/Koch, AktG¹³, § 176 Rn. 5.
247 *Koch*, in: Hüffer/Koch, AktG¹³, § 176 Rn. 5.
248 ADS⁶, § 176 AktG Tz. 18 f.; *Koch*, in: Hüffer/Koch, AktG¹³, § 176 Rn. 5.
249 *Koch*, in: Hüffer/Koch, AktG¹³, § 176 Rn. 8.
250 *Hennrichs/Pöschke*, in: MünchKomm. AktG⁴, § 176 Rn. 36.
251 *Hennrichs/Pöschke*, in: MünchKomm. AktG⁴, § 176 Rn. 37.
252 *Hennrichs/Pöschke*, in: MünchKomm. AktG⁴, § 176 Rn. 34.
253 *Koch*, in: Hüffer/Koch, AktG¹³, § 176 Rn. 9; *Hennrichs/Pöschke*, in: MünchKomm. AktG⁴, § 176 Rn. 38.
254 *Hennrichs/Pöschke*, in: MünchKomm. AktG⁴, § 176 Rn. 38.

heitspflicht erstreckt sich in diesem Fall nach dem Gesetz nur auf den Tagesordnungspunkt „Feststellung des JA". Zweckmäßig erscheint es allerdings, dass der APr. darüber hinaus auch an den mit diesem Punkt verbundenen Verhandlungen gem. § 119 Abs. 1 Nr. 2 (Verwendung des Bilanzgewinns) und Nr. 3 AktG (Entlastung) teilnimmt[255]. In keinem Fall ist der APr. allerdings verpflichtet, einem Aktionär unmittelbar Auskunft zu erteilen (§ 176 Abs. 2 S. 3 AktG). Vielmehr werden Fragen der Aktionäre und die Antworten darauf über den Versammlungsleiter geleitet.

7. Beschlussfassung der Hauptversammlung über die Gewinnverwendung (§ 174 AktG)

7.1 Grundlagen

139   Gemäß §§ 119 Abs. 1 Nr. 2, 174 AktG beschließt die HV über die **Verwendung des Bilanzgewinns**. Sie ist dabei an den **festgestellten JA gebunden** (§ 174 Abs. 1 S. 2 AktG) und kann diesen daher nicht im Zuge der Gewinnverwendung ändern (vgl. auch § 174 Abs. 3 AktG). Namentlich kann die HV nicht etwa vorhandene Gewinnrücklagen auflösen, um einen höheren Bilanzgewinn auszuweisen und verwenden zu können[256]. Die Dotierung oder Auflösung von Rücklagen zur Berechnung des Bilanzgewinns obliegt bei der AG vielmehr grds. der Verwaltung i.R.d. Feststellung des JA (§§ 58 Abs. 2, 150, 158 AktG)[257]. Die HV kann zwar gem. § 58 Abs. 3 AktG im Beschluss über die Verwendung des Bilanzgewinns weitere Beträge in die Gewinnrücklagen einstellen (oder als Gewinn vortragen), aber nicht umgekehrt den Gewinnrücklagen entnehmen.

140   Demgegenüber besteht **keine Bindung an den Verwendungsvorschlag der Verwaltung** (§§ 124 Abs. 3 S. 1, 170 Abs. 2 AktG)[258]. Die HV kann vielmehr in den gesetzlich zulässigen Grenzen eine Verwendung abw. von dem Vorschlag von Vorstand und AR beschließen.

141   Der Gewinnverwendungsbeschluss setzt einen **wirksam festgestellten JA** voraus (§ 174 Abs. 1 S. 2 AktG). Ist die Feststellung des JA nichtig (§ 256 AktG), ist auch ein Beschluss über die Verwendung des Bilanzgewinns nichtig (§ 253 Abs. 1 S. 1 AktG). Wird die Nichtigkeit des JA geheilt (§ 256 Abs. 6 AktG), heilt das auch den Gewinnverwendungsbeschluss (§ 253 Abs. 1 S. 2 AktG).

142   Die HV kann nur über die Verwendung des Bilanzgewinns beschließen. Weist der JA einen **Bilanzverlust** aus, erübrigt sich ein Verwendungsbeschluss. Der Verlust ist dann vorzutragen, anderweitig zu verwenden gibt es nichts[259].

143   Die HV kann andererseits über den **gesamten Bilanzgewinn** disponieren. Aus welchen Quellen dieser „gespeist" worden ist, ob durch Auflösung von Rücklagen oder durch

---

[255]   Ob dazu eine Rechtspflicht besteht, ist str., vgl. *Koch*, in: Hüffer/Koch, AktG[13], § 176 Rn. 7 m.w.N.; jedenfalls ist eine weitergehende Teilnahme sinnvoll, *Koch*, in: Hüffer/Koch, AktG[13], § 176 Rn. 8; *Hennrichs/Pöschke*, in: MünchKomm. AktG[4], § 176 Rn. 26, 33.
[256]   *Hoffmann-Becking*, in: MünchHdb. AG[4], § 47 Rn. 1.
[257]   *Hoffmann-Becking*, in: MünchHdb. AG[4], § 47 Rn. 1a. f.
[258]   Allg. M., z.B. *Koch*, in: Hüffer/Koch, AktG[13], § 174 Rn. 5; *Hoffmann-Becking*, in: MünchHdb. AG[4], § 46 Rn. 14; je m.w.N.
[259]   ADS[6], § 174 AktG Tz. 5; *Koch*, in: Hüffer/Koch, AktG[13], § 174 Rn. 2.

Realisation stiller Reserven, ist unerheblich. Auch sog. **Superdividenden** sind zulässig, sofern die bilanzrechtlichen Grenzen eingehalten werden[260].

7.2 Verwendungsmöglichkeiten

Die HV hat bei der Beschlussfassung folgende **Verwendungsmöglichkeiten**, die auch kombiniert werden können[261]:

- Ausschüttung, wobei insoweit eine Barausschüttung (praktischer Regelfall) und bei entsprechender Satzungsgrundlage (§ 58 Abs. 5 AktG) auch eine Sachwertausschüttung (dazu bereits Kap. B Tz. 33) in Betracht kommen,
- Gewinnvortrag oder
- Einstellung in die Gewinnrücklagen.

Bei einem **Gewinnvortrag** geht der vorgetragene Betrag gem. § 158 Abs. 1 S. 1 Nr. 1 AktG automatisch in die Ermittlung des Bilanzgewinns des nächsten GJ ein. In **Gewinnrücklagen** eingestellte Beträge können ebenfalls in künftigen Jahren ausgeschüttet werden, doch setzt das (anders als beim Gewinnvortrag) eine entsprechende Auflösung der Gewinnrücklagen durch die zuständigen Personen voraus. Im Beschluss über die Gewinnverwendung dotierte Gewinnrücklagen sind als solche erst im nächsten JA auszuweisen (§ 174 Abs. 3 AktG)[262]. Zu den Höchstgrenzen für eine Thesaurierung s. § 254 AktG. Bereits geleistete Abschlagszahlungen (§ 59 AktG) sind bei der Beschlussfassung zu berücksichtigen; insoweit kann also der Bilanzgewinn nicht mehr thesauriert werden[263].

Nach § 58 Abs. 3 S. 2 AktG kann die HV, (nur) wenn die Satzung das vorsieht, auch eine **„andere Verwendung"** beschließen. Als solche kommt nur die Zuwendung an Dritte, z.B. für gemeinnützige Zwecke, in Betracht[264].

Gesetzlich **gegen Ausschüttung gesperrte Beträge** (vgl. § 253 Abs. 6 HGB, § 268 Abs. 8 HGB) dürfen nicht ausgeschüttet werden. Ein entgegenstehender Gewinnverwendungsbeschluss wäre wg. Verstoßes gegen ein gesetzliches Verbot (§ 134 BGB) nichtig.

Ein **Gewinnauszahlungsanspruch** der Aktionäre als selbständig abtretbares Gläubigerrecht entsteht erst mit dem Gewinnverwendungsbeschluss der HV und auch nur in Höhe des zur Ausschüttung an die Aktionäre beschlossenen Betrags (§ 174 Abs. 2 Nr. 2 AktG).

7.3 Änderung des Gewinnverwendungsbeschlusses

Nachträgliche **Änderungen eines wirksam gefassten Gewinnverwendungsbeschlusses** sind nicht schlechthin unzulässig, dürfen aber nicht in bestehende Rechte (insb. begründete Auszahlungsansprüche der Aktionäre) eingreifen, es sei denn, die Betroffenen sind damit einverstanden[265]. Soll eine beschlossene Ausschüttung nachträglich herabgesetzt werden (z.B. um weitere Beträge den Rücklagen zuzuführen), müssen dem also

---

260 *Koch*, in: Hüffer/Koch, AktG[13], § 174 Rn. 2; *Hennrichs/Pöschke*, in: MünchKomm. AktG[4], § 174 Rn. 13; vgl. auch *Habersack*, in: FS Schmidt, S. 523 (526 ff.); *Schneider*, NZG 2007, S. 888 (892 f.)
261 *Hoffmann-Becking*, in: MünchHdb. AG[4], § 47 Rn. 16.
262 *Hoffmann-Becking*, in: MünchHdb. AG[4], § 47 Rn. 16; *Koch*, in: Hüffer/Koch, AktG[13], § 174 Rn. 8.
263 *Hoffmann-Becking*, in: MünchHdb. AG[4], § 47 Rn. 17.
264 *Hoffmann-Becking*, in: MünchHdb. AG[4], § 47 Rn. 19.
265 *Koch*, in: Hüffer/Koch, AktG[13], § 174 Rn. 4.

sämtliche Aktionäre zustimmen[266]. Soll umgekehrt nachträglich eine höhere Ausschüttung beschlossen werden, kann dies erfolgen, soweit die HV im ersten Beschluss den Gewinn vorgetragen hat. Wurden dagegen im ersten Verwendungsbeschluss Gewinnrücklagen dotiert, ist ein Änderungsbeschluss nur möglich, solange der nächste JA noch nicht festgestellt ist[267]. Hiernach obliegt die Verwendung der Rücklagen nicht mehr der HV, sondern der Verwaltung im Zuge der (nächsten) Feststellung des JA (Kap. B Tz. 6).

7.4 Nichtigkeit des Gewinnverwendungsbeschlusses und Heilungsmöglichkeiten

150 Besondere Probleme können entstehen, wenn ein JA mittels **Nichtigkeitsklage** (§ 256 Abs. 7 i.V.m. § 249 AktG) angegriffen wird. Erweist sich der zugrundeliegende JA tatsächlich als nichtig (vgl. ausführlich Kap. B Tz. 285 ff.), ist gem. § 253 Abs. 1 S. 1 AktG auch ein Gewinnverwendungsbeschluss nichtig. Bei Nichtigkeit des Verwendungsbeschlusses besteht kein Dividendenanspruch[268] und darf an sich keine Ausschüttung erfolgen[269]; zu Unrecht empfangene Dividenden sind nach Maßgabe des § 62 AktG zurückzugewähren[270]. Solange über die Nichtigkeit des JA ein Rechtsstreit schwebt, ist damit auch die Zulässigkeit der Dividendenzahlung unsicher[271]. Freilich ist ein gutgläubiger Dividendenbezug gem. § 62 Abs. 1 S. 2 AktG privilegiert (Kap. B Tz. 153).

151 Wird die Nichtigkeit des JA gem. § 256 Abs. 6 AktG **geheilt** (vgl. Kap. B Tz. 358 ff.), heilt dies gem. § 253 Abs. 1 S. 2 AktG auch die Nichtigkeit des Gewinnverwendungsbeschlusses (Kap. B Tz. 141). Die Heilung wirkt nach ganz h.M. zurück (**ex tunc**)[272]. Eine etwaige Ausschüttung erfolgt damit rückwirkend mit Rechtsgrund.

152 Tritt keine Heilung ein oder **wird die Nichtigkeit des JA gerichtlich festgestellt** (so dass eine Heilung nicht möglich ist), so ist der JA neu festzustellen[273]. Diese **Neufeststellung** soll (anders als die Heilung, Kap. B Tz. 151) nach einer in der Literatur vertretenen Meinung nicht zurückwirken[274] (s. aber sogleich Kap. B Tz. 154). Über den Bilanzgewinn des neu festgestellten JA des betreffenden GJ sei deshalb gem. § 174 AktG ebenfalls

---

266 *Koch,* in: Hüffer/Koch, AktG[13], § 174 Rn. 4; *Hennrichs/Pöschke,* in: MünchKomm. AktG[4], § 174 Rn. 52.
267 *Koch,* in: Hüffer/Koch, AktG[13], § 174 Rn. 4; *Hennrichs/Pöschke,* in: MünchKomm. AktG[4], § 174 Rn. 50.
268 *Grumann/Gillmann,* NZG 2004, S. 839 (843); *Hense,* WPg 1993, S. 716 (720).
269 *Hennrichs/Pöschke,* in: MünchKomm. AktG[4], § 174 Rn. 55, 62 f.; *Koch,* in: Hüffer/Koch, AktG[13], § 174 Rn. 7.
270 *V. Weilep/Weilep,* BB 2006, S. 147 (151). Ansprüche der Gesellschaft auf Rückzahlung einer zu Unrecht bezogenen Dividende sind im JA des GJ, in dem die unberechtigte Auszahlung erfolgt (also im Folgejahr), zu aktivieren, *Bezzenberger,* in: Großkomm. AktG[4], § 256 Rn. 285; *Müller,* ZHR 2004, S. 414 (425).
271 *Hennrichs/Pöschke,* in: MünchKomm. AktG[4], § 174 Rn. 55, 62 f.; *Koch,* in: Hüffer/Koch, AktG[13], § 174 Rn. 7.
272 *Bezzenberger,* in: Großkomm. AktG[4], § 256 Rn. 267; *Koch,* in: MünchKomm. AktG[4], § 256 Rn. 64; *Heidel,* in: Heidel, Aktienrecht[4], § 256 AktG Rn. 39; *Hennrichs,* ZHR 2004, S. 383 (389); *Kowalski,* AG 1993, S. 502 (505); *Rölike,* in: Spindler/Stilz, AktG[3], § 256 Rn. 74; *Vetter,* in: Henssler/Strohn, GesR[2], § 256 AktG Rn. 27; *Waclawik,* in: Hölters[2], AktG, § 256 Rn. 33; a.A. (Heilung wirke nur ex nunc) *Hense,* WPg 1993, S. 716 (720) Fußnote 29.
273 IDW RS HFA 6, Tz. 15; *Koch,* in: Hüffer/Koch, AktG[13], § 256 Rn. 33; *Hennrichs,* ZHR 2004, S. 383 (391).
274 *Koch,* in: MünchKomm. AktG[4], § 256 Rn. 83; *Bezzenberger,* in: Großkomm. AktG[4], § 256 Rn. 260.

erneut Beschluss zu fassen[275], selbst wenn tatsächlich auf der Grundlage des ersten, nichtigen Abschlusses bereits eine Gewinnausschüttung stattgefunden habe. Der nunmehr erstmals wirksame, **neue Gewinnverwendungsbeschluss** begründe (neue) Dividendenansprüche der dies beschließenden Aktionäre.

153 Die weiteren Folgen, insb. die Auswirkungen auf eine ggf. bereits erfolgte (nichtige) Gewinnausschüttung, sind unsicher: Nach allgemeinen bürgerlich-rechtlichen Regeln kann die Gesellschaft ggü. dem Anspruch eines Aktionärs auf Dividendenauszahlung mit dem Anspruch auf Rückzahlung der (aufgrund des nichtigen, ersten Gewinnverwendungsbeschlusses) zu Unrecht empfangenen (Erst-)Dividende gem. § 62 AktG aufrechnen (**Aufrechnungslösung**). Die Gegenforderung und damit die Aufrechnungslage besteht gem. § 62 Abs. 1 S. 2 AktG freilich nur bei **Bösgläubigkeit der Aktionäre**, wobei die Darlegungs- und Beweislast insoweit bei der Gesellschaft liegt. Bösgläubigkeit der Aktionäre kann nicht allein aus der Kenntnis eines anhängigen Rechtsstreits über die Wirksamkeit des JA abgeleitet werden. Hat der APr. den Abschluss uneingeschränkt testiert, dürfen die Aktionäre im Allgemeinen auf die Wirksamkeit des JA vertrauen (Rechtsgedanke des § 14 Abs. 1 S. 1 Nr. 3 S. 5 KStG). Gegenüber gutgläubigen Aktionären oder ggü. Einzelrechtsnachfolgern[276] kommt eine Aufrechnung mangels Aufrechnungslage von vornherein nicht in Betracht.

154 Vorzugswürdig ist, dass eine fehlerfreie Neufeststellung des JA den alten Gewinnverwendungsbeschluss in analoger Anwendung des § 253 Abs. 1 S. 2 AktG heilt, soweit der neue JA die alte Ausschüttung deckt (**Heilungslösung**)[277]. Was § 253 Abs. 1 S. 2 AktG für den Fall der passiven Untätigkeit (Abwarten des Ablaufs der Heilungsfrist gem. § 256 Abs. 6 AktG) anordnet, muss erst recht gelten, wenn die Gesellschaft aktiv und rechtmäßig den Abschluss neu feststellt[278]. Soweit in dem neu festgestellten JA wiederum ein Bilanzgewinn ausgewiesen wird, der ausreicht, um die ursprüngliche Dividende zu decken, erfolgt die Ausschüttung hiernach rückwirkend mit Rechtsgrund und kann folglich nicht zurückgefordert werden. Damit erübrigt sich ein neuer Gewinnverwendungsbeschluss – genauer: ein neuer Gewinnverwendungsbeschluss wäre insoweit gar nicht mehr zulässig, würde er dennoch gefasst, wäre das nur eine deklaratorische Wiederholung der alten Rechtsfolge[279]. Nur soweit der Bilanzgewinn des neu festgestellten JA niedriger ist als in dem nichtigen Abschluss, ist die unberechtigt ausgeschüttete Dif-

---

275 *Drescher*, in: Henssler/Strohn, GesR², § 253 AktG Rn. 5; *Kropff*, in: FS Budde, S. 341 (353). *Koch*, in: MünchKomm. AktG⁴, § 253 Rn. 9, § 256 Rn. 84. Andes aber jetzt möglicherweise *Koch*, in: Hüffer/Koch, AktG¹³, § 174 Rn. 7, wonach die Beschlussfassung über die Gewinnverwendung nicht separat für die GJ nachzuholen sei, sondern der nicht wirksam verwendete Bilanzgewinn des ursprünglichen (nichtigen) JA gehe als Gewinnvortrag in den Folgeabschluss über und über diesen Bilanzgewinn des Folgejahres sei sodann ein einheitlicher Gewinnverwendungsbeschluss zu fassen.
276 Die Rückzahlungsansprüche der Gesellschaft gem. § 62 AktG bestehen nur gegenüber den Aktionären, die die Dividende empfangen haben. Ein Gesamtrechtsnachfolger tritt in die Pflichtenstellung des Vorgängers aus *§ 62 AktG* ein. Für einen Einzelrechtsnachfolger gilt das dagegen nicht, *Grigoleit/Rachlitz*, in: Grigoleit, AktG, § 62 Rn. 3.
277 *Bezzenberger*, in: Großkomm. AktG⁴, § 256 Rn. 262. – Konstruktiv anders, i.E. aber ebenso (Anrechnung der Erst-Dividende auf den neuen, zweiten Dividendenanspruch, und zwar auch, wenn keine Aufrechnungslage gem. §§ 387, 389 BGB gegeben ist) *Zöllner*, in: FS Scherrer, S. 355 (375 f.); *Kowalski*, AG 1993, S. 502 (507); *Weilep*, S. 275, 278 und passim.
278 Zutr. *Bezzenberger*, in: Großkomm. AktG⁴, § 256 Rn.
279 *Bezzenberger*, in: Großkomm. AktG⁴, § 256 Rn. 262, meint, aus praktischer Sicht empfehle sich, „dass die Hauptversammlung vorsorglich einen erneuten Gewinnverwendungsbeschluss für das betreffende Geschäftsjahr fasst"; dabei könne auf den ursprünglichen Beschluss Bezug genommen werden.

ferenz nach Maßgabe der § 62 AktG rückforderbar[280]. Diese Lösung hat den Vorzug, dass eine dogmatisch zweifelhafte und praktisch oft ganz schwierige Rückabwicklung der ersten Ausschüttung vermieden wird, wenn und soweit sich bei der erneuten Feststellung des JA ein **ausreichender Bilanzgewinn** ergibt. Um einen ausreichenden Bilanzgewinn zu dotieren, können Vorstand und AR im Zuge der erneuten Feststellung des JA ggf. auch **freie Rücklagen auflösen**[281].

8. Unterzeichnung des Abschlusses und Bilanzeid

8.1 Unterzeichnung des Jahresabschlusses

8.1.1 Allgemeines

155 Nach § 245 S. 1 HGB ist jeder Kaufmann verpflichtet, den JA unter Angabe des Datums zu unterzeichnen. Die **Unterzeichnung** dokumentiert die Übernahme der Verantwortung für die Vollständigkeit und Richtigkeit des JA[282]. Die gesetzliche Unterzeichnungspflicht gilt nicht für den LB, da dieser kein Bestandteil des JA ist[283]; eine freiwillige Unterzeichnung auch des LB ist zulässig und wünschenswert[284].

156 Kraft Verweisung auf die Vorschriften zum handelsrechtlichen JA gilt die Unterzeichnungspflicht auch für die Eröffnungsbilanz, Sonderbilanzen (z.B. Liquidationsbilanz, Umwandlungsschlussbilanz) sowie den IFRS-EA[285]. Für den KA verweist § 298 Abs. 1 HGB auf § 245 HGB, was nach § 315a Abs. 1 HGB auch für einen IFRS-KA gilt.

8.1.2 Adressaten und Inhalt der Verpflichtung

157 Die Unterzeichnungspflicht richtet sich an den „Kaufmann". Dies ist zunächst der **Einzelkaufmann** eines Einzelunternehmens. Wenn mehrere persönlich haftende Gesellschafter vorhanden sind, haben sie nach § 245 S. 2 HGB alle zu unterzeichnen. Hiernach ist der JA von allen Gesellschaftern einer OHG sowie von sämtlichen Komplementären einer KG zu unterzeichnen[286].

158 Die Regelung des § 245 S. 2 HGB gilt entspr. für Organmitglieder, die gemeinschaftlich für die Aufstellung des JA zuständig sind, also bei einer KapGes. **sämtliche gesetzlichen Vertreter**. Den JA unterzeichnen müssen daher bei einer AG, Genossenschaft und dualistischen SE alle Vorstandsmitglieder, bei einer GmbH sämtliche Geschäftsführer sowie bei einer KGaA alle persönlich haftenden Gesellschafter[287]. Den JA einer **KapCoGes.**

---

280 Für einen hiernach der Gesellschaft verbleibenden Ausschüttungsschaden können die Vorstandsmitglieder gem. § 93 II, III Nr. 2 AktG haftbar sein.
281 Bei der Neufeststellung steht der gesamte JA erneut zur Disposition, *Hennrichs/Pöschke*, in: MünchKomm. AktG[4], § 172 Rn. 62. Auch Rücklagen können ohne Bindung an den nichtigen Abschluss neu dotiert oder aufgelöst werden, vgl. ADS[6], § 172 AktG Tz. 37.
282 Vgl. ADS[6], § 245 HGB, Tz. 1; *Ballwieser*, in: MünchKomm. HGB[3], § 245, Rn. 1; *Braun*, in: Kölner Komm. Rechnungslegungsrecht, § 245, Rn. 2.
283 ADS[6], § 245 HGB, Tz. 3; *Ballwieser*, in: MünchKomm. HGB[3], § 245, Rn. 4; *Braun*, in: Kölner Komm. Rechnungslegungsrecht, § 245, Rn. 10; *Kleindiek*, in: MünchKomm. BilR, § 245, Rn. 5.
284 So ADS[6], § 245 HGB, Tz. 3; *Braun*, in: Kölner Komm. Rechnungslegungsrecht, § 245, Rn. 10.
285 Vgl. ADS[6], § 245 HGB, Tz. 3; *Winkeljohann/Schellhorn*, in: BeBiKo[11], § 245, Rn. 1.
286 *Braun*, in: Kölner Komm. Rechnungslegungsrecht, § 245, Rn. 12; *Winkeljohann/Schellhorn*, in: BeBiKo[11], § 245, Rn. 2.
287 *Braun*, in: Kölner Komm. Rechnungslegungsrecht, § 245, Rn. 12; *Winkeljohann/Schellhorn*, in: BeBiKo[11], § 245, Rn. 2.

müssen sämtliche gesetzlichen Vertreter der Komplementär-KapGes. unterschreiben[288]. Entspr. gilt, wenn zu den persönlich haftenden Gesellschaftern einer KGaA eine KapGes. gehört. Im **Liquidationsfall** trifft die Unterzeichnungspflicht sämtliche Liquidatoren bzw. Abwickler[289]; falls ein Liquidator eine juristische Person ist, ist eine Unterzeichnung durch deren gesetzliche Vertreter in vertretungsberechtigter Zahl ausreichend[290]. Im **Insolvenzfall** obliegt die Unterzeichnung dem Insolvenzverwalter[291].

Die Unterzeichnung des JA ist eine ö.-r. Verpflichtung, die **höchstpersönlich** zu erfüllen ist[292]. Daher ist eine Vertretung ebenso unzulässig wie eine faksimilierte Unterschrift oder sonst. elektronische oder drucktechnische Wiedergabe des Namens[293]. Als Ausnahmefall kann eine Unterzeichnung von einzelnen Personen nur dann nicht verlangt werden, wenn diese aus wichtigem Grund (z.B. lebensbedrohliche Erkrankung, nicht hingegen Urlaubsaufenthalt) zur Unterschriftsleistung nicht in der Lage sind[294]. **159**

Zur Unterzeichnung ist auch eine Person verpflichtet, die mit einzelnen Inhalten eines gesetzeskonformen JA nicht einverstanden ist[295]. Das Beizeichnen **weiterer Personen**, die nicht zur Unterzeichnung verpflichtet sind (z.B. Prokuristen, Generalbevollmächtigte), ist für den JA unschädlich[296], aber unzweckmäßig. **160**

Unterzeichnungspflichtig sind diejenigen Personen, die am **Unterzeichnungsdatum** die Amts- bzw. Rechtsstellung innehaben, die diese Verpflichtung begründet[297]. Daher müssen z.B. Organmitglieder, die zwischen Abschlussstichtag und Unterzeichnungsdatum abberufen wurden oder die ihr Amt niedergelegt haben, den JA nicht mehr unterzeichnen[298]. Gleiches gilt für Personen, die erst nach dem Unterschriftsdatum die pflichtbegründende Amtsstellung übernommen haben. Dagegen müssen Personen, die erst kurz vor dem Unterschriftsdatum das entspr. Amt übernommen haben, den JA unterzeichnen, auch wenn sie an der Aufstellung des JA nicht oder nur in sehr geringem Maße mitgewirkt haben. Denn auch in diesem Fall ist das betr. Organmitglied für die inhaltliche Richtigkeit und Vollständigkeit des JA mitverantwortlich. **161**

Die Unterzeichnungspflicht bezieht sich nach zutreffender h.M. auf den **JA in seiner endgültigen festgestellten Fassung**[299]. Für den Nachweis der rechtzeitigen Aufstellung **162**

---

288 *Ballwieser*, in: MünchKomm. HGB³, § 245, Rn. 8; *Ellerich/Swart*, in: HdR⁵, § 245, Rn. 3; *Kleindiek*, in: MünchKomm. BilR, § 245, Rn. 13; *Winkeljohann/Schellhorn*, in: BeBiKo¹¹, § 245, Rn. 2 m.w.N.; a.A. zur Rechtslage vor dem KapCoRiLiG ADS⁶, § 245 HGB, Tz. 11: Organmitglieder in vertretungsberechtigter Zahl.
289 *Winkeljohann/Schellhorn*, in: BeBiKo¹¹, § 245, Rn. 2; *Kleindiek*, in: MünchKomm. BilR, § 245, Rn. 14.
290 ADS⁶, § 245 HGB, Tz. 12; *Kleindiek*, in: MünchKomm. BilR, § 245, Rn. 14.
291 *Kleindiek*, in: MünchKomm. BilR, § 245, Rn. 14 m.w.N.
292 *Ballwieser*, in: MünchKomm. HGB³, § 245, Rn. 2; *Kleindiek*, in: MünchKomm. BilR, § 245, Rn. 2, 16; *Winkeljohann/Schellhorn*, in: BeBiKo¹¹, § 245, Rn. 2.
293 Vgl. *Ballwieser*, in: MünchKomm. HGB³, § 245, Rn. 2; *Winkeljohann/Schellhorn*, in: BeBiKo¹¹, § 245, Rn. 2.
294 ADS⁶, § 245 HGB, Tz. 13a; *Braun*, in: Kölner Komm. Rechnungslegungsrecht, § 245, Rn. 13; *Winkeljohann/Schellhorn*, in: BeBiKo¹¹, § 245, Rn. 2.
295 *Winkeljohann/Schellhorn*, in: BeBiKo¹¹, § 245, Rn. 2 m.w.N.
296 ADS⁶, § 245 HGB, Tz. 14; *Kleindiek*, in: MünchKomm. BilR, § 245, Rn. 19; *Winkeljohann/Schellhorn*, in: BeBiKo¹¹, § 245, Rn. 2.
297 ADS⁶, § 245 HGB, Tz. 14; *Braun*, in: Kölner Komm. Rechnungslegungsrecht, § 245, Rn. 14.
298 ADS⁶, § 245 HGB, Tz. 14; *Winkeljohann/Schellhorn*, in: BeBiKo¹¹, § 245, Rn. 2 m.w.N.
299 OLG Stuttgart v. 05.11.2008, DB 2009, S. 1522; ADS⁶, § 245 HGB, Tz. 7 f.; *Ballwieser*, in: MünchKomm. HGB³, § 245, Rn. 5; *Kleindiek*, in: MünchKomm. BilR, § 245, Rn. 2; *Merkt*, in: Baumbach/Hopt, HGB³⁷, § 245, Rn. 1; *Reiner*, in: MünchKomm. HGB³, § 264, Rn. 104; a.A. *Erle*, WPg 1987, S. 641; *Braun*, in: Kölner Komm. Rechnungslegungsrecht, § 245, Rn. 16: Unterzeichnung des aufgestellten JA.

des JA ist die Unterzeichnung bereits der aufgestellten Fassung nicht erforderlich, da dieser auch auf anderem Wege (z.B. Korrespondenz mit APr. oder AR, Sitzungsprotokolle) geführt werden kann[300].

163 Die alleinige Unterzeichnung des aufgestellten JA mit entspr. Datum ist jedoch unproblematisch, wenn der JA danach nicht mehr geändert wird, so dass der Inhalt des JA der endgültigen Fassung entspricht[301]. In der Praxis ist üblich, einen Zeitpunkt **kurz vor Beendigung der Abschlussprüfung** als **Unterschriftsdatum** zu wählen[302]. Wenn ein bereits bei Aufstellung unterzeichneter JA geändert wird, muss der festgestellte JA neu unterzeichnet werden. Wird der JA ausnahmsweise nach seiner Feststellung noch einmal nachträglich geändert, ist die endgültige (geänderte) Fassung mit neuem Datum erneut zu unterschreiben. Ein Doppeldatum wäre in diesem Fall aus Informationsgründen zulässig[303], aber nicht erforderlich, da es nur eine endgültige Fassung des JA gibt.

164 Der JA ist „unter **Angabe des Datums**" zu unterzeichnen. Wegen der Beweisfunktion ist eine Angabe von Tag, Monat und Jahr erforderlich[304].

165 Die Unterzeichnung hat so zu erfolgen, dass sie den JA räumlich abschließt[305]. Bei KapGes., die einen Anh. aufzustellen haben, wird die Unterschrift i.d.R. am **Ende des Anh.** bzw. unter dem Anh. platziert[306], da hierdurch die Übernahme der Verantwortung für alle vorangestellten Teile des JA dokumentiert wird. Die zum JA gehörenden Teile müssen so miteinander verbunden werden, dass eine nachträgliche Trennung sichtbar würde, da andernfalls jeder Teil separat unterzeichnet werden müsste[307]. Werden der Anh. zum JA des MU und der KAnh. zusammengefasst (§ 298 Abs. 3 S. 1 HGB), reicht eine einmalige Unterzeichnung aus, wenn diese erkennbar für beide Abschlüsse gelten soll[308].

8.1.3 Sanktionen

166 Fehlt die erforderliche Unterzeichnung des JA, stellt dies nach § 334 Abs. 1 Nr. 1 lit. a) HGB bei KapGes. oder KapCoGes. eine **Ordnungswidrigkeit** der zur Unterzeichnung verpflichteten Personen (Kap. B Tz. 157 f.) dar. Die Ordnungswidrigkeit kann mit einer Geldbuße von bis zu 50.000 € geahndet werden (§ 334 Abs. 3 HGB). Weitergehende strafrechtliche Konsequenzen, etwa auf Grundlage der Insolvenzstraftatbestände der §§ 283 ff. StGB, ergeben sich aus dem bloßen Fehlen der Unterzeichnung nicht[309].

---

300 *Kleindiek*, in: MünchKomm. BilR, § 245, Rn. 7; *Winkeljohann/Schellhorn*, in: BeBiKo[11], § 245, Rn. 3.
301 ADS[6], § 245 HGB, Tz. 8; *Kleindiek*, in: MünchKomm. BilR, § 245, Rn. 6; *Winkeljohann/Schellhorn*, in: BeBiKo[11], § 245, Rn. 3 m.w.N.
302 Vgl. ADS[6], § 245 HGB, Tz. 8, § 322 HGB, Tz. 347 m.w.N.
303 *Winkeljohann/Schellhorn*, in: BeBiKo[11], § 245, Rn. 5.
304 *Ballwieser*, in: MünchKomm. HGB[3], § 245, Rn. 7; *Braun*, in: Kölner Komm. Rechnungslegungsrecht, § 245, Rn. 15.
305 Vgl. *Ballwieser*, in: MünchKomm. HGB[3], § 245, Rn. 3; *Kleindiek*, in: MünchKomm. BilR, § 245, Rn. 10; *Winkeljohann/Schellhorn*, in: BeBiKo[11], § 245, Rn. 1.
306 ADS[6], § 245 HGB, Tz. 6; *Winkeljohann/Schellhorn*, in: BeBiKo[11], § 245, Rn. 1.
307 *Ballwieser*, in: MünchKomm. HGB[3], § 245, Rn. 3; *Kleindiek*, in: MünchKomm. BilR, § 245, Rn. 10; *Winkeljohann/Schellhorn*, in: BeBiKo[11], § 245, Rn. 1.
308 ADS[6], § 245 HGB, Tz. 3; *Kleindiek*, in: MünchKomm. BilR, § 245, Rn. 10; großzügiger *Winkeljohann/Schellhorn*, in: BeBiKo[11], § 245, Rn. 4.
309 ADS[6], § 245 HGB, Tz. 16; *Kleindiek*, in: MünchKomm. BilR, § 245, Rn. 21.

Die fehlende Unterzeichnung führt nicht zur Nichtigkeit des JA[310]. Die Verweigerung der Unterzeichnung stellt jedoch einen **rechnungslegungsbezogenen Gesetzesverstoß** der betr. Organmitglieder dar, über den der APr. nach § 321 Abs. 1 S. 3 HGB zu berichten hat, wenn er bei der Prüfung des Folge-JA hierauf stößt. Zugleich liegt aus gesellschaftsrechtlicher Sicht eine Pflichtverletzung des betr. Organmitglieds vor; eine Abberufung wird nur unter besonderen Umständen in Betracht kommen[311]. **167**

8.2 Bilanzeid

8.2.1 Allgemeines

Die gesetzlichen Vertreter bestimmter kapitalmarktorientierter KapGes. sind nach § 264 Abs. 2 S. 3 HGB[312] zur Abgabe einer besonderen **schriftlichen Erklärung** verpflichtet. In dieser haben sie bei Unterzeichnung des JA schriftlich zu versichern, dass der JA nach bestem Wissen ein den **tatsächlichen Verhältnissen entsprechendes Bild** vermittelt und somit die Vorgaben des § 264 Abs. 2 S. 1 und 2 HGB erfüllt (sog. **Bilanzeid**). Entsprechende Erklärungspflichten bestehen für den LB (§ 289 Abs. 1 S. 5 HGB), KA (§ 297 Abs. 2 S. 4 HGB) und KLB (§ 315 Abs. 1 S. 5 HGB), auch für einen KA (§ 315a Abs. 1 HGB) oder EA (§ 325 Abs. 2a HGB) nach IFRS[313]. **168**

Die **rechtliche Bedeutung** des Bilanzeids ist eher gering[314]. Ohnehin besteht die strafbewehrte Pflicht zur inhaltlich richtigen Aufstellung des JA durch die Mitglieder des Aufstellungsorgans, deren Verantwortlichkeit durch die erforderliche Unterzeichnung des JA nach § 245 HGB dokumentiert wird (Kap. B Tz. 155). Der Regelung kommt daher v.a. eine an die gesetzlichen Vertreter gerichtete **Appell- und Warnfunktion** zu[315]. **169**

8.2.2 Anwendungsbereich

Zur Abgabe eines Bilanzeids verpflichtet sind KapGes., die **Inlandsemittenten** i.S.v. § 2 Abs. 14 WpHG (s. Kap. J Tz. 172 f.) sind[316]. Erfasst werden nur Emittenten, deren Wertpapiere zum Handel an einem **organisierten Markt**[317] (vgl. § 2 Abs. 11 WpHG) zugelassen sind. Als organisierter Markt ist in Deutschland der regulierte Markt (§§ 32 ff. BörsG), nicht aber der Freiverkehr (§ 48 BörsG) anzusehen[318]. **170**

---

310 OLG Karlsruhe v. 21.11.1986, WM 1987, S. 533 (536); ADS[6], § 245 HGB, Tz. 16; *Kleindiek*, in: MünchKomm. BilR, § 245, Rn. 20; *Winkeljohann/Schellhorn*, in: BeBiKo[11], § 245, Rn. 6.
311 ADS[6], § 245 HGB, Tz. 16; *Kleindiek*, in: MünchKomm. BilR, § 245, Rn. 21.
312 Eingeführt durch Art. 5 Nr. 3 des Transparenzrichtlinie-Umsetzungsgesetzes (TUG) v. 05.01.2007, BGBl. I, S. 10. Die EU-Transparenzrichtlinie verfolgt das Ziel, das Vertrauen der Anleger durch zuverlässige und umfassende Informationen über Wertpapieremittenten zu sichern.
313 Vgl. *Merkt*, in: Baumbach/Hopt, HGB[37], § 264, Rn. 27; *Winkeljohann/Schellhorn*, in: BeBiKo[11], § 264, Rn. 66.
314 *Ballwieser*, in: Baetge/Kirsch/Thiele, Bilanzrecht, § 264, Rn. 121.6; *Reiner*, in: MünchKomm. HGB[3], § 264, Rn. 98; *Winkeljohann/Schellhorn*, in: BeBiKo[11], § 264, Rn. 67.
315 *Fleischer*, ZIP 2007, S. 97 (104 f.); *Reiner*, in: MünchKomm. HGB[3], § 264, Rn. 98; *Winkeljohann/Schellhorn*, in: BeBiKo[11], § 264, Rn. 67.
316 Zu Einzelheiten *Reiner*, in: MünchKomm. HGB[3], § 264, Rn. 99 f.
317 Dies entspricht dem „geregelten Markt" in der Terminologie des Art. 2 Abs. 1 lit. d der Transparenzrichtlinie.
318 Vgl. *Gelhausen/Fey/Kämpfer*, BilMoG, K Rn. 39; *Graf/Bisle*, in: MünchKomm. BilR, § 264, Rn. 91; *Winkeljohann/Schellhorn*, in: BeBiKo[11], § 264, Rn. 68 m.w.N.

171 Die Verpflichtung zur Abgabe des Bilanzeids besteht nur für **KapGes**. Erfasst sind insb. **AG, KGaA** und **SE**, deren **Aktien** im Inland oder einem anderen EU-Mitgliedsstaat oder EWR-Vertragsstaat zum Handel an einem organisierten Markt zugelassen sind. Darüber hinaus trifft die Pflicht zur Abgabe des Bilanzeids aber auch die Organe inländischer KapGes., deren **Schuldtitel** zum Handel an einem organisierten Markt zugelassen sind. Die Verpflichtung kann daher auch Gesellschaften in der Rechtsform der **GmbH** sowie kraft Verweisung auch **PersGes**. i.S.d. § 264a Abs. 1 HGB treffen, wenn diese entspr. Schuldtitel begeben haben. Im Gesetz ausdrücklich von der Verpflichtung ausgenommen sind **KapGes**. i.S.d. **§ 327a HGB**, die ausschließlich Schuldtitel zum Handel an einem organisierten Markt mit einer Stückelung von 50.000 € oder größer begeben.

172 Die Verpflichtung trifft die **gesetzlichen Vertreter** i.S.d. § 264 Abs. 1 S. 1 HGB einer in den Anwendungsbereich fallenden KapGes. Aus dem Grundsatz der **Gesamtverantwortung** folgt, dass unabhängig von der internen Ressortverteilung **sämtliche Mitglieder** des Vertretungsorgans den Bilanzeid abzugeben haben[319], und nicht etwa entspr. dem US-amerikanischen Vorbild nur der CEO und CFO. Im Fall der Insolvenz der Gesellschaft ist der Insolvenzverwalter zur Abgabe des Bilanzeids verpflichtet[320].

173 Die Abgabe des Bilanzeids ist eine **höchstpersönliche** Pflicht jedes einzelnen Mitglieds des Vertretungsorgans[321]. Daher ist eine **Vertretung** bei der Abgabe der Erklärung ebenso **ausgeschlossen** wie eine Delegation auf andere Personen. Allerdings ist denkbar, dass eine mitwirkungsverpflichtete Person durch höhere Gewalt (z.B. lebensbedrohliche Krankheit) an der Unterschriftsleistung verhindert ist[322]; Auswirkungen auf die Wirksamkeit des JA ergeben sich hieraus nicht.

174 Die gesetzlichen Vertreter haben die Versicherung „**nach bestem Wissen**" abzugeben. Durch diesen **Wissensvorbehalt** wird zum Ausdruck gebracht, dass der Bilanzeid keine objektive „Richtigkeitsgarantie" darstellt, sondern dass der Maßstab für die Erklärung die subjektive Kenntnis von der Wirklichkeit ist, die der Erklärende tatsächlich hat oder bei Anwendung der erforderlichen Sorgfalt hätte haben müssen. Die gesetzlichen Vertreter sind hierbei verpflichtet, sich eigenverantwortlich um die Beschaffung von Informationen und die Optimierung ihres Wissensstandes zu bemühen[323]. Diese rechnungslegungsbezogene **Informationsbeschaffungspflicht** ist Teil der gesetzlichen Überwachungs- und Sorgfaltspflichten eines ordentlichen und gewissenhaften Geschäftsleiters (§§ 91, 93 AktG), ohne jedoch den i.R.d. Bilanzaufstellung ohnehin bestehenden Pflichtenumfang zu erweitern[324].

175 Die gebotene **Informationssorgfalt** wird jedoch nicht gewahrt, wenn sich die Verpflichteten auf vorhandenes Wissen zurückziehen, sich blindlings auf von anderen erstellte Unterlagen verlassen, sich bewusst „unwissend" halten und vor offenkundigen

---

319 *Abendroth*, WM 2008, S. 1147 (1149); *Bosse*, DB 2007, S. 39 (45); *Fleischer*, ZIP 2007, S. 97 (100); *Hönsch*, ZCG 2006, S. 117; *Reiner*, in: MünchKomm HGB³, § 264, Rn. 102; *Winkeljohann/Schellhorn*, in: BeBiKo¹¹, § 264, Rn. 70.
320 *Gelhausen/Fey/Kämpfer*, BilMoG, P Rn. 11.
321 *Reiner*, in: MünchKomm HGB³, § 264, Rn. 102; *Winkeljohann/Schellhorn*, in: BeBiKo¹¹, § 264, Rn. 71.
322 Vgl. zur parallelen Frage der Verhinderung an der Unterzeichnung des JA nach § 245 HGB Kap. B Tz. 159 m.w.N.
323 *Reiner*, in: MünchKomm HGB³, § 264, Rn. 109; *Winkeljohann/Schellhorn*, in: BeBiKo¹¹, § 264, Rn. 73.
324 *Hamann*, Der Konzern 2008, S. 145 (149); *Reiner*, in: MünchKomm HGB³, § 264, Rn. 110; *Winkeljohann/Schellhorn*, in: BeBiKo¹¹, § 264, Rn. 73.

Fehlangaben die Augen verschließen oder die Versicherung einfach „ins Blaue hinein" abgeben[325].

Die gesetzlichen Vertreter können sich ihrer Gesamtverantwortung nicht dadurch entziehen, dass sie nach US-amerikanischem Vorbild bei den für das Rechnungswesen verantwortlichen **Mitarbeitern** eigene Erklärungen über ihre persönliche Verantwortlichkeit (mirror-certifications) einholen[326]. Dem Regelungszweck und der hieraus folgenden höchstpersönlichen Pflicht der gesetzlichen Vertreter zur Abgabe des Bilanzeids entspricht es, dass diese ihre Verantwortung hierfür nicht auf Mitarbeiter delegieren können.

8.2.3 Erklärungsinhalt

Die Erklärung muss nach § 264 Abs. 2 S. 3 HGB die Versicherung enthalten, dass der JA nach bestem Wissen ein den **tatsächlichen Verhältnissen entsprechendes Bild** i.S.d. S. 1 vermittelt oder der **Anh.** Angaben nach S. 2 enthält. Der von den gesetzlichen Vertretern aufgestellte JA erfüllt im Normalfall zumindest nach deren Überzeugung die gesetzlichen Anforderungen des § 264 Abs. 2 S. 1 HGB und vermittelt daher unter Beachtung der GoB ein den tatsächlichen Verhältnissen entsprechendes Bild der Vermögens-, Finanz- und Ertragslage der KapGes. Der Erklärungsinhalt geht damit über die an den aufgestellten JA selbst zu stellenden materiellen Anforderungen, nämlich die Einhaltung der maßgeblichen Rechnungslegungsvorschriften, nicht hinaus. Der Bilanzeid kann daher abgegeben werden, wenn die Bilanzaufsteller unter Beachtung der erforderlichen kaufmännischen Sorgfalt der Meinung sind, dass der Abschluss den gesetzlichen Anforderungen entspricht.

Bei der Formulierung der Versicherung empfiehlt sich, den in § 264 Abs. 2 S. 3 HGB vorgeschriebenen Wortlaut möglichst **wortgetreu** wiederzugeben. Es ist nur dann erforderlich, im Bilanzeid eine **Aussage** zu **Anhangangaben** i.S.d. § 264 Abs. 2 S. 2 HGB zu machen, wenn der Anh. solche Angaben auch tatsächlich enthält. Dies wird nur in seltenen Ausnahmefällen gegeben sein. Als Beispiel sind ungewöhnliche bilanzpolitische Maßnahmen mit erheblichen Auswirkungen auf das Jahresergebnis zu nennen, bei denen sich ohne weitere Anhangangaben ein falsches Bild der Ertragslage ergäbe[327]. Im Bilanzeid zum **LB** haben nach § 289 Abs. 1 S. 5 HGB die Mitglieder des vertretungsberechtigten Organs zu versichern, dass die Darstellung des Geschäftsverlaufs und der Lage der KapGes. ein den tatsächlichen Verhältnissen entsprechendes Bild vermittelt (§ 289 Abs. 1 S. 1 HGB) und die wesentlichen Chancen und Risiken (§ 289 Abs. 1 S. 4 HGB) beschrieben werden[328]. Der Gesetzeswortlaut spricht dafür, dass sich der Erklärungsinhalt grundsätzlich **nicht** auf sonst. ergänzende Inhalte des LB (z.B. § 289a HGB) oder die Erklärung zur Unternehmensführung (§ 289f HGB) erstreckt; dies gilt entspr. beim Bilanzeid zum KLB (§ 315 Abs. 1 S. 5 HGB) für Ergänzungen des KLB (z.B. § 315a HGB). Etwas anderes gilt hinsichtlich der nichtfinanziellen (Konzern-)Erklärung,

---

325 Vgl. *Altenhain*, WM 2008, S. 1141 (1145); *Fleischer*, ZIP 2007, S. 97 (101); *Reiner*, in: MünchKomm HGB³, § 264, Rn. 109; *Winkeljohann/Schellhorn*, in: BeBiKo¹¹, § 264, Rn. 73.
326 *Altenhain*, WM 2008, S. 1141 (1146); *Hutter/Kaulamo*, NJW 2007, S. 550 (553); *Reiner*, in: MünchKomm HGB³, § 264, Rn. 110; a.A., derartige Erklärungen zur Entlastung der gesetzlichen Vertreter empfehlend *Abendroth*, WM 2008, S. 1147 (1150); *Fleischer*, ZIP 2007, S. 97 (101).
327 Vgl. jeweils mit weiteren Beispielen ADS⁶, § 264 HGB, Tz. 117 ff.; *Winkeljohann/Schellhorn*, in: BeBiKo¹¹, § 264, Rn. 50.
328 *Grottel*, in: BeBiKo¹¹, § 289, Rn. 80.

8.2.4 Form, Ort und Zeitpunkt der Erklärungsabgabe

179 Die Abgabe der Versicherung muss in **schriftlicher Form** erfolgen. Dies bedeutet nach § 126 Abs. 1 BGB, dass die Urkunde mit dem Text der Versicherung von dem Aussteller **eigenhändig** durch Namensunterschrift oder mittels notariell beglaubigten Handzeichens unterzeichnet werden muss. Eine faksimilierte Unterschrift ist daher für den Bilanzeid nicht ausreichend[329].

180 Nach dem Gesetzeswortlaut ist die Versicherung „bei der Unterzeichnung" abzugeben. Damit kann sinnvollerweise nur die Unterzeichnung des JA gemeint sein[330]. Das Gesetz enthält jedoch keine weitergehenden Vorgaben für den genauen **Ort**, an dem die Erklärung abzugeben ist. Da sich der Bilanzeid auf den JA bezieht, ist es naheliegend, die Versicherung im **räumlichen Zusammenhang** mit dem **JA** abzugeben. Empfehlenswert ist eine Wiedergabe am Ende des Anh., wo üblicherweise auch der JA selbst nach § 245 HGB unterschrieben wird, um hierdurch die Verantwortungsübernahme für alle Teile des JA zu dokumentieren[331].

181 Der Bilanzeid kann jedoch, da er kein Bestandteil des JA ist, auch in einer **gesonderten Urkunde** abgegeben werden[332]. In diesem Fall ist aber in der Erklärung eine eindeutige Bezeichnung des betr. JA erforderlich, um eine zweifelsfreie Zuordnung zu gewährleisten. Darüber hinaus wird zu Dokumentationszwecken im Regelfall eine feste Verbindung zum betr. JA zu verlangen sein, z.B. durch Beibinden der jeweiligen Originale.

182 Wird der Bilanzeid am Ende des Anh. abgegeben, stellt sich die Frage, ob die gesetzlichen Vertreter für den Bilanzeid und für die Unterzeichnung des JA nach § 245 HGB **zwei separate Unterschriften** leisten müssen. Da es sich formal um zwei Rechtspflichten handelt und der Erklärungswortlaut nicht identisch ist, wäre eine zweimalige Unterzeichnung zulässig.

> **Praxistipp 2:**
> Im Hinblick darauf, dass mit der Unterzeichnung des JA die Verantwortungsübernahme für den Inhalt des JA dokumentiert wird und dem Bilanzeid letztlich dieselbe Bedeutung zukommt, erscheint es zulässig und sachgerecht, dass die gesetzlichen Vertreter unter dem Text der Versicherung am Ende des Anh. nur **einmal unterschreiben**[333].

---

[329] *Graf/Bisle*, in: MünchKomm. BilR, § 264, Rn. 92; *Reiner*, in: MünchKomm. HGB³, § 264, Rn. 102; *Winkeljohann/Schellhorn*, in: BeBiKo¹¹, § 264, Rn. 71 f.

[330] *Reiner*, in: MünchKomm. HGB³, § 264, Rn. 105; *Winkeljohann/Schellhorn*, in: BeBiKo¹¹, § 264, Rn. 75.

[331] *Graf/Bisle*, in: MünchKomm. BilR, § 264, Rn. 96; *Winkeljohann/Schellhorn*, in: BeBiKo¹¹, § 264, Rn. 78: „im unmittelbaren Anschluss an den Anhang".

[332] Vgl. *Graf/Bisle*, in: MünchKomm. BilR, § 264, Rn. 95; *Winkeljohann/Schellhorn*, in: BeBiKo¹¹, § 264, Rn. 77.

[333] Vgl. *Graf/Bisle*, in: MünchKomm. BilR, § 264, Rn. 96; *Hönsch*, ZGC 2006, S. 117 (118); *Reiner*, in: MünchKomm. HGB³, § 264, Rn. 105; *Winkeljohann/Schellhorn*, in: BeBiKo¹¹, § 264, Rn. 78.

Die gesetzliche Vorgabe, die Versicherung „bei der Unterzeichnung" abzugeben, enthält **183** auch eine **zeitliche Komponente**. Der Bilanzeid ist in dem Zeitpunkt abzugeben, in dem auch der JA an die **Öffentlichkeit** gelangt. Denn der Bilanzeid dient nicht der Information anderer Gesellschaftsorgane, sondern der Dokumentation der Verantwortungsübernahme der gesetzlichen Vertreter ggü. den Adressaten des JA. Aus rechtlicher Sicht ist es daher ausreichend, den Bilanzeid zusammen mit dem JA erst dann zu unterzeichnen, wenn der JA in seiner endgültigen, **festgestellten** Fassung vorliegt[334]. Auch eine Unterzeichnung vor Feststellung ist zulässig, wenn der JA danach nicht mehr geändert wird[335].

Das Gesetz verlangt für den Bilanzeid, anders als für die Unterzeichnung des JA nach **184** § 245 HGB, keine ausdrückliche **Datumsangabe**. Bei Zusammenfassung der Unterschriften gilt die Datumsangabe für beides. Auch bei separaten Unterschriftsleistungen sollte der Bilanzeid zu Dokumentationszwecken mit einer Datumsangabe versehen werden.

8.2.5 Prüfung und Offenlegung, Verbindung mit anderen Erklärungen

Die Erklärung nach § 264 Abs. 2 S. 3 HGB ist selbst kein Bestandteil des JA[336]. Sie unterliegt daher auch **nicht** der **Prüfungspflicht** durch den gesetzlichen APr. nach **185** §§ 316 ff. HGB[337]. Wegen des Wissensvorbehalts zugunsten der gesetzlichen Vertreter wäre eine inhaltliche Prüfung der Richtigkeit des Bilanzeids auch nicht möglich.

Da der Bilanzeid kein Bestandteil des JA ist, wird er vom **Wortlaut** der Offenlegungsvorschrift des § 325 HGB **nicht erfasst**. Es besteht eine Regelungslücke. In der Praxis **186** stellen sich keine Probleme, wenn die Erklärung zusammen mit der Unterzeichnung des JA am Ende des Anh. angebracht wird. In diesem Fall wird auch der Wortlaut des Bilanzeids zwangsläufig zusammen mit dem JA nach § 325 Abs. 1 und 2 HGB offengelegt[338].

Aber auch wenn der Bilanzeid in einem separaten Dokument abgegeben und unterschrieben wird, ist davon auszugehen, dass sich die **Offenlegungspflicht** analog § 325 **187** HGB auch auf dieses Dokument erstreckt[339]. Hierfür spricht insb. der Sinn und Zweck der Regelung, da die vom Gesetzgeber angestrebte Appell- und Warnfunktion ohne eine Pflichtveröffentlichung des Bilanzeids weitgehend wirkungslos bliebe. Hinzu kommt, dass sich ein mittelbarer Veröffentlichungszwang auch aus § 114 WpHG ergibt[340]. Denn die Befreiung von der Pflicht zur gesonderten Veröffentlichung eines Jahresfinanzberichts setzt voraus, dass die Erklärung nach § 264 Abs. 2 S. 3 HGB nach den handelsrechtlichen Vorschriften mit offengelegt wird.

---

334 H.M.: *Claussen*, in: Kölner Komm. Rechnungslegungsrecht, § 264, Rn. 78; *Fleischer*, ZIP 2007, S. 97 (102); *Merkt*, in: Baumbach/Hopt, HGB[37], § 264, Rn. 27; *Reiner*, in: MünchKomm. HGB[3], § 264, Rn. 104; a.A. *Bosse*, DB 2007, S. 39 (45); *Hahn*, IRZ 2007, S. 375 (378).
335 Vgl. *Winkeljohann/Schellhorn*, in: BeBiKo[11], § 264, Rn. 76.
336 *Claussen*, in: Kölner Komm. Rechnungslegungsrecht, § 264, Rn. 77; *Graf/Bisle*, in: MünchKomm. BilR, § 264, Rn. 95; *Winkeljohann/Schellhorn*, in: BeBiKo[11], § 264, Rn. 77; wohl a.A. *Reiner*, in: MünchKomm. HGB[3], § 264, Rn. 96: „Pflichtbestandteil des JA".
337 *Winkeljohann/Schellhorn*, in: BeBiKo[11], § 264, Rn. 77.
338 Vgl. *Hönsch*, ZCG 2006, S. 117 (119).
339 Gl.A. *Grottel*, in: BeBiKo[11], § 325, Rn. 6: „redaktionelles Versehen des Gesetzgebers"; ähnlich *Winkeljohann/Schellhorn*, in: BeBiKo[11], § 264, Rn. 82: „faktische Offenlegungspflicht".
340 So auch *Grottel*, in: BeBiKo[11], § 325, Rn. 6.

> **Praxistipp 3:**
>
> Es empfiehlt sich, die Versicherung nach § 264 Abs. 2 S. 3 HGB mit der **Versicherung zum LB** nach § 289 Abs. 1 S. 5 HGB **zusammenzufassen**[341]. Dies ist mangels entgegenstehender Regelungen zulässig und auch sachgerecht, da der LB nach § 325 Abs. 1 HGB zusammen mit dem JA offenzulegen ist und sich die Erklärungen auch inhaltlich ergänzen; zudem sieht auch die zugrunde liegende Regelung in Art. 4 Abs. 2 lit. c der Transparenzrichtlinie eine gemeinsame Erklärung für die beiden Versicherungen zu JA und LB vor. Auch für die zusammengefasste Erklärung kommt eine Einfügung am Ende des Anh. in Betracht (Kap. B Tz. 165, Kap. B Tz. 182).

188 In entspr. Weise erscheint es auch zulässig und zweckmäßig, die **Versicherungen** zum **KA** (§ 297 Abs. 2 S. 4 HGB) und zum **KLB** (§ 315 Abs. 1 S. 6 HGB) in einer einheitlichen Erklärung **zusammenzufassen**[342]. Die Erklärungen zum KA und zum KLB sind grds. gesondert von denen zum JA und zum LB abzugeben, da KA und KLB in einem separaten Dokument enthalten sind und der KA grds. auch gesondert unterzeichnet wird.

> **Praxistipp 4:**
>
> Wenn der **KAnh.** und der **Anh.** zum JA des MU nach § 298 Abs. 3 HGB **zusammengefasst** werden, ist es jedoch zweckmäßig, auch die Erklärungen **zusammenzufassen** und nur einmal zu unterzeichnen, wenn JA und KA nach **denselben Rechnungslegungsgrundsätzen** aufgestellt worden sind[343].

189 Bei KapGes. i.S.d. § 264 Abs. 2 S. 3 HGB kommt es jedoch häufig vor, dass der JA nach den Vorschriften des HGB, hingegen der KA nach den **IFRS** aufgestellt wird. In diesem Fall ist es im Interesse der Klarheit angebracht, die Erklärungen in zwei **getrennten** Absätzen abzugeben, diese aber im Anschluss an den zweiten Absatz nur einmal zu unterschreiben.

8.2.6 Sanktionen

190 Nach § 331 Nr. 3a HGB wird die unrichtige Abgabe der Versicherung nach § 264 Abs. 2 S. 3 HGB mit **Freiheitsstrafe** bis zu drei Jahren oder mit **Geldstrafe** bestraft[344]. Der objektive Tatbestand des § 331 Nr. 3a HGB wird erst bei Überschreiten einer **Erheblichkeitsschwelle** erfüllt. Die zur Unrichtigkeit des Bilanzeids führenden Rechnungslegungsfehler müssen daher so erheblich sein, dass sie in der Gesamtbetrachtung zu einer unrichtigen oder unvollständigen Darstellung der Verhältnisse führen[345]. Auch führen nur **formale Fehler** (z.B. Schreibfehler oder sprachlich verunglückte Sätze) bei der Ab-

---

341 *Graf/Bisle*, in: MünchKomm. BilR, § 264, Rn. 97; *Grottel*, in: BeBiKo[11], § 289, Rn. 70; *Reiner*, in: MünchKomm. HGB³, § 264, Rn. 105; *Winkeljohann/Schellhorn*, in: BeBiKo[11], § 264, Rn. 80 m.w.N.
342 Vgl. *Grottel*, in: BeBiKo[11], § 315, Rn. 155; vgl. mit einheitlichem Formulierungsvorschlag zum KA und KLB DRS 20.K309.
343 Gl.A. *Winkeljohann/Schellhorn*, in: BeBiKo[11], § 264, Rn. 79.
344 Vgl. zur strafrechtsdogmatischen Einordnung der Vorschrift *Abendroth*, WM 2008, S. 1147 (1149); *Altenhain*, WM 2008, S. 1141 (1142 f.); *Hamann*, Der Konzern 2008, S. 145 (146 ff.).
345 *Fleischer*, ZIP 2007, S. 97 (102); *Grottel/Hoffmann*, in: BeBiKo[11], § 331, Rn. 36; *Reiner*, in: MünchKomm. HGB³, § 264, Rn. 115; *Quedenfeld*, in: MünchKomm. HGB³, § 331, Rn. 75.

gabe der Erklärung nicht zur Strafbarkeit[346]. Denn hierdurch wird das geschützte Rechtsgut, nämlich das Vertrauen der Anleger in die Richtigkeit und Redlichkeit der veröffentlichen Finanzinformationen[347], inhaltlich nicht berührt.

Die strafrechtliche Bedeutung des **Wissensvorbehalts** („nach bestem Wissen") ist umstritten[348]. Nach den Gesetzesmaterialien soll hierdurch zum Ausdruck gebracht werden, dass nur vorsätzliches Handeln bei der Abgabe des Bilanzeids bezogen auf die Richtigkeit der Angaben und nicht bereits fahrlässiges Verhalten die Strafbarkeit auslöst; dabei genüge es aber für die richtige Abgabe des Bilanzeids nicht, wenn sich die Betroffenen auf „vorhandenes Wissen zurückziehen" und die allgemeinen Sorgfaltspflichten bei der Rechnungslegung missachten[349]. Hiernach dürfte der Wissensvorbehalt im Wesentlichen nur der Klarstellung dienen, dass bloße Fahrlässigkeit beim Bilanzeid nicht strafbar ist[350]. **191**

Die Strafbarkeit nach § 331 Nr. 3a HGB setzt somit Vorsatz voraus, wobei **bedingter Vorsatz** genügt[351]. Aus dem im Gesetzgebungsverfahren eingefügten Wissensvorbehalt kann nicht auf das Erfordernis eines direkten Vorsatzes geschlossen werden. Eine Strafbarkeit des Verantwortlichen ist daher auch dann gegeben, wenn dieser zwar keine positive Kenntnis von der Falschdarstellung hat, diese aber tatsächlich für möglich hält und die Unrichtigkeit des JA billigend in Kauf nimmt. Da ein nur **fahrlässiges Verhalten** nicht zur Strafbarkeit führt, bleiben die gesetzlichen Vertreter straffrei, wenn sie bei Abgabe des Bilanzeids trotz Beachtung ihrer Informationsbeschaffungspflichten die objektive Unrichtigkeit des JA weder kennen noch konkret mit ihr rechnen. **192**

Der **Versuch** der Abgabe eines unrichtigen Bilanzeids ist **nicht strafbar**[352]. Eine strafrechtliche Sanktion bei **unterlassener Mitwirkung** sieht das HGB ebenfalls nicht vor. Die noch im RegE des TUG vorgesehene strafrechtliche Sanktion auch für den Fall, dass eine Versicherung nicht abgegeben wird, ist i.R.d. Ausschussberatungen[353] gestrichen worden. Da der Bilanzeid Bestandteil des Jahresfinanzberichts und des Halbjahresfinanzberichts ist, wird er vom **Ordnungswidrigkeitstatbestand** des § 120 Abs. 2 WpHG erfasst. In diesem Rahmen stellt nicht nur die Abgabe eines unrichtigen Bilanzeids, sondern auch das **Unterlassen** der Abgabe der Versicherung eine bußgeldbewehrte Ordnungswidrigkeit dar[354]. **193**

---

346 *Altenhain*, WM 2008, S. 1141 (1143 f.).
347 Vgl. *Abendroth*, WM 2008, S. 1147 (1149); *Fleischer*, ZIP 2007, S. 97 (103); *Hamann*, Der Konzern 2008, S. 145 (146); *Quedenfeld*, in: MünchKomm. HGB³, § 331, Rn. 1; a.A. *Altenhain*, WM 2009, S. 1141 (1143): nur „Schutz des Vermögens der Anleger".
348 Hierzu ausführlich *Altenhain*, WM 2008, S. 1141 (1144 ff.); *Hamann*, Der Konzern 2008, S. 145 (147 ff.) m.w.N.
349 Beschlussempfehlung und Bericht des Finanzausschusses, BT-Drs. 16/3644, S. 58.
350 Vgl. *Bosse*, DB 2007, S. 39 (45); *Hamann*, Der Konzern 2008, S. 145 (148); zur Abgrenzung zwischen bewusster Fahrlässigkeit und bedingtem Vorsatz beim Bilanzeid ausführlich *Altenhain*, WM 2008, S. 1141 (1145 f.).
351 *Fleischer*, ZIP 2007, S. 97 (102); *Hamann*, Der Konzern 2008, S. 145 (148); *Grottel/Hoffmann*, in: BeBiKo¹¹, § 331, Rn. 38; *Quedenfeld*, in: MünchKomm. HGB³, § 331, Rn. 89 m.w.N; *Reiner*, in: MünchKomm. HGB³, § 264, Rn. 114.
352 Vgl. *Grottel/Hoffmann*, in: BeBiKo¹¹, § 331, Rn. 37; *Quedenfeld*, in: MünchKomm. HGB³, § 331 Rn. 101.
353 Vgl. Stellungnahme des Bundesrats, BT-Drs. 16/2917, 3; Empfehlung und Bericht des Finanzausschusses, BT-Drs. 16/3644, S. 59.
354 *Abendroth*, WM 2008, S. 1147 (1149); *Grottel/Hoffmann*, in: BeBiKo¹¹, § 331 Rn. 35; *Quedenfeld*, in: MünchKomm. HGB³, § 331, Rn. 75.

9. Offenlegung

194 Die Rechtsordnung unterwirft Unternehmen in einer Vielzahl von Gesetzen unterschiedlichen **Publizitätspflichten** (vgl. nur § 8b Abs. 2, 3 HGB)[355]. Daneben haben die Unternehmensorgane nicht selten auch weitere, (gesellschafts-)vertragliche Informations- und Veröffentlichungspflichten zu beachten. Dies gilt insbesondere auch hinsichtlich der hier zu behandelnden Offenlegungsvorschriften i.Z.m. der Rechnungslegung und Prüfung. Die handelsrechtliche Bundesanzeigerpublizität lässt andere gesetzliche oder gesellschafts(vertrags)rechtliche Veröffentlichungsvorschriften unberührt (§ 325 Abs. 5 HGB)[356].

195 Offenlegung im vorliegenden Zusammenhang bedeutet **Einreichung** des JA, des KA u.a. offenlegungspflichtiger Unternehmensunterlagen beim Betreiber des Bundesanzeigers und **Bekanntmachung** dieser Unterlagen im Bundesanzeiger (BAnz) nach Maßgabe des deutschen Handelsbilanzrechts – sog. **„Bundesanzeigerpublizität"**[357].

Die handelsrechtliche Unternehmenspublizität im BAnz ist u.a. zu unterscheiden von der hier nicht zu behandelnden steuerrechtlichen „E – Bilanz", also die nach Maßgabe von § 5b EStG dem Finanzamt elektronisch zu übermittelnden Steuerunterlagen.

Hier ebenfalls nicht bzw. nicht abschließend behandelt werden **sonstige Publizitätspflichten** ggü. dem BAnz **kraft Verweisung** (§§ 339, 340l, 341l HGB; §§ 9, 15 PublG).

Nicht berücksichtigt werden ferner anderweitige **Bekanntmachungspflichten gegenüber anderen Institutionen**. Hierzu zählen etwa Meldepflichten von Kredit- und Finanzdienstleistungsinstituten sowie Finanzunternehmen ggü. der BaFin und der Deutschen Bundesbank (DBB) nach § 26 Abs. 1, 3 KWG, die Halbjahresfinanzberichterstattung von Unternehmen, die als Inlandsemittent Aktien oder Schuldtitel begeben haben (vgl. § 115 Abs. 1 S. 2, 3 WpHG), oder die Offenlegung von (Konzern-)Zahlungsberichten im Rohstoffsektor (vgl. §§ 341q-341w HGB).

9.1 Gesetzliche Offenlegungspflicht

196 Die wesentlichen **handelsrechtlichen Offenlegungsvorschriften** i.Z.m. der Rechnungslegung und Prüfung finden sich im Zweiten Abschnitt des Dritten Buchs des Handelsgesetzbuchs.

- Im Vierten Unterabschn. werden mit §§ 325-328 HGB für bestimmte Unternehmen Offenlegungspflichten für bestimmte, für Gesellschafter, Gläubiger und Dritte relevante Unternehmensunterlagen begründet. Die Offenlegungspflicht wird flankiert durch eine entspr. staatliche Kontrolle nach Maßgabe von § 329 HGB.
- Im Sechsten Unterabschn. finden sich die Sanktionsnormen bei Verstößen gegen die Offenlegungsvorschriften. In den §§ 331, 334, 335, 335a und 335b HGB sind Straf-, Bußgeld- und Ordnungsgeldvorschriften kodifiziert.

197 Die handelsrechtliche **Unternehmenspublizität** tritt damit als weiteres ordnungspolitisches Instrument staatlicher Kontrolle neben die Kontrollsäulen Rechnungs-

---

[355] *Grottel*, in: BeBiKo[11], § 325 HGB Rn. 1; *Krafka*, in: MünchKomm. HGB[3], § 8b Rn. 1 ff.
[356] *Grottel*, in: BeBiKo[11], § 325 HGB Rn. 105; *Fehrenbacher*, in: MünchKomm. HGB[3], § 325 Rn. 117.
[357] *Drinhausen*, in: MünchKomm. BilR, § 325 Anm. 8, 54; *Spanier*, in: MünchKomm. HGB[3], § 339 Rn. 3, 4; ADS[6], PublG Vorbem. zu §§ 1-10, Tz. 8.

legungskontrolle durch den gesetzlichen APr. und Unternehmensüberwachung durch Gesellschafter bzw. AR (sog. **„dritte Säule der Unternehmenskontrolle")**[358].

Der ordnungspolitische Transparenz- und Publizitätsgedanke hat mit **§ 335 Abs. 1d HGB** i.V.m. **§ 124 Abs. 1 WpHG** eine Erweiterung gefunden durch **„staatliches Anprangern"** von Rechtsverstößen kraft gesetzlicher Veröffentlichungsanordnung durch die Staatsaufsicht im Internet, sog. Naming and Shaming[359]: gem. § 335 Abs. 1d HGB muss das **Bundesamt für Justiz (BfJ)** der **BaFin** unverzüglich Mitteilung über die Festsetzung eines Ordnungsgeldes gem. § 335 HGB gegen ein kapitalmarktorientiertes Unternehmen i.S.v. § 264d HGB bzw. gegen dessen gesetzliches Vertretungsorgan nach Maßgabe von § 335 Abs. 1a HGB machen. Die BaFin hat diese Mitteilung wiederum nach Maßgabe des § 124 Abs. 1 bis 3 WpHG unverzüglich auf der **Internetseite der BaFin** bekannt zu machen[360]. Neben die klassischen Sanktionen (Strafe, Buße, Ordnungsgeld) tritt also der **„öffentliche Pranger"** als eines der wohl ältesten Sanktionsmittel, jetzt im digitalen Gewand[361]. Immerhin wurde eine Löschungsvorschrift eingeführt: Nach § 124 Abs. 4 S. 1 WpHG sind Bekanntmachungen fünf Jahre nach ihrer Veröffentlichung zu löschen; nach § 124 Abs. 4 S. 2 WpHG sind personenbezogene Daten zu löschen, sobald ihre Bekanntmachung nicht mehr erforderlich ist[362].

9.1.1 Sinn und Zweck der Offenlegungsvorschriften

Der Gesetzgeber verfolgt mit der sanktionierten Pflicht zur Offenlegung der in § 325 Abs. 1 HGB abschließend aufgezählten Unternehmensinformationen **gesamtwirtschaftliche** und damit **öffentliche Zwecke**, namentlich den generell-abstrakten **Funktionsschutz des Marktes** und damit immanent verknüpft den konkreten **Individualschutz der Marktteilnehmer**.

198

Nach Auffassung des OLG Köln stellt § 325 HGB jedoch keine Marktverhaltensregelung i.S.d. § 3a UWG dar[363]. Hiernach stellt ein Verstoß gegen die Offenlegungsverpflichtung nach § 325 HGB nicht gleichzeitig auch einen Verstoß gegen § 1 UWG dar[364], so dass ein Wettbewerber nicht nach UWG vorgehen kann, wenn ein Mitbewerber seine Offenlegungsverpflichtungen verletzt. Ebenso wenig stellt nach Auffassung des LG Ravensburg ein Verstoß gegen § 325 HGB zugleich eine untreuerelevante Pflichtverletzung i.S.v. § 266 StGB dar, da den handelsrechtlichen Offenlegungsvorschriften – jedenfalls für das zu betreuende Gesellschaftsvermögen – kein vermögensschützender Charakter zukomme[365] (zu den offenlegungsrechtlichen Sanktionen s. Kap. B Tz. 218 ff.).

---

358 *Zetzsche,* in: Kölner Komm. Rechnungslegungsrecht, vor § 325 Rn. 1; *Merkt,* in: Baumbach/Hopt, HGB[37], § 325 Rn. 1; *Fehrenbacher,* in: MünchKomm. HGB[3], § 325 Rn. 6.
359 *Grottel/Hoffmann,* in: BeBiKo[11], § 335 HGB Rn. 31; *Schilha,* DB 2015, S. 1821 (1826); *Nartowska/Knierbein,* NZG 2016, S. 256; *Blöink/Kumm,* BB 2015, S. 1515 (1518).
360 Die von der BaFin veröffentlichten Maßnahmen und Sanktionen sind abrufbar unter https://www.bafin.de/DE/Aufsicht/BoersenMaerkte/Massnahmen/massnahmen_sanktionen_node.html.
361 *Schilha,* DB 2015, S. 1821 (1827); *Blöink/Kumm,* DB 2015, S. 1515 (1519).
362 Die mit dem Zweiten Gesetz zur Novellierung von Finanzmarktvorschriften aufgrund europäischer Rechtsakte (Zweites Finanzmarktnovellierungsgesetz – 2. FiMaNoG) v. 23.06.2017 (BGBl. I 2017 S. 1693) neu eingefügte Löschvorschrift ist am 03.01.2018 in Kraft getreten.
363 OLG Köln v. 28.04.2017, Az. 6 U 152/16 (rkr.), NZG 2017, S. 992; kritisch dazu *Altmann,* GRUR-Prax 2017, S. 364 sowie *Zenker/Schneider,* GWR 2017, S. 304.
364 Ausführlich dazu unter Berücksichtigung der Gesetzeshistorie OLG Köln v. 28.04.2017, Az. 6 U 152/16 (rkr.), Rz. 32 ff., NZG 2017, S. 992.
365 LG Ravensburg v. 22.02.2017, Az. 2 QS 9/17, NStZ-RR 2017, S. 145.

199 Der **persönliche Schutzbereich** der Publizitätsvorschriften ist damit weit. Er umfasst nicht nur den Kreis der Gesellschafter und Gesellschaftsgläubiger, sondern auch Arbeitnehmer, (potenzielle) Geschäftspartner, Konkurrenten, öffentliche Institutionen der Aufsicht und letztlich die Allgemeinheit[366].

Zwar kann nach Auffassung des LG Ravensburg ein Verstoß gegen § 325 HGB nicht zugleich auch eine untreuerelevante Pflichtverletzung i.S.v. § 266 StGB darstellen, weil den handelsrechtlichen Offenlegungsvorschriften – jedenfalls für das zu betreuende Gesellschaftsvermögen – kein vermögensschützender Charakter zukomme[367].

Dennoch steht der allen rechnungslegungsrelevanten Normen immanente **Gläubigerschutz** im Mittelpunkt. Hieran lässt sich auch der **Adressatenkreis** der Publizitätsvorschriften ableiten (vgl. dazu Kap. B Tz. 200 f.).

9.1.2 Adressat der Offenlegungsvorschriften

200 Der „**Gläubigerschutz durch Information**" spielt nicht nur, aber gerade bei KapGes. und KapCoGes. im Hinblick auf das gesellschaftsrechtliche **Haftungsregime** eine besondere Rolle[368]. Denn wg. der auf das gezeichnete Kapital beschränkbaren Haftung der Gesellschafter haften KapGes. grds. nur mit dem vorhandenen Gesellschaftsvermögen.

Die straf-, bußgeld- und ordnungsgeldbewehrte Offenlegungspflicht ist insofern der Preis der gesellschaftsrechtlich vermittelten Haftungsbeschränkung und insoweit „**Korrelat der Marktteilnahme**"[369].

Folgerichtig gelten die Offenlegungsvorschriften einschl. der Sanktionsnormen zunächst speziell für **KapGes.** (insb. AG, KGaA und GmbH einschl. UG)[370] sowie für **Personenhandelsgesellschaften i.S.v. § 264a HGB**, also insb. KapCoGes. in der Rechtsform, einer KG oder OHG, bei denen nicht mindestens eine persönlich haftende Person eine natürliche Person ist, § 335b HGB.

201 Anknüpfungspunkt ist aber nicht nur das gesellschaftsrechtliche Haftungsregime des Unternehmens, sondern auch die potenzielle **Intensität der Inanspruchnahme des Marktes** in Abhängigkeit der **Unternehmensgröße**[371]. Hierbei orientiert sich der Gesetzgeber nach Maßgabe von §§ 267, 267a HGB und § 1 Abs. 1 PublG an der Bilanzsumme, den Umsatzerlösen und der Anzahl der Arbeitnehmer; zu den größenklassenabhängigen Erleichterungen gem. §§ 326, 327 HGB s. Kap. B Tz. 209 ff.

Vor diesem Hintergrund unterliegen nach Maßgabe von §§ 9, 15 PublG auch die nach Maßgabe von §§ 1 ff. PublG rechnungslegungspflichtigen Unternehmen der Publizitätspflicht durch sinngemäße Anwendung der §§ 325 Abs. 1-2b und Abs. 4-6, 328 HGB sowie der Publizitätskontrolle durch sinngemäße Anwendung des § 329 Abs. 1 und 4 HGB[372].

---

366 *Zetzsche*, in: Kölner Komm. Rechnungslegungsrecht, vor § 325 Anm. 5; *Fehrenbacher*, in: MünchKomm. HGB³, § 325 Anm. 7.
367 LG Ravensburg v. 22.02.2017, Az. 2 QS 9/17, NStZ-RR 2017, S. 145.
368 *Zetzsche*, in: Kölner Komm. Rechnungslegungsrecht, vor § 325 Anm. 3; ADS⁶, PublG Vorbem. zu §§ 1-10, Tz. 8 und § 9 Tz. 11 ff.
369 *Merkt*, in: Baumbach/Hopt, HGB³⁷, § 325 Rn. 1; *Zetzsche*, in: Kölner Komm. Rechnungslegungsrecht, vor § 325 Anm. 2.
370 OLG Köln v. 03.01.2016, Az. 28 Wx 12/15, GmbHG 2016, S. 51.
371 ADS⁶, PublG Vorbem. zu §§ 1-10, Tz. 2; *Merkt*, in: Baumbach/Hopt, HGB¹⁰, § 325 Rn. 1.
372 *Grottel*, in: BeBiKo¹¹, § 325 HGB Rn. 120 ff.

Verantwortung der Unternehmensorgane für Rechnungslegung und Prüfung B

Neben dem Haftungsregime und der Größe des Unternehmens sind zudem sektoren- bzw. **branchenspezifische Besonderheiten** zu beachten. Damit kann auch der konkrete Unternehmenszweck bzw. der Unternehmensgegenstand eine Offenlegungspflicht nach Maßgabe von §§ 325 ff. HGB auslösen[373]. **202**

Kraft **gesetzlicher Verweisung** unterliegen der Bundesanzeigerpublizität namentlich
- eingetragene Genossenschaften (vgl. § 339 HGB),
- Kredit- und Finanzdienstleistungsinstitute (vgl. §§ 340 Abs. 1, 4 S. 4, 340l, 340m, 340n Abs. 1 Nr. 5, 340o HGB),
- VU und Pensionsfonds (vgl. §§ 341 Abs. 1 und Abs. 4, 341l, 341m, 341n Abs. 1 Nr. 8, 341o und 341p HGB) sowie
- bestimmte Unternehmen im Rohstoffsektor (vgl. §§ 341w Abs. 3, 341x HGB).

9.1.3 Gegenstand der Offenlegung

Die gesetzlichen Offenlegungspflichten nach Maßgabe der hier behandelten **Bundesanzeigerpublizität** korrespondieren mit den handels- und gesellschaftsrechtlichen Rechnungslegungspflichten sowie damit zusammenhängenden Informationspflichten des Unternehmens. **203**

Mithin haben die gesetzlichen Vertreter der Gesellschaft offenzulegen: **204**
- gem. § 325 Abs. 1 S. 1 Nr. 1 HGB
  - den von den zuständigen Gesellschaftsorganen **festgestellten** bzw. **gebilligten JA** bestehend aus Bilanz, GuV und Anh. nach Maßgabe von §§ 242 ff., 264 ff. HGB unter Angabe des Datums der Feststellung bzw. Billigung des betr. Abschlusses nach Maßgabe von § 328 Abs. 1a S. 2 HGB,
  - den nach Maßgabe von § 289 HGB zu erstellenden **LB** sowie
  - den nach Abschluss der Prüfung gem. § 322 HGB zu erteilenden **BestV** oder den **Versagungsvermerk** des gesetzlichen APr. bei bestehender Prüfungspflicht nach Maßgabe von §§ 316 Abs. 1, 328 Abs. 1a S. 2 HGB;
- gem. § 325 Abs. 1 S. 1 Nr. 2 HGB
  - den bei Vorhandensein eines AR gem. § 171 Abs. 2 S. 1 AktG (ggf. i.V.m. § 52 Abs. 1 GmbHG) zu erstellenden **Bericht des AR** sowie
  - die gem. § 161 AktG durch Vorstand und AR börsennotierter Unternehmen abzugebende **Erklärung zum Corporate Governance Kodex**;
- gem. § 325 Abs. 1b S. 2 HGB
  - den von Gesetzes wg. zu fassenden **Ergebnisverwendungsbeschluss**, sofern er nicht bereits im Anh. gem. § 285 Nr. 34 HGB angegeben wird[374];
- gem. § 325 Abs. 3 HGB
  - den nach Maßgabe von § 290 HGB aufzustellenden **KA**,
  - den **KLB** sowie
  - den **Ergebnisverwendungsbeschluss**, sofern er nicht bereits im Anh. gem. § 314 Abs. 1 Nr. 26 HGB angegeben wird[375].

---

[373] *Grottel/Hoffmann*, in: BeBiKo[11], § 331 HGB Rn. 1, 70, 75.
[374] Vgl. dazu *Grottel*, in: BeBiKo[11], § 285 HGB Rn. 960 ff., 970 ff; *Rimmelspacher/Meyer*, DB 2015, Beil. 5, S. 23 (29 f.).
[375] Vgl. dazu *Grottel*, in: BeBiKo[11], § 285 HGB Rn. 960 ff; *Rimmelspacher/Meyer*, DB 2015, Beil. 5, S. 23 (29 f.).

205 § 325 Abs. 2a HGB räumt unter den dort sowie in den § 325 Abs. 2b HGB genannten Voraussetzungen ein Wahlrecht ein, anstatt eines HGB-Abschlusses einen (freiwillig aufgestellten) **IFRS-EA** bekannt zu machen. Dies entbindet jedoch nicht von der Pflicht, den HGB-Abschluss nebst Testat einzureichen (§ 325 Abs. 2b Nr. 3 HGB)[376].

206 **Inländische Zweigniederlassungen** von KapGes. mit Sitz in der EU bzw. im EWR haben (zumindest) die Rechnungslegungsunterlagen der Hauptniederlassung nach Maßgabe von **§ 325a Abs. 1 HGB** offenzulegen. Diese Vorschrift findet allerdings nach Maßgabe von § 325a Abs. 2 HGB keine Anwendung auf Zweigniederlassungen von KI oder VU. Für diese gelten branchenspezifische Aufstellungs-, Prüfungs- und Offenlegungspflichten (vgl. §§ 340 Abs. 1 S. 2, 341 Abs. 2 HGB).

Eine weitergehende Publizitätspflicht hängt maßgeblich davon ab, ob die inländische Zweigniederlassung selbst nach HGB rechnungslegungspflichtig ist. Dies ist umstritten[377]. Aber auch bei Bejahung dieser Grundsatzfrage wird dieser Publizitätspflicht mit der Offenlegung der Unterlagen nach § 325a Abs. 1 HGB genügt, wenn die Einbeziehung der inländischen Zweigniederlassung in das Buchwerk und den JA des ausländischen Rechtsträgers den GoB entspricht (vgl. Kap. B Tz. 16)[378].

207 Zu beachten ist, dass die handelsrechtlichen Rechnungslegungspflichten nach Maßgabe von **§ 155 Abs. 1 InsO** auch im Fall der **Insolvenz** des Unternehmens fortbestehen. Die Offenlegungspflicht besteht also auch nach Eröffnung eines Insolvenzverfahrens[379].

208 **Keine** gem. §§ 334, 335 HGB sanktionierte **Offenlegungspflicht** besteht zwar für die nach Maßgabe von § 242 Abs. 1 S. 1 HGB aufzustellende **Eröffnungsbilanz**[380]; indes ist die unrichtige Wiedergabe oder Verschleierung strafbar wg. unrichtiger Darstellung nach Maßgabe von § 331 Nr. 1 HGB.

9.1.4 Größenabhängige Erleichterungen

209 **§ 326 HGB** sieht größenabhängige Erleichterungen für kleine KapGes. und Kleinstkapitalgesellschaften bei der Offenlegung vor:

- Nach Maßgabe von § 326 Abs. 1 HGB müssen **kleine KapGes.** i.S.v. § 267 Abs. 1 HGB nur die Bilanz und den Anh. einreichen, wobei die GuV betr. Anhangangaben entfallen können.
- Zudem haben **Kleinstkapitalgesellschaften** i.S.v. § 267a HGB unter den Voraussetzungen des § 326 Abs. 1 HGB die Option, anstatt der Bekanntmachung die Bilanz in elektronischer Form zur dauerhaften **Hinterlegung** beim Betreiber des BAnz ein-

---

[376] Vgl. dazu *Grottel*, in: BeBiKo[11], § 325 HGB Rn. 57, 70, 71.

[377] Bejahend: ADS[6], § 238 HGB Tz. 18; *Winkeljohann/Henckel*, in: BeBiKo[110], § 238 HGB Rn. 46; *Förschle/Kropp*, in: *Winkeljohann/Förschle/Deubert*, Sonderbilanzen[5], Kap. B Anm. 11; *Winkeljohann/Hermesmeier*, in: *Winkeljohann/Förschle/Deubert*, Sonderbilanzen[5], Kap. D Anm. 3; verneinend: *Hennrichs*, in: FS Horn, S. 387 (394 f.); *Pöschke*, in: Staub, HGB[5], § 238 Rn. 26; *Schulze-Osterloh*, in: HdJ, I/1 Rn. 140 ff., 144; je m.w.N.

[378] *Winkeljohann/Henckel*, in: BeBiKo[11], § 238 HGB Rn. 46; *Förschle/Kropp*, in: *Winkeljohann/Förschle/Deubert*, Sonderbilanzen[5], Kap. B Anm. 12.

[379] *Förschle/Weisang*, in: *Winkeljohann/Förschle/Deubert*, Sonderbilanzen[5], Kap. R Anm. 50: Merkt, in: Baumbach/Hopt, HGB[10], § 325 Rn. 1; LG Bonn v. 16.09.2009, Az. 30 T 366/09, GmbHR 2009, S. 358.

[380] *Winkeljohann/Hermesmeier*, in: *Winkeljohann/Förschle/Deubert*, Sonderbilanzen[5], Kap. D Anm. 5, 100; *Winkeljohann/Schellhorn*, in: *Winkeljohann/Förschle/Deubert*, Sonderbilanzen[5], Kap. D Anm. 261; *Grottel/Hoffmann*, in: BeBiKo[11], § 331 HGB Rn. 4; *Quedenfeld*, in: MünchKomm. HGB[3], § 334 Anm. 6.

zureichen und einen Hinterlegungsauftrag zu erteilen[381]. Dies gilt auch für die Publizitätspflicht von Zweigniederlassungen gem. § 325a Abs. 3 HGB.
- **Keine Hinterlegungsmöglichkeit** besteht allerdings namentlich für KI, externe Kapitalverwaltungsgesellschaften, Pensionsfonds, Versicherungen, Rückversicherungsgesellschaften, anerkannte Unternehmensbeteiligungsgesellschaften nach §§ 1, 15 UBGG sowie Unternehmen, die am geregelten Markt teilnehmen.

Übersicht zu den einzureichenden und bekanntzumachenden bzw. zu hinterlegenden Unterlagen:

	Große KapGes. (§ 267 Abs. 3 HGB)	Mittel-große KapGes. (§ 267 Abs. 2 HGB)	Kleine KapGes. (§ 267 Abs. 1 HGB)	Kleinstkapitalgesellschaft (§ 267a HGB)
Bilanz	vollständig	erw. Kurzform § 327 Nr. 1 HGB	Kurzform § 266 Abs. 1 S. 3 HGB	Kurzform § 266 Abs. 1 S. 3 HGB
GuV	vollständig	Kurzform § 276 Abs. 1 S. 1 HGB	entfällt § 326 Abs. 1 S. 1 HGB	entfällt § 267a Abs. 2 HGB
Anhang	vollständig	erw. Kurzform § 327 Nr. 2 HGB	Kurzform § 326 Abs. 1 S. 2 HGB	entfällt unter Beachtung von § 264 Abs. 1 S. 5 HGB
Lagebericht	vollständig	vollständig	entfällt § 264 Abs. 1 S. 4 HGB	entfällt § 267a Abs. 2 HGB
Testat	vollständig	vollständig	entfällt § 316 Abs. 1 HGB	entfällt § 267a Abs. 2 HGB
Ergebnisverwendungsbeschluss	sofern nicht bereits im Anh. angegeben bzw. entbehrlich	sofern nicht bereits im Anh. angegeben bzw. entbehrlich	entfällt arg. ex. § 288 Abs. 1 Nr. 1 HGB	entfällt § 267a Abs. 2 HGB

---

[381] *Grottel*, in: BeBiKo[11], § 326 HGB Rn. 40 ff.; *Fey* u.a., BB 2013, S. 108.

9.1.5 Offenlegungsfristen

211 Die in § 325 Abs. 1 S. 1 Nr. 1 HGB genannten Unterlagen (**JA, LB, Testat**) sind nach Maßgabe von § 325 Abs. 1a S. 1 HGB spätestens **12 Monate** nach dem Abschlussstichtag des GJ einzureichen, auf das sie sich beziehen.

Bei **kapitalmarktorientierten KapGes.** i.S.v. § 264d HGB verkürzt sich vorgenannte Jahresfrist auf **vier Monate**, es sei denn, die KapGes. begibt ausschließlich zum Handel an einem organisierten Markt zugelassene Schuldtitel i.S.v. § 2 Abs. 1 Nr. 3 WpHG mit einer Mindeststückelung von 100.000 € oder dem am Ausgabetag entspr. Gegenwert einer anderen Währung. Weitere **branchenspezifische Besonderheiten** für die Offenlegungsfristen gelten bspw. für (Rück-)VU (vgl. § 341a Abs. 1, 5 HGB) sowie für KI (vgl. § 340l HGB).

212 Nach § 325 Abs. 3 HGB erstreckt sich die Offenlegungsfrist auch auf den **KA** und **KLB**, wobei unter den Voraussetzungen des **§ 325 Abs. 3a HGB** eine gemeinsame Offenlegung möglich ist und im Fall der **verbundenen Berichterstattung** auch der BestV des APr. betr. die Prüfung von JA und KA zusammengefasst eingereicht werden kann[382].

213 Liegen die in § 325 Abs. 1 S. 1 Nr. 2 HGB genannten Unterlagen (**AR-Bericht und Erklärung nach § 161 AktG**) ein Jahr nach dem Abschlussstichtag des GJ, auf das sie sich beziehen, nicht vor, sind diese nach Maßgabe von § 325 Abs. 1a S. 2 HGB unverzüglich, also ohne schuldhaftes Zögern (§ 121 Abs. 1 BGB), nach ihrem Vorliegen gem. § 325 Abs. 1 S. 2 HGB offenzulegen.

214 Im Falle der Offenlegung durch **inländische Zweigniederlassungen** nach Maßgabe von § 325a HGB ist zunächst die für die Offenlegung im Ausland geltende Frist maßgeblich und mithin die fristgemäße Offenlegung im Ausland zuzuwarten; bei Überschreitung dieser Frist müssen die Unterlagen unverzüglich, also ohne schuldhaftes Zögern (§ 121 Abs. 1 BGB), beim BAnz eingereicht werden (§ 325 Abs. 1a S. 2 HGB)[383].

215 Bei **nachträglicher Änderung** von JA/KA bzw. sonst. nach § 325 Abs. 1 HGB einzureichenden Unterlagen nach Offenlegung (v.a. aber bei Änderung und erneuter Feststellung des JA und damit einhergehender Nachtragsprüfung) müssen auch diese geänderten Unterlagen erneut eingereicht und bekannt gemacht werden (§ 325 Abs. 1b HGB), und zwar **unverzüglich**, also ohne schuldhaftes Zögern (§ 121 Abs. 1 BGB).

9.1.6 Form der Einreichung und Bekanntmachung

216 Die Bundesanzeigerpublizität ist vollständig **digitalisiert**. Mithin sind gem. § 325 Abs. 1 S. 2 HGB alle offenlegungspflichtigen Unterlagen in elektronischer Form beim Betreiber des BAnz in einem vom BAnz vorgegebenen Format einzureichen, das eine Bekanntmachung ermöglicht.

Dies wird dadurch gewährleistet, dass alle Einreichungen über das **Publikationsportal** zu erfolgen haben (https://publikations-plattform.de). Auf dem Publikationsportal finden sich entspr. Hinweise des „Wie" der Einreichung, namentlich zu den technischen Anforderungen. Die Bekanntmachungen im BAnz sind sodann im Internet unter www.bundesanzeiger.de oder über das **Unternehmensregister** unter www.unternehmensregister.de abrufbar.

---

[382] *Grottel*, in: BeBiKo[11], § 325 HGB Rn. 100.
[383] *Grottel*, in: BeBiKo[11], § 325a HGB Rn. 40; § 325 Rn. 98.

Aus dem Gebot der Vollständigkeit und Richtigkeit ergibt sich ein **„Änderungsverbot mit Erlaubnisvorbehalt"**. Das heißt Kürzungen, Fehlerkorrekturen u.dgl. sind grds. unzulässig. Sind Änderungen ausnahmsweise erlaubt, wie etwa bei zulässiger Inanspruchnahme von Aufstellungs-, Gliederungs- oder Offenlegungserleichterungen, löst dies eine entspr. Hinweispflicht aus[384]. Solche Änderungen sind vor Einreichung der Unterlagen vorzunehmen (s. Kap. B Tz. 215; zu Änderungen nach Einreichung s. Kap. B Tz. 215). Im Übrigen gelten für die Frage der Korrektur die allgemeinen Grundsätze[385].

Zwar ist nach der durch das BilRUG erfolgten Neufassung des § 325 Abs. 1 HGB a.F. in § 325 Abs. 1a und 1b HGB n.F. **keine fristwahrende Voraboffenlegung** mehr möglich[386]. Die teilw. Offenlegung bleibt jedoch sanktionslos, sofern alle Unterlagen letztlich fristgemäß eingereicht werden. Allerdings ist die stufenweise Offenlegung hinsichtlich aller von Gesetzes wg. noch offenzulegenden Unterlagen zu vermerken (§ 328 Abs. 1a S. 3 HGB); ein entspr. Hinweis auf noch einzureichende Unterlagen empfiehlt sich bei sonstigen Veröffentlichungen und Vervielfältigungen kraft Gesellschaftsvertrag[387].

217

9.2 Folgen der Verletzung von gesetzlichen Offenlegungsverpflichtungen

Bei Verletzung von gesetzlichen Offenlegungsverpflichtungen ist zu unterscheiden zwischen Verstößen gegen das „Ob" und das „Wie" der Offenlegung.

218

Das „Wie" der Offenlegung betrifft namentlich die Vorschrift des § 328 HGB über **Form und Inhalt der Offenlegung**. Verstöße hiergegen sind bußgeldbewehrt nach Maßgabe von § 334 Abs. 1 Nr. 5 HGB oder gar strafbewehrt bei inhaltlich unrichtiger Darstellung gem. § 331 Abs. 1a HGB. Verstöße gegen das „Ob" der Offenlegung werden hingegen „nur" mit der Festsetzung von Ordnungsgeld nach Maßgabe von § 335 HGB sanktioniert.

Demgemäß ist die Offenlegung einer inhaltlich unrichtigen **Nullbilanz** bußgeldbewehrt gem. § 334 HGB, nach Auffassung des LG Bonn aber nicht nach § 335 HGB ordnungsgeldbewehrt[388]. Entsprechendes gilt für die Nichtoffenlegung eines **AR-Berichts**, wenn – aus welchen Gründen auch immer – kein AR existiert. Dies mag einen Gesetzesverstoß begründen, kann aber keine Sanktion nach Maßgabe von § 335 HGB auslösen. Denn ein nicht bestehender AR kann auch keinen AR-Bericht verfassen, den das Unternehmen offenlegen könnte. Folgerichtig erfasst § 335 HGB nicht die vorgelagerte Verpflichtung zur Errichtung eines AR, um überhaupt erst der Verpflichtung zur Offenlegung eines AR-Berichts nachkommen zu können[389].

219

Festzuhalten ist, dass die Verletzung der Offenlegungspflicht als solche die **Wirksamkeit des JA nicht berührt**. Weder der Beschluss über die Feststellung des JA noch der daran anknüpfende Beschluss über die Gewinnverwendung können wg. eines Verstoßes gegen § 325 HGB angefochten werden[390].

220

---

384 *Grottel*, in: BeBiKo[11], § 328 HGB Rn. 6 ff.
385 ADS[6], § 328 HGB Tz. 135, 136 ff.
386 *Grottel*, in: BeBiKo[11], § 325 HGB Rn. 43; zur alten Rechtslage vgl. ADS[6], § 325 HGB Tz. 79 ff.
387 *Grottel*, in: BeBiKo[11], § 328 HGB Rn. 14.
388 *LG Bonn* v. 15.03.2013, Az. 37 T 730/12, DStR 2013, S. X; *Kleinmanns*, LG Bonn: Nullbilanz erfüllt legungspflicht, in BB 2013, S. 2033.
389 *Mantey/Hinrichs*, NZG 2014, S. 1096; *BVerfG*, v. 09.01.2014, Az. 1 BvR 299/13, DStR 2014, S. 54*; *Glindemann*, ZIP 2014, S. 2105 (2113).
390 *Grottel*, in: BeBiKo[11], § 325 HGB Rn. 108; ADS[6], § 325 HGB Anm. 146.

221 Zudem ist die Einhaltung der Offenlegungsvorschriften **nicht** Gegenstand der gesetzlichen Abschlussprüfung. Den gesetzlichen APr. trifft aber die berufsrechtliche **Hinweispflicht**, das Unternehmen auf ihm bekannt werdende Verstöße hinzuweisen und zur **Richtigstellung** anzuhalten (vgl. *IDW PS 400 n.F.*, Tz. 102)[391]. Darüber hinaus trifft den gesetzlichen APr. nach Maßgabe von § 321 Abs. 1 S. 3 HGB die sog. **Redepflicht**. Hiernach muss er über wesentliche, schwerwiegende Verstöße gegen die Publizitätspflichten i.Z.m. der Offenlegung des (Vor-)JA bzw. KA im PrB an entspr. Stelle berichten (vgl. *IDW PS 450 n.F.*, Tz. 50)[392]. Bei Veröffentlichung unzutreffender Unterlagen von nicht nur untergeordneter Bedeutung steht dem APr. zudem ein zivilrechtlicher **Unterlassungsanspruch** hinsichtlich der Verwendung und Offenlegung seines Bestätigungs- bzw. Versagungsvermerks zu[393].

222 §§ 331, 334 HGB stellen **Schutzgesetze i.S.v. § 823 Abs. 2 BGB** dar[394], § 335 HGB hingegen nicht[395]. Verstöße gegen das „Wie" der Offenlegung können also auch zivilrechtliche Schadenersatzansprüche auslösen, Verstöße gegen § 335 HGB dagegen nicht.

9.2.1 Geldbuße (§ 334 Abs. 1 Nr. 5 HGB)

223 Der Verstoß gegen die Offenlegungsvorschrift des § 328 HGB stellt nach Maßgabe von § 334 Abs. 1 Nr. 5 HGB eine Ordnungswidrigkeit dar und wird gem. § 334 Abs. 4 HGB mit einer Geldbuße bis zu **50.000 €** geahndet. **Zuständige Behörde** für das Bußgeldverfahren ist gem. § 334 Abs. 4 HGB – wie auch für das Ordnungsgeldverfahren nach § 335 HGB – das **BfJ**.

Gem. § 334 Abs. 1 Nr. 5 HGB handelt ordnungswidrig, wer als Mitglied des vertretungsberechtigten Organs oder des AR einer KapGes. bei der Offenlegung, Hinterlegung, Veröffentlichung oder Vervielfältigung einer Vorschrift des § 328 HGB über Form oder Inhalt zuwiderhandelt.

224 Der Ordnungswidrigkeitstatbestand knüpft an eine tatsächlich erfolgte Offenlegung an; eine Nichtoffenlegung kann also nicht nach § 334 HGB, sondern nur nach § 335 HGB geahndet werden[396]. Umgekehrt kann eine erfolgte Offenlegung einer **Nullbilanz** – so jedenfalls die Auffassung des LG Bonn – nicht als Nichtoffenlegung fingiert und nach § 335 HGB sanktioniert werden, ggf. aber nach Maßgabe von § 334 Abs. 1 Nr. 5 HGB wg. Verstoßes gegen § 328 HGB[397].

9.2.2 Ordnungsgeld (§ 335 HGB)

225 Die Prüfung, ob die gem. der §§ 325, 325a HGB einzureichenden Unterlagen vollständig und fristgemäß eingereicht wurden, erfolgt nach § 329 Abs. 1 S. 1 HGB zunächst unmittelbar durch den **Betreiber des Bundesanzeigers**. Dieser hat bei nicht, nicht vollständig oder nicht rechtzeitig erfolgender Einreichung offenlegungspflichtiger Unterlagen das **Bundesamt für Justiz** zu unterrichten (§ 329 Abs. 4 HGB).

---

391 *Grottel*, in: BeBiKo[11], § 325 HGB Rn. 107.
392 *Schmidt/Poullie*, in: BeBiKo[11], § 321 HGB Rn. 39; *Grottel*, in: BeBiKo[11], § 325 HGB Rn. 107.
393 *Grottel*, in: BeBiKo[11], § 325 HGB Rn. 107.
394 *Quedenfeld*, in: MünchKomm. HGB[3], § 334 Anm. 11.
395 *Waßmer*, in: MünchKomm. zum Bilanzrecht, § 335 Anm. 1.
396 *Grottel/Hoffmann*, in: BeBiKo[11], § 334 HGB Rn. 15.
397 *Kleinmanns*, BB 2013, S. 2033; LG Bonn v. 15.03.2013, Az. 37 T 730/12, DStR 2013, S. X.

Verantwortung der Unternehmensorgane für Rechnungslegung und Prüfung   B

Das **Bundesamt für Justiz** hat wiederum nach Maßgabe von § 335 Abs. 1 HGB bei **226**
Verstoß gegen die Offenlegungsvorschriften, also bei nicht, nicht vollständig oder nicht
rechtzeitig erfolgender Einreichung der gem. § 325 HGB bzw. § 325a HGB offenlegungspflichtigen Unterlagen, **von Amts wegen** ein Ordnungsgeldverfahren gem. § 335 Abs. 1 Nr. 1 bzw. Nr. 2 HGB einzuleiten und durchzuführen[398].

Das Ordnungsgeldverfahren ist als **Justizverwaltungsverfahren** ausgestaltet mit der Besonderheit, dass neben RA u.a. auch WP/vBP sowie StB Verfahrensbeteiligte vertreten dürfen (vgl. § 335 Abs. 2 HGB).

Wird binnen der jeweiligen Offenlegungsfrist (s. Kap. B Tz. 211 ff.) nicht oder fehlerhaft **227**
offengelegt, löst dies nicht unmittelbar ein Ordnungsgeld aus, sondern lediglich die Verfahrensgebühr i.H.v. 103,50 €. Vielmehr wird Ordnungsgeld zunächst angedroht für den Fall, dass die nicht offengelegte bzw. unvollständige oder fehlerhafte Unterlage nicht binnen einer **Nachfrist** von **sechs Wochen** richtig und vollständig offengelegt wird. Bei unverschuldeter Verhinderung ist binnen dieser Sechswochenfrist hiergegen Einspruch einzulegen (§ 335 Abs. 4 HGB) oder der Offenlegungspflicht nachzukommen, hat das Bundesamt für Justiz (BfJ) auf Antrag Wiedereinsetzung in den vorherigen Stand zu gewähren (§ 335 Abs. 5 HGB)[399].

Ordnungsgeldfestsetzungsrahmen:

	Große u. mittelgroße KapGes. (§ 267 Abs. 2, 3 HGB)	Kleine KapGes. (§ 267 Abs. 1 HGB)	Kleinstkapitalgesellschaft (§ 267a HGB)
nach Ablauf der Nachfrist offengelegt	2.500 € § 335 Abs. 4 S. 2 Nr. 3 HGB	1.000 € § 335 Abs. 4 S. 2 Nr. 2 HGB	500 € § 335 Abs. 4 S. 2 Nr. 1 HGB
nach Ablauf der Nachfrist nicht offengelegt	2.500 – 25.000 € § 335 Abs. 1 S. 4 HGB	2.500 – 25.000 € § 335 Abs. 1 S. 4 HGB	2.500 – 25.000 € § 335 Abs. 1 S. 4 HGB

Nach Maßgabe von § 335 Abs. 4 S. 2 Nr. 4 HGB hat bei einer nur **geringfügigen** Über- **228**
schreitung der Offenlegungsfrist ein an den in § 335 Abs. 4 S. 2 Nr. 1 bis 3 HGB vorgesehenen Ordnungsgeldern zu orientierende gestaffelte Herabsetzung des Ordnungsgeldes zu erfolgen.

Nicht gesetzlich definiert ist, wann von einer nur geringfügigen Überschreitung auszugehen ist. In einem Beschluss des LG Bonn wurde eine Fristüberschreitung von **einer Woche** als geringfügig erachtet, und das Ordnungsgeld betr. eine Kleinstges. von 500 € auf **100 €**[400] herabsetzt. Eine Fristüberschreitung von **zwei Wochen** ist dagegen als

---
[398] *Grottel*, in: BeBiKo[11], § 325 HGB Rn. 5.
[399] Vgl. dazu auch LG Bonn v. 30.01.2017, Az. 36 T 435/16, DStR 2017, S. 1444.
[400] LG Bonn v. 01.04.2015, Az. 33 T 701/14, DStR 2015, S. 2475.

nicht (mehr) geringfügige Überschreitung einzustufen; dies ist von Verfassung wg. nicht zu beanstanden[401].

229 Der Ordnungsgeldrahmen ist gem. § 335 Abs. 1a S. 1 HGB für **kapitalmarktorientierte Unternehmen** i.S.v. § 264d HGB drastisch erhöht[402]. Gemäß § 335 Abs. 1a S. 1 HGB beträgt das Ordnungsgeld bis zu **zehn Mio. €** bzw. **5 Prozent des jährlichen Gesamtumsatzes**, den die juristische Person oder Personenvereinigung in dem der Behördenentscheidung vorausgegangenen GJ erzielt hat, oder das **Zweifache des** aus der unterlassenen Offenlegung gezogenen **wirtschaftlichen Vorteils**; der wirtschaftliche Vorteil umfasst erzielte Gewinne und vermiedene Verluste und kann geschätzt werden. Wird das Ordnungsgeld einem **Mitglied des gesetzlichen Vertretungsorgans** der KapGes. angedroht, beträgt das Ordnungsgeld gem. § 335 Abs. 1a S. 2 HGB bis zu **zwei Mio. €** oder das **Zweifache des** aus der unterlassenen Offenlegung gezogenen **wirtschaftlichen Vorteils**. Im Falle der Festsetzung eines Ordnungsgeldes ist zudem das BfJ gem. § 335 Abs. 1d HGB verpflichtet, die BaFin unverzüglich zu unterrichten. Die BaFin hat diese Mitteilung wiederum nach Maßgabe von § 124 Abs. 1, 2 WpHG unter Berücksichtigung der Betroffenenrechte (vgl. § 124 Abs. 3, 4 WpHG) unverzüglich auf ihrer Internetseite bekannt zu machen (sog. Naming and Shaming – vgl. Kap. B Tz. 197)[403].

9.3 Freiwillige Publikation von Rechnungslegungsunterlagen

230 Von der oben behandelten Publizitätspflicht kraft Gesetzes oder kraft Gesellschaftsstatut zu unterscheiden ist die **freiwillige Publikation** von **Abschlüssen**, also JA, IFRS-EA und KA, die nicht auf Grundlage einer gesetzlichen Vorschrift erfolgt.

231 Die freiwillige Publizität ist geregelt in § 328 Abs. 2 HGB und eröffnet hinsichtlich Inhalt und Form der einreichbaren Unterlagen einen deutlich **großzügigeren Gestaltungsspielraum**, sofern klar erkennbar ist, dass diese nicht nach Maßgabe von § 328 Abs. 1 HGB offengelegt werden. Über den Wortlaut des § 328 Abs. 2 S. 1 HGB hinaus kann der freiwillige Abschluss auch zusammen mit weiteren Unternehmensinformationen (LB, KLB, Bericht des AR), veröffentlicht werden[404]. Nicht mitveröffentlicht werden darf hingegen der BestV (§ 328 Abs. 2 S. 2 HGB).

232 Dies ist nach Maßgabe von § 328 Abs. 2 S. 1 HGB bereits in der Überschrift der eingereichten Unterlage zu vermerken; entspr. gilt für in zulässiger Weise vorgenommene Kürzungen (Formulierungsvorschlag: „Freiwillige Veröffentlichung der Kurzfassung des JA und des Geschäftsberichts der G-GmbH")[405].

233 § 328 Abs. 2 S. 1 HGB stellt klar, dass die Erleichterungen hinsichtlich Form und Inhalt bei freiwilligen Veröffentlichungen und Vervielfältigungen nur in Anspruch genommen werden dürfen, wenn es keine gesetzliche und auch keine statutorische Offenlegungspflicht gibt.

Hat also eine Offenlegung nach § 328 Abs. 1 HGB zwar nicht kraft Gesetz, aber kraft Gesellschaftsstatut zu erfolgen, richten sich Form und Inhalt – trotz insoweit freiwilliger

---

[401] BVerfG v. 11.03.2009, Az. 1 BvR 3413/08, NJW 2009, S. 2588.
[402] *Grottel/Hoffmann*, in: BeBiKo[11], § 335 HGB Rn. 5, 31.
[403] *Grottel/H. Hoffmann*, in: BeBiKo[11], § 335 HGB Rn. 31; *Schilha*, DB 2015, S. 1821 (1826); *Nartowska/Knierbein*, NZG 2016, S. 256; *Blöink/Kumm*, BB 2015, S. 1515 (1518).
[404] *Grottel*, in: BeBiKo[11], § 328 HGB Rn. 16; *Hütten*, in: HdR[5], § 328 Anm. 51 ff.; ADS[6], § 328 Tz. 85 ff.
[405] *Grottel*, in: BeBiKo[11], § 328 HGB Rn. 17, 18.

Publizität – ausschließlich nach § 328 Abs. 1 HGB, es sei denn, der Gesellschaftsvertrag beinhaltet offenlegungsspezifische Sonderregelungen[406].

10. Enforcement

Das Gesetz zur Kontrolle von Unternehmensabschlüssen (Bilanzkontrollgesetz – BilKoG[407]) unterwirft seit dem 01.07.2005 Unternehmensabschlüsse **kapitalmarktorientierter Unternehmen** i.S.v. § 264d HGB, § 2 Abs. 1 S. 1 und Abs. 11 WpHG mit Sitz in Deutschland einer **gesonderten Bilanzkontrolle**, dem sog. **Enforcement-Verfahren** (vgl. §§ 342b bis 342e HGB und §§ 106 bis 111 WpHG). Die Grundgesamtheit aller dem Enforcement unterfallenden kapitalmarktorientierten Unternehmen hat sich von ursprünglich über 1.200 Unternehmen zwischenzeitlich fast halbiert[408]. 234

Enforcement meint die **Überwachung der Rechtmäßigkeit konkreter Unternehmensabschlüsse** zwecks nachhaltiger Stärkung der **Unternehmensintegrität** sowie des **Anlegerschutzes** und damit der Wettbewerbsfähigkeit des Finanzplatzes Deutschland durch eine weitere, außerhalb des Unternehmens stehende und nicht mit dem gesetzlichen APr. (WP) identische unabhängige Stelle[409]. 235

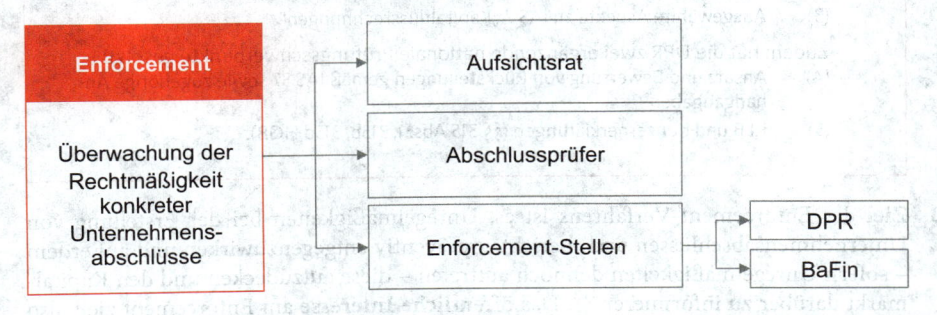

Abb. 1: Enforcement

Für den Gesetzgeber tragend ist dabei – wie auch bei den handelsrechtlichen Offenlegungsvorschriften der §§ 325 ff. HGB – der ordnungspolitische **Transparenz- und Publizitätsgedanke** einerseits und der damit einhergehende **Sanktionsgedanke** andererseits (vgl. dazu Kap. B Tz. 198 ff.), die sich vorliegend in der bußgeldbewehrten Pflicht zur Veröffentlichung einer Fehlerfeststellung ausprägen (sog. **„negative"** oder **„adverse" Publizität"**). 236

Daneben tritt der **Präventionsgedanke**, der sich in einer umfassenden **Beratungs- und Hinweisfunktion** der **Deutschen Prüfstelle für Rechnungslegung e.V. (DPR oder Prüfstelle)** widerspiegelt. Zu den präventiven Enforcement-Maßnahmen zählen neben **Hinweisen** in Bezug auf die künftige Rechnungslegung auch die **Bekanntgabe von** 237

---

406 *Grottel*, in: BeBiKo[11], § 328 HGB Rn. 2, 3; ADS[6], § 325 HGB Anm. 12, 13, 23.
407 BGBl. I Nr. 69 v. 20.12.2014.
408 „Kapitalmarktorientiert" waren Ende 2005 über 1.200 Unternehmen (vgl. DPR-Tätigkeitsbericht 2005, S. 15, abrufbar unter www.frep.info/docs/jahresberichte/2005/2005_tb.pdf); zum 01.07.2011 noch 873 Unternehmen (vgl. DPR-Tätigkeitsbericht 2011, S. 3, abrufbar unter www.frep.info/docs/jahresberichte/2011/2011_tb.pdf) und 2017 nur noch 621 Unternehmen (vgl. DPR-Tätigkeitsbericht 2017, S. 13, abrufbar unter www.frep.info/docs/jahresberichte/2017/2017_tb.pdf).
409 Vgl. RegE BilKoG, BT-Drs. 15/3421 v. 24.06.20014, S. 1, 11.

Prüfungsschwerpunkten, die – rechtlich allerdings nicht bindende und daher in praxi kaum genutzte – Möglichkeit der Klärung fallbezogener Voranfragen (sog. **Pre-Clearance-Verfahren**)[410], die Durchführung von **Jahresgesprächen** mit WPG und **Workshops** mit Vorständen und AR sowie die **Kommunikation mit den Standardsetzern** und die allgemeine **Öffentlichkeitsarbeit**[411].

Beispiel 2:

Für Enforcement-Prüfungen im Jahr 2018 wurden bspw. fünf Prüfungsschwerpunkte veröffentlicht[412]:

Drei Prüfungsschwerpunkte wurden von der europäischen Wertpapier- und Marktaufsichtsbehörde (European Securities and Markets Authority – ESMA) gemeinsam mit den nationalen Enforcement-Stellen erarbeitet und zur einheitlichen Anwendung empfohlen:
(1) Anhangangaben zu den erwarteten Auswirkungen der Anwendung wesentlicher neuer Standards im Erstanwendungsjahr
(2) Ausgewählte Aspekte zu Ansatz, Bewertung und Angaben nach IFRS 3 „Unternehmenszusammenschlüsse"
(3) Ausgewählte Aspekte zu IAS 7 „Kapitalflussrechnungen"

Zudem hat die DPR zwei ergänzende nationale Prüfungsschwerpunkte gesetzt:
(4) Ansatz und Bewertung von Rückstellungen gemäß IAS 37 sowie zugehörige Anhangangaben
(5) KLB und Konzernerklärungen (§§ 315 Abs. 1, 315b, 315d HGB).

---

238 **Ziel** des Enforcement-Verfahrens ist es, Unregelmäßigkeiten bei der Erstellung von Unternehmensabschlüssen und -berichten präventiv entgegenzuwirken und außerdem – sofern Unregelmäßigkeiten dennoch auftreten – diese aufzudecken und den Kapitalmarkt darüber zu informieren[413]. Das **öffentliche Interesse** am Enforcement zielt also auf den **Schutz des Kapitalmarktes** vor inkorrekten Unternehmensinformationen, die geeignet sind, konkreten Einfluss auf die Entscheidung des Kapitalmarktes zu nehmen.

Dieses Verständnis ist wichtig für die Konkretisierung des **Fehlerbegriffs** insb. im Hinblick auf das ungeschriebene Tatbestandsmerkmal der **Wesentlichkeit**. Denn die Wesentlichkeit des Fehlers orientiert sich nicht ausschließlich an dem für die Abschlussprüfung maßgeblichen bilanzrechtlichen Wesentlichkeitsansatz, sondern ist **aus Sicht des Kapitalmarktes** zu beurteilen.

Keine Wesentlichkeit liegt aus Sicht des Kapitalmarktes vor, wenn **offensichtlich kein öffentliches Interesse** an der Enforcement-Prüfung besteht. Dies ist der Fall, wenn es zwar konkrete Anhaltspunkte für eine fehlerhafte Rechnungslegung gibt, im Falle ihrer Bestätigung jedoch unter dem Blickwinkel der korrekten Information des Kapital-

---

410 Vgl. dazu *Paal*, in: MünchKomm zum HGB³, § 342b Anm. 58, 59; *Eisenschmidt/Scheel*, IRZ 2015, S. 405 (407, 408).
411 Vgl. *Zülich/Höltken/Eber*, WPg 2015, S. 656 ff.; DPR-Tätigkeitsbericht 2015, S. 14, abrufbar unter www.frep.info/docs/jahresberichte.
412 Abrufbar unter www.frep.info/docs/pressemitteilungen/2017/20171123_pm.pdf; vgl. dazu auch *Schmidt*, BB 2018, S. 107.
413 So OLG Frankfurt am Main v. 22.01.2009, Az. WpÜG 1/08, 3/08, DB 2009, S. 333 ff. mit Verweis auf Begründung RegE BilKoG BT-Drs. 15/3421, S. 11.

marktes keine Notwendigkeit besteht, dem weiter nachzugehen, weil die Auswirkungen **belanglos** sind, es also nur um offensichtlich unwesentliche Verstöße gegen Rechnungslegungsvorschriften geht, sog. **„Bagatellfälle"** (vgl. dazu Kap. B Tz. 243 ff., Kap. B Tz. 253).

10.1 Zuständigkeiten und Verfahren

Zuständig für die Durchführung des in Deutschland **zweistufig ausgestalteten Enforcement-Verfahrens** (Fehlerfeststellungsverfahren) sind 239

a) (auf der ersten Stufe) die gem. § 342b Abs. 1 HGB vom BMJV im Einvernehmen mit dem BMF anerkannte, in der privatrechtlichen Organisationsform des eingetragenen Vereins eingerichtete **DPR** sowie

b) (auf der zweiten Stufe) die **BaFin**, eine rechtsfähige Bundesanstalt mit Sitz in Frankfurt am Main und Bonn, die der Rechts- und Fachaufsicht des BMF untersteht[414].

Die **Enforcement-Stellen** (Prüfstelle/DPR und BaFin) haben nach § 342b Abs. 2 HGB 240 und § 106 WpHG zu prüfen, ob

- der zuletzt festgestellte JA nebst LB,
- der zuletzt gebilligte KA nebst KLB oder der
- zuletzt veröffentlichte verkürzte Abschluss und der zugehörige Zwischenlagebericht (Bestandteile der Halbjahresfinanzberichterstattung, vgl. § 115 WpHG)
- einschl. der zugrunde liegenden Buchführung
- eines kapitalmarktorientierten Unternehmens
- den gesetzlichen Vorschriften einschl. der GoB und den sonstigen durch Gesetz zugelassenen Rechnungslegungsstandards entspricht (§ 324b Abs. 2 S. 1 HGB, § 106 WpHG),
- soweit keine gesetzlichen Prüfungshindernisse bestehen (§ 342b Abs. 3 HGB und § 107 Abs. 3 WpHG).

Nach § 342b Abs. 2a HGB, § 107 Abs. 2 WpHG können **Prüfungsgegenstand** nicht nur 241 die zuletzt veröffentlichten Abschlüsse und Berichte sein, sondern auch die des vorausgegangenen GJ. Mangels unmittelbarer Relevanz für den Kapitalmarkt unterliegen dagegen insb. das **Risikofrüherkennungssystem** und der **Abhängigkeitsbericht** nicht dem Enforcement[415].

Auch sonst. aktien- oder umwandlungsrechtliche Berichte (z.B. Verschmelzungsbericht gem. § 12 UmwG oder Bericht über die Angemessenheit der Barabfindung gem. § 327c Abs. 2 AktG) oder Abschlüsse von Tochterunternehmen fallen nicht unter die Bilanzkontrolle[416].

Der Bilanzkontrolle durch DPR und BaFin unterliegen nur **kapitalmarktorientierte** 242 **Unternehmen**, also Unternehmen, deren Wertpapiere i.S.v. § 2 Abs. 1 S. 1 WpHG an *einer inländischen Börse zum Handel im regulierten Markt zugelassen sind.*

---

414 Eine ausführliche Beschreibung des Prüfverfahrens findet sich sowohl auf der Homepage der DPR, abrufbar www.frep.info/pruefverfahren.php, sowie in Abschn. X. des Emittentenleitfadens der BaFin, abrufbar unter www.bafin.de.
415 Vgl. *Kämpfer*, BB 2005, Beil. 7 S. 13 (14).
416 Vgl. *Grottel*, in: BeBiKo[11], § 342b Rn. 21.

Keine Kapitalmarktorientierung liegt bspw. vor beim Handel im **Freiverkehr**, namentlich im „Entry Standard" der Frankfurter Wertpapierbörse[417], oder wenn das Unternehmen als Emittent zugelassener Wertpapiere einen **anderen Staat** als die Bundesrepublik Deutschland **als Herkunftsstaat** hat[418]. Der Sitz des Unternehmens ist hingegen irrelevant; d.h. auch ausländische Unternehmen können einem deutschen Enforcement-Verfahren unterworfen werden, wenn sie als Emittenten an einer inländischen Börse zum Handel zugelassener Wertpapiere nach § 2 Abs. 13 Nr. 1 Buchst. b, Nr. 3 i.V.m. §§ 4, 5 WpHG **Deutschland als Herkunftsstaat** haben[419].

243 **Inhaltlich** geht es um die Überprüfung, ob die **Rechnungslegungsunterlagen den für sie geltenden Vorschriften entsprechen**. Nach der gesetzgeberischen Konzeption haben Maßnahmen im Enforcement-Verfahren allerdings nur dann stattzufinden, wenn der (vermeintliche) Rechnungslegungsfehler für die Information und damit für die Entscheidung des Kapitalmarktes von Bedeutung und somit **wesentlich** ist (vgl. Kap. B Tz. 244). Wann die Rechnungslegung in diesem Sinne nicht mehr gem. § 324b Abs. 2 S. 1 HGB und § 106 WpHG „den gesetzlichen Vorschriften einschl. der GoB oder den sonstigen durch Gesetz zugelassenen Rechnungslegungsstandards entspricht" und damit „fehlerhaft" i.S.v. § 324b Abs. 5 HGB und § 109 Abs. 1 WpHG ist, wurde vom **Gesetzgeber** nicht näher geregelt.

Nach Auffassung des **OLG Frankfurt am Main**[420] darf eine Fehlerfeststellung im Enforcement-Verfahren nur dann erfolgen, „wenn die geprüfte Rechnungslegung **einen oder mehrere Verstöße** gegen gesetzliche Vorschriften einschl. der GoB oder den sonst durch Gesetz zugelassenen Rechnungslegungsstandards aufweist, die entweder für sich allein betrachtet oder in ihrer Gesamtheit **aus der Sicht des Kapitalmarktes wesentlich** sind".

244 Zur Frage der **Wesentlichkeit des Fehlers** führt das OLG Frankfurt am Main weiter aus: „Das Kriterium der Wesentlichkeit hat in die Abschlussprüfung dadurch Eingang gefunden, dass diese nach § 317 Abs. 1 S. 3 HGB so anzulegen ist, dass etwaige Rechnungslegungsverstöße erkannt werden, die sich auf die Abbildung der wirtschaftlichen Lage des Unternehmens wesentlich auswirken. Auch der Ausschuss der Europäischen Aufsichtsbehörden für das Wertpapierwesen, das Committee of European Securities Regulators (CESR), als von der EU-Kommission gegründeter Ausschuss der Europäischen Wertpapierregulierungsbehörden geht in seinem Standard No. 1 on Financial Information davon aus, dass die Wesentlichkeit für Rechnungslegungszwecke und für Enforcement-Zwecke notwendigerweise gleich zu definieren ist (Erläuterungen zu Principle 16)"[421].

Das OLG Frankfurt am Main verweist weiter auf die **Gesetzesbegründung**, die zwar den Fehlerbegriff nicht weiter positiv konkretisiert, aber vor dem Hintergrund des öffentlichen Interesses am Enforcement im Wege einer Negativabgrenzung beschreibt. Hiernach haben Maßnahmen im Enforcement-Verfahren zu unterbleiben, wenn **offensichtlich kein öffentliches Interesse** an der Prüfung besteht. Hiermit sind ausdrücklich solche Fälle gemeint, in denen es zwar konkrete Anhaltspunkte für eine fehlerhafte

---

417 Vgl. *Grottel*, in: BeBiKo[11], § 342b Rn. 23; *Schmidt/Hoffmann*, in: BeBiKo[10], § 264b Rn. 2.
418 Vgl. *Grottel*, in: BeBiKo[11], § 342b Rn. 23; RegE TransÄRL-UG BR Drs 194/15, S. 26, 57.
419 Vgl. *Grottel*, in: BeBiKo[11], § 342b Rn. 23; RegE TransÄRL-UG BR Drs 194/15, S. 26, 56.
420 OLG Frankfurt am Main v. 22.01.2009, Az. WpÜG 1/08, 3/08 – LS 1, DB 2009, S. 333.
421 OLG Frankfurt am Main v. 22.01.2009, Az. WpÜG 1/08, 3/08 – Rz. 92, DB 2009, S. 333.

Rechnungslegung gibt, im Falle ihrer Bestätigung jedoch unter dem Blickwinkel der korrekten Information des Kapitalmarktes keine Notwendigkeit besteht, dem weiter nachzugehen, weil die Auswirkungen belanglos sind, es also nur um offensichtlich unwesentliche Verstöße gegen Rechnungslegungsvorschriften geht[422].

In solchen **Bagatellfällen** entfällt nicht nur das öffentliche Interesse an der Fehlerveröffentlichung, sondern bereits an der Einleitung und Durchführung einer Enforcement-Maßnahme als solche[423].

Nach Auffassung der **DPR** liegt ein Fehler in der Rechnungslegung nicht nur dann vor, wenn ein **wesentlicher Rechnungslegungsverstoß** im vorgenannten Sinne festgestellt worden ist, sondern auch dann, wenn **unwesentliche Normverstöße mit Absicht begangen** wurden[424]. Mit der zusätzlichen Anwendung eines **voluntativen Elements** sind also i.R.d. Enforcement-Verfahrens **zwei Fehlerbegriffe** voneinander zu unterscheiden: **245**

a) **objektiver** Fehlerbegriff (objektiv feststellbarer, wesentlicher Verstoß gegen Rechnungslegungsvorschriften) und
b) **subjektiver** Fehlerbegriff (willentlicher Verstoß gegen Rechnungslegungsvorschriften).

Damit wird deutlich, dass der Fehler- und der Wesentlichkeitsbegriff der DPR nicht (vollständig) deckungsgleich mit dem für die Abschlussprüfung maßgeblichen bilanzrechtlichen Fehler- und Wesentlichkeitsbegriff ist. Das ist wiederum bei der Frage der Auswirkungen einer Fehlerfeststellung auf JA und BestV zu berücksichtigen (vgl. dazu Kap. B Tz. 267, Kap. B Tz. 270).

Zur weiteren Konkretisierung des Fehler- und Wesentlichkeitsbegriffs hilft ein Blick auf die **Kasuistik** der durch die Enforcement-Stellen in der Vergangenheit abgeschlossenen Verfahren. Bis einschl. 31.12.2016 wurden insg. 1.338 **Fehlerfeststellungsverfahren** abgeschlossen und damit der weitaus größte Teil aller Unternehmen, die dem Enforcement in Deutschland unterliegen, mindestens einmal geprüft. **246**

---

422 OLG Frankfurt am Main v. 22.01.2009, Az. WpÜG 1/08, 3/08 – Rz. 91, 93, 116, DB 2009, S. 333 ff. mit Verweis auf Begründung RegE BilKoG BT-Drs. 15/3421, S. 11, 14, 17.
423 OLG Frankfurt am Main v. 22.01.2009, Az. WpÜG 1/08, 3/08 – Rz. 71, 72, 74, 116, DB 2009, S. 333 ff. mit Verweis auf Begründung RegE BilKoG BT-Drs. 15/3421, S. 18.
424 Vgl. DPR-Tätigkeitsbericht 2010, S. 4; abrufbar unter www.frep.info/docs/jahresberichte/2010/2010_tb.pdf.

Abgeschlossene Prüfungen im Zeitraum zwischen dem 01.07.2005 und 31.12.2017[425]:

	05	06	07	08	09	10	11	12	13	14	15	16	17	insg.	ø
Stichproben	4	98	118	118	103	106	90	110	98	99	71	87	91	1193	92
anlassbezogen	3	10	15	19	14	8	6	2	6	3	6	7	3	102	8
auf Verlangen der BaFin	0	1	2	1	1	4	14	1	6	2	4	2	5	43	3
Prüfungen (insg.)	7	109	135	138	118	118	110	113	110	104	81	96	99	1338	103
Fehlerfeststellung	2	19	35	37	23	31	28	18	15	13	12	15	15	263	20
Fehlerquote (insg.)	22%	17%	26%	27%	20%	26%	25%	16%	14%	13%	15%	16%	15%	-	19%
Fehlerquote (bereinigt)	--	--	--	--	--	--	19%	16%	11%	12%	10%	12%	14%	--	13%
Zustimmung des Unternehmers/Fehlerkorrektur	--	--	--	--	--	--	75%	71%	77%	50%	73%	100%	--	--	74%

Abb. 2: Prüfungen der DPR

247 Die DPR hat in den vergangenen Jahren verschiedene **typische Fehlerquellen** identifiziert[426]. Die häufigsten Fehler entstehen bei Anwendung der IFRS (insb. betr. Ertragsrealisierung und Goodwill bei Unternehmenstransaktionen sowie latente und tatsächliche Steuern) und i.R.d. Lageberichterstattung sowie bei Anhangangaben[427]. Diese Fehlerkategorien decken sich im Wesentlichen auch mit den **Hinweiskategorien**[428].

248 Die **Fehlerquote** ist tendenziell rückläufig und verringert sich bei Berechnung der **bereinigten Fehlerquote**, also bei Herausrechnung von Mehrfachzählungen („normalisierte Fehlerquote"). Sie steigt signifikant an bei **anlassbezogenen Prüfungen** und bei **Prüfungen auf Verlangen** der BaFin[429] sowie bei Prüfung der **Halbjahresfinanzberichterstattung**, insb. wenn keine prüferische Durchsicht durch einen unabhängigen APr. entspr. § 317 HGB gem. § 115 Abs. 5 WpHG erfolgt ist[430]. Tendenziell ist die durchschnittliche **Fehlerquote bei** Unternehmen ohne **Indexzugehörigkeit** höher als bei Unternehmen mit Indexzugehörigkeit, insb. im Vergleich zu Unternehmen im TecDax und DAX30[431].

249 Die **Verfahrensdauer** betrug in den Jahren 2014 bis 2017 durchschnittlich **acht Monate** (41% unter sechs Monate, 41% sechs bis zwölf Monate und 18% länger als zwölf Monate)[432].

---

425 Vgl. DPR-Tätigkeitsberichte 2010-2017; abrufbar unter www.frep.info/presse/taetigkeitsberichte.php.
426 Vgl. *DPR*-Tätigkeitsberichte 2010-2017, abrufbar unter www.frep.info/presse/taetigkeitsberichte.php sowie die Auswertung bei *Eisenschmidt/Scheel*, IRZ 2015, S. 405 (409).
427 Vgl. DPR-Tätigkeitsbericht 2017, Ziff. 2.2 (S. 6, 7), abrufbar unter http://www.frep.info/docs/jahresberichte/2017/2017_tb.pdf.
428 Vgl. DPR-Tätigkeitsberichte 2010-2017, abrufbar unter www.frep.info/presse/taetigkeitsberichte.php sowie die Auswertung bei *Eisenschmidt/Scheel*, IRZ 2015, S. 405 (409).
429 Vgl. *Eisenschmidt/Scheel*, IRZ 2015, S. 405 (408).
430 Vgl. *Baetge/Haenelt*, IRZ 2009, S. 545.
431 Vgl. *Eisenschmidt/Scheel*, IRZ 2015, S. 405 (408).
432 Vgl. DPR-Tätigkeitsbericht 2017, S. 9, abrufbar unter http://www.frep.info/docs/jahresberichte/2017/2017_tb.pdf.

10.1.1 Beteiligte; Mitwirkungs- und Auskunftspflichten

Beteiligte des Enforcement-Verfahrens sind **250**

a) die **Enforcement-Stellen**, also die für die Durchführung des Verfahrens auf der ersten Stufe zuständige **Prüfstelle (DPR)** (vgl. dazu Kap. B Tz. 253 f.) und die **BaFin** auf der zweiten Stufe des Enforcements (vgl. dazu Kap. B Tz. 255 f.), sowie
b) die von der Prüfung betroffenen kapitalmarktorientierten **Unternehmen**, deren **vertretungsberechtigten Organe** und die von diesen benannten **Auskunftspersonen** innerhalb (z.B. Leiter Rechnungswesen) und außerhalb des Unternehmens, insb. der APr. des JA/KA, der Gegenstand des Enforcement-Verfahrens ist (vgl. dazu Kap. B Tz. 269 ff.), oder sonst. Berater (z.B. der Folgeprüfer oder ein anderer WP, der das Unternehmen beratend durch das Enforcement-Verfahren begleitet).

Für die Frage des Bestehens und der Reichweite von **Mitwirkungs- und Auskunftspflichten** ist entscheidend, in welcher Stufe sich das Enforcement-Verfahren befindet. **251**

- Das in die Zuständigkeit der Prüfstelle (DPR) fallende **Verfahren der ersten Stufe** des Enforcements ist privatrechtlich ausgestaltet und basiert auf dem Prinzip **privatautonomer Freiwilligkeit**[433]. Das bedeutet: Unternehmen und deren gesetzliche Vertreter sowie deren Auskunftspersonen können (und sollten) auf der ersten Stufe des Enforcements mit der Prüfstelle/DPR kooperieren, müssen dies aber nicht. Die Vorlage von Unterlagen an die DPR und die Erteilung von Auskünften erfolgt also zunächst freiwillig. Die Entscheidung hierüber obliegt dem Vertretungsorgan der betroffenen Gesellschaft (arg. ex. § 93 Abs. 1 S. 4 AktG, wonach der Vorstand von der Verschwiegenheitspflicht des § 93 Abs. 1 S. 3 AktG befreit wird, wenn die DPR eine Prüfung durchführt).

- Auf der **zweiten Stufe** des Enforcements wird die BaFin dagegen **hoheitlich** tätig und kann mit dem der Behörde zur Verfügung stehenden Instrumentarium des Verwaltungsrechts Mitwirkung und Auskunft des Unternehmens **erzwingen**. Nach § 107 Abs. 5 S. 1 WpHG haben das Unternehmen respektive die Mitglieder seiner Organe, seine Beschäftigten sowie seine APr. der BaFin und den Personen, derer sich die BaFin bei der Durchführung ihrer Aufgaben bedient, auf Verlangen Auskünfte zu erteilen und Unterlagen vorzulegen, soweit dies zur Prüfung erforderlich ist.

Verweigert also das Unternehmen seine Mitwirkung ggü. der DPR oder teilt das Unternehmen seine Bereitschaft zur Mitwirkung nicht innerhalb einer angemessenen Frist mit, wird die BaFin hierüber unterrichtet. Die BaFin wird dann auf der zweiten Stufe des Enforcements aktiv und wird regelmäßig ihrerseits eine ö.-r. Prüfung durch Erlass eines entspr. Verwaltungsakts gem. § 107 Abs. 1 S. 1 WpHG anordnen und die entspr. Auskünfte gem. § 107 Abs. 5 S. 1 WpHG erzwingen.

Letztlich kann sich also das Unternehmen dem Enforcement und der Mitwirkung hieran nicht entziehen (zu weiteren möglichen Konsequenzen der Kooperationsverweigerung mit der DPR s. Kap. B Tz. 272 ff.).

DPR und BaFin werden allerdings nach § 342b Abs. 3 HGB und § 107 Abs. 3 WpHG nur dann aktiv, wenn keine **Prüfungshindernisse** bestehen. Eine Enforcement-Prüfung findet hiernach nicht statt, solange gleichzeitig eine Klage auf Nichtigkeit gemäß § 256 AktG anhängig ist oder wenn ein aktienrechtlicher Sonderprüfer (vgl. §§ 142 Abs. 1, 258 **252**

---

[433] Vgl. RegE BilKoG, BT-Drs. 15/2432 v. 24.06.2004, S. 14.

Abs. 1 AktG) bestellt worden ist, soweit der Gegenstand der Sonderprüfung oder eine gerichtliche Entscheidung nach § 260 AktG reichen.

Über solche aktienrechtlichen Verfahren ist nach §§ 142 Abs. 7, 256 Abs. 7 S. 2 AktG die BaFin zu informieren, die wiederum gem. § 108 Abs. 3 WpHG die Prüfstelle unterrichtet[434].

10.1.2 Erste Stufe: Deutsche Prüfstelle für Rechnungslegung

253 Die DPR leitet auf der ersten Stufe des Enforcement-Verfahrens nach Maßgabe der in § 342b Abs. 2 S. 3 Nr. 1 bis 3 HGB genannten **drei Fallkonstellationen** eine Fehlerfeststellungsprüfung ein:

Nr. 1: bei Kenntnis **konkreter Anhaltspunkte**, die für einen Verstoß gegen Rechnungslegungsvorschriften sprechen (**Anlassprüfung**)

- es sei denn, es besteht offensichtlich kein öffentliches Interesse (§ 342b Abs. 2 S. 4, 1. HS HGB). Offensichtlich kein öffentliches Interesse besteht bei unwesentlichen Fehlern, die aus Kapitalmarktsicht belanglos sind, sog. **Bagatellfälle** (vgl. Kap. B Tz. 243 f.). Rund **7%** aller Enforcement-Verfahren sind Anlassprüfungen;

Nr. 2: auf Verlangen der BaFin (vgl. §§ 108 Abs. 2, 107 Abs. 1 S. 1 WpHG)

- etwa wenn der BaFin Anhaltspunkte für einen Verstoß gegen Rechnungslegungsvorschriften vorliegen; dies betrifft **3%** aller Enforcement-Verfahren;

Nr. 3: ohne besonderen Anlass im Wege einer stichprobenartigen Prüfung (**Stichprobenprüfung**)

- nach Maßgabe der eigens für die Stichprobenauswahl aufgestellten Grundsätze (vgl. § 342b Abs. 2 S. 5 HGB); ausgenommen sind verkürzte Abschlüsse und Zwischenlageberichte (vgl. § 342b Abs. 2 S. 4, 2. HS HGB). Gut **80%** aller Enforcements sind Stichprobenprüfungen.

254 Der **Verfahrensablauf** stellt sich auf der ersten Stufe des Enforcement-Verfahrens wie folgt dar[435]:

a) **Einleitung**
   - Abklärungsphase (Mitteilung an BaFin; Prüfung von Hinderungsgründen)
   - Vorbereitungsphase (Kommunikation mit Unternehmen; Zuordnung Kammer, Festlegung des fallverantwortlichen Mitglieds sowie des Berichtskritikers)

b) **Durchführung**
   - erste Analyse der Unternehmensunterlagen und Erstellen des ersten Fragekatalogs
   - erste Stellungnahme des Unternehmens
   - Auswertung der Stellungnahme des Unternehmens
   - in der Regel weitere Sachverhaltsaufklärung und Erstellen eines weiteren Fragekatalogs sowie weitere Stellungnahme(n) und Anhörung des Unternehmens ggf. unter Einschaltung sachverständiger Dritter (Gutachter, APr.)
   - vorläufige Feststellungen

---

434 *Hüffer/Koch*, AktG[13], § 142 Rn. 35 und § 256 Rn. 31a.
435 Eine ausführliche Beschreibung des DPR-Prüfverfahrens findet sich sowohl auf der Homepage der DPR, abrufbar www.frep.info/pruefverfahren.php, sowie in Abschn. X.3.2.1. des Emittentenleitfadens der BaFin, abrufbar unter www.bafin.de.

c) **Abschluss**
- Vorbereitung der Kammersitzung (Schreiben an die Kammer, Abfassen des Prüfberichts und Berichtskritik)
- Beschlussfassung (Fehlerfeststellung; ggf. Formulierung von Hinweisen und Information des Unternehmens)
- Information an BaFin (und ggf. an WPK und StA).

10.1.3 Zweite Stufe: Bundesanstalt für Finanzdienstleistungsaufsicht (BaFin)

Die BaFin wird auf der zweiten Stufe des Enforcements gem. § 108 Abs. 1 S. 2 Nr. 1 und Nr. 2 WpHG **im Rahmen der Fehlerfeststellung** grds. nur in folgenden Fällen **prüfend** tätig: 255

Nr. 1: um eine Fehlerfeststellungsprüfung mit hoheitlichen Mitteln durchzusetzen, wenn ein Unternehmen nicht zur Mitwirkung an der Prüfung durch die DPR bereit ist (**Verweigerungsfälle**, § 108 Abs. 1 S. 2 Nr. 1 erste Alt. WpHG), v.a. aber, wenn das Unternehmen die Fehlerfeststellung der Prüfstelle nicht akzeptiert (**Ablehnungsfälle**, § 108 Abs. 1 S. 2 Nr. 1 zweite Alt. WpHG)

Nr. 2: wenn **erhebliche Zweifel** an der Richtigkeit des Prüfungsergebnisses der Prüfstelle oder an der ordnungsgemäßen Durchführung der Prüfung durch die Prüfstelle bestehen (**Divergenzfälle**, § 108 Abs. 1 S. 2 Nr. 2 WpHG).

Darüber hinaus wird die BaFin im Enforcement-Verfahren nur ausnahmsweise auf Grundlage des ihr nach § 108 Abs. 1 S. 4 WpHG zustehenden **Anziehungsrechts** prüfend tätig. Hiernach kann die BaFin die Prüfung jederzeit an sich ziehen, wenn sie auch eine **KWG- oder VAG-Prüfung** (vgl. § 44 Abs. 1 S. 2 KWG, § 83 Abs. 1 Nr. 2 VAG) durchführt oder durchgeführt hat und die Prüfungen denselben Gegenstand betreffen. 256

Schließlich ist die BaFin zuständig für die **Anordnung der Fehlerveröffentlichung** i.R.d. Veröffentlichungs- bzw. Bekanntmachungsverfahrens (dazu Kap. B Tz. 261 sowie Kap. B Tz. 273) betr. festgestellter Fehler[436]. 257

10.2 Folgen aus der Fehlerfeststellung

Ist das Unternehmen der Auffassung, dass die **Fehlerfeststellung durch die BaFin** und/oder die damit verbundene Fehlerveröffentlichungsanordnung **rechtswidrig** ist, kann das Unternehmen gegen diese Verwaltungsakte **innerhalb eines Monats Widerspruch** bei der BaFin selbst als Widerspruchsbehörde einlegen (§ 73 Abs. 1 Nr. 2 VwGO)[437]. Gegen belastende Widerspruchsbescheide kann sich das Unternehmen im Wege der **Beschwerde** zum OLG Frankfurt am Main zur Wehr setzen (§§ 112, 113 WpHG, § 48 Abs. 4 WpÜG)[438]. 258

---

[436] Eine ausführliche Beschreibung des DPR-Prüfverfahrens findet sich sowohl auf der Homepage der DPR, abrufbar www.frep.info/pruefverfahren.php, sowie in Abschn. X.3.2.2. des Emittentenleitfadens der BaFin, abrufbar unter www.bafin.de.

[437] Ausführlich dazu *BaFin*, Emittentenleitfaden, Abschn. XIII.2.1., abrufbar unter www.bafin.de; *Hönsch*, in: Assmann/Schneider, WpHG[6], § 37u Rn. 1 ff.

[438] Ausführlich dazu *BaFin*, Emittentenleitfaden, Abschn. XIII.2.2., abrufbar unter www.bafin.de; *Hönsch*, in: Assmann/Schneider, WpHG[6], § 37t Rn. 1 ff.

B Verantwortung der Unternehmensorgane für Rechnungslegung und Prüfung

259 Vorgenannte **Rechtsmittel** haben nach Maßgabe von § 112 Abs. 2 WpHG **keine aufschiebende Wirkung**; die BaFin darf die sofortige Vollziehbarkeit ihrer Entscheidungen auch nicht selbst aussetzen. Will das Unternehmen eine Veröffentlichung der vermeintlichen Fehlerfeststellung während eines schwebenden Rechtsmittelverfahrens verhindern, muss es i.R.d. **einstweiligen Rechtsschutzes** beim OLG Frankfurt am Main **Antrag auf Anordnung der aufschiebenden Wirkung** stellen (§ 113 Abs. 2 WpHG i.V.m. § 50 Abs. 3 WpÜG)[439]. Das Gericht kann dann eine entspr. **Zwischenverfügung** (sog. „Hängebeschluss") erlassen[440].

260 Gegen eine **Fehlerfeststellung der Prüfstelle** auf der ersten Stufe des Prüfverfahrens hat das betroffene Unternehmen hingegen mangels Rechtsverbindlichkeit der Entscheidungen der Prüfstelle **keine gerichtlichen Rechtsschutzmöglichkeiten**[441] (vgl. § 342b Abs. 6 S. 2 HGB). Stimmt das Unternehmen der Fehlerfeststellung nicht zu, geht das Verfahren auf die zweite Stufe über. Ob die Fehlerfeststellung zu Recht erfolgt ist, wird **von der BaFin überprüft** (§ 108 Abs. 1 S. 2 Nr. 1 zweite Alt. WpHG (Kap. B Tz. 255). Gegen deren Entscheidung sind dann Widerspruch und Beschwerde beim OLG Frankfurt am Main zulässig (Kap. B Tz. 258).

10.2.1 Folgen für das Unternehmen

10.2.1.1 Bekanntmachung einer Fehlerfeststellung

261 Wird i.R.d. Enforcement-Prüfung eine fehlerhafte Rechnungslegung festgestellt, so hat das betroffene Unternehmen nach § 109 Abs. 2 S. 4 WpHG nach erfolgter Anhörung **auf Anordnung der BaFin** die festgestellten **Fehler mit Begründung unverzüglich**, also ohne schuldhaftes Zögern (§ 121 BGB), **zu veröffentlichen**.

Das auf der zweiten Stufe angesiedelte **Veröffentlichungsverfahren** gliedert sich hiernach in drei Verfahrensabschnitte[442]:

a) Veröffentlichungsanhörung
b) Anordnung der Fehlerveröffentlichung
c) Fehlerveröffentlichung durch das Unternehmen

262 Nach allgemeinen Verwaltungsverfahrensgrundsätzen hat vor Erlass eines belastenden Verwaltungsakts eine **Anhörung** des Adressaten zu erfolgen.

Will das Unternehmen die Fehlerveröffentlichung verhindern, können die vertretungsberechtigten Organe des Unternehmens i.R.d. Veröffentlichungsanhörung beantragen, von einer Veröffentlichungsanordnung nach § 109 Abs. 2 S. 3 WpHG abzusehen, wenn die Veröffentlichung geeignet ist, den berechtigten Interessen des Unternehmens zu schaden.

Einem solchen **Antrag auf Absehen von der Fehlerveröffentlichungsanordnung** kann die BaFin nach pflichtgemäßem Ermessen ausnahmsweise stattgeben, wenn das Unternehmen das Vorliegen eines besonders **berechtigten Unternehmensinteresses an der**

---

[439] Ausführlich dazu *BaFin*, Emittentenleitfaden, Abschn. XIII.2.3., abrufbar unter www.bafin.de.
[440] *Krause*, BB 2011, S. 299 ff.
[441] *BaFin*, Emittentenleitfaden, Abschn. XIII.1.
[442] Eine ausführliche Beschreibung des in die Zuständigkeit der BaFin fallenden Veröffentlichungsverfahrens findet sich sowohl auf der Homepage der DPR, abrufbar unter www.frep.info/pruefverfahren.php, sowie in Abschn. X.3.3. des Emittentenleitfadens der BaFin, abrufbar unter www.bafin.de.

Nichtveröffentlichung des Fehlers plausibel darlegen und begründen kann, das im konkreten Einzelfall schwerer wiegt als das öffentliche Interesse an der Fehlerveröffentlichung.

Da das Unternehmen stets damit rechnen muss, dass der Kapitalmarkt negativ auf die Fehlerveröffentlichung reagiert, sind die Anforderungen an ein solches berechtigtes Interesse hoch; der Hinweis auf einen mit der Fehlerveröffentlichung potenziell verbundenen (Ruf-)Schaden wird regelmäßig nicht ausreichend sein[443].

Der Umstand, dass es sich um einen **unwesentlichen Fehler** handelt, der für den Kapitalmarkt irrelevant ist und damit mangels öffentlichem Interesse an einer Fehlerveröffentlichung die mit einer solchen Fehlerveröffentlichung einhergehenden negativen Folgen für das Unternehmen nicht rechtfertigen vermag, ist von der BaFin bereits **von Amts wegen** zu prüfen. In einem solchen Fall darf die BaFin bereits nach § 109 Abs. 2 S. 2 WpHG keine Fehlerveröffentlichung anordnen.

Wird i.R.d. Anhörung nicht abgeholfen, ordnet die BaFin die Fehlerveröffentlichung durch Erlass eines entspr. Verwaltungsakts an. Gegen die **Anordnung der Fehlerveröffentlichung** kann sich das Unternehmen mit den **Rechtsmitteln** Widerspruch und Beschwerde zur Wehr setzen (vgl. dazu und zum vorläufigen Rechtsschutz Kap. B Tz. 258 ff.). **263**

Das Gesetz enthält keine genauen Vorgaben zur konkreten **Formulierung der Fehlerveröffentlichung**. Vor dem Hintergrund des Veröffentlichungszwecks – Information des Kapitalmarktes über festgestellte Verstöße gegen Rechnungslegungsvorschriften (vgl. Kap. B Tz. 235 ff.) – verbieten sich aber verschleiernde Zusätze oder relativierende Kommentierungen seitens des Unternehmens. Vielmehr hat der Text der Fehlerveröffentlichung den **Tenor** sowie die tragenden Gründe der Fehlerveröffentlichungsanordnung wiederzugeben[444]. **264**

Die **Fehlerveröffentlichung** hat im **BAnz**[445] und **zusätzlich** entweder in einem überregionalen **Börsenpflichtblatt** (für die Frankfurter Wertpapierbörse sind dies u.a. die Börsenzeitung, die Frankfurter Allgemeine Zeitung und die Süddeutsche Zeitung) oder über ein in der Finanzwirtschaft weit verbreitetes elektronisch betriebenes **Informationsverbreitungssystem** (z.B. Reuters oder Bloomberg) zu erfolgen[446]. **265**

Leistet das Unternehmen der Veröffentlichungsanordnung nicht unverzüglich Folge, kann die BaFin die Veröffentlichung mit den Mitteln der Zwangsvollstreckung durch Androhung und Festsetzung von **Zwangsgeld** bis zu 250.000 € erzwingen oder im Wege der **Selbstvornahme** selbst veranlassen[447]. Schließlich ist die Nichtbefolgung der Veröffentlichungsanordnung nach §§ 109 Abs. 2 S. 1, 120 Abs. 12 Nr. 1 d) WpHG **bußgeldbewehrt** (vgl. dazu Kap. B Tz. 273).

Nach Auffassung der BaFin kann die Einleitung einer anlassbezogenen Prüfung oder die Feststellung eines erheblichen Fehlers im Bilanzkontrollverfahren in Einzelfällen eine **266**

---

443 Vgl. Abschn. X.3.3.4. des Emittentenleitfadens der BaFin, abrufbar unter www.bafin.de.
444 Vgl. Abschn. X.3.3.5. des Emittentenleitfadens der BaFin, abrufbar unter www.bafin.de.
445 Fehlerveröffentlichungen der Unternehmen sind im BAnz abrufbar unter www.bundesanzeiger.de mit Hilfe der Suchfunktion unter „Rechnungslegung/Finanzberichte" und dort unter der Rubrik „Fehlerbekanntmachungen".
446 Vgl. *BaFin*, Emittentenleitfaden, Abschn. X.3.3.6., abrufbar unter www.bafin.de.
447 Vgl. *BaFin*, Emittentenleitfaden, Abschn. X.3.3.7., abrufbar unter www.bafin.de.

nach § 15 WpHG veröffentlichungspflichtige Information darstellen und folglich eine **Ad-hoc-Berichterstattungspflicht** auslösen[448]. Dabei ist zu beachten, dass die Verfahren der Ad-hoc-Publizität und des Bilanzkontrollverfahrens unabhängig voneinander sind und daher eine Ad-hoc-Mitteilung nach § 15 WpHG eine Veröffentlichung nach § 109 Abs. 2 WpHG nicht entbehrlich macht.

10.2.1.2 Folgen für den betroffenen Abschluss

267 Eine Fehlerfeststellung nach § 109 WpHG hat zunächst keine unmittelbaren Auswirkungen auf die **Wirksamkeit des festgestellten JA**, selbst wenn die festgestellten Fehler Nichtigkeitsgründe i.S.v. § 256 AktG darstellen[449].

268 Die Frage der **Fehlerkorrektur** durch (Rückwärts-)Änderung des betroffenen Abschlusses oder durch Korrektur in laufender Rechnung richtet sich sodann nach den allgemeinen Grundsätzen (vgl. dazu Kap. B Tz. 375 ff.).

10.2.2 Folgen für den Abschlussprüfer

269 Für die Frage des Bestehens von **Auskunfts- und Vorlagepflichten** des APr. ggü. den Enforcement-Stellen als sonst. Auskunftsperson i.S.v. § 342b Abs. 4 HGB, § 107 Abs. 5 WpHG ist entscheidend, in welcher Stufe sich das Enforcement-Verfahren befindet (vgl. Kap. B Tz. 251):

- Auf der ersten Stufe des Enforcements ist der APr. unmittelbar **gegenüber der Prüfstelle kraft Gesetzes nicht zur Auskunft verpflichtet.** Als vom Unternehmen benannte Auskunftsperson nach § 342b Abs. 4 S. 1 HGB ist er zur Auskunft nur dann **berechtigt**, wenn ihn das Unternehmen ggü. der Prüfstelle von seiner **Verschwiegenheitspflicht** entbunden hat[450].
Dies sollte durch eine schriftliche Beauftragung mit ausdrücklicher Entbindung dokumentiert werden. Im Übrigen ist dem APr. der mit der Beauftragung zur Auskunftserteilung verbundene Aufwand vom Unternehmen gesondert zu vergüten[451].
- Auf der zweiten Stufe des Enforcements ist der APr. hingegen nach § 107 Abs. 5 S. 1 WpHG **gegenüber der BaFin** kraft Gesetzes **zur Auskunft und Vorlage von Unterlagen verpflichtet.** Dies betrifft alle Tatsachen, die ihm i.R.d. Abschlussprüfung bekannt geworden sind, sofern dies zur Prüfung erforderlich ist.
Der Begriff der Erforderlichkeit ist weit auszulegen. Nach der Rspr. ist die Auskunftspflicht des APr. nicht subsidiär zur Auskunftspflicht unternehmensinterner Auskunftspersonen und umfasst sogar die Vorlage von Arbeitspapieren[452]. Da hier die gesetzliche Auskunftspflicht unmittelbar an die Beauftragung des APr. anknüpft, bedarf es hier weder einer Entbindung von der Verschwiegenheit noch einer gesonderten Beauftragung und Vergütungsvereinbarung durch das Unternehmen[453].

270 Wird ein im Enforcement-Verfahren festgestellter Fehler nicht in laufender Rechnung korrigiert, sondern der betroffene Jahres- bzw. KA und/oder der (Konzern-)LB nachträglich geändert (vgl. dazu Kap. B Tz. 268 sowie Kap. B Tz. 378 ff.), hat der APr. – ggf.

---

[448] So *BaFin*, Emittentenleitfaden, Abschn. X.3.3.3., abrufbar unter www.bafin.de.
[449] *Hüffer/Koch*, AktG[13], § 256 Rn. 31a.
[450] Vgl. RegE BilKoG, BT-Drs. 15/2432 v. 24.06.2004, S. 15.
[451] So *Kämpfer*, BB 2005, Beil. 7 S. 13 (15).
[452] So OLG Frankfurt am Main v. 29.11.2007, Az. WpÜG 2/07, DB 2008, S. 629.
[453] So *Kämpfer*, BB 2005, Beil. 7 S. 13 (15).

auch in Bezug auf bereits geprüfte Folgeabschlüsse – diese Änderungen i.R. einer **Nachtragsprüfung** erneut zu prüfen und den BestV entspr. zu ergänzen oder ggf. auch zu widerrufen (vgl. § 318 Abs. 3 HGB).

Denn die Aufrechterhaltung des BestV setzt mangels rechtlicher Bindungswirkung des APr. an die Fehlerfeststellung im Enforcement-Verfahren (wie umgekehrt die Enforcement-Stellen an das Prüfungsurteil des APr. nicht gebunden sind[454]) voraus, dass der APr. die in Folge der Fehlerkorrektur geänderte Fassung für gesetzeskonform erachtet[455]. Außerdem hat der Prüfer nachzuvollziehen, ob etwaige Folgeänderungen der Fehlerkorrektur zutreffend vorgenommen worden sind.

Werden bei Durchführung des Enforcement-Verfahrens konkrete Anhaltspunkte ersichtlich, die auf das **Vorliegen einer Berufspflichtverletzung** des APr. schließen lassen, ist die BaFin nach § 110 Abs. 2 S. 1 WpHG verpflichtet, die **APAS** beim **BAFA** über diese Tatsachen in Kenntnis zu setzen (§ 66c Abs. 1 S. 3 i.V.m. S. 1 Nr. 2 WPO). Entsprechendes gilt für die DPR als Prüfstelle gem. § 66c Abs. 1 S. 2 i.V.m. S. 1 Nr. 1 WPO. Denn seit Inkrafttreten des APAReG am 17.06.2016[456] hat die APAS als für die Berufsaufsicht bei Prüfungen von kapitalmarktorientierten Unternehmen zuständige Behörde zu ermitteln (§ 66a Abs. 6 S. 1 Nr. 3 WPO) und über entspr. (**berufsaufsichtsrechtliche**) **Maßnahmen** zu entscheiden (§ 66a Abs. 6 S. 2 bis 4 WPO).

271

10.3 Sanktionen/Haftungsfragen

Die **unrichtige und/oder unvollständige Auskunftserteilung** ggü. den Enforcement-Stellen stellt eine **Ordnungswidrigkeit** dar und kann mit einer **Geldbuße bis zu 50.000 €** geahndet werden (§§ 342b Abs. 4 S. 1, 342e HGB; §§ 107 Abs. 5 S. 1, 120 Abs. 12 Nr. 1 d) WpHG).

272

Dies setzt allerdings auf der ersten Stufe des Enforcements voraus, dass das Unternehmen seine Mitwirkung ggü. der Prüfstelle angezeigt hat. Erst dann sind deren gesetzliche Vertreter und die von diesen benannten Auskunftspersonen i.S.v. § 342b Abs. 4 S. 1 HGB auch verpflichtet, Auskunft ggü. der Prüfstelle zu erteilen.

Ebenfalls handelt es sich um eine **Ordnungswidrigkeit** und kann mit einer Geldbuße bis zu 50.000 € geahndet werden, wenn der BaFin der **Zutritt** auf Grundstück und Geschäftsräume **verweigert** wird (§§ 107 Abs. 6 S. 1, 120 Abs. 12 Nr. 2 WpHG), vor allen Dingen aber auch, wenn das Unternehmen gegen die **Veröffentlichungsanordnung** der BaFin verstößt (§§ 109 Abs. 2 S. 1, 120 Abs. 12 Nr. 1 d) WpHG).

273

Verweigert das Unternehmen bzw. deren gesetzliche Vertreter die Mitwirkung am Enforcement-Verfahren, werden die auf der ersten Stufe angefallenen **Verfahrenskosten** für den Fall, dass die Fehlerfeststellung seitens der BaFin bestätigt wird, unmittelbar dem Unternehmen auferlegt, § 17c FinDAG (Finanzdienstleistungsaufsichtsgesetz).

274

Da sich das Unternehmen letztlich einer Enforcement-Prüfung nicht entziehen kann, stellt sich insofern die Frage, in welchen Fallkonstellationen die an sich rechtlich zulässige Verweigerung der Mitwirkung auf der ersten Stufe des Enforcements im Interesse des Unternehmens sein kann und inwieweit sich die vertretungsberechtigten Organe im

---

[454] OLG Frankfurt am Main v. 22.01.2009, Az. WpÜG 1/08, WpÜG 3/08.
[455] So *Kämpfer*, BB 2005, Beil. 7 S. 13 (15).
[456] BGBl. I v. 05.04.2016, S. 518 ff.

Hinblick auf mögliche **Regressansprüche** schadenersatzpflichtig ggü. dem Unternehmen machen können.

275 Sofern die im Enforcement-Verfahren festgestellten Verstöße von strafrechtlicher Relevanz sind, drohen auch **strafrechtliche Sanktionen**. Zu denken ist etwa an § 283b StGB (Verletzung der Buchführungspflicht) oder an § 331 HGB und § 400 AktG (Unrichtige Darstellung).

Werden den Enforcement-Stellen Tatsachen bekannt, die einen solchen Verdacht begründen, sind sie **verpflichtet**, die zuständige Behörde (**Staatsanwaltschaft**) hierüber **zu unterrichten** (vgl. § 324b Abs. 8 S. 1 HGB, § 110 Abs. 1 WpHG)[457]. Zu den Meldepflichten und zur Zusammenarbeit der BaFin mit Börsenaufsichtsbehörden, Handelsüberwachungsstellen, Bundesbank, Bundeskartellamt, Gewerbeaufsicht u.a. in- und ausländischen Stellen vgl. §§ 6, 7, 8, 110 und 111 WpHG[458].

276 Enforcement-Verstöße können schließlich auch **zivilrechtliche Konsequenzen** haben, wenn das handelnde Organ seine ihm obliegende Sorgfaltspflicht verletzt hat. Zu denken ist insb. an **Schadenersatzansprüche** gegen das pflichtwidrig handelnde Organ.

11. Nichtigkeit und sonstige Fehlerhaftigkeit des Abschlusses

11.1 Nichtigkeit und Anfechtbarkeit von Organbeschlüssen im Allgemeinen

277 Bei **Beschlüssen der HV** unterscheidet das Gesetz zwischen solchen, die nichtig sind, und solchen, die nur der Anfechtung unterliegen. Ist ein Beschluss mit schwerwiegenden, im Gesetz aufgeführten Mängeln behaftet, dann ist er **nichtig**. Da es sich bei den aktienrechtlichen Nichtigkeitsvorschriften (§§ 241, 250, 253, 256 AktG) um zwingende und abschließende Regelungen handelt, können aus allgemeinen Rechtsvorschriften, etwa aus § 134 BGB, weitere Nichtigkeitsgründe nicht abgeleitet werden[459]. Die Nichtigkeit kann durch Nichtigkeitsklage oder in anderer Weise geltend gemacht werden. Sind die Mängel weniger schwerwiegend, bleibt der Beschluss grds. wirksam, aber **anfechtbar** (vgl. §§ 243 ff. AktG). Denjenigen, die durch den Beschluss in ihren Rechten verletzt zu sein glauben, bleibt es überlassen, ihn durch Anfechtungsklage zu beseitigen. Zur Anfechtung befugt ist dabei nur ein begrenzter Kreis von Beteiligten.

278 Gegen Beschlüsse des **Vorstands** oder des **AR** einer AG sind dagegen aktienrechtliche Anfechtungs- und Nichtigkeitsklagen nach §§ 241 ff. AktG nicht zulässig[460]. Die Nichtigkeit kann hier nur im Wege der allgemeinen Feststellungsklage nach § 256 ZPO geltend gemacht werden[461].

---

[457] Vgl. *BaFin*, Emittentenleitfaden, Abschn. XI.1., abrufbar unter www.bafin.de.
[458] Ausführlich dazu *BaFin*, Emittentenleitfaden, Abschn. XI.2., XI.3., XI.4. und XII.; abrufbar unter www.bafin.de.
[459] *Hüffer/Schäfer*, in: MünchKomm. AktG⁴, § 241, Rn. 52; *Würthwein*, in: Spindler/Stilz, AktG³, § 241, Rn. 26.
[460] H.M.: OLG Frankfurt am Main v. 04.02.2003, ZIP, S. 1198; *Hüffer/Schäfer*, in: MünchKomm. AktG⁴, § 241, Rn. 97; *Hüffer/Koch*, AktG¹³, § 241, Rn. 2 m.w.N.
[461] *Hüffer/Schäfer*, in: MünchKomm. AktG⁴, § 243, Rn. 10 m.w.N.; *Würthwein*, in: Spindler/Stilz, AktG³, § 243, Rn. 33.

Verantwortung der Unternehmensorgane für Rechnungslegung und Prüfung B

Das Gesetz regelt in den §§ 241, 250, 253 und 256 AktG die Nichtigkeit von HV-Beschlüssen abschließend[462]. § 241 AktG ist auf alle Beschlüsse der HV mit Ausnahme der AR-Wahlen, des Gewinnverwendungsbeschlusses sowie der Feststellung des JA anwendbar; für diese Beschlüsse bestehen besondere Regelungen. In seinen Nr. 1–6 enthält er die **allgemeinen** Nichtigkeitsgründe für HV-Beschlüsse. Daneben wird in § 241 Hs. 1 AktG auf die **zusätzlichen** Nichtigkeitsgründe verwiesen, die nur für einzelne HV-Beschlüsse gelten und an anderer Stelle im Gesetz geregelt sind. **279**

Die Nichtigkeitsgründe für die **Wahl von AR-Mitgliedern** durch Beschlüsse der HV sind in § 250 AktG abschließend geregelt. Eine besondere Regelung der Nichtigkeit von HV-Beschlüssen über die **Verwendung des Bilanzgewinns** enthält § 253 AktG; diese Regelung schließt allerdings die allgemeinen Nichtigkeitsgründe ein und bestimmt zusätzlich, dass der Gewinnverwendungsbeschluss auch dann nichtig ist, wenn der JA, auf dem er beruht, seinerseits nichtig ist. **280**

11.2 Fehlerhafte Abschlüsse

Fehlerhaft ist ein JA, wenn er gegen zwingende gesetzliche Vorschriften verstößt[463]. Der JA ist jedoch nur dann im handelsrechtlichen Sinn als fehlerhaft anzusehen, wenn der bilanzierende Kaufmann spätestens im Zeitpunkt der Feststellung des JA bei pflichtgemäßer und gewissenhafter Prüfung einen **Gesetzesverstoß** hätte erkennen können; ergeben sich später abw. wertaufhellende Erkenntnisse über Tatumstände oder Rechtsfragen, macht dies den festgestellten JA nicht nachträglich fehlerhaft (sog. subjektiver Fehlerbegriff)[464]. **281**

In § 256 AktG ist abschließend geregelt, welche Fehler zur **Nichtigkeit** des handelsrechtlichen **JA** führen. Bei Mängeln, die keinen Nichtigkeitsgrund i.S.d. § 256 AktG verwirklichen, ist der JA als „nur" **fehlerhaft** anzusehen. Diese Unterscheidung hat Bedeutung für die Frage, ob bzw. auf welche Weise eine Korrektur des JA herbeigeführt werden muss bzw. kann (hierzu Kap. B Tz. 384 ff.). **282**

11.2.1 Verfahrensfehler

Zum einen kann das Verfahren von der Aufstellung bis zur Feststellung des JA fehlerbehaftet sei. So kommt in Betracht, dass die Organe der bilanzierungspflichtigen Gesellschaft beim Prozess der Auf- und Feststellung des handelsrechtlichen JA **nicht ordnungsgemäß mitgewirkt** haben, weil z.B. **unzuständige Gesellschaftsorgane** gehandelt haben oder die **Beschlussfassung** der jeweiligen Organe mit Rechtsmängeln behaftet ist[465]. Bestimmte Verfahrensmängel können die Nichtigkeit des JA zur Folge haben (s. z.B. Kap. B Tz. 307 ff., Kap. B Tz. 324 ff., Kap. B Tz. 330 ff.). Zu den Verfahrensmängeln i.w.S. gehören auch die Fälle, in denen der JA trotz bestehender Prüfungspflicht **nicht ord- 283**

---

[462] Hüffer/Koch, AktG[13], § 241, Rn. 1; Würthwein, in: Spindler/Stilz, AktG[3], § 241, Rn. 8; a.A. K. Schmidt, in: Großkomm. AktG[4], § 241, Rn. 111, der eine Erweiterung im Wege der Rechtsfortbildung für möglich hält.
[463] Vgl. IDW RS HFA 6, Tz. 14; Hennrichs/Pöschke, in: MünchKomm. AktG[4], § 172, Rn. 75 f.; Schubert, in: BeBiKo[11], § 253, Rn. 803.
[464] IDW RS HFA 6, Tz. 14; ADS[6], § 172 AktG, Tz. 43; Hennrichs/Pöschke, in: MünchKomm. AktG[4], § 172, Rn. 76 m.w.N.; ausführlich Hennrichs, NZG 2013, S. 681; a.A. für Rechtsfragen in der Steuerbilanz BFH GrS v. 31.01.2013, NZG, S. 476; so auch für die Handelsbilanz Schulze-Osterloh, BB 2013, S. 1131 (1132).
[465] Vgl. Euler/Klein, in: Spindler/Stilz, AktG[3], § 172, Rn. 21; Hennrichs/Pöschke, in: MünchKomm. AktG[4], § 172, Rn. 39 f.

nungsgemäß geprüft wurde. Auch hieraus kann die Nichtigkeit des JA folgen (Kap. B Tz. 302 ff.).

11.2.2 Inhaltliche Fehler

284 Zum anderen kann ein JA inhaltliche Fehler aufweisen. Das ist dann der Fall, wenn der Inhalt des JA **gegen zwingende gesetzliche Vorschriften** (insb. Gliederungs-, Ansatz- oder Bewertungsvorschriften) oder die GoB verstößt[466]. Dies kann das Zahlenwerk in Bilanz und GuV, aber auch die Angaben im Anh. betreffen. Bestimmte inhaltliche Fehler haben die Nichtigkeit des JA zur Folge (Kap. B Tz. 297 ff., Kap. B Tz. 316 ff., Kap. B Tz. 335 ff., Kap. B Tz. 338 ff.).

11.3 Nichtigkeit des festgestellten Jahresabschlusses

11.3.1 Allgemeines

285 § 256 AktG regelt abschließend die Fälle, in denen ein festgestellter JA nichtig ist. Genau genommen handelt es sich dabei nicht um die Nichtigkeit des JA, sondern um die Nichtigkeit der Feststellung des JA[467]. Dabei gilt die Regelung des § 256 AktG unabhängig davon, ob der JA durch die Verwaltung (Vorstand und AR) oder durch die HV festgestellt worden ist. Im letzteren Fall verdrängt § 256 AktG als **Spezialvorschrift** die Anwendbarkeit des § 241 AktG, im ersteren Fall die sonst gegen Beschlüsse des AR eröffnete allgemeine Feststellungsklage nach § 256 ZPO[468]. Die **Anfechtung** des Feststellungsbeschlusses der HV ist gesondert in § 257 AktG geregelt (dazu Kap. B Tz. 364 f.).

286 Die Nichtigkeit des JA, bestehend aus Bilanz, GuV sowie Anh. (§§ 242 Abs. 3, 264 Abs. 1 HGB), erfasst das gesamte zu seiner Feststellung durch Vorstand und AR nach § 172 AktG führende **korporationsrechtliche Rechtsgeschäft**. Dieses umfasst die Vorlage des JA durch den Vorstand (d.h. die Beschlussfassung des Vorstands, nicht den Realakt der Vorlage), den Billigungsbeschluss durch den AR sowie seine zu dem JA abgegebene Schlusserklärung nach § 171 Abs. 2 S. 4 AktG[469]. Im Sonderfall des § 173 AktG bezieht sich die Nichtigkeit nicht auf den Zustimmungsbeschluss des AR, sondern auf den Feststellungsbeschluss der HV[470]. Die daneben bestehenden gesetzlich vorgeschriebenen Instrumente handelsrechtlicher Rechenschaftslegung, wie etwa LB, Abhängigkeitsbericht und Erklärung zur Unternehmensführung, sind nicht Bestandteile des JA, sondern rechtlich selbständig[471].

287 Zweifelhaft ist, ob die Nichtigkeit des JA auch die **Nichtigkeit** des mit ihm in tatsächlichem Zusammenhang stehenden **LB** oder des **Abhängigkeitsberichts** zur Folge hat. Die Rspr. hat dies für den Abhängigkeitsbericht bejaht und angenommen, dass die jeweiligen Beschlüsse des AR entspr. § 139 BGB als einheitliches Rechtsgeschäft zu beurteilen seien und der Rechtsgedanke des § 139 BGB, der vom Grundsatz der Gesamt-

---

[466] Vgl. *Hennrichs/Pöschke*, in: MünchKomm. AktG⁴, § 172, Rn. 75; *Schubert*, in: BeBiKo¹¹, § 253, Rn. 803; *Forst/Suchanek/Klopsch*, GmbHR 2013, S. 914 (916).
[467] Allgemeine Ansicht; vgl. *Hüffer/Koch*, AktG¹³, § 256, Rn. 3 m.w.N.; *Rölike*, in: Spindler/Stilz, AktG³, § 256, Rn. 15; *Schwab*, in: Schmidt/Lutter, AktG³, § 256, Rn. 2.
[468] Vgl. ADS⁶, § 172 AktG, Tz. 9 m.w.N.
[469] BGH v. 15.11.1993, DB 1994, S. 84.
[470] *Hüffer/Koch*, AktG¹³, § 256, Rn. 3; *Schwab*, in: Schmidt/Lutter, AktG³, § 256, Rn. 2.
[471] ADS⁶, § 256 AktG, Tz. 13; *Koch*, in: MünchKomm. AktG⁴, § 256, Rn. 5; *Rölike*, in: Spindler/Stilz, AktG³, § 256, Rn. 13; OLG Köln v. 24.11.1992, WM 1993, S. 644.

nichtigkeit bei nichtigen Teilakten ausgeht, anwendbar sei[472]. Gegen diesen Ansatz spricht jedoch, dass weder der LB noch der Abhängigkeitsbericht Gegenstand einer irgendwie gearteten Feststellung sind und daher kein Raum für die Annahme einer Nichtigkeit dieser Unterlagen bleibt.

Umgekehrt können Mängel des LB oder des Abhängigkeitsberichts als solche auch nicht zur Nichtigkeit des JA führen, weil sie kein Bestandteil des JA sind und die hierfür geltenden Nichtigkeitsgründe in § 256 AktG abschließend geregelt sind[473]. Vielmehr können insoweit nur materielle Mängel, die sich im JA selbst niederschlagen, zu einer Nichtigkeit des JA führen. So kann z.B. die Nichtaktivierung einer konzernrechtlichen Forderung auf Nachteilsausgleich (§§ 311, 317 AktG), obwohl diese unbestritten und werthaltig ist, die Nichtigkeit des JA wg. Unterbewertung zur Folge haben[474]. Im Fall der Feststellung des JA durch die HV kann das Fehlen des Abhängigkeitsberichts bzw. der Schlusserklärung allerdings die Anfechtbarkeit des Feststellungsbeschlusses (näheres hierzu Kap. B Tz. 365) zur Folge haben. **288**

Auf Gesellschaften in der Rechtsform der **GmbH** sind die Regelungen zur Nichtigkeit des JA in § 256 AktG in wesentlichen Teilen analog anzuwenden. Wegen der abw. Organisationsstruktur der GmbH sowie mangels entspr. Beurkundungserfordernisse sind allerdings § 256 Abs. 2 sowie Abs. 3 Nr. 2 AktG für die GmbH gegenstandslos[475]. **289**

Dagegen kommt eine analoge Anwendung des § 256 AktG auf Personenhandelsgesellschaften (**OHG, KG**) nicht in Betracht, da hierfür die Strukturunterschiede zur AG zu groß sind. Für Personenhandelsgesellschaften, auf die wg. Überschreitens der Größenkriterien das PublG anzuwenden ist, findet sich in **§ 10 PublG** eine spezielle Regelung zur Nichtigkeit von JA bei Verletzung von Prüfungsvorschriften, die jedoch keinen abschließenden Charakter hat[476]; diese Vorschrift ist auf Personenhandelsgesellschaften i.S.v. § 264a HGB (z.B. **GmbH & Co. KG**) entspr. anzuwenden[477]. Darüber hinaus kommt bei allen Personenhandelsgesellschaften auch eine Nichtigkeit des JA wg. formeller oder materieller Mängel in Betracht. Dabei sind die **allgemeinen Vorschriften** zur Nichtigkeit wg. Nichtbeachtung gesetzlicher Verbote oder Sittenwidrigkeit (§§ 134, 138 BGB) heranzuziehen. Zu den durch § 134 BGB geschützten Vorschriften gehören die handelsrechtlichen Rechnungslegungsvorschriften (z.B. Ansatz- und Bewertungsvorschriften). Eine Nichtigkeit wird insoweit grds. nur bei einer über einen einzelnen Bilanzposten hinausgehenden, erheblichen Beeinträchtigung anzunehmen sein; von einer erheblichen Beeinträchtigung ist beim Verstoß gegen gläubigerschützende Bestimmungen regelmäßig auszugehen[478]. **290**

---

[472] BGH v. 15.11.1993, DB 1994, S. 84; zust. *Koch*, in: MünchKomm. AktG[4], § 256, Rn. 80; a.A. ADS[6], § 256 AktG, Tz. 75, m.w.N.; *Kalbfleisch*, in: HdR[5], § 256 AktG, Rn. 48; *Müller*, AG 1994, S. 411; *Schwab*, in: Schmidt/Lutter, AktG[3], § 256, Rn. 34.
[473] ADS[6], § 256 AktG, Tz. 13; *Koch*, in: MünchKomm. AktG[4], § 256, Rn. 5; *Rölike*, in: Spindler/Stilz, AktG[3], § 256, Rn. 13.
[474] ADS[6], § 312 AktG, Tz. 103a; *Schmidt/Heinz*, in: BeBiKo[11], § 289, Rn. 494; *Vetter*, in: Schmidt/Lutter, AktG[3], § 312, Rn. 26.
[475] Vgl. ADS[6], § 256 AktG, Tz. 100 f.; *Brete/Thomsen*, GmbHR 2008, S. 176 (178); *Haas*, in: Baumbach/Hueck, GmbHG[21], § 42a, Rn. 24.
[476] ADS[6], § 10 PublG, Tz. 9.
[477] ADS[6] (ErgBd), § 264a HGB, Tz. 58; *IDW*, FN-IDW 2002, S. 218.
[478] Vgl. ADS[6], § 10 PublG, Tz. 11 m.w.N.; *Weilep/Weilep*, BB 2006, S. 147 (150).

291 Auf den **KA** sind die Vorschriften des **§ 256 AktG** über die Nichtigkeit des JA **weder unmittelbar noch analog** anzuwenden[479]. Vom Wortlaut des § 256 AktG wird der KA nicht erfasst. Zwar ist der **KA** durch das Gesellschaftsorgan, das für die Feststellung des JA der Muttergesellschaft zuständig ist, zu „billigen" (s. Kap. B Tz. 123 ff., § 171 Abs. 2 S. 5 AktG, § 42a Abs. 4 GmbHG). Da der Gesetzgeber im TransPuG trotz Einführung des Billigungserfordernisses für den KA weder eine Anpassung des § 256 AktG noch eine Verweisung auf diese Vorschrift vorgesehen hat, kann nicht von einer planwidrigen Regelungslücke ausgegangen werden, die im Wege der Analogie zu schließen wäre. Da der KA nach wie vor **keine** unmittelbaren rechtlichen **Bindungs- und Folgewirkungen** entfaltet, insb. für den Gewinnverwendungsbeschluss und die Dividendenansprüche der Aktionäre keine Bedeutung hat, ist die Billigung des KA in ihren Rechtswirkungen mit der Verbindlicherklärung des JA durch seine Feststellung nicht gleichzusetzen. Für eine Anwendung der Regelung des § 256 AktG, der auf die Wahrung der Rechtssicherheit im Interesse der Gesellschaft, Aktionäre und Gläubiger gerichtet ist, besteht damit beim KA auch kein Bedarf. Die Feststellung der „Unrichtigkeit" des KA im Wege der allgemeinen Feststellungsklage nach § 256 ZPO kommt ebenfalls nicht in Betracht, da es an einem feststellungsfähigen Rechtsverhältnis fehlt[480].

292 Allerdings unterliegen neben festgestellten JA auch gebilligte KA kapitalmarktorientierter Unternehmen der Überprüfung auf inhaltliche Richtigkeit (sog. **Enforcement-Verfahren**) durch die DPR (§ 342b HGB) bzw. die BaFin (§§ 106 ff. WpHG; für Einzelheiten s. Kap. B Tz. 240 ff.). Solange eine Klage auf Feststellung der Nichtigkeit des JA anhängig ist, findet eine Prüfung durch die DPR bzw. die BaFin jedoch nicht statt (Sperrwirkung; § 342b Abs. 3 S. 1 HGB; § 107 Abs. 3 S. 1 WpHG). Ob ein festgestellter Fehler des JA zu dessen Nichtigkeit führt, ist nach den allgemeinen Vorschriften zu entscheiden. Das Verfahren vor der DPR bzw. der BaFin ersetzt jedenfalls nicht die gerichtliche Feststellung der Nichtigkeit, auch wenn es mit der Feststellung endet, dass die Rechnungslegung fehlerhaft ist (vgl. § 342b Abs. 5 S. 2 HGB, § 109 WpHG)[481]. Allerdings werden die betroffenen Unternehmen i.d.R. von sich aus Abhilfe schaffen und den betroffenen Abschluss oder jedenfalls den Folgeabschluss ändern, so dass sich die Frage der Nichtigkeit im Zweifel nicht mehr stellt.

293 Die Einführung dieses ergänzenden Verfahrens zur Überprüfung der inhaltlichen Richtigkeit von JA und KA gibt keinen Anlass davon auszugehen, dass § 256 AktG Anwendung auch auf KA findet[482]. Vielmehr schließt das auch auf die Konzernrechnungslegung anwendbare **Enforcement-Verfahren** gerade die Kontrolllücke, die sich aus der Unanwendbarkeit der §§ 256 f. AktG ergibt[483].

---

479 BGH v. 14.01.2008, AG, S. 325; OLG Frankfurt am Main v. 21.11.2006, AG 2007, S. 282; *Bezzenberger*, in: Großkomm. AktG⁴, § 256, Rn. 35; *Hennrichs*, ZHR 2004, S. 383 (397); *Hennrichs/Pöschke*, in: MünchKomm. AktG⁴, § 172, Rn. 110 f.; *Hüffer/Koch*, AktG¹³, § 256, Rn. 3; *Rölike*, in: Spindler/Stilz, AktG³, § 256, Rn. 4; a.A. *Schwab*, in: Schmidt/Lutter, AktG³, § 256, Rn. 3, der für eine analoge Anwendung von Teilen des § 256 AktG plädiert.
480 BGH v. 14.01.2008, AG, S. 325; OLG Frankfurt am Main v. 21.11.2006, AG 2007, S. 282 (283).
481 Zum Verhältnis zwischen Enforcement und Nichtigkeit vgl. *Hennrichs*, ZHR 2004, S. 383 (404); *Müller*, ZHR 2004, S. 414 (419).
482 Gl.A. *Müller*, ZHR 2004, S. 414 (426).
483 *Koch*, in: MünchKomm. AktG⁴, § 256, Rn. 77.

Ein für Offenlegungszwecke nach § 325 Abs. 2a HGB erstellter **IFRS-EA** unterliegt zwar grds. denselben Vorschriften wie der JA (§ 324a HGB). Da er jedoch anders als der JA nicht festgestellt, sondern – mangels eigenständiger Folgewirkungen – nur wie der KA gebilligt wird (§ 171 Abs. 4 AktG), findet § 256 AktG auf diesen Abschluss **keine Anwendung**[484]. 294

11.3.2 Einzelne Nichtigkeitsgründe

Gründe für die Nichtigkeit des festgestellten JA sind teils unabhängig, teils abhängig davon, wer den JA festgestellt hat. Bei der AG sind nach § 172 Abs. 1 AktG grds. Vorstand und AR (**Verwaltung**) für die Feststellung des JA zuständig. Abweichend von diesem Grundsatz erfolgt die **Feststellung durch die HV** nur in folgenden Fällen: 295

- § 173 Abs. 1 erste Alternative AktG: Vorstand und AR beschließen, die Feststellung des JA der HV zu überlassen (dies ist z.B. Voraussetzung für rückwirkende Kapitalmaßnahmen, §§ 234 Abs. 2 S. 1, 235 AktG),
- § 173 Abs. 1 zweite Alternative AktG: Der AR hat den JA, den der Vorstand ihm gem. § 171 Abs. 1 AktG vorgelegt hat, nicht gebilligt,
- § 270 Abs. 2 S. 1 AktG: Feststellung bei der Abwicklung.

Bei der **KGaA** erfolgt die Feststellung des JA immer durch die HV (§ 286 Abs. 1 S. 1 AktG).

Ein JA ist unabhängig davon, ob er von der Verwaltung (Vorstand und AR) oder von der HV festgestellt worden ist, in den Fällen des § 256 Abs. 1 Nr. 1-4 AktG nichtig. 296

11.3.2.1 § 256 Abs. 1 Nr. 1 AktG

Der JA ist nichtig, wenn er durch seinen Inhalt Vorschriften verletzt, die ausschließlich oder überwiegend zum **Schutze der Gläubiger** der Gesellschaft gegeben sind. 297

Gläubigerschützende Vorschriften i.d.S. sind nur **Gesetzesvorschriften;** hierzu zählen auch EU-Verordnungen, die im Mitgliedstaat unmittelbar geltendes Recht sind. Verstöße gegen die Satzung führen deshalb nicht zur Nichtigkeit des JA nach § 256 Abs. 1 Nr. 1 AktG.

Zu den Bestimmungen, die zum Schutz der Gläubiger gegeben sind, gehören grds. auch die Vorschriften über die Aufstellung des JA. Welche dies im Einzelnen sind, könnte dem **Ordnungswidrigkeitenkatalog** des § 334 HGB entnommen werden, da die Bußgeldbewehrung nicht nur auf das öffentliche Interesse an der Einhaltung dieser Vorschriften zurückzuführen ist, sondern auch dem Gläubigerschutz dient[485]. Über die indizielle Wirkung des § 334 HGB hinausgehend bedarf es jedoch der zusätzlichen Prüfung, ob die verletzte Vorschrift schwerpunktmäßig dem Gläubigerschutz dient[486]. 298

Dabei ist zu beachten, dass § 256 AktG in Abs. 4 und 5 eigene Regelungen darüber enthält, unter welchen Voraussetzungen der JA wg. Verstößen gegen die **Vorschriften über die Gliederung und Bewertung** nichtig ist. Dabei sind Regelungen über den Ansatz von Vermögens- oder Schuldposten als Unterfall der Bewertungsvorschriften zu ver- 299

---

484 *Koch*, in: MünchKomm. AktG[4], § 256, Rn. 8.
485 ADS[6], § 256 AktG, Tz. 5; *Koch*, in: MünchKomm. AktG[4], § 256, Rn. 11.
486 *Koch*, in: MünchKomm. AktG[4], § 256, Rn. 11; ADS[6], § 256 AktG, Tz. 5.

stehen[487]. Die Regelungen in § 256 Abs. 4 und 5 AktG weisen zusätzliche, engere Tatbestandsmerkmale auf und sind daher als leges speciales vorrangig[488]. Nur wenn auch die zusätzlichen Tatbestandsmerkmale erfüllt sind, kommt eine Nichtigkeit in Betracht.

300 Hiernach verbleibt für die allgemeine Regelung des Abs. 1 Nr. 1 nur ein sehr **enger Anwendungsbereich**. In Betracht kommen Verstöße gegen allgemeine Buchführungs- und Bilanzierungsgrundsätze unter Einschluss der GoB[489] sowie etwa Mängel im Anh. oder ein völliges Fehlen desselben[490], nicht aber ein Fehlen des LB (vgl. Kap. B Tz. 287 ff.).

301 Der Anwendungsbereich des Abs. 1 Nr. 1 wird dadurch noch weiter beschränkt, dass unter dem Gesichtspunkt des Gläubigerschutzes nur **wesentliche** und **schwerwiegende Verstöße** gegen diese Vorschriften zur Nichtigkeit führen können[491]. Ein Verstoß gegen eher technische Ordnungsvorschriften, z.B. das Erfordernis, den JA unter Angabe des Datums zu unterzeichnen (§ 245 HGB), führt daher nicht zur Nichtigkeit. Gleiches gilt für Mängel oder Unvollständigkeiten der Angaben im Anh., soweit dadurch der Einblick in die Vermögens-, Finanz- oder Ertragslage nicht wesentlich beeinträchtigt wird.

11.3.2.2 § 256 Abs. 1 Nr. 2 AktG

302 Der JA ist nichtig, wenn trotz gesetzlicher Prüfungspflicht **keine Abschlussprüfung** nach § 316 Abs. 1 HGB stattgefunden hat oder eine erforderliche **Nachtragsprüfung** gem. § 316 Abs. 3 HGB unterblieben ist. Die strenge Rechtsfolge der Nichtigkeit ist in den genannten Fällen notwendig, um die Einhaltung der im öffentlichen Interesse gegebenen Vorschriften über die Abschlussprüfung (§§ 316 ff. HGB) zu sichern.

303 Die Nichtigkeit tritt nicht nur dann ein, wenn überhaupt keine Prüfung stattgefunden hat, sondern auch, wenn eine Prüfung gewisse **Mindestanforderungen**, die an eine Abschlussprüfung zu stellen sind, nicht erfüllt. Der APr. muss daher zureichende Prüfungshandlungen vorgenommen haben, einen PrB erstattet und den BestV erteilt oder versagt haben[492]. Dem Fehlen der notwendigen Mindestanforderungen einer Pflichtprüfung ist der Fall gleichzustellen, dass eine Prüfung durch einen APr. vorgenommen wird, dem von vornherein die erforderliche **Berufsqualifikation** als WP fehlt. Nach dem Sinn und Zweck der Regelung, eine qualifizierte gesetzliche Abschlussprüfung zu sichern, ist im Konkurrenzverhältnis zu § 256 Abs. 1 Nr. 3 AktG davon auszugehen, dass § 256 Abs. 1 Nr. 2 AktG in diesem Fall parallel anwendbar ist mit der Folge, dass eine

---

[487] Vgl. BGH v. 23.09.1991, AG 1992, S. 58 (59); ADS[6], § 256 AktG, Tz. 9; *Hüffer/Koch*, AktG[13], § 256, Rn. 25, 26.
[488] BGH v. 15.11.1993, DB 1994, S. 84 (85); ADS[6], § 256 AktG, Tz. 7; *Bezzenberger*, in: Großkomm. AktG[4], § 256, Rn. 55; *Hoffmann-Becking*, in: MünchHdb. AG[4], § 48, Rn. 5; abw. *Hüffer/Koch*, AktG[13], § 256, Rn. 6 m.w.N., die hierin Interpretationsnormen mit Begrenzungsfunktion sehen.
[489] ADS[6], § 256 AktG, Tz. 12; *Hoffmann-Becking*, in: MünchHdb. AG[4], § 48, Rn. 5; *Hüffer/Koch*, AktG[13], § 256, Rn. 7 m.w.N.
[490] OLG Stuttgart v. 11.02.2004, ZIP, S. 909, zur GmbH; ADS[6], § 256 AktG, Tz. 13 m.w.N.; *Kalbfleisch*, in: HdR[5], § 256 AktG, Rn. 13; *Hüffer/Koch*, AktG[13], § 256, Rn. 8.
[491] BGH v. 15.11.1993, DB 1994, S. 84; ADS[6], § 256 AktG, Tz. 7; *Hoffmann-Becking*, in: MünchHdb. AG[4], § 48, Rn. 5; *Hüffer/Koch*, AktG[13], § 256, Rn. 7 m.w.N.
[492] OLG Hamburg v. 11.01.2002, AG, S. 461; OLG Stuttgart v. 01.07.2009, ZIP 2010, S. 1295; ADS[6], § 256 AktG, Tz. 16; *Kalbfleisch*, in: HdR[5], § 256 AktG, Rn. 30; *Hüffer/Koch*, AktG[13], § 256, Rn. 10; *Rölike*, in: Spindler/Stilz, AktG[3], § 256, Rn. 30; auch bei Versagung des BestV nach § 322 Abs. 2 S. 1 Nr. 4 HGB (weil der APr. nicht in der Lage ist, ein Prüfungsurteil abzugeben, sog. Disclaimer) ist die Prüfung beendet, so dass der JA nach § 316 Abs. 1 S. 2 HGB festgestellt werden kann und ein Nichtigkeitsgrund nach § 256 Abs. 1 Nr. 2 AktG nicht besteht.

Verantwortung der Unternehmensorgane für Rechnungslegung und Prüfung

Heilung der Nichtigkeit des JA ausgeschlossen ist. Dagegen führen Mängel der Abschlussprüfung als solche nicht zu einer Nichtigkeit des JA.

Da sich die Regelung des § 256 AktG auf die Nichtigkeit des JA beschränkt, kommt es auf die **Prüfung des LB oder des Abhängigkeitsberichts** nicht an. Allerdings umfasst die Abschlussprüfung auch die Prüfung des LB (§ 317 Abs. 2 HGB), so dass ein PrB und ein BestV isoliert für den JA grds. nicht denkbar sind. Wenn aber ein Unternehmen – pflichtwidrig – keinen LB aufstellt und dieser daher auch nicht geprüft werden kann, genügt der dann zu erteilende eingeschränkte BestV oder der Versagungsvermerk, um eine Nichtigkeit nach § 256 Abs. 1 Nr. 2 AktG zu vermeiden. **304**

Nichtigkeit wg. **fehlender Nachtragsprüfung** kann nur dann eintreten, wenn der JA, der ursprünglich aufgestellt und geprüft worden war, entweder noch nicht festgestellt worden war oder wenn er selbst z.B. wg. inhaltlicher, nunmehr durch Änderung beseitigter Mängel nichtig war. Handelt es sich dagegen um die zulässige Änderung eines wirksamen, bereits festgestellten JA aus wichtigem Grund[493], bleibt dieser solange wirksam, bis der geänderte JA nach Durchführung der Nachtragsprüfung festgestellt worden ist. Ob der geänderte Abschluss, wenn er ohne Nachtragsprüfung festgestellt wird, als nichtig anzusehen ist oder ob er wg. des vorhandenen, rechtswirksamen früheren Abschlusses als rechtlich nicht existent einzustufen ist, kann dabei dahinstehen. **305**

Nichtigkeit wg. fehlender Prüfung kann naturgemäß nicht eintreten, wenn **keine Prüfungspflicht** besteht. Die einschränkende Regelung in § 256 Abs. 1 Nr. 2 AktG ist notwendig, da nach § 316 Abs. 1 S. 1 HGB kleine AG i.S.d. § 267 Abs. 1 HGB nicht prüfungspflichtig sind. Auch wenn die Erleichterung des § 264 Abs. 3 HGB zu Recht in Anspruch genommen wird, entfällt die Prüfungspflicht und damit zugleich die Nichtigkeitsdrohung[494]. Ist bei einer kleinen AG die Prüfungspflicht in der Satzung angeordnet worden, etwa weil § 65 Abs. 1 Nr. 4 BHO dies voraussetzt, findet § 256 Abs. 1 Nr. 2 AktG gleichwohl keine Anwendung. **306**

11.3.2.3 § 256 Abs. 1 Nr. 3 AktG

Der JA ist nichtig, wenn er im Falle einer gesetzlichen Prüfungspflicht von Personen geprüft worden ist, die nach § 319 Abs. 1 HGB oder nach Art. 25 EGHGB **nicht APr.** sind oder aus anderen Gründen als einem Verstoß gegen § 319 Abs. 2, 3 oder 4 HGB, § 319a Abs. 1 oder 3 HGB, § 319b Abs. 1 HGB oder gegen die VO (EU) Nr. Nr. 537/2014 **nicht zum APr. bestellt** sind. **307**

Nach der **ersten Alternative** des § 256 Abs. 1 Nr. 3 AktG ist der JA nichtig, wenn er nicht von APr. i.S.d. § 319 Abs. 1 HGB oder Art. 25 EGHGB geprüft worden ist. **APr. einer AG** können nach § 319 Abs. 1 HGB nur WP oder WPG sein. Nach Art. 25 EGHGB dürfen AG, die mehrheitlich Genossenschaften oder gemeinnützigen Wohnungsunternehmen gehören, unter bestimmten Voraussetzungen ihre JA auch von den jeweiligen Prüfungsverbänden, denen sie angehören, prüfen lassen. Andere Personen oder Gesellschaften sind von der Abschlussprüfung generell ausgeschlossen[495]. Die **Qualifikation** **308**

---

493 Dazu ADS[6], § 172 AktG, Tz. 43, m.w.N.
494 So auch *Koch* in: MünchKomm. AktG[4], § 256, Rn. 16; *Rölike*, in: Spindler/Stilz, AktG[3], § 256, Rn. 27.
495 Das Gesagte gilt entspr. für die prüfungspflichtige GmbH, abw. davon können gem. § 319 Abs. 1 S. 2 HGB APr. von mittelgroßen GmbH i.S.d. § 267 Abs. 2 HGB aber auch vBP und BPG sein.

des APr. als **WP/WPG** muss nicht nur bei seiner Bestellung, sondern bis zum Abschluss der Prüfung und der Erteilung des BestV vorhanden sein[496].

309 Die Nichtigkeit nach der ersten Alternative des § 256 Abs. 1 Nr. 3 AktG tritt danach immer dann ein, wenn dem tätig gewordenen APr. die Qualifikation als WP fehlt[497]. Ist eine WPG bestellt, wird den gesetzlichen Erfordernissen hierdurch Genüge getan; welche natürliche Person dann im Einzelnen bei der Prüfungsdurchführung welche Aufgaben übernimmt, spielt keine Rolle. Allerdings muss der BestV immer von natürlichen Personen als Vertreter der bestellten WPG unterzeichnet werden, die selbst WP sind (vgl. § 32 WPO). Ein Verstoß gegen diese berufsrechtliche Vorschrift macht den JA jedoch nicht nach § 256 Abs. 1 Nr. 3 AktG nichtig.

310 Der fehlenden Qualifikation als WP war nach altem Recht gleichzustellen, wenn der APr. nicht über eine wirksame **Bescheinigung über die Teilnahme am Qualitätskontrollverfahren** nach § 57a WPO a.F. oder eine Ausnahmegenehmigung verfügte und somit die Anforderungen des § 319 Abs. 1 S. 3 HGB nicht erfüllte. Ob dies auch für eine fehlende Eintragung der Tätigkeit als gesetzlichen APr. in das Berufsregister nach § 38 Nr. 1 Buchst. h oder Nr. 2 Buchst. f WPO gilt, erscheint fraglich, zumal die Anzeige für das Qualitätskontrollverfahren nach § 57a Abs. 1 S. 2 WPO auch noch bis zu zwei Wochen nach Annahme des Prüfungsauftrags nachgeholt werden kann und der APr. bei erstmaliger gesetzlicher Prüfung erst sechs Wochen nach Annahme eines Prüfungsauftrags über den Auszug aus dem Berufsregister verfügen muss (§ 319 Abs. 1 S. 3 HGB). Im Ergebnis wird die Nichtigkeit des JA nach Sinn und Zweck der Regelung nur dann anzunehmen sein, wenn die **Eintragung ins Berufsregister** nicht bis zur Erteilung des BestV erfolgt ist[498].

311 Nach der **zweiten Alternative** des § 256 Abs. 1 Nr. 3 AktG ist der JA nichtig, wenn er durch eine Person geprüft worden ist, die aus anderen Gründen als einem Verstoß gegen § 319 Abs. 2, 3 oder 4, § 319a Abs. 1 oder 3, § 319b HGB oder gegen die VO (EU) Nr. 537/2014 nicht (wirksam) zum APr. bestellt worden ist. Unter dem Begriff „Bestellung" versteht die h.M. hierbei nur die **Wahl des APr. durch die HV**, so dass Rechtsverstöße i.R.d. Beauftragung des APr. (z.B. Auftragserteilung durch unzuständiges Gesellschaftsorgan) keine Auswirkungen auf den JA haben[499]. Nicht bestellt i.S.d. zweiten Alternative des § 256 Abs. 1 Nr. 3 AktG ist daher z.B. ein Prüfer, der entgegen § 318 Abs. 1 S. 1 HGB nicht von der HV gewählt, sondern **durch die Verwaltung bestimmt** worden ist[500].

312 Im Sonderfall der **Bestellung durch das Gericht** (§ 318 Abs. 3 oder 4 HGB) wird die Stellung als gesetzlicher APr. durch die Entscheidung des Gerichts und die Annahme durch den WP begründet[501]. Hierbei kommt es nur auf die Wirksamkeit der gerichtlichen Verfügung zum Zeitpunkt der Vorlage des PrB an, so dass eine spätere Aufhebung der Verfügung im Rechtsmittelverfahren die Wirksamkeit des JA unberührt lässt[502].

---

496 *Bezzenberger*, in: Großkomm. AktG[4], § 256, Rn. 142; *Hüffer/Koch*, AktG[13], § 256, Rn. 14.
497 Dazu ADS[6], § 319 HGB, Tz. 28; § 256 AktG, Tz. 31; *Hüffer/Koch*, AktG[13], § 256, Rn. 14; *Rölike*, in: Spindler/Stilz, AktG[3], § 256, Rn. 34.
498 Gl.A. *Schmidt/Nagel*, in: BeBiKo[11], § 319, Rn. 15.
499 *Bezzenberger*, in: Großkomm. AktG[4], § 256, Rn. 147; *Koch*, in: MünchKomm. AktG[4], § 256, Rn.27; *Rölike*, in: Spindler/Stilz, AktG[3], § 256, Rn. 37.
500 ADS[6], § 256 AktG, Tz. 20.
501 ADS[6], § 318 HGB, Tz. 422; *Ebke*, in: MünchKomm. HGB[3], § 318, Rn. 79.
502 *Koch*, in: MünchKomm. AktG[4], § 256, Rn. 29; *Rölike*, in: Spindler/Stilz, AktG[3], § 256, Rn. 40.

Der zuletzt durch das AReG ergänzte Gesetzeswortlaut des § 256 Abs. 1 Nr. 3 Buchst. a bis d AktG stellt klar, dass die Nichtigkeit des **Beschlusses** zur **APr.-Wahl** wg. Verstoßes gegen § 319 Abs. 2, 3 und 4, § 319a Abs. 1 oder 3, § 319b Abs. 1 HGB oder gegen die VO (EU) Nr. 537/2014 nicht zur Nichtigkeit des durch einen inhabilen Prüfer geprüften JA führt[503]. **313**

Zur Klärung der Frage, ob **Befangenheitsgründe** bestehen, hat das gerichtliche **Ersetzungsverfahren** nach § 318 Abs. 3 HGB **Vorrang**. Nach § 243 Abs. 3 Nr. 3 AktG kann die Anfechtung eines Beschlusses über die Wahl des APr. nicht auf Gründe gestützt werden, die ein Verfahren nach § 318 Abs. 3 HGB rechtfertigen. Um die weitreichenden Konsequenzen einer nachträglich festgestellten Nichtigkeit des Wahlbeschlusses zu vermeiden und auch eine zügige Abwicklung des Rechtsschutzverfahrens zu gewährleisten, wird die Geltendmachung jeglicher Befangenheitsgründe in das Ersetzungsverfahren nach § 318 Abs. 3 HGB verwiesen[504]. Hierdurch soll sichergestellt werden, dass jederzeit ein wirksam bestellter APr. vorhanden ist und gleichzeitig der missbräuchlichen Geltendmachung von Befangenheitsgründen durch Aktionäre entgegengewirkt werden[505]. Der Klageausschluss wg. Vorrang des Ersetzungsverfahrens gilt nach h.M. auch für die **Nichtigkeitsklage** gegen den Wahlbeschluss nach § 249 Abs. 1 AktG analog[506]. Eine Anfechtungs- oder Nichtigkeitsklage gegen den Wahlbeschluss aus anderen Gründen, z.B. bei Fehlern der Einberufung oder der Bekanntmachung des entspr. Tagesordnungspunktes[507], bleibt weiterhin zulässig. Soweit jedoch Verfahrensfehler das Auswahl- und Bestellungsverfahren für PIE nach Art. 16 der VO (EU) Nr. 537/2014 betreffen, gilt hierfür der Vorrang des Ersetzungsverfahrens, so dass Anfechtungs- und Nichtigkeitsklage ausgeschlossen sind und auch die Wirksamkeit des festgestellten JA nach § 256 Abs. 1 Nr. 3 Buchst. d AktG unberührt bleibt[508]. **314**

Liegt einer der Ausschlussgründe vor, darf der Prüfer den Prüfungsauftrag nicht annehmen (§ 49 zweite Alt. WPO). Der trotz anfänglicher Inhabilität tätig werdende Prüfer verliert seinen Honoraranspruch[509]; tritt die Inhabilität erst nachträglich ein, kommt eine Vergütung für zuvor erbrachte verwendbare Teilleistungen in Betracht[510]. Die Erteilung des BestV trotz bestehender Inhabilität ist nach § 334 Abs. 2 HGB eine Ordnungswidrigkeit[511]. **315**

---

503 Vgl. zur Erweiterung durch das AReG *Blöink/Wolter*, BB 2016, S. 107 (108); *Schürnbrand*, AG 2016, S. 70 (73, 77).
504 Vgl. OLG München v. 24.09.2008, WM 2009, S. 265 (270); *Hüffer/Koch*, AktG[13], § 243, Rn. 44b m.w.N.
505 Begr. RegE, BT-Drs. 15/3419, S. 55.
506 *Ebke*, in: MünchKomm. HGB[3], § 318, Rn. 52; *Schmidt/Heinz*, in: BeBiKo[11], § 318, Rn. 72; *Hüffer/Koch*, AktG[13], § 249, Rn. 12a; *Schwab*, in Schmidt/Lutter, AktG[3], § 249, Rn. 5.
507 Vgl. hierzu BGH v. 25.11.2002, DB 2003, S. 383; *Würthwein*, in: Spindler/Stilz, AktG[3], § 243, Rn. 243.
508 *Blöink/Wolter*, BB 2016, S. 107 (108); *Schürnbrand*, AG 2016, S. 70 (77).
509 *Ebke*, in: MünchKomm. HGB[3], § 319, Rn. 36; *Schmidt/Nagel*, in: BeBiKo[11], § 319, Rn. 93; *Gelhausen/Heinz*, WPg 2005, S. 693 (700).
510 BGH v. 21.01.2010, ZIP, S. 433 (435); *Ebke*, in: MünchKomm. HGB[3], § 319, Rn. 42; ähnlich bereits *Gelhausen/Heinz*, WPg 2005, S. 693 (703).
511 *Ebke*, in: MünchKomm. HGB[3], § 319, Rn. 75; *Schmidt/Nagel*, in: BeBiKo[11], § 319, Rn. 95.

11.3.2.4 § 256 Abs. 1 Nr. 4 AktG

316 Der JA ist nichtig, wenn bei seiner Feststellung die Bestimmungen des Gesetzes oder der Satzung[512] über die Einstellung von Beträgen in **Kapital- oder Gewinnrücklagen** oder über die Entnahme von Beträgen aus diesen Rücklagen verletzt worden sind.

> **Beispiel 3:**
>
> Regelungen über die Einstellung und Entnahme von Beträgen in/aus Rücklagen:
> - § 272 Abs. 2 HGB (Einstellung in die Kapitalrücklage)
> - § 272 Abs. 4 HGB (Rücklage für Anteile an einem herrschenden Unternehmen)
> - § 58 AktG (Einstellung in andere Gewinnrücklagen)
> - § 150 Abs. 1 und 2 AktG (Einstellung in die gesetzlichen Rücklagen)
> - § 150 Abs. 3 und 4 AktG (Entnahmen aus den gesetzlichen Rücklagen und Kapitalrücklagen)
> - § 173 Abs. 2 S. 2 AktG (Einstellung in Gewinnrücklagen durch die HV)
> - § 230 AktG (Verwendung der infolge einer vereinfachten Kapitalherabsetzung aufgelösten Gewinn- und Kapitalrücklagen)
> - § 231 AktG (beschränkte Einstellung in die Kapitalrücklage und in die gesetzliche Rücklage)
> - § 232 AktG (Einstellung von Beträgen in die Kapitalrücklage bei zu hoch angenommenen Verlusten)
> - § 237 Abs. 5 AktG (Einstellung in die Kapitalrücklage bei Kapitalherabsetzung durch Einziehung von Aktien)
> - § 300 AktG (gesetzliche Rücklage bei verbundenen Unternehmen)
> - § 301 S. 2 AktG (Entnahme aus anderen Gewinnrücklagen)

317 Diese Vorschriften enthalten Elemente des Gläubigerschutzes und bilden einen wesentlichen Bestandteil des aktienrechtlichen Kapitalerhaltungssystems. Diese Vorschriften sind daher auch nicht abdingbar.

318 Dagegen führen Fehler bei der Einstellung in **Kapitalrücklagen nach § 272 Abs. 2 Nr. 4 HGB** nicht zur Nichtigkeit des JA[513]. Ob Gesellschafterleistungen als Ertragszuschuss erfolgswirksam zu vereinnahmen oder als Zuzahlung in das Eigenkapital (EK) erfolgsneutral in Kapitalrücklagen einzustellen sind, richtet sich nach dem Willen des Leistenden, der bei Fehlen einer ausdrücklichen Vereinbarung durch Auslegung ermittelt werden muss. Ob im Zweifelsfall eine Priorität für die erfolgswirksame Vereinnahmung besteht, ist umstritten[514]. Im Einzelfall kann die Abgrenzung schwierig sein. Entnahmen aus der nach § 272 Abs. 2 Nr. 4 HGB gebildeten Kapitalrücklage i.R.d. Auf- und Feststellung des JA unterliegen nicht den gesetzlichen Bindungen des § 150 AktG. Daher erschiene die **Nichtigkeitsfolge** für den Fall **nicht angemessen**, dass eine Dotierung der Kapitalrücklage zu Unrecht unterlassen und der Zuzahlungsbetrag erfolgswirksam vereinnahmt worden ist. Dasselbe gilt im umgekehrten Fall, weil bei Einstellung in die Kapitalrücklage eine Auflösung noch in demselben Abschluss möglich wäre.

---

512 OLG Stuttgart v. 14.05.2003, AG, S. 528 (Verstoß gegen Satzungsbestimmungen zur Rücklagendotierung bei KGaA).
513 Gl.A. *Koch*, in: MünchKomm. AktG[4], § 256, Rn. 33; a.A. ADS[6], § 256 AktG, Tz. 33 a.E.; differenzierend *Bezzenberger*, in: Großkomm. AktG[4], § 256, Rn. 120: nichtig, wenn Verstoß Bild wesentlich verfälscht.
514 Dafür *IDW St/HFA 2/1996 i.d.F. 2010*, Abschn. 22; a.z.B. ADS[6], § 272 HGB, Tz. 137; *Winkeljohann/Hoffmann*, in: BeBiKo[11], § 272, Rn. 195.

Die Regelungen zur **Ausschüttungssperre** (§§ 253 Abs. 6, 268 Abs. 8 HGB) führen nicht zur Anwendbarkeit des § 256 Abs. 1 Nr. 4 AktG, obwohl auch sie wesentlicher Bestandteil des aktienrechtlichen Kapitalerhaltungssystems sind. Unzulässig ist in diesen Fällen aber nur ein gegen die Vorschriften verstoßender Ausschüttungsbeschluss; eine Einstellung in (gebundene) Rücklagen ist dagegen nicht vorgeschrieben. Die Wirksamkeit des JA bleibt daher unberührt. **319**

Ebenfalls nicht zum Anwendungsbereich des § 256 Abs. 1 Nr. 4 AktG gehören solche Bestimmungen, die lediglich den **formalen Ausweis** in der Bilanz, in der GuV oder im Anh. betreffen, wie z.B. § 158 Abs. 1 AktG. Verstöße gegen diese Gliederungsvorschriften beurteilen sich nach § 256 Abs. 4 AktG. Nicht hierher gehört auch die Bildung stiller Reserven; werden insoweit die Zulässigkeitsgrenzen überschritten und Vermögensgegenstände unter- oder Schulden überbewertet, ist dies nach § 256 Abs. 5 AktG zu beurteilen[515]. **320**

Bei § 256 Abs. 1 Nr. 4 AktG handelt es sich um eine abschließende **Spezialregelung** ggü. § 256 Abs. 1 Nr. 1 AktG[516]. Damit unterliegen Verstöße gegen § 256 Abs. 1 Nr. 4 AktG, auch wenn sie zugleich gläubigerschützende Vorschriften verletzen, stets der kurzen Heilungsfrist von sechs Monaten. **321**

Die Nichtigkeitsfolge tritt auch dann ein, wenn gegen **Bestimmungen der Satzung** über Einstellung in oder Entnahme aus Kapital- oder Gewinnrücklagen verstoßen worden ist. Solche Satzungsbestimmungen sind nach §§ 58 Abs. 1 und 2, 150 Abs. 3 und 4, 173 Abs. 2 AktG zulässig. **322**

Der wichtigste Anwendungsfall des § 256 Abs. 1 Nr. 4 AktG ist ein Verstoß gegen die Vorschrift des **§ 58 AktG**[517]. In § 58 AktG ist geregelt, inwieweit der Jahresüberschuss bereits bei der Aufstellung des JA durch die Verwaltung (Vorstand und AR) durch Bildung von anderen Gewinnrücklagen geschmälert werden kann. Die Regelung erfolgt z.T. durch das Gesetz, in einem gewissen Rahmen ist die Bestimmung aber auch der Satzung überlassen. Im Hinblick darauf, dass die HV nicht mehr den gesamten Jahresüberschuss zu verteilen hat, sondern nur über die Verwendung des nach Thesaurierung verbleibenden Bilanzgewinns zu beschließen hat, musste der Gesetzgeber dafür sorgen, dass die Vorschriften des § 58 AktG und ggf. der Satzung eingehalten werden. Aus diesem Grunde wird bestimmt, dass ein festgestellter JA nichtig ist, wenn die Vorschriften über die Einstellung von Beträgen in andere Gewinnrücklagen verletzt worden sind. **323**

11.3.2.5 Besonderer Nichtigkeitsgrund bei Feststellung durch die Verwaltung

Außer nach § 256 Abs. 1 AktG ist ein vom Vorstand und AR festgestellter JA nach § 256 Abs. 2 AktG nichtig, wenn der Vorstand oder der AR bei seiner Feststellung nicht ordnungsgemäß mitgewirkt haben. **324**

---

515 *Hüffer/Koch*, AktG[13], § 256, Rn. 15; *Rölike* in: Spindler/Stilz, AktG[3], § 256 Rn. 41; *Schwab*, in: Schmidt/Lutter, AktG[3], § 256, Rn. 22.
516 ADS[6], § 256 AktG, Tz. 34, m.w.N.; *Kalbfleisch*, in: HdR[5], § 256 AktG, Rn. 47; *Rölike*, in: Spindler/Stilz, AktG[3], § 256 Rn. 41; *Schwab*, in: Schmidt/Lutter, AktG[3], § 256, Rn. 22; a.A. *Koch*, in: MünchKomm. AktG[4], § 256, Rn. 31; abw. auch *Euler/Sabel*, in: Spindler/Stilz, AktG[3], § 150 Rn. 30 f., die nach der Art des Verstoßes differenzieren wollen.
517 Vgl. ADS[6], § 256 AktG, Tz. 33; *Rölike*, in: Spindler/Stilz, AktG[3], § 256 Rn. 42.

Bei der Beschlussfassung müssen also die Bestimmungen des Gesetzes und der Satzung über die **Mitwirkung von Vorstand oder AR** beachtet worden sein. Nicht jede geringfügige Verletzung solcher Vorschriften kann aber die Wirkung der Nichtigkeit des JA haben. Die Unterlassung der nach § 107 Abs. 2 AktG zwingend vorgeschriebenen **Protokollierung** des AR-Beschlusses führt schon wg. der ausdrücklichen Vorschrift des § 107 Abs. 2 S. 3 AktG nicht zur Nichtigkeit des JA. Ebenso hat die bloße **Unterbesetzung des AR** bei der Beschlussfassung, wenn die Einladung der Mitglieder ordnungsgemäß war, keine Auswirkung auf die Wirksamkeit des JA[518]. Auch führt es nicht zur Nichtigkeit des JA, wenn der AR bei seiner Beschlussfassung entgegen § 100 Abs. 5 AktG über keinen Finanzexperten verfügt oder bei einzelnen AR-Mitgliedern die erforderliche Branchenvertrautheit fehlt[519].

325 Dagegen ist der Feststellungsbeschluss **nicht ordnungsgemäß** zustande gekommen, wenn der AR nicht gem. § 108 Abs. 2 AktG **beschlussfähig** war[520]. Erforderlich sind nach § 108 Abs. 2 S. 3 AktG jedenfalls mindestens drei anwesende AR-Mitglieder. Gleiches gilt, wenn ein **AR-Ausschuss** anstelle des AR gehandelt hat, weil die Feststellung des JA nach § 107 Abs. 3 S. 3 i.V.m. § 171 AktG nicht einem Ausschuss zur Beschlussfassung überwiesen werden kann[521]. Die **Nichtigkeit der Wahl von AR-Mitgliedern** führt zur Nichtigkeit des festgestellten JA, wenn alle AR-Mitglieder nicht ordnungsgemäß gewählt wurden. Ist die Wahl einzelner AR-Mitglieder nichtig, dann ist von Bedeutung, ob die Beschlussfassung über die Feststellung gerade auf deren Mitwirkung beruht[522].

326 Die **Mitwirkung des Vorstands** ist nicht ordnungsgemäß, wenn seine Besetzung nicht der gesetzlichen Mindestzahl gem. § 76 Abs. 2 AktG entspricht[523] oder die Aufstellung des JA nicht durch den Vorstand als Kollegialorgan, sondern lediglich durch einzelne Vorstandsmitglieder erfolgt; erforderlich ist also ein Beschluss des Gesamtvorstand, der mit der erforderlichen Mehrheit gefasst werden kann[524]. Ist die Bestellung von Vorstandsmitgliedern nichtig, so ist die Mitwirkung des Vorstands bei der Feststellung des JA nicht ordnungsgemäß, wenn aufgrund der nichtigen Bestellung die gesetzliche Mindestzahl des § 76 Abs. 2 AktG nicht mehr erreicht wird[525].

327 Von der nicht ordnungsgemäßen Mitwirkung zu unterscheiden ist der Fall, dass eines der beiden Organe bei der Aufstellung des JA übergangen worden ist. Da es sich dann nicht einmal um einen nichtigen, sondern um einen **Nicht-Beschluss** handelt, kommt auch eine Heilung gem. § 256 Abs. 6 AktG nicht in Betracht[526].

---

518 ADS[6], § 256 AktG, Tz. 57; *Koch* in: MünchKomm. AktG[4], § 256, Rn. 42.
519 Vgl. *Hüffer/Koch*, AktG[13], § 100, Rn. 28, § 256, Rn. 19 m.w.N.
520 *Hüffer/Koch*, AktG[13], § 108, Rn. 16; *Rölike*, in: Spindler/Stilz, AktG[3], § 256, Rn. 51.
521 *Rölike*, in: Spindler/Stilz, AktG[3], § 256, Rn. 45; *Zöllner*, in: Kölner Komm. AktG, § 256, Rn. 80; weitergehend *Koch*, in: MünchKomm. AktG[4], § 256, Rn. 4; *Schwab*, in: Schmidt/Lutter, AktG[3], § 256, Rn. 31: Mangels Kompetenz des Ausschusses fehle der rechtsgeschäftliche Tatbestand der Beschlussfassung überhaupt mit der Folge, dass eine Heilung des JA nach § 256 Abs. 6 AktG nicht möglich ist.
522 *Hüffer/Koch*, AktG[13], § 256, Rn. 19; *Rölike*, in: Spindler/Stilz, AktG[3], § 256, Rn. 51.
523 Vgl. KG v. 29.10.2010, ZIP 2011, S. 123 (125); *Hüffer/Koch*, AktG[13], § 256, Rn. 18; *Rölike*, in: Spindler/Stilz, AktG[3], § 256, Rn. 48; *Schwab*, in: Schmidt/Lutter, AktG[3], § 256, Rn. 28; a.A. *Priester*, in: FS Kropff, S. 591 (603).
524 Allg. Ansicht; vgl. *Hüffer/Koch*, AktG[13], § 256, Rn. 18; *Rölike*, in: Spindler/Stilz, AktG[3], § 256, Rn. 46 f.
525 ADS[6], § 256 AktG, Tz. 69; *Rölike*, in: Spindler/Stilz, AktG[3], § 256, Rn. 48.
526 *Hüffer/Koch*, AktG[13], § 256, Rn. 16; *Schwab*, in: Schmidt/Lutter, AktG[3], § 256, Rn. 29.

Sind Vorstand und AR für die Feststellung des JA ausnahmsweise nicht zuständig, weil das Gesetz die Feststellung zwingend der HV zuweist, haben sie aber dennoch anstelle der HV den JA gebilligt, so liegt ebenfalls keine Feststellung des JA vor, auch in diesen Fällen scheidet eine Heilung aus[527]. **328**

Die **fehlende Unterzeichnung** des JA (§ 245 HGB; hierzu Kap. B Tz. 155 f.) durch den Vorstand führt nicht zur Nichtigkeit des JA nach § 256 Abs. 2 AktG[528], da sie nicht Teil des Auf- und Feststellungsverfahrens ist; gleiches gilt, wenn der sog. Bilanzeid (§ 264 Abs. 2 S. 3 HGB; hierzu Kap. B Tz. 168 ff.) fehlt[529]. **329**

11.3.2.6 Besondere Nichtigkeitsgründe bei Feststellung des Jahresabschlusses durch die HV

Ein durch die HV festgestellter JA ist außer nach § 256 Abs. 1 Nr. 1 bis 4 AktG auch in den folgenden Fällen nichtig: **330**

11.3.2.6.1 § 173 Abs. 3 AktG

Bei **Änderung** des aufgestellten und geprüften JA durch die für die Feststellung zuständige HV kann diese den geänderten JA vorbehaltlich der nach § 316 Abs. 3 AktG erforderlichen **Nachtragsprüfung** feststellen. In diesem Fall wird der JA nichtig, wenn nicht binnen zwei Wochen seit der Beschlussfassung ein hinsichtlich der Änderungen uneingeschränkter BestV erteilt wird. Dieser Nichtigkeitsgrund gilt aber nicht für kleine AG i.S.d. § 267 Abs. 1 HGB, bei denen gem. § 316 Abs. 1 HGB keine Prüfungspflicht besteht, oder im Falle der Befreiung von der Prüfungspflicht nach § 264 Abs. 3 HGB. **331**

11.3.2.6.2 § 234 Abs. 3 AktG

Bei einer **Rückwirkung der vereinfachten Kapitalherabsetzung** im JA hat die HV über die Feststellung des JA zu beschließen. Dieser Beschluss soll gleichzeitig mit dem Beschluss über die Kapitalherabsetzung gefasst werden (§ 234 Abs. 2 AktG). Die Beschlüsse sind nichtig, wenn sie nicht binnen drei Monaten in das HR eingetragen sind und eine Fristhemmung nicht vorliegt. **332**

11.3.2.6.3 § 235 Abs. 2 AktG

Soll bei einer vereinfachten Kapitalherabsetzung auch die gleichzeitig beschlossene **Kapitalerhöhung Rückwirkung** auf den letzten Bilanzstichtag haben und auch im gleichzeitig zu beschließenden JA berücksichtigt werden, sind sämtliche Beschlüsse nichtig, wenn die Kapitalherabsetzung, Kapitalerhöhung und die Durchführung der Erhöhung nicht binnen drei Monaten in das HR eingetragen sind und eine Fristhemmung nicht vorliegt. **333**

---

[527] ADS[6], § 256 AktG, Tz. 56; *Kalbfleisch*, in: HdR[5], § 256 AktG, Rn. 37; *Hüffer/Koch*, AktG[13], § 256, Rn. 17; *Schwab*, in: Schmidt/Lutter, AktG[3], § 256, Rn. 32; a.A. *Bezzenberger*, in: Großkomm. AktG[4], § 256, Rn. 205; *Rölike*, in: Spindler/Stilz, AktG[3], § 256, Rn. 55.

[528] *Koch*, in: MünchKomm. AktG[4], § 256, Rn. 39; *Rölike*, in: Spindler/Stilz, AktG[3], § 256, Rn. 49; *Winkeljohann/Schellhorn*, in: BeBiKo[11], § 245, Rn. 6.

[529] *Bezzenberger*, in: Großkomm. AktG[4], § 256, Rn. 179; *Koch*, in: MünchKomm. AktG[4], § 256, Rn. 39.

11.3.2.6.4 § 256 Abs. 3 AktG

334 Nach der allgemeinen Regelung des § 256 Abs. 3 AktG, die immer dann gilt, wenn der JA **ausnahmsweise von der HV** und nicht von der Verwaltung **festgestellt** wird, tritt die Nichtigkeit ein, wenn

- Nr. 1: die Feststellung in einer HV beschlossen worden ist, die unter Verstoß gegen § 121 Abs. 2 und 3 S. 1 oder Abs. 4 AktG einberufen war, es sei denn, dass alle Aktionäre erschienen oder vertreten waren,
- Nr. 2: die Feststellung nicht nach § 130 Abs. 1 und 2 S. 1 und Abs. 4 AktG beurkundet ist,
- Nr. 3: die Feststellung auf Anfechtungsklage durch rkr. Urteil für nichtig erklärt worden ist.

Diese Vorschrift entspricht den Tatbestandsmerkmalen, die auch nach der allgemeinen, für alle Beschlüsse der HV geltenden Regelung in § 241 Nr. 1, 2 und 5 AktG zur Nichtigkeit jedes HV-Beschlusses führen. Die Regelungen aus § 241 Nr. 3 und 4 AktG mussten nicht aufgenommen werden, weil Nr. 3 in § 256 Abs. 1 Nr. 1 AktG enthalten ist und Nr. 4 neben § 256 Abs. 1 Nr. 1 AktG keine praktische Bedeutung haben kann.

11.3.2.7 Verstöße gegen Gliederungsvorschriften und Nichtbeachtung von Formblättern

335 Die Nichtigkeitsgründe des **§ 256 Abs. 4 AktG** gelten unabhängig davon, ob der JA vom Vorstand und AR oder von der HV festgestellt worden ist. Gegenüber der allgemeinen Vorschrift des § 256 Abs. 1 Nr. 1 AktG ist § 256 Abs. 4 AktG eine **Spezialnorm**, die die Anwendung von § 256 Abs. 1 Nr. 1 AktG ausschließt. Dies ergibt sich bereits aus dem Wortlaut der Bestimmung, nach der der JA nur nichtig ist, wenn wg. eines Verstoßes gegen die Vorschriften über die Gliederung des JA sowie wg. der Nichtbeachtung von Formblättern, nach denen der JA zu gliedern ist, seine **Klarheit** und seine **Übersichtlichkeit** wesentlich beeinträchtigt sind.

336 Allgemein ist ein **Gliederungsverstoß** gegeben, wenn Bilanz und/oder GuV nicht ausreichend tief gegliedert sind, wenn Vermögensgegenstände oder Verbindlichkeiten unzutreffenden Posten zugeordnet worden sind oder wenn Posten an unzutreffender Stelle ausgewiesen worden sind. Maßstab sind die für KapGes. geltenden besonderen Gliederungsvorschriften sowie die rechtsformabhängig für AG geltenden ergänzenden Bestimmungen.

> **Beispiel 4:**
> Erfasste Gliederungsvorschriften:
> - § 265 HGB (Allgemeine Grundsätze für die Gliederung)
> - § 266 HGB (Gliederung der Bilanz)
> - § 268 HGB (Vorschriften zu einzelnen Posten der Bilanz)
> - § 272 HGB (Eigenkapital)
> - § 274 HGB (latente Steuern)
> - § 275 HGB (Gliederung der GuV)
> - § 277 HGB (Vorschriften zu einzelnen Posten der GuV)
> - § 152 AktG (Ergänzende Vorschriften zum Ausweis des Grundkapitals und der Kapitalrücklage)
> - § 158 AktG (Ergänzende Vorschriften zur Gliederung der GuV)
> - § 240 AktG (Ertrag aus der Kapitalherabsetzung)

- § 261 AktG (Ertrag aus Höherbewertung nach Sonderprüfung)
- § 286 AktG (Kapitalanteil/Verlustanteile des persönlich haftenden Gesellschafters bei der KGaA).

Der Verstoß gegen Gliederungsvorschriften führt nur zur Nichtigkeit des JA, wenn dadurch dessen **Klarheit und Übersichtlichkeit wesentlich beeinträchtigt** sind. Wann ein Verstoß unter Verletzung des Aufstellungsgrundsatzes des § 243 Abs. 2 HGB wesentlich ist, kann nur im Einzelfall beurteilt werden. Insoweit kommt es zunächst auf die Bedeutung der jeweiligen Gliederungsvorschrift an. Der vor dem BiRiLiG in **§ 256 Abs. 4 S. 2 AktG a.F.** enthaltene Katalog kann als **Interpretationshilfe** nach wie vor herangezogen werden. Anerkannt ist, dass **Bagatellverstöße** nicht zur Nichtigkeit des JA führen[530]. Neben der systematischen Stellung der verletzten Vorschrift ist das quantitative Gewicht des Gliederungsverstoßes in Relation zu den übrigen Bilanzgrößen zu berücksichtigen[531]. Der Leser muss infolge des Verstoßes zu einem wesentlich anderen Bild über die Vermögens-, Ertrags- und Liquiditätsverhältnisse der Gesellschaft kommen[532].

11.3.2.8 Verstöße gegen Bewertungsvorschriften

Auch die Nichtigkeitsgründe des **§ 256 Abs. 5 AktG** gelten für alle JA unabhängig davon, welches Feststellungsorgan handelt; § 256 Abs. 5 AktG ist ebenfalls **lex specialis** ggü. § 256 Abs. 1 Nr. 1 AktG. Die Nichtigkeit des JA wg. Verstoßes gegen Bewertungsvorschriften tritt nur ein, wenn:

- Posten überbewertet sind oder
- Posten unterbewertet sind und dadurch die Vermögens- und Ertragslage der Gesellschaft vorsätzlich unrichtig wiedergegeben oder verschleiert wird.

Der Nichtigkeitsgrund des § 256 Abs. 5 AktG hat zur Voraussetzung, dass gegen **Bewertungsvorschriften** verstoßen worden ist. Angesprochen sind dabei alle Vorschriften, die die Bewertung betreffen; § 256 Abs. 5 S. 2 AktG verweist in diesem Zusammenhang auf die Regelungen in §§ 253–256 HGB.

Beispiel 5:

Von der Regelung sind bspw. folgende Vorschriften erfasst:
- § 253 Abs. 1 S. 1 i.V.m. § 255 Abs. 1, 2 und 2a HGB (Ansatz von Vermögensgegenständen zu Anschaffungs- oder Herstellungskosten)
- § 253 Abs. 1 S. 2 HGB (Bewertung von Verbindlichkeiten)
- § 253 Abs. 1 S. 4 HGB (Bewertung von Deckungsvermögen)
- § 253 Abs. 2 HGB (Abzinsung von Rückstellungen)
- § 253 Abs. 3 S. 1 und 2 HGB (planmäßige Abschreibung)
- § 253 Abs. 3 S. 3 HGB (außerplanmäßige Abschreibung)
- § 253 Abs. 4 S. 1 und 2 HGB (Abschreibung auf den Börsen- oder Marktpreis oder auf den beizulegenden Wert)
- § 253 Abs. 5 S. 1 HGB (Wertaufholungsgebot).

---

530 ADS[6], § 256 AktG, Tz. 37; *Hüffer/Koch*, AktG[13], § 256, Rn. 24; *Koch*, in: MünchKomm. AktG[4], § 256, Rn. 54; *Rölike*, in: Spindler/Stilz, AktG[3], § 256, Rn. 59.
531 *Hüffer/Koch*, AktG[13], § 256, Rn. 24; ADS[6], § 256 AktG, Tz. 37; *Rölike*, in: Spindler/Stilz, AktG[3], § 256, Rn. 60.
532 ADS[6], § 256 AktG, Tz. 37; *Bezzenberger*, in: Großkomm. AktG[4], § 256, Rn. 68.

340 Von der gesetzlichen Verweisung nicht erfasst sind die **allgemeinen Vorschriften** des § 252 HGB, die z.T. ebenfalls Regelungen enthalten, die sich auf die Bewertung auswirken. Außerdem können die Regelungen über den Ansatz in der Bilanz (**Bilanzierungsgebote und -verbote**) auch als Grenzfall von Bewertungsvorschriften verstanden werden. Nach Sinn und Zweck der Regelung werden auch diese Vorschriften von der Nichtigkeitsfolge des § 256 Abs. 5 AktG umfasst[533]. Eine unterbliebene, aber gebotene Aktivierung oder Passivierung steht auch nach der Rspr. einer Unter- bzw. einer Überbewertung gleich[534].

341 Verstöße gegen die genannten bzw. andere Bewertungsvorschriften führen allerdings nicht ohne weiteres zur Nichtigkeit des JA. Es muss dadurch auch eine **Über- oder Unterbewertung** eines Postens eingetreten sein.

- Überbewertet sind Aktivposten, wenn sie mit einem höheren Wert, Passivposten, wenn sie mit einem niedrigeren Betrag,
- unterbewertet sind Aktivposten, wenn sie mit einem niedrigeren Wert, Passivposten, wenn sie mit einem höheren Betrag

angesetzt sind, als dies nach den gesetzlichen Vorschriften zulässig ist.

342 Eine exakte, mathematisch bestimmbare **Grenze** für den Wertansatz ergibt sich aus den gesetzlichen Bewertungsvorschriften oft nicht. Vielmehr ist auf die Verhältnisse des Einzelfalls abzustellen. Zulässig i.d.S. ist häufig nicht bloß ein bestimmter Wert, sondern eine Bandbreite von Werten.

343 Bei der Bewertung eines bestimmten Vermögensgegenstandes kann dem Bilanzierenden in der Bilanzierungsnorm selbst ein Handlungsspielraum i.S. einer Entscheidungsalternative zwischen mehreren zulässigen Methoden (sog. **Bewertungswahlrecht**) eingeräumt sein[535]. Von einer Über- oder Unterbewertung i.S.d. Gesetzes kann nicht gesprochen werden, wenn von Bewertungs- und Bilanzierungswahlrechten in zulässiger Weise Gebrauch gemacht wird. Dies gilt auch dann, wenn eine andere zulässige Bewertungs- oder Bilanzierungsmethode zu niedrigeren oder höheren Wertansätzen geführt hätte[536].

Dieser allgemein geltende, eigentlich selbstverständliche Grundsatz wird in § 256 Abs. 5 S. 4 AktG für **KI**, Finanzdienstleistungsinstitute und VU noch einmal ausdrücklich klargestellt: Soweit diese nach den für sie geltenden branchenspezifischen Bewertungsvorschriften (§§ 340e–340g HGB sowie §§ 341b–341h HGB) stille Reserven legen oder sonst von den allgemeinen Bewertungsvorschriften abweichen dürfen, ist hierin für die Anwendung des § 256 Abs. 5 AktG kein Verstoß zu sehen. Hauptanwendungsfall für KI und Finanzinstitute ist die Bildung von Vorsorgen für allgemeine Bankrisiken nach § 340f HGB.

344 Daneben führen gerade Bewertungsfragen in vielen Fällen zu einer Bandbreite möglicher (zulässiger) Entscheidungen. Zwar kann insoweit ein gewisser Anhaltspunkt aus

---

[533] H.M.: ADS[6], § 256 AktG, Tz. 39; *Koch*, in: MünchKomm. AktG[4], § 256, Rn. 58; *Hüffer/Koch*, AktG[13], § 256, Rn. 25 f. m.w.N.; *Rölike*, in: Spindler/Stilz, AktG[3], § 256, Rn. 67.
[534] BGH v. 12.01.1998, DB, S. 567 (569), unter gleichzeitigem Hinweis auf § 256 Abs. 1 Nr. 2 AktG; BGH v. 15.11.1993, AG 1994, S. 124; OLG Frankfurt am Main v. 07.11.2006, AG 2007, S. 401.
[535] ADS[6], § 284 HGB, Tz. 63; *Grottel*, in: BeBiKo[11], § 284, Rn. 106.
[536] ADS[6], § 256 AktG, Tz. 40; *Koch*, in: MünchKomm. AktG[4], § 256, Rn. 56; *Rölike*, in: Spindler/Stilz, AktG[3], § 256, Rn. 66.

dem Grundsatz kaufmännischer Vorsicht gewonnen werden. Gleichwohl kann für den Bilanzierenden ein erheblicher **Beurteilungsspielraum** verbleiben. Dies gilt z.B. in besonderem Maße bei der Bemessung von Rückstellungen[537]. Bleibt die Bilanzierungsentscheidung in diesem durch den Beurteilungsspielraum gesteckten Rahmen, ist der Wert zulässig und eine Nichtigkeit tritt nicht ein[538].

Die Nichtigkeit tritt nur ein, wenn ein **Posten** über- oder unterbewertet worden ist. Der Ausdruck „Posten" in § 256 Abs. 5 AktG ist gleichbedeutend mit den im Gliederungsschema vorgesehenen Bilanzposten, bezeichnet also nicht einen einzelnen Vermögensgegenstand. Es kommt daher darauf an, ob der unter einem Bilanzposten ausgewiesene **Gesamtbetrag** im Hinblick auf die Bewertungsvorschriften zu hoch oder zu niedrig ist. Über- und Unterbewertungen in einem und demselben Bilanzposten gleichen sich daher aus, ohne dass eine Nichtigkeit des JA gegeben ist[539].   345

Bei der Feststellung, ob eine **Kompensation** vorliegt, müssen alle zulässig bewerteten Vermögensgegenstände und Schulden außer Betracht bleiben. Zulässig ist nur ein Ausgleich unzulässiger Wertansätze; zulässigerweise gelegte stille Reserven dürfen nicht zum Zwecke der Kompensation gedanklich aufgelöst werden, wohl aber dann, wenn der JA zur Beseitigung der Nichtigkeit formal geändert wird. Auch Beurteilungsspielräume dürfen nicht zur gedanklichen Kompensation herangezogen werden[540]. Eine Kompensation zwischen verschiedenen Bilanzposten ist ebenfalls ausgeschlossen[541].

Nach dem Wortlaut des Gesetzes würde jede, auch noch so geringfügige Überbewertung zur Nichtigkeit des JA führen. Im Hinblick auf die weitreichenden Auswirkungen der Nichtigkeit des JA wird man jedoch eine **unwesentliche Überbewertung** als unschädlich ansehen können. Es hat sich deshalb in der Literatur die Auffassung durchgesetzt, dass Bagatellfälle schon tatbestandsmäßig nicht als Überbewertung angesehen werden können, weil sie den Gläubigerschutz praktisch unberührt lassen[542].   346

Die Rspr. hat sich dieser Auffassung angeschlossen[543]. Bei der praktischen Umsetzung dieses Wesentlichkeitsgrundsatzes ergeben sich jedoch in der Rspr. erhebliche Unterschiede. Nicht überzeugend ist dabei der Ansatz, die Höhe der festgestellten Überbewertung in allen Fällen nur in Relation zur Bilanzsumme zu setzen[544]. Da nach Ge-   347

---

537 Vgl. OLG Frankfurt am Main v. 24.06.2009, DB, S. 1863; OLG Frankfurt am Main v. 18.03.2008, ZIP, S. 738; jeweils zur Bildung einer Rückstellung für Schadenersatzansprüche gegen die AG; hierzu kritisch *Schulze-Osterloh*, ZIP 2008, S. 2241 (2244).
538 ADS[6], § 256 AktG, Tz. 40; *Koch*, in: MünchKomm. AktG[4], § 256, Rn. 56.
539 ADS[6], § 256 AktG, Tz. 41; *Bezzenberger*, in: Großkomm. AktG[4], § 256, Rn. 74; *Rölike*, in: Spindler/Stilz, AktG[3], § 256, Rn. 66a; vgl. OLG Celle v. 07.09.1983, BB, S. 2229 (2233).
540 ADS[6], § 256 AktG, Tz. 43; *Hüffer/Koch*, AktG[13], § 256, Rn. 25; a.A. *Rölike*, in: Spindler/Stilz, AktG[3], § 256, Rn. 66a.
541 ADS[6], § 256 AktG, Tz. 45; *Hüffer/Koch*, AktG[13], § 256, Rn. 25; *Rölike*, in: Spindler/Stilz, AktG[3], § 256, Rn. 66a.
542 ADS[6], § 256 AktG, Tz. 48; *Bezzenberger*, in: Großkomm. AktG[4], § 256, Rn. 85; *Hüffer/Koch*, AktG[13], § 256, Rn. 25; *Rölike*, in: Spindler/Stilz, AktG[3], § 256, Rn. 64; *Schulze-Osterloh*, ZIP 2008, S. 2241 (2242); *Schwab*, in: Schmidt/Lutter, AktG[3], § 256, Rn. 15; *Weilep/Weilep*, BB 2006, S. 147 (148).
543 BGH v. 01.03.1982, ZIP, S. 1077, zur GmbH; OLG München v. 07.01.2008, AG, S. 509; OLG Frankfurt am Main v. 18.03.2008, ZIP, S. 738 (740) zur AG.
544 So OLG Frankfurt am Main v. 18.03.2008, ZIP, S. 738 (740); OLG Frankfurt am Main v. 20.10.2010, WM 2011, S. 221, jeweils für den Fall einer unterlassenen Rückstellungsbildung i.H.v. bis zu 2 bzw. 3,6 Mrd. €, die weniger als 0,5% der Bilanzsumme ausmacht; ähnlich bereits LG Frankfurt am Main v. 03.05.2001, DB, S. 1483: bedeutungslose Überbewertung, wenn diese zwar 22% des Bilanzgewinns, aber weniger als 1% der Bilanzsumme ausmacht.

setzeswortlaut und -systematik auf die Überbewertung einzelner Bilanzposten abzustellen ist, bestehen gegen eine solche pauschalierende Gesamtbetrachtung Bedenken. Zudem ist die Höhe der Bilanzsumme auch unter Gläubigerschutzaspekten (Ausschüttungsbemessungsfunktion des JA) wenig aussagekräftig. Denn eine Überbewertung kann auch dann wesentlich sein, wenn sie zwar nur einen geringfügigen Teil der Bilanzsumme (z.B. weniger als 1%) ausmacht, sich aber in erheblichem Umfang auf das Jahresergebnis der Gesellschaft auswirkt[545]. Zustimmung verdienen andere Gerichtsentscheidungen, die statt auf die Bilanzsumme als maßgebliche Vergleichsgröße auf das Jahresergebnis oder eine Kombination verschiedener Referenzgrößen abstellen[546].

> **Hinweis 2:**
> Für die Beurteilung, ob eine Überbewertung als wesentlich einzustufen ist, ist jeweils die Spruchpraxis der örtlichen zuständigen Gerichte zu analysieren.

348 Anders als die Überbewertung führt die **Unterbewertung** von Posten des JA allein nicht zur Nichtigkeit. Hinzukommen muss weiter, dass dadurch die **Vermögens- und Ertragslage** der Gesellschaft vorsätzlich unrichtig wiedergegeben oder verschleiert wird. Es genügt, wenn sich der Darstellungsmangel entweder auf die Vermögens- oder die Ertragslage bezieht. Der missverständliche Gesetzeswortlaut ist als Alternative zu lesen[547]. Die Vermögens- und Ertragslage der Gesellschaft wird nicht verfälscht, wenn Posten nur unwesentlich unterbewertet sind. Der Gesetzgeber wollte mit diesem zusätzlichen Erfordernis ausdrücklich sicherstellen, dass Unterbewertungen den JA nur in schwerwiegenden Fällen nichtig machen[548].

349 Nichtigkeit wg. Unterbewertung tritt anders als bei Überbewertung nur dann ein, wenn die unrichtige Wiedergabe oder Verschleierung **vorsätzlich** erfolgt ist. Fahrlässigkeit reicht in keiner Form aus. Es genügt aber **bedingter Vorsatz**, d.h. die zuständigen Organe müssen zwar nicht klar erkannt haben, dass durch einen bestimmten Wertansatz die Vermögens- oder Ertragslage der Gesellschaft unrichtig dargestellt oder verschleiert wird, sie halten dies aber für möglich und nehmen diese Möglichkeit bewusst in Kauf[549]. War die Bewertung durch den bilanzrechtlichen Meinungsstand gedeckt und ändert sich danach die Rspr., wird es regelmäßig am Vorsatz fehlen[550]. Das Vorsatzerfordernis stellt auf die maßgeblich an der Feststellung des JA beteiligten Organmitglieder ab. Keineswegs müssen alle für die Feststellung des JA zuständigen Organmitglieder vorsätzlich

---

545 *Hüffer/Koch*, AktG[13], § 256, Rn. 25; *Rölike*, in: Spindler/Stilz, AktG³, § 256, Rn. 65; *Schulze-Osterloh*, ZIP 2008, S. 2241 (2244 f.); *Schwab*, in: Schmidt/Lutter, AktG³, Rn. 16; vgl. auch *Winkeljohann/Schellhorn*, in: BeBiKo[11], § 264, Rn. 57, die einen Katalog relativer Kenngrößen vorschlagen; weiter differenzierend *Weilep/Weilep*, BB 2006, S. 1247 (1249); *Jungius/Schmidt*, DB 2012, S. 1697 (1702 f.); *Forst/Suchanek/Klopsch*, GmbHR 2013, S. 914 (919).
546 OLG Frankfurt am Main v. 24.06.2009, DB, S. 1863 (1868): Auswirkungen auf Jahresgewinn und Höhe der Dividendenzahlungen; LG München v. 12.04.2007, DB, S. 2306 (2308): Relation zu Jahresüberschuss, Bilanzsumme und bilanziellem EK; vgl. auch OLG Dresden v. 16.02.2006, ZIP, S. 1773: Überbewertung, wenn bei Muttergesellschaft passivierte Verlustübernahmeverpflichtung weniger als die Hälfte des tatsächlichen Betrags i.H.v. rd. 24 Mio. DM ausmacht.
547 *Hüffer/Koch*, AktG[13], § 256, Rn. 26a; *Rölike*, in: Spindler/Stilz, AktG³, § 256, Rn. 70; *Schwab*, in: Schmidt/Lutter, AktG³, § 256, Rn. 19.
548 Vgl. ADS⁶, § 256 AktG, Tz. 52; *Rölike*, in: Spindler/Stilz, AktG³, § 256, Rn. 69.
549 ADS⁶, § 256 AktG, Tz. 52; *Hüffer/Koch*, AktG[13], § 256, Rn. 27; *Koch*, in: MünchKomm. AktG⁴, § 256, Rn. 62; *Rölike*, in: Spindler/Stilz, AktG³, § 256, Rn. 71; BGH v. 15.11.1993, AG 1994, S. 124.
550 Vgl. BGH v. 12.01.1998, ZIP, S. 467 (470); LG Köln v. 20.07.1998, AG 1999, S. 235 (236).

gehandelt haben[551]. Eine über den Vorsatz hinausgehende Täuschungsabsicht ist nicht erforderlich.

Dagegen braucht für den Nichtigkeitsgrund der **Überbewertung** weder Vorsatz noch Fahrlässigkeit der bilanzfeststellenden Organe hinsichtlich dieser Überbewertung gegeben zu sein[552]; ausreichend ist die Verwirklichung des objektiven Tatbestands. Dabei ist jedoch das **Aufhellungsprinzip** zu beachten: Umstände, die bis zum Ende der Aufhellungsphase nicht bekannt geworden waren und bei Anwendung pflichtgemäßer Sorgfalt nicht hätten erkannt werden müssen, ändern an der Zulässigkeit der Bewertung nichts und schließen damit die Nichtigkeit aus, auch wenn sich später herausstellt, dass der Wert objektiv niedriger war[553]. 350

11.3.3 Feststellung der Nichtigkeit und ihre Folgen

Die Geltendmachung der Nichtigkeit des JA erfolgt durch **Feststellungsklage** gegen die Gesellschaft. Nach § 256 Abs. 7 S. 1 AktG gilt § 249 AktG, der die Klage auf Feststellung der Nichtigkeit eines HV-Beschlusses behandelt, sinngemäß. Handelt es sich um den JA einer börsennotierten AG, so hat das Gericht nach § 256 Abs. 7 S. 2 AktG den Eingang der Klage auf Feststellung der Nichtigkeit sowie jede rkr. Entscheidung hierüber der BaFin mitzuteilen. Dies ist erforderlich, um die Sperrwirkung des § 342b Abs. 3 HGB bzw. § 107 Abs. 3 WpHG für das Enforcement-Verfahren durch die DPR bzw. die BaFin sicherzustellen (vgl. dazu Kap. B Tz. 240). 351

Der Nichtigkeitskläger muss sämtliche Voraussetzungen für die Nichtigkeit **darlegen** und **beweisen**. Bei der Geltendmachung einer Unterbewertung muss der Kläger deshalb auch den Vorsatz der Verwaltung beweisen, die Vermögens- oder Ertragslage der Gesellschaft unrichtig wiederzugeben oder zu verschleiern. Die Beweislastregelung des § 93 Abs. 2 S. 2 AktG, die zur Folge hat, dass es zu Lasten der Gesellschaft ginge, wenn der Vorsatz weder zu bejahen noch auszuschließen ist, kann hier nicht entspr. angewendet werden. Den Aktionären bleibt für den Fall, dass der Vorsatz nicht nachzuweisen ist, unabhängig von der Nichtigkeitsfeststellungsklage die Möglichkeit der Sonderprüfung wg. unzulässiger Unterbewertung nach den §§ 258–261 AktG[554]. 352

Die Nichtigkeit des JA kann nach § 249 Abs. 1 S. 2 AktG auch in anderer Weise als durch Erhebung der Klage geltend gemacht werden. Die Geltendmachung kann durch **Einrede** oder Erhebung einer **Widerklage** erfolgen. So kann z.B. die Gesellschaft selbst den Einwand der Nichtigkeit des JA und damit der Nichtigkeit des Gewinnverwendungsbeschlusses erheben, um in einem Prozess Dividendenzahlungsansprüche von Aktionären abzuwehren[555]. 353

In den Fällen der heilbaren Nichtigkeit ist eine Klageerhebung oder anderweitige Geltendmachung der Nichtigkeit aber nur möglich, solange noch keine **Heilung** eingetreten ist. Die Erhebung der Nichtigkeitsklage nach § 256 Abs. 7 AktG verhindert den Eintritt der Heilung. Auch bei dieser Klage ist § 167 ZPO anwendbar mit der Folge, dass die 354

---

[551] Hüffer/Koch, AktG[13], § 256, Rn. 27; Rölike, in: Spindler/Stilz, AktG[3], § 256, Rn. 71.
[552] Schwab, in: Schmidt/Lutter, AktG[3], § 256, Rn. 20; Zöllner, in: Kölner Komm. AktG, § 256, Rn. 46.
[553] ADS[6], § 256 AktG, Tz. 49, m.w.N.; IDW RS HFA 5, Tz. 14; Küting/Ranker, WPg 2005, S. 3; Rölike, in: Spindler/Stilz, AktG[3], § 256, Rn. 91; Schwab, in: Schmidt/Lutter, AktG[3], § 256, Rn. 20; differenzierend Jungius/Schmidt, DB 2012, S. 1763 f.
[554] Vgl. Koch, in: MünchKomm. AktG[4], § 256, Rn. 73; Rölike, in: Spindler/Stilz, AktG[3], § 256, Rn. 84.
[555] ADS[6], § 256 AktG, Tz. 95; Koch, in: MünchKomm. AktG[4], § 256, Rn. 73.

Fristunterbrechung schon mit Einreichen der Klage bei Gericht eintritt, wenn die Zustellung demnächst erfolgt[556]. Solange die Nichtigkeitsklage anhängig ist, findet gem. § 342b Abs. 3 HGB eine Prüfung des JA durch die mit dem BilKoG eingeführte **DPR** nicht statt; diese Sperrwirkung zugunsten des aktienrechtlichen Verfahrens soll die Gefahr divergierender Entscheidungen ausschließen[557]. Wird der **Klage** stattgegeben, dann steht die Nichtigkeit mit **Wirkung** für und gegen alle Aktionäre sowie die Mitglieder des Vorstands und des AR nach § 248 AktG fest. Hingegen bindet das klagestattgebende Urteil, das aufgrund einfacher Feststellungsklage (§ 256 ZPO) ergeht, nur die Prozessparteien[558]. Wird die Klage hingegen abgewiesen, tritt mit der Rechtskraft des Urteils nach Fristablauf Heilung ein.

355 Aus der Nichtigkeit des JA ergeben sich verschiedene **Folgewirkungen**. Eindeutig ist, dass der auf einem nichtigen JA beruhende **Gewinnverwendungsbeschluss** ebenfalls nichtig ist (§ 253 Abs. 1 S. 1 AktG); bereits ausgeschüttete Gewinne sind zurückzufordern, es sei denn, sie sind im guten Glauben bezogen worden (§ 62 AktG). Soweit fehlerhafte Angaben im JA für die **Entlastungsbeschlüsse** ausschlaggebend waren, kommt auch die Anfechtbarkeit dieser Beschlüsse nach § 243 Abs. 1 AktG in Betracht[559]. Dagegen wird die mit Ordnungsgeld bewehrte Pflicht zur **Offenlegung** des JA nach § 325 HGB zunächst auch durch die Einreichung eines nichtigen JA erfüllt, zumal sich die Prüfungspflicht des § 329 Abs. 1 HGB nicht auf das Vorliegen von Nichtigkeitsgründen erstreckt[560]; die Offenlegungspflicht lebt jedoch wieder auf, wenn die Nichtigkeit erkannt worden ist und der Fehler nicht zulässigerweise bei Aufstellung des Folgeabschlusses in laufender Rechnung korrigiert wird oder Heilung eingetreten ist. Wird der nichtige JA korrigiert, muss die geänderte Fassung offengelegt werden.

356 Für fehlerfreie **JA nachfolgender GJ** ergeben sich keine zwingenden Folgewirkungen, da die Nichtigkeit des Vorjahres-JA unter keinen der in § 256 AktG abschließend aufgezählten Nichtigkeitsgründen fällt[561]; auch aus dem Grundsatz der Bilanzidentität (§ 252 Abs. 1 S. 1 HGB) ergeben sich im Regelfall keine Auswirkungen, da in solchen Fällen eine Korrektur (einschl. bilanzieller Folgewirkungen) in laufender Rechnung vorgenommen wird. Wenn dagegen materielle Bilanzierungsfehler, die zur Nichtigkeit führen, auch im Folge-JA noch enthalten sind, ist auch dieser nichtig[562].

---

556 OLG Dresden v. 9.2.2017, AG, S. 485; *Hüffer/Koch*, AktG[13], § 256, Rn. 30; *Rölike*, in: Spindler/Stilz, AktG[3], § 256, Rn. 79.
557 Begr. RegE BilKoG, 27; ausführlich zum Verhältnis zwischen der aktienrechtlichen Nichtigkeitsklage und der Bilanzkontrolle durch die Prüfstelle *Hennrichs*, ZHR 2004, S. 383 (404); *Müller*, ZHR 2004, S. 414 (419); *Mattheus/Schwab*, BB 2004, S. 1099 (1104).
558 ADS[6], § 256 AktG, Tz. 94; *Hüffer/Koch*, AktG[13], § 256, Rn. 31 m.w.N.; *Rölike*, in: Spindler/Stilz, AktG[3], § 256, Rn. 81; *Schwab*, in: Schmidt/Lutter, AktG[3], § 256, Rn. 42.
559 *Bezzenberger*, in: Großkomm. AktG[4], § 256, Rn. 214; *Schwab*, in: Schmidt/Lutter, AktG[3], § 256, Rn. 45, m.w.N.
560 *Hüffer/Koch*, AktG[13], § 256, Rn. 33a; *Rölike*, in: Spindler/Stilz, AktG[3], § 256, Rn. 96; *Schwab*, in: Schmidt/Lutter, AktG[3], § 256, Rn. 43.
561 BGH v. 30.09.1996, AG 1997, S. 125 (126); ADS[6], § 256 AktG, Tz. 76; *Kalbfleisch*, in: HdR[5], § 256 AktG, Rn. 49; einschränkend *Rölike*, in: Spindler/Stilz, AktG[3], § 256, Rn. 95; *Schwab*, in: Schmidt/Lutter, AktG[3], § 256, Rn. 44, m.w.N.: schwebende Unwirksamkeit des Folgeabschlusses wg. Verletzung der Bilanzidentität.
562 Vgl. ADS[6], § 256 AktG, Tz. 77 f., 80, § 322 HGB, Tz. 325, 327; *Hüffer/Koch*, AktG[13], § 256, Rn. 34; *Schwab*, in: Schmidt/Lutter, AktG[3], § 256, Rn. 44.

Umstritten ist, welche Auswirkungen sich aus der Nichtigkeit des JA für den **BestV des APr.** (§ 322 HGB) ergeben. Teile des Schrifttums nehmen an, dass in diesem Fall ausnahmslos eine Versagung des BestV erforderlich sei[563]. Dieser Auffassung ist nicht zu folgen. Es besteht keine zwangsläufige Verknüpfung zwischen der Nichtigkeit des JA nach § 256 AktG und der Versagung des BestV[564]. Nach § 322 Abs. 4 HGB ist eine Einschränkung des BestV geboten, wenn vom APr. hinsichtlich klar abgrenzbarer Teile der Rechnungslegung Einwendungen zu erheben sind, der JA aber gleichwohl noch ein den tatsächlichen Verhältnissen entspr. Bild der Vermögens-, Finanz- oder Ertragslage vermittelt. Eine Versagung des BestV ist nur dann erforderlich, wenn aufgrund der Vielzahl oder Bedeutung der Einwendungen oder mangelnder Quantifizierbarkeit der Fehler ein Positivbefund zum JA nicht mehr möglich ist[565]. Es ist durchaus denkbar, dass ein einzelner quantifizierbarer Bilanzierungsfehler (z.B. massive Überbewertung in einem bestimmten Bilanzposten) zwar zur Nichtigkeit des JA führt, gleichwohl aber eine positive Gesamtaussage zu den übrigen Teilen der Rechnungslegung abgegeben werden kann. In diesem Fall ist die Einschränkung, nicht aber die Versagung des BestV geboten. Dagegen ist der APr. nicht verpflichtet, auf die Nichtigkeit des JA im BestV **hinzuweisen**, da er zur Beanstandung der Fehlerhaftigkeit des Abschlusses, nicht aber zur Prognose des Ergebnisses einer Nichtigkeitsklage in zweifelhaften Fällen verpflichtet ist[566]. 357

11.3.4 Heilung der Nichtigkeit

Die Nichtigkeit eines JA löst für die AG schwerwiegende Folgen aus. Unter bestimmten Voraussetzungen hat das Gesetz deshalb in § 256 Abs. 6 AktG eine Heilung der Nichtigkeit vorgesehen, d.h. die Feststellung des JA wird **nachträglich rechtswirksam**. Die Heilung führt zu einer Veränderung der materiellen Rechtslage, da sie den JA rückwirkend für alle Beteiligten wirksam und endgültig werden lässt[567]. 358

Nach Ablauf von **sechs Monaten** seit der Bekanntgabe des JA im BAnz kann die Nichtigkeit nicht mehr geltend gemacht werden in den Fällen 359

- § 256 Abs. 1 Nr. 3 AktG: Prüfung durch Personen, die nicht zum APr. bestellt sind oder nicht APr. sind,
- § 256 Abs. 1 Nr. 4 AktG: Verletzung von Bestimmungen über die Einstellung in oder die Entnahme aus Kapital- oder Gewinnrücklagen,
- § 256 Abs. 2 AktG: keine ordnungsgemäße Mitwirkung von Vorstand oder AR bei der Feststellung,
- § 256 Abs. 3 Nr. 1 AktG: Feststellung in einer HV, die nicht ordnungsgemäß einberufen war,
- § 256 Abs. 3 Nr. 2 AktG: Feststellung durch HV-Beschluss, der nicht ordnungsgemäß beurkundet wurde.

---

[563] *Hüffer/Koch*, AktG[13], § 256, Rn. 32; *Schwab*, in: Schmidt/Lutter, AktG[3], § 256, Rn. 46.
[564] Ausführlich ADS[6], § 322 HGB, Tz. 229 f., 328 ff.; *Schmidt/Küster*, in: BeBiKo[11], § 322, Rn. 179; *Schulz*, in: Bürgers/Körber, AktG[3], § 256, Rn. 23; Kap. M Tz. 1120 f.
[565] ADS[6], § 322 HGB, Tz. 227; *Schmidt/Küster*, in: BeBiKo[11], § 322, Rn. 173.
[566] ADS[6], § 322 HGB, Tz. 333 m.w.N.; *Müller*, in: Kölner Komm. Rechnungslegungsrecht, § 322, Rn. 49; *Schulz*, in: Bürgers/Körber, AktG[3], § 256, Rn. 23; Kap. M Tz. 1122.
[567] *Bezzenberger*, in: Großkomm. AktG[4], § 256, Rn. 265; *Koch*, in: MünchKomm. AktG[4], § 256, Rn. 64; *Rölike*, in: Spindler/Stilz, AktG[3], § 256, Rn. 74; *Schwab*, in: Schmidt/Lutter, AktG[3], § 256, Rn. 38.

360 Nach Ablauf von **drei Jahren** seit Bekanntgabe im BAnz kann die Nichtigkeit nicht mehr geltend gemacht werden in den Fällen

- § 256 Abs. 1 Nr. 1 AktG: Verstoß gegen Vorschriften, die zum Schutze der Gläubiger gegeben sind,
- § 256 Abs. 4 AktG: Verstöße gegen Vorschriften über die Gliederung sowie die Nichtbeachtung von Formblättern,
- § 256 Abs. 5 AktG: Verstoß gegen Bewertungsvorschriften.

361 Die Heilungsfristen **verlängern** sich, wenn bei ihrem Ablauf eine Klage auf Feststellung der Nichtigkeit des JA rechtshängig ist, bis über die Klage rkr. entschieden ist oder sie sich auf andere Weise erledigt hat.

362 Zweifelhaft ist, ob eine Heilung möglich ist, wenn wg. (ggf. teilw.) Inanspruchnahme der **Befreiungsvorschrift** des § 264 Abs. 3 HGB der JA zwar geprüft und festgestellt, aber berechtigterweise **nicht offengelegt** wurde. Nach dem Gesetzeswortlaut des § 256 Abs. 6 AktG fehlt es für die Heilung an der Voraussetzung der Bekanntmachung des JA im BAnz. Zwar wird bei Inanspruchnahme der Befreiung die Information der Gesellschaftsgläubiger und Minderheitsgesellschafter durch die Offenlegung des KA ersetzt, in den auch die Zahlen aus dem JA des TU im Wege der Konsolidierung einbezogen wurden. Allerdings sind die Bilanzierungsfehler, die zur Nichtigkeit des JA geführt haben, aus dem KA nicht zu ersehen. Eine Kundgabe der betroffenen konkreten Bilanzzahlen an Gläubiger und Gesellschafter, die ein schützenswertes Vertrauen in deren Bestand begründen könnten, hat nicht stattgefunden. Die Offenlegung des befreienden KA hat damit nicht den gleichen Informationsgehalt wie die gesetzlich verlangte Bekanntmachung des JA. Es ist daher davon auszugehen, dass bei Inanspruchnahme der Befreiung von der Offenlegung für den betroffenen JA die **Heilung** nach § 256 Abs. 6 AktG **nicht möglich** ist[568].

363 Eine **Heilung** der Nichtigkeit von JA ist in folgenden drei Fällen **nicht vorgesehen**:

- § 256 Abs. 1 Nr. 2 AktG: nicht geprüfter JA,
- § 256 Abs. 3 Nr. 3 AktG: Erklärung der Nichtigkeit durch Urt. aufgrund einer Anfechtungsklage,
- § 173 Abs. 3 AktG: Änderung des JA durch die HV und keine Erteilung eines uneingeschränkten BestV hinsichtlich der Änderung binnen zweier Wochen.

In diesen Fällen kann die Nichtigkeit jederzeit von klagebefugten Personen geltend gemacht werden. Hier kann nur die Beseitigung des Mangels helfen[569].

11.4 Anfechtbarkeit des Feststellungsbeschlusses der Hauptversammlung

364 Ein HV-Beschluss, durch den der JA festgestellt wird, kann gem. § 257 AktG auch nach § 243 AktG wg. **Verletzung des Gesetzes oder der Satzung** angefochten werden. Ein Feststellungsbeschluss, den die HV außerhalb ihrer Zuständigkeit fasst, ist nichtig[570].

---

[568] Gl.A. *Koch,* in: MünchKomm. AktG⁴, § 256, Rn. 65; *Hüffer/Koch,* AktG¹³, § 256, Rn. 29.
[569] Vgl. hierzu ADS⁶, § 256 AktG, Tz. 90; *Rölike,* in: Spindler/Stilz, AktG³, § 256, Rn. 90.
[570] *Hüffer/Koch,* AktG¹³, § 257, Rn. 1; *Rölike,* in: Spindler/Stilz, AktG³, § 256, Rn. 55: nichtig nach § 256 Abs. 1 Nr. 1 AktG; a.A. *Schwab,* in: Schmidt/Lutter, AktG³, § 256, Rn. 33: Feststellungswirkung fehlt.

Die Anfechtung kann jedoch nicht darauf gestützt werden, dass der **Inhalt des JA** gegen Gesetz oder Satzung verstößt (§ 257 Abs. 1 S. 2 AktG).

Als Anfechtungsgründe kommen demnach nur **Mängel des Feststellungsbeschlusses** selbst oder Mängel, die in der **Art seines Zustandekommens** liegen, in Betracht, soweit nach § 256 Abs. 3 AktG nicht ohnehin Nichtigkeit vorliegt[571].

Auch wenn der Inhalt des JA als solcher nicht zu beanstanden ist, kann gleichwohl der mit dem Feststellungsbeschluss verfolgte Zweck im Einzelfall i.S.v. § 243 Abs. 1 oder 2 AktG normwidrig sein (Mehrheitsmissbrauch, Verletzung der mitgliedschaftlichen Treupflicht, Sondervorteile). In diesen Fällen ist eine Anfechtung zulässig. Der Ausschlusstatbestand des § 257 Abs.1 S. 2 AktG greift nach dem Wortlaut und auch nach Sinn und Zweck nicht ein, weil die genannten Verstöße verfahrensspezifisch sind, also bei Feststellung des JA durch den AR und Vorstand nicht auftreten können[572]. Die Anfechtung nach § 257 AktG ist auch möglich, wenn der **LB**, der selbst nicht Bestandteil des JA ist, unrichtig oder unvollständig ist und dem Aktionär dadurch entscheidungserhebliche Informationen vorenthalten werden[573]. Entsprechend kann das Fehlen des Abhängigkeitsberichts oder der Schlusserklärung hierzu (§ 312 Abs. 3 AktG) die Anfechtbarkeit des Feststellungsbeschlusses der HV zur Folge haben[574]. Dagegen ist bei Mängeln des **Anhangs**, der Teil des JA ist, das Anfechtungsverfahren nach § 257 AktG nicht eröffnet[575].

Der Ausschlusstatbestand des § 257 Abs. 1 S. 2 AktG ist nach h.M. auf die Anfechtung des Feststellungsbeschlusses der Gesellschafter einer **GmbH nicht analog anwendbar**[576]; da das Verfahren einer Sonderprüfung wg. unzulässiger Unterbewertung nach §§ 258 ff. AktG den Gesellschaftern einer GmbH nicht zur Verfügung steht, würde eine analoge Anwendung des § 257 Abs.1 S. 2 AktG die Gesellschafter schutzlos stellen. Es können daher bei GmbH im Wege der Anfechtung auch **inhaltliche Verstöße** des JA gegen Gesetz oder Satzung verfolgt werden.

Die **Verbindung von Nichtigkeits- und Anfechtungsklagen** nach § 249 Abs. 2 AktG gilt auch i.R.d. § 257 Abs. 1 AktG. Der fehlende Hinweis in Abs. 2 auf § 249 Abs. 2 AktG erklärt sich daraus, dass § 249 Abs. 2 AktG sich nicht auf die Anfechtung allein, sondern in erster Linie auf die Nichtigkeitsklage bezieht[577].

Für das **Verfahren** der Anfechtung gelten die §§ 244 bis 248 AktG. Nach § 244 AktG kann der wg. seines Zustandekommens anfechtbare HV-Beschluss, mit dem der JA festgestellt worden ist, durch einen neuen Beschluss ebenso **bestätigt** werden wie jeder andere Beschluss der HV.

---

571 *Koch*, in: MünchKomm. AktG⁴, § 257, Rn. 4.
572 H.M.: z.B. *Hüffer/Koch*, AktG¹³, § 257, Rn. 5; *Koch*, in: MünchKomm. AktG⁴, § 257, Rn. 10; *Schwab*, in: Schmidt/Lutter, AktG³, § 257, Rn. 4; a.A. *Rölike*, in: Spindler/Stilz, AktG³, § 257, Rn. 14.
573 *Bezzenberger*, in: Großkomm. AktG⁴, § 257, Rn. 9; *Hüffer/Koch*, AktG¹³, § 257, Rn. 6; a.A. *Rölike*, in: Spindler/Stilz, AktG³, § 257, Rn. 14.
574 OLG Stuttgart v. 14.05.2003, ZIP, S. 984; *Schmidt/Heinz*, in: BeBiKo¹¹, § 289, Rn. 494; *Müller*, in: Spindler/Stilz³, § 312, Rn. 22.
575 *Koch*, in: MünchKomm. AktG⁴, § 257, Rn. 11.
576 BGH v. 12.01.1998, DB, S. 567 (569); OLG Brandenburg v. 30.04.1997, GmbHR, S. 796 (797); ADS⁶, § 257 AktG, Tz. 11, m.w.N.; *Koch*, in: MünchKomm. AktG⁴, § 257, Rn. 16; *Schmidt*, in: Scholz, GmbHG¹¹, § 46, Rn. 38, m.w.N.
577 ADS⁶, § 257 AktG, Tz. 10; *Rölike*, in: Spindler/Stilz, AktG³, § 257, Rn. 15; *Hüffer/Koch*, AktG¹³, § 257, Rn. 7.

369 Die **Frist** von einem Monat für die Erhebung der Anfechtungsklage beginnt nach der klarstellenden Regelung in § 257 Abs. 2 S. 2 AktG auch dann mit der Beschlussfassung und nicht erst mit der Erteilung des BestV, wenn der nach § 173 Abs. 3 AktG von der HV geänderte JA gem. § 316 Abs. 3 HGB erneut geprüft und bestätigt werden muss[578].

11.5 Nichtigkeit und Anfechtbarkeit des Beschlusses der Hauptversammlung über die Gewinnverwendung

370 Der Gewinnverwendungsbeschluss der HV kann **nichtig** sein, weil einer der allgemeinen Nichtigkeitsgründe des § 241 AktG erfüllt ist. Darüber hinaus ist der Gewinnverwendungsbeschluss nach § 253 Abs. 1 AktG nichtig, wenn der festgestellte JA, auf dem er beruht, nichtig ist. Tritt später hinsichtlich der Nichtigkeit des JA die Heilung nach § 256 Abs. 6 AktG ein (vgl. Kap. B Tz. 358 ff.), erfasst diese **Heilung** auch den Gewinnverwendungsbeschluss (§ 253 Abs. 1 S. 2 AktG) (vgl. Kap. B Tz. 151). Eine Nichtigkeit kommt ferner nach § 217 Abs. 2 AktG sowie § 173 Abs. 3 AktG in Betracht, wenn die dort genannten Fristen nicht eingehalten werden.

371 Der Gewinnverwendungsbeschluss der HV kann **angefochten** werden, wenn einer der allgemeinen Anfechtungsgründe des § 243 AktG erfüllt ist. Darüber hinaus kann der Beschluss nach § 254 AktG angefochten werden, wenn aus dem Bilanzgewinn Beträge thesauriert werden und dadurch die Ausschüttung an die Aktionäre 4% des durch Einlagen belegten Grundkapitals unterschreitet, obwohl dies wirtschaftlich nicht notwendig ist[579]. Hierdurch sollen Minderheitsaktionäre vor einer **Aushungerung** durch eine übermäßige Thesaurierungspolitik der Aktionärsmehrheit geschützt werden[580].

12. Änderung von Jahres- und Konzernabschlüssen

372 Eine Änderung des JA bzw. KA **im handelsrechtlichen Sinne** liegt dann vor, wenn Form oder Inhalt des geprüften bzw. festgestellten/gebilligten JA/KA verändert werden. Als Änderung eines JA/KA kommen zunächst Änderungen der einzelnen Bilanz- und GuV-Posten sowie der Anhangangaben einschl. der verbalen Erläuterungen in Betracht[581]. Darüber hinaus liegt eine Änderung auch dann vor, wenn die zugrunde liegende Buchführung hinsichtlich einzelner Vermögensgegenstände oder Schulden geändert wird, auch wenn sich wg. kompensatorischer Effekte keine Auswirkungen auf den JA/KA ergeben[582]. Handelsrechtlich wird dabei – im Gegensatz zum Steuerrecht – terminologisch nicht streng zwischen der Änderung fehlerfreier und der Berichtigung fehlerhafter JA/KA unterschieden[583]. Keine Änderung liegt vor, wenn lediglich Schreib- oder Druckfehler behoben oder verunglückte Sätze korrigiert werden, ohne dass damit eine inhalt-

---

[578] Vgl. *Bezzenberger*, in: Großkomm. AktG⁴, § 257, Rn. 18; *Hüffer/Koch*, AktG¹³, § 257, Rn. 8; *Schwab*, in: Schmidt/Lutter, AktG³, § 257, Rn. 5.
[579] Zu Einzelheiten *Koch*, in: MünchKomm. AktG⁴ § 254, Rn. 14 ff.; *Schwab*, in: Schmidt/Lutter, AktG³, § 254, Rn. 5; *Stilz*, in: Spindler/Stilz, AktG³, § 254, Rn. 10 ff.
[580] *Hüffer/Koch*, AktG¹³, § 254, Rn. 1; *Grottel/Hoffmann*, in: BeBiKo⁶, vor § 325, Rn. 99; *Stilz*, in: Spindler/Stilz, AktG³, § 254, Rn. 1.
[581] IDW RS HFA 6, Tz. 2; ADS⁶, § 172 AktG, Tz. 32.
[582] IDW RS HFA 6, Tz. 2; ADS⁶, § 172 AktG, Tz. 32.
[583] Vgl. ADS⁶, § 172 AktG, Tz. 32; *Schubert*, in: BeBiKo¹¹, § 253, Rn. 830.

liche Veränderung verbunden ist[584]. Vorstehendes gilt entspr. für Änderungen des LB oder KLB[585].

12.1 Änderung im Aufstellungsverfahren

12.1.1 Änderung während der Abschlussprüfung

Modifikationen der Buchführung oder des JA/KA, die während der **Aufstellungsphase** bis zur Beendigung der Abschlussprüfung vorgenommen werden, stellen keine Änderung im handelsrechtlichen Sinn dar[586]. Denn in diesem Verfahrensstadium liegt noch kein fertiger Abschluss vor; der JA/KA hat in dieser Phase nur Entwurfs-Charakter[587]. Daher sind Veränderungen i.R.d. Aufstellungsprozesses jederzeit und aus jedem beliebigen Grund möglich[588]. Entsprechend ist auch während der laufenden Abschlussprüfung eine Änderung des JA/KA ohne weiteres möglich. Häufig dienen diese Anpassungen gerade dazu, i.R.d. Abschlussprüfung entdeckte Fehler zu beseitigen.

373

12.1.2 Änderung nach Erteilung des Bestätigungsvermerks

Auch nach Beendigung der Prüfung und Erteilung des BestV ist eine Änderung des JA/KA möglich, ohne dass es hierfür einer besonderen Begründung bedarf. Dies gilt auch nach der Vorlage des PrB an den AR jedenfalls so lange, bis dieser seinen Feststellungs- bzw. Billigungsbeschluss gefasst hat[589]. Allerdings muss in diesem Fall, da der JA/KA nach Vorlage des PrB geändert wurde, zwingend eine Nachtragsprüfung nach § 316 Abs. 3 HGB durchgeführt werden[590].

374

12.2 Änderung nach der Feststellung/Billigung

Ein wirksam festgestellter JA entfaltet grds. eine **Bindungswirkung**[591]. Denn durch die Feststellung wird der JA für alle Gesellschaftsorgane, die Aktionäre und die Inhaber sonstiger gewinnabhängiger Ansprüche für verbindlich erklärt[592]. Hinzu tritt das Interesse der Öffentlichkeit an verlässlichen Informationen über die Vermögens-, Finanz- und Ertragslage des Unternehmens, was die unveränderte Aufrechterhaltung des festgestellten und dann auch in dieser Fassung offengelegten JA erforderlich macht[593]. Unter welchen **Voraussetzungen** die **Änderung** eines vom zuständigen Gesellschaftsorgan festgestellten JA möglich ist, wird im Gesetz nicht ausdrücklich geregelt. Es ist danach zu unterscheiden, ob der betr. JA fehlerfrei, fehlerhaft oder nichtig ist[594].

375

---

584 Vgl. ADS⁶, § 316 HGB, Tz. 65; *IDW RS HFA 6*, Tz. 2.
585 *ADS⁶, § 316 HGB, Tz. 65.*
586 *IDW RS HFA 6*, Tz. 3; ADS⁶, § 172 AktG, Tz. 32; *Euler/Klein*, in: Spindler/Stilz, AktG³, § 172, Rn. 26.
587 ADS⁶, § 172 AktG, Tz. 33.
588 Vgl. ADS⁶, § 172 AktG, Tz. 33; *Euler/Klein*, in: Spindler/Stilz, AktG³, § 172, Rn. 27 f.; *IDW RS HFA 6*, Tz. 3.
589 *IDW RS HFA 6*, Tz. 4.
590 Vgl. *IDW RS HFA 6*, Tz. 4; ADS⁶, § 316 HGB, Tz. 64 f.; *Schmidt/Küster*, in: BeBiKo¹¹, § 316, Rn. 25.
591 *IDW RS HFA 6*, Tz. 6.
592 *Euler/Klein*, in: Spindler/Stilz, AktG³, § 172, Rn. 14 f.; *Hüffer/Koch*, AktG¹³, § 172, Rn. 2.
593 *IDW RS HFA 6*, Tz 6.
594 *IDW RS HFA 6*, Tz. 6 ff.

376 Als Ausnahmefall ist eine **einvernehmliche Änderung des unveröffentlichten JA** durch Vorstand und AR vor Einberufung der HV grds. noch uneingeschränkt möglich[595]. Denn ein schutzwürdiges Vertrauen in die unveränderte Aufrechterhaltung des festgestellten JA ist vor der Veröffentlichung noch nicht begründet worden. Im Zeitraum zwischen Einberufung und Durchführung der HV ist eine willkürliche Änderung dagegen unzulässig; fehlerfreie JA können dann nur noch aus wichtigem Grund (Kap. B Tz. 388 ff.) geändert werden[596].

377 Die Billigung des KA entfaltet keine vergleichbaren unmittelbaren Rechtswirkungen wie die Feststellung des JA. Die Vorschriften des § 256 AktG zur Nichtigkeit sind daher auf den KA nicht anwendbar (Kap. B Tz. 130). Folglich ist für die Frage der späteren Änderung von KA nach erfolgter Billigung nur danach zu unterscheiden, ob diese KA **fehlerhaft** oder **fehlerfrei** sind.

12.2.1 Nichtige Jahresabschlüsse

378 Von der Frage der Heilung der Nichtigkeit durch Zeitablauf nach § 256 Abs. 6 AktG (Kap. B Tz. 358 ff.) ist die **Beseitigung** der Nichtigkeit zu unterscheiden. Diese kann nur dadurch erreicht werden, dass der JA für das betr. GJ unter Vermeidung des Nichtigkeitsgrundes neu auf- und festgestellt wird[597].

379 Bei Nichtigkeit des JA bestehen die Berechtigung und grds. auch die **Verpflichtung der Organe** zur Beseitigung des Mangels durch **Neuvornahme**. Inwieweit es auch zulässig sein kann, die **Heilung** des Mangels gem. § 256 Abs. 6 AktG **abzuwarten**, wird unterschiedlich beurteilt. Die h.M. nimmt zu Recht an, dass ein Abwarten der Heilung als **Ausnahmefall** gerechtfertigt ist, so insb. bei für die Verhältnisse der Gesellschaft weniger bedeutenden Nichtigkeitsgründen, wobei Art und Schwere des Verstoßes und die Folgewirkungen zu berücksichtigen sind, sowie dann, wenn die Nichtigkeit voraussichtlich nicht geltend gemacht wird und die Aktionäre die Dividende in gutem Glauben bezogen haben und somit eine Rückforderung ausgeschlossen ist[598]. Nach enger Auffassung ist diese Möglichkeit dahin einzuschränken, dass ein Abwarten der Heilung nur bei solchen Mängeln erlaubt sein soll, die der kurzen Heilungsfrist von sechs Monaten unterliegen[599].

380 Beruht die Nichtigkeit des festgestellten JA auf Verstößen gegen § 256 Abs. 2 oder 3 AktG, kann sie durch **Wiederholung des Feststellungsakts** unter Vermeidung des bis-

---

[595] Grottel/Hoffmann, in: BeBiKo[11], vor § 325, Rn. 74; ADS[6], § 172 AktG, Tz. 47; Euler/Klein, in: Spindler/Stilz, AktG[3], § 172, Rn. 32; Hüffer/Koch, AktG[13], § 172, Rn. 10; a.A. Brönner, in: Großkomm. AktG[4], § 175, Rn. 25.

[596] ADS[6], § 172 AktG, Tz. 58; Euler/Klein, in: Spindler/Stilz, AktG[3], § 172, Rn. 33; Hüffer/Koch, AktG[13], § 172, Rn. 10.

[597] ADS[6], § 256 AktG, Tz. 90; Koch, in: MünchKomm. AktG[4], § 256, Rn. 82; Rölike, in: Spindler/Stilz, AktG[3], § 256, Rn. 90.

[598] IDW RS HFA 6, Tz. 16, 17; ADS[6], § 172 AktG, Tz. 39; Bezzenberger, in: Großkomm. AktG[4], § 256, Rn. 249; Kropff, in: MünchKomm. AktG[2], § 172, Rn. 51; Zöllner, in: Kölner Komm. AktG, § 256, Rn. 118; Mattheus/Schwab, BB 2004, S. 1101; gegen eine generelle Pflicht zur Neuvornahme auch BayObLG v. 26.05.2000, GmbHR, S. 1103.

[599] Hennrichs/Pöschke, in: MünchKomm. AktG[4], § 172, Rn. 58 f.; Hennrichs, ZHR 2004, S. 383 (389); ähnlich Rölike, in: Spindler/Stilz, AktG[3], § 256, Rn. 90: Zeitraum bis zur Heilung müsse dem für eine Neuvornahme vergleichbar sein; a.A. für ausnahmslose Pflicht zur Neuvornahme Schwab, in: Schmidt/Lutter, AktG[3], § 256, Rn. 37.

herigen Mangels ausgeräumt werden; beruht die Nichtigkeit auf fehlender Prüfung oder einer Prüfung durch ungeeignete Personen (§ 256 Abs. 1 Nr. 2 und 3 AktG), muss die **Prüfung** durch geeignete Prüfer **nachgeholt** und der JA danach neu festgestellt werden[600].

Wenn bei **materiellen Bilanzfehlern** eine Korrektur in laufender Rechnung nicht ausreicht und daher eine Rückwärtsänderung des JA vorgenommen werden muss, bedarf es zur Beseitigung der Nichtigkeit der Korrektur des vormals aufgestellten JA. Der so geänderte JA ist vom bisherigen APr. erneut zu prüfen und neu festzustellen[601]. Auch wenn bisher kein rechtsgültiger Abschluss vorhanden war, handelt es sich in der Nomenklatur des § 316 Abs. 3 HGB um die Änderung eines Abschlusses nach Ende der Prüfung; es gelten daher die Regeln über die **Nachtragsprüfung** (§ 316 Abs. 3 HGB), so dass sich die Prüfung grds. nur auf die vorgenommenen Änderungen und etwaige Folgewirkungen erstreckt. Die Prüfung hat sich nur dann auf weitere Posten oder Bereiche des JA zu erstrecken, wenn sich die Änderungen hierauf auswirken[602]. **381**

Ausnahmsweise kann sich i.R.d. Nachtragsprüfung die Pflicht zur **vollständigen Neuprüfung** ergeben, wenn ein neuer APr. – z.B. als Folge eines Ersetzungsverfahrens nach § 318 Abs. 3 HGB – bestellt wird, da sich der neue Prüfer nicht unbesehen die Prüfungsergebnisse seines Vorgängers zu Eigen machen darf und dessen BestV nicht ergänzen kann (§ 316 Abs. 3 S. 2 HGB), sondern einen neuen, eigenen BestV erteilen muss. **382**

Wenn mehrere **aufeinanderfolgende JA** nichtig sind, kann die Nichtigkeit grds. nur dadurch beseitigt werden, dass sämtliche nichtigen JA bis zurück zu demjenigen, in dem die Fehlerquelle liegt, berichtigt und nach erneuter Prüfung neu festgestellt werden[603]. Eine Rückwärtsberichtigung bis zur Fehlerquelle wird jedoch dann entbehrlich, wenn inzwischen bereits die Heilung der Nichtigkeit des JA nach § 256 Abs. 6 AktG (Kap. B Tz. 358 ff.) eingetreten ist[604]; nach Eintritt der Heilung genügt die **Beseitigung** des Mangels in **laufender Rechnung**. Eine Korrektur im nächsten JA ist auch dann sachgerecht, wenn die Heilungsfrist noch nicht abgelaufen ist, um das Abwarten der Heilungsfrist zu rechtfertigen und ggf. die Geltendmachung der Nichtigkeit zu verhindern[605]. Hat das Unternehmen den Fehler in laufender Rechnung korrigiert, **fehlt** es für eine Klage auf Feststellung der Nichtigkeit der Vorjahres-JA am allgemeinen **Rechtsschutzinteresse**, wenn eine Rückwärtsänderung keine materiellen Folgewirkungen (z.B. Rückforderung der Dividende i.R.d. § 62 AktG oder zusätzliche Ausschüttung; steuerliche Folgen) hätte[606]. Denn wenn der nichtige alte JA nach Auf- und Feststellung eines **383**

---

600 ADS[6], § 256 AktG, Tz. 91.
601 Vgl. ADS[6], § 256 AktG, Tz. 92; *Hüffer/Koch*, AktG[13], § 256, Rn. 33a; *Rölike*, in: Spindler/Stilz, AktG[3], § 256, Rn. 93.
602 IDW RS HFA 6, Tz. 8, 31; *Koch*, in: MünchKomm. AktG[4], § 256, Rn. 83; für eine vollständige Neuprüfung noch ADS[6], § 256 AktG, Tz. 92.
603 ADS[6], § 256 AktG, Tz. 93.
604 IDW RS HFA 6, Tz. 15; ADS[6], § 172 AktG, Tz. 40, § 256 AktG, Tz. 93; *Bezzenberger*, in: Großkomm. AktG[4], § 256, Rn. 266; für Rückwärtsberichtigung bis zum ältesten, noch nicht geheilten JA *Küting/Ranker*, WPg 2005, S. 11.
605 IDW RS HFA 6, Tz. 19; ADS[6], § 172 AktG, Tz. 40; *Bezzenberger*, in: Großkomm. AktG[4], § 256, Rn. 249; *Kropff*, in: FS Budde, S. 358; a.A. *Hennrichs*, ZHR 2004, S. 383 (390); *Müller*, ZHR 2004, S. 414 (423), für den Fall, dass Prüfstelle oder BaFin vor Ablauf der Heilungsfrist das Vorliegen von Nichtigkeitsgründen konstatiert haben.
606 Vgl. IDW RS HFA 6, Tz. 19; OLG Köln v. 17.02.1998, ZIP, S. 994 (996); *Bezzenberger*, in: Großkomm. AktG[4], § 256, Rn. 89; a.A. *Hennrichs*, ZHR 2004, S. 383 (390).

Folgeabschlusses, in dem der Mangel korrigiert wurde, keine weiteren Rechtsfolgen mehr auslöst, verbleibt als Zweck für den alten JA allein noch seine **Informationsfunktion** für die Bilanzadressaten; diese Funktion wird jedoch durch den korrigierten Folgeabschluss oder auch einen korrigierten Zwischenabschluss i.R.d. Halbjahresfinanzberichts oder eines Quartalsberichts[607] ausreichend und zeitnah gewahrt. In diesem Fall beeinträchtigt die formale Nichterfüllung der handelsrechtlichen Aufstellungspflicht (§ 264 HGB) im Hinblick auf den mängelbehafteten alten JA nicht die rechtlichen Interessen der Aktionäre und Gläubiger. Voraussetzung für eine Korrektur in laufender Rechnung ist außerdem, dass in dem neuen JA die Abweichungen eingehend und nachvollziehbar dargestellt und erläutert werden[608].

12.2.2 Fehlerhafte Abschlüsse

384 Ein JA kann inhaltliche Mängel aufweisen, die keinen Nichtigkeitsgrund i.S.d. § 256 AktG darstellen. Dies kommt z.B. dann in Betracht, wenn zwar Verstöße gegen Ansatz-, Bewertungs- oder Gliederungsvorschriften vorliegen, diese aber nicht wesentlich sind[609]. Ist ein JA zwar nicht nichtig, aber fehlerhafter, kann er geändert werden, ohne dass hierfür besondere Gründe hinzutreten müssen[610]. Die **Fehlerbeseitigung** selbst ist **ausreichender Grund** für die Änderung. Wird zu einem späteren Zeitpunkt erkennbar, dass ein im Feststellungszeitpunkt subjektiv richtiger JA objektiv fehlerhaft ist (zum Fehlerbegriff Kap. B Tz. 245), kommt wg. des Aufhellungsprinzips eine Korrektur des JA nur unter den Voraussetzungen in Betracht, die für die Änderung fehlerfreier JA gelten[611].

385 Mängel des JA, die nicht zur Nichtigkeit führen, können grds. immer in **laufender Rechnung** korrigiert werden[612]. Eine Rückwärtsänderung betroffener festgestellter JA, die einen Fehler enthalten, wäre zwar stets zulässig, ist aber nicht zwingend erforderlich[613]. Eine Pflicht zur **Rückwärtsänderung** kann sich ausnahmsweise dann ergeben, wenn der fehlerbehaftete JA kein zutreffendes Bild der Vermögens-, Finanz- und Ertragslage vermittelt und eine Korrektur in laufender Rechnung keine zeitnahe Informationsvermittlung ermöglicht[614]. Diese Überlegungen gelten nicht nur für Bilanz und GuV, sondern sinngemäß auch dann, wenn Anhangangaben fehlen oder fehlerhaft sind.

386 Entsprechendes gilt auch für **Fehler im LB**. Neben der stets zulässigen Rückwärtsänderung kommt grds. auch eine Korrektur in laufender Rechnung in Betracht, wenn eine zeitnahe Information der Adressaten gewährleistet ist[615].

387 **KA**, die keiner förmlichen Feststellung unterliegen, können zwar fehlerhaft, aber nicht nichtig i.S.d. § 256 AktG sein (Kap. B Tz. 130 f., Kap. B Tz. 377). Falls sich ein gebilligter

---

607 Vgl. *IDW RS HFA 6*, Tz. 18.
608 OLG Köln v. 17.02.1998, ZIP, S. 994 (996); *IDW RS HFA 6*, Tz. 15.
609 Vgl. ADS[6], § 172 AktG, Tz. 43; *Hennrichs/Pöschke*, in: MünchKomm. AktG[4], § 172, Rn. 75.
610 *IDW RS HFA 6*, Tz. 14; ADS[6], § 172 AktG, Tz. 43; *Euler/Klein*, in: Spindler/Stilz, AktG[3], § 172, Rn. 38; *Hennrichs/Pöschke*, in: MünchKomm. AktG[4], § 172, Rn. 82.
611 *Hennrichs/Pöschke*, in: MünchKomm. AktG[4], § 172, Rn. 79 m.w.N.
612 *IDW RS HFA 6*, Tz. 21; ADS[6], § 172 AktG, Tz. 44; *Hennrichs/Pöschke*, in: MünchKomm. AktG[4], § 172, Rn. 82.
613 Vgl. *IDW RS HFA 6*, Tz. 21; *Hennrichs/Pöschke*, in: MünchKomm. AktG[4], § 172, Rn. 82.
614 Vgl. *IDW RS HFA 6*, Tz. 21; *Euler/Klein*, in: Spindler/Stilz, AktG[3], § 172, Rn. 39; ähnlich *Hennrichs/Pöschke*, in: MünchKomm. AktG[4], § 172, Rn. 82.
615 *IDW RS HFA 6*, Tz. 23 ff.

HGB-KA als fehlerhaft erweist, ist es immer zulässig, die gebotene Fehlerkorrektur im Wege der Rückwärtsänderung des betroffenen KA vorzunehmen[616]. Im Regelfall wird jedoch eine Fehlerkorrektur in **laufender Rechnung** zulässig und ausreichend sein, wenn die Information der Abschlussadressaten durch den Folge-KA zeitnah erfolgt[617]. Diese Grundsätze sind für die Korrektur fehlerhafter IFRS-KA entspr. heranzuziehen[618].

12.2.3 Fehlerfreie Abschlüsse

Die Änderung fehlerfreier JA ist, nachdem diese bereits durch die Einberufung zur HV den Aktionären bekannt gemacht wurden (Kap. B Tz. 133), nicht mehr willkürlich, sondern nur noch aus **wichtigem Grund** möglich. Um eine Änderung zu rechtfertigen, müssen gewichtige rechtliche, wirtschaftliche oder steuerrechtliche Gründe vorliegen[619]. Dies gilt auch dann, wenn sich nach Feststellung wertaufhellende Erkenntnisse ergeben haben. Liegen solche gewichtigen Gründe vor, ist auch eine Änderung eines weiter zurückliegenden JA nebst Folgeänderung der nachfolgenden JA zeitlich unbegrenzt möglich[620]. Der wichtige Grund muss dabei aus Sicht der bilanzierenden Gesellschaft gegeben sein, so dass wirtschaftliche oder steuerrechtliche Auswirkungen, die nur einzelnen Gesellschaftern zugutekommen, grds. keine Änderung eines fehlerfreien JA rechtfertigen[621]. **388**

Auch bei Vorliegen eines wichtigen Grundes ist eine Änderung jedoch dann **unzulässig**, wenn hierdurch ohne Einwilligung der Berechtigten in bereits entstandene **Gewinnbezugsrechte** eingegriffen würde[622]. Ergebnisabhängige Ansprüche Dritter aufgrund schuldrechtlicher Vereinbarungen (z.B. Tantiemen, Besserungsscheine, Lizenzgebühren) stehen einer Änderung des JA dagegen nicht entgegen; sofern nicht änderbar, sind diese Verpflichtungen in der bisherigen Höhe zu passivieren[623]. **389**

Diese Grundsätze gelten entspr. für die Änderung eines bereits gebilligten **fehlerfreien KA**[624]. Obwohl der KA grds. keine unmittelbaren rechtlichen Folgewirkungen entfaltet, dürfte ein schutzwürdiges Interesse der Adressaten an der Aufrechterhaltung des veröffentlichten KA bestehen[625]. Daher kommt auch beim fehlerfreien KA eine Änderung nur in Betracht, wenn gewichtige rechtliche oder wirtschaftliche Gründe vorliegen[626]. Diese Voraussetzungen gelten gleichermaßen für die Änderung eines HGB-KA wie auch eines IFRS-KA; im letztgenannten Fall sind die ergänzenden Regelungen zur Art und Weise der Änderung in IAS 8.14 ff. zu beachten[627]. **390**

---

616 *IDW RS HFA 6*, Tz. 42; *Schubert*, in: BeBiKo[11], § 253, Rn. 846.
617 *IDW RS HFA 6*, Tz. 43; *Schubert*, in: BeBiKo[11], § 253, Rn. 846.
618 *IDW RS HFA 6*, Tz. 46.
619 *IDW RS HFA 6*, Tz. 9; ausführlich ADS[6], § 172 AktG, Tz. 49 ff.; *Schubert*, in: BeBiKo[11], § 253, Rn. 835; jeweils mit Bsp.
620 *IDW RS HFA 6*, Tz. 12 f.; *Schubert* in: BeBiKo[11], § 253, Rn. 835.
621 Vgl. ADS[6], § 172 AktG, Tz. 55: Ermöglichung höherer Ausschüttungen kein wichtiger Grund.
622 *IDW RS HFA 6*, Tz. 10; ADS[6], § 172 AktG, Tz. 49 ff.; *Euler/Klein*, in: Spindler/Stilz, AktG[3], § 172, Rn. 34; *Schubert*, in: BeBiKo[11], § 253, Rn. 836.
623 *IDW RS HFA 6*, Tz. 11; ADS[6], § 172 AktG, Tz. 68; *Schubert*, in: BeBiKo[11], § 253, Rn. 837.
624 *IDW RS HFA 6*, Tz. 41; *Schubert*, in: BeBiKo[11], § 253, Rn. 846.
625 *Hennrichs/Pöschke*, in: MünchKomm. AktG[4], § 172, Rn. 108; einschränkend *IDW RS HFA 6*, Tz. 41.
626 *IDW RS HFA 6*, Tz. 41; *Hennrichs/Pöschke*, in: MünchKomm. AktG[4], § 172, Rn. 108; *Schubert*, in: BeBiKo[11], § 253, Rn. 846.
627 Vgl. *Hennrichs/Pöschke*, in: MünchKomm. AktG[4], § 172, Rn. 109.

13. Besonderheiten bei anderen Rechtsformen

391 In den vorstehenden Abschnitten dieses Kapitels wurde die Verantwortung der Unternehmensorgane für Rechnungslegung und Prüfung am Beispiel einer Gesellschaft in der Rechtsform der AG dargestellt. Hinweise auf andere Rechtsformen wurden nur vereinzelt gegeben, wenn dies nach dem Sachzusammenhang (zur Anwendbarkeit der aktienrechtlichen Nichtigkeitsregelungen (§ 256 AktG) auf den JA von Gesellschaften anderer Rechtsform s. Kap. B Tz. 289 f.) angezeigt war. Nachfolgend werden wesentliche rechtsformspezifische Besonderheiten erläutert, soweit sich solche in den dargestellten Themenbereichen ergeben.

13.1 Societas Europaea (SE)

392 Bei der **Pflicht zur Aufstellung** von JA/KA ist zwischen der SE mit dualistischem und der mit monistischem System zu unterscheiden[628]. In der **dualistischen SE** trifft diese Verpflichtung die Vorstandsmitglieder, in der **monistischen SE** (ausschließlich) die geschäftsführenden Direktoren[629].

Die **Feststellung des JA** und **Billigung des KA** obliegt bei der dualistischen SE entspr. deutschem Aktienrecht dem AR. Bei der monistischen SE liegt die Feststellungskompetenz beim Verwaltungsrat[630].

393 Die **Wahl des APr.** hat bei der SE – da insoweit deutsches Aktienrecht anzuwenden ist[631] – zwingend durch die HV zu erfolgen[632]. Bei der SE mit dualistischem System erteilt der AR der **Prüfungsauftrag**; bei der SE mit monistischem System ist nach § 22 Abs. 4 S. 3 SEAG der Prüfungsauftrag durch den Verwaltungsrat zu erteilen[633].

13.2 KGaA

394 Die **Pflicht zur Aufstellung** von JA/KA obliegt bei der KGaA den persönlich haftenden Gesellschaftern (§ 283 Nr. 9 und 10 AktG)[634].

Über die **Feststellung des JA** beschließt zwingend die HV (§ 286 Abs. 1 S. 1 AktG). Der Feststellungsbeschluss der HV bedarf grds. der Zustimmung aller persönlich haftenden Gesellschafter (§ 286 Abs. 1 S. 2 AktG); insoweit kann jedoch die Satzung Abweichendes vorsehen[635]. Der AR wirkt an der Feststellung des JA nicht mit, hat jedoch den JA zu prüfen und über das Ergebnis der HV zu berichten[636]. Da § 286 Abs. 1 AktG nicht analog auf die **Billigung des KA** anzuwenden ist, bleibt es insoweit bei der Zuständigkeit des AR[637].

---

[628] Vgl. *Fischer*, in: MünchKomm. AktG³, Art. 61 SE-VO, Rn. 23 ff.
[629] Vgl. *Casper*, in: Spindler/Stilz, AktG³, Art. 61, 62 SE-VO, Rn. 4; *Fischer*, in: MünchKomm. AktG³, Art. 61 SE-VO, Rn. 24; *Winkeljohann/Schellhorn*, in: BeBiKo¹¹, § 264, Rn. 11.
[630] *Kiendiek*, in Lutter/Hommelhoff/Teichmann, SE-Kommentar², Art. 61 SE-VO, Rn. 26; *Fischer*, in: MünchKomm. AktG³, Art. 61 SE-VO, Rn. 25.
[631] Vgl. *Fischer*, in: MünchKomm. AktG³, Art. 61 SE-VO, Rn. 28 ff., 30.
[632] *Schmidt/Heinz*, in: BeBiKo¹¹, § 318, Rn. 13; *Kiem*, in: Kölner Komm. AktG³, Art. 52 SE-VO, Rn. 30.
[633] *Schmidt/Heinz*, in: BeBiKo¹¹, § 318, Rn. 36 m.w.N.
[634] Vgl. *Bachmann*, in: Spindler/Stilz, AktG³, § 283, Rn. 19; *Winkeljohann/Schellhorn*, in: BeBiKo¹¹, § 264, Rn. 11.
[635] Vgl. *Hüffer/Koch*, AktG¹³, § 286, Rn. 1.
[636] Vgl. *Perlitt*, in: MünchKomm. AktG⁴, § 286, Rn. 57.
[637] Vgl. *Perlitt*, in: MünchKomm. AktG⁴, § 286, Rn. 60; *Hennrichs/Pöschke*, in: MünchKomm. AktG⁴, § 173, Rn. 67.

Für die **Wahl des APr.** und die Erteilung des Prüfungsauftrags ergeben sich dagegen keine Besonderheiten. Es sind dieselben Gesellschaftsorgane zuständig wie bei der AG, nämlich HV bzw. AR. 395

13.3 GmbH

Bei der GmbH sind die Geschäftsführer als gesetzliche Vertreter zur **Aufstellung** des JA verpflichtet. Die **Feststellung des JA** obliegt der Gesellschafterversammlung (§ 46 Nr. 1 GmbHG). Gleiches gilt für die **Billigung des KA** (§ 46 Nr. 1b GmbHG). Diese Kompetenzzuweisung an die Gesellschafterversammlung gilt grds. auch dann, wenn die GmbH über einen fakultativen oder mitbestimmten AR verfügt[638]. Allerdings kann im Gesellschaftsvertrag die Kompetenz zur Feststellung des JA bzw. Billigung des KA auf den AR übertragen werden[639]. Bleibt die Gesellschafterversammlung für die Feststellung zuständig, hat der AR kraft Verweisung[640] auf § 171 AktG den JA zu prüfen und der Gesellschafterversammlung hierüber zu berichten. Nur beim fakultativen AR kann die Verpflichtung des AR zur Prüfung des JA im Gesellschaftsvertrag ausgeschlossen werden[641]. 396

Die **Wahl des APr.** erfolgt grds. durch die Gesellschafterversammlung. Allerdings kann der Gesellschaftsvertrag etwas anderes bestimmen[642] (§ 318 Abs. 1 S. 2 GmbHG). Danach kann die Wahl insb. dem AR übertragen werden, nach umstrittener Auffassung auch auf die Geschäftsführung[643]. Bei einer GmbH ohne AR ist naturgemäß die Geschäftsführung für die **Erteilung des Prüfungsauftrags** zuständig. Verfügt die GmbH über einen AR, der nach dem DrittelbG oder MitbestG der Mitbestimmung unterliegt, ist kraft gesetzlicher Verweisung § 111 AktG anzuwenden, so dass die Erteilung des Prüfungsauftrags zwingend in den Zuständigkeitsbereich des AR fällt[644]. Bei einem fakultativen AR ist danach zu unterscheiden, ob § 111 AktG kraft Verweisung in § 52 GmbHG anwendbar ist oder ob dieser im Gesellschaftsvertrag abbedungen wurde. Im letztgenannten Fall bleibt es bei der Zuständigkeit der Geschäftsführung. 397

13.4 Personenhandelsgesellschaft

Bei den Personenhandelsgesellschaften sind im vorliegenden Zusammenhang allein die Gesellschaften i.S.v. § 264a HGB von Interesse, die der Verpflichtung zur Aufstellung und Prüfung des JA nach den §§ 264 ff. bzw. §§ 316 ff. HGB unterliegen (sog. **KapCoGes.**). Bei einer KapCoGes. sind die Mitglieder des vertretungsberechtigten Organs der vertretungsberechtigten Gesellschaft (§ 264a Abs. 2 HGB) zur **Aufstellung von JA/KA** verpflichtet[645]. Die **Feststellung des JA** obliegt sämtlichen Gesellschaftern, also bei einer GmbH & Co. KG auch den Kommanditisten[646]. Falls die KapCoGes. MU sein sollte, besteht **keine** gesetzliche Verpflichtung zur **Billigung des KA**. Im HGB finden 398

---

[638] Vgl. *Schneider*, in: Scholz, GmbHG[11], § 52, Rn. 158; *Spindler*, in: MünchKomm. GmbHG², § 52, Rn. 294.
[639] Vgl. *Schmidt*, in: Scholz, GmbHG[11], § 46, Rn. 46, 47b; *Liebscher*, in: MünchKomm. GmbHG², § 46, Rn. 57.
[640] Vgl. § 25 Abs. 1 S. 1 Nr. 2 MitbestG, § 1 Abs. 1 S. 1 Nr. 3 DrittelbG, § 52 Abs. 1 GmbHG.
[641] Vgl. *Schneider*, in: Scholz, GmbHG[11], § 52, Rn. 157.
[642] Zu Einzelheiten vgl. *Schmidt/Heinz*, in: BeBiKo[11], § 318, Rn. 15 f.
[643] Zum Streitstand s. *Schmidt/Heinz*, in: BeBiKo[11], § 318, Rn. 15 m.w.N. auch zur Gegenauffassung.
[644] Vgl. *Schmidt/Heinz*, in: BeBiKo[11], § 318, Rn. 37.
[645] Zu Einzelheiten vgl. *Schmidt/Usinger*, in: BeBiKo[11], § 264a, Rn. 55 ff.
[646] Vgl. *Schmidt*, in: Scholz, GmbHG[11], § 46, Rn. 48 m.w.N.

sich für die OHG und KG keine rechtsformspezifischen Regelungen zur Billigung, wie sie im AktG und GmbHG vorgesehen sind; mangels planwidriger Regelungslücke sind diese Vorschriften auch nicht analog anwendbar.

399 Bei einer KapCoGes. erfolgt die **Wahl des APr.** durch die Gesellschafter, bei der GmbH/AG & Co. KG unter Einbeziehung der Kommanditisten[647]. Allerdings kann im Gesellschaftsvertrag eine abw. Regelung getroffen werden (§ 318 Abs. 1 S. 2 HGB). Die Erteilung des **Prüfungsauftrags** erfolgt durch die zur Vertretung berechtigten persönlich haftenden Gesellschafter, wenn der Gesellschaftsvertrag nichts anderes vorsieht[648]. Bei der GmbH/AG & Co. KG handelt die Geschäftsführung bzw. der Vorstand für die Komplementärin, auch wenn diese über einen AR verfügen sollte[649].

13.5 Andere Organisationsformen mit Pflicht zur Rechnungslegung

400 Für einen Kreis von Unternehmen anderer Rechts- und Organisationsformen[650] ergibt sich eine gesetzliche Rechnungslegungs- und Prüfungspflicht aus dem **PublG**. Die Pflicht zur **Aufstellung des JA** trifft die gesetzlichen Vertreter des Unternehmens (§ 5 Abs. 1 PublG). Entsprechend haben die gesetzlichen Vertreter des MU die **Pflicht zur Aufstellung des KA** (§ 13 Abs. 1 PublG).

Die Zuständigkeit für die **Feststellung des JA** (§ 8 PublG) richtet sich nach den rechtsformspezifischen Regelungen; in Betracht kommen entweder der AR oder die Gesellschafterversammlung. Eine ausdrückliche **Billigung des KA** ist im PublG nicht vorgeschrieben.

401 Bei einer vom PublG erfassten OHG oder KG erfolgt die **Wahl des APr.** durch (sämtliche) Gesellschafter, soweit in Gesetz oder Gesellschaftsvertrag nichts anderes geregelt ist[651]. Bei anderen vom PublG erfassten Unternehmen wird der APr., wenn nichts anderes bestimmt ist, vom AR gewählt; hat das Unternehmen keinen AR, bestellen die gesetzlichen Vertreter den APr. (§ 6 Abs. 3 S. 3 PublG). Die gesetzlichen Vertreter sind grds. auch für die Erteilung des Prüfungsauftrags zuständig.

402 Die Vorschrift des § 319 HGB über die **Auswahl des PublG-APr.** eines JA/KA und **Ausschlussgründe** gilt nach Maßgabe von §§ 6 Abs. 1 S. 2, 14 Abs. 1 S. 2 PublG sinngemäß.

Bei der sinngemäßen Anwendung des § 319 Abs. 3 S. 1 HGB, wonach der APr. einen **Auszug aus dem Berufsregister** vorweisen muss, ist zu beachten, dass die vom deutschen Gesetzgeber im PublG angeordnete Prüfung – anders als eine gesetzliche Prüfung nach § 316 HGB – keine durch die RL 2014/56/EU veranlasste Pflichtprüfung darstellt und damit nach Maßgabe von § 57a Abs. 1 S. 2 WPO nicht der Qualitätskontrolle unterliegt. Ein ausschließlich als PublG-APr. tätiger WP/vBP kann daher keine Eintragung ins Berufsregister nach § 38 Nr. 1h), Nr. 2f) WPO vorweisen (Anzeige der Tätigkeit als gesetzlicher APr. nach § 57a Abs. 1 S. 2 WPO), es sei denn, der PublG-APr. legt zugleich die konkrete – eine eben solche Anzeige bei der WPK und der Eintragung dieser Anzeige im Berufsregister voraussetzende – Absicht dar, auch Pflichtprüfungen i.S.v. § 316 HGB

---

647 Vgl. *Schmidt/Heinz*, in: BeBiKo[11], § 318, Rn. 17 m.w.N.
648 Vgl. *IDW PS 220*, Tz. 5; *Ebke*, in: MünchKomm. HGB[3], § 318, Rn. 26.
649 Vgl. *Schmidt/Heinz*, in: BeBiKo[11], § 318, Rn. 39.
650 Vgl. Zum Geltungsbereich s. § 3 PublG.
651 Vgl. *IDW PS 220*, Tz. 4; *Schmidt/Heinz*, in: BeBiKo[11], § 318, Rn. 141.

durchführen zu wollen[652]. Für den in der Praxis seltenen Fall, dass der PublG-APr. nicht beabsichtigt, auch Pflichtprüfungen i.S.v. § 316 HGB durchzuführen, gebietet sich eine nach Maßgabe von §§ 6 Abs. 1 S. 2, 14 Abs. 1 S. 2 PublG sinngemäß zu erfolgende Anwendung des § 319 Abs. 1 HGB dahingehend an, dass der Auszug aus dem Berufsregister, über den der APr. nach Maßgabe von § 319 Abs. 1 S. 3 HGB verfügen muss, nicht die Anzeige der Tätigkeit als gesetzlicher APr. nach §§ 38 Nr. 1h), Nr. 2f), 57a Abs. 1 S. 2 WPO beinhalten muss.

---

[652] Vgl. *WPK*, Kommission für Qualitätskontrolle, Sitzungsbericht v. 12.12.2017, in: WPK-Magazin 1/2018, S. 10 sowie S. 24; abrufbar unter https://www.wpk.de/fileadmin/documents/Magazin/WPK_Magazin_1-2018.pdf.

Kapitel C

Unternehmensverbindungen

Verfasser:
WP StB RA Dr. Ernst-Thomas Kraft, Frankfurt am Main

Mitarbeit:
WP StB RA Dr. Thorsten Kuhn, Frankfurt am Main

C Unternehmensverbindungen

Inhalt	Tz.
1. Einleitung.	1
2. Unternehmensführung und verbundene Unternehmen	6
2.1 Blickwinkel des übergeordneten Unternehmens	6
2.2 Blickwinkel des nachgeordneten Unternehmens	15
3. Verbundene Unternehmen im Aktiengesetz und im Handelsgesetzbuch. . . .	22
3.1 Grundlagen	22
3.2 Verhältnis des aktienrechtlichen Begriffs der verbundenen Unternehmen zu dem Begriff der verbundenen Unternehmen in § 271 Abs. 2 HGB	27
3.3 Voraussetzung für Unternehmensverbindungen in § 271 Abs. 2 HGB.	32
3.4 Geltung der Vermutungswirkungen des Aktiengesetzes	36
4. Unternehmensverbindungen im Aktiengesetz	38
4.1 Verbundene Unternehmen.	38
4.2 Begriff „Unternehmen"	44
4.2.1 Allgemeines.	44
4.2.2 Körperschaften und Anstalten öffentlichen Rechts; Gewerkschaften u.a.	52
4.3 Begriff „verbundene Unternehmen".	58
4.3.1 Allgemeines.	58
4.3.2 Überlagerung von Unternehmensverbindungen	61
4.3.3 Ausländische Unternehmen als Teil einer Unternehmensverbindung	63
4.4 In Mehrheitsbesitz stehende Unternehmen und mit Mehrheit beteiligte Unternehmen	65
4.4.1 Allgemeines.	65
4.4.2 Mehrheit der Anteile.	68
4.4.2.1 Berechnung der Mehrheitsbeteiligung	68
4.4.2.2 Unmittelbare Mehrheitsbeteiligung	75
4.4.2.3 Mittelbare Mehrheitsbeteiligung	79
4.4.3 Mehrheit der Stimmrechte.	91
4.4.3.1 Berechnung der Mehrheit	92
4.4.3.2 Unmittelbare Mehrheitsbeteiligung	94
4.4.3.3 Mittelbare Mehrheitsbeteiligung	97
4.5 Abhängige und herrschende Unternehmen.	99
4.5.1 Allgemeines.	99
4.5.2 Abhängigkeitsbegriff.	101
4.5.2.1 Einheitliche Begriffsbestimmung in § 17 AktG.	101
4.5.2.2 Die Beherrschungsmöglichkeit	103
4.5.2.3 Beständigkeit der Einflussmöglichkeit.	105
4.5.2.4 Die Beherrschungsmittel	106
4.5.2.4.1 Allgemeines	106
4.5.2.4.2 Verbotsrechte als Beherrschungsmittel.	112
4.5.2.4.3 Verflechtung der Verwaltungen als Beherrschungsmittel	113
4.5.2.5 Minderheitsbeteiligung; Präsenzmehrheit in der Hauptversammlung	114
4.5.2.6 Mittelbare (mehrstufige) Abhängigkeit	115

4.5.2.7 Abhängigkeit von mehreren (untereinander unabhängigen)
Unternehmen 116
4.5.2.8 Treuhandverhältnisse 122
4.5.2.9 Abhängigkeit und Gleichordnung 124
4.5.3 Abhängigkeitsvermutung (§ 17 Abs. 2 AktG)................ 125
4.5.3.1 Keine Ausübung von Beherrschungsmacht 128
4.5.3.1.1 Beschränkung der Mehrheitsrechte durch Satzungsgestaltung 131
4.5.3.1.2 Beschränkungen der Mehrheitsrechte durch Vertrag .. 133
4.5.3.2 Maßgeblichkeit des Gesamtbildes der Beziehungen 138
4.5.3.3 Widerlegung bei mehrstufigen Beteiligungen 140
4.5.3.4 Besonderheiten bei GmbH und Personengesellschaften 143
4.6 Konzern und Konzernunternehmen 145
4.6.1 Allgemeines 145
4.6.2 Konzernbegriff 147
4.6.3 Zusammenfassung unter einheitlicher Leitung 148
4.6.4 Unterordnungskonzern 158
4.6.5 Gleichordnungskonzern 162
4.6.6 Besondere Fälle..................................... 164
4.6.6.1 Gemeinschaftsunternehmen 164
4.6.6.2 Ein Unternehmen als Obergesellschaft verschiedener Konzerne? 171
4.6.6.3 Verbindung zwischen Gleichordnungskonzern und Unterordnungskonzern 172
4.6.6.4 Konzern im Konzern? 173
4.6.6.5 Joint Ventures, Arbeitsgemeinschaften 176
4.6.6.6 Konzernverhältnis bei treuhänderisch gehaltenen Beteiligungen 177
4.7 Faktische Konzernierung................................. 178
4.7.1 Konzernbildung.................................... 179
4.7.2 Faktischer Konzern 187
4.7.3 Rechtsfolgen 192
4.8 Unternehmensverträge 198
4.8.1 Einzelne Unternehmensverträge 202
4.8.1.1 Beherrschungsvertrag......................... 205
4.8.1.2 Gewinnabführungsvertrag...................... 217
4.8.1.3 Gewinngemeinschaft 221
4.8.1.4 Teilgewinnabführungsvertrag.................... 225
4.8.1.5 Betriebspacht- und Betriebsüberlassungsvertrag 227
4.8.2 Abschluss, Änderung und Beendigung von Unternehmensverträgen 230
4.8.2.1 Abschluss 230
4.8.2.2 Änderung 240
4.8.2.3 Beendigung................................ 243
4.8.3 Sicherung der Gesellschaft und der Gläubiger 252
4.8.3.1 Allgemeines............................... 252
4.8.3.2 Verlustausgleich............................. 260
4.8.4 Sicherung der außenstehenden Aktionäre 266
4.8.4.1 Ausgleichsanspruch 272
4.8.4.2 Abfindungsanspruch.......................... 286

4.9 Wechselseitig beteiligte Unternehmen... 299
   4.9.1 Allgemeines... 299
   4.9.2 Rechtsform der Unternehmen und Sitzvoraussetzungen... 304
   4.9.3 Ermittlung der wechselseitigen Beteiligungen... 306
      4.9.3.1 Allgemeines... 306
      4.9.3.2 Zurechnung... 310
   4.9.4 Abhängige und beherrschte wechselseitig beteiligte Unternehmen 314
      4.9.4.1 Allgemeines... 314
      4.9.4.2 Mehrheitsbeteiligung... 316
      4.9.4.3 Abhängigkeit... 318
   4.9.5 Rechtsfolgen der wechselseitigen Beteiligung... 319
5. Verbundene Unternehmen im Dritten Buch des Handelsgesetzbuches... 321
   5.1 Begriff des „Unternehmens" im Dritten Buch des Handelsgesetzbuches... 322
      5.1.1 Bestimmung des Unternehmensbegriffs für Tochterunternehmen . 326
      5.1.2 Bestimmung des Unternehmensbegriffs für Mutterunternehmen.. 328
      5.1.3 Ausländische Unternehmen... 330
   5.2 „Verbundene Unternehmen" i.S.d. § 271 Abs. 2 HGB... 331
      5.2.1 Die Definitionen in § 271 Abs. 2 HGB – Überblick... 333
      5.2.2 Mutter- oder Tochterunternehmen nach § 290 HGB... 337
         5.2.2.1 Mutterunternehmen... 338
         5.2.2.2 Tochterunternehmen... 340
            5.2.2.2.1 Unternehmensverbindungen gem. § 290 Abs. 1 HGB... 340
            5.2.2.2.2 Insbesondere Unternehmensverbindungen durch Zurechnung gem. § 290 Abs. 3 HGB... 344
            5.2.2.2.3 Unternehmensverbindungen bei treuhänderisch gehaltener Mehrheitsbeteiligung bei § 290 Abs. 3 HGB . 347
            5.2.2.2.4 Unternehmensverbindungen bei Stimmbindung oder Entherrschung?... 349
      5.2.3 Einbeziehung in den Konzernabschluss nach den Vorschriften über die Vollkonsolidierung... 351
      5.2.4 Der weitestgehende Konzernabschluss des obersten Mutterunternehmens (§ 271 Abs. 2 Handelsgesetzbuch, 1. Fallgruppe)... 354
         5.2.4.1 Pflicht zur Aufstellung eines Konzernabschlusses... 355
         5.2.4.2 Kreis der verbundenen Unternehmen i.S.d. § 271 Abs. 2 HGB (1. Fallgruppe)... 363
            5.2.4.2.1 Unternehmensverbindung bei aufgestelltem Konzernabschluss nach § 290 HGB... 364
            5.2.4.2.2 Unternehmensverbindung bei aufgestelltem Konzernabschluss nach § 315a HGB in Verbindung mit internationalen Rechnungslegungsstandards... 365
            5.2.4.2.3 Unternehmensverbindungen, wenn der vorgeschriebene Konzernabschluss nicht vollständig aufgestellt wird ... 367
         5.2.4.3 Zwei oberste Mutterunternehmen nebeneinander... 368
      5.2.5 Unternehmensverbindungen bei befreiendem Konzernabschluss nach §§ 291, 292 HGB (2. Fallgruppe)... 371

5.2.5.1 Befreiende Konzernabschlüsse durch Mutterunternehmen mit Sitz im Inland.... 377
     5.2.5.1.1 Befreiende Konzernabschlüsse, die aufgrund gesetzlicher Verpflichtung aufgestellt werden ... 378
     5.2.5.1.2 Unternehmensverbindungen, wenn ein befreiender Konzernabschluss zwar nicht verpflichtend, aber möglich ist 379
     5.2.5.1.3 Kreis der verbundenen Unternehmen bei § 271 Abs. 2 HGB, 2. Fallgruppe, bei Mutterunternehmen mit Sitz im Inland.... 382
 5.2.5.2 Befreiende Konzernabschlüsse durch Mutterunternehmen mit Sitz im Ausland ... 385
     5.2.5.2.1 Keine gesetzliche Verpflichtung zur Aufstellung eines befreienden Konzernabschlusses im Inland..... 385
     5.2.5.2.2 Möglichkeit zur Aufstellung eines befreienden Konzernabschlusses.... 386
     5.2.5.2.3 Kreis der verbundenen Unternehmen bei befreiendem Konzernabschluss eines ausländischen Mutterunternehmens.... 388
 5.2.5.3 Voraussetzung eines befreienden Konzernabschlusses ... 392
     5.2.5.3.1 Grundlagen der Verpflichtung zur Aufstellung eines Konzernabschlusses... 393
     5.2.5.3.2 Bedeutung einer größenbedingten Befreiung des zu befreienden Mutterunternehmens ... 395
     5.2.5.3.3 Bedeutung einer Befreiung nach § 290 Abs. 5 HGB ... 398
     5.2.5.3.4 Bedeutung des § 291 Abs. 3 HGB.... 399
5.2.6 Nicht vom Wortlaut des § 271 Abs. 2 HGB erfasste Fälle.... 401
 5.2.6.1 Nichterreichen der Größenmerkmale von § 293 HGB ... 401
 5.2.6.2 Mutterunternehmen im einstufigen Konzern ist keine Kapitalgesellschaft.... 402
 5.2.6.3 Mutterunternehmen im einstufigen Konzern hat keinen Sitz im Inland.... 403
 5.2.6.4 Konzernabschlüsse nach dem PublG ... 404
 5.2.6.5 Gleichordnungskonzern.... 406
5.2.7 Erweiterte Auslegung von § 271 Abs. 2 HGB.... 407

1. Einleitung

Die arbeitsteilige Unternehmenswirklichkeit zeigt, dass das klassische Einheitsunternehmen, also eine rechtliche Einheit, die die gesamte unternehmerische Leistung beinhaltet, jedenfalls in mittelgroßen und großen, insb. multinational tätigen Unternehmen nicht die Wirklichkeit abbildet. Vielmehr sind es Konglomerate und Zusammenschlüsse einer Vielzahl von Unternehmen, die unter einem Führungsunternehmen gebündelt und in funktionaler, organisatorischer oder regionaler Struktur die Wirtschaftsleistung der Gesamtheit dieser Unternehmensgruppe erbringen. Das Führungsunternehmen trägt – in gewisser Weise – die Gesamtverantwortung für die Unternehmensgruppe. An

1

C Unternehmensverbindungen

dieses werden von außen Erwartungen herangetragen, dass die Unternehmen der Gruppe insgesamt die rechtlichen Vorschriften beachten (Compliance) und über die Wirtschaftstätigkeit der wirtschaftlichen Einheit des Konzerns transparent und mit dem Ziel berichten, einen Einblick in die Vermögens-, Finanz- und Ertragslage des Konzerns zu vermitteln.

2 Das nachfolgende Kapitel hat die Aufgabe, die von der Unternehmensführung zu beachtenden Vorschriften über die Organisation der Gesamtheit der in der Gruppe verbundenen Unternehmen zu erläutern. Dabei wird der Blick sowohl auf die organisatorischen Normen des Gesellschaftsrechts als auch die für die externe Rechnungslegung bedeutsamen Vorschriften gelegt.

3 Die Umsetzung der Regelungen der 7. EG-RL brachte es mit sich, dass neben die aktienrechtlichen Bestimmungen über verbundene Unternehmen weitere Bestimmungen traten, die nur für die **Rechnungslegung** Anwendung finden. Außerhalb der Vorschriften des HGB über JA und KA sowie des PublG hat der handelsrechtliche Begriff der verbundenen Unternehmen keine Gültigkeit. Die aktienrechtlichen und die handelsrechtlichen auf die Rechnungslegung bezogenen Begriffe sind in den jeweiligen Normenkomplexen unabhängig voneinander anwendbar[1].

4 Im Recht der Rechnungslegung soll mit dem Anknüpfen an den Begriff des verbundenen Unternehmens auf die sich aus dem Näheverhältnis von Unternehmen ggf. ergebenden wirtschaftlichen Verflechtungen hingewiesen werden, um dadurch das tatsächliche Bild der Vermögens-, Finanz- und Ertragslage zu verdeutlichen. Diese Herausstellung ist erforderlich, da zwischen verbundenen Unternehmen die Möglichkeit besteht, rechtliche und wirtschaftliche Verhältnisse zu schaffen, die von marktüblichen Bedingungen abweichen können[2]. Im Hinblick darauf ist es gerechtfertigt, bestimmte Posten des JA, die solche Einflüsse widerspiegeln können, besonders herauszuheben.

5 Das BilMoG hatte in § 285 Nr. 21 HGB den Begriff der nahe stehenden Unternehmen und Personen eingeführt[3]. Dieser Begriff ist IAS 24 entnommen und entsprechend dieser Norm zu verstehen[4]. Ziel der Regelung ist eine weitreichende Transparenz, die über die Angaben zu verbundenen Unternehmen hinausgeht.

2. Unternehmensführung und verbundene Unternehmen

2.1 Blickwinkel des übergeordneten Unternehmens

6 Ist das Unternehmen nicht als Einheitsunternehmen, sondern als Unternehmensgruppe organisiert, werden die Rechtsnormen über verbundene Unternehmen berührt, die den Rechtsrahmen setzen, unter welchen Bedingungen die Rechtsverhältnisse zwischen zusammengeschlossenen Unternehmen organisiert werden können. Dabei stellt sich auch die Frage nach der Aufgabenstellung des übergeordneten Unternehmens, die für die eigene Unternehmensführung selbstverständlichen Aufgaben und Maßnahmen auf die nachgeordneten Unternehmen zu erstrecken. Für das eigene Unternehmen gilt – bei den

---

[1] Vgl. hierzu Kap. C Tz. 27 ff., Kap. C Tz. 322 ff.
[2] Vgl. auch *ADS*[6], § 271 HGB, Tz. 34; *Küting*, in: HdR[5], § 271, Rn. 87; *Hachmeister/Glaser*, in: HdJ, Abt. II/4, Rn. 27.
[3] Vgl. *Oser/Holzwarth*, in: HdR[5], § 284-288, Rn. 667 ff.
[4] *IDW RS HFA 33*, Tz. 8.

Rechtsformen der AG, der SE oder der KGaA – der Grundsatz der eigenverantwortlichen Unternehmensführung durch das Leitungsorgan, § 76 AktG[5], bei Unternehmen in der Rechtsform der GmbH in weniger ausgeprägter, aber durch den Gesellschaftsvertrag gestaltbarer Form.

Verfügt ein Unternehmen über Tochter- und Beteiligungsgesellschaften, verändern sich in gewisser Weise die Aufgaben und Verantwortung der Unternehmensleitung des übergeordneten Unternehmens für die Unternehmensgruppe. Hierbei sind verschiedene Betrachtungsweisen zu unterscheiden. Im Grundsatz gilt, dass der Unternehmensverbund das gesellschaftsrechtliche Trennungsprinzip nicht aufhebt und jede der Gesellschaften (Ges.) für sich steht; der Unternehmensverbund steht nur für eine wirtschaftliche Einheit[6]. Der am weitesten reichende Aspekt wäre, dass im Unternehmens- oder Konzernverbund sich die bis dato auf das einzelne Unternehmen bezogene Leitungsmacht über eine Leitungspflicht bis hin zur Verantwortlichkeit für das Geschehen im Gesamtkonzern zu erstrecken habe. Dies wurde frühzeitig problematisiert[7] und detailliert untersucht[8]. Nach anfänglicher Bejahung[9] hat sich indes die Betrachtung durchgesetzt, dass eine Konzernleitungspflicht i.S.d. umfassenden Führung und Leitung der gruppen- oder konzernangehörigen Unternehmen i.S. eines einheitlichen Konzerninteresses fraglich und abzulehnen sei[10]. Dies ist sachgerecht, da es kein über die Interessen der einzelnen Unternehmen hinausreichendes „Konzerninteresse" gibt; ferner fehlt es an Rechtsnormen, die für die Organe des übergeordneten Unternehmens eine Leitungsmacht begründen sowie an Instrumenten, welche sie befähigte, eine solche Leitungsmacht den nachgeordneten Unternehmen ggü. auszuüben und umzusetzen. Eine Einflussnahmemöglichkeit dazu sieht, abgesehen ggü. Unternehmen in der Rechtsform der GmbH als nachgeordneten Unternehmen, die Rechtsordnung nicht vor.

Auch wenn im aktienrechtlichen Konzern die Leitungs- und Einflussnahmemöglichkeit im Grundsatz vorausgesetzt wird, steht die Eigenverantwortlichkeit des Vorstands der abhängigen AG im Vordergrund und damit Restriktionen bei der Wahrnehmung und Umsetzung beherrschender Einflussnahme[11]. So untersagt § 311 Abs. 1 AktG die Nachteilszufügung ggü. einer abhängigen AG, wenn dieser Nachteil nicht durch das herrschende Unternehmen ausgeglichen wird.

Die Aufgabe der Leitungsmacht und Leitungsverantwortung in der Unternehmensgruppe ergibt sich aus dem Rechtsrahmen der für das übergeordnete Unternehmen geltenden Vorschriften. Diese bestimmen, ob und unter welchen Voraussetzungen ein Unternehmen mit anderen Unternehmen eine Gruppe, einen Konzern bilden kann, wie und unter welchen Voraussetzungen die Gruppen- oder Konzernunternehmen geführt oder geleitet werden dürfen und welche Verantwortlichkeit das führende Unternehmen ggü. den anderen Unternehmen für die Wahrnehmung dieser Führung trägt. Dabei steht

---

5 *Hüffer/Koch*, AktG[13], § 76 Rn. 8 ff; *Kort*, in: Grosskomm. AktG[4], § 76 Rn. 28 ff.; *Spindler*, in: MünchKomm. AktG[4], § 76 Rn. 16 f.; *Wiesner*, in: MünchHdb AG[4], § 19 Rn. 13 ff.; *Kuntz*, AG 2016, S. 101 ff
6 BGH v. 27.09.2016, DB, S. 2653 f.; mehrere Entscheidungen des BAG v. 07.06.2016, DB, S. 2062 f.
7 *Lutter*, ZGR 1987, S. 324 (334 ff.).
8 *Hommelhoff*, S. 43 ff., S. 165 ff., S. 184 ff.
9 *Kropff*, ZGR 1984, S. 112 (116).
10 *Ganz* h.M., dazu *Hüffer/Koch*, AktG[13], § 76, Rn. 47; *Mertens/Cahn*, in: Kölner Komm. AktG[3], § 76, Rn. 65; *Seibt*, in: Schmidt/Lutter, AktG[3], § 76, Rn. 27; *Habersack/Zickgraf*, ZHR 2018, S. 252 (280 ff.).
11 *Hüffer/Koch*, AktG[13], § 76, Rn. 47.

es dem Führungsunternehmen frei, seine Organisationsstruktur nach Sparten oder auch als „virtuelle Holding" zu wählen, solange die Gesamtleitungskompetenz des Vorstands der AG (§ 76 Abs. 1 AktG) gewahrt bleibt. Mit einer verstärkten Delegation geht allerdings eine erweiterte Informationsverantwortung des Leitungsorgans einher[12]. Ferner stellt sich die Frage nach der Verantwortlichkeit des Führungsunternehmens im Außenverhältnis.

10 Die Bildung einer Unternehmensgruppe und der Einstieg in das Recht der verbundenen Unternehmen durch ein – zukünftig – übergeordnetes Unternehmen unterliegt, von gewissen Ausnahmen abgesehen, keinen gesellschaftsrechtlichen Restriktionen. Die Bildung einer Unternehmensgruppe ist im Grundsatz erlaubt. Wird die Unternehmensgruppe aus dem Unternehmen selbst heraus geschaffen, wie z.B. durch Ausgliederung von Unternehmensbereichen, sind die Mitwirkungsrechte der zuständigen Unternehmensorgane wie z.B. der Haupt- oder Gesellschafterversammlung zu beachten. Die Errichtung der Unternehmensgruppe z.B. durch Ausgliederung nach §§ 123 ff. UmwG bedarf i.d.R. der Mitwirkung und Zustimmung der Haupt-/Gesellschafterversammlung der ausgliedernden Ges. Neben diesen umwandlungsrechtlichen Grenzziehungen hat die Unternehmensleitung der AG die zunächst aus § 119 Abs. 2 AktG abgeleiteten Grundsätze der notwendigen Mitwirkung der Hauptversammlung (HV) bei Maßnahmen zu beachten, die nicht ohnehin dem UmwG unterliegen, wenn es um wesentliche Teile des Unternehmensvermögens[13] oder um mitgliedschaftsrelevante Strukturmaßnahmen[14] geht. Danach kann auch die Gruppenumbildung[15] oder können Maßnahmen der Vermögensveräußerung erfasst werden, wenn nicht ohnedies § 179a AktG greift. Als wesentlich gelten Maßnahmen, die rund 80% des Vermögens der Ges. umfassen. Im Einzelfall kann es hingegen auch auf den Anteil am Ertrag, weniger an Umsatz, Aktiva und Bilanzsumme ankommen[16]. Handelt es sich um den Erwerb der Anteile an einem anderen Unternehmen, gelten diese Grundsätze im Allgemeinen nicht. Es liegt, vorbehaltlich der ggf. erforderlichen Mitwirkung des Aufsichtsrats (AR), im pflichtgemäßen Ermessen des Leitungsorgans, eine solche Entscheidung zu treffen.

11 Zielt der Erwerb auf Anteile an einer AG oder KGaA ab, deren Anteile zum Handel an einem organisierten Markt zugelassen sind, kann die Ges. ein Erwerbsangebot oder ein freiwilliges Übernahmeangebot machen, wenn sie nicht ohnedies verpflichtet ist, ein Pflichtangebot nach §§ 35 ff. WpÜG zu machen und damit allen Aktionären den Erwerb von deren Aktien anzubieten. Nach diesen Vorschriften wird das kapitalmarktrechtliche Interesse am Schutz der Minderheitsaktionäre gestärkt, ihre Aktien zu einem unabhängig von der Übernahme gefundenen Preis verkaufen zu können.

12 Der Erwerb der Mehrheit der Anteile an einem anderen Unternehmen begründet die Anwendung des Rechts der verbundenen Unternehmen. Aus diesen Vorschriften ergeben sich keine konkreten Maßgaben über die Berechtigung zur Konzernierung, vielmehr werden Instrumente und Folgen bei deren Anwendung aufgezeigt. Die Entscheidung über die Konzerneinbindung und die Art und Weise von deren Umsetzung

---

12 *Fleischer*, DB 2017, S. 2499 (2502).
13 Vgl. Holzmüller-Entscheidung, BGH, BGHZ 83, S. 122 ff. (131); später „Gelatine I" BGHZ 159, S. 30 (42); BGH, NZG 2004, S. 1001 „Gelatine II".
14 Vgl. BGH, AG 2012, S. 87; *Emmerich/Habersack*, Aktien- und GmbH-Konzernrecht[8], vor § 311, Rn. 41.
15 *Emmerich/Habersack*, Aktien- und GmbH-Konzernrecht[8], vor § 311, Rn. 45.
16 *Emmerich/Habersack*, Aktien- und GmbH-Konzernrecht[8], vor § 311, Rn. 47.

obliegt unter Beachtung der Interessen von Minderheiten und Gläubigern dem pflichtgemäßen Ermessen der Unternehmensleitung der übergeordneten Ges. Sie übernimmt für die Obergesellschaft und deren Organe Verantwortung für das erworbene Vermögen, welches die Beteiligung an dem anderen Unternehmen repräsentiert. Das Leitungsorgan trifft damit die Verpflichtung, verantwortungsvoll und sorgfältig mit diesem Vermögen umzugehen[17]. Das erfordert, dass das Leitungsorgan des herrschenden Unternehmens Vorkehrungen zur Sicherung und Kontrolle des erworbenen Vermögens und für die Einhaltung der Rechtsvorschriften (Legalitätspflicht) schafft[18], was Maßnahmen der Einrichtung eines Controllingsystems, welches auch das/die Tochterunternehmen (TU) umfasst, einer Konzernrevision oder der Einflussnahme auf die Besetzung der Leitungsorgane des TU erfordern oder zweckmäßig machen kann. Soweit hierdurch die Vermögensinteressen des herrschenden Unternehmens berührt sind, wird man die Organe als verpflichtet ansehen müssen, solche Maßnahmen zu ergreifen. Die Einrichtung eines Systems zur Früherkennung von Risiken sowie eine Organisation zur Überwachung der Einhaltung von Rechtsvorschriften (Compliance) gehören nach § 91 Abs. 2 AktG zu den pflichtgemäßen Maßnahmen des Leitungsorgans, nach Art, Größe und Organisation des Unternehmens seiner Überwachungspflicht nachzukommen[19]. Dieser Verpflichtung unterliegt das Leitungsorgan auch im Hinblick auf seine Pflicht, Reputationsschäden von Unternehmen abzuwenden[20].

Es liegt im Entscheidungsermessen des herrschenden Unternehmens, Art und Umfang der Maßnahmen der Einflussnahme zu bestimmen. Es steht dem Unternehmen frei, sich zur Bildung eines Vertragskonzerns durch Abschluss eines Beherrschungs- und ggf. Gewinnabführungsvertrags zu entscheiden. Hierzu ist das Unternehmen – unter Beachtung der Mitwirkungsrechte anderer Organe – berechtigt, aber aus konzernrechtlicher Sicht nicht verpflichtet[21]. Erfolgt dies nicht, bleiben die Regelungen zum Schutz der anderen Aktionäre/Gesellschafter der nachgeordneten Ges. und zum Schutz der Ges. selbst zu beachten, vgl. dazu unten. Das insoweit im nur faktisch bestehenden Konzern herrschende Mutterunternehmen (MU) stößt an rechtliche Umsetzungsschranken in der Ausübung von Leitungsmacht[22]. **13**

Problematisch sind z.B. aus aufsichtsrechtlichen Gründen angeordnete Verpflichtungen der Leitungsorgane des MU, für ein bestimmtes Verhalten oder bestimmte Maßnahmen bei dem/den TU Sorge zu tragen, wie dies z.B. in § 25a Abs. 3 KWG angeordnet wird. Die Anordnung solcher Compliance-Anforderungen an die Organe des MU veranlasst diese, für die entsprechenden Mittel Sorge zu tragen, dieser weitergehenden Verantwortung auch Rechnung tragen zu können. Auch unabhängig solcher spezialgesetzlicher Anforderungen besteht die – dogmatisch abzulehnende[23] – Tendenz, die Organe des MU für eine konzernweite Legalitätskontrolle verpflichtet zu sehen und bei Fehlverhalten der Organe von TU Mitglieder der Organe des MUUs z.B. nach § 130 OWiG zur Verantwortung zu ziehen. Wegen dieser möglichen Verantwortung im Außenverhältnis wird **14**

---

17 Hüffer/Koch, AktG[13], § 76 Rn. 49.
18 Ziff. 4.1.3 DCGK; zur Verantwortlichkeit Reichert, ZIP 2016, S. 1189.
19 Ausführlich LG München v. 10.12.2013, WM 2014, S. 947 ff.; Hüffer/Koch, AktG[13], § 91 Rn. 6 f.; Kort, in: Grosskomm. AktG[5], § 91 Rn. 121 ff.
20 Dazu Fleischer, DB 2017, S. 2015 (2020 f.).
21 Hüffer/Koch, AktG[13], § 76 Rn. 49 (50).
22 Seibt, in: Schmidt/Lutter, AktG[3], § 76 Rn. 28; Koch, in: Hüffer/Koch, AktG[13], § 76 Rn. 24.
23 Seibt, in: Schmidt/Lutter, AktG[3], § 76 Rn. 28.

das MU folglich Mittel und Wege suchen und nutzen müssen, die verlangten Anforderungen konzernweit anordnen und umsetzen zu können[24].

2.2 Blickwinkel des nachgeordneten Unternehmens

15 Für ein nachgeordnetes oder konzernangehöriges Unternehmen ergeben sich im Vergleich zu einem konzernfreien Unternehmen Veränderungen in den wirtschaftlichen Interessen, in dessen Rahmen das Unternehmen seine Geschäftätigkeit ausübt. Ist das konzernfreie Unternehmen im Allgemeinen frei in der Bestimmung geschäftlicher Ziele und dem Ergreifen unternehmerischer Maßnahmen, kann diese Freiheit bei einem konzernangehörigen Unternehmen durch die Interessen des übergeordneten Unternehmens und anderer konzernangehöriger Unternehmen berührt oder eingeschränkt sein. Die Aufgaben und Verantwortlichkeit des Leistungsorgans der abhängigen Ges. stehen im Spannungsfeld von verantwortlicher Unternehmensführung und der Wahrung von Konzerninteressen.

16 Im Grundsatz ist das Leitungsorgan einer abhängigen AG (KGaA oder SE) nach § 76 Abs. 1 AktG unverändert zur eigenverantwortlichen Leitung der Ges. verpflichtet. In dieser Funktion ist der Vorstand dem Interesse der AG verpflichtet. Handelt es sich bei der abhängigen Ges. um eine GmbH, bleibt die Geschäftsführung dem Grundsatz kaufmännischer Sorgfalt verpflichtet; sie ist jedoch verpflichtet, Weisungen der Gesellschafter Folge zu leisten.

17 In einer AG, die sich in einem faktischen Konzernverbund befindet, besteht kein Weisungsrecht des Geschäftsleitungsorgans der herrschenden Ges. Der Vorstand der abhängigen Ges. ist gesetzlich nicht verpflichtet, eventuellen Weisungen des herrschenden Unternehmens Folge zu leisten, gleichgültig, ob sie nachteilig sind oder nicht[25]. Sind vom herrschenden Unternehmen veranlasste Maßnahmen vorteilhaft, dürfen sie befolgt werden; sind sie nachteilig, darf ihnen der Vorstand nur Folge leisten, wenn der Nachteil erwartbar ist und ausgeglichen wird, § 311 AktG[26]. Mit dieser Vorschrift wird das allgemeine Schädigungsverbot in gewissem Rahmen außer Kraft gesetzt und durch ein Schädigungsprivileg mit Nachteilsausgleichsverpflichtung ersetzt. Der Vorstand darf die eigenen Interessen der abhängigen Ges. hintanstellen und, unter der Voraussetzung des Nachteilsausgleichs, der angeordneten Maßnahme folgen. Er bleibt verpflichtet, für den Nachteilsausgleich zu sorgen; eine persönliche Haftung trifft ihn nicht, solange er für den Nachteilsausgleich oder Schadensersatz sowie die durch §§ 312 ff. AktG vorgesehene Berichterstattung im Abhängigkeitsbericht (AbhB) Sorge trägt[27].

18 Für die abhängige GmbH besteht ein vergleichbar normiertes Regelwerk nicht.

> **Hinweis 1:**
>
> Die Geschäftsführer sind nicht gehindert, gesellschaftsrechtlichen Weisungen zu folgen und für die Ges. nachteilige Maßnahmen zu ergreifen, solange der durch § 30 GmbHG angeordnete Kapitalschutz nicht berührt wird.

---

24 *Seibt*, in: Schmidt/Lutter, AktG[3], § 76 Rn. 28; *Verse*, ZHR 2011, S. 425 (429); *Mader*, WM 2015, S. 2074; auch *Hüffer/Koch*, AktG[13], § 91 Rn. 6 ff.
25 *Hüffer/Koch*, AktG[13], § 76 Rn. 52.
26 *Hüffer/Koch*, AktG[13], § 76 Rn. 52.
27 *Habersack*, in: Emmerich/Habersack, Aktien- und GmbH-Konzernrecht[8], § 311 Rn. 5 (6).

Ist dem herrschenden Unternehmen an einer stärkeren Intensität der Einflussnahme und Leitung gelegen, muss es sich um die Schaffung eines Vertragskonzerns z.B. durch Abschluss eines Beherrschungsvertrags oder die Eingliederung der nachgeordneten Ges. bemühen. Im aktienrechtlichen Konzern gibt dies nach § 308 Abs. 1 AktG die Rechtsmacht, der abhängigen Ges. hinsichtlich ihrer Leitung Weisungen zu erteilen. Der Vorstand der abhängigen Ges. ist nach § 308 Abs. 2 S. 1 AktG verpflichtet, den Weisungen Folge zu leisten. In diesem Rahmen wird die Verpflichtung zur eigenverantwortlichen Leitung der abhängigen AG suspendiert. Im Übrigen bleiben die Verpflichtung und Berechtigung unberührt; die Organe des herrschenden Unternehmens sind für Fehlverhalten verantwortlich. Auch der Vorstand der abhängigen Ges. bleibt verantwortlich (§ 310 Abs. 1 AktG), doch tritt die Ersatzpflicht der Organmitglieder der abhängigen Ges. nicht ein, wenn die schädigende Handlung auf einer Weisung des herrschenden Unternehmens beruht, der nach § 308 Abs. 2 AktG Folge zu leisten war. An die Stelle des Nachteilsausgleichs im Einzelfall tritt die Verpflichtung des herrschenden Unternehmens zum Verlustausgleich nach § 302 AktG und zur Sicherung der anderen Aktionäre in Form einer angemessenen Ausgleichzahlung, § 304 AktG. Für eine GmbH hat sich dem aktienrechtlichen Instrumentarium angenähertes Regelwerk entwickelt. Dazu wird im Einzelnen unten Stellung genommen.

Aus Sicht der abhängigen Ges. besteht weder bei AG noch bei GmbH ein ausgeprägter Konzerneingangsschutz zugunsten der abhängigen Ges. und ihrer Aktionäre/Gesellschafter[28]. Zum vorhandenen Instrumentarium gehören die gesellschaftsrechtliche Treuepflicht und der allgemeine Grundsatz des Verbots schädigender Maßnahmen. Bei Schaffung eines Vertragskonzerns greifen die Regelungen über die Bemessung eines angemessenen Ausgleichs (§ 304 AktG) und einer angemessenen Abfindung (§ 305 AktG); entsprechende Regeln gelten bei der aktienrechtlichen Eingliederung. Im Rahmen von Übernahmeangeboten nach WpÜG können die Aktionäre das Unternehmen gegen eine angemessene Abfindung verlassen. In diesen Szenarien ist das Leitungsorgan der abhängigen Ges. zur Gleichbehandlung und Neutralität verpflichtet; es darf keine Parteinahme zugunsten eines oder mehrerer Aktionäre erfolgen, die nicht sachlich gerechtfertigt ist, und es darf nicht ohne sachliche Rechtfertigung Einfluss auf die Zusammensetzung des Aktionärs- oder Gesellschafterkreises nehmen[29].

Die Neutralitätpflicht des Leitungsorgans wird in Übernahmefällen durch §§ 33, 33a WpÜG konkretisiert. Danach sind dem Leitungsorgan nur bestimmte Abwehrmaßnahmen gestattet, im Übrigen ist das Leitungsorgan zur Neutralität verpflichtet.

3. Verbundene Unternehmen im Aktiengesetz und im Handelsgesetzbuch

3.1 Grundlagen

Im Dritten Buch des **HGB** sind für die Rechnungslegung (JA und KA) der KapGes. (AG, KGaA, SE und GmbH) und bestimmter Personenhandelsgesellschaften i.S.v. § 264a HGB eigenständige Regelungen über verbundene Unternehmen getroffen. Die nach § 271 Abs. 2 HGB verbundenen Unternehmen bestimmen sich letztlich durch Vor-

---

28 *Habersack*, in: Emmerich/Habersack, Aktien- und GmbH-Konzernrecht[8], Einl., Rn. 11.
29 *Seibt*, in: Schmidt/Lutter, AktG[3], § 76, Rn. 26.

schriften über die Konzernrechnungslegung und damit infolge des § 315a HGB in gewissem Umfang auch nach Maßgabe der IFRS. Für alle Vorschriften des AktG, die auf „verbundene Unternehmen" abstellen, ist weiterhin die Definition in § 15 AktG maßgebend, so z.B. auch für den Bericht über Beziehungen zu verbundenen Unternehmen (AbhB, § 312 AktG).

23 Für die Vorschriften des **AktG** gelten – eben weil sie Teil des AktG sind – die §§ 15 bis 19 AktG ohne Weiteres; das gilt auch, soweit sie sich auf die Rechnungslegung beziehen (z.B. für die ergänzenden Vorschriften zum Anh. bei AG und KGaA in § 160 Abs. 1 Nr. 1, 2, 7 und 8 AktG).

24 Die Regelungen über verbundene Unternehmen im HGB und AktG sind inhaltlich nicht deckungsgleich[30].

25 Bestimmungen, in denen verschiedene Arten von Unternehmensverbindungen umschrieben sind wie in §§ 16 bis 19, 291, 292 AktG, enthält das HGB nicht; das HGB kennt nur die in § 271 Abs. 2 definierte Unternehmensverbindung.

26 Die Regelungen des HGB knüpfen gleichwohl in einzelnen Bestimmungen Rechtsfolgen an einige der in §§ 16 bis 19 AktG genannten Verbindungsformen an; auf die betreffende Art der Unternehmensverbindung wird durch Verweisungen zurückgegriffen (z.B. in § 272 Abs. 4 HGB). Wiederholt wird die entsprechende Anwendung von Abs. 2 und 4 des § 16 AktG vorgeschrieben und damit auf das Abhängigkeitsverhältnis (§ 17 AktG) abgestellt (vgl. § 271 Abs. 1 S. 4 HGB), denn die Zurechnung der einem abhängigen Unternehmen gehörenden Anteile beim herrschenden Unternehmen ist der praktisch bedeutsamste Fall des § 16 Abs. 4 AktG. Diese Vorschriften werden dadurch auch für die Rechnungslegung und Konzernrechnungslegung z.B. der GmbH verbindlich.

3.2 Verhältnis des aktienrechtlichen Begriffs der verbundenen Unternehmen zu dem Begriff der verbundenen Unternehmen in § 271 Abs. 2 HGB

27 Die **Definition** der verbundenen Unternehmen in § 271 Abs. 2 HGB ist ggü. derjenigen in § 15 AktG in verschiedener Hinsicht **enger**[31]:

- Die Unternehmensverbindung des § 16 AktG (in Mehrheitsbesitz stehende und mit Mehrheit beteiligte Unternehmen) wird von § 271 Abs. 2 HGB nur erfasst, wenn sie (auch oder nur) auf Stimmrechtsmehrheit beruht (§ 290 Abs. 2 Nr. 1 HGB).
- Durch § 271 Abs. 2 HGB nicht erfasst sind die Unternehmensverbindungen des § 19 AktG (wechselseitig beteiligte Unternehmen), die Verbindung durch Unternehmensvertrag (mit Ausnahme des Beherrschungsvertrages, § 290 Abs. 2 Nr. 3 HGB) sowie der Gleichordnungskonzern, § 18 Abs. 2 AktG (§ 290 HGB betrifft nur Unterordnungskonzerne).
- § 290 Abs. 1 HGB, der auf einen unmittelbar oder mittelbar beherrschenden Einfluss als Voraussetzung für ein MU/TU-Verhältnis abstellt, entspricht § 17 AktG. Eine Beherrschung wird nach § 290 Abs. 2 Nr. 1 HGB stets angenommen, wenn dem MU die Mehrheit der Stimmrechte zusteht.

---

30 Vgl. *Hüffer/Koch*, AktG[13], § 15, Rn. 22; *Clausen*, Verbundene Unternehmen, S. 53 (59).
31 Vgl. Begr. RegE zu § 236 Abs. 3 Nr. 3 HGB (BT-Drs. 10/3440, S. 34). Dazu vgl. *Ulmer*, in: FS Goerdeler, S. 623; vgl. ferner *Kropff*, DB 1986, S. 364 (367).

Die praktische Bedeutung der o.g. Unterschiede sollte nicht überschätzt werden. Die **28**
Unternehmensverbindungen durch Mehrheitsbeteiligung und durch Abhängigkeitsverhältnis begründen aktienrechtlich zumeist auch ein Konzernverhältnis (§ 18 Abs. 1 AktG), welches für die Rechnungslegung nunmehr keine Rechtsfolge auslöst, da bei Beherrschung auch nach § 271 Abs. 2 i.V.m. § 290 Abs. 1 HGB verbundene Unternehmen gegeben sind. Ein GAV alleine führt weder zur Beherrschung nach § 290 Abs. 1 HGB noch wird § 290 Abs. 2 HGB erfüllt. In aller Regel wird ein GAV nur bei Unternehmensverbindungen vorliegen, die auf der Mehrheit der Stimmrechte beruhen[32], sodass § 290 Abs. 2 Nr. 1 HGB gegeben ist. Wechselseitige Beteiligungen sind wegen der Veräußerungspflicht für Aktien an einer herrschenden oder mit Mehrheit beteiligten Ges. (§ 71d S. 4 i.V.m. § 71c Abs. 1 und 2 AktG) nicht in den Formen des § 19 Abs. 2 und 3 AktG zulässig[33], der Anwendungsbereich dieser Unternehmensverbindung ist daher ohnehin verkürzt.

§ 271 Abs. 2 HGB geht z.T. weiter als §§ 15 ff. AktG, wenn ein MU bei einem TU über die **29**
Mehrheit der Stimmrechte, bei einem anderen TU über das Recht verfügt, die Mehrheit der Mitglieder eines Gesellschaftsorgans zu bestellen, ohne tatsächlich eine Beherrschung auszuüben[34]. Ferner entsteht eine Unternehmensverbindung allein i.S.v. § 271 Abs. 2 HGB, wenn einem MU auch solche Stimmrechte zugerechnet werden, über die es aufgrund einer Vereinbarung mit anderen Gesellschaftern verfügen kann (§ 290 Abs. 3 S. 2)[35]. Zu einer Unternehmensverbindung i.S.v. § 16 AktG können diese Stimmrechte nicht führen (ggf. aber zu einer Unternehmensverbindung nach § 17 AktG[36]).

Eine Erweiterung erfährt der Kreis der verbundenen Unternehmen nach § 271 Abs. 2 **30**
HGB durch § 290 Abs. 2 Nr. 4 HGB. Danach werden Unternehmen zu TU, wenn das MU bei wirtschaftlicher Betrachtung die Mehrheit der Chancen und Risiken des Unternehmens (Zweckgesellschaft) trägt. Insbesondere im Hinblick auf die Einbeziehung solcher Zweckgesellschaften wird im Bereich des HGB für die Kennzeichnung als verbundenes Unternehmen kein Beteiligungsverhältnis mehr vorausgesetzt[37]; hierdurch erfolgt eine Annäherung an die internationale Rechnungslegung.

Die Regelungen nach HGB bleiben unberührt, auch wenn das MU, das nach §§ 290 ff. **31**
HGB zur Aufstellung eines KA verpflichtet ist, bei der Aufstellung nach Maßgabe von § 315a Abs. 1 HGB die IFRS zu beachten hat. Für Zwecke des handelsrechtlichen Abschlusses nach den Vorschriften des HGB bestimmt sich der Kreis der verbundenen Unternehmen nach § 271 Abs. 2 HGB, auch wenn im aufgestellten KA nach den Regelungen der IFRS andere Unternehmen in den KA einbezogen werden.

---

32 Anderenfalls werden die Voraussetzungen für eine ertragsteuerliche Organschaft nicht erfüllt; vgl. § 14 Abs. 1 Nr. 1 S. 1 KStG.
33 H.M.: vgl. Erl. zu § 19 AktG, Kap. C Tz. 299 ff.; *Emmerich/Habersack*, Aktien- und GmbH-Konzernrecht[8], § 19, Rn. 16; *Krieger*, in: MünchHdb. AG[4], § 69, Rn. 113; *Hüffer/Koch*, AktG[13], § 19, Rn. 6; *Vetter*, in: Schmidt/Lutter, AktG[3], § 19, Rn. 18.
34 Vgl. ADS[6], Vorbem. zu §§ 15–18 AktG, Tz. 7; *Koppensteiner*, in: Kölner Komm. AktG[3], § 15, Rn. 3.
35 Vgl. im Übrigen Kap. C Tz. 333 ff.
36 Vgl. Erl. zu § 17 AktG, Kap. C Tz. 99.
37 § 290 Abs. 2 Nr. 4 HGB i.d.F. des BilMoG v. 25.05.2009, BGBl. I, S. 1102; RefE BilMoG v. 08.11.2007, S. 160; BT-Drs. 16/10067, S. 78; BT-Drs. 16/12407, S. 89; *Küting/Koch*, in: Küting/Pfitzer/Weber, Bilanzrecht[2], S. 380.

3.3 Voraussetzung für Unternehmensverbindungen in § 271 Abs. 2 HGB

32 Eine gewisse Einschränkung erfährt der Begriff der verbundenen Unternehmen in § 271 Abs. 2 HGB seinem Wortlaut nach dadurch, dass die Unternehmensverbindungen abhängig sind von der Einbeziehung oder möglichen Einbeziehung der Unternehmen in einen KA. Im Gegensatz hierzu sind die von §§ 16 bis 19, 291, 292 AktG erfassten Unternehmen ohne Weiteres miteinander verbunden; bei der Unternehmensverbindung durch Zugehörigkeit zu einem Konzern (§ 18 AktG) war es unerheblich, ob die Unternehmen in einen KA der Konzernobergesellschaft einzubeziehen sind oder nicht.

33 Durch § 290 Abs. 5 HGB entfällt die Verpflichtung, einen KA aufzustellen, wenn das MU nur TU hat, die nach § 296 HGB nicht einbezogen zu werden brauchen[38]. Bei Nichtaufstellung entfallen der KA und damit die Einbeziehungsmöglichkeit. Gleichwohl handelt es sich um verbundene Unternehmen i.S.v. § 271 Abs. 2 HGB, da TU, die nach § 296 HGB nicht einbezogen werden, gleichwohl verbundene Unternehmen sind, und zwar auch im Falle von § 290 Abs. 5 HGB, wenn gar kein KA aufgestellt wird.

34 Die Konsequenz, die diese zusätzliche Voraussetzung für die Begründung von Unternehmensverbindungen in § 271 Abs. 2 HGB bei wortgetreuer Auslegung haben kann, wird deutlich, wenn in einem einstufigen Konzern eine PersGes.[39], die nicht unter § 264a HGB fällt, MU mehrerer nebeneinander stehender KapGes. (Schwestergesellschaften) ist, die keinen KA nach § 290 HGB aufstellen muss, da nur (inländische) KapGes. und PersGes. i.S.v. § 264a HGB hierzu verpflichtet sind; auch ein befreiender KA nach § 291 HGB kommt nicht in Betracht, weil die PersGes. oder die Schwester-KapGes. keinen KA aufzustellen haben. Infolgedessen sind bei dieser wortlautorientierten Auslegung die Unternehmen nicht verbundene Unternehmen i.S.v. § 271 Abs. 2 HGB.

35 Das Gleiche gilt, wenn ein Unternehmen, gleich welcher Rechtsform, mit Sitz im Ausland MU einer oder mehrerer KapGes. mit Sitz im Inland ist, die ihrerseits (wie im vorigen Fall) keine TU haben, oder wenn die Größenmerkmale des § 293 HGB nicht erreicht werden. Dass nach § 271 Abs. 2 HGB Unternehmensverbindungen schon dann bestehen, wenn ein befreiender KA aufgestellt werden könnte (auch wenn er nicht aufgestellt wird), erweitert den Begriff der verbundenen Unternehmen erheblich. Hierzu hat sich eine über den Wortlaut hinausgehende Interpretation durchgesetzt, um ein unbefriedigendes Ergebnis zu vermeiden[40].

3.4 Geltung der Vermutungswirkungen des Aktiengesetzes

36 § 290 Abs. 1 HGB stellt auf die Möglichkeit zur Ausübung eines beherrschenden Einflusses ab. Damit ergibt sich die Frage, ob die **Abhängigkeitsvermutung**, die im AktG an die Mehrheitsbeteiligung geknüpft ist (§ 17 Abs. 2 AktG), für die Rechnungslegung bedeutsam sein kann. Von Bedeutung wäre dies z.B. für Unternehmen, bei denen keine Stimmenmehrheit, wohl aber eine Kapitalmehrheit besteht, sodass nach § 17 Abs. 2 i.V.m. § 16 Abs. 1 AktG die Abhängigkeit vermutet werden kann. Die gesetzliche

---

38 Zum BilMoG BT-Drs. 16/12407, S. 90.
39 Vgl. aber RL 90/605/EWG, Abl.EG 1990, Nr. L 317, S. 60, betr. PersGes. mit nur unbeschränkt haftender GmbH und AG.
40 Vgl. dazu Kap. C Tz. 407 ff., zur Kritik an § 271 Abs. 2 HGB *Kropff*, DB 1986, S. 364; *Küting*, in: HdR[5], § 271, Rn. 135 ff., einschränkend Rn. 158 f.

Regelung bleibt unklar. Es ist jedoch auch im Falle einer vermuteten Abhängigkeit zu prüfen, ob die bestehenden Einflusselemente tatsächlich zur Beherrschung führen oder ob die Vermutungsfolge widerlegt werden kann.

Im Übrigen gilt die Abhängigkeitsvermutung nach AktG bei den Vorschriften im Dritten Buch des HGB, die das Abhängigkeitsverhältnis direkt oder indirekt ansprechen. So ist z.B. für die Feststellung, ob die Anteile an einer KapGes. 20% des Nennkapitals dieser Ges. überschreiten und damit im Zweifel als Beteiligung gelten, auf § 16 Abs. 4 AktG verwiesen (§ 271 Abs. 1 S. 3 i.V.m. S. 4 HGB). Nach § 16 Abs. 4 AktG werden einem Unternehmen u.a. die Anteile zugerechnet, die einem von ihm abhängigen Unternehmen gehören, nicht dagegen Anteile in der Hand eines Unternehmens, an dem lediglich eine Mehrheitsbeteiligung i.S.v. § 16 AktG besteht. Wenn z.B. das Unternehmen A eine Mehrheitsbeteiligung an B besitzt, wird nach § 17 Abs. 2 AktG vermutet, dass B von A abhängig ist. Wird diese gesetzliche Vermutung nicht widerlegt, so gilt das in Mehrheitsbesitz stehende Unternehmen B als abhängig, und die dem abhängigen Unternehmen B gehörenden Anteile an einem dritten Unternehmen gelten gem. § 16 Abs. 4 AktG als Anteile von A bei der Feststellung, ob der Anteilsbesitz von A mehr als 20% ausmacht. Die Bezugnahme auf § 16 Abs. 4 AktG in § 271 Abs. 1 HGB schließt die Anwendung der Abhängigkeitsvermutung des § 17 Abs. 2 AktG ein, weil der in § 16 Abs. 4 AktG angesprochene Begriff des abhängigen Unternehmens erst durch § 17 AktG ausgefüllt wird und somit auch die unwiderlegt vermutete Abhängigkeit des § 17 Abs. 2 AktG umfasst. **37**

4. Unternehmensverbindungen im Aktiengesetz

4.1 Verbundene Unternehmen

Den aktienrechtlichen Regelungen ist in § 15 AktG eine Definition der „verbundenen Unternehmen" vorangestellt, die als Oberbegriff für fünf verschiedene **Arten** von Unternehmensverbindungen dient, nämlich: **38**

1. in Mehrheitsbesitz stehende und mit Mehrheit beteiligte Unternehmen (§ 16 AktG)
2. abhängige und herrschende Unternehmen (§ 17 AktG)
3. Konzernunternehmen (§ 18 AktG)
4. wechselseitig beteiligte Unternehmen (§ 19 AktG)
5. Vertragsteile eines Unternehmensvertrages (§§ 291, 292 AktG).

Diese Typen von Unternehmensverbindungen betreffen z.T. alle fünf Arten von Unternehmensverbindungen gleichermaßen, z.T. jeweils nur einzelne Verbindungsformen, *wobei die Rechtsfolgen nach der Intensität des speziellen Verbindungstypus abgestuft sind.* **39**

Nicht als besondere Unternehmensverbindung aufgeführt ist die Eingliederung (§ 319 AktG), weil die Eingliederung zugleich ein Konzernverhältnis begründet (§ 18 Abs. 1 S. 2 AktG), sodass zwischen der Hauptgesellschaft und der eingegliederten Ges. in jedem Fall eine Unternehmensverbindung i.S.v. § 18 AktG, zugleich aber auch i.S.v. § 17 und § 16 AktG besteht. Von Bedeutung sind darüber hinaus die Vorschriften zum Ausschluss von Minderheitsaktionären (§§ 327a ff. AktG). **40**

C Unternehmensverbindungen

41 Der Begriff „Verbundene Unternehmen" hat im AktG v.a. rechtstechnische Bedeutung; er gestattet, mit diesem Oberbegriff aus § 15 AktG alle Arten von Unternehmensverbindungen zu umschreiben.

42 §§ 15 ff. AktG enthalten grundlegende begriffliche Festlegungen ohne ins Detail gehende **Definitionen**. Die Normierung im AktG bedeutet keine Festlegung auf aktienrechtliche Sachverhalte; §§ 15 bis 19 AktG gelten rechtsformübergreifend. Die Norm richtet sich zunächst v.a. an AG und KGaA. Für eine Europäische Ges. (SE) sind weder in der Verordnung (EG) Nr. 2157/2001 (im Folgenden: SE-VO)[41] noch im deutschen Umsetzungsgesetz (SEEG)[42] Regelungen über die SE als verbundenes Unternehmen enthalten. Gleichwohl kann eine SE herrschendes Unternehmen über ihr nachgeordnete Unternehmen als abhängige Unternehmen sein, wie eine SE auch selbst abhängiges Unternehmen sein kann[43]. Nach Art. 9 Abs. 1 Buchst. c ii SE-VO wird für alle nicht in der SE-VO geregelten Fragen auf das nationale Recht, v.a. auf die Rechtsvorschriften verwiesen, die auf eine nach dem Sitzstaat der SE gegründete AG Anwendung finden. Eine in Deutschland ansässige SE unterliegt daher in allen Fragen, die in der SE-VO nicht geregelt sind, dem deutschen AktG. Sie gelten ferner, wenn keines der beteiligten Unternehmen die Rechtsform der AG, SE oder KGaA aufweist[44]. Diese Beurteilung wird v.a. durch die vornehmlich zur GmbH ergangene Rspr. zur Haftung bei qualifizierter Nachteilzufügung (vgl. Kap. C Tz. 192 ff., Kap. C Tz. 196) deutlich, die anhand der aktienrechtlichen Begriffe als eine weitere Rechtsfolge des Abhängigkeitsverhältnisses entwickelt wurde.

43 Allerdings ist im Einzelfall zu prüfen, ob die Vorschriften nur auf AG oder KGaA oder auch Ges. in anderer Rechtsform anwendbar sind[45]. So setzt z.B. § 19 AktG voraus, dass der andere Partner der wechselseitigen Beteiligung eine bestimmte Rechtsform hat (KapGes.)[46]. Andere Vorschriften über verbundene Unternehmen (z.B. über Unternehmensverträge nach §§ 291, 292 AktG) gelten nur, wenn die beherrschte Ges. eine AG oder KGaA ist[47]. PersGes. oder GmbH sind damit unter ggf. modifizierten Voraussetzungen als herrschende oder abhängige Vertragspartner eines Unternehmensvertrages nicht ausgeschlossen[48]. Verbundene Unternehmen finden sich – i.R. einer konzernrechtlichen Betrachtung – ausschließlich im nationalen Recht. Eine europäische Angleichung des Konzernrechts steht weiterhin aus[49].

---

[41] Abl.EG 2001, Nr. L 294, S. 1.
[42] SEEG, BGBl. I 2004, S. 3675.
[43] *Emmerich/Habersack*, Aktien- und GmbH-Konzernrecht[8], Einl., Rn. 45 f.; *Marsch-Barner*, in: Holding-Handbuch[5], § 18, Rn. 18.87.
[44] Vgl. zur GmbH: z.B. BGH v. 16.02.1981, BGHZ 80, S. 69 (72); BGH v. 16.09.1985, BGHZ 95, S. 330 (337) „Autokran"; BGH v. 20.02.1989, BGHZ 107, S. 7 (15); zu PersGes. BGH v. 05.02.1979, NJW 1980, S. 231; BGH v. 05.12.1983, BGHZ 89, S. 162 (167); *Emmerich/Habersack*, Aktien- und GmbH-Konzernrecht[8], § 15, Rn. 5.
[45] Zu den Besonderheiten bei Unternehmensverträgen vgl. Kap. C Tz. 200.
[46] *Weitere Beispiele: § 20 Abs. 1, 3, § 21 Abs. 1 AktG.*
[47] Ebenso bei § 311 AktG.
[48] Vgl. BGH v. 24.10.1988, BGHZ 105, S. 324 (330) „Supermarktbeschluss"; BGH v. 30.01.1992, GmbHR, S. 253.
[49] *Teichmann*, ZGR 2017, S. 485 (487).

4.2 Begriff „Unternehmen"

4.2.1 Allgemeines

Auf eine Umschreibung des **Unternehmensbegriffs** wurde im AktG verzichtet, da die hierher gehörenden Unternehmen alle Rechtsformen haben können[50]. „Rechtlich selbständige Unternehmen" bedeuten nicht, dass der Träger des Unternehmens eine juristische oder natürliche Person sein muss; auch PersGes. können Träger eines Unternehmens sein. Die rechtliche Selbständigkeit wird für das Unternehmen, nicht für den Unternehmensinhaber gefordert. Zweigniederlassungen (ZNL) und Betriebsstätten fehlt diese rechtliche Selbständigkeit, sodass sie als solche nicht Glieder einer Unternehmensverbindung sein können. 44

Als Unternehmen sollten ferner bestimmte Beteiligte nicht betrachtet werden, die für Rechnung Dritter und/oder in deren Namen handeln. Fraglich ist deswegen, ob ein weisungsgebundener Trh. Unternehmen i.S.v. § 15 AktG sein kann. Dies wird gleichwohl bejaht[51], da auch der Trh. eine eigenständige wirtschaftliche Einheit darstellt und neben dem Treugeber ebenfalls als Unternehmer i.S.d. Konzernrechts zu betrachten ist. 45

Der Unternehmensbegriff kann nicht aus anderen Gesetzen, z.B. dem UStG oder dem KartG übernommen werden und ist je nach Zweck und Interessenlage auszulegen[52]. Selbst innerhalb des AktG wird der Begriff Unternehmen unterschiedlich interpretiert, wobei jeweils von dem Zweck der einzelnen Vorschrift abgestellt wird[53]. Danach kann ein Gebilde i.R. der einen Vorschrift des AktG als Unternehmen, bei Anwendung einer anderen Vorschrift dagegen nicht als Unternehmen zu qualifizieren sein. Der Unternehmensbegriff kann für herrschende Unternehmen ein anderer als für abhängige Unternehmen sein[54]. Es kann dahingestellt bleiben, ob der Gesetzgeber von einem einheitlichen Unternehmensbegriff jedenfalls innerhalb des Konzernrechts des AktG ausging oder lediglich auf eine Umschreibung des – einheitlichen – Unternehmensbegriffs verzichtet hat[55]. Nur soweit es mit dem Zweck der Regelung vereinbar ist, sollte von einem einheitlichen Unternehmensbegriff ausgegangen werden, was indes nicht ausschließt, dass herrschende und abhängige Unternehmen nicht einheitlich definiert werden können[56]. 46

Das Fehlen einer Definition des Unternehmensbegriffs erfordert Abgrenzungen z.B. für herrschende Unternehmen. Zu entscheiden ist die Frage, nach welchen **Kriterien** der „einfache Aktionär" von dem „Aktionär mit Unternehmenseigenschaft" unterschieden werden kann. Für den Begriff des herrschenden Unternehmens (§ 17 AktG) stellt die 47

---

[50] *Kropff*, AktG, S. 27; so h.M.: vgl. *Emmerich/Sonnenschein/Habersack*, Konzernrecht[10], § 2 II 1; *Emmerich/Habersack*, Aktien- und GmbH-Konzernrecht[8], § 15, Rn. 5; ADS[6], § 15 AktG, Tz. 9; *Petersen/Zwirner*, DB 2008, S. 481 (483).

[51] *Emmerich/Habersack*, Aktien- und GmbH-Konzernrecht[8], § 15, Rn. 19.

[52] *Hüffer/Koch*, AktG[13], § 15, Rn. 9; *Emmerich/Habersack*, Aktien- und GmbH-Konzernrecht[8], § 15, Rn. 6 (9).

[53] *Windbichler*, in: Großkomm. AktG[5], § 15, Rn. 10; *Koppensteiner*, in: Kölner Komm. AktG[3], § 15, Rn. 18 m. w.N.; *Bayer*, in: MünchKomm. AktG[4], § 15, Rn. 10; *Schmidt, K.*, Gesellschaftsrecht[4], § 17 II 3, S. 496.

[54] *Koppensteiner*, in: Kölner Komm. AktG[3], § 15, Rn. 17; *Bayer*, in: MünchKomm. AktG[4], § 15, Rn. 11; *Hüffer/Koch*, AktG[13], § 15, Rn. 9.

[55] Urt. v. 13.10.1977 wg. des Abfindungsangebots der Veba AG bei Eingliederung der Gelsenberg AG, Gründe Teil II Nr. 6, WPg 1978, S. 80; BB, S. 1665.

[56] Vgl. ADS[6], § 15 AktG, Tz. 2; *Hüffer/Koch*, AktG[13], § 15, Rn. 10 (für herrschende Unternehmen), Rn. 19 (für abhängige Unternehmen); *Krieger*, in: MünchHdb. AG[4], § 69, Rn. 6 und 13.

Rspr. darauf ab, ob bei dem (maßgeblich beteiligten) Aktionär eine anderweitige **wirtschaftliche Interessenbindung** außerhalb der Ges., an der der Aktionär beteiligt ist, mit der Gefahr einer Interessenkollision vorliegt[57]. Selbst die maßgebliche Beteiligung an einer AG macht den Inhaber nicht zum Unternehmen, falls eine solche andere Interessenbindung fehlt.

48 Nach der **teleologischen Auslegung**, die der Unternehmensbegriff durch die Rspr.[58] und Lit.[59] mittlerweile erfahren hat, kommt es nicht auf institutionelle oder funktionale Merkmale, sondern allein darauf an, ob der Gesellschafter/Aktionär neben der Beteiligung an der Ges. über anderweitige wirtschaftliche Interessenverbindungen verfügt, die nach Art und Intensität die Besorgnis begründen, dass wegen dieser Interessen in nachteiliger Weise Einfluss auf die Ges. genommen werden könnte. Die Beherrschung und Leitung einer Ges. durch einen Aktionär lässt diesen solange nicht selbst zum Unternehmen werden, als der Aktionär nicht eigene unternehmerische Ziele neben der von ihm beherrschten Ges. verfolgt, wie z.B. durch den Betrieb eines Einzelkaufmanns oder bei Betriebsaufspaltung[60]. Durch Vermögensverwaltung oder gemeinnützige oder karitative Tätigkeiten wird der Aktionär – abgesehen von Sonderfällen – auch bei erheblicher Beteiligungsquote nicht zum Unternehmen[61]. Genügend, aber nicht erforderlich hierfür ist, dass der Gesellschafter ein eigenes Unternehmen betreibt, z.B. dass der Gesellschafter seine unternehmerischen Interessen als Allein- oder Mehrheitsgesellschaft in- oder ausländischer Ges. ausübt, vorausgesetzt, dass die unternehmerische Betätigung auch in der Möglichkeit zur Ausübung von Leitungsmacht in den anderen Ges. besteht. Auch ohne Mehrheitsbeteiligung ist die Bedingung erfüllt, wenn in anderer Weise maßgeblicher Einfluss auf die Besetzung der Leitungsorgane oder auf die Gewinnverwendung besteht[62]. Dafür kann u.U. eine Beteiligung von 25% ausreichen[63]. Die Rechtsform des Unternehmens, an dem die weitere Beteiligung besteht, ist gleichgültig. Auch Holdinggesellschaften gelten im Allgemeinen als Unternehmen, da auch die bloße Vermögensverwaltung Handelsgewerbe i.S.v. § 1 HGB sein kann[64]. Zweifelhaft kann dies bei der Beteiligung eines „Privataktionärs" allein an einer Holdinggesellschaft sein,

---

57 Vgl. seit BGH v. 13.10.1977, BGHZ 69, S. 334 (336); stets bestätigt z.B. v. 16.09.1985, BGHZ 95, S. 330 (337); BGH v. 23.09.1991, BGHZ 115, S. 187 (189); BGH v. 17.03.1997, BGHZ 135, S. 107 (113); *Krieger*, in: MünchHdb. AG[4], § 69, Rn. 6; *Emmerich/Habersack*, Aktien- und GmbH-Konzernrecht[8], § 15, Rn. 10; *Schall*, in: Spindler/Stilz, AktG[3], § 15, Rn. 23.
58 BGH v. 13.10.1977, BGHZ 69, S. 334 (337) „Veba/Gelsenberg"; BGH v. 16.07.1981, BGHZ 80, S. 69 (72) „Süssen"; BGH v. 16.09.1985, BGHZ 95, S. 330 (337) „Autokran"; BGH v. 23.09.1991, ZIP, S. 1354 „Video"; BGH v. 29.03.1993, ZIP, S. 589 (590) „TBB"; BGH v. 13.12.1993, AG 1994, S. 179; BGH v. 17.03.1997, BGHZ 135, S. 107 (113) = NJW, S. 1855 (1856) „VW"; BGH v. 18.06.2001, NJW, S. 2973 „MLP"; zur Einzelperson mit anderweitiger unternehmerischer Betätigung vgl. BGH v. 13.12.1993, DB 1994, S. 370; krit. *Schmidt, K.*, AG 1994, S. 189.
59 Vgl. v.a. *Schmidt, K.*, ZGR 1980, S. 277 (280); *Koppensteiner*, in: Kölner Komm. AktG[3], § 15, Rn. 10; ADS[6], § 15 AktG, Tz. 5; *Emmerich/Habersack*, Aktien- und GmbH-Konzernrecht[8], § 15, Rn. 11 ff.; *Liebscher*, in: Beck AG-HB[2], § 14, Rn. 10.
60 *Emmerich/Habersack*, Aktien- und GmbH-Konzernrecht[8], § 15, Rn. 11b.
61 OLG Hamm v. 02.11.2000, AG 2001, S. 146 (148).
62 *OLG Karlsruhe v. 09.06.1999*, ZIP, S. 1176 (1177); *Emmerich/Habersack*, Aktien- und GmbH-Konzernrecht[8], § 15, Rn. 14.
63 BGH v. 18.06.2001, NJW, S. 2973 „MLP"; dazu *Bayer*, ZGR 2002, S. 933 (945); *Cahn*, AG 2002, S. 30.
64 *Baumbach/Hopt*, HGB[37], § 1, Rn. 13; *Lutter/Hommelhoff*, GmbHG[18], Anh. § 13, Rn. 8; *Schmidt, K.*, ZHR 1991, S. 417 (439); *Kindler*, in: Ebenroth u.a., HGB[3], § 1, Rn. 32.

ferner im Einzelfall, wenn die Holdinggesellschaft nur die Beteiligung an einer Ges. verwaltet[65].

§ 15 AktG setzt weder ein Handelsgewerbe oder einen eingerichteten Gewerbebetrieb noch eine sonstige institutionelle Organisation voraus. Die institutionelle Unternehmenstheorie ist ebenso überholt wie die funktionale Unternehmenstheorie, nach der das allein maßgebende Kriterium die Ausübung unternehmerischer Planungs- und Entscheidungsgewalt sein sollte[66]. Andererseits spricht viel dafür, Formkaufleute i.S.v. § 6 Abs. 2 HGB grds. als Unternehmen zu betrachten[67]. 49

Zu den Wirtschaftseinheiten, die nach der hier vertretenen Auffassung des Unternehmensbegriffs als Unternehmen anzusehen sind, gehören z.B. Betriebe der Urproduktion wie Land- und Forstwirtschaft. 50

> **Hinweis 2:**
>
> Die Ausübung eines **freien Berufs** kann im Einzelfall ein Unternehmen begründen, obwohl die Angehörigen freier Berufe i.d.R. nach nicht primär kaufmännisch orientierten Berufsgrundsätzen tätig werden. Gleichwohl kann es zu der für das Unternehmen charakteristischen Interessenkollision kommen.

Bei **Personenvereinigungen**, die nicht im HR eingetragen sind (BGB-Gesellschaften, rechtsfähigen und nicht rechtsfähigen Vereinen sowie Stiftungen, sofern sie kein Handelsgewerbe betreiben), gilt Entsprechendes. Danach sind Arbeitsgemeinschaften i.d.R. als Unternehmen anzusehen; dass sich ihre Aufgabe auf die Erledigung vielleicht nur eines Auftrags beschränkt, steht nicht entgegen, da eine sachliche und zeitliche Begrenzung der unternehmerischen Zwecksetzung für die Unternehmensqualität ohne Bedeutung ist[68]. BGB-Gesellschaften, die ausschließlich zur gemeinsamen Wahrnehmung von Beteiligungsrechten eingegangen werden (Innengesellschaften, z.B. Konsortial- oder Poolverträge)[69], können ein Unternehmen darstellen, wenn über diese mehrere Ges. beherrscht werden[70]. Das ist v.a. gegeben, wenn über die bloße Wahrnehmung von Beteiligungsrechten hinaus selbständige wirtschaftliche Ziele verfolgt werden, wie dies i.d.R. bei Abschluss eines Beherrschungsvertrages durch die BGB-Gesellschaft oder bei Joint Ventures der Fall sein wird. Grundlagen für die Willensbildung innerhalb von Stimmrechtskonsortien finden sich in der Entscheidung des BGH vom 24.11.2008[71]. 51

---

[65] *Emmerich/Habersack*, Aktien- und GmbH-Konzernrecht[8], § 15, Rn. 16, 17; *Hüffer/Koch*, AktG[13], § 15, Rn. 12; *Lutter/Hommelhoff*, GmbHG[19], Anh. § 13, Rn. 8 a.E.; *Krieger*, in: MünchHdb. AG[4], § 69, Rn. 8.

[66] Vgl. *Hüffer/Koch*, AktG[13], § 15, Rn. 10; *Krieger*, in: MünchHdb. AG[4], § 69, Rn. 6; *Emmerich/Habersack*, Aktien- und GmbH-Konzernrecht[8], § 15, Rn. 8; ein neuer Ansatz i.S. organisationsrechtlicher Überlegung findet sich bei *Mülbert*, ZHR 1999, S. 1 (24).

[67] *Emmerich*, in: Emmerich/Habersack, Aktien- und GmbH-Konzernrecht[8], § 15, Rn. 21; *Vetter*, in: Schmidt/Lutter, AktG[3], § 15, Rn. 53.

[68] A.A. *Müller/Rieker*, WPg 1967, S. 197 (203).

[69] BGH v. 24.11.2008, NZG 2009, S. 183 (185).

[70] Ähnlich *Bayer*, in: MünchKomm. AktG[4], § 15, Rn. 28 f.; *Emmerich/Habersack*, Aktien- und GmbH-Konzernrecht[8], § 15, Rn. 20 ff.; *Koppensteiner*, in: Kölner Komm. AktG[3], § 15, Rn. 62; enger: ADS[6], § 15 AktG, Tz. 11; *Krieger*, in: MünchHdb. AG[4], § 69, Rn. 9; *Hüffer/Koch*, AktG[13], § 15, Rn. 13; OLG Köln v. 27.09.2001, DB 2002, S. 420; Hans. OLG Hamburg v. 03.08.2000, AG 2001, S. 479 (481); LG Heidelberg v. 24.09.1997, DB, S. 2265.

[71] BGH v. 24.11.2008, ZIP 2009, S. 216; OLG Karlsruhe v. 12.01.2005, NZG, S. 636; dazu *Schäfer*, ZGR 2009, S. 768 ff.

4.2.2 Körperschaften und Anstalten öffentlichen Rechts; Gewerkschaften u.a.

52 Die Unternehmensqualität kann auch bei juristischen Personen des öffentlichen Rechts, die außerhalb der Rechtsformen des privaten Rechts handeln, zu bejahen sein. Aufgrund ihrer eigenen wirtschaftlichen Betätigung sind die Landesbanken und die ö.-r. Bausparkassen als Unternehmen i.S.d. §§ 15 ff. AktG anzusehen.

53 Seit der Entscheidung des BGH vom 13.10.1977[72] besteht Klarheit, dass die Bundesrepublik Deutschland (und andere Gebietskörperschaften) als Unternehmen i.S.d. Aktienrechts zu behandeln ist[73]. Dies folgt aus dem umfangreichen Beteiligungsbesitz, den die Bundesrepublik Deutschland nicht als bloße Vermögensanlage betrachte, sondern zu unternehmerischer Einflussnahme benutze, und der Notwendigkeit des Schutzes außenstehender Aktionäre auch bei von der öffentlichen Hand abhängigen Unternehmen. Für die Unternehmenseigenschaft von Gebietskörperschaften ist eine anderweitige Interessenbindung nicht mehr Voraussetzung. Es genügt die bloße Gefahr, das öffentliche Interesse zu Lasten der Beteiligungsgesellschaft zu fördern[74].

54 Diese Überlegungen finden auch im Bereich der sog. **Daseinsvorsorge** Anwendung; hier ist die Verfolgung gesellschaftsfremder Zwecke besonders augenfällig. Die Vorschriften, die dem Schutz von Minderheitsaktionären und Gläubigern dienen, sowie die über den AbhB (§ 312 AktG) sind anzuwenden[75]. Die Pflicht zum aktienrechtlichen Nachteilsausgleich oder zum Schadensersatz bei Verletzung der gesellschaftsrechtlichen Treuepflicht bleibt unberührt. Schließt die öffentliche Hand mit einem Unternehmen in privater Rechtsform einen Vertrag, der ihr einen bestimmenden Einfluss auf diese Ges. einräumt, kann es sich um einen Beherrschungsvertrag handeln, der der Zustimmung der Gesellschafterversammlung der Ges. bedarf, §§ 291 ff. AktG sind anzuwenden[76]. Von der Anwendbarkeit dieser Regelungen ist mittlerweile auszugehen.

55 Der BGH betrachtet auch **andere Gebietskörperschaften** (Bundesländer, Gemeinden) als Unternehmen, wenn sie sich in entsprechender Weise unternehmerisch betätigen[77]. Problematisch sind deswegen kommunalrechtliche Regelungen, die zu einer öffentlich-rechtlich begründeten Ingerenz ggü. Eigengesellschaften führen sollen (z.B. §§ 108, 113 i.V.m. § 63 Abs. 2 NRW GO)[78]. Ein genereller Vorrang ö.-r. Vorschriften vor dem Gesellschaftsrecht kann nicht angenommen werden[79].

---

72 BGH v. 13.10.1977, BGHZ 69, S. 334, WPg 1978, S. 80.
73 *Wiedemann/Martens*, AG 1976, S. 197 (232). So auch *Zöllner*, der jedoch die analoge Anwendung konzernrechtlicher Vorschriften auf den Staat in einzelnen Beziehungen bejaht, ZGR 1976, S. 1 (23); ferner *Müller, H. P.*, WPg 1978, S. 61; *Koppensteiner*, ZGR 1979, S. 91; *Sina*, AG 1991, S. 1; *Weimar*, ZGR 1992, S. 477 (480). Vgl. auch OLG Köln v. 22.12.1977, AG 1978, S. 171; in diesen Zusammenhang gehört auch das Urt. v. 19.09.1988, BGHZ 105, S. 168 (174), BGH v. 03.03.2008, AG, S. 375.
74 BGH v. 17.03.1997, BGHZ 135, S. 107 (113); OLG Celle v. 12.07.2000, AG 2001, S. 474 (476); Zustimmend *Bayer*, in: MünchKomm. AktG[4], § 15, Rn. 38 ff.; *Schiessl*, ZGR 1998, S. 871 (878); *Emmerich/Sonnenschein/Habersack*, Konzernrecht[10], § 2, Rn. 23; krit. *Mülbert*, ZHR 1999, S. 1 (15).
75 BGH v. 13.10.1977, BGHZ 69, S. 334 (343); *Hüffer/Koch*, AktG[13], § 312, Rn. 22; *Schiessl*, ZGR 1998, S. 871 (880); nunmehr BGH v. 03.03.2008, NJW, S. 1583 (UMTS); BGH v. 31.05.2011, NJW, S. 2719 (KfW); *Emmerich/Habersack*, Aktien- und GmbH-Konzernrecht[8], § 15, Rn. 37.
76 *Emmerich/Habersack*, Aktien- und GmbH-Konzernrecht[8], § 15, Rn. 35.
77 H.M. *Paschke*, ZHR 1988, S. 263; *Koppensteiner*, in: Kölner Komm. AktG[3], § 15, Rn. 71 ff.; *Emmerich/Sonnenschein/Habersack*, Konzernrecht[10], § 2, Rn. 32.
78 *Hüffer/Koch*, AktG[13], § 15, Rn. 16, 18; *Gratzel*, BB 1998, S. 175; dazu *Kraft*, Das Verwaltungsgesellschaftsrecht, S. 231.
79 *Emmerich/Habersack*, Aktien- und GmbH-Konzernrecht[8], § 15, Rn. 26 ff.; *Emmerich/Sonnenschein/Habersack*, Konzernrecht[10], § 2, Rn. 23.

Die konzernrechtlichen Vermutungen (Kap. C Tz. 125) gelten auch bei deren Beteiligungen. Gebietskörperschaften verfolgen durch ihre Beteiligung vielfältige Ziele, um deretwillen sie auf diese Einfluss nehmen[80]. Die vorstehenden Überlegungen gelten im Grundsatz auch für andere Körperschaften des öffentlichen Rechts oder Anstalten (z.B. Bundesanstalt für vereinigungsbedingtes Sondervermögen – BvS)[81], es sei denn, dass in speziellen Rechtsvorschriften deren Anwendung ausgeschlossen wurde, wie z.B. in § 7d FMStBG für den Stabilisierungsfonds Soffin[82]. 56

Die gleichen Grundsätze gelten für Gewerkschaften und Religionsgemeinschaften[83]. 57

4.3 Begriff „verbundene Unternehmen"

4.3.1 Allgemeines

§ 15 AktG enthält einen Oberbegriff für diejenigen Unternehmen, die im Verhältnis zueinander einen der Tatbestände der §§ 16 bis 19, 291, 292 AktG erfüllen. Das bedeutet nicht, dass Unternehmen, die jeweils mit einem anderen Unternehmen verbunden sind, aus diesem Grund mit einem dritten Unternehmen verbunden sind, das seinerseits mit einem von diesen in einer Unternehmensverbindung steht: 58

> **Beispiel 1:**
> Wenn A an B und C mit Mehrheit beteiligt ist, ohne dass zugleich ein Konzernverhältnis besteht, sind B und C aktienrechtlich nicht miteinander verbunden; entscheidend ist ausschließlich ihr „Verhältnis zueinander", vgl. § 15 AktG.

Auch eine Abhängigkeit der B und C von A (§ 17 AktG) oder eine wechselseitige Beteiligung zu A (§ 19 AktG) genügen nicht, ausgenommen wenn zugleich ein Konzernverhältnis besteht[84]. 59

In der Praxis wird indes i.d.R. auch ein Konzernverhältnis gegeben sein, da von einem in Mehrheitsbesitz stehenden Unternehmen vermutet wird, dass es abhängig ist (§ 17 Abs. 2 AktG), und von diesem, dass es mit dem herrschenden Unternehmen einen Konzern bildet (§ 18 Abs. 1 S. 3 AktG). Wird die Konzernvermutung nicht widerlegt, sind B und C auch untereinander i.S.v. § 15 AktG verbunden, weil das Konzernverhältnis auch eine Unternehmensverbindung zwischen sämtlichen Unternehmen begründet, die unter der einheitlichen Leitung derselben Obergesellschaft stehen. Dies gilt gleicher- 60

---

80 *Emmerich/Habersack*, Aktien- und GmbH-Konzernrecht[8], § 15, Rn. 38; *Emmerich/Sonnenschein/Habersack*, Konzernrecht[10], § 2, Rn. 28.
81 Nach dem THG v. 17.06.1990 mit der Aufgabe der Privatisierung und Verwertung des volkseigenen Vermögens nach den Prinzipien der Sozialen Marktwirtschaft betraut (§ 2 Abs. 1 THG; KreisG Erfurt v. 29.07.1991, ZIP, S. 1233 (1250); AG Halle/Saalekreis v. 10.12.1992, ZIP 1993, S. 961; BVerfG v. 29.12.1994, ZIP 1995, S. 393 (Vorlage d. AG Halle/Saalekreis unzulässig); *Habighorst/Spoerr*, ZGR 1992, S. 499; *Emmerich/Sonnenschein/Habersack*, Konzernrecht[10], § 2, Rn. 23 f., m.w.N.; im Erg. ebenso *Weimar/Bartscher*, ZIP 1991, S. 69 (70); *Weimar*, DZWiR 1993, S. 441; *Müller, H. P.*, in: Budde/Forster, DMBilG, Vor §§ 24–26, Rn. 4; *Bayer*, in: MünchKomm. AktG[4], § 15, Rn. 44.
82 Dazu LG Frankfurt a.M. v. 20.10.2013, ZIP 2014, S. 322 (Commerzbank); *Vetter*, in: Schmidt/Lutter, AktG[3], § 15 Rn. 68.
83 *Hüffer/Koch*, AktG[13], § 15, Rn. 17; *Krieger*, in: MünchHdb. AG[4], § 69, Rn. 11.
84 Vgl. *Hüffer/Koch*, AktG[13], § 15, Rn. 21; *Koppensteiner*, in: Kölner Komm. AktG[3], § 15, Rn. 4; *Bayer*, in: MünchKomm. AktG[4], § 15, Rn. 3.

maßen für den Unterordnungskonzern (§ 18 Abs. 1 AktG) wie für den Gleichordnungskonzern (§ 18 Abs. 2 AktG).

4.3.2 Überlagerung von Unternehmensverbindungen

61 Die fünf aktienrechtlichen Unternehmensverbindungen schließen sich nicht gegenseitig aus. Zwei Unternehmen können zueinander **gleichzeitig in verschiedenen Arten** von Unternehmensverbindungen stehen[85]. Die Unternehmensverbindung durch Mehrheitsbeteiligung (§ 16 AktG) trifft i.d.R. zusammen mit einem Abhängigkeits- und Konzernverhältnis, vorausgesetzt, dass die dahingehenden Vermutungen nicht widerlegt werden (vgl. § 17 Abs. 2 AktG und § 18 Abs. 1 S. 3 AktG).

62 In solchen Fällen sind die für diese Unternehmensverbindungen geltenden Vorschriften kumulativ anzuwenden, soweit nicht das Gesetz – wie z.B. in § 19 Abs. 4 AktG – etwas anderes bestimmt.

> **Beispiel 2:**
>
> B ist an A mit Mehrheit beteiligt (Abhängigkeit widerlegt), C ist von B abhängig, die Konzernvermutung ist widerlegt; D hat sich durch Beherrschungsvertrag der Leitung von B unterstellt. Dabei ist B mit A, C, D und E verbunden. Darüber hinaus ist B mit seinen Beteiligungen an A und E und je nach Beteiligungsquote nach §§ 20, 21 AktG[86] mitteilungspflichtig. Gegenüber C ist B als herrschendes Unternehmen verpflichtet, etwaige benachteiligende Einflussnahmen durch Gewährung entsprechender Vorteile auszugleichen (§ 311 AktG). Im Verhältnis zu D besteht die Pflicht nach § 302 AktG zum Ausgleich der bei D sonst entstehenden Jahresfehlbeträge. Als mit E wechselseitig beteiligtes Unternehmen ist B in der Ausübung seiner Rechte aus den Anteilen unter bestimmten Voraussetzungen beschränkt (§ 328 AktG).

4.3.3 Ausländische Unternehmen als Teil einer Unternehmensverbindung

63 Auch ausländische Unternehmen können Teil einer Unternehmensverbindung i.S.v. § 15 AktG sein, soweit nicht gesetzliche Bestimmungen anderes vorsehen, wie z.B. bei wechselseitigen Beteiligungen, § 19 AktG[87]. Ferner können sich § 21, § 305 Abs. 2 Nr. 1 und 2 AktG, § 219 Abs. 1 AktG sowie § 320 Abs. 1 AktG nur auf Ges. mit Sitz im Inland beziehen. Ausländische Unternehmen unterliegen denjenigen Vorschriften des AktG, die Vorgänge, Rechtsverhältnisse oder Schutzinteressen mit Schwergewicht im Inland betreffen. Das Verbot der Stimmrechtsausübung gilt z.B. auch für Aktien einer inländischen Ges., die einem von ihr abhängigen ausländischen Unternehmen gehören. Desgleichen werden von der Mitteilungspflicht des § 20 AktG ausländische Unternehmen mit ihren Beteiligungen an deutschen AG betroffen[88]. Eine inländische AG, die mit einem ausländischen Unternehmen verbunden ist, hat die Bestimmungen des AktG zu beachten. Eine Ausnahme gilt dann, wenn eine Vorschrift des AktG zwar ein im Inland ansässiges Unternehmen adressiert, aber der mit der Vorschrift verfolgte Schutzzweck nicht dieses Unternehmen, sondern ein Unternehmen mit Sitz im Ausland betrifft. Ob

---

[85] *Hüffer/Koch*, AktG[13], § 15, Rn. 21; *Bayer*, in: MünchKomm. AktG[4], § 15, Rn. 2.
[86] Bei börsennotierten Ges §§ 21 ff. WpHG.
[87] *Hüffer/Koch*, AktG[13], § 15, Rn. 7.
[88] Allgemeine Meinung, vgl. *Emmerich/Habersack*, Aktien- und GmbH-Konzernrecht[8], § 15, Rn. 5; *Hüffer/Koch*, AktG[13], § 20, Rn. 2.

ein inländisches abhängiges Unternehmen Anteile an der herrschenden, im Ausland ansässigen Ges. erwerben darf, richtet sich nicht nach § 71d AktG, sondern dem Recht des ausländischen Staates, in dem das herrschende Unternehmen seinen Sitz hat[89]. Die Vorschriften des AktG gelten nach Art. 9 Abs. 1 Buchst. c ii SE-VO auch für eine SE mit Sitz im Inland[90]. Die Abhängigkeit einer SE von einer ausländischen Ges. wird als zulässig erachtet[91].

Ob ein Unternehmensvertrag nach §§ 291 ff. AktG auch mit einem ausländischen herrschenden Unternehmen abgeschlossen werden darf, hängt von den Schutzinteressen der abhängigen Ges. ab. **64**

4.4 In Mehrheitsbesitz stehende Unternehmen und mit Mehrheit beteiligte Unternehmen

4.4.1 Allgemeines

§ 16 AktG ist die Grundnorm für in Mehrheitsbesitz stehende und mit Mehrheit beteiligte Unternehmen. Es handelt sich um verbundene Unternehmen, da es bei der Mehrheitsbeteiligung nicht darauf ankommt, ob eine Kapital- oder eine Stimmrechtsmehrheit besteht[92]. Diese Unternehmen sollen wegen ihrer engen Verflechtung in den Kreis der verbundenen Unternehmen einbezogen werden. Neben den für alle verbundenen Unternehmen geltenden Vorschriften sind diejenigen anzuwenden, die den Gefahren Rechnung tragen, die mit der vermögensmäßigen Verflechtung von zwei Unternehmen für den Grundsatz der Kapitalerhaltung und für die Gläubiger verbunden sind. Vorschriften, die lediglich auf diese Unternehmen anzuwenden sind, finden sich in § 20 Abs. 4 und 5 AktG, § 21 Abs. 2 und 3 AktG sowie § 160 Abs. 1 Nr. 8 AktG. **65**

Die Bedeutung des § 16 AktG liegt v.a. darin, dass an die Mehrheitsbeteiligung durch § 17 Abs. 2 AktG eine – widerlegbare – **Abhängigkeitsvermutung** geknüpft wird. Wegen der hohen Anforderungen, die an die Widerlegung dieser Vermutung gestellt werden[93], führt die Annahme einer Mehrheitsbeteiligung i.d.R. auch zur Anwendung des § 17 AktG, und damit zur Anwendung von Vorschriften, die für abhängige und herrschende Unternehmen gelten. **66**

Eine Folgewirkung ergibt sich aus § 18 Abs. 1 S. 3 AktG, wonach von einem abhängigen Unternehmen vermutet wird, dass es mit dem herrschenden Unternehmen einen Konzern bildet. Es besteht also ausgehend von § 16 AktG über § 17 Abs. 2 AktG zu § 18 AktG eine Kette von Vermutungen, deren Ausgangspunkt die Vorschrift über die Mehrheitsbeteiligung darstellt. **67**

---

89   *Geßler*, in: Geßler u.a., AktG, § 17, Rn. 85.
90   *Marsch-Barner*, in: Holding-Handbuch[5], § 18, Rn. 18.87; vgl. auch Kap. C Tz. 42.
91   *Emmerich/Habersack*, Aktien- und GmbH-Konzernrecht[8], § 291, Rn. 33 ff. (37); *Maul*, ZGR 2003, S. 743 (747); *Jaecks/Schönborn*, RIW 2003, S. 254 (264); *Veil*, WM 2003, S. 2169 (2172).
92   Ausschussbericht, *Kropff*, AktG, S. 28; *Hüffer/Koch*, AktG[13], § 16, Rn. 1 und 2 a.E.
93   Vgl. hierzu im Einzelnen Kap. C Tz. 99.

4.4.2 Mehrheit der Anteile

4.4.2.1 Berechnung der Mehrheitsbeteiligung

68 Eine Mehrheitsbeteiligung liegt vor, wenn die Mehrheit der Anteile an einem Unternehmen einem anderen Unternehmen gehört. Zur Mehrheitsbeteiligung aufgrund der Mehrheit der Stimmrechte vgl. Kap. C Tz. 91. Das Gesetz legt die erforderliche Höhe für eine Mehrheitsbeteiligung mit der einfachen Mehrheit, also mehr als 50 v.H. fest. Für die Mehrheit der Anteile kommt es nach § 16 Abs. 2 AktG auf die Kapitalmehrheit an, bei Stückaktien auf die Anzahl der Stückaktien im Verhältnis zur gesamten Anzahl von Stückaktien.

69 Die Kapitalmehrheit setzt das Bestehen von Anteilen am Kapital der Ges. voraus. Eine Anteilsmehrheit ist somit bei jedem Unternehmen möglich, welches ein Gesellschaftsvermögen besitzt, an dem Gesellschafter beteiligt sein können[94]. Dies ist bei KapGes. (AG, GmbH, KGaA, SE) stets der Fall und stößt bei PersGes. (OHG, KG) dann auf keine Schwierigkeiten, wenn – wie in der Praxis üblich – feste Kapitalkonten vereinbart sind, die die Beteiligung am Vermögen der Ges. ausdrücken. Bestehen entsprechend §§ 120 ff. HGB variable Kapitalkonten, ist auf den jeweiligen Stichtag festzustellen, wie hoch der Kapitalanteil ist[95] und ob der Kapitalanteil des Gesellschafters die Summe der den anderen Gesellschaftern zustehenden Anteile übersteigt[96].

70 Keinen Anteil i.d.S. besitzt der **stille Gesellschafter**. Seine Einlage begründet lediglich schuldrechtliche Beziehungen zwischen den Vertragspartnern; eine sachenrechtliche Beziehung in Form einer gesamthänderischen Beteiligung besteht nicht[97]. Etwas anderes kann gelten, sofern der stille Gesellschafter wie bei einer atypisch stillen Beteiligung im Innenverhältnis am Vermögen beteiligt ist[98]. Bei Idealvereinen, einem VVaG oder bei Stiftungen scheidet eine Anteilsmehrheit aus, da es keine Kapitalanteile gibt[99].

71 Bei der Ermittlung des Verhältnisses des Gesamtnennbetrages der einem Unternehmen gehörenden Anteile zum Nennkapital einer KapGes. sind **eigene Anteile** vom Nennkapital abzusetzen (§ 16 Abs. 2 S. 2 AktG). Den eigenen Anteilen stehen Anteile gleich, die einem Dritten für Rechnung des Unternehmens gehören. Dazu zählen bei einer AG sowohl Anteile, die originär (§ 56 AktG) als auch von Dritten (§ 71a AktG) erworben worden sind. Entsprechendes gilt bei anderen Gesellschaften.

72 Umstritten war, ob auch § 16 Abs. 4 AktG auf § 16 Abs. 2 AktG anzuwenden ist. Der Wortlaut des § 16 Abs. 4 AktG spricht zwar dagegen. Er bezieht sich nur auf die Zurechnung von Anteilen zu dem Unternehmen, dessen Beteiligung festgestellt werden soll. Das ist aber nicht zweckgerecht. Im Hinblick auf die in §§ 71b, 71d S. 2 und 3 AktG enthaltenen Bezugnahmen wird ein Schutzmechanismus erkennbar, der zu einer Aus-

---

94 *Krieger*, in: MünchHdb. AG[4], § 69, Rn. 20; *Emmerich/Habersack*, Aktien- und GmbH-Konzernrecht[8], § 16, Rn. 4.
95 Zust. *Koppensteiner*, in: Kölner Komm. AktG[3], § 16, Rn. 14, 26; *Hüffer/Koch*, AktG[13], § 16, Rn. 5; *Emmerich/Habersack*, Aktien- und GmbH-Konzernrecht[8], § 16, Rn. 6; *Schall*, in: Spindler/Stilz, AktG[3], § 16, Rn. 39.
96 ADS[6], § 16 AktG, Tz. 13.
97 Zust. *Windbichler*, in: Großkomm. AktG[5], § 16, Rn. 18, ADS[6], § 16 AktG, Tz. 15; weiter *Bayer*, in: MünchKomm. AktG[4], § 16, Rn. 18; *Koppensteiner*, in: Kölner Komm. AktG[3], § 16, Rn. 16.
98 *Krieger*, in: MünchHdb. AG[4], § 69, Rn. 20; *Emmerich/Habersack*, Aktien- und GmbH-Konzernrecht[8], § 16, Rn. 6 a.E.; *Hüffer/Koch*, AktG[13], § 16, Rn. 5.
99 Vgl. *Hüffer/Koch*, AktG[13], § 16, Rn. 5.

dehnung führt. Deswegen wird mittlerweile überwiegend die teleologische Ausdehnung auch für § 16 befürwortet, sodass Abs. 4 auch für die Zurechnung von eigenen Anteilen, die abhängigen Unternehmen gehören (§ 17 AktG), bei der Ermittlung der Mehrheitsbeteiligung heranzuziehen ist[100].

Bei der GmbH ist bei der Ermittlung der Kapitalmehrheit zu beachten, dass bei einer Amortisation von Geschäftsanteilen das Stammkapital nicht berührt wird[101], wenn eine Kapitalherabsetzung unterbleibt. In diesem Fall sind daher nicht die Anteile ins Verhältnis zu setzen zum Stammkapital, sondern zu den nicht eingezogenen Anteilen. Diese Auslegung entspricht auch der Behandlung der eigenen Anteile, die vom Nennkapital abzusetzen sind. 73

Bei den PersGes. ist das in den einzelnen festen oder beweglichen Kapitalkonten enthaltene Gesamtkapital, soweit es die gesamthänderische Beteiligung am Vermögen ausdrückt, wie das Nennkapital bei den KapGes. zu behandeln. Dazu ist das vom einzelnen Gesellschafter gehaltene Kapital ins Verhältnis zu setzen. 74

4.4.2.2 Unmittelbare Mehrheitsbeteiligung

Nach § 16 Abs. 1 AktG ist mit dem in Mehrheitsbesitz stehenden Unternehmen dasjenige Unternehmen verbunden, dem die Mehrheitsbeteiligung gehört; das ist im Allgemeinen der zivilrechtliche Eigentümer[102]. Fraglich ist dies, wenn das wirtschaftliche Eigentum vom zivilrechtlichen abweicht (z.B. Sicherungsübereignung, Treuhand) oder in Fällen eines Pfandrechts oder Nießbrauchs. Für § 16 Abs. 1 AktG gilt als Eigentümer auch der Trh., da die Zuordnung der Anteile nach zivilrechtlichen Kriterien zu bestimmen ist. Die Zurechnung von Anteilen eines Dritten (z.B. dem Treugeber als wirtschaftlichem Eigentümer) ist nach § 16 Abs. 4 AktG zu beurteilen[103]. 75

Hieraus folgt[104], dass ein Unternehmen, das eine Mehrheitsbeteiligung nur treuhänderisch hält, mit dem in Mehrheitsbesitz stehenden Unternehmen gem. § 16 AktG verbunden ist. Der Treugeber muss sich nach Maßgabe von § 16 Abs. 4 AktG ebenfalls als Inhaber behandeln lassen. 76

Die besonderen Verhältnisse bei treuhänderischem Anteilsbesitz (in der Form der bloß formellen Rechtsinhaberschaft ohne eigene Interessen- oder Machtposition) sind nicht nur für das Innenverhältnis bedeutsam; sie betreffen vielmehr die Interessenlage, die bei den Vorschriften vorausgesetzt wird, in denen das Gesetz Rechtsfolgen an das Vorliegen einer Mehrheitsbeteiligung knüpft. 77

---

100 *Krieger*, in: MünchHdb. AG[4], § 69, Rn. 25, mit Hinweis auf die Inkonsequenz dieser Regelung im Hinblick auf § 71d AktG; *Emmerich/Habersack*, Aktien- und GmbH-Konzernrecht[8], § 16, Rn. 11, 22; *Hüffer/Koch*, AktG[13], § 16, Rn. 9; *Vetter*, in: Schmidt/Lutter, AktG[3], § 16 Rn. 10; *Bayer*, in: MünchKomm. AktG[4], § 16, Rn. 34; a.M. ADS[6], § 16 AktG, Tz. 16.
101 *Ulmer/Habersack*, in: Ulmer/Habersack/Winter, GmbHG[2], § 34, Rn. 65; *Fastrich*, in: Baumbach/Hueck, GmbHG[21], § 34, Rn. 20.
102 *Hüffer/Koch*, AktG[13], § 16, Rn. 7; *Krieger*, in: MünchHdb. AG[4], § 69, Rn. 26; *Emmerich/Habersack*, Aktien- und GmbH-Konzernrecht[8], § 16, Rn. 13a.
103 Vgl. *Emmerich/Sonnenschein/Habersack*, Konzernrecht[10], § 3, Rn. 7; *Emmerich/Habersack*, Aktien- und GmbH-Konzernrecht[8], § 16, Rn. 13a; *Hüffer/Koch*, AktG[13], § 16, Rn. 7; BGH v. 21.03.1988, BGHZ 104, S. 66 (74); BGH v. 20.02.1989, NJW, S. 1800; BGH v. 16.12.1991, NJW 1992, S. 1167.
104 *Koppensteiner*, in: Kölner Komm. AktG[3], § 16, Rn. 27; *Hüffer/Koch*, AktG[13], § 16, Rn. 7; *Emmerich/Habersack*, Aktien- und GmbH-Konzernrecht[8], § 16, Rn. 18a. Vgl. zu diesem Fragenkreis auch Kap. C Tz. 122. Auch *Bayer*, in: MünchKomm. AktG[4], § 16, Rn. 25; offen bei ADS[6], § 16 AktG, Tz. 8 und 27.

78 Eine Mehrheitsbeteiligung ist nicht vorhanden, wenn lediglich eine Option auf den Erwerb von Anteilen besteht[105]. Nichts anderes gilt im Falle eines Andienungsrechts (Put-Option), auch wenn dadurch das Unternehmen unabdingbar zur Übernahme der Anteile verpflichtet wird. Nur wenn zugleich dem Nehmer der Put-Option ein jederzeit ausübbarer, unentziehbarer Anspruch (Call-Option) zusteht, kann etwas anderes gelten, da er dann eine dem Anteilsinhaber vergleichbare Rechtsmacht besitzt.

4.4.2.3 Mittelbare Mehrheitsbeteiligung

79 Neben den einem Unternehmen nach § 16 Abs. 1 AktG unmittelbar gehörenden Anteilen gelten als Anteile, die einem Unternehmen gehören, gem. § 16 Abs. 4 AktG, auch solche Anteile, die

- einem von dem Unternehmen abhängigen Unternehmen gehören,
- einem anderen für Rechnung des Unternehmens oder eines von ihm abhängigen Unternehmens gehören,
- ein Einzelkaufmann in seinem sonstigen Vermögen hält.

80 Eine Zurechnung des Anteilsbesitzes nach § 16 Abs. 4 AktG kommt nur dann in Frage, wenn das betreffende Unternehmen abhängig ist; es genügt nicht, dass es lediglich in Mehrheitsbesitz des übergeordneten Unternehmens steht, ohne abhängig zu sein.

81 Durch die Zurechnung wird die Möglichkeit des mittelbaren Mehrheitsbesitzes und über § 17 Abs. 2 AktG die Möglichkeit einer Form der mittelbaren Abhängigkeit begründet:

> **Beispiel 3:**
>
> Bei einer Kette abhängiger Unternehmen (A, B und C) sind nicht nur A und B sowie B und C durch das Abhängigkeitsverhältnis miteinander verbunden, sondern auch A und C. Der praktisch häufigste Fall ist der, dass A an B und B an C mit Mehrheit beteiligt ist und die daran geknüpfte Abhängigkeitsvermutung (§ 17 Abs. 2 AktG) nicht widerlegt ist.
>
> Wird hingegen im Verhältnis von B und C das Abhängigkeitsverhältnis widerlegt, kann dem herrschenden Unternehmen A auch eine Unternehmensverbindung zu C durch Mehrheitsbeteiligung vermittelt werden. Als Anteile, die einem Unternehmen gehören, gelten nach § 16 Abs. 4 AktG auch Anteile, die einem von ihm abhängigen Unternehmen gehören (Mehrheitsbeteiligung kraft Zurechnung). Miteinander verbundene Unternehmen sind dann sowohl A und B (§ 17 AktG) als auch B und C (§ 16 Abs. 1 AktG), darüber hinaus aber auch A und C (§ 16 Abs. 4 AktG). Die Zurechnung der im Besitz des abhängigen Unternehmens B befindlichen Anteile an C beim Unternehmen A erfolgt auch dann, wenn B keine Mehrheitsbeteiligung an C hat. Zusammen mit anderen Anteilen an C, die A unmittelbar gehören oder die ihm als Besitz anderer abhängiger Unternehmen gem. § 16 Abs. 4 AktG zugerechnet werden, kann sich bei dem Unternehmen A dennoch eine Mehrheitsbeteiligung i.S.v. § 16 AktG an C und ggf. die Abhängigkeit ergeben. In diesem Fall wären zwar A und C, dagegen nicht B und C miteinander verbunden (ausgenommen wie stets der Fall, dass alle drei Unternehmen als Glieder eines Konzerns sämtlich miteinander verbunden sind).

---

[105] Vgl. hierzu die Sonderregelungen in § 20 Abs. 2 AktG, die auf § 16 Abs. 4 AktG verweisen; vgl. ADS[6], § 16 AktG, Tz. 26 a.E.; *Emmerich/Habersack*, Aktien- und GmbH-Konzernrecht[8], § 16, Rn. 18a.

Für die Zurechnung ist es nach h.M. nicht erforderlich, dass das Unternehmen, dem Anteile zugerechnet werden sollen, auch selbst unmittelbar Anteile besitzt[106]. **82**

Welche Anteile einem Unternehmen gehören, wird nicht nach formalrechtlichen, sondern nach wirtschaftlichen Gesichtspunkten entschieden. Diese Gesichtspunkte treffen zu, wenn die Anteile einem abhängigen Unternehmen gehören. Sonst könnte eine Ges. die von ihr gehaltene Mehrheitsbeteiligung auf eine von ihr abhängige Ges. übertragen und damit den Folgen, die sich aus der Mehrheitsbeteiligung ergeben, v.a. der Abhängigkeitsvermutung, entgehen, ohne dass im Hinblick auf den wirtschaftlichen Sachverhalt eine Änderung eintreten würde[107]. **83**

Dasselbe gilt bei der Zurechnung von Anteilen, die ein Dritter für Rechnung des Unternehmens oder für Rechnung eines von diesem abhängigen Unternehmens hält. Halten für Rechnung bedeutet Halten auf Kosten und Risiko des Unternehmens. Hauptanwendungsfall sind die zu Sicherungseigentum oder einem Trh. übertragenen Anteile[108]. **84**

Hält ein Einzelkaufmann als Inhaber eines Unternehmens Anteile ausschließlich oder teilw. im Privatvermögen, sind diese gleichwohl zum „Unternehmen" zu rechnen. § 16 Abs. 4 AktG wird dadurch auf Sachverhalte angewendet, bei denen ein Einzelkaufmann in seinem Privatvermögen eine Beteiligung von mehr als 50 v.H. an einem Unternehmen hält, selbst wenn dessen Unternehmensgegenstand keinen Berührungspunkt zu dem Einzelunternehmen hat. Dies soll verhindern, dass der Gesetzeszweck durch Überführung einer Beteiligung in das Privatvermögen umgangen wird[109]. Die Regelung findet entsprechend auf andere Gewerbetreibende, Freiberufler und die öffentliche Hand Anwendung[110]. In allen Fällen der Zurechnung ist Voraussetzung, dass derjenige, dem die Anteile zugerechnet werden, Unternehmensqualität besitzt. Die Unternehmereigenschaft wird nicht durch die Zurechnung begründet[111]. **85**

Die Zurechnung von Anteilen gem. § 16 Abs. 4 AktG führt nicht zur Absorption einer unmittelbaren Beteiligung i.S.v. § 16 Abs. 1 AktG. **86**

Werden in einer Beteiligungskette nach § 16 Abs. 4 AktG A die Anteile von TU B an Enkel C zugerechnet, sodass C im Mehrheitsbesitz von A steht, bleibt trotz der Zurechnung das Unternehmen B als an C mit Mehrheit beteiligt. Durch § 16 Abs. 4 AktG soll dem wirtschaftlichen, der Wirklichkeit entsprechenden Sachverhalt Geltung verschafft werden, ohne dass die durch eine unmittelbare Beteiligung begründeten rechtlichen Beziehungen von zwei Unternehmen zueinander abgeschwächt werden. Sie bestehen mit unverminderter rechtlicher Wirkung weiter. Anderenfalls könnte im Beispielsfall das Unternehmen C ungeachtet des § 56 Abs. 2 AktG Aktien von B zeichnen und unerwünschte Kapitalverflechtungen schaffen, falls C nicht in einem Abhängig- **87**

---

106 OLG Hamm v. 26.05.1997, AG 1998, S. 588; *Emmerich/Habersack*, Aktien- und GmbH-Konzernrecht[8], § 16, Rn. 17.
107 Zust. *Bork*, ZGR 1994, S. 237 (246); *Koppensteiner*, in: Kölner Komm. AktG[3], § 16, Rn. 34; *Bayer*, in: MünchKomm. AktG[4], § 16, Rn. 43.
108 *Hüffer/Koch*, AktG[13], § 16, Rn. 7 und 12; *Krieger*, in: MünchHdb. AG[4], § 69, Rn. 27; LG Hannover v. 19.05.1992, AG 1993, S. 187 (188); weitergehend *Vedder*, S. 121.
109 So h.M.
110 *Bayer*, in: MünchKomm. AktG[4], § 16, Rn. 50; *Emmerich/Habersack*, Aktien- und GmbH-Konzernrecht[8], § 16, Rn. 19 f.; *Krieger*, in: MünchHdb. AG[4], § 69, Rn. 28.
111 BGH v. 18.06.2001, NJW, S. 2973 (2974); *Hüffer/Koch*, AktG[13], § 16, Rn. 12.

keitsverhältnis zu B steht und schon deshalb von der Zeichnung ausgeschlossen ist. Noch weniger akzeptabel wären die Folgen, wenn C die Abhängigkeitsvermutung zu A ausräumen könnte; denn dann könnte C durch die Annahme einer Absorptionswirkung zu einer unabhängigen Ges. werden, weil die Vermutung des § 17 Abs. 2 AktG im Verhältnis zu B – eben wegen der Absorption – nicht zum Zuge käme[112].

88 Da § 16 Abs. 4 AktG keine Absorptionswirkung zur Folge hat und außerdem die Bestimmung auch dann anzuwenden ist, wenn eine unmittelbare Beteiligung nicht besteht, kann es zu einer mehrfachen Anwendung des § 16 Abs. 4 AktG „nacheinander" und damit zu einer Kettenwirkung kommen. In einer Kette abhängiger Unternehmen werden die Anteile an den nachrangigen auch den höherrangigen zugerechnet. Das gilt auch für Anteile, die für Rechnung eines der Unternehmen gehalten werden.

89 Auch bei der Zurechnung bleiben ebenso wie bei der unmittelbaren Beteiligung Anteile, die für Rechnung des Unternehmens gehalten werden, an dem der Mehrheitsbesitz ermittelt wird, bei der Berechnung außer Betracht. Die Anteile werden dann „für Rechnung" des Unternehmens oder eines von ihm abhängigen Unternehmens gehalten, wenn bei diesem die mit dem Halten der Anteile verbundenen Kosten und das wirtschaftliche Risiko des Besitzes der Aktien liegen. Diese Voraussetzungen sind sowohl bei der uneigennützigen als auch bei der eigennützigen Treuhand erfüllt[113]. Die vom Trh. gehaltenen Anteile werden dem Treugeber zugerechnet[114].

90 Die Vorschrift über Zurechnungen von Anteilen, die sich im sonstigen Vermögen eines Einzelkaufmanns befinden, kann nicht auf den Gesellschafter einer PersGes. angewendet werden. Anteile, die sich im sonstigen Vermögen eines Gesellschafters einer PersGes. befinden, können daher der Ges. nicht zugerechnet werden[115]. Diese Gesellschaften sind als solche Unternehmen i.S.d. AktG, nicht jedoch die an ihr beteiligten Gesellschafter. Die von einer PersGes. gehaltenen Anteile sind gesamthänderisch gebundenes Eigentum und können nicht durch einen einseitigen Entschluss dem Betriebsvermögen entnommen werden. Bei Gebietskörperschaften sind auch Anteile zuzurechnen, die sich in rechtlich nicht selbständigen Betrieben befinden[116].

4.4.3 Mehrheit der Stimmrechte

91 Die Ermittlung einer Mehrheitsbeteiligung aufgrund der Stimmrechtsmehrheit wird grds. in derselben Weise vorgenommen wie die Feststellung einer Kapitalmehrheit. Nach § 16 Abs. 3 AktG können nur die **Stimmrechte** eine Mehrheitsbeteiligung begründen, die das Unternehmen aus ihm gehörenden Anteilen ausüben kann. Es ist daher im Einzelfall immer zu prüfen, ob dem Unternehmen die Anteile gehören, deren

---

[112] LG Berlin v. 01.12.1997, AG 1998, S. 195 (196); *Koppensteiner*, in: Kölner Komm. AktG[3], § 16, Rn. 36; ADS[6], § 16 AktG, Tz. 28; *Bayer*, in: MünchKomm. AktG[4], § 16, Rn. 45; *Hüffer/Koch*, AktG[13], § 16, Rn. 13; *Emmerich/Habersack*, Aktien- und GmbH-Konzernrecht[8], § 16, Rn. 16a; *Krieger*, in: MünchHdb. AG[4], § 69, Rn. 27, 29.

[113] *Hüffer/Koch*, AktG[13], § 16, Rn. 12; *Krieger*, in: MünchHdb. AG[4], § 69, Rn. 27; *Schall*, in: Spindler/Stilz, AktG[3], § 16, Rn. 22.

[114] Vgl. auch § 22 Abs. 1 S. 1 WpHG; zur Zurechnung in umgekehrte Richtung OLG München v. 09.09.2009, ZIP, S. 2095; dazu *Mayrhofer/Pirner*, DB 2009, S. 2312; ablehnend *v. Bülow/Petersen*, NZG 2009, S. 1373; *Widder/Kocher*, ZIP 2010, S. 457.

[115] OLG Hamm v. 26.05.1997, AG 1998, S. 588; *Bayer*, in: MünchKomm. AktG[4], § 16, Rn. 51; *Windbichler*, in: Großkomm. AktG[5], § 16, Rn. 33; *Krieger*, in: MünchHdb. AG[4], § 69, Rn. 27; *Hüffer/Koch*, AktG[13], § 16, Rn. 13.

[116] *Hüffer/Koch*, AktG[13], § 16, Rn. 13 a.E.

Stimmrechte zu einer Mehrheitsbeteiligung führen können. Stimmrechte, die ein Unternehmen aufgrund eines Stimmbindungsvertrages oder einer Vollmacht ausüben kann, bleiben, soweit nicht Abs. 4 eingreift, außer Betracht[117].

4.4.3.1 Berechnung der Mehrheit

Bei der Ermittlung des Teils der Stimmrechte, der einem Unternehmen zusteht, ist die Zahl der Stimmrechte, die es aus ihm gehörenden Anteilen ausüben kann, ins **Verhältnis zur Gesamtzahl** aller Stimmrechte zu setzen. Von der Gesamtzahl sind abzusetzen die Stimmrechte aus eigenen Anteilen und aus Anteilen, die einem anderen für Rechnung des Unternehmens gehören. Unberücksichtigt bleiben ferner Anteile ohne Stimmrecht, z.B. stimmrechtslose Vorzugsaktien oder stimmrechtslose Beteiligungen an PersGes. oder GmbH[118]. Verträge über Stimmrechtsbeschränkungen (z.B. Entherrschungs-, Stimmbindungsvertrag) haben hier keine Bedeutung. Da es auf die ausübaren Stimmrechte ankommt, sind unterlassene Mitteilungen nach § 20 Abs. 7 AktG oder nach § 28 WpHG zu berücksichtigen[119]. 92

Bei **PersGes.** wird üblicherweise in den Gesellschaftsverträgen das Stimmrecht an die Höhe der festen Kapitalkonten geknüpft und mit Mehrheit abgestimmt; bei dieser Regelung kann eine Mehrheitsbeteiligung durch Stimmrechte begründet werden. Sofern eine Abstimmung nach Köpfen vorgesehen ist (§ 119 Abs. 2 HGB), kann eine Mehrheitsbeteiligung nur dadurch entstehen, dass einem Gesellschafter die Stimme eines anderen gem. § 16 Abs. 4 AktG zuzurechnen ist. Ist entsprechend der gesetzlichen Regelung in § 119 Abs. 1 HGB für alle Beschlüsse Einstimmigkeit erforderlich, kann eine Mehrheitsbeteiligung weder unmittelbar noch mittelbar begründet werden, weil es dann an Stimmrechten i.S.d. Gesetzes fehlt[120]. 93

4.4.3.2 Unmittelbare Mehrheitsbeteiligung

Beim **Nießbrauch** ist umstritten, ob dem Nießbraucher die Stimmrechte aus den Anteilen zustehen[121]. In der Regel bleibt der Nießbrauchsbesteller Inhaber der Stimmrechte. Soweit der mitgliedschaftspaltende Nießbrauch für zulässig gehalten wird, können Stimmrechte auf den Nießbraucher übergehen, der in dieser Rechtsstellung unter § 16 Abs. 1 AktG fällt[122]. Kein Stimmrecht hat hingegen ein Bevollmächtigter, v.a. Banken bei der Ausübung des Bankenstimmrechts. 94

Einem Unternehmen gehören nicht die Anteile, die es **für Rechnung** der Gesellschaft hält. Damit entfällt die Möglichkeit, mit Anteilen, die eigenen Anteilen gleichstehen, eine Stimmrechtsmehrheit zu begründen. Dieses Ergebnis wird bei der AG noch da- 95

---

117 *Koppensteiner*, in: Kölner Komm. AktG³, § 16, Rn. 43; *Krieger*, in: MünchHdb. AG⁴, § 69, Rn. 44; a.M. *Emmerich/Habersack*, Aktien- und GmbH-Konzernrecht⁸, § 16, Rn. 18a, 25.
118 *Emmerich/Sonnenschein/Habersack*, Konzernrecht¹⁰, § 3, Rn. 5; *Emmerich/Habersack*, Aktien- und GmbH-Konzernrecht⁸, § 16, Rn. 22.
119 *Hüffer/Koch*, AktG¹³, § 16, Rn. 11; *Bayer*, in: MünchKomm. AktG⁴, § 16, Rn. 40; *Windbichler*, in: Großkomm. AktG⁵, § 16, Rn. 35.
120 Zust. *Windbichler*, in: Großkomm. AktG⁵, § 16, Rn. 45; ferner *Koppensteiner*, in: Kölner Komm. AktG³, § 16, Rn. 17; *Hüffer/Koch*, AktG¹³, § 16, Rn. 5; zur Stimmrechtsmehrheit bei Personenhandelsgesellschaften mit weiteren Fallgestaltungen vgl. ADS⁶, § 16 AktG, Tz. 13.
121 Vgl. hierzu OLG Koblenz v. 16.01.1992, NJW, S. 2163; *Pohlmann*, in: MünchKomm. BGB⁷, § 1068, Rn. 69; *Herrler*, in: Palandt, BGB⁷⁷, § 1068, Rn. 3.
122 *Hüffer/Koch*, AktG¹³, § 16, Rn. 7, m.w.N.; *Bayer*, in: MünchKomm. AktG⁴, § 16, Rn. 28; *Krieger*, in: MünchHdb. AG⁴, § 69, Rn. 34.

durch gestützt, dass aus diesen Anteilen nach der Regelung des § 136 Abs. 2 AktG die Stimmrechte nicht ausgeübt werden können.

96 Ist jedoch ein Anteilsbesitzer lediglich nach § 136 Abs. 1 AktG an der Stimmrechtsausübung gehindert (z.B. wegen Interessenkollision), so kann dies nicht die Mehrheitsbeteiligung beseitigen. Wenn daher ein mit Mehrheit beteiligter Einzelunternehmer über seine Entlastung nicht abstimmen kann, so entfallen durch diese einmalige Verhinderung bei der Stimmrechtsausübung nicht die Voraussetzungen des § 16 Abs. 1 AktG. Ist dagegen die Stimmenzahl gem. § 134 Abs. 1 AktG beschränkt oder können die Stimmrechte wegen der nichterfüllten Anzeigepflicht gem. § 20 Abs. 7 AktG oder § 28 WpHG nicht ausgeübt werden, so bleiben diese Stimmrechte außer Betracht[123].

4.4.3.3 Mittelbare Mehrheitsbeteiligung

97 Auch bei der Feststellung einer Mehrheitsbeteiligung aufgrund von Stimmrechten ist die Zurechnungsvorschrift des § 16 Abs. 4 AktG anzuwenden. In ihr werden zwar die Stimmrechte nicht unmittelbar angesprochen. Da bei zuzurechnenden Anteilen jedoch fingiert wird, dass sie dem Unternehmen gehören, andererseits nach § 16 Abs. 3 AktG Stimmrechte aus dem Unternehmen gehörenden Anteilen eine Mehrheitsbeteiligung begründen können, ist die Verbindung zu § 16 Abs. 4 AktG hergestellt.

98 Daher sind alle Stimmrechte aus solchen Anteilen zuzurechnen, bei denen die Voraussetzungen des § 16 Abs. 4 AktG vorliegen. Die Ausführungen zur Zurechnung von Anteilen bei Ermittlung einer Kapitalmehrheit gelten also auch unmittelbar für die Bestimmung einer Stimmrechtsmehrheit.

4.5 Abhängige und herrschende Unternehmen

4.5.1 Allgemeines

99 Die Vorschriften über abhängige und herrschende Unternehmen in § 17 AktG stellen zentrale Regelungen für das Recht der verbundenen Unternehmen dar. Sie sind Kern der Vermutungskette: Von einem in Mehrheitsbesitz stehenden Unternehmen wird nach § 17 Abs. 2 AktG vermutet, dass es abhängig ist. Von einem abhängigen Unternehmen besteht nach § 18 Abs. 1 S. 3 AktG eine Vermutung, dass das herrschende Unternehmen mit dem abhängigen Unternehmen einen Konzern bildet. Diese Vermutung kann durch den Nachweis fehlender einheitlicher Leitung widerlegt werden. Wird sie nicht widerlegt, so kommen zugleich die für Konzernverhältnisse vorgesehenen Bestimmungen zur Anwendung. Nach Art. 9 Abs. 1 Buchst. c ii SE-VO gelten die Vorschriften für abhängige und herrschende Unternehmen auch für eine SE mit Sitz im Inland (vgl. Kap. C Tz. 42, Kap. C Tz. 63).

100 Das Abhängigkeitsverhältnis des § 17 AktG setzt, wie alle Unternehmensverbindungen, auf beiden Seiten Unternehmen voraus[124].

---

[123] *Windbichler*, in: Großkomm. AktG[5], § 16, Rn. 35; *Koppensteiner*, in: Kölner Komm. AktG[3], § 16, Rn. 46; *Hüffer/Koch*, AktG[13], § 16, Rn. 11; ADS[6], § 16 AktG, Tz. 8 a.E.; a.A. *Krieger*, in: MünchHdb. AG[4], § 69, Rn. 32.

[124] Vgl. Kap. C Tz. 44; zur sog. eingliedrigen GmbH vgl. z.B. BGH v. 23.09.1991, BGHZ 115, S. 187 (195) „Video"; BGH v. 23.09.1993, BGHZ 122, S. 123 = ZIP, S. 589 „TBB"; vgl. Art. 28a EGAktG betr. Treuhandanstalt; § 19 FMStBG betr. Stabilisierungsfonds, vgl. hierzu Kap. C Tz. 56.

4.5.2 Abhängigkeitsbegriff

4.5.2.1 Einheitliche Begriffsbestimmung in § 17 AktG

Verschiedene Vorschriften des AktG[125] und die Rspr.[126] nehmen auf den Abhängigkeitsbegriff Bezug. **101**

Die h.M. neigt heute jedenfalls für den Geltungsbereich des AktG zu einer einheitlichen Auslegung[127]. Zweck der Definitionsnorm § 17 Abs. 1 AktG ist die einheitliche Festlegung des Begriffs für alle Vorschriften des Gesetzes. Darüber hinaus hat sie rechtsformübergreifende Bedeutung, die teilw. i.R. rechtsfortbildender Entscheidungen entwickelt wurde. Ferner nehmen andere Gesetze auf den Abhängigkeitsbegriff Bezug[128]. Keine Bedeutung kommt § 17 AktG im Hinblick auf die Voraussetzungen der organisatorischen Eingliederung bei der umsatzsteuerlichen Organschaft zu[129]. **102**

4.5.2.2 Die Beherrschungsmöglichkeit

Das Abhängigkeitsverhältnis beruht auf der Möglichkeit zum beherrschenden Einfluss. Aus der Sicht des abhängigen Unternehmens ist das die Lage, in der ein anderes Unternehmen auf dieses Einfluss nehmen kann. Dieser braucht nicht tatsächlich ausgeübt zu werden, das kommt in den Worten „beherrschenden Einfluss ausüben kann" zum Ausdruck[130]. Unerheblich ist deshalb auch, ob die Absicht besteht, das andere Unternehmen zu beherrschen. **Beherrschungsmöglichkeit** i.S.d. § 17 AktG liegt vor, wenn ein Unternehmen über gesicherte (gesellschafts-)rechtliche Beherrschungsmöglichkeiten verfügt, die es ihm ermöglichen, die Geschäfts- und Unternehmenspolitik des (abhängigen) Unternehmens nach seinem Willen zu beeinflussen[131]. Diese ist gegeben, sobald dem Gesellschafter die Mitgliedschaftsrechte zustehen. Bei einem Wechsel im Mitgliederbestand ist dies jedenfalls ab dem Zeitpunkt des dinglichen Anteilserwerbs gegeben: In dessen Vorfeld (z.B. nach Abschluss des Kaufvertrages, aber vor dessen dinglichem Vollzug (Closing)) kann u.U. eine solche Einwirkungsmöglichkeit bereits bestehen[132]. **103**

Nicht erforderlich ist, dass der beherrschende Einfluss sofort durchgesetzt werden kann. Die Umsetzung i.R. gesellschaftsrechtlicher Möglichkeiten unabhängig von der Mitwirkung Dritter und ggf. erst über Wahlen zum AR oder über die Bestellung anderer Vorstandsmitglieder genügt[133]. Diese Beherrschungsmöglichkeit muss eine gewisse Breite entfalten[134], doch genügt es, dass infolge des maßgeblichen Einflusses auf die **104**

---

125 Z.B. § 18 Abs. 1 S. 3; § 56 Abs. 2; § 71d S. 2; §§ 311, 312; § 302 Abs. 2 AktG.
126 Vgl. z.B. BGH v. 13.10.1977, BGHZ 69, S. 337 (347) „Veba/Gelsenberg"; BGH v. 16.09.1985, BGHZ 95, S. 330 „Autokran"; BGH v. 20.02.1989, BGHZ 107, S. 7 „Tiefbau"; BGH v. 17.03.1997, BGHZ 135, S. 107 (114) „VW".
127 Vgl. *Koppensteiner*, in: FS Stimpel, S. 811 (822); *Koppensteiner*, in: Kölner Komm. AktG³, § 17, Rn. 11; *Hüffer/Koch*, AktG¹³, § 17, Rn. 3; *Emmerich/Habersack*, Aktien- und GmbH-Konzernrecht⁸, § 17, Rn. 4; BGH v. 26.03.1984, BGHZ 90, S. 381; *Ulmer*, ZGR 1978, S. 457 (459).
128 Z.B. GWB, KWG, WpHG.
129 BFH v. 03.04.2008, DB, S. 1544.
130 Begr. RegE § 17, *Kropff*, AktG, S. 31.
131 *Hüffer/Koch*, AktG¹³, § 17, Rn. 5; ADS⁶, § 17 AktG, Tz. 13; *Emmerich/Habersack*, Aktien- und GmbH-Konzernrecht⁸, § 17, Rn. 5.
132 Dazu *Bayer*, in: MünchKomm. AktG⁴, § 17, Rn. 53; *Lutter*, in: FS Steindorff, S. 125 (132); *Weber*, ZIP 1994, S. 678 (687).
133 ADS⁶, § 17 AktG, Tz. 26; *Bayer*, in: MünchKomm. AktG⁴, § 17, Rn. 26.
134 OLG Frankfurt a.M. v. 22.12.2003, AG 2004, S. 567 „umfassender Einfluss".

personelle Besetzung der Verwaltungsorgane die Wahrscheinlichkeit einflusskonformen Verhaltens der Organmitglieder besteht[135].

4.5.2.3 Beständigkeit der Einflussmöglichkeit

105 Erforderlich ist eine gewisse **Beständigkeit und Breite der Einflussmöglichkeit**[136]. Das impliziert nicht notwendigerweise eine gewisse Dauer, doch kann eine vorübergehende Beteiligung zur Einflussvermittlung nicht genügen[137]. Die kurzfristige Übernahme von Aktien aus einer Kapitalerhöhung, die den Aktionären anzubieten sind, genügt nicht, um während der Zeit der Bezugsrechtsausübung als herrschendes Unternehmen angesehen zu sein[138]. Gleiches gilt für das Depotstimmrecht[139]; zufällige Mehrheiten sind dadurch auszuschließen. Ein kurzfristig andauernder Anteilsbesitz wird regelmäßig zur Begründung eines beherrschenden Einflusses i.S.d. hierfür erforderlichen Beständigkeit und Verlässlichkeit nicht ausreichen[140], da es aus zeitlichen Gründen bei dem Beteiligungsunternehmen in solchen Fällen u.U. nicht möglich sein wird, über die maßgeblichen Organe beherrschenden Einfluss auszuüben[141].

4.5.2.4 Die Beherrschungsmittel

4.5.2.4.1 Allgemeines

106 Das bedeutsamste Beherrschungsmittel ist die **Beteiligung** durch die sich aus ihr ergebenden gesellschaftsrechtlichen Einflussnahmemöglichkeiten[142]. Ein Mehrheitsgesellschafter kann durch Ausübung seines Stimmrechts in HV und im AR Einfluss geltend machen. Auch eine Minderheitsbeteiligung kann zu beherrschendem Einfluss führen, wenn und solange das mit Minderheit beteiligte Unternehmen mit Sicherheit auf die Mitwirkung anderer Aktionäre rechnen kann (etwa aufgrund eines Pool- oder Konsortialvertrages) und dadurch die Mehrheit gewährleistet ist, ebenso bei im Übrigen zersplittertem Anteilsbesitz sowie bei Präsenzmehrheit (vgl. Kap. C Tz. 114)[143]. Bei familiärer Verbundenheit eines Minderheitsaktionärs mit anderen Aktionären ist eine ausreichend sichere und beständige Interessenverbindung erforderlich. Wenn die Familie in der Vergangenheit stets als geschlossene Einheit aufgetreten ist, spricht dies für einen

---

135 H.M.: OLG Düsseldorf v. 22.07.1993, AG 1994, S. 36 (37); *Hüffer/Koch*, AktG[13], § 17, Rn. 5; *Krieger*, in: MünchHdb. AG[4], § 69, Rn. 39; *Emmerich/Habersack*, Aktien- und GmbH-Konzernrecht[8], § 17, Rn. 7 f.; *Ulmer*, ZGR 1978, S. 457 (461).
136 BGH v. 15.12.2011; AG 2012, S. 594; OLG Frankfurt a.M. v. 22.12.2003, AG 2004, S. 567 f.
137 *Hüffer/Koch*, AktG[13], § 17, Rn. 7; *Krieger*, in: MünchHdb. AG[4], § 69, Rn. 40; offener *Vetter*, in: Schmidt/Lutter AktG[3], § 17, Rn. 11.
138 *Bayer*, in: MünchKomm. AktG[4], § 17, Rn. 62; ADS[6], § 17 AktG, Tz. 17.
139 *Krieger*, in: MünchHdb. AG[4], § 69, Rn. 44.
140 *Emmerich/Habersack*, Aktien- und GmbH-Konzernrecht[8], § 17, Rn. 13; *Krieger*, in: MünchHdb. AG[4], § 69, Rn. 40; *Hüffer/Koch*, AktG[13], § 17, Rn. 7; BGH v. 17.03.1997, BGHZ 135, S. 107 (114) „VW".
141 Im Ergebnis ebenso *Rittner*, DB 1976, S. 1465 (1469); *Koppensteiner*, in: Kölner Komm. AktG[3], § 17, Rn. 25; ADS[6], § 17 AktG, Tz. 19.
142 Ganz h.M.: BGH v. 26.03.1984, NJW, S. 1893; BGH v. 19.01.1993, NJW, S. 2114; BGH v. 17.03.1997, NJW, S. 1855 (1856); *Emmerich/Habersack*, Aktien- und GmbH-Konzernrecht[8], § 17, Rn. 14; *Krieger*, in: MünchHdb. AG[4], § 69, Rn. 41; *Bayer*, in: MünchKomm. AktG[4], § 17, Rn. 34; *Hüffer/Koch*, AktG[13], § 17, Rn. 9; ADS[6], § 17 AktG, Tz. 21.
143 Vgl. u.a. BGH v. 13.10.1977, BGHZ 69, S. 334 (337) „VEBA/Gelsenberg"; OLG Karlsruhe v. 11.12.2003, AG 2004, S. 147 (148).

verfestigten Interessenverbund, sodass dem Aktionär die Stimmen der anderen Familienmitglieder zuzurechnen sind[144].

107 Grundlage der Abhängigkeit ist stets die gesellschaftsrechtliche Verbindung zwischen den Unternehmen. Wesentliches Beherrschungsmittel ist der durch die Stimmenmacht ausgeübte Einfluss. Dies folgt auch aus der an das Vorliegen einer Mehrheitsbeteiligung geknüpften Vermutung der Abhängigkeit[145]. Zu Besonderheiten der nicht durch Stimmrechte begründeten Abhängigkeit vgl. Kap. C Tz. 109. Als Beherrschungsmittel kommen neben der Beteiligung[146] v.a. sonstige **gesellschaftsrechtliche Bindungen** in Frage. Dass ein Beherrschungsvertrag ein Abhängigkeitsverhältnis begründet, ergibt sich unmittelbar aus dem Gesetz selbst (§ 291 Abs. 2 AktG). Auch die mit einem isolierten GAV verbundenen Begleitumstände führen als Indiz i.d.R. zu einem Abhängigkeitsverhältnis. Das Gleiche gilt bei anderen Unternehmensverträgen, z.B. einem Vertragsverhältnis, aufgrund dessen eine Ges. ihr Unternehmen für Rechnung eines anderen führt (§ 291 Abs. 1 S. 2 AktG)[147].

108 Die Rspr. setzt für einen beherrschenden Einfluss i.S.v. § 17 AktG voraus, dass dieser „**gesellschaftsrechtlich bedingt** oder zumindest **vermittelt**" ist; denn es geht um den Schutz gegen nachteilige Einwirkungen auf die Unternehmensführung unter Ausnutzung spezifisch gesellschaftsrechtlicher Möglichkeiten, nicht dagegen um den Schutz vor Gefahren, die jedem auf dem Markt auftretenden Unternehmen durch die Ausübung fremder wirtschaftlicher Macht drohen. Deshalb reicht eine durch Austauschbeziehungen, z.B. Liefer-, Lizenz- oder Kreditverträge, begründete wirtschaftliche Abhängigkeit für sich allein nicht aus[148]. Dagegen können außergesellschaftsrechtliche Einflüsse einen schon bestehenden gesellschaftsrechtlichen Einfluss so verstärken, dass dieser zu einem beherrschenden Einfluss i.S.v. § 17 AktG wird. Das ist allerdings nur bei Gestaltungen denkbar, in denen die gesellschaftsrechtliche Machtstellung schuldrechtlich verstärkt wird, etwa wenn der außergesellschaftsrechtliche Einfluss die Einwirkung auf gesellschaftsrechtliche Entscheidungen, z.B. die Organbesetzung, vermittelt[149]. Auch hat die Weisungsgebundenheit, die ein Dienstvertrag mit sich bringt, keine Abhängigkeit zur Folge. Denn die Weisungsgebundenheit bezieht sich nur auf die zu erbringenden Leistungen, nicht auf die Geschäftsführung des verpflichteten Unternehmens als solche.

109 **Tatsächliche Verhältnisse** können trotz enger wirtschaftlicher Verflechtungen ein Abhängigkeitsverhältnis nicht begründen, denn sie gestatten in aller Regel nicht, dass sich das abhängige Unternehmen ohne Rücksicht auf zukünftige Entwicklungen der Ein-

---

144 BGH v. 16.02.1981, DB, S. 931 (932).
145 *Krieger*, in: MünchHdb. AG[4], § 69, Rn. 42; *Emmerich/Habersack*, Aktien- und GmbH-Konzernrecht[8], § 17, Rn. 14.
146 *Bayer*, in: MünchKomm. AktG[4], § 17, Rn. 34 ff.; *Hüffer/Koch*, AktG[13], § 17, Rn. 9.
147 *Emmerich/Habersack*, Aktien- und GmbH-Konzernrecht[8], § 17, Rn. 22, 23; *Bayer*, in: MünchKomm. AktG[4], § 17, Rn. 64 ff.
148 *Krieger*, in: MünchHdb. AG[4], § 69, Rn. 47; *Hüffer/Koch*, AktG[13], § 17, Rn. 8.
149 Seit BGH v. 26.03.1984, DB, S. 1188 (1190); jetzt BGH v. 15.12.2011, AG 2012, S. 594, Rn. 16; OLG Düsseldorf v. 31.03.2009, AG, S. 873 f.; ADS[6], § 17 AktG, Tz. 29 und 91; h.M.: vgl. hierzu *Koppensteiner*, in: FS Stimpel, S. 811 (814); *Hüffer/Koch*, AktG[13], § 17, Rn. 8; *Emmerich/Habersack*, Aktien- und GmbH-Konzernrecht[8], § 17, Rn. 16; abl. zur sog. „kombinierten" Beherrschung *Koppensteiner*, in: Kölner Komm. AktG[3], § 17, Rn. 68.

wirkung eines Dritten unterwirft[150]. Das gilt selbst im Falle einer geschäftlichen Bindung mit besonders weitgehenden, auf eine Beherrschung des ganzen Unternehmens hinauslaufenden Einfluss- und Kontrollmöglichkeiten (z.B. in Kreditverträgen; anders ggf. bei Beteiligung der öffentlichen Hand, die infolge solcher Vereinbarungen eine einem Beherrschungsvertrag vergleichbare Stellung erlangt). Eine solche Lage kann sich zwar als Ausfluss der Marktlage oder einer erheblichen Verschuldung ggü. einem anderen Unternehmen ergeben. Für sich allein begründen die sich aus dem Kreditvertrag ergebenden Rechte kein Abhängigkeitsverhältnis[151]. Geschäftliche Beziehungen führen daher i.d.R. nur zusammen mit Einflussmöglichkeiten einer Beteiligung zu einem Abhängigkeitsverhältnis[152]. Gleiches gilt z.B. bei starker organisatorischer Einbindung infolge von Just-in-Time-Lieferverträgen oder bei Franchising (der zweiten Generation) oder auch bei weitreichenden Rechten bei Fehlverhalten in Kreditverträgen[153]. Der Ausgleich bestimmter Rechtsschutzdefizite bei solchen Verflechtungen durch das Konzernrecht wird jedoch weiterhin zu Recht angezweifelt.

110 Im Regelfall nicht zur Beeinträchtigung der Beherrschungsmöglichkeit führt bei AG die Zusammensetzung des AR nach dem **Mitbestimmungsgesetz**. In Pattsituationen haben die Anteilseigner über die Zweitstimme des AR-Vorsitzenden ein Entscheidungsrecht[154]. Gleiches wird überwiegend für AG angenommen, die nach dem Montan-MitbestG mitbestimmt sind[155].

111 Das **Bankenstimmrecht** (§ 135 AktG) begründet weder einen herrschenden Einfluss für ein KI, das aufgrund dieses Stimmrechts regelmäßig mehr als die Hälfte des Stimmrechts vertritt, noch für einen Aktionär, der zusammen mit dem Bankenstimmrecht über die Mehrheit in der HV verfügt. Denn das KI handelt nur als Bevollmächtigter der Aktionäre und ist von deren Weisungen abhängig. Dass die Depotkunden den Abstimmungsvorschlägen der KI i.d.R. folgen, ist hierbei ohne Bedeutung[156].

4.5.2.4.2 Verbotsrechte als Beherrschungsmittel

112 Ein Beherrschungsverhältnis erfordert die Möglichkeit, die Entscheidungen des anderen Unternehmens zu beeinflussen. Es genügt nicht, dass ein Unternehmen in der Lage ist, bestimmte Handlungen eines anderen Unternehmens zu verhindern. Eine gesellschaftsrechtliche Sperrminorität stellt kein Beherrschungsmittel dar, da mit ihr nur

---

150 *Emmerich/Habersack*, Aktien- und GmbH-Konzernrecht[8], § 17, Rn. 15, 16; OLG Schleswig v. 28.10.2010, BeckRS, 29118.
151 Verneint für Austauschbeziehungen, z.B. Liefer-, Lizenz- oder Kreditbeziehungen, OLG Karlsruhe v. 11.12.2003, AG 2004, S. 147 (148).
152 BGH v. 26.03.1984, BGHZ 90, S. 381 (395) „BUM"; BGH v. 17.03.1997, BGHZ 135, S. 107 (114) „VW"; OLG Frankfurt a.M. v. 21.11.1995, AG 1998, S. 139 (140), sowie v. 22.12.2003, AG, S. 567; *Emmerich/Habersack*, Aktien- und GmbH-Konzernrecht[8], § 17, Rn. 16; *Hüffer/Koch*, AktG[13], § 17, Rn. 8; *Dierdorf*, S. 258; *Martens*, S. 58.
153 *Windbichler*, in: Großkomm. AktG[5], § 17, Rn. 37 ff.; *Bayer*, in: MünchKomm. AktG[4], § 17, Rn. 30.
154 H.M.: so z.B. *Koppensteiner*, in: Kölner Komm. AktG[3], § 17, Rn. 121; *Hüffer/Koch*, AktG[13], § 17, Rn. 11; *Schall*, in: Spindler/Stilz, AktG[3], § 17, Rn. 54.
155 *Hüffer/Koch*, AktG[13], § 17, Rn. 11; a.A. *Koppensteiner*, in: Kölner Komm. AktG[3], § 17, Rn. 120; ADS[6], § 17 AktG, Tz. 55.
156 *Bayer*, in: MünchKomm. AktG[4], § 17, Rn. 46 ff.; *Koppensteiner*, in: Kölner Komm. AktG[3], § 17, Rn. 48; *Hüffer/Koch*, AktG[13], § 17, Rn. 10; *Emmerich/Habersack*, Aktien- und GmbH-Konzernrecht[8], § 17, Rn. 24; *Krieger*, in: MünchHdb. AG[4], § 69, Rn. 44; a.A. *Werner/Peters*, BB 1976, S. 393, und AG 1978, S. 297 (302/303).

Entscheidungen blockiert, i.d.R. aber nicht herbeigeführt werden können[157]. Auch nichtgesellschaftsrechtliche Verbotsrechte können zwar die geschäftspolitische Freiheit des Unternehmens beeinträchtigen, führen aber nur im Ausnahmefall dazu, dass das Unternehmen in den Grundzügen seiner Geschäftspolitik dem Willen des anderen unterworfen ist. Nur in sehr seltenen Fällen, z.B. bei Verbindung mit anderen satzungsmäßigen Rechten, können Verbotsrechte in einzelnen Bereichen der unternehmerischen Betätigung so bedeutsam sein, dass sie zu einem Beherrschungsmittel werden und das Unternehmen dazu nötigen, sich dem anderen Unternehmen in den wesentlichen Beziehungen unterzuordnen[158].

4.5.2.4.3 Verflechtung der Verwaltungen als Beherrschungsmittel

Ein Abhängigkeitsverhältnis kann durch **Personenidentität** in den Verwaltungen der Unternehmen begründet werden, wenn ein gesellschaftsrechtlich vermitteltes Beherrschungsverhältnis besteht. Die Beherrschung durch Personenverflechtungen ohne qualifizierte gesellschaftsrechtliche Beteiligung ist die Ausnahme, da in diesen Fällen die Beständigkeit nicht gesichert ist. Im Übrigen wäre dieser Fall z.B. dann gegeben, wenn Mitglieder der Geschäftsleitung eines Unternehmens zugleich der Geschäftsleitung eines zweiten Unternehmens angehören und dort bestimmenden Einfluss besitzen, d.h. ihren Willen (und damit ggf. auch den des erstgenannten Unternehmens) ggü. den übrigen Mitgliedern der Geschäftsleitung durchzusetzen vermögen[159]. Je nach den Verhältnissen kann sich in einer personellen Verflechtung auch eine einheitliche Leitung beider Unternehmen manifestieren, und zwar sowohl in der Form der Unterordnung wie auch in der Form der Gleichordnung[160]. 113

4.5.2.5 Minderheitsbeteiligung; Präsenzmehrheit in der Hauptversammlung

Bei Bestehen einer Minderheitsbeteiligung kann die Abhängigkeit durch Hinzutreten besonderer Rechte oder Umstände entstehen[161]. Das ist nicht der Fall bei Angewiesensein auf die freiwillige Unterstützung durch andere Gesellschafter oder durch zufällige Mehrheitsverhältnisse in der HV. Kann das beteiligte Unternehmen immer mit der Präsenzmehrheit rechnen und sie zur entsprechenden Entscheidung bei der Besetzung der Organe ausnutzen, ist Abhängigkeit zu bejahen. Das gilt insb., wenn der übrige Anteilsbesitz breit gestreut ist und sich deshalb in der HV ggü. dem Paketbesitz mit an Gewissheit grenzender Wahrscheinlichkeit nicht durchzusetzen vermag. Die Rspr. hat anerkannt, dass auch eine unter 50 v.H. liegende Beteiligung i.V.m. weiteren verlässlichen 114

---

157 H.M.: *Koppensteiner*, in: Kölner Komm. AktG³, § 17, Rn. 43; *Hüffer/Koch*, AktG¹³, § 17, Rn. 10; *Emmerich/Habersack*, Aktien- und GmbH-Konzernrecht⁸, § 17, Rn. 25.
158 *Emmerich/Habersack*, Aktien- und GmbH-Konzernrecht⁸, § 17, Rn. 25; *Windbichler*, in: Großkomm. AktG⁵, § 17, Rn. 20.
159 *Windbichler*, in: Großkomm. AktG⁵, § 17, Rn. 43; *Krieger*, in: MünchHdb. AG⁴, § 69, Rn. 48; a.A. *Koppensteiner*, in: Kölner Komm. AktG³, § 17, Rn. 62.
160 Vgl. hierzu RG v. 21.04.1941, RGZ 167, S. 40 (54), und Erl. zu § 18 AktG, Kap. C Tz. 151; ADS⁶, § 17 AktG, Tz. 63.
161 *Emmerich/Habersack*, Aktien- und GmbH-Konzernrecht⁸, § 17, Rn. 19; BGH v. 17.03.1997, NJW, S. 1855 (1856) „VW"; BGH v. 18.06.2001, BGHZ 148, S. 123 (125 f.); BayOLG v. 06.03.2002, AG, S. 511 (513); OLG Frankfurt a.M. v. 30.04.1997, NZG 1998, S. 229; LG Mannheim v. 25.02.2002, AG 2003, S. 216 (217).

Umständen rechtlicher oder tatsächlicher Art einen beherrschenden Einfluss i.S.v. § 17 Abs. 1 AktG begründet[162].

4.5.2.6 Mittelbare (mehrstufige) Abhängigkeit

115 Der beherrschende Einfluss kann v.a. bei mehrstufigen Beteiligungen auch mittelbar gegeben sein, ferner auch über einen Trh., der Anteile des herrschenden Unternehmens an dem anderen Unternehmen hält.

> **Beispiel 4:**
>
> Wenn z.B. das Unternehmen A an dem Unternehmen B und dieses wiederum an C mit Mehrheit beteiligt ist, ohne dass die Abhängigkeitsvermutung zwischen B und A oder C und B widerlegt ist, besteht nicht nur ein Abhängigkeitsverhältnis von B ggü. A und von C ggü. B, sondern auch eine mittelbare Abhängigkeit von C ggü. A[163]. A kann wegen seines Einflusses auf B mittelbar auch die Geschäftspolitik bei C bestimmen. Ein Unternehmen kann ggü. mehreren anderen abhängig sein (C ist sowohl von B als auch von A abhängig) oder gleichzeitig ggü. einem Unternehmen abhängig und ggü. dem anderen beherrschend sein (so im Beispielsfall das Unternehmen B)[164]. Die unmittelbaren Abhängigkeitsbeziehungen werden durch die mittelbare Abhängigkeit nicht absorbiert.

4.5.2.7 Abhängigkeit von mehreren (untereinander unabhängigen) Unternehmen

116 Ein Unternehmen kann - auch ohne dass es sich um eine mehrstufige Beteiligung (wie in Kap. C Tz. 115) handelt - gleichzeitig zu mehreren Unternehmen in (je einem gesonderten) Abhängigkeitsverhältnis stehen. Nahe liegt dies bei mehreren miteinander nicht verbundenen Unternehmen, die je zur Hälfte an einem anderen Unternehmen beteiligt sind (z.B. bei Gemeinschaftsunternehmen). Gemeinsamer beherrschender Einfluss ist z.B. in § 36 Abs. 2 S. 2 GWB anerkannt. Danach gilt im Falle des Zusammenwirkens zur gemeinsamen Beherrschung jedes der beteiligten Unternehmen als herrschendes Unternehmen.

Abhängigkeit von zwei Unternehmen liegt nicht vor, wenn nur eines dieser Unternehmen die Führung des Gemeinschaftsunternehmens übernimmt oder wenn die Herrschaftsausübung der Unternehmen allein auf deren unabhängiger Ausübung der Gesellschaftsrechte beruht[165]. Etwas anderes gilt aber dann, wenn die MU ihr Vorgehen ggü. den Unternehmen koordinieren. Als Koordinationsmittel kommen Vereinbarungen (Konsortial- oder Stimmbindung) oder auch tatsächliche Verhältnisse in Betracht, die aber eine auf Dauer gerichtete gemeinsame Interessenverfolgung gewährleisten müssen[166]. Dies ist folgerichtig, denn nach der Rspr. ist das Vorliegen eines Abhängigkeitsverhältnisses aus der Sicht des abhängigen und nicht des herrschenden

---

162 Urt. im Veba-Gelsenberg-Fall v. 13.10.1977, WPg 1978, S. 80; BGH v. 17.03.1997, BGHZ 135, S. 107 (114); nicht erfüllt in BGH v. 15.12.2011, ZIP 2012, S. 1177 (1178 f.); *Hüffer/Koch*, AktG[13], § 17, Rn. 9; *Koppensteiner*, in: Kölner Komm. AktG[3], § 17, Rn. 40 ff.; ADS[6], § 17 AktG, Tz. 35.
163 *Emmerich/Habersack*, Aktien- und GmbH-Konzernrecht[8], § 17, Rn. 27.
164 *Krieger*, in: MünchHdb. AG[4], § 69, Rn. 49 f.
165 *Vetter*, in: Schmidt/Lutter, AktG[3], § 17, Rn. 45 ff.; BGH v. 08.05.1979, AG 1980, S. 50; OLG Frankfurt a.M. v. 22.12.2003, AG 2004, S. 567 (568).
166 *Emmerich/Habersack*, Aktien- und GmbH-Konzernrecht[8], § 17, Rn. 30.

Unternehmens zu beurteilen[167]. Vom Standpunkt des abhängigen Unternehmens sei es gleichgültig, ob der – nach außen einheitliche – fremde Unternehmenswille, dem die Ges. unterworfen ist, von einem oder mehreren anderen Unternehmen gebildet werde; denn die Gefahr, zum eigenen Nachteil fremden Unternehmensinteressen dienstbar gemacht zu werden, ist für das abhängige Unternehmen auch in diesen Fällen gegeben. Entschieden wurde dies für drei Familiengesellschaften, die an einer AG mit zusammen rd. 55 v.H. beteiligt waren und als herrschend, die AG aber als abhängig angesehen wurde[168]. Durch die Beteiligung der beiden Familienstämme über die drei Familiengesellschaften waren „tatsächliche Umstände sonstiger Art", die eine „von vornherein gesicherte Herrschaftsmöglichkeit" über die AG biete, gegeben[169].

Auch das BAG ließ zu, dass die Arbeitnehmer einer Beteiligungsgesellschaft bei der Wahl der Arbeitnehmervertreter zu den AR von zwei Obergesellschaften zugelassen werden müssen, die zusammen über das überwiegende Nominalkapital der Beteiligungsgesellschaft verfügten, ihr Stimmrecht gepoolt und sich zu gemeinsamer Geschäftspolitik verpflichtet hatten[170]. Das BAG erkannte ein Abhängigkeitsverhältnis zu jeder der Obergesellschaften an, darüber hinaus ein Konzernverhältnis[171]. **117**

Maßgebend ist, dass die **gemeinschaftliche Herrschaftsausübung** auf eine hinreichend sichere Grundlage zurückgeführt werden kann[172]. Diese kann auf vertraglicher oder organisatorischer Grundlage (z.B. Personenidentität[173]), aber sogar tatsächlichen Umständen beruhen. Die nur zufällige Wahrnehmung gleichgerichteter Interessen ggü. der Gesellschaft kann genauso wenig genügen wie ein tatsächlicher Einigungszwang oder die Auflösung von Pattsituationen durch Einigungszwang oder die Anrufung eines Schiedsgerichts[174]. **118**

Als Grundlage für die gemeinsame Herrschaft kommen die Gründung einer BGB-Gesellschaft, die Zusammenfassung der MU in einem Gleichordnungskonzern durch Verträge oder ein Konsortialvertrag, Poolvertrag oder eine Stimmbindungsvereinbarung zwischen den MU in Betracht, die auf Dauer die gemeinsame Interessenverfolgung durch das MU sichern[175]. Diese sind darauf gerichtet, das Abstimmungsverhalten zu regeln; sie können jedoch auch die Koordination in bestimmten, für das Unternehmen wesentlichen Aspekten der Geschäftspolitik betreffen[176]. Bei 50:50-Gemeinschafts- **119**

---

167 BGH v. 04.03.1974, BB, S. 572, DB, S. 767 „Seitz/Enzinger-Union-Urteil".
168 BGH v. 04.03.1974, BGHZ 80, S. 69 (73) = BB, S. 572 = DB, S. 767; *Lutter* im Ergebnis zust., vgl. NJW 1973, S. 113; krit. *Schweda*, DB 1974, S. 1993.
169 Krit. zu dieser Wertung *Schweda*, DB 1974, S. 1993; ADS[6], § 17 AktG, Tz. 44. Der Vorentscheidung des OLG Karlsruhe stimmt *Lutter* im Ergebnis zu, vgl. NJW 1973, S. 113.
170 BAG v. 18.06.1970, DB, S. 1595.
171 BAG v. 30.10.1986, DB 1987, S. 1961; AG 1996, S. 367 (368).
172 BGH v. 04.03.1974, BGHZ 62, S. 193 (199); bestätigt auch für den qualifiziert faktischen Konzern durch BGH v. 19.09.1994, DB, S. 2385; BAG v. 11.02.2015, JR 2016, S. 345; *Hüffer/Koch*, AktG[13], § 17, Rn. 13; *Schmidt, K.*, ZIP 1994, S. 1741.
173 BAG v. 16.08.1995, NJW 1996, S. 1691.
174 OLG Hamm v. 26.05.1997, AG 1998, S. 588; *Emmerich/Habersack*, Aktien- und GmbH-Konzernrecht[8], § 17, Rn. 31; *Hüffer/Koch*, AktG[13], § 17, Rn. 16, m.w.N.
175 Vgl. *Koppensteiner*, in: Kölner Komm. AktG[3], § 17, Rn. 90 ff.; *Hüffer/Koch*, AktG[13], § 17, Rn. 15; *Emmerich/Habersack*, Aktien- und GmbH-Konzernrecht[8], § 17, Rn. 30; BGH v. 16.12.1991, NJW 1992, S. 1167, mit Anm. v. *Joost*; BGH v. 19.01.1993, NJW, S. 2114 (2115); BGH v. 19.09.1994, DB, S. 2385.
176 Vgl. ADS[6], § 17 AktG, Tz. 45.

unternehmen soll ein Beweis des ersten Anscheins in Betracht kommen, dass die Gesellschaftsrechte nicht unkoordiniert ausgeübt werden[177].

120 Entscheidend ist die verlässlich verabredete einheitliche Ausübung des Stimmrechts, sofern nicht wegen der Unterschiedlichkeit der Interessen und der Willensbildung ein Spannungsverhältnis bestehen bleibt, das zu einer gegenseitigen Machtbeschränkung führen und für die Beteiligungsgesellschaft einen gewissen Schutz bedeuten kann. Ist ein von Interessendivergenzen geprägtes Spannungsverhältnis zwischen den Obergesellschaften nur von geringer Bedeutung, ist ein Abhängigkeitsverhältnis zu jeder der Obergesellschaften und nicht nur zu der ggf. bestehenden BGB-Gesellschaft anzunehmen[178]. Ist die Zwischengesellschaft Unternehmen i.S.v. § 15 AktG, kann auch die Zwischengesellschaft neben den Partnern herrschendes Unternehmen ggü. dem Gemeinschaftsunternehmen sein[179].

121 Falls ein Abhängigkeitsverhältnis ggü. den Obergesellschaften nicht festzustellen ist, scheidet dies auch ggü. einer von den Obergesellschaften gebildeten **BGB-Gesellschaft** aus; denn wenn die Interessendivergenzen der Obergesellschaften zu einer gegenseitigen Machtbeschränkung führen, gilt dies auch für die BGB-Gesellschaft.

4.5.2.8 Treuhandverhältnisse

122 Ein Unternehmen, das eine Beteiligung aufgrund einer uneigennützigen (Verwaltungs-) Treuhandschaft als Trh. besitzt, wird dadurch ggü. dem Unternehmen, an dem die Beteiligung besteht, infolge der Vermutung nach § 17 Abs. 2 AktG zum herrschenden Unternehmen. Zwar kann vertreten werden, dass die Beteiligung im materiellen Sinne kein Beherrschungsmittel des Trh., sondern des Treugebers vermittelt. Denn der Trh. nimmt lediglich fremde Interessen in fremdem Auftrag wahr, ist also nur Gehilfe bei der Ausübung der Beherrschungsmacht des Treugebers und besitzt keine eigene Beherrschungsmöglichkeit[180]. In solchen Fällen kann also mittelbare Abhängigkeit des Beteiligungsunternehmens im Verhältnis zu dem Treugeberunternehmen gegeben sein[181]. In der Regel kommt es indessen zu einem mehrfachen Abhängigkeitsverhältnis, und zwar zur mittelbaren Abhängigkeit (nach § 16 Abs. 4 AktG) vom Treugeber und zur unmittelbaren Abhängigkeit vom Trh.[182]

123 Das treuhänderisch gehaltene Unternehmen kann von dem Treugeberunternehmen abhängig sein. Das folgt daraus, dass dem Treugeber nach § 16 Abs. 4 AktG die Anteile an der Ges. zugerechnet werden, sodass für ihn eine gleichfalls gesellschaftsrechtlich vermittelte Beherrschungsmöglichkeit besteht und die Vermutung nach § 17 Abs. 2 AktG zur Anwendung kommt[183].

---

177 *Bayer*, in: MünchKomm. AktG[4], § 17, Rn. 81; *Vetter*, in: Schmidt/Lutter, AktG[3], § 17, Rn. 46, 47; a.A. *Koppensteiner*, in: Kölner Komm. AktG[3], § 17, Rn. 93.
178 H.M.: *Hüffer/Koch*, AktG[13], § 17, Rn. 14; *Krieger*, in: MünchHdb. AG[4], § 69, Rn. 54; *Emmerich/Habersack*, Aktien- und GmbH-Konzernrecht[8], § 17, Rn. 32; enger *Koppensteiner*, in: Kölner Komm. AktG[3], § 17, Rn. 86 ff.; zur steuerlichen Beurteilung Hess. FG v. 08.03.2017, EFG 2017, 1288. Zu den Problemen, die sich bei der Frage nach einem Konzernverhältnis des Gemeinschaftsunternehmens zu den einzelnen Obergesellschaften ergeben, vgl. Erl. zu § 18 AktG unter Kap. C Tz. 164.
179 *Vetter*, in: Schmidt/Lutter, AktG[3], § 17, Rn. 49.
180 *Zilias*, WPg 1967, S. 465 (469/470); vgl. Erl. zu § 16 AktG unter Kap. C Tz. 75 ff.
181 *Emmerich/Habersack*, Aktien- und GmbH-Konzernrecht[8], § 17, Rn. 26.
182 *Emmerich/Habersack*, Aktien- und GmbH-Konzernrecht[8], § 17, Rn. 26, § 16, Rn. 13a, 18; *Bayer*, in: MünchKomm. AktG[4], § 17, Rn. 74.
183 Vgl. Erl. unter Kap. C Tz. 75 ff.

4.5.2.9 Abhängigkeit und Gleichordnung

Kein Abhängigkeitsverhältnis ist zwischen Unternehmen gegeben, die einen **Gleichordnungskonzern** bilden. Der Gleichordnungskonzern setzt voraus, dass die Unternehmen unabhängig sind und es auch bleiben[184]. Auch wenn die Unternehmen als Leitungsinstanz eine GmbH gründen, entsteht dadurch kein Abhängigkeitsverhältnis, weil die GmbH beauftragtes Organ der Unternehmen ist[185].

124

4.5.3 Abhängigkeitsvermutung (§ 17 Abs. 2 AktG)

§ 17 Abs. 2 AktG enthält die **Vermutung**, dass ein in Mehrheitsbesitz stehendes Unternehmen von dem an ihm mit Mehrheit beteiligten Unternehmen abhängig ist. Dabei wird unter Mehrheitsbeteiligung sowohl eine Kapitalmehrheit als auch eine Stimmrechtsmehrheit verstanden[186]. Grundgedanke der Regelung ist, dass ein mit Mehrheit beteiligtes Unternehmen im Allgemeinen in der Lage ist, auf das in Mehrheitsbesitz stehende Unternehmen beherrschenden Einfluss auszuüben, sei es durch entsprechende Besetzung des AR und damit mittelbar auch des Vorstands, sei es auf andere Weise außerhalb der gesellschaftsrechtlichen Zuständigkeitsordnung (z.B. durch direkte Einflussnahme auf die Entscheidungen des Vorstands).

125

Die Abhängigkeitsvermutung kann **widerlegt** werden[187]. Es ist Sache des sich hierauf berufenden, in Mehrheitsbesitz stehenden Unternehmens darzutun und ggf. zu beweisen, dass und aus welchen Gründen die Mehrheitsbeteiligung im konkreten Fall keine Einflussnahmemöglichkeit gewährt[188]. Diese Beweislage ist v.a. für den APr. von Bedeutung, z.B. bei der Feststellung, ob ein AbhB erstellt werden muss.

126

Ausgeschlossen ist die Widerlegung der Abhängigkeitsvermutung in den Fällen, in denen das in Mehrheitsbesitz stehende Unternehmen seinerseits mehr als 25 v.H. der Anteile des Unternehmens besitzt, das an ihm mit Mehrheit beteiligt ist. Bei solchen wechselseitigen Beteiligungen gilt die Fiktion der Abhängigkeit (§ 19 Abs. 3 AktG)[189].

127

Für die Widerlegung der Abhängigkeitsvermutung i.R.d. § 17 Abs. 2 AktG sind folgende Grundsätze zu beachten:

4.5.3.1 Keine Ausübung von Beherrschungsmacht

Die Abhängigkeitsvermutung des § 17 Abs. 2 AktG ist nicht allein durch den Nachweis widerlegbar, dass tatsächlich kein beherrschender Einfluss auf das in Mehrheitsbesitz stehende Unternehmen ausgeübt wird. Da die tatsächliche Ausübung des beherrschenden Einflusses für den Abhängigkeitsbegriff nicht vorausgesetzt wird[190], ist für die Widerlegung der Abhängigkeitsvermutung der Nachweis erforderlich, dass aus Rechtsgründen keine Beherrschung praktiziert werden kann[191].

128

---

[184] *Emmerich/Habersack*, Aktien- und GmbH-Konzernrecht[8], § 18, Rn. 25.
[185] *Bayer*, in: MünchKomm. AktG[4], § 18, Rn. 53, 56; *Hüffer/Koch*, AktG[13], § 18, Rn. 20.
[186] Vgl. die Legaldefinition der Mehrheitsbeteiligung in § 16 Abs. 1 AktG.
[187] Zur Widerlegung vgl. OLG München v. 11.05.2004, DB, S. 1356 (m. Rn. von *Götz*).
[188] BGH v. 14.05.2013, ZIP, S. 1274 (1277); OLG Düsseldorf v. 04.07.2013, AG, S. 720 (721); *Hüffer/Koch*, AktG[13], § 17, Rn. 18.
[189] *Krieger*, in: MünchHdb. AG[4], § 69, Rn. 59; *Vetter*, in: Schmidt/Lutter, AktG[3], § 17, Rn. 50.
[190] Vgl. Kap. C Tz. 103.
[191] H.M.: *Hüffer/Koch*, AktG[13], § 17, Rn. 19; *Koppensteiner*, in: Kölner Komm. AktG[3], § 17, Rn. 101; *Krieger*, in: MünchHdb. AG[4], § 69, Rn. 60; ADS[5], § 17 AktG, Tz. 101.

129 Die Widerlegung der Abhängigkeitsvermutung ist ausgeschlossen, wenn tatsächlich beherrschender Einfluss ausgeübt wird; denn damit ist auch die vom Gesetz allein vorausgesetzte Beherrschungsmöglichkeit erwiesen. Das Fehlen tatsächlicher Einflussnahme reicht zwar zur Widerlegung der Abhängigkeitsvermutung nicht aus, ist aber Voraussetzung dafür, dass eine Widerlegung überhaupt möglich ist.

130 Tatsächliche Verhältnisse genügen für sich allein nicht zur Widerlegung der Abhängigkeitsvermutung[192], sondern sie muss sich auf eine **gesellschaftsrechtliche** oder **vertragliche Grundlage** stützen, durch die der sonst gegebene Einfluss auf die Geschäfts- und Unternehmenspolitik des anderen Unternehmens ausgeschlossen wird. Nur unter ganz besonderen Umständen ist vorstellbar, dass tatsächliche Verhältnisse zur Widerlegung ausreichen, z.B. wenn die Beherrschung eines ausländischen TU durch politische oder wirtschaftspolitische Einflussmaßnahme des betreffenden ausländischen Staates ausgeschlossen ist[193].

4.5.3.1.1 Beschränkung der Mehrheitsrechte durch Satzungsgestaltung

131 Als Satzungsbestimmungen, auf die sich die Widerlegung der Abhängigkeitsvermutung stützen kann, kommen v.a. die folgenden Bestimmungen in Betracht:

132 Das mit Mehrheit beteiligte Unternehmen besitzt zwar mehr als 50 v.H. der Anteile, jedoch nicht die Stimmenmehrheit, weil die Beteiligung ganz oder z.T. aus Vorzugsaktien ohne Stimmrechte (§ 12 Abs. 1 AktG) besteht. Hier ist zur Widerlegung der Abhängigkeitsvermutung, die auch an das Innehaben der Kapitalmehrheit anknüpft, erforderlich darzutun, dass auch in anderer Weise ein gesellschaftsrechtlich vermittelter Einfluss nicht ausgeübt werden kann[194]. Das Gleiche gilt, wenn in der Satzung Stimmrechtsbeschränkungen gem. § 134 AktG vorgesehen sind oder dass für wichtige Beschlüsse, v.a. Wahlen zum AR, eine qualifizierte Mehrheit, z.B. eine Zweidrittelmehrheit, vorgesehen ist, die das mit Mehrheit beteiligte Unternehmen nicht erreicht[195].

In allen diesen Fällen muss ausgeschlossen sein, dass ein Abhängigkeitsverhältnis aus den gleichen Gründen wie bei einer Minderheitsbeteiligung[196] oder im Hinblick auf andere Beherrschungsmittel in der Hand des beteiligten Unternehmens zu bejahen ist[197].

4.5.3.1.2 Beschränkungen der Mehrheitsrechte durch Vertrag

133 Verträge zwischen Gesellschaftern können eine Grundlage für die Widerlegung der Abhängigkeitsvermutung bilden, wenn sie die spezifische Abhängigkeitsquelle ausschalten, die bei einer Mehrheitsbeteiligung darin besteht, dass das mit Mehrheit beteiligte Unternehmen bei einer AG die AR-Mitglieder und damit mittelbar den Vorstand,

---

[192] So *Geßler*, DB 1965, S. 1691 (1696); *Emmerich/Habersack*, Aktien- und GmbH-Konzernrecht[8], § 17, Rn. 37; ADS[6], § 17 AktG, Tz. 101.

[193] So *Bayer*, in: MünchKomm. AktG[4], § 17, Rn. 94; ADS[6], § 17 AktG, Tz. 102.

[194] *Hüffer/Koch*, AktG[13], § 17, Rn. 20 f.; *Emmerich/Habersack*, Aktien- und GmbH-Konzernrecht[8], § 17, Rn. 36 f.; *Krieger*, in: MünchHdb. AG[4], § 69, Rn. 64.

[195] Vgl. auch *Hüffer/Koch*, AktG[13], § 17, Rn. 21. Die dort vertretene Auffassung, dass sich die Mehrheit auch auf Zustimmungsbeschlüsse in wesentlichen Angelegenheiten der Ges. (vgl. BGH v. 25.02.1982, BGHZ 83, S. 122 „Holzmüller") beziehen soll, ist nach BGH v. 26.04.2004, DB, S. 1200, der für solche Beschlüsse eine 3/4-Mehrheit vorschreibt, nicht mehr aufrechtzuerhalten; ferner ADS[6], § 17 AktG, Tz. 109.

[196] Vgl. Kap. C Tz. 114.

[197] Vgl. Kap. C Tz. 106.

bei einer GmbH oder PersGes. die Geschäftsführer auswählen und abberufen kann. Hier geht es um **Stimmrechtsvereinbarungen**, durch die sich das mit Mehrheit beteiligte Unternehmen verpflichtet, gemäß der mit einem Dritten eingegangenen Bindung zu stimmen und z.B. eine gewisse Anzahl der Anteilseignervertreter im AR nach dessen Vorschlägen zu wählen[198].

Die Zahl der AR-Mandate, die hiernach den Minderheitsaktionären zur Verfügung stehen müssen, berechnet sich nur nach der Gesamtzahl der Aktionärsvertreter. Die Arbeitnehmervertreter im AR sind bei dem Zahlenverhältnis nicht zu berücksichtigen. **134**

Allgemein ist anerkannt, dass der Mehrheitsaktionär durch einen **Vertrag** (z.B. Entherrschungsvertrag, Abhängigkeitsausschlussvertrag) mit der in Mehrheitsbesitz stehenden Ges. seine Rechtsstellung so beschränken kann, dass die Abhängigkeitsvermutung widerlegt ist[199]. Unzulässig ist, dass die Ges. dem Großaktionär Weisungen für die Ausübung des Stimmrechts (bei Wahl und Abberufung der Anteilseignervertreter zum AR) erteilen kann (§ 136 Abs. 3 AktG). Zulässig ist die schriftliche Verpflichtung des Mehrheitsaktionärs ggü. der Ges., auf die Ausübung des Stimmrechts teilw. zu verzichten[200]. Somit kann der Großaktionär auf die Ausübung seiner Mehrheitsrechte (bezogen auf die Präsenz bei der Beschlussfassung in der HV) hinsichtlich der Besetzung des AR verzichten, was als Grundlage für die Widerlegung der Abhängigkeitsvermutung genügt[201]. Dabei wird eine Beschränkung auf weniger als die Hälfte der in der HV oder in der Gesellschafterversammlung vertretenen Stimmen verlangt[202]. Die Beschränkung in der Ausübung der Gesellschafterrechte bei der AR-Wahl muss ausreichen, um die Ges. von beherrschendem Einfluss unabhängig zu machen. Dazu muss sicher angenommen werden können, dass die Ges. ihre Rechte aus dem Vertrag mit dem Mehrheitsaktionär auch geltend macht. **135**

Entherrschungsverträge müssen für einen Zeitraum von mindestens fünf Jahren[203] unkündbar sein; durch die Laufzeit des Vertrages ist abzusichern, dass die nächstfolgende Wahl zum AR nicht durch den Mehrheitsgesellschafter dominiert werden kann[204]. Eine **136**

---

198 Zu Stimmbindungsverträgen *Hüffer/Koch*, AktG[13], § 17, Rn. 22; *Vetter*, in: Schmidt/Lutter, AktG[3], § 17, Rn. 55; *Krieger*, in: MünchHdb. AG[4], § 69, Rn. 59; *Emmerich/Habersack*, Aktien- und GmbH-Konzernrecht[8], § 17, Rn. 36; *Hentzen*, ZHR 1993, S. 65; *Reichert/Harbarth*, AG 2001, S. 447 (453); zur tatsächlichen Anwendung von Stimmbindungen *Zutt*, ZHR 1991, S. 190 (213); *Geßler*, DB 1965, S. 1691; *Götz*, S. 60; *Jäger*, DStR 1995, S. 1113 (1114). Nach der Rspr. sind Stimmrechtsbindungsverträge mittels Klage auf Erfüllung durchsetzbar, vgl. BGH v. 29.05.1967, BB, S. 975; OLG Köln v. 16.03.1988, WM, S. 974 (976); ferner OLG Düsseldorf v. 04.07.2013, AG, S. 720 (721).
199 Zur Problematik von Entherrschungsverträgen vgl. *Götz*, S. 60; *Hoffmann-Becking*, ZGR 1994, S. 442 (452).
200 Zur Zulässigkeit solcher Vereinbarungen vgl. OLG Köln v. 24.11.1992, AG 1993, S. 86 (87) „Winterthur/Nordstern"; zu den Grenzen vgl. BGH v. 07.06.1993, BGHZ 123, S. 14; *Hentzen*, ZHR 1993, S. 65 (67); ADS[6], § 17 AktG, Tz. 116; *Hüffer/Koch*, AktG[13], § 17, Rn. 22; *Emmerich/Habersack*, Aktien- und GmbH-Konzernrecht[8], § 17, Rn. 42.
201 *Bayer*, in: MünchKomm. AktG[4], § 17, Rn. 100, zur „Minus-eins-Regel". Vgl. hierzu auch die Begr. des Urt. des LG Mainz v. 16.10.1990, DB, S. 2361, mit Rn. von *Theisen*, der Entherrschungsverträge grds. anerkennt. Zur Auswirkung auf die Rechnungslegung vgl. *Grottel/Kreher*, in: BeBiKo[10], § 290, Rn. 45 ff. Zum Entherrschungsvertrag im Übrigen vgl. *Krieger*, in: MünchHdb. AG[4], § 69, Rn. 62; *Emmerich/Habersack*, Aktien- und GmbH-Konzernrecht[8], § 17, Rn. 42 ff.; ADS[6], § 17 AktG, Tz. 116.
202 *Bayer*, in: MünchKomm. AktG[4], § 17, Rn. 100; *Koppensteiner*, in: Kölner Komm. AktG[3], § 17, Rn. 111; *Vetter*, in: Schmidt/Lutter, AktG[3], § 17, Rn. 6 f.; *Emmerich/Habersack*, Aktien- und GmbH-Konzernrecht[8], § 17, Rn. 43; *Schall*, in: Spindler/Stilz, AktG[3], § 17, Rn. 52.
203 OLG Köln v. 24.11.1992, AG 1993, S. 86 (87); *Hüffer/Koch*, AktG[13], § 17, Rn. 22; *Emmerich/Habersack*, Aktien- und GmbH-Konzernrecht[8], § 17, Rn. 43.
204 *Hüffer/Koch*, AktG[13], § 17, Rn. 22; *Emmerich/Habersack*, Aktien- und GmbH-Konzernrecht[8], § 17, Rn. 43.

vorherige Kündigung ist nur aus wichtigem Grund zulässig. Nach h.M. ist die Zustimmung der Haupt-/Gesellschafterversammlungen der beteiligten Unternehmen nicht erforderlich[205].

137 Ein Vertrag mit der Vereinbarung, dass kein Einfluss auf Maßnahmen der Geschäftsführung des in Mehrheitsbesitz stehenden Unternehmens genommen werden darf, ist zur Widerlegung der Abhängigkeitsvermutung nicht geeignet. Stets muss die Möglichkeit ausgeschlossen werden, die sich aus dem Innehaben der Anteils- oder Stimmenmehrheit ergebende Rechtsmacht bei Entscheidungen in Bezug auf das Unternehmen einsetzen zu können, wozu insbes. die Bestimmung der Organe des anderen Unternehmens gehört. In der Regel ist nicht erforderlich, dass das mit Mehrheit beteiligte Unternehmen sich seiner Mehrheitsrechte auch noch in anderen Beziehungen begibt. Das mit Mehrheit beteiligte Unternehmen braucht nicht für alle Abstimmungen in der HV auf die Ausnutzung der Stimmrechtsmehrheit zu verzichten; denn die Stimmrechtsmehrheit bei anderen Beschlüssen als Wahlen zum AR führt – jedenfalls bei AG – nicht zu einem beherrschenden Einfluss[206].

4.5.3.2 Maßgeblichkeit des Gesamtbildes der Beziehungen

138 Von entscheidender Bedeutung ist stets das **Gesamtbild** der Beziehungen zwischen der Ges. und dem Mehrheitsaktionär. Besteht z.B. das Präsidium des AR aus Vertretern des Großaktionärs, so spricht dies trotz des geschlossenen Vertrages für Abhängigkeit. Satzungsbestimmungen oder Verträge, die die Rechte des Mehrheitsaktionärs beschränken, sind eine wichtige Grundlage zur Widerlegung der Abhängigkeitsvermutung[207]. Entscheidend ist indes das **Gesamtbild der Beziehungen** zwischen den Unternehmen. Die Widerlegung der Abhängigkeitsvermutung gelingt nur, wenn die Satzungsbestimmungen oder Verträge nach Wortlaut, Sinn und Zweck eingehalten worden sind und die Abhängigkeit nicht aufgrund sonstiger Beherrschungsmittel gegeben ist[208].

139 Da ein Unternehmen auch mit einer Minderheitsbeteiligung Beherrschungsmacht über ein anderes Unternehmen haben kann, ist trotz Ausschlusses der einflusssichernden Mehrheitsrechte ein Abhängigkeitsverhältnis möglich[209], wenn das mit Minderheit beteiligte Unternehmen zur Durchsetzung seines Einflusses sicher auf die Mitwirkung anderer Aktionäre rechnen kann.

4.5.3.3 Widerlegung bei mehrstufigen Beteiligungen

140 Wenn in Fällen mehrstufiger Beteiligungen in der **untersten Stufe** die Abhängigkeitsvermutung widerlegt ist (z.B. im Verhältnis zwischen TU B und der Enkelgesellschaft C

---

205 *Vetter*, in: Schmidt/Lutter, AktG[3], § 17, Rn. 64; *Emmerich/Habersack*, Aktien- und GmbH-Konzernrecht[8], § 17, Rn. 44.
206 Vgl. Kap. C Tz. 1. Weitere Beschl.e von Bedeutung liegen vor bei Geschäftsführungsangelegenheiten, Kapitalmaßnahmen und Unternehmensverträgen, bei denen die Ges. ein subordiniertes Unternehmen ist; wie hier *Bayer*, in: MünchKomm. AktG[4], § 17, Rn. 101, der darüberhinausgehende Stimmrechtsbeschränkungen aber für sinnvoll hält; *Hommelhoff*, S. 81; *Krieger*, in: MünchHdb. AG[4], § 69, Rn. 62; ADS[6], § 17 AktG, Tz. 108, für Einschränkungen bei beherrschungsrelevanten Beschlüssen; a.A. *Koppensteiner*, in: Kölner Komm. AktG[3], § 17, Rn. 111.
207 *Kropff*, AktG, S. 29; *Emmerich/Habersack*, Aktien- und GmbH-Konzernrecht[8], § 17, Rn. 42.
208 *Koppensteiner* ist der Auffassung, dass die Feststellung, ob sonst. Beherrschungsmittel einen beherrschenden Einfluss ermöglichen, sich nicht zur Widerlegung der Abhängigkeitsvermutung § 17 Abs. 2 AktG eignet, Kölner Komm. AktG[3], § 17, Rn. 100.
209 Vgl. zu den Beherrschungsmitteln Kap. C Tz. 106.

der Obergesellschaft A), ist für C auch die Abhängigkeitsvermutung im Verhältnis zu A widerlegt. Denn wenn die in der Hand von B befindlichen Anteile keinen beherrschenden Einfluss auf C gewähren, kann auch das Unternehmen A auf C keinen beherrschenden Einfluss ausüben, es sei denn, dass es selbst noch eine unmittelbare Beteiligung an C besitzt oder aufgrund anderer Beherrschungsmittel auf C beherrschenden Einfluss hat[210].

Liegt bei mehrstufigen Beteiligungen auf der untersten Stufe ein **Beherrschungsvertrag** vor, schließt dies einen beherrschenden Einfluss der in der Beteiligungskette höherstehenden Unternehmen nicht aus. Hat z.B. das Unternehmen C sich durch Beherrschungsvertrag der Leitung von B unterstellt, so kann das an B mit Mehrheit beteiligte Unternehmen A mittelbar seinen Einfluss auch bei C geltend machen, indem es die Geschäftsführung von B veranlasst, von der Leitungsmacht in bestimmter Weise Gebrauch zu machen. Durch den Beherrschungsvertrag zwischen B und C ist daher die Abhängigkeitsvermutung im Verhältnis zwischen A und C nicht widerlegt[211].

141

Besteht bei mehrstufigen Beteiligungen ein Beherrschungsvertrag zwischen der Konzernobergesellschaft und einem von ihr mittelbar abhängigen Unternehmen (im Beispielfall zwischen A und C), wird dadurch zugleich der beherrschende Einfluss des die Anteile an C unmittelbar besitzenden Unternehmens B i.d.R. ausgeschlossen. Wenn die Leitung unmittelbar der Konzernspitze unterstellt wird, wird die Enkelgesellschaft damit, was die Beherrschungsverhältnisse anbetrifft, zum unmittelbar abhängigen TU der an der Konzernspitze stehenden Ges. B ist in diesem Fall aufgrund seines Anteilsbesitzes nicht in der Lage, beherrschenden Einfluss auf C auszuüben, weil die mit dem Anteilsbesitz verbundene Einflussmöglichkeit durch das Leitungsrecht von A entscheidend beschränkt ist[212]. Daran ändert sich auch dann nichts, wenn A die Geschäftsleitung des Unternehmens B mit der Wahrnehmung von Rechten aus dem Beherrschungsvertrag beauftragt. Dadurch erlangt B keine eigene Leitungsmacht, sondern wird lediglich als Gehilfe von A i.R.d. von A erteilten Weisungen und in Wahrnehmung der Rechte und Interessen von A tätig.

142

4.5.3.4 Besonderheiten bei GmbH und Personengesellschaften

Bei **GmbH** verleiht die Mehrheitsbeteiligung infolge der Einflussnahmemöglichkeit der Gesellschafterversammlung auf die Geschäftsführung eine ausgeprägte Beherrschungsmöglichkeit (§ 46 GmbHG)[213]. Die Vermutung der Abhängigkeit ist infolgedessen schwieriger zu widerlegen als bei einer AG. Die Widerlegung kann gelingen, wenn der Mehrheitsgesellschafter infolge satzungsmäßiger Regelungen nicht mehr die Bestimmungsmöglichkeit bei der Wahl oder Abberufung der Geschäftsführung oder Weisungsbeschlüssen besitzt, oder wenn die Zuständigkeit zu diesen Maßnahmen auf ein

143

---

210 Vgl. dazu *Hüffer/Koch*, AktG[13], § 17, Rn. 23; *Emmerich/Habersack*, Aktien- und GmbH-Konzernrecht[8], § 17, Rn. 38; *Bayer*, in: MünchKomm. AktG[4], § 17, Rn. 114; ADS[6], § 17 AktG, Tz. 123; auch OLG München v. 11.05.2004, AG, S. 455.
211 *Emmerich/Habersack*, Aktien- und GmbH-Konzernrecht[8], § 17, Rn. 41a; *Bayer*, in: MünchKomm. AktG[4], § 17, Rn. 114.
212 *Hüffer/Koch*, AktG[13], § 17, Rn. 23; *Emmerich/Habersack*, Aktien- und GmbH-Konzernrecht[8], § 17, Rn. 41a; *Bayer*, in: MünchKomm. AktG[4], § 17, Rn. 114; *Koppensteiner*, in: Kölner Komm. AktG[3], § 17, Rn. 126; *Vetter*, in: Schmidt/Lutter, AktG[4], § 17, Rn. 59; *Krieger*, in: MünchHdb. AG[4], § 69, Rn. 65.
213 Zum Weisungsrecht vgl. z.B. *Lutter/Hommelhoff*, GmbHG[19], § 37, Rn. 17.

144 Bei **PersGes.** wird die Möglichkeit zum beherrschenden Einfluss grds. nach Maßgabe des Gesellschaftsvertrages eingeräumt. Sieht dieser Mehrheitsentscheidungen z.B. bei Festlegung der Geschäftsführungs- und Vertretungsbefugnis oder Beschlüssen nach § 116 Abs. 2 HGB vor, gilt das Gleiche wie bei GmbH. Im Normalstatut der PersGes. kommt § 17 Abs. 2 AktG keine Bedeutung zu[215].

4.6 Konzern und Konzernunternehmen

4.6.1 Allgemeines

145 Das zentrale Kriterium für den Konzern in § 18 AktG ist die einheitliche Leitung in Händen des herrschenden Unternehmens. Durch diese werden abhängige und herrschende Unternehmen zum Konzern. Unternehmensverbindungen i.S.d. AktG sind nur zwischen rechtlich selbständigen Unternehmen möglich[216]. Ein Konzernverhältnis ist daher nicht gegeben, wenn ein Einzelkaufmann oder eine Handelsgesellschaft mehrere Betriebe unterhält, seien sie auch eingetragene ZNLen.

146 Die Vorschriften gelten für AG, KGaA und infolge des Generalverweises von Art. 9 Abs. 1 Buchst. c ii SE-VO auf die Vorschriften des AktG auch für eine SE mit Sitz im Inland.

4.6.2 Konzernbegriff

147 Nach der Definitionsnorm in § 18 AktG werden als Konzern rechtlich selbständige Unternehmen beschrieben, die herrschende und abhängige Unternehmen sind und unter der einheitlichen Leitung des herrschenden Unternehmens zusammengefasst sind. Der Begriff des Konzerns wird im AktG mit einheitlichem Verständnis verwendet[217]. Durch die Verweisung auf § 18 AktG in anderen Vorschriften (z.B. § 5 MitbestG, § 2 DrittelBG, § 54 Abs. 1 BetrVG, § 36 Abs. 2 GWB, § 24 WpHG, § 36 Nr. 3 WpÜG) strahlt dieser Konzernbegriff auch auf diese aus. Ein einheitlicher Konzernbegriff hat sich im Übrigen nicht gebildet. So gehen z.B. das Steuerrecht (sog. Konzernsteuerrecht) oder die Betriebswirtschaftslehre jeweils von eigenen Konzernbegriffen aus[218]. In der betriebswirtschaftlichen Betrachtung wird der Konzern als wirtschaftliche Einheit gesehen, die v.a. durch eine über die rechtliche Selbständigkeit hinweggehende, einheitlich unternehmerische Planung gekennzeichnet ist[219]. Die aktienrechtliche Betrachtung geht von der rechtlichen Selbständigkeit der Konzernglieder aus, da das Konzernrecht v.a. als Schutzrecht der konzernangehörigen Unternehmen zu verstehen ist. Darüber hinaus sind Entwicklungen erkennbar, den Konzern auch als Einheit im Rechtssinne zu ver-

---

[214] *Emmerich/Habersack*, Aktien- und GmbH-Konzernrecht[8], § 17, Rn. 45; *Vetter*, in: Schmidt/Lutter, AktG[3], § 17, Rn. 66.

[215] *Emmerich/Habersack*, Aktien- und GmbH-Konzernrecht[8], § 17, Rn. 48; *Vetter*, in: Schmidt/Lutter, AktG[3], § 17, Rn. 67.

[216] Vgl. hierzu Erl. zu § 15 AktG unter Kap. C Tz. 44. Zu PersGes. als Konzernunternehmen vgl. *Schäfer*, in: Staub, HGB[5], Anh. § 105 HGB, Rn. 27; *Schneider*, BB 1980, S. 1057.

[217] Vgl. *Hüffer/Koch*, AktG[13], § 18, Rn. 2; zur Verwendung im Arbeitsrecht BAG v. 15.12.2011, NZA 2012, S. 633; OLG Düsseldorf v. 04.07.2013, ZIP 2014, S. 517; v. 11.02.2015, JR 2016, S. 345.

[218] *Emmerich/Habersack*, Aktien- und GmbH-Konzernrecht[8], § 18, Rn. 6; ADS[6], § 18 AktG, Tz. 6, 8; *Vetter*, in: Schmidt/Lutter, AktG[3], § 18, Rn. 4.

[219] Im Einzelnen ist vieles strittig, vgl. Nachw. bei ADS[6], § 18 AktG, Tz. 6.

stehen. Ansatzpunkte hierzu sind v.a. im Arbeitsrecht erkennbar (z.B. Konzernbetrachtung bei § 16 BetrAVG[220]). Der Konzern ist aber weder eine Gewinn- und Verlusteinheit noch im Verhältnis zu Dritten eine Haftungseinheit[221].

4.6.3 Zusammenfassung unter einheitlicher Leitung

Die Konzernunternehmen müssen unter einheitlicher Leitung zusammengefasst sein, und zwar unter Einbeziehung des herrschenden Unternehmens selbst. Die Zusammenfassung unter einheitlicher Leitung verlangt eine gewisse Beständigkeit sowohl in zeitlicher als auch in sachlicher Hinsicht. Gleichwohl ist eine bestimmte Mindestdauer nicht erforderlich. Die nur gelegentliche Koordination von Entscheidungen begründet keine Zusammenfassung unter einheitlicher Leitung[222].

148

Zur Bestimmung von Begriff und Umfang der einheitlichen Leitung wird ein enger oder ein weiter Konzernbegriff vertreten[223]. Der **enge Konzernbegriff** versteht den Konzern als wirtschaftliche Einheit mit einer Konzernspitze, die für die zentralen unternehmerischen Bereiche eine einheitliche Planung aufstellt und bei den Konzerngliedern ggf. auch gegen deren individuelle Interessen durchsetzt[224]. Im Kernbereich der Leitungsfunktion steht das Finanzwesen, ohne dessen zentrale Steuerung (z.B. Vorgabe der Beiträge zum Konzernerfolg, Cash-Management) ein Konzern nicht denkbar ist[225]. Bei Anwendung des **weiten Konzernbegriffs** genügt es, wenn wenigstens in einem wesentlichen Bereich der unternehmerischen Tätigkeit (z.B. Produktion, Verkauf, Organisation) einheitliche Leitung (Planung, Durchführung, Kontrolle) ausgeübt wird[226]. Wird einheitliche Leitung eines Konzerns i.S.d. unternehmerischen Leitung der Zusammenfassung von rechtlich selbständigen Unternehmen verstanden, bedeutet sie die Leitung der wirtschaftlichen Einheit des Konzerns[227]. Im rechtswissenschaftlichen Schrifttum zeigt sich die Tendenz, dem weiten Konzernbegriff den Vorzug zu geben[228]. Für die Begründung der einheitlichen Leitung kommt es danach nicht nur auf die Beeinflussung der Finanzpolitik an[229], sondern auch auf die Einflussnahme auf die Personalpolitik oder das Bestehen personeller Verflechtungen. Auch die Vertretung von Arbeitnehmern in den Konzerngremien (AR, Konzernbetriebsrat) ist ein Indiz.

149

---

220 Vgl. z.B. BAG v. 14.02.1989, DB, S. 1471; BAG v. 28.04.1992, DB, S. 402; BFH v. 27.09.2016, DB, S. 2653.
221 *Bayer/Trölitzsch*, in: Holding-Handbuch[5], § 8, Rn. 8.3.
222 *Emmerich/Habersack*, Aktien- und GmbH-Konzernrecht[8], § 18, Rn. 10 ff.; *Krieger*, in: MünchHdb. AG[4], § 69, Rn. 70.
223 Hierzu *Emmerich/Sonnenschein/Habersack*, Konzernrecht[10], § 4, Rn. 12 ff.; *Hüffer/Koch*, AktG[13], § 18, Rn. 9; *Vetter*, in: Schmidt/Lutter, AktG[3], § 18, Rn. 8, jeweils m.w.N.
224 *Emmerich/Habersack*, Aktien- und GmbH-Konzernrecht[8], § 18, Rn. 10; *Vetter*, in: Schmidt/Lutter, AktG[3], § 18, Rn. 8; *Hüffer/Koch*, AktG[13], § 18, Rn. 9.
225 Z.B. *Emmerich/Habersack*, Aktien- und GmbH-Konzernrecht[8], § 18, Rn. 10; *Hüffer/Koch*, AktG[13], § 18, Rn. 9; *Krieger*, in: MünchHdb. AG[4], § 69, Rn. 70.
226 Z.B. *Emmerich/Sonnenschein/Habersack*, Konzernrecht[10], § 4, Rn. 17; *Emmerich/Habersack*, Aktien- und GmbH-Konzernrecht[8], § 18, Rn. 11; *Krieger*, in: MünchHdb. AG[4], § 69, Rn. 70.
227 *Hüffer/Koch*, AktG[13], § 18, Rn. 10; ADS[6], § 18 AktG, Tz. 17.
228 *Emmerich/Habersack*, Aktien- und GmbH-Konzernrecht[8], § 18, Rn. 13; *Vetter*, in: Schmidt/Lutter, AktG[3], § 18, Rn. 11.
229 *Emmerich/Habersack*, Aktien- und GmbH-Konzernrecht[8], § 18, Rn. 13 ff.; das Abstellen auf die finanzielle Koordination bei *Koppensteiner*, in: Kölner Komm. AktG[3], § 18, Rn. 25, wird zum verbindenden Element einer engen oder weiten Konzerndefinition, vgl. *Bayer*, in: MünchKomm. AktG[4], § 18, Rn. 31.

> **Hinweis 3:**
> Dem Bestehen einer körperschaftsteuerlichen Organschaft kommt wegen der Notwendigkeit eines GAV (auch ohne Vorhandensein eines Beherrschungsvertrages) ebenfalls indizielle Wirkung zu[230].

150 Danach sind **Gegenstand** der **einheitlichen Leitung** die Führungsaufgaben für den Gesamtkonzern[231]. Das umfasst in erster Linie die Festlegung der Geschäftspolitik für den Konzern sowie die Planung und Koordination der wesentlichen Unternehmensinteressen im Hinblick auf die Zielsetzungen des Konzerns. Zu den wesentlichen Führungsaufgaben im Konzern gehören, ohne dass diese gleichrangig oder insgesamt vollständig erfüllt sein müssten, damit:

a) Bestimmung der Konzernziele und Festlegung der Konzerngeschäftspolitik
b) einheitliche Gesamtplanung für die wesentlichen Teilbereiche
c) Festlegung der Unternehmensziele i.R.d. in der Satzung umschriebenen Unternehmensgegenstandes
d) Finanzplanung und Entscheidung über Maßnahmen von besonderer Bedeutung
e) Organisation, Koordination und Kontrolle der wesentlichen Teilbereiche der Unternehmensleitung
f) Besetzung der Führungsstellen im Unternehmen.

151 Als Voraussetzung für § 18 Abs. 1 AktG muss die einheitliche Leitung nicht die Führungsaufgaben auf sämtlichen irgendwie wesentlichen Gebieten der Tätigkeit des Unternehmens umfassen[232]. Der koordinierte Bereich muss jedoch so bedeutsam sein, dass das **Gesamtbild** davon entscheidend bestimmt wird und mindestens in einem wesentlichen Entscheidungsbereich des Unternehmens die einheitliche Leitung praktiziert wird. Als herrschend wird der weite Konzernbegriff angesehen, nach dem die Wahrnehmung der Leitungsaufgaben durch die Obergesellschaft in einem einzigen Entscheidungsbereich der Unternehmenspolitik genügt[233]. In der Regel ist die einheitliche Finanzplanung verbunden mit der Ergebnisplanung; sie strahlt infolgedessen in die Investitionsplanung und die Bilanzpolitik aus. Dem tatsächlichen Einfluss auf die Personalpolitik mit dem Ziel der Gewährleistung der Umsetzung einer einheitlichen Konzernpolitik kommt besondere Bedeutung zu[234]. Je mehr die Bereiche, in denen selbständige und unbeeinflusste Entscheidungen der Geschäftsführung eines Unternehmens erfolgen, in ihrer Bedeutung für das Gesamtbild zurücktreten ggü. den Unternehmensfunktionen, bei denen die Obergesellschaft ihren Willen zur Geltung bringt, desto näher liegt die Annahme einheitlicher Leitung. Eine Einflussnahme in Teilbereichen genügt nicht, wenn sie für die Geschäftspolitik eher sekundär sind (z.B. gemeinschaftlicher Ein-

---

230 *Emmerich/Habersack*, Aktien- und GmbH-Konzernrecht[8], § 18, Rn. 14 ff.
231 *Emmerich/Sonnenschein/Habersack*, Konzernrecht[10], § 4, Rn. 12 ff.; *Krieger*, in: MünchHdb. AG[4], § 69, Rn. 67.
232 Vgl. Begr. RegE zu § 18, oben Nr. 1; wie hier *Bayer*, in: MünchKomm. AktG[4], § 18, Rn. 30, 33; für maßgebliche Bedeutung der Leitung im finanziellen Bereich *Koppensteiner*, in: Kölner Komm. AktG[3], § 18, Rn. 25.
233 *Hüffer/Koch*, AktG[13], § 18, Rn. 10.
234 *Emmerich/Habersack*, Aktien- und GmbH-Konzernrecht[8], § 18, Rn. 14; dazu auch die die Konzernmitbestimmung betreffende Rspr., z.B. BAG v. 16.08.1995, AG 1996, S. 367; BayObLG v. 06.03.2002, AG, S. 511; OLG Düsseldorf v. 30.01.1979, AG, S. 318.

oder Verkauf, gemeinschaftliche Forschung und – soweit zulässig – Marktabsprachen). Die Abgrenzung im Einzelfall kann schwierig sein, da die Zusammenfassung wesentlicher Unternehmensaufgaben bei der Obergesellschaft, wie z.B. die Zentralisierung von Einkauf und Vertrieb, auch eine der häufigsten institutionellen Formen einheitlicher Leitung ist. Einheitliche Leitung liegt auch dann vor, wenn die Konzernspitze den Verwaltungen der TU weitgehende Selbständigkeit belässt, aber die Richtlinien der Geschäftspolitik nach einheitlichen Gesichtspunkten abstimmt[235]. Diesem Aspekt kommt z.B. bei Unternehmensverbindungen, an deren Spitze eine Holdinggesellschaft steht, Bedeutung zu[236].

Die **Mittel** der einheitlichen Leitung sind nicht bestimmt und unerheblich[237]. Zu den wesentlichen Mitteln gehören z.B. **152**

- Erteilung von Weisungen,
- personelle Verflechtungen zwischen den Organen,
- Zustimmungs- und Kontrollrechte,
- informelle Möglichkeiten der Beeinflussung.

Rechtsgrundlagen zur Erteilung von **Weisungen** bestehen bei Vorliegen eines Beherrschungsvertrages (§ 308 AktG) oder bei Eingliederung (§ 323 AktG). In anderen Fällen ist im AG-Konzern die Erteilung von Weisungen nicht zulässig (§ 311 AktG regelt lediglich die Rechtsfolgen). Gegenüber einer abhängigen GmbH sind Weisungen nach Maßgabe eines Gesellschafterbeschlusses (§ 46 GmbHG) zulässig. Das Recht zur Erteilung von Weisungen ist nicht wesensbestimmend. Einheitliche Leitung kann sich auch in anderen Formen (vgl. unten) vollziehen[238]. Eine tatsächlich große Bedeutung haben **personelle Verflechtungen** zwischen den Organen. Die engste Verflechtung besteht bei Doppelmitgliedschaft im Vorstand oder der Geschäftsführung, ausreichend ist jedoch auch die maßgebliche Vertretung von Vorstands-/Geschäftsführungsmitgliedern des MU im AR des TU. Gleiches gilt auch für eine vollständig oder wesentlich gleiche Besetzung des AR[239]. Ein wichtiges Instrument stellen **Zustimmungs- und Kontrollrechte** dar. **153**

Da Kontrollen vergangenheitsorientiert sind und sich in der Nachprüfung der Auswirkungen vollzogener Entscheidungen erschöpfen, wirken Entscheidungen in die Zukunft hinein und setzen risikobehaftete Vorhaben erst in Gang. Die Wahrnehmung bloßer Überwachungs- und Kontrollaufgaben durch die Obergesellschaft genügen daher allein nicht für einheitliche Leitung[240]. Dabei ist zu berücksichtigen, dass der AR kein bloßes Kontrollorgan ist, sodass eine Obergesellschaft, wenn sie im AR der Beteili- **154**

---

235 *Bayer*, in: MünchKomm. AktG⁴, § 18, Rn. 34 ff.
236 Vgl. hierzu Kap. C Tz. 156.
237 *Emmerich/Habersack*, Aktien- und GmbH-Konzernrecht⁸, § 18, Rn. 16; *Hüffer/Koch*, AktG¹³, § 18, Rn. 12; *Vetter*, in: Schmidt/Lutter, AktG³, § 18, Rn. 12; *Liebscher*, in: Beck AG-HB², § 15, Rn. 26.
238 Ganz h.M.: vgl. *Kropff*, AktG, S. 33; *Kropff*, BB 1965, S. 1281 (1284); *Koppensteiner*, in: Kölner Komm. AktG³, § 18, Rn. 35; *Emmerich/Habersack*, Aktien- und GmbH-Konzernrecht⁸, § 18, Rn. 16; ADS⁶, § 18 AktG, Tz. 20; *Hüffer/Koch*, AktG¹³, § 18, Rn. 12; *Vetter*, in: Schmidt/Lutter, AktG³, § 18, Rn. 12.
239 H.M.: *Emmerich/Sonnenschein/Habersack*, Konzernrecht¹⁰, § 4, Rn. 17; *Hüffer/Koch*, AktG¹³, § 18, Rn. 12; ADS⁶, § 18 AktG, Tz. 25; *v. Werder*, DBW 1989, S. 37. Zu Interessenkollisionen bei Doppelmandaten vgl. *Hoffmann-Becking*, ZHR 1986, S. 570; *Hoffmann-Becking*, ZHR 1995, S. 325 (343); *Säcker*, ZHR 1987, S. 59; *Semler*, in: FS Stiefel, S. 719. Zur Unvereinbarkeit der Mehrfachfunktionen in Konzerngesellschaften vgl. *Reichert/Schlitt*, AG 1995, S. 241.
240 *Koppensteiner*, in: Kölner Komm. AktG³, § 18, Rn. 23; *Krieger*, in: MünchHdb. AG⁴, § 69, Rn. 71.

gungsgesellschaft entscheidenden Einfluss besitzt, nicht nur Kontrollfunktion ausübt, wenn nach der Satzung der Ges. oder aufgrund eines AR-Beschlusses bedeutsame Geschäfte (z.B. Investitionen) nur mit Zustimmung des AR vorgenommen werden dürfen. Der AR handelt dann eher – betriebswirtschaftlich gesehen – als Geschäftsführungs- und nicht als Kontrollorgan. Ob eine einheitliche Leitung durch die Obergesellschaft ausgeübt werden kann, hängt davon ab, wie weit der Kreis der zustimmungsbedürftigen Geschäfte gezogen ist. Bei einem die wesentlichen Entscheidungen umfassenden Zustimmungsvorbehalt wird der Vorstand in den wesentlichen Führungsaufgaben praktisch vom AR abhängig.

155 Die einheitliche Leitung kann sich auch in informellen Formen der Beeinflussung vollziehen, wie gemeinsame Beratungen, Abstimmungen, Empfehlungen oder sogar Wünsche[241]. Wichtig ist, dass die einheitlich zu gestaltenden Vorstellungen der Konzernspitze durchgesetzt werden können, es genügt, dass die Konzernunternehmen ihre Geschäftspolitik auf die Konzernvorgaben abstimmen[242].

156 Hat der **Geschäftsgegenstand** des untergeordneten Unternehmens mit dem des herrschenden Unternehmens keine Berührungspunkte, stellt sich die Frage, ob dennoch eine Zusammenfassung unter einheitlicher Leitung angenommen werden kann. Eine branchenfremde Tätigkeit der Unternehmen ist kein Hindernis für deren Konzernierung[243]. Ein unterschiedlicher Geschäftsgegenstand ist im Verhältnis einer **Holding**[244] als Unternehmen mit dem Gesellschaftszweck des Haltens, Verwaltens, Erwerbens und Veräußerns von Beteiligungen zu ihren TU ohnehin gegeben[245]. Eine geschäftsleitende (Management-)Holding an der Spitze einer Unternehmensgruppe wird genügen, wenn z.B. die Finanz- und Investitionspolitik der Unternehmen von der Holding gesteuert wird oder wenn eine einheitliche personalpolitische Lenkung erfolgt[246].

157 Eine Mindestdauer wird weder für den Konzerntatbestand noch für den Abhängigkeitstatbestand des § 17 AktG vorausgesetzt. Eine befristete Zusammenfassung unter einheitlicher Leitung steht der Annahme des Konzerntatbestandes nicht entgegen. Bei vorübergehendem Beteiligungserwerb werden jedoch besondere Anhaltspunkte gegeben sein müssen, um die Zusammenfassung unter einheitlicher Leitung annehmen zu können[247]. Wenn eine Beteiligung nur für kurze Zeit übernommen worden ist, z.B. durch eine Bank i.R.d. Sanierung der Ges., wird daher ein Konzernverhältnis i.d.R. nicht entstehen.

4.6.4 Unterordnungskonzern

158 Ein Konzernverhältnis i.S. eines **Unterordnungskonzerns** (§ 18 Abs. 1 AktG) setzt ein **Abhängigkeitsverhältnis** gem. § 17 AktG voraus, während ein **Gleichordnungs-**

---

[241] *Emmerich/Sonnenschein/Habersack*, Konzernrecht[10], § 4, Rn. 17; *Emmerich/Habersack*, Aktien- und GmbH-Konzernrecht[8], § 18, Rn. 16; ADS[6], § 18 AktG, Tz. 20; *Hüffer/Koch*, AktG[13], § 18, Rn. 12.
[242] ADS[6], § 18 AktG, Tz. 21 und 23.
[243] BGH v. 23.09.1991, BGHZ 115, S. 187 (191) = AG, S. 429 „Video"; *Emmerich/Habersack*, Aktien- und GmbH-Konzernrecht[8], § 18, Rn. 12.
[244] Zu Holdinggesellschaften *Lutter*, in: Holding-Handbuch[5], § 1, Rn. 11 ff.; *Emmerich/Habersack*, Aktien- und GmbH-Konzernrecht[8], § 15, Rn. 16 f.
[245] *Scheffler*, in: FS Goerdeler, S. 469 (482); ADS[6], § 18 AktG, Tz. 43.
[246] *Lutter*, in: Holding-Handbuch[5], § 1, Rn. 1.44.
[247] *Vetter*, in: Schmidt/Lutter, AktG[3], § 18, Rn. 13; *Emmerich/Habersack*, Aktien- und GmbH-Konzernrecht[8], § 18, Rn. 15a; *Bayer*, in: MünchKomm. AktG[4], § 18, Rn. 37.

konzern zwischen nicht durch ein Abhängigkeitsverhältnis verbundenen Unternehmen möglich ist (§ 18 Abs. 2 AktG). Da die Möglichkeit zu beherrschender Einflussnahme, die das Wesensmerkmal des Abhängigkeitsverhältnisses ausmacht, meist auch zur Ausübung einheitlicher Leitung infolge gesellschaftsrechtlicher Beherrschung durch das herrschende Unternehmen genutzt wird, knüpft das Gesetz an das Abhängigkeitsverhältnis die Vermutung, dass zugleich ein Konzernverhältnis besteht (§ 18 Abs. 1 S. 3 AktG). Das Abhängigkeitsverhältnis kann seinerseits auf einer gesetzlichen Vermutung beruhen, nämlich wenn das herrschende Unternehmen eine Mehrheitsbeteiligung besitzt[248].

Wird die Abhängigkeitsvermutung widerlegt[249], entfällt damit der Anknüpfungspunkt für die Konzernvermutung. Um den Unterordnungskonzern zu verneinen, genügt die Widerlegung einer der beiden Vermutungen. Bei Widerlegung der Abhängigkeitsvermutung scheidet die Annahme eines Unterordnungskonzerns i.S.v. § 18 Abs. 1 AktG aus; es kann dann noch ein Konzernverhältnis in der Form des Gleichordnungskonzerns (§ 18 Abs. 2 AktG) zu bejahen sein. Für die Widerlegung der Konzernvermutung genügt es darzutun, dass die die einheitliche Leitung begründenden Merkmale nicht gegeben sind, dass es an der Möglichkeit fehlt, das TU einheitlich zu leiten. Hierfür kann ein Entherrschungsvertrag in Betracht kommen, der entsprechend einem Abhängigkeitsausschlussvertrag die Leitungsmöglichkeiten beschränkt[250]. **159**

Wenn zwischen Unternehmen ein **Beherrschungsvertrag** besteht (§ 291 AktG) oder ein Unternehmen in ein anderes **eingegliedert** ist (§ 319 AktG), gelten diese Unternehmen unwiderleglich als unter einheitlicher Leitung stehend (§ 18 Abs. 1 S. 2 AktG); Beherrschungsvertrag und Eingliederung führen stets zu einem Unterordnungskonzern[251]. Die Feststellung, ob und wie die einheitliche Leitung tatsächlich ausgeübt wird, braucht hier nicht getroffen zu werden. Diese Art von Konzernen wird als „Vertragskonzern" bezeichnet[252], im Gegensatz zum „faktischen Konzern", bei dem keine vertragliche Leitungsmacht besteht[253]. **160**

Andere Unternehmensverträge als der Beherrschungsvertrag führen nicht notwendig zu einem Konzernverhältnis[254]. Sie können Ausdruck einer bereits ohne den Vertrag bestehenden einheitlichen Leitung sein. Ein GAV stellt ein starkes Indiz für das Vorliegen eines Unterordnungskonzernverhältnisses dar. **161**

4.6.5 Gleichordnungskonzern

Der Gleichordnungskonzern setzt voraus, dass die einheitliche Leitung nicht auf der Grundlage eines Beherrschungsverhältnisses i.S.v. § 17 AktG ausgeübt wird[255]. Die einheitliche Leitung kann auf einem vertraglichen Gemeinschaftsorgan der Unternehmen **162**

---

248 § 17 Abs. 2. Vgl. zu den gesetzlichen Vermutungen Kap. C Tz. 36 f.
249 Hierzu vgl. die Erl. zu § 17 AktG, Kap. C Tz. 126.
250 Vgl. Kap. C Tz. 135.
251 *Emmerich/Habersack*, Aktien- und GmbH-Konzernrecht[8], § 18, Rn. 20; *Hüffer/Koch*, AktG[13], § 18, Rn. 17; *Bayer*, in: MünchKomm. AktG[4], § 18, Rn. 44; *Vetter*, in: Schmidt/Lutter, AktG[3], § 18, Rn. 16.
252 Als Vertragskonzern wird auch ein Konzern bezeichnet, bei dem ein sonstiger Unternehmensvertrag die Konzerngrundlage bildet. Zur Terminologie *Bayer*, in: MünchKomm. AktG[4], § 18, Rn. 8.
253 Zum faktischen Konzern vgl. unten Kap. C Tz. 178 ff.
254 Z.B. Betriebsüberlassungs-, -pacht- und Betriebsführungsverträge; vgl. dazu *Huber*, ZHR 1988, S. 123; *Krieger*, in: MünchHdb. AG[4], § 73.
255 *Hüffer/Koch*, AktG[13], § 18, Rn. 20; *Krieger*, in: MünchHdb. AG[4], § 69, Rn. 79.

beruhen (vertraglicher Gleichordnungskonzern)[256], einer Gewinngemeinschaft (§ 292 Abs. 1 Nr. 1 AktG), einem Zusammenschluss zu einer Interessengemeinschaft[257] oder darauf, dass die Anteile der Unternehmen in der Hand eines Eigentümers vereinigt sind, der kein Unternehmen ist[258]. Vertragliche Absprachen zur Begründung der einheitlichen Leitung sind nicht erforderlich (faktischer Gleichordnungskonzern)[259], sie können durch die persönliche Verflechtung der Geschäftsführungen begründet werden[260]. Ein typisches Beispiel ist der Abschluss eines Gleichordnungsvertrages i.S.v. § 291 Abs. 2 AktG, der i.d.R. als BGB-Innengesellschaft zu qualifizieren ist[261]. Solche „dual-headed structures" sind in der Unternehmenspraxis vergleichsweise selten anzutreffen (beispielhaft: Royal Dutch Shell). Gesellschafter und Geschäftsführer einer Ges. können sich der Leitung eines anderen Unternehmens unterstellt haben[262]. Genügend ist auch, dass zwei Unternehmen ihre Stimmrechte aus der Beteiligung an einem dritten Unternehmen poolen und sich hinsichtlich dieses Unternehmens zu gemeinsamer Geschäftspolitik verpflichten; die bloße Koordination der Herrschaftsmacht soll jedoch nicht genügen[263]. Die einheitliche Leitung begründet keine Abhängigkeit der Unternehmen, auch dann nicht, wenn die Unternehmen z.B. eine GmbH als Leitungsinstanz gründen und die Verpflichtung übernehmen, Weisungen der Leitungsinstanz zu befolgen[264], ohne dass jedoch Abhängigkeit von dieser Leitungsinstanz bestehen darf[265]. Ein Gleichordnungskonzern kann auch bei einer wechselseitigen Beteiligung, die die einheitliche Leitung zweier voneinander unabhängiger Unternehmen sicherstellt, gegeben sein.

> **! Hinweis 4:**
>
> Wenn sich die Koordination nur auf **Teilbereiche** der Unternehmensfunktionen bezieht, die für das Gesamtbild, das die Unternehmensführung bietet, nicht bestimmend sind, liegt keine einheitliche Leitung i.S.d. Gesetzes vor[266].

Besteht der Gleichordnungskonzern auf einer vertraglichen Grundlage, ist fraglich, ob dieser der Zustimmung der jeweiligen HV bedarf. Hat der Vertrag zugleich den Charakter eines Unternehmensvertrages (z.B. Gewinngemeinschaft gem. §§ 292 Abs. 1 Nr. 1,

---

256 *Krieger*, in: MünchHdb. AG⁴, § 69, Rn. 81; *Emmerich/Habersack*, Aktien- und GmbH-Konzernrecht⁸, § 18, Rn. 29; *Hüffer/Koch*, AktG¹³, § 18, Rn. 20.
257 *Windbichler*, in: Großkomm. AktG⁵, § 18, Rn. 45 ff.
258 Begr. RegE zu § 18, *Kropff*, AktG, S. 34; *Koppensteiner*: in: Kölner Komm. AktG³, § 18, Rn. 8; *Hüffer/Koch*, AktG¹³, § 18, Rn. 20; *Emmerich/Habersack*, Aktien- und GmbH-Konzernrecht⁸, § 18, Rn. 33.
259 *Krieger*, in: MünchHdb. AG⁴, § 69, Rn. 83; *Emmerich/Habersack*, Aktien- und GmbH-Konzernrecht⁸, § 18, Rn. 30; *Hüffer/Koch*, AktG¹³, § 18, Rn. 21.
260 BGH v. 19.01.1993, NJW, S. 2114; BGH v. 08.12.1998, AG 1999, S. 181 (182); *Hüffer/Koch*, AktG¹³, § 18, Rn. 21; *Emmerich/Habersack*, Aktien- und GmbH-Konzernrecht⁸, § 18, Rn. 30.
261 *Vetter*, in: Schmidt/Lutter, AktG³, § 18, Rn. 24; *Emmerich/Habersack*, Aktien- und GmbH-Konzernrecht⁸, § 18, Rn. 29; *Bayer*, in: MünchKomm. AktG⁴, § 18, Rn. 54.
262 Vgl. BGH v. 19.01.1993, NJW, S. 2114 (2116); ebenso *Krieger*, in: MünchHdb. AG⁴, § 69, Rn. 83 f.; *Hüffer/Koch*, AktG¹³, § 18, Rn. 21.
263 *Hüffer/Koch*, AktG¹³, § 18, Rn. 21.
264 *Windbichler*, in: Großkomm. AktG⁵, § 18, Rn. 52.
265 *Krieger*, in: MünchHdb. AG⁴, § 69, Rn. 80.
266 *Koppensteiner*, in: Kölner Komm. AktG³, § 18, Rn. 5.

293 AktG), ist das zu bejahen. Anderenfalls ist zweifelhaft, ob entgegen der gesetzgeberischen Entscheidung in § 291 Abs. 2 AktG die Zustimmung der HV einzuholen ist[267].

Grundsätzlich gelten die an den Konzernbegriff anknüpfenden Vorschriften sowohl für den Unterordnungs- als auch für den Gleichordnungskonzern, sofern sich aus der betreffenden Vorschrift nichts anderes ergibt. Allerdings ist im Fall eines Unterordnungskonzerns ein KA aufzustellen; im Fall eines Gleichordnungskonzerns kann es dazu i.d.R. nicht kommen, da es an der Kontrolle eines Unternehmens über das andere fehlt. Für die handelsrechtliche Konsolidierung nach § 290 HGB kommt es auf das Vorliegen der einheitlichen Leitung nicht mehr an[268]. Unklar sind die Rechtsfolgen im Gleichordnungskonzern. Nachteilige Weisungen sind nach überwiegender Mehrheit verboten, es sei denn, dass die Gesellschafter der Gründung des Gleichordnungskonzerns mit der entsprechenden Mehrheit zugestimmt haben, und danach die Weisungen zulässig sind, die dann aber die Verlustausgleichspflicht nach sich ziehen[269]. Wegen der wechselseitigen Einstandspflicht der beteiligten Gesellschaften wird ferner ein Haftungsdurchgriff analog § 670 BGB oder eine Haftungsgemeinschaft analog §§ 730 ff. BGB erwogen. Der Schutz gegen nachteilige Eingriffe lässt sich nach §§ 302–305 AktG für den Gleichordnungskonzern nicht begründen. Auch der Schutz nach §§ 311 ff. AktG scheidet wegen des Nichtbestehens eines Abhängigkeitsverhältnisses aus[270]. Am ehesten wird auf die allgemeinen Haftungstatbestände (§ 117 AktG, § 826 BGB) abzustellen sein.

4.6.6 Besondere Fälle

4.6.6.1 Gemeinschaftsunternehmen

Sind an einer Ges. mehrere Unternehmen beteiligt, z.B. zwei Unternehmen mit je 50 v.H. (Gemeinschaftsunternehmen), scheidet ein Abhängigkeitsverhältnis des Gemeinschaftsunternehmens ggü. einem oder beiden beteiligten Unternehmen i.d.R. aus, da keines der beteiligten Unternehmen ohne Mitwirkung des anderen beherrschenden Einfluss auszuüben in der Lage ist[271]. Mangels ausreichender Willenskoodinierung in den Gesellschaftsorganen des Gemeinschaftsunternehmens sind die beteiligten Unternehmen in der Lage, sich wechselseitig zu blockieren. Infolgedessen können auch Konzernverhältnisse i.S.v. § 18 Abs. 1 AktG nicht gegeben sein, weil der Unterordnungskonzern Abhängigkeit voraussetzt[272].

Bestehen zwischen Unternehmen, die zusammen mit mehr als 50 v.H. an dem Gemeinschaftsunternehmen beteiligt sind, vertragliche Abmachungen über die einheitliche Ausübung des Stimmrechts und die Verfolgung einer gemeinsamen Geschäftspolitik bei

---

267 Die Zustimmungsfrage bejahend *Emmerich/Habersack*, Aktien- und GmbH-Konzernrecht[8], § 18, Rn. 34 f.; im Übrigen *Hüffer/Koch*, AktG[13], § 291, Rn. 34 f.; *Vetter*, in: Schmidt/Lutter, AktG[3], § 18, Rn. 37; zur Holzmüller-Entscheidung BGH v. 25.02.1982, BGHZ 83, S. 122; BGH v. 26.04.2004, DB, S. 1204; ferner *Krieger*, in: MünchHdb. AG[4], § 69, Rn. 86 f.
268 Zur Frage der Aufstellung von Konzernabschlüssen im Gleichordnungskonzern vgl. ADS[6], § 290 HGB, Tz. 195.
269 *Emmerich/Habersack*, Aktien- und GmbH-Konzernrecht[8], § 18, Rn. 36; *Vetter*, in: Schmidt/Lutter, AktG[3], § 18, Rn. 31 f.
270 *Vetter*, in: Schmidt/Lutter, AktG[3], § 18, Rn. 31.
271 Erl. zu § 17 AktG unter Kap. C Tz. 116.
272 *Koppensteiner*, in: Kölner Komm. AktG[3], § 17, Rn. 83; *Bayer*, in: MünchKomm. AktG[4], § 17, Rn. 80; *Krieger*, in: MünchHdb. AG[4], § 69, Rn. 77; *Emmerich/Habersack*, Aktien- und GmbH-Konzernrecht[8], § 18, Rn. 18.

dem Gemeinschaftsunternehmen, kommt Abhängigkeit ggü. diesen und einheitliche Leitung durch diese Unternehmen in Betracht. Die Rspr. des BAG[273] und des BGH haben dies herausgearbeitet. Die Problematik stellt sich im Grunde bereits bei der Frage der Abhängigkeit[274].

166 Liegen ein Konsortialvertrag oder sonst. Abreden zu einheitlichem Handeln vor, verringert sich die Wahrscheinlichkeit von Interessendivergenzen, die gewöhnlich ein Spannungsverhältnis zur Folge haben, das zu einer gegenseitigen Machtbeschränkung führt. Nach den entschiedenen Fällen reicht es aus, wenn mehrere beherrschende Ges. dieselben Gesellschafter haben, wenn die Anteile von verschiedenen Mitgliedern einer Familie gehalten werden und diese in der Vergangenheit als geschlossene Einheit aufgetreten sind[275] oder wenn gleichgerichtete Interessen eine gemeinsame Unternehmenspolitik gewährleisten.

167 Wenn die Abhängigkeit nach den tatsächlichen und rechtlichen Gegebenheiten zu bejahen ist, kann das Gemeinschaftsunternehmen mit jeder Obergesellschaft einen Unterordnungskonzern bilden[276]. Voraussetzung ist, dass die MU dem Gemeinschaftsunternehmen ggü. koordiniert auftreten[277]. Das bedeutet, dass das Gemeinschaftsunternehmen unter die Leitung der Obergesellschaften gestellt ist. Dies ist nicht der Fall, wenn die beteiligten Unternehmen sich gegenseitig die Leitung in je verschiedenen Bereichen der Betätigung des Gemeinschaftsunternehmens zugestanden haben, denn dann wäre das Gemeinschaftsunternehmen bei jeder Obergesellschaft nur mit einem Teilbereich, bei keiner aber mit seinem gesamten Unternehmensbereich zusammengefasst[278].

168 Die gemeinsame einheitliche Leitung bedarf einer dauerhaften Grundlage, wie z.B. eines Konsortial- oder Poolvertrages[279]. Schließen sich die herrschenden Unternehmen zu einer Innengesellschaft zusammen, ist nach h.M. nicht die BGB-Gesellschaft herrschendes Unternehmen, sondern die dahinter stehenden MU[280]. Etwas anderes kann im Einzelfall nur gelten, wenn die beteiligten Unternehmen sich nicht auf den Abschluss eines Stimmrechtsbindungsvertrages beschränken, sondern auch die Verfolgung einer gemeinsamen Geschäftspolitik bei dem Gemeinschaftsunternehmen vereinbaren.

169 Im Falle des Abschlusses eines Beherrschungsvertrages zwischen dem Gemeinschaftsunternehmen und der BGB-Gesellschaft wird zu Recht abgelehnt, die BGB-Gesellschaft als herrschendes Unternehmen und Konzernobergesellschaft zu behandeln, da diese

---

273 BAG v. 18.06.1970, DB, S. 1595; Beschl. v. 21.10.1980, AG 1981, S. 227 (228); Beschl. v. 30.10.1986, DB 1987, S. 1691 sowie BAG v. 16.08.1995, NJW 1996, S. 1691 bestätigt für den Fall der Vereinbarung zur gemeinsamen Herrschaftsausübung.
274 BGH v. 04.03.1974, BB, S. 572, Näheres dazu Kap. C Tz. 116.
275 Vgl. BGH v. 04.03.1974, BGHZ 62, S. 193 (199) „Seitz-Enzinger"; BGH v. 08.05.1979, BGHZ 74, S. 359 (365 ff.) „Brost und Funke"; BGH v. 16.02.1981, BGHZ 80, S. 69 (73) „Süssen"; OLG Frankfurt a.M. v. 22.12.2003, AG 2004, S. 567 (568).
276 Vgl. *Koppensteiner*, in: Kölner Komm. AktG³, § 18, Rn. 34, m.w.N.; *Emmerich/Sonnenschein/Habersack*, Konzernrecht¹⁰, § 3, Rn. 41; *Hüffer/Koch*, AktG¹³, § 18, Rn. 16; *Bayer*, in: MünchKomm. AktG⁴, § 18, Rn. 43.
277 *Emmerich/Habersack*, Aktien- und GmbH-Konzernrecht⁸, § 17, Rn. 30 ff.
278 Vgl. BGH, Beschl. v. 18.11.1986, NJW 1987, S. 1700, zur Leitung eines Gemeinschaftsunternehmens durch einen Gesellschafter.
279 H.M.: *Krieger*, in: MünchHdb. AG⁴, § 69, Rn. 77; vgl. auch LG Hamburg v. 26.06.1995, AG 1996, S. 89; LG München I v. 25.09.1995, AG 1996, S. 186 (187).
280 *Krieger*, in: MünchHdb. AG⁴, § 69, Rn. 54; *Emmerich/Habersack*, Aktien- und GmbH-Konzernrecht⁸, § 17, Rn. 32; *Ruwe*, DB 1988, S. 2037.

keine eigenständige Leitungsmacht hat und nur von ihren Gesellschaftern als organisatorisches Instrument zur Leitung des Gemeinschaftsunternehmens eingesetzt wird. Vertragspartner sind die MU in gesamthänderischer Verbundenheit. Inhaber des beherrschenden Einflusses sind nur die Unternehmen, von denen der Einfluss ausgeht und die ihn selbst oder durch die BGB-Gesellschaft als Leitungsorgan ausüben, also die Obergesellschaften[281].

Liegen diese Voraussetzungen vor, sind die Beziehungen des Gemeinschaftsunternehmens im Hinblick auf die Folgen der Abhängigkeit und der Konzerneinbindung zu jedem der gemeinschaftlichen MU zu beachten. Ein faktischer Konzern kann zu jedem dieser Unternehmen bestehen; auch für § 5 MitbestG dürften die Beziehungen zu beiden Müttern von Bedeutung sein[282]. Die Frage der Einbeziehung von Gemeinschaftsunternehmen in den KA ist allein nach den Vorschriften des HGB zu entscheiden. Nach dem Wortlaut von § 290 Abs. 1 und 2 HGB ist die Konsolidierungspflicht beider Unternehmen fraglich; es verbleibt dann bei der Möglichkeit zur Quotenkonsolidierung nach § 310 HGB[283]. **170**

4.6.6.2 Ein Unternehmen als Obergesellschaft verschiedener Konzerne?

Dass ein Unternehmen die Obergesellschaft zweier verschiedener Konzerne ist, erscheint mit dem Begriff der einheitlichen Leitung kaum vereinbar. Unter der einheitlichen Konzernleitung steht auch das herrschende Unternehmen selbst[284]. Dieses kann aber im Hinblick auf die eine ihm untergeordnete Unternehmensgruppe nicht anders als im Hinblick auf die andere Unternehmensgruppe geleitet werden. Durch das herrschende Unternehmen als Bindeglied werden vielmehr beide Gruppen zu einem einzigen Konzern zusammengefasst. **171**

4.6.6.3 Verbindung zwischen Gleichordnungskonzern und Unterordnungskonzern

Um einen einzigen Konzern i.S. einer Unternehmensverbindung handelt es sich auch, wenn ein Unternehmen auf der einen Seite durch ein Gleichordnungskonzernverhältnis (Konzernleitung bei A und B), auf der anderen Seite durch ein Unterordnungskonzernverhältnis mit anderen Unternehmen (Unternehmen C und D zu A) verbunden ist. Die einheitliche Leitung, zu der A und B als gleichgeordnete Unternehmen sich zusammengeschlossen haben, wirkt sich hier auch auf die Leitung der Unternehmen C und D durch A aus. C und D sind auch im Verhältnis zu B konzernverbundene Unternehmen[285]. **172**

4.6.6.4 Konzern im Konzern?

Nach ganz überwiegender Auffassung ist der Fall, dass ein abhängiges und unter einheitlicher Leitung des MU stehendes Unternehmen seinerseits wieder Konzernobergesellschaft (Zwischen-Obergesellschaft) eines Unterordnungskonzerns ist („Konzern **173**

---

281 So *Bayer*, in: MünchKomm. AktG[4], § 17, Rn. 83, und *Geßler*, in: FS Knur, S. 145 (163); *Koppensteiner*, in: Kölner Komm. AktG[3], § 17, Rn. 88. Von dieser Auffassung geht auch das BAG in dem oben angesprochenen Beschl. v. 18.06.1970, DB, S. 1595, aus.
282 *Emmerich/Habersack*, Aktien- und GmbH-Konzernrecht[8], § 17, Rn. 35; *Bayer*, in: MünchKomm. AktG[4], § 17, Rn. 83; *Hüffer/Koch*, AktG[13], § 17, Rn. 14; BAG v. 13.10.2004, AG 2005, S. 533 (535).
283 Zu dieser Problematik *Hoffmann-Becking/Rellermeyer*, in: FS Goerdeler, S. 199.
284 Vgl. Kap. C Tz. 1 ff.
285 *Krieger*, in: MünchHdb. AG[4], § 69, Rn. 84.

im Konzern"), nicht denkbar[286], es sei denn, die Zwischengesellschaft verfügt über eigenverantwortliche Leitungsmacht[287]. Die umfassend angelegte einheitliche Leitung im Konzern durch das in der Konzernhierarchie höherstehende Unternehmen lässt keinen Raum für die einheitliche Leitung auf einer Unterstufe oder für eine Differenzierung nach der Intensität der einheitlichen Leitung[288].

174 Nach **HGB** ist im Hinblick auf die geregelten Befreiungen i.d.R. nur das an der **Spitze des Konzerns** stehende Unternehmen zur Konzernrechnungslegung verpflichtet, nicht dagegen eine Zwischen-Obergesellschaft. Aktienrechtlich hat die Frage keine Bedeutung.

175 Unter bestimmten Voraussetzungen wird der Konzern im Konzern in Bezug auf § 54 Abs. 1 BetrVerfG 1972, zum DrittelBG und zu § 5 Abs. 1 MitBestG 1976 anerkannt, wo jeweils auf den Konzernbegriff auf § 18 Abs. 1 AktG verwiesen ist[289]. Die Rspr. setzt voraus, dass dem Konzern-TU hinsichtlich mitbestimmungspflichtiger Angelegenheiten ein Entscheidungsspielraum zusteht, dem Konzern-TU somit ggü. den Konzernenkelgesellschaften noch genügend eigene Leitungsmacht verbleibt. Die Bildung eines mitbestimmten AR bei einem abhängigen Unternehmen spricht nicht gegen die Konzernbeziehung zu einem herrschenden Unternehmen, sodass auch dort ein mitbestimmter AR zu bilden ist[290]. Die Auffassung des BAG ist für das Konzernrecht im Übrigen nicht verallgemeinerungsfähig[291].

4.6.6.5 Joint Ventures, Arbeitsgemeinschaften

176 Die Frage der Zugehörigkeit zu mehreren Konzernen spielt auch bei Joint Ventures und Arbeitsgemeinschaften, v.a. im Baugewerbe, eine Rolle. Als verbundene Unternehmen sind diese von Belang, wenn sie Unternehmenseigenschaft besitzen, was bei Arbeitsgemeinschaften, die meist als BGB-Gesellschaft bestehen, i.d.R. der Fall ist, weil sie mittels einer nach außen in Erscheinung tretenden Organisation Interessen kaufmännischer und gewerblicher Art verfolgen[292]. Nach anderer Auffassung sind sie nicht rechtlich selbständige Unternehmen, sondern eine Organisationsform, in der ihre Gesellschafter bestimmte Geschäfte i.R. ihrer Unternehmen gemeinsam ausführen. Handelt es sich um selbständige Unternehmen, können Joint Ventures und Arbeitsgemeinschaften zu jedem ihrer Gesellschafter in einem Abhängigkeits- und Konzernverhältnis stehen[293],

---

286 *Koppensteiner*, in: Kölner Komm. AktG[3], § 18, Rn. 31; *Krieger*, in: MünchHdb. AG[4], § 69, Rn. 76; *Emmerich/Sonnenschein/Habersack*, Konzernrecht[10], § 4, Rn. 25; *Emmerich/Habersack*, Aktien- und GmbH-Konzernrecht[8], § 18, Rn. 18.
287 OLG München v. 19.11.2008, AG 2009, S. 339.
288 Die Möglichkeit eines „Konzerns im Konzern" verneinen generell *Koppensteiner*, in: Kölner Komm. AktG[3], § 18, Rn. 31, m.w.N.; *Bayer*, in: MünchKomm. AktG[4], § 18, Rn. 40 ff., und *v. Hoyningen-Huene*, ZGR 1978, S. 515; *Hüffer/Koch*, AktG[13], § 18, Rn. 14; *Emmerich/Habersack*, Aktien- und GmbH-Konzernrecht[8], § 18, Rn. 18; *Krieger*, in: MünchHdb. AG[4], § 69, Rn. 76; a.A. *Kropff*, BB 1965, S. 1281 (1284).
289 BAG v. 21.10.1980, AG 1981, S. 227; neuere Rspr.: OLG Zweibrücken v. 18.10.2005, AG, S. 928 „Eckes"; OLG Düsseldorf v. 30.10.2006, NZG 2007, S. 77; KG v. 07.06.2007, AG, S. 671; OLG Frankfurt a.M. v. 21.04.2008, AG, S. 502; OLG Frankfurt a.M. v. 21.04.2008, AG, S. 504; KG v. 21.12.2015, AG 2016, S. 179.
290 OLG Frankfurt a.M. v. 21.04.2008, DB, S. 1032 (1033); *Emmerich/Habersack*, Aktien- und GmbH-Konzernrecht[8], § 18, Rn. 19; *Vetter*, in: Schmidt/Lutter, AktG[3], § 18, Rn. 14; *Redeke*, DB 2008, S. 2408; zur Rechtslage bei Konzernmutter im Ausland OLG Hamburg v. 04.07.2017, AG 2018, S. 87; *Mückl/Theusinger*, BB 2018, S. 117.
291 *Hüffer/Koch*, AktG[13], § 18, Rn. 14 a.E.
292 Erl. zu § 15 AktG unter Kap. C Tz. 44.
293 *Granobs*, DB 1966, S. 1363 (1364).

wenn gemeinsame einheitliche Leitung vorliegt[294] oder die beteiligten Unternehmen untereinander einen Gleichordnungskonzern bilden. Im Übrigen kann die Arbeitsgemeinschaft dem Konzern eines ihrer Gesellschafter angehören, wenn diesem die selbständige Leitung der Arbeitsgemeinschaft, also die Übertragung der kaufmännischen und technischen Federführung, überlassen ist, verbunden mit selbständiger, eigenverantwortlicher Geschäftsführung.

4.6.6.6 Konzernverhältnis bei treuhänderisch gehaltenen Beteiligungen

Treuhänderisch gehaltene Beteiligungen gehören im Grundsatz sowohl zum Konzern des Treugebers als auch des Trh.s, dem die Beteiligung nach § 16 Abs. 4 AktG zuzurechnen ist. Handelt es sich um eine uneigennützige (Verwaltungs-)Treuhandschaft, wird das Unternehmen, das eine Beteiligung als Trh. besitzt, nicht Konzernobergesellschaft ggü. dieser Ges. sein, weil die Vermutung, dass es ein herrschendes Unternehmen ist, widerlegt werden kann[295], da i.d.R. der Treugeber die Herrschaftsrechte ausübt. Eine einheitliche Leitung durch das Trh.-Unternehmen ist nicht vorstellbar, weil dem Trh. keine originäre, sondern allenfalls eine delegierte Leitungsmacht zusteht[296].

177

4.7 Faktische Konzernierung

Die aktienrechtlichen Vorschriften über verbundene Unternehmen enthalten Regelungen, die für Unternehmen gelten, die durch Unternehmensverträge verbunden sind (§§ 291–307 AktG), sowie über die Leitungsmacht und Verantwortlichkeit bei Bestehen eines Beherrschungsvertrages (§§ 308–310 AktG), bei Fehlen eines Beherrschungsvertrages (§§ 311–318 AktG), bei eingegliederten Gesellschaften (§§ 319 bis 327 AktG) und von wechselseitig beteiligten Unternehmen (§ 328 AktG). Im Hinblick auf die weitreichenden Konsequenzen, die ein faktischer Konzern nach sich zieht, müssen an die Feststellung der Voraussetzungen strenge Maßstäbe angelegt werden[297]. Die anzuwendenden Regeln betreffen in erster Linie die abhängige oder konzernierte Ges. und sollen für einen gewissen Schutz von Gläubigern und anderen Aktionären sorgen[298]. Infolge der allgemeinen subsidiären Geltung der Vorschriften des AktG für eine SE (vgl. Art. 9 Abs. 1 Buchst. c ii SE-VO) unterliegt eine SE den gleichen Regelungen faktischer Konzernierung wie eine AG[299].

178

4.7.1 Konzernbildung

Ein faktischer Konzern entsteht, wenn ein Unternehmen eine Beteiligung an einem anderen Unternehmen erwirbt und auf dieses beherrschenden Einfluss ausüben kann. Diese Vorgänge stellen sich zunächst i.d.R. als **Maßnahme der Geschäftsführung** bzw. des Vorstands dar. Umstritten ist jedoch, in welchem Umfang Schranken aus dem Ge-

179

---

294 *Hüffer/Koch*, AktG[13], § 18, Rn. 16; *Vetter*, in: Schmidt/Lutter, AktG[3], § 18, Rn. 15; *Emmerich/Habersack*, Aktien- und GmbH-Konzernrecht[8], § 18, Rn. 18; *Krieger*, in: MünchHdb. AG[4], § 69, Rn. 77, m.w.N.
295 Zum Trh. im Konzernrecht auch BGH v. 20.02.1989, BGHZ 107, S. 7 (14).
296 Wesentliches Merkmal der einheitlichen Leitung ist, dass sie originären Charakter hat und nicht nur delegiert ist; vgl. *Lutter*, ZGR 1977, S. 195 (212); *Lutter/Schneider*, BB 1977, S. 553; *v. Hoyningen-Huene*, ZGR 1978, S. 515 (528).
297 ADS[6], Vorbem. zu §§ 15–18 AktG, Tz. 21.
298 *Emmerich/Habersack*, Aktien- und GmbH-Konzernrecht[8], Vor § 311, Rn. 1.
299 *Marsch-Barner*, in: Holding-Handbuch[5], § 18, Rn. 18.88, mit Hinweisen zur Aufstellung des AbhB bei monistisch strukturierter SE; ferner *Maul*, ZGR 2003, S. 743 (758); *Veil*, WM 2003, S. 2169 (2173).

setz³⁰⁰, der Satzung oder Mitwirkungsrechte anderer Unternehmensorgane zu beachten sind. Die Konzernbildungskontrolle soll der effektiven Kontrolle der Begründung von Konzern- und Abhängigkeitsverhältnissen dienen. Dasselbe gilt im Falle der Ausgliederung des gesamten oder von Teilen des Unternehmens auf rechtlich selbständige TU, die von dem ausgliedernden MU abhängig sind³⁰¹. Einen gewissen Ordnungsrahmen bei Anteilserwerben bilden die Regeln des WpÜG mit der Möglichkeit zu freiwilligen und der Verpflichtung zu obligatorischen Übernahmeangeboten.

180 Die erwerbende Ges. hat zu beachten, ob ihre **Satzung**, insb. der Unternehmensgegenstand, den Beteiligungserwerb zulassen³⁰². Das zukünftig herrschende Unternehmen darf nicht seinen Tätigkeitsbereich über die satzungsmäßigen Grenzen hinaus erweitern, indem dies mittelbar durch den Erwerb von Beteiligungen an TU erfolgt. Zum anderen muss die Satzung den Erwerb einer Beteiligung oder die Ausgliederung von Unternehmensteilen überhaupt zulassen³⁰³ und gestatten, dass mit diesem Unternehmen ein Unternehmensverbund begründet wird. Herkömmliche Öffnungsklauseln in Satzungen genügen diesen Anforderungen in aller Regel nicht³⁰⁴. Erfolgt der Beteiligungserwerb oder -hinzuerwerb im Wege der Spaltung (Aufspaltung, Abspaltung, Ausgliederung) nach § 123 ff. UmwG, ist eine Beschlussfassung der Anteilsinhaber erforderlich (§ 125 i.V.m. § 13 UmwG), die auch die Anpassung der Satzung an den veränderten Unternehmensgegenstand zu beschließen haben³⁰⁵.

181 Bei Anordnung zustimmungsbedürftiger Geschäfte kann die Zustimmung des AR erforderlich werden. Diese ergeben sich aus der Satzung (und ggf. der Geschäftsordnung), sofern der AR nicht bestimmte Arten von solchen Geschäften an seine Zustimmung gebunden hat (§ 111 Abs. 4 S. 2 AktG)³⁰⁶. Darüber hinaus kann in besonderen Fällen die **Zustimmung der HV** der erwerbenden bzw. ausgründenden Ges. erforderlich werden. Das gilt – abgesehen von den Vorschriften des UmwG – in jedem Falle für Ausgliederungsmaßnahmen, die zugleich eine Vermögensübertragung i.S.v. § 179a AktG darstellen. Für Fälle unterhalb dieser Schwelle hatte der BGH in der „Holzmüller-Entscheidung" entschieden, dass bei der Ausgliederung von wesentlichen Unternehmensbereichen der Vorstand verpflichtet ist, die Entscheidung der HV nach § 119 Abs. 2 AktG

---

300 Vgl. z.B. die Vorschriften des GWB.
301 Zur Abhängigkeit vgl. Erl. zu § 17 AktG unter Kap. C Tz. 99 ff.; zur Konzernbildung im Holdingkonzern *Stephan*, in: Holding-Handbuch⁵, § 3, Rn. 3.124.
302 H.M.: z.B. *Krieger*, in: MünchHdb. AG⁴, § 70, Rn. 5; *Emmerich/Habersack*, Aktien- und GmbH-Konzernrecht⁸, Vor § 311, Rn. 31; *Lutter/Leinekugel*, ZIP 1998, S. 225 (228); *Lutter*, in: FS Stimpel, S. 825 (846); *Timm*, S. 100; *Hommelhoff*, S. 271; *Wiedemann*, S. 329; *Koppensteiner*, in: Kölner Komm. AktG³, Vorbem. zu § 291, Rn. 60; *Stephan*, in: Holding-Handbuch⁵, § 3, Rn. 3.189; OLG Hamburg v. 05.09.1980, ZIP, S. 1000 (1006).
303 Weitestgehend bejaht für sog. kapitalistische Beteiligungen (Finanzanlagen ohne unternehmerischen Einfluss); vgl. *Hommelhoff*, S. 271; *Götz*, AG 1984, S. 85 (90); *Rehbinder*, ZHR 1983, S. 464 (467); *Krieger*, in: MünchHdb. AG⁴, § 70, Rn. 7; *Stephan*, in: Holding-Handbuch⁵, § 3, Rn. 3.186. Umstritten hingegen bei unternehmerischen Beteiligungen: vgl. *Timm*, S. 89; *Kropff*, ZGR 1984, S. 112 (130); *Koppensteiner*, in: Kölner Komm. AktG³, Vorbem. zu § 291, Rn. 62. Offen gelassen in BGH v. 25.02.1982, BGHZ 83, S. 122 (130); jetzt aber h.M.: OLG Stuttgart v. 14.05.2003, NZG, S. 778 (783); OLG Stuttgart v. 13.07.2005, AG, S. 693 (695 f.); OLG Köln v. 15.01.2009, AG, S. 416 (417 f.).
304 Vgl. *Koppensteiner*, in: Kölner Komm. AktG³, Vorbem. zu § 291, Rn. 64 f., m.w.N.
305 *Emmerich/Habersack*, Aktien- und GmbH-Konzernrecht⁸, Vor § 311, Rn. 31; *Lutter/Hommelhoff*, GmbHG¹⁹, § 3, Rn. 10; *Hüffer/Koch*, AktG¹³, § 23, Rn. 24; *Koppensteiner*, in: Kölner Komm. AktG³, Vorbem. zu § 291, Rn. 36, 62.
306 *Krieger*, in: MünchHdb. AG⁴, § 70, Rn. 6.

herbeizuführen[307]. Diese Rspr. bleibt auch nach Einführung des Rechtsinstituts der Spaltung durch das UmwG (§§ 123 ff. UmwG) zu beachten, wenn die Ausgliederung ohne Inanspruchnahme des UmwG (also v.a. ohne Gesamtrechtsnachfolge) nach den Regeln über die Sachgründung oder die Sacheinlage herbeigeführt wird[308]. Ihre Auswirkungen auf andere Maßnahmen, z.B. den Erwerb oder die Veräußerung von Beteiligungen oder den Börsengang der Beteiligungsunternehmen, blieben umstritten[309].

Die Entscheidung hat mittlerweile die Zustimmung im Schrifttum erhalten und in der Praxis die Überzeugung durchgesetzt, den Anforderungen des BGH Rechnung zu tragen[310]. Auch die Instanzgerichte sind dem BGH weitestgehend gefolgt[311]. In der Vergangenheit umstritten waren v.a. die quantitativen Größen, die als **"wesentlich"** i.S.d. Rspr. einzustufen sind. Die Erforderlichkeit der Zustimmung der HV wurde an qualitativen und quantitativen Voraussetzungen gemessen. Während bei den qualitativen Voraussetzungen Übereinstimmung herrschte, dass es sich um erhebliche, in der Nähe der Vermögensübertragung liegende Fälle handeln muss[312], besteht erhebliche Unsicherheit über die quantitativen Merkmale. **182**

Durch die *Gelatine*-Entscheidungen des BGH in den Urteilen vom 26.04.2004[313] und in der Folgezeit[314] wurden die Voraussetzungen für die ungeschriebenen Mitwirkungsbefugnisse der HV präzisiert und eingegrenzt. Der Ausnahmecharakter der Mitwirkungspflicht wurde herausgestellt. Die HV der AG muss danach bei Leitungsmaßnahmen nur ausnahmsweise und in engen Grenzen mitwirken. Das ist nur dann der Fall, wenn die in Aussicht genommene Umstrukturierung der Ges. an der Kernkompetenz der HV rührt, über die Verfassung der AG zu bestimmen. Das ist gegeben, wenn das wesentliche Vermögen der AG auf ein TU ausgegliedert werden soll, aber nur im Ausnahmefall bei der Umstrukturierung eines TU in eine Enkelgesellschaft wg. des damit einhergehenden Mediatisierungseffekts. Die Zustimmung ist nur dann geboten, wenn die wirtschaftliche Bedeutung die Ausmaße der Holzmüller-Entscheidung (75–80 v.H. des Vermögens) erreicht, somit nur bei qualitativ bedeutsamen Maßnahmen, wenn z.B. der Kernbereich der unternehmerischen Tätigkeit der AG betroffen ist. Oder aber, wenn qualitativ ein wesentlicher Eingriff vorliegt, der gemessen an der **183**

---

307 BGH v. 25.02.1982, BGHZ 83, S. 122 „Holzmüller"; dazu die „Gelatine"-Entscheidungen mit Konkretisierungen: BGH v. 26.04.2004, ZIP, S. 993 „Gelatine I", und BGH v. 26.04.2004, ZIP, S. 1001 „Gelatine II", ferner BGH v. 20.11.2006, ZIP 2007, S. 24; BGH v. 25.11.2002, NZG 2003, S. 280 „Macrotron"; dazu Kap. C Tz. 182. Zur Mitwirkungsaufgabe bei der Konzerneingangskontrolle durch AR oder APr. vgl. *Kropff*, in: FS Goerdeler, S. 259 (266).
308 *Emmerich/Habersack*, Aktien- und GmbH-Konzernrecht[8], Vor § 311, Rn. 41, mit zahlreichen Nachweisen; a.A. LG Hamburg v. 21.01.1997, AG, S. 238; *Bungert*, NZG 1998, S. 367.
309 Vgl. *Stephan*, in: Holding-Handbuch[5], § 3, Rn. 3.191.
310 Z.B. *Hüffer/Koch*, AktG[13], § 119, Rn. 16; *Emmerich/Habersack*, Aktien- und GmbH-Konzernrecht[8], Vor § 311, Rn. 41; *Mülbert*, Aktiengesellschaft[2], S. 430; *Heinsius*, ZGR 1984, S. 383 (389); *Kropff*, ZGR 1984, S. 112 (113); *Westermann*, ZGR 1984, S. 352 (362); im Ergebnis jedoch Zustimmung bei *Lutter*, in: FS Stimpel, S. 825; *Lutter*, in: FS Fleck, S. 169.
311 Z.B. OLG Celle v. 07.03.2001, ZIP, S. 613 (615); OLG Karlsruhe v. 12.03.2002, DB, S. 1094; LG Duisburg v. 27.06.2002, AG 2003, S. 390.
312 *Hüffer/Koch*, AktG[13], § 119, Rn. 18; *Hüffer*, in: FS Ulmer, S. 279; *Zimmermann/Pentz*, in: FS W. Müller, S. 151 (160); OLG Celle v. 07.03.2001, AG, S. 357 (358).
313 BGH v. 26.04.2004, ZIP, S. 993, und ZIP 2004, S. 1001; Vorinstanz OLG Karlsruhe v. 12.03.2002, DB, S. 1094 (1095).
314 BGH v. 20.11.2006, ZIP 2007, S. 24; dazu *Hofmeister*, NZG 2008, S. 47 (48 f.).

anteiligen Bilanzsumme, dem anteiligen EK, anteiligem Ergebnis vor Steuern, anteiligem Unternehmenswert und anteiliger Mitarbeiterzahl etwa 80 v.H. erreichen muss[315].

184 Die Reichweite der Entscheidung auf Konzernveränderungsmaßnahmen blieb umstritten. Ohne Zweifel gilt sie bei Maßnahmen der Ausgliederung oder anderen Strukturveränderungen im Konzern, wenn sie wesentlich sind und außerhalb der Regelung des UmwG vollzogen werden[316]. Die Anwendung der Grundsätze der Entscheidung wurde ferner in Fällen des Erwerbs von TU und teilw. auch bei der Veräußerung wesentlicher Unternehmensbeteiligungen oder auch einem Börsengang verlangt[317]. Dies kann im Allgemeinen nicht überzeugen[318]. Die Entscheidung lässt erkennen, dass außer der Ausgliederung eines Geschäftsfeldes in ein TU und der Kapitalerhöhung bei dem TU andere Maßnahmen, wie z.B. das Umhängen der Anteile an dem TU unter ein anderes TU nur selten von Bedeutung sein kann. Gleiches gilt für andere Fälle, z.B. einen Beteiligungserwerb oder auch für den Börsengang des TU oder des Enkelunternehmens[319].

185 Für die Beschlussfassung sollte nach der bisherigen Auffassung die einfache Mehrheit genügen[320]. Mittlerweile ist klargestellt, dass die Zustimmung der HV wg. der Nähe zu einer Satzungsänderung mit einer 3/4-Mehrheit zu fassen ist.

186 Die abhängige Ges. kann sich nur in beschränktem Umfang gegen den Erwerb des beherrschenden Einflusses durch das andere Unternehmen wehren[321]. Gewisse Schutzinstrumente ergeben sich aus der Verpflichtung des herrschenden Unternehmens, ein Übernahmeangebot zu unterbreiten (§ 35 Abs. 1 WpÜG). Sofern der Zusammenschluss nicht infolge der angewandten rechtlichen Schritte (z.B. Kapitalerhöhung mit Sacheinlagen) die qualifizierte Mitwirkung des Gesellschafters der abhängigen Ges. erfordert, kommen v.a. die Vinkulierung in Aktien oder Geschäftsanteilen, die Festlegung von Höchst- oder Mehrfachstimmrechten (bei der GmbH), Wettbewerbsverbote, Abtretungspflichten oder die Erhöhung des Mehrheitserfordernisses in der HV/Gesellschafterversammlung in Betracht[322]. Nach § 33 WpÜG besteht ein Vereitelungsverbot, während das allgemeine Gesellschaftsrecht die Organe auf das Interesse der Ges. verpflichtet. Ob darüber hinaus eine **Konzerneingangskontrolle** mit einem entsprechenden Schutz der Minderheiten schon nach geltendem Recht besteht, ist – v.a. für die GmbH – umstritten. *Lutter/Hommelhoff*[323] sehen eine Möglichkeit der GmbH-Gesellschafter untereinander, wesentliche Änderungen (also z.B. Anteilsverkauf) durch Schutzvorschriften im Gesellschaftsvertrag zu antizipieren. Bei Vorliegen der ent-

---

315 *Bungert*, BB 2004, S. 1345 (1347).
316 *Krieger*, in: MünchHdb. AG[4], § 70, Rn. 10; *Stephan*, in: Holding-Handbuch[5], § 3, Rn. 3.193 f.
317 Z.B. LG Stuttgart v. 08.11.1991, AG 1992, S. 236 (237); *Emmerich/Habersack*, Aktien- und GmbH-Konzernrecht[8], Vor § 311, Rn. 41 ff.; *Veil*, ZIP 1998, S. 361 (368).
318 LG Frankfurt a.M. v. 29.07.1997, ZIP, S. 1698 (1700); *Lutter/Leinekugel*, ZIP 1998, S. 225 (228); *Krieger*, in: MünchHdb. AG[4], § 70, Rn. 10; enger z.B. *Emmerich/Habersack*, Aktien- und GmbH-Konzernrecht[8], Vor § 311, Rn. 45; *Joost*, ZHR 1999, S. 164 (185).
319 *Bungert*, BB 2004, S. 1345 (1349); offen geblieben in BGH, ZIP 2012, S. 515.
320 Für 3/4-Mehrheit: *Krieger*, in: MünchHdb. AG[4], § 70, Rn. 14; *Lutter*, in: FS Fleck, S. 169 (181); für einfache Mehrheit (vor „Gelatine"): OLG Karlsruhe v. 12.03.2002, AG 2003, S. 388 (389 f.).
321 *Hüffer/Koch*, AktG[13], § 18, Rn. 5, § 119, Rn. 20: Konzernoffenheit; zu den gesetzlichen Schutzmechanismen der Gesellschafter vgl. WpÜG; dazu IDW, WP Handbuch 2014 Bd. II, Kap. U Tz. 68 ff.
322 Vgl. *Krieger*, in: MünchHdb. AG[4], § 70, Rn. 18, m.w.N. Zur nachträglichen Einführung von Höchststimmrechten durch Satzungsänderung vgl. LG Frankfurt a.M. v. 29.01.1990, BB, S. 365; Mehrstimmrechte sind bei AG nach § 12 Abs. 2 AktG unzulässig; *Hüffer/Koch*, AktG[13], § 12, Rn. 8.
323 *Lutter/Hommelhoff*, GmbHG[19], Anh. § 13, Rn. 29.

sprechenden satzungsmäßigen Voraussetzungen können strukturverändernde Beschlüsse (Zustimmung zur Veräußerung nach § 15 Abs. 5 GmbHG, Abschaffung von Höchst- oder Einführung von Mehrfachstimmrechten, Aufhebung eines Wettbewerbsverbots) gegen den Willen der Minderheit wirksam nur gefasst werden, wenn diese zugleich gegen die Gefahren der Abhängigkeit geschützt werde[324]. Zweifelhaft ist, ob die Veräußerung einer (möglicherweise) in die Abhängigkeit führenden Mehrheitsbeteiligung – auch bei Nichtvorliegen einer Vinkulierung – von der Zustimmung der Gesellschafterversammlung abhängig gemacht werden kann. Diese Auffassung hat sich nicht allgemein durchgesetzt[325]. Sie wird jedenfalls nicht für die AG gelten, schon deshalb nicht, weil das AktG in §§ 291 ff. und §§ 311 ff. AktG ein punktuelles Schutzsystem für die abhängige Ges. und die Minderheitsgesellschafter vorsieht. Gleichwohl wird diskutiert, ob dem Minderheitsaktionär nach erfolgter Konzernierung der AG ein Austrittsrecht gegen Abfindung zugestanden werden soll (analog zu § 305 AktG). Für den einfachen Konzern wird dies von der h.M. abgelehnt[326].

4.7.2 Faktischer Konzern

Infolge des Beteiligungserwerbs entsteht ein Unternehmensverbund. Wird kein Beherrschungsvertrag abgeschlossen oder das abhängige Unternehmen eingegliedert, handelt es sich um einen faktischen Konzern, wenn die zu diesem Unternehmensverbund gehörenden Unternehmen unter einheitlicher Leitung zusammengeschlossen sind. Herrschendes Unternehmen kann grds. jeder Rechtsträger sein, also z.B. alle Rechtsträger eines Handelsgewerbes, v.a. alle Formen der KapGes. und Personenhandelsgesellschaften[327]. Abhängiges Unternehmen kann jeder Rechtsträger sein, der einer selbständigen wirtschaftlichen Betätigung nachgeht, die in einen Interessenkonflikt zum herrschenden Unternehmen kommen kann[328]. Der faktische Konzern wurde insb. wegen damit verbundener Haftungsfragen problematisiert. Dazu wurde in der Vergangenheit zwischen einfachen und qualifiziert faktischen Konzernen unterschieden. Der einfache faktische Konzern liegt vor, wenn ggü. einem abhängigen Unternehmen eine locker gefügte Leitungsstruktur besteht, sodass die einzelnen Eingriffe des herrschenden Unternehmens isoliert und die sich daraus ergebenden (nachteiligen) Auswirkungen vermögensmäßig nach Maßgabe des gesetzlichen Ausgleichsmechanismus im Einzelnen erfasst werden können[329]. Der qualifiziert faktische Konzern wurde zunächst durch die laufende und umfassende Einflussnahme des herrschenden Unternehmens mit großer Intensität, Dichte und Breite begründet. Entscheidend ist vielmehr, dass sich die Einzeleingriffe nicht mehr isolieren lassen. Die Differenzierung wurde von

187

---

[324] *Lutter/Hommelhoff*, GmbHG[19], Anh. § 13, Rn. 31; *Emmerich/Habersack*, Aktien- und GmbH-Konzernrecht[8], Anh. § 318, Rn. 11; *Beurskens*, in: Baumbach/Hueck, GmbHG[21], AnhKonzernR, Rn. 30 ff.; *Koppensteiner/Schnorbus*, in: Rowedder/Schmidt-Leithoff, GmbHG[5], Anh. § 52, Rn. 32.

[325] *Koppensteiner/Schnorbus*, in: Rowedder/Schmidt-Leithoff, GmbHG[5], Anh. § 52, Rn. 38; *Beurskens*, in: Baumbach/Hueck, GmbHG[21], AnhKonzernR, Rn. 33 ff.

[326] *Vetter*, in: Schmidt/Lutter, AktG[3], § 311, Rn. 135; *Emmerich/Habersack*, Aktien- und GmbH-Konzernrecht[8], Vor § 311, Rn. 1, Anh. § 318, Rn. 11; *Krieger*, in: MünchHdb. AG[4], § 70, Rn. 21, 66; zur Pflicht zum Ausscheiden in Sanierungsfällen BGH v. 19.10.2009, DB, S. 2596.

[327] Vgl. ADS[6], § 15 AktG, Tz. 4; *Emmerich/Habersack*, Aktien- und GmbH-Konzernrecht[8], § 15, Rn. 6, 11, 19; BGH v. 13.12.1993, ZIP 1994, S. 207; BGH v. 19.09.1994, ZIP, S. 1690; *Schmidt, K.*, ZIP 1994, S. 1741.

[328] Vgl. ADS[6], § 15 AktG, Tz. 5; auch Körperschaften des öffentlichen Rechts kommen in Betracht, BGH v. 03.03.2008, NZG, S. 389.

[329] *Krieger*, in: MünchHdb. AG[4], § 70, Rn. 141; *Emmerich/Sonnenschein/Habersack*, Konzernrecht[10], § 24, Rn. 14 ff.

der Rspr. v.a. zum GmbH-Konzern für Fälle entwickelt, in denen das auf Einzelausgleich angelegte Haftungssystem (z.B. in §§ 311 ff. AktG) sich als nicht mehr funktionsfähig erwies[330]. Der BGH hat sich von der Figur des qualifiziert faktischen Konzerns als Haftungsmodell für die GmbH verabschiedet[331]. Die Haftung als Rechtsfolge eines qualifiziert faktischen Konzerns wurde aufgegeben. An ihre Stelle ist die Haftung wegen eines existenzvernichtenden Eingriffs getreten[332]. Für die AG sind die Rechtsfolgen unklar. Eine mit solcher Intensität verfolgte Einflussnahme ist von der Privilegierungsfunktion des § 311 AktG nicht mehr erfasst und kann nur durch den Abschluss eines Beherrschungsvertrages legalisiert werden[333].

188 §§ 311 ff. AktG sollen die Einflussnahme im faktischen Konzern umfassen und deren Rechtsfolgen regeln. Dabei wird von der Zulässigkeit der faktischen Konzernierung ausgegangen[334]. Dies gilt aber nur für den einfachen faktischen Konzern, wenn man davon ausgeht, dass die §§ 311 ff. AktG eine – ggf. nachteilige – Einflussnahme zwar voraussetzen, wenn auch nicht positiv zulassen (Schädigungsprivileg)[335]. Als nicht zulässig wurde der qualifiziert faktische AG-Konzern angesehen, wenn das gesetzlich vorgesehene Schutzsystem der §§ 311 ff. AktG (Einzelausgleich von Nachteilszufügung) außer Funktion gesetzt ist[336]. Für die AG sind die Rechtsfolgen weiter offen; bei GmbH bestimmen sich die Rechtsfolgen nach der weiterentwickelten Durchgriffslehre bei qualifizierter Nachteilszufügung[337].

189 Der faktische Konzern ist durch das Fehlen eines Beherrschungsvertrages gekennzeichnet. Dem beherrschenden Unternehmen steht demzufolge kein Weisungs-

---

330 BGH v. 16.09.1985, BGHZ 95, S. 330 (344) = NJW 1986, S. 188 „Autokran"; BGH v. 20.02.1989, NJW, S. 1800 = BGHZ 107, S. 7 = ZIP, S. 440 „Tiefbau"; BGH v. 23.09.1991, BGHZ 115, S. 187 = ZIP, S. 1354 „Video"; BGH v. 29.03.1993, BGHZ 122, S. 123 = ZIP, S. 589 „TBB"; Beschl. v. 12.07.1993 – II ZR 179/92 (juris), in dem die Revision gg. OLG Karlsruhe v. 07.08.1992, ZIP, S. 1394 „Schotterkleber", nicht angenommen wurde; *Beurskens*, in: Baumbach/Hueck, GmbHG[21], AnhKonzernR, Rn. 66 ff., 74; *Emmerich/Sonnenschein/Habersack*, Konzernrecht[10], § 28; *Decher*, DB 1989, S. 965; *Lutter*, AG 1990, S. 179 (181); *Kropff*, in: FS Goerdeler, S. 259 (264); *Schmidt, K.*, ZIP 1993, S. 549; *Schneider*, WM 1993, S. 782; *Westermann*, ZIP 1993, S. 554; *Wiedemann*, DB 1993, S. 141. Einer anderen Überlegung folgen die Entscheidungen des BGH (z.B. v. 27.09.2016, DB, S. 2653) oder des BAG (z.B. v. 07.06.2016, DB, S. 2062) zum Berechnungsdurchgriff bei der betrieblichen Altersversorgung.
331 BGH v. 17.09.2001, BGHZ 149, S. 10 „Bremer Vulkan"; BGH v. 25.02.2002, ZIP, S. 848; BGH v. 24.06.2002, ZIP, S. 1578 „KBV"; BGH v. 16.07.2007, NJW, S. 2689 „Trihotel".
332 *Hüffer/Koch*, AktG[13], § 311, Rn. 7; *Lutter/Hommelhoff*, GmbHG[19], § 13, Rn. 20 f.; dazu BGH v. 16.07.2007, NJW, S. 2689 „Trihotel".
333 *Emmerich/Habersack*, Aktien- und GmbH-Konzernrecht[8], § 317 Anh., Rn. 5 ff.; *Krieger*, in: MünchHdb. AG[4], § 70, Rn. 141 ff.; existenzgefährdende Weisungen verpflichten zu zukunftsbezogener Prognose; *Seibt/Cziupka*, AG 2015, S. 721.
334 Z.B. OLG Hamm v. 03.11.1986, NJW 1987, S. 1030 „Banning"; OLG Köln v. 15.01.2009, AG, S. 416 (418); LG Mannheim v. 17.01.1990, WM, S. 760 (764).
335 *Hüffer/Koch*, AktG[13], § 311, Rn. 4; *Krieger*, in: MünchHdb. AG[4], § 70, Rn. 22 ff.; *Emmerich/Habersack*, Aktien- und GmbH-Konzernrecht[8], § 311, Rn. 8 und 13; *Mülbert*, ZHR 1999, S. 1; *Hommelhoff*, S. 109; *Semler*, S. 114; LG Mannheim v. 17.01.1990, DB, S. 2011; offen bei *Emmerich/Sonnenschein/Habersack*, Konzernrecht[10], zum einfachen faktischen AG-Konzern, § 24, Rn. 10 ff.; abl. *Koppensteiner*, in: Kölner Komm. AktG[3], Vorbem. zu § 311, Rn. 10 ff.
336 *Emmerich/Habersack*, Aktien- und GmbH-Konzernrecht[8], § 311, Rn. 8 f.; § 317 Anh., Rn. 16, 23; *Dierdorf*, S. 256; *Hommelhoff*, DB 1990, S. 2005 (2006); *Ebenroth*, AG 1990, S. 188 (191); *Deilmann*, S. 121. Zu den Tatbeständen, die einen qualifiziert faktischen Konzern begründen können, vgl. *Krieger*, in: MünchHdb. AG[4], § 70, Rn. 141 ff.
337 *Hüffer/Koch*, AktG[13], § 311, Rn. 7, § 1, Rn. 22.

recht ggü. der abhängigen AG zu³³⁸, ggü. der abhängigen GmbH bestehen die Weisungsrechte der Gesellschafterversammlung³³⁹. Die Organe des herrschenden Unternehmens besitzen keine Vertretungsmacht für die abhängigen Ges.³⁴⁰. Gleichwohl ist die Konzernobergesellschaft zwar nicht zur Leitung³⁴¹, aber zur Beschaffung von Informationen einer anderen Konzerngesellschaft verpflichtet³⁴² sowie dazu, die sich aus dem Beteiligungsbesitz ergebenden unternehmerischen Möglichkeiten zu nutzen und diese nicht als Finanzanlage zu behandeln³⁴³. Dies spiegelt sich auch in den den Konzern umfassenden Mitwirkungsrechten des AR und der HV der Obergesellschaft wider³⁴⁴. Können bei einer AG aufgrund der bestehenden faktischen und rechtlichen Durchsetzungsmöglichkeiten nachteilige Maßnahmen oder Rechtsgeschäfte veranlasst werden, sind die Nachteile gem. § 311 AktG auszugleichen.

Für den Konzernverbund wird die Frage diskutiert, ob die **Thesaurierung von Gewinnen** bei abhängigen Ges. auf die bei dem beherrschenden Unternehmen gem. § 58 Abs. 2 AktG in die Gewinnrücklagen einzustellenden Beträge angerechnet werden muss oder ob die herrschende Ges. ihre Rücklagendotierung allein aufgrund des Handelsbilanzergebnisses und unabhängig von der Thesaurierung im Konzern vornehmen darf³⁴⁵. Für eine Anrechnung spricht, dass sonst Gesellschafter- und Aktionärsinteressen beeinträchtigt werden könnten. Nach der Gegenmeinung findet eine Vorschrift wie § 58 Abs. 2 AktG im Konzern keine Anwendung, da hinsichtlich der zulässigen Höhe sonst erhebliche Rechtsunsicherheit entstünde³⁴⁶. Dieser Auffassung ist angesichts der gegebenen gesetzlichen Regelungen der Vorzug zu geben³⁴⁷, da der Konzern nicht ein Unternehmen im Rechtssinne darstellt. Die Rücklagendotierung steht im pflichtgemäßen Ermessen der Organe. Konsequenzen einer missbräuchlichen Rücklagenbildungspolitik im Konzern sind bei der Entlastung der Verwaltung und ggf. der Geltendmachung von Schadensersatzansprüchen zu ziehen³⁴⁸. **190**

Durch das MoMiG³⁴⁹ wurden Teilbereiche der Konzerninnenfinanzierung neu geregelt und z.T. rechtsformübergreifend ausgestaltet. Statt der Umqualifikation von Gesellschafterdarlehen in funktionales EK wird die Nachrangigkeit von Gesellschafterforde- **191**

---

338   H.M.: *Koppensteiner*, in: Kölner Komm. AktG³, § 311, Rn. 139; *Emmerich/Habersack*, Aktien- und GmbH-Konzernrecht⁸, § 311, Rn. 10; *Vetter*, in: Schmidt/Lutter, AktG³, § 311, Rn. 132; *Hüffer/Koch*, AktG¹³, § 311, Rn. 48; *Altmeppen*, in: MünchKomm. AktG⁴, § 311, Rn. 70.
339   *Lutter/Hommelhoff*, GmbHG¹⁹, § 37, Rn. 18 sowie Anh. § 13, Rn. 26 Haftungsfolgen.
340   BGH v. 14.05.1990, AG, S. 459.
341   *Emmerich/Habersack*, Aktien- und GmbH-Konzernrecht⁸, § 311, Rn. 11; *Vetter*, in: Schmidt/Lutter, AktG³, § 311, Rn. 132; *Altmeppen*, in: MünchKomm. AktG⁴, § 311, Rn. 404; weiter aber *Hommelhoff*, S. 424.
342   BGH v. 18.12.2008, AG 2009, S. 579 zu § 888 ZPO.
343   *Koppensteiner*, in: Kölner Komm. AktG³, Vorbem. zu § 291, Rn. 71 f.
344   Zum AR *Koppensteiner*, in: Kölner Komm. AktG³, Vorbem. zu § 291, Rn. 73; *v. Schenck*, in: Arbeitshandbuch für Aufsichtsratsmitglieder⁴, § 1, Rn. 324; *Krieger*, in: MünchHdb. AG⁴, § 70, Rn. 33; vgl. auch § 32 MitbestG. Zur HV vgl. z.B. § 179a, 293, 319 AktG und z.B. §§ 13, 62 UmwG sowie BGHZ 83, S. 122, zu Zustimmungsbeschlüssen, jetzt konkretisiert durch BGH v. 26.04.2002, BB 2004, S. 1182, und § 131 Abs. 1 AktG zu Auskunftsrechten.
345   *Hüffer/Koch*, AktG¹³, § 58, Rn. 16a zum Streitstand; *Krieger*, in: MünchHdb. AG⁴, § 70, Rn. 70; *Götz*, AG 1984, S. 85 (93); *Drygala*, in: Kölner Komm. AktG³, § 58, Rn. 66 ff.; *Lutter*, in: FS Goerdeler, S. 327; *Lutter*, in: FS Westermann, S. 347; *Timm*, S. 90.
346   Vgl. z.B. *Thomas*, ZGR 1985, S. 365; *Goerdeler*, WPg 1986, S. 229; *Beusch*, in: FS Goerdeler, S. 25.
347   Wie hier ADS⁶, § 58 AktG, Tz. 74, 84; *Hüffer/Koch*, AktG¹³, § 58, Rn. 17.
348   So *Goerdeler*, WPg 1986, S. 229 (236).
349   MoMiG v. 23.10.2008, BGBl. I, S. 2026.

rungen und die Möglichkeit zur Anfechtung (§§ 39 Abs. 1 Nr. 5, 135 Abs. 1 und 4 InsO) geregelt[350]. Die Rückzahlung eines Gesellschafterdarlehens stellt nach § 30 Abs. 1 S. 3 GmbHG keine Einlagenrückgewähr dar. Das MoMiG hat Möglichkeiten für die Darlehensgewährung des TU an das MU geschaffen. In Abkehr von der Rechtslage, die durch die Entscheidung des BGH vom 24.11.2003 geschaffen wurde, gilt die Gewährung eines Up-Stream-Darlehens nicht als Einlagenrückgewähr, wenn die Darlehensgewährung durch einen vollwertigen Gegenleistungs- oder Rückgewähranspruch gedeckt ist; es gilt eine bilanzbezogene Betrachtung[351]. Diese Regelungen – für die AG in § 57 Abs. 1 S. 3 AktG – schaffen auch eine zweckmäßige Rechtsgrundlage für Maßnahmen der zentralen Konzernfinanzierung (z.B. Cash-Management oder Cash-Pool)[352]. Die taggenaue Sammlung der Konzernliquidität an einer Stelle im Konzern, die zentrale Liquiditätssteuerung und die Liquiditätsversorgung der Konzernunternehmen sind im Grundsatz zulässig.

> **Hinweis 5:**
> Für die abhängige Gesellschaft muss bereits bei dem Abschluss des Cash-Pool-Vertrages sichergestellt sein, dass Rückzahlungsansprüche vollwertig sind[353]. Ein entgegen den gesetzlichen Vorschriften gewährtes Darlehen ist zurückzuerstatten (§ 31 Abs. 1 GmbHG).

4.7.3 Rechtsfolgen

192 Die Rechtsfolgen, die sich bei Bestehen eines faktischen Konzerns ergeben, sind nur lückenhaft geregelt. §§ 311 bis 318 AktG betreffen die Verantwortlichkeit bei Fehlen eines Beherrschungsvertrages[354]; ggü. einer abhängigen AG oder KGaA regeln sie die Folgen der Abhängigkeit im faktischen Konzern, in dem die nachteiligen Eingriffe noch isoliert festgestellt und ausgeglichen werden können[355]. Kommen die §§ 311 ff. AktG zur Anwendung, verpflichten sie das herrschende Unternehmen, **alle Nachteile auszugleichen**, die der abhängigen Ges. durch Veranlassung nachteiliger Rechtsgeschäfte oder Maßnahmen entstehen können[356]. Dadurch soll das abhängige Unternehmen zumindest wirtschaftlich so gestellt werden, als ob es unabhängig wäre. Unterbleibt der Nachteilsausgleich, macht sich das herrschende Unternehmen schadensersatzpflichtig (§ 317 Abs. 1 AktG). Der Vorstand hat in einem AbhB über nachteilige Einwirkungen und ihren Ausgleich zu berichten. Dieser Bericht ist durch den APr. zu prüfen[357]. Die Nichterfüllung der Pflicht zum Nachteilsausgleich sowie die Nichtbeachtung der Berichtspflichten der abhängigen Ges. sind durch persönliche Haftung der Organmitglieder zu-

---

350 *Kleindiek*, in: Lutter/Hommelhoff, GmbHG[19], Anh. § 64, Rn. 126 ff.; *Huber/Habersack*, BB 2006, S. 1.
351 Zur Rechtslage vor MoMiG: BGH v. 25.02.2002, GmbHR, S. 550; BGH v. 24.11.2003, ZIP 2004, S. 263; zur Rechtslage nach MoMiG: BGHZ 179, S. 71 Rn. 14 (MPS); *Krieger*, in: MünchHdb. AG[4], § 70, Rn. 58 ff.; *Kleindiek*, in: Lutter/Hommelhoff, GmbHG[19], Anh. § 64, Rn. 126 ff.; *Vetter*, in: Holding-Handbuch[5], § 11, Rn. 11.27 ff.
352 *Krieger*, in: MünchHdb. AG[4], § 70, Rn. 58 ff.; *Altmeppen*, NZG 2010, S. 361 ff. sowie 401 ff.
353 *Lutter/Hommelhoff*, GmbHG[19], § 30, Rn. 37 ff.
354 *Emmerich/Habersack*, Aktien- und GmbH-Konzernrecht[8], § 311, Rn. 1; *Vetter*, in: Schmidt/Lutter, AktG[3], § 311, Rn. 13 ff.; *Koppensteiner*, in: Kölner Komm. AktG[3], Vorbem. zu § 311, Rn. 25, 20.
355 *Emmerich/Sonnenschein/Habersack*, Konzernrecht[10], § 24, Rn. 14 ff. Nach Koppensteiner, in: Kölner Komm. AktG[3], Vorbem. zu § 311, Rn. 21, und § 311 Rn. 155 ff., sollen die §§ 311 ff. AktG auch im qualifizierten faktischen Konzern zur Anwendung kommen; *Renner/Engel*, ZIP 2013, S. 2436 ff.
356 BGH v. 26.06.2012, ZIP, S. 1753 (zum Nachteilsausgleich bei HV-Zustimmung).
357 Vgl. zum AbhB *Krieger*, in: MünchHdb. AG[4], § 70, Rn. 95 ff.

sätzlich sanktioniert (§§ 317, 318 AktG). Eine über §§ 311 ff. AktG hinausgehende Verlustübernahmepflicht entsprechend § 302 AktG kann nicht verlangt werden[358].

Vergleichbare Regelungen bestehen für **abhängige GmbH** nicht, eine entsprechende Anwendung der §§ 311 ff. AktG kommt nicht in Betracht[359]. Für die GmbH besteht ein Schädigungsverbot[360], das zunächst in der gesellschafterlichen Treuepflicht ihren Ausgangspunkt findet[361]. Nach diesen Grundsätzen ist ein herrschendes Unternehmen wie jeder andere Gesellschafter auch verpflichtet, die abhängige GmbH nicht zu schädigen[362]. Ein dagegen verstoßender Weisungsbeschluss ist anfechtbar, ein Verstoß hiergegen verpflichtet zu Schadensersatz. Wird die Maßnahme von allen Gesellschaftern mitgetragen, bestehen keine Ansprüche, sofern durch die Maßnahme nicht in den durch § 30 Abs. 1 GmbHG geschützten Bereich eingegriffen wurde. Der Schadensersatzanspruch kann von der Ges., ggf. aber auch einem Gesellschafter, also v.a. einem Minderheitsgesellschafter, geltend gemacht werden[363]. Der Gesellschafter ist verpflichtet, das (wirtschaftliche) Eigeninteresse der abhängigen GmbH zu respektieren. Wird dieses Gebot missachtet, steht den Mitgesellschaftern, die solchen Maßnahmen nicht zugestimmt haben, ein Anspruch auf Unterlassung, ferner ein Anspruch der abhängigen GmbH auf Schadensersatz gegen den beherrschenden Gesellschafter zu.

193

Das Vermögen einer GmbH steht allerdings bis zu den Grenzen der §§ 30 ff. GmbHG und der Rspr. über existenzvernichtende Eingriffe zur Disposition der Gesellschafter. Das gilt auch im Falle des Alleingesellschafters[364]. Auch die sog. Einmann-Gesellschaft genießt insoweit keinen weitergehenden Schutz als eine mehrgliedrige GmbH.

194

Nach dem anfänglichen Versuch, einen Schadensausgleich im „qualifiziert faktischen Konzern" an §§ 302, 303 AktG zu orientieren, hat sich die Rspr. zu einem aus der Durchgriffslehre abgeleiteten Haftungsmodell hin entwickelt[365]. Es wird nunmehr ein deliktrechtlicher Anspruch der Ges. ggü. dem Gesellschafter nach § 826 BGB angenommen, der darauf fußt, dass der (Allein-)Gesellschafter ohne Rücksicht auf die Fähigkeit der Ges. zur Bedienung ihrer Verbindlichkeiten in das Vermögen und die Interessen der Ges. eingreift[366]. Ein solcher Eingriff kann bei dem Entzug von Vermögen gegeben sein, aber auch bei Eingriffen in Chancen der Ges., bei Auferlegen übermäßiger

195

---

358 Vgl. *Kropff*, ZGR 1988, S. 558 (581).
359 BGH v. 05.06.1975, BGHZ 65, S. 15 „ITT"; *Winter*, ZGR 1994, S. 570; *Bayer/Trölitzsch*, in: Holding-Handbuch[5], § 8, Rn. 8.16.
360 *Emmerich/Habersack*, Aktien- und GmbH-Konzernrecht[8], § 318 Anh., Rn. 34; *Lutter/Hommelhoff*, GmbHG[19], Anh. zu § 13, Rn. 13 ff., 20; BGH v. 16.09.1985, BGHZ 95, S. 330 (339) „Autokran"; BGH v. 20.02.1989, BGHZ 107, S. 7 (16) „Tiefbau"; BGH v. 09.01.1992, BGHZ 117, S. 8 (17); OLG Stuttgart v. 08.10.1999, BB, S. 2316.
361 Vgl. BGH v. 05.06.1975, BGHZ 65, S. 15 (18) „ITT"; BGH v. 05.02.1979, BB, S. 1735; *Emmerich/Habersack*, Aktien- und GmbH-Konzernrecht[8], § 318 Anh., Rn. 34 f.
362 Vgl. BGH v. 16.09.1985, BGHZ 95, S. 330 (340) „Autokran"; *Koppensteiner/Schnorbus*, in: Rowedder/Schmidt-Leithoff, GmbHG[5], Anh. § 52, Rn. 72; *Emmerich*, AG 1987, S. 1 (4).
363 *Lutter/Hommelhoff*, GmbHG[19], Anh. zu § 13, Rn. 27 ff.; *Koppensteiner/Schnorbus*, in: Rowedder/Schmidt-Leithoff, GmbHG[5], Anh. § 52, Rn. 79.
364 Z.B. BGH v. 28.09.1992, BGHZ 119, S. 257 (262); BGH v. 10.05.1993, BGHZ 122, S. 333 (336).
365 Dazu grundlegend BGH v. 17.09.2001, BGHZ 149, S. 10 „Bremer Vulkan"; BGH v. 25.02.2002, BGHZ 150, S. 61; BGH v. 24.06.2002, BGH v. 24.06.2002, BGHZ 151, S. 181 „KBV".
366 BGH v. 16.07.2007, NJW, S. 2689 „Trihotel"; BGH v. 07.01.2008, ZIP, S. 308, und BGH v. 13.12.2007, ZIP 2008, S. 455; BGH v. 28.04.2008, ZIP, S. 1232 „Gamma"; zur Entwicklung der Haftungsmodelle durch den BGH s. *Dauner-Lieb*, ZGR 2008, S. 34.

Risiken oder der Wegnahme wirtschaftlicher Betätigungsmöglichkeiten[367]. Ferner muss aus dem Eingriff die Insolvenz folgen. Das ist stets bei überwiegendem Insolvenzrisiko gegeben. Bei einem erheblichen, aber noch nicht überwiegenden Risiko ist zwischen den das Risiko rechtfertigenden erheblichen Vorteilen für die Ges. und dem Risiko abzuwägen. Ein rein abstraktes Insolvenzrisiko ist unbeachtlich[368]. Die Haftung wird durch den Eintritt der Insolvenz begründet; sie tritt nicht ein, wenn die Fähigkeit der Ges. zur Erfüllung ihrer Verbindlichkeiten durch Maßnahmen der Insolvenzabwehr wiederhergestellt wird[369]. Die Rechtsfolge eines existenzvernichtenden Eingriffs ist die Verpflichtung zum Schadensersatz durch die Gesellschafter, die den Eingriff vorgenommen oder die durch ihr Einverständnis mit dem Vermögensentzug die Insolvenz mitverursacht haben, es sei denn, dass ihre Mitwirkung für den Eintritt der Insolvenz nicht kausal war[370]. Die Haftung ist verschuldensabhängig, sie bedarf zumindest bedingten Vorsatzes[371]. Erforderlich ist ein sittenwidriges Verhalten[372].

196 Bei AG ist die missbräuchliche Ausübung der Leitungsmacht im Einklang mit dem Nachteilsbegriff des § 311 Abs. 1 AktG zu interpretieren. Danach ist missbräuchlich und nachteilig jede auf die Abhängigkeitslage zurückzuführende Beeinträchtigung der Vermögens- und Ertragslage der AG[373]. Bei Eingriffen bei qualifiziert faktischer Abhängigkeit einer AG wird der Rückgriff auf die Schutznormen der §§ 302, 303 AktG jedoch gleichwohl erwogen.

197 In besonderen Fällen kommt die Haftung des Gesellschafters in Fällen des Durchgriffs als Durchbrechung des Prinzips der Haftungstrennung zwischen der juristischen Person einerseits und deren Gesellschafter(n) andererseits in Betracht. Das Prinzip der Haftungstrennung gilt grundlegend im Bereich der KapGes. (vgl. § 1 Abs. 1 S. 2 AktG, § 13 Abs. 2 GmbHG)[374]. Die gesetzgeberische Zweckentscheidung des Trennungsprinzips wird nach Maßgabe eines Regel-Ausnahme-Verhältnisses in besonderen Fällen durchbrochen. Grund für Durchbrechungen ist im Allgemeinen der Missbrauch des Zweckes der Vermögens- und Haftungstrennung[375]. In der Rspr. wurden folgende Fallgruppen entwickelt:

Unterkapitalisierung: Wird die KapGes., im Vergleich zu dem festgelegten Unternehmensgegenstand und der ihr zugedachten unternehmerischen Funktion, mit völlig unzureichendem EK ausgestattet, sodass die Ges. bei kleinsten wirtschaftlichen Schwie-

---

367 *Ulmer*, JZ 2002, S. 1049 (1051); *Lutter/Banerjea*, ZGR 2003, S. 402 (413); *Decher*, in: MünchHdb. GmbH[3], § 69, Rn. 9; aus der Rspr. AG Jena v. 28.11.2001, GmbHR 2002, S. 112; OLG Rostock v. 10.12.2003, ZIP 2004, S. 118 (120); enger AG Köln v. 20.06.2003, ZIP, S. 1893 (1895).
368 *Bayer/Trölitzsch*, in: Holding-Handbuch[5], § 8, Rn. 8.80.
369 *Röhricht*, in: FS 50 Jahre BGH, S. 83 (113).
370 BGH v. 25.02.2002, BGHZ 150, S. 61 (67); *Bayer/Trölitzsch*, in: Holding-Handbuch[5], § 8, Rn. 8.84; *Bayer*, in: Lutter/Hommelhoff, GmbHG[19], § 13, Rn. 39 f.
371 *Bayer*, in: Lutter/Hommelhoff, GmbHG[19], § 13, Rn. 40.
372 BGH v. 16.07.2007, NJW, S. 2689 „Trihotel"; BGH v. 07.01.2008, ZIP, S. 308 (455); BGH v. 28.04.2008, ZIP, S. 1232 „Gamma"; BGH v. 24.07.2012, DB, S. 2096 (zum Verjährungsbeginn); dazu *Jonas/v. Woedtke*, BB 2012, S. 2255.
373 *Emmerich/Habersack*, Aktien- und GmbH-Konzernrecht[8], § 311, Rn. 39.
374 *Hüffer/Koch*, AktG[13], § 1, Rn. 8; *Bayer*, in: Lutter/Hommelhoff, GmbHG[19], § 13, Rn. 5.
375 *Bayer*, in: Lutter/Hommelhoff, GmbHG[19], § 13, Rn. 11 ff.; *Fastrich*, in: Baumbach/Hueck, GmbHG[21], § 13, Rn. 10 ff.; *Hüffer/Koch*, AktG[13], § 1, Rn. 15, alle mit weiteren Ausführungen zur dogmatischen Fundierung.

rigkeiten insolvent wird, haften die Gesellschafter den Gläubigern der Ges. entsprechend § 128 HGB[376].

Vermögensvermischung: Die Vermögensabgrenzung zwischen Ges. und Gesellschafter wird z.B. durch falsche oder unzureichende Abgrenzung oder in anderer Weise verschleiert, sodass die Einhaltung der Kapitalerhaltung der Ges. unkontrollierbar wird. Die Haftung trifft Gesellschafter, die die Vermischung veranlasst haben oder zumindest kennen, entsprechend § 128 HGB[377].

Sphärenvermischung: Vermischung der organisatorischen Sphären von Ges. und Gesellschaftern, sodass eine rechtliche Trennung unmöglich wird. Im Insolvenzfall ergibt sich eine Haftung der Gesellschafter entsprechend § 128 HGB[378].

Rechtsform- oder Institutsmissbrauch: Bei bewusster Verwendung der Haftungsfreistellung zum Nachteil der Gläubiger; subsidiär im Vergleich zu den o.g. Tatbeständen. Im Insolvenzfall Haftung der Gesellschafter entsprechend § 128 HGB[379].

4.8 Unternehmensverträge

Einen grundlegenden Teil des Rechts der verbundenen Unternehmen bilden die gesetzlichen Bestimmungen über die Unternehmensverträge (§§ 291 bis 307 AktG). Die Partner eines solchen Vertrages sind verbundene Unternehmen i.S.d. § 15 AktG[380].

198

Das AktG kennt fünf Arten von Unternehmensverträgen zwischen einer AG oder KGaA und einem anderen Unternehmen:

199

- Beherrschungsvertrag (§ 291 AktG)
- GAV (§ 291 AktG)
- Gewinngemeinschaftsvertrag (§ 292 AktG)
- Teil-GAV (§ 292 AktG)
- Betriebspacht- und Betriebsüberlassungsvertrag (§ 292 AktG).

Alle diese Verträge greifen in gewisser Weise in die Struktur des verpflichteten (abhängigen) Unternehmens ein, während der Gegenstand des anderen Unternehmens unverändert bleibt[381]. Die Aufzählung ist erschöpfend. Vereinbarungen, die sich nicht unter diese Formen einordnen lassen, sind keine Unternehmensverträge i.S.d. AktG. Die durch Unternehmensverträge erfolgenden Eingriffe in das Gefüge der AG sind mit dem Gesetz vereinbar. Leistungen der Ges. bei Bestehen[382] eines Beherrschungsvertrages, eines GAV, eines Betriebspacht- oder Betriebsüberlassungsvertrages gelten nicht als Ver-

200

---

376 *Fastrich*, in: Baumbach/Hueck, GmbHG[21], § 13, Rn. 47; *Bayer*, in: Lutter/Hommelhoff, GmbHG[19], § 13, Rn. 20.
377 *Fastrich*, in: Baumbach/Hueck, GmbHG[21], § 13, Rn. 45; *Bayer*, in: Lutter/Hommelhoff, GmbHG[19], § 13, Rn. 19; *Hüffer/Koch*, AktG[13], § 1, Rn. 20; BGH v. 13.04.1994, ZIP, S. 868; AG Brühl v. 21.06.2001, NZG 2002, S. 584; OLG Celle v. 29.09.2001, GmbHR, S. 1042.
378 *Fastrich*, in: Baumbach/Hueck, GmbHG[21], § 13, Rn. 46; *Bayer*, in: Lutter/Hommelhoff, GmbHG[19], § 13, Rn. 24.
379 BGH v. 30.11.1979, WM, S. 229; BGH v. 16.03.1992, ZIP, S. 694.
380 Vgl. Erl. zu § 15 AktG unter Kap. C Tz. 38.
381 *Altmeppen*, in: MünchKomm. AktG[4], Vor § 291, Rn. 4; *Hüffer/Koch*, AktG[13], § 291, Rn. 2.
382 § 291 Abs. 3 AktG geändert infolge des MoMiG v. 21.05.2008, BGBl. I, S. 2026.

stoß gegen die §§ 57, 58 und 60 AktG (§§ 291 Abs. 3, 292 Abs. 3 AktG)[383]. Solche Leistungen gelten nicht als Einlagenrückgewähr (§ 57 Abs. 1 S. 3 AktG).

201 Nicht eindeutig geklärt ist die systematische Bedeutung der Verträge. Der Gesetzgeber hat zwei Gruppen dadurch gebildet, dass er den Beherrschungsvertrag und den GAV in § 291 AktG und die übrigen Vertragstypen in § 292 AktG behandelt. Gemeinsam für alle diese Vertragstypen ist die Anwendung der Vorschriften für alle Unternehmensverträge in §§ 293–299 AktG[384]. Der Unterschied zwischen den Vertragstypen ist damit erklärt worden, dass es sich bei den Ersteren um Organisationsverträge, bei den anderen dagegen um schuldrechtliche Vereinbarungen mit Austausch von Leistung und Gegenleistung handele[385], auch wenn bei den Verträgen nach § 291 AktG neben der organisationsrechtlichen eine schuldrechtliche Bindung besteht. Nur die Verträge nach § 291 AktG ermächtigen unter Beachtung der §§ 300–307 AktG zu weitgehenden Eingriffen in die Verfassung der Ges., und zwar in die eigenverantwortliche Leitung oder den Vermögensbestand einer Ges. (vgl. § 291 Abs. 3 AktG)[386]. §§ 291 und 292 AktG finden unmittelbar nur Anwendung, wenn die verpflichtete (abhängige) Ges. die Rechtsform einer AG oder KGaA im Inland aufweist[387]. Das schließt nicht aus, dass Unternehmensverträge auch von Unternehmen in anderen Rechtsformen abgeschlossen werden können. Für GmbH ist die Zulässigkeit nicht mehr zweifelhaft[388] und seit der Änderung von § 30 Abs. 1 S. 3 GmbHG (geändert durch das MoMiG) gesetzlich festgeschrieben. Für PersGes. oder Genossenschaften werden differenzierte Lösungen gesucht[389]. Umstritten ist, ob Anstalten des öffentlichen Rechts abhängige Unternehmen sein können[390]. Die Teilnahme von Ges. in anderen Rechtsformen macht die unternehmensvertragliche Bindung nicht zu einem aktienrechtlichen Vertragskonzern. Die für diesen geltenden (Schutz-)Vorschriften, z.B. §§ 293 ff. und §§ 308 ff. AktG, gelten nur dort. Für Vertragskonzerne mit Unternehmen in anderen Rechtsformen fehlen gesetzliche Regelungen. Am Vorbild der aktienrechtlichen Regelungen orientiert werden unter Berücksichtigung der rechtsformspezifischen Unterschiede die rechtlichen Rahmenbedingungen entwickelt[391]. Die Regelungen des AktG gelten auch für eine SE mit Sitz im Inland, für die nach Art. 9 Abs. 1 Buchst. c ii SE-VO die Vorschriften des deutschen AktG subsidiär gelten. Somit gelten die Vorschriften auch für eine abhängige SE, mit der

---

383 *Emmerich/Habersack*, Aktien- und GmbH-Konzernrecht[8], § 291, Rn. 3 und 74 ff.; *Hüffer/Koch*, AktG[13], § 291, Rn. 36; *Krieger*, in: MünchHdb. AG[4], § 71, Rn. 1.
384 *Emmerich/Habersack*, Aktien- und GmbH-Konzernrecht[8], § 291, Rn. 1.
385 *Kropff*, BB 1965, S. 1281 (1287); *Mülbert*, in: Großkomm. AktG[3], § 291, Rn. 20 ff.; zur Rechtsnatur des Beherrschungsvertrages BGH v. 14.12.1987, WM 1988, S. 258.
386 S. h.M.: vgl. *Altmeppen*, in: MünchKomm. AktG[4], § 292, Rn. 28; *Schmidt, K.*, ZGR 1984, S. 295 (304); *Hüffer/Koch*, AktG[13], § 292, Rn. 2.
387 Ganz h.M.: vgl. *Altmeppen*, in: MünchKomm. AktG[4], § 291, Rn. 17, 19 ff.; *Hüffer/Koch*, AktG[13], § 291, Rn. 5; *Emmerich/Habersack*, Aktien- und GmbH-Konzernrecht[8], § 291, Rn. 8; *Koppensteiner*, in: Kölner Komm. AktG[3], Vorbem. zu § 291, Rn. 183.
388 Ganz h.M.: „Supermarkt-Beschluss" des BGH v. 24.10.1988, BGHZ 105, S. 324 (330) = NJW 1989, S. 295 = WM, S. 1819; *Lutter/Hommelhoff*, GmbHG[19], Anh. § 13, Rn. 42 ff.; *Beurskens*, in: Baumbach/*Hueck*, GmbHG[21], AnhKonzernR, Rn. 94 ff.; *Emmerich/Habersack*, Aktien- und GmbH-Konzernrecht[8], § 291, Rn. 41.
389 Vgl. *Schäfer*, in: Staub, HGB[5], Anh. § 105, Rn. 10 ff.
390 LAG Berlin v. 27.10.1995, AG 1996, S. 140 (142 f.); a.M. *Hüffer/Koch*, AktG[13], § 291, Rn. 7; *Langenbucher*, in: Schmidt/Lutter, AktG[3], § 291, Rn. 21.
391 Vgl. *Emmerich/Sonnenschein/Habersack*, Konzernrecht[10], § 11, Rn. 8 f.; *Hüffer/Koch*, AktG[13], § 291, Rn. 6, 7.

ein Beherrschungsvertrag oder ein GAV abgeschlossen werden soll[392]. Das Schutzrecht der §§ 291 ff. AktG gilt hingegen nicht für ausländische Ges. Ist eine ausländische Ges. von einer inländischen Ges. abhängig, ergibt sich der Schutz der ausländischen Ges. allein aus deren Heimatrecht[393]. Hat die ausländische Ges. jedoch ihren tatsächlichen Sitz in Deutschland, dann können im Vertragskonzern die §§ 302 bis 305 AktG ebenfalls anzuwenden sein[394].

4.8.1 Einzelne Unternehmensverträge

Das Gesetz umreißt die Voraussetzungen und die Rechtsfolgen der einzelnen Vertragstypen. Für die Ausgestaltung im Einzelnen gilt der Grundsatz der Vertragsfreiheit, soweit dem nicht zwingende aktienrechtliche Regelungen entgegenstehen[395]. Die Zuordnung zu den einzelnen **Vertragstypen** richtet sich nach dem Inhalt aus der Gesamtheit seiner Bestimmungen. Die Vertragspartner können i.R.d. Vertragsfreiheit weitere Regelungen vereinbaren[396]. Aus Gründen der Rechtssicherheit ist eine klare Abgrenzung erforderlich. 202

Die Art des Vertrages wird durch die vertragsschließenden Unternehmen bestimmt und muss im Vertragstext eindeutig zum Ausdruck kommen[397]. Gleiches gilt für den nach § 293a Abs. 1 S. 1 AktG vom Vorstand der beteiligten Unternehmen zu erstattenden Bericht. Dieser Bericht wird seiner Informationsfunktion[398] nur gerecht, wenn er die Art des Vertrages und seine Rechtswirkungen ausführlich erläutert. Die Bezeichnung des Vertrages bei seiner Anmeldung zum HR hat nur nachrangige Bedeutung. Das Registergericht prüft, ob der Vertrag den gesetzlichen Erfordernissen der angemeldeten Vertragsart entspricht. Daher kann die im HR eingetragene Art des Vertrages als Indiz für den Vertragstyp gelten[399]. 203

Die Eintragung im HR hat konstitutive Bedeutung (§ 294 Abs. 2 AktG). Mängel des Vertrages oder seines Zustandekommens werden durch die Eintragung nicht geheilt[400]. 204

4.8.1.1 Beherrschungsvertrag

Durch einen Beherrschungsvertrag unterstellt eine AG, KGaA oder eine SE die Leitung ihrer Ges. einem anderen Unternehmen (§ 291 AktG). Die Rechtsform des anderen Unternehmens ist gleichgültig. Es kann sich um ein ausländisches Unternehmen han- 205

---

392 *Marsch-Barner*, in: Holding-Handbuch[5], § 18, Rn. 18.84, mit Hinweisen zum Weisungsrecht bei monistisch strukturierter, abhängiger SE; ferner *Hommelhoff*, AG 2003, S. 179 (182).
393 BGH v. 13.12.2004, NZG 2005, S. 214 (215).
394 *Emmerich/Habersack*, Aktien- und GmbH-Konzernrecht[8], § 291, Rn. 35.
395 BGH v. 15.06.1992, BGHZ 119, S. 1 (5) „ASEA/BBC"; BGH v. 05.04.1993, BGHZ 122, S. 211 (217) „SSI"; *Emmerich/Habersack*, Aktien- und GmbH-Konzernrecht[8], § 291, Rn. 18; *Hahn*, DStR 2009, S. 589 ff.
396 *Hahn*, DStR 2009, S. 589.
397 *Hüffer/Koch*, AktG[13], § 291, Rn. 13; *Koppensteiner*, in: Kölner Komm. AktG[3], § 291, Rn. 21 f.; *Huber*, ZHR 1988, S. 123 (136); LG Hamburg v. 29.01.1991, AG, S. 365 (366); KG Berlin v. 30.06.2000, AG 2001, S. 186.
398 Begr.-RegE zum UmwG, BT-Drs. 12/6699, S. 84 und 178.
399 *Hüffer/Koch*, AktG[13], § 294, Rn. 17; OLG München v. 14.06.1991, WM, S. 1843 (1845).
400 *Hüffer/Koch*, AktG[13], § 294, Rn. 17, 21; *Emmerich/Habersack*, Aktien- und GmbH-Konzernrecht[8], § 294, Rn. 25.

deln[401]. Selbst Privataktionäre können als herrschendes Unternehmen und Vertragspartner eines Unternehmensvertrages in Betracht kommen[402]. Dieser Vertrag wird als Organisationsvertrag qualifiziert[403]. Er ist in seinen Auswirkungen der Typus von Unternehmensverträgen, der am tiefsten in die Struktur der Ges. eingreift. Durch Abschluss eines Beherrschungsvertrages entsteht unwiderlegbar (§ 18 Abs. 1 S. 2 AktG) ein Vertragskonzern.

206 Umwandlungsrechtliche Maßnahmen berühren den Beherrschungsvertrag in unterschiedlicher Weise. Ein Formwechsel einer der beiden Vertragsparteien wird auf den Bestand des Unternehmensvertrages ohne Auswirkungen bleiben[404], da Unternehmen in jeder Rechtsform an dem Vertrag beteiligt sein können. Besonderheiten ergeben sich, wenn eine AG als abhängiges Unternehmen in eine Personenhandelsgesellschaft formgewechselt wird, an der ein Gesellschafter als persönlich haftender Gesellschafter beteiligt ist[405]. Die Verschmelzung der beiden Vertragsparteien führt zum Wegfall des Unternehmensvertrages infolge von Konfusion. Die Verschmelzung des herrschenden Unternehmens mit einem dritten Unternehmen führt im Grundsatz nicht zum Erlöschen des Unternehmensvertrages. Hier geht der Unternehmensvertrag infolge der Gesamtrechtsnachfolge auf den übernehmenden Rechtsträger über. Je nach Rechtsform des herrschenden Unternehmens müssen bestimmte Regelungen, z.B. die an die Dividende der herrschenden AG anknüpfende Ausgleichsleistung, entfallen oder angepasst werden[406]. Bei Verschmelzung der abhängigen Ges. auf eine dritte Ges. endet hingegen der Unternehmensvertrag. Bei einer Spaltung des herrschenden Unternehmens bleibt die Beteiligteneigenschaft des herrschenden Unternehmens unberührt, ebenso bei der abhängigen Ges. bei Abspaltung und Ausgliederung. Bei einer Aufspaltung fällt der Unternehmensvertrag hingegen weg[407].

207 Ein Beherrschungsvertrag liegt nicht vor, wenn sich Unternehmen, die voneinander nicht abhängig sind, durch Vertrag unter einheitliche Leitung stellen, ohne dass dadurch eines von ihnen von einem anderen vertragschließenden Unternehmen abhängig wird (§ 291 Abs. 2 AktG), da dann ein Gleichordnungskonzern nach § 18 Abs. 2 AktG entsteht. Ein Gleichordnungskonzernvertrag ist kein Unternehmensvertrag[408].

208 Das herrschende Unternehmen wird durch den Beherrschungsvertrag berechtigt, dem Vorstand der unterworfenen Ges. hinsichtlich der Leitung dieser Ges. **Weisungen** zu erteilen (§ 308 AktG). Zulässig kann die Teilbeherrschung einzelner unternehmerischer

---

401 Allgemeine Meinung: z.B. *Koppensteiner*, in: Kölner Komm. AktG³, Vorbem. zu § 291, Rn. 183, mit Literaturhinweisen; *Altmeppen*, in: MünchKomm. AktG⁴, § 291, Rn. 136; *Hüffer/Koch*, AktG¹³, § 291, Rn. 8; *Emmerich/Habersack*, Aktien- und GmbH-Konzernrecht⁸, § 291, Rn. 9; *Langenbucher*, in: Schmidt/Lutter, AktG³, § 291, Rn. 22; BGH v. 13.10.1977, BGHZ 69, S. 334 (338); OLG Düsseldorf v. 27.02.2004, AG, S. 324 (326), zur PersGes.
402 *Emmerich/Habersack*, Aktien- und GmbH-Konzernrecht⁸, § 291, Rn. 9a.
403 H.M.: vgl. BGH v. 14.12.1987, BGHZ 103, S. 1 (4) = NJW 1988, S. 1326; BGH v. 24.10.1988, BGHZ 105, S. 324 (331) = NJW 1989, S. 295.
404 OLG Düsseldorf v. 27.02.2004, AG, S. 324 (326).
405 *Emmerich/Habersack*, Aktien- und GmbH-Konzernrecht⁸, § 297, Rn. 45; *Langenbucher*, in: Schmidt/Lutter, AktG³, § 297, Rn. 36; OLG Düsseldorf v. 27.02.2004, AG, S. 324 (326).
406 *Emmerich/Habersack*, Aktien- und GmbH-Konzernrecht⁸, § 297, Rn. 43.
407 *Emmerich/Habersack*, Aktien- und GmbH-Konzernrecht⁸, § 297, Rn. 47; *Langenbucher*, in: Schmidt/Lutter, AktG³, § 297, Rn. 34.
408 *Koppensteiner*, in: Kölner Komm. AktG³, § 291, Rn. 104; *Mülbert*, in: Großkomm. AktG⁴, § 291, Rn. 209 f.; *Windbichler*, in: Großkomm. AktG⁵, § 18, Rn. 50; *Hüffer/Koch*, AktG¹³, § 291, Rn. 34.

Funktionen oder die Unterstellung nur einzelner Betriebe sein[409], ferner die Einschränkung einzelner Komponenten, z.B. des Weisungsrechts in Bezug auf einzelne Funktionen der unternehmerischen Leitungsmacht oder durch Konzentration auf einzelne Betriebe. Nach § 308 Abs. 1 S. 2 AktG dürfen nachteilige Weisungen ausgeschlossen und damit auch eingeschränkt werden[410]. Die Grenze ist eine Beschränkung des Weisungsrechts derart, dass sich an der Selbständigkeit der abhängigen Ges. nichts ändert[411].

209 Das Weisungsrecht i.S.v. § 308 AktG umfasst alle Maßnahmen, die nach § 76 Abs. 1 AktG zum Tätigkeitsbereich des Vorstands gehören. Das herrschende Unternehmen kann sich jedoch über bestimmte gesetzliche oder satzungsmäßige Beschränkungen der Geschäftsführung nicht hinwegsetzen, sowie z.B. bei Angelegenheiten, die in den Zuständigkeitsbereich von AR oder HV der abhängigen Ges. fallen[412] (dazu auch § 308 Abs. 3 AktG). Die Befugnis berührt nicht die Vertretungsmacht des Vorstands und die Verfügungsmacht über das Vermögen der beherrschten Ges.[413]. Die gesetzlichen Grenzen des Weisungsrechts, z.B. hinsichtlich des Bestands des Unternehmensvertrages (§ 299 AktG) oder für Maßnahmen, die sich für die abhängige Ges. existenzbedrohend auswirken können, sind zu beachten[414]. Unzulässig sind Anweisungen, den Verlustausgleich nicht geltend zu machen (§ 302 AktG), Aktien unter pari auszugeben (§ 9 Abs. 1 AktG) oder Aktionäre von ihren Leistungsverpflichtungen zu befreien[415].

210 Weisungen, die für die Ges. **nachteilig** sind, dürfen erteilt werden, wenn sie den Belangen des herrschenden Unternehmens oder der mit ihm und der Ges. konzernverbundenen Unternehmen dienen (§ 308 Abs. 1 S. 2 AktG)[416]. Damit kann die Ges. zu Geschäften zugunsten des Konzerns angewiesen werden. Leistungen aufgrund des Beherrschungsvertrages gelten nicht als Verstoß gegen §§ 57, 58, 60 AktG[417].

211 Ohne Gewinnabführungsabrede darf nicht zur Abführung des erzielten Gewinns angewiesen werden[418]. Weisungen dürfen für alle innergesellschaftlichen organisatorischen Aufgaben des Vorstands gegeben werden[419]. Weisungen, die den Fortbestand der Ges. vor oder nach Beendigung des Vertrages ernsthaft in Frage stellen, sind nicht zulässig[420].

---

409 *Altmeppen*, in: MünchKomm. AktG⁴, § 291, Rn. 87 ff., 104 ff.; *Krieger*, in: MünchHdb. AG⁴, § 71, Rn. 4 und 5; *Emmerich/Habersack*, Aktien- und GmbH-Konzernrecht⁸, § 291, Rn. 20; a.A. *Koppensteiner*, in: Kölner Komm. AktG³, § 291, Rn. 49.
410 KG Berlin v. 30.06.2001, AG, S. 186; LG München I v. 31.01.2008, ZIP, S. 555 (560); OLG Schleswig v. 27.08.2008, NZG, S. 868 (869).
411 *Emmerich/Habersack*, Aktien- und GmbH-Konzernrecht⁸, § 291, Rn. 20 f.; im Einzelnen strittig: *Däubler*, NZG 2005, S. 617 f.
412 *Altmeppen*, in: MünchKomm. AktG⁴, § 308, Rn. 86, 160 ff.; *Habeta*, ZIP 2017, S. 652 ff.
413 *Hirte*, in: Großkomm. AktG⁴, § 308, Rn. 16 f.; *Emmerich/Habersack*, Aktien- und GmbH-Konzernrecht⁸, § 308, Rn. 31.
414 *Hüffer/Koch*, AktG¹³, § 299, Rn. 2; *Altmeppen*, in: MünchKomm. AktG⁴, § 308, Rn. 95 ff., 119 ff.; weitergehend *Koppensteiner*, in: Kölner Komm. AktG³, § 308, Rn. 31 f.; *Emmerich/Habersack*, Aktien- und GmbH-Konzernrecht⁸, § 308, Rn. 55 ff., 60 ff.
415 *Emmerich/Habersack*, Aktien- und GmbH-Konzernrecht⁸, § 308, Rn. 58.
416 H.M.: *Emmerich/Sonnenschein/Habersack*, Konzernrecht¹⁰, § 23, Rn. 13, 25; *Emmerich/Habersack*, Aktien- und GmbH-Konzernrecht⁸, § 308, Rn. 45.
417 *Emmerich/Habersack*, Aktien- und GmbH-Konzernrecht⁸, § 291, Rn. 74; *Koppensteiner*, in: Kölner Komm. AktG³, § 291, Rn. 107.
418 *Koppensteiner*, in: Kölner Komm. AktG³, § 308, Rn. 36; *Hirte*, in: Großkomm. AktG⁴, § 308, Rn. 36; *Emmerich/Habersack*, Aktien- und GmbH-Konzernrecht⁸, § 308, Rn. 43.
419 *Altmeppen*, in: MünchKomm. AktG⁴, § 308, Rn. 84 ff.; *Hüffer/Koch*, AktG¹³, § 308, Rn. 12.
420 *Hüffer/Koch*, AktG¹³, § 308, Rn. 19, 22; abw. *Koppensteiner*, in: Kölner Komm. AktG³, § 308, Rn. 50.

212 Unzulässig sind **Weisungen** zu **rechtswidrigem Verhalten**[421]. Eine über das Zulässige hinausgehende Einflussnahme auf das beherrschende Unternehmen hat nicht die Nichtigkeit des Vertrages zur Folge, wenn die Bestimmungen auf die zulässige Einflussnahme des herrschenden Unternehmens zurückgeführt werden können[422].

213 Der VO muss die Weisungen des herrschenden Unternehmens befolgen und darf die Befolgung nicht deshalb verweigern, weil eine Weisung nach seiner Ansicht außerhalb des gesetzlich vorgesehenen Umfangs der Leitungsmacht liegt. Wenn sie offensichtlich nicht den Belangen des Konzerns dient, ist er berechtigt und verpflichtet, die Weisung abzulehnen (§ 308 Abs. 2 AktG, § 310 AktG)[423].

214 Soweit Weisungen nicht erteilt werden, bleibt der Vorstand eigenverantwortlicher Leiter der Ges. Wird jedoch der Vorstand angewiesen, ein zustimmungsbedürftiges Geschäft vorzunehmen, so kann bei Verweigerung der Zustimmung durch den AR die Zustimmung durch eine Wiederholung der Anweisung ersetzt werden (§ 308 Abs. 3 AktG)[424].

215 Die **Verantwortlichkeit** der Verwaltungsmitglieder der beherrschten Ges. aus § 93 AktG wird durch den Beherrschungsvertrag modifiziert. Für die Folgen bindender Weisungen kann der Vorstand nicht zur Verantwortlichkeit gezogen werden. Er haftet, wenn er solche Weisungen nicht befolgt. Werden rechtswidrige Weisungen ausgeführt, deren Befolgung er nach § 93 Abs. 1 AktG abzulehnen hat, so haftet er gesamtschuldnerisch mit den Verwaltungsmitgliedern der herrschenden Ges. (§ 310 AktG).

216 Formelle oder materielle Mängel eines Beherrschungsvertrages können zur Unwirksamkeit oder Nichtigkeit führen. Nach § 246a AktG genießen solche Verträge Bestandsschutz, wenn ihre Eintragung im HR auf einem rechtskräftigen Freigabebeschluss beruht (§ 246a Abs. 4 S. 2 AktG). Die Problematik der fehlerhaften Unternehmensverträge beschränkt sich seither auf Fälle, in denen kein Freigabebeschluss vorliegt[425]. War eine Eintragung im HR infolge eines Freigabebeschlusses erfolgt, beseitigt die nachträgliche erfolgreiche Anfechtung des Eintragungsbeschlusses die seither eingetretenen Wirkungen des Unternehmensvertrages nicht. Dem anfechtenden Aktionär verbleiben Schadensersatzansprüche gegen die AG (§ 246a Abs. 1 S. 1 AktG). Im Übrigen ist zu differenzieren. War der Vertrag noch nicht vollzogen worden, entfaltet er keine Wirkungen, auch wenn er in das HR eingetragen worden sein sollte[426]. Vollzug ist gegeben mit der Erteilung von Weisungen oder dem Ausgleich von Verlusten. Wurde ein Vertrag trotz formeller Mängel vollzogen, soll auf die Rückabwicklung verzichtet und stattdessen der Gläubigerschutz über die Anwendung von §§ 302 und 303 AktG sichergestellt werden. Die für die GmbH entwickelten Regelungen über fehlerhafte Verträge waren lt. BGH auch in Fällen anzuwenden, in denen es noch nicht zur Eintragung des Vertrages in

---

421 *Emmerich/Habersack*, Aktien- und GmbH-Konzernrecht[8], § 308, Rn. 55, 58; *Hüffer/Koch*, AktG[13], § 308, Rn. 14, 22; *Koppensteiner*, in: Kölner Komm. AktG[3], § 308, Rn. 30.
422 OLG München v. 11.07.1979, AG 1980, S. 272.
423 Zu den Grenzen des Weisungsrechts *Immenga*, ZHR 1976, S. 301 (303); *Clemm*, ZHR 1977, S. 197; *Emmerich/Habersack*, Konzernrecht[10], § 23, Rn. 35 ff.
424 *Emmerich/Habersack*, Aktien- und GmbH-Konzernrecht[8], § 308, Rn. 70.
425 *Emmerich/Habersack*, Aktien- und GmbH-Konzernrecht[8], § 291, Rn. 28/28a.
426 *Emmerich/Habersack*, Aktien- und GmbH-Konzernrecht[8], § 291, Rn. 28b.

das HR gekommen war[427]; für die AG war das zweifelhaft geblieben[428]. Der verneinenden Auffassung haben sich verschiedene OLG-Entscheidungen angeschlossen[429]. Soweit es sich um materielle Mängel handelt, neigt die Rspr. ebenfalls zur Aufrechterhaltung für die Vergangenheit. Im Hinblick auf den Wertungswiderspruch zu §§ 134, 138 und 139 BGB sollen hingegen Mängel, die nicht geheilt werden können und nicht immateriel sind, zur Nichtigkeit führen[430]. Zur Beurteilung verdeckter Beherrschungsverträge[431], bei denen eine gewisse Leitungsunterstellung bewirken soll, ohne den Anforderungen der §§ 293 ff. AktG zu genügen[432], bietet sich an, sie als Unterfall fehlerhafter Beherrschungsverträge zu qualifizieren.

4.8.1.2 Gewinnabführungsvertrag

Beim GAV verpflichtet sich eine AG oder KGaA, ihren ganzen Gewinn an ein anderes Unternehmen abzuführen (§ 291 Abs. 1 AktG). Er wird zwischen dem abhängigen und dem unmittelbar beteiligten herrschenden Unternehmen oder mit einem in der Konzernhierarchie höherstehenden Unternehmen abgeschlossen. In diesem Falle sind die Schutzinteressen der Zwischengesellschaft zu beachten[433]. Er ist eine wesentliche Voraussetzung der körperschaft- und gewerbesteuerlichen Organschaft (§§ 14 und 17 KStG; § 2 Abs. 2 S. 2 GewStG)[434]. Denn allein ein GAV erlaubt die Verrechnung von Ergebnissen von Körperschaften. Nicht als GAV sind Vereinbarungen über die Abführung eines Teils des Gesamtgewinns oder des Gewinns eines Betriebes anzusehen[435]. Der GAV kann gemeinsam mit einem Beherrschungsvertrag abgeschlossen werden. Für sich allein begründet er kein vertragliches Konzernverhältnis, sondern es kann ein faktischer Konzern entstehen, § 18 Abs. 1 S. 2 AktG gilt für isolierte GAV nicht[436]. Wesentliches Kennzeichen des GAV ist die Verpflichtung der Ges. zur Abführung ihres ganzen Bilanzgewinns. Leistungen der Ges. bei Bestehen eines GAV gelten nach § 291 Abs. 3 AktG nicht als Verstoß gegen §§ 57, 58 und 60 AktG. Ein Jahresüberschuss oder Bilanzgewinn i.S.v. §§ 266, 275 HGB entsteht demzufolge i.d.R. nicht mehr. Der abzuführende Betrag wird im JA als Verbindlichkeit ggü. dem herrschenden Unternehmen passiviert. Die Ermittlung des Ergebnisses ist Angelegenheit der verpflichteten Ges., auf

217

---

427 BGH v. 14.12.1987, NJW 1988, S. 1326 „Familienheim"; BGH v. 19.09.1988, NJW, S. 3143 „HSW"; BGH v. 11.11.1991, NJW 1992, S. 505 „Stromlieferungen/Hansa Feuerfest"; BGH v. 05.11.2001, NJW 2002, S. 822; BGH v. 29.11.2004, AG 2005, S. 201, „Securenta/Göttinger Gruppe".
428 Bejahend *Hirte/Schall*, Der Konzern 2006, S. 243; verneinend *Balthasar*, NZG 2008, S. 858; *Kort*, NZG 2009, S. 364 (367 f.); *Liebscher*, Rn. 622 ff.; *Emmerich/Habersack*, Aktien- und GmbH-Konzernrecht[8], § 291, Rn. 29.
429 OLG Koblenz v. 23.11.2000, ZIP 2001, S. 1095 (1098) „Diebels/Reginaris II"; OLG Zweibrücken v. 02.03.2004, ZIP, S. 559 (561 ff.) „Diebels/Reginaris"; OLG München v. 24.06.2008, AG, S. 672 (673 f.); OLG München v. 24.06.2008, NZG, S. 753 „Mobilcom"; OLG Schleswig v. 27.08.2008, NZG, S. 876.
430 *Emmerich/Habersack*, Aktien- und GmbH-Konzernrecht[8], § 291, Rn. 31.
431 LG München I v. 19.10.2007, AG 2008, S. 301; LG München v. 31.01.2008, ZIP, S. 555; OLG München v. 24.06.2008, BB, S. 1533; LG Nürnberg v. 18.12.2008, AG 2010, S. 179; *Ederle*, AG 2010, S. 273; *Emmerich*, in: FS Hüffer, S. 179 ff.; *Decher*, in: FS Hüffer, S. 145 ff.; *Goslar*, DB 2008, S. 800 ff.; *Kort*, NZG 2009, S. 364 ff.
432 *Ederle*, AG 2010, S. 273 (275).
433 *Krieger*, in: FS K. Schmidt, S. 999 (1006 ff.).
434 Zu den Anforderungen an den GAV aus steuerlicher Sicht vgl. § 14 KStG (bei GmbH: § 17 KStG) z.B. *Dötsch*, in: DPM, KSt, § 14 KStG, Rn. 160 ff.
435 Der Teil-GAV führt nicht zur steuerlichen Organschaft.
436 Zum isolierten GAV *Emmerich/Habersack*, Aktien- und GmbH-Konzernrecht[8], § 291, Rn. 49; § 316, Rn. 10; *Emmerich/Sonnenschein/Habersack*, Konzernrecht[10], § 12, Rn. 13 ff.; *Hüffer/Koch*, AktG[13], § 291, Rn. 24; *Altmeppen*, in: MünchKomm. AktG[4], § 291, Rn. 149 ff.

die – vorbehaltlich des Bestehens eines Beherrschungsvertrages – der andere Vertragsteil keinen Einfluss nehmen darf. Nach aktienrechtlichen Vorschriften ist die Festsetzung einer Mindestvertragsdauer eines GAV nicht erforderlich. Für die steuerliche Anerkennung einer Organschaft ist der Abschluss auf mindestens fünf Zeitjahre erforderlich (§ 14 Abs. 1 Nr. 3 KStG)[437]. Ansprüche aus dem GAV sind nach Maßgabe der BGH-Entscheidung vom 11.10.1999 zu verzinsen[438].

218 Als GAV gilt auch ein Vertrag, durch den eine AG oder KGaA es übernimmt, ihr (gesamtes) Unternehmen **für Rechnung** eines anderen Unternehmens zu führen (§ 291 Abs. 1 S. 2 AktG)[439]. Hierdurch verzichtet die Ges. auf die Erzielung eines eigenständigen Ertrages. Ein solcher Geschäftsführungsvertrag unterscheidet sich vom bürgerlich-rechtlichen Geschäftsbesorgungsvertrag dadurch, dass er die gesamte geschäftliche Tätigkeit zum Inhalt hat und durch die Übertragung auf das andere Unternehmen kein Gewinn entsteht. Beim Geschäftsbesorgungsvertrag ist dagegen jede Aufwendung zu ersetzen und jeder in Ausführung der Geschäftsbesorgung erlangte Gegenstand herauszugeben. Die bilanzielle Behandlung des Geschäftsführungsvertrages ist nicht geklärt. Nach wohl überwiegender Auffassung werden die Ergebnisse der Geschäftstätigkeit der verpflichteten Ges. zunächst bei dieser erfasst, zum GJ-Ende wird das daraus resultierende Ergebnis abgeführt oder übernommen[440].

219 Kein Geschäftsführungs-, sondern ein **Betriebsführungsvertrag** liegt vor, wenn ein Unternehmen es übernimmt, das Unternehmen oder die Betriebe einer Ges. für deren Rechnung zu betreiben. Besteht ein solcher Vertrag zwischen abhängigen und herrschenden Unternehmen, so kann es sich um einen verdeckten Beherrschungsvertrag handeln[441].

220 Der GAV wird als Organisationsvertrag mit schuldrechtlichen Elementen angesehen. Die Verletzung von Rechten und Pflichten dieses Vertrages kann schadensersatzpflichtig machen. Einem GAV kann, anders als bei einem Beherrschungsvertrag, rückwirkende Kraft beigemessen werden. Sie kommt nur für das laufende GJ in Betracht[442]. Durch den Abschluss eines (isolierten) GAV wird die Ges. nicht der Leitungsmacht des herrschenden Unternehmens unterworfen[443]. Die Befugnis zur Erteilung von Weisungen besteht nicht. Das herrschende Unternehmen darf seinen Einfluss nicht dazu benutzen, die abhängige Ges. zu veranlassen, ein nachteiliges Rechtsgeschäft vorzunehmen oder Maßnahmen zu ihrem Nachteil zu treffen oder zu unterlassen, es sei denn, dass die Nachteile ausgeglichen werden (§ 311 AktG). Die Verantwortlichkeit der Verwaltungsmitglieder richtet sich nach §§ 317, 318 AktG. Das abhängige Unternehmen ist von der Pflicht zur Erstellung eines Berichts über Beziehungen zu verbundenen Unternehmen befreit (§ 316 AktG).

---

437 BFH v. 12.01.2011, BStBl. II 2011, S. 727; BFH v. 10.05.2017, DStR 2017, S. 2112.
438 BGH v. 11.10.1999, BB, S. 2524; BMF v. 15.10.2007, BStBl. I, S. 765; *Philippi/Fickert*, BB 2007, S. 2761.
439 Gleiches gilt, wenn die Ges. ihr Unternehmen nicht nur für fremde Rechnung, sondern auch im Namen des anderen Vertragspartners führt, vgl. *Koppensteiner*, in: Kölner Komm. AktG³, § 291, Rn. 83; *Hüffer/Koch*, AktG¹³, § 291, Rn. 30.
440 *Hüffer/Koch*, AktG¹³, § 291, Rn. 30; *Emmerich/Habersack*, Aktien- und GmbH-Konzernrecht⁸, § 291, Rn. 71.
441 *Huber*, ZHR 1988, S. 1, *Huber*, ZHR 1988, S. 123.
442 Dazu auch *Emmerich/Habersack*, Aktien- und GmbH-Konzernrecht⁸, § 291, Rn. 54.
443 Vgl. *van Venrooy*, DB 1981, S. 675; *Hüffer/Koch*, AktG¹³, § 291, Rn. 27; *Emmerich/Habersack*, Aktien- und GmbH-Konzernrecht⁸, § 291, Rn. 49.

4.8.1.3 Gewinngemeinschaft

Bei der Gewinngemeinschaft verpflichten sich die beteiligten Unternehmen, ihren **gesamten Gewinn** oder den Gewinn **einzelner** ihrer Betriebe ganz oder z.T. mit dem Gewinn anderer Unternehmen oder einzelner Betriebe anderer Unternehmen zur Aufteilung eines gemeinschaftlichen Gewinns zusammenzulegen (§ 292 Abs. 1 Nr. 1 AktG). Zwischen den beteiligten Unternehmen entsteht eine BGB-Gesellschaft[444]. Rechtsform und Sitz des anderen Unternehmens sind unerheblich. 221

Unter den Begriff der Gewinngemeinschaft fallen nicht Gelegenheitsgesellschaften, bei denen nur die Ergebnisse einzelner Geschäfte gepoolt werden. Erforderlich ist vielmehr das Pooling des periodischen Unternehmensergebnisses im Ganzen oder eines Teiles (z.B. von Betrieben) der Beteiligten[445]. Dieser Gewinn kann verschieden bestimmt sein, sodass nicht nur der Bilanzgewinn, sondern auch Jahresüberschuss, Rohertrag oder Betriebsergebnis, nicht aber nur z.B. Umsatzerlöse in Frage kommen. Die Aufteilung bleibt der vertraglichen Gestaltung überlassen. Hier muss gewährleistet sein, dass jeder Vertragspartner in der Verwendung des ihm zugewiesenen Gewinns frei ist. Sind die Parteien des Vertrages hingegen voneinander abhängig, kann sich hinter dem Gewinngemeinschaftsvertrag auch ein Beherrschungsvertrag oder ein GAV verbergen. Steuerlich kann eine Gewinngemeinschaft zu einer Mitunternehmerschaft führen[446]. 222

Zweifelhaft ist, ob eine Gewinngemeinschaft auch dann vorliegt, wenn bei den beteiligten Ges. Aufwendungen und Erträge so beeinflusst werden, dass bei jeder Ges. ein dem beabsichtigten Verteilungsschlüssel entsprechender Gewinn entsteht[447]. Verträge, die eine Verwendung eines gemeinsamen Gewinns zu einem gemeinsamen Zweck, nicht jedoch zur Aufteilung auf die Partner vorsehen, fallen nicht unter § 292 AktG[448]. Diese Rechtsfolge wird im Hinblick auf die unter § 292 Abs. 1 AktG sonst gegebenen Schutzprinzipien in Zweifel gezogen und stattdessen eine entsprechende Anwendung für empfehlenswert erachtet[449]. 223

Bei Leistungen unter Gewinngemeinschaftsverträgen gelten die §§ 57, 58 und 60 AktG weiterhin. Verträge mit einem Aktionär können daher bei nicht angemessener Gegenleistung nichtig sein[450]. Gewinngemeinschaftsverträge führen nicht dazu, dass sich die beteiligten Unternehmen der Leitungsmacht eines anderen Vertragspartners unterwerfen, allerdings kann ein Gleichordnungskonzern entstehen. 224

4.8.1.4 Teilgewinnabführungsvertrag

Verpflichtet sich eine AG oder KGaA, einen Teil ihres Gewinns oder den Gewinn einzelner ihrer Betriebe ganz oder z.T. an einen anderen abzuführen, liegt ein Teil-GAV vor (§ 292 Abs. 1 Nr. 2 AktG). Der andere Vertragspartner braucht kein Unternehmen zu sein. Ein Vertrag über eine Gewinnbeteiligung von Mitgliedern des Vorstands oder Ar- 225

---

[444] *Emmerich/Habersack*, Aktien- und GmbH-Konzernrecht[8], § 292, Rn. 14; *Altmeppen*, in: MünchKomm. AktG[4], § 292, Rn. 12.
[445] *Mülbert*, in: Großkomm. AktG[4], § 292, Rn. 60 ff., 63; *Altmeppen*, in: MünchKomm. AktG[4], § 292, Rn. 14; *Koppensteiner*, in: Kölner Komm. AktG[3], § 292, Rn. 34; *Hüffer/Koch*, AktG[13], § 292, Rn. 7; *Liebscher*, in: Beck HB-AG[2], § 15, Rn. 110.
[446] BFH v. 22.02.2017, DB, S. 1810.
[447] *Koppensteiner*, in: Kölner Komm. AktG[3], § 292, Rn. 10.
[448] *Emmerich/Sonnenschein/Habersack*, Konzernrecht[10], § 13, Rn. 11; *Hüffer/Koch*, AktG[13], § 292, Rn. 9.
[449] *Emmerich/Habersack*, Aktien- und GmbH-Konzernrecht[8], § 292, Rn. 13.
[450] *Hüffer/Koch*, AktG[13], § 292, Rn. 11; *Krieger*, in: MünchHdb. AG[4], § 73, Rn. 13.

beitnehmern der Ges. sowie eine Abrede über eine Gewinnbeteiligung i.R. von Verträgen des laufenden Geschäftsverkehrs oder Lizenzverträgen ist kein Teil-GAV (§ 292 Abs. 2 AktG). Dagegen liegt bei Gründung eines **stillen Gesellschaftsverhältnisses** ein Teil-GAV vor[451]. Das gilt im Grundsatz auch für andere Leistungen, die an den Gewinn der Ges. anknüpfen und als Teilgewinnabführung zu beurteilen sind, wie Partizipationsscheine, partiarische Rechtsverhältnisse, Genuss- oder Besserungsrechte[452]. Soweit solche Leistungen als Schuldverschreibungen oder Genussrechte i.S.v. § 221 AktG zu qualifizieren sind, geht diese Regelung § 292 Abs. 1 AktG vor. Wegen der inhaltlichen Nähe oder wirtschaftlichen Austauschbarkeit wird die Anwendung von § 292 Abs. 1 Nr. 2 AktG postuliert[453]. Auf Besserungsrechte findet § 292 Abs. 1 Nr. 2 AktG keine Anwendung, wenn diese nicht eine Abführung des Gewinns, sondern eine gewinnabhängige Schuldtilgung zum Gegenstand haben; Besserungsabreden sind auch kein Teil-GAV[454].

226 Wie beim Gewinngemeinschaftsvertrag bleiben §§ 57, 58 und 60 AktG anwendbar; der andere Vertragspartner muss eine angemessene Gegenleistung erbringen. Die Abführung des Gewinns eines oder mehrerer Betriebe kann Umgehung der Vorschriften über den GAV sein, wenn bei Vertragsabschluss feststeht, dass für absehbare Zeit der ganze Gewinn der Ges. nur in dem Gewinn des Betriebes besteht[455].

4.8.1.5 Betriebspacht- und Betriebsüberlassungsvertrag

227 Durch einen Betriebspacht- oder Betriebsüberlassungsvertrag[456] verpachtet eine AG oder KGaA den gesamten Betrieb ihres Unternehmens gegen Entgelt einem anderen oder überlässt ihn sonst (§ 292 Abs. 1 Nr. 3 AktG). Bezieht sich der Vertrag nur auf einzelne Betriebe, so fällt er nicht unter § 292 AktG.

228 Beim **Betriebspachtvertrag** führt der Pächter den Betrieb im eigenen Namen und f.e.R. Die verpachtende Ges. erhält eine Gegenleistung, die angemessen sein muss[457]. Beim **Betriebsüberlassungsvertrag** handelt der Pächter f.e.R., jedoch im Namen des Verpächters. Durch Abschluss eines Betriebspacht- oder Betriebsüberlassungsvertrages ändert sich die wirtschaftliche Tätigkeit der Ges. Die Ges. ist nicht in der Lage, der Pachtgesellschaft Weisungen zu erteilen, wenn hierüber nicht im Vertrag Vereinbarungen getroffen werden. Ist die verpachtende Ges. von der Pächterin abhängig, gelten die Sicherungen der §§ 311 ff. AktG. Dann kann es sich um einen verdeckten Beherr-

---

[451] H.M.: vgl. *Koppensteiner*, in: Kölner Komm. AktG³, § 292, Rn. 61; *Hüffer/Koch*, AktG¹³, § 292, Rn. 15; *Emmerich/Habersack*, Aktien- und GmbH-Konzernrecht⁸, § 292, Rn. 29; BGH v. 21.07.2003, AG, S. 625 (627); OLG Braunschweig v. 03.09.2003, ZIP, S. 1793 (1794); *Liebscher*, in: Beck HB-AG², § 15, Rn. 111; zur Eintragungsfähigkeit KG v. 24.03.2014, AG 2014, S. 627.

[452] Zu Partizipationsscheinen *Reuter*, in: FS R. Fischer, S. 605 (617); zu Genussrechten *Hirte*, ZBB 1992, S. 50 (51); zum Streitstand *Emmerich/Habersack*, Aktien- und GmbH-Konzernrecht⁸, § 292, Rn. 26; ohne Prüfung unter § 292 AktG BGH v. 09.11.1992, NJW 1993, S. 400 = AG 1993, S. 134; OLG München v. 29.10.2008, WM 2009, S. 354: Besserungsabrede aus Schuldverhältnis ist kein Teil-GAV.

[453] *Emmerich/Habersack*, Aktien- und GmbH-Konzernrecht⁸, § 292, Rn. 31; *Langenbucher*, in: Schmidt/Lutter, AktG³, § 292, Rn. 26.

[454] OLG München v. 29.10.2008, WM 2009, S. 354.

[455] *Altmeppen*, in: MünchKomm. AktG⁴, § 292, Rn. 54; *Emmerich/Habersack*, Aktien- und GmbH-Konzernrecht⁸, § 292, Rn. 24.

[456] Zur Abgrenzung vom Beherrschungsvertrag vgl. *Hüffer/Koch*, AktG¹³, § 292, Rn. 23.

[457] Vgl. *Emmerich/Habersack*, Aktien- und GmbH-Konzernrecht⁸, § 292, Rn. 48 f.; *Krieger*, in: MünchHdb. AG⁴, § 73, Rn. 36 u.a.

schungsvertrag handeln. Anders als beim Gewinngemeinschaftsvertrag und beim Teil-GAV führt ein Betriebspacht- und ein Betriebsüberlassungsvertrag, der z.B. wegen Festsetzung einer nicht marktadäquaten und somit unangemessenen Gegenleistung gegen §§ 57, 58 und 60 AktG verstößt, nicht zur Nichtigkeit des Vertrages oder des zustimmenden HV-Beschlusses. Eine Anfechtung des Zustimmungsbeschlusses aus diesem Grund ist jedoch möglich.

Strittig ist, ob auch **Betriebsführungsverträge** als Unternehmensverträge anzusehen sind, bei denen ein Unternehmen ein anderes mit der Führung seines Unternehmens oder einzelner seiner Betriebe für seine Rechnung beauftragt, ohne es ihm zu verpachten oder sonst zu überlassen[458]. Verträge dieser Art gehören nicht zu den in §§ 291 f. AktG normierten Verträgen, doch kann bei Bindung einer Ges. durch einen Betriebsführungsvertrag eine vergleichbare Gefahrenlage gegeben sein. Im Schrifttum ist daher die Auffassung, dass es sich hierbei um Unternehmensverträge handelt, weitgehend herrschend, v.a. wenn die beteiligten Unternehmen konzernverbunden sind[459]. 229

4.8.2 Abschluss, Änderung und Beendigung von Unternehmensverträgen

4.8.2.1 Abschluss

Unternehmensverträge aller Typen werden bei der AG vom **Vorstand**, bei der GmbH von den Geschäftsführern abgeschlossen. Es gilt auch bei GmbH[460] Schriftform (§ 293 Abs. 3 AktG)[461]. Enthält bei einer verpflichteten GmbH der Vertrag ein Umtausch- oder Abfindungsangebot, ist wegen § 15 Abs. 4 GmbHG eine notarielle Beurkundung erforderlich[462]. Mündliche Nebenabreden sind nichtig (§ 125 S. 1 BGB). Wirksam werden die Verträge mit Zustimmung der HV der betroffenen Ges., die vor oder nach dem Vertragsabschluss erteilt werden kann (§ 293 Abs. 1 S. 1 AktG)[463]. Bei der KGaA ist auch die Zustimmung des persönlich haftenden Gesellschafters erforderlich. Ist bei einem Beherrschungsvertrag oder einem GAV der andere Vertragsteil eine AG oder KGaA, so muss auch die HV dieser Ges. zustimmen[464]. Der HV-Beschluss bedarf einer Mehrheit, die mindestens 3/4 des bei der Beschlussfassung vertretenen Grundkapitals umfasst, § 293 Abs. 1 S. 2 AktG. Die Satzung kann eine größere Kapitalmehrheit und weitere Erfordernisse bestimmen. Eine Erleichterung der gesetzlichen Vorschriften durch die Satzung ist nicht möglich. Besondere Bestimmungen des Gesetzes und der Satzung über Satzungsänderungen sind aufgrund der ausdrücklichen gesetzlichen Regelungen nicht anzuwenden (§ 293 Abs. 1 S. 4 AktG). Der Abschluss von Unternehmensverträgen mit 230

---

458 *Altmeppen*, in: MünchKomm. AktG[4], § 292, Rn. 143; *Hüffer/Koch*, AktG[13], § 292, Rn. 20.
459 Vgl. *Koppensteiner*, in: Kölner Komm. AktG[3], § 291, Rn. 35 ff.; *Huber*, ZHR 1988, S. 1, *Huber*, ZHR 1988, S. 123; *Krieger*, in: MünchHdb. AG[4], § 73, Rn. 49.
460 BGH v. 14.12.1987, NJW 1988, S. 1326; zu den Übergangsregelungen nach der Entsch. des BGH vgl. *Ulmer*, BB 1989, S. 10 (15).
461 So entschieden für GmbH durch BGH v. 24.10.1988, BGHZ 105, S. 325; *Emmerich/Habersack*, Aktien- und GmbH-Konzernrecht[8], § 293, Rn. 22, 41; *Beurskens* in Baumbach/Hueck, GmbHG[21], AnhKonzernR, Rn. 104.
462 *Emmerich/Habersack*, Aktien- und GmbH-Konzernrecht[8], § 293, Rn. 41; *Lutter/Hommelhoff*, GmbHG[19], Anh. zu § 13, Rn. 50.
463 *Hüffer/Koch*, AktG[13], § 293, Rn. 4; *Langenbucher*, in: Schmidt/Lutter, AktG[3], § 293, Rn. 23.
464 § 293 Abs. 2 AktG kommt bei ausländischer Obergesellschaft nicht zur Anwendung; *Hüffer/Koch*, AktG[13], § 293, Rn. 18; *Koppensteiner*, in: Kölner Komm. AktG[3], § 293, Rn. 42 f.; *Altmeppen*, in: MünchKomm. AktG[4], § 293, Rn. 95 ff.

abhängigen GmbH ist positivrechtlich nicht geregelt[465]. Die Zulässigkeit des Abschlusses solcher Verträge wird indes in Vorschriften außerhalb des Gesellschaftsrechts vorausgesetzt, wie z.B. in § 17 KStG. Auch § 30 Abs. 1 S. 2 GmbHG i.d.F. des MoMiG setzt die Zulässigkeit des Abschlusses von Beherrschungsverträgen und von GAV mit abhängigen GmbH voraus[466]. Die Zulässigkeit wird jedoch von diesen Vorschriften nicht geregelt[467]. Heute besteht kein Zweifel mehr an der Zulässigkeit des Abschlusses eines Unternehmensvertrages mit einer abhängigen GmbH[468]. Auf der Seite einer **abhängigen GmbH** ist der Abschluss eines Beherrschungsvertrages oder eines GAV nur mit Zustimmung der Gesellschafterversammlung zulässig[469]. Der Beschluss bedarf der notariellen Beurkundung und der satzungsändernden Mehrheit des § 53 Abs. 2 S. 1 GmbHG, somit der 3/4-Mehrheit[470]. In der Lit. wird diskutiert, zum Schutz der Minderheiten ein Vetorecht vorzusehen[471]; auch einer sachlichen Rechtfertigung bedarf es nicht[472].

231 Der **andere Vertragsteil** des Unternehmensvertrages kann, auch wenn er Aktionär ist, bei der Beschlussfassung der betroffenen Ges. mitstimmen und ihn bei Vorliegen der erforderlichen Kapitalmehrheit entscheidend beeinflussen. Ist der Vertragspartner des Unternehmensvertrages selbst Gesellschafter der GmbH, so ist er, was im Falle der Mehrheitsentscheidung von Bedeutung ist, nicht nach § 47 Abs. 4 GmbHG vom Stimmrecht ausgeschlossen[473].

232 Ein Beherrschungsvertrag oder ein GAV wird nach § 293 Abs. 2 AktG, wenn der andere Vertragsteil eine AG oder KGaA ist, nur wirksam, wenn auch deren HV zustimmt. Die Zustimmung bedarf einer Mehrheit von 3/4 des bei Beschlussfassung vertretenen Grundkapitals. Die Gesellschafterversammlung einer herrschenden GmbH muss dem Unternehmensvertrag ebenfalls zustimmen[474]; dies gilt auch für andere Rechtsformen. Der Beschluss bedarf einer Mehrheit von 3/4 der bei der Beschlussfassung abgegebenen Stimmen.

---

465 Auf den Abschluss von Unternehmensverträgen zwischen beherrschender GmbH und beherrschter AG finden die §§ 291 ff. AktG hingegen unmittelbare Anwendung.
466 *Emmerich/Habersack*, Aktien- und GmbH-Konzernrecht[8], Vor § 291, Rn. 6.
467 BGH v. 24.10.1988, BGHZ 105, S. 325 = DB, S. 2623 = WM, S. 1819.
468 Z.B. *Emmerich/Sonnenschein/Habersack*, Konzernrecht[10], § 32; *Lutter/Hommelhoff*, GmbHG[19], Anh. § 13, Rn. 43 ff.; *Beurskens*, in: Baumbach/Hueck, GmbHG[21], AnhKonzernR, Rn. 94 ff., 104.
469 Vgl. *Priester*, DB 1989, S. 1013, mit Überlegungen, den Zustimmungsbeschluss in der Satzung zu antizipieren. Im Übrigen *Zöllner*, DB 1989, S. 913.
470 *Koppensteiner/Schnorbus*, in: Rowedder/Schmidt-Leithoff, GmbHG[5], Anh. § 52, Rn. 101; *Lutter/Hommelhoff*, GmbHG[19], Anh. § 13, Rn. 52 und 65; *Timm*, ZGR 1987, S. 403 (430); für 9/10-Mehrheit z.B. *Hecksehen*, DB 1989, S. 29 (30).
471 Vgl. *Lutter*, ZGR 1979, S. 401 (412); *Lutter/Hommelhoff*, GmbHG[19], Anh. zu § 13, Rn. 65.
472 *Hüffer/Koch*, AktG[13], § 293, Rn. 6.
473 *Lutter/Hommelhoff*, GmbHG[19], Anh. § 13, Rn. 52; *Koppensteiner/Schnorbus*, in: Rowedder/Schmidt-Leithoff, GmbHG[5], § 52 Anh., Rn. 103; a.A. *Beurskens*, in: Baumbach/Hueck, GmbHG[21], AnhKonzernR, Rn. 107.
474 *Beurskens*, in: Baumbach/Hueck, GmbHG[21], AnhKonzernR, Rn. 110.

> **Hinweis 6:**
>
> Die notarielle Beurkundung dieses Beschlusses ist nicht erforderlich[475], ebenso unterbleibt die Eintragung des Unternehmensvertrages im HR des herrschenden Unternehmens.

Unklar ist ferner die Anwendung der §§ 293a ff. AktG in Fällen der Beteiligung einer GmbH[476]. Folgt man der Auffassung, dass der Zustimmungsbeschluss bei der abhängigen GmbH mit qualifizierter Mehrheit gefasst werden darf, ist es folgerichtig, die Berichts- und Prüfungspflichten der §§ 293a ff. AktG auch auf GmbH auszudehnen[477]. Wird die Einstimmigkeit vorausgesetzt, bedarf es einer solchen Analogie nicht; jeder Gesellschafter vermag selbst zu entscheiden, welche Informationen er wünscht[478].

233 Die anderen Aktionäre der abhängigen Ges. haben beim Beherrschungsvertrag und beim GAV das Recht der **Anfechtung**. Bei Beschlussmängeln (z.B. der Verletzung von Informations- und Auskunftspflichten) besteht ein Anfechtungsrecht. Hingegen kommt eine Anfechtung wegen Verfolgung von Sondervorteilen (§ 243 Abs. 2 S. 1 AktG) nicht in Betracht. Die den außenstehenden Aktionären zustehenden besonderen gesetzlichen Sicherungen rechtfertigen einen solchen Ausschluss (§§ 304 Abs. 3 S. 2, 305 Abs. 5 AktG). Bei den anderen Unternehmensverträgen, die solche Sicherungen nicht gewähren, kann eine Anfechtung auch auf diese Gründe gestützt werden. Die Anfechtung wegen falscher Angabe eines festen Ausgleichs kommt nicht in Betracht[479].

234 Zur Vorbereitung der HV hat der Vorstand – ähnlich dem Umwandlungsrecht[480] – einen ausführlichen schriftlichen Bericht zu erstatten, in dem der Abschluss des Vertrages, der Vertrag im Einzelnen und v.a. Art und Höhe eines Ausgleichs nach § 304 AktG oder einer Abfindung nach § 305 AktG rechtlich und wirtschaftlich erläutert und begründet werden (§ 293a Abs. 1 AktG). Dies gilt auch beim Abschluss eines als Teil-GAV zu qualifizierenden stillen Beteiligungsvertrages[481]. Der Unternehmensvertrag ist für jede der vertragschließenden AG durch einen Prüfer zu prüfen (§ 293b AktG), es sei denn, dass sich alle Anteile der Ges. in der Hand des herrschenden Unternehmens befinden. Über die Prüfung ist schriftlich zu berichten. Dabei ist v.a. auf die bei Ermittlung des Ausgleichs und der Abfindung angewendete Methode und deren Angemessenheit

---

475 BGH v. 14.10.1988, BGHZ 105, S. 325; ferner jetzt h.M.: vgl. z.B. *Beurskens*, in: Baumbach/Hueck, GmbHG[21], AnhKonzernR, Rn. 110; *Koppensteiner/Schnorbus*, in: Rowedder/Schmidt-Leithoff, GmbHG[5], Anh. § 52, Rn. 103; *Ulmer*, BB 1989, S. 10 (12); *Heckschen*, DB 1989, S. 1273 (1274).
476 Für die Anwendung von §§ 293a ff. AktG auf Unternehmensverträge mit abhängiger GmbH spricht der Wortlaut von § 293a Abs. 1 AktG. Der Vertragsprüfer wird entspr. § 293c Abs. 1 AktG vom GF der GmbH bestellt. Vgl. auch *Beurskens*, in: Baumbach/Hueck, GmbHG[21], AnhKonzernR, Rn. 104; *Hüffer/Koch*, AktG[13], § 293a, Rn. 5; a.A. *Humbeck*, BB 1995, S. 1893; *Bungert*, DB 1995, S. 1449.
477 *Lutter/Hommelhoff*, GmbHG[19], Anh. § 13, Rn. 59.
478 *Beurskens*, in: Baumbach/Hueck, GmbHG[21], AnhKonzernR, Rn. 106; *Emmerich/Habersack*, Aktien- und GmbH-Konzernrecht[8], § 293a, Rn. 11.
479 BGH v. 31.05.2010, BB, S. 2203.
480 Die Anforderungen werden als überzogen angesehen; *Bungert*, DB 1995, S. 1384 (1385 f.); *Emmerich/Habersack*, Aktien- und GmbH-Konzernrecht[8], § 293a, Rn. 7.
481 LG München v. 05.11.2009, ZIP 2010, S. 522.

einzugehen (§ 293e Abs. 1 AktG)[482]. Die Prüfung braucht sich nicht auf die Finanzausstattung des herrschenden Unternehmens zu beziehen[483].

235 Um den Aktionären die Möglichkeit der rechtzeitigen Unterrichtung zu geben, müssen der Vertrag, der Bericht der Vorstände und die Berichte der Vertragsprüfer (§ 293f Abs. 1 AktG) von der Einberufung der HV an in dem Geschäftsraum der Ges. zur Einsicht der Aktionäre ausliegen. Auf Verlangen ist jedem Aktionär eine Abschrift zu erteilen. Zu Beginn der HV, in der die Unterlagen ebenfalls ausliegen müssen, hat der VO den Vertrag zu erläutern. Jedem Aktionär der Untergesellschaft ist auf Verlangen bei Abschluss eines Beherrschungsvertrages oder eines GAV auch über alle Angelegenheiten des anderen Unternehmens Auskunft zu geben, die für den Vertragsabschluss wesentlich sind (§ 293g Abs. 1–3 AktG)[484]. Der Umfang des Auskunftsrechts der Aktionäre und das Recht des VOs zur Verweigerung der Auskunft sollen sich dann nach § 131 AktG bestimmen[485].

236 Der **Zustimmungsbeschluss** der HV oder der **Gesellschafterversammlung** ist eine Wirksamkeitsvoraussetzung. Eine besondere sachliche Rechtfertigung oder Angemessenheit ist nicht Voraussetzung[486]. Der Zustimmungsbeschluss kann nach allgemeinen Vorschriften (§§ 241 ff. AktG) angefochten werden. Die Anfechtung darf sich nicht auf die Angemessenheit von Ausgleich (§ 304 AktG) oder Abfindung (§ 305 AktG) beziehen[487], da hierfür das in §§ 304 f. AktG i.V.m. dem SpruchG geregelte Verfahren zur Verfügung steht.

237 Das Bestehen und die Art des Unternehmensvertrages sowie der Name des anderen Vertragsteils sind zur **Eintragung** in das **HR** anzumelden (§ 294 AktG)[488]. Ein Vertrag kann die Voraussetzungen für mehrere Vertragstypen erfüllen, z.B. von Beherrschungsvertrag und GAV. Dann müssen beide Arten des Vertrages genannt werden. Bei Teil-GAV muss außerdem die Vereinbarung über die Höhe des abzuführenden Gewinns angegeben werden (§ 294 Abs. 1 AktG). Der Vertrag wird erst wirksam, wenn sein Bestehen in das HR des Sitzes der Ges. eingetragen ist[489]. Das Registergericht hat die Ordnungsmäßigkeit der Anmeldung, der Beschlüsse und der eingereichten Unterlagen zu prüfen. Sind die erforderlichen Beschlüsse vorhanden und liegt kein Nichtigkeitsgrund vor, hat die Eintragung zu erfolgen. Eine Prüfung auf mögliche Anfechtungsgründe hat

---

482 *Hüffer/Koch*, AktG[13], § 293a, Rn. 14; *Emmerich/Habersack*, Aktien- und GmbH-Konzernrecht[8], § 293a, Rn. 24.
483 LG München v. 09.06.2009, AG, S. 918.
484 Vgl. BegrRegE, BT-Drs. 12/6699, S. 178; dazu BGH v. 15.06.1992, BGHZ 119, S. 1 (15) „ASEA/BBC"; BGH v. 05.04.1993, BGHZ 122, S. 211 (237) „SSI"; BGH v. 19.06.1995, NJW, S. 3115 (3116); BGH v. 21.07.2003, AG, S. 625 (627); *Hüffer/Koch*, AktG[13], § 293g, Rn. 3; KG Berlin v. 17.01.2002, AG 2003, S. 99 (101); a.A. *Altmeppen*, ZIP 1998, S. 1853 (1865).
485 Vgl. *Krieger*, in: MünchHdb. AG[4], § 71, Rn. 47, 48; *Langenbucher*, in: Schmidt/Lutter, AktG[3], § 293a, Rn. 7 ff.; BGH v. 15.06.1992, WM, S. 1479; OLG Hamburg v. 24.02.1994, BB, S. 530; *Decher*, ZHR 1994, S. 473; *Spitze/Diekmann*, ZHR 1994, S. 447.
486 LG München v. 09.06.2009, AG, S. 916.
487 *Krieger*, in: MünchHdb. AG[4], § 71, Rn. 54; *Hüffer/Koch*, AktG[13], § 293, Rn. 16.
488 *Hüffer/Koch*, AktG[13], § 294, Rn. 3; die Eintragung von Beherrschungsverträgen und GAV im HR der herrschenden Gesellschaft ist nicht erforderlich; ganz h.M.: AG Erfurt v. 02.10.1996, AG 1997, S. 275; AG Duisburg v. 18.11.1993, DB, S. 2522; *Emmerich/Habersack*, Aktien- und GmbH-Konzernrecht[8], § 294, Rn. 5; *Vetter*, AG 1994, S. 110; bejahend LG Bonn v. 27.04.1993, AG, S. 521.
489 Nach § 14 Abs. 1 S. 2 KStG wird das Einkommen der Organgesellschaft dem Organträger erstmals für das Kalenderjahr zugerechnet, in dem das WJ endet, in dem der GAV wirksam wird; dazu *Dötsch*, in: DPM, KSt, § 14 KStG, Rn. 341.

das Gericht nicht vorzunehmen. Anders als bei einer Eingliederung (§ 319 Abs. 5 AktG) oder bei Umwandlungen (§ 16 Abs. 2 UmwG) führt die Erhebung einer Anfechtungsklage nicht zu einer Registersperre[490], doch kann das Registergericht die Eintragung aussetzen. Im Freigabeverfahren nach § 246a AktG kann zugelassen werden, dass die Erhebung einer Anfechtungsklage der Eintragung nicht entgegensteht. Durch das Freigabeverfahren kann auch nachträglich Bestandsschutz erlangt werden. Die Eintragung eines Unternehmensvertrages in das HR trotz der Erhebung von Anfechtungs- oder Nichtigkeitsklagen steht der Durchführung eines Freigabeverfahrens nach § 246a AktG nicht entgegen[491].

Bei bestimmten Vertragstypen ist es zulässig, dass sich der Vertrag **rückwirkende Kraft** beilegt. Ein **Beherrschungsvertrag** – jedenfalls die Regelungen über die Beherrschung in einem kombinierten Unternehmensvertrag – kann nicht auf einen vor Eintragung im HR liegenden Zeitpunkt zurückbezogen werden, weil eine vertragliche Unterstellung der Leitungsmacht die Wirksamkeit des Vertrages voraussetzt[492]; die zuvor ausgeübte Beherrschung ist an §§ 311 ff. AktG zu messen. Die Rückbeziehung eines **GAV** zum Zeitpunkt des Beginns des laufenden GJ ist **zulässig**[493]. Eine schuldhaft verzögerte Eintragung eines GAV in das HR führt nicht dazu, dass der Vertrag bereits für ein zurückliegendes WJ steuerlich anzuerkennen ist[494]. Nach § 14 Abs. 1 S. 2 KStG ist das Einkommen der Organgesellschaft dem Organträger für Zwecke der Besteuerung erstmals für das Kalenderjahr zuzurechnen, in dem das WJ der Organschaft endet, in dem der GAV wirksam wird[495]. Bei Betriebspacht- oder Betriebsüberlassungsverträgen kann eine Rückbeziehung auf den Zeitpunkt einer vor Vertragsabschluss erfolgten Übergabe vereinbart werden[496].

238

Der Inhalt der Eintragung, nicht der Vertrag selbst, wird elektronisch bekannt gemacht (§ 10 HGB). Da der Vertrag der Anmeldung beizufügen ist, kann er gem. § 9 HGB beim HR eingesehen werden. Die Rechtsnatur des Vertrages und seine Unterordnung unter die einzelnen Vertragstypen ergeben sich aus dem Inhalt der Eintragung[497]. Nachdem der Unternehmensvertrag in Kraft getreten ist, soll die verpflichtete Ges. nicht in ihren Entschließungen über den Fortbestand des Vertrages beeinträchtigt werden. Es kann daher aufgrund eines Unternehmensvertrages der Ges. nicht die Weisung erteilt werden, den Vertrag zu ändern, aufrechtzuerhalten oder zu beendigen (§ 299 AktG).

239

---

490 *Hüffer/Koch*, AktG[13], § 294, Rn. 13; *Krieger*, in: MünchHdb. AG[4], § 71, Rn. 58; enger *Emmerich/Habersack*, Aktien- und GmbH-Konzernrecht[8], § 294, Rn. 20 f.; BGH v. 31.05.2010, ZIP, S. 1287: keine Anfechtung der Zustimmung wegen Fälligkeit des festen Ausgleichs.

491 OLG Frankfurt a.M. v. 21.07.2008, EWiR, § 246a AktG, 1/09; KG Berlin v. 09.06.2008, AG 2009, S. 30; LG Frankfurt a.M. v. 29.01.2008, ZIP, S. 1180.

492 H.M.: *Emmerich/Habersack*, Aktien- und GmbH-Konzernrecht[8], § 291, Rn. 15, § 294, Rn. 29; *Hüffer/Koch*, AktG[13], § 294, Rn. 19; *Koppensteiner*, in: Kölner Komm. AktG[3], § 294, Rn. 34; a.A. *Altmeppen* in MünchKomm. AktG[4], § 294, Rn. 56 ff.; BGH v. 05.04.1993, BGHZ 122, S. 211 (233); OLG Karlsruhe v. 12.10.1993, WM, S. 2092; LG Kassel v. 15.11.1995, AG 1997, S. 239.

493 Zur Rückbeziehung auf den Beginn des Jahres, in dem der Vertrag wirksam wird, vgl. OLG München v. 14.06.1991, WM, S. 1843; BGH v. 05.04.1993, ZIP, S. 752 (755); h.m.: vgl. *Hüffer/Koch*, AktG[13], § 294, Rn. 20; *Emmerich/Habersack*, Aktien- und GmbH-Konzernrecht[8], § 294, Rn. 29, § 291 Rn. 55; *Emmerich/Habersack*, Konzernrecht[10], § 12, Rn. 10.

494 Niedersächsisches FG v. 13.12.2007, EFG 2008, S. 885.

495 *Dötsch*, in: DPM, KSt, § 14 KStG, Rn. 341.

496 *Hüffer/Koch*, AktG[13], § 294, Rn. 20; *Emmerich/Habersack*, Aktien- und GmbH-Konzernrecht[8], § 294, Rn. 29.

497 *Hüffer/Koch*, AktG[13], § 294, Rn. 16; *Koppensteiner*, in: Kölner Komm. AktG[3], § 294, Rn. 37.

4.8.2.2 Änderung

240 Eine Änderung des Unternehmensvertrages ist nur mit **Zustimmung der HV** der verpflichteten Ges. möglich (§ 295 AktG). Wenn Bestimmungen des Vertrages, die zur Leistung eines Ausgleichs an die außenstehenden Aktionäre der Ges. oder zum Erwerb ihrer Aktien verpflichten, geändert werden, bedarf es außerdem eines Sonderbeschlusses der außenstehenden Aktionäre. Dies gilt nicht für die ordentliche Kündigung eines Unternehmensvertrages durch das herrschende Unternehmen und den Neuabschluss zu geänderten Bedingungen[498]. Die Änderung tritt mit der Eintragung im HR in Kraft[499].

241 Eine Änderung eines Unternehmensvertrages liegt auch vor im Fall des **Beitritts** eines weiteren herrschenden Unternehmens zu einem Beherrschungsvertrag. Das gilt sowohl im Fall des Auswechselns eines Beteiligten oder der Aufnahme eines weiteren Vertragspartners[500]. Hierzu ist es nicht erforderlich, dass der Unternehmensvertrag beendet und mit den herrschenden Unternehmen neu abgeschlossen wird[501]. Der Vertrag bedarf der Zustimmung der HV der abhängigen Ges. (§ 295 Abs. 1 AktG i.V.m. § 293 Abs. 1 AktG). Ein Sonderbeschluss der außenstehenden Aktionäre kann jedoch dann nicht erforderlich sein, wenn die geänderten vertraglichen Bestimmungen die Ausgleichs- und Abfindungsansprüche unberührt lassen und vielmehr ein weiterer Schuldner für diese Ansprüche hinzutritt. Die Vereinbarung einer neuen Ausgleichszahlung ist entbehrlich, wenn der bisherige Anspruch in einer Festdividende (vgl. Kap. C Tz. 275) besteht[502]. Kein Fall des § 295 AktG ist hingegen die Verschmelzung des herrschenden Vertragsteils mit einem Dritten. In diesem Fall geht der Unternehmensvertrag infolge der Gesamtrechtsnachfolge über[503]. Wird die beherrschte Ges. verschmolzen, erlischt der Unternehmensvertrag.

242 Der Zwang zur formellen Änderung trifft wesentliche wie unwesentliche Korrekturen eines Unternehmensvertrages[504]. Verlängerung der Vertragsdauer eines zeitlich befristeten Vertrages bedeutet Abschluss eines neuen Vertrages, sodass §§ 293, 294 AktG eingreifen[505]. Wird vom Vertrag ohne Einhaltung der gesetzlichen Vorschriften abgewichen, so können u.U. Schadensersatzansprüche nach § 93 AktG sowie Rückzahlungsansprüche i.R.d. § 62 AktG entstehen.

---

[498] BGH v. 07.05.1979, BB, S. 1059 = DB, S. 1596. Die im Vertrag vorgesehene Verlängerung über einen bestimmten Zeitpunkt hinaus bei Unterbleiben einer Kündigung ist keine Änderung; vgl. *Milatz*, GmbHR 1995, S. 369.
[499] BFH v. 22.10.2008, jurio PR-SteuerR 13./2009.
[500] Abhängig von der Gestaltung *Hüffer/Koch*, AktG[13], § 295, Rn. 5; *Emmerich/Habersack*, Aktien- und GmbH-Konzernrecht[8], § 295, Rn. 13; *Liebscher*, in: Beck AG-HB[2], § 15, Rn. 168.
[501] Hierzu BGH v. 15.06.1992, WM, S. 1479; *Priester*, ZIP 1992, S. 293; *Timm*, EWiR 1990, S. 323.
[502] Vgl. BGH v. 15.06.1992, WM, S. 1479 (1482); zust. *Priester*, ZIP 1992, S. 293 (298); *Rehbinder*, ZGR 1977, S. 581.
[503] LG München I v. 12.05.2011, AG, S. 801.
[504] *Emmerich/Habersack*, Aktien- und GmbH-Konzernrecht[8], § 295, Rn. 6.
[505] *Hüffer/Koch*, AktG[13], § 295, Rn. 7; *Langenbucher*, in: Schmidt/Lutter, AktG[3], § 295, Rn. 12 ff.; krit. *Emmerich/Habersack*, Aktien- und GmbH-Konzernrecht[8], § 295, Rn. 11, der auch diesen Fall als Vertragsänderung qualifiziert.

4.8.2.3 Beendigung[506]

Für die Beendigung von Unternehmensverträgen besteht weitgehende **Vertragsfreiheit**. 243
Ist der Vertrag für eine bestimmte Zeit abgeschlossen worden, tritt die Beendigung automatisch ein. Stattdessen können die ordentliche oder außerordentliche Kündigung vorgesehen oder Verlängerungsklauseln vereinbart werden[507]. Die Kündigung seitens der beherrschten GmbH bedarf der Zustimmung ihrer Gesellschafterversammlung[508]. Ein vertragliches Rücktrittsrecht ist unter gewissen Umständen und bis zum Vollzug des Vertrages auch zulässig bei Unternehmensverträgen, die zur Leistung eines Ausgleichs an außenstehende Aktionäre verpflichten[509], sonst nur mit Wirkung auf das Ende des bestimmten Abrechnungszeitraums.

> **! Hinweis 7:**
> In der Rspr. geklärt ist, dass die Beendigung von GAV zwischen GmbH ausschließlich zum Geschäftsjahresende erfolgen darf[510]. Nach der Rspr. enden Beherrschungsverträge und GAV ipso iure mit Eröffnung des Insolvenzverfahrens über das Vermögen der Obergesellschaft[511].

Hat die Ges. im Zeitpunkt der Beschlussfassung ihrer HV über einen Beherrschungsvertrag oder GAV keinen außenstehenden Aktionär, so endet der Vertrag spätestens zum Ende des GJ, in dem ein außenstehender Aktionär beteiligt ist (§ 307 AktG)[512]. 244
Diese Vorschrift berücksichtigt, dass ein Beherrschungsvertrag oder ein GAV dann keinen Ausgleich nach § 304 AktG vorzusehen braucht, wenn die Ges. im Zeitpunkt der Beschlussfassung keinen außenstehenden Aktionär hat. Daher erschien zur Sicherung der Rechte neu eintretender Gesellschafter die Beendigung des Vertrages notwendig.

Mit **Auflösung** eines der Vertragsteile enden die Unternehmensverträge mit Ausnahme 245
von Betriebsüberlassungs- und Betriebspachtverträgen[513]. Im Falle der umwandlungsrechtlichen Auflösung, z.B. durch Verschmelzung des herrschenden Unternehmens, geht der Unternehmensvertrag infolge Gesamtrechtsnachfolge (§ 20 Abs. 1 Nr. 1

---

506 *Hüffer/Koch*, AktG[13], § 297, Rn. 3, 10; *Emmerich/Sonnenschein/Habersack*, Konzernrecht[10], § 19; *Schlögell*, GmbHR 1995, S. 401; *Deilmann*, NZG 2015, S. 460.
507 Zur Problematik der Verlängerungsklauseln *Hüffer/Koch*, AktG[13], § 297, Rn. 11; *Altmeppen*, in: MünchKomm. AktG[4], § 297, Rn. 57 f.; zur vertraglichen Regelung von Kündigungsgründen OLG München v. 14.06.1991, WM, S. 1843 (1848).
508 BGH v. 31.05.2011, DB, S. 1682; dazu *Veith/Schmid*, DB 2012, S. 728.
509 *Emmerich/Sonnenschein/Habersack*, Konzernrecht[5], § 18, Rn. 6 f.; *Hüffer/Koch*, AktG[13], § 297, Rn. 11; enger *Koppensteiner*, in: Kölner Komm. AktG[3], § 297, Rn. 31.
510 So BGH v. 16.06.2015, BB, S. 2192; Vorinstanz OLG München B. v. 16.03.2012, AG, S. 422; krit. dazu *Priester*, NZG 2012, S. 641; *Bünning*, BB 2015, S. 2795.
511 BGH v. 14.12.1987, ZIP 1988, S. 229 (231 f.) „Familienheim"; BayObLG v. 29.09.1998, ZIP, S. 1872 (1873); OLG Hamburg v. 31.07.2001, AG 2002, S. 406 (407); *Emmerich/Habersack*, Aktien- und GmbH-Konzernrecht[8], § 297, Rn. 52b; *Krieger*, in: FS Metzner, S. 139 (141 f.); *Liebscher*, in: Beck AG-HB[2], § 15, Rn. 181; krit. *Freudenberg*, ZIP 2009, S. 2037 ff.
512 *Hüffer/Koch*, AktG[13], § 307, Rn. 3; *Krieger*, in: MünchHdb. AG[4], § 71, Rn. 205.
513 Vgl. BGH v. 14.12.1987, WPg 1988, S. 258 (269); *Koppensteiner*, in: Kölner Komm. AktG[3], § 297, Rn. 44 ff., mit verschiedenen Fallgruppen; *Krieger*, in: MünchHdb. AG[4], § 70, Rn. 207 a.E.

UmwG) auf den Übernehmer über, während bei verschmelzungsbedingtem Untergang der verpflichteten Ges. der Unternehmensvertrag erlischt[514].

246 Eine **Aufhebung** des Unternehmensvertrages (§ 296 AktG), die der schriftlichen Form bedarf, kann nur zum Ende des GJ oder des sonst vertraglich bestimmten Abrechnungszeitraumes erfolgen[515]. Eine rückwirkende Aufhebung ist unzulässig. Der Aufhebungsvertrag bedarf zu seiner Wirksamkeit weder der Zustimmung der HV noch der Eintragung in das HR[516]. Soweit der Vertrag Verpflichtungen ggü. außenstehenden Aktionären nach §§ 304, 305 AktG enthält, ist wiederum ein Sonderbeschluss notwendig.

247 Für die **ordentliche Kündigung** trifft das Gesetz keine Regelung, v.a. nicht, ob die Kündigung nur zum Ende des GJ oder des vertraglich bestimmten Abrechnungszeitraumes möglich sein soll[517]. Die ordentliche Kündigung bewirkt die einseitig erklärte fristgebundene Vertragsauflösung mit Wirkung ex nunc, ohne einen wichtigen Grund. Fehlt eine vertragliche Regelung, ist die ordentliche Kündigung von Unternehmensverträgen i.S.v. § 291 AktG nach h.M. unzulässig[518]. Im Interesse der Sicherung der außenstehenden Aktionäre kann bei Zusage von Ausgleichsleistungen der Vorstand ohne wichtigen Grund nur kündigen, wenn die außenstehenden Aktionäre zustimmen (§ 297 AktG). Bei einer Kündigung durch die Obergesellschaft bedarf es einer solchen Zustimmung nicht. Sie wird daher zum Schutz der außenstehenden Aktionäre nur bei einer vertraglichen Regelung der ordentlichen Kündigung zulässig sein[519].

248 Eine **außerordentliche Kündigung** ist aus wichtigem Grund möglich (§ 297 AktG). Sie kann vertraglich weder ausgeschlossen noch beschränkt werden[520]. Ein wichtiger Grund wird namentlich darin gesehen, dass der andere Vertragsteil voraussichtlich nicht in der Lage sein wird, seine vertraglichen Verpflichtungen zu erfüllen. Kündigungsgründe sind schwerwiegende Vertragsverletzungen, die dem anderen Vertragsteil ein Festhalten am Vertrag unzumutbar machen[521].

---

514 *Emmerich/Habersack*, Aktien- und GmbH-Konzernrecht[8], § 297, Rn. 39; *Altmeppen*, in: MünchKomm. AktG[4], § 295, Rn. 16, § 297, Rn. 130; LG Bonn v. 30.01.1996, GmbHR, S. 774 f.; LG Mannheim v. 30.05.1994, AG 1995, S. 89.
515 BGH v. 16.06.2015, DStR 2015, S. 1765.
516 BGH v. 05.11.2001, NJW 2002, S. 822 (823); ferner OLG Frankfurt a.M. v. 11.11.1993, ZIP, S. 1790, für den Fall der abhängigen GmbH unter Bezugnahme auf BGH v. 11.11.1991, BGHZ 116, S. 37; nach OLG Karlsruhe v. 03.06.1994, WM, S. 1208 gilt Gleiches bei Beherrschungsvertrag/GAV zwischen GmbH; ferner *Hüffer/Koch*, AktG[13], § 296, Rn. 4 ff.; *Vetter*, ZIP 1995, S. 345; *Ehlke*, ZIP 1995, S. 355; *Bungert*, NJW 1995, S. 1118 (1120).
517 *Hüffer/Koch*, AktG[13], § 297, Rn. 16; *Emmerich/Habersack*, Aktien- und GmbH-Konzernrecht[8], § 297, Rn. 12.
518 *Hüffer/Koch*, AktG[13], § 297, Rn. 11, 12; *Altmeppen*, in: MünchKomm. AktG[4], § 297, Rn. 55, 68; *Krieger*, in: MünchHdb. AG[4], § 71, Rn. 198; *Liebscher*, in: Beck AG-HB[2], § 15, Rn. 175.
519 *Koppensteiner*, in: Kölner Komm. AktG[3], § 297, Rn. 5; *Altmeppen*, in: MünchKomm. AktG[4], § 297, Rn. 12; *Mülbert*, in: Großkomm. AktG[4], § 297, Rn. 92; *Hüffer/Koch*, AktG[13], § 297, Rn. 18; BGH v. 05.04.1993, WM, S. 1087.
520 *Altmeppen*, in: MünchKomm. AktG[4], § 297, Rn. 12; *Mülbert*, in: Großkomm. AktG[4], § 297, Rn. 19 f.
521 *Hüffer/Koch*, AktG[13], § 297, Rn. 4, 6; *Altmeppen*, in: MünchKomm. AktG[4], § 297, Rn. 29 f.; *Emmerich/Sonnenschein/Habersack*, Konzernrecht[10], § 19, Rn. 45 ff.

> **! Hinweis 8:**
> Der Unternehmensvertrag kann festlegen, dass der Eintritt bestimmter Sachverhalte, die für sich genommen keinen wichtigen Grund i.S.v. § 297 Abs. 1 AktG darstellen müssen, als wichtiger Grund gilt, z.B. die Veräußerung der Beteiligung an der Untergesellschaft[522].

Die Kündigung ist von den Vertretungsberechtigten des betreffenden Vertragsteils auszusprechen. Sie bedarf der Schriftform. Ein Beschluss der HV ist in diesem Fall nicht notwendig. Die außenstehenden Aktionäre können eine Kündigung durch die beherrschte Ges. nicht verhindern. Umstritten ist nach wie vor, ob der Verkauf der Anteile an dem beherrschten Unternehmen zur Kündigung eines Unternehmensvertrages aus wichtigem Grund berechtigt[523]; ggf. müssen sich die beteiligten Gesellschaften über eine Aufhebung des Unternehmensvertrages einigen.

249 Die Beendigung eines Unternehmensvertrages sowie Grund und Zeitpunkt der Beendigung hat der Vorstand unverzüglich zur **Eintragung in das HR** anzumelden (§ 298 AktG). Die Eintragung hat keine konstitutive Wirkung[524]. Das Registergericht hat die Wirksamkeit der zur Eintragung angemeldeten (außerordentlichen) Kündigung zu prüfen, wenn Anhaltspunkte dafür vorliegen, dass ein Kündigungsgrund nicht vorliegt[525].

250 Wurde ein Beherrschungsvertrag oder ein GAV eingetragen und durchgeführt, obwohl er nichtig war, so ist dieser Vertrag nach den Grundsätzen über die fehlerhafte Ges. solange als wirksam zu behandeln, bis sich ein Vertragspartner auf die Nichtigkeit beruft und die Beherrschung ein Ende findet. Die Fortsetzung des Vertragsverhältnisses für die Zukunft kann nicht verlangt werden[526].

251 Bis zur Beendigung ist das herrschende Unternehmen zum Ausgleich der Verluste des beherrschten Unternehmens verpflichtet[527]. Diese Verpflichtungen bestehen, wenn der Unternehmensvertrag vor Ablauf eines GJ endet, bis zum Beendigungsstichtag[528].

4.8.3 Sicherung der Gesellschaft und der Gläubiger

4.8.3.1 Allgemeines

252 Beim GAV kann durch die Verpflichtung zur Gewinnabführung und beim Beherrschungsvertrag durch Weisungen eine Beeinträchtigung des Vermögens der abhängigen Ges. eintreten. Daher müssen Ges. und Gläubiger gegen eine solche Vermögensbeein-

---

522 BGH v. 05.04.1993, BGHZ 122, S. 211 (227); OLG München v. 14.06.1991, AG, S. 358 (360); OLG München v. 09.12.2008, WM 2009, S. 1038 (1042); OLG München v. 09.12.2008, GmbHR 2009, S. 148 (152); *Altmeppen*, in: MünchKomm. AktG[4], § 297, Rn. 49; *Hüffer/Koch*, AktG[12], § 297, Rn. 8.
523 *Abl. OLG Düsseldorf v. 19.08.1994*, AG 1995, S. 137 (138); LG Duisburg v. 18.10.1993, ZIP 1994, S. 299; *Hüffer/Koch*, AktG[13], § 297, Rn. 7, m.w.N.; *Emmerich/Sonnenschein/Habersack*, Konzernrecht[10], § 19, Rn. 49; zust. LG Bochum v. 01.07.1986, GmbHR 1987, S. 24. Ferner *Heisterkamp*, AnwBl. 1994, S. 487 (490); *Knott/Rodewald*, BB 1996, S. 472.
524 Zu Folgewirkungen von beendeten Unternehmensverträgen *Hentzen*, NZG 2008, S. 201.
525 OLG München v. 09.12.2008, WM 2009, S. 1038.
526 *Langenbucher*, in: Schmidt/Lutter, AktG[3], § 293, Rn. 46; *Krieger*, ZHR 1994, S. 35 (40).
527 BGH v. 05.11.2001, NJW 2002, S. 822 (823); zum Konzernausgangsschutz *Servatius*, ZGR 2015, S. 754.
528 Vgl. BGH v. 14.12.1987, NJW 1988, S. 1326; *Hüffer/Koch*, AktG[13], § 297, Rn. 21; *Krieger*, in: MünchHdb. AG[4], § 71, Rn. 220 f.

trächtigung geschützt werden. Die gesetzlichen Grundsätze dienen der Erhaltung des bilanziellen Vermögens:

253 (1) Neben dem Grundkapital haben die Kapitalrücklage und die gesetzliche Rücklage eine Garantiefunktion. Daher sieht das Gesetz vor, dass die gesetzliche Rücklage, auf die die Kapitalrücklage angerechnet wird, ausreichend und in möglichst kurzer Zeit gebildet wird. Bei Bestehen eines Beherrschungsvertrages, eines GAV oder eines Teil-GAV treten an die Stelle der allgemeinen Regelung (§ 150 Abs. 2 AktG) strengere Vorschriften (§ 300 AktG). Ausgangsgröße für die **Berechnung** ist der um einen Verlustvortrag aus dem VJ geminderte Jahresüberschuss, wie er ohne die Gewinnabführung entstehen würde[529]. Der Betrag ist bei Bestehen einer Gewinn- oder Teilgewinnabführungsvereinbarung aus der GuV zu ersehen (§ 277 Abs. 3 S. 2 HGB)[530]. Beim reinen Beherrschungsvertrag ist i.d.R. auf den tatsächlichen Jahresüberschuss abzustellen[531]. Die Rücklagendotierung unterbleibt zunächst, wenn bei der abhängigen Ges. ein Gewinn nicht entsteht. Aufzufüllen ist die gesetzliche Rücklage nur aus einem ohne die Gewinnabführung entstehenden Jahresüberschuss[532].

254 Von der in § 300 AktG genannten Bemessungsgrundlage (fiktiver Jahresüberschuss abzgl. Verlustvortrag) sind bei den einzelnen Vertragsarten folgende Zuweisungen zur gesetzlichen Rücklage vorzunehmen: Beim GAV ist der Betrag einzustellen, der erforderlich ist, um die gesetzliche Rücklage unter Hinzurechnung der Kapitalrücklage[533] innerhalb der ersten fünf GJ, die während des Bestehens des Vertrages oder nach Durchführung einer Kapitalerhöhung beginnen, gleichmäßig auf den zehnten oder den in der Satzung bestimmten höheren Teil des Grundkapitals aufzufüllen. Entsteht kein fiktiver Jahresüberschuss oder reicht der vorhandene Jahresüberschuss nicht zur gleichmäßigen Auffüllung innerhalb der Fünfjahresfrist aus, so muss in den folgenden Jahren die Zuweisung erhöht werden. In dem Falle muss mindestens der sich aus § 300 Nr. 2 AktG ergebende Betrag eingestellt werden (§ 300 Nr. 1 AktG)[534]. Erfolgt eine Kapitalerhöhung während der ersten fünf GJ, ist vom nächsten GJ an das erhöhte Grundkapital maßgebend und die Rücklage auf den neuen Betrag innerhalb von fünf Jahren nach Kapitalerhöhung aufzufüllen[535].

255 Beim Teil-GAV sind fünf v.H. des Jahresüberschusses einzustellen, bis die Rücklage den zehnten oder den in der Satzung bestimmten höheren Teil des Grundkapitals erreicht (§§ 300 Nr. 2, 150 Abs. 2 AktG). Es besteht keine Auffüllungsfrist.

256 Beim Bestehen eines Beherrschungsvertrages ohne Gewinnabführung ist die Rücklage in gleicher Weise wie beim GAV (§ 300 Nr. 1 AktG) aufzufüllen, mindestens ist die normale

---

529 *Hüffer/Koch*, AktG[13], § 300, Rn. 4; *Emmerich/Habersack*, Aktien- und GmbH-Konzernrecht[8], § 300, Rn. 11.
530 Zum Ausweis vgl. Kap. F Tz. 690 und Kap. F Tz. 774 ff.; ferner ADS[6], § 277 HGB, Tz. 64.
531 *Emmerich/Habersack*, Aktien- und GmbH-Konzernrecht[8], § 300, Rn. 19 ff.
532 *Hüffer/Koch*, AktG[13], § 300, Rn. 6; ADS[6], § 300 AktG, Tz. 17.
533 Einbezogen werden nur Rücklagenbeträge nach § 272 Abs. 2 Nr. 1-3 HGB; vgl. *Hüffer/Koch*, AktG[13], § 300, Rn. 3; *Stephan*, in: Schmidt/Lutter, AktG[3], § 300, Rn. 10.
534 *Koppensteiner*, in: Kölner Komm. AktG[3], § 300, Rn. 7; *Hüffer/Koch*, AktG[13], § 300, Rn. 7, 9; *Emmerich/Habersack*, Aktien- und GmbH-Konzernrecht[8], § 300, Rn. 12.
535 *Koppensteiner*, in: Kölner Komm. AktG[3], § 300, Rn. 11; *Hüffer/Koch*, AktG[13], § 300, Rn. 8; *Altmeppen*, in: MünchKomm. AktG[4], § 300, Rn. 17.

Zuführung (§ 150 Abs. 2 AktG) vorzunehmen[536]. Hat die Ges. ihren Gewinn z.T. abzuführen, so ist der beim Teil-GAV bestimmte Betrag einzustellen (§ 300 Nr. 3 AktG).

(2) Beim GAV oder Teil-GAV bleibt es grds. der vertraglichen Vereinbarung überlassen, **257** wie der abzuführende Gewinn zu ermitteln ist[537]. Das Gesetz muss daher Grenzen setzen, damit durch derartige Vereinbarungen das Grundkapital nicht gefährdet werden kann. Nach § 301 AktG kann eine Ges. als ihren Gewinn höchstens den Jahresüberschuss abführen, der ohne die Gewinnabführung besteht. Er ist zu mindern um einen Verlustvortrag aus dem VJ und um den Betrag, der nach § 300 AktG in die gesetzliche Rücklage einzustellen ist[538]. Ferner dürfen die für Ausschüttungen gesperrten Beträge nach § 268 Abs. 8 HGB nicht abgeführt werden[539]. Hierbei handelt es sich um Ertragsbestandteile, die sich durch den Ansatz selbstgeschaffener immaterieller Vermögensgegenstände des AV, von aktiven latenten Steuern oder bestimmten Deckungsmassen im Bereich der Altersversorgungsverpflichtungen ergeben haben, wenn nicht frei verfügbare Rücklagen oder ein (verbliebener) Gewinnvortrag abzgl. eines Verlustvortrags den Gesamtbetrag der sonst gesperrten Beträge decken[540]. Die bilanzielle Abbildung dieser Sperre ist nicht klar. Wird der gesperrte Betrag von dem abzuführenden Betrag abgezogen, entsteht in dieser Höhe entweder ein Jahresüberschuss oder – bei ungekürztem Aufwand aus der Gewinnabführung – eine jedenfalls nicht jetzt zu erfüllende Verbindlichkeit ggü. dem anderen Vertragspartner[541]. Unklar ist, ob der nach § 268 Abs. 8 HGB anzusetzende Betrag den Ansatz von auf diesen Posten entfallenden latenten Steuern umfasst; werden latente Steuern bei der Obergesellschaft gebildet, sind Doppelungseffekte zu vermeiden[542]. Vorhandene Rücklagen können nur dann aufgelöst und als Gewinn abgeführt werden, wenn sie während der Dauer des Vertrages gebildet worden sind. Es ist daher nicht möglich, vorvertragliche Rücklagen im Wege der Gewinnabführung auf das herrschende Unternehmen zu übertragen[543]. Von der Einbeziehung in die Gewinnabführung ist jede Art von Kapitalrücklagen ausgeschlossen. Es ist h.A., dass in die Kapitalrücklage nach § 272 Abs. 2 Nr. 4 HGB eingestellte Beträge nicht zugunsten des abzu-

---

[536] Umstritten ist, ob auf das Vorliegen eines Jahresüberschusses verzichtet wird: ADS[6], § 300 AktG, Tz. 53; *Hüffer/Koch*, AktG[12], § 300, Rn. 13; *Altmeppen*, in: MünchKomm. AktG[4], § 300, Rn. 28 ff.; a.A. *Koppensteiner*, in: Kölner Komm. AktG[3], § 300, Rn. 20, der das Vorliegen eines Jahresüberschusses voraussetzt; ebenso *Emmerich/Habersack*, Aktien- und GmbH-Konzernrecht[8], § 300, Rn. 20.

[537] *Emmerich/Habersack*, Aktien- und GmbH-Konzernrecht[8], § 301, Rn. 1.

[538] *Hüffer/Koch*, AktG[13], § 301, Rn. 3, 5; *Emmerich/Habersack*, Aktien- und GmbH-Konzernrecht[8], § 301, Rn. 9.

[539] Infolge eines Redaktionsversehens wird auf die Ausschüttungssperre in § 272 Abs. 5 HGB i.d.F. des BilRUG nicht verwiesen; Bewertungsunterschiede nach § 253 Abs. 2 S. 1 HGB dürfen nach § 253 Abs. 6 S. 2 HGB nicht ausgeschüttet, aber abgeführt werden. Zur steuerlichen Behandlung BMF v. 23.12.2016, BStBl. I 2017, S. 47; *Oser/Wirtz*, DB 2016, S. 248.

[540] *Emmerich/Habersack*, Aktien- und GmbH-Konzernrecht[8], § 301, Rn. 10; *Hüffer/Koch*, AktG[13], § 301, Rn. 5; *Kröner/Bolik/Gageur*, Ubg 2010, S. 237 ff.; zur Anwendung *Simon*, NZG 2009, S. 1081 (1086); zur steuerlichen Lage BMF v. 14.01.2010, DStR, S. 113.

[541] *Stephan*, in: Schmidt/Lutter, AktG[3], § 301, Rn. 18.

[542] *Ellerbusch/Schlüter/Hofherr*, DStR 2009, S. 2443 (2446) „Nettomethode"; *Kröner/Bolik/Gageur*, Ubg 2010, S. 237 (241); *Petersen/Zwirner/Froschhammer*, KoR 2010, S. 334 (339 f.).

[543] *Hüffer/Koch*, AktG[13], § 301, Rn. 8; *Emmerich/Habersack*, Aktien- und GmbH-Konzernrecht[8], § 301, Rn. 11 f.; *Koppensteiner*, in: Kölner Komm. AktG[3], § 301, Rn. 18. Zu den Möglichkeiten der Verwendung vorvertraglicher Rücklagen vgl. *Krieger*, in: MünchHdb. AG[4], § 72, Rn. 32.

führenden Ergebnisses aufgelöst werden dürfen[544]. Beträge aus der Auflösung der Kapitalrücklage dürfen nur i.R.d. Gewinnverwendung ausgeschüttet werden.

258 Nach der gesetzlichen Regelung dient der Schutz der abhängigen Ges. ausschließlich der Erhaltung ihres Grundkapitals; eine gesetzliche Sicherung bei Vertragsabschluss vorhandener stiller Reserven ist nicht vorgesehen[545].

259 Ein **vorvertraglicher Gewinnvortrag** darf in das abzuführende Ergebnis nicht einbezogen werden. Letzteres wird in § 301 AktG nicht ausdrücklich erwähnt; der Gewinnvortrag gehört nicht zum Jahresüberschuss. Wird ein vorvertraglicher Gewinnvortrag während des Vertrages einer anderen Gewinnrücklage zugeführt, handelt es sich nicht um eine Rücklage, die während der Dauer des Vertrages gebildet worden ist. Sie darf weder abgeführt noch zur Deckung eines Jahresfehlbetrages verwendet werden[546]. Ein vorvertraglicher Gewinnvortrag und vorvertraglich gebildete Gewinnrücklagen können nur als Dividende an die Aktionäre aufgrund eines Gewinnausschüttungsbeschlusses verteilt werden, § 301 S. 2 AktG; desgleichen können zu diesem Zweck Beträge entnommen werden[547]. Dies gilt mit der Einschränkung, dass die Beträge nicht zur Zahlung der garantierten Dividende verwendet werden dürfen, weil insoweit die Obergesellschaft einzuspringen hat; sie dürfen nur zusätzlich zu der garantierten Dividende ausgeschüttet werden. Der Gesetzeswortlaut, der an während der Vertragslaufzeit in die Gewinnrücklage eingestellte Beträge anknüpft, ist in zeitlicher Hinsicht unscharf formuliert, da es nicht um die während der Dauer der Unternehmensverträge eingestellten Beträge geht, die im ersten Vertragsjahr noch aus dem VJ stammen können, sondern um Beträge, die während der Anwendung des Unternehmensvertrages nicht als Gewinn abgeführt, sondern in die Rücklagen eingestellt wurden[548].

4.8.3.2 Verlustausgleich

260 Bei GAV und bei Beherrschungsverträgen muss der andere Vertragsteil jeden während der Vertragsdauer (dazu Kap. C Tz. 217)[549] sonst entstehenden Jahresfehlbetrag ausgleichen, soweit dieser nicht dadurch ausgeglichen wird, dass den anderen Gewinnrücklagen Beträge entnommen werden, die während der Vertragsdauer in sie eingestellt worden sind (§ 302 Abs. 1 AktG). Die Verlustübernahme ist an das Bestehen des Unternehmensvertrages geknüpft, unabhängig davon, welche vertraglichen Vereinbarungen getroffen wurden. Grundsätzlich ist jeder Jahresfehlbetrag i.S.v. § 275 Abs. 2 Nr. 17, Abs. 3 Nr. 16 HGB auszugleichen, der während der Vertragsdauer entsteht. Maßgeblich für den zu übernehmenden Verlust ist die ordnungsgemäß aufgestellte Bilanz der abhängigen Ges.[550] Ist der JA unzutreffend, wird der auszugleichende Betrag

---

544 *Altmeppen*, in: MünchKomm. AktG[4], § 301, Rn. 21; *Hüffer/Koch*, AktG[13], § 301, Rn. 9; *Emmerich/Habersack*, Aktien- und GmbH-Konzernrecht[8], § 301, Rn. 17; BFH v. 08.08.2001, BFHE 196, S. 485 (489) = DB 2002, S. 408. BMF v. 27.11.2003, BStBl. I, S. 647, unter Aufgabe von BMF v. 11.10.1990, DB, S. 2142; weiterhin a.M. *Krieger*, in: MünchHdb. AG[4], § 72, Rn. 32.
545 *Hüffer/Koch*, AktG[13], § 301, Rn. 4; *Emmerich/Habersack*, Aktien- und GmbH-Konzernrecht[8], § 301, Rn. 18.
546 *Koppensteiner*, in: Kölner Komm. AktG[3], § 301, Rn. 19; *Altmeppen*, in: MünchKomm. AktG[4], § 301, Rn. 21; *Hüffer/Koch*, AktG[13], § 301, Rn. 7.
547 *Emmerich/Habersack*, Aktien- und GmbH-Konzernrecht[8], § 301, Rn. 15.
548 *Stephan*, in: Schmidt/Lutter, AktG[3], § 301, Rn. 25.
549 Hierzu krit. *Stephan*, in: Schmidt/Lutter, AktG[3], § 302, Rn. 27.
550 *Hüffer/Koch*, AktG[13], § 302, Rn. 9; *Emmerich/Habersack*, Aktien- und GmbH-Konzernrecht[8], § 302, Rn. 29.

durch den am Bilanzstichtag zutreffend auszuweisenden Fehlbetrag bestimmt. Auf die Feststellung des JA kommt es nicht an. Der Anspruch auf Ausgleich des Jahresfehlbetrages entsteht am Stichtag des korrekt aufgestellten JA der beherrschten Ges. und wird mit seiner Entstehung fällig[551]. Die Verlustübernahmepflicht kann nur durch Auflösung anderer Gewinnrücklagen gemindert werden, die während der Vertragsdauer gebildet worden sind. Dies gilt nicht für Beträge, die während der Vertragslaufzeit nach § 272 Abs. 2 Nr. 4 HGB der Kapitalrücklage zugeführt werden[552]. Damit wird das bei Vertragsabschluss vorhandene Vermögen der abhängigen Ges. geschützt (Kapitalerhaltungsschutz als Voraussetzung der Haftungsbeschränkung bei KapGes.[553]). Es können also weder die gesetzliche Rücklage noch Rücklagen für Anteile an einem beherrschenden oder mehrheitlich beteiligten Unternehmen oder andere vorvertragliche Gewinnrücklagen zur Verlustdeckung herangezogen werden. Vorvertragliche (satzungsmäßige) zweckgebundene Rücklagen dürfen ebenfalls nicht verwendet werden, auch wenn der Wortlaut des § 302 Abs. 1 AktG nur die anderen Gewinnrücklagen auszuschließen scheint[554]. Ein vorvertraglicher Verlustvortrag braucht nicht ausgeglichen zu werden. Er vermindert jedoch zwingend in Gewinnjahren den abzuführenden Gewinn (§ 301 S. 1 AktG). Gewinnvorträge, die bei Vertragsabschluss bestanden, sind i.R.d. § 301 AktG den vorvertraglichen anderen Gewinnrücklagen gleichzusetzen[555]. Für GAV mit GmbH ist nach § 17 S. 2 KStG die Verpflichtung zur Verlustübernahme durch Verweis auf die jeweils gültige Fassung des § 302 AktG vorzusehen[556].

261 Eine **vereinfachte Kapitalherabsetzung** mit Rückwirkung der Herabsetzung (§§ 229, 234 AktG) kann die Ausgleichspflicht nicht berühren. Die Rückwirkung beseitigt den Ausweis des Bilanzverlustes, nicht den ausgleichspflichtigen Jahresfehlbetrag[557].

262 Die Verpflichtung zur Verlustübernahme besteht während der Vertragsdauer. Daher ist ein Jahresfehlbetrag auch dann zu übernehmen, wenn der Beherrschungsvertrag oder der GAV im Laufe des GJ abgeschlossen wurde und in Kraft getreten ist. Die Verpflichtung endet mit der Beendigung des Vertrages, die sich regelmäßig mit dem Ende des GJ deckt[558]. Bei einer fristlosen Kündigung aus wichtigem Grund wird der Vertragspartner den anteiligen Fehlbetrag des GJ, in das die Beendigung des Vertrages fällt, auszugleichen haben. Auf den Tag der Beendigung des Unternehmensvertrages ist daher ein Zwischenabschluss aufzustellen[559]. Für den Zwischenabschluss gelten dieselben Bi-

---

[551] BGH v. 11.10.1999, BB, S. 2524, mit Anm. v. *Riegger/Beinert*; *Altmeppen*, DB 1999, S. 2453; *Müller, W.*, in: FS Kropff, S. 517 (527).
[552] *Krieger*, in: MünchHdb. AG[4], § 71, Rn. 69; BFH v. 08.08.2001, BFHE 196, S. 485 (486) = BStBl. II 2003, S. 923; *Stephan*, in: Schmidt/Lutter, AktG[3], § 302, Rn. 27; *Cahn/St. Simon*, Der Konzern 2003, S. 1 (14); *Hirte*, Großkomm. AktG[4], § 302, Rn. 39; weiterhin krit.: *Krieger*, NZG 2005, S. 787 ff. Ein entgegen diesen Regelungen durchgeführter Vertrag wird steuerlich nicht anerkannt, vgl. R 60 Abs. 4 KStR.
[553] *Hüffer/Koch*, AktG[13], § 302, Rn. 3.
[554] Vgl. *Krieger*, in: MünchHdb. AG[4], § 71, Rn. 69; *Koppensteiner*, in: Kölner Komm. AktG[3], § 302, Rn. 21.
[555] *Koppensteiner*, in: Kölner Komm. AktG[3], § 302, Rn. 21; *Hüffer/Koch*, AktG[13], § 302, Rn. 12.
[556] § 17 S. 2 Nr. 2 KStG i.d.F. des G. v. 20.02.2013 (BGBl. I, S. 285); dazu auch BFH v. 10.05.2017, DStR 2017, S. 2429.
[557] *Emmerich/Habersack*, Aktien- und GmbH-Konzernrecht[8], § 302, Rn. 36.
[558] *Hüffer/Koch*, AktG[13], § 302, Rn. 11.
[559] BGH v. 14.12.1987, NJW 1988, S. 1326; BGH v. 19.09.1988, NJW, S. 3143; BGH v. 05.11.2001, NJW 2002, S. 822 (823); *Hüffer/Koch*, AktG[13], § 302, Rn. 11; *Schmidt, K.* ZGR 1983, S. 513 (522); *Altmeppen*, in: MünchKomm. AktG[4], § 302, Rn. 24; *Emmerich/Habersack*, Aktien- und GmbH-Konzernrecht[8], § 302, Rn. 38; *Krieger*, in: MünchHdb. AG[4], § 71, Rn. 67; *Koppensteiner*, in: Kölner Komm. AktG[3], § 302, Rn. 31; *Hirte*, in: Großkomm. AktG[4], § 302, Rn. 19 f.

lanzierungsgrundsätze wie für den zuletzt aufgestellten JA; auszugleichen ist der bei korrekter Anwendung dieser Vorschriften sonst entstehende Fehlbetrag[560]. Mit **Auflösung einer Gesellschaft** endet die Pflicht zur Gewinnabführung bereits vor dem Ende der Abwicklung ebenso wie die Verlustübernahmepflicht des herrschenden Unternehmens[561]. Bei Auflösung der verpflichteten Ges. ist auf den Tag der Auflösung eine Schlussbilanz zu erstellen[562], da in diesem Zeitpunkt ein Rumpf-GJ endet[563]. Die Verlustübernahme erfasst auch die Verluste, die in die Abwicklungseröffnungsbilanz z.B. nach § 252 Abs. 1 Nr. 2 HGB aufzunehmen sind[564].

263 Eine Beeinträchtigung der Substanz kann sich auch bei einem **Betriebsüberlassungs-** oder **Betriebspachtvertrag** ergeben, wenn sich Leistung und Gegenleistung nicht gleichwertig gegenüberstehen. Soweit die vereinbarte Gegenleistung das angemessene Entgelt nicht erreicht, muss bei Verpachtung oder sonstiger Überlassung des Betriebes der abhängigen Ges. das herrschende Unternehmen jeden während der Vertragsdauer sonst entstehenden Jahresfehlbetrag ausgleichen (§ 302 Abs. 2 AktG). Diese Vorschrift greift nur ein, wenn ein Jahresfehlbetrag entsteht und soweit das Entgelt nicht angemessen ist. Der Jahresfehlbetrag ist bis zur Höhe des angemessenen Entgeltes auszugleichen. Die Auflösung anderer Gewinnrücklagen, die während der Vertragsdauer gebildet wurden, befreit nicht von der Ausgleichspflicht. Es entsteht keine Verpflichtung, wenn das Entgelt zwar unangemessen ist, jedoch ausreicht, um einen Verlust zu vermeiden. Entsteht ein Jahresfehlbetrag auch bei angemessenem Entgelt, so besteht keine Verlustübernahmepflicht[565].

264 Ein **Verzicht** oder **Vergleich** über den Ausgleichsanspruch ist erst drei Jahre nach dem Tag möglich, an dem die Eintragung der Beendigung des Vertrages in das HR als bekannt gemacht gilt (§ 302 Abs. 3 S. 1 AktG)[566]. Lediglich wenn die herrschende Ges. zahlungsunfähig ist und sich zur Abwendung oder Beseitigung des Insolvenzverfahrens mit ihren Gläubigern vergleicht, braucht diese Frist nicht eingehalten zu werden. Verzicht oder Vergleich werden nur wirksam, wenn die außenstehenden Aktionäre durch Sonderbeschluss zustimmen und nicht eine Minderheit von zehn v.H. des vertretenen Grundkapitals Widerspruch zur Niederschrift erhebt (§ 302 Abs. 3 S. 3 AktG).

265 Für den Fall der **Beendigung** des Beherrschungsvertrages oder eines GAV wird den Gläubigern ein besonderer Schutz gewährt. Sie können, wenn ihre Forderungen begründet sind, bevor die Eintragung der Beendigung in das HR als bekannt gemacht gilt, **Sicherheit** verlangen[567]. Eine Sicherheit für nachträgliche Erhöhungen oder Änderun-

---

560 Entspr. BGH v. 05.11.2001, NJW 2002, S. 822 (823); bei der Bilanzierung sind Wahlrechte im Einklang mit dem zum Ausgleich verpflichteten Unternehmen auszuüben; OLG Frankfurt a.M. v. 29.06.1999, NZG 2000, S. 603 (604).
561 *Emmerich/Habersack*, Aktien- und GmbH-Konzernrecht[8], § 302, Rn. 39; differenzierend *Koppensteiner*, in: Kölner Komm. AktG[3], § 302, Rn. 34 ff.
562 *Emmerich/Habersack*, Aktien- und GmbH-Konzernrecht[8], § 302, Rn. 38, 39.
563 BFH v. 17.07.1974, BStBl. II, S. 692.
564 *Emmerich/Habersack*, Aktien- und GmbH-Konzernrecht[8], § 302, Rn. 39 a.E.
565 *Emmerich/Habersack*, Aktien- und GmbH-Konzernrecht[8], § 302, Rn. 47; *Koppensteiner*, in: Kölner Komm. AktG[3], § 302, Rn. 62. *Koppensteiner* verneint zugleich die entspr.e Anwendung des § 302 Abs. 2 AktG auf Betriebsführungsverträge; vgl. Rn. 59.
566 *Hüffer/Koch*, AktG[13], § 302, Rn. 25; *Emmerich/Habersack*, Aktien- und GmbH-Konzernrecht[8], § 302, Rn. 49.
567 *Zenner/Raapke*, NZG 2018, S. 681 ff.

gen kann nach § 303 Abs. 1 AktG nicht verlangt werden[568]. Ferner wird eine zeitliche Begrenzung erwogen[569]. Voraussetzung ist, dass sie sich binnen sechs Monaten zu diesem Zweck bei der herrschenden Ges. melden. Statt Sicherheitsleistung kann sich die herrschende Ges. auch für die Forderungen verbürgen. Dabei braucht sie nicht auf die Einrede der Vorausklage zu verzichten (§ 303 Abs. 3 S. 2 AktG). Die Verpflichtung zur Sicherheitsleistung konnte sich in bestimmten Fällen zu einer Ausfallhaftung des herrschenden Unternehmens wandeln[570], wenn das abhängige Unternehmen vermögenslos war. Zu einer unmittelbaren Inanspruchnahme des anderen Vertragsteils kann es i.R. von Verletzungen des Verbots bestandsschützender Eingriffe kommen[571]. Soweit der Ges. indes noch Ansprüche auf Verlustausgleich nach § 302 Abs. 1 AktG zustehen, ist zweifelhaft, ob Vermögenlosigkeit bereits bejaht werden kann[572].

4.8.4 Sicherung der außenstehenden Aktionäre

Da ein Beherrschungsvertrag und ein GAV zur Folge haben können, dass der verpflichteten Ges. Vermögen oder Gewinnaussichten entzogen werden, müssen die außenstehenden Aktionäre gegen eine solche Schmälerung geschützt werden. Die Regelungen in §§ 304, 305 AktG gelten unmittelbar nur für AG. Ihre Anwendung auf Gesellschafter abhängiger Ges. in anderen Rechtsformen kommt in Betracht, wenn der Abschluss des Unternehmensvertrages nicht ohnehin der einstimmigen Zustimmung bedarf, da dann die Gesellschafter selbst für die Wahrung ihrer Rechte Sorge tragen[573] (vgl. dazu auch Kap. C Tz. 230). Das AktG verlangt, dass ein Beherrschungsvertrag oder ein GAV folgende Sicherungen vorsieht: **266**

Ein GAV muss einen angemessenen Ausgleich für die außenstehenden Aktionäre durch eine auf die Aktiennennbeträge bezogene Geldleistung (Ausgleichszahlung) vorsehen. Ein Beherrschungsvertrag muss, wenn nicht gleichzeitig ein GAV besteht, den außenstehenden Aktionären als angemessenen Ausgleich einen bestimmten jährlichen Gewinnanteil nach der für die Ausgleichszahlungen bestimmten Höhe garantieren (§ 304 Abs. 1 AktG). **267**

Daneben muss ein Beherrschungsvertrag oder ein GAV eine Verpflichtung der Obergesellschaft enthalten, auf Verlangen eines außenstehenden Aktionärs dessen Aktien gegen eine im Vertrag bestimmte angemessene Abfindung zu erwerben (§ 305 Abs. 1 AktG)[574]. **268**

Der außenstehende Aktionär hat damit die Möglichkeit, entweder gegen eine Abfindung aus der Gesellschaft auszuscheiden oder bei einem Verbleib in der Ges. einen angemessenen Ausgleich für die Dividende zu fordern. **269**

---

568 Zu § 16 BetrAVG BAG v. 26.05.2009, ZIP, S. 2166; im Übrigen *Emmerich/Habersack*, Aktien- und GmbH-Konzernrecht[8], § 303, Rn. 13.
569 OLG Hamm v. 18.02.2008, AG, S. 898; BGH v. 7.10.2014, ZIP 2014, S. 2282: Nachhaftung 5 Jahre; *Emmerich/Habersack*, Aktien- und GmbH-Konzernrecht[8], § 303, Rn. 13b, c.
570 Vgl. z.B. BGH v. 19.09.1988, NJW, S. 3143 „HSW"; BGH v. 23.09.1991, NJW, S. 3142 (3145) „Video"; BGH v. 11.11.1991, NJW 1992, S. 505 „Stromlieferung"; OLG Dresden v. 19.12.1996, AG 1997, S. 330 (333); *Emmerich/Habersack*, Aktien- und GmbH-Konzernrecht[8], § 303, Rn. 24.
571 *Hüffer/Koch*, AktG[13], § 303, Rn. 7; für den Insolvenzfall weiter: *Emmerich/Habersack*, Aktien- und GmbH-Konzernrecht[8], § 303, Rn. 24 f.; *Stephan*, in: Schmidt/Lutter, AktG[3], § 303, Rn. 28 f.
572 Vgl. hierzu *Hüffer/Koch*, AktG[13], § 303, Rn. 7.
573 *Emmerich/Habersack*, Aktien- und GmbH-Konzernrecht[8], § 304, Rn. 11; *Lutter/Hommelhoff*, GmbHG[19], Anh. § 13, Rn. 67 ff.
574 OLG Düsseldorf v. 02.08.1994, AG 1995, S. 85.

270 Der Anspruch auf Ausgleich oder Abfindung steht nur den **außenstehenden Aktionären** zu. Das sind alle Aktionäre, die nicht Vertragsteil sind und deren Vermögen nicht mit dem Vermögen des anderen Vertragsteils eine wirtschaftliche Einheit bildet oder denen die Vorteile eines Beherrschungsvertrages oder eines GAV in gleicher Weise wirtschaftlich zufließen[575]. Hierzu können zu 100 v.H. am herrschenden Unternehmen beteiligte Unternehmen oder andere Ges. gehören, deren Anteile zu 100 v.H. dem herrschenden Unternehmen zustehen[576] oder die mit dem anderen Vertragsteil ebenfalls durch einen Beherrschungsvertrag oder einen GAV verbunden sind. Eigene Aktien machen die Ges. nicht zu einem außenstehenden Aktionär. Außenstehende sind also nicht nur solche Aktionäre, die außerhalb des herrschenden Unternehmens stehen[577].

271 Bei GmbH können im Falle eines Mehrheitsbeschlusses Regelungen über einen Ausgleich nach § 304 AktG und eine Abfindungsregelung nach § 305 AktG zulässig und empfehlenswert sein. Offen ist, ob das Fehlen entsprechender Bestimmungen den Unternehmensvertrag nichtig macht[578]. Soweit für die Zustimmung zum Unternehmensvertrag durch die Gesellschafterversammlung nicht Einstimmigkeit verlangt wird, soll ein Angebot zur Abfindung und zum Ausgleich erfolgen. Bei fehlendem oder unzureichendem Angebot kann nur der Zustimmungsbeschluss angefochten werden. Das Spruchverfahren steht mangels gesetzlicher Anordnung nicht zur Verfügung, auch wenn diese Auffassung mittlerweile krit. gesehen wird[579].

4.8.4.1 Ausgleichsanspruch

272 Die Art des Ausgleichs (§ 304 AktG) ist bei GAV und Beherrschungsverträgen verschieden. Bei einem **Beherrschungsvertrag** behält der Aktionär grds. seinen Anspruch auf Dividende. Daher wird ihm ein bestimmter jährlicher Gewinnanteil garantiert (§ 304 Abs. 1 S. 2 AktG). Ist ein Gewinn ausgewiesen worden, so ist dieser aufgrund eines Gewinnverwendungsbeschlusses zu verteilen. Liegt der Gewinnanteil über dem garantierten Anteil, hat der außenstehende Aktionär auch hierauf einen Anspruch. Die Ausgleichszahlung entfällt. Es ist nicht zulässig, die Dividendengarantie mit einer Höchstdividende zu verbinden und damit die Gewinnausschüttung zu beschränken[580]. Nur wenn kein Gewinn oder ein niedrigerer Gewinn erzielt wurde, ist der Ausgleich aufgrund der Garantie zu leisten.

273 Beim GAV entfällt, abgesehen von der Ausschüttung vorvertraglicher Rücklagen, die Ausschüttung einer Dividende, da ein Bilanzgewinn bei der abführenden Ges. nicht vorhanden ist. Der Anspruch auf Gewinnbeteiligung wandelt sich in einen Anspruch auf Ausgleichszahlung. Das Gesetz sieht daher vor, dass eine auf die Aktiennennbeträge be-

---

[575] Vgl. *Hüffer/Koch*, AktG[13], § 304, Rn. 2; *Koppensteiner*, in: Kölner Komm. AktG[3], § 295, Rn. 40 ff.; *Emmerich/Sonnenschein/Habersack*, Konzernrecht[10], § 21, Rn. 11 ff.; BGH v. 08.05.2006, NJW, S. 3146 „Jenoptik".
[576] *Krieger*, in: MünchHdb. AG[4], § 71, Rn. 80, m.w.N.; ferner *Hüffer/Koch*, AktG[13], § 304, Rn. 18; differenzierter *Stephan*, in: Schmidt/Lutter, AktG[3], § 304, Rn. 64 ff.
[577] Vgl. zu diesem Fragenkreis *Koppensteiner*, in: Kölner Komm. AktG[3], § 304, Rn. 18; *Emmerich/Habersack*, Aktien- und GmbH-Konzernrecht[8], § 304, Rn. 15, 18.
[578] Vgl. *Koppensteiner/Schnorbus*, in: Rowedder/Schmidt-Leithoff, GmbHG[5], Anh. § 52, Rn. 97 ff.
[579] Vgl. *Lutter/Hommelhoff*, GmbHG[19], Anh. § 13, Rn. 71a unter Aufgabe der früher gegenteiligen Auffassung.
[580] *Krieger*, in: MünchHdb. AG[4], § 71, Rn. 84; *Hüffer/Koch*, AktG[13], § 304, Rn. 6; OLG Frankfurt a.M. v. 30.07.2001, AG 2002, S. 404.

zogene wiederkehrende Geldleistung garantiert wird (§ 304 Abs. 1 S. 1 AktG). Der Aktionär hat eine gleichbleibende Forderung, die unabhängig vom Jahresergebnis der Ges. und von einem Gewinnverwendungsbeschluss besteht. Die Festsetzung der Ausgleichszahlung kann unterbleiben, wenn die verpflichtete Ges. zum Zeitpunkt der HV, in der über den Unternehmensvertrag Beschluss gefasst wird, keinen außenstehenden Aktionär hat (§ 304 Abs. 1 S. 3 AktG).

Anspruchsberechtigte sind die außenstehenden Aktionäre im zuvor definierten Sinne[581]. Der Schuldner des Anspruchs ist im Gegensatz zu § 305 Abs. 1 AktG in § 304 AktG nicht bestimmt. Aufgrund des offenen Gesetzeswortlauts können entweder die herrschende oder die beherrschte Ges. verpflichtet werden. Dem Zweck der Vorschrift wird genügt, wenn allein das herrschende Unternehmen in Anspruch genommen wird, und zwar entweder unmittelbar durch Zahlungsansprüche gegen dieses Unternehmen oder indem sich das abhängige Unternehmen verpflichtet, für Rechnung des anderen Unternehmens zu leisten[582]. 274

Die Ausgleichszahlung kann **in festen wiederkehrenden Beträgen** (fester Ausgleich, § 304 Abs. 2 S. 1 AktG) zugesagt werden[583] oder mit der **Dividende** des **anderen Vertragsteils** (variabler Ausgleich, § 304 Abs. 2 S. 2 AktG) **gekoppelt** werden. Diese Gestaltung ist nur möglich, wenn der andere Vertragsteil eine AG oder KGaA ist. Eine Ausgleichszahlung in fester Höhe liegt auch vor, wenn ihre Anpassung an gesetzliche Änderungen des KStG vertraglich vereinbart ist[584]. 275

Bei der Zusage eines festen wiederkehrenden Betrages ist zur Ermittlung der Angemessenheit von der **bisherigen Ertragslage** der Ges. und ihren **künftigen Ertragsaussichten** auszugehen (§ 304 Abs. 2 S. 3 AktG)[585]. Unter Berücksichtigung angemessener Abschreibungen und Wertberichtigungen, jedoch ohne Bildung anderer Gewinnrücklagen ist zu ermitteln, welcher Betrag voraussichtlich als durchschnittlicher Gewinnanteil auf die einzelnen Aktien verteilt werden könnte. Bei der Ermittlung der festen Ausgleichszahlung wird allein auf den Wert der verpflichteten Ges. abgestellt; eine vergleichende Unternehmensbewertung ist nicht erforderlich. Die Ermittlung und Zugrundelegung des Liquidationswerts ist nicht geboten, wenn weder die Absicht noch die Notwendigkeit für eine Liquidation besteht oder die Fortführung des Unternehmens aus wirtschaftlichen Gründen als unvertretbar erscheint[586]. 276

Die gesetzliche Regelung führt dazu, dass der Ausgleichsanspruch bei gleichbleibenden Ertragsaussichten höher als die bisherige Dividendenzahlung sein kann. Eine selb- 277

---

581 Zum außenstehenden Aktionär *Baldamus*, ZGR 2007, S. 819 ff.; *Baldamus*, Ubg 2010, S. 483 ff.; zur Kombination von festen und variablen Ausgleichsbestandteilen aus steuerlicher Sicht BFH v. 04.03.2009, DStR, S. 1749; dagegen Nichtanwendungsverfügung des BMF v. 20.04.2010, DStR, S. 873.
582 Überwiegende Meinung: vgl. *Koppensteiner*, in: Kölner Komm. AktG³, § 304, Rn. 20 ff.; *Emmerich/Sonnenschein/Habersack*, Konzernrecht¹⁰, § 21, Rn. 17; *Krieger*, in: MünchHdb. AktG⁴, § 71, Rn. 82; *Hüffer/Koch*, AktG¹³, § 304, Rn. 4; *Paulsen*, in: MünchKomm. AktG⁴, § 304, Rn. 36 ff.; *Stephan*, in: Schmidt/Lutter, AktG³, § 304, Rn. 26.
583 Dazu *Popp*, WPg 2008, S. 23 ff.
584 OLG Celle v. 01.07.1980, DB, S. 2506 = BB 1981, S. 8.
585 *Hüffer/Koch*, AktG¹³, § 304, Rn. 8; *Krieger*, in: MünchHdb. AG⁴, § 71, Rn. 88; *Emmerich/Habersack*, Aktien- und GmbH-Konzernrecht⁸, § 304, Rn. 25; *Koppensteiner*, in: Kölner Komm. AktG³, § 304, Rn. 58; *Paulsen*, in: MünchKomm. AktG⁴, § 304, Rn. 72 ff.
586 Z.B. BGH v. 17.03.1982, NJW, S. 2497 (2498); OLG Düsseldorf v. 27.02.2004, AG, S. 324 (328) „EVA"; OLG Düsseldorf v. 20.11.2001, AG 2002, S. 398 (402) „Kaufhof/Metro".

ständige Ges. müsste in gewissem Rahmen andere **Gewinnrücklagen** bilden, während bei Feststellung der Ausgleichszahlung die hierfür vom ausschüttbaren Ergebnis zu kürzenden Beträge außer Ansatz bleiben. Bei der Berechnung ist vom Grundsatz der Vollausschüttung auszugehen[587].

278 Für die **Höhe** der Ausgleichszahlung kommt es auf die bisherige Ertragslage und die künftigen Ertragsaussichten an. Börsenkurse haben für die Ermittlung des Ausgleichs keine Bedeutung, da es auf die Ertragskraft und nicht deren Ausdruck in einer Börsenbewerbung ankommt[588]. Der Ausgleichsanspruch stellt sich auch nicht ohne Weiteres als Verzinsung eines Abfindungsbetrages dar[589]. Es kann bei schlechter Ertragslage der Ges. zu einem „Nullausgleich" kommen[590], der sich nicht als Verzinsung eines hypothetischen Liquidationswerts ableitet[591]. Die Ertragslage wird i.d.R. auf der Grundlage einer Phasenrechnung ermittelt, in der ein überschaubarer Planungszeitraum konkret geplant ist[592], die Ergebnisse sind um außergewöhnliche Erträge und Aufwendungen sowie stille Reserven zu bereinigen[593]. Die bisherige Ertragslage bildet die Grundlage für die Ermittlung der zukünftigen Ertragsaussichten. Maßgeblich ist die Ertragsprognose am Tage der Beschlussfassung der HV (§ 293 Abs. 1 AktG)[594]; spätere Ereignisse sind dann zu berücksichtigen, wenn sie zu diesem Stichtag bereits „angelegt" waren (Wurzeltheorie)[595]. Da das Gesetz von der Fiktion der Vollausschüttung ausgeht, ist die betriebswirtschaftlich notwendige Bildung von anderen Gewinnrücklagen außer Betracht zu lassen, Einstellungen in die gesetzliche Rücklage sind indes zu berücksichtigen. Für den Ansatz von Wertberichtigungen und Abschreibungen gelten die Bewertungsvorschriften des HGB, sodass die Abschreibungen an die ursprünglichen Anschaffungs- und Herstellungskosten gebunden sind. Als angemessen wird man die Abschreibungsmethoden ansehen können, die die Ges. bisher angewandt hat. Das nicht betriebsnotwendige Vermögen ist mit seinen daraus tatsächlich erzielbaren Erträgen zu berücksichtigen[596]. Vom Bruttogewinnanteil je Aktie ist die KSt (nicht hingegen die GewSt)[597] in Höhe des jeweils anzuwendenden Steuersatzes abzuziehen, wodurch sich im Zeitablauf in Abhängigkeit von den Steuervorschriften unterschiedliche Ausgleichsbeträge ergeben können. Diese durch den BGH vorgegebene Berechnungsweise ist in-

---

587 OLG Stuttgart v. 13.03.1994, AG, S. 564 (565); *Hüffer/Koch*, AktG[13], § 304, Rn. 11; *Emmerich/Habersack*, Aktien- und GmbH-Konzernrecht[8], § 304, Rn. 41b; *Stephan*, in: Schmidt/Lutter, AktG[3], § 304, Rn. 84.
588 OLG Hamburg v. 07.08.2002, NZG 2003, S. 89 (91); OLG Frankfurt a.M. v. 26.01.2015, AG, S. 504; *Hüffer/Koch*, AktG[13], § 304, Rn. 12; *Stephan*, in: Schmidt/Lutter, AktG[3], § 304, Rn. 77.
589 OLG Frankfurt a.M. v. 09.01.2003, AG, S. 581 (582).
590 BGH v. 13.02.2006, AG, S. 331 ff.; *Hüffer/Koch*, AktG[13], § 304, Rn. 12; *Stephan*, in: Schmidt/Lutter, AktG[3], § 304, Rn. 81; *Emmerich/Habersack*, Aktien- und GmbH-Konzernrecht[8], § 304, Rn. 32; *Bungert*, BB 2006, S. 1129; *Spindler/Klöhn*, Der Konzern 2003, S. 511 (521).
591 Zur Relevanz des Liquidationswerts *Wüstemann*, BB 2010, S. 1715 (1716).
592 OLG Celle v. 01.07.1980, AG 1981, S. 234; *Großfeld*, Rn. 355 ff.; *Koppensteiner*, in: Kölner Komm. AktG[3], § 304, Rn. 58; *Hüffer/Koch*, AktG[13], § 304, Rn. 8 f.; *Paulsen*, in: MünchKomm. AktG[4], § 304, Rn. 75 ff.
593 LG Dortmund v. 14.02.1996, AG, S. 278 (279).
594 H.M.: BGH v. 04.03.1998, BGHZ 138, S. 136 (139); OLG Düsseldorf v. 20.11.1997, AG 1998, S. 230 (237); OLG Frankfurt a.M. v. 30.07.2001, AG 2002, S. 404.
595 *OLG Düsseldorf v. 20.11.1997*, AG 1998, S. 236 (237); *Hüffer/Koch*, AktG[13], § 304, Rn. 10; *Emmerich/Habersack*, Aktien- und GmbH-Konzernrecht[8], § 304, Rn. 27; *Krieger*, in: MünchHdb. AG[4], § 71, Rn. 92.
596 *IDW S 1 i.d.F. 2008*, Tz. 59 ff.; OLG Düsseldorf v. 08.07.2003, AG, S. 688 (692) „Veba"; BGH v. 21.07.2003, AG, S. 627 (629) „Ytong"; BayObLG v. 28.10.2005, AG 2006, S. 41 (45) „Pilkington AG".
597 BGH v. 21.07.2003, NJW, S. 3272 (3273); ferner BGH v. 02.06.2003, BB, S. 1860 (1862).

konsequent in Bezug auf die GewSt und ungenau z.B. wegen niedriger besteuerter ggf. ausländischer Einkunftsteile[598].

Der in der Zukunft voraussichtlich verteilbare durchschnittliche Gewinn ist durch eine Planungsrechnung zu ermitteln und auf den Bewertungsstichtag abzuzinsen[599]. Der maßgebliche Zeitraum für die Prognose ist die voraussichtliche Dauer des Unternehmensvertrags[600]. Der Ausgleichsbetrag ist als Festbetrag vorzusehen. Die Gewährung eines darüber hinausgehenden variablen Betrages, der die Differenz zu einem ohne die Gewinnabführung bestehenden Gewinnanspruch ausgleichen soll, ist nach Auffassung des BFH steuerlich unzulässig[601]. **279**

Eine **variable Bemessung** der Ausgleichszahlung ist nur möglich, wenn die Obergesellschaft eine AG oder KGaA ist; sie kann dann vom Gewinn dieser Ges. abhängig gemacht werden (§ 304 Abs. 2 S. 2 AktG). Bei einem Gemeinschaftsunternehmen, das durch Unternehmensvertrag mit mehreren beherrschenden Unternehmen verbunden ist, kommt ein variabler Ausgleich mangels eindeutiger Bestimmbarkeit nicht in Betracht[602]. Im mehrstufigen Konzern gelten weitere Besonderheiten[603]. Beim Beherrschungsvertrag ohne Gewinnabführung bleibt der Anspruch des Aktionärs auf Auszahlung einer Dividende gegen seine Ges. auch in diesem Falle bestehen. Die Höhe richtet sich nach dem zugesicherten Teil der Dividende der herrschenden Ges. Nicht möglich erscheint eine vom Gewinn der Obergesellschaft abhängige Ausgleichszahlung, wenn diese mit einem dritten Unternehmen einen GAV oder Beherrschungsvertrag geschlossen hat. In diesen Fällen kommt allenfalls das Anknüpfen an die Dividende des MU in Betracht[604]. **280**

Bei Anknüpfung an den Gewinn der Obergesellschaft kann als Ausgleichszahlung ein Betrag zugesichert werden, der unter Herstellung eines angemessenen Umrechnungsverhältnisses auf Aktien der anderen Ges. jeweils als Gewinnanteil entfällt. Dabei ist unter Gewinnanteil die an die Aktionäre tatsächlich zu verteilende **Dividende**, nicht ein Anteil am Jahresüberschuss oder Bilanzgewinn zu verstehen[605]. Für die Errechnung der Höhe des Ausgleichs ist der Wert der Aktien beider Ges. maßgebend und bestimmt sich nach dem Verhältnis, in dem bei einer Verschmelzung auf eine Aktie der Ges. Aktien der Obergesellschaft zu gewähren wären (§ 304 Abs. 2 S. 3 AktG). Für die Art der Bewertung gelten die bisher von der Rspr. und Rechtslehre herausgearbeiteten Grundsätze zur Er- **281**

---

598 *Stephan*, in: Schmidt/Lutter, AktG³, § 304, Rn. 86; *Reuter*, AG 2007, S. 1 (6); *Hüffer/Koch*, AktG¹³, § 304, Rn. 13.
599 *Koppensteiner*, in: Kölner Komm. AktG³, § 304, Rn. 59; *IDW S 1* i.d.F. 2008, Tz. 101–144.
600 Vgl. *Hüffer/Koch*, AktG¹³, § 304, Rn. 10.
601 BFH v. 04.03.2009, BStBl. II 2010, S. 407; dagegen Nichtanwendungsschreiben des BMF v. 20.04.2010, BStBl. I, S. 372; dazu *Scheunemann/Bauersfeld*, BB 2010, S. 1582.
602 *Krieger*, in: MünchHdb. AG⁴, § 71, Rn. 95; *Emmerich/Habersack*, Aktien- und GmbH-Konzernrecht⁸, § 304, Rn. 45; *Hüffer/Koch*, AktG¹³, § 304, Rn. 14.
603 Vgl. *Emmerich/Sonnenschein/Habersack*, Konzernrecht¹⁰, § 21, Rn. 40 ff.; *Hüffer/Koch*, AktG¹³, § 304, Rn. 17; OLG Düsseldorf v. 12.02.1992, DB, S. 1034.
604 *Hüffer/Koch*, AktG¹³, § 304, Rn. 17; *Emmerich/Habersack*, Aktien- und GmbH-Konzernrecht⁸, § 304, Rn. 58; *Krieger*, in: MünchHdb. AG⁴, § 71, Rn. 99.
605 *Hüffer/Koch*, AktG¹³, § 304, Rn. 15; *Krieger*, in: MünchHdb. AG⁴, § 71, Rn. 97; i.S.v. BVerfG *Emmerich/Habersack*, Aktien- und GmbH-Konzernrecht⁸, § 304, Rn. 49; *Koppensteiner*, in: Kölner Komm. AktG³, § 304, Rn. 81; *Paulsen*, in: MünchKomm. AktG⁴, § 304, Rn. 67. BVerfG v. 08.09.1999, AG 2000, S. 40, will bei Anknüpfung an die Dividendenauszahlung in Missbrauchsfällen eine Korrektur anhand des Rechtsgedankens des § 162 Abs. 1 BGB vornehmen.

mittlung einer Verschmelzungswertrelation[606]. Im Rahmen einer Unternehmensbewertung beider Ges. sind deren Vermögens- und Ertragslage miteinander zu vergleichen und danach das Umtauschverhältnis festzusetzen[607]. Die Unternehmensbewertung folgt den zu § 305 AktG entwickelten Grundsätzen. Sind Aktien der abhängigen Ges. börsennotiert, gibt ein vorhandener Börsenkurs die Wertuntergrenze an[608]. Zu berücksichtigen ist, dass anders als bei der Verschmelzung der Aktionär der verpflichteten Ges. nicht Aktionär der herrschenden Ges. wird und er nicht an der Wertsteigerung des Vermögens teilnimmt. Da § 304 Abs. 2 AktG nur Mindestbeträge angibt, kann eine höhere Zahlung angemessen und daher nach dem in § 304 Abs. 1 S. 1 AktG festgelegten Grundsatz auch festzusetzen sein[609].

282 Ein Beherrschungsvertrag oder ein GAV, der keine Ausgleichszahlung vorsieht, ist nichtig (§ 304 Abs. 3 S. 1 AktG)[610].

> **! Hinweis 9:**
> Von der Bestimmung eines angemessenen Ausgleichs kann nur abgesehen werden, wenn die Ges. im Zeitpunkt der Beschlussfassung ihrer HV über den Vertrag keinen außenstehenden Aktionär hat (§ 304 Abs. 1 S. 3 AktG).

283 Enthält der Vertrag zwar einen Ausgleich, der jedoch unangemessen ist, ist er weder nichtig noch anfechtbar (§ 304 Abs. 3 S. 3 AktG). Jeder außenstehende Aktionär kann jedoch die Festsetzung der **angemessenen Ausgleichszahlung** durch Entscheidung im Spruchverfahren nach dem SpruchG beantragen. Der Antrag kann nach § 4 Abs. 1 Nr. 1 i.V.m. § 1 Nr. 1 SpruchG nur binnen drei Monaten seit dem Tage gestellt werden, an dem die Eintragung des Bestehens oder einer Änderung des Vertrages im HR bekannt gemacht worden ist.

284 Das Gericht kann nicht eine feste Bemessung an die Stelle der variablen Bemessung, sondern den Ausgleich nur gem. der vereinbarten Methode festsetzen, es sei denn, dass für die gewählte Ausgleichsart die Voraussetzungen nicht vorliegen[611]. Trifft das Gericht eine Bestimmung über den Ausgleich, so kann die Obergesellschaft den Vertrag binnen zwei Monaten nach Rechtskraft der Entscheidung ohne Einhaltung einer Kündigungsfrist kündigen (§ 304 Abs. 4 AktG). Die Entscheidung des Gerichts wirkt für und gegen alle. Eine höhere Festsetzung des angemessenen Ausgleichs gilt auch für die Vergangenheit seit Vertragsabschluss. Zu wenig bezahlte Beträge sind nachzuentrichten[612]. Das gilt auch für diejenigen Aktionäre, die das ursprüngliche Vertragsangebot bereits angenommen hatten.

---

606 Vgl. aus der Rspr. z.B. LG Frankfurt a.M. v. 01.10.1986, AG 1987, S. 315; OLG Frankfurt a.M. v. 24.01.1989, DB, S. 469; OLG Celle v. 30.07.1987, AG 1988, S. 141; OLG Düsseldorf v. 07.06.1990, DB, S. 1364; OLG Düsseldorf v. 12.02.1992, AG, S. 200 (205).
607 *Hüffer/Koch*, AktG[13], § 304, Rn. 16; zur Problematik der Ausgleichszahlung im mehrstufigen Konzern vgl. *Pentz*, S. 66; *Kamprad*, AG 1986, S. 321.
608 BVerfG v. 24.04.1999, NJW, S. 3769; BGH v. 12.03.2001, NJW, S. 2080; OLG Düsseldorf v. 25.05.2000, AG, S. 422 (423); OLG Hamburg v. 03.08.2000, AG 2001, S. 479.
609 Begr. zu § 304, *Kropff*, AktG, S. 395; *Paulsen*, in: MünchKomm. AktG[4], § 304, Rn. 63; *Koppensteiner*, in: Kölner Komm. AktG[3], § 304, Rn. 43; LG Dortmund v. 08.02.1977, DB, S. 623.
610 *Hüffer/Koch*, AktG[13], § 304, Rn. 20.
611 *Hüffer/Koch*, AktG[13], § 304, Rn. 22; *Paulsen*, in: MünchKomm. AktG[4], § 304, Rn. 188.
612 *Koppensteiner*, in: Kölner Komm. AktG[3], § 304, Rn. 113 ff.; *Paulsen*, in: MünchKomm. AktG[4], § 304, Rn. 191.

Eine **Überprüfung** der Angemessenheit der Ausgleichszahlung **während** der **Vertrags-** **285**
dauer ist nicht vorgesehen, die Ermittlung des angemessenen Ausgleichs erfolgt allein zum Zeitpunkt der Beschlussfassung durch die HV der beteiligten Unternehmen[613]. Dies gilt auch, wenn Änderungen in den wirtschaftlichen Verhältnissen eintreten, es sei denn, der Unternehmensvertrag trifft hierfür eine Regelung. Kapitalmaßnahmen bei der herrschenden Ges. ziehen beim festen Ausgleich keine Anpassung nach sich. Bei einem variablen Ausgleich hat eine Anpassung bei Kapitalerhöhungen aus Gesellschaftsmitteln nach § 216 Abs. 3 AktG stets, bei Einlagen nach dem Verhältnis des Werts des Bezugsrechts zum Börsenkurs nach Kapitalerhöhung zu erfolgen[614]. Sofern im Einzelfall eine Änderung der Ausgleichszahlung nach den Grundsätzen des Wegfalls der Geschäftsgrundlage (§ 313 Abs. 1 BGB) gerechtfertigt wäre, kann nach allgemeinen Grundsätzen lediglich ein Anspruch auf Vertragsänderung und Anpassung bestehen[615]. Nur im Ausnahmefall keine Vertragsänderung, die ein neues Ausgleichsangebot nach sich zieht, ist der Beitritt eines weiteren Unternehmens zum Unternehmensvertrag, sofern der bisherige Vertrag bereits einen festen Ausgleichsbetrag vorsah und das dritte Unternehmen den vertraglichen Pflichten beitritt[616]. Soweit jedoch die außenstehenden Aktionäre durch Sonderbeschluss mit qualifizierter Mehrheit der Vertragsänderung zuzustimmen haben (§ 295 Abs. 2 AktG), können opponierende außenstehende Aktionäre das in § 304 Abs. 3 AktG vorgesehene Verfahren einleiten. Wird die Zustimmung zur Änderung verweigert, so könnte bei wesentlichen Änderungen in den wirtschaftlichen Verhältnissen eine ordentliche Kündigung des Vertrages durch das herrschende Unternehmen mit Neuabschluss zu geänderten Bedingungen in Frage kommen[617].

4.8.4.2 Abfindungsanspruch

Außer der Ausgleichszahlung muss ein aktienrechtlicher Beherrschungs- oder ein GAV **286**
die Verpflichtung der Obergesellschaft enthalten, auf Verlangen eines außenstehenden Aktionärs dessen Aktien gegen eine im Vertrag bestimmte angemessene Abfindung zu erwerben (§ 305 Abs. 1 AktG). Das Fehlen von Regelungen über den Abfindungsanspruch oder ihre Unangemessenheit machen den Unternehmensvertrag nicht nichtig. Es bleibt das durch § 305 Abs. 5 S. 2 AktG eingeräumte Recht, die gerichtliche Bestimmung der Abfindung zu verlangen[618]. In welcher Weise die Abfindung zu erbringen ist, richtet sich nach der Rechtsform und dem Sitz des herrschenden Unternehmens.

Der andere Vertragsteil ist eine nicht abhängige und nicht in Mehrheitsbesitz stehende **287**
AG oder KGaA mit Sitz in einem Mitgliedstaat der EU oder einem Vertragsstaat des

---

[613] Hüffer/Koch, AktG[13], § 304, Rn. 19; Emmerich/Habersack, Aktien- und GmbH-Konzernrecht[8], § 304, Rn. 67.
[614] Dazu Hüffer/Koch, AktG[13], § 304, Rn. 19; Emmerich/Habersack, Aktien- und GmbH-Konzernrecht[8], § 304, Rn. 70 f.; Krieger, in: MünchHdb. AG[4], § 71, Rn. 103.
[615] Ganz h.M.: vgl. Finkenauer, in: MünchKomm. BGB[7], § 313, Rn. 58 ff.; zum Gesellschaftsrecht Rn. 90.; Grüneberg, in: Palandt, BGB[77], § 313, Rn. 40. Zur Bemessung von Ausgleich oder Abfindungen bei Unternehmensvertragsänderungen vgl. OLG Celle v. 30.07.1987, AG 1988, S. 141; OLG Düsseldorf v. 07.06.1990, DB, S. 1364; Emmerich/Habersack, Aktien- und GmbH-Konzernrecht[8], § 304, Rn. 69, bei völlig unvoraussehbaren Veränderungen.
[616] Vgl. BGH v. 15.06.1992, NJW, S. 2760 (2762) „ASEA/BBC".
[617] Vgl. BGH v. 07.05.1979, BB, S. 1059 = DB, S. 1596.
[618] Vgl. BGH v. 15.06.1992, NJW, S. 2760 (2762) „ASEA/BBC"; BGH v. 20.05.1997, NJW, S. 2242; h.M.: vgl. Emmerich/Habersack, Aktien- und GmbH-Konzernrecht[8], § 305, Rn. 82 ff.; Hüffer/Koch, AktG[13], § 305, Rn. 57.

EWR: **Abfindung durch eigene Aktien dieser Gesellschaft** (§ 305 Abs. 2 Nr. 1 AktG). Der Erwerb eigener Aktien ist zu diesem Zweck zulässig (§ 71 Abs. 1 Nr. 3 AktG).

288 Der andere Vertragsteil ist eine AG oder KGaA, die von einer anderen AG oder KGaA mit Sitz in einem Mitgliedstaat der EU oder des EWR abhängig ist oder in deren Mehrheitsbesitz steht: Abfindung entweder durch **Aktien** der ihr **übergeordneten** herrschenden oder mit Mehrheit beteiligten **Gesellschaft** oder **Barabfindung** (§ 305 Abs. 2 Nr. 2 AktG). Die Wahl zwischen diesen Möglichkeiten haben die Vertragschließenden, nicht die Minderheitsaktionäre[619].

289 In allen anderen Fällen: **Barabfindung**, § 305 Abs. 2 Nr. 3 AktG.

290 Das Angebot zur Abfindung in Aktien oder – soweit in Betracht kommend – durch Barleistung enthält eine Option zugunsten des Minderheitsgesellschafters. Das Angebot richtet sich auf den Erwerb der Aktien des Minderheitsaktionärs durch Veräußerung oder Tausch. Der außenstehende Aktionär ist der Berechtigte, Schuldner der Abfindungsverpflichtung ist der andere Vertragsteil, und zwar auch dann, wenn die Abfindung durch Lieferung von Aktien an der herrschenden Ges. geleistet wird[620]. Im mehrstufigen Konzern sind Aktien eines in einem Mitgliedstaat der EU oder des EWR ansässigen Unternehmens in der Rechtsform einer AG oder KGaA zu gewähren, auch wenn die Rechtsform von Zwischengesellschaften nicht die der AG oder KGaA ist[621].

291 Im Fall des Aktienangebots verweist das Gesetz für die Feststellung der Angemessenheit auf die bei der Verschmelzung zweier AG geltenden Grundsätze, es ist also der **Unternehmenswert** beider Ges. zu ermitteln, aus denen der Anteilswert zu entwickeln ist[622]. Unter „angemessen" ist nur eine Abfindung zu verstehen, durch die der außenstehende Aktionär den vollen Wert seiner Aktien, bemessen nach deren Anteil am Wert des lebenden Unternehmens, bekommt[623]. Das gilt gleichermaßen in Fällen der Abfindung in Aktien oder der Barabfindung[624].

> **Hinweis 10:**
>
> Maßgeblich ist der wahre Wert, gemessen am Marktwert. Dieser wird unter Berücksichtigung des Börsenkurses, der nicht unterschritten werden darf, nach überwiegender Praxis durch Ableitung aus dem Ertragswert oder einer Discounted-Cash-Flow-Methode (DCF-Methode) ermittelt. Andere Verfahren (z.B. Buchwert, Substanzwert, Wert nach dem sog. Stuttgarter Verfahren) haben sich in der Praxis regelmäßig als untauglich erwiesen[625].

---

619 H.M.: *Paulsen*, in: MünchKomm. AktG⁴, § 305, Rn. 58; *Hüffer/Koch*, AktG¹³, § 305, Rn. 17.
620 *Stephan*, in: Schmidt/Lutter, AktG³, § 305, Rn. 13 ff. und 27 f.
621 OLG Frankfurt a.M. v. 26.08.2009, AG 2010, S. 369; weiter *Krieger*, in: MünchHdb. AG⁴, § 71, Rn. 1271; *Emmerich/Habersack*, Aktien- und GmbH-Konzernrecht⁸, § 305, Rn. 14.
622 *Hüffer/Koch*, AktG¹³, § 305, Rn. 17; *Krieger*, in: MünchHdb. AG⁴, § 71, Rn. 127; OLG Düsseldorf v. 02.08.1994, AG 1995, S. 85.
623 Aus der Rspr. BVerfG v. 25.07.2003, AG, S. 624 (625); BVerfG v. 30.05.2007, AG, S. 697 (698); OLG München v. 30.11.2006, AG 2007, S. 411; OLG Stuttgart v. 16.02.2007, AG, S. 209 (210); OLG Stuttgart v. 06.07.2007, AG, S. 705 (709); LG München v. 31.07.2015, AG 2016, S. 51; *Paulsen*, in: MünchKomm. AktG⁴, § 305, Rn. 72; *Emmerich/Habersack*, Aktien- und GmbH-Konzernrecht⁸, § 305, Rn. 37; *Koppensteiner*, in: Kölner Komm. AktG³, § 305, Rn. 50; *Dielmann/König*, AG 1984, S. 57.
624 *Hüffer/Koch*, AktG¹³, § 305, Rn. 23.
625 Aus der neueren Rspr. OLG Stuttgart v. 06.07.2007, AG, S. 705 (709); *Hüffer/Koch*, AktG¹³, § 305, Rn. 21 ff.; *Emmerich/Habersack*, Aktien- und GmbH-Konzernrecht⁸, § 305, Rn. 36 ff.

Die Ertragswertmethode ist nicht rechtsverbindlich vorgeschrieben[626], gleichwohl wird sie von der Rspr. als geeignetes Hilfsmittel betrachtet, wenn keine Marktpreise zur Verfügung stehen[627]. Die Methodik der Ertragswertmethode zur Ermittlung eines Unternehmenswerts wird in *IDW S 1 i.d.F. 2008* beschrieben. Allenfalls hilfsweise kann eine Plausibilisierung anhand von betriebswirtschaftlichen Kennzahlen sinnvoll sein[628]; für die gerichtliche Überprüfung des Abfindungsverhältnisses haben diese jedoch keine Bedeutung[629]. Auch der Liquidationswert ist nicht von Bedeutung, wenn rechtlich oder tatsächlich von der Unternehmensfortführung auszugehen ist. Dann stellt der Liquidationswert auch keine Wertuntergrenze dar[630]. Anders als früher[631] hat das BVerfG, der Lit. folgend[632] festgestellt[633], dass als angemessene Abfindung oder angemessener Ausgleich nach §§ 304, 305 AktG sowie § 320b AktG der Wert von börsennotierten Aktien nicht ohne Rücksicht auf den Börsenkurs zu ermitteln ist. In der Entscheidung werden Regelungen wie § 305 AktG oder § 320 AktG mit Art. 14 Abs. 1 GG als Inhalts- und Schrankenbestimmungen für vereinbar gehalten, wenn die berechtigten Interessen der Minderheitsaktionäre durch eine Abfindung, die den vollen Wert repräsentiert, und darauf gerichtete wirksame Rechtsbehelfe gewahrt werden. Der volle Wert der Aktien dürfe nicht ohne Berücksichtigung des Börsenwerts festgelegt werden, da dieser bei einer Desinvestitionsentscheidung realisierbar gewesen wäre[634]. Der Börsenkurs darf bei der Abfindung i.d.R. nicht unterschritten werden[635]. Das gilt auch bei Verschmelzung beiderseits börsennotierter Unternehmen im Konzern[636]. Ein Unterschreiten des Börsenkurses ist in Einzelfällen gerechtfertigt, wenn der Kurs z.B. durch die Enge des Marktes oder andere Umstände nicht den wahren Wert der Beteiligung widerspiegelt[637]. Eine Überschreitung des Börsenkurses durch den wahren Wert ist indes zulässig.

292

Als maßgeblicher Börsenkurs ist ein gewichteter Durchschnittskurs über einen angemessenen Zeitraum vor Bekanntgabe des Vorhabens, einen Unternehmensvertrag ab-

293

---

626 Zu den Methoden *Emmerich/Sonnenschein/Habersack*, Konzernrecht[10], § 22, Rn. 34 f.; *Liebscher*, in: Beck AG-HB[2], § 15, Rn. 161 ff.; *Wüstemann/Brauchle*, BB 2017, 1579; vorsichtig differenzierend: *Hüffer/Koch*, AktG[13], § 305, Rn. 24.
627 OLG Stuttgart v. 22.09.2009, AG 2010, S. 42; OLG Düsseldorf v. 10.06.2009, AG, S. 907; OLG Frankfurt a.M. v. 18.12.2014, AG 2015, S. 241; zur Methodik OLG Düsseldorf v. 12.11.2015, NZG 2016, S. 67; OLG Frankfurt a.M. v. 29.01.2016, BB, S. 946; OLG Frankfurt a.M. v. 20.07.2016, AG 2017, S. 823; BGH v. 29.09.2015, AG 2016, S. 135.
628 *IDW S 1* i.d.F. 2008, Tz. 14 ff.
629 BVerfG v. 25.04.2012, AG, S. 674 (675); OLG Düsseldorf v. 28.08.2014; NZG, S. 1418 f.; OLG Stuttgart, AG 2014, S. 291 (292); OLG Düsseldorf v. 17.02.1984, DB, S. 817; OLG Düsseldorf v. 11.04.1988, DB, S. 1109.
630 OLG Düsseldorf v. 10.06.2009, AG, S. 907 (909 f.).
631 Z.B. BGH v. 13.03.1978, BGHZ 71, S. 40 (51) „Kali u. Salz"; OLG Düsseldorf v. 02.08.1994, AG 1995, S. 85; LG Frankfurt a.M. v. 01.10.1986, AG 1987, S. 315 (317).
632 Z.B. *Bungert/Eckert*, BB 2000, S. 1845; *Großfeld*, BB 2000, S. 261; *Henze*, in: FS Lutter, S. 1101; *Hüttemann*, ZGR 2001, S. 454; *Martens*, AG 2003, S. 593; *Piltz*, ZGR 2001, S. 185; *Vetter*, ZIP 2000, S. 561; *Wilm*, NZG 2000, S. 234; *Luttermann*, ZIP 1999, S. 45; *Rodloff*, DB 1999, S. 1149; *Steinhauer*, AG 1999, S. 299.
633 BVerfG v. 27.04.1999, ZIP, S. 1436 (1441); vgl. aber weiterhin BVerfG v. 10.12.1999, WM 2000, S. 136.
634 BVerfG v. 27.04.1999, ZIP, S. 1436 (1441); BVerfG v. 30.05.2007, AG, S. 697 (698).
635 *Hüffer/Koch*, AktG[13], § 305, Rn. 29, mit zahlreichen Nachweisen; OLG Karlsruhe v. 12.09.2017, NZG 2017, S. 1188.
636 LG Frankfurt a.M. v. 13.03.2009, ZIP, S. 1322.
637 *Krieger*, in: MünchHdb. AG[4], § 71, Rn. 138; OLG Karlsruhe v. 12.09.2017, NZG 2017, S. 1188.

zuschließen, anzusehen[638]. Die Länge des Referenzzeitraums wird durch die Rspr. mit drei Monaten angenommen und im Allgemeinen als angemessen erachtet[639]. Unklar war der Zeitpunkt, ab dem zurückzurechnen ist; die Rspr. war unsicher[640]. Richtig ist, die Frist ab dem Zeitpunkt der Ankündigung des Unternehmensvertrages zurückzurechnen[641]. Dem hat sich der BGH angeschlossen[642] und eine dreimonatige Referenzperiode vor der Bekanntmachung der Maßnahme als entscheidend festgestellt. Etwas anderes kann gelten, wenn die Bekanntmachung bereits wesentlich länger (im entschiedenen Fall neun Monate) vor der HV zurückliegt. Da das Gesetz beim Angebot von Aktien nur den Ausgleich von Spitzenbeträgen durch bare Zuzahlungen zulässt, scheiden gemischte Abfindungen aus. Es kann lediglich neben der angebotenen Abfindung in Aktien eine volle Barabfindung mit Wahlrecht des Aktionärs angeboten werden[643].

294 Ein weiterer Streitpunkt ist die Berücksichtigung von Synergie-(Verbund-)Vorteilen. Nach der Stand-alone-Betrachtung wurde dies im Regelfall abgelehnt[644]. Es besteht eine gewisse Tendenz, Verbundeffekte zu berücksichtigen, da es sich um einen der übertragenden Ges. anhaftenden Wert handeln solle. Die Rspr. hierzu ist weitgehend ablehnend[645]. Das gilt v.a. für „unechte", nicht auf dem Unternehmensvertrag beruhende Synergien, die infolge hinreichender Konkretisierung bei der Planung berücksichtigt werden konnten[646]. Für diese ist eine angemessene Aufteilung zwischen den beteiligten Unternehmen geboten[647]. Steuerliche Verlustvorträge sind bei der Bewertung zu berücksichtigen[648]. Da durch die Abfindung in Aktien eine vergleichende Bewertung des herrschenden und des abhängigen Unternehmens erforderlich wird, ist bei den Bewertungen nach gleichen Methoden vorzugehen. Nach den Feststellungen des BVerfG ist es nicht geboten, den Börsenkurs als den Höchstwert des anderen Vertragsteils an-

---

638 BGH v. 12.03.2001, NJW, S. 2080; OLG Stuttgart v. 04.02.2000, NZG, S. 744 (745); LG München I v. 27.03.2000, AG 2001, S. 99 (100); *Hüffer/Koch*, AktG[13], § 305, Rn. 34; *Emmerich/Habersack*, Aktien- und GmbH-Konzernrecht[8], § 305, Rn. 46a; *Paulsen*, in: MünchKomm. AktG[4], § 305, Rn. 85.
639 BGH v. 12.03.2001, AG, S. 417 (419) „DAT/Altana"; *Hüffer/Koch*, AktG[13], § 305, Rn. 43.; *Stephan*, in: Schmidt/Lutter, AktG[3], § 305, Rn. 103.
640 BGH v. 12.03.2001, BGHZ 147, S. 108 „DAT/Altana".
641 Früher Fristbeginn ab HV: OLG Frankfurt a.M. v. 02.11.2006, AG 2007, S. 403 (404); OLG München v. 11.07.2006, ZIP, S. 1722 (1725); Fristbeginn ab Bekanntgabe der Maßnahme: OLG Stuttgart v. 18.12.2009, NZG 2010, S. 388; keine Anfechtung wegen unzutreffenden Referenzzeitraums: LG München v. 09.06.2009, AG, S. 918; dazu *Hüffer/Koch*, AktG[13], § 305, Rn. 43; *Stephan*, in: Schmidt/Lutter, AktG[3], § 305, Rn. 105; *Beckmann*, WPg 2004, S. 620 (623); *Maier-Reimer/Kolb*, in: FS W. Müller, 2001, S. 93 (106); *Pluskat*, NZG 2008, S. 365; *Schenk*, in: HK-AktG[4], § 305, Rn. 27.
642 BGH v. 19.07.2010 - II ZB 18/09, NJW, S. 2657 „Stollwerck"; OLG Düsseldorf v. 11.05.2015, DB, S. 2200; *Bungert*, BB 2010, S. 2227 ff.; *Hüffer/Koch*, AktG[13], § 305, Rn. 43; *Emmerich/Habersack*, Aktien- und GmbH-Konzernrecht[8], § 305, Rn. 44.
643 *Koppensteiner*, in: Kölner Komm. AktG[3], § 305, Rn. 49; *Paulsen*, in: MünchKomm. AktG[4], § 305, Rn. 144 f.; *Hüffer/Koch*, AktG[13], § 305, Rn. 50, 51.
644 Z.B. BGH v. 04.03.1995, ZIP 1998, S. 690 (691); OLG Düsseldorf v. 26.09.1997, AG 1998, S. 37 (38); BayObLG v. 11.12.1995, AG 1996, S. 176 (178) und 127 (128).
645 BGH v. 04.03.1998, NJW, S. 1866; BayObLG v. 19.10.1995, AG 1996, S. 127 (128); OLG Celle v. 31.07.1998, AG 1999, S. 128 (130); OLG Düsseldorf v. 26.09.1997, AG 1998, S. 37 (38); OLG Düsseldorf v. 12.11.1999, AG 2000, S. 323; OLG Stuttgart v. 19.01.2011, AG, S. 420 (412); OLG Frankfurt a.M. v. 17.06.2010, AG 2011, S. 717 (718) „Faurecia".
646 BGH v. 12.03.2001, AG, S. 417 (419); OLG Frankfurt a.M. v. 28.03.2014, AG 2014, S. 822; *Stephan*, in: Schmidt/Lutter, AktG[3], § 305, Rn. 68 f.
647 *Krieger*, in: MünchHdb. AG[4], § 71, Rn. 135; *Fleischer*, ZGR 1997, S. 368 (398).
648 OLG München v. 17.07.2007, AG 2008, S. 28 (31, 32).

zusehen[649]. Aus dem der Entscheidung zu entnehmenden Grundsatz der Methodengleichheit ist vielmehr auch der höhere Börsenkurs des herrschenden Unternehmens heranzuziehen.

Für den Fall der **Barabfindung** gelten die Überlegungen unter Kap. C Tz. 291 entsprechend. Auch die Barabfindung ist in Höhe des vollen Werts des Gesamtunternehmens unter Berücksichtigung des Börsenkurses zu bestimmen. Anders als in § 304 AktG ist jedoch nicht vorgeschrieben, dass bei der Beurteilung von der vollen Ausschüttung des Gewinns auszugehen ist. Entscheidend ist der Anteil am inneren Wert der Ges.[650]; die Barabfindung hat dem vollen Wert des Anteils am Gesamtunternehmen zu entsprechen. Damit sind die gleichen Bewertungsmethoden anzuwenden, wie sie v.a. zur Ermittlung von Abfindungen bei Umwandlungen praktiziert wurden[651]. Der maßgebliche Stichtag für die Wertermittlung ist der Tag der Beschlussfassung der HV[652]. Seit dem Bewertungsstichtag bis zum Tag der Beschlussfassung ist die Abfindung aufzuzinsen[653]. Haben Aktionäre zu Recht Ausgleichszahlungen angenommen, könnte die rückwirkend ab Wirksamwerden des Vertrages einsetzende Verzinsung der Abfindung zu einer Doppelbegünstigung führen. Nach BGH sind Ausgleichsleistungen auf Abfindungszinsen aber nur auf diese anzurechnen[654]. **295**

Da die Verpflichtung zum Erwerb der Aktien zu einer erheblichen Belastung des anderen Vertragsteils führen kann, ist eine **Befristung** der Übernahmeverpflichtung zulässig (§ 305 Abs. 4 S. 1 AktG). Sie muss bereits im Unternehmensvertrag ausdrücklich enthalten sein. Die gesetzliche Mindestfrist endet zwei Monate nach dem Tag, an dem das letzte der Blätter erschienen ist, in dem die Bekanntmachung über die Eintragung des Unternehmensvertrages enthalten ist (vgl. im Einzelnen § 305 Abs. 4 AktG). Die Frist verlängert sich, wenn die Bestimmung der Abfindung im Spruchverfahren beantragt worden war, bis zur Bekanntmachung der gerichtlichen Entscheidung im BAnz (§ 305 Abs. 4 S. 3 AktG). **296**

Der Zustimmungsbeschluss der HV kann nicht deswegen angefochten werden, weil der Vertrag keine oder keine angemessene Abfindung vorsieht (§ 305 Abs. 5 S. 1 AktG). Der Aktionär hat nur das Recht, eine gerichtliche Entscheidung zu beantragen, wenn der Vertrag überhaupt keine oder keine den Vorschriften des § 305 Abs. 1 bis 3 AktG entsprechende Abfindung vorsieht. Anders als beim Fehlen des Ausgleichs (§ 304 Abs. 3 S. 1 AktG) ist der Vertrag in diesem Fall nicht nichtig. Zuständig ist das LG, in dessen Bezirk die abhängige Ges. ihren Sitz hat (§ 21 SpruchG). Das Verfahren richtet sich nach dem SpruchG[655]. **297**

---

[649] BVerfG v. 27.04.1999, NJW, S. 3769; BVerfG v. 08.09.1999, AG 2000, S. 40 (41); krit. dazu *Hüffer/Koch*, AktG[13], § 305, Rn. 46.
[650] Zur Barabfindung bei stimmrechtslosen Vorzugsaktien: OLG Düsseldorf v. 08.06.1973, BB, S. 910. Zum Sonderfall der Bemessung der Barabfindung nach zwar erfolgter faktischer Eingliederung OLG Düsseldorf, v. 07.06.1990, DB, S. 1394; zur Unternehmensbewertung vgl. *IDW S 1* i.d.F. 2008.
[651] Vgl. zu Bewertungsgrundsätzen *Krieger*, in: MünchHdb. AG[4], § 71 Rn. 127; *Emmerich/Habersack*, Aktien- und GmbH-Konzernrecht[8], § 305 Rn. 37.
[652] LG Hannover v. 16.06.1977, AG, S. 346; BGH v. 04.03.1998, NJW, S. 1866; OLG München v. 17.07.2007, AG 2008, S. 28 (31); *Koppensteiner*, in: Kölner Komm. AktG[3], § 305, Rn. 59; *Krieger*, in: MünchHdb. AG[4], § 71 Rn. 127; *Emmerich/Habersack*, Aktien- und GmbH-Konzernrecht[8], § 305 Rn. 56.
[653] OLG Celle v. 31.07.1998, AG 1999, S. 128 (131); *Busch*, AG 1993, S. 1 (3).
[654] BGH v. 16.09.2002, NJW, S. 3467; BGH v. 02.06.2001, ZIP 2003, S. 1923; *Hüffer/Koch*, AktG[13], § 305, Rn. 52, 53.
[655] *Hüffer/Koch*, AktG[13], § 305 Rn. 58 sowie Anh. § 305; *Klöcker/Frowein*.

298 Strittig ist, ob eine gerichtliche Erhöhung der Abfindung auch zugunsten von Aktionären wirkt, die von dem Abfindungsangebot schon vorher Gebrauch gemacht haben. Die Frage ist mit § 13 S. 2 SpruchG zu bejahen[656]. Bei Erhöhung der Barabfindung ist der Erhöhungsbetrag vom Tag der Bekanntmachung der Eintragung an seit der Änderung von § 305 Abs. 3 S. 3 AktG mit fünf v.H. über dem Basiszinssatz nach § 247 BGB zu verzinsen[657]. Hierüber entscheidet das Gericht von Amts wegen; ein weitergehender Schaden (Verzugszinsen) kann nicht im Spruchverfahren, sondern nur im Zivilprozess mit Leistungsklage verfolgt werden[658].

4.9 Wechselseitig beteiligte Unternehmen

4.9.1 Allgemeines

299 Durch eine wechselseitige Beteiligung zweier Unternehmen wird die Aufbringung, Erhaltung und der richtige Ausweis des Kapitals gefährdet. Dasselbe Kapital kann mehrfach als Einlage verwendet werden[659]. Ein wechselseitiger Aktienerwerb kommt einer Rückgewährung von Einlagen nahe. Da die Verwaltungen die Rechte aus den Aktien ausüben, kann es v.a. in den HV zu einer der Struktur der AG widersprechenden Herrschaft der Verwaltungen kommen, wodurch u.U. die Kontrolle durch die eigentlichen Anteilseigner ausgeschaltet wird[660].

300 Wegen der mit wechselseitigen Beteiligungen verbundenen Gefahren ist die Ausübung der Rechte aus wechselseitigen Beteiligungen beschränkt (vgl. § 328 AktG zu Beteiligungen i.S.d. § 19 Abs. 1 AktG) und die gesonderte Angabe wechselseitiger Beteiligungen im Anh. der wechselseitig beteiligten Unternehmen vorgeschrieben[661]. Nach der gesetzlichen Definition der wechselseitigen Beteiligung ist eine einfache wechselseitige Beteiligung i.S.d. AktG gegeben, wenn der gegenseitige Anteilsbesitz mehr als 25 v.H. beträgt (eine beiderseitige Beteiligung von jeweils genau 25 v.H. genügt nicht). Diese Grenze wurde gewählt, weil ein Anteilsbesitz von mehr als 25 v.H. eine Sperrminorität darstellt (vgl. z.B. § 179 AktG).

301 In § 19 Abs. 3 AktG ist die Streitfrage entschieden worden, dass bei wechselseitig beteiligten Unternehmen jedes der beiden Unternehmen zugleich herrschendes und abhängiges Unternehmen sein kann. Mehrheitsbeteiligungen führen i.R. wechselseitiger Beteiligungen unwiderleglich zu Beherrschungsverhältnissen (§ 19 Abs. 2 und 3 AktG), während sonst bei einer Mehrheitsbeteiligung die Abhängigkeit nur widerlegbar vermutet wird (§ 17 Abs. 2 AktG).

302 Für wechselseitig beteiligte Unternehmen in Fällen des § 19 Abs. 2 und 3 AktG sind aktienrechtliche Regelungen über Erwerb und Halten eigener Aktien, v.a. die Pflicht zur

---

[656] *Emmerich/Habersack*, Aktien- und GmbH-Konzernrecht[8], § 305, Rn. 84; *Hüffer/Koch*, AktG[13], § 305, Rn. 60.
[657] Zur Anrechnung von Ausgleichsleistungen auf Abfindungszinsen nach § 305 Abs. 3 S. 3 AktG BGH v. 16.09.2002, NZG, S. 1057; BGH v. 02.06.2003, NZG, S. 1113; zum bisherigen Recht OLG Celle v. 04.04.1979, BB 1981, S. 1234; ARUG v. 30.07.2009, BGBl. I, S. 2479.
[658] *Klöcker/Frowein*, § 11, Rn. 4.
[659] *Krieger*, in: MünchHdb. AG[4], § 69, Rn. 94; *Wastl/Wagner*, AG 1997, S. 241 (242).
[660] Begr. RegE *Kropff*, AktG, S. 34; *Emmerich/Sonnenschein/Habersack*, Konzernrecht[10], § 5; *Hüffer/Koch*, AktG[13], § 19, Rn. 1; *Vetter*, in: Schmidt/Lutter, AktG[3], § 19, Rn. 1; *Bayer*, in: MünchKomm. AktG[4], § 19, Rn. 6; *Emmerich*, NZG 1998, S. 622.
[661] Vgl. § 160 Abs. 1 Nr. 7 AktG.

Veräußerung von Aktien an einer mit Mehrheit beteiligten oder herrschenden Ges. von Bedeutung[662]. War ein Aktienerwerb nach § 71d S. 2 i.V.m. § 71 Abs. 1 oder 2 AktG unzulässig, sind die verbotswidrig erworbenen Aktien binnen Jahresfrist zu veräußern. War der Erwerb zulässig, ist ein zehn v.H. des Grundkapitals der Obergesellschaft übersteigender Aktienbesitz zu veräußern, und zwar innerhalb von drei Jahren (§ 71d S. 4 i.V.m. § 71c Abs. 1 und 2 AktG). Diese Vorschriften zwingen dann zur Auflösung wechselseitiger Beteiligungen, wenn ein Unternehmen von dem wechselseitig beteiligten Partner abhängig ist (oder, was gleich gilt, in dessen Mehrheitsbesitz steht) und dieser Partner eine AG oder KGaA ist (nur in diesen Fällen sind die §§ 71 ff. AktG anwendbar)[663]. Das von einer AG oder KGaA abhängige oder in deren Mehrheitsbesitz stehende Unternehmen muss seine Beteiligung an der AG oder KGaA daher jedenfalls soweit reduzieren, dass die Zehn-v.H.-Grenze des § 71 Abs. 2 AktG gewahrt ist. Das heißt, die Beteiligung sinkt unter den für wechselseitige Beteiligungen i.S.v. § 19 AktG erforderlichen Anteilsbesitz von mehr als 25 v.H.

Ist die Beteiligung auf keiner Seite eine Mehrheitsbeteiligung oder mit beherrschendem Einfluss verbunden, besteht keine Veräußerungspflicht, selbst wenn die wechselseitigen Beteiligungen jeweils 50 v.H. betragen. **303**

4.9.2 Rechtsform der Unternehmen und Sitzvoraussetzungen

Eine wechselseitige Beteiligung liegt nur vor, wenn beide Unternehmen die **Rechtsform** einer **KapGes.** – AG, KGaA und GmbH – haben und sich ihr Sitz im Inland befindet. Hinsichtlich Rechtsform und Sitz der Unternehmen weicht § 19 AktG damit vom allgemeinen Unternehmensbegriff für die anderen Unternehmensverbindungen ab[664]. **304**

Nicht erforderlich ist es jedoch, dass das Unternehmen, dessen Anteile gem. §§ 19 Abs. 1 S. 2, 16 Abs. 4 AktG zugerechnet werden[665], eine KapGes. mit Sitz im Inland ist. **305**

4.9.3 Ermittlung der wechselseitigen Beteiligungen

4.9.3.1 Allgemeines

§ 19 Abs. 1 AktG setzt die Mindesterfordernisse einer wechselseitigen Beteiligung fest, nämlich dass die beiderseitige Beteiligung wenigstens mehr als 25 v.H. betragen muss (einfache wechselseitige Beteiligung). Abs. 2 betrifft die wechselseitige Beteiligung, die auf einer Seite eine Mehrheitsbeteiligung ist oder bei der eines der Unternehmen beherrschenden Einfluss hat. Praktisch betrifft Abs. 2 v.a. den Fall, dass die Beteiligung auf einer Seite über 50 v.H. liegt (einseitig qualifizierte wechselseitige Beteiligung). Abs. 3 regelt schließlich den Fall, dass die wechselseitige Beteiligung auf beiden Seiten eine Mehrheitsbeteiligung oder auf beiden Seiten mit beherrschendem Einfluss verbunden **306**

---

[662] Vgl. zur Änderung des AktG v. 13.12.1978, BGBl. I, S. 1959; vgl. *Emmerich/Sonnenschein/Habersack*, Konzernrecht[10], § 5, Rn. 11 und 14.
[663] *Hüffer/Koch*, AktG[13], § 19, Rn. 6, 8; *Bayer*, in: MünchKomm. AktG[4], § 19, Rn. 49; *Emmerich/Habersack*, Aktien- und GmbH-Konzernrecht[8], § 19, Rn. 16; *Koppensteiner*, in: Kölner Komm. AktG[3], § 19, Rn. 9; *Lutter*, in: Kölner Komm. AktG[3], § 71d, Rn. 43, 47.
[664] *Hüffer/Koch*, AktG[13], § 19, Rn. 2.
[665] Zur Zurechnung von Anteilen i.R.d. § 19 AktG im Einzelnen vgl. Kap. C Tz. 310; im Übrigen *Emmerich/Habersack*, Aktien- und GmbH-Konzernrecht[8], § 19, Rn. 10; *Koppensteiner*, in: Kölner Komm. AktG[3], § 19, Rn. 4; *Krieger*, in: MünchHdb. AG[4], § 69, Rn. 97.

ist. Insbesondere kommt Abs. 3 zur Anwendung, wenn beide Beteiligungen über 50 v.H. liegen (beidseitig qualifizierte wechselseitige Beteiligung).

307 Nach Abs. 1 muss jedem der beiden Unternehmen mehr als der vierte Teil der Anteile des anderen Unternehmens gehören. Für die Feststellung, ob eine Beteiligung von mehr als 25 v.H. gegeben ist, kommt es ausschließlich auf den Anteilsbesitz an; § 16 Abs. 3 AktG wird nicht in Bezug genommen. Beträgt die Kapitalbeteiligung 25 v.H. oder weniger, kommt eine wechselseitige Beteiligung auch nicht durch mehr als 25 v.H. der Stimmrechte zustande; denn § 19 AktG stellt in seinem Abs. 1 im Grundsatz ausschließlich auf den unmittelbaren **Anteilsbesitz** ab, nicht auch auf die Stimmrechte wie § 16 Abs. 1 AktG[666]. Anders verhält es sich mit den in Abs. 2 und 3 genannten Mehrheitsbeteiligungen. Sie wird in § 16 Abs. 1 AktG definiert; darunter fällt auch die bloße Stimmrechtsmehrheit. Eine Mehrheitsbeteiligung i.S.d. Abs. 2 und 3 des § 19 AktG kann also auch durch Stimmrechtsmehrheit ohne entsprechende Kapitalmehrheit entstehen.

308 Da für die Feststellung der mehr als 25-v.H.-Beteiligung auf § 16 AktG Bezug genommen wird, kann grds. auf die Ausführungen zu dieser Bestimmung verwiesen werden. Es gilt nur § 16 Abs. 2 S. 1 AktG; § 16 Abs. 2 S. 2 und 3 AktG über die Berücksichtigung eigener Anteile ist nach h.M. nicht anzuwenden[667].

309 Die Grenze von 25 v.H. wurde gewählt, um eine Sperrminorität ohne nachteilige Folgen erwerben zu können. Die Bezugnahme nur auf § 16 Abs. 2 S. 1 AktG stellt klar, dass nicht der gesamte § 16 Abs. 2 AktG angewendet werden darf, da sonst schon eine im Verhältnis zum Gesamtkapital niedrigere prozentuale Beteiligung eine wechselseitige Beteiligung begründet. Die Regelung dient der Rechtsklarheit. Ein Erwerber könnte in der Annahme, die Beteiligung liege nicht über 25 v.H., die Mitteilung nach § 20 oder § 21 AktG unterlassen und dann von der Mitteilung der anderen Ges. gem. §§ 20, 21 AktG überrascht werden. Der Erwerber wäre in diesem Fall mit den nachteiligen Folgen des § 328 AktG belastet. Es dient daher der Rechtssicherheit, nur § 16 Abs. 2 S. 1 AktG anzuwenden; entsprechend wird auch in § 20 Abs. 1 AktG nur auf § 16 Abs. 2 S. 1 AktG verwiesen[668].

4.9.3.2 Zurechnung

310 Die Zurechnung der Anteile nach §§ 19 Abs. 1 S. 2, 16 Abs. 4 AktG erfolgt wie bei der Feststellung des Mehrheitsbesitzes[669]. Da durch die Zurechnung die Beteiligung des unmittelbar beteiligten Unternehmens nicht aufgegeben wird[670], ist es möglich, dass zwei Ges. mit ein und derselben dritten Ges. durch wechselseitige Beteiligung verbunden sind, nämlich die eine unmittelbar und die andere infolge Zurechnung des Anteilsbesitzes. Besteht zwischen A und C eine einfache wechselseitige Beteiligung und hält A 25,1% an B und beherrscht B wiederum C, sind sowohl C wie B durch wechselseitige Beteili-

---

[666] Emmerich/Habersack, Aktien- und GmbH-Konzernrecht[8], § 19, Rn. 9; Hüffer/Koch, AktG[13], § 19, Rn. 3.
[667] Zur h.M. Bayer, in: MünchKomm. AktG[4], § 19, Rn. 30; Koppensteiner, in: Kölner Komm. AktG[3], § 19, Rn. 19; Hüffer/Koch, AktG[13], § 19, Rn. 3.
[668] Emmerich/Habersack, Aktien- und GmbH-Konzernrecht[8], § 19, Rn. 7; Krieger, in: MünchHdb. AG[4], § 69, Rn. 97.
[669] Erl. zu § 16 AktG unter Kap. C Tz. 68.
[670] Erl. zu § 16 AktG unter Kap. C Tz. 86.

gung mit A verbunden: C kraft seiner unmittelbaren Beteiligung an A und B kraft Zurechnung der Anteile des abhängigen Unternehmens C gem. § 16 Abs. 4 AktG[671].

Durch die Zurechnung könnten u.U. auch Ringbeteiligungen, die an sich nicht durch § 19 AktG erfasst werden, zu wechselseitigen, unter § 19 AktG fallenden Beteiligungen führen. Das beruht darauf, dass für die Zurechnung eine unmittelbare Beteiligung des herrschenden Unternehmens, dem zugerechnet wird, nicht erforderlich ist[672]. **311**

Ist B von A und C von B abhängig und gehört C eine die Abhängigkeit vermittelnde Beteiligung von 25,1% an A, werden wegen der Abhängigkeitsverhältnisse A die im Besitz von B befindlichen Anteile an C, B die bei C vorhandenen Anteile an A und C die bei A befindlichen Anteile an B zugerechnet. Wechselseitige Beteiligungen bestehen daher zwischen A und C, B und A sowie zwischen C und B[673]. **312**

Bei nicht abhängigen Ges. führt jedoch eine Ringbeteiligung nicht zu wechselseitigen Beteiligungen[674]. **313**

4.9.4 Abhängige und beherrschte wechselseitig beteiligte Unternehmen

4.9.4.1 Allgemeines

In § 19 Abs. 2 und Abs. 3 AktG regelt das Gesetz das Verhältnis der wechselseitigen Beteiligung zu gleichzeitig bestehenden Mehrheitsbeteiligungen und Beherrschungsverhältnissen. Erfasst sind die Fälle, in denen eine wechselseitige Beteiligung von einem einseitigen oder einem beidseitigen **Abhängigkeitsverhältnis** überlagert wird. Das Gesetz bestimmt, dass eine Abhängigkeit nicht durch die Wechselseitigkeit der Beteiligung (§ 19 Abs. 2 AktG) oder die Wechselseitigkeit der Abhängigkeit (§ 19 Abs. 3 AktG) aufgehoben wird. Um auszuschließen, dass bei einer einseitigen oder beidseitigen Mehrheitsbeteiligung die Vermutung des § 17 Abs. 2 AktG u.a. mit dem Hinweis auf die beidseitige einfache Beteiligung oder wechselseitige Mehrheitsbeteiligung widerlegt werden kann, begründet das Gesetz für diese Fälle eine unwiderlegbare Vermutung der Abhängigkeit. An eine Mehrheitsbeteiligung werden also i.R. wechselseitiger Beteiligungen strengere Rechtsfolgen geknüpft als in § 17 AktG. Gehört einem wechselseitig beteiligten Unternehmen eine Mehrheitsbeteiligung an dem anderen Unternehmen, so ist immer zugleich ein Abhängigkeitsverhältnis gegeben. Dasselbe gilt, wenn jedem wechselseitig beteiligten Unternehmen an dem anderen Unternehmen eine Mehrheitsbeteiligung gehört. Es liegt dann beidseitige Beherrschung und Abhängigkeit vor. **314**

Ein Zwang zum Abbau wechselseitiger Beteiligungen in den Fällen, in denen eine oder beide Beteiligungen Mehrheitsbeteiligungen sind (oder durch Beherrschungsverhältnis gem. § 17 AktG überlagert werden, ohne dass eine Mehrheitsbeteiligung besteht), besteht aufgrund der Pflicht zur Veräußerung von Aktien der Obergesellschaft (§ 71d S. 2 und 4 i.V.m. §§ 71 und 71c Abs. 1 AktG)[675]. **315**

---

671 Zust. *Bayer*, in: MünchKomm. AktG[4], § 19, Rn. 31; *Krieger*, in: MünchHdb. AG[4], § 69, Rn. 98; *Emmerich/Habersack*, Aktien- und GmbH-Konzernrecht[8], § 19, Rn. 10.
672 Erl. zu § 16 AktG unter Kap. C Tz. 83.
673 *Hüffer/Koch*, AktG[13], § 19, Rn. 5; *Emmerich/Habersack*, Aktien- und GmbH-Konzernrecht[8], § 19, Rn. 11; *Bayer*, in: MünchKomm. AktG[4], § 19, Rn. 37 f.; *Koppensteiner*, in: Kölner Komm. AktG[3], § 19, Rn. 23.
674 *Hüffer/Koch*, AktG[13], § 19, Rn. 3; *Krieger*, in: MünchHdb. AG[4], § 69, Rn. 98.
675 *Emmerich/Habersack*, Aktien- und GmbH-Konzernrecht[8], § 19, Rn. 16, 17 f.; *Hüffer/Koch*, AktG[13], § 19, Rn. 4, 7; *Vetter*, in: Schmidt/Lutter, AktG[3], § 19, Rn. 15 f.; *Burgard*, AG 2006, S. 527 (535); *Krieger*, in: MünchHdb. AG[4], § 69, Rn. 113.

4.9.4.2 Mehrheitsbeteiligung

316 Ob eine Mehrheitsbeteiligung vorliegt, entscheidet sich nach § 16 AktG. Anders als in § 19 Abs. 1 AktG kann sie auch durch eine Stimmrechtsmehrheit begründet werden, weil auf den gesamten § 16 AktG Bezug genommen ist. Bei der Berechnung sind daher auch die eigenen Anteile und die von einem Dritten für Rechnung der Ges. gehaltenen Anteile abzusetzen. Damit sollte allgemein das Verhältnis einer Mehrheitsbeteiligung zu einer wechselseitigen Beteiligung geregelt werden. Es bestand kein sachlicher Anlass, eine spezielle Art der Mehrheitsbeteiligung zu begründen, die sich an § 19 Abs. 1 AktG anlehnt und die v.a. die Mehrheitsbeteiligung aufgrund von Stimmrechten ausnimmt[676].

317 Auch eine Mehrheitsbeteiligung kraft Zurechnung gem. § 16 Abs. 4 AktG führt zur **unwiderlegbaren Vermutung** der Abhängigkeit. Das gilt auch, wenn eine Mehrheitsbeteiligung zugerechnet wird und das wechselseitig beteiligte Unternehmen die Abhängigkeitsvermutung des § 17 Abs. 2 AktG im Verhältnis zu dem vermittelnden Unternehmen ausgeräumt hat. Dieses Ergebnis ist eine Folge der Unwiderlegbarkeit der Abhängigkeitsvermutung i.R. wechselseitiger Beteiligungen.

> **Beispiel 5:**
>
> C ist von B abhängig, C gehören 55% der Stimmrechte an A. A hält 25,1% Anteile an B. A und B sind einseitig qualifiziert wechselseitig beteiligte Unternehmen, und zwar ist A an B mit 25,1 v.H. und B an A – durch Zurechnung der bei C befindlichen Anteile nach § 16 Abs. 4 AktG – mit Mehrheit beteiligt. Außerdem ist A ein von B abhängiges Unternehmen, auch wenn A im Verhältnis zu C die Abhängigkeitsvermutung ausgeräumt hat.

4.9.4.3 Abhängigkeit

318 Wenn keine Mehrheitsbeteiligung vorliegt, ist grds. in derselben Weise wie außerhalb wechselseitiger Beteiligungen zu prüfen, ob nicht aus anderen Gründen ein Abhängigkeitsverhältnis besteht[677]. Maßgebend ist das **Gesamtbild der Beziehungen** der beiden Unternehmen zueinander. Dabei kommt der Tatsache, dass die Beteiligung wechselseitig ist, keine entscheidende Bedeutung zu, wie die Bestimmungen in § 19 Abs. 2 und 3 AktG erkennen lassen[678].

4.9.5 Rechtsfolgen der wechselseitigen Beteiligung

319 Ein wechselseitig beteiligtes Unternehmen hat alle Pflichten, die ein verbundenes Unternehmen betreffen[679]. Darüber hinaus finden auf wechselseitig beteiligte Unternehmen folgende Vorschriften Anwendung:

a) Die wechselseitig beteiligten Unternehmen unterliegen der gegenseitigen Mitteilungspflicht nach §§ 20, 21 AktG[680].

---

676 *Hüffer/Koch*, AktG[13], § 19, Rn. 4; *Vetter*, in: Schmidt/Lutter, AktG[3], § 19, Rn. 14.
677 *Erl. zu § 17 AktG unter Kap. C Tz. 106.*
678 S. dazu auch *Koppensteiner*, in: Kölner Komm. AktG[3], § 19, Rn. 27.
679 *Emmerich/Habersack*, Aktien- und GmbH-Konzernrecht[8], § 19, Rn. 14 f., 18; *Krieger*, in: MünchHdb. AG[4], § 69, Rn. 99 und 113.
680 *Nodoushani*, WM 2008, S. 1671 ff.

b) Nach § 160 Abs. 1 Nr. 7 AktG ist eine wechselseitige Beteiligung unter Nennung des anderen Unternehmens im Anh. anzugeben.
c) Die Ausübung von Rechten aus Anteilen bei einfacher wechselseitiger Beteiligung ist nach § 328 AktG beschränkt. Sobald einem Unternehmen das Bestehen einer wechselseitigen Beteiligung bekannt geworden ist oder ihm das andere Unternehmen eine Mitt. nach § 20 Abs. 3 AktG oder § 21 Abs. 1 AktG gemacht hat, kann es Rechte aus seiner Beteiligung nur noch für höchstens den vierten Teil aller Anteile an dem anderen Unternehmen ausüben. Das gilt auch für die Anteile, die nach § 16 Abs. 4 AktG zugerechnet werden. Nur das Recht auf neue Aktien aus einer Kapitalerhöhung aus Gesellschaftsmitteln bleibt erhalten, weil sich durch seine Ausübung die prozentuale Beteiligung nicht ändert. Durch § 328 Abs. 3 AktG ist bei bekannt gewordener wechselseitiger Beteiligung die Stimmrechtsausübung in börsennotierten Ges. i.S.v. § 3 Abs. 2 AktG bei der Wahl von Mitgliedern des AR ausgeschlossen[681].
d) Bei qualifizierter wechselseitiger Beteiligung (§ 19 Abs. 2 und 3 AktG) gilt § 328 AktG nach § 19 Abs. 4 AktG nicht. Es gelten die Vorschriften über herrschende und abhängige Unternehmen (§§ 311 ff. AktG)[682]. Ferner bestimmt § 71b i.V.m. § 71d S. 4 AktG, dass die abhängige Ges. keine Rechte aus den Aktien an der Obergesellschaft ausüben darf, während die Rechte der Obergesellschaft uneingeschränkt zustehen[683], mit der Konsequenz, dass bei beiderseits qualifizierter wechselseitiger Beteiligung beide Unternehmen von der Ausübung der Rechte ausgeschlossen sind. Wenig geklärt sind die Auswirkungen der Beschränkung in der Stimmrechtsausübung auf die Konzernbeziehungen der Obergesellschaft zu Unternehmen, die an dieser beteiligt sind. Hier soll die Nichtausübbarkeit von Stimmrechten nach § 328 AktG nicht zu einer Vergrößerung der Stimmrechtsquote eines an der Obergesellschaft beteiligten Unternehmens führen[684].

Einem Unternehmen, das gutgläubig eine mehr als 25-v.H.-Beteiligung erwirbt, die zur Begründung einer wechselseitigen Beteiligung führt, bleiben die Rechte aus den Anteilen gem. § 328 Abs. 2 AktG voll erhalten, wenn es die erforderliche Mitteilung gem. § 20 Abs. 3 AktG oder § 21 Abs. 1 AktG macht, und zwar

a) ehe es von dem anderen Unternehmen eine entsprechende Mitteilung erhalten hat und
b) ehe ihm das Bestehen der wechselseitigen Beteiligung bekannt geworden ist.

Nach § 20 Abs. 8 AktG und § 21 Abs. 5 AktG i.d.F. des TUG[685] finden §§ 20, 21 AktG keine Anwendung mehr auf Emittenten i.S.v. § 21 Abs. 2 WpHG, die damit ausschließlich den strengeren Vorschriften des WpHG unterliegen.

5. Verbundene Unternehmen im Dritten Buch des Handelsgesetzbuches

Verbundene Unternehmen finden im Dritten Buch des HGB in verschiedenen Bestimmungen Berücksichtigung. Hierbei geht es in erster Linie um den gesonderten

---

[681] *Krieger*, in: MünchHdb. AG[4], § 69, Rn. 106; *Hüffer/Koch*, AktG[13], § 328, Rn. 7.
[682] *Krieger*, in: MünchHdb. AG[4], § 69, Rn. 113; *Emmerich/Sonnenschein/Habersack*, Konzernrecht[10], § 5, Rn. 14.
[683] *Windbichler*, in: Großkomm. AktG[5], § 19, Rn. 31 ff.; *Hüffer/Koch*, AktG[13], § 19, Rn. 9.
[684] Vgl. Fallbeispiel bei *Schubert/Ravenstein*, DB 2006, S. 2219.
[685] TUG v. 05.01.2007, BGBl. I, S. 10.

Ausweis von Posten in der Bilanz und der GuV, um gesonderte Angaben zu Haftungsverhältnissen (§ 268 Abs. 7 Nr. 3 HGB) und um zusätzliche Angaben im Anh. (§ 285 S. 1 Nr. 3a HGB). Darüber hinaus führt das Bestehen einer handelsrechtlichen Unternehmensverbindung zum Ausschluss von bestimmten Personen oder Ges. als APr. (§ 319 Abs. 3 S. 1 Nr. 1 und 2, Abs. 4 HGB), zu erweiterten Schadensersatzpflichten des APr. (§ 323 Abs. 1 S. 3 HGB) und zu erweiterten Strafandrohungen (§ 331 Nr. 4 HGB)[686]. Was unter einem „Unternehmen" zu verstehen ist, ist nicht abschließend geklärt (dazu Kap. C Tz. 322 ff.). Welche Unternehmen als „verbunden" anzusehen sind, regelt § 271 Abs. 2 HGB (dazu Kap. C Tz. 331 ff.).

5.1 Begriff des „Unternehmens" im Dritten Buch des Handelsgesetzbuches

322 Der Begriff **„Unternehmen"** ist im Dritten Buch des HGB von Bedeutung für TU (z.B. in §§ 271 Abs. 2, 290 Abs. 1 S. 1 HGB), für MU v.a. i.Z.m. der freiwilligen Aufstellung eines befreienden KA, die „jedem Unternehmen unabhängig von seiner Rechtsform" unter bestimmten Voraussetzungen gestattet ist (§ 291 Abs. 1 S. 2 HGB). Dagegen ist **die Pflicht** zur Aufstellung eines JA an den Begriff **„Kaufmann"** geknüpft (§ 242 HGB), mit ergänzenden Vorschriften für die Aufstellung von JA der KapGes. (§§ 264–289a HGB) und der PersGes. ohne natürliche Person in Vollhafterposition, insbes. der GmbH & Co. KG (§ 264a HGB). Die Pflicht zur Konzernrechnungslegung im HGB ist ebenfalls den KapGes. und PersGes. ohne natürliche Person in Vollhafterposition auferlegt (§ 290 Abs. 1 S. 1 HGB). Insoweit kommt es auf den Unternehmensbegriff nicht an.

323 Der **Gesetzgeber** hat das „Unternehmen" nicht definiert. Im BiRiLiG hat er offenbar eine **Definition** des Unternehmensbegriffs nicht als erforderlich angesehen, sondern dürfte davon ausgegangen sein, dass sich dieser Begriff von der Sache her, aus dem Zusammenhang mit der Rechnungslegung des Kaufmanns und der KapGes., von selbst versteht[687]. **Vorgesehen war** eine Definition im Entwurf eines **Gesetzes** zur Durchführung der 4. EG-RL vom 26.08.1983 (§ 236 Abs. 1 und 3, BT-Drs. 10/317), und zwar dahingehend, dass i.R.d. Dritten Buches des HGB der Unternehmensbegriff eingegrenzt werden sollte auf Unternehmen, die Kaufmann sind (§§ 1, 2, 3, 6 HGB) oder als solcher gelten, kurz gesagt also auf Unternehmen, die eine kaufmännische Rechnungslegung haben. Dieses **Vorhaben** wurde jedoch in Anpassung an die **Definition** des verbundenen Unternehmens in Art. 41 der 7. EG-RL[688] vom deutschen Gesetzgeber im Entwurf eines Gesetzes zur Durchführung der 7. und 8. EG-RL wieder aufgegeben[689]. Eine allgemeingültige Konkretisierung des Begriffs hat auch das Handelsrechtsreformgesetz vom 22.06.1998 – entgegen manchen Erwartungen – nicht gebracht[690].

324 Insbesondere besteht keine Bindung an den Unternehmensbegriff des AktG. Weder ist eine solche Bindung im HGB festgeschrieben noch ergibt sie sich als Folge der sachlichen Verknüpfungen zwischen dem AktG und der im Dritten Buch des HGB geregelten Rechnungslegung der KapGes. In diesem Zusammenhang ist bedeutsam, dass die Un-

---

[686] Vgl. ADS[6], § 271 HGB, Tz. 35; *Kropff*, in: MünchKomm. BilanzR, § 271, Rn. 35.
[687] Näheres auch zu den Gesetzesmaterialien bei *Zilias*, DB 1986, S. 1110, dort unter Nr. 2 (1111).
[688] Vom 13.06.1983, Abl.EG, Nr. L 193 S. 1.
[689] Begr. RegE, BT-Drs. 10/3440, S. 34.
[690] Vgl. Hinweis in ZRP 1993, S. 456; *Schmidt, K.*, DB 1994, S. 515, mit einem Vorschlag für eine Legaldefinition des Unternehmens.

ternehmensverbindungen der §§ 15–19 AktG nicht nur für die Rechnungslegung von Bedeutung waren (wie die insoweit jetzt an deren Stelle getretene Definition der verbundenen Unternehmen in § 271 Abs. 2 HGB). Vielmehr sind die §§ 15-19 AktG - und dies auch weiterhin - Anknüpfungspunkt für eine Reihe von mehr oder weniger komplexen gesetzlichen Regelungen, bei denen speziellere Ziele im Vordergrund stehen als bei der Rechnungslegung (so z.B. der Schutz außenstehender Aktionäre in §§ 311 ff. AktG). Zudem ist der Unternehmensbegriff des AktG noch weitgehend ungeklärt[691].

Nach allgemein anerkannter Ansicht ist davon auszugehen, dass es einen **einheitlichen, für alle Rechtsbereiche geltenden Unternehmensbegriff nicht gibt,** dass dieser Begriff vielmehr je nach der Zweckbestimmung des betreffenden Gesetzes einen anderen Inhalt haben kann[692]. Deshalb muss die Frage, was ein Unternehmen i.S.d. Dritten Buches des HGB ist, nach Wortlaut und Zweckbestimmung des HGB und nach dem Sachzusammenhang, in dem das Wort Unternehmen verwendet wird, beantwortet werden[693]. 325

5.1.1 Bestimmung des Unternehmensbegriffs für Tochterunternehmen

Im Bereich der Rechnungslegung liegt es nahe, den Unternehmensbegriff mit der Pflicht zur kaufmännischen Buchführung zu verknüpfen. Dann können TU nur solche Unternehmen sein, die eine kaufmännische Rechnungslegung haben müssen (§§ 238, 242 HGB i.V.m. §§ 1, 2, 3, 6 HGB, § 263 HGB sowie Verweisungen in Spezialgesetzen, z.B. in § 17 Abs. 2 GenG, § 38 Abs. 1 VAG, Art. 61 SE-VO, Art. 68 SCE-VO)[694]. 326

Die Verpflichtung zu kaufmännischer Rechnungslegung als wesentliches Kriterium für **TU** fügt sich konsequent in die Vorschriften über die Konzernrechnungslegung ein. Die Konzernrechnungslegung muss auf den EA der einzubeziehenden Unternehmen aufbauen. In § 294 Abs. 3 S. 1 HGB werden daher die TU u.a. verpflichtet, „ihre JA" dem MU „einzureichen". Diese Verpflichtung setzt ihrerseits voraus, dass überhaupt JA aufgestellt werden. Wer JA aufzustellen hat und in welcher Form, ist im Dritten Buch des HGB im Ersten Abschnitt (§§ 242-263 HGB) und im Zweiten Abschnitt, Erster Unterabschnitt (§§ 264–289a HGB), geregelt: Alle Kaufleute (mit Ausnahme der Einzelkaufleute i.S.d. § 241a HGB), mit zusätzlichen Anforderungen an die JA der KapGes. und PersGes. ohne natürliche Person in Vollhafterposition. Dass hieran der Zweite Unterabschnitt (§§ 290–315e HGB) mit den Bestimmungen über die Konzernrechnungslegung unmittelbar anschließt, macht den inneren Zusammenhang der Vorschriften im Dritten Buch des HGB besonders deutlich. Diesem auch gesetzessystematisch zum Ausdruck kommenden Zusammenhang entspricht die hier vertretene Auffassung des Unternehmensbegriffs: Nur 327

---

[691] Vgl. hierzu Kap. C Tz. 44 ff.; *Hüffer/Koch*, AktG[13], § 15, Rn. 9; *Emmerich*, in: Emmerich/Habersack, Aktien- und GmbH-Konzernrecht[8], § 15, Rn. 9 ff.

[692] So h.M.: vgl. *Merkt*, in: Baumbach/Hopt, HGB[38], § 271, Rn. 9; ADS[6], § 271 HGB, Tz. 11; *Petersen/Zwirner*, DB 2008, S. 481.

[693] KG v. 12.01.1960, BB, S. 385; *Bayer*, in: MünchKomm. AktG[4], § 15, Rn. 10; *Kropff*, BB 1965, S. 1281 (1285); ADS[6], § 271 HGB, Tz. 11. Wie der Unternehmensbegriff im PublG aufzufassen ist, richtet sich somit nach Wortlaut und Zielrichtung des PublG. Ob und ggf. inwiefern sich der Unternehmensbegriff des PublG hiernach von dem Begriff im Dritten Buch des HGB unterscheidet, ist im vorliegenden Zusammenhang nicht zu untersuchen.

[694] *Merkt*, in: Baumbach/Hopt, HGB[38], § 271, Rn. 9; *Mock*, in: Hachmeister u.a., Bilanzrecht, § 271, Rn. 28 f.

5.1.2 Bestimmung des Unternehmensbegriffs für Mutterunternehmen

328 Mutterunternehmen i.S.d. § 290 Abs. 1 S. 1 HGB können nur **KapGes.** mit Sitz im Inland sein, inklusive PersGes. ohne natürliche Person in Vollhafterposition. Deren Unternehmenseigenschaft steht außer Frage. Eine derartige Festlegung wird in § 291 Abs. 1 HGB nicht getroffen. Mutterunternehmen i.S.d. § 291 Abs. 1 S. 2 HGB kann jedes Unternehmen unabhängig von seiner Rechtsform sein. Hierdurch wird die Frage aufgeworfen, ob es gerechtfertigt ist, Unternehmen i.S.d. funktionalen Unternehmensbegriffs als selbständige Träger unternehmerischer Planungs- und Entscheidungsgewalt zu begreifen[696].

329 Hinsichtlich des MU in § 291 Abs. 1 S. 2 HGB wird jedoch im Bericht des Rechtsausschusses angemerkt, dass „Privatpersonen, Bund, Länder und Gemeinden" als MU im Sinn dieser Vorschrift ausscheiden[697]. Dies liegt auf der Linie der hier vertretenen Auffassung zum Unternehmensbegriff im Dritten Buch des HGB. Auch in den Fällen, in denen es nach § 17 AktG angemessen sein kann, einen maßgebend an einer KapGes. beteiligten Privatmann, der außerhalb dieser KapGes. ein so starkes unternehmerisches Fremdinteresse hat und dadurch die Besorgnis begründet, er könne um dessentwillen seinen Einfluss zum Nachteil der KapGes. geltend machen, als herrschendes Unternehmen[698] zu behandeln, besteht keine Unternehmenseigenschaft i.S.d. Konzernrechnungslegung[699]. Unternehmen der **öffentlichen Hand,** die gem. § 263 HGB zur kaufmännischen Rechnungslegung verpflichtet sind, können dagegen MU i.S.d. § 291 Abs. 1 S. 2 HGB sein.

5.1.3 Ausländische Unternehmen

330 Bei ausländischen TU und MU i.S.d. §§ 291 Abs. 1 S. 2, 292 Abs. 1 HGB kann die Unternehmenseigenschaft nicht von der kaufmännischen Rechnungslegung nach den Vorschriften des HGB abhängig sein, da sie nicht der Buchführung und Rechnungslegung des deutschen Rechts unterliegen. Ausländische Unternehmen erfüllen die Voraussetzungen des Unternehmensbegriffs, wenn sie nach dem an ihrem Sitz geltenden Recht in vergleichbarer Weise wie Kaufleute in der Bundesrepublik Deutschland zur

---

695 § 294 Abs. 3 HGB enthält keine zusätzliche gesetzliche Verpflichtung zur Aufstellung von JA, die sich allein auf die Konzernzugehörigkeit gründen würde und zu den in den allgemeinen Vorschriften geregelten Fällen der Rechnungslegungspflicht hinzuträte; dazu *Zilias*, DB 1986, S. 1111, mit weiteren Gesichtspunkten. ADS[6], § 271 HGB, Tz. 11, differenziert nicht zwischen MU und TU. Nach der hier vorgenommenen Auslegung können Stiftungen, Körperschaften und Anstalten des öffentlichen Rechts, BGB-Gesellschaften und Privatpersonen nicht TU sein.
696 Hierfür ADS[6], § 271 HGB, Tz. 2; *Scheffler*, in: BHdR, B 213, Rn. 131.
697 BT-Drs. 10/4268, S. 113; so auch *Kropff*, DB 1986, S. 364, Rn. 3, mit Bezug auf Art. 41 der 7. RL; Kropff, in: MünchKomm. BilanzR, § 271, Rn. 35.
698 Vgl. das Urt. des BGH v. 16.02.1981, DB, S. 931, sowie – mit entsprechender Argumentation – die Urteile über die Unternehmenseigenschaft der Bundesrepublik Deutschland v. 13.10.1977, WPg 1978, S. 80 = BB 1977, S. 1665, und die Unternehmereigenschaft des Landes Niedersachsen v. 17.03.1997, BB, S. 1548 (1549). *Hier ging es um den Begriff des* „herrschenden Unternehmens" i.S.v. § 17 AktG und den hieran geknüpften Schutz der abhängigen Gesellschaft bzw. ihrer außenstehenden Gesellschafter, also um spezielle Zwecksetzungen, welche die Entscheidung über den Unternehmensbegriff maßgeblich bestimmt haben.
699 Vgl. ADS[6], § 271 HGB, Tz. 10; *Merkt*, in: Baumbach/Hopt, HGB[38], § 271, Rn. 9.

Buchführung und Rechnungslegung verpflichtet sind[700] oder in anderer Weise als Unternehmen in Erscheinung treten[701].

5.2 „Verbundene Unternehmen" i.S.d. § 271 Abs. 2 HGB

Nach § 271 Abs. 2 HGB ist jedes zum Konsolidierungskreis gehörende Unternehmen mit jedem anderen Unternehmen desselben Konsolidierungskreises verbunden. In § 290 HGB sowie in § 291 HGB und § 292 HGB ist bestimmt, wer MU und wer TU ist. Die Brücke zu § 271 Abs. 2 HGB wird durch die Vorschrift in § 294 Abs. 1 HGB geschlagen, nach der das MU und alle seine TU in den KA einzubeziehen sind. In § 271 Abs. 2 HGB wird die Zugehörigkeit zum selben Konsolidierungskreis zum entscheidenden Kriterium für die Unternehmensverbindungen. Diese Struktur des Begriffs „verbundenes Unternehmen" besteht in gleicher Weise in den Fällen des KA nach § 290 HGB wie auch bei befreienden KA nach §§ 291, 292 HGB. Wird der KA nach § 315a HGB i.V.m. internationalen Rechnungslegungsstandards oder nach den §§ 291, 292 HGB nach einer anderen Rechtsordnung aufgestellt, so ist nicht geklärt, wie sich dies auf den Kreis der verbundenen Unternehmen auswirkt[702]. **331**

Letztlich ist es nach § 271 Abs. 2 HGB für die Unternehmensverbindungen unerheblich, welche direkten Beziehungen zwischen den einzelnen Konzernunternehmen bestehen, z.B. ob sie zueinander im Verhältnis MU–TU stehen oder Schwester-Unternehmen sind. Dass in den KA nur Unternehmen einzubeziehen sind, die MU oder TU sind, steht dem nicht entgegen, wenn auch der Wortlaut des § 271 Abs. 2 HGB hieran anknüpft. Denn dies besagt nicht, dass nur jeweils MU und TU im Verhältnis zueinander verbundene Unternehmen sind, sondern grenzt lediglich den Kreis der einzubeziehenden Unternehmen ab, während die Rechtsfolge der Einbeziehung, die Unternehmensverbindung, alle Glieder eines Konsolidierungskreises umfasst[703]. **332**

5.2.1 Die Definitionen in § 271 Abs. 2 HGB – Überblick

Der Begriff „verbundene Unternehmen" im Dritten Buch des HGB ist eng verknüpft mit den Begriffen von MU und TU in § 290 HGB. Von diesen Begriffen ist für die weitere Erläuterung auszugehen: **Mutterunternehmen** ist, wer einen KA aufzustellen hat oder einen befreienden KA aufstellen kann. **Tochterunternehmen** ist, wer in den KA eines MU einzubeziehen ist[704]. **333**

Die Definition der verbundenen Unternehmen knüpft hieran an. Verbundene Unternehmen sind nach dem Wortlaut von § 271 Abs. 2 HGB Unternehmen, **334**

a) die gem. § 290 HGB MU oder TU sind (oder beides zugleich, wenn das TU seinerseits ein TU hat und daher auch MU ist)

---

[700] Näheres bei *Zilias*, DB 1986, S. 1110 (1112).
[701] Auch hier gelten Privatpersonen, Bund, Länder und Gemeinden nicht als Unternehmen; bei ausländischen Wirtschaftseinheiten kann auf die Befolgung eigenständiger erwerbswirtschaftlicher Ziele im Rahmen einer nach außen hin auftretenden Organisation abgestellt werden; vgl. ADS[6], § 271 HGB, Tz. 12.
[702] Vgl. Kap. C Tz. 365 f. und Kap. C Tz. 391.
[703] Dies entspricht auch Art. 41 Abs. 1 der 7. EG-RL.
[704] Hinzu kommen die Sonderfälle in § 296 HGB, bei denen es sich um TU handelt, die nicht in den KA einbezogen werden dürfen oder hinsichtlich derer ein Einbeziehungswahlrecht besteht; diese sind dennoch verbundene Unternehmen (§ 271 Abs. 2 HGB, letzter Hs.). Zur erweiterten Auslegung von § 271 Abs. 2 HGB s. Kap. C Tz. 407 ff.

b) und in den KA eines MU nach den Vorschriften über die Vollkonsolidierung einzubeziehen sind, (1) das als oberstes MU den am weitestgehenden KA nach §§ 290 ff. HGB aufzustellen hat – auch wenn die Aufstellung unterbleibt (hier im Folgenden **1. Fallgruppe** genannt) oder (2) das einen befreienden KA nach §§ 291 HGB oder 292 HGB aufstellt – oder aufstellen könnte (im Folgenden **2. Fallgruppe** genannt),
c) wobei TU, die nach § 296 HGB nicht einbezogen werden, in beiden Fallgruppen ebenfalls verbundene Unternehmen sind.

335 Die Definition der verbundenen Unternehmen in § 271 Abs. 2 HGB stellt somit, vereinfachend ausgedrückt, auf die vorgeschriebene **Einbeziehung** von MU und TU in denselben KA ab, unabhängig davon, ob der KA aufgestellt wird. Ihre Anknüpfungspunkte, die Begriffe MU und TU, die Pflicht zur Aufstellung eines KA und die Möglichkeit zur Aufstellung eines befreienden KA, finden sich in §§ 290, 291 und 292 HGB. Auf diese Vorschriften muss daher zurückgegriffen werden, wenn im konkreten Fall festgestellt werden sollte, ob Unternehmen i.S.v. § 271 Abs. 2 HGB miteinander verbunden sind[705]. Hierbei ergeben sich gewisse Regelungslücken bei § 271 Abs. 2 HGB[706].

336 Kapitalgesellschaften mit Sitz im Inland, die gem. § 271 Abs. 2 HGB mit einem **ausländischen Unternehmen** verbunden sind, unterliegen hinsichtlich dieser Unternehmensverbindung den Bestimmungen im Dritten Buch des HGB ebenso wie hinsichtlich inländischer verbundener Unternehmen; m.a.W.: sie müssen die Vorschriften, die an das Bestehen einer Unternehmensverbindung geknüpft sind, auch bzgl. der mit ihnen verbundenen ausländischen Unternehmen beachten. Dagegen ist es für die Rechnungslegung eines **inländischen Unternehmens** nach dem HGB unerheblich, ob nach dem Recht des ausländischen Staates, in dem ein anderes Unternehmen seinen Sitz hat, eine Unternehmensverbindung zu dem im Inland ansässigen Unternehmen besteht. So sind z.B. Forderungen und Verbindlichkeiten einer KapGes. mit Sitz im Inland ggü. einem im Ausland ansässigen Unternehmen nicht deshalb in deren Bilanz gesondert als solche auszuweisen (§ 266 Abs. 2 B II 2, Abs. 3 C 6 HGB), weil nach dem Recht des ausländischen Staates die beiden Unternehmen als verbunden gelten. Maßgebend für einen solchen Ausweis ist allein, ob die Unternehmen nach § 271 Abs. 2 HGB verbundene Unternehmen sind.

5.2.2 Mutter- oder Tochterunternehmen nach § 290 HGB

337 Die Bestimmung des Kreises der verbundenen Unternehmen gem. § 271 Abs. 2 HGB nimmt seinen Ausgang bei MU oder TU, die nach den Grundsätzen der Vollkonsolidierung in den KA des MU einzubeziehen sind. Zur Definition von MU oder TU wird auf die Erläuterungen zu § 290 HGB zurückgegriffen[707]. Die nachfolgend für KapGes. dargestellten Grundsätze gelten in gleicher Weise für PersGes. ohne natürlichen Vollhafter i.S.v. § 264a HGB.

5.2.2.1 Mutterunternehmen

338 Mutterunternehmen sind nur dann verbundene Unternehmen, wenn sie

---

705 Vgl. hierzu Erl. zu § 290 HGB; Kap. G Tz. 18 ff.
706 Vgl. hierzu Kap. C Tz. 407 ff.
707 Vgl. Kap. G Tz. 18 ff.

a) entweder als **KapGes.** (oder PersGes. i.S.v. § 264a HGB) mit Sitz im Inland nach § 290 HGB zur Konzernrechnungslegung verpflichtet sind (§ 271 Abs. 2 HGB, 1. Fallgruppe)
b) oder **als Unternehmen beliebiger Rechtsform** und unabhängig von ihrer Größe gem. § 291 HGB einen befreienden KA aufstellen oder aufstellen könnten. Dabei ist es gleichgültig, ob sie ihren Sitz in der Bundesrepublik Deutschland, in einem anderen Mitgliedstaat der EU/des EWR oder in einem Drittstaat haben (§ 271 Abs. 2 HGB, 2. Fallgruppe).

Die Pflicht zur Konzernrechnungslegung ist in § 290 HGB auf MU mit Sitz im Inland beschränkt. Ein MU mit Sitz im Ausland ist auch dann nicht nach deutschem Recht zur Konzernrechnungslegung verpflichtet, wenn es MU eines oder mehrerer TU mit Sitz in Deutschland ist. Dies entspricht dem Grundsatz, dass die Hoheitsgewalt eines Staates an den Staatsgrenzen endet. MU mit **Sitz im Ausland** haben aber ebenso wie MU mit Sitz im Inland unter den Voraussetzungen der §§ 291, 292 HGB die Möglichkeit, einen befreienden KA aufzustellen, und sind dann, auch wenn sie von dieser Möglichkeit keinen Gebrauch machen, nach deutschem Recht verbundene Unternehmen (§ 271 Abs. 2 HGB, 2. Fallgruppe)[708]. 339

5.2.2.2 Tochterunternehmen

5.2.2.2.1 Unternehmensverbindungen gem. § 290 Abs. 1 HGB

Die **Zugehörigkeit zu demselben Konsolidierungskreis** ist in den Fällen, in denen nach § 290 Abs. 1 S. 1 HGB ein KA aufgestellt werden muss, das konstitutive Merkmal für die Unternehmensverbindungen. Dies gilt unabhängig davon, ob ein KA aufgestellt wird oder ob die Aufstellung unterbleibt. 340

In **§ 290 Abs. 1 S. 1 HGB** ist die Konsolidierungspflicht an die Möglichkeit einer KapGes. mit Sitz im Inland (MU) geknüpft, auf andere Unternehmen einen beherrschenden Einfluss auszuüben. Diese anderen Unternehmen werden als „TU" bezeichnet. 341

Der Gesetzgeber vermeidet es, in § 290 HGB von einem **„Konzern"** zu sprechen. Er hat auch davon abgesehen, in § 290 HGB eine unwiderlegbare Vermutung für das Bestehen eines Konzerns aufzustellen (z.B. in § 18 Abs. 1 S. 2 AktG) oder auch nur die entsprechende Anwendung der Vorschriften vorzuschreiben, die sich auf Konzerne beziehen. Ob eine einheitliche Konzernleitung i.S.v. § 18 Abs. 1 S. 1 AktG gegeben ist, ist für die Rechnungslegung nicht von praktischer Bedeutung, weil in § 290 HGB die Aufstellung eines „KA", zu dem der KAnh. gehört, und eines „KLB" vorgeschrieben ist, sodass es insoweit auf die Einordnung der Fälle in den Konzernbegriff nicht ankommt. Dies gilt für die Unternehmensverbindungen ebenfalls, weil auch in diesem Zusammenhang nicht auf die Zugehörigkeit zu einem Konzern abgestellt wird, sondern nur auf die Pflicht zur Einbeziehung in einen „KA" (§ 271 Abs. 2 HGB). 342

Es spielt im Übrigen keine Rolle, in welchem **ausländischen Staat** ein einzubeziehendes TU seinen Sitz hat. 343

---

708 ADS[6], § 290 HGB, Tz. 23.

5.2.2.2.2 Insbesondere Unternehmensverbindungen durch Zurechnung gem. § 290 Abs. 3 HGB

344 Für die Reichweite der Unternehmensverbindungen nach § 290 Abs. 2 HGB sind die durch Zurechnung (§ 290 Abs. 3 S. 1 und 2 HGB) begründeten Unternehmensverbindungen von wesentlicher Bedeutung. Nach § 290 Abs. 3 HGB gelten als Rechte, die einem MU nach Abs. 2 zustehen, auch die einem TU zustehenden Rechte und die Rechte, die einer für Rechnung des MU oder eines TU handelnden Person zustehen.

345 Durch diese **Zurechnung** der Rechte bei dem MU (M), die ein TU (T) bei seinem TU (E) hat, wird nicht etwa die Unternehmensverbindung zwischen T und E aufgehoben. Vielmehr sind alle gem. § 294 Abs. 1 HGB zu konsolidierenden Unternehmen verbundene Unternehmen i.S.v. § 271 Abs. 2 HGB[709].

346 Dagegen bleiben bei einem MU oder TU Rechte aus Anteilen, die es für Rechnung einer anderen Person (z.B. als Trh.) oder als Sicherheit hält, außer Ansatz (§ 290 Abs. 3 S. 3 Nr. 1 und 2 HGB). Rechte aus treuhänderisch gehaltenen Anteilen gelten ausschließlich als Rechte des Unternehmens, für dessen Rechnung die Anteile gehalten werden (§ 290 Abs. 3 S. 1 HGB)[710].

5.2.2.2.3 Unternehmensverbindungen bei treuhänderisch gehaltener Mehrheitsbeteiligung bei § 290 Abs. 3 HGB

347 Das Trh.-Unternehmen ist nicht zur Aufstellung eines KA unter Einbeziehung des Unternehmens, an dem die Mehrheitsbeteiligung besteht, verpflichtet, auch wenn die Mehrheitsbeteiligung mit der Stimmrechtsmehrheit verbunden ist. Da die **Beteiligung für Rechnung** einer anderen Person, dem Treugeber-Unternehmen, gehalten wird, gelten die mit ihr verbundenen Rechte (§ 290 Abs. 2 Nr. 1–4 HGB) nicht als Rechte des Trh.-Unternehmens (§ 290 Abs. 3 S. 3 Nr. 1 HGB), sondern als Rechte des Treugeber-Unternehmens (§ 290 Abs. 3 S. 1 HGB). Dieses hat, wenn es eine KapGes. ist, einen KA unter Einbeziehung des Unternehmens, an dem die Beteiligung besteht, aufzustellen[711].

348 Nicht in Betracht kommt die Einbeziehung des Trh.-Unternehmens in einen KA des Treugeber-Unternehmens, soweit Letzteres keine Möglichkeit eines beherrschenden Einflusses, v.a. keine Rechtsposition gem. § 290 Abs. 2 Nr. 1-4 HGB, ggü. dem Trh.-Unternehmen innehat.

5.2.2.2.4 Unternehmensverbindungen bei Stimmbindung oder Entherrschung?

349 Für die Entscheidung, ob trotz des Abschlusses von Stimmbindungs- oder Entherrschungsvereinbarungen verbundene Unternehmen i.S.v. § 271 Abs. 2 HGB vorliegen, muss die Frage entschieden werden, ob derartige Vereinbarungen das Innehaben der Stimmenmehrheit i.S.v. § 290 Abs. 2 Nr. 1 HGB ausschließen oder § 290 Abs. 2 HGB unberührt lassen und zum Konsolidierungswahlrecht nach § 296 Abs. 1 Nr. 1 HGB führen[712]. Für die Konsolidierung kann diese Frage letztlich offen bleiben, wenn die

---

[709] Vgl. ADS[6], § 290 HGB, Tz. 133.
[710] Vgl. ADS[6], § 290 HGB, Tz. 139.
[711] *Grottel/Kreher*, in: BeBiKo[11], § 290, Rn. 82; so bereits *Mathews*, BB 1987, S. 642 (647).
[712] Zur Wirksamkeit von Entherrschungsverträgen vgl. LG Mainz v. 16.10.1990, DB, S. 2361; OLG Köln v. 24.11.1992, AG 1993, S. 86 „Winterthur/Nordstern"; zu den Grenzen *Zöllner*, ZHR 1991, S. 168; *Hentzen*, ZHR 1993, S. 65 (67).

Nichtkonsolidierung angestrebt ist. Für § 271 Abs. 2 HGB gilt jedoch: Ergibt sich diese Entscheidung aus § 296 Abs. 1 Nr. 1 HGB, bleiben die betroffenen Unternehmen verbundene Unternehmen. Folgt sie jedoch aus § 290 Abs. 2 HGB, entfällt diese Zuordnung.

Diese Frage ist umstritten. Sieht man in den Fällen des § 290 Abs. 2 HGB eine unwiderlegliche Vermutung des beherrschenden Einflusses, so schließen schuldrechtliche Beschränkungen den beherrschenden Einfluss nicht aus. Unternehmen wären auch bei Stimmbindungs- oder Entherrschungsverträgen als verbundene Unternehmen zu behandeln[713]. Interpretiert man § 290 Abs. 2 HGB jedoch materiell, so schließen Stimmbindungs- und Entherrschungsverträge einen beherrschenden Einfluss aus und stehen einer Qualifikation als verbundene Unternehmen entgegen[714]. Zu bedenken ist jedoch, dass im Falle der § 290 Abs. 2 HGB jedenfalls eine besondere Qualität der Unternehmensverbindung vorliegt, die es – unabhängig von weiteren Vereinbarungen – rechtfertigt, die besonderen Vorschriften über verbundene Unternehmen anzuwenden.

350

5.2.3 Einbeziehung in den Konzernabschluss nach den Vorschriften über die Vollkonsolidierung

Verbundene Unternehmen sind nach § 271 Abs. 2 HGB nur solche Unternehmen, die in den KA **einzubeziehen sind**. Durch die Aufstellung eines KA oder der Möglichkeit hierzu können nicht beliebige Unternehmen verbunden werden. Es kann nicht willkürlich bestimmt werden, welche Unternehmen in den KA einbezogen werden, auch wenn dieser Abschluss freiwillig aufgestellt wird. Maßgeblich für die Bestimmung des pflichtgemäßen Konsolidierungskreises ist nach dem Wortlaut des § 271 Abs. 2 HGB die Norm des § 290 HGB und damit **ausschließlich das HGB**, nicht also IFRS oder ausländisches Recht. Würde man dagegen auf das jeweilige ausländische Recht abstellen, so wäre der Ersteller des EA gezwungen, i.R.d. Abschlusserstellung ausländischen Rechtsrat einzuholen.

351

Zusätzlich sind TU, die nicht einbezogen werden, weil sie nach **§ 296 HGB** nicht einbezogen zu werden brauchen, verbundene Unternehmen (§ 271 Abs. 2 HGB, Hs. 2)[715]. Dabei ist zu berücksichtigen, dass auch deren TU verbundene Unternehmen sind, wenn bei ihnen die Möglichkeit eines beherrschenden Einflusses nach § 290 HGB besteht.

352

Verbundene Unternehmen sind nach § 271 Abs. 2 HGB nur solche Unternehmen, die in den KA **nach den Vorschriften über die Vollkonsolidierung** einzubeziehen sind, also nach §§ 300 ff. HGB. Die Quotenkonsolidierung (§ 310 HGB) genügt nicht. Auch die Qualifikation als assoziiertes Unternehmen (§ 311 HGB) reicht nicht aus.

353

5.2.4 Der weitestgehende Konzernabschluss des obersten Mutterunternehmens (§ 271 Abs. 2 Handelsgesetzbuch, 1. Fallgruppe)

Nach § 271 Abs. 2 HGB, 1. Fallgruppe, ist bei der Feststellung, welche Unternehmen verbunden sind, auf den „weitestgehenden" KA abzustellen, den das „oberste" MU nach

354

---

[713] So DRS 19.16 und .23; *Grottel/Kreher*, in: BeBiKo[11], § 290, Rn. 46; ADS[6], § 290 HGB, Tz. 38; *Ulmer*, in: FS Goerdeler, S. 623 (641), mit Fn. 50.

[714] Vgl. *von Keitz/Ewelt-Knauer*, in: Baetge/Kirsch/Thiele, Bilanzrecht, § 290 HGB, Rn. 72; zum HGB vor dem BilMoG *St/SABI 1/1988*, Abschn. I.3.a).

[715] Vgl. ADS[6], § 271 HGB, Tz. 42; *von Keitz*, in: Baetge/Kirsch/Thiele, Bilanzrecht, § 271 HGB, Rn. 55; *Küting*, in: HdR[2], § 271, Rn. 123; *Merkt*, in: Baumbach/Hopt, HGB[38], § 271, Rn. 9; *Reiner*, in: MünchKomm. HGB[3], § 271, Rn. 23.

dem Zweiten Unterabschnitt (§§ 290 ff. HGB) aufzustellen hat, auch wenn die Aufstellung unterbleibt.

5.2.4.1 Pflicht zur Aufstellung eines Konzernabschlusses

355 Nach § 271 Abs. 2 HGB, 1. Fallgruppe, muss eine Pflicht zur Aufstellung eines KA nach dem Zweiten Unterabschnitt (§§ 290 ff. HGB) bestehen. Eine solche Pflicht ergibt sich aus **§ 290 HGB**.

356 Auch in den Fällen des **§ 315a HGB** basiert die Pflicht zur Aufstellung des KA auf § 290 HGB[716]. § 315a HGB regelt lediglich, welche Vorschriften auf den KA anzuwenden sind. Somit ist § 271 Abs. 2 HGB, 1. Fallgruppe, auch im Falle von IAS/IFRS-Abschlüssen anzuwenden (zum Kreis der verbundenen Unternehmen in diesem Fall vgl. Kap. C Tz. 351).

357 Ist das MU keine KapGes., sondern nach **§ 11 PublG** zur Aufstellung eines KA verpflichtet, so ergibt sich die Pflicht zur Aufstellung des KA nicht nach dem Zweiten Unterabschnitt (§§ 290 ff. HGB). Die Einbeziehung in einen nach dem PublG aufzustellenden KA begründet somit dem Wortlaut der Vorschrift nach keine Unternehmensverbindung i.S.d. HGB. Das konzernleitende und die anderen in den KA einzubeziehenden Unternehmen wären in den EA der KapGes. nicht als verbundene Unternehmen zu behandeln[717]. Hiergegen wurde in der Lit. Widerspruch erhoben. So hielt *Kropff* eine Gleichstellung der KA nach dem PublG mit KA nach dem HGB für zulässig[718]. Dafür spricht, dass im PublG eine sinngemäße Anwendung des § 271 Abs. 2 HGB für die nach dem PublG zur Aufstellung eines JA verpflichteten Unternehmen vorgeschrieben ist (§ 5 Abs. 1 S. 2 PublG). Wenn im JA des dem PublG unterliegenden Unternehmens Forderungen ggü. TU als Forderungen ggü. verbundenen Unternehmen auszuweisen sind, spricht vieles dafür, korrespondierend im JA der TU die entsprechenden Verbindlichkeiten ebenfalls als solche ggü. verbundenen Unternehmen auszuweisen.

358 Hat ein MU **nur TU**, die gem. **§ 296 HGB** nicht in den KA einbezogen zu werden brauchen, so ist es von der Pflicht, einen KA aufzustellen, befreit (§ 290 Abs. 5 HGB). *Küting* schließt hieraus, dass in diesem Fall keine verbundenen Unternehmen vorliegen[719]. Dies entspricht dem Wortlaut der Normen. Allerdings bestimmt § 271 Abs. 2 HGB, dass auch Unternehmen, die nach § 296 HGB nicht in den KA einbezogen werden, verbundene Unternehmen sind. Aufgrund dieser Wertentscheidung ist auch im Falle des § 290 Abs. 5 HGB der Kreis der verbundenen Unternehmen so zu bestimmen, als ob ein KA einschl. aller TU aufzustellen wäre.

359 Dass hier **nur auf MU mit Sitz im Inland** abgestellt wird, ergibt sich aus der Bezugnahme auf die Pflicht zur Aufstellung eines KA nach dem Zweiten Unterabschnitt. Mutterunternehmen mit Sitz im Ausland kann der deutsche Gesetzgeber nicht zur Konzernrechnungslegung verpflichten.

---

716 Vgl. *Küting*, in: HdR[5], § 271, Rn. 104.
717 So *Mock*, in: Hachmeister u.a., *Bilanzrecht*, § 271, Rn. 36; *Reiner*, in: MünchKomm. HGB[3], § 271, Rn. 23; fraglich lt. *Küting*, in: HdR[5], § 271, Rn. 144.
718 DB 1986, S. 364, 365, unter B 11 Nr. 2a.; ebenso *Böcking/Gros*, in: Wiedmann/Böcking/Gros, Bilanzrecht[3], § 271, Rn. 11.
719 *Küting*, in: HdR[5], § 271, Rn. 150.

360 Stellt das oberste MU entgegen den gesetzlichen Vorschriften im Zweiten Unterabschnitt (§§ 290–315a HGB) **keinen KA** auf, so ist dies irrelevant. Es sind die Unternehmen, die in den KA hätten einbezogen werden müssen, dennoch verbundene Unternehmen (§ 271 Abs. 2 HGB, 1. Fallgruppe).

361 Wird der **KA nicht geprüft**, so ist dies für die Frage, welche Unternehmen gem. § 271 Abs. 2 HGB, 1. Fallgruppe, verbunden sind, ohne Bedeutung. Entscheidend ist, dass die Unternehmensverbindungen unabhängig davon bestehen, ob überhaupt ein KA aufgestellt wird oder ob die Aufstellung pflichtwidrig unterbleibt. Wenn sogar ein vorgeschriebener, aber tatsächlich nicht erstellter KA die Unternehmensverbindungen begründet, so erst recht ein aufgestellter, wenn auch nicht geprüfter KA.

362 Besteht nach den Vorschriften im Zweiten Unterabschnitt keine Pflicht zur Aufstellung eines KA, weil eine **größenabhängige Befreiung nach § 293 HGB** vorliegt, so ist § 271 Abs. 2 HGB, 1. Fallgruppe, dem Gesetzeswortlaut nach nicht anwendbar[720]. Für diese Ansicht würde sprechen, dass in denjenigen Fällen, in denen kein KA erforderlich wäre, um den Abschlussadressaten die notwendige Transparenz über die Unternehmensgruppe zu verschaffen, auch kein Ausweis der Beziehungen zu verbundenen Unternehmen geboten wäre. In der Lit. wird die 1. Fallgruppe jedoch weitgehend über ihren Wortlaut hinaus ausgelegt, sodass **verbundene Unternehmen auch dann vorliegen**, wenn aufgrund § 293 HGB keine Pflicht zur Aufstellung eines KA besteht[721].

5.2.4.2 Kreis der verbundenen Unternehmen i.S.d. § 271 Abs. 2 HGB (1. Fallgruppe)

363 Nach der 1. Fallgruppe des § 271 Abs. 2 HGB sind verbundene Unternehmen diejenigen, die als MU oder TU in den KA des obersten MU einzubeziehen sind. Dieser weitestgehende KA soll die größtmögliche Zahl einzubeziehender Unternehmen erfassen. Der Sinn der weiten Fassung des Begriffs der verbundenen Unternehmen ist darin zu sehen, dass bei der gesonderten Offenlegung der finanziellen Verflechtungen im JA von einem möglichst weitgespannten Kreis nahestehender Unternehmen ausgegangen werden soll.

5.2.4.2.1 Unternehmensverbindung bei aufgestelltem Konzernabschluss nach § 290 HGB

364 Wird ein KA nach § 290 HGB aufgestellt, bestimmt sich hierdurch der Mindestumfang des Kreises der verbundenen Unternehmen. Verbundene Unternehmen nach § 271 Abs. 2 HGB sind in jedem Falle die Unternehmen, deren JA nach den Grundsätzen über die Vollkonsolidierung im KA zusammengefasst wurden. Voraussetzung ist jedoch, dass – abgesehen vom Fall des § 296 HGB – eine Pflicht zur Vollkonsolidierung bestand[722].

---

[720] Vgl. Hachmeister/Glaser, in: HdJ, II/4, Rn. 29; Grottel/Kreher, in: BeBiKo[11], § 271, Rn. 34 f.; Küting, in: HdR[5], § 271, Rn. 133 ff.; Reiner, in: MünchKomm. HGB[3], § 271, Rn. 23.
[721] Vgl. Kap. F Tz. 354; ADS[6], § 271 HGB, Tz. 46 ff., 64; von Keitz, in: Baetge/Kirsch/Thiele, Bilanzrecht, § 271 HGB, Rn. 66 ff.; Merkt, in: Baumbach/Hopt, HGB[38], § 271, Rn. 9.
[722] Hierzu Kap. C Tz. 351 ff.

5.2.4.2.2 Unternehmensverbindung bei aufgestelltem Konzernabschluss nach § 315a HGB in Verbindung mit internationalen Rechnungslegungsstandards

365 Wird der handelsrechtliche KA nach § 315a HGB durch den nach internationalen Rechnungslegungsvorschriften aufgestellten KA ersetzt, ist fraglich, ob sich der Kreis der verbundenen Unternehmen anhand dieses nach internationalen Standards aufgestellten KA bestimmt. Damit fänden – unmittelbar – internationale Rechnungslegungsstandards Eingang in den nach HGB aufgestellten JA.

366 Da § 271 Abs. 2 HGB für die Definition der TU auf § 290 HGB verweist, ist der Kreis der TU weiterhin nach § 290 HGB zu bestimmen und nicht nach den Vorschriften der IAS/IFRS. Auch aus gesetzessystematischen Gründen spricht vieles dafür, der für handelsrechtliche Zwecke anzuwendenden Vorschrift des § 271 Abs. 2 HGB weiterhin den nach handelsrechtlichen Vorschriften zu bestimmenden Kreis verbundener Unternehmen zugrunde zu legen[723]. Da sich § 290 Abs. 2 HGB in der Neufassung des BilMoG weitgehend an IAS 27 und SIC-12 bzw. IFRS 10 orientiert, besteht ohnehin weitgehende Deckung in den Definitionen.

5.2.4.2.3 Unternehmensverbindungen, wenn der vorgeschriebene Konzernabschluss nicht vollständig aufgestellt wird

367 Werden einzelne Unternehmen gesetzeswidrig nicht in den KA einbezogen, so sind dennoch die Unternehmen, die in den KA **hätten einbezogen werden** müssen, verbundene Unternehmen (§ 271 Abs. 2 HGB, 1. Fallgruppe)[724]. Alle Unternehmen, die zu konsolidieren gewesen wären, sind im Verhältnis zueinander verbundene Unternehmen. Dabei stellt das Gesetz auf den „am weitestgehenden" KA ab, den das „oberste" MU nach dem Zweiten Unterabschnitt (§§ 290 ff. HGB) aufzustellen hat. Die Vorschrift soll bewirken, dass sich die Unternehmensverbindungen stets nach dem **größtmöglichen Kreis** der verbundenen Unternehmen bestimmen[725]. Im letzteren Fall wäre nicht, wie das Gesetz verlangt, der weitestgehende KA aufgestellt.

5.2.4.3 Zwei oberste Mutterunternehmen nebeneinander

368 Denkbar sind auch Konstellationen, in denen ein oberstes MU nicht den am weitestgehenden KA aufzustellen hat. Zum Beispiel könnten zwei nebeneinander stehende oberste MU mit Sitz im Inland vorhanden sein, die bei einem dritten Unternehmen unterschiedliche Rechtsstellungen gem. § 290 Abs. 2 HGB innehaben. Das dritte Unternehmen wird hierdurch TU jedes der beiden MU. Die Sachlage hat Ähnlichkeiten mit der Konstellation bei den herkömmlichen **Gemeinschaftsunternehmen,** für die jedoch – anders als bei dem hier zugrunde liegenden Sachverhalt – eine paritätische Beteiligung der Obergesellschaften und Vereinbarungen zwischen diesen über die Leitung des Unternehmens typisch sind.

369 Der Fall kann eintreten, wenn bei demselben Unternehmen ein Unternehmen das Recht auf beherrschenden Einfluss besitzt und ein anderes Unternehmen die Stimmrechtsmehrheit hat. Es wird selten vorkommen, ist aber immerhin denkbar, etwa auf-

---

723 Vgl. Kap. F Tz. 354.
724 Vgl. ADS[6], § 271 HGB, Tz. 46.
725 Vgl. *Küting*, in: HdR[5], § 271, Rn. 102.

grund einer Verständigung zwischen den MU oder wenn die Stimmrechtsmehrheit des einen MU erst später als das Recht des anderen MU auf beherrschenden Einfluss zustande gekommen ist. Im Falle einer GmbH kann zudem § 290 Abs. 2 Nr. 2 HGB durch das Recht einschlägig sein, die Mehrheit der Mitglieder des Leitungs- oder Aufsichtsorgans zu bestellen oder abzuberufen.

370 Die Frage ist, ob nach den Vorschriften im Dritten Buch des HGB eine doppelte Konzernzugehörigkeit möglich ist. Der Wortlaut des § 290 Abs. 2 HGB ist insoweit eindeutig: Wenn einer KapGes. mit Sitz im Inland eine der Rechtspositionen der Nr. 1-4 des § 290 Abs. 2 HGB bei einem anderen Unternehmen zusteht, ist sie zur Konzernrechnungslegung verpflichtet. Eine Ausnahme für den Fall, dass zwei KapGes. mit Sitz im Inland bei demselben Unternehmen (unterschiedliche) Rechtspositionen des Abs. 2 innehaben, enthält das Gesetz nicht. Die **mehrfache Konzernzugehörigkeit** in derartigen Fällen entspricht auch Sinn und Zweck des Gesetzes[726]. Dass bestimmte Unternehmensverbindungen durch § 271 Abs. 2 HGB ausgeschlossen werden sollten, ist nicht anzunehmen, zumal dieser Vorschrift der gesetzgeberische Wille zu entnehmen ist, die Unternehmensverbindungen weit zu spannen. Vielmehr ist davon auszugehen, dass bei der Gesetzesformulierung an Fälle wie den vorliegenden nicht gedacht worden ist.

5.2.5 Unternehmensverbindungen bei befreiendem Konzernabschluss nach §§ 291, 292 HGB (2. Fallgruppe)

371 Durch die Inbezugnahme auch der §§ 291 und 292 HGB in § 271 Abs. 2 HGB, Alt. 2, wird der Kreis der Unternehmen, die als verbundene Unternehmen zu behandeln sind, **wesentlich erweitert**. Dies folgt daraus, dass gemäß diesen Bestimmungen alle diejenigen Unternehmen verbunden i.S.v. § 271 Abs. 2 HGB sind, für die ein Unternehmen gleich welcher Rechtsform mit Sitz innerhalb der EU/des EWR (§ 291 HGB) oder in Drittstaaten (§ 292 HGB) einen befreienden KA aufstellt oder aufstellen könnte.

372 Die praktisch bedeutsamste Erweiterung des Kreises der verbundenen Unternehmen ggü. dem Kreis der in einen KA einbezogenen Unternehmen liegt in der 2. Fallgruppe des § 271 Abs. 2 HGB, nach der Unternehmensverbindungen schon dann bestehen, wenn ein MU einen befreienden KA nach den Vorschriften des § 291 HGB oder des § 292 HGB **aufstellen könnte**, selbst wenn es ihn tatsächlich nicht aufstellt oder noch nicht einmal dazu verpflichtet ist.

373 Damit geht § 271 Abs. 2 HGB über den Anwendungsbereich der §§ 291 Abs. 1 S. 1, 292 HGB hinaus: Nach diesen Vorschriften ist ein zur Konzernrechnungslegung verpflichtetes MU mit Sitz im Inland, das zugleich TU ist, von dieser Pflicht nur freigestellt, wenn sein MU einen befreienden KA tatsächlich erstellt. Für § 271 Abs. 2 HGB, 2. Fallgruppe, genügt für die Herstellung von Unternehmensverbindungen jedoch die **bloße rechtliche Möglichkeit**, einen befreienden KA aufzustellen. Die Unternehmensverbindungen bestehen auch dann, wenn von dieser Möglichkeit kein Gebrauch gemacht, ein befreiender KA also tatsächlich nicht – oder, was gleichsteht, nicht gem. den Vorschriften der §§ 291, 292 HGB – aufgestellt wird.

374 Ferner müssen, wenn ein KA befreiende Wirkung haben soll, das zu befreiende MU und seine TU in den befreienden KA einbezogen worden sein, außer soweit nach § 296 HGB

---

[726] Zur mehrfachen Konzernzugehörigkeit vgl. ADS⁶, § 290 HGB, Tz. 82; krit. *Lüdenbach/Freiberg*, BB 2009, S. 1230.

keine Pflicht zur Einbeziehung besteht (§ 291 Abs. 2 S. 1 Nr. 1 HGB). Zur Ermittlung der Unternehmensverbindungen i.S.d. § 271 Abs. 2 HGB ist dagegen lediglich festzustellen, ob das zu befreiende inländische MU und seine TU nach § 291 Abs. 1 S. 2 HGB in den befreienden KA **einzubeziehen wären, wenn er erstellt würde** (wiederum mit Ausnahme der unter § 296 HGB fallenden TU).

375 Ob der befreiende KA gem. § 291 Abs. 2 S. 1 Nr. 2 HGB oder § 292 Abs. 1 Nr. 3 HGB **geprüft** sein muss, um Unternehmensverbindungen zu begründen, könnte nach dem bloßen Wortlaut des § 271 Abs. 2 HGB, 2. Fallgruppe, fraglich sein. Einerseits ist dort nur von der Aufstellung des Abschlusses, nicht auch von dessen Prüfung die Rede. Andererseits hat ein KA, der nicht gem. § 291 Abs. 2 S. 1 Nr. 2 HGB geprüft worden ist, keine „befreiende Wirkung" (§ 291 Abs. 2 S. 1, Hs. 1 HGB, § 292 Abs. 1 HGB) und könnte darum möglicherweise auch nicht als „befreiender KA" i.S.v. § 271 Abs. 2 HGB anzusehen sein. Es ergibt jedoch keinen Sinn, einen geprüften befreienden KA zu fordern, wenn zur Herstellung der Unternehmensverbindungen allein schon die bloße rechtliche Möglichkeit genügt, einen befreienden KA aufzustellen (und prüfen zu lassen). Ist die Prüfung eines befreienden KA unterblieben, so würde dies nichts daran ändern, dass die Unternehmensverbindungen bestehen, eben weil ein den Anforderungen des § 291 HGB und § 292 HGB auch hinsichtlich der Prüfung genügender KA aufgestellt werden könnte. Deshalb ist unter dem Gesichtspunkt des § 271 Abs. 2 HGB, 2. Fallgruppe, die Frage nach der Bedeutung einer unterbliebenen Prüfung irrelevant.

376 Zu unterscheiden ist zwischen MU mit Sitz im Inland und solchen mit Sitz im Ausland.

5.2.5.1 Befreiende Konzernabschlüsse durch Mutterunternehmen mit Sitz im Inland

377 § 291 HGB bezieht sich nicht nur auf MU mit Sitz in anderen Mitgliedstaaten der EU/des EWR, sondern auch auf MU im Inland.

5.2.5.1.1 Befreiende Konzernabschlüsse, die aufgrund gesetzlicher Verpflichtung aufgestellt werden

378 Stellt eine KapGes. mit Sitz im Inland einen KA aufgrund gesetzlicher Verpflichtung (§§ 290 ff. HGB) auf, so ist dieser ein „befreiender" für diejenigen in den KA einzubeziehenden TU, die sonst selbst als MU einen KA aufstellen müssten (vorausgesetzt, dass KA und Anh. den Anforderungen des § 291 Abs. 2 HGB entsprechen). Die Unternehmensverbindungen ergeben sich in diesem Fall bereits aus der 1. Fallgruppe in § 271 Abs. 2 HGB, nach der die MU und TU verbundene Unternehmen sind, die in den weitestgehenden KA des obersten MU einzubeziehen sind – auch wenn dessen Aufstellung unterbleibt. Dies gilt auch im Falle einer Aufstellung des KA nach § 315a HGB (s. Kap. C Tz. 365 f.).

5.2.5.1.2 Unternehmensverbindungen, wenn ein befreiender Konzernabschluss zwar nicht verpflichtend, aber möglich ist

379 Zu untersuchen sind die Fälle, in denen für das MU mit Sitz im Inland zwar keine Verpflichtung, jedoch die Möglichkeit zur Aufstellung eines KA mit befreiender Wirkung besteht.

380 **Kapitalgesellschaft und PersGes. i.S.d. § 264a HGB** mit Sitz im Inland sind als MU bereits nach § 290 HGB zur Aufstellung eines KA verpflichtet. Bedeutung kann § 291

Abs. 1 S. 2 HGB daher hier nur bzgl. der **Größenunabhängigkeit** zukommen. Folgt man der Auffassung, dass verbundene Unternehmen i.S.d. § 271 Abs. 2 HGB, 1. Fallgruppe, auch dann vorliegen, wenn das MU nach § 293 HGB größenabhängig von der Aufstellung eines KA befreit ist,[727] so hat § 271 Abs. 2 HGB, 2. Fallgruppe, für oberste MU mit Sitz im Inland keine Bedeutung. Dagegen gelangt die Auffassung, nach der im Falle des § 293 HGB die 1. Fallgruppe des § 271 Abs. 2 HGB ausscheidet, in folgenden Fällen zu einem Anwendungsfall der 2. Fallgruppe: Eine KapGes. mit Sitz im Inland (M) ist größenbedingt von der Pflicht zur Konzernrechnungslegung freigestellt (§ 293 HGB). Sofern ein TU (T) KapGes. und als solche zugleich MU gem. § 290 HGB ist, könnte M freiwillig einen befreienden KA aufstellen. Zu der Frage, ob dies dann nicht gilt, wenn T selbst gem. § 293 HGB von der Pflicht, einen KA aufzustellen, befreit ist, vgl. Kap. C Tz. 397 ff.

Generell ist festzuhalten, dass zur Aufstellung eines befreienden KA nicht nur KapGes., sondern auch **Unternehmen anderer Rechtsform** befugt sein können, und zwar unabhängig von ihrer Größe; bei Letzteren ist darauf zu achten, ob der Unternehmensbegriff erfüllt ist (hierzu Kap. C Tz. 322 ff.). Der praktisch **bedeutsamste Fall** der Aufstellung oder möglichen Aufstellung eines befreienden KA – und damit der Begründung von Unternehmensverbindungen nach der 2. Fallgruppe in § 271 Abs. 2 HGB – dürfte der Fall sein, dass das oberste inländische MU, dem die Möglichkeit zur Beherrschung unmittelbar oder mittelbar (§ 290 Abs. 3 S. 1, 2 HGB) zusteht, nicht die Rechtsform der AG, KGaA, GmbH oder einer PersGes. i.S.v. § 264a HGB hat, sondern z.B. in der **Rechtsform** eines **Einzelkaufmanns** oder einer **Personenhandelsgesellschaft** mit einer natürlichen Person als unbeschränkt haftendem Gesellschafter geführt wird. Nach § 291 Abs. 1 S. 2 HGB kann ein Unternehmen „unabhängig von seiner Rechtsform und Größe" freiwillig einen befreienden KA aufstellen. Voraussetzung ist nach dem Gesetzeswortlaut, dass das Unternehmen, wäre es eine KapGes. mit Sitz in einem Mitgliedstaat der EU/des EWR, zur Aufstellung eines KA unter Einbeziehung des zu befreienden MU und seiner TU verpflichtet wäre (§ 291 Abs. 1 S. 2 HGB). Ein im Inland ansässiges Unternehmen in anderer Rechtsform als der KapGes. kann somit einen befreienden KA aufstellen – und allein schon durch diese Möglichkeit Unternehmensverbindungen begründen –, wenn es als AG, KGaA oder GmbH oder als PersGes. i.S.v. § 264a HGB kraft Gesetzes einen KA aufzustellen hätte. Die **Größe** dieser nur gedachten KapGes. ist nach dem klaren Gesetzeswortlaut von § 291 Abs. 1 S. 2 HGB außer Betracht zu lassen.

381

5.2.5.1.3 Kreis der verbundenen Unternehmen bei § 271 Abs. 2 HGB, 2. Fallgruppe, bei Mutterunternehmen mit Sitz im Inland

Durch die Aufstellung eines befreienden KA oder der Möglichkeit hierzu können nicht beliebige Unternehmen verbunden werden. Vielmehr werden **nur diejenigen** Unternehmen zu verbundenen Unternehmen, die in den befreienden KA **einzubeziehen „sind"** (s. Wortlaut des § 271 Abs. 2 HGB – auch bezogen auf die hier in Frage stehende 2. Fallgruppe). Darüber hinaus nur solche TU, für die ein Konsolidierungswahlrecht (§ 296 HGB) besteht (§ 271 Abs. 2, letzter Hs. HGB).

382

Nach § 291 Abs. 2 S. 1 Nr. 2 HGB müssen die Unternehmen einbezogen werden, die nach dem am Sitz des MU geltenden und mit der 7. EG-RL übereinstimmenden Recht in den

383

---

[727] Hierzu Kap. C Tz. 362.

konsolidierten Abschluss einzubeziehen sind, also im HGB gem. § 294 HGB. Stets gehören zu den einbezogenen Unternehmen das zu befreiende MU und dessen TU, wie sich aus § 291 Abs. 1 S. 2 und Abs. 2 S. 1 Nr. 1 HGB ergibt.

384 Wird der KA nach § 315a HGB und internationalen Rechnungslegungsstandards aufgestellt, so spricht vieles dafür, der für handelsrechtliche Zwecke anzuwendenden Vorschrift des § 271 Abs. 2 HGB weiterhin den nach handelsrechtlichen Vorschriften zu bestimmenden Kreis verbundener Unternehmen zugrunde zu legen (s. Kap. C Tz. 365 f.). Wegen § 291 Abs. 2 S. 1 Nr. 1 HGB sind ohnehin zwingend alle Unternehmen verbundene Unternehmen, die nach § 290 HGB als TU zu qualifizieren sind.

5.2.5.2 Befreiende Konzernabschlüsse durch Mutterunternehmen mit Sitz im Ausland

5.2.5.2.1 Keine gesetzliche Verpflichtung zur Aufstellung eines befreienden Konzernabschlusses im Inland

385 Für MU mit Sitz im Ausland kommt nur die Aufstellung des KA nach §§ 291, 292 HGB in Betracht. Der **Pflicht zur Aufstellung** von KA nach § 290 HGB unterliegen nur KapGes. mit Sitz im Inland.

5.2.5.2.2 Möglichkeit zur Aufstellung eines befreienden Konzernabschlusses

386 Ein MU mit Sitz in einem anderen Mitgliedstaat der EU/des EWR, das KapGes. ist, wird i.d.R. nach dem gem. der 7. EG-RL gestalteten Recht des betreffenden Staates verpflichtet sein, einen KA unter Einbeziehung auch seiner in Deutschland ansässigen TU aufzustellen (vgl. die Aufzählung der Gesellschaftsformen in Art. 4 der RL). Dieser ausländische KA ist für deutsche TU, die sonst als MU selbst konzernrechnungslegungspflichtig wären, ein „befreiender KA", wenn er den Anforderungen des § 291 HGB entspricht. Die deutschen TU sind verbundene Unternehmen im Verhältnis zu dem ausländischen MU wie auch im Verhältnis zu dessen anderen TU, unabhängig von deren Sitz.

387 Hat das MU mit Sitz im anderen Mitgliedstaat der EU/des EWR **nicht** die Rechtsform einer **KapGes.**, so ist zu prüfen, ob dieses MU als KapGes. mit Sitz in einem EU/EWR-Mitgliedstaat zur Aufstellung eines KA verpflichtet wäre (§ 291 Abs. 1 S. 2 HGB). Für die Mitgliedstaaten der EU/des EWR ist in Art. 4 der 7. EG-RL bestimmt, welche Gesellschaftsformen in den einzelnen Ländern als KapGes. gelten. Größenbedingte Befreiungen sind in diesem Zusammenhang bei der gedachten KapGes. außer Betracht zu lassen[728]. Bei MU mit Sitz in einem Drittstaat besteht immer die Möglichkeit eines befreienden KA.

5.2.5.2.3 Kreis der verbundenen Unternehmen bei befreiendem Konzernabschluss eines ausländischen Mutterunternehmens

388 Wenn ein MU mit Sitz im Ausland einen befreienden KA nach §§ 291, 292 HGB aufstellt oder auch nur aufstellen könnte (§ 271 Abs. 2 HGB, 2. Fallgruppe), stellt sich die Vorfrage, nach welcher Rechtsordnung sich bestimmt, welche Unternehmen in den befrei-

---

[728] Vgl. Kap. C Tz. 381.

enden KA einzubeziehen und damit verbundene Unternehmen i.S.d. HGB sind: Wird dies nach der Rechtsordnung am Sitz des ausländischen MU oder nach deutschem Recht bestimmt?

Auszugehen ist hierbei von den Vorschriften über den befreienden KA in § 291 HGB.

Nach §§ 291 Abs. 2 S. 1 Nr. 1, 292 HGB hat der KA nur dann befreiende Wirkung, wenn das zu befreiende MU und seine TU in den KA des ausländischen MU einbezogen worden sind. Mit dem Wort „seine" sind hier als TU diejenigen Unternehmen angesprochen, die nach deutschem Recht TU des zu befreienden MU sind[729]. Durch § 291 Abs. 2 S. 1 Nr. 1 HGB (wie auch schon durch § 291 Abs. 1 S. 2 HGB) soll sichergestellt werden, dass alle Unternehmen, die in den KA des inländischen MU auf unterer Stufe hätten einbezogen werden müssen, unbeschadet des § 296 HGB in den befreienden KA einbezogen werden. Denn nur unter dieser Voraussetzung lässt sich der Verzicht auf die Konzernrechnungslegung auf unterer Stufe rechtfertigen. Den **Kreis der** in den befreienden KA **einzubeziehenden Unternehmen** auf dieser Konzernstufe bestimmt somit das **deutsche Recht**, hier also die Vorschriften im Dritten Buch des HGB.

389

Allerdings ist der **KA nach dem am Sitz des ausländischen MU geltenden Recht aufzustellen** (§ 291 Abs. 2 S. 1 Nr. 2 HGB, ggf. i.V.m. § 292 Abs. 1 HGB). Dies ergibt sich aus § 291 Abs. 2 S. 1 Nr. 2 HGB. Dort ist bestimmt, dass der befreiende KA nach dem Recht des Staates aufzustellen ist, in dem das MU seinen Sitz hat, mit der Maßgabe, dass dieses Recht den Anforderungen der 7. EG-RL entsprechen muss. (Letzteres gewährleistet jedoch u.a. wegen verschiedener Wahlrechte nicht unbedingt die Übereinstimmung mit dem deutschen Recht.) Würde man diese Vorschrift auch im Bereich des § 271 Abs. 2 HGB anwenden, so würde indirekt im Fall des befreienden KA eines ausländischen MU das ausländische Recht am Sitz des MU darüber entscheiden, mit welchen sonstigen Unternehmen das zu befreiende deutsche MU und dessen TU i.S.v. § 271 Abs. 2 HGB verbunden sind. Dies trifft selbst hinsichtlich der in Deutschland ansässigen Unternehmen zu (sofern es sich nicht um TU des zu befreienden deutschen MU selbst handelt).

390

Fraglich ist, nach welchem Recht sich bestimmt, welche dieser Unternehmen in den befreienden KA einzubeziehen und damit gem. § 271 Abs. 2 HGB, 2. Fallgruppe, im Verhältnis zu dem zu befreienden deutschen MU und dessen TU verbundene Unternehmen sind. Im Anwendungsbereich des § 271 Abs. 2 HGB, 2. Fallgruppe, ist zu beachten, dass diese Norm für die Definition von TU ausdrücklich auf § 290 HGB verweist. Damit ist **auf das deutsche Recht abzustellen**. Hierfür spricht auch der unterschiedliche Regelungszweck der Normen: § 291 Abs. 2 S. 1 Nr. 2 HGB soll sicherstellen, dass ein ordnungsgemäßer KA erstellt wurde. Da das MU im Ausland sitzt, kann für die Ordnungsmäßigkeit eines KA nur an die Vorschriften des ausländischen Rechts angeknüpft werden. § 271 Abs. 2 HGB soll den Adressaten des JA eine höhere Transparenz verschaffen. Die Adressaten des JA legen dem Begriff „verbundene Unternehmen" jedoch ihr deutsches Rechtsverständnis zugrunde. Schließlich ist nur bei Anknüpfung an das deutsche Recht sichergestellt, dass der JA erstellt werden kann, ohne dass ausländischer Rechtsrat eingeholt werden müsste.

391

---

729 Vgl. Kap. C Tz. 365.

5.2.5.3 Voraussetzung eines befreienden Konzernabschlusses

392 Die 2. Fallgruppe des § 271 Abs. 2 HGB setzt eine mögliche Befreiung von der Verpflichtung voraus, einen KA aufzustellen. Eine solche Verpflichtung muss also dem Grunde nach bestehen.

5.2.5.3.1 Grundlagen der Verpflichtung zur Aufstellung eines Konzernabschlusses

393 Eine Pflicht zur Aufstellung eines KA setzt nach § 290 HGB eine KapGes. mit Sitz in Deutschland voraus, die auf mindestens ein TU einen beherrschenden Einfluss ausüben kann.

394 Fraglich ist, ob auch von einem befreienden KA gesprochen werden kann, wenn eine Verpflichtung nach dem **PublG** zur Aufstellung eines KA besteht und somit eine Befreiung nach § 11 Abs. 6 S. 1 Nr. 1 PublG i.V.m. § 291 HGB möglich ist. Diese Frage ist zu bejahen: § 271 Abs. 2 HGB, 2. Fallgruppe, fordert lediglich, dass ein befreiender KA nach § 291 HGB zu erstellen ist. Ein solcher befreiender KA liegt im Fall des § 11 Abs. 6 S. 1 Nr. 1 PublG vor.[730]

5.2.5.3.2 Bedeutung einer größenbedingten Befreiung des zu befreienden Mutterunternehmens

395 Ein MU kann unabhängig von seiner Größe einen befreienden KA aufstellen (§ 291 Abs. 1 S. 2 HGB). Das gilt auch für KapGes. und PersGes. i.S.d. § 264a HGB, sofern der „Konzern" die Größenordnung des § 293 HGB nicht überschreitet und das MU deshalb nicht zur Konzernrechnungslegung verpflichtet ist. Sie ist dann ggf. nicht verbundenes Unternehmen der 1. Fallgruppe in § 271 Abs. 2 HGB, aber jedenfalls verbundenes Unternehmen der 2. Fallgruppe.

396 Wie aber ist die Rechtslage, wenn das zu befreiende MU seinerseits gem. § 293 HGB von der Pflicht zur Konzernrechnungslegung freigestellt ist, sodass ein befreiender KA des ihm übergeordneten MU keine befreiende Wirkung haben könnte, eben weil eine Pflicht zur Konzernrechnungslegung, von der befreit werden könnte, gar nicht besteht?

397 § 291 Abs. 1 S. 2 HGB bezieht sich dem Wortlaut nach nur auf die **Größe** des **übergeordneten**, den befreienden KA aufstellenden **MU**. Diese Vorschrift ginge aber weitgehend ins Leere, wenn die größenbedingte Befreiung nicht auch bei dem zu befreienden MU außer Betracht bliebe. Denn wenn schon bei dem übergeordneten MU, dessen befreiender KA hier in Frage steht, die Größenmerkmale des § 293 HGB unterschritten sind, wird dies in aller Regel erst recht bei dessen TU, dem zu befreienden MU, der Fall sein. Es ist davon auszugehen, dass auch **unterhalb** der **Größenordnung** des § 293 HGB die Konzernunternehmen in mehrstufigen Konzernen verbundene Unternehmen i.S.v. § 271 Abs. 2 HGB, 2. Fallgruppe, sind[731]. Entscheidend ist hier nicht, ob ein KA tatsächlich aufgestellt wird oder nicht. Dass es Sonderfälle geben kann, in denen bei größenbedingter Befreiung des übergeordneten MU das zu befreiende MU nicht auch sei-

---

730 A.A. *Reiner*, in: MünchKomm. HGB³, § 271, Rn. 25.
731 Vgl. Kap. F Tz. 354; im Ergebnis gleichlautend ADS⁶, § 271 HGB, Tz. 47, 64; *Merkt*, in: Baumbach/Hopt, HGB³⁸, § 271, Rn. 9; wohl a.A. *Küting*, in: HdR⁵, § 271, Rn. 133.

5.2.5.3.3 Bedeutung einer Befreiung nach § 290 Abs. 5 HGB

Hat ein MU nur TU, die gem. § 296 HGB nicht in den KA einbezogen zu werden brauchen, so ist es von der Pflicht, einen KA aufzustellen, befreit (§ 290 Abs. 5 HGB). Da nach § 271 Abs. 2 HGB jedoch auch Unternehmen, die nach § 296 HGB nicht in den KA einbezogen werden, verbundene Unternehmen sind, ist nach der hier vertretenen Auffassung der Kreis der verbundenen Unternehmen so zu bestimmen, als ob ein KA einschl. aller TU aufzustellen wäre.[733]

5.2.5.3.4 Bedeutung des § 291 Abs. 3 HGB

Unternehmen, die i.S.d. § 291 Abs. 3 Nr. 1 HGB am Kapitalmarkt auftreten, oder Unternehmen, bei denen eine Minderheit die Aufstellung eines KA verlangt (§ 291 Abs. 3 Nr. 2 HGB), können die Befreiung des § 291 Abs. 1 HGB nicht in Anspruch nehmen (ebenso über § 292 Abs. 2 S. 2 HGB). Es stellt sich die Frage, ob in diesem Fall für Zwecke des § 271 Abs. 2 HGB, 2. Fallgruppe, dennoch von einem befreienden KA ausgegangen werden kann. Richten sich die Unternehmensverbindungen in einem solchen Fall nach dem **Teil-KA**, den das untere (zu befreiende) MU daraufhin zu erstellen hat, oder nach dem (tatsächlich erstellten oder auch nur möglichen) **KA** des übergeordneten MU, der in diesem Fall keine befreiende Wirkung hätte?

Auszugehen ist davon, dass nach Sinn und Zweck des Gesetzes der Kreis der verbundenen Unternehmen i.R.d. gesetzlichen Bestimmungen **möglichst weit** gespannt sein soll. Dies lässt auch der Wortlaut des § 271 Abs. 2 HGB erkennen. In Zweifelsfällen ist daher, soweit nach den anerkannten Regeln der Auslegung zulässig, derjenigen Auffassung des Gesetzeswortlauts der Vorzug zu geben, nach der die weiterreichenden Unternehmensverbindungen bestehen. Dies ist für die Auslegung des § 291 HGB bedeutsam, weil die Zweckbestimmung dieser Vorschrift auch darin besteht, Anknüpfungspunkt für Unternehmensverbindungen zu sein. Unter diesem Gesichtspunkt muss auch die Formulierung in Abs. 3 des § 291 HGB gesehen werden, dass „trotz Vorliegens der Voraussetzungen nach Abs. 2 die Befreiung von einem MU „nicht in Anspruch genommen werden (kann)". Dies spricht dafür, Abs. 3 als Sondertatbestand anzusehen, der die sonstigen Wirkungen eines (möglichen) befreienden KA nicht aufheben soll (wobei zur Begründung von Unternehmensverbindungen die bloße Möglichkeit, einen befreienden KA aufzustellen, genügt, § 271 Abs. 2 HGB, 2. Fallgruppe). Die Formulierung, dass die Befreiung nach Abs. 1 „nicht in Anspruch genommen werden (kann)", lässt einen Auslegungsspielraum dahin gehend zu, dennoch die Möglichkeit eines befreienden KA anzunehmen, soweit es sich um die Unternehmensverbindungen handelt. Denn was „nicht in Anspruch genommen werden kann", wird nicht negiert.

---

[732] Hier ist an den Fall zu denken, dass das zu befreiende MU (T) erst im letzten abgelaufenen GJ TU des übergeordneten MU (M) geworden ist, etwa durch Erwerb einer Mehrheitsbeteiligung durch M an T i.V.m. einer Kapitalerhöhung bei M. Wenn bei T die Größenmerkmale des § 293 HGB bereits am vorhergehenden Abschlussstichtag überschritten waren und T daher nicht durch § 293 HGB freigestellt ist, andererseits aber bei M die Größenmerkmale infolge des Erwerbs der Mehrheitsbeteiligung an T erstmals zum Abschlussstichtag überschritten sind, dann wäre der Sonderfall gegeben, dass T durch einen befreienden KA von M tatsächlich von der Pflicht zur Konzernrechnungslegung befreit würde.

[733] A.A. Küting, in: HdR[5], § 271, Rn. 150.

Lediglich der Anspruch darauf wird einem sonst Berechtigten abgesprochen. Es wäre auch kaum einzusehen, wenn gerade bei kapitalmarktorientierten Unternehmen der Kreis der verbundenen Unternehmen kleiner sein sollte oder die Reichweite der Unternehmensverbindungen von dem Verhalten der in § 291 Abs. 3 Nr. 2 HGB genannten Minderheit abhängen sollte. Die Unternehmensverbindungen sind daher nach dem befreienden KA abzugrenzen, wie er aufgestellt werden könnte, ohne Rücksicht auf § 291 Abs. 3 HGB[734].

5.2.6 Nicht vom Wortlaut des § 271 Abs. 2 HGB erfasste Fälle

5.2.6.1 Nichterreichen der Größenmerkmale von § 293 HGB

401 Erreicht ein MU nicht die Größenmerkmale von § 293 HGB, sodass ein KA aufgestellt werden muss, so fällt dieses MU samt seiner TU nach dem Wortlaut nicht in den Anwendungsbereich des § 271 Abs. 2 HGB, 1. Fallgruppe. Nach dem Wortlaut wäre zudem § 271 Abs. 2 HGB, 2. Fallgruppe, nur eröffnet, wenn das MU dennoch einen befreienden KA aufstellen kann, also eines seiner TU verpflichtet wäre, einen KA aufzustellen, was nur in seltenen Konstellationen der Fall ist. Nach weit vertretener – jedoch umstrittener – Ansicht ist § 271 Abs. 2 HGB, 1. Fallgruppe, daher über seinen Wortlaut hinaus auszulegen, sodass das Nichterreichen der Größenmerkmale unschädlich ist (s. Kap. C Tz. 397).

5.2.6.2 Mutterunternehmen im einstufigen Konzern ist keine Kapitalgesellschaft

402 Ist das MU im einstufigen Konzern keine KapGes. und auch keine PersGes. i.S.d. § 264a HGB, so ist § 271 Abs. 2 HGB aufgrund seines Wortlauts nicht anwendbar[735]: Die 1. Fallgruppe setzt ein MU i.S.d. § 290 HGB voraus[736], die 2. Fallgruppe setzt einen mehrstufigen Konzern voraus[737].

5.2.6.3 Mutterunternehmen im einstufigen Konzern hat keinen Sitz im Inland

403 Hat das MU im einstufigen Konzern keinen Sitz im Inland, so ist § 271 Abs. 2 HGB aufgrund seines Wortlauts nicht anwendbar[738]: Die 1. Fallgruppe setzt ein MU i.S.d. § 290 HGB voraus, die 2. Fallgruppe setzt einen mehrstufigen Konzern voraus.

5.2.6.4 Konzernabschlüsse nach dem PublG

404 Bildet in einem Konzern eine **PersGes. mit Sitz im Inland**, die nicht zu den Gesellschaften i.S.v. § 264a HGB gehört, die **Konzernspitze** und hat sie einen KA nach dem

---

734 Im Ergebnis übereinstimmend *Kropff*, DB 1986, S. 364. Die hier im Hinblick auf Unternehmensverbindungen vertretene Auslegung des § 291 Abs. 3 HGB zieht *Kropff* nicht in Betracht (S. 365 unter B.II.3a); das Ergebnis nicht aus dem Wortlaut, aber aus dem Zweck herleitend *Küting*, in: HdR[5], § 271, Rn. 157, jedoch grds. restriktiv in Rn. 155; zur Problematik auch ADS[6], § 271 HGB, Tz. 52.
735 *Hachmeister/Glaser*, in: HdJ, II/4, Rn. 29; *Grottel/Kreher*, in: BeBiKo[11], § 271, Rn. 34; *Merkt*, in: Baumbach/Hopt, HGB[38], § 271, Rn. 10; *Reiner*, in: MünchKomm. HGB[3], § 271, Rn. 23.
736 Hierzu Kap. C Tz. 355 ff.
737 Hierzu Kap. C Tz. 397.
738 *Hachmeister/Glaser*, in: HdJ, II/4, Rn. 29; *Küting*, in: HdR[5], § 271, Rn. 159; *Merkt*, in: Baumbach/Hopt, HGB[38], § 271, Rn. 10; eine richtlinienkonforme Anwendung über den Wortlaut hinaus für geboten haltend *Reiner*, in: MünchKomm. HGB[3], § 271, Rn. 31; krit. auch *von Keitz*, in: Baetge/Kirsch/Thiele, Bilanzrecht, § 271 HGB, Rn. 66.

PublG aufzustellen, in den eine KapGes. einzubeziehen ist (§ 11 Abs. 1 PublG)[739], so ist § 271 Abs. 2 HGB, 1. Fallgruppe, nach seinem Wortlaut nicht einschlägig[740]. Denn die Vorschrift ist nur auf KA anwendbar, die „nach dem Zweiten Unterabschnitt" aufzustellen sind, also nach den §§ 290 ff. HGB, nicht jedoch nach dem PublG. Für die Rechnungslegung der PersGes. ist die KapGes. nach § 5 Abs. 1 PublG verbundenes Unternehmen. Nach dieser Vorschrift gilt u.a. § 271 Abs. 2 HGB sinngemäß. Es spricht vieles dafür, auch umgekehrt die PersGes. als verbundenes Unternehmen der KapGes. bei deren Rechnungslegung nach dem HGB anzusehen (s. Kap. C Tz. 357).

Ist eine in den KA nach § 11 PublG einbezogene KapGes. ihrerseits MU gem. § 290 Abs. 2 HGB, so bestehen die vorgenannten Unternehmensverbindungen ohnehin, wenn der **KA** entweder ein **befreiender** ist (sofern er den Anforderungen des § 291 HGB entspricht) oder wenn das nach dem PublG konzernrechnungslegungspflichtige Unternehmen einen diesen Anforderungen entsprechenden befreienden KA aufstellen könnte (§ 271 Abs. 2 HGB, 2. Fallgruppe). Die praktische Bedeutung der oben behandelten Frage, ob die nach dem PublG aufzustellenden KA i.R.d. § 271 Abs. 2 HGB den KA nach dem HGB gleichzustellen sind, ist hierdurch erheblich eingeschränkt. Die Verneinung einer solchen Gleichstellung schließt eben nicht aus, dass der KA eines nach dem PublG konzernrechnungslegungspflichtigen Unternehmens auch die Voraussetzungen des § 291 HGB erfüllt und eine einzubeziehende KapGes. von der Pflicht zur Aufstellung eines (Teil-)KA befreit oder dass das Unternehmen einen solchen KA aufstellen könnte. In beiden Fällen aber sind die Unternehmen verbundene Unternehmen gemäß der 2. Fallgruppe des § 271 Abs. 2 HGB. **405**

5.2.6.5 Gleichordnungskonzern

Anders als im AktG (§ 18 Abs. 2 AktG) begründet ein Gleichordnungskonzern nach § 271 Abs. 2 HGB **keine Unternehmensverbindung**. Die Bundesrepublik Deutschland hat von dem nationalen Wahlrecht in Art. 12 der 7. EG-RL, auch Gleichordnungskonzerne in die Konzernrechnungslegung einzubeziehen, keinen Gebrauch gemacht. Unternehmen eines Gleichordnungskonzerns sind i.S.v. § 271 Abs. 2 HGB keine verbundenen Unternehmen[741]. Der Gleichordnungskonzern ist daher nur noch insofern von Bedeutung, als die zu dem **Gleichordnungskonzern gehörenden Unternehmen** gem. §§ 15, 18 Abs. 2 AktG für den Bereich des AktG verbundene Unternehmen sind. **406**

5.2.7 Erweiterte Auslegung von § 271 Abs. 2 HGB

Die vorstehend dargestellte Auslegung von § 271 Abs. 2 HGB, die über den Wortlaut teilw. hinausgeht, zeigt, dass eine große Zahl denkbarer Unternehmensverbindungen als verbundene Unternehmen i.S. dieser Vorschrift zu behandeln sind. **407**

Ungeregelt bleiben nur wenige Fälle. Nicht als verbundene Unternehmen hätten die Unternehmen eines Unternehmensverbundes zu gelten, dessen Spitze von einer Personenhandelsgesellschaft außerhalb des Anwendungsbereiches des § 264a HGB oder einem Einzelunternehmen gebildet wird, wenn weder § 11 PublG anwendbar ist noch ein befreiender KA aufgestellt werden kann. Nicht verbunden i.S.v. § 271 Abs. 2 HGB wäre ferner ein Unternehmensverbund mit ausländischer Konzernspitze gleich welcher **408**

---

[739] Zur Konzernrechnungslegung nach dem PublG vgl. Kap. G Tz. 61 ff.
[740] *Mock*, in: Hachmeister u.a., Bilanzrecht, § 271, Rn. 36.
[741] *Hüttemann*, in: Ulmer, HGB, § 271, Rn. 35.

Rechtsform, wenn ebenfalls, wie im einstufigen Konzernaufbau, die Voraussetzungen für einen befreienden KA nicht gegeben sind.

409 Im Vergleich zu den als verbundene Unternehmen erfassten Sachverhalten ist es weder rechtlich noch wirtschaftlich überzeugend, die verbliebenen Gestaltungen auszuklammern. In der Lit. wurde daher seit Inkrafttreten des BiRiLiG versucht, die festgestellte Lücke im Wege der Auslegung zu schließen. Nach *Kropff*[742] könnte eine Auslegung von § 271 Abs. 2 HGB Abhilfe schaffen, die sich von der Pflicht (Rechtspflicht) zur Aufstellung eines KA löst und verbundene Unternehmen auch dann annimmt, wenn die Voraussetzungen von § 290 HGB gegeben sind und ein KA aus Rechtsgründen nicht aufgestellt werden kann. Wie *Kropff* sehen ADS[743] in einer an **Sinn und Zweck** der Vorschrift sowie an Art. 41 der 7. EG-RL orientierten Auslegung die Notwendigkeit und Möglichkeit, den Anwendungsbereich von § 271 Abs. 2 HGB zur Schließung der Lücken auszudehnen. Unabhängig von der Konzernrechnungslegungspflicht, der befreienden Wirkung eines KA und der tatsächlichen oder nur möglichen Aufstellung von KA und der Berücksichtigung im Einbeziehungskreis soll es allein darauf ankommen, ob ein **MU/TU-Verhältnis vorliegt**; dies erstrecke sich auf weitere TU[744]. Mit dieser, den Wortlaut der Regelung allerdings vernachlässigenden Interpretation lassen sich die oben offengebliebenen Problemfälle lösen[745]. Dass eine unbefriedigende, offene Regelungslücke in § 271 Abs. 2 HGB vorliegt, wird auch von anderen Autoren festgestellt, doch nicht durch eine weitere Auslegung, sondern durch den Appell an den Gesetzgeber gelöst[746]. Der Gesetzgeber hat bislang bei Änderung der handelsrechtlichen Vorschriften der Rechnungslegung, zuletzt im BilRUG[747], keinen Anlass gesehen, klärend einzugreifen. Es kann daher davon ausgegangen werden, dass die in der Lit. gefundenen Interpretationen die Verbundbeziehung zutreffend bezeichnen und ausgewiesen werden dürfen. Diese Auffassungen haben sich in der Praxis durchgesetzt, da sie allein zu praktikablen Ergebnissen führen. Bei der Strafvorschrift des § 331 Nr. 4 HGB ist allerdings restriktiv vorzugehen.

---

742 *Kropff*, in: MünchKomm. BilanzR, § 271, Rn. 52; *Kropff*, DB 1986, S. 364 (366).
743 ADS[6], § 271 HGB, Tz. 52.
744 ADS[6], § 271 HGB, Tz. 63.
745 Im Ergebnis ebenfalls die richtlinienkonforme Auslegung befürwortend *Ulmer*, in: FS Goerdeler, S. 623 (646); *von Keitz*, in: Baetge/Kirsch/Thiele, Bilanzrecht, § 271 HGB, Rn. 67; krit. *Reiner*, in: MünchKomm. HGB[3], § 271, Rn. 29 ff.
746 Vgl. *Küting*, in: HdR[5], § 271, Rn. 166 ff.; *Hüttemann*, in: Ulmer, HGB, § 271, Rn. 24; *Schulze-Osterloh*, in: FS Fleck, S. 313 (324); ferner *Hoffmann*, BB 1987, S. 2192.
747 BGBl. I 2015, S. 1245.

Kapitel D

Qualitätsmanagement in der Wirtschaftsprüferpraxis

Verfasser:
WP StB Dr. Stefan Schmidt, Frankfurt am Main

Mitarbeit:
WP StB Dr. Thomas Nagel, Frankfurt am Main
Dr. Beate Eibelshäuser, Frankfurt am Main

D Qualitätsmanagement in der Wirtschaftsprüferpraxis

Inhalt Tz.
1. Grundlagen 1
    1.1 Vorbemerkung 1
    1.2 Der Begriff der Qualität 4
    1.3 Bestimmungsfaktoren der Qualität in der Wirtschaftsprüfung 10
    1.4 Qualitätsmanagement, Qualitätssicherung und externe Qualitätskontrolle 17
2. Gesetzliche und berufsständische Bestimmungen zur Qualität der Wirtschaftsprüfung 22
    2.1 Europäische Normen zur Gewährleistung der Qualität der Abschlussprüfung 22
    2.2 Gesetzliche und berufsständische Regeln in Deutschland 43
3. Einrichtung interner Qualitätssicherungssysteme 49
    3.1 Einführung 49
        3.1.1 Anforderungen aus gesetzlichen Regelungen 55
        3.1.2 Anforderungen aus berufsständischen Normen 60
    3.2 Grundsätze für die Einrichtung interner Qualitätssicherungssysteme 86
        3.2.1 Grundlagen 86
        3.2.2 Schaffung eines günstigen Qualitätsumfelds 91
        3.2.3 Festlegung von Qualitätszielen 99
        3.2.4 Feststellung und Einschätzung der qualitätsgefährdenden Risiken . 101
        3.2.5 Konzeption von Regelungen zur Steuerung und Überwachung der Risiken 104
        3.2.6 Information und Kommunikation 107
        3.2.7 Dokumentation des Qualitätssicherungssystems 109
        3.2.8 Überwachung der Einhaltung der Regelungen zur internen Qualitätssicherung 116
        3.2.9 Zusammenfassung 121
    3.3 Qualitätsmanagement auf der Grundlage der ISO-9000-Familie ... 123
        3.3.1 Grundlagen der Normung 123
        3.3.2 Entwicklung der Normen zum Qualitätsmanagement 127
        3.3.3 Überblick über die ISO-9000-Familie 131
        3.3.4 Anforderungen an ein Qualitätsmanagementsystem nach ISO 9001 133
        3.3.5 Empfehlungen der Bundessteuerberaterkammer 136
4. Ansätze zur Weiterentwicklung des Qualitätsmanagements in den WP-Praxen 141
    4.1 Einleitung 141
    4.2 Konzeptionelle Überlegungen in berufsständischen Gremien 142
        4.2.1 Quality Management Process 143
        4.2.2 Schärfung der Konzepte des ISQC 1 und des ISA 220 148
            4.2.2.1 Verantwortung der Praxisleitung 148
            4.2.2.2 Rolle des auftragsverantwortlichen Partners 149
            4.2.2.3 Rolle des Qualitätssicherers 151
    4.3 Entwicklungen in der WP-Praxis 154
        4.3.1 Ursachenanalyse 156
        4.3.2 Qualitätsindikatoren 157

1. Grundlagen

1.1 Vorbemerkung

Wirtschaftsprüfer, Wirtschaftsprüfungsgesellschaften, vereidigte Buchprüfer und Buchprüfungsgesellschaften (im Folgenden auch: Berufsangehörige oder WP) haben gem. § 55b Abs. 1 WPO Regelungen zu schaffen, die zur Einhaltung der Berufspflichten erforderlich sind, sowie ihre Anwendung zu überwachen und durchzusetzen (internes Qualitätssicherungssystem)[1]. Das interne Qualitätssicherungssystem soll in einem angemessenen Verhältnis zum Umfang und zur Komplexität der beruflichen Tätigkeit stehen. Es ist zu dokumentieren und den Mitarbeitern der Berufsangehörigen zur Kenntnis zu geben. Die EU-Regulierung der Abschlussprüfung durch die VO (EU) Nr. 537/2014 v. 16.04.2014[2] und die RL 2014/56/EU v. 16.04.2014[3] führen u.a. zu einer Anpassung der Regelungen zur Qualitätssicherung. Die Umsetzung der EU-Regulierung in Deutschland erfolgte durch das Abschlussprüfungsreformgesetz (AReG) und das Abschlussprüferaufsichtsreformgesetz (APAReG). Die Neuregelungen traten mit Wirkung zum 17.06.2016 in Kraft.

Die Änderungen der gesetzlichen Regelungen durch die EU-Regulierung führten auch zu Änderungen in der Berufssatzung für Wirtschaftsprüfer/vereidigte Buchprüfer – BS WP/vBP[4] sowie zur Ablösung der *VO 1/2006* durch den *IDW QS 1*[5].

Im Folgenden werden die Grundlagen der Qualitätssicherung im Berufsstand der WP dargestellt. Die Darstellung umfasst neben den begrifflichen Grundlagen zum Qualitätsbegriff die Darstellung der gesetzlichen und berufsständischen Bestimmungen, der Anforderungen an die Einrichtung von Qualitätssicherungssystemen sowie Überlegungen zur Weiterentwicklung des Qualitätsmanagements in WP-Praxen.

1.2 Der Begriff der Qualität[6]

Der deutsche Begriff der Qualität hat seinen Anwendungsursprung im 16. Jahrhundert[7]. Den Wortstamm bildet das lateinische Wort „qualitas" (Beschaffenheit, Verhältnis, Eigentümlichkeit des Wesens, Eigenschaft)[8]. Im Allgemeinen wird die sich aus dem Wortstamm ergebende primäre oder **objektive Dimension des Qualitätsbegriffs** von

---

1 Zur Begriffsabgrenzung Qualitätsmanagement, Qualitätssicherung und externe Qualitätskontrolle s. Kap. D Tz. 17.
2 Verordnung (EU) Nr. 537/2014 des Europäischen Parlaments und des Rates v. 16.04.2014 über spezifische Anforderungen und die Abschlussprüfung bei Unternehmen von öffentlichem Interesse und zur Aufhebung des Beschlusses 2005/909/EG der Kommission, Abl.EU Nr. L 158/77 v. 27.05.2014 (im Folgenden: VO (EU) Nr. 537/2014).
3 Richtlinie 2006/43/EG des Europäischen Parlaments und des Rates v. 17.05.2006 über Abschlussprüfungen von Jahresabschlüssen und konsolidierten Abschlüssen, Abl.EG Nr. L 157 v. 09.06.2006 (im Folgenden: RL 2006/43/EG), zuletzt geändert durch Richtlinie 2014/56/EU des Europäischen Parlaments und des Rates v. 16.04.2016 zur Änderung der Richtlinie 2006/43/EG über Abschlussprüfungen von Jahresabschlüssen und konsolidierten Abschlüssen, Abl.EU Nr. L 158/196 v. 27.05.2014 (im Folgenden: RL 2014/56/EU).
4 Satzung der WPK über die Rechte und Pflichten bei der Ausübung der Berufe des WP und des vBP (Berufssatzung für Wirtschaftsprüfer/vereidigte Buchprüfer, BS WP/vBP) v. 21.06.2016.
5 Der *IDW Standard zur Qualitätssicherung: Anforderungen an die Qualitätssicherung in der Wirtschaftsprüferpraxis (IDW QS 1)* wurde im Juni 2017 vom HFA verabschiedet.
6 *Schmidt*, S. 6.
7 *Heinhold/Pasch*, in: FS Egger, S. 577 (587).
8 *Orosdowski*, S. 563.

der sekundären oder **subjektiven Qualitätsdimension** unterschieden. Unter subjektiver Qualität wird im Unterschied zur objektiven Qualität die Beschaffenheit eines Objekts, dessen Wahrnehmung und Wertung durch einen Betrachter verstanden. Beide Dimensionen der Qualität stellen eine **untrennbare Einheit** dar[9]. Die individuelle Wertung der Beschaffenheit des betrachteten Objektes ist der Grund dafür, dass es einen absoluten Qualitätsbegriff nicht geben kann. Die (subjektive) Qualität ist nach diesem Verständnis abhängig von den Erfahrungen und Wahrnehmungen des Betrachters[10]. Je nach individueller Betrachtungsweise stellt sich die Qualität unterschiedlich dar.

5   Im Mittelpunkt der betriebswirtschaftlichen Diskussion des Begriffes Qualität steht die Frage, anhand welcher Kriterien die Qualität einer Leistung zu beurteilen ist, d.h. welche Anforderungen an die subjektive Dimension der Qualität zu stellen sind[11]. Ein allgemein akzeptiertes Qualitätsverständnis existiert in der Betriebswirtschaftslehre nicht[12].

6   Ein Teil der betriebswirtschaftlichen Literatur spricht sich für eine strikte Bezugnahme auf die individuellen Erwartungen der Kunden an eine Leistung aus. Qualität ist danach „das Maß, in dem ein Angebot Kundenanforderungen erfüllt, also erwarteten Anforderungen von Kunden entspricht"[13].

7   Allerdings haben alle Versuche, inhomogene Erwartungen und Wahrnehmungen der Qualität im Qualitätsbegriff zu berücksichtigen, den Nachteil, dass eine Ableitung von allgemeingültigen Anforderungen an die Qualität kaum möglich ist. Qualitätsbeurteilungen sind auf der Grundlage eines solchen Qualitätsverständnisses stets unter Berücksichtigung der individuellen Einschätzungen durch den jeweiligen Betrachter vorzunehmen.

8   Andere Autoren unternehmen deshalb den Versuch, die subjektive Dimension des Qualitätsbegriffs insoweit zu objektivieren bzw. zu typisieren, dass die Qualität grds. in Bezug auf bestimmte Anforderungen oder Kriterien definiert wird, also unabhängig vom individuellen Betrachter[14]. Nach der von der International Standardization Organization (ISO) vorgenommenen **Normung des Begriffes Qualität in ISO 9000** fördert eine auf Qualität ausgerichtete Organisation „eine Kultur, die zu Verhaltensweisen, Einstellungen, Tätigkeiten und Prozessen führt, die Wert schaffen, indem sie die Erfordernisse und Erwartungen von Kunden und anderen relevanten interessierten Parteien erfüllen. Die Qualität der Produkte und Dienstleistungen einer Organisation wird durch die Fähigkeit bestimmt, Kunden zufrieden zu stellen sowie durch die beabsichtigte und unabsichtliche Auswirkung auf relevante interessierte Parteien. Die Qualität von Produkten und Dienstleistungen umfasst nicht nur deren vorgesehene Funktion und Leistung, sondern auch ihren Wert und Nutzen für den Kunden"[15]. Die ISO lässt es in dieser Definition offen, ob die Qualität durch individuelle oder durch typisierte Erfordernisse bestimmt wird. Qualität liegt unter Zugrundelegung von typisierten Erfordernissen

---

9   *Heinhold*, in: Heinhold/Pasch, Qualitätsmanagement, S. 1 (17); *Heinhold/Pasch*, in: FS Egger, S. 577 (587).
10 Vgl. *Heinhold/Pasch*, in: FS Egger, S. 577 (589). Zur Differenzierung zwischen objektiver und subjektiver Qualität aus betriebswirtschaftlicher Sicht wird auf die ausführliche Darstellung von *Staudt/Hinterwäller* hingewiesen, ZfB 1982, S. 1000 (1015).
11 *Heinhold*, in: Heinhold/Pasch, Qualitätsmanagement, S. 1 (14); *Marten*, Qualität, S. 121.
12 *Niehus*, S. 10; *Krawitz/Leukel*, DStR 1998, S. 1930. *Müller-Böling* stellt fünf unterschiedliche wissenschaftliche Ansätze zur Definition von Qualität dar (*Müller-Böling*, in: HWB[5], Sp. 3625 (3626)).
13 *Pepels*, S. 5 (41); Vgl. auch *Haist/Fromm*, S. 5; *Clark/Fujimoto*, S. 74 (75).
14 *Pepels*, S. 5 (41).
15 DIN EN ISO 9000:2015, Abschn. 2.2.1.

dann vor, „wenn die Eigenschaften eines Gutes ohne Beeinflussung durch individuelle Präferenzen hinsichtlich ihrer Eignung für einen bestimmten Verwendungszweck überprüft werden können"[16]. Welche Eigenschaften eines Produktes oder einer Dienstleistung als i.d.S. qualitätsrelevant anzusehen sind, ist von der Art des Produktes oder der Dienstleistung abhängig und entzieht sich einer verallgemeinernden Definition.

Im Folgenden wird unter dem Begriff Qualität eine solchermaßen anhand von bestimmten Anforderungen objektivierte Qualität verstanden. Diese Anforderungen ergeben sich dabei aus den typisierten Erwartungen unterschiedlicher Betrachtergruppen und nicht aus den individuellen Erwartungen und Wahrnehmungen des einzelnen Betrachters.

1.3 Bestimmungsfaktoren der Qualität in der Wirtschaftsprüfung

Die **Qualität betriebswirtschaftlicher Prüfungen** hängt davon ab, inwieweit der Prüfer ein hinreichend sicheres Urteil über die Konformität des Prüfungsgegenstandes (z.B. des JA) mit den zugrunde gelegten Prüfungskriterien (z.B. den Rechnungslegungsgrundsätzen) abgibt. Nach *Leffson* sind notwendige Voraussetzungen für die Abgabe eines vertrauenswürdigen Urteils die Urteilsfähigkeit und die Urteilsfreiheit des Prüfers sowie die sachgerechte Urteilsbildung[17].

Unter **Urteilsfähigkeit** wird die Sachkunde verstanden, die erforderlich ist, um ein fachmännisches Urteil abgeben zu können. Die Urteilsfähigkeit wird in Deutschland nach einer adäquaten Ausbildung durch das Ablegen des WP-Examens nachgewiesen[18]. Dem Bereich der Urteilsfähigkeit sind auch die notwendigen organisatorischen Vorkehrungen des WP zugeordnet, die ihn in die Lage versetzen, Prüfungen ordnungsgemäß durchzuführen. Bei diesen organisatorischen Vorkehrungen handelt es sich insb. um Maßnahmen zur Organisation der WP-Praxis, z.B. im Zusammenhang mit der Annahme von Aufträgen, der Einstellung, der Aus- und Fortbildung, der Beurteilung von Mitarbeitern, der Gesamtplanung aller Aufträge oder Regelungen zur Verfolgung von Beschwerden und Vorwürfen.

Die **Urteilsfreiheit** „setzt voraus, dass der Urteilende (1) nicht Weisungen oder erheblichen Einflüssen anderer Personen auf sein Urteil unterliegt, (2) das Ergebnis seiner Untersuchungen seine eigenen Interessen oder die von Personen, auf die er Rücksicht nehmen muss, nicht berührt und er (3) gegenüber dem Untersuchungsobjekt nicht voreingenommen ist"[19]. Diese Anforderungen korrespondieren mit den gesetzlichen und berufsständischen Regelungen, die die Unabhängigkeit des WP sicherstellen und eine Besorgnis der Befangenheit verhindern sollen[20].

---

16   Staudt/Hinterwäller, ZfB 1982, S. 1000 (1017).
17   *Leffson*, Wirtschaftsprüfung⁴, S. 66.
18   *Leffson*, Wirtschaftsprüfung⁴, S. 66.
19   *Leffson*, Wirtschaftsprüfung⁴, S. 67.
20   Gesetzliche Vorschriften zur Sicherung der Unabhängigkeit des WP finden sich in Deutschland insb. in § 43 WPO, §§ 319, 319a HGB, in Art. 4, 5, 6 der VO (EU) Nr. 537/2014 sowie konkretisierend in der BS WP/vBP und in der VO 1/2006. Die IFAC hat den IESBA Code of Ethics veröffentlicht, in dem ebenfalls Anforderungen zur Unabhängigkeit der WP enthalten sind. Allgemeine Grundsätze zur Unabhängigkeit des APr. sehen darüber hinaus die Art. 22, 24 und 42 der modernisierten 8. EU-Richtlinie (RL 2006/43/EG) vor. Diese Grundsätze wurden mit dem BilMoG bereits überwiegend in deutsches Recht umgesetzt. Die Vorschriften zur Unabhängigkeit z.B. in Art. 22a und 22b der RL 2014/56/EU wurden durch das AReG und das APAReG in das deutsche Recht transformiert.

13 **Sachgerechte Urteilsbildung** bedeutet, dass alle für die Lösung eines Problems möglicherweise relevanten Informationen und Lösungsansätze geprüft und ausgewertet werden. Voraussetzung hierfür ist die Beachtung der Postulate „Vollständigkeit, Materiality und Objektivität"[21]. Das Postulat der Vollständigkeit, welches durch den Grundsatz der Wesentlichkeit relativiert wird, fordert die Erfassung aller für das Urteil relevanten Sachverhalte mit dem Ziel, hinreichende Sicherheit für ein sachgerechtes Urteil zu erlangen. Zur Erfüllung des Postulates der Objektivität ist ein logischer und intersubjektiv nachprüfbarer Urteilsprozess erforderlich[22]. Anforderungen an die sachgerechte Urteilsbildung bei Abschlussprüfungen finden sich vor allem in den *IDW Prüfungsstandards* und in den von der IFAC herausgegebenen ISA[23].

14 Die **Qualität der Wirtschaftsprüfung** wird bestimmt durch die Eignung des WP (d.h. dessen Urteilsfähigkeit und Urteilsfreiheit) und der von ihm durchgeführten Prüfungshandlungen (d.h. die sachgerechte Urteilsbildung) zur Abgabe eines vertrauenswürdigen Prüfungsurteils über einen Prüfungsgegenstand[24].

15 Diese Definition stellt eine Konkretisierung des allgemeinen Verständnisses vom Qualitätsbegriff in Bezug auf die Wirtschaftsprüfung dar. Der Qualitätsbegriff löst sich dementsprechend von den subjektiven Erwartungen und von der Wahrnehmung der Prüfung samt ihres Ergebnisses durch den einzelnen Mandanten[25]. Sowohl für die Mandanten als auch für die anderen Wirtschaftssubjekte ist es schwierig, die Qualität professioneller Dienstleistungen, zu denen auch die Wirtschaftsprüfung zählt, einzuschätzen[26]. Diese Einschätzung hängt von individuellen Bedürfnissen, Kenntnissen und Erfahrungen ab, wobei – zuweilen aus Unkenntnis der Materie – bei der Beurteilung häufig auf Ersatzkriterien zurückgegriffen wird (z.B. Größe der Praxis des WP, Image des WP[27], Freundlichkeit der fachlichen Mitarbeiter des WP, Ausstattung der Praxis des WP, Höhe des Honorars, zeitliche Abwicklung der Prüfung usw.)[28]. Der einzelne WP muss diese möglichen Beurteilungskriterien ebenfalls in Betracht ziehen, wenn er eine aus der subjektiven Sicht seiner Mandanten gute Leistung erbringen will. Die in diesem Zusammenhang zu beachtenden Aspekte werden über die gesetzlichen und berufsständischen Anforderungen an die Durchführung betriebswirtschaftlicher Prüfungen i.d.R. hinausgehen[29]. *Marten* hat im Jahr 1998 die Ergebnisse einer Studie zu den Er-

---

21 *Leffson*, Wirtschaftsprüfung⁴, S. 86.
22 *Leffson*, Wirtschaftsprüfung⁴, S. 87.
23 IFAC Handbook 2015, zu einer deutschen Übersetzung der ISA s. *IDW* (Hrsg.), International Standards on Auditing (ISAs), IDW Textausgabe, Düsseldorf 2011.
24 Eine im Ergebnis vergleichbare Definition von *Niehus* lautet: „[A]ls Qualität der Abschlußprüfung [wird] die Durchführung und Berichterstattung durch einen Angehörigen des Berufsstandes der Abschlußprüfer verstanden [...], der sowohl in seiner Person wie bei der Ausführung seiner Aufgabe sämtliche für ihn geltenden Vorschriften erfüllt." [*Niehus*, S. 10 (13)]. Die von *DeAngelo* vorgeschlagene Definition der Qualität der Abschlussprüfung als mit der vom Prüfungsmarkt bewerteten Wahrscheinlichkeit, dass der APr. sowohl einen Fehler im Rechnungswesen entdeckt als auch darüber berichtet, erscheint zu eng, da die Ziele der Abschlussprüfung nicht vollständig berücksichtigt werden und sie zu sehr auf den Prozess der sachgerechten Urteilsfindung durch den APr. fokussiert ist (vgl. *DeAngelo*, Journal of Accounting and Economics 1981, S. 186).
25 *Heinhold/Pasch* in: FS Egger, S. 577 (591).
26 *Albach*, S. 1 (8).
27 *Marten*, Wechsel, S. 153. Es wird in diesem Zusammenhang auch auf die Untersuchung von Marten und Schmöller zum Image der WP hingewiesen: *Marten/Schmöller*, ZfB 1999, S. 171 (171).
28 *Heinhold/Pasch*, in: FS Egger, S. 577 (593); *Ruhnke/Deters*, ZfB 1997, S. 923 (937).
29 *Lindgens-Strache*, BFuP 1997, S. 266 (273).

wartungen und Wahrnehmungen in Bezug auf die Qualität von APr. durch die Vorstände deutscher AG veröffentlicht. In dieser Studie werden als Kriterien für die Beurteilung der Qualität der Abschlussprüfung u.a. die Erwartungen und Wahrnehmungen zum Interesse des APr. am Unternehmenserfolg des Mandanten, zur Kooperation und zum Erfahrungsaustausch des APr. mit dem Vorstand und dem AR, zu den kommunikativen Fähigkeiten des APr., zur Beratungsfunktion, zur Krisenwarnfunktion des APr. und zum Kosten-Nutzen-Verhältnis der Abschlussprüfung genannt[30]. Diese Anforderungen gehen teilweise über die gesetzlichen Ziele der Abschlussprüfung hinaus. Es werden daher im Folgenden aus den subjektiven Wahrnehmungen und Erwartungen der Mandanten keine notwendigen Anforderungen an die Qualität der Abschlussprüfung abgeleitet, obwohl sie für den APr. von erheblicher Bedeutung sind[31].

16 Es wird vielmehr davon ausgegangen, dass sich die typisierten Erwartungen der Adressaten von Prüfungsurteilen, die auch als „Erwartungen der Öffentlichkeit" bezeichnet werden können, in den bestehenden gesetzlichen und berufsständischen Anforderungen an die Qualität der Wirtschaftsprüfung konkretisieren. Hierbei ist allerdings zu berücksichtigen, dass die vom Gesetzgeber und von den Berufsorganisationen vorgenommenen Typisierungen nicht statisch zu verstehen sind, sondern ggf. angepasst werden müssen, wenn sie aufgrund wirtschaftlicher oder gesellschaftlicher Veränderungen nicht mehr sachgerecht sind[32].

1.4 Qualitätsmanagement, Qualitätssicherung und externe Qualitätskontrolle

17 **Qualitätsmanagement** steht für die Summe der Maßnahmen, mit denen Qualitätsziele erreicht werden. Übertragen auf WP-Praxen bedeutet dies Folgendes: Das Vertrauen der Kunden und übrigen Stakeholder in die Dienstleistungen einer WP-Praxis ist die Basis der beruflichen Tätigkeit. Dieses Vertrauen drückt sich maßgeblich in der Reputation einer WP-Praxis aus und wird bestimmt durch die Fähigkeiten der WP-Praxis, professionelle und qualitative hochwertige Dienstleistungen zu erbringen. Die zentrale Aufgabe des Qualitätsmanagements besteht demnach darin, diese Fähigkeiten zu schaffen, sie in Übereinstimmung mit den berufsständischen Regelungen bei der Bearbeitung von Aufträgen anzuwenden und sie an die sich ständig verändernden Rahmenbedingungen anzupassen. Zu dieser Aufgabe gehören:

- Schaffung einer positiven Qualitätskultur durch die Praxisleitung, die ihre Mitarbeiter dazu motiviert, Aufträge professionell und unter Beachtung der berufsständischen Regelungen durchzuführen,
- Sicherstellung der Verfügbarkeit und des Einsatzes kompetenter und erfahrener Mitarbeiter für die Bearbeitung von Aufträgen,
- Bereitstellung von Unterstützungsprozessen, Einsatz neuster Technologien, Zugang zu Expertenwissen,
- effektive Anleitung und Überwachung der Mitarbeiter in allen Phasen der Auftragsbearbeitung.

---

30 *Marten*, FS Coenenberg, S. 415 (415/423); *Marten*, Qualität, S. 247.
31 Zu den Möglichkeiten einer nachfrageorientierten Messung der Qualität von WP-Leistungen vgl. auch *Marten*, Begriff und Messung der Qualität von Jahresabschlussprüfungen, S. 29 (52); *Marten/Weiser*, in: FS Pohle, S. 141 (141).
32 *Lenz*, WPg 1999, S. 540 (544); *Wiedmann*, WPg 1998, S. 338 (342); *Weber*, in: FS Baetge, S. 781 (802).

18 Ein effektives Qualitätsmanagement steht und fällt mit der Integration von Qualitätsmaßnahmen in die betrieblichen Prozesse. Dabei sind ausgehend von den Qualitätszielen die Qualitätsrisiken in den betrieblichen Prozessen zu identifizieren und auf dieser Grundlage prozessindividuelle Maßnahmen zur Sicherung der Qualitätsziele zu ergreifen. Jeder Mitarbeiter wird damit zugleich Teil des Qualitätsmanagements. Eingebunden wird das Qualitätsmanagement in einen Überwachungsprozess, der darauf gerichtet ist, den Qualitätsmanagementprozess stetig zu verbessern. Vor dem Hintergrund dieses umfassenden Verständnisses des Qualitätsmanagements wird aktuell der International Standard on Quality Control (ISQC) 1 des IAASB überarbeitet. Ziel der Überarbeitung ist u.a. die stärkere Betonung des Quality Management Process (s. zu Einzelheiten Kap. D Tz. 143 ff.).

19 Unter dem Begriff Qualitätssicherung, der in der deutschen Literatur als Synonym für den angelsächsischen Begriff „Quality Control" verwendet wird, sind für den Bereich der Wirtschaftsprüfung im Allgemeinen sämtliche „Grundsätze, Empfehlungen, Richtlinien und Maßnahmen zu verstehen, die dazu bestimmt sind, die Einhaltung von Normen für die Wirtschaftsprüfung […] sicherzustellen sowie ggf. die bestehenden Grundsätze für die Qualität der Prüfung und für die Berichterstattung zu verbessern"[33]. Diese Definition stellt in erster Linie auf die Normenkonformität der Wirtschaftsprüfung ab (Compliance-Verständnis) und geht weder auf das Ziel der Prüfung noch auf die verschiedenen Dimensionen der Qualität der Wirtschaftsprüfung ein. Unter Berücksichtigung des hier zugrunde gelegten Verständnisses des Begriffes der Qualität der Wirtschaftsprüfung werden im Folgenden unter Qualitätssicherung alle vom WP eingeführten Regelungen verstanden, die seine Urteilsfähigkeit und Urteilsfreiheit sowie eine sachgerechte Urteilsbildung sicherstellen sollen. Dies umfasst auch die auf die Gewährleistung der Normenkonformität der an der Wirtschaftsprüfung ausgerichteten organisatorischen Maßnahmen.

20 Ein System von Regelungen, die das Verhalten von Aktionsträgern so steuern sollen, dass Qualität gesichert wird, stellt aus betriebswirtschaftlicher Sicht eine Qualitätsorganisation dar, die in der Literatur und in der Praxis auch als **internes Qualitätssicherungssystem** bezeichnet wird[34].

21 Interne Qualitätssicherungssysteme umfassen neben den Vorkehrungen zur **Qualitätssteuerung** (z.B. Organisation der Auftragsabwicklung, Gesamtplanung der Aufträge, Mitarbeiterentwicklung und -anleitung) auch die **interne Qualitätsüberwachung**, die darauf ausgerichtet ist, Fehler in den Prozessen der Wirtschaftsprüfung zu verhindern bzw. entstandene Fehler zu erkennen und zu beseitigen[35]. Unternehmensinterne Überwachung kann in Form von in die Unternehmensprozesse integrierten Kontrollen (z.B. Funktionstrennung, Vier-Augen-Prinzip) sowie in Form von prozessunabhängigen Prüfungen (z.B. durch die interne Revision) erfolgen. In WP-Praxen wird die prozessunabhängige interne Überwachung als Nachschau bezeichnet[36]. Bei prozessunabhängigen Prüfungen des internen Qualitätssicherungssystems, die von externen Prüfern durchgeführt werden, handelt es sich um sog. externe Qualitätskontrollen. Ex-

---

33 *Lück*, S. 656; *Zaeh*, S. 47; *Heydkamp/Dyck*, in: FS Luik, S. 217 (218).
34 *Müller-Böling*, in: HWB⁵, Sp. 3625 (3632).
35 Vgl. *Göbel*, S. 8; *IDW QS 1*, Tz. 205 ff.
36 Vgl. *IDW QS 1*, Tz. 205 ff.

terne Qualitätskontrollen beziehen sich auf das interne Qualitätssicherungssystem einschl. der Nachschau[37].

2. Gesetzliche und berufsständische Bestimmungen zur Qualität der Wirtschaftsprüfung

2.1 Europäische Normen zur Gewährleistung der Qualität der Abschlussprüfung

Die in der Vergangenheit fehlende Harmonisierung auf dem Gebiet der gesetzlichen Abschlussprüfung in der EU veranlasste bereits 1996 die EU-Kommission, weitreichende Überlegungen zum Anwendungsbereich und zur Notwendigkeit weiterer EU-Maßnahmen auf dem Gebiet der Abschlussprüfung anzustellen. Auslöser dieser Überlegungen war das **Grünbuch der EU-Kommission** von 1996 zum Thema „**Rolle, Stellung und Haftung des APr. in der Europäischen Union**"[38]. Die politischen Schlüsse, welche die EU-Kommission aus diesen Überlegungen zog, sind in die Mitteilung der EU-Kommission von 1998 zum Thema „Abschlussprüfung in der Europäischen Union: künftiges Vorgehen"[39] eingeflossen[40]. Eine Konsequenz bestand in der Einrichtung eines **Ausschusses für Fragen der Abschlussprüfung (Committee on Auditing)**, dessen Mitglieder u.a. aus sachverständigen Vertretern der Regierungen und der europäischen Berufsorganisationen bestand[41]. Die Arbeit dieses Ausschusses führte zu Empfehlungen im Bereich der externen Qualitätskontrolle[42] und in Sachen Unabhängigkeit des APr.[43]. **22**

Mit der im Mai 2002 herausgegebenen **Empfehlung zur Unabhängigkeit des Abschlussprüfers in der EU - Grundprinzipien**[44] **hat die EU-Kommission** einen EU-weiten Maßstab für die Anforderungen der Mitgliedsstaaten an die Unabhängigkeit des gesetzlichen APr. gesetzt. In den Vorbemerkungen zu der Empfehlung wird zum Ausdruck gebracht, dass die EU-Kommission in deren Umsetzung durch die Mitgliedsstaaten einen wichtigen Schritt zur Sicherstellung der Prüfungsqualität sieht. **23**

Teil A der Empfehlung enthält ein **Rahmenkonzept für die Unabhängigkeit** des APr. Grundlage dieses Rahmenkonzeptes sind die Grundsätze der Objektivität und Integrität, deren Einhaltung durch unabhängiges Handeln und die Vermeidung des Eindrucks der **24**

---

37 Vgl. z.B. *Marten*, Qualität, S. 23; *Marks/Schmidt*, WPg 1998, S. 975 (976).
38 Abl.EG Nr. C 321 v. 28.10.1996, S. 1; *EU-Kommission*, Mitteilung der Kommission an den Rat und das Europäische Parlament: Stärkung der Abschlussprüfung in der EU v. 21.05.2003 [im Folgenden zitiert als: KOM (2003) 286 endgültig], http://eur-lex.europa.eu/legal-content/DE/TXT/HTML/?uri=URISERV:l26035&from=DE (zit. 21.07.2018).
39 Abl.EG Nr. C 143 v. 08.05.1998, S. 12.
40 Vgl. KOM (2003) 286 endgültig.
41 Vgl. *Schmidt*, S. 33.
42 *EU-Kommission*, Mindestanforderungen an Qualitätssicherungssysteme für die Abschlussprüfung in der EU; Abl.EG. Nr. L 091 v. 31.03.2001, S. 91.
43 Im Rahmen der modernisierten 8. EU-Richtlinie wurde ein Regelungsausschuss (Audit Regulatory Committee) eingerichtet (vgl. Art. 48), der die EU-Kommission bei der Umsetzung ihrer Aufgaben im Bereich der Abschlussprüfung unterstützen soll. In diesem Ausschuss sind keine Vertreter des Berufsstands der WP zugelassen. Das Committee on Auditing wird seitdem von der EU-Kommission nicht mehr für Beratungszwecke herangezogen.
44 *EU-Kommission*, Empfehlungen der Kommission v. 16.05.2002, Unabhängigkeit des Abschlussprüfers in der EU-Grundprinzipien, Aktenzeichen K(2002) 1873, Abl.EG Nr. L 191 v. 19.07.2007, S. 22 (im Folgenden: EU-Empfehlungen).

Befangenheit durch den APr. zu gewährleisten ist. Des Weiteren wird festgelegt, welche Personen die Unabhängigkeitsanforderungen erfüllen müssen. Dies sind neben dem APr. selbst diejenigen Personen, die in der Lage sind, das Prüfungsergebnis zu beeinflussen (insb. Prüfungspartner, Prüfungsteam, i.R.d. Prüfung eingesetzte Fachkräfte aus anderen Bereichen, mit Maßnahmen der internen Qualitätssicherung betraute Mitarbeiter, Personen mit entspr. Weisungsbefugnissen). Anschließend werden sog. Schutzmaßnahmen beschrieben, die geeignet sind, die Risiken für die Unabhängigkeit des APr. zu bewältigen oder zu reduzieren. Teil B der Empfehlung gibt einen Überblick über konkrete Fälle, in denen die Unabhängigkeit gefährdet sein kann, und liefert jeweils Hinweise auf Maßnahmen, die ein APr. ergreifen sollte, um diesen Risiken zu begegnen. Die Darstellungen werden um einen Anhang ergänzt, der zusätzliche Erläuterungen und Leitlinien sowie eine Definition der verwendeten Begriffe enthält.

25 Die Unabhängigkeitsregeln gelten für alle gesetzlichen Abschlussprüfungen. Besondere Anforderungen bestehen bei Abschlussprüfungen von Unternehmen, bei denen ein besonderes öffentliches Interesse unterstellt wird[45].

26 Nach den im Rahmenkonzept der Empfehlung enthaltenen allgemeinen Grundsätzen sollte ein APr. eine Pflichtprüfung nicht durchführen, wenn zwischen ihm und seinem Mandanten eine finanzielle, geschäftliche oder sonstige Beziehung (einschl. der Erbringung bestimmter Nichtprüfungsleistungen für einen Prüfungsmandanten) oder ein Beschäftigungsverhältnis besteht und die Kenntnis darüber einen sachverständigen und informierten Dritten veranlassen würde, die Unabhängigkeit des APr. in Frage zu stellen. Dieser Ansatz betont zwei Aspekte der Unabhängigkeit des APr. Neben der faktischen Unabhängigkeit, die der APr. gewissenhaft selbst zu beurteilen und einzuhalten hat (**Independence in Mind**) wird auch gefordert, dass ein sachkundiger Dritter in Kenntnis aller relevanten Umstände den APr. in Bezug auf einen bestimmten Prüfungsauftrag als unabhängig betrachten kann (**Independence in Appearance**).

27 Als die **Unabhängigkeit des APr. gefährdende Faktoren** werden u.a. Eigeninteresse des APr., Prüfung eigener Arbeitsergebnisse (Selbstprüfung), Interessenvertretung des Mandanten durch den APr., Interessenkonflikte, besondere Vertrautheit mit dem Mandanten sowie Einschüchterungen durch den Mandanten betrachtet.

28 Um die Risiken für die Unabhängigkeit des APr. zu reduzieren oder auszuräumen, müssen nach der Empfehlung allgemeine **Schutzmaßnahmen** getroffen werden. Solche Maßnahmen können grds. beim geprüften Unternehmen (z.B. Beauftragung des APr. durch den AR) und durch die Einrichtung geeigneter Qualitätssicherungsmaßnahmen beim APr. (z.B. schriftlich formulierte Unabhängigkeitsstandards, Verfahrensanweisungen zur Gewährleistung der Einhaltung der Standards, Dokumentation der vorgenommenen Risikoanalysen und interne Nachschau) eingerichtet werden[46].

---

45 Darunter versteht die EU-Kommission Unternehmen, die aufgrund ihrer Tätigkeit, ihrer Größe, ihrer Belegschaftsstärke oder ihrer Unternehmensverfassung und des dadurch bedingt großen Kreises von Interessengruppen von erheblichem öffentlichem Interesse sind (PIE). Dazu werden u.a. Kreditinstitute, Versicherungsunternehmen, Pensionsfonds und börsennotierte Unternehmen gezählt.
46 Das Konzept der „Risks and Safeguards" ist mittlerweile auch in deutsches Recht übernommen worden; vgl. *Schmidt/Nagel*, in: BeBiKo[11], Vor § 319 HGB, Rn. 3ff.

Zu den Schutzmaßnahmen gehört auch, dass der APr. bei Unternehmen, die im öffentlichen Interesse stehen und die über ein Kontrollorgan[47] verfügen, diesem Kontrollorgan einmal jährlich den **Gesamtbetrag der nach Tätigkeitsbereichen aufgegliederten Honorare** mitteilt. Hierbei handelt es sich um alle Honorare, die der APr. und ggf. die Mitglieder eines Verbundes, dem der APr. angehört, dem Prüfungsmandanten und dessen Tochtergesellschaften für im Berichtszeitraum erbrachte Prüfungs- und Beratungsleistungen in Rechnung gestellt haben. 29

Ferner soll der APr. dem Kontrollorgan schriftlich bestätigen, dass er nach seinem fachlichen Urteil i.S.d. gesetzlichen Bestimmungen und der Berufspflichten unabhängig und seine Objektivität nicht gefährdet ist. Andernfalls soll er seine Bedenken in Bezug auf eine mögliche Gefährdung seiner Unabhängigkeit und Objektivität zum Ausdruck bringen und das Kontrollorgan um eine Erörterung dieser Punkte ersuchen. Im Hinblick auf die Umsetzung dieser Regelung in nationale Bestimmungen wurde mit der im DCGK vorgesehenen **Unabhängigkeitserklärung** des APr. gegenüber dem AR (Abschn. 7.2.1. des Kodex) ein geeignetes Instrument geschaffen[48]. 30

Als weitere Schutzmaßnahme soll jeder APr. ein geeignetes **internes Qualitätssicherungssystem** unterhalten. Dabei sollte die Funktionsweise eines solchen Systems dokumentiert werden, damit es einer Qualitätskontrolle unterzogen werden kann. 31

Hat ein APr. von einem Prüfungsmandanten für die in dessen Berichtszeitraum erbrachten Leistungen (Prüfungs- oder sonstige) **Honorare** erhalten, sind diese in voller Höhe und in angemessener Weise **im JA des Mandanten offenzulegen**, sofern der JA veröffentlicht werden muss. Dieser Aspekt der Empfehlung wird gem. BilMoG seit 2009 gesetzlich vorgeschrieben. So regelt § 285 Nr. 17 HGB, dass das von dem APr. für das GJ berechnete Gesamthonorar, aufgeschlüsselt in das Honorar für 32

- die Abschlussprüfungsleistungen,
- andere Bestätigungsleistungen,
- Steuerberatungsleistungen und
- sonstige Leistungen,

im Anhang anzugeben ist, soweit die Angaben nicht in einem das Unternehmen einbeziehenden KA enthalten sind.

Die sonstigen Leistungen können über die gesetzliche Regelung hinaus weiter unterteilt werden. Für alle Kategorien ist auch der Vorjahresbetrag anzugeben. Außerdem soll die prozentuale Verteilung der Honorare auf die Kategorien angegeben werden.

Der zweite Teil der EU-Empfehlungen (Teil B) gibt einen Überblick über besondere Umstände, in denen die Unabhängigkeit gefährdet sein könnte. Diese konkreten Fälle ergänzen die allgemeinen Grundsätze und sollen deren Umsetzung erleichtern. Der APr. hat bei Vorliegen derartiger Umstände das Risiko für seine Unabhängigkeit zu beurteilen und festzustellen, ob es Schutzmaßnahmen gibt, die das Risiko vermindern können[49]. 33

---

[47] AR, PrA oder eine Gruppe nicht an der Geschäftsführung beteiligter bzw. externer Mitglieder des „Board of Directors".
[48] Regierungskommission Deutscher Corporate Governance Kodex (DCGK), 2017.
[49] Beispiele zu Schutzmaßnahmen unter Berücksichtigung der deutschen Unabhängigkeitsvorschriften finden sich bei *Schmidt/Nagel*, in: BeBiKo[11], Vor § 319 HGB, Rn. 11.

34 Als Reaktion auf den Enron-Zusammenbruch infolge der mit dem Sarbanes-Oxley-Act verbundenen tiefgreifenden gesetzgeberischen Maßnahmen bei der Finanzberichterstattung und Abschlussprüfung wurden auch in Europa Stimmen laut, durch weitere gesetzliche Reaktionen das Vertrauen der Anleger in die Kapitalmärkte und das öffentliche Vertrauen in die Abschlussprüfung zu sichern.

35 Die daraufhin modernisierte Abschlussprüferrichtlinie RL 2006/43/EG verfolgte den Zweck, eine Harmonisierung der Anforderungen an die Abschlussprüfung zu erreichen. Sie ist nach umfangreichen Beratungen im Ministerrat und dem Europäischen Parlament Mitte 2006 in Kraft getreten.

36 Wesentliche Regelungsbereiche der RL 2006/43/EG sind:
- Aus- und Fortbildung (Art. 6-10, 13)
- Unabhängigkeit und Unparteilichkeit (Art. 22)
- Verschwiegenheit und Berufsgeheimnis (Art. 23)
- Unabhängigkeit und Unparteilichkeit bei der Durchführung von Abschlussprüfungen (Art. 24)
- Prüfungshonorare (Art. 25)
- Prüfungsstandards (Art. 26)
- Abschlussprüfungen konsolidierter Abschlüsse (Art. 28)
- Berufsaufsicht – Untersuchungen und Sanktionen (Art. 30)
- Transparenzbericht (Art. 40)
- Sicherstellung der Unabhängigkeit – Pflichten des APr. von PIE (Art. 42).

37 Vor dem Hintergrund der weiteren Diskussion um die Harmonisierung der Vorschriften zur Qualität der Abschlussprüfung auf Unionsebene wurden die europäischen Regelungen zuletzt im Jahr 2014 geändert. Ziel dieser Änderung war es, die Unabhängigkeit und die Unparteilichkeit des APr. bei der Wahrnehmung seiner Aufgaben weiter zu stärken. Im Interesse des Anlegerschutzes bestand ein weiteres Ziel in der Stärkung der öffentlichen Aufsicht über die APr. Die Regelungen sind in die RL 2014/56/EU eingegangen, die die bisherige RL 2006/43/EG ändert. Die RL 2014/56/EU war von den Mitgliedsstaaten bis zum 17.06.2016 in nationales Recht umzusetzen.

38 Aufgrund der erheblichen Bedeutung, die Unternehmen von öffentlichem Interesse wegen des Umfangs, der Komplexität und der Art ihrer Geschäftstätigkeit zukommt, bestand ein weiteres Ziel darin, die Glaubwürdigkeit der geprüften Abschlüsse zu erhöhen. Mit diesem Ziel wurden zeitgleich die Bestimmungen über die Abschlussprüfung von Unternehmen von öffentlichem Interesse in der VO (EU) Nr. 537/2014 weiterentwickelt. Die VO (EU) Nr. 537/2014 ist nach Art. 44 Abs. 2 VO (EU) Nr. 537/2014 unmittelbar geltendes Recht in den Mitgliedsstaaten. Zur erstmaligen Anwendung der Vorschriften aus der VO (EU) Nr. 537/2014 vertritt die Generaldirektion Binnenmarkt der EU-Kommission in ihren am 03.09.2014 veröffentlichten Fragen und Antworten die Ansicht, dass die neuen Regeln – ungeachtet spezieller Übergangsregelungen wie etwa in

Art. 41 VO (EU) Nr. 537/2014 – für GJ anzuwenden sind, die nach dem 17.06.2016 beginnen[50].

Einen Überblick über die wesentlichen Änderungen durch die RL 2014/56/EU enthält die nachfolgende Übersicht. In der Übersicht werden die wesentlichen Änderungen der RL 2014/56/EU gemeinsam mit den ursprünglichen Regelungsbereichen der RL 2006/43/EG dargestellt, soweit sie für das Qualitätssicherungssystem einer WP-Praxis unmittelbar von Bedeutung sind.

39

Wesentliche Regelungsbereiche
Art. 6-10, 13 – Ausbildung und Fortbildung
RL 2014/56/EU – wesentliche Änderungen gegenüber RL 2006/43/EG • keine
RL 2006/43/EG – wesentliche Regelungen • Mindestanforderungen an die Ausbildung (Art. 6) • Prüfung der beruflichen Eignung (Art. 7) • kontinuierliche Fortbildung (Art. 13)
Art. 21-25 – Berufsgrundsätze, Unabhängigkeit, Unparteilichkeit, Verschwiegenheit und Berufsgeheimnis
RL 2014/56/EU – wesentliche Änderungen gegenüber RL 2006/43/EG • Ergänzung des Grundsatzes der kritischen Grundhaltung (Art. 21 Abs. 2) • Klarstellung, dass sich die Anforderungen an die Unabhängigkeit sowohl auf den Zeitraum des zu prüfenden Abschlusses als auch auf die Dauer der Abschlussprüfung beziehen (Art. 22 Abs. 1) • Ausweitung der Fälle, in denen die Abschlussprüfung nicht durchgeführt werden darf, auf Fälle der Interessenvertretung, Vertrautheit oder Einschüchterung, wenn eine sachkundige dritte Partei unter Beachtung der angewandten Schutzmaßnahmen zu dem Schluss käme, dass die Unabhängigkeit des APr. gefährdet ist (Art. 22 Abs. 1) • Ergänzung der Regelungen zur Unabhängigkeit um eine Regelung im Zusammenhang mit der Annahme von Geschenken oder Gefälligkeiten (Art. 22 Abs. 5) • Verpflichtung zur Prüfung der Unabhängigkeit durch den APr. im Fall von Unternehmenserwerbsvorgängen oder Zusammenschlüssen unter Beteiligung des geprüften Unternehmens und Einleitung nötiger Schutzmaßnahmen (Art. 22 Abs. 6) • zu beachtende zeitliche Einschränkungen beim Wechsel des verantwortlichen Prüfungspartners oder von Mitarbeitern des APr. zum geprüften Unternehmen (Art. 22a)

---

50 Dies bedeutet bei kalendergleichen GJ eine Anwendung der VO (EU) Nr. 537/2014 ab dem GJ 2017. Vgl. *EU-Kommission*, Q&A – Implementation of the New Statutory Audit Framework, S. 1: http://ec.europa.eu/finance/auditing/docs/reform/140903-questions-answers_en.pdf (zit. 21.07.2018). Vgl. auch *IDW*, IDW Positionspapier zu Inhalten und Zweifelsfragen der EU-Verordnung und der Abschlussprüferrichtlinie (vierte Auflage mit Stand: 23.05.2018), S. 11, https://www.idw.de/blob/86498/be1e59dead022ed8b374a26fb679de79/down-positionspapier-zweifelsfragen-data.pdf (zit. 21.07.2018), das konkretisiert, dass diese Auslegung nur für bestimmte Vorschriften, die einen Bezug zum GJ haben, gilt.

> **Wesentliche Regelungsbereiche**
>
> - besondere Pflichten vor der Annahme oder Fortsetzung des Auftrags zur Abschlussprüfung (Art. 22b)
> - Herausgabe von Arbeitspapieren in Konzernfällen an einen KAPr. im Drittland oder zur Vorlage im Drittland, wenn das geprüfte Unternehmen Wertpapiere im Drittland ausgegeben hat oder zu einem Konzern gehört, der den gesetzlich konsolidierten Abschluss im Drittland vorlegt (Art. 22 Abs. 5)
> - besondere Anforderungen an die interne Organisation von APr. und Prüfungsgesellschaften (Art. 24a):
>   – Grundsätze und Verfahren, um zu gewährleisten, dass weder die Eigentümer oder Anteilseigner noch die Mitglieder der Verwaltungs-, Leitungs- und Aufsichtsorgane der Ges. oder einer verbundenen Ges. in einer Weise in die Abschlussprüfung eingreifen, die Unabhängigkeit und Unparteilichkeit des APr. gefährdet (Art. 24a Abs. 1 Buchst. a)
>   – solide Verwaltung und Rechnungslegungsverfahren, interne Qualitätssicherungsmechanismen, wirksame Verfahren zur Risikobewertung sowie wirksame Kontroll- und Sicherheitsvorkehrungen für Datenverarbeitungssysteme (Art. 24a Abs. 1 Buchst. b)
>   – angemessene Grundsätze und Verfahren, um zu gewährleisten, dass die Mitarbeiter sowie jede andere natürliche Person, deren Leistung der APr. in Anspruch nimmt, über angemessene Kenntnisse und Erfahrungen für die ihnen zugewiesenen Aufgaben verfügen (Art. 24a Abs. 1 Buchst. c)
>   – angemessene Grundsätze und Verfahren, um zu gewährleisten, dass bei einer Auslagerung wichtiger Prüfungstätigkeiten weder die Qualität der internen Qualitätssicherung noch die Fähigkeit der zuständigen Behörden beeinträchtigt wird, die Aufsicht über die Einhaltung der bestehenden Berufspflichten zu führen (Art. 24a Abs. 1 Buchst. d)
>   – angemessene und wirksame organisatorische und administrative Vorkehrungen, um allen in Art. 22, 22 Buchst. a) und 22 Buchst. b) genannten Gefahren für die Unabhängigkeit vorzubeugen, diese zu ermitteln, zu beseitigen oder ihnen zu begegnen und sie offenzulegen (Art. 24a Abs. 1 Buchst. e)
>   – angemessene Grundsätze und Verfahren für die Abschlussprüfung, für Mitarbeiter-Coaching und die Beaufsichtigung und Prüfung der Tätigkeiten von Mitarbeitern sowie für die Strukturierung der in Art. 24 Buchst. b) Abs. 5 genannten Prüfungsakte (Art. 24a Abs. 1 Buchst. f)
>   – Einrichtung eines internen Qualitätssicherungssystems, um die Qualität der Abschlussprüfung sicherzustellen (Art. 24a Abs. 1 Buchst. g)
>   – angemessene Systeme, Ressourcen und Verfahren, um bei der Ausübung der Prüfungstätigkeit Kontinuität und Regelmäßigkeit zu gewährleisten (Art. 24a Abs. 1 Buchst. h)
>   – angemessene und wirksame organisatorische und administrative Vorkehrungen für den Umgang mit und die Aufzeichnung von Vorfällen, die die Integrität der Prüfungstätigkeiten schwer beeinträchtigen oder beeinträchtigen können (Art. 24a Abs. 1 Buchst. i)
>   – angemessene Vergütungsgrundsätze, einschl. Maßnahmen der Gewinnbeteiligung, die ausreichende Leistungsanreize bieten, um die Qualität der Ab-

Wesentliche Regelungsbereiche

  schlussprüfung sicherzustellen; insb. dürfen die Einnahmen des APr. aus der Erbringung von Nichtprüfungsleistungen an das geprüfte Unternehmen nicht Teil der Leistungsbewertung und der Vergütung von Personen sein, die an der Abschlussprüfung beteiligt oder in der Lage sind, das Ergebnis der Abschlussprüfung zu beeinflussen (Art. 24a Abs. 1 Buchst. j)
  – Beobachtung und Bewertung der Angemessenheit und Wirksamkeit der nach der RL 2014/56/EU und ggf. der VO (EU) Nr. 537/2014 geschaffenen Systeme, internen Qualitätssicherungsmechanismen und Vorkehrungen sowie Ergreifen von Maßnahmen, die zur Behebung etwaiger Mängel erforderlich sind. Einmal jährlich erfolgende Bewertung des internen Qualitätssicherungssystems. Aufzeichnung dieser Bewertung samt aller zur Änderung des internen Qualitätssicherungssystems vorgeschlagenen Änderungen (Art. 24a Abs. 1 Buchst. k)
- Arbeitsorganisation (Art. 24b):
  – Benennung des verantwortlichen Prüfungspartners. Sicherstellung, dass zur angemessenen Wahrnehmung der Aufgaben des verantwortlichen Prüfungspartners die notwendigen Mittel und das Personal mit der notwendigen Kompetenz und den notwendigen Fähigkeiten zur Verfügung stehen (Art. 24b Abs. 1)
  – Aufwendung ausreichender Zeit für die Durchführung der Abschlussprüfung und Einplanen der erforderlichen Ressourcen für die Wahrnehmung der Aufgaben (Art. 24b Abs. 2)
  – Führen von Aufzeichnungen über alle Verstöße gegen die Bestimmungen der RL 2014/56/EU und ggf. der VO (EU) Nr. 537/2014. Aufzeichnung der aus allen Verstößen erwachsenden Konsequenzen, einschl. der zur Behebung dieser Verstöße und zur Änderung des internen Qualitätssicherungssystems getroffenen Maßnahmen. Erstellung eines jährlichen Berichts über alle getroffenen Maßnahmen (Art. 24b Abs. 3)
  – Führung einer Mandantendatei (Art. 24b Abs. 4)
  – Führen einer Prüfungsakte für jede Abschlussprüfung (Art. 24b Abs. 5)
  – Aufbewahrung aller etwaigen schriftlichen Beschwerden über die Durchführung der Abschlussprüfungen (Art. 24b Abs. 6)

RL 2006/43/EG – wesentliche Regelungen
- Bei Gefährdungen der Unabhängigkeit müssen die Unabhängigkeitsrisiken durch Schutzmaßnahmen gemindert werden (Art. 22 Abs. 2).
- Abschlussprüfer von PIE dürfen in den Fällen von Selbstprüfung und Eigeninteresse die Abschlussprüfung nicht durchführen, wenn dies zur Wahrung der Unabhängigkeit des APr. angemessen ist (Art. 22 Abs. 2).
- Alle bedeutsamen Risiken der Unabhängigkeit und die ergriffenen Schutzmaßnahmen sind in den Arbeitspapieren zu dokumentieren (Art. 22 Abs. 3).
- Alle Informationen und Unterlagen, zu denen der APr. bei Durchführung einer Abschlussprüfung Zugang erhalten hat, unterliegen den Vorschriften zur Verschwiegenheitspflicht und zum Berufsgeheimnis (Art. 23 Abs. 1).

Wesentliche Regelungsbereiche

- Wird ein APr. durch einen anderen APr. ersetzt, gewährt dieser APr. dem neuen APr. Zugang zu allen relevanten Informationen über das geprüfte Unternehmen (Art. 23 Abs. 3).
- Weder Eigentümer noch die Anteilseigner einer WPG noch die Mitglieder der Verwaltungs-, Leitungs- und Aufsichtsorgane dieser oder einer verbundenen Ges. greifen in einer Weise in die Abschlussprüfung ein, die die Unparteilichkeit und Unabhängigkeit des APr., der die Abschlussprüfung für die WPG durchführt, gefährdet (Art. 24).
- Die Honorare für Abschlussprüfungen dürfen weder von der Erbringung zusätzlicher Leistungen für das geprüfte Unternehmen beeinflusst oder bestimmt noch an Bedingungen geknüpft werden (Art. 25).

Art. 26-28 – Prüfungsstandards, Abschlussprüfung konsolidierter Abschlüsse und BestV

RL 2014/56/EU – wesentliche Änderungen gegenüber RL 2006/43/EG
- ergänzende Ausführungen zur Überprüfung, Bewertung und Dokumentation der Arbeiten des Drittstaatenprüfers durch den KAPr. (Art. 27)
- Nennung von Mindestbestandteilen des BestV (Art. 28 Abs. 2)

RL 2006/43/EG – wesentliche Regelungen
- Beachtung der internationalen Prüfungsstandards bei der Durchführung von Abschlussprüfungen (Art. 26)
- volle Verantwortung des KAPr. für den BestV zu konsolidierten Abschlüssen (Art. 27a)
- Regelung der Aushändigung von Arbeitspapieren im Zusammenhang mit der Konzernabschlussprüfung in Drittlandfällen (Art. 27c)

Art. 29 – Qualitätssicherungssysteme (externe Qualitätskontrolle)

RL 2014/56/EU – wesentliche Änderungen gegenüber RL 2006/43/EG
- Durchführung einer Risikoanalyse als Grundlage für die Durchführung einer externen Qualitätskontrolle (Abs. 1 Buchst. h)
- Skalierung der externen Qualitätskontrolle im Hinblick auf Umfang und Komplexität der Tätigkeit des APr. (Abs. 1 Buchst. k)
- Cooling-in-Periode von drei Jahren für Personen, die Teilhaber oder Mitarbeiter eines APr. bzw. einer Prüfungsgesellschaft waren, vor der Aufnahme einer Tätigkeit als Qualitätskontrollprüfer bei dem ehemaligen APr. oder der ehemaligen Prüfungsgesellschaft (Abs. 2 Buchst. b)

RL 2006/43/EG – wesentliche Regelungen
- Regelung von Mindestkriterien zur Ausgestaltung des Systems der Qualitätssicherung – externe Qualitätskontrolle (Art. 29 Abs. 1 Buchst. a-j)

Wesentliche Regelungsbereiche

Art. 30 – Berufsaufsicht (Untersuchungen und Sanktionen)

RL 2014/56/EU – wesentliche Änderungen gegenüber RL 2006/43/EG
- Beschlussmöglichkeit für Mitgliedsstaaten, Maßnahmen und Sanktionen gegen APr. durch die zuständige Behörde ohne personenbezogenen Daten bekannt zu machen (Art. 30 Abs. 3)
- Regelung der Sanktionsbefugnisse der zuständigen Behörden (Art. 30a)
- Anwendung der Sanktionen (Art. 30b)
- Bekanntmachung der Sanktionen und Maßnahmen (Art. 30c)
- Einlegung von Rechtsmitteln (Art. 30d)
- Meldung von Verstößen gegen die RL 2014/56/EU oder die VO (EU) Nr. 537/2014 an zuständige Behörden (Art. 30e)
- Informationsaustausch zwischen den zuständigen Behörden und dem Ausschuss der Aufsichtsstellen (Art. 30f)

RL 2006/43/EG – wesentliche Regelungen
- Durchführung wirksamer Untersuchungen, um eine unzureichende Durchführung von Abschlussprüfungen aufzudecken, zu berichtigen und zu verhindern (Art. 30 Abs. 1)
- Ergreifen von Sanktionen im Fall der Verletzung von Vorschriften bei der Durchführung von Abschlussprüfungen (Art. 30 Abs. 2)
- öffentliche Bekanntmachung von Maßnahmen und Sanktionen gegen APr. (Art. 30 Abs. 3)

Art. 40 – Transparenzbericht

RL 2014/56/EU – wesentliche Änderungen gegenüber RL 2006/43/EG
- keine

RL 2006/43/EG – wesentliche Regelungen
- Pflicht der APr. von PIE zur Veröffentlichung eines Transparenzberichts nach dem Ende eines GJ (Art. 40 Abs. 1)
- Festlegung von Mindestinhalten für den Transparenzbericht (Art. 40 Abs. 1 Buchst. a bis j)

Art. 42 – Sicherstellung der Unabhängigkeit (Pflichten des APr. von PIE)

RL 2014/56/EU – wesentliche Änderungen gegenüber RL 2006/43/EG
- keine

RL 2006/43/EG – wesentliche Regelungen
- schriftliche Bestätigung der Unabhängigkeit vom geprüften Unternehmen gegenüber dem PrA (Art. 42 Abs. 2 Buchst. a)
- jährliche Information des PrA über die vom APr. gegenüber dem geprüften Unternehmen erbrachten zusätzlichen Leistungen (Art. 42 Abs. 1 Buchst. b)
- Erörterung der Risiken für die Unabhängigkeit sowie der Schutzmaßnahmen zur Minderung der Unabhängigkeitsrisiken mit dem PrA (Art. 42 Abs. 1 Buchst. c)
- interne Rotation der verantwortlichen Prüfungspartner nach spätestens sieben Jahren (Art. 42 Abs. 2)

> **Wesentliche Regelungsbereiche**
>
> - Cooling-off-Periode: zwei Jahre (Art. 42 Abs. 2)
> - keine Übernahme einer wichtigen Führungsposition in dem geprüften Unternehmen durch den verantwortlichen Prüfungspartner im Zeitraum von zwei Jahren nach dem Rücktritt vom Prüfungsmandat (Art. 42 Abs. 3)

Tabelle 1: Wesentliche Inhalte der RL 2006/43/EG v. 17.05.2006 sowie wesentliche Änderungen der RL 2014/56/EU v. 16.04.2014 gegenüber der RL 2006/43/EG

40 Darüber hinaus sind in die VO (EU) Nr. 537/2014 ergänzende Regelungen für APr. von PIE aufgenommen worden. Diese sind in der nachfolgenden Übersicht zusammengefasst:

Artikel	Themengebiet	Wesentliche Inhalte
Sicherstellung der Unabhängigkeit		
Art. 17, 41	Externe Rotation	• Höchstlaufzeit des Prüfungsmandats eines PIE von zehn Jahren; externe Rotation nach Ablauf der Höchstlaufzeit • grds. Verlängerungsmöglichkeit um weitere zehn auf zwanzig Jahre bzw. auf 24 Jahre nach erfolgter Ausschreibung (sog. Member State Option)[51] • Übergangsfristen für die Anwendung der Rotationsregeln in Art. 41
Art. 17 Abs. 7	Interne Rotation	• Rotation der für die Durchführung der Prüfung eines PIE verantwortlichen Prüfungspartners nach sieben Jahren • Cooling-off-Zeitraum: drei Jahre • Einführung eines angemessenen graduellen Rotationssystems für das an der Abschlussprüfung beteiligte Führungspersonal
Art. 4	Beschränkung der Höhe der Nichtprüfungsleistungen	• Beschränkung der Höhe der zulässigen Nichtprüfungsleistungen des APr. eines PIE auf 70% der durchschnittlichen Abschlussprüfungsleistungen der letzten drei vorangegangenen GJ des PIE, dessen TU sowie der MU des PIE • ausgenommen von der Beschränkung: Nichtprüfungsleistungen, die nach Unionsrecht oder nationalem Recht erforderlich sind

---

51 Die Member State Option wurde für CRR-Kreditinstitute und Versicherungen i.S.v. Art. 2 Abs. 1 der RL 91/674/EWG in Deutschland nicht ausgeübt.

Artikel	Themengebiet	Wesentliche Inhalte
Art. 5	Verbot von Nichtprüfungsleistungen („Blacklist")	• Verbot bestimmter Nichtprüfungsleistungen nach Art. 5 Abs. 1 („Blacklist") durch den APr. des PIE und dessen Netzwerkfirmen • Erlaubnis der Zulassung bestimmter verbotener Steuerberatungs- und Bewertungsleistungen durch die Mitgliedsstaaten (Member State Option)[52]
Art. 6	Beurteilung der Unabhängigkeit durch den APr.	• Beurteilung der Einhaltung der Regeln zur Unabhängigkeit vor Auftragsannahme eines PIE • Unabhängigkeitserklärung gegenüber dem PrA • Erörterung von Gefährdungen der Unabhängigkeit mit dem PrA
Anforderungen an die Berichterstattung über die Ergebnisse der Abschlussprüfung		
Art. 7	Berichterstattung über Unregelmäßigkeiten	• Aufforderung des geprüften PIE durch den APr. im Fall von Unregelmäßigkeiten, die Angelegenheit zu untersuchen sowie geeignete vorbeugende Maßnahmen für derartige Fälle zu treffen • Pflicht zur Information der zuständigen Behörde, falls das geprüfte PIE die Angelegenheit nicht untersucht
Art. 10	BestV (PIE)	• Beschreibung der bedeutsamsten beurteilten Risiken (Key Audit Matters) und der prüferischen Reaktionen • Erklärung, dass keine verbotenen Nichtprüfungsleistungen erbracht wurden und die Unabhängigkeit bei der Durchführung der Abschlussprüfung gewahrt wurde • Angabe von Nichtprüfungsleistungen, sofern diese nicht im Abschluss oder LB angegeben wurden

---

[52] Die Member State Option wurde vom deutschen Gesetzgeber sowohl für Steuerberatungs- als auch für Bewertungsleistungen ausgeübt. Allerdings wurde geregelt, dass Tätigkeiten im Sinne einer aggressiven Steuerplanung nicht zulässig sind (§ 319a Abs. 1 Nr. 2 HGB).

Artikel	Themengebiet	Wesentliche Inhalte
Art. 11	Zusätzlicher Bericht an den PrA	• Angabe des verantwortlichen Prüfungspartners • Beschreibung der Art, Häufigkeit und des Umfangs der Kommunikation mit dem PrA und der Unternehmensleitung • Beschreibung der verwendeten Methoden (Systemprüfungshandlungen, Einzelfallprüfungen), die bei der Prüfung der Bilanz zur Anwendung gekommen sind • Darlegung der Wesentlichkeitsgrenzen
Art. 12	Bericht an die zuständige Behörde über Informationen bei Durchführung der Abschlussprüfung	• wesentliche Verstöße gegen Rechts- und Verwaltungsvorschriften, die – sofern relevant – Zulassungsvoraussetzungen des geprüften PIE enthalten oder speziell die Ausübung der Tätigkeit solcher PIE regeln • wesentliche Gefährdung oder wesentliche Bedenken hinsichtlich der Unternehmensfortführung des PIE • Verweigerung der Abgabe, Versagung oder Einschränkung eines Prüfungsurteils • Meldepflicht hinsichtlich vorgenannter Informationen, die ein mit dem PIE eng verbundenes Unternehmen betreffen
Qualitätssicherung		

Art. 8	Auftragsbegleitende Qualitätssicherung	• auftragsbegleitende Qualitätssicherung durch einen WP
		• i.R.d. auftragsbegleitenden Qualitätssicherung auch zu beurteilen:
		  – Art und Umfang der korrigierten und nicht korrigierten falschen Darstellungen im Abschluss, die bei der Durchführung der Prüfung festgestellt wurden
		  – mit dem PrA und der Unternehmensleitung und/oder dem Aufsichtsorgan des geprüften Unternehmens erörterte Themen
		  – mit den zuständigen Behörden und ggf. mit anderen Dritten erörterte Themen

Berichterstattung der Praxis		
Art. 13	Transparenzbericht	• Spätestens vier Monate nach Abschluss des GJ ist ein Transparenzbericht zu veröffentlichen.

Artikel	Themengebiet	Wesentliche Inhalte
		• Im Transparenzbericht sind u.a. die folgenden finanziellen Angaben zu machen: – Gesamtumsatz des abgelaufenen GJ, aufgeschlüsselt in verschiedene Kategorien – Gesamtumsatz des internationalen Netzwerks des APr. aus Jahres- und Konzernabschlussprüfungen.
Art. 14	Informationspflichten über Honorare	• Der zuständigen Behörde ist jährlich eine Liste der geprüften PIE vorzulegen, die die von diesen Unternehmen bezogenen Einnahmen aufschlüsselt. • Die Aufschlüsselung erfolgt nach verschiedenen Kategorien (Einnahmen aus der Abschlussprüfung, Einnahmen aus zulässigen Nichtprüfungsleistungen, die gesetzlich erforderlich sind, und Einnahmen aus zulässigen Nichtprüfungsleistungen, die nicht gesetzlich erforderlich sind).
Sonstige Pflichten		
Art. 18	Übergabeakte	• Bei dem Prüferwechsel eines PIE ist der bisherige APr. verpflichtet, dem neuen APr. Zugang zu allen relevanten Informationen über das geprüfte Unternehmen und die zuletzt durchgeführte Abschlussprüfung zu gewähren. • Für die Dauer der Aufbewahrungspflicht ist dem neuen APr. Zugang zu den vom bisherigen APr. für die Abschlüsse früherer GJ erstatteten zusätzlichen Berichten an den PrA sowie zu jeglichen Informationen zu gewähren, die den zuständigen Behörden gem. Art. 12 und 13 übermittelt wurden. • Der APr. des früheren Abschlusses muss in der Lage sein, der zuständigen Behörde gegenüber darzulegen, dass diese Informationen dem neuen APr. zur Verfügung gestellt wurden.

Tabelle 2: Wesentliche Inhalte der VO (EU) Nr. 537/2014 v. 16.04.2014

Bereits die Abschlussprüferrichtlinie aus dem Jahr 2006 sah eine enge europäische Zusammenarbeit der öffentlichen Aufsichtssysteme vor. Zu diesem Zweck hatte die EU-Kommission ursprünglich die **European Group of Auditors Oversight Bodies (EGAOB)** eingesetzt. Die VO (EU) Nr. 537/2014 ist seit dem 17.06.2016 anzuwenden und hat den Beschluss zur Einrichtung der EGAOB aufgehoben. Das EGAOB wurde damit aufgelöst. An deren Stelle etabliert die VO (EU) Nr. 537/2014 ein neues Rahmenwerk zur Zusammenarbeit zwischen den europäischen nationalen Abschlussprüferaufsichtsbehörden, nämlich den Ausschuss der europäischen Aufsichtsstellen für Abschlussprüfer, das **Committee of European Auditing Oversight Bodies (CEAOB)**. Der Ausschuss hat am 12.07.2016 seine konstituierende Sitzung abgehalten[53]. Die Aufgabe des CEAOB besteht in der Koordinierung der europäischen öffentlichen Aufsichtssysteme und der konsistenten Anwendung der EU-Regulierung in den EU-Mitgliedsstaaten[54]. Mitglieder des CEAOB sind neben den Vertretern der europäischen öffentlichen Aufsichtsgremien für APr., darunter die deutsche Abschlussprüferaufsichtsstelle [vormals Abschlussprüferaufsichtskommission (APAK)][55], auch Vertreter der Securities and Markets Authority (ESMA). Als Beobachter nehmen die European Banking Authority (EBA) und die European Insurance and Occupational Pensions Authority (EIOPA) an den Sitzungen des CEAOB teil.

42 Der deutsche Gesetzgeber hat die RL 2014/56/EU und die Mitgliedsstaatenwahlrechte der VO (EU) Nr. 537/2014 durch das Abschlussprüfungsreformgesetz (AReG) und das Abschlussprüfungsaufsichtsreformgesetz (APAReG) in nationales Recht umgesetzt.

2.2 Gesetzliche und berufsständische Regeln in Deutschland

43 Jeder WP ist gesetzlich zur **Einrichtung, Überwachung und Durchsetzung eines internen Qualitätssicherungssystems** verpflichtet. Das Qualitätssicherungssystem muss die Regelungen umfassen, die zur Einhaltung der Berufspflichten erforderlich sind und in einem angemessenen Verhältnis zum Umfang und zur Komplexität der beruflichen Tätigkeit stehen. WP müssen ferner ihre Mitarbeiter über das eingerichtete Qualitätssicherungssystem informieren und haben die Verantwortlichkeiten in der Praxis, insb. die Verantwortlichkeit für die Qualitätssicherung, festzulegen (§ 55b Abs. 1 WPO; § 8 BS WP/vBP). Die Berufspflicht, ein Qualitätssicherungssystem zu unterhalten, gilt für die gesamte Tätigkeit des WP, d.h. für alle Tätigkeiten nach § 2 WPO. Das Qualitätssicherungssystem ist in schriftlicher oder elektronischer Form zu dokumentieren. Die **Dokumentation** (§ 55b Abs. 1 S. 3 WPO) muss es einem fachkundigen Dritten ermöglichen, sich in angemessener Zeit ein Bild von dem Qualitätssicherungssystem zu verschaffen.

44 Im Folgenden wird ein Überblick über wichtige gesetzliche und berufsständische Anforderungen an die Qualität der Wirtschaftsprüfung gegeben. Die Darstellung orientiert sich an den Bestimmungsfaktoren der Qualität: Urteilsfreiheit, Urteilsfähigkeit und sachgerechte Urteilsbildung des WP.

---

[53] Pressemitteilung der EU-Kommission v. 13.07.2016, http://europa.eu/rapid/press-release_MEX-16-2524_en.htm (zit. 21.07.2018).

[54] Pressemitteilung der EU-Kommission v. 13.07.2016, http://europa.eu/rapid/press-release_MEX-16-2524_en.htm (zit. 21.07.2018).

[55] *Aufgrund der neuen Vorschriften der VO (EU) Nr. 537/2014 wurde die APAK aufgelöst.* Die Bestellung der amtierenden Mitglieder der APAK endete zum 17.06.2016. Die Aufgaben der Berufsaufsicht über die WP/WPG, die PIE prüfen, wurden auf die Abschlussprüferaufsichtsstelle (APAS) beim Bundesamt für Wirtschaft und Ausfuhrkontrolle (BAFA) übertragen. Detailliertere Ausführungen hierzu sind in Kap. E enthalten.

Anforderungen an die **Urteilsfreiheit** des WP: 45

Regelung	Inhalt
§ 43 Abs. 1 S. 1 WPO	Berufsangehörige haben ihren Beruf unabhängig und eigenverantwortlich auszuüben. Sie haben sich unparteiisch zu verhalten.
§ 43 Abs. 3 WPO	Wer APr. eines Unternehmens von öffentlichem Interesse nach § 319a Abs. 1 S. 1 HGB war oder wer als verantwortlicher Prüfungspartner im Sinn des § 319a Abs. 1 S. 4, Abs. 2 S. 2 HGB bei der Abschlussprüfung eines solchen Unternehmens tätig war, darf dort innerhalb von zwei Jahren nach der Beendigung der Prüfungstätigkeit keine wichtige Führungstätigkeit ausüben und nicht Mitglied des AR, des PrA oder des Verwaltungsrats sein.
§ 43 Abs. 4 WPO	Berufsangehörige haben während der gesamten Prüfung eine kritische Grundhaltung zu wahren. Dazu gehört es, Angaben zu hinterfragen, auf Gegebenheiten zu achten, die auf eine falsche Darstellung hindeuten könnten, und die Prüfungsnachweise kritisch zu beurteilen.
§ 44 Abs. 1 WPO	Eigenverantwortlichkeit setzt voraus, dass WP als zeichnungsberechtigte Vertreter oder Angestellte PrB und Gutachten nur unterzeichnen, wenn sich deren Inhalt mit ihrer Überzeugung deckt. Weisungen, die dem entgegenstehen, sind unzulässig. Anteilseigner einer WPG und Mitglieder der Verwaltungs-, Leitungs- und Aufsichtsorgane dieser oder einer verbundenen WPG dürfen auf Abschlussprüfungen nicht in einer Weise Einfluss nehmen, die die Unabhängigkeit der verantwortlichen Berufsangehörigen beeinträchtigt.
§ 49 WPO	Der WP hat seine Tätigkeit zu versagen, wenn die Besorgnis der Befangenheit bei der Durchführung eines Auftrages besteht.
§ 55 WPO	Unbeschadet des Art. 4 der VO (EU) Nr. 537/2014 dürfen Erfolgshonorare nur bei Beratungstätigkeiten i.S.d. § 2 Abs. 3 Nr. 2 WPO vereinbart werden oder bei Tätigkeiten nach § 2 Abs. 2 WPO, soweit § 55a WPO nichts anderes bestimmt. Die Vergütung für gesetzliche Abschlussprüfungen darf nicht an Bedingungen geknüpft und nicht von der Erbringung zusätzlicher Leistungen beeinflusst oder bestimmt sein. Dies gilt entspr. für die Vergütung oder Leistungsbewertung von Personen, die an der Abschlussprüfung beteiligt oder auf andere Weise in der Lage sind, das Ergebnis der Abschlussprüfung zu beeinflussen.

Regelung	Inhalt
§ 318 HGB, Art. 17 Abs. 1 VO (EU) Nr. 537/2014	Bestellung des APr. (Wahl, Beauftragung); Höchstlaufzeit des Prüfungsmandats von zehn Jahren (externe Rotation). Verlängerung der Höchstlaufzeit von 10 auf 20 Jahre durch Auswahl- und Vorschlagsverfahren bzw. auf 24 Jahre bei Gemeinschaftsprüfungen (keine Verlängerungsoption auf 20 bzw. 24 Jahre für CRR-Kreditinstitute i.S.d. § 1 Abs. 3d S. 1 KWG mit Ausnahme der in § 2 Abs. 1 Nr. 1 und 2 KWG genannten Institute und Versicherungen i.S.d. Art. 2 Abs. 1 der RL 91/674/EWG); Regelungen zur gerichtlichen Abberufung und zur Kündigung des Prüfungsauftrages durch den APr. aus wichtigem Grund sowie zu Meinungsverschiedenheiten zwischen APr. und Mandant.
Art. 17 Abs. 7 VO (EU) Nr. 537/2014	Rotation der für die Durchführung der Abschlussprüfung eines Unternehmens von öffentlichem Interesse verantwortlichen Prüfungspartner nach sieben Jahren (interne Rotation); Cooling-off-Zeitraum: drei Jahre; Angemessenes graduelles Rotationssystem für das an der Abschlussprüfung beteiligte Führungspersonal.
§ 319 HGB	Besorgnis der Befangenheit wegen geschäftlicher, finanzieller oder persönlicher Beziehungen (Abs. 2) und Ausschlussgründe für die Tätigkeit als APr. (Abs. 3 und 4 für Jahresabschlussprüfungen; Abs. 5 für Konzernabschlussprüfungen). Die Ausschlussgründe umfassen u.a.[56] • Anteilsbesitz an zu prüfender Ges., • gesetzlicher Vertreter, Aufsichtsratsmitglied oder Arbeitnehmer der zu prüfenden Ges. oder eines verbundenen Unternehmens bzw. eines Unternehmens, das mehr als 20% der Anteile an der zu prüfenden Ges. hält, • Mitwirkung an der Buchführung oder Aufstellung des Abschlusses der zu prüfenden Ges., • Mitwirkung an der Durchführung der internen Revision der zu prüfenden Ges. in verantwortlicher Position, • Erbringung eigenständiger und wesentlicher versicherungsmathematischer Leistungen oder Bewertungsleistungen, • WP erzielte in den vergangenen fünf Jahren und voraussichtlich im lfd. GJ mehr als 30% seiner Gesamteinnahmen aus der Prüfung und Beratung des zu prüfenden Unternehmens und etwaiger TU (Umsatzabhängigkeitsgrenze).

---

[56] Eine detaillierte Liste der Ausschluss- und Befangenheitsgründe enthält: *IDW*, Praxishandbuch[11], Arbeitshilfe A-4.1.(1).

Regelung	Inhalt
§ 319a HGB	Besondere Ausschlussgründe gelten bei der Prüfung von Unternehmen von öffentlichem Interesse[57]: • keine Steuerberatungsleistungen über die Prüfungstätigkeit hinaus i.S.d. Art. 5 Abs. 1 Unterabs. 2 Buchst. a) Ziff. i und iv-vii VO (EU) Nr. 537/2014, die sich einzeln oder zusammen auf den zu prüfenden JA unmittelbar und nicht nur unwesentlich auswirken; aggressive Steuerplanung gilt als nicht nur unwesentliche Auswirkung auf den zu prüfenden JA (Abs. 1 S. 1 Nr. 2). • Keine über die Prüfungstätigkeit hinausgehende Erbringung von Bewertungsleistungen i.S.d. Art. 5 Abs. 1 Unterabs. 2 Buchst. f) VO (EU) Nr. 537/2014, die sich einzeln oder zusammen auf den zu prüfenden JA unmittelbar und nicht nur unwesentlich auswirken (Abs. 1 S. 1 Nr. 3).
§ 319b HGB	Ausschluss von der Abschlussprüfung, wenn ein Mitglied des Netzwerks des APr. einen Ausschlussgrund nach § 319 Abs. 2 oder 3 S. 1 Nr. 1, 2 oder 4, Abs. 3 S. 2 oder Abs. 4 HGB erfüllt, es sei denn, dass das Netzwerkmitglied auf das Ergebnis der Abschlussprüfung keinen Einfluss nehmen kann. Ausschluss von der Abschlussprüfung, wenn ein Mitglied seines Netzwerkes einen Ausschlussgrund nach § 319 Abs. 3 S. 1 Nr. 3 HGB oder § 319a Abs. 1 S. 1 Nr. 2 oder 3 HGB erfüllt. Ein Netzwerk liegt vor, wenn Personen i.R. ihrer Berufsausübung zur Verfolgung gemeinsamer wirtschaftlicher Interessen für eine gewisse Dauer zusammenwirken.
§ 323 HGB	Pflicht zur unparteiischen Prüfung (APr. und fachliche Mitarbeiter nach § 323 Abs. 1 S. 1 HGB); Verschwiegenheitspflicht des APr. und seiner Mitarbeiter (§ 323 Abs. 1 S. 2 HGB); Haftungsbegrenzung nach § 323 Abs. 2 HGB (4 Mio. bzw. 1 Mio. €).
Art. 4 Abs. 2 VO (EU) Nr. 537/2014	Gesamthonorare für erlaubte Nichtprüfungsleistungen des APr. eines Unternehmens von öffentlichem Interesse werden auf maximal 70% des Durchschnitts der in den letzten drei vorangegangenen GJ an den APr. oder die Prüfungsgesellschaft für die Abschlussprüfung durchschnittlich gezahlten Honorare begrenzt. *Dabei umfasst das (durchschnittlich gezahlte) Prüfungshonorar sämtliche Honorare für die Abschlussprüfung(en) des geprüften Unternehmens von öffentlichem Interesse und ggf. seines MU sowie der von dem geprüften Unternehmen von*

---

[57] Kapitalmarktorientierte Unternehmen i.S.d. § 264d HGB, CRR-Kreditinstitute i.S.d. § 1 Abs. 3d S. 1 KWG mit Ausnahme der in § 2 Abs. 1 Nr. 1 und 2 KWG genannten Institute und Versicherungen i.S.v. Art. 2 Abs. 1 der RL 91/674/EWG.

Regelung	Inhalt
	öffentlichem Interesse beherrschten Unternehmen und der konsolidierten Abschlüsse der betreffenden Unternehmensgruppe.
Art. 4 Abs. 3 VO (EU) Nr. 537/2014	Umsatzabhängigkeitsgrenze von 15% der Gesamteinnahmen.
Art. 5 VO (EU) Nr. 537/2014	Liste von Nichtprüfungsleistungen („Blacklist"), die der APr. eines Unternehmens von öffentlichem Interesse und jedes Mitglied seines Netzwerks nicht an das zu prüfende Unternehmen von öffentlichem Interesse, dessen MU oder die vom geprüften Unternehmen von öffentlichem Interesse beherrschten Unternehmen erbringen dürfen.
Art. 6 VO (EU) Nr. 537/2014	Schriftliche Erklärung gegenüber dem PrA, dass der APr. bzw. die Prüfungsgesellschaft unabhängig i.S.d. in Art. 6 VO (EU) Nr. 537/2014 weiter ausgeführten Anforderungen vom geprüften Unternehmen ist, sowie Erörterung der Gefahren für seine bzw. ihre Unabhängigkeit und Erörterung der dokumentierten Schutzmaßnahmen zur Verminderung dieser Gefahren.
BS WP/vBP	Bei allen Tätigkeiten zu beachtende Berufspflichten: • Vermeidung von Bindungen, die die Entscheidungsfreiheit beeinträchtigen könnten; Wahrung der persönlichen und wirtschaftlichen Unabhängigkeit gegenüber jedermann (§ 2 Abs. 1). • Verbot der Vereinbarung von Erfolgshonoraren; Verbot der Zahlung oder Entgegennahme von Provisionen; Verbot der Übernahme von Mandantenrisiken; Verbot von Versorgungszusagen von Auftraggebern (§ 2 Abs. 2). • Verbot der Vertretung widerstreitender Interessen (§ 3). • Auftragsannahme nur, wenn die Eigenverantwortlichkeit getragen werden kann und soll (§ 12). Ergänzend bei der Durchführung von Prüfungen und der Erstattung von Gutachten zu berücksichtigende Berufspflichten: • Unparteilichkeit (§ 28), • Versagung der Tätigkeit bei fehlender Unbefangenheit oder Besorgnis der Befangenheit (§ 29). Die Unbefangenheit kann beeinträchtigt werden durch: • Eigeninteressen finanzieller oder sonstiger Art (§ 32), • Selbstprüfungsrisiken (§ 33), • Interessenvertretung (§ 34), • Umstände persönlicher Vertrautheit (§ 35), • Einschüchterung (§ 36).

Regelung	Inhalt
	Ergänzend bei der Durchführung von Abschlussprüfungen zu beachtende Berufspflichten: • keine Mitwirkung des Berichtskritikers an der Erstellung des PrB und keine wesentliche Beteiligung des Berichtskritikers an der Prüfung (§ 48 Abs. 2) • keine Mitwirkung des auftragsbegleitenden Qualitätssicherers an der Durchführung der Abschlussprüfung (§ 48 Abs. 3).
IDW QS 1	• Unabhängigkeit, Unparteilichkeit und Vermeidung der Besorgnis der Befangenheit (*IDW QS 1*, Tz. 40 ff.) • Eigenverantwortlichkeit (*IDW QS 1*, Tz. 60 ff.) • Honorarbemessung, Vergütung und Gewinnbeteiligung (*IDW QS 1*, Tz. 66 ff.).

Tabelle 3: Anforderungen an die Urteilsfreiheit des WP

Anforderungen an die **Urteilsfähigkeit** des WP:

Regelung	Inhalt
§§ 5 bis 42 WPO	Voraussetzungen für die Berufsausübung (Zulassung zum WP-Examen; Prüfung; Bestellung und Anerkennung; Berufsregister).
§§ 43 bis 56 WPO	Rechte und Pflichten des WP (z.B. berufswürdiges Verhalten nach § 43 Abs. 2 S. 1-3 WPO; Pflicht zur regelmäßigen Fortbildung nach § 43 Abs. 2 S. 4 WPO; Versagung der Tätigkeit bei Gefahr der Inanspruchnahme für pflichtwidrige Handlungen nach § 49 S. 1 WPO; Verschwiegenheitspflicht beschäftigter Personen nach § 50 WPO; Anlegen von Handakten nach § 51b WPO; Wechsel des Auftraggebers nach § 53 WPO; Berufshaftpflichtversicherung nach § 54 WPO; Unterhaltung eines internen Qualitätssicherungssystems nach § 55b WPO).
§§ 57a WPO; § 319 Abs. 1 S. 3 HGB	Pflicht zur Teilnahme am Verfahren der Qualitätskontrolle, wenn ein WP oder eine WPG gesetzlich vorgeschriebene Abschlussprüfungen nach § 316 HGB durchführen. Pflicht zur Anzeige der Tätigkeit als gesetzlicher APr. bei der WPK spätestens zwei Wochen nach Annahme des Prüfungsauftrags. APr., die erstmalig eine gesetzlich vorgeschriebene Abschlussprüfung durchführen, müssen spätestens sechs Wochen nach Annahme eines Prüfungsauftrags über den Auszug aus dem Berufsregister verfügen.
BS WP/vBP	Bei allen Tätigkeiten zu beachtende Berufspflichten: • Pflicht zur regelmäßigen Fortbildung des WP (§ 5 Abs. 1),

Regelung	Inhalt

	• Auftragsübernahme nur bei fachlicher Kompetenz (§ 4 Abs. 2),
	• Pflicht zur Gesamtplanung aller Aufträge (§ 4 Abs. 3),
	• Qualifikation, Information und Verpflichtung der Mitarbeiter (Prüfung der fachlichen und persönlichen Eignung bei Einstellung von Mitarbeitern; Information über die Berufspflichten sowie über das Qualitätssicherungssystem; schriftliche Verpflichtung zur Verschwiegenheit, zum Datenschutz, zur Beachtung der Insider-Regeln sowie der Regelungen des Qualitätssicherungssystems) (§ 6),
	• strukturierte Aus- und Fortbildung der Mitarbeiter (Pflicht zur theoretischen und praktischen Ausbildung des Berufsnachwuchses und der Fortbildung der fachlichen Mitarbeiter; Übertragung von Verantwortung nur, wenn die erforderliche Qualifikation gegeben ist; Pflicht zur regelmäßigen Beurteilung) (§ 7),
	• regelmäßige Überprüfung der Einhaltung der Berufspflichten und Abstellung festgestellter Mängel (§ 8),
	• Einführung von Vorkehrungen zur Sicherung der Verschwiegenheit (auch nach Beendigung des Auftragsverhältnisses) (§ 10) und Verbot der Verwertung von Berufsgeheimnissen (§ 11),
	• WP muss die Tätigkeit der Mitarbeiter derart überblicken, dass er ein auf eigenen Kenntnissen beruhendes Urteil treffen kann (§ 13),
	• Pflicht zur Mitwirkung an der Ausbildung des Berufsnachwuchses (§ 17).
	• ergänzend bei der Durchführung von Prüfungen und der Erstattung von Gutachten zu berücksichtigende Berufspflichten:
	  – Pflicht zur Sicherung der Qualität bei Prüfungen und der Erstattung von Gutachten durch Vereinbarung und Abrechnung angemessener Vergütungen (§ 43 Abs. 1).
	• ergänzend bei der Durchführung von Abschlussprüfungen zu beachtende Berufspflichten:
	  – Pflicht zur Nachschau (§ 49),
	  – Führung der Auftragsdatei (§ 51c WPO).

VO 1/1993 (IDW)	Regelmäßige strukturierte Fortbildung von mindestens 40 Stunden pro Jahr für alle Mitglieder des IDW.
IDW QS 1	Pflicht zur Einführung von Regelungen zur: • *Einhaltung der Verschwiegenheitsvorschriften* (IDW QS 1, Tz. 58 f.),

Regelung	Inhalt
	• Annahme, Fortführung und vorzeitigen Beendigung von Aufträgen (*IDW QS 1*, Tz. 70 ff.), • Mitarbeiterentwicklung (*IDW QS 1*, Tz. 83 f.), • Gesamtplanung aller Aufträge (*IDW QS 1*, Tz. 99 f.), • Qualitätssicherung bei der Auftragsabwicklung (Regelungen zur Organisation der Auftragsabwicklung (*IDW QS 1*, Tz. 107 ff.), zur Konsultation (*IDW QS 1*, Tz. 140 ff.), zur Lösung von Meinungsverschiedenheiten (*IDW QS 1*, Tz. 181 ff.), • Nachschau (*IDW QS 1*, Tz. 205 ff.).

Tabelle 4: Anforderungen an die Urteilsfähigkeit des WP

Anforderungen an die **sachgerechte Urteilsbildung** des WP

Regelung	Inhalt
§ 43 Abs. 1 S. 1 WPO	Der WP hat seinen Beruf gewissenhaft auszuüben.
§ 43 Abs. 6 Nr. 3 WPO	Aktive Beteiligung des verantwortlichen Prüfungspartners an der Durchführung der Abschlussprüfung.
§ 317 HGB	Gegenstand und Umfang der Abschlussprüfung (z.B. Einbeziehung der Buchführung in die Prüfung; Aufdeckung von Unrichtigkeiten und Verstößen; Prüfung des JA; Prüfung des LB einschl. der Chancen und Risiken der künftigen Entwicklung; Prüfung des Risikofrüherkennungssystems; Prüfung des KA und des KLB).
§ 320 HGB	Vorlagepflichten der zu prüfenden Ges. und Informationsrechte des APr.
§§ 321, 322 und 332 HGB	Anforderungen an die ordnungsgemäße Berichterstattung über die Ergebnisse der Abschlussprüfung (PrB und BestV) sowie Bußgeldvorschriften bei nicht ordnungsgemäßer Berichterstattung durch den APr.
BS WP/vBP	Bei allen Tätigkeiten zu beachtende Berufspflichten: • Pflicht zur Einhaltung der fachlichen Regeln (§ 4 Abs. 1), insb. der IDW Prüfungsstandards, • Pflicht zur Information des Auftraggebers über bei der Tätigkeit festgestellte Gesetzesverstöße (§ 14 Abs. 2). Ergänzend bei der Durchführung von Prüfungen und der Erstattung von Gutachten zu berücksichtigende Berufspflichten: • kritische Grundhaltung (§ 37), • Pflicht zur Prüfungsplanung (§ 38), • Prüfungsdurchführung unter Berücksichtigung der Verhältnisse des zu prüfenden Unternehmens (§ 39 Abs. 1),

Regelung	Inhalt
	- Pflicht zur Bestimmung von Art, Umfang und Dokumentation der Prüfungsdurchführung i.R.d. Eigenverantwortlichkeit nach pflichtgemäßem Ermessen in Abhängigkeit von Größe, Komplexität und Risiko des Prüfungsmandats (§ 39 Abs. 1), - Pflicht zur Vorgabe von Prüfungsanweisungen und Überwachung von deren Einhaltung (§ 39 Abs. 2), - Pflicht zur Einholung fachlichen Rats bei für das Prüfungsergebnis bedeutsamen Zweifelsfragen, soweit dies bei pflichtgemäßer Beurteilung des WP erforderlich ist (§ 39 Abs. 3), - Pflicht zur Durchsicht der Arbeitsergebnisse und eigenverantwortliche Urteilsbildung des WP (§ 39 Abs. 4), - Pflicht zur Verfolgung von Beschwerden oder Vorwürfen von Mitarbeitern, Mandanten und Dritten (§ 40), - Angabe der Verwertung von Sachverständigenarbeiten in PrB und Gutachten (§ 41), - Pflichten bei Wechsel des APr. (§ 42). Ergänzend bei der Durchführung von Abschlussprüfungen zu beachtende Berufspflichten: - Maßnahmen zur auftragsbezogenen Qualitätssicherung (§ 48 Abs. 1), - Durchführung der Berichtskritik (§ 48 Abs. 2), - Erfüllung der Anforderungen nach Art. 8 VO (EU) Nr. 537/2014 bei der auftragsbegleitenden Qualitätssicherung von Unternehmen von öffentlichem Interesse (§ 48 Abs. 4).
IDW Prüfungsstandards	Eine Übersicht über alle *IDW Prüfungsstandards* einschl. der Fundstellen ist im Internet auf der Webseite des IDW abrufbar.
International Standard on Assurance Engagements [ISAE 3000 (Revised)][58]	ISAE 3000 definiert Anforderungen an die Durchführung sog. Assurance Engagements[59], d.h. Aufträgen zur Durchführung betriebswirtschaftlicher Prüfungen (andere als Abschlussprüfungen und Reviews). Die Anforderungen erstrecken sich auf folgende Bereiche: - Einhaltung von ethischen Grundsätzen, - Auftragsannahme und -fortführung, - Auftragsbedingungen,

---

[58] Ein solch allgemeiner Standard zur Durchführung betriebswirtschaftlicher Prüfungen wurde vom IDW bisher nicht herausgegeben. Zu einzelnen Assurance-Leistungen existieren jedoch entspr. *IDW Prüfungsstandards*, z.B. *IDW PS 980* („Grundsätze ordnungsmäßiger Prüfung von Compliance Management Systemen") sowie *IDW PS 981-983*.

[59] Vgl. *IDW*, WPH Edition, Assurance.

Regelung	Inhalt
	• Qualitätssicherung bei der Auftragsdurchführung, • Auftragsplanung und -durchführung, • Prüfungsnachweise, • Dokumentation, • Ereignisse nach dem Stichtag, • Verwertung der Arbeiten von Sachverständigen, • Berichterstattung.
IDW QS 1	Pflicht zur Einführung von Regelungen • zur Sicherung der gewissenhaften Berufsausübung (*IDW QS 1*, Tz. 54 ff.), • zur Auftragsabwicklung [Organisation der Auftragsabwicklung (*IDW QS 1*, Tz. 107 ff.)], • zur Einhaltung der gesetzlichen Vorschriften und fachlichen Regeln (*IDW QS 1*, Tz. 123 ff.), • zur Anleitung und Überwachung des Prüfungsteams (*IDW QS 1*, Tz. 120 ff. und *IDW QS 1*, Tz. 131 f.), • zur Durchsicht der Prüfungsergebnisse (*IDW QS 1*, Tz. 133 ff.), • zur auftragsbezogenen Qualitätssicherung (*IDW QS 1*, Tz. 137 ff.). • zum Abschluss der Dokumentation und zur Archivierung der Arbeitspapiere (*IDW QS 1*, Tz. 185 ff.).

Tabelle 5: Anforderungen an die sachgerechte Urteilsbildung des WP

48 Darüber hinaus hat der WP weitere Berufspflichten zu beachten, die nicht unmittelbar der Sicherung der Qualität der Tätigkeiten des WP dienen, sondern den Erwartungen der Öffentlichkeit an die Transparenz der Arbeit des WP Rechnung tragen und das Vertrauen in den WP-Beruf insgesamt stärken. Hierzu gehören z.B. die Pflicht zu berufswürdigem Verhalten (§ 43 Abs. 2 WPO), zur Versagung pflichtwidriger Handlungen (§ 49 WPO), zur Veröffentlichung eines Transparenzberichtes bei Prüfern von Unternehmen i.S.d. § 319a Abs. 1 HGB (Art. 13 VO (EU) Nr. 537/2014), zur Berichtspflicht von Unregelmäßigkeiten (§ 7 VO (EU) Nr. 537/2014), zum Bericht an die für die Beaufsichtigung von Unternehmen von öffentlichem Interesse zuständigen Behörden (§ 12 VO (EU) Nr. 537/2014), zur Informationspflicht von Honoraren aus Abschlussprüfung und aus zulässigen Nichtprüfungsleistungen gegenüber der APAS (Art. 14 VO (EU) Nr. 537/2014), zum Umgang mit fremden Vermögenswerten (§ 9 BS WP/vBP), zur Siegelführung bei Abgabe von Erklärungen bezüglich Vorbehaltsaufgaben bzw. zum Verbot der Siegelführung bei Aufträgen, bei denen es sich nicht um Prüfungen oder Gutachten handelt (§ 19 Berufssatzung), zur Bedeutung absoluter Ausschlussgründe i.S.v. § 319 Abs. 3 HGB, § 319a und § 319b Abs. 1 HGB (§ 31 BS WP/vBP) sowie zur Schaffung von Regelungen für ein Qualitätssicherungssystem nach § 55b Abs. 2 WPO (§§ 50-63 BS WP/vBP). Hinzu hat der WP die berufsständischen Regelungen zu beachten, die in den *IDW Prüfungsstandards* enthalten sind. Deren Einhaltung ist für eine sachgerechte Urteilsbildung des WP unerlässlich.

3. Einrichtung interner Qualitätssicherungssysteme

3.1 Einführung

49 Die Grundlagen für die Ausgestaltung des Qualitätssicherungssystems bilden § 55b WPO sowie der *IDW QS 1*. Dieser *IDW Qualitätssicherungsstandard* hat die gemeinsame Stellungnahme von IDW und WPK (*VO 1/2006: Anforderungen an die Qualitätssicherung in der Wirtschaftsprüferpraxis*) ersetzt und berücksichtigt die Änderungen der EU-Regulierung. Der Umfang und die konkrete Ausgestaltung der nach § 55b WPO einzuführenden Regelungen zur Qualitätssicherung ist maßgeblich von der Art und Größe, dem gegenwärtigen und zukünftigen Tätigkeitsbereich sowie den qualitätsgefährdenden Risiken der WP-Praxis abhängig. Zur Vorgehensweise bei der Einrichtung, Durchsetzung und Überwachung eines internen Qualitätssicherungssystems kommen folgende unterschiedliche Ansätze in Betracht:

50 Einerseits ist es denkbar, die im *IDW QS 1* behandelten **Risikobereiche im Einzelnen** abzuarbeiten und vor dem Hintergrund der Besonderheiten der jeweiligen WP-Praxis umzusetzen. Dies ist eine vergleichsweise einfache Vorgehensweise, die aber die Gefahr birgt, ggf. nicht ausreichend die individuelle Risikostruktur der WP-Praxis zu berücksichtigen. Eine an den jeweiligen Verhältnissen der WP-Praxis ausgerichtete Einschätzung der qualitätsgefährdenden Risiken bildet den Ausgangspunkt des *IDW Qualitätssicherungsstandards*. Die darin vorgesehenen Regelungen sind naturgemäß standardisiert und auf allgemein in einer WP-Praxis anzutreffende qualitätsgefährdende Risiken zugeschnitten.

51 Andererseits besteht die Möglichkeit, bei der Gestaltung des internen Qualitätssicherungssystems die **Grundsätze für die Einrichtung von internen Kontrollsystemen** nach COSO II anzuwenden. Unter einem internen Kontrollsystem werden alle Regelungen zur Steuerung und Überwachung in einem Unternehmen verstanden. Dies umfasst auch die Regelungen zur Qualitätssicherung, so dass grds. die Übertragung der Überlegungen zur Einrichtung von internen Kontrollsystemen auf die interne Qualitätssicherung möglich ist (vgl. Kap. D Tz. 86 ff.).

52 Darüber hinaus kommt eine konsequent prozessorientierte Vorgehensweise bei der Einrichtung interner Qualitätssicherungssysteme in Betracht. Eine Orientierung können die **Vorgaben zur Einrichtung von Qualitätsmanagementsystemen** nach DIN EN ISO 9000 sein (vgl. Kap. D Tz. 123 ff.).

53 Die Ziele der Qualitätssicherung ändern sich durch die Vorgehensweise bei der Einrichtung des internen Qualitätssicherungssystems nicht. Das Qualitätssicherungssystem dient in seiner Gesamtheit der Sicherstellung der ordnungsgemäßen Abwicklung der Aufträge der WP-Praxis, d.h. dass das Qualitätssicherungssystem mit hinreichender Sicherheit gewährleisten muss, dass der WP bei der Auftragsabwicklung die gesetzlichen und satzungsmäßigen Anforderungen beachtet[60]. Dies setzt bei betriebswirtschaftlichen Prüfungen voraus, dass der WP sein Urteil ohne äußere Einflussnahme in objektiver Weise trifft sowie die fachlichen und organisatorischen Voraussetzungen erfüllt, die auftragsunabhängig erfüllt sein müssen (Urteilsfreiheit und Urteilsfähigkeit). Darüber hinaus müssen die vom WP durchgeführten Prüfungshandlungen geeignet sein, um

---

[60] Dies schließt die Beachtung der fachlichen Regeln, insbesondere der *IDW Prüfungsstandards* mit ein (§ 4 Abs. 1 BS WP/vBP).

daraus ein vertrauenswürdiges Urteil über den Prüfungsgegenstand ableiten zu können (sachgerechte Urteilsbildung).

Urteilsfähigkeit und Urteilsfreiheit sollen vor allem durch auftragsunabhängige Maßnahmen gewährleistet werden (z.B. strukturierte Fortbildung, Vorhalten aktueller Fachliteratur, Bestätigungen der Mitarbeiter zur Unabhängigkeit und Einholung von Verschwiegenheitserklärungen). Sowohl die Urteilsfähigkeit als auch die Urteilsfreiheit des APr. sind Voraussetzungen für eine sachgerechte Urteilsbildung. Die sachgerechte Urteilsbildung selbst umfasst den Prozess der Planung und Durchführung von Prüfungen sowie die Berichterstattung über deren Ergebnisse, einschl. der Erteilung von BestV bzw. Bescheinigungen. Die Gewährleistung der sachgerechten Urteilsbildung erfolgt durch auftragsabhängige Maßnahmen der Qualitätssicherung. **54**

Im Folgenden wird ausgehend von einer detaillierten Darstellung der Anforderungen des § 55b WPO und des *IDW QS 1* ein Überblick über Ansätze zur Einrichtung interner Qualitätssicherungssysteme gegeben.

3.1.1 Anforderungen aus gesetzlichen Regelungen

Nach § 55b Abs. 1 WPO haben Berufsangehörige für ihre Praxis Regelungen zu schaffen, die die Einhaltung ihrer Berufspflichten gewährleisten, und deren Anwendung zu überwachen und durchzusetzen (internes Qualitätssicherungssystem). Diese Regeln gelten für alle WP-Praxen. Durch die Änderungen des APAReG wird zudem klargestellt, dass das interne Qualitätssicherungssystem in einem angemessenen Verhältnis zum Umfang und zur Komplexität der beruflichen Tätigkeit stehen soll. Damit ist das Prinzip der Verhältnismäßigkeit, das bereits bislang nach der *VO 1/2006* galt[61], nun auch ausdrücklich im Gesetz verankert worden[62]. Zu den für alle WP-Praxen geltenden Pflichten gehört auch die Pflicht, das interne Qualitätssicherungssystem zu dokumentieren und den Mitarbeitern der Berufsangehörigen zur Kenntnis zu geben. **55**

Für WP-Praxen, die Abschlussprüfungen nach § 316 HGB durchführen, gilt § 55b Abs. 2 WPO. Dieser enthält einen Katalog von weiter konkretisierten Anforderungen an das Qualitätssicherungssystem. Die Anforderungen basieren auf den Vorgaben des Art. 24a der RL 2014/56/EU über ergänzende Regelungen zu angemessenen Grundsätzen und Verfahren zur ordnungsgemäßen Durchführung und Sicherung der Qualität der Abschlussprüfung. Die einzelnen Regelungen sind in der folgenden Übersicht zusammengestellt: **56**

§ 55b Abs. 2 WPO	Inhalt	Regelung in RL 2014/56/EU
Nr. 1	Solide Verwaltungs- und Rechnungslegungsverfahren, interne Qualitätssicherungsmechanismen, wirksame Verfahren zur Risikobewertung sowie wirksame Kontroll- und Sicherheitsvorkehrungen für Datenverarbeitungssysteme.	Art. 24a Abs. 1 Unterabs. 1 Buchst. b)

---

[61] Vgl. *VO 1/2006*, Tz. 3.
[62] Vgl. *Kelm/Schneiß/Schmitz-Herkendell*, WPg 2016, S. 60 (65).

§ 55b Abs. 2 WPO	Inhalt	Regelung in RL 2014/56/EU
Nr. 2	Vorkehrungen zum Einsatz angemessener und wirksamer Systeme und Verfahren sowie der zur angemessenen Wahrnehmung der Aufgaben erforderlichen Mittel und des dafür erforderlichen Personals.	Art. 24a Abs. 1 Unterabs. 1 Buchst. h)
Nr. 3	Grundsätze und Verfahren, die die Einhaltung der Anforderungen an die Eigenverantwortlichkeit des verantwortlichen APr. nach § 44 Abs. 1 S. 3 WPO und an die Unabhängigkeit nach den §§ 319 bis 319b HGB gewährleisten.	Art. 24a Abs. 1 Unterabs. 1 Buchst. a) und e)
Nr. 4	Grundsätze und Verfahren, die sicherstellen, dass Mitarbeiter sowie sonstige unmittelbar an den Prüfungstätigkeiten beteiligte Personen über angemessene Kenntnisse und Erfahrungen für die ihnen zugewiesenen Aufgaben verfügen sowie fortgebildet, angeleitet und kontrolliert werden.	Art. 24a Abs. 1 Unterabs. 1 Buchst. c) und f)
Nr. 5	Führung von Prüfungsakten nach § 51b Abs. 4 WPO	Art. 24a Abs. 1 Unterabs. 1 Buchst. f)
Nr. 6	Organisatorische und administrative Vorkehrungen für den Umgang mit Vorfällen, die die ordnungsmäßige Durchführung der Prüfungstätigkeiten beeinträchtigen können, und für die Dokumentation dieser Vorfälle.	Art. 24a Abs. 1 Unterabs. 1 Buchst. i)
Nr. 7	Verfahren, die es den Mitarbeitern unter Wahrung der Vertraulichkeit ihrer Identität ermöglichen, potenzielle oder tatsächliche Verstöße gegen die VO (EU) Nr. 537/2014 oder gegen Berufspflichten sowie etwaige strafbare Handlungen oder Ordnungswidrigkeiten innerhalb der Praxis an geeignete Stellen zu berichten.	Art. 30e Abs. 3
Nr. 8	Grundsätze der Vergütung und Gewinnbeteiligung nach § 55 WPO.	Art. 24a Abs. 1 Unterabs. 1 Buchst. j)
Nr. 9	Grundsätze und Verfahren, die gewährleisten, dass im Fall der Auslagerung wichtiger Prüfungstätigkeiten die interne Qualitätssicherung und die Berufsaufsicht nicht beeinträchtigt werden.	Art. 24a Abs. 1 Unterabs. 1 Buchst. d)

Tabelle 6: Elemente des Qualitätssicherungssystems in Bezug auf Abschlussprüfungen

57 Der überwiegende Teil der in Tabelle 6 aufgeführten Anforderungen an das Qualitätssicherungssystem bestand bereits nach den bislang geltenden Regelungen der WPO (z.B.

§ 51b zur Führung von Handakten, §§ 50, 55a zur Vergütung) und der BS WP/vBP (z.B. § 8 zur gewissenhaften Berufsausübung, § 24a zur Prüfungsplanung, § 24b zur Auftragsabwicklung oder § 32 zu den Anforderungen an das Qualitätssicherungssystem). Die inhaltlichen Neuerungen betreffen insb. IT-Sicherheitsvorkehrungen für Datenverarbeitungssysteme (§ 55b Abs. 2 Nr. 1 WPO) sowie Regelungen und Verfahren im Zusammenhang mit der Auslagerung von wichtigen Prüfungstätigkeiten (§ 55b Abs. 2 Nr. 9 WPO). In der Praxis werden die bei der Durchführung von Abschlussprüfungen nach § 316 HGB geltenden Regelungen zwar regelmäßig auch unter entspr. Anwendung bei anderen Prüfungstätigkeiten eingehalten; der Gesetzgeber wollte sie aber nicht gesetzlich auf alle betriebswirtschaftlichen Prüfungen übertragen, um nicht die Anforderungen in diesem Bereich übermäßig zu Lasten der kleinen und mittelgroßen WP-Praxen anzuheben[63]. Er hat daher die weitere Ausdehnung der Anwendung der Regelungen der Entscheidung des Berufsstands überlassen[64].

58 Nach § 55b Abs. 3 WPO haben Berufsangehörige, die Abschlussprüfungen nach § 316 HGB durchführen, das interne Qualitätssicherungssystem i.R.d. Überwachung nach § 55b Abs. 1 S. 1 WPO zumindest hinsichtlich der Grundsätze und Verfahren für die Abschlussprüfung, für die Fortbildung, Anleitung und Kontrolle der Mitarbeiter sowie für die Handakte (Prüfungsakte) einmal jährlich zu bewerten. Weist ein internes Qualitätssicherungssystem Mängel auf, haben die Berufsangehörigen die zu deren Behebung erforderlichen Maßnahmen zu ergreifen. Die folgenden Aspekte sind einmal jährlich in einem praxisinternen Bericht (Nachschau-Bericht) zu dokumentieren:

- die Ergebnisse der Bewertung nach § 55b Abs. 3 S. 1 WPO,
- Maßnahmen, die nach § 55b Abs. 3 S. 2 WPO ergriffen oder vorgeschlagen wurden,
- Verstöße gegen Berufspflichten oder gegen die VO (EU) Nr. 537/2014, soweit diese nicht nur geringfügig sind, sowie
- die aus Verstößen gegen Berufspflichten oder die VO (EU) Nr. 537/2014 erwachsenen Folgen und die zur Behebung der Verstöße ergriffenen Maßnahmen.

59 Bei WPG, die gesetzlich vorgeschriebene Abschlussprüfungen durchführen, kann die (operative) Verantwortung für das interne Qualitätssicherungssystem bei Berufsangehörigen, Berufsangehörigen eines anderen EU-Mitgliedsstaates oder bei in Mitgliedsstaaten des EWR-Raumes registrierten APr. liegen (§ 55b Abs. 4 WPO).

3.1.2 Anforderungen aus berufsständischen Normen

60 Grundlage für die Ausgestaltung eines Qualitätssicherungssystems sind die sich aus Gesetz und Berufssatzung ergebenden **Berufspflichten**. Die gesetzlich geregelten Berufspflichten fußen auf §§ 43 ff. WPO, §§ 318, 319, 319b Abs. 1 S. 1, Abs. 2 HGB sowie für WP-Praxen, die Abschlussprüfungen von Unternehmen von öffentlichem Interesse durchführen, zusätzlich aus § 319a, § 319b Abs. 1 S. 2, Abs. 2 HGB sowie Art. 4-19 VO (EU) Nr. 537/2014. Darüber hinaus enthält die Berufssatzung weitere erläuternde Bestimmungen, die in Abhängigkeit von der Tätigkeit des Berufsangehörigen wie folgt strukturiert sind:

---

[63] Vgl. BT-Drs. 18/6282, S. 79.
[64] Über § 8 Abs. 2 BS WP/vBP sind die Regelungen des Qualitätssicherungssystems bei Abschlussprüfungen (§ 55 Abs. 2 WPO) jedoch auch auf Prüfungen anzuwenden, bei denen ein der Abschlussprüfung nachgebildeter BestV erteilt wird.

Tätigkeitsbereich	Regelungsumfang
Alle Tätigkeiten	Allgemeine Berufspflichten (§§ 1-22 BS WP/vBP) Berufshaftpflichtversicherung (§§ 23-27 BS WP/vBP)
Durchführung von Prüfungen und Erstattung von Gutachten	Besondere Bestimmungen für die Durchführung von Gutachten und betriebswirtschaftliche Prüfungen (§§ 28-44 BS WP/vBP)
Durchführung von Abschlussprüfungen	Besondere Bestimmungen für die Durchführung von Abschlussprüfungen (§§ 45-63 BS WP/vBP)

Tabelle 7: Überblick über die Regelungsbereiche der Berufssatzung

61 Der berufsständische Qualitätssicherungsstandard *IDW QS 1* gibt die Berufsauffassung wieder, wie ein Qualitätssicherungssystem ausgestaltet sein sollte, um die Einhaltung der gesetzlichen und satzungsmäßigen Anforderungen sicherzustellen. Eine WP-Praxis kann auch dann in Einklang mit dem Gesetz und der Berufssatzung handeln, wenn sie von einzelnen Anforderungen des Standards abweicht. Derartige Abweichungen sind bei der Einrichtung des Qualitätssicherungssystems grds. möglich, bedürfen aber einer entsprechenden sachlichen Begründung. Insbesondere muss die WP-Praxis, etwa i.R.d. Qualitätskontrolle, darlegen können, dass trotz einer Abweichung von den Regelungen des Standards den Berufspflichten nach der WPO und der Berufssatzung in anderer Weise nachgekommen wurde. Gelingt ihr dies nicht, muss sie damit rechnen, dass ihr dies in einem berufsaufsichtlichen oder einem zivilrechtlichen Verfahren zum Nachteil ausgelegt werden kann[65].

62 Die nachfolgende Übersicht vermittelt einen Überblick über die Regelungen der Berufssatzung im Hinblick auf die gesetzlichen Anforderungen der WPO an das Qualitätssicherungssicherungssystem einer WP-Praxis, die Abschlussprüfungen nach § 316 HGB durchführt (§ 55b Abs. 2 WPO).

Regelung der WPO	Inhalt	Regelungen der BS WP/vBP
§ 55b Abs. 2 Nr. 1	Solide Verwaltungs- und Rechnungslegungsverfahren, interne Qualitätssicherungsmechanismen, wirksame Verfahren zur Risikobewertung sowie wirksame Kontroll- und Sicherheitsvorkehrungen für Datenverarbeitungssysteme.	§ 45 Auftragsdatei § 53 Regelungen zur Auftragsannahme, Fortführung und vorzeitigen Beendigung von Aufträgen §§ 48, 60 Maßnahmen der auftragsbezogenen Qualitätssicherung

---

65 Vgl. *Schmidt/Pfitzer/Lindgens*, WPg 2006, S. 1193.

Regelung der WPO	Inhalt	Regelungen der BS WP/vBP
§ 55b Abs. 2 Nr. 2	Vorkehrungen zum Einsatz angemessener und wirksamer Systeme und Verfahren sowie der zur angemessenen Wahrnehmung der Aufgaben erforderlichen Mittel und des dafür erforderlichen Personals.	§ 46 Auswahl und Ausstattung des verantwortlichen Prüfungspartners § 47 Personelle und zeitliche Ressourcen § 51 Anforderungen an das Qualitätssicherungssystem § 55 Gesamtplanung (und Organisation der Fachinformation) § 56 Prüfungsplanung
§ 55b Abs. 2 Nr. 3	Grundsätze und Verfahren, die die Einhaltung der Anforderungen an die Eigenverantwortlichkeit des verantwortlichen APr. nach § 44 Abs. 1 S. 3 WPO und an die Unabhängigkeit nach den §§ 319 bis 319b HGB gewährleisten.	§ 2 Unabhängigkeit § 12 Eigenverantwortlichkeit § 28 Unparteilichkeit § 29 Unbefangenheit und Besorgnis der Befangenheit § 30 Schutzmaßnahmen § 31 Bedeutung absoluter Ausschlussgründe § 32 Eigeninteressen § 33 Selbstprüfung § 34 Interessenvertretung § 35 Persönliche Vertrautheit § 36 Einschüchterung § 52 Regelungen zur Beachtung der Ausschlussgründe § 61 Grundsätze zur Vergütung und Gewinnbeteiligung
§ 55b Abs. 2 Nr. 4	Grundsätze und Verfahren, die sicherstellen, dass Mitarbeiter sowie sonstige unmittelbar an den Prüfungstätigkeiten beteiligte Personen über angemessene Kenntnisse und Erfahrungen für die ihnen zugewiesenen Aufgaben verfügen sowie fortgebildet, angeleitet und kontrolliert werden.	§ 5 Fachliche Fortbildung § 6 Qualifikation, Information und Verpflichtung der Mitarbeiter § 7 Aus- und Fortbildung der Mitarbeiter § 13 Führen von Mitarbeitern § 17 Mitwirkung an der Ausbildung § 54 Anforderungen an die beteiligten Personen § 55 (Gesamtplanung und) Organisation der Fachinformation § 57 Auftragsabwicklung
§ 55b Abs. 2 Nr. 5	Führung von Prüfungsakten nach § 51b Abs. 4 WPO.	§ 58 Prüfungsakte

Regelung der WPO	Inhalt	Regelungen der BS WP/vBP
§ 55b Abs. 2 Nr. 6	Organisatorische und administrative Vorkehrungen für den Umgang mit Vorfällen, die die ordnungsmäßige Durchführung der Prüfungstätigkeiten beeinträchtigen können, und für die Dokumentation dieser Vorfälle.	§ 40 Beschwerden und Vorwürfe
§ 55b Abs. 2 Nr. 7	Verfahren, die es den Mitarbeitern unter Wahrung der Vertraulichkeit ihrer Identität ermöglichen, potenzielle oder tatsächliche Verstöße gegen die VO (EU) Nr. 537/2014 oder gegen Berufspflichten sowie etwaige strafbare Handlungen oder Ordnungswidrigkeiten innerhalb der Praxis an geeignete Stellen zu berichten.	§ 59 Beschwerden und Vorwürfe
§ 55b Abs. 2 Nr. 8	Grundsätze der Vergütung und Gewinnbeteiligung nach § 55 WPO.	§ 61 Grundsätze zur Vergütung und Gewinnbeteiligung
§ 55b Abs. 2 Nr. 9	Grundsätze und Verfahren, die gewährleisten, dass im Fall der Auslagerung wichtiger Prüfungstätigkeiten die interne Qualitätssicherung und die Berufsaufsicht nicht beeinträchtigt werden.	§ 62 Auslagerung wichtiger Prüfungstätigkeiten
§ 55b Abs. 3	Überwachung der Einhaltung der Regelungen des Qualitätssicherungssystems.	§§ 49, 63 Nachschau

Tabelle 8: Konkretisierung der gesetzlichen Anforderung an das Qualitätssicherungssystem durch die Berufssatzung

Soweit eine WP-Praxis keine Abschlussprüfungen durchführt, regelt § 55b Abs. 1 S. 2 WPO, dass das einzurichtende Qualitätssicherungssystem in einem angemessenen Verhältnis zu Umfang und Komplexität der beruflichen Tätigkeit ausgestaltet sein soll. Es bestehen damit gegenüber Berufsangehörigen, die Abschlussprüfungen durchführen, *höhere Freiheitsgrade in der Ausgestaltung der Regelungen des Qualitätssicherungssystems.*

Im Rahmen der Umsetzung der RL 2014/56/EU wurden mit dem APAReG, wie ausgeführt, insb. in der WPO die Anforderungen an die Organisation der Qualitätssicherung in WP-Praxen, die gesetzliche Abschlussprüfungen nach § 316 HGB durchführen, erweitert. Aus der VO (EU) Nr. 537/2014 ergeben sich für WP-Praxen, die Abschlussprüfungen von Unternehmen von öffentlichem Interesse durchführen, zusätzliche Anforderungen, z.B. zur auftragsbegleitenden Qualitätssicherung, sowie weitergehende Unabhängigkeits- und Rotationsregeln, deren Einhaltung i.R.d. Qualitätssicherungssystems zu gewährleisten ist. Die neue BS WP/vBP v. 21.06.2016 konkretisiert, wie oben dargestellt, die gesetzlichen Anforderungen an die Qualitätssicherung bezogen auf den gesetzlichen Anwendungsbereich der Abschlussprüfung nach § 316 HGB. Die dadurch entstandene Regelungslücke zum Anwendungsbereich der abgelösten *VO 1/2006*, die sich an den internationalen Standards ISQC 1 und ISA 220 orientiert und auftragsbezogen betriebswirtschaftliche Prüfungen sowie verwandte Leistungen (Erstellungen, Agreed-Upon Procedures) umfasst, wird durch den *IDW Qualitätssicherungsstandard IDW QS 1* geschlossen.

Die nachfolgende Tabelle gibt unter Berücksichtigung der Vorschriften der BS WP/vBP einen Überblick über die wesentlichen Regelungsbereiche zur Qualitätssicherung nach dem *IDW QS 1*.

BS WP/vBP	Regelungsbereich
§§ 8, 50, 51	**3. Prozess der Einrichtung, Durchsetzung und Überwachung eines Qualitätssicherungssystems** • Festlegung und Dokumentation der Verantwortlichkeiten für die Qualitätssicherung in der WP-Praxis. Sofern die Praxisleitung Aufgaben auf einzelne Partner/Mitarbeiter delegiert, muss darauf geachtet werden, dass diese Personen über ausreichend Kompetenz und Erfahrung sowie eine adäquate persönliche Autorität und hierarchische Stellung verfügen. • Förderung eines Qualitätsumfelds, das eine hohe Qualität der Berufsausübung und die Beachtung der gesetzlichen und berufsständischen Anforderungen unterstützt. • Die qualitätsgefährdenden Risiken sind kontinuierlich festzustellen und zu analysieren, um auf dieser Grundlage angemessene und wirksame Regelungen zur Qualitätssicherung treffen zu können. • In den Mitarbeiterbeurteilungen und bei Entscheidungen über Beförderungen und Gehaltsentwicklungen muss die Beachtung der Regelungen des Qualitätssicherungssystems zum Ausdruck kommen. • Die Regelungen zur Qualitätssicherung sind gegenüber den Mitarbeitern klar und in angemessener Weise zu kommunizieren. • Es sind Verfahren einzuführen, die eine Untersuchung möglicher Verstöße gegen Berufspflichten und die Regelungen des Qualitätssicherungssystems sowie die Verhängung disziplinarischer und sonstiger Maßnahmen beinhalten. • Das Qualitätssicherungssystem ist in schriftlicher oder elektronischer Form zu dokumentieren. Die Dokumentation ist mindes-

BS WP/vBP	Regelungsbereich

	tens so lange aufzubewahren, wie dies für interne oder externe Überwachungen erforderlich ist.
	• Die Angemessenheit und Wirksamkeit des Qualitätssicherungssystems ist praxisintern zu überwachen.
	
	Regelungen, die neu durch IDW QS 1 adressiert werden
	• *Die Verantwortung für das interne Qualitätssicherungssystem bei WP-Praxen kann künftig auch bei Berufsangehörigen liegen, die in anderen Mitgliedsstaaten oder in anderen Vertragsstaaten des EWR-Raums als APr. registriert sind (§ 55b Abs. 4 WPO).*
	• *Bei der Einrichtung, Durchsetzung und Überwachung eines Qualitätssicherungssystems sind zusätzlich folgende Bestandteile eines Qualitätssicherungssystems zu berücksichtigen:*
	   – *Festlegung der Qualitätsziele,*
	   – *kontinuierliche Verbesserung des Qualitätssicherungssystems.*
	
	Hinweis:
	Die Ergänzung der bisherigen Bestandteile des internen Qualitätssicherungssystems um die o.g. Aspekte verdeutlicht, dass die qualitätsgefährdenden Risiken der WP-Praxis unter Berücksichtigung der Qualitätsziele der Praxis zu bestimmen sind. Die Ergebnisse der Überwachung von Angemessenheit und Wirksamkeit der Regelungen zur Qualitätssicherung bilden die Grundlage für die weitere Beurteilung der qualitätsgefährdenden Risiken der WP-Praxis und damit den Ausgangspunkt für einen kontinuierlichen Verbesserungsprozess des internen Qualitätssicherungssystems zur Einhaltung der allgemeinen Berufspflichten – sog. **Quality Management Process**[66].
	• *Die Regelungen zur Steuerung und Überwachung der Qualität der beruflichen Leistung sind unter Beachtung der qualitätsgefährdenden Risiken und des Verhältnismäßigkeitsprinzips einzuführen. Regelungen und Maßnahmen zur Qualitätssicherung sind dort erforderlich, wo qualitätsgefährdenden Risiken begegnet werden muss.*
	• *Es sind Regelungen zu schaffen (z.B. Verhaltensgrundsätze), die darauf ausgerichtet sind, dass – insbesondere bei Abschlussprüfungen nach § 316 HGB – Anteilseigner sowie Mitglieder der Praxisleitung des Aufsichtsorgans der WP-Praxis und von verbundenen Praxen keinen ungebührlichen Einfluss auf Entscheidungen der verantwortlichen Wirtschaftsprüfer nehmen, die deren Unabhängigkeit und Eigenverantwortlichkeit beeinträchtigen.*
	• *Wird für die Dokumentation des Qualitätssicherungssystems ein standardisiertes Handbuch verwendet, ist es auf die konkreten Verhältnisse der WP-Praxis anzupassen, indem die für die Praxis*

---

66   Siehe hierzu auch Kap. D Tz. 143 ff.

BS WP/vBP	Regelungsbereich
	relevanten Regelungen gekennzeichnet werden (§ 51 Abs. 2 S. 3 BS WP/vBP). • *Die Angemessenheit und Wirksamkeit des Qualitätssicherungssystems sind praxisintern zu überwachen. Zu diesem Zweck ist die Einhaltung der Berufspflichten in der WP-Praxis in angemessenen Zeitabständen zu überprüfen und Mängel abzustellen (§ 8 Abs. 1 S. 2 BS WP/vBP).* • *Bei WP-Praxen, die Abschlussprüfungen nach § 316 HGB durchführen, ist die Schaffung von Regelungen zu IT-Sicherheitsvorkehrungen (§ 55b Abs. 2 Nr. 1 WPO) sowie von Regelungen zur Auslagerung wichtiger Prüfungstätigkeiten (§ 55b Abs. 2 Nr. 9 WPO) erforderlich.*
	4. Regelungen zur Steuerung und Überwachung der Qualität in der Wirtschaftsprüfungspraxis **4.1. Beachtung der allgemeinen Berufspflichten**
§ 2, 28-36, 51 Nr. 1	**4.1.1. Unabhängigkeit, Unparteilichkeit und Vermeidung der Besorgnis der Befangenheit** **Verantwortlichkeiten** • Festlegung der Verantwortung für die organisatorischen Maßnahmen zur Sicherung der Einhaltung der Unabhängigkeitsvorschriften sowie der Untersuchung und Lösung von Unabhängigkeitsgefährdungen. **Information und Kommunikation** • Verpflichtung der Mitarbeiter zur unverzüglichen Kommunikation möglicher Unabhängigkeitsgefährdungen und von Unabhängigkeitsverstößen. • Unterrichtung der Mitarbeiter bzw. an der Prüfung beteiligter externer Personen über die Anforderungen an die berufliche Unabhängigkeit. • Mindestens jährliche oder anlassbezogene Befragung der Mitarbeiter zu finanziellen, persönlichen oder kapitalmäßigen Bindungen. **Risikobeurteilungen** • Laufende Feststellung und Analyse von Gefährdungen der Unabhängigkeit. • Festlegung geeigneter Kriterien, nach denen alle Prüfungsleistungen dahingehend beurteilt werden, ob Maßnahmen zur Vermeidung von Unabhängigkeitsgefährdungen (Vertrautheit) und zur Vermeidung eines im Zeitablauf eintretenden Qualitätsverlusts (Betriebsblindheit) erforderlich sind.

BS WP/vBP	Regelungsbereich

	• Festlegung von Regelungen, mit denen die interne Rotation bei der Prüfung von Unternehmen i.S.d. § 319a HGB sichergestellt wird.
	Maßnahmen bei Unabhängigkeitsgefährdungen
	• Durchführung von Maßnahmen, z.B. interner Disziplinar- sowie Fortbildungsmaßnahmen bei bewussten Verstößen gegen Unabhängigkeitsregelungen der Praxis.
	• Vornahme von Sicherungsmaßnahmen bei festgestellten Unabhängigkeitsgefährdungen, ggf. Ablehnung oder Kündigung eines Auftrags.
	Dokumentation
	• Dokumentation der Einhaltung der Unabhängigkeitsvorschriften einschl. der eingeführten Regelungen und der Lösung von Unabhängigkeitsgefährdungen.
	Regelungen, die neu durch IDW QS 1 adressiert werden
	• *Einführung von Regelungen, mit denen unter Berücksichtigung der identifizierten und beurteilten qualitätsgefährdenden Risiken der WP-Praxis die Einhaltung der allgemeinen Berufspflichten hinreichend sichergestellt wird (§ 55 b Abs. 1 WPO; für WP-Praxen, die Abschlussprüfungen nach § 316 HGB durchführen, ergänzend: § 55b Abs. 2 S. 2 Nr. 3 WPO).*
	• *Bei WP-Praxen, die gesetzlich vorgeschriebene Abschlussprüfungen in Unternehmen von öffentlichem Interesse i.S.d. § 319a HGB durchführen, sind zusätzlich die Vorschriften der Art. 4 bis 6 und Art. 17 der VO (EU) Nr. 537/2014 i.V.m. § 318 Abs. 1a HGB, § 319a Abs. 1 HGB zu beachten. Hierzu zählen:*
	   – *Prüfungshonorare (u.a. Honorarbegrenzung für zulässige Nichtprüfungsleistungen und Umsatzabhängigkeitsgrenze) (Art. 4),*
	   – *Verbotene Nichtprüfungsleistungen (Art. 5),*
	   – *Höchstlaufzeit des Mandats und externe Rotation (Art. 17 Abs. 1-6),*
	   – *Interne Rotation der verantwortlichen Prüfungspartner (Art. 17 Abs. 7 Unterabs. 1),*
	   – *Graduelles Rotationssystem für das an der Abschlussprüfung beteiligte Führungspersonal (Art. 17 Abs. 7 Unterabs. 3).*
	• *Schaffung von Regelungen für den neuen Gefährdungstatbestand der Einschüchterung (§ 36 BS WP/vBP)[67].*
	• *Sicherstellung, dass die fachlichen Mitarbeiter sowie gegebenenfalls weitere Personen, die Unabhängigkeitsvorschriften beachten müssen, über die Anforderungen an die berufliche Unabhängigkeit unterrichtet und zu deren Einhaltung verpflichtet werden.*

---

[67] Zu weitergehenden Ausführungen s. Erläuterungen zur BS für WP/vBP § 36 Einschüchterung.

BS WP/vBP	Regelungsbereich
	• Festlegung von Kriterien, nach denen im Rahmen der Unabhängigkeitsregeln bei der Durchführung von Prüfungen und Erstellung von Gutachten zur Vermeidung einer möglicherweise zu großen persönlichen Vertrautheit (z.B. im Zeitablauf oder durch Wechsel von Mitgliedern des Auftragsteams zum Mandanten) die Notwendigkeit von Schutzmaßnahmen festgestellt werden kann (§ 35 BS WP/vBP). Die Kriterien können sich auf die Art der Beziehung, ihre Dauer und ihre Intensität, sowie die Auftragsart und Relevanz des Auftragsgegenstands und der Arbeitsergebnisse für die Öffentlichkeit beziehen. • Regelung auch zu anlassbezogenen Befragungen des eingesetzten Fachpersonals der WP-Praxis in Sachen Unabhängigkeit (z.B. bei konkreten Hinweisen auf Unabhängigkeitsgefährdungen) bei Abschlussprüfungen nach § 316 HGB (§ 52 Nr. 5 BS WP/vBP).
§ 4	**4.1.2. Gewissenhaftigkeit** • Einführung von Regelungen, die eine gewissenhafte Abwicklung der Aufträge gewährleisten. • Einführung der geltenden gesetzlichen und fachlichen Regeln in der WP-Praxis (z.B. durch interne Schulungen und Informationsveranstaltungen, Arbeitshilfen, Muster-Berichte und ähnliche Hilfsmittel). *Regelungen, die neu durch IDW QS 1 adressiert werden* • Wahrung der kritischen Grundhaltung bei betriebswirtschaftlichen Prüfungen und Gutachten während der gesamten Dauer der Auftragsabwicklung (§ 43 Abs. 4 WPO i.V.m. § 37 BS WP/vBP). • Aufwendung von ausreichend Zeit für die Durchführung von Abschlussprüfungen nach § 316 HGB sowie Einsatz der für die Wahrnehmung der Aufgabe erforderlichen Mittel (§ 43 Abs. 5 WPO i.V.m. § 47 BS WP/vBP). • Bei Berufsangehörigen, die gesetzlich vorgeschriebene Abschlussprüfungen nach § 316 HGB durchführen, Regelungen der WP-Praxis zu angemessenen Verwaltungs- und Rechnungslegungsverfahren (§ 55b Abs. 2 S. 2 Nr. 1 WPO). Soweit Datenverarbeitungssysteme im Rahmen der Praxisorganisation oder der Auftragsabwicklung eingesetzt werden, müssen die Regelungen wirksame Kontroll- und Sicherheitsvorkehrungen berücksichtigen.

§ 10	**4.1.3. Verschwiegenheit**
	• Einführung von Regelungen zur Einhaltung der Verschwiegenheitspflicht, z.B.
	  – schriftliche Verpflichtung der Mitarbeiter bei Einstellung,
	  – Regelungen zur Sicherung der Arbeitspapiere gegen unbefugten Zugriff.

BS WP/vBP	Regelungsbereich
	Regelungen, die neu durch IDW QS 1 adressiert werden • *Ergänzung von Regelungen zur Sicherung der bei gesetzlichen Abschlussprüfungen nach § 316 HGB eingesetzten Datenverarbeitungssysteme gegen unbefugten Zugriff (§ 55b Abs. 2 S. 2 Nr. 1 WPO).* • *Schriftliche Verpflichtung der fachlichen Mitarbeiter und der Gehilfen einschließlich Dienstleistungsgesellschaften zu den Insiderregeln bei Abschluss des Arbeitsvertrags (vgl. u.a. Art. 18 Abs. 2 VO (EU) Nr. 596/2014 (Marktmissbrauchsverordnung).*
§ 12	**4.1.4. Eigenverantwortlichkeit**
	Überwachung der Arbeitsbelastung und Verfügbarkeit der verantwortlichen WP zur Gewährleistung ausreichender zeitlicher Reserven, z.B. • Einhaltung einer angemessenen Leitungsspanne verantwortlicher Prüfungspartner/fachlicher Mitarbeiter. • Sachgerechter Einsatz von erfahrenen und weniger erfahrenen Mitarbeitern sowie Spezialisten.
	Regelungen, die neu durch IDW QS 1 adressiert werden • *Aufnahme einer Regelung zur aktiven Beteiligung des verantwortlichen Prüfungspartners an der Durchführung der Abschlussprüfung (§ 43 Abs. 6 Nr. 3 WPO)[68].* • *Durch eine entsprechende Regelung ist zudem sicherzustellen, dass – insbesondere bei Abschlussprüfungen nach § 316 HGB – Anteilseigner sowie Mitglieder der Praxisleitung und des Aufsichtsorgans der WP-Praxis und von verbundenen WP-Praxen keinen ungebührlichen Einfluss auf Entscheidungen der verantwortlichen Wirtschaftsprüfer nehmen, die deren Unabhängigkeit und Eigenverantwortlichkeit beeinträchtigen (§ 44 Abs. 1 S. 3 WPO).*
§ 14	**4.1.5. Berufswürdiges Verhalten**
	Einführung von Regelungen zur Einhaltung z.B. folgender Berufspflichten: • Ablehnung von Aufträgen, wenn die Tätigkeit des WP für eine pflichtwidrige Handlung in Anspruch genommen werden soll (§ 49 WPO),

---

[68] Als verantwortlicher Prüfungspartner gelten Personen, die den BestV unterzeichnen oder als WP als für die Durchführung einer Abschlussprüfung vorrangig verantwortlich bestimmt worden sind. Als verantwortlicher Prüfungspartner gilt auf Konzernebene auch, wer als WP auf der Ebene bedeutender TU als für die Durchführung von deren Abschlussprüfung vorrangig verantwortlich bestimmt worden ist. Nicht vorausgesetzt wird, dass die betreffende Person die Stellung eines Gesellschafters in der WP-Praxis hat, auch angestellte WP fallen unter die o.g. Definition.

BS WP/vBP	Regelungsbereich
	• Beachtung des Verbots der Vereinbarung von Erfolgshonoraren (§ 55a WPO), von Pauschalhonoraren (§ 27 Abs. 2 BS WP/vBP) und Provisionszahlungen (§ 27 Abs. 1 BS WP/vBP), • Sicherung der Angemessenheit der Vergütung (§ 55a WPO, § 27 Abs. 1 BS WP/vBP), • kollegiales Verhalten bei der Übernahme von Aufträgen.
§§ 61, 51 Nr. 13	**4.1.6 Grundsätze der Honorarbemessung, Vergütung und Gewinnbeteiligung**
	Bislang waren Regelungen zu den Grundsätzen der Honorarbemessung und Vergütung in Abschn. 4.1.5 „Berufswürdiges Verhalten" geregelt. ***Regelungen, die neu durch IDW QS 1 adressiert werden*** • *Das Honorar für gesetzlich vorgeschriebene Abschlussprüfungen darf bereits bislang nicht an weitere Bedingungen geknüpft sein und es darf auch nicht von der Erbringung zusätzlicher Leistungen für das geprüfte Unternehmen beeinflusst oder bestimmt sein (§ 55 Abs. 1 S. 3 WPO). Dies gilt nun entsprechend auch für die Vergütung oder die Leistungsbewertung von Personen, die an der Abschlussprüfung beteiligt sind oder auf andere Weise in der Lage sind, das Ergebnis der Abschlussprüfung zu beeinflussen (§ 55 Abs. 1 S. 4 WPO). In der WP-Praxis sind zumindest für den Bereich der gesetzlich vorgeschriebenen Abschlussprüfungen nach § 316 HGB Regelungen einzuführen, die die Einhaltung der Grundsätze zur Vergütung und Gewinnbeteiligung gewährleisten (§ 55b Abs. 2 S. 2 Nr. 8 WPO).* • *Durch angemessene Regelungen ist sicherzustellen, dass ein ausreichender Anreiz geschaffen wird, die Qualität von gesetzlich vorgeschriebenen Abschlussprüfungen sicherzustellen (§ 61 Abs. 2 S. 1 Berufssatzung WP/vBP).* • *Regelungen sind zu schaffen, um sicherzustellen, dass bei der Vereinbarung und Abrechnung des Honorars die Qualität der beruflichen Tätigkeit sichergestellt wird. Hierzu ist in der Regel ein angemessenes Honorar erforderlich (§ 43 Abs. 1 BS WP/vBP). Bei gesetzlichen Abschlussprüfungen nach § 316 HGB muss der Wirtschaftsprüferkammer oder der Abschlussprüferaufsichtsstelle im Fall eines erheblichen Missverhältnisses zwischen erbrachter Leistung und vereinbartem Honorar nachgewiesen werden können, dass für die Prüfung eine angemessene Zeit aufgewandt und qualifiziertes Personal eingesetzt wurde (§ 55 Abs. 1 S. 5 WPO).*
§§ 53, 51 Nr. 2, 3	**4.2. Annahme, Fortführung und vorzeitige Beendigung von Aufträgen**
	• Regelung/Dokumentation der Zuständigkeiten für Auftragsannahme- und Auftragsfortführungsentscheidung.

D Qualitätsmanagement in der Wirtschaftsprüferpraxis

BS WP/vBP	Regelungsbereich
	• Einführung von Regelungen, die mit hinreichender Sicherheit gewährleisten, dass Aufträge nur angenommen bzw. fortgeführt werden, – nachdem eine Analyse der Integrität des Mandanten und der mit dem Auftrag verbundenen Risiken vorgenommen wurde, – nachdem die Pflichten gem. Geldwäschegesetz erfüllt wurden, – wenn ausreichend Erfahrung und Kompetenz sowie personelle und zeitliche Ressourcen in der WP-Praxis vorhanden sind, – bei denen die allgemeinen Berufspflichten eingehalten werden können. • Beurteilung der Mandats- und Auftragsrisiken auch bei Folgeaufträgen, insb. in Bezug auf neue Geschäftstätigkeiten des Mandanten. • Pflicht zur Information der Praxisleitung oder der sonstigen zuständigen Personen, wenn erst während der Auftragsabwicklung Ablehnungsgründe bekannt werden. • Regelungen zur Niederlegung des Mandats. • Bei Prüferwechsel während der Auftragsdurchführung Pflicht zur Einholung von Informationen über die Gründe für den Wechsel durch den Mandatsnachfolger. ***Regelungen, die neu durch IDW QS 1 adressiert werden*** • *Schaffung einer Regelung für den Fall der Annahme eines Prüfungsauftrags, der durch Kündigung beendet wurde: Annahme nur, wenn die WP-Praxis sich über den Grund der Kündigung und das Ergebnis der bisherigen Prüfung unterrichtet hat. Im Fall der gesetzlichen Abschlussprüfung nach § 316 HGB ist der Mandatsnachfolger verpflichtet, sich von dem Mandatsvorgänger die schriftliche Begründung der Kündigung (§ 318 Abs. 6 S. 3 HGB) oder das Ersetzungsurteil (§ 318 Abs. 3 HGB), die Mitteilungen an die Wirtschaftsprüferkammer (§ 318 Abs. 8 HGB) sowie den Bericht über das Ergebnis der bisherigen Prüfung nach § 318 Abs. 6 S. 4 HGB vorlegen und erläutern zu lassen, wenn dem die Verschwiegenheitspflicht, andere gesetzliche Bestimmungen oder eigene berechtigte Interessen nicht entgegen stehen. Das Vorstehende gilt sinngemäß auch für nicht gesetzlich vorgeschriebene Abschlussprüfungen, bei denen ein Bestätigungsvermerk erteilt werden soll, der dem gesetzlichen Bestätigungsvermerk in § 322 HGB nachgebildet ist – soweit die entsprechenden Unterlagen vorhanden sind. (§ 42 Abs. 5 BS WP/vBP).* • *Regelung, dass bei Abschlussprüfungen von Unternehmen von öffentlichem Interesse für den Fall des regulären Prüferwechsels der bisherige Abschlussprüfer nach Art. 18 Unterabs. 1 VO (EU) verpflichtet ist, dem neuen Abschlussprüfer Zugang zu allen relevanten Informationen über das geprüfte Unternehmen und über die zuletzt*

BS WP/vBP	Regelungsbereich
	für dieses Unternehmen durchgeführte Abschlussprüfung zu gewähren (Übergabeakte).
§ 7	**4.3. Mitarbeiterentwicklung**
	• Regelungen zur Personalplanung und -entwicklung zur Sicherstellung ausreichender personeller Ressourcen und fachlich ausreichend qualifizierter Mitarbeiter. • Übertragung von Verantwortung auf fachliche Mitarbeiter nur, wenn diese über die erforderliche Qualifikation in persönlicher und fachlicher Hinsicht verfügen (§ 7 Abs. 2 BS WP/vBP). ***Regelungen, die neu durch IDW QS 1 adressiert werden*** • *Bei WP-Praxen, die gesetzliche Abschlussprüfungen nach § 316 HGB durchführen, sind Regelungen einzuführen, die sicherstellen, dass die fachlichen Mitarbeiter sowie sonstige unmittelbar an der Prüfungstätigkeit beteiligte Personen (z.B. Mitarbeiter eines Dienstleistungsunternehmens bei der Auslagerung wichtiger Prüfungshandlungen) über angemessene Kenntnisse und Erfahrungen für die ihnen zugewiesenen Aufgaben verfügen sowie fortgebildet, angeleitet und kontrolliert werden. In diesem Zusammenhang sind angemessene Regelungen zur Einstellung sowie zur Einholung von Erklärungen und deren Dokumentation, zur Aus- und Fortbildung, Beurteilung und Information der Mitarbeiter erforderlich (§ 51 Abs. 1 Nr. 4-6 und 8 BS WP/vBP).*
§§ 6, 51 Nr. 4	**4.3.1. Einstellung von fachlichen Mitarbeitern**
	• Prüfung der fachlichen und persönlichen Eignung der Bewerber bei Einstellung. • Entwicklung und einheitliche Anwendung von Einstellungskriterien, welche die gegebene Mandanten- und Auftragsstruktur berücksichtigen. • Schriftliche Verpflichtung der Mitarbeiter vor Dienstantritt zur Beachtung der Verschwiegenheitsvorschriften, zum Datenschutz, zu den Insider-Regeln und zu den Regelungen des Qualitätssicherungssystems.
§§ 7, 51 Nr. 5	**4.3.2. Aus- und Fortbildung**
	• Festlegung von Aus- und Fortbildungsmaßnahmen unter Berücksichtigung der aktuellen und künftigen Tätigkeitsbereiche. • Ziel: Förderung der fachlichen und persönlichen Kompetenz. • Einzelne Maßnahmen: Vorbereitung auf die Berufsexamina, interne und externe Fortbildungsveranstaltungen, Teilnahme an Diskussionsgruppen. • Coaching durch erfahrene Mitarbeiter, „Training on the Job".

BS WP/vBP	Regelungsbereich

	• Anhalten der Fachkräfte zur Lektüre der einschlägigen Fachliteratur.
	• Hinweis auf die Fortbildungspflicht für IDW Mitglieder (*VO 1/1993*).
	
	Regelungen, die neu durch IDW QS 1 adressiert werden
	• *Schaffung von Regelungen zur Umsetzung der Fortbildungsverpflichtung:*
	  – *Die Fortbildungsverpflichtung im Umfang von mindestens 40 Stunden jährlich ist durch Teilnahme an Fortbildungsmaßnahmen i.S.v. § 5 Abs. 2 BS WP/vBP[69] als Hörer oder Dozent zu erfüllen, wovon mindestens 20 Stunden für Nachweiszwecke zu dokumentieren sind. Darüber hinaus kann die Fortbildungspflicht auch durch Selbststudium erfüllt werden (§ 5 Abs. 1-5 BS WP/vBP).*
	  – *Sonstige fachliche Mitarbeiter sind zum Selbststudium anzuhalten.*
	  – *Die Fortbildung soll ihren Schwerpunkt in der ausgeübten oder beabsichtigten beruflichen Tätigkeit des Berufsangehörigen haben (§ 5 Abs. 4 BS WP/vBP).*

§§ 7, 51 Nr. 6	**4.3.3. Mitarbeiterbeurteilungen**
	• Regelmäßige Beurteilung der Mitarbeiter. • Festlegung eines systematischen Beurteilungsverfahrens, z.B. persönliche und fachliche Ziele, Beurteilungsfrequenz, Beurteilungskriterien. • Information der Mitarbeiter darüber, dass die persönliche Karriere von der Qualität der Arbeit und der Beachtung der Regelungen des Qualitätssicherungssystems abhängt. • Dokumentation und Aufbereitung der Ergebnisse der Beurteilungen für Einsatzplanung.
§§ 5, 51 Nr. 8	**4.3.4. Organisation der Fachinformation**
	• Sicherstellung einer ausreichenden und rechtzeitigen Fachinformation der fachlichen Mitarbeiter auf den Gebieten ihrer beruflichen Betätigung.
§§ 55, 51 Nr. 7	**4.4. Gesamtplanung aller Aufträge**
	• Festlegung von Regelungen, die sicherstellen, dass die übernommenen und erwarteten Aufträge ordnungsgemäß und zeitgerecht abgewickelt werden können.

---

[69] Oder durch Bildungsmaßnahmen zur Qualitätskontrolle nach § 57a Abs. 3 S. 2 Nr. 2, Abs. 3a S. 2 Nr. 4 WPO.

BS WP/vBP	Regelungsbereich
	• Art und Umfang der Gesamtplanung bestimmen sich nach den Gegebenheiten der WP-Praxis sowie der Anzahl, dem Volumen und dem Schwierigkeitsgrad der durchzuführenden Aufträge (ggf. Zusammenfassung von Auftragsgruppen). • In WP-Praxen mit organisatorisch getrennten Geschäftsbereichen oder mit Niederlassungen kann die Gesamtplanung nach Geschäftsbereichen oder Niederlassungen erfolgen.
§§ 59, 40, 51 Nr. 11	**4.5. Umgang mit Beschwerden und Vorwürfen** • Einführung von Regelungen zu einem angemessenen Umgang mit Beschwerden oder Vorwürfen von Mandanten, Mitarbeitern oder Dritten. • Praxisleitung muss dafür sorgen, dass Mitarbeiter Beschwerden ohne Besorgnis vor persönlichen Nachteilen zur Kenntnis bringen können (sog. Hinweisgebersystem). • Untersuchungen durch die Praxisleitung oder unter der Leitung einer von dieser bestimmten qualifizierten Person, die mit dem Sachverhalt nicht befasst war. • Deuten Untersuchungsergebnisse auf Schwächen im Aufbau oder der Wirksamkeit des Qualitätssicherungssystems hin, sind Maßnahmen zur Beseitigung dieser Schwächen zu ergreifen. ***Regelungen, die neu durch IDW QS 1 adressiert werden*** • *Bei WP-Praxen, die gesetzliche Abschlussprüfungen nach § 316 HGB durchführen, sind organisatorische und administrative Vorkehrungen für den Umgang mit Vorfällen zu treffen, welche die ordnungsgemäße Durchführung der Abschlussprüfungen beeinträchtigen können. In diesem Zusammenhang sind Verfahren einzurichten, die es den Mitarbeitern unter Wahrung der Vertraulichkeit ihrer Identität ermöglichen, potenzielle oder tatsächliche Verstöße gegen die VO (EU) Nr. 537/2014 oder gegen andere Berufspflichten sowie etwaige strafbare Handlungen oder Ordnungswidrigkeiten innerhalb der WP-Praxis an geeignete Stellen zu berichten. Hinweisgebersystem (§ 55b Abs. 2 S. 2 Nr. 7 WPO i.V.m. § 50 Abs. 1, § 51 Nr. 11 und § 59 BS WP/vBP).* • *Verstöße gegen Berufspflichten und Verstöße gegen die VO (EU) Nr. 537/2014, soweit sie nicht nur geringfügig sind, sowie die aus diesen Verstößen erwachsenen Folgen und die zur Behebung der Verstöße ergriffenen Maßnahmen sind in den jährlichen Nachschaubericht aufzunehmen (§ 55b Abs. 3 S. 3 Nr. 3 und 4 WPO).*

BS WP/vBP	Regelungsbereich
	4.6. Auftragsabwicklung
§§ 57, 54, 51 Nr. 10	**4.6.1. Organisation der Auftragsabwicklung**
	• Bestimmung (dokumentiert) eines verantwortlichen WP für jeden Auftrag, der dem Mandanten z.B. im Auftragsbestätigungsschreiben mitzuteilen ist (§§ 38 Abs. 2, 54 Nr. 1 BS WP/vBP). • Schaffung von Regelungen, die sicherstellen, dass die verantwortlichen Prüfungspartner über erforderliche Erfahrungen und Kenntnisse sowie über ausreichende zeitliche Reserven verfügen. • Sicherstellung, dass – der Komplexität der zu erledigenden Aufträge entspr. – angemessen erfahrene und befähigte Mitarbeiter zugeordnet werden. • Feststellung durch verantwortlichen WP, ob die Voraussetzungen für die Annahme bzw. Fortführung des Auftrags vorliegen und dies dokumentiert ist. • Bei Unabhängigkeitsgefährdungen Ergreifung geeigneter Maßnahmen durch verantwortlichen WP (ggf. unter Einbeziehung der Praxisleitung), um die Gefährdungen auszuschließen bzw. auf ein akzeptables Maß zu reduzieren (ggf. Ablehnung der Auftragsannahme). • Definition der Auftragsziele durch den verantwortlichen WP.
	Regelungen, die neu durch IDW QS 1 adressiert werden • *Für gesetzliche Abschlussprüfungen sind zu den nachfolgend genannten Aspekten angemessene Regelungen im internen Qualitätssicherungssystem zu schaffen:* • *Dokumentation der verantwortlichen Prüfungspartner und ihrer Zulassung nach der WPO (bestellt und registriert) in den Arbeitspapieren (§ 51b Abs. 5 S. 3 WPO).* • *Dem Mandanten sind neben dem (vorrangig) auftragsverantwortlichen Wirtschaftsprüfer auch andere verantwortliche Prüfungspartner – soweit vorhanden – und deren Funktion mitzuteilen (vgl. § 57 Nr. 1 BS WP/vBP). Es ist festzulegen und dem Mandanten mitzuteilen, welcher Prüfungspartner mit welcher Funktion und mit welchen Aufgaben für die jeweilige Auftragsdurchführung verantwortlich ist.* • *Verantwortliche Prüfungspartner müssen aktiv an der Durchführung gesetzlicher Abschlussprüfungen nach § 316 HGB beteiligt sein (vgl. § 43 Abs. 6 Nr. 3 WPO). Bei einer gesetzlichen Abschlussprüfung, bei der mehrere verantwortliche Prüfungspartner tätig sind, kann diese aktive Beteiligung in unterschiedlichen Funktionen erfolgen. Der verantwortliche Wirtschaftsprüfer ist unabhängig von der weiteren Zusammensetzung des Prüfungsteams für die Durchführung der Abschlussprüfung von der Planung bis zur Berichterstattung vorrangig verantwortlich. Eine aktive Beteiligung eines Mitunterzeichners (weiterer verantwortlicher Prüfungspartner)*

BS WP/vBP	Regelungsbereich
	setzt voraus, dass sich dieser eigenverantwortlich mit allen wesentlichen Aspekten des Auftrags und der Auftragsdurchführung befasst[70]. *Für den Konzernabschluss sind die auf Ebene bedeutender Tochterunternehmen verantwortlichen Wirtschaftsprüfer verantwortlich für die Durchführung der Abschlussprüfung nach Maßgabe der Prüfungsanordnungen des Konzernabschlussprüfers.* • *Der verantwortliche Wirtschaftsprüfer hat nach § 51b Abs. 5 S. 2 Nr. 1 und 2 WPO in den Arbeitspapieren (Prüfungsakte) zu dokumentieren, dass die Unabhängigkeitsanforderungen nach §§ 319 Abs. 2-5, 319a HGB erfüllt werden und er über die Zeit, das Personal und die sonstigen Mittel verfügt, die nach § 43 Abs. 5 WPO zur angemessenen Durchführung der Abschlussprüfung erforderlich sind.* • *Über wesentliche Gefährdungen der Unabhängigkeit, die durch Schutzmaßnahmen auf ein akzeptables Maß reduziert werden können, ist der Mandant vor Auftragsannahme unter Nennung der Art der Unabhängigkeitsgefährdung sowie der ergriffenen Schutzmaßnahmen zu informieren (vgl. § 29 Abs. 5 BS WP/vBP).* • *Es ist spätestens mit Annahme des Prüfungsvertrags eine (ggf. elektronisch geführte) Auftragsdatei mit den gemäß § 51c WPO geforderten Angaben zu den Auftraggebern anzulegen (§ 45 BS WP/vBP).* • *Regelungen, die sicherstellen, dass neben den eingesetzten Mitarbeitern auch die sonstigen unmittelbar an den Prüfungshandlungen beteiligten Personen (z.B. externe Sachverständige) über angemessene Kenntnisse und Erfahrungen für die ihnen zugewiesenen Aufgaben verfügen.*
§§ 4, 38, 39, 56, 57	**4.6.2. Einhaltung der gesetzlichen Vorschriften und der fachlichen Regeln für die Auftragsabwicklung**
	• Einführung von Regelungen, die mit hinreichender Sicherheit gewährleisten, dass bei Auftragsabwicklungen die gesetzlichen Vorschriften und fachlichen Regeln beachtet werden. • Steuerung und Überwachung der Auftragsabwicklung durch verantwortlichen WP, um hinreichend sicherzustellen, dass die Regelungen der WP-Praxis beachtet werden. • Regelungen müssen eine sachgerechte (zeitlich, sachlich und personell) Planung gewährleisten. • Regelungen sind regelmäßig auf Aktualisierungsbedarf zu untersuchen.

---

[70] Anders als der (vorrangig) auftragsverantwortliche WP hat der mitunterzeichnende verantwortliche Prüfungspartner nicht die Aufgabe, die Einzelheiten der Prüfungsdurchführung aktiv mitzugestalten und zu begleiten.

BS WP/vBP	Regelungsbereich
	• Regelungen in der WP-Praxis sollten organisatorisch sicherstellen, dass Änderungen in Gesetzgebung, Rechtsprechung und fachlichen Regeln in die Vorgaben zur Prüfungsdurchführung und Berichterstattung (z.B. Muster-Berichte) zeitnah Eingang finden.
§§ 39, 57, 51 Nr. 10	**4.6.3. Anleitung des Auftragsteams**

	• Der verantwortliche WP hat angemessen strukturierte und klar verständliche Prüfungsanweisungen zu erteilen, um die Mitglieder des Teams mit ihren Aufgaben vertraut zu machen.
	• Regelungen zur Anleitung des Prüfungsteams enthalten u.a. Informationen der Teammitglieder über
	  – den Auftrag und Auftragsdurchführung einschl. Berichterstattung,
	  – das Geschäft des Mandanten,
	  – mögliche Auftragsrisiken und besondere Problembereiche sowie
	  – die Verantwortlichkeiten der einzelnen Teammitglieder.
	• Mitglieder des Prüfungsteams müssen ihre Aufgaben unter Beachtung der Berufspflichten wahrnehmen.
	• Förderung eines fachlichen Austauschs der weniger erfahrenen Mitglieder des Prüfungsteams über die sich ergebenden Fragen und Zweifelsfälle mit erfahreneren Teammitgliedern durch den verantwortlichen WP.

§§ 39, 57, 51 Nr. 10	**4.6.4 Laufende Überwachung der Auftragsabwicklung**

	• Regelungen der Praxis müssen darauf gerichtet sein, dass der verantwortliche WP
	  – sich an der Prüfungsdurchführung in einem Umfang beteiligt, dass er sich ein eigenverantwortliches Urteil bilden kann sowie
	  – in angemessener Weise laufend überwacht, ob das Team die übertragenen Aufgaben sachgerecht erfüllt und genügend Zeit hierfür zur Verfügung steht.
	• Die Überwachung umfasst die laufende Verfolgung des Auftragsfortschritts und die Sicherstellung, dass
	  – gesetzliche und berufsständische Anforderungen eingehalten werden,
	  – alle kritischen Fragen rechtzeitig kommuniziert und gelöst werden,
	  – notwendige Konsultationen durchgeführt und deren Ergebnisse umgesetzt und dokumentiert werden.

BS WP/vBP	Regelungsbereich
§ 57, 51 Nr. 10	**4.6.5. Abschließende Durchsicht der Auftragsergebnisse** • Beurteilung der Prüfungsergebnisse durch verantwortlichen WP vor Beendigung der Aufträge und Auslieferung der Berichterstattung. • Würdigung der Arbeiten, der Dokumentation und der geplanten Berichterstattung durch den verantwortlichen WP oder durch ein anderes erfahrenes Mitglied des Prüfungsteams. • Werden Mängel festgestellt, müssen diese vor Auslieferung der Berichterstattung an den Mandanten behoben werden. • Verantwortlicher Prüfungspartner hat Umfang und Zeitpunkt der Durchsicht der Prüfungsergebnisse zu dokumentieren. • Bei Übergang des Mandats auf anderen WP hat der Nachfolger die bis zum Zeitpunkt des Wechsels durchgeführten Arbeiten durchzusehen.
§ 48, 60, 51 Nr. 12	**4.6.6. Auftragsbezogene Qualitätssicherung**
	Bislang bestanden keine übergreifenden Regelungen. ***Regelungen, die neu durch IDW QS 1 adressiert werden*** *Bei gesetzlichen Abschlussprüfungen nach § 316 HGB sind Regelungen zu schaffen,* • *um zu entscheiden, welche Maßnahmen zur auftragsbezogenen Qualitätssicherung geeignet sind (§ 48 Abs. 1 BS WP/vBP). Als Maßnahmen kommen in Abhängigkeit von dem Risiko des Prüfungsmandats (z.B. Art, Branche, Komplexität) die Konsultation, die Berichtskritik und die auftragsbegleitende Qualitätssicherung in Betracht.* • *die sicherstellen, dass, sofern bei Auftragsbeginn keine Maßnahmen zur auftragsbezogenen Qualitätssicherung erforderlich erscheinen, auf Änderungen in der Beurteilung der qualitätsgefährdenden Risiken geachtet wird, die zur Durchführung einer oder mehrerer auftragsbezogener Qualitätssicherungsmaßnahmen Anlass geben können.*

§§ 39, 51 Nr. 10	**4.6.6.1. Einholung von fachlichem Rat (Konsultation)**
	• Schaffung einer Kultur in der WP-Praxis, in der Konsultation als Stärke angesehen wird.
	• Einführung von Regelungen, die mit hinreichender Sicherheit gewährleisten, dass
	  – bei für das Prüfungsergebnis bedeutsamen Zweifelsfragen eine angemessene Konsultation stattfindet,
	  – ausreichende Ressourcen für die erforderlichen Konsultationen zur Verfügung stehen,

BS WP/vBP	Regelungsbereich
	– Art, Umfang und Ergebnisse der Konsultation ausreichend dokumentiert und die Konsultationsergebnisse umgesetzt werden. • Das Konsultationsverfahren muss gewährleisten, dass die konsultierten Personen über die notwendigen Kompetenzen und Erfahrungen verfügen und ihnen alle notwendigen Fakten zur Verfügung stehen. • Dokumentation der Ergebnisse der Konsultation muss zwischen Konsultiertem und Konsultant abgestimmt werden. • Verantwortlicher Prüfungspartner muss dafür sorgen, dass die Konsultationsregelungen beachtet, die Ergebnisse umgesetzt und in den Arbeitspapieren dokumentiert werden.
§ 48, 51 Nr. 10	**4.6.6.2. Berichtskritik** **Anwendungsbereich** • Grundsätzlich eigenverantwortliche Beurteilung durch den verantwortlichen WP, ob eine Berichtskritik nötig ist; Orientierung der Entscheidung an Risikogesichtspunkten (*IDW QS 1*, Tz. 151). • Absehen von Berichtskritik ist unter bestimmten Umständen möglich, wenn mit dem Auftrag besonders niedrige Risiken verbunden sind und deshalb eine Berichtskritik nach pflichtgemäßer Beurteilung des WP nicht erforderlich ist. **Gegenstand** • Überprüfung anhand des PrB, ob die für die Erstellung von PrB geltenden fachlichen Regeln eingehalten wurden. • Plausibilitätsprüfung anhand des PrB, ob die dargestellten Prüfungshandlungen Verstöße gegen gesetzliche Vorschriften und fachliche Regeln erkennen lassen und die Prüfungsergebnisse nachvollziehbar sind. • Hinzuziehung der Arbeitspapiere, wenn Darstellungen im Bericht selbst nicht ausreichen. **Zeitpunkt** • Nach Durchführung der wesentlichen Prüfungshandlungen und der Erstellung des Berichts. • Vor Auslieferung der Berichterstattung bzw. bei Abschlussprüfungen bis zum Datum des BestV bei Berichtskritik durch den Mitunterzeichner (vgl. *IDW QS 1*, Tz. 113). **Person des Berichtskritikers** • Die WP-Praxis hat Kriterien festzulegen, die eine Person erfüllen muss, um für die Übernahme der Berichtskritik geeignet zu sein. • Berichtskritik darf nur von fachlich und persönlich geeigneten Personen wahrgenommen werden, die nicht an der Erstellung des PrB mitgewirkt haben und die nicht maßgeblich an der Prüfungsdurchführung beteiligt waren.

BS WP/vBP	Regelungsbereich

§§ 48, 60, § 51 Nr. 10	**4.6.6.3. Auftragsbegleitende Qualitätssicherung**
	
	 Anwendungsbereich
	• Verpflichtend bei Abschlussprüfungen von Unternehmen i.S.d. § 319a Abs. 1 HGB.
	• Darüber hinaus Festlegung von Kriterien durch die WP-Praxis.
	
	 Gegenstand
	• Absicherung der Leistungsqualität durch objektive Beurteilung der wichtigsten fachlichen Entscheidungen des Prüfungsteams.
	• Materielle Würdigung der Prüfungsdurchführung.
	• Schließt stets Gespräche mit dem verantwortlichen WP und Hinzuziehung der Arbeitspapiere mit ein.
	• Mindestbeurteilung bei Abschlussprüfungen von Unternehmen i.S.d. § 319a HGB umfasst:
	  – Beachtung der Regelungen für Auftragsannahme bzw. -fortführung,
	  – Prozess der Auftragsabwicklung in Übereinstimmung mit den Regelungen der WP-Praxis,
	  – bedeutsame Risiken, die vom Prüfungsteam festgestellt wurden und die Auswirkungen dieser Risiken auf die weitere Auftragsabwicklung,
	  – wichtige Beurteilungen des Prüfungsteams, insb. im Hinblick auf die festgestellten Risiken,
	  – Vornahme der erforderlichen Konsultationen,
	  – mögliche Mängel in der Ordnungsmäßigkeit des Prüfungsgegenstands,
	  – Ordnungsmäßigkeit der Berichterstattung und der Dokumentation.
	• Die Praxisleitung ist über Feststellungen zu informieren, die auf Schwächen im Qualitätssicherungssystem hindeuten.
	
	 Zeitpunkt
	• Prozessbegleitend.
	• Umfasst alle Prüfungsphasen.
	• Vor Auslieferung der Berichterstattung: Klärung aller offenen Fragen.
	
	 Person
	• Fachlich und persönlich geeignete Person.
	• Um die notwendige Objektivität zu gewährleisten, soll der Qualitätssicherer
	  – nicht vom für den Auftrag verantwortlichen WP bestimmt werden,
	  – nicht anderweitig an der Auftragsabwicklung beteiligt sein und
	  – keine Entscheidungen für das Prüfungsteam treffen.

BS WP/vBP	Regelungsbereich

	• Konsultation des Qualitätssicherers ist in gewissem Umfang unschädlich, sofern dessen Objektivität gewahrt bleibt.
	• Der auftragsbegleitende Qualitätssicherer darf nicht Mitunterzeichner sein.
	• Wenn die Objektivität des bisherigen Qualitätssicherers beeinträchtigt ist (z.B. wegen Art und Umfang der Konsultation), muss ein neuer Qualitätssicherer beauftragt werden.
	• Ggf. Beauftragung einer externen qualifizierten Person, wenn in der WP-Praxis keine geeignete Person zur Verfügung steht.
	• Bei Prüfungen von Unternehmen i.S.d. § 319a HGB muss die auftragsbegleitende Qualitätssicherung i.d.R. durch einen WP erfolgen, der über Erfahrungen in der Prüfung von Unternehmen entspr. Bedeutung verfügt.
	• Verantwortlicher Prüfungspartner muss feststellen, ob ein Qualitätssicherer entspr. den Regelungen der WP-Praxis benannt ist, bei Veränderungen der Rahmenbedingungen ist ggf. nachträglich ein Qualitätssicherer einzusetzen.
	
	Regelungen, die neu durch IDW QS 1 adressiert werden
	Ergänzung/Klarstellung der Regelungen für die auftragsbegleitende Qualitätssicherung bei Abschlussprüfungen von Unternehmen von öffentlichem Interesse:
	• *Ergänzung der mindestens im Rahmen der auftragsbegleitenden Qualitätssicherung zu beurteilenden Aspekte, um insbesondere folgende weitere Aspekte [Art. 8 Abs. 5 VO (EU) Nr. 537/2014]:*
	   – *Argumentation des verantwortlichen Prüfungspartners insbesondere im Hinblick auf den Grad der Wesentlichkeit*
	   – *Entscheidung über die Einbeziehung von externen Sachverständigen des APr. sowie die Prüfungshandlungen zur Verwertung der Arbeiten dieser Sachverständigen,*
	   – *Art und Umfang der korrigierten und nicht korrigierten falschen Angaben im Abschluss, die bei Durchführung der Prüfung festgestellt wurden,*
	   – *mit dem Prüfungsausschuss und der Unternehmensleitung und/oder dem Aufsichtsorgan des geprüften Unternehmens erörterte Themen,*
	   – *mit den zuständigen Behörden und gegebenenfalls mit anderen Dritten erörterte Themen,*
	   – *Klärung der Frage, ob die von dem auftragsbegleitenden Qualitätssicherer aus den Arbeitspapieren ausgewählten Prüfungsnachweise das vom Prüfungsteam in der Berichterstattung abgegebene Urteil untermauern.*
	• *Durchführung der auftragsbegleitenden Qualitätssicherung nur von einem als gesetzlicher APr. registrierten Berufsangehörigen, der nicht an der Durchführung der Abschlussprüfung beteiligt ist*

BS WP/vBP	Regelungsbereich

	(Art. 8 Abs. 2 S. 2 VO (EU) Nr. 537/2014 i.V.m. § 38 Nr. 2f bzw. Nr. 1h WPO.); geeignet sind auch Personen, die von den zuständigen Stellen eines anderen EU-Mitgliedsstaats als gesetzlicher APr. zugelassen sind (§ 60 Abs. 2 BS WP/vBP).
	
	Hinweis:
	Bei anderen Aufträgen als gesetzlichen Abschlussprüfungen bei Unternehmen von öffentlichem Interesse muss der Qualitätssicherer nicht zwingend ein als gesetzlicher APr. registrierter Berufsträger sein.
	• *Die Durchführung der auftragsbegleitenden Qualitätssicherung schließt folgende Handlungen ein:*
	   – *Erörterung bedeutsamer Sachverhalte mit dem verantwortlichen Wirtschaftsprüfer,*
	   – *Durchsicht des Auftragsgegenstands,*
	   – *Durchsicht ausgewählter Teile der Arbeitspapiere, die im Zusammenhang mit den bedeutsamen Beurteilungen des Auftragsteams stehen,*
	   – *Einschätzung der Angemessenheit der vorgesehenen Berichterstattung, insbesondere der gezogenen Schlussfolgerungen.*
	• *Qualitätssicherer sind von der Qualitätssicherung ausgeschlossen, wenn sie sieben Jahre an der Abschlussprüfung als verantwortlicher Prüfungspartner beteiligt waren oder die auftragsbegleitende Qualitätssicherung durchgeführt haben; dies gilt entsprechend für Abschlussprüfungen auf der Ebene bedeutsamer Tochterunternehmen. Es besteht eine Cooling-off-Periode von zwei Jahren.*
	• *Mindestvorgaben für die Dokumentation der auftragsbegleitenden Qualitätssicherung (Art. 8 Abs. 4 VO (EU) Nr. 537/2014):*
	   – *Mündliche und schriftliche Informationen, die der auftragsbegleitende Qualitätssicherer vom verantwortlichen Wirtschaftsprüfer zur Untermauerung der wesentlichen Beurteilungen und der wichtigsten Feststellungen aufgrund der durchgeführten Prüfungshandlungen und der aus diesen Feststellungen gezogenen Schlussfolgerungen erhalten hat.*
	   – *Im Entwurf des Bestätigungsvermerks und des Prüfungsberichts vorgesehenes Urteil des Prüfungsteams.*
	• *Aufbewahrung der Ergebnisse der auftragsbegleitenden Qualitätssicherung sowie der zugrunde liegenden Erwägungen des Prüfungsteams und des auftragsbegleitenden Qualitätssicherers. (Art. 8 Abs. 7 VO (EU) Nr. 537/2014).*

§ 39	**4.6.7. Lösung von Meinungsverschiedenheiten**
	• Einführung von Regelungen zur Vorgehensweise bei Meinungsverschiedenheiten zu bedeutsamen Zweifelsfragen, die z.B. aus der Konsultation oder der auftragsbegleitenden Qualitätssicherung resultieren.

BS WP/vBP	Regelungsbereich
	• Regelungen sollen u.a. eine rechtzeitige Feststellung der betreffenden Sachverhalte und einzelne Schritte zur Konfliktlösung unter Einbeziehung der Praxisleitung sowie deren Dokumentation umfassen. • Meinungsverschiedenheiten, die nach Abschluss des Konsultationsprozesses weiter bestehen, müssen unter Beachtung des Grundsatzes der Eigenverantwortlichkeit des verantwortlichen WP entschieden werden, bevor die Berichterstattung an den Mandanten erfolgt. • Der verantwortliche WP muss dafür sorgen, dass die den Meinungsverschiedenheiten zugrunde liegenden Sachverhalte und deren Klärung in den Arbeitspapieren dokumentiert werden.
	4.6.8. Auftragsdokumentation
§ 58, § 51 Nr. 10	**4.6.8.1 Führung der Prüfungsakte**

	Bislang waren keine detaillierten Regelungen erfolgt.
	Regelungen, die neu durch IDW QS 1 adressiert werden
	• *Einführung von Regelungen bei WP-Praxen, die gesetzliche Abschlussprüfungen nach § 316 HGB durchführen, die sicherstellen, dass in der (gegebenenfalls elektronisch geführten) Prüfungsakte mindestens Folgendes festgehalten wird (§ 51b Abs. 5 und 7 i.V.m. § 55b Abs. 2 S. 1 Nr. 5 WPO und § 58 BS WP/vBP):*
	• *Einhaltung der Unabhängigkeit, das Vorliegen von die Unabhängigkeit gefährdenden Umständen und die ergriffenen Schutzmaßnahmen.*
	• *Zeit, das Personal und die sonstigen Mittel, die zur angemessenen Durchführung der Abschlussprüfung erforderlich sind.*
	• *Art, Umfang und Ergebnisse der Verwertung der Arbeit von internen und externen Sachverständigen des Abschlussprüfers.*
	• *Die verantwortlichen Prüfungspartner.*
	• *Alle Informationen und Unterlagen,*
	   – *die zur Begründung des Bestätigungsvermerks und des Prüfungsberichts dienen,*
	   – *die zur Kontrolle der Einhaltung der Berufspflichten von Bedeutung sind,*
	   – *über schriftliche Beschwerden.*
	• *Bei Abschlussprüfungen von Unternehmen von öffentlichem Interesse: Ergänzung der Dokumentationspflichten nach Art. 6 VO (EU) Nr. 537/2014 (Beurteilung der Gefährdungen der Unabhängigkeit), Art. 7 VO (EU) Nr. 537/2014 (Unregelmäßigkeiten) und Art. 8 VO (EU) Nr. 537/2014 (auftragsbegleitende Qualitätssicherung).*

BS WP/vBP	Regelungsbereich
	Hinweis: *Die geforderten Angaben können an zentraler Stelle in der WP-Praxis erfasst und archiviert werden; dies genügt den Anforderungen an die Führung der Prüfungsakte.*
§ 58, § 51 Nr. 10	**4.6.8.2. Abschluss der Auftragsdokumentation**
	• Einführung von Regelungen, die einen zeitnahen Abschluss der Auftragsdokumentation nach Auslieferung der Berichterstattung gewährleisten. ***Regelungen, die neu durch IDW QS 1 adressiert werden*** • *Bei gesetzlichen Abschlussprüfungen nach § 316 HGB ist die Auftragsdokumentation innerhalb von 60 Tagen nach Erteilung des Bestätigungsvermerks abzuschließen.*
§ 10, § 50 Ab. 1, § 51 Abs. 1 Nr. 10, § 57 Nr. 7	**4.6.8.3 Integrität und Vertraulichkeit der Datenverarbeitungssysteme und Arbeitspapiere**
	• Einführung von Regelungen, die einen gewissenhaften Umgang mit den Arbeitspapieren zum Ziel haben: – Vertrauliche und sichere Aufbewahrung der Arbeitspapiere, – Verfügbarkeit der Arbeitspapiere, – Feststellbarkeit, von wem und wann die Arbeitspapiere angelegt, geändert und durchgesehen wurden. • Die Arbeitspapiere müssen vor unbefugter Veränderung bzw. Vernichtung, Verlust und Beschädigung sowie unbefugter Einsichtnahme geschützt werden. • Mögliche Vorkehrungen: – Mitarbeiteranweisungen, – Verwendung von Passwortschutz und Datensicherungen für elektronische Arbeitspapiere, – Zugriffsbeschränkungen. ***Regelungen, die neu durch IDW QS 1 adressiert werden*** • *Ergänzende Regelungen zur Einrichtung wirksamer Kontroll- und Sicherheitsvorkehrungen in Datenverarbeitungssystemen für WP-Praxen, die gesetzliche Abschlussprüfungen nach § 316 HGB durchführen (§ 55b Abs. 2 S. 2 Nr. 2 WPO).* • *Ergänzende Regelungen zur Vertraulichkeit, Integrität und Verfügbarkeit der Datenverarbeitungssysteme und Daten sowie zu Befugnissen in Bezug aus den Zugriff auf die Daten für WP-Praxen, die gesetzliche Abschlussprüfungen nach § 316 HGB durchführen (§§ 50 Abs. 1, 51 Nr. 10, 57 Nr. 7 BS WP/vBP).*
–	**4.6.8.4. Verfügbarkeit und Archivierung der Arbeitspapiere**
	• Einführung von Regelungen zur sicheren Archivierung der Arbeitspapiere während des Aufbewahrungszeitraums.

BS WP/vBP	Regelungsbereich
	• Arbeitspapiere müssen während der gesamten Aufbewahrungszeit verfügbar und zugänglich sein sowie lesbar gemacht werden können. • Befugten Dritten muss Einsicht in die Arbeitspapiere gewährt werden, z.B. für Zwecke der externen Qualitätskontrolle.
–	**4.6.8.5. Eigentum an den Arbeitspapieren** • Die Arbeitspapiere stehen im Eigentum der WP-Praxis. Ob die WP-Praxis Arbeitspapiere oder Auszüge daraus Mandanten oder Dritten zugänglich macht, hat die Praxisleitung unter Berücksichtigung der geltenden Rechtsvorschriften pflichtgemäß zu entscheiden.
§ 62, § 51 Nr. 14	**4.6.9. Auslagerung wichtiger Prüfungstätigkeiten** Bislang waren keine entspr. Regelungen vorgesehen. ***Regelungen, die neu durch IDW QS 1 adressiert werden*** • *Regelungen des Qualitätssicherungssystems bei Auslagerung wichtiger Prüfungstätigkeiten auf Dritte zur Gewährleistung, dass die interne Qualitätssicherung und die Berufsaufsicht auch in Bezug auf die ausgelagerten Tätigkeiten nicht beeinträchtigt werden (§ 55b Abs. 2 S. 2 Nr. 9 WPO).* • *Regelungen zur Sicherstellung, dass wichtige Entscheidungen immer von dem verantwortlichen WP zu treffen sind und nicht auf Dritte verlagert werden.* • *Regelung bei Auslagerung wichtiger Prüfungstätigkeiten auf Dritte, dass der verantwortliche WP den Dritten auf die Beachtung der Regelungen des Qualitätssicherungssystems der WP-Praxis oder vergleichbare eigene Regelungen des Dritten verpflichtet.*
§§ 49, 63, § 51 Nr. 15	**4.7. Nachschau** **Ziel der Nachschau** • Die Nachschau umfasst die in angemessenen Abständen sowie bei gegebenem Anlass stattfindende Beurteilung der Angemessenheit und Wirksamkeit des Qualitätssicherungssystems einschl. der Einhaltung der Regelungen für die Auftragsabwicklung. **Verantwortlichkeit und Anforderungen an die mit der Nachschau beauftragten Personen** • Die Verantwortung für die Nachschau liegt bei der Praxisleitung, die mit der Organisation und Durchführung Personen beauftragen kann, die über die erforderliche Erfahrung, Kompetenz und Autorität verfügen. • *Die mit der Durchführung von Auftragsprüfungen betrauten Mitarbeiter dürfen weder an der Auftragsdurchführung noch an*

BS WP/vBP	Regelungsbereich
	der auftragsbegleitenden Qualitätssicherung beteiligt gewesen sein.
• Selbstvergewisserung in kleinen WP-Praxen möglich, wenn keine entspr. geeigneten Mitarbeiter zur Verfügung stehen und Heranziehung eines Externen unzumutbar wäre (nicht bei Nachschau von Prüfungen von Unternehmen i.S.d. § 319a HGB).
• Bei Beauftragung eines externen WP muss sichergestellt werden, dass dieser über ausreichende Kenntnisse und Erfahrungen verfügt.

Planung der Nachschau
• Aufstellung eines Nachschauplans und praxisindividueller Nachschauprogramme.
• Die Auftragsprüfungen können periodisch durchgeführt werden, wobei ein Nachschauzyklus den Zeitraum von drei Jahren nicht überschreiten darf.
• Auf Grundlage interner Risikobeurteilungen sind qualitative Kriterien festzulegen, anhand derer die Auftragsauswahl zur Nachschau erfolgen soll.
• Einige Auftragsprüfungen sind ohne Vorankündigung beim Auftragsteam vorzunehmen.
• Innerhalb des festzulegenden Nachschauzyklus müssen alle mandatsverantwortlichen WP mindestens mit einem Auftrag in die Nachschau einbezogen werden.
• Unterliegt die WP-Praxis einer externen Qualitätskontrolle, können die Ergebnisse bei der Planung von Art und Umfang der Nachschau verwertet werden.

Art und Umfang der Nachschau
• Art und Umfang der Nachschau müssen in einem angemessenen Verhältnis zu den abgewickelten Aufträgen stehen.
• Die Beurteilung des Qualitätssicherungssystems umfasst u.a. die Analyse:
• neuerer Entwicklungen der gesetzlichen und berufsständischen Anforderungen und der Art und Weise, wie diese Anforderungen im Qualitätssicherungssystem berücksichtigt werden,
  – der (zumindest) jährlichen Unabhängigkeitsabfrage in der WP-Praxis,
  – des Aus- und Fortbildungsprogramms und der von den Mitarbeitern durchgeführten Aus- und Fortbildungsmaßnahmen,
  – der Regelungen zur Annahme, Fortführung und Beendigung von Mandaten,
  – der Maßnahmen zum Umgang mit Beschwerden und Vorwürfen,
  – der Kommunikation von festgestellten Mängeln des Qualitätssicherungssystems an die Praxisleitung, |

BS WP/vBP	Regelungsbereich

	– der Korrektur von festgestellten Mängeln des Qualitätssicherungssystems und der Umsetzung von Verbesserungsvorschlägen aus früheren Nachschaumaßnahmen.
	
	Würdigung der Nachschauergebnisse
	• Die bei der Nachschau getroffenen Feststellungen sind Grundlage für die Fortentwicklung des Qualitätssicherungssystems.
	• Im Rahmen der Nachschau aufgedeckte Verstöße gegen Regelungen sind daraufhin zu untersuchen, ob sie auf wesentliche Mängel im Qualitätssicherungssystem zurückzuführen sind oder ob es sich um Einzelfehler handelt.
	• Bei festgestellten Mängeln im Qualitätssicherungssystem sind Verbesserungsvorschläge zu entwickeln.
	• Festgestellte Schwächen im Qualitätssicherungssystem und Verbesserungsvorschläge sind der Praxisleitung mitzuteilen, der die Aufgabe zukommt, Maßnahmen zur Beseitigung der Mängel und zur Umsetzung der Verbesserungsvorschläge zu ergreifen.
	• Werden Schwächen in dem Teil des Qualitätssicherungssystems festgestellt, der die Wahrung der Unabhängigkeit sichern soll, sind die für Fragen der Unabhängigkeit zuständigen Personen zu informieren und die Mängel abzustellen.
	
	Nachschau-Berichterstattung und -Dokumentation
	• Mindestens jährlich ist ein Bericht über die vorliegenden Nachschauergebnisse an die Praxisleitung zu richten.
	• Im Rahmen von Auftragsprüfungen aufgedeckte Verstöße gegen Regelungen des Qualitätssicherungssystems bei der Auftragsabwicklung oder gegen gesetzliche oder berufsständische Anforderungen sind den mandatsverantwortlichen WP mitzuteilen. Schwerwiegende Verstöße sind in den Bericht an die Praxisleitung aufzunehmen.
	• Organisation, Durchführung und Ergebnisse der Nachschau sind zu dokumentieren.
	• Diese Dokumentation umfasst mindestens
	  – Nachschaurichtlinien,
	  – Planung der Nachschau,
	  – Ergebnisse der Beurteilung der einzelnen Elemente des Qualitätssicherungssystems,
	  – festgestellte Schwächen im Qualitätssicherungssystem und deren mögliche Auswirkungen,
	  – Entscheidungsgrundlagen für die Durchführung von Maßnahmen zur Verbesserung des Qualitätssicherungssystems,
	  – ggf. Einzelheiten zu den entwickelten Verbesserungsvorschlägen.
	• Information der Mitarbeiter über die ihren Arbeitsbereich betreffenden Feststellungen.

BS WP/vBP	Regelungsbereich
	• Bei mit anderen WP-Praxen gemeinsam organisierten Qualitätssicherungssystemen mindestens jährlich Informationsaustausch über den Umfang und die Ergebnisse der Nachschau. ***Regelungen, die neu durch IDW QS 1 adressiert werden*** *Schaffung von Regelungen, die Folgendes sicherstellen:* • *bei WP-Praxen, die gesetzliche Abschlussprüfungen nach § 316 HGB durchführen, jährliche Nachschau, zumindest bezogen auf die Überwachung der Angemessenheit und Wirksamkeit der Regelungen für die Abschlussprüfung, die Fortbildung, die Anleitung und Kontrolle der fachlichen Mitarbeiter sowie für die Prüfungsakte (vgl. § 55b Abs. 3 S. 1 WPO).* • *Einbeziehung gesetzlicher Abschlussprüfungen nach § 316 HGB in einem angemessenen Umfang in die Auftragsprüfungen der Nachschau.* *Hinweis:* *Die Beurteilung der Angemessenheit und Wirksamkeit des Qualitätssicherungssystems bezogen auf Abschlussprüfungen nach § 316 HGB gemäß § 55b Abs. 3 WPO muss jährlich erfolgen.* • *Untersuchung der im Rahmen der Nachschau oder anderweitig aufgedeckten Verstöße in einer systematischen Ursachenanalyse daraufhin, ob sie auf Mängel im Qualitätssicherungssystem zurückzuführen sind oder ob es sich um Einzelfehler handelt.* • *Angabe im Nachschaubericht von im Rahmen der Nachschau festgestellten oder aufgrund anderer Quellen bekannt gewordenen, nicht geringfügigen Verstößen gegen Berufspflichten oder gegen die VO (EU) Nr. 537/2014 bei der Durchführung von gesetzlichen Abschlussprüfungen nach § 316 HGB einschließlich der aus den Verstößen erwachsenen Folgen und den zur Behebung der Verstöße ergriffenen Maßnahmen (§ 55b Abs. 3 S. 3 Nr. 3 und 4 WPO).*

Tabelle 9: Regelungsbereiche des Qualitätssicherungssystems

Jede WP-Praxis muss individuell festlegen, in welcher Form und in welchem Umfang die Anforderungen an das interne Qualitätssicherungssystem umgesetzt werden sollen. In § 55b Abs. 1 S. 2 WPO findet sich ein allgemeiner Hinweis zum Umfang der zu treffenden Regelungen. Danach soll das interne Qualitätssicherungssystem in einem angemessenen Verhältnis zum Umfang und zur Komplexität der beruflichen Tätigkeit stehen. **Umfang und konkrete Ausgestaltung des Qualitätssicherungssystems** hängen dementsprechend maßgeblich von der Art, der Größe, dem gegenwärtigen und zukünftigen Tätigkeitsbereich sowie den qualitätsgefährdenden Risiken der WP-Praxis ab. Kleine WP-Praxen werden naturgemäß weniger differenzierte Regelungen zu treffen haben als größere WP-Praxen, die bereits aufgrund der stärker ausgeprägten Arbeitsteilung und der komplexeren organisatorischen Strukturen meist ein stärker formalisiertes und dokumentiertes Qualitätssicherungssystem benötigen. Die Skalierbarkeit des Qualitätssicherungssystems orientiert sich auch an der Eigenverantwortlichkeit des

WP bzw. der Praxisleitung für die Einrichtung des Qualitätssicherungssystems sowie an den Dokumentationszielen.

65 WP-Praxen sind gem. § 8 BS WP/vBP i.V.m. § 55b WPO verpflichtet, die **Verantwortlichkeiten** in der Praxis, insb. **für die Qualitätssicherung,** festzulegen und zu dokumentieren. Dies umfasst auch die Festlegung des für die jeweilige Auftragsdurchführung **verantwortlichen Prüfungspartners, d.h. des verantwortlichen Wirtschaftsprüfers**[71] (§ 46 BS WP/vBP). Der verantwortliche WP steuert und überwacht die Planung und Durchführung der Prüfung und die Berichterstattung über den Auftrag[72]. Unterschreiben, wie bei Prüfungsgesellschaften generell üblich, mehrere Personen den BestV, unterschreibt neben dem auftragsverantwortlichen WP ein weiterer WP. Dieser hat zumindest die Stellung des verantwortlichen Prüfungspartners, die aus der Unterzeichnung des BestV und damit aus der für das Abschlussergebnis dokumentierten Verantwortung folgt (sog. weiterer verantwortlicher Prüfungspartner). Verantwortliche Prüfungspartner müssen nicht zwingend Partner oder Mitglied der Praxisleitung sein. Auch angestellte WP oder freie Mitarbeiter einer WPG können, anders als bei einem in einer Einzelpraxis tätigen WP oder vBP, als verantwortliche Prüfungspartner eingesetzt werden[73]. Innerhalb des Vorbehaltsbereichs setzt die Tätigkeit als verantwortlicher Prüfungspartner indes die Berufsqualifikation als WP voraus[74].

66 Die Rolle des **weiteren verantwortlichen Prüfungspartners** erfordert, dass dieser sich soweit mit allen wesentlichen Aspekten des Auftrags und der Auftragsdurchführung befasst, sodass er das Prüfungsergebnis in allen wesentlichen Belangen mittragen kann. Hierzu muss er sich über die grundlegenden Prüfungsgrundsätze, den wesentlichen Ablauf der Prüfung, über die wesentlichen und kritischen Fragestellungen im Verlauf der Prüfung und über die Inhalte des Prüfungsergebnisses sowohl im PrB als insb. auch im BestV jeweils ein eigenes Urteil bilden. Diesbezüglich kann er sich vom auftragsverantwortlichen WP und anderen Mitgliedern des Prüfungsteams informieren lassen; er muss dort aber auch selbst nachfragen und ausgewählte Arbeitspapiere zur Prüfungsplanung und zu risikobehafteten Prüffeldern einsehen. Delegierungsmöglichkeiten, insb. was die Durchsicht der Arbeitspapiere betrifft, sind dem Mitunterzeichner unbenommen. Anders als der (vorrangig) auftragsverantwortliche WP hat er aber nicht die Aufgabe, die Einzelheiten der Prüfungsdurchführung aktiv mitzugestalten und zu begleiten[75].

67 Bei gesetzlichen Abschlussprüfungen von Unternehmen von öffentlichem Interesse ist eine auftragsbegleitende Qualitätssicherung durchzuführen (Art. 8 VO (EU) Nr. 537/2014). Bei übrigen Abschlussprüfungen nach § 316 HGB ist in Abhängigkeit von dem Risiko des Prüfungsmandats (Art, Branche, Komplexität) zu entscheiden, ob und welche Maßnahmen zur **auftragsbezogenen Qualitätssicherung** zu ergreifen sind. In Abhängigkeit von den bestehenden Risiken des Auftrags kommen als mögliche Maßnahmen

---

71 Zur Begriffsdefinition des verantwortlichen WP s. *IDW QS 1*, Tz. 12 Buchst. o.
72 Dies entspricht der Definition des „Engagement Partner" in ISQC 1 und ISA 220.
73 Zur Begriffsdefinition des verantwortlichen Prüfungspartners s. *IDW QS 1*, Tz. 12 Buchst. p.
74 Dies ergibt sich auch aus der reformierten 8. EU-Richtlinie (Art. 3a), nach der natürliche Personen, die für Prüfungsgesellschaften gesetzlich vorgeschriebene Abschlussprüfungen durchführen, in dem betroffenen Mitgliedstaat als APr. zugelassen sein müssen, *Lindgens/Gelhausen,* WPK Magazin 1/2007, S. 34 (35).
75 *IDW QS 1,* Tz. 12 Buchst. p und *IDW QS 1,* Tz. 112 f.

die Berichtskritik, die Konsultation (§ 39 Abs. 3 BS WP/vBP) und die auftragsbegleitende Qualitätssicherung in Frage (§ 48 Abs. 1 BS WP/vBP)[76].

68 Der Gegenstand der **Berichtskritik** ist nach § 48 Abs. 2 der BS WP/vBP die Überprüfung des PrB vor seiner Auslieferung. Die Berichtskritik soll in Bezug auf das Prüfungsergebnis und seine Darstellung im PrB eine zusätzliche Sicherheit verschaffen, indem auch die Tätigkeit des auftragsverantwortlichen WP dem **Vier-Augen-Prinzip** unterliegt. Im Rahmen der Berichtskritik wird überprüft, ob die für die Erstellung von PrB geltenden fachlichen Regeln eingehalten wurden, die vorgenommenen Prüfungshandlungen und Prüfungsfeststellungen plausibel sind und das Prüfungsergebnis insoweit nachvollziehbar abgeleitet worden ist[77]. Die Überprüfung beschränkt sich im Allgemeinen auf die Durchsicht des PrB. Nur wenn die Darstellung im Bericht selbst für diese Überprüfung nicht ausreicht, sind ggf. auch die Arbeitspapiere heranzuziehen oder Auskünfte des Prüfungsteams einzuholen.

69 Hinsichtlich der **Person des Berichtskritikers** legt die BS WP/vBP fest, dass diese fachlich und persönlich geeignet sein muss und nicht an der Erstellung des PrB mitgewirkt haben darf[78]. Die (aktive) Beteiligung an der Prüfungsdurchführung schließt die Eignung des Berichtskritikers als Mitunterzeichner bei Wahrnehmung der Rolle als weiterer verantwortlicher Prüfungspartner nicht grds. aus[79]; die Mitwirkung für die Gesamtwürdigung der Prüfungsdurchführung und das Prüfungsergebnis darf in diesem Fall jedoch nicht wesentlich sein[80]. Die Besonderheit liegt in diesem Fall darin, dass allein der auftragsverantwortliche WP für die Einzelheiten der Organisation und der Durchführung der Prüfung sowie für die Aufstellung des PrB verantwortlich ist; hingegen verantwortet der weitere verantwortliche Prüfungspartner als (gleichzeitiger) Berichtskritiker neben den Aufgaben des Mitunterzeichners zwar die Berichtskritik, jedoch nicht die Einzelheiten der Prüfungsdurchführung. Insoweit genügt die eigenverantwortliche Beurteilung, ob das Prüfungsteam alle materiellen Prüfungshandlungen sachgerecht geplant und durchgeführt hat und ob sich dies richtig in der Berichterstattung widerspiegelt; eine Durchführung eigener materieller Prüfungshandlungen ist hingegen nicht geboten.[81] Damit ist das erforderliche Maß an Prozessferne gegeben. Die Eignung des Berichtskritikers wird im Allgemeinen auch nicht durch Überwachungs- und Konsultationstätigkeiten während der Prüfungsdurchführung beeinträchtigt. Zur Vermeidung einer Selbstprüfung ist die Berichtskritik durch den verantwortlichen WP indessen ausgeschlossen, da der verantwortliche WP unabhängig von der Organisation der Prüfung und dem Einsatz von Mitarbeitern stets wesentlich an der Prüfung beteiligt ist, um sich ein auf eigenen Kenntnissen beruhendes eigenes Urteil bilden zu können[82].

70 Berufsträger sind verpflichtet, bei für das Prüfungsergebnis bedeutsamen Zweifelsfragen internen oder externen fachlichen Rat einzuholen, soweit dies bei pflichtgemäßer Beurteilung nach den Umständen des Einzelfalls erforderlich ist (§ 39 Abs. 3 BS WP/vBP).

---

76 Siehe *IDW QS 1*, Tz. 137 ff.
77 Vgl. *Lindgens/Gelhausen*, WPK Magazin 1/2007, S. 34.
78 Vgl. § 48 Abs. 2 S. 2 *BS WP/vBP*. Die Mitwirkung muss hierbei aber vom Umfang her ins Gewicht fallen und Eingang in den endgültigen Bericht finden, vgl. *Lindgens/Gelhausen*, WPK Magazin 1/2007, S. 34 (35).
79 Vgl. Erläuterungen zur BS WP/vBP, § 48 Maßnahmen zur auftragsbezogenen Qualitätssicherung.
80 Siehe hierzu auch § 48 Abs. 3 BS WP/vBP.
81 Siehe *IDW QS 1*, Tz. 155.
82 Vgl. *Lindgens/Gelhausen*, WPK Magazin 1/2007, S. 34 (35).

Die Einholung eines fachlichen Rats in Zweifelsfragen, d.h. in Fragen, die ohne **Konsultation** durch den Berufsträger nicht gelöst werden können, trägt der Erfüllung der Berufspflichten „Gewissenhaftigkeit" und „Eigenverantwortlichkeit" Rechnung. Besteht das besondere Risiko des Abschlussprüfungsauftrags bspw. ausschließlich in der Auseinandersetzung mit einer bedeutsamen Zweifelsfrage, kann die Konsultation ein geeignetes Mittel der auftragsbezogenen Qualitätssicherung darstellen. Die Ergebnisse der Konsultation sind eigenverantwortlich zu würdigen, d.h. die Konsultation entbindet nicht von der eigenverantwortlichen Urteilsfindung. Das Ergebnis der Konsultation und die daraus gezogenen Konsequenzen sind zu dokumentieren.

71 Im Unterschied zur Berichtskritik erfolgt die **auftragsbegleitende Qualitätssicherung** prozessbegleitend, d.h. sie umfasst alle Prüfungsphasen. Gemäß § 48 Abs. 3 BS WP/vBP dient sie der Beurteilung, ob Anhaltspunkte dafür vorliegen, dass die Prüfung nicht unter Beachtung der gesetzlichen und fachlichen Regeln durchgeführt wird, und ob die Behandlung wesentlicher Prüfungssachverhalte angemessen ist. Dies beinhaltet u.a. die Überprüfung der Beachtung der Regelungen zur Auftragsannahme, den Prozess der Auftragsabwicklung, die erforderlichen Konsultationen, die Erörterung bedeutsamer Sachverhalte mit dem auftragsverantwortlichen WP und die Ordnungsmäßigkeit der vorgesehenen Berichterstattung. Die Frage der Erforderlichkeit einer auftragsbegleitenden Qualitätssicherung ist im Prüfungsverlauf ggf. erneut zu beurteilen. So können sich bspw. Anhaltspunkte für eine Bestandsgefährdung i.R.d. Entwicklung von Verständnis für das zu prüfende Unternehmen, dessen Geschäftsrisiken und Prozesse sowie dessen wirtschaftliches und rechtliches Umfeld zeigen, die i.R.d. Risikoeinschätzung bei der Auftragsannahme noch nicht erkennbar waren. Die auftragsbegleitende Qualitätssicherung darf nur von solchen fachlich und persönlich geeigneten Personen wahrgenommen werden, die an der Durchführung der Prüfung nicht beteiligt waren (§ 48 Abs. 3 BS WP/vBP).

72 Angesichts steigender Haftungs- und Reputationsrisiken für WP-Praxen sollen durch die auftragsbegleitende Qualitätssicherung Mängel in der Berufsausübung bereits während der Durchführung des Auftrags erkannt und verhindert bzw. korrigiert und nicht erst i.R. von prozessnachgelagerten Maßnahmen wie der Nachschau, der externen Qualitätskontrolle oder in einem berufsaufsichtlichen Verfahren der WPK bekannt werden[83]. Vorrangiges Ziel der auftragsbegleitenden Qualitätssicherung ist es daher zu verhindern, dass Fehler bei der Prüfung auftreten und die Berichterstattung einschl. des Prüfungsurteils den bei der Prüfung gewonnenen Erkenntnissen nicht entspricht (Prozesssicherung durch ein zweites Augenpaar). Da eine wirksame auftragsbegleitende Qualitätssicherung den Einsatz einer zusätzlichen hochqualifizierten und unabhängigen Person verlangt, sind mit dieser Maßnahme notwendigerweise zusätzliche Kosten verbunden. Die zusätzliche Kostenbelastung wird in den Fällen als gerechtfertigt anzusehen sein, in denen ein besonderes öffentliches Interesse an dem Prüfungsgegenstand oder ein besonderes Risiko mit dem Auftrag verbunden ist. Der **Engagement Quality Control Review** wird daher international zumindest bei Abschlussprüfungen von sog. Listed Entities als notwendig angesehen und für diese Aufträge verpflichtend vorgeschrieben[84]. Mittlerweile ist er durch die EU-Regulierung für alle Abschlussprüfungen von Unter-

---

83 Vgl. *Pfitzer*, WPg 2006, S. 186 (191).
84 Vgl. ISQC 1.35 (a), ISA 220.36.

nehmen von öffentlichem Interesse i.S.d. § 319a HGB vorgeschrieben (§ 8 VO (EU) Nr. 537/2014).

Darüber hinaus hat die WP-Praxis **Kriterien** festzulegen, um zu regeln, bei welchen anderen betriebswirtschaftlichen Prüfungen eine auftragsbegleitende Qualitätssicherung stattfinden soll[85]. Bei dieser Festlegung sind die Risikomerkmale eines Auftrags in die Betrachtung einzubeziehen. Zu berücksichtigende Anhaltspunkte für die Festlegung dieser Kriterien sind die Relevanz des Auftragsgegenstands für die Öffentlichkeit sowie besondere Umstände und Risiken, die mit einem Auftrag verbunden sind. In Frage kommen z.B.[86]: **73**

- Abschlussprüfungen, die i.R. einer Gemeinschaftsprüfung (Joint Audit) gemeinsam mit einer anderen WP-Praxis durchgeführt werden,
- Abschlussprüfungen und andere betriebswirtschaftliche Prüfungen, bei denen ein „hohes Risiko" (z.B. besondere Geschäftsrisiken des Mandanten, hohe Komplexität des Auftragsgegenstands, besondere Haftungsverhältnisse, mangelnde Reputation und Integrität des Auftraggebers) anzunehmen ist,
- Abschlussprüfungen bei Unternehmen, die im besonderen Blickpunkt der Öffentlichkeit stehen (z.B. große Stiftungen, Immobilienfonds).

Die Pflicht zur auftragsbegleitenden Qualitätssicherung der Abschlussprüfung (§ 48 Abs. 4 BS WP/vBP) erstreckt sich bei Unternehmen von öffentlichem Interesse (§ 319a Abs. 1 HGB) neben kapitalmarktorientierten Unternehmen i.S.v. § 264d HGB auch auf nicht-kapitalmarktorientierte Kreditinstitute[87] sowie nicht-kapitalmarktorientierte Versicherungen[88]. Der auftragsbegleitende Qualitätssicherer bei der Abschlussprüfung eines Unternehmens von öffentlichem Interesse muss zwingend ein nach § 38 Nr. 1h) WPO als gesetzlicher APr. registrierter WP sein (Art. 8 Abs. 2 VO (EU) Nr. 537/2014; § 60 Abs. 2 Berufssatzung WP/vBP).[89] Die Mindestinhalte, die bei der auftragsbegleitenden Qualitätssicherung zu beurteilen sind, sind in Art. 8 Abs. 5 wie folgt geregelt: **74**

- Unabhängigkeit des APr. bzw. der Prüfungsgesellschaft vom geprüften Unternehmen,
- bedeutsame Risiken, die für die Abschlussprüfung relevant sind und die der verantwortliche Prüfungspartners bei der Durchführung der Abschlussprüfung festgestellt hat, und die Maßnahmen, die er zur angemessenen Steuerung dieser Risiken getroffen hat,
- Argumentation des verantwortlichen Prüfungspartners, insb. im Hinblick auf den Grad der Wesentlichkeit und die bedeutsamen Risiken,
- Entscheidung über die Einbeziehung von externen Sachverständigen des APr. sowie die Prüfungshandlungen zur Verwertung der Arbeiten dieser Sachverständigen,
- Art und Umfang der korrigierten und nicht korrigierten falschen Darstellungen im Abschluss, die bei Durchführung der Prüfung festgestellt wurden,
- mit dem PrA und der Unternehmensleitung und/oder dem AR des geprüften Unternehmens erörterte Themen,

---

[85] § 48 Abs. 3 BS WP/vBP.
[86] *IDW*, IDW Praxishandbuch[11], Arbeitshilfe A-4.6.7(2).
[87] Es handelt sich um CRR-Kreditinstitute i.S.v. § 1 Abs. 3d S. 1 KWG mit der Ausnahme der in § 2 Abs. 1 Nr. 1 und 2 KWG genannten Institute.
[88] Es handelt sich um Versicherungen i.S.v. Art. 2 Abs. 1 der Richtlinie 91/674/EWG.
[89] *IDW QS 1*, Tz. 170.

- mit den zuständigen Behörden und ggf. mit anderen Dritten erörterte Themen,
- von dem auftragsbegleitenden Qualitätssicherer aus den Arbeitspapieren ausgewählte Prüfungsnachweise und Informationen, die das vom Prüfungsteam in der Berichterstattung abgegebene Urteil untermauern.

Die Ergebnisse der auftragsbegleitenden Qualitätssicherung sind mit dem verantwortlichen Prüfungspartner zu erörtern.

75 Die auftragsbegleitende Qualitätssicherung ist zu geeigneten **Zeitpunkten** während der Auftragsabwicklung vorzunehmen, so dass die Feststellungen rechtzeitig vor Beendigung der Prüfung im Einvernehmen mit dem Qualitätssicherer berücksichtigt werden können. Nicht erforderlich ist es aber, dass der auftragsbegleitende Qualitätssicherer permanent vor Ort anwesend ist und jede Entscheidung des Prüfungsteams simultan begutachtet. Der verantwortliche Prüfungspartner und der Qualitätssicherer sollten vorab vereinbaren, zu welchen Zeitpunkten der Qualitätssicherer tätig wird. Dies ist bereits für die Planung der zeitlichen Verfügbarkeit des auftragsbegleitenden Qualitätssicherers unabdinglich. Die endgültige Entscheidung, zu welchen Zeitpunkten er tätig wird, bleibt jedoch allein dem Qualitätssicherer vorbehalten.

76 Während bei der Berichtskritik und der auftragsbegleitenden Qualitätssicherung die Überwachung der Qualität bei der Auftragsdurchführung und der Berichterstattung selbst im Vordergrund steht, verfolgt die **Nachschau** das Ziel, die Angemessenheit und Wirksamkeit des Qualitätssicherungssystems als solches zu prüfen. Die Nachschau einzelner Prüfungsaufträge erfolgt daher mit einem gewissen zeitlichen Abstand nach Abschluss der Prüfung und nach Auslieferung des PrB an den Mandanten, so dass eine zeitliche Gleichsetzung mit der Funktion der Prüfungsüberwachung ausgeschlossen ist.

77 Die Nachschau der Praxisorganisation hat grds. alle Tätigkeitsbereiche der WP-Praxis zu erfassen. Die generelle Pflicht zur Nachschau ergibt sich aus § 8 Abs. 1 S. 2 BS WP/vBP als allgemeine Berufspflicht. Diese Regelung ist i.V.m. § 55b Abs. 1 WPO zugleich der unmittelbare Anknüpfungspunkt für die Pflicht zur Nachschau bei Tätigkeiten außerhalb des § 2 Abs. 1 WPO. Für Prüfungen gem. § 2 Abs. 1 WPO ergibt sich die Pflicht zur Nachschau ferner aus § 55b Abs. 3 WPO i.V.m. § 49 Abs. 1 BS WP/vBP. Für gesetzliche Abschlussprüfungen nach § 316 HGB sind im Hinblick auf die Nachschau zudem bestimmte Mindestregelungen zu berücksichtigen (§ 55b Abs. 3 WPO i.V.m. § 50 Abs. 1, § 51 Abs. 1 Nr. 15 und § 63 BS WP/vBP).

78 Die Nachschau wird von WP/vBP mit dem Ziel durchgeführt, die Angemessenheit und Wirksamkeit der Regelungen des Qualitätssicherungssystems zur Abwicklung von Abschlussprüfungen zu beurteilen. Sie bezieht sich auf die Praxisorganisation unter Einschluss der Frage, ob die Regelungen der Praxis zur Abwicklung einzelner Prüfungsaufträge eingehalten worden sind. Hierzu sind bereits abgeschlossene Aufträge in Stichproben zu prüfen (Auftragsprüfung). Gemäß § 49 Abs. 2 BS WP/vBP ist die Nachschau der Abwicklung von Prüfungsaufträgen ein Vergleich der Anforderungen an eine gewissenhafte Abwicklung von Prüfungsaufträgen mit deren tatsächlicher Abwicklung. Art und Umfang der Nachschau haben in einem angemessenen Verhältnis zu den abgewickelten Prüfungsaufträgen zu stehen. Hierbei können die Ergebnisse der Qualitätskontrolle nach §§ 57a ff. WPO berücksichtigt werden.

79 Es ist zu beachten, dass die Nachschau in angemessenen Abständen sowie bei gegebenem Anlass stattfindet. Ein Nachschauzyklus sollte den Zeitraum von drei Jahren nicht überschreiten[90]. Bei WP-Praxen, die gesetzliche Abschlussprüfungen nach § 316 HGB durchführen, muss die Nachschau jährlich erfolgen, zumindest bezogen auf die Überwachung der Angemessenheit und Wirksamkeit der Regelungen für die Abschlussprüfung, die Fortbildung, die Anleitung und Kontrolle der fachlichen Mitarbeiter sowie für die Prüfungsakte (§ 55b Abs. 3 S. 1 WPO). Natürlich können die gesetzlich geforderte jährliche Nachschau (gesetzlicher Minimalumfang) und die erweiterte Nachschau auch gleichzeitig durchgeführt werden, um i.R.d. jährlichen Nachschau über die Jahre des von der Praxis festgelegten weiteren Nachschauturnus die weiteren Nachschauanforderungen zu erfüllen. Die in die Nachschauperiode einzubeziehenden Aufträge sollten nach bestimmten Kriterien klassifiziert werden, um eine Grundlage für eine Stichprobenauswahl zu schaffen. Als quantitatives Kriterium ist bei der Auswahl von Aufträgen für Zwecke der Nachschau zu berücksichtigen, dass innerhalb des festzulegenden Nachschauzyklus alle in der WP-Praxis tätigen WP, die Verantwortung für die Abwicklung von Aufträgen tragen, mindestens mit einem Auftrag in die Nachschau einbezogen werden. Ergänzend sollten auf der Grundlage interner Risikobeurteilungen qualitative Kriterien für die in die Nachschau einzubeziehenden Aufträge festgelegt werden. Beispiele für derartige Kriterien sind:

- hohe Komplexität des Auftragsgegenstandes (z.B. Unterschlagungsprüfungen),
- Größe und Branche des Mandanten,
- Vorliegen besonderer Haftungsrisiken (z.B. Erteilung eines Comfort Letter oder die Prüfung von Prospekten),
- öffentliches Interesse am Auftrag (z.B. Abschlussprüfungen kapitalmarktorientierter Unternehmen),
- Honorarvolumen im Verhältnis zu Art und Umfang des Auftrags sowie
- Erstprüfungen.

Einige der Auftragsprüfungen sollten ohne Vorankündigung beim Auftragsteam vorgenommen werden. Das Auftragsteam sollte in diesen Fällen erst unmittelbar vor Beginn der Auftragsprüfung informiert werden. Insgesamt ist darauf zu achten, dass Art und Umfang der Nachschau in einem angemessenen Verhältnis zu den abgewickelten Prüfungsaufträgen stehen. Da die Beurteilung der Angemessenheit und Wirksamkeit des Qualitätssicherungssystems bezogen auf Abschlussprüfungen nach § 316 HGB gem. § 55b Abs. 3 WPO jährlich erfolgen muss, sind in die Auftragsprüfungen jährlich gesetzliche Abschlussprüfungen nach § 316 HGB in angemessenem Umfang einzubeziehen.

Das Ergebnis der Nachschau ist nach § 49 Abs. 3 BS WP/vBP zu dokumentieren. Getroffene Feststellungen bilden die Grundlage für die Fortentwicklung des Qualitätssicherungssystems.

Im Rahmen der Nachschau aufgedeckte Mängel oder Versäumnisse werden daraufhin analysiert, *ob sie auf systembedingte* Schwächen oder Lücken zurückzuführen sind. Das Ergebnis können korrektive oder präventiv wirkende Maßnahmen sein, die sich in einem veränderten Prüfungsvorgehen oder sonstigen Anpassungen des Qualitätssicherungssystems zeigen und gegenüber den Mitarbeitern kommuniziert werden müssen (z.B. i.R. von Aus- und Fortbildungsprogrammen). Die festgestellten Mängel im Qualitätssicherungssystem und die Verbesserungsvorschläge sind der Praxisleitung

---

[90] § 33 Abs. 2 BS WP/vBP.

mitzuteilen. Dieser kommt die Aufgabe zu, Maßnahmen zur Beseitigung der Mängel und zur Umsetzung der Verbesserungsvorschläge zu ergreifen. Zudem haben Berufsangehörige, die Abschlussprüfungen nach § 316 HGB durchführen, in ihrem jährlichen Bericht entspr. § 55b Abs. 3 S. 3 WPO Folgendes zu dokumentieren:

- die Ergebnisse der Bewertung des internen Qualitätssicherungssystems (gesetzlicher Minimalumfang),
- Maßnahmen, die im Fall von Mängeln des internen Qualitätssicherungssystems zu deren Behebung ergriffen oder vorgeschlagen wurden,
- Verstöße gegen Berufspflichten oder gegen die VO (EU) Nr. 537/2014, soweit diese nicht nur geringfügig sind sowie
- die aus diesen Verstößen erwachsenen Folgen und die zur Behebung der Verstöße ergriffenen Maßnahmen.

82 Da die Durchführung der Nachschau nicht von in die Auftragsabwicklung bzw. in die auftragsbegleitende Qualitätssicherung involvierten Mitarbeitern erfolgen darf, kann sie – sofern geeignete Mitarbeiter nicht zur Verfügung stehen und die Heranziehung eines Externen nach Art und Umfang der in der WP-Praxis abgewickelten Aufträge unzumutbar wäre – auch im Wege der „**Selbstvergewisserung**" durchgeführt werden (§ 49 Abs. 4 BS WP/vBP). Die Durchführung im Wege der Selbstvergewisserung setzt einen angemessenen zeitlichen Abstand zur Abwicklung des einzelnen Auftrags voraus. Werden Abschlussprüfungen (zusätzlich) unter Beachtung der ISA durchgeführt, ist zu beachten, dass ISQC 1 die Selbstvergewisserung nicht kennt[91]. Da es nicht auf die Größe der Praxis (z.B. Einzelpraxis) ankommt, sondern auf Art und Umfang der in der WP-Praxis abgewickelten Aufträge, folgt daraus, dass die Selbstvergewisserung zudem bei Prüfungen von Unternehmen des öffentlichen Interesses i.S.d. § 319a HGB nicht ausreicht[92]. In diesen Fällen sind mit der Durchführung der Nachschau ggf. externe WP zu beauftragen. Die Gründe für die Durchführung der Nachschau im Wege der Selbstvergewisserung sind zu dokumentieren.

83 Werden Externe zur Durchführung der Nachschau herangezogen, stellt sich die Frage nach der Einhaltung des Verschwiegenheitsgrundsatzes für die WP-Praxis. Hinsichtlich des Personenkreises, der in die Mandatsbearbeitung einbezogen werden darf, gilt, dass der Auftragnehmer unter Beibehaltung seiner Letztverantwortung grds. Dritte heranziehen und ohne Verstoß gegen die Verschwiegenheitspflicht in Mandanteninterna einweihen darf, sofern dies zur ordnungsgemäßen Mandatsbearbeitung erforderlich ist. Nichts anderes gilt daher für die interne Nachschau als Bestandteil der Mandatsbearbeitung[93]. Hieraus folgt, dass unter den genannten Voraussetzungen nicht nur Angestellte zur Durchführung der Nachschau herangezogen werden dürfen, sondern auch freie Mitarbeiter. Da somit grds. jedweder „Dritte" herangezogen werden darf, der natürlich seinerseits zur Verschwiegenheit verpflichtet werden muss, wird es erst recht als unschädlich angesehen, wenn dieser Dritte einem Kooperationspartner, einer Verbundgesellschaft o.Ä. angehört[94].

---

91 Vgl. ISQC 1.A68.
92 Vgl. *IDW QS 1*, Tz. 208.
93 Zwar ist die Nachschau kein unmittelbarer Teil der Mandatsbearbeitung, gleichwohl aber eine prozessunabhängige, nach Berufssatzung erforderliche Maßnahme.
94 *WPK*, WPK Magazin 1/2004, S. 25.

Im Rahmen der Planung der Nachschau ist die Verwertung der Ergebnisse externer Kontrollen, z.B. von externen Qualitätskontrollen, zulässig. So kann ggf. der Umfang der Auftragsstichprobe verringert werden. Voraussetzung hierfür ist, dass der WP-Praxis ausreichende Informationen über die bei den Kontrollen durchgeführten Prüfungshandlungen und Prüfungsfeststellungen vorliegen. Wenngleich die externe Qualitätskontrolle die gleiche Zielrichtung wie die Nachschau hat, nämlich die Angemessenheit und Wirksamkeit des Qualitätssicherungssystems mit hinreichender Sicherheit zu beurteilen, kann die externe Qualitätskontrolle eine Nachschau nicht ersetzen, da sich die Qualitätskontrolle nicht auf den gesamten Bereich des Qualitätssicherungssystems, sondern nur gesetzliche Abschlussprüfungen nach § 316 HGB und von der BaFin beauftragte Prüfungen betrifft. Darüber hinaus konzentriert sich die Qualitätskontrolle auf die Feststellung der Verletzung von Berufspflichten und daraus abzuleitender wesentlicher Mängel im System. Die kontinuierliche Fortentwicklung und Anpassung des Systems an neue Rahmenbedingungen steht hier nicht, wie bei der Nachschau, im Vordergrund.

84

Um eine unmittelbare Umsetzung der Vorschriften zur Qualitätssicherung zu erleichtern, hat das IDW das **IDW Praxishandbuch zur Qualitätssicherung** veröffentlicht. Das IDW Praxishandbuch enthält in Kapitel A eine Erstellungshilfe für die Entwicklung eines eigenen Qualitätssicherungshandbuchs, das an die praxisindividuellen Verhältnisse angepasst werden soll. Dieser Abschn. wird durch entspr. Arbeitshilfen, Formblätter und Checklisten ergänzt. In Kapitel B wird mittels eines Meilensteinkonzepts der risikoorientierte Prüfungsansatz, wie er den *IDW Prüfungsstandards* zugrunde liegt, für Abschlussprüfungen konkret erläutert und mit zahlreichen Arbeitshilfen unterlegt. Das IDW Praxishandbuch enthält folgende **Arbeitshilfen**:

85

Arbeitshilfen-Nr.	Beschreibung
Kapitel A. Qualitätssicherung	
A-4.1.(1)	Merkblatt zur Unterrichtung über die Berufsgrundsätze
A-4.1.1.(1)	Erklärung zur berufsrechtlichen Unabhängigkeit und zur Einhaltung der Qualitätssicherungsregelungen (bei Einstellung neuer Mitarbeiter)
A-4.1.1.(2)	Erklärung zur berufsrechtlichen Unabhängigkeit (jährliche Abfrage)
A-4.1.1.(3)	Unabhängigkeitserklärung des Abschlussprüfers gegenüber dem Aufsichtsorgan
A-4.1.3.(1)	Verpflichtungserklärung für beschäftigte Personen der wirtschaftsprüfenden und der steuerberatenden Berufe zur Verschwiegenheit
A-4.1.3.(2)	Verhaltensregeln für die Benutzung von IT-Systemen und zur Datensicherheit
A-4.1.5.	Muster Geldwäscherichtlinie[95]

---

[95] Hinweis: Dieses Muster basiert noch auf dem Stand des GwG vor Umsetzung der 4. EU-Geldwäscherichtlinie. Der Arbeitskreis „Geldwäsche" des IDW entwickelt derzeit ein überarbeitetes Muster.

Arbeitshilfen-Nr.	Beschreibung
A-4.1.5.-Erl.	Erläuterung zum Muster Geldwäscherichtlinie[96]
A-4.2.(1)	Übernahme und Fortführung eines Auftrages
A-4.2.2.(1)	Übersicht zu den Unabhängigkeitsvorschriften
A-4.2.2.(2)	Besondere Unabhängigkeitsanforderungen bei PIE-Abschlussprüfungen
A-4.2.3.(1)	Auftragsbestätigungsschreiben Abschlussprüfung Non-PIE
A-4.2.3.(1)-E	Engagement Acceptance Letter Audit Non-PIE
A-4.2.3.(1)-PIE	Auftragsbestätigungsschreiben Abschlussprüfung PIE
A-4.2.3.(1)-PIE-E	Engagement Acceptance Letter Audit PIE
A-4.2.3.(2)	Auftragsbestätigungsschreiben Steuerberatung
A-4.2.3.(3)	Auftragsbestätigungsschreiben Jahresabschlusserstellung
A-4.2.3.(4)	Auftragsbestätigungsschreiben Prüferische Durchsicht von Abschlüssen
A-4.2.3.(4)-E	Engagement Acceptance Letter Review of Financial Statements
A-4.2.3.(5)	Auftragsbestätigungsschreiben Externe Qualitätskontrolle
A-4.2.3.(6)	Auftragsbestätigungsschreiben Prüfungen nach *IDW PS 480*
A-4.2.3.(7)	Auftragsbestätigungsschreiben Prüfungen nach *IDW PS 490*
A-4.2.3.(8)	Auftragsbestätigungsschreiben Prüfung von Compliance Management Systemen
A-4.2.3.(9)	Auftragsbestätigungsschreiben Prüfung des Risikomanagementsystems
A-4.2.3.(10)	Auftragsbestätigungsschreiben Prüfung des IKS der Unternehmensberichterstattung
A-4.2.3.(11)	Auftragsbestätigungsschreiben Prüfung des Internen Revisionssystems
A-4.2.(4)	Bestimmung der Größenklassen nach § 267, 267a HGB
A-4.3.(1)	Bewerberbeurteilung
A-4.3.(2)	Merkblatt – Maßnahmen bei der Einstellung von Mitarbeitern
A-4.3.(3)	Beurteilung Probezeit
A-4.3.(4)	Mitarbeiterbeurteilung
A-4.3.(5)	Mitarbeiteraus- und Fortbildungsstatistik für das Jahr
A-4.3.(6)	Mitarbeiteraus- und Fortbildungsprofil
A-4.3.(7)	Nachweis der Fortbildungsmaßnahmen

---

[96] Dieser Hinweis gilt auch für die Erläuterungen zum Muster Geldwäscherichtlinie.

Qualitätsmanagement in der Wirtschaftsprüferpraxis D

Arbeitshilfen-Nr.	Beschreibung
A-4.4.(1)	Bedarfsmeldung Einzelauftrag/Auftragsgruppe
A-4.4.(2)	Auftragsplanung Einzelauftrag
A-4.4.(3)	Kapazitätsplanung
A-4.4.(4)	Mitarbeitereinsatzplanung (monatlich)
A-4.6.2(1)	Zeitliche Prüfungsplanung
A-4.6.5.(1)	Nachweisbogen zur laufenden Überwachung und abschließenden Durchsicht der Auftragsergebnisse
A-4.6.5.(2)	Zusammenstellung wesentlicher Punkte für den WP
A-4.6.7.(1)	Durchführung der Berichtskritik Non-PIE
A-4.6.7.(1)-PIE	Durchführung der Berichtskritik PIE
A-4.6.7.(2)	Durchführung der Auftragsbegleitenden Qualitätssicherung
A-4.6.7.(3)	Durchführung der Konsultation
A-4.7.(1)	Planung der Nachschau der allgemeinen Praxisorganisation
A-4.7.(2)	Planung der Nachschau der Auftragsabwicklung
A-4.7.(3)	Auftragsdatei
A-4.7.(4)	Gliederungsvorschlag zum Nachschaubericht
A-4.7.(5)	Durchführung der Nachschau – Allgemeine Praxisorganisation
A-4.7.(6)	Durchführung der Nachschau – Auftragsabwicklung
A-4.7.(7)	Durchführung der Nachschau – Auftragsabwicklung KAP
Kapitel B. Risikoorientiertes Prüfungsvorgehen	
Meilenstein 1: Auftrags- bzw. Mandatsmanagement	
B-1.	Übersicht über die zu bearbeitenden Arbeitshilfen
B-1.1.	Mandantenstammblatt
B-1.2.	Auftragsstammblatt
B-1.3.	Korrekturvorschlagsliste inkl. Berichtigungen und Aufstellung nicht korrigierter Prüfungsdifferenzen
B-1.4.	Prüffeld – Deckblatt
B-1.5.	Arbeitspapierindex
B-1.6.	Berichtsbegleitbogen
B-1.7.	Dauerakte
B-1.8.	Bereitstellung von Unterlagen für die Abschlussprüfung

Arbeitshilfen-Nr.	Beschreibung
Meilenstein 2: Informationsbeschaffung und vorläufige Risikoeinschätzung	
B-2.1.	Geschäftstätigkeit sowie wirtschaftliches und rechtliches Umfeld des Mandanten
B-2.2.	Rechnungslegungspolitik des Mandanten
B-2.3.	Analyse aktueller finanzwirtschaftlicher Informationen
B-2.4.	Beurteilung der Fähigkeit zur Unternehmensfortführung
B-2.5.	Beurteilung des Risikos wesentlicher falscher Angaben in der Rechnungslegung aufgrund von Verstößen
B-2.6.	Rechtsanwaltsbestätigung
B-2.6.-E	Lawyer's confirmation
B-2.7.	Durchführung vorbereitender analytischer Prüfungshandlungen
B-2.8.	Leitfaden zur Durchführung von Befragungen i.R.d. Abschlussprüfung
B-2.9.	Prüfung der Angaben und Erläuterungen im Zusammenhang mit nahe stehenden Personen
B-2.10.	Liste der nahe stehenden Unternehmen und Personen
Meilenstein 3: Vorläufige Festlegung der Wesentlichkeit und Beurteilung der Fehlerrisiken	
B-3.1.	Wesentlichkeitsgrenzen für die Abschlussprüfung
B-3.2.	Themen für die Besprechung im Prüfungsteam
Meilenstein 4: Auswertung der rechnungslegungsrelevanten Prozesse und internen Kontrollen	
B-4.1.	Beurteilung des rechnungslegungsbezogenen internen Kontrollsystems auf Unternehmensebene für die vorläufige Risikoeinschätzung
B-4.1.1.	Leitfaden zur Dokumentation der Prüfung des internen Kontrollsystems
B-4.1.2.	Leitfaden zur Durchführung eines Walk-through
B-4.2.1.	Buchführungs- und Abschlussprozess – Allgemeine Daten
B-4.2.2.	Buchführungs- und Abschlussprozess – Fragebogen IKS
B-4.3.	Beurteilung der Komplexität des IT-Systems sowie der Abhängigkeit des Unternehmens von einer funktionsfähigen IT
B-4.3.0.	Übersicht der Anwendungen und Schnittstellen
B-4.3.1.	Aufnahme und Beurteilung nicht-komplexer IT-Systeme
B-4.3.2.	Aufnahme und Beurteilung des IT-Systems

Arbeitshilfen-Nr.	Beschreibung
B-4.4.1.	Anlagenbereich – Allgemeine Daten
B-4.4.2.	Anlagenbereich – Fragebogen IKS
B-4.4.3.	Anlagenbereich – Beispielsdokumentation Kleinbetrieb
B-4.5.1.	Einkauf – Allgemeine Daten
B-4.5.2.	Einkauf – Fragebogen IKS
B-4.5.3.	Einkauf – Beispielsdokumentation Kleinbetrieb
B-4.6.1.	Vorräte und Materialwirtschaft – Allgemeine Daten
B-4.6.2.	Vorräte und Materialwirtschaft – Fragebogen IKS
B-4.6.3.	Vorräte und Materialwirtschaft – Beispielsdokumentation Kleinbetrieb
B-4.7.1.	Produktion – Allgemeine Daten
B-4.7.2.	Produktion – Fragebogen IKS
B-4.7.3.	Produktion – Beispielsdokumentation Kleinbetrieb
B-4.8.1.	Verkaufsbereich – Allgemeine Daten
B-4.8.2.	Verkaufsbereich – Fragebogen IKS
B-4.8.3	Verkaufsbereich – Beispielsdokumentation Kleinbetrieb
B-4.9.1.	Personalbereich – Allgemeine Daten
B-4.9.2.	Personalbereich – Fragebogen IKS
B-4.9.3.	Personalbereich – Beispielsdokumentation Kleinbetrieb
B-4.10.	Übersicht der Jahresabschlussposten, Prozesse und Anwendungen
Meilenstein 5: Festlegung der Prüfungsstrategie und des Prüfungsprogramms	
B-5.0.	Zusammenfassung der Fehlerrisiken und Prüfungsstrategie
B-5.1.	Zusammenfassende Risikobeurteilung/Prüfungsstrategie und Beurteilung der erreichten Prüfungssicherheit
B-5.2.	Planungsleitfaden
Meilenstein 6: Validierung der internen Kontrollen (Funktionsprüfungen)	
B-6.1. bis B-6.8.	Nachweise der Funktionsprüfungen (Kontrolltests) für die einzelnen IKS-Bereiche
Meilenstein 7: Aussagebezogene Prüfungshandlungen	
B-7.1. bis B-7.27.	Prüfprogramme aussagebezogene Prüfungshandlungen (der Posten in Bilanz und GuV)

Arbeitshilfen-Nr.	Beschreibung
B-7.28. bis B-7.30.	Saldenbestätigungen (Forderungen, Verbindlichkeiten, Bankbestätigung, von Dritten verwahrtes Vermögen, Leasing, Versicherungen, Sachverständige, Auswertung) Deutsch – Englisch
B-7.31.	Inventurprüfung - Stichtagsinventur
B-7.32.	Inventurprüfung - Permanente Inventur
Meilenstein 8: Abschließende Prüfungshandlungen	
B-8.0	Leitfaden zur Prüfung des Lageberichts/Konzernlageberichts
B-8.1.-JA	Checkliste zur Prüfung der Vollständigkeit der Angaben im Anh. nach HGB/DRS – je nach Kapitalmarktorientierung, Rechtsform und Unternehmensgröße
B-8.1.-KA	Checkliste zur Prüfung der Vollständigkeit der Angaben nach HGB/DRS im Konzernanhang – je nach Kapitalmarktorientierung und Rechtsform des MU
B-8.2.-JA	Checkliste zur Prüfung des Lageberichts nach HGB/DRS – je nach Kapitalmarktorientierung, Rechtsform und Unternehmensgröße
B-8.2.-KA	Checkliste zur Prüfung des Konzernlageberichts nach HGB/DRS - je nach Kapitalmarktorientierung und Rechtsform
B-8.3.	Prüfung von Ereignissen nach dem Abschlussstichtag
B-8.4.	Beurteilung der Auswirkungen festgestellter falscher Angaben
Meilenstein 9: Berichterstattung und Archivierung	
B-9.1.	Leitfaden für die Prüfung der Offenlegung
B-9.2.	Kommunikation zwischen APr. und Aufsichtsorgan des geprüften Unternehmens
B-9.3.	Key Audit Matters
Kapitel C. Konzernabschlussprüfung	
C-1.	Übersicht über die zu bearbeitenden Arbeitshilfen
C-2.	Leitfaden zur Organisation und Dokumentation der Konzernabschlussprüfung
C-2.1.	Prüfung des Konsolidierungsprozesses
C-3.	Bestimmung der Wesentlichkeit für die Konzernabschlussprüfung
C-4.-E	Group Audit Instructions
C-4.-E.1. bis C-4.-E.9.	*Appendix I – IX (Confirmations, Memorandum, Reports) to Group Audit Instructions*

Arbeitshilfen-Nr.	Beschreibung
C-5.	Bereitstellung von Unterlagen für die Konzernabschlussprüfung
Kapitel D. (nur auf der CD-ROM des IDW Praxishandbuchs)	
D-A-4.2.	Übernahme und Fortführung eines Auftrags zur Prüfung nach *IDW PS 480/490*
D-B-2.3.	Austausch mit dem APr.
D-B-3.1.	Wesentlichkeitsgrenzen für die Prüfung von Finanzaufstellungen oder deren Bestandteilen
D-B-9.2.	Leitfaden für die Berichterstattung des WP bei der Prüfung nach *IDW PS 480/490*

Tabelle 10: Arbeitshilfen des IDW Praxishandbuches zur Qualitätssicherung

3.2 Grundsätze für die Einrichtung interner Qualitätssicherungssysteme[97]

3.2.1 Grundlagen

Als Ausgangspunkt für die Einrichtung interner Qualitätssicherungssysteme können die Prinzipien zur Gestaltung interner Kontrollsysteme[98] dienen. Interne Kontrollsysteme i.S.d. COSO-II-Reports[99] weisen die folgenden, in Wechselbeziehung miteinander stehenden Bestandteile auf, die in die Geschäftsabläufe der Unternehmen eingebunden sind:

86

- Kontrollumfeld,
- Kontrollziele,
- Risikobeurteilungen,
- Kontrollaktivitäten,
- Information und Kommunikation sowie
- Überwachung.

Bei der Einrichtung eines internen Kontrollsystems sind die Wechselbeziehungen zwischen diesen Bestandteilen zu berücksichtigen. Voraussetzung für die Festlegung angemessener und wirksamer Kontrollaktivitäten ist die Schaffung eines günstigen Kontrollumfeldes und die Analyse von Risiken, zu deren Bewältigung die Kontrollaktivitäten eingerichtet werden. Die eingerichteten Kontrollaktivitäten sind im Unternehmen zu kommunizieren, um die Mitarbeiter über ihre Funktion und ihre Aufgaben im internen

87

---

[97] *Schmidt*, S. 111.
[98] Vgl. Kap. L Tz. 237.
[99] COSO ERM (Enterprise Risk Management) Framework 2004, http://www.coso.org/documents/coso_erm_executivesummary.pdf (zit. 21.07.2018). Wird gegenwärtig überarbeitet. Im Juni 2017 hat COSO (Committee of Sponsoring Organizations of the Treadway Commission) eine Aktualisierung des bisherigen Framework vorgenommen: „COSO - Enterprise Risk Management - Integrating with Strategy and Performance". Im Mittelpunkt des Papiers steht die Bedeutung des Risikos für die Strategiebildung und das Management der Erreichung der strategischen Ziele im Unternehmen. Dieser Gesichtspunkt ist ein Aspekt der aktuellen Überarbeitung des ISQC 1 und soll daher an dieser Stelle erst mit Abschluss der Überarbeitung des ISQC 1 berücksichtigt werden (siehe hierzu Kap. D Tz. 143 ff.).

D Qualitätsmanagement in der Wirtschaftsprüferpraxis

Kontrollsystem zu informieren. Durch die Implementierung von Überwachungsmaßnahmen soll schließlich die Angemessenheit und die Wirksamkeit des internen Kontrollsystems sichergestellt werden.

88 Der Unternehmensleitung obliegt die Führung und Richtungsbestimmung des Unternehmens, die Formulierung der Strategie sowie der Unternehmensziele. Ebenso liegt die **Gesamtverantwortung** für das interne Kontrollsystem bei der Unternehmensleitung. Diese umfasst die Verantwortung für die Schaffung eines günstigen Kontrollumfelds. Sämtliche weitere Mitglieder des Unternehmens werden durch ein umfassendes internes Kontrollsystem i.R. ihrer Kompetenzbereiche integriert und sind dementsprechend für die sie betreffenden Risiken verantwortlich.

89 Entsprechend dem Aufbau von internen Kontrollsystemen[100] können bei der Einrichtung eines internen Qualitätssicherungssystems folgende Bestandteile unterschieden werden:

Einrichtung interner Kontrollsysteme		Einrichtung interner Qualitätssicherungssysteme	
Bestandteil	**Vorgehensweise**	**Bestandteil**	**Vorgehensweise**
Kontrollumfeld	Schaffung eines günstigen Kontrollumfeldes	Qualitätsumfeld	Schaffung eines günstigen Qualitätsumfeldes
Kontrollziele	Festlegung von Kontrollzielen	Qualitätsziele	Festlegung von Qualitätszielen
Risikobeurteilungen	Beurteilung der Risiken, die die Erreichung der Unternehmensziele gefährden können	Risikobeurteilungen	Feststellung und Einschätzung qualitätsgefährdender Risiken
Kontrollaktivitäten	Einrichtung von organisatorischen Regelungen für die Risikobewältigung	Regelungen zur Qualitätssicherung	Einrichtung von Regelungen zur internen Qualitätssicherung

---

100 Vgl. Kap. L Tz. 225.

Einrichtung interner Kontrollsysteme		Einrichtung interner Qualitätssicherungssysteme	
Information und Kommunikation	Einrichtung von Informations- und Kommunikationssystemen im Unternehmen	Information und Kommunikation	Einrichtung von Informationssystemen, die die Einholung der für die Risikobeurteilungen notwendigen Informationen und die Kommunikation und Dokumentation der eingerichteten Regelungen zur Qualitätssicherung in der WP-Praxis sicherstellen
Überwachung	Überwachung der Angemessenheit und Wirksamkeit des internen Kontrollsystems	Überwachung	Überwachung der Angemessenheit und Wirksamkeit der Regelungen zur internen Qualitätssicherung (u.a. Nachschau)

Tabelle 11: Die Bestandteile interner Kontroll- und Qualitätssicherungssysteme

Im Folgenden werden die Bestandteile interner Qualitätssicherungssysteme im Einzelnen dargestellt.

3.2.2 Schaffung eines günstigen Qualitätsumfelds

Eine Hauptaufgabe des WP (bzw. der Praxisleitung) i.R.d. Qualitätssicherung ist es, in der WP-Praxis ein Qualitätsumfeld zu fördern und vorzuleben, das eine hohe Qualität der Berufsausübung und die Beachtung der gesetzlichen und berufsständischen Anforderungen hervorhebt. Das Qualitätsumfeld hat einen entscheidenden Einfluss auf den Stellenwert, dem die Beachtung von Regelungen zur Qualitätssicherung von den Mitarbeitern des WP beigemessen wird. Ein positives Qualitätsumfeld trägt dazu bei, dass die Mitarbeiter die eingerichteten Maßnahmen nicht nur der Form halber durchführen, sondern sich mit den Qualitätszielen identifizieren und die erforderlichen Maßnahmen deshalb beachten, weil sie deren Bedeutung erkennen und verstehen.

Das **Qualitätsumfeld** wird durch die folgenden Faktoren wesentlich geprägt:

- Integrität des WP und der fachlichen Mitarbeiter,
- Bedeutung der beruflichen Kompetenz,
- Führungsstil des WP,
- Organisationsstruktur der Praxis,
- Zuordnung von Weisungsrechten und Verantwortung,
- Personalpolitik.

Integres Verhalten setzt eine Grundeinstellung voraus, die Qualität in den Mittelpunkt allen Handelns stellt und der Beachtung der gesetzlichen und berufsständischen Normen im möglichen Konfliktfall Vorrang vor der Erreichung geschäftlicher Ziele einräumt[101]. Ohne einen Grundkonsens zu **integrem Verhalten** in der WP-Praxis kann nicht sichergestellt werden, dass die Urteilsfreiheit des WP und seiner Mitarbeiter in jedem Fall gewährleistet ist. Wenn bspw. das Verbot von gleichzeitiger Abschlussprüfung und Erstellung von Abschlüssen vom WP unter Missachtung der gesetzlichen Vorschriften in einzelnen Fällen nicht beachtet wird, werden die Mitarbeiter auch anderen Vorschriften, die die Urteilsfreiheit des WP gewährleisten sollen, keine solche Bedeutung beimessen, wie dies in einem integren Umfeld zu erwarten ist. In den Erklärungen der Mitarbeiter zur finanziellen Unabhängigkeit von bestimmten Mandanten könnte in einem negativen Qualitätsumfeld eher mit falschen Angaben gerechnet werden als in einem positiven Umfeld. Auch bei der Durchführung von Prüfungshandlungen ist ein Klima der Ehrlichkeit und Integrität unabdingbar, da sonst z.B. die Gefahr bestehen könnte, dass die fachlichen Mitarbeiter zur Vermeidung von Konflikten bestimmte Prüfungsergebnisse dokumentieren, die nicht hinreichend durch Prüfungsnachweise abgesichert sind.

94 Das Qualitätsumfeld wird wesentlich durch die **Kompetenz** des WP und seiner Mitarbeiter geprägt. Das Bekenntnis des WP zur Aufrechterhaltung eines hohen fachlichen Niveaus wirkt sich z.B. auf die Bereitschaft der Mitarbeiter aus, an Fortbildungsveranstaltungen teilzunehmen und sich mit den Kollegen über fachliche Probleme auszutauschen. Ohne eine angemessene Kompetenz kann die Urteilsfähigkeit des WP nicht gewährleistet werden. Durch die Ermunterung der Mitarbeiter zur Einholung fachlichen Rates in Zweifelsfragen und die Einrichtung von Konsultationsprozessen können das Erfahrungswissen und die fachlichen Kompetenzen in der WP-Praxis optimal ausgeschöpft und das Risiko fachlicher Fehlentscheidungen verringert werden[102].

95 Der **Führungsstil** des WP stellt einen bedeutsamen Faktor des Qualitätsumfeldes dar, weil dieser z.B. Art und Umfang der in einer WP-Praxis einzurichtenden Überwachungsmaßnahmen beeinflusst. Bei einem Führungsstil, der den Mitarbeitern nur geringe Entscheidungsspielräume lässt, ist eine andere Gewichtung der Überwachungsmaßnahmen erforderlich als bei einem Führungsstil, der den Mitarbeitern größere Freiräume einräumt. Im Falle eines Führungsstils, mit dem eine strenge Kontrolle aller Tätigkeiten der Mitarbeiter verbunden ist, bieten sich formalisierte Tätigkeitsnachweise in Form von Arbeitsprogrammen und Checklisten an, um die laufende Nachprüfung der Qualität der Arbeit zu erleichtern. Bei einem eher informellen Führungsstil, der für erfahrene und kompetente Mitarbeiter motivierend sein kann, kommt dagegen der abschließenden Durchsicht der Arbeitsergebnisse durch den WP eine größere Bedeutung zu. Ein solcher Führungsstil fördert die Eigenverantwortlichkeit der fachlichen Mitarbeiter, setzt aber eine besonders hohe fachliche Kompetenz bei diesen voraus. Ein sachgerechter Führungsstil trägt besonders dazu bei, die Urteilsfähigkeit des WP zu sichern.

96 Die **Organisationsstruktur** einer WP-Praxis stellt den Rahmen für das Qualitätssicherungssystem dar, in dem die einzelnen Maßnahmen zur Qualitätssicherung geplant, durchgeführt und überwacht werden. Bei kleineren Praxen wird sich eine zentralisierte Organisationsstruktur anbieten, in der die Verantwortung für bestimmte Funktionen (z.B. für die Berichtskritik) in einer Hand liegt. Größere Praxen mit ver-

---

101 *IDW QS 1*, Tz. 19 ff.
102 *IDW QS 1*, Tz. 19 ff.

schiedenen Niederlassungen werden eher dezentral organisiert sein, was einen größeren Koordinationsbedarf mit sich bringt, um eine einheitliche Qualität zu gewährleisten. Aber auch größere WP-Praxen werden bestimmte Funktionen zentral organisieren, z.B. eine Fachabteilung oder eine Bibliothek. Eine angemessene Organisationsstruktur ist Voraussetzung für die Gewährleistung der Urteilsfähigkeit des WP.

Einen wesentlichen Bestandteil der Organisationsstruktur stellt die **Zuordnung von Weisungsrechten und Verantwortung** dar. In vielen größeren Praxen werden die Weisungsrechte und die Verantwortung der fachlichen Mitarbeiter von deren Einstufung als Prüfungsassistent, Prüfungsleiter, Prokurist oder Partner abhängig gemacht. Die Verantwortung für Prüfungsplanung und Prüfungsüberwachung steigt dabei mit der jeweiligen Hierarchiestufe, wogegen die Verantwortung für die Durchführung einzelner Prüfungshandlungen mit steigender Hierarchiestufe eher abnimmt. Kleinere Praxen wählen häufig eine einfachere Organisationsstruktur, in der z.B. nur zwischen fachlichen Mitarbeitern und WP differenziert wird. Unabhängig von der gewählten Struktur ist die Synchronisierung von Weisungsrechten und Verantwortung von Bedeutung, um – innerhalb bestimmter Grenzen – die Eigeninitiative der Mitarbeiter zu fördern. Die Verantwortung für die Abgabe eines Prüfungsurteils trägt letztlich immer der WP selbst.

97

Die **Personalpolitik** ist für die Qualität der Berufsausübung von entscheidender Bedeutung. Die Auswahl qualifizierter und integrer Mitarbeiter, deren Fortbildung und deren Motivation (z.B. durch eine angemessene Vergütung und durch regelmäßige Beurteilungen) stellen eine Grundvoraussetzung für die ordnungsgemäße Durchführung von betriebswirtschaftlichen Prüfungen und damit für die sachgerechte Urteilsbildung des WP dar. Hierzu gehört auch die Einrichtung angemessener Verfahren der Mitarbeiterentwicklung (Aus- und Fortbildung, Beurteilungen, Beförderungen und Vergütungsstrukturen), die persönliche Merkmale wie Integrität, Objektivität, kritische Grundhaltung, Beharrlichkeit, Ausdauer und Durchsetzungsvermögen fördern[103]. Eine leistungsorientierte Gehalts- und Beförderungspolitik erkennt überdurchschnittliche Leistungen der Fachkräfte an und motiviert diese zu hochwertiger Arbeit. Eine sinnvolle Personalpolitik hat auch sicherzustellen, dass die Mitarbeiter entspr. ihrer Qualifikation eingesetzt werden und ihre jeweiligen Aufgaben genau kennen.

98

3.2.3 Festlegung von Qualitätszielen

Die Qualitätsziele sind von der Praxisleitung festzulegen. Das primäre Ziel der Einrichtung eines Qualitätssicherungssystems besteht in der Einhaltung der Berufspflichten, d.h. in der Gewährleistung der gesetzlichen und berufsständischen Anforderungen (Compliance-Ziel)[104]. Die Praxisleitung kann daneben weitere Qualitätsziele festlegen. Ausgehend von der Unternehmensstrategie können bspw. folgende weitere Ziele verfolgt werden: mögliche Haftungsrisiken zu begrenzen, finanzielle Ziele zu erreichen oder den Erwartungen bestimmter Stakeholder zu entsprechen. Die festgelegten Ziele sind schließlich Grundlage für die Feststellung und Beurteilung der qualitätsgefährdenden Risiken der WP-Praxis.

99

---

103 Vgl. *Financial Reporting Council (FRC)*, Audit Quality, S. 23.
104 *IDW QS 1*, Tz. 20.

100 Um ihrer Verantwortung für die Qualitätssicherung in der WP-Praxis nachzukommen, muss die Praxisleitung durch geeignete Maßnahmen sicherstellen, dass die Beachtung der Qualitätsanforderungen im möglichen Konfliktfall Vorrang vor der Erreichung geschäftlicher Ziele hat[105].

3.2.4 Feststellung und Einschätzung der qualitätsgefährdenden Risiken

101 WP-Praxen sind einer Vielzahl von Risiken ausgesetzt, die die Qualität der Berufsausübung bedrohen können. Ausgehend von den **Zielkategorien der Qualitätssicherung** sollten Risikobeurteilungen durchgeführt werden, um die Regelungen festlegen zu können, die zur internen Qualitätssicherung erforderlich sind. Risiken können sich auf die Urteilsfähigkeit des WP, seine Urteilsfreiheit und die sachgerechte Urteilsbildung auswirken. Typische Risikofelder werden in den Verlautbarungen der Berufsorganisationen der WP zur Qualitätssicherung dargelegt, die einen Ausgangspunkt für die individuell von jedem Berufsangehörigen durchzuführenden Risikobeurteilungen bilden können.

102 Die **Feststellung und Einschätzung der qualitätsgefährdenden Risiken** stellt einen kontinuierlichen Prozess dar, dem entscheidende Bedeutung für die Festlegung angemessener und wirksamer Regelungen zur Qualitätssicherung beizumessen ist. Das Risiko eines Verstoßes gegen Berufspflichten ist dann als gering einzustufen, wenn die Regelungen zur Steuerung und Überwachung der Qualität ausreichend Gewähr dafür bieten, dass Mängel in der Berufsausübung aufgrund von qualitätsgefährdenden Risiken verhindert oder aufgedeckt und behoben werden[106]. Es liegt in der Verantwortung des WP, qualitätsgefährdende Risiken zu erkennen und zu analysieren, um auf dieser Grundlage die erforderlichen Regelungen einführen zu können. Besondere Bedeutung hat i.R.d. Risikobeurteilungen die Beobachtung von Veränderungsprozessen, die eine Auswirkung auf die Qualität der Berufsausübung haben können. Wenn sich bspw. abzeichnet, dass die Gewinnung von qualifiziertem Personal aufgrund von Veränderungen in den Präferenzen der Hochschulabsolventen schwieriger wird, muss dieser Entwicklung i.R.d. Personalpolitik rechtzeitig Rechnung getragen werden.

103 Hinweise auf qualitätsgefährdende Risiken können in erster Linie die regelmäßig und anlassbezogen durchzuführende Nachschau bzw. das Risikomanagementsystem der WP-Praxis sowie die Ergebnisse externer Qualitätskontrollen in der WP-Praxis liefern[107]. Darüber hinaus dienen a) eine kontinuierliche Marktbeobachtung, b) die Analyse rechtlicher und fachlicher Entwicklungen (z.B. neuer gesetzlicher Vorschriften, Rechnungslegungs- und Prüfungsstandards und steuerrechtlicher Vorschriften) sowie c) die konsequente Untersuchung von Hinweisen oder Beschwerden von Mandanten, Mitarbeitern oder Dritten im Hinblick auf die Beachtung der gesetzlichen Vorschriften und fachlichen Regeln bei der Berufsausübung der Erkennung möglicher Risiken für die berufliche Tätigkeit des WP.

---

[105] *IDW QS 1*, Tz. 21.
[106] *IDW QS 1*, Tz. 23.
[107] Vgl. *Schmidt*, WPg 2006, S. 265.

3.2.5 Konzeption von Regelungen zur Steuerung und Überwachung der Risiken

Die erforderlichen Regelungen für ein angemessenes Risikomanagement in der WP-Praxis leiten sich aus der Analyse der Risiken ab, die eine Gefahr für die Qualität darstellen können. In der Berufssatzung sowie in berufsständischen Verlautbarungen auf nationaler (z.B. *IDW QS 1*) und internationaler Ebene (z.B. ISQC 1 und ISA 220 (Rev.) der IFAC) werden die grundsätzlichen Anforderungen an die Einrichtung, Überwachung und Durchsetzung der Regelungen zur Qualitätssicherung in WP-Praxen dargestellt. Diese Anforderungen müssen auf die individuellen Verhältnisse der WP-Praxen übertragen werden. Die von der Praxisleitung eigenverantwortlich zu treffende Entscheidung über Art und Umfang der einzuführenden Regelungen orientiert sich vor allem an der **Zielsetzung der Qualitätssicherung**, der ordnungsgemäßen Abwicklung der Aufträge der WP-Praxis[108].

104

Ausgehend von den einzelnen Regelungsbereichen der Qualitätssicherung kommen in Anlehnung an den *IDW QS 1* z.B. die folgenden Regelungen in Betracht[109]:

105

Zielkategorie	Urteilsfähigkeit, Urteilsfreiheit
Regelungsbereich	**Auftragsannahme**
Zielsetzung	Die Überprüfung möglicher Unabhängigkeitskonflikte dient dazu, festzustellen, ob die Ablehnung oder Niederlegung eines Mandats erforderlich ist. Risikobeurteilungen dienen der Entscheidung, mit welchen Risiken für die WP-Praxis die Aufträge voraussichtlich verbunden sind und der Einschätzung, ob die Mandate aufgrund nicht tragbarer Risiken abgelehnt werden sollten bzw. welche Maßnahmen zur Risikobegrenzung erforderlich sind.
Regelungsaspekte	• Festlegung von Zuständigkeiten • Analyse der Integrität des Mandanten • Analyse der Auftragsrisiken • Ressourcen für die Auftragsabwicklung • Einhaltung der Berufsgrundsätze • Feststellung möglicher Ausschlussgründe
Regelungsbereich	**Personalentwicklung**
Zielsetzung	Die Wettbewerbsfähigkeit der WP-Praxis wird entscheidend vom Ausbildungsniveau, der Qualifikation und der Spezialisierung der Mitarbeiter geprägt. Vordringliches Anliegen ist daher die Sicherstellung eines hohen Qualifikations- und Informationsstands der Mitarbeiter.

---

108 *IDW QS 1*, Tz. 24.
109 In Anlehnung an *Schmidt*, WPg 2006, S. 265 (269).

Regelungsaspekte	- Personalbedarfsplanung Einstellungskriterien, z.B.:
	  – fachliche Qualifikation,
	  – persönliche Eigenschaften,
	  – Gesprächsführung.
	- Prüfung der fachlichen und persönlichen Eignung der Bewerber
	- Planung und Überwachung der Aus- und Fortbildung
	- Einsatzbezogene Aus- und Fortbildung
	- Regelmäßige Beurteilungen und Dokumentation der Ergebnisse
	- Systematisches Beurteilungsverfahren
	- Besprechung mit Mitarbeitern
	- Maßnahmen zur Beseitigung von Schwächen
	- Berücksichtigung der Einhaltung der Regelungen zur Qualitätssicherung bei der Beurteilung
	- Weniger formalisiert in kleinen Praxen

Zielkategorie	**Urteilsfreiheit**
Regelungsbereich	**Unabhängigkeit, Eigenverantwortlichkeit**
Zielsetzung	Die Unabhängigkeitsregelungen sollen ausreichend Gewähr dafür bieten, dass die für die WP-Praxis, deren Mitarbeiter sowie ggf. weitere Personen, die mit der Abwicklung von Prüfungen befasst werden (z.B. externe Sachverständige, andere APr.), relevanten Unabhängigkeitsvorschriften eingehalten werden. Die Beachtung der Vorschriften zur Eigenverantwortlichkeit dient der Sicherung eines unabhängigen Urteils des WP. Ein wichtiger Aspekt ist hierbei die Gewährleistung ausreichender zeitlicher Reserven bei der Auftragsabwicklung.
Regelungsaspekte	- Bestimmung eines Verantwortlichen - Unterrichtung der Mitarbeiter - Mandanten- und auftragsbezogene Erfassung von Unabhängigkeitsgefährdungen - Sicherung der Unabhängigkeit bei finanziellen Entscheidungen der Praxis - Unterrichtung der Praxisleitung über Verstöße - Einführung von Regelungen für die Behandlung von Verstößen - Regelmäßige und anlassbezogene Unabhängigkeitsbefragungen der Mitarbeiter - Interne Rotation (Kriterien, Rotationszeiträume, auftragsbezogene Dokumentation) - Dokumentation (Regelungen, Gefährdungen, Maßnahmen, Verstöße) - *Leitungsspanne* - Zuordnung von Aufträgen zu einzelnen WP - Sachgerechte Zusammensetzung des Prüfungsteams

Zielkategorie	Sachgerechte Urteilsbildung
Regelungsbereich	Organisation der Auftragsabwicklung und Einhaltung fachlicher Regeln
Zielsetzung	Die Organisation und ein planvolles Vorgehen bei der Auftragsabwicklung sind für eine effiziente, qualitativ angemessene und der Zielsetzung und den Verhältnissen des Einzelfalls entspr. Auftragsabwicklung unerlässlich.
Regelungsaspekte	• Bestimmung eines verantwortlichen Prüfungspartners • Zuordnung von Mitarbeitern zu Aufträgen • Einhaltung der Berufspflichten • Vorgabe der Prüfungsziele • Regelungen zur Einhaltung von Rechtsvorschriften und fachlichen Standards (insb. *IDW PS/IDW PH*) • Regelmäßige Überprüfung der Regelungen auf Aktualität • Sachliche Prüfungsplanung (risikoorientierte Festlegung der Prüfungsstrategie und des Prüfungsprogramms) • Zeitliche Prüfungsplanung (Aufteilung der Prüfungshandlungen auf Vor- und Hauptprüfung, zeitliche Verfügbarkeit der Mitarbeiter) • Personelle Prüfungsplanung (Planung ausreichender fachlicher und zeitlicher Ressourcen) • Verantwortung für die Einhaltung beim verantwortlichen Prüfungspartner
Regelungsbereich	Konsultation
Zielsetzung	Im Konsultationsprozess werden das Erfahrungswissen und die fachlichen Kompetenzen der WP-Praxis genutzt, um das Risiko von Fehlentscheidungen zu reduzieren.
Regelungsaspekte	• Regelungen zur Konsultation bei schwierigen und strittigen Fragen (Pflicht, Ressourcen, Verfahren, Dokumentation, Umsetzung der Ergebnisse) • Recherchemöglichkeiten • Förderung des fachlichen Austauschs in der WP-Praxis • Konsultationspartner müssen über ausreichende Erfahrungen und Kompetenz verfügen • Dokumentation der Ergebnisse ist zwischen den am Konsultationsprozess Beteiligten abzustimmen • Nutzung der fachlichen Ressourcen der Berufsorganisationen (IDW und WPK) • Eskalationsprozess bei Meinungsverschiedenheiten

Regelungsbereich	Anleitung des Teams und Überwachung des Prüfungsablaufs
Zielsetzung	Die Regelungen zur Anleitung und Überwachung des Prüfungsteams sollen sicherstellen, dass die Prüfungsabwicklung einheitlichen Arbeitsabläufen und Qualitätsgrundsätzen folgt.
Regelungsaspekte	• Erteilung von – im Hinblick auf Größe und Schwierigkeitsgrad der Prüfung und Erfahrung der Mitarbeiter – angemessen strukturierten und klar verständlichen Prüfungsanweisungen • Förderung eines fachlichen Austauschs im Team • Verantwortlicher Prüfungspartner muss in ausreichendem Umfang an der Auftragsabwicklung beteiligt sein, um sich ein eigenverantwortliches Urteil bilden zu können • Verantwortlicher Prüfungspartner muss die Auftragsabwicklung überwachen und rechtzeitig vor Berichtsauslieferung eine Durchsicht der Prüfungsergebnisse vornehmen • Mängel müssen vor Berichtsauslieferung beseitigt sein • Dokumentation von Art und Umfang der Durchsicht
Regelungsbereich	Dokumentation der Auftragsabwicklung
Zielsetzung	Die Arbeitspapiere dienen • der Unterstützung bei der Planung und Durchführung der Prüfung sowie bei der Überwachung der Prüfungstätigkeit, • der Dokumentation der Prüfungsnachweise, • als Grundlage für die Berichterstattung und für externe Kontrollen, • als Nachweis in Regressfällen.
Regelungsaspekte	In den Arbeitspapieren sind die Prüfungshandlungen und Prüfungsergebnisse zu dokumentieren. Die vorläufige Einschätzung der Fehlerrisiken sowie die Beurteilung der Fehlerrisiken sind vom Prüfungsleiter zu dokumentieren.
Regelungsbereich	Auftragsbegleitende Qualitätssicherung
Zielsetzung	Die auftragsbegleitende Qualitätssicherung dient der Beurteilung, ob Anhaltspunkte dafür vorliegen, die darauf hindeuten, dass die Prüfung nicht unter Beachtung der fachlichen Regeln und gesetzlichen Anforderungen durchgeführt wird und ob die Behandlung wesentlicher Sachverhalte angemessen ist.

Regelungsaspekte	• Die Praxisleitung bestimmt zu Beginn der Prüfung, welcher Partner/Mitarbeiter mit der Durchführung der auftragsbegleitenden Qualitätssicherung betraut wird. An dieser Entscheidung darf der verantwortliche WP nicht beteiligt sein. • Die Durchführung der auftragsbegleitenden Qualitätssicherung schließt u.a. folgende Maßnahmen ein: – Gespräche mit dem verantwortlichen Prüfungspartner – Verschaffung eines Überblicks über den Prüfungsgegenstand – Durchsicht ausgewählter Arbeitspapiere und der vorgesehenen Berichterstattung.

Tabelle 12: Beispiele für Regelungen zur Qualitätssicherung

Für die zentrale **Dokumentation** der Regelungen zur Qualitätssicherung und ihre Vermittlung innerhalb der WP-Praxis bietet sich die Entwicklung eines eigenen Qualitätssicherungshandbuches an[110].

3.2.6 Information und Kommunikation

Eine wesentliche Voraussetzung für die Wirksamkeit eines internen Qualitätssicherungssystems ist die systematische **Sammlung und Auswertung relevanter Informationen**. Es werden Informationen über das Qualitätsumfeld, über die Risiken für die Qualität und über die Anwendung von Regelungen zur Qualitätssicherung benötigt. Ein Teil dieser Informationen kann aus den Ergebnissen der Beurteilung des Qualitätssicherungssystems durch interne und externe Überwachungsmaßnahmen gewonnen werden. Für andere Informationen, z.B. solche über Veränderungen der rechtlichen Rahmenbedingungen, stehen externe Informationsquellen zur Verfügung. Die folgende Tabelle zeigt Beispiele für den Informationsbedarf eines WP zu wichtigen Regelungsbereichen sowie mögliche Informationsquellen auf:

---

110 *IDW*, IDW Praxishandbuch[11].

Ziel-kategorie	Regelungs-bereich	Informationsbedarf (Beispiele)	Mögliche Informationsquelle
Urteilsfähigkeit	Auftragsannahme und Fortführung	Vertrauenswürdigkeit des Auftraggebers	Informationsdienste, Vorprüfer, Übergabeakte bei PIE
	Personalentwicklung	Kenntnisse der Mitarbeiter über die Berufspflichten	Befragung der Mitarbeiter, Auswertung von Beurteilungen
	Gesamtplanung aller Aufträge	Zeitliche Ressourcen der Mitarbeiter	Mitarbeitereinsatzplanung
	Einhaltung der gesetzlichen Vorschriften und der fachlichen Regeln	Einhaltung des risikoorientierten Prüfungsansatzes bei der Auftragsabwicklung	Ergebnisse der Nachschau, externer Qualitätskontrollen und Sonderuntersuchungen der WPK
Urteilsfreiheit	Unabhängigkeit, Unparteilichkeit, Vermeidung der Besorgnis der Befangenheit	Grundsätze für die interne Rotation des verantwortlichen WP	Fachliche Informationen der Berufsorganisationen
	Integrität	Vorstrafen der Mitarbeiter	Polizeiliches Führungszeugnis
Sachgerechte Urteilsbildung	Prüfungsgrundsätze	Ordnungsgemäße Prüfungsplanung	Durchsicht der Arbeitspapiere

Tabelle 13: Informationsbedarf und Informationsquellen

108 Eine sinnvolle Anwendung von Regelungen zur Qualitätssicherung kann nur gewährleistet werden, wenn die Mitarbeiter über ihre Pflichten fortwährend informiert sind. Daher müssen Kommunikationswege geschaffen werden, um die Ziele der Qualitätssicherung und die damit verbundenen Anforderungen in verständlicher Form zu übermitteln. Hierfür bieten sich z.B. ein Qualitätssicherungshandbuch, Arbeitsplatzbeschreibungen, Mitarbeiterseminare und – vor allem in größeren Praxen – regelmäßige Mitarbeiterinformationsschriften an. Eine angemessene Informationspolitik sollte auch Rückkopplungsprozesse unterstützen, mit denen Informationen über die praktische Umsetzung von Regelungen zur Qualitätssicherung i.R.d. ständigen Weiterentwicklung und Verbesserung des Qualitätssicherungssystems an die Entscheidungsträger übermittelt werden. Dies umfasst auch die Bereitstellung von Informationen über die Beachtung der Regelungen. Hierzu sollte eine Pflicht zur Dokumentation aller wesentlichen Aktivitäten zur Qualitätssicherung in der WP-Praxis eingeführt werden.

3.2.7 Dokumentation des Qualitätssicherungssystems

109 Die eingeführten Regelungen zur Qualitätssicherung sind – in schriftlicher oder elektronischer Form – ausreichend zu dokumentieren. Als Dokumentationsformen kommen z.B. elektronische Datenbanken, in denen u.a. die Ergebnisse von Unabhängigkeitsbefragungen, von Mitarbeiterbeurteilungen und der Nachschau gespeichert werden können, oder Checklisten und Formblätter in Betracht[111].

Eine solche Dokumentation dient zum einen dem Nachweis, dass die WP-Praxis ihrer Pflicht zur Einführung eines internen Qualitätssicherungssystems nachgekommen ist. Zudem ist eine Dokumentation erforderlich, um eine konsistente Anwendung und personenunabhängige Funktion des Systems zu gewährleisten. Der Umfang der Dokumentation hängt wesentlich von dem Ausmaß der Delegation von Aufgaben und Verantwortung sowie von der Komplexität der organisatorischen Strukturen (z.B. dezentrale Organisation oder Spartenorganisation) ab[112].

Viele WP-Praxen dokumentieren die eingeführten Regelungen in Form eines Qualitätssicherungshandbuches. Andere entscheiden sich für eine weniger formale Dokumentation. Bei der Ausgestaltung der Dokumentation kommt es nicht auf ihre Form an, sondern darauf, dass die WP-Praxis nachweisen kann, dass sie Regelungen eingeführt hat und diese von den Mitarbeitern eingehalten werden. Der Nachweis, dass Regelungen eingeführt und beachtet wurden, kann besonders in WP-Praxen mit geringer Aufgabendelegation und einfachen organisatorischen Strukturen dadurch erfolgen, dass bspw. eine geordnete Ablage von Mitarbeiterbeurteilungen, der Aus- und Fortbildungsplanung, der eingeholten Unabhängigkeitsbestätigungen oder der vom verantwortlichen WP durchgesehenen und abgezeichneten Arbeitspapiere erfolgt[113]. Diese Form der Dokumentation kann jedoch allenfalls bei überschaubaren Verhältnissen in sehr kleinen WP-Praxen zu einer angemessenen Dokumentation führen, weil auch in kleinen Praxen die entspr. Ziele der Dokumentation erreicht werden müssen. Ferner ist die Dokumentation so auszugestalten, dass sie einem fachkundigen Dritten ermöglicht, sich in angemessener Zeit ein Bild von der Angemessenheit und Wirksamkeit des Qualitätssicherungssystems zu verschaffen[114]. Auch in kleinen Praxen muss daher ein Mindestmaß an dokumentierten Regelungen erwartet werden, schon deshalb, weil es i.R.d. Nachschau oder externer Qualitätskontrollen umso schwieriger wird, eine Beurteilung über die Angemessenheit und Wirksamkeit des Qualitätssicherungssystems abzugeben, je weniger die WP-Praxis dokumentiert hat.

Anforderungen an den Umfang der **Dokumentation der Auftragsabwicklung** in den Arbeitspapieren finden sich insb. in § 51b Abs. 1 WPO, § 58 BS WP/vBP, dem *IDW QS 1* sowie in den *IDW Prüfungsstandards*. Danach muss der WP durch Anlegen von Arbeitspapieren bzw. von Handakten ein zutreffendes Bild der von ihm entfalteten Tätigkeit geben können. In den Arbeitspapieren sind insb. Informationen zur Planung der Prüfung, zu Art, Umfang und zeitlichem Ablauf der durchgeführten Prüfungshandlungen, deren Ergebnisse sowie die erlangten Prüfungsnachweise zu dokumentieren[115]. In § 51b Abs. 5 WPO und § 58 BS WP/vBP werden die Vorgaben zur Prüfungsakte durch die Regelungen der RL 2014/56/EU und der VO (EU) Nr. 537/2014 ergänzt. Danach ist bei gesetzlichen Abschlussprüfungen nach § 316 Abs. 1 HGB für jede Abschlussprüfung eine Handakte (Prüfungsakte) anzulegen, die spätestens 60 Tage nach

---

111 *IDW QS 1*, Tz. 25.
112 *IDW QS 1*, Tz. 26 ff.
113 *IDW QS 1*, Tz. 29 ff.
114 Vgl. § 55b WPO.
115 Vgl. *IDW PS 460 n.F.*, Tz. 9 ff.

Unterzeichnung des BestV i.S.d. §§ 322 und 322a HGB zu schließen ist. Berufsangehörige haben in der Prüfungsakte auch zu dokumentieren,

- ob sie die Anforderungen an ihre Unabhängigkeit i.S.d. § 319 Abs. 2 bis 5 und des § 319a des Handelsgesetzbuches erfüllen, ob ihre Unabhängigkeit gefährdende Umstände vorliegen und welche Schutzmaßnahmen sie ggf. zur Verminderung dieser Gefahren ergriffen haben,
- ob sie über die Zeit, das Personal und die sonstigen Mittel verfügen, die nach § 43 Abs. 5 zur angemessenen Durchführung der Abschlussprüfung erforderlich sind,
- ob sie den Rat externer Sachverständiger eingeholt haben, nebst entspr. Anfragen und den erhaltenen Antworten.

113 Hinzu haben WPG den verantwortlichen Prüfungspartner zu benennen und zu dokumentieren, dass dieser zugelassen ist. Die Berufsangehörigen haben alle Informationen und Unterlagen aufzubewahren, die zur Begründung des BestV i.S.d. §§ 322 und 322a HGB, des PrB i.S.d. § 321 HGB oder zur Kontrolle der Einhaltung von Berufspflichten von Bedeutung sind oder schriftliche Beschwerden über die Durchführung der Abschlussprüfungen beinhalten. Bei gesetzlichen Abschlussprüfungen sind die Arbeitspapiere nach § 51b Abs. 2 WPO zehn Jahre aufzubewahren.

114 Liegen im Einzelfall in Teilbereichen keine aussagekräftigen Arbeitspapiere vor, kann dies i.R.d. Qualitätskontrolle auf eine mangelnde Ausgestaltung oder Anwendung der Regelungen des Qualitätssicherungssystems hindeuten. **Mündliche Auskünfte** der WP-Praxis stellen für sich genommen im Regelfall keinen ausreichenden Nachweis für durchgeführte Prüfungshandlungen dar. Ein Mangel im Qualitätssicherungssystem wird insb. dann anzunehmen sein, wenn solche **Dokumentationsmängel** in mehreren Fällen feststellt werden[116].

115 Im Folgenden wird ein Leitfaden zur Dokumentation eines Qualitätssicherungssystems gegeben, der in Abhängigkeit von Praxisgröße und -organisation einen Anhaltspunkt für die Entwicklung eines individuellen Qualitätssicherungshandbuches[117] darstellen kann:

Qualitätssicherungskonzept

(1) Mit der Qualitätssicherung in unserer Praxis wird das Ziel verfolgt,

- die gesetzlichen und berufsständischen Vorschriften bei der Organisation der Praxis und der Auftragsabwicklung einzuhalten,
- mögliche Haftungsrisiken so weit wie möglich zu begrenzen und
- die Erwartungen der Mandanten sowie der Öffentlichkeit an die Abwicklung der Aufträge zu erfüllen.

(2) Zur Erreichung dieses Qualitätsziels werden

- einem positiven Qualitätsumfeld in unserer WP-Praxis eine hohe Bedeutung beigemessen,
- Änderungen der gesetzlichen und berufsständischen Vorschriften den Mitarbeitern zeitnah zur Kenntnis gebracht,

---

116 Vgl. *IDW PS 140 n.F.*, Tz. 79.
117 Vgl. ausführlich zu den einzelnen Abschn.: *IDW*, IDW Praxishandbuch[11], S. 3 ff.

- die Mitarbeiter zur Beachtung dieser Vorschriften verpflichtet (den Partnern kommt dabei eine Vorbildfunktion zu),
- Verantwortlichkeiten für einzelne Aspekte der Qualitätssicherung festgelegt und kommuniziert,
- die Einhaltung der festgelegten Regelungen überwacht sowie
- Hinweise auf Berufspflichtverletzungen untersucht und – sofern Verstöße festgestellt werden – die notwendigen Sanktionen und Maßnahmen ergriffen.

(3) Es werden Regelungen in folgenden Bereichen festgelegt:
- Beachtung der allgemeinen Berufspflichten, insb. der Unabhängigkeit
- Annahme, Fortführung und vorzeitige Beendigung von Aufträgen
- Mitarbeiterentwicklung
- Gesamtplanung aller Aufträge
- Umgang mit Beschwerden und Vorwürfen
- Auftragsabwicklung sowie
- Nachschau.

(4) Die Regelungen sind grds. bei allen in unserer Praxis durchgeführten Aufträgen anzuwenden.

(5) Bei Konfliktfällen ist der Bereichsverantwortliche oder der für die Qualitätssicherung zuständige Partner zu kontaktieren.

Regelungen zur Qualitätssicherung
Beachtung der allgemeinen Berufspflichten, insb. der Unabhängigkeit, Unparteilichkeit sowie der Vermeidung der Besorgnis der Befangenheit

(1) Die Verantwortung für die Überwachung sowie die Untersuchung und Lösung von Fragen im Zusammenhang mit Unabhängigkeitsverstößen und möglichen Unabhängigkeitsgefährdungen hat in unserer WP-Praxis der/die Unabhängigkeitsbeauftragte, Herr/Frau ... .

(2) Die allgemeinen Berufspflichten (§ 43 Abs. 1 WPO) prägen in besonderer Weise das Bild des WP in der Öffentlichkeit. Alle Mitarbeiter unserer Praxis verpflichten sich zur Beachtung der Unabhängigkeitsvorschriften, zur gewissenhaften Abwicklung der Aufträge unter Einhaltung der für die Berufsausübung geltenden Bestimmungen und fachlichen Regeln sowie zu einem stets korrekten und integren Verhalten während und außerhalb der Berufstätigkeit.

(3) Die berufliche Unabhängigkeit ist eine unabdingbare Voraussetzung für alle in unserer Praxis erbrachten Dienstleistungen. Sie gilt für alle Mitarbeiter, ausgenommen Sekretariats- und Verwaltungsangestellte.

(4) Partner, Prokuristen und Fachkräfte haben bei Einstellung und jährlich auf den dafür vorgesehenen Formblättern zu versichern, dass sie die Unabhängigkeitsregelungen beachten. Als Hilfsmittel zur Abgabe dieser Erklärung wird den Mitarbeitern in regelmäßigen Abständen eine aktuelle Mandantenliste zugänglich gemacht.

(5) Die Partner sind zudem dafür verantwortlich, dass vor jeder Auftragsannahme die Mitglieder des Prüfungsteams befragt werden, ob finanzielle, persönliche oder kapitalmäßige Bindungen zu dem Mandanten bestehen.

(6) Zusammen mit den Einstellungsunterlagen wird den Mitarbeitern die jeweils aktuelle Fassung des Merkblattes „Unabhängigkeit und Besorgnis der Befangenheit" zur Verfügung gestellt.

(7) Der/Die Unabhängigkeitsbeauftragte untersucht mögliche Verstöße gegen Unabhängigkeitsregelungen und schlägt bei Unabhängigkeitsgefährdungen Maßnahmen zu deren Beseitigung vor, über die die Praxisleitung abschließend entscheidet.

(8) Bei wiederholten oder bewussten Verstößen gegen die Unabhängigkeitsvorschriften entscheidet die Praxisleitung über gezielte Fortbildungsmaßnahmen und/oder zu ergreifende Disziplinarmaßnahmen zur Vermeidung künftiger Verstöße.

(9) Die Mitarbeiter unterliegen der Verschwiegenheitspflicht und dürfen deshalb auftragsbezogene Informationen nicht weitergeben oder verwerten. Die Mitarbeiter haben bei der Einstellung eine Verschwiegenheitserklärung abzugeben.

Annahme, Fortführung und vorzeitige Beendigung von Aufträgen

(1) Vor der Entscheidung über die Annahme oder die Fortführung eines Mandates hat der verantwortliche WP außerdem eine Analyse der mit dem Auftrag verbundenen Risiken, einschl. des Vorliegens möglicher Unabhängigkeitsgefährdungen, vorzunehmen. Sind die Risiken so bedeutend, dass der Ruf oder die wirtschaftliche Lage unserer Praxis gefährdet ist, darf der Auftrag nicht angenommen bzw. fortgeführt werden.

(2) Folgenden Risiken kommt dabei eine besondere Beachtung zu:
- Integrität der Unternehmensleitung
- wirtschaftliche Lage des Unternehmens
- Fähigkeit unserer Praxis, den Auftrag in sachlicher, zeitlicher und personeller Hinsicht ordnungsgemäß durchführen zu können
- Vorliegen von Befangenheitstatbeständen (§ 319 Abs. 2 HGB, § 29 BS WP/vBP) oder gesetzlichen Ausschlussgründen
- mögliche Interessenkonflikte
- Zahlungsbereitschaft des Unternehmens
- mögliche Prüfungshemmnisse
- Anwendung zweifelhafter Bilanzierungsmethoden sowie
- Weitergabe der Auftragsergebnisse an Dritte.

(3) Wird der Auftrag im Ergebnis der Risikoanalyse angenommen bzw. fortgeführt, ist der Auftrag in eine der Risikoklassen „hohes Risiko", „normales Risiko" oder „niedriges Risiko" einzustufen. Diese Risikoanalyse entscheidet auch darüber, welche konkreten Qualitätssicherungsmaßnahmen bei der Annahme bzw. Fortführung des Mandates durchzuführen sind. Sind mit dem Auftrag hohe Risiken verbunden, die aber nicht zur Ablehnung geführt

haben, ist eine auftragsbegleitende Qualitätssicherung (§ 48 Abs. 3 BS WP/vBP) durch einen nicht mit dem Auftrag befassten Partner durchzuführen, die bis zur Auslieferung der Berichterstattung abgeschlossen sein muss.

(4) Bei hohen Risiken für die Praxis ist stets die Praxisleitung einzuschalten.

(5) Zur Einholung von Informationen empfiehlt sich die Nutzung von Auskunfteien, von Wirtschaftsdatenbanken und der Informationsmöglichkeiten des Internets.

(6) Bei der Entscheidung über die Fortführung von Aufträgen ist besonders auf Veränderungen in den Verhältnissen zu achten, z.B. Wechsel von Managern in Schlüsselpositionen, Veränderungen im Auskunftsverhalten, Ereignisse, die Zweifel an der Integrität der Unternehmensleitung aufkommen lassen.

(7) Zur Vereinheitlichung der Vorgehensweise bei Auftragsannahme und -fortführung ist der zu diesem Zweck entwickelte Fragebogen „Auftragsannahme und -fortführung" zu bearbeiten. Die Bearbeitung des Fragebogens dient auch der Dokumentation der Überlegungen zur Auftragsannahme und -fortführung. Der Fragebogen enthält Aspekte, die die Mandantenzufriedenheit betreffen und als Anregungen zur Verbesserung unserer Dienstleistungsqualität dienen können.

(8) In Zweifelsfällen entscheidet die Praxisleitung über Annahme und Fortführung von Mandaten.

(9) Jeder Auftrag ist mit einem schriftlichen Auftragsbestätigungsschreiben zu bestätigen. Ein solches Schreiben fixiert die vereinbarten Auftragsbedingungen und dient der Vermeidung von Missverständnissen mit dem Auftraggeber. Bei der Formulierung des Auftragsbestätigungsschreibens ist der *IDW PS 220* zu beachten. Muster-Formulierungen für Auftragsbestätigungsschreiben bei den wesentlichen in unserer Praxis angebotenen Auftragsarten sind in der Muster-Datenbank auf unserem zentralen Server hinterlegt.

(10) Wird die Niederlegung eines Mandats erwogen, entscheidet die Praxisleitung, welche Maßnahmen zu ergreifen sind.

Mitarbeiterentwicklung

(1) Die Beschäftigung hochqualifizierter Mitarbeiter ist Grundvoraussetzung für den Erfolg unserer Praxis. Es werden deshalb hohe Anforderungen an die Einstellung von Mitarbeitern sowie an deren Aus- und Fortbildung gestellt. Regelmäßige Beurteilungen der Mitarbeiter und die ausreichende Information der Mitarbeiter über fachliche Grundlagen und Entwicklungen sind notwendige Maßnahmen zur Erreichung unserer Qualitätsziele.

(2) Bei der Einstellung von fachlichen Mitarbeitern ist als Beurteilungskriterium unser Mitarbeiterprofil zugrunde zu legen. Nach diesem Profil müssen un-

sere fachlichen Mitarbeiter für ihr jeweiliges Einsatzgebiet fachlich kompetent sein und sich durch unternehmerisches Potenzial und Engagement für die Belange unserer Mandanten auszeichnen.

(3) Zentral zuständig für den Bereich Aus- und Fortbildung ist Herr/Frau ... [Aus- und Fortbildungsbeauftragte(r)].

(4) Jeder Mitarbeiter erhält bei seiner Einstellung eine Grundausstattung mit Fachliteratur und den Berufsgrundsätzen der WP sowie das Qualitätssicherungskonzept unserer Praxis.

(5) Unsere Praxis bezieht regelmäßig die wichtigsten Fachzeitschriften aus den Gebieten Rechnungslegung, Steuern und Prüfung. Diese Zeitschriften zirkulieren zunächst in der Praxis und werden anschließend in unserer Bibliothek abgelegt. Die Nutzung unserer umfangreichen Bibliothek zur Klärung fachlicher Fragen und zur Fortbildung wird vorausgesetzt. Jedem fachlichen Mitarbeiter wird zudem eine regelmäßig erscheinende Fachzeitschrift zur persönlichen Verwendung überlassen.

(6) Unser Fortbildungskonzept sieht eine strukturierte Fortbildung aller fachlichen Mitarbeiter von mindestens 40 Stunden pro Jahr vor. Hierzu zählt der Besuch interner und externer Fortbildungsveranstaltungen für den jeweiligen Einsatzbereich der Mitarbeiter (z.B. IDW Landesgruppenveranstaltungen, berufsbegleitende Ausbildung des IDW, IDW Arbeitstagungen und Vorbereitungslehrgänge für die Berufsexamina). Die Erfüllung der Pflicht zur strukturierten Fortbildung wird jährlich überwacht. Zuständig hierfür ist der Aus- und Fortbildungsbeauftragte.

(7) Das Fortbildungskonzept gliedert sich in

- Pflicht- und Ergänzungskurse für den Bereich nationale/internationale Rechnungslegung und Prüfung,
- Einführungs- und Ergänzungskurse zum deutschen und internationalen Steuerrecht,
- Kurse zur Vermittlung von Spezialkenntnissen für die Durchführung spezieller Aufträge (z.B. Prüfung von Umweltberichten oder Erteilung von Software-Bescheinigungen) sowie
- Fortbildungsseminare für erfahrene Prüfer und WP, die auch dem fachlichen Erfahrungsaustausch dienen.

(8) Ein wichtiger Bestandteil unserer Bemühungen zur Entwicklung und Förderung der Mitarbeiter ist die auftragsbezogene Anleitung und Überwachung. Für das „Training on the Job" sind die betreffenden verantwortlichen WP zuständig.

Die fachlichen Mitarbeiter werden einmal jährlich beurteilt. Das Beurteilungsverfahren umfasst die Bewertung der Leistungen (einschl. der Beachtung der Berufspflichten und der Qualitätssicherungsregelungen) auf der Grundlage eines Fragebogens, der von *mindestens zwei Vorgesetzten* (Partner oder Prokurist) zu unterzeichnen ist. Die Ergebnisse dieser Bewertungen werden zusammengefasst und in einem Beurteilungsgespräch mit den Mitarbeitern diskutiert. Ziel des Beurteilungsverfahrens ist die Leistungsbeurteilung des abgelaufenen Jahres und Feststellung der Stärken und Schwächen des einzelnen Mitarbeiters, um eine gezielte Karriereplanung zu ermöglichen und eine Grundlage für die Entscheidung über die Gehaltsentwicklung zu haben. Die Ergebnisse der Beurteilungen und der Beurteilungsgespräche werden dokumentiert und in der Personalakte hinterlegt.

Gesamtplanung aller Aufträge

(1) Zuständiger Personaldisponent ist Herr/Frau ... .

(2) Die Gesamtplanung aller Aufträge soll sicherstellen, dass sowohl die bereits übernommenen als auch die noch zu erwartenden Aufträge in zeitlicher und personeller Hinsicht ordnungsgemäß durchgeführt werden. Die Gesamtplanung umfasst die Personaldisposition für die einzelnen Aufträge und für unsere Praxis insgesamt.

(3) Für jeden Auftrag bestimmt die Praxisleitung einen zuständigen Partner und einen verantwortlichen WP. Der verantwortliche WP ist für die rechtzeitige Personaldisposition zuständig. Bei der Personaldisposition sind die fachlichen Erfordernisse des Auftrages sowie die Kenntnisse und Erfahrungen der Mitarbeiter zu berücksichtigen. Erforderlichenfalls ist der Einsatz externer Spezialisten einzuplanen.

(4) Für die Auftragsabwicklung sind zeitliche Vorgaben festzulegen. Die verantwortlichen WP haben Vorkehrungen für die Einhaltung von Fristen und Terminen zu treffen.

(5) Die Personaldispositionen für die einzelnen Aufträge sind in einer zentralen Datenbank zu erfassen. Werden i.R.d. Gesamtplanung Konflikte offensichtlich, sind für die Lösung die zuständigen Partner verantwortlich.

(6) In der Gesamtplanung sind zeitliche Reserven vorzusehen, um auf unvorhergesehene Probleme sachgerecht reagieren zu können.

Umgang mit Beschwerden und Vorwürfen

(1) Jeder Mitarbeiter ist, wenn er Kenntnis von einer Beschwerde, einem Vorwurf oder einem möglichen Haftungsanspruch erhält, verpflichtet, diese Information unverzüglich an die Praxisleitung weiterzuleiten. Auf Wunsch des Mitarbeiters wird die Information vertraulich behandelt. Die Praxisleitung nimmt gemeinsam mit dem jeweils verantwortlichen WP eine vorläufige Einschätzung des Sachverhalts, insb. der Begründetheit und Bedeutung des Sachverhalts vor.

(2) Bei offensichtlich begründeten Beschwerden und Vorwürfen muss eine weitergehende Untersuchung unter Leitung eines unbeteiligten Partners *stattfinden*.

(3) Sofern eine Beschwerde einen noch nicht abgeschlossenen Prüfungsauftrag betrifft, sind durch den verantwortlichen WP in Abstimmung mit dem für Fachfragen zuständigen Mitglied der Praxisleitung umgehend Maßnahmen zu ergreifen, damit der zu der Beschwerde führende Sachverhalt beseitigt wird, bevor die Berichterstattung erfolgt. Wurde im Fall einer Abschlussprüfung der BestV bereits erteilt, ist zu prüfen, ob die Voraussetzungen für einen Widerruf des BestV vorliegen.

(4) Deuten die Untersuchungsergebnisse auf Schwächen im Qualitätssicherungssystem unserer Praxis hin, muss der für den betroffenen Teilbereich des Qualitätssicherungssystems Zuständige konkrete Maßnahmen zur Behebung bzw. Beseitigung der Schwächen vorschlagen, über welche die Praxisleitung beschließt.

Auftragsabwicklung
Organisation der Auftragsabwicklung und Einhaltung der gesetzlichen Vorschriften und fachlichen Regeln

(1) Verantwortlich für die Organisation der Auftragsabwicklung und die Sicherstellung der Einhaltung der gesetzlichen Vorschriften und fachlichen Regeln ist der jeweils verantwortliche WP.

(2) Jeder Auftrag ist mit einem Auftragsbestätigungsschreiben zu bestätigen. Muster-Formulierungen sind in der Muster-Datenbank auf unserem zentralen Server hinterlegt. Der verantwortliche WP überwacht, dass das vom Mandanten unterzeichnete Auftragsbestätigungsschreiben zu den Arbeitspapieren genommen wird. Jedem Auftragsbestätigungsschreiben sind die vom IDW veröffentlichten „Allgemeinen Auftragsbedingungen für WP und Wirtschaftsprüfungsgesellschaften (AAB)" in der jeweils aktuellen Fassung beizufügen. Sofern die Auftragsergebnisse auch an Dritte weitergegeben werden sollen, ist durch den verantwortlichen WP sicherzustellen, dass die AAB auch gegenüber Dritten gelten.

(3) Vor Beginn der Prüfung ist durch die Praxisleitung festzulegen, welcher Partner/Mitarbeiter ggf. mit der Durchführung der Berichtskritik und/oder der auftragsbegleitenden Qualitätssicherung zu betrauen ist.

(4) Bei der Abwicklung von Abschlussprüfungen sind die gesetzlichen Vorschriften (§§ 316 ff. HGB) und die *IDW Prüfungsstandards* zu beachten. Werden sonstige betriebswirtschaftliche Prüfungen durchgeführt, ist – soweit keine speziellen Prüfungsstandards des IDW bestehen – ISAE 3000 zu beachten. Die Qualitätssicherung bei der Auftragsabwicklung folgt den Grundsätzen der Berufssatzung und *IDW QS 1*, Tz. 107 ff. Einzelfragen zur Anwendung der Standards sind unter Hinzuziehung des jeweils aktuellen WP-Handbuches zu lösen.

(5) Die in unserer Praxis freigegebenen und in unserem Prüfungshandbuch hinterlegten fachlichen und organisatorischen Hilfsmittel sind von den Mitarbeitern in allen relevanten Fällen anzuwenden.

(6) Es handelt sich z.B. um Prüfungsprogramme, Formulierungshilfen für PrB und BestV, Muster-Briefe für die Übermittlung von Unterlagen und Arbeitsergebnissen an die Mandanten, Berechnungshilfen für die Ermittlung von Steuerrückstellungen, Rückstellungschecklisten, Anhang-Checklisten, Checklisten für die Prüfung des Lageberichts, Checklisten für vom Mandanten vorzubereitende Unterlagen, Muster-Bestätigungsschreiben (Banken, Lieferanten, Rechtsanwälte, Steuerberater etc.) sowie von den Berufsorganisationen herausgegebene Muster und Formblätter.

(7) Eine Übersicht über alle in unserer Praxis verwendeten fachlichen und organisatorischen Anweisungen und Hilfsmittel enthält das Qualitätssicherungshandbuch. Ein Partner unserer Praxis ist für die Führung und Aktualisierung des Handbuches zuständig.

(8) Notwendige Modifizierungen der Hilfsmittel sind im Einzelfall vom verantwortlichen WP zu genehmigen.

(9) Die Verantwortlichkeit für die Einführung von fachlichen und organisatorischen Hilfsmitteln in unserer Praxis liegt bei der Praxisleitung. Anregungen für die (Weiter-) Entwicklung von Hilfsmitteln sind einem Mitglied der Praxisleitung zu übermitteln.

(10) Die in unserer Praxis geltenden Grundsätze für die Durchführung von Prüfungen umfassen
- eine Pflicht zur Anwendung der *IDW Prüfungsstandards* und *IDW Prüfungshinweise*,
- ein Arbeitsprogramm für die Einschätzung der Auftragsrisiken,
- eine Beschreibung des Prüfungsansatzes,
- Anleitungen für die Prüfungsplanung,
- Prüfungsprogramme zur Anwendung in Abhängigkeit von der Risikosituation des jeweiligen Prüfungsauftrages (Prüfungsprogramme sind grds. individuell zu erstellen; die Muster-Prüfungsprogramme stellen eine Orientierung dar und enthalten typische prüffeldspezifische Prüfungshandlungen),
- Anleitungen für die Prüfung ausgewählter Prüffelder und zu Fragen der Prüfungstechnik,
- Organisationsgrundsätze für die Anlage und die Indexierung von Arbeitspapieren sowie
- Muster für die Berichterstattung über die Prüfungsergebnisse (Muster-Prüfungsbericht und Formulierungshilfen für BestV).

(11) Die für einen Prüfungsauftrag anzulegenden Arbeitspapiere enthalten sämtliche Prüfungsnachweise zur Stützung der Prüfungsaussagen. Um ihrer Dokumentations-, Nachweis- und Unterstützungsfunktion gerecht zu werden, müssen die Arbeitspapiere inhaltlich so abgefasst sein, dass sie einem erfahrenen Prüfer in angemessener Zeit die Beurteilung der Risikoeinschätzung des Prüfers, der darauf aufbauenden Prüfungsstrategie und des Prüfungsprogramms ermöglichen. Dies wird dadurch gewährleistet, dass die Arbeitspapiere der im Prüfungshandbuch beschriebenen formalen Strukturierung folgen, die sich an den einzelnen Schritten unseres Prüfungsvorgehens orientieren.

Konsultation

(1) Der verantwortliche WP ist dafür zuständig, dass die Mitglieder des Prüfungsteams für das Prüfungsergebnis bedeutsame Zweifelsfragen mit ihm oder anderen erfahrenen Teammitgliedern rechtzeitig besprechen. Kann

eine fachliche Frage innerhalb des Prüfungsteams nicht gelöst werden, so sind weiterführende Konsultationen mit der Fachabteilung oder der Praxisleitung erforderlich. Verbleibt hiernach weiterer Klärungsbedarf, ist externer Rat einzuholen. Hierfür kommen z.B. das IDW, Experten aus unserem Netzwerkverbund oder sonstige Sachverständige in Betracht. Die Ergebnisse der Konsultation sind vom verantwortlichen WP nach Abschluss des Konsultationsprozesses umzusetzen; dies ist zu dokumentieren.

Anleitung des Prüfungsteams und Überwachung des Prüfungsfortschritts und der Prüfungsergebnisse

(1) Den Mitgliedern des Prüfungsteams sind vom verantwortlichen WP im Hinblick auf Größe und Schwierigkeitsgrad des Auftrags und unter Berücksichtigung der im Prüfungshandbuch zur Verfügung stehenden Hilfsmittel angemessen strukturierte und klar verständliche Prüfungsanweisungen zu erteilen.

(2) Der verantwortliche WP hat darauf zu achten, dass die Mitglieder des Prüfungsteams ihre Aufgaben unter Beachtung der Berufspflichten wahrnehmen. Darüber hinaus soll der verantwortliche WP einen fachlichen Austausch der weniger erfahrenen Mitglieder des Prüfungsteams über sich ergebende Fragen und Zweifelsfälle mit erfahreneren Teammitgliedern fördern.

(3) Der mandatsverantwortliche WP muss selbst an der Prüfungsdurchführung in einem Umfang beteiligt sein, der ihm die Bildung eines eigenverantwortlichen Urteils erlaubt sowie in angemessener Weise laufend überwachen, ob die Teammitglieder die ihnen übertragenen Aufgaben in sachgerechter Weise erfüllen und ob hierfür genügend Zeit zur Verfügung steht.

(4) Voraussetzung für die Überwachung der Prüfungsabwicklung sind sorgfältig geführte und geordnete Arbeitspapiere, um die von den jeweiligen Bearbeitern getroffenen Feststellungen überprüfen und würdigen zu können und um die sachgerechte Anleitung der betreffenden Mitarbeiter sicherzustellen.

(5) Rechtzeitig vor Beendigung der Prüfung und der Auslieferung der Berichterstattung hat eine Durchsicht der Prüfungsergebnisse zu erfolgen, um festgestellte bedeutsame Sachverhalte zu klären. Dies beinhaltet eine Würdigung der Arbeiten, der Dokumentation und der geplanten Berichterstattung durch den verantwortlichen WP oder einen von diesem beauftragten erfahrenen Mitarbeiter. Der verantwortliche WP hat über ggf. zu ergreifende Maßnahmen und Berichterstattungspflichten sowie die Klärung offener Punkte zu entscheiden oder die vom Prüfungsleiter vorgeschlagenen Lösungen zu genehmigen. Entscheidungen sind zu begründen und zu dokumentieren.

Auftragsbezogene Qualitätssicherung

(1) In unserer Praxis erfolgt bei allen gesetzlichen Abschlussprüfungen von Unternehmen von öffentlichem Interesse eine auftragsbegleitende Qualitätssicherung nach den im Folgenden ausgeführten Regelungen. Für betriebswirtschaftliche Prüfungen nach § 2 Abs. 1 WPO, die keine gesetzlichen Abschlussprüfungen von Unternehmen von öffentlichem Interesse sind, ist unter Verwendung des in Anlage ... des Prüfungshandbuches enthaltenen Fragebogens durch den verantwortlichen WP zu bestimmen, ob eine Berichtskritik, eine Konsultation oder eine auftragsbegleitende Qualitätssicherung erforderlich ist.

(2) Die Berichtskritik wird im Regelfall durch den links unterzeichnenden Partner durchgeführt. Sollte der Partner maßgeblich an der Erstellung des PrB oder wesentlich an der Durchführung der Prüfung beteiligt gewesen sein, hat er selbst dafür zu sorgen, dass ein anderer WP die Berichtskritik übernimmt.

(3) Die Konsultation erfolgt mit persönlich und fachlich geeigneten Berufskollegen in der Praxis. Steht ein geeigneter Konsultationspartner in der Praxis nicht zur Verfügung, ist externer Rat einzuholen. Das Ergebnis der Konsultation ist eigenverantwortlich durch den auftragsverantwortlichen WP zu würdigen. Das Ergebnis der Konsultation und die daraus gezogenen Konsequenzen sind zu dokumentieren.

(4) Zuständig für die Durchführung der auftragsbegleitenden Qualitätssicherung ist im Allgemeinen Herr/Frau ..., wenn dieser/diese nicht an der Auftragsdurchführung beteiligt war. Im anderen Fall übernimmt ein anderes Mitglied der Praxisleitung die auftragsbegleitende Qualitätssicherung. Hierüber entscheidet die Praxisleitung gemeinsam.

(5) Die auftragsbegleitende Qualitätssicherung ist vor Auslieferung der Prüfungsergebnisse abzuschließen. Dies setzt voraus, dass die vom Qualitätssicherer aufgeworfenen Fragen geklärt und ggf. aufgetretene Meinungsverschiedenheiten – ggf. nach Einschaltung der anderen Mitglieder der Praxisleitung – beigelegt sind.

(6) Es ist vom jeweils verantwortlichen WP sicherzustellen, dass Meinungsverschiedenheiten über bedeutsame Zweifelsfragen des Auftrags bis zu dessen Abschluss (Berichterstattung an den Mandanten) unter Einbeziehung der Praxisleitung einer Lösung zugeführt werden.

Abschluss der Auftragsdokumentation

(1) Die Arbeitspapiere sind zeitnah nach Beendigung der Prüfung, d.h. nach Auslieferung der Berichterstattung an den Mandanten, fertigzustellen. Bei Abschlussprüfungen darf dieser Zeitraum 60 Tage nach Erteilung des BestV nicht überschreiten.

(2) Arbeitspapiere, die nicht für laufende Auftragsarbeiten benötigt werden, sind zu archivieren. Die Archivierung hat ... Tage nach Abschluss der Auftragsdokumentation zu erfolgen. Die Herausgabe archivierter Arbeitspapiere durch den Leiter des Archivs setzt die Genehmigung des verantwortlichen

WP voraus. Der Archivleiter ist dafür verantwortlich, dass die gesetzliche Aufbewahrungsfrist eingehalten wird. Elektronisch archivierte Arbeitspapiere sind unabhängig vom Datenträger so aufzubewahren, dass ein Einblick Unbefugter nicht möglich ist. Dies gilt auch für die PrB.

(3) Sofern endgültig fertiggestellte Arbeitspapiere zu einem späteren Zeitpunkt geändert oder ergänzt werden, ist zu dokumentieren, wann und von wem die Änderungen/Ergänzungen vorgenommen und ggf. durchgesehen wurden.

Nachschau

(1) Unsere Praxis unterliegt einer jährlichen Nachschau. Zuständig für die Nachschau ist ein Partner, Herr/Frau ..., der von einem erfahrenen Prokuristen unterstützt wird.

(2) Mit der Nachschau werden die folgenden Ziele verfolgt:
- Feststellung der Angemessenheit und Wirksamkeit der Regelungen zur Praxisorganisation
- Feststellung der Ordnungsmäßigkeit der Abwicklung betriebswirtschaftlicher Prüfungen
- Feststellung von Mängeln im Qualitätssicherungssystem
- kontinuierliche Verbesserung des Qualitätssicherungssystems

(3) Der für die Nachschau verantwortliche Partner hat jährlich einen Nachschauplan zu erstellen, der vor Umsetzung durch die Praxisleitung genehmigt werden muss. Der Plan muss folgende Inhalte aufweisen:
- die Festlegung des Umfangs der Nachschau (Auswahl der zu beurteilenden Elemente des Qualitätssicherungssystems einschl. der Auswahl der nachzuprüfenden Aufträge)
- die anzuwendenden Arbeitsprogramme zur Überprüfung der Einhaltung der Qualitätssicherungsregelungen
- die Termine (Zeiträume), an (in) denen die Nachschau durchgeführt werden soll
- den Termin, an dem die Nachschauergebnisse an den Nachschaubeauftragten zu übermitteln sind
- die Mitarbeiter und ggf. externen Personen, die die ausgewählten Elemente des Qualitätssicherungssystems sowie die ausgewählten Aufträge einer Nachschau unterziehen sollen
- die jährliche Aktualisierung der Nachschau-Checklisten.

(4) Die Nachschau der Abwicklung einzelner Aufträge (Auftragsprüfung) vollzieht sich innerhalb eines Nachschauzyklus von drei Jahren. Es ist sicherzustellen, dass jeder in der Praxis beschäftigte WP mindestens mit einem von ihm verantworteten Auftrag in die Nachschau einbezogen wird. Die Nachschau ist mit den Erfordernissen der externen Qualitätskontrolle abzustimmen, um sicherzustellen, dass die Ergebnisse der Nachschau i.R.d. Qualitätskontrolle verwertet werden können. Umgekehrt können bei der Planung von Art und Umfang der Nachschau ggf. die Ergebnisse der letzten externen Qualitätskontrolle verwertet werden.

(5) Als Hilfsmittel zur Nachschau sind unsere praxiseigenen Nachschau-Checklisten zugrunde zu legen. Die individualisierten Checklisten werden von der Praxisleitung genehmigt.

(6) Über die Ergebnisse der Nachschau ist jährlich ein interner Bericht für die Praxisleitung zu erstellen. Daneben unterrichtet der zuständige Partner die WP und sonstigen Fachkräfte über die ihren Arbeitsbereich betreffenden Feststellungen. Wenn Schwächen festgestellt worden sind, haben die für die Abwicklung von Aufträgen verantwortlichen WP zu beurteilen, ob diese Aspekte Bedeutung für ihre Aufträge haben.

(7) Der zuständige Partner entwickelt Verbesserungsmaßnahmen und legt diese der Praxisleitung zur Genehmigung vor.

Verbindlichkeit und Bearbeitungsstand des Qualitätssicherungskonzeptes

(1) Das Qualitätssicherungskonzept ist von allen Mitarbeitern unter Berücksichtigung ihrer hierarchischen Stellung und der ihnen zugewiesenen Aufgaben zu beachten.

(2) Das Qualitätssicherungskonzept wird jährlich aktualisiert. Es wurde letztmals am TT.MM.201J geändert.

Tabelle 14: Beispiel für die Dokumentation eines Qualitätssicherungssystems

3.2.8 Überwachung der Einhaltung der Regelungen zur internen Qualitätssicherung

Qualitätssicherungssysteme sind praxisintern zu überwachen und fortlaufend zu verbessern, um ihre Angemessenheit und Wirksamkeit im Zeitablauf zu gewährleisten. Als Überwachungsmaßnahmen kommen grds. die Kontrolle und die Prüfung in Betracht. **Kontrollen** liegen vor, wenn die Überwachungsmaßnahmen in den Prozess der internen Qualitätssicherung integriert sind. 116

Zur Kontrolle der Regelungen zur Qualitätssicherung bei der allgemeinen Praxisorganisation (oder zur auftragsunabhängigen Qualitätssicherung) kommen z.B. die folgenden Maßnahmen in Betracht: 117

- Kontrolle der Angaben in den Erklärungen der Mitarbeiter zu finanziellen, persönlichen und kapitalmäßigen Bindungen
- Durchsicht des Muster-PrB auf Übereinstimmung mit den gesetzlichen Vorschriften und fachlichen Regeln
- Beurteilung von Mitarbeitern durch unterschiedliche Vorgesetzte
- Abgleich der tatsächlichen Teilnahme an Fortbildungsveranstaltungen mit dem Fortbildungsplan und
- *Kontrolle des Umlaufs der Fachzeitschriften.*

Bei der Auftragsabwicklung sind Kontrollen in allen Prüfungsphasen, von der Auftragsannahme bis zur Abgabe des BestV oder Bescheinigung, durchzuführen. Folgende Maßnahmen sind Beispiele für Kontrollen der auftragsabhängigen Qualitätssicherung: 118

- Kontrolle der Einhaltung der Prüfungsanweisungen durch den Prüfungsleiter
- Kontrolle der Ordnungsmäßigkeit der Prüfungsplanung durch den verantwortlichen WP

- Laufende Kontrolle des Prüfungsablaufes durch den verantwortlichen WP
- Durchsicht der Prüfungsergebnisse durch den verantwortlichen WP
- Kontrolle der Einhaltung der Vorgaben zur zeitlichen Abwicklung des Auftrages durch den verantwortlichen WP und
- Berichtskritik und auftragsbegleitende Qualitätssicherung durch eine objektive Person.

119 Prozessunabhängige Überwachungsmaßnahmen zur Prüfung des Qualitätssicherungssystems werden in der Wirtschaftsprüfung als **Nachschau** bezeichnet, wenn sie von Mitarbeitern des WP durchgeführt werden. Im Rahmen solcher Prüfungen wird das System der Qualitätssicherung, d.h. auch die Wirksamkeit der prozessintegrierten Kontrollen, auf Angemessenheit und Wirksamkeit geprüft. Prüfungsgegenstand sind die auftragsunabhängigen Grundsätze und Maßnahmen zur Qualitätssicherung (Praxisorganisation) und die Auftragsabwicklung. Bei der Nachschau der Prüfungsdurchführung wird in Form von Stichproben die Einhaltung der relevanten Berufspflichten und fachlichen Regeln geprüft.

120 Als Ergebnis der Nachschau sollten die Mängel im Qualitätssicherungssystem dokumentiert und Verbesserungsvorschläge entwickelt werden. Diese Verbesserungsvorschläge erfordern eine eingehende Ursachenanalyse der festgestellten Mängel (s. hierzu Kap. D Tz. 155). Der WP sollte die Ergebnisse auswerten und i.R. seiner Risikobeurteilungen berücksichtigen.

3.2.9 Zusammenfassung

121 Die Einrichtung interner Qualitätssicherungssysteme ist ein Prozess, der durch das in einer WP-Praxis bestehende Qualitätsumfeld wesentlich geprägt wird. Der WP hat die Risiken, die sich auf die Qualität der Berufsausübung auswirken können, laufend festzustellen und zu analysieren, um angemessene Regelungen zur Qualitätssicherung entwickeln zu können. Voraussetzung für die Entwicklung und die zweckentsprechende Anwendung dieser Regelungen ist die Einholung und die Analyse der notwendigen Informationen und die Kommunikation der eingerichteten Regelungen in der WP-Praxis. Die Anwendung der Regelungen zur Qualitätssicherung ist sowohl laufend in Form von prozessintegrierten Kontrollen als auch in Form einer prozessunabhängigen Nachschau zu überwachen. Die Ergebnisse der Überwachungsmaßnahmen dienen der ständigen Verbesserung des internen Qualitätssicherungssystems.

122 Die folgende Abbildung gibt einen Überblick über den Zusammenhang zwischen Zielen, Bestandteilen und Regelungsbereichen der internen Qualitätssicherung:

Qualitätssicherungssystem

Pyramide (von oben nach unten):
- Schaffung eines günstigen Qualitätsumfeldes (Qualitätskultur)
- Festlegung der Qualitätsziele
- Feststellung und Analyse qualitätsgefährdender Risiken
- Regelungen zur Qualitätssicherung
- Dokumentation und Kommunikation der Regelungen zur Qualitätssicherung
- Überwachung und kontinuierliche Verbesserung des Qualitätssicherungssystems

Organisationseinheiten (z.B. WP-Praxis, Niederlassungen, Abteilungen)

Ziel: Ordnungsgemäße Abwicklung der Aufträge (Abschn. 4.6)

Regelungen für die Auftragsabwicklung

Auftragsannahme → Informationssammlung und Planung → Auftragsdurchführung → Berichterstattung

Regelungen zur allgemeinen Praxisorganisation

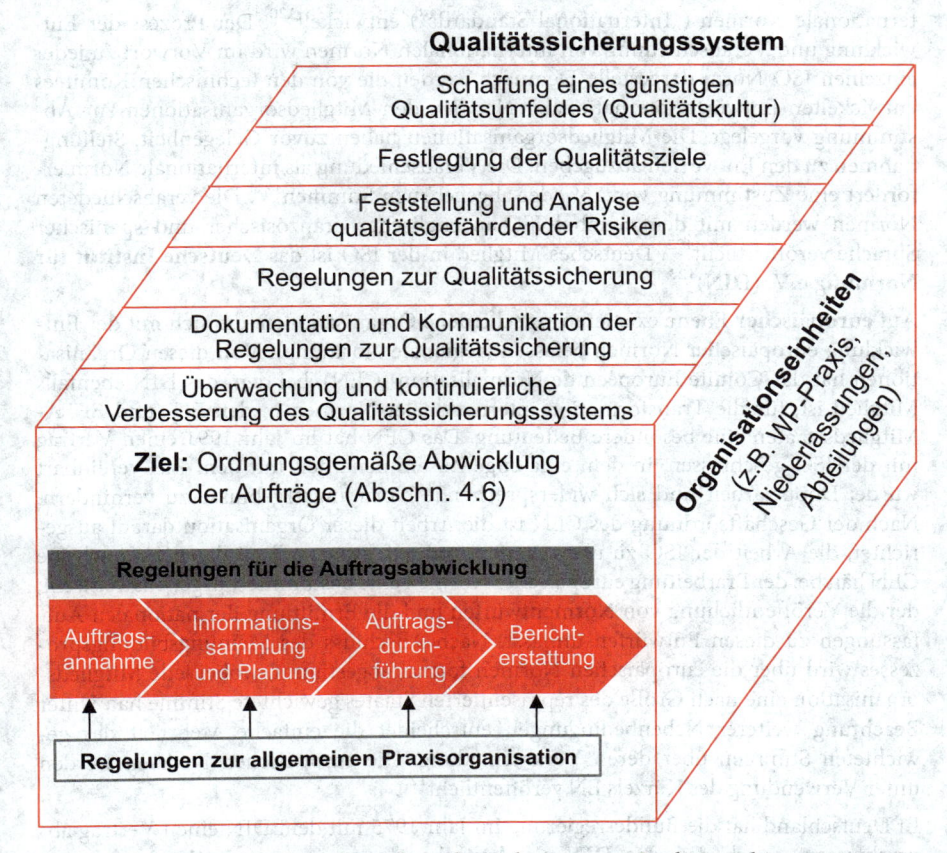

Abb. 1: Ziele, Bestandteile und Regelungsbereiche interner Qualitätssicherungssysteme

3.3 Qualitätsmanagement auf der Grundlage der ISO-9000-Familie

3.3.1 Grundlagen der Normung

Nach DIN 820-1 ist **Normung** die planmäßige, durch die interessierten Kreise gemeinschaftlich durchgeführte Vereinheitlichung von materiellen und immateriellen Gegenständen zum Nutzen der Allgemeinheit. Mit der Normung soll die Rationalisierung und Qualitätssicherung in Wirtschaft, Technik, Wissenschaft und Verwaltung gefördert werden[118]. Es können die folgenden Normungsebenen unterschieden werden: internationale Normung, regionale Normung, nationale Normung, Industriesektor-Normung und Werksnormung[119]. **123**

Für die **Normung auf internationaler Ebene** ist die International Organization for Standardization (ISO) zuständig. Bei der ISO handelt es sich um die weltweite Vereinigung nationaler Normungsinstitute, die in verschiedenen technischen Komitees in- **124**

---

118 *Graebig*, Fach 4, S. 1; *Friederici*, Fach 2/3.3, S. 1.
119 *Friederici*, Fach 2/3.3, S. 1.

ternationale Normen („International Standards") entwickelt[120]. Der Prozess der Entwicklung und Verabschiedung von internationalen Normen wird im Vorwort zu jeder einzelnen ISO-Norm dargestellt. Demnach werden die von den technischen Komitees entwickelten Entwürfe internationaler Normen den Mitgliedsorganisationen zur Abstimmung vorgelegt. Die Mitgliedsorganisationen haben zuvor Gelegenheit, Stellungnahmen zu den Entwürfen abzugeben. Die Verabschiedung als internationale Norm erfordert eine Zustimmung von 75% der abgegebenen Stimmen[121]. Die verabschiedeten Normen werden mit dem Symbol ISO in englischer, französischer und spanischer Sprache veröffentlicht[122]. Deutsches Mitglied in der ISO ist das **Deutsche Institut für Normung e.V. (DIN)**[123].

125 Auf **europäischer Ebene** existieren verschiedene Organisationen, die sich mit der Entwicklung europäischer Normen befassen (regionale Normung). Von diesen Organisationen hat das Comité Européen de Normalisation (CEN), bei dem das DIN ebenfalls Mitglied ist, für die Transformation internationaler Normen in den EU- und EFTA-Mitgliedsstaaten eine besondere Bedeutung. Das CEN hat im Jahr 1991 einen Vertrag mit der ISO geschlossen, in dem eine enge Zusammenarbeit mit dem Ziel vereinbart wurde, Doppelarbeit und sich widersprechende Normungsergebnisse zu verhindern. Nach der Geschäftsordnung des CEN ist die Arbeit dieser Organisation darauf ausgerichtet, die Arbeit der ISO zu übernehmen und ggf. zu vervollständigen[124]. Auch die CEN hält bei der Erarbeitung europäischer Normen eine bestimmte Vorgehensweise ein, der die Veröffentlichung von Normentwürfen und die Ermittlung der nationalen Auffassungen zu diesen Entwürfen umfasst. Nach Abschluss des Meinungsbildungsprozesses wird über die europäischen Normen formal abgestimmt, wobei jede Mitgliedsorganisation eine nach Größe des repräsentierten Staates gewichtete Stimme hat. Unter Beachtung weiterer Nebenbedingungen entscheidet die einfache Mehrheit der gewichteten Stimmen über deren Verabschiedung. Die europäischen Normen werden unter Verwendung des Kürzels EN veröffentlicht[125].

126 In Deutschland hat die Bundesregierung im Jahr 1975 mit dem DIN einen Vertrag abgeschlossen, durch den **das DIN als deutsche Normungsorganisation anerkannt** wurde. Das DIN versucht bei seiner Normungsarbeit den jeweiligen Stand der Wissenschaft und Technik zu berücksichtigen und geht davon aus, dass sich die von ihr herausgegebenen Normen als anerkannte Regeln der Technik einführen. Dies soll vor allem dadurch erreicht werden, dass bei der Entwicklung der Normen Fachleute und interessierte Kreise in ausreichendem Maße beteiligt werden. Zudem erhält die Öffentlichkeit vor der Verabschiedung die Möglichkeit, zu den erarbeiteten Norm-Entwürfen Stellung zu nehmen[126]. Neben der Erarbeitung rein deutscher Normen hat die Übernahme internationaler und europäischer Normen in den vergangenen Jahren stark an Gewicht gewonnen. Europäische Normen werden erst nach Übernahme durch das DIN unmittelbar anwendbar. Die Annahme einer EN im CEN verpflichtet allerdings die nationalen Normungsorganisationen – und damit auch das DIN – zur Übernahme in na-

---

120 Vgl. z.B. *Friederici*, Fach 2/3.3, S. 2.
121 Vgl. statt vieler *Pasch*, S. 73.
122 Vgl. *Brückner/Campbell/Scheibeler*, Dezember 2006, Fach 1, S. 5.
123 *Graebig*, Fach 3, S. 1.
124 *Friederici*, Fach 2/3.3.2, S. 1.
125 *Friederici*, Fach 2/3.3.2, S. 2.
126 *Friederici*, Fach 2/3.3.3, S. 2.

tionale Normen innerhalb einer Frist von zwei bis sechs Monaten[127]. In diesem Fall wird auf den Titelseiten der DIN-Normen vermerkt, dass die EN den Status einer deutschen Norm hat[128]. Es kommt aber auch die unmittelbare Übernahme einer internationalen Norm in Betracht. In diesem Fall wird die Norm als deutsche Norm unter den Kürzeln DIN und ISO veröffentlicht. Im Falle der Übernahme einer europäischen Norm, die selbst eine internationale Norm umsetzt, tritt das Kürzel EN hinzu. Die deutschen Normen zum Qualitätsmanagement tragen diesen Maßgaben entspr. die Bezeichnung DIN EN ISO 9000.

3.3.2 Entwicklung der Normen zum Qualitätsmanagement

Die Entwicklung von Normen zur Qualitätssicherung und zum Qualitätsmanagement hat ihren Ursprung im militärischen Bereich. Die US-amerikanischen Auftraggeber militärischer Produkte entwickelten in den 1950er Jahren ein Regelwerk für die Prüfung der Einhaltung bestimmter Qualitätsmerkmale durch ihre Lieferanten (MIL-Q-9858)[129]. In diesem Regelwerk wurde die Einführung von Verfahren bei den Produzenten militärischer Erzeugnisse gefordert, die das Vertrauen der Auftraggeber in die ordnungsgemäße Durchführung qualitätsbezogener Tätigkeiten rechtfertigen sollten[130]. In MIL-Q-9858 waren die noch heute angewendeten grundlegenden Aspekte der Prüfung von Qualitätsmanagementsystemen bereits angelegt.

Nachdem mit der Einführung dieses Regelwerks erhebliche Erfolge erzielt werden konnten, wurde das Gedankengut in branchenbezogenen Qualitätsanforderungen und nationalen Normen aufgegriffen. Dabei wurde aber keine einheitliche Systematik und Terminologie verwendet. Für viele Unternehmen, die sich den Anforderungen unterschiedlicher Normen ausgesetzt sahen, wurde die Darstellung ihres Qualitätsmanagements gegenüber ihren Auftraggebern zunehmend komplizierter[131].

Die ISO gründete zur Entwicklung einer internationalen Norm für die Anforderungen an Qualitätsmanagementsysteme im Jahr 1979 auf Antrag des DIN das **Technical Committee ISO/TC 176**. Dieses Komitee entwickelte in den darauffolgenden Jahren auf der Grundlage von drei Normen der British Standards Institution die ISO 9001, 9002 und 9003. Diese Normen wurden zusammen mit zwei Leitfäden zu ihrer Anwendung im Jahr 1987 verabschiedet. Noch im gleichen Jahr wurden diese Normen als „Europäische Normen" übernommen und deren deutsche Übersetzungen veröffentlicht[132].

In den folgenden Jahren fanden die Normen zum Qualitätsmanagement eine schnelle Verbreitung. Dies war auch darauf zurückzuführen, dass viele behördliche und große private Auftraggeber eine Zertifizierung des Qualitätsmanagements ihrer Kunden durch externe Stellen auf der Grundlage der ISO-9000-Familie verlangten[133].

---

127 *Pasch*, S. 74.
128 *Friederici*, Fach 2/3.3.3, S. 1.
129 Es handelt sich um die MIL-Q-9858 „Quality Program Requirements" v. 09.04.1959.
130 *Geiger*, S. 27 (31).
131 *Geiger*, S. 27 (33).
132 *Geiger*, S. 27 (35).
133 *Geiger*, S. 27 (37).

3.3.3 Überblick über die ISO-9000-Familie

131 Im Folgenden wird ein Überblick über die wichtigsten Normen der ISO-9000-Familie gegeben, die von grundsätzlicher Bedeutung für die Zertifizierung von Qualitätsmanagementsystemen sind. Wie die folgende Tabelle zeigt, wird dabei unterschieden zwischen den Normen zur Definition von Begriffen und zum Aufbau von Qualitätsmanagementsystemen sowie den Leitfäden zum Aufbau und zur Prüfung von Qualitätsmanagementsystemen:

Bereich	Norm		Beschreibung
	Nummer	Titel	
Definitionen	DIN EN ISO 9000:2015	Qualitätsmanagementsysteme – Grundlagen und Begriffe	Diese Norm stellt eine Einführung in die Normenreihe dar. Es werden die Grundlagen für die Einrichtung und Beurteilung von Qualitätsmanagementsystemen dargestellt und wichtige Konzepte und Begriffe definiert, z.B.: Qualität (2.2.1), Qualitätsmanagement (3.3.4), Qualitätsplanung (3.3.5), Qualitätssicherung (3.3.6), Qualitätssteuerung (3.3.7) und Qualitätspolitik (3.5.9).
Normen für den Aufbau von Qualitätsmanagementsystemen	DIN EN ISO 9001:2015	Qualitätsmanagementsysteme – Anforderungen	Hier handelt es sich um eine umfassende Norm mit Anforderungen an interne Qualitätsmanagementsysteme, die grds. in allen Branchen anwendbar sind.
	DIN EN ISO 9004:2009	Leiten und Lenken für den nachhaltigen Erfolg einer Organisation – Ein Qualitätsmanagementansatz	ISO 9004 ist keine Grundlage für die Zertifizierung von Qualitätsmanagementsystemen und auch kein Leitfaden für die Umsetzung der Norm ISO 9001. Vielmehr enthält ISO 9004 Anleitungen zur Leistungsverbesserung in Organisationen, die über die Anforderungen der ISO 9001 hinausgehen. ISO 9001 und ISO 9004 sind widerspruchsfrei zueinander. Die Normen ergänzen einander, können aber auch unabhängig voneinander angewendet werden.

Bereich	Norm		Beschreibung
	Nummer	Titel	
	DIN EN ISO 19011:2011	Leitfaden zur Auditierung von Managementsystemen	Der Anwendungsbereich von DIN EN ISO 19011 wurde auf alle Arten von Managementsystemen erweitert: Die Prinzipien und der Umgang im Auditieren von Managementsystemen wurden in einem einheitlichen Leitfaden zusammengefasst. Die Leitlinien der Norm beschreiben damit einen systematischen, unabhängigen und dokumentierten Prozess zur Durchführung von Audits und deren objektiver Auswertung.

Tabelle 15: Wesentliche Normen der ISO-9000-Familie[134]

Die ISO-9000-Normenreihe besteht aus zwei sog. Kernnormen (ISO 9001 und ISO 9004), die sich mit Qualitätsmanagementsystemen unterschiedlichen Umfangs befassen: Während ISO 9001 auf diejenigen Aspekte eines umfassenden Systems abstellt, die sich mit der Erfüllung von festgelegten Kundenanforderungen an zu liefernde Produkte und Dienstleistungen befasst, behandelt ISO 9004 Aspekte eines umfassenden Qualitätsmanagementsystems im ganzen Unternehmen, das sich mit der Zufriedenheit aller „Stakeholders" befasst, wie etwa Finanzgeber, Arbeitnehmer, Lieferanten etc. Die Kernnorm ISO 9004 hat einen identischen Aufbau wie die Norm ISO 9001, so dass Unternehmen, die mit ISO 9001 anfangen, ihr Qualitätsmanagementsystem nach ISO 9004 weiterentwickeln können[135]. Ein Qualitätsmanagementsystem nach ISO 9001 kann von Dritten auditiert und zertifiziert werden (vgl. hierzu Kap. E Tz. 278 ff.). ISO 9004 enthält dagegen keine Forderungen, sondern nur Anleitungen zur Verbesserung der Leistung eines Unternehmens, daher ist eine Prüfung und Zertifizierung nach ISO 9004 grds. nicht vorgesehen. ISO 9004 befasst sich nicht nur – wie ISO 9001 – mit der Wirksamkeit und Konformität von Produkten und Dienstleistungen aus Kundensicht, sondern auch mit der vorhandenen Effizienz und Verbesserung der Leistungserbringung aus Sicht der ganzen Organisation sowie aller interessierten Parteien. In diesem Zusammenhang befasst sich ISO 9004 auch mit Unterstützungsprozessen wie Marketing, Rechnungswesen, Sicherheitsdienst u.Ä. und untersucht deren Bedeutung für den unternehmerischen Erfolg[136].

3.3.4 Anforderungen an ein Qualitätsmanagementsystem nach ISO 9001

Nach der Norm ISO 9000 handelt es sich beim Qualitätsmanagement um die aufeinander abgestimmten Tätigkeiten zur Führung, Steuerung und Überwachung einer Organisation im Hinblick auf Qualität. Qualitätssicherung ist als Teil des Qualitätsmanagements auf die Einhaltung von Anforderungen an die Qualität ausgerichtet. Die

---

134 Vgl. *DIN*, Qualitätsmanagement: QM-Systeme und -Verfahren, 9. Aufl., Berlin 2016.
135 Vgl. *Brückner/Campbell/Scheibeler*, Fach 1, Abschn. 1.4.1., S. 6.
136 *Brückner/Campbell/Scheibeler*, Fach 1, Abschn. 1.4.1., S. 8.

einzelnen Elemente eines Qualitätsmanagementsystems können in einem prozessorientierten Modell wie folgt dargestellt werden[137]:

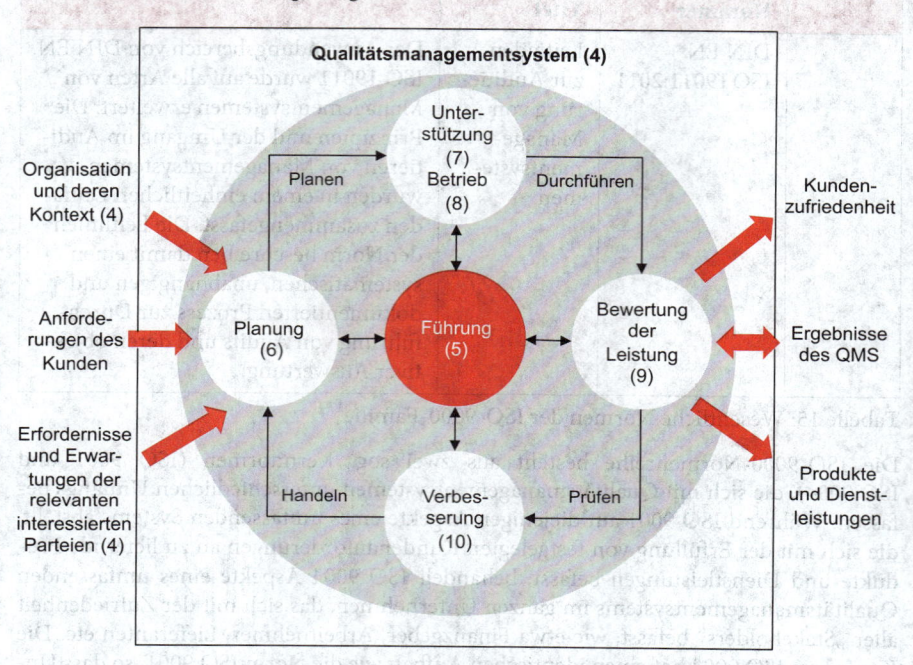

Abb. 2: Modell eines prozessorientierten Qualitätsmanagementsystems nach ISO

134 Die grundsätzlichen Qualitätsanforderungen sind in der Norm DIN EN ISO 9001:2015 festgelegt. Da die deutsche Fassung der Norm in vielen Fällen den Inhalt des Originaltextes nur ungenau bzw. nur schwer verständlich wiedergibt, wird in den nachfolgenden Darstellungen erforderlichenfalls auf die englische Originalfassung zurückgegriffen.

Elemente des Qualitätsmanagementsystems	Wesentliche Anforderungen
Qualitätsmanagementsystem	
Kontext der Organisation (4)	• Verstehen der Organisation und ihres Kontextes • Verstehen der Erfordernisse und Erwartungen interessierter Parteien • Festlegen des Anwendungsbereichs des Qualitätsmanagementsystems • Qualitätsmanagementsystem und seine Prozesse: – Bestimmung der erforderlichen Eingaben und der erwarteten Ergebnisse dieser Prozesse

---

[137] DIN EN ISO 9000, Abschn. 2.

Elemente des Qualitätsmanagementsystems	Wesentliche Anforderungen
	– Bestimmung der Abfolge und der Wechselwirkungen dieser Prozesse – Bestimmung und Anwendung der Verfahren (einschl. Überwachung, Messungen und der damit verbundenen Leistungsindikatoren), die benötigt werden, um das wirksame Durchführen und Steuern dieser Prozesse sicherzustellen – Bestimmung der benötigten Ressourcen und Sicherstellung ihrer Verfügbarkeit – Zuweisung der Verantwortlichkeiten und Befugnisse für diese Prozesse – Behandlung der Chancen und Risiken – Bewertung der Prozesse und Umsetzung jeglicher Änderungen, die notwendig sind, um sicherzustellen, dass diese Prozesse ihre beabsichtigten Ergebnisse erzielen – Verbesserung der Prozesse und des Qualitätsmanagementsystems
Führung (5)	• Führung und Verpflichtung der obersten Leitungsebene • Kundenorientierung • Festlegung und Bekanntmachung der Qualitätspolitik • Zuweisung, Kommunikation und Verständnis von Rollen, Verantwortlichkeiten und Befugnissen in der Organisation
Planung (6)	• Entwicklung und Berücksichtigung von Maßnahmen zum Umgang mit Risiken und Chancen • Festlegung von Qualitätszielen für relevante Funktionen, Ebenen und Prozesse, die für das Qualitätsmanagement benötigt werden • Planung von Änderungen am Qualitätsmanagementsystem
Unterstützung (7)	• Bestimmung und Bereitstellung der erforderlichen Ressourcen durch die Organisation für Aufbau, Verwirklichung, Aufrechterhaltung und fortlaufende Verbesserung des Qualitätsmanagementsystems • Sicherstellen der Kompetenz der Personen, die die Leistung und Wirksamkeit des Qualitätsmanagementsystems beeinflussen • Sicherstellen des Bewusstseins der Mitarbeiter für die Qualitätspolitik, die Qualitätsziele, den Beitrag zur

Elemente des Qualitätsmanagementsystems	Wesentliche Anforderungen
	Wirksamkeit des Qualitätsmanagementsystems sowie die Folgen einer Nichterfüllung der Anforderungen des Qualitätsmanagementsystems • Bestimmung der internen und externen Kommunikation, die in Bezug auf das Qualitätsmanagementsystem relevant ist • Steuerung und Dokumentation der Informationen, die für die Wirksamkeit des Qualitätsmanagementsystems notwendig sind
Betrieb (8)	• Planung, Verwirklichung und Steuerung der Prozesse zur Erfüllung der Anforderungen an die Bereitstellung von Produkten und Dienstleistungen • Kommunikation, Bestimmung, Überprüfung und ggf. Anpassung der Anforderungen für Produkte und Dienstleistungen • Entwicklung von Produkten und Dienstleistungen • Steuerung von extern bereitgestellten Prozessen, Produkten und Dienstleistungen • Steuerung der Produktion und Dienstleistungserbringung • Organisation der Freigabe von Produkten und Dienstleistungen sowie Steuerung nichtkonformer Ergebnisse
Bewertung der Leistung (9)	• Überwachung, Messung, Analyse und Bewertung der Leistung und Wirksamkeit des Qualitätsmanagementsystems
Verbesserung (10)	• Bestimmung von Chancen zur Verbesserung • Auswahl und Einleitung von notwendigen Maßnahmen, um Anforderung der Kunden zu erfüllen und die Kundenzufriedenheit zu erhöhen • Ergreifen von angemessenen Korrekturmaßnahmen bei Nichtkonformität • Fortlaufende Verbesserung der Eignung, Angemessenheit und Wirksamkeit des Qualitätsmanagementsystems

Tabelle 16: Anforderungen der Norm DIN EN ISO 9001:2015

135 Wirtschaftsprüfer, die verpflichtet sind, sich einer Qualitätskontrolle nach § 57a WPO zu unterziehen, haben grds. die Möglichkeit, die berufsständische Qualitätskontrolle mit einer ISO-Zertifizierung ihres Qualitätssicherungssystems zu verbinden. Voraussetzung hierfür ist die Umsetzung der ISO 9001:2015, soweit deren Anforderungen über die gesetzlichen und berufsständischen Bestimmungen zur Qualitätssicherung hinausgehen. ISO 9001:2015 gibt im Wesentlichen einen organisatorischen Rahmen vor, in den die überwiegend fachlichen Regelungen zur Qualitätssicherung zu integrieren sind. Im Jahr 1998 hat die Bundessteuerberaterkammer (BStBK) Empfehlungen zur Qualitätssicherung in Steuerberaterpraxen herausgegeben, in denen die zum Zeitpunkt der Verabschiedung geltenden ISO-Normen aus dem Jahr 1994 berücksichtigt wurden. Diesen Empfehlungen können auch WP-Praxen Hinweise entnehmen, die die Integration gesetzlicher und berufsständischer Anforderungen an die Qualitätssicherung mit den Anforderungen der ISO 9001:2015 erleichtern.

3.3.5 Empfehlungen der Bundessteuerberaterkammer

Die geltende **Verlautbarung zur Qualitätssicherung in der Steuerberaterpraxis** der BStBK wurde am 27.03.2012 beschlossen[138]. Zweck dieser Verlautbarung ist es, den Steuerberatern Empfehlungen für die Sicherung der beruflichen Arbeit sowie eine Hilfestellung bei der Ermittlung von Handlungsbedarf in ihren Praxen zu geben. **136**

In der Verlautbarung werden zunächst die Grundlagen der Qualitätssicherung aus der Sicht der BStBK und anschließend die wesentlichen Qualitätssicherungsaspekte in den folgenden Bereichen dargestellt: **137**

- Strategieprozesse
- Bearbeitungsprozesse
- Unterstützungsprozesse.

Abschließend geht die Verlautbarung auf den Überwachungsprozess von Qualitätssicherungsmaßnahmen ein.

In der folgenden Tabelle werden die wichtigsten Qualitätssicherungsaspekte aus der Verlautbarung der BStBK dargestellt. **138**

Grundsätze und Maßnahmen	
Strategieprozesse	
1.	Ziele der Kanzlei: Festlegung von qualitativen und quantitativen Zielen; Einbeziehung der Mitarbeiter in den Zielfindungsprozess; regelmäßige Überprüfung der Ziele.
2.	Dienstleistungspolitik: Feststellung der Dienstleistungen, die angeboten werden müssen, damit der Mandant seine gesetzlichen und vertraglichen Pflichten erfüllen kann; Festlegung des Weiteren Dienstleistungsangebotes unter Berücksichtigung der Qualifikation des Praxisinhabers und seiner Mitarbeiter und der erforderlichen Sachmittel; Erstellung eines Dienstleistungskataloges.
3.	Mandatspolitik: Definition von Zielgruppen; Klärung der Gestaltung des Vertrauensverhältnisses zum Mandanten; Erstellung von auf Mandantengruppen ausgerichteten spezifischen Betreuungskonzepten; Ziel: Mandantenzufriedenheit.

---

138 *BStBK* (Hrsg.), Verlautbarung zur Qualitätssicherung in der Steuerberaterkanzlei, Bonn 2012, S. 1, https://www.bstbk.de/export/sites/standard/de/ressourcen/Dokumente/03_themen/Verlautbarung_zur_Qualitaetssicherung_in_der_Steuerberaterkanzlei.pdf (zit. 21.07.2018).

	Grundsätze und Maßnahmen
4.	Honorarpolitik: Sicherstellung der Transparenz bezüglich Leistung und Honorar; Beachtung der StBGebV; genaue und auftragsbezogene Leistungserfassung.
Bearbeitungsprozesse	
1.	Allgemeine Grundsätze: sorgfältige Ermittlung des dem Auftrag zugrunde liegenden Sachverhaltes; gewissenhafte Prüfung der Rechtslage; Prüfung der Vollständigkeit der vom Mandanten erhaltenen Unterlagen und Aufklärung von Unklarheiten; Berücksichtigung der Pflichten nach dem Geldwäschegesetz; Erfüllung der Beratungspflichten, die unabhängig von einem konkreten Auftrag bestehen; Hinweis auf die Folgen vor Einlegung von Rechtsmitteln; Prüfung der Pflicht zur Hinzuziehung von Spezialisten.
2.	Auftragsanbahnung und -annahme: Beurteilung der Seriosität des Auftraggebers, der Auftragsrisiken und der Übereinstimmung des Auftrags mit den Zielen der Praxis vor Auftragsannahme (in einem Eingangsgespräch); Unterrichtung über bestehende Auftragsverhältnisse und mögliche Interessenkollisionen vor Auftragsannahme, um sicherzustellen, dass der Auftragsannahme keine Berufspflichten entgegenstehen; Festlegung von Verantwortlichkeiten für Annahme, Änderung und Beendigung von Aufträgen; Abschluss schriftlicher Beratungsverträge.
3.	Auftragsplanung und -steuerung: Festlegung der Bearbeitungszeiten und des Bearbeitungszeitraums; Planung der Kapazitäten; Verwendung von Methoden zur kurzfristigen Reaktion auf Veränderungen.
4.	Auftragsfristen: Fristenüberwachung bei gesetzlichen und behördlichen Fristen sowie sonstiger Fristen aus dem Auftragsverhältnis; Einführung von Regelungen zur Führung eines Fristenkontrollbuches einschl. einer Vertretungsregelung.
5.	Auftragsbearbeitung: Standardisierung und Systematisierung von Arbeitsabläufen ggf. unter Einsatz von Checklisten (Auftragserledigung und -überwachung, Aktenpläne, normierte Arbeitspläne); Anwendung des „Vier-Augen-Prinzips"; Korrektur aufgedeckter Fehler; Verwendung von Arbeitsergebnissen Dritter in Abhängigkeit von der Bedeutung der Ergebnisse für die Entscheidungsfindung und der fachlichen Zuständigkeit des Dritten; sorgfältige Erfassung und ständige Aktualisierung der Mandantendaten; regelmäßige Kommunikation mit dem Mandanten.
6.	Auftragsstörung: Einführung von Regelungen zur schnellen Information des Praxisinhabers über Fehler und Mängel; Vorgabe schriftlicher Anweisungen an die Mitarbeiter, wie bei Fehlern zu verfahren ist; Protokollierung und Beseitigung der Fehler.
7.	Auftragsbeendigung: Abschluss von Vereinbarungen für den Fall der Man*datskündigung*; Sicherstellung der Pflicht zur Herausgabe von Unterlagen; ggf. Weitergabe von Informationen über die Auftragsbeendigung an Dritte unter Wahrung der Verschwiegenheitspflicht.

Grundsätze und Maßnahmen
Unterstützungsprozesse
1. Organisation: Aufbau einer mandanten- oder funktionsorientierten Organisation (Mischformen möglich); Regelung der Aufgabenbereiche, Zuständigkeiten und Kompetenzen für alle Mitarbeiter; Einführung von Vertretungsregelungen.
2. Personalmanagement: Personalplanung (Mitarbeiterbedarfsplanung, Mitarbeitereinsatzplanung, Personal-Entwicklungsplanung); Personalbeschaffung (Personalwerbung, Prüfung der Bewerber auf fachliche und persönliche Eignung, Arbeitsverträge mit Verpflichtung zur Beachtung der Berufspflichten); Personalführung (Festlegung einer angemessenen Leitungsspanne, Aufbauorganisation mit klaren Aufgabenbereichen, Verantwortungen und Kompetenzen); Personalbetreuung (Einarbeitung, Fortbildung); Entwicklung von Stellenbeschreibungen; Vertretungsregelungen für Ausnahmesituationen, z.B. im Fall von Krankheiten.
3. Sachmittelausstattung: Gewährleistung einer arbeits- und personengerechten Größe der Räumlichkeiten; regelmäßige Wartung und Modernisierung der Geräte und Maschinen; Einrichtung einer ausreichenden Bibliothek.
4. Kommunikation: interne Kommunikation (Einrichtung eines Verfahrens zur Aufbereitung und Steuerung von Informationen über Gesetze, Rechtsprechung, Auftragstatbestände, Arbeitsanweisungen und organisatorische Regelungen, regelmäßige Überprüfung und ggf. Anpassung des Informationsflusses); externe Kommunikation (Mandanteninformationen; Gewährleistung der Erreichbarkeit des Steuerberaters; Beachtung des Verschwiegenheitsgrundsatzes und des Datenschutzes bei elektronischer Übertragung von mandantenbezogenen Informationen).
5. EDV-Einsatz: Sicherstellung einer ausreichenden Datensicherung und Zugriffsverwaltung; Einsatz von aktueller Software (Berücksichtigung der aktuellen Gesetze); Sicherstellung der Einhaltung der Grundsätze ordnungsgemäßer Datenverarbeitung (Einsatz testierter Programme, Dokumentationen und Einhaltung der Aufbewahrungspflichten); Wahren der berufsständischen Grundsätze sowie Qualitätsziele der Kanzlei durch Lieferanten von Hard- und Software sowie von Rechenzentrumsdienstleistungen.
6. Dokumenten-Management: Dokumentation der betrieblichen Abläufe mit Annahme und Abwicklung der Mandate; Einführung von Regelungen zum Posteingang und -ausgang, zur Dokumentation der Gespräche mit Mandanten und Ämtern, zur Fristenkontrolle, zur Aktenführung, zur Anlage von Arbeitspapieren und Handakten sowie deren Ablage und Aufbewahrung; Entwicklung eines Ablagerahmenplans; Vorgabe von Arbeitsanweisungen zur Aufbewahrung von Personalakten, Zielvereinbarungen, Mitarbeiterbesprechungsprotokollen, Dokumentenausgabe; Einführung einer Dokumentenvernichtungsordnung; Pflege der Bibliothek und des Archivs.

Grundsätze und Maßnahmen	
7.	Praxis-Controlling: Einführung eines Praxis-Controllings als Führungs- und Unterstützungsinstrument (z.B. Planung, Leistungserfassung, Leistungskontrolle, Auswertungen).
8.	Externe Partner: sorgfältige Auswahl und laufende Beurteilung von Dritten, z.B. Beratungspartnern, EDV-Anbietern und Seminaranbietern.
9.	Dienstleistungsentwicklung: planmäßiges Vorgehen bei der Entwicklung neuer Dienstleistungen; Prüfung der Vereinbarkeit neuer Dienstleistungen mit dem Berufsrecht.
10.	Datenschutz und Datensicherheit: Einführung von Regelungen zur Beachtung berufsrechtlicher Vorschriften und weiterer gesetzlicher Bestimmungen (z.B. Bundesdatenschutzgesetz, soweit es sich um Erhebung, Verarbeitung und Nutzung personenbezogener Daten handelt); Aufbau einer Datenschutz- und Datensicherheitsorganisation (regelmäßige Datensicherung, Regelung des Datenzugriffs, Datenarchivierung, Zugang zu den Büroräumen, Schutz vor Einbruch und Feuer); Verpflichtung der Mitarbeiter sowie des eingesetzten Fremdpersonals zur Beachtung des Datengeheimnisses; ggf. Bestimmung eines Datenschutzbeauftragten.
Überwachungsprozesse	
1.	Interne Maßnahmen: Kontrolle und Nachschau; Durchführung prozessbegleitender Kontrollen der Auftragsbearbeitung durch den Praxisinhaber oder einen erfahrenen Mitarbeiter (z.B. Kontrolle von Arbeitsergebnissen in Stichproben); regelmäßige Nachschau der Organisation, des Informationsflusses und des Aus- und Fortbildungsbereichs sowie Nachschau einzelner Aufträge durch den Praxisinhaber oder einen erfahrenen Mitarbeiter (Voraussetzung: Dokumentation der Qualitätssicherungsmaßnahmen); Entwicklung einer Praxisrichtlinie für die Nachschau.
2.	Externe Maßnahmen: Zertifizierung des in der Praxis eingeführten Qualitätsmanagementsystems (z.B. nach DIN EN ISO 9001) als Möglichkeit einer externen Überwachung; Durchführung von Mandantenbefragungen.
3.	Dokumentation: Dokumentation der Nachschau und der Nachschauergebnisse.

Tabelle 17: Verlautbarung der BStBK zur Qualitätssicherung

139 Ein **Vergleich der Verlautbarung der BStBK mit den Anforderungen des *IDW QS 1*** zeigt eine grds. unterschiedliche Ausrichtung: Im Zentrum der Ausführungen der BStBK steht die Mandantenzufriedenheit, während im Zentrum des *IDW QS 1* die Einhaltung von gesetzlichen Vorschriften und berufsständischen Vorgaben steht. Die Verlautbarung der BStBK lehnt sich dagegen sowohl im Hinblick auf das Qualitätsverständnis als auch hinsichtlich der einzelnen Empfehlungen zur Einrichtung eines Qua*litätsmanagementsystems* an die Normen der ISO-9000-Familie an. Die sich daraus ergebenden Unterschiede lassen sich wie folgt zusammenfassen:

- Die Bestimmungsfaktoren der Qualität leiten sich nach dem *IDW QS 1* aus den Berufspflichten ab, wogegen der Verlautbarung der BStBK ein subjektiver Qualitätsbegriff zugrunde liegt und die Einhaltung der Berufspflichten eine Nebenbedingung darstellt.
- Die Verlautbarung der BStBK stellt in erheblichem Maße auf rein organisatorische Aspekte ab (z.B. Zielsetzung der Praxis, Dienstleistungspolitik, Honorarpolitik, Praxis-Controlling, Sachmittelausstattung), die in *IDW QS 1* nur in Teilen behandelt werden. Dort stehen fachliche Aspekte, insb. Qualitätsrisiken im Sinne einer mangelnden Compliance mit den berufsständischen Anforderungen wie Anforderungen an die Unabhängigkeit, Fachkompetenz und gewissenhafte Auftragsabwicklung im Vordergrund.
- Im Unterschied zu *IDW QS 1* enthält die Verlautbarung der BStBK nur rudimentäre Ausführungen zur Qualitätssicherung bei der Auftragsabwicklung.
- Die Verlautbarung der BStBK enthält im Unterschied zu *IDW QS 1* keine Pflicht zur Durchführung einer Nachschau der Auftragsabwicklung. Über *IDW QS 1* hinausgehend werden aber Hinweise zur Zertifizierung des internen Qualitätssicherungssystems durch Externe gegeben. Bei WP-Praxen, die Abschlussprüfungen nach § 316 HGB durchführen, übernimmt diese Funktion die gesetzlich vorgeschriebene externe Qualitätskontrolle (§ 57a WPO).

Die Regelungen von *IDW QS 1* sind überwiegend verpflichtend, wobei die konkrete Ausgestaltung von der Praxisgröße und -struktur abhängt. Die Verlautbarung der BStBK hat dagegen empfehlenden Charakter. **140**

4. Ansätze zur Weiterentwicklung des Qualitätsmanagements in den WP-Praxen

4.1 Einleitung

Die bestehenden berufsständischen Qualitätssicherungsregeln und die Qualitätssicherungsregeln in den WP-Praxen sind vor dem Hintergrund der Anforderungen der EU-Regulierung an den Berufsstand aktualisiert worden. Unabhängig davon werden die Regelungen fortlaufend weiterentwickelt. Dabei spielen Überlegungen in berufsständischen Gremien und in den WP-Praxen, insb. der großen sechs Prüfungsnetzwerke, eine wichtige Rolle. Nachfolgend wird auf beide Entwicklungen näher eingegangen. **141**

4.2 Konzeptionelle Überlegungen in berufsständischen Gremien

In den letzten Jahren haben die Aufsichtsbehörden ihre Aktivitäten verstärkt und arbeiten sowohl auf europäischer Ebene in der European Audit Inspection Group (EAIG) als auch auf globaler Ebene im International Forum of Independent Audit Regulators (IFIAR) immer enger zusammen. Nicht zuletzt die öffentliche Berichterstattung über Feststellungen aus Inspektionsverfahren der IFIAR haben neben dem Informationsaustausch mit Investoren, Audit Committees und Abschlusserstellern das IAASB veranlasst, ein Projekt zur Überarbeitung der bestehenden Prüfungs- und Qualitätssiche- **142** rungsstandards aufzusetzen[139]. Die Überlegungen sind in dem Papier „Enhancing Audit Quality in the Public Interest"[140] zusammengeführt worden. Sie konzentrieren sich auf folgende Bereiche: Kritische Grundhaltung (Professional Scepticism), Qualitätssicherung (Quality Control), Konzernabschlussprüfungen einschl. der Tätigkeit von Teilbereichsprüfern (Group Audits). Die Überlegungen zur Qualitätssicherung sind auf eine Überarbeitung der bestehenden Qualitätssicherungsstandards ISQC 1 und ISA 220 gerichtet und sollen nachfolgend näher beleuchtet werden. Dabei lassen sich zwei grundlegende Themenkreise unterscheiden: Überlegungen zum sog. Quality Management Process und Ansätze zur Schärfung der Konzepte des ISQC 1 und des ISA 220.

4.2.1 Quality Management Process

143 Wesentliche Neuerung der Überarbeitung des ISQC 1 bildet der sog. Quality Management Process. Es handelt sich um einen Prozess des Managements von Qualitätsrisiken unter Einbeziehung der in ISQC 1 beschriebenen Komponenten des Qualitätsmanagementsystems. Der Prozess führt gegenüber den bislang in ISQC 1 angelegten Erläuterungen zu einem breiteren Verständnis des Qualitätsmanagements als Teil der Führungsaufgabe der WP-Praxis. Zwar hat sich dieses Verständnis mittlerweile in vielen WP-Praxen bei der Umsetzung des ISQC 1 durchgesetzt. Im ISQC 1 selbst wurden diese Überlegungen bislang jedoch nicht so explizit aufgegriffen.

---

139 Zu einer Übersicht der Standards, denen die Feststellungen aus den Inspektionen vorwiegend zuzuordnen sind, s. *International Forum of Independent Audit Regulators (IFIAR)*, Report on 2015 Survey of Inspection Findings, March 3, 2016, Appendix B., (zit. 21.07.2018).

140 *IAASB*, Enhancing Audit Quality in the Public Interest: A focus on Professional Skepticism, Quality Control and Group Audits, December 2015. Siehe hierzu auch: Stellungnahme des IDW zur ITC (Invitation to Comment, Enhancing Audit Quality in the Public Interest: A focus on Professional Skepticism, Quality Control and Group Audits) v. 01.06.2016; https://www.idw.de/blob/88168/567e310207bed4aeee6fad9e43a13728/down-iaasb-pruefungsqualitaet-data.pdf (zit. 21.07.2018)

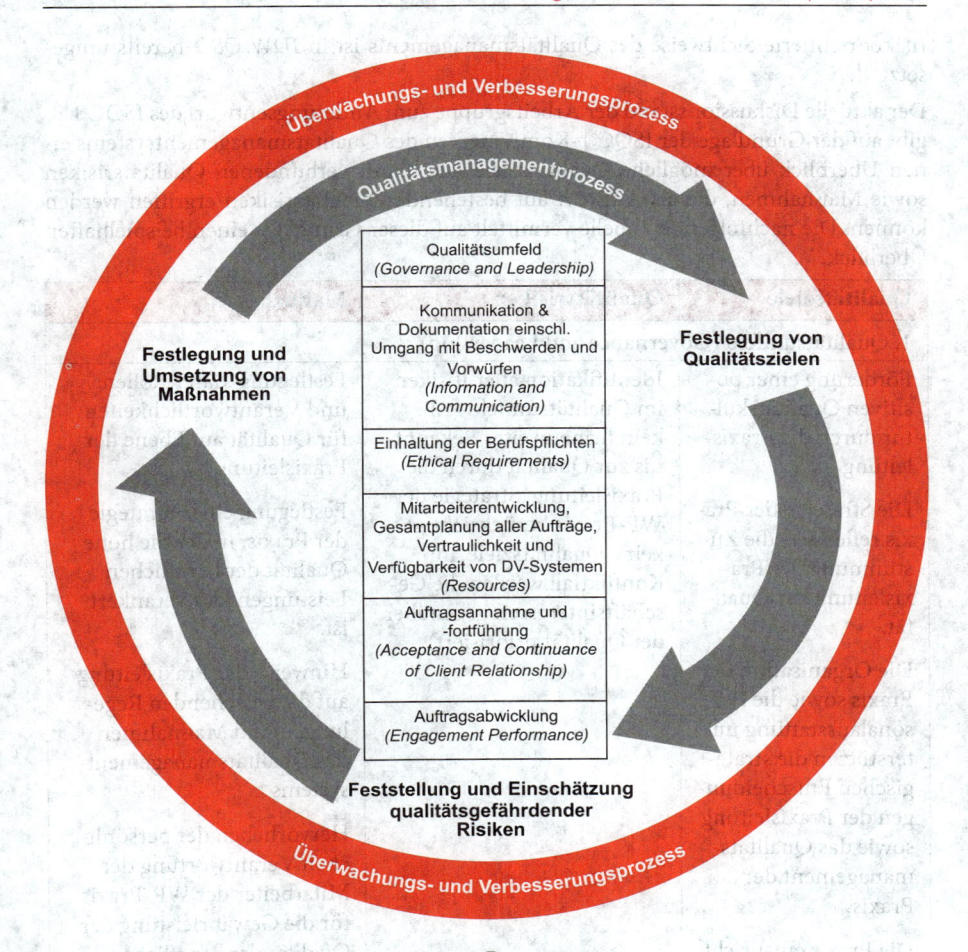

Abb. 3: Elemente des Quality Management Process

Der Quality Management Process betont die Verantwortlichkeit der Praxisleitung für ein proaktives Management von Qualitätsrisiken, das sich den Anforderungen an ein sich schnell veränderndes Geschäftsumfeld anpasst. Dem wird im Modell u.a. dadurch Rechnung getragen, dass qualitätsgefährdende Risiken ausgehend von den Qualitätszielen der WP-Praxis und unter Berücksichtigung deren Geschäftsumfeldes festgestellt und eingeschätzt werden. Im Hinblick auf den Anwendungsbereich des ISQC 1 waren zwar bereits bislang neben Abschlussprüfungen auch Reviews, andere betriebswirtschaftliche Prüfungen sowie Erstellungsaufträge und vereinbarte Prüfungshandlungen (Agreed-Upon Procedures) einbezogen; den Anforderungen des ISQC 1 für die Aufträge außerhalb der Abschlussprüfung wurde hingegen vielfach in der praktischen Umsetzung des ISQC 1 vergleichsweise wenig Beachtung geschenkt. Dies ändert sich künftig durch die explizite Formulierung von Qualitätszielen und die Feststellung und Einschätzung qualitätsgefährdender Risiken für den gesamten Anwendungsbereich des ISQC 1. Diese

144

risikoorientierte Sichtweise des Qualitätsmanagements ist in *IDW QS 1* bereits umgesetzt[141].

Der aktuelle Diskussionsstand der Arbeitsgruppe zum Änderungsentwurf des ISQC 1[142] gibt auf der Grundlage der ISQC 1-Komponenten des Qualitätsmanagementsystems einen Überblick über mögliche Qualitätsziele, die damit verbundenen Qualitätsrisiken sowie Maßnahmen, die als Antwort auf bestehende Qualitätsrisiken ergriffen werden können. Die nachfolgende Tabelle vermittelt auf dieser Grundlage einen beispielhaften Überblick.

Qualitätsziele	Qualitätsrisiken	Maßnahmen
1. Qualitätsumfeld (Governance and Leadership)		
Förderung einer positiven Qualitätskultur durch die Praxisleitung	Identifikation aller Risiken im Qualitätsumfeld (z.B. kein firmenweites Bekenntnis zur Qualität durch die Praxisleitung, Strategie der WP-Praxis berücksichtigt keine Qualitätsziele, im Konfliktfall werden die Geschäftsinteressen gegenüber der Qualität priorisiert)	Festlegung klarer Rollen und Verantwortlichkeiten für Qualität auf Ebene der Praxisleitung
Die Strategie der Praxis reflektiert die Zustimmung der Praxisleitung zur Qualität.		Festlegung einer Strategie der Praxis, in der die hohe Qualität der beruflichen Leistungen klar verankert ist.
Die Organisation der Praxis sowie die Personalausstattung unterstützen die strategischen Entscheidungen der Praxisleitung sowie das Qualitätsmanagement der Praxis.		Hinweise der Praxisleitung auf die bestehenden Regelungen und Maßnahmen des Qualitätsmanagementsystems
Die Praxis entspricht den gesetzlichen, regulatorischen und übrigen berufsständischen Anforderungen an das Qualitätsumfeld.		Hervorheben der persönlichen Verantwortung der Mitarbeiter der WP-Praxis für die Gewährleistung der Qualität der beruflichen Leistungen der WP-Praxis

---

141 Dieser Ansatz war bereits in der *VO 1/2006* angelegt und wurde bei der Überarbeitung der *VO 1/2006* im *IDW QS 1* weiter geschärft. Siehe *IDW QS 1*, Tz. 18 ff.
142 IAASB, ISQC 1 (Revised), IAASB-Meeting March 2018, http://www.iaasb.org/system/files/meetings/files/20180312-IAASB-Agenda-Item-7-A-Quality-Management-Firm-level-Draft-of-Exposure-Draft-of-ISQC-1-Clean-FINAL.pdf (zit. 21.07.2018).

Qualitätsziele	Qualitätsrisiken	Maßnahmen
2. Qualitätsmanagementprozess (Quality Management Process)		
Einrichtung eines Qualitätsmanagementprozesses für die Handhabung der Risiken aus den Qualitätszielen der ISQC 1-Komponenten des Qualitätsmanagementsystems der Praxis	Identifikation aller Qualitätsrisiken im Qualitätsmanagementprozess (z.B. unzureichende Zuordnung von Rollen und Verantwortlichkeiten für das Qualitätsmanagementsystem, mangelnde Kenntnisse und Erfahrungen der für den Qualitätsmanagementprozess Zuständigen, keine Erfassung aller Risikobereiche der Praxistätigkeit im Qualitätsmanagementprozess, unzureichende Messung von Qualitätsrisiken mittels Indikatoren)	Festlegung klarer Rollen und Verantwortlichkeiten für Qualität auf Ebene der für das Qualitätsmanagementsystem Zuständigen Formulierung eines fachlichen und persönlichen Anforderungsprofils an die Personen, die für das Qualitätsmanagementsystem zuständig sind Schaffung von Regelungen und Maßnahmen zur Beurteilung derjenigen, die für das Qualitätsmanagementsystem zuständig sind Sicherstellung ausreichender Kenntnisse und Erfahrungen sowie eines klaren Verständnisses der Aufgabe bei den für das Qualitätsmanagementsystem Zuständigen Direkte Berichtslinien der für das Qualitätsmanagementsystem Zuständigen an die in der Praxisleitung für Qualität Verantwortlichen
3. Information und Kommunikation (Information and Communication)		
Sicherstellung einer angemessenen Kommunikation über die Informationen, die ein funktionierendes Qualitätsmanagementsystem ermöglichen	Identifikation aller Qualitätsrisiken im Informations- und Kommunikationsprozess (z.B. unklare Berichtslinien und Berichtsinhalte der für das Qualitätsmanagementsystem Zuständigen an die Praxisleitung, keine zeitnahe Kommunikation von Informationen zum Qualitätsmanagementsystem an interne oder externe Adressaten)	Schaffung von Regelungen und Maßnahmen zur Sicherstellung der Erfassung, Verarbeitung und Dokumentation von Informationen für das Funktionieren der ISQC 1-Komponenten Sicherstellen des Informationsaustauschs zwischen den Auftragsteams und den für das Qualitätsmanagementsystem Zuständigen

Qualitätsziele	Qualitätsrisiken	Maßnahmen
		sowie zwischen den für das Qualitätsmanagementsystem Zuständigen und den auf Ebene der Praxisleitung für Qualität Verantwortlichen
		Sicherstellen einer zeitnahen Kommunikation der am Qualitätsmanagementprozess Beteiligten
		Einrichten von Kommunikationswegen bei Bedenken in der Qualität der Leistung der WP-Praxis ohne Nachteile für denjenigen, der die Bedenken äußert
		Direkte Berichtslinien der für das Qualitätsmanagementsystem Zuständigen an die in der Praxisleitung für Qualität Verantwortlichen Externe Berichterstattung über das Qualitätsmanagementsystem
4. Einhaltung der Berufspflichten (Ethical Requirements)		
Die Praxis sowie das Praxispersonal haben ein klares Verständnis der relevanten Vorschriften der Berufspflichten. Die Praxis sowie das Praxispersonal erfüllen die relevanten Vorschriften der Berufspflichten.	Identifikation aller Qualitätsrisiken im Hinblick auf die Einhaltung der Berufspflichten (z.B. Mitarbeiter der WP-Praxis verstehen die Berufspflichten und deren Bedeutung nicht, Mitarbeiter der WP-Praxis handeln nicht in Übereinstimmung mit den Berufspflichten, mit Verstößen gegen Berufspflichten wird nicht adäquat umgegangen)	Identifikation von Gefährdungen der Einhaltung der Regelungen zur Unabhängigkeit Schaffung von Regelungen und Maßnahmen im Umgang mit Verletzungen der Berufspflichten (inkl. Verletzung von Unabhängigkeitsvorschriften) Jährliche Bestätigung der Einhaltung der Berufspflichten (inkl. der Vorschriften zur Unabhängigkeit) durch die Mitarbeiter der Praxis

Qualitätsmanagement in der Wirtschaftsprüferpraxis **D**

Qualitätsziele	Qualitätsrisiken	Maßnahmen
5. Auftragsannahme- und -fortführung (Acceptance and Continuance of Client Relationships)		
Die Entscheidungen zur Auftragsannahme und -fortführung erfolgen auf einer angemessenen Informationsgrundlage unter Berücksichtigung der Integrität und der ethischen Grundlagen des Mandanten. Die Entscheidungen zur Auftragsannahme und -fortführung berücksichtigen die Fähigkeiten der Praxis, die berufsrechtlichen Anforderungen an den Auftrag einzuhalten.	Identifikation aller Qualitätsrisiken im Auftragsannahme- und -fortführungsprozess (z.B. finanzielle und geschäftspolitische Erwägungen der Praxis gehen Qualitätszielen vor; Unabhängigkeitsanforderungen an die Auftragsannahme werden im Konfliktfall heruntergespielt; Informationen nach Auftragsannahme, die einer Auftragsannahme entgegenstehen, führen nicht zur vorzeitigen Beendigung des Auftragsverhältnisses, soweit rechtlich zulässig)	Schaffung von Regelungen und Maßnahmen zur Sicherstellung, dass Entscheidungen zur Auftragsannahme- und -fortführung auf einer ausreichenden Informationsgrundlage getroffen werden Einrichtung von (Experten-) Panels bei komplexen Auftragsannahmeentscheidungen Etablieren von Regelungen und Maßnahmen zur Sicherstellung, dass das Management des Auftragsgebers oder die Überwachungsorgane ihre Verantwortung im Zusammenhang mit der Auftragsannahme verstehen
6. Personelle, finanzielle und technologische Ressourcen (Resources)		
Die Praxis verfügt über die notwendigen personellen, finanziellen und technologischen Ressourcen, um eine angemessene Abwicklung der Aufträge und des Qualitätsmanagementsystems zu ermöglichen. *Die Praxis ist in der Lage, sich im Bedarfsfall die notwendigen personellen Ressourcen mit den erforderlichen Kenntnissen und Erfahrungen zu be-*	Identifikation aller Qualitätsrisiken beim Einsatz personeller, finanzieller oder technologischer Ressourcen (z.B. die Strategie für die Einstellung und Entwicklung von Mitarbeitern entspricht nicht den geschäftlichen Anforderungen; die Kriterien für die Einstellung vom Mitarbeitern berücksichtigen unzureichend die Anforderungen der Praxis; die Mitarbeiter erhalten nicht die Trainings, die sie entspr. ihren Aufgaben benötigen; Anforderungen an die Mitarbeiter zwecks Zuordnung zu den	Schaffung von Regelungen und Maßnahmen zum angemessenen Einsatz von Personal auf den Aufträgen Entwicklung der Fachkenntnisse der Mitarbeiter der WP-Praxis durch angemessene Fortbildungsmaßnahmen Beurteilung der Praxismitarbeiter im Hinblick auf ihr Qualitätsverständnis, Fachkenntnisse, Erfahrungen, ethischen Werte und beruflichen Verhaltensweisen Schaffung von Regelungen und Maßnahmen zur Beschaffung, Entwicklung und

D Qualitätsmanagement in der Wirtschaftsprüferpraxis

Qualitätsziele	Qualitätsrisiken	Maßnahmen
schaffen bzw. diese zu entwickeln. Die für das Qualitätsmanagementsystem Zuständigen sind sich ihrer Aufgabe bewusst und stehen für Qualität ein. Das Praxispersonal ist in der Lage, die technologischen und personellen Ressourcen angemessen einzusetzen.	Aufträgen werden nicht zeitnah kommuniziert; die Investitionen in IT-Infrastruktur sind nicht geeignet, die IT-Strategie umzusetzen)	Implementierung von technologischen Ressourcen (technologische Infrastruktur, Sicherheitsanforderungen, Umgang mit Technologie)
7. Auftragsabwicklung (Engagement Performance)		
Die Mitarbeiter der Praxis verstehen ihre Rollen und Verantwortlichkeiten bei der Auftragsabwicklung (Anleitung, Überwachung, Review). Beurteilungen von Sachverhalten erfolgen unter Beachtung der einschlägigen gesetzlichen und berufsständischen Regelungen.	Identifikation aller Qualitätsrisiken in der Auftragsabwicklung (z.B. die methodischen Grundlagen der WP-Praxis entsprechen nicht den einschlägigen Berufsstandards, unzureichende Anleitung und Überwachung der Arbeiten durch erfahrene Mitarbeiter der WP-Praxis, zu wenige Ressourcen der WP-Praxis zur Durchführung von Konsultationen in Zweifelsfällen, keine Eskalationsprozesse bei Meinungsverschiedenheiten	Schaffung von Regelungen und Maßnahmen zur Sicherstellung angemessener Konsultationen in Fällen, in denen eine Konsultation erforderlich ist. Einrichtung von Regelungen und Maßnahmen im Umgang mit Meinungsverschiedenheiten im Auftragsteam, zwischen Auftragsteam und Qualitätssicherer oder zwischen Auftragsteam und den Zuständigen für das Qualitätsmanagementsystem
8. Überwachung und Verbesserung (Monitoring and Remediation Process)		
Das Qualitätsmanagementsystem ist so ausgerichtet, dass Systemschwächen erkannt und zeitnah behoben werden.	Identifikation aller Qualitätsrisiken im Prozess der Überwachung und Verbesserung des Qualitätsmanagement-prozesses (z.B. unzureichende Ressourcen für die Nachschau, keine strukturierte Auswertung der Feststellungen aus externen und internen Re-	Schaffung von Regelungen und Maßnahmen zur periodischen Nachschau von Aufträgen. Etablierung eines Prozesses zur Beurteilung von Feststellungen aus der Nachschau, Inspektionen und anderen Erkenntnisquellen

Qualitätsziele	Qualitätsrisiken	Maßnahmen
	views, keine zeitnahe Einleitung von Maßnahmen zum Abstellen von Schwächen im Qualitätsmanagementsystem)	Schaffung eines Prozesses zur Beurteilung und Analyse der Ursachen von Feststellungen aus externen und internen Reviews (Root Cause Analysis)
		Ableitung von Maßnahmen zur Verbesserung des Qualitätsmanagementsystems im Fall von identifizierten Schwachstellen
		Beurteilung der für das Qualitätsmanagement auf Praxisebene Verantwortlichen, ob das Qualitätsmanagementsystem seine Aufgaben mit hinreichender Sicherheit erfüllen kann
		Kommunikation der Feststellungen aus Inspektionen, der Nachschau und anderen Erkenntnisquellen an die WP-Praxis

Tabelle 18: Beispielhafte Ausgestaltung des Quality Management Process

Die Qualitätsziele sind von der Praxisleitung festzulegen. Mit der Einrichtung eines Qualitätsmanagementsystems verfolgt die Praxisleitung insb. die Einhaltung der Berufspflichten (Compliance-Ziel). Daneben kann sie ausgehend von der Unternehmensstrategie weitere Ziele festlegen, z.B. die Erreichung finanzieller Ziele oder den Erwartungen der Öffentlichkeit oder bestimmter Stakeholder zu entsprechen. Die festgelegten Qualitätsziele sind die Grundlage für die Feststellung und Beurteilung qualitätsgefährdender Risiken der WP-Praxis. Um diesen angemessen zu begegnen, sind durch die WP-Praxis geeignete Regelungen und Maßnahmen zu ergreifen. Hierzu gehören auch Regelungen zur prozessunabhängigen Überwachung der Angemessenheit und Wirksamkeit des Qualitätsmanagementsystems (Nachschau) sowie Maßnahmen zum Abstellen von Schwachstellen des Qualitätsmanagementsystems.

Die Anforderungen des ISQC 1 an die Überwachung des Qualitätsmanagementsystems betonen bislang die interne Nachschau. Nach dem hier beschriebenen Verständnis des Qualitätsmanagements sind künftig alle Erkenntnisse aus Überwachungsmaßnahmen, sei es aus externen Inspektionen, einer externen Qualitätskontrolle, aus der Nachschau oder aus weiteren internen Reviews auszuwerten. Letztlich führt dies zu einem umfassenden Management von Qualitätsrisiken aus der Perspektive der Leitung der WP-Praxis.

147 Der dargestellte Konzeptentwurf des ISQC 1 ist aktuell noch in der Diskussion. Es fällt auf, dass der dort beschriebene Qualitätsmanagementprozess nicht den „Überwachungs- und Verbesserungsprozess" einschließt. Auch sind „Information und Kommunikation" kein Element, sondern Voraussetzung für einen wirksamen Qualitätsmanagementprozess. Hier werden also die Sicht auf die Elemente und die Prozesssicht vermischt. Das führt zu Unstimmigkeiten. Zur Prozesssicht gehören: Qualitätsziele festlegen, Qualitätsrisiken identifizieren, Maßnahmen ergreifen, Überwachen, Ursachenanalyse bei negativen Überwachungsergebnissen, Verbesserungsmaßnahmen. Die Elemente, die für jeden Prozessschritt relevant sind, betreffen: Qualitätskultur, Information und Kommunikation und Dokumentation.

4.2.2 Schärfung der Konzepte des ISQC 1 und des ISA 220

4.2.2.1 Verantwortung der Praxisleitung

148 Die Praxisleitung hat eine zentrale Rolle im Hinblick auf die Förderung einer Kultur in der WP-Praxis, die sowohl die Bedeutung der Abschlussprüfung selbst als auch die Bedeutung der Prüfungsqualität für die eigene Tätigkeit sowie für die Öffentlichkeit betonen und fördern soll. Die Praxisleitung ist darüber hinaus für das Setzen von Qualitätszielen und die Überwachung der Einhaltung der Regelungen und Maßnahmen zur Sicherung der Qualitätsziele verantwortlich. Dies schließt auch die Befassung der Praxisleitung mit der Umsetzung von Maßnahmen zum Management von Qualitätsrisiken ein. Bislang adressiert ISQC 1 nicht dieses breite Verständnis der Verantwortlichkeit der Praxisleitung für die Qualität der Dienstleistungen der WP-Praxis. Die Überlegungen des IAASB gehen dahin, diese Verantwortung im überarbeiteten ISQC 1 stärker zum Ausdruck zu bringen. In diesem Zusammenhang werden u.a. folgende Maßnahmen diskutiert[143]:

- Stärkere Betonung der Bedeutung der Praxisleitung für die Förderung einer Qualitätskultur und Übernahme von Verantwortung und Rechenschaft für die Umsetzung dieser Kultur auf allen Ebenen der WP-Praxis
- Letztverantwortung und Rechenschaft der Praxisleitung für Fragen der Sicherstellung der Qualität der erbrachten Dienstleistungen
- Stärkung der Befassung mit Unabhängigkeitsfragen auf Ebene der Praxisleitung durch die Anforderung an WP-Praxen, innerhalb der Praxisleitung einen Verantwortlichen für Unabhängigkeitsfragen und ethische Grundsätze zu benennen
- Übernahme des Konzepts „in the public interest" in die Ziele des ISQC 1 zur Ausgestaltung von Qualitätssicherungssystemen.

4.2.2.2 Rolle des auftragsverantwortlichen Partners

149 Um den Anforderungen gerecht zu werden, die die ISA an den auftragsverantwortlichen Partner stellen, muss dieser über die nötigen Kenntnisse und Erfahrungen verfügen. ISQC 1 und ISA 220 enthalten derzeit keine detaillierten Anforderungen, um zu adressieren, welche notwendigen Erfahrungen und Kompetenzen ein auftragsverantwortlicher Partner aufweisen muss. Der Ende 2014 durch IESB verabschiedete Standard zur beruflichen Kompetenz des auftragsverantwortlichen Partners für Abschluss-

---

[143] *IAASB*, Enhancing Audit Quality in the Public Interest, A focus on Professional Skepticism, Quality Control and Group Audits, December 2015, S. 42.

prüfungen IES 8 (Rev.)[144] identifiziert folgende zentrale Kompetenzbereiche: fachliche Kompetenzen, berufliche Erfahrungen sowie berufliche Werte, Einstellungen und Verhaltensweisen. IES 8 (Rev.) führt darüber hinaus aus, dass eine wirksame Kommunikation mit dem Prüfungsteam, dem Management des geprüften Unternehmens und dem AR eine besonders ausgeprägte soziale Kompetenz und kommunikative Fähigkeiten des auftragsverantwortlichen Partners voraussetzt. Das Selbstverständnis eines lebenslangen Lernens und des Handelns als Mentor und Coach für das Prüfungsteam sind hierbei Teil der besonderen Ausprägung beruflicher Fähigkeiten und persönlicher Kompetenzen des auftragsverantwortlichen Partners.

Im Rahmen der Überarbeitung des ISQC 1 sowie des ISA 220 wird diskutiert, ob vor dem Hintergrund der Kerninhalte des IES 8 (Rev.) folgende Maßnahmen weiter verfolgt werden sollen[145]:

150

- Betonung der Verantwortung des auftragsverantwortlichen Partners zur Schaffung eines Klimas im Prüfungsteam, das die Mitglieder des Prüfungsteams anregt, Fragen zu stellen
- Verschärfung der Anforderungen an die Verantwortung des auftragsverantwortlichen Partners im Hinblick auf die Sicherstellung der Einhaltung der Unabhängigkeitsregelungen und ethischen Grundsätze durch die Mitglieder des Prüfungsteams
- Aktualisierung der Anwendungshinweise zu ISQC 1 oder ISA 220 im Hinblick auf die Konzepte „Leading by Example" und „Mentoring"
- Aktualisierung und Konkretisierung der Anwendungshinweise zu ISA 220 im Hinblick auf die Verantwortlichkeit des auftragsverantwortlichen Partners für das Projektmanagement des Prüfungsauftrags
- Explizite Betonung der in IES 8 (Revised) aufgeführten Kompetenzen des auftragsverantwortlichen Partners in ISQC 1: soziale Kompetenz, kommunikative Fähigkeiten, berufliche Erfahrungen, berufliche Werte und Verhaltensweisen.

4.2.2.3 Rolle des Qualitätssicherers

Einer auftragsbegleitenden Qualitätssicherung kommt i.R.d. Qualitätssicherungssystems eine besondere Bedeutung zu. Sie ist derzeit nach ISQC 1 für sog. Listed Entities verpflichtend vorgesehen[146]. Außerhalb dieser Verpflichtung haben WP-Praxen nach ISQC 1 Kriterien festzulegen, wann eine auftragsbegleitende Qualitätssicherung durchzuführen ist[147].

151

Im Rahmen der Diskussion der Überarbeitung des ISQC 1 und des ISA 220 werden mehrere Maßnahmen diskutiert, die zu einer Stärkung der auftragsbegleitenden Qualitätssicherung führen sollen[148]:

152

- Erweiterung des Umfangs der Pflicht zur auftragsbegleitenden Qualitätssicherung über die derzeit vorgesehene Pflicht für sog. Listed Entities hinaus (z.B. Einbeziehung

---

144 *IESB*, International Education Standard (IES) 8 (Revised), Professional Competence for Engagement Partners Responsible for Audits of Financial Statements (Revised), Stand: 15.12.2014.
145 *IAASB* (2015), S. 52.
146 *IAASB*: Quality Control for Firms that Perform Audits and Review of Financial Statements and Other Assurance and Related Services Engagements (ISQC 1), Rn. 35, Stand: 15.12.2009.
147 *IAASB* (2009), Rn. 35.
148 *IAASB* (2015), S. 44 f.

von Banken, Versicherungen und Pensionsfonds; Hochrisikomandate; ergänzende Vorgaben für Kriterien zur Auswahl von weiteren Aufträgen)
- Erhöhung der Anforderungen an die Auswahl des Qualitätssicherers (z.B. Begrenzung der Anzahl der Jahre auf einem Auftrag)
- Erhöhung der Anforderungen an die Dokumentation der auftragsbegleitenden Qualitätssicherung im Hinblick auf Zeitpunkt und Inhalt der durchgeführten Maßnahmen sowie die Bedeutung oder den Inhalt von Diskussionen zwischen dem auftragsverantwortlichen Partner und dem Qualitätssicherer
- Ergänzung von Anwendungshinweisen in ISA 220 zum Hinzuziehen von Spezialisten zwecks Unterstützung des auftragsbegleitenden Qualitätssicherers, die unabhängig vom Prüfungsteam sein müssen
- Erhöhung der Anforderungen in ISA 220 an die Inhalte, die i.R. einer auftragsbegleitenden Qualitätssicherung zu beurteilen sind (z.B. Beurteilungen von bedeutsamen Risiken und der prüferischen Reaktionen; Einbeziehung der Prüfung von Tochtergesellschaften in die Qualitätssicherung auf Konzernebene).

153 Insgesamt werden mehrheitlich bekannte Ansätze zur Stärkung der Konzepte des ISQC 1 und des ISA 220 diskutiert. Die Überarbeitung der beiden Standards ist aktuell noch nicht abgeschlossen. Daher bleibt die weitere Entwicklung abzuwarten.

4.3 Entwicklungen in der WP-Praxis

154 Die WP-Praxen sind ständig damit befasst, ihr Qualitätsmanagement weiterzuentwickeln und die Qualität der Abschlussprüfung zu verbessern. Diese Entwicklung wird nicht zuletzt von der IFIAR-Initiative zur Steigerung der Prüfungsqualität gefördert. Grundlage sind jährlich stattfindende Gespräche zwischen dem International Forum of Independent Audit Regulators (IFIAR) und den sechs größten Prüfungsnetzwerken über Feststellungen aus Inspektionen und Maßnahmen der Netzwerke zur Verbesserung der Prüfungsqualität[149]. Das IFIAR verfolgt damit das Ziel, die Feststellungen aus Inspektionen in den nächsten Jahren um 25% zu reduzieren und langfristig die Prüfungsqualität global zu steigern. Ein besonderes Augenmerk liegt dabei auf der sog. Ursachenanalyse durch die WP-Praxen.

155 Auf der Agenda der aktuellen Qualitätsinitiativen der WP-Praxen steht neben der Intensivierung von Ursachenanalysen in Fällen der Nichtbeachtung von berufsständischen Regelungen auch die Einführung von Qualitätsindikatoren.

4.3.1 Ursachenanalyse

156 Bei der Ursachenanalyse handelt es sich um eine strukturierte prozessorientierte Ursachenanalyse von Feststellungen aufgrund von Mängeln in der Planung, Durchführung oder Berichterstattung einer Abschlussprüfung. Der Begriff „Feststellung" bedeutet in diesem Zusammenhang nicht, dass der Abschluss per se falsch ist, sondern, dass nicht

---

[149] *International Forum of Independent Audit Regulators (IFIAR)*, Report on 2017 Survey of Inspection Findings, March 9, 2018, S. 1 f., https://www.iasplus.com/en-gb/news/2018/03/ifiar-2017-audit-inspection-findings (zit. 21.07.2018); *International Forum of Independent Audit Regulators (IFIAR)*, International Audit Regulators Say Pace of Audit Quality Improvement Too Slow; Call for Measurable Improvement by 2019, March 3, 2016, https://www.iasplus.com/en-ca/news/regulations/2016/international-audit-regulators-say-pace-of-audit-quality-improvement-too-slow-call-for-measurable-improvement-by-2019 (zit. 21.07.2018).

ausreichende Prüfungsnachweise vorliegen, um festzustellen, ob der Abschluss eine wesentliche Falschaussage enthält oder nicht. Im Rahmen der Ursachenanalyse geht es nun darum zu erkennen, auf welchen Ursachen die Feststellung beruht, um auf diese Weise Ansatzpunkte dafür zu finden, Maßnahmen zu ergreifen und so zu verhindern, dass sich derartige Fälle in der Zukunft wiederholen. In der Regel wird es nicht die einzelne singuläre Ursache geben, sondern es wird sich um einen Komplex von Ursachen handeln, die zu dem Ereignis geführt haben. Ein Vorschlag für die Ausgestaltung des Ursachenanalyse-Prozesses lässt sich dem Konzeptpapier „Initiatives to Improve Audit Quality – Root Cause Analysis, Audit Quality Indicators and Quality Control Standard" des PCAOB entnehmen[150]. Vielfach kommt bei Ursachenanalysen die sog. 5-Why-Technik[151] zum Einsatz. Diese klassische Technik der Ursachenanalyse dürfte jedoch zu linear und damit zu begrenzt für die Analyse der komplexen Fragestellungen einer Abschlussprüfung sein, da bei dieser Technik die Beziehungen zwischen den einzelnen Ursachenfaktoren nicht betrachtet werden. Mögliche Ursachen für Feststellungen aus Inspektionen sind aus Sicht des IFIAR: unzureichende Anleitung und Überwachung der Mitarbeiter, Zeitdruck, mangelnde Verfügbarkeit von Mitarbeitern, mangelnde kritische Grundhaltung und mangelnde Rechnungslegungs- und Prüfungskenntnisse[152].

4.3.2 Qualitätsindikatoren

In den letzten Jahren veröffentlichen WP-Praxen zunehmend Qualitätsindikatoren in ihren Transparenzberichten[153]. Auch der IAASB hat dieses Thema in seinen Überlegungen zur Verbesserung der Prüfungsqualität aufgegriffen[154]. Die Erstellung und Veröffentlichung von Transparenzberichten ist in Europa für WP-Praxen, die Unternehmen von öffentlichem Interesse prüfen, verpflichtend (Art. 13 VO (EU) Nr. 537/2014). Die Inhalte der Transparenzberichte erstrecken sich nach Art. 13 VO (EU) Nr. 537/2014 u.a. auf die Beschreibung der Rechts- und Eigentümerstruktur, der Leitungsstruktur der WP-Praxis, des Qualitätssicherungssystems, der Liste der geprüften Unternehmen von öffentlichem Interesse, der Vergütungsstruktur der Partner, einer Beschreibung der Rotationsgrundsätze sowie Angaben zu den Honoraren der WP-Praxis. Angaben zu Qualitätsindikatoren sind nicht gesetzlich vorgeschrieben.

157

Mit der Veröffentlichung von Qualitätsindikatoren in Transparenzberichten geben die WP-Praxen einen Einblick in die Maßnahmen, die ergriffen werden, um die Qualitätsziele der WP-Praxis zu erreichen. Es handelt sich bei Qualitätsindikatoren um Messgrößen, die eine Indikation dafür geben, wie sich der Zustand eines Einflussfaktors auf

158

---

150 *PCAOB*, Initiatives to Improve Audit Quality – Root Cause Analysis, Audit Quality Indicators and Quality Control Standard, June 14-15, 2014, https://pcaobus.org/News/Events/Documents/0624252014_SAG_-Meeting/06242014_AQI.pdf (zit. 21.07.2018).
151 Siehe zur Diskussion der „5-Why-Technik": https://www.isixsigma.com/tools-templates/cause-effect/determine-root-cause-5-whys (zit. 21.07.2018).
152 *Tysiac*, JoA 2015, March 3, https://www.journalofaccountancy.com/news/2015/mar/improving-audit-quality-with-root-cause-analysis-201511894.html (zit. 21.07.2018).
153 Zu einem aktuellen Überblick s. *IFAC*, Significant differences in audit quality indicators development, 8 February, 2017, http://www.ifac.org/global-knowledge-gateway/audit-assurance/discussion/significant-differences-audit-quality-indicators; *FEE*, Overview of Audit Quality Indicators Initiatives, Update to December 2015 edition, July 2016, https://www.accountancyeurope.eu/wp-content/uploads/1607_Update_of_Overview_of_AQIs.pdf (zit. 21.07.2018).
154 *IAASB*, A Framework for Audit Quality, https://www.iaasb.org/system/files/publications/files/A-Framework-for-Audit-Quality-Key-Elements-that-Create-an-Environment-for-Audit-Quality-2.pdf (zit. 21.07.2018).

die Qualität der Dienstleistung auswirkt. Eine derartige Messgröße kann bspw. das Verhältnis von Partner-/Mitarbeiterstunden auf einem Prüfungsauftrag sein, um das Ausmaß der Beteiligung von erfahrenen Mitarbeitern in der Prüfung (Einflussfaktor) zu messen. Auf diese Weise lassen sich im Zeitablauf Informationen über den Zustand und die Wirkungen der in einer WP-Praxis unternommenen Qualitätsanstrengungen gewinnen.

159 Auch Aufsichtsbehörden[155] und berufsständische Institutionen[156] beschäftigen sich bereits seit einigen Jahren mit Qualitätsindikatoren. So hat bspw. die APAS Qualitätsindikatoren als einen Prüfungsschwerpunkt für das Inspektionsprogramm 2018 festgelegt[157]. In jüngster Zeit hat die Diskussion um Qualitätsindikatoren jedoch an Intensität zugenommen[158]. Der IAASB hat im Februar 2014 ein „Framework to Audit Quality" veröffentlicht, das einen konzeptionellen Rahmen bietet, um Qualitätsindikatoren einzuordnen[159]. Gegenwärtig folgen die Zusammenstellungen von Qualitätsindikatoren keinem einheitlichen Konzept. Beispielhaft sei nachfolgend auf die Zusammenstellung der Accounting and Corporate Regulatory Authority (ACRA), Singapore, verwiesen:

---

155 *PCAOB*, Concept Release on Audit Quality Indicators, July 1st, 2015, https://pcaobus.org/Rulemaking/Docket%20041/Release_2015_005.pdf (zit. 21.07.2018); *FAOA*, Annual Report 2016, January 2017, https://www.rab-asr.ch/docs/Taetigkeitsbericht/RAB_GB_2016_EN_GzD.pdf; *FAOA*, Activity Report 2015, January 2016, https://www.rab-asr.ch/docs/Taetigkeitsbericht/rab-tb2015-e.pdf (zit. 21.07.2018); *IOSCO*, Transparency of Firms that audit Public Companies, November 2015, https://www.iosco.org/library/pubdocs/pdf/IOSCOPD511.pdf (zit. 21.07.2018); *NBA*, Practice Note – Disclosure of Audit Quality Factors, 4 March, 2016, https://www.nba.nl/globalassets/wet-en-regelgeving/nba-handreikingen/nba_practice_note_1135disclosure_of_audit_quality_factors.pdf (zit. 21.07.2018).

156 *CAQ*, Approach to Audit Quality Indicators, April 2014, http://www.thecaq.org/caq-approach-audit-quality-indicators (zit. 21.07.2018).

157 *APAS*, Arbeitsprogramm 2018, Januar 2018, http://www.bafa.de/SharedDocs/Downloads/DE/Bundesamt/apas_arbeitsprogramm_2018.html (zit. 21.07.2018)

158 Zu einem zusammenfassenden Überblick der Initiativen s. *FEE*, Overview of Audit Quality Indicators Initiatives, Update to December 2015 edition, July 2016, https://www.accountancyeurope.eu/wp-content/uploads/1607_Update_of_Overview_of_AQIs.pdf (zit. 21.07.2018).

159 *IAASB*, A Framework for Audit Quality, https://www.iaasb.org/system/files/publications/files/A-Framework-for-Audit-Quality-Key-Elements-that-Create-an-Environment-for-Audit-Quality-2.pdf (zit. 21.07.2018).

Engagement Level	1. Audit Hours	Time spent by senior audit team members
	2. Experience	Years of audit experience and industry specialization
Firm Level	3. Training	Average training hours and industry specific training
	4. Inspection	Results of external and internal inspections
	5. Independence	Compliance with independence requirements
Both	6. Quality Control	Headcount in quality control functions
	7. Staff Oversight	Staff per partner ratio Staff per manager ratio
	8. Attrition Rate	Degree of personnel losses

Tabelle 19: Beispiel eines AQI Disclosure Framework[160]

Die Tabelle verdeutlicht, dass Qualitätsindikatoren sowohl auf Ebene der WP-Praxis als auch auf Auftragsebene erhoben werden können. Insgesamt bleibt festzuhalten, dass der Einsatz von Qualitätsindikatoren noch am Anfang steht. So werden Qualitätsindikatoren neben der Berichterstattung in Transparenzberichten auch zur Messung der Prüfungsqualität aus Compliance-Gesichtspunkten für Zwecke der internen Steuerung von qualitätsgefährdenden Risiken eingesetzt. Ein weiteres Einsatzfeld von Qualitätsindikatoren ist die Berichterstattung über die Prüfungsqualität eines konkreten Abschlussprüfungsauftrags gegenüber dem Audit Committee. Da die Stakeholder-Interessen unterschiedlich sind, werden für unterschiedliche Zwecke der Berichterstattung auch unterschiedliche Qualitätsindikatoren benötigt.

160

---

160 *ACRA*, Groundbreaking Audit Quality Indicators Framework to Raise Quality of Financial Reporting in Singapore, October 14, 2015, https://www.acra.gov.sg/uploadedFiles/Content/News_and_Events/Press_releases/AQI%20Media%20Release_final(web).pdf (zit. 21.07.2018).

Kapitel E

Externe Kontrolle der Qualität von Wirtschaftsprüferleistungen

Verfasser:
WP StB Dr. Stefan Schmidt, Frankfurt am Main

Mitarbeit:
WP StB Dr. Thomas Nagel, Frankfurt am Main

E Externe Kontrolle der Qualität von Wirtschaftsprüferleistungen

Inhalt   Tz.
1. Externe Qualitätskontrollen und Inspektionen 1
    1.1 Gründe für die Einführung externer Qualitätskontrollen und Inspektionen 1
    1.2 Rahmenbedingungen für externe Qualitätskontrolle und Inspektionen 16
        1.2.1 System der externen Qualitätskontrolle und der Inspektionen in Deutschland 16
            1.2.1.1 Gesetzliche Grundlagen im Überblick 16
            1.2.1.2 Anwendungsbereich der gesetzlichen Regelungen 26
            1.2.1.3 Qualitätskontrolle in Praxen mit Non-PIE-Mandaten 39
                1.2.1.3.1 Kommission für Qualitätskontrolle (KfQK) 40
                1.2.1.3.2 Prüfer für Qualitätskontrolle 44
                1.2.1.3.3 Voraussetzungen für die Auftragsannahme 54
                1.2.1.3.4 Beauftragung und Mitteilungspflichten 60
                1.2.1.3.5 Gegenstand der Qualitätskontrolle. 67
                1.2.1.3.6 Auftragsdurchführung 73
                1.2.1.3.7 Verschwiegenheitspflichten 76
                1.2.1.3.8 Qualitätskontrollbericht 79
                1.2.1.3.9 Maßnahmen der Kommission für Qualitätskontrolle ... 86
                1.2.1.3.10 Zusammenfassung. 98
            1.2.1.4 Inspektionen in Praxen mit PIE-Mandaten 99
                1.2.1.4.1 Zuständige Aufsichtsbehörde 100
                1.2.1.4.2 Inspektionsverfahren 109
                1.2.1.4.3 Berichterstattung über die Inspektionsergebnisse und Stellungnahme durch die WP-Praxis 122
                1.2.1.4.4 Maßnahmen der zuständigen Aufsichtsbehörde 127
                1.2.1.4.5 Joint Inspections 130
            1.2.1.5 Zusammenwirken von Qualitätskontrolle und Inspektionen in WP-Praxen mit PIE- und Non-PIE-Mandaten 134
            1.2.1.6 Öffentliche Überwachung im System der Qualitätskontrolle und Inspektion 137
                1.2.1.6.1 Abschlussprüferaufsichtsstelle. 138
                1.2.1.6.2 Wirtschaftsprüferkammer 140
                1.2.1.6.3 Zusammenfassung. 143
        1.2.2 Rechtsform- und wirtschaftszweigspezifische Regelungen zur Qualitätskontrolle 144
            1.2.2.1 Prüfungsstellen der Sparkassen und Giroverbände 144
            1.2.2.2 Genossenschaftliche Prüfungsverbände 148
            1.2.2.3 Sozietäten 150
            1.2.2.4 Partnerschaftsgesellschaften 152
        1.2.3 Internationale Rahmenbedingungen für die externe Qualitätskontrolle und die Inspektion 153
            1.2.3.1 Entwicklung des Peer Reviews in den USA 153
            1.2.3.2 Peer-Review-Verfahren des AICPA 162
                1.2.3.2.1 System Review 163
                1.2.3.2.2 Engagement Review. 184

	1.2.3.2.3	State Boards of Accountancy	188
	1.2.3.2.4	Regeln der Nasdaq und der NYSE Euronext	189
	1.2.3.3	PCAOB Inspektionen	191
1.3	Durchführung von Qualitätskontrollen		205
	1.3.1	Grundsätze ordnungsmäßiger Durchführung von Qualitätskontrollen	205
	1.3.2	Auftragsannahme	207
	1.3.3	Risikoorientiertes Vorgehen bei der Qualitätskontrolle	213
	1.3.4	Dokumentation	231
	1.3.5	Berichterstattung	234
	1.3.5.1	Darstellung und Würdigung der Prüfungsfeststellungen	236
	1.3.5.2	Aufbau und Inhalt des Qualitätskontrollberichts	250
	1.3.5.3	Stellungnahme der geprüften WP-Praxis	265
	1.3.6	Besonderheiten bei WP-Praxen mit PIE-Mandanten	270
2.	Zertifizierung von Qualitätsmanagementsystemen		278
	2.1	Zielsetzung der Zertifizierung	278
	2.2	Organisatorische Rahmenbedingungen der Zertifizierung	281
	2.2.1	Akkreditierung von Qualitätsauditoren	281
	2.2.2	Anforderungen an Qualitätsauditoren und Zertifizierungsstellen	286
	2.3	Durchführung externer Qualitätsaudits	290
	2.3.1	Allgemeines	290
	2.3.2	Ethische Grundsätze	291
	2.3.3	Abgrenzung der Verantwortlichkeiten	292
	2.3.4	Planung des Qualitätsaudits	294
	2.3.5	Vorbereitung des Qualitätsaudits	297
	2.3.6	Durchführung des Qualitätsaudits	299
	2.3.7	Abschlussbesprechung	301
	2.4	Berichterstattung über die Ergebnisse externer Qualitätsaudits	302
	2.5	Verfahren zur Beseitigung von festgestellten Mängeln	304

1. Externe Qualitätskontrollen und Inspektionen

1.1 Gründe für die Einführung externer Qualitätskontrollen und Inspektionen

Der APr. hat die Aufgabe, ein unabhängiges Urteil über die Ordnungsmäßigkeit der Rechnungslegung von Unternehmen abzugeben. Ein solches Urteil erhöht die Glaubhaftigkeit der Abschlussinformationen für die Rechnungslegungsadressaten, soweit diese dem Urteil des APr. Vertrauen schenken. In den vergangenen Jahren ist das Vertrauen, das die Öffentlichkeit der Abschlussprüfung entgegenbringt, gesunken. Einen Grund für die Vertrauenskrise stellt die Diskrepanz zwischen den Erwartungen der Öffentlichkeit an die Abschlussprüfung und der tatsächlichen Verantwortung der APr. dar (sog. **Erwartungslücke**). APr., die die Erwartungen der Öffentlichkeit z.B. im Hinblick auf die Aufdeckung von Unterschlagungen oder die Warnung vor Unternehmenszusammenbrüchen nicht erfüllen, wird eine mangelnde Qualität bei der Ausübung ihres

1

Berufs vorgeworfen, obwohl im Einzelfall eine Verantwortung der APr. für die Aufdeckung solcher Sachverhalte bzw. die Berichterstattung darüber häufig nicht gegeben ist. Die Erwartungslücke ist kein nationales Problem, sondern wird auch in anderen Staaten seit vielen Jahren beobachtet. Darüber hinaus wurde eine Reihe von Fällen bekannt, in denen APr. ihre beruflichen Pflichten tatsächlich nicht ordnungsgemäß erfüllt haben.

2 Da das **Vertrauen der Öffentlichkeit** in die Qualität der Berufsausübung für den Berufsstand der WP von entscheidender Bedeutung ist, wurden auf nationaler und auf internationaler Ebene eine Reihe von Maßnahmen ergriffen, um dem Vertrauensverlust entgegenzuwirken. Diese Maßnahmen betreffen zunächst die gesetzlichen und berufsständischen Anforderungen an die Abschlussprüfung.

3 Aus deutscher Sicht ist in diesem Zusammenhang z.B. das KonTraG aus dem Jahr 1998 zu nennen, welches eine Vielzahl von Vorschriften enthält, die sich auf die Pflichten des APr. bei der Durchführung von Abschlussprüfungen auswirken. Das KonTraG bedingte die Entwicklung einer Reihe neuer Prüfungsstandards durch das IDW (z.B. zur Prüfung des Lageberichts und des Risikofrüherkennungssystems).

4 International hat IFAC in den vergangenen Jahren Berufsgrundsätze und Prüfungsstandards entwickelt. Die Berufsgrundsätze sind insb. im IESBA Code of Ethics for Professional Accountants der IFAC niedergelegt. Mit den von der IFAC herausgegebenen Prüfungsstandards, den ISA, werden international anerkannte Mindestanforderungen an die Abschlussprüfung festgelegt. Die Mitgliedsorganisationen der IFAC haben sich verpflichtet, diese Anforderungen in ihren nationalen Prüfungsstandards umzusetzen. Der deutsche Gesetzgeber hat mit der Verabschiedung des KonTraG die Möglichkeit einer weitgehenden Übernahme der Anforderungen der ISA an den BestV des APr. in die deutschen Prüfungsstandards geschaffen.

5 Darüber hinaus umfassen die auf nationaler und internationaler Ebene eingerichteten Maßnahmen zur Festigung des Vertrauens in die Abschlussprüfung auch die Verschärfung der Anforderungen an die interne Qualitätssicherung. Gesetzliche und berufsständische Regelungen zur Qualitätssicherung sind darauf gerichtet, die Einhaltung der Berufspflichten einschl. der Prüfungsstandards sicherzustellen (vgl. Kap. D Tz. 22 ff. und Kap. D Tz. 43 ff.).

6 Für die Öffentlichkeit ist aber nicht nur die Erkenntnis von Bedeutung, dass die APr. zur Einhaltung bestimmter Berufspflichten verpflichtet sind. Das erwünschte Maß an Vertrauen in die Qualität der Abschlussprüfung kann nur erreicht werden, wenn die Einhaltung dieser Standards durch Maßnahmen der externen Überwachung nachgewiesen wird.

7 Es haben sich vor diesem Hintergrund mittlerweile zwei Verfahren der externen Überwachung etabliert: externe Qualitätskontrollen (§ 57a WPO) und Inspektionen (§ 62b WPO).

8 Bei externen Qualitätskontrollen[1] handelt es sich um die Prüfung des internen Qualitätssicherungssystems und der Ordnungsmäßigkeit der Auftragsabwicklung von WP-Praxen. Sie wurde 2001 mit der 4. WPO-Novelle in das deutsche Recht eingeführt. **Ziel der Qualitätskontrolle** besteht darin, eine Aussage zu treffen, ob bei der Qualitätskontrolle Sachverhalte bekannt geworden sind, die gegen die Annahme sprechen, dass

---

1 Zum Begriff der Qualitätskontrolle wird auf Kap. E Tz. 16 verwiesen.

das Qualitätssicherungssystem der WP-Praxis im Einklang mit den gesetzlichen und satzungsmäßigen Anforderungen steht und mit hinreichender Sicherheit eine ordnungsgemäße Abwicklung von gesetzlichen Abschlussprüfungen nach § 316 HGB sowie von betriebswirtschaftlichen Prüfungen, die von der BaFin beauftragt werden, gewährleistet (*IDW PS 140*, Tz. 97 ff.). Die Qualitätskontrolle hat dabei eine präventive Funktion. Die präventive Funktion wird an den für Pflichtverstöße zur Verfügung gestellten Maßnahmen erkennbar: Auflage (§ 57e Abs. 2 S. 1 WPO), Sonderprüfung (§ 57e Abs. 2 S. 1 WPO), Löschung der Eintragung als gesetzlicher APr. (§ 57a Abs. 6a S. 2 WPO). Diese sind darauf gerichtet, einen Verstoß gegen das Berufsrecht für die Zukunft zu beseitigen, indem sichergestellt wird, dass die Abschlussprüfung in Zukunft unter Beachtung der Berufspflichten durchgeführt wird. Die Motivation für die Einführung der Qualitätskontrolle lag insb. in der Sicherung der Qualität der Berufsausübung, der Dokumentation der Qualitätssicherung in einer für die Öffentlichkeit transparenten und nachvollziehbaren Form, der Festigung des Vertrauens der Öffentlichkeit in Abschlussprüfungsleistungen sowie der Gewährleistung der Effektivität des Qualitätssicherungssystems durch Regelung und Sanktionierung aufgedeckter Mängel[2].

Die EU-Kommission hat in ihrer Verlautbarung „Mindestanforderungen an die Qualitätssicherungssysteme für die Abschlussprüfung in der EU" grundsätzlich zwei von der Systematik her unterschiedliche Verfahren der externen Qualitätskontrolle zugelassen und als gleichwertig betrachtet. Danach kommen sowohl das **Peer-Review-Verfahren** als auch das **Monitoring-Verfahren** in Betracht. Beim Peer Review wird die Qualitätskontrolle von einem anderen Berufsangehörigen (Peer) durchgeführt. Die Organisation und Überwachung des Verfahrens erfolgt weitgehend i.R.d. Selbstverwaltung des Berufsstands der WP. Beim Monitoring wird die Qualitätskontrolle von einer berufsständischen Organisation, einer Aufsichts- bzw. einer staatlichen Stelle von Amts wegen durchgeführt.

Die RL 2014/56/EU[3] schreibt keine bestimmte Form des Verfahrens der Qualitätskontrolle vor. Sie betrachtet jedoch für das Verfahren eine Reihe von organisatorischen Merkmalen als zwingend[4]:

- Die Personen, die mit Qualitätskontrollen betraut werden, müssen unabhängig von den überprüften WP-Praxen sein; Interessenkonflikte zwischen den Prüfern und der überprüften WP-Praxis müssen ausgeschlossen sein.
- Die Personen, die die Qualitätskontrollen durchführen, müssen über eine angemessene fachliche Ausbildung und einschlägige Erfahrungen auf den Gebieten der Abschlussprüfung und Rechnungslegung verfügen und darüber hinaus eine spezielle Ausbildung für Qualitätskontrollen absolviert haben.
- Die Finanzierung des Qualitätskontrollverfahrens muss gesichert sein und darf APr. bzw. Prüfungsgesellschaften keine Möglichkeit zur ungebührlichen Einflussnahme geben.
- Das Qualitätskontrollverfahren muss über angemessene Ressourcen verfügen.
- Das Qualitätskontrollverfahren muss der öffentlichen Aufsicht unterliegen.

---

2 Siehe hierzu auch *Marten/Köhler*, BB 2000, S. 867.
3 Richtlinie 2014/56/EU des Europäischen Parlaments und des Rates vom 16.04.2014 zur Änderung der Richtlinie 2006/43/EG über Abschlussprüfungen von Jahresabschlüssen und konsolidierten Abschlüssen (im Folgenden: RL 2014/56/EU), Abl.EU Nr. L 158 v. 27.05.2014, S. 196 ff.
4 Vgl. Art. 29 RL 2014/56/EG.

11 Eine von der FEE im Jahr 2006 veröffentlichte Studie[5] zeigt, dass innerhalb Europas reine Peer-Review-Systeme keine Anwendung finden. Nahezu alle Systeme in Europa, auch diejenigen, die auf einer Überprüfung durch andere Berufsangehörige beruhen, weisen wesentliche Monitoring-Elemente auf, um insb. die Glaubwürdigkeit des Verfahrens in der Öffentlichkeit zu stärken (sog. Monitored Peer Reviews). Dies kommt in Deutschland dadurch zum Ausdruck, dass Empfänger des Qualitätskontrollberichts neben der geprüften Praxis auch die Kommission für Qualitätskontrolle (KfQK) sowie die Abschlussprüferaufsichtsstelle (APAS) sind (§ 57a Abs. 5a S. 4 WPO). Die KfQK wertet den Qualitätskontrollbericht aus und entscheidet bei Vorliegen von Mängeln über entsprechende Maßnahmen.

12 Nach Art. 29 der RL 2014/56/EU muss die Qualitätskontrolle auf der Grundlage angemessener Überprüfungen von ausgewählten Prüfungsunterlagen eine Beurteilung der Einhaltung von Prüfungsstandards und Unabhängigkeitsanforderungen, der Quantität und der Qualität von eingesetzten Ressourcen sowie der berechneten Prüfungshonorare und des internen Qualitätssicherungssystems der WP-Praxis umfassen.

13 Die Vorteile von Peer-Review-Verfahren bestehen darin, dass der Prüfer für Qualitätskontrolle (PfQK) als „Peer" über aktuelle, in der Praxis erprobte Kenntnisse der Rechnungslegungsgrundsätze, der Prüfungsmethoden und der Qualitätssicherung verfügt. Allerdings sind bei diesem Verfahren besondere Maßnahmen zur Sicherung der Unabhängigkeit der PfQK zu treffen.

14 Im Sinne des Subsidiaritätsgedankens wird durch die weitgehende Beibehaltung der beruflichen Selbstverwaltung beim Peer Review Verfahren ein möglichst geringer bürokratischer Aufwand betrieben, was insb. zu einer Verringerung der Verfahrenskosten beitragen kann.

15 Bei **Inspektionen** handelt sich um ein Verfahren zur Untersuchung der Einhaltung von Berufspflichten, das wie beim Peer Review auf die Praxisorganisation und die Untersuchung von Prüfungsaufträgen gerichtet ist. Im Gegensatz zum Peer Review erfolgt die Untersuchung durch eine Aufsichtsstelle bzw. durch eine staatliche Stelle von Amts wegen; es handelt sich daher nicht um ein Verfahren der Selbstverwaltung des Berufsstands. Das Ziel der Inspektion besteht in der Verbesserung der Prüfungsqualität der untersuchten WP-Praxen und damit in der Stärkung des Vertrauens der Öffentlichkeit in die Wirksamkeit des Aufsichtssystems insgesamt. Die Ahndung von Pflichtverletzungen i.R. eines Berufsaufsichtsverfahrens steht nicht im Vordergrund. Andererseits sind Inspektionen Teil der Berufsaufsicht, sodass festgestellte Verstöße gegen Berufspflichten zu berufsrechtlichen Maßnahmen gegen Berufsangehörige führen. In Deutschland sind Inspektionen mit der 7. WPO-Novelle 2007 i.R.d. Umsetzung der RL 2006/43/EG[6] eingeführt worden. Sie sind auf WP-Praxen mit Abschlussprüfungen von Unternehmen von öffentlichem Interesse begrenzt worden[7], um eine Mehrbelastung insb. mittelständischer WP-Praxen zu vermeiden. Die Motivation zur Einführung von Inspektionen bestand im Schutz des Kapitalmarkts und seiner Teilnehmer sowie in der Schaffung einer Gleichwertigkeit des deutschen Berufsaufsichtssystems auf internationaler Ebene, z.B. im Verhältnis zu „Inspections" des US-amerikanischen PCAOB.

---

5   Vgl. *FEE*, S. 15 und 33.
6   Vgl. Art. 30 RL 2006/43/EG.
7   Siehe § 62b WPO.

1.2 Rahmenbedingungen für externe Qualitätskontrolle und Inspektionen

1.2.1 System der externen Qualitätskontrolle und der Inspektionen in Deutschland

1.2.1.1 Gesetzliche Grundlagen im Überblick

- **Externe Qualitätskontrollen**

Das Verfahren der externen Qualitätskontrolle ist sowohl im HGB als auch in der WPO **16** verankert. Bislang enthielt § 319 Abs. 1 S. 3 HGB als Voraussetzung für die Durchführung von Abschlussprüfungen, dass APr. eine wirksame Bescheinigung der WPK über die Teilnahme am Verfahren der externen Qualitätskontrolle nach § 57a WPO vorweisen, sofern die WPK keine Ausnahmegenehmigung erteilt hat. Das System der **Teilnahmebescheinigung** wurde durch das APAReG **abgeschafft**. Die Teilnahmebescheinigung wird seit dem 17.06.2016 durch ein System der Anzeige und Eintragung in das Berufsregister ersetzt. Danach dürfen Berufsangehörige in eigener Praxis oder Berufsgesellschaften Abschlussprüfungen nur durchführen, sofern sich aus dem Auszug aus dem Berufsregister ergibt, dass die Tätigkeit als gesetzlicher APr. im Berufsregister eingetragen ist (Eintragung nach § 38 Nr. 1 Buchst. h) bzw. Nr. 2 Buchst. f) WPO). Dies ermöglicht der WPK und der APAS beim Bundesamt für Wirtschaft und Ausfuhrkontrolle (BAFA), nach § 57a ff. WPO verbindlich vorgebene Qualitätskontrollen bzw. Inspektionen nach § 62b WPO vorzunehmen, wenn dies aufgrund der vorab durchgeführten Risikoanalyse notwendig erscheint. Durch Folgeänderungen des § 319 Abs. 1 S. 3 HGB wurde sichergestellt, dass ohne Anzeige und Eintragung keine gesetzlichen Abschlussprüfungen durchgeführt werden dürfen und die Nichtigkeitsfolge (§ 256 Abs. 1 Nr. 3 AktG) erhalten bleibt. APr. sind während der lfd. Abschlussprüfung verpflichtet, eine Löschung der Eintragung unverzüglich ggü. dem zu prüfenden Unternehmen anzuzeigen (§ 319 Abs. 1 S. 4 HGB). Im Übergang auf die neuen Vorschriften wurden alle APr. und Prüfungsgesellschaften, die noch über eine Teilnahmebescheinigung oder eine Ausnahmegenehmigung nach dem bisherigen System der Teilnahmebescheinigung verfügten, als gesetzlicher APr. im Berufsregister registriert. So sollten zusätzliche bürokratische Lasten durch die Umstellung auf das Anzeigesystem vermieden werden[8]. Abschlussprüfer, die erstmalig eine gesetzlich vorgeschriebene Abschlussprüfung nach § 316 HGB durchführen, müssen dies spätestens zwei Wochen nach Annahme des Prüfungsauftrags bei der WPK anzeigen (§ 57a Abs. 1 S. 1) und spätestens sechs Wochen nach Annahme eines Prüfungsauftrags über den Auszug aus dem Berufsregister verfügen (§ 319 Abs. 1 S. 3 HGB).

Die **Ausgestaltung des Verfahrens** ist in §§ 57a ff. WPO geregelt. Danach haben sich **17** Berufsangehörige in eigener Praxis und Prüfungsgesellschaften einer Qualitätskontrolle zu unterziehen, wenn sie gesetzlich vorgeschriebene Abschlussprüfungen nach § 316 HGB durchführen.

Mit der **Anzeige der Tätigkeit** (§ 38 Nr. 1 Buchst. h), Nr. 2 Buchst. f) WPO) sind Art und **18** Umfang der beabsichtigten Tätigkeit mitzuteilen. Dies umfasst z.B. die Anzahl und das voraussichtliche Stundenvolumen der erwarteten Abschlussprüfungen. Darüber hinaus

---

8   BT-Drs. 18/6282, S. 81.

sind wesentliche Änderungen von Art und Umfang der Prüfungstätigkeit mitzuteilen (§ 57a Abs. 1 S. 3 WPO). Die Eintragung ist ein gebührenfähiger Tatbestand, den die WPK i.R. ihrer Beitrags- und Gebührenordnung auch mit Blick auf die Folgekosten der Qualitätskontrolle berücksichtigen kann[9].

19 Mit dem APAReG wird das System der Qualitätskontrolle in § 57a WPO, soweit es von der RL 2014/56/EU vorgegeben ist, erhalten und weiterentwickelt. Dies spiegelt sich in § 57a Abs. 2 WPO wider. Nach wie vor dient die Qualitätskontrolle der Überwachung, ob die Regelungen zur Qualitätssicherung nach Maßgabe der gesetzlichen Vorschriften und der Berufssatzung insgesamt und bei der Durchführung einzelner Aufträge eingehalten werden. Sie erstreckt sich auf Abschlussprüfungen nach § 316 HGB und auf betriebswirtschaftliche Prüfungen, die von der Bundesanstalt für Finanzdienstleistungsaufsicht (BaFin) beauftragt werden. Mit der Beschränkung auf gesetzliche Abschlussprüfungen wird der Berufsstand von der bisherigen Anknüpfung an betriebswirtschaftliche Prüfungen, bei denen das Siegel geführt wird, entlastet. Lediglich bei von der BaFin beauftragten betriebswirtschaftlichen Prüfungen wird an dem Erfordernis einer Qualitätskontrolle festgehalten. Ein Grund hierfür ist das hohe öffentliche Interesse an diesen Prüfungen[10].

20 Die **gesetzliche Verankerung der externen Qualitätskontrolle** wird damit begründet, dass es sich um einen Eingriff in die Freiheit der Berufsausübung nach Art. 12 Abs. 1 GG handelt. Ein freiwilliges System hätte nach der Begründung zum Gesetzentwurf der Bundesregierung zum WPOÄG[11] den Nachteil, dass die grundsätzliche Verbindlichkeit, die das Berufsrecht bietet, nicht gewährleistet werden kann. Eine einheitlich hohe Qualität der Berufsausübung wäre insoweit in einem freiwilligen System nicht sichergestellt. Mögliche Parallelsysteme könnten die Akzeptanz im Berufsstand und in der Öffentlichkeit gefährden und zu einer Zweiteilung des Berufsstandes führen.

21 § 57c Abs. 1 WPO enthält eine Ermächtigung zum Erlass einer **Satzung für Qualitätskontrolle (SaQK)** durch die WPK, die zu ihrer Wirksamkeit der Genehmigung des BMWi im Einvernehmen mit dem BMJ bedarf. Die Satzung hat nach § 57c Abs. 2 WPO näher zu regeln:

- die Voraussetzungen und das Verfahren zur Registrierung der PfQK sowie des Widerrufs der Registrierung nach § 57a Abs. 3 und 3a
- die Ausschlussgründe für die Tätigkeit als PfQK wegen fehlender Unabhängigkeit
- das Verfahren zur Durchführung der Qualitätskontrolle innerhalb der WPK
- Mitteilungspflichten über Art und Umfang der Prüfungstätigkeit i.R.d. Anzeigeverfahrens sowie wesentliche Änderungen von deren Art und Umfang, die Risikoanalyse und die Anordnung der Qualitätskontrolle
- die Maßnahmen der KfQK im Falle der Aufdeckung von Mängeln im Qualitätssicherungssystem
- Umfang und Inhalt der Qualitätskontrolle und des Qualitätskontrollberichts,
- Inhalt und Aufbau der Unabhängigkeitsbestätigung nach § 57a Abs. 6 S. 2 WPO
- Umfang und Inhalt der speziellen Ausbildungsverpflichtung, der speziellen Fortbildung der PfQK sowie des entsprechenden Aus- oder Fortbildungsnachweises.

---

9   BT-Drs. 18/6282, S. 71.
10 BT-Drs. 18/6282, S. 81.
11 WPK-Mitt. Sonderheft April 2001, S. 31.

Die anlässlich der Änderungen des APAReG überarbeitete Fassung der SaQK ist am 21.06.2016 vom WPK-Beirat einstimmig beschlossen worden[12]. Die ministerielle Genehmigung erfolgte mit Schreiben vom 10.08.2016[13]. Die konkrete Ausgestaltung der Organisation des Verfahrens ist dementsprechend außerhalb der WPO geregelt, was eine schnellere Anpassung der Regelungen an nationale und internationale Entwicklungen ermöglichen soll und die WPO von Detailregelungen entlastet.

- **Inspektionen**

Das Verfahren zur Durchführung der Inspektionen ist in § 62b WPO geregelt. Danach sind Berufsangehörige in eigener Praxis und Prüfungsgesellschaften verpflichtet, sich einer Inspektion durch die APAS nach Art. 26 der VO (EU) Nr. 537/2014[14] zu unterziehen, wenn sie gesetzlich vorgeschriebene Abschlussprüfungen bei Unternehmen von öffentlichem Interesse nach § 319a Abs. 1 S. 1 HGB durchführen. Inspektionen erstrecken sich auch auf Drittstaatenprüfer oder Drittstaatenprüfungsgesellschaften, die Abschlussprüfungen von Unternehmen durchführen, die ihren Sitz außerhalb der EU und des EWR haben, deren Wertpapiere jedoch zum Handel an einem geregelten Markt in Deutschland zugelassen sind (§ 134 Abs. 1 WPO).

Inspektionen waren zunächst in Form **anlassunabhängiger Sonderuntersuchungen** als Teil der Berufsaufsicht der WPK ausgestaltet. Diese sah Sonderuntersuchungen bei konkreten Anhaltspunkten für einen Verstoß gegen Berufspflichten sowie stichprobenartig und damit ohne konkreten Anlass bei Berufsangehörigen und Prüfungsgesellschaften vor, die gesetzlich vorgeschriebene Abschlussprüfungen bei Unternehmen von öffentlichem Interesse nach § 319a Abs. 1 S. 1 HGB durchgeführt haben. Während sich das Berufsaufsichtsverfahren stets gegen eine natürliche Person richtet, ist i.R.d. Inspektion grundsätzlich die prüfende Praxis Verfahrensbeteiligter. Da die i.R. einer Inspektion gegebenen Auskünfte und vorgelegten Unterlagen jedoch Verwendung in einem sich möglicherweise anschließenden Berufsaufsichtsverfahren gegen eine natürliche Person finden können, wird die Praxisleitung regelmäßig bereits mit der Untersuchungsanordnung gebeten, Hinweise auf Berufspflichtverletzungen auch an die verantwortlichen WP der Abschlussprüfungen weiterzuleiten, die Gegenstand der Inspektion sind. Das Verfahren zur Durchführung der Inspektion wurde zunächst mit seiner Einführung durch die WPK unter der Fachaufsicht und Letztentscheidungsbefugnis der Abschlussprüferaufsichtskommissionen (APAK) betrieben. Durch eine Vereinbarung zwischen WPK und APAK wurde das Verfahren der Inspektion einschl. Organisation, Durchführung und Kommunikation mit Wirkung vom 01.04.2012 unmittelbar auf die APAK übertragen[15]. Vereinbart wurde auch, dass die in diesem Bereich tätigen Mitarbeiter allein der Weisungsbefugnis der APAK unterliegen. Die Übertragung der operativen Zuständigkeit für die Inspektion sollte somit vom Selbstorgani-

---

12 Mitteilung der WPK auf WPK Homepage; http://www.wpk.de/neu-auf-wpkde/alle/2016/sv/satzungen-vom-beirat-der-wpk-einstimmig-beschlossen/ (zit. 21.07.2018).
13 Mitteilung der WPK auf WPK Homepage; http://www.wpk.de/neu-auf-wpkde/berufsrecht/2016/ (zit. 21.07.2018).
14 VO (EU) Nr. 537/2014 des Europäischen Parlaments und des Rates vom 16.04.2014 über spezifische Anforderungen an die Abschlussprüfung bei Unternehmen von öffentlichem Interesse und zur Aufhebung des Beschlusses 2005/909/EG der Kommission [im Folgenden: VO (EU) Nr. 537/2014], Abl.EU Nr. L 158 v. 27.05.2014, S. 77 ff.
15 Vgl. *Volkmann*, in: Hense/Ulrich, WPO², Rn. 49.

sationsrecht der WPK gedeckt sein. Das Verfahren zur Durchführung der Inspektion wurde seither auf der Grundlage einer Verfahrensordnung der APAK betrieben. Die APAK berichtete in einem jährlichen Tätigkeitsbericht unmittelbar über wesentliche Ergebnisse und Erkenntnisse der Inspektion.

25 Mit der **Einrichtung der APAS zum 17.06.2016** und der Übertragung der öffentlichen Aufsicht über APr., die Abschlussprüfungen bei Unternehmen von öffentlichem Interesse durchführen, fällt die Durchführung von Inspektionen in den unmittelbaren Zuständigkeitsbereich der APAS (§ 66a Abs. 6 WPO). Werden bei den Ermittlungen Verletzungen von Berufspflichten festgestellt, kann die APAS Auflagen zur Beseitigung der Mängel erteilen oder eine Sonderprüfung anordnen. Die APAS entscheidet zudem über die Verhängung von berufsaufsichtlichen Maßnahmen (§ 66a Abs. 6 S. 3 WPO).

1.2.1.2 Anwendungsbereich der gesetzlichen Regelungen

- **Externe Qualitätskontrollen**

26 Der **Kreis der zur Teilnahme am Verfahren der Qualitätskontrolle Verpflichteten** setzt sich aus den WP, vBP und Berufsgesellschaften (WPG und BPG) zusammen, die beabsichtigen gesetzlich vorgeschriebene Abschlussprüfungen durchzuführen (§ 57a Abs. 1 S. 1 WPO, § 130 Abs. 3 WPO).

27 Berufsangehörige, die nicht verpflichtet sind, am Verfahren der externen Qualitätskontrolle teilzunehmen, können sich nach § 57g WPO **freiwillig** beteiligen. In diesem Fall sind die für die obligatorische Qualitätskontrolle geltenden Vorschriften entsprechend anzuwenden.

28 Bislang erstreckte sich die Qualitätskontrolle auf betriebswirtschaftliche Prüfungen i.S.v. § 2 Abs. 1 WPO, bei denen das Siegel geführt wird. Mit APAReG ist der Umfang der in die Qualitätskontrolle einzubeziehenden Aufträge geändert worden. Neuerdings fallen unter die Qualitätskontrolle **gesetzliche Abschlussprüfungen** nach § 316 HGB und betriebswirtschaftliche Prüfungen, die von der BaFin beauftragt werden (§ 57a Abs. 2 S. 2 WPO). Die Einbeziehung von **durch die BaFin beauftragten betriebswirtschaftlichen Prüfungen** erfolgte aufgrund des hohen öffentlichen Interesses, das mit diesen Aufträgen verbunden ist. Freiwillige Abschlussprüfungen unterliegen damit nicht mehr der Qualitätskontrolle; auch wurde der Umfang der sonstigen betriebswirtschaftlichen Prüfungen, die in die Qualitätskontrolle einzubeziehen sind, beschränkt. Dies entlastet den Berufsstand.

Die KfQK hat definiert, welche Prüfungen zu den gesetzlichen Abschlussprüfungen nach § 316 HGB gehören[16]. So sind unter Verweis auf Art. 2 Nr. 1 RL 2014/56/EU für Zwecke der externen Qualitätskontrolle nur diejenigen Abschlussprüfungen zu berücksichtigen, die nach Unionsrecht vorgeschrieben sind. Danach sind folgende Abschlussprüfungen Gegenstand der Qualitätskontrolle[17]:

---

[16] Vgl. *WPK*, Hinweis der KfQK zur Grundgesamtheit von Qualitätskontrollen nach APAReG v. 07.03.2017 (im Folgenden: KfQK-Hinweis: Grundgesamtheit Qualitätskontrollen), https://www.wpk.de/fileadmin/documents/Mitglieder/Praxishinweise/Hinweis_der_KfQK–Grundgesamtheit_QK_nach_APAReG.pdf (zit. 21.07.2018). Der Hinweis der KfQK enthält auch eine Aufzählung der von der BaFin beauftragten Prüfungen, die Gegenstand einer Qualitätskontrolle sind. Dazu zählen Prüfungen in den Bereichen Bankenaufsicht, Geldwäsche, Versicherungsaufsicht und Wertpapieraufsicht.

[17] Vgl. *WPK*, KfQK-Hinweis: Grundgesamtheit Qualitätskontrollen, S. 1 f.

- KapGes., die nicht kleine i.S.d. § 267 HGB sind (§ 316 Abs. 1 HGB) und nicht nach § 264 Abs. 3 HGB von der Prüfungspflicht befreit sind
- mittelgroße und große OHG und KG oder natürliche Person als Vollhafter (§ 264a i.V.m. § 316 Abs. 1 HGB) und nicht nach § 264b HGB von der Prüfungspflicht befreit sind
- KA, die nach § 290 i.V.m. § 293 HGB aufgestellt oder nach § 264 Abs. 3 Nr. 3 in der Fassung des BilRUG geprüft werden müssen (§ 316 Abs. 2 HGB)
- KI, FDLI gem. § 340 Abs. 4 HGB und Institute i.S.v. § 1 Abs. 2a ZAG, soweit sie nicht unter § 319a HGB fallen (keine CRR-Kreditinstitute), unabhängig von ihrer Größe
- Nachtragsprüfungen bei o.g. Prüfungen (§ 316 Abs. 3 HGB).

Nach Ansicht der KfQK sind insb. Abschlussprüfungen nicht einzubeziehen, die durch das PublG, das Stiftungsgesetz, das PartG oder nach Landesrecht (kommunale Unternehmen) veranlasst sind[18].

§ 57a Abs. 2 S. 3 WPO legt erstmals konkret den **Inhalt der Qualitätskontrolle** fest und setzt damit Art. 29 Abs. 1 Buchst. f) RL 2014/56/EU um[19]. Auf der Grundlage einer angemessenen Überprüfung ausgewählter Prüfungsunterlagen umfasst die Qualitätskontrolle eine Beurteilung der Angemessenheit und Wirksamkeit des Qualitätssicherungssystems nach § 55b WPO, insb. bezogen auf die Einhaltung der einschlägigen Berufsausübungsregelungen, die Unabhängigkeitsanforderungen, die Quantität und Qualität der eingesetzten Mittel und des Personals sowie die berechnete Vergütung.

Die Qualitätskontrolle findet auf der Grundlage einer Risikoanalyse mindestens alle sechs Jahre statt (§ 13 Abs. 2 SaQK). Haben zu Prüfende erstmals nach § 57a Abs. 1 S. 2 WPO angezeigt, gesetzlich vorgeschriebene Abschlussprüfungen nach § 316 HGB durchzuführen, hat eine Qualitätskontrolle spätestens drei Jahre nach Beginn der ersten gesetzlich vorgeschriebenen Abschlussprüfung stattzufinden (§ 57a Abs. 2 S. 4 und 5 WPO).

Über den konkreten **Zeitpunkt der Qualitätskontrolle** entscheidet gem. § 57a Abs. 2 S. 6 WPO die KfQK. Sie entscheidet nach Risikogesichtspunkten auf der Grundlage der mit der Anzeige zwischenzeitlich übermittelten Informationen oder nach Informationen aus dem letzten Qualitätskontrollbericht.

Die **Risikoanalyse** kann unter Berücksichtigung des Verhältnismäßigkeitsgrundsatzes unbillige Härten bei der Qualitätskontrolle vermeiden. So kann die KfQK zur Vermeidung übermäßigen Verwaltungsaufwands den Zeitpunkt für die nächste Qualitätskontrolle bereits im Abschlussschreiben bzw. im Bescheid über die Maßnahmen bei Vorliegen von Mängeln des Qualitätssicherungssystems festlegen. Der Zeitpunkt der Qualitätskontrolle kann von der KfQK verschoben werden, falls Tatsachen bekannt werden, die eine abweichende Risikoanalyse begründen würden. Der Zeitpunkt der Qualitätskontrolle wird bei Praxen, die Abschlussprüfungen bei Unternehmen von öffentlichem Interesse durchführen, mit Rücksicht auf den Zeitpunkt der Inspektionen durch die APAS gewählt[20].

---

18 Kritisch hierzu Schmidt/*Schneiß/van den Eynden*, IDW Life 2016, S. 596 f.
19 Vgl. BT-Drs. 18/6282, S. 81.
20 Vgl. BT-Drs. 18/6282, S. 82.

33 Nach überholter Rechtslage war die WPK zur Vermeidung von Härtefällen berechtigt, befristete Ausnahmegenehmigungen zu erteilen (§§ 57a Abs. 1 S. 2, 130 Abs. 3 WPO). Ein Härtefall lag u.a. vor, wenn die Pflicht zur Durchführung einer Qualitätskontrolle für den Antragsteller eine unverhältnismäßige Belastung darstellen würde. Mögliche Ausnahmegenehmigungen wurden insb. in Fällen gesehen, in denen erstmals Abschlussprüfungen durchgeführt wurden, und bei Existenzgründungen, damit der Zutritt zum Markt für Abschlussprüfungen nicht unverhältnismäßig erschwert wurde. Im überarbeiteten § 57a WPO entfällt die Verpflichtung zur Durchführung einer Qualitätskontrolle vor Annahme des Auftrags einer Abschlussprüfung oder zur Beantragung einer Ausnahmegenehmigung, falls zum Zeitpunkt der Annahme des Auftrags zur Abschlussprüfung noch keine Qualitätskontrolle durchgeführt wurde. Dies verschlankt das Verwaltungsverfahren und sorgt dafür, dass bereits mit Anzeige der Tätigkeit als APr. bei der WPK und unter Vorlage eines entsprechenden Registerauszugs ein Abschlussprüfungsmandat angenommen werden kann[21].

- **Inspektionen**

34 Der **Kreis derer, die zur Teilnahme am Verfahren der Inspektion verpflichtet sind**, umfasst Berufsangehörige und Prüfungsgesellschaften, die gesetzlich vorgeschriebene Abschlussprüfungen bei Unternehmen von öffentlichem Interesse nach § 319a Abs. 1 S. 1 HGB oder Abschlussprüfungen i.S.v. § 134 Abs. 1 WPO durchführen. Gegenstand der Inspektionen ist die Einhaltung derjenigen Berufspflichten, die bei gesetzlich vorgeschriebenen Abschlussprüfungen von Unternehmen nach § 319a Abs. 1 S. 1 HGB zu beachten sind. Im Falle von Beanstandungen können andere gesetzlich vorgeschriebene Abschlussprüfungen in die Inspektion einbezogen werden. Wird i.Z.m. einer Anfrage zur internationalen Zusammenarbeit gem. § 66c WPO eine Inspektion durchgeführt, können andere Prüfungen bei den in § 57 Abs. 9 S. 5 Nr. 1 WPO genannten Unternehmen in die Inspektion einbezogen werden. Im Hinblick auf die internationale Zusammenarbeit bei Inspektionen gilt Art. 31 VO (EU) Nr. 537/2014 über spezifische Anforderungen an die Abschlussprüfung bei Unternehmen von öffentlichem Interesse.

35 Der **Inhalt der Inspektionen** erstreckt sich nach Art. 26 Abs. 6 VO (EU) Nr. 537/2014 mindestens auf

- eine Bewertung des Aufbaus des internen Qualitätssicherungssystems der Praxis,
- eine angemessene Prüfung der Einhaltung der Qualitätssicherungsmaßnahmen in den Verfahren, eine Überprüfung der Prüfungsunterlagen von Unternehmen von öffentlichem Interesse zur Ermittlung der Wirksamkeit des internen Qualitätssicherungssystems und
- eine Berücksichtigung der Ergebnisse der in der Inspektion vorgenommenen Bewertung des Inhalts des aktuellsten von der WP-Praxis veröffentlichten jährlichen Transparenzberichts.

36 Im Rahmen der Inspektion des internen Qualitätssicherungssystems werden mindestens die folgenden Grundsätze und Verfahren überprüft[22]:

---

21 Vgl. BT-Drs. 18/6282, S. 62.
22 Art. 26 Abs. 7 VO (EU) Nr. 537/2014.

- Einhaltung der geltenden Prüfung und Qualitätssicherungsstandards sowie der Berufsgrundsätze und Unabhängigkeitsanforderungen und der einschlägigen deutschen Rechts- und Verwaltungsvorschriften
- Quantität und Qualität der eingesetzten Ressourcen einschl. der Einhaltung der Anforderungen bezüglich der kontinuierlichen Fortbildung gemäß Art. 13 VO (EU) Nr. 537/2014
- Einhaltung der Anforderungen gemäß Art. 4 VO (EU) Nr. 537/2014 hinsichtlich der in Rechnung gestellten Prüfungshonorare
- die von der WP-Praxis angewandte Methodik für die Durchführung der Abschlussprüfungen.

Zusätzlich ist bei gemischten WP-Praxen, d.h. Praxen, die gesetzlich vorgeschriebene Abschlussprüfungen durchführen – sowohl bei Unternehmen von öffentlichem Interesse nach § 319a Abs. 1 S. 1 HGB (PIE-Mandate) als auch bei Unternehmen, die nicht solche nach § 319a Abs. 1 S. 1 HGB sind (Non-PIE-Mandate) –, i.R.d. Inspektion der letzte Bericht des PfQK zu berücksichtigen. Zum **Zeitpunkt der Durchführung** der Inspektionen s. Kap. E Tz. 111. 37

Die Inspektionen werden durch Untersuchungsteams der Unterabteilung „Inspektionen und Qualitätskontrollen" der APAS durchgeführt. Für die fachliche und organisatorische Durchführung der Inspektion ist ein Untersuchungsleiter zuständig; dieser wird von der Leitung der APAS benannt. 38

1.2.1.3 Qualitätskontrolle in Praxen mit Non-PIE-Mandaten

WP-Praxen, die keine Abschlussprüfungen bei Unternehmen durchführen, die solche nach § 319a Abs. 1 S. 1 HGB sind, unterliegen nicht dem Inspektionsverfahren durch die APAS. Sie unterliegen hingegen mit ihren gesetzlichen vorgeschriebenen Abschlussprüfungen nach § 316 HGB und den von der BaFin beauftragten sonstigen betriebswirtschaftlichen Prüfungen dem Verfahren der externen Qualitätskontrolle. 39

1.2.1.3.1 Kommission für Qualitätskontrolle (KfQK)

Nach § 57 Abs. 2 Nr. 14 WPO obliegt es der WPK, ein System der Qualitätskontrolle zu betreiben. Nach der Regierungsbegründung ist es konsequent, die WPK mit der Organisation und der Durchführung des Verfahrens zu betrauen, da sie nach § 57 Abs. 1 WPO als Selbstverwaltungskörperschaft des Berufsstandes die Aufgabe hat, die beruflichen Belange ihrer Mitglieder zu wahren und die Einhaltung der beruflichen Pflichten zu überwachen. Zu diesem Zweck wurde nach § 57e Abs. 1 WPO bei der WPK eine **KfQK** eingerichtet. Die KfQK ist innerhalb der WPK zuständig für alle Angelegenheiten der Qualitätskontrolle im Sinne von § 57a WPO, soweit vor dem Hintergrund der allgemeinen Aufgabenverteilung zwischen WPK und APAS nicht die APAS zuständig ist. Die Zuständigkeit liegt bei der APAS, soweit WP-Praxen gesetzlich vorgeschriebene Abschlussprüfungen bei Unternehmen von öffentlichem Interesse durchführen (§ 57e Abs. 1 S. 4 und Abs. 2 S. 7 WPO). Darüber hinaus kann die APAS an Qualitätskontrollen teilnehmen (§ 66a Abs. 2 S. 3 WPO). (Zu den Besonderheiten bei gemischten Praxen s. Kap. E Tz. 134). Die **Aufgaben** der KfQK im Verfahren der Qualitätskontrolle bestehen insb. darin, 40

- die Durchführung einer Qualitätskontrolle anzuordnen,
- Prüfer für die externe Qualitätskontrolle zu registrieren,

- die Berichte der PfQK (Qualitätskontrollberichte) entgegenzunehmen und auszuwerten,
- über geeignete Maßnahmen im Falle von festgestellten Mängeln im Qualitätssicherungssystem der geprüften Praxen sowie über die Löschung der Eintragung zu entscheiden,
- die PfQK zu beaufsichtigen sowie Entscheidungen über die Rücknahme oder den Widerruf der Registrierung als PfQK zu treffen,
- über Auflagen zur Beseitigung von Mängeln, Sonderprüfungen oder weitere Zwangsmaßnahmen bei Nichtbefolgen der verhängten Maßnahmen zu entscheiden und
- Widersprüche gegen Entscheidungen i.Z.m. der externen Qualitätskontrolle zu bescheiden.

41 Nach § 57b Abs. 1 S. 1 WPO sind die Mitglieder der KfQK zur **Verschwiegenheit** verpflichtet. § 57e Abs. 1 S. 3 WPO regelt, dass die Mitglieder der KfQK unabhängig und nicht weisungsgebunden sind.

42 Nach § 31 SaQK hat die KfQK jährlich einen **Tätigkeitsbericht** zu erstellen, in dem die Ergebnisse der durchgeführten Qualitätskontrollen in anonymisierter Form dargestellt werden. In dem Bericht sind u.a. eine Statistik zur Gesamtzahl der durchgeführten Qualitätskontrollen und die Ergebnisse der Qualitätskontrollen anzugeben. Weiterhin berichtet die KfQK über statistische Daten zu den durchgeführten Qualitätskontrollen. Ergänzend sollen die am häufigsten festgestellten Mängel im Qualitätssicherungssystem und die entsprechenden Maßnahmen der KfQK (insb. Auflagen zur Beseitigung von Mängeln, Anordnung von Sonderprüfungen) dargestellt werden. Über die Ergebnisse dieser Maßnahmen ist zu berichten. Adressat des Tätigkeitsberichts ist die APAS. Vorstand und Beirat der WPK erhalten ihn zur Kenntnis. Nach Billigung durch die APAS wird der Tätigkeitsbericht im Internet veröffentlicht.

43 Die Berufsangehörigen sind i.R.d. externen Qualitätskontrolle verpflichtet, Aufklärungen und Nachweise beizubringen, wodurch ggf. berufsrechtlich relevante Tatbestände preisgegeben werden können. Eine Verwertung derartig gewonnener Informationen im Berufsaufsichtsverfahren war bislang grundsätzlich untersagt. Eine Ausnahme war lediglich vorgesehen, wenn ein Widerruf der Bestellung als WP oder der Anerkennung als WPG in Betracht zu ziehen war. Diese bislang strikte Trennung zwischen der Qualitätskontrolle und der Berufsaufsicht durch die WPK (sog. Firewall) ist in Umsetzung der europäischen Vorgaben durch das APAReG aufgehoben worden. So hat nun die KfQK den Vorstand der WPK auch zu unterrichten, wenn die Einleitung eines berufsaufsichtlichen Verfahrens gegen einen Berufsangehörigen in Betracht zu ziehen ist (§ 57e Abs. 4 WPO). Auch dürfen die i.R.d. Qualitätskontrolle erteilten Auskünfte und erlangten Unterlagen für von der WPK oder der APAS eingeleitete Aufsichtsverfahren verwendet werden (§ 57e Abs. 5 WPO).

1.2.1.3.2 Prüfer für Qualitätskontrolle

44 Nach § 57a Abs. 3 S. 1 WPO sind die Qualitätskontrollen durch bei der WPK registrierte WP oder WPG durchzuführen. Nach § 130 Abs. 3 S. 2 WPO können auch vBP und BPG PfQK sein. Sie dürfen allerdings nur i.R. ihres Vorbehaltsbereiches, d.h. bei anderen vBP und BPG, tätig werden.

Voraussetzung für die Registrierung als Prüfer für Qualitätskontrolle für WP/vBP ist eine Tätigkeit im Bereich gesetzlicher Abschlussprüfungen während der letzten drei Jahre vor Antragstellung (§ 57a Abs. 3 Nr. 1 WPO). Nach § 1 SaQK sind dabei alle Tätigkeiten anzuerkennen, die im Bereich gesetzlicher Abschlussprüfungen von einem WP/vBP ausgeübt werden. Dazu gehören z.B. auch die auftragsbezogene Qualitätssicherung nach § 48 BS WP/vBP sowie sonstige mit gesetzlichen Abschlussprüfungen zusammenhängende fachliche Tätigkeiten. Die Anforderung einer dreijährigen Berufserfahrung als WP setzt nach der Regierungsbegründung eine **verantwortliche Tätigkeit** im Bereich gesetzlicher Abschlussprüfungen voraus; der Einsatz als Prüfungsassistent kann danach nicht anerkannt werden. Da der PfQK i.R. seiner Tätigkeit eine Beurteilung der Ordnungsmäßigkeit der Praxisorganisation und von durchgeführten Aufträgen vornehmen muss, dürfen seine Kenntnisse der Prüfungs-, Rechnungslegungs- und Qualitätssicherungsgrundsätze nicht veraltet sein. Im Allgemeinen sollen deshalb bei Antragstellung die Tätigkeiten im Bereich der Abschlussprüfung nicht länger als drei Jahre zurückliegen. Zu den Anforderungen an die Nachweisführung für die Registrierung und die Aufrechterhaltung der Registrierung als PfQK im Hinblick auf die Tätigkeit im Bereich der gesetzlichen Abschlussprüfung hat die KfQK einen ergänzenden Hinweis veröffentlicht[23].

45

Darüber hinaus müssen die PfQK nunmehr statt „Kenntnissen in der Qualitätssicherung" eine **spezielle Ausbildung in der Qualitätskontrolle** vorweisen können (§ 57a Abs. 3 S. 2 Nr. 2 WPO). Diese Änderung gegenüber der bisherigen Anforderung ist durch das APAReG aufgenommen worden und folgt dem Wortlaut des Art. 2 Buchst. a) der RL 2014/56/EU. Die Anforderung umfasst neben den Grundsätzen der internen Qualitätssicherung nach § 55b WPO auch die Grundsätze der ordnungsgemäßen Durchführung von Qualitätskontrollen gem. §§ 57a ff. WPO. Konkretisiert werden diese Anforderungen durch die Satzungen, die fachlichen Regeln oder durch die Hinweise der KfQK (§ 2 Abs. 1 SaQK). Die Kenntnisse in der Qualitätskontrolle können nach § 2 Abs. 2 und 3 SaQK durch die Teilnahme an einem von der WPK anerkannten Schulungskurs erlangt und nachgewiesen werden[24]. Eine solche **Ausbildungsveranstaltung** muss mindestens sechzehn Unterrichtseinheiten à 45 Minuten umfassen und die folgenden Inhalte aufweisen:

46

- System der Qualitätskontrolle,
- Anforderungen an den PfQK,
- Qualitätssicherungssystem der WP-Praxis als Prüfungsgegenstand der Qualitätskontrolle,
- Durchführung der Qualitätskontrolle sowie
- Berichterstattung über die durchgeführte Qualitätskontrolle.

Andere Nachweismöglichkeiten, z. B. die Mitarbeit in Fachgremien des IDW, werden von der KfQK nicht anerkannt. Anerkannt werden grundsätzlich nur solche Veran-

47

---

23 WPK, Hinweis der KfQK zur Aufrechterhaltung der Registrierung als Prüfer für Qualitätskontrolle - Tätigkeit im Bereich der gesetzlichen Abschlussprüfung v. 24.10.2017; https://www.wpk.de/fileadmin/documents/Mitglieder/Praxishinweise/Hinweis_der_KfQK–Aufrechthaltung_Registrierung_PfQK.pdf (zit. 21.07.2018).
24 Nach § 2 Abs. 3 SaQK bestätigt die WPK dem Veranstalter eines Schulungskurses, der die Voraussetzungen erfüllt, die Übereinstimmung mit dieser Vorschrift.

staltungen, denen ein lernzielorientiertes Konzept in Bezug auf die Qualifikationen eines PfQK zugrunde liegt. Die Teilnahme an einer Ausbildungsveranstaltung soll nach der SaQK (§ 2 Abs. 4 SaQK) zum Zeitpunkt des Registrierungsantrages bei der WPK nicht länger als drei Jahre zurückliegen.

48 **Voraussetzung für die Registrierung einer WPG oder BPG** als PfQK ist, dass
- mindestens ein Mitglied des Vorstands, der Geschäftsführung, ein persönlich haftender Gesellschafter oder – bei einer PartG – ein Partner als PfQK registriert,
- die WPG/BPG als gesetzlicher APr. eingetragen und
- gegen sie in den letzten fünf Jahren keine berufsaufsichtliche Maßnahme wegen der Verletzung einer Berufspflicht verhängt worden ist, die ihre Eignung als PfQK ausschließt (§ 57a Abs. 3 S. 4 i.V.m. Abs. 3 S. 2 Nr. 3 WPO).

49 In § 57a Abs. 3 S. 6 WPO wird klargestellt, dass als PfQK registrierte Berufsangehörige, die in eigener Praxis tätig und nicht als gesetzliche APr. registriert sind, keine Qualitätskontrolle in eigener Praxis durchführen dürfen. Das **Registrierungsverfahren** ist in den §§ 3 bis 5 SaQK geregelt. Danach erfolgt die Registrierung auf schriftlichen oder elektronischen Antrag bei der KfQK. Bei der Antragstellung müssen die Voraussetzungen für die Registrierung gegeben sein. Hierzu sind der WPK die entsprechenden Nachweise vorzulegen. Der Nachweis der Tätigkeit im Bereich der Abschlussprüfung kann entweder durch die Vorlage einer Bescheinigung des Arbeitgebers oder durch eine entsprechende Versicherung des Antragstellers nachgewiesen werden. In Zweifelsfällen kann die WPK weitere Nachweise anfordern. Die spezielle Ausbildung in der Qualitätskontrolle ist in Form einer Bescheinigung nachzuweisen, aus der die Anerkennung der speziellen Ausbildungsveranstaltung, der Gegenstand und die Dauer der Teilnahme zu entnehmen sind.

50 Die **Registrierung als Prüfer für Qualitätskontrolle ist** nach § 5 Abs. 1 SaQK zu widerrufen, wenn die Registrierungsvoraussetzungen entfallen sind. Dies ist insb. der Fall, wenn
- die Eintragung des ausschließlich in eigener Praxis tätigen WP/vBP oder der Berufsgesellschaft als gesetzlicher APr. gem. § 57a Abs. 6a S. 2 WPO gelöscht worden ist,
- der PfQK in den letzten drei Jahren nicht mehr im Bereich gesetzlicher Abschlussprüfungen tätig gewesen ist,
- gegen den PfQK eine unanfechtbare berufsaufsichtliche Maßnahme nach § 68 Abs. 1 S. 2 Nr. 2 bis 6 WPO verhängt worden ist, die seine Eignung als PfQK ausschließt oder
- der PfQK keinen Nachweis über die Erfüllung seiner Fortbildungsverpflichtung nach § 6 Abs. 3 SaQK erbringt.

51 Hieraus wird deutlich, dass die Anforderungen an die fachliche Ausbildung und an die Erfahrung auf den Gebieten der Abschlussprüfung und Rechnungslegung sowie die spezielle Ausbildung in der Qualitätskontrolle nicht nur zum Zeitpunkt der Registrierung, sondern auch zum Zeitpunkt der Auswahl des Prüfers erfüllt werden müssen[25].

52 Das **Berufsregister** wird nach Registrierung des PfQK um eine entsprechende Eintragung ergänzt (§ 38 Nr. 1 Buchst. i) sowie Nr. 2 Buchst. g) WPO).

---

25 So auch Regierungsbegründung, BT-Drs. 18/6282, S. 82.

Die Registrierung als PfQK erlischt mit dem **Erlöschen der Bestellung** zum WP/vBP bzw. der Anerkennung als Berufsgesellschaft (§ 5 Abs. 4 SaQK).

Die KfQK untersucht bei PfQK, ob diese bei von ihnen **durchgeführten Qualitätskontrollen** die **gesetzlichen Anforderungen und Berufsausübungsregeln eingehalten** haben (§ 57e Abs. 7 S. 1 WPO). Werden dabei Verstöße gegen bestehende Vorschriften festgestellt, kann sie Maßnahmen ergreifen (§ 57e Abs. 7 S. 2 i.V.m. Abs. 2 S. 1-4, 7 WPO). Befolgen die PfQK eine Maßnahme nicht, kann diese ggf. im Wege der Festsetzung eines Zwangsgeldes durchgesetzt oder der Vorstand der WPK unterrichtet werden. Die Auswahl der zu untersuchenden PfQK erfolgt anlassunabhängig auf der Grundlage einer Risikoanalyse. Einzelheiten der Untersuchung sind in einem Hinweis der WPK zusammengefasst[26]. 53

1.2.1.3.3 Voraussetzungen für die Auftragsannahme

Der PfQK ist als WP, der betriebswirtschaftliche Prüfungen nach § 2 Abs. 1 WPO durchführt, verpflichtet, die allgemeinen Berufsgrundsätze der Unabhängigkeit, der Gewissenhaftigkeit, der Verschwiegenheit und der Eigenverantwortlichkeit zu beachten (§ 43 Abs. 1 S. 1 WPO, §§ 1 ff. BS WP/vBP). Der Berufsgrundsatz der Unabhängigkeit wird in § 57a Abs. 4 WPO für die externe Qualitätskontrolle konkretisiert. Danach darf ein WP oder eine WPG nicht PfQK sein, wenn kapitalmäßige, finanzielle oder persönliche Bindungen, insb. als Teilhaber oder Mitarbeiter, zu den zu prüfenden Berufsangehörigen oder Prüfungsgesellschaften bestehen oder sonstige Umstände vorliegen, welche die Besorgnis der Befangenheit begründen. Auch wechselseitige Prüfungen sind ausgeschlossen. Prüfer für Qualitätskontrolle haben zu erklären, dass keine Ausschlussgründe oder sonstige Interessenkonflikte zwischen ihnen und den zu Prüfenden bestehen. Ist die Unabhängigkeit des PfQK nicht gegeben oder liegen z.B. andere Prüfungshemmnisse vor, entscheidet die KfQK auf Löschung der Eintragung nach § 38 Nr. 1 Buchst. h) oder Nr. 2 Buchst. f) WPO (§ 57a Abs. 6a S. 2 WPO). Die Bestimmungen zur **Unabhängigkeit des Prüfers für Qualitätskontrolle** werden in der SaQK wie folgt weiter konkretisiert (§ 10 SaQK): 54

Kategorie (SaQK)	Sachverhalt	Anmerkungen
kapitalmäßige Bindungen (§ 10 Abs. 2)	Anteile an der zu prüfenden Praxis oder an einem verbundenen Unternehmen (auch im umgekehrten Fall)	betroffen sind bei Sozietäten auch die Personen, mit denen der PfQK seinen Beruf gemeinsam ausübt, und bei WPG die gesetzlichen Vertreter, der für die Qualitätskontrolle zuständige WP, die Mitglieder des AR; bei juristischen Personen die Gesellschafter, die mehr als 20% der Stimmrechte besitzen; bei Personenhandelsgesellschaften alle Gesellschafter

---

26 WPK, Hinweis der KfQK zur Aufsicht über die Prüfer für Qualitätskontrolle nach § 57e Abs. 7 WPO; https://www.wpk.de/fileadmin/documents/Mitglieder/Praxishinweise/Hinweis_der_KfQK–Aufsicht_-Pruefer_QK.pdf (zit. 21.07.2018).

Kategorie (SaQK)	Sachverhalt	Anmerkungen
finanzielle Bindungen (§ 10 Abs. 3)	mehr als 30% der Gesamteinnahmen werden aus der beruflichen Tätigkeit für die zu prüfende Praxis (einschl. verbundener Unternehmen) erzielt	–
	gewährte oder erhaltene Darlehen	–
	Versorgungszusagen	–
persönliche Bindungen (§ 10 Abs. 4)	gesetzlicher Vertreter der zu prüfenden Praxis bzw. eines verbundenen Unternehmens	betroffen sind bei Sozietäten auch die Personen, mit denen der PfQK seinen Beruf gemeinsam ausübt, und bei WPG die gesetzlichen Vertreter, der für die Qualitätskontrolle zuständige WP, die Mitglieder des AR; bei juristischen Personen die Gesellschafter, die mehr als 20% der Stimmrechte besitzen; bei Personenhandelsgesellschaften alle Gesellschafter
	Mitglied des AR der zu prüfenden Praxis bzw. eines verbundenen Unternehmens	s.o.
	Arbeitnehmer der zu prüfenden Praxis bzw. eines verbundenen Unternehmens	s.o.
sonstige Umstände, die eine Besorgnis der Befangenheit begründen (§ 10 Abs. 5)	Mitwirkung an der Einrichtung des internen Qualitätssicherungssystems der zu prüfenden Praxis, die über eine Prüfungs- und Beratungstätigkeit hinausgeht	betroffen sind bei WPG die Mitglieder des AR; bei juristischen Personen die Mehrheitsgesellschafter; bei Personenhandelsgesellschaften alle Gesellschafter
	Durchführung von Joint Audits im lfd. oder im vergangenen Jahr, wenn das *anteilige Prüfungshonorar* beim PfQK nicht unwesentlich war	Richtwert für Wesentlichkeit: Verhältnis von Umsatz aus Joint Audits zum Gesamtumsatz des PfQK in einem Jahr größer 10%

Kategorie (SaQK)	Sachverhalt	Anmerkungen
wechselseitige Prüfungen (§ 10 Abs. 6)	Prüfer und geprüfte Praxis beauftragen sich gegenseitig mit der Durchführung der Qualitätskontrolle	–
	Ringprüfungen	Ausnahme: Aus Sicht eines objektiven Dritten besteht keine Besorgnis der Befangenheit
	zu prüfende Praxis prüft den JA des PfQK	Ausnahme: Wenn inzwischen ein anderer Prüfer die Qualitätskontrolle beim PfQK durchgeführt hat

Tabelle 1: Anforderungen an die Unabhängigkeit der PfQK

Nach § 57a Abs. 4 S. 2 WPO sind **wechselseitige Qualitätskontrollen ausgeschlossen**. Dem liegt die Vorstellung zugrunde, dass hierdurch wechselseitige Abhängigkeiten entstehen können, die durch die allgemeinen Berufspflichten nicht sicher genug beherrschbar sind. Es soll verhindert werden, dass die so verfahrenden Berufsangehörigen bewusst mit dem Ziel zusammenwirken, keine ordnungsgemäße Qualitätskontrolle nach Maßgabe der gesetzlichen Vorschriften durchzuführen[27]. Das Verbot der wechselseitigen Prüfung darf auch nicht durch Einschaltung einer weiteren Partei umgangen werden. Dies wird in § 10 Abs. 6 S. 2 SaQK wie folgt konkretisiert: „Dies [d.h. das Vorliegen einer wechselseitigen Prüfung, Anm.d.A.] ist auch der Fall, wenn sich mehr als zwei Praxen im Ring mit der Qualitätskontrolle beauftragen (Ringprüfung), es sei denn, dass auch aus Sicht eines objektiven Dritten die Besorgnis der Befangenheit nicht besteht". Aus der Entstehungsgeschichte der Vorschrift ist abzuleiten, dass die Bildung eines „Rings" zwar eine gewisse Indizwirkung für die Bejahung der Besorgnis der Befangenheit hat, dass diese aber im Einzelfall ausgeräumt werden kann. Als schädlich und als Ringprüfung im Sinne des § 10 Abs. 6 SaQK gelten solche Fälle, in denen durch zielgerichtete, abgestimmte Vereinbarungen ein Prüfungsring gebildet wird, um die Anforderungen an eine wirksame Qualitätskontrolle zu unterlaufen. Eine derartige abgestimmte Verhaltensweise ist bei direkter wechselseitiger Beauftragung offensichtlich und nicht widerlegbar. Dieser Regelungszweck trifft auch dann zu, wenn gezielt ein Dritter eingeschaltet wird, um formal die Gegenseitigkeit zu vermeiden. 55

Soll eine **Berufsgesellschaft** mit der externen Qualitätskontrolle beauftragt werden, muss der für die Durchführung verantwortliche WP entweder Vorstand, Geschäftsführer oder Gesellschafter der WPG bzw. Partner der PartG und nach § 57a Abs. 3 S. 2 WPO registriert sein (§ 57a Abs. 3 S. 5 WPO). 56

Wirtschaftsprüfer, die in **eigener Praxis,** in sonstiger Weise tätig und nach § 57a Abs. 3 S. 2 WPO registriert sind, aber nicht die Voraussetzungen nach § 57a Abs. 3 S.3 WPO erfüllen, dürfen nach § 57a Abs. 3 S. 6 WPO keine Qualitätskontrolle in eigener Praxis durchführen. 57

---

[27] *Sahner/Schulte-Groß/Clauß*, WPK-Mitt. 2001, S. 12.

58 **Vereidigte Buchprüfer und Buchprüfungsgesellschaften** können nach § 130 Abs. 3 WPO ebenfalls mit der Durchführung externer Qualitätskontrollen beauftragt werden. Sie dürfen Qualitätskontrollen jedoch nur bei vereidigten Buchprüfern oder Buchprüfungsgesellschaften durchführen.

59 Die WPK hat zu prüfen, ob die materiellen Voraussetzungen nach § 57a Abs. 3 WPO im Einzelfall vorliegen, und dies im Wege der Registrierung zu dokumentieren.

1.2.1.3.4 Beauftragung und Mitteilungspflichten

60 Die zu prüfende Praxis hat nach § 57a Abs. 6 S. 1-4 WPO i.V.m. § 8 SaQK mindestens vier Wochen vor Beauftragung bei der KfQK bis zu drei **Vorschläge für mögliche Prüfer für Qualitätskontrolle** einzureichen. Die Vorschläge müssen nach § 8 Abs. 1 SaQK neben dem bzw. den vorgeschlagenen Prüfer(n) für Qualitätskontrolle bei Berufsgesellschaften auch jeweils den Berufsangehörigen benennen, der die Qualitätskontrolle verantwortlich leiten wird. Den Vorschlägen ist zudem eine Unabhängigkeitsbestätigung des bzw. der vorgeschlagenen PfQK beizufügen.

61 Die **Unabhängigkeitsbestätigung** muss nach § 11 Abs. 1 S. 2 SaQK die in der Anlage zur Satzung genannten Angaben enthalten:

- Bestätigung, dass keine Ausschlussgründe nach § 57a Abs. 4 WPO i.V.m. § 9 SaQK, vorliegen;
- Bestätigung, dass keine Besorgnis der Befangenheit nach § 49 WPO besteht;
- Bestätigung, dass keine sonstigen Interessenkollisionen bestehen oder in den letzten drei Jahren bestanden haben;
- Bestätigung, dass die Unabhängigkeit und Unparteilichkeit nach § 43 Abs. 1 WPO gewahrt ist.

Sie darf bei Eingang des Vorschlags nicht älter als sechs Monate sein (§ 11 Abs. 1 S. 3 SaQK). Führen die zu prüfende Praxis und der vorgesehene PfQK Joint Audits durch, sind diese Tatsache sowie das Verhältnis des anteiligen Honorars aus den gemeinsamen Abschlussprüfungen zum Gesamtumsatz des PfQK im vergangenen Jahr in der Unabhängigkeitsbestätigung anzugeben.

62 Die KfQK hat das Recht, innerhalb einer angemessenen Frist einzelne oder sämtliche Vorschläge unter Angabe von Gründen abzulehnen (**Widerspruchsrecht**). Liegen Ausschlussgründe nach § 57a Abs. 4 WPO vor, hat die KfQK den Vorschlag abzulehnen[28]. Bestehen konkrete Anhaltspunkte dafür, dass eine ordnungsgemäße Durchführung der Qualitätskontrolle nicht gewährleistet ist, kann die KfQK den Vorschlag ebenfalls ablehnen[29]. Hiervon wird die KfQK Gebrauch machen, wenn sie über negative Erfahrungen mit dem vorgeschlagenen PfQK verfügt.

63 Beabsichtigt die KfQK eine Ablehnung, hat sie dies der zu prüfenden Praxis innerhalb von vier Wochen nach vollständiger Vorlage der Unterlagen mitzuteilen (§ 57a Abs. 6 S. 3 WPO i.V.m. § 8 Abs. 4 SaQK)[30]. Erhält die Praxis innerhalb dieser Frist keine Mitteilung, gelten die Vorschläge als anerkannt.

---

[28] § 8 Abs. 2 SaQK.
[29] § 8 Abs. 3 SaQK.
[30] Die Vier-Wochen-Frist beginnt mit der vollständigen Vorlage der Unterlagen (§ 8 Abs. 4 S. 2 SaQK).

Der PfQK wird nach § 57a Abs. 6 S. 6 WPO unmittelbar durch den Berufsangehörigen **64** bzw. die Berufsgesellschaft beauftragt, der bzw. die zur Teilnahme am Verfahren der externen Qualitätskontrolle verpflichtet ist oder freiwillig daran teilnimmt. Bei einem Zusammenschluss mehrerer WP in einer Sozietät hat grundsätzlich jeder WP einen eigenständigen Auftrag an einen von ihm ausgewählten Prüfer zu erteilen. Der Auftrag kann jedoch auch gemeinsam von allen zur Qualitätskontrolle verpflichteten Sozien erteilt werden. Dies ist aus Effizienzgründen insb. bei Sozietäten mit einem einheitlichen Qualitätssicherungssystem zu empfehlen.

Entsprechend § 9 SaQK benennt die KfQK nach § 57a Abs. 6 S. 5 WPO einen PfQK, **65** wenn die zu prüfende Praxis in zwei Vorschlägen jeweils einen oder bis zu drei Vorschläge unterbreitet hat, die alle von der KfQK abgelehnt worden sind.

Änderungen bezüglich der Durchführung des Auftrags sind ebenfalls unverzüglich **66** mitzuteilen; dies gilt auch bei einer Kündigung des Auftrags aus wichtigem Grund nach § 57a Abs. 7 WPO.

1.2.1.3.5 Gegenstand der Qualitätskontrolle

Prüfungssubjekt der Qualitätskontrolle nach § 57a Abs. 1 WPO sind die Berufsange- **67** hörigen mit ihrer Praxis (eigene Praxis, Sozietät oder Berufsgesellschaft). Im Falle gemeinsamer Berufsausübung, z.B. in einer interprofessionellen Sozietät, wird die Praxis soweit geprüft, wie die Verpflichtung des Berufsangehörigen reicht. Sind die Tätigkeitsbereiche des Berufsangehörigen und der übrigen Sozien oder Partner einer PartG organisatorisch nicht getrennt, sind auch die übrigen Sozien verpflichtet, dem PfQK Zutritt zu den Praxisräumen zu gewähren, Aufklärungen zu geben sowie die verlangten Nachweise vorzulegen, soweit dies für eine sorgfältige Prüfung erforderlich ist (§ 57d WPO).

Nach § 57a Abs. 2 S. 1 WPO dient die externe Qualitätskontrolle der Überwachung der **68** Einhaltung von Regelungen zur Qualitätssicherung nach Maßgabe der gesetzlichen Vorschriften und der BS WP/vBP. Dies beinhaltet auch die Einhaltung dieser Regelungen bei der Durchführung einzelner Aufträge (vgl. auch Kap. E Tz. 19).

Inhalt der Qualitätskontrolle ist nach § 57a Abs. 2 S. 3 WPO die Beurteilung der An- **69** gemessenheit und Wirksamkeit des Qualitätssicherungssystems nach § 55b WPO auf Basis einer angemessenen Überprüfung ausgewählter Prüfungsunterlagen (vgl. auch Kap. E Tz. 29).

Die Qualitätskontrolle wird auf der Grundlage einer Risikoanalyse durch die KfQK an- **70** geordnet (zu Einzelheiten s. Kap. E Tz. 30 ff.).

Dem Ziel der Qualitätskontrolle entsprechend ist es nicht Sinn und Zweck der Prüfung **71** der Abwicklung einzelner Abschlussprüfungen, einen geprüften Abschluss auf seine Richtigkeit nach Art einer zweiten Abschlussprüfung zu prüfen. Trotz dieser Einschränkung soll aber anhand einzelner Prüfungen beurteilt werden, ob das Qualitätssicherungssystem gewährleistet, dass solche Aufträge adäquat durchgeführt werden. Die Prüfung der Durchführung einzelner Aufträge dient dabei dem Zweck, die Umsetzung des in der Praxis eingeführten Qualitätssicherungssystems in der Auftragsabwicklung zu prüfen (Wirksamkeitsprüfung)[31].

---

31 Vgl. auch BT-Drs. 18/6282, S. 82.

72 Der PfQK hat i.R.d. Prüfungsdurchführung darüber hinaus festzustellen, ob die Empfehlungen und Auflagen aus früheren externen Qualitätskontrollen umgesetzt worden sind.

1.2.1.3.6 Auftragsdurchführung

73 Die Prüfung ist vor Ort in der WP-Praxis durchzuführen, weil sich der PfQK nur auf diese Weise ein aussagefähiges Bild der Praxisorganisation und der Qualität der durchgeführten Prüfungsaufträge machen kann. Die WP-Praxis hat dem PfQK Zutritt zu den Praxisräumen zu gewähren, Aufklärungen zu geben und die verlangten Nachweise vorzulegen, soweit dies für eine sorgfältige Prüfung erforderlich ist (§ 57d S. 1 WPO).

74 Nach § 57d S. 2 WPO gelten die **Auskunfts- und Vorlagepflichten** des § 62 Abs. 2 und 3 WPO entsprechend. Danach können die Auskunft und die Vorlage von Unterlagen verweigert werden, wenn dadurch die Verschwiegenheitspflicht verletzt werden würde. Darüber hinaus ist es möglich, die Auskunft zu verweigern, wenn sich dadurch die Gefahr ergäbe, wegen einer Straftat, einer Ordnungswidrigkeit oder einer Berufspflichtverletzung verfolgt zu werden, und sich das Mitglied hierauf beruft. Es ist zwar auf das Recht zur Auskunftsverweigerung hinzuweisen, wurde aber die Auskunft oder die Vorlage von Unterlagen nicht verweigert, besteht die Verpflichtung, richtige und vollständige Auskünfte zu erteilen sowie richtige und vollständige Unterlagen vorzulegen. Allerdings können nach § 62 Abs. 3 S. 3 WPO die richtige und vollständige Auskunft und die Vorlage der Unterlagen nicht von denjenigen Mitgliedern der WPK verweigert werden, die zur Durchführung gesetzlich vorgeschriebener Abschlussprüfungen befugt sind oder solche ohne diese Befugnis tatsächlich durchführen, wenn die Auskunft und die Vorlage von Unterlagen i.Z.m. der Prüfung eines der gesetzlichen Pflicht zur Abschlussprüfung unterliegenden Unternehmens stehen. Dies gilt auch für die PfQK bezüglich der Erteilung von Auskünften und der Vorlage für Unterlagen, die mit dieser Tätigkeit im Zusammenhang stehen. Diese Regelung konstituiert eine gesetzliche Durchbrechung der Verschwiegenheitspflicht; sie soll der Stärkung der Berufsaufsicht dienen[32]. Die Durchbrechung der Verschwiegenheitspflicht wurde zur Wahrung der Verhältnismäßigkeit des Eingriffs in die Berufsausübung auf diejenigen Aufsichtsverfahren beschränkt, die i.Z.m. der Prüfung eines der gesetzlichen Pflicht zur Abschlussprüfung unterliegenden Unternehmens stehen[33].

75 § 57d S. 3 WPO stellt allerdings klar, dass eine solche Mitwirkung nicht im Wege des Verwaltungszwangs durchgesetzt werden kann. Mangelnde Mitwirkungspflichten der zu prüfenden Praxis können aber Prüfungshemmnisse darstellen, über die im Prüfungsurteil zu berichten ist (§ 23 Abs. 2 SaQK; s. hierzu Kap. E Tz. 238). Dabei wird das Bestreben, eine Prüfungserklärung ohne Beschreibung eines Prüfungshemmnisses zu erlangen, einen starken Anreiz geben, in gebotener Weise an der Qualitätskontrolle mitzuwirken.

Die Mitwirkungspflichten gelten auch für interprofessionelle Sozietäten. Unabhängig davon, ob es sich bei den Mitgliedern der Sozietät um Berufsangehörige handelt, unterliegen sie den in § 57d WPO festgelegten Mitwirkungspflichten, soweit die Beurteilung des internen Qualitätssicherungssystems dies erfordert.

---

32 Amtliche Begründung, BT-Drs. 16/2858, S. 35.
33 Amtliche Begründung, BT-Drs. 16/2858, S. 35 f.

1.2.1.3.7 Verschwiegenheitspflichten

Damit die erforderlichen Informationen an den PfQK gegeben werden dürfen, sieht § 57b Abs. 3 WPO eine **Einschränkung der Verschwiegenheitspflicht** vor. Die Berufsangehörigen, die zur Teilnahme am Verfahren der externen Qualitätskontrolle verpflichtet sind oder sich freiwillig am Verfahren beteiligen, sind nach § 57b Abs. 3 WPO von ihrer Verschwiegenheitspflicht nach §§ 43 Abs. 1 S. 1 WPO sowie § 323 Abs. 1 S. 1 HGB befreit, soweit dies zur Durchführung der externen Qualitätskontrolle erforderlich ist. Dies gilt auch für die Angehörigen anderer sozietätsfähiger Berufe, mit denen der Berufsangehörige in einer Sozietät oder PartG verbunden ist. Eine solche Einschränkung ist insb. für eine wirksame Durchführung von Auftragsprüfungen erforderlich; aber auch bei der Beurteilung der auftragsunabhängigen Qualitätssicherung kann die Vorlage von Mandanteninformationen, die grundsätzlich der Verschwiegenheitspflicht unterliegen, notwendig sein (z.B. Vorlage von Mandantenlisten zur Beurteilung der organisatorischen Maßnahmen zur Einhaltung des Grundsatzes der Unabhängigkeit, soweit sich die Auftragslisten ausschließlich auf diejenigen Aufträge beziehen, die Teil der Grundgesamtheit der Qualitätskontrolle sind[34]). **76**

Die **Verschwiegenheitspflicht des Prüfers für Qualitätskontrolle** ergibt sich aus § 57b Abs. 1 S. 1 WPO und § 323 Abs. 1 S. 1 HGB in Verbindung mit § 57b Abs. 4 WPO. Danach unterliegen neben dem PfQK auch die bei der externen Qualitätskontrolle eingesetzten fachlichen Mitarbeiter der Verschwiegenheitspflicht. Sie dürfen nicht unbefugt Geschäfts- und Betriebsgeheimnisse, die sie bei ihrer Tätigkeit erfahren haben, verwerten. Durch den Verweis in § 57b Abs. 4 WPO auf die Vorschrift des § 323 HGB werden der PfQK und seine Mitarbeiter darüber hinaus zur gewissenhaften und unparteiischen Prüfung verpflichtet. Werden diese Pflichten vorsätzlich oder fahrlässig verletzt, sind der PfQK und seine Mitarbeiter zum Ersatz des Schadens verpflichtet. Die Ersatzpflicht ist bei Fahrlässigkeit auf 1 Mio. € begrenzt (§ 323 Abs. 2 S. 1 HGB i.V. m. § 57b Abs. 4 WPO). **77**

Auch die **Mitglieder der KfQK und die Bediensteten der WPK** sind nach § 57b Abs. 1 WPO über die ihnen i.R.d. Qualitätskontrolle bekannt gewordenen Angelegenheiten zur Verschwiegenheit verpflichtet. Sie dürfen nach § 57b Abs. 2 i.V.m. § 64 Abs. 2 WPO in gerichtlichen Verfahren und vor Behörden ohne Genehmigung nicht aussagen oder Auskunft geben. Dies betrifft auch die Vorlegung oder Auslieferung von Schriftstücken durch die WPK. Nach der Regierungsbegründung wird damit die Pflicht der WPK zur Amtshilfe i.R. eines Strafverfahrens beschränkt[35]. Auf Kenntnisse oder Unterlagen, die ohne eine Qualitätskontrolle nicht zum Gegenstand einer Beweisaufnahme im Strafverfahren gemacht werden könnten, haben die Strafverfolgungsbehörden keinen Zugriff. Dies gilt nur dann nicht, wenn der Beschuldigte den Träger des Berufsgeheimnisses von der Verschwiegenheitspflicht entbindet. Die KfQK kann nach § 57b Abs. 2 S. 4 WPO nur dann eine Genehmigung zur Vorlage von Unterlagen oder zur Abgabe von Auskünften durch die zur Verschwiegenheit Verpflichteten erteilen, wenn eine solche Entbindung von der Verschwiegenheitspflicht vorliegt.

---

34 Siehe hierzu WPK, Hinweis der KfQK zur Grundgesamtheit von Qualitätskontrollen nach APAReG vom 03.05.2016, S. 1, https://www.wpk.de/uploads/tx_news/Hinweis_der_KfQK–Grundgesamtheit_Q-K_nach_APAReG.pdf (zit. 21.07.2018).
35 Amtliche Begründung, BT-Drs. 14/3649, S. 27.

78 Aufgrund ihrer umfassenden Informations-, Einsichts- und Teilnahmerechte (§ 66a WPO) haben die Beamten und Angestellten, die in der **APAS** tätig sind, sowie die Mitglieder des bei ihr eingerichteten Fachbeirats und sonstige von ihr Beauftragte Zugang zu einer Vielzahl persönlicher oder beruflicher Informationen und sind daher ebenfalls zur Verschwiegenheit verpflichtet (§ 66b Abs. 1 WPO). Sie dürfen, auch nach Beendigung ihrer Tätigkeit, fremde Geheimnisse, namentlich Geschäfts- oder Betriebsgeheimnisse, die ihnen bei ihrer Tätigkeit bekannt werden, nicht offenbaren und nicht verwerten (§ 66b Abs. 2 WPO). Die Verschwiegenheitspflicht hindert die APAS jedoch nicht daran, anlässlich von Qualitätskontrollen festgestellte Verstöße von Berufsangehörigen anderer Mitgliedstaaten der EU gegen Vorschriften zur Abschluss- oder Konzernabschlussprüfung der zuständigen Prüferaufsichtsstelle des anderen Mitgliedstaats mitzuteilen (vgl. § 66b Abs. 1 i.V.m. § 66c Abs. 4 WPO).

1.2.1.3.8 Qualitätskontrollbericht

79 Der PfQK hat nach Abschluss seiner Prüfungshandlungen einen **Qualitätskontrollbericht** anzufertigen (§ 57a Abs. 5 S. 1 WPO), der an die KfQK und den Auftraggeber der externen Qualitätskontrolle gerichtet ist. Eine Ausfertigung des Qualitätskontrollberichts hat der PfQK auch der WPK unverzüglich nach Abschluss der Prüfung – nach Möglichkeit in elektronischer Form – zuzuleiten (§ 57a Abs. 6a S. 1 WPO). Der Bericht ist so zu gestalten, dass die KfQK die Beurteilung des Prüfungsergebnisses nach § 57a Abs. 5 S. 2 Nr. 5 WPO durch den PfQK in angemessener Zeit nachvollziehen kann[36]. Die Auswertung erstreckt sich nach § 26 SaQK darauf, ob der Bericht inhaltlich den Grundsätzen ordnungsmäßiger Berichterstattung entspricht, ob die aufgezeigten Mängel das Prüfungsurteil rechtfertigen und ob Anhaltspunkte bestehen, dass die Qualitätskontrolle nicht nach den gesetzlichen Vorschriften, Satzungen und fachlichen Regeln durchgeführt wurde. Für den Fall, dass der PfQK wesentliche Prüfungshemmnisse oder wesentliche Mängel nach § 57a Abs. 6a S. 2 Nr. 2 und 3 WPO festgestellt hat, soll die geprüfte Praxis der KfQK eine eigene Stellungnahme zum Ergebnis der Qualitätskontrolle zuleiten, die in die Auswertung des Qualitätskontrollberichtes einzubeziehen ist. Im Rahmen der Auswertung hat die WPK das Recht, sowohl beim PfQK als auch bei der geprüften Praxis weitere Informationen und Unterlagen einzuholen[37]. Nach § 26 Abs. 2 SaQK kann die KfQK den PfQK und den geprüften Berufsangehörigen bzw. die geprüfte Berufsgesellschaft zur Anhörung laden. Erscheinen die Berufsangehörigen nicht, entscheidet die KfQK nach Aktenlage. Die Durchführung einer solchen Anhörung kann von einem hierzu beauftragten Mitglied der KfQK vorgenommen werden, sofern die geprüfte Praxis dem zustimmt.

80 Der Qualitätskontrollbericht muss nach § 57a Abs. 5 S. 2 WPO folgende Informationen enthalten:
- die Nennung der KfQK und der geprüften Praxis als Empfänger des Berichts,
- eine Beschreibung von Gegenstand, Art und Umfang der Prüfung einschl. einer Beschreibung des Qualitätssicherungssystems nach § 55b WPO,
- eine nach Prüfungsart gegliederte Angabe der Stundenanzahl,
- die Zusammensetzung und Qualifikation der PfQK sowie

---

36 § 25 Abs. 1 S. 2 SaQK.
37 § 26 Abs. 1 S. 4 SaQK.

- eine Beurteilung des Prüfungsergebnisses nach § 57a Abs. 2 S. 3 WPO.

Die WPK hat unter Berücksichtigung von § 57a Abs. 5 S. 2 WPO und den Vorschriften zum Qualitätskontrollbericht in § 25 SaQK folgende Liste erstellt, anhand derer eine **Vollständigkeitskontrolle** des Qualitätskontrollberichts vorgenommen wird. Die Gliederung entspricht der Vorgabe in § 25 Abs. 2 SaQK: 81

- Adressaten,
- Auftrag und Auftragsgegenstand,
- Angaben zur Praxis,
- Beschreibung der wesentlichen Elemente des eingerichteten Qualitätssicherungssystems nach § 55b Abs. 2 WPO,
- Art und Umfang der Qualitätskontrolle,
- Maßnahmen aufgrund der in der vorangegangenen Qualitätskontrolle festgestellten Mängel,
- Beurteilung der Prüfungsfeststellungen
  – Mängel und wesentliche Mängel,
  – Prüfungshemmnisse und Einzelfeststellungen von erheblicher Bedeutung,
- Empfehlungen zur Beseitigung festgestellter Mängel,
- Prüfungsurteil.

Wurden von den PfQK keine wesentlichen Mängel im Qualitätssicherungssystem festgestellt, haben sie zu erklären, dass ihnen keine Sachverhalte bekannt geworden sind, die gegen die Annahme sprechen, dass das Qualitätssicherungssystem der WP-Praxis in Einklang mit den gesetzlichen oder satzungsmäßigen Anforderungen steht und mit hinreichender Sicherheit eine ordnungsgemäße Abwicklung von Abschlussprüfungen nach § 316 HGB und von betriebswirtschaftlichen Prüfungen, die von der BaFin beauftragt wurden, gewährleistet (§ 57a Abs. 5 S. 4 WPO). Im Falle von wesentlichen Mängeln oder Prüfungshemmnissen sind diese von den PfQK zu benennen, Empfehlungen für ihre Beseitigung zu geben und, sofern die festgestellten Mängel wesentlich sind, die Erklärung nach § 57a Abs. 5 S. 4 WPO einzuschränken oder zu versagen. Eine Begründung für die Einschränkung oder Versagung ist in den Qualitätskontrollbericht aufzunehmen (§ 57a Abs. 5 S. 6 WPO). 82

Bei Vorliegen der folgenden Sachverhalte entscheidet die KfQK auf **Löschung** der Eintragung als gesetzlicher APr. nach § 38 Nr. 1 Buchst. h) oder Nr. 2 Buchst. f) WPO: 83

a) die Qualitätskontrolle wurde nicht innerhalb der von der KfQK vorgegebenen Frist oder unter Verstoß gegen § 57a Abs. 3 S. 1 und 5 oder Abs. 4 WPO (Verfahrensverstöße) durchgeführt
b) wesentliche Prüfungshemmnisse sind festgestellt worden
c) wesentliche Mängel sind im Qualitätssicherungssystem festgestellt worden, die das Qualitätssicherungssystem als unangemessen oder unwirksam erscheinen lassen.

Nach § 57a Abs. 7 WPO können Aufträge zur Durchführung der Qualitätskontrolle nur aus wichtigem Grund gekündigt werden. Nicht als wichtiger Grund für eine **vorzeitige Kündigung** zählen Meinungsverschiedenheiten über seinen Inhalt. Die PfQK haben der KfQK über das Ergebnis ihrer bisherigen Prüfung und den Kündigungsgrund zu berichten. Der Bericht ist von der geprüften Praxis im Fall einer späteren Qualitätskontrolle den nächsten PfQK vorzulegen. 84

85 Die **Aufbewahrungsfrist** der WPK für den Qualitätskontrollbericht beträgt nach § 57a Abs. 8 WPO sieben Jahre ab dem Zeitpunkt des Eingangs bei der WPK. Anschließend ist der Bericht zu vernichten. Die Frist kann sich nur im Fall eines anhängigen Rechtsstreits über Maßnahmen der KfQK verlängern – bis zur Rechtskraft des Urteils.

1.2.1.3.9 Maßnahmen der Kommission für Qualitätskontrolle

86 Werden i.R. einer Qualitätskontrolle Mängel im Qualitätssicherungssystem festgestellt, entscheidet die KfQK nach Anhörung des betroffenen Berufsangehörigen über die erforderlichen Maßnahmen. Sie kann Auflagen zur Beseitigung der Mängel[38] erteilen, eine Sonderprüfung anordnen[39] oder über eine Löschung der Eintragung als gesetzlicher APr.[40] entscheiden. Wird beabsichtigt, eine Eintragung nach § 57a Abs. 6a S. 2 WPO zu löschen, hat die WPK den Vorgang zuvor der APAS vorzulegen (§ 57e Abs. 2 S. 1 und 4-6 WPO).

87 Bei den **Auflagen** kann es sich z.B. um die Anordnung von Maßnahmen zur Verbesserung der Fachkompetenz der Mitarbeiter oder zur Verbesserung des Auftragsannahmeprozesses handeln. Auflagen können bei geringen Mängeln, Sonderprüfungen bei gravierenden Mängeln in Betracht kommen. Konkretisierungen zu den Maßnahmen der WPK wurden in der SaQK vorgenommen (§ 27 SaQK). Es ist auch eine Kombination von Auflagen und Sonderprüfung denkbar, wenn z.B. i.R. einer Sonderprüfung beurteilt wird, ob bestimmte Auflagen umgesetzt wurden.

88 Wird eine **Sonderprüfung** angeordnet, hat die geprüfte Praxis die allgemeinen Mitteilungspflichten des § 14 SaQK zu beachten (§ 27 Abs. 3 SaQK). Wenn die betroffene WP-Praxis die Beauftragung eines Sonderprüfers beabsichtigt, der nicht mit dem PfQK identisch ist, hat sie nach § 57a Abs. 6 S. 1 und 2 WPO vor Beauftragung Vorschläge zur Person des Sonderprüfers bei der KfQK einzureichen. Nach Abschluss der Sonderprüfung hat der beauftragte Prüfer einen Bericht über die Sonderprüfung anzufertigen und eine Ausfertigung des Berichts der KfQK vorzulegen. Die KfQK kann verlangen, dass mit der Sonderprüfung ein anderer PfQK beauftragt wird, insb. wenn der bisherige Prüfer die Qualitätskontrolle nicht ordnungsgemäß durchgeführt hat (§ 27 Abs. 3 S. 8 SaQK).

89 Zur **Durchsetzung** der verhängten Maßnahmen (Auflagen, Sonderprüfung) kann die WPK ein Zwangsgeld von bis zu 25 T€ festsetzen (§ 57e Abs. 3 S. 1 WPO)[41]. Setzt die betroffene Praxis die Maßnahmen auch nach wiederholter Festsetzung eines Zwangsgeldes nicht oder nicht vollständig um, ist die Eintragung der Anzeige nach § 38 Nr. 1 Buchst. h) oder Nr. 2 Buchst. f) WPO zu löschen (§ 57e Abs. 3 S. 2 WPO, § 27 Abs. 5 S. 2 SaQK). § 57e Abs. 2 S. 2 WPO sieht vor, dass der KfQK über die Umsetzung der Auflagen von der geprüften Praxis ein schriftlicher Bericht vorzulegen ist (Auflagenerfüllungsbericht)[42].

---

38 § 57e Abs. 2 S. 1 WPO.
39 § 57e Abs. 2 S. 1 WPO.
40 § 57a Abs. 6a S. 2 WPO.
41 Die Verhängung eines Zwangsgeldes ist nicht zulässig, wenn die geprüfte Praxis ihre Mitwirkungspflichten nicht erfüllt hat (§ 27 Abs. 4 S. 2 SaQK). In diesem Fall liegt ggf. ein Prüfungshemmnis vor, über das dann im Qualitätskontrollbericht sowie im Prüfungsurteil zu berichten ist.
42 Zu näheren Einzelheiten s. § 28 SaQK; *WPK*, Hinweis der KfQK zu Erfüllungsberichten i.S.v. § 57e Abs. 2 S. 2 WPO v. 05.10.2016; https://www.wpk.de/fileadmin/documents/Mitglieder/Praxishinweise/Hinweis_der_KfQK-Erfuellungsberichte.pdf (zit. 21.07.2018).

Erhält die KfQK Berichte, in denen **keine Hinweise auf Qualitätsmängel in der geprüften Praxis** enthalten sind, wird die KfQK i.d.R. keine weiteren Nachforschungen anzustellen haben. Etwas anderes gilt nur dann, wenn die Formulierungen im Qualitätskontrollbericht auf Fehler in der Durchführung der Qualitätskontrolle hindeuten, z.B. wenn offensichtlich nicht genügend Prüfungshandlungen zur Beurteilung der Ordnungsmäßigkeit der Auftragsabwicklung durchgeführt wurden oder wenn konkrete Hinweise vorliegen, dass die Beurteilung der Prüfungsfeststellungen durch den PfQK unsachgemäß ist, also die im Bericht dargestellten Prüfungsfeststellungen nach Auffassung der KfQK so schwerwiegend sind, dass eine Einschränkung oder Versagung des Prüfungsurteils angezeigt wäre. 90

Werden der KfQK dagegen Qualitätskontrollberichte vorgelegt, in denen auf **wesentliche Mängel im Qualitätssicherungssystem** von geprüften Praxen hingewiesen wird, wird die KfQK vor Erlass von Maßnahmen zu entscheiden haben, ob sie sich der Auffassung des PfQK anschließen kann. Im Allgemeinen wird ihr als zusätzliche Entscheidungsgrundlage eine Stellungnahme der geprüften Praxis zum Qualitätskontrollbericht zur Verfügung stehen. Bestätigt die geprüfte Praxis die Auffassung des Prüfers und stimmt sie den vom Prüfer vorgeschlagenen Maßnahmen zur Beseitigung der Mängel zu, wird sich die Beurteilung der KfQK auf die Angemessenheit der vorgeschlagenen Maßnahmen beschränken. Bestehen keine erkennbaren Unsicherheiten, wird sie der geprüften Praxis in einem Verwaltungsakt die Umsetzung dieser Maßnahmen auferlegen. Selbstverständlich muss der geprüften Praxis auch in diesen Fällen eine nochmalige Gelegenheit zur Stellungnahme gegeben werden. Weitere Nachforschungen wären dann vorzunehmen, wenn entweder die vorgeschlagenen Maßnahmen nicht sachgerecht erscheinen oder die geprüfte Praxis sich in ihrer Stellungnahme nicht mit der Auffassung des PfQK einverstanden erklärt hat. In diesem Fall kann die KfQK sowohl vom Prüfer als auch von der geprüften Praxis weitere Informationen (z.B. in einer Anhörung oder durch die Vorlage von Arbeitspapieren des Prüfers) verlangen. In Ausnahmefällen ist die Anordnung einer Sonderprüfung denkbar, um verbliebene Zweifelsfragen zu klären. Auch in den Fällen, in denen der PfQK das Prüfungsurteil im Qualitätskontrollbericht versagt, weil wegen eines wesentlichen Mangels das Qualitätssicherungssystem unangemessen oder unwirksam erscheint, sind vor der Entscheidung über die Löschung der Eintragung der Tätigkeit als APr. nach § 38 Nr. 1 Buchst. h) oder Nr. 2 Buchst. f) WPO im Allgemeinen weitere Aufklärungen und Nachweise einzuholen, um die zu treffende Entscheidung abzusichern. Eine Fehlentscheidung der KfQK kann für die geprüfte Praxis bedeutende wirtschaftliche Einbußen und entsprechende Schadensersatzansprüche nach sich ziehen. 91

Anders stellt sich die Sachlage dar, wenn der Prüfer im Qualitätskontrollbericht über **Prüfungshemmnisse** berichtet, die einer Beurteilung wesentlicher Teile des Qualitätssicherungssystems der geprüften Praxis entgegenstehen. Wie der PfQK kann sich auch die KfQK in diesen Fällen kein Urteil über die betreffenden Teile des Qualitätssicherungssystems verschaffen. Sie muss dann beurteilen, welche Ursache dieses Prüfungshemmnis hat. Liegt die Ursache in der fehlenden Bereitschaft der geprüften Praxis, dem Prüfer die erforderlichen Dokumentationen vorzulegen, muss die KfQK Maßnahmen ergreifen, die für eine abschließende Beurteilung erforderlich sind. Weigert sich die geprüfte Praxis endgültig, die notwendigen Nachweise vorzulegen und lässt das Prüfungshemmnis das Qualitätssicherungssystem als unangemessen oder unwirksam 92 erscheinen, wird im Regelfall die Eintragung der Tätigkeit als APr. nach § 57a Abs. 6a Nr. 2 WPO zu löschen sein. Sind für das Prüfungshemmnis dagegen tatsächliche Gegebenheiten ausschlaggebend, die nicht in einer Weigerung der Vorlage von Nachweisen durch die geprüfte Praxis bestehen, wird i.d.R. ein Dokumentationsmangel vorliegen. Kann der PfQK z.B. kein Urteil treffen, weil keine angemessene Dokumentation der Maßnahmen zur Aus- und Fortbildung existiert oder bei Abschlussprüfungen die Prüfungshandlungen zu wesentlichen Prüffeldern nicht in den Arbeitspapieren festgehalten worden sind, liegt ein Mangel im Qualitätssicherungssystem vor, der nach den allgemeinen Regeln zu bewerten ist. In diesem Fall sollte schon der PfQK in seinem Qualitätskontrollbericht einen Mangel feststellen, der dann entweder eine Einschränkung des Prüfungsurteils oder die Berichterstattung eines Prüfungshemmnisses im Prüfungsurteil[43] nach sich zieht.

93   Ein schwierigeres Problem stellt sich für die KfQK, wenn der PfQK im Qualitätskontrollbericht zwar keine wesentlichen Mängel oder wesentliche Prüfungshemmnisse aufzeigt, wohl aber über Prüfungsfeststellungen berichtet, die er für die von der KfQK zu treffende Entscheidung als bedeutsam ansieht (Prüfungsfeststellungen von erheblicher Bedeutung). Dies können bspw. **Angaben über i.R.d. Qualitätskontrolle festgestellte Einzelfehler sein, die nicht auf einen Mangel im Qualitätssicherungssystem zurückzuführen sind** (z.B. eine Fehleinschätzung von erheblicher Bedeutung bei der Durchführung einer Abschlussprüfung, wenn ein zugrunde liegender Bilanzierungsfehler die Nichtigkeit des geprüften JA nach sich zieht), oder der Hinweis darauf, dass dem Prüfer bestimmte Unterlagen unter Hinweis auf das Selbstbelastungsverbot nicht vorgelegt worden sind. Hier hat die KfQK im Einzelfall zu entscheiden, ob sie weitere Informationen einzuholen hat, um eine Klärung herbeizuführen.

94   Das **Selbstbelastungsverbot**, das insb. vom BVerfG und dem BGH im Bereich des Strafrechts entwickelt wurde (vgl. insb. die Entscheidungen des BGH v. 27.02.1978, NJW 1979, S. 324 und des BVerfG v. 13.01.1981, ZIP 1981, S. 361), erkennt die Konfliktsituation an, in die ein Auskunftspflichtiger dadurch geraten kann, dass er durch Erteilung der Auskunft sich entweder selbst einer strafbaren Handlung bezichtigt oder durch eine Falschaussage ggf. ein neues Delikt begeht oder aber wegen seines Schweigens Zwangsmitteln ausgesetzt werden kann. Dabei wird der Zwang zur Selbstbezichtigung auch zugleich als Verstoß gegen die Würde des Menschen, dessen Aussage als Mittel gegen ihn selbst verwendet wird, angesehen. Auch im Bereich des Berufsaufsichtsverfahrens ist anerkannt, dass ein grundsätzlich zur Auskunft verpflichteter Berufsangehöriger die Auskunft auf Fragen verweigern darf, deren Beantwortung ihn der Gefahr einer Verfolgung wegen einer Straftat, einer Ordnungswidrigkeit oder einer Standespflichtverletzung aussetzen könnte (vgl. BGH v. 27.02.1978, NJW 1979 S. 324, rechte

---

43 Eine Einschränkung oder Versagung des Prüfungsurteils wegen eines Prüfungshemmnisses sieht § 57a Abs. 5 S. 5 WPO nicht vor. Das BMWi hat allerdings der WPK mitgeteilt, dass es sich bei der Formulierung des § 57a Abs. 5 S. 5 WPO um ein Redaktionsversehen im laufenden Gesetzgebungsverfahren handelt. Somit hat auch bei Vorliegen eines Prüfungshemmnisses eine Einschränkung oder Versagung des Prüfungsurteils zu erfolgen. Der PfQK hat folglich auch bei einem Prüfungshemmnis zu prüfen, ob er sein Prüfungsurteil einzuschränken oder zu versagen (Nichterteilung) hat. § 23 Abs. 2 S. 2 der SaQK ist insofern *nicht* anzuwenden. Siehe hierzu *WPK*, Hinweis der KfQK zur Berichterstattung über eine Qualitätskontrolle vom 17.07.2017, S. 15, https://www.wpk.de/fileadmin/documents/Mitglieder/Praxishinweise/Hinweis_der_KfQK–Berichterstattung_Qualitaetskontrolle.pdf (zit. 21.07.2018) - im Folgenden: KfQK-Hinweis Berichterstattung Qualitätskontrolle; *IDW PS 140*, Tz. 117.

Spalte). Im Berufsrecht der WP ist dieses Verweigerungsrecht (Kap. E Tz. 74 f.) durch eine ausdrückliche gesetzliche Regelung in § 62 Abs. 2 S. 2 und 3 WPO festgeschrieben. Die Vorschriften zur Qualitätskontrolle berücksichtigen diese Rechtslage. § 57d WPO schreibt zwar grundsätzlich eine Mitwirkungspflicht der überprüften Praxis vor, die insb. darin besteht, dem Prüfer Zutritt zu den Praxisräumen zu gewähren, Aufklärungen zu geben sowie die verlangten Nachweise vorzulegen. Gleichzeitig wird jedoch geregelt, dass diese Mitwirkung nicht im Wege des Verwaltungszwangs durchgesetzt werden kann. Die Regierungsbegründung zu dieser Vorschrift (vgl. BT-Drs. 14/3649, S. 28, linke Spalte) führt dazu aus, dass mit dem Ausschluss der isolierten Erzwingbarkeit (von Mitwirkungshandlungen) dem verfassungsrechtlichen Verbot eines Zwangs zur Selbstbezichtigung Rechnung getragen wird. Dem Betroffenen bleibt die Freiheit der Entscheidung, ob er in vollem Umfang durch Erläuterungen und Auskünfte an der Prüfung mitwirkt oder ob er – unter Inkaufnahme eines Prüfungshemmnisses hiervon absieht. Nach Auffassung der Bundesregierung kann in der fehlenden Mitwirkung bei der Qualitätskontrolle ein Prüfungshemmnis liegen, das – wenn wesentlich – zur Einschränkung oder Versagung der Erklärung des PfQK führen kann.

95 Ist ein wesentliches Prüfungshemmnis oder sind wesentliche Mängel festgestellt worden, die das Qualitätssicherungssystem als unangemessen oder unwirksam erscheinen lassen, ist die **Eintragung der Tätigkeit als APr.** nach § 316 HGB nach § 57a Abs. 6a Nr. 2 und 3 WPO **zu löschen**. Hat die geprüfte Praxis trotz wiederholter Festsetzung von Zwangsgeldern verhängte Maßnahmen nicht befolgt, kann die Löschung ebenfalls erfolgen (§ 27 Abs. 5 SaQK).

Ist beabsichtigt, die Eintragung der Tätigkeit als APr. zu löschen, muss die WPK den Vorgang zuvor der APAS vorlegen (§ 57e Abs. 2 S. 6 WPO). Diese kann Entscheidungen der WPK unter Angabe der Gründe zur nochmaligen Prüfung an diese zurückverweisen (Zweitprüfung). Sollte die WPK beanstandete Entscheidungen nicht abändern, kann die APAS die Entscheidungen der WPK aufheben und ihr Weisungen erteilen oder selbst im Wege der Ersatzvornahme Entscheidungen treffen und die erforderlichen Maßnahmen erlassen (Letztentscheidung). Die WPK ist verpflichtet, Vorgänge in Umsetzung der Weisungen abzuschließen. Hält die WPK die Weisungen oder Ersatzvornahmen der APAS für rechtswidrig, hat sie die Vorgänge zur Prüfung dem BMWi vorzulegen (§ 66a Abs. 4 WPO).

96 § 27 Abs. 6 SaQK stellt klar, dass alle Maßnahmen der KfQK gegen die geprüfte Praxis gerichtet sind; dies gilt auch für den Fall, dass der PfQK gegen die §§ 57a bis 57d WPO verstoßen hat. Die geprüfte Praxis trägt die Verantwortung dafür, dass solche Verstöße behoben werden.

97 Ist ein Berufsangehöriger oder eine Berufsgesellschaft nicht mit Entscheidungen i.Z.m. der Qualitätskontrolle einverstanden, kann **Widerspruch** bei der KfQK erhoben werden (§ 57e Abs. 1 Nr. 6 WPO). Gegen die Widerspruchsentscheidung der KfQK ist der **Verwaltungsrechtsweg** eröffnet, da die Verhängung von Maßnahmen einen belastenden Verwaltungsakt der WPK darstellt.

1.2.1.3.10 Zusammenfassung

98 Das nachfolgende Schaubild gibt einen Überblick über das System der Qualitätskontrolle nach der WPO für WP-Praxen, die Non-PIE-Mandate prüfen.

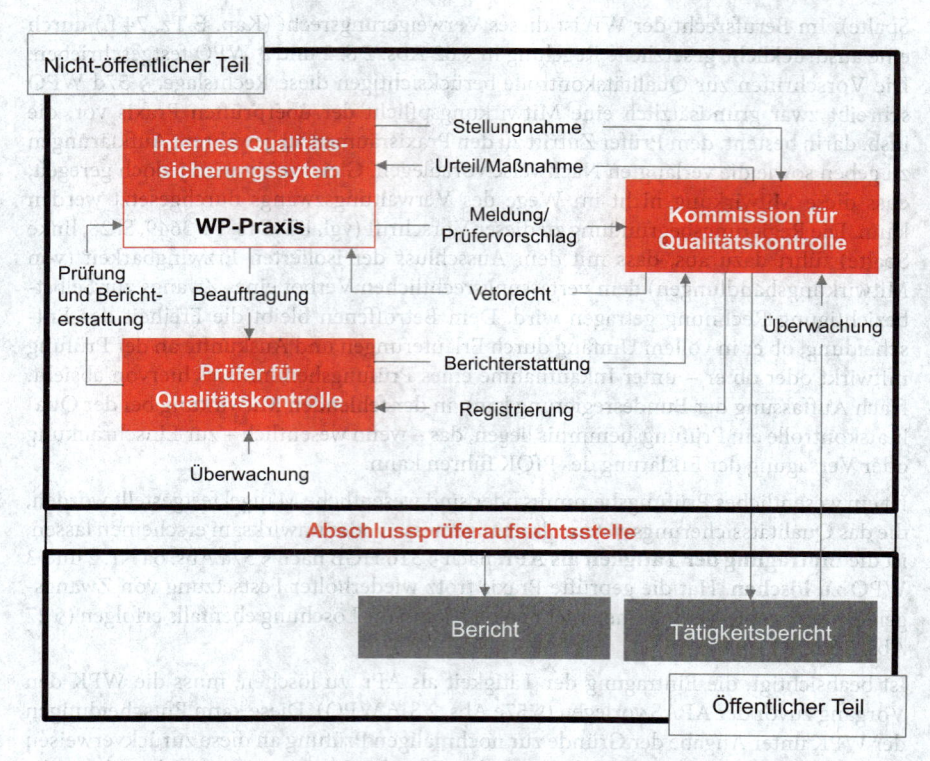

Abb. 1: Überblick über das System der Qualitätskontrolle nach §§ 57a WPO in WP-Praxen mit Non-PIE-Mandanten

1.2.1.4 Inspektionen in Praxen mit PIE-Mandaten

99 WP-Praxen, die gesetzliche Abschlussprüfungen bei Unternehmen von öffentlichem Interesse im Sinne § 319a HGB oder Abschlussprüfungen i.S.v. § 134 Abs. 1 WPO (Drittstaatenprüfer, Drittstaatenprüfungsgesellschaften) durchführen, unterliegen mit diesen Abschlussprüfungen nicht der Qualitätskontrolle[44]. Sie unterliegen mit diesen Abschlussprüfungen vielmehr einer **Inspektion durch die APAS**.

1.2.1.4.1 Zuständige Aufsichtsbehörde

100 Mit der Umsetzung der RL 2014/56/EU und der VO (EU) Nr. 537/2014 wurde das Berufsaufsichtssystem der WP in Deutschland zum 17.06.2016 geändert. Beide Regularien sehen eine vom Berufsstand unabhängige Behörde vor, die die Aufsicht über die WP ausübt. Die Ausübung der Aufsicht erfolgt durch die APAS beim BAFA. Aufgrund ihrer

---

44   Zu weiteren Einzelheiten s. Kap. E Tz. 134 ff.

Rechtsform und Struktur konnte die bislang bestehende APAK[45] ihre Aufgaben der berufsstandsunabhängigen Aufsicht nicht mehr wahrnehmen und wurde mit Wirkung zum 17.06.2016 aufgelöst (§ 7 APAEinrG). Die Aufgaben wurden auf die APAS übergeleitet. Die betroffenen Mitarbeiter der WPK bzw. das von der WPK zur APAK abgeordnete Personal gingen gesetzlich auf das BAFA über[46].

Ein Teil der Aufgaben der APAS ist in Umsetzung der Gestaltungsspielräume der VO (EU) Nr. 537/2014 der WPK übertragen worden. Insoweit bleibt die bislang bestehende **Selbstverwaltung** der WP in der WPK in Grenzen erhalten – dies jedoch nur, soweit dies die in der RL 2014/56/EU und in der VO (EU) Nr. 537/2014 vorgesehenen Mitgliedstaatenwahlrechte erlauben. So gehören bspw. Prüfung, Zulassung, Registrierung und Berufsaufsicht über Berufsangehörige sowie die Beaufsichtigung der kontinuierlichen Fortbildung, Qualitätskontrolle sowie der Erlass von Berufsausübungsregelungen (§§ 57 Abs. 3, 57c WPO) grundsätzlich in den Aufgabenbereich der WPK (§§ 66a i.V.m. 4 Abs. 1 WPO); die WPK übt diese Aufgaben in mittelbarer Selbstverwaltung aus, d.h., die Letztentscheidung liegt bei der APAS (§ 66a Abs. 4 WPO). Aufgaben, die zwingend von der APAS wahrgenommen werden müssen, beziehen sich auf Berufsangehörige, die gesetzlich vorgeschriebene Abschlussprüfungen von Unternehmen von öffentlichem Interesse nach § 319a Abs. 1 S. 1 HGB durchführen, und betreffen folgende Maßnahmen[47]:

- Inspektionen (anlassunabhängigen Sonderuntersuchungen)
- Sonderuntersuchungen aufgrund von konkreten Anhaltspunkten für Verstöße von Berufspflichten (anlassbezogene Sonderuntersuchungen),
- Ermittlungen aufgrund von Mitteilungen der DPR, der BaFin oder anderer nationaler oder internationaler Stellen.

Bei der Feststellung von Berufspflichtverletzungen aus den o.g. Maßnahmen ordnet die APAS entsprechende Sanktionen an (§ 66a Abs. 6 S. 2 und 3 WPO). Darüber hinaus vertritt die APAS Deutschland in der europäischen sowie internationalen Zusammenarbeit der Prüferaufsichten.

In § 1 Abs. 1 APAEinrG wird die Organisation der Einrichtung der APAS geregelt. Nach § 1 Abs. 2 APAEinrG erledigt die APAS die ihr durch die WPO oder andere Gesetze zugewiesenen Aufgaben in eigener Zuständigkeit. Hierdurch nimmt die Vorschrift insb. auf die §§ 4 Abs. 1, 66a WPO sowie auf die unmittelbar anwendbaren Bestimmungen der VO (EU) Nr. 537/2014 Bezug. Die **Aufgaben**, für die die APAS im Wesentlichen verantwortlich ist, lassen sich folgenden Bereichen zuordnen: Inspektionen, anlassbezogene Ermittlungen, berufsaufsichtliche Maßnahmen, Fachaufsicht über die WPK, Qualitätskontrolle, Marktbeobachtung, internationale Zusammenarbeit (zu Einzelheiten s. Kap. E Tz. 139).

Im Hinblick auf ihre **Organisation** ist die APAS eine Behörde im funktionalen Sinne und trifft Entscheidungen aufgrund ihrer starken Fach- und Einzelfallbezogenheit sowie

---

45 Die APAK war ein vom Berufsstand unabhängiges Gremium. Sie hatte keine eigene Rechtspersönlichkeit und wurde als „nicht rechtsfähige Personengemeinschaft eigener Art" (sui generis) qualifiziert. Um ihre Aufgaben erfüllen zu können, bediente sie sich der Mitarbeiter der WPK, über die sie ein Weisungs- und Direktionsrecht hatte. Aufgrund der fehlenden Rechtspersönlichkeit der APAK wurden Verwaltungsakte i.R.d. Berufsaufsicht von der WPK erlassen.
46 §§ 5 und 6 APAEinrG.
47 § 66a Abs. 6 S. 1 WPO.

vor dem Hintergrund der europarechtlich vorgegebenen Letztverantwortung in eigener Zuständigkeit. Sie besitzt auch die Möglichkeit, sich bei der Erfüllung ihrer Aufgaben durch einen Fachbeirat beraten zu lassen. Sie unterliegt bei der Erfüllung ihrer Aufgaben nach § 66 Abs. 2 WPO der Rechtsaufsicht des Bundesministeriums für Wirtschaft und Energie[48].

105 Geleitet wird die APAS nach § 1 Abs. 3 APAEinrG von Nichtberufsausübenden, die in den für Abschlussprüfungen relevanten Bereichen über entsprechende Kenntnisse verfügen. Es gibt einen Leiter und zwei Stellvertreter. Der Leiter wird in einem unabhängigen und transparenten Verfahren ausgewählt. § 1 Abs. 4 APAEinrG bestimmt ergänzend, wer als nichtberufsausübende natürliche Person angesehen wird. Diese Personen dürfen in den letzten drei Jahren vor ihrer APAS-Tätigkeit

- keine Abschlussprüfungen durchgeführt und
- keine Stimmrechte in einer Prüfungsgesellschaft gehalten haben,
- nicht Mitglied eines Verwaltungs-, Leitungs- oder Aufsichtsorgans einer Prüfungsgesellschaft,
- nicht bei einer Prüfungsgesellschaft angestellt und
- nicht in sonstiger Weise mit einer Prüfungsgesellschaft verbunden gewesen sein.

106 Diese Ausschlussgründe entsprechen der **Definition des „Nichtberufsausübenden"** in Art. 2 Nr. 15 RL 2014/56/EU und den Anforderungen des Art. 21 Unterabs. 3 VO (EU) Nr. 537/2014 an die Unabhängigkeit des Leitungsorgans der Aufsicht. Die Leitung der APAS muss diese Ausschlussgründe auch während ihrer Tätigkeit für die APAS beachten[49].

107 Auch die unterhalb der Leitungsebene tätigen Personen – die Inspektoren – haben die **Unabhängigkeit vom Berufsstand** sicherzustellen. Für sie gelten nach Art. 26 Abs. 5 VO (EU) Nr. 537/2014 die folgenden Kriterien:

- Inspektoren haben eine angemessene fachliche Ausbildung und einschlägige Erfahrungen auf den Gebieten der Abschlussprüfung und Rechnungslegung sowie eine spezielle Ausbildung zu Qualitätssicherungsprüfungen vorzuweisen.
- Personen, die als APr. tätig sind oder bei einem APr. oder einer Prüfungsgesellschaft angestellt sind oder anderweitige Verbindungen mit ihnen haben, dürfen nicht als Inspektoren tätig sein.
- Personen, die Teilhaber oder Angestellte eines APr. oder einer Prüfungsgesellschaft oder anderweitig mit einem APr. oder einer Prüfungsgesellschaft verbunden waren, dürfen frühestens drei Jahre nach Beendigung dieser Tätigkeit oder Verbindung als Inspektoren eine Inspektion dieses APr. bzw. dieser Prüfungsgesellschaft vornehmen.
- Inspektoren haben zu erklären, dass zwischen ihnen und dem zu inspizierenden APr. bzw. der zu inspizierenden Prüfungsgesellschaft keine Interessenkonflikte bestehen.

108 Darüber hinaus sieht Art. 26 Abs. 5 Unterabs. 2 VO (EU) Nr. 537/2014 vor, dass sich die APAS von Sachverständigen unterstützen lassen kann, wenn dies für eine ordnungsgemäße Durchführung der anlassunabhängigen Sonderuntersuchungen (Inspektionen) erforderlich ist. Bei den **Sachverständigen** dürfen im Hinblick auf die jeweiligen Unternehmen oder APr. keine Interessenkonflikte bestehen. Die sachverständigen Dritten

---

48 Vgl. BT-Drs. 18/6282, S. 110.
49 Vgl. *Kelm/Schneiß/Schmitz-Herkendell*, WPg 2016, S. 60 (61).

müssen zudem über eine angemessene Ausbildung sowie angemessene Kenntnisse und Erfahrungen verfügen (siehe § 66 Abs. 3 S. 6 und 7 WPO)[50].

1.2.1.4.2 Inspektionsverfahren

Das Inspektionsverfahren muss **unabhängig** von den geprüften WP-Praxen organisiert sein (Art. 26 Abs. 4 VO (EU) Nr. 537/2014). Zu diesem Zweck hat die APAS die **Unabhängigkeit und Objektivität** des eingesetzten Personals sicherzustellen und angemessene Grundsätze und Verfahren für die Verwaltung des Inspektionssystems zu schaffen (s. Kap. E Tz. 107).

109

Zur **Regelung der Durchführung des Inspektionsverfahrens** hat die APAS eine Verfahrensordnung erlassen[51]. Darüber hinaus bestehen eine Geschäftsordnung[52] und ein Arbeitsprogramm[53].

110

Die Inspektionen erfolgen auf der Grundlage einer Risikoanalyse. Die Auswahl der zu untersuchenden Praxen orientiert sich u.a. an Branchenschwerpunkten, Börsensegmenten der Prüfungsmandate sowie fachlichen Schwerpunkten. Grundlage bilden u.a. Informationen aus dem Transparenzbericht der jeweiligen WP-Praxis. Daneben gibt Art. 26 Abs. 2 VO (EU) Nr. 537/2014 Mindestzeiträume vor, in denen eine Inspektion durchzuführen ist (Inspektionsturnus):

111

a) mindestens alle drei Jahre bei WP-Praxen, die Abschlussprüfungen bei solchen Unternehmen von öffentlichem Interesse durchführen, die nicht unter Art. 2 Nr. 17 (mittlere Unternehmen) und 18 (kleine Unternehmen) der RL 2014/56/EU fallen, und

b) mindestens alle sechs Jahre in anderen als den unter a) genannten Fällen.

Häufigere Untersuchungen im Inspektionsturnus sind dadurch aber nicht ausgeschlossen. Zur genaueren Abgrenzung des **Inspektionsturnus**[54] führt die Verfahrensordnung der APAS aus, dass bei WP-Praxen, die in dem der Inspektion vorausgehenden Kalenderjahr Abschlussprüfungen von mehr als 25 Unternehmen von öffentlichem Interesse nach § 319a Abs. 1 S. 1 HGB durchgeführt haben, die Inspektionen jährlich durchgeführt werden sollen[55]. Der Zahl der Prüfungen werden auch solche hinzugerechnet, die von einem verbundenen Unternehmen der Praxis durchgeführt wurden[56]. Auch verbundene Unternehmen können in den jährlichen Inspektionsturnus

112

---

50 Siehe hierzu auch § 26 der Geschäftsordnung der APAS.
51 Verfahrensordnung der Abschlussprüferaufsichtsstelle beim Bundesamt für Wirtschaft und Ausfuhrkontrolle für die Durchführung der Inspektionen nach § 66a Abs. 6 S. 1 Nr. 1, 62b WPO und der berufsrechtlichen Ermittlungen nach § 66a Abs. 6 S. 1 Nr. 2 und 3 WPO vom 12.08.2016: http://www.bafa.de/DE/Abschlusspruferaufsichtsstelle/abschlusspruferaufsichtsstelle_node.html (zit. 21.07.2018).
52 Geschäftsordnung der Abschlussprüferaufsichtsstelle beim Bundesamt für Wirtschaft und Ausfuhrkontrolle vom 08.06.2016: http://www.bafa.de/DE/Abschlusspruferaufsichtsstelle/abschlusspruferaufsichtsstelle_node.html (zit. 21.07.2018).
53 Arbeitsprogramm 2018 der Abschlussprüferaufsichtsstelle beim Bundesamt für Wirtschaft und Ausfuhrkontrolle: http://www.bafa.de/DE/Abschlusspruferaufsichtsstelle/abschlusspruferaufsichtsstelle_node.html (zit. 21.07.2018).
54 Der übliche Inspektionsturnus sind nach der Verfahrensordnung drei Jahre (§ 8 Abs. 2 S. 1 Verfahrensordnung der APAS).
55 Siehe hierzu § 8 Abs. 2 S. 2 der Verfahrensordnung der APAS.
56 Siehe hierzu § 8 Abs. 2 S. 4 der Verfahrensordnung der APAS.

einbezogen werden. Überschreitet die Praxis erstmals die Schwelle, unterliegt sie im Folgejahr dem jährlichen Inspektionsturnus und umgekehrt[57].

113 Soweit Art. 26 VO (EU) Nr. 537/2014 nichts anderes regelt, gelten hinsichtlich der Rechte und Pflichten der betroffenen WP-Praxen die §§ 62 Abs. 1-5, 62a WPO entsprechend (§ 62b Abs. 2 WPO).

114 **Gegenstand** der Inspektionen sind nach Art. 26 Abs. 6 der VO (EU) Nr. 537/2014:
- eine Bewertung des Aufbaus des internen Qualitätssicherungssystems des APr. oder der Prüfungsgesellschaft (Angemessenheit)
- eine angemessene Prüfung der Einhaltung der Qualitätssicherungsmaßnahmen in den Verfahren und eine Überprüfung der Prüfungsunterlagen von Abschlussprüfungen von Unternehmen von öffentlichem Interesse zur Ermittlung der Wirksamkeit des internen Qualitätssicherungssystems
- eine unter Berücksichtigung der Ergebnisse der Inspektion zu den o.g. Aspekten vorgenommene Bewertung des Inhalts des aktuellsten von einem APr. oder einer Prüfungsgesellschaft veröffentlichten jährlichen Transparenzberichts.

115 Die Inspektionen werden darüber hinaus risikoorientiert unter Berücksichtigung von Umfang und Komplexität der Tätigkeit der Praxis durchgeführt. Den Inspektionen wird dabei die in der European Audit Inspection Group (EAIG) von den europäischen Prüferaufsichten entwickelte Common Audit Inspection Methodology (CIAM) zugrunde gelegt. Die Untersuchungsprogramme sind auf der Website der EAIG einsehbar[58].

116 In die **Beurteilung der Angemessenheit** des Qualitätssicherungssystems sind mindestens folgende Grundsätze und Verfahren der WP-Praxis einzubeziehen[59]:
- Einhaltung der geltenden Prüfungs- und Qualitätssicherungsstandards sowie der Berufsgrundsätze und Unabhängigkeitsanforderungen (einschl. der in Kapitel IV der RL 2014/56/EU und den Art. 4 und 5 der VO (EU) Nr. 537/2014 genannten Anforderungen) und der einschlägigen Rechts- und Verwaltungsvorschriften des betreffenden Mitgliedstaats durch den APr. oder die Prüfungsgesellschaft
- Quantität und Qualität der eingesetzten Ressourcen, einschl. der Einhaltung der Anforderungen bezüglich der kontinuierlichen Fortbildung gem. Art. 13 der RL 2014/56/EU
- Einhaltung der Anforderungen gemäß Art. 4 der VO (EU) Nr. 537/2014 hinsichtlich der in Rechnung gestellten Prüfungshonorare.

117 Die Untersuchung der Einhaltung von Anforderungen und Standards sowie der Methodik der Durchführung von Abschlussprüfungen ist Gegenstand der **Ermittlung der Wirksamkeit des Qualitätssicherungssystems**. Dabei werden insb. einzelne Abschlussprüfungsaufträge untersucht.

118 Das **Inspektionsprogramm für einzelne Abschlussprüfungsaufträge** wird risikoorientiert auf der Grundlage der geprüften JA und KA sowie weiterer verfügbarer Informationen festgelegt. Ausgangspunkt ist die Beurteilung der Fehlerrisiken und des rechnungslegungsbezogenen IKS durch den APr. Ergänzend können danach insb.

---

[57] Siehe hierzu § 8 Abs. 3 der Verfahrensordnung der APAS.
[58] Siehe hierzu die Projektbeschreibungen auf der Website der EAIG: https://www.eaigweb.org/index.php?id=4 (zit. 21.07.2018).
[59] Art. 26 Abs. 7 VO (EU) Nr. 537/2014.

Prüffelder von Relevanz sein, mit denen ein hohes Maß an Ermessen der gesetzlichen Vertreter des geprüften Unternehmens verbunden ist. Nach dem Arbeitsprogramm 2018[60] der APAS sind dies u.a. Fair-Value-Bewertungen und die Prämisse der Fortführung der Unternehmenstätigkeit (Going Concern), Geschäfts- oder Firmenwert und andere immaterielle Vermögenswerte mit unbestimmter Nutzungsdauer, Finanzinstrumente, Unternehmenserwerbe sowie als Finanzinvestitionen gehaltene Immobilien. Ergänzend führt das Arbeitsprogramm 2018 insb. folgende weitere Prüffelder an, die Gegenstand der Inspektion sein können: Umsetzung des risikoorientierten Prüfungsansatzes, einschl. Prüfung des IKS unter Einbezug der Informationstechnologie, Einsatz von Datenanalyse-Tools i.R.d. Prüfungsdurchführung, Umsetzung der Anforderungen zum BestV, insb. aus Art. 10 der VO (EU) Nr. 537/2014. Als Prüffelder bei KI und VU werden darüber hinaus die Prüfung der Adressenausfallrisiken und des Kreditgeschäfts sowie die Bewertung von Finanzinstrumenten genannt. Daneben werden die Auswirkungen der gestiegenen regulatorischen Anforderungen und der aktuellen Finanzmarktkonditionen (anhaltende Niedrigzinsphase) als Schwerpunkte genannt.

119 Die APAS unterrichtet die WP-Praxis über die Einleitung des Inspektionsverfahrens durch die Übersendung einer schriftlichen **Inspektionsanordnung**. Dabei wird auch der zuständige Inspektionsleiter benannt. Mit der Inspektionsanordnung verbunden ist die Anforderung an die WP-Praxis, Angaben zur Praxisstruktur, zum Qualitätssicherungssystem und zur Spezifikation der Mandate nach § 319a Abs. 1 S. 1 HGB zu machen. Diese sind innerhalb der von der APAS gesetzten Frist zu übermitteln.

120 Der Inspektionsleiter legt nach Auswertung der Angaben der WP-Praxis die zu untersuchenden **Mandate** und die **Schwerpunkte der Untersuchung** des Qualitätssicherungssystems fest. Die Mandatsauswahl ist auf die Abschlussprüfungen bei Unternehmen nach § 319a Abs. 1 S. 1 HGB beschränkt. Im Fall von Beanstandungen i.S.v. § 6 Abs. 1 S. 2 der Verfahrensordnung kann die Inspektion auf andere gesetzlich vorgeschriebene Abschlussprüfungen ausgedehnt werden. Die WP-Praxis wird schriftlich über die ausgewählten Mandate unterrichtet; die konkreten Inspektionsbereiche werden nur insoweit vorab bekannt gegeben, als dies für eine zeitgerechte Durchführung der Inspektion erforderlich ist. Die WP-Praxis hat die Pflicht, die angeforderten Informationen innerhalb der festgesetzten Frist an die APAS zu übersenden bzw. bereitzuhalten.

121 Die **Grundlagen der Durchführung** der Inspektion bilden insb. die Dokumentation des Qualitätssicherungssystems, die PrB sowie die Arbeitspapiere der in der WP-Praxis zur Untersuchung ausgewählten Mandate. Darüber hinaus werden Erkenntnisse aus Gesprächen mit der Praxisleitung, mit anderen Mitarbeitern der WP-Praxis aus dem Bereich Qualitätssicherung und mit den Mandatsverantwortlichen berücksichtigt. In der Schlussbesprechung erörtert das Inspektionsteam die in der Inspektion gewonnenen Erkenntnisse mit der WP-Praxis.

1.2.1.4.3 Berichterstattung über die Inspektionsergebnisse und Stellungnahme durch die WP-Praxis

122 Das **vorläufige Ergebnis** der Inspektion wird unter Darstellung des Sachverhalts, des Inspektionsvorgehens und der Feststellungen vom Inspektionsteam schriftlich zusam-

---

60 Arbeitsprogramm 2018 der APAS, S. 2, 3.

mengefasst (Mitteilung von Erkenntnissen und Schlussfolgerungen)[61]. Es wird der WP-Praxis durch den Inspektionsleiter übersendet; hierbei wird der Praxis die Möglichkeit eingeräumt, sich innerhalb einer angemessenen Frist zum Sachverhalt und zu den Feststellungen zu äußern und alle geeigneten Abhilfemaßnahmen zu benennen. Der Inspektionsbericht wird nach Eingang der Stellungnahme der Praxis durch das Inspektionsteam angefertigt und der Beschlusskammer „Inspektion" zur Beratung weitergeleitet. Im **Inspektionsbericht** sind insb. folgende Punkte zu benennen[62]:

- Nennung der untersuchten Praxis als Empfängerin des Berichts
- Beschreibung von Gegenstand, Art und Umfang der Inspektion einschl. einer Beschreibung des Qualitätssicherungssystems nach § 55b WPO
- eine nach Prüfungsart gegliederte Angabe der Stundenanzahl (Aufgliederung der Prüfungsaufträge der untersuchten WP-Praxis)
- Zusammensetzung des Inspektionsteams und Qualifikation der Inspektoren
- Beurteilung des Inspektionsergebnisses entsprechend §§ 62b Abs. 3 S. 3, 57 Abs. 2 S. 3, Abs. 5 S. 4-6 WPO und
- soweit erforderlich die wichtigsten Schlussfolgerungen und Empfehlungen der Inspektion.

123 **Schlussfolgerungen** sind Mängel i.S.d. § 57a Abs. 5 WPO. Es kann sich hierbei auch um Einzelfeststellungen handeln, die entweder für sich von erheblicher Bedeutung sind oder die – einzeln oder gemeinsam – die Wirksamkeit des Qualitätssicherungssystems in Zweifel ziehen können.

124 **Mängel oder Hemmnisse**, die bei der Durchführung der Inspektion festgestellt wurden, sind im Inspektionsbericht zu benennen. Soweit keine wesentlichen Mängel im Qualitätssicherungssystem festgestellt wurden, ist in den Inspektionsbericht eine **Erklärung** aufzunehmen, dass keine Sachverhalte bekannt geworden sind, die gegen die Annahme sprechen, dass das Qualitätssicherungssystem der WP-Praxis im Einklang mit den gesetzlichen und satzungsmäßigen Anforderungen steht und mit hinreichender Sicherheit eine ordnungsgemäße Abwicklung von gesetzlichen Abschlussprüfungen von Unternehmen nach § 319a Abs. 1 S. 1 HGB gewährleistet (§ 62b Abs. 3 S. 3 WPO i.V.m. § 57a Abs. 5 S. 4 WPO). Sind die festgestellten Mängel wesentlich, ist die Erklärung einzuschränken oder zu versagen und dies entsprechend zu begründen.

125 **Empfehlungen** nach Art. 28 Abs. 9 VO (EU) Nr. 537/2014 stellen Maßnahmen nach § 66a Abs. 6 S. 2 WPO dar. Dabei handelt es sich insb. um Auflagen und Sonderprüfungen.

126 Im Fall des **Erlasses einer Maßnahme** übersendet die Beschlusskammer der APAS der WP-Praxis zunächst einen vorläufigen Inspektionsbericht und gewährt ihr zu der beabsichtigten Maßnahme rechtliches Gehör. Nach Eingang der Stellungnahme der WP-Praxis berät die Beschlusskammer erneut, beschließt über den Erlass der Maßnahme und übersendet der WP-Praxis den endgültigen Inspektionsbericht ggf. unter Aufnahme der beschlossenen Maßnahme.

---

61 Art. 26 Abs. 8 VO (EU) Nr. 537/2014.
62 Siehe hierzu § 16 Abs. 3 der Verfahrensordnung der APAS.

1.2.1.4.4 Maßnahmen der zuständigen Aufsichtsbehörde

Werden bei Ermittlungen der APAS oder aufgrund von Mitteilungen der DPR oder der BaFin oder anderer nationaler oder internationaler Stellen Verletzungen von Berufsrecht festgestellt, kann die APAS **Auflagen** zur Beseitigung der Mängel erteilen oder eine **Sonderprüfung** anordnen (§ 66a Abs. 6 S. 2 WPO). Im Einzelnen gelten die Grundsätze zu Auflagen und Sonderprüfungen durch die KfQK (zu näheren Einzelheiten s. Kap. E Tz. 86 ff.)[63]. 127

Für die Umsetzung einer Maßnahme gewährt die APAS der WP-Praxis eine angemessene Frist. Die Umsetzung einer erlassenen Maßnahme kann ebenfalls von der APAS überprüft werden. 128

Falls die Inspektion zu **Anhaltspunkten für eine Berufspflichtverletzung** einzelner Berufsangehöriger und/oder der inspizierten Praxis führt, entscheidet die Beschlusskammer über die Einleitung eines Berufsaufsichtsverfahrens. 129

1.2.1.4.5 Joint Inspections

Joint Inspections wurden erstmals bei großen Praxen i.R.d. Zusammenarbeit zwischen APAK und der US-amerikanischen PCAOB durchgeführt. Sie umfassen die **gemeinsame Untersuchung** von Teilbereichen des Qualitätssicherungssystems und ausgewählten Prüfungsaufträgen einer WP-Praxis. 130

Grundlage war ursprünglich eine im April 2012 zwischen der APAK und dem PCAOB geschlossene Absichtserklärung (Statement of Protocol between the Public Company Accounting Oversight Board of the United States and the Auditor Oversight Commission of Germany on Cooperation and the Exchange of Information Related to the Oversight of Audit Firms)[64] zur Kooperation im Bereich der Aufsicht über gesetzliche APr. Grundlage hierfür bildete die Adäquanzentscheidung der Europäischen Union gem. Art. 47 Abs. 3 der RL 2006/43/EG. Die APAK zielte mit dieser Vereinbarung auf ein gegenseitiges Vertrauen der Aufsichten in Deutschland und den USA in die jeweilige Aufsichtstätigkeit ab. Zu diesem Zweck wurden auch gemeinsame Inspektionen von in den USA registrierten deutschen Prüfungsgesellschaften (Joint Inspections) durchgeführt. Das kurzfristige Ziel dieser Maßnahme lag zunächst in einer befristeten vertrauensbildenden Vereinbarung. Langfristig soll die Kooperation dazu beitragen, Doppelaufsichten zu reduzieren oder zu vermeiden[65]. 131

Mit der Auflösung der APAK zum 17.06.2016 bestand die Notwendigkeit, seitens der APAS in eine neue Vereinbarung mit dem PCAOB einzutreten. Am 19.08.2016 wurde eine Absichtserklärung mit dem PCAOB unterzeichnet. Diese Erklärung schafft gemeinsam mit der nunmehr bis 2020 befristeten Äquivalenzentscheidung der EU-Kommission sowie mit einer begleitenden Datenschutzvereinbarung die notwendigen Voraussetzungen für den Austausch von Informationen und die Durchführung gemein- 132

---

[63] § 66a Abs. 6 S. 2 WPO.
[64] Originaldokument https://pcaobus.org/International/Documents/Cooperative_Agreement_Germany.pdf (zit. 21.07.2018).
[65] Vgl. Tätigkeitsbericht der Abschlussprüfer-Aufsichtskommission 2012, S. 6, 10, 30: http://www.apak-aoc.de/images/pdf/APAK-AOC–Taetigkeitsbericht_2012.pdf (zit. 21.07.2018).

samer Inspektionen bei APr., die sowohl unter der Aufsicht der APAS als auch des PCAOB stehen[66].

133 Diese Vorgehensweise ist mittlerweile in der WPO gesetzlich normiert. § 66c Abs. 5 WPO regelt die **Zusammenarbeit mit zuständigen Stellen außerhalb der EU-Mitgliedsstaaten** und der Vertragsstaaten des Europäischen Wirtschaftsraums. Die Zusammenarbeit ist vorgesehen, sofern dies für die Wahrnehmung der jeweiligen Aufgaben der zuständigen Stellen im Einzelfall erforderlich ist oder wenn von diesen Stellen Sonderuntersuchungen oder Ermittlungen erbeten werden. Erkenntnisse aus der gemeinsamen Untersuchung von Abschlussprüfungsaufträgen können von beiden Aufsichtsbehörden i.R. weitergehender, auch disziplinarischer Verfahren und Maßnahmen gegen die Praxis verwendet werden.

1.2.1.5 Zusammenwirken von Qualitätskontrolle und Inspektionen in WP-Praxen mit PIE- und Non-PIE-Mandaten

134 Eine WP-Praxis gilt als gemischte Praxis, wenn sie gesetzliche Abschlussprüfungen sowohl von Unternehmen von öffentlichem Interesse (§ 319a Abs. 1 S. 1 HGB) als auch von anderen nach § 316 HGB prüfungspflichtigen Unternehmen (§ 33 Abs. 1 S. 1 SaQK) durchführt. Bei gemischten Praxen werden Qualitätskontrollen und Inspektionen nebeneinander durchgeführt. Um bei diesen Praxen eine **Doppelprüfung und unnötige bürokratische Belastungen** sowie etwaige divergierende Kontrollergebnisse zu vermeiden, ist eine gute Abstimmung von Inspektion und Qualitätskontrolle von besonderer Bedeutung[67]. Der Gesetzgeber sieht daher in § 57 Abs. 5a WPO eine Art **„Übernahmepflicht"** der Inspektionsergebnisse nach Art. 26 der VO (EU) Nr. 537/2014 vor. Der PfQK hat danach die Ergebnisse der Angemessenheitsprüfung aus dem letzten aktuellen Inspektionsbericht zu übernehmen. Auf dieser Grundlage ist die Wirksamkeit des Qualitätssicherungssystems ausschl. bezogen auf den Bereich der Non-PIE, zu beurteilen[68]. Zu weiteren Einzelheiten s. Kap. E Tz. 270 ff.

135 Um zu gewährleisten, dass Erkenntnisse aus den Inspektionen zur Entlastung der Qualitätskontrollen in diesem Sinne auch tatsächlich genutzt werden können, hat der Gesetzgeber in § 62b Abs. 3 S. 1 WPO der WPK aufgetragen, entsprechende **Grundsätze im Einvernehmen mit der APAS** festzulegen. Damit sind WPK und APAS insoweit aufgefordert, sich auf geeignete Richtlinien für ein sinnvolles Zusammenwirken von Inspektionen und Qualitätskontrollen zu verständigen, damit das Ziel der Qualitätskontrolle erreicht werden kann[69].

136 Unabhängig von diesen noch zu regelnden Grundsätzen finden sich erste Regelungen, die das Zusammenwirken zwischen Qualitätskontrolle und Inspektion betreffen, in der WPO und der SaQK:

- Bei Berufsangehörigen, die gesetzliche Abschlussprüfungen bei Unternehmen von öffentlichem Interesse nach § 319a Abs. 1 S. 1 HGB durchführen, sind die Ergebnisse der Inspektionen in der Qualitätskontrolle zu berücksichtigen (§ 57a Abs. 5a S. 1 WPO).

---

66 Siehe Pressemitteilung auf der Website der BAFA vom 25.08.2016: http://www.bafa.de/SharedDocs/Pressemitteilungen/DE/Bundesamt/2016_25_apas.html (zit. 21.07.2018).
67 Vgl. BT-Drs. 18/6282, S. 83.
68 Schmidt/Schneiß/van den Eynden. IDW Life 2016, S. 601; IDW PS 140, Tz. 122.
69 Vgl. hierzu ebenso Schmidt/Schneiß/van den Eynden, IDW Life 2016, S. 601.

- Die Qualitätskontrolle und der Qualitätskontrollbericht dürfen sich nicht auf die der Inspektion zugeschriebenen Bereiche erstrecken (§ 57a Abs. 5a S. 2 WPO i.V.m. § 26 Abs. 6 VO (EU) Nr. 537/2014).
- Die Anordnung der Qualitätskontrolle soll bei einer gemischten Praxis in Abstimmung mit der Anordnung einer Inspektion nach § 62b Abs. 1 S. 1 WPO erfolgen; hierzu informiert die KfQK die APAS über die Befristung, bis zu der die nächste Qualitätskontrolle durchgeführt werden soll (§ 33 Abs. 2 SaQK).
- Bei der Berichterstattung über die Qualitätskontrolle ist nicht über die in Art. 26 Abs. 6 VO (EU) Nr. 537/2014 genannten und der Inspektion vorbehaltenen Bereiche zu berichten (§ 57a Abs. 5 S. 2 WPO).
- Bei gemischten Praxen entscheidet die KfQK nur über Maßnahmen zur Wirksamkeit des Qualitätssicherungssystems bei der Prüfung von Non-PIE (§ 33 Abs. 5 SaQK).
- Der Bericht über die Qualitätskontrolle ist bei Praxen mit Abschlussprüfungen von Unternehmen von öffentlichem Interesse auch der APAS zu übermitteln (§ 57a Abs. 5a S. 4 WPO).

1.2.1.6 Öffentliche Überwachung im System der Qualitätskontrolle und Inspektion

Durch die Neuregelung der Zuständigkeiten in der Berufsaufsicht (s. hierzu auch Kap. E Tz. 100 f.) ergeben sich neue Schnittstellen für die Ausgestaltung der Überwachung des Berufsstands im System der Qualitätskontrolle und der Inspektion. Nachfolgend werden diese Bereiche näher dargestellt.

1.2.1.6.1 Abschlussprüferaufsichtsstelle

Mit dem APAReG wurde beim Bundesamt für Wirtschaft und Ausfuhrkontrolle (BAFA) eine berufsstandsunabhängige und selbständige Abschlussprüferaufsichtsstelle (APAS) eingerichtet, die die Aufgaben der bisherigen ehrenamtlichen Abschlussprüferaufsichtskommission (APAK) übernimmt. Die APAK wurde mit Wirkung zum 17.06.2016 aufgelöst. Die APAS erledigt die ihr übertragenen Aufgaben auf dem Gebiet der Abschlussprüferaufsicht in eigener Zuständigkeit. Sie unterliegt hierbei der Aufsicht durch das BMWi. Eine Fachaufsicht des BMWi über die APAS ist im Gesetz nicht vorgesehen. Ein fachliches Weisungsrecht wäre mit der europarechtlichen Konzeption einer fachlich letztverantwortlichen Aufsichtsbehörde auch nicht vereinbar. Die Aufsicht des BMWi über die APAS beschränkt sich daher auf eine Rechtskontrolle der Entscheidungen der APAS in Wahrnehmung ihrer berufsaufsichtlichen Aufgaben (§ 66 Abs. 2 WPO).

Die wesentlichen im Zuständigkeitsbereich der APAS liegenden Aufgaben/Eingriffsrechte sind in der nachfolgenden Übersicht zusammengefasst:

Zuständigkeitsbereich	Wesentliche Aufgaben/Eingriffsrechte
Inspektion	Durchführung von anlassunabhängigen Ermittlungen (Inspektionen) bei WP-Praxen mit Abschlussprüfungen von § 319a HGB-Unternehmen (§ 66a Abs. 6 Nr. 2 WPO)
	Entgegennahme und Beurteilung des Transparenzberichts (Art. 26 Abs. 6 Buchst. c) S. 2 VO (EU) Nr. 537/2014

Zuständigkeitsbereich	Wesentliche Aufgaben/Eingriffsrechte
Qualitätskontrolle	Recht zur Teilnahme an Qualitätskontrollen (§ 66a Abs. 3 S. 3 WPO)
	Letztentscheidung bei Löschung der Eintragung als APr. infolge einer durchgeführten Qualitätskontrolle (§ 57e Abs. 2 S. 6 WPO)
Fachaufsicht über die WPK	Fachaufsicht über die WPK (§ 66a Abs. 1 S. 1 WPO)
	Recht zur Teilnahme an Sitzungen der WPK (§ 66a Abs. 3 S. 2 WPO)
	Recht zur Teilnahme an Ermittlungen der WPK (§ 66a Abs. 3 S. 5 WPO)
	Recht zur Zweitprüfung von Entscheidungen der WPK und Letztentscheidungsbefugnis (§ 66a Abs. 4 WPO)
Marktbeobachtung	Beobachtung der Entwicklungen am Markt für Abschlussprüfungen von § 319a-HGB-Unternehmen (Art. 27 VO (EU) Nr. 537/2014)
	Entgegennahme der Listen von Unternehmen von öffentlichem Interesse (Art. 13 Abs. 2 Buchst. f) VO (EU) Nr. 537/2014) und der jeweiligen Einnahmen des APr. (Art. 14 VO (EU) Nr. 537/2014)
anlassbezogene Ermittlungen	anlassbezogene Ermittlungen bei konkreten Anhaltspunkten für Berufspflichtverletzungen bei Abschlussprüfungen von § 319a-HGB-Unternehmen (z.B. Inspektionen) oder aufgrund von Mitteilungen der DPR, BaFin oder anderer nationaler oder internationaler Stellen öffentlich zugänglichen Informationen oder Beschwerden (§ 66a Abs. 6 S. 1 Nr. 2, 3 WPO)
berufsaufsichtliche Maßnahmen	Anordnung von Auflagen oder Sonderprüfungen bei der Feststellung von Verletzungen des Berufsrechts sowie Verhängung von Geldbußen und Ordnungsgeldern im Bereich der Abschlussprüfungen nach § 319a HGB (§ 66a Abs. 6 S. 2, 3 WPO)
	Berechnung des Rotationszeitpunkts und Entscheidung über die Verlängerung von Rotationsfristen (Art. 17 Abs. 8 Unterabs. 3 VO (EU) Nr. 537/2014)
internationale Zusammenarbeit	Zusammenarbeit mit den zuständigen Behörden anderer Mitgliedstaaten und mit anderen europäischen und internationalen Aufsichtsstellen (§ 66c WPO, Art. 29 ff. VO (EU) Nr. 537/2014)

Tabelle 2: Übersicht über die Zuständigkeiten und Eingriffsrechte der APAS

Durch Zuständigkeitsverteilung zwischen APAS und WPK in der Berufsaufsicht unterliegt die Qualitätskontrolle nicht ausschl. der KfQK in der WPK. Vielmehr besteht ein **Teilnahmerecht der APAS an der Qualitätskontrolle** sowie die Pflicht der WPK, im Fall einer angestrebten Löschung der Eintragung als APr. in der Folge von festgestellten Mängeln in der Qualitätskontrolle den Vorgang der APAS vorzulegen. Auch ist der Bericht des Qualitätskontrollprüfers neben KfQK in Wahrnehmung ihrer Aufgaben auch der APAS zuzustellen.

1.2.1.6.2 Wirtschaftsprüferkammer

Korrespondierend zur Übertragung von Aufgaben auf die APAS musste die Zuständigkeit der WPK i.R.d. Berufsaufsicht neu geregelt werden. Entsprechend wird die Berufsaufsicht über die Berufsangehörigen und WP-Praxen durch die WPK ausgeübt, soweit nicht die Zuständigkeit i.R.d. § 66a WPO bei der APAS liegt (§ 61a WPO). Neben der Fachaufsicht der APAS über die WPK (§ 66a WPO) unterliegt die WPK der Rechtsaufsicht durch das BMWi (§ 66 Abs. 1 WPO). Die KfQK als zuständige Stelle für die externe Qualitätskontrolle ist ein unabhängiges und nicht weisungsgebundenes Organ der WPK. Der Handlungsrahmen wird durch § 57e WPO beschrieben (zu Einzelheiten vgl. Kap. E Tz. 40). **140**

Aufgrund der durch das Gesetz vorgenommenen Aufteilung der Zuständigkeiten zwischen APAS und WPK ist auch die Zusammenarbeit mit der KfQK näher zu regeln. Ausführungsbestimmungen enthält § 32 SaQK. Danach **141**

- erhält die APAS den jährlichen Tätigkeitsbericht der KfQK und
- die Einladungen zu Sitzungen der KfQK,
- ist die APAS berechtigt, an den aufsichtsrelevanten Themen der Sitzungen der KfQK oder einer ihrer entscheidungsbefugten Abteilungen teilzunehmen,
- sind die der KfQK gemeldeten, künftig stattfindenden Qualitätskontrollen der APAS mitzuteilen,
- kann die KfQK nur im Einvernehmen mit der APAS an Qualitätskontrollen teilnehmen und sich die Arbeitspapiere des PfQK vorlegen lassen,
- ist vor der Entscheidung über die Löschung einer Eintragung der Tätigkeit als APr. der Vorgang von der KfQK der APAS vorzulegen.

Die nachfolgende Übersicht fasst die wesentlichen Aufgaben der WPK zusammen: **142**

Zuständigkeitsbereich	Wesentliche Aufgaben
Zulassung/ Widerruf	Bestellung/Anerkennung von WP/vBP sowie WPG/BPG sowie Widerruf der Bestellung (§ 57 Abs. 2 Nr. 15 WPO)
Aus- und Fortbildung	Förderung der beruflichen Fortbildung der Mitglieder und Ausbildung des Berufsnachwuchses (§ 57 Abs. 2 Nr. 10 WPO)
WP-Examen	Durchführung des bundeseinheitlichen WP-Examens (§ 4 Abs. 1 WPO)
Berufsregister	Führen des Berufsregisters (§ 57 Abs. 2 Nr. 12 WPO); insb. Registrierung als gesetzlicher APr. sowie Registrierung von Drittstaatenprüfern und EU/EWR-Abschlussprüfungsgesellschaften (§ 38 Nr. 1, 2 und 4 WPO)

Zuständigkeitsbereich	Wesentliche Aufgaben
Qualitätskontrolle	Betreiben des Systems der Qualitätskontrolle (§ 57 Abs. 2 Nr. 14 WPO)
Regelungen zur Berufsausübung	Erlass der Berufssatzung (§ 57 Abs. 3 WPO)
	Beratung in Fragen der Berufspflichten (§ 57 Abs. 2 Nr. 1 WPO)
Berufsaufsicht	anlassbezogene Ermittlungen bei Hinweisen auf Berufspflichtverletzungen (§§ 57 Abs. 2 Nr. 4 i.V.m. 61a Abs. 1 S. 2 WPO)
berufsaufsichtliche Maßnahmen	Berufsaufsichtliche Maßnahmen nach § 68 WPO sind • Rüge, • Geldbuße bis 500.000 €, • Verbot, auf bestimmten Tätigkeitsgebieten für die Dauer von einem Jahr bis zu fünf Jahren tätig zu werden, • Verbot, bei Unternehmen von öffentlichem Interesse nach 319a Abs. 1 S. 1 HGB auf Dauer von einem Jahr bis zu drei Jahren tätig zu werden, • Berufsverbot von einem Jahr bis zu fünf Jahren, • Ausschließung aus dem Beruf, • Feststellung, dass der BestV nicht den Anforderungen des § 323 HGB und, soweit Unternehmen von öffentlichem Interesse betroffen sind, des Art. 10 der VO (EU) Nr. 537/2014 erfüllt.
Abschlussdurchsicht	Bundesanzeigerdurchsicht der veröffentlichten JA und KA

Tabelle 3: Wesentliche Zuständigkeiten der WPK

1.2.1.6.3 Zusammenfassung

143 In der nachfolgenden Übersicht wird die öffentliche Überwachung des Berufsstands im System der Inspektion und der Qualitätskontrolle zusammenfassend dargestellt.

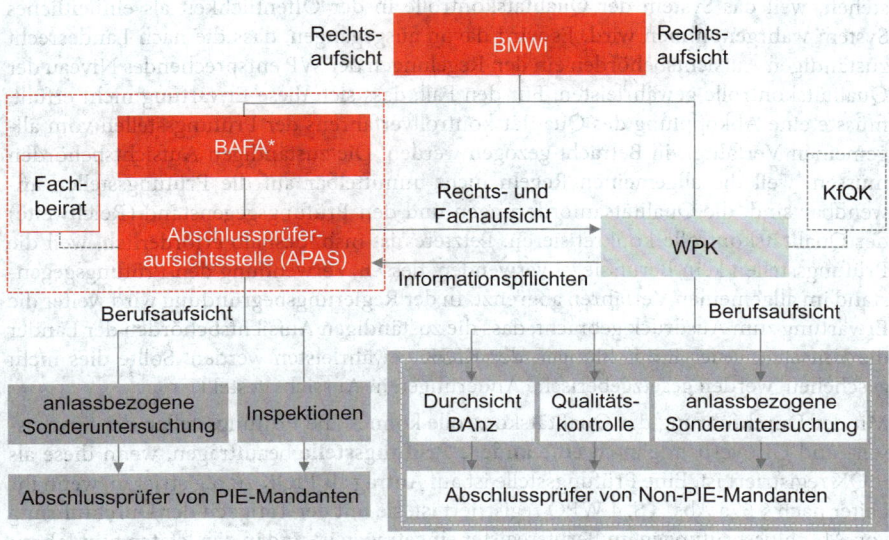

```
                    Rechts-        BMWi        Rechts-
                    aufsicht                   aufsicht

         ┌─── BAFA* ───┐
   Fach-   Abschlussprüfer-     Rechts- und              KfQK
   beirat  aufsichtsstelle      Fachaufsicht
           (APAS)                              WPK
                          Informationspflichten
      Berufsaufsicht                          Berufsaufsicht

  anlassbezogene                 Durchsicht  Qualitäts-  anlassbezogene
  Sonderuntersuchung  Inspektionen  BAnz     kontrolle   Sonderuntersuchung

  Abschlussprüfer von PIE-Mandanten    Abschlussprüfer von Non-PIE-Mandanten
                                            mittelbare Selbstverwaltung
```

* Bundesamt für Wirtschaft und Ausfuhrkontrolle, Eschborn

Abb. 2: System der Überwachung der Berufsausübung im Berufsstand

1.2.2 Rechtsform- und wirtschaftszweigspezifische Regelungen zur Qualitätskontrolle

1.2.2.1 Prüfungsstellen der Sparkassen und Giroverbände

Besondere Regeln zur Qualitätskontrolle gelten für genossenschaftliche Prüfungsverbände und für Prüfungsstellen der Sparkassen- und Giroverbände. Darüber hinaus hat die KfQK Hinweise zur Qualitätskontrolle bei Sozietäten und bei PartG veröffentlicht. **144**

Nach § 57h WPO werden auch die Prüfungsstellen der Sparkassen- und Giroverbände in das Verfahren der externen Qualitätskontrolle einbezogen. Dies gilt aber nur insoweit, als das Landesrecht nichts anderes vorsieht. Die WPK kann als Folge einer externen Qualitätskontrolle keine belastenden Maßnahmen gegen die Prüfungsstellen verhängen. Sie hat unverzüglich die **nach Landesrecht zuständigen Aufsichtsbehörden** zu informieren, die dann über entsprechende Maßnahmen nach § 57e Abs. 2 WPO zu entscheiden haben. Erkennt die WPK, dass eine Eintragung nach § 57a Abs. 6a S. 2 WPO zu löschen ist, so ist § 57e Abs. 2 S. 4 WPO mit der Maßgabe anzuwenden, dass der Vorgang der nach Landesrecht zuständigen Aufsichtsbehörde zur Entscheidung vorzulegen ist (§ 57h Abs. 1 S. 4 WPO). In der Regierungsbegründung zum WPOÄG[70] wird ausgeführt, dass die besondere Stellung der Prüfungsstellen als mittelbare Staatsverwaltung im Auftrag der nach Landesrecht zuständigen Aufsicht über die Sparkassen Ursache für das zwar im Grundsatz einheitliche, wegen der rechtlichen Besonderheiten aber im Vollzug gespaltene System der Qualitätskontrolle ist. Hinsichtlich der Qualitätsmaßstäbe und deren Durchsetzung sollen aber keine Unterschiede zum allgemeinen Verfahren be- **145**

---

70 Vgl. BT-Drs. 14/3649, S. 30 f.

stehen, weil das System der Qualitätskontrolle in der Öffentlichkeit als einheitliches System wahrgenommen wird. Es wird davon ausgegangen, dass die nach Landesrecht zuständigen Aufsichtsbehörden ein den Regelungen der WP entsprechendes Niveau der Qualitätskontrolle gewährleisten. Für den Fall, dass sich diese Erwartung nicht erfüllt, müsste eine Abkopplung des Qualitätskontrollverfahrens der Prüfungsstellen vom allgemeinen Verfahren in Betracht gezogen werden. Die zuständigen Aufsichtsbehörden müssen, weil die allgemeinen Regeln nicht unmittelbar auf die Prüfungsstellen anwendbar sind, die Qualitätsanforderungen und den Prüfungsgegenstand (Reichweite) der Qualitätskontrolle konkretisieren. Letzteres ist insb. deshalb erforderlich, weil die Prüfungsstellen kein Berufssiegel verwenden, dessen Verwendung den Prüfungsgegenstand im allgemeinen Verfahren abgrenzt. In der Regierungsbegründung wird weiter die Erwartung zum Ausdruck gebracht, dass die zuständigen Aufsichtsbehörden der Länder die Umsetzung der Empfehlungen der KfQK gewährleisten werden. Sollte dies nicht geschehen, werden gesetzgeberische Änderungen in Aussicht gestellt.

146 Mit der Durchführung der Qualitätskontrolle können die Prüfungsstellen der Sparkassen- und Giroverbände **auch eine andere Prüfungsstelle** beauftragen, wenn diese als PfQK registriert ist. Eine Prüfungsstelle ist auf Antrag als PfQK zu registrieren, wenn ihr Leiter nach § 57a Abs. 3 S. 4 WPO registriert ist, sie mit der Tätigkeit der Durchführung von Abschlussprüfungen im Berufsregister eingetragen ist und in den letzten fünf Jahren keine berufsaufsichtlichen Maßnahmen verhängt wurden, die ihre Eignung als PfQK ausschließen (§§ 57h Abs. 2 S. 2 i.V.m. 57a Abs. 3 S. 3 WPO).

147 Ergänzend ist anzumerken, dass die Regelungen zur Inspektion nach Art. 26 der VO (EU) Nr. 537/2014 keine Anwendung auf die Prüfungsstellen der Sparkassen- und Giroverbände finden, soweit das Landesrecht nichts anderes vorsieht (§ 57 Abs. 3 S. 1 WPO).

1.2.2.2 Genossenschaftliche Prüfungsverbände

148 Die Qualitätskontrolle der genossenschaftlichen Prüfungsverbände ist in §§ 63e GenG geregelt. Im Folgenden wird ein tabellarischer Überblick über die **relevanten Vorschriften** gegeben:

Regelungsbereich	Regelung	Gesetzesverweis
Pflicht zur Teilnahme am Verfahren der Qualitätskontrolle	Die Teilnahme am Verfahren der Qualitätskontrolle setzt eine Mitgliedschaft bei der WPK voraus. Das Prüfungsrecht des Verbandes ruht, wenn der Verband nicht mehr gemäß § 40a Abs. 1 S. 1 WPO im Register eingetragen ist.	§§ 63e Abs. 1 und 3, 63g Abs. 1 S. 1, 56 Abs. 1 S. 2 GenG
Frequenz der Qualitätskontrollen	alle sechs bzw. drei Jahre	§ 63e Abs. 1 GenG

Regelungsbereich	Regelung	Gesetzesverweis
Ziel der Qualitätskontrolle	Überwachung, ob die Grundsätze und Maßnahmen zur Qualitätssicherung nach Maßgabe der gesetzlichen Vorschriften insgesamt und bei der Durchführung einzelner Aufträge eingehalten werden	§ 63e Abs. 2 S. 1 GenG
Abgrenzung des Prüfungsgegenstandes	alle gesetzlichen Abschlussprüfungen, die die in § 53 Abs. 2 GenG genannten Schwellenwerte überschreiten (Bilanzsumme größer 1 Mio. €, Umsatz größer 2 Mio. €); ausgenommen Gründungs- und Verschmelzungsprüfungen	§ 63e Abs. 2 S. 2 GenG
PfQK	bei der WPK registrierte WP, WPG oder ein anderer Prüfungsverband, der bei der WPK als PfQK registriert ist Registrierungsvoraussetzungen: • Prüfungsrecht des Verbandes besteht seit mindestens drei Jahren. • mindestens ein Vorstandsmitglied oder ein besonderer Vertreter nach § 30 BGB ist WP, der persönlich bei der WPK als PfQK registriert ist • Prüfungsverband ist nach § 40a Abs. 1 S. 1 WPO eingetragen.	§ 63f Abs. 1 und 2 GenG

Regelungsbereich	Regelung	Gesetzesverweis
Auftragserteilung und Durchführung einer Qualitätskontrolle	• Der Auftrag wird vom Prüfungsverband erteilt. • Wird ein anderer registrierter Prüfungsverband beauftragt, muss der Prüfungsleiter persönlich als PfQK registriert sein. • Der beauftragte PfQK muss unabhängig sein; § 57a Abs. 4 WPO ist entsprechend anzuwenden. • Die für das Prüfungsverfahren geltenden Vorschriften der WPO sind entsprechend anzuwenden. • Die Durchführung der Prüfung und Berichterstattung erfolgt nach den Vorschriften der WPO. • Die Verschwiegenheitspflicht des geprüften Prüfungsverbandes nach § 62 GenG ist eingeschränkt, soweit dies für die Qualitätskontrolle erforderlich ist.	§§ 63g und f GenG
Maßnahmen der KfQK	Die Maßnahmen der KfQK entsprechen denen im allgemeinen Verfahren. Die Ergebnisse einer Inspektion nach § 63h sind i.R.d. Qualitätskontrolle zu berücksichtigen.	§ 63g Abs. 2 GenG
Weitergabe von Informationen	Die KfQK hat nach § 57e Abs. 1 WPO die zuständige Aufsichtsbehörde unverzüglich zu unterrichten, wenn ein Prüfungsverband wegen fehlender Durchführung der Qualitätskontrolle aus dem Register nach § 40a WPO gelöscht werden soll.	§ 63g Abs. 3 GenG

Tabelle 4: Regelungen zur Qualitätskontrolle für genossenschaftliche Prüfungsverbände

149 Das Verfahren zur Durchführung der Qualitätskontrolle **nach dem GenG** ist dem Verfahren des § 57a WPO weitestgehend nachgebildet worden. Es wurden lediglich die Besonderheiten genossenschaftlicher Prüfungsverbände berücksichtigt, die insb. darin bestehen, dass

- die Prüfungsverbände nicht Pflichtmitglieder der WPK sind,

- das Prüfungsrecht der Prüfungsverbände durch eine zuständige Aufsichtsbehörde verliehen wird und
- Prüfungsverbände kein Berufssiegel führen dürfen[71].

1.2.2.3 Sozietäten

Die KfQK hat zu den Besonderheiten der **Qualitätskontrolle bei Sozietäten** einen Hinweis herausgegeben, dessen wesentliche Inhalte im Folgenden wiedergegeben werden[72]: 150

- WP/vBP, die in Sozietäten tätig sind, sind „in eigener Praxis" tätig, und demzufolge nach § 57a Abs. 1 S. 1 WPO verpflichtet, am System der Qualitätskontrolle teilzunehmen.
- Nach § 57a Abs. 6 S. 6 WPO wird der PfQK von dem WP/vBP in eigener Praxis beauftragt. Dies gilt auch bei einem Zusammenschluss von WP/vBP in einer Sozietät, so dass auch in diesem Fall grundsätzlich jeder WP/vBP einen eigenen Auftrag für die Durchführung der Qualitätskontrolle an einen von ihm ausgesuchten PfQK zu erteilen hat. Hiernach könnten auch unterschiedliche PfQK zu unterschiedlichen Zeitpunkten tätig werden.
- Der Auftrag für die Erteilung der Durchführung einer Qualitätskontrolle an einen PfQK kann jedoch auch gemeinsam von allen zur Durchführung einer Qualitätskontrolle verpflichteten WP/vBP-Sozien erteilt werden. Verfügen die Sozien in der Sozietät über eine einheitliche Praxisorganisation, so bietet sich die gemeinsame Auftragserteilung und Durchführung der Qualitätskontrolle an.
- Wird von mehreren Sozien gemeinsam ein PfQK mit der Durchführung der Qualitätskontrolle beauftragt, so hat er zu prüfen, ob die Regelungen zur Qualitätssicherung nach Maßgabe der gesetzlichen Vorschriften und der BS WP/vBP insgesamt und bei der Durchführung einzelner Aufträge eingehalten werden. Bei der Prüfung, ob diese Vorschriften bei der Abwicklung einzelner Aufträge eingehalten werden, hat der PfQK die Beachtung durch jeden einzelnen WP/vBP-Sozius zu überprüfen[73]. D.h., dass bei der Stichprobenauswahl der Aufträge die Tätigkeit eines jeden WP/vBP der Sozietät angemessen zu berücksichtigen ist.
- Nach § 57a Abs. 6a S. 1 WPO hat der PfQK das Ergebnis der Qualitätskontrolle in einem Bericht (Qualitätskontrollbericht) zusammenzufassen. Der PfQK hat für jeden WP/vBP einen Qualitätskontrollbericht zu verfassen[74]. Bei der Beschreibung von Gegenstand, Art und Umfang der Prüfung hat er die Besonderheiten der Auftragserteilung und Abwicklung der Qualitätskontrolle für die in der Sozietät tätigen WP/vBP zu beachten.

Die Eintragung der Tätigkeit des WP/vBP dürfte in Anlehnung an den bislang geltenden Hinweis der KfQK bei einem Ein-/Austritt in eine/aus einer Sozietät ihre Wirksamkeit behalten. Sind WP/vBP der Sozietät, in die er eintritt, bisher nicht mit einer Tätigkeit als 151

---

[71] Vgl. Hinweise der WPK zur Siegelführung von genossenschaftlichen Prüfungsverbänden und Prüfstellen von Sparkassen- und Giroverbänden, WPK Magazin 2007, S. 6.
[72] WPK, Hinweis der KfQK zu Qualitätskontrollen bei Sozietäten und Partnerschaften v. 05.10.2016, https://www.wpk.de/fileadmin/documents/Mitglieder/Praxishinweise/Hinweis_der_KfQK–Sozietaeten_Partnerschaftsgesellschaften.pdf (zit. 21.07.2018) – im Folgenden: KfQK-Hinweis: Qualitätskontrolle Sozietäten und Partnerschaften.
[73] WPK, KfQK-Hinweis: Qualitätskontrolle Sozietäten und Partnerschaften, S. 2.
[74] WPK, KfQK-Hinweis: Qualitätskontrolle Sozietäten und Partnerschaften, S. 2.

APr. registriert, dürfte der WP/vBP trotzdem befugt bleiben, Abschlussprüfungen durchzuführen. Eine Klarstellung der Fortgeltung der Aussagen zur alten Rechtslage unter der neuen Rechtslage ist bislang durch die WPK noch nicht erfolgt.

1.2.2.4 Partnerschaftsgesellschaften

152 Die Qualitätskontrolle bei einer als WPG bzw. BPG anerkannten PartG[75] ist entsprechend der Grundsätze für Sozietäten für jeden einzelnen Partner separat durchzuführen soweit dieser als WP/vBP Prüfungen durchführt, die der Qualitätskontrolle unterliegen.[76] Das bedeutet, dass bei der auftragsbezogenen Funktionsprüfung die **Stichprobe anhand der Aufträge eines jeden Partners** gesondert zu bestimmen ist. Das Ergebnis der Qualitätskontrolle ist für jeden der in die Qualitätskontrolle einbezogenen Partner in einem separaten Qualitätskontrollbericht zusammenzufassen.

Die Eintragung der Tätigkeit als gesetzlicher APr. wird für die PartG vorgenommen. PartG, die nicht als WPG bzw. BPG anerkannt sind, dürfen keine gesetzlichen Abschlussprüfungen durchführen. Solche PartG unterliegen nicht der Qualitätskontrolle.

1.2.3 Internationale Rahmenbedingungen für die externe Qualitätskontrolle und die Inspektion

1.2.3.1 Entwicklung des Peer Reviews in den USA

153 In den USA wird die Teilnahme am sog. **Peer-Review-Verfahren des AICPA** von den für die Zulassung und Überwachung zuständigen Behörden der Bundesstaaten (State Boards of Accountancy) und – als Voraussetzung für die Tätigkeit als APr. eines börsennotierten Unternehmens – von der Börsenaufsichtsbehörde (SEC) vorgeschrieben[77].

154 Den Mitgliedern des AICPA wurde die Idee einer Kontrolle der Qualität der Abschlussprüfung durch einen Peer erstmals im Jahr 1967 vorgestellt[78]. Im Jahr 1968 billigte der Verwaltungsrat des AICPA die Einführung eines sog. Quality-Review-Programms auf freiwilliger Basis, welches in Form eines Pilotprojektes ab dem Jahr 1971 praktisch erprobt wurde. Im Jahr 1973 wurde vom AICPA ein sog. Local-Firm-Quality-Review-Programm ins Leben gerufen, welches auf die Beurteilung von Prüfungsaufträgen auf der Basis der vom APr. angelegten Arbeitspapiere ausgerichtet war. Dieses Verfahren war insb. auf die Qualitätskontrolle in kleineren CPA-Praxen ausgerichtet. Die Teilnahme war freiwillig und wurde nur von wenigen Mitgliedern des AICPA in Anspruch genommen.

155 Seit dem Jahr 1972 wurde das Verfahren des freiwilligen Quality Review des AICPA von der SEC für Zwecke der Börsenaufsicht genutzt. In diesem Jahr wurde das AICPA von der SEC erstmals aufgefordert, bei einem ihrer Mitglieder einen Quality Review durch-

---

[75] Siehe zur Errichtung *WPK*, Merkblatt für die Errichtung und Anerkennung einer Wirtschaftsprüfungsgesellschaft in der Rechtsform einer Personengesellschaft (OHK, KG, Partnerschaftsgesellschaft, GbR und andere) vom Juni 2016; https://www.wpk.de/uploads/tx_templavoila/Merkblatt_Einrichtung_WPG_Rechtsform_Personengesellschaft.pdf (zit. 21.07.2018).

[76] *WPK*, KfQK-Hinweis: Qualitätskontrolle Sozietäten und Partnerschaften, S. 2.

[77] *Eine ausführliche Darstellung der US-Peer-Review-Verfahren* findet sich bei *Schmidt*, S. 260. Ein Vergleich des deutschen Verfahrens der Qualitätskontrolle mit dem US-amerikanischen Peer Review wurde von Marten vorgenommen (*Marten*, WPK-Mitt. Sonderheft April 2001, S. 23 sowie *Marten/Köhler*, WPg 2002, S. 241).

[78] Vgl. hierzu und zum Folgenden *Niehus*, S. 96.

zuführen. In der Folge entwickelte sich aus den für die SEC durchgeführten Untersuchungen das „Voluntary Review Program for CPA-firms with SEC practices"[79].

Im Jahr 1977 wurde innerhalb des AICPA die Division for CPA Firms gegründet, in der die „Organisationseinheiten, in denen die Mitglieder praktizierten"[80], nämlich die CPA-Praxen, freiwillig Mitglied werden konnten. Die Division for CPA Firms bestand aus zwei Unterabteilungen, der SEC Practice Section (SECPS) und der Private Companies Practice Section (PCPS). In der SECPS konnten diejenigen CPA-Praxen Mitglied werden, die wenigstens einen Mandanten, der unter der Aufsicht der SEC stand, betreuten. Die Mitglieder der SECPS waren verpflichtet, am Peer-Review-Verfahren teilzunehmen. CPA-Praxen, die keine SEC-Mandanten betreuten, konnten in die PCPS eintreten und unterlagen in diesem Fall ebenfalls einem Peer Review, dem PCPS Peer Review[81]. Zur Überwachung des SECPS Peer Review wurde innerhalb der SECPS im Jahr 1977 das Public Oversight Board (POB) eingerichtet[82]. **156**

1988 schließlich änderte das AICPA seine Satzung und führte eine neue Mitgliedschaftsanforderung ein, nach der kein Mitglied, das im Bereich des „PublicAccounting" tätig ist, Partner oder Angestellter einer CPA-Praxis sein darf, die nicht an einem vom AICPA genehmigten Peer-Review-Verfahren teilnimmt. Eine Ausnahme von der Peer-Review-Pflicht besteht seither nur für CPA-Praxen, die nicht im Bereich Rechnungslegung und Prüfung tätig sind. Im Januar 1990 wurde – u.a. auf Druck der SEC – die Satzung des AICPA nochmals geändert. Den Mitgliedern des AICPA war es seither nicht mehr erlaubt, in einer CPA-Praxis tätig zu sein, die einen oder mehrere unter SEC-Aufsicht stehende Mandanten betreut und nicht Mitglied in der SECPS war und damit nicht am für die Mitglieder der SECPS verpflichtenden Peer Review teilnahm[83]. **157**

Es bestanden somit unter dem Dach des AICPA nebeneinander drei Peer-Review-Verfahren: (1) der Peer Review der SECPS, (2) der Peer Review der PCPS und (3) der AICPA Quality Review für alle übrigen CPA-Praxen, die im Bereich des „Public Accounting" tätig waren. Diese Verfahren unterschieden sich im Wesentlichen nur dadurch, dass **158**

- i.R.d. Peer Reviews der SECPS und der PCPS auch die Einhaltung der besonderen Mitgliedschaftspflichten in der jeweiligen Practice Section geprüft wurde,
- als Reviewer im Peer Review der SECPS und der PCPS nur Mitglieder der jeweiligen Practice Section in Betracht kamen,
- die Peer-Review-Berichte im Peer Review der SECPS und der PCPS öffentlich zugänglich waren und
- der Peer Review der SECPS durch ein Public Oversight Board (POB) und die SEC überwacht wurde.

Im Herbst 1994 wurde vom AICPA Board of Directors und vom AICPA Council der Beschluss gefasst, den PCPS Peer Review und den AICPA Quality Review zu einem AICPA Peer Review zusammenzuführen. Seit dem 21.10.1997 bestand für die Mitglieder **159**

---

79 *Niehus*, S. 99.
80 *Niehus*, S. 114.
81 *Schmidt*, S. 263 m.w.N.
82 *Schmidt*, S. 294. Das Public Oversight Board hat sich i.Z.m. der Umgestaltung der Selbstregulierung im US-amerikanischen Berufsstand der CPA als Folge des Zusammenbruchs des Enron-Konzerns im Jahr 2001 mit Wirkung zum 30.04.2002 selbst aufgelöst. Vgl. hierzu ausführlich *U.S. General Accounting Office (GAO)*, S. 2.
83 *Public Oversight Board*, S. 2.

der PCPS nach einem Beschluss des AICPA Council keine eigenständige Pflicht mehr zur Teilnahme an einem Peer-Review-Verfahren. Die PCPS-Mitglieder unterlagen damit dem AICPA Peer Review, soweit sie nicht freiwillig in die SECPS wechselten. Die Mitglieder der PCPS sind zudem seit 1998 nicht mehr verpflichtet, einen Reviewer auszuwählen, der ebenfalls Mitglied der PCPS ist. Auch sind i.R.d. Peer Reviews bei den Mitgliedern der PCPS die Einhaltung der Mitgliedschaftspflichten nicht mehr zu prüfen. Die Peer-Review-Berichte der PCPS-Mitglieder sind aber weiterhin öffentlich zugänglich.

160 Nach Einführung der Inspektionen durch das Public Company Accounting Oversight Board (PCAOB) durch den Sarbanes-Oxley-Act of 2002 wurde das Peer-Review-System umgestaltet. Die Mitglieder der SECPS, die beim PCAOB registriert sind und den Inspektionen dieses Boards unterliegen, gehören seit dem 01.01.2004 dem Center for Public Company Audit Firms (CPCAF) an. Das Peer-Review-Programm des CPCAF ist auf die Tätigkeitsbereiche von CPA-Praxen ausgerichtet, die nicht Gegenstand der PCAOB-Inspektionen sind. Der CPCAF Peer Review dient der Erfüllung der in den Bundesstaaten geltenden gesetzlichen Pflichten der CPAs und der Mitgliedschaftspflichten des AICPA[84].

161 CPA-Praxen, die nicht beim PCAOB registriert sind, können zwischen dem AICPA und dem CPCAF Peer Review wählen. Die Ergebnisse des CPCAF Peer Reviews sind öffentlich zugänglich.

1.2.3.2 Peer-Review-Verfahren des AICPA

162 Mit Wirkung zum 01.01.2001 hat das AICPA die Peer-Review-Verfahren weiterentwickelt. In der zu diesem Zeitpunkt in Kraft getretenen Änderung der „Standards for Performing and Reporting on Peer Reviews" wurden zwei unterschiedliche Arten des Peer Reviews eingeführt[85]:

- System Reviews und
- Engagement Reviews.

1.2.3.2.1 System Review

163 Mit dem **System Review** wird das Ziel verfolgt, eine hinreichend sichere Grundlage für eine Aussage des Reviewers zu schaffen, ob die CPA-Praxis ein Qualitätssicherungssystem für ihre Accounting- und Auditing-Praxis in Übereinstimmung mit den Qualitätssicherungsanforderungen des AICPA eingerichtet hat und die Regelungen ihres Qualitätssicherungssystems eingehalten werden, so dass mit hinreichender Sicherheit die Einhaltung der Berufsgrundsätze gewährleistet ist. Der System Review entspricht im Wesentlichen dem bisherigen Peer-Review-Verfahren. Folgende CPA-Praxen haben sich einem System Review in dreijährigem Turnus zu unterziehen:

- CPA-Praxen, die Prüfungsaufträge nach den Statements on Auditing Standards (SAS) durchführen

---

[84] Vgl. AICPA, Questions and Answers about the AICPA Peer Review Program, Update No. 18, Januar 2018: https://www.aicpa.org/InterestAreas/PeerReview/Resources/FAQs/DownloadableDocuments/qandaprp.pdf (zit. 21.07.2018).

[85] AICPA PRP Section 1000, Peer Review Standards Interpretations, December 2017: http://www.aicpa.org/Research/Standards/PeerReview/DownloadableDocuments/PeerReviewStandards.pdf (zit. 21.07.2018).

- CPA-Praxen, die Prüfungsaufträge nach den vom U.S. General Accounting Office (GAO) herausgegebenen Government Auditing Standards („Yellow Book") durchführen
- CPA-Praxen, die Aufträge zur Prüfung prospektiver Finanzinformationen nach den Statements on Standards for Attestation Engagements (SSAEs) durchführen.

Das AICPA schreibt für die **Planung des Peer Reviews** folgende Vorgehensweise vor:

- Verschaffung von Kenntnissen über den Rechnungslegungs- und Prüfungsbereich der CPA-Praxis und über deren internes Qualitätssicherungssystem
- Beurteilung des Peer-Review-Risikos
- Auswahl einzelner Niederlassungen der CPA-Praxis und Auswahl von einzelnen durchgeführten Aufträgen, um die Funktionsweise und die Wirksamkeit des internen Qualitätssicherungssystems zu beurteilen.

Die erforderlichen **Kenntnisse über die CPA-Praxis und das interne Qualitätssicherungssystem** hat sich der Reviewer insb. durch Befragungen der Führungskräfte der CPA-Praxis zu verschaffen. Die CPA-Praxis muss zu diesem Zweck ihr Qualitätssicherungssystem auf der Grundlage eines vom Peer Review Board des AICPA entwickelten Fragebogens darstellen, den der Reviewer i.R.d. Prüfungsplanung zu analysieren hat.

Auf dieser Grundlage hat der Reviewer das **Peer-Review-Risiko** einzuschätzen. Bei dem Peer-Review-Risiko handelt es sich um die Wahrscheinlichkeit, dass der Reviewer

- wesentliche Schwächen im Qualitätssicherungssystem der CPA-Praxis nicht erkennt,
- ein falsches Prüfungsurteil über Angemessenheit und/oder Funktionsfähigkeit des internen Qualitätssicherungssystems abgibt oder
- eine Fehlentscheidung i.Z.m. der Abgabe von Empfehlungen zur Verbesserung des internen Qualitätssicherungssystems trifft.

Das Peer-Review-Risiko setzt sich aus dem **Fehlerrisiko** und dem **Entdeckungsrisiko** zusammen. Bei dem Fehlerrisiko handelt es sich um die Wahrscheinlichkeit, dass das Qualitätssicherungssystem der CPA-Praxis wesentliche Verstöße gegen die Berufsgrundsätze oder die Prüfungsstandards nicht verhindert. Das Entdeckungsrisiko betrifft die Wahrscheinlichkeit, dass der Reviewer wesentliche Schwächen im Qualitätssicherungssystem nicht aufdeckt. Diese miteinander verbundenen Risiken sind allerdings nicht exakt zu quantifizieren. Es ist vielmehr eine qualitative Analyse der Risiken vorzunehmen.

Der Peer Review hat sich auf die beruflichen bzw. fachlichen Aspekte des Rechnungslegungs- und Prüfungsbereiches zu konzentrieren. Ausdrücklich ausgeschlossen vom Peer Review sind die sog. Business Aspects. Dies sind alle Aspekte, die das Geschäft bzw. die Geschäftsbeziehungen der CPA-Praxis betreffen. Dem Reviewer ist zudem jegliche Kontaktaufnahme mit einem Mandanten der zu prüfenden CPA-Praxis untersagt.

Der Peer Review soll normalerweise innerhalb von drei bis fünf Monaten nach dem Ablauf des **Zeitraums** stattfinden, auf den sich der Review bezieht. Dieser Zeitraum, der vom Reviewer und der CPA-Praxis gemeinsam festgelegt wird, beträgt 12 Monate. Dies sind im Allgemeinen die letzten 12 Monate des Dreijahreszeitraums seit dem zuletzt durchgeführten Peer Review. Das Datum des Endes des 12-Monatszeitraums soll – wenn möglich – von Peer Review zu Peer Review unverändert bleiben. Die GJ der i.R.d. Peer

Reviews zu beurteilenden Abschlussprüfungen oder Abschlusserstellungen sollen im Allgemeinen innerhalb dieses 12-Monats-Zeitraums enden. Bei anderen Aufträgen soll das Datum der von der CPA-Praxis erteilten Bescheinigung innerhalb dieses Zeitraums liegen.

170 Der Prüfungsleiter hat zu Beginn des Peer Reviews die Berichterstattung über den zuletzt durchgeführten Peer Review durchzusehen. Hierbei hat er zu entscheiden, ob sich Auswirkungen auf den aktuellen Peer Review ergeben (z.B. Nachprüfung, ob die CPA-Praxis die mit der zuständigen State CPA Society abgestimmten Empfehlungen zur Verbesserung des internen Qualitätssicherungssystems umgesetzt hat).

171 Der Reviewer hat **Funktionsprüfungen** durchzuführen, um beurteilen zu können, ob die Grundsätze und Maßnahmen des Qualitätssicherungssystems der zu prüfenden CPA-Praxis eingehalten wurden. Funktionsprüfungen sind zum einen in Bezug auf die Grundsätze und Maßnahmen vorzunehmen, die die allgemeine Organisation der CPA-Praxis betreffen, und zum anderen in Bezug auf die Durchführung einzelner Aufträge. Die Prüfungshandlungen können sich u.a. auf folgende Aspekte beziehen:

- Einhaltung der Berufsgrundsätze und Prüfungsstandards
- Verständnis des internen Qualitätssicherungssystems bei den Mitarbeitern der CPA-Praxis
- Qualität der Nachschau
- Führung der Personalakten und der Korrespondenz zu fachlichen Fragen

172 Bei größeren CPA-Praxen ist es nicht erforderlich, dass Funktionsprüfungen vor Ort in allen NL durchgeführt werden. In der Hauptniederlassung hat allerdings immer eine Prüfung stattzufinden. Unter Berücksichtigung des Peer-Review-Risikos der einzelnen NL sollten die in den Peer Review **einzubeziehenden NL** u.a. anhand folgender Kriterien ausgewählt werden:

- Anzahl, Größe und geographische Verteilung der NL
- Grad der Zentralisierung der Steuerung und der Überwachung im Rechnungslegungs- und Prüfungsbereich der CPA-Praxis
- Qualität der Nachschau
- besondere Risiken (z.B. kürzlich eröffnete NL oder Spezialisierungen der NL auf bestimmte Branchen oder Tätigkeiten).

173 Es ist nicht erforderlich und praktisch auch nicht möglich, sämtliche im Betrachtungszeitraum durchgeführten relevanten Aufträge in Form von **Auftragsprüfungen** zu überprüfen. Die Anzahl der Auftragsprüfungen muss es dem Reviewer aber ermöglichen, ein hinreichend sicheres Urteil über die Angemessenheit des Qualitätssicherungssystems auf der Grundlage der vom AICPA herausgegebenen Qualitätssicherungsstandards und über die Einhaltung der Grundsätze und Maßnahmen zur Qualitätssicherung bei der Auftragsdurchführung abzugeben. Die Auswahl einzelner Aufträge hat risikoorientiert zu erfolgen. Beispielsweise sind der Umfang und der Schwierigkeitsgrad der Aufträge, die Branche, in der die Mandanten tätig sind, und die Qualifikation der eingesetzten fachlichen Mitarbeiter zu berücksichtigen[86]. Bei CPCAF Peer Reviews sind die Ergebnisse von Inspektionen des PCAOB i.R.d. Risikobeurteilun-

---

[86] Das AICPA gibt in unregelmäßigen Abständen Verlautbarungen heraus, nach denen bestimmte Auftragsarten in die Peer Reviews einbezogen werden müssen.

gen durch den Reviewer zu berücksichtigen. Die CPA-Praxis kann in bestimmten Fällen einzelne Aufträge aus der der Prüfung zugrundeliegenden Grundgesamtheit ausschließen, z.B. wenn Aufträge Gegenstand laufender Rechtsstreitigkeiten sind. In diesem Fall hat die CPA-Praxis vor Prüfungsbeginn eine schriftliche Stellungnahme an die zuständige State CPA Society zu richten, in der sie die gewünschte Nichtberücksichtigung des oder der betroffenen Aufträge einschl. der Begründung hierfür darlegt und das Absehen von einer Einschränkung des Prüfungsurteils aufgrund eines Prüfungshemmnisses beantragt. Vor der Zustimmung muss sich die zuständige State CPA Society von der Begründetheit des Ausschlussantrags überzeugen.

174 Im Rahmen einer als Funktionsprüfung durchgeführten Auftragsprüfung sind der JA oder der KA, der BestV, die Arbeitspapiere und die betreffende Korrespondenz durchzusehen; es sind Gespräche mit den fachlichen Mitarbeitern der CPA-Praxis zu führen, die den Auftrag durchgeführt haben. Die Auftragsprüfung hat sich auf alle wesentlichen Aspekte des Auftrags zu beziehen, insb. die Frage, ob i.R. von Abschlussprüfungen die bedeutsamen Risiken identifiziert und die als Reaktion auf diese Risiken notwendigen Prüfungshandlungen durchgeführt und dokumentiert wurden. Falls dem Prüfungsteam i.R.d. Auftragsprüfung einer der nachfolgenden Sachverhalte bekannt wird, ist die geprüfte CPA-Praxis unverzüglich zu informieren:

- der Abschluss enthält wesentliche Fehler
- es ist keine Grundlage für den abgegebenen BestV erkennbar
- der BestV wurde nicht entsprechend den Prüfungsstandards erteilt
- die Dokumentation stützt das abgegebene Prüfungsurteil nicht
- die Grundsätze und Maßnahmen zur Qualitätssicherung wurden nicht in allen wesentlichen Aspekten beachtet.

175 Die geprüfte CPA-Praxis hat den Sachverhalt aufzuklären. Falls erforderlich, hat sie Maßnahmen zu ergreifen, um den Fehler zu korrigieren. Der Reviewer muss sich aber bewusst sein, dass der Engagement Review keine Wiederholung der Abschlussprüfung nach den US-amerikanischen Prüfungsstandards darstellt. Er hat zu berücksichtigen, dass er seine Beurteilungen ohne Einsichtnahme in die Originalunterlagen des Mandanten vorgenommen hat. Auch wird die CPA-Praxis einen besseren Überblick über die Geschäftstätigkeit und das wirtschaftliche Umfeld des Mandanten haben als der Reviewer.

176 Vor Herausgabe der Berichterstattung über den Peer Review hat der Reviewer von der CPA-Praxis eine Vollständigkeitserklärung einzuholen und seine Feststellungen der Leitung der CPA-Praxis in einer **Schlussbesprechung** mitzuteilen. Die Schlussbesprechung soll erst stattfinden, wenn alle Unklarheiten i.Z.m. dem Bericht des Reviewers geklärt sind. Anregungen des Reviewers für die Verbesserung des Qualitätssicherungssystems der CPA-Praxis, die nicht in den Bericht des Reviewers aufgenommen werden, sind ebenfalls Gegenstand der Schlussbesprechung.

177 Der Reviewer hat nach Abschluss seiner Prüfungshandlungen einen Bericht (**Peer Review Report**) sowie – falls erforderlich – Empfehlungen zur Verbesserung des internen Qualitätssicherungssystems (Letter of Comments) anzufertigen und der geprüften CPA-Praxis sowie der State CPA Society zu übergeben. Der State CPA Society sind auch die Arbeitspapiere zum Review zur Verfügung zu stellen. Die geprüfte CPA-Praxis muss ihrerseits ebenfalls bei der State CPA Society den Bericht des Reviewers und den Letter of

Comments einreichen. Darüber hinaus hat sie ein Antwortschreiben (Letter of Response) auf den Letter of Comments anzufertigen, den sie nach Abstimmung mit dem Reviewer der State CPA Society übergibt. Die CPA-Praxis darf den Bericht des Reviewers nicht ihren Mandanten, Mitarbeitern oder anderen Personen zur Verfügung stellen, bevor die State CPA Society bestätigt hat, dass der Peer Review ordnungsgemäß durchgeführt wurde.

178 Im CPCAF Peer Review erfolgt die Berichterstattung nicht gegenüber einer State CPA Society, sondern gegenüber dem CPCAF Peer Review Committee.

179 Der Bericht des Reviewers soll u.a. folgende Informationen beinhalten:
- Umfang des Reviews sowie etwaige Prüfungshemmnisse
- Beschreibung des internen Qualitätssicherungssystems für den Bereich Rechnungslegung und Prüfung
- Abgrenzung der Verantwortlichkeiten von Reviewer und geprüfter CPA-Praxis
- Aussage über die Einhaltung der Standards des AICPA zur Durchführung von Peer Reviews
- Beschreibung der Vorgehensweise bei einem System Review
- Beschreibung der inhärenten Grenzen interner Qualitätssicherungssysteme
- Prüfungsurteil über die Angemessenheit und Wirksamkeit des internen Qualitätssicherungssystems sowie Begründung einer ggf. erforderlichen Modifizierung des Prüfungsurteils.

180 Der Reviewer hat entweder ein **unmodifiziertes oder ein modifiziertes Prüfungsurteil** abzugeben oder aber das **Urteil zu versagen**. Eine Modifizierung des Prüfungsurteils kommt in Betracht, wenn ein Prüfungshemmnis vorliegt oder der Reviewer einzelne wesentliche Schwächen im Qualitätssicherungssystem der CPA-Praxis festgestellt hat. Das Prüfungsurteil ist zu versagen, wenn nach Auffassung des Reviewers das Qualitätssicherungssystem der CPA-Praxis nicht angemessen und/oder nicht wirksam ist oder der Reviewer aufgrund eines Prüfungshemmnisses kein Urteil abgeben kann. Im Falle einer Modifizierung oder einer Versagung hat der Reviewer in seinem Prüfungsurteil auf den Letter of Comments hinzuweisen.

181 Wenn der Reviewer ein modifiziertes Urteil abgibt oder wenn er im Verlauf des Peer Reviews Sachverhalte erkannt hat, die darauf hindeuten könnten, dass die CPA-Praxis nicht alle Standards für die Durchführung von „Accounting and Auditing Engagements" eingehalten hat, muss er zusätzlich zu seinem Peer-Review-Bericht einen Letter of Comments anfertigen. In diesem **Letter of Comments** hat der Reviewer die erkannten Mängel und die empfohlenen Verbesserungsmaßnahmen in einer Weise zu beschreiben, die den Adressaten die Beurteilung ermöglicht, ob die geplanten oder bereits eingeleiteten Maßnahmen zur Mängelbeseitigung ausreichen.

182 Die CPA-Praxis hat zu den im Letter of Comments aufgeführten Mängeln und den entsprechenden Empfehlungen des Reviewers ein Antwortschreiben, den **Letter of Response**, vorzulegen. Im Letter of Response hat die CPA-Praxis die im Hinblick auf jeden im Letter of Comments angesprochenen Aspekt eingeleiteten und geplanten Maßnahmen zu beschreiben. Bestehen Unstimmigkeiten zwischen der CPA-Praxis und dem Reviewer wegen bestimmter Ausführungen im Letter of Comments, hat die CPA-Praxis die Gründe für ihre abweichende Auffassung darzustellen. Der Letter of Response ist

dem Reviewer zur Durchsicht und Kommentierung zur Verfügung zu stellen, bevor er der State CPA Society bzw. dem CPCAF Peer Review Committee vorgelegt wird.

Die gesamte Berichterstattung über den Peer Review wird im CPCAF Peer Review und im AICPA Peer Review für Mitglieder der PCPS in einer öffentlich zugänglichen Akte hinterlegt. Die Berichterstattung über die übrigen durchgeführten AICPA Peer Reviews ist vertraulich und nicht für die Öffentlichkeit bestimmt. 183

1.2.3.2.2 Engagement Review

Der **Engagement Review** entspricht in allen wesentlichen Aspekten dem schon bisher in kleineren CPA-Praxen angewendeten Off-site Peer Review. Im AICPA Peer Review besteht im Unterschied zum CPCAF Peer Review die Möglichkeit, einen Peer Review nicht vor Ort in der CPA-Praxis (on-site), sondern im Büro des Reviewers (off-site) durchzuführen. Eine CPA-Praxis kann für einen Engagement Review optieren, wenn sie nicht dem System Review unterliegt. Durch diese Regelung wird einem großen Teil der kleinen und mittleren CPA-Praxen, die keine Abschlussprüfungen und keine Prüfungen prospektiver Finanzinformationen durchführen, die Möglichkeit eingeräumt, auf einen Engagement Review zurückzugreifen. 184

Das **Ziel eines Engagement Reviews** ist es nicht, eine Aussage zur Angemessenheit und Wirksamkeit des internen Qualitätssicherungssystems der CPA-Praxis zu treffen. Es werden vielmehr Prüfungshandlungen durchgeführt, die es dem Reviewer ermöglichen sollen, mit eingeschränkter Urteilssicherheit (limited assurance) ein Urteil darüber abzugeben, ob bestimmte i.R.d. Reviews überprüfte Aufträge im Wesentlichen als in Übereinstimmung mit den Berufsgrundsätzen und Standards des AICPA durchgeführt erscheinen. Darüber hinaus hat der Reviewer zu beurteilen, ob bei den in den Review einbezogenen Aufträgen die einschlägigen Dokumentationsstandards des AICPA eingehalten wurden. 185

Ein Engagement Review beschränkt sich im Wesentlichen auf die **kritische Durchsicht von Informationen zu ausgewählten Aufträgen**, die von der CPA-Praxis – ggf. in anonymisierter Form – zur Verfügung gestellt werden müssen. Für die Auswahl von Aufträgen enthalten die Standards konkrete Regelungen: Die CPA-Praxis hat zunächst die von jedem Partner während der Betrachtungsperiode verantwortlich durchgeführten Aufträge nach Branchen zu ordnen. Aus dieser Auftragsliste wählt der Reviewer bestimmte Aufträge aus, wobei er folgende Leitlinien beachten muss: 186

- Es sollte jeweils ein Auftrag der Auftragsarten „Review on Historical Financial Statements" (prüferische Durchsicht von Abschlüssen), „Compilation of Historical Financial Statements" (Erstellung von Abschlüssen ohne Durchführung von Prüfungshandlungen)[87] und „Attestation" (sonstige Prüfungsaufträge) ausgewählt werden.
- Es sollte für jeden Partner der CPA-Praxis ein Auftrag ausgewählt werden, für dessen Durchführung dieser Partner verantwortlich war.
- Es sind im Allgemeinen mindestens zwei Aufträge in den Review einzubeziehen.

Im **Bericht des Reviewers ist im Falle eines Engagement Reviews** klarzustellen, dass der Peer Review in Übereinstimmung mit den Standards des AICPA Peer Review Boards 187

---

[87] Nach den Standards ist jeweils ein Abschluss, bei dem die nach den US-GAAP erforderlichen Angaben (Disclosures) gemacht wurden, sowie ein Abschluss, bei dem das nicht der Fall war, in den Engagement Review einzubeziehen.

in einem begrenzten Umfang durchgeführt worden ist. Die Abgabe eines Urteils über das Qualitätssicherungssystem kommt nicht in Betracht. Der Reviewer hat aber darauf hinzuweisen, ob und ggf. welche Anhaltspunkte es dafür gibt, dass bei den von ihm durchgesehenen Unterlagen nicht alle wesentlichen Anforderungen der „Professional Standards" eingehalten wurden. Ist der Reviewer dieser Auffassung, hat er eine entsprechende Aussage in seinem Bericht zu treffen.

Die Ausführungen zum Letter of Comments und zum Letter of Response i.R.d. System Reviews (Kap. E Tz. 177 ff.) gelten grundsätzlich auch für den Engagement Review.

1.2.3.2.3 State Boards of Accountancy

188 Für die **Zulassung zum Beruf und die Überwachung der Berufstätigkeit der CPAs** sind in den USA die State Boards of Accountancy zuständig, bei denen es sich um behördliche Einrichtungen der einzelnen US-amerikanischen Bundesstaaten handelt[88]. Im Jahr 1998 bestanden in dreißig dieser Bundesstaaten rechtliche Verpflichtungen für CPAs zur Teilnahme an einem Verfahren der externen Qualitätskontrolle[89]. Beispielsweise besteht in Texas gemäß Title 22, Chapter 22, § 527.4 Abs. 2 Buchst. A des Texas Administrative Code (TAC), der auf der Grundlage des Public Accountancy Act von 1991 erlassen wurde, für jede beim Texas State Board of Public Accountancy registrierte CPA-Praxis die Pflicht, an einem Peer Review-Programm teilzunehmen, welches von einem texanischen Quality Review Oversight Board zu überwachen ist[90]. Darüber hinaus haben 16 Staaten der USA ein State Board Peer Review Oversight Committee (PROC) eingerichtet. Die PROC sind unter anderem verantwortlich für die Erstellung, Überarbeitung und Anwendung von Standards, die Qualifikation der Peer Reviewer sowie die einzelnen Peer Reviews. Die PROC sollen einen Jahresbericht über ihre Tätigkeiten für die State Boards of Accountancy erstellen[91].

1.2.3.2.4 Regeln der Nasdaq und der NYSE Euronext

189 Die US-amerikanische Börse „The Nasdaq Stock Market, Inc." (**Nasdaq**)[92] hatte bereits im Jahr 1997 die Anforderungen verschärft, die sie an die APr. von Unternehmen stellt, deren Anteile an dieser Börse notiert sind[93]. Entsprechend den „Listing Requirements" müssen diese APr. an einem Peer-Review-Verfahren teilnehmen, das mit dem CPCAF Peer Review vergleichbar ist, einschl. einer dreijährigen Kontrollfrequenz und einer öffentlichen Überwachung des Verfahrens. Der Nasdaq ist ein Zugriffsrecht auf die Arbeitspapiere der Reviewer zu gewähren.

190 Nach § 303A.07 (b) (iii) (A) der Corporate Listing Standards der New York Stock Exchange (**NYSE Euronext**) sind die Audit Committees von an der NYSE Euronext ge-

---

88 *Niehus*, S. 155.
89 Vgl. z.B. Informationen der Missouri Society of Certified Public Accountants, https://www.mocpa.org/docs/default-source/News/mscpa-peer-review-oversight-policy.pdf (zit. 21.07.2018); Informationen der California Society of Certified Public Accountants, http://www.calcpa.org/peer-review (zit. 21.07.2018).
90 Vgl. Informationen des Texas State Board of Public Accountancy, http://www.tsbpa.state.tx.us/firms/peer-review.html (zit. 21.07.2018).
91 Vgl. Informationen der National Association of State Boards of Accountancy, https://nasba.org/mc/committees/complianceassurance/peerreviewoversightcommitteeresources/ (zit. 21.07.2018).
92 2007 hat sich die Nasdaq mit der skandinavischen Börse QMX zusammengeschlossen und trägt seitdem den offiziellen Namen "The NASDAQ QMX Group", http://business.nasdaq.com/discover/nasdaq-story/index.html (zit. 21.07.2018).
93 *Public Oversight Board*, S. 7; *Marks/Schmidt*, WPg 1998, S. 975 (978).

listeten Unternehmen verpflichtet, mindestens einmal jährlich einen Bericht des APr. mit den folgenden Inhalten entgegenzunehmen[94]:

- Darstellung des Qualitätssicherungssystems der Praxis des APr.
- wesentliche Feststellungen aus der Nachschau und externen Qualitätskontrollen (z.B. aus dem Peer Review) der vergangenen fünf Jahre und der aufgrund dieser Feststellungen getroffenen Maßnahmen
- Beziehungen zwischen dem APr. und dem Unternehmen zwecks Feststellung möglicher Unabhängigkeitsgefährdungen.

1.2.3.3 PCAOB Inspektionen

Am 25.07.2002 hat der US-amerikanische Kongress den sog. **Sarbanes-Oxley Act of 2002** (SOA) verabschiedet[95]. Dieses Gesetz, das vor dem Hintergrund der Vertrauenskrise des US-amerikanischen Kapitalmarkts i.Z.m. dem Zusammenbruch großer Konzerne wie Enron und Worldcom[96] und der Aufdeckung von Bilanzmanipulationen amerikanischer Unternehmen entstanden ist, stellt eine wesentliche Weiterentwicklung des Kapitalmarktrechts der USA dar. Der SOA enthält Regelungen für Unternehmen, die den Bestimmungen der SEC unterliegen (SEC Registrants), und für Prüferpraxen, die Prüfungsleistungen für diese Unternehmen erbringen. Dabei ist es grundsätzlich unerheblich, ob diese Unternehmen und ihre Prüfer in den USA oder im Ausland ansässig sind. Wesentliche Bestimmungen des SOA sind z.B. auch von solchen WP und WPG in Deutschland zu beachten, die Unternehmen oder wesentliche Tochtergesellschaften von Unternehmen prüfen, die an einer US-amerikanischen Börse notiert sind. Nach dem Wortlaut des Gesetzes sind sie verpflichtet bzw. können sie verpflichtet werden, insb. die US-Prüfungsstandards, die US-Unabhängigkeitsvorschriften und die US-amerikanischen Vorschriften zur Berufsaufsicht und zur Qualitätskontrolle zu beachten. | **191**

Der SOA 2002 bestimmt, dass für die Regelung und Durchführung der Berufsaufsicht über die Prüfer ein **PCAOB** eingerichtet wird (Section 101). Die vom SOA betroffenen Prüfer müssen sich beim PCAOB registrieren lassen und ihre durch Registrierung erworbene Mitgliedschaft aufrechterhalten. Das PCAOB wurde u.a. mit folgenden Rechten und Pflichten ausgestattet: | **192**

- Registrierung von Prüfern und Prüfungsgesellschaften, die Abschlussprüfungen von in den USA börsennotierten Unternehmen durchführen oder an einer solchen Prüfung wesentlich beteiligt sind (Prüfung von wesentlichen Konzerngesellschaften),
- Entwicklung oder Übernahme von Berufsgrundsätzen und fachlichen Standards (Prüfungsstandards, Berufsgrundsätze, Unabhängigkeitsvorschriften, Qualitätssicherungsstandards, Vorschriften zur Qualitätskontrolle),
- Durchführung von Qualitätskontrollen (inspections) sowie von anlassbezogenen Untersuchungen (investigations) bei den registrierten Prüfern,

---

[94] Vgl. http://wallstreet.cch.com/LCMTools/PlatformViewer.asp?selectednode=chp%5F1%5F4%5F3%5F8&manual=%2Flcm%2Fsections%2Flcm%2Dsections%2F (zit. 23.07.2018).

[95] Der Act wurde mit Unterschrift des Präsidenten der USA am 30.07.2002 wirksam. Eine Zusammenfassung des Sarbanes-Oxley Act of 2002 findet sich im Internet Archiv auf der Web-Site des AICPA: https://web.archive.org/web/20070504054534/http://thecaq.aicpa.org/Resources/Sarbanes+Oxley/Summary+of+the+Provisions+of+the+Sarbanes-Oxley+Act+of+2002.htm#Section3 (zit. 21.07.2018); vgl. hierzu *Lanfermann/Maul*, DB 2002, S. 1725; FN-IDW 2002, S. 453; vgl. auch *Emmerich/Schaum*, WPg 2003, S. 677.

[96] *IDW*, WPg 2002, S. 692.

- Verhängung von disziplinarischen Maßnahmen und Sanktionen gegen registrierte Prüfer und bei diesen beschäftigte Personen bei festgestellten Verstößen gegen Berufspflichten.

193 Das PCAOB besteht aus vollzeitbeschäftigten und unabhängigen Personen, die nur den Interessen der Investoren und der Öffentlichkeit verpflichtet sind. Höchstens zwei der Mitglieder dürfen CPA sein oder gewesen sein. Die Finanzierung des PCAOB erfolgt über eine **Registrierungsgebühr**, die von den Prüfern zu entrichten ist, und durch **laufende Mitgliedsbeiträge** von Unternehmen und Prüfern.

194 Die Überwachung des PCAOB obliegt der **U.S. Securities and Exchange Commission (SEC)**. Diese Überwachungsfunktion umfasst auch einen Genehmigungsvorbehalt für Verfahrensvorschriften, Standards und Sanktionen des PCAOB. Die SEC hatte zur Wiederherstellung des Vertrauens der Investoren in veröffentlichte und geprüfte Finanzinformationen der an US-Börsen notierten Unternehmen selbst die Einrichtung eines „Public Accountability Board" vorgeschlagen[97].

195 Der Peer Review war ursprünglich aufgrund der Forderungen der SEC an das AICPA entwickelt worden, i.R.d. Selbstverwaltung dafür Sorge zu tragen, dass zumindest diejenigen APr. mit unter der Aufsicht der SEC stehenden Mandanten einer externen Qualitätskontrolle unterliegen. Dadurch, dass das AICPA seine Mitglieder mit SEC-Mandanten zur Mitgliedschaft in der SECPS verpflichtet hatte, waren unmittelbare Maßnahmen der Überwachung der Qualitätssicherung dieser CPA-Praxen durch die SEC oder eine andere staatliche Organisation bislang nicht als erforderlich angesehen worden; die Qualitätskontrolle war i.R.d. berufsständischen Selbstverwaltung organisiert. Mit der Einrichtung des PCAOB änderte sich dies. Das PCAOB führt seit dem Jahr 2003 regelmäßig Inspektionen bei den registrierten Prüfern durch. Solche Inspektionen dienen der Beurteilung, ob die registrierten Prüfer die für sie geltenden gesetzlichen und berufsständischen Pflichten erfüllen. Inspektionen werden bei Prüfern mit weniger als 100 SEC-Prüfungsmandaten alle drei Jahre und bei den übrigen Prüfern jährlich durchgeführt. Werden i.R.d. Inspektionen Verstöße gegen die relevanten Vorschriften festgestellt, hat das PCAOB die zuständigen Aufsichtsbehörden der Bundesstaaten (State Boards of Accountancy) und die SEC zu informieren. Darüber hinaus leitet das PCAOB in diesen Fällen ein Ermittlungsverfahren ein und verhängt gegebenenfalls disziplinarische Maßnahmen[98].

196 Eine **PCAOB-Inspektion** setzt sich aus der Beurteilung von Elementen des internen Qualitätssicherungssystems und der Beurteilung der Abwicklung einzelner Abschlussprüfungen zusammen[99]. Die Ergebnisse der Beurteilung des Qualitätssicherungssystems werden in einem nicht-öffentlichen Bericht zusammengefasst (sog. PCAOB-Report Part 2). Die WP-Praxis muss innerhalb eines Jahres die Beseitigung von festgestellten und in

---

97 SEC, Pressenotiz 2002-91 v. 20.06.2002, Commission Formally Proposes Framework of a Public Accountability Board; SEC, Pressenotiz 2002-118 v. 01.08.2002, Statement of the Commission Regarding the Public Company Accounting Oversight Board.
98 Vgl. Informationen des PCAOB über das Programm der Inspektionen unter https://pcaobus.org//Inspections/Pages/default.aspx (zit. 21.07.2018).
99 Es wird auf die Bylaws and Rules des PCAOB hingewiesen, in denen auch die bei den Inspektionen zu beachtenden Regeln enthalten sind. Die Vorschriften zu den Inspektionen bei ausländischen Prüfern und die Möglichkeiten für eine Anerkennung ausländischer Verfahren der Berufsaufsicht finden sich in Rule 4012. Vgl. https://pcaobus.org/Rules/Pages/Section_4.aspx (zit. 21.07.2018).

diesem Bericht aufgeführten Mängeln nachweisen. Anderenfalls werden die nicht abgestellten Mängel veröffentlicht. Die Feststellungen aus den Auftragsinspektionen werden anonymisiert und im PCAOB-Report Part 1 veröffentlicht[100]. Die Kriterien, nach denen Feststellungen der Inspektoren als wesentlich eingestuft werden, sind vom PCAOB bislang nicht bekannt gemacht worden.

Die folgende Tabelle gibt einen **Überblick** über Gegenstand, Beurteilungskriterien, Ziel und Ablauf einer PCAOB-Inspektion:

197

Bereich	PCAOB-Inspektion
Gegenstand	Elemente des Qualitätssicherungssystems und einzelne Abschlussprüfungen
Kriterien für die Beurteilungen	PCAOB Prüfungs- und Qualitätssicherungsstandards
Ziel	• Feststellung von Schwachstellen im Qualitätssicherungssystem • Feststellung von Verstößen gegen gesetzliche Pflichten und PCAOB-Prüfungsstandards bei der Abwicklung einzelner Abschlussprüfungen

---

[100] Vgl. Informationen des PCAOB zur Berichterstattung über Inspektionen: https://pcaobus.org/Inspections/Documents/Statement_Concerning_Inspection_Reports.pdf (zit. 21.07.2018).

Bereich	PCAOB-Inspektion
Vorgehensweise	1. Beschaffung von Vorabinformationen über die Praxis und die abgewickelten Abschlussprüfungen, einschl. Informationen über das interne Qualitätssicherungssystem (Data Request)
	2. Quality Control Review (Durchführung von Interviews mit Führungskräften der Praxis, Beurteilung einzelner Regelungen des Qualitätssicherungssystems sowie Würdigung der Antworten zu den Data Requests)
	3. Audit Engagement Reviews (für einzelne Abschlussprüfungen Befragung von Partnern und Mitarbeitern, Verifizierung der Informationen, die i.Z.m. dem Quality Control Review erlangt worden sind, sowie Inspektion der Arbeitspapiere in ausgewählten Prüfungsgebieten)
	4. Auswahl der zu inspizierenden Abschlussprüfungen
	5. Einholung von Informationen für ausgewählte Aufträge unter Verwendung eines Fragenkataloges
	6. Entwicklung eines individuellen Arbeitsprogramms, das nicht den Gesamtprozess der Abschlussprüfung, sondern bestimmte Prüfungsgebiete abdeckt
	7. Durchführung der Inspektion (Befragungen und Durchsicht von Arbeitspapieren) und Dokumentation der Feststellungen auf sog. Matter Sheets
	8. Einholung einer Stellungnahme der Praxis zu jedem Matter Sheet
	9. Auswertung der endgültigen Matter Sheets durch ein Gremium innerhalb des PCAOB
	10. Anfertigung der Berichtsentwürfe
	11. Gelegenheit der Praxis, zu den Berichtsentwürfen Stellung zu nehmen
	12. Anfertigung der endgültigen Berichte

Tabelle 5: Ablauf einer PCAOB-Inspektion

Die **Inspektion des Qualitätssicherungssystems** zielt auf die Feststellung von Mängeln ab, die nach Auffassung des PCAOB so gravierend sind, dass die Praxis sie innerhalb einer bestimmten Frist abstellen muss. Beurteilt werden einzelne Elemente des Qualitätssicherungssystems, die nach Auffassung des PCAOB eine besondere Bedeutung haben. Hierbei werden auch die US-amerikanischen Qualitätssicherungsstandards berücksichtigt. Schwerpunkte sind das Qualitätsumfeld (tone at the top), die Aus- und Fortbildung der Mitarbeiter, die Mitarbeiterbeurteilungen, die Kriterien für Einkommens- und Karriereentwicklung der Partner und für die Ernennung von Partnern sowie die in der Praxis eingeführten Verfahren zur Einhaltung der Unabhängigkeitsvorschriften und zur Auftragsannahme und -fortführung. Hinzu kommen die Konsultationsprozesse innerhalb der Praxis sowie die Entwicklung und Implementierung von Vorgaben für das Prüfungsvorgehen.

Das **Ziel der Auftragsprüfungen** i.R. von PCAOB-Inspektionen ist festzustellen, ob bei der Abwicklung der einzelnen Abschlussprüfung die gesetzlichen Vorschriften und die PCAOB-Prüfungsstandards in den von den PCAOB-Inspektoren ausgewählten Prüfungsgebieten eingehalten worden sind. Es ist nicht beabsichtigt, eine Gesamtaussage darüber zu treffen, ob die in der WP-Praxis abgewickelten Abschlussprüfungen bei SEC-registrierten Unternehmen in einem bestimmten Zeitraum ordnungsgemäß durchgeführt worden sind. Die Auftragsinspektionen stellen auch Funktionsprüfungen für die untersuchten Elemente des Qualitätssicherungssystems dar.

199

Das PCAOB hat kein Standard-Arbeitsprogramm für die Durchführung von Auftragsinspektionen entwickelt. Die Inspektoren entwickeln vielmehr auf der Grundlage ihrer Kenntnisse der PCAOB-Prüfungsstandards und der Ergebnisse des Data Requests ein individuelles, auf die besonderen Risiken des betrachteten Auftrags zugeschnittenes Arbeitsprogramm. Dieses Arbeitsprogramm konzentriert sich also auf bestimmte Prüfungsgebiete und Risikofelder und nicht auf den Gesamtprozess der Abschlussprüfung.

200

Feststellungen der Inspektoren, welche die Ordnungsmäßigkeit der ausgewählten Abschlussprüfungen betreffen, werden in sog. **Matter Sheets** dokumentiert, zu denen die inspizierten Praxen innerhalb eines vorgegebenen Zeitrahmens eine Stellungnahme abgeben können. Nach abschließender Würdigung des Sachverhalts durch den Inspektor wird das Matter Sheet Grundlage für die weiteren Entscheidungen des PCAOB, insb. für die Aufnahme der Feststellung in den öffentlich zugänglichen Bericht.

201

Die Feststellungen/Matter Sheets werden einem Gremium innerhalb des PCAOB zur kritischen Würdigung und Entscheidung vorgelegt. Hier entscheidet sich, welche Feststellungen als wesentlich eingestuft werden.

202

Über die regelmäßigen Inspektionen hinausgehend kann das PCAOB weitere Untersuchungen anordnen (investigations), wenn es Hinweise auf Verstöße gegen Berufspflichten in einer Prüferpraxis gibt. Die Prüfer sind zur Mitwirkung verpflichtet; andernfalls hat der PCAOB das Recht, die Registrierung vorübergehend oder endgültig zu widerrufen oder die Prüferpraxis zu veranlassen, einzelne Personen aus der Praxis auszuschließen.

203

Zu den möglichen **Sanktionen**, die das PCAOB im Falle der Aufdeckung von Verstößen verhängen kann, zählen z.B.[101]:

204

- Aussetzung oder Aufhebung der Registrierung,
- Einschränkung von Aktivitäten der Prüferpraxis oder einzelner Personen,
- Geldstrafen i.H.v. bis zu 750.000 US$ für natürliche Personen und bis zu 15 Mio. US$ für juristische Personen,
- Verweis und
- Verpflichtung zur Durchführung bestimmter Fortbildungsmaßnahmen.

---

[101] Vgl. Section 105 Abs. 4 SOA.

1.3 Durchführung von Qualitätskontrollen

1.3.1 Grundsätze ordnungsmäßiger Durchführung von Qualitätskontrollen

205 Die Entwicklung von Grundsätzen für die Durchführung von Qualitätskontrollen obliegt in Deutschland dem IDW. Aus diesem Grund hat der Gesetzgeber darauf verzichtet, in den §§ 57a ff. WPO konkrete Anforderungen an die Prüfungsdurchführung zu definieren. Lediglich zur Berichterstattung über die Ergebnisse der Qualitätskontrolle werden in § 57a Abs. 5 WPO Festlegungen getroffen, die insb. die Mindestinhalte des Qualitätskontrollberichts, die Formulierung des Prüfungsurteils und die Auswirkungen von festgestellten Mängeln im Qualitätssicherungssystem der geprüften Praxis auf den Qualitätskontrollbericht betreffen. Zur Durchführung von Qualitätskontrollen hat das IDW den **IDW PS 140** herausgegeben, dessen Aktualisierung am 09.06.2017 vom HFA verabschiedet wurde. Dieser *IDW Prüfungsstandard* legt die Berufsauffassung dar, nach der durch registrierte PfQK Qualitätskontrollen gem. §§ 57a ff. WPO durchzuführen sind.

Durch das APAReG wurden in der WPO die Anforderungen an das Verfahren der Qualitätskontrolle und der Berichterstattung über die Qualitätskontrolle geändert. Die SaQK vom 21.06.2016 konkretisiert die gesetzlichen Anforderungen. Zudem fallen in den Anwendungsbereich der Qualitätskontrolle nicht mehr sämtliche betriebswirtschaftlichen Prüfungen, bei denen das Berufssiegel geführt wird, sondern ausschließlich gesetzliche Abschlussprüfungen nach § 316 HGB und solche betriebswirtschaftlichen Prüfungen, die von der BaFin beauftragt werden. Vor diesem Hintergrund wurde *IDW PS 140* mit dem Ziel überarbeitet, den **Prüfungsansatz für die Qualitätskontrolle** zu modernisieren und risikobasiert weiterzuentwickeln; dadurch lassen sich die unterschiedlichen Verhältnisse und Gegebenheiten der Berufspraxen angemessen in der Qualitätskontrolle berücksichtigen. Im Mittelpunkt steht eine stärkere Fokussierung auf die Feststellung von qualitätsgefährdenden Risiken und deren Bewältigung durch die jeweilige Berufspraxis[102]. Die nachfolgenden Erläuterungen zum geänderten Vorgehen in der Qualitätskontrolle werden unter Berücksichtigung des *IDW QS 1* in der vom HFA am 09.06.2017 verabschiedeten Fassung dargestellt.

206 Für Zwecke der Qualitätskontrolle ist ein Qualitätssicherungssystem angemessen, wenn es im Einklang mit den gesetzlichen und satzungsmäßigen Anforderungen steht und mit hinreichender Sicherheit eine ordnungsgemäße Abwicklung von Abschlussprüfungen nach § 316 HGB und von betriebswirtschaftlichen Prüfungen, die von der BaFin beauftragt werden, gewährleistet (§ 57a Abs. 5 S. 4 WPO)[103]. Dies umfasst die Einhaltung der Berufspflichten einschl. der vom IDW herausgegebenen fachlichen Standards – ggf. ergänzt um die ISA, soweit Abschlussprüfungen unter ergänzender Beachtung der ISA durchgeführt werden. Die Wirksamkeit des Qualitätssicherungssystems setzt voraus, dass die Regelungen zur Qualitätssicherung in der WP-Praxis eingeführt und von den in der Praxis tätigen Berufsangehörigen und den fachlichen Mitarbeitern in der täglichen Arbeit eingehalten werden. Hierfür ist es notwendig, dass die Mitarbeiter über diese Regelungen informiert werden, ihnen die Bedeutung der Einhaltung der Regelungen für

---

[102] Vgl. hierzu ausführlich *Schmidt/Schneiß/van den Eynden*, IDW Life 2016, S. 596 ff.
[103] Vgl. *IDW PS 140*, Tz. 16.

die WP-Praxis bewusst ist und die Einhaltung der Regelungen sowie der gesetzlichen und berufsständischen Anforderungen in der WP-Praxis durchgesetzt wird.

1.3.2 Auftragsannahme

Vor Erteilung eines Auftrages zur Durchführung einer Qualitätskontrolle muss die Einhaltung folgender Voraussetzungen sichergestellt sein: **207**

- Der vorgesehene Prüfer (Berufsangehöriger oder Berufsgesellschaft) muss als PfQK bei der WPK registriert sein und nach erstmaliger Registrierung die spezielle Fortbildungsverpflichtung nach § 57a Abs. 3a WPO erfüllt haben. Die Tatsache, dass ein Berufsangehöriger registriert ist, wird im Berufsregister vermerkt.
- Der vorgesehene Prüfer muss von der zu prüfenden Praxis unabhängig sein, d.h. es dürfen keine allgemeinen Ausschlussgründe nach den § 49 WPO, § 31 BS WP/vBP und keine speziellen Ausschlussgründe nach § 57a Abs. 4 WPO i.V.m. § 10 SaQK wegen finanzieller, kapitalmäßiger oder persönlicher Bindungen vorliegen.
- Der vorgesehene Prüfer muss über die erforderliche Fachkompetenz verfügen, um den Auftrag ordnungsgemäß durchführen zu können. Aufgrund der besonderen Aufgabenstellung müssen bei der Qualitätskontrolle erfahrene Berufsangehörige eingesetzt werden. Werden i.R.d. Qualitätskontrolle Nicht-Berufsangehörige eingesetzt, muss der verantwortliche WP vor Ort maßgeblich an der Planung und Durchführung der Qualitätskontrolle beteiligt sein. Der *IDW PS140*, Tz. 27 weist auf besondere Kenntnisse und Erfahrungen hin, die beim PfQK vorhanden sein müssen, wenn in der zu prüfenden Praxis bspw. KI oder VU geprüft werden oder wenn die Mandanten der zu prüfenden Praxis bei der Aufstellung von JA internationale Rechnungslegungsgrundsätze anwenden.

Der Prüfer sollte sich schon vor Auftragsannahme über die Ergebnisse der letzten Qualitätskontrolle informieren. Es empfiehlt sich, bereits mit der Auftragsannahme das Einverständnis der WP-Praxis zur Entbindung des Vorprüfers von der Verschwiegenheitspflicht einzuholen (*IDW PS 140*, Tz. 30). **208**

Liegen die Voraussetzungen für eine Auftragsannahme vor, kann eine Beauftragung durch die zu prüfende Praxis vorgenommen werden. Es wird empfohlen, den Auftrag zur Durchführung der Qualitätskontrolle schriftlich zu vereinbaren und in diesem Vertrag u.a. die folgenden Aspekte zu regeln[104]: **209**

- die dem Auftrag zugrundeliegende Vorschriften
- die zeitliche Abwicklung des Auftrags
- das Honorar
- die Pflichten der zu prüfenden Praxis
- den Konkurrenzschutz
- die Entbindung des Vorprüfers von der Verschwiegenheitspflicht
- ggf. *Allgemeine Auftragsbedingungen und Sonderbedingungen.*

Der Beauftragung vorweg geht ein Auswahlverfahren. Bei diesem Verfahren sind durch die zu prüfende Praxis bei der KfQK bis zu drei Vorschläge für mögliche PfQK einzureichen (§ 57a Abs. 6 S. 1 WPO i.V.m. § 8 SaQK). Die Vorschläge sind jeweils um eine Unabhängigkeitsbestätigung der möglichen PfQK zu ergänzen. Diese darf bei Eingang **210**

---

104 Ein Muster für ein Auftragsbestätigungsschreiben enthält das *IDW*, Praxishandbuch[11], A-4.2.3. (5).

des Vorschlags nicht älter als sechs Monate sein (§ 57a Abs. 6 S. 2 WPO, § 11 Abs.1 S. 3 SaQK).

211 Der KfQK ist die Erteilung des Auftrags zur Durchführung einer Qualitätskontrolle von der beauftragenden Berufspraxis unter Nennung des PfQK, des für die Durchführung der Qualitätskontrolle vorrangig verantwortlich bestimmten WP, des voraussichtlichen Beginns der Prüfung und des Prüfungszeitraums unverzüglich schriftlich oder elektronisch mitzuteilen (§ 14 S. 1 und 2 SaQK).

212 Ein erteilter Auftrag kann nach § 57a Abs. 7 S. 1 WPO nur aus wichtigem Grund gekündigt werden. Zur Frage, was unter einem wichtigen Grund zu verstehen ist, kann auf die Kommentierungen zur **Kündigung eines Auftrags** zur Durchführung einer gesetzlichen Abschlussprüfung nach § 318 Abs. 6 HGB zurückgegriffen werden. Danach liegt im Falle von Meinungsverschiedenheiten zwischen Prüfer und geprüfter Praxis über den Inhalt des Qualitätskontrollberichtes kein wichtiger Grund vor. Wichtige Gründe, die eine Auftragskündigung rechtfertigen, können sich aber aus Umständen ergeben, die Zweifel an der Unabhängigkeit des PfQK wecken, wenn diese nach der Auftragserteilung eintreten oder offenkundig werden. Für die Berichterstattung im Falle der Kündigung des Auftrags aus wichtigem Grund sind § 57a Abs. 7 S. 3 WPO und die allgemeinen Grundsätze für die Erstellung eines Qualitätskontrollberichtes nach § 57a Abs. 5 WPO zu beachten.

1.3.3 Risikoorientiertes Vorgehen bei der Qualitätskontrolle

213 Der Prüfer hat die Qualitätskontrolle so zu planen, dass die Prüfung wirksam und wirtschaftlich durchgeführt werden kann. Es muss ein in sachlicher, personeller und zeitlicher Hinsicht angemessener Prüfungsablauf gewährleistet werden.

214 Zur Vorbereitung der Prüfungsplanung hat der Prüfer Informationen über das Qualitätssicherungssystem der zu prüfenden Praxis und dessen Entwicklung seit der letzten Qualitätskontrolle einzuholen. Das Ergebnis der vorherigen Qualitätskontrolle sowie der gesamte Schriftverkehr zur Qualitätskontrolle sind bei der Planung zu berücksichtigen. Der Prüfer hat zudem die Qualitätskontrolle mit einer kritischen Grundhaltung zu planen und mit dem Bewusstsein durchzuführen, dass Umstände bestehen können, die dazu führen, dass das Qualitätssicherungssystem nicht angemessen bzw. wirksam ist. Qualitätskontrollen sind im Wesentlichen vor Ort in der zu prüfenden Wirtschaftsprüferpraxis durchzuführen. Auf diese Weise kann sich der Prüfer ein fundiertes Bild von der Angemessenheit und Wirksamkeit des Qualitätssicherungssystems der Wirtschaftsprüferpraxis machen.

215 Sowohl die Planung und Durchführung der Qualitätskontrolle als auch die Auswertung der Prüfungsergebnisse hat unter dem Gesichtspunkt der Wesentlichkeit zu erfolgen. Die Berücksichtigung der **Wesentlichkeit** liegt im pflichtgemäßen Ermessen des PfQK (*IDW PS 140*, Tz. 37 ff.). *IDW PS 140* gibt keine konkreten Hinweise zur Ableitung von Wesentlichkeitsgrenzen. Allgemein sollte zur Ableitung von Wesentlichkeitsgrenzen, wie bei der Abschlussprüfung, auf die Urteilsadressaten abgestellt werden. Dabei sind qualitative und weniger quantitative Aspekte zu berücksichtigen[105]. Zudem sollte ergänzend in die Betrachtung einbezogen werden, wann ein Mangel des Qualitäts-

---

[105] Dies folgt den Grundsätzen zur Beurteilung von qualitätsgefährdenden Risiken des *IDW PS 140*, Tz. 50 ff.

sicherungssystems nach *IDW PS 140* als wesentlich einzustufen ist (s. hierzu die Ausführungen in Kap. E Tz. 229, Kap. E Tz. 242 ff.).

Der Ablauf einer **risikobasierten Planung und Durchführung** der Prüfung des Qualitätssicherungssystems lässt sich wie folgt skizzieren: 216

- Gewinnung eines **Verständnisses** von der Wirtschaftsprüferpraxis und dem zu prüfenden Qualitätssicherungssystem
- **Identifizierung und Bewertung** der qualitätsgefährdenden Risiken und Festlegen der weiteren Prüfungshandlungen zur Prüfung der **Angemessenheit** des Qualitätssicherungssystems
- Prüfung der **Wirksamkeit** des Qualitätssicherungssystems
- **Auswertung der Prüfungsergebnisse** und **Beurteilung der Wesentlichkeit** von festgestellten Mängeln im Qualitätssicherungssystem.

Das **Verständnis** von der zu prüfenden WP-Praxis und den Grundlagen ihres Qualitätssicherungssystems setzt den PfQK in die Lage, die Qualitätsrisiken der WP-Praxis festzustellen und zu beurteilen. Das Qualitätsrisiko ist das Risiko, dass das Qualitätssicherungssystem der WP-Praxis nicht im Einklang mit den gesetzlichen und satzungsmäßigen Anforderungen steht und nicht mit hinreichender Sicherheit eine ordnungsgemäße Abwicklung von gesetzlichen Abschlussprüfungen nach § 316 HGB bzw. von der BaFin beauftragten betriebswirtschaftlichen Prüfungen gewährleistet. Zudem bildet das erlangte Verständnis die Grundlage für die Festlegung weiterer Prüfungshandlungen. Die Gewinnung des Verständnisses schließt neben der Geschäftstätigkeit (Tätigkeitsschwerpunkte und Auftragsstruktur, Mandantenstruktur, Mitarbeiterstruktur) und dem Geschäftsumfeld der Praxis (Konkurrenzsituation, Branchentrends oder Entwicklungen bei Mandanten, Zusammenarbeit mit anderen WP-Praxen, Erwerbe und Verkäufe von Praxen und oder Praxisteilen) auch den (Management-)Prozess zur Einrichtung, Überwachung und Durchsetzung des Qualitätssicherungssystems ein. Dazu gehören die gelebte Qualitätskultur, die festgelegten Qualitätsziele und die Vorkehrungen der Praxis zur Identifizierung, Bewertung und Steuerung der qualitätsgefährdenden Risiken, einschl. der Überwachung des Qualitätssicherungssystems i.R.d. Nachschauprozesses und der Verfahren zur kontinuierlichen Verbesserung des Systems. Bei Berufsangehörigen, die gesetzliche Abschlussprüfungen nach § 316 HGB durchführen, haben die Regelungen des Qualitätssicherungssystems mindestens die in § 55b Abs. 2 und 3 WPO genannten Bestandteile zu enthalten. Aus diesem Grund muss das zu erlangende Verständnis des PfQK auch diese Mindestbestandteile umfassen. Zur Erlangung des Verständnisses wird der PfQK Befragungen der Leitung der WP-Praxis vornehmen und vorhandene Unterlagen zur Organisation des Qualitätssicherungssystems (z.B. Handbücher) sowie, sofern einschlägig, die den Beurteilungszeitraum betreffenden Transparenzberichte und Inspektionsberichte heranziehen. Dabei ist darauf zu achten, dass eine der Praxisgröße und -struktur angemessene Dokumentation der Regelungen zur Qualitätssicherung vorliegt, die eine konsistente Anwendung sowie eine dauerhafte und personenunabhängige Funktionsfähigkeit des Qualitätssicherungssystems ermöglichen[106]. 217

Auf der Grundlage des gewonnenen Verständnisses von der WP-Praxis und des eingerichteten Qualitätssicherungssystems identifiziert der PfQK die von der WP-Praxis 218

---

106 Zur Besonderheit des Fehlens einer angemessenen Dokumentation siehe *IDW PS 140*, Tz. 45.

festgestellten und beurteilten qualitätsgefährdenden Risiken. Dabei hat er neben den von der WP-Praxis festgestellten und dokumentierten qualitätsgefährdenden Risiken auch diejenigen Risiken zu berücksichtigen, die von der WP-Praxis nicht festgestellt oder dokumentiert, aber vom PfQK i.R.d. Gewinnung des Verständnisses von der WP-Praxis bekannt geworden sind. Beispiele für Sachverhalte, die sich qualitätsgefährdend auswirken können, sind: mangelnde Qualifikation der Mitarbeiter, hohe Personalfluktuation, Einsatz unzureichender (IT-)Hilfsmittel zur Prüfungsunterstützung, ungewöhnlich geringes Stundenvolumen, uneinheitliche Struktur der Wirtschaftsprüferpraxis bei einer größeren Anzahl von Organisationseinheiten (keine einheitlichen Regelungen zur Qualitätssicherung, fehlende Kommunikation, keine Abstimmung über Auftragsannahme), risikoreiche Aufträge, Aufträge, für deren Durchführung Spezialkenntnisse notwendig sind, Änderungen in fachlichen Regeln oder gesetzlichen Vorschriften. Darüber hinaus können sich Anhaltspunkte für qualitätsgefährdende Risiken auch aus Aufträgen ergeben, bei denen ein konkretes Risiko offenkundig geworden ist (z.B. bei eingeleiteten oder abgeschlossenen Berufsaufsichtsverfahren), geltend gemachten Schadenersatzansprüchen, in der Öffentlichkeit diskutierten vermeintlichen Bilanzierungs- bzw. Prüfungsfehlern oder bei Erkenntnissen aus Informationen mit Aktivitäten der DPR oder der BaFin.

219 Der Prüfer wird unter anderem folgende Unterlagen daraufhin durchsehen, ob sich Hinweise auf qualitätsgefährdende Risiken ergeben: interne Nachschauberichte, den letzten Qualitätskontrollbericht, den Auflagenerfüllungsbericht gemäß § 57e Abs. 2 S. 2 WPO, ggf. einen Sonderprüfungsbericht gem. § 27 Abs. 3 S. 7 SaQK, den weiteren Schriftverkehr zur Qualitätskontrolle, einen ggf. vorliegenden Inspektionsbericht (§ 62b Abs. 3 S. 2 WPO) und den diesbezüglichen Schriftverkehr, sonstigen Schriftverkehr der WP-Praxis mit der WPK bzw. der APAS. Außerdem hat der Prüfer die Maßnahmen zur Beseitigung festgestellter Mängel bzw. die Umsetzung der abgegebenen Empfehlungen zu beurteilen, um festzustellen, ob sich daraus Auswirkungen auf die Planung und Durchführung der Qualitätskontrolle ergeben.

220 Auf der Grundlage des erworbenen Verständnisses von der Prüfungspraxis, dem Qualitätssicherungssystem sowie den qualitätsgefährdenden Risiken hat der PfQK die einzelnen Regelungsbereiche des zu prüfenden Qualitätssicherungssystems zu beurteilen. Werden dabei wesentliche Qualitätsrisiken festgestellt, z.B. im Hinblick auf den Aus- und Fortbildungsstand der Mitarbeiter, ist im weiteren Verlauf der Qualitätskontrolle zu untersuchen, inwieweit diese Risiken i.R.d. Auftragsabwicklung zu einer konkreten Gefahr führen, dass die beruflichen Leistungen, die Gegenstand der Qualitätskontrolle sind, nicht in Übereinstimmung mit den gesetzlichen und satzungsmäßigen Anforderungen erbracht werden. Die Beurteilung erfolgt nicht nach quantitativen, sondern nach qualitativen Maßstäben. Auf der Grundlage der identifizierten Qualitätsrisiken sind Art, Zeitpunkt und Umfang der weiteren Prüfungshandlungen festzulegen. Eine wirksame Nachschau wird i.d.R. zur Reduzierung des Prüfungsumfangs der Qualitätskontrolle führen, da einerseits das Qualitätsrisiko niedriger ist als in einem Qualitätssicherungssystem ohne wirksame Nachschau und andererseits die Ergebnisse der Nachschau gegebenenfalls i.R.d. Qualitätskontrolle verwertet werden können.

221 Die **Angemessenheit und Wirksamkeit** des Qualitätssicherungssystems beurteilt der PfQK auf der Grundlage von Aufbau- und Funktionsprüfungen. Die Angemessenheits- und Wirksamkeitsprüfung konzentriert sich vorwiegend auf die Bereiche, in denen der

PfQK besondere Qualitätsrisiken festgestellt hat. *IDW QS 1* legt die Berufsauffassung der WP dar, wie ein Qualitätssicherungssystem in der WP-Praxis ausgestaltet sein sollte, um die Einhaltung der gesetzlichen Anforderungen und der BS WP/vBP sicherzustellen. Danach sind Regelungen und Maßnahmen zur Qualitätssicherung dort erforderlich, wo qualitätsgefährdenden Risiken begegnet werden muss.[107] Wenn die relevanten Anforderungen des *IDW QS 1* von der WP-Praxis nicht beachtet werden, ohne die Einhaltung der Berufspflichten bei gesetzlichen Abschlussprüfungen und von der BaFin beauftragten betriebswirtschaftlichen Prüfungen in anderer Weise sicherzustellen, hat der PfQK die Auswirkungen auf das Prüfungsergebnis zu beurteilen (zur Beurteilung der Prüfungsfeststellungen s. Kap. E Tz. 239, Kap. E Tz. 244 ff.). Soweit die festgelegten Regelungen zur Qualitätssicherung in der WP-Praxis über die nach den gesetzlichen und satzungsmäßigen Vorschriften notwendigen Regelungen hinausgehen, sind diese Regelungen nicht Gegenstand der Qualitätskontrolle, es sei denn, sie kompensieren bestehende Mängel des Qualitätssicherungssystems.

Bei der Prüfung der **Angemessenheit** der Regelungen zur **Praxisorganisation** sind Schwerpunkte auf die Regelungsbereiche zu legen, die höheren Qualitätsrisiken unterliegen. Die Regelungen zur Praxisorganisation beziehen sich nach *IDW QS 1* auf 222

- die Beachtung der allgemeinen Berufspflichten, insb. Unabhängigkeit, Unparteilichkeit und Vermeidung der Besorgnis der Befangenheit, Grundsätze zur Honorarbemessung, Vergütung und Gewinnbeteiligung sowie Quantität und Qualität der bei der Auftragsabwicklung eingesetzten Mittel und des Personals,
- die Annahme, Fortführung und vorzeitige Beendigung von Aufträgen,
- die Mitarbeiterentwicklung (Einstellung und Beurteilung sowie Aus- und Fortbildung von Mitarbeitern, Bereitstellung von Fachinformationen),
- die Gesamtplanung aller Aufträge,
- den Umgang mit Beschwerden und Vorwürfen.

Im Hinblick auf die **Auftragsabwicklung** ist der Prüfungsansatz der WP-Praxis zur Durchführung von Abschlussprüfungen auf dessen Angemessenheit zu beurteilen. Hierbei muss sich der PfQK auch mit den eingesetzten (IT-)Hilfsmitteln zur Prüfungsdurchführung auseinandersetzen (z.B. Praxishandbücher, Prüfungssoftware)[108]. 223

Zur Beurteilung der **Angemessenheit** der Regelungen zur **Nachschau** wird der PfQK eine Durchsicht der Nachschaurichtlinien und der Dokumentation der Nachschau vornehmen sowie die Praxisleitung und die in der Nachschau eingesetzten Mitarbeiter befragen. Dabei sind die Kompetenz der i.R.d. Nachschau eingesetzten Mitarbeiter und die Art der Durchführung der Nachschau einschl. der Ursachenanalyse sowie des kontinuierlichen Verbesserungsprozesses zu beurteilen. Sofern der PfQK eine Verwertung der Ergebnisse der Nachschau beabsichtigt, ist darauf zu achten, dass dennoch in ausreichendem Umfang eigene Prüfungshandlungen durchgeführt werden. 224

Kommt der PfQK i.R.d. Angemessenheitsprüfung zu dem Ergebnis, dass die Nachschau eine wirksame Überwachung der Einhaltung der Regelungen des Qualitätssicherungssystems ermöglicht, ist i.R.d. **Wirksamkeitsprüfung** zu beurteilen, ob die für die Nachschau geltenden Regelungen eingehalten werden und die Prüfungsergebnisse vor dem Hintergrund des Verständnisses des Prüfers über das Qualitätssicherungssystem der 225

---

107 Siehe *IDW QS 1*, Tz. 23 f.
108 Siehe *IDW PS 140*, Tz. 61.

WP-Praxis plausibel sind. Hierzu hat der Prüfer eine Auswahl von Maßnahmen der Nachschau nachzuvollziehen. Dies umfasst die Einschätzung, ob und inwieweit i.R.d. Nachschau bei der Feststellung von Berufspflichtverstößen oder Mängeln eine angemessene Ursachenanalyse durchgeführt und Maßnahmen zur künftigen Verhinderung derartiger Verstöße ergriffen werden. Ferner sind die bereits durchgeführten und die geplanten Verbesserungsmaßnahmen auf ihre Eignung hin zu beurteilen.

226 Auf der Grundlage der Beurteilung der Angemessenheit des Qualitätssicherungssystems sowie der Beurteilung der Wirksamkeit des internen Nachschauprozesses legt der PfQK **weitere Funktionsprüfungen** zur Beurteilung des Qualitätssicherungssystems fest. Diese beziehen sich auf die Regelungen zur allgemeinen Praxisorganisation sowie zur Auftragsabwicklung. Bei Funktionsprüfungen der **Praxisorganisation** sollten sowohl Gespräche mit der Praxisleitung als auch mit Funktionsverantwortlichen und übrigen Mitarbeitern der WP-Praxis geführt werden. Dabei kann unter anderem festgestellt werden, ob die Mitarbeiter mit den für sie relevanten Berufspflichten vertraut sind, ihnen die Pflichten des Qualitätssicherungssystems bekannt sind, wie die interne Kommunikation zu fachlichen Fragen organisiert ist und wie Beschwerden oder Vorwürfen von Mandanten, Mitarbeitern oder Dritten nachgegangen wird. Ergänzt werden können die Befragungen um Tests der in der WP-Praxis zur Sicherstellung der Einhaltung der praxisorganisatorischen Regelungen implementierten Kontrollen. Für die **Beurteilung der Einhaltung der Regelungen zur Auftragsabwicklung** ist eine Auswahl von Aufträgen (gesetzliche Abschlussprüfungen nach § 316 HGB, von der BaFin beauftragte betriebswirtschaftliche Prüfungen) aus der Gesamtheit all derjenigen Aufträge zu prüfen, die seit der letzten Qualitätskontrolle von der WP-Praxis durchgeführt wurden. Anzahl und Art der in die Auftragsauswahl einzubeziehenden Aufträge sind risikoorientiert und nach pflichtgemäßem Ermessen zu bestimmen. Auswahlkriterien können sein: i.R.d. Planung festgestellte Qualitätsrisiken, das mit der Auftragsdurchführung verbundene Risiko, Ergebnisse von externen Inspektionen oder der internen Nachschau sowie die Erkenntnisse aus dem kontinuierlichen Verbesserungsprozess der WP-Praxis. Anzahl und Art der Aufträge sowie die zugrundeliegenden Auswahlkriterien sind im Qualitätskontrollbericht zu beschreiben. Darüber hinaus ist zu berücksichtigen, dass der PfQK bei der Auswahl der Aufträge für die Auftragsprüfung aus einer Funktionsprüfung der zuletzt beendeten Aufträge eine höhere Prüfungssicherheit für die Beurteilung der Angemessenheit und Wirksamkeit des aktuellen Qualitätssicherungssystems erhält. Weiter in der Vergangenheit liegende Aufträge können jedoch geeignet sein, die Stabilität des Qualitätssicherungssystems über den gesamten Zeitraum seit der letzten Qualitätskontrolle festzustellen. Sind nicht genügend abgeschlossene Aufträge vorhanden, sind in die Auswahl auch Aufträge einzubeziehen, die im Zeitpunkt der Beendigung der Qualitätskontrolle noch nicht abgeschlossen sind, sofern dies für die Beurteilung der Angemessenheit und Wirksamkeit des Qualitätssicherungssystems erforderlich ist (§ 20 Abs. 2 S. 3 SaQK).

227 Die **Beurteilung einzelner Aufträge** hat sich daran zu orientieren, ob Anhaltspunkte dafür vorliegen, dass der Auftrag nicht ordnungsgemäß geplant, durchgeführt, dokumentiert und überwacht wurde und ob die zutreffenden Schlussfolgerungen und Beurteilungen aus den erlangten Prüfungsnachweisen erzielt wurden. Dabei sind vom PfQK Schwerpunkte auf die Bereiche zu legen, in denen sich die beurteilten Qualitätsrisiken am wahrscheinlichsten auswirken werden. Er hat sich hierbei mit den qualitativ be-

deutsamen Bereichen der Prüfung zu befassen, insb. mit der Identifikation und Beurteilung sowie mit dem Umgang mit bedeutsamen Risiken[109]. In ausgewählten Prüffeldern hat er zudem nachzuvollziehen, ob im Einzelfall ausreichende und angemessene Prüfungshandlungen durchgeführt wurden und ob die WP-Praxis zur angemessenen Schlussfolgerung gekommen ist. Dafür wird er sich die Berichterstattung über die Auftragsabwicklung und die zugehörigen Arbeitspapiere vorlegen lassen. Darüber hinaus hat der Prüfer den für den Auftrag verantwortlichen WP sowie ggf. die i.R.d. Auftragsabwicklung eingesetzten fachlichen Mitarbeiter zu deren Vorgehensweise bei der Auftragsabwicklung zu befragen. Wenn bei der Durchsicht der Arbeitspapiere wesentliche Fehler in der Rechnungslegung des Mandanten festgestellt werden, die i.R.d. Auftragsabwicklung nicht aufgedeckt wurden, hat der PfQK zu beurteilen, ob es sich insoweit um Einzelfeststellungen oder einen Mangel im Qualitätssicherungssystem handelt (s. zu näheren Erläuterungen Kap. E Tz. 241 ff.). Generell gilt, dass i.R.d. Qualitätskontrolle keine erneute Prüfung der Rechnungslegung durchzuführen ist und keine nachträgliche Beurteilung der Behandlung eines Rechnungslegungssachverhalts durch den APr. anhand späterer Erkenntnisse erfolgt. Da der PfQK keine Originaldokumente einsieht, muss er sich daher des Risikos bewusst sein, dass auf der Grundlage der vorliegenden Arbeitspapiere und Befragungen falsche Rückschlüsse auf die Qualität der Auftragsdurchführung gezogen werden können. Um Missverständnisse zu vermeiden sind daher alle wesentlichen Feststellungen zeitnah mit der Praxisleitung zu erörtern[110].

228 Abschließend hat der Prüfer die i.R.d. Qualitätskontrolle getroffenen **Prüfungsfeststellungen auszuwerten** und vor dem Hintergrund der **Wesentlichkeit der festgestellten Mängel** zu beurteilen. Die Beurteilung der Wesentlichkeit eines Mangels liegt dabei im pflichtgemäßen Ermessen des Prüfers. Von einem wesentlichen Mangel des Qualitätssicherungssystems ist auszugehen, wenn das System nicht im Einklang mit den gesetzlichen und satzungsmäßigen Anforderungen steht und nicht mit hinreichender Sicherheit eine ordnungsgemäße Abwicklung von gesetzlichen Abschlussprüfungen nach § 316 HGB und von der BaFin beauftragten betriebswirtschaftlichen Prüfungen gewährleistet[111]. Dies ist insb. dann der Fall, wenn das Qualitätssicherungssystem nicht geeignet oder nicht wirksam ist, mit hinreichender Sicherheit Verstöße gegen Berufspflichten zu verhindern bzw. Risiken für Verstöße gegen Berufspflichten zeitnah zu erkennen und darauf in geeigneter Weise zu reagieren. Auch bei mehreren, für sich betrachtet nicht wesentlichen, Mängeln kann insgesamt ein wesentlicher Mangel vorliegen.

229 Bei der Einschätzung der Wesentlichkeit von Mängeln im Qualitätssicherungssystem sind insb. die Ursachen und die Folgen der Feststellungen von Bedeutung. Hierzu gehört auch, ob die Nachschau der WP-Praxis eine wirksame Überwachung der Einhaltung der Regelungen des Qualitätssicherungssystems ermöglicht und bei Hinweisen auf Pflichtverstöße oder Mängel eine Ursachenanalyse durchgeführt sowie geeignete Verbesserungsmaßnahmen ergriffen werden. Dabei ist von entscheidender Bedeutung, warum das Qualitätssicherungssystem nicht hinreichend sichergestellt hat oder nicht hinreichend sicherstellen konnte, dass die an der Abschlussprüfung mitwirkenden Personen die Berufspflichten einhalten (Ursachenanalyse). Die grundlegende Ursachenanalyse für bestehende Mängel bildet die Grundlage dafür, geeignete Maßnahmen zu

---

109 § 20 Abs. 4 S. 4 SaQK.
110 Siehe *IDW PS 140*, Tz. 74 ff.
111 Siehe *IDW PS 140*, Tz. 37 ff.

deren Beseitigung zu entwickeln. Dabei sollten sowohl Erkenntnisse aus internen Qualitätssicherungsmaßnahmen, wie auftragsbegleitender Qualitätssicherung und interner Nachschau, sowie aus externen Qualitätskontrollen und Inspektionen genutzt werden, um eine kontinuierliche Verbesserung des Qualitätssicherungssystems und der Qualität der durchgeführten Abschlussprüfungen zu erreichen (Regelkreis des Qualitätsmanagements).

230 Der Ablauf einer risikobasierten Planung und Durchführung der Qualitätskontrolle ist in der nachfolgenden Übersicht zusammenfassend dargestellt.

notwendige Schritte	Gewinnung eines Verständnisses über Praxisumfeld und Praxisorganisation	Gewinnung eines Verständnisses über die Grundlagen des QSS	Prüfung der Angemessenheit der eingeführten Regelungen und Maßnahmen	Prüfung der Wirksamkeit der als angemessen eingeschätzten Regelungen und Maßnahmen	Auswertung der Prüfungsergebnisse und Beurteilung der Wesentlichkeit von festgestellten Mängeln im QSS
Gegenstand	• Praxisleitung & -organisation • Mandanten • Mitarbeiter • Aufträge • Konkurrenz • Kooperationen	• Qualitätskultur • Qualitätsziele • Vorkehrungen zur Identifizierung, Bewertung u. Steuerung der qualitätsgefährdenden Risiken • Überwachung und Verbesserung des QSS	direkt und nicht direkt auftragsbezogene Regelungen und Maßnahmen	direkt und nicht direkt auftragsbezogene Regelungen und Maßnahmen, einschl. der Regelungen und Maßnahmen der Praxis zur Ursachenanalyse bei festgestellten Verstößen und der Entwicklung und Umsetzung von Verbesserungsmaßnahmen	Ursachen und Folgen der Feststellungen
Ergebnis	vorläufige Risikoeinschätzung als Ausgangspunkt für die risikobasierte Befassung mit den Grundlagen des QSS	Einschätzung der Grundlagen des QSS und Beurteilung der Qualitätsrisiken für die risikobasierte Prüfung der Angemessenheit des QSS	Beurteilung der Angemessenheit der im Hinblick auf die qualitätsgefährdenden Risiken in der Praxis eingeführten Regelungen und Maßnahmen als Grundlage für fokussierte Funktionsprüfungen	Beurteilung der Wirksamkeit der Regelungen und Maßnahmen des QSS	Beurteilung, ob wesentliche Mängel im QSS vorliegen und abschließendes Prüfungsurteil

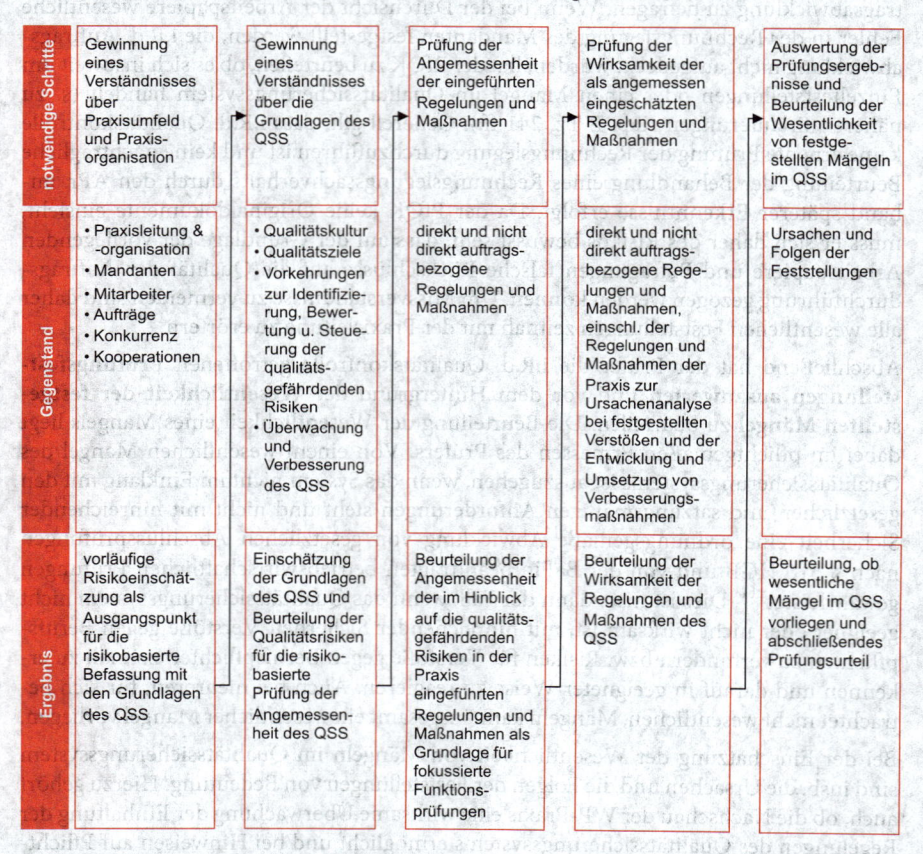

Abb. 3: Risikobasierte Planung und Durchführung der Qualitätskontrolle

1.3.4 Dokumentation

231 Der PfQK hat seine Prüfung ausreichend zu dokumentieren. Die Regelungen zur Dokumentation der Abschlussprüfung sind analog anzuwenden (*IDW PS 460 n.F.*)[112]. Die Arbeitspapiere müssen dementsprechend Informationen zur Auftragsannahme, zur Auftragsplanung, zur Auftragsdurchführung, zur Auswertung der Prüfungsergebnisse

---

112 Vgl. *IDW PS 460 n.F.*, Tz. 9 ff.

und zur Berichterstattung enthalten. Auf der Grundlage der Arbeitspapiere muss es einem Prüfer in angemessener Zeit möglich sein, eine Beurteilung der Qualitätskontrolle vorzunehmen und die Prüfungsergebnisse nachzuvollziehen.

IDW PS 140, Tz. 84 enthält eine Aufzählung von **Mindestbestandteilen der Arbeitspapiere** des PfQK. Danach müssen die Arbeitspapiere Informationen zu folgenden Bereichen enthalten, soweit sie sich nicht aus dem Qualitätskontrollbericht ergeben:

- besonders wichtige Aspekte des Praxisumfelds und der Tätigkeitsschwerpunkte der geprüften Praxis
- besonders wichtige Aspekte des erlangten Verständnisses über die Grundelemente des Qualitätssicherungssystems einschl. der qualitätsgefährdenden Risiken
- Prüfungshandlungen und Ergebnisse der Prüfung zur Vollständigkeit der Grundgesamtheit der Aufträge der WP-Praxis, die der Qualitätskontrolle unterliegen
- beurteilte Qualitätsrisiken der geprüften Praxis. Hier sollte insb. auf die praxisindividuelle Risikoanalyse eingegangen werden
- Prüfungsstrategie und Prüfungsprogramm auf Grundlage der beurteilten Qualitätsrisiken
- Feststellungen aus der Prüfung der Angemessenheit und Wirksamkeit des Qualitätssicherungssystems unter Einschluss der Ergebnisse der Funktionsprüfungen zur Abwicklung von einzelnen Aufträgen
- wenn die geprüfte Praxis die Arbeitspapiere zu bestimmten Aufträgen nicht vorgelegt hat, sind die von der Praxis hierfür vorgetragenen Gründe und die durchgeführten alternativen Prüfungshandlungen zu dokumentieren
- Würdigung der Prüfungsfeststellungen
- Schlussfolgerungen aus den eingeholten Prüfungsnachweisen und Ableitung des Gesamturteils
- festgestellte Mängel im Qualitätssicherungssystem sowie – im Falle der Einschränkung des Prüfungsurteils – Empfehlungen zur Mängelbeseitigung.

Besondere Dokumentationspflichten bestehen für die Fälle, in denen der PfQK i.R. von Auftragsprüfungen feststellt[113],

- dass die Arbeitspapiere keine ausreichende Grundlage für den erteilten BestV oder die Bescheinigung darstellen oder ein fehlerhafter BestV bzw. eine fehlerhafte Bescheinigung abgegeben wurde, sowie
- dass er wesentliche Fehler in der Rechnungslegung entdeckt, die von der geprüften Praxis nicht nach den Grundsätzen ordnungsmäßiger Auftragsabwicklung gewürdigt wurden.

Liegen zur Abwicklung einzelner Aufträge in Teilbereichen keine aussagefähigen Arbeitspapiere vor, ist vom Prüfer kritisch zu hinterfragen, ob die unzureichende oder fehlende Dokumentation auf eine mangelnde Ausgestaltung oder Anwendung der Regelungen des Qualitätssicherungssystems hindeutet. Kommt der PfQK zu dem Ergebnis, dass trotz fehlender Dokumentation ordnungsgemäß geprüft wurde, sind die Gründe hierfür in den Arbeitspapieren zu dokumentieren und es ist darüber Bericht zu erstatten (§ 20 Abs. 5 S. 5 SaQK).

---

113 Vgl. *IDW PS 140*, Tz. 77 ff.

1.3.5 Berichterstattung

234 Der PfQK hat nach § 57a Abs. 5 WPO das Ergebnis der Qualitätskontrolle in einem **Qualitätskontrollbericht** zusammenzufassen. Dabei werden folgende Bestandteile genannt[114]:

- Adressat des Qualitätskontrollberichts (KfQK und geprüfte Praxis als Empfänger des Berichts)
- Beschreibung von Gegenstand, Art, Umfang der Prüfung, einschl. einer Beschreibung des Qualitätssicherungssystems nach § 55b WPO
- nach Prüfungsart gegliederte Angabe der Stundenzahl
- Zusammensetzung und Qualifikation der PfQK
- Beurteilung des Prüfungsergebnisses.

235 Ergänzende Regelungen enthalten § 25 Abs. 2 SaQK und *IDW PS 140*, Tz. 90 ff. (zu Einzelheiten s. Kap. E Tz. 250 ff.). Der Qualitätskontrollbericht muss auch die Information enthalten, die die KfQK benötigt, um auf Basis einer Risikoanalyse nach § 13 SaQK den Zeitpunkt der nächsten Qualitätskontrolle anordnen zu können. Zudem muss er die KfQK in die Lage versetzen, ggf. über die Löschung der Eintragung als gesetzlicher APr. nach § 38 Nr. 1 Buchst. h) oder Nr. 2 Buchst. f) WPO zu entscheiden. Er dient darüber hinaus auch als Grundlage für eventuelle Maßnahmen der WPK bei Berufspflichtverletzungen nach § 68 WPO[115].

1.3.5.1 Darstellung und Würdigung der Prüfungsfeststellungen

236 Sind im Ergebnis vom PfQK keine wesentlichen Mängel im Qualitätssicherungssystem festgestellt worden, hat er zu erklären, dass ihm keine Sachverhalte bekannt geworden sind, die gegen die Annahme sprechen, dass das Qualitätssicherungssystem in der WP-Praxis im Einklang mit den gesetzlichen oder satzungsmäßigen Anforderungen steht und mit hinreichender Sicherheit eine ordnungsgemäße Abwicklung von Abschlussprüfungen nach § 316 HGB oder von betriebswirtschaftlichen Prüfungen, die von der BaFin beauftragt werden, gewährleistet. Sind hingegen Mängel im Qualitätssicherungssystem festgestellt worden, sind diese zu benennen und Empfehlungen zu ihrer Beseitigung zu geben. Liegen **wesentliche Mängel** vor, ist die Erklärung einzuschränken oder zu versagen. Eine Einschränkung oder Versagung ist zu begründen (§ 57a Abs. 4 S. 4-6 WPO). Konnte der PfQK keine ausreichenden Nachweise für ein Prüfungsurteil zum Qualitätssicherungssystem oder von Teilen des Systems erlangen (Prüfungshemmnis), ist das Prüfungsurteil einzuschränken oder zu versagen[116].

237 Ein **Prüfungshemmnis** liegt vor, wenn das Qualitätssicherungssystem nach Durchführung möglicher alternativer Prüfungshandlungen durch den PfQK ganz oder teilweise nicht beurteilt werden kann. Dies kann bspw. der Fall sein, wenn nicht alle Auskünfte und Unterlagen zur Verfügung gestellt werden, die der PfQK für erforderlich hält (§ 22 Abs. 4 SaQK). Das Prüfungshemmnis ist im Qualitätskontrollbericht darzustellen und im Prüfungsurteil zu beschreiben[117]. In der Beschreibung ist zu verdeutlichen, dass eine Beurteilung in Bezug auf den von dem Prüfungshemmnis betroffenen Sachverhalt

---

[114] Vgl. § 57a Abs. 5 WPO.
[115] Vgl. BT-Drs. 18/6282, S. 86.
[116] Siehe hierzu auch Erläuterungen in Fußnote 43.
[117] Vgl. *WPK*, KfQK-Hinweis: Berichterstattung Qualitätskontrolle, S. 15.

nicht möglich war und folglich nicht ausgeschlossen werden kann, dass das Qualitätssicherungssystem insoweit nicht angemessen oder nicht wirksam ist. Falls aufgrund des Prüfungsergebnisses eine Beurteilung des Qualitätssicherungssystems insgesamt nicht möglich ist, muss der PfQK anstelle des Prüfungsurteils zum Ausdruck bringen, dass er ein Urteil zum Qualitätssicherungssystem nicht abgibt. Liegt keine Dokumentation vor, stellt dies für sich kein Prüfungshemmnis dar (*IDW PS 140*, Tz. 45). In diesem Fall hat sich der PfQK von dem Vorhandensein eines Qualitätssicherungssystems zu überzeugen, z.B. durch Gespräche mit der Praxisleitung und durch das Nachvollziehen von durchgeführten Maßnahmen (*IDW PS 140*, Tz. 45)[118]. Ist ein Prüfungshemmnis durch alternative Prüfungshandlungen beseitigt worden, muss der Prüfer dies im Qualitätskontrollbericht angeben (*IDW PS 140*, Tz. 102). Dabei sind die alternativen Prüfungshandlungen im Qualitätskontrollbericht zu beschreiben. Ein nicht durch alternative Prüfungshandlungen beseitigbares Prüfungshemmnis ist im Qualitätskontrollbericht und im Prüfungsurteil darzustellen (zur Frage der Einschränkung bei bestehenden Mängeln in der Dokumentation s. Kap. E Tz. 246). Sofern ein Prüfungshemmnis vorliegt, ist das Prüfungsurteil einzuschränken bzw. zu versagen (Nichterteilung)[119].

238 Zur Entscheidung darüber, ob das **Prüfungsurteil im Fall von Mängeln** uneingeschränkt zu erteilen, einzuschränken oder zu versagen ist, muss der PfQK eine Würdigung seiner Prüfungsfeststellungen vornehmen. Mängel im Qualitätssicherungssystem können zum einen darauf beruhen, dass das Qualitätssicherungssystem ganz oder teilweise nicht angemessen ausgestaltet ist. Zum anderen können Mängel in der Funktion bzw. der Wirksamkeit des Qualitätssicherungssystems bestehen.

239 **Einzelfeststellungen**, die von erheblicher Bedeutung sind, sind der geprüften Praxis mitzuteilen und in den Arbeitspapieren zu dokumentieren. Sie haben keine weiteren Auswirkungen auf die Berichterstattung im Qualitätskontrollbericht. **Einzelfeststellungen von erheblicher Bedeutung** sind hingegen im Qualitätskontrollbericht darzustellen. Eine derartige Feststellung kann zum Beispiel vorliegen, wenn bei der Auftragsabwicklung in bedeutsamen Prüffeldern keine hinreichende Prüfungssicherheit erzielt wurde oder dem PfQK ein wesentlicher Fehler in der Rechnungslegung zur Kenntnis gekommen ist (*IDW PS 140*, Tz. 105). Dies kann der Fall sein, wenn konkrete Anhaltspunkte dafür vorliegen, dass die zu prüfende WP-Praxis wesentlich gegen die allgemein anerkannten Grundsätze ordnungsmäßiger Abschlussprüfung verstoßen hat.

240 Wenn die weiteren Prüfungshandlungen aber zur Beanstandung des Qualitätssicherungssystems geführt haben, ist die Beanstandung einer der folgenden beiden Gruppen zuzuordnen:

- nicht wesentliche Mängel oder
- wesentliche Mängel.

Als Beurteilungsmaßstab für die Kategorisierung ist die potenzielle Auswirkung der Beanstandung auf die ordnungsgemäße Leistungserbringung durch die WP-Praxis einzu-

---

[118] Hinweis: diese Regelung ist nur für Kleinstpraxen relevant.
[119] Das BMWi hat klargestellt, dass § 57a Abs. 5 S. 5 WPO einer Einschränkung des Prüfungsurteils wegen eines Prüfungshemmnisses nicht entgegensteht. Aufgrund eines gesetzgeberischen Redaktionsversehens wurde § 57a Abs. 5 S. 5 WPO nicht entsprechend angepasst. Der Prüfer für Qualitätskontrolle hat folglich auch bei einem Prüfungshemmnis zu prüfen, ob er sein Prüfungsurteil einzuschränken oder zu versagen (Nichterteilung) hat. § 23 Abs. 2 S. 2 der SaQK ist insofern nicht anzuwenden.

schätzen. Dabei ist auf die Sicht eines verständigen Dritten abzustellen (vgl. *IDW PS 140*, Tz. 107 ff.). Es ist demnach aus der Sicht eines verständigen Dritten die Wahrscheinlichkeit zu beurteilen, ob die festgestellte Beanstandung dazu führen kann, dass die beruflichen Leistungen der WP-Praxis nicht entsprechend den gesetzlichen und satzungsmäßigen Anforderungen erbracht werden. Im Gegensatz zur Regelung im bisherigen *IDW PS 140* (Stand: 22.02.2008), wonach geringfügige Beanstandungen lediglich in den Arbeitspapieren zu dokumentieren waren, sind nach § 22 Abs. 4 SaQK und *IDW PS 140* alle Mängel in den Qualitätskontrollbericht aufzunehmen (*IDW PS 140*, Tz. 106). Lediglich Einzelfeststellungen, die nicht von erheblicher Bedeutung sind, sind weiterhin allein in den Arbeitspapieren zu dokumentieren.

241 Ein **Mangel** im Qualitätssicherungssystem liegt vor, wenn der zu beanstandende Sachverhalt mit nicht nur entfernter Wahrscheinlichkeit dazu führt, dass die beruflichen Leistungen nicht in Übereinstimmung mit den gesetzlichen und satzungsmäßigen Anforderungen erbracht werden. Hierbei genügt es, wenn die Gefahr einer Beeinträchtigung erkennbar ist. Mängel müssen im Qualitätskontrollbericht dargelegt werden. Nicht wesentliche Mängel führen nicht zu einer Einschränkung oder Versagung des Prüfungsurteils. Bei der Darstellung im Qualitätskontrollbericht sind der zugrundeliegende Sachverhalt, die Gründe für die Beurteilung des Prüfers sowie der betroffene Teil des Qualitätssicherungssystems zu nennen. Ergänzend ist anzugeben, welche Vorschriften des Gesetzes oder der Berufssatzung verletzt sind. Gegen das Vorliegen eines Mangels könnte z.B. sprechen, dass eine Beanstandung nur vorübergehender Art ist.

242 **Mängel** sind immer dann wesentlich, wenn die konkrete Gefahr besteht, dass die in der Qualitätskontrolle betrachteten beruflichen Leistungen der WP-Praxis unter Verstoß gegen die zu beachtenden gesetzlichen oder satzungsmäßigen Vorschriften durchgeführt werden. Ein wesentlicher Mangel kann auch gegeben sein, wenn mehrere, für sich betrachtet, nicht wesentliche Mängel vorliegen und diese Mängel in ihrem Zusammenwirken zu einer konkreten Gefahr führen. Wesentliche Mängel führen zu einer Einschränkung oder Versagung des Prüfungsurteils. Falls wesentliche Mängel aber bis zum Zeitpunkt der Beendigung der Qualitätskontrolle von der WP-Praxis behoben worden sind, ist das Prüfungsurteil nicht einzuschränken oder zu versagen, sofern die Gefahr für die künftige Prüfungsqualität nicht mehr besteht. Auf diese Mängel und auf die Maßnahmen zu deren Behebung ist jedoch im Qualitätskontrollbericht einzugehen (*IDW PS 140*, Tz. 108 ff.). Gleiches gilt für nicht wesentliche Mängel, die bis zur Beendigung der Prüfung behoben worden sind.

243 Die folgende Tabelle fasst die wesentlichen Kriterien für die Differenzierung zwischen Einzelfeststellungen von erheblicher Bedeutung, Mängeln sowie wesentlichem Mängeln im Qualitätssicherungssystem zusammen:

Sachverhalt	Einzelfeststellung von erheblicher Bedeutung	nicht wesentlicher Mangel des Qualitätssicherungssystems	wesentlicher Mangel des Qualitätssicherungssystems
Gefahr der Beeinträchtigung der beruflichen Leistungen der WP-Praxis (mangelnde Übereinstimmung mit gesetzlichen und satzungsmäßigen Anforderungen)	keine erkennbare Gefahr einer Beeinträchtigung der beruflichen Leistung der WP-Praxis, aber konkrete Anhaltspunkte dafür, dass die zu prüfende WP-Praxis in einem konkreten Einzelfall wesentlich gegen eine gesetzliche oder satzungsmäßige Anforderung verstoßen hat	Gefahr einer Beeinträchtigung ist erkennbar (nicht nur entfernte Wahrscheinlichkeit)	konkrete Gefahr einer Beeinträchtigung ist erkennbar
Auswirkungen auf das Prüfungsurteil der Qualitätskontrolle	keine	keine	Einschränkung oder Versagung des Prüfungsurteils je nach Eingrenzbarkeit auf Teile des Qualitätssicherungssystems
Berichterstattung/ Dokumentation	Arbeitspapiere und Qualitätskontrollbericht	Arbeitspapiere und Qualitätskontrollbericht	Arbeitspapiere und Qualitätskontrollbericht

Tabelle 6: Einzelfeststellungen und Mängel im Qualitätssicherungssystem

Um zu entscheiden, ob das Prüfungsurteil einzuschränken oder zu versagen ist, muss der PfQK feststellen, ob die festgestellten Mängel abgrenzbare Teile des Qualitätssicherungssystems betreffen, oder ob aufgrund der Bedeutung eines einzelnen Mangels oder der Vielzahl der wesentlichen Mängel kein positives Gesamturteil zum Qualitätssicherungssystem abgegeben werden kann. Im ersten Fall ist das Prüfungsurteil einzuschränken, im zweiten Fall zu versagen.[120]

---

[120] Siehe ergänzend *WPK*, Hinweis der KfQK zur Dokumentation und Würdigung von Prüfungsfeststellungen bei der Auftragsprüfung v. 28.05.2018, https://www.wpk.de/mitglieder/praxishinweise/qualitaetskontrollverfahren/#c11961 (zit. 11.06.2018).

245 Beispiele für wesentliche Mängel, die zu einer Einschränkung bzw. einer Versagung des Prüfungsurteils führen können, sind in der nachfolgenden Tabelle dargestellt[121]:

Beschreibung des Sachverhalts	Bereich des Qualitätssicherungssystems	Vorschrift	mögliche Würdigung
Im Qualitätssicherungshandbuch der WP-Praxis ist geregelt, dass die für die Aufträge verantwortlichen WP die Einzelplanungen vor Beginn der Prüfungssaison bis spätestens Oktober des Kalenderjahres dem für die Gesamtplanung zuständigen Disponenten vorzulegen haben. Da die zeitliche Einhaltung dieser Regelung nicht nachdrücklich überwacht wurde, ergab sich im aktuellen und im VJ eine Verzögerung um mehrere Wochen, bis alle Einzelplanungen vorgelegen haben.	Wirksamkeit der Regelungen zur Gesamtplanung aller Aufträge	• § 55b WPO • §§ 4 Abs. 3, 51 Abs. 1 Nr. 7, 55 Abs. 1 BS WP/vBP • *IDW QS 1*, Tz. 99	• geringfügige Beanstandung • keine Auswirkung auf das Prüfungsurteil[122]

---

[121] Siehe WPK, *Hinweis der KfQK zu Beispiele für Mängel des Qualitätssicherungssystems* v. 17.03.2015, https://www.wpk.de/uploads/tx_templavoila/WPK_Hinweis_der_KfQK_Beispiele_Maengel_Qualitaetssicherungssystem.pdf (zit. 21.07.2018).

[122] Die Beurteilungen sind jeweils unter Berücksichtigung der Verhältnisse des Einzelfalls zu treffen. Aus den Beispielen können keine allgemeingültigen Schlüsse gezogen werden.

Beschreibung des Sachverhalts	Bereich des Qualitätssicherungssystems	Vorschrift	mögliche Würdigung
Die WP-Praxis hat keine Regelung, die sicherstellt, dass die Fachinformation für die Mitarbeiter regelmäßig aktualisiert wird; es gibt jedoch eine Regelung, wonach die verantwortlichen WP verpflichtet sind, jeweils aktuelle Fachinformationen für ihren Aufgabenbereich zusammenzustellen. Im Rahmen der Auftragsprüfungen wird festgestellt, dass die Mitglieder des Auftragsteams jederzeit auf die aktuelle Fachliteratur des Prüfungsleiters zurückgreifen können.	Angemessenheit der Regelungen zur Organisation der Fachinformation	• § 55b WPO • §§ 6 Abs. 2, 51 Abs. 1 Nr. 8 BS WP/vBP • *IDW QS 1*, Tz. 98	• geringfügige Beanstandung • keine Auswirkung auf das Prüfungsurteil

Beschreibung des Sachverhalts	Bereich des Qualitätssicherungssystems	Vorschrift	mögliche Würdigung
Das Qualitätssicherungssystem der WP-Praxis sieht vor, dass die Teilnahmebescheinigungen der Mitarbeiter über die Teilnahme an externen Fortbildungsveranstaltungen zum Nachweis bei den Personalunterlagen aufgehoben werden. Es ist jedoch nur anhand der Stundenaufzeichnungen nachzuvollziehen, dass die Mitarbeiter ihrer Verpflichtung zur Fortbildung nachkommen. Teilnahmebescheinigungen werden nicht zu den Personalunterlagen genommen.	Wirksamkeit der Regelungen zur Aus- und Fortbildung der fachlichen Mitarbeiter	• § 55b WPO • §§ 7, 51 Abs. 1 Nr. 5 BS WP/vBP • *IDW QS 1*, Tz. 87 f.	• geringfügige Beanstandung • keine Auswirkung auf das Prüfungsurteil
Das Qualitätssicherungssystem sieht vor, dass Mitarbeiter den Beurteilungsbogen unterzeichnen. Dies erfolgt jedoch nicht.	Wirksamkeit der Regelungen zur Beurteilung der fachlichen Mitarbeiter	• § 55b WPO • §§ 7, 51 Abs. 1 Nr. 6 BS WP/vBP • *IDW QS 1*, Tz. 94	• geringfügige Beanstandung • keine Auswirkung auf das Prüfungsurteil

Beschreibung des Sachverhalts	Bereich des Qualitätssicherungssystems	Vorschrift	mögliche Würdigung
Das Qualitätssicherungshandbuch sieht vor, dass die Überprüfung der ordnungsgemäßen Bestellung zum APr. durch das zuständige Gremium des Mandanten vor Auftragsannahme zu erfolgen hat. Die Überprüfung der ordnungsgemäßen Bestellung erfolgt zum Teil jedoch erst i.R.d. Prüfungsplanung.	Wirksamkeit der Regelungen zur Auftragsannahme	• § 55b WPO • §§ 4, 51 Abs. 1 Nr. 2, 53 Nr. 4 BS WP/vBP • *IDW QS 1*, Tz. 70	• geringfügige Beanstandung • keine Auswirkung auf das Prüfungsurteil
Die Mitarbeiter der WP-Praxis werden nicht zeitnah über die i.R.d. Nachschau festgestellten und für sie relevanten Mängel und die ggf. geänderten Regelungen informiert. Unmittelbare Auswirkungen auf die ordnungsgemäße Abwicklung der Aufträge wurden i.R.d. Qualitätskontrolle nicht festgestellt. Es besteht die Gefahr, dass aufgrund dieses Mangels die beruflichen Leistungen möglicherweise nicht in Übereinstimmung mit den gesetzlichen und satzungsmäßigen Anforderungen erbracht werden.	Angemessenheit und/oder Wirksamkeit der Regelungen zur Nachschau	• § 55b WPO • §§ 8, 51 Abs. 1 Nr. 15, 63 BS WP/vBP • *IDW QS 1*, Tz. 205 ff.	• Systemmangel • Darstellung im Qualitätskontrollbericht, ggf. Einschränkung des Prüfungsurteils

Beschreibung des Sachverhalts	Bereich des Qualitätssicherungssystems	Vorschrift	mögliche Würdigung
In der WP-Praxis mit vielen fachlichen Mitarbeitern auf unterschiedlichen Entwicklungsstufen ist das Aus- und Fortbildungsprogramm nicht dokumentiert. Eine angemessene Aus- und Fortbildung der fachlichen Mitarbeiter erfolgt derzeit trotzdem.	Angemessenheit der Regelungen zur Aus- und Fortbildung der fachlichen Mitarbeiter	• § 55b WPO • §§ 7, 51 Abs. 1 Nr. 5 BS WP/vBP • IDW QS 1, Tz. 87 f.	• Systemmangel • Darstellung im Qualitätskontrollbericht, ggf. Einschränkung des Prüfungsurteils
Bei der Prüfung der Auftragsabwicklung wird eine Vielzahl ganz unterschiedlicher einzelner Mängel in der Dokumentation der Prüfungsdurchführung festgestellt.	Wirksamkeit der Regelungen Dokumentation der Auftragsabwicklung	• §§ 51b, 55b WPO • §§ 8 51 Abs. 1 Nr. 10 BS WP/vBP • IDW QS 1, Tz. 25, Tz. 123	• Systemmangel • Darstellung im Qualitätskontrollbericht, ggf. Einschränkung des Prüfungsurteils
Obwohl die Regelungen des Qualitätssicherungssystems das Vier-Augen-Prinzip für die Tätigkeit des verantwortlichen WP (Berichtskritik) vorsehen, wird es nicht in allen Prüfungen praktiziert.	Wirksamkeit der Regelungen zur Auftragsabwicklung (Berichtskritik)	• § 55b WPO • §§ 48 Abs. 1 f., 51 Abs. 1 Nr. 12 BS WP/vBP • IDW QS 1, Tz. 148	• Systemmangel • Darstellung im Qualitätskontrollbericht, ggf. Einschränkung des Prüfungsurteils
Das von der Praxisleitung eingerichtete Qualitätssicherungssystem stellt nicht sicher, dass bei der Auftragsannahme gesetzliche Ausschlusstatbestände beachtet werden.	Angemessenheit der Regelungen zur Sicherung der Unabhängigkeit	• §§ 43 Abs. 1, 49, 55b WPO • §§ 319, 319a, 319b HGB • §§ 2, 29, 51 Abs. 1 Nr. 1, 52, 53 Nr. 2 BS WP/vBP • IDW QS 1, Tz. 40	• wesentlicher Mangel des Qualitätssicherungssystems • Darstellung im Qualitätskontrollbericht, und Modifikation des Prüfungsurteils

Beschreibung des Sachverhalts	Bereich des Qualitätssicherungssystems	Vorschrift	mögliche Würdigung
Es wird keine Nachschau durchgeführt.	Angemessenheit und/ oder Wirksamkeit der Regelungen zur Nachschau	• § 55b WPO • §§ 8, 51 Abs. 1 Nr. 15, 63 BS WP/vBP • *IDW QS 1*, Tz. 205 ff.	• wesentlicher Mangel des Qualitätssicherungssystems • Darstellung im Qualitätskontrollbericht und Modifikation des Prüfungsurteils
Die i.R.d. Nachschau aufgedeckten Mängel werden nicht daraufhin untersucht, ob sie auf Mängel im Qualitätssicherungssystem zurückzuführen sind. Folglich werden auch keine Maßnahmen ergriffen, um systematische Mängel zu beheben.	Angemessenheit und/ oder Wirksamkeit der Regelungen zur Nachschau	• § 55b WPO • §§ 8, 51 Abs. 1 Nr. 15, 63 BS WP/vBP • *IDW QS 1*, Tz. 205 ff.	• wesentlicher Mangel des Qualitätssicherungssystems • Darstellung im Qualitätskontrollbericht und Modifikation des Prüfungsurteils
Eine WP-Praxis mit vielen fachlichen Mitarbeitern auf unterschiedlichen Entwicklungsstufen verfügt über kein systematisches Aus- und Fortbildungsprogramm.	Angemessenheit der Regelungen zur Aus- und Fortbildung der fachlichen Mitarbeiter	• § 55b WPO • §§ 7, 51 Abs. 1 Nr. 5 BS WP/vBP • *IDW QS 1*, Tz. 87 f.	• wesentlicher Mangel des Qualitätssicherungssystems • Darstellung im Qualitätskontrollbericht und Modifikation des Prüfungsurteils

Beschreibung des Sachverhalts	Bereich des Qualitätssicherungssystems	Vorschrift	mögliche Würdigung
Die fachlichen Mitarbeiter wickeln die Prüfungen ab, ohne dass sich der verantwortliche WP in dem Umfang an der Prüfungsdurchführung beteiligt, der ihn in die Lage versetzt, sich ein eigenes Urteil zu bilden.	Angemessenheit und/ oder Wirksamkeit der Regelungen zur Auftragsabwicklung (Anleitung und Überwachung der Mitarbeiter)	• § 55b WPO • §§ 39, 51 Abs. 1 Nr. 10 BS WP/vBP • *IDW QS 1*, Tz. 128, Tz. 131	• wesentlicher Mangel des Qualitätssicherungssystems • Darstellung im Qualitätskontrollbericht und Modifikation des Prüfungsurteils
Eine Zweigniederlassung, in der von der BaFin beauftrage betriebswirtschaftliche Prüfungen abgewickelt werden, wird nicht in das Qualitätssicherungssystem einbezogen.	Angemessenheit der Regelungen zur Qualitätssicherung	• § 55b WPO • §§ 8, 49 BS WP/vBP • *IDW QS 1*, Tz. 13 ff.	• wesentlicher Mangel des Qualitätssicherungssystems • Darstellung im Qualitätskontrollbericht und Modifikation des Prüfungsurteils
Bei den Auftragsprüfungen wird festgestellt, dass bei Auftreten bedeutsamer Zweifelsfragen zwar eine Konsultation entsprechend den Regelungen der Praxis stattfindet. Die Ergebnisse der Konsultation und die daraus gezogenen Folgerungen werden jedoch nicht dokumentiert. Eine entsprechende Regelung zur Dokumentation sieht das Qualitätssicherungshandbuch *der WP-Praxis* nicht vor.	Angemessenheit der Regelungen zur Auftragsabwicklung (Einholung fachlichen Rats)	• §§ 51b, 55b WPO • §§ 39 Abs. 3, 51 Abs. 1 Nr. 10 BS WP/vBP • *IDW QS 1*, Tz. 140	• wesentlicher Mangel des Qualitätssicherungssystems • Darstellung im Qualitätskontrollbericht und Modifikation des Prüfungsurteils

Tabelle 7: Würdigung von Hinweisen auf Mängel im Qualitätssicherungssystem

Auch **in Zweifelsfällen** kann der PfQK nicht davon befreit werden, zu Schlussfolgerungen mit einer entsprechend eindeutigen Prüfungsaussage zu gelangen. Anderenfalls müsste die KfQK anstelle des PfQK die abschließende Beurteilung vornehmen, was jedoch gerade in Zweifelsfällen kaum möglich sein wird. Bei festgestellten Sachverhalten, die auf einen Mangel im Qualitätssicherungssystem zurückzuführen sein können, müssen zunächst weitere Prüfungshandlungen durchgeführt werden, um zu klären, ob eine Einzelfeststellung oder ein Systemmangel vorliegt (*IDW PS 140*, Tz. 58 und Tz. 105). Folgende Prüfungshandlungen kommen hierfür in Betracht:

246

- Ursachenanalyse
- Würdigung vergleichbarer Sachverhalte
- Analyse der Regelungen des Qualitätssicherungssystems in Bezug auf den Sachverhalt
- Vergleich mit den Feststellungen der Nachschau
- Einholung von fachlichem Rat.

Ein wesentliches Ziel der Qualitätskontrolle ist die Verbesserung des Qualitätssicherungssystems in den geprüften Praxen. Prüfungshemmnisse sind zwar ebenfalls im Qualitätskontrollbericht darzustellen; im Unterschied zu Mängeln hat der PfQK bei Prüfungshemmnissen aber keine Verbesserungsvorschläge zu entwickeln (§ 25 Abs. 4 S. 1 SaQK). Die KfQK hat insoweit keine Grundlage für Auflagen zur Verbesserung des Qualitätssicherungssystems. Falls ein Prüfungshemmnis auf die fehlende Dokumentation von Regelungen zur Qualitätssicherung zurückzuführen ist und die Lücke auch durch alternative Prüfungshandlungen des PfQK nicht geschlossen werden kann (s. Ausführungen in Kap. E Tz. 237), sollte daher im Qualitätskontrollbericht auf den Verstoß gegen die Dokumentationspflicht nach den Vorgaben des *IDW QS 1* abgestellt werden. Es handelt sich dann um einen Mangel, der – falls wesentlich – zu einer Einschränkung des Prüfungsurteils führt und zu dessen Behebung der PfQK Vorschläge entwickeln muss.

247

Mit der Entscheidung für die Form des Prüfungsurteils (uneingeschränkt, eingeschränkt oder versagt) und die ggf. erforderliche Begründung einer Einschränkung oder Versagung nimmt der PfQK die in § 57a Abs. 5 S. 2 WPO geforderte **Beurteilung des Prüfungsergebnisses** vor. Weitere Erläuterungen zur Beurteilung des Prüfungsergebnisses sind nur in Ausnahmefällen erforderlich. Solche Ausnahmefälle können gegeben sein, wenn der PfQK einen Hinweis auf bei der Qualitätskontrolle festgestellte Besonderheiten für sachgerecht hält, die zwar keine Auswirkungen auf das Prüfungsurteil haben, aber für die Adressaten des Qualitätskontrollberichtes bedeutsame Informationen darstellen.

248

Das nachfolgende Schaubild gibt einen Überblick über den Prozess der Würdigung von Prüfungsfeststellungen durch den PfQK:

249

Feststellungen

```
                    Feststellungen
                   /              \
         Einzelfeststellungen    Mangel des Qualitätssicherungssystems
                |                   /                    \
    Einzelfeststellung von    nicht wesentlicher      wesentlicher Mangel
    erheblicher Bedeutung         Mangel
           |                        |                       |
    Dokumentation in den    Dokumentation in den    Dokumentation in den
      Arbeitspapieren         Arbeitspapieren          Arbeitspapieren
           |                        |                       |
    Berichterstattung im    Berichterstattung im    Berichterstattung im
    Qualitätskontrollbericht Qualitätskontrollbericht Qualitätskontrollbericht
                                                            |
                                                    Einschränkung bzw.
                                                    Versagung des
                                                    Prüfungsurteils
```

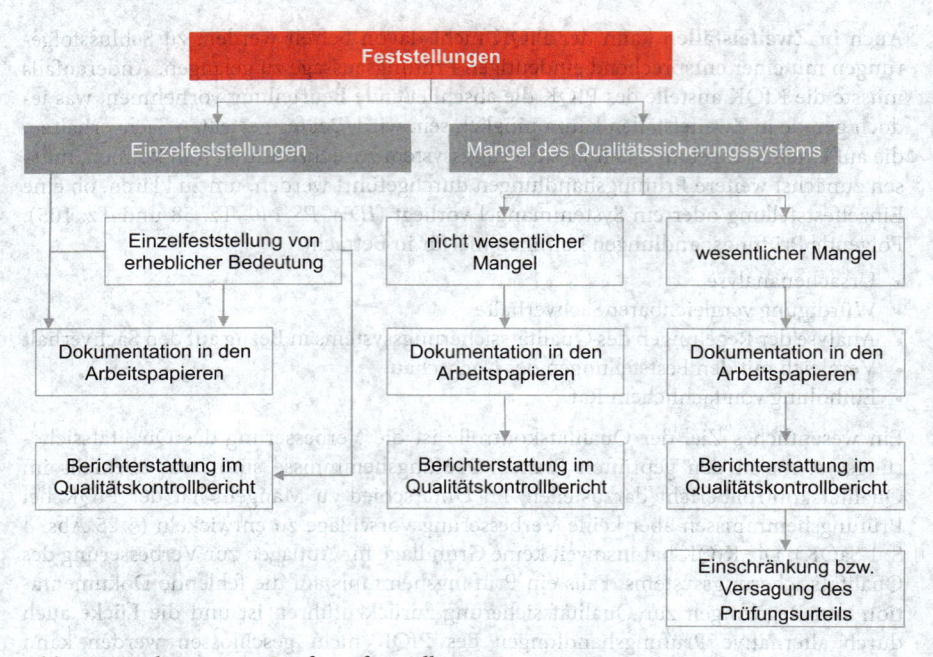

Abb. 4: Würdigung von Prüfungsfeststellungen

1.3.5.2 Aufbau und Inhalt des Qualitätskontrollberichts

250 Der Qualitätskontrollbericht soll Informationen zu Art und Umfang der Qualitätskontrolle und zu den Prüfungsergebnissen enthalten. Er ist in einer für die Adressaten verständlichen Weise zu formulieren muss so abgefasst sein, dass er die Adressaten in die Lage versetzt, sachgerechte Entscheidungen zu treffen. Zu den Adressaten zählt neben der geprüften Praxis auch die KfQK, die zunächst anhand des Berichtes in die Lage versetzt werden soll, das Urteil des PfQK nachzuvollziehen[123]. Bei gemischten Praxen gehört auch die Abschlussprüferaufsichtsstelle zu den Adressaten des Qualitätskontrollberichts. Zur Konkretisierung der Grundsätze ordnungsmäßiger Berichterstattung bei Qualitätskontrollen enthält *IDW PS 140* eine Reihe von Aussagen, die den Aufbau und den Inhalt des Qualitätskontrollberichtes betreffen (*IDW PS 140*, Tz. 90 ff.). Danach soll der Qualitätskontrollbericht wie folgt aufgebaut werden[124]:

- Adressat (Auftraggeber der Qualitätskontrolle und KfQK)
- Auftrag und Prüfungsgegenstand
- Angaben zur WP-Praxis
- Beschreibung der wesentlichen Elemente des Qualitätssicherungssystems
- Art und Umfang der Qualitätskontrolle
- Maßnahmen aufgrund der in der vorangegangenen Qualitätskontrolle festgestellten Mängel
- *Beurteilung der Prüfungsfeststellungen*

---

123 Vgl. *IDW PS 140*, Tz. 87.
124 Siehe auch § 25 Abs. 2 SaQK; *WPK*, KfQK-Hinweis: Berichterstattung Qualitätskontrolle.

- Empfehlungen zur Beseitigung festgestellter Mängel
- Prüfungsurteil
- Ort, Datum, Unterschrift und Siegel des Prüfers.

Die einleitenden Ausführungen sollen den **Auftrag** und den **Auftraggeber** unter Nennung der Firma der geprüften WP-Praxis enthalten sowie das Qualitätssicherungssystem der geprüften WP-Praxis als **Gegenstand der Prüfung** einschl. der maßgeblichen Rechtsgrundlagen (§ 57a WPO) erläutern. In der Einleitung ist zudem klarzustellen, dass die berufsrechtliche Verantwortung für die Einführung angemessener und wirksamer Regelungen zur Qualitätssicherung der Leitung der zu prüfenden WP-Praxis obliegt und dass es die Verantwortung des PfQK ist, ein Prüfungsurteil über die Angemessenheit und Wirksamkeit des Qualitätssicherungssystems, zu erteilen. 251

Die **Angaben zur WP-Praxis** sollen Ausführungen zum Verständnis, das der PfQK über die zu prüfende Praxis erlangt hat, enthalten (§ 25 Abs. 3 S. 1 SaQK)[125]. Dazu gehören Ausführungen[126] 252

- zur **Entwicklung der Wirtschaftsprüfungspraxis**
  - wirtschaftliches Umfeld (Eckdaten wie z.B. Branchensituation, Wettbewerbsverhältnisse, Marktanteil, Änderungen in der Mandantenstruktur, Mitarbeiterzahl, Umsatz, Auftragslage), insb. unter Berücksichtigung der Verbindungen der Praxis zu anderen rechtlichen Einheiten
  - strukturelle Entwicklung (z.B. Praxiserwerbe seit der letzten Qualitätskontrolle, Eröffnung von Niederlassungen, Abspaltungen, Veränderungen im Dienstleistungsangebot, Veränderungen im Gesellschafterkreis/Kreis der Sozien, Fluktuation fachlicher Mitarbeiter, negative Geschäftsentwicklungen bei wichtigen Mandanten, wesentliche Rechtsstreitigkeiten)
  - Zugehörigkeit zu einem Netzwerk
- **über die Struktur der Prüfungen**
  - Arten der Prüfungen (z.B. gesetzliche Jahres- bzw. Konzernabschlussprüfungen)
  - Anzahl der Prüfungen und Prüferstunden im gesamten Prüfungszeitraum
  - Komplexität der Prüfungen
  - Rechtsnormen der geprüften Mandanten und deren Größenklassen nach § 267 Abs. 1-3 HGB
  - Erläuterung von Branchen und gegebenenfalls Branchenschwerpunkten
  - Angabe, ob besondere fachliche Kenntnisse und Erfahrungen erfordernde Prüfungen bei Banken, Finanzdienstleistern, Krankenhäusern, Aufträgen der BaFin[127] bzw. im öffentlichen Bereich oder nach IFRS durchgeführt wurden
  - Veränderung der Zusammensetzung der Prüfungen im Vergleich zur vorangegangenen Qualitätskontrolle und Darstellung künftiger Tätigkeitsschwerpunkte (inklusive Angabe, ob gegenwärtig oder künftig Unternehmen im Sinne von § 319 Abs. 1 S. 1 HGB geprüft werden)

---

125 Siehe hierzu auch Ausführungen zur Erlangung eines Verständnisses in Kap. E Tz. 217.
126 Siehe hierzu auch *WPK*, KfQK-Hinweis: Berichterstattung Qualitätskontrolle, S. 3.
127 Siehe auch *WPK*, KfQK-Hinweis: Grundgesamtheit Qualitätskontrollen.

- zu **übrigen Tätigkeitsfeldern**
  - Darstellung der Tätigkeitsfelder mit Tätigkeitsschwerpunkten außerhalb gesetzlicher Abschlussprüfungen (z.B. freiwillige Abschlussprüfungen oder Steuerberatung), deren Umfang sowie Veränderungen seit der letzten Qualitätskontrolle
- zu **personellen Ressourcen**
  - Anzahl und Funktion der bei Prüfungen eingesetzten WP und Inhaber anderer Berufsqualifikationen sowie deren Funktion (z.B. Partner, Sozius, Manager) sowie zu Anzahl und Qualifikation der bei Prüfungen eingesetzten weiteren fachlichen Mitarbeiter (auch durch Personalgestellung und freie Mitarbeiter)
  - Darstellung spezieller Kenntnisse der WP und fachlichen Mitarbeiter (z.B. IFRS oder Krankenhäuser)
- zu **rechtlichen Grundlagen der Praxis**
  - gesellschaftsrechtliche Struktur, z.B. Rechtsform, Gesellschafter, Eigentümerstruktur
  - gesetzliche Vertreter
  - Organisationseinheiten, z.B. Niederlassungen, ggf. rechtlich selbstständige Gesellschaften, die zur Unternehmensgruppe gehören, Zentralisierung übergeordneter Funktionsbereiche, wie Aus- und Fortbildung, Berichtskritik, Bibliothek oder dezentrale Organisation
- zur **Struktur der Zusammenarbeit mit anderen WP-Praxen**
  - Netzwerke, Verbundmitgliedschaften, Kooperationen, Bürogemeinschaften
  - Schnittstellen zu anderen Praxen, mit denen finanzieller, kapitalmäßiger oder personelle Verbindungen bestehen (z.B. Anteile an anderen Praxen, Personalaustausch von Mitarbeitern)
  - Nutzung bzw. Abstützung auf das Qualitätssicherungssystem einer anderen Praxis.

Beispiel 1 – Formulierungsbeispiel:

„Die Anteile an der ___ (Name des WP) werden von den [xx] Partnern der Gesellschaft gehalten. Die Gesellschaft hat insgesamt fünf inländische Niederlassungen, die sich in Düsseldorf (Hauptniederlassung), München, Frankfurt, Leipzig, Berlin und Bremen befinden. Die Niederlassung in Leipzig ist zu Beginn des laufenden Geschäftsjahres neu gegründet worden; die Niederlassung in Bremen wurde im vorangegangenen Geschäftsjahr gegründet. Zur Abwicklung ihrer Dienstleistungen für inländische Mandanten, die Hilfestellung bei ihren Geschäftsaktivitäten im Ausland benötigen, hat sich die Gesellschaft dem internationalen Firmenverbund XYZ-International angeschlossen. Die grundsätzlich dezentralisierte Organisation wird durch zentrale Unterstützungsbereiche (Fachabteilung, Personalentwicklung und Fachbibliothek) ergänzt. Mit der ... Wirtschaftsprüfungsgesellschaft mbH besteht seit ca. 3 Jahren eine Kooperation auf der Grundlage eines Arbeitsgemeinschaftsvertrages. Die Kooperation mit der ... Wirtschaftsprüfungsgesellschaft mbH ist vor allem auf die gemeinsame Durchführung von Abschlussprüfungen bei Unternehmen der Bauwirtschaft ausgerichtet."

---

253 Für die Auswertung der Qualitätskontrollberichte durch die KfQK ist es bedeutsam, dass der Qualitätskontrollbericht eine möglichst genaue Beschreibung wesentlicher Bereiche des Qualitätssicherungssystems enthält, damit die KfQK eine eigene Vorstellung vom Aufbau des Qualitätssicherungssystems der WP-Praxis erhält und die Urteilsfindung des

PfQK in Bezug auf die Angemessenheit und Wirksamkeit des Qualitätssicherungssystems besser nachvollziehen kann[128]. Häufig lassen sich Rückfragen der KfQK durch eine ausführlichere Beschreibung vermeiden. Es sind zu jedem der in der *IDW QS 1*, Tz. 13 ff. genannten **Grundelemente des Qualitätssicherungssystems** die wesentlichen Regelungen sowie ihre Fortentwicklung seit der letzten Qualitätskontrolle zu beschreiben, wobei der Schwerpunkt auf der Beschreibung der Regelungen zur Auftragsabwicklung liegen sollte. Dazu gehören auch Ausführungen zum Prozess der Einrichtung und Durchsetzung des Qualitätssicherungssystems, insb. zur Qualitätskultur, den Qualitätszielen der Praxis und den Regelungen und Maßnahmen zur Identifizierung, Bewertung und Steuerung der qualitätsgefährdenden Risiken (Praxisorganisation und Auftragsabwicklung, einschl. der Überwachung des Qualitätssicherungssystems, Nachschauprozess und -ergebnisse). Dabei kommt es nicht auf die Darstellung der – z.B. in einem Qualitätssicherungshandbuch dokumentierten – Sollregelungen an, sondern auf die möglichst genaue Beschreibung der tatsächlich in der WP-Praxis eingeführten, d.h. in der täglichen Praxis gelebten Regelungen. Diese müssen nicht zwangsläufig dokumentiert sein.[129] In ihrem Tätigkeitsbericht für das Jahr 2005 hat die KfQK diesen Punkt besonders betont: „Regelungen, die nicht als normative Vorgaben dokumentiert, aber anhand der täglichen Arbeitsergebnisse („gelebte Praxis") nachvollziehbar waren, fanden z.T. keinen Eingang in die Darstellung des Soll-Systems. Sofern der Nachweis des Vorhandenseins notwendiger Regelungen bei WP/vBP-Praxen mit überschaubaren Organisationsstrukturen z.B. durch die geordnete Ablage von Mitarbeiterbeurteilungen, einen Aus- und Fortbildungsplan, eingeholte Unabhängigkeitsbestätigungen oder die dokumentierte kritische Würdigung der durchgesehenen Arbeitspapiere geführt werden konnte, führte dies zu keinen Beanstandungen seitens der Kommission für Qualitätskontrolle".[130]

Darzustellen sind auch die Regelungen für künftig neue Tätigkeitsbereiche (z.B. als KAPr. oder unmittelbar bevorstehende erstmalige Bestellung als APr. eines Unternehmens nach § 319a HGB). Es ist zudem möglich, an die Darstellung der Grundelemente bzw. Regelungsbereiche ein Zwischenurteil darüber anzufügen, ob die Regelungen mit Rücksicht auf die konkreten Gegebenheiten der WP-Praxis angemessen und wirksam sind.

Von besonderem Interesse für die KfQK ist zudem die Darstellung der vor dem Hintergrund der Organisation der WP-Praxis für die Entscheidungsfindung des Prüfers relevanten Regelungen. Beispielsweise ist bei einem in einer Sozietät arbeitenden WP von Bedeutung, wie dieser die Einhaltung der Unabhängigkeitsvorschriften gegenüber den Personen sicherstellt, mit denen er seinen Beruf gemeinsam ausübt. Bei der Beschreibung des Qualitätssicherungssystems ist auch darzustellen, wie bei Abschlussprüfungen die berufsständischen Anforderungen zur Einhaltung des risikoorientierten Prüfungsansatzes nach dem *IDW PS 261 n.F.* umgesetzt werden. Nach dem Hinweis der KfQK sind insb. die Regelungen zu den nachfolgend aufgeführten Elementen **des Qualitätssicherungssystems zu beschreiben**[131]:

---

128 Vgl. *Plendl/Schneiß*, WPg 2005, S. 545 (550).
129 Siehe auch *WPK*, KfQK-Hinweis: Berichterstattung Qualitätskontrolle, S. 4 f.
130 https://www.wpk.de/uploads/tx_templavoila/Taetigkeitsbericht-KfQK-2005.pdf (zit. 21.07.2018), S. 12.
131 Siehe *WPK*, KfQK-Hinweis: Berichterstattung Qualitätskontrolle, S. 5 f.

Elemente	Darzustellende Regelungen des Qualitätssicherungssystems
Regelungen zur Steuerung und Überwachung	
Durchsetzung des Qualitätssicherungssystems	• Festlegung von Verantwortlichkeiten für das Qualitätssicherungssystem • Kommunikation/Information/Schulung der Mitarbeiter über das Qualitätssicherungssystem sowie der für die Prüfungstätigkeit relevanten Berufspflichten • Qualitätsbewusstsein der Praxisleitung • Qualitätsbewusstsein der Mitarbeiter
Unabhängigkeit, Unparteilichkeit und Vermeidung der Besorgnis der Befangenheit	• Regelungen in Bezug auf die geprüfte Praxis (Personen, Gesellschaft und Dienstleistungen) • Regelungen in Bezug auf Schnittstellen zu anderen Praxen und Personen, mit denen der Beruf gemeinsam ausgeübt wird (z.B. Netzwerke, Sozietäten, Partnerschaften, andere Berufsgesellschaften)
Auftragsannahme, Fortführung und vorzeitige Beendigung von Prüfungsaufträgen	• Regelungen zur Sicherstellung der Unabhängigkeit, Unparteilichkeit und Vermeidung der Besorgnis der Befangenheit bei der einzelnen Auftragsannahme und in Bezug auf Schnittstellen zu anderen Praxen • Regelungen zu Eskalationsmechanismen (z.B. vorzeitige Beendigung von Prüfungsaufträgen) • Regelungen zur Führung der Auftragsdatei nach § 51c WPO • Regelungen, die sicherstellen, dass die Vergütung nicht vom Ergebnis der Abschlussprüfung oder der Erbringung zusätzlicher Nichtprüfungsleistungen abhängig gemacht wird

Fortbildung der Berufsträger und Mitarbeiterentwicklung	• Regelungen zur Einstellung von Mitarbeitern für den Prüfungsbereich
	• Regelungen zur Fortbildung der Berufsträger sowie Aus- und Fortbildung von Mitarbeitern im Prüfungsbereich (inkl. der Darstellung der Regelungen
	  – im Hinblick auf derzeitige und künftige Tätigkeitsschwerpunkte (z.B. IFRS-Abschlussprüfungsaufträge und Aufträge der BaFin) und
	  – zur Beachtung der 20-Stunden-Regel in Bezug auf die Teilnahme an Fachveranstaltungen)
	• Regelungen zu Mitarbeiterbeurteilungen
	• Regelungen zur Bereitstellung von Fachinformationen

Gesamtplanung aller Prüfungen	• Ausführungen zur Organisation der Gesamtplanung der Aufträge

Elemente	Darzustellende Regelungen des Qualitätssicherungssystems
Umgang mit Beschwerden und Vorwürfen	• Regelungen im Umgang mit Beschwerden und Vorwürfe von – Mandanten – Dritten (z.B. Anfragen von WPK/DPR/BaFin) – Mitarbeitern (sog. Whistleblower, § 55b Abs. 2 S. 2 Nr. 7 WPO)
Regelungen zur Durchführung von Prüfungen	
Organisation der Durchführung von Prüfungen	• Festlegung von Verantwortlichkeiten für die Prüfungen, deren Dokumentation und die Information des Mandanten über die Festlegung • Auswahl der Mitglieder des Prüfungsteams und ggf. Delegation der Aufgaben des verantwortlichen Berufsträgers auf andere persönlich oder fachlich geeignete Personen
Einhaltung der Gesetze und fachlichen Regelungen	• Angabe der von der Praxis angewandten fachlichen Regeln (z.B. Prüfungsstandards des IDW, der IFAC) • Beschreibung der eingerichteten Regelungen zur Durchführung von Prüfungen unter Darstellung des risikoorientierten Prüfungsansatzes mit Hilfe der eingesetzten Prüfungsprogramme, Software- und Analysetools sowie sonstiger Hilfsmittel • Führung der Prüfungsakte • Beschreibung der Regelungen zur Aktualisierung des Qualitätssicherungssystems
Prüfungsplanung	• Risikoanalyse des Prüfungsauftrags • Kenntnisse über das Unternehmen • Ableitung der Prüfungsstrategie • Wesentlichkeitsüberlegungen • Quantität und Qualität der eingesetzten Mittel und des Personals • berechnete Vergütung
Anleitung der Prüfungsteams	• Ausführungen zur Anleitung des Prüfungsteams
Überwachung der Auftragsabwicklung	• Ausführungen zur Überwachung der Auftragsabwicklung
Beurteilung der Arbeitsergebnisse	• Ausführungen zur Beurteilung der Arbeitsergebnisse

Elemente	Darzustellende Regelungen des Qualitätssicherungssystems
auftragsbezogene Maßnahmen zur Qualitätssicherung	• Regelungen zur Festlegung von Risikokategorien einschließlich der dabei verwendeten Risikokriterien und der Zuordnung von qualitätssichernden Maßnahmen zu den Risikokategorien • Konsultation • Berichtskritik • auftragsbegleitende Qualitätssicherung
Lösung von Meinungsverschiedenheiten	• Ausführungen zur Lösung von Meinungsverschiedenheiten
Kontroll- und Sicherheitsvorkehrungen für die Datenverarbeitung zur Auftragsabwicklung	• Vertraulichkeit, Integrität und Verfügbarkeit der Datenverarbeitungssysteme und Daten • Regelungen zum Datenzugriff
Grundsätze zur Vergütung und Gewinnbeteiligung	• Ausführungen zu Grundsätzen zur Vergütung und Gewinnbeteiligung
Auslagerung wesentlicher Prüfungstätigkeiten	• interne und vertragliche Regelungen zur Gewährleistung der Qualitätssicherung und Berufsaufsicht
Abschluss der Dokumentation der Auftragsabwicklung und Archivierung der Arbeitspapiere	• Ausführungen zum Abschluss der Dokumentation der Auftragsabwicklung und Archivierung der Arbeitspapiere
Regelungen zur Nachschau	
jährliche Bewertung	• Regelungen zur Abwicklung von Abschlussprüfungen • Regelungen zur Fortbildung, Anleitung und Überwachung der Mitarbeiter • Regelungen zur Handakte • Angemessenheit und Wirksamkeit des Qualitätssicherungssystems

Elemente	Darzustellende Regelungen des Qualitätssicherungssystems
Beurteilung der Einhaltung der Berufspflichten in angemessenen Abständen	• Angemessenheit und Wirksamkeit der übrigen Regelungen des Qualitätssicherungssystems, insb.: – Regelungen zur Angemessenheit des Nachschauzyklus – Regelungen zur anlassbezogenen Nachschau – Regelungen zu den fachlichen und persönlichen Voraussetzungen des Nachschauers – Regelungen, nach denen eine Nachschau durchgeführt wird – betrachteter Zeitraum der Nachschau – Auswahltechnik für die in die Nachschau einzubeziehenden Prüfungen – Regelungen für ein Ergreifen von Maßnahmen nach Feststellungen in der Nachschau – Prüfung der Zulässigkeit der Selbstvergewisserung

Tabelle 8: Darstellung der zu beschreibenden Regelungen des Qualitätssicherungssystems

Der Umfang der Darstellung der Regelungen sollte unter Berücksichtigung der Praxisgröße, -struktur und -komplexität sowie der Bedeutung der Regelung in Bezug auf die Tätigkeit der Praxis erfolgen.

Zu **Art und Umfang der Qualitätskontrolle** ist u.a. anzugeben, dass die Qualitätskontrolle in Übereinstimmung mit dem *IDW PS 140* geplant und durchgeführt wurde. Die Ausführungen sind auf die konkrete Qualitätskontrolle auszurichten. Ausführungen allgemeiner, theoretischer Natur sind zu vermeiden. Außerdem ist festzustellen, dass die Qualitätskontrolle mit dem Ziel erfolgte, eine Aussage darüber zu treffen, ob bei der Qualitätskontrolle keine Sachverhalte bekannt geworden sind, die gegen die Annahme sprechen, dass das Qualitätssicherungssystem der Praxis in Einklang mit den gesetzlichen und satzungsmäßigen Anforderungen steht und mit hinreichender Sicherheit eine ordnungsgemäße Abwicklung von gesetzlichen Abschlussprüfungen nach § 316 HGB sowie von betriebswirtschaftlichen Prüfungen, die von der BaFin beauftragt werden, gewährleistet. Zu ergänzen sind Ausführungen zu den wesentlichen zur Verfügung gestellten Unterlagen (inkl. Schriftverkehr mit der KfQK i.R.d. Auswertung des letzten Qualitätskontrollberichts) und verwendeten Hilfsmittel (z.B. Anwendung des Hinweises zur Berichterstattung des Qualitätskontrollberichts der KfQK)[132]. Weitere allgemeine Angaben zur Durchführung der Qualitätskontrolle beziehen sich auf

- die Einschätzung der qualitätsgefährdenden Risiken und die Beurteilung der Qualitätsrisiken der WP-Praxis durch den PfQK,
- die Angabe, dass die durchgeführte Qualitätskontrolle eine ausreichende Grundlage für die Abgabe des Prüfungsurteils darstellt und
- die Angabe zu Art und Umfang der auf Basis der beurteilten Qualitätsrisiken durchgeführten weiteren Prüfungshandlungen zur Beurteilung der Angemessenheit und Wirksamkeit des Qualitätssicherungssystems.

---

132 Zu Einzelheiten siehe *WPK*, KfQK-Hinweis: Berichterstattung Qualitätskontrolle, S. 9.

> **Beispiel 2 – Formulierungsbeispiel:**
>
> „Ich habe/Wir haben die Qualitätskontrolle unter Beachtung des *IDW Prüfungsstandards: Die Durchführung von Qualitätskontrollen in der Wirtschaftsprüferpraxis (IDW PS 140)* vorgenommen. Auf dieser Grundlage ist zu beurteilen, ob Sachverhalte bekannt geworden sind, die gegen die Annahme sprechen, dass das Qualitätssicherungssystem der Praxis in Einklang mit den gesetzlichen und satzungsmäßigen Anforderungen steht und mit hinreichender Sicherheit eine ordnungsmäßige Abwicklung von gesetzlichen Abschlussprüfungen nach § 316 HGB und von betriebswirtschaftlichen Prüfungen, die von der BaFin beauftragt werden, gewährleistet. Bei der Festlegung der Prüfungshandlungen werden die Kenntnisse über die Geschäftstätigkeit sowie das wirtschaftliche und rechtliche Umfeld der Wirtschaftsprüferpraxis und die Erwartungen über mögliche Mängel des Qualitätssicherungssystems, die Verstöße gegen gesetzliche oder satzungsmäßige Vorschriften darstellen, berücksichtigt. Im Rahmen der Qualitätskontrolle wird die Angemessenheit und Wirksamkeit des Qualitätssicherungssystems überwiegend auf Basis von Stichproben beurteilt. Ich bin/Wir sind der Auffassung, dass meine/unsere Qualitätskontrolle eine hinreichend sichere Grundlage für mein/unser Prüfungsurteil bildet."

257 Neben diesen allgemeinen Angaben sind konkrete Angaben über die Durchführung der Qualitätskontrolle für die Auswertung durch die KfQK von besonderer Bedeutung. Dies umfasst Informationen

- zum Umfang der Qualitätskontrolle im Hinblick auf **Zeitraum und Zeitaufwand der Durchführung** der Qualitätskontrolle (geleistete Stunden untergliedert nach Praxisorganisation, Auftragsabwicklung, Nachschau, andere Tätigkeiten, wie Berichtserstellung, Berichtskritik), **Honorar des Prüfers** und zur **Zusammensetzung und Qualifikation des Prüfungsteams** einschl. des Einsatzes von internen und externen Spezialisten bzw. Sachverständigen in Bereichen, die von den Mitgliedern des Prüfungsteams nicht beurteilt werden können. Diese Angaben sind insb. vor dem Hintergrund der geäußerten Kritik von Bedeutung, in der Vereinbarung des Honorars mit der zu prüfenden WP-Praxis könne die Möglichkeit der Einflussnahme der geprüften WP-Praxis auf die Durchführung der Qualitätskontrolle gesehen werden. Diese Angaben im Bericht verringern die Gefahr einer möglichen ungebührlichen Einflussnahme auf den Umfang und die Qualität der Überprüfungsmaßnahmen durch eine entsprechend knapp bemessene Gebührenvereinbarung, da anhand des Berichts eine (nachträgliche) Kontrolle des eingesetzten Zeitaufwands und der Qualifizierung der beschäftigten Mitarbeiter durch die KfQK (sowie ggf. die APAS) erfolgt
- zur **Prüfungsstrategie**, z.B. Risikobeurteilungen, Wesentlichkeitsüberlegungen, Abstimmung von Prüfungshandlungen mit der Nachschau, Nutzung von Nachschauchecklisten, Verwertung von Ergebnissen der Nachschau, Auswertung der Ergebnisse des Berichts über die letzte Qualitätskontrolle, des Auflagenerfüllungsberichts der letzten Qualitätskontrolle sowie des weiteren Schriftverkehrs zur Qualitätskontrolle, Mitteilungen der WPK, DPR, BaFin, Auswertung von Ergebnissen aus Inspektionen (§§ 61a S. 2 i.V.m. § 62b Abs. 3 WPO); dabei sind die Erkenntnisse unter *Bezugnahme* zur Quelle darzulegen. Zudem ist die Bildung der daraus abgeleiteten Prüfungsschwerpunkte zu beschreiben

Externe Kontrolle der Qualität von Wirtschaftsprüferleistungen E

> **Beispiel 3 – Formulierungsbeispiel:**
>
> „Im Rahmen der Prüfungsplanung haben wir auch den Qualitätskontrollbericht der letzten Qualitätskontrolle sowie den Schriftverkehr mit der Kommission für Qualitätskontrolle und dem letzten Prüfer für Qualitätskontrolle ausgewertet. In diesem Zusammenhang haben wir auch die Umsetzung der Empfehlungen des Prüfers für Qualitätskontrolle und die Entscheidungen der Kommission für Qualitätskontrolle zur Beseitigung festgestellter Mängel im Qualitätssicherungssystem durch die Wirtschaftsprüferpraxis untersucht, um festzustellen, ob die Mängel beseitigt bzw. die Empfehlungen umgesetzt wurden und ob sich hieraus Hinweise auf konkrete Qualitätsrisiken ergeben, die bei der Planung und Durchführung der Qualitätskontrolle zu berücksichtigen sind. Unsere Untersuchung hat zu dem Ergebnis geführt, dass [...].
> Über die in der WP-Praxis ergriffenen Maßnahmen zur Beseitigung der in der vorangegangenen Qualitätskontrolle festgestellten Mängel haben wir unter Abschnitt X gesondert berichtet. Bei der Planung der Qualitätskontrolle haben wir diese Erkenntnisse wie folgt berücksichtigt:
> [...]"

- zur **Auswahl der Prüfungshandlungen** (z.B. Risikofelder, in denen Schwerpunkte gesetzt wurden)
- zur **Prüfung der Praxisorganisation**; dabei sind die konkret durchgeführten Prüfungshandlungen zu beschreiben; zudem ist hier über die Wirksamkeit aller im Qualitätskontrollbericht beschriebenen allgemeinen Regelungen zur Praxisorganisation zu berichten

> **Beispiel 4 – Formulierungsbeispiel:**
>
> „Die Prüfung der Praxisorganisation erfolgte auf der Grundlage einer Einschätzung der Qualitätsrisiken der Praxis und bezog sich auf die im *IDW QS 1* vorgesehenen Bereiche (Unabhängigkeit, Unparteilichkeit und Vermeidung der Besorgnis der Befangenheit, Grundsätze der Honorarbemessung, Vergütung und Gewinnbeteiligung, Auftragsannahme und -fortführung, Mitarbeiterentwicklung, Organisation der Fachinformation, Gesamtplanung aller Aufträge, Umgang mit Beschwerden und Vorwürfen, Auftragsabwicklung, Auslagerung von Prüfungstätigkeiten, Nachschau, fachliche und organisatorische Anweisungen und Hilfsmittel) und beinhaltete im Wesentlichen eine Durchsicht der entsprechenden Organisationsunterlagen, die Beobachtung von Arbeitsabläufen sowie Befragungen der Praxisleitung und der Mitarbeiter. Dabei haben sich die Regelungen zu ... als angemessen und wirksam erwiesen. Zu den Beanstandungen im Hinblick auf die Angemessenheit und Wirksamkeit der Regelungen zu .... verweisen wir auf ...".

- zur **Grundgesamtheit**[133] der seit der letzten Qualitätskontrolle durchgeführten gesetzlichen Abschlussprüfungen nach § 316 HGB und der betriebswirtschaftlichen Prüfungen, die von der BaFin beauftragt wurden; im Einzelnen sind darzustellen:
  - die Art und Weise der Sicherstellung der Vollständigkeit der Grundgesamtheit durch die zu prüfende Praxis[134]
  - Merkmale der Liste der Prüfungen (z.B. Branche, Rechtsform, Auftragsart, Stichtag, Prüfungsstunden, Honorar, auftragsverantwortlicher WP/vBP, Rechnungslegungsart, Erst-/Folgeprüfung, Risiko)
  - Ermittlung der Anzahl und Stunden der zur Grundgesamtheit gehörenden Prüfungsaufträge untergliedert nach Kalenderjahren seit der letzten Qualitätskontrolle und untergliedert nach gesetzlichen Jahresabschlussprüfungen, gesetzlichen Konzernabschlussprüfungen, Prüfungen, die von der BaFin beauftragt wurden, Prüfungen, die besondere fachliche Kenntnisse und Erfahrungen erfordern
- zu den **Kriterien**, die **für die Auswahl einzelner Aufträge** i.R.d. Auftragsprüfungen zugrunde gelegt wurden; im Einzelnen sind zu beschreiben:
  - Auswahlkriterien jeder einzelnen Prüfung
  - die für die einzelne Prüfung von der WP-Praxis aufgewandten Prüferstunden
  - die vom PfQK aufgewandten Prüferstunden
  - Untergliederung der Angaben nach Kalenderjahren seit der letzten Qualitätskontrolle
  - Auswahl der einbezogenen Niederlassungen
  - Erfassung der in der WP-Praxis tätigen Berufsträger

> **Beispiel 5 – Formulierungsbeispiel:**
>
> „Bei der risikoorientierten Auswahl der in die Funktionsprüfung einzubeziehenden Aufträge im Rahmen der Auftragsabwicklungsprüfung haben wir der Struktur der Mandate, z.B. in Bezug auf Kapitalmarktorientierung und Branchenzugehörigkeit ebenso wie den Gegebenheiten der WP-Praxis (z.B. den personellen Strukturen) Rechnung getragen. Zudem haben wir die Mandate in unsere Auftragsauswahl einbezogen, bei welchen im Berichtszeitraum ein interner Prüferwechsel bzw. eine Erstprüfung stattgefunden hat. Darüber hinaus wurden auch die Prüfungsaufträge der Regionalbanken sowie der beiden Gesellschaften in die Prüfung einbezogen, die im laufenden Geschäftsjahr 200X insolvent wurden. Die nachfolgende Aufstellung gibt einen Überblick über die von der WP-Praxis geleisteten Stunden nach Kalenderjahren für die im Rahmen der Qualitätskontrolle geprüften Aufträge unter Angabe der im Rahmen der Qualitätskontrolle für diese Aufträge angefallenen Stunden."

- zur **Prüfung der einzelnen Aufträge**. Im Einzelnen ist zu beschreiben, welche Unterlagen und Dateien zu den einzelnen Aufträgen vorgelegt wurden. Zudem ist anzugeben, ob sich der PfQK durch die von der WP-Praxis vorgelegten Arbeitspapiere ein vollumfängliches Bild der Tätigkeit der Praxis verschaffen konnte und in welchem Umfang die Arbeitspapiere durch Erläuterungen ergänzt wurden

---

133 Siehe hierzu auch *WPK*, KfQK-Hinweis: Grundgesamtheit Qualitätskontrollen.
134 Siehe hierzu *WPK*, Hinweis der KfQK zur Prüfung der Vollständigkeit der Grundgesamtheit für die Prüfung der Auftragsabwicklung vom 05.10.2016; https://www.wpk.de/fileadmin/documents/Mitglieder/Praxishinweise/Hinweis_der_KfQK–Pruefung_Vollstaendigkeit_Grundgesamtheit.pdf (zit. 21.07.2018).

- zum **Umfang der Auftragsprüfungen**. Diese sollen der KfQK eine eigene Einschätzung der Angemessenheit der Auswahlstichprobe für die auftragsbezogene Funktionsprüfung ermöglichen. Dabei ist darzulegen, welche Prüfungen in der Stichprobe vollumfänglich und welche in Schwerpunkten, z.B. im Hinblick auf identifizierte bedeutsame Risiken, geprüft wurden[135]. Weitere Angaben können sich beziehen auf
  - die Erläuterung des Stichprobenumfangs im Verhältnis zum Gesamtumfang (ausgewählte Aufträge nach Anzahl und Stundenvolumen),
  - Informationen über den zeitlichen Abschluss der überprüften Aufträge,
  - die Berücksichtigung der Ergebnisse der Nachschau zur Abwicklung von Prüfungsaufträgen, soweit deren Angemessenheit vom PfQK vorab als gegeben beurteilt wurde,
  - Angabe der Schwerpunkte unter Darlegung der Gründe für die Schwerpunktsetzung der geprüften Aufträge.

> **Beispiel 6 – Formulierungsbeispiel:**
>
> „Zur Beurteilung der Wirksamkeit der Regelungen zur Auftragsabwicklung haben wir gesetzliche Abschlussprüfungen nach § 316 HGB und betriebswirtschaftliche Prüfungen, die von der BaFin beauftragt wurden, einer Funktionsprüfung unterzogen. Bei der Festlegung des Umfangs der Auftragsprüfungen haben wir die Ergebnisse der Nachschau zur Abwicklung von Prüfungsaufträgen und unsere Risikobeurteilungen berücksichtigt. Das Gesamtvolumen der gesetzlichen Abschlussprüfungen nach § 316 HGB sowie der betriebswirtschaftlichen Prüfungen, die von der BaFin beauftragt wurden, betrug seit der letzten Qualitätskontrolle im Jahresdurchschnitt [...] Aufträge bzw. [...] Stunden. Dies sind ca. [...] % im Verhältnis zu den von der Praxis insgesamt im Durchschnitt pro Jahr erfassten Auftragsstunden. Von den von [...] bis [...] durchgeführten Aufträgen haben wir die Abwicklung von [...] Aufträgen mit einem Stundenvolumen von insgesamt [...] Stunden durchgesehen, das sind ca. [...] % des Gesamtumfangs der gesetzlichen Abschlussprüfungen nach § 316 HGB sowie der betriebswirtschaftlichen Prüfungen, die von der BaFin beauftragt wurden, in diesem Zeitraum. Darüber hinaus haben wir auch [...] Aufträge mit [...] Stunden aus den Vorjahren in die Auswahl mit einbezogen, soweit für die nach Risikogesichtspunkten ausgewählten Mandanten/Wirtschaftsprüfer der Praxis keine aktuelleren Aufträge vorhanden waren. Sämtliche gesetzliche Abschlussprüfungen nach § 316 HGB sowie betriebswirtschaftliche Prüfungen, die von der BaFin beauftragt wurden, waren Grundlage für die Auswahl der Stichprobe, auch die Aufträge, die Gegenstand rechtlicher Auseinandersetzungen der Praxis mit dem geprüften Unternehmen oder Dritten sind."

- zur **Prüfung der Nachschau** und ggf. zur Verwertung von Ergebnissen der Nachschau, z.B. Verfahren der Nachschau (wie Planung, Dokumentation), Kompetenz der i.R.d. Nachschau eingesetzten Mitarbeiter, Umfang und Inhalt der einzelnen Nachschau-Projekte (Arbeitsprogramm), Durchführung anlassbezogener Nachschauen (z.B. aufgrund von Vorwürfen und Beschwerden), Voraussetzungen einer ggf. vorgenommenen Selbstvergewisserung, Beachtung und Umsetzung der aus der

---

[135] Zum Umfang einer vollumfänglichen Prüfung siehe *WPK*, KfQK-Hinweis: Berichterstattung Qualitätskontrolle, S. 12.

Nachschau resultierenden Empfehlungen, die Festlegung von Verantwortlichkeiten für die Nachschau, die Berichterstattung über festgestellte Mängel sowie die Entwicklung von Verbesserungsvorschlägen zum Qualitätssicherungssystem und deren Umsetzung.

> **Beispiel 7 – Formulierungsbeispiel:**
>
> „Die Prüfung des Verfahrens der Nachschau bezog sich u.a. auf deren Planung und Dokumentation, die Kompetenz der im Rahmen der Nachschau eingesetzten Mitarbeiter, den Umfang und Inhalt der einzelnen Nachschau-Projekte sowie die Beachtung und Umsetzung der aus der Nachschau resultierenden Empfehlungen.
> Bei der Festlegung der in die Qualitätskontrolle einzubeziehenden Niederlassungen haben wir neben der Hauptniederlassung zunächst die Niederlassungen einbezogen, die in diesem oder im letzten Jahr neu eröffnet wurden (Leipzig und Bremen). Im Übrigen haben wir unter Beachtung der Ergebnisse unserer Beurteilung der Nachschau auch deren Feststellungen (Nachschauberichte) wie folgt verwertet:
> [...]."

- zur **Anpassung der Prüfungsplanung** der Qualitätskontrolle aufgrund von im Verlauf der Qualitätskontrolle gewonnenen Erkenntnissen (z.B. Ausweitung der Stichprobe)
- zur **Verwertung** von Ergebnissen aus Inspektionen (§§ 61a i.V.m. 62b Abs. 3 WPO)
- zur Auskunftsbereitschaft und Einholung einer **VollstE** der geprüften Praxis.

258 Bei der **Qualitätskontrolle von Praxen**, die auch **Unternehmen von öffentlichem Interesse** nach § 319a Abs. 1 S. 1 HGB prüfen, gelten zur Vermeidung einer Doppelprüfung durch Inspektoren und PfQK besondere Regelungen (zu Einzelheiten siehe Kap. E Tz. 134 ff.). Ein Gesamturteil über das Qualitätssicherungssystem der gemischten Praxis enthält der Qualitätskontrollbericht daher nicht. Vielmehr ist ausschließlich die Wirksamkeit des Qualitätssicherungssystems bei gesetzlich vorgeschriebenen Abschlussprüfungen von Unternehmen, die keine Unternehmen von öffentlichem Interesse sind, und betriebswirtschaftlichen Prüfungen, die von der BaFin beauftragt werden, einer Prüfung und Beurteilung zu unterziehen. Damit die KfQK in der Lage ist, die Beurteilung durch den PfQK in angemessener Zeit nachvollziehen zu können, ist durch den Prüfer das Soll-System zu beschreiben, soweit es für die Beurteilung der Wirksamkeit des Qualitätssicherungssystems erforderlich ist. Sofern Feststellungen zur Angemessenheit des Qualitätssicherungssystems getroffen werden, sind diese ebenfalls in den Qualitätskontrollbericht aufzunehmen. Ein Gesamturteil zur Angemessenheit des Qualitätssicherungssystems wird hingegen nicht abgegeben. Der Qualitätskontrollbericht ist auch an die APAS zu richten.

259 Mit der Berichtspflicht über die **Maßnahmen aufgrund der in der vorangegangenen Qualitätskontrolle** festgestellten Mängel soll sichergestellt werden, dass die KfQK bei Wiederholungsprüfungen angemessen über die vorgenommenen Maßnahmen zur Beseitigung von Mängeln und die Umsetzung der Empfehlungen des PfQK aus der vorangegangenen Qualitätskontrolle informiert wird. Bei dieser Gelegenheit ist nicht nur auf die im letzten Bericht erwähnten Mängel einzugehen, sondern es ist auch der Schriftverkehr der KfQK mit der zu prüfenden Praxis einzubeziehen, weil die KfQK eine von der Einschätzung des früheren Prüfers abweichende Würdigung der Feststellungen treffen kann[136]. Im Einzelnen ist die dem Prüfer vorliegende Erkenntnisquelle zu nennen (Qualitätskontrollbericht, nachfolgender Schriftverkehr). Darüber hinaus sind die Maßnahmen der geprüften Praxis zur Beseitigung der aufgedeckten Mängel darzustellen sowie anzugeben, ob durch die Maßnahmen die Mängel abgestellt wurden[137].

Die **Prüfungsfeststellungen** zur Angemessenheit und Wirksamkeit des in der WP-Praxis eingeführten Qualitätssicherungssystems sind für die zu beurteilenden Grundelemente des Qualitätssicherungssystems einschl. der Regelungen nach § 55b Abs. 2 und 3 WPO (vgl. Kap E Tz. 255) im Qualitätskontrollbericht darzustellen und zu würdigen. Der Prüfer hat demzufolge nicht nur die Prüfungsfeststellungen, die zu der Annahme eines Mangels im Qualitätssicherungssystem führen, im Qualitätskontrollbericht darzustellen. Vielmehr hat der Prüfer auch dann eine ausdrückliche Feststellung im Bericht zu treffen, wenn er zu der Einschätzung gelangt, dass ein Regelungsbereich des Qualitätssicherungssystems angemessen und wirksam ist. Es sind folglich die Prüfungsfeststellungen darzustellen, die einen (positiven oder negativen) Einfluss auf die Urteilsfindung haben, damit die KfQK die Ableitung des Prüfungsurteils nachvollziehen und würdigen kann. Ausdrücklich muss auch darauf eingegangen werden, ob die überprüften Aufträge in Übereinstimmung mit den in der WP-Praxis eingeführten Regelungen zur Auftragsabwicklung durchgeführt worden sind (*IDW PS 140*, Tz. 101 ff.). **260**

Bei der Darstellung von **Prüfungsfeststellungen** ist zu unterscheiden, ob es sich bei dem beanstandeten Sachverhalt um eine Einzelfeststellung handelt oder ob sich die Beanstandung auf das Qualitätssicherungssystem bezieht. Einzelfeststellungen ohne erhebliche Bedeutung (vgl. Kap. E Tz. 239) einschl. der Gründe für diese Einordnung sind nur in den Arbeitspapieren zu dokumentieren, während Einzelfeststellungen mit erheblicher Bedeutung und Mängel im Qualitätssicherungssystem auch im Bericht darzustellen sind (vgl. Kap. E Tz. 239 ff.).

Die Darstellung der **Mängel** muss den zugrunde liegenden Sachverhalt und die Gründe für die Beurteilung durch den Prüfer umfassen, einschl. der Feststellung, ob die Angemessenheit oder die Wirksamkeit des Qualitätssicherungssystems betroffen sind.[138] Es ist anzugeben, welcher Teil des Qualitätssicherungssystems betroffen ist und welche Vorschriften des Gesetzes oder der Berufssatzung verletzt sind (*IDW PS 140*, Tz. 109). Wurden festgestellte Mängel bis zum Zeitpunkt der Beendigung der Qualitätskontrolle behoben, ist das Prüfungsurteil nicht einzuschränken oder zu versagen, sofern die Gefahr für die künftige Prüfungsqualität nicht mehr besteht. Auf diese Mängel und die Maßnahmen zur Behebung ist jedoch im Qualitätskontrollbericht einzugehen (*IDW PS 140*, Tz. 110). **Prüfungshemmnisse** sind im Qualitätskontrollbericht unter Angabe der ergriffenen alternativen Prüfungshandlungen zu benennen (*IDW PS 140*, Tz. 102). **261**

Empfehlungen zur Verbesserung des Qualitätssicherungssystems im Falle von Einschränkungen des Prüfungsurteils müssen so konkret dargestellt werden, dass sie der KfQK ermöglichen, innerhalb angemessener Zeit eine Entscheidung darüber zu treffen, ob sie geeignet sind, die festgestellten Mängel zu beseitigen.[139] In diesem Fall wird die **262**

---

136 *Plendl/Schneiß*, WPg 2005, S. 545 (550).
137 Siehe *WPK*, KfQK-Hinweis: Berichterstattung Qualitätskontrolle, S. 14.
138 Siehe hierzu auch *WPK*, KfQK-Hinweis: Berichterstattung Qualitätskontrolle, S. 15.
139 Siehe hierzu auch *WPK*, KfQK-Hinweis: Berichterstattung Qualitätskontrolle, S. 15.

KfQK eine Auflage erteilen, in der die Umsetzung der Empfehlungen des PfQK angeordnet wird.

263 Aufbauend auf den Prüfungsfeststellungen ist das **Prüfungsurteil** (uneingeschränkt, eingeschränkt oder als versagtes Urteil) abzugeben (zu weitere Erläuterungen s. Kap. E Tz. 236, Kap. E Tz. 241 ff.).

264 Der PfQK hat den Qualitätskontrollbericht unter Angabe von Ort und Datum zu **unterzeichnen** und mit dem Berufssiegel zu versehen, wobei das Datum dem Tag des Abschlusses der Qualitätskontrolle entsprechen soll (im Allgemeinen der Tag der Schlussbesprechung)[140].

1.3.5.3 Stellungnahme der geprüften WP-Praxis

265 Im Falle der Einschränkung oder der Versagung des Prüfungsurteils soll die geprüfte Praxis nach § 26 Abs. 1 S. 2 SaQK gegenüber der KfQK unverzüglich nach Eingang des Qualitätskontrollberichts schriftlich zu dem Ergebnis der Qualitätskontrolle Stellung nehmen. Die Stellungnahme ist von der KfQK bei der Auswertung des Qualitätskontrollberichtes zu berücksichtigen. *IDW PS 140*, Tz. 131 ff. führt dazu aus, dass zu jedem festgestellten Mangel anzugeben ist, ob die geprüfte Praxis mit der Beurteilung des Prüfers einschl. der Vorschläge zur Verbesserung des Qualitätssicherungssystems einverstanden ist und wann diese Maßnahmen voraussichtlich umgesetzt werden. Es sollte darin auch angegeben werden, welche Vorschläge bereits umgesetzt sind. Die geprüfte Praxis hat dem PfQK eine Kopie der Stellungnahme zu überlassen.

266 Die Stellungnahme der geprüften Praxis dient der Vereinfachung des Verfahrens der Qualitätskontrolle. Drückt die Praxisleitung ihr Einverständnis mit den Feststellungen und Empfehlungen des PfQK aus, erleichtert dies die Entscheidungsfindung der KfQK. Die Maßnahmen der KfQK werden in einem solchen Fall weitgehend den Empfehlungen des PfQK entsprechen, vorausgesetzt die Empfehlungen sind nach Auffassung der KfQK geeignet, die festgestellten Mängel zu beseitigen.

267 Wenn die KfQK Auflagen zur Beseitigung von Mängeln des Qualitätssicherungssystems erlässt, sind diese innerhalb der vorgegebenen Frist umzusetzen. Über die Umsetzung hat die betroffene Praxis nach § 57e Abs. 2 S. 2 WPO einen Auflagenerfüllungsbericht zu verfassen und der KfQK spätestens mit Ablauf der zur Aufgabenerfüllung vorgesehenen Frist vorzulegen. Im Fall der Prüfung der Erfüllung von Auflagen durch eine Sonderprüfung gilt die Pflicht zur Erstellung eines Auflagenerfüllungsberichts als erfüllt, wenn der Sonderprüfungsbericht den Anforderungen an einen Auflagenerfüllungsbericht entspricht.

268 Inhaltlich hat der Auflagenerfüllungsbericht die folgenden Punkte zu enthalten:
- Verweis auf die gesetzliche Pflicht zur Berichterstattung
- Bezugnahme zur erteilten Auflage
- Darlegung der Auflagenumsetzung
- Selbsterklärung.

269 Der Auflagenerfüllungsbericht stellt i.R.d. nachfolgenden Qualitätskontrolle oder einer Sonderprüfung eine wesentliche Informationsquelle für den PfQK dar, was seine Pflicht zur Beurteilung der Beseitigung von in der vorangegangenen Qualitätskontrolle festge-

---

140 Siehe *IDW PS 140*, Tz. 118.

stellten wesentlichen Mängeln angeht. Er hat auch zu beurteilen, ob die Angaben im Auflagenerfüllungsbericht mit den tatsächlichen Verhältnissen übereinstimmen (vgl. *IDW PS 140*, Tz. 100).

1.3.6 Besonderheiten bei WP-Praxen mit PIE-Mandanten

Eine WP-Praxis gilt als gemischte Praxis, wenn sie gesetzliche Abschlussprüfungen sowohl von Unternehmen von öffentlichem Interesse (§ 319a Abs. 1 S. 1 HGB) als auch von anderen nach § 316 HGB prüfungspflichtigen Unternehmen durchführt. Gemischte Praxen unterliegen mit ihren Abschlussprüfungen von Unternehmen von öffentlichem Interesse der Inspektion. Gleichzeitig unterliegen sie mit ihren gesetzlichen Abschlussprüfungen nach § 316 HGB von Unternehmen, die keine Unternehmen von öffentlichem Interesse sind, sowie mit betriebswirtschaftlichen Prüfungen, die von der BaFin beauftragt werden, der Qualitätskontrolle. Um eine Doppelprüfung und unnötige bürokratische Belastungen sowie etwaige divergierende Ergebnisse zu vermeiden, sieht § 57a Abs. 5a WPO eine **Berücksichtigung der Inspektionsergebnisse** im Wege der „Übernahme" durch den PfQK vor (§ 57a Abs. 5a Abs. 3 i.V.m. Abs. 2 S. 3 WPO). Im Rahmen der praktischen Umsetzung dieser Vorschriften wird die „Übernahme" der Inspektionsergebnisse durch den PfQK jedoch nur unter den Bedingungen möglich sein,

270

- wenn eine enge zeitliche Koordination von Inspektion und Qualitätskontrolle sichergestellt wird und
- der Inspektionsbericht zumindest angemessene Ausführungen zu den Grundlagen des Qualitätssicherungssystems sowie ausreichende Informationen über die festgestellten Qualitätsrisiken der Praxis enthält, die einer risikobasierten Planung und Durchführung der Prüfungshandlungen zur Beurteilung der Wirksamkeit des Qualitätssicherungssystems im Non-PIE-Bereich zugrunde gelegt werden können.

Gegenstand der Inspektion und nicht der Qualitätskontrolle bei gemischten Praxen sind die nachfolgend in Art. 26 Abs. 6 VO (EU) Nr. 537/2014 genannten Bereiche:

271

- Prüfung des Aufbaus des Qualitätssicherungssystems der WP-Praxis (Angemessenheit des Qualitätssicherungssystems)
- Prüfung der Einhaltung der Qualitätssicherungsmaßnahmen und die Überprüfung der Prüfungsunterlagen von Unternehmen von öffentlichem Interesse zur Ermittlung der Wirksamkeit des Qualitätssicherungssystems
- Beurteilung des Inhalts des zuletzt veröffentlichten Transparenzberichts unter Berücksichtigung der Inspektionsergebnisse.

Der PfQK hat folglich die Ergebnisse der Angemessenheitsprüfung aus dem aktuellen Inspektionsbericht zu übernehmen und auf dieser Grundlage die Wirksamkeit des Qualitätssicherungssystems ausschließlich im Hinblick auf die Prüfungen zu beurteilen, die Gegenstand der Qualitätskontrolle sind. Die Beurteilung bezieht sich auf die Wirksamkeit sämtlicher Grundelemente des Qualitätssicherungssystems einschl. der Regelungen zur allgemeinen Praxisorganisation, zur Auftragsabwicklung und zur Nachschau.

272

Die **Abgrenzung der Prüfungsgegenstände** von Inspektionen und Qualitätskontrolle in gemischten Praxen verdeutlicht die nachfolgende Abbildung:

273

	Prüfung des Qualitätssicherungssystems (QSS) für gesetzlich vorgeschriebene Abschlussprüfungen nach § 316 HGB bei	
	PIE (§ 319a HGB)	Non-PIE (außerhalb § 319a HGB)
Angemessenheit des QSS	Inspektion	Inspektion
Wirksamkeit des QSS	Inspektion	**Qualitätskontrolle**

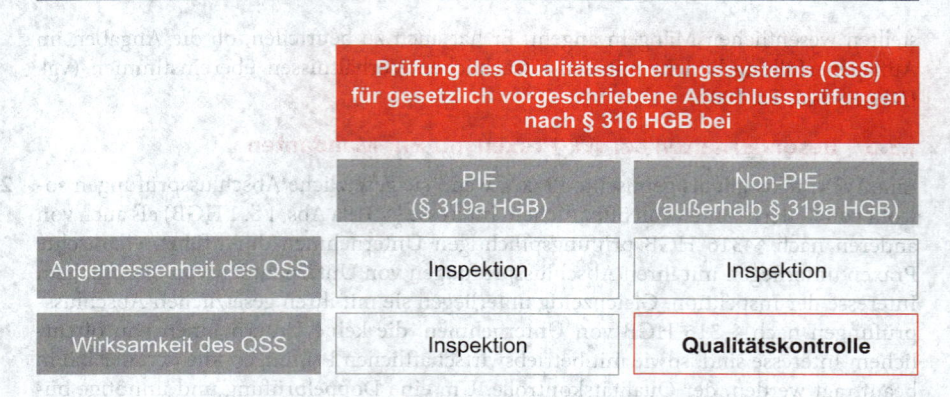

Abb. 5: Zusammenwirken von Inspektion und Qualitätskontrolle bei gemischten WP-Praxen[141]

274 Der PfQK hat zum Zweck der **Übernahme** der Inspektionsergebnisse nachzuvollziehen, ob

- die Beschreibung des Qualitätssicherungssystems im Inspektionsbericht nach § 62b Abs. 3 S. 3 WPO i.V.m. § 57a Abs. 5 WPO sämtliche Grundelemente des Qualitätssicherungssystems umfasst,
- die Darstellung im Inspektionsbericht eine Beschreibung der Qualitätsrisiken der WP-Praxis und hinreichende Information zur Beurteilung der Angemessenheit des Qualitätssicherungssystems enthält, die der weiteren risikobasierten Durchführung von Prüfungshandlungen zur Beurteilung der Wirksamkeit des Qualitätssicherungssystems zugrunde gelegt werden können.

275 **Reicht die Beschreibung im Inspektionsbericht nicht aus**, um das erforderliche Verständnis von der WP-Praxis und von dem Qualitätssicherungssystem zu erlangen oder liegt kein aktueller Bericht vor, muss der PfQK eigene Prüfungshandlungen zur Gewinnung dieses Verständnisses durchführen. Gleiches gilt, wenn die im Inspektionsbericht dargestellten Prüfungshandlungen zur Beurteilung der Angemessenheit des Qualitätssicherungssystems sich ausdrücklich nur auf den Bereich der gesetzlichen Abschlussprüfungen von Unternehmen von öffentlichem Interesse beziehen. In diesem Fall muss der PfQK ergänzende Prüfungshandlungen zur Angemessenheit des Qualitätssicherungssystems im Bereich der Abschlussprüfungen von Unternehmen durchführen, die keine Unternehmen von öffentlichem Interesse sind.

276 Hinsichtlich der Beschreibung des Qualitätssicherungssystems und der Qualitätsrisiken der WP-Praxis sowie im Hinblick auf Art und Umfang der Prüfungshandlungen zur Prüfung der Angemessenheit des Qualitätssicherungssystems kann der PfQK im Qualitätsbericht auf die Ausführungen im Inspektionsbericht verweisen, sofern ein aktueller Inspektionsbericht vorliegt. **Qualitätsrisiken**, die der PfQK i.R.d. Wirksamkeitsprüfung zusätzlich feststellt, sind ebenfalls in den Qualitätskontrollbericht aufzunehmen. Stellt der PfQK berichtspflichtige Sachverhalte zur Wirksamkeit des Qualitätssicherungssystems fest (*Einzelfeststellungen von erheblicher Bedeutung oder Mängel*), sind diese zusammen mit den von den Feststellungen betroffenen Regelungen des Qualitätssiche-

---

141 Siehe *IDW PS 140*, Tz. 119 ff.

rungssystems im Qualitätskontrollbericht darzustellen; werden die von den Feststellungen betroffenen Regelungen des Qualitätssicherungssystems im aktuellen Inspektionsbericht bereits angemessen beschrieben, kann auf die dortigen Ausführungen verwiesen werden.

Werden i.R.d. Qualitätskontrolle Sachverhalte bei Abschlussprüfungen von Unternehmen festgestellt, die keine Unternehmen von öffentlichem Interesse sind, und deuten diese auf **Mängel der Angemessenheit** des Qualitätssicherungssystems hin, sind diese im Qualitätskontrollbericht aufzuführen. Durch die Nennung dieser Sachverhalte im Qualitätskontrollbericht erhält die APAS die Möglichkeit, ihrerseits zu prüfen, ob sich hieraus Konsequenzen für die von ihr i.R.d. Inspektion vorgenommene Beurteilung der Angemessenheit des Qualitätssicherungssystems ergeben. Bei gemischten Praxen ist die APAS neben der geprüften Praxis und der KfQK ein weiterer Empfänger des Qualitätskontrollberichts (§ 57 Abs. 5 Abs. 4 WPO). 277

2. Zertifizierung von Qualitätsmanagementsystemen

2.1 Zielsetzung der Zertifizierung

Nach der Norm ISO 9000 stellen **Qualitätsaudits** bei der Beurteilung der Wirksamkeit von Qualitätsmanagementsystemen von Organisationen (Unternehmen oder Unternehmensbereiche) ein wichtiges Element dar. Es handelt sich bei einem Qualitätsaudit um eine systematische und unabhängige Untersuchung, um festzustellen, ob die qualitätsbezogenen Tätigkeiten und die damit zusammenhängenden Ergebnisse den geplanten Anforderungen entsprechen, und ob diese Anforderungen wirkungsvoll verwirklicht und geeignet sind, die Ziele zu erreichen. Es wird zwischen internen Qualitätsaudits und externen Qualitätsaudits unterschieden. Interne Qualitätsaudits liegen vor, wenn eine Organisation das Audit selbst durchführt oder andere Personen mit der Durchführung beauftragt (First Party Internal Quality Audit). Von externen Qualitätsaudits wird gesprochen, wenn das Qualitätsaudit durch einen Kunden bzw. andere Personen im Auftrag des Kunden durchgeführt wird (Second Party Quality Audit) oder ein anderer Qualitätsauditor mit der Durchführung eines Qualitätsaudits beauftragt ist (Third Party Quality Audit). Kundenaudits dienen der Schaffung von Vertrauen in das Qualitätsmanagement der Organisation bei einzelnen Kunden, wogegen mit Third Party Quality Audits das Vertrauen einer Vielzahl anonymer Kunden gestärkt werden soll[142]. 278

Werden Third Party Quality Audits von Personen oder Unternehmen, die von einer zuständigen nationalen Organisation für die Durchführung externer Qualitätsaudits zugelassen wurden, durchgeführt, spricht man von sog. Zertifizierungsaudits. Unter einer Zertifizierung wird die Bestätigung eines Dritten verstanden, dass das Qualitätsmanagementsystem einer Organisation mit hinreichender Sicherheit bestimmte Anforderungen erfüllen wird[143]. Ziel einer Zertifizierung ist die Beurteilung, „ob der Aufbau und die Abläufe der auditierten Organisation angemessen festgelegt und dokumentiert sind und ob sie in Übereinstimmung mit der Dokumentation effektiv verwirklicht und praktiziert werden"[144]. Es wird also die Eignung des Qualitätsmanagementsystems und dessen Funktionstüchtigkeit geprüft und beurteilt. 279

---

142 *Graebig*, Teil A, Fach 9.1.1, S. 1.
143 *Geiger*, S. 45.
144 *Graebig*, Teil A, Fach 9.1.1, S. 1.

280 Die Kriterien, anhand derer ein Qualitätsauditor die Angemessenheit des Qualitätsmanagementsystems prüft, ergeben sich aus der ISO-Norm 9001:2015. Kommt der Qualitätsauditor als Ergebnis eines Zertifizierungsaudits zu einem positiven Urteil über das Qualitätsmanagementsystem der auditierten Organisation, stellt er ein Zertifikat aus. Dieses kann als Nachweis für ein im Sinne der zugrunde gelegten ISO-Norm geeignetes Qualitätsmanagementsystem öffentlich verwendet werden. Die Kunden, denen ein solches Zertifikat vorgelegt wird, können auf eigene Kundenaudits gegebenenfalls verzichten oder den Umfang solcher Audits reduzieren, was sowohl für den Lieferanten als auch für den Kunden mit Kosteneinsparungen verbunden ist[145].

2.2 Organisatorische Rahmenbedingungen der Zertifizierung

2.2.1 Akkreditierung von Qualitätsauditoren

281 Die Akkreditierung stellt die **formelle Anerkennung durch eine Behörde** oder eine Akkreditierungsstelle dar, dass eine bestimmte Organisation die Kompetenz besitzt, Zertifizierungen in bestimmten Bereichen durchzuführen[146]. Das deutsche Akkreditierungswesen basiert auf dem sog. Globalen Konzept für Zertifizierung und Prüfwesen der Europäischen Kommission. Mit diesem Konzept wird das Ziel verfolgt, „Vertrauen in das Prüf- und Zertifizierungswesen der EWR-Staaten sowie Bedingungen für die grundsätzliche gegenseitige Anerkennung der Konformitätsnachweise sowohl im gesetzlich geregelten als auch im gesetzlich nicht geregelten Bereich zu schaffen"[147]. In Bezug auf Akkreditierung und Zertifizierung werden unter dem gesetzlich geregelten Bereich solche Verfahren verstanden, die durch Rechtsvorschriften geregelt sind. Beim gesetzlich nicht geregelten Bereich handelt es sich i.Z.m. Akkreditierung und Zertifizierung um Bereiche, in denen keine Rechtsvorschriften der EU oder nationale Rechtsvorschriften bestehen[148].

282 Im gesetzlich geregelten Bereich obliegt der hoheitliche Akt der Akkreditierung von Prüflaboratorien, Zertifizierungs- und Überwachungsstellen den zuständigen **Bundes- oder Landesbehörden** oder einer von diesen beauftragten **Akkreditierungsstelle**. Akkreditierungen im gesetzlich nicht geregelten Bereich werden von verschiedenen Akkreditierungsstellen durchgeführt, die auf privatrechtlicher Grundlage von der deutschen Wirtschaft aufgebaut worden sind[149].

Seit dem 01.01.2010 gilt die neue Struktur des Akkreditierungswesens in Deutschland. Die **Deutsche Akkreditierungsstelle DAkkS** ist die einzige nationale Akkreditierungsstelle, die Akkreditierungen nach der VO (EG) Nr. 765/2008 und dem Akkreditierungsstellengesetz (AkkStelleG) erteilt. Sie ist laut Verordnung über die Beleihung der Akkreditierungsstelle nach der Beleihungsverordnung (AkkStelleGBV) dafür beliehen und vertritt auf europäischer und internationaler Ebene das deutsche Akkreditierungswesen[150].

---

[145] *Graebig*, Teil A, Fach 9.1.1, S. 1.
[146] *Geiger*, S. 46.
[147] *Deutscher Akkreditierungsrat*, S. 4.
[148] *Deutscher Akkreditierungsrat*, S. 8.
[149] *Deutscher Akkreditierungsrat*, S. 4.
[150] Siehe Rechtliche Grundlagen der Deutschen Akkreditierungsstelle (DAkkS): http://www.dakks.de/content/rechtliche-grundlagen-der-dakks (zit. 21.07.2018).

283 Die Zertifizierung von Qualitätsmanagementsystemen ist gesetzlich geregelt. Gem. Art. 4 der VO (EG) Nr. 765/2008 benennt jeder Mitgliedstaat eine einzige nationale Akkreditierungsstelle. Dementsprechend obliegt hier die Akkreditierung in Deutschland der DAkkS. Die Akkreditierung auf Grundlage von ISO/IEC 17065 wird für Managementsysteme international einheitlich durchgeführt[151].

284 Der **Akkreditierungsprozess** verläuft in den folgenden vier Phasen:

1.	Antragsphase: Vorgespräch zur Information über das Akkreditierungsverfahren, Einsendung des Akkreditierungsantrags, Überprüfung des Antrags durch Abteilungen der DAkkS, Informationen zum weiteren Vorgehen.
2.	Begutachtungsphase: Begutachtung des Managementsystems, Dokumentation in einem Begutachtungsbericht, evtl. Durchführung von Korrekturmaßnahmen sowie Überprüfung und Bewertung dieser.
3.	Akkreditierungsphase: Bewertung der Begutachtungsergebnisse durch einen Akkreditierungsausschuss (AkA) und Entscheidung über Erteilung der Akkreditierung, Aufnahme der Akkreditierung in das Verzeichnis der akkreditierten Stellen.
4.	Überwachungsphase: Ende des Akkreditierungszyklus nach fünf Jahren, Bedarf einer Reakkreditierung, Sicherstellen des Kompetenznachweises durch zwei bis drei Überwachungen innerhalb der fünf Jahre[152].

285 Die Akkreditierung als **Qualitätsauditor** ist allerdings keine Voraussetzung für die Durchführung externer Qualitätsaudits. Da es sich hierbei um freiwillige Prüfungen handelt, „kann sich jeder zum Zertifizierer ernennen und ISO-9000-Zertifikate ausstellen"[153]. Die Glaubwürdigkeit der Aussagen eines solchen von einem nicht akkreditierten Qualitätsauditor ausgestellten Zertifikates wird von potenziellen Kunden besonders kritisch zu würdigen sein. Bei mangelnder Kompetenz des Qualitätsauditors wird der Zweck der Zertifikatserteilung möglicherweise verfehlt.

2.2.2 Anforderungen an Qualitätsauditoren und Zertifizierungsstellen

286 Die international anerkannten Anforderungen an die Auditoren von Qualitätsmanagementsystemen sind in ISO 19011:2011 „Leitfaden zur Auditierung von Managementsystemen" niedergelegt. Abschn. 7 „Kompetenz und Bewertung von Auditoren" enthält Hinweise für die Anwendung des Leitfadens i.R. von nationalen **Qualitätsauditor-Akkreditierungen**. Danach sollte die Akkreditierung anhand der dort genannten Kriterien erfolgen.

---

151 Vgl. http://www.dakks.de/content/produktzertifizierungsstellen-einf%C3%BChrung-der-isoiec-17065 (zit. 26.08.2016).
152 Vgl. hierzu Informationen zur Akkreditierung der DAkkS unter http://www.dakks.de/content/wie-verl%C3%A4uft-der-akkreditierungsprozess (zit. 21.07.2018).
153 *Jackson/Ashton*, S. 225.

287 Qualitätsauditoren sollen nach dieser Norm u.a. die nachfolgend aufgeführten **Qualifikationskriterien** erfüllen:

- persönliches Verhalten
  - dem Berufsethos entsprechen: fair, wahrheitsliebend, aufrichtig, ehrlich und diskret sein,
  - aufgeschlossen, d.h. bereit sein, alternative Ideen oder Standpunkte zu erwägen,
  - diplomatisch sein, d.h. taktvoll im Umgang mit Menschen,
  - aufmerksam sein, d.h. aktiv die physische Umgebung und die Tätigkeiten beobachten,
  - aufnahmefähig, d.h. sich der Situation bewusst sein und diese verstehen,
  - flexibel sein, d.h. sich leicht an verschiedene Situationen anpassen,
  - hartnäckig, d.h. ausdauernd und auf das Erreichen von Zielen fokussiert sein,
  - entscheidungsfähig sein, d.h. rechtzeitig Schlussfolgerungen basierend auf logischem Denken und auf der Grundlage von Analysen ziehen können,
  - selbstsicher sein, d.h. selbständig handeln und während effektiver Interaktion mit anderen agieren können,
  - standhaft handeln, d.h. verantwortungsvoll und ethisch handeln können, selbst wenn dieses Handeln nicht immer populär ist und manchmal sogar zu Uneinigkeit oder Konfrontation führen mag,
  - offen für Verbesserungen, d.h. bereit sein, aus Situationen zu lernen, nach besseren Auditergebnissen zu streben,
  - kulturell sensibel sein, d.h. die Kultur der zu auditierenden Organisation achten und respektieren,
  - teamfähig sein, d.h. effektiv mit anderen interagieren, einschl. mit den Auditteammitgliedern und dem Personal der zu auditierenden Organisation.
- Wissen und Fertigkeiten: Auditoren sollten Wissen und Fertigkeiten auf den folgenden Gebieten haben:
  - Auditprinzipien, -verfahren und -methoden, z.B. effektive Planung, Organisation, Durchführung und Kommunikation, Einhaltung des Zeitplans etc.
  - Managementsystemdokumente sowie Referenzdokumente: Wissen und Fertigkeiten auf diesem Gebiet versetzen den Auditor in die Lage, den Auditumfang zu verstehen sowie Auditkriterien anzuwenden
  - organisatorischer Kontext, z.B. Organisationsformen, Unternehmensführung, Größe, Struktur, allgemeine Geschäfts- und Managementkonzepte, kulturelle und soziale Aspekte etc.
  - Disziplin und branchenspezifisches Wissen und Fertigkeiten von Auditoren für Managementsysteme.

288 Die Qualitätsauditoren sollen, z.B. durch die Teilnahme an Fortbildungsveranstaltungen, sicherstellen, dass ihre Kenntnisse stets auf dem neuesten Stand sind.

289 Abschnitt 5 der Norm enthält Hinweise für das Management von Auditprogrammen. Hierbei handelt es sich um Hinweise für Organisationen, die regelmäßig externe Qualitätsaudits durchführen (z.B. Zertifizierungsstellen). Nach diesen Hinweisen sind orga*nisatorische Maßnahmen einzurichten*, vor allem zur

- Festlegung des Auditprogramms (Ziele und Umfang, Verantwortlichkeiten, Ressourcen, Verfahren),

- Umsetzung des Auditprogramms (Planung, Bewertung von Auditoren, Auswahl des Auditteams, Steuerung der Audittätigkeiten, Dokumentation) und zur
- Überwachung des Qualitätsaudits.

2.3 Durchführung externer Qualitätsaudits

2.3.1 Allgemeines

Die Grundsätze für die Durchführung von Qualitätsaudits sind in Abschn. 6 der Norm ISO 19011:2011 enthalten. Die wesentlichen Inhalte dieses Abschnitts betreffen: **290**

- Veranlassen des Audits
- Vorbereiten der Audittätigkeiten
- Durchführen der Audittätigkeiten
- Erstellen und Verteilen des Auditberichts
- Abschließen des Audits
- Durchführen von Auditfolgemaßnahmen.

2.3.2 Ethische Grundsätze

Die Mitglieder des Qualitätsauditteams sind zur Beachtung der Grundsätze der Unabhängigkeit, Unparteilichkeit und Objektivität verpflichtet. Des Weiteren haben sie sich jederzeit ethisch einwandfrei zu verhalten. **291**

2.3.3 Abgrenzung der Verantwortlichkeiten

Die Qualitätsauditoren sind insb. für Planung, Durchführung und Dokumentation ihrer Tätigkeiten sowie für die Berichterstattung über die Ergebnisse des Qualitätsaudits verantwortlich. Des Weiteren obliegt ihnen nach Maßgabe des Auftrages die Verifizierung der Durchführung erforderlicher Korrekturmaßnahmen im Qualitätsmanagementsystem. Sie sind auch für die Aufbewahrung von Dokumenten, die i.Z.m. dem Qualitätsaudit stehen, verantwortlich. Der Qualitätsauditleiter ist darüber hinaus für die zeitliche, sachliche und personelle Planung und für die Vorlage der Berichterstattung bei der Leitung der auditierten Organisation zuständig. **292**

Der Auftraggeber ist u.a. verantwortlich für die Festlegung der Auditziele und für die Festlegung, welche Norm der ISO-9000-Familie Grundlage für das zu auditierende Qualitätsmanagementsystem ist. **293**

2.3.4 Planung des Qualitätsaudits

Zunächst sind ein Auditteam-Leiter und die Auditziele, der Umfang des Audits und die Auditkriterien festzulegen. Die Festlegung des Umfangs des Qualitätsaudits hängt von den Entscheidungen des Auftraggebers darüber ab, welche Elemente des Qualitätsmanagementsystems und welche Standorte einbezogen werden sollen. **294**

Folgende Vorgehensweise ist in der **Planungsphase** des Qualitätsaudits vorgesehen: **295**

- Feststellung der Durchführbarkeit des Audits (Kooperationsbereitschaft des Kunden, ausreichende Ressourcen, angemessene Informationen für Planung und Durchführung des Audits)
- Auswahl des Auditteams
- Kontaktaufnahme mit der zu auditierenden Organisation
- Durchsicht der Dokumentation des Qualitätsmanagementsystems.

296 Falls bereits die vorgelegte Beschreibung zeigt, dass das System die Anforderungen nicht erfüllt, sollte das Qualitätsaudit an dieser Stelle unterbrochen werden, um dem Auftraggeber Gelegenheit zu geben, die erforderlichen Maßnahmen zur Verbesserung des Systems zu treffen.

2.3.5 Vorbereitung des Qualitätsaudits

297 Zur Vorbereitung des Qualitätsaudits ist zunächst ein **Auditplan** aufzustellen, der vom Auftraggeber genehmigt werden sollte. Inhalt des Auditplans sind u.a. die Ziele und der Umfang des Qualitätsaudits, der geplante Personaleinsatz, Datum und Ort der Durchführung des Qualitätsaudits, Absprachen zur Vertraulichkeit der erlangten Informationen und die Verteilerliste für die Berichterstattung über die Ergebnisse des Qualitätsaudits. Diejenigen Bestandteile des Auditplans, deren Bekanntwerden die Einholung objektiver Prüfungsnachweise gefährden könnte, dürfen nicht vorab mit dem Auftraggeber abgestimmt werden.

298 Es sollten **formalisierte Arbeitsprogramme** erstellt werden, die als Checklisten für die Bewertung des Qualitätsmanagementsystems und zur Dokumentation der Ergebnisse des Qualitätsaudits verwendet werden können. Diese Arbeitsprogramme sind nach Maßgabe der Besonderheiten des einzelnen Auftrages anzupassen.

2.3.6 Durchführung des Qualitätsaudits

299 Nach einem **Einführungsgespräch** sammeln die Qualitätsauditoren durch Befragungen, Durchsicht von Unterlagen und Beobachtung der Durchführung bestimmter Tätigkeiten Nachweise zur Erfüllung der Anforderungen, die nach der zugrunde gelegten Norm der ISO-9000-Familie an das Qualitätsmanagementsystem zu stellen sind. Die Feststellungen der Qualitätsauditoren sind zu dokumentieren, wobei die Abweichungen von bestimmten Anforderungen unter Bezugnahme auf die entsprechende Norm zu belegen sind. Festgestellte Abweichungen sind vom Leiter des Qualitätsaudits zu würdigen und mit dem Auftraggeber zu besprechen.

300 Die vom Auditor benötigten Informationen sind in **Stichproben** zu gewinnen und in Bezug auf die Auditziele und -kriterien zu verifizieren. Es wird klargestellt, dass nur verifizierbare Informationen Nachweise darstellen, aus denen Auditfeststellungen abgeleitet werden können. Der Einholung von **Auditnachweisen** folgt die Erarbeitung von **Auditfeststellungen**, aus denen die **Auditschlussfolgerungen** abgeleitet werden. Solche Schlussfolgerungen beziehen sich auf die Einhaltung der Anforderungen an das Qualitätsmanagementsystem nach den entsprechenden ISO-Normen.

2.3.7 Abschlussbesprechung

301 In einer Abschlussbesprechung sollen dem Management des Auftraggebers die Ergebnisse des Qualitätsaudits im Hinblick auf die Erfüllung der Anforderungen an das Qualitätsmanagementsystem verständlich gemacht werden. Auf ausdrücklichen Wunsch des Auftraggebers können auch Empfehlungen für eine Verbesserung des Qualitätsmanagementsystems abgegeben werden, die allerdings für den Auftraggeber nicht bindend sind.

2.4 Berichterstattung über die Ergebnisse externer Qualitätsaudits

Die externen Qualitätsauditoren haben nach Abschluss ihrer Arbeiten unverzüglich einen Bericht zu erstellen, in dem Art und Umfang des Qualitätsaudits gewissenhaft wiederzugeben sind. Adressat des Berichts ist die auditierte Organisation, die auch über dessen weitere Verteilung entscheidet. Der Leiter des Qualitätsaudits hat den Bericht zu datieren und zu unterzeichnen. Der Bericht sollte insb. folgende Inhalte aufweisen:

- Umfang und Zielsetzung des Qualitätsaudits
- Einzelheiten des Auditplans (z.B. Auditteam, Audittermine und Bezeichnung der geprüften Organisation)
- Angabe der angewandten Norm der ISO-9000-Familie
- Feststellungen zu Mängeln im Qualitätsmanagementsystem
- Beurteilung des Grades der Erfüllung der Anforderungen der betreffenden ISO-Norm
- Beurteilung der Fähigkeit der geprüften Organisation zur Erfüllung der definierten Qualitätsziele
- Verteilerliste für den Bericht.

Der externe Qualitätsaudit ist mit **Übergabe des Berichts** abgeschlossen. Wurde ein externes Qualitätsaudit mit dem Ziel einer Zertifizierung des Qualitätsmanagementsystems durchgeführt, wird, sofern keine wesentlichen Mängel festgestellt worden sind, ein Zertifikat ausgestellt, das insb. für Werbezwecke eingesetzt werden kann. Bei dem Zertifikat handelt es sich „um ein Zeugnis, mit dem eine unabhängige Zertifizierungsstelle (third party) eine positive Aussage über das ordnungsgemäße Funktionieren eines unternehmensbezogenen Qualitätsmanagementsystems macht"[154]. Ein solches Zertifikat ist im Allgemeinen drei Jahre gültig. Zum Erhalt des Zertifikates müssen in unterschiedlichen Zeitabständen sog. Überwachungsaudits durchgeführt werden, in denen die Zertifizierungsstelle die ständige Einhaltung des Qualitätsmanagementsystems prüft. Nach drei Jahren ist ein sog. Wiederholungsaudit durchzuführen, welches Voraussetzung für die erneute Erteilung des Zertifikates ist. Der Umfang eines solchen Wiederholungsaudits ist im Allgemeinen geringer als der eines erstmaligen Zertifizierungsaudits.

2.5 Verfahren zur Beseitigung von festgestellten Mängeln

Für die Beseitigung von i.R. externer Qualitätsaudits festgestellten Mängeln im Qualitätsmanagementsystem ist der Auftraggeber verantwortlich. Die Korrekturmaßnahmen sollen in einem **Folge-Qualitätsaudit** überprüft werden, zu dem ein Bericht nach den allgemeinen Grundsätzen erstellt werden kann.

Im Falle eines Zertifizierungsaudits müssen schwerwiegende Mängel im Qualitätsmanagementsystem vor Erteilung des Zertifikates beseitigt werden. Im Allgemeinen gibt die Zertifizierungsstelle in ihrem Bericht bereits konkrete Empfehlungen zur Beseitigung der Mängel[155]. Der Nachweis zur Umsetzung dieser Empfehlungen kann je nach Art des Einzelfalls schriftlich oder i.R. eines sog. **Nachaudits** erfolgen.

---

154 *Petrick*, S. 109.
155 Der Bericht der Zertifizierungsstelle besteht im Wesentlichen aus Formblättern, in denen korrigierende Maßnahmen festgehalten sind (vgl. *Jackson/Ashton*, S. 237).

Kapitel F

Rechnungslegung im Jahresabschluss und Lagebericht nach Handels- und Publizitätsgesetz

Verfasser:
WP StB Dr. Ulrich Störk, Frankfurt am Main

Mitarbeit:
WP StB Dipl.-Kfm. Michael Deubert, Frankfurt am Main
WP StB Dr. Bernd Kliem, München
WP StB Dr. Stefan Lewe, Frankfurt am Main
Dr. Henning Dieter Meyer, Frankfurt am Main
Nils Müller, LL. M., Frankfurt am Main
WP StB Dipl.-Kfm. Dirk Rimmelspacher, Frankfurt am Main
StBin Sandra Roland, LL. M., Frankfurt am Main
WPin StBin Dipl.-Kffr. Nina Schäfer, Frankfurt am Main
Dipl.-WiWi. Martin Wolfgang Schönberger, Frankfurt am Main
Eva Springer, B. Sc., Frankfurt am Main
Lisa Walkenbach, LL. M., Frankfurt am Main
Jonathan Walliczek, B. Sc., Frankfurt am Main

F Rechnungslegung im Jahresabschluss und Lagebericht nach Handels- und Publizitätsgesetz

Inhalt Tz.
1. Einleitung. 1
2. Buchführung (§§ 238 f., 241a HGB) 3
3. Inventur/Inventar (§§ 240 f., 241a HGB) 9
4. Aufstellungspflicht 11
    4.1   Alle Kaufleute (§§ 242, 243 Abs. 3, 244, 245 HGB). 11
    4.2   Kapitalgesellschaften (§ 264 Abs. 1, 1a und 2 HGB) 14
        4.2.1 Allgemeines 14
        4.2.2 Zur Generalnorm des § 264 Abs. 2 HGB. 24
    4.3   Unternehmen im Anwendungsbereich des PublG 29
5. Ansatz. 32
    5.1   Vollständigkeit und wirtschaftliches Eigentum
            (§ 246 Abs. 1 S. 1 bis 3 HGB) 32
    5.2   Ansatzwahlrechte und Ansatzverbote 51
        5.2.1 Ansatz immaterieller Vermögensgegenstände
               (§ 248 Abs. 2 S. 1 HGB) 51
        5.2.2 Bilanzierungsverbote (§ 248 Abs. 1 und 2 S. 2 HGB) 60
    5.3   Verrechnungsverbot (§ 246 Abs. 2 S. 1 HGB) 65
    5.4   Stetigkeit (§ 246 Abs. 3 HGB) 71
    5.5   Angabe von Haftungsverhältnissen (§ 251 HGB). 75
6. Bewertung 79
    6.1   Allgemeines. 79
    6.2   Bewertungsgrundsätze 82
        6.2.1 Grundsatz der Bilanzidentität (§ 252 Abs. 1 Nr. 1 HGB) 83
        6.2.2 Grundsatz der Unternehmensfortführung (§ 252 Abs. 1 Nr. 2 HGB) 84
        6.2.3 Grundsatz der Einzelbewertung (§ 252 Abs. 1 Nr. 3 HGB) 86
        6.2.4 Grundsatz der Vorsicht (§ 252 Abs. 1 Nr. 4 HGB) 88
        6.2.5 Grundsatz der Periodenabgrenzung (§ 252 Abs. 1 Nr. 5 HGB). . . . 95
        6.2.6 Grundsatz der Bewertungsstetigkeit (§ 252 Abs. 1 Nr. 6 HGB) . . . 96
        6.2.7 Abweichungen von den allgemeinen Bewertungsgrundsätzen
               (§ 252 Abs. 2 HGB). 104
    6.3   Bewertungsmaßstäbe 106
        6.3.1 Anschaffungskosten (§ 255 Abs. 1 HGB). 106
        6.3.2 Herstellungskosten (§ 255 Abs. 2 und 3 HGB) 125
        6.3.3 Beizulegender Zeitwert 146
    6.4   Zugangsbewertung. 155
        6.4.1 Zugangsbewertung von Vermögensgegenständen
               (§ 253 Abs. 1 S. 1 HGB) 155
        6.4.2 Bewertung von Verbindlichkeiten (§ 253 Abs. 1 S. 2 HGB) 156
    6.5   Folgebewertung. 167
        6.5.1 Planmäßige/außerplanmäßige Abschreibungen 167
               6.5.1.1 Abschreibungen auf Vermögensgegenstände des
                        Anlagevermögens nach § 253 Abs. 3 HGB 167
               6.5.1.2 Abschreibungen auf Vermögensgegenstände des
                        Umlaufvermögens nach § 253 Abs. 4 HGB 185
        6.5.2 Wertaufholungsgebot (§ 253 Abs. 5 HGB) 190
    6.6   Bewertungsvereinfachungsverfahren (§§ 240 Abs. 3 und 4, 256 HGB) 194

6.7		Bewertungseinheiten (§ 254 HGB)	200
	6.7.1	Voraussetzungen für die Bildung von Bewertungseinheiten	204
	6.7.2	Bilanzielle Abbildung von Bewertungseinheiten	218
6.8		Fremdwährungsumrechnung (§ 256a HGB)	228
	6.8.1	Grundlagen	228
	6.8.2	Zugangsbewertung	232
	6.8.3	Folgebewertung	234
		6.8.3.1 Nichtmonetäre Vermögensgegenstände	234
		6.8.3.2 Monetäre Vermögensgegenstände und Verbindlichkeiten	237
	6.8.4	Behandlung von Umrechnungsdifferenzen	242

7. Gliederung ... 244
  7.1 Grundsätze (§§ 243 Abs. 1 und 2, 247 Abs. 1 HGB) ... 244
  7.2 Gliederung der Bilanz ... 248
  7.3 Gliederung der Gewinn- und Verlustrechnung ... 252
8. Jahresabschluss von Kapitalgesellschaften ... 255
  8.1 Erleichterungen bei Aufstellung, Prüfung und Offenlegung
      (§ 264 Abs. 3 und 4 HGB) ... 255
  8.2 Einteilung in Größenklassen (§§ 267, 267a HGB) ... 281
  8.3 Besonderheiten der Gliederung ... 286
    8.3.1 Allgemeine Gliederungsgrundsätze ... 286
      8.3.1.1 Darstellungsstetigkeit (§ 265 Abs. 1 HGB) ... 287
      8.3.1.2 Vorjahresbeträge (§ 265 Abs. 2 HGB) ... 288
      8.3.1.3 Mitzugehörigkeitsvermerk (§ 265 Abs. 3 HGB) ... 291
      8.3.1.4 Vorliegen mehrerer Geschäftszweige (§ 265 Abs. 4 HGB) ... 293
      8.3.1.5 Untergliederung von Posten und Hinzufügung neuer Posten
              (§ 265 Abs. 5 HGB) ... 294
      8.3.1.6 Änderung der Gliederung und der Bezeichnung von Posten
              (§ 265 Abs. 6 HGB) ... 295
      8.3.1.7 Zusammenfassung von Posten (§ 265 Abs. 7 HGB) ... 298
      8.3.1.8 Leerposten (§ 265 Abs. 8 HGB) ... 300
    8.3.2 Bilanzgliederungsschema (§ 266 HGB) ... 301
  8.4 Bilanz ... 302
    8.4.1 Anlagevermögen ... 302
      8.4.1.1 Immaterielle Vermögensgegenstände ... 302
        8.4.1.1.1 Selbst geschaffene gewerbliche Schutzrechte und
                  ähnliche Rechte und Werte ... 304
        8.4.1.1.2 Entgeltlich erworbene Konzessionen, gewerbliche
                  Schutzrechte und ähnliche Rechte und Werte sowie
                  Lizenzen an solchen Rechten und Werten ... 314
        8.4.1.1.3 Geschäfts- oder Firmenwert (§ 246 Abs. 1 S. 4 HGB) ... 317
        8.4.1.1.4 Geleistete Anzahlungen ... 322
      8.4.1.2 Sachanlagen ... 323
        8.4.1.2.1 Grundstücke, grundstücksgleiche Rechte und Bauten
                  einschl. der Bauten auf fremden Grundstücken ... 323
        8.4.1.2.2 Technische Anlagen und Maschinen/andere Anlagen,
                  Betriebs- und Geschäftsausstattung ... 348
        8.4.1.2.3 Geleistete Anzahlungen und Anlagen im Bau ... 353

	8.4.1.3	Finanzanlagen	354
		8.4.1.3.1 Anteile an verbundenen Unternehmen/Ausleihungen an verbundene Unternehmen	354
		8.4.1.3.2 Beteiligungen/Ausleihungen an Unternehmen, mit denen ein Beteiligungsverhältnis besteht	361
		8.4.1.3.3 Wertpapiere des Anlagevermögens	387
		8.4.1.3.4 Sonstige Ausleihungen	390
8.4.2	Umlaufvermögen		397
	8.4.2.1	Vorräte	397
		8.4.2.1.1 Roh-, Hilfs- und Betriebsstoffe/Unfertige Erzeugnisse, unfertige Leistungen/Fertige Erzeugnisse und Waren/Geleistete Anzahlungen	397
		8.4.2.1.2 Sonderposten: Erhaltene Anzahlungen auf Bestellungen	402
		8.4.2.1.3 Bewertung	405
	8.4.2.2	Forderungen und sonstige Vermögensgegenstände	406
		8.4.2.2.1 Forderungen	406
		8.4.2.2.2 Sonstige Vermögensgegenstände	420
	8.4.2.3	Wertpapiere	424
		8.4.2.3.1 Anteile an verbundenen Unternehmen	424
		8.4.2.3.2 Sonstige Wertpapiere	425
		8.4.2.3.3 Bewertung	427
	8.4.2.4	Wechsel	428
	8.4.2.5	Kassenbestand, Bundesbankguthaben, Guthaben bei Kreditinstituten und Schecks	429
8.4.3	Aktive Rechnungsabgrenzungsposten (§ 250 Abs. 1 HGB)		435
8.4.4	Aktive latente Steuern		443
8.4.5	Unterschiedsbetrag aus der Vermögensverrechnung		445
8.4.6	Sonderposten der Aktivseite		446
	8.4.6.1	Eingeforderte, noch ausstehende Kapitaleinlagen (§ 272 Abs. 1 S. 2 HGB)	446
	8.4.6.2	Nicht durch Eigenkapital gedeckter Fehlbetrag	447
8.4.7	Eigenkapital (§§ 270, 272 HGB)		450
	8.4.7.1	Gezeichnetes Kapital	450
		8.4.7.1.1 Allgemeines	450
		8.4.7.1.2 Erwerb eigener Anteile	456
		8.4.7.1.3 Veräußerung eigener Anteile	463
		8.4.7.1.4 Kapitalerhöhung/-herabsetzung	468
	8.4.7.2	Kapitalrücklage	474
	8.4.7.3	Gewinnrücklagen	494
		8.4.7.3.1 Gesetzliche Rücklage	497
		8.4.7.3.2 Rücklage für Anteile am herrschenden Unternehmen	506
		8.4.7.3.3 Satzungsmäßige Rücklagen	510
		8.4.7.3.4 Andere Gewinnrücklagen	511
	8.4.7.4	Rücklage für unrealisierte Beteiligungserträge (§ 272 Abs. 5 HGB)	520
	8.4.7.5	Bilanzgewinn/-verlust (§ 268 Abs. 1 HGB)	522
	8.4.7.6	Exkurs: Sachausschüttung	525

8.4.7.7	Sonderposten/-rücklagen im Eigenkapital.	535
8.4.7.8	Ausschüttungs-/Abführungssperre (§ 268 Abs. 8 HGB)	538
8.4.7.8.1	Übersicht	538
8.4.7.8.2	Ausschüttungssperre	541
8.4.7.8.3	Abführungssperre.	547
8.4.7.9	Ausschüttungssperre § 253 Abs. 6 S. 2 HGB.	554
8.4.8	Rückstellungen	559
8.4.8.1	Gesetzliche Rückstellungszwecke und Rückstellungsarten.	559
8.4.8.2	Verbindlichkeitsrückstellungen.	564
8.4.8.2.1	Ansatz und Bewertung	564
8.4.8.2.2	Rückstellungen für Pensionen und ähnliche Verpflichtungen	578
8.4.8.2.3	Verrechnung mit Deckungsvermögen	599
8.4.8.2.4	Steuerrückstellungen	608
8.4.8.2.5	Exkurs: Rückstellungen für latente Steuern	613
8.4.8.2.6	Sonstige Rückstellungen	620
8.4.8.3	Drohverlustrückstellungen.	623
8.4.8.3.1	Ansatz und Bewertung	623
8.4.8.3.2	Beschaffungsgeschäfte	628
8.4.8.3.3	Absatzgeschäfte.	630
8.4.8.4	Aufwandsrückstellungen	631
8.4.8.4.1	Rückstellungen für unterlasse Instandhaltung	632
8.4.8.4.2	Rückstellungen für Abraumbeseitigung	634
8.4.8.5	Rückstellungen für Gewährleistungen ohne rechtliche Verpflichtung.	635
8.4.8.6	ABC der Rückstellungen	636
8.4.9	Verbindlichkeiten (§ 268 Abs. 5 HGB).	687
8.4.9.1	Anleihen	693
8.4.9.2	Verbindlichkeiten gegenüber Kreditinstituten	695
8.4.9.3	Erhaltene Anzahlungen auf Bestellungen	696
8.4.9.4	Verbindlichkeiten aus Lieferungen und Leistungen	697
8.4.9.5	Verbindlichkeiten aus der Annahme gezogener Wechsel und der Ausstellung eigener Wechsel.	698
8.4.9.6	Verbindlichkeiten gegenüber verbundenen Unternehmen und gegenüber Unternehmen, mit denen ein Beteiligungsverhältnis besteht.	703
8.4.9.7	Sonstige Verbindlichkeiten	704
8.4.10	Passive Rechnungsabgrenzung (§ 250 Abs. 2 HGB).	708
8.4.11	Passive latente Steuern (§ 274 HGB)	709
8.4.11.1	Grundlagen	709
8.4.11.2	Ansatz	711
8.4.11.2.1	Grundlagen	711
8.4.11.2.2	Verlust- und Zinsvorträge	717
8.4.11.3	Bewertung	726
8.4.11.4	Ausweis und Anhang.	729
8.4.11.5	Sonderfragen.	733
8.4.11.5.1	Erfolgsneutral entstandene temporäre Differenzen	733

	8.4.11.5.2	Ausländische Betriebsstätten	737
	8.4.11.5.3	Organschaften	741
8.4.12	Sonderposten der Passivseite		746
	8.4.12.1	Sonderposten für unentgeltlich ausgegebene Emissionsberechtigungen	746
	8.4.12.2	Passiver Unterschiedsbetrag aus Unternehmenserwerb	747
8.5	Gewinn- und Verlustrechnung		750
8.5.1	Allgemeines		750
	8.5.1.1	Verbindlichkeit der Gliederungsschemata	751
	8.5.1.2	Verrechnungsgebot bei Vorliegen von Deckungsvermögen	762
	8.5.1.3	Grundsatz der Darstellungsstetigkeit	763
	8.5.1.4	Erleichterungen für kleine und mittelgroße Gesellschaften	766
	8.5.1.5	Erleichterungen für Kleinstgesellschaften	770
	8.5.1.6	Erträge und Aufwendungen aus Gewinngemeinschaften, Gewinnabführungs- und Teilgewinnabführungsverträgen sowie aus Verlustübernahme	774
	8.5.1.7	Außergewöhnliche und periodenfremde Erträge und Aufwendungen	787
	8.5.1.8	Gemeinsamkeiten und Unterschiede zwischen dem Gesamtkosten- und dem Umsatzkostenverfahren	789
8.5.2	Inhalt der einzelnen Posten bei Gliederung nach dem Gesamtkostenverfahren (§ 275 Abs. 2 HGB)		792
	8.5.2.1	Umsatzerlöse (Nr. 1)	792
	8.5.2.2	Erhöhung oder Verminderung des Bestands an fertigen und unfertigen Erzeugnissen (Nr. 2)	800
	8.5.2.3	Andere aktivierte Eigenleistungen (Nr. 3)	804
	8.5.2.4	Sonstige betriebliche Erträge (Nr. 4)	807
	8.5.2.5	Materialaufwand (Nr. 5)	808
		8.5.2.5.1 Aufwendungen für Roh-, Hilfs- und Betriebsstoffe und für bezogene Waren (Nr. 5 lit. a))	808
		8.5.2.5.2 Aufwendungen für bezogene Leistungen (Nr. 5 lit. b))	813
	8.5.2.6	Personalaufwand (Nr. 6)	815
		8.5.2.6.1 Löhne und Gehälter (Nr. 6 lit. a))	815
		8.5.2.6.2 Soziale Abgaben und Aufwendungen für Altersversorgung und für Unterstützung (Nr. 6 lit. b))	821
	8.5.2.7	Abschreibungen	827
		8.5.2.7.1 Abschreibungen auf immaterielle Vermögensgegenstände des Anlagevermögens und Sachanlagen (Nr. 7 lit. a))	827
		8.5.2.7.2 Abschreibungen auf Vermögensgegenstände des Umlaufvermögens, soweit diese die in der Gesellschaft üblichen Abschreibungen überschreiten (Nr. 7 lit. b))	829
	8.5.2.8	Sonstige betriebliche Aufwendungen (Nr. 8)	831
	8.5.2.9	Erträge aus Beteiligungen, davon aus verbundenen Unternehmen (Nr. 9)	836

8.5.2.10	Erträge aus anderen Wertpapieren und Ausleihungen des Finanzanlagevermögens, davon aus verbundenen Unternehmen (Nr. 10)	844
8.5.2.11	Sonstige Zinsen und ähnliche Erträge, davon aus verbundenen Unternehmen (Nr. 11)	849
8.5.2.12	Abschreibungen auf Finanzanlagen und auf Wertpapiere des Umlaufvermögens (Nr. 12)	855
8.5.2.13	Zinsen und ähnliche Aufwendungen, davon an verbundene Unternehmen (Nr. 13)	857
8.5.2.14	Steuern vom Einkommen und vom Ertrag (Nr. 14)	860
8.5.2.15	Ergebnis nach Steuern (Nr. 15)	867
8.5.2.16	Sonstige Steuern (Nr. 16)	868
8.5.2.17	Sonderposten vor dem Jahresüberschuss/Jahresfehlbetrag	873
8.5.2.18	Jahresüberschuss/Jahresfehlbetrag (Nr. 17)	877
8.5.2.19	Vermögensminderung aufgrund von Abspaltungen	881
8.5.2.20	Gewinnvortrag/Verlustvortrag aus dem Vorjahr	882
8.5.2.21	Entnahmen aus der Kapitalrücklage	883
8.5.2.22	Entnahmen aus der gesetzlichen Rücklage	884
8.5.2.23	Entnahmen aus der Rücklage für Anteile an einem herrschenden oder mehrheitlich beteiligten Unternehmen	885
8.5.2.24	Entnahmen aus satzungsmäßigen Rücklagen	887
8.5.2.25	Entnahmen aus anderen Gewinnrücklagen	888
8.5.2.26	Entnahmen aus Genussrechtskapital	889
8.5.2.27	Ertrag aus der Kapitalherabsetzung	890
8.5.2.28	Einstellungen in die Kapitalrücklage nach den Vorschriften über die vereinfachte Kapitalherabsetzung und im Fall der vereinfachten Einziehung	891
8.5.2.29	Einstellungen in die gesetzliche Rücklage	892
8.5.2.30	Einstellungen in die Rücklage für Anteile an einem herrschenden oder mehrheitlich beteiligten Unternehmen	893
8.5.2.31	Einstellungen in satzungsmäßige Rücklagen	895
8.5.2.32	Einstellungen in andere Gewinnrücklagen	896
8.5.2.33	Wiederauffüllung des Genussrechtskapitals	897
8.5.2.34	Aufwand aus dem Erwerb eigener Anteile	898
8.5.2.35	Bilanzgewinn/Bilanzverlust	899
8.5.2.36	Ertrag aufgrund höherer Bewertung gemäß dem Ergebnis der Sonderprüfung/gemäß gerichtlicher Entscheidung	900
8.5.3	Inhalt der einzelnen Posten bei Gliederung nach dem Umsatzkostenverfahren (§ 275 Abs. 3 HGB)	901
8.5.3.1	Umsatzerlöse (Nr. 1)	901
8.5.3.2	Herstellungskosten der zur Erzielung der Umsatzerlöse erbrachten Leistungen (Nr. 2)	902
8.5.3.3	Bruttoergebnis vom Umsatz (Nr. 3)	910
8.5.3.4	Vertriebskosten (Nr. 4)	911
8.5.3.5	Allgemeine Verwaltungskosten (Nr. 5)	914
8.5.3.6	Sonstige betriebliche Erträge (Nr. 6)	916
8.5.3.7	Sonstige betriebliche Aufwendungen (Nr. 7)	917

F Rechnungslegung im Jahresabschluss und Lagebericht nach Handels- und Publizitätsgesetz

	8.5.3.8	Alle übrigen GuV-Posten des Umsatzkostenverfahrens (Nrn. 8 bis 16)	920
8.6	Anhang		922
8.6.1	Allgemeines		922
8.6.2	Grundsätze der Berichterstattung		927
8.6.3	Allgemeine und freiwillige Abschlusserläuterungen		943
8.6.4	Übersicht über die gesetzlichen Vorschriften, die Angaben im Anhang vorschreiben		949
8.6.5	Einzelangaben nach HGB		952
	8.6.5.1	Bilanzierungs- und Bewertungsmethoden (§ 284 Abs. 2 Nr. 1 HGB)	952
	8.6.5.1.1	Angabe der Bilanzierungsmethoden	955
	8.6.5.1.2	Angabe der Bewertungsmethoden	959
	8.6.5.2	Abweichungen von Bilanzierungs- und Bewertungsmethoden (§ 284 Abs. 2 Nr. 2 HGB)	973
	8.6.5.3	Zusätzliche Angaben zur Vermittlung des in § 264 Abs. 2 S. 1 HGB geforderten Bildes (§ 264 Abs. 2 S. 2 HGB)	981
	8.6.5.4	Abweichungen von der Darstellungsstetigkeit (§ 265 Abs. 1 S. 2 HGB)	984
	8.6.5.5	Nicht vergleichbare oder angepasste Vorjahresbeträge (§ 265 Abs. 2 S. 2 und 3 HGB)	986
	8.6.5.6	Gliederung nach verschiedenen Gliederungsvorschriften (§ 265 Abs. 4 S. 2 HGB)	987
	8.6.5.7	Posten, die in der Bilanz oder in der GuV zusammengefasst sind (§ 265 Abs. 7 Nr. 2 HGB)	988
	8.6.5.8	Antizipative Abgrenzungsposten (Ausweis unter den sonstigen Vermögensgegenständen; § 268 Abs. 4 S. 2 HGB)	989
	8.6.5.9	Antizipative Abgrenzungsposten (Ausweis unter den Verbindlichkeiten; § 268 Abs. 5 S. 3 HGB)	990
	8.6.5.10	Haftungsverhältnisse i.S.d. § 251 HGB (§ 268 Abs. 7 HGB)	991
	8.6.5.11	Unterschiedsbeträge bei Anwendung von Bewertungsvereinfachungsverfahren (§ 284 Abs. 2 Nr. 3 HGB)	1004
	8.6.5.12	Einbeziehung von Fremdkapitalzinsen in die Herstellungskosten (§ 284 Abs. 2 Nr. 4 HGB)	1007
	8.6.5.13	Anlagenspiegel (§ 284 Abs. 3 HGB)	1008
	8.6.5.14	Restlaufzeiten und Sicherheiten der Verbindlichkeiten (§ 285 Nrn. 1 und 2 HGB)	1026
	8.6.5.15	Nicht in der Bilanz enthaltene Geschäfte (§ 285 Nr. 3 HGB)	1031
	8.6.5.16	Sonstige finanzielle Verpflichtungen (§ 285 Nr. 3a HGB)	1041
	8.6.5.17	Aufgliederung der Umsatzerlöse (§ 285 Nr. 4 HGB)	1053
	8.6.5.18	Durchschnittliche Zahl der beschäftigten Arbeitnehmer (§ 285 Nr. 7 HGB)	1059
	8.6.5.19	Material- und Personalaufwand bei Anwendung des Umsatzkostenverfahrens (§ 285 Nr. 8 HGB)	1063
	8.6.5.20	Bezüge von Vorstand/Geschäftsführung, Aufsichtsrat und Beirat (§ 285 Nr. 9 lit. a) HGB)	1067
	8.6.5.20.1	Angabe der Gesamtbezüge der Organmitglieder	1067

8.6.5.20.2 Unterbleiben von Angaben. 1082
8.6.5.21 Angaben zu den Bezügen früherer Mitglieder von Vorstand/ Geschäftsführung, Aufsichtsrat und Beirat sowie zu Pensionsverpflichtungen für diesen Personenkreis (§ 285 Nr. 9 lit. b) HGB) 1085
8.6.5.22 Vorschüsse, Kredite, Haftungsverhältnisse zugunsten von Mitgliedern des Vorstands/der Geschäftsführung, Aufsichtsrat und Beirat (§ 285 Nr. 9 lit. c) HGB) 1091
8.6.5.23 Mitglieder von Vorstand/Geschäftsführung und Aufsichtsrat (§ 285 Nr. 10 HGB) 1097
8.6.5.24 Unternehmen, an denen die Gesellschaft Anteile hält (§ 285 Nr. 11 HGB)............................... 1100
8.6.5.25 Unternehmen, deren unbeschränkt haftender Gesellschafter die Kapitalgesellschaft ist (§ 285 Nr. 11a HGB) 1107
8.6.5.26 Beteiligungen an großen Kapitalgesellschaften, die 5 % der Stimmrechte überschreiten (§ 285 Nr. 11b HGB). 1110
8.6.5.27 In der Bilanz nicht gesondert ausgewiesene „Sonstige Rückstellungen" (§ 285 Nr. 12 HGB) 1111
8.6.5.28 Erläuterung des Zeitraums, über den ein entgeltlich erworbener Geschäfts- oder Firmenwert abgeschrieben wird (§ 285 Nr. 13 HGB)............................... 1114
8.6.5.29 Mutterunternehmen der Gesellschaft, das den Konzernabschluss für den größten Kreis von Unternehmen aufstellt (§ 285 Nr. 14 HGB) 1117
8.6.5.30 Mutterunternehmen der Gesellschaft, das den Konzernabschluss für den kleinsten Kreis von Unternehmen aufstellt (§ 285 Nr. 14a HGB).............................. 1120
8.6.5.31 Persönlich haftende Gesellschafter (§ 285 Nr. 15 HGB) 1122
8.6.5.32 Ausgegebene Genussrechte, Wandelschuldverschreibungen und ähnliche Rechte (§ 285 Nr. 15a HGB) 1124
8.6.5.33 Entsprechenserklärung zum DCGK (§ 285 Nr. 16 HGB i.V.m. § 161 AktG) 1130
8.6.5.34 Honoraraufwand für den Abschlussprüfer (§ 285 Nr. 17 HGB). 1131
8.6.5.35 Unterbliebene Abschreibungen auf Finanzanlagen (§§ 285 Nr. 18 HGB). 1143
8.6.5.36 Nicht zum beizulegenden Zeitwert bilanzierte derivative Finanzinstrumente (§ 285 Nr. 19 HGB) 1150
8.6.5.37 Mit dem beizulegenden Zeitwert bewertete Finanzinstrumente (§ 285 Nr. 20 HGB) 1162
8.6.5.38 Geschäfte mit nahe stehenden Unternehmen und Personen (§ 285 Nr. 21 HGB) 1167
8.6.5.38.1 Nahe stehende Unternehmen und Personen 1169
8.6.5.38.2 Angabepflichtige Geschäfte 1170
8.6.5.38.3 Angaben zu den Geschäften. 1176
8.6.5.39 Forschungs- und Entwicklungskosten (§ 285 Nr. 22 HGB) ... 1183
8.6.5.40 Bewertungseinheiten (§ 285 Nr. 23 HGB) 1187

F Rechnungslegung im Jahresabschluss und Lagebericht nach Handels- und Publizitätsgesetz

8.6.5.41 Pensionsrückstellungen und ähnliche Verpflichtungen
(§ 285 Nr. 24 HGB) 1196
8.6.5.42 Verrechnung von Vermögensgegenständen und Schulden nach
§ 246 Abs. 2 S. 2 HGB (§ 285 Nr. 25 HGB) 1204
8.6.5.43 Investmentvermögen (§ 285 Nr. 26 HGB) 1209
8.6.5.44 Einschätzung des Risikos der Inanspruchnahme aus Eventualverbindlichkeiten (§ 285 Nr. 27 HGB) 1217
8.6.5.45 Ausschüttungsgesperrte Beträge (§ 285 Nr. 28 i.V.m. § 268
Abs. 8 HGB) 1220
8.6.5.46 Aktive und passive latente Steuern (§ 285 Nr. 29 HGB) 1227
8.6.5.47 Latente Steuerschulden (§ 285 Nr. 30 HGB) 1231
8.6.5.48 Außergewöhnliche Aufwands- und Ertragsposten
(§ 285 Nr. 31 HGB) 1234
8.6.5.49 Periodenfremde Erträge und Aufwendungen
(§ 285 Nr. 32 HGB) 1242
8.6.5.50 Ereignisse nach dem Abschlussstichtag (§ 285 Nr. 33 HGB)... 1247
8.6.5.51 Ergebnisverwendungsvorschlag oder -beschluss
(§ 285 Nr. 34 HGB) 1250
8.6.5.52 Ausländisches Mutterunternehmen, dessen Konzernabschluss
befreiende Wirkung haben soll (§ 291 Abs. 2 S. 1 Nr. 4 HGB,
§ 292 Abs. 2 S. 1 i.V.m. § 291 Abs. 2 S. 1 Nr. 4 HGB) 1253
8.6.5.53 Mutterunternehmen, das einen Konzernzahlungsbericht mit
befreiender Wirkung aufstellt (§ 341s Abs. 2 S. 2 HGB) 1257
8.6.6 Einzelangaben nach EGHGB 1258
8.6.6.1 Nicht passivierte Pensionsverpflichtungen und ähnliche
Verpflichtungen – Fehlbetrag (Art. 28 Abs. 2 und Art. 48
Abs. 6 EGHGB) 1258
8.6.6.2 Fehlbetrag nach BilMoG für Pensionsrückstellungen
(Art. 67 Abs. 2 EGHGB) 1259
8.6.6.3 Beibehaltung von Sonderposten mit Rücklageanteil
(Art. 67 Abs. 3 EGHGB) 1260
8.6.6.4 Beibehaltungswahlrecht für steuerrechtliche Abschreibungen
(Art. 67 Abs. 4 EGHGB) 1261
8.6.6.5 Erstmalige Anwendung der geänderten Umsatzerlösdefinition
des § 277 Abs. 1 HGB (Art. 75 Abs. 2 S. 3 EGHGB) 1262
8.6.6.6 Vorzeitige Anwendung des § 253 Abs. 2 HGB in der ab
17.03.2016 geltenden Fassung (Art. 75 Abs. 7 EGHGB) 1263
8.6.7 Einzelangaben nach AktG 1264
8.6.7.1 Vorratsaktien (§ 160 Abs. 1 Nr. 1 AktG) 1266
8.6.7.2 Eigene Aktien (§ 160 Abs. 1 Nr. 2 AktG) 1268
8.6.7.3 Verschiedene Aktiengattungen (§ 160 Abs. 1 Nr. 3 AktG) ... 1272
8.6.7.4 Genehmigtes Kapital (§ 160 Abs. 1 Nr. 4 AktG) 1273
8.6.7.5 Bezugsrechte gem. § 192 Abs. 2 Nr. 3 AktG
(§ 160 Abs. 1 Nr. 5 AktG) 1274
8.6.7.6 Wechselseitige Beteiligungen (§ 160 Abs. 1 Nr. 7 AktG) 1275

	8.6.7.7 Beteiligungen, die der Gesellschaft nach § 20 Abs. 1 oder 4 AktG oder nach § 33 Abs. 1 oder 2 WpHG mitgeteilt worden sind (§ 160 Abs. 1 Nr. 8 AktG)	1276
	8.6.7.8 Verwendung der aus der Kapitalherabsetzung gewonnenen Beträge (§ 240 S. 3 AktG)	1281
	8.6.7.9 Angaben nach einer Sonderprüfung wegen unzulässiger Unterbewertung (§ 261 Abs. 1 S. 3 und 4, Abs. 2 S. 1 AktG)	1282
	8.6.8 Unterlassen von Angaben (§ 286 HGB)	1283
9.	Sonderthemen	1286
	9.1 Anteilsbasierte Vergütung	1286
	9.1.1 Optionen auf den Erwerb junger Aktien	1287
	9.1.2 Optionen auf den Erwerb ausgegebener Aktien	1296
	9.1.3 Ausgabe von Gratisaktien i.R.v. Belegschaftsaktienprogrammen	1299
	9.1.4 Aktienoptionen mit Barausgleich (Stock Appreciation Rights)	1303
	9.1.5 Besonderheiten bei Erfüllungswahlrecht des Unternehmens	1309
	9.2 Derivative Finanzinstrumente	1312
	9.2.1 Vorbemerkung	1312
	9.2.2 Optionsgeschäfte	1314
	9.2.3 Futures und Forwards	1318
	9.2.4 Swapgeschäfte	1320
	9.3 Mezzanine-Finanzierung	1322
	9.4 Leasing	1325
	9.5 Factoring	1341
	9.6 Langfristige Fertigung	1349
10.	Lagebericht der Kapitalgesellschaft (§§ 289 ff. HGB)	1354
	10.1 Aufstellungspflicht und allgemeine Grundsätze	1354
	10.2 Ausstrahlungswirkung des DRS 20	1365
	10.3 Angaben zu Geschäftsverlauf und Lage (§ 289 Abs. 1 S. 1 bis 3 HGB, sog. Wirtschaftsbericht)	1368
	10.4 Voraussichtliche Entwicklung mit ihren wesentlichen Chancen und Risiken (§ 289 Abs. 1 S. 4 HGB, sog. Prognose-/Chancen- und Risikobericht)	1381
	10.5 Bilanzeid (§ 289 Abs. 1 S. 5 HGB)	1399
	10.6 Angaben nach § 289 Abs. 2 S. 1 HGB	1400
	10.6.1 Angaben zu Risiken aus der Verwendung von Finanzinstrumenten (§ 289 Abs. 2 S. 1 Nr. 1 HGB)	1401
	10.6.2 Angaben zum Bereich Forschung und Entwicklung (§ 289 Abs. 2 S. 1 Nr. 2 HGB)	1407
	10.6.3 Angaben zu bestehenden Zweigniederlassungen des Unternehmens (§ 289 Abs. 2 S. 1 Nr. 3 HGB)	1411
	10.6.4 Angaben zum Vergütungssystem von börsennotierten AG (§ 289a Abs. 2 HGB)	1413
	10.7 Einzelangaben nach § 289 Abs. 2 S. 2 HGB	1414
	10.8 Berichterstattung großer Kapitalgesellschaften über nichtfinanzielle Leistungsindikatoren (§ 289 Abs. 3 HGB)	1415

- 10.9 Angaben kapitalmarktorientierter Unternehmen zum rechnungslegungsbezogenen internen Kontroll- und Risikomanagementsystem (§ 289 Abs. 4 HGB) 1420
- 10.10 Übernahmerechtliche Angaben bestimmter börsennotierter Unternehmen (§ 289a Abs. 1 HGB). 1421
- 10.11 Nichtfinanzielle Berichterstattung bestimmter kapitalmarktorientierter Unternehmen (§§ 289b-289e HGB). 1422
- 10.12 Erklärung zur Unternehmensführung (§ 289f HGB) 1423
- 10.13 Aufnahme der Schlusserklärung aus dem sog. Abhängigkeitsbericht in den Lagebericht der AG/SE/KGaA (§ 312 Abs. 3 S. 3 AktG) 1424
- 10.14 Entgeltbericht (§ 21 f. EntgTranspG). 1425
11. Größenabhängige Erleichterungen. 1436
12. Rechtsformspezifische Abschlussvorschriften für Kapitalgesellschaften . . . 1437
    - 12.1 AG. 1437
    - 12.2 GmbH 1439
    - 12.3 KGaA 1441
13. Besonderheiten für (haftungsbeschränkte) Personenhandelsgesellschaften (§§ 264a bis 264c HGB) 1442
    - 13.1 Allgemeine Grundsätze 1442
    - 13.2 Erleichterungen bei Aufstellung, Prüfung und Offenlegung (§ 264b HGB). 1446
    - 13.3 Eigenkapitalausweis (§ 264c Abs. 2 HGB) 1460
        - 13.3.1 Allgemeines 1460
        - 13.3.2 Kapitalanteile der persönlich haftenden Gesellschafter/ Kommanditisten und ausstehende Einlagen. 1462
        - 13.3.3 Rücklagen 1471
        - 13.3.4 Ergebnisausweis 1473
        - 13.3.5 Sonderausweis bei negativem Eigenkapital 1479
            - 13.3.5.1 Nicht durch Vermögenseinlagen gedeckte Verlustanteile und Entnahmen persönlich haftender Gesellschafter/ Kommanditisten 1479
            - 13.3.5.2 Einzahlungsverpflichtungen persönlich haftender Gesellschafter/Kommanditisten. 1485
        - 13.3.6 Ausgleichsposten für aktivierte eigene Anteile 1489
    - 13.4 Besonderheiten beim GuV-Ausweis bei Personenhandelsgesellschaften i.S.d. § 264a HGB 1493
    - 13.5 Latente Steuern 1498
    - 13.6 Bilanzierung bei Abfindung ausscheidender Gesellschafter durch die Personenhandelsgesellschaft 1507
    - 13.7 Anhangangaben 1512
14. Besonderheiten für Unternehmen im Anwendungsbereich des PublG 1515
    - 14.1 Voraussetzungen der Rechnungslegungspflicht. 1515
        - 14.1.1 Verpflichtete Unternehmen 1515
        - 14.1.2 *Größenmerkmale sowie Beginn und Dauer der Rechnungslegungspflicht* 1519
            - 14.1.2.1 Überblick 1519
            - 14.1.2.2 Bilanzsumme 1522

14.1.2.3 Umsatzerlöse... 1525
14.1.2.4 Zahl der Beschäftigten................................... 1529
14.1.3 Befreiung bei Einbeziehung in einen Konzernabschluss......... 1531
14.2 Jahresabschluss.. 1540
14.2.1 Anwendung der für alle Kaufleute geltenden Vorschriften der §§ 242 ff. HGB... 1540
14.2.2 Anwendung der ergänzenden Vorschriften für Kapitalgesellschaften für die Bilanz und die Gewinn- und Verlustrechnung ... 1541
14.2.2.1 Überblick.. 1541
14.2.2.2 Allgemeine Grundsätze für die Gliederung (§ 265 HGB).... 1543
14.2.2.3 Gliederung der Bilanz (§ 266 HGB)....................... 1544
14.2.2.4 Eigenkapital (§ 272 HGB)................................ 1549
14.2.2.5 Gliederung der Gewinn- und Verlustrechnung (§§ 275, 277 HGB)....................................... 1551
14.2.3 Nichtaufnahme des Privatvermögens von Einzelkaufleuten und Personenhandelsgesellschaften in den Jahresabschluss (§ 5 Abs. 4 PublG)... 1555
14.2.4 Anlage zur Bilanz bei Einzelkaufleuten und Personenhandelsgesellschaften (§ 5 Abs. 5 S. 3 PublG)..................... 1561
14.3 Anhang.. 1564
14.4 Lagebericht... 1567

1. Einleitung

Die Vorschriften zur **handelsrechtlichen Rechnungslegung** finden sich insb. im Dritten Buch „Handelsbücher" des HGB. Sie werden durch rechtsformspezifische Vorschriften bspw. im AktG und GmbHG ergänzt. Der Erste Abschnitt (§§ 238-263 HGB) enthält rechtsformunabhängige „Grundlagenvorschriften" zur Buchführung und zum JA für **alle Kaufleute**. Diese Vorschriften werden durch zusätzliche Bestimmungen für **KapGes.** (AG, KGaA, SE, GmbH) sowie für bestimmte **KapCoGes.** (KapGes. gleichgestellte haftungsbeschränkte Personenhandelsgesellschaften gem. § 264a HGB) zum JA und zum LB (Zweiter Abschnitt: §§ 264-289f HGB) ergänzt. Auch für **eG** (Dritter Abschnitt: §§ 336-338 HGB; vgl. Kap. H) und für Unternehmen bestimmter Geschäftszweige (Vierter Abschnitt: §§ 340-341h HGB) wie **KI** und **FDLI** sowie **VU** und **Pensionsfonds** enthält das Dritte Buch des HGB ergänzende Rechnungslegungsvorschriften. **1**

Des Weiteren verpflichtet das **PublG** rechtsformunabhängig auch andere Unternehmen ab einer bestimmten Größe (vgl. Kap. F Tz. 1515 f. und Kap. F Tz. 1519) zur Aufstellung, *Prüfung* und Offenlegung eines handelsrechtlichen JA sowie ggf. eines LB. **2**

2. Buchführung (§§ 238 f., 241a HGB)

Jeder Kaufmann i.S.d. § 1 HGB unterliegt der Buchführungspflicht. Die **Buchführung** hat unter Beachtung der GoB zu erfolgen (§ 238 Abs. 1 S. 1 HGB). Sie muss so beschaffen sein, dass sich ein sachverständiger Dritter innerhalb angemessener Zeit einen Überblick über die Lage des Unternehmens und über die Geschäftsvorfälle, die sich in ihrer Entstehung und Abwicklung verfolgen lassen müssen, verschaffen kann (§ 238 Abs. 1 S. 2 **3** und 3 HGB). Die Handelsbücher, in denen die Handelsgeschäfte des Kaufmanns und die Lage seines Vermögens ersichtlich sein müssen, sind vollständig, richtig, zeitgerecht und geordnet zu führen, wobei keine Veränderungen vorgenommen werden dürfen, durch die der ursprüngliche Inhalt nicht mehr feststellbar ist und deren Beschaffenheit es ungewiss lässt, ob sie ursprünglich oder erst später gemacht worden sind (§ 238 Abs. 1, § 239 Abs. 2 und 3 HGB).

4 Bei den **GoB**[1] handelt es sich um ein System sich wechselseitig ergänzender und beschränkender Prinzipien und Einzelnormen (z.T. gesetzlich kodifiziert), die zur Gewinnung von Grundsätzen der Rechnungslegung beitragen. Die GoB sind demnach nicht nur bei der Buchführung zu beachten, sondern haben Ausstrahlungswirkung auf jegliche Vorschriften der handelsrechtlichen Rechnungslegung. Sie bestimmen z.B. den Zeitpunkt der Bilanzierung, der Gewinnrealisierung oder die Bilanzierung schwebender Geschäfte. Stehen verschiedene Bilanzierungs- und/oder Bewertungsmethoden zur Auswahl, sind die GoB ebenfalls zu berücksichtigen (z.B. Wahl der Abschreibungsmethode, Ermittlung der HK). Ausdrücklich erwähnt sind die GoB in den Vorschriften über die Buchführungspflicht und die Handelsbücher (§ 238, § 239 HGB), die Inventurvereinfachungsverfahren (§ 241 HGB), die Aufstellung des JA (§ 243, § 264 HGB), die Bewertungsvereinfachungsverfahren (§ 256 HGB) sowie die Aufbewahrung von Unterlagen (§ 257 HGB).

5 Die GoB werden nach h.M. nach der **deduktiven Methode** aus den Zwecken der Rechnungslegung (z.B. Information, Gläubigerschutz) abgeleitet[2], wobei als Entscheidungshilfen u.a. in Frage kommen:

- Gesetze und die zugrundeliegenden EG-/EU-Richtlinien
- Rechtsprechung des BGH (RG), des EuGH, des BFH
- Stellungnahmen des IDW zur Rechnungslegung *(IDW St/HFA, IDW RS* u.a.) einschl. der zugehörigen Hinweise *(IDW RH)*
- gutachterliche Stellungnahmen des DIHK und der IHK
- die gesicherten Erkenntnisse der Betriebswirtschaftslehre, die Fachliteratur sowie die Bilanzierungspraxis ordentlicher Kaufleute.

6 Soweit zur Ermittlung von Wertansätzen Schätzungen erforderlich sind, spricht das Gesetz i.d.R. nicht von GoB, sondern von einer vorzunehmenden „**vernünftigen kaufmännischen Beurteilung**" (vgl. § 253 Abs. 1 S. 2 HGB). Dabei geht es um die Begrenzung oder Bezeichnung eines bestehenden Bewertungsspielraums, der sich aus dem unterschiedlichen Ermessen sorgfältiger und gewissenhafter Kaufleute ergeben kann. Eine kaufmännisch vernünftige Beurteilung berücksichtigt u.a. alle Fakten und Umstände, sowohl Chancen als auch Risiken, bedenkt den Grundsatz der Vorsicht (§ 252 Abs. 1 Nr. 4 HGB), ist in sich schlüssig und willkürfrei, d.h. sie ist aus den objektiven Gegebenheiten des Einzelfalls logisch ableitbar bzw. nachvollziehbar[3].

7 **Erleichterungen** von den Buchführungspflichten ergeben sich nach § 242 Abs. 4 HGB für **Einzelkaufleute i.S.d. § 241a HGB**. Sofern diese an den Abschlussstichtagen von

---

1 *Zur Def. der GoB vgl. auch Leffson*, GoB[7], mit umfangreichen Literaturnachweisen; *Moxter*, Rechnungslegung, S. 9 ff.; *Baetge/Kirsch/Thiele*, in: HdR[5], Kap. 4; *Ballwieser*, in: MünchKomm HGB[3], § 243, Rn. 7; ADS[6], § 243, Tz. 6.
2 Vgl. *Schmidt/Usinger*, in: BeBiKo[11], § 243, Rn. 14; *Leffson*, GoB[7], S. 29.
3 Vgl. ADS[6], § 252 HGB, Tz. 74 und § 253 HGB, Tz. 188 ff.; *Schubert*, in: BeBiKo[11], § 253, Rn. 154 ff.

zwei aufeinander folgenden GJ nicht mehr als jeweils 600 T€ Umsatzerlöse und jeweils 60 T€ Jahresüberschuss erzielen (§ 241a S. 1 HGB), sind sie von der Pflicht zur Aufstellung eines handelsrechtlichen JA befreit (§ 242 Abs. 4 S. 1 HGB). Im Fall der Neugründung gilt dies bereits, wenn die Werte des § 241a S. 1 HGB am ersten Abschlussstichtag nach der Neugründung nicht überschritten werden (§ 241a S. 2 und § 242 Abs. 4 S. 2 HGB).

Bzgl. Sanktionen bei Verletzung der Buchführungspflicht siehe Kap. B Tz. 21 ff.

3. Inventur/Inventar (§§ 240 f., 241a HGB)

Das **Inventar**, in welchem die Vermögengegenstände und Schulden des Kaufmanns genau zu verzeichnen und wertmäßig anzugeben sind (§ 240 Abs. 1 HGB) und welches innerhalb der einem ordnungsmäßigen Geschäftsgang entsprechenden Zeit aufzustellen ist (§ 240 Abs. 2 S. 3 HGB, vgl. Kap. F Tz. 11), bildet die Grundlage für die Aufnahme der Vermögensgegenstände und Schulden in seine Bilanz. Jeder Kaufmann hat zu Beginn seines Handelsgewerbes und danach zum Ende jedes (Rumpf-)GJ ein Inventar aufzustellen (§ 240 Abs. 1 und Abs. 2 S. 1 HGB). Lediglich Einzelkaufleute i.S.d. § 241a HGB sind von der Pflicht zur Aufstellung befreit (vgl. Kap. F Tz. 7). Das Verfahren zur Erstellung des Inventars nennt sich **Inventur**, die neben der körperlichen Bestandsaufnahme auch unter Zuhilfenahme von Inventurvereinfachungsverfahren erfolgen darf. Zur körperlichen Bestandsaufnahme i.R.d. einzelnen Inventurverfahren vgl. *IDW St/HFA 1/1990.*

Unter bestimmten Voraussetzungen sind i.R.d. Inventur **Erleichterungen** und Vereinfachungen für die Ermittlung der Vermögensgegenstände nach Art, Menge und Wert zulässig:

- **Festwertverfahren:** Ansatz von Vermögensgegenständen des Sachanlagevermögens sowie von Roh-, Hilfs- und Betriebsstoffen mit einem gleichbleibenden Wert und einer gleichbleibenden Menge, sofern sie regelmäßig ersetzt werden, ihr Bestand in seiner Größe, Wert und Zusammensetzung nur geringen Veränderungen unterliegt und ihr Gesamtwert für das Unternehmen von nachrangiger Bedeutung ist (§ 240 Abs. 3 S. 1 i.V.m. § 256 S. 2 HGB). Jedoch ist i.d.R. alle drei Jahre eine körperliche Bestandsaufnahme durchzuführen (§ 240 Abs. 3 S. 2 HGB);
- **Gruppenbewertung:** Zusammenfassung von gleichartigen Vermögensgegenständen des Vorratsvermögens und anderen gleichartigen oder annähernd gleichwertigen beweglichen Vermögensgegenständen und Schulden jeweils zu einer Gruppe und Ansatz mit dem gewogenen Durchschnitt (§ 240 Abs. 4 i.V.m. § 256 S. 2 HGB);
- **Stichprobeninventur** mit Hilfe anerkannter mathematisch-statistischer Verfahren unter Beachtung der GoB (§ 241 Abs. 1 HGB; vgl. *IDW St/HFA 1/1981*);
- **Verzicht auf körperliche Bestandsaufnahme** zum Abschlussstichtag, wenn die Feststellung von Art, Menge und Wert der Vermögensgegenstände durch ein anderes, den GoB entspr. Verfahren gesichert ist, z.B. durch permanente Inventur (§ 241 Abs. 2 HGB);
- **vor- oder nachverlegte Stichtagsinventur** (§ 241 Abs. 3 HGB): Voraussetzungen sind die Aufstellung eines besonderen Inventars innerhalb der letzten drei Monate vor oder der ersten beiden Monate nach dem Stichtag und ein den GoB entspr. Fortschreibungs- oder Rückrechnungsverfahren.

> **Hinweis 1:**
>
> Nach *IDW St/HFA 1/1990* sind die Stichprobeninventur, die permanente Inventur und eine zeitlich vor- oder nachverlegte Inventur bei besonders wertvollen Beständen und Beständen mit unkontrollierbarem Schwund nicht zulässig.

4. Aufstellungspflicht[4]

4.1 Alle Kaufleute (§§ 242, 243 Abs. 3, 244, 245 HGB)

11 Jeder Kaufmann – mit Ausnahme von Einzelkaufleuten i.S.d. § 241a HGB (§ 242 Abs. 4 HGB; vgl. Kap. F Tz. 7) – hat zu Beginn[5] und danach für den Schluss eines jeden (Rumpf-)GJ (welches die Dauer von zwölf Monaten nicht überschreiten darf (§ 240 Abs. 2 S. 2 HGB)) innerhalb der einem ordnungsmäßigen Geschäftsgang entspr. Zeit (§ 243 Abs. 3 HGB) ein Inventar (vgl. Kap. F Tz. 9), eine Bilanz und eine GuV (diese nur für den Schluss eines jeden (Rumpf-)GJ (§ 242 Abs. 2 HGB)) aufzustellen. Die Grenze für die einem ordnungsmäßigen Geschäftsgang entspr. Zeit wird bei einem Jahr gezogen[6]. Die **Aufstellungsfrist** verkürzt sich in Krisensituationen, z.B. drohende Zahlungsunfähigkeit, auf höchstens sechs Monate[7]. Die **Bilanz** stellt das Verhältnis der Vermögensgegenstände und Schulden des Kaufmanns dar, während die **GuV** die Gegenüberstellung von Aufwendungen und Erträgen zeigt (§ 242 Abs. 1 und 2 HGB). Die Bilanz und die GuV bilden zusammen den **JA**, der ebenfalls nach den GoB aufzustellen ist (§ 242 Abs. 3, § 243 Abs. 1 HGB).

12 Der Grundsatz der **Klarheit und Übersichtlichkeit** (§ 243 Abs. 2 HGB) bezieht sich in erster Linie auf die äußere Gestaltung des JA (Gliederung und Lesbarkeit)[8]. Er hat besondere Bedeutung in den Fällen, in denen keine bestimmte Gliederung der Bilanz und der GuV vorgeschrieben ist, sondern Wahlmöglichkeiten bzgl. der äußeren Form und der Art der Darstellung des JA bestehen[9].

13 Alle Bestandteile des JA müssen in **deutscher Sprache** und in **Euro**/€ (§ 244 HGB) aufgestellt werden, selbst wenn die zugrundeliegende Buchführung in einer anderen (lebenden) Sprache oder (gültigen) Währung geführt wird (§ 239 Abs. 1 S. 1 HGB). Beträge sind in Form von Ziffern anzugeben. Der JA ist vom Kaufmann bzw. von allen persönlich haftenden Gesellschaftern unter Angabe des Datums zu unterzeichnen (§ 245 HGB).

> **Praxistipp 1:**
>
> Je nach der Größe eines Unternehmens kann es im Interesse der Übersichtlichkeit des JA (§ 243 Abs. 2 HGB) sachgerecht sein, die in Euro/€ anzugebenden Beträge auf volle €, T€ oder Mio. € (üblicherweise mit einer Nachkommastelle) zu runden[10].

---

[4] Vgl. ausführlich auch Kap. B Tz. 25 ff.
[5] Zur Eröffnungsbilanz der KapGes. vgl. *Winkeljohann/Hermesmeier*, in: Winkeljohann/Förschle/Deubert, Sonderbilanzen[5], Kap. D; § 242 Abs. 1 S. 2 HGB.
[6] Vgl. ADS[6], § 243 HGB, Tz. 43.
[7] Vgl. *Deubert*, in: Winkeljohann/Förschle/Deubert, Sonderbilanzen[5], Kap. S, Rn. 80.
[8] Vgl. ADS[6], § 243 HGB, Tz. 27.
[9] Vgl. *Schmidt/Usinger*, in: BeBiKo[11], § 243, Rn. 53.
[10] Vgl. ADS[6], § 243 HGB, Tz. 28.

4.2 Kapitalgesellschaften (§ 264 Abs. 1, 1a und 2 HGB)

4.2.1 Allgemeines

Die gesetzlichen Vertreter einer KapGes./KapCoGes. haben bei der Aufstellung des JA **zusätzlich** zu den für alle Kaufleute geltenden Vorschriften (§§ 238-263 HGB, vgl. Kap. F Tz. 11 ff.) die **ergänzenden Bestimmungen** der §§ 264-289f HGB, z.T. abgestuft nach der Größe (§ 267 und 267a HGB, vgl. Kap. F Tz. 281 ff., Kap. F Tz. 1436) oder abhängig von einer Kapitalmarktorientierung (§ 264d HGB), zu beachten. AG und KGaA haben darüber hinaus noch einige ergänzende Vorschriften des AktG zu beachten (§§ 58, 150, 152, 158, 160, 231, 232, 240, 261 und – nur KGaA – § 286 AktG; vgl. Kap. F Tz. 1437 f. und Kap. F Tz. 1441)[11], GmbH die §§ 5a, 29 und 42 GmbHG (vgl. Kap. F Tz. 1439). Für KapCoGes. sind spezielle Regelungen in § 264c HGB enthalten (vgl. Kap. F Tz. 1460 ff. und Kap. F Tz. 1493 ff.). 14

Der JA von KapGes./KapCoGes. besteht grds. aus drei Teilen, der **Bilanz** (§§ 266 ff. HGB), der **GuV** (§§ 275 ff. HGB) **und** dem **Anh.** (§§ 284 ff. HGB), die eine Einheit bilden (§ 264 Abs. 1 S. 1 HGB). Nur Kleinst-KapGes. brauchen ihren JA nicht um einen Anh. zu erweitern (§ 264 Abs. 1 S. 5 HGB). 15

Neben dem JA ist von mittelgroßen und großen Gesellschaften außerdem ein **LB** (§§ 289 ff.HGB) aufzustellen (§ 264 Abs. 1 S. 1 HGB), der aber nicht Teil des JA ist. Kleine Gesellschaften i.S.d. § 267 Abs. 1 HGB sind hiervon gem. § 264 Abs. 1 S. 4 HGB befreit. 16

JA und LB sind innerhalb der ersten drei Monate nach Ablauf des (Rumpf-)GJ von den gesetzlichen Vertretern der KapGes./KapCoGes. **aufzustellen** (§ 264 Abs. 1 S. 3 HGB). Für kleine Gesellschaften verlängert sich diese Frist (insofern nur für den JA, da sie keinen LB aufzustellen haben) auf bis zu sechs Monate, sofern dies „einem ordnungsmäßigen Geschäftsgang entspricht" (§ 264 Abs. 1 S. 4 HGB; vgl. Kap. F Tz. 11). Kleinst-KapGes. brauchen ihren JA auch nicht um einen Anh. zu erweitern, wenn bestimmte Angaben gem. § 264 Abs. 1 S. 5 HGB und für AG gem. § 160 Abs. 3 S. 2 AktG unter der Bilanz angegeben werden. 17

Nach § 264 Abs. 1 S. 2 HGB müssen kapitalmarktorientierte KapGes. (§ 264d HGB; vgl. Kap. J Tz. 3 ff. und Kap. J Tz. 11), die nicht zur Aufstellung eines KA verpflichtet sind (vgl. Kap. J Tz. 11 und Kap. J Tz. 33 ff.), ihren JA um eine **Kapitalflussrechnung** und einen **Eigenkapitalspiegel** erweitern. Zusätzlich darf der JA um eine **Segmentberichterstattung** erweitert werden. 18

Im JA sind gem. § 264 Abs. 1a HGB die **Firma**, der Sitz, das Registergericht und die Nummer, unter der die Gesellschaft in das HR eingetragen ist, **anzugeben**. Befindet sich die Gesellschaft in Liquidation oder Abwicklung, ist dies ebenfalls anzugeben. Die Angaben sind größenunabhängig von allen Unternehmen im Anwendungsbereich der §§ 264 ff. HGB zu machen und sollten zweckmäßigerweise zu Beginn des Anh. erfolgen[12]. 19

Für den **LB** fehlt es an einer ausdrücklichen Bestimmung zu der zu verwendenden Sprache und Währung, aber es kann für ihn als Teil der nicht nur an die Gesellschafter, 20

---

11 Gemäß Art. 61 SE-VO unterliegt die SE hinsichtlich der Aufstellung ihres JA und ggf. ihres konsolidierten Abschlusses inkl. LB, Prüfung und Offenlegung grds. den Vorschriften, die nach dem nationalen Recht für AG gelten.
12 Vgl. *Winkeljohann/Schellhorn*, in: BeBiKo[11], § 264, Rn. 21 m.w.N.

sondern auch an die Öffentlichkeit (§ 325 HGB) gerichteten Rechnungslegung nichts anderes gelten als für den JA.

21 Der festgestellte JA ist bei KapGes. von sämtlichen Vorstandsmitgliedern bzw. Geschäftsführern, auch wenn sie erst nach dem Abschlussstichtag und bis zum Ende der Aufstellungsphase für den JA Organstellung erlangen[13], bei KapCoGes. durch die Vorstandsmitglieder oder Geschäftsführer der vertretungsberechtigten Gesellschaft(en) (§ 264a Abs. 2 HGB) unter Angabe des Datums zu **unterschreiben** (§ 245 HGB).

22 JA und LB mittelgroßer und großer Gesellschaften unterliegen der **Pflichtprüfung** durch einen APr. (§§ 316-324a HGB). Über das Ergebnis der Prüfung hat der Prüfer schriftlich zu berichten und einen BestV abzugeben. Für kleine Gesellschaften ist dagegen eine JA-Prüfung nicht vorgeschrieben (§ 316 Abs. 1 S. 1 HGB).

23 KapGes. sowie KapCoGes. dürfen nach § 325 Abs. 2a S. 1 HGB freiwillig einen sog. **IFRS-EA** aufstellen und diesen nach erfolgter Prüfung dann anstelle ihres handelsrechtlichen JA zusammen mit weiteren Unterlagen gem. § 325 Abs. 1 HGB sowie Abs. 2b Nr. 1 und Nr. 2 HGB im BAnz. veröffentlichen (sog. befreiende Offenlegung).

4.2.2 Zur Generalnorm des § 264 Abs. 2 HGB

24 Der JA der KapGes./KapCoGes. soll nach § 264 Abs. 2 S. 1 HGB unter Beachtung der GoB ein den **tatsächlichen Verhältnissen entspr. Bild der Vermögens-, Finanz- und Ertragslage** der Gesellschaft vermitteln (sog. Generalnorm).

25 Die Generalnorm ist nur heranzuziehen, wenn, trotz Einzelvorschriften, Zweifel bei Auslegung und Anwendung entstehen oder Lücken zu schließen sind[14]. Ein Außerkraftsetzen von Einzelvorschriften mit Verweis auf die Generalnorm (**overriding**) ist im deutschen Bilanzrecht **nicht zulässig**. Aus der Generalnorm können auch nicht ganz allgemein zusätzliche Anforderungen (z.B. bei Schätzungen oder der Ausübung von Wahlrechten) abgeleitet werden[15].

26 Wenn die **GoB** i.R.d. Generalnorm ausdrücklich erwähnt werden, bedeutet dies, dass die Vermittlung des geforderten Bildes nur im Kontext mit den GoB verlangt wird, d.h. unter den (einschränkenden) Bedingungen der allgemeinen Bilanzierungs- und Bewertungsgrundsätze, insb. des Anschaffungswertprinzips, des Imparitätsprinzips und des Vorsichtsprinzips.

27 Die **Vermögenslage** i.S.d. Vorschrift wird in erster Linie durch die Bilanz vermittelt, die **Ertragslage** durch die GuV, jeweils unter Einschluss der entspr. Angaben im Anh. Unter **Finanzlage** kann die Gesamtheit aller Aspekte verstanden werden, die sich auf die Finanzierung einer Gesellschaft beziehen, wie Finanzstruktur, Deckungsverhältnisse, Fristigkeiten, Finanzierungsspielräume, Investitionsvorhaben, schwebende Bestellungen und Kreditlinien sowie Angaben zu finanziellen Verpflichtungen (vgl. *IDW St/SABI 3/1986*). Führen besondere Umstände dazu, dass der JA ein den tatsächlichen Verhältnissen entsprechendes Bild nicht vermittelt, sind im Anh. zusätzliche Angaben zu machen (§ 264 Abs. 2 S. 2 HGB).

---

13 Vgl. ADS[6], § 245 HGB, Tz. 12; *Winkeljohann/Schellhorn*, in: BeBiKo[11], § 245, Rn. 2.
14 H.M. vgl. ADS[6], § 264 HGB, Tz. 59 mit umfangreichen Nachweisen.
15 Vgl. ADS[6], § 265 HGB, Tz. 59 m.w.N.

Nach § 264 Abs. 2 S. 3 HGB besteht für die gesetzlichen Vertreter einer KapGes., die **28** Inlandsemittent i.S.d. § 2 Abs. 14 WpHG und keine KapGes. i.S.d. § 327a HGB ist, die Pflicht, bei Unterzeichnung des JA schriftlich zu versichern, dass – nach bestem Wissen – der JA ein den tatsächlichen Verhältnissen entspr. Bild vermittelt (sog. **Bilanzeid**; vgl. Kap. B Tz. 168 ff.).

4.3 Unternehmen im Anwendungsbereich des PublG

Den Bestimmungen des PublG unterliegen bestimmte (große) **Unternehmen** (§ 3 Abs. 1 **29** i.V.m. § 1 PublG; vgl. Kap. F Tz. 1515 ff.), für die **nicht bereits spezielle Vorschriften** über die Rechnungslegung und Publizität in anderen Gesetzen bestehen (vgl. Kap. F Tz. 1 f.). Die Rechnungslegungspflicht umfasst grds.:

- die Aufstellung eines JA (Bilanz und GuV) nach den im PublG genannten Gliederungs-, Ansatz- und Bewertungsbestimmungen (§ 5 Abs. 1 PublG; vgl. Kap. F Tz. 1540 ff.),
- die Erweiterung des JA nach § 5 Abs. 2 PublG um einen Anh. (vgl. Kap. F Tz. 1564 ff.) und die Aufstellung eines LB (vgl. Kap. F Tz. 1567) sowie
- die Einreichung des JA und der sonstigen in § 325 Abs. 1 HGB genannten Unterlagen beim Betreiber des BAnz. (§ 9 PublG i.V.m. §§ 325 und 328 HGB).

Nach § 9 Abs. 1 S. 1 PublG i.V.m. § 325 Abs. 2a und 2b HGB ist es unter bestimmten **30** Voraussetzungen zulässig, anstelle des handelsrechtlichen JA einen **IFRS-EA** offenzulegen.

Erleichterungen hinsichtlich des Umfangs der Rechnungslegungspflichten bestehen für **31** nicht nach § 264a HGB rechnungslegungspflichtige PersGes. und Einzelkaufleute, die nach § 5 Abs. 2 PublG keinen LB und, sofern sie nicht kapitalmarktorientiert i.S.v. § 264d HGB sind (§ 5 Abs. 2a PublG), keinen Anh. aufzustellen brauchen (vgl. zum LB Kap. F Tz. 1567 und zum Anh. Kap. F Tz. 1565).

5. Ansatz

5.1 Vollständigkeit und wirtschaftliches Eigentum (§ 246 Abs. 1 S. 1 bis 3 HGB)

§ 246 Abs. 1 S. 1 HGB bestimmt, dass in der Bilanz sämtliche **Vermögensgegenstände**[16] **32** und **Schulden**[17] anzusetzen sind, ferner die **RAP** sowie in der GuV sämtliche **Aufwendungen** und **Erträge**, soweit gesetzlich nichts anderes bestimmt ist[18]. Der entgeltlich erworbene (derivative) **Geschäfts- oder Firmenwert** wird nach S. 4 für handelsbilanzielle Zwecke durch gesetzliche Fiktion zum zeitlich begrenzt nutzbaren Vermögensgegenstand erklärt (vgl. im Einzelnen Kap. F Tz. 52)[19].

---

16 Vgl. zur Begriffsbestimmung und Abgrenzung u.a. ADS[6], § 246 HGB, Tz. 9; *Schubert/Waubke*, in: BeBiKo[11], § 247, Rn. 10 ff.
17 Vgl. zur Begriffsbestimmung und Abgrenzung u.a. ADS[6], § 246 HGB, Tz. 102; *Schubert*, in: BeBiKo[11], § 247, Rn. 201 ff.
18 Vgl. zu Ausnahmen ADS[6], § 246 HGB, Tz. 448; mit einer Übersicht über die Einschränkungen des Vollständigkeitsgebots *Kußmaul*, in: HdR[5], § 246, Rn. 17.
19 Vgl. *Schmidt/Ries*, in: BeBiKo[11], § 246, Rn. 82 f.; *Kußmaul*, in: HdR[5], § 246, Rn. 19.

33 Bei **Einzelkaufleuten** sind nur die Vermögensgegenstände und Schulden anzusetzen, die dem Geschäft des Einzelkaufmanns gewidmet sind[20]. Dieser Grundsatz ist für das unter das PublG fallende Unternehmen eines Einzelkaufmanns in § 5 Abs. 4 PublG ausdrücklich festgestellt. Sind Einlagen eines Einzelkaufmanns durch private Schuldaufnahmen finanziert, sollten diese als Schulden in die Bilanz aufgenommen werden[21]. Für Zweifelsfälle gilt die – widerlegbare – Vermutung des § 344 Abs. 1 HGB, dass Rechtsgeschäfte eines Kaufmanns zum Betrieb seines Handelsgewerbes gehören.

34 Bei **PersGes.** (OHG, KG) sind nur diejenigen Vermögensgegenstände zu bilanzieren, die bei wirtschaftlicher Betrachtung als Gesamthandsvermögen anzusetzen sind, unabhängig von der betrieblichen Nutzung[22]. Vermögensgegenstände, die einzelnen Gesellschaftern gehören, dürfen daher grds. nicht bilanziert werden, auch nicht bei betrieblicher Nutzung und auch dann nicht, wenn sie einkommensteuerlich notwendiges Betriebsvermögen sind[23]. Als Schulden sind nur solche Schulden zu passivieren, die Verpflichtungen der Gesamthand darstellen[24], d.h. im Namen der Ges. begründet wurden. Verbindlichkeiten der Gesamthand ggü. ihren Gesellschaftern sind als FK zu behandeln, soweit sie nicht in vollem Umfang zur Verlustdeckung herangezogen werden dürfen und im Insolvenz- oder Liquidationsfall nicht nachrangig zu bedienen sind[25].

35 In der Bilanz dürfen nur **Vermögensgegenstände** bilanziert werden, die nach den handelsrechtlichen Grundsätzen (Einzelverwertbarkeit) bilanzierbar sind und die nicht einem Bilanzierungsverbot unterliegen[26]. Nach § 246 Abs. 1 S. 2 HGB sind Vermögensgegenstände grds. in die Bilanz des rechtlichen Eigentümers aufzunehmen, bei Auseinanderfallen von rechtlichem und wirtschaftlichem Eigentum jedoch beim wirtschaftlichen Eigentümer anzusetzen[27].

36 **Wirtschaftlicher Eigentümer** ist derjenige, dem auf Dauer Besitz, Gefahr, Nutzungen und Lasten eines Vermögensgegenstands zustehen, d.h. der das Verwertungsrecht (durch Nutzung oder Veräußerung) innehat, die Chancen und Risiken aus der laufenden Nutzung und die Chancen und Risiken aus Wertänderungen (einschließlich des Risikos des zufälligen Untergangs) trägt. Dabei müssen nicht alle eigentümertypischen Elemente kumulativ gegeben sein. Erforderlich ist vielmehr, bei einer Gesamtbetrachtung der wirtschaftlichen Auswirkungen des konkreten Sachverhalts bedeutende Elemente des wirtschaftlichen Eigentums in Abhängigkeit vom jeweiligen Vermögensgegenstand innezuhaben[28]. Der Erwerb bzw. der Abgang eines Vermögensgegenstands setzt grds. ei-

---

20 Zur handelsrechtlichen Abgrenzung von Betriebs- und Privatvermögen vgl. ADS[6], § 246 HGB, Tz. 425; *Schmidt/Ries*, in: BeBiKo[11], § 246, Rn. 55 ff.; *Förschle/Kropp*, in: Winkeljohann/Förschle/Deubert, Sonderbilanzen[5], Kap. B, Rn. 96 ff. und 103 ff.
21 Vgl. ADS[6], § 246 HGB, Tz. 429; vgl. auch Kap. F Tz. 1558.
22 Vgl. *IDW RS HFA 7 n.F.*, Tz. 10; ADS[6], § 246 HGB, Tz. 432; *Schmidt/Ries*, in: BeBiKo[11], § 246 HGB, Rn. 63.
23 Vgl. aber zur Bilanzierung von quoad sortem (zur Nutzung und dem Werte nach) eingebrachten Vermögensgegenständen als Gesellschaftsvermögen *IDW RS HFA 7 n.F.*, Tz. 11; ADS[6], § 246 HGB, Tz. 439.
24 Vgl. *IDW RS HFA 7 n.F.*, Tz. 23; zur grundsätzlichen Passivierungspflicht von Rückstellungen für Pensionszusagen an Gesellschafter vgl. *IDW RS HFA 7 n.F.*, Tz. 24.
25 Vgl. *IDW RS HFA 7 n.F.*, Tz. 13; *IDW*, WPH Edition „Sanierung und Insolvenz".
26 Vgl. im Einzelnen DRS 24.17 ff.; ADS[6], § 246 HGB, Tz. 20 bis 26.
27 Vgl. ADS[6], § 246 HGB, Tz. 190 und 260 ff.; *Schmidt/Ries*, in: BeBiKo[11], § 246, Rn. 5; *Kußmaul*, in: HdR[5], § 246, Rn. 7.
28 Vgl. *IDW ERS HFA 13 n.F.*, Tz. 7 ff.

nen (schuldrechtlichen) Vertrag voraus[29]; mit schuldrechtlicher Rückwirkung auf einen im zurückliegenden GJ liegenden Zeitpunkt geschlossene Verträge führen nicht zum Erwerb des wirtschaftlichen Eigentums im zurückliegenden GJ[30]. Solche rückwirkenden Verträge können nur schuldrechtliche Ausgleichsansprüche begründen. Davon abzugrenzen ist die zugelassene Rückwirkung bei Gesamtrechtsnachfolge[31].

> **Praxistipp 2:**
> Umfangreiche Hinweise sowie Beispiele zum Übergang des wirtschaftlichen Eigentums und zur Gewinnrealisierung, auch bei vertraglichen Nebenabreden und im Fall gesellschaftsrechtlicher Gestaltungen, enthält *IDW ERS HFA 13 n.F.*

37 (Bilanzierungspflichtige) **Schulden** liegen vor, wenn eine Inanspruchnahme aus quantifizierbaren rechtlichen, wirtschaftlichen oder faktischen Verpflichtungen sicher oder wahrscheinlich ist und die Verpflichtung eine wirtschaftliche Belastung des Bilanzierenden darstellt[32] (vgl. Kap. F Tz. 564 ff.). Nach § 246 Abs. 1 S. 3 HGB sind Schulden in der Bilanz des Schuldners anzusetzen. Schuldner im bilanzrechtlichen Sinne ist im Regelfall der rechtlich Verpflichtete; es kann jedoch eine davon abweichende Passivierung sachgerecht sein, z.B. im Fall eines Schuldbeitritts mit Erfüllungsübernahme im Innenverhältnis (vgl. Kap. F Tz. 595 f.).

38 **Schwebende, beiderseits noch nicht erfüllte Geschäfte**[33] sind nicht zu bilanzieren, solange und soweit sich Anspruch und Verpflichtung ausgeglichen gegenüberstehen. Zur Angabepflicht nach § 285 Nr. 3a HGB vgl. Kap. F Tz. 1041 ff. Vorhersehbare Verluste sind i.R.d. Bewertung der eigenen Leistungen oder durch die Bildung von Drohverlustrückstellungen zu berücksichtigen (vgl. Kap. F Tz. 623 ff.). Ansprüche auf künftige Gewinne sind nach § 252 Abs. 1 Nr. 4 HGB grds. nicht aktivierbar[34]; die Gewinnrealisierung tritt i.d.R. erst ein, wenn unter Berücksichtigung der bürgerlich-rechtlichen Vorschriften die geschuldete Leistung an den Gläubiger bewirkt wurde[35] und der Anspruch auf die Gegenleistung nicht mehr verloren gehen kann (Übergang der Preisgefahr).

39 **Miet- und Pachtverträge**[36] sind als solche nicht zu bilanzieren. Vorauszahlungen sind bilanziell abzugrenzen, erhaltene Mietvorauszahlungen bspw. beim Vermieter unter den passiven RAP[37]. Die passivierten Vorauszahlungen sind in Höhe des im GJ jeweils auf sie entfallenden Mietanteils aufzulösen. Zur Bilanzierung eines Erbbaurechts vgl. Kap. F Tz. 325.

---

29 Vgl. *IDW ERS HFA 13 n.F.*, Tz. 6.
30 Vgl. DRS 19.106c entsprechend.
31 Vgl. zur Übernahmebilanzierung bei Umwandlungen *Deubert/Hoffmann*, in: Winkeljohann/Förschle/Deubert, Sonderbilanzen[5], Kap. K, Rn. 15.
32 Vgl. ADS[6], § 246 HGB, Tz. 103; *Lutz/Schlag*, in: HdJ, Abt. III/3, Rn. 4 ff.
33 Vgl. *IDW RS HFA 4*, Tz. 2 ff.
34 Vgl. ADS[6], § 246 HGB, Tz. 186, und § 252 HGB, Tz. 82; einen Literaturüberblick gibt *Kußmaul*, in: HdR[5], § 246, Rn. 11; wegen langfristiger Fertigung vgl. Kap. F Tz. 105.
35 Zum Übergang der Preisgefahr vgl. ADS[6], § 246 HGB, Tz. 188.
36 Vgl. ADS[6], § 246 HGB, Tz. 183, und § 266 HGB, Tz. 44; *Ostermann/Hellen*, in: HdR[5], Kap. 6, Rn. 101 ff.
37 Vgl. ADS[6], § 266 HGB, Tz. 63.

40 Stehen errichtete Bauwerke oder sonstige Anlagen im wirtschaftlichen Eigentum des **Pächters**, sind sie bei ihm zu aktivieren und bis zum entschädigungsfreien Rückfall an den Verpächter laufend abzuschreiben[38]; in wesentlichen Fällen ist eine Kennzeichnung des fremden Eigentums angebracht. Erneuerungsverpflichtungen sowie Verpflichtungen zur Rückgabe des eisernen Bestands i.S.d. Pachtrechts (§ 582a BGB) sind beim Pächter ggf. unter den Passiva zu berücksichtigen.

41 **Treuhandschaften**[39] sind nach § 246 Abs. 1 S. 2 HGB grds. beim Treugeber (als wirtschaftlichem Eigentümer) und nicht beim Treuhänder zu bilanzieren[40]. Dies gilt auch für den Fall, dass der Treuhänder das Treugut „zu treuen Händen" für den Treugeber von einem Dritten erworben oder selbst hergestellt hat[41]. Der Treuhänder hat das treuhänderisch gehaltene Vermögen vorzugsweise als „Treuhandvermögen" unter der Bilanz („unter dem Strich") auszuweisen; bei KapGes. und PersGes. i.S.d. § 264a HGB kommt alternativ auch eine entspr. Angabe im Anh. in Betracht[42].

> **! Hinweis 2:**
> Treuhandschaften verdeutlichen in besonderem Maße den Unterschied beim Ansatz vom Vermögensgegenständen und Schulden nach § 246 Abs. 1 HGB. Geht der Treuhänder in eigenem Namen, aber für Rechnung des Treugebers eine Verpflichtung gegenüber einem Dritten zum Erwerb des Treuguts ein, hat er dafür (als rechtlich Verpflichteter) eine Verbindlichkeit anzusetzen. Gleichzeitig hat er, mangels wirtschaftlichen Eigentums, nicht das Treugut selbst, sondern einen Anspruch gegen den Treugeber auf Freistellung von der Verpflichtung oder Erstattung seiner Auslagen (§ 257 BGB) zu aktivieren[43].

42 Bei **Sicherungstreuhandschaften** (Sicherungsübereignung und -abtretung) ist das Sicherungsgut beim wirtschaftlichen Eigentümer, i.d.R. dem Sicherungsgeber, zu bilanzieren. Ein getrennter Ausweis in dessen Bilanz ist i.d.R. nicht erforderlich[44]. Besicherungen fremder Verbindlichkeiten sind unter der Bilanz des Sicherungsgebers zu vermerken (§ 251 S. 1 HGB), bei KapGes. und PersGes. i.S.d. § 264a HGB im Anh. (§ 268 Abs. 7 HGB). Zu diesen zählen beim Einzelkaufmann auch aus dem Betriebsvermögen stammende Sicherheiten für eigene private Schulden.

43 Werden zur Sicherung **Bareinlagen** erbracht, sind sie mangels Unterscheidbarkeit grds. beim Sicherungsnehmer zu bilanzieren, während der Sicherungsgeber entspr. Rück-

---

38 Vgl. zu den Voraussetzungen für die Annahme wirtschaftlichen Eigentums aufgrund schuldrechtlicher Vereinbarungen BGH v. 06.11.1995, DB 1996, S. 155 (auf gemietetem Grundstück errichtetes Gebäude); ADS[6], § 246 HGB, Tz. 398; *Dusemond/Heusinger-Lange/Knop*, in: HdR[5], § 266, Rn. 27 ff.; *Schubert/Andrejewski*, in: BeBiKo[11], § 253, Rn. 442 (Mieterein- und -umbauten).
39 Vgl. wegen der verschiedenen Formen *Schmidt/Ries*, in: BeBiKo[11], § 246, Rn. 9 ff.; ferner ADS[6], § 246 HGB, Tz. 274 ff.; *Wöhe/Richter*, in: HdR[5], Kap. 6, Rn. 301 ff.
40 Vgl. *IDW ERS HFA 13 n.F.*, Tz. 49 ff.; ADS[6], § 246 HGB, Tz. 280.
41 Vgl. dazu mit beachtlichen Gründen ADS[6], § 246 HGB, Tz. 282; *Schmidt/Ries*, in: BeBiKo[11], § 246, Rn. 11.
42 Vgl. dazu in Abwägung mit anderen Ausweisformen ADS[6], § 246 HGB, Tz. 287 ff.; *Schmidt/Ries*, in: BeBiKo[11], § 246, Rn. 12; nach NWB Komm. BilR[9], § 246, Rn. 274 kann dagegen weder ein Ausweis noch eine Angabe in der Bilanz des Treuhänders gefordert werden. Wegen besonderer Vorschriften für KI vgl. § 6 RechKredV; hierzu *Scharpf/Schaber*, S. 57 ff.
43 Vgl. *Gelhausen/Fey/Kämpfer*, BilMoG, Kap. B, Rn. 23; ADS[6], § 246 HGB, Tz. 294 und Tz. 414.
44 Vgl. ADS[6], § 246 HGB, Tz. 270; ebenso *Schmidt/Ries*, in: BeBiKo[11], § 246, Rn. 19 f.; wegen der Angaben über Sicherheiten für eigene Verbindlichkeiten nach § 285 Nr. 1 lit. b) und Nr. 2 HGB (für KapGes. und PersGes. nach § 264a HGB) vgl. Kap. F Tz. 1028 f.

forderungsansprüche anzusetzen hat[45]. Etwas anderes gilt jedoch, wenn Geld vom Sicherungsnehmer auf **Treuhandkonten** verwaltet wird. In diesem Fall geht das Geld nicht unterscheidungslos im Vermögen des Treuhänders auf und ist daher beim Treuhänder als Treuhandvermögen „unter dem Strich" bzw. im Anh. anzugeben und vom Treugeber zu bilanzieren.

Unter **Eigentumsvorbehalt** gelieferte Gegenstände (§ 449 BGB) sind grds. beim Erwerber zu bilanzieren[46]; der Lieferant bilanziert die Gegenforderung. Unter EV gekaufte Sachen dürfen jedoch dann vom Erwerber nicht mehr angesetzt werden, wenn der EV geltend gemacht ist[47]. **44**

Zur **Kommission** vgl. Kap. F Tz. 399. **45**

Grundstücke sind beim Erwerber unter folgenden, kumulativ zu erfüllenden Voraussetzungen anzusetzen: **46**

- Zum Abschlussstichtag muss ein formgültiger Vertrag abgeschlossen sein (§ 311b BGB);
- bis zum Abschlussstichtag muss der Übergang von Besitz, Gefahr, Nutzen und Lasten (§ 446 BGB) erfolgt sein;
- erforderliche Genehmigungen (z.B. nach Grundstücksverkehrsordnung) müssen bis zur Bilanzaufstellung erteilt oder sicher zu erwarten sein;
- bei Bilanzaufstellung müssen die Bewilligung und der Antrag auf Eintragung ins Grundbuch vorliegen und die Eintragung sicher erscheinen; falls eine Auflassung gem. §§ 873, 925 BGB noch nicht erklärt wurde, muss bei Bilanzaufstellung eine Auflassungsvormerkung gem. § 883 BGB eingetragen sein[48].

Die Bilanzierung von **Wertpapieren** ist auch vor Erlangung des rechtlichen Eigentums oder Miteigentums (§§ 18 Abs. 3, 24 DepotG) möglich[49]. Üblich ist die Bilanzierung bei Erteilung der Abrechnung durch die Bank. **47**

Auch bei **Pensionsgeschäften**[50] richtet sich die Vermögenszuordnung nach dem wirtschaftlichen Eigentum. Deren handelsbilanzielle Abbildung regelt § 340b HGB, der formal nur für Institute gilt, aufgrund seines GoB-Charakters aber von allen Kaufleuten zu beachten ist, wenn diese an Pensionsgeschäften untereinander oder mit Instituten beteiligt sind[51]. **48**

Echte Pensionsgeschäfte liegen nach § 340b Abs. 2 HGB vor, wenn der Pensionsnehmer verpflichtet ist, die betreffenden Vermögensgegenstände (z.B. Wertpapiere, Forderungen) zurückzuübertragen. Nach § 340b Abs. 4 HGB ist in diesen Fällen der Pensionsgeber weiterhin zur Aktivierung des Pensionsguts verpflichtet. Gleichzeitig hat er **49**

---

45 Vgl. *Schmidt/Ries*, in: BeBiKo[11], § 246, Rn. 19.
46 Vgl. *Gelhausen/Fey/Kämpfer*, BilMoG, Kap. B, Rn. 18.
47 Zur Bilanzierung der Rückabwicklung vgl. ADS[6], § 246 HGB, Tz. 268.
48 Ebenso ADS[6], § 246 HGB, Tz. 204; zu Gebäuden auf fremdem Grund und Boden vgl. *Neufang/Körner*, BB 2010, S. 503 ff.
49 Vgl. ADS[6], § 246 HGB, Tz. 211; zu Sale-and-Buy-Back-Geschäften sowie Besonderheiten bei Wertpapiertransaktionen vgl. IDW ERS HFA 13 n.F., Tz. 1 ff. und 37 ff.
50 Vgl. hierzu *IDW ERS HFA 13 n.F.*, Tz. 19 ff., 22 ff.; ADS[6], § 246 HGB, Tz. 331; *Schmidt/Ries*, in: BeBiKo[11], § 246, Rn. 24; zu Wertpapierpensionsgeschäften vgl. *Häuselmann/Wiesenbart*, DB 1990, S. 2129 ff.; zur Abgrenzung von der Wertpapierleihe vgl. ADS[6], § 246 HGB, Tz. 353.
51 Vgl. ADS[6], § 246 HGB, Tz. 336 (auch zur Verteilung von Unterschiedsbeträgen über die Laufzeit); zur Zurechnungsfrage ebenso *Schmidt/Ries*, in: BeBiKo[11], § 246, Rn. 26.

die Zahlungsverpflichtungen für den Rückerwerb in Höhe des für die Übertragung erhaltenen Betrags zu passivieren[52]. Der Pensionsnehmer bilanziert den hingegebenen Geldbetrag als Forderung. Zur Angabe des Buchwerts der Pensionsgegenstände im Anh. des Pensionsgebers (§ 340b Abs. 4 S. 4 HGB) vgl. Kap. F Tz. 1029.

50 Bei **unechten Pensionsgeschäften** ist der Pensionsnehmer nicht zur Rückgabe des Vermögensgegenstands verpflichtet, aber er besitzt ein Andienungsrecht (§ 340b Abs. 3 HGB). In diesem Fall ist nach Abs. 5 S. 1 der Vorschrift das Pensionsgut dem Pensionsnehmer zuzurechnen[53], während der Pensionsgeber nach S. 2 die Höhe seiner Verpflichtung im Fall der Rückübertragung im Anh. anzugeben hat[54]. Für drohende Verluste aus der Rücknahmepflicht ist ggf. nach § 249 Abs. 1 S. 1 HGB eine Rückstellung zu bilden.

> **! Hinweis 3:**
>
> Auch wenn beim unechten Pensionsgeschäft das Pensionsgut beim Pensionsgeber auszubuchen ist, ist eine Gewinnrealisierung unzulässig, solange die Verpflichtung zur Rücknahme besteht und soweit er deshalb daraus das Risiko der Wertminderung des Pensionsguts trägt.[55]

5.2 Ansatzwahlrechte und Ansatzverbote

5.2.1 Ansatz immaterieller Vermögensgegenstände (§ 248 Abs. 2 S. 1 HGB)

51 Zu den **immateriellen Vermögensgegenständen des AV**[56] i.S.d. § 248 Abs. 2 HGB rechnen Konzessionen, gewerbliche Schutzrechte (Patente, Marken-, Urheber- und Verlagsrechte, Geschmacks- und Gebrauchsmuster sowie Warenzeichen)[57] und ähnliche Rechte und Werte (z.B. Produktionsverfahren, Import- und Vermarktungserlaubnis nach der REACH-Verordnung, EDV-Programme, Rezepte, Know-how)[58] sowie Lizenzen an solchen Rechten und Werten (§ 266 Abs. 2 A I 1 und 2 HGB)[59].

52 Darüber hinaus stellt der entgeltlich erworbene (derivative) **Geschäfts- oder Firmenwert** per gesetzlicher Fiktion (§ 246 Abs. 1 S. 4 HGB) einen ansatzpflichtigen immateriellen Vermögensgegenstand dar[60]. Demgegenüber ist der selbst geschaffene (originäre) Geschäfts- oder Firmenwert nicht aktivierbar. Der Ansatz eines unentgeltlich (z.B. i.R. der Sachzuzahlung eines Geschäftsbetriebs in die Kapitalrücklage nach § 272 Abs. 2

---

[52] Vgl. ADS[6], § 246 HGB, Tz. 337; *Schmidt/Ries*, in: BeBiKo[11], § 246, Rn. 25; *IDW ERS HFA 13 n.F.*, Tz. 19 ff.
[53] Vgl. ADS[6], § 246 HGB, Tz. 344; *Schmidt/Ries*, in: BeBiKo[11], § 246, Rn. 26; *IDW ERS HFA 13 n.F.*, Tz. 22 ff.
[54] Vgl. *Gelhausen/Fey/Kämpfer*, BilMoG, Kap. O, Rn. 33; *Grottel*, in: BeBiKo[11], § 285, Rn. 54.
[55] Vgl. *IDW ERS HFA 13 n.F.*, Tz. 24.
[56] Vgl. im Einzelnen ADS[6], § 266 HGB, Tz. 28; *Baetge* u.a., in: HdR[5], § 248, Rn. 42; *Schmidt/Usinger*, in: BeBiKo[11], § 248, Rn. 10.
[57] Zur Bilanzierung von Fernsehrechten vgl. *Herzig/Söffing*, WPg 1994, S. 601 ff.
[58] Vgl. zu Kosten der Registrierung chemischer Stoffe nach der REACH-Verordnung *Hoffmann/Rimmelspacher*, WPg 2012, S. 867; zu Software *IDW RS HFA 11 n.F.*; *Baetge* u.a., in: HdR[5], § 248, Rn. 22.
[59] Zu immateriellen Vermögensgegenständen insgesamt vgl. DRS 24; zu Güterfernverkehrsgenehmigungen vgl. *IDW St/HFA 1/1992* (mit Ergänzung, FN-IDW 1999, S. 365); zum Auftragsbestand *Baetge* u.a., in: HdR[5], § 248, Rn. 42; *Winkeljohann/Schellhorn*, in: Winkeljohann/Förschle/Deubert, Sonderbilanzen[5], Kap. D, Rn. 139.
[60] Vgl. *Schubert/Huber*, in: BeBiKo[11], § 247, Rn. 400; *Gelhausen/Fey/Kämpfer*, BilMoG, Kap. E, Rn. 10; zu Anh.-Angaben vgl. Kap. F Tz. 1114 ff.

Nr. 4 HGB bei einem asset deal) erworbenen derivativen Geschäfts- oder Firmenwerts ist gesetzlich nicht geregelt. Berücksichtigt man, dass für den unentgeltlichen Erwerb sog. vergleichbarer immaterieller Vermögensgegenstände des AV i.S.d. § 248 Abs. 2 S. 2 HGB, d.h. Vermögensgegenstände, deren HK nicht eindeutig von den Aufwendungen für die Entwicklung des Unternehmens insgesamt getrennt werden können, (zumindest) ein Aktivierungswahlrecht für zulässig erachtet wird (vgl. Kap. F Tz. 59) und dass ein unentgeltlich erworbener Geschäfts- oder Firmenwert derartigen Vermögensgegenständen vergleichbar ist, erscheint dessen Aktivierung vertretbar[61].

Sofern Einzelverwertbarkeit[62] gegeben ist, ergibt sich nach § 246 Abs. 1 S. 1 HGB eine grundsätzliche Ansatzpflicht für immaterielle Vermögensgegenstände. Für selbst geschaffene immaterielle Vermögensgegenstände des AV wird diese Pflicht jedoch aufgrund der Regelung des § 248 Abs. 2 S. 1 HGB durch ein **Ansatzwahlrecht** ersetzt[63]. Nach § 248 Abs. 2 S. 2 HGB besteht darüber hinaus für bestimmte selbst geschaffene immaterielle Vermögensgegenstände des AV ein **Aktivierungsverbot**. Im Ergebnis besteht eine **Ansatzpflicht** somit nur für nicht selbst geschaffene immaterielle Vermögensgegenstände des AV sowie für erworbene oder selbst geschaffene immaterielle Vermögensgegenstände des UV. Zu den immateriellen Vermögensgegenständen des UV zählen solche, die zur Weiterveräußerung, Weiterverarbeitung oder nur einmaligen Nutzung bestimmt sind[64].

53

> **Beispiel 1:**
> Immaterielle Vermögensgegenstände des Umlaufvermögens sind u.a.
> - nicht abgerechnete Leistungen bei Dienstleistungsunternehmen,
> - Auftragsentwicklungen,
> - die zur Veräußerung bestimmte Software eines Softwareentwicklers,
> - Auftragsproduktionen von urheberrechtlich geschützten Werken mit Übergang des Urheberrechts,
> - Fernsehrechte an nur einmalig ausgestrahlten Sendungen,
> - Schadstoffemissionsrechte[65] oder
> - Ökopunkte i.S.d. § 16 BNatSchG[66].

Ein **entgeltlicher Erwerb**[67] (und damit eine Ansatzpflicht) immaterieller Vermögensgegenstände liegt vor bei Erwerb von einem Dritten (z.B. Kauf oder Tausch), auch einem Gesellschafter oder einem Konzernunternehmen[68]. Er kann zusammen mit anderen

54

---

61 Vgl. auch *IDW RS HFA 42*, Tz. 47 (Ansatz eines im Wege einer Sachzuzahlung erworbenen Reinvermögens i.H.d. Zeitwerts dieser Sachzuzahlung); explizit *Deubert/Hoffmann*, in: Winkeljohann/Förschle/Deubert, Sonderbilanzen[5], Kap. K, Rn. 67 (Ansatz in diesem Fall inkl. Geschäfts- oder Firmenwert).
62 Vgl. DRS 24.17 ff.
63 Vgl. DRS 24.44 ff.; zur Abgrenzung zwischen erworbenen und selbst geschaffenen immateriellen Vermögensgegenständen vgl. DRS 24.26 ff.
64 Vgl. zur Abgrenzung zwischen AV und UV vgl. DRS 24.23 ff.
65 Vgl. *IDW RS HFA 15*.
66 Vgl. *Junker/Weiler*, StB 2010, S. 268 (270, 271).
67 Vgl. DRS 24.39 ff. (auch für den Fall, dass im Tauschfall der hingegebene Vermögensgegenstand zuvor nicht aktiviert war); ADS[6], § 248 HGB, Tz. 14 ff. (auch zur Einlage von Rechten); *Baetge* u.a., in: HdR[5], § 248, Rn. 31.
68 H.M., vgl. ADS[6], § 248 HGB, Tz. 15 m.w.N.

Vermögensgegenständen oder auch i.R. einer Sachgesamtheit erfolgen.[69] Die Einlage immaterieller Vermögensgegenstände gegen Gewährung von Gesellschaftsrechten ist ebenfalls ein entgeltlicher Erwerb (Tauschvorgang)[70]. Anmeldegebühren für eigene gewerbliche Schutzrechte stellen kein Entgelt für den Erwerb dar. Genausowenig entgeltlich erworben sind Diensterfindungen gem. § 4 Abs. 2 ArbnErfG, während freie Erfindungen gegen Vergütung entgeltlich erworben sind[71]. Die nach der REACH-Verordnung erteilte Import- oder Herstellungserlaubnis ist ebenfalls entgeltlich erworben, sofern ein Dritter das Herstellungsrisiko für das zu erstellende Registrierungsdossier trägt[72].

55 Voraussetzungen für die Aktivierung **selbst geschaffener immaterieller Vermögensgegenstände des AV**[73] sind das Vorliegen oder die Entstehung eines immateriellen Vermögensgegenstands[74]. Dabei darf ein in der Entstehung befindlicher immaterieller Vermögensgegenstand nur unter bestimmten, kumulativ zu erfüllenden Voraussetzungen aktiviert werden[75]:

- Der Vermögensgegenstand befindet sich in der Entwicklung (§ 255 Abs. 2a S. 2 HGB).
- Mit hoher Wahrscheinlichkeit entsteht der angestrebte immaterielle Vermögensgegenstand.
- Die Entwicklungskosten können dem zu aktivierenden Vermögensgegenstand verlässlich zugerechnet werden (§ 255 Abs. 2a S. 4 HGB).
- Für den angestrebten immateriellen Vermögensgegenstand besteht kein Aktivierungsverbot gem. § 248 Abs. 2 S. 2 HGB.

> **Hinweis 4:**
> Von einer „hohen Wahrscheinlichkeit" der Entstehung eines immateriellen Vermögensgegenstands des AV kann nach DRS 24.50 i.V.m. DRS 24.B54 ff. ausgegangen werden, wenn folgende Kriterien kumulativ erfüllt sind:
> - Die Fertigstellung des Vermögensgegenstands ist technisch realisierbar; ihr dürfen auch keine durch unternehmensexterne Gegebenheiten hervorgerufene Beschränkungen (z.B. rechtlicher oder regulatorischer Art) entgegenstehen.
> - Die dafür erforderlichen adäquaten technischen, finanziellen und sonstigen (z.B. personellen) Ressourcen sind verfügbar.
> - Die Fertigstellung ist beabsichtigt.

Ein selbst geschaffener immaterieller Vermögensgegenstand liegt vor, wenn das bilanzierende Unternehmen den Vermögensgegenstand auf eigenes Risiko entwickelt bzw. herstellt, somit das **Herstellungsrisiko** trägt (§ 255 Abs. 2a HGB)[76]. Werden laufende

---

69 Vgl. ADS[6], § 248 HGB, Tz. 20 (zur Aufteilung des Kaufpreises); *Lutz/Schlag*, in: HdJ, Abt. II/2, Rn. 18 ff.
70 Vgl. ADS[6], § 248 HGB, Tz. 21; ADS[6], § 255 HGB, Tz. 95 ff.
71 Vgl. DRS 24.29; *Schubert/Huber*, in: BeBiKo[11], § 247, Rn. 391; weitergehend *Lutz/Schlag*, in: HdJ, Abt. II/2, Rn. 34.
72 Vgl. *Hoffmann/Rimmelspacher*, WPg 2012, S. 867 (869 f.).
73 Zu unentgeltlich erworbenen immateriellen Vermögensgegenständen des AV vgl. Kap. F Tz. 59.
74 Vgl. zur Ansatzstetigkeit Kap. F Tz. 71 ff.; DRS 24.67 ff.; zu passiven latenten Steuern im Fall der Ausübung des Aktivierungswahlrechts vgl. Kap. F Tz. 709 ff.; zu Anh.-Angaben vgl. Kap. F Tz. 1183 ff.
75 Vgl. DRS 24.45 ff.; zur umfangreichen Literatur i.R.d. Einführung des Aktivierungswahlrechts in das HGB durch das BilMoG vgl. WP Handbuch 2012 Bd. I, Kap. E, Fn. 214 f.
76 Vgl. DRS 24.27; *Baetge u.a.*, in: HdR[5], § 248, Rn. 29; *Gelhausen/Fey/Kämpfer*, BilMoG, Kap. E, Rn. 49 ff.

Forschungs- und Entwicklungsarbeiten isoliert oder i.R. von Unternehmenserwerben im Wege eines asset deal bzw. einer Vermögensübertragung durch Einzel- oder Gesamtrechtsnachfolge erworben, handelt es sich nicht um selbst geschaffene, sondern um aktivierungspflichtige entgeltlich erworbene immaterielle Vermögensgegenstände.

Im Fall der **Wesensänderung** eines erworbenen immateriellen Vermögensgegenstands (d.h. der Wandlung seiner Funktion und damit seiner Zweckbestimmung, so dass ein neuer Vermögensgegenstand entsteht)[77] liegt dann ein Herstellungsvorgang vor, wenn das Herstellungsrisiko des neuen Vermögensgegenstands beim Erwerber liegt[78]. **56**

Bei einer **Modifikation** (d.h. einer Erweiterung oder über den ursprünglichen Zustand hinausgehenden wesentlichen Verbesserung) eines immateriellen Vermögensgegenstands (z.B. Ausstattung einer Software mit wesentlichen zusätzlichen Funktionalitäten) folgt die bilanzielle Behandlung der Modifikationsaufwendungen der bilanziellen Behandlung der Aufwendungen für die Erlangung des ursprünglich (modifizierten) immateriellen Vermögensgegenstands. Das bedeutet, dass Modifikationsaufwendungen aktivierungspflichtig sind, wenn der ursprüngliche immaterielle Vermögensgegenstand entgeltlich erworben wurde oder selbst hergestellt und die hierfür angefallenen Aufwendungen aktiviert wurden. Indessen müssen im Fall der Selbsterstellung die Modifikationsaufwendungen erfolgswirksam erfasst werden, wenn die ursprünglichen Aufwendungen für die Selbsterstellung nicht aktiviert wurden[79]. Voraussetzung für die Ausübung des Aktivierungswahlrechts für selbst geschaffene immaterielle Vermögensgegenstände des AV ist der Nachweis durch eine entspr. **Dokumentation**, die sich grds. in die Dokumentation der grundlegenden unternehmens- oder produktspezifischen Ansatzregeln und des jeweiligen Entwicklungsprojekts unterteilen lässt[80]. **57**

Nach § 248 Abs. 2 S. 2 HGB besteht ein ausdrückliches **Ansatzverbot** für selbst geschaffene Marken, Drucktitel, Verlagsrechte, Kundenlisten oder vergleichbare immaterielle Vermögensgegenstände des AV[81]. „Vergleichbare immaterielle Vermögensgegenstände" in diesem Sinne sind Vermögensgegenstände, deren HK nicht eindeutig von den Aufwendungen für die Entwicklung des Unternehmens in seiner Gesamtheit abgegrenzt werden können[82]. Entspr. unterliegen Ausgaben für immaterielle Vermögensgegenstände des AV mit Vertriebscharakter dem Aktivierungsverbot des § 248 Abs. 2 S. 2 HGB[83]. **58**

Nicht ausdrücklich gesetzlich geregelt ist die bilanzielle Behandlung von **unentgeltlich erworbenen immateriellen Vermögensgegenständen des AV**. Hierunter fallen z.B. Übertragungen i.R. von Schenkungen, Sachzuschüssen oder Sachzuzahlungen in die **59**

---

77 Vgl. DRS 24.8.
78 Vgl. DRS 24.37 f. und DRS 24.92 (im Fall der Fortführung erworbener Forschungs- und Entwicklungsprojekte); *Gelhausen/Fey/Kämpfer*, BilMoG, Kap. E, Rn. 52; *IDW RS HFA 11 n.F.*, Tz. 15.
79 Vgl. *IDW RS HFA 11 n.F.*, Tz. 16 (in Bezug auf Software); DRS 24.32 ff.; zur alternativ zulässigen Bilanzierung von Modifikationsaufwendungen nach *IDW RS HFA 11* i.d.F. vom 23.06.2010 bei Software, die vor dem Beginn des GJ, in dem *IDW RS HFA 11 n.F.* erstmals angewendet wird (spätestens in dem ersten, nach dem 31.12.2017 beginnenden GJ), angeschafft oder selbst geschaffen wurde (vgl. *IDW RS HFA 11 n.F.*, Tz. 2a).
80 Vgl. DRS 24.52 f.; im Einzelnen *Gelhausen/Fey/Kämpfer*, BilMoG, Kap. E, Rn. 85 ff.; AK „Immaterielle Werte im Rechnungswesen", DB 2008, S. 1816.
81 Vgl. im Einzelnen *Baetge* u.a., in: HdR[5], § 248, Rn. 27; *Schmidt/Usinger*, in: BeBiKo[11], § 248, Rn. 15 ff.
82 Vgl. DRS 24.55 ff.
83 Vgl. *Gelhausen/Fey/Kämpfer*, BilMoG, Kap. E, Rn. 82.

Kapitalrücklage nach § 272 Abs. 2 Nr. 4 HGB[84]. Hier erscheint es aufgrund der (wie bei selbst geschaffenen Vermögensgegenständen) fehlenden Wertobjektivierung sachgerecht, die Anwendung des Aktivierungswahlrechts für selbst geschaffene immaterielle Vermögensgegenstände des AV analog für unentgeltlich erworbene immaterielle Vermögensgegenstände des AV zuzulassen[85]. Dies gilt auch für unentgeltlich erworbene Vermögensgegenstände i.S.d. § 248 Abs. 2 S. 2 HGB[86].

5.2.2 Bilanzierungsverbote (§ 248 Abs. 1 und 2 S. 2 HGB)

60 Nach § 248 HGB dürfen bestimmte Posten nicht in die Bilanz aufgenommen werden:
- Aufwendungen für die Gründung des Unternehmens (Abs. 1 Nr. 1),
- Aufwendungen für die Beschaffung des EK (Abs. 1 Nr. 2),
- Aufwendungen für den Abschluss von Versicherungsverträgen (Abs. 1 Nr. 3),
- selbst geschaffene Marken, Drucktitel, Verlagsrechte, Kundenlisten oder vergleichbare immaterielle Vermögensgegenstände des AV (Abs. 2 S. 2).

61 Der Begriff **Gründungsaufwendungen** ist weit auszulegen und umfasst alle Ausgaben, die durch die rechtliche Entstehung des Unternehmens verursacht werden. Somit fallen darunter nicht nur die Gründungskosten i.e.S. wie Personalkosten, Kosten der Anmeldung u.ä., sondern auch alle Vorbereitungskosten, soweit sie nicht zur Schaffung von konkreten Vermögensgegenständen geführt haben[87]. Das Bilanzierungsverbot bezieht sich grds. auch auf die Erfassung von Gründungsaufwendungen als RAP[88].

62 Das Bilanzierungsverbot der Aufwendungen für die **Beschaffung des EK** (anlässlich der Gründung oder einer Kapitalerhöhung/Einlage) bezieht sich nicht nur auf unmittelbar für diesen Zweck angefallene Aufwendungen, sondern auch auf Zahlungen, die an Dritte geleistet werden, z.B. an Kapitalvermittlungsunternehmen[89].

63 Unter das Ansatzverbot für **Aufwendungen aus dem Abschluss von Versicherungsverträgen** fallen sowohl die unmittelbar durch den Abschluss von Versicherungsverträgen verursachten Aufwendungen (z.B. Verwaltungskosten für Antragsprüfung, Policierung etc. und Abschlussprovisionen) als auch mittelbar damit im Zusammenhang stehende Aufwendungen wie Werbekosten oder Kosten für die Schulung von Außendienstmitarbeitern[90]. Das Verbot gilt auch für die Bildung eines RAP. Die Anwendung des sog. Zillmer-Verfahrens i.R.d. Bewertung von Deckungsrückstellungen bei VU stellt dagegen keinen Verstoß gegen das Aktivierungsverbot dar[91].

---

84 Vgl. DRS 24.41; *IDW St/HFA 2/1996 i.d.F. 2013*, Abschn. 1 (Sachzuschüsse); ADS[6], § 248 HGB, Tz. 19 und 21 (Schenkungen; Sachzuzahlungen).
85 Vgl. *Schmidt/Usinger*, in: BeBiKo[11], § 248, Rn. 13; *Knop/Küting/Knop*, in: HdR[5], § 255, Rn. 107. Gelhausen/Fey/Kämpfer, BilMoG, Kap. E, Rn. 91; a.A. (Aktivierungspflicht) DRS 24.39; *Baetge* u.a., in: HdR[5], § 248, Rn. 32.
86 Vgl. *Gelhausen/Fey/Kämpfer*, BilMoG, Kap. E, Rn. 92.
87 Vgl. ADS[6], § 248 HGB, Tz. 5; zum Gründungsaufwand bei Formwechsel *IDW RS HFA 41*, Tz. 18.
88 Vgl. *Schmidt/Usinger*, in: BeBiKo[11], § 248, Rn. 1 f.; zur Berücksichtigung von Gründungsaufwendungen in der Eröffnungsbilanz ADS[6], § 248 HGB, Tz. 6a (vorzugsweise Posten eigener Art, ggf. RAP); für eine direkte Verrechnung mit einem Ausgabeaufgeld oder eine Erfassung als Bilanzverlust *Winkeljohann/Schellhorn*, in: Winkeljohann/Försche/Deubert, Sonderbilanzen[5], Kap. D, Rn. 147 f.
89 Vgl. im Einzelnen ADS[6], *§ 248 HGB*, Tz. 10.
90 Vgl. ADS[6], § 248 HGB, Tz. 24 ff.; *Schmidt/Usinger*, in: BeBiKo[11], § 248, Rn. 7; *Baetge* u.a., in: HdR[5], § 248, Rn. 13 ff.
91 Vgl. ADS[6], § 248 HGB, Tz. 27; *Baetge* u.a., in: HdR[5], § 248, Rn. 16; *Kußmaul*, in: HdR[5], Kap. 6, Rn. 19; ausführlich zum Zillmer-Verfahren *Hesberg*, in: BHdR, B 910; Rn. 260 ff.

Hinsichtlich des Bilanzierungsverbots für bestimmte selbst geschaffene **immaterielle Vermögensgegenstände** des AV vgl. Kap. F Tz. 58 f.

5.3 Verrechnungsverbot (§ 246 Abs. 2 S. 1 HGB)

§ 246 Abs. 2 S. 1 HGB verbietet generell die Verrechnung von Posten der Aktivseite mit Posten der Passivseite, von Aufwendungen mit Erträgen[92] sowie von Grundstücksrechten mit Grundstückslasten. Andernfalls würde der Einblick in die Vermögens- und die Ertragslage zumindest beeinträchtigt und der Grundsatz der Klarheit und Übersichtlichkeit (§ 243 Abs. 2 HGB) verletzt. Nicht unter das Saldierungsverbot fällt die **offene Absetzung** bestimmter einzelner Posten in einer Vorspalte der Bilanz (z.B. Absetzung erhaltener Anzahlungen von den Vorräten gem. § 268 Abs. 5 S. 2 HGB)[93].

Neben dem Verrechnungsgebot des § 246 Abs. 2 S. 2 HGB von Vermögensgegenständen des Deckungsvermögens mit den dazugehörigen Altersversorgungsverpflichtungen oder vergleichbaren langfristig fälligen Verpflichtungen (vgl. Kap. F Tz. 762 ff.) bestehen einige weitere **Einschränkungen des Verrechnungsverbots**. Eine wichtige Ausnahme für die GuV ergibt sich aus § 276 HGB, der (i.S. des § 267 Abs. 1 und 2 HGB) kleinen und mittelgroßen KapGes. und unter § 264a HGB fallende PersGes. gestattet, bestimmte GuV-Posten zu einem Posten „**Rohergebnis**" zusammenzufassen (vgl. Kap. F Tz. 766). Die gleiche Saldierungsmöglichkeit dürfte auch bei Einzelkaufleuten und nicht unter § 264a HGB fallenden PersGes. zulässig sein, sofern diese nicht als Großunternehmen Sondervorschriften (wie z.B. § 5 Abs. 1 PublG) unterliegen[94].

Auch bei Forderungen und Verbindlichkeiten können **Saldierungen** in Betracht kommen. Eine Saldierung ist dann zulässig, wenn sich gleichartige, gegen dieselben Personen bestehende Forderungen und Verbindlichkeiten nach § 387 BGB aufrechenbar gegenüberstehen; dies verlangt zumindest die Fälligkeit der Forderung und die Erfüllbarkeit der Verbindlichkeit[95]. Sind sowohl die Forderung als auch die Verbindlichkeit noch nicht fällig, erscheint eine Saldierung grds. unzulässig[96].

> **Praxistipp 3:**
> Ungewisse Verpflichtungen, für die Rückstellungen anzusetzen sind, sind nach § 387 BGB nicht aufrechenbar, da es an der Erfüllbarkeit der Verpflichtung fehlt. Ggf. kommt im Fall von Ersatz- oder Rückgriffsansprüchen gegen Dritte aber unter den engen Voraussetzungen des *IDW RS HFA 34*, Tz. 30 ff. eine Nettobilanzierung der Rückstellung in Betracht.

---

92 Vgl. ADS[6], § 246 HGB, Tz. 454 ff.; ADS[6], § 275 HGB, Tz. 9 f.
93 Vgl. hierzu und zu Besonderheiten bei KapGes. ADS[6], § 246, Tz. 455 ff.; zum offenen Vorspaltenabzug des Freistellungsanspruchs aus einer schuldrechtlichen Erfüllungsübernahme im Innenverhältnis von der dazugehörigen Schuld vgl. ADS[6], § 246, Tz. 418.
94 Vgl. auch *Schmidt/Ries*, in: BeBiKo[11], § 246, Rn. 115; enger ADS[6], § 247 HGB, Tz. 92; *Baetge* u.a., in: HdR[5], § 243, Rn. 61 ff.; zu weiteren Ausnahmen vom Verrechnungsverbot in der GuV vgl. ADS[6], § 246 HGB, Tz. 465 ff., sowie *Schmidt/Ries*, in: BeBiKo[11], § 246, Rn. 115.
95 H.M., vgl. ADS[6], § 246 HGB, Tz. 465 ff.; *Schmidt/Ries*, in: BeBiKo[11], § 246, Rn. 105 ff.; für eine Saldierungspflicht bei Abrechnungs- und Kontokorrentverhältnissen *Kußmaul*, in: HdR[5], § 246, Rn. 24.
96 Vgl. auch ADS[6], § 246 HGB, Tz. 466 f.; *Schmidt/Ries*, in: BeBiKo[11], § 246, Rn. 108.

68 Eine generelle Saldierungsmöglichkeit besteht des Weiteren gem. § 274 Abs. 1 HGB für aktive und passive **Steuerlatenzen** (vgl. Kap. F Tz. 729 ff.).

69 Bei **Gesamtschulden** (§ 421 BGB) hat jeder Verpflichtete nach Maßgabe des Verrechnungsverbots des § 246 Abs. 2 S. 1 HGB grds. die Verbindlichkeit in voller Höhe zu passivieren und etwaige Rückgriffsansprüche gegen die übrigen Gesamtschuldner nach den allgemeinen handelsrechtlichen Grundsätzen zu aktivieren (Bruttodarstellung)[97]. Bestehen jedoch zwischen den Schuldnern **im Innenverhältnis** Vereinbarungen, inwieweit jeder Beteiligte die Schuld zu erbringen hat (Erfüllungsübernahme), genügt es, wenn jeder Beteiligte die Verbindlichkeit in Höhe seines Anteils passiviert (Nettodarstellung), vorausgesetzt, die Rückgriffsansprüche sind vollwertig und der Bilanzierende wurde noch nicht mit einem höheren oder dem vollen Betrag der Gesamtschuld in Anspruch genommen[98].

70 Zum **Schuldbeitritt** vgl. Kap. F Tz. 573 f. und Kap. F Tz. 595 f.

5.4 Stetigkeit (§ 246 Abs. 3 HGB)

71 Nach § 246 Abs. 3 S. 1 HGB sind neben den Bewertungsmethoden (Bewertungsstetigkeit nach § 252 Abs. 1 Nr. 6 HGB) auch die auf den vorhergehenden JA angewandten **Ansatzmethoden** beizubehalten (zeitliche Ansatzstetigkeit). Bei vergleichbaren Posten sind danach außerdem die gleichen Ansatzmethoden anzuwenden (sachliche Ansatzstetigkeit). „Ansatzmethoden" umfassen das planvolle Vorgehen bei der Ausübung von Ansatzwahlrechten[99] und Ermessensspielräumen[100] i.R.d. Entscheidung über den Ansatz von Vermögensgegenständen, Schulden, RAP und Sonderposten, sofern der Ausübung ein bestimmtes Verfahren bzw. eine Systematik zugrunde liegt[101]. **Durchbrechungen** der Ansatzstetigkeit sind nach § 246 Abs. 3 S. 2 HGB nur unter den Voraussetzungen des § 252 Abs. 2 HGB zulässig (vgl. Kap. F Tz. 96 ff.)[102].

72 Vgl. zur Ansatzstetigkeit bei **Altersversorgungsverpflichtungen** Kap. F Tz. 585.

73 Das dem Grundsatz der Ansatzstetigkeit unterliegende Aktivierungswahlrecht des § 274 Abs. 1 S. 2 HGB für **aktive latente Steuern** bezieht sich entspr. der zugrundeliegenden Gesamtdifferenzenbetrachtung (vgl. Kap. F Tz. 716) auf den Saldo der voraussichtlichen künftigen Steuerbe- und -entlastungen und nicht auf einzelne, aktive latente Steuern auslösende Sachverhalte[103].

74 Effekte aus der **Änderung von Ansatzmethoden** sind erfolgswirksam zu erfassen[104]. Änderungen im Ansatz von Posten ggü. dem vorhergehenden JA führen nicht zu einer Anpassung der VJ-Zahlen, sondern sind i.R.d. **Anh.-Angaben** von § 284 Abs. 2 Nr. 2 HGB darzustellen[105].

---

[97] Vgl. *ADS*[6], § 246 HGB, Tz. 419.
[98] Vgl. *ADS*[6], § 246 HGB, Tz. 420, *Schmidt/Ries*, in: BeBiKo[11], § 246, Rn. 109; *IDW RS HFA 30 n.F.*, Tz. 99.
[99] Vgl. zu den bestehenden Ansatzwahlrechten *IDW RS HFA 38*, Tz. 7.
[100] Vgl. zu Beispielen für bestehende Ermessensspielräume *IDW RS HFA 38*, Tz. 7; *Gelhausen/Fey/Kämpfer*, BilMoG, Kap. G, Rn. 12.
[101] Vgl. *IDW RS HFA 38*, Tz. 7.
[102] Vgl. zur Stetigkeitsdurchbrechung *IDW RS HFA 38*, Tz. 15.
[103] Vgl. DRS 18.15; *Gelhausen/Fey/Kämpfer*, BilMoG, Kap. G, Rn. 11.
[104] Vgl. *IDW RS HFA 38*, Tz. 16.
[105] Vgl. *IDW RS HFA 38*, Tz. 17; *IDW RS HFA 39*, Tz. 5.

5.5 Angabe von Haftungsverhältnissen (§ 251 HGB)

Haftungsverhältnisse des Unternehmens sind, soweit sie nicht durch entspr. Rückstellungen oder Verbindlichkeiten berücksichtigt werden müssen, unter der Bilanz auf der Passivseite zu **vermerken** (§ 251 S. 1 HGB), d.h. nachrichtlich außerhalb der Hauptspalte anzugeben. Die Haftungsverhältnisse umfassen[106]: 75

- Verbindlichkeiten aus der Begebung und Übertragung von Wechseln (Wechselobligo),
- Verbindlichkeiten aus Bürgschaften, Wechsel- und Scheckbürgschaften,
- Verbindlichkeiten aus Gewährleistungsverträgen,
- Haftungsverhältnisse aus der Bestellung von Sicherheiten für fremde Verbindlichkeiten.

Das **Scheckobligo** braucht nicht genannt zu werden.

Zum **Inhalt** der genannten Arten von Haftungsverhältnissen vgl. Kap. F Tz. 993 ff. 76

Alle Haftungsverhältnisse dürfen zusammen **in einem Betrag** angegeben werden (§ 251 S. 1 Hs. 2 HGB), es genügt die Bezeichnung „Haftungsverhältnisse". KapGes. und PersGes. i.S.d. § 264a HGB müssen nach § 268 Abs. 7 HGB im Anh. die Haftungsverhältnisse nach den vier genannten Gruppen gesondert angeben; darüber hinaus sind zusätzliche Informationen betreffend die Haftungsverhältnisse angabepflichtig (vgl. Kap. F Tz. 1002 f.). 77

Die Haftungsverhältnisse i.S.d. § 251 HGB sind auch dann anzugeben, wenn ihnen gleichwertige **Rückgriffsforderungen** gegenüberstehen (§ 251 S. 2 HGB). Die Rückgriffsforderungen selbst dürfen, brauchen jedoch nicht unter der Bilanz auf der Aktivseite vermerkt zu werden. 78

6. Bewertung

6.1 Allgemeines

Für die Bewertung der Vermögensgegenstände oder Schulden gilt der Grundsatz der **Bestimmtheit des Wertansatzes**, d.h. die einzelnen Vermögensgegenstände oder Schulden sind mit einem einer bestimmten Bewertungsmethode folgenden Wert in der Bilanz anzusetzen[107]. Des Weiteren gilt der Grundsatz der **Methodenfreiheit**, d.h. zur Ermittlung von Wertansätzen kann jede den GoB entspr. Bewertungs- oder Abschreibungsmethode gewählt werden, soweit sie im Einzelfall nicht gegen das Gebot der Klarheit und Übersichtlichkeit des JA (§ 243 Abs. 2 HGB) (bzw. bei KapGes. sowie PersGes. i.S.d. § 264a HGB nicht gegen die Generalnorm des § 264 Abs. 2 HGB) verstößt. 79

Sofern die Ermittlung der AHK (Zugangsbewertung) nicht individuell erfolgt, gibt es hierfür folgende **Verfahren**: die Durchschnittsmethode, die Verbrauchsfolgeverfahren nach § 256 S. 1 HGB (LIFO und FIFO, vgl. Kap. F Tz. 194 ff.), die Gruppenbewertung (vgl. Kap. F Tz. 199), die Festbewertung (vgl. Kap. F Tz. 196 ff.) und die retrograde Ermittlung durch Abzug der Bruttospanne vom Verkaufspreis[108]. Am weitesten verbreitet ist die **Durchschnittsmethode**. Der (gewogene) Durchschnittspreis kann aus Anfangs- 80

---

[106] Vgl. im Einzelnen ADS⁶, § 251 HGB, Tz. 37 ff.; *Grottel/Haußer*, in: BeBiKo¹¹, § 251, Rn. 14 ff.
[107] Vgl. ADS⁶, § 252 HGB, Tz. 124 f.
[108] Vgl. ADS⁶, § 255 HGB, Tz. 109 ff.

bestand und Zugängen laufend, monatlich oder jährlich ermittelt werden; mit diesem Preis werden Abgänge und Endbestand bewertet.

81 Für Vermögensgegenstände bilden die (ggf. fortgeführten) AHK grds. die Obergrenze („höchstens", § 253 Abs. 1 S. 1 HGB). Eine darüber hinausgehende Bewertung ist unzulässig (**Anschaffungswertprinzip**), es sei denn, das Gesetz schreibt eine Bewertung zu einem ggf. höheren Wert vor oder lässt dies zu (vgl. Kap. F Tz. 89 ff.). Die AHK sind um planmäßige oder außerplanmäßige Abschreibungen insoweit zu vermindern, wie sie geboten oder zugelassen sind (Folgebewertung nach § 253 Abs. 1 S. 1 i.V.m. Abs. 3 und 4 HGB).

6.2 Bewertungsgrundsätze

82 In § 252 HGB sind allgemeine Bewertungsgrundsätze kodifiziert. Es handelt sich hierbei um allgemein anerkannte GoB[109].

6.2.1 Grundsatz der Bilanzidentität (§ 252 Abs. 1 Nr. 1 HGB)

83 Bilanzidentität bedeutet, dass die Wertansätze in der Anfangsbilanz des GJ mit denen der Schlussbilanz des vorhergehenden GJ übereinstimmen müssen[110]. Wird – wie üblich – eine Anfangsbilanz nicht aufgestellt, treten an ihre Stelle die Eröffnungsbuchungen (= Vorträge) des neuen GJ. Zu Änderungen früherer JA vgl. *IDW RS HFA 6*; sie rechtfertigen keine Durchbrechung[111].

6.2.2 Grundsatz der Unternehmensfortführung (§ 252 Abs. 1 Nr. 2 HGB)

84 Im **Regelfall** ist bei der Bewertung von der Fortführung der Unternehmenstätigkeit auszugehen (sog. Going Concern-Prinzip)[112]. Diese Annahme hat insb. für die Bewertung des AV sowie für Ansatz und Bewertung von Rückstellungen Bedeutung. So sind für die Gegenstände des AV keine Einzelveräußerungswerte oder niedrigere Zeitwerte anzusetzen, sondern es ist nach § 253 Abs. 3 HGB zu bewerten. Bei der Bewertung der Rückstellungen sind alle Verpflichtungen und Risiken, die mit einer Einstellung der Unternehmenstätigkeit verbunden sein würden (z.B. Sozialpläne, Abwicklungskosten), unberücksichtigt zu lassen.

85 Stehen der Annahme der Unternehmensfortführung jedoch **tatsächliche oder rechtliche Gegebenheiten entgegen**[113], müssen Ansatz und Bewertung an diesen ausgerichtet werden. Im Fall der stillen Abwicklung sind daher für die zur Veräußerung vorgesehenen Vermögensgegenstände die voraussichtlichen Nettoveräußerungserlöse anzusetzen (Zeitwerte bei Einzel-, Teil- oder Gesamtveräußerung); die fortgeführten AHK

---

109 Vgl. hierzu auch *Baetge/Kirsch/Thiele*, in: HdR[5], Kap. 4, Rn. 1 ff.; *Winkeljohann/Büssow*, in: BeBiKo[11], § 252, Rn. 1 ff.
110 Zu Ausnahmen vgl. ADS[6], § 252 HGB, Tz. 15 ff.
111 Vgl. ADS[6], § 252 HGB, Tz. 20.
112 Vgl. hierzu *IDW PS 270 n.F.*, Tz. 4 ff.
113 Vgl. im Einzelnen *IDW PS 270 n.F.*, Tz. 4 ff.; *IDW S 2*; *IDW S 11*; ADS[6], § 252 HGB, Tz. 28; *Winkeljohann/Büssow*, in: BeBiKo[11], § 252, Rn. 14 ff.; *Fülbier/Kuschel/Selchert*, in: HdR[5], § 252, Rn. 49 ff.; zu Sanierungsmaßnahmen vgl. *Förschle/Heinz*, in: Winkeljohann/Förschle/Deubert, Sonderbilanzen[5], Kap. Q, Rn. 20 ff.; *IDW S 6*; zur rückwirkenden Berücksichtigung von Sanierungsmaßnahmen im handelsrechtlichen JA vgl. ADS[6], § 252 HGB, Tz. 47.

dürfen jedoch nicht überschritten werden[114]. Sämtliche aus der zu erwartenden Einstellung der Unternehmenstätigkeit zwangsläufig folgenden Verpflichtungen sind zu berücksichtigen, dabei dürfen Rückstellungen nicht mit zu erwartenden Erlösen aus der Einstellung der Unternehmenstätigkeit saldiert werden[115].

> **Beispiel 2:**
>
> Typische Verpflichtungen, die aus der Einstellung der Unternehmenstätigkeit resultieren, sind z.B.[116]:
> - Vertragsstrafen für den Fall, dass Verträge nicht mehr erfüllt werden;
> - Drohverlustrückstellungen im Fall zu erfüllender Verträge, wenn die erhaltene Leistung nicht mehr verwertet werden kann;
> - Abfindungen für Mitarbeiter;
> - Rückbau- und Abbruchverpflichtungen;
> - Verpflichtungen aus der Beseitigung von Altlasten.

Auch bei einer bevorstehenden Stilllegung einzelner Werke oder Betriebsteile ist die Bewertung insoweit auf diesen Fall auszurichten[117]. Für den Fall der **Auflösung der Ges.** mit anschließender Abwicklung/Liquidation (§ 264 Abs. 1 AktG, § 66 Abs. 1 GmbHG) vgl. die speziellen Bewertungsbestimmungen in § 270 Abs. 2 AktG, § 71 Abs. 2 GmbHG; zu Einzelheiten der Rechnungslegung im Insolvenzverfahren vgl. *IDW RH HFA 1.010, 1.011* und *1.012*[118].

6.2.3 Grundsatz der Einzelbewertung (§ 252 Abs. 1 Nr. 3 HGB)

Jeder Vermögensgegenstand und jede Schuld ist grds. einzeln zu bewerten[119]. Wertminderungen dürfen also nicht mit Wertsteigerungen anderer Vermögensgegenstände oder Schulden kompensiert werden (vgl. auch § 246 Abs. 2 S. 1 HGB); zur einheitlichen Bewertung abnutzbarer Vermögensgegenstände, die komponentenweise planmäßig abgeschrieben werden, vgl. *IDW RH HFA 1.016*, Tz. 10. Das Verrechnungsverbot gilt auch für Vermögensgegenstände, die naturgemäß nur gemeinsam genutzt werden können, wie Grundstücke und Gebäude im AV[120]. Der Grundsatz erfordert, die Chancen und Risiken jedes Vermögensgegenstands für sich zu beurteilen und die Bewertung nach den individuellen Gegebenheiten auszurichten; zur Berücksichtigung von Synergieeffekten bei der Beteiligungsbewertung vgl. *IDW RS HFA 10*, Tz. 5 f., zur Berücksichtigung von Synergieeffekten bei der Immobilienbewertung vgl. *IDW RS IFA 2*, Tz. 8 ff. und Tz. 34. Das kann dazu führen, dass ansonsten gleiche Vermögensgegenstände im Hinblick auf besondere Eigenarten, Ausstattungen sowie Nutzungs- und Verwendungsmöglichkeiten

86

---

114 Vgl. *IDW RS HFA 17*, Tz. 20, darüber hinaus im Einzelnen zu Ansatz (Kap. F Tz. 6 ff.), Bewertung (Kap. F Tz. 18 ff.), Ausweis (Kap. F Tz. 33 ff.) sowie Angabepflichten im Anh. und LB (Kap. F Tz. 39 ff.).
115 Vgl. *IDW RS HFA 17*, Tz. 13 und 23; *Deubert*, in: Winkeljohann/Förschle/Deubert, Sonderbilanzen[5], Kap. T, Rn. 125 ff.
116 Vgl. *IDW RS HFA 17*, Tz. 13.
117 Vgl. ADS[6], § 252 HGB, Tz. 36.
118 Vgl. ausführlich ADS[6], § 270 AktG, Tz. 44 ff.; *Deubert*, in: Winkeljohann/Förschle/Deubert, Sonderbilanzen[5], Kap. T, Rn. 140 ff. Für eine analoge Anwendung auf Unternehmen anderer Rechtsform *Winkeljohann/Büssow*, in: BeBiKo[11], § 252, Rn. 19.
119 Vgl. zum Grundsatz der Einzelbewertung ADS[6], § 252 HGB, Tz. 48 ff.; *Winkeljohann/Büssow*, in: BeBiKo[11], § 252, Rn. 22 ff.; *Naumann* u.a., in: HdJ, Abt. I/7, Rn. 154 ff.
120 Vgl. *IDW RS IFA 2*, Tz. 37.

unterschiedlich zu bewerten sind. Aus dem Grundsatz der Einzelbewertung lässt sich dagegen nicht folgern, dass gleiche Vermögensgegenstände bei gleicher Sachlage willkürlich verschieden bewertet werden dürfen[121]. Dem steht (in sachlicher, aber auch zeitlicher Hinsicht) der Grundsatz der Bewertungsstetigkeit entgegen (§ 252 Abs. 1 Nr. 6 HGB).

87 Gesetzlich geregelte **Ausnahmen** vom Grundsatz der Einzelbewertung sind insb. die Gruppenbewertung (vgl. Kap. F Tz. 199) und die Festbewertung (vgl. Kap. F Tz. 196 ff.)[122], die Bildung von Bewertungseinheiten (vgl. Kap. F Tz. 200 ff.) sowie die Bewertung wertpapiergebundener Versorgungszusagen (vgl. Kap. F Tz. 591 ff.). Zur Frage eines zwar nicht tatsächlichen, aber wirtschaftlichen Identitätsnachweises, insb. bei Wertpapieren, vgl. ADS[6], § 252 HGB, Tz. 51, § 255 HGB, Tz. 110 ff. sowie § 256 HGB, Tz. 7 ff. Zur zusammengefassten Bewertung schwebender Energiebeschaffungs- und/oder -absatzverträge bei EVU unter bestimmten Voraussetzungen vgl. *IDW RS ÖFA 3*.

6.2.4 Grundsatz der Vorsicht (§ 252 Abs. 1 Nr. 4 HGB)

88 Für die Bewertung gilt das Prinzip der Vorsicht[123]. Namentlich sind alle **Verluste**, die bis zum Abschlussstichtag entstanden sind, sowie alle **vorhersehbaren Risiken** zu berücksichtigen. Risiken und Chancen sind vorsichtig abzuschätzen. Faktoren, die zu einer niedrigeren Bewertung führen, sind ggf. stärker zu gewichten; die Schätzung darf aber nicht unbegründet sein oder nur auf subjektiven Vorstellungen des Bilanzierenden beruhen. Im Zweifel ist die vernünftige kaufmännische Beurteilung (vgl. Kap. F Tz. 6) maßgebend.

89 Das Vorsichtsprinzip hat seinen Niederschlag in einer Reihe von Vorschriften und Bilanzierungsgrundsätzen gefunden. So ist eine höhere Bewertung als zu den AHK grds. ausgeschlossen (sog. **Anschaffungswertprinzip**, § 253 Abs. 1 HGB). In engem Zusammenhang hiermit steht das **Realisationsprinzip**, wonach Gewinne nur zu berücksichtigen sind, wenn sie am Abschlussstichtag realisiert sind (§ 252 Abs. 1 Nr. 4 Hs. 2 HGB). Die Realisierung von Erträgen setzt grds. den Abschluss eines Verkaufsakts oder eines ähnlichen Vorgangs voraus[124]. In bestimmten Ausnahmefällen verlangt das Gesetz aber unabhängig von Markttransaktionen eine Bewertung zu einem ggf. über die AHK hinausgehenden Wert, insb. bei der

- Bewertung von Vermögensgegenständen des Deckungsvermögens (§ 246 Abs. 2 S. 2 i. V.m. § 253 Abs. 1 S. 4 HGB) (vgl. Kap. F Tz. 599 ff.) und von FI des Handelsbestands bei Instituten (§ 340e Abs. 3 S. 1 HGB) zum beizulegenden Zeitwert (vgl. Kap. F Tz. 146 ff.);
- Umrechnung von auf fremde Währung lautenden Vermögensgegenständen und Verbindlichkeiten mit einer Restlaufzeit von höchstens einem Jahr zum Devisenkassamittelkurs am Abschlussstichtag (§ 256a HGB) (vgl. Kap. F Tz. 230 ff.).

Bei der Bewertung von nach § 254 HGB in eine Bewertungseinheit einbezogenen Grundgeschäften und Sicherungsinstrumenten nach der „Durchbuchungsmethode" ist

---

121 Vgl. *IDW RS HFA 38*, Tz. 4.
122 Vgl. hierzu ADS[6], § 252 HGB, Tz. 57 f., § 253 HGB, Tz. 103, 184 und 533 (insb. zu pauschalen Bewertungsverfahren bei Forderungen und Rückstellungen).
123 Vgl. hierzu *Naumann* u.a., in: HdJ, Abt. I/7, Rn. 181 ff.; zur Plausibilität von Schätzwerten vgl. auch *IDW PS 314 n.F.*
124 Vgl. ADS[6], § 252 HGB, Tz. 82, und § 246 HGB, Tz. 186.

eine ertragswirksame Erfassung von Zeitwertänderungen ebenfalls zulässig (vgl. Kap. F Tz. 220 ff.).

Zur anteiligen Gewinnrealisierung bei **langfristiger Fertigung** vgl. Kap. F Tz. 105; zu Grenzfällen (z.B. Pensionsgeschäften, Sale-lease-back-Geschäften[125], Lizenzen[126]) vgl. ADS[6], § 246 HGB, Tz. 260 ff.; zur Gewinnrealisierung bei Abschlagszahlungen für Werkleistungen vgl. *HFA*, FN-IDW 2015, S. 237 sowie IDW Life 2015, S. 616 ff.

90

Im Fall eines sog. **Mehrkomponentengeschäfts**, d.h. eines aus mehreren Einzelleistungen bestehenden, rechtlich einheitlichen Vertragsverhältnisses oder einer (aus ihrem wirtschaftlichen Zusammenhang resultierenden) Einheit mehrerer Einzelverträge (z.B. vergünstigte Abgabe eines Mobilfunkgeräts bei gleichzeitigem Abschluss eines Mobilfunkvertrags mit Mindestlaufzeit[127]) ist eine Differenzierung hinsichtlich der Realisierung des Gewinns aus den einzelnen Komponenten des Gesamtgeschäfts vorzunehmen. Dazu ist der Gesamterlös aus dem Mehrkomponentengeschäft im Verhältnis der beizulegenden Zeitwerte der Einzelkomponenten zueinander aufzuteilen und anschließend für jede Einzelkomponente zu prüfen, ob eine Gewinnrealisierung nach allgemeinen Grundsätzen vorzunehmen ist[128]. Dies setzt voraus, dass die beizulegenden Zeitwerte der Einzelkomponenten verlässlich bestimmbar sind und die Einzelleistungen auch unabhängig voneinander bezogen oder genutzt werden können[129]. Kann der beizulegende Zeitwert nicht verlässlich auf die Einzelkomponenten aufgeteilt werden, darf eine Realisierung erst dann erfolgen, wenn sämtliche Einzelleistungen erbracht wurden und nach allgemeinen Grundsätzen als realisiert gelten[130].

91

Im **Versandhandel oder bei ähnlichen Massengeschäften** mit gesetzlichem oder vertraglichem Rückgabe- oder Widerrufsrecht (Retourenrecht) ist eine Gewinnrealisierung nach bislang h.M. erst mit Ablauf des Retourenrechts zulässig (unabhängig von der möglichen Ermittlung einer Rückgabequote), da ein Gewinn grds. erst dann realisiert ist, wenn die Leistung erbracht und der Anspruch auf die Gegenleistung (so gut wie) sicher ist[131]. Beim Abgang der gelieferten Sache darf eine Forderung danach höchstens mit deren AHK abzgl. voraussichtlicher Aufwendungen für die Rücknahme und für Wertminderungen der gelieferten Sache aufgrund etwaiger Beschädigungen angesetzt werden (Nettobilanzierung). Aus praktischen Gründen ist es ebenfalls zulässig, wenn die Forderung zum Nennbetrag aktiviert und zugleich eine Rückstellung zur Neutralisierung des Gewinns sowie für etwaige Rücknahmekosten und Wertminderungen passiviert wird (Bruttobilanzierung). Alternativ erscheint aber auch schon vor Ablauf des Retourenrechts eine teilweise Gewinnrealisierung unter Berücksichtigung der Retourenquote

92

---

125 Zur Gewinnrealisierung bei Sale-lease-back-Geschäften vgl. auch *Gelhausen/Henneberger*, in: HdJ, Abt. I/8, Rn. 250 ff.; *IDW ERS HFA 13 n.F.*, Tz. 70 ff.
126 Vgl. *DRS 24.59* ff. (zum Abgang als Voraussetzung für eine Gewinnrealisierung); *Brebeck/Herrmann*, in: FS Baetge, S. 64 ff.
127 Vgl. hierzu ausführlich *HFA*, FN-IDW 2015, S. 388 f.
128 Vgl. *Winkeljohann/Büssow*, in: BeBiKo[11], § 252, Rn. 44; ebenso *Fülbier/Kuschel/Selchert*, in: HdR[5], § 252, Rn. 102.
129 Vgl. E-DRS 17.41.
130 Vgl. *Winkeljohann/Büssow*, in: BeBiKo[11], § 252, Rn. 44; ebenso *Fülbier/Kuschel/Selchert*, in: HdR[5], § 252, Rn. 102; NWB Komm. BilR[9], § 252, Rn. 150.
131 Vgl. *Winkeljohann/Büssow*, in: BeBiKo[11], § 252, Rn. 48; ADS[6], § 246 HGB, Tz. 57 und § 252 HGB, Tz. 82; *Schubert/Roscher*, in: BeBiKo[11], § 247, Rn. 90; *Hayn/Jutz/Zündorf*, in: BHdR, B 215, Rn. 16.

insoweit zulässig, wie der Gewinn so gut wie sicher ist[132]. Dies setzt voraus, dass eine hinreichend große Grundgesamtheit gleichartiger Geschäfte vorliegt, die historische Retourenquote (aus Vorsichtsgründen angepasst um einen Risikozuschlag) zuverlässig ermittelbar ist und diese auf die aktuell zu beurteilenden Geschäfte übertragbar ist[133]. Auch bei teilweiser Gewinnrealisierung escheinen Nettobilanzierung (Forderung) und Bruttobilanzierung (Forderung und Rückstellung) zulässig.

93 Ferner sind Ausfluss des Vorsichtsprinzips v.a.
- das **Imparitätsprinzip**, wonach unrealisierte Verluste auszuweisen sind (vgl. § 253 Abs. 3 S. 5, Abs. 4 HGB),
- die **Bilanzierungsverbote** (§ 248 Abs. 1 und Abs. 2 S. 2 HGB),
- die **Ansatzwahlrechte**, z.B. für das Disagio (§ 250 Abs. 3 HGB) oder einen Überhang aktiver latenter Steuern (§ 274 Abs. 1 S. 2 HGB) sowie
- bestimmte **Bewertungsvorschriften**, z.B. Methodenwahlrechte wie § 253 Abs. 3 S. 2 HGB, das Abwertungswahlrecht nach § 253 Abs. 3 S. 6 HGB oder das Zuschreibungsverbot eines entgeltlich erworbenen Geschäfts- oder Firmenwerts (§ 253 Abs. 5 S. 2 HGB).

94 Maßgebend für die Bemessung der Wertansätze ist der **Abschlussstichtag** (§ 252 Abs. 1 Nr. 3 HGB). Ereignisse nach dem Abschlussstichtag bis zur Aufstellung des JA müssen im JA berücksichtigt werden, sofern sie bessere Erkenntnisse über die (Wert-)Verhältnisse am Abschlussstichtag liefern. Dies gilt ungeachtet dessen, ob sie sich positiv oder negativ auswirken (**Wertaufhellungsprinzip**)[134]. Demgegenüber dürfen Ereignisse nach dem Abschlussstichtag, die keinen Rückschluss auf die Verhältnisse am Stichtag zulassen (wertbegründende Ereignisse) grds. nicht berücksichtigt werden (zur Anh.-Angabe zu wertbegründenden Ereignissen nach § 285 Nr. 33 HGB für KapGes. und KapCoGes. vgl. Kap. F Tz. 1247 ff.). Etwas anderes gilt lediglich für die Beurteilung der Unternehmensfortführung (Going Concern); hierbei sind auch wertbegründende Ereignisse zu berücksichtigen[135]. Außerdem dürfen Sanierungsmaßnahmen nach dem Abschlussstichtag (z.B. Schuldenerlass) zur Deckung von Verlusten, sofern sie bis zur Aufstellung des Abschlusses rechtswirksam geworden sind, in das alte GJ zurückbezogen werden[136]. Wegen bis zum Abschlussstichtag eingetretener Vorgänge, die sich erst allmählich im neuen GJ auswirken vgl. ADS[6], § 252 HGB, Tz. 41.

6.2.5 Grundsatz der Periodenabgrenzung (§ 252 Abs. 1 Nr. 5 HGB)

95 Nach diesem Grundsatz sind Aufwendungen und Erträge des GJ – im Gegensatz zur Erfassung in einer Einnahmen-/Ausgabenrechnung – unabhängig von den entsprechenden Zahlungszeitpunkten im JA zu berücksichtigen[137]; maßgebend für die Zurechnung zu einer bestimmten Berichtsperiode ist das Verursachungsprinzip. Sofern in diesem Zusammenhang Abgrenzungen vorzunehmen sind, müssen dabei die Kriterien

---

132 Vgl. *Winkeljohann/Büssow*, in: BeBiKo[11], § 252, Rn. 48; so *Hennrichs*, in: MünchKomm. Bilanzrecht, § 246 HGB, Tz. 56.
133 Vgl. *Winkeljohann/Büssow*, in: BeBiKo[11], § 252, Rn. 48.
134 Vgl. *IDW PS 203 n.F.*, Tz. 8 f.; ADS[6], § 252 HGB, Tz. 38 ff.; *Winkeljohann/Büssow*, in: BeBiKo[11], § 252, Rn. 38.
135 Vgl. *IDW PS 270 n.F.*, Tz. 7.
136 Vgl. ADS[6], § 252 HGB, Tz. 47.
137 Vgl. ADS[6], § 252 HGB, Tz. 94 ff. (auch zu Ausnahmen); dazu auch *HFA*, FN-IDW 2006, S. 781 (783 f.) (Abgrenzung von Mietaufwendungen).

für die Bilanzierbarkeit von Vermögensgegenständen, Schulden, RAP oder Sonderposten (vgl. Kap. F Tz. 32 ff.) sowie die Kriterien für die Bestimmung des Zeitpunkts der Erfassung von Erträgen und Aufwendungen nach dem Realisations- bzw. dem Imparitätsprinzip (Grundsatz der Vorsicht, vgl. Kap. F Tz. 88 ff.) beachtet werden. § 252 Abs. 1 Nr. 5 HGB enthält auch das Gebot der **Pagatorik**, d.h. rein kalkulatorische Kosten, die zu keinem Zeitpunkt zu Zahlungen führen, dürfen in der handelsrechtlichen Rechnungslegung nicht erfasst werden[138].

6.2.6 Grundsatz der Bewertungsstetigkeit (§ 252 Abs. 1 Nr. 6 HGB)

Der Grundsatz der Bewertungsstetigkeit[139] verlangt bei der Bewertung der im JA ausgewiesenen Vermögensgegenstände, Schulden, RAP und Sonderposten die Beibehaltung der auf den vorhergehenden JA angewandten Bewertungsmethoden (**zeitliche Stetigkeit**). Die Vorschrift soll die Vergleichbarkeit aufeinanderfolgender JA sicherstellen und verhindern, dass die Ertragslage durch Änderungen der Bewertungsmethoden beeinflusst wird.

96

Unter dem Begriff „**Bewertungsmethode**" i.S.d. § 252 Abs. 1 Nr. 6 HGB sind bestimmte, in ihrem Ablauf definierte Verfahren der Wertfindung (inkl. Abschreibungsmethoden) zu verstehen, die den GoB entsprechen (vgl. im Einzelnen *IDW RS HFA 38* und DRS 13.6). Das Gebot der Bewertungsstetigkeit greift dann ein, wenn es nebeneinander mehrere gesetzlich zulässige Verfahren gibt oder wenn bei der Bewertung Schätzungs- oder Ermessensspielräume eingeräumt werden. In beiden Fällen ist der Kaufmann grds. an die im vorhergehenden JA angewandten Methoden gebunden. Zwingende Abweichungen von im VJ-Abschluss angewandten Bewertungsmethoden, die sich aus den speziellen Bewertungsvorschriften (§§ 253-256a HGB) ergeben (z.B. außerplanmäßige Abschreibungen abnutzbarer Anlagegegenstände, niedrigere Bewertung von Vermögensgegenständen des UV wg. gesunkener Börsen- oder Marktpreise), berühren das Stetigkeitsprinzip nicht. In diesen Fällen liegen daher auch keine Ausnahmefälle i.S.d. § 252 Abs. 2 HGB vor.

97

> **Praxistipp 4:**
>
> Wechselt das Unternehmen regelmäßig von der degressiven auf die lineare Abschreibung in dem Jahr, in dem Letztere steuerlich vorteilhafter ist, ist dies der Bewertungsmethode immanent; es handelt sich nicht um eine Durchbrechung der Bewertungsstetigkeit. KapGes. und KapCoGes. haben dies allerdings bei der Darstellung der Bewertungsmethode nach § 284 Abs. 2 Nr. 1 HGB im Anh. zu beschreiben.

Der Grundsatz der Bewertungsstetigkeit erstreckt sich auf alle in einem JA zu bewertenden Vermögensgegenstände, Schulden, RAP und Sonderposten[140], also nicht nur auf die schon im VJ vorhandenen, sondern auch auf die im GJ neu entstandenen oder zugegangenen. Auch diese sind nach den gleichen Methoden zu bewerten, die auf den vorhergehenden JA angewandt wurden. Bewertungsobjekte, die vergleichbaren Nut-

98

---

138 Vgl. ADS⁶, § 252 HGB, Tz. 95.
139 Vgl. ADS⁶, § 252 HGB, Tz. 103; *Naumann* u.a., in: HdJ, Abt. I/7, Rn. 233 ff.
140 Vgl. *IDW RS HFA 38*, Tz. 4.

zungs- und Risikobedingungen unterworfen sind, dürfen somit nicht willkürlich nach unterschiedlichen Methoden bewertet werden (**sachliche Stetigkeit**)[141].

99 Zweifelhaft ist, ob das Stetigkeitsgebot auch in Fällen zu beachten ist, in denen auf Bewertungsmethoden aus **mehr als ein Jahr zurückliegenden JA** zurückgegriffen werden müsste. Der Wortlaut der Vorschrift gebietet dies nicht, doch entspricht es ihrem Sinn, auch zwischenzeitlich nicht relevant gewesene Bewertungsmethoden grds. fortzuführen.

100 Macht ein übernehmender Rechtsträger i.R. einer **Verschmelzung oder Spaltung** vom Wahlrecht des § 24 UmwG Gebrauch und setzt die Buchwerte aus der Schlussbilanz des übertragenden Rechtsträgers als AK an (Buchwertfortführung), unterliegt er hinsichtlich der Bewertungsmethoden des übertragenden Rechtsträgers nicht dem Stetigkeitsgebot[142]. Mit der Wahl der Buchwertfortführung wird aus Sicht des übernehmenden Rechtsträgers nur die Zugangsbewertung festgelegt, für die Folgebilanzierung gelten die allgemeinen Ansatz-, Bewertungs- und Ausweisgrundsätze.

101 In begründeten Ausnahmefällen (§ 252 Abs. 2 HGB) ist es zulässig, die Bewertungspolitik an veränderte Verhältnisse anzupassen und mit der Wahl der entspr. Bewertungsmethoden dem Ziel eines sachlich zutreffenden, klaren und übersichtlichen JA (§ 243 Abs. 1 und 2 HGB) nahezukommen. Nach *IDW RS HFA 38*, Tz. 15 kommen **Durchbrechungen** der Bewertungsstetigkeit allerdings grds. nur dann in Betracht, wenn die Abweichung

- durch eine Änderung der rechtlichen Gegebenheiten (insb. Änderung von Gesetz und Gesellschaftsvertrag/Satzung, Änderung der handelsrechtlichen Rechtsprechung) veranlasst wurde,
- unter Beachtung der GoB ein besser den tatsächlichen Verhältnissen entsprechendes Bild der Vermögens-, Finanz- und Ertragslage vermitteln soll,
- dazu dient, Bewertungsvereinfachungsverfahren in Anspruch zu nehmen,
- im JA zur Anpassung an konzerneinheitliche Bilanzierungsrichtlinien erfolgt,
- erforderlich ist, um steuerliche Ziele zu verfolgen.

Der Anpassung an konzerneinheitliche Bilanzierungsrichtlinien steht es gleich, wenn der übertragende Rechtsträger i.R. einer **Verschmelzung oder Spaltung** mit Buchwertfortführung bereits in der Übertragungsschlussbilanz[143] die Bewertungsmethoden des übernehmenden Rechtsträgers anwendet[144].

102 Im älteren Schrifttum wurden **weitere Fälle** genannt, in denen eine Durchbrechung der Stetigkeit in Betracht kommen soll. Hierzu gehören bspw. die i.R.d. handelsrechtlichen Bilanzierungs- und Bewertungsgrundsätze erfolgende Anpassung an die Ergebnisse einer steuerlichen Außenprüfung, die Einleitung von Sanierungsmaßnahmen, wesentliche Veränderungen in der Gesellschafterstruktur oder eine grundlegend andere Einschätzung der Unternehmensentwicklung[145]. Die enge Auslegung der gesetzlichen Ausnahmevorschrift des § 252 Abs. 2 HGB, wie sie vom HFA (und für Zwecke des KA

---

141 Vgl. *IDW RS HFA 38*, Tz. 4 und 14; ADS[6], § 252 HGB, Tz. 107 und 129 f. (Grundsatz der Einheitlichkeit der Bewertung); *Fülbier/Kuschel/Selchert*, in: HdR[5], § 252, Rn. 140 ff.
142 Vgl. *IDW RS HFA 42*, Tz. 60; *IDW RS HFA 43*, Tz. 25.
143 Vgl. zur Schlussbilanz nach § 17 Abs. 2 UmwG *IDW RS HFA 42*, Tz. 7 ff. und *IDW RS HFA 43*, Tz. 7 ff.
144 Vgl. *IDW RS HFA 42*, Tz. 17; *Deubert/Henckel*, in: Winkeljohann/Förschle/Deubert, Sonderbilanzen[5], Kap. H, Rn. 117.
145 Dazu und zu weiteren Beispielen vgl. ADS[6], § 252 HGB, Tz. 113.

vom DRSC)[146] vertreten wird, trägt allerdings zur besseren Vergleichbarkeit der JA im Zeitablauf und damit zu einem besseren Einblick in die Vermögens-, Finanz- und Ertragslage des Unternehmens bei.

Jeder Fall einer Durchbrechung der Bewertungsstetigkeit führt bei KapGes. und KapCoGes. zu einer Angabepflicht nach § 284 Abs. 2 Nr. 2 HGB im **Anh.** (vgl. Kap. F Tz. 973 ff.).

6.2.7 Abweichungen von den allgemeinen Bewertungsgrundsätzen (§ 252 Abs. 2 HGB)

Das Gesetz gestattet nach § 252 Abs. 2 HGB, in begründeten **Ausnahmefällen** von den allgemeinen, in Abs. 1 aufgeführten Bewertungsgrundsätzen abzuweichen. Solche Abweichungen sind v.a. bei den Nrn. 3, 4 und 6 denkbar. Die in Betracht kommenden Abweichungen bei den Nrn. 3 und 6 sind oben bei den jeweiligen Grundsätzen erörtert (vgl. Kap. F Tz. 86 f., Kap. F Tz. 96 ff.).

Bei der Nr. 4 kommt eine Abweichung außer in den Fällen der ausdrücklich vorgeschriebenen Bewertung zum beizulegenden Zeitwert (vgl. Kap. F Tz. 146 ff.) insb. hinsichtlich des Hs. 2 (Berücksichtigung von Gewinnen erst, wenn sie realisiert sind) bei **langfristiger Fertigung** in Betracht (vgl. dazu ausführlich Kap. F Tz. 1349 ff.).

6.3 Bewertungsmaßstäbe

6.3.1 Anschaffungskosten (§ 255 Abs. 1 HGB)

AK sind nach § 255 Abs. 1 HGB die Ausgaben, die i.R.d. Erwerbs anfallen, einschließlich der Nebenkosten und der nachträglichen AK, abzgl. Anschaffungspreisminderungen.

Zu den Nebenkosten gehören neben denjenigen des Erwerbs auch diejenigen des **Versetzens in einen betriebsbereiten Zustand**, soweit sie dem Vermögensgegenstand einzeln zugerechnet werden können. Gemeinkosten erfüllen diese Voraussetzung definitionsgemäß i.d.R. nicht, ebenso wenig der Probebetrieb ganzer Werkseinheiten (z.B. Kraftwerke). Ausgaben, die der Entscheidung zum Erwerb dienen und damit vor dem grds. gefassten Entschluss zum Erwerb des betreffenden Vermögensgegenstands anfallen, gehören nicht zu den AK (z.B. i.d.R. Aufwendungen für ein Wertgutachten)[147].

> **Beispiel 3:**
>
> Typische Beispiele für Anschaffungsnebenkosten sind[148]: Provisionen, Courtagen, Kommissionskosten, Eingangsfrachten, Transportkosten, Speditionskosten, Vermittlungs-, Makler- und Gutachtergebühren, Wiegegelder, Montage-, Fundamentierungs-, Inspektions- und Abnahmekosten, Rollgelder, Transportversicherungsprämien, Verzollungskosten, Lagergelder, Anfuhr- und Abladekosten, Steuern und Abgaben, Notariats-, Gerichts- und Registerkosten, Grunderwerbsteuer, Anlieger- und Erschließungsbeiträge sowie Abfindungen für die Auflösung von Mietverträgen oder Grunddienstbarkeiten bei erworbenen Grundstücken.

---

146 Vgl. DRS 13.8.
147 Vgl. ADS[6], § 255 HGB, Tz. 22; *Schubert/Gadek*, in: BeBiKo[11], § 255, Rn. 71.
148 Vgl. ADS[6], § 255 HGB, Tz. 21 ff.; *Schubert/Gadek*, in: BeBiKo[11], § 255, Rn. 70 ff.

Abbruchkosten sind als AK des Grund und Bodens zu erfassen, wenn der Erwerb mit Abbruchabsicht geschehen ist und der Grund und Boden unbebaut genutzt werden soll[149]. Im Fall der Errichtung eines (Neu-)Gebäudes erscheint ihre Aktivierung i.R.d. HK des Gebäudes zulässig, wenn der Abbruch für die Errichtung des neuen Gebäudes erforderlich ist und damit der Abbruch Teil des Herstellungsvorgangs des neuen Gebäudes ist[150]. Mit dem Erwerb verbundene Reparaturarbeiten und Prozesskosten zählen zu den Nebenkosten, wenn der Kaufpreis entspr. niedriger bemessen ist[151].

108 Eine **Pauschalierung** von direkt zuzurechnenden AK ist aus Vereinfachungsgründen zulässig, z.B. bei Eingangsfrachten, Verpackungskosten oder Transportversicherungen[152].

109 Zu den Anschaffungsnebenkosten zählen beim Erwerb eines Vermögensgegenstands durch Ausübung eines **Optionsrechts** auch der Buchwert der Kaufoption (vgl. hierzu *IDW RS BFA 6*, Tz. 22). Beim Erwerb von Vermögensgegenständen aufgrund von **Termingeschäften** ist grds. der vereinbarte Terminpreis maßgebend (vgl. *IDW RS BFA 5*).[153]

110 **Fremdkapitalzinsen** sind nur insoweit als Nebenkosten aktivierbar (Wahlrecht in entspr. Anwendung des § 255 Abs. 3 HGB)[154], wie die Kredite dazu dienen, die Anschaffung von Neuanlagen mit längerer Bauzeit durch An- oder Vorauszahlungen zu finanzieren[155]. Es muss ein enger Zusammenhang zwischen den Fremdfinanzierungskosten und den Investitionen bestehen und die Amortisation durch die künftige Ertragskraft der Anlagen erwartet werden können. Zu den AK der einzelnen Vermögensgegenstände rechnet grds. auch eine umsatzsteuerrechtlich **nicht abziehbare Vorsteuer** (§ 15 Abs. 2 UStG)[156]. Soweit eine spätere Berichtigung nach § 15a UStG zur Nichtabzugsfähigkeit von Vorsteuern führt, kann nach den Grundsätzen des *IDW RH HFA 1.017*, Tz. 12 i.d.R. aus Vereinfachungsgründen von einer Nachaktivierung abgesehen werden.

111 **Anschaffungspreisminderungen**, die dem Vermögensgegenstand einzeln zugeordnet werden können, sind abzuziehen (§ 255 Abs. 1 S. 3 HGB). Dazu zählen z.B. in Anspruch genommene Skonti, Rabatte, zurückgewährte Entgelte und Boni[157], sofern eine sachgerechte Schlüsselung für die Zurechnung der Wertkomponente möglich ist. Im Falle längerfristiger zinsloser oder unterverzinslicher Lieferantenkredite und bei Teilzahlungsgeschäften/Ratenkäufen entsprechen die AK dem auf den Zugangszeitpunkt abgezinsten Kaufpreis (**Barwert**)[158].

---

149 Vgl. ADS⁶, § 255 HGB, Tz. 24.
150 Zu Vorbereitungshandlungen als Teil des Herstellungsvorgangs vgl. *IDW RS HFA 31 n.F.*, Tz. 7.
151 Vgl. ADS⁶, § 255 HGB, Tz. 23 und 25.
152 Vgl. hierzu ADS⁶, § 255 HGB, Tz. 30; *Wohlgemuth*, in: HdJ, Abt. I/9, Rn. 28 ff.
153 Wegen weiterer Einzelheiten vgl. ADS⁶, § 255 HGB, Tz. 74 f., und § 246 HGB, Tz. 371 ff.
154 Vgl. ADS⁶, § 255 HGB, Tz. 38; *Schubert/Hutzler*, in: BeBiKo¹¹, § 255, Rn. 501; a.A. *Knop/Küting/Knop*, in: HdR⁵, § 255, Rn. 40 f. (Aktivierungspflicht).
155 Vgl. ADS⁶, § 255 HGB, Tz. 35 ff.
156 Vgl. *IDW RH HFA 1.017*, Tz. 11; ADS⁶, § 255 HGB, Tz. 20.
157 Vgl. ADS⁶, § 255 HGB, Tz. 49 ff.; *HFA*, IDW Life 2016, S. 303 ff. Zur Behandlung von Konventionalstrafen des Lieferanten vgl. ADS⁶, § 255 HGB, Tz. 55.
158 Vgl. ADS⁶, § 255 HGB, Tz. 78 f.; *Knop/Küting/Knop*, in: HdR⁵, § 255, Rn. 77 ff. Zu AK von Leasinggegenständen bei deren Zurechnung zum Leasingnehmer vgl. *Gelhausen/Henneberger*, in: HdJ, Abt. I/8, Rn. 244 ff.

I.Z.m. dem Erwerb oder der Herstellung von Vermögensgegenständen sind von der öffentlichen Hand erhaltene **Subventionen und Zuschüsse** entweder von den AHK abzusetzen oder durch Bildung eines Passivpostens zu neutralisieren[159]. Eine sofortige erfolgswirksame Vereinnahmung erscheint nur in Ausnahmefällen sachgerecht (z.B. bei Sanierungen, Prämiencharakter der Zuwendung oder außerplanmäßiger Abschreibung des bezuschussten Vermögensgegenstands)[160]. Bedingt rückzahlbare öffentliche Zuschüsse lösen unter bestimmten Voraussetzungen (z.B. bei Erfüllen von Bedingungen wie Gewinnerzielung des Unternehmens oder Erfolg des geförderten Projekts) Passivierungspflichten aus, vgl. *IDW St/HFA 1/1984 i.d.F. 1990,* Abschn. 3.

112

Bei **Zuschüssen**, die bei späteren Zahlungen des Zuschussgebers **für Leistungen des Zuschussempfängers** verrechnet werden sollen (z.B. Bauzuschüsse von Mietern, die auf die künftige Miete angerechnet werden, Zuschüsse zu Forschung und Entwicklung oder zur Beschaffung von Werkzeugen und Formen, die bei künftigen Bestellungen verrechnet werden), handelt es sich um zu passivierende Verpflichtungen des Zuschussempfängers (erhaltene Anzahlungen, Rückstellungen, ggf. passive RAP)[161]. Zu weiteren Einzelheiten bei privaten Zuschüssen vgl. *IDW St/HFA 2/1996 i.d.F. 2013*; zu Baukostenzuschüssen bei EVU *IDW*, WPg 2004, S. 374 f., WPg 2005, S. 122.

113

Nachträgliche Ausgaben (z.B. Ausgaben zur Erweiterung oder wesentlichen Verbesserung, rückwirkende Kaufpreiserhöhung, bspw. aufgrund einer *Earn Out*-Klausel, erhöhte Anschaffungsnebenkosten, Ausgaben für den Ersatz von Anlagenkomponenten im Fall deren komponentenweiser planmäßiger Abschreibung – vgl. Kap. F Tz. 175) gehören nach § 255 Abs. 1 S. 2 HGB zu den (nachträglichen) AK[162]. Gleiches gilt für i.R.d. Abfindung eines ausscheidenden Gesellschafters einer PersGes. vergütete stille Reserven, sofern die positive Differenz zwischen dem Abfindungsbetrag und dem Kapitalanteil des ausscheidenden Gesellschafters nicht vorzugsweise mit dem verbleibenden EK der PersGes. verrechnet wird.[163] Nachträgliche AK-Minderungen stellen im Jahr des Erwerbs Minderungen der Zugänge, später Abgänge dar[164].

114

> **Praxistipp 5:**
> DRS 23.29 ff. sowie die Erläuterungen dazu in DRS 23.B13 f. enthalten ausführliche Hinweise zur Behandlung von Kaufpreisanpassungsklauseln i.R.d. Bestimmung der AK, die auch für den JA zweckdienlich sind.

---

159 Vgl. *IDW St/HFA 1/1984 i.d.F. 1990;* ferner ADS[6], § 255 HGB, Tz. 56 ff.; *Schubert/Gadek*, in: BeBiKo[11], § 255, Rn. 116 f.
160 A.A. *Knop/Küting/Knop*, in: HdR[5], § 255, Rn. 69 (Wahlrecht zur Vereinnahmung steuerfreier Zulagen mit Verweis auf die handelsrechtliche Praxis).
161 Vgl. *IDW St/HFA 2/1996 i.d.F. 2013*, Abschn. 2.1.; ADS[6], § 255 HGB, Tz. 61.
162 Vgl. dazu ADS[6], § 255 HGB, Tz. 42 ff.; *Schubert/Gadek*, in: BeBiKo[11], § 255, Rn. 75 ff. sowie *Schubert/Hutzler*, in: BeBiKo[11], § 255, Rn. 375 ff. (zur Abgrenzung von nachträglichen AHK und Erhaltungsaufwand); *Fey/Deubert*, BB 2012, S. 1461 (zu bedingten AK für Beteiligungen); *IDW RH HFA 1.016*, Tz. 6 (zu nachträglichen AK im Fall der komponentenweisen planmäßigen Abschreibung von Sachanlagen).
163 Vgl. *IDW RS HFA 7 n.F.*, Tz. 58a f.
164 Vgl. ADS[6], § 253 HGB, Tz. 430, § 268 HGB, Tz. 58; *Grottel*, in: BeBiKo[11], § 284, Rn. 281.

115 Die AK beim **Kauf auf** (Leib- oder Zeit-)**Rentenbasis**[165] entsprechen grds. dem Barwert der Rente, der nach versicherungsmathematischen Grundsätzen gem. den vertraglichen Bedingungen (z.B. Lebenserwartung des Veräußerers) und unter Verwendung des laufzeitadäquaten durchschnittlichen Marktzinssatzes der vergangenen sieben Jahre (§ 253 Abs. 2 S. 3 HGB)[166] zu ermitteln ist; sie sind im Folgenden unabhängig von der Entwicklung der Rentenverpflichtung[167]. Ebenso wenig führen Ausgaben aufgrund von i.R.d. Kaufpreisfinanzierung vereinbarten **Wertsicherungsklauseln** später zu einer Änderung der AK[168].

116 Besteht die Gegenleistung für den Erwerb von Vermögensgegenständen ganz oder teilw. in der **Übernahme bestehender Schulden**, Lasten oder sonstiger Verpflichtungen, bilden diese einen Bestandteil der AK des erworbenen Vermögens. Geht der Erwerber unmittelbar i.Z.m. dem Erwerb von Vermögensgegenständen (Sachleistungs-)Verpflichtungen ggü. dem Veräußerer oder Dritten ein (z.B. für Umweltschutz- oder Infrastrukturmaßnahmen im Interesse des Veräußerers oder der Öffentlichkeit), zählen die dadurch entstehenden Ausgaben ebenfalls zu den AK. Diese Schulden sind auch dann zu passivieren, wenn als Gegenleistung Pensionsverpflichtungen übernommen werden, für die sonst das Passivierungswahlrecht gem. Art. 28 Abs. 1 EGHGB gelten würde[169].

117 AK in **Fremdwährung** sind bei Barkäufen und Anzahlungen mit dem tatsächlich aufgewandten €-Betrag umzurechnen, der sich grds. durch die Umrechnung mit dem Geldkurs im Zeitpunkt der Erstverbuchung ergibt. Bei Zielkäufen werden die AK grds. durch die Umrechnung der Verbindlichkeit zum Geldkurs im Zeitpunkt der Ersterfassung bestimmt[170]; danach eintretende Devisenkursänderungen wirken sich nicht mehr auf die AK des Vermögensgegenstands aus. Aus Praktikabilitätsgründen erscheint eine Umrechnung zum Devisenkassamittelkurs zulässig, auch wenn § 256a HGB formal nur die Folgebewertung regelt[171].

118 Eine Aufteilung der AK ist notwendig, wenn für den Erwerb mehrerer Gegenstände ein **Gesamtkaufpreis** gezahlt wird (vgl. bspw. zum Erwerb eines bebauten Grundstücks IDW RS IFA 2, Tz. 13). Aufteilungsmaßstab ist grds. der Zeitwert der erworbenen Gegenstände[172].

119 Bei **unentgeltlichem Erwerb** (z.B. Schenkung, Erbschaft) von Vermögensgegenständen ist der Ansatz mit dem Erinnerungswert oder dem vorsichtig geschätzten Zeitwert zulässig; der Ansatz von Zwischenwerten ist unzulässig[173].

---

165 Dazu gehört auch der Ratenkauf; vgl. ADS[6], § 253 HGB, Tz. 166.
166 Vgl. *Schubert*, in: BeBiKo[11], § 253, Rn. 190; *Gelhausen/Fey/Kämpfer*, BilMoG, Kap. J, Rn 14.
167 Vgl. ADS[6], § 255 HGB, Tz. 65; *Schubert*, in: BeBiKo[11], § 253, Rn. 190.
168 Vgl. ADS[6], § 255 HGB, Tz. 48; *Schubert/Gadek*, in: BeBiKo[11], § 255, Rn. 65.
169 Vgl. ADS[6], § 255 HGB, Tz. 67 m.w.N.; zu den AK eines nicht-monetären Vermögensgegenstands im Fall übernommener ungewisser Verpflichtungen vgl. *HFA*, FN-IDW 2015, S. 236 (237).
170 Vgl. *HFA*, WPg 1986, S. 664 ff.; ADS[6], § 255 HGB, Tz. 63 f.; DRS 25.7.
171 Vgl. *Küting/Mojadadr*, in: HdR[5], § 256a, Rn. 41; *Gelhausen/Fey/Kämpfer*, BilMoG, Kap. J, Rn. 71 (Frage der Wesentlichkeit); a.A. (verpflichtende Umrechnung zum Devisenkassamittelkurs schon bei der Ersterfassung) *Schubert/Gadek*, in: BeBiKo[11], § 255, Rn. 258.
172 Zur Frage der Aufteilung beim Kauf ganzer Betriebe vgl. ADS[6], § 255 HGB, Tz. 106 ff.
173 Vgl. ADS[6], § 255 HGB, Tz. 83 f.; *Schubert/Gadek*, in: BeBiKo[11], § 255, Rn. 99 ff.; a.A. (Aktivierungspflicht) *Knop/Küting/Knop*, in: HdR[5], § 255, Rn. 107.

Bei **Sacheinlagen** (Erwerb gegen Gewährung von Gesellschaftsrechten) ist beim Empfänger der für die Begebung der Anteile im Kapitalerhöhungsbeschluss vereinbarte, ggf. durch Auslegung zu ermittelnde Ausgabebetrag, als AK anzusetzen[174]. Zur Bildung einer entspr. Kapitalrücklage für den den Nennbetrag der Anteile übersteigenden Betrag vgl. Kap. F Tz. 478 f. Demgegenüber sind in die Kapitalrücklage nach § 272 Abs. 2 Nr. 4 HGB einzustellende **Sachzuzahlungen** sowie ertragswirksam zu vereinnahmende **Sachzuschüsse** zum Zeitwert des zugewendeten Vermögensgegenstands anzusetzen[175].

120

> **! Hinweis 5:**
>
> Die handelsrechtliche Bilanzierung einer Sacheinlage beim Empfänger ist von der Bilanzierung beim Einlegenden unabhängig. Sieht bspw. der Kapitalerhöhungsbeschluss als Ausgabebetrag der neuen Anteile den bisherigen Buchwert des Einlagegegenstands beim Einlegenden vor, ist dieser beim Empfänger zu diesem Buchwert (im Fall mehrerer Gegenstände nach Aufteilung des Gesamtbuchwerts, grds. entspr. ihrer Zeitwerte) anzusetzen. Dessen ungeachtet dürfen beim Einlegenden die neuen Anteile nach den Tauschgrundsätzen mit dem (höheren) Zeitwert des Einlagegegenstands, also unter Aufdeckung der stillen Reserven, angesetzt werden.

Im Vergleich zum Zeitwert **überhöhte AK** müssen nicht, dürfen aber zunächst aktiviert werden[176]. Im Fall der Aktivierung wird jedoch eine außerplanmäßige Abschreibung gem. § 253 Abs. 3 S. 5 HGB oder eine niedrigere Bewertung nach § 253 Abs. 4 HGB erforderlich sein. Beruhen die überhöhten AK auf gesellschaftsrechtlichen Gründen (z.B. Bezüge von Konzernunternehmen), darf als AK nur der Zeitwert angesetzt werden, während der Unterschiedsbetrag ggf. nach den rechtsformspezifischen Vorschriften (z.B. § 57 AktG, §§ 30 f. GmbHG) als Rückgewähranspruch zu aktivieren ist[177].

121

Bei **Tauschgeschäften** dürfen die AK handelsrechtlich grds. nach drei Methoden bestimmt werden (Wahlrecht)[178]; dabei bildet der vorsichtig geschätzte Zeitwert des erhaltenen Gegenstands jeweils die Obergrenze:

122

- bei der „Buchwertfortführung" mit dem Buchwert des hingegebenen Gegenstands;
- bei der „Gewinnrealisierung" mit dem (höheren) Zeitwert des hingegebenen Gegenstands;
- bei der „ergebnisneutralen Behandlung" mit dem Buchwert des hingegebenen Gegenstands zzgl. Ertragsteuerbelastung.

Ein Ansatz anderer (Zwischen-)Werte ist unzulässig (Methodenbestimmtheit).

Bei Übertragungen von Vermögensgegenständen anlässlich der **Verschmelzung oder Spaltung** von Unternehmen nach den Vorschriften des Umwandlungsgesetzes gelten die allgemeinen Vorschriften (§§ 253 Abs. 1, 255 Abs. 1 HGB), ergänzt durch § 24

123

---

[174] Vgl. *IDW RS HFA 42*, Tz. 42 f.; weitergehend *Deubert/Hoffmann*, in: Winkeljohann/Förschle/Deubert, Sonderbilanzen[5], Kap. K, Rn. 44 (AK bis zum Zeitwert der Sacheinlage, soweit dem nicht die Einlagevereinbarung ausdrücklich entgegensteht).
[175] Vgl. *IDW RS HFA 42*, Tz. 47; ADS[6], § 255 HGB, Tz. 84.
[176] Vgl. ADS[6], § 255 HGB, Tz. 18; a.A. *Schubert/Gadek*, in: BeBiKo[11], § 255, Rn. 20, und *Wohlgemuth*, in: HdJ, Abt. I/9, Rn. 13 (Aktivierungspflicht auch überhöhter AK).
[177] Vgl. ADS[6], § 255 HGB, Tz. 71 f.
[178] Vgl. im Einzelnen ADS[6], § 255 HGB, Tz. 89 ff.; *Schubert/Gadek*, in: BeBiKo[11], § 255, Rn. 39 ff.; abw. *Wohlgemuth*, in: HdJ, Abt. I/9, Rn. 61 ff. (Zeitwert des hingegebenen Gegenstands).

UmwG; vgl. hierzu *IDW RS HFA 42* und *IDW RS HFA 43*[179]. Erfolgt eine Kapitalerhöhung, ist nach den allgemeinen Vorschriften als AK der übernommenen Vermögensgegenstände grds. der Ausgabebetrag der vom Übernehmer gewährten Anteile gem. Kapitalerhöhungsbeschluss anzusetzen (Obergrenze: Zeitwert der Vermögensgegenstände, ggf. Geschäfts- oder Firmenwert; zur Aufteilung vgl. Kap. F Tz. 118)[180]. Gehören dem Übernehmer die Anteile des übertragenden Rechtsträgers, bestimmen sich die AK nach den Grundsätzen für Tauschgeschäfte[181]. Nach § 24 UmwG ist in beiden Fällen (mit und ohne Kapitalerhöhung) auch die Buchwertfortführung zulässig (Wahlrecht); in diesem Fall gelten die Werte in der Schlussbilanz des übertragenden Rechtsträgers (§ 17 Abs. 2 UmwG) als AK. Ergibt sich aufgrund der Buchwertfortführung ein Verlust, ist dieser sofort als Aufwand zu erfassen[182].

124 Die AK der **Roh-, Hilfs- und Betriebsstoffe** sowie der **Waren**[183] umfassen alle Ausgaben bis zum Fabriklager einschließlich der Anschaffungsnebenkosten. Materialgemeinkosten, auch wenn sie unmittelbar dem Materialbezug zugerechnet werden können, sind nach § 255 Abs. 1 S. 1 HGB als Anschaffungsnebenkosten nicht aktivierbar[184]. Treten bei länger lagernden Waren durch die Lagerung Wertsteigerungen ein (z.B. Holz, Wein, Spirituosen, Käse), ist die Aktivierung von Betriebs- und Verwaltungskosten zulässig, wenn die Kosten voraussichtlich durch die künftigen Verkaufserlöse gedeckt sind[185].

6.3.2 Herstellungskosten (§ 255 Abs. 2 und 3 HGB)

125 § 255 Abs. 2 HGB definiert die HK (S. 1) und zählt die einzurechnenden (S. 2) und einrechenbaren (S. 3) Aufwendungen abschließend auf. HK sind diejenigen Ausgaben, die durch den **Verbrauch** von Gütern und die **Inanspruchnahme** von Diensten für die Herstellung eines Vermögensgegenstands, für seine Erweiterung oder für eine über seinen ursprünglichen Zustand hinausgehende wesentliche Verbesserung entstehen[186]. Zu HK sind in erster Linie unfertige und fertige Erzeugnisse zu bewerten, aber auch selbst geschaffene Vermögensgegenstände des AV sowie aktivierungspflichtige Ausgaben für Überholungen, Reparaturen u.ä.[187].

126 Falls vom Ansatzwahlrecht nach § 248 Abs. 2 S. 1 HGB Gebrauch gemacht wird, sind die HK eines **selbst geschaffenen immateriellen Vermögensgegenstands des AV** die bei dessen Entwicklung anfallenden Ausgaben (§ 255 Abs. 2a S. 1 HGB). Entwicklung ist die Anwendung von Forschungsergebnissen oder von anderem Wissen für die Neu- bzw. Weiterentwicklung von Gütern oder Verfahren mittels wesentlicher Änderungen (§ 255

---

[179] Vgl. *Deubert/Hoffmann*, in: Winkeljohann/Försche/Deubert, Sonderbilanzen[5], Kap. K, Rn. 15 ff.; *Schubert/Gadek*, in: BeBiKo[11], § 255, Rn. 44; zur analogen Anwendung des Wahlrechts des § 24 UmwG im Fall der Anwachsung vgl. *IDW RS HFA 42*, Tz. 93.
[180] Vgl. *IDW RS HFA 42*, Tz. 41 ff.
[181] Vgl. *IDW RS HFA 42*, Tz. 45 f.; *Deubert/Hoffmann*, in: Winkeljohann/Försche/Deubert, Sonderbilanzen[5], Kap. K, Rn. 53 ff.
[182] Vgl. *IDW RS HFA 42*, Tz. 60 ff., insb. Tz. 70 u. 72.
[183] Zur retrograden Ermittlung der AK durch Abzug der Bruttospanne vom Verkaufspreis vgl. ADS[6], § 255 HGB, Tz. 114 f.
[184] Vgl. ADS[6], § 255 HGB, Tz. 26; *Schubert/Gadek*, in: BeBiKo[11], § 255, Rn. 201.
[185] Vgl. ADS[6], § 255 HGB, Tz. 29; *Schubert/Gadek*, in: BeBiKo[11], § 255, Rn. 207.
[186] Zu nachträglichen HK im Fall der komponentenweisen planmäßigen Abschreibung von Sachanlagen vgl. *IDW RH HFA 1.016*, Tz. 6.
[187] Zur Abgrenzung von HK und Erhaltungsaufwand vgl. ADS[6], § 255 HGB, Tz. 118; *Schubert/Hutzler*, in: BeBiKo[11], § 255, Rn. 382 ff.; hierzu auch *IDW RS IFA 1* (bei Gebäuden).

Abs. 2a S. 2 HGB). Ob die Ausgaben während der Entwicklungsphase zu aktivieren oder aktivierbar sind, bestimmt sich nach § 255 Abs. 2a S. 1 i.V.m. Abs. 2 HGB (vgl. Kap. F Tz. 307 f.)[188]. Das Ansatz- und das Bewertungswahlrecht sind stetig auszuüben (§§ 246 Abs. 3, 252 Abs. 1 Nr. 6 HGB).

HK i.S.d. Bilanzrechts sind immer nur tatsächlich angefallene (**pagatorische**) **Ausgaben**, nicht dagegen rein kalkulatorische Kosten. Sie sind i.d.R. anhand der Kostenrechnung und der Betriebsabrechnung zu ermitteln und können insoweit kalkulatorischer Natur sein. Ist die Ermittlung der HK in anderer Weise (z.B. durch einfache Divisionskalkulation) nicht möglich, gehört eine entspr. ausgebaute innerbetriebliche Abrechnung zu den Buchführungspflichten nach § 238 Abs. 1 HGB. **127**

Zu Sonderfragen der Ermittlung der HK bei **verschiedenen Kalkulationsmethoden** (Divisionskalkulation, Äquivalenzziffernrechnung, Zuschlagskalkulation etc.) vgl. ADS[6], § 255 HGB, Tz. 237 ff. **128**

Die HK setzen sich nach § 255 Abs. 2 S. 2 HGB aus den **Materialkosten**, den **Fertigungskosten** und den **Sonderkosten der Fertigung** sowie angemessenen Teilen der **Material- und Fertigungsgemeinkosten** und der **Abschreibungen auf die Fertigungsanlagen** zusammen. Für angemessene Teile der Kosten der allgemeinen Verwaltung einschließlich sozialer Aufwendungen und der Aufwendungen für die betriebliche Altersversorgung besteht ein Aktivierungswahlrecht (§ 255 Abs. 2 S. 3 HGB). **129**

Fremdkapitalzinsen gehören grds. nicht zu den HK (§ 255 Abs. 3 S. 1 HGB). Sie dürfen jedoch aktiviert werden, soweit es sich um Zinsen für FK handelt, das in zeitlicher und sachlicher Hinsicht zur Finanzierung der Herstellung eines Vermögensgegenstands verwendet wird (Objekt- o.ä. Finanzierung)[189]; der Ansatz ist auf den Zeitraum der Herstellung begrenzt (§ 255 Abs. 3 S. 2 HGB). Zur Einbeziehung von FK-Zinsen i.Z.m. zur Veräußerung vorgesehenen bebauten Grundstücken vgl. *IDW RS HFA 31 n.F.*, Tz. 26. Kosten der Kapitalbeschaffung (z.B. Bereitstellungszinsen) sind nicht aktivierbar[190]. **130**

Forschungs- und **Vertriebskosten** dürfen nicht in die HK einbezogen werden (§ 255 Abs. 2 S. 4 HGB). Das gilt auch für die sog. Sondereinzelkosten des Vertriebs (vgl. Kap. F Tz. 144). **131**

Im Einzelnen ergibt sich danach folgendes **Schema** für die Ermittlung der HK: **132**

---

[188] Vgl. DRS 24.74 und DRS 24.86; *Gelhausen/Fey/Kämpfer*, BilMoG, Kap. E, Rn. 93 ff.; *Schubert/Hutzler*, in: BeBiKo[11], § 255, Rn. 480 ff.; AK „Immaterielle Werte im Rechnungswesen" der Schmalenbach-Gesellschaft für Betriebswirtschaft e.V., DB 2008, S. 1813 ff.
[189] Vgl. *IDW RS HFA 31 n.F.*, Tz. 23; ADS[6], § 255 HGB, Tz. 201 ff.; zur Angabepflicht bei KapGes. und KapCoGes. im Anh. vgl. Kap. F Tz. 1007 ff. und Kap. F Tz. 1025.
[190] Vgl. *IDW RS HFA 31 n.F.*, Tz. 27; a.A. ADS[6], § 255 HGB, Tz. 207 (grds. anteilig einrechenbar).

> **Hinweis 6:**
>
> | Herstellungskosten gem. § 255 Abs. 2 und 3 HGB | Aktivierungspflicht | Aktivierungswahlrecht | Aktivierungsverbot |
> |---|---|---|---|
> | **1. Materialkosten** | | | |
> | Fertigungsmaterial | X | | |
> | Materialgemeinkosten | X | | |
> | **2. Fertigungskosten** | | | |
> | Fertigungslöhne | X | | |
> | Fertigungsgemeinkosten einschl. Abschreibungen auf Fertigungsanlagen | X | | |
> | Entwicklungs-, Konstruktions- und Versuchskosten | X | X[191] | |
> | Sondereinzelkosten der Fertigung | X | | |
> | Sondergemeinkosten der Fertigung | X | | |
> | Zinsen für Fremdkapital, das zur Finanzierung der Herstellung eines Vermögensgegenstands verwendet wird | | X | |
> | **3. Verwaltungskosten** | | | |
> | Kosten der allgemeinen Verwaltung | | X | |
> | Aufwendungen für soziale Einrichtungen und freiwillige soziale Leistungen | | X | |
> | Aufwendungen für betriebliche Altersversorgung | | X | |
> | **4. Herstellungskosten** | | | |
> | Summe Ziff. 1 bis 3 | | | |
> | **5. Fremdkapitalverzinsung** | | | |
> | soweit nicht unter Ziff. 2 fallend | | | X |
> | **6. Forschungskosten** | | | X |
> | **7. Vertriebskosten** | | | X |

133 Aktivierungspflichtige **Materialkosten** (Fertigungsmaterial) sind alle unmittelbar dem Herstellungsgegenstand zurechenbare Ausgaben für Rohstoffe, ferner Ausgaben für die im Betrieb selbst gefertigten Halb- und Teilerzeugnisse, für fremdbezogene Leistungen, für Teile und Handelswaren etc. Hilfsstoffe (vgl. unten bei Fertigungsgemeinkosten) haben mit den Roh-/Werkstoffen gemeinsam, dass sie für die Leistung verbraucht werden, z.B. Säuren oder Katalysatoren. Für anderweitig verwertbare Abfälle sind Kostengutschriften zu berücksichtigen. Die Ermittlung des Werkstoffverbrauchs setzt eine

---

[191] Das Aktivierungswahlrecht besteht für die Entwicklungskosten selbst geschaffener immaterieller Vermögensgegenstände des AV.

ordnungsgemäße Aufzeichnung und Überwachung voraus. Grds. ist für die Bewertung der verwendeten Werkstoffe von deren AHK auszugehen[192].

Aktivierungspflichtige **Fertigungskosten** (Fertigungslöhne) sind alle der Fertigung des herzustellenden Gegenstands direkt zurechenbaren Produktions-, Werkstatt- und Verarbeitungslöhne einschl. Nebenkosten, wie Zuschläge, Prämien, bezahlte Ausfallzeiten u.ä.[193]. Hierzu rechnen nicht nur die eigentlichen Arbeitslöhne, sondern auch die Aufwendungen für Werkmeister, Lohnbuchhalter, Techniker etc., soweit sie sich auf die einzelnen Erzeugnisse aufteilen lassen. **134**

Aktivierungspflichtige **Sondereinzelkosten der Fertigung** sind z.B. Ausgaben für Modelle, Schablonen, Spezialwerkzeuge, Gebühren für Fertigungslizenzen sowie auftrags- oder objektgebundene Aufwendungen für Planung, Entwicklung[194], Konstruktion und Versuche. Eine Aktivierungspflicht besteht auch für **Sondergemeinkosten der Fertigung**. Angefallene Zölle und Verbrauchsteuern sind als Sonderkosten der Fertigung aktivierungspflichtig, soweit sie der Herstellung der Verkehrsfähigkeit der Vorräte dienen; andernfalls greift das Aktivierungsverbot für Vertriebskosten (§ 255 Abs. 2 S. 4 HGB)[195]. Zum Abzug sonstiger direkt mit dem Umsatz verbundener Steuern von den Umsatzerlösen (§ 277 Abs. 1 HGB) vgl. Kap. F Tz. 797. **135**

Material- und Fertigungsgemeinkosten müssen insoweit einbezogen werden, wie sie angemessen, d.h. ihrer Höhe und der Sache nach gerechtfertigt sind und auf den Zeitraum der Herstellung entfallen; andernfalls besteht ein Aktivierungsverbot. „Angemessen" sind die bei normaler Beschäftigungslage anfallenden Kosten, soweit sie den Kriterien wirtschaftlicher Geschäftsführung genügen[196]. Wegen offenbarer Unterbeschäftigung oder (Teil-)Stilllegungen nicht gedeckte Gemeinkosten dürfen ebenso wenig wie unwirtschaftliche Kosten zugerechnet werden. „Angemessen" bedeutet außerdem, dass nur derjenige Teil der Gemeinkosten einem bestimmten Produkt zuzurechnen ist, der bei ordnungsgemäßer, d.h. betriebswirtschaftlich vernünftiger und nicht willkürlicher (an der „Tragfähigkeit" ausgerichteter) Kostenverrechnung auf das Produkt entfällt[197]. **136**

Der **Zeitraum der Herstellung** beginnt mit dem Anfall direkt oder indirekt zurechenbarer Ausgaben, die (final) für Zwecke der Herstellung aufgewandt werden und endet grds. mit der Fertigstellung, d.h. der Möglichkeit, den Vermögensgegenstand bestimmungsgemäß zu verwenden[198]. Unmittelbar der Herstellung dienende Vorbereitungshandlungen gehören zum Herstellungsvorgang, wenn der betreffende Vermögensgegenstand bis zur Beendigung der Aufstellung des Abschlusses hinreichend konkretisiert ist, bspw. durch externe Aufträge oder betriebsinterne Vorgaben.[199] Vor dem Abschlussstichtag angefallene, mangels Konkretisierung[200] aufwandswirksam er- **137**

---

192 Vgl. ADS[6], § 255 HGB, Tz. 145 f.
193 Zu Lohnnebenkosten vgl. ADS[6], § 255 HGB, Tz. 147.
194 Zur Bilanzierung von Entwicklungskosten in der Automobilzulieferindustrie vgl. *HFA*, FN-IDW 2009, S. 694.
195 Vgl. *IDW RS HFA 31 n.F.*, Tz. 29; ADS[6], § 255 HGB, Tz. 153; *Schubert/Hutzler*, in: BeBiKo[11], § 255, Rn. 470.
196 Vgl. *IDW RS HFA 31 n.F.*, Tz. 20 f.; ADS[6], § 255 HGB, Tz. 160 ff., Tz. 222 f.
197 Vgl. ADS[6], § 255 HGB, Tz. 156 ff. sowie Tz. 244 f. (HK bei Kuppelprodukten).
198 Vgl. *IDW RS HFA 31 n.F.*, Tz. 7 ff.
199 Vgl. *IDW RS HFA 31 n.F.*, Tz. 7; vgl. auch *Witteler/Lewe*, DB 2009, S. 2445 ff. (zu Abbruch- und Entsorgungskosten).
200 Zur fehlenden Konkretisierung des Herstellungsbeginns aufgrund eines „Letters of Intent" vgl. *HFA*, FN-IDW 2009, S. 694.

fasste Aufwendungen für Vorbereitungshandlungen dürfen in Abschlüssen späterer GJ nicht nachaktiviert werden[201]. Zur (Nach-)Aktivierbarkeit vor dem Abschlussstichtag angefallener und später konkretisierter Ausgaben in vor dem 01.01.2018 beginnenden GJ vgl. *IDW, WPH Edition, Wirtschaftsprüfung & Rechnungslegung*[15], Kap. F Tz. 138. Im Fall selbst geschaffener immaterieller Vermögensgegenstände des AV sind alle Entwicklungsaufwendungen ab dem Zeitpunkt der Erfüllung der Ansatzkriterien (vgl. Kap. F Tz. 55) in die HK einzubeziehen. Darüber hinaus dürfen Aufwendungen i.S.d. § 255 Abs. 2 und 3 HGB, die in der Berichtsperiode seit Beginn der Entwicklungsphase, aber vor dem Zeitpunkt der Erfüllung der Ansatzkriterien angefallen sind und noch in keinem Abschluss aufwandswirksam erfasst worden sind, in die HK des immateriellen Vermögensgegenstands einbezogen werden[202]. In Unterbrechungszeiten angefallene Aufwendungen dürfen grds. nicht einbezogen werden[203].

138 Unter **Materialgemeinkosten**[204] fallen in erster Linie die Kosten folgender Abteilungen: Einkauf, Warenannahme, Material- und Rechnungsprüfung, Lagerhaltung, Materialverwaltung und -bewachung. Außerdem zählen dazu innerbetriebliche Transportkosten und Versicherungskosten.

139 Unter **Fertigungsgemeinkosten** fallen alle Kosten für die Leistung, die nicht direkt als Kosten für Werkstoffe und Fertigungslöhne oder als Sonderkosten verrechnet werden können und auch keine Verwaltungs- oder Vertriebskosten sind.

> **Beispiel 4:**
>
> Typische Beispiele für Fertigungsgemeinkosten sind Kosten für Energie, Brennstoffe, Hilfsstoffe (z.B. Säuren, Rostschutz), Betriebsstoffe, laufende Instandhaltung (Reparaturen) von Betriebsbauten, Betriebseinrichtungen, Maschinen, Vorrichtungen, Werkzeugen etc., Abschreibungen auf Fertigungsanlagen, sonstige Kosten wie Sachversicherungsprämien, Postgebühren und Telefonkosten, Reisekosten etc., soweit auf den Bereich der Fertigung anrechenbar, übernommenes Personal des Auftraggebers, Meister, Lohnbüro, Arbeitsvorbereitung, Werkstattkonstrukteure usw., Hilfslöhne für Lagerbetrieb, Förderwesen, Kraftanlagen, Reinigung der Anlagen, Kontrolle der Fertigung, Pförtner, Wach- und Sicherheitsdienst.

140 Wegen Einzelheiten zu Entwicklungs-, Versuchs- und Konstruktionskosten vgl. ADS[6], § 255 HGB, Tz. 151[205].

141 Als Unterfall der Fertigungsgemeinkosten ist die Einbeziehung von **Abschreibungen auf Fertigungsanlagen**[206] in ähnlicher Weise eingeschränkt wie allgemein unter Kap. F Tz. 136 erläutert. Die Abschreibungen müssen auf den Fertigungszeitraum entfallen und durch die Fertigung veranlasst sein. Abschreibungen auf technisch nicht notwendige

---

[201] Vgl. *IDW RS HFA 31 n.F.*, Tz. 8.
[202] Vgl. DRS 24.86.
[203] Vgl. *IDW RS HFA 31 n.F.*, Tz. 10.
[204] Zur Abgrenzung der Materialgemeinkosten von Kosten der allgemeinen Verwaltung und Anschaffungsnebenkosten vgl. ADS[6], § 255 HGB, Tz. 172.
[205] Vgl. hierzu auch *Nonnenmacher*, DStR 1993, S. 1231 ff.; *HFA*, FN-IDW 2009, S. 694.
[206] Zur Aktivierung kalkulatorischer statt bilanzieller Abschreibungen vgl. mit Beispielen ADS[6], § 255 HGB, Tz. 184 (kalkulatorische Abschreibungen zulässig, soweit niedriger als Bilanzabschreibungen); ebenso *Schubert/Hutzler*, in: BeBiKo[11], § 255, Rn. 428; *Knop/Küting/Knop*, in: HdR[5], § 255, Rn. 243 ff. (grds. planmäßige bilanzielle Abschreibungen).

Reserveanlagen, auf nicht genutzte Anlagen oder auf Anlagen des Vertriebsbereichs dürfen deshalb in die HK genauso wenig eingerechnet werden wie außerplanmäßige Abschreibungen nach § 253 Abs. 3 S. 5 HGB[207]. Von den so ermittelten Abschreibungen dürfen angemessene Teile berücksichtigt werden, d.h. auch hier ist grds. auf eine Normalauslastung abzustellen. Werden Anlagen jedoch ausnahmsweise im Mehrschichtbetrieb oder in anderer Weise stärker als bei einer Normalauslastung genutzt, vermindert dies die einem einzelnen Produkt zurechenbaren Kosten.

Ein **Einbeziehungswahlrecht** besteht nach § 255 Abs. 2 S. 3 HGB für angemessene Teile der Kosten der allgemeinen Verwaltung sowie angemessene Aufwendungen für soziale Einrichtungen des Betriebs, für freiwillige soziale Leistungen und für die betriebliche Altersversorgung, soweit diese auf den Zeitraum der Herstellung entfallen. Zu den **allgemeinen Verwaltungskosten** zählen nicht die Kosten für die Verwaltung im Material- oder Fertigungsbereich (aktivierungspflichtig) oder im Vertriebsbereich (nicht aktivierbar)[208]. **Aufwendungen für soziale Betriebseinrichtungen** entstehen v.a. für Kantinen sowie für Einrichtungen zur Freizeitgestaltung und medizinischen Versorgung. Als **freiwillige soziale Leistungen** sind insb. Zuwendungen anlässlich von Jubiläen, Feiertagen oder Betriebsausflügen sowie freiwillige Beihilfen anzusehen. **Aufwendungen für betriebliche Altersversorgung** sind hauptsächlich Zuführungen zu Pensionsrückstellungen sowie Aufwendungen i.Z.m. Pensions- und Unterstützungskassen sowie Direktversicherungen.[209] **142**

Forschungskosten dürfen nicht in die HK einbezogen werden (§ 255 Abs. 2 S. 4 HGB). Forschungskosten sind die Ausgaben, die bei der eigenständigen und planmäßigen Suche nach neuen wissenschaftlichen oder technischen Erkenntnissen oder Erfahrungen allgemeiner Art anfallen, über deren technische Verwertbarkeit und wirtschaftliche Erfolgsaussichten grds. keine Aussagen getroffen werden können (§ 255 Abs. 2a S. 3 HGB). Dazu zählen z.B. Ausgaben für Grundlagenforschung[210]. **143**

Die **Vertriebskosten** dürfen ebenfalls nicht in die HK eingerechnet werden (§ 255 Abs. 2 S. 4 HGB). Zu den Vertriebskosten gehören Kosten für Marktforschung, Werbung und Absatzförderung, Gehälter, Löhne und andere Kosten der Vertriebs- und Versandabteilung. Auch die Aktivierung von Sondereinzelkosten des Vertriebs (z.B. vorausbezahlte Provisionen) ist unzulässig[211]. **144**

Des Weiteren gehören **nicht** zu den HK: Aufwendungen von außergewöhnlicher Bedeutung, periodenfremde Aufwendungen sowie gewinnabhängige Aufwendungen (KSt, GewSt, Tantieme[212]). Dagegen sind nicht gewinnabhängige Steuern, wie Grundsteuer u.ä., anteilig (für Vermögensgegenstände des Fertigungsbereichs) zu den Fertigungsgemeinkosten zu rechnen. **145**

---

207 Vgl. *IDW RS HFA 31 n.F.*, Tz. 22.
208 Vgl. *IDW RS HFA 31 n.F.*, Tz. 17.
209 Zu weiteren Einzelheiten vgl. ADS[6], § 255 HGB, Tz. 192 ff.
210 Vgl. ADS[6], § 255 HGB, Tz. 151; *Schubert/Hutzler*, in: BeBiKo[11], § 255, Rn. 485; *Gelhausen/Fey/Kämpfer*, BilMoG, Kap. E, Rn. 73.
211 Vgl. ADS[6], § 255 HGB, Tz. 211; *Knop/Küting/Knop*, in: HdR[5], § 255, Rn. 268 ff.; teilw. abw. *Schubert/Hutzler*, in: BeBiKo[11], § 255, Rn. 449 f. (Aktivierung i.R. anteiliger Gewinne bei langfristiger Fertigung); zu Kosten der Auftragserlangung und -vorbereitung ADS[6], § 255 HGB, Tz. 213 f.
212 A.A. für vertraglich vereinbarte Erfolgsbeteiligungen von Arbeitnehmern des Fertigungsbereichs *Oestreicher*, in: BHdR, B 163, Rn. 108.

6.3.3 Beizulegender Zeitwert

146 Der beizulegende Zeitwert ist neben den AHK ein weiterer **Wertmaßstab**. Damit zu bewerten sind insb. Vermögensgegenstände des Deckungsvermögens (§ 253 Abs. 1 S. 4 HGB; vgl. Kap. F Tz. 599 ff.), Rückstellungen für wertpapiergebundene Versorgungszusagen i.S.d. § 253 Abs. 1 S. 3 HGB (vgl. Kap. F Tz. 591 f.), Vermögensgegenstände und Verbindlichkeiten im KA i.R.d. Erstkonsolidierung von TU und der erstmaligen Equity-Bewertung von assoziierten Unternehmen (§§ 301 Abs. 1 S. 2, 312 Abs. 2 S. 1 HGB; vgl. Kap. G Tz. 375 ff. und Kap. G Tz. 630), FI des Handelsbestands bei KI (abzgl. eines Risikoabschlags; § 340e Abs. 3 S. 1 HGB; vgl. WP Handbuch 2012 Bd. I, Kap. J Tz. 331 ff.) sowie bestimmte FI für Zwecke der Anh.-Angaben nach § 285 Nr. 18 und 19 HGB (vgl. Kap. F Tz. 1143 ff.). Grds. handelt es sich um einen Wertmaßstab für Zwecke der Folgebewertung[213].

147 Der **beizulegende Zeitwert** i.S.d. § 255 Abs. 4 HGB ist der Betrag, zu dem ein Vermögensgegenstand zwischen sachverständigen, vertragswilligen (d.h. unter gewöhnlichen Umständen agierenden) und voneinander unabhängigen Geschäftspartnern getauscht oder eine Verbindlichkeit beglichen werden könnte[214]. Er entspricht nicht dem für außerplanmäßige Abschreibungen maßgeblichen **beizulegenden Wert** nach § 253 Abs. 3 S. 5 und Abs. 4 S. 2 HGB, da bei seiner Ermittlung weder unternehmensspezifische Faktoren oder Synergieeffekte zu berücksichtigen sind, noch der Wert nach Beschaffungs- oder Absatzmarkt differenziert zu ermitteln ist[215].

148 Der beizulegende Zeitwert ist nach einem **zweistufigen Verfahren** zu ermitteln. Besteht ein aktiver Markt, entspricht der beizulegende Zeitwert dem Marktpreis (§ 255 Abs. 4 S. 1 HGB). Andernfalls ist der beizulegende Zeitwert mit Hilfe allgemein anerkannter Bewertungsmethoden zu ermitteln (§ 255 Abs. 4 S. 2 HGB).

> **Hinweis 7:**
>
> Abgesehen von ausgewählten FI, bspw. börsennotierten Aktien, fehlt es in aller Regel an einem aktiven Markt, so dass auf allgemein anerkannte Bewertungsmethoden zurückgegriffen werden muss.

149 Ein **aktiver Markt** liegt vor, wenn der Marktpreis an einer Börse, von einem Händler, von einem Broker, von einer Branchengruppe, von einer Preisberechnungsstelle oder von einer Aufsichtsbehörde leicht und regelmäßig erhältlich ist und auf aktuellen und regelmäßig auftretenden Markttransaktionen zwischen unabhängigen Dritten beruht; diese Bedingungen sind kumulativ zu erfüllen[216]. Sind z.B. in einem „engen Markt", d.h. einem Markt mit nur geringem Handel, keine aktuellen Marktpreise verfügbar oder werden nur kleine Volumina im Verhältnis zum Gesamtvolumen der emittierten Aktien gehandelt und fehlt es deshalb an regelmäßigen Markttransaktionen, liegt kein aktiver

---

213 Zur Möglichkeit, den beizulegenden Zeitwert zur Bestimmung von AK in bestimmten Fällen (z.B. i.R. von Tauschvorgängen) heranzuziehen vgl. DRS 24.77.
214 Vgl. *IDW RS BFA 2*, Tz. 33 und 38; *IDW PS 314 n.F.*, Tz. 15 ff.
215 Vgl. *IDW RH HFA 1.005*, Tz. 11; *Gelhausen/Fey/Kämpfer*, BilMoG, Kap. C, Rn. 55.
216 Vgl. *IDW RS BFA 2*, Tz. 39; *IDW RS HFA 9*, Tz. 67 (nach IFRS).

Markt vor. Ob verfügbare Marktpreise aktuell sind bzw. ob Markttransaktionen regelmäßig stattfinden, ist im Einzelfall markt- und produktabhängig zu beurteilen[217].

Ein **„organisierter Markt"** i.S.d. § 2 Abs. 11 WpHG ist i.d.R. ein aktiver Markt; dazu gehört bspw. der „Regulierte Markt" an den deutschen Wertpapierbörsen oder die EEX (Europäische Energiebörse), auch dann, wenn die Preise durch sog. Market Maker ermittelt werden[218]. Bei OTC-Geschäften (außerbörsliche Geschäfte) kann ein aktiver Markt vorliegen; allerdings ist im Einzelfall zu beurteilen, ob die genannten Kriterien erfüllt sind. 150

Besteht ein aktiver Markt, ist der **notierte Marktpreis** maßgebend. Paketzu- oder -abschläge dürfen nicht vorgenommen werden[219]. 151

Besteht kein aktiver Markt, ist der beizulegende Zeitwert mit Hilfe **allgemein anerkannter Bewertungsmethoden** zu ermitteln. Dazu gehören bspw. die Ableitung aus Marktpreisen der einzelnen Bestandteile des zu bewertenden Vermögensgegenstands, die Ableitung aus dem Marktpreis eines vergleichbaren Vermögensgegenstands oder die Anwendung von anerkannten betriebswirtschaftlichen Bewertungsmodellen, im Fall der Bewertung von FI z.B. Discounted Cash-Flow-Modelle oder Optionspreismodelle[220]. Dabei sind, soweit vorhanden, aktuelle, am Markt beobachtbare Daten zu verwenden. Darüber hinaus ist bei Anwendung eines Bewertungsmodells ein solches zu verwenden, das üblicherweise von Marktteilnehmern zur Bewertung verwendet wird[221]. 152

In Ausnahmefällen kann der beizulegende Zeitwert **nicht verlässlich ermittelt** werden, z.B. dann, wenn kein aktiver Markt existiert und die angewandte Bewertungsmethode zu einer Bandbreite möglicher Werte führt, die Abweichung der Werte voneinander signifikant ist und eine Gewichtung der Werte nach Eintrittswahrscheinlichkeiten gar nicht oder nicht sinnvoll möglich ist[222]. In diesen Fällen gelten die speziellen Bewertungsvorschriften nach § 255 Abs. 4 S. 3 und 4 HGB. Danach sind die AHK unter Beachtung des § 253 Abs. 4 HGB fortzuführen; dabei gilt der zuletzt nach § 255 Abs. 4 S. 1 oder 2 HGB ermittelte beizulegende Zeitwert als AHK i.S.d. § 255 Abs. 4 S. 3 HGB (fiktive AHK). Durch den ausschließlichen Verweis auf § 253 Abs. 4 HGB hat die Bewertung in diesen Fällen zwingend nach dem **strengen Niederstwertprinzip** zu erfolgen[223], d.h. es ist auch dann auf den niedrigeren beizulegenden Wert außerplanmäßig abzuschreiben, wenn es sich bei den zu bewertenden Vermögensgegenständen um Gegenstände des AV handelt und die Wertminderung voraussichtlich nur vorübergehend ist. Außerdem sind auch im 153

---

217 Vgl. *IDW RS BFA 2*, Tz. 41 (auch zu Indikatoren für das Vorliegen eines nicht aktiven Markts); *IDW RS HFA 9*, Tz. 68.
218 Vgl. *IDW RS HFA 9*, Tz. 80.
219 Vgl. *IDW RS BFA 2*, Tz. 37; *Schubert/Hutzler*, in: BeBiKo[11], § 255, Rn. 517.
220 Vgl. *IDW RS BFA 2*, Tz. 43; *IDW RH HFA 1.005*, Tz. 7; *Schubert/Hutzler*, in: BeBiKo[11], § 255, Rn. 519. Zu Discounted Cash Flow-Modellen vgl. *IDW S 1 i.d.F. 2008*, Tz. 124; *IDW RH HFA 1.014*, Tz. 31. Zum Black-Scholes-Merton-Optionspreismodell vgl. *Hull*, S. 403 ff. Zur Bewertung von Nicht-FI allg. vgl. *Scharpf/ Schaber/Märkl*, in: HdR[5], § 255, Rn. 442. Zu Bewertungsmodellen für immaterielle Vermögenswerte vgl. *IDW S 5* sowie DRS 24.82.
221 Vgl. *IDW RS BFA 2*, Tz. 43 f.
222 Vgl. *IDW RS BFA 2*, Tz. 45.
223 Vgl. *Gelhausen/Fey/Kämpfer*, BilMoG, Kap. C, Rn. 60; *IDW RS BFA 2*, Tz. 45 (zum strengen Niederstwertprinzip).

Fall abnutzbarer Anlagegegenstände des Deckungsvermögens keine planmäßigen Abschreibungen nach § 253 Abs. 3 S. 1 HGB vorzunehmen[224].

154 Ist eine **Bewertung** zum beizulegenden Zeitwert **nicht mehr zulässig** – z.B. im Fall der Zweckänderung von Vermögensgegenständen des Deckungsvermögens –, gelten nicht mehr die speziellen Bewertungsvorschriften nach § 255 Abs. 4 S. 3 und 4 HGB, sondern die allgemeinen Bewertungsregeln des § 253 HGB[225]. Im Fall zweckgeänderter abnutzbarer Anlagegegenstände führt dies z.B. zu einer Bewertung zu fortgeführten (ursprünglichen, nicht fiktiven) AHK (§ 253 Abs. 1 S. 1 i.V.m. Abs. 3 HGB).

6.4 Zugangsbewertung

6.4.1 Zugangsbewertung von Vermögensgegenständen (§ 253 Abs. 1 S. 1 HGB)

155 Vermögensgegenstände sind im Zugangszeitpunkt gem. § 253 Abs. 1 S. 1 HGB in Abhängigkeit davon, ob es sich um einen Anschaffungs- oder einen Herstellungsvorgang handelt, mit den AK gem. § 255 Abs. 1 HGB bzw. mit den HK gem. § 255 Abs. 2 HGB zu bewerten. Zur Bestimmung der **AK** vgl. Kap. F Tz. 106 ff., zur Bestimmung der **HK** vgl. Kap. F Tz. 125 ff.

6.4.2 Bewertung von Verbindlichkeiten (§ 253 Abs. 1 S. 2 HGB)

156 Verbindlichkeiten stellen rechtlich oder wirtschaftlich entstandene Verpflichtungen ggü. einem Dritten zu einer Leistung dar, deren Höhe zum Abschlussstichtag feststeht[226]. Steht ein erheblicher Teil einer Schuld fest und ist nur ein kleiner, jedoch nicht unwesentlicher Teil ungewiss, ist es zulässig, den feststehenden Teilbetrag den Verbindlichkeiten und den ungewissen Teilbetrag den Rückstellungen zuzuordnen[227].

157 Zur Zulässigkeit der Gruppenbewertung bei Verbindlichkeiten nach § 240 Abs. 4 HGB vgl. Kap. F Tz. 10 und Kap. F Tz. 199.

158 Verbindlichkeiten sind grds. zu ihrem (nicht abgezinsten) **Erfüllungsbetrag** anzusetzen (§ 253 Abs. 1 S. 2 HGB). Dieser entspricht bei Geldleistungsverpflichtungen dem nicht abgezinsten Nennbetrag einer Schuld und bei Sachleistungsverpflichtungen dem voraussichtlich zur Erfüllung der Schuld aufzubringenden Geldbetrag (jeweils im Zeitpunkt der Fälligkeit)[228]. Sofern künftig noch Schwankungen des Erfüllungsbetrags auftreten können (z.B. bei Sachleistungsverbindlichkeiten, Verbindlichkeiten mit einer Wertsicherungsklausel oder Währungsverbindlichkeiten), sind bei dessen Bestimmung zunächst die Verhältnisse zum Zeitpunkt der Erstverbuchung zugrunde zu legen[229]. Spätere Entwicklungen, die zu einem höheren Erfüllungsbetrag führen, sind an den kommenden Abschlussstichtagen zu berücksichtigen[230].

---

224 Vgl. *Gelhausen/Fey/Kämpfer*, BilMoG, Kap. C, Rn. 62.
225 Vgl. *Gelhausen/Fey/Kämpfer*, BilMoG, Kap. C, Rn. 64.
226 Vgl. zur Definition der Verbindlichkeiten und zur Abgrenzung von den Rückstellungen *Schubert*, in: BeBiKo[11], § 247, Rn. 201 ff.; ADS[6], § 246 HGB, Tz. 102 ff. m.w.N.
227 Vgl. ADS[6], § 253 HGB, Tz. 66 und 74.
228 Vgl. *Gelhausen/Fey/Kämpfer*, BilMoG, Kap. I, Rn. 8 f. m.w.N.
229 Vgl. *Ekkenga*, in: Kölner Komm. Rechnungslegungsrecht, § 253, Rn. 22.
230 Vgl. ADS[6], § 253 HGB, Tz. 75; *Brösel/Olbrich*, in: HdR[5], § 253, Rn. 260; zur Berücksichtigung von Vereinbarungen über künftige Zu- oder Abschläge vgl. ADS[6], § 253 HGB, Tz. 73.

Bei Geldleistungsverpflichtungen ist der Erfüllungsbetrag i.d.R. identisch mit dem (Nominal-)Betrag, zu dem die Verbindlichkeit eingegangen wurde (Ausgabebetrag). Ein höherer Erfüllungsbetrag kann aus einem Auszahlungsdisagio oder einem Rückzahlungsagio resultieren, ein niedrigerer Erfüllungsbetrag (selten!) aus einem Rückzahlungsdisagio. **Auszahlungsdisagio** und Rückzahlungsagio dürfen aktivisch abgegrenzt werden (§ 250 Abs. 3 HGB; vgl. Kap. F Tz. 441)[231]. Ein Rückzahlungsdisagio ist nach GoB als RAP zu passivieren (§ 250 Abs. 2 HGB) und anteilmäßig über die Laufzeit der Verbindlichkeit zu vereinnahmen[232]. 159

Grds. sind Verbindlichkeiten – mit Ausnahme der Rentenverpflichtungen ohne Gegenleistung (vgl. Kap. F Tz. 163) – unabhängig von ihrer Restlaufzeit mit ihrem Erfüllungsbetrag zu passivieren und deshalb nicht abzuzinsen[233]. Dies gilt auch für nominell **unverzinsliche** oder **niedrig verzinsliche Verbindlichkeiten**. Danach sind bspw. für den Fall, dass ein gestundeter Kaufpreis für einen Vermögensgegenstand verdeckte Zinsen enthält, zwar dessen AK nur mit dem Barwert der Kaufpreisschuld anzusetzen, jedoch ist die Kaufpreisschuld grds. mit dem vollen Erfüllungsbetrag anzusetzen (Bruttomethode)[234]; der Unterschiedsbetrag darf gem. § 250 Abs. 3 S. 1 HGB als Disagio angesetzt werden[235]. Gleichwohl erscheint es mit dem Hinweis auf die Nichtbilanzierung schwebender Kreditgeschäfte auch zulässig, die Kaufpreisverbindlichkeit ebenfalls mit dem Barwert zu erfassen und diesen in den Folgejahren nach Maßgabe der Effektivzinsmethode um die jeweils aufgelaufenen Zinsen zu erhöhen (Nettomethode; sog. amortised-cost-Bewertung)[236]. Eine solche Nettobilanzierung ist auch für sämtliche zinstragenden, nominell unterverzinslichen (verbrieften oder unverbrieften) Verbindlichkeiten zulässig, deren Erfüllungsbetrag im Zugangszeitpunkt oberhalb ihres Ausgabebetrags liegt[237]. Verpflichtend ist sie demgegenüber bei **Zerobonds** (vgl. IDW St/HFA 1/1986)[238]. 160

Überverzinsliche Verbindlichkeiten sind ebenfalls mit dem Erfüllungsbetrag anzusetzen; eine Drohverlustrückstellung in Höhe des Barwerts der Zinsdifferenz kommt im Regelfall aufgrund fehlender Ertragszurechenbarkeit aus dem Einsatz der erhaltenen Finanzmittel nicht in Betracht[239]. 161

Fremdwährungsverbindlichkeiten sind zum Zeitpunkt der Erstverbuchung grds. mit dem zum Devisenkassageldkurs in Euro umgerechneten Erfüllungsbetrag anzusetzen[240], ggf. (bei nur unwesentlichen Auswirkungen) auch unter Verwendung des Devisenkassamittelkurses[241]. Zur Folgebewertung vgl. Kap. F Tz. 228 ff.; zur Bilanzierung kurs- 162

---

231 Vgl. Schubert/Waubke, in: BeBiKo[11], § 250, Rn. 35 ff.
232 Vgl. ADS[6], § 253 HGB, Tz. 77 u.148.
233 Vgl. ADS[6], § 253 HGB, Tz. 81 ff.; Gelhausen/Fey/Kämpfer, BilMoG, Kap. I, Rn. 13 m.w.N.
234 Vgl. ADS[6], § 253 HGB, Tz. 82; Schubert, in: BeBiKo[11], § 253, Rn. 64.
235 Vgl. Gelhausen/Fey/Kämpfer, BilMoG, Kap. C, Rn. 13; a.A. Brösel/Olbrich, in: HdR[5], § 253, Rn. 288 (für eine verpflichtende Aktivierung des Unterschiedsbetrags gem. § 250 Abs. 1 HGB).
236 Vgl. Schubert, in: BeBiKo[11], § 253, Rn. 66; Brösel/Olbrich, in: HdR[5], § 253, Rn. 289.
237 Vgl. HFA, FN-IDW 2014, S. 591 (595).
238 Vgl. ADS[6], § 253 HGB, Tz. 85 ff.; Schubert, in: BeBiKo[11], § 253, Rn. 65.
239 Vgl. IDW RS HFA 4, Tz. 32; Schubert, in: BeBiKo[11], § 253, Rn. 60; a.A. (für eine Drohverlustrückstellung) Brösel/Olbrich, in: HdR[5], § 253, Rn. 268. Zur Bilanzierung von Verbindlichkeiten mit steigender Verzinsung vgl. ADS[6], § 253 HGB, Tz. 89, und Schubert, in: BeBiKo[11], § 253, Rn. 68.
240 Vgl. Gelhausen/Deubert/Meyer, in: HdJ, Abt. V/8, Rn. 41 und 93. Gl.A. DRS 25.12.
241 Vgl. Gelhausen/Fey/Kämpfer, BilMoG, Kap. J, Rn. 71 f.

163 Auf **Rentenverpflichtungen** beruhende Verbindlichkeiten, für die eine **Gegenleistung nicht mehr zu erwarten** ist, sind nach § 253 Abs. 2 S. 3 HGB wie Rückstellungen zu bewerten (vgl. Kap. F Tz. 571 ff.)[242]. Danach ist der Erfüllungsbetrag der Rentenschuld grds. mit dem ihrer individuellen Restlaufzeit entspr. durchschnittlichen Marktzinssatz der vergangenen sieben GJ abzuzinsen, sofern die Rentenverpflichtung eine Restlaufzeit von mehr als einem Jahr aufweist (§ 253 Abs. 2 S. 1 HGB; zur vereinfachenden Ermittlung des Rechnungszinssatzes gem. § 253 Abs. 2 S. 2 HGB bei Rentenverbindlichkeiten, die auf Altersversorgungszusagen u.ä. beruhen, vgl. Kap. F Tz. 588)[243].

164 Bei einem **Ratenkauf** ist grds. davon auszugehen – selbst wenn keine (nominellen) Zinszahlungen vereinbart wurden –, dass die Raten einen verdeckten Zinsanteil enthalten[244]. Unter Anwendung der Grundsätze für die Bewertung einer Rentenverpflichtung, für die eine Gegenleistung nicht mehr zu erwarten ist, ist die Kaufpreisverbindlichkeit während der Laufzeit grds. mit dem Barwert der noch ausstehenden Raten zu passivieren[245].

> **! Hinweis 8:**
> Wird die Kaufpreisverbindlichkeit unter Anwendung des Sieben-Jahres-Durchschnittszinssatzes ermittelt, ist es sachgerecht, den erworbenen Vermögensgegenstand ebenfalls mit diesem (i.S.d. § 255 Abs. 1 S. 1 HGB aufgewendeten) Wert anzusetzen.

165 Bei (indexbezogenen) **Wertsicherungsklauseln**, die den Gläubiger bei langfristig zu erbringenden Geldleistungen vor der Geldentwertung schützen sollen, hängen die Auswirkungen auf die Verbindlichkeit u.a. davon ab, ob die Wertsicherungsbedingung eingetreten ist[246].

166 **Sachleistungsverbindlichkeiten** sind mit den Beschaffungs-/Herstellungskosten zum Zeitpunkt der Entstehung oder mit den höheren Stichtagskosten zu bewerten[247]. Sind die zur Erfüllung benötigten Vermögensgegenstände bereits vorhanden, entspricht der Buchwert der Verbindlichkeit deren Buchwert (kompensatorische Bewertung)[248]. Dies gilt auch für **Geldwertschulden**, d.h. Verbindlichkeiten, die zwar in Geld zu erfüllen sind, deren Höhe sich jedoch nach den Preisen von bestimmten Gütern oder Leistungen richtet[249].

---

242 Vgl. *Gelhausen/Fey/Kämpfer*, BilMoG, Kap. I, Rn. 14; *Brösel/Olbrich*, in: HdR[5], § 253, Rn. 333 ff.; *Schubert*, in: BeBiKo[11], § 253, Rn. 190.
243 Vgl. *Brösel/Olbrich*, in: HdR[5], § 253, Rn. 333 f.; *Baierl*, in: BHdR, B 234, Rn. 68.
244 Vgl. *Brösel/Olbrich*, in: HdR[5], § 253, Rn. 290; ADS[6], § 253 HGB, Tz. 83.
245 Vgl. *Schubert*, in: BeBiKo[11], § 253, Rn. 67 und 190 ff.; *Gelhausen/Fey/Kämpfer*, BilMoG, Kap. I, Rn. 14.
246 Vgl. *Schubert*, in: BeBiKo[11], § 253, Rn. 57 ff., sowie ausführlich ADS[6], § 253 HGB, Tz. 126 ff.
247 Vgl. *Brösel/Olbrich*, in: HdR[5], § 253, Rn. 320; ADS[6], § 253 HGB, Tz. 120 ff.; *Schubert*, in: BeBiKo[11], § 253, Rn. 54 f.; zu weiteren Einzelheiten hinsichtlich der Bewertung vgl. auch *Gelhausen/Fey/Kämpfer*, BilMoG, Kap. I, Rn. 9 f. sowie *Brösel/Olbrich*, in: HdR[5], § 253, Rn. 315.
248 Vgl. ADS[6], § 253 HGB, Tz. 123; *Brösel/Olbrich*, in: HdR[5], § 253, Rn. 316.
249 Vgl. *Gelhausen/Fey/Kämpfer*, BilMoG, Kap. I, Rn. 11.

6.5 Folgebewertung

6.5.1 Planmäßige/außerplanmäßige Abschreibungen

6.5.1.1 Abschreibungen auf Vermögensgegenstände des Anlagevermögens nach § 253 Abs. 3 HGB

Vermögensgegenstände des AV sind grds. zu den AHK zu bewerten (§ 253 Abs. 1 S. 1 HGB). Ist ihre Nutzungsdauer begrenzt, sind die AHK um **planmäßige Abschreibungen** zu vermindern (§ 253 Abs. 3 S. 1 HGB). Ist Vermögensgegenständen des AV ein niedrigerer Wert beizulegen, sind bei voraussichtlich dauernder Wertminderung **außerplanmäßige Abschreibungen** vorzunehmen (§ 253 Abs. 3 S. 5 HGB). Bei Finanzanlagen dürfen sie auch bei voraussichtlich nicht dauernder Wertminderung vorgenommen werden (§ 253 Abs. 3 S. 6 HGB), während in diesem Fall bei anderen Vermögensgegenständen des AV ein Abschreibungsverbot besteht. **167**

Planmäßige Abschreibungen sind bei allen Gegenständen des AV zu verrechnen, deren Nutzung zeitlich begrenzt ist. Der Plan muss die AHK auf die GJ verteilen, in denen der Gegenstand voraussichtlich genutzt werden kann (§ 253 Abs. 3 S. 2 HGB). Kann bei selbst geschaffenen immateriellen Vermögensgegenständen des AV und bei entgeltlich erworbenen Geschäfts- oder Firmenwerten die voraussichtliche Nutzungsdauer ausnahmsweise **nicht verlässlich geschätzt** werden, sind die planmäßigen Abschreibungen über einen Zeitraum von zehn Jahren vorzunehmen (§ 253 Abs. 3 S. 3 und 4 HGB). Dies ist auf Ausnahmefälle beschränkt, in denen die der Schätzung der Nutzungsdauer zugrunde liegenden Faktoren nicht plausibel, nachvollziehbar und willkürfrei bestimmt werden können[250]. **168**

Zu den Gegenständen, deren **Nutzung zeitlich begrenzt** ist, rechnen v.a. technische Anlagen und Maschinen, die Betriebs- und Geschäftsausstattung, Gebäude, Grundstücke mit auszubeutenden Bodenschätzen sowie immaterielle Anlagewerte[251] (inkl. des entgeltlich erworbenen Geschäfts- oder Firmenwerts). **169**

> **! Hinweis 9:**
> Zeitlich begrenzt nutzbar und deshalb planmäßig abzuschreiben sind auch aktivierte immaterielle Vermögensgegenstände des AV, deren unbegrenzte Nutzbarkeit nur durch regelmäßige Erhaltungsaufwendungen (z.B. regelmäßige Werbung für eine Marke) erreicht werden kann[252].

Als **Abschreibungsmethoden** kommen in erster Linie die lineare und die degressive Abschreibungsmethode, ferner die Abschreibung nach der Inanspruchnahme und verschiedene Mischformen sowie die Sofortabschreibung geringwertiger oder kurzlebiger Anlagegüter in Betracht[253]. **170**

Geringwertige Anlagegüter dürfen sofort abgeschrieben werden. An den steuerlichen Höchstsatz (800 € nach § 6 Abs. 2 S. 1 EStG), ist die handelsrechtliche Sofortab- **171**

---

250 Vgl. DRS 24.99 ff.; *Behrendt-Geisler/Rimmelspacher*, DB 2015, Beil. Nr. 5, S. 8 ff.
251 Zu zeitlich unbegrenzt nutzbaren immateriellen Vermögensgegenständen (z.B. ggf. Wegerechte) vgl. DRS 24.106 ff.
252 Vgl. DRS 24.108.
253 Vgl. zu Einzelheiten ADS[6], § 253 HGB, Tz. 384 ff.

schreibung nicht gebunden[254]. Wird steuerlich nach § 6 Abs. 2a EStG für geringwertige Wirtschaftsgüter ein Sammelposten gebildet und dieser über fünf Jahre gewinnmindernd aufgelöst, darf dieser Sammelposten auch in die HB übernommen werden, wenn der Posten insgesamt unwesentlich ist. In diesen Fällen ist auch eine Sofortabschreibung bzw. eine sofortige aufwandswirksame Verrechnung der in diesem Posten enthaltenen AHK nicht zu beanstanden. Die Sofortabschreibung geringwerter Anlagegüter i.S.d. § 6 Abs. 2 S. 1 EStG gilt hingegen unabhängig davon, ob die betreffenden Vermögensgegenstände einzeln oder in Summe unwesentlich sind[255].

172 Die **degressive Abschreibungsmethode** darf angewendet werden, wenn dadurch der Werteverzehr des Vermögensgegenstands sachgerecht dargestellt wird[256]. Eine bestimmte Form ist für diese Abschreibungsmethode nicht vorgeschrieben. Üblich ist die geometrisch-degressive Abschreibungsmethode, bei der stets der gleiche Abschreibungssatz auf den Buchwert zu Beginn des Jahres bezogen wird. Auch eine Kombination zwischen linearer und degressiver Abschreibungsmethode ist zulässig, bspw. eine degressive Abschreibung mit planmäßigem Übergang auf die lineare Abschreibung[257]. An die steuerliche Zulässigkeit und die steuerlichen Höchstsätze ist die degressive Abschreibungsmethode in der HB nicht gebunden.

173 Die Wahl der Abschreibungsmethode muss den **GoB** entsprechen (§ 243 Abs. 1 HGB) und deshalb grds. den Werteverzehr widerspiegeln. Unzulässig ist deshalb insb. eine Methode, die in offensichtlichem Widerspruch zum Werteverzehr steht[258]. Dabei können jeweils mehrere Abschreibungsmethoden nebeneinander zulässig sein[259], bspw. die lineare und die degressive.

174 Bei der Schätzung der (betriebsindividuellen) **wirtschaftlichen Nutzungsdauer** sind rechtliche, technische, wirtschaftliche und sonstige Faktoren zu berücksichtigen[260]. Insb. in Branchen, in denen die Produktionsverfahren laufend technischen Änderungen unterliegen oder in denen das Aufkommen neuer Produkte die Umstellung oder den Abbruch vorhandener Anlagen fordert, ist die wirtschaftliche Nutzungsdauer oft kürzer zu veranschlagen als die technische[261].

> **Praxistipp 6:**
>
> Die Anwendung der Nutzungsdauern lt. steuerlichen AfA-Tabellen im handelsrechtlichen JA ist aus Vereinfachungs- und Objektivierungsgründen ein anerkannter GoB. Die Anwendung dieser (technischen) Nutzungsdauern ist aber nur zulässig, wenn sie jeweils innerhalb der handelsrechtlich vertretbaren Bandbreiten betriebsindividueller wirtschaftlicher Nutzungsdauern liegen.

---

254 Vgl. ADS[6], § 253 HGB, Tz. 410; *Schubert/Andrejewski*, in: BeBiKo[11], § 253, Rn. 275.
255 Vgl. *HFA*, IDW Life 2017, S. 848.
256 Vgl. *IDW RH HFA 1.015*, Tz. 5; ADS[6], § 253 HGB, Tz. 385.
257 Vgl. ADS[6], § 253 HGB, Tz. 398.
258 Vgl. *Schubert/Andrejewski*, in: BeBiKo[11], § 253, Rn. 239.
259 Vgl. ADS[6], § 253 HGB, Tz. 387; zur einheitlichen Bewertung art- und funktionsgleicher Vermögensgegenstände vgl. Kap. F Tz. 317.
260 Vgl. ADS[6], § 253 HGB, Tz. 366 ff.; zur Anwendbarkeit der steuerlichen AfA-Tabellen im JA vgl. *HFA*, FN-IDW 2001, S. 447 (449); zu Kriterien zur Bestimmung der Nutzungsdauer vgl. DRS 24.98; zur Nutzungsdauer von Gebäuden vgl. *IDW RS IFA 2*, Tz. 23 ff.; zur Abschreibungsbemessung bei Leasinggegenständen vgl. *IDW St/HFA 1/1989*, Abschn. C.
261 Vgl. *HFA*, FN-IDW 2001, S. 447 (449); *HFA*, FN-IDW 2010, S. 355 f. Zur Mehrschichtnutzung vgl. ADS[6], § 253 HGB, Tz. 413.

175 Sofern eine abnutzbare Sachanlage aus wesentlichen Komponenten mit unterschiedlichen wirtschaftlichen Nutzungsdauern besteht, die physisch separierbar sind, ist es zulässig, die Sachanlage **komponentenweise** planmäßig abzuschreiben, d.h. den Betrag der planmäßigen Abschreibung der Sachanlage als Summe der auf die einzelnen Komponenten entfallenden planmäßigen Abschreibungen zu ermitteln. Der Ersatz einer Komponente stellt in diesem Fall einen Teilzugang dar, der als nachträgliche AHK zu aktivieren und über die Nutzungsdauer der Komponente abzuschreiben ist. Die ersetzte Komponente ist als Teilabgang zu erfassen. Großreparaturen und Inspektionen sind von der komponentenweisen planmäßigen Abschreibung ausgenommen, da es insoweit an einem physischen Austausch wesentlicher separierbarer Komponenten fehlt[262]. Zu außerplanmäßigen Abschreibungen bei Anwendung des Komponentenansatzes vgl. Kap. F Tz. 181.

176 Im Abschreibungsplan ist grds ein **Restwert** zu berücksichtigen[263]. Da dessen Schätzung jedoch schwierig ist und die Ausbau-, Abbruch- oder Veräußerungskosten den Restwert häufig ganz oder zum überwiegenden Teil aufzehren, wird überwiegend von einer Berücksichtigung des Restwerts abgesehen. Etwas anderes gilt nur, wenn der voraussichtliche Restwert im Vergleich zu den AHK erheblich ist und nicht durch die genannten Kosten aufgezehrt wird.

177 Unterjährige **Anlagenzugänge** sind i.d.R. zeitanteilig abzuschreiben. Dabei sind sachgerechte Vereinfachungsformen zulässig (z.B. die (steuerlich nicht mehr anerkannte) Halbjahresregel). Die Abschreibung hat grds. mit dem Erreichen des betriebsbereiten Zustands bzw. der Fertigstellung zu beginnen[264]. Vermögensgegenstände, die vor Ablauf der planmäßigen Nutzungsdauer **veräußert** werden, sind im GJ der Veräußerung bis zu diesem Zeitpunkt grds. noch zeitanteilig planmäßig abzuschreiben. Auch hier sind ggf. aus Wesentlichkeitsgründen Vereinfachungen zulässig.

178 Die Grundsätze der **Planmäßigkeit** der Abschreibung (§ 253 Abs. 3 S. 1 und 2 HGB) sowie der Bewertungsstetigkeit (§ 252 Abs. 1 Nr. 6 HGB) erfordern, dass die einmal gewählte Methode in Folgejahren beizubehalten ist und ferner art- und funktionsgleiche Vermögensgegenstände nach derselben Methode abgeschrieben werden (vgl. *IDW RS HFA 38*; dazu auch Kap. F Tz. 96 ff.). Ein sachlich begründeter **Wechsel** zwischen verschiedenen Abschreibungsmethoden ist jedoch zulässig (§ 252 Abs. 2 HGB).

179 Stellt sich heraus, dass die **Nutzungsdauer** ursprünglich **zu lang** geschätzt war, muss eine Korrektur erfolgen. Ist der am Abschlussstichtag beizulegende Wert niedriger als der bisherige Buchwert, ist eine außerplanmäßige Abschreibung nach § 253 Abs. 3 S. 5 HGB erforderlich; andernfalls ist der bisherige Buchwert auf die verkürzte Restnutzungsdauer zu verteilen[265]. War die Nutzungsdauer ursprünglich **zu kurz** geschätzt worden, ist eine Neuschätzung nur geboten, wenn andernfalls der Grundsatz der Klarheit des JA (§ 243 Abs. 2 HGB; bei KapGes. und KapCoGes.: die Generalnorm des § 264 Abs. 2 HGB) beeinträchtigt würde. In diesem Fall ist der sich ergebende restliche Buchwert grds. auf die neu geschätzte Restnutzungsdauer zu verteilen. Ein vorübergehendes

---

262 Vgl. *IDW RH HFA 1.016*, Tz. 5 ff.; *Schubert/Andrejewski*, in: BeBiKo[11], § 253, Rn. 278 f.
263 Vgl. ADS[6], § 253 HGB, Tz. 415 ff.
264 Vgl. DRS 24.104; weitergehend ADS[6], § 253 HGB, Tz. 439, wonach ein Abschreibungsbeginn auch bei einem nur unwesentlich späteren Zeitpunkt der tatsächlichen Ingebrauchnahme zulässig ist.
265 Vgl. ADS[6], § 253 HGB, Tz. 423 ff.; ähnlich *Schubert/Andrejewski*, in: BeBiKo[11], § 253, Rn. 263.

Aussetzen der Abschreibung ist unzulässig[266]. **Zuschreibungen** zur Rückgängigmachung von planmäßigen Abschreibungen sind grds. nur nach den Grundsätzen zur Änderung fehlerhafter JA zulässig[267].

180 **Außerplanmäßige Abschreibungen** nach § 253 Abs. 3 S. 5 und 6 HGB auf den niedrigeren beizulegenden Wert kommen bei allen Vermögensgegenständen des AV in Betracht. Bei einer voraussichtlich dauernden Wertminderung besteht eine Pflicht zur außerplanmäßigen Abschreibung unabhängig von der Art des Anlagegegenstands (§ 253 Abs. 3 S. 5 HGB). Bei einer voraussichtlich nur vorübergehenden Wertminderung besteht ein Abschreibungswahlrecht für Finanzanlagen (§ 253 Abs. 3 S. 6 HGB), während für andere Anlagegegenstände eine außerplanmäßige Abschreibung verboten ist.

181 Zur Bestimmung des (ggf. niedrigeren) **beizulegenden Werts** nach § 253 Abs. 3 S. 5 HGB vgl. allgemein ADS[6], § 253 HGB, Tz. 452 ff. (zur Unterscheidung vom beizulegenden Zeitwert vgl. Kap. F Tz. 147)[268]. Zur Ermittlung des beizulegenden Werts bei Immobilien vgl. *IDW RS IFA 2*, Tz. 30 ff. i.V.m. *IDW S 10*. Zur Bewertung immaterieller Vermögenswerte vgl. *IDW S 5*. Zur Bewertung von Beteiligungen vgl. *IDW RS HFA 10* i.V.m. *IDW S 1 i.d.F. 2008*. Zur Bewertung von FI bei illiquiden Märkten vgl. *IDW RH HFA 1.014*, Tz. 25 ff.[269]. Bei Sachanlagen mit komponentenweiser planmäßiger Abschreibung (vgl. Kap. F Tz. 175) ist der beizulegende Wert weiterhin für den Vermögensgegenstand insgesamt zu bestimmen[270].

182 Beispiele einer nur **vorübergehenden** (d.h. voraussichtlich nicht dauernden) **Wertminderung** i.S.v. § 253 Abs. 3 S. 6 HGB sind ein zeitweiliger Rückgang von Börsenkursen, Anlauf- oder zeitweilige Verluste von BeteiligungsGes. oder lediglich durch die Abschreibungsmethode bedingte zeitweilige Unterschiede zwischen Buchwert und Zeitwert.

> **Hinweis 10:**
>
> Zur Konkretisierung, wann bei Wertpapieren eine voraussichtlich dauernde Wertminderung vorliegt, hat der VFA folgende Aufgreifkriterien entwickelt[271]:
> - Der Zeitwert des Wertpapiers liegt in den dem Abschlussstichtag vorangehenden sechs Monaten permanent um mehr als 20% unter dem Buchwert.
> - Der Zeitwert des Wertpapiers liegt über einen längeren Zeitraum als ein Geschäftsjahr unter dem Buchwert, und der Durchschnittswert der täglichen Börsenkurse des Wertpapiers liegt in den letzten zwölf Monaten um mehr als 10% unter dem Buchwert.
>
> Ist eines der beiden Aufgreifkriterien erfüllt, ist das Wertpapier i.d.R. außerplanmäßig abzuschreiben, es sei denn, das Unternehmen kann die Vermutung der dauerhaften Wertminderung widerlegen.

---

266 Vgl. ADS[6], § 253 HGB, Tz. 419; *Kahle/Heinstein*, in: HdJ, Abt. II/3, Rn. 109.
267 Vgl. *HFA*, FN-IDW 2010, S. 355 f., zu Ausnahmen vgl. ADS[6], § 253 HGB, Tz. 605.
268 Vgl. auch *Schubert/Andrejewski*, in: BeBiKo[11], § 253, Rn. 308.
269 Zur Bewertung von Wertpapieren infolge der Finanzkrise vgl. *Häuselmann*, BB 2008, S. 2617 ff.
270 Vgl. *IDW RH HFA 1.016*, Tz. 10; *IDW RS IFA 2*, Tz. 43 (bei Immobilien).
271 Vgl. *VFA*, FN-IDW 2002, S. 667 zur Konkretisierung der allgemeinen Kriterien für die Beurteilung der Dauerhaftigkeit von Wertminderungen bei Gegenständen des Finanzanlagevermögens gem. *IDW RS VFA 2*, Tz. 14; vgl. dazu auch *HFA*, FN-IDW 2007, S. 107 (109), und *HFA*, FN-IDW 2008, S. 195; zur unveränderten Gültigkeit dieser Auffassung trotz der BFH-Urteile v. 21.09.2011 (Az. I R 89/10 und I R 7/11) *HFA*, FN-IDW 2012, S. 321.

Von einer voraussichtlich **dauernden Wertminderung** i.S.v. § 253 Abs. 3 S. 5 HGB ist bei abnutzbaren Anlagegegenständen auszugehen, wenn der beizulegende Wert voraussichtlich während eines erheblichen Teils der Restnutzungsdauer unterhalb des planmäßigen Restbuchwerts liegt[272]. Als zeitlicher Grenzwert für diesen „erheblichen Teil" kann die halbe Restnutzungsdauer zum Zeitpunkt der Wertminderung herangezogen werden, allerdings bilden auch bei langlebigen Vermögensgegenständen i.d.R. drei bis fünf Jahre die Obergrenze[273]. Sachgerecht ist, die Beurteilung, ob und inwieweit sich der beizulegende Wert und der planmäßige Restbuchwert innerhalb dieses Zeitraums annähern und die Wertminderung deshalb voraussichtlich nur vorübergehend ist, anhand des künftigen beizulegenden Werts vorzunehmen, sofern dieser verlässlich geschätzt werden kann. Aus Vorsichtsgründen ist im Zweifel von einer voraussichtlich dauernden Wertminderung auszugehen. Erhebliche Wertminderungen aus besonderem Anlass (z.B. physische Schäden aufgrund von Katastrophen, technischer Fortschritt, gesunkener Ertragswert oder mangelnde Bonität des Schuldners[274]) sind regelmäßig dauernd[275]. **183**

Abschreibungen können sowohl in **direkter Form** (durch Absetzung auf der Aktivseite) als auch in **indirekter Form** (als Wertberichtigung auf der Passivseite) vorgenommen werden[276]. Bei KapGes. und KapCoGes. sowie dem PublG unterliegenden Gesellschaften ist lediglich die direkte Form zulässig. **184**

6.5.1.2 Abschreibungen auf Vermögensgegenstände des Umlaufvermögens nach § 253 Abs. 4 HGB

Die Vermögensgegenstände des UV sind nach § 253 Abs. 1 S. 1 HGB mit den AHK anzusetzen, vermindert um die in Abs. 4 der gleichen Vorschrift bestimmten Abschreibungen. Abschreibungen sind danach vorzunehmen (**strenges Niederstwertprinzip**), um Vermögensgegenstände mit einem niedrigeren Wert anzusetzen, **185**

- der sich aus einem Börsen- oder Marktpreis des Abschlussstichtags ergibt (S. 1) oder
- der ihnen, soweit ein Börsen- oder Marktpreis nicht festzustellen ist, am Abschlussstichtag beizulegen ist (S. 2).

Ein so ermittelter unter dem Buchwert liegender Wert bildet die **Wertuntergrenze.** Abschreibungen auf darunter liegende Werte sind unzulässig. Dies gilt aufgrund des Stichtagsprinzips (§ 252 Abs. 1 Nr. 3 und 4 HGB) auch für voraussichtlich künftige Wertschwankungen. Für den aus dem Börsen- oder Marktpreis abzuleitenden Wert oder den den Vermögensgegenständen beizulegenden Wert kann der Beschaffungs- oder der Absatzmarkt maßgeblich sein[277]. Der **Beschaffungsmarkt** ist regelmäßig maßgeblich für Roh-, Hilfs- und Betriebsstoffe sowie für unfertige und fertige Erzeugnisse, soweit **186**

---

272 Vgl. ADS[6], § 253 HGB, Tz. 477 ff.; *Kahle/Heinstein*, in: HdJ, Abt. II/3, Rn. 181 ff.
273 Vgl. *HFA*, FN-IDW 2007, S. 107 (109) (drei bis fünf Jahre für langlebige abnutzbare Anlagegegenstände; IDW RS IFA 2, Tz. 40 (i.d.R. drei bis fünf Jahre für Gebäude; in Ausnahmefällen verlängert auf bis zu zehn Jahre); *Schubert/Andrejewski*, in: BeBiKo[11], § 253, Rn. 317 (halbe Restnutzungsdauer oder fünf Jahre); DRS 24.113 (ebenso für immaterielle Vermögensgegenstände).
274 Vgl. *IDW RH HFA 1.014*, Tz. 26.
275 Bei Schadstoffbelastungen liegt eine dauernde Wertminderung vor, wenn eine Werterhöhung ohne Tätigwerden des Bilanzierenden nicht zu erwarten ist; vgl. *Siegel*, DB 1995, S. 537 ff.
276 Vgl. ADS[6], § 253 HGB, Tz. 352; *Schubert/Andrejewski*, in: BeBiKo[11], § 253, Rn. 209.
277 Vgl. ADS[6], § 253 HGB, Tz. 488 ff. mit näherer Erläuterung; *Schubert/Berberich*, in: BeBiKo[11], § 253, Rn. 516 ff.; *Brösel/Olbrich*, in: HdR[5], § 253, Rn. 638 ff.

auch ein Fremdbezug möglich wäre (zu Ausnahmen vgl. Kap. F Tz. 189). Der **Absatzmarkt** hingegen ist grds. maßgeblich für unfertige und fertige Erzeugnisse[278] sowie für Überbestände an Roh-, Hilfs- und Betriebsstoffen[279]. Sowohl Beschaffungs- als auch Absatzmarkt sind grds. maßgeblich für Handelswaren und für Überbestände an unfertigen und fertigen Erzeugnissen[280] (sog. doppelte Maßgeblichkeit; vgl. aber Kap. F Tz. 189).

187 Als **Börsenpreis** gilt der an einer Börse amtlich oder im Freiverkehr festgestellte Preis, soweit Umsätze stattgefunden haben. **Marktpreis** ist derjenige Preis, der an einem Handelsplatz für Waren einer bestimmten Gattung von durchschnittlicher Art und Güte zu einem bestimmten Zeitpunkt im Durchschnitt gewährt wurde (vgl. auch Kap. F Tz. 149)[281]. Zufallskurse, die am Abschlussstichtag unter dem allgemeinen Kursniveau liegen, sind grds. zu berücksichtigen, höhere Zufallskurse dagegen nicht (Berücksichtigung von Durchschnittskursen)[282].

188 Bei dem **Wert**, der Vermögensgegenständen am Abschlussstichtag **beizulegen ist**, handelt es sich um den Wiederbeschaffungs- oder Reproduktionskostenwert, wenn für die Bewertung der Beschaffungsmarkt maßgeblich ist. Üblicherweise anfallende Anschaffungsnebenkosten sind hinzuzurechnen und evtl. AK-Minderungen abzuziehen. Richtet sich die Bewertung nach dem Absatzmarkt, sind nach dem Grundsatz der verlustfreien Bewertung (§ 252 Abs. 1 Nr. 4 HGB) vom vorsichtig geschätzten Verkaufserlös die noch anfallenden Aufwendungen abzusetzen[283]. Ist die doppelte Maßgeblichkeit zu beachten, ist der niedrigere der beiden Werte anzusetzen. Die Wiederbeschaffungskosten sind nur bei verwendbaren Materialien anzusetzen; erforderliche Absetzungen für einen schlechten Zustand und die eingeschränkte Verwendbarkeit sind ggf. bei einzelnen Vermögensgegenständen oder pauschal für ganze Lagerpositionen vorzunehmen (sog. Gängigkeitsabschläge)[284]. Liegt der Bewertung der voraussichtliche Verkaufserlös zugrunde, ist dieser um Erlösschmälerungen, Verpackungskosten und Kapitaldienstkosten zu kürzen (retrograde Bewertung)[285]. Bei unfertigen Erzeugnissen sind auch die noch anfallenden Produktionskosten zu Vollkosten zu berücksichtigen[286]. Der Abschlag eines fiktiven Gewinns ist i.R.d. verlustfreien Bewertung handelsrechtlich unzulässig.

189 Abweichend von den in Kap. F Tz. 185 ff. genannten Grundsätzen darf unter bestimmten Voraussetzungen auf eine **Abwertung verzichtet** werden. Beispielsweise brauchen Roh-, Hilfs- und Betriebsstoffe nicht auf den niedrigeren Wert am Beschaffungsmarkt abgeschrieben zu werden, wenn durch einen bereits abgeschlossenen Auftrag oder in anderer Form verlässlich nachgewiesen werden kann, dass eine mindestens kostendeckende Veräußerung des betreffenden Vermögensgegenstands nach

---

278 Vgl. ADS[6], § 253 HGB, Tz. 494 und 521 zur Zulässigkeit der Berücksichtigung gesunkener Reproduktionskosten bei der Bewertung unfertiger und fertiger Erzeugnisse.
279 Zur Bewertung von Rohstoffüberbeständen vgl. auch ADS[6], § 253 HGB, Tz. 499.
280 So auch *Schubert/Berberich*, in: BeBiKo[11], § 253, Rn. 517 und 519; a.A. *Ballwieser*, in: MünchKomm. HGB[3], § 253, Rn. 60 (nur Absatzmarkt relevant).
281 Wegen Einzelheiten vgl. ADS[6], § 253 HGB, Tz. 504 ff.; *Wohlgemuth*, in: HdJ, Abt. I/11, Rn. 10 ff.
282 Vgl. ADS[6], § 253 HGB, Tz. 511 f.; a.A. *Ballwieser*, in: MünchKomm. HGB[3], § 253, Rn. 56 (Berücksichtigung auch von über dem allgemeinen Kursniveau liegenden Zufallskursen am Stichtag).
283 *Vgl. ADS[6], § 253 HGB, Tz. 495; Schubert/Berberich*, in: BeBiKo[11], § 253, Rn. 521 ff.
284 Vgl. ADS[6], § 253 HGB, Tz. 517 ff.; *Schubert/Berberich*, in: BeBiKo[11], § 253, Rn. 529 ff.
285 Vgl. ADS[6], § 253 HGB, Tz. 524 ff.; *Schubert/Berberich*, in: BeBiKo[11], § 253, Rn. 521 ff.
286 Vgl. *Schubert/Berberich*, in: BeBiKo[11], § 253, Rn. 522 und 524; zur Bewertung der Drohverlustrückstellung für schwebende Absatzgeschäfte zu Vollkosten vgl. *IDW RS HFA 4*, Tz. 35.

der Weiterverarbeitung möglich ist (d.h. dass aus der absatzmarktorientierten Bewertung kein Verlust droht). Ein solcher Nachweis wird umso leichter möglich sein, je weniger komplex der Transformationsprozess zwischen dem betreffenden Vermögensgegenstand und dem am Markt zu veräußernden fertigen Produkt ist[287]. Entsprechendes gilt für Handelswaren, da diese unmittelbar am Absatzmarkt veräußert werden und damit der Nachweis einer mindestens kostendeckenden Veräußerung am ehesten möglich ist[288].

> **! Hinweis 11:**
> Darf auf eine beschaffungsmarktorientierte Bewertung von Roh-, Hilfs- und Betriebsstoffen zugunsten einer absatzmarktorientierten Bewertung verzichtet werden, gilt dies entspr. für die Bewertung schwebender Beschaffungsgeschäfte für solche Roh-, Hilfs- und Betriebsstoffe. D.h. trotz am Abschlussstichtag gesunkener Beschaffungsmarktpreise muss für solche schwebenden Geschäfte ggf. keine Drohverlustrückstellung passiviert werden.

6.5.2 Wertaufholungsgebot (§ 253 Abs. 5 HGB)

Bestehen die Gründe für außerplanmäßige Abschreibungen auf Vermögensgegenstände des AV (§ 253 Abs. 3 S. 5 und 6 HGB) und für Abschreibungen auf Vermögensgegenstände des UV (§ 253 Abs. 4 HGB) nicht mehr, darf der aufgrund dieser Abschreibungen niedrigere Wertansatz nicht beibehalten werden, d.h. es besteht ein **Wertaufholungsgebot** (§ 253 Abs. 5 S. 1 HGB). **190**

Ob eine (teilw. oder vollständige) Zuschreibung vorzunehmen ist, hängt nicht davon ab, ob die für die Vornahme der außerplanmäßigen Abschreibungen ursprünglich maßgebenden Gründe später tatsächlich weggefallen sind, sondern nur davon, ob die Vermögensgegenstände nach den Verhältnissen des Abschlussstichtags einen höheren beizulegenden Wert aufweisen[289]. **191**

Planmäßige Abschreibungen, die zwischenzeitlich vorzunehmen gewesen wären, sind für die Bestimmung des **Wertaufholungsbetrags** zu berücksichtigen. Die Wertaufholung darf nach § 253 Abs. 1 S. 1 HGB die fortgeführten AHK grds. nicht übersteigen, d.h. sie darf zu keinem höheren Betrag führen, als er sich ergeben hätte, wenn die in Kap. F Tz. 180 genannten Abschreibungen nicht vorgenommen worden wären (zu den gesetzlich vorgeschriebenen Ausnahmen, in denen die AK überschritten werden, vgl. Kap. F Tz. 89). Wegen der Möglichkeit, bei KapGes. **Rücklagen** in Höhe des EK-Anteils vorgenommener Wertaufholungen zu dotieren (§ 58 Abs. 2a AktG, § 29 Abs. 4 GmbHG), vgl. Kap. F Tz. 514. **192**

Eine Ausnahmeregelung gilt für entgeltlich erworbene **Geschäfts- oder Firmenwerte**. Hier besteht ein ausdrückliches Wertaufholungsverbot (§ 253 Abs. 5 S. 2 HGB). **193**

---

287 Vgl. *HFA*, FN-IDW 2013, S. 500; ADS[6], § 253 HGB, Tz. 540 (Auftragsmaterial); *Gelhausen* u.a., WPg 2012, S. 1235 ff. (zur absatzmarktorientierten Verlustantizipation allg.).
288 Vgl. *Schubert*, in: BeBiKo[11], § 249, Rn. 70.
289 Vgl. ADS[6], § 280 HGB, Tz. 13 ff.; *Winkeljohann/Taetzner*, in: BeBiKo[11], § 253, Rn. 637 ff.; *Zündorf*, in: HdR[5], § 253, Rn. 775 ff.

6.6 Bewertungsvereinfachungsverfahren (§§ 240 Abs. 3 und 4, 256 HGB)

194 Nach § 256 S. 1 HGB sind für die Bewertung gleichartiger Vermögensgegenstände des Vorratsvermögens[290] zwei sog. **Verbrauchsfolgeverfahren** zulässig. Danach darf, soweit es den GoB entspricht, unterstellt werden, dass die zuerst (FIFO) oder die zuletzt (LIFO) angeschafften oder hergestellten Vermögensgegenstände zuerst verbraucht oder veräußert worden sind[291]. Bis auf seltene Ausnahmen (z.B. verderbliche Waren) braucht dabei die unterstellte Verbrauchsfolge nicht mit der tatsächlichen Folge übereinzustimmen[292]. Andere Verbrauchsfolgeverfahren, z.B. Hifo (highest-in-first-out), sind nicht zulässig.

195 Voraussetzung für alle Verfahren ist, dass die Vermögensgegenstände gleichartig sind. **Gleichartigkeit** liegt vor, wenn Zugehörigkeit zur gleichen Warengattung oder Funktionsgleichheit gegeben ist. Daneben ist zur Erfassung von Strukturverschiebungen zwischen gering- und hochwertigen Vermögensgegenständen grds. auch **annähernde Preisgleichheit** erforderlich, es sei denn, dass diese auf andere Weise (z.B. durch geeignete Indexverfahren) sachgerecht berücksichtigt wird[293]. Zu Einzelheiten zum in der Praxis verbreiteten Perioden-LIFO vgl. ADS[6], § 256 HGB, Tz. 37 ff. Wegen **Anhangangaben** gem. § 284 Abs. 2 Nr. 3 HGB bei KapGes. und KapCoGes. vgl. Kap. F Tz. 1004 ff.

196 Nach § 256 S. 2 HGB sind die i.R.d. Inventurvorschriften geregelten Verfahren der **Festbewertung** (§ 240 Abs. 3 HGB) und der Gruppenbewertung (§ 240 Abs. 4 HGB) auch auf den JA anwendbar. Wegen Festbewertung bei der Inventur vgl. Kap. F Tz. 10. Die Anwendung auf den JA ist, wie im Fall der Inventur, auf Vermögensgegenstände des Sachanlagevermögens sowie Roh-, Hilfs- und Betriebsstoffe beschränkt, die regelmäßig ersetzt werden, geringen Veränderungen (der Größe, des Werts und der Zusammensetzung des Bestands) unterliegen und insgesamt wertmäßig von nachrangiger Bedeutung für das Unternehmen sind[294]. Abnutzbare Anlagegegenstände erfüllen diese Voraussetzungen nur, wenn sie etwa gleiche Nutzungsdauern haben und sich auf die einzelnen Anschaffungsjahre ungefähr gleichmäßig verteilen. Wegen Angaben im **Anh.** von KapGes. und KapCoGes. vgl. Kap. F Tz. 965.

> **Beispiel 5:**
>
> Festwerte kommen bspw. für Werkzeuge, Stanzen, Modelle, Formen, Hotelgeschirr und -bettwäsche, Laboratoriumseinrichtungen, Mess- und Prüfgeräte, Signal- und Gleisanlagen sowie Gerüst- und Schalungsteile in Betracht.

---

[290] Für eine entspr. Anwendung auf andere Vermögensgegenstände des UV (z.B. Wertpapiere) ADS[6], § 256 HGB, Tz. 24 f.; a.A. Grottel/Huber, in: BeBiKo[11], § 256, Rn. 4.
[291] Ausführlich ADS[6], § 256 HGB, Tz. 28 ff.; zum LIFO-Verfahren vgl. ADS[6], § 256 HGB, Tz. 31 ff.; *Grottel/Huber*, in: BeBiKo[11], § 256, Rn. 62 ff.; *Mayer-Wegelin*, in: HdR[5], § 256, Rn. 41 ff.
[292] Vgl. ADS[6], § 256 HGB, Tz. 15 ff. m.w.N.
[293] Vgl. ADS[6], § 240 HGB, Tz. 121 ff., § 256 HGB, Tz. 22 und 56 ff.; *Grottel/Huber*, in: BeBiKo[11], § 256, Rn. 22; a.A. (annähernde Preisgleichheit grds. keine Voraussetzung) *Mayer-Wegelin*, in: HdR[5], § 256, Rn. 28.
[294] Vgl. zu den Voraussetzungen ADS[6], § 240 HGB, Tz. 75 ff.; *Winkeljohann/Philipps*, in: BeBiKo[11], § 240, Rn. 80 ff.

197 Orientierungsgröße für die Festbewertung sind die um Abschreibungen gekürzten AHK[295]. Der Festwert darf solange beibehalten werden, wie die in ihm zusammengefassten Gütermengen ihrer Zahl oder ihrem Maß oder Gewicht nach nur geringe Veränderungen aufweisen. Der Festwert soll i.d.R. alle drei Jahre durch eine **körperliche Bestandsaufnahme** überprüft werden (§ 240 Abs. 3 S. 2 HGB; vgl. hierzu auch IDW St/HFA 1/1990). Es geht dabei v.a. darum, den mengenmäßigen Bestand festzustellen. Werden dabei Mehrmengen festgestellt, braucht der Festwert nicht geändert zu werden, wenn der ermittelte Wert den bisherigen Festwert nicht um mehr als 10% übersteigt; bei Mindermengen sind immer Anpassungen erforderlich.

198 Die Messung der Festwertgröße erfolgt in der Praxis häufig über **Schlüsselgrößen** (Belegschaftsstärke, Länge des Gleisnetzes etc.). Da sich diese u.a. durch Rationalisierung ändern können; sind ggf. Kontrollrechnungen in Betracht zu ziehen (z.B. Gegenüberstellung von Jahreszugängen und dem rechnerischen Abschreibungsbetrag)[296].

199 Wegen **Gruppenbewertung** bei der Inventur (§ 240 Abs. 4 HGB) vgl. Kap. F Tz. 10. Im JA ist die Gruppenbewertung für gleichartige Vermögensgegenstände des Vorratsvermögens sowie für andere gleichartige oder annähernd gleichwertige bewegliche Vermögensgegenstände und Schulden zulässig. Die zu einer Gruppe zusammengefassten Vermögensgegenstände oder Schulden sind mit dem gewogenen Durchschnittswert anzusetzen[297]. Wegen Angaben im **Anh.** von KapGes. und KapCoGes. zur Anwendung der Gruppenbewertung vgl. Kap. F Tz. 965 sowie zur Angabe eines Unterschiedsbetrags Kap. F Tz. 1004 ff.

6.7 Bewertungseinheiten (§ 254 HGB)

200 Als **Bewertungseinheit** wird die Zusammenfassung von Vermögensgegenständen, Schulden, schwebenden Geschäften oder mit hoher Wahrscheinlichkeit erwarteten Transaktionen (Grundgeschäfte) mit FI (Sicherungsinstrumente) zum Ausgleich gegenläufiger Wertänderungen oder Zahlungsströme aus dem Eintritt vergleichbarer Risiken bezeichnet (§ 254 S. 1 HGB). Sind diese Voraussetzungen kumulativ erfüllt und wird eine Bewertungseinheit für bilanzielle Zwecke gebildet, ist diese so abzubilden, als ob ein einheitliches neues Bewertungsobjekt bestünde. Auf die einzelnen Komponenten der Bewertungseinheit sind dann der Einzelbewertungsgrundsatz (§ 252 Abs. 1 Nr. 3 HGB), das Realisationsprinzip (§ 252 Abs. 1 Nr. 4 HGB), das Anschaffungswertprinzip (§ 253 Abs. 1 S. 1 HGB), die Grundsätze für die Bildung von Drohverlustrückstellungen (§ 249 Abs. 1 HGB) sowie die Grundsätze für die Währungsumrechnung (§ 256a HGB) nicht mehr anzuwenden[298].

201 Der Gesetzeswortlaut lässt offen, ob die Entscheidung des Unternehmens zur Bildung einer Bewertungseinheit nach § 254 S. 1 HGB durch die Sicherungsentscheidung im Risikomanagement des Unternehmens vorgegeben wird oder ob es eine eigenständige handelsbilanzielle Entscheidung ist. Aus diesem Grund kann die Bildung einer Bewertungseinheit für bilanzielle Zwecke auch bei Vorliegen sämtlicher Voraussetzungen

---

295 Vgl. z.B. ADS[6], § 240 HGB, Tz. 99 ff. (auch zur Beachtung des Niederstwertprinzips und zum Ausweis von Veränderungen in Anlagenspiegel und GuV); *Winkeljohann/Philipps*, in: BeBiKo[11], § 240, Rn. 100.
296 Vgl. ADS[6], § 240 HGB, Tz. 105.
297 Wegen Einzelheiten des Verfahrens vgl. ADS[6], § 240 HGB, Tz. 111 ff.
298 Vgl. *IDW RS HFA 35*, Tz. 4.

nicht verlangt werden, sondern wird lediglich empfohlen (**Wahlrecht**)[299]. Wird eine für Zwecke des Risikomanagements eingegangene Sicherungsbeziehung allerdings nicht für bilanzielle Zwecke nachvollzogen, müssen KapGes. und KapCoGes. darüber nach § 289 Abs. 2 S. 1 Nr. 1 lit. a) HGB im **Lagebericht** berichten (vgl. Kap. F Tz. 1403)[300]. Aufgrund der jeweils bewussten Entscheidung des bilanzierenden Unternehmens zur Bildung einer Bewertungseinheit gilt der Grundsatz der sachlichen Stetigkeit für gleichartige Sachverhalte nicht, allerdings der Grundsatz der zeitlichen Stetigkeit für einmal gebildete Bewertungseinheiten[301].

202 § 254 HGB lässt die Bildung aller Arten von Bewertungseinheiten zu, wenn auch mit teilw. unterschiedlichen Voraussetzungen. Diese können wie folgt voneinander abgegrenzt werden:

• Micro-Hedge:	Absicherung des Risikos aus einem einzelnen Grundgeschäft durch ein einzelnes Sicherungsinstrument;
• Portfolio-Hedge:	Absicherung des Risikos mehrerer gleichartiger (hinsichtlich der Risiken homogener) Grundgeschäfte durch ein oder mehrere Sicherungsinstrumente;
• Macro-Hedge:	Absicherung der risikokompensierenden Wirkung einer Gruppe von Grundgeschäften gegen das netto verbleibende Risiko.

Aufgrund der teilw. unterschiedlichen Auslegung der Begriffe wird für KapGes. und KapCoGes. empfohlen, die getroffene Abgrenzung i.R.d. **Anh.-Angaben** nach § 285 Nr. 23 HGB zu erläutern[302].

203 § 254 HGB bezieht sich auf die Absicherung finanzieller Risiken; diese umfassen Wert- und Zahlungsstromänderungsrisiken[303]. Ein **Wertänderungsrisiko** (sog. Fair-Value-Risiko) ist das Risiko, dass sich der Zeitwert eines Grundgeschäfts über einen bestimmten Betrachtungszeitraum negativ ändert. Einem solchen unterliegen z.B. festverzinsliche Forderungen oder Fremdwährungsverbindlichkeiten. Ein **Zahlungsstromänderungsrisiko** (sog. Cash-Flow-Risiko) ist das Risiko, dass die tatsächliche Höhe künftiger Zahlungen aus einem Grundgeschäft von der ursprünglich erwarteten Höhe negativ abweicht. Einem solchen unterliegen z.B. variabel verzinsliche Verbindlichkeiten oder mit hoher Wahrscheinlichkeit erwartete Transaktionen.

6.7.1 Voraussetzungen für die Bildung von Bewertungseinheiten

204 Die Bildung einer Bewertungseinheit nach § 254 S. 1 HGB unterliegt folgenden, kumulativ zu erfüllenden **Voraussetzungen**:

- Vermögensgegenstände, Schulden, schwebende Geschäfte oder mit hoher Wahrscheinlichkeit erwartete Transaktionen als Grundgeschäft(e),
- FI als Sicherungsinstrument(e),

---

[299] Vgl. *IDW RS HFA 35*, Tz. 12; *Schmidt/Usinger*, in: BeBiKo[11], § 254, Rn. 5 (ggf. Erläuterungspflicht im Anh. nach § 264 Abs. 2 S. 2); *Gelhausen/Fey/Kämpfer*, BilMoG, Kap. H, Rn. 86; a.A. (Pflicht) *Scharpf*, in: HdR[5], § 254, Rn. 3 ff.
[300] Vgl. *IDW RS HFA 35*, Tz. 101; DRS 20.186.
[301] Vgl. *IDW RS HFA 35*, Tz. 12 und 15.
[302] Vgl. *IDW RS HFA 35*, Tz. 17 ff. und Tz. 20.
[303] Vgl. *IDW RS HFA 35*, Tz. 21 ff.

- Sicherungs- und Durchhalteabsicht,
- Wirksamkeit der Sicherungsbeziehung (einschl. Vergleichbarkeit der Risiken und Geeignetheit des Sicherungsinstruments) sowie
- Dokumentation der Sicherungsbeziehung.

Als **Grundgeschäfte** kommen Vermögensgegenstände, Schulden, schwebende Geschäfte sowie mit hoher Wahrscheinlichkeit erwartete Transaktionen in Betracht. Hierbei kann es sich um **Vermögensgegenstände** sowohl finanzieller Art (z.B. Wertpapiere, Forderungen oder Auslandsbeteiligungen außerhalb des Euro-Währungsraums[304]) wie auch nicht-finanzieller Art (z.B. Rohstoffe) handeln. Vermögensgegenstände mit Forderungscharakter sind nur in dem Umfang als Grundgeschäft geeignet, wie sie nicht akut ausfallgefährdet sind[305]. Die **Schulden** umfassen Verbindlichkeiten und Rückstellungen. RAP sind nicht absicherbar[306]. Zu den **schwebenden Geschäften** gehören auch derivative FI, unabhängig davon, ob sie freistehend oder in strukturierte FI eingebettet sind[307].

205

Bei **mit hoher Wahrscheinlichkeit erwarteten Transaktionen** handelt es sich um Rechtsgeschäfte, die zwar noch nicht abgeschlossen wurden, deren tatsächlicher künftiger Abschluss aber so wahrscheinlich ist, dass dem Zustandekommen nur noch außergewöhnliche Umstände entgegenstehen, die außerhalb des Einflussbereichs des Bilanzierenden liegen[308]. Derartige Rechtsgeschäfte müssen eindeutig identifizierbar in dem Sinne sein, dass der voraussichtliche Zeitpunkt des Zustandekommens, der Gegenstand sowie das Volumen der erwarteten Transaktion bekannt sind oder ausreichend verlässlich geschätzt werden können[309]. Indikatoren für die Beurteilung, ob eine Transaktion mit hoher Wahrscheinlichkeit eintreten wird, sind bspw. die Häufigkeit gleichartiger Transaktionen in der Vergangenheit, die tatsächliche Durchführung derartiger erwarteter Transaktionen in der Vergangenheit und/oder die finanzielle und operative Fähigkeit des bilanzierenden Unternehmens, derartige Transaktionen auch in der Zukunft vornehmen zu können[310]. Bewertungseinheiten mit derartigen Grundgeschäften werden als **antizipative Bewertungseinheiten** bezeichnet.

206

> **Praxistipp 7:**
> Je eher künftige Transaktionen den Charakter von Massengeschäften haben (bspw. künftige typische Beschaffungs- oder Absatzgeschäfte), desto eher handelt es sich um zulässige Grundgeschäfte. Dies gilt insb., wenn für die Unsicherheit der Zukunft in Abhängigkeit vom Transaktionszeitpunkt Sicherheitsabschläge von den Planwerten vorgenommen werden.

---

304 Vgl. *IDW RS HFA 35*, Tz. 29; zu Bewertungen bei Auslandsbeteiligungen vgl. *Hennrichs*, WPg 2010, S. 1185.
305 Vgl. *IDW RS HFA 35*, Tz. 30.
306 Vgl. *Schmidt/Usinger*, in: BeBiKo[11], § 254, Rn. 10; *Scharpf*, in: HdR[5], § 254, Rn. 56.
307 Vgl. *IDW RS HFA 35*, Tz. 31; zu eingebetteten Derivaten vgl. *IDW RS HFA 22*, Tz. 2.
308 Vgl. *IDW RS HFA 35*, Tz. 32.
309 Vgl. *IDW RS HFA 35*, Tz. 60.
310 Vgl. *IDW RS HFA 35*, Tz. 32 und Tz. 61; zu weiteren Indikatoren *Gelhausen/Fey/Kämpfer*, BilMoG, Kap. H, Rn. 20; zur Konkretisierung der Voraussetzungen für die Bildung antizipativer Bewertungseinheiten vgl. *IDW RS HFA 35*, Tz. 60 ff.; *Scharpf*, in: HdR[5], § 254, Rn. 236 ff.; *Rimmelspacher/Fey*, WPg 2011, S. 805 ff.

207 Nach § 254 S. 1 HGB sind als **Sicherungsinstrumente** nur (nicht akut ausfallgefährdete[311]) FI zulässig. FI sind Vermögensgegenstände oder Schulden, die auf vertraglicher Basis zu Geldzahlungen oder zum Zugang bzw. Abgang von anderen FI führen[312]. Diese Definition umfasst originäre FI (z.B. Forderungen oder Verbindlichkeiten) und derivative (freistehende und eingebettete) FI (z.B. Swaps, Forwards oder Optionen). Noch nicht kontrahierte, sondern lediglich erwartete FI, im Bestand befindliche Roh-, Hilfs- oder Betriebsstoffe oder Sachleistungsverpflichtungen sind danach als Sicherungsinstrumente unzulässig[313].

208 Nach § 254 S. 2 HGB gelten **Termingeschäfte über den Erwerb oder die Veräußerung von Waren** als FI und sind deshalb ebenfalls als Sicherungsinstrumente zulässig. Sie umfassen neben standardisierten Warentermingeschäften sämtliche schwebenden Beschaffungs- oder Absatzgeschäfte über handelbare Güter, unabhängig von der tatsächlichen Handelsabsicht und unabhängig davon, ob das schwebende Geschäft physisch erfüllt werden soll oder nicht[314].

209 Es ist zulässig, nur einen betraglichen oder zeitlichen **Teil eines Grundgeschäfts** oder eines Sicherungsinstruments[315] oder ein **Teilrisiko** (z.B. nur den risikolosen Zins oder das Währungsrisiko mittels Option nur unter- oder oberhalb einer bestimmten Grenze[316]) in die Bewertungseinheit einzubeziehen, vorausgesetzt, für diesen Teil lassen sich Wert- oder Zahlungsstromänderungen verlässlich messen.

210 Die Bildung einer Bewertungseinheit für bilanzielle Zwecke setzt eine **Sicherungsabsicht** voraus, d.h. die Absicht, ein spezifiziertes Risiko abzusichern. Erforderlich ist außerdem eine **Durchhalteabsicht**, d.h. die Absicht, die Sicherungsbeziehung bis zur Erreichung des Sicherungszwecks aufrechtzuerhalten, verbunden mit der Fähigkeit, dies auch zu tun[317]. Die Durchhalteabsicht muss sich dabei nicht auf die gesamte Laufzeit des Grundgeschäfts und/oder des Sicherungsinstruments, sondern nur auf einen längeren, wirtschaftlich sinnvollen und mit der Sicherungsstrategie des bilanzierenden Unternehmens übereinstimmenden Zeitraum erstrecken. Eine für bilanzielle Zwecke gebildete Bewertungseinheit darf vor Ablauf des ursprünglich beabsichtigten Sicherungszeitraums nur aufgelöst werden, wenn die Voraussetzungen für ihre Bildung nicht mehr kumulativ erfüllt sind[318].

211 Die Bildung einer Bewertungseinheit für bilanzielle Zwecke setzt außerdem eine ausreichende **Wirksamkeit der Sicherungsbeziehung** voraus (sog. Hedge-Effektivität), d.h. den (betraglichen und zeitlichen) Ausgleich verlässlich gemessener gegenläufiger Wertänderungen oder Zahlungsströme in Bezug auf das abgesicherte Risiko in ausreichendem Umfang. Dazu müssen Grundgeschäft und Sicherungsinstrument vergleichbaren Risiken unterliegen, das Sicherungsinstrument muss zur Absicherung gegen dieses ver-

---

311 Vgl. *IDW RS HFA 35*, Tz. 37.
312 Vgl. *IDW RS HFA 35*, Tz. 34.
313 Vgl. *Gelhausen/Fey/Kämpfer*, BilMoG, Kap. H, Rn. 22.
314 Vgl. *Gelhausen/Fey/Kämpfer*, BilMoG, Kap. H, Rn. 29; *Scharpf*, in: HdR[5], § 254, Rn. 400.
315 Vgl. *IDW RS HFA 35*, Tz. 33 und 40; *Gelhausen/Fey/Kämpfer*, BilMoG, Kap. H, Rn. 12 und 39.
316 Vgl. *IDW RS HFA 35*, Tz. 28; *Schmidt/Usinger*, in: BeBiKo[11], § 254, Rn. 13; *Gelhausen/Fey/Kämpfer*, BilMoG, Kap. H, Rn. 39 und 70; *Scharpf*, in: HdR[5], § 254, Rn. 72 ff. und 131 ff.
317 Zur Durchhaltefähigkeit vgl. *Gelhausen/Fey/Kämpfer*, BilMoG, Kap. H, Rn. 44 f.; *Scharpf*, in: HdR[5], § 254, Rn. 225 f.
318 Vgl. *IDW RS HFA 35*, Tz. 47; *Gelhausen/Fey/Kämpfer*, BilMoG, Kap. H, Rn. 42, 45.

gleichbare Risiko geeignet und der Betrag der bisherigen Unwirksamkeit muss in Bezug auf das abgesicherte Risiko verlässlich rechnerisch ermittelbar sein[319].

Das **Risiko** des Sicherungsinstruments ist dann dem abzusichernden Risiko des Grundgeschäfts **vergleichbar**, wenn es zum einen derselben Risikoart unterliegt, bspw. dem Zins-, Währungs-, Ausfall- (Bonitäts-) oder Preisänderungsrisiko[320], zum anderen beide Risiken entweder Wert- oder Zahlungsstromänderungsrisiken sind. Eine vollständige Risikoidentität i.S. einer Übereinstimmung sämtlicher risikobestimmender Parameter ist nicht erforderlich[321]. Zur Absicherung des vergleichbaren Risikos ist ein FI dann als Sicherungsinstrument **geeignet**, wenn es erfahrungsgemäß oder nachgewiesenermaßen zum angestrebten Sicherungserfolg führt. Dies kann insb. dann fraglich sein, wenn das FI kein Standardgeschäft ist, sondern besondere Ausstattungsmerkmale aufweist, die mit denen des Grundgeschäfts nicht (vollständig) übereinstimmen[322]. **212**

Die Wirksamkeit der Sicherungsbeziehung ist für den Zeitpunkt der Bildung der Bewertungseinheit und für jeden nachfolgenden Abschlussstichtag prospektiv nachzuweisen[323]. Eine **Mindestwirksamkeit** (Mindest-Hedge-Effektivität) ist gesetzlich nicht vorgeschrieben. Dennoch erscheint zumindest eine Wirksamkeit von mehr als 50% erforderlich, damit die in § 254 S. 1 HGB geforderte Vergleichbarkeit der Risiken vorliegt[324]. **213**

§ 254 HGB schreibt keine bestimmte **Methode zur prospektiven Beurteilung der Wirksamkeit** vor. Die gewählte Methode muss aber den Zielen und der Strategie des Risikomanagements gerecht werden, in Abhängigkeit von der Art der Sicherungsbeziehung, des abgesicherten Risikos und der einzelnen Komponenten der Sicherungsbeziehung betriebswirtschaftlich sinnvoll sein und grds. stetig angewendet werden[325]. Die Beurteilung der Wirksamkeit der Sicherungsbeziehung hat in Bezug auf das abgesicherte Risiko[326] zu erfolgen; Wert- oder Zahlungsstromänderungen aufgrund nicht abgesicherter Risiken dürfen nicht einbezogen werden, es sei denn, sie sind unwesentlich[327]. Bonitätsbedingte Wertänderungen des Sicherungsinstruments brauchen grds. nicht separiert zu werden[328]. Eine quantitative Beurteilung der prospektiven Wirksamkeit ist nicht zwingend erforderlich. So ist im Fall einer perfekten Sicherungsbeziehung bei Übereinstimmung aller wertbestimmenden Parameter von Grundgeschäft und Sicherungsinstrument im Hinblick auf das abgesicherte Risiko der (qualitative) Abgleich dieser Parameter ausreichend (sog. Critical-Terms-Match-Methode)[329]. Wird die Wirksamkeit quantitativ ermittelt, ist der Marktwert des Sicherungsinstruments im Zeitpunkt der Bildung der Bewertungseinheit nicht als Teil der Wertänderung des Sicherungsinstruments i.R.d. Effektivitätsmessung zu berücksichtigen, sondern das FI vor **214**

---

319 Vgl. *IDW RS HFA 35*, Tz. 51.
320 Vgl. *IDW RS HFA 35*, Tz. 25.
321 Vgl. *IDW RS HFA 35*, Tz. 58.
322 Vgl. *IDW RS HFA 35*, Tz. 39; zu Beispielen nicht geeigneter Sicherungsinstrumente vgl. *Scharpf*, in: HdR[5], § 254, Rn. 126.
323 Vgl. *IDW RS HFA 35*, Tz. 50.
324 Vgl. *Schmidt/Usinger*, in: BeBiKo[11], § 254, Rn. 29; *Gelhausen/Fey/Kämpfer*, BilMoG, Kap. H, Rn. 59.
325 Vgl. *IDW RS HFA 35*, Tz. 52; *Gelhausen/Fey/Kämpfer*, BilMoG, Kap. H, Rn. 60 und 64; *Scharpf*, in: HdR[5], § 254, Rn. 194 ff.; *Wiechens/Lorenz/Morawietz*, in: HdJ, Abt. I/13, Rn. 264 ff. (zu einzelnen Methoden).
326 Vgl. *IDW RS HFA 35*, Tz. 50.
327 Vgl. *Scharpf*, in: HdR[5], § 254, Rn. 182.
328 Vgl. *IDW RS HFA 35*, Tz. 55.
329 Vgl. *IDW RS HFA 35*, Tz. 58.

dessen Einbeziehung in die Bewertungseinheit letztmals imparitätisch einzeln zu bewerten[330].

215 Der Nachweis einer ausreichenden **retrospektiven Wirksamkeit** der Sicherungsbeziehung ist keine Voraussetzung für die Bildung einer bilanziellen Bewertungseinheit[331]. Allerdings ist für Zwecke der bilanziellen Abbildung zu jedem Abschlussstichtag der Betrag der bisherigen Unwirksamkeit der Sicherungsbeziehung in Bezug auf das abgesicherte Risiko rechnerisch zu ermitteln[332]. Darf die Critical-Terms-Match-Methode für die Beurteilung der prospektiven Wirksamkeit angewendet werden, darf auch auf eine rechnerische Ermittlung des Betrags der bisherigen Unwirksamkeit verzichtet werden[333].

216 Die Bildung einer Bewertungseinheit setzt schließlich eine **Dokumentation** der Sicherungsbeziehung voraus[334]. Der Umfang der Dokumentation hängt vom Einzelfall ab. Grds. sind insb. Angaben zur Art des abzusichernden Risikos, zu Sicherungszielen und zur Sicherungsstrategie des bilanzierenden Unternehmens, zur Identifikation und ggf. Beschreibung von Grundgeschäft(en) und Sicherungsinstrument(en), zur prospektiven Beurteilung der Wirksamkeit der Sicherungsbeziehung sowie zur rechnerischen Ermittlung des Betrags der bisherigen Unwirksamkeit erforderlich[335]. Die Art der Dokumentation kann explizit (eigenständige Darstellung), implizit (interne Anweisungen) oder kombiniert erfolgen[336]. Dabei kann auf die für Zwecke des Risikomanagements[337] erstellte Dokumentation zurückgegriffen werden.

> **! Hinweis 12:**
>
> Die Dokumentation muss nicht zwingend in dem Zeitpunkt der Bildung der Bewertungseinheit, allerdings spätestens bis zur Beendigung der Aufstellung des JA, in dem die Bewertungseinheit erstmals berücksichtigt werden soll, vorliegen[338]. Soll die Bewertungseinheit bilanziell mit Wirkung zu einem früheren Zeitpunkt gebildet werden, setzt dies den (nachträglichen) Nachweis der Voraussetzungen für diesen früheren Zeitpunkt voraus[339].

217 Im Fall von **Portfolio- und Macro-Hedges** (vgl. Kap. F Tz. 202) muss ergänzend ein angemessenes und wirksames RMS vorhanden sein, aufgrund dessen das bilanzierende Unternehmen das abzusichernde Risiko identifiziert, bewertet, steuert und überwacht. Dabei sind die Anforderungen an das RMS von der Art und dem Umfang der Grundgeschäfte und Sicherungsinstrumente sowie des abzusichernden Risikos abhängig[340].

---

330 Vgl. *IDW RS HFA 35*, Tz. 56; *Scharpf*, in: HdR[5], § 254, Rn. 199 und 202.
331 Vgl. *Gelhausen/Fey/Kämpfer*, BilMoG, Kap. H, Rn. 63; *Scharpf*, in: HdR[5], § 254, Rn. 175.
332 Vgl. *IDW RS HFA 35*, Tz. 50; zu möglichen Methoden vgl. *Scharpf*, in: HdR[5], § 254, Rn. 192 ff.
333 Vgl. *IDW RS HFA 35*, Tz. 59.
334 Vgl. *IDW RS HFA 35*, Tz. 41.
335 Vgl. *IDW RS HFA 35*, Tz. 43.
336 Vgl. *IDW RS HFA 35*, Tz. 46; zur impliziten Dokumentation vgl. *Scharpf*, in: HdR[5], § 254, Rn. 149.
337 Vgl. *IDW RS HFA 35*, Tz. 41.
338 Vgl. *IDW RS HFA 35*, Tz. 14; *Schmidt/Usinger*, in: BeBiKo[11], § 254, Rn. 41; *Gelhausen/Fey/Kämpfer*, BilMoG, Kap. H, Rn. 89; a.A. (Dokumentation zwingend zu Beginn der Bewertungseinheit) *Scharpf*, in: HdR[5], § 254, Rn. 13 und 151.
339 Vgl. *IDW RS HFA 35*, Tz. 43.
340 Vgl. *IDW RS HFA 35*, Tz. 20; zu aufbau- und ablauforganisatorischen Anforderungen an das RMS vgl. *Gelhausen/Fey/Kämpfer*, BilMoG, Kap. H, Rn. 80.

Die prospektive Beurteilung der Wirksamkeit darf auf der Grundlage dieses RMS und damit nach denselben Methoden erfolgen, wie sie der internen Risikosteuerung zugrundeliegen[341]. Die Dokumentation hat ergänzend Angaben zum RMS sowie zur Gleichartigkeit (Homogenität) der Risiken mehrerer Grundgeschäfte und/oder Sicherungsinstrumente zu enthalten[342].

6.7.2 Bilanzielle Abbildung von Bewertungseinheiten

218 Nach § 254 S. 1 HGB sind die §§ 249 Abs. 1, 252 Abs. 1 Nr. 3 und 4, 253 Abs. 1 S. 1 und 256a HGB in dem Umfang und für den Zeitraum nicht anzuwenden, in dem sich die gegenläufigen Wert- oder Zahlungsstromänderungen von Grundgeschäft(en) und Sicherungsinstrument(en) ausgleichen. Die Nichtanwendung der genannten Vorschriften bezieht sich dabei auf Grundgeschäft(e) und Sicherungsinstrument(e), d.h. auf die einzelnen Komponenten der Bewertungseinheit; die Bewertungseinheit insgesamt als neues einheitliches Bewertungsobjekt unterliegt dagegen sämtlichen Bewertungsvorschriften[343].

219 Hinsichtlich der Abbildung von Bewertungseinheiten in Bilanz und GuV ist zu unterscheiden[344] zwischen sich ausgleichenden Wertänderungen oder Zahlungsströmen aufgrund des abgesicherten Risikos (= **wirksamer Teil** der Bewertungseinheit), sich nicht ausgleichenden Wertänderungen oder Zahlungsströmen aufgrund des abgesicherten Risikos (= **unwirksamer Teil** der Bewertungseinheit) sowie Wertänderungen oder Zahlungsströmen aufgrund anderer, **nicht abgesicherter Risiken**.

> **Praxistipp 8:**
> IDW RS HFA 35, Tz. 67 f. enthält ein hilfreiches Zahlenbeispiel zur Trennung der Unwirksamkeit der Bewertungseinheit aufgrund des abgesicherten Risikos und aufgrund der nicht abgesicherten Risiken (sog. zweistufige Bewertungstechnik).

220 Die gesetzliche Regelung des § 254 S. 1 HGB bezieht sich auf die sich ausgleichenden gegenläufigen Wertänderungen oder Zahlungsströme aufgrund des wirksam abgesicherten Risikos (= **wirksamer Teil der Bewertungseinheit**). Die Nichtanwendung der genannten Vorschriften lässt grds. zwei stetig anzuwendende Methoden der Abbildung zu[345]:

- die sog. „**Einfrierungsmethode**" (kompensatorische Bewertung), wonach die sich ausgleichenden Wertänderungen oder Zahlungsströme aufgrund des abgesicherten Risikos saldiert und weder in der Bilanz noch in der GuV erfasst werden; die Anwendung dieser Methode wird empfohlen;
- die sog. „**Durchbuchungsmethode**", wonach die sich ausgleichenden Wertänderungen oder Zahlungsströme aufgrund des abgesicherten Risikos unsaldiert (ohne Be-

---

341 Vgl. *IDW RS HFA 35*, Tz. 52.
342 Vgl. *IDW RS HFA 35*, Tz. 20 und 44.
343 Vgl. *IDW RS HFA 35*, Tz. 4.
344 Zu Besonderheiten bei der Abbildung bestimmter Bewertungseinheiten bei EVU vgl. *IDW RS ÖFA 3*, Tz. 67 f.
345 Vgl. *IDW RS HFA 35*, Tz. 75; *Schmidt/Usinger*, in: BeBiKo[11], § 254, Rn. 53; *Gelhausen/Fey/Kämpfer*, BilMoG, Kap. H, Rn. 98 ff.; a.A. („Durchbuchung" grds. unzulässig) *Scharpf*, in: HdR[5], § 254, Rn. 13 und 303 ff.

achtung einer evtl. AHK-Obergrenze) bilanziert werden, sachgerechterweise ohne, zulässigerweise aber auch mit Berührung der GuV[346].

221 Der **Unterschied** zwischen den beiden Methoden besteht lediglich im saldierten oder unsaldierten Ausweis von sich ausgleichenden Wertänderungen oder Zahlungsströmen aufgrund des abgesicherten Risikos. Ihre Wahl hat dagegen keine Auswirkungen auf die Abbildung unwirksam oder gar nicht abgesicherter Wertänderungen oder Zahlungsströme.

222 Die Anwendung der **Durchbuchungsmethode** ist in den Fällen unzulässig, in denen sie gegen § 246 Abs. 1 S. 1 HGB verstößt (z.B. im Fall antizipativer Bewertungseinheiten[347], bei denen ein evtl. erwarteter Vorteil aus dem Grundgeschäft weder die Voraussetzungen eines Vermögensgegenstands noch eines RAP erfüllt)[348]. Eine generelle Unzulässigkeit der Durchbuchungsmethode für Bewertungseinheiten zur Absicherung von Zahlungsstromänderungsrisiken ist nicht ersichtlich[349].

223 Für die sich hinsichtlich des abgesicherten Risikos nicht ausgleichenden Wertänderungen oder Zahlungsströme (= **unwirksamer Teil der Bewertungseinheit**) ist für einen aufgrund der Unwirksamkeit bis zum Abschlussstichtag entstandenen negativen Betrag (Verlustüberhang) aufwandswirksam eine (sonstige) Rückstellung zu passivieren, während ein positiver Betrag (Gewinnüberhang) nicht berücksichtigt werden darf[350]. Die Passivierung der Rückstellung für den Verlustüberhang ist dabei unabhängig davon vorzunehmen, ob der Verlustüberhang aus dem Grundgeschäft oder aus dem Sicherungsinstrument resultiert, da dies bei einer Betrachtung der Bewertungseinheit insgesamt als neues einheitliches Bewertungsobjekt unbeachtlich ist[351]. Entspr. ist auch für den Verlustüberhang im Fall von Portfolio- oder Macro-Hedges eine Rückstellung zu passivieren[352]. Der Aufwand ist entweder als sonstiger betrieblicher Aufwand oder in dem GuV-Posten zu erfassen, in dem die Wertänderung des Grundgeschäfts erfasst wird[353].

224 Wertänderungen aufgrund nicht **abgesicherter Risiken** sind einzeln und imparitätisch zu erfassen; sie dürfen weder miteinander noch mit einem (positiven) Betrag der bisherigen Unwirksamkeit saldiert werden[354]. Dies gilt für nicht abgesicherte Risiken der einzelnen Komponenten der Bewertungseinheit, aber auch für Wertänderungen aus Risiken, denen nur die Bewertungseinheit insgesamt als neues einheitliches Bewertungsobjekt unterliegt, z.B. das Festzinsänderungsrisiko, dem eine Bewertungseinheit

---

346 Vgl. *IDW RS HFA 35*, Tz. 81; zur verpflichtenden Anwendung der Durchbuchungsmethode bei der Passivierung der Rückstellungen für wertpapiergebundene Versorgungszusagen nach § 253 Abs. 1 S. 3 HGB vgl. *IDW RS HFA 30 n.F.*, Tz. 76.
347 Zur Abbildung antizipativer Bewertungseinheiten vgl. *IDW RS HFA 35*, Tz. 92; *Scharpf*, in: HdR[5], § 254, Rn. 373 ff.; *Rimmelspacher/Fey*, WPg 2011, S. 809 ff.
348 Vgl. *IDW RS HFA 35*, Tz. 77.
349 Vgl. *Gelhausen/Fey/Kämpfer*, BilMoG, Kap. H, Rn. 123.
350 Vgl. *IDW RS HFA 35*, Tz. 66 und 82; für eine zwingende aufwandswirksame Erfassung (auch bei Absicherung gegen Zinsrisiken) vgl. auch *Scharpf*, in: HdR[5], § 254, Rn. 292 ff.; *Gelhausen/Fey/Kämpfer*, BilMoG, Kap. H, Rn. 124.
351 Vgl. *IDW RS HFA 35*, Tz. 6; *Gelhausen/Fey/Kämpfer*, BilMoG, Kap. H, Rn. 112.
352 Vgl. *IDW RS HFA 35*, Tz. 74.
353 Vgl. *IDW RS HFA 35*, Tz. 84.
354 Vgl. *IDW RS HFA 35*, Tz. 69 f.

mit einer gegen das variable Zinsänderungsrisiko abgesicherten Ausleihung als Grundgeschäft unterliegt[355].

Bei **Beendigung einer Sicherungsbeziehung** durch (zeitgleiche) Abwicklung von Grundgeschäft und Sicherungsinstrument ist es sachgerecht, die aus der Beendigung resultierenden Zahlungsströme, soweit sie sich ausgleichen, ohne Berührung der GuV zu erfassen[356]. Endet die Sicherungsbeziehung dagegen in der Form, dass Grundgeschäft und/oder Sicherungsinstrument fortbestehen, sind zum Zeitpunkt der Beendigung der Sicherungsbeziehung letztmals die für Bewertungseinheiten geltenden Bilanzierungsvorschriften anzuwenden; in der Folgezeit gelten für die verbleibenden Komponenten die allgemeinen Vorschriften[357]. Die bilanziellen Auswirkungen der Beendigung hängen in diesem Fall insb. von den abgesicherten Risiken (Wert- oder Zahlungsstromänderungsrisiken), von der Methode zur Abbildung des wirksamen Teils der Bewertungseinheit und von den verbleibenden Komponenten ab[358].

225

> **Beispiel 6:**
> Endet eine Absicherung gegen Wertänderungsrisiken durch **Veräußerung oder Glattstellung des Sicherungsinstruments**, während das Grundgeschäft fortbesteht, ist es im Fall der Anwendung der Einfrierungsmethode sachgerecht, die Ausgleichszahlung, soweit sie auf den wirksamen Teil der Bewertungseinheit entfällt, mit dem Buchwert des Grundgeschäfts zu verrechnen. Der übrige Teil ist mit dafür evtl. aktivierten oder passivierten Beträgen (z.B. aktivierte Optionsprämie oder Rückstellung für den Betrag der bisherigen Unwirksamkeit) zu verrechnen und der Restbetrag erfolgswirksam zu erfassen. Im Fall der Anwendung der Durchbuchungsmethode ist die Ausgleichszahlung dagegen zunächst mit dem Buchwert des Sicherungsinstruments zu verrechnen[359].

Wird das Sicherungsinstrument vor Erreichung des Sicherungszwecks abgewickelt, entspricht es Sinn und Zweck der Bildung einer Bewertungseinheit, die auf den effektiven Teil der Sicherungsbeziehung entfallende Ausgleichszahlung bis zur Abwicklung des Grundgeschäfts ergebnisneutral abzugrenzen[360].

226

Endet eine Sicherungsbeziehung nicht mit der Abwicklung des Sicherungsinstruments, sondern wird unmittelbar ein **Anschlusssicherungsinstrument** abgeschlossen, ist es bei ansonsten unveränderten Voraussetzungen sachgerecht, die Bewertungseinheit unverändert nach § 254 HGB zu bilanzieren[361]. Entspr. gilt im Fall von **Anschlussgrundgeschäften**.

227

---

355 Vgl. *Gelhausen/Fey/Kämpfer*, BilMoG, Kap. H, Rn. 114 und 135.
356 Vgl. *IDW RS HFA 35*, Tz. 86; *Scharpf*, in: HdR[5], § 254, Rn. 385.
357 Vgl. *Gelhausen/Fey/Kämpfer*, BilMoG, Kap. H, Rn. 143.
358 Vgl. *IDW RS HFA 35*, Tz. 87 ff. (für Absicherungen gegen Wertänderungsrisiken); allg. ausführlich *Rimmelspacher/Fey*, WPg 2013, S. 994 ff.
359 Vgl. *IDW RS HFA 35*, Tz. 87.
360 Vgl. *Gelhausen/Fey/Kämpfer*, BilMoG, Kap. H, Rn. 141; *Scharpf*, in: HdR[5], § 254, Rn. 391.
361 Vgl. *Gelhausen/Fey/Kämpfer*, BilMoG, Kap. H, Rn. 142; *Scharpf*, in: HdR[5], § 254, Rn. 393.

6.8 Fremdwährungsumrechnung (§ 256a HGB)

6.8.1 Grundlagen

228 Für die Auslegung von Zweifelsfragen bei der Umrechnung von Fremdwährungsgeschäften sowie der daraus resultierenden Abschlussposten wird in DRS 25.4 empfohlen, die **Grundsätze des DRS 25** zur Umrechnung von Fremdwährungsgeschäften in der Handelsbilanz II (DRS 25.8 bis .40 und .106 a)) **entsprechend anzuwenden**.

229 DRS 25 differenziert beim Zugang und im Rahmen der Folgebewertung grds. zwischen monetären und nichtmonetären Posten. Nach DRS 25.7 sind **monetäre Posten** Zahlungsmittel und Ansprüche, die auf Geldbeträge lauten, sowie mit einem bestimmten oder bestimmbaren Geldbetrag zu begleichende Verbindlichkeiten.

230 Unter die Währungsumrechnung nach § 256a HGB fällt darüber hinaus das Betriebsvermögen ausländischer **Zweigniederlassungen**[362], das nach § 253 Abs. 3 und 4 HGB auf den niedrigeren beizulegenden Wert überprüft werden muss (DRS 25.38 ff.).

231 Nicht unter § 256a HGB fällt die Bewertung von **Rückstellungen**, deren Erfüllungsbetrag sich in fremder Währung bestimmt, sondern sich nach § 253 Abs. 1 S. 2 und Abs. 2 HGB richtet; danach ist der Barwert des Erfüllungsbetrags mit dem jeweiligen Stichtagskurs (Devisenkassakurs) umzurechnen[363]. Eine Währungsumrechnung von **RAP** ist nicht erforderlich, da die Ausgaben bzw. Einnahmen bereits geleistet und somit im Zeitpunkt ihres Anfalls bereits in Euro umgerechnet wurden[364].

6.8.2 Zugangsbewertung

232 Nach DRS 25.9 sind Vermögensgegenstände, Schulden, Rechnungsabgrenzungsposten und Sonderposten, die aus Fremdwährungsgeschäften resultieren, sowie die damit ggf. korrespondierenden Erträge und Aufwendungen im **Zugangszeitpunkt** nach den allgemeinen handelsrechtlichen Grundsätzen, d.h. mit **differenzierten Kursen** umzurechnen. Bei nichtmonetären Vermögensgegenständen (z.B. Sachanlagevermögen und Vorräte) und Fremdwährungsverbindlichkeiten/-rückstellungen findet i.d.R. der Geldkurs und bei der Umrechnung monetärer Vermögensgegenstände der Briefkurs Verwendung (DRS 25.10 ff. i.V.m. DRS 25.B6). Zur Erstbewertung von Fremdwährungsgeschäften vgl. Kap. F Tz. 162 und Kap. F Tz. 419.

233 Aus **Vereinfachungsgründen** dürfen jedoch auch der **Devisenkassamittelkurs oder zeitraumbezogene Durchschnittskurse** zur Umrechnung verwendet werden, wenn die damit verbundene Beeinträchtigung der Vermögens- und Ertragslage unwesentlich ist (DRS 25.13 f.).

6.8.3 Folgebewertung

6.8.3.1 Nichtmonetäre Vermögensgegenstände

234 Die Folgebewertung von nichtmonetären Vermögensgegenständen (z.B. Sachanlagen) erfolgt auf Basis der im Zugangszeitpunkt erfassten AK in €. Eine Währungsumrechnung i.R.d. Folgebewertung findet nur dann statt, wenn eine **(Wieder-)Beschaffung**

---

[362] Zur Währungsumrechnung ausländischer Zweigniederlassungen vgl. *Gelhausen/Deubert/Meyer*, in: HdJ, Abt. V/8, Rn. 120 ff.; *Deubert/Meyer/Müller*, Der Konzern 2018, S. 96 (99).
[363] Vgl. *Gelhausen/Deubert/Meyer*, in: HdJ, Abt. V/8, Rn. 108 f.; *Küting/Mojadar*, in: HdR⁵, § 256a, Rn. 86.
[364] Vgl. *Gelhausen/Deubert/Meyer*, in: HdJ, Abt. V/8, Rn. 104 ff.; *Küting/Mojadadr*, in: HdR⁵, § 256a, Rn. 88.

ausschließlich in fremder Währung möglich ist. In diesem Fall ist der nach Maßgabe des § 253 Abs. 3 S. 5 und 6 bzw. Abs. 4 HGB ermittelte Wert in Fremdwährung mit dem jeweiligen Stichtagskurs (i.d.R. Geldkurs) umzurechnen und mit dem fortgeführten Buchwert zu vergleichen (DRS 25.16 ff.).

Währungsbedingte Wertminderungen nichtmonetärer Vermögensgegenstände sind **nur in Ausnahmefällen vorübergehender Natur**, dies ist vom Bilanzierenden z.B. anhand der Entwicklung der Terminkurse nachzuweisen (DRS 25.20 i.V.m. DRS 25.B7)[365]. 235

Ist eine Wiederbeschaffung oder Veräußerung von nichtmonetären Vermögensgegenständen in fremder Währung und in der Landeswährung möglich, ist bei der Ermittlung des **niedrigeren beizulegenden Werts** auf die Währung des für den Bilanzierenden **relevanten Marktes abzustellen** (DRS 25.19). 236

6.8.3.2 Monetäre Vermögensgegenstände und Verbindlichkeiten

Monetäre Posten, die auf fremde Währung lauten, sind i.R.d. **Folgebewertung** zum **Devisenkassamittelkurs** (= arithmetisches Mittel aus Geld- und Briefkurs des Devisenkassakurses an diesem Tag[366]) am Abschlussstichtag ergebniswirksam umzurechnen (§ 256a S. 1 HGB), bei einer **Restlaufzeit** von mehr als einem Jahr unter Beachtung des **Realisations- und des Anschaffungswertprinzips**, bei einer Restlaufzeit von bis zu einem Jahr ohne deren Beachtung (§ 256a S. 2 HGB). 237

Für die Folgebewertung monetärer Posten, ist zwischen **währungskursbedingten Wertänderungen** und **(sonstigen) Änderungen** des beizulegenden Zeitwerts zu differenzieren. Für währungskursbedingte Wertänderungen monetärer Posten gilt § 256a HGB, der als lex specialis § 253 HGB vorgeht (DRS 25.23). Für (sonstige) Änderungen des beizulegenden Werts in Fremdwährung gelten die Grundsätze der §§ 252 Abs. 1 Nr. 4 und 253 Abs. 1 S. 1 HGB (DRS 25.23 i.V.m. DRS 25.B11). 238

Für monetäre Vermögensgegenstände ist eine **Werminderung** zu erfassen, soweit der mit dem Stichtagskurs umgerechnete beizulegende Wert in Fremdwährung, die mit dem historischen Kurs umgerechneten (ggf. fortgeführten) AK in Fremdwährung unterschreitet (DRS 25.26). Wechselkursbedingte Wertminderungen sind unabhängig davon zu erfassen, ob diese dauerhaft oder nur vorübergehend sind, während für sonstige Wertänderungen, z.B. aufgrund bonitäts- oder zinsbedingter Einflüsse, weiterhin beurteilt werden muss, ob sie von Dauer sind oder nicht (DRS 25.28 i.V.m. .26)[367]. 239

Bei der Beurteilung der Frage, ob bei monetären Vermögensgegenständen eine **außerplanmäßige Abschreibung** vorzunehmen ist, ist zu beachten, dass währungskursbedingte Wertänderungen und Änderungen des beizulegenden Zeitwerts auch kompensatorisch wirken können (DRS 25.24). 240

Vermögensgegenstände und Verbindlichkeiten mit einer **Restlaufzeit von mehr als einem Jahr**, von denen aber Teilbeträge innerhalb der nächsten zwölf Monate fällig werden (Laufzeitdarlehen), müssen nach DRS 25.25 nicht in Abhängigkeit ihrer Fälligkeit mit differenzierten Kursen umgerechnet werden[368]. 241

---

[365] Vgl. auch *Gelhausen/Deubert/Meyer,* in: HdJ, Abt. V/8, Rn. 72.
[366] Vgl. *Gelhausen/Deubert/Meyer,* in: HdJ, Abt. V/8, Rn. 53; Vgl. *Grottel/Koeplin,* in: BeBiKo[11], § 256a, Rn. 14.
[367] Vgl. *Deubert/Meyer/Müller,* Der Konzern 2018, S. 96 (98).
[368] Vgl. *Deubert/Meyer/Müller,* Der Konzern 2018, S. 96 (98 f.) m.w.N.

6.8.4 Behandlung von Umrechnungsdifferenzen

242 Umrechnungsdifferenzen sind **ergebniswirksam** zu erfassen. KapGes. und KapCoGes. haben diese gesondert unter den Posten „sonstige betriebliche Aufwendungen" bzw. „sonstige betriebliche Erträge" auszuweisen (§ 277 Abs. 5 S. 2 HGB; vgl. Kap. F Tz. 834). Statt eines gesonderten Ausweises darf auch eine Angabe im Anhang erfolgen (DRS 25.108).

243 In den gesonderten Ausweis gem. § 277 Abs. 5 S. 2 HGB sind sowohl die im GJ **realisierten** als auch die aufgrund der Anwendung des § 256a S. 2 HGB **unrealisierten** Wechselkursgewinne und -verluste einzubeziehen (DRS 25.36). In diesem Zusammenhang wird empfohlen, unrealisierte Währungskursgewinne gesondert anzugeben (DRS 25.37)[369].

7. Gliederung

7.1 Grundsätze (§§ 243 Abs. 1 und 2, 247 Abs. 1 HGB)

244 Während für den JA der KapGes./KapCoGes. ausführliche Gliederungsvorschriften bestehen (§§ 265 ff., 264c HGB, vgl. Kap. F Tz. 286, Kap. F Tz. 301, Kap. F Tz. 1460 und Kap. F Tz. 750), sind Einzelkaufleute und PersGes. mit wenigstens einer natürlichen Person als Vollhafter an keine bestimmte Gliederung gebunden, soweit sie nicht branchenbezogenen Vorschriften unterliegen. § 247 Abs. 1 HGB bestimmt lediglich, dass in der Bilanz das AV und das UV, das EK und die Schulden sowie die RAP auszuweisen und **hinreichend aufzugliedern** sind. Außerdem gilt, dass der JA den GoB (vgl. Kap. F Tz. 11) zu entsprechen hat und klar und übersichtlich sein muss (§ 243 Abs. 1 und 2 HGB).

245 Der Grundsatz der **Klarheit und Übersichtlichkeit** (vgl. auch Kap. F Tz. 12) gebietet, dass die Bezeichnung der einzelnen Posten klar und verständlich sein muss (gesetzliche Begriffsinhalte sind bindend), jeder Posten mit dem dazugehörigen, in Ziff. ausgedrückten Betrag eine eigene Zeile erhält sowie die Posten in sinnvoller Weise aufeinander folgen und untereinander gesetzt werden.

246 Es entspricht ferner den GoB, in aufeinanderfolgenden Jahren die **Form der Darstellung beizubehalten**[370].

247 Nach den allg. Grundsätzen (§§ 243 Abs. 1 und 2, 247 Abs. 1 HGB) ist die Angabe von **Vergleichszahlen** des VJ nicht vorgeschrieben, aber zweckmäßig[371]. Falls zu einzelnen Posten zusätzliche Angaben gemacht werden, kann dies in **Fußnoten** erfolgen, sofern hierdurch nicht die Übersichtlichkeit leidet. Derartige Angaben können nach dem Grundsatz der Klarheit notwendig sein, damit sich ein sachverständiger Dritter in angemessener Zeit einen Überblick über die Unternehmenslage verschaffen kann (§ 238 Abs. 1 S. 2 HGB); die Erstellung eines Anh. i.S.d. §§ 284 ff. HGB ist nicht erforderlich.

---

[369] Vgl. dazu *Deubert/Meyer/Müller*, Der Konzern 2018, S. 96 (99).
[370] Vgl. ADS[6], § 247 HGB, Tz. 34; *Schmidt/Usinger*, in: BeBiKo[11], § 243, Rn. 65, *Schmidt/Peun*, in: BeBiKo[11], § 247, Rn. 625.
[371] Vgl. ADS[6], § 247 HGB, Tz. 30 f. (auch zum Vermerk von Leerposten i.S.v. § 265 Abs. 8 HGB und Mitzugehörigkeitsvermerken).

7.2 Gliederung der Bilanz

Anhaltspunkte für eine **hinreichende Aufgliederung** der Bilanz lassen sich aus den Gliederungsvorschriften für kleine KapGes. gewinnen (§ 266 Abs. 1 S. 3 HGB)[372]. 248

Die Bilanz darf sowohl in Konto- als auch in Staffelform aufgestellt werden; üblich ist die Kontoform[373].

> **Hinweis 13:**
>
> Bilanz eines **Einzelkaufmanns** in Kontoform:
>
> | Aktivseite | Passivseite |
> |---|---|
> | **A. Anlagevermögen** | **A. Eigenkapital** |
> | 1. Immaterielle Vermögensgegenstände | Stand 01.01.20... |
> | 2. Sachanlagen | Einlagen/Entnahmen |
> | 3. Finanzanlagen | Bilanzergebnis |
> | | Stand 31.12.20... |
> | **B. Umlaufvermögen** | **B. Rückstellungen** |
> | 1. Vorräte | |
> | 2. Forderungen und sonstige Vermögensgegenstände | **C. Verbindlichkeiten** |
> | | 1. Warenschulden |
> | 3. Wertpapiere | 2. Wechselschulden |
> | 4. Liquide Mittel | 3. Bankschulden |
> | | 4. Sonstige Verbindlichkeiten |
> | **C. Rechnungsabgrenzungsposten** | **D. Rechnungsabgrenzungsposten** |

Das **Anlagevermögen** umfasst alle Gegenstände, die dazu bestimmt sind, dauernd (d.h. mehrfach) dem Geschäftsbetrieb zu dienen (§ 247 Abs. 2 HGB).

Posten, unter denen keine Beträge auszuweisen sind, entfallen, es sei denn ihr Ausweis ist aufgrund der freiwilligen Angabe von VJ-Zahlen erforderlich. **Weitere Aufgliederungen** oder Davon-Vermerke können, je nach Bedeutung der ausgewiesenen Beträge, in Betracht kommen oder erforderlich sein[374].

Außerhalb der Hauptspalte der Bilanz („unter der Bilanz") sind auf der Passivseite die in § 251 HGB aufgeführten **Haftungsverhältnisse** (vgl. Kap. F Tz. 991) in einem Betrag zu vermerken; die Angabe von Rückgriffsforderungen in einem entsprechenden Vermerk auf der Aktivseite ist zulässig, aber nicht erforderlich. 249

Die gleichen Gliederungsgrundsätze gelten für die Bilanzen von **PersGes. (OHG, KG)**, soweit sie nicht unter § 264a HGB fallen. Diese haben darüber hinaus für einen den GoB entsprechenden, klaren und übersichtlichen Ausweis der **Kapitalanteile** und der sons- 250

---

372 Vgl. ADS[6], § 247 HGB, Tz. 23; *Baetge* u.a., in: HdR[5], § 243, Rn. 55; *Schubert/Waubke*, in: BeBiKo[11], § 247, Rn. 5 (ggf. Mindestgliederung für Kleinst-KapGes. gem. § 266 Abs. 1 S. 4 HGB für Unternehmen vergleichbarer Größe ausreichend); NWB Komm. BilR[9], § 247, Rn. 10, halten Beachtung des Größenraster des § 267 HGB für sinnvoll.
373 Vgl. *Hütten/Lorson*, in: HdR[5], § 247, Rn. 15.
374 Vgl. ADS[6], § 247 HGB, Tz. 36; *Schubert/Waubke*, in: BeBiKo[11], § 247, Rn. 8.

tigen **Gesellschafterkonten** Sorge zu tragen[375], wie er insb. in *IDW RS HFA 7 n.F.* beschrieben und – weitgehend identisch hierzu – für KapCoGes. gesetzlich geregelt ist (vgl. § 264c HGB sowie dazu Kap. F Tz. 1460). Danach gilt insb.:

- Das bilanzielle EK muss vom FK klar unterschieden werden können[376]. Das EK umfasst dabei nur Gesellschaftermittel, die bis zur vollen Höhe mit künftigen Verlusten zu verrechnen sind und im Falle der Insolvenz der Ges. nicht als Insolvenzforderung geltend gemacht werden können oder bei einer Liquidation erst nach Befriedigung aller Gesellschaftsgläubiger auszugleichen sind; auf die Dauerhaftigkeit der Mittelüberlassung kommt es nicht an[377].
- Die Kapitalanteile persönlich haftender Gesellschafter dürfen grds. zu einem Posten zusammengefasst werden. Positive und negative Kapitalanteile dürfen dabei saldiert werden. Bei KapCoGes. besteht in diesem Fall gem. § 264c Abs. 2 S. 4 HGB ein Saldierungsverbot[378].
- Gleiches gilt für die Kapitalanteile beschränkt haftender Gesellschafter[379].
- Nicht eingeforderte ausstehende Pflichteinlagen von Gesellschaftern sind auf der Passivseite offen von den Kapitalanteilen abzusetzen; eingeforderte Beträge sind analog § 272 Abs. 1 S. 3 HGB unter den Forderungen gesondert auszuweisen und entspr. zu bezeichnen[380].
- Aufgrund des Gesellschaftsvertrags oder durch Gesellschafterbeschluss gebildete Rücklagen sind innerhalb des EK gesondert auszuweisen[381].
- Der Ausweis des unverteilten Jahresüberschusses ist nur zulässig, soweit die Ergebnisverwendung noch von einem Gesellschafterbeschluss abhängt; ansonsten ist das Jahresergebnis den in Betracht kommenden Gesellschafterkonten gutzuschreiben. Verlustanteile sind dagegen stets von den Kapitalanteilen der Gesellschafter abzuschreiben[382].
- Wesentliche Forderungen und Verbindlichkeiten gegen/ggü. Gesellschaftern von PersGes., die nicht die Regelung des § 264c Abs. 1 HGB beachten müssen, sind als solche getrennt auszuweisen oder durch Vermerk kenntlich zu machen[383].
- Zu bilanzieren sind nur Vermögensgegenstände, die Gesamthandsvermögen sind, bzw. Schulden aufgrund von Verpflichtungen der Gesamthand[384]; aus diesem Grund sind z.B. Steuerschulden eines Gesellschafters nicht als Schulden der Ges. auszuweisen.

251 PersGes., die nicht unter § 264a HGB fallen, sowie kleine KapCoGes. dürfen § 274 HGB über den Ansatz **latenter Steuern** (vgl. Kap. F Tz. 709 ff.) freiwillig anwenden. In diesem

---

375 Vgl. ADS[6], § 247 HGB, Tz. 59; *Schmidt/Hoffmann*, in: BeBiKo[11], § 247, Rn. 150; *Ischebeck/Nissen-Schmidt*, in: HdR[5], Kap. 5, Rn. 24.
376 Vgl. *IDW*, FN-IDW 2007, S. 442 f.
377 Vgl. *IDW RS HFA 7 n.F.*, Tz. 13; *Hütten/Lorson*, in: HdR[5], § 247, Rn. 35 ff.
378 Vgl. *IDW RS HFA 7 n.F.*, Tz. 41; *Ischebeck/Nissen-Schmidt*, in: HdR[5], Kap. 5, Rn. 24.
379 Vgl. *IDW RS HFA 7 n.F.*, Tz. 43.
380 Vgl. *IDW RS HFA 7 n.F.*, Tz. 45; *Böcking/Hanke*, in: BHdR, B 200, Rn. 51 halten bei eingeforderten ausstehenden Pflichteinlagen alternativ auch eine Nennung auf der Passivseite für zulässig.
381 Vgl. *IDW RS HFA 7 n.F.*, Tz. 46; *Ischebeck/Nissen-Schmidt*, in: HdR[5], Kap. 5, Rn. 26; *Hütten/Lorson*, in: HdR[5], § 247, Rn. 38.
382 Vgl. *IDW RS HFA 7 n.F.*, Tz. 47 ff.; *Schmidt/Hoffmann*, in: BeBiKo[11], § 264c, Rn. 1, 41 ff.; *Ischebeck/Nissen-Schmidt*, in: HdR[5], Kap. 5, Rn. 27.
383 Vgl. *IDW RS HFA 7 n.F.*, Tz. 55; *Böcking/Hanke*, in: BHdR, B 200, Rn. 54.
384 Vgl. *IDW RS HFA 7 n.F.*, Tz. 10 und 23; *Ischebeck/Nissen-Schmidt*, in: HdR[5], Kap. 5, Rn. 8 und 10.

Fall haben sie § 266 Abs. 2 D. (Aktive latente Steuern) bzw. Abs. 3 E. (Passive latente Steuern) HGB für den Bilanzausweis zu beachten (§ 274 Abs. 1 S. 1 und 2 HGB)[385].

7.3 Gliederung der Gewinn- und Verlustrechnung

Ebenso wenig wie für die Bilanz enthält das Gesetz für diejenigen Kaufleute, die nur die Vorschriften der §§ 238-256a HGB zu beachten haben (insb. **Einzelkaufleute und PersGes.**, die nicht unter § 264a HGB fallen), spezielle Vorschriften über die Gliederung der GuV[386]. Nach den allgemeinen Vorschriften muss sie allerdings die Aufwendungen und Erträge einander gegenüberstellen (§ 242 Abs. 2 HGB), den GoB entsprechen (§ 243 Abs. 1 HGB) sowie klar und übersichtlich sein (§ 243 Abs. 2 HGB). 252

Freiheit besteht hinsichtlich der **Form der GuV** und der Gliederung. Die GuV darf sowohl in Konto- als auch in Staffelform aufgestellt werden[387] und nach dem GKV oder dem UKV (vgl. Kap. F Tz. 789 ff.) gegliedert sein[388]. Die Gliederung sollte sich dabei an den in § 275 HGB festgelegten Schemata für das GKV und das UKV orientieren[389]. Dabei ist eine Mindestgliederung der Aufwendungen und der Erträge erforderlich, um nicht gegen den Grundsatz der Klarheit und Übersichtlichkeit zu verstoßen[390]. 253

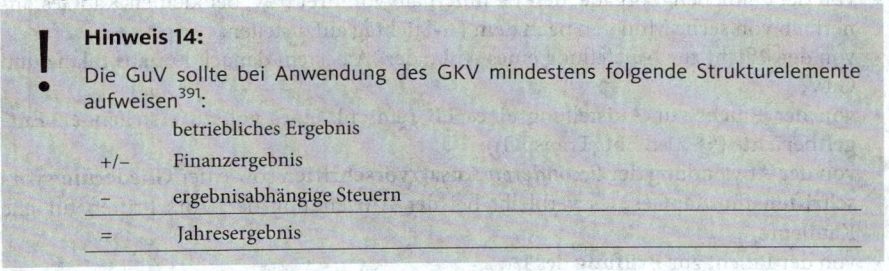

> **! Hinweis 14:**
> Die GuV sollte bei Anwendung des GKV mindestens folgende Strukturelemente aufweisen[391]:
>
> | | betriebliches Ergebnis |
> | --- | --- |
> | +/− | Finanzergebnis |
> | − | ergebnisabhängige Steuern |
> | = | Jahresergebnis |

Das betriebliche Ergebnis ist darüber hinaus zumindest nach den wesentlichen Ertrags- und Aufwandsposten weiter aufzugliedern. Dabei ist grds. von den in § 275 Abs. 2 HGB genannten Posten auszugehen[392].

Sofern bei PersGes. das Jahresergebnis nicht ersichtlich ist, sollte aus Gründen der Klarheit und Übersichtlichkeit die **Verwendung des Jahresergebnisses** in Fortführung der GuV oder im Anh. entspr. *IDW RS HFA 7 n.F.*, Tz. 56 dargestellt werden. 254

---

385 Vgl. *IDW RS HFA 7 n.F.*, Tz. 18.
386 Vgl. ADS[6], § 247 HGB, Tz. 77; *Castan/Böcking*, in: BHdR, B 300, Rn. 37; *Schmidt/Peun*, in: BeBiKo[11], § 247, Rn. 601; *Ischebeck/Nissen-Schmidt*, in: HdR[5], Kap. 5, Rn. 28.
387 Vgl. *Schmidt/Peun*, in: BeBiKo[11], § 247, Rn. 660; ausführlich zu den beiden Varianten *Castan/Böcking*, in: BHdR, B 300, Rn. 10 ff.
388 Vgl. ausführlich *Castan/Böcking*, in: BHdR, B 300, Rn. 9 ff.; *Ischebeck/Nissen-Schmidt*, in: HdR[5], Kap. 5, Rn. 30.
389 Vgl. ADS[6], § 247 HGB, Tz. 81.
390 Vgl. *Castan/Böcking*, in: BHdR, B 300, Rn. 46; *Ischebeck/Nissen-Schmidt*, in: HdR[5], Kap. 5, Rn. 30.
391 Vgl. *Schmidt/Peun*, in: BeBiKo[11], § 247, Rn. 622.
392 Vgl. ADS[6], § 247 HGB, Tz. 91; *Schmidt/Peun*, in: BeBiKo[11], § 247, Rn. 622.

8. Jahresabschluss von Kapitalgesellschaften

8.1 Erleichterungen bei Aufstellung, Prüfung und Offenlegung (§ 264 Abs. 3 und 4 HGB)

255 KapGes., die als **TU** in den KA eines MU mit Sitz in der EU oder einem EWR-Staat (Liechtenstein, Norwegen, Island) **einbezogen** werden, dürfen gem. § 264 Abs. 3 HGB unter bestimmten Voraussetzungen von der Anwendung der §§ 264 ff. HGB bzgl. Aufstellung, Prüfung und Offenlegung von JA und LB absehen (vgl. Kap. F Tz. 256 ff.). Dasselbe gilt für Personenhandelsgesellschaften i.S.d. § 264a HGB nach § 264b HGB (vgl. Kap. F Tz. 1446) und für Unternehmen, die unter das PublG fallen nach § 5 Abs. 6 PublG (vgl. Kap. F Tz. 1531). Die Vorschrift in § 264 Abs. 4 HGB enthält eine entsprechende Regelung für KapGes., deren MU einen KA nach den §§ 11 ff. PublG aufstellt (vgl. Kap. F Tz. 262).

256 Im Einzelnen sieht das Gesetz für KapGes. bei kumulativem Vorliegen der Voraussetzungen des § 264 Abs. 3 S. 1 Nrn. 1 bis 5 HGB folgende **Befreiungen** vor:

- von der zeitlichen Vorgabe, den JA innerhalb von drei bzw. bei kleinen KapGes. innerhalb von sechs Monaten nach dem JA-Stichtag aufzustellen;
- von der Pflicht zur Aufstellung eines **Anh.**; der JA besteht danach nur aus Bilanz und GuV;
- von der Pflicht zur Aufstellung eines **LB** (einschl. eines ggf. zu erstellenden **Entgeltberichts** (§§ 21 f. EntgTranspG));
- von der Anwendung der *besonderen* **Ansatzvorschriften** sowie der **Gliederungsvorschriften** für KapGes.; es verbleibt bei der Anwendung der Vorschriften für alle Kaufleute;
- von der Pflicht zur **Prüfung** des JA;
- von der Pflicht zur **Offenlegung** des JA.

257 Die Erleichterung bzgl. der Aufstellung eines Anh. erstreckt sich auch auf **rechtsformspezifische Angabepflichten**, z.B. nach § 160 AktG. Sonstige rechtsformbezogene Angabe- und Offenlegungspflichten, wie die Erklärung zum *DCGK* nach § 161 AktG, bleiben davon unberührt. **Wahlpflichtangaben** (vgl. Kap. F Tz. 949 ff.) sind bei Verzicht auf einen Anh. grds. in die Bilanz oder die GuV aufzunehmen[393], sofern nicht insgesamt auf diese Angaben verzichtet wird. Pflichtangaben, die von allen Kaufleuten zu machen sind, z.B. nach § 251 oder § 253 Abs. 6 S. 3 HGB, sind bei Verzicht auf einen Anh. unter der Bilanz zu machen.

258 Ungeachtet eines Vorliegens aller Befreiungsvoraussetzungen (vgl. Kap. F Tz. 263) ist die Beachtung der **Ausschüttungssperre** (§ 268 Abs. 8 HGB; vgl. Kap. F Tz. 538 ff.) auch bei Inanspruchnahme der Erleichterungen nach § 264 Abs. 3 HGB geboten, weil es sich hierbei um eine gesellschaftsrechtliche Kapitalerhaltungsvorschrift und nicht um eine „bloße" Bilanzierungsregelung handelt[394]. Ergibt sich die Einstandspflicht des MU nach § 264 Abs. 3 S. 1 Nr. 2 HGB (vgl. Kap. F Tz. 270 f.) aus einem EAV nach § 302 AktG (ggf. analog), tritt die **Abführungssperre** nach § 301 S. 1 AktG (ggf. analog) an die Stelle der Ausschüttungssperre. Die Ausschüttungssperre nach § 253 Abs. 6 S. 2 HGB (vgl. Kap. F

---

[393] Vgl. *Winkeljohann/Deubert*, in: BeBiKo[11], § 264, Rn. 105.
[394] Gl.A. *Gelhausen/Fey/Kämpfer*, BilMoG, Kap. N, Rn. 8; *Winkeljohann/Deubert*, in: BeBiKo[11], § 264, Rn. 110; *Baetge/Commandeur/Hippel*, in: HdR[5], § 264 HGB, Rn. 54.

Tz. 555) gehört zu den Vorschriften für alle Kaufleute, die die KapGes. ohnehin, d.h. auch bei Vorliegen der Erleichterungen nach § 264 Abs. 3 HGB zu beachten haben.

Der KapGes. steht es grds. frei, ob sie die durch § 264 Abs. 3 oder 4 HGB zugelassenen Befreiungen in vollem Umfang oder nur teilw., z.B. nur die Befreiung von der Offenlegungspflicht, in Anspruch nimmt[395]. Die Inanspruchnahme der Erleichterungen kann durch **satzungs- bzw. gesellschaftsvertragliche Regelungen** oder i.R.d. Zustimmungsbeschlusses der Gesellschafter (vgl. Kap. F Tz. 266) ganz oder teilw. eingeschränkt werden. Die Gesellschafter können eine zunächst beschlossene Beschränkung der Inanspruchnahme von Erleichterungen, z.B. Befreiung nur von der Offenlegung, nachträglich wieder erweitern, z.B. Befreiung auch von der Aufstellung eines LB oder von der Prüfung des JA und LB, sofern der Gegenstand der nachträglichen Ausweitung der Befreiung im Zeitpunkt der Beschlussfassung nicht bereits verwirklicht ist, etwa die Prüfung des JA und LB bereits abgeschlossen ist. Für die nachträgliche Erweiterung des zuvor eingeschränkten Erleichterungsumfangs ist ein einstimmiger Gesellschafterbeschluss erforderlich. Etwas anderes gilt nur dann, wenn die vorherige Einschränkung – außerhalb der Zustimmung nach § 264 Abs. 3 S. 1 Nr. 1 HGB – ebenfalls nur durch einen Mehrheitsbeschluss erfolgt ist.

259

> **Praxistipp 9:**
>
> Einschränkungen, insb. hinsichtlich der Befreiung von der Prüfungspflicht, können sich ferner ergeben, wenn der betreffende JA bzw. dessen Bilanz als Sonderbilanz zur Durchführung einer gesellschaftsrechtlichen Maßnahme, z.B. Kapitalerhöhung aus Gesellschaftsmitteln, Verschmelzung oder Spaltung, benötigt wird. Bei der **Kapitalerhöhung aus Gesellschaftsmitteln** steht die in § 57e Abs. 1 GmbHG bzw. § 209 Abs. 1 AktG zur Dokumentation und Kontrolle der Kapitalaufbringung angeordnete Prüfungspflicht einer Inanspruchnahme der Befreiung von der Pflicht zur Prüfung des JA gem. § 264 Abs. 3 HGB entgegen[396]. Von Bilanzierungserleichterungen darf bei der Aufstellung dagegen ohne Einschränkung Gebrauch gemacht werden, weil dies dem Sinn und Zweck, für den die Sonderbilanz verwendet wird, nicht entgegensteht.

> **Praxistipp 10:**
>
> Soll die Jahresbilanz als Schlussbilanz des übertragenden Rechtsträgers bei einer **Verschmelzung oder Spaltung** verwendet werden, führt die in § 17 Abs. 2 S. 2 UmwG angeordnete entsprechende Anwendung der Vorschriften über die Bilanz und deren Prüfung dazu, dass nach § 264 Abs. 3 oder 4 HGB lediglich auf die reguläre Offenlegung des JA verzichtet werden darf[397].

---

395 Vgl. ADS[6], § 264 HGB n.F., Tz. 4; *Winkeljohann/Deubert*, in: BeBiKo[11], § 264, Rn. 106.
396 Vgl. im Einzelnen *Förschle/Kropp*, in: Winkeljohann/Förschle/Deubert, Sonderbilanzen[5], Kap. E, Rn. 121 ff.
397 Gl.A. *Winkeljohann/Deubert*, in: BeBiKo[11], § 264, Rn. 108; *Deubert/Henckel*, in: Winkeljohann/Förschle/Deubert, Sonderbilanzen[5], Kap. H, Rn. 137; a.A. *Reiner*, in: MünchKomm. HGB[3], § 264, Rn. 121.

260 Eine engere Regelung gilt aus aufsichtsrechtlichen Gründen außerdem für **KI** und **VU**; für diese ist nur der Verzicht auf die Offenlegung zugelassen (§§ 340a Abs. 2 S. 4, 341a Abs. 2 S. 4 HGB)[398].

261 Im Ergebnis gänzlich ausgenommen von den Erleichterungen des § 264 Abs. 3 oder 4 HGB sind Unternehmen, an denen **Gebietskörperschaften** beteiligt sind, weil sich öffentlich-rechtliche Körperschaften grds. nur dann an einer KapGes. beteiligen dürfen, wenn gewährleistet ist, „dass der Jahresabschluß und der Lagebericht ... in entsprechender Anwendung der Vorschriften des Dritten Buchs des Handelsgesetzbuchs für große Kapitalgesellschaften aufgestellt und geprüft werden" (§ 65 Abs. 1 Nr. 4 BHO; ähnlich die entsprechenden landes- und kommunalrechtlichen Bestimmungen). Dies schließt sowohl eine Befreiung von den ergänzenden Vorschriften für die Aufstellung von JA und LB, als auch denjenigen für die Prüfung aus.

> **! Hinweis 15:**
>
> Nach § 6b Abs. 1 S. 1 EnWG haben **EVU** – unabhängig von ihrer Rechtsform – einen JA nach den für KapGes. geltenden Vorschriften aufzustellen, prüfen zu lassen und offenzulegen (vgl. *IDW RS ÖFA 2*, Tz. 11). Diese spezialgesetzliche Regelung, geht der Inanspruchnahme der Befreiungsmöglichkeiten nach den allgemeinen Vorschriften vor und schließt die Anwendung der Erleichterungsvorschriften (§ 264 Abs. 3 bzw. Abs. 4 oder § 264b HGB) für diese Unternehmen für den JA aus (vgl. *IDW RS ÖFA 2*, Tz. 12). Für den LB darf dagegen von der Befreiungsmöglichkeit Gebrauch gemacht werden.

262 Nach § 264 Abs. 4 HGB ist Abs. 3 auch auf KapGes. anwendbar, die als TU in einen gem. den §§ 11 ff. PublG aufgestellten KA einbezogen werden. Voraussetzung für die befreiende Wirkung des **KA nach § 11 PublG** ist, dass in diesem von dem Wahlrecht des § 13 Abs. 3 S. 1 PublG (Nichtangabe der Gesamtbezüge etc. für aktive Organmitglieder des MU und für deren Hinterbliebene nach § 314 Nr. 6 HGB i.V.m. § 13 Abs. 2 S. 1 PublG) – unbeschadet der Schutzklausel nach § 314 Abs. 3 HGB – kein Gebrauch gemacht wird.

263 Für die Inanspruchnahme der Aufstellungs-, Prüfungs- und Offenlegungserleichterungen müssen nach § 264 Abs. 3 S. 1 Nr. 1 bis 5 HGB folgende **Voraussetzungen (kumulativ)** erfüllt sein:

- Das TU ist in den KA des MU im Wege der Vollkonsolidierung einbezogen worden (dazu Kap. F Tz. 264).
- Alle Gesellschafter des TU haben der Befreiung für das jeweilige GJ zugestimmt (Nr. 1; dazu Kap. F Tz. 266).
- Das MU hat sich verpflichtet, im folgenden GJ für die Verpflichtungen des TU einzustehen (Nr. 2; dazu Kap. F Tz. 267 ff.).
- Der befreiende KA und KLB müssen nach dem für das MU geltenden und im Einklang mit EU-Recht stehenden (Bilanz-)Recht aufgestellt und geprüft sein (Nr. 3; dazu Kap. F Tz. 273).
- Die Befreiung des TU wird im Anh. des KA angegeben (Nr. 4; dazu Kap. F Tz. 274).

---

398 Vgl. ADS[6], § 264 HGB n.F., Tz. 10.

- Für das TU werden der Beschluss nach Nr. 1, die Erklärung nach Nr. 2 sowie der KA, KLB und der dazu erteilte BestV nach § 325 Abs. 1 bis 1b HGB im BAnz. offengelegt (Nr. 5 lit. a) bis e); dazu Kap. F Tz. 275 ff.).

Die zu befreiende KapGes. muss als TU **tatsächlich in den KA einbezogen** werden, d.h. sie muss vollkonsolidiert werden. Unterbleibt die Einbeziehung als TU im Wege der Vollkonsolidierung, z.B. weil ein Konsolidierungswahlrecht nach § 296 HGB ausgeübt wird, ist – insb. mit Rücksicht auf die explizite Regelung für vergleichbare Fälle, z.B. in § 291 Abs. 2 Nr. 1 HGB („... unbeschadet des § 296 einbezogen ...") – die Voraussetzung nach § 264 Abs. 3 HGB nicht erfüllt[399]. Daran ändert sich auch nichts, wenn die gem. § 296 HGB nicht vollkonsolidierten TU stattdessen nach der Equity-Methode (§§ 311, 312 HGB; vgl. Kap. G Tz. 200 f.) im KA bilanziert werden.

264

> **! Hinweis 16:**
>
> Wird das **Mutter-Tochter-Verhältnis** zu der zu befreienden KapGes. erst **im Verlauf des Konzern-GJ begründet** und werden deshalb die Erträge und Aufwendungen des TU erst ab dem Erwerbszeitpunkt in die Konzern-GuV einbezogen, darf die Befreiung dennoch in Anspruch genommen werden. Entscheidend ist, dass die Vermögensgegenstände und Schulden des TU im befreienden KA als solche ausgewiesen werden[400].

Für die Inanspruchnahme der Erleichterungen nach § 264 Abs. 3 HGB macht es keinen Unterschied, ob der befreiende KA aufgrund einer gesetzlichen Verpflichtung oder freiwillig aufgestellt wird. Im Unterschied zur Befreiung nach § 264b HGB muss in den befreienden KA auch keine größere Gesamtheit von Unternehmen einbezogen werden. D.h. es reicht für Zwecke des § 264 Abs. 3 HGB aus, wenn neben dem MU nur das zu befreiende TU in den KA einbezogen wird[401].

265

> **! Hinweis 17:**
>
> Für KapGes. ist – anders als für KapCoGes. im Anwendungsbereich des § 264b HGB (vgl. Kap. F Tz. 1450) – eine **Selbstbefreiung nicht möglich**. Ausschlaggebend dafür ist, dass die zu befreiende KapGes. als TU, d.h. aufgrund eines Unterordnungsverhältnisses in den befreienden KA einbezogen werden muss. Auch muss die Einstandspflicht für die Verpflichtungen der zu befreienden KapGes. immer ein übergeordnetes MU treffen[402].

Der **Zustimmungsbeschluss** nach § 264 Abs. 3 S. 1 Nr. 1 HGB[403] zur Inanspruchnahme der Befreiung muss **einstimmig** von allen Gesellschaftern (ggf. im Umlaufverfahren) gefasst werden. Gesellschafter, die zunächst ihre Zustimmung verweigert haben, können diese nachträglich erteilen. Umgekehrt kann eine ursprünglich erteilte Zustimmung nicht nachträglich (einseitig) durch den einzelnen Gesellschafter, sondern nur durch einen entspr. Mehrheitsbeschluss widerrufen werden. Dies gilt auch in den Fällen eines

266

---

399 Vgl. ADS[6], § 264 HGB n.F., Tz. 70; *Winkeljohann/Deubert*, in: BeBiKo[11], § 264, Rn. 117.
400 Vgl. *Winkeljohann/Deubert*, in: BeBiKo[11], § 264, Rn. 120; ebenso *Graf von Kanitz*, WPg 2003, S. 324 (327).
401 Vgl. *Winkeljohann/Deubert*, in: BeBiKo[11], § 264, Rn. 118.
402 Vgl. *Deubert*, DB 2015, Beil. 5, S. 41 ff. (46).
403 Ausführlich zu Art und Form des Zustimmungsbeschlusses vgl. auch *Kraft*, in: FS W. Müller, S. 463 (466).

Gesellschafterwechsels[404]. Die Zustimmung kann nur für „... das jeweilige Geschäftsjahr ..." erteilt werden; dabei handelt es sich entweder um das GJ, für das ein JA noch nicht aufgestellt ist (VJ) oder für das ein JA als nächster aufgestellt wird (lfd. Jahr). Dies schließt zugleich aus, dass Vorratsbeschlüsse für mehrere Jahre gefasst werden[405].

267 Die zentrale Tatbestandsvoraussetzung für die Inanspruchnahme der Erleichterungen nach § 264 Abs. 3 HGB ergibt sich aus § 264 Abs. 3 S. 1 Nr. 2 HGB. Danach muss zum Schutz der Gläubiger der zu befreienden KapGes. seitens des MU in dem auf die Befreiungsinanspruchnahme folgenden GJ eine **Einstandspflicht für die Verpflichtungen** der KapGes. bestehen. Die Einstandspflicht muss unbedingt und in ihrer Höhe unbeschränkt sein. Wegen des mit ihr bezweckten Gläubigerschutzes ist der sachliche **Umfang** der von der Einstandspflicht erfassten Verpflichtungen **weit auszulegen** und umfasst deshalb nicht nur in der Bilanz passivierte Schulden, sondern auch Eventualschulden sowie Verpflichtungen aus am Abschlussstichtag schwebenden Geschäften[406]. Die Einstandspflicht kann sich aus einer Innen- oder Außenhaftung des MU ergeben[407].

268 Für eine Einstandspflicht im Innenverhältnis, die den Anforderungen des § 264 Abs. 3 S. 1 Nr. 2 HGB genügt, kommt zunächst die Abgabe einer (**harten**) **Patronatserklärung** durch das MU ggü. dem TU, die für die nächsten zwölf Monate nicht gekündigt werden kann, in Betracht.

> **Hinweis 18:**
>
> Eine **Nachschusspflicht**, die die Gesellschafter zur Leistung von Ein-/Zuzahlungen in das Eigenkapital des TU verpflichtet, z.B. gem. §§ 26 ff. GmbHG, genügt nicht den Anforderungen nach § 264 Abs. 3 S. 1 Nr. 2 HGB, weil für ihr Entstehen zunächst ein Gesellschafterbeschluss erforderlich ist, der regelmäßig im Ermessen des MU stehen wird. Darüber hinaus könnte sich das MU seiner Zahlungspflicht auch noch nach der Entstehung einer Nachschusspflicht durch Aufgabe des Geschäftsanteils (§ 27 Abs. 1 GmbHG) entziehen.

> **Praxistipp 11:**
>
> Die **Einstandspflicht** des MU für die Verpflichtungen des TU nach § 264 Abs. 3 S. 1 Nr. 2 HGB muss nicht bereits zu Beginn des auf das Befreiungsjahr folgenden GJ bestehen, sondern kann auch noch **nachträglich eingegangen** werden. Sie muss zu dem Zeitpunkt bestehen, zu dem die KapGes. für ihren JA von den Erleichterungen nach § 264 Abs. 3 HGB Gebrauch machen möchte. D.h. z.B. wenn auf die Aufstellung eines Anh. verzichtet werden soll, muss die Erklärung, aus der sich die Einstandspflicht des MU ergibt, spätestens im Aufstellungszeitpunkt abgegeben und dem BAnz. zur Offenlegung übermittelt sein[408].

---

[404] Vgl. ADS[6], § 264 HGB n.F., Tz. 34; *Winkeljohann/Deubert*, in: BeBiKo[11], § 264, Rn. 130; a.A. *Kraft*, in: FS W. Müller, S. 463 (474) für den Fall, dass der Gesellschafterwechsel während des GJ erfolgt; in diesem Fall soll der Erwerber nicht an ein entsprechendes Votum seines Vorgängers gebunden sein.
[405] Vgl. ADS[6], § 264 HGB n.F., Tz. 40; *Kraft*, S. 463 (472); a.A. *Luttermann*, in: MünchKomm. AktG[2], § 264 HGB, Rn. 179 (Zustimmungsbeschluss kann für mehrere GJ im Voraus gefasst werden).
[406] Vgl. *HFA*, IDW Life 2016, S. 51 ff. (53); *Oser/Orth/Wirtz*, DB 2015, S. 1729 ff. (1730); *Winkeljohann/Deubert*, in: BeBiKo[11], § 264, Rn. 141.
[407] Vgl. *HFA*, IDW Life 2016, S. 51 ff. (51).
[408] Vgl. *Deubert*, DB 2015, Beil. 5, S. 41 ff. (45); *HFA*, IDW Life 2016, S. 51 ff. (53).

269 Die Einstandspflicht des MU für die Verpflichtungen der zu befreienden KapGes. nach § 264 Abs. 3 S. 1 Nr. 2 HGB kann sich auch aus einer (**gesamtschuldnerischen**) **Haftung** im Außenverhältnis ergeben. Hierfür kommen die Haftung der Hauptgesellschaft bei Eingliederung (§ 322 AktG), freiwillig erklärte Schuldbeitritte[409] sowie bei mehrstufigen Konzernstrukturen die Haftung persönlich haftender Gesellschafter gem. § 128 ggf. i.V.m. § 161 Abs. 2 HGB in Betracht[410].

270 Daneben entspricht es mit Rücksicht auf die Gesetzesmaterialien zum BilRUG[411] der h.M.[412], dass eine **Verlustübernahmeverpflichtung gem. § 302 AktG** zwischen dem MU und der KapGes., wie sie sich insb. aus einem Beherrschungs- oder Gewinnabführungsvertrag (§ 291 Abs. 1 S. 1 AktG) ergibt, den Anforderungen an eine Einstandspflicht i.S.d. § 264 Abs. 3 S. 1 Nr. 2 HGB genügt. Ausschlaggebend dafür ist, dass die Verlustübernahme nach § 302 AktG das nach deutschem Gesellschaftsrecht passende Instrument zur Gewährleistung des mit der Vorschrift bezweckten Gläubigerschutzes in Konzernstrukturen ist.

> **Hinweis 19:**
>
> Die Voraussetzung des § 264 Abs. 3 S. 1 Nr. 2 HGB kann auch durch eine **freiwillige** Verpflichtung des MU zur isolierten **Verlustübernahme** für das betreffende GJ des TU erfüllt werden. Inhaltlich muss die erklärte Verlustübernahmeverpflichtung derjenigen aus § 302 AktG entsprechen, d.h. auf den Ausgleich eines sonst entstehenden Jahresfehlbetrags gerichtet sein und ggf. einen entsprechenden Zahlungsanspruch der KapGes. begründen[413]. Eine freiwillige Verlustübernahmeverpflichtung muss keine Nachhaftungsvereinbarung vergleichbar § 303 AktG enthalten[414].

271 Die Einstands- oder Verlustübernahmepflicht muss **das gesamte**, auf das Befreiungsjahr folgende GJ umfassen[415].

> **Praxistipp 12:**
>
> Ist die **Dauer der Einstandspflicht nicht kalendermäßig definiert**, sondern bezieht sie sich allgemein auf das dem Befreiungsjahr folgende GJ, kann die Einstands-/Verlustübernahmepflicht des MU durch die Bildung eines Rumpf-GJ „vorzeitig beendet" werden. Dies kann von Bedeutung sein, wenn die KapGes. an konzernfremde Dritte verkauft werden soll[416].

272 Bei **mehrstufigen Konzernverhältnissen** dürfen die Erleichterungen nach § 264 Abs. 3 HGB nur dann in Anspruch genommen werden, wenn die Einstands- bzw. Verlustübernahmepflicht auch dasjenige MU trifft, in dessen KA die zu befreiende KapGes.

---

[409] Vgl. *Förschle/Heinz*, in: Winkeljohann/Förschle/Deubert, Sonderbilanzen[5], Kap. Q, Rn. 177.
[410] Vgl. ADS[6], § 264 HGB n.F., Tz. 54; *Winkeljohann/Deubert*, in: BeBiKo[11], § 264, Rn. 155 f.
[411] Vgl. Begr. Beschlussempfehlung und Bericht des Rechtsausschusses, BT-Drs. 18/5256, S. 80.
[412] Vgl. *Winkeljohann/Deubert*, in: BeBiKo[11], § 264, Rn. 160 m.w.N.; *HFA*, IDW Life 2016, S. 51 ff. (51); *Deubert*, DB 2015, Beil. 5, S. 41 ff. (43 f.); *Russ/Tenzer*, in: BilRUG-Komm., D, Rn. 62, 88); *Oser*, in: BHdR, B 110, Rn. 36 f.
[413] Vgl. *Winkeljohann/Deubert*, in: BeBiKo[11], § 264, Rn. 166.
[414] Vgl. *HFA*, IDW Life 2016, S. 51 ff. (52).
[415] Vgl. *HFA*, IDW Life 2016, S. 51 ff. (53).
[416] Vgl. *Winkeljohann/Deubert*, in: BeBiKo[11], § 264, Rn. 146.

einbezogen wird. Nur so wird gewährleistet, dass der KA, der aus der Perspektive der Adressaten an die Stelle des JA der KapGes. tritt, letztlich die Haftungsmasse zeigt, die auch für die Verpflichtungen des TU zur Verfügung steht. Deshalb genügt es nicht, wenn das direkte MU unterer Stufe, das wg. Inanspruchnahme der Befreiung gem. § 291 HGB keinen KA aufstellt, die Verlustübernahme erklärt, wenn diese Einstandspflicht – mangels einer entsprechenden Erklärung des oberen MU – nicht auf dieses durchschlägt[417]. Statt einer unmittelbaren Verlustübernahmeerklärung des den KA aufstellenden (obersten) MU reicht es aber auch aus, wenn sich diese Verpflichtung indirekt durch eine ununterbrochene Kette von Einstands- bzw. Verlustübernahmeverpflichtungen oder sonstige gleichwertige vertragliche oder gesetzliche (Haftungs-)Verhältnisse bis zu dem TU ergibt, das von Erleichterungen nach § 264 Abs. 3 HGB Gebrauch macht.

273 Der befreiende KA und KLB müssen nach dem für das MU geltenden und in **Einklang mit der EU-Bilanzrichtlinie** stehenden Bilanzrecht **aufgestellt** sein; dies gilt auch dann, wenn das MU selbst nicht in den Anwendungsbereich der EU-Bilanzrichtlinie fällt. Befreiende KA inländischer MU können entweder nach HGB oder nach EU-IFRS aufgestellt werden. Ferner müssen der befreiende KA und KLB nach den für das MU geltenden Rechtsvorschriften und in Einklang mit der EU-Richtlinie für Abschlussprüfungen von einem APr. geprüft werden[418].

274 Die **Tatsache** der Inanspruchnahme **der Befreiung**, nicht jedoch der Umfang, in dem davon Gebrauch gemacht worden ist, muss nach § 264 Abs. 3 S. 1 Nr. 4 HGB **im Konzernanh.** des MU angegeben werden. Dabei kann es sich empfehlen, die Angaben mit denjenigen nach § 313 Abs. 2 Nr. 1 HGB zu vollkonsolidierten TU (vgl. Kap. G Tz. 678 ff.) zu verbinden, z.B. durch Einfügung einer Zwischenüberschrift oder als Fußnote.

275 Schließlich müssen für eine wirksame Befreiung nach § 264 Abs. 3 S. 1 Nr. 5 HGB für die KapGes. folgende **Unterlagen** nach § 325 Abs. 1 bis 1b HGB **offengelegt** werden:

- Zustimmungsbeschluss der Gesellschafter (vgl. Kap. F Tz. 266),
- Erklärung zur Einstandspflicht des MU (vgl. Kap. F Tz. 270),
- KA, KLB und der dazu erteilte BestV (vgl. Kap. F Tz. 273).

Zur Offenlegung sind die Beschlüsse, Erklärungen und Unterlagen in **deutscher**, ggf. **auch** in **englischer Sprache** (vgl. dazu Kap. F Tz. 279) in **elektronischer Form** beim Betreiber des BAnz. einzureichen.

> **Hinweis 20:**
>
> Nach § 264 Abs. 3 S. 1 Nr. 5 lit. a) HGB ist lediglich die **Tatsache**, dass die Gesellschafter der Inanspruchnahme der **Befreiung** nach § 264 Abs. 3 HGB für ein bestimmtes GJ **zugestimmt** haben, nicht aber dessen Wortlaut offenzulegen. Ob die Gesellschafter den Umfang der Erleichterungsinanspruchnahme im Zustimmungsbeschluss eingeschränkt haben, muss ebenfalls nicht bekanntgemacht werden[419].

276 Die Erklärung (harte Patronatserklärung vgl. Kap. F Tz. 268 oder freiwillige Verlustübernahmeverpflichtung vgl. Kap. F Tz. 270), aus der sich die Einstandspflicht des MU

---

417 Vgl. ADS⁶, § 264 HGB n.F., Tz. 21 und 48; *Winkeljohann/Deubert*, in: BeBiKo¹¹, § 264, Rn. 173 f.; *HFA*, IDW Life 2016, S. 51 ff. (53).
418 Vgl. dazu *Winkeljohann/Deubert*, in: BeBiKo¹¹, § 264, Rn. 180 f.
419 Vgl. dazu *Winkeljohann/Deubert*, in: BeBiKo¹¹, § 264, Rn. 191.

für die Verpflichtungen der KapGes. ergibt, muss hingegen im **Wortlaut offengelegt** werden[420]. Lediglich, wenn sich die Einstandspflicht aus einer Verlustübernahmeverpflichtung nach § 302 AktG ergibt, darf aufgrund deren gesetzlich normierten Inhalts auf die wörtliche Wiedergabe, nicht aber die Offenlegung des Hinweises auf das Bestehen der Verlustübernahmeverpflichtung an sich verzichtet werden[421]. Sofern sich die Einstands-/Verlustübernahmepflicht des oberen MU in mehrstufigen Konzernstrukturen nicht aus einer unmittelbaren Erklärung zugunsten der Tochter-KapGes. ergibt, die von den Erleichterungen Gebrauch macht, muss in der Offenlegung auf die geschlossene Kette von Haftungs-/Verlustübernahmeverpflichtungen bis zum oberen MU, dessen Name und Sitz zu nennen ist, hingewiesen werden.[422]

> **Praxistipp 13:**
>
> Soll bei der Aufstellung des JA von inhaltlichen Erleichterungen Gebrauch gemacht werden, z.B. Verzicht auf die Aufstellung eines Anh. und/oder LB, müssen die Voraussetzungen der Nrn. 1, 2 i.V.m. Nr. 5 lit. a) und b) HGB **bis zum Ablauf der Aufstellungsfrist** des § 264 Abs. 1 S. 2 HGB (vgl. Kap. F Tz. 17) für den JA erfüllt sein[423]. Zur Erfüllung der Offenlegungsvoraussetzung ist es dabei ausreichend, wenn die zur Veröffentlichung bestimmten Unterlagen rechtzeitig bis zur Bilanzaufstellung dem Betreiber des BAnz. übermittelt wurden. Verzögerungen, die allein durch die betrieblichen Abläufe beim BAnz. verursacht sind und damit außerhalb der Einflusssphäre der KapGes. liegen, können dieser nicht zum Nachteil gereichen. Etwas anderes gilt jedoch dann, wenn sich die Offenlegung verzögert, weil die eingereichten Unterlagen unvollständig oder sonst fehlerhaft sind.
>
> Soll dagegen lediglich auf die Offenlegung des JA verzichtet werden, reicht es aus, wenn diese Voraussetzungen innerhalb der regulären Offenlegungsfrist für den JA (§ 325 Abs. 1 S. 2 HGB), d.h. innerhalb von zwölf Monaten nach dem Abschlussstichtag, erfüllt werden[424].

Die Offenlegungspflichten nach § 264 Abs. 3 S. 1 Nr. 5 HGB treffen grds. die gesetzlichen Vertreter der KapGes., die von den Erleichterungen Gebrauch machen soll. Nach § 264 Abs. 3 S. 2 HGB dürfen die Unterlagen auch ganz oder teilw. durch das MU für das TU offengelegt werden. Damit soll eine **Mehrfachoffenlegung** derselben Unterlagen, insb. des KA und KLB des MU, **vermieden** werden. In mehrstufigen Konzernstrukturen kann es zudem zweckmäßig sein, die Erklärungen nach Nr. 2 für alle TU zentral durch das obere MU offenzulegen.

277

Voraussetzung für die Offenlegung durch das MU ist, dass die in Rede stehenden **Unterlagen** im BAnz **unter der Firma des TU auffindbar** sind, d.h. bei Eingabe der Firma des TU als Suchbegriff angezeigt werden[425]. Besteht für den KA etc. des MU keine originäre Offenlegungspflicht im Inland, reicht es zur Vermeidung einer Mehrfachoffenlegung aus, wenn die Konzernrechnungslegungsunterlagen nach § 264 Abs. 3 S. 1 Nr. 5 lit. c) bis e) HGB statt vom MU von einer der zu befreienden KapGes. für alle zu

278

---

420 A.A. *Oser*, WPg 2017, S. 694: Offenlegung der wesentlichen Elemente der Erklärung ausreichend.
421 Vgl. *Winkeljohann/Deubert*, in: BeBiKo[11], § 264, Rn. 192 ff.
422 Vgl. *Winkeljohann/Deubert*, in: BeBiKo[11], § 264, Rn. 196; gl.A. *Oser/Ollinger*, DB 2017, S. 2045 (2046).
423 Vgl. ADS[6], § 264 HGB n.F., Tz. 45; gl.A. *Winkeljohann/Deubert*, in: BeBiKo[11], § 264, Rn. 197 f.
424 Vgl. *Giese/Rabenhorst/Schindler*, BB 2001, S. 512.
425 Vgl. *Deubert*, DB 2015, Beil. 5, S. 41 ff. (45 f.); gl.A. *Hargarten/Seidler*, BB 2016, S. 2795 ff. (2796).

279 Das MU darf die Unterlagen in deutscher oder in **englischer Sprache offenlegen** (§ 264 Abs. 3 S. 3 HGB), wobei sich letzteres auf den KA, KLB und den BestV bezieht. Der Zustimmungsbeschluss sowie insb. die Erklärung, aus der sich die Einstandspflicht des MU ergibt, sind in deutscher Sprache offenzulegen[427]. Werden die vorgenannten, nicht in deutscher Sprache aufgestellten KA-Unterlagen durch die zu befreiende KapGes. offengelegt, ist eine **beglaubigte Übersetzung** erforderlich (§ 264 Abs. 3 S. 3 HGB).

Vorangehend:
befreienden TU im BAnz. offengelegt werden, solange die Unterlagen unter der Firma jedes TU, das von den Erleichterungen Gebrauch macht, aufgefunden werden[426].

280 Ist die KapGes., die für ihren JA von Erleichterungen nach § 264 Abs. 3 ggf. i.V.m. Abs. 4 HGB Gebrauch macht, selbst MU i.S.d. § 290 HGB und will sie **zusätzlich die Befreiung nach § 291 HGB** in Anspruch nehmen, sind die hierfür u.a. erforderlichen Angaben im Anh. der KapGes. (Name und Sitz des MU, das den befreienden KA und KLB aufstellt, sowie der Hinweis auf die Befreiung von der Verpflichtung zur Aufstellung eines (Teil-) KA nach § 291 Abs. 2 Nr. 3 lit. a) und b) HGB) den Adressaten nicht zugänglich. Um Zweifel am Vorliegen der Befreiungsvoraussetzung nach § 291 HGB zu vermeiden, empfiehlt es sich, im Anh. des befreienden KA i.Z.m. der Angabe nach § 264 Abs. 3 S. 1 Nr. 4 HGB auch auf die Inanspruchnahme der Befreiung nach § 291 HGB durch die KapGes. hinzuweisen, damit die Adressaten des TU darüber informiert werden, dass der befreiende KA und KLB an die Stelle des JA und LB sowie des KA und KLB des TU treten[428].

8.2 Einteilung in Größenklassen (§§ 267, 267a HGB)

281 Das Gesetz sieht in den §§ 267, 267a HGB vier Größenklassen vor, die für die Anwendung der Vorschriften über den JA von Bedeutung sind (vgl. zu größenabhängigen Erleichterungen Kap. F Tz. 1436). Die Einordnung in die jeweilige Größenklasse ist davon abhängig, dass mindestens **zwei der drei nachstehenden Merkmale an zwei aufeinander folgenden Abschlussstichtagen nicht überschritten** werden (§§ 267 Abs. 4 S. 1, § 267a Abs. 1 S. 1 HGB):

	Bilanzsumme Mio. €	Umsatzerlöse Mio. €	Arbeitnehmer im Jahresdurchschnitt
Kleinstgesellschaften (§ 267a Abs. 1 HGB)	≤ 0,35	≤ 0,7	≤ 10
Kleine Gesellschaften (§ 267 Abs. 1 HGB)	> 0,35 bis 6	> 0,7 bis 12	> 10 bis 50
Mittelgroße Gesellschaften (§ 267 Abs. 2 HGB)	> 6 bis 20	> 12 bis 40	> 50 bis 250
Große Gesellschaften (§ 267 Abs. 3 HGB)	> 20	> 40	> 250

---

426 Vgl. *Winkeljohann/Deubert*, in: BeBiKo[11], § 264, Rn. 208; *HFA*, IDW Life 2016, S. 51 ff. (53 f.).
427 Vgl. *Winkeljohann/Deubert*, in: BeBiKo[11], § 264, Rn. 207.
428 Ebenso *Deubert*, DB 2015, Beil. 5, S. 41 ff. (46); *Hargarten/Rabenhorst/Schieler*, WPg 2016, S. 1340 (1345).

Für den Fall einer (vermögensübertragenden) **Umwandlung** (Verschmelzung, Spaltung sowie den analogen Fall der Anwachsung[429]) oder **Neugründung** (rechtliche, aber auch wirtschaftliche Neugründung[430], durch Übernahme eines Geschäftsbetriebs, bei Erstverwendung einer Vorratsgesellschaft oder Wiederverwendung einer Gesellschaft, deren Geschäftsbetrieb eingestellt war) treten die Rechtsfolgen schon bei einem einmaligen Über- oder Unterschreiten der Größenmerkmale am ersten Abschlussstichtag ein (§ 267 Abs. 4 S. 2 ggf. i.V.m. § 267a Abs. 1 S. 2 HGB). Bei Umwandlungen gilt dies nicht nur für den übernehmenden Rechtsträger, sondern auch für den übertragenden Rechtsträger, wenn dieser nach der Vermögensübertragung (Abspaltung, Ausgliederung) fortbesteht[431]. Beim Formwechsel einer KapGes./KapCoGes., ist die Einordnung in die Größenklasse weiterhin von dem Über-/Unterschreiten der Merkmale an zwei aufeinander folgenden Abschlussstichtagen abhängig (§ 267 Abs. 4 S. 3). Unabhängig von der tatsächlichen Größenordnung gilt eine **kapitalmarktorientierte Kapitalgesellschaft** i.S.d. § 264d HGB stets als große Gesellschaft (§ 267 Abs. 3 S. 2 HGB). **282**

Für die Einordnung in eine Größenklasse ist von der Bilanzsumme und den Umsatzerlösen auszugehen, wie sie in einem ordnungsgemäß aufgestellten JA ausgewiesen sind. Die **Bilanzsumme** setzt sich aus den Posten A. bis E. des § 266 Abs. 2 HGB zusammen. Ein bei KapGes. auf der Aktivseite ausgewiesener Fehlbetrag i.S.d. § 268 Abs. 3 HGB wird nicht in die Bilanzsumme einbezogen (§ 267 Abs. 4a S. 2 HGB). Entspr. gilt bei KapCoGes. für nicht durch Vermögenseinlagen gedeckte Verlustanteile/Entnahmen persönlich haftender Gesellschafter/Kommanditisten, soweit keine Einzahlungsverpflichtung besteht und der Betrag deshalb gem. § 264c Abs. 2 S. 5 und 6 i.V.m. § 268 Abs. 3 HGB als Korrekturposten gesondert auf der Aktivseite auszuweisen ist[432]. **283**

Maßgebend für die **Umsatzerlöse** ist der in der GuV für die letzten zwölf Monate vor dem Abschlussstichtag unter dem nach § 275 Abs. 2 Nr. 1 HGB ausgewiesene Betrag. **284**

Für die Ermittlung der Zahl der **Arbeitnehmer** gilt § 267 Abs. 5 HGB: Durchschnitt aus den Zahlen zum 31.03., 30.06., 30.09. und 31.12. Im Ausland beschäftigte Arbeitnehmer sind einzurechnen. In der Berufsausbildung stehende Beschäftigte sind dagegen nicht mitzuzählen. Die Arbeitnehmereigenschaft bestimmt sich nach den allgemeinen Grundsätzen des Arbeitsrechts[433]. **285**

8.3 Besonderheiten der Gliederung

8.3.1 Allgemeine Gliederungsgrundsätze

Das HGB enthält für die Bilanz und die GuV der KapGes./KapCoGes. bestimmte **Gliederungsschemata** (§§ 266, 275 HGB). Diese konkretisieren den Grundsatz der Klarheit und Übersichtlichkeit (§ 243 Abs. 2 HGB) für den JA von KapGes./KapCoGes. **286**

---

429 Gl.A. *Winkeljohann/Lawall*, in: BeBiKo[11], § 267, Rn. 29; *Knop/Küting*, in: HdR[5], § 267, Rn. 30.
430 Vgl. *Winkeljohann/Lawall*, in: BeBiKo[11], § 267, Rn. 23; zum Begriff der wirtschaftlichen Neugründung vgl. *Koch*, in: Hüffer/Koch, AktG[12], § 23, Rn. 26 ff. m.w.N.
431 Vgl. *Winkeljohann/Lawall*, in: BeBiKo[11], § 267, Rn. 25.
432 Vgl. *Winkeljohann/Lawall*, in: BeBiKo[11], § 267, Rn. 6.
433 Vgl. im Einzelnen ADS[6], § 267 HGB, Tz. 13; *Winkeljohann/Lawall*, in: BeBiKo[11], § 267, Rn. 9.

8.3.1.1 Darstellungsstetigkeit (§ 265 Abs. 1 HGB)

287 Die Form der Darstellung, insb. die Gliederung aufeinander folgender Bilanzen und GuV ist beizubehalten, es sei denn, dass besondere Umstände (z.B. Änderung der Konzernzugehörigkeit, Beeinträchtigung der Klarheit und Übersichtlichkeit) Abweichungen erforderlich machen (§ 265 Abs. 1 S. 1 HGB). Ein willkürlicher **Wechsel zwischen verschiedenen Darstellungsformen** ist somit unzulässig (z.B. Gliederung des JA bei Vorliegen mehrerer Geschäftszweige, die die Beachtung verschiedener Gliederungsvorschriften bedingen; zusammengefasster oder weiter untergliederter Ausweis von Posten der Bilanz und der GuV). Ein auf Dauer beabsichtigter Übergang von einer Darstellungsform zu einer anderen (z.B. GKV zu UKV) ist nicht ausgeschlossen. Abweichungen sind in allen Fällen im Anh. anzugeben und zu begründen (§ 265 Abs. 1 S. 2 HGB; vgl. auch Kap. F Tz. 984 f.).

8.3.1.2 Vorjahresbeträge (§ 265 Abs. 2 HGB)

288 Zu jedem Posten der Bilanz und der GuV ist der entspr. VJ-Betrag anzugeben (§ 265 Abs. 2 S. 1 HGB). Darunter fallen auch Davon-Vermerke, die im Gliederungsschema selbst vorgeschrieben sind (z.B. § 266 Abs. 3 C.8. HGB). Die Pflicht zur Angabe von VJ-Zahlen gilt für diese Posten sowie für Angaben, die statt in der Bilanz oder GuV im Anh. ausgewiesen werden (vgl. *IDW RS HFA 39*, Tz. 1). In der ersten Jahresbilanz nach der **Gründung** ist es sachgerecht, als VJ-Zahlen die Beträge der Eröffnungsbilanz gem. § 242 Abs. 1 S. 1 HGB anzugeben[434].

289 Sind die Beträge nicht vergleichbar, bspw. bei ggü. dem VJ **abw. Gliederung**, kommt eine Anpassung des VJ-Betrags in Betracht. Dies ist im Anh. anzugeben und zu erläutern (vgl. Kap. F Tz. 986). Keine Anpassungs-, wohl aber eine Erläuterungspflicht im Anh. besteht ferner, wenn die VJ-Zahlen aufgrund von **Verschmelzungen, Spaltungen** oder ähnlicher Vorgänge (z.B. Erwerb ganzer Unternehmen im Wege einer Sachübernahme oder Anwachsung) nicht vergleichbar sind (vgl. *IDW RS HFA 39*, Tz. 4 f. und 12).

290 Postenveränderungen aufgrund von **geänderten Ansatz- oder Bewertungsmethoden** oder Rechtsformwechseln berühren die Vergleichbarkeit i.S.d. § 265 Abs. 2 HGB dagegen nicht (vgl. *IDW RS HFA 39*, Tz. 3 ff., auch zur Vergleichbarkeit bei Rumpf-GJ). Allerdings machen Änderungen von Ansatz- und Bewertungsmethoden Angaben im Anh. nach § 284 Abs. 2 Nr. 2 HGB erforderlich (vgl. dazu Kap. F Tz. 973 ff.).

8.3.1.3 Mitzugehörigkeitsvermerk (§ 265 Abs. 3 HGB)

291 Für den Fall, dass ein Vermögensgegenstand oder eine Schuld unter **mehrere Posten** der Bilanz fällt, ist die Mitzugehörigkeit zu anderen Posten bei dem Posten zu vermerken, unter dem der Ausweis erfolgt, wenn dies zur Aufstellung eines klaren und übersichtlichen JA erforderlich ist (§ 265 Abs. 3 S. 1 HGB). In unwesentlichen Fällen ist daher kein Vermerk notwendig. Statt des Vermerks ist auch eine entspr. Angabe im Anh. möglich.

292 Liegt ein Fall der Mitzugehörigkeit zu verschiedenen Posten der Bilanz vor, so steht es der Gesellschaft in dem durch § 264 Abs. 2 S. 1 HGB gezogenen Rahmen grds. frei, an welcher Stelle sie den Ausweis vornimmt. Allerdings sollte i.d.R. den Posten, die i.Z.m. **Unternehmensverbindungen** stehen, der Vorrang eingeräumt werden[435].

---

[434] Vgl. *Winkeljohann/Büssow*, in: BeBiKo[11], § 265, Rn. 5.
[435] Vgl. ADS[6], § 265 HGB, Tz. 44.

8.3.1.4 Vorliegen mehrerer Geschäftszweige (§ 265 Abs. 4 HGB)

Ist eine KapGes./KapCoGes. in **mehreren Geschäftszweigen** tätig, für welche jeweils unterschiedliche Gliederungsvorschriften bestehen, ist unter Beachtung des Grundsatzes der Klarheit und Übersichtlichkeit der JA nach der für einen Geschäftszweig vorgeschriebenen Grundgliederung aufzustellen und nach der für die anderen Geschäftszweige vorgeschriebenen Gliederung zu ergänzen. Die Ergänzung ist im Anh. anzugeben und zu begründen (§ 265 Abs. 4 S. 2 HGB; vgl. Kap. F Tz. 987).

293

8.3.1.5 Untergliederung von Posten und Hinzufügung neuer Posten (§ 265 Abs. 5 HGB)

Nach § 266 Abs. 1 S. 2 HGB (für die Bilanz) und § 275 Abs. 1 S. 2 HGB (für die GuV) sind die in den jeweiligen Gliederungsschemata bezeichneten Posten gesondert und in der vorgeschriebenen (angegebenen) Reihenfolge auszuweisen. Eine weitere Untergliederung der Posten ist zulässig (§ 265 Abs. 5 S. 1 HGB), soweit dabei die vorgeschriebene Gliederung und das Gebot der Klarheit und Übersichtlichkeit beachtet werden. Unter Untergliederung ist in erster Linie die Aufgliederung eines im Gesetz vorgesehenen Postens nach einzelnen Bestandteilen zu verstehen. **Neue Posten und Zwischensummen** dürfen zu den Gliederungsschemata der §§ 266, 275 HGB hinzugefügt werden, wenn ihr Inhalt nicht von einem vorgeschriebenen Posten gedeckt wird (§ 265 Abs. 5 S. 2 HGB).

294

8.3.1.6 Änderung der Gliederung und der Bezeichnung von Posten (§ 265 Abs. 6 HGB)

Abweichungen von der **gesetzlichen Gliederung** und den Bezeichnungen der in den §§ 266, 275 HGB mit arabischen Zahlen versehenen Posten des JA kommen insoweit in Betracht, als dies wg. Besonderheiten einer Ges. zur Aufstellung eines klaren und übersichtlichen JA erforderlich ist (§ 265 Abs. 6 HGB). Die Vorschrift ist insoweit, als es sich um eine Änderung der Gliederung (hinsichtlich der Reihenfolge) handelt, im Interesse der Vergleichbarkeit mit dem JA anderer Unternehmen eng auszulegen. Es müssen bei der Ges. sachlich begründete Besonderheiten vorliegen, die eine Anwendung der grds. auf die Gegebenheiten von Industrie- und Handelsunternehmen abgestellten Gliederungsschemata als unzweckmäßig erscheinen lassen.

295

> **Beispiel 7:**
> Gesonderter Ausweis des Vermietvermögens bei Leasinggesellschaften (vgl. *IDW St/HFA 1/1989*, Abschn. B.2.).

Abweichungen von der **gesetzlichen Bezeichnung von Posten** dürften immer dann in Betracht kommen, wenn die neue Bezeichnung den Posteninhalt konkreter umfasst. Die Anpassung muss vorgenommen werden, wenn eine gesetzliche Bezeichnung irreführend wäre[436]. Von den gesetzlichen Begriffen abw. Bezeichnungen, die nicht zu einer zutreffenderen Bestimmung des Posteninhalts führen, sind unzulässig.

296

---

[436] Vgl. ADS[6], § 265 HGB, Tz. 76.

> **Beispiel 8:**
>
> Falls keine Anzahlungen auf Anlagen im Bau vorliegen, ist die Postenbezeichnung von § 266 Abs. 2 A.II.4. HGB in „Anlagen im Bau" zu ändern. Ebenso ist die Bezeichnung des Postens „Kassenbestand, Bundesbankguthaben, Guthaben bei Kreditinstituten und Schecks" (§ 266 Abs. 2 B.IV. HGB) an seinen tatsächlichen Inhalt anzupassen.

297 Weder die **Buchstaben** noch die römischen und arabischen **Zahlen**, mit denen die Posten der Bilanz und der GuV in den §§ 266, 275 HGB versehen sind, sind als Teil der Bezeichnung der Posten i.S.d. Vorschrift aufzufassen. Sie können daher, soweit dies nicht die Klarheit und Übersichtlichkeit beeinträchtigt, im konkreten Fall entfallen. Gruppenbezeichnungen mit Zwischensummen können auch durch Fett- oder Halbfettdruck hervorgehoben werden. Soll es grds. bei Buchstaben sowie römischen und arabischen Zahlen bleiben, sind diese der tatsächlichen Reihenfolge der Posten anzupassen.

8.3.1.7 Zusammenfassung von Posten (§ 265 Abs. 7 HGB)

298 In zwei Fällen ist der **zusammengefasste Ausweis** von mit arabischen Zahlen versehenen Posten der Bilanz und der GuV zulässig:

a) die Posten enthalten keinen für die Vermittlung des in § 264 Abs. 2 HGB geforderten Bildes erheblichen Betrag (§ 265 Abs. 7 Nr. 1 HGB) oder
b) die Klarheit der Darstellung wird dadurch vergrößert (§ 265 Abs. 7 Nr. 2 HGB). Die zusammengefassten Posten müssen in diesem Fall allerdings gesondert im Anh. (vgl. Kap. F Tz. 988) angegeben werden.

> **Hinweis 21:**
>
> Eine Zusammenfassung von unerheblichen Posten i.S.d. § 265 Abs. 7 Nr. 1 HGB kommt jedoch nicht generell in Betracht. So dürfen z.B. die verschiedenen Formen der Gewinnrücklagen nicht zusammengefasst werden, sondern sind stets als solche gesondert auszuweisen, sofern nicht von der zweiten Alternative (gesonderter Ausweis im Anh. gem. § 265 Abs. 7 Nr. 2 HGB) Gebrauch gemacht wird.

299 Für die **GuV** sind Zusammenfassungen, die sich auf die zweite Alternative stützen, nur in begrenztem Umfang möglich, z.B. beim **GKV** die Posten nach § 275 Abs. 2 Nr. 5 lit. a) und b) HGB, desgleichen Nr. 6 lit. a) und b), desgleichen Nr. 7 lit. a) und b). Weitere zulässige Zusammenfassungen in der Praxis großer Unternehmen betreffen das „Beteiligungsergebnis" (Posten Nr. 9 und einschlägige Sonderposten gem. § 277 Abs. 3 S. 2 HGB), das „Zinsergebnis" (Posten Nr. 10, 11 und 13) und das „Finanzergebnis" (vorstehende Einzelposten, z.T. unter Einbeziehung von Nr. 12)[437]. Macht eine Kleinst-Ges. von dem Wahlrecht nach § 275 Abs. 5 HGB zur Aufstellung einer vereinfachten GuV Gebrauch, dürfte eine darüber hinausgehende Anwendung des § 265 Abs. 7 Nr. 2 HGB nicht in Betracht kommen.

---

437 Vgl. ADS[6], § 265 HGB, Tz. 93.

8.3.1.8 Leerposten (§ 265 Abs. 8 HGB)

Leerposten brauchen nicht ausgewiesen zu werden, es sei denn, dass im **VJ** ein Betrag unter dem Posten ausgewiesen wurde. Dann ist für den Posten der VJ-Betrag anzugeben (§ 265 Abs. 8 HGB). Bei unwesentlichen VJ-Beträgen der mit arabischen Zahlen versehenen Posten kommt allerdings auch eine nachträgliche Zusammenfassung in Betracht[438]. 300

8.3.2 Bilanzgliederungsschema (§ 266 HGB)

§ 266 HGB bestimmt, wie die Bilanz zu gliedern ist. Die **Kontoform** ist danach für alle KapGes./KapCoGes. verbindlich (§ 266 Abs. 1 S. 1 HGB). Die in § 266 Abs. 2 (Aktivseite) und Abs. 3 (Passivseite) HGB bezeichneten Posten sind **gesondert** und in der vorgeschriebenen **Reihenfolge** auszuweisen (§ 266 Abs. 1 S. 2 HGB). Kleinst-/Kleine Gesellschaften (§§ 267a, 267 Abs. 1 HGB) dürfen die Bilanz in verkürzter Form aufstellen. In diese brauchen kleine Gesellschaften nur die mit Buchstaben und römischen Zahlen bezeichneten Posten gesondert und in der vorgeschriebenen Reihenfolge aufzunehmen (§ 266 Abs. 1 S. 3 HGB). Kleinst-Ges. brauchen darüber hinaus auch keine mit römischen Zahlen bezeichneten Posten in die verkürzte Bilanz aufzunehmen (§ 266 Abs. 1 S. 4 HGB). 301

8.4 Bilanz

8.4.1 Anlagevermögen

8.4.1.1 Immaterielle Vermögensgegenstände

Als **immaterielle Vermögensgegenstände des AV** werden im Gliederungsschema für die Bilanz (vgl. Kap. F Tz. 248) der KapGes. neben entgeltlich erworbenen Konzessionen, gewerblichen Schutzrechten und ähnlichen Rechten und Werten sowie Lizenzen an solchen Rechten und Werten einschl. der Anzahlungen hierauf auch selbst geschaffene gewerbliche Schutzrechte und ähnliche Rechte und Werte sowie der Geschäfts- oder Firmenwert bezeichnet (§ 266 Abs. 2 A.I.1. bis 4. HGB). 302

Immaterielle Vermögensgegenstände des AV unterliegen i.d.R. einer laufenden Wertminderung[439]. Sie sind daher **planmäßig abzuschreiben** (§ 253 Abs. 3 S. 1 und 2 HGB). Die Nutzungsdauer ist vorsichtig anzusetzen, da immaterielle Werte schwer schätzbar sind und sich schnell verflüchtigen können[440]; ggf. sollten für die ersten Jahre höhere Abschreibungen vorgenommen werden[441]. Außerplanmäßige Abschreibungen nach § 253 Abs. 3 S. 5 HGB sind vorzunehmen, wenn eine **voraussichtlich dauernde Wertminderung** vorliegt (z.B. wg. neuer Erfindungen, die ein Patent wertlos machen)[442]. Zur Abschreibung selbst geschaffener immaterieller Vermögensgegenstände des AV vgl. Kap. F Tz. 310 f. Zuschreibungen sind geboten, wenn die Gründe für außerplanmäßige Abschreibungen nicht mehr bestehen (§ 253 Abs. 5 S. 1 HGB); vgl. dazu Kap. F Tz. 190 ff. 303

---

438   Vgl. ADS[6], § 265 HGB, Tz. 95.
439   Vgl. ADS[6], § 253 HGB, Tz. 356; ausführlich *Schubert/Andrejewski*, in: BeBiKo[11], § 253, Rn. 382 ff.
440   Vgl. *Fasselt/Radde*, in: BHdR, B 211, Rn. 190 f.; *Schubert/Andrejewski*, in: BeBiKo[11], § 253, Rn. 228; zu Güterfernverkehrskonzessionen *IDW St/HFA 1/1992*; zur Bilanzierung von Marken *Gerpott/Thomas*, DB 2004, S. 2485; *Greinert*; BB 2004, S. 483; zu Internetauftritten (Webdateien) *Siegler*, S. 143; *Schick/Nolte*, DB 2002, S. 541.
441   Vgl. *Brösel/Olbrich*, in: HdR[5], § 253 HGB, Rn. 497.
442   Vgl. auch *Schubert/Andrejewski*, in: BeBiKo[11], § 253, Rn. 386.

8.4.1.1.1 Selbst geschaffene gewerbliche Schutzrechte und ähnliche Rechte und Werte

304 Für selbst geschaffene immaterielle Vermögensgegenstände des AV (zur Abgrenzung vgl. Kap. F Tz. 55) besteht grds. ein **Ansatzwahlrecht** (§ 248 Abs. 2 S. 1 HGB; vgl. Kap. F Tz. 53)[443], dessen Ausübung dem Stetigkeitsgrundsatz des § 246 Abs. 3 HGB (vgl. Kap. F Tz. 71) unterliegt. Für selbst geschaffene Marken, Drucktitel, Verlagsrechte, Kundenlisten oder vergleichbare (geschäftswertähnliche) immaterielle Vermögensgegenstände des AV besteht dagegen ein Ansatzverbot (§ 248 Abs. 2 S. 2 HGB). Bei fremdvergebenen Entwicklungsaufträgen liegt ein eigener Herstellungsvorgang vor, wenn das bilanzierende Unternehmen das Risiko einer nicht erfolgreichen Realisierung (Herstellungsrisiko) trägt[444]. Das Ansatzwahlrecht darf ferner auch auf **unentgeltlich**, z.B. im Weg einer Sachzuzahlung, **erworbene immaterielle Vermögensgegenstände des AV** angewendet werden (vgl. dazu Kap. F Tz. 59).

305 Zur Anwendung der Vorschrift des § 248 Abs. 2 HGB auf selbst geschaffene immaterielle Vermögensgegenstände des AV in der **Entwicklungsphase** vgl. Kap. F Tz. 55, Kap. F Tz. 126.

306 Die Erwähnung der „**vergleichbaren**" immateriellen Vermögensgegenstände in § 248 Abs. 2 S. 2 HGB (vgl. dazu auch Kap. F Tz. 58) soll Ausgaben für jene selbst geschaffene immaterielle Vermögensgegenstände des AV von der Aktivierung ausschließen, bei denen eine Abgrenzung der HK von den auf den selbst geschaffenen (originären) Geschäfts- oder Firmenwert entfallenden Ausgaben nicht zweifelsfrei möglich ist[445]. Insb. Ausgaben für immaterielle Vermögensgegenstände mit Vertriebscharakter werden regelmäßig nur schwer vom selbst geschaffenen Geschäfts- oder Firmenwert zu trennen sein und unterliegen deshalb dem **Ansatzverbot**. In Zweifelsfällen ist nach dem Vorsichtsprinzip (§ 252 Abs. 1 Nr. 4 HGB) der Aufwandserfassung Vorrang einzuräumen[446].

307 Die Zugangsbewertung erfolgt mit den **HK** (§ 253 Abs. 1 S. 1 HGB; vgl. Kap. F Tz. 126), deren Umfang durch § 255 Abs. 2a HGB konkretisiert wird. Zu den HK zählen grds. die vom Zeitpunkt des Übergangs von der Forschungs- zur Entwicklungsphase bis zum Ende der Entwicklungsphase anfallenden und gem. den allgemeinen Grundsätzen des § 255 Abs. 2 HGB einzubeziehenden Einzel- und Gemeinkosten sowie die nach § 255 Abs. 3 S. 2 HGB aktivierbaren Zinsen[447]. HK für in der Eigenentwicklung befindliche immaterielle Vermögensgegenstände des AV sind jedoch nur dann aktivierbar, wenn am Abschlussstichtag bereits mit hoher Wahrscheinlichkeit davon ausgegangen werden kann, dass ein immaterieller Vermögensgegenstand entstehen wird[448].

---

[443] Zum Grundsatz der Ansatzstetigkeit vgl. *IDW RS HFA 38*; zur Abgrenzung ggü. Entwicklungskosten für Vermögensgegenstände des UV vgl. HFA, FN-IDW 2009, S. 694.
[444] Vgl. *Schubert/Pastor*, in: BeBiKo[11], § 255, Rn. 490; *IDW RS HFA 11 n.F.*, Tz. 9 ff.
[445] Vgl. Begr. RegE BilMoG, BT-Drs. 16/10067, S. 50; Beschlussempfehlung und Bericht des Rechtsausschusses, BT-Drs. 16/12407, S. 85.
[446] Vgl. *Gelhausen/Fey/Kämpfer*, BilMoG, Kap. E, Rn. 82 f.
[447] Zum Umfang der zu aktivierenden Kosten vgl. Kap. F Tz. 137 sowie *Küting/Ellmann*, in: HdR[5], § 255 HGB, Rn. 390 ff.; *Kahle/Haas*, in: Baetge/Kirsch/Thiele, Bilanzrecht, § 255 HGB, Rn. 212 ff.; DRS 24.86.
[448] Vgl. Begr. RegE BilMoG, BT-Drs. 16/10067, S. 60; *Gelhausen/Fey/Kämpfer*, BilMoG, Kap. E, Rn. 64 ff.; *Küting/Ellmann*, in: HdR[5], § 255 HGB, Rn. 396 ff.; DRS 24.45.

308 Ein sequentieller Ablauf von **Forschung und Entwicklung** erlaubt grds. eine klare Abgrenzung der einzubeziehenden Kosten. In der Praxis können sich jedoch die beiden Phasen überschneiden oder im Zeitverlauf abwechseln[449]. Ermöglichen die Kostenrechnungssysteme mit vertretbarem Aufwand keine vollständige Zuordnung aller Ausgaben zu den Phasen der Forschung und der Entwicklung, steht dies der Aktivierung von eindeutig der Entwicklungsphase zuzuordnenden Ausgaben nicht entgegen[450]. Ist eine Unterscheidung insgesamt nicht verlässlich möglich oder ist das vorhandene Rechnungswesen nicht in der Lage, eine objektiv mögliche Trennung nachzuvollziehen, ist die Aktivierung von Ausgaben insgesamt unzulässig (§ 255 Abs. 2a S. 4 HGB)[451].

309 Erfolgt die Einlage eines immateriellen Vermögensgegenstands im Wege einer **Sachzuzahlung** (§ 272 Abs. 2 Nr. 4 HGB) und damit „unentgeltlich", dürfte im Hinblick auf den eingebrachten immateriellen Vermögensgegenstand in analoger Anwendung des § 248 Abs. 2 HGB ein Ansatzwahlrecht bestehen.[452] Die Zugangsbewertung des immateriellen Vermögensgegenstands hat entweder mit dem Erinnerungswert oder dem vorsichtig geschätzten Zeitwert zu erfolgen. Wurde der immaterielle Vermögensgegenstand vom Einleger selbst geschaffen, dürfen in analoger Anwendung des § 255 Abs. 2a HGB, die bei dessen Entwicklung angefallenen Aufwendungen angesetzt werden[453]. Dies entspricht dem Betrag, mit dem der Einleger den selbst geschaffenen immateriellen Vermögensgegenstand vor Einbringung im JA angesetzt hatte oder hätte ansetzen dürfen.

310 Selbst geschaffene immaterielle Vermögensgegenstände des AV besitzen i.d.R. eine begrenzte Nutzungsdauer und sind daher **planmäßig abzuschreiben** (§ 253 Abs. 3 S. 1 und 2 HGB). Kann die voraussichtliche Nutzungsdauer in (seltenen) Ausnahmefällen nicht verlässlich geschätzt werden, sind planmäßige Abschreibungen auf die HK über einen Zeitraum von zehn Jahren vorzunehmen (§ 253 Abs. 3 S. 3 HGB). Das Ende der Entwicklungsphase bestimmt unabhängig vom Nutzungsbeginn den Abschreibungsbeginn[454].

311 **Außerplanmäßige Abschreibungen** auf den niedrigeren beizulegenden Wert sind nach den allgemeinen Vorschriften des § 253 Abs. 3 S. 5 HGB (vgl. Tz 180 f.) bei voraussichtlich dauernder Wertminderung vorzunehmen[455]. Bei nur vorübergehender Wertminderung besteht dagegen ein Abwertungsverbot. Nach § 253 Abs. 5 S. 1 HGB besteht die Verpflichtung zur **Wertaufholung**, wenn die Gründe für außerplanmäßige Abschreibungen nicht mehr bestehen. Existiert kein aktiver Markt für den selbst geschaffenen immateriellen Vermögensgegenstand (z.B. neu entwickeltes Verfahren), kann der beizulegende Wert hilfsweise als Reproduktionswert oder Ertragswert bestimmt werden[456]. Ggf. sind außerplanmäßige Abschreibungen analog zu der Behandlung von Anlagen im Bau auch bereits vor Ende der Entwicklungsphase geboten[457].

---

[449] Vgl. *Schubert/Hutzler*, in: BeBiKo[11], § 255, Rn. 488.
[450] Vgl. *Gelhausen/Fey/Kämpfer*, BilMoG, Kap. E, Rn. 78, 99.
[451] Vgl. Begr. RegE BilMoG, BT-Drs. 16/10067, S. 60 f.; *Schubert/Hutzler*, in: BeBiKo[11], § 255, Rn. 483; *Gelhausen/Fey/Kämpfer*, BilMoG, Kap. E, Rn. 78.
[452] A.A. (Aktivierungspflicht) DRS 24.39 i.V.m. .41; zur Bewertung vgl. Kap. F Tz. 137.
[453] Vgl. *Gelhausen/Fey/Kämpfer*, BilMoG, Kap. E, Rn. 90 ff. und 116 f.
[454] Vgl. NWB Komm. BilR[9], § 253, Rn. 162.
[455] Vgl. *Schubert/Andrejewski*, in: BeBiKo[11], § 253, Rn. 386.
[456] Vgl. *Schubert/Andrejewski*, in: BeBiKo[11], § 253, Rn. 308 ff.
[457] Vgl. *Schubert/Andrejewski*, in: BeBiKo[11], § 253, Rn. 381; analog zu Anlagen im Bau ADS[6], § 253 HGB, Tz. 357.

312 Wird bei einer Lizenzierung infolge der Ausgestaltung des Lizenzvertrags das wirtschaftliche **Eigentum an einzelnen Teilrechten** an den Lizenznehmer übertragen, bewirkt die Übertragung des wirtschaftlichen Eigentums einen Teilabgang[458]. Die Höhe des auszubuchenden Betrags bemisst sich die nach dem Verhältnis des beizulegenden Zeitwerts des Teilrechts zum beizulegenden Zeitwert des gesamten immateriellen Vermögensgegenstands unmittelbar vor dem Abgang[459].

313 Zur Angabe des Gesamtbetrags der Forschungs- und Entwicklungskosten des GJ sowie des davon auf die selbst geschaffenen immateriellen Vermögensgegenstände des AV entfallenden Betrags im **Anh.** nach § 285 Nr. 22 HGB vgl. Kap. F Tz. 1183 ff.

8.4.1.1.2 Entgeltlich erworbene Konzessionen, gewerbliche Schutzrechte und ähnliche Rechte und Werte sowie Lizenzen an solchen Rechten und Werten

314 Für entgeltlich erworbene immaterielle Vermögensgegenstände besteht grds. Ansatzpflicht (§ 246 Abs. 1 S. 1 HGB)[460]. Zu den AK von entgeltlich erworbener **Standardsoftware** (einschl. ERP-Software) rechnen neben dem Kaufpreis auch die Customizing-Ausgaben, soweit sie der Herstellung der Betriebsbereitschaft der Software dienen. Die Behandlung von Customizing-Ausgaben für Maßnahmen zur Erweiterung oder wesentlichen Verbesserung (Modifikation) von Software richtet sich wg. der Ansatzstetigkeit (§ 246 Abs. 3 S. 1 HGB) nach der Behandlung der Ausgaben für die Erlangung der ursprünglichen, der Modifikation unterliegenden Software.[461] Wurde die Software zu einem früheren Zeitpunkt angeschafft oder wurden die Ausgaben für deren (Eigen-) Herstellung zu einem früheren Zeitpunkt nach § 246 Abs. 1 S. 1 i.V.m. § 248 Abs. 2 S. 1 HGB aktiviert, sind die Ausgaben für die Modifikation AK der Software (vgl. *IDW RS HFA 11 n.F.*, Tz. 17 ff. i.V.m. Tz. 16 und Tz. 34 f.). Zur Behandlung von Ausgaben für die Modifikation von Software in vor dem 01.01.2018 beginnenden GJ vgl. *IDW*, WPH Edition, Wirtschaftsprüfung & Rechnungslegung[15], Kap. F Tz. 60. Ausgaben i.Z.m. der Registrierung von Stoffen nach der **REACH-Verordnung** dürfen mangels Einzelzurechenbarkeit nicht als Anschaffungsnebenkosten der erworbenen Stoffe aktiviert werden[462]. Bei Erwerb eines Produktionsrechts (Nutzungsrecht am Know-how zur Produktion eines Stoffes) stellen sie jedoch Anschaffungsnebenkosten dar. Zur grds. Aktivierbarkeit von REACH-Ausgaben als eigenständiger immaterieller Vermögensgegenstand des AV vgl. Kap. F Tz. 51, Kap. F Tz. 54.

315 Zur Bewertung entgeltlich und unentgeltlich erworbener **Schadstoffemissionsrechte** vgl. *IDW RS HFA 15* (Zuordnung zum UV). Ebenso sind **Ökopunkte** i.S.d. § 16 BNatSchG grds. nach den Vorschriften für das UV zu bewerten, unabhängig davon, ob sie zum Zweck der Erzielung von Spekulationsgewinnen oder zum Zweck des Verbrauchs für eigene künftige naturschädigende Eingriffe entgeltlich erworben bzw. mit-

---

458 Vgl. DRS 24.63. Zu den Voraussetzungen für die Übertragung des wirtschaftlichen Eigentums vgl. *Brebeck/Herrmann*, S. 76 ff.; DRS 24.65 ff.
459 Vgl. DRS 24.66.
460 Vgl. ADS[6], § 248 HGB, Tz. 12; *Schubert/Huber*, in: BeBiKo[11], § 247, Rn. 389; zur Abgrenzung des Erwerbs vom Dauerschuldverhältnis vgl. *Brebeck/Herrmann*, S. 65.
461 Vgl. *IDW RS HFA 11 n.F.*, Tz. 16; DRS 24.33.
462 Vgl. *Roß/Drögemüller*, BB 2006, S. 1044 (1046 f.).

tels der Durchführung kompensierender Maßnahmen selbst erstellt wurden[463] (vgl. zum Ansatz Kap. F Tz. 53).

Die Postenbezeichnung ist ggf. an den **tatsächlichen Inhalt** des Postens anzupassen (§ 265 Abs. 6 HGB). 316

8.4.1.1.3 Geschäfts- oder Firmenwert (§ 246 Abs. 1 S. 4 HGB)

Ein Geschäfts- oder Firmenwert ist kein Vermögensgegenstand i.S.v. § 246 Abs. 1 S. 1 und § 248 Abs. 2 S. 1 HGB. Nur ein i.R. eines Unternehmenserwerbs entgeltlich erworbener (derivativer) Geschäfts- oder Firmenwert gilt nach § 246 Abs. 1 S. 4 HGB als zeitlich begrenzt nutzbarer Vermögensgegenstand (Fiktion) und ist dann aktivierungspflichtig[464]. Als Unternehmenserwerb wird dabei der Erwerb einer Sachgesamtheit bezeichnet, die alle betriebsnotwendigen Grundlagen besitzt, um selbstständig am Wirtschaftsverkehr teilzunehmen. Selbst erstellte (originäre) Geschäfts- oder Firmenwerte dürfen hingegen nicht angesetzt werden[465]. Gesetzlich nicht geregelt ist der Ansatz eines im Wege einer Sachzuzahlung eines Geschäftsbetriebs/Unternehmens in die Kapitalrücklage nach § 272 Abs. 2 Nr. 4 HGB zugehenden Geschäfts- oder Firmenwerts. Sofern i.R.d. Sachzuzahlung Verbindlichkeiten übertragen werden, liegt bereits nach allgemeinen Grundsätzen ein (teil-)entgeltlicher Erwerb vor, wodurch auch für den Geschäfts- oder Firmenwert eine Ansatzpflicht besteht (vgl. Kap. F Tz. 52)[466]. 317

Beim entgeltlichen Erwerb wird der Unterschiedsbetrag angesetzt, um den die für die Übernahme eines Unternehmens bewirkte Gegenleistung (i.d.R. Kaufpreis) den Zeitwert des erworbenen Reinvermögens, d.h. der einzelnen Vermögensgegenstände des Unternehmens abzgl. der Schulden, im Zeitpunkt der Übernahme übersteigt[467]. Liegt dagegen der Unternehmenskaufpreis unter dem Zeitwert der einzelnen Vermögensgegenstände abzgl. der Schulden, ist zunächst sicherzustellen, dass die vorhandenen Schulden in vollem Umfang passiviert sind[468]. Der verbleibende Minderwert ist – sofern nicht entsprechend der Empfehlung in DRS 23.91 i.V.m. .3 ein Sonderposten nach dem EK erfasst wird (vgl. dazu Kap. F Tz. 747) – i.R. eines willkürfreien Verfahrens vorrangig durch Abstockung der einzelnen nichtmonetären Vermögensgegenstände zu berücksichtigen. Als Verfahren kommt zunächst die proportionale Abstockung nach dem Verhältnis der Zeitwerte in Betracht. Eine vorrangige Abstockung besonders risikobehafteter Vermögensgegenstände (z.B. immaterielle Vermögensgegenstände oder Sachanlagen) ist ebenfalls als zulässig zu erachten[469]. Es erscheint sachgerecht, einen danach verbleibenden Betrag auf der Passivseite nach dem EK[470] gesondert als negativen Ge- 318

---

463 Vgl. *Junker/Weiler*, StB 2010, S. 268.
464 Vgl. *Schmidt/Ries*, in: BeBiKo[11], § 246, Rn. 82; *Kußmaul*, in: HdR[5], § 246, Rn. 19.
465 Vgl. auch *Gelhausen/Fey/Kämpfer*, BilMoG, Kap. E, Rn. 39; *Velte*, StuW 2010, S. 93.
466 Vgl. auch *Deubert/Hoffmann*, in: Winkeljohann/Förschle/Deubert, Sonderbilanzen[5], Kap. K, Rn. 67.
467 Vgl. auch ADS[6], § 255 HGB, Tz. 263 ff.; *Mujkanovic*, StuB 2010, S. 167; zur Aufteilung des Geschäfts- oder Firmenwerts für Zwecke der individuellen Folgebewertung nach wesentlichen Geschäftsfeldern vgl. *Gelhausen/Fey/Kämpfer*, BilMoG, Kap. E, Rn. 12 f.
468 Z.B. Passivierung der Deckungslücke gem. Art. 28 Abs. 1 S. 2 EGHGB; vollständige Passivierung eines Umstellungseffekts aus der erstmaligen Anwendung der durch das BilMoG geänderten Vorschriften zur Bewertung von Pensionsrückstellungen (Art. 67 Abs. 1 S. 1 EGHGB; vgl. auch *IDW RS HFA 28*, Tz. 44).
469 Vgl. ADS[6], § 255 HGB, Tz. 107 f.; *Deubert/Hoffmann*, in: Winkeljohann/Förschle/Deubert Sonderbilanzen[5], Kap. K, Rn. 49.
470 Analog zum Ausweis des passiven Unterschiedsbetrags aus der Kapitalkonsolidierung gem. § 301 Abs. 3 S. 1 HGB.

schäfts- oder Firmenwert auszuweisen, obwohl dieser Posten im Gliederungsschema des § 266 Abs. 3 HGB nicht vorgesehen ist (§ 265 Abs. 5 S. 2 HGB)[471].

319 Der Geschäfts- oder Firmenwert ist nach den Bewertungsregeln des § 253 Abs. 3 S. 1 und 2 HGB für Gegenstände des AV **planmäßig abzuschreiben**. Hierbei sind die individuelle betriebliche Nutzungsdauer und der individuelle Entwertungsverlauf zugrunde zu legen. Die Nutzungsdauer ist unabhängig von der steuerrechtlichen Regelung festzulegen. Zur Schätzung der Nutzungsdauer können die in DRS 23.121 für den KA genannten Faktoren sinngemäß für den JA herangezogen werden[472]. Kann die voraussichtliche Nutzungsdauer in (seltenen) Ausnahmefällen nicht verlässlich geschätzt werden, sind planmäßige Abschreibungen auf einen Zeitraum von zehn Jahren vorzunehmen (§ 253 Abs. 3 S. 4 i.V.m. S. 3 HGB). Hinweise für eine sachgerechte Festlegung des Entwertungsverlaufs können die Ertragserwartungen der dem Kaufpreis zugrunde liegenden Unternehmensbewertungen geben[473].

320 Die Folgebewertung eines auf der Passivseite ausgewiesenen negativen Geschäfts- oder Firmenwerts ist analog zur Behandlung eines negativen Unterschiedsbetrags aus der Kapitalkonsolidierung gem. § 309 Abs. 2 HGB vorzunehmen (vgl. Kap. G Tz. 410 ff.).

321 Bei **voraussichtlich dauernder Wertminderung** ist der Geschäfts- oder Firmenwert gem. § 253 Abs. 3 S. 5 HGB außerplanmäßig auf den niedrigeren beizulegenden Wert abzuschreiben[474]. Ausgelöst werden kann die Pflicht zur außerplanmäßigen Abschreibung z.B. durch neue Erkenntnisse hinsichtlich der Verwertbarkeit erworbener Produkte oder den Wegfall von Umsätzen, die maßgeblich in die Bestimmung des Kaufpreises eingeflossen sind[475]. Nach § 253 Abs. 5 S. 2 HGB gilt ein **Wertaufholungsverbot**, um die (unzulässige) Aktivierung eines selbst geschaffenen Geschäfts- oder Firmenwerts zu vermeiden[476].

8.4.1.1.4 Geleistete Anzahlungen

322 Geleistete Anzahlungen sind grds. in Höhe des angezahlten Betrags anzusetzen. Mit der Anzahlung geleistete USt ist nur insoweit zu aktivieren, als nicht eine Verrechnung als Vorsteuer erfolgt[477]. Die Bewertung erfolgt wie bei Forderungen; das gilt auch für die Einbeziehung des allgemeinen Kreditrisikos in die Pauschalwertberichtigung.

8.4.1.2 Sachanlagen

8.4.1.2.1 Grundstücke, grundstücksgleiche Rechte und Bauten einschl. der Bauten auf fremden Grundstücken

323 Der Posten nach § 266 Abs. 2 A.II.1. HGB umfasst das **Grundvermögen** der Gesellschaft einschl. der **Bauten**, soweit es dazu bestimmt ist, dauernd dem Geschäftsbetrieb der Ges. zu dienen. Eine weitere Untergliederung (z.B. Aufteilung in Grundstücke und grundstücksgleiche Rechte mit Geschäfts-, Fabrik- und anderen Bauten; Grundstücke und grundstücksgleiche Rechte mit Wohnbauten; Grundstücke und grundstücksgleiche

---

471 Vgl. ADS[6], § 255 HGB, Tz. 294 f.; a.A. *Noodt*, in: Haufe HGB Kommentar[8], § 246, Rn. 94.
472 Vgl. *Schubert/Andrejewski*, in: BeBiKo[11], § 253, Rn. 673; *Gelhausen/Fey/Kämpfer*, BilMoG, Kap. E, Rn. 19 f.
473 Vgl. ADS[6], § 255 HGB, Tz. 282; vgl. auch Begr. RegE BilMoG, BT-Drs. 16/10067, S. 48.
474 Vgl. *Gelhausen/Fey/Kämpfer*, BilMoG, Kap. E, Rn. 23; zur Wertfindung *Mujkanovic* StuB 2010, S. 167; *Noodt*, in: Haufe HGB Kommentar[8], § 253, Rn. 247.
475 Vgl. *Schubert/Andrejewski*, in: BeBiKo[11], § 253, Rn. 673; ADS[6], § 255 HGB, Tz. 285.
476 Vgl. Begr. RegE BilMoG, BT-Drs. 16/10067, S. 57; *Schubert/Andrejewski*, in: BeBiKo[11], § 253, Rn. 676.
477 Vgl. *Winnefeld*, Bilanz-Handbuch[5], Abschn. M, Rn. 982.

Rechte ohne Bauten; Bauten auf fremden Grundstücken) darf vorgenommen werden (§ 265 Abs. 5 HGB; vgl. Kap. F Tz. 294). Die Postenbezeichnung ist ggf. dem tatsächlichen Posteninhalt anzupassen (§ 265 Abs. 6 HGB).

Grundstücke sind alle bebauten und unbebauten Grundstücke der Ges., die ihr rechtlich gehören oder die in ihrem wirtschaftlichen Eigentum stehen (z.B. Grundstücke, bei denen die Auflassung zugunsten der Ges. bereits erfolgt ist, ihr die Nutzung schon zusteht und die Eintragung des Eigentumsübergangs bei Bilanzaufstellung mit Sicherheit zu erwarten ist, vgl. im Einzelnen Kap. F Tz. 46[478]). **324**

Ferner sind hier Grundstücke auszuweisen, auf denen ein Pächter Baulichkeiten errichtet hat, sowie Grundstücke, auf denen **von Dritten** aufgrund eines **Erbbaurechts Gebäude** errichtet worden sind. Eine Aktivierung des vom Erbbauberechtigten errichteten Bauwerks kommt erst nach Ablauf des Erbbaurechts bzw. nach Eintritt des Heimfalls in Betracht. In Fällen, in denen wesentliche Teile des Grundvermögens von Dritten bebaut sind, können nähere Angaben im Anh. erforderlich sein. Erhaltene Einmalzahlungen für die Einräumung eines Erbbaurechts sind nicht als Abgang zu behandeln, sondern unter den passiven RAP auszuweisen und zeitanteilig aufzulösen. **325**

Gebäude sind zusammen mit den Grundstücken auszuweisen. Zu ihnen rechnen auch – unbeschadet einer gesonderten Aktivierung – Einrichtungen, die wirtschaftlich als Teil des Gebäudes anzusehen sind, weil sie seiner Nutzung dienen (z.B. Heizungs-, Beleuchtungs- und Lüftungsanlagen, Installationen, Rolltreppen)[479]. **Nicht** dazu rechnen Maschinen, maschinelle Anlagen und Betriebsvorrichtungen, die mit der Produktion im Zusammenhang stehen (z.B. Förderanlagen, Hochregalläger, Silos, Tanks, Öfen). Diese sind, auch wenn sie rechtlich Bestandteil des Grundstücks sind, unter A.II.2. auszuweisen. Die Abgrenzung[480] ist oft schwierig; die Zweckbestimmung ist für den Ausweis entscheidend. **326**

Selbstständige Gebäudeteile, die nicht in einem einheitlichen Nutzungs- und Funktionszusammenhang mit dem Gebäude stehen, sind gesondert abzuschreiben. Gebäudeteile i.d.S.[481] sind: Betriebsvorrichtungen[482], Einbauten, die zu einem vorübergehenden Zweck in ein Gebäude eingefügt werden (Scheinbestandteile)[483], bestimmte Einbauten, die einem schnellen Wandel des modischen Geschmacks unterliegen (Ladeneinbauten oder Schaufensteranlagen)[484] sowie Mietereinbauten und sonst. selbstständige Gebäudeteile[485]. Ein bautechnisch selbstständiger Anbau gilt grds. als selbstständiger Gebäudeteil[486]. **327**

Weiterhin sind unter A.II.1. **Bauten** auszuweisen, die nicht unmittelbar der Produktion dienen (z.B. Kanalbauten, Flussregulierungen, Wasserbauten, Brücken, Parkplätze, Straßen)[487]; ein gesonderter Ausweis ist möglich. Auch Schachtanlagen und Bauten un- **328**

---

478 Vgl. ADS⁶, § 246 HGB, Tz. 203 f., § 266 HGB, Tz. 37; *Schubert/Huber*, in: BeBiKo[11], § 247, Rn. 451.
479 Vgl. ADS⁶, § 266 HGB, Tz. 33; *Schubert/Andrejewski*, in: BeBiKo[11], § 253, Rn. 411.
480 Vgl. auch ADS⁶, § 266 HGB, Tz. 33 ff., 48, § 252 HGB, Tz. 48 ff.; *Schubert/Huber*, in: BeBiKo[11], § 247, Rn. 461; *Schubert/Andrejewski*, in: BeBiKo[11], § 253, Rn. 415 f.
481 Vgl. R 4.2 Abs. 3 EStR 2012.
482 R 7.1 Abs. 3 EStR 2012; vgl. BFH v. 18.03.1987, BStBl. II, S. 551 (vollautomatisches Hochregallager als Betriebsvorrichtung).
483 R 7.1 Abs. 4 EStR 2012.
484 R 4.2 Abs. 3 Nr. 3 EStR 2012.
485 R 4.2 Abs. 3 Nr. 5 EStR 2012. Vgl. auch *Weber-Grellet*, in: Schmidt, L., EStG³⁶, § 5, Rn. 136.
486 Vgl. BHF v. 17.09.2008, BFH/NV 2009, S. 370.
487 Vgl. ADS⁶, § 266 HGB, Tz. 43; *Schubert/Huber*, in: BeBiKo[11], § 247, Rn. 450.

ter Tage können hierunter ausgewiesen werden; ein gesonderter Ausweis ist jedoch vorzuziehen.

329 Bei dem unter A.II.1. auszuweisenden **Erbbaurecht** gilt das aufgrund dieses Rechts errichtete Bauwerk als wesentlicher Bestandteil des Erbbaurechts (§ 12 Abs. 1 ErbbauRG) und ist Eigentum des Erbbauberechtigten. Eine Einmalzahlung des Erbbauberechtigten stellt AK des Erbbaurechts dar und gehört deshalb zu A.II.1.[488]. Jährlich zu entrichtende Erbbauzinsen stellen dagegen keine AK des Erbbaurechts dar, sondern sind Nutzungsentgelte, die bei Fälligkeit als Aufwand zu erfassen sind.

330 Die **Bergwerksgerechtigkeit** (Bergwerkseigentum nach § 9 BBergG) und **andere Abbaugerechtigkeiten** sind grundstücksgleiche Rechte. Betrieblich **ausgebeutete Grundstücke**, z.B. Steinbrüche, sollten bei größerer Bedeutung im Interesse der Bilanzklarheit gesondert ausgewiesen werden.

331 Als **Bauten auf fremden Grundstücken** sind Wohn-, Geschäfts-, Fabrik- und andere Bauten auszuweisen, die aufgrund eines obligatorischen Vertrags (z.B. Pacht) errichtet wurden, ohne dass dem Bilanzierenden ein dingliches Recht am Grund und Boden zusteht. Ob sie wesentlicher Bestandteil des Grundstücks werden oder nicht, ist unerheblich[489].

332 Grundstücke und grundstücksgleiche Rechte (z.B. Erbbaurecht, Bergwerkseigentum, Dauernutzungsrecht) sind mit den **AK** (vgl. Kap. F Tz. 106 ff.), Gebäude mit den AHK nach Abzug planmäßiger und ggf. außerplanmäßiger Abschreibungen (vgl. Kap. F Tz. 167 ff.) anzusetzen[490].

> **Hinweis 22:**
>
> In vielen Fällen wird man für Zwecke der handelsrechtlichen Rechnungslegung bzgl. der Abgrenzung des Umfangs von AHK sowie der Abgrenzung von Herstellungs- und Instandhaltungsaufwand auf die von der höchstrichterlichen Finanzrechtsprechung entwickelten und im Folgenden berücksichtigten Grundsätze zurückgreifen können. Gleiches kann auch für Regelungen aus der Steuerrechtspraxis gelten, sofern es sich bei diesen um GoB handelt[491].

333 Kosten für die Ersterschließung des Grundstücks (Erschließungsbeiträge für die Erstanlage einer Straße, den Anschluss an die gemeindliche Kanalisation oder Gas-, Wasser- und Stromversorgung) zählen zu den **AHK**[492]. Kosten für Dekontaminierungsarbeiten sind **HK**, soweit der „innere Wert" des Grundstücks mit der Dekontaminierung steigt[493]; darüber hinaus ggf. anfallende Kosten sind Erhaltungsaufwand. Auch die Übernahme von Verpflichtungen ggü. Dritten, die nicht unmittelbar zu einer Wertsteigerung des Grundstücks führen (z.B. Aufforstung, Lärmschutz und andere Infrastrukturmaßnahmen auf Nachbargrundstücken), stellen **AK** dar, wenn die Verpflichtungsübernahme für den Erwerb erforderlich war[494]. Bei Erwerb durch den Sicherungsnehmer (z.B. Grund-

---

488 Vgl. *Schubert/Huber*, in: BeBiKo[11], § 247, Rn. 457.
489 Vgl. hierzu ADS[6], § 266 HGB, Tz. 44.
490 *Vgl. Kahle/Heinstein*, in: HdJ, Abt. II/3, Rn. 61 ff.
491 Vgl. hierzu auch *Witteler/Lewe*, DB 2009, S. 2445 (2446).
492 Vgl. *Schubert/Gadek*, in: BeBiKo[11], § 255, Rn. 77 und 325.
493 Vgl. *Schubert/Hutzler*, in: BeBiKo[11], § 255, Rn. 400.
494 Vgl. zum finalen Anschaffungskostenbegriff ADS[6], § 255 HGB, Tz. 8.

schuldgläubiger) in der Zwangsversteigerung entsprechen die AK nicht immer dem Kaufpreis zzgl. Nebenkosten, da ggf. ein begrenzter Forderungsausfall hinzugerechnet werden muss[495]. Das Grundstück darf jedoch keinesfalls über dem Verkehrswert bewertet werden, so dass ggf. eine außerplanmäßige Abschreibung vorzunehmen ist oder nicht durch den Zeitwert gedeckte Aufwendungen von vornherein als Erhaltungsaufwand zu erfassen sind[496].

Eine **gemeinsame Bewertung** von Grund und Boden sowie Gebäuden kommt nicht in Betracht, sofern diese zum AV gehören[497]. Zur Behandlung von zur Veräußerung vorgesehenen Grundstücken und darauf zu errichtendem Gebäude als bilanziell einheitlichem Vermögensgegenstand des UV vgl. *IDW RS HFA 31 n.F.*, Tz. 26. Bei Grundstücken, die nach Bebauung veräußert werden sollen und infolgedessen zusammen mit dem zu errichtenden Gebäude als einheitlicher Vermögensgegenstand des UV zu behandeln sind, dürfen unter den Voraussetzungen des § 255 Abs. 3 S. 2 HGB auch Zinsen für FK, das zur Finanzierung des Erwerbs des Grund und Bodens aufgenommen wurde, in die HK einbezogen werden[498]. **334**

Die **AK** eines Gebäudes[499] bestehen aus dem vertraglich vereinbarten Kaufpreis sowie den mit dem Erwerb des Gebäudes verbundenen Anschaffungsnebenkosten. Wird ein bebautes Grundstück erworben, so ist zur Bestimmung dieser AK der Kaufpreis für das bebaute Grundstück anhand objektiver Umstände auf die einzelnen Vermögensgegenstände, die i.Z.m. dem Grundstück angeschafft wurden (Grund und Boden, aufstehendes Gebäude sowie ggf. weitere Vermögensgegenstände), zu verteilen. Die Aufteilung des Kaufpreises erfolgt im Zweifel nach dem Verhältnis der Zeitwerte. Zu den **HK** eines Gebäudes gehören alle Aufwendungen, die (final) für die Herstellung des Gebäudes, seine Erweiterung oder für eine über seinen ursprünglichen Zustand hinausgehende wesentliche Verbesserung des Gebäudes entstehen. Eingeschlossen sind mithin sowohl vorbereitende Planungskosten[500] als auch nachträgliche Aufwendungen, die mit der Erweiterung oder wesentlichen Verbesserung des Gebäudes im Zusammenhang stehen. Im Einzelnen sind ferner bestimmte Abstandszahlungen, anschaffungsnahe Aufwendungen, Aufwendungen für unselbstständige Gebäudeteile (z.B. Fahrstühle oder Heizungsanlagen) oder Hausanschlusskosten zu den HK eines Gebäudes zu rechnen. So zählt der für den Anschluss an das Hochspannungsnetz gezahlte verlorene Zuschuss grds. zu den HK eines Fabrikgebäudes[501]; er ist jedoch als selbstständiger immaterieller Vermögensgegenstand zu behandeln, wenn der Zuschuss nicht i.Z.m. der Errichtung eines Gebäudes steht[502]. Nicht zu den HK eines Gebäudes gehören z.B. Aufwendungen für Gartenanlagen oder Einfriedungen, die keine Gebäude oder Gebäudebestandteile sind. Weitere Bsp. sind der Wert der eigenen Arbeitsleistung, Beiträge für eine Bauzeitversicherung oder verlorene Vorauszahlungen[503]. **335**

---

495 Vgl. im Einzelnen ADS[6], § 255 HGB, Tz. 76 m.w.N.
496 Vgl. zu überhöhten Anschaffungskosten ADS[6], § 255 HGB, Tz. 18.
497 Vgl. *IDW RS IFA 2*, Tz. 37.
498 Vgl. *IDW RS HFA 31 n.F.*, Tz. 26.
499 Vgl. im Einzelnen *Kulosa*, in: Schmidt, L., EStG[36], § 6, Rn. 45.
500 Vgl. BFH v. 29.11.1983, BStBl. II 1984, S. 303.
501 Vgl. BFH v. 29.04.1975, BStBl. II 1975, S. 518.
502 Vgl. BFH v. 26.06.1969, BStBl. II 1970, S. 35.
503 Vgl. BFH v. 04.07.1990, BStBl. II, S. 830.

336 **Abbruchkosten** können bei einem gekauften Grundstück als Anschaffungsnebenkosten angesehen werden, wenn das Grundstück in der Absicht erworben wurde, die alten abbruchreifen Baulichkeiten abzureißen und neue dafür zu errichten[504]. Wird ein im Zeitpunkt des Grunderwerbs **objektiv wertloses Gebäude** erworben, entfallen die AK und die Abbruchkosten voll auf den Grund und Boden[505].

337 Der aktivierte Betrag ist um die Erlöse aus der Verwertung von Abbruchmaterialien zu kürzen. Unerwartet hohe Abbruchkosten sind auf einen angemessenen Betrag zu kürzen. Stellt sich erst nach dem Kauf heraus, dass ein Neu- oder Umbau notwendig ist, dürfen Abbruchkosten nicht aktiviert werden.

338 **Abbruchkosten von Gebäuden**, die bereits längere Zeit dem Betrieb dienten, sind laufender Aufwand[506]. Dies gilt auch dann, wenn der Abbruch zum Zwecke des anschließenden Neubaus erfolgt. Der Buchwert des abgebrochenen Gebäudes ist als Abgang zu erfassen.

339 **Abstandszahlungen**, die der Erwerber eines bebauten Grundstücks kurz nach dem Erwerb an den **Pächter** für die Räumung dieses Grundstücks vor Ablauf der vertraglich festgelegten Pachtzeit leistet, stellen keine AK des Grundstücks, sondern AK für einen selbstständig bewertbaren (immateriellen) Vermögensgegenstand dar („uneingeschränkte Nutzungsmöglichkeit des Grundstücks schon vor vertraglicher Beendigung des bestehenden Pachtverhältnisses"). Dieses ist zu aktivieren und auf den Zeitraum zwischen dem tatsächlichen Räumungstermin und dem ursprünglich vereinbarten Ablauf des Pachtverhältnisses gleichmäßig zu verteilen (abzuschreiben)[507]. Erfolgt die Zahlung allerdings, um ein aufstehendes Gebäude abzureißen und anschließend ein neues Gebäude zu errichten, handelt es sich bei der Ablösezahlung um HK des Gebäudes[508].

340 Bei Aufwendungen im Anschluss an den Erwerb eines Gebäudes entstehen folgende Fragen:
- Abgrenzung zwischen Herstellungs- und Erhaltungsaufwand (vgl. dazu Kap. F Tz. 341),
- Behandlung anschaffungsnaher Aufwendungen (vgl. dazu Kap. F Tz. 342),
- Behandlung von Erhaltungsaufwand i.Z.m. Herstellungsaufwand (vgl. dazu Kap. F Tz. 343).

341 Werden nach erstmaliger Betriebsbereitschaft an bestehenden Gebäuden Baumaßnahmen durchgeführt, liegt nach § 255 Abs. 2 S. 1 HGB aktivierungspflichtiger Herstellungsaufwand (**nachträgliche HK**) vor, wenn:
- Die Baumaßnahmen bei wirtschaftlicher Betrachtung als Herstellung eines neuen Gebäudes anzusehen sind (z.B. Wiederherstellung des Gebäudes nach technischem/ wirtschaftlichem Vollverschleiß oder nachhaltige Wesensänderung)[509] ,
- das Gebäude erweitert wird (mengenmäßiges Mehr, z.B. durch Aufstockung oder Anbau) oder

---

504 Vgl. ADS⁶, § 255 HGB, Tz. 24 m.w.N.; *Schubert/Hutzler*, in: BeBiKo¹¹, § 255, Rn. 373 f.
505 *Vgl. BFH v. 15.02.1989, BStBl. II, S. 604.*
506 Vgl. BFH v. 01.12.1992, BStBl. II 1994, S. 12.
507 Vgl. BFH v. 02.03.1970, BStBl. II, S. 382.
508 Vgl. BFH v. 09.02.1983, BStBl. II, S. 451.
509 Vgl. BFH v. 14.05.2003, BFH/NV, S. 1178.

- über den ursprünglichen Zustand und über eine zeitgem. Erneuerung hinaus der Gebrauchswert des Gebäudes im Ganzen deutlich erhöht wird (insb. bei einer wesentlichen Verlängerung der Nutzungsdauer oder der wesentlichen Verbesserung der Gebäudequalität)[510].

Diese Aktivierungsvoraussetzungen gelten auch für nach der erstmaligen Inbetriebnahme anfallende anschaffungsnahe Aufwendungen, unabhängig von deren zeitlicher Nähe oder deren Höhe[511]. In allen anderen Fällen, z.B. bei der Erneuerung von bereits vorhandenen Teilen, die durch die gewöhnliche Nutzung des Gebäudes verursacht ist, liegt nicht aktivierbarer **Erhaltungsaufwand** vor.

Anschaffungsnahe Aufwendungen für Instandhaltungs- und Modernisierungsmaßnahmen i.Z.m. der erstmaligen Herstellung der Betriebsbereitschaft des Gebäudes sind unter der Voraussetzung des § 255 Abs. 1 HGB als Anschaffungsnebenkosten bzw. **anschaffungsnahe HK** zu aktivieren. Dazu gehören **Reparaturkosten** zur Beseitigung von Mängeln an Gebäudeteilen, die für die Nutzung unerlässlich sind, nicht aber Ausgaben für Schönheitsreparaturen[512]. Aktivierungspflichtig sind bspw. die nach dem Erwerb eines Gebäudes zeitnah beim Erwerber anfallende Ausgaben zur Beseitigung eines Mangels, der sich im Erwerbszeitpunkt kaufpreismindernd ausgewirkt hat. Ein weiteres Bsp. sind Ausgaben für Maßnahmen zur zeitnahen Anpassung eines gekauften Gebäudes an besondere betriebliche Belange des Erwerbers (z.B. Einziehen von Wänden in Leichtbauweise, um Büros etc. abzutrennen). **342**

Fallen in engem räumlichen, zeitlichen und sachlichen **Zusammenhang mit dem Herstellungsaufwand** auch Aufwendungen an, die sonst als Erhaltungsaufwand angesehen werden, so gehören diese ebenfalls zum Herstellungsaufwand[513]. Ein zeitlicher Zusammenhang allein genügt jedoch nicht. So wird z.B. wg. fehlenden räumlichen Zusammenhangs der Erhaltungsaufwand für eine Dachreparatur nicht deshalb zu Herstellungsaufwand, weil gleichzeitig für einen Umbau des Erdgeschosses Herstellungsaufwand angefallen ist[514]. **343**

Planmäßige Abschreibungen sind mangels Abnutzung bei unbebauten **Grundstücken** im Allgemeinen nicht erforderlich. Wertminderungen durch Verschlechterung der Lage, Baubeschränkungen, Hochwasser, Erdbeben etc. sind durch **außerplanmäßige Abschreibungen** zu berücksichtigen[515]. Bei betrieblich ausgebeuteten Grundstücken (Steinbrüchen, Kiesgruben etc.) sind auf den Anteil, welcher auf die auszubeutenden Bodenschätze entfällt, Abschreibungen entspr. der Substanzverminderung vorzunehmen[516]. **344**

---

510 Vgl. *IDW RS IFA 1*; ADS[6], § 255 HGB, Tz. 118 ff.; *Schubert/Hutzler*, in: BeBiKo[11], § 255, Rn. 375 ff.; *Knop/Küting/Knop*, in: HdR[5], § 255 HGB, Rn. 330 ff.; zu nachträglichen AHK bei komponentenweiser planmäßiger Abschreibung von Sachanlagen *IDW RH HFA 1.016*, Tz. 6; vgl. BFH v. 16.02.1993, BStBl. II, S. 544, BFH v. 12.09.2001, BB 2002, S. 1350; BFH v. 22.01.2003, BStBl. II, S. 596; BMF-Schr. v. 18.07.2003, BStBl. I, S. 386; *Spindler*, BB 2002, S. 2041.
511 Vgl. ADS[6], § 255 HGB, Tz. 42 und 14; *Knop/Küting/Knop*, in: HdR[5], § 255 HGB, Rn. 43 ff.
512 Vgl. auch ADS[6], § 255 HGB, Tz. 14 und 25 sowie *Wohlgemuth*, in: HdJ, Abt. I/9, Rn. 48 f.
513 Vgl. BFH v. 30.07.1991, BStBl. II 1992, S. 28.
514 Vgl. BFH v. 14.10.1960, BStBl. III, S. 493.
515 Vgl. *Schubert/Andrejewski*, in: BeBiKo[11], § 253, Rn. 391.
516 Vgl. weitergehend *Schubert/Andrejewski*, in: BeBiKo[11], § 253, Rn. 402 und 406: Jede mit den GoB vereinbare Abschreibungsmethode zulässig.

345 Zur planmäßigen Abschreibung von **Gebäuden** und außerplanmäßigen Abschreibung von Grund und Boden sowie Gebäuden (z.B. bei strukturellem Leerstand) vgl. *IDW RS IFA 2*[517]. Zu außerplanmäßigen Abschreibungen von nicht rentierlichen HK bei Gebäuden vgl. *IDW RS IFA 1*; zu außerplanmäßigen Abschreibungen auf Wohngebäude aufgrund von Mietpreisbindungen im sozialen Wohnungsbau vgl. *WFA*, FN-IDW 2002, S. 342. Zur komponentenweisen planmäßigen Abschreibung von Sachanlagen vgl. *IDW RH HFA 1.016*.

346 Bei Baulichkeiten, die **auf fremdem Grund und Boden** errichtet sind[518], ist zu unterscheiden zwischen Baulichkeiten, die nach §§ 93, 94 und 946 BGB in das Eigentum des Grundstückseigentümers übergehen, und solchen, an denen der Berechtigte infolge nur vorübergehender Verbindung das Eigentum behält (§ 95 BGB)[519]. Im ersten Fall müssen die Abschreibungen bei Ablauf des Vertrags mindestens bis auf den Betrag vorgenommen worden sein, den der Berechtigte vom Grundstückseigentümer mangels anderweitiger vertraglicher Abmachungen nach § 951 BGB als Vergütung für den durch die Verbindung eingetretenen Rechtsverlust verlangen kann (vgl. §§ 812 ff. BGB). Bleibt das Eigentum des Berechtigten dagegen erhalten und ist eine Übernahme durch den Grundstückseigentümer nicht vorgesehen, sind die Baulichkeiten bis zum Ablauf des Vertrags auf ihren Abbruchwert abzuschreiben. Bei Bestehen einer Verpflichtung zur Wiederherstellung des früheren Zustands ist ggf. die Bildung einer Rückstellung erforderlich (vgl. Kap. F Tz. 568 und Kap. F Tz. 636).

347 **Nachträgliche HK** erhöhen den Buchwert des betreffenden Vermögensgegenstands und werden – sofern sich durch die Maßnahme nicht die Restnutzungsdauer des Vermögensgegenstands erhöht – über die bisherige Restnutzungsdauer abgeschrieben.

8.4.1.2.2 Technische Anlagen und Maschinen/andere Anlagen, Betriebs- und Geschäftsausstattung

348 Zu den **technischen Anlagen und Maschinen** (§ 266 Abs. 2 A.II.2. HGB) gehören Vermögensgegenstände, die unmittelbar dem betrieblichen Produktionsprozess dienen (einschl. Betriebsvorrichtungen und Anlagen von Hilfsbetrieben[520]), z.B. Eisenbahn- und Hafenanlagen, Kühltürme, Ziegelei- und Hochöfen, Gießereien, Silos, Tanks, Spezialersatzteile und -werkzeuge, Kraft- und Arbeitsmaschinen, Apparate der chemischen Industrie, produktionsbezogene Transportanlagen, Krane, Umspannwerke, Kokereien, Arbeitsbühnen, Rohrbrücken und Rohrleitungen, Krafterzeugungs- und -verteilungsanlagen, Gasometer, Lagerbehälter sowie alle Fundamente, Stützen etc.

349 Der Posten **"andere Anlagen, Betriebs- und Geschäftsausstattung"** (§ 266 Abs. 2 A.II.3. HGB) betrifft Anlagen, die nicht unmittelbar der Produktion dienen, sowie Vermögensgegenstände, die nicht unter die anderen Gruppen der Sachanlagen subsumiert werden können, z.B. Werkstätten- und Büroeinrichtungen einschl. Fernsprech- und IT-

---

[517] Zur Bewertung von nicht verkauften Eigentumswohnungen und Eigenheimen sowie von unbebauten Grundstücken in den JA von Wohnungsunternehmen (UV) vgl. *IDW St/WFA 1/1975*. Zu Grundsätzen zur Bewertung von Immobilien allg. vgl. *IDW S 10* und *IDW PH 9.522.1*.
[518] Vgl. hierzu auch ADS[6], § 266 HGB, Tz. 42.
[519] Vgl. auch *Kupsch*, BB 1981, S. 212, sowie *Crezelius*, DB 1983, S. 2019.
[520] Vgl. *Nordmeyer/Göbel*, in: BHdR, B 212, Rn. 31; *Schubert/Andrejewski/Roscher*, in: BeBiKo[11], § 253, Rn. 435 ff.

Anlagen, Arbeitsgeräte und allgemein verwendbare Werkzeuge[521], Transportbehälter, Verteilungsanlagen, Modelle, Muster, Kraftwagen, Fahrzeuge aller Art, Einbauten in fremde Grundstücke (sofern sie nicht der Grundstücksnutzung dienen). Hierunter fallen auch Vermögensgegenstände von geringem Wert (steuerrechtlich: GWG des AV), die handelsrechtlich ggf.[522] in einen **Sammelposten** entspr. § 6 Abs. 2 und 2a EStG[523] eingestellt wurden[524]. Ist der Betrag insgesamt von untergeordneter Bedeutung, ist handelsrechtlich unter Wirtschaftlichkeitsgesichtspunkten die Übernahme des steuerlichen Sammelpostens zulässig[525]. Abweichend von der Berücksichtigung eines Sammelpostens im handelsrechtlichen JA dürfen Vermögensgegenstände, die steuerlich das Kriterium eines GWG i.S.d. § 6 Abs. 2 S. 1 EStG erfüllen, – unabhängig davon, ob sie einzeln oder in Summe für den Abschluss von untergeordneter Bedeutung sind – in der handelsrechtlichen Rechnungslegung im GJ ihrer Anschaffung oder Herstellung in Höhe der gesamten AHK abgeschrieben werden („Sofortabschreibung")[526].

Für die **Zurechnung** zu den Posten A.II.2. und A.II.3. ist es nicht entscheidend, ob die einzelnen Gegenstände rechtlich Bestandteil oder Zubehör von Grundstücken oder Gebäuden sind oder ob sie abnutzbar sind oder nicht. Heizungs-, Beleuchtungs- und Aufzugsanlagen, die der Benutzung der Gebäude dienen, sind unter „Gebäude" (A.II.1.) auszuweisen. Für Maschinen, die durch Einbau auf einem gepachteten Grundstück zu rechtlich fremden Eigentum geworden sind, kann bei erheblicher Bedeutung ein gesonderter Ausweis[527] oder eine entspr. Angabe im Anh. in Betracht kommen. 350

Spezialreserveteile sowie die **Erstausstattung an Ersatzteilen** für Maschinen und technische Anlagen sind ebenfalls im Posten A.II.2. auszuweisen. Allgemein verwendbare Ersatzteile sowie solche, die nicht zur Erstausstattung gehören, sollten vorbehaltlich einer anderen konkretisierten Zweckbestimmung im UV erfasst werden[528]. 351

Die Bewertung erfolgt regelmäßig zu den AK (§ 255 Abs. 1 HGB), d.h. Kaufpreis zzgl. Nebenkosten wie Bezugs-/Transportkosten, Kosten der erstmaligen Aufstellung (z.B. für Fundament, Montage), der Prüfung und Abnahme, auch einer evtl. erforderlichen Konzessionserteilung, vorausgesetzt die Kosten sind dem jeweiligen Vermögensgegenstand einzeln zuordenbar[529] (vgl. Kap. F Tz. 106 f.). Anschaffungspreisminderungen sind abzuziehen. Soweit die Vermögensgegenstände selbst erstellt worden sind, sind die HK (vgl. Kap. F Tz. 125) anzusetzen (§ 255 Abs. 2 HGB). Abschreibungen sind entspr. den in Kap. F Tz. 167 f. erläuterten Grundsätzen vorzunehmen[530]. 352

---

521 Vgl. hierzu ADS⁶, § 266 HGB, Tz. 50; zur Abgrenzung und zur Bewertung von Formen, Modellen, Vorrichtungen und Werkzeugen vgl. *Dusemond/Heusinger-Lange/Knop*, in: HdR⁵, § 266 HGB, Rn. 31; *Kahle/Heinstein/Dahlke*, in: HdJ, Abt. II/3, Rn. 8.
522 Vgl. dazu *IDW*, FN-IDW 2007, S. 506; dazu auch *Herzig/Briesemeister*, WPg 2010, S. 63 (71).
523 Vgl. dazu auch BMF-Schr. v. 30.09.2010, DStR, S. 2034 ff.; BB 2010, S. 2626 mit Anm. *Henning*.
524 Vgl. *Schubert/Andrejewski*, in: BeBiKo¹¹, § 253, Rn. 443 ff.; *Kahle/Heinstein*, in: HdJ, Abt. II/3, Rn. 44; *Nordmeyer/Göbel*, in: BHdR, B 212, Rn. 41. Zum Ausweis im Anlagenspiegel vgl. Kap. F Tz. 1008.
525 Vgl. *IDW*, FN-IDW 2007, S. 506; *Nordmeyer/Göbel*, in: BHdR, B 212, Rn. 41.
526 Vgl. *HFA*, IDW Life 2017, S. 848. Zur Anhebung der steuerrechtlichen GWG-Grenze für ab dem 1.1.2018 angeschaffte oder hergestellte Wirtschaftsgüter vgl. *Dräger*, DB 2017, S. 1619.
527 Vgl. ADS⁶, § 266 HGB, Tz. 35 und 46.
528 Vgl. ADS⁶, § 266 HGB, Tz. 50; *Dusemond/Heusinger-Lange/Knop*, in: HdR⁵, § 266 HGB, Rn. 30.
529 Zu Abbruch- und Entsorgungskosten bei Investitionen in Infrastrukturnetze vgl. *Witteler/Lewe*, DB 2009, S. 2445.
530 Vgl. hierzu *Kahle/Heinstein*, in: HdJ, Abt. II/3, Rn. 96 ff.

8.4.1.2.3 Geleistete Anzahlungen und Anlagen im Bau

353 Ein getrennter Ausweis von geleisteten Anzahlungen und Anlagen im Bau (§ 266 Abs. 2 A.II.4. HGB) ist als Untergliederung zulässig (§ 265 Abs. 5 HGB). Langfristige **Mietvorauszahlungen** gehören nicht zu den Anzahlungen auf Anlagen. Sie sind unter den aktiven RAP (§ 250 Abs. 1 HGB) auszuweisen. Langfristige **Kautionen** hingegen zählen zu den Finanzanlagen (A.III.6.).[531] Anzahlungen auf **nicht aktivierbare Leistungen** gehören unter die sonst. Vermögensgegenstände (B.II.4.).

> **Hinweis 23:**
> Bei den Angaben nach § 284 Abs. 3 HGB (**Anlagenspiegel**) sind als Zugänge zu den Anzahlungen auf Anlagen und Anlagen im Bau nur diejenigen auszuweisen, die zum Abschlussstichtag noch nicht den einzelnen Posten des Sach-AV zugeordnet werden können.[532]

8.4.1.3 Finanzanlagen

8.4.1.3.1 Anteile an verbundenen Unternehmen/Ausleihungen an verbundene Unternehmen

354 **Verbundene Unternehmen** sind nach § 271 Abs. 2 HGB solche Unternehmen, die als MU oder TU (§ 290 HGB) in den KA eines MU nach den Vorschriften über die Vollkonsolidierung einzubeziehen sind, das als oberstes MU den am weitestgehenden KA aufzustellen hat, auch wenn die Aufstellung zulässigerweise (§ 293 HGB) oder unzulässigerweise unterbleibt, oder das einen befreienden KA nach den §§ 291 oder 292 HGB aufstellt oder aufstellen könnte. Nach § 296 HGB nicht einbezogene TU sind ebenfalls verbundene Unternehmen[533]. Der Kreis der verbundenen Unternehmen ist somit im HGB anders (im Grundsatz enger) abgegrenzt als in §§ 15 ff. AktG. Vgl. hierzu im Einzelnen Kap. C Tz. 363 ff.; wg. des Kreises der einzubeziehenden Unternehmen vgl. die Ausführungen zum KA unter Kap. G Tz. 172 ff.

355 Der Wortlaut des § 271 Abs. 2 HGB wirft verschiedene Auslegungsprobleme auf. Dabei geht es insb. um die Frage, welche Bedeutung die Verweise auf die Pflicht zur Aufstellung eines KA und auf die Möglichkeit zur Befreiung durch übergeordnete KA haben. Nach Sinn und Zweck der Vorschrift und vor dem Hintergrund von Art. 2 RL 2013/34/EU (Bilanz-RL), kann es in Zweifelsfällen indes weder auf die konkrete Konzernrechnungslegungspflicht des oberen MU noch auf die befreiende Wirkung eines übergeordneten KA ankommen[534]. Entscheidend ist danach letztlich nur, ob ein **Mutter-Tochter-Verhältnis** i.S.d. § 290 HGB besteht[535]. Mithin sind auch Zweckgesellschaften verbundene Unternehmen, sofern diese gem. § 290 Abs. 2 Nr. 4 HGB in einem Mutter-Tochter-Verhältnis stehen. Dies gilt selbst dann, wenn die Zweckgesellschaften keine Unternehmenseigenschaft aufweisen[536]. Mehrere TU, gleich welcher Stufe, sind auch im Verhältnis untereinander verbunden. Für die Beurteilung eines Mutter-Tochter-Ver-

---

531 Vgl. ADS[6], § 266 HGB, Tz. 63.
532 Vgl. ADS[6], § 268 HGB, Tz. 59 und 79.
533 Vgl. im Einzelnen ADS[6], § 271 HGB, Tz. 36 f.; *Grottel/Kreher*, in: BeBiKo[11], § 271, Rn. 33.
534 Vgl. zu Einzelfällen Kap. C Tz. 32 ff.
535 Zur detaillierten Auslegung des § 271 Abs. 2 HGB vgl. u.a. *v. Keitz*, in: Baetge/Kirsch/Thiele, Bilanzrecht, § 271, Rn. 53 ff.; *Küting*, in: HdR[5], § 271, Rn. 102 ff.
536 Vgl. HFA, FN-IDW 2011, S. 121 (122 f.); *Gelhausen/Fey/Kämpfer*, BilMoG, Kap. Q, Rn. 81 ff.

hältnisses i.S.d. § 271 Abs. 2 HGB ist nach dem Gesetzeswortlaut ausschließlich auf die handelsrechtliche Vorschrift des § 290 HGB abzustellen. Stellt ein MU z.B. gem. § 315e HGB einen KA nach den internationalen Rechnungslegungsvorschriften auf, ist daher für die Anerkennung einer Verbundbeziehung für Zwecke des handelsrechtlichen JA unbeachtlich des tatsächlichen Konsolidierungskreises nach IFRS das Vorliegen eines Mutter-Tochter-Verhältnisses nach den handelsrechtlichen Grundsätzen des § 290 HGB entscheidend.

Liegen verbundene Unternehmen vor und stehen der Ges. **Anteile** an einem verbundenen Unternehmen zu, sind diese bei Daueranlageabsicht (§ 247 Abs. 2 HGB) unabhängig von der Höhe und der Art der Anteile unter § 266 Abs. 2 A.III.1. HGB auszuweisen. Der Ausweis unter A.III.1. geht immer dem Ausweis unter A.III.3. (Beteiligungen) vor. Der Vermerk einer Mitzugehörigkeit i.S.d. § 265 Abs. 3 S. 1 HGB ist nicht erforderlich. **356**

Die Anteile können, müssen aber nicht in **Wertpapieren** verkörpert sein. Es kommen in Betracht: Aktien, GmbH-Anteile, Einlagen als persönlich haftender Gesellschafter und Kommanditeinlagen, Beteiligungen als stiller Gesellschafter[537], Bohranteile, je nach Ausgestaltung auch Mitgliedschaften in Joint Ventures *(IDW St/HFA 1/1993)*, jedoch nicht Genussrechtskapital (keine Mitgliedschaftsrechte, daher bei Daueranlageabsicht A.III.5. oder A.III.6.; vgl. *IDW St/HFA 1/1994*; vgl. auch Kap. F Tz. 1322). Zu Genossenschaftsanteilen vgl. Kap. F Tz. 362, Kap. F Tz. 394 und Kap. F Tz. 420. **357**

Nur vorübergehend gehaltene Anteile gehören ins UV zu B.III.1. Dies betrifft insb. **Anteile an einem herrschenden oder mit Mehrheit beteiligten Unternehmen**, bei denen vielfach die Daueranlageabsicht fehlen wird (vgl. § 71d S. 2 i.V.m. § 71 AktG; zur Bildung einer Rücklage vgl. § 272 Abs. 4 HGB, hierzu Kap. F Tz. 506 ff.)[538]. Von KapCoGes. gehaltene **Anteile an Komplementärgesellschaften** sind dagegen, sofern der Tatbestand verbundener Unternehmen erfüllt ist, regelmäßig unter A.III.1., sonst unter A.III.3. (Beteiligungen) auszuweisen (§ 264c Abs. 4 S. 1 HGB). Ein gesonderter Ausweis ist nicht ausdrücklich vorgeschrieben, aber den Gesetzesmaterialien zu entnehmen[539]. Ein Davon-Vermerk oder eine entspr. Angabe im Anh. erscheint ausreichend. Wg. der insoweit vorgeschriebenen Bildung eines „Ausgleichspostens für aktivierte eigene Anteile" vgl. § 264c Abs. 4 S. 2 HGB sowie *IDW RS HFA 7 n.F.*, Tz. 16 f.; hierzu auch Kap. F Tz. 1489. **358**

Ausleihungen an verbundene Unternehmen sind unter § 266 Abs. 2 A.III.2. HGB auszuweisen (Vorrang vor A.III.4.), soweit eine Zugehörigkeit zum AV vorliegt (§ 247 Abs. 2 HGB)[540]. Maßgebend ist hierfür grds. weder die restliche Laufzeit noch die Gesamtlaufzeit, sondern die Daueranlageabsicht. Die Gesamtlaufzeit kann aber eine Orientierung für die Zurechnung zu den Finanzanlagen geben. Überwiegend wird eine Gesamtlaufzeit von einem Jahr als ausreichend angesehen[541]. Für kürzere Ausleihungen erfolgt der Ausweis unter B.II.2. oder B.II.4. Bei einer kurzfristig gewordenen Ausleihung ist bei unveränderter Daueranlageabsicht keine Umgliederung in das UV vor- **359**

---

537   Vgl. ADS[6], § 266 HGB, Tz. 71.
538   Vgl. im Einzelnen *Gelhausen/Fey/Kämpfer*, BilMoG, Kap. L, Rn. 8 und Rn. 58 ff.; ADS[6], § 266 HGB, Tz. 73 ff.
539   Vgl. ADS[6], § 264c HGB n.F., Tz. 29.
540   Vgl. *Schubert/Kreher*, in: BeBiKo[11], § 266, Rn. 77.
541   Vgl. ADS[6], § 266 HGB, Tz. 76; *Dusemond/Heusinger-Lange/Knop*, in: HdR[5], § 266 HGB, Rn. 57; *Scheffler*, in: BHdR, B 213, Rn. 467.

zunehmen[542]. Ausleihungen einer GmbH an Gesellschafter, die verbundene Unternehmen sind, sind nach § 42 Abs. 3 GmbHG i.d.R. gesondert auszuweisen oder im Anh. anzugeben. Andernfalls ist die Mitzugehörigkeit zu vermerken. Entsprechendes gilt für Ausleihungen einer KapCoGes. an ihre Gesellschafter (§ 264c Abs. 1 HGB).

Unter Ausleihungen sind i.d.R. nur Finanz- und Kapitalforderungen zu verstehen, nicht jedoch Forderungen aus Lieferungen und Leistungen, auch wenn diese längerfristig sind. Im Übrigen vgl. auch Kap. F Tz. 409. Eine Ausleihung kann jedoch auch dadurch entstehen, dass eine andere Forderung (z.B. aus Lieferungen und Leistungen) im Wege der Novation in eine Kapitalforderung umgewandelt wird[543].

360 Für die **Bewertung** gelten die allgemeinen Grundsätze, d.h. die Bewertung erfolgt grds. zu AK, soweit nicht Abschreibungen nach § 253 Abs. 3 S. 5 und 6 HGB vorzunehmen sind oder in Betracht kommen[544] (vgl. im Einzelnen Kap. F Tz. 106 f.). Der den Anteilen an verbundenen Unternehmen sowie den Beteiligungen am Abschlussstichtag beizulegende Wert ist i.d.R. aus dem Ertragswert abzuleiten (vgl. Kap. F Tz. 382; *IDW RS HFA 10*, Tz. 3). Übersteigt der Liquidationswert der Beteiligung deren Ertragswert und hindern weder rechtliche noch tatsächlichen Gründe eine Liquidation, ist der Liquidationswert als Wertuntergrenze der Beteiligung anzusetzen[545]. Ausleihungen sind wie Forderungen zu bewerten (vgl. Kap. F Tz. 415 f.). Zu Angabepflichten aus der Gesellschafterstellung nach § 285 Nr. 21 HGB ggü. nahe stehenden Unternehmen und Personen vgl. Kap. F Tz. 1167 sowie *IDW RS HFA 33*).

8.4.1.3.2 Beteiligungen/Ausleihungen an Unternehmen, mit denen ein Beteiligungsverhältnis besteht

361 Beteiligungen sind gem. § 271 Abs. 1 S. 1 HGB:

- Anteile (Mitgliedschafts- oder Gesellschaftsrechte),
- an anderen Unternehmen (nach außen erkennbare, selbstständige erwerbswirtschaftliche Tätigkeit),
- die bestimmt sind (Beteiligungsabsicht[546]), dem eigenen Geschäftsbetrieb durch Herstellung einer dauernden Verbindung zu jenen Unternehmen zu dienen (über reine Kapitalverzinsung hinaus)[547].

Im Zweifel liegt eine **Beteiligung an einer KapGes.** bei einem Anteilsbesitz von mehr als 20% vor. Dabei sind die Zurechnungsbestimmungen des § 16 Abs. 2 u. 4 AktG anzuwenden, d.h. Anteile, die einem abhängigen Unternehmen gehören, sind dem herrschenden Unternehmen zuzurechnen (§ 271 Abs. 1 S. 3 und 4 HGB). Die gesetzliche Vermutung kann widerlegt werden, da die Beteiligungsabsicht entscheidend ist. Auch unterhalb von 20% kann Beteiligungsbesitz gegeben sein, wenn die Voraussetzungen von § 271 Abs. 1 S. 1 HGB vorliegen. Unerheblich ist, ob die Anteile in Wertpapieren ver-

---

542 Vgl. ADS[6], § 247 HGB, Tz. 118; *Scheffler*, in: BHdR, B 213, Rn. 12.
543 Vgl. ADS[6], § 266 HGB, Tz. 77; *Schubert/Kreher*, in: BeBiKo[11], § 266, Rn. 77.
544 Zum Begriff der voraussichtlich dauernden Wertminderung vgl. *VFA*, FN-IDW 2002, S. 667, *HFA*, FN-IDW 2008, S. 195 f.; *Naumann/Naumann*, WPg 2004, Sonderheft S. 130 ff.; *Lüdenbach/Hoffmann*, DB 2004, S. 85 ff.; *Fey/Mujkanovic*, WPg 2003, S. 212 ff. m.w.N.; *Küting*, DB 2005, S. 1121 ff.
545 Vgl. *IDW S 1 i.d.F. 2008*, Tz. 5 i.V.m. Tz. 140; zur Bestimmung des Liquidationswerts vgl. IDW, WPH Edition, Assurance, Kap. A Tz. 158 ff.
546 Vgl. *Grottel/Kreher*, in: BeBiKo[11], § 271, Rn. 16 ff.; *v. Keitz*, in: Baetge/Kirsch/Thiele, Bilanzrecht, § 271, Rn. 22 ff.
547 Vgl. ADS[6], § 271 HGB, Tz. 15 ff.; *Scheffler*, in: BHdR, B 213, Rn. 222 ff.

brieft sind oder nicht (§ 271 Abs. 1 S. 2 HGB). Zu den Beteiligungen gehören insb. Aktien an einer AG oder SE und Geschäftsanteile an einer GmbH, ferner Kapitaleinlagen als persönlich haftender Gesellschafter, Kommanditeinlagen, Beteiligungen als atypisch stiller Gesellschafter sowie sog. beteiligungsähnliche Darlehen[548]. Der Ausweis von Genussrechtskapital erfolgt hingegen unter A.III.5. bzw. A.III.6. (bei AV) oder unter B.II.3. bzw. B.II.4. (bei UV), vgl. *IDW St/HFA 1/1994* sowie Kap. F Tz. 1322).

362 Bei **Anteilen an Personenhandelsgesellschaften** (OHG, KG) liegt für die Gesellschafter bei Daueranlageabsicht grds. eine Beteiligung an der Gesellschaft vor. Auf die Höhe der Beteiligungsquote kommt es nicht an[549]. Ausnahmen sind allerdings möglich (z.B. Kommanditanteile an einer Publikums-KG)[550]. **GmbH-Anteile** sind i.d.R. wg. der Personenbezogenheit unter den Beteiligungen zu erfassen. Genossenschaftsanteile verkörpern, wie § 271 Abs. 1 S. 5 HGB klarstellt, keine Beteiligung (Ausweis unter A.III.6. mit angepasster Bezeichnung oder als Sonderposten nach § 265 Abs. 5 HGB, ggf. auch B.II.4.[551]). Bei Vorliegen einer Gesamthandsgemeinschaft erfolgt bei Einstufung der Gemeinschaft als Unternehmen und dauernder Verbindung ein Ausweis unter Beteiligungen[552]; ebenso bei Anteilen an **Joint Ventures** in der Form einer GbR, vgl. *IDW St/HFA 1/1993* (Voraussetzung: Unternehmenseigenschaft und voraussichtliche Dauer über mehr als zwei Abschlussstichtage: Ausweis unter A.III.3.). Ansprüche aus Betriebs-, Vertriebs-, Gewinn- und ähnlichen Interessengemeinschaften wie Patentverwertungsgemeinschaften sowie aus Betriebspacht- und -überlassungsverträgen sind i.d.R. nicht unter Beteiligungen, sondern unter den Forderungen und sonst. Vermögensgegenständen (B.II.) zu erfassen. Dies gilt auch für Gewinnansprüche aus Beteiligungen[553]. Zu **Anhangangaben** bei unbeschränkter persönlicher Haftung vgl. § 285 Nr. 11a HGB sowie Kap. F Tz. 1107 ff. Aus der Gesellschafterstellung können des Weiteren Angabepflichten nach § 285 Nr. 21 HGB ggü. nahe stehenden Unternehmen und Personen erwachsen (vgl. hierzu Kap. F Tz. 1167 ff. sowie *IDW RS HFA 33*).

363 Liegt eine Beteiligung vor, ist stets zu prüfen, ob nicht auch der Tatbestand eines **verbundenen Unternehmens** i.S.d. § 271 Abs. 2 HGB vorliegt (vgl. hierzu Kap. F Tz. 354). Ist dies der Fall, geht der Ausweis unter A.III.1. und 2. vor. Zum Begriff der Ausleihungen vgl. Kap. F Tz. 359 f. **Ausleihungen** i.S.d. Postens A.III.4. können sich sowohl an Unternehmen richten, an denen die Ges. beteiligt ist, als auch an solche, die eine Beteiligung an der bilanzierenden Ges. halten. Zur **Bewertung von Beteiligungen** vgl. Kap. F Tz. 365 ff. sowie Kap. F Tz. 106. **Ausleihungen** sind wie Forderungen zu bewerten (vgl. Kap. F Tz. 415 ff.).

364 Der **Zugangszeitpunkt von Anteilen** richtet sich nach dem Übergang des wirtschaftlichen Eigentums, der bei zeitlichem Auseinanderfallen von Abschluss des Kaufvertrags (Signing) und dinglicher Übertragung der Anteile (Closing) bereits vor dem zivilrecht-

---

548 Zur Abgrenzung partiarischer Darlehen von der stillen Gesellschaft vgl. auch BGH v. 10.10.1994, BB 1994, S. 2436 ff.
549 Vgl. *IDW RS HFA 18*, Tz. 2; *Scheffler*, in: BHdR, B 213, Rn. 223.
550 Vgl. ADS[6], § 271 HGB, Tz. 23; *Hachmeister/Glaser*, in: HdJ, Abt. II/4, Rn. 26.
551 Vgl. ADS[6], § 266 HGB, Tz. 81; teilw. a.A. *Bieg/Waschbusch*, in: HdR[5], § 271 HGB, Rn. 64 ff. (Ausweis unter A.III.5. wird bevorzugt).
552 Vgl. hierzu ADS[6], § 266 HGB, Tz. 80 m.w.N.
553 Vgl. auch ADS[6], § 246 HGB, Tz. 213 ff.; *Dusemond/Heusinger-Lange/Knop*, in: HdR[5], § 266 HGB, Rn. 49; speziell zu Beteiligungen an Personenhandelsgesellschaften *IDW RS HFA 18*, Tz. 13 ff.; zur Gewinnrealisierung von Beteiligungserträgen Kap. F Tz. 369 ff.

lichen Anteilserwerb liegen kann[554]. Die persönliche Zurechnung von Anteilen für Zwecke der handelsrechtlichen Rechnungslegung wird nach den von der Steuerrechtsprechung des BFH zum Erwerb von Anteilen an KapGes. entwickelten Grundsätzen beurteilt. Danach setzt der Übergang des wirtschaftlichen Eigentums auf den Erwerber voraus, dass dieser eine rechtlich geschützte, auf den Erwerb der Anteile gerichtete, unentziehbare Rechtsposition erlangt hat, insb. die Gewinnbezugs- und Stimmrechte wirtschaftlich auf ihn übergegangen sind und er die Wertänderungen der Anteile zu tragen hat[555]. Aufschiebende Bedingungen im Kaufvertrag, die dessen Wirksamwerden nach dem Willen mindestens einer Partei offen halten sollen (z.B. Gremienvorbehalte, Zustimmungserfordernisse wichtiger Vertragspartner, denen bei einem Kontrollwechsel aufgrund einer Change-of-Control-Klausel Sonderkündigungsrechte zustehen) lassen den Übergang des wirtschaftlichen Eigentums vor Bedingungseintritt nicht zu[556]. Dagegen hindern aufschiebende Bedingungen, die der Erwerber selbst herbeiführen kann (z.B. Kündigung oder Abschluss von Verträgen) oder auf deren Erfüllung er einen Anspruch hat (z.B. Kaufpreiszahlung, die im Ergebnis wie ein Eigentumsvorbehalt i.S.d. § 449 BGB wirkt), den Übergang des wirtschaftlichen Eigentums zum Zeitpunkt des Vertragsschlusses nicht[557]. Gleiches gilt für behördliche Zustimmungserfordernisse, sofern die Behörde (wie bspw. das Bundeskartellamt) eine gesetzlich vorgegebene Entscheidung trifft, bei der ihr weder ein Spielraum bei der Sachverhaltsbeurteilung noch ein Ermessen bei der Bestimmung der Rechtsfolge zusteht[558]. Kann nicht mit hoher Wahrscheinlichkeit von der Zustimmung der Behörde ausgegangen werden oder ist keine Einschätzung möglich, ist der Tag der behördlichen Genehmigung maßgeblich[559].

365 Bei der Bewertung von Beteiligungen[560] i.S.v. § 271 Abs. 1 HGB ist von den **AK** auszugehen, d.h. bei Erwerb von Dritten vom Kaufpreis zzgl. der angefallenen Nebenkosten wie Notariatskosten, Provisionen, Spesen, nicht der Entscheidungsfindung dienende Gutachterkosten[561], ggf. abzgl. miterworbener Gewinnansprüche[562]. Variable Kaufpreisbestandteile sind in Ausnahmefällen bereits zum Erwerbszeitpunkt bei der Bemessung der AK mit ihrem Barwert zu berücksichtigen. Voraussetzung hierfür ist, dass die Kaufpreisanpassung wahrscheinlich ist und der Betrag verlässlich geschätzt werden kann[563]. Überhöhte Kaufpreise stellen grds. AK dar. Ggf. anlässlich eines Terminkaufs

---

554 Vgl. *Winkeljohann/Deubert*, in: BeBiKo[11], § 301, Rn. 131; DRS 19.106a.
555 Vgl. BFH, 24.01.2012 – IX R 69/10, BFH/NV 2012, BFH/NV 2012, S. 1099; BFH, 20.07.2010 –IX R 38/09, GmbHR 2011, S. 97 m.w.N.; *Deubert/Lewe*, BB 2014, S. 1835 ff.; *Winkeljohann/Deubert*, in: BeBiKo[11], § 301, Rn. 131.
556 Vgl. *Deubert/Lewe*, BB 2014, S. 1835 (1836); *Schmidt/Ries*, in: BeBiKo[11], § 246, Rn. 8; DRS 19.106e; a.A. NWB Komm. BilR[9], § 301, Rn. 20, die bei Gremienvorbehalt zu Gunsten eines Organs des Erwerbers den Einfluss über das Erwerbsobjekt bereits in der Sphäre des Erwerbers sehen.
557 Vgl. *Winkeljohann/Deubert*, in: BeBiKo[11], § 301, Rn. 131; DRS 19.106d.
558 Vgl. ADS[6], § 246 HGB, Tz. 248.
559 Vgl. DRS 19.106d.
560 Vgl. hierzu IDW RS HFA 10 i.V.m. IDW S 1 i.d.F. 2008; ADS[6], § 253 HGB, Tz. 42 ff.; *Schubert/Gadek*, in: BeBiKo[11], § 255, Rn. 141 ff.
561 Vgl. ADS[6], § 255 HGB, Tz. 22.
562 Vgl. zu bereits entstandenen und noch nicht fälligen Gewinnansprüchen *Brösel/Olbrich*, in: HdR[5], § 253 HGB, Rn. 113. Zum Bilanzierungszeitpunkt von Gewinnansprüchen s. *Moxter*, Bilanzrechtsprechung, S. 50 ff.
563 Vgl. DRS 23.33; *Fey/Deubert*, BB 2012, S. 1461 (1464); *Winkeljohann/Deubert*, in: BeBiKo[11], § 301, Rn. 28.

gebildete Drohverlustrückstellungen mindern die AK nicht. Der Ansatz eines niedrigeren beizulegenden Zeitwerts ist i.R.d. Folgebewertung zu berücksichtigen[564].

366 Im Zusammenhang mit der Prüfung der Werthaltigkeit von Unternehmensanteilen ist immer auch das **Gesamtengagement** (Beteiligung und etwaige Forderungen) des Anteilseigners bei dem Unternehmen zu beurteilen[565]. Die Umstände, die zu einer Abschreibung auf die Anteile führen, können sich bspw. auch auf die Werthaltigkeit von Gesellschafterdarlehen auswirken, wenn die im Kapitalwertkalkül berücksichtigten operativen finanziellen Überschüsse insgesamt nicht ausreichen, um die FK-Zinsen zu bedienen. Resultiert aus der Betrachtung des Gesamtengagements des Gesellschafters ein nur teilweiser Abwertungsbedarf eines aus FK und EK bestehenden Gesamtengagements, ist – da EK-Geber definitionsgemäß vorrangig Verluste tragen – zuerst die Abwertung des EK bzw. Beteiligungsbuchwerts sachgerecht[566]. In die Betrachtung sind auch die mögliche Inanspruchnahme aus zugunsten des Beteiligungsunternehmens abgegebenen Haftungsverhältnissen (Patronatserklärungen, Bürgschaften, Garantien etc.), die bilanziellen Folgen von Verlustübernahmeverpflichtungen i.R. von EAV und drohende Verluste aus schwebenden Verträgen mit dem Beteiligungsunternehmen einzubeziehen[567].

367 Bei **negativen Kaufpreisen**, d.h. bei Erwerb einer Beteiligung gegen Zuzahlung des Veräußerers, ist im Hinblick auf die zu fordernde Erfolgsneutralität des Anschaffungsvorgangs (§ 253 Abs. 1 S. 1 HGB) eine sofortige erfolgswirksame Erfassung des Zuzahlungsbetrags i.d.R. nicht sachgerecht. Der Zuzahlungsbetrag ist vielmehr dahingehend zu untersuchen, ob hiermit Verpflichtungen übernommen werden, welche z.B. die Voraussetzungen für die Bildung einer Rückstellung nach § 249 Abs. 1 S. 1 HGB erfüllen. Sind die Passivierungsvoraussetzungen nicht erfüllt, ist zu prüfen, ob mit der Zuzahlung des Veräußerers vom Beteiligungserwerb abtrennbare selbstständige Leistungen des Erwerbers abgegolten oder vor dem Erwerb bestehende (Rechts-)Beziehungen abgewickelt werden[568]. In diesen Fällen ist die Zuzahlung bei dem Erwerber je nach Art der Leistung/Beziehung entspr. abzubilden[569]. In allen anderen Fällen ist ein gesonderter Passivposten zu erfassen[570] und nach dem EK auszuweisen[571]. Das Gliederungsschema der Bilanz ist in diesem Fall gem. § 265 Abs. 5 S. 2 HGB entspr. zu erweitern. Dabei sollte aus der Postenbezeichnung ersichtlich werden, dass es sich dem Wesen nach um einen Korrekturposten zu dem Aktivposten Finanzanlagen handelt, z.B. „Ausgleichsposten für erhaltene Zuzahlungen auf erworbene Unternehmensanteile". Ein gesonderter Passivposten ist i.R.d. Folgebewertung insb. dann aufzulösen, wenn Verluste aus der Beteiligung im JA des Erwerbers realisiert werden, sei es z.B.:

---

564 Vgl. *Schubert/Gadek*, in: BeBiKo[11], § 255, Rn. 312; ADS[6], § 255 HGB, Tz. 18.
565 Vgl. *Fey/Mujkanovic*, WPg 2003, S. 212 (218).
566 A.A. *Bertram/Kessler*, in: Haufe HGB Kommentar[8], § 253, Tz. 319: Wegen des strengen Niederstwertprinzips ist zuerst die Wertberichtigung der Forderungen, dann der Ausleihungen und schließlich der Beteiligung geboten.
567 Vgl. *Fey/Mujkanovic*, WPg 2003, S. 212 (218).
568 Vgl. *Scheffler*, in: BHdR, B 213, Rn. 307.
569 Vgl. *Schiffers*, WPg 2006, S. 1279 (1280); zur Abgrenzung eines negativen Kaufpreises von der Vergütung einer sonst. Leistung des Erwerbers vgl. *Lüdenbach/Völkner*, BB 2006, S. 1435 (1438 f.).
570 Vgl. BFH v. 26.04.2006, BStBl. II, S. 656; *Schiffers*, WPg 2006, S. 1279 (1281 f.); *Preißer/Bressler*, BB 2011, S. 427 (430).
571 Analog zur Behandlung eines passiven Unterschiedsbetrags aus der Kapitalkonsolidierung nach § 301 Abs. 3 S. 1 HGB.

- durch eine vertragliche Verlustübernahme,
- durch die aufwandswirksame Konkretisierung von Haftungsrisiken bei Beteiligungen an Personenhandelsgesellschaften (vgl. *IDW RS HFA 18*, Tz. 35 ff.),
- durch die Gewährung von aufwandswirksam zu erfassenden Sanierungszuschüssen (vgl. *IDW St/HFA 2/1996 i.d.F. 2013*, Abschn. 3.2) oder
- spätestens bei Veräußerung der Beteiligung.

Auf die Methode der erstmaligen Erfassung und die Folgebewertung ist i.R.d. Angaben gem. § 284 Abs. 2 Nr. 1 HGB im Anh. einzugehen.

368 Bei **Neugründung** umfassen die AK den Betrag der Einlage zzgl. der Nebenkosten[572]. Falls bei Beteiligungen an **Personenhandelsgesellschaften** keine AK vorliegen (z.B. als Komplementär ohne Einlage), empfiehlt sich der Ansatz eines Merkpostens[573]. Für die Ermittlung der AK bei **Sacheinlagen** gelten die allgemeinen Tauschgrundsätze (vgl. *IDW RS HFA 18*, Tz. 9: Buchwert, höherer Zeitwert oder ergebnisneutraler (Zwischen-) Wert unter Berücksichtigung einer evtl. Steuerbelastung). **Zuschüsse und Nachschüsse** dürfen nur aktiviert werden, wenn sie zu einer dauernden Steigerung des inneren (Ertrags-)Werts der Beteiligungsgesellschaft führen[574]. Ist der Zuschussgeber nur mittelbar an dem Zuschussempfänger beteiligt, führt die Zuschussgewährung im JA des Zuschussgebers bei entspr. Wertsteigerung zu nachträglichen AK desjenigen Beteiligungsunternehmens, das seinerseits (direkt oder indirekt) an dem Zuschussempfänger beteiligt ist. Das gleiche gilt für die JA dieses Beteiligungsunternehmens und von etwaigen Enkelgesellschaften („Durchbuchung entlang der gesamten Beteiligungskette")[575].

369 Die Aktivierung nicht ausgeschütteter (thesaurierter) **Gewinne** von rechtlich selbstständigen Beteiligungsgesellschaften in der Rechtsform der **KapGes.** ist grds. nicht zulässig, da keine Gewinnrealisierung vorliegt[576]. Die Realisierung eines Beteiligungsertrags setzt voraus, dass der Gesellschafter einen von der Beteiligung abgelösten Auszahlungsanspruch auf den Gewinn erhält. Hierzu ist regelmäßig ein Gewinnverwendungsbeschluss erforderlich, der die Gewinnausschüttung vorsieht. Unter bestimmten Voraussetzungen ist der zur Ausschüttung vorgesehene Gewinn eines TU bereits zeitgleich zu vereinnahmen; vgl. hierzu Kap. F Tz. 840 f.

370 Anders als bei juristischen Personen steht der anteilige Gewinn bei **Personenhandelsgesellschaften** den Gesellschaftern nach dem **gesetzlichen Regelstatut** bereits zum Abschlussstichtag ohne Gesellschafterbeschluss unmittelbar zu (vgl. §§ 120-122, 161 Abs. 2, 167, 169 HGB). Für die Realisierung des Gewinnanteils im JA des Gesellschafters bedarf es jedoch zum einen der Phasengleichheit der GJ, d.h. das GJ der Personenhandelsgesellschaft muss spätestens mit dem GJ des Gesellschafters enden. Zum anderen bedarf es einer Änderungsfestigkeit des JA der Personenhandelsgesellschaft, d.h. der Gewinnanspruch muss durch Festlegen aller wesentlichen Bilanzierungs- und Bewertungsentscheidungen hinreichend konkretisiert sein (vgl. *IDW RS HFA 18*, Tz. 15). Auch ohne

---

[572] Vgl. ADS[6], § 253 HGB, Tz. 44; für eine Qualifizierung als Herstellungsvorgang *Schubert/Gadek*, in: BeBiKo[11], § 255, Rn. 143 m.w.N.
[573] Zu den erforderlichen Angaben im Anh. von KapGes. und KapCoGes. vgl. Kap. F Tz. 1107. sowie *Grottel*, in: BeBiKo[11], § 285, Rn. 410.
[574] Vgl. *IDW St/HFA 2/1996 i.d.F. 2013*, Abschn. 3.2.; ebenso ADS[6], § 253 HGB, Tz. 45; *Schubert/Gadek*, in: BeBiKo[11], § 255, Rn. 162 f.
[575] A.A. *Roß/Zilch*, BB 2014, S. 1579 (1581).
[576] Vgl. ADS[6], § 253 HGB, Tz. 46.

Feststellung des JA der Beteiligungsgesellschaft innerhalb des für den Gesellschafter relevanten Wertaufhellungszeitraums ist bei Vorliegen eines vom Komplementär unterschriebenen JA sowie nach Beendigung der Prüfungshandlungen eines möglichen APr. die Änderungsfestigkeit insoweit anzunehmen, dass der sich aus dem JA ergebende Gewinnanteil als Mindestgewinnanteil durch die Gesellschafter vereinnahmt werden darf (vgl. *IDW RS HFA 18*, Tz. 15, 17). Nach BGH-Urteil v. 29.03.1996[577] steht den Kommanditisten bei „ergebnisverwendenden Bilanzierungsentscheidungen" materielle Bilanzierungskompetenz zu, die sie befugt, ihre Gewinnanteile durch Änderung ergebniswirksamer Bilanzierungsmaßnahmen zu erhöhen. Für die Aufgabe der Annahme eines Mindestgewinnanspruchs bedarf es konkreter Anhaltspunkte für den Beschluss gewinnmindernder Bilanzierungsentscheidungen der Gesellschafter[578]. *IDW RS HFA 18*, Tz. 16 geht im Regelfall bei einer Änderung durch die Gesellschafter von einem höheren verteilbaren Gewinn aus; laut BGH-Urteil v. 15.01.2007 (DB, S. 564) ist die Beschlussfassung über die Feststellung von einer allgemeinen Mehrheitsklausel im Gesellschaftsvertrag gedeckt (in diesem Punkt Abkehr vom BGH-Urteil v. 29.03.1996). Die Vereinnahmung eines insoweit erhöhten Gewinns indes bedarf der Feststellung des geänderten JA der Personenhandelsgesellschaft innerhalb des für den Gesellschafter relevanten Wertaufhellungszeitraums.

Wenn die Gewinnanteile dagegen abweichend vom gesetzlichen Normalstatut durch Gesellschaftsvertrag oder Gesellschafterbeschluss der Verfügungsgewalt der einzelnen Gesellschafter entzogen sind (sog. **Vertragsstatut**), bedarf es darüber hinaus auch eines **Gewinnverwendungsbeschlusses** (vgl. Kap. F Tz. 1474). Eine Forderung des Gesellschafters entsteht frühestens im Zeitpunkt einer solchen Beschlussfassung, es sei denn, es liegt eine für die Gewinnverwendung notwendige Mehrheit der Stimmrechte vor, so dass die BGH-Rspr.[579] zur phasengleichen Gewinnvereinnahmung bei KapGes. analoge Anwendung findet (vgl. *IDW RS HFA 18*, Tz. 20 f.). Bei Wiedereinlage eines vereinnahmten Gewinnanteils ist der Abgang der Forderung als nachträgliche Anschaffungskosten der Beteiligung zu erfassen[580], wenn dadurch der innere (Ertrags-)Wert der Beteiligung erhöht wird.

371

Für Erträge aus Anteilen an Investmentfonds[581] ist zu differenzieren: Handelt es sich nach den Vertragsbedingungen des Fonds (§ 162 Abs. 2 Nr. 6 KAGB) um einen **thesaurierenden Fonds**, können Erträge aus dem Sondervermögen (vom Sondervermögen erzielte Veräußerungsgewinne, aber auch vom Sondervermögen realisierte Beteiligungserträge der Periode) beim Fondsinhaber erst bei Veräußerung/Rückgabe der Fondsanteile vereinnahmt werden. Auch wenn die zum Sondervermögen gehörenden Vermögensgegenstände – wie üblich – rechtlich im Miteigentum der Anleger stehen (vgl. § 92 Abs. 1 KAGB), sind die Erträge den Fondsinhabern nicht unmittelbar zuzurechnen und daher nicht realisiert.

372

Wenn die Vertragsbedingungen dagegen vorsehen, dass die bis zum Fondsstichtag durch das Sondervermögen vereinnahmten Dividenden und Zinsen **ausgeschüttet** werden, und wenn der Abrechnungsstichtag des Sondervermögens nicht nach dem Abschlussstichtag des Bilanzierenden liegt, ist der Ausschüttungsanspruch am Abschlussstichtag dem

373

---

577 BGHZ 132, S. 263; DB 1996, S. 926 ff.
578 Vgl. *Graf von Kanitz*, WPg 2007, S. 57 (60).
579 BGH-Urteil v. 12.01.1998, DB, S. 567 ff.; vgl. Kap. F Tz. 840.
580 Vgl. *IDW RS HFA 18*, Tz. 18; ADS[6], § 253 HGB, Tz. 47.
581 Zu den Anh.-Angaben nach § 285 Nr. 26 HGB vgl. Kap. F Tz. 1209 ff.

Grunde nach entstanden[582]. Wird die genaue Höhe des Fondsergebnisses, welches am Abschlussstichtag ggf. aufgrund einer noch ausstehenden Verrechnung von Verwaltungskosten noch nicht feststeht, während des für den Fondsinhaber maßgeblichen Wertaufhellungszeitraums durch die KVG bekannt gemacht, so ist der Anspruch auch der Höhe nach für eine Realisierung im bilanziellen Sinne hinreichend konkretisiert.

374 Bei sog. **grds. ausschüttenden Fonds** ist in den Vertragsbedingungen vereinbart, dass Erträge ausgeschüttet werden, wenn nicht die KVG entscheidet, dass die Erträge ganz oder teilw. thesauriert werden sollen. Der Ausschüttungsanspruch ergibt sich in diesem Fall nicht bereits aus den Fondsbedingungen, sondern aus dem hinzutretenden Ausschüttungsbeschluss[583]. Der Beschluss hat konstitutive Wirkung, so dass der Ertrag erst zu diesem Zeitpunkt in der GuV des Fondsinhabers zu erfassen ist. Ob es sich um einen Spezialfonds handelt, bei dem der Anleger alle Anteile oder zumindest die Mehrheit hält, oder ob es sich um einen Publikumsfonds handelt, spielt dabei keine Rolle.

375 **Kapitalrückzahlungen** und **Liquidationsraten** aus dem gezeichneten Kapital und aus den Kapitalrücklagen sind im Regelfall als Abgang auszuweisen[584]. Dies gilt auch grds. für Ausschüttungen nachprüfbar miterworbener Gewinnrücklagen und von Gewinnen, die aus der Realisierung von im JA der Beteiligungsgesellschaft zum Erwerbszeitpunkt vorhandener stiller Reserven resultieren sowie für die Ausschüttung eines im Erwerbszeitpunkt ausgewiesenen Gewinnvortrags oder Bilanzgewinns[585]. Abweichend hiervon kommt der Ausweis von anteiligen Buchgewinnen jedoch in Betracht, wenn der Erwerb der Beteiligung bzw. die Kapitalzuführung bereits längere Zeit zurückliegen, mit der Folge, dass die investierten Mittel zu einer Erhöhung des inneren Werts dieser Beteiligung geführt haben. In diesem Fall wäre es nicht sachgerecht, von einer Rückzahlung der AK in voller Höhe auszugehen, weil kein unmittelbar nachweisbarer Zusammenhang zwischen der aktivierten Beteiligung beim Gesellschafter und der Kapitalrückzahlung beim TU besteht. Vielmehr ist der an den Gesellschafter ausgeschüttete Betrag aufzuteilen in einen erfolgsneutralen, den Beteiligungsbuchwert mindernden und einen erfolgswirksam zu erfassenden Teil[586]. Der erfolgsneutral als Minderung des Beteiligungsbuchwerts zu erfassende Teil der Kapitalrückzahlung richtet sich dabei nach dem Verhältnis, in dem sich durch die Kapitalrückzahlung der innere (Ertrags-)Wert der Beteiligung vermindert[587]. Eine solche quotale Minderung des Beteiligungsbuchwerts erscheint auch sachgerecht, wenn ein Zusammenhang zwischen den bei Erwerb bestehenden Rücklagen und der Ausschüttung infolge zwischenzeitlicher Thesaurierung nicht eindeutig nachgewiesen werden kann[588]. Bei der Auflösung und Ausschüttung von eindeutig während der Gesellschaftszugehörigkeit des Bilanzierenden gebildeten Gewinnrücklagen handelt es sich grds. um Beteiligungserträge.

376 Um Kapitalrückzahlungen handelt es sich auch, wenn eine Personenhandelsgesellschaft in gesellschaftsrechtlich zulässiger Weise freie Liquidität an die Gesellschafter auszahlt,

---

582 Vgl. dazu ADS[6], § 246 HGB, Tz. 232 ff.
583 Vgl. *HFA*, FN-IDW 2006, S. 276 f.
584 Vgl. ADS[6], § 253 HGB, Tz. 48 ff.; vgl. analog die Grundsätze für Beteiligungen an Personenhandelsgesellschaften gem. *IDW RS HFA 18*, Tz. 25 ff.
585 Vgl. *HFA*, FN-IDW 1999, S. 552 f.; *HFA*, FN-IDW 2000, S. 172; vgl. zu Personenhandelsgesellschaften *IDW RS HFA 18*, Tz. 26.
586 Vgl. ADS[6], § 253 HGB, Tz. 48; *Deubert/Hoffmann*, Der Konzern 2014, S. 154 (157 f.).
587 Vgl. *IDW RS HFA 43*, Tz. 33; *IDW ERS HFA 13 n.F.*, Tz. 94.
588 Vgl. *HFA*, FN-IDW 2000, S. 172; zu Personenhandelsgesellschaften *IDW RS HFA 18*, Tz. 26.

ohne dass es sich dabei um eine Ausschüttung von Gewinnen oder eine Auflösung von Rücklagen handelt (sog. **Liquiditätsausschüttungen**)[589]. Eine erfolgswirksame Erfassung als Beteiligungsertrag kommt nicht in Betracht[590]. Den Beteiligungsbuchwert übersteigende Ausschüttungen sind als Verbindlichkeit gesondert zu erfassen (vgl. IDW RS HFA 18, Tz. 28: „Erhaltene Vorschüsse auf künftig entstehende Erträge aus Beteiligungen an Personenhandelsgesellschaften"). Eine vollständige Erfassung des Ausschüttungsbetrags als Verbindlichkeit unter Verzicht auf eine vorherige Minderung des Beteiligungsbuchwerts erscheint sachgerecht, wenn es sich z.B. um eine Vorabausschüttung des im laufenden GJ erwirtschafteten Gewinns handelt, jedoch bis zum Ende des für den Gesellschafter relevanten Wertaufhellungszeitraums die Voraussetzungen für eine phasengleiche Gewinnvereinnahmung (änderungsfester JA der Beteiligungsgesellschaft; vgl. Kap. F Tz. 370) noch nicht vorliegen.

Der Verkauf von **Bezugsrechten** führt zu einer Minderung des Beteiligungsansatzes, die nach der Gesamtwertmethode wie folgt zu ermitteln ist[591]: **377**

$$\text{Wertminderung} = \frac{\text{Kurswert des Bezugsrechts}}{\text{Kurswert der Altaktien}} \times \text{Buchwert der Altaktien}$$

Bei Ausübung des Bezugsrechts sind die neuen Aktien grds. mit dem Ausgabebetrag zzgl. des von den Altanteilen abzuschlagenden Bezugsrechts zu aktivieren[592].

Wurden Anteile tranchenweise mit unterschiedlichen AK erworben und kann bei einem teilw. Anteilsverkauf nicht zweifelsfrei festgestellt werden, welche Tranche verkauft worden ist, erscheint es sachgerecht, den Abgangswert – analog zur Vorgehensweise beim Verkauf eigener Anteile[593] – nach den durchschnittlichen AK zu bemessen. **378**

> **! Hinweis 24:**
> Zur Ermittlung der AK von sog. **Gratisaktien** aus einer Kapitalerhöhung aus Gesellschaftsmitteln (§ 220 AktG, § 57o GmbHG) sind die AK der alten Anteile nach dem Verhältnis der alten und der neuen Anteile am Grund-/Stammkapital auf die alten und neuen Anteile zu verteilen (kein Ausweis als Zugang)[594].

Bei **Auf- oder Abspaltung** (§ 123 Abs. 1, 2 UmwG) erhält der Gesellschafter anstelle der Anteile an der bisherigen Beteiligung Anteile an zwei oder mehr neuen Beteiligungen (Aufspaltung) bzw. zusätzlich zu den Anteilen an der bisherigen Beteiligung Anteile an einer oder mehreren neuen Beteiligungen (Abspaltung)[595]. Da es sich um tauschähnliche Vorgänge handelt, bestimmen sich die (Gesamt-)AK der neuen Beteiligung(en) nach den Tauschgrundsätzen (Wahlrecht zwischen Buchwertfortführung, Gewinnrealisierung oder steuer-/erfolgsneutraler Behandlung; vgl. dazu Kap. F Tz. 122)[596]. Der **379**

---

[589] Vgl. *IDW RS HFA 18*, Tz. 27 ff.
[590] Vgl. *Graf von Kanitz*, WPg 2007, S. 57 (63).
[591] Vgl. hierzu ADS[6], § 253 HGB, Tz. 50; *Hachmeister/Glaser*, in: HdJ, Abt. II/4, Rn. 100.
[592] Vgl. ADS[6], § 253 HGB, Tz. 51 (zur Vereinfachung auch Durchschnittsbewertung).
[593] Vgl. DRS 22.42.
[594] Vgl. ADS[6], § 253 HGB, Tz. 52; *Förschle/Kropp*, in: Winkeljohann/Förschle/Deubert, Sonderbilanzen[5], Kap. E, Rn. 155.
[595] Vgl. *Klingberg*, in: Winkeljohann/Förschle/Deubert, Sonderbilanzen[5], Kap. I, Rn. 170 ff. und 360; zur Aufwärtsabspaltung: *Deubert/Lewe*, BB 2015, S. 2347; zur Abwärtsabspaltung: *Deubert/Lewe*, BB 2017, S. 2603.
[596] Vgl. *IDW RS HFA 43*, Tz. 32, 34 bis 36 und 38.

Teilabgang der ursprünglichen Beteiligung aufgrund der Abspaltung (= AK der neuen Beteiligung(en) bei Buchwertfortführung) ist dabei nach dem Verhältnis der Verkehrswerte des abgespaltenen Vermögens zum ursprünglichen Vermögen zu berechnen. Die Verkehrswerte des abgespaltenen Vermögens bilden grds. auch den Verteilungsmaßstab für die Aufteilung der AK bei der Buchwertfortführung bzw. bestimmen die Obergrenze bei Gewinnrealisierung. Die vorstehenden Grundsätze gelten unabhängig davon, ob die Abspaltung zu Lasten der Kapital- oder Gewinnrücklagen oder aufgrund einer (vereinfachten) Kapitalherabsetzung (§§ 139, 145 UmwG) vorgenommen wird.

380 Bei der **Ausgliederung** (§ 123 Abs. 3 UmwG) gelten die allgemeinen Grundsätze für die Bewertung einer Beteiligung, die gegen Sacheinlagen erworben wird (Tauschgrundsätze; vgl. Kap. F Tz. 368)[597]. Besteht die Gegenleistung des übernehmenden Rechtsträgers aus einer Kombination aus der Gewährung neuer oder eigener Anteile und einem Barausgleich (sog. gemischte Gegenleistung), muss die einheitliche Leistung des übertragenden Rechtsträgers, d.h. der Buchwert des ausgegliederten (Rein-)Vermögens, entspr. auf die erhaltene Gegenleistung aufgeteilt werden. Sachgerechterweise geschieht dies im Verhältnis der Zeitwerte. Soweit der übertragende Rechtsträger Anteile erwirbt, werden deren AK nach den allgemeinen Tauschgrundsätzen bestimmt; im Übrigen liegt eine entgeltliche Veräußerung vor[598].

381 Die **Abschreibung** von Beteiligungen richtet sich nach § 253 Abs. 3 S. 5 und 6 HGB. Außerplanmäßige Abschreibungen sind zulässig, wenn der Beteiligung am Abschlussstichtag ein Wert beizulegen (vgl. Kap. F Tz. 167) ist, der unter den AK oder dem letzten Bilanzansatz liegt. Eine voraussichtlich dauernde Wertminderung macht eine entspr. Abschreibung erforderlich. Danach sind Abschreibungen z.B. notwendig, wenn Verluste eingetreten sind, mit deren Ausgleich in absehbarer Zeit nicht zu rechnen ist. Grds. gilt, dass Abschreibungen immer dann erforderlich sind, wenn der **innere (Ertrags-)Wert** der Beteiligung entspr. **gesunken** ist[599].

382 Der Börsenkurs am Abschlussstichtag ist dabei ein wichtiger, aber in Einzelfällen nur bedingt tauglicher Orientierungswert[600] (z.B. wg. unternehmensspezifischer Kooperationsvorteile aus der Beteiligung, sog. Synergieeffekte). Der einer Beteiligung beizulegende Wert ist i.d.R. aus dem **Ertragswert**[601] abzuleiten, d.h. aus der Summe der künftigen Ertragsüberschüsse aus dem betriebsnotwendigen und nicht betriebsnotwendigen Vermögen, diskontiert mit einem fristadäquaten[602], um einen Risikozuschlag und ggf. um einen Wachstumsabschlag modifizierten Basiszinssatz. Sofern die Beteiligung an einem TU zu bewerten ist und dieses TU wiederum Anteile an einem TU hält, sind

---

597 Vgl. *IDW RS HFA 43*, Tz. 38.
598 Vgl. dazu *Deubert/Lewe/Roland*, BB 2017, S. 554 (558).
599 Vgl. zur Wertfindung auch *IDW RS HFA 10 i.V.m. IDW S 1 i.d.F. 2008*; ADS[6], § 253 HGB, Tz. 465. Zu Indizien und Aufgreifkriterien hinsichtlich der Beurteilung der voraussichtlichen Dauerhaftigkeit einer Wertminderung vgl. *IDW RS VFA 2*, Tz. 14; *VFA*, FN-IDW 2002, S. 667. Zur Sicherung des Werts einer Beteiligung mittels Werthaltigkeitsgarantie (des Gesellschafters oder eines Dritten) zur Vermeidung von Abschreibungen vgl. *Förschle/Heinz*, in: Winkeljohann/Förschle/Deubert, Sonderbilanzen[5], Kap. Q, Rn. 76. Zum Zusammentreffen von Wertminderung und Kapitalrückzahlung vgl. *IDW RS HFA 18*, Tz. 31 ff.
600 Vgl. *IDW S 1 i.d.F. 2008*, Tz. 14 ff.
601 Vgl. *IDW RS HFA 10*, Tz. 3; dazu und zum ebenfalls anwendbaren DCF-Verfahren vgl. *IDW S 1 i.d.F. 2008*, Tz. 101 ff.; zur Bewertung von Anteilen an nachhaltig ertragsschwachen Unternehmen vgl. *Mujkanovic*, WPg 2010, S. 294.
602 Vgl. *IDW S 1 i.d.F. 2008*, Tz. 117.

entspr. dem Grundsatz der Bewertung der wirtschaftlichen Unternehmenseinheit[603] die für den gesamten Teilkonzern prognostizierten Ertragsüberschüsse unter Berücksichtigung von Synergieeffekten zu diskontieren. Besteht ein EAV, sind daraus resultierende Verlustübernahmeverpflichtungen, soweit als Rückstellung passiviert[604], bei der Ermittlung der Ertragsüberschüsse zu berücksichtigen. Im Einzelnen vgl. *IDW RS HFA 10* insb. zur Berücksichtigung von Synergieeffekten, noch nicht eingeleiteten Maßnahmen sowie Ertragsteuern aus Sicht der die Beteiligung haltenden Gesellschaft i.V.m. *IDW S 1 i.d.F. 2008*. Der **Liquidationswert** bestimmt unabhängig von einer konkreten Liquidationsabsicht die Wertuntergrenze der Beteiligung, sofern der Liquidation keine rechtlichen oder tatsächlichen Gründe entgegenstehen[605]. Zur Bewertung unter **Veräußerungsgesichtspunkten** vgl. *IDW RS HFA 10, Tz. 11 ff.*

Verlustzuweisungen bei Personenhandelsgesellschaften sind grds. bei der Bewertung der Anteile zu berücksichtigen. Drohen aus Beteiligungen (zusätzliche) Leistungspflichten z.B. aus Verlustübernahmeverpflichtungen, so ist dies durch die Bildung von (Verbindlichkeits-)Rückstellungen zu berücksichtigen. Entsprechend den Grundsätzen für die Behandlung von Ertragszuschüssen (vgl. Kap. F Tz. 368) sind **Verlustübernahmen** als nachträgliche AK der Beteiligung zu erfassen, soweit sie nicht nur der Werterhaltung bzw. Wiederherstellung des Werts dienen, sondern sich dadurch der innere (Ertrags-)Wert der Beteiligung erhöht. Andernfalls sind sie sofort als Aufwand zu erfassen. **383**

Bestehen die Gründe für eine außerplanmäßige Abschreibung nicht mehr, besteht rechtsformunabhängig eine **Zuschreibungspflicht** nach § 253 Abs. 5 S. 1 HGB (vgl. Kap. F Tz. 190 ff.). **384**

Noch **nicht voll eingezahlte Anteile** an KapGes. oder Personenhandelsgesellschaften sind mit den geleisteten Beträgen zzgl. ggf. eingeforderter Beträge zu aktivieren[606]. Der Betrag der eingeforderten, aber noch nicht geleisteten Einlage ist als Resteinzahlungsverpflichtung zu passivieren[607]. Für ausstehende noch nicht eingeforderte Einlagen kommt bei KapGes. und KapCoGes. lediglich eine Anhangangabe nach § 285 Nr. 3a HGB in Betracht[608]. Zur Bewertung von Beteiligungen bei **VU** vgl. *IDW RS VFA 2*. **385**

Für **Auslandsbeteiligungen** gelten die angeführten Grundsätze bei besonderer Betonung des Vorsichtsprinzips entsprechend. Eine außerplanmäßige Abschreibung von Auslandsbeteiligungen ist bei €-Aufwertungen immer dann erforderlich, wenn damit auch der (in € umgerechnete) innere Wert der Beteiligung (Ertragswert) nachhaltig unter den Buchwert gesunken ist[609]. Als weitere Abschreibungsgründe kommen Beschränkungen des Zahlungstransfers und besondere wirtschaftliche, politische oder soziale Risiken (z.B. drohende Enteignungen) in Betracht, soweit sie nicht bereits die AK gemindert haben. **386**

---

603 Vgl. *IDW S 1 i.d.F. 2008*, Tz. 18 ff.
604 Zur Bildung von Rückstellungen für Verpflichtungen aus EAV vgl. Kap. F Tz. 683.
605 Vgl. *IDW S 1 i.d.F. 2008*, Tz. 5 i.V.m. Tz. 140; zur Bestimmung des Liquidationswerts vgl. IDW, WPH Edition, Assurance, Tz. 158 ff.
606 Vgl. *Brösel/Schmitz*, in: Petersen/Zwirner/Brösel (Hrsg.), Bilanzrecht, § 253 HGB, Rn. 207; für Anteile an PersGes. vgl. *IDW RS HFA 18*, Tz. 8, bzw. zu ausstehenden Sacheinlagen Tz. 10.
607 Vgl. für Anteile an PersGes. *IDW RS HFA 18*, Tz. 8.
608 Vgl. *IDW RS HFA 18*, Tz. 8; a.A. *Brösel/Olbrich*, in: HdR[5], § 253, Rn. 114.
609 Vgl. ADS[6], § 253 HGB, Tz. 466; *Grottel/Koeplin*, in: BeBiKo[11], § 256a, Rn. 90, 79; DRS 25.17. Vgl. zur Währungsumrechnung im Einzelnen Kap. F Tz. 228 ff.; *Gelhausen/Deubert/Meyer*, in: HdJ, Abt. V/8, Rn. 74 ff.; *Deubert/Meyer/Müller*, Der Konzern 2018, S. 96 (98 f.). Zur Bildung von Bewertungseinheiten vgl. Kap. F Tz. 200 ff.

8.4.1.3.3 Wertpapiere des Anlagevermögens

387 Wertpapiere des AV (§ 266 Abs. 2 A.III.5. HGB) sind **Wertpapiere**, die – ohne Beteiligung i.S.d. § 271 Abs. 1 HGB zu sein oder ohne zu Anteilen an verbundenen Unternehmen i.S.d. § 271 Abs. 2 HGB zu gehören – bestimmt sind, dauernd oder langfristig dem Geschäftsbetrieb der Ges. als Kapitalanlage zu dienen (§ 247 Abs. 2 HGB)[610].

388 Im Einzelnen kommen in Betracht[611]:

- **Wertpapiere mit Gewinnbeteiligungsansprüchen** (z.B. Aktien, bei denen trotz Dauerbesitz die Beteiligungsabsicht fehlt, Anteile an Investment- oder offenen Immobilienfonds, Gewinnschuldverschreibungen[612]). Auch Genussrechte sind hier auszuweisen, wenn sie in Form von Inhaber- oder Orderpapieren erworben wurden (vgl. *IDW St/HFA 1/1994*).
- **Festverzinsliche Wertpapiere** (Obligationen, Pfandbriefe, öffentliche Anleihen, Zero-Bonds).

389 Auch zum Börsenhandel zugelassene **Schuldbuchforderungen** können hier ausgewiesen werden[613]. Zum Ausweis von **Zins- und Dividendenforderungen** aus Wertpapieren sowie **Stückzinsen** unter B.II.4. vgl. Kap. F Tz. 425.

Die **Bewertung** richtet sich nach den allgemeinen Grundsätzen, d.h. Ansatz zu den AK, ggf. vermindert um Abschreibungen nach § 253 Abs. 3 S. 5 und 6 HGB (vgl. Kap. F Tz. 106 ff.).

8.4.1.3.4 Sonstige Ausleihungen

390 Zu den sonst. Ausleihungen (§ 266 Abs. 2 A.III.6. HGB) gehören alle **Ausleihungen**, die nicht zu den Ausleihungen an verbundene Unternehmen (A.III.2.) oder an Unternehmen, mit denen ein Beteiligungsverhältnis besteht (A.III.4.), gehören, sofern AV vorliegt (§ 247 Abs. 2 HGB)[614]. Nach *IDW St/HFA 1/1994* zählen hierzu auch nicht verbriefte oder in Form von Namenspapieren verbriefte Genussrechte. Maßgebend ist grds. weder die restliche Laufzeit noch die Gesamtlaufzeit, sondern die Daueranlageabsicht. Zur Orientierung an der Gesamtlaufzeit vgl. Kap. F Tz. 359. Für kürzere Ausleihungen kommt ein Ausweis unter B.II.4. in Betracht.

> **Hinweis 25:**
>
> Enthalten die Ausleihungen bei einer **KGaA** unter § 89 AktG fallende **(Vorstands-) Kredite**, die von der Ges. persönlich haftenden Gesellschaftern, deren Ehegatten oder Lebenspartnern oder minderjährigen Kindern oder Dritten, die für Rechnung dieser Personen handeln, gewährt wurden, ist dies bei den entspr. Posten zu vermerken. Der Vermerk muss nach § 286 Abs. 2 S. 4 AktG folgenden Wortlaut haben: „davon an persönlich haftende Gesellschafter und deren Angehörige € ...". Ggf. ist der Wortlaut an den Personenkreis anzupassen, der den/die Kredit(e) erhalten hat (§ 265 Abs. 6 HGB)[615].

---

610 Vgl. *Schubert/Kreher*, in: BeBiKo[11], § 266, Rn. 80.
611 Vgl. auch ADS[6], § 266 HGB, Tz. 84; *Schubert/Kreher*, in: BeBiKo[11], § 266, Rn. 80.
612 Vgl. zur Vereinnahmung von Erträgen aus Investmentfondsanteilen *IDW*, FN-IDW 2006, S. 276 f.
613 Vgl. ADS[6], § 266 HGB, Tz. 85; *Schubert/Kreher*, in: BeBiKo[11], § 266, Rn. 80.
614 Vgl. ADS[6], § 266 HGB, Tz. 89 ff.
615 Vgl. ADS[6], § 266 HGB, Tz. 89.

Ausleihungen an **Gesellschafter einer GmbH** sind i.d.R. als solche in der Bilanz gesondert auszuweisen oder im Anh. anzugeben (§ 42 Abs. 3 Hs. 1 GmbHG). Erfolgt kein gesonderter Ausweis, muss bei dem Posten „sonstige Ausleihungen" darauf hingewiesen werden, dass es sich um Ausleihungen an Gesellschafter handelt (§ 42 Abs. 3 Hs. 2 GmbHG). In diesem Fall erscheint trotz des insoweit nicht eindeutigen Wortlauts der Vorschrift eine Angabe im Anh. entbehrlich[616]. Nach dem durch das MoMiG modifizierten Kapitalerhaltungsrecht (§ 30 GmbHG, § 57 AktG) stellt die Darlehensgewährung an Gesellschafter bei Vollwertigkeit des Rückzahlungsanspruchs keinen Gesetzesverstoß dar[617]. **391**

Unter § 266 Abs. 2 A.III.6. HGB sind hauptsächlich **langfristige Darlehen** zu erfassen, unabhängig davon, ob eine besondere Sicherung (z.B. Grundpfandrecht) besteht. Forderungen aus einem Waren- oder Leistungsgeschäft werden unter diesem Posten nur dann erfasst, wenn das Geschäft mit einem Finanzgeschäft gekoppelt ist, so dass tatsächlich eine Ausleihung vereinbart wurde. Werden Waren- oder Leistungsforderungen im Wege der Novation in ein Darlehen mit entspr. Laufzeit umgewandelt (vgl. hierzu § 311 Abs. 1 BGB), erfolgt der Ausweis von diesem Zeitpunkt an unter A.III.6. Eingefrorene Warenforderungen gehören nicht zu den Ausleihungen. Langfristige Forderungen (Ausleihungen) aus Krediten, die unter §§ 89, 115 AktG fallen, sind hier auszuweisen, erfordern jedoch noch zusätzlich entspr. Angaben im Anh. (§ 285 Nr. 9 lit. c) HGB; vgl. Kap. F Tz. 1093). **392**

Zu den sonst. Ausleihungen zählen auch langfristig gebundene **Miet- oder Pachtkautionen**. Langfristige **Mietvorauszahlungen** sind hingegen als aktiver RAP (§ 250 Abs. 1 HGB) auszuweisen[618]. **393**

Anteile an Genossenschaften und **Anteile an GmbH**, die nicht zu den Beteiligungen gehören, sollten unter Anpassung der Postenbezeichnung ebenfalls hier ausgewiesen werden[619]. Entsprechendes gilt nach *IDW St/HFA 1/1993*, Abschn. 3.1 für Anteile an **Joint Ventures** in der Rechtsform der GbR bei Vorhandensein von Gesamthandsvermögen, aber fehlender Unternehmenseigenschaft. Geleistete **Anzahlungen auf Finanzanlagen** dürfen in einem besonderen Posten (§ 265 Abs. 5 HGB) im Anschluss an die sonst. Ausleihungen oder unter den sonst. Vermögensgegenständen (B.II.4.) gezeigt werden[620]. Bspw. liegen geleistete Anzahlungen auf Beteiligungen vor, wenn eine Bar- oder Sacheinlage geleistet wurde und die Eintragung der Gründung bzw. der Kapitalerhöhung im HR noch aussteht. Gleiches gilt für Anschaffungsnebenkosten (§ 255 Abs. 1 S. 2 HGB), die dem Gründer einer KapGes. entstehen, bevor diese im HR eingetragen ist. **394**

Deckt ein Unternehmen systematisch seine Pensionsverpflichtungen durch entspr. Versicherungsverträge ab, so werden, soweit es sich nicht um Deckungsvermögen i.S.v. § 246 Abs. 2 S. 2 Hs. 1 HGB handelt, gegen einen Ausweis der **Rückdeckungsansprüche aus Lebensversicherungen**[621] unter den Finanzanlagen keine Einwendungen zu erheben **395**

---

616 Entsprechendes gilt nach § 264c Abs. 1 HGB für Ausleihungen an Gesellschafter einer KapCoGes.
617 Vgl. *Fastrich*, in: Baumbach/Hueck, GmbHG[21], § 30, Rn. 35 ff.; *Koch*, in: Hüffer/Koch, AktG[12], § 57, Rn. 25 ff.
618 Vgl. ADS[6], § 266 HGB, Tz. 63; *Dusemond/Heusinger-Lange/Knop*, in: HdR[5], § 266 HGB, Rn. 60; teilw. abw. *Schubert/Kreher*, in: BeBiKo[11], § 266, Rn. 82.
619 Vgl. ADS[6], § 266 HGB, Tz. 93; teilw. a.A. *Bieg/Waschbusch*, in: HdR[5], § 271 HGB, Rn. 64 ff.
620 Vgl. ADS[6], § 266 HGB, Tz. 94.
621 A.A. *Schubert/Berberich*, in: BeBiKo[11], § 247, Rn. 124.

sein, wenn dieser getrennt von den Ausleihungen in einem gesonderten Posten (§ 265 Abs. 5 HGB) erfolgt[622].

396 Ausleihungen sind wie Forderungen zu **bewerten** (vgl. Kap. F Tz. 415 f.).

8.4.2 Umlaufvermögen

8.4.2.1 Vorräte

8.4.2.1.1 Roh-, Hilfs- und Betriebsstoffe/Unfertige Erzeugnisse, unfertige Leistungen/Fertige Erzeugnisse und Waren/Geleistete Anzahlungen

397 Der **Gliederung der Vorräte** in § 266 Abs. 2 B.I.1. bis 4. HGB liegen die Bedürfnisse eines Fertigungsbetriebs zugrunde. Die Abgrenzung insb. zwischen fertigen und unfertigen Erzeugnissen ist in Einzelfällen unscharf. Dies gilt insb. bei Betrieben, die ihre Erzeugnisse in verschiedenen Fertigungszuständen verkaufen oder teils herstellen und teils kaufen, z.B. bei der Stahlverarbeitung. Erzeugnisse, die teilw. weiterverarbeitet, teilw. veräußert werden, sind entspr. ihrer Verwendung auf die einzelnen Bilanzposten aufzuteilen. Zweckmäßig ist ein gesonderter Ausweis mit der in dem betreffenden Geschäftszweig gebräuchlichen Bezeichnung (§ 265 Abs. 5 und 6 HGB). Bestehen keine Anhaltspunkte für eine sachgerechte Aufteilung, so ist i.V.m. Angaben im Anh. eine Zusammenfassung der Posten „Unfertige Erzeugnisse, unfertige Leistungen" (B.I.2.) und „Fertige Erzeugnisse und Waren" (B.I.3.) zulässig, z.B. unter der Bezeichnung „Unfertige und fertige Erzeugnisse"[623].

398 **Roh-, Hilfs- und Betriebsstoffe** (B.I.1.) sind fremdbezogene Stoffe, die noch unverarbeitet oder nicht verbraucht sind. Ggf. unter Anpassung der Postenbezeichnung sind hier ausgegebene sowie käuflich erworbene Emissionsrechte i.S.d. Treibhausgas-Emissionshandelsgesetzes (TEHG) auszuweisen, soweit diese für den Produktionsprozess des Unternehmens verwendet werden sollen[624]. **Unfertige Leistungen** (B.I.2.) liegen in erster Linie bei Dienstleistungsunternehmen vor. Zu den **fertigen Erzeugnissen** (B.I.3.) gehören Vorräte erst dann, wenn sie versandfertig sind. Bei der Ges. bestellte, zur Ablieferung bereitstehende Erzeugnisse und **Waren** sind i.d.R. noch als Vorratsvermögen und nicht als Forderungen zu bilanzieren[625]. Sind Leistungen für einen feststehenden Abnehmer fertiggestellt, so sind sie nur bei erfolgtem Gefahrenübergang als Forderungen auszuweisen. Die Waren umfassen Handelsartikel und nicht selbst hergestelltes Zubehör zu den Fertigerzeugnissen. Von der Ges. gekaufte, aber noch nicht angelieferte, unbezahlte Waren bleiben regelmäßig außer Betracht. Ist bei **unterwegs befindlichen Waren** jedoch die Gefahr auf die Ges. übergegangen (§§ 446, 447 BGB), sind diese unter entspr. Passivierung der Zahlungsverpflichtungen zu aktivieren[626].

---

622 Vgl. ADS[6], § 266 HGB, Tz. 93.
623 Vgl. ADS[6], § 266 HGB, Tz. 100; *Dusemond/Heusinger-Lange/Knop*, in: HdR[5], § 266 HGB, Rn. 65.
624 Vgl. *IDW RS HFA 15*, Tz. 7; *Schubert/Waubke*, in: BeBiKo[11], § 266, Rn. 91.
625 Vgl. zum Ausweis fertiger, noch nicht abgerechneter Leistungen auch ADS[6], § 266 HGB, Tz. 118, sowie § 252, Tz. 82; *Schubert/Waubke*, in: BeBiKo[11], § 266, Rn. 107; *Dusemond/Heusinger-Lange/Knop*, in: HdR[5], § 266 HGB, Rn. 77. Zur langfristigen Auftragsfertigung vgl. Kap. F Tz. 1349 ff. sowie ADS[6], § 252 HGB, Tz. 86 ff. Zum Ausführungszeitpunkt von Lieferungen und Leistungen und damit zum Zeitpunkt der Gewinnrealisation vgl. ADS[6], § 246 HGB, Tz. 190 ff.
626 Vgl. ADS[6], § 240 HGB, Tz. 11, § 246 HGB, Tz. 199 ff., § 266 HGB, Tz. 116. Zu den internationalen Handelsklauseln (Incoterms) vgl. *Hopt*, in: Baumbach/Hopt, HGB[37], (6) Incoterms und andere Handelskaufklauseln, Rn. 14 ff.

Eigentumsvorbehalte Dritter (§ 449 BGB) sind bei der Bilanzierung erst dann zu berücksichtigen, wenn sie vom rechtlichen Eigentümer geltend gemacht werden (zum rechtlichen und wirtschaftlichen Eigentum an Vermögensgegenständen nach § 246 Abs. 1 S. 2 HGB vgl. Kap. F Tz. 35 f.)[627]. In **Kommission gegebene** Erzeugnisse oder Waren sind unter Vorräten und damit nicht als Forderungen auszuweisen. In **Kommission genommene** Vermögensgegenstände sind nicht zu aktivieren[628]. Unter bestimmten Voraussetzungen kommt bei wesentlichen Beständen auch eine Angabe unter der Bilanz oder im Anh. in Betracht[629]. **In Montage befindliche** Lieferungen können regelmäßig vor Fakturierung nicht als Forderungen ausgewiesen werden. Bei **Veredelungsarbeiten** ist der Gesamtwert unter den Vorräten auszuweisen, wenn der Verarbeiter wirtschaftlicher Eigentümer ist. In einem solchen Fall sind die aus der Materiallieferung entstandenen Verpflichtungen zu passivieren. Liegt dagegen kein wirtschaftliches Eigentum vor, kommt der Ausweis unter B.I.2. nur für die **Veredelungsleistungen** in Betracht[630]. 399

Leihemballagen (Pfandgut, Transportkisten, Paletten, Fässer etc.) gehören grds. zur Betriebs- und Geschäftsausstattung. Haben die Abnehmer ein Wahlrecht zwischen Erwerb und Rückgabe, ist der Ausweis unter den Vorräten zulässig[631]. Bei Berechnung und Ausweis als Forderung ist bei möglichem Einzelnachweis eine Verbindlichkeit, ansonsten eine Rückstellung in Höhe des vereinnahmten Pfandgeldes zu bilden (vgl. Kap. F Tz. 665)[632]. **Geleistete Anzahlungen** sind insoweit hier (unter B.I.4.) auszuweisen, als sie der Beschaffung von Roh-, Hilfs- und Betriebsstoffen und von Waren dienen (einschl. Dienstleistungen i.Z.m. der Beschaffung). Andere Anzahlungen gehören je nach Charakter zu A.I.4., A.II.4. und B.II.4. 400

Vorräte sind zu den AHK zu **bewerten** (vgl. Kap. F Tz. 106 ff. und Kap. F Tz. 125 ff.), ggf. vermindert um notwendige Abschreibungen (vgl. Kap. F Tz. 185 ff.)[633]. Geleistete Anzahlungen sind in Höhe des hingegebenen Betrags anzusetzen, soweit nicht auf einen niedrigeren beizulegenden Wert abzuschreiben ist (§ 253 Abs. 4 HGB; z.B. bei drohendem Verlust aus dem noch schwebenden Geschäft wg. zwischenzeitlich gesunkener Börsen- oder Marktpreise bei Rohstoffen)[634]. 401

8.4.2.1.2 Sonderposten: Erhaltene Anzahlungen auf Bestellungen

Erhaltene Anzahlungen auf Bestellungen sind als **Verbindlichkeiten** grds. unter dem dafür vorgesehenen Posten (§ 266 Abs. 3 C.3. HGB) auf der Passivseite der Bilanz aus- 402

---

627 Vgl. ADS[6], § 266 HGB, Tz. 101; *Thiele/Turowski*, in: Baetge/Kirsch/Thiele, Bilanzrecht, § 246, Rn. 207.
628 Für weitere Details zur Bilanzierung von Kommissionsgeschäften vgl. ADS[6], § 246 HGB, Tz. 306 ff.; *Thiele/Turowski*, in: Baetge/Kirsch/Thiele, Bilanzrecht, § 246, Rn. 239 f.; *Schmidt/Ries*, in: BeBiKo[11], § 246, Rn. 21 ff.
629 Vgl. ADS[6], § 246 HGB, Tz. 291 ff.
630 Vgl. ADS[6], § 266 HGB, Tz. 108; *Schubert/Waubke*, in: BeBiKo[11], § 266, Rn. 94.
631 Vgl. *Schubert/Waubke*, in: BeBiKo[11], § 266, Rn. 105.
632 Vgl. ADS[6], § 266 HGB, Tz. 115.
633 Zur Berücksichtigung von sog. Gängigkeitsabschlägen auf Gegenstände des Vorratsvermögens vgl. *Schubert/Berberich*, in: BeBiKo[11], § 253, Rn. 529 ff.; *Brösel/Olbrich*, in: HdR[5], § 253 HGB, Rn. 655.
634 Zur Bestimmung des niedrigeren Werts nach dem Beschaffungs- oder dem Absatzmarkt bei Gegenständen des Vorratsvermögens vgl. ADS[6], § 253 HGB, Tz. 488 ff. Zur absatzmarktorientierten Antizipation von Verlusten aus „marktfernen" Gegenständen des Vorratsvermögens und schwebenden Beschaffungsverträgen vgl. *Gelhausen* u.a., WPg 2012, S. 1235. Zur Bildung von Drohverlustrückstellungen bei schwebenden Beschaffungsverträgen vgl. *IDW RS HFA 4*.

zuweisen. Das Gesetz lässt es in § 268 Abs. 5 S. 2 HGB aber auch zu, „Anzahlungen auf Vorräte" **offen** von dem Posten „Vorräte", d.h. von der Summe der Posten B.I.1. bis 4. **abzusetzen** (Wahlrecht)[635]. Dies kann ggf. für die Zuordnung in eine der Größenklassen der §§ 267, 267a HGB von Bedeutung sein (vgl. Kap. F Tz. 281).

403 Voraussetzung für diese Art des Ausweises ist, dass es sich um **„Anzahlungen auf Vorräte"** handelt. I.d.R. können alle erhaltenen Anzahlungen auf Vorräte offen von der Gesamtsumme der Vorräte abgesetzt werden. Eine Absetzung wird nur dann nicht in Betracht kommen, wenn dies ein unzutreffendes Bild von der Finanzlage der Gesellschaft vermitteln und dadurch gegen § 264 Abs. 2 S. 1 HGB verstoßen würde, z.B. wenn erhebliche Anzahlungen geleistet wurden, die zugeflossenen Mittel jedoch noch nicht verwendet worden sind (und u.U. sogar vertragsgemäß bis dahin auf besonderen Bankkonten verwahrt werden). Eine Absetzung ist ferner insoweit nicht zulässig, als sie zu einem Negativbetrag führen würde. Die Absetzung ist daher auf den Betrag beschränkt, der insgesamt für die Posten B.I.1. bis 4. ausgewiesen wird.

404 Die **Umsatzsteuer auf erhaltene Anzahlungen** (§ 13 Abs. 1 Nr. 1a UStG) ist wie die erhaltene Anzahlung erfolgsneutral zu behandeln. Die erhaltenen Anzahlungen sind ohne den USt-Anteil auszuweisen und die USt bis zu ihrer Abführung unter den sonst. Verbindlichkeiten zu passivieren[636].

8.4.2.1.3 Bewertung

405 Vorräte sind zu den **AK oder HK** zu bewerten (vgl. Kap. F Tz. 106 ff. und Kap. F Tz. 125 ff.), ggf. vermindert um notwendige **Abschreibungen** (vgl. Kap. F Tz. 185 ff.).

8.4.2.2 Forderungen und sonstige Vermögensgegenstände

8.4.2.2.1 Forderungen

406 Gem. der **Gliederung der Forderungen** in § 266 Abs. 2 B.II.1. bis 3. HGB ist zwischen „Forderungen aus Lieferungen und Leistungen", „Forderungen gegen verbundene Unternehmen" und „Forderungen gegen Unternehmen, mit denen ein Beteiligungsverhältnis besteht", zu differenzieren.

407 Zu den **Forderungen aus Lieferungen und Leistungen** (B.II.1.) gehören die Ansprüche aus gegenseitigen Verträgen (bei Leistungen: aus Dienst- und Werkverträgen), die von dem bilanzierenden Unternehmen durch Lieferung oder Leistung i.R. seiner Umsatztätigkeit (§ 277 Abs. 1 HGB) bereits erfüllt worden sind, während die Erfüllung durch den jeweiligen Schuldner (Gegenleistung) noch aussteht. Rabatte, Umsatzprämien, Preisnachlässe sind abzuziehen. Für Provisionen sind Rückstellungen oder Verbindlichkeiten zu passivieren. Unter den Forderungen aus Lieferungen und Leistungen – und nicht unter den flüssigen Mitteln (B.IV.) – sind auch Zahlungsansprüche einer Ges. gegen ein **Kreditkartenunternehmen** auszuweisen, die bei bargeldlosen Umsatzgeschäften mit der Unterzeichnung des Belastungsbelegs durch den Kreditkarteninhaber entstehen. Richten sich die Forderungen gegen **verbundene Unternehmen** oder gegen Unternehmen, mit denen ein **Beteiligungsverhältnis** besteht, so geht der Ausweis unter B.II.2. oder B.II.3. vor. Ggf. kann dort ein Vermerk der Mitzugehörigkeit oder eine Angabe im Anh. geboten sein (§ 265 Abs. 3 HGB).

---

[635] Vgl. ADS[6], § 266 HGB, Tz. 99; *Schubert*, in: BeBiKo[11], § 266, Rn. 225.
[636] Vgl. *IDW RH HFA 1.017*, Tz. 8 ff.; *Schubert*, in: BeBiKo[11], § 266, Rn. 226.

408 Fallen bei einer **KGaA** hier auszuweisende Forderungen unter § 89 AktG und richten sich die Forderungen gegen einen persönlich haftenden Gesellschafter oder andere in § 286 Abs. 2 S. 4 AktG bezeichnete Personen, muss ein Davon-Vermerk erfolgen (vgl. Kap. F Tz. 390). Richten sich bei einer **GmbH** die Forderungen gegen einen Gesellschafter und erfolgt kein gesonderter Ausweis und keine Angabe im Anh., muss der Betrag dieser Forderungen vermerkt werden (§ 42 Abs. 3 Hs. 2 GmbHG, vgl. auch Kap. F Tz. 391). Entsprechendes gilt für Forderungen einer **KapCoGes.** gegen ihre Gesellschafter (§ 264c Abs. 1 HGB)[637].

409 Der Betrag von Forderungen mit einer **Restlaufzeit** von **mehr als einem Jahr** ist zu vermerken (§ 268 Abs. 4 S. 1 HGB). Unter bestimmten Voraussetzungen (insb. Zusammenfassung von Posten, die dann im Anh. aufgegliedert werden, § 265 Abs. 7 Nr. 2 HGB) darf die Angabe statt in der Bilanz im Anh. erfolgen (vgl. dazu Kap. F Tz. 298, Kap. F Tz. 988)[638]. Die Restlaufzeit ist die Zeit zwischen dem Abschlussstichtag und der voraussichtlichen Zahlung. Die voraussichtliche Zahlung ist maßgeblich, wenn sie zeitlich nach dem vertraglich vereinbarten Zahlungstermin liegt. Bei Ratenzahlung gehören die innerhalb eines Jahres eingehenden Raten (Tilgungsanteil) nicht in den Vermerk. Langfristig gestundete Forderungen aus Lieferungen und Leistungen sind nur im Fall einer Novation unter den Ausleihungen (vgl. Kap. F Tz. 359) im AV auszuweisen[639].

410 Eine **Saldierung** von Forderungen mit Verbindlichkeiten ist grds. unzulässig (§ 246 Abs. 2 S. 1 HGB). Eine Ausnahme besteht nur dann, wenn gleichartige Forderungen und Verbindlichkeiten ggü. derselben Person vorliegen, die zivilrechtlich nach den §§ 387 ff. BGB aufgerechnet werden dürfen (Aufrechnungslage)[640].

411 Wg. der **Begriffe** „verbundene Unternehmen" und „Beteiligungen" vgl. Kap. F Tz. 354 und Kap. F Tz. 361. Als Forderungen gegen Unternehmen, mit denen ein Beteiligungsverhältnis besteht, kommen nicht nur Forderungen einer Ges. gegen ein Unternehmen in Betracht, an dem sie beteiligt ist, sondern auch Forderungen einer Ges. gegen ein an ihr (unmittelbar) beteiligtes Unternehmen.

412 Unter den **Forderungen gegen verbundene Unternehmen** (§ 266 Abs. 2 B.II.2. HGB) bzw. den **Forderungen gegen Unternehmen, mit denen ein Beteiligungsverhältnis besteht** (B.II.3.), sind grds. alle Forderungen gegen die genannten Unternehmen auszuweisen, gleich aus welchem Grunde sie entstanden sind (auch kurzfristige Kredite, realisierte Gewinnansprüche), vorausgesetzt sie gehören nicht zu den an diese Unternehmen gewährten Ausleihungen (A.III.2. oder A.III.4.)[641]. Soweit es sich um Forderungen aus Lieferungen und Leistungen handelt, kann ein Vermerk der Mitzugehörigkeit zum Posten B.II.1. geboten sein. Die Angabe der Mitzugehörigkeit darf statt in der Bilanz auch im Anh. erfolgen (§ 265 Abs. 3 HGB).

---

637 Vgl. *IDW RS HFA 7 n.F.*, Tz. 55; *Marx/Dallmann*, in: Baetge/Kirsch/Thiele, Bilanzrecht, § 266, Rn. 89.
638 Vgl. ADS[6], § 268 HGB, Tz. 103.
639 Vgl. auch *Hayn/Jutz/Zündorf*, in: BHdR, B 215, Rn. 6.
640 Vgl. hierzu ADS[6], § 246 HGB, Tz. 465 ff. sowie § 266 HGB, Tz. 121; *Schmidt/Ries*, in: BeBiKo[11], § 246, Rn. 106 ff.
641 Ebenso ADS[6], § 266 HGB, Tz. 124, 129; *Schubert/Waubke*, in: BeBiKo[11], § 266, Rn. 119.

413 Sind Unternehmen, mit denen ein Beteiligungsverhältnis besteht, **zugleich verbundene Unternehmen**, so geht der Ausweis unter B.II.2. vor[642]. Zum **Zeitpunkt** der Bilanzierung des Anspruchs auf Beteiligungserträge vgl. Kap. F Tz. 840[643].

414 Der Betrag von Forderungen mit einer **Restlaufzeit** von mehr als einem Jahr ist zu vermerken (§ 268 Abs. 4 S. 1 HGB). Wg. der Ermittlung der Restlaufzeit vgl. Kap. F Tz. 409.

415 Die Bewertung von Forderungen[644] richtet sich je nachdem, ob es sich um langfristige, zum **AV** (vgl. Kap. F Tz. 248) gehörende Forderungen (insb. längerfristige Ausleihungen) oder um solche des **UV** handelt, formal nach verschiedenen Vorschriften (§ 253 Abs. 3 S. 5 oder Abs. 4 HGB). Materiell besteht jedoch mit Ausnahme der Währungsumrechnung (vgl. Kap. F Tz. 228 ff.) kein wesentlicher Unterschied.

416 Forderungen sind grds. mit ihrem **Nominalbetrag** anzusetzen[645]. Bei zweifelhaften Forderungen erfolgt der Ansatz mit ihrem wahrscheinlichen Wert. Uneinbringliche Forderungen sind abzuschreiben (§ 253 Abs. 3 S. 5 und Abs. 4 S. 2 HGB)[646]. Unverzinsliche oder niedrig verzinsliche Forderungen sind mit dem Barwert anzusetzen[647], soweit nicht wg. Geringfügigkeit, kurzer Restlaufzeiten (bis zu einem Jahr)[648] oder verdeckter Verzinsung in Form anderer konkreter Gegenleistungen (z.B. Gewährung zinsloser Wohnungsbaudarlehen gegen Belegungsrecht) darauf verzichtet werden darf. Für die Abzinsung ist der fristadäquate Marktzinssatz bei Zugang zu verwenden, z.B. landesüblicher Zinsfuß für Papiere mit entspr. Laufzeit. Auch bei unverzinslichen und niedrig verzinslichen Darlehensforderungen gegen Betriebsangehörige ist handelsrechtlich der Ansatz des Barwerts geboten[649]. Bei Forderungen des AV (Ausleihungen) dürfen auch im Fall von voraussichtlich nicht dauernden Wertminderungen außerplanmäßige Abschreibungen vorgenommen werden (§ 253 Abs. 3 S. 6 HGB). Bestehende Bürgschaften, Garantien, Sicherheiten, Delkredereversicherungen u.dgl. sind bei der Beurteilung der Werthaltigkeit von Forderungen zu berücksichtigen[650].

417 Bei Lieferungen mit **Rückgaberecht** ist eine Gewinnrealisation vor Ablauf der gesetzlichen oder vertraglichen Rückgabefrist nicht zulässig (vgl. Kap. F Tz. 89)[651]. Die Bewertung darf daher höchstens zu den AHK der gelieferten Waren abzgl. voraussichtlich anfallender Rücknahmekosten und abzgl. Wertminderungen infolge Beschädigungen zurückzunehmender Waren erfolgen (Nettobilanzierung). Aus praktischen Gründen wird man es jedoch bei Versandhandelsunternehmen auch als zulässig ansehen können, die Forderungen zum Nennbetrag anzusetzen, wenn im Gegenzug eine – die voraussichtlich anfallenden Rücknahmekosten, evtl. Wertminderungen wg. Beschädigung so-

---

642 Zum Ausweis von Anzahlungen an verbundene Unternehmen und Beteiligungsunternehmen vgl. ADS[6], § 266 HGB, Tz. 130 (freiwilliger Sonderausweis empfohlen).
643 Vgl. *Schubert/Waubke*, in: BeBiKo[11], § 266, Rn. 120; ADS[6], § 246 HGB, Tz. 213 ff.
644 Vgl. ADS[6], § 253 HGB, Tz. 54 und 531 ff.; *Hachmeister*, in: HdJ, Abt. II/4, Rn. 205 ff. und 361 ff.; *Poullie*, in: HdJ, Abt. II/6, Rn. 131 ff.
645 Vgl. ADS[6], § 253 HGB, Tz. 54; *Schubert/Gadek*, in: BeBiKo[11], § 255, Rn. 252.
646 Vgl. ADS[6], § 253 HGB, Tz. 531.
647 Vgl. ADS[6], § 253 HGB, Tz. 54 sowie Tz. 532; *Schubert/Berberich*, in: BeBiKo[11], § 253, Rn. 592 ff.; *Poullie*, in: HdJ, Abt II/6, Rn. 149 f.
648 Vgl. ADS[6], § 253 HGB, Tz. 532; *Brösel/Olbrich*, in: HdR[5], § 253 HGB, Rn. 184 (ein Jahr); *Poullie*, in: HdJ, Abt. II/6, Rn. 149 (Einzelfallentscheidung nach Maßgabe der Generalnorm).
649 Vgl. *Schubert/Berberich*, in: BeBiKo[11], § 253, Rn. 594; *Poullie*, in: HdJ, Abt II/6, Rn. 150.
650 Vgl. ADS[6], § 253 HGB, Tz. 534; *Schubert/Berberich*, in: BeBiKo[11], § 253, Rn. 590 f.
651 *Schubert/Berberich*, in: BeBiKo[11], § 247, Rn. 90.

wie den im Forderungsbetrag enthaltenen Gewinnanteil umfassende – Rückstellung gebildet wird (Bruttobilanzierung)[652]. Soweit es sich um wesentliche Beträge handelt, wird in diesem Fall auch ein Vermerk bei dem Bilanzposten Forderungen („davon / € ... mit Rückgaberecht") im Interesse der Bilanzklarheit geboten sein.

418 Vorstehendes gilt aufgrund des Realisationsprinzips (vgl. Kap. F Tz. 89) nach der h.M. grds. auch für Unternehmen mit statistisch zuverlässig ermittelbarer Rückgabequote, da eine Gewinnrealisation auch hier erst mit Wegfall des Rückgaberechts eintritt[653]. Bei Massengeschäften wie dem Versandhandel wird jedoch eine generelle Ablehnung einer Gewinnrealisierung bis zum Ablauf des Retourenrechts der wirtschaftlichen Realität solcher Geschäftsmodelle u.U. nicht gerecht. Zwar kann für das einzelne Geschäft nicht gesagt werden, ob das Retourenrecht ausgeübt wird oder nicht. Bei einer hinreichend großen Grundgesamtheit gleichartiger Geschäfte (hinsichtlich Produkte/Kunden/Retourenrecht) kann jedoch ggf. eine historische Retourenquote verlässlich ermittelt werden. Ist diese auch noch auf den aktuellen Fall übertragbar, erscheint auch eine teilweise Gewinnrealisierung vertretbar. Erforderlich ist aber in jedem Fall, dass der Gewinn „so gut wie sicher" ist[654]. Dem ist durch ein „Sicherheitszuschlag" zur historischen Retourenquote Rechnung zu tragen. Wie im Fall ohne Gewinnrealisierung darf auch im Fall der teilw. Gewinnrealisierung die Netto- oder die Bruttobilanzierung (mit neutralisierender Rückstellung) vorgenommen werden (vgl. Kap. F Tz. 417).

419 Bei **Währungsforderungen** ist zusätzlich zum Bonitätsrisiko des Schuldners auch das Valutarisiko (nachteilige Änderung des Wechselkurses) zu berücksichtigen. Währungsforderungen aus erbrachten Lieferungen oder Leistungen sind bei Erstverbuchung grds. mit dem dann gültigen Devisenkassa**brief**kurs umzurechnen[655]. Dagegen sind Forderungen aus Fremdwährungsdarlehen zum Zeitpunkt der Gewährung mit dem Devisenkassa**geld**kurs umzurechnen, da für die Auszahlung des Darlehens entspr. Devisen beschafft werden müssen[656]. Bei der Umrechnung i.R.d. Folgebewertung[657] ist für Währungsforderungen mit einer Restlaufzeit von über einem Jahr zum Abschlussstichtag der Devisenkassa**mittel**kurs zugrunde zu legen (§ 256a S. 1 HGB), wobei das AK- und Realisationsprinzip (§ 253 Abs. 1 S. 1 HGB und § 252 Abs. 1 Nr. 4 Hs. 2 HGB) zu beachten sind. Kurzfristige Währungsforderungen (Restlaufzeit zum Abschlussstichtag von einem Jahr oder weniger) sind dagegen auch dann i.R.d. Folgebewertung mit dem Devisenkassamittelkurs umzurechnen, wenn dies ggü. dem Wertansatz im Zugangszeitpunkt zu einem höheren Wertansatz führt (§ 256a S. 2 HGB). Werden Geschäfte zur Absicherung von Fremdwährungsrisiken abgeschlossen (geschlossene Positionen), so richtet sich die Bilanzierung nach § 254 HGB (vgl. Kap. F Tz. 200 ff.).

---

[652] Vgl. ADS[6], § 246 HGB, Tz. 57, § 277 HGB, Tz. 28; *Schubert/Berberich*, in: BeBiKo[11], § 247, Rn. 90 f., und *Schubert*, in: BeBiKo[11,] § 249, Rn. 100 (Kauf auf Probe oder mit Rückgaberecht); teilw. a.A. *Poullie*, in: HdJ, Abt. II/6, Rn. 167.
[653] Vgl. ADS[6], § 252 HGB, Tz. 82; *Schubert/Berberich*, in: BeBiKo[11], § 247, Rn. 90.
[654] Vgl. *Winkeljohann/Büssow*, in: BeBiKo[11], § 252, Rn. 48.
[655] Vgl. *Grottel/Koeplin*, in: BeBiKo[11], § 256a, Rn. 35 und 120; so auch *Gelhausen/Fey/Kämpfer*, BilMoG, Kap. J, Rn. 71; *Gelhausen/Deubert/Meyer*, in: HdJ, Abt. V/8, Rn. 93; DRS 25.12; *Deubert/Meyer/Müller*, Der Konzern 2018, S. 98.
[656] Vgl. *Grottel/Koeplin*, in: BeBiKo[11], § 256a, Rn. 120.
[657] Vgl. allg. zur Währungsumrechnung i.R.d. Folgebewertung Kap. F Tz. 228 ff.; DRS 25.22; *Deubert/Meyer/Müller*, Der Konzern 2018, S. 98 f.

8.4.2.2.2 Sonstige Vermögensgegenstände

420 Unter diesem Sammelposten sind alle nicht an anderer Stelle auszuweisenden **Vermögensgegenstände des UV** zu erfassen[658], z.B.

- gewährte Darlehen (soweit nicht unter § 266 Abs. 2 A.III.2., 4. oder 6., B.II.2. oder 3. fallend),
- Gehaltsvorschüsse (auch soweit unter § 89 AktG fallend) einschl. negativer Salden auf Arbeitszeitkonten (sofern diese die Aktivierungsvoraussetzungen im Einzelfall erfüllen)[659],
- Kostenvorschüsse (soweit keine Anzahlungen),
- Kautionen (soweit langfristig: Ausweis unter A.III.6.)[660],
- Steuererstattungsansprüche[661],
- debitorische Kreditoren,
- geleistete Anzahlungen auf nicht aktivierbare Sachverhalte (z.B. für künftige Werbemaßnahmen),
- gezahlte Prämien i.R. von Optionsgeschäften und Zinsbegrenzungen (Caps, Floors, Calls, Puts)[662] (vgl. Kap. F Tz. 1314 ff.),
- geleistete Einschüsse („initial margin") und Nachschüsse („variation margin") i.R. von Finanzterminkontrakten[663] (vgl. Kap. F Tz. 1319),
- Ansprüche auf Investitionszulagen[664],
- Schadensersatzansprüche[665],
- Rückgriffsforderungen aus Leistungen i.R. von Bürgschaftsübernahmen und Treuhandverhältnissen,
- Genossenschaftsanteile ohne Anlagecharakter,
- Rückdeckungsansprüche aus Lebensversicherungen, soweit nicht unter Finanzanlagen ausgewiesen (vgl. Kap. F Tz. 395),
- Forderungen auf Lieferung vertretbarer Sachen,
- GmbH-Anteile, wenn keine Beteiligungs- und Daueranlageabsicht besteht, ggf. auch Anteile an Joint Ventures in Form der GbR (vgl. *IDW St/HFA 1/1993*) und Genussrechte (sofern nicht Inhaber- oder Orderpapieren ohne Dauerbesitzabsicht – vgl. Kap. F Tz. 1322, *IDW St/HFA 1/1994*),
- Stückzinsen, die bis zum Abschlussstichtag aufgelaufen sind,

---

[658] Zu diesen und weiteren Beispielen vgl. *Poullie*, in: HdJ, Abt. II/6, Rn. 126; *Schubert/Waubke*, in: BeBiKo[11], § 266, Rn. 128 ff., sowie *Schubert/Berberich*, in: BeBiKo[11], § 247, Rn. 120 ff.; ADS[6], § 266 HGB, Tz. 134 f.; *Hayn/Jutz/Zündorf*, in: BHdR, B 215, Rn. 14.

[659] Zur Aktivierung eines negativen Arbeitszeitkontensaldos vgl. *IDW*, FN-IDW 2009, S. 322 f.; *Ries*, WPg 2010, S. 811 (815 f.).

[660] A.A. *Schubert/Roscher*, in: BeBiKo[11], § 247, Rn. 124.

[661] Zum Aktivierungszeitpunkt vgl. *Schubert/Berberich*, in: BeBiKo[11], § 247, Rn. 124.

[662] Vgl. zu Optionsgeschäften *IDW RS BFA 6*; *Wiechens/Lorenz/Morawietz*, in: HdJ, Abt. I/13, Rn. 80 ff.; ADS[6], § 246 HGB, Tz. 372; vgl. auch Kap. F Tz. 423; zu Zinsbegrenzungsvereinbarungen vgl. ADS[6], § 246 HGB, Tz. 381 ff.; *Wiechens/Lorenz/Morawietz*, in: HdJ, Abt. I/13, Rn. 69 ff.; *Schmidt/Usinger*, in: BeBiKo[11], § 254, Rn. 90 ff.

[663] Vgl. *Schmidt/Usinger*, in: BeBiKo[11], § 254, Rn. 100 ff.

[664] Vgl. *IDW St/HFA 1/1984 i.d.F. 1990* (auch zum Zeitpunkt der Aktivierung).

[665] Vgl. ADS[6], § 246 HGB, Tz. 176.

- zur Weiterveräußerung vorgesehene Gegenstände des AV, die nicht mehr entspr. ihrer ursprünglichen Zweckbestimmung genutzt werden[666].

Nicht zu den sonst. Vermögensgegenständen gehören Bausparguthaben (Ausweis unter B.IV., wenn langfristig, dann unter A.III.6.)[667] und langfristig gestundete Forderungen aus Lieferungen und Leistungen (Ausweis bei Novation unter den Ausleihungen; vgl. Kap. F Tz. 359)[668].

Soweit unter den sonst. Vermögensgegenständen **Forderungen** enthalten sind, sind folgende drei **Vermerkpflichten** zu beachten: **421**

- der Betrag von Forderungen mit einer **Restlaufzeit** von mehr als einem Jahr (§ 268 Abs. 4 S. 1 HGB),
- bei einer **KGaA** die unter § 89 AktG fallenden Forderungen gegen einen persönlich haftenden Gesellschafter oder andere in § 286 Abs. 2 S. 4 AktG bezeichnete Personen (vgl. hierzu Kap. F Tz. 390),
- bei einer **GmbH** die Forderungen gegen Gesellschafter, die nicht gesondert, sondern unter einem anderen Posten ausgewiesen werden (§ 42 Abs. 3 Hs. 2 GmbHG); ebenso bei **KapCoGes**. (§ 264c Abs. 1 HGB), vgl. auch Kap. F Tz. 391.

Werden unter den sonst. Vermögensgegenständen Posten ausgewiesen, die erst nach dem Abschlussstichtag rechtlich entstehen (z.B. abgegrenzte Zins- oder Dividendenansprüche), müssen Beträge größeren Umfangs im **Anh.** erläutert werden (§ 268 Abs. 4 S. 2 HGB, vgl. Kap. F Tz. 989).

Die Bewertung richtet sich nach der Art des Vermögensgegenstands. Ausgangspunkt sind die **AK**, ggf. vermindert um Abschreibungen nach § 253 Abs. 4 HGB. Bei der Bewertung von (Rückgriffs-)Forderungen aus Bürgschaftsübernahmen und Treuhandverhältnissen sowie aufgrund anderer Haftungsverhältnisse sind die zugrunde liegenden Vertragsverhältnisse zu berücksichtigen. Schadensersatzforderungen erstrecken sich grds. auf Naturalrestitution (§ 249 BGB). Unverzinsliche oder niedrig verzinsliche Darlehen sind grds. abzuzinsen[669]. **422**

Zur Bewertung von **Optionsrechten** im JA des Erwerbers vgl. *IDW RS BFA 6*. Der Ansatz erfolgt zu AK in Höhe der Optionsprämie zzgl. Nebenkosten. Ggf. sind Abzinsung sowie Abschreibung auf niedrigeren beizulegenden Wert vorzunehmen. Das Risiko einer zweifelhaften Bonität des Stillhalters ist gesondert zu berücksichtigen (vgl. auch Kap. F Tz. 1316)[670]. Soweit es sich um Absicherungsgeschäfte i.R. von Bewertungseinheiten handelt vgl. Kap. F Tz. 200. **423**

Zur Behandlung sog. Marginleistungen bei **Financial Futures** vgl. *IDW RS BFA 5* (vgl. auch Kap. F Tz. 1319)[671].

---

666 Vgl. ADS[6], § 266 HGB, Tz. 134, sowie § 247 HGB, Tz. 117 ff.; *Schubert/Berberich*, in: BeBiKo[11], § 247, Rn. 124.
667 Vgl. ADS[6], § 266 HGB, Tz. 154; *Schubert/Waubke*, in: BeBiKo[11], § 266, Rn. 156; a.A. *Dusemond/Heusinger-Lange/Knop*, in: HdR[5], § 266 HGB, Rn. 87.
668 Vgl. ADS[6], § 266 HGB, Tz. 122.
669 Zu Einzelheiten vgl. Kap. F Tz. 416.
670 Vgl. hierzu auch *Schmidt/Usinger*, in: BeBiKo[11], § 254, Rn. 72; *Schubert/Berberich*, in: BeBiKo[11], § 247, Rn. 124; *Wiechens/Lorenz/Morawietz*, in: HdJ, Abt. I/13, Rn. 118 ff.; *Scharpf*, in: HdR[5], Kap. 6, Rn. 809 ff., 870.
671 Vgl. auch ADS[6], § 246 HGB, Tz. 376 und § 253 HGB, Tz. 270; *Wiechens/Lorenz/Morawietz*, in: HdJ, Abt. II/10, Rn. 54; *Scharpf*, in: HdR[5], Kap. 6, Rn. 833 ff.; *Schmidt/Usinger*, in: BeBiKo[11], § 254, Rn. 101.

> **Hinweis 26:**
>
> Personenhandelsgesellschaften können das **Anrechnungsguthaben** aus einbehaltener **KapESt** aus Gewinnausschüttungen von KapGes. nicht geltend machen. Dieser Betrag gilt deshalb von den Gesellschaftern als entnommen und darf grds. nicht aktiviert werden, es sei denn, die Gesellschafter haben sich zur Wiedereinlage verpflichtet[672].

8.4.2.3 Wertpapiere

8.4.2.3.1 Anteile an verbundenen Unternehmen

424 Aufgrund der Postenbezeichnung „Wertpapiere" (B.III.) sind nach § 266 Abs. 2 B.III.1. HGB nur solche Anteile an verbundenen Unternehmen[673] auszuweisen, die **verbrieft** sind und nicht nach § 247 Abs. 2 HGB zum AV gehören[674]. Allerdings wird es auch für zulässig erachtet, losgelöst von der Verbriefung der Gesellschaftsrechte aus Gründen der Einheitlichkeit und des Sachzusammenhangs ebenfalls andere Anteilsrechte (z.B. GmbH-Anteile) bei Erfüllung der übrigen Voraussetzungen unter dem Posten B.III.1. auszuweisen[675].

8.4.2.3.2 Sonstige Wertpapiere

425 Hierunter (§ 266 Abs. 2 B.III.2. HGB) sind alle Wertpapiere auszuweisen, die **nicht zu einem anderen Posten** gehören und jederzeit veräußerbar sind[676]. Auch abgetrennte Zins- und Dividendenscheine sind hier (oder unter B.II.4.) zu erfassen; ebenso Genussrechte in Form von Inhaber- oder Orderpapieren ohne Dauerbesitzabsicht (vgl. *IDW St/HFA 1/1994*)[677].

426 **Wechsel** sind zwar ebenfalls Wertpapiere. Wg. ihrer besonderen Ausgestaltung und ihres regelmäßigen Zusammenhangs mit Liefer- und Leistungsforderungen sollten sie jedoch entweder gesondert (z.B. zwischen B.II.1. und B.II.2.) oder unter B.II.1. (ggf. mit Davon-Vermerk) ausgewiesen werden. Auch kann ein Ausweis unter B.II.2. oder B.II.3. in Betracht kommen. Bei Schatzwechseln des Bundes und der Länder überwiegt dagegen der Wertpapiercharakter[678]. Wechsel, bei denen die bilanzierende Ges. sich zur Freistellung des einreichenden Akzeptanten von der Wechseleinlösung verpflichtet hat, dürfen, solange die Voraussetzungen für die Freistellung gegeben sind, nicht als solche ausgewiesen werden.

8.4.2.3.3 Bewertung

427 Grundlage der Bewertung von Wertpapieren sind die AK einschl. Nebenkosten. Die bis zum Abschlussstichtag aufgelaufenen Stückzinsen aus festverzinslichen Wertpapieren sind als sonst. Vermögensgegenstände zu aktivieren (Vollständigkeitsgebot, § 246 Abs. 1

---

[672] Vgl. *IDW RS HFA 7 n.F.*, Tz. 29; ADS[6], § 246 HGB, Tz. 444; BGH-Urt. v. 30.01.1995, BB, S. 719.
[673] Zum Begriff der verbundenen Unternehmen vgl. Kap. F Tz. 354; umfassend Kap. C.
[674] Vgl. *Dobler/Maul*, in: HdJ, Abt. II/7, Rn. 7 ff.; *Schubert/Waubke*, in: BeBiKo[11], § 266, Rn. 142 i.V.m. Rn. 80 f.
[675] Vgl. *Dusemond/Heusinger-Lange/Knop*, in: HdR[5], § 266 HGB, Rn. 89; ADS[6], § 266 HGB, Tz. 138; *Dobler/Maul*, in: HdJ, Abt. II/7, Tz. 13; a.A. *Scheffler*, in: BHdR, B 216, Rn. 12 ff.
[676] Vgl. ADS[6], § 266 HGB, Tz. 84 und Tz. 143 ff.; *Winnefeld*, Bilanz-Handbuch[5], Kap. F, Rn. 535 ff.
[677] Zu weiteren Anwendungsfällen vgl. auch *Scheffler*, in: BHdR, B 216, Rn. 80 ff.
[678] Vgl. *Dobler/Maul*, in: HdJ, Abt. II/7, Rn. 21.

S. 1 HGB)[679]. Zur Bewertung von **Zero-Bonds** im JA des Erwerbers nach der Nettomethode (AK zzgl. zeitanteilige Zinsforderung) vgl. *IDW St/HFA 1/1986*[680]; zur bilanziellen Behandlung des sog. **Bondstripping** vgl. *IDW RH BFA 1.001*. Zur Bilanzierung von **Genussrechten** beim Inhaber siehe *IDW St/HFA 1/1994*, Abschn. 3. Zur Bewertung von Wertpapieren des sog. Deckungsvermögens gem. § 253 Abs. 1 S. 4 i.V.m. § 246 Abs. 2 S. 2 HGB vgl. Kap. F Tz. 89.

Abschreibungen sind je nachdem, ob es sich um Wertpapiere des AV oder des UV handelt, nach § 253 Abs. 3 S. 5 und 6 oder nach Abs. 4 HGB vorzunehmen. Für Wertpapiere des UV gilt das strenge Niederstwertprinzip. Bei Wertpapieren des AV brauchen bei voraussichtlich nicht dauernder Wertminderung keine Abschreibungen vorgenommen zu werden (gemildertes Niederstwertprinzip)[681], während bei voraussichtlich dauernder Wertminderung grds. die Pflicht zur Abschreibung besteht[682]. Zur Bewertung von Wertpapieren bei illiquiden Märkten vgl. *IDW RH HFA 1.014*, Tz. 25 ff. Vergleichswert ist grds. der Börsenkurs zum Abschlussstichtag, der bei Verkaufsabsicht um Verkaufsspesen zu kürzen ist (Netto-Veräußerungswert). Ist eine alsbaldige Veräußerung jedoch nicht beabsichtigt, so dürfen neben dem Börsenkurs die Anschaffungsnebenkosten berücksichtigt werden[683] (Wiederbeschaffungsfiktion). Bei gestiegenen Kursen ist der Wert höchstens bis zu den AK zuzuschreiben; der niedrigere Wertansatz darf nicht beibehalten werden (§ 253 Abs. 5 S. 1 HGB; sog. Wertaufholungsgebot).

8.4.2.4 Wechsel

Die Bewertung der **Wechsel** erfolgt wie bei Forderungen. Ggf. ist die Zahlungsfähigkeit auch der übrigen Wechselverpflichteten (Indossanten und Bürgen) zu berücksichtigen. Bestandswechsel sind mit dem Barwert anzusetzen. Ansprüche auf Erstattung von Diskont und Spesen sind als Forderungen zu aktivieren. Zum Vermerk des Obligos bei Weitergabe vgl. Kap. F Tz. 993.

8.4.2.5 Kassenbestand, Bundesbankguthaben, Guthaben bei Kreditinstituten und Schecks

Zum **Kassenbestand** gehören die Bestände der Haupt- und Nebenkassen einschl. Sorten und bestimmter Wertmarken (z.B. Steuer-, Beitragsmarken)[684]. Auch Briefmarken und nicht verbrauchte Francotypwerte werden üblicherweise hier ausgewiesen[685]; ein Ausweis unter den sonst. Vermögensgegenständen (B.II.4.) ist jedoch auch vertretbar[686]. Zins- und Dividendenscheine sind als Wertpapiere (B.III.2.), Vorschüsse als Forderungen (i.d.R. unter B.II.4.) auszuweisen.

Als **Guthaben bei Kreditinstituten** sind Forderungen an inländische KI oder gleichartige ausländische Institute aus dem Kreditverkehr, und zwar sowohl täglich fällige

---

679 Vgl. *Schubert/Berberich*, in: BeBiKo[11], § 247, Rn. 124.
680 Vgl. auch ADS[6], § 246 HGB, Tz. 367; *Schubert/Gadek*, in: BeBiKo[11], § 255, Rn. 176.
681 Zur Anhangangabe nach § 285 Nr. 18 HGB vgl. Kap. F Tz. 1143 ff.
682 Vgl. zur Ausnahme bei festverzinslichen Wertpapieren ADS[6], § 253 HGB, Tz. 473; zur Bewertung von Wertpapieren bei illiquiden Märkten vgl. *IDW RH HFA 1.014*, Abschn. 4.
683 Vgl. ADS[6], § 253 HGB, Tz. 501 f.; teilw. abw. *Schubert/Berberich*, in: BeBiKo[11], § 253, Rn. 609 ff.; *Scheffler*, in: BHdR, B 216, Rn. 53.
684 Vgl. *Schubert/Waubke*, in: BeBiKo[11], § 266, Rn. 151 f.
685 Vgl. *Scheffler*, in: BHdR, B 217, Rn. 16.
686 Vgl. a.A. *Dobler/Maul*, in: HdJ, Abt. II/7, Rn. 126.

Gelder als auch Festgelder einschl. gutgeschriebener Zinsen auszuweisen[687]. Dies gilt grds. auch für kurzfristige Festgelder, die fortlaufend prolongiert werden. Ein Ausweis im Finanz-AV kann jedoch in Frage kommen, wenn nach dem Willen des Bilanzierenden die Finanzmittel dauernd dem Geschäftsbetrieb des Unternehmens dienen sollen, eine längerfristige Anlage jedoch noch nicht realisiert werden konnte. Guthaben aus Bausparverträgen bei Bausparkassen gehören ebenfalls zu den Guthaben bei KI[688]. Ein gesonderter Ausweis von Festgeldern oder Hinweis im Anh. ist notwendig, wenn nicht damit zu rechnen ist, dass das KI das Festgeld gegen entspr. Zinsberechnung freigibt. Wird ein zugunsten Dritter gesperrtes Guthaben unter B.IV. ausgewiesen, muss ein Vermerk oder ein gesonderter Ausweis vorgenommen oder eine Erläuterung im Anh. gegeben werden. Bei ausländischen KI gesperrte Guthaben und Ansprüche an KI aus Konsortialgeschäften gehören nicht unter B.IV., sondern unter die sonst. Vermögensgegenstände (B.II.4.)[689]. Alternativ darf auch ein Sonderposten nach § 265 Abs. 5 S. 2 HGB gebildet werden.

431 Eingeräumte, aber **nicht in Anspruch genommene Kredite** bilden keine Guthaben bei KI, sondern verkörpern ein grds. nicht zu bilanzierendes schwebendes Geschäft[690]. Gleichartige Guthaben und Verbindlichkeiten ggü. demselben KI sind bei gleicher Fälligkeit zu saldieren. Im Übrigen ist eine Saldierung unzulässig (§ 246 Abs. 2 S. 1 HGB).

432 Werden Guthaben bei einem KI unterhalten, das **verbundenes Unternehmen** ist oder mit dem ein **Beteiligungsverhältnis** besteht, so ist ein Vermerk der Mitzugehörigkeit zu den entspr. Forderungen erforderlich (§ 265 Abs. 3 S. 1 HGB).

433 Unter dem Posten B.IV. sind auch **Schecks** auszuweisen, über die die Gesellschaft auf eigene Rechnung verfügen kann. An den Aussteller zurückgesandte oder von der bezogenen Bank mit Protest zurückgegebene Schecks sind dagegen unter dem entspr. Forderungsposten zu erfassen.

434 Die Bewertung von **Kassenbeständen** erfolgt zum Nennwert. Bei ausländischen Sorten in laufender Rechnung ist zum Devisenkassamittelkurs des Abschlussstichtags umzurechnen[691]. **Guthaben bei KI** sind nach den für Forderungen geltenden Grundsätzen (vgl. Tz. 415 f.) zu bewerten.

8.4.3 Aktive Rechnungsabgrenzungsposten (§ 250 Abs. 1 HGB)

435 Als aktive RAP sind nach § 250 Abs. 1 HGB Ausgaben vor dem Abschlussstichtag auszuweisen, soweit sie Aufwand für eine bestimmte Zeit nach diesem Tag darstellen (**Aktivierungspflicht**). Ist der Erfüllungsbetrag einer Verbindlichkeit höher als der Ausgabebetrag, darf der Unterschiedsbetrag (**Disagio** bzw. **Rückzahlungsagio**) in den aktiven RAP aufgenommen werden (§ 250 Abs. 3 HGB; **Aktivierungswahlrecht**). Ein solcher Unterschiedsbetrag ist von KapGes. und KapCoGes. in der Bilanz gesondert auszuweisen oder im Anh. anzugeben (§ 268 Abs. 6 HGB).

---

687 Vgl. *Scheffler*, in: BHdR, B 217, Rn. 24.
688 Vgl. ADS[6], § 266 HGB, Tz. 154; a.A. *Dusemond/Heusinger-Lange/Knop*, in: HdR[5], § 266 HGB, Rn. 87 und 101; *Scheffler*, in: BHdR, B 217, Rn. 26; *Dobler/Maul*, in: HdJ, Abt. II/7, Rn. 128.
689 Vgl. *Dobler/Maul*, in: HdJ, Abt. II/7, Rn. 129.
690 Vgl. *Dusemond/Heusinger-Lange/Knop*, in: HdR[5], § 266 HGB, Rn. 101; *Schubert/Waubke*, in: BeBiKo[11], § 266, Rn. 157.
691 Vgl. *Gelhausen/Fey/Kämpfer*, BilMoG, Kap. J, Rn. 78; DRS 25.22.

436 Zulässig ist nur der Ansatz **transitorischer Posten** i.e.S., d.h. bei denen dem Unternehmen infolge der im GJ getätigten Ausgaben nach dem Abschlussstichtag eine konkrete Gegenleistung zusteht[692]. Transitorische Posten i.w.S. (z.B. Ausgaben für eine Werbemaßnahme) dürfen nicht bilanziert werden[693]. Antizipative Aktiva (Erträge des abgelaufenen GJ, die erst später zu Einnahmen führen) sind, soweit sie die Kriterien für den Ansatz von Forderungen oder ähnlichen Ansprüchen haben, als sonst. Vermögensgegenstände zu bilanzieren[694].

437 Die Aktivierung als RAP setzt grds. einen **Zahlungsvorgang** vor dem Abschlussstichtag voraus. Hierzu zählen bare (Kasse) und unbare (Bank) Zahlungsvorgänge sowie die Ausgabe von Schecks, Wechseln u. dgl. Den Zahlungsvorgängen gleichgestellt ist die Einbuchung einer Verbindlichkeit[695].

438 Die Ausgabe muss Aufwand für eine **bestimmte Zeit** nach dem Abschlussstichtag darstellen. Das Merkmal des bestimmten Zeitraums muss sich unmittelbar aus dem Sachverhalt ergeben. Anfang und Ende des Zeitraums müssen eindeutig festliegen, d.h. kalendermäßig bestimmt oder aus anderen Größen eindeutig ableitbar sein. Es genügt nicht, wenn das Ende des Zeitraums durch ein künftiges, terminlich noch ungewisses Ereignis bestimmt wird[696]. RAP können über mehrere GJ hinweg reichen. Im Allgemeinen werden den RAP gegenseitige Verträge zugrunde liegen, bei denen Leistung und Gegenleistung ihrer Natur nach zeitbezogen sind, zeitlich aber auseinanderfallen.

439 Zu den **transitorischen Abgrenzungsposten** gehören z.B. Vorauszahlungen von Miete, Pacht, Versicherungsprämien, Beiträgen, Zinsen, Honoraren, Gebühren, Lagerkosten sowie von bestimmten Provisionen und Zuschüssen[697]. Auch Werbeaufwendungen können bei Vorliegen der gesetzlichen Voraussetzungen abgegrenzt werden, z.B. bei Vorauszahlungen für eine regelmäßig wiederkehrende Werbemaßnahme (Erscheinen von Anzeigen u.ä.) oder für die Miete von Werbeflächen für einen bestimmten Zeitraum. Vorauszahlungen auf Kataloge, die im nächsten Jahr geliefert werden, sind Anzahlungen[698].

440 Für die o.g. RAP besteht grds. Bilanzierungspflicht. Bei geringen sowie bei regelmäßig wiederkehrenden bedeutungslosen Beträgen (z.B. Kfz-Steuern) darf jedoch unter dem Gesichtspunkt der **Wesentlichkeit** auf eine Bilanzierung verzichtet werden[699].

441 Ein **Disagio** bzw. **Rückzahlungsagio** liegt vor, wenn der Rückzahlungsbetrag einer Verbindlichkeit höher als der Ausgabebetrag, d.h. der dem Unternehmen zugeflossene Betrag, ist. Dass der Unterschiedsbetrag in einen aktiven RAP eingestellt werden darf (§ 250 Abs. 3 HGB), beruht darauf, dass dieser wirtschaftlich i.d.R. einer zusätzlich geleisteten Vergütung für die Kapitalüberlassung entspricht[700]. Die Art der Verbindlichkeit ist ohne Bedeutung. Die Vorschrift gilt demnach nicht nur für Anleihen. Das

---

692 Vgl. ADS[6], § 250 HGB, Tz. 6 ff.; *Schubert/Waubke*, in: BeBiKo[11], § 250, Rn. 6 ff.
693 Vgl. *Schubert/Waubke*, in: BeBiKo[11], § 250, Rn. 23.
694 Zu den Angabepflichten nach § 268 Abs. 4 S. 2 HGB vgl. Kap. F Tz. 989.
695 Vgl. ADS[6], § 250 HGB, Tz. 25 ff.; *Schubert/Waubke*, in: BeBiKo[11], § 250, Rn. 18 f.
696 Vgl. ADS[6], § 250 HGB, Tz. 31 ff.; ebenso *Schubert/Waubke*, in: BeBiKo[11], § 250, Rn. 21 (h.M. für enge Auslegung des Merkmals „bestimmte Zeit" m.w.N.).
697 Vgl. wg. Einzelheiten und weiterer Bsp. ADS[6], § 250 HGB, Tz. 53 f., 117 f.
698 Vgl. ADS[6], § 250 HGB, Tz. 54.
699 Vgl. ADS[6], § 250 HGB, Tz. 44.
700 Vgl. ADS[6], § 250 HGB, Tz. 84 ff.; *Schubert/Waubke*, in: BeBiKo[11], § 250, Rn. 35 ff.

Wahlrecht darf nur im Ausgabejahr in Anspruch genommen werden. Der Grundsatz der Ansatzstetigkeit (§ 246 Abs. 3 HGB) wird im Regelfall der Abgrenzung nur eines Teilbetrags des Disagios entgegenstehen[701].

442 Bei Aktivierung ist der Betrag durch planmäßige jährliche **Abschreibungen** zu tilgen, die auf die gesamte Laufzeit der Verbindlichkeit verteilt werden können (§ 250 Abs. 3 S. 2 HGB)[702]. Die planmäßige Abschreibung muss mindestens jährlich den Betrag vorsehen, der sich bei einer Verteilung des Disagios entspr. der vereinbarten Kapitalinanspruchnahme ergibt[703]. Tilgungsmaßstab ist dabei das Verhältnis der auf die einzelnen Jahre entfallenden Zinsen zu den Gesamtzinsen. Höhere planmäßige oder freiwillige außerplanmäßige Abschreibungen[704] sind zulässig. Eine außerplanmäßige Abschreibung kann notwendig werden, wenn die Verbindlichkeit oder Anleihe vorzeitig zurückgezahlt wird oder das Zinsniveau wesentlich sinkt[705]. Wg. der besonderen Ausweis- und Angabepflichten nach den §§ 268 Abs. 6 und 277 Abs. 3 S. 1 HGB für KapGes. und KapCoGes. vgl. Kap. F Tz. 435.

8.4.4 Aktive latente Steuern

443 Für aktive latente Steuern besteht nach § 274 Abs. 1 S. 2 HGB ein **Ansatzwahlrecht**. Es handelt sich um einen „Sonderposten eigener Art"[706]. Gegenstand des Ansatzwahlrechts ist die sich insgesamt ergebende Steuerentlastung (Aktivüberhang). Mithin darf die Aktivierung weder auf aktive latente Steuern beschränkt werden, die sich aus (ausgewählten) Einzelsachverhalten ergeben, noch ist der Ansatz lediglich eines Teilbetrags der insgesamt erwarteten künftigen Steuerentlastung zulässig[707]. Zur Bilanzierung aktiver und passiver latenter Steuern im handelsrechtlichen JA vgl. im Einzelnen Kap. F Tz. 709 ff.

444 Zur Ausschüttungssperre i.Z.m. der Aktivierung latenter Steuern (§ 268 Abs. 8 S. 2 i.V.m. S. 1 HGB) vgl. Kap. F Tz. 545.

8.4.5 Unterschiedsbetrag aus der Vermögensverrechnung

445 Sofern der beizulegende Zeitwert des Deckungsvermögens (§ 253 Abs. 1 S. 4 i.V.m. § 246 Abs. 2 S. 2 Hs. 1 HGB) den Betrag der zu verrechnenden Schulden übersteigt, ist der überschießende Betrag hier auszuweisen (vgl. im Einzelnen zu den Voraussetzungen für das Vorliegen von Deckungsvermögen und zu den bilanziellen Folgen Kap. F Tz. 599 ff.). Der auszuweisende Mehrbetrag stellt keinen Vermögensgegenstand, sondern einen „Sonderposten sui generis" dar[708]. Der Gesetzeswortlaut legt nahe, hier den **gesamten aktivischen Differenzbetrag** zwischen dem beizulegenden Zeitwert des Deckungsvermögens und den entspr. Schulden auszuweisen. Somit muss der auf der Aktivseite der Bilanz ausgewiesene Betrag nicht mit dem gem. § 268 Abs. 8 S. 3 HGB ausschüttungsgesperrten Betrag übereinstimmen, da die Ausschüttungssperre allein an den Mehrbe-

---

701 Vgl. *Schubert/Waubke*, in: BeBiKo[11], § 250, Rn. 38.
702 Vgl. *Schubert/Waubke*, in: BeBiKo[11], § 250, Rn. 45 ff.
703 Vgl. ADS[6], § 250 HGB, Tz. 90 ff. (zu verschiedenen Darlehensformen).
704 Vgl. ADS[6], § 250 HGB, Tz. 98 ff., § 253 HGB, Tz. 149; *Schubert/Waubke*, in: BeBiKo[11], § 250, Rn. 49 ff.
705 Vgl. ADS[6], § 250 HGB, Tz. 98; *Schubert/Waubke*, in: BeBiKo[11], § 250, Rn. 49.
706 Vgl. Begr. RegE BilMoG, BT-Drs. 16/10067, S. 67; vgl. auch Beschlussempfehlung des Rechtsausschusses, BT-Drs. 16/12407, S. 87 („Sonderposten").
707 Vgl. *Gelhausen/Fey/Kämpfer*, BilMoG, Kap. M, Rn. 15 m.w.N.; so auch DRS 18.15.
708 Vgl. Beschlussempfehlung des Rechtsausschusses zum BilMoG, BT-Drs. 16/12407, S. 110.

trag anknüpft, um den der beizulegende Zeitwert des Deckungsvermögens dessen (historische) AK/HK übersteigt (abzgl. der hierfür gebildeten passiven latenten Steuern; vgl. Kap. F Tz. 541 ff.).

8.4.6 Sonderposten der Aktivseite

8.4.6.1 Eingeforderte, noch ausstehende Kapitaleinlagen (§ 272 Abs. 1 S. 2 HGB)

Nicht eingeforderte ausstehende Kapitaleinlagen werden vom Posten „Gezeichnetes Kapital" offen abgesetzt. Etwaige bereits **eingeforderte**, aber noch nicht eingezahlte Beträge sind gesondert unter den Forderungen auszuweisen (§ 272 Abs. 1 S. 2 Hs. 2 HGB)[709]. An welcher Stelle der Forderungen der Posten aufzuführen ist, lässt das Gesetz offen. Nahe liegt eine Einordnung vor den sonst. Vermögensgegenständen (§ 266 Abs. 2 B.II.4.). Richtet sich die Forderung jedoch gegen ein **verbundenes Unternehmen** oder ein Unternehmen, mit dem ein **Beteiligungsverhältnis** besteht, hat der Ausweis i.R.d. Postens B.II.2. oder B.II.3. zu erfolgen, und zwar wg. des gesetzlich geforderten gesonderten Ausweises als Unterposten oder Davon-Vermerk[710]. Bei einer GmbH ist ggf. gem. § 42 Abs. 3 GmbHG in der Bilanz oder im Anh. zu vermerken, dass es sich um Forderungen gegen Gesellschafter handelt[711].

446

8.4.6.2 Nicht durch Eigenkapital gedeckter Fehlbetrag

Im Gliederungsschema sind negative Ergebnisse grds. als Abzugsposten innerhalb des Postens EK auszuweisen. Soweit aufgrund eines Jahresfehlbetrags, eines Verlustvortrags bzw. eines Bilanzverlusts das (buchmäßige) EK, d.h. die Summe der Posten gem. § 266 Abs. 3 A.I. bis V. HGB aufgebraucht ist, muss ein Überschuss der Passivposten über die Aktivposten bei AG und GmbH nach § 268 Abs. 3 HGB am Schluss der Bilanz **auf der Aktivseite gesondert** unter der Bezeichnung „Nicht durch Eigenkapital gedeckter Fehlbetrag" ausgewiesen werden.

447

Der negative Betrag des EK ist in der Vorspalte der Passivseite vorzugsweise nur insoweit betragsmäßig auszuweisen, als er die übrigen Posten des EK nicht übersteigt. Die Bezeichnung des Postens ist mit folgendem Zusatz zu versehen: „..., soweit durch Eigenkapital gedeckt; vgl. im Übrigen Posten Nr. ... der Aktivseite"[712]. Wg. des Ausweises des EK auf der Passivseite der Bilanz bestehen grds. die im folgenden Bsp. genannten Alternativen:

448

> **Beispiel 9:**
> Eine GmbH weist als gezeichnetes Kapital € 25.000 und als Kapitalrücklage € 100.000 aus. Im abgelaufenen GJ hat sie einen Bilanzverlust in Höhe von € 200.000 erzielt. Der Ausweis des EK darf wie folgt vorgenommen werden (Angaben in Euro)[713]:

---

[709] Vgl. *Schubert/Waubke*, in: BeBiKo[11], § 266, Rn. 123.
[710] Gl.A. *Winkeljohann/Hoffmann*, in: BeBiKo[11], § 272, Rn. 36; *Gelhausen/Fey/Kämpfer*, BilMoG, Kap. L, Rn. 15.
[711] Vgl. ADS[6], § 266 HGB, Tz. 169.
[712] Vgl. im Einzelnen ADS[6], § 268 HGB, Tz. 28.
[713] Vgl. *Grottel/Waubke*, in: BeBiKo[11], § 268, Rn. 16 f.; ADS[6], § 268 HGB, Tz. 93.

I.	Gezeichnetes Kapital		25.000
II.	Kapitalrücklage		100.000
III.	Bilanzverlust	200.000	
	davon nicht durch Eigenkapital gedeckt	-75.000	-125.000
			0

oder

I.	Gezeichnetes Kapital	25.000
II.	Kapitalrücklage	100.000
III.	Bilanzverlust, soweit durch Eigenkapital gedeckt	-125.000
		0

449 Bei KGaA und KapCoGes. ist insoweit nach den einzelnen Gesellschaftern bzw. Gesellschaftergruppen sowie danach zu differenzieren, ob Einzahlungsverpflichtungen bestehen, die als Forderung auszuweisen sind (vgl. Kap. F Tz. 1480) oder nicht (dazu Kap. F Tz. 1479).

8.4.7 Eigenkapital (§§ 270, 272 HGB)

8.4.7.1 Gezeichnetes Kapital

8.4.7.1.1 Allgemeines

450 Das gezeichnete Kapital ist in der Bilanz zum **Nennbetrag** anzusetzen (§ 272 Abs. 1 S. 1 HGB). Bei der **AG, SE** und der **KGaA** ist dies das Grundkapital (§ 152 Abs. 1 S. 1 AktG), bei der **GmbH** sowie der **UG** (haftungsbeschränkt) das Stammkapital (§ 42 Abs. 1 GmbHG). Maßgebend ist grds. der im HR eingetragene Betrag. Ausnahmen gelten bei der AG für:

- Ausgabe von Bezugsaktien bei bedingter Kapitalerhöhung (§ 200 AktG);
- Rückbeziehung einer vereinfachten Kapitalherabsetzung ohne oder mit gleichzeitiger Kapitalerhöhung (§§ 234, 235 AktG);
- Kapitalherabsetzung durch Einziehung von Aktien aufgrund der Satzung (§§ 237, 238 AktG)[714].

451 Soweit das gezeichnete Kapital noch aussteht, sind nicht eingeforderte **ausstehende Einlagen** offen von dem Posten „Gezeichnetes Kapital" abzusetzen und der verbleibende Betrag in der Hauptspalte als Eingefordertes Kapital auszuweisen (§ 272 Abs. 1 S. 2 HGB). Zum gesonderten Ausweis **eingeforderter**, aber noch **nicht eingezahlter Beträge** vgl. Kap. F Tz. 446.

---

[714] Vgl. ADS[6], § 272 HGB, Tz. 24, 40, 43.

> **Praxistipp 14:**
> Gliederung und Bezeichnung des Postens „Gezeichnetes Kapital" bei Vorhandensein ausstehender, nicht eingeforderter Einlagen:
> A.I. **Eingefordertes Kapital**
>   1. Gezeichnetes Kapital ....
>   2. abzgl. nicht eingeforderte ausstehende Einlagen ....

452 Sind bei einer AG verschiedene **Aktiengattungen** ausgegeben (§ 11 AktG), ist nach § 152 Abs. 1 S. 2 AktG der auf jede Aktiengattung entfallende Betrag des Grundkapitals gesondert anzugeben (zu Angaben im LB nach § 289a Abs. 1 S. 1 Nr. 1 HGB vgl. Kap. J Tz. 74). Verschiedene Aktiengattungen liegen vor, wenn die ausgegebenen Aktien den Inhabern unterschiedliche Rechte (Herrschafts- oder Verwaltungsrechte einerseits und Vermögensrechte andererseits) gewähren[715].

453 **Bedingtes Kapital** ist mit dem Nennbetrag zu vermerken, soweit die Aktien noch nicht begeben sind (§ 152 Abs. 1 S. 3 AktG); wg. der weitergehenden Angabepflicht im Anh. nach § 160 Abs. 1 Nr. 3 AktG vgl. Kap. F Tz. 1272. **Genehmigtes Kapital** ist lediglich im Anh. anzugeben (§ 160 Abs. 1 Nr. 4 AktG, vgl. Kap. F Tz. 1273).

454 **AG** und **SE** haben ein in Aktien zerlegtes Grundkapital (§ 1 Abs. 2 AktG; Art. 1 Abs. 2 S. 1 SE-VO), dessen Mindestnennbetrag bei AG 50.000 € (§ 7 AktG) und bei SE 120.000 € (Art. 4 Abs. 1 SE-VO) betragen muss. Die Aktien können entweder als Nennbetragsaktien oder als Stückaktien[716] ausgegeben werden (§ 8 Abs. 1 AktG). Stückaktien sind unechte nennbetragslose Aktien, da sie nicht auf einen (festen) Bruchteil oder eine Quote lauten, sondern alle einen gleich großen Anteil am Grundkapital der AG verkörpern (§ 8 Abs. 3 S. 1 und 2 AktG). Nennbetragsaktien müssen mindestens auf 1 € lauten (§ 8 Abs. 2 S. 1 AktG). Der auf Stückaktien entfallende Anteil am Grundkapital (rechnerischer Wert) darf ebenfalls 1 € nicht unterschreiten (§ 8 Abs. 3 S. 3 AktG).

> **Hinweis 27:**
> Bei einer **REIT-AG** muss das Grundkapital zur Sicherung des obligatorischen Börsengangs (§ 4 i.V.m. § 10 Abs. 1 REITG) mindestens 15 Mio. € betragen (vgl. *IDW PH 9.950.2*).

> **Hinweis 28:**
> **InvAG mit veränderlichem Kapital** müssen echte Stückaktien begeben (§ 109 Abs. 1 S. 2 und 3 KAGB)[717]. Das Gesellschaftskapital muss im Zeitpunkt der Eintragung sowie *in der* Folgezeit mindestens 50.000 € betragen (Anfangskapital; § 116 Abs. 2 S. 3 KAGB).

---

[715] Wegen Einzelheiten der Aktiengattungen vgl. *Koch*, in: Hüffer/Koch, AktG[12], § 11, Rn. 3 ff.
[716] Vgl. *Koch*, in: Hüffer/Koch, AktG[12], § 8, Rn. 20 ff. m.w.N.
[717] Vgl. *Singhof*, in: HdJ, Abt. III/2, Rn. 26; zur Rechnungslegung und Prüfung von InvAG vgl. *Winkeljohann/Dietrich*, in: Winkeljohann/Förschle/Deubert, Sonderbilanzen[5], Kap. U, Rn. 324 ff.

455 Das Stammkapital einer **GmbH** muss mindestens 25.000 € betragen (§ 5 Abs. 1 GmbHG). Bei einer **UG** (haftungsbeschränkt) darf das Stammkapital grds. frei gewählt werden, sofern es nur den Mindestbetrag nach § 5 Abs. 1 GmbHG unterschreitet (§ 5a Abs. 1 GmbHG); es muss jedoch mindestens 1 € bzw. bei mehreren Gesellschaftern ein Mehrfaches davon betragen, weil nach § 5 Abs. 2 S. 1 GmbHG der Nennbetrag jedes Geschäftsanteils auf volle Euro lauten muss[718].

8.4.7.1.2 Erwerb eigener Anteile

456 Nach § 272 Abs. 1a HGB ist der Nennbetrag **eigener Anteile** oder, falls ein solcher nicht vorhanden ist, deren rechnerischer Wert in der Vorspalte offen vom Posten „Gezeichnetes Kapital" abzusetzen. Dies gilt unabhängig davon, ob die eigenen Aktien zur Einziehung erworben werden oder zur Wiederausgabe, z.B. an Mitarbeiter im Rahmen eines Aktienoptionsprogramms (vgl. Kap. F Tz. 1299 ff.), bestimmt sind.

> **Praxistipp 15:**
>
> Gliederung und Bezeichnung des Posten „Gezeichnetes Kapital" bei Vorhandensein eigener Anteile[719]:
>
> A.I. **Ausgegebenes Kapital**
> 1. Gezeichnetes Kapital
> 2. abzgl. Nennbetrag / rechnerischer Wert eigener Anteile

457 Der Erwerbszeitpunkt der eigenen Anteile ist der Zeitpunkt, zu dem die bilanzierende Ges. das wirtschaftliche Eigentum daran erlangt[720]. Werden die eigenen Aktien **unter pari** erworben oder der Ges., z.B. als Sanierungsmaßnahme, unentgeltlich zur Verfügung gestellt, ist die Differenz zwischen dem zwingend mit dem gezeichneten Kapital zu verrechnenden Nennbetrag bzw. rechnerischen Wert und dem niedrigeren Kaufpreis in Abhängigkeit von dem mit dem verbilligten Erwerb verfolgten Zweck entweder erfolgswirksam als Ertragszuschuss zu vereinnahmen oder in die Kapitalrücklage nach § 272 Abs. 2 Nr. 4 HGB einzustellen[721].

458 Fraglich ist, ob bei AG, SE und KGaA durch den Erwerb eigener Anteile eine **Reduzierung** des **Kapitalschutzes** eintritt. Nach § 71 Abs. 2 S. 2 AktG dürfen eigene Aktien nur erworben werden, wenn die AG im Zeitpunkt des Erwerbs aus dem nicht besonders gegen Ausschüttungen gesperrten Vermögen in Höhe der AK eine (fiktive) Rücklage (für eigene Anteile) bilden könnte. Das offene Absetzen des Nennbetrags bzw. rechnerischen Werts der eigenen Anteile vom Gezeichneten Kapital führt allerdings in der Folge dazu, dass nicht das gesamte im Erwerbszeitpunkt vorhandene, freie EK bilanziell verbraucht

---

[718] Vgl. *Fastrich*, in: Baumbach/Hueck, GmbHG[21], § 5a, Rn. 10.
[719] Gl.A. *Winkeljohann/Hoffmann*, in: BeBiKo[11], § 272, Rn. 131.
[720] Vgl. *Reiner*, in: MünchKomm. HGB[3], § 272, Rn. 26.
[721] Vgl. *Gelhausen/Fey/Kämpfer*, BilMoG, Kap. L, Rn. 33; für die Einstellung in eine gebundene Rücklage (für eigene Anteile) *Kropff*, ZIP 2009, S. 1137 (1142).

wird, sondern in Höhe des am Gezeichneten Kapital gekürzten Betrags für Ausschüttungen an die Aktionäre zur Verfügung steht[722].

Bei wirtschaftlicher Betrachtung stellt jeder Anteilsrückkauf eine Kapitalherabsetzung (durch „Einziehung" eigener Anteile) dar[723]. Bei einer tatsächlichen Einziehung von eigenen Anteilen im vereinfachten Verfahren muss nach § 237 Abs. 5 AktG in Höhe des Ertrags aus der Kapitalherabsetzung eine (nicht frei verfügbare) Kapitalrücklage gebildet werden[724]. Um bereits ab dem Erwerb eigener Anteile einen durchgängigen Schutz der Gläubiger zu gewährleisten, wird deshalb teilweise die Bildung einer **gesonderten Rücklage** nach § 237 Abs. 5 AktG analog in Höhe des für die eigenen Anteile offen vom Gezeichneten Kapital abgesetzten Betrags gefordert[725]. Mehrheitlich wird jedoch die Auffassung vertreten, dass eine Vorverlagerung der Pflicht zur Rücklagenbildung auf den Erwerbszeitpunkt der eigenen Anteile auf der Grundlage des geltenden Rechts nicht besteht[726].

Bei **GmbH** und **UG** (haftungsbeschränkt) besteht diese Kapitalerhaltungsproblematik nicht, weil für die Auszahlungsbegrenzung nach § 30 GmbHG der Betrag des im HR eingetragenen Stammkapitals[727] und nicht das in der Bilanz ausgewiesene „Ausgegebene Kapital" nach Absetzung der eigenen Anteile (vgl. Kap. F Tz. 456) maßgeblich ist[728].

Soweit der Kaufpreis für den Erwerb der eigenen Aktien den Nennbetrag bzw. den rechnerischen Wert der Aktien übersteigt (**Erwerb über *pari***), ist die sich ergebende Differenz gem. § 272 Abs. 1a S. 2 HGB mit frei verfügbaren Rücklagen zu verrechnen. Hierzu gehören bei AG, SE und KGaA zunächst die anderen Gewinnrücklagen (§ 266 Abs. 2 A.III.4. HGB), sofern dem nicht deren satzungsmäßiger Zweck entgegensteht, sowie die Kapitalrücklage aus anderen Zuzahlungen gem. § 272 Abs. 2 Nr. 4 HGB. Daneben darf auch das laufende Ergebnis des GJ herangezogen werden, soweit es im Erwerbszeitpunkt in den Grenzen des § 58 AktG thesauriert werden darf[729]. Bei GmbH sind auch die Kapitalrücklagen nach § 272 Abs. 2 Nr. 1 bis 3 HGB als frei verfügbar anzusehen (vgl. DRS 22.31). Die gesetzliche Rücklage bei einer UG (haftungsbeschränkt) steht – ebenso wie bei einer AG – nicht zur Verrechnung zur Verfügung. Wenn die frei verfügbaren Rücklagen bei der späteren Aufstellung der Bilanz nicht zur Verrechnung ausreichen, vermindern die verbleibenden Beträge einen Bilanzgewinn bzw. führen zu einem Bilanzverlust[730]. Die Verrechnung mit den frei verfügbaren Rücklagen darf mit

---

722 Vgl. *Gelhausen/Fey/Kämpfer*, BilMoG, Kap. L, Rn. 22 f.; *Kessler/Suchan*, FS Hommelhoff, 2012, S. 509 (523 f).
723 Vgl. *Rodewald/Pohl*, GmbHR 2009, S. 32 (35) unter Verweis auf Begr. zu § 272 Abs. 1a HGB i.d.F. RefE BilMoG.
724 Vgl. dazu ausführlich *Förschle/Heinz*, in: Winkeljohann/Förschle/Deubert, Sonderbilanzen[5], Kap. Q, Rn. 90 ff.
725 Vgl. *Winkeljohann/Hoffmann*, in: BeBiKo[11], § 272, Rn. 134; enger *Kropff*, ZIP 2009, S. 1137 (1142): Bildung einer Rücklage nur im Fall des „unter pari-Erwerbs" der eigenen Anteile.
726 Vgl. *Gelhausen/Fey/Kämpfer*, BilMoG, Kap. L, Rn. 24; *Gelhausen*, in: FS Baetge 2005, S. 189 (210); *Mock*, in: Kölner Komm. Rechnungslegungsrecht, § 272 HGB, Rn. 72; *Seidler*, in: Haufe HGB Kommentar[8], § 272, Rn. 205.
727 Vgl. *Fastrich*, in: Baumbach/Hueck, GmbHG[21], § 30, Rn. 14, 16.
728 Vgl. *Gelhausen/Fey/Kämpfer*, BilMoG, Kap. L, Rn. 23; *Winkeljohann/Hoffmann*, in: BeBiKo[11], § 272, Rn. 136.
729 Vgl. *Gelhausen/Fey/Kämpfer*, BilMoG, Kap. L, Rn. 25 f.; gl.A. *Oser/Kropp*, Der Konzern 2012, S. 185 ff. (186); zum Zeitpunkt der Rücklagendeckung beim Erwerb eigener Anteile vgl. auch *Priester*, GmbHR 2013, S. 1121 ff.
730 Vgl. *Winkeljohann/Hoffmann*, in: BeBiKo[11], § 272, Rn. 133.

oder ohne Berührung der GuV-Verlängerungsrechnung nach § 158 AktG (ggf. analog) erfolgen. Bei einer direkten Saldierung mit den Rücklagen sollte die Entwicklung der Rücklage in der Vorspalte ausgewiesen oder im Anh. erläutert werden[731].

> **Hinweis 29:**
> Frei verfügbare **Rücklagen**, die der **Ausschüttungssperre** nach § 268 Abs. 8 HGB oder § 253 Abs. 6 S. 2 HGB **unterliegen** (vgl. Kap. F Tz. 542, Kap. F Tz. 554,), dürfen dagegen zur Verrechnung herangezogen werden, weil dadurch die Sperrwirkung nicht beeinträchtigt wird[732].

462 **Anschaffungs(neben)kosten** (z.B. Provisionen), die beim Erwerb der eigenen Anteile anfallen, sind als (sonstiger) Aufwand des GJ zu erfassen (§ 272 Abs. 1a S. 3 HGB).

8.4.7.1.3 Veräußerung eigener Anteile

463 Erfolgt eine Wiederveräußerung der eigenen Aktien, **entfällt** der **Vorspaltenausweis** (vgl. Kap. F Tz. 456) beim Gezeichneten Kapital (§ 272 Abs. 1b S. 1 HGB) im Abgangszeitpunkt der eigenen Anteile, der sich nach den allgemeinen handelsrechtlichen Vorschriften[733] bestimmt. In welcher Höhe der Vorspaltenausweis entfällt, richtet sich nach dem Nennbetrag bzw. rechnerischen Wert, der auf die veräußerten Anteile entfällt. Dies gilt auch dann, wenn die eigenen Anteile unter *pari* veräußert werden. Der Verlust in Höhe der Differenz zwischen dem Nennbetrag bzw. rechnerischen Wert und dem niedrigeren Veräußerungserlös ist aufwandswirksam in der GuV zu erfassen[734].

464 Die Veräußerung eigener Anteile stellt bei wirtschaftlicher Betrachtung eine Kapitalerhöhung dar[735]. Sofern die Gegenleistung für die eigenen Anteile in einem **Sachwert** besteht (Tausch), könnte dies dafür sprechen, dass die AK (§ 255 Abs. 1 HGB) des zugehenden Gegenstands in entspr. Anwendung der allgemeinen Grundsätze für die Bewertung von Sacheinlagen (vgl. Kap. F Tz. 120) bestimmt werden dürfen; womit auch ein Ansatz in Höhe des Nennbetrags bzw. rechnerischen Werts der ausgegebenen Anteile zulässig wäre[736]. Damit würde jedoch die nach § 272 Abs. 1b S. 2 HGB bestehende Pflicht zur (Wieder-)Einstellung des bei Erwerb der eigenen Anteile mit den frei verfügbaren Rücklagen verrechneten Betrags (vgl. Kap. F Tz. 461), bis zu dem Betrag, um den der Zeitwert der Sachleistung den Nominalbetrag bzw. rechnerischen Wert der eigenen Anteile übersteigt, unterlaufen. Deshalb erscheint ein Zeitwertansatz des erworbenen Vermögensgegenstands sachgerecht[737].

465 Übersteigt der Veräußerungserlös den Nennbetrag bzw. rechnerischen Wert, ist der Mehrbetrag bis zum Betrag, der beim Erwerb der eigenen Anteile nach § 272 Abs. 1a S. 2 HGB mit **frei verfügbaren Rücklagen** verrechnet wurde (vgl. Kap. F Tz. 461), wieder in

---

731 Vgl. *Gelhausen/Fey/Kämpfer*, BilMoG, Kap. L, Rn. 29 f., unter Verweis auf *Gelhausen*, in: FS Baetge 2007, S. 189 (206).
732 Vgl. *Winkeljohann/Hoffmann*, in: BeBiKo[11], § 272, Rn. 133.
733 Vgl. *Gelhausen/Fey/Kämpfer*, BilMoG, Kap. L, Rn. 39.
734 Vgl. *Gelhausen/Fey/Kämpfer*, BilMoG, Kap. L, Rn. 45; gl.A. *Mock*, in: Kölner Komm. Rechnungslegungsrecht, § 272 HGB, Rn. 103; a.A. *Winkeljohann/Hoffmann*, in: BeBiKo[11], § 272, Rn. 144: Mindererlös ist mit *freien Rücklagen zu verrechnen* (§ 272 Abs. 1a S. 2 HGB analog); DRS 22.41.
735 Vgl. z.B. *Gelhausen/Fey/Kämpfer*, BilMoG, Kap. L, Rn. 40; *Mock*, in: Kölner Komm. Rechnungslegungsrecht, § 272 HGB, Rn. 101.
736 So *Winkeljohann/Hoffmann*, in: BeBiKo[11], § 272, Rn. 148.
737 Vgl. *Gelhausen/Fey/Kämpfer*, BilMoG, Kap. L, Rn. 40.

diese Rücklagen einzustellen (§ 272 Abs. 1b S. 2 HGB). Ist dieser Betrag niedriger als derjenige, der beim Erwerb der Anteile verrechnet wurde, ist der geminderte Differenzbetrag vorzugsweise quotal auf die bei Erwerb zur Verrechnung herangezogenen Kapital- bzw. Gewinnrücklagen zu verteilen[738]. Wurden die Beträge nach § 272 Abs. 1a S. 2 HGB ursprünglich zu Lasten des Jahresergebnisses erfasst, kommt eine Rückgängigmachung dieser Verrechnung nicht in Betracht, weil es sich bei dem Mehrbetrag nach § 272 Abs. 1b S. 2 HGB nach der Gesetzeskonzeption nicht um einen Veräußerungserlös handelt. Mehrheitlich wird deshalb eine Einstellung in Gewinnrücklagen (vgl. Kap. F Tz. 494) befürwortet, die dann zu Gunsten des Bilanzgewinns wieder aufgelöst werden dürfen[739].

> **Hinweis 30:**
>
> Die Rückgängigmachung der Rücklagenverrechnung bei der **Veräußerung eigener Anteile** ist **nicht** in der **GuV-Verlängerungsrechnung** (§ 158 AktG) zu erfassen, jedoch ist eine Erl. im Anh. sachgerecht (vgl. DRS 22.45)[740].

Soweit der Veräußerungserlös den ursprünglichen Kaufpreis der eigenen Anteile übersteigt, ist der Differenzbetrag in die Kapitalrücklage nach § 272 Abs. 2 Nr. 1 HGB (vgl. Kap. F Tz. 478) einzustellen, d.h. im Ergebnis wie das „**Agio**" bei einer ordentlichen Kapitalerhöhung zu behandeln (§ 272 Abs. 1b S. 3 HGB; wirtschaftliche Kapitalerhöhung). **466**

Nebenkosten für eine **Wiederveräußerung** der eigenen Anteile (insb. Bankspesen und sonstige Transaktionskosten, z.B. Provisionen) sind als Periodenaufwand zu erfassen (§ 272 Abs. 1b S. 4 HGB). Gleiches gilt auch für ggf. durch die Veräußerung ausgelöste Ertragsteuern[741]. **467**

> **Hinweis 31:**
>
> Bei **(Wieder-)Veräußerung** eigener Anteile **im GJ ihres Erwerbs** ist die Veräußerung dennoch wie eine Kapitalerhöhung zu behandeln, mit der Folge, dass ein Mehrerlös nach § 272 Abs. 1b S. 3 HGB in die Kapitalrücklage nach § 272 Abs. 2 Nr. 1 HGB einzustellen und ein Mindererlös mit frei verfügbaren Rücklagen zu verrechnen ist (§ 272 Abs. 1a S. 2 HGB)[742].

8.4.7.1.4 Kapitalerhöhung/-herabsetzung

Kapitalerhöhungen gegen Einlagen dürfen nicht vor dem Zeitpunkt bilanziert werden, in dem die Durchführung der Kapitalerhöhung in das HR eingetragen ist (§§ 189 AktG, 54 Abs. 3 GmbHG); dies gilt auch für das genehmigte Kapital (§ 203 Abs. 1 i.V.m. § 189 **468**

---

738 Vgl. *Gelhausen/Fey/Kämpfer*, BilMoG, Kap. L, Rn. 46; gl.A. *Winkeljohann/Hoffmann*, in: BeBiKo[11], § 272, Rn. 147, die außerdem eine vorrangige Auffüllung der Kapitalrücklage für zulässig halten.
739 Vgl. z.B. *Gelhausen/Fey/Kämpfer*, BilMoG, Kap. L, Rn. 47; *Mock*, in: Kölner Komm. Rechnungslegungsrecht, § 272 HGB, Rn. 104.
740 Vgl. *Winkeljohann/Hoffmann*, in: BeBiKo[11], § 272, Rn. 143.
741 Vgl. *Winkeljohann/Hoffmann*, in: BeBiKo[11], § 272, Rn. 142.
742 Ausführlich vgl. *Gelhausen/Fey/Kämpfer*, BilMoG, Kap. L, Rn. 52 ff.

AktG). Falls bis zum Stichtag zwar ein Kapitalerhöhungsbeschluss gefasst wurde, aber noch keine Einlage geleistet ist[743], ergeben sich keine bilanziellen Konsequenzen.

469 Erfolgt die Kapitalerhöhung durch Ausgabe von Bezugsaktien (**bedingtes Kapital**), entscheidet der Zeitpunkt der jeweiligen Ausgabe an den Berechtigten über den Ausweis als gezeichnetes Kapital (§ 200 AktG; zum Vermerk nach § 152 Abs. 1 S. 3 AktG vgl. Kap. F Tz. 453). Werden Globalurkunden ausgegeben (Regelfall), ist die Ausgabe erfolgt, sobald die „bis-zu"-Globalurkunde bei der Clearstream Banking AG auf Mitteilung der Emittentin heraufgeschrieben wurde. Die Einbuchung auf dem (individuellen) Depotkonto des (Neu–)Aktionärs ist nicht erforderlich, weil die Clearstream Banking AG der Depotbank und damit auch dem Aktionär selbst den Besitz mittelt. Darin ist ein ausreichender Nachweis zu sehen, um die Ausgabe i.S.d. §§ 199, 200 AktG annehmen zu können[744].

470 Eine **Kapitalerhöhung aus Gesellschaftsmitteln**[745] (für AG: §§ 207-220 AktG; für GmbH: §§ 57c-57o GmbHG) gilt mit der Eintragung des Beschlusses als durchgeführt (§ 211 Abs. 1 AktG; § 57c Abs. 4 i.V.m. § 54 Abs. 3 GmbHG). Erst von diesem Zeitpunkt an darf das erhöhte Kapital in der Bilanz ausgewiesen werden. Umwandelbar sind nur Kapital- und Gewinnrücklagen einschl. der Zuführungen lt. Gewinnverwendungsbeschluss (§ 207 Abs. 1 AktG, § 57c GmbHG)[746], soweit in der der Umwandlung zugrunde gelegten Bilanz nicht ein Verlust einschl. eines Verlustvortrags ausgewiesen wird (§ 208 Abs. 2 S. 1 AktG, § 57d Abs. 2 GmbHG). Die Beträge der Entnahmen aus den Rücklagen sind im JA der AG nach § 152 Abs. 2 Nr. 2 und Abs. 3 Nr. 3 AktG gesondert anzugeben. Eine Rücklage für Anteile am herrschenden Unternehmen[747] (§ 272 Abs. 4 HGB; vgl. Kap. F Tz. 506 ff.) darf ebenso wie auch eine Sonderrücklage nach § 218 S. 2 AktG nicht umgewandelt werden. Umwandelbar ist dagegen Nachschusskapital nach § 42 Abs. 2 S. 3 GmbHG[748]. Die Kapitalrücklage nach § 272 Abs. 2 Nrn. 1 bis 3 HGB und die gesetzliche Rücklage einer AG dürfen nach § 208 Abs. 1 S. 2 AktG nur insoweit umgewandelt werden, als sie zusammen den zehnten oder den in der Satzung bestimmten höheren Teil des Grundkapitals übersteigen. Sind Gewinnrücklagen für einen bestimmten Zweck bestimmt, so dürfen sie nur umgewandelt werden, soweit dies mit ihrer Zweckbestimmung vereinbar ist (§ 208 Abs. 2 S. 2 AktG, § 57d Abs. 3 GmbHG[749]).

471 Dem Beschluss über eine Kapitalerhöhung aus Gesellschaftsmitteln ist eine **geprüfte** und mit dem uneingeschränkten BestV versehene **Bilanz** (vgl. IDW PH 9.400.6) zugrunde zu legen (§ 209 AktG, §§ 57e und 57f GmbHG), in der die umzuwandelnden Rücklagen als Kapital- oder Gewinnrücklagen ausgewiesen sein müssen (§ 208 Abs. 1 S. 1 AktG, § 57d

---

743 Zur Bilanzierung der zur Durchführung einer beschlossenen Kapitalerhöhung geleisteten Einlagen vgl. Kap. F Tz. 535.
744 Vgl. *Winkeljohann/Hoffmann*, in: BeBiKo[11], § 272, Rn. 65 unter Verweis auf *Frey*, in Großkomm. AktG[4], § 199, Rn. 20.
745 Vgl. ADS[6], § 272 HGB, Tz. 30; *Förschle/Kropp*, in: Winkeljohann/Förschle/Deubert, Sonderbilanzen[5], Kap. E, Rn. 11 ff.
746 Einschränkend *Förschle/Kropp*, in: Winkeljohann/Förschle/Deubert, Sonderbilanzen[5], Kap. E, Rn. 102: Umwandlung von Rücklagenzuführungen des letzten GJ nur bei Aufstellung und Prüfung einer Zwischenbilanz möglich.
747 Vgl. zur Einordnung als gebundene Rücklage *Gelhausen/Fey/Kämpfer*, BilMoG, Kap. L, Rn. 62.
748 Zur Umwandlung von Sonderrücklagen nach dem DMBilG vgl. *Förschle/Kropp*, in: Winkeljohann/Förschle/Deubert, Sonderbilanzen[5], Kap. E, Rn. 60 f., 90 ff.
749 Vgl. zu zweckbestimmten Gewinnrücklagen *Förschle/Kropp*, in: Winkeljohann/Förschle/Deubert, Sonderbilanzen[5], Kap. E, Rn. 78 ff.

Abs. 1 GmbHG). Der Abschlussstichtag darf höchstens acht Monate vor der Anmeldung des Beschlusses zur Eintragung in das HR liegen (§ 209 Abs. 1 und 2 AktG, §§ 57e Abs. 1 und 57f Abs. 1 GmbHG).

> **! Hinweis 32:**
> Wird die Kapitalerhöhung in der HV beschlossen, die den festgestellten JA entgegennimmt oder diesen feststellt (§ 175 Abs. 1 und 3 AktG), dürfen bei der AG die von der Verwaltung gem. § 58 Abs. 1 oder 2 AktG in freie Rücklagen eingestellten Beträge in Grundkapital umgewandelt werden und darüber hinaus nach § 208 Abs. 1 S. 1 AktG auch die Zuweisungen weiterer Beträge aufgrund des Gewinnverwendungsbeschlusses der HV nach § 58 Abs. 3 AktG[750]. Zur GmbH vgl. § 57d Abs. 1 GmbHG.

Im Falle der **Kapitalherabsetzung** ist das Grundkapital einer AG erst mit Eintragung des Beschlusses herabgesetzt (§ 224 AktG). Lediglich bei vereinfachter Kapitalherabsetzung dürfen nach § 234 Abs. 1 AktG im JA für das letzte vor der Beschlussfassung über die Kapitalherabsetzung abgelaufene GJ Grundkapital und Rücklagen in der Höhe ausgewiesen werden, wie sie nach der Kapitalherabsetzung bestehen sollen[751]; dabei ist zu beachten, dass der Beschluss innerhalb von drei Monaten nach der Beschlussfassung in das HR eingetragen sein muss (§ 234 Abs. 3 AktG). Das Gleiche gilt für den Fall einer vereinfachten Kapitalherabsetzung bei gleichzeitiger Kapitalerhöhung (§ 235 Abs. 1 AktG). Nach §§ 58a ff. GmbHG ist auch bei einer GmbH eine vereinfachte Kapitalherabsetzung möglich, die sich eng an den aktienrechtlichen Bestimmungen orientiert[752].

Eine **Einziehung** zurückerworbener **Stückaktien** darf bei einer **AG** auch ohne Kapitalherabsetzung, d.h. durch sog. **Amortisation** erfolgen (§ 237 Abs. 3 Nr. 3 AktG), wenn die HV ausdrücklich beschließt, dass sich durch die Einziehung der Anteil der verbleibenden Aktien am Grundkapital entspr. erhöht[753]. Anders als im vereinfachten Einziehungsverfahren nach § 237 Abs. 3 Nr. 1 und 2 AktG ist im Fall der Amortisation die Bildung einer Kapitalrücklage nach § 237 Abs. 5 AktG in Höhe des Betrags des Grundkapitals, das auf die eingezogenen Aktien entfällt, nicht erforderlich, weil die Grundkapitalziffer unverändert bleibt und deshalb kein „Ertrag aus Kapitalherabsetzung" (§ 240 S. 1 AktG) entsteht[754].

Bei **GmbH** darf die Einziehung von Geschäftsanteilen (Amortisation) nur erfolgen, wenn sie im Gesellschaftsvertrag zugelassen ist (§ 34 Abs. 1 GmbHG)[755]. Nach § 5 Abs. 3 S. 2 GmbHG muss die Summe der Nennbeträge der Geschäftsanteile bei Gründung und Kapitalerhöhung mit dem Betrag des Stammkapitals übereinstimmen. Bei Einziehungsbeschlüssen ändert sich (ohne einen wirksamen Kapitalherabsetzungsbeschluss) nicht der (Nenn-)Betrag des Stammkapitals, wenn nicht ausnahmsweise zugleich ein wirksamer Kapitalerhöhungsbeschluss gefasst wird. Im Normalfall wächst der auf die einge-

---

750 Vgl. ADS[6], § 272 HGB, Tz. 32.
751 Vgl. ADS[6], § 272 HGB, Tz. 40; *Förschle/Heinz*, in: Winkeljohann/Förschle/Deubert, Sonderbilanzen[5], Kap. Q, Rn. 111, 115.
752 Vgl. *Förschle/Heinz*, in: Winkeljohann/Förschle/Deubert, Sonderbilanzen[5], Kap. Q, Rn. 111 ff.
753 Vgl. zu den Tatbestandsvoraussetzungen *Koch*, in: Hüffer/Koch, AktG[12], § 237, Rn. 34a f.
754 Vgl. *Koch*, in: Hüffer/Koch, AktG[12], § 237, Rn. 38; gl.A. *Winkeljohann/Hoffmann*, in: BeBiKo[10], § 272, Rn. 103.
755 Vgl. zu den Voraussetzungen *Fastrich*, in: Baumbach/Hueck, GmbHG[21], § 34, Rn. 3 ff.

zogenen Geschäftsanteile entfallende Nominalbetrag, ebenso wie bei einer PerGes., den verbleibenden Gesellschaftern an[756]. Dem kann entweder durch die Aufstockung des Nennbetrags der verbleibenden Geschäftsanteile oder die Bildung eines neuen Geschäftsanteils Rechnung getragen werden. Werden die Geschäftsanteile aufgestockt, müssen sie weiter auf volle Euro lauten (§ 5 Abs. 2 S. 1 GmbHG)[757].

8.4.7.2 Kapitalrücklage

474 Bestimmte **Zuzahlungen** von Gesellschaftern und Beträge, die bei der Ausgabe von Anteilen i.w.S. erzielt wurden, sind in die Kapitalrücklage einzustellen. Damit soll die Einstellung von Beträgen, die der Ges. von Kapitalgebern (extern) zufließen, von Einstellungen in das EK getrennt werden, die aus dem von der Ges. erzielten Gewinn (intern) vorgenommen werden.

475 Als Kapitalrücklage sind nach § 272 Abs. 2 HGB auszuweisen:

- Der Betrag, der bei der Ausgabe von Anteilen einschl. von Bezugsanteilen über den Nennbetrag oder – bei Stückaktien – über den rechnerischen Wert hinaus erzielt wird (Nr. 1; vgl. Kap. F Tz. 478 ff.);
- der Betrag, der bei der Ausgabe von Schuldverschreibungen für Wandlungsrechte und Optionsrechte zum Erwerb von Anteilen erzielt wird (Nr. 2; vgl. Kap. F Tz. 480);
- der Betrag von Zuzahlungen, die Gesellschafter gegen Gewährung eines Vorzugs für ihre Anteile leisten (Nr. 3; vgl. Kap. F Tz. 481);
- der Betrag von anderen Zuzahlungen, die Gesellschafter in das EK leisten (Nr. 4; vgl. Kap. F Tz. 482 ff.).

476 Ein gesonderter Ausweis oder eine **Aufgliederung** der Kapitalrücklage im Anh. empfiehlt sich, soweit in ihr Beträge enthalten sind, die Verwendungsbeschränkungen unterliegen (z.B. bei AG: Beträge nach Nrn. 1 bis 3 bei AG bzw. bei GmbH: etwaige Nachschüsse vgl. Kap. F Tz. 489)[758].

477 Bei AG und GmbH sind i.Z.m. **Kapitalherabsetzungen** ferner folgende Beträge in den Posten Kapitalrücklage einzustellen:

- Beträge, die aus einer Kapitalherabsetzung gewonnen werden, soweit die in § 231 S. 1 AktG, § 58b Abs. 2 S. 1 GmbHG bezeichnete Begrenzung eingehalten wird[759];
- Beträge bei zu hoch angenommenen Verlusten nach vorangegangener vereinfachter Kapitalherabsetzung (§ 232 AktG, § 58c GmbHG);

nur bei AG ferner:

- aus einer Kapitalherabsetzung durch Einziehung von Aktien gewonnene Beträge, wenn die Aktien der Ges. unentgeltlich zur Verfügung gestellt wurden oder sie zu Lasten des Bilanzgewinns oder einer Gewinnrücklage eingezogen werden (§ 237 Abs. 3 Nr. 1 und 2 i.V.m. Abs. 5 AktG)[760].

---

[756] Vgl. *Altmeppen*, in: Roth/Altmeppen, GmbHG[8], § 34, Rn. 80 ff.; *Altmeppen*, ZIP 2017, S. 1557 (1560 ff.).
[757] Vgl. *Görner*, in: Rohwedder/Schmidt-Leithoff, GmbHG[6], § 34, Rn 27.
[758] Vgl. ADS[6], *§ 272 HGB*, Tz. 86; *Kropff*, in: MünchKomm. AktG[2], § 272 HGB, Rn. 60; *Winkeljohann/Hoffmann*, in: BeBiKo[11], § 272, Rn. 165; a.A. (keine Pflicht) *Küting/Reuter*, in: HdR[5], § 272 HGB, Rn. 67.
[759] Zur Berechnung vgl. ADS[6], § 231 AktG, Tz. 14; *Förschle/Heinz*, in: Winkeljohann/Förschle/Deubert, Sonderbilanzen[5], Kap. Q, Rn. 101 ff.
[760] Vgl. *Koch*, in: Hüffer/Koch, AktG[12], § 237, Rn. 34.

Die vorstehend genannten Beträge dürfen mit der Kapitalrücklage nach § 272 Abs. 2 Nrn. 1 bis 3 HGB zusammengefasst werden[761]. Auf sie sind bei AG, weil Zweck, Sinnzusammenhang und Entstehungsgeschichte dies gebieten, die Bestimmungen in § 150 AktG hinsichtlich der Kapitalrücklage sinngemäß anzuwenden[762].

Bei § 272 Abs. 2 Nr. 1 HGB handelt es sich um ein vereinbartes **Agio bei der Ausgabe neuer Anteile** sowie den Mehrbetrag nach § 272 Abs. 1b S. 3 HGB, der bei der **Veräußerung eigener Anteile** über den Anschaffungspreis bei Erwerb erzielt wurde (vgl. Kap. F Tz. 466). Die Ausgabekosten dürfen nicht abgesetzt werden[763]; das gilt auch für das Agio, das bei mittelbarem Bezugsrecht anfällt[764]. **478**

Teilweise verpflichten sich die Aktionäre i.Z.m. der Übernahme von neuen Aktien im Wege einer schuldrechtlichen Vereinbarung zur Leistung von Zuzahlungen in das EK (**schuldrechtliches Aufgeld**). Der innere Zusammenhang zur Kapitalerhöhung spricht grds. dafür, die so erlangten Beträge, zumindest soweit dies zur Herstellung eines angemessenen Ausgabeverhältnisses erforderlich ist, als Kapitalzuführungen zu behandeln und in die Kapitalrücklage nach § 272 Abs. 2 Nr. 1 HGB einzustellen[765]. Die Literatur[766] und Rspr.[767] geht dagegen zunehmend davon aus, dass die Vereinbarung einer schuldrechtlichen Zuzahlung in die Kapitalrücklage nach § 272 Abs. 2 Nr. 4 HGB i.Z.m. einer Kapitalerhöhung ohne Weiteres zulässig ist und die Kapitalrücklage folglich nicht den Beschränkungen des § 150 AktG unterliegt (vgl. Kap. F Tz. 497 ff.). Bis zu einer abschließenden Klärung der Rechtslage wird man daher beide Sichtweisen als zulässig ansehen müssen. **479**

Die Bestimmungen in § 272 Abs. 2 Nr. 2 HGB regeln implizit, dass neben einem über den Rückzahlungsbetrag hinausgehenden Aufgeld auch in der Einräumung eines unter dem Kapitalmarktzinssatz liegenden Zinssatzes (verdecktes Aufgeld) eine Gegenleistung für die Einräumung von **Wandlungsrechten und Optionsrechten** zum Erwerb von Anteilen zu sehen ist[768]. Um eine Überdotierung der Kapitalrücklage zu vermeiden, darf bei Wandelanleihen nur der Vorteil in die Rücklage eingestellt werden, der dem Emittenten aus der Unterverzinslichkeit bis zum frühestmöglichen Wandlungszeitpunkt unentziehbar ist[769]. Die Ermittlung des verdeckten Aufgelds (Wert des Options-/Wandlungsrechts) kann zum einen durch eine Aufteilung des Rückzahlungsbetrags mittels effektiver Marktpreise (sog. Marktpreismethode) erfolgen. Zum anderen besteht die Möglichkeit, das verdeckte Aufgeld durch Gegenüberstellung des Gesamtausgabebe- **480**

---

[761] Die Zusammenfassung für möglich haltend, jedoch den Sonderausweis bevorzugend *Singhof*, in: HdJ, Abt. III/2, Rn. 123; *Hüttemann/Meyer*, in: Staub, HGB⁵, § 272, Rn. 31.
[762] Vgl. ADS⁶, § 150 AktG, Tz. 38 f.
[763] Ebenso ADS⁶, § 272 HGB, Tz. 93; *Kropff*, in: MünchKomm. AktG², § 272 HGB, Rn. 68 m.w.N.; a.A. nur *Winkeljohann/Schellhorn*, in: Winkeljohann/Förschle/Deubert, Sonderbilanzen⁵, Kap. D, Rn. 148.
[764] Vgl. ADS⁶, § 272 HGB, Tz. 96; *Mock*, in: Kölner Komm. Rechnungslegungsrecht, § 272 HGB, Rn. 133; *Singhof*, in: HdJ, Abt. III/2, Rn. 114.
[765] Vgl. ADS⁶, § 272 HGB, Tz. 90; *Reiner*, in: MünchKomm. HGB³, § 272, Rn. 103; *Pentz*, in: MünchKomm. AktG⁴, § 23, Rn. 60 m.w.N.; *Baums*, in: FS Hommelhoff, S. 61 (83 ff.); *Schäfer*, ZIP 2016, S. 953 (955).
[766] Vgl. *Wagner*, DB 2004, S. 293 (297); *von Falkenhausen*, NZG 2009, S. 1096 (1098); *Schnorbus/Plassmann*, ZIP 2016, S. 693 (700); *Koch*, in: Hüffer/Koch, AktG¹², § 54, Rn. 8.
[767] Vgl. OLG München v. 27.09.2006, WM 2007, S. 123 (126); BGH v. 15.10.2007, NZG 2008, S. 73 (zur GmbH).
[768] Vgl. ADS⁶, § 272 HGB, Tz. 118 ff.; zum Aktivierungswahlrecht für ein Disagio in diesen Fällen vgl. *Gelhausen/Rimmelspacher*, AG 2006, S. 729 (735).
[769] Vgl. ausführlich dazu *Gelhausen/Rimmelspacher*, AG 2006, S. 729 (732).

trags und der durch Abzinsung mit einem marktüblichen Zinssatz ermittelten „isolierten Anleiheverbindlichkeit" (sog. Residualmethode) zu bestimmen[770]. Ausgabekosten dürfen nicht von dem in die Kapitalrücklage einzustellenden Agio abgesetzt werden[771].

Unter die in der Vorschrift erwähnten Schuldverschreibungen fallen insb. die in § 221 AktG geregelten **Wandelschuldverschreibungen** und Gewinnschuldverschreibungen[772] sowie die in § 192 Abs. 2 Nr. 3 AktG geregelten **Aktienoptionen an Arbeitnehmer** und Geschäftsführungsmitglieder der Ges. oder eines mit ihr verbundenen Unternehmens (vgl. dazu Kap. F Tz. 1290). Ist bei der Ausübung des Bezugsrechts aus einer Optionsanleihe ein weiteres Aufgeld zu leisten, ist dieses in die Kapitalrücklage gem. § 272 Abs. 2 Nr. 1 HGB einzustellen[773].

481 Unter die Beträge nach § 272 Abs. 2 Nr. 3 HGB fallen **Zuzahlungen** zur Erlangung gesellschaftsrechtlicher **Vorzugsrechte** (z.B. nach §§ 11 AktG, 29 Abs. 3 S. 2 GmbHG)[774].

482 Beträge nach § 272 Abs. 2 Nr. 4 HGB sind **Zuzahlungen** von Gesellschaftern, die **ohne eine Gegenleistung** der Ges. geleistet werden und die nach dem Willen des Leistenden beim Empfänger nicht zu einem Ertrag, sondern zu einer Erhöhung des Kapitals führen sollen[775]. Als Zuzahlungen kommen Geld- oder Sachleistungen, der Erlass von Forderungen gegen die Ges. oder die Befreiung der Ges. von einer Dritt-Verbindlichkeit, z.B. durch befreiende Schuldübernahme[776], in Betracht. Die AK einer Sachzuzahlung bemessen sich wahlweise mit dem Erinnerungswert oder dem vorsichtig geschätzten Zeitwert[777].

> **! Hinweis 33:**
>
> Entgegen den steuerrechtlichen Regelungen[778] ist bei einem **Forderungsverzicht** des Gesellschafters handelsrechtlich nicht nur der ggf. niedrigere Zeitwert (z.B. aufgrund mangelnder Bonität oder Wechselkursschwankungen), sondern der Nominalbetrag der erloschenen Verbindlichkeit in die Kapitalrücklage nach § 272 Abs. 2 Nr. 4 HGB einzustellen[779].

483 Eine Zuzahlung ist bilanzrechtlich geleistet, sobald der Ges. ein **unentziehbarer**, verlässlich bewertbarer und zu einem bestimmten Zeitpunkt **fälliger (Sachleistungs-)Anspruch** auf die Zuwendung zusteht, der dementsprechend im JA als Forderung bilanzierungspflichtig ist[780].

---

770 Vgl. ADS[6], § 272 HGB, Tz. 123; *Gelhausen/Rimmelspacher*, AG 2006, S. 729 (732).
771 Vgl. ADS[6], § 272 HGB, Tz. 113.
772 Vgl. auch *Singhof*, in: HdJ, Abt. III/2, Rn. 116 ff.; *Küting/Reuter*, in: HdR[5], § 272 HGB, Rn. 77.
773 Vgl. ADS[6], § 272 HGB, Tz. 92; *Winkeljohann/K. Hoffmann*, in: BeBiKo[11], § 272, Rn. 180; *Hüttemann/Meyer*, in: Staub, HGB[5], § 272, Rn. 38.
774 Vgl. ADS[6], § 272 HGB, Tz. 130 (mit Bsp.); *Winkeljohann/Hoffmann*, in: BeBiKo[11], § 272, Rn. 190; weitergehend *Kropff*, in: MünchKomm. AktG[2], § 272 HGB, Rn. 98 auch zweckgebundene Zuzahlungen zum Ausgleich von Wertminderungen und zur Deckung sonstiger Verluste.
775 Vgl. ADS[6], § 272 HGB, Tz. 137; hierzu auch *IDW ERS HFA 13 n.F.*, Tz. 73 ff.
776 Vgl. *Förschle/Heinz*, in: Winkeljohann/Förschle/Deubert, Sonderbilanzen[5], Kap. Q, Rn. 119; *Hüttemann/Meyer*, in: Staub HGB[5], § 272, Rn. 47.
777 Vgl. ADS[6], § 255 HGB, Tz. 83 f.; *Winkeljohann/Taetzner*, in: BeBiKo[11], § 272, Rn. 405; enger *IDW RS HFA 42*, Tz. 47: ausschließlich Ansatz mit dem vorsichtig geschätzten Zeitwert; so auch *Schulze-Osterloh*, NZG 2014, S. 1 (4).
778 Vgl. *Förschle/Scheel*, in: Winkeljohann/Förschle/Deubert, Sonderbilanzen[5], Kap. Q, Rn. 314 ff.
779 Gl.A. *Schulze-Osterloh*, NZG 2017, S. 641 (644).
780 Vgl. ADS[6], § 272 HGB, Tz. 135; *Winkeljohann/Hoffmann*, in: BeBiKo[11], § 272, Rn. 198.

484 Der Wortlaut der Vorschrift verlangt, dass die Zuwendung in das EK von einem Gesellschafter geleistet wurde. Für die Beurteilung dieser Frage ist nicht ausschlaggebend, ob derjenige, der die Zuwendung leistet, rechtlicher Eigentümer der Anteilsrechte an der begünstigten Ges. ist, sondern auch hier ist – wie für die Bilanzierung im handelsrechtlichen JA generell – das wirtschaftliche Eigentum maßgeblich (vgl. § 246 Abs. 1 S. 2 Hs. 2 HGB). Sind die Anteile z.B. Gegenstand eines Treuhandverhältnisses und wird ein Forderungsverzicht ggü. der Ges. durch den Treugeber und **wirtschaftlichen Eigentümer** Anteile ausgesprochen, handelt es sich um eine Zuwendung des Gesellschafters und nicht um die eines Dritt-Gläubigers. Eine erfolgwirksame Vereinnahmung der Vermögensmehrung aus dem Forderungsverzicht kommt dementsprechend nur in Betracht, wenn auch ein Ertragszuschuss gewollt ist (vgl. Kap. F Tz. 784).

485 Bisweilen verpflichten sich Inferenten einer Kapitalerhöhung, die zuvor noch nicht an der Ges. beteiligt waren, auf schuldrechtlicher Grundlage, über ihre Einlage hinaus eine freiwillige Zuzahlung in die Kapitalrücklage zu erbringen. Wird diese Zuzahlung geleistet noch bevor die Kapitalerhöhung wirksam und damit die Gesellschafterstellung erlangt wird, ist die Zuwendung ebenfalls als Kapitalrücklage auszuweisen, auch wenn sie (formal-)rechtlich noch von einem Dritten geleistet wurde[781].

486 Zuzahlungen können auch **durch** fremde **Dritte** für Rechnung, auf Veranlassung oder im Interesse der Gesellschafter erfolgen[782]. Eine Leistung für Rechnung setzt dabei voraus, dass der Dritte, wie bei einem Treuhandverhältnis üblich, einen wie auch immer gearteten wirtschaftlichen Ausgleich durch den Gesellschafter erhält. Eine Leistung im Interesse des Gesellschafters ist z.B. bei sog. Großmutter-Zuschüssen anzunehmen, d.h. wenn die Zuwendung an die Ges. durch einen mittelbar beteiligten Gesellschafter erfolgt (vgl. zur bilanziellen Behandlung im JA der mittelbar beteiligten Gesellschafter („Durchbuchen entlang der Beteiligungskette") Kap. F Tz. 368). Eine Veranlassung durch den Gesellschafter kann z.B. in Sanierungsfällen dann gegeben sein, wenn der Gesellschafter entweder direkt oder (erkennbar) unter Einschaltung der verpflichteten Ges. Zahlungen an einen Dritt-Gläubiger leistet, die diesen veranlassen, ganz oder teilweise auf seine danach verbleibenden Ansprüche ggü. der Ges. zu verzichten. Wenn dagegen das Eigeninteresse des Dritten am Sanierungserfolg überwiegt, z.B. weil ihm im Gegenzug für den erklärten Forderungsverzicht ein Besserungsschein gewährt wird[783], kommt nur eine erfolgswirksame Erfassung der Leistung in Betracht.

> **! Hinweis 34:**
> Erklärt ein verbundenes Unternehmen (SchwesterGes.) auf Veranlassung des gemeinsamen MU hin, einen Forderungsverzicht, liegt ebenfalls eine aus dem Gesellschaftsverhältnis veranlasste Vermögensmehrung vor, die erfolgsneutral in die Kapitalrücklage nach § 272 Abs. 2 Nr. 4 HGB einzustellen ist, sofern nicht aus den Gesamtumständen erkennbar ist, dass ein Ertragszuschuss gewollt ist.

---

781 Vgl. OLG München, v. 27.09.2006, DB 2006, S. 2734; bestätigt durch BGH v. 15.10.2007, NZG 2008, S. 76.
782 H.M. vgl. ADS[6], § 272 HGB, Tz. 133; *Förschle/Heinz*, in: Winkeljohann/Förschle/Deubert, Sonderbilanzen[5], Kap. Q, Rn. 120 m.w.N.
783 Vgl. zum Forderungsverzicht mit Besserungsschein: *Förschle/Heinz*, in: Winkeljohann/Förschle/Deubert, Sonderbilanzen[5], Kap. Q, Rn. 44 ff.

487 In Rahmen von **Umwandlungsvorgängen** erscheint es sachgerecht, folgende Beträge in der Kapitalrücklage gem. § 272 Abs. 2 Nr. 4 HGB zu erfassen:

- den „Spaltungsgewinn", der beim übertragenden Rechtsträger entsteht, wenn bei einer Abspaltung der Buchwert der abgespaltenen Schulden denjenigen der abgespaltenen Vermögensgegenstände übersteigt (vgl. *IDW RS HFA 43*, Tz. 19), sofern die Gesellschafter nicht ausdrücklich einen Ertragszuschuss vereinbaren[784],
- eine Reinvermögensmehrung beim übernehmenden Rechtsträger im Fall eines *downstream-mergers* (vgl. *IDW RS HFA 42*, Tz. 47)[785] sowie
- eine Reinvermögensmehrung beim übernehmenden Rechtsträger, wenn dieser mit Zustimmung der Gesellschafter des übertragenden Rechtsträgers (§§ 54 Abs. 1 S. 3, 68 Abs. 1 S. 3 UmwG) auf eine Gewährung von Gesellschaftsrechten verzichtet (*IDW RS HFA 42*, Tz. 50 i.V.m. Tz. 47); dies kann insb. bei (konzerninternen) Verschmelzungen von 100%-igen TU der Fall sein (*side-stream-merger*).

488 **Verdeckte Einlagen** (z.B. die kostenlose oder verbilligte Übertragung von Vermögenswerten auf die Ges.) oder auch verlorene Zuschüsse führen nur dann zu einer Einstellung in die Kapitalrücklage nach § 272 Abs. 2 Nr. 4 HGB, wenn ein in diese Richtung zielender Wille des leistenden Gesellschafters erkennbar ist[786]. Es empfiehlt sich daher, dass der leistende Gesellschafter ggf. seine diesbezüglichen Absichten eindeutig ggü. der Ges. zum Ausdruck bringt[787].

489 **Nachschüsse** von Gesellschaftern einer GmbH, die auf einem in § 42 Abs. 2 GmbHG erwähnten Beschluss beruhen, sind stets gesondert unter der Kapitalrücklage auszuweisen (§ 42 Abs. 2 S. 3 GmbHG, vgl. auch Kap. F Tz. 1439); sie fallen nicht unter § 272 Abs. 2 Nr. 4 HGB[788]. Sachgerecht erscheint die Bezeichnung „Nachschusskapital".

490 Die Kapitalrücklage unterliegt bei AG hinsichtlich ihrer **Verwendung und Auflösung** insoweit **Beschränkungen**, als es sich um Beträge nach § 272 Abs. 2 Nrn. 1 bis 3 HGB handelt, die Teil des gesetzlichen Reservefonds sind (§ 150 Abs. 2 AktG)[789]. Weitere zeitlich befristete Beschränkungen bestehen bei GmbH bzgl. etwaiger i.R.d. vereinfachten Kapitalherabsetzung eingestellter Beträge (vgl. § 58b Abs. 3 GmbHG).

Abgesehen von diesen zuvor genannten Beschränkungen unterliegt die Kapitalrücklage weder bei der AG noch bei der GmbH hinsichtlich ihrer Verwendung einschränkenden gesetzlichen Bestimmungen. Über sie kann daher frei verfügt werden, d.h. sie kann sowohl zur Kapitalerhöhung aus Gesellschaftsmitteln, zur Verlustdeckung als auch zur Gewinnausschüttung herangezogen werden. Eine während der Laufzeit eines GAV nach

---

[784] Vgl. *Winkeljohann/Hoffmann*, in: BeBiKo[11], § 272, Rn. 375.

[785] Vgl. *Deubert/Hoffmann*, in: Winkeljohann/Förschle/Deubert, Sonderbilanzen[5], Kap. K, Rn. 67; abw. (für eine erfolgswirksame Erfassung des „Verschmelzungsgewinns") *Priester*, in: Lutter, UmwG[5], § 24, Rn. 61; *Simon*, in: Kölner Komm. UmwG, § 24, Rn. 79.

[786] Vgl. ADS[6], § 272 HGB, Tz. 132; a.A. *Schulze-Osterloh*, NZG 2014, S. 1 (4 f.): Differenz zwischen Zeitwert der Zuwendung und einem vereinbarten Kaufpreis ist der Kapitalrücklage nach § 272 Abs. 2 Nr. 4 HGB zuzuweisen.

[787] Vgl. dazu auch IDW St/HFA 2/1996 i.d.F. 2013, Abschn. 2.2.

[788] Vgl. ADS[6], § 42 GmbHG, Tz. 22; *Hüttemann/Meyer*, in: Staub, HGB[5], § 272, Rn. 43; a.A. hinsichtlich geleisteter Nachschüsse *Küting/Reuter*, in: HdR[5], § 272 HGB, Rn. 129, *Mock*, in: Kölner Komm. Rechnungslegungsrecht, § 272 HGB, Rn. 165, und *Lutter/Hommelhoff*, GmbHG[19], § 42, Rn. 56 (Ausweis unter Posten Nr. 4); zur Verwendung von Nachschusskapital vgl. auch *Winkeljohann/Hoffmann*, in: BeBiKo[11], § 272, Rn. 217.

[789] Vgl. ADS[6], § 150 AktG, Tz. 16 ff.

§ 291 Abs. 1 S. 1 AktG auf Ebene einer abhängigen Ges. gebildete Kapitalrücklage gem. § 272 Abs. 2 Nr. 4 HGB unterliegt bei ihrer Auflösung nicht der Abführung an das herrschende Unternehmen (§ 301 AktG), sondern darf nur auf der Grundlage eines entspr. Beschlusses an die Gesellschafter ausgeschüttet[790] oder ggf. von diesen entnommen werden[791]. Eine ertragswirksame Vereinnahmung von Beträgen, die aus einer Auflösung der Kapitalrücklage eines Beteiligungsunternehmens stammen, beim Gesellschafter ist nur insoweit möglich, als es sich nicht um eine Kapitalrückzahlung handelt, die zu einer Minderung des Beteiligungsbuchwerts führt (dazu *HFA*, FN-IDW 1999, S. 552, sowie *HFA*, FN-IDW 2000, S. 172)[792].

Einstellungen in die Kapitalrücklage und deren **Auflösung** sind bereits bei der Aufstellung der Bilanz vorzunehmen (§ 270 Abs. 1 HGB). AG haben Einstellungen und Entnahmen der Berichtsperiode in und aus der Kapitalrücklage entweder in der Bilanz oder im Anh. anzugeben (§ 152 Abs. 2 AktG)[793]. **491**

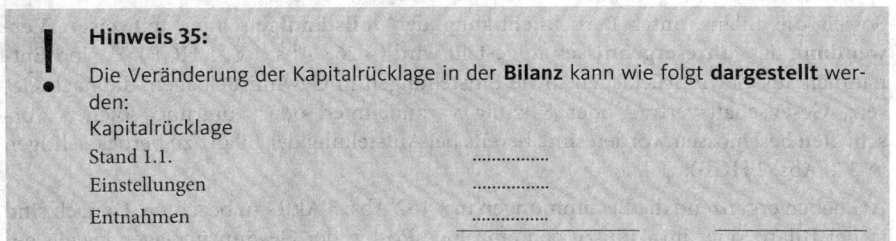

> **Hinweis 35:**
> Die Veränderung der Kapitalrücklage in der **Bilanz** kann wie folgt **dargestellt** werden:
> Kapitalrücklage
> Stand 1.1.   ....
> Einstellungen   ....
> Entnahmen   ....

Wird der Posten Kapitalrücklage nach den einzelnen Zuweisungsgründen unterteilt (vgl. Kap. F Tz. 475), dürfte es sich aus Gründen der Klarheit und Übersichtlichkeit der Bilanz empfehlen, die entspr. Angaben im **Anh.** und nicht in der Bilanz zu machen. Im Hinblick auf den Wortlaut der Vorschrift erscheint es aber auch ausreichend, die Einstellungen und Entnahmen während des GJ jeweils zusammengefasst in einem Betrag für alle Kapitalrücklagen anzugeben[794]. Eine Entnahme aus der Kapitalrücklage (Differenzierung nicht notwendig) ergibt sich im Übrigen auch aus der **GuV-Verlängerungsrechnung** bzw. den alternativ zulässigen Angaben im Anh. (§ 158 Abs. 1 S. 1 Nr. 2 und S. 2 AktG); (vgl. Kap. F Tz. 883). **492**

Für die **GmbH** wird eine analoge Anwendung grds. empfohlen[795]. Daneben dürfen die Gesellschafter bei der GmbH in den Grenzen des § 30 GmbHG auch **freies Vermögen** zu Lasten einer bestehenden Kapitalrücklage **entnehmen**, wenn der Gesellschaftsvertrag eine entspr. Ermächtigung enthält oder die Gesellschafter dies im Einzelfall einstimmig beschließen[796]. In diesem Fall wird die GuV(-Verlängerungsrechnung) grds. nicht berührt. **493**

---

790 Vgl. ADS[6], § 174 AktG, Tz. 8; *Schmidt/Heinz*, in: BeBiKo[11], § 277, Rn. 70.
791 Ausführlich zu Vermögensentnahmen bei AG und GmbH vgl. *Gelhausen/Heinz*, in: FS Hoffmann-Becking, 2013, S. 357 (360 ff.).
792 Vgl. ADS[6], § 253 HGB, Tz. 48 f.; ausführlich auch *Deubert/Hoffmann*, Der Konzern 2013, S. 154 m.w.N.; *Schubert/Gadek*, in: BeBiKo[11], § 255, Rn. 170.
793 Vgl. ADS[6], § 152 AktG, Tz. 20.
794 Vgl. auch *Singhof*, in: HdJ, Abt. III/2, Rn. 113.
795 Vgl. ADS[6], § 158 AktG, Tz. 32; *Schmidt/Peun*, in: BeBiKo[11], § 275, Rn. 311.
796 Vgl. zum Entnahmerecht bei GmbH *Fastrich*, in: Baumbach/Hueck, GmbHG[21], § 29, Rn. 64.

8.4.7.3 Gewinnrücklagen

494 Die Gewinnrücklagen sind in der in § 266 Abs. 3 A.III.1. bis 4. HGB aufgeführten Gliederung auszuweisen. Gemeinsam ist ihnen, dass sie nur Beträge enthalten dürfen, die im GJ oder einem früheren GJ **aus dem Ergebnis** gebildet worden sind (§ 272 Abs. 3 HGB) oder kraft ausdrücklicher gesetzlicher Anordnung erfolgsneutral in die Gewinnrücklagen einzustellen sind, wie dies zuletzt z.B. für bestimmte Vermögenseffekte (z.B. nach Art. 67 Abs. 6 S. 1 EGHGB) bei der erstmaligen Anwendung der durch das BilMoG geänderten Vorschriften der Fall war[797]. „Ergebnis" ist nicht gleichbedeutend mit „Gewinn". Zwar können die Rücklagen nach A.III.1., 3 und 4 nur aus Ergebnisüberschüssen und nicht zu Lasten eines Verlustes gebildet werden, doch gilt dies nicht für die Rücklage für Anteile am herrschenden Unternehmen (A.III.2.), die bei Vorliegen der entspr. Voraussetzungen (§ 272 Abs. 4 HGB) unabhängig vom Vorliegen eines Gewinns ggf. zu Lasten eines Bilanzverlusts zu bilden ist (vgl. Kap. F Tz. 506).

495 Soweit die Bilanz unter Berücksichtigung der **vollständigen oder teilweisen Verwendung** des **Jahresergebnisses** aufgestellt wird (§ 268 Abs. 1 S. 1 HGB)[798], sind Entnahmen aus Gewinnrücklagen sowie Einstellungen in Gewinnrücklagen, die nach Gesetz, Gesellschaftsvertrag oder Satzung vorzunehmen oder aufgrund solcher Vorschriften beschlossen worden sind, bereits bei Aufstellung der Bilanz zu berücksichtigen (§ 270 Abs. 2 HGB).

496 **AG** haben ergänzend die Bestimmungen in § 152 Abs. 3 AktG zu beachten. Danach sind in der **Bilanz** oder im **Anh.** zu den einzelnen Posten der Gewinnrücklagen jeweils gesondert anzugeben:

- die Beträge, die die HV aus dem Bilanzgewinn des VJ eingestellt hat;
- die Beträge, die aus dem Jahresüberschuss des GJ eingestellt werden;
- die Beträge, die für das GJ entnommen werden.

Ferner sind Entnahmen und Einstellungen, die zu Lasten des Ergebnisses gehen, in der **GuV-Verlängerungsrechnung** oder im **Anh.** in der in § 158 Abs. 1 AktG vorgesehenen Gliederung aufzuführen (vgl. Kap. F Tz. 880 ff.).

8.4.7.3.1 Gesetzliche Rücklage

497 Für **AG** ist, mit Ausnahme von REIT-AG (§ 13 Abs. 1 S. 2 REITG), die Bildung einer gesetzlichen Rücklage in § 150 Abs. 1 AktG ausdrücklich vorgeschrieben. In sie ist so lange der zwanzigste Teil (5 v.H.) des um einen Verlustvortrag aus dem VJ geminderten Jahresüberschusses einzustellen, bis die gesetzliche Rücklage und die Kapitalrücklagen nach § 272 Abs. 2 Nrn. 1 bis 3 HGB zusammen den zehnten oder den in der Satzung bestimmten höheren Teil des Grundkapitals erreichen (§ 150 Abs. 2 AktG). Für **GmbH** bestehen – mit Ausnahme der UG (haftungsbeschränkt) (vgl. § 5a Abs. 3 GmbHG sowie Kap. F Tz. 455) – keine entspr. Vorschriften.

498 Ein Gewinnvortrag bleibt bei der **Berechnung der Zuführung** nach § 150 Abs. 2 AktG außer Betracht. Im JA bereits zu berücksichtigende Verbindlichkeiten, die an den Gewinn anknüpfen (z.B. aus dem Gewinn zu zahlende Beträge für Besserungsscheine, Vorstands- und Aufsichtsratstantiemen) und den Jahresüberschuss bereits gemindert

---

[797] Vgl. *IDW RS HFA 28*, Tz. 6 f.; *Gelhausen/Fey/Kirsch*, WPg 2010, S. 24 (26).
[798] Vgl. hierzu ADS[6], § 268 HGB, Tz. 10 ff.

haben, sind dem Jahresüberschuss nicht wieder hinzuzurechnen. Unter Grundkapital ist das in der Bilanz ausgewiesene gezeichnete Kapital zu verstehen (§ 272 Abs. 1 S. 1 HGB). Nicht eingeforderte, ausstehende Einlagen, die offen vom Grundkapital abgesetzt werden (§ 272 Abs. 1 S. 2 HGB; vgl. Kap. F Tz. 451), führen nicht zu einer Verminderung der Bemessungsgrundlage für die Obergrenze der gesetzlichen Rücklage[799]. Bedingtes Kapital (§§ 192 ff. AktG) ist bei der Berechnung der Zuführung nicht zu berücksichtigen. Die Satzung kann nicht bestimmen, dass ein höherer Betrag als 5 v.H. des Jahresüberschusses in die gesetzliche Rücklage einzustellen ist; auch darf anlässlich der Bilanzfeststellung durch Vorstand und AR kein höherer Betrag eingestellt werden. Lediglich die HV kann im Beschluss über die Verwendung des Bilanzgewinns nach § 58 Abs. 3 S. 1 AktG weitere Beträge in die gesetzliche Rücklage einstellen (vgl. aber § 254 Abs. 1 AktG)[800].

Bei GAV und Teil-GAV mindert der abzuführende Gewinn den Jahresüberschuss oder lässt einen solchen überhaupt nicht entstehen, so dass nach der Regelung des § 150 Abs. 2 AktG nur ein geringer oder gar kein Betrag in die gesetzliche Rücklage einzustellen wäre. § 300 AktG enthält daher im Interesse des Gläubigerschutzes sowie des Schutzes der Ges. **Sondervorschriften** für die Fälle des Bestehens eines GAV (§ 291 Abs. 1 S. 1 AktG), eines Geschäftsführungsvertrags (der als GAV gilt, § 291 Abs. 1 S. 2 AktG), eines Teil-GAV (§ 292 Abs. 1 Nr. 2 AktG) sowie eines Beherrschungsvertrags (§ 291 Abs. 1 S. 1 AktG)[801].

Bei **Teil-GAV** ist die Zuweisung zur gesetzlichen Rücklage auf Basis des Betrags zu errechnen, der ohne den Vertrag maßgebend wäre (§ 300 Nr. 2 AktG). Bei **GAV** ist die Dotierung der Zuführung zur gesetzlichen Rücklage grds. so zu bemessen, dass die gesetzliche Rücklage (unter Hinzurechnung der Kapitalrücklagen nach § 272 Abs. 2 Nrn. 1 bis 3 HGB[802]) aus dem ohne die Gewinnabführung entstehenden, um einen Verlustvortrag aus dem VJ geminderten Jahresüberschuss innerhalb der ersten fünf Jahre nach Vertragsabschluss gleichmäßig auf die gesetzliche oder satzungsmäßige Höhe aufgefüllt wird (§ 300 Nr. 1 AktG)[803]. Die jährliche Zuführung muss jedoch mindestens den Betrag erreichen, der ohne Bestehen eines GAV der gesetzlichen Rücklage nach § 150 Abs. 2 AktG zuzuweisen wäre (5 v.H. des fiktiven, um einen Verlustvortrag geminderten Jahresüberschusses). Wegen der Dotierung der gesetzlichen Rücklage bei **Beherrschungsverträgen**, die ohne einen GAV oder nur mit einem Teil-GAV abgeschlossen sind, vgl. § 300 Nr. 3 AktG[804].

---

799 Vgl. *Winkeljohann/Hoffmann*, in: BeBiKo[11], § 272, Rn. 237.
800 Vgl. hierzu ADS[6], § 58 AktG, Tz. 117 f.; *Koch*, in: Hüffer/Koch, AktG[12], § 58, Rn. 23.
801 Vgl. *Koch*, in: Hüffer/Koch, AktG[12], § 300, Rn. 5 ff.; *Singhof*, in: HdJ, Abt. III/2, Rn. 136; wegen eines Geschäftsführungsvertrags a.A. *Koppensteiner*, in: Kölner Komm. AktG[3], § 300 AktG, Rn. 7.
802 Vgl. dazu ADS[6], § 300 HGB, Tz. 34; gl.A. auch *Koch*, in: Hüffer/Koch, AktG[12], § 300, Rn. 3.
803 Vgl. zu den hiermit verbundenen Berechnungsproblemen und weiteren Einzelheiten (Fristablauf, Kapitalerhöhung) ADS[6], § 272 HGB, Tz. 161.
804 Vgl. ADS[6], § 272 HGB, Tz. 164, und § 300 AktG, Tz. 53 (Dotierung bei Beherrschungsvertrag ohne Gewinnabführung auch, wenn kein ausreichender Jahresüberschuss vorliegt); gl.A. *Koch*, in: Hüffer/Koch, AktG[12], § 300, Rn. 13; *Altmeppen*, in: MünchKomm. AktG[4], § 300, Rn. 33 f.; a.A. *Koppensteiner*, in: Kölner Komm. AktG[3], § 300, Rn. 20.

> **Hinweis 36:**
> Die Vorschriften über die Bildung einer gesetzlichen Rücklage, ihre Verwendung und über die Einstellung von Beträgen in die gesetzliche Rücklage sind nicht auf **eingegliederte Ges.** anzuwenden (vgl. § 324 Abs. 1 AktG)[805].

501 **Entnahmen** aus der gesetzlichen Rücklage sind nur in folgenden Fällen statthaft (wg. der Beschränkungen bei Vorliegen eines Beherrschungs- oder GAV vgl. Kap. F Tz. 518):

a) Der den **zehnten** oder den in der Satzung bestimmten höheren **Teil des Grundkapitals übersteigende Betrag** der zu einem Betrag zusammengefassten gesetzlichen Rücklage und der Kapitalrücklage nach § 272 Abs. 2 Nrn. 1 bis 3 HGB (gesetzlicher Reservefonds) darf verwandt werden:

    aa)   zum Ausgleich eines Jahresfehlbetrags (Posten Abs. 2 Nr. 17/Abs. 3 Nr. 16 der GuV nach § 275 HGB), soweit er nicht durch einen Gewinnvortrag aus dem VJ gedeckt ist (§ 150 Abs. 4 Nr. 1 AktG),

    bb)   zum Ausgleich eines Verlustvortrags aus dem VJ, soweit er nicht durch einen Jahresüberschuss gedeckt ist (§ 150 Abs. 4 Nr. 2 AktG).

Eine Entnahme nach aa) oder bb) ist jedoch dann ausgeschlossen, wenn gleichzeitig Gewinnrücklagen zur Gewinnausschüttung aufgelöst werden (§ 150 Abs. 4 S. 2 AktG). Das gilt nach Sinn und Zweck des Gesetzes auch dann, wenn andere frei verwendbare Rücklagen, z.B. die Kapitalrücklage nach § 272 Abs. 2 Nr. 4 HGB, zur Gewinnausschüttung aufgelöst werden. Auch dies würde darauf hinauslaufen, dass zu Lasten der gebundenen Rücklage Gewinn ausgeschüttet wird.

    cc)   zur Kapitalerhöhung aus Gesellschaftsmitteln (§ 150 Abs. 4 Nr. 3 AktG),

    dd)   zum Ausgleich eines „Spaltungsverlusts" beim übertragenden Rechtsträger; d.h. des Betrags, um den bei einer Abspaltung (§ 123 Abs. 2 UmwG) der Buchwert der übertragenen Aktiva denjenigen der übertragenen Passiva übersteigt[806].

b) Soweit die gesetzliche Rücklage und die Kapitalrücklagen nach § 272 Abs. 2 Nrn. 1 bis 3 HGB zusammen **nicht den zehnten** oder den in der Satzung bestimmten höheren **Teil des Grundkapitals übersteigen**, dürfen sie nur für die in a) aa) und bb) genannten Zwecke verwandt werden, wenn zuvor sämtliche sonstigen, nicht besonders gegen Ausschüttungen gesperrten Gewinnrücklagen[807] (z.B. Rücklage für Anteile am herrschenden Unternehmen) aufgelöst worden sind (§ 150 Abs. 3 Nrn. 1 und 2 AktG).

502 Soweit in den zuvor geschilderten Fällen **Entnahmen zulässig** sind, steht es der Ges. frei, ob sie die Beträge

---

805   Wegen Einzelheiten vgl. ADS[6], § 150 AktG, Tz. 68.
806   Vgl. ADS[6], § 272 HGB, Tz. 51; *Winkeljohann/Hoffmann*, in: BeBiKo[11], § 272, Rn. 375. Dagegen für eine vorrangige Auflösung von anderen verfügbaren Rücklagen vor einer Auflösung der gesetzlichen Rücklage und der Kapitalrücklagen nach § 272 Abs. 2 Nrn. 1 bis 3 HGB *IDW RS HFA 43*, Tz. 14.
807   Vgl. *Koch*, in: Hüffer/Koch, AktG[12], § 150, Rn. 9 m.w.N.

- ausschließlich zu Lasten der gesetzlichen Rücklage,
- ausschließlich zu Lasten der Kapitalrücklagen nach § 272 Abs. 2 Nrn. 1 bis 3 HGB oder
- nach von der Ges. selbst zu bestimmenden Anteilen teils zu Lasten der Kapitalrücklage, teils zu Lasten der gesetzlichen Rücklage

entnehmen will[808]. Die gesetzliche Rücklage und die Kapitalrücklage nach § 272 Abs. 2 Nrn. 1 bis 3 HGB bilden insoweit eine Einheit.

Bei **GmbH** ist eine gesetzliche Rücklage nicht vorgesehen, es können aber vergleichbare Rücklagen, die nur zum Ausgleich von Verlusten oder zur Kapitalerhöhung aus Gesellschaftsmitteln verwendet werden dürfen, aufgrund der Bestimmungen in § 47 DMBG 1948 oder § 27 Abs. 2 S. 3 DMBilG bestehen, deren Ausweis an dieser Stelle in Betracht kommt (bei AG und KGaA in den neuen Bundesländern ggf. Pflicht nach § 27 Abs. 2 S. 3 DMBilG). **503**

Solange das Stammkapital bei einer **UG (haftungsbeschränkt)** nicht 25.000 € übersteigt (§ 5a Abs. 5 GmbHG), hat sie nach § 5a Abs. 3 GmbHG jeweils 25% des um den Verlustvortrag aus dem VJ geminderten Jahresüberschusses in eine **gesetzliche Rücklage** einzustellen. Für die Dotierung der gesetzlichen Rücklage besteht – im Unterschied zur AG (vgl. Kap. F Tz. 497) – keine Obergrenze. Die Einstellung erfolgt, solange der Status einer UG (haftungsbeschränkt) nach § 5a Abs. 1 i.V.m. Abs. 5 GmbHG besteht, auch wenn die Summe aus Stammkapital und gesetzlicher Rücklage den Betrag des Mindeststammkapitals einer GmbH übersteigt[809]. Bei Bestehen eines GAV und/oder Beherrschungsvertrags mit einer UG (haftungsbeschränkt) als abhängigem Unternehmen gilt die Sonderregelung des § 300 AktG analog. Danach darf der Teil des Gewinns, der in die gesetzliche Rücklage einzustellen ist, nicht abgeführt werden (vgl. Kap. F Tz. 499)[810]. **504**

Die gesetzliche Rücklage bei einer UG (haftungsbeschränkt) darf nach § 5a Abs. 3 S. 2 GmbHG nur verwendet werden für: **505**

a) eine Kapitalerhöhung aus Gesellschaftsmitteln nach § 57c GmbHG[811],
b) zum Ausgleich eines nicht durch Gewinnvortrag gedeckten Jahresfehlbetrags oder
c) zum Ausgleich eines nicht durch Jahresüberschuss gedeckten Verlustvortrags.

Die Beschränkungen entfallen, sobald das Stammkapital der UG (haftungsbeschränkt) das Mindeststammkapital einer GmbH (§ 5 Abs. 1 GmbHG) erreicht oder übersteigt (§ 5a Abs. 5 GmbHG)[812]. Die gesetzliche Rücklage ist deshalb im ersten JA nach Übergang in die reguläre GmbH in den Posten „Andere Gewinnrücklagen" (§ 266 Abs. 3 A.III.4. HGB) umzugliedern[813].

---

808 ADS[6], § 150 AktG, Tz. 69, halten eine vorrangige Auflösung der gesetzlichen Rücklage für sinnvoll.
809 Vgl. *Hennrichs*, NZG 2009, S. 921 (924).
810 Vgl. *Fastrich*, in: Baumbach/Hueck, GmbHG[21], § 5a, Rn. 37; *Stenzel*, NZG 2009, S. 168 (171); *Wicke*, GWR 2010, S. 259.
811 Vgl. *Förschle/Kropp*, in: Winkeljohann/Förschle/Deubert, Sonderbilanzen[5], Kap. E, Rn. 43 ff.
812 Vgl. *Lange*, NJW 2010, S. 3686 (3687).
813 Vgl. *Westermann*, in: Scholz, GmbHG[12], § 5a, Rn. 31; auch *Deubert/Hoffmann*, in: Winkeljohann/Förschle/Deubert, Sonderbilanzen[5], Kap. L, Rn. 151 zur Behandlung der gesetzlichen Rücklage im vergleichbaren Fall des Formwechsels von der AG in die GmbH.

8.4.7.3.2 Rücklage für Anteile am herrschenden Unternehmen[814]

506 Werden bei AG oder GmbH auf der Aktivseite Anteile an einem herrschenden oder einem mit Mehrheit beteiligten Unternehmen ausgewiesen (vgl. Kap. F Tz. 358), ist in gleicher Höhe unter entspr. Bezeichnung eine Rücklage unter den Gewinnrücklagen auszuweisen (§ 266 Abs. 3 A.III.2. i.V.m. § 272 Abs. 4 S. 1 HGB). Für die Begriffsdefinitionen „mit Mehrheit beteiligtes Unternehmen" bzw. „herrschendes Unternehmen" gelten die §§ 16, 17 AktG[815].

507 Einstellungen in und Entnahmen aus der Rücklage sind bereits bei der Aufstellung des JA vorzunehmen (§ 272 Abs. 4 S. 3 HGB). Maßgebend für die **Einstellung** ist der Betrag, der nach § 253 Abs. 1 S. 1 i.V.m. § 255 Abs. 1 HGB auf der Aktivseite der Bilanz anzusetzen ist. Dies sind die AK oder ein ggf. nach § 253 Abs. 3 oder 4 HGB angesetzter niedrigerer Wert. Die Rücklage kann entweder zu Lasten des Ergebnisses, eines vorhandenen Gewinnvortrags oder vorhandener frei verfügbarer Rücklagen gebildet werden (§ 272 Abs. 4 S. 3 HGB). Inhaltlich entsprechen die frei verfügbaren Rücklagen denjenigen, die auch beim Erwerb eigener Anteile für die Verrechnung nach § 272 Abs. 1a S. 2 HGB heranzuziehen sind[816]. Reicht das Ergebnis zur ordnungsmäßigen Dotierung der Rücklage nicht aus und bestehen auch keine ausreichenden frei verfügbaren Rücklagen, ist der Rücklage nach Wortlaut und Sinn der Bestimmung sowie in Ansehung der andernfalls nach § 256 Abs. 1 Nr. 4 AktG drohenden Nichtigkeit des JA (vgl. Kap. B Tz. 316) gleichwohl der volle, in § 272 Abs. 4 S. 2 HGB vorgesehene Betrag zuzuführen[817], auch wenn dies zum Ausweis oder zur Erhöhung eines Bilanzverlusts führt. Aus diesem Grund stehen auch Beträge, die der Ausschüttungssperre unterliegen (vgl. Kap. F Tz. 541), zur Dotierung der Rücklage nach § 272 Abs. 4 HGB zur Verfügung, weil hierdurch die Sperrwirkung der §§ 253 Abs. 6 bzw. 268 Abs. 8 HGB nicht beeinträchtigt wird[818].

> **! Hinweis 37:**
> Die Rücklage für Anteile an einem herrschenden oder einem mit Mehrheit beteiligten Unternehmen ist auch bei Bestehen eines **GAV** zu bilden. Eine Ergebnisabführung an das herrschende Unternehmen ist nur insoweit zulässig, als das danach bei der abhängigen Ges. verbleibende Jahresergebnis, ggf. unter Berücksichtigung von vorhandenen frei verfügbaren Rücklagen, für die Dotierung der Rücklage ausreicht. Hinsichtlich der Berücksichtigung vorvertraglicher Gewinnrücklagen zur Dotierung der Rücklage gelten die Überlegungen zu deren Berücksichtigung bei der Ermittlung der nach § 301 AktG abführungsgesperrten Beträge entspr. (vgl. Kap. F Tz. 548). Diese Grundsätze gelten auch in Jahren mit Verlustübernahmen, dann erhöht sich der nach § 302 AktG auszugleichende Verlust um den Betrag, der für die Rücklagenbildung erforderlich ist[819].

---

[814] Vgl. hierzu *Winkeljohann/Hoffmann*, in: BeBiKo[11], § 272, Rn. 300 ff.; *Küting/Reuter*, in: HdR[5], § 272 HGB, Rn. 136 ff.
[815] Vgl. dazu ADS[6], § 16 AktG, Tz. 12 ff. und § 17 AktG, Tz. 13 ff.
[816] Vgl. *Gelhausen/Fey/Kämpfer*, BilMoG, Kap. L, Rn. 61, 26; *Winkeljohann/Hoffmann*, in: BeBiKo[11], § 272, Rn. 302; *Küting/Reuter*, in: HdR[5], § 272 HGB, Rn. 145.
[817] Vgl. *Winkeljohann/Hoffmann*, in: BeBiKo[11], § 272, Rn. 303.
[818] Vgl. *Gelhausen/Althoff*, WPg 2009, S. 584 (589); gl.A. *Mock*, in: Kölner Komm. Rechnungslegungsrecht, § 272 HGB, Rn. 221.
[819] So auch zum bisherigen Recht z.B. ADS[6], § 272 HGB, Tz. 200.

Die Rücklage ist nach § 272 Abs. 4 S. 4 HGB insoweit voll oder teilw. **aufzulösen**, als der Bilanzwert der in Betracht kommenden Anteile sich durch Ausgabe, Veräußerung, Einziehung oder Abschreibung ermäßigt. Die Fortführung eines höheren Rücklagenbetrags ist nicht zulässig. Wertaufholungen bei den aktivierten Anteilen (§ 253 Abs. 5 S. 1 HGB) führen zur Pflicht zur erneuten Dotierung der Rücklage[820]. **508**

AG müssen im **Anh.** nach § 160 Abs. 1 Nr. 2 AktG Angaben über eigene Aktien machen (vgl. Kap. F Tz. 1268). Zur Darstellung der Rücklagenbewegungen in der **GuV-Verlängerungsrechnung** vgl. Kap. F Tz. 883 ff. **509**

8.4.7.3.3 Satzungsmäßige Rücklagen

Sehen Gesellschaftsvertrag oder Satzung zwingend die Bildung bestimmter, in ihrer Verwendung ggf. beschränkter Rücklagen vor, so sind diese Rücklagen innerhalb der Gewinnrücklagen an dieser Stelle auszuweisen. Satzungsmäßige Rücklagen sind nach § 272 Abs. 3 S. 2 HGB sowohl für **AG** (vgl. § 158 Abs. 1 Nr. 3 lit. c und Nr. 4 lit. c AktG) als auch für **GmbH** zulässig[821]. Die **Auflösung** richtet sich nach Satzung bzw. Gesellschaftsvertrag; fehlen entspr. Bestimmungen, so liegt es im Ermessen des den JA feststellenden Organs, über die Auflösung zu bestimmen[822]. Keine satzungsmäßigen Rücklagen i.S.d. Vorschrift sind bei AG Einstellungen nach § 58 Abs. 1 S. 1, Abs. 2 S. 2 und Abs. 3 AktG; diese Einstellungen sind in die „Anderen Gewinnrücklagen" (A.III.4.) vorzunehmen[823]. **510**

8.4.7.3.4 Andere Gewinnrücklagen

Als andere Gewinnrücklagen sind alle bei Aufstellung der Bilanz oder i.R.d. Gewinnverteilung gebildeten Gewinnrücklagen auszuweisen, die zu keiner anderen unter A.III. aufgeführten Gewinnrücklage gehören. Diese Rücklagen können sämtlich in einem Betrag ausgewiesen werden, soweit nicht eine anderweitige Beschlussfassung vorliegt. **511**

REIT-AG dürfen Gewinne aus der Veräußerung von Immobilien bis zur Hälfte in eine „Re-Investitionsrücklage" einstellen (§ 13 Abs. 3 S. 1 REITG). Wird die Re-Investitionsrücklage nicht (spätestens) bis zum Ende des zweiten auf das Jahr ihrer Einstellung folgenden GJ auf neues unbewegliches Vermögen übertragen, ist sie wieder aufzulösen und erhöht den ausschüttungsfähigen (Bilanz-)Gewinn (§ 13 Abs. 3 S. 2 REITG)[824]. **512**

Die **Einstellungen** in andere Gewinnrücklagen dürfen – soweit dem nicht Satzungsbestimmungen entgegenstehen – bereits bei Aufstellung der Bilanz gemacht werden (§§ 268 Abs. 1 S. 1, 270 Abs. 2 HGB). **513**

Bei **AG** dürfen andere Gewinnrücklagen **bei Feststellung der Bilanz** von der Verwaltung in den Grenzen des § 58 Abs. 2 AktG oder – falls dies die Satzung vorsieht – von der den JA feststellenden HV (§ 173 Abs. 2 S. 2 AktG) gebildet werden (§ 58 Abs. 1 AktG). Im Beschluss über die Verwendung des Bilanzgewinns kann die HV weitere Beträge in Gewinnrücklagen (gesetzliche Rücklage, andere Gewinnrücklagen) einstellen **514**

---

820 Vgl. ADS[6], § 272 HGB, Tz. 202, 204; *Winkeljohann/Hoffmann*, in: BeBiKo[11], § 272, Rn. 307.
821 Vgl. zur Zulässigkeit satzungsmäßiger Zwangsrücklagen i.R.d. Gewinnverwendungsbeschlusses ADS[6], § 58 AktG, Tz. 134, § 272 HGB, Tz. 154; *Küting/Reuter*, in: HdR[5], § 272 HGB, Rn. 165 mit Bsp.
822 Vgl. ADS[6], § 58 AktG, Tz. 141; *Singhof*, in: HdJ, Abt. III/2, Rn. 145.
823 Vgl. ADS[6], § 272 HGB, Tz. 153; *Winkeljohann/Hoffmann*, in: BeBiKo[11], § 272, Rn. 250.
824 Vgl. *Gorgs/Conrad/Rohde*, WPg 2009, S. 1167 (1169).

(§ 58 Abs. 3 AktG). Die anderen Gewinnrücklagen können zweckgebunden sein (z.B. Erneuerungsrücklage, Substanzerhaltungsrücklage (vgl. zur Substanzerhaltung durch Rücklagenbildung *IDW St/HFA 2/1975*), Dividendenergänzungsrücklage, Rücklage für Konzernzwischengewinne); eine Gliederung nach der jeweiligen Zweckbestimmung ist zulässig (§ 265 Abs. 5 HGB). Nach § 58 Abs. 2a AktG darf ferner der Eigenkapitalanteil von Wertaufholungen bei Vermögensgegenständen des Anlage- und Umlaufvermögens (§ 253 Abs. 5 S. 1 HGB) in die anderen Gewinnrücklagen eingestellt werden. Der Betrag dieser Rücklagen ist in der Bilanz gesondert auszuweisen oder im Anh. anzugeben (§ 58 Abs. 2a S. 2 AktG).

515 Gem. § 58 Abs. 2 S. 1 AktG darf die **Verwaltung** nach freiem Ermessen bis zur Hälfte des Jahresüberschusses in andere Gewinnrücklagen einstellen. Nach § 58 Abs. 2 S. 2 AktG kann die Satzung die Verwaltung zur Einstellung eines größeren oder kleineren Teils ermächtigen. Unter einem größeren Teil als der Hälfte kann auch der gesamte Jahresüberschuss verstanden werden[825]. Die Verwaltung darf von einer Ermächtigung nach § 58 Abs. 2 S. 2 AktG keinen Gebrauch mehr machen, wenn die anderen Gewinnrücklagen die Hälfte des Grundkapitals übersteigen oder soweit sie nach der Einstellung die Hälfte übersteigen würden (§ 58 Abs. 2 S. 3 AktG). Auch bei Bestehen eigener Anteile berechnet sich die Hälfte von dem im HR eingetragenen Betrag des Grundkapitals und nicht von dem in der Bilanz ausgewiesenen, um den Nennbetrag bzw. rechnerischen Wert verminderten Betrag (vgl. Kap. F Tz. 456 f.). Der Jahresüberschuss ist bei allen Zuweisungen zu freien Rücklagen vorweg um die in die **gesetzliche Rücklage** einzustellenden Beträge sowie um einen **Verlustvortrag** zu kürzen (§ 58 Abs. 1 S. 3 und Abs. 2 S. 4 AktG); eine Kürzung um die Beträge, die in eine Rücklage für Anteile an einem herrschenden Unternehmen (vgl. Kap. F Tz. 506) eingestellt worden sind, ist nicht vorgeschrieben. Erst aus dem dann verbleibenden Betrag ist die Hälfte (§ 58 Abs. 1 S. 2 und Abs. 2 S. 1 AktG) bzw. ein größerer oder kleinerer Teil (§ 58 Abs. 2 S. 2 AktG) zu errechnen.

> **! Hinweis 38:**
> Beschließt die **HV** i.R.d. Gewinnverwendungsbeschlusses die **Dotierung** von **Gewinnrücklagen**, führt dies gem. § 174 Abs. 3 AktG nicht zur Änderung des festgestellten JA; die Rücklagenzuführung ist aber in der Bilanz des folgenden Jahres anzugeben (§ 152 Abs. 3 Nr. 1 AktG).

516 Entsteht infolge des Gewinnverwendungsbeschlusses der HV ein **zusätzlicher Aufwand** (z.B. dividendenabhängige Tantiemen oder Genussscheine; KSt auf die Differenz zwischen Buchwert und gemeinem Wert einer Sachausschüttung, wenn bei Aufstellung der Bilanz noch kein entspr. Gewinnverwendungsvorschlag vorliegt; vgl. dazu Kap. F Tz. 534)[826], erscheint dieser nicht in der GuV, sondern mindert den zur Verwendung stehenden Bilanzgewinn[827]. Im Unterschied dazu ist ein **zusätzlicher Ertrag** im Folgejahr stets erfolgswirksam zu vereinnahmen. Eine erfolgsneutrale Behandlung, d.h. ein Ausweis in der Folgebilanz unter den anderen Gewinnrücklagen oder als Gewinnvortrag

---

825 Vgl. *Koch*, in: Hüffer/Koch, AktG[12], § 58, Rn. 12 m.w.N.
826 Vgl. ADS[6], § 174 AktG, Tz. 43; *Fastrich*, in: Baumbach/Hueck, GmbHG[21], § 29, Rn. 17.
827 Vgl. hierzu ADS[6], § 174 AktG, Tz. 43, 45 m.w.N.; *Hennrichs/Pöschke*, in: MünchKomm. AktG[4], § 174 AktG, Rn. 33 ff.; *Winkeljohann/Büssow*, in: BeBiKo[11], § 272, Rn. 638.

erscheint bedenklich, da dieser zusätzliche Ertrag nicht gesetzlicher Bestandteil der Gewinnverwendung war[828].

Über die **Auflösung** anderer Gewinnrücklagen entscheidet grds. das für die Bilanzfeststellung zuständige Organ. Eine Ausnahme hiervon kann beim Erwerb eigener Anteile gelten, wenn andere Gewinnrücklagen (A.III.4.) zur Verrechnung des Unterschiedsbetrags zwischen einem (höheren) Kaufpreis und dem Nennbetrag bzw. rechnerischen Wert gem. § 272 Abs. 1a S. 2 HGB herangezogen werden (vgl. Kap. F Tz. 461). **517**

Besonderheiten gelten bei Vorliegen von **Unternehmensverträgen**. Nach § 301 AktG darf als Gewinn höchstens der ohne die Gewinnabführung sonst entstehende Jahresüberschuss, vermindert um einen Verlustvortrag[829], um den in die gesetzliche Rücklage einzustellenden Betrag sowie den nach § 268 Abs. 8 HGB ausschüttungsgesperrten Betrag (sog. Abführungssperre[830]; vgl. Kap. F Tz. 547 ff.), abgeführt werden. Andere Gewinnrücklagen dürfen nur insoweit abgeführt werden, als sie während der Dauer des Vertrags gebildet wurden (§ 301 S. 2 AktG). Dadurch ist die Auflösung und Abführung vorvertraglicher anderer Gewinnrücklagen ausgeschlossen[831]. Diese können nur im Wege der regulären Gewinnverwendung an die Gesellschafter ausgeschüttet oder ggf. entnommen werden. **518**

Bei einer **GmbH** hängt die Bildung der Gewinnrücklagen weitgehend von entspr. Satzungsbestimmungen ab[832]. Der nach § 29 Abs. 1 GmbHG grds. den Gesellschaftern einer GmbH zustehende Gewinnanspruch besteht nur insoweit, wie durch den Gesellschaftsvertrag oder den jährlich zu fassenden Gewinnverwendungsbeschluss (§ 29 Abs. 2 GmbHG) eine Entscheidung darüber getroffen wurde, in welcher Höhe Beträge aus dem Jahresüberschuss in die Gewinnrücklage eingestellt werden oder zur Ausschüttung an die Gesellschafter (§ 29 Abs. 3 GmbHG) gelangen sollen. Die Bilanz kann dabei bereits unter Berücksichtigung der Ergebnisverwendung aufgestellt werden (vgl. § 29 Abs. 2 i.V.m. Abs. 1 S. 2 GmbHG sowie §§ 268 Abs. 1 S. 1 und 270 Abs. 2 HGB). Die Geschäftsführer dürfen mit Zustimmung des AR oder der Gesellschafter nach § 29 Abs. 4 GmbHG den Eigenkapitalanteil von Wertaufholungen bei Vermögensgegenständen des Anlage- und Umlaufvermögens (§ 253 Abs. 5 S. 1 HGB) bei der Aufstellung der Bilanz (§ 270 Abs. 2 HGB) in die anderen Gewinnrücklagen einstellen. Der Betrag dieser Rücklagen ist in der Bilanz gesondert auszuweisen oder im Anh. anzugeben (§ 29 Abs. 4 S. 2 GmbHG). **519**

8.4.7.4 Rücklage für unrealisierte Beteiligungserträge (§ 272 Abs. 5 HGB)

Werden im handelsrechtlichen JA Beteiligungserträge vereinnahmt, ohne dass die Beträge bei der KapGes. bzw. KapCoGes. eingegangen, d.h. ihr zugeflossen, sind oder hierauf ein entspr. Zahlungsanspruch besteht, ist hierfür nach § 272 Abs. 5 S. 1 HGB eine Gewinnrücklage zu bilden. Die Rücklage ist mit Zufluss der in Rede stehenden Beträge oder dem Erwerb eines Zahlungsanspruchs aufzulösen (§ 272 Abs. 5 S. 2 HGB). **520**

---

828 Vgl. hierzu ADS[6], § 174 AktG, Tz. 48 (mit Hinweis auf die Möglichkeit einer Änderung des JA, Rn. 50).
829 Dies gilt für die GmbH analog; vgl. h.M. z.B. *Emmerich*, in: Emmerich/Habersack, Aktien- und GmbH-Konzernrecht[8], § 301 AktG, Rn. 6.
830 Vgl. ausführlich zur sog. Abführungssperre *Gelhausen/Althoff*, WPg 2009, S. 629.
831 Vgl. hierzu ADS[6], § 174 AktG, Tz. 6. Zu weiteren Einzelheiten der Rücklagenbildung im Konzern vgl. ADS[6], § 58 AktG, Tz. 74.
832 Vgl. *Fastrich*, in: Baumbach/Hueck, GmbHG[21], § 29, Rn. 38 ff.

521 I.Z.m. der phasengleichen Gewinnvereinnahmung (zu den vom BGH hierfür entwickelten Voraussetzungen vgl. Kap. F Tz. 840) war insb. fraglich, ob der Zahlungsanspruch auf den Gewinn rechtlich entstanden sein muss[833], was regelmäßig erst mit der Fassung des Gewinnverwendungsbeschlusses der Fall ist. Ausweislich der Gesetzesmaterialien[834] soll es jedoch genügen, wenn die **Entstehung** des **Zahlungsanspruchs** am Abschlussstichtag *so gut wie sicher* ist, auch wenn der Gewinnverwendungsbeschluss zu diesem Zeitpunkt noch aussteht. Vor diesem Hintergrund geht die h.M.[835] davon aus, dass für alle im handelsrechtlichen JA zulässigerweise erfassten Beteiligungserträge keine Rücklage nach § 272 Abs. 5 S. 1 HGB zu bilden ist und die Regelung damit faktisch ins Leere läuft.

8.4.7.5 Bilanzgewinn/-verlust (§ 268 Abs. 1 HGB)

522 Je nachdem, ob die Bilanz vor oder nach der **vollständigen oder teilw. Verwendung des Jahresüberschusses** aufgestellt wird, d.h. vor oder nach Dotierung von bzw. vor oder nach Entnahmen aus Gewinnrücklagen oder aus der Kapitalrücklage, sind nach § 268 Abs. 1 S. 2 Hs. 1 HGB entweder die Posten Jahresüberschuss/Jahresfehlbetrag und Gewinnvortrag/Verlustvortrag oder der Posten Bilanzgewinn/Bilanzverlust auszuweisen[836]. Im zweiten Fall ist ein etwaiger Ergebnisvortrag aus dem VJ in den Posten (Bilanzgewinn/Bilanzverlust) einzubeziehen und (als Untergliederung oder Davon-Vermerk) anzugeben, sofern er nicht im Anh. genannt wird (§ 268 Abs. 1 S. 2 Hs. 2 HGB). Der Angabe des Gewinnvortrags in Bilanz oder im Anh. steht es gleich, wenn das Ergebnis in der GuV-Verlängerungsrechnung bis zum Posten „Bilanzgewinn/Bilanzverlust" fortentwickelt wird. Der Gewinnvortrag ist dabei immer der gem. Gewinnverwendungsbeschluss unverteilte, d.h. nach Abzug einer für das VJ geleisteten Dividende bzw. Dotierung der Gewinnrücklage verbleibende Rest des VJ-Gewinns. Die für das VJ geleistete Ausschüttung oder Einstellung in die Gewinnrücklagen ist dementsprechend nicht in der GuV-Verlängerungsrechnung des Folgejahres aufzuführen. AG müssen nach § 152 Abs. 3 Nr. 2 AktG jedoch in der Bilanz oder im Anh. die Beträge angeben, die die HV aus dem Bilanzgewinn des VJ eingestellt hat.

523 Bei **AG** ist zwingend § 158 AktG anzuwenden (vgl. Kap. F Tz. 880). Für den Fall, dass lediglich ein Gewinn- oder Verlustvortrag ohne gleichzeitige Rücklagenbewegungen vorliegt, führt dies dazu, dass in der GuV-Verlängerungsrechnung zwingend vom Jahresüberschuss/-fehlbetrag auf den Bilanzgewinn/-verlust überzuleiten ist. Die GuV einer AG endet damit **immer** mit dem Posten **Bilanzgewinn/-verlust**. Entspr. wird auch in der Bilanz einer AG in diesen Fällen stets der Posten „Bilanzgewinn/-verlust" ausgewiesen. Dies gilt ungeachtet der Tatsache, dass es sich hierbei nicht um eine Maßnahme der Gewinnverwendung i.S.d. § 268 Abs. 1 HGB, sondern um eine „ausweistechnische" Folge der Anwendung des § 158 AktG handelt. Für **GmbH** wird die entspr. Anwendung des § 158 AktG allgemein empfohlen (vgl. Kap. F Tz. 880 m.w.N.). In diesem Fall endet

---

833 So AK Bilanzrecht Hochschullehrer Rechtswissenschaft, BB 2015, S. 876 m.w.N.
834 Vgl. Beschlussempfehlung und Bericht des Rechtsausschusses, BT-Drs. 18/5256, S. 83.
835 Vgl. *Winkeljohann/Hoffmann*, in: BeBiKo[11], § 272, Rn. 315; *Hermesmeier/Heinz*, DB 2015, Beil. 5, S. 20 (21 f.); *Haaker*, DB 2015, S. 510.
836 Vgl. zum Begriff und zur Abgrenzung der Ergebnisverwendung i.S.d. Vorschrift ADS[6], § 268 HGB, Tz. 15; enger *Matschke/Schellhorn*, in: BoHdR[2], § 268 HGB, Rn. 2 ff.

die GuV in der vorliegenden Fallkonstellation auch bei GmbH mit dem Posten „Bilanzgewinn/-verlust"[837].

Allgemein gilt, dass der letzte Posten der GuV mit dem entspr. Posten in der Bilanz übereinstimmen soll, mit der Folge, dass bei freiwilliger Anwendung des § 158 AktG in der Bilanz der GmbH auch der Posten Bilanzgewinn/-verlust ausgewiesen wird.

524

8.4.7.6 Exkurs: Sachausschüttung

Bei AG kann die HV, wenn die Satzung eine entspr. Ermächtigung enthält, nach § 58 Abs. 5 AktG mit einfacher Mehrheit statt einer Bar- auch eine **Sachdividende** beschließen. Auch wenn bei GmbH eine entspr. Klarstellung im Gesetz fehlt, ist die Möglichkeit einer Sachausschüttung auf Grundlage einer entspr. Regelung im Gesellschaftsvertrag allgemein anerkannt[838]. Weder die OHG noch die KG kennen ein Entnahmeverbot, so dass auch bei PersGes. – vorbehaltlich entgegenstehender gesellschaftsvertraglicher Regelungen – Sachentnahmen/-ausschüttungen möglich sind[839].

525

Gegenstand einer Sachdividende können grds. Vermögensgegenstände jeder Art sein, die unter Beachtung des Bestimmtheitsgrundsatzes durch ein dingliches Rechtsgeschäft übertragen werden können[840]. Hierfür kommen bei der AG grds. auch eigene Produkte der leistenden Ges., wg. der Dividendendistribution durch das Depotbankensystem praktisch aber im Ergebnis ausschließlich (börsennotierte) Wertpapiere aus dem AV in Betracht[841]. Ferner können eigene Anteile (vgl. Kap. F Tz. 456 ff.) Gegenstand einer Sachausschüttung sein[842]; eine Kapitalerhöhung aus Gesellschaftsmitteln (vgl. Kap. F Tz. 470) stellt dagegen aber keine Sachausschüttung dar[843]. Einschränkungen hinsichtlich des Ausschüttungsgegenstands können sich auch aus der Ermächtigung in der Satzung ergeben; diese kann z.B. vorsehen, dass nur liquide Sachwerte (amtl. gehandelte Wertpapiere) ausgeschüttet werden können[844]. Die Satzung kann ferner vorsehen, dass der Beschluss über die Sachausschüttung nicht nur eine einfache, sondern eine größere Kapitalmehrheit erfordert[845].

526

Es ist zunächst fraglich, ob der durch die Sachausschüttung ausgelöste Vermögensabgang zum Buch- oder zum Zeitwert zu bewerten ist. Diese Frage ist entscheidend für den erforderlichen Bilanzgewinn, der zur Auskehrung eines bestimmten Vermögensgegenstands erforderlich ist. Das Gesetz hat die Frage der Bewertung offen gelassen[846]. Mehrheitlich wird inzwischen die Auffassung vertreten, dass die Sachausschüttung als

527

---

837 Vgl. *Moser/Siegel*, WPg 2017, S. 503 (509).
838 Vgl. z.B. *Fastrich*, in: Baumbach/Hueck, GmbHG[21], § 29, Rn. 55 m.w.N.; *Verse*, in: Scholz, GmbHG[12], § 29, Rn. 80.
839 Vgl. *IDW RS HFA 7 n.F.*, Tz. 52 ff.
840 Vgl. *Schnorbus*, ZIP 2003, S. 509 (511); *Waclawik*, BB 2003, S. 1408 (1409); *Orth*, WPg 2004, S. 777 (779).
841 Vgl. *Waclawik*, WM 2003, S. 2266 (2268); *Waclawik*, BB 2003, S. 1408 (1409); enger *Holzborn/Bunnemann*, AG 2003, S. 671 (673); *Orth*, WPg 2004, S. 777 (779) (nur Gegenstände, die an einem liquiden bzw. börsennotierten Markt gehandelt werden).
842 Vgl. *Ihrig/Wagner*, BB 2002, S. 796; *Schnorbus*, ZIP 2003, S. 509 (511).
843 Vgl. *Förschle/Kropp*, in: Winkeljohann/Förschle/Deubert, Sonderbilanzen[5], Kap. E, Rn. 14; *Orth*, WPg 2004, S. 777 (780).
844 Vgl. *Heine/Lechner*, AG 2005, S. 269 (271); *Schnorbus*, ZIP 2003, S. 509 (511); *Koch*, in: Hüffer/Koch, AktG[12], § 58, Rn. 32.
845 Vgl. *Schnorbus*, ZIP 2003, S. 509 (513); *Holzborn/Bunnemann*, AG 2003, S. 671 (672).
846 Vgl. RegBegr. zu § 58 Abs. 5 AktG, BT-Drs. 14/8769, S. 13: „Die Frage der Bewertung [...] kann der wissenschaftlichen Literatur und ggf. der weiteren rechtspolitischen Erörterung überlassen bleiben." als

umsatzähnliche Transaktion einzuordnen ist und daher eine Bewertung der ausgekehrten Vermögensgegenstände zum **Markt- bzw. (beizulegenden) Zeitwert** sachgerecht ist[847]. Wenn der in Geld ausgedrückte Rechtsanspruch der Gesellschafter auf den Bilanzgewinn durch eine Sachausschüttung erfüllt wird, ist hierin nicht nur buchhalterisch, sondern auch gesellschaftsrechtlich ein Umsatzakt zu sehen, der zur Realisation der stillen Reserven in dem betreffenden Vermögensgegenstand führt[848]. Dafür spricht auch, dass Sachausschüttungen steuerrechtlich ebenfalls als Realisationstatbestand behandelt werden[849]. D.h. eine im ausgekehrten Vermögensgegenstand enthaltene stille Reserve führt auf Ebene der ausschüttenden Ges. zu einem steuerbaren Gewinn.

> **! Hinweis 39:**
>
> Sachdividenden unterliegen als Kapitalerträge i.S.d. § 20 Abs. 1 Nr. 1 EStG, ebenso wie Bardividenden, der KapErtrSt (25%) zzgl. Solidaritätszuschlag (5,5%). Damit die ausschüttende Ges. die Quellensteuer in bar an das FA abführen kann, wird allg. eine **Mischausschüttung** empfohlen[850]. D.h. neben der Sachausschüttung wird eine Barausschüttung beschlossen, die ausreicht, um davon die KapErtrSt nebst SolZ auf die Sach- sowie die Barausschüttung zu decken[851]. Die Mischdividende eröffnet außerdem die Möglichkeit, etwaige Spitzenbeträge[852], die sich aufgrund des Werts oder der Stückelung des Gegenstands der Sachausschüttung ergeben können, in bar auszugleichen.

528 Teilw. wird im Schrifttum aber auch eine Bewertung der abgehenden Vermögensgegenstände mit dem **Buchwert** befürwortet, weil es sich bei der Sachausschüttung um eine gesellschaftsinterne Maßnahme handele[853]. Die Kapitalschutzregeln (§ 57 Abs. 3 AktG; § 30 GmbHG) beziehen sich ebenfalls auf das zu Buchwerten angesetzte Vermögen. Man wird deshalb derzeit auch eine Bewertung mit dem Buchwert als zulässig erachten müssen. Dies bedeutet jedoch nicht, dass stille Reserven ohne weiteres still an die Gesellschafter ausgeschüttet werden dürfen. Dagegen spricht bereits das Gleichbehandlungsgebot der Gesellschafter (§ 53a AktG (ggf. analog)). Bei einer Bewertung der Sachausschüttung zum Buchwert ist deshalb für die aus Sicht der Gesellschafter und der Adressaten des JA notwendige Transparenz der zur (Sach-)Ausschüttung vorgesehene Vermögensgegenstand im Beschluss entspr. zu spezifizieren und neben dessen Buchwert auch sein Zeitwert anzugeben[854].

---

847 Vgl. *Müller*, NZG 2002, S. 752 (758); *Schnorbus*, ZIP 2003, S. 509 (516); *Waclawik*, WM 2003, S. 2266 (2271); *Orth*, WPg 2004, S. 777 (786); *Heine/Lechner*, AG 2005, S. 269 (270); *Ihrig/Wagner*, BB 2002, S. 796; *Schulze-Osterloh*, in: FS Priester, S. 749 (753); *Siegel/Schulze-Osterloh/Bareis*, WPg 2008, S. 553 (564); *Winkeljohann/Büssow*, in: BeBiKo[11], § 272, Rn. 637; zur Bewertung von (haftungsfreien) Entnahmen durch Kommanditisten einer KG zum Zeitwert vgl. *Schmidt/Hoffmann*, in: BeBiKo[11], § 247, Rn. 190.
848 Vgl. *Müller*, NZG 2002, S. 752 (758); *Orth*, WPg 2004, S. 777 (784); *Koch*, in: Hüffer/Koch, AktG[12], § 58, Rn. 33.
849 Vgl. ausführlich *Orth*, WPg 2004, S. 841; *Müller*, NZG 2002, S. 752 (758); *Waclawik*, WM 2003, S. 2266 (2273); *Waclawik*, BB 2003, S. 1408 (1409); *Heine/Lechner*, AG 2005, S. 269 (272).
850 Vgl. *Waclawik*, BB 2003, S. 1408 (1410).
851 Vgl. *Heine/Lechner*, AG 2005, S. 269 (272); *Orth*, WPg 2004, S. 777 (779) und S. 841 (846).
852 Vgl. dazu auch *Holzborn/Bunnemann*, AG 2003, S. 671 (675).
853 Vgl. *Leinekugel*, S. 147; *Lutter/Leinekugel/Rödder*, ZGR 2002, S. 215; *Schüppen*, ZIP 2002, S. 1269 (1277); *Holzborn/Bunnemann*, AG 2003, S. 671 (674); *Bareis/Siegel*, BB 2008, S. 479 (483) (Quasi-Marktbewertung ist nicht mit einer Umsatzrealisation gleichzusetzen); *Siegel/Schulze-Osterloh/Bareis*, WPg 2008, S. 553 (561); *Bayer*, in: MünchKomm AktG[4], § 58, Rn. 130.
854 Vgl. *Siegel/Schulze-Osterloh/Bareis*, WPg 2008, S. 553 (559).

Soll den Gesellschaftern Vermögen dagegen ohne entspr. Ergebnisausweis auf Ebene der übertragenden Ges. zugewendet werden, besteht bei durch GAV verbundenen Gesellschaften (AG und GmbH) die Möglichkeit der **Vermögensentnahme**[855]. 529

Die Einordnung der Sachausschüttung als Realisierungstatbestand führt zu der Frage, zu welchem Zeitpunkt diese Wertänderung zu erfassen ist. Mehrheitlich wird die Auffassung vertreten, dass die **Gewinnrealisierung** handels- und steuerrechtlich (**phasenverschoben**) in dem GJ erfolgt, in dem die Sachausschüttung beschlossen und durchgeführt wird[856]. Hierfür spricht, dass die rechtlichen Voraussetzungen für den umsatzähnlichen Vorgang erst durch die Beschlussfassung im Folgejahr geschaffen werden. 530

Es wird aber handelsrechtlich auch eine „**phasengleiche Gewinnrealisierung**", d.h. die Erfassung des Gewinns bereits in dem GJ, für das die Ausschüttung erfolgt, befürwortet. Gestützt wurde diese Auffassung bislang überwiegend auf eine analoge Anwendung des § 278 S. 1 HGB a.F.[857]. Teilweise wurde die phasengleiche Gewinnrealisierung auch als begründeter Ausnahmefall i.S.v. § 252 Abs. 2 HGB vom Stichtags- und Realisationsprinzip (§ 252 Abs. 1 Nr. 3 und 4 HGB) gesehen[858]. Der Bilanzgewinn bildet die Obergrenze jeder Bar- oder Sachausschüttung (§ 57 Abs. 3 AktG), d.h. der Zeitwert der auszukehrenden Vermögensgegenstände darf den Betrag des (ausschüttbaren) Bilanzgewinns nicht übersteigen[859]. Wenn man der Auffassung folgt, dass eine Sachdividende zum Verkehrswert zu berücksichtigen ist, weil es sich um einen umsatzähnlichen Vorgang handelt, erscheint es deshalb – ungeachtet der Aufhebung des § 278 HGB – sachgerecht, den Gewinn aus der Sachausschüttung und eine sich daraus ergebende Steuerbelastung bereits in dem JA zu berücksichtigen, aus dem sich der für die Sachausschüttung zu verwendende Gewinn ergibt[860]. 531

> **Hinweis 40:**
>
> Bei **GmbH** kommt es zwangsläufig zu einer phasengleichen Berücksichtigung, wenn die Sachausschüttung durch Vorabausschüttungsbeschluss[861] bereits im laufenden GJ erfolgt. Wenn ein Jahresergebnis in ausreichender Höhe erzielt wird, steht bei Aufstellung des JA fest, dass die Sachausschüttung Bestand hat und damit die Gewinnrealisierung eingetreten ist.

Unabhängig von der Frage, in welchem GJ die Wertänderung zu erfassen ist, ist fraglich, welcher Zeitpunkt konkret für die Bestimmung des Verkehrswerts maßgeblich ist. Hiervon hängt die Höhe des realisierten Gewinns, des Steueraufwands und auch des erforderlichen Bilanzgewinns ab. In Anknüpfung an die Gewinnrealisierung bei Verkauf könnte auch auf den Zeitpunkt abgestellt werden, in dem der Abgang des Vermögensgegenstands der Sachausschüttung (Übergang des rechtlichen oder wirtschaftlichen Eigentums) tatsächlich erfolgt und dadurch die durch den Ausschüttungsbeschluss be- 532

---

855 Vgl. ausführlich dazu *Gelhausen/Heinz*, in: FS Hoffmann-Becking, 2013, S. 357 (372 ff.).
856 Vgl. *Müller*, NZG 2002, S. 752 (759); *Waclawik*, WM 2003, S. 2266 (2271); *Heine/Lechner*, AG 2005, S. 269 (270); *Siegel/Schulze-Osterloh/Bareis*, WPg 2008, S. 553 (565).
857 Ausführlich hierzu vgl. WP Handbuch 2012 Bd. I, Kap. F, Tz. 592 m.w.N.
858 Vgl. *Schulze-Osterloh*, in: FS Priester, S. 749 (757 f.).
859 Vgl. *Schnorbus*, ZIP 2003, S. 509 (516); *Bareis/Siegel*, BB 2008, S. 479.
860 Vgl. *Winkeljohann/Büssow*, in: BeBiKo[11], § 272, Rn. 639; gl.A. *Peun/Rimmelspacher*, DB 2015, Beil. 5, S. 12 (19).
861 Vgl. dazu ADS[6], § 246 HGB, Tz. 222.

gründete Verbindlichkeit erlischt[862]. Da die Angemessenheit der Leistung aber bereits bei der rechtlichen Begründung der Sachleistungsverpflichtung beurteilt werden muss und spätere Änderungen des Werts der (noch nicht erfüllten) Sachleistungsverpflichtungen diese Beurteilung nicht mehr beeinflussen, ist aus systematischen Gründen auf den **Zeitpunkt des Gewinnverwendungsbeschlusses** der HV als Entstehungszeitpunkt der (Sach-)Leistungsverpflichtung abzustellen[863]. Dieser Zeitpunkt ist grds. auch für die steuerliche Bewertung maßgeblich, wenn die Anteilseigner ihre Anteile im Betriebsvermögen halten[864].

533 Wenn man davon ausgeht, dass die Gewinnrealisierung ebenso wie die Steuerbelastung bereits in dem Abschluss zu berücksichtigen ist, der Grundlage für die Sachausschüttung ist, ergibt sich für die Bewertung die praktische Schwierigkeit, dass der maßgebliche Wert bei der Auf- bzw. Feststellung des JA noch nicht feststeht, weil es hierfür auf den Zeitpunkt des Gewinnverwendungsbeschlusses ankommt. Hier erscheint es auch im Hinblick auf das Stichtagsprinzip (§ 252 Abs. 1 Nr. 3 HGB) sachgerecht, für die Höhe der Gewinnrealisierung im handelsrechtlichen JA zunächst auf den **Zeitwert zum Abschlussstichtag** abzustellen[865].

534 **Wertänderungen** (Erhöhungen oder Verminderungen) der zur Ausschüttung vorgesehenen Sachwerte, die **nach dem Abschlussstichtag** eintreten, können bilanziell betrachtet vernachlässigt werden, weil spiegelbildlich dazu immer eine Veränderung der korrespondierenden Sachleistungsverpflichtung eintritt. Der Betrag der Sachausschüttung wird danach im Ausschüttungsbeschluss trotz der eingetretenen Wertänderung unverändert mit dem Stichtagswert angesetzt. Allerdings ist dabei zu berücksichtigen, dass es im Fall einer Werterhöhung zu einem zusätzlichen Steueraufwand kommt. Dieser ist gem. § 174 Abs. 2 Nr. 5 AktG in dem Gewinnverwendungsbeschluss als zusätzlicher Aufwand aufgrund des Beschlusses anzugeben. In einem solchen Fall kann die Sachausschüttung deshalb nur dann in voller Höhe geleistet werden, wenn der zusätzliche Steueraufwand durch den ausgewiesenen Bilanzgewinn gedeckt ist. Ggf. ist es erforderlich, den JA unter Auflösung verwendbarer Rücklagen zu ändern[866]. Dies gilt auch bei wesentlichen Wertänderungen.

8.4.7.7 Sonderposten/-rücklagen im Eigenkapital

535 Nach Beschlussfassung, aber vor Eintragung der Kapitalerhöhung (vgl. Kap. F Tz. 468) geleistete Einlagen sind in einem Sonderposten „**Zur Durchführung der beschlossenen Kapitalerhöhung geleistete Einlagen**" zwischen EK und FK auszuweisen. Sacheinlagen sind im bilanzrechtlichen Sinn geleistet, wenn das wirtschaftliche Eigentum auf die Ges. übergeht, auch wenn das rechtliche Eigentum i.d.R. erst aufschiebend bedingt auf den Zeitpunkt der HR-Eintragung erlangt wird[867]. Erfolgt die Eintragung der Kapitalerhöhung in der Aufhellungsphase, darf der Sonderposten im Anschluss an den Posten

---

862 Vgl. *Heine/Lechner*, AG 2005, S. 269 (270) (Verkehrswert ist zeitnah (ein bis zwei Tage) auf den Tag zu ermitteln, an dem die Ausschüttung der Sachdividende erfolgt).
863 Vgl. *Müller*, NZG 2002, S. 752 (759); *Orth*, WPg 2004, S. 777 (792); *Bareis/Siegel*, BB 2008, S. 479 (481).
864 Vgl. *Orth*, WPg 2004, S. 841 (849) (für Anteilseigner mit Überschusseinkünften ist der Zuflusszeitpunkt maßgeblich).
865 Vgl. *Winkeljohann/Büssow*, in: BeBiKo[11], § 272, Rn. 640.
866 Vgl. ADS[6], § 174 AktG, Tz. 50.
867 Vgl. *Winkeljohann/Hoffmann*, in: BeBiKo[11], § 272, Rn. 50.

„Gezeichnetes Kapital" (§ 266 Abs. 3 A.I. HGB) mit Vermerk des Datums der Eintragung ausgewiesen werden[868].

536 Von der VorGes. empfangene Einlagen auf das Nennkapital sind in einer vor Eintragung der KapGes. im HR aufgestellten **Eröffnungsbilanz** (§ 242 Abs. 1 S. 1 HGB)[869] in einem Sonderposten „**Zur Durchführung der Gründung gezeichnetes Kapital**" zwischen EK und FK auszuweisen[870]. Der Ausweis als gezeichnetes Kapital kommt erst ab HR-Eintragung in Betracht, weil die KapGes. erst ab diesem Zeitpunkt als juristische Person existent ist und über ein Nennkapital verfügt. Ist die Eintragung der KapGes. bis zum Zeitpunkt der Bilanzaufstellung bereits erfolgt, ist es – analog zum Vorgehen bei (ordentlichen) Kapitalerhöhungen (vgl. Kap. F Tz. 468) – zulässig, den Sonderposten im EK auszuweisen.

537 Zum Ausweis und den Verwendungsmöglichkeiten von **Sonderrücklagen nach den Vorschriften des DMBilG** vgl. WP Handbuch 1996 Bd. I, Kap. F Tz. 190, 197 m.w.N.[871]

8.4.7.8 Ausschüttungs-/Abführungssperre (§ 268 Abs. 8 HGB)

8.4.7.8.1 Übersicht

538 § 268 Abs. 8 HGB regelt für KapGes., dass bei einer Aktivierung bestimmter „unsicherer oder nur schwer objektivierbarer Beträge", z.B. selbst geschaffener immaterieller Vermögensgegenstände des AV (vgl. im Einzelnen Kap. F Tz. 304 ff.), Gewinne nur ausgeschüttet werden dürfen, wenn das nach der Ausschüttung verbleibende frei verfügbare EK mindestens den insgesamt angesetzten Beträgen entspricht, wobei passive latente Steuern den gesperrten Betrag in dem in § 268 Abs. 8 HGB konkretisierten Umfang mindern (Ausschüttungssperre). Die Ausschüttungssperre dient primär dem **Gläubigerschutz**. Sie soll bewirken, dass keine höheren Gewinnausschüttungen als diejenigen erfolgen, die ohne die Aktivierung der genannten Posten (vgl. Kap. F Tz. 541) möglich gewesen wäre[872].

539 Der Gesamtbetrag der gegen Ausschüttungen gesperrten Beträge ist nach § 285 Nr. 28 HGB im **Anh.** anzugeben und hinsichtlich seines jeweiligen Entstehungsgrundes aufzugliedern (vgl. Kap. F Tz. 1220 ff.).

540 Die Ausschüttungssperre gilt **ausschließlich** für **KapGes.** Bei **KapCoGes.** wird die Regelung des § 268 Abs. 8 HGB durch die Bestimmung des **§ 172 Abs. 4 S. 3 HGB**, wonach bei der Berechnung des Kapitalanteils für die Beurteilung des Wiederauflebens der Außenhaftung eines Kommanditisten Beträge i.S.d. § 268 Abs. 8 HGB nicht zu berück-

---

868 Vgl. ADS[6], § 272 HGB, Tz. 13, 19; gl.A. *Reiner*, in: MünchKomm. HGB[3], § 272 HGB, Rn. 46; *Hüttemann/Meyer*, in: Staub, HGB[5], § 272, Rn. 10; a.A. *Küting/Reuter*, in: HdR[5], § 272 HGB, Rn. 13; *Winkeljohann/Hoffmann*, in: BeBiKo[11], § 272, Rn. 51 (kein Ausweis des Sonderpostens im EK, wohl aber Erläuterung im Anh., bei Eintragung der Kapitalerhöhung in der Aufhellungsphase).
869 Vgl. zum Regelfall der Aufstellung der Eröffnungsbilanz nach Leistung der Einlagen *Winkeljohann/Hermesmeier*, in: Winkeljohann/Förschle/Deubert, Sonderbilanzen[5], Kap. D, Rn. 74.
870 Vgl. *Winkeljohann/Schellhorn*, in: Winkeljohann/Förschle/Deubert, Sonderbilanzen[5], Kap. D, Rn. 231; ähnlich *Korth*, in: Kölner Komm. Rechnungslegungsrecht, § 266 HGB, Rn. 231: „Noch nicht im Handelsregister eingetragenes Gezeichnetes Kapital"; sowie ADS[6], § 272 HGB, Tz. 19, für den Fall der Kapitalerhöhung gegen Einlagen.
871 Vgl. *Gelhausen/Heinz*, DB 1994, S. 2245 ff.
872 Vgl. *Grottel/Huber*, in: BeBiKo[11], § 268, Rn. 65.

sichtigen sind, als **lex specialis** verdrängt (*IDW RS HFA 7 n.F.*, Tz. 38; vgl. Kap. F Tz. 1487)[873].

8.4.7.8.2 Ausschüttungssperre

541 Die Ausschüttungssperre nach § 268 Abs. 8 HGB ist auf drei verschiedene Posten zu beziehen. Dabei handelt es sich um folgende Beträge:

- Betrag aus der Aktivierung **selbst geschaffener immaterieller Vermögensgegenstände des AV** (§ 248 Abs. 2 HGB) abzgl. der hierfür gebildeten passiven latenten Steuern (vgl. Kap. F Tz. 543).
- Betrag aus der Bewertung von Vermögensgegenständen i.S.d. § 246 Abs. 2 S. 2 Hs. 1 HGB (sog. **Deckungsvermögen**) zum beizulegenden Zeitwert, soweit dieser die AK übersteigt, abzgl. der hierfür gebildeten passiven latenten Steuern (vgl. Kap. F Tz. 544).
- Betrag der in der Bilanz ausgewiesenen **aktiven latenten Steuern** (§ 274 Abs. 1 S. 2 HGB), soweit sie die passiven latenten Steuern übersteigen (vgl. Kap. F Tz. 545).

Der Abzug der passiven latenten Steuern bei den beiden erstgenannten Beträgen dient dazu, Doppelerfassungen zu vermeiden. Die Passivierung der latenten Steuern nach § 274 Abs. 1 S. 1 HGB hat in diesen Fällen das Jahresergebnis bereits gemindert, so dass es insoweit keiner nochmaligen gläubigerschützenden Ausschüttungssperre mehr bedarf.

542 **Frei verfügbare Rücklagen** i.S.d. § 268 Abs. 8 HGB sind die jederzeit auflösbaren Gewinnrücklagen zzgl. der bestehenden frei verwendbaren Kapitalrücklage[874]. Daneben gehört auch ein Gewinnvortrag zum frei verfügbaren EK. Ein Verlustvortrag vermindert das frei verfügbare EK entspr.

> **Hinweis 41:**
>
> Frei verfügbare Rücklagen i.S.d. § 268 Abs. 8 HGB:
>
> | Rücklagenart | frei verfügbar AG | GmbH |
> |---|---|---|
> | **Kapitalrücklage** | | |
> | § 272 Abs. 2 Nr. 1-3 HGB | nein | ja |
> | § 272 Abs. 2 Nr. 4 HGB | ja | ja |
> | **Gewinnrücklagen** | | |
> | gesetzliche Rücklage (§ 150 AktG; § 5a Abs. 3 GmbHG) | nein | nein |
> | Rückbeteiligung an einem herrschenden Unternehmen | nein | nein |
> | satzungsmäßige Rücklagen* | ja | ja |
> | andere Gewinnrücklagen | ja | ja |
>
> *soweit nach Satzung/Gesellschaftsvertrag für Ausschüttungen verwendbar

543 Bei den **selbst geschaffenen immateriellen Vermögensgegenständen des AV** knüpft der Ausschüttungssperrbetrag an deren Buchwert zum jeweiligen Abschlussstichtag und nicht an ihre historischen HK an[875].

---

[873] Vgl. *Gelhausen/Fey/Kämpfer*, BilMoG, Kap. N, Rn. 4 f.; *von der Laage* WM 2012, S. 1322 ff.
[874] Ausführlich dazu *Gelhausen/Fey/Kämpfer*, BilMoG, Kap. N, Rn. 12 f.; ferner *Grottel/Huber*, in: BeBiKo[11], § 268, Rn. 72 f.; NWB Komm. BilR[9], § 268, Rn. 167.
[875] Vgl. *Gelhausen/Fey/Kämpfer*, BilMoG, Kap. N, Rn. 26.

Beim **Deckungsvermögen** für Altersversorgungsverpflichtungen bezieht sich die Ausschüttungssperre auf die aus der Bewertung zum beizulegenden Zeitwert nach § 253 Abs. 1 S. 4 HGB resultierenden aufgedeckten stillen Reserven der Aktiva. Ein vorheriger Abzug der Schulden, zu deren Deckung die Vermögensgegenstände dienen, kommt nicht in Betracht[876]. Im Übrigen ist der relevante Betrag ausgehend von jedem einzelnen Vermögensgegenstand zu ermitteln, d.h. der gesperrte Betrag setzt sich aus den positiven Differenzen zwischen den beizulegenden Zeitwerten und (historischen[877]) AK der einzelnen Vermögensgegenstände zusammen, die insgesamt das Deckungsvermögen bilden. Eine Verrechnung positiver Beträge mit negativen Beträgen (anderer Vermögensgegenstände) ist ausgeschlossen[878]. Für die Folgeperioden ergibt sich hieraus zwingend, dass die ausschüttungsgesperrten Beträge für jeden Vermögensgegenstand in einer Nebenrechnung zu erfassen sind[879]. Der ausschüttungsgesperrte Betrag ist nicht mit dem ggf. positiven Betrag identisch, der sich durch Verrechnung des zum beizulegenden Zeitwert bewerteten Deckungsvermögens mit den zugehörigen Schulden ergibt (§ 246 Abs. 2 S. 3 HGB) und welcher nach § 266 Abs. 2 E. HGB als „Aktiver Unterschiedsbetrag aus der Vermögensverrechnung" auszuweisen ist[880].

544

Aktivierte latente Steuern sind nur in Höhe der nicht durch passive latente Steuern gedeckten Spitze ausschüttungsgesperrt. Dabei ist der Umfang der verrechenbaren passiven latenten Steuern auf jene Beträge beschränkt, die nicht bereits den unsicheren Beträgen i.S.d. § 268 Abs. 8 S. 1 und 3 HGB unmittelbar zuzuordnen sind und folglich dort mindernd berücksichtigt wurden[881]. Aus diesem Grund kann sich eine Ausschüttungssperre für aktive latente Steuern auch dann ergeben, wenn sich bilanziell ein Passivüberhang latenter Steuern ergibt oder wenn ein Aktivüberhang latenter Steuern nicht angesetzt wird[882]. Der durch § 274 Abs. 1 S. 1 und 3 HGB im Hinblick auf die passiven latenten Steuern mögliche, unsaldierte Ausweis (Bruttoausweis) oder saldierte Ausweis (Nettoausweis) hat für die Höhe der Ausschüttungssperre keine Bedeutung[883].

545

---

876 Vgl. *Gelhausen/Fey/Kämpfer*, BilMoG, Kap. N, Rn. 29 f.
877 Ausführlich dazu *Gelhausen/Fey/Kämpfer*, BilMoG, Kap. N, Rn. 33 ff.; *Frey/Möller*, WP Praxis 2014, S. 195 (196 f.).
878 Vgl. *Gelhausen/Fey/Kämpfer*, BilMoG, Kap. N, Rn. 31 f. Zustimmend *Petersen/Zwirner/Froschhammer*, KoR 2010, S. 334 (336).
879 Vgl. *Gelhausen/Fey/Kämpfer*, BilMoG, Kap. N, Rn. 32, 37; *Petersen/Zwirner/Froschhammer*, KoR 2010, S. 334 (336).
880 Vgl. *Gelhausen/Fey/Kämpfer*, BilMoG, Kap. N, Rn. 30.
881 Vgl. *Grottel/Huber*, in: BeBiKo[11], § 268, Rn. 71 m.w.N. sowie *Gelhausen/Fey/Kämpfer*, BilMoG, Kap. N, Rn. 50.
882 Vgl. *Althoff*, DStR 2012, S. 868 ff.
883 Vgl. *Lüdenbach*, StuB 2010, S. 588 (589).

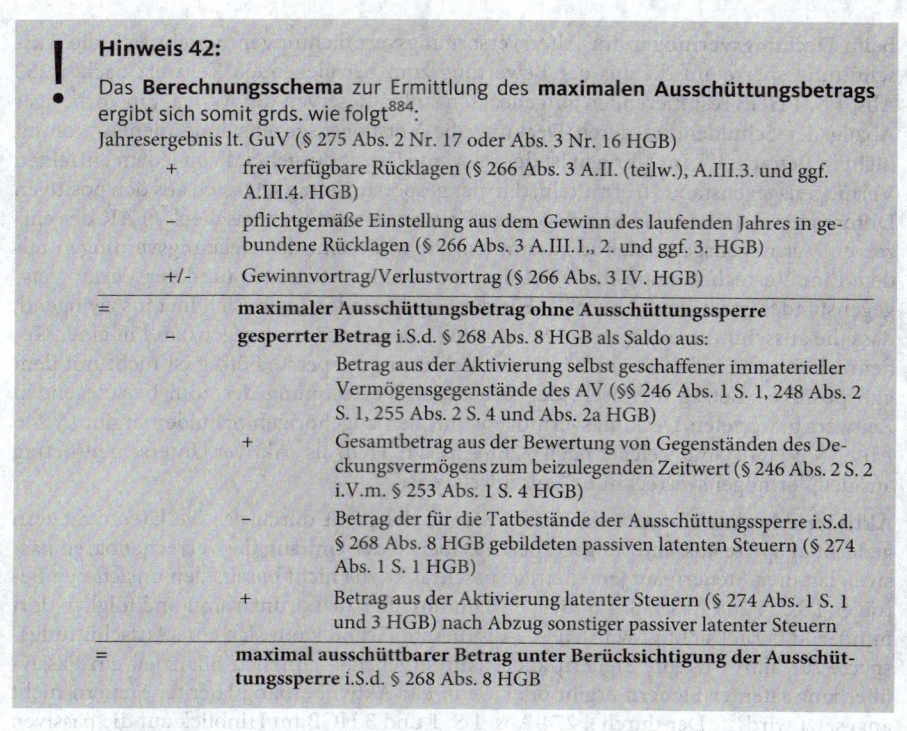

> **Hinweis 42:**
>
> Das **Berechnungsschema** zur Ermittlung des **maximalen Ausschüttungsbetrags** ergibt sich somit grds. wie folgt[884]:

		Jahresergebnis lt. GuV (§ 275 Abs. 2 Nr. 17 oder Abs. 3 Nr. 16 HGB)
	+	frei verfügbare Rücklagen (§ 266 Abs. 3 A.II. (teilw.), A.III.3. und ggf. A.III.4. HGB)
	−	pflichtgemäße Einstellung aus dem Gewinn des laufenden Jahres in gebundene Rücklagen (§ 266 Abs. 3 A.III.1., 2. und ggf. 3. HGB)
	+/−	Gewinnvortrag/Verlustvortrag (§ 266 Abs. 3 IV. HGB)
=		**maximaler Ausschüttungsbetrag ohne Ausschüttungssperre**
	−	**gesperrter Betrag** i.S.d. § 268 Abs. 8 HGB als Saldo aus:
		Betrag aus der Aktivierung selbst geschaffener immaterieller Vermögensgegenstände des AV (§§ 246 Abs. 1 S. 1, 248 Abs. 2 S. 1, 255 Abs. 2 S. 4 und Abs. 2a HGB)
	+	Gesamtbetrag aus der Bewertung von Gegenständen des Deckungsvermögens zum beizulegenden Zeitwert (§ 246 Abs. 2 S. 2 i.V.m. § 253 Abs. 1 S. 4 HGB)
	−	Betrag der für die Tatbestände der Ausschüttungssperre i.S.d. § 268 Abs. 8 HGB gebildeten passiven latenten Steuern (§ 274 Abs. 1 S. 1 HGB)
	+	Betrag aus der Aktivierung latenter Steuern (§ 274 Abs. 1 S. 1 und 3 HGB) nach Abzug sonstiger passiver latenter Steuern
=		**maximal ausschüttbarer Betrag unter Berücksichtigung der Ausschüttungssperre** i.S.d. § 268 Abs. 8 HGB

546 Der Ausweis des ausschüttungsgesperrten Betrags im JA ist gesetzlich nicht geregelt, weshalb er entweder in die **Rücklagen** eingestellt oder als **Gewinnvortrag** ausgewiesen werden darf. Die Gesellschaft kann insoweit frei entscheiden[885]. Ob im Falle einer Rücklagendotierung diese bereits i.R.d. Auf- und Feststellung des JA erfolgen darf, richtet sich nach den rechtsformbezogenen Vorschriften zu den Thesaurierungsmöglichkeiten der für die Auf- bzw. Feststellung des JA zuständigen Organe.

> **Hinweis 43:**
>
> Gehen bspw. selbst geschaffene immaterielle Vermögensgegenstände des AV im Zuge eines **Umwandlungsvorgangs** über, bei dem vom Wahlrecht zur **Buchwertfortführung** nach § 24 UmwG Gebraucht wird, geht die zum Umwandlungsstichtag beim übertragenden Rechtsträger bestehende Ausschüttungssperre nicht auf den übernehmenden Rechtsträger über[886].

8.4.7.8.3 Abführungssperre

547 Durch § 301 S. 1 AktG wird der nach § 268 Abs. 8 HGB ausschüttungsgesperrte Betrag ausdrücklich vom **Höchstbetrag der Gewinnabführung** ausgenommen. Damit ist der Betrag ausgenommen, der ohne Bestehen eines GAV nach § 268 Abs. 8 HGB bei der abhängigen Ges. gesperrt wäre. Dementsprechend ist für die Berechnung des Abfüh-

---

[884] Vgl. *Gelhausen/Fey/Kämpfer*, BilMoG, Kap. N, Rn. 10; *Gelhausen/Althoff*, WPg 2009, S. 584 (586).
[885] Vgl. *Gelhausen/Fey/Kämpfer*, BilMoG, Kap. N, Rn. 55.
[886] Gl.A. *Deubert/Hoffmann*, in: Winkeljohann/Förschle/Deubert, Sonderbilanzen[5], Kap. K, Rn. 73.

rungssperrbetrags auch vorhandenes frei verwendbares EK mindernd zu berücksichtigen[887]. Für eine GmbH, die einem GAV unterliegt, gilt § 301 AktG entsprechend[888], so dass die Abführungssperre auch bei einer abhängigen GmbH zu beachten ist.

> **Hinweis 44:**
>
> Der **Höchstbetrag der Gewinnabführung** unter Berücksichtigung der Ausschüttungssperre nach § 268 Abs. 8 HGB ergibt sich nach folgendem **Schema**[889]:
>
> Jahresüberschuss der abhängigen Gesellschaft vor Gewinnabführung
> – Verlustvortrag aus dem VJ (§ 301 S. 1 AktG)
> – pflichtgemäße Einstellung in die gesetzliche Rücklage (§ 300 AktG)
> + während der Vertragsdauer gebildete Gewinnrücklagen (§ 301 S. 2 AktG)
> + während der Vertragsdauer vorgetragener Gewinn (analog § 301 S. 2 AktG)
>
> = **maximaler Abführungsbetrag ohne Ausschüttungssperre i.S.d. § 268 Abs. 8 HGB**
> – nach § 268 Abs. 8 HGB ausschüttungsgesperrter, nicht anderweitig gedeckter Betrag in Höhe des positiven Saldos aus
>   Gesamtbetrag der Beträge i.S.d. § 268 Abs. 8 HGB (zur Ermittlung vgl. Kap. F Tz. 541; dabei zur Berücksichtigung passiver latenter Steuern aus dem JA des herrschenden Unternehmens Kap. F Tz. 552)
>   – andere frei verfügbare EK-Komponenten der abhängigen Gesellschaft = Kapitalrücklage i.S.d. § 272 Abs. 2 Nr. 4 HGB
>   + vorvertragliche Gewinnrücklagen/vorvertraglicher Gewinnvortrag (§ 266 Abs. 3 IV. HGB)
>
> = **unter Berücksichtigung der Abführungssperre maximal abführbarer Betrag i.S.d. § 301 AktG**

Vorvertragliche Gewinnrücklagen dürfen den Höchstbetrag der Gewinnabführung nicht erhöhen (§ 301 S. 2 AktG Umkehrschluss), die entsprechenden Beträge stehen in der (Vermögens-)Sphäre der (Minderheits-)Aktionäre und nicht des herrschenden Unternehmens. Im Hinblick auf den mit der Ausschüttungs-/Abführungssperre bezweckten Gläubigerschutz ist diese Differenzierung jedoch irrelevant, weshalb es der überwiegenden Auffassung in der handels- und gesellschaftsrechtlichen Literatur[890] entspricht, dass auch vorvertragliche Gewinnrücklagen sowie **vorvertragliche Gewinnvorträge** bei der Ermittlung des maximal abführbaren Betrags zu berücksichtigen sind. Dürfen Gewinne nur unter Anrechnung der vorvertraglichen Gewinnrücklagen auf die nach § 268 Abs. 8 HGB gesperrten Beträge abgeführt werden, unterliegen diese Gewinnrücklagen dann aber der Ausschüttungssperre. 548

Entsprechendes gilt für die **Kapitalrücklage aus sonstigen Zuzahlungen** (§ 272 Abs. 2 Nr. 4 HGB), die unabhängig davon, ob sie in vertraglicher oder vorvertraglicher Zeit geleistet wurde, niemals der Abführung an das herrschende Unternehmen unterliegt[891], 549

---

[887] Vgl. Gelhausen/Althoff, WPg 2009, S. 629 (630 f.).
[888] Vgl. z.B. Emmerich, in: Emmerich/Habersack, Aktien- und GmbH-Konzernrecht[8], § 301 AktG, Rn. 6.
[889] Vgl. Gelhausen/Fey/Kämpfer, BilMoG, Kap. N, Rn. 64.
[890] Vgl. Gelhausen/Fey/Kämpfer, BilMoG, Kap. N, Rn. 68 ff.; Gelhausen/Althoff, WPg 2009, S. 629 (631); Küting u.a., GmbHR 2011, S. 1 (9); NWB Komm. BilR[9], § 268, Rn. 174; Stephan, in: Schmidt/Lutter, AktG[3], § 301, Rn. 18; Schmidt/Heinz, in: BeBiKo[11], § 277, Rn. 76; a.A. Simon, NZG 2009, S. 1081 (1085 ff.), weil dies die Abführung vorvertraglicher Beträge an den anderen Vertragsteil bedeutet.
[891] Vgl. ADS[6], § 174 AktG, Tz. 8; Schmidt/Heinz, in: BeBiKo[11], § 277, Rn. 69 ff.; dazu z.B. auch Bünning/Stoll, BB 2016, S. 555 (557 f.).

aber ebenfalls bei der Ermittlung der abführungsgesperrten Beträge zu berücksichtigen ist.

> **Praxistipp 16:**
> Reicht das freie EK des abhängigen Unternehmens nicht zur Deckung der ausschüttungsgesperrten Beträge nach § 268 Abs. 8 HGB aus, kann durch die Leistung von Zuzahlungen in die Kapitalrücklage nach § 272 Abs. 2 Nr. 4 HGB des abhängigen Unternehmens durch Einräumung eines (unbedingten) Zahlungsanspruchs (Forderung) bis zum Abschlussstichtag, der auch zeitnah fällig ist, das Eingreifen der Abführungssperre vermieden werden.

550 Gegen eine Einstellung des abführungsgesperrten Betrags in die **Gewinnrücklagen** bereits bei Aufstellung des JA bestehen keine Bedenken, da die Thesaurierung durch § 301 S. 1 AktG verpflichtend ist, mithin kein Gestaltungsspielraum i.R.d. Gewinnverwendung besteht (§ 270 Abs. 2 HGB)[892].

> **Hinweis 45:**
> Da in § 302 AktG ein Verweis auf § 268 Abs. 8 HGB fehlt, wirkt sich die Abführungssperre nicht auf die Höhe der **Verlustübernahme** durch das herrschende Unternehmen aus[893].

551 Beträge, die in vertraglicher Zeit zunächst der Abführungssperre unterlegen haben und in (organschaftliche) Gewinnrücklagen eingestellt wurden, dürfen zur **Verminderung** einer sonst erforderlichen **Verlustübernahme** aufgelöst werden, auch wenn auf Ebene des abhängigen Unternehmens noch ein nicht gedeckter Sperrbetrag nach § 268 Abs. 8 HGB vorhanden ist[894]. Ausschlaggebend dafür ist, dass bei Gewinnen in Folgejahren § 301 S. 2 AktG wie ein „Verlustvortrag" wirkt und im Übrigen der Schutzmechanismus nach § 302 AktG erhalten bleibt. Die Auflösung hat im Einvernehmen mit dem anderen Vertragsteil zu erfolgen.

552 Zur Frage, ob bei der Ermittlung des maximal abführbaren Betrags passive latente Steuern berücksichtigt werden dürfen, selbst wenn diese nur im JA des Organträgers (vgl. Kap. F Tz. 741 ff.), nicht aber im JA der Organgesellschaft passiviert wurden, gibt es geteilte Auffassungen. Einerseits wird vertreten, auf den Abzug für Zwecke der Abführungssperre zu verzichten, mithin einen niedrigeren Betrag abzuführen (sog. **Bruttomethode**)[895]. Andererseits wird dafür plädiert, die beim Organträger passivierten latenten Steuern bereits auf Ebene der Organgesellschaft zu berücksichtigen (sog. **Nettomethode**)[896]. Derzeit wird man handelsrechtlich beide Auffassungen vertreten können[897]. Solange hierzu allerdings keine verbindliche Auffassung der Finanzverwaltung

---

892 Vgl. *Gelhausen/Fey/Kämpfer*, BilMoG, Kap. N, Rn. 75 f.
893 Vgl. z.B. *Schmidt/Heinz*, in: BeBiKo[11], § 277, Rn. 75; *Kessler/Egelhof*, DStR 2017, S. 998 (1003); a.A. *Altmeppen*, in: MünchKomm. AktG[4], § 302 AktG, Rn. 17.
894 Gl.A. *Schmidt/Heinz*, in: BeBiKo[11], § 277, Rn. 77.
895 Vgl. *Kröner/Bolik/Gageur*, Ubg 2010, S. 237 (241 f.).
896 Vgl. *Ellerbusch/Schlüter/Hofherr*, DStR 2009, S. 2443 (2445 ff.); *Herzig/Liekenbrock/Vossel*, Ubg 2010, S. 85 (97 f.).
897 Vgl. *HFA*, FN-IDW 2011, S. 351; *Grottel/F. Huber*, in: BeBiKo[11], § 268, Rn. 75.

existiert, dürfte es sich empfehlen, im Zweifel den maximal abführbaren Betrag nach der Bruttomethode zu bestimmen[898].

Die **Anh.-Angabe** nach § 285 Nr. 28 HGB (vgl. Kap. F Tz. 1220 ff.) ist auch bei Vorliegen eines GAV zu beachten. **553**

8.4.7.9 Ausschüttungssperre § 253 Abs. 6 S. 2 HGB

Nach § 253 Abs. 6 S. 2 HGB unterliegt der **Unterschiedsbetrag** zwischen dem Ansatz der **Rückstellungen für Altersversorgungsverpflichtungen** (vgl. Kap. F Tz. 578 ff.) bei Anwendung des **sieben- und des zehnjährigen Durchschnittszinssatzes** (§ 253 Abs. 2 S. 1 i.V.m. Abs. 6 S. 1 HGB) einer Ausschüttungssperre, sofern er nicht durch die nach Ausschüttung verbleibenden frei verfügbaren Rücklagen zzgl. eines Gewinnvortrags und abzgl. eines Verlustvortrags deckt werden kann. Der ausschüttungsgesperrte Betrag ist nach § 253 Abs. 6 S. 3 HGB unter der Bilanz oder im Anh., dann vorzugsweise zusammen mit den nach § 285 Nr. 28 HGB anzugebenden Beträgen nach § 268 Abs. 8 HGB (vgl. Kap. F Tz. 1220 ff.) zu nennen. **554**

Die Ausschüttungssperre nach § 253 Abs. 6 S. 2 HGB gehört zwar zu den für alle Kfl. geltenden Vorschriften, jedoch ist davon auszugehen, dass sie **nur** für **KapGes.**, nicht aber für Einzelkaufleute und PersGes. bzw. KapCoGes. gilt (vgl. *IDW RS HFA 7 n.F.*, Tz. 39a)[899]. Dies bedeutet auch, dass § 172 Abs. 4 HGB (vgl. Kap. F Tz. 1487) auf die Beträge nach § 253 Abs. 6 S. 2 HGB analog anzuwenden ist. **555**

Der Begriff des frei verfügbaren EK für Zwecke des § 253 Abs. 6 S. 2 HGB entspricht demjenigen nach § 268 Abs. 8 HGB (vgl. Kap. F Tz. 542). Die frei verfügbaren **EK-Teile** dürfen dabei aber **nicht „doppelt" zur Deckung** von abführungsgesperrten Beträgen **herangezogen** werden, d.h. die ausschüttungsgesperrten Beträge nach § 253 Abs. 6 S. 2 HGB und nach § 268 Abs. 8 HGB werden gemeinsam dem insgesamt vorhandenen, frei verfügbaren EK gegenübergestellt[900]. **556**

Bei der Ermittlung des nach § 253 Abs. 6 S. 2 HGB ausschüttungsgesperrten Betrags sind gegenläufige Effekte auf bilanzierte **latente Steuern** zu berücksichtigen[901]. **557**

Hinsichtlich der Frage, ob die Ausschüttungssperre nach § 253 Abs. 6 S. 2 HGB auch für die **Ermittlung der höchstmöglichen Gewinnabführung** bei Bestehen eines GAV zu berücksichtigen ist, wird inzwischen mehrheitlich **die Auffassung** vertreten, dass aufgrund des fehlenden Verweises in § 301 AktG auf die neue Ausschüttungssperre sowie den Umstand, dass dem Gesetzgeber die Thematik im Hinblick auf die Regelung nach § 268 Abs. 8 HGB bekannt war, keine Abführungssperre in Höhe des Unterschiedsbetrags gemäß § 253 Abs. 6 S. 2 HGB greift[902]. **558**

---

898 So auch *Kröner/Bolik/Gageur*, Ubg 2010, S. 237 (241 f.).
899 Vgl. *Kuhn/Moser*, WPg 2016, S. 381 (385); *HFA*, IDW Life 2016, S. 304 (305); a.A. *Zwirner*, DStR 2016, S. 929 (932): Neuregelung ist nicht auf die Rechtsform der KapGes. beschränkt.
900 Vgl. *HFA*, IDW Life 2016, S. 304 (305); *Zwirner*, DStR 2016, S. 929 (932).
901 Vgl. *HFA*, IDW Life 2016, S. 304 (305).
902 Vgl. BMF v. 23.12.2016, BStBl. I S. 41; *Schmidt/Heinz*, in: BeBiKo[11], § 277, Rn. 78; *Kessler/Egelhof*, DStR 2017, S. 998 (1000); *Oser/Wirtz*, DB 2017, S. 261 (262); *Kuhn/Moser*, WPg 2016, S. 381 (385). Krit. ggü. der Abführung: *Schoepffer/Bartsch*, WP Praxis 2016, S. 127 (130); ähnlich *Zwirner*, DStR 2016, S. 929 (932); *Walther*, GmbHR 2016, S. 354 (355); *Hennrichs/Riedel*, NZG 2016, S. 375 (377). Zur Frage, ob bzw. unter welchen Voraussetzungen die Unterschiedsbeträge nach § 253 Abs. 6 S. 1 HGB in (vertragliche) Gewinnrücklagen eingestellt werden dürfen vgl. *Kröner*, WPg 2017, S. 796 (800), *Hageböke/Hennrichs*, DB 2017, S. 18 (23); *Schmidt/Buchholz*, in: BeBiKo[11], § 277, Rn. 124.

8.4.8 Rückstellungen

8.4.8.1 Gesetzliche Rückstellungszwecke und Rückstellungsarten

559 Rückstellungen dienen der Erfassung von dem Grunde und/oder der Höhe nach ungewissen Verbindlichkeiten (sog. **Verbindlichkeitsrückstellungen**; vgl. Kap. F Tz. 564 ff.), von drohenden Verlusten aus schwebenden Geschäften (sog. **Drohverlustrückstellungen**; vgl. Kap. F Tz. 623 ff.) sowie von bestimmten gesetzlich bestimmten Innenverpflichtungen (sog. **Aufwandsrückstellungen**; vgl. Kap. F Tz. 631 ff.).

560 Das HGB nennt in § 249 Abs. 1 HGB im Einzelnen folgende **Zwecke**, für die Rückstellungen **obligatorisch** zu bilden sind:

- Rückstellungen für ungewisse Verbindlichkeiten,
- Rückstellungen für drohende Verluste aus schwebenden Geschäften,
- Rückstellungen für im GJ unterlassene Aufwendungen für Instandhaltung, die im folgenden GJ innerhalb von drei Monaten nachgeholt werden,
- Rückstellungen für im GJ unterlassene Aufwendungen für Abraumbeseitigung, die im folgenden GJ nachgeholt werden,
- Rückstellungen für Gewährleistungen, die ohne rechtliche Verpflichtung erbracht werden.

561 Das Bilanzgliederungsschema des § 266 HGB sieht für mittelgroße und große KapGes. und KapCoGes. eine Aufgliederung der Rückstellungen in **Rückstellungen für Pensionen und ähnliche Verpflichtungen** (vgl. Kap. F Tz. 578 ff.), **Steuerrückstellungen** (vgl. Kap. F Tz. 608 ff.) und **sonstige Rückstellungen** (vgl. Kap. F Tz. 620 ff.) vor (§ 266 Abs. 3 B.1. bis 3. HGB).

562 Darüber hinaus findet der Begriff der „Rückstellungen für Altersversorgungsverpflichtungen oder vergleichbare langfristig fällige Verpflichtungen" Verwendung im HGB. **Altersversorgungsverpflichtungen** umfassen alle Verpflichtungen aus unmittelbaren oder mittelbaren Zusagen zur Gewährung von Leistungen der Alters-, Invaliditäts- oder Hinterbliebenenversorgung i.S.d. §§ 1 Abs. 1 i.V.m. 17 Abs. 1 S. 2 BetrAVG[903]. Nach *IDW RS HFA 30 n.F.*, Tz. 7, sind Altersversorgungsverpflichtungen Verpflichtungen ggü. Versorgungsberechtigten, „die aufgrund einer aus Anlass einer Tätigkeit für *ein* Unternehmen zugesagten Leistung der Alters-, Invaliditäts- oder Hinterbliebenenversorgung entstehen" (*IDW RS HFA 30 n.F.*, Tz. 7). Damit wird insb. darauf abgestellt, dass die Verpflichtung ggü. dem Versorgungsberechtigten besteht; die Tätigkeit für das bilanzierende Unternehmen ist dagegen keine notwendige Voraussetzung (zu den Auswirkungen auf die Bilanzierung von Freistellungsverpflichtungen bei Vorliegen eines Schuldbeitritts vgl. Kap. F Tz. 597).

> **! Hinweis 46:**
> Rückstellungen für Altersversorgungsverpflichtungen (vgl. im Einzelnen Kap. F Tz. 578 ff.) unterliegen folgenden besonderen handelsrechtlichen Vorschriften:
> - Verrechnung mit Deckungsvermögen (§ 246 Abs. 2 S. 2 HGB),
> - besondere Bewertung bei Vorliegen einer wertpapiergebundenen Versorgungszusage (§ 253 Abs. 1 S. 3 HGB),

---

[903] Vgl. *IDW RS HFA 30 n.F.*, Tz. 7; *Gelhausen/Fey/Kämpfer*, BilMoG, Kap. C, Rn. 12 m.w.N.; zur Behandlung von Freistellungsverpflichtungen vgl. Kap. F Tz. 597.

> - Diskontierung mit dem restlaufzeitadäquaten durchschnittlichen Marktzinssatz der vergangenen zehn (statt sieben) GJ (§ 253 Abs. 2 S. 1 HGB),
> - Wahlrecht zur Verwendung einer pauschalen Restlaufzeit von 15 Jahren bei der Bestimmung des anzuwendenden Diskontierungszinssatzes (§ 253 Abs. 2 S. 2 HGB),
> - Ausweis unter dem Posten „Rückstellungen für Pensionen und ähnliche Verpflichtungen" (§ 266 Abs. 3 B.1. HGB), da von der inhaltlichen Übereinstimmung des Begriffs der Pensionsverpflichtungen mit dem Begriff der Altersversorgungsverpflichtungen auszugehen ist (vgl. *IDW RS HFA 30 n.F.*, Tz. 6).

563 Zu den mit Altersversorgungsverpflichtungen „**vergleichbaren langfristig fälligen Verpflichtungen**" zählen neben den Altersteilzeitverpflichtungen (vgl. Kap. F Tz. 640) und den Schulden aus Lebensarbeitszeitmodellen[904] auch Verpflichtungen zur Gewährung von Übergangs-, Sterbe- und Überbrückungsgeldern, Beihilfen sowie Verpflichtungen aus Dienstjubiläen (vgl. Kap. F Tz. 663) und Vorruhestandsgeldern (vgl. Kap. F Tz. 684)[905]. Wesentliches Merkmal dieser Verpflichtungen ist neben der Langfristigkeit ein gewisser Versorgungscharakter der versprochenen Leistungen oder die Abhängigkeit der Schuld von bestimmten biometrischen Ereignissen (z.B. Alter, Invalidität, Tod)[906]. Rückstellungen für mit Altersversorgungsverpflichtungen vergleichbare langfristig fällige Verpflichtungen unterliegen ebenso wie Rückstellungen für Altersversorgungsverpflichtungen der Verrechnung mit Deckungsvermögen (§ 246 Abs. 2 S. 2 HGB) und dem Wahlrecht zur Verwendung einer pauschalen Restlaufzeit von 15 Jahren bei der Bestimmung des anzuwendenden Diskontierungszinssatzes (§ 253 Abs. 2 S. 2 HGB). Nach *IDW RS HFA 30 n.F.*, Tz. 77 sind die Bewertungsregelungen für wertpapiergebundene Zusagen hier ebenfalls anwendbar, bspw. auf Verpflichtungen aus Zeitwertkonten[907]. Eine Diskontierung mit dem restlaufzeitadäquaten durchschnittlichen Marktzinssatz der vergangenen zehn (statt sieben) GJ (§ 253 Abs. 2 S. 1 HGB) kommt im Fall von vergleichbaren langfristig fälligen Verpflichtungen jedoch nicht in Betracht[908]. Der Ausweis erfolgt unter dem Posten „sonstige Rückstellungen" (§ 266 Abs. 3 B.3. HGB) (vgl. *IDW RS HFA 30 n.F.*, Tz. 82).

8.4.8.2 Verbindlichkeitsrückstellungen

8.4.8.2.1 Ansatz und Bewertung

564 Eine Rückstellung für ungewisse Verbindlichkeiten gem. § 249 Abs. 1 S. 1 HGB ist bei kumulativer Erfüllung der folgenden **Voraussetzungen** anzusetzen[909]:

a) Vorliegen einer Außenverpflichtung;
b) kein drohender Verlust aus einem schwebenden Geschäft;
c) Ungewissheit über das Bestehen und/oder die Höhe der Verpflichtung;

---

[904] Vgl. Begr. RegE BilMoG, BT-Drs. 16/10067, S. 48.
[905] Vgl. *IDW RS HFA 30 n.F.*, Tz. 8 f.; *Gelhausen/Fey/Kämpfer*, BilMoG, Kap. C, Rn. 13 ff.; explizit zur Klassifizierung von Beihilfen als vergleichbare langfristig fällige Verpflichtungen *HFA*, IDW Life 2017, S. 528 f.
[906] Vgl. *IDW RS HFA 30 n.F.*, Tz. 8; *Gelhausen/Fey/Kämpfer*, BilMoG, Kap. I, Rn. 66 sowie Kap. C, Rn. 13 ff.
[907] Vgl. auch Begr. Beschlussenpfehlung und Bericht des Rechtsausschusses zum BilMoG, BT-Drs. 16/12407, S. 85.
[908] Vgl. *HFA*, IDW Life 2016, S. 304 f.
[909] Vgl. *Schubert*, in: BeBiKo[11], § 249, Rn. 24 ff.; ADS[5], § 249 HGB, Tz. 42 ff.; *Mayer-Wegelin*, in: HdR[5], § 249 HGB, Rn. 32 ff.

d) rechtliche Entstehung oder zumindest wirtschaftliche Verursachung der Verpflichtung und damit wirtschaftliche (Vermögens-)Belastung am Abschlussstichtag (unkompensierte Verpflichtung);
e) hinreichende Wahrscheinlichkeit der Inanspruchnahme aus der Verpflichtung;
f) keine Aktivierungspflicht der künftigen Ausgaben als AHK und kein explizites Passivierungswahlrecht oder -verbot.

565 **Außenverpflichtung** (a): Es muss eine Verpflichtung **gegenüber Dritten** bestehen oder zumindest hinreichend wahrscheinlich entstehen. Nicht erforderlich ist, dass der Gläubiger Kenntnis von seinem Anspruch hat[910]. Eine Außenverpflichtung kann sich auch daraus ergeben, dass sich der Kaufmann aus tatsächlichen oder wirtschaftlichen Gründen einer Verpflichtung nicht entziehen kann, ohne zur Leistung *rechtlich* verpflichtet zu sein (*faktische/sittlich-moralische* Verpflichtung)[911].

566 **Abgrenzung zur Drohverlustrückstellung** (b): Verbindlichkeitsrückstellungen sind nur für Außenverpflichtungen zu bilden, die entweder nicht als Teil eines wirtschaftlichen Austauschverhältnisses anzusehen sind (z.B. gesetzliche oder gesellschaftsrechtliche Haftung) oder die auf einem sog. Erfüllungsrückstand i.R. eines einseitig abgewickelten/erfüllten, d.h. insoweit nicht mehr schwebenden wirtschaftlichen Austauschverhältnisses beruhen (vgl. *IDW RS HFA 4*, Tz. 17 ff.).

567 **Ungewissheit** über das Bestehen und/oder die Höhe der Verpflichtung (c): Liegt diese nicht vor, kommt der Ansatz einer Verbindlichkeit in Betracht[912]. Ist nur ungewiss, wem ggü. eine Verbindlichkeit besteht oder wann sie fällig wird, so liegt darin keine Ungewissheit i.S.d. § 249 HGB[913]. Bei Ungewissheit über das Bestehen der Verpflichtung wird für den Ansatz der Rückstellung auf die Wahrscheinlichkeit der Inanspruchnahme abgestellt (vgl. Kap. F Tz. 569). Ungewissheit der Höhe nach wird bei der Bewertung der Rückstellung berücksichtigt (vgl. Kap. F Tz. 571).

568 **Rechtliche Entstehung** oder zumindest **wirtschaftliche Verursachung** und damit wirtschaftliche Belastung am **Abschlussstichtag** (d): Rechtlich entstanden ist eine Verpflichtung dann, wenn alle Tatbestandsmerkmale, an die die Leistungspflicht anknüpft, erfüllt sind[914]. Auf die Fälligkeit der Verpflichtung kommt es dabei nicht an[915]. Wirtschaftlich verursacht ist eine Verpflichtung, wenn der Tatbestand, dessen Rechtsfolge die Verpflichtung ist, im Wesentlichen vor dem Abschlussstichtag verwirklicht ist bzw. wenn die Ereignisse, die zum Entstehen der Verpflichtung führen, wirtschaftlich dem abgelaufenen GJ zuzurechnen sind[916]. Liegt die rechtliche Entstehung der Verpflichtung vor der wirtschaftlichen Verursachung, ist eine Rückstellung grds. zu passivieren, auch wenn die dem Aufwand wirtschaftlich zuzurechnenden Erträge erst in kommenden GJ

---

910 Vgl. ADS⁶, § 253 HGB, Tz. 206; *Mayer-Wegelin*, in: HdR⁵, § 249 HGB, Rn. 55 ff.
911 Vgl. *Scheffler*, in: BHdR, B 233, Rn. 109; ADS⁶, § 249 HGB, Tz. 52 ff.; zur Rückstellung für Gewährleistungen, die ohne rechtliche Verpflichtung erbracht werden, vgl. Kap. F Tz. 635.
912 Vgl. ADS⁶, § 249 HGB, Tz. 37; zur Rückstellungsbildung i.Z.m. bedingten Verbindlichkeiten vgl. ADS⁶, § 246 HGB, Tz. 121 ff.
913 Vgl. ADS⁶, § 249 HGB, Tz. 71 ff.
914 Vgl. ADS⁶, § 249 HGB, Tz. 64; *Schubert*, in: BeBiKo¹¹, § 249, Rn. 34; *Mayer-Wegelin*, in: HdR⁵, § 249 HGB, Rn. 43; zu ö.-r. Anpassungsverpflichtungen vgl. Kap. F Tz. 641.
915 Vgl. *Schubert*, in: BeBiKo¹¹, § 249, Rn. 34.
916 Vgl. ADS⁶, § 249 HGB, Tz. 66; *Schubert*, in: BeBiKo¹¹, § 249, Rn. 34 mit Verweis auf die entspr. BFH-Rspr.

Rechnungslegung im Jahresabschluss und Lagebericht nach Handels- und Publizitätsgesetz   F

erwartet werden (kein übergeordnetes „matching principle")[917]. Zur ausnahmsweisen Möglichkeit der Ansammlung des zurückzustellenden Betrags über den Zeitraum der wirtschaftlichen Verursachung bei sog. **Verteilungsrückstellungen** (z.B. Rückbauverpflichtungen) vgl. *IDW RS HFA 34*, Tz. 18 ff.[918]. Liegt die wirtschaftliche Verursachung vor der rechtlichen Entstehung, ist eine Rückstellung nur dann bereits zu bilden, wenn gute Gründe für die künftige rechtliche Entstehung der Verpflichtung sprechen.

Hinreichende **Wahrscheinlichkeit der Inanspruchnahme** (e): Nach der vom BFH in seiner ständigen Rspr. geprägten Interpretation müssen „mehr Gründe für als gegen" das Bestehen einer Verpflichtung sprechen[919]. Die Auffassung des BFH weicht von dem im ganz überwiegenden Teil des handelsbilanzrechtlichen Schrifttums verwendeten Kriterium zur Bildung von Rückstellungen ab, aufgrund des Vorsichtsprinzips eine Rückstellung auch dann zu bilden, wenn die Wahrscheinlichkeit der Inanspruchnahme unter 50% liegt bzw. wenn **stichhaltige Gründe** dafür sprechen, dass das Unternehmen aus der Verpflichtung voraussichtlich in Anspruch genommen wird. Entscheidend ist danach, ob mit einer Inanspruchnahme aus der Außenverpflichtung **ernsthaft zu rechnen** ist[920].   569

> **Praxistipp 17:**
> Bei einer **größeren Anzahl gleichartiger** dem Grunde nach ungewisser Verbindlichkeiten ist es sachgerecht, nicht auf die Wahrscheinlichkeit der Inanspruchnahme aus der einzelnen Verpflichtung abzustellen, sondern sog. **Pauschalrückstellungen** zu bilden und die Wahrscheinlichkeit, nur aus einem Teil der Verbindlichkeiten in Anspruch genommen zu werden, bei der Bewertung zu berücksichtigen (vgl. Kap. F Tz. 572).

Keine Aktivierungspflicht, kein Passivierungswahlrecht/-verbot (f): Für künftig zu aktivierende Ausgaben kommt mangels wirtschaftlicher Belastung am Abschlussstichtag die Bildung einer Verbindlichkeitsrückstellung grds. nicht in Betracht[921]. Die Bildung von Rückstellungen für gestundete Kaufpreisbestandteile von bereits aktivierten Vermögensgegenständen (z.B. aus sog. earn out-Klauseln bei Unternehmenskaufverträgen[922]) steht dem nicht entgegen. Auch für andere als die in in § 249 Abs. 1 HGB bezeichneten Zwecke dürfen keine Rückstellungen gebildet werden (§ 249 Abs. 2 S. 1 HGB)[923]. Für mittelbare Altersversorgungsverpflichtungen sowie für Verpflichtungen aus sog. Altzusagen darf gem. Art. 28 Abs. 1 EGHGB auf den Ansatz einer Rückstellung verzichtet werden (vgl. Kap. F Tz. 579 ff.).   570

---

917 Vgl. ADS[6], § 249 HGB, Tz. 68 f.; *Schubert*, in: BeBiKo[11], § 249, Rn. 34; nach BFH v. 17.10.2013, DStR 2013, S. 2745, ist eine Verpflichtung spätestens im Zeitpunkt ihrer rechtlichen Entstehung auch wirtschaftlich verursacht.
918 Zur Folgebewertung vgl. Kap. F Tz. 577.
919 Vgl. die grundlegende Entscheidung des BFH v. 01.08.1984, BStBl. II 1985 S. 44; bestätigt u.a. durch BFH v. 06.12.1995, BStBl. II 1996 S. 406; BFH v. 30.01.2002, DStR, S. 713.
920 Vgl. statt vieler ADS[6], § 249 HGB, Tz. 75; *Schubert*, in: BeBiKo[11], § 249, Rn. 33 und 26 (mit Verweis auf *Moxter*, DStR 2004, S. 1057, wonach eine Passivierungspflicht bereits bei einer Eintrittswahrscheinlichkeit von 25% eintritt); a.A. (der Auffassung des BFH folgend) *Bertram*, in: Haufe HGB Kommentar[8], § 249, Rn. 45; *Hennrichs*, in: MünchKomm. BilR, § 249, Rn. 50.
921 Vgl. *Schubert*, in: BeBiKo[11], § 249, Rn. 24.
922 Vgl. *Fey/Deubert*, BB 2012, S. 1461; DRS 23.31 ff.
923 Vgl. *Schubert*, in: BeBiKo[11], § 249, Rn. 10.

571 Rückstellungen sind in Höhe des nach **vernünftiger kaufmännischer Beurteilung** notwendigen Erfüllungsbetrags anzusetzen (§ 253 Abs. 1 S. 2 HGB). Die vernünftige kaufmännische Beurteilung schließt den Grundsatz der Vorsicht (§ 252 Abs. 1 Nr. 4 HGB) mit ein (vgl. *IDW RS HFA 34*, Tz. 16). Ist die Höhe der (möglicherweise bestehenden Verpflichtung) sicher, so ist die Rückstellung bei Erfüllung der Ansatzvoraussetzungen mit diesem Betrag zu bewerten. Besteht die Unsicherheit dagegen hinsichtlich der Höhe der Rückstellung, sind zunächst die Bandbreite möglicher Erfüllungsbeträge und ihre Eintrittswahrscheinlichkeiten zu schätzen[924]. Aus dieser Bandbreite ist danach grds. der wahrscheinlichste Wert, im Falle mehrerer ähnlich wahrscheinlicher Beträge ggf. aber auch als Ausfluss des Vorsichtsprinzips ein höherer Wert zu wählen[925]. Schwierigkeiten bei der Bewertung, etwa wg. der Ungewöhnlichkeit des Risikos oder der Ungewissheit eines Prozessausgangs, dürfen nicht zur Unterlassung notwendiger Rückstellungen führen, derartige Umstände können vielmehr dafür sprechen, die maximale Inanspruchnahme zu berücksichtigen[926].

572 Dem Rückstellungserfordernis kann je nach Lage des Einzelfalls durch Bildung von **Einzelrückstellungen, Sammelrückstellungen** (§ 240 Abs. 4 i.V.m. § 256 S. 2 HGB) oder durch **kombinierte Bildung** von Einzel- und Sammelrückstellungen Rechnung getragen werden (vgl. auch Kap. F Tz. 657 zu Garantierückstellungen)[927].

573 Aktivierbare **Rückgriffsansprüche** dürfen grds. nicht mindernd bei der Rückstellungsbewertung berücksichtigt werden (**Saldierungsverbot**, § 246 Abs. 2 S. 1 HGB)[928]. Anerkannte oder anderweitig rechtskräftig festgestellte Freistellungsansprüche sind daher grds. gesondert anzusetzen (**Bruttodarstellung**)[929]. Weil der Wert eines gesondert zu aktivierenden Freistellungsanspruchs aus Sicht des freigestellten Unternehmens allein darin besteht, dieses reinvermögensmäßig von den bilanzierten Verpflichtungen zu entlasten, darf dessen Wertansatz den Buchwert der Verbindlichkeitsrückstellung nicht übersteigen[930]. Keinen Verstoß gegen das Saldierungsverbot stellt dabei eine offene Absetzung des Freistellungsanspruchs von der Verpflichtung in der Vorspalte auf der Passivseite dar[931].

574 Eine **Nettodarstellung** aktivierbarer Rückgriffsansprüche kommt in Betracht, wenn die im handelsrechtlichen Schrifttum entwickelten Grundsätze der Bilanzierung von Gesamtschuldverhältnissen nach § 421 BGB zur Anwendung kommen[932]. Noch nicht aktivierbare Rückgriffsansprüche gegen Dritte sind, wenn ihre Durchsetzbarkeit und Werthaltigkeit zweifelsfrei gegeben ist, bei der Bewertung einer Verbindlichkeitsrückstellung rückstellungsmindernd zu berücksichtigen, wenn diese in verbindlicher Weise der Entstehung oder Erfüllung der Verpflichtung nachfolgen (**kompensatorische Bewertung**) (vgl. *IDW RS HFA 34*, Tz. 30). Dies bedeutet, dass diese Rückgriffsansprüche

---

924 Vgl. *Schubert*, in: BeBiKo[11], § 253, Rn. 154.
925 Vgl. *Schubert*, in: BeBiKo[11], § 253, Rn. 155; ADS[6], § 253 HGB, Tz. 192.
926 Vgl. ADS[6], § 253 HGB, Tz. 195; zum Ausnahmefall der Bewertung mit dem maximalen Betrag (und Angabe nach § 264 Abs. 2 S. 2 HGB) vgl. *Schubert*, in: BeBiKo[11], § 253, Rn. 155.
927 Vgl. *IDW RS HFA 34*, Tz. 7; *Schubert*, in: BeBiKo[11], § 253, Rn. 162; ADS[6], § 253 HGB, Tz. 182 ff.
928 Vgl. *IDW RS HFA 34*, Tz. 30; *Scheffler*, in: BHdR, B 233, Rn. 54 und 134.
929 Vgl. *IDW RS HFA 34*, Tz. 33; ADS[6], § 246 HGB, Tz. 419.
930 *Vgl. bzgl. Altersversorgungsverpflichtungen IDW RS HFA 30 n.F.*, Tz. 103; entspr. für Rückdeckungsversicherungsansprüche *HFA*, FN-IDW 2005, S. 333.
931 Vgl. ADS[6], § 246 HGB, Tz. 418 und 445; Schmidt/Ries, in: BeBiKo[11], § 246, Rn. 51.
932 Vgl. ADS[6], § 246 HGB, Tz. 422; bzgl. Altersversorgungsverpflichtungen vgl. Kap. F Tz. 595.

unmittelbar und unbedingt aus denselben Tatbestandsmerkmalen resultieren müssen, die die Verpflichtung begründen (kausaler Zusammenhang)[933]. Eine Saldierung wahrscheinlich oder sicher zu leistender Ausgaben mit unrealisierten Erträgen, die dieses Kausalitätserfordernis nicht erfüllen, ist dagegen unzulässig (vgl. *IDW RS HFA 34*, Tz. 31).

Beispiel 10:

Ein Unternehmen unterliegt der gesetzlichen Gewährleistungspflicht für selbst hergestellte und vertriebene Produkte. Entsprechende Gewährleistungspflichten treffen die Lieferanten der dazu verwendeten Vorprodukte. Kommt es zu einem Garantiefall, für den ein Fehler in einem Vorprodukt ursächlich ist, ist der Rückgriffsanspruch gegen den Lieferanten des Vorprodukts bei der Bewertung der Garantierückstellung entspr. zu berücksichtigen, d.h. es erfolgt eine **kompensatorische Bewertung**.

Beispiel 11:

Das MU weist das TU an, bestimmte betriebliche Aktivitäten einzustellen, und verpflichtet sich gleichzeitig, dem TU sämtliche damit einhergehenden Aufwendungen, insb. i.Z.m. der Beendigung von Arbeitsverhältnissen zu erstatten. In diesem Fall haben die Verpflichtung und der Freistellungsanspruch die gleiche Ursache, was dafür spricht, dass der Freistellungsanspruch **kompensierend** bei der Bewertung der Rückstellung(en) zu berücksichtigen ist. Sobald sich die Verpflichtung des TU konkretisiert hat – bspw. durch den Abschluss einer Abfindungsvereinbarung – sind die Verpflichtung und der Freistellungsanspruch jedoch brutto anzusetzen und auszuweisen.

Beispiel 12:

Das MU verpflichtet sich im Innenverhältnis, ein TU von sämtlichen Risiken aus einem Kartellrechtsstreit freizustellen. Da der Freistellungsanspruch gegen das MU nicht unmittelbar aus der Entstehung/Verwirklichung des Kartellrechtsverstoßes resultiert, ist die ggf. zu bildende Rückstellung zum vollen handelsrechtlichen Erfüllungsbetrag ohne Berücksichtigung der Freistellung durch den Gesellschafter anzusetzen (**Bruttobilanzierung**).

Der Begriff des **Erfüllungsbetrags** bedingt die Berücksichtigung erwarteter künftiger Preis- und Kostensteigerungen bei der Bewertung der Rückstellungen[934]. Dabei ist das Stichtagsprinzip (§ 252 Abs. 1 Nr. 3 HGB) zu beachten (vgl. *IDW RS HFA 34*, Tz. 25 f.). An die Berücksichtigung von Kosten- und Preisermäßigungen sind vor dem Hintergrund des Vorsichtsprinzips besonders hohe Anforderungen (hohe Wahrscheinlichkeit, unternehmensexterne und hinreichend objektive Hinweise) zu stellen[935].

575

---

933 Vgl. *Schmidt/Ries*, in: BeBiKo[11], § 246, Rn. 113.
934 Vgl. *IDW RS HFA 34*, Tz. 14; *Gelhausen/Fey/Kämpfer*, BilMoG, Kap. I, Rn. 16 und 158 ff.
935 Vgl. *IDW RS HFA 34*, Tz. 28; *Gelhausen/Fey/Kämpfer*, BilMoG, Kap. I, Rn. 20.

576 Die gesetzliche **Abzinsungspflicht** nach § 253 Abs. 2 S. 1 HGB für Rückstellungen mit einer Restlaufzeit[936] von mehr als einem Jahr gilt losgelöst davon, ob die Verpflichtung verzinslich ist. Der abzuzinsende Nominalbetrag der Verpflichtung beinhaltet die bis zur Fälligkeit anfallenden Zinsen (vgl. *IDW RS HFA 34*, Tz. 34). Die Abzinsung hat unabhängig von der Höhe einer etwaigen vertraglichen oder gesetzlichen Verzinsung der Verpflichtung mit dem Zinssatz gemäß RückAbzinsV zu erfolgen (vgl. *IDW RS HFA 34*, Tz. 35) (zu Rückstellungen für Betriebsprüfungsrisiken vgl. Kap. F Tz. 610). Zur Verwendung des besonderen, d.h. über die vergangenen zehn statt über die vergangenen sieben Jahre ermittelten Zinssatzes für die Abzinsung von Rückstellungen für Altersversorgungsverpflichtungen vgl. Kap. F Tz. 587.

> **Hinweis 47:**
>
> Für **kurzfristige Rückstellungen** (Rückstellungen mit einer Restlaufzeit bis zu einem Jahr) ist von einem **Abzinsungswahlrecht** auszugehen[937].

577 Eine **Auflösung** von Rückstellungen darf nur erfolgen, soweit der Grund hierfür entfallen ist (§ 249 Abs. 2 S. 2 HGB). Das ist der Fall, wenn die Rückstellung nach geänderten Verhältnissen bzw. neuen Erkenntnissen darüber nicht oder nicht in der bisherigen Höhe neu gebildet werden dürfte; insoweit besteht dann auch eine Auflösungspflicht[938]. Eine Auflösungspflicht kann sich auch aufgrund in der Vergangenheit fehlerhafter Rückstellungsbildung ergeben (zur Fehlerkorrektur vgl. *IDW RS HFA 6*, Tz. 6 ff. und 15 ff.). Verlängert sich bei Verteilungsrückstellungen der Verteilungszeitraum, ist nach *IDW RS HFA 34*, Tz. 20 der Rückstellungsansatz zu verringern (nicht lediglich prospektive Verteilung des Restbetrags über den verlängerten Zeitraum). Eine Rückstellungsauflösung aufgrund geänderter Ausübung von Ermessensspielräumen darf aufgrund des Stetigkeitsgebots (§§ 246 Abs. 3, 252 Abs. 1 Nr. 6 HGB) grds. nicht erfolgen (vgl. *IDW RS HFA 38*, Tz. 7 ff.). Zum Verbot der Auflösung von Rückstellungen, für die das Passivierungswahlrecht gem. Art. 28 Abs. 1 EGHGB besteht, vgl. *IDW RS HFA 30 n.F.*, Tz. 79c.

8.4.8.2.2 Rückstellungen für Pensionen und ähnliche Verpflichtungen

578 Unter dem Posten „Rückstellungen für Pensionen und ähnliche Verpflichtungen" (§ 266 Abs. 3 B.1. HGB) sind alle Rückstellungen für Altersversorgungsverpflichtungen (= Pensionsverpflichtungen) auszuweisen (vgl. Kap. F Tz. 562). Dies umfasst neben Rückstellungen für **laufende Pensionen** (Verpflichtungen ggü. Leistungsempfängern) auch Rückstellungen für **Anwartschaften** (Verpflichtungen ggü. aktiven Beschäftigen und unverfallbar ausgeschiedenen Anwärtern), sofern mit dem Eintritt des Versorgungsfalls zu rechnen ist[939]. Für pensionsähnliche Verpflichtungen, die nach dem Gesetzeswortlaut ebenfalls unter diesem Posten auszuweisen wären, sind derzeit keine praktisch relevanten Anwendungsfälle erkennbar[940]. Zu dem von den „Pensionen und

---

[936] Zur Bestimmung der Restlaufzeit vgl. *IDW RS HFA 34*, Tz. 36 ff.
[937] Vgl. *IDW RS HFA 34*, Tz. 44; *Gelhausen/Fey/Kämpfer*, BilMoG, Kap. I, Rn. 44 f.
[938] Vgl. ADS[6], § 253 HGB, Tz. 180.
[939] Vgl. im Einzelnen zu den Auswirkungen aus der Vereinbarung von Wartezeitklauseln und Widerrufsvorbehalten sowie aus der möglichen Kündigung von Arbeitsverhältnissen auf die Bilanzierung von Pensionsverpflichtungen *IDW RS HFA 30 n.F.*, Tz. 15 ff.
[940] Vgl. *IDW RS HFA 30 n.F.*, Tz. 9; *Grottel/Johannleweling*, in: BeBiKo[11], § 249, Rn. 162.

ähnlichen Verpflichtungen" zu unterscheidenden Begriff der mit Altersversorgungsverpflichtungen „vergleichbaren langfristig fälligen Verpflichtungen" i.S.d. §§ 246 Abs. 2 S. 2, 253 Abs. 2 S. 2 HGB siehe Kap. F Tz. 563. Diese sind unter dem Posten „sonstige Rückstellungen" (§ 266 Abs. 3 B.3. HGB) auszuweisen (vgl. Kap. F Tz. 620).

> **Hinweis 48:**
>
> Rückstellungen für Pensionsverpflichtungen sind grds. unabhängig von der **Gestaltungsform der Zusage** (bspw. Einzelzusage, Versorgungsordnung, Betriebsvereinbarung, Tarifvertrag, mündliche Zusage, betriebliche Übung) zu bilden[941]. Für handelsbilanzielle Zwecke ist hinsichtlich des **Zeitpunkts der Zusage** zwischen sog. Alt- und Neuzusagen (vgl. Kap. F Tz. 579) und hinsichtlich des **Durchführungswegs** zwischen unmittelbaren und mittelbaren Verpflichtungen (vgl. Kap. F Tz. 580 ff.) zu unterscheiden.

579 Für Altzusagen i.S.d. Art. 28 Abs. 1 S. 1 EGHGB gilt ein Passivierungswahlrecht, für Neuzusagen besteht dagegen nach § 249 Abs. 1 S. 1 HGB eine uneingeschränkte Passivierungspflicht. Eine **Altzusage** liegt vor, wenn ein Versorgungsberechtigter (Pensionär oder Anwärter) seinen Rechtsanspruch vor dem 01.01.1987 erworben hat oder sich ein vor diesem Zeitpunkt erworbener Rechtsanspruch nach dem 31.12.1986 erhöht[942]. Der Charakter einer Altzusage wird auch durch spätere Änderungen der Gestaltungsform nicht geändert, auch nicht dadurch, dass eine Einzelzusage an die Stelle einer Kollektivzusage tritt. Ist eine vor dem 01.01.1987 unter Einschaltung eines externen Versorgungsträgers gewährte Zusage (mittelbare Verpflichtung; vgl. Kap. F Tz. 580 f.) nach dem 31.12.1986 in eine Direktzusage (unmittelbare Verpflichtung des Unternehmens) umgewandelt worden, so liegt ebenfalls eine Altzusage vor[943].

580 Ein Passivierungswahlrecht besteht zudem für alle **mittelbaren** Pensionsverpflichtungen sowie für ähnliche unmittelbare oder mittelbare Verpflichtungen (Art. 28 Abs. 1 S. 2 EGHGB)[944]. Unter die mittelbaren Pensionsverpflichtungen fallen Zusagen, die über besondere Rechtsträger – insb. Unterstützungs- und Pensionskassen, Pensionsfonds und Direktversicherungen – gewährt und erfüllt werden und bei denen der Bilanzierende (nur) der sog. Subsidiärhaftung nach § 1 Abs. 1 S. 3 BetrAVG unterliegt[945]. Mittelbare Pensionsverpflichtungen werden dementspr. auch für Versorgungsverpflichtungen aus der Zusatzversorgung der Arbeitnehmer des öffentlichen und kirchlichen Dienstes begründet[946]. Dies gilt auch dann, wenn diese Zusatzversorgung im sog. Umlageverfahren durchgeführt wird[947]. Bei Pensionsverpflichtungen von juristischen Personen des öR bzw. von Sondervermögen (z.B. kommunalen Eigenbetrieben) nach dem BeamtVG handelt es sich dagegen stets – auch bei Einschaltung einer Ver-

---

941 Vgl. *Heger/Weppler*, in: HdJ, Abt. III/7, Rn. 7.
942 Vgl. zu Einzelheiten ADS⁶, § 249 HGB, Tz. 87 ff.; *Höfer*, in: HdR⁵, § 249 HGB, Rn. 641 ff.
943 Vgl. ADS⁶, § 249 HGB, Tz. 89 ff.; *Höfer*, in: HdR⁵, § 249 HGB, Rn. 647 ff.; *Grottel/Johannleweling*, in: BeBiKo¹¹, § 249, Rn. 168.
944 Für „pensionsähnliche Verpflichtungen" sind derzeit keine Anwendungsfälle bekannt, vgl. Kap. F Tz. 578.
945 Vgl. im Einzelnen IDW RS HFA 30 n.F., Tz. 36 ff.; *Heger/Weppler*, in: HdJ, Abt. III/7, Rn. 54 ff.; *Höfer*, BetrAV, Bd. I, Kap. 3, Rn. 1 ff. und 20 ff.; *Gelhausen/Fey/Kämpfer*, BilMoG, Kap. I, Rn. 108 ff.
946 Zur Behandlung sog. Sanierungsgelder vgl. HFA, FN-IDW 2002, S. 219, sowie BFH v. 27.01.2010, BStBl. II S. 1017, sog. Finanzierungsbeiträge vgl. HFA, IDW Life 2017, S. 118 ff. und sog. Stärkungsbeiträge vgl. HFA, IDW Life 2018, S. 636 f.
947 Zur abweichenden steuerlichen Sichtweise vgl. auch BMF-Schr. vom 26.01.2010, BStBl. I S. 138.

sorgungseinrichtung – um unmittelbare Pensionsverpflichtungen (vgl. *IDW RS HFA 23*, Tz. 6 und Tz. 9 ff.).

581 Das Passivierungswahlrecht für mittelbare Pensionsverpflichtungen bezieht sich auf eine etwaige **Unterdeckung** der Versorgungseinrichtung (auch „Fehlbetrag" genannt), die sich gem. *IDW RS HFA 30 n.F.*, Tz. 78, als Differenz zwischen dem notwendigen Erfüllungsbetrag der Versorgungsverpflichtung gem. § 253 Abs. 1 S. 2, Abs. 2 HGB (vgl. Kap. F Tz. 586 ff.) und dem beizulegenden Zeitwert des Vermögens der Versorgungseinrichtung ermittelt[948]. Die Versorgungsverpflichtung ist zu diesem Zweck nach den besonderen Regeln für Altersversorgungsverpflichtungen zu bewerten (insb. Verwendung des Zehn-Jahres-Durchschnittszinssatzes; vgl. Kap. F Tz. 587)[949].

582 Für die sich ergebenden nicht passivierten **Fehlbeträge** aus Altzusagen und mittelbaren Zusagen besteht bei KapGes. und KapCoGes. eine **Angabepflicht im Anh.** (Art. 28 Abs. 2 EGHGB) (vgl. hierzu *IDW RS HFA 30 n.F.*, Tz. 90 ff.). Zu den Angaben im Falle nicht verlässlich quantifizierbarer Fehlbeträge, insb. bei umlagefinanzierten Zusatzversorgungskassen vgl. *IDW RS HFA 30 n.F.*, Tz. 94[950].

583 Das Passivierungswahlrecht nach Art. 28 Abs. 1 S. 2 EGHGB für mittelbare Zusagen gilt insoweit nicht, wie trotz Durchführung der Altersversorgung über einen externen Versorgungsträger eine direkte (unmittelbare) Verpflichtung des Bilanzierenden (sog. Trägerunternehmen) besteht, die in der Qualität über die Subsidiärhaftung nach § 1 Abs. 1 S. 3 BetrAVG hinausgeht. Dies ist bspw. der Fall, wenn der Bilanzierende ggü. den begünstigten Mitarbeitern eine Garantie für die Erfüllung der Verpflichtungen der Versorgungseinrichtung erklärt, die eine frühere Haftung oder gleichrangige Haftung neben der Versorgungseinrichtung bewirkt. Die Angabe eines Haftungsverhältnisses nach §§ 251, 268 Abs. 7 HGB und die Passivierung einer Rückstellung für das Haftungsrisiko hat dann nach allgemeinen Grundsätzen zu erfolgen. Auch wenn und soweit eine Pensionskasse von ihrem satzungsmäßigen Recht zur **Leistungskürzung** Gebrauch macht und infolgedessen ein direkter (unmittelbarer) Verschaffungsanspruch der Versorgungsberechtigen gegen den Bilanzierenden besteht, ist hierfür dem Grunde nach eine (Pauschal-)Rückstellung in Höhe der wahrscheinlichen Inanspruchnahme zu bilden[951].

584 Bei einem **Wechsel des Durchführungswegs** von einer unmittelbaren zu einer mittelbaren Zusage unter Einschaltung einer Versorgungseinrichtung sind die passivierten Pensionsrückstellungen nur insoweit auszubuchen, wie sich das Unternehmen seiner unmittelbaren Verpflichtung entledigt hat und damit der Grund für die Rückstellung entfallen ist (vgl. *IDW RS HFA 30 n.F.*, Tz. 46). Liegt im Zeitpunkt der Übertragung der Versorgungsverpflichtung aufgrund eines nicht ausreichenden Vermögens der Versorgungseinrichtung bereits ein Fehlbetrag aus der mittelbaren Versorgungsverpflichtung vor, besteht insoweit ein **Auflösungsverbot** (§ 249 Abs. 2 S. 2 HGB); für diese

---

948 Vgl. auch *Gelhausen/Fey/Kämpfer*, BilMoG, Kap. I, Rn. 109 ff.
949 Vgl. *HFA*, IDW Life 2016, S. 304.
950 Zur Möglichkeit der Quantifizierung im Fall der Erhebung sog. Finanzierungsbeiträge vgl. *HFA*, IDW Life 2017, S. 118 (120).
951 Vgl. zum Bestehen des direkten Verschaffungsanspruchs BAG v. 19.06.2012, 3 AZR 408/10, DB 2012, S. 2818 (2819 f.); BAG v. 30.09.2014, 3 AZR 613/12, DB 2015, S. 1108 (1109 f.); hierzu auch *Höfer*, BetrAV, Bd. I, § 1, Tz. 18.1 ff.; *Baier/Hackenbroich*, BetrAV 2014, S. 645 (647 f.); *Heger/Weppler*, in: HdJ, Abt. III/7, Rn. 72.

„anfängliche Unterdeckung" ist das Passivierungswahlrecht gem. Art. 28 Abs. 1 S. 2 EGHGB nicht einschlägig[952]. Ein Auflösungsverbot besteht darüber hinaus auch insoweit, wie die sich aus der ursprünglichen Direktzusage ergebende Verpflichtung nicht von der Versorgungseinrichtung übernommen wurde (z.B. nicht übernommene Rentenanpassungsverpflichtungen)[953].

585 Der Grundsatz der **Ansatzstetigkeit** (§ 246 Abs. 3 S. 1 HGB; vgl. Kap. F Tz. 71 ff.) bedingt, dass der Bilanzierende nicht jeweils von GJ zu GJ neu entscheiden darf, ob die zusätzlich durch die Versorgungsberechtigten jährlich erdienten Erhöhungen der Ansprüche aus Altzusagen bzw. neu entstandene Fehlbeträge aus mittelbaren Zusagen passiviert werden oder nicht[954]. Entscheidet sich der Bilanzierende für die Passivierung, besteht grds. sowohl eine Bindungswirkung für die Zukunft (zeitliche Stetigkeit; ebenfalls bei sog. „Nachholung" für VJ)[955] als auch für vergleichbare Zusagen (sachliche Stetigkeit)[956]. I.R.d. Folgebilanzierung ist eine rechnerische Fortschreibung des Rückstellungsbetrags vorzunehmen (vgl. *IDW RS HFA 30 n.F.*, Tz. 79). Wird bei Rückstellungsbeträgen, die im Zeitpunkt des Wechsels des Durchführungswegs aufgrund anfänglicher Unterdeckung des externen Versorgungsträgers nicht ausgebucht werden durften (vgl. Kap. F Tz. 584), in Bezug auf einen künftig entstehenden Erhöhungsbetrag von dem Passivierungswahlrecht nach Art. 28 Abs. 1 S. 2 EGHGB Gebrauch gemacht, verstößt dies nicht gegen den Grundsatz der Ansatzstetigkeit[957].

586 Die Bewertung von Pensionsrückstellungen mit dem nach vernünftiger kaufmännischer Beurteilung notwendigen **Erfüllungsbetrag** der Verpflichtung (§ 253 Abs. 1 S. 2, Abs. 2 HGB) bedingt, dass neben Rententrends bzw. erwarteten Rentenanpassungen auch künftig erwartete Lohn- und Gehaltssteigerungen mit in die Bewertung einbezogen werden, sofern die Höhe der späteren Pensionszahlungen von dem Lohn- und Gehaltsniveau bei Eintritt des Leistungsfalls abhängt. Die genannten Trendannahmen müssen ebenso wie die zu berücksichtigenden Karrieretrends in der Lohn- und Gehaltsentwicklung, die prognostizierten Beitragsbemessungsgrenzen in der gesetzlichen Rentenversicherung, die unterstellten Fluktuations-, Sterbe- und Invaliditätswahrscheinlichkeiten sowie die übrigen Bewertungsparameter auf begründeten Erwartungen und hinreichend objektiven Hinweisen (insb. auf Erfahrungswerten) beruhen[958]. Nicht zu berücksichtigen sind Steigerungen des Verpflichtungsumfangs, die ihre Ursache in externen, singulären Ereignissen nach dem Abschlussstichtag mit wertbegründendem Charakter haben (z.B. nach dem Abschlussstichtag verabschiedete gesetzliche Vorschriften oder vereinbarte Änderungen der Versorgungsordnung)[959].

---

[952] Vgl. *IDW RS HFA 30 n.F.*, Tz. 47; zur Behandlung einer zum Zeitpunkt des Wechsels des Durchführungswegs bestehenden und nicht durch Einmalzahlung an die Versorgungseinrichtung realisierten Unterdeckung nach Art. 67 Abs. 1 S. 1 EGHGB vgl. *HFA*, IDW Life 2016, S. 302 (302 f.).
[953] Vgl. für die Übertragung auf einen Pensionsfonds *Heger/Weppler*, in: HdJ, Abt. III/7, Rn. 85.
[954] Vgl. *IDW RS HFA 30 n.F.*, Tz. 79 ff.; *Fey/Ries/Lewe*, BB 2010, S. 1011 (1011 f.).
[955] Vgl. *IDW RS HFA 30 n.F.*, Tz. 79, 79a, und 79d.
[956] Vgl. *IDW RS HFA 30 n.F.*, Tz. 79b.
[957] Vgl. *IDW RS HFA 30 n.F.*, Tz. 48; zum Verbot des „Einfrierens" der nach Art. 67 Abs. 1 S. 1 EGHGB noch ausstehenden Beträge bei Wechsel des Durchführungswegs vgl. *HFA*, IDW Life 2016, S. 302 (302 f.).
[958] Vgl. *IDW RS HFA 30 n.F.*, Tz. 51 ff. sowie 62 ff.; *Gelhausen/Fey/Kämpfer*, BilMoG, Kap. I, Rn. 70 ff.; *Grottel/Johanneweling*, in: BeBiKo[11], § 249, Rn. 195 ff.; *Höfer*, in: HdR[5], § 249 HGB, Rn. 673 ff.; zur Ermittlung des Erfüllungsbetrags bei Verpflichtungen aus langfristigen Wertguthaben vgl. *Ries*, WPg 2010, S. 811 (818 f.).
[959] Vgl. *IDW RS HFA 30 n.F.*, Tz. 52; *Bertram*, in: Haufe HGB Kommentar[8], § 253, Rn. 95.

587 Die **Abzinsung** von Pensionsrückstellungen hat verpflichtend mit dem durchschnittlichen Marktzinssatz der vergangenen **zehn Jahre** zu erfolgen (§ 253 Abs. 2 S. 1 HGB). Bei allen übrigen Rückstellungen – auch Rückstellungen für mit Altersversorgungsverpflichtungen vergleichbaren langfristig fälligen Verpflichtungen (vgl. Kap. F Tz. 563) – ist der Durchschnitt dagegen über die vergangenen sieben Jahre zu bilden[960]. Obwohl für den Bilanzansatz der Zehn-Jahres-Durchschnittszinssatz maßgeblich ist, ist zu jedem Abschlussstichtag in einer Nebenrechnung auch eine Bewertung mit dem Sieben-Jahres-Durchschnittszinssatz vorzunehmen und der **Unterschiedsbetrag** zwischen diesen beiden Wertansätzen zu ermitteln (§ 253 Abs. 6 S. 1 HGB). Dieser Unterschiedsbetrag ist gem. § 253 Abs. 6 S. 3 HGB zu jedem Abschlussstichtag im **Anh.** oder (z.B. bei Inanspruchnahme der Erleichterungen gemäß § 264 Abs. 3 HGB) unter der Bilanz anzugeben. Im Fall von mittelbaren Altersversorgungsverpflichtungen (vgl. Kap. F Tz. 580) ist der Unterschiedsbetrag nur angabepflichtig, wenn die Unterdeckung passiviert wird[961]. Zumindest bei KapGes. unterliegt der Unterschiedsbetrag (abzgl. gegenläufiger Effekte auf angesetzte latente Steuern[962]) einer **Ausschüttungssperre** (§ 253 Abs. 6 S. 2 HGB)[963], während bei PersGes. – auch i.S.d. § 264a Abs. 1 HGB – der Unterschiedsbetrag für die Frage des Wiederauflebens der Außenhaftung des Kommanditisten (§ 172 Abs. 4 S. 3 HGB) den ausschüttungsgesperrten Beträgen nach § 268 Abs. 8 HGB gleichzustellen ist[964]. Zur Frage, ob auch für die Abführung an das herrschende Unternehmen bei Vorliegen eines EAV eine entspr. Sperrwirkung (sog. **Abführungssperre**) gegeben ist, obwohl § 301 AktG keinen ausdrücklichen Verweis auf § 253 Abs. 6 S. 2 HGB enthält, vgl. Kap. F Tz. 558.

588 Pensionsrückstellungen und Rückstellungen für mit Altersversorgungsverpflichtungen vergleichbare langfristig fällige Verpflichtungen unterliegen gem. § 253 Abs. 2 S. 2 HGB einem stetig auszuübenden Wahlrecht, anstelle der laufzeitadäquaten Abzinsungszinssätze aus Vereinfachungsgründen den durchschnittlichen Marktzinssatz anzusetzen, der sich bei einer **angenommenen Restlaufzeit von 15 Jahren** ergibt[965]. Nach der Regierungsbegründung zum BilMoG[966] steht die Anwendung dieser Vereinfachungsregelung unter dem Vorbehalt, dass der JA unverändert ein den tatsächlichen Verhältnissen entspr. Bild der Vermögens-, Finanz- und Ertragslage der Gesellschaft vermitteln muss. Gem. *IDW RS HFA 30 n.F.*, Tz. 57, wird daher empfohlen, im Fall deutlich kürzerer oder deutlich längerer Restlaufzeiten als 15 Jahre von der tatsächlichen Restlaufzeit auszugehen.

589 **Laufende Betriebsrentenverpflichtungen** sowie Altersversorgungsverpflichtungen ggü. ausgeschiedenen Anwärtern sind mit dem Barwert der voraussichtlich noch zu leistenden Pensionszahlungen anzusetzen (vgl. *IDW RS HFA 30 n.F.*, Tz. 60). Bei **Pensionsanwartschaften** von aktiven Mitarbeitern hat die Mittelansammlung für die erteilten Pensionszusagen unter Beachtung des jeweiligen Pensionsplans im Regelfall über

---

[960] Vgl. *HFA*, IDW Life 2016, S. 304 (304 f.).
[961] Vgl. *IDW RS HFA 30 n.F.*, Tz. 89a.
[962] Vgl. *IDW RS HFA 30 n.F.*, Tz. 55b.
[963] Vgl. *IDW RS HFA 30 n.F.*, Tz. 55a ff.; zur Ermittlung des maximal ausschüttbaren Betrags vgl. im Einzelnen Kap. F Tz. 554 ff.
[964] Vgl. *IDW RS HFA 30 n.F.*, Tz. 55c; *IDW RS HFA 7 n.F.*, Tz. 39a.
[965] Vgl. zu Einzelheiten *IDW RS HFA 30 n.F.*, Tz. 56 ff.; *Gelhausen/Fey/Kämpfer*, BilMoG, Kap. I, Rn. 85 ff.
[966] Vgl. Begr. RegE BilMoG, BT-Drs. 16/10067, S. 55.

die Dauer der Betriebszugehörigkeit des Mitarbeiters (Aktivitätsperiode) zu erfolgen. Für die Ermittlung des Rückstellungsbetrags kommt neben dem **Anwartschaftsbarwertverfahren** (*projected unit credit method* i.S.d. IAS 19; ein Ansammlungsverfahren) insb. auch das versicherungsmathematische **Teilwertverfahren** (ein Gleichverteilungsverfahren) in Betracht[967]. In der Wahl der versicherungsmathematischen Bewertungsmethode ist der Bilanzierende jedoch im Hinblick auf eine den handelsrechtlichen GoB entspr. verursachungs- und sachgerechte Verrechnung des Aufwands aus der Pensionszusage über den Zeitraum, in dem der Mitarbeiter seine Arbeitsleistung erbringt, nicht vollkommen frei[968]. So führt eine Gleichverteilung des Pensionsaufwands und damit die Anwendung des Teilwertverfahrens bspw. bei Versorgungszusagen, die auf einer einmaligen Entgeltumwandlung beruhen, im Regelfall zu wirtschaftlich unzutreffenden Ergebnissen[969].

Zur Erläuterung der angewandten versicherungsmathematischen Berechnungsverfahren sowie der grundlegenden Annahmen der Berechnung etc. nach § 285 Nr. 24 HGB im **Anh.** vgl. Kap. F Tz. 1196 ff. **590**

Abweichend zu den allgemeinen Grundsätzen zur Bewertung von Rückstellungen sind Altersversorgungsverpflichtungen und vergleichbare langfristig fällige Verpflichtungen[970], deren Höhe sich ausschließlich nach dem beizulegenden Zeitwert von Wertpapieren i.S.d. § 266 Abs. 2 A.III.5 HGB[971] bestimmt, grds. zum beizulegenden Zeitwert[972] dieser Wertpapiere anzusetzen (§ 253 Abs. 1 S. 3 HGB; „**wertpapiergebundene Versorgungszusagen**"). Sieht die wertpapiergebundene Altersversorgungszusage einen Mindestbetrag bzw. eine Mindestgarantie vor, so darf dieser Betrag, der nach den allgemeinen Bewertungsgrundsätzen für Rückstellungen zu ermitteln ist, jedoch nicht unterschritten werden[973]. § 253 Abs. 1 S. 3 HGB setzt nicht voraus, dass die Wertpapiere tatsächlich von dem Bilanzierenden im Bestand gehalten werden[974]. Altersversorgungszusagen, deren Höhe sich ausschließlich nach dem beizulegenden Zeitwert eines Rückdeckungsversicherungsanspruchs, d.h. nach den zugesagten Versicherungsleistungen bestimmt, sind nach h.M.[975] ebenfalls wie wertpapiergebundene Versorgungszusagen zu behandeln. Gem. *IDW RS HFA 30 n.F.*, Tz. 74 (S. 3) hat sich die Bewertung der Altersversorgungsverpflichtung auch dann nach dem beizulegenden Zeitwert einer Rückdeckungsversicherung zu richten, wenn die Direktzusage die Leistungen unabhängig festlegt, diese Leistungen aber durch eine **kongruente Rückdeckungsversicherung** abgesichert sind (§ 253 Abs. 1 S. 3 HGB analog)[976]. Unabhängig von der Frage der analogen Anwendung des § 253 Abs. 1 S. 3 HGB darf der Rückdeckungsversicherungsanspruch auch nach allgemeinen handelsrechtlichen Grund- **591**

---

967 Vgl. *IDW RS HFA 30 n.F*, Tz. 61; *Scheffler*, in: BHdR, B 233, Rn. 231 ff.
968 Vgl. *Gelhausen/Fey/Kämpfer*, BilMoG, Kap. I, Rn. 81 f.; *IDW RS HFA 30 n.F.*, Tz. 61.
969 Vgl. *IDW RS HFA 30 n.F.*, Tz. 61; *Gelhausen/Fey/Kämpfer*, BilMoG, Kap. I, Rn. 81 ff.
970 Zur Ausweitung auf sog. „vergleichbare langfristig fällige Verpflichtungen" vgl. auch Kap. F Tz. 563.
971 Zum Begriff vgl. *Gelhausen/Fey/Kämpfer*, BilMoG, Kap. I, Rn. 98; *IDW RS HFA 30 n.F.*, Tz. 72 f.
972 Zur Bewertung von Wertpapieren zum beizulegenden Zeitwert vgl. *IDW RS HFA 30 n.F.*, Tz. 67 f.; *Gelhausen/Fey/Kämpfer*, BilMoG, Kap. C, Rn. 54 ff. m.w.N.; zur Bewertung von Rückdeckungsversicherungsansprüchen vgl. *IDW RS HFA 30 n.F.*, Tz. 68; *Thierer*, DB 2011, S. 189 ff.
973 Vgl. *IDW RS HFA 30 n.F.*, Tz. 71; *Gelhausen/Fey/Kämpfer*, BilMoG, Kap. I, Rn. 96.
974 Vgl. *IDW RS HFA 30 n.F.*, Tz. 72; *Gelhausen/Fey/Kämpfer*, BilMoG, Kap. I, Rn. 95.
975 Vgl. *IDW RS HFA 30 n.F.*, Tz. 74; *Grottel/Johannleweling*, in: BeBiKo[11], § 249, Rn. 204; *Thaut*, DB 2011, S. 1645 (1648); *Hagemann*, S. 242.
976 Vgl. *Bertram* u.a., WPg 2011, S. 57 (65); *Thierer*, DB 2011, S. 189 (194); *Thaut*, DB 2011, S. 1645 (1648).

sätzen nicht höher ausgewiesen werden als der Buchwert der korrespondierenden Pensionsrückstellungen, soweit der Wert des Rückdeckungsversicherungsanspruchs für das bilanzierende Unternehmen allein darin besteht, dass dieses reinvermögensmäßig von der Altersversorgungsverpflichtung in Höhe der Versicherungsleistungen entlastet wird (vgl. Kap. F Tz. 573 zum Wertansatz von Freistellungsansprüchen)[977].

592 Befinden sich **Wertpapiere im wirtschaftlichen Eigentum des Bilanzierenden**, so sind diese grds. zu AK (§§ 253 Abs. 1 i.V.m. 255 Abs. 1 HGB) zu bewerten. Erfüllen die genannten Vermögensgegenstände jedoch die Voraussetzungen für das Vorliegen von Deckungsvermögen (§ 246 Abs. 2 S. 2 Hs. 1 HGB; vgl. Kap. F Tz. 599 ff.), so sind diese zum beizulegenden Zeitwert anzusetzen (§§ 253 Abs. 1 S. 4 i.V.m. 255 Abs. 4 HGB; vgl. Kap. F Tz. 606). In diesem Sonderfall ist es als sachgerecht anzusehen, dass die aus der Zeitwertbewertung des Vermögens resultierenden Erträge nicht der Ausschüttungs- und Abführungssperre gem. § 268 Abs. 8 S. 3 HGB und § 301 S. 1 AktG unterliegen, soweit durch die Anpassung des Buchwerts der Verpflichtung bereits die Sperrwirkung erzielt wird[978]. Stellen die im Bestand gehaltenen Wertpapiere kein Deckungsvermögen dar, so können die Voraussetzungen für die Bildung von Bewertungseinheiten gem. § 254 HGB vorliegen[979].

593 Eine **Auflösung** von Pensionsrückstellungen, auch wenn diese aufgrund der Passivierungswahlrechte nach Art. 28 Abs. 1 EGHGB gebildet wurden, ist gem. § 249 Abs. 2 S. 2 HGB nur zulässig, soweit der Grund für die Rückstellungen entfallen ist[980]. Die Übertragung von Vermögensgegenständen vom verpflichteten Unternehmen auf einen rechtlich selbstständigen Treuhänder in Verbindung mit der Errichtung eines doppelseitigen Treuhandverhältnisses (sog. CTA) führt dagegen nicht zur Auflösung der Pensionsrückstellungen, da der Verpflichtungsumfang des Unternehmens hiervon nicht berührt wird. Zu den Voraussetzungen dafür, dass das Treuhandvermögen als Deckungsvermögen i.S.d. § 246 Abs. 2 S. 2 Hs. 1 HGB zu qualifizieren ist sowie zu den bilanziellen Konsequenzen (u.a. Saldierung mit den Pensionsrückstellungen) vgl. Kap. F Tz. 599 ff.

594 Bei einem (Teil-)**Betriebsübergang** nach § 613a BGB gehen die Altersversorgungsverpflichtungen sowie die vergleichbaren langfristig fälligen Verpflichtungen ggü. den **aktiven Beschäftigten** auf das übernehmende Unternehmen über (Schuldübernahme). Somit wird das übertragende Unternehmen grds. von den genannten Verpflichtungen befreit und hat die hierfür gebildeten Rückstellungen auszubuchen (vgl. *IDW RS HFA 30 n.F., Tz. 96 und 98*). Die gesamtschuldnerische Haftung nach § 613a Abs. 2 BGB ist gem. *IDW RS HFA 30 n.F., Tz. 99*, im Anh. nach § 285 Nr. 3a HGB anzugeben, wenn die Angabe für die Beurteilung Finanzlage von Bedeutung ist. Etwas anderes (keine Ausbuchung der gebildeten Rückstellungen) gilt, soweit sich das übertragende Unternehmen im Innenverhältnis zur Erfüllungsübernahme verpflichtet (vgl. *IDW RS HFA 30 n.F., Tz. 99*).

---

[977] Vgl. *HFA*, FN-IDW 2005, S. 333; *Heger/Weppler*, in: HdJ, Abt. III/7, Rn. 116 und 118.
[978] Vgl. *IDW RS HFA 30 n.F.*, Tz. 75; *Ries*, WPg 2010, S. 811 (821 ff.).
[979] Vgl. hierzu *IDW RS HFA 30 n.F.*, Tz. 76; *Gelhausen/Fey/Kämpfer*, BilMoG, Kap. C, Rn. 52 ff.
[980] Vgl. *IDW RS HFA 30 n.F.*, Tz. 79c.

> **Hinweis 49:**
> Verpflichtungen ggü. **ausgeschiedenen Versorgungsberechtigten** verbleiben i.R. eines Betriebsübergangs bei dem übertragenden Unternehmen, so dass die hierfür gebildeten Rückstellungen von dem Betriebsübergang grds. **unberührt** sind.
>
> Bei der Ermittlung des i.R.d. Betriebsübergangs auszubuchenden Rückstellungsbuchwerts für die aktiven Beschäftigten stellt sich daher häufig auch die Frage der Aufteilung eines etwaigen noch bestehenden Unterdeckungsbetrags aus der Inanspruchnahme der Übergangsregelung des Art. 67 Abs. 1 S. 1 EGHGB (noch nicht angesammelter sog. **BilMoG-Unterschiedsbetrag**). Sofern aufgrund der nach BilMoG geänderten Bewertung der Pensionsrückstellungen eine Zuführung zu den Rückstellungen erforderlich war, ist dieser Umstellungsbetrag bei Inanspruchnahme der Übergangsregelung bis zum 31.12.2024 in jedem GJ zu mindestens einem Fünfzehntel anzusammeln. Der Unterschiedsbetrag war im Zuge der BilMoG-Umstellung allerdings nur einmal zu ermitteln und anschließend nach der dargestellten Verfahrensweise aufwandsmäßig zu verrechnen (vgl. *IDW RS HFA 28*, Tz. 42). Eine Fortführung in Bezug auf einzelne Versorgungsberechtigte oder Versorgungszusagen hat dagegen grds. nicht zu erfolgen. Aus diesem Grund ist i.d.R. nicht bekannt, wie hoch der auf die Verpflichtungen ggü. bestimmten Personen oder auf bestimmten Versorgungszusagen entfallende BilMoG-Unterschiedsbetrag noch ist. Eine **näherungsweise Aufteilung** ist jedoch bei erheblichen Bestandsveränderungen erforderlich[981]. Dies führt letztlich zur sachgerechten Realisierung der in dem abgehenden Rückstellungsbuchwert noch vorhandenen stillen Lasten aus der Inanspruchnahme der Übergangsregelung. Sofern keine weiteren Erkenntnisse über die Zuordnung vorliegen, erscheint eine quotale Zuordnung im Verhältnis der Erfüllungsbeträge der übertragenen und verbleibenden Verpflichtungen als praktikable Vorgehensweise.

Liegt keine wirksame befreiende Schuldübernahme von Altersversorgungsverpflichtungen vor, besteht jedoch zwischen dem Arbeitgeber (primär Verpflichteter) und einem Dritten eine Vereinbarung, die als **Schuldbeitritt mit einer Erfüllungsübernahme im Innenverhältnis**[982] zu qualifizieren ist, sind die Pensionsrückstellungen beim übertragenden Unternehmen auszubuchen, soweit keine Inanspruchnahme aus der gesamtschuldnerischen Haftung droht[983]. Etwaige zurückbehaltene Risiken (dies betrifft bspw. Fälle, in denen es noch zu einer Nachbelastung des ursprünglich Verpflichteten durch den Beitretenden kommen kann) stehen damit einer (zumindest teilw.) Ausbuchung der Verpflichtung nicht entgegen. Für sie muss jedoch u.U. eine Rückstellung in der Bilanz verbleiben, welche nach allgemeinen handelsrechtlichen Grundsätzen zu bewerten ist. Eine Pflicht zur Ausbuchung der Pensionsrückstellungen besteht auch bei Erfüllung der Voraussetzungen des *IDW RS HFA 30 n.F.*, Tz. 101a, nicht; vielmehr dürfen die Pensionsrückstellungen unverändert bei gleichzeitiger Aktivierung eines Freistellungsanspruchs passiviert werden (Bruttobilanzierung; vgl. auch Kap. F Tz. 573)[984].

595

---

981 Vgl. *Grottel/Johannleweling*, in: BeBiKo[11], § 249, Rn. 208.
982 Vgl. *IDW RS HFA 30 n.F.*, Tz. 101 ff.
983 Vgl. *IDW RS HFA 30 n.F.*, Tz. 101a; *Schmidt/Ries*, in: BeBiKo[11], § 246, Rn. 109 ff; kritisch *Henckel/Freiberg*, BetrAV 2017, S. 43 (51 f.).
984 Vgl. *Reitmeier/Peun/Schönberger*, WPg 2017, S. 813 (815 f.).

> **Hinweis 50:**
>
> Ein den Buchwert der Pensionsrückstellung übersteigendes **Entgelt** ist beim übertragenden Unternehmen **aufwandswirksam** zu erfassen, wobei ein Ausweis im Personalaufwand (Aufwendungen für Altersversorgung) sachgerecht erscheint[985]. Dies gilt sowohl im Fall der Ausbuchung der Pensionsrückstellung wie auch im Fall der Bruttobilanzierung[986]. Im Fall der Bruttobilanzierung ist die Höhe des Freistellungsanspruchs auf die Höhe der Rückstellung begrenzt.

596 Fehlt es – wie im Fall der **alleinigen Erfüllungsübernahme im Innenverhältnis** – an dem Schuldbeitritt und damit an der Gesamtschuld, sind die Verpflichtungen unverändert zu passivieren und der Freistellungsanspruch ist grds. in gleicher Höhe zu aktivieren (Bruttobilanzierung; vgl. auch Kap. F Tz. 573)[987]. Die Ausschüttungssperre nach § 253 Abs. 6 S. 2 HGB (vgl. hierzu Kap. F Tz. 587 und Kap. F Tz. 554 ff.) dürfte dann insoweit nicht greifen, wie durch die korrespondierende Bewertung von Anspruch und Rückstellung bereits eine Ausschüttungssperrwirkung erreicht wird[988].

597 Im Fall der Schuldübernahme (durch (Teil-)**Betriebsübergang** nach § 613a BGB) gehen die Altersversorgungsverpflichtungen auf das übernehmende Unternehmen über, was bei diesem nach § 249 Abs. 1 S. 1 HGB zur Passivierungspflicht einer Pensionsrückstellung führt[989]. Nach der erweiterten Definition von Altersversorgungsverpflichtungen (vgl. Kap. F Tz. 562[990]) hat auch im Fall eines **Schuldbeitritts mit Erfüllungsübernahme im Innenverhältnis** der Schuldbeitretende für die eingegangene Freistellungsverpflichtung eine Pensionsrückstellung zu passivieren. Nach IDW RS HFA 30 n.F., Tz. 101, ist durch das Eingehen einer Gesamtschuld eine mit der Schuld des Primärverpflichteten rechtlich identische Schuld zu bilanzieren, so dass der Charakter der Verpflichtung und damit deren gesetzliche Einordnung als Altersversorgungsverpflichtung beim Schuldbeitretenden erhalten bleibt. Dagegen kommt für Freistellungsverpflichtungen, denen **kein Schuldbeitritt** zugrunde liegt, weder die Behandlung als Altersversorgungsverpflichtung noch als vergleichbare langfristig fällige Verpflichtung in Betracht[991].

598 Bei der **entgeltlichen Übernahme** einer Verpflichtung ist die Transaktion – unabhängig von der Übertragungsart und der Qualifizierung der übernommenen Verpflichtung als Altersversorgungsverpflichtung oder reine Freistellungsverpflichtung – beim übernehmenden Unternehmen **erfolgsneutral** einzubuchen. Nach IDW RS HFA 30 n.F., Tz. 104a, darf weder im Zugangszeitpunkt noch an den Folgeabschlussstichtagen ein sog. Erwerbsgewinn erfasst werden.

---

985 Vgl. Fey/Ries/Lewe, BB 2012, S. 823 (825).
986 Vgl. IDW RS HFA 30 n.F., Tz. 101a und 103.
987 Vgl. IDW RS HFA 30 n.F., Tz. 103.
988 Vgl. entspr. bzgl. der Ausschüttungssperre nach § 268 Abs. 8 S. 3 HGB im Fall der korrespondierenden Bewertung von Deckungsvermögen und Rückstellung bei Vorliegen von wertpapiergebundenen Versorgungszusagen IDW RS HFA 30 n.F., Tz. 75.
989 Vgl. IDW RS HFA 30 n.F., Tz. 97.
990 Vgl. ausführlich Henckel/Freiberg, BetrAV 2017, S. 43 (48 ff.).
991 Vgl. IDW RS HFA 30 n.F., Tz. 102.

> **Hinweis 51:**
>
> Zur **Vermeidung eines Erwerbsgewinns** bei der entgeltlichen Übernahme ungewisser Verpflichtungen sind nach Auffassung des HFA **verschiedene Lösungsansätze** als zulässig anzusehen[992]: Vom HFA präferiert wird der Ansatz der Verpflichtung zum Zeitwert. Alternativ ist es zulässig, die übernommene Verpflichtung zum handelsrechtlichen Erfüllungsbetrag anzusetzen und den übersteigenden Teil des erhaltenen Entgelts in einem separaten Passivposten (z.B. unter den Voraussetzungen des § 250 Abs. 2 HGB ein passiver RAP) abzugrenzen. Besteht die Gegenleistung für die Übernahme der ungewissen Verpflichtung im Zugang eines einzelnen nicht-monetären Vermögensgegenstands, dürfen dessen Anschaffungskosten in Höhe des handelsrechtlichen Erfüllungsbetrags der Verpflichtung angesetzt werden. Im Fall des Erwerbs eines Unternehmens würde sich bei Ansatz der Verpflichtung mit dem handelsrechtlichen Erfüllungsbetrag ein entspr. geringer ausgewiesener Geschäfts- oder Firmenwert nach § 246 Abs. 1 S. 4 HGB ergeben.

8.4.8.2.3 Verrechnung mit Deckungsvermögen

599 Unter dem „Deckungsvermögen" gem. § 246 Abs. 2 S. 2 Hs. 1 HGB sind Vermögensgegenstände zu verstehen, die dem Zugriff aller (übrigen) Unternehmensgläubiger entzogen sind (**Vollstreckungs- bzw. Insolvenzsicherheit**) und ausschließlich der Erfüllung von Schulden aus Altersversorgungsverpflichtungen oder von vergleichbaren langfristig fälligen Verpflichtungen dienen (**Zweckexklusivität**).

600 Die erforderliche Vollstreckungs- bzw. Insolvenzsicherheit setzt voraus, dass nur im Verhältnis zu Dritten **unbelastete Vermögensgegenstände** zur Verrechnung herangezogen werden (vgl. *IDW RS HFA 30 n.F.*, Tz. 27). Sofern den Arbeitnehmern bei Insolvenz des Unternehmens ein **Aussonderungsrecht** (§ 47 InsO) an Vermögensgegenständen zusteht, ist die Insolvenzfestigkeit bzw. -sicherheit der Ansprüche gegeben[993]. Wird ein wirtschaftlich vergleichbarer Schutz des Anspruchsberechtigten durch ein **Absonderungsrecht** (§ 49 InsO) erreicht, so ist ebenfalls von der erforderlichen Vollstreckungs- bzw. Insolvenzsicherheit auszugehen (vgl. *IDW RS HFA 30 n.F.*, Tz. 24). Unbefristete und nicht unter einer aufschiebenden Bedingung stehende Verpfändungen von Vermögensgegenständen (z.B. Wertpapierdepots, Rückdeckungsversicherungsansprüche ohne Rückkaufsrecht) begründen im Regelfall ein solches Absonderungsrecht[994]. Bei entspr. Ausgestaltung stellt grds. auch die Übertragung von Vermögensgegenständen auf einen rechtlich selbstständigen Rechtsträger (Treuhänder) im Rahmen einer doppelseitigen Treuhandlösung (sog. CTA-Konstruktionen) einen geeigneten Insolvenzschutz dar[995].

---

[992] Vgl. *HFA*, FN-IDW 2015, S. 237; ausführlich *Reitmeier/Peun/Schönberger*, WPg 2017, S. 813 (816 ff.); *Henckel/Freiberg*, BetrAV 2017, S. 43 (52 f.); *Thaut*, WP Praxis 2017, S. 182 (210 ff.).
[993] Vgl. *IDW RS HFA 30 n.F.*, Tz. 23; *Gelhausen/Fey/Kämpfer*, BilMoG, Kap. C, Rn. 39 m.w.N.
[994] Vgl. *IDW RS HFA 30 n.F.*, Tz. 24; *Gelhausen/Fey/Kämpfer*, BilMoG, Kap. C, Rn. 40.
[995] Vgl. *IDW RS HFA 30 n.F.*, Tz. 24; nach BAG v. 18.07.2013, 6 AZR 47/12, S. 3132 besteht im Insolvenzfall grds. ein Absonderungsrecht des Treuhänders, das von diesem aufgrund des fortbestehenden Sicherungstreuhand-Verhältnisses zu Gunsten der Versorgungsberechtigten auszuüben ist; vgl. hierzu auch *Klemm*, DB 2013, S. 2395 (2398 ff.); *Höfer*, BetrAV, Bd. I, Kap. 12, Rn. 148 ff.

> **Hinweis 52:**
>
> Für Zwecke des § 246 Abs. 2 S. 2 HGB kann von dem Vorliegen der erforderlichen Vollstreckungs- bzw. Insolvenzsicherheit grds. ausgegangen werden, wenn die Voraussetzungen des § 7e Abs. 2 SGB IV erfüllt sind[996].

601 Zur Erfüllung der geforderten **Zweckexklusivität** müssen die Vermögensgegenstände jederzeit zur Erfüllung der dazugehörigen Verpflichtungen eingesetzt werden können (jederzeitige Verwertbarkeit). Diese Voraussetzung wird bei **betriebsnotwendigen Gegenständen des AV** im Regelfall nicht erfüllt sein, da diese definitionsgemäß zur Fortführung der Unternehmenstätigkeit erforderlich sind[997]. Ebenfalls müssen aufgrund der geforderten Zweckexklusivität des Deckungsvermögens **laufende Erträge** sowie **Erträge aus der Realisierung stiller Reserven** der betreffenden Vermögensgegenstände für die Erfüllung der dazugehörigen Verpflichtungen Verwendung finden[998]. Auch muss eine **Rückübertragung** des auf einen Treuhänder übertragenen Vermögens auf das Unternehmen grds. ausgeschlossen sein, solange die dazugehörigen Verpflichtungen noch bestehen und diese Beträge zur Erfüllung der Schulden benötigt werden[999]. Davon ausgenommen sind Erstattungen des Treuhänders von verauslagten Altersversorgungsleistungen u.ä. seitens des Arbeitgebers sowie Rückgewährungen bei Überdotierungen des Deckungsvermögens.

602 Bei Vorliegen der genannten Voraussetzungen sind die betreffenden Vermögensgegenstände verpflichtend mit den dazugehörigen Schulden (Verbindlichkeiten oder Rückstellungen) zu **verrechnen**. Gibt es in einem Unternehmen mehrere Versorgungspläne, wobei nur einer durch Deckungsvermögen unterlegt ist, ist für die Festlegung des Saldierungsbereichs eine Zuordnung der zweckgebundenen Vermögensgegenstände zu den dazugehörigen Verpflichtungen erforderlich[1000].

603 Bei den zu verrechnenden Vermögensgegenständen gem. § 246 Abs. 2 S. 2 Hs. 1 HGB muss es sich um **aktivierbare Vermögensgegenstände** handeln, die ohne die genannte Ausnahmevorschrift im handelsrechtlichen JA des Unternehmens aufgrund wirtschaftlichen Eigentums hieran (§ 246 Abs. 1 S. 2 Hs. 2 HGB) angesetzt werden müssten[1001]. Empfangene Patronatserklärungen, erhaltene Bürgschaften oder Garantien können kein Deckungsvermögen darstellen, solange hieraus kein aktivierbarer Anspruch und damit kein Vermögensgegenstand entstanden ist (vgl. *IDW RS HFA 30 n.F.*, Tz. 26). Die Vorschrift des § 246 Abs. 2 S. 2 HGB setzt zudem das Bestehen von **Altersversorgungsverpflichtungen** oder vergleichbaren langfristig fälligen Verpflichtungen voraus, für die vor Saldierung mit etwaigem Deckungsvermögen handelsrechtlich eine Schuld passiviert wird[1002]. Kein Deckungsvermögen liegt somit vor, wenn z.B. die dazugehörigen Ver-

---

996 Vgl. *IDW RS HFA 30 n.F.*, Tz. 26; Begr. Beschlussempfehlung und Bericht des Rechtsausschusses, BT-Drs. 16/12407, S. 84 f.; von den in § 7e Abs. 2 SGB IV aufgeführten Sicherungsvarianten können für Zwecke des § 246 Abs. 2 S. 2 HGB nur die Verfahren zur Anwendung gelangen, bei denen zu aktivierende Vermögensgegenstände zur Sicherung herangezogen werden.
997 Vgl. *IDW RS HFA 30 n.F.*, Tz. 28 f.; *Bertram u.a.*, WPg 2011, S. 57 (60).
998 Vgl. *IDW RS HFA 30 n.F.*, Tz. 25; *Gelhausen/Fey/Kämpfer*, BilMoG, Kap. C, Rn. 23.
999 Vgl. *IDW RS HFA 30 n.F.*, Tz. 33; *Gelhausen/Fey/Kämpfer*, BilMoG, Kap. C, Rn. 33; *Bertram u.a.*, WPg 2011, S. 57 (60 f.).
1000 Vgl. *Gelhausen/Fey/Kämpfer*, BilMoG, Kap. C, Rn. 51.
1001 Vgl. *Gelhausen/Fey/Kämpfer*, BilMoG, Kap. C, Rn. 21.
1002 Vgl. *Gelhausen/Fey/Kämpfer*, BilMoG, Kap. C, Rn. 10 ff.

pflichtungen gem. Art. 28 Abs. 1 S. 1 EGHGB (sog. Altzusagen) nicht passiviert werden (vgl. *IDW RS HFA 30 n.F.*, Tz. 35).

Soweit die beizulegenden Zeitwerte des Deckungsvermögens (vgl. Kap. F Tz. 606) den Erfüllungsbetrag der dazugehörigen Verpflichtungen übersteigen, ist dieser **positive Unterschiedsbetrag** gem. § 246 Abs. 2 S. 3 HGB in einem **gesonderten Aktivposten** „Aktiver Unterschiedsbetrag aus der Vermögensverrechnung" in der Bilanz auszuweisen (§ 266 Abs. 2 E. HGB; vgl. zu Einzelheiten Kap. F Tz. 445). **604**

Das **Saldierungsgebot** umfasst auch die Verrechnung der Aufwendungen und Erträge aus der Ab- bzw. Aufzinsung der Verpflichtungen (§ 277 Abs. 5 S. 1 HGB) mit den dazugehörigen Aufwendungen und Erträgen aus dem zu verrechnenden Vermögen **innerhalb des Finanzergebnisses** (zu Einzelheiten vgl. Kap. F Tz. 762). **605**

Das Verrechnungsgebot des § 246 Abs. 2 S. 2 HGB wird ergänzt durch die Bewertungsvorschrift des § 253 Abs. 1 S. 4 HGB, nach der das zweckgebundene Vermögen – vorbehaltlich des § 253 Abs. 1 S. 5 und 6 HGB – zum **beizulegenden Zeitwert** (§ 255 Abs. 4 HGB; vgl. Kap. F Tz. 146 ff.) anzusetzen ist[1003]. Zur Vermeidung der Ausschüttung bzw. Abführung unrealisierter Gewinne durch Überschreiten der (historischen) AK/HK i.R.d. Zeitwertbewertung besteht für KapGes. eine sog. **Ausschüttungs- und Abführungssperre** gem. § 268 Abs. 8 S. 3 HGB und § 301 S. 1 AktG (vgl. im Einzelnen Kap. F Tz. 538 ff.)[1004]. **606**

Zu den einzelnen **Anh.-Angaben** bei Vorliegen von Deckungsvermögen vgl. Kap. F Tz. 1204 ff. **607**

8.4.8.2.4 Steuerrückstellungen

Der Posten (§ 266 Abs. 3 B.2. HGB) umfasst alle Rückstellungen für **Steuerschulden der Gesellschaft**, nicht nur die für Ertragsteuern, sondern auch für alle anderen Steuerarten, soweit sie nicht der Höhe und dem Grunde nach feststehen und daher als (sonstige) Verbindlichkeiten auszuweisen sind (§ 266 Abs. 3 C.8. HGB, mit Davon-Vermerk der Steuerverbindlichkeiten). Soweit nur Teilbeträge ungewiss sind, sollten nur diese als Rückstellungen ausgewiesen werden und im Übrigen der Ausweis unter den Verbindlichkeiten erfolgen. **608**

Zurückzustellen sind die vom Unternehmen geschuldeten Beträge. Entscheidend ist die Entstehung der Steuerschuld durch **Verwirklichung des steuerpflichtigen Tatbestands vor dem Abschlussstichtag**, was nach Steuerrecht zu beurteilen ist (§ 38 AO)[1005]. **609**

Auch für Steuern, die erfahrungsgemäß aufgrund von **steuerlichen Außenprüfungen** nachzuzahlen sind, ist durch entspr. Rückstellungen Vorsorge zu treffen[1006]. Rückstellungen wg. eines schwer abzuschätzenden allgemeinen Betriebsprüfungsrisikos sollten nicht hier, sondern unter den sonstigen Rückstellungen (§ 266 Abs. 3 B.3. HGB) **610**

1003 Vgl. *IDW RS HFA 30 n.F.*, Tz. 67 f.; zum Ausweiswahlrecht für die Erfolgswirkungen aus Zeitwertänderungen vgl. *IDW RS HFA 30 n.F.*, Tz. 87.
1004 Vgl. *IDW RS HFA 30 n.F.*, Tz. 69; *Gelhausen/Fey/Kämpfer*, BilMoG, Kap. C, Rn. 88 ff. sowie Kap. N, Rn. 28 ff.
1005 Vgl. ADS[6], § 253 HGB, Tz. 217; *Mayer-Wegelin*, in: HdR[5], § 249 HGB, Rn. 229 (64).
1006 Vgl. ADS[6], § 253 HGB, Tz. 216; ADS[6], § 266 HGB, Tz. 210 (erwartete Risiken); strenger *Mayer-Wegelin*, in: HdR[5], § 249 HGB, Rn. 229 (64) (konkrete Anhaltspunkte im Einzelfall); *Schubert*, in: BeBiKo[11], § 249, Rn. 100 (Stichwort „Betriebsprüfungsrisiko") (wenn das Risiko in Einzelsachverhalten konkret begründet ist).

ausgewiesen werden[1007]. Dagegen sind Rückstellungen für Steuerrisiken, die konkrete Einzelsachverhalte betreffen bzw. auf konkreten Beanstandungen durch den Betriebsprüfer beruhen, unter den Steuerrückstellungen auszuweisen[1008].

611 Bzgl. der Berücksichtigung der **Unsicherheit** bei Ansatz und Bewertung gelten die allgemeinen handelsrechtlichen Grundsätze (vgl. Kap. F Tz. 569 f.).

612 Steuerliche **Nebenleistungen** nach § 3 Abs. 4 AO (z.B. Säumniszuschläge) sind grds. nicht unter den Steuerrückstellungen, sondern unter den sonstigen Rückstellungen oder – wenn sie der Höhe und dem Grunde nach feststehen – unter den sonstigen Verbindlichkeiten zu erfassen[1009]. Etwas Anderes kann für die auf die Steuerschuld bis zum voraussichtlichen Erfüllungszeitpunkt entfallenden **Zinsen nach §§ 233a, 238 AO** gelten, denn diese sind als „Preissteigerungen" in den Erfüllungsbetrag gem. § 253 Abs. 1 S. 2 HGB langfristiger Steuernachzahlungsverpflichtungen einzubeziehen (vgl. *IDW RS HFA 34*, Tz. 34 f.). Der so ermittelte Erfüllungsbetrag ist nach § 253 Abs. 2 HGB mit dem von der Bundesbank vorgegebenen laufzeitadäquaten Rechnungszinssatz zu diskontieren (Durchschnittszinssatz der vergangenen sieben GJ).

> **Praxistipp 18:**
> Da die Zinsverpflichtung auf einem eigenen Rechtsgrund beruht, erscheint es alternativ vertretbar, den Teil der einheitlich bewerteten Steuerrückstellung, der auf die bis zum Abschlussstichtag bereits aufgelaufenen AO-Nachzahlungszinsen entfällt, in Höhe des Barwerts unter den sonstigen Rückstellungen auszuweisen[1010].

8.4.8.2.5 Exkurs: Rückstellungen für latente Steuern

613 Sofern § 274 HGB **nicht freiwillig angewandt** wird (vgl. Kap. F Tz. 710), haben Unternehmen, die in ihrem JA ausschließlich die für alle Kaufleute geltenden Vorschriften (§§ 242 bis 256a HGB) beachten müssen, Rückstellungen für passive latente Steuern anzusetzen, wenn die Voraussetzungen hierfür nach § 249 Abs. 1 S. 1 HGB erfüllt sind. Entspr. gilt bei kleinen KapGes. und KapCoGes., die von der Erleichterung gem. § 274a Nr. 4 HGB Gebrauch machen. Bei einem verpflichtenden oder freiwilligen **Übergang auf das** *temporary*-**Konzept** nach § 274 HGB ist Art. 67 Abs. 6 EGHGB entspr. anzuwenden (vgl. im Einzelnen Kap. F Tz. 710).

614 **Rückstellungen für passive latente Steuern** sind zu bilden, wenn der Abbau von zeitlichen Bilanzierungs- und Bewertungsunterschieden zwischen HB und StB insgesamt zu einer Steuerbelastung führen wird[1011]. Sog. quasi-permanente Differenzen, deren Abbau von einer unternehmerischen Entscheidung abhängt, z.B. Verkauf des entspr. Vermögensgegenstands, oder erst bei Liquidation des Unternehmens eintritt, sind dabei

---

1007 So auch *Korth*, in: Kölner Komm. Rechnungslegungsrecht, § 266 HGB, Rn. 294; steuerlich sind pauschale Betriebsprüfungsrisikorückstellungen nicht anerkannt, vgl. BFH v. 13.01.1966, BStBl. III S. 189; vgl. im Einzelnen zu den steuerlichen Passivierungsvoraussetzungen *Weber-Grellet*, in: Schmidt, L., EStG[37], § 5, Rn. 550 (Betriebsprüfung) m.w.N.
1008 Vgl. ADS[6], § 266 HGB, Tz. 210; *Schubert*, in: BeBiKo[11], § 266, Rn. 201.
1009 Vgl. auch *Scheffler*, in: BHdR, B 233, Rn. 444, 442; *Dusemond/Heusinger-Lange/Knop*, in: HdR[5], § 266 HGB, Rn. 133.
1010 Vgl. *Lewe/Peun*, DStR 2014, S. 1186 (1189 f.).
1011 Vgl. *IDW RS HFA 7 n.F.*, Tz. 26; a.A. *BStBK*, DStR 2012, S. 2296 (2296), wonach der Anwendungsbereich deutlich eingeschränkt ist.

gem. *IDW RS HFA 7 n.F.*, Tz. 26 nicht zu berücksichtigen. Im Ergebnis entspricht die Bilanzierung latenter Steuern außerhalb des Anwendungsbereichs des § 274 HGB im Wesentlichen dem *timing*-Konzept (Berücksichtigung von **zeitlichen Ergebnisdifferenzen** zwischen HB und StB)[1012].

Rückstellungen für passive latente Steuern können u.U. für **erfolgsneutral entstehende zeitliche Differenzen** zu bilden sein. Dies ist z.B. dann der Fall, wenn bei Einlagevorgängen in der StB die bisherigen Wertansätze (Buchwerte) des Übertragenden fortgeführt und in der HB höhere (Zeit-)Werte angesetzt werden. Für die voraussichtliche Steuerbelastung ist – unter Berücksichtigung etwaiger aktiver zeitlicher Differenzen im übergehenden (Rein-)Vermögen – eine Rückstellung für latente Steuern zu bilden. Dies ergibt sich aus den allgemeinen Grundsätzen für die Bilanzierung von Anschaffungsvorgängen[1013]. Die Erfassung der latenten Steuerverpflichtung bildet aus Sicht des Übernehmers einen Teil seiner Gegenleistung für das übernommene (Rein-)Vermögen und ist deshalb erfolgsneutral zu Lasten des durch die Einlage geschaffenen EK zu passivieren. 615

Auch außerhalb des Anwendungsbereichs des § 274 HGB gilt die Gesamtdifferenzenbetrachtung. Deswegen ist eine **Rückstellung** für passive latente Steuern nach § 249 Abs. 1 S. 1 HGB nur insoweit zu bilden, wie sich ein Überhang zu versteuernder über die abzugsfähigen zeitlichen Differenzen sowie steuerliche Verlust- und Zinsvorträge ergibt[1014]. Der Ansatz eines Überhangs abzugsfähiger zeitlicher Differenzen als **aktive latente Steuern** ist außerhalb des Anwendungsbereichs des § 274 HGB nicht zulässig[1015]. 616

Die Bewertung der Rückstellung für passive latente Steuern hat mit dem **unternehmensindividuellen Steuersatz** im Zeitpunkt des Abbaus der zeitlichen Differenz zu erfolgen. Dies ergibt sich in entspr. Anwendung des § 253 Abs. 1 S. 2 HGB, wonach Rückstellungen mit ihrem Erfüllungsbetrag zu bewerten sind[1016]. Eine **Abzinsung** der Rückstellung darf entgegen der Regelung in § 253 Abs. 2 S. 1 HGB unterbleiben (vgl. *IDW RS HFA 7 n.F.*, Tz. 27). 617

Der **Ausweis** von Rückstellungen für passive latente Steuern hat in der **Bilanz** entweder gesondert unter dem Posten „Rückstellungen" (§ 266 Abs. 3 B. i.V.m. § 265 Abs. 5 HGB) oder durch Einbeziehung in den Posten „Steuerrückstellungen" (§ 266 Abs. 3 B.2. HGB) zu erfolgen, wobei dann der Betrag der latenten Steuern aus Gründen der Klarheit und Übersichtlichkeit der Darstellung (§ 243 Abs. 2 HGB) durch einen Davon-Vermerk oder im Anh. anzugeben ist[1017]. Bei einem Ausweis als Sonderposten am Ende der Passivseite (§ 266 Abs. 3 E. HGB analog) ist die Postenbezeichnung anzupassen, z.B. „Rückstellung für passive latente Steuern", damit deutlich wird, dass dieser nicht die passiven latenten Steuern i.S.v. § 274 HGB enthält[1018]. 618

1012 Vgl. *Gelhausen/Fey/Kämpfer*, BilMoG, Kap. M, Rn. 42; ADS[6], § 274 HGB, Tz. 16.
1013 Vgl. *Deubert/Hoffmann*, in: Budde/Förschle/Winkeljohann, Sonderbilanzen[5], Kap. K, Rn. 37.
1014 Vgl. *IDW RS HFA 7 n.F.*, Tz. 27; *Grottel*, in: BeBiKo[11], § 274a, Rn. 7.
1015 Vgl. *Kühne/Melcher/Wesemann*, WPg 2009, S. 1057 (1061); *Grottel*, in: BeBiKo[11], § 274a, Rn. 7.
1016 Vgl. *Gelhausen/Fey/Kämpfer*, BilMoG, Kap. M, Rn. 56.
1017 Vgl. *IDW RS HFA 7 n.F.*, Tz. 28; *Grottel*, in: BeBiKo[11], § 274a, Rn. 6; *Gelhausen/Fey/Kämpfer*, BilMoG, Kap. M, Rn. 57.
1018 Vgl. *Gelhausen/Fey/Kämpfer*, BilMoG, Kap. M, Rn. 57; a.A. (Ausweis als Sonderposten nur in den Fällen des § 274 HGB) *Kühne/Melcher/Wesemann*, WPg 2009, S. 1057 (1061).

619 Erfolgswirksam zu erfassende Veränderungen der Rückstellung für latente Steuern sind in der **GuV** im Posten „Steuern vom Einkommen und vom Ertrag" (§ 275 Abs. 2 Nr. 14 bzw. Abs. 3 Nr. 13 HGB) zu erfassen. Ein gesonderter Ausweis der Aufwendungen oder Erträge aus der Veränderung latenter Steuern, wie er sich nach § 274 Abs. 2 S. 3 HGB ergibt, ist außerhalb des Anwendungsbereichs des § 274 HGB nicht vorgeschrieben.

8.4.8.2.6 Sonstige Rückstellungen

620 Unter die sonstigen Rückstellungen (§ 266 Abs. 3 B.3. HGB) fallen zunächst alle **Verbindlichkeitsrückstellungen**, soweit sie nicht als Rückstellungen für Pensionen und ähnliche Verpflichtungen (vgl. Kap. F Tz. 578 ff.) oder als Steuerrückstellungen (vgl. Kap. F Tz. 608 ff.) gesondert auszuweisen sind (zu Rückstellungen für latente Steuern vgl. Kap. F Tz. 613 ff.). Zu den sonstigen Rückstellungen zählen auch die im Gesetz gesondert aufgeführten Rückstellungen für **Gewährleistungen ohne rechtliche Verpflichtung** (§ 249 Abs. 1 S. 2 Nr. 2 HGB; vgl. Kap. F Tz. 635) sowie auch Rückstellungen für **mit Altersversorgungsverpflichtungen vergleichbare langfristig fällige Verpflichtungen** i.S.d. §§ 246 Abs. 2 S. 2, 253 Abs. 2 S. 2 HGB (vgl. Kap. F Tz. 563). Rückstellungen für **Sozialplanverpflichtungen** gehören ebenfalls hierher, soweit in ihnen nicht Altersversorgungsverpflichtungen zu sehen sind (vgl. Kap. F Tz. 674).

621 Daneben sind Rückstellungen für **drohende Verluste** aus schwebenden Geschäften (vgl. Kap. F Tz. 623 ff.) sowie eng abgegrenzte **Aufwandsrückstellungen** für unterlassene Instandhaltung (vgl. Kap. F Tz. 632 f.) und Abraumbeseitigung (vgl. Kap. F Tz. 634) hier auszuweisen.

622 Wegen der Erläuterung sonstiger Rückstellungen, die einen nicht unerheblichen Umfang haben, nach § 285 Nr. 12 HGB im **Anh.** vgl. Kap. F Tz. 1111 ff.

8.4.8.3 Drohverlustrückstellungen

8.4.8.3.1 Ansatz und Bewertung

623 Rückstellungen für drohende Verluste aus schwebenden Geschäften gem. § 249 Abs. 1 S. 1 Alt. 2 HGB setzen zunächst das Vorliegen eines schwebenden Geschäfts (gegenseitiger auf einen Leistungsaustausch gerichteter Vertrag; vgl. *IDW RS HFA 4*, Tz. 2) zum Abschlussstichtag voraus. Der **Schwebezustand** beginnt grds. mit dem rechtswirksamen Abschluss des Vertrags oder der Abgabe eines bindenden Angebots, mit dessen Annahme ernsthaft zu rechnen ist, und endet mit Erfüllung der Sachleistung (vgl. *IDW RS HFA 4*, Tz. 7 ff.). Dabei ist auf die Erfüllung der Hauptleistungsverpflichtungen abzustellen[1019]. Sieht der Vertrag eine abschnittsweise Erbringung von Sachleistungen vor, so endet der Schwebezustand für den vollzogenen Leistungsaustausch mit Erbringung der einzelnen Teilleistungen (vgl. *IDW RS HFA 4*, Tz. 13). Bei Dauerschuldverhältnissen betrifft der Schwebezustand nur den künftigen Leistungsaustausch[1020].

624 Drohverlustrückstellungen sind zu bilden, wenn mit dem Eintritt eines Verlusts **ernsthaft zu rechnen** ist, d.h. der Wert der Leistungsverpflichtung des Bilanzierenden den Wert seines Gegenleistungsanspruchs voraussichtlich übersteigt (**Verpflichtungsüber-**

[1019] Vgl. Schubert, in: BeBiKo[11], § 249, Rn. 56.
[1020] Vgl. *IDW RS HFA 4*, Tz. 14; Schubert, in: BeBiKo[11], § 249, Rn. 76; Mayer-Wegelin, in: HdR[5], § 249 HGB, Rn. 70.

schuss) (vgl. *IDW RS HFA 4*, Tz. 15). Zur Abgrenzung von der Verbindlichkeitsrückstellung vgl. Kap. F Tz. 566. Bzgl. der Berücksichtigung der Unsicherheit bei Ansatz und Bewertung gelten die allgemeinen handelsrechtlichen Grundsätze (vgl. Kap. F Tz. 569 f.)[1021]

Bei **Kopplungs- und Deckungsgeschäften** kann es sachgerecht sein, mehrere Verträge für die bilanzielle Beurteilung zu einem schwebenden Geschäft zusammenzufassen, wobei eine restriktive Auslegung geboten ist[1022]. 625

> **Praxistipp 19:**
> Eine zusammenfassende Betrachtung mehrerer Verträge für Zwecke der Beurteilung eines etwaigen drohenden Verlusts setzt regelmäßig voraus, dass die Verträge
> • nicht voneinander unabhängig kalkuliert wurden,
> • in einem inneren (sachlichen/zeitlichen) Zusammenhang stehend abgeschlossen wurden und zudem
> • von beiden Vertragsparteien nur insgesamt gekündigt werden können.

Die Passivierung eines Verpflichtungsüberschusses impliziert die **Saldierung** künftiger Aufwendungen und Erträge aus dem Bewertungsobjekt „schwebendes Geschäft" (Saldierung von Vor- und Nachteilen aus demselben Geschäft)[1023]. An eine darüberhinausgehende Berücksichtigung von durch das schwebende Geschäft verursachten wirtschaftlichen Vorteilen sind aufgrund des handelsrechtlichen Vorsichts- und Realisationsprinzips (§ 252 Abs. 1 Nr. 4 HGB) sowie wg. des Grundsatzes der Einzelbewertung (§ 252 Abs. 1 Nr. 3 HGB) hohe Anforderungen zu stellen. Es bedarf insb. eines strengen Kausalitätszusammenhangs, d.h. die (bewertbaren) Vorteile müssen zwangsläufig als Folge etwaiger Verluste entstehen[1024]. Zur Zusammenfassung von schwebenden Geschäften gem. § 254 HGB mit FI zu einer Bewertungseinheit vgl. Kap. F Tz. 200 ff. Zu Ausnahmen bei Energiebeschaffungs- und -absatzgeschäften im JA von EVU vgl. *IDW RS ÖFA 3*. 626

Bei der Schätzung der Höhe des Verlusts ist § 253 Abs. 1 S. 2 HGB zu beachten. Drohende Verluste sind danach nicht nur in dem Umfang zurückzustellen, der sich nach den Wertverhältnissen des Abschlussstichtags ergibt, sondern in dem Umfang, der am Abschlussstichtag aufgrund (objektiv) vorhersehbarer **Kosten- und Preissteigerungen** bis zur Beendigung des Schwebezustandes zu erwarten ist (vgl. *IDW RS HFA 4*, Tz. 38 ff.). Soweit die Verpflichtung eine Restlaufzeit von mehr als einem Jahr aufweist, hat eine **Abzinsung** zu erfolgen (§ 253 Abs. 2 S. 1 HGB) (vgl. *IDW RS HFA 4*, Tz. 41 ff.). Zur Bewertung von drohenden Verlusten aus Derivaten vgl. Kap. F Tz. 1316 sowie *IDW RS HFA 4*, Tz. 44. 627

1021 Vgl. auch ADS[6], § 253 HGB, Tz. 244.
1022 ADS[6], § 249 HGB, Tz. 143.
1023 Vgl. ADS[6], § 253 HGB, Tz. 245, § 249 HGB, Tz. 143.
1024 Vgl. *IDW RS HFA 4*, Tz. 25 ff.

8.4.8.3.2 Beschaffungsgeschäfte

628 Bei schwebenden Beschaffungsgeschäften über **bilanzierungsfähige Vermögensgegenstände** bestimmen sich Rückstellungspflicht und Bewertung danach, ob bei bis zum Abschlussstichtag erfolgter Lieferung verpflichtend eine außerplanmäßige Abschreibung nach § 253 Abs. 3 S. 5 bzw. Abs. 4 HGB auf den niedrigeren beizulegenden Wert vorzunehmen gewesen wäre; in Abhängigkeit vom Gegenstand des Beschaffungsgeschäfts ist der beizulegende Wert nach den GoB auf der Grundlage der Maßgeblichkeit des Beschaffungs-, des Absatzmarkts oder der sog. doppelten Maßgeblichkeit zu ermitteln (vgl. im Einzelnen Kap. F Tz. 186 ff.)[1025]. Bei Waren sollte die beschaffungsmarktseitige Wertfindung insoweit unterbleiben, wie das Entstehen von Verlusten durch entspr. Absatzverträge so gut wie ausgeschlossen ist[1026]. Zu den Voraussetzungen einer absatzmarktorientierten Bewertung von Roh-, Hilfs- und Betriebsstoffen und damit auch von darauf bezogenen Beschaffungsgeschäften vgl. Kap. F Tz. 189[1027].

629 Bei schwebenden Beschaffungsgeschäften über **nicht bilanzierungsfähige Leistungen** ist eine Rückstellung nur dann zu bilden, wenn der Beitrag der Gegenleistung zum Unternehmenserfolg hinter dem Wert der i.R.d. schwebenden Geschäfts zu erbringenden eigenen Leistung zurückbleibt (vgl. *IDW RS HFA 4*, Tz. 32). Es ist somit grds. eine Zurechnung von Erträgen erforderlich. Ist eine Ertragszurechnung nicht hinreichend objektiv möglich, kommt eine Rückstellungsbildung nur bei vollends fehlender oder nicht nennenswerter Nutzungs- und Verwertungsmöglichkeit der beschafften Leistung im Unternehmen in Betracht; eine Orientierung an den Wiederbeschaffungskosten ist dagegen nach *IDW RS HFA 4*, Tz. 32 nicht sachgerecht. Zu Mietverhältnissen vgl. Kap. F Tz. 666.

8.4.8.3.3 Absatzgeschäfte

630 Bei schwebenden **Absatzgeschäften** sind Drohverlustrückstellungen auf der Basis der Gegenüberstellung von einerseits der i.d.R. in Geld bestehenden Gegenleistung und andererseits den aktivierten AK/HK zzgl. voraussichtlich noch anfallender, zu Vollkosten bewerteter Aufwendungen (ohne allgemeine Verwaltungs- und Vertriebskosten) zu bilden[1028].

8.4.8.4 Aufwandsrückstellungen

631 Mit Ausnahme der Rückstellungen für unterlassene Instandhaltung und für Abraumbeseitigung i.S.d. § 249 Abs. 1 S. 2 Nr. 1 HGB (vgl. Kap. F Tz. 632 f. und Kap. F Tz. 634) dürfen keine Aufwandsrückstellungen gebildet werden.

8.4.8.4.1 Rückstellungen für unterlasse Instandhaltung

632 Rückstellungen für im GJ unterlassene Aufwendungen für Instandhaltung sind für solche Maßnahmen zu bilden, die im folgenden GJ innerhalb von drei Monaten nachgeholt werden (Passivierungspflicht nach § 249 Abs. 1 S. 2 Nr. 1 HGB). Die Vorschrift betrifft ausschließlich **Innenverpflichtungen**. Bestehen dagegen Außenverpflichtungen zur Vornahme von bis zum Abschlussstichtag unterlassenen Instandhaltungsmaßnahmen

---

[1025] Vgl. *IDW RS HFA 4*, Tz. 30 f.
[1026] Vgl. *Schubert/Berberich*, in: BeBiKo[11], § 253, Rn. 519; a.A. ADS[6], § 253, Tz. 247.
[1027] Hierzu auch *HFA*, FN-IDW 2013, S. 500.
[1028] Vgl. *IDW RS HFA 4*, Tz. 33 ff.; *Schubert*, in: BeBiKo[11], § 253, Rn. 168 ff.

(z.B. bei Mietverträgen), kommen Verbindlichkeitsrückstellungen (§ 249 Abs. 1 S. 1 HGB) in Betracht. Die Bildung der Rückstellungen ist an folgende **Voraussetzungen** geknüpft:

- Es muss ein **unterlassener Aufwand** vorliegen. Typische Fälle sind offensichtliche Schäden oder nicht eingehaltene Wartungspläne[1029];
- der Aufwand darf **nicht aktivierungspflichtig** sein (z.B. nach dem Komponentenansatz gem. *IDW RH HFA 1.016*, Tz. 6);
- der Aufwand muss grds. **im GJ**, für das bilanziert wird, unterlassen worden sein; eine Nachholung für in früheren GJ unterlassenen Aufwand ist aber nach h.M. zulässig bzw. geboten, wenn die Unterlassung auch das vergangene GJ betrifft[1030];
- die Arbeiten müssen nach vernünftiger kaufmännischer Beurteilung **innerhalb von drei Monaten** vollständig nachgeholt (beendet) werden[1031].

Die **Bewertung** erfolgt wie bei Sachleistungsverpflichtungen ggü. Dritten zu Vollkosten[1032]. 633

8.4.8.4.2 Rückstellungen für Abraumbeseitigung

Derartige Rückstellungen kommen insb. im Tagebau in Betracht, wenn der Bilanzierende sich mit der Beseitigung des Abraums im Rückstand befindet. Es besteht auch ohne Vorliegen einer (bspw. ö.-r.) Außenverpflichtung Rückstellungspflicht, soweit die **unterlassenen Aufwendungen** im **folgenden GJ** nachgeholt werden (§ 249 Abs. 1 S. 2 Nr. 1 HGB). Hinsichtlich der Voraussetzungen und der Bewertung gelten die Ausführungen zu den im GJ unterlassenen Aufwendungen für Instandhaltungen sinngemäß (vgl. Kap. F Tz. 632 f.)[1033]. Hat eine Abraumbeseitigung aufgrund einer Außenverpflichtung zu erfolgen, so sind Verbindlichkeitsrückstellungen gem. § 249 Abs. 1 S. 1 HGB zu bilden. 634

8.4.8.5 Rückstellungen für Gewährleistungen ohne rechtliche Verpflichtung

Der Vorschrift in § 249 Abs. 1 S. 2 Nr. 2 HGB zur Passivierungspflicht für Gewährleistungen, die ohne rechtliche Verpflichtung erbracht werden, hätte es grds. nicht bedurft. Denn ist – wie in der Praxis häufig – unklar, ob eine Gewährleistungspflicht besteht, und werden deshalb sog. „Kulanzleistungen" erbracht, um präjudizierende Urt. oder Streitigkeiten im Interesse der Geschäftsbeziehungen zu vermeiden, so handelt es sich in Wirklichkeit um Rückstellungen für ungewisse Verbindlichkeiten (§ 249 Abs. 1 S. 1 HGB) aufgrund **faktischer Verpflichtung** (vgl. Kap. F Tz. 565)[1034]. Für künftige Vertriebsaufwendungen sind dagegen weder nach § 249 Abs. 1 S. 1 HGB noch nach § 249 Abs. 1 S. 2 Nr. 2 HGB Rückstellungen zu bilden[1035]. 635

[1029] Vgl. ADS[6], § 249 HGB, Tz. 172 ff., § 253 HGB, Tz. 283.
[1030] Vgl. ADS[6], § 249 HGB, Tz. 177, § 253 HGB, Tz. 278; *Mayer-Wegelin/Kessler/Höfer*, in: HdR[5], § 249 HGB, Rn. 78.
[1031] Vgl. ADS[6], § 249 HGB, Tz. 178; nach *Mayer-Wegelin/Kessler/Höfer*, in: HdR[5], § 249 HGB, Rn. 81 sind nach Ablauf von drei Monaten noch ausstehende „unbedeutende Restarbeiten" unschädlich.
[1032] Vgl. *Kessler*, in: HdR[5], § 249 HGB, Rn. 350 (15); zum Vollkostenansatz auch *IDW RS HFA 34*, Tz. 21.
[1033] Vgl. ADS[6], § 249 HGB, Tz. 180 f.; *Schubert*, in: BeBiKo[11], § 249, Rn. 111.
[1034] Vgl. ADS[6], § 249 HGB, Tz. 182 ff.; *Schubert*, in: BeBiKo[11], § 249, Rn. 112 ff.
[1035] Zur Abgrenzung vgl. *Schubert*, in: BeBiKo[11], § 249, Rn. 114.

8.4.8.6 ABC der Rückstellungen

636 *Abbruchkosten*

Für vertragliche und hinreichend konkretisierte ö.-r. Verpflichtungen zum Abbruch von Gebäuden auf fremden Grund und Boden besteht eine Rückstellungspflicht[1036]. Eine Ansammlung über die Jahre der voraussichtlichen Nutzung des Gebäudes bzw. der Vertragslaufzeit ist grds. sachgerecht (vgl. zu den Methoden *IDW RS HFA 34*, Tz. 18 ff.).

637 *Abfallbeseitigung und -recycling*

Die §§ 23-27 Kreislaufwirtschaftsgesetz (KrWG) regeln die sog. Produktverantwortung von Herstellern, Be- und Verarbeitern sowie Vertreibern. Danach sind diese u.a. für die Rücknahme der Erzeugnisse sowie der nach Gebrauch der Erzeugnisse verbleibenden Abfälle sowie für die Verwertung und Beseitigung der Abfälle verantwortlich (§ 23 Abs. 2 Nr. 5 KrWG). Konkrete ö.-r. Pflichten ergeben sich aber regelmäßig erst durch Verordnungen oder weitere gesetzliche Regelungen, die Einzelheiten zum Entstehen und zum Umfang der Verpflichtungen, den zu entsorgenden Erzeugnissen, zur Kostentragung und zur Ausführung der erforderlichen Maßnahmen bestimmen (z.B. BattG, VerpackV, AltölV, AltfahrzeugV (s. auch Art. 53 EGHGB und dazu *HFA*, FN-IDW 2002, S. 665 (666)). Derartige produktbezogene Verpflichtungen sind grds. dann verursacht und rückstellungspflichtig, sobald die jeweiligen Produkte in Verkehr gebracht worden sind[1037]. Die Verpflichtung kann sich in Ermangelung von gesetzlichen Regelungen aber auch aus der Selbstverpflichtungserklärung eines brancheneigenen Zentralverbands (z.B. Erklärung der Unternehmen der Bauindustrie zur Entsorgung von Bauabfällen) ergeben. Zu Besonderheiten hinsichtlich der Entsorgung von „Elektroschrott" vgl. Kap. F Tz. 654.

638 *Abfindungen*

Für zum Abschlussstichtag bestehende rechtliche oder faktische Verpflichtungen zur Gewährung von Abfindungszahlungen an Mitarbeiter (z.B. i.Z.m. der Beendigung von Arbeitsverhältnissen im Rahmen von Sozialplanmaßnahmen) sind Rückstellungen für ungewisse Verbindlichkeiten zu bilden[1038]; s. auch „Sozialplanverpflichtungen" (Kap. F Tz. 674).

639 *Abrechnungsverpflichtungen*

Sind Bauleistungen am Abschlussstichtag bereits abgenommen (§ 640 BGB), aber noch nicht abgerechnet (§ 14 VOB/B), ist für die Abrechnungskosten eine Rückstellung für ungewisse Verbindlichkeiten zu bilden[1039]. Dies gilt auch für Abrechnungsverpflichtungen von Versorgungsunternehmen für bis zum Abschlussstichtag getätigte Energielieferungen[1040].

1036 Vgl. *Schubert*, in: BeBiKo[11], § 249, Rn. 100 („Abbruchkosten").
1037 Vgl. ADS[6], § 249 HGB, Tz. 49 ff.; § 253 HGB, Tz. 230; *Schubert*, in: BeBiKo[11], § 249, Rn. 100 („Altauto/Altgeräte/etc.", „Produktverantwortung"); NWV Komm BilR[9], § 249 HGB, Rn. 76 ff.; *Mayer-Wegelin*, in: HdR[5], § 249 HGB, Rn. 111 f.
1038 Vgl. ADS[6], § 249 HGB, Tz. 116; *Bertram*, in: Haufe HGB Kommentar[8], § 249, Tz. 195; *Deubert/Lewe* BB 2018, S. 874.
1039 Vgl. ADS[6], § 249 HGB, Tz. 59, § 253 HGB, Tz. 234; *Schubert*, in: BeBiKo[11], § 249, Rn. 100 („Abrechnungskosten") mit Hinweisen auf die Steuerrechtsprechung.
1040 Vgl. BFH v. 18.01.1995, BB, S. 1289.

Altersteilzeit **640**

Nach *IDW RS HFA 3*, Tz. 7 ff. können die im Rahmen von Altersteilzeitvereinbarungen zugesagten **Aufstockungsbeträge** sowohl Abfindungscharakter als auch Entlohnungscharakter haben. Stellen die Aufstockungsbeträge nach der Würdigung der Gesamtumstände eigenständige **Abfindungsverpflichtungen** dar, sind hierfür Rückstellungen für ungewisse Verbindlichkeiten nach § 249 Abs. 1 S. 1 HGB in voller Höhe zu passivieren, sofern am Abschlussstichtag der Rechtsgrund zur Leistung der Aufstockungsbeträge vorliegt oder ein faktischer Leistungszwang besteht. Ist den Aufstockungsbeträgen dagegen **Entlohnungscharakter** beizumessen, muss ihre bilanzielle Behandlung aus den Grundsätzen der Bilanzierung schwebender Geschäfte (in Form von Arbeitsverhältnissen) hergeleitet werden und kann somit zur Passivierung eines Erfüllungsrückstands[1041] führen. Dieser Erfüllungsrückstand ist von demjenigen zu trennen, der in der Aktivphase des sog. Blockmodells entsteht. Ein solcher Erfüllungsrückstand aus dem Arbeitsverhältnis liegt nur insoweit vor, wie die betr. Arbeitnehmer mit der Erbringung der Arbeitsleistung eine Vorleistung erbracht haben und die (Gegen-)Leistung des Bilanzierenden (Zahlung der Aufstockungsbeträge) erst zu einem späteren Zeitpunkt erfolgt. Zu beurteilen ist daher, über welchen Zeitraum diese zusätzliche Entlohnung von den Arbeitnehmern erdient wird. Weil über diesen Zeitraum kontinuierlich der Erfüllungsrückstand entsteht, ist auch über diesen Zeitraum die Rückstellung für die Aufstockungsbeträge anzusammeln (sog. „Ansammlungszeitraum")[1042]. Sofern der Ansammlungszeitraum zum Zeitpunkt der erstmaligen Rückstellungsbildung bereits teilweise abgelaufen ist, ist der bereits aufgelaufene Erfüllungsrückstand sofort zu passivieren (vgl. *IDW RS HFA 3*, Tz. 21).

IDW RS HFA 3, Tz. 10 führt folgende (nicht abschließende und widerlegbare) **Indikatoren** dafür auf, dass Aufstockungsbeträge **Entlohnungscharakter** haben:

- Das Entstehen der Ansprüche der Arbeitnehmer hängt von der Erfüllung bestimmter tätigkeitsbezogener Kriterien (z.B. Arbeiten in Wechselschicht, Arbeiten unter besonders starken Umwelteinflüssen) ab.
- Die Arbeitnehmerschaft eines Betriebs insgesamt erbringt auf der Grundlage tarifvertraglicher Regelungen einen Beitrag zur Finanzierung der Aufstockungsbeträge.
- Voraussetzung für den Anspruch des einzelnen Arbeitnehmers auf Abschluss eines Altersteilzeitvertrags ist eine gewisse Mindestbetriebszugehörigkeit.

Die Verpflichtung zur Leistung der Aufstockungsbeträge kann sich sowohl aus einem **Tarifvertrag** als auch aus **Betriebs- oder Individualvereinbarungen** ergeben (vgl. *IDW RS HFA 3*, Tz. 13). Die sich aus einem Tarifvertrag ergebenden Rechtsfolgen werden teilweise von einem Finanzierungsbeitrag der Arbeitnehmerschaft abhängig gemacht, der einer gesonderten Einigung der Tarifparteien bedarf[1043]. In diesen Fällen sind Rückstellungen nur für solche Altersteilzeitvereinbarungen zu bilden, die in dem Zeitraum abgeschlossen werden, für den das Gegenfinanzierungserfordernis durch entspr.

1041 Vgl. ADS[6], § 249 HGB, Tz. 60.
1042 Vgl. *IDW RS HFA 3*, Tz. 21 f.; hierzu *Reitmeier/Henckel*, WP Praxis 2014, S. 309 (312 f.); zu Beginn und Ende des Ansammlungszeitraums vgl. auch *Roß/Beine*, WPg 2013, S. 894 (898, 902) m.w.N.; *Thaut*, DB 2013, S. 2693; siehe auch *DRSC AH 1 (IFRS)*, Tz. 22 ff.
1043 So z.B. in der Metall- und Elektroindustrie mittels Anknüpfung der Ansprüche aus dem „Tarifvertrag zum flexiblen Übergang in die Rente" (TV FlexÜ 2015) an eine Einigung der Tarifparteien über den Finanzierungsbeitrag i.R.d. Verlängerung des „Tarifvertrags Anspruchsvoraussetzungen" (TV AVo).

Einigung der Tarifparteien am Abschlussstichtag bereits unwiderruflich erfüllt ist[1044]. Für die Folgejahre bleibt es bei dem noch der Einigung der Parteien unterliegenden Erfordernis der Gegenfinanzierung, mithin liegt der Rechtsgrund zur Leistung von Aufstockungsbeträgen noch nicht vor, so dass für diese Jahre grds. auch noch keine Rückstellungen zu bilden sind.

Wird die Altersteilzeit nach Maßgabe des **Blockmodells** vereinbart, ist zusätzlich zu berücksichtigen, dass die Arbeitnehmer in einer ersten (Beschäftigungs-)Phase die volle Arbeitsleistung erbringen, in dieser Zeit aber nur entspr. der vereinbarten Teilzeit – unter Berücksichtigung einer zweiten (Freistellungs-)Phase – entlohnt werden. Dadurch baut sich ein Erfüllungsrückstand auf, dem durch Rückstellung Rechnung zu tragen ist (vgl. *IDW RS HFA 3*, Tz. 26). Die Rückstellung ist während der Beschäftigungsphase anzusammeln, unabhängig davon, wie die Aufstockungsbeträge qualifiziert wurden.

Der Ausweis von Altersteilzeitrückstellungen (mit Altersversorgungsverpflichtungen vergleichbare langfristig fällige Verpflichtungen; vgl. Kap. F Tz. 563) erfolgt unter den **sonstigen Rückstellungen** (§ 266 Abs. 3 B.3. HGB). Da es sich nicht um Altersversorgungsverpflichtungen handelt, hat die **Abzinsung** gem. § 253 Abs. 2 S. 1 HGB mit dem Sieben-Jahres-Durchschnittszinssatz (nicht Zehn-Jahres-Durchschnitt) zu erfolgen[1045]. Rückstellungen für Aufstockungsbeträge sind nur Gegenstand der **Verrechnung mit Deckungsvermögen** gem. § 246 Abs. 2 S. 2 HGB, wenn das Vermögen tatsächlich auch zur Absicherung der Aufstockungsbeträge und nicht nur des Erfüllungsrückstands aus dem Blockmodell (gesetzliche Sicherungspflicht nach § 8a AltTZG) zur Verfügung steht[1046].

641 *Anpassungsverpflichtungen*

Rückstellungen für Anpassungsverpflichtungen, d.h. bspw. ö.-r. Verpflichtungen zur **Nachrüstung von Anlagen** zum Zwecke der Schadenverhütung, sind nur zu bilden, soweit der Aufwand nicht zu HK führt. Sofern in der entspr. Rechtsnorm oder durch Verwaltungsakt eine Übergangsfrist vorgesehen ist, entsteht die Verpflichtung rechtlich erst mit Ablauf dieser Frist und ist grds. auch erst dann zu passivieren[1047]. Eine wirtschaftliche Verursachung der Verpflichtung vor Fristablauf ist nicht anzunehmen, da sich solche Verpflichtungen auf die Erhaltung der Geschäftstätigkeit beziehen, um auch künftig Erträge mit dem Betrieb der betr. Anlage erzielen zu können[1048]. Eine Passivierung vor Fristablauf kommt aber in Betracht, wenn sich der Bilanzierende nicht durch Marktaustritt entziehen kann (Betriebspflicht)[1049].

1044 Vgl. (noch zum TV FlexÜ 2008) *HFA*, FN-IDW 2009, S. 62; *HFA*, FN-IDW 2010, S. 166; *HFA*, FN-IDW 2013, S. 356 f.
1045 Vgl. *HFA*, IDW Life 2016, S. 304 (304 f.).
1046 Vgl. *IDW RS HFA 3*, Tz. 28; *Zwirner*, BB 2011, S. 619 ff.; *Roß/Beine*, WPg 2013, S. 898 f.; a.A. (keine Beschränkung der Verrechnung auf den abgesicherten Teil) *Schubert*, in: BeBiKo[11], § 249, Rn. 100 („Altersteilzeit").
1047 Vgl. ADS[6], § 249 HGB, Tz. 124; BFH v. 13.12.2007, DB 2008, S. 1013; BFH v. 06.02.2013, DB, S. 1087; BFH v. 17.10.2013, DStR 2013, S. 2745; *Schubert*, in: BeBiKo[11], § 249, Rn. 100 („Anpassungsverpflichtungen").
1048 Vgl. ADS[6], § 249 HGB, Tz. 124 („Alimentierung" künftiger Umsatzerlöse); BFH v. 06.02.2013, DB 2013, S. 1087.
1049 Vgl. *Schubert*, in: BeBiKo[11], § 249, Rn. 100 („Anpassungsverpflichtungen").

Arbeitsverhältnisse **642**

Im Rahmen von Arbeitsverträgen wird **im Regelfall** von einer **Ausgewogenheit** des Werts der Arbeitsleistung (= Beitrag der Gegenleistung zum Unternehmenserfolg) und der Höhe der Vergütung (= Wert der Leistungsverpflichtung des Bilanzierenden) ausgegangen. Dies resultiert daraus, dass i.d.R. der Beitrag des Arbeitnehmers zum Unternehmenserfolg aufgrund der fehlenden Ertragszurechenbarkeit nicht hinreichend objektiv ermittelt werden kann. Haben ältere Mitarbeiter neben ihrem arbeitsvertraglichen Jahresurlaub einen zusätzlichen jährlichen Anspruch auf bezahlte Freizeitgewährung (Altersfreizeit) oder wird älteren oder anderen Arbeitnehmern (z.B. nach Umstrukturierungen) Verdienstsicherung zugesagt, so führt dies somit i.d.R. nicht zu einer Unausgeglichenheit von Leistung und Gegenleistung aus einem Arbeitsverhältnis und damit nicht zur Bildung einer Rückstellung für drohende Verluste aus schwebenden Geschäften[1050]. Es besteht jedoch handelsrechtlich **keine unwiderlegbare Vermutung** der generellen Ausgewogenheit, vielmehr kann diese Vermutung bei offensichtlichem Missverhältnis zwischen dem Wert der Arbeitsleistung und der Höhe der Vergütung nicht aufrechterhalten werden[1051]. M.a.W. ist auch in den Fällen, in denen der Beitrag der Gegenleistung zum Unternehmenserfolg nicht hinreichend objektiv ermittelt werden kann, die Bildung einer Drohverlustrückstellung geboten, sofern gar keine oder keine nennenswerte Nutzungs- oder Verwertungsmöglichkeit der beschafften Leistung für das Unternehmen besteht, d.h. übertragen auf Arbeitsverhältnisse, wenn der **Arbeitnehmer keine oder nur eine nicht nennenswerte Arbeitsleistung** mehr für das Unternehmen erbringt, woraus sich ein offensichtliches Missverhältnis zur Höhe seiner Bezüge ergibt (vgl. *IDW RS HFA 4*, Tz. 32).

Aufbewahrungspflichten **643**

Künftige Kosten aus der Erfüllung gesetzlicher oder vertraglicher Aufbewahrungspflichten für Geschäftsunterlagen (§ 257 HGB, § 147 AO) führen zu einer Verbindlichkeitsrückstellung[1052]. Die Rückstellung ist auf Vollkostenbasis unter Berücksichtigung sowohl intern als auch extern anfallender Aufwendungen zu bewerten (vgl. *IDW RH HFA 1.009*, Tz. 8; generell zur Bewertung von Sachleistungsverpflichtungen vgl. *IDW RS HFA 34*, Tz. 21).

Ausgleichsanspruch des Handelsvertreters nach § 89b HGB **644**

Im Regelfall ist davon auszugehen, dass der Anspruch des Handelsvertreters auf Abfindung durch die während seiner Vertragslaufzeit geschaffenen Kundenbeziehungen begründet ist, sodass er **wirtschaftlich** vor Beendigung des Vertragsverhältnisses verursacht ist und somit eine Passivierungspflicht besteht, soweit sich die künftigen Ausgleichsansprüche auf den vom Handelsvertreter bis zum Abschlussstichtag geschaffenen

---

1050 Vgl. *Schubert*, in: BeBiKo[11], § 249, Rn. 100 („Altersfreizeit und -mehrurlaub", „Verdienstsicherung"); a.A. (Rückstellungsbildung auf Basis des Vergleichsentgelts und damit Orientierung an den Wiederbeschaffungskosten der Arbeitsleistung) *Mayer-Wegelin*, in: HdR[5], § 249, Rn. 229 (69).
1051 Vgl. ADS[6], § 249 HGB, Tz. 158, § 253 HGB, Tz. 262; *Kessler*, in: HdR[5], § 249 HGB, Rn. 216; so auch BFH v. 25.02.1986, BStBl. II S. 465.
1052 Vgl. *IDW RH HFA 1.009*, Tz. 4 und 7; *Schubert*, in: BeBiKo[11], § 249, Rn. 100 („Aufbewahrung von Geschäftsunterlagen"); BFH v. 19.08.2002, BB 2003, S. 43; *Marx*, StuB 2018, S. 197 (202 f.).

Kundenstamm beziehen[1053]. Nach h.M.[1054] erfolgt daher eine ratierliche Ansammlung einer Verbindlichkeitsrückstellung bis zum voraussichtlichen Ende der Vertragsbeziehung. **Rechtlich** entsteht die Verpflichtung erst bei Beendigung des Vertragsverhältnisses. Auf die rechtliche Entstehung kommt es jedoch nicht an, wenn die Verbindlichkeit bereits wirtschaftlich verursacht wurde (vgl. Kap. F Tz. 568).

645 *Ausstehende Rechnungen*

Liegen zum Zeitpunkt der Bilanzaufstellung noch keine Rechnungen für bis zum Abschlussstichtag empfangene Lieferungen oder Leistungen vor, sind Rückstellungen zu bilden, soweit die Höhe der Verpflichtungen nicht feststeht; ansonsten ist eine Verbindlichkeit zu passivieren.

646 *Berufsgenossenschaftsbeiträge*

Eine Rückstellung ist für die zu leistenden Beiträge des abgelaufenen GJ zu bilden[1055]. Hierzu zählt auch die Umlage für das Insolvenzgeld nach §§ 358 ff. SGB III.

647 *Betriebliche Berufsausbildung*

Für betrieblich veranlasste Ausbildungskosten darf wg. der Ausgeglichenheitsvermutung keine Rückstellung gebildet werden, während für außerbetrieblich veranlasste Kosten (sog. Überausbildung) der Ansatz von Rückstellungen geboten sein kann[1056].

648 *Betriebsprüfungskosten*

Nach § 200 AO ist der Steuerpflichtige zur Mitwirkung an einer steuerlichen Außenprüfung verpflichtet, so dass eine ö.-r. Außenverpflichtung vorliegt. Die Mitwirkungspflicht ist vor Erlass der Prüfungsanordnung gem. § 196 AO zwar rechtlich nicht entstanden, durch die bis zum jeweiligen Abschlussstichtag verwirklichten Besteuerungsmerkmale aber wirtschaftlich verursacht. Auf den Erlass der Prüfungsanordnung kommt es deshalb bei der Beurteilung der Passivierungspflicht nicht an[1057]. Rückstellungen für Mitwirkungspflichten sind somit zu bilden, wenn ernsthaft mit der Prüfung eines Veranlagungsjahres zu rechnen ist. Dies dürfte bei einem als Großbetrieb gem. § 3 BpO 2000 eingestuften Unternehmen[1058], das nach § 4 Abs. 2 BpO 2000 ohne zeitliche Zäsur geprüft werden soll (sog. Anschlussbetriebsprüfung), regelmäßig der Fall sein.

649 *Bußgelder*

Ist wg. Rechtsverstößen, die bis zum Abschlussstichtag begangen wurden, mit der Verhängung von Bußgeldern zu rechnen (z.B. Sanktionen des Kartell- oder Umweltrechts), so besteht hierfür eine Rückstellungspflicht[1059].

1053 Vgl. *Baumbach/Hopt*, HGB[36], § 89b, Rn. 2.
1054 Vgl. ADS[6], § 253 HGB, Tz. 235; *Baumbach/Hopt*, HGB[36], § 249, Rn. 11; *Mayer-Wegelin*, in: HdR[5], § 249 HGB, Rn. 229 (9); *Scheffler*, in: BHdR, B 233, Rn. 496 ff.; a.A. (aufgrund der Abhängigkeit des Anspruchs von Vorteilen nach Beendigung des Vertragsverhältnisses keine wirtschaftliche Verursachung in der Vergangenheit) BFH v. 20.01.1983, BStBl. II S. 375 ff.; *Winnefeld*, Bilanz-Handbuch[5], Kap. M, Rn. 1135.
1055 Vgl. hierzu auch *Schubert*, in: BeBiKo[11], § 249, Rn. 100 („Berufsgenossenschaftsbeiträge").
1056 Vgl. ADS[6], § 249 HGB, Tz. 159; ADS[6], § 253 HGB, Tz. 263; *Schubert*, in: BeBiKo[11], § 249, Rn. 100 („Ausbildungskosten"); *Bertram*, in: Haufe HGB Kommentar[8], § 249, Rn. 221.
1057 Vgl. BFH v. 06.06.2012, I R 99/10, DStR, S. 1790.
1058 Vgl. zu den Abgrenzungsmerkmalen eines Großbetriebs gem. § 3 BpO 2000 ab 01.01.2016 BMF v. 09.06.2015, BStBl. I S. 504; *Marx*, StuB 2018, S. 197 (203 f.).
1059 Vgl. ADS[6], § 249 HGB, Tz. 133; *Mayer-Wegelin*, in: HdR[5], § 249 HGB, Rn. 229 (20).

Datenbereinigung 650

Aufgrund von Bestimmungen des Datenschutzgesetzes oder privatrechtlichen Vereinbarungen können Verpflichtungen zum Löschen von gespeicherten Daten entstehen; die dadurch entstehenden Aufwendungen sind i.d.R. im GJ der Speicherung zurückzustellen[1060].

Dekontaminierungskosten 651

Aufgrund ö.-r. Verpflichtungen (z.B. nach dem Atomgesetz) sind sowohl für die Kosten der Stilllegung und Beseitigung von Kernkraftwerken (zeitanteilig) als auch für die Kosten der Entsorgung bestrahlter Brennelemente (zeitanteilig oder abbrandabhängig – unter Berücksichtigung des wiedergewinnbaren verwertbaren Materials) Rückstellungen zu bilden[1061].

Demografiefonds 652

Tarifverträge können vorsehen, dass Arbeitgeber in jedem GJ einem unternehmensinternen virtuellen sog. Demografiefonds einen bestimmten Betrag pro Mitarbeiter zur Verfügung stellen müssen[1062]. Die konkrete Verwendung dieser Mittel wird i.d.R. durch den Abschluss gesonderter Betriebsvereinbarungen festgelegt. Sofern bis zum betrachteten Abschlussstichtag eine **Verwendungsentscheidung durch Betriebsvereinbarung getroffen** wurde, richtet sich die Rückstellungsbildung nach der entspr. Entscheidung. Wird bspw. entschieden, die Demografiebeträge dem Kollektiv der Mitarbeiter insgesamt zur Verfügung zu stellen – z.B. durch Zuführung zu Langzeitkonten, Einzahlungen in Berufsunfähigkeitszusatzversicherungen oder Einzahlungen in Direktversicherungen zur Altersvorsorge –, entsteht für noch nicht verbrauchte Demografiebeträge des GJ und vorangehender GJ ein Erfüllungsrückstand aus dem Arbeitsverhältnis (Arbeitnehmer sind in Vorleistung getreten), für den eine Verbindlichkeitsrückstellung nach § 249 Abs. 1 S. 1 HGB zu bilden ist. Für die Verpflichtung zur künftigen Bereitstellung der Demografiebeträge über die restliche Laufzeit des Tarifvertrags durch den Arbeitgeber sind i.d.R. keine Verbindlichkeitsrückstellungen zu bilden, weil die Beträge in diesem Fall – wie eine Erhöhung der allgemeinen Entgelttabellen – als zusätzliches Entgelt für die Arbeitsleistung der künftigen Perioden zu betrachten sind. Etwas anderes (Rückstellungsbildung auch schon für in künftigen Jahren bereitzustellende Demografiebeträge) kann sich ergeben, wenn nach der bis zum Abschlussstichtag getroffenen Verwendungsentscheidung die Demografiebeträge des laufenden und künftiger GJ **für Altersteilzeit** zu verwenden sind. In diesem Fall ist nach allgemeinen Grundsätzen (vgl. Kap. F Tz. 640) eine Altersteilzeitrückstellung für die den Begünstigen damit zugesagten Aufstockungsbeträge zu bilden, die jedoch bei Anwendung des sog. Ausfinanzierungsmodells auf die Zahl der Arbeitnehmer begrenzt ist, für die in den jeweiligen Jahren des Verpflichtungszeitraums eine Ausfinanzierung durch die zugesicherten Demografiebeträge möglich ist.

Einkaufskontrakte 653

Es gelten die Grundsätze der Bewertung von schwebenden Beschaffungsgeschäften über bilanzierungsfähige Vermögensgegenstände (vgl. Kap. F Tz. 628).

1060 Vgl. *Blenkers/Czisz/Gerl*, S. 261.
1061 Vgl. ADS[6], § 253 HGB, Tz. 211 f.; *Schubert*, in: BeBiKo[11], § 249, Rn. 100 („Atomanlagen").
1062 Vgl. z.B. § 7 Tarifvertrag „Lebensarbeitszeit und Demografie" (TV Demo), Stand 05.09.2012.

654 *Elektroschrott*

Das Elektro- und Elektronikgerätegesetz (ElektroG) führt für bestimmte Unternehmen (Hersteller) zu einer Verpflichtung zur Rücknahme und Entsorgung von Altgeräten (sog. „Elektroschrott"). Das Be- bzw. Entstehen einer Entsorgungsverpflichtung beim Hersteller ist davon abhängig, ob die Rücknahme von privaten Haushalten oder gewerblichen Nutzern erfolgt und ob die Altgeräte als Neugeräte ab dem 24.11.2005 (sog. „neue Altgeräte") oder vor dem genannten Datum in Verkehr gebracht wurden (sog. „historische Altgeräte"). Sofern die Altgeräte vom Hersteller zurückzunehmen sind, kann sich die Entsorgungsverpflichtung bereits mit Inverkehrbringen der Geräte ergeben, so dass zu diesem Zeitpunkt die voraussichtlichen Aufwendungen für die Entsorgung durch eine Rückstellungsbildung zu erfassen sind (z.B. bei „neuen Altgeräten", die seitens des Herstellers von gewerblichen Nutzern zurückgenommen werden)[1063]. Richtet sich bei Teilnahme des Herstellers an einem sog. „Umlageverfahren" der Umfang der Rücknahmeverpflichtung bzw. die Höhe der darauf entfallenden Entsorgungsaufwendungen nach seinem Marktanteil an den betroffenen Produktgruppen im Rücknahmezeitpunkt und kann sich daher das Unternehmen der Verpflichtung zur Entsorgung von bereits in der Vergangenheit veräußerten Produkten durch einen Marktaustritt entziehen, wird es – sofern das Vorliegen einer faktischen Verpflichtung verneint werden kann – als zulässig angesehen, die Entsorgungsaufwendungen erst bei Belastung durch die Umlage zu erfassen (z.B. bei historischen Altgeräten, die von privaten Haushalten zurückgegeben werden)[1064].

655 *Emissionsrechte*

Unternehmen, die Anlagen i.S.v. Anhang 1 des TEHG betreiben, sind nach § 7 Abs. 1 TEHG zur Abgabe von CO_2-Emissionsrechten bei der Deutschen Emissionshandelsstelle (DEHSt) bis zum 30.04. des auf die CO_2-Emission folgenden Jahres verpflichtet. Sofern der Bilanzierende solche Anlagen betreibt, ist aufgrund der Abgabeverpflichtung im JA für das GJ, in dem die Emissionen verursacht wurden, eine Verbindlichkeitsrückstellung zu bilden, die nach den Grundsätzen für die Bewertung von Sachleistungsverpflichtungen (vgl. allgemein *IDW RS HFA 34*, Tz. 24) zu bewerten ist (vgl. *IDW RS HFA 15*, Tz. 17). Hierbei ist davon auszugehen, dass zunächst die unentgeltlich ausgegebenen Emissionszertifikate zur Erfüllung der Abgabeverpflichtung Verwendung finden (vgl. *IDW RS HFA 15*, Tz. 18).

656 *Entgelt- bzw. Gebührenabsenkung*

Bei Abfall- und Abwasserbetrieben sowie bei EVU kann sich infolge von gesetzlichen Vorschriften zur Gebührenerhebung (z.B. § 6 Abs. 2 S. 2 KAG NRW) bzw. zur Festsetzung von Leistungsentgelten (z.B. Netzentgelte nach § 5 ARegV) die Verpflichtung zur Gebühren- bzw. Entgeltabsenkung ergeben. Dies ist dann der Fall, wenn der Bilanzierende in einem GJ mehr Gebühren bzw. Entgelte vereinnahmt hat, als er nach den gesetzlichen Regelungen hätte erzielen dürfen. Für diese Verpflichtung zur Entgeltab-

---

[1063] Vgl. *Hommel/Ummenhofer*, BB 2017, S. 2219 (2220 f.); für steuerrechtliche Zwecke vgl. BFH v. 25.01.2017, BStBl. II, S. 780.
[1064] Vgl. NWB Komm. BilR⁹, § 249 HGB, Rn. 71 ff.; *HFA*, FN-IDW 2006, S. 367 (368); *Oser/Roß*, WPg 2005, S. 1069 ff.

senkung ist eine Rückstellung für ungewisse Verbindlichkeiten gem. § 249 Abs. 1 S. 1 HGB zu bilden[1065].

Garantieverpflichtungen 657

Garantierückstellungen, mit denen das Risiko künftiger kostenloser Nacharbeiten oder Ersatzlieferungen (Nacherfüllung) bzw. das Risiko einer Erlösminderung, des Rücktritts vom Vertrag oder von Schadensersatzleistungen jeweils aufgrund gesetzlicher oder vertraglicher Gewährleistung erfasst werden soll, sind als Einzel- und Pauschalrückstellungen zu bilden[1066]. Wegen der Rückstellung für Gewährleistungen, die ohne rechtliche Verpflichtung erbracht werden (§ 249 Abs. 1 S. 2 Nr. 2 HGB) vgl. Kap. F Tz. 635.

Gruben- und Schachtversatz 658

Die Rückstellungspflicht ergibt sich aufgrund ö.-r. Verpflichtungen zur Verfüllung (BBergG)[1067]. Die Rückstellung ist ratierlich nach Maßgabe des Abbaus der Bodenschätze zu bilden; diejenige für Schachtverfüllung sollte als Verteilungsrückstellung (vgl. IDW RS HFA 34, Tz. 18) über die voraussichtliche Nutzungsdauer der Schächte angesammelt werden.

Haftungsrisiken 659

Rückstellungen kommen insb. in Betracht für drohende Inanspruchnahmen aus Wechseloblig o, Bürgschaften[1068], Gewährleistungsverträgen, Haftung für Verbindlichkeiten Dritter und anderen Haftungsverhältnissen; soweit eine Inanspruchnahme nicht droht, ist nur ein Vermerk unter der Bilanz bzw. im Anh. erforderlich (§§ 251, 268 Abs. 7 HGB; vgl. Kap. F Tz. 75 ff. und Kap. F Tz. 991 ff.)[1069]. Auch drohende Inanspruchnahmen aus verschuldensunabhängiger Produkthaftung sind durch Rückstellungen zu berücksichtigen[1070]. Weiterhin kommen Rückstellungen aus Haftpflichtverbindlichkeiten, z.B. aus unerlaubter Handlung (§ 823 BGB), aus Kraftfahrzeug- oder Tierhaltung (Gefährdungshaftung) oder aus Drittschadensliquidation in Betracht. In allen Fällen kommen Einzel- und Pauschalrückstellungen infrage[1071].

Heimfall 660

Soweit Heimfallverpflichtungen (Verpflichtungen z.B. von Erbbauberechtigten zur entschädigungslosen Übertragung von eigenen Anlagen) bestehen, ist ihnen in erster Linie durch eine entspr. Bemessung der planmäßigen Abschreibungen Rechnung zu tragen. Eine Rückstellungspflicht besteht insoweit, als bei der Übergabe der Anlagen noch bestimmte Ausgaben erforderlich sind[1072].

1065 Vgl. zur Behandlung von Kostenüberdeckungen und Kostenunterdeckungen gem. § 6 Abs. 2 S. 2 KAG NRW *HFA*, FN-IDW 2001, S. 240 f.; zur Passivierung von Verpflichtungen aus einem sog. „negativen" Regulierungskonto gem. § 5 AregV *HFA*, FN-IDW 2010, S. 2.
1066 Vgl. ADS[6], § 253 HGB, Tz. 223 ff.; *Schubert*, in: BeBiKo[11], § 249, Rn. 100 („Gewährleistung").
1067 Vgl. ADS[6], § 253 HGB, Tz. 212; *Schubert*, in: BeBiKo[11], § 249, Rn. 100 („Gruben- und Schachtversatz" und „Rekultivierung").
1068 Vgl. *Schubert*, in: BeBiKo[110], § 249, Rn. 100 („Bürgschaft").
1069 Vgl. *Fey*, GoB, S. 62 ff.
1070 Vgl. *Schubert*, in: BeBiKo[11], § 249, Rn. 100 („Produzentenhaftung/Produkthaftung"); *Mayer-Wegelin*, in: HdR[5], § 249 HGB, Rn. 229 (49).
1071 Vgl. hierzu ADS[6], § 253 HGB, Tz. 224.
1072 Vgl. ADS[6], § 253 HGB, Tz. 376; *Schubert*, in: BeBiKo[11], § 249, Rn. 100 („Heimfall").

661 *IFRS-Umstellung*

Art. 4 der VO (EG) Nr. 1606/2002 (IAS-Verordnung) und § 315e Abs. 1 und 2 HGB verpflichten Unternehmen, die geregelte Kapitalmärkte i.S.d. EU-Rechts in Anspruch nehmen oder einen Antrag auf Zulassung zu einem organisierten Markt i.S.v. § 2 Abs. 11 WpHG gestellt haben, ihre KA nach IFRS aufzustellen (vgl. Kap. K Tz. 1). Da sich diese Pflicht aus der Notierung von Wertpapieren am jeweiligen Abschlussstichtag ergibt oder mit der Stellung eines Antrags auf Zulassung zum Handel bis zum Abschlussstichtag verbunden ist, ist zuvor die Verpflichtung zur Umstellung weder rechtlich entstanden noch wirtschaftlich verursacht. Mithin ist für Umstellungskosten eine entspr. Rückstellung an vorherigen Abschlussstichtagen nicht zu bilden (zu Rückstellungen für KA-Kosten vgl. Kap. F Tz. 662)[1073].

662 *Jahresabschluss-/Konzernabschluss- und Prüfungskosten*

Rückstellungen sind erforderlich, soweit die Aufstellung, Prüfung und Offenlegung von JA, KA und LB aufgrund ö.-r. oder privatrechtlicher (z.B. durch Gesellschaftsvertrag; auch bei PersGes.[1074]) Verpflichtung erfolgt (vgl. *IDW RH HFA 1.009*, Tz. 5 ff.). Die Rückstellungen sind auf Vollkostenbasis unter Berücksichtigung sowohl intern als auch extern anfallender Aufwendungen zu bewerten (vgl. *IDW RH HFA 1.009*, Tz. 8; generell zur Bewertung von Sachleistungsverpflichtungen vgl. *IDW RS HFA 34*, Tz. 21). Dies gilt auch für die Kosten der betrieblichen Steuererklärungen[1075]. Zu Betriebsprüfungskosten vgl. Kap. F Tz. 648.

663 *Jubiläumszahlungen, Treuegelder*

Jubiläumszahlungen, die den Mitarbeitern aus Anlass von Dienstjubiläen zugesagt oder aufgrund einer betrieblichen Übung gezahlt werden, sind grds. als nachträgliche Vergütung für die Arbeitsleistungen während des Jubiläumszeitraums anzusehen und dementsprechend in den einzelnen Perioden anteilig zurückzustellen; steuerrechtliche Beschränkungen gelten für die HB nicht[1076]. Es handelt sich um eine mit Altersversorgungsverpflichtungen vergleichbare Verpflichtung i.S.d. §§ 246 Abs. 2 S. 2, 253 Abs. 2 S. 2 HGB (vgl. Kap. F Tz. 563). Für künftige Zahlungen aus Anlass eines Firmenjubiläums brauchen i.d.R. keine Rückstellungen gebildet zu werden, solange nicht ein entspr. bekannt gemachter Beschluss vorliegt[1077].

664 *Latente Steuern*

Vgl. Kap. F Tz. 613 ff. und Kap. F Tz. 709 ff.

665 *Leihemballagen*

Werden vom Lieferanten sowohl die Leihemballagen (Pfandgut, Säcke etc.) als auch Pfandgeldforderungen für unterwegs befindliches Leergut aktiviert bzw. Pfandgelder vereinnahmt, so müssen in Höhe der Pfandgeldforderungen bzw. der vereinnahmten

---

1073 Vgl. *Schubert*, in: BeBiKo[11], § 249, Rn. 100 („IFRS-Umstellung"); *Bertram*, in: Haufe HGB Kommentar[8], § 249, Rn. 262.
1074 Vgl. *HFA*, FN-IDW 2015, S. 53 f.; a.A. BFH v. 05.06.2014, IV R 26/22, DStR, S. 1814.
1075 Vgl. ADS[6], § 253 HGB, Tz. 233; *Schubert*, in: BeBiKo[11], § 249, Rn. 100 („Jahresabschluss").
1076 Vgl. *HFA*, WPg 1994, S. 27; *Schubert*, in: BeBiKo[11], § 249, Rn. 100 („Jubiläumszuwendungen"); ADS[6], § 249 HGB, Tz. 61, 116; NWB Komm. BilR[9], § 249 HGB, Rn. 105; zur Bewertung vgl. ADS[6], § 253 HGB, Tz. 236.
1077 Vgl. *Mayer-Wegelin*, in: HdR[5], § 249 HGB, Rn. 229 (37); BFH v. 29.11.2000, WPg 2001, S. 509.

Beträge Rückstellungen für die Rückzahlungsverpflichtungen gebildet werden[1078]. Steht die Höhe der Verpflichtungen fest (z.B. bei Führung von Pfandkonten), so sind sie als Verbindlichkeiten auszuweisen[1079].

Mietverhältnisse und (Operating-)Leasingverhältnisse **666**

Der **Vermieter** bzw. **Leasinggeber** hat grds. einen Drohverlust zu passivieren, wenn die künftigen Aufwendungen aus dem Vertrag (Abschreibungen, Zinsen, Verwaltungskosten) durch die künftig fälligen Leasingraten[1080] nicht gedeckt sind, wobei vorrangig eine außerplanmäßige Abschreibung des aktivierten Miet-/Leasingobjekts vorzunehmen ist (vgl. *IDW RS HFA 4*, Tz. 23)[1081].

Der **Mieter** bzw. **Leasingnehmer** hat eine Drohverlustrückstellung zu bilden, soweit zurechenbare Erträge – i.d.R. aus einer Weitervermietung – den Aufwand für die Anmietung nicht decken. Wenn die Mietsache (bzw. ein abgrenzbarer Teil davon) vom Bilanzierenden nicht mehr in nennenswertem Umfang genutzt und auch nicht anderweitig verwertet werden kann, ist ebenfalls eine Drohverlustrückstellung zu bilden (vgl. Kap. F Tz. 629)[1082]. Der Umstand, dass gleichwertige Räume zwischenzeitlich zu günstigeren Konditionen angemietet werden können, reicht für eine Rückstellungsbildung allein nicht aus (vgl. *IDW RS HFA 4*, Tz. 32). Ist mit dem Miet-/Leasingverhältnis eine Pflicht zum Betrieb eines bestimmten Geschäfts oder einer bestimmten Niederlassung bzw. Filiale verbunden, kann sich aus der Betriebspflicht die Notwendigkeit zur Bildung einer Rückstellung für drohende betriebliche Verluste ergeben. Eine Rückstellung ist darüber hinaus i.d.R. auch dann geboten, wenn die Miet- bzw. Leasingraten progressiv verlaufen und diese Gestaltung weder dem Nutzungsverlauf noch dem Aufwandsverlauf einer gedachten Eigeninvestition entspricht, denn dann ist davon auszugehen, dass der Bilanzierende im Zeitablauf in einen Erfüllungsrückstand gerät; in Höhe des Erfüllungsrückstands (i.d.R. Unterschiedsbetrag zu linearer Gestaltung oder ggf. zu einer an die Inflation angepassten Staffelmiete) ist eine Verbindlichkeitsrückstellung zu passivieren[1083].

Optionsgeschäfte **667**

Zur Bildung von Drohverlustrückstellungen beim Verkäufer (Stillhalter) einer Option vgl. Kap. F Tz. 1316.

Pachterneuerung **668**

Für Verpflichtungen zur Erneuerung bzw. Ersatzbeschaffung von Pachtgegenständen (z.B. Anlagen, Einrichtungen, Gebäudeteile) sind zeitanteilig Rückstellungen in Höhe der voraussichtlichen Wiederbeschaffungskosten zu dotieren[1084].

1078 Vgl. *Mayer-Wegelin*, in: HdR[5], § 249 HGB, Rn. 229 (48); *Schubert*, in: BeBiKo[11], § 249, Rn. 100 („Leergut").
1079 Vgl. ADS[6], § 266 HGB, Tz. 115.
1080 Vgl. für den Fall extrem degressiver Leasingraten *Gelhausen/Henneberger*, in: HdJ, Abt. I/8, Rn. 124 f. (passive Rechnungsabgrenzung).
1081 Vgl. *Gelhausen/Henneberger*, in: HdJ, Abt. I/8, Rn. 103 ff.
1082 Vgl. *Gelhausen/Henneberger*, in: HdJ, Abt. I/8, Rn. 240.
1083 Vgl. *Gelhausen/Henneberger*, in: HdJ, Abt. I/8, Rn. 236.
1084 Vgl. *Mayer-Wegelin*, in: HdR[5], § 249 HGB, Rn. 229 (44); *Schubert*, in: BeBiKo[11], § 249, Rn. 100 („Substanzerhaltung").

669 Patent- und Markenzeichenverletzungen

Rückstellungen für (wahrscheinlich) erfolgte Verletzungen sind geboten, auch wenn sie dem Inhaber der Rechte noch nicht bekannt geworden sind[1085].

670 Pensions-Sicherungs-Verein (PSV)

Rückstellungen für PSV-Beiträge künftiger GJ sind nicht zu bilden. Den Barwert der noch ausstehenden Teilzahlungen des infolge der Umstellung des Umlageverfahrens auf volle Kapitaldeckung vom 02.12.2006 erhobenen Sonderbeitrags (§ 30i BetrAVG) hat der Bilanzierende als Verbindlichkeit anzusetzen (Bewertung nach § 253 Abs. 2 S. 3 HGB)[1086].

671 Pensionsverpflichtungen

Vgl. Kap. F Tz. 578 ff.

672 Provisionen

Provisionsverpflichtungen sind spätestens mit Ausführung des vermittelten Geschäfts aufgrund wirtschaftlicher Verursachung und i.d.R. auch rechtlicher Entstehung (§ 87a Abs. 1 S. 1 HGB) passivierungspflichtig, es sei denn der Anspruch entsteht nach abweichender Vereinbarung bereits vorher (z.B. bei Abschluss des Geschäfts, dann Passivierung bereits zu diesem Zeitpunkt)[1087]. Beim Provisionsempfänger können nach erfolgswirksamer Vereinnahmung Rückstellungen für ausstehende Nebenleistungspflichten zu bilden sein[1088].

673 Prozessrisiko

Eine Rückstellung ist zu bilden für in Aussicht stehende oder bereits schwebende Prozesse[1089]. Bei erwarteten oder anhängigen **Passivprozessen** sind neben den Prozesskosten die wahrscheinlichen Schadensersatzverpflichtungen und Bußgelder (vgl. Kap. F Tz. 649) zu berücksichtigen[1090]. Ist die Ges. dagegen Klägerin (**Aktivprozess**), beschränkt sich die Rückstellung i.d.R. auf das Kostenrisiko[1091]. Ist nach vernünftiger kaufmännischer Beurteilung davon auszugehen, dass unter Berücksichtigung der konkreten Umstände des Einzelfalls der Prozess in die nächste Instanz gehen wird, so ist dieser Umstand handelsrechtlich bei der Rückstellungsbemessung zu berücksichtigen[1092].

674 Sozialplanverpflichtungen

Bei Stilllegungen, Betriebseinschränkungen und anderen Betriebsänderungen sind nach den §§ 111, 112, 112a BetrVerfG Sozialpläne aufzustellen, die i.d.R. Abfindungszahlungen an die ausscheidenden Arbeitnehmer vorsehen. Rückstellungen kommen

---

1085 Vgl. ADS[6], § 253 HGB, Tz. 231; *Mayer-Wegelin*, in: HdR[5], § 249 HGB, Rn. 229 (45).
1086 Vgl. *HFA*, FN-IDW 2007, S. 107 (108); *Scheffler*, in: BHdR, B 233, Rn. 484 ff.
1087 Vgl. *Schubert*, in: BeBiKo[11], § 249, Rn. 100 („Provisionen"); *Herzig/Köster*, in: HdJ, Abt. III/5, Rn. 435.
1088 Vgl. BFH v. 28.07.2004, DB, S. 2614.
1089 Vgl. ADS[6], § 253 HGB, Tz. 232; steuerlich restriktiver, vgl. BFH v. 06.12.1995, BStBl. II S. 406 (Kläger) und BFH v. 24.06.1970, BStBl. II S. 802 (Beklagter); s. auch *Schubert*, in: BeBiKo[11], § 249, Rn. 100 („Prozesskosten").
1090 *Vgl. ADS[6], § 253 HGB, Tz. 194, 232;* BGH v. 05.06.1989, DB, S. 1863; *Scheffler*, in: BHdR, B 233, Rn. 542; *Mayer-Wegelin*, in: HdR[5], § 249 HGB, Rn. 229 (52) sowie Rn. 350 (21).
1091 Vgl. auch BFH-Urt. v. 27.05.1964, BStBl. III S. 478 (in Höhe der Kosten bis zu der am Abschlussstichtag angerufenen Instanz).
1092 Vgl. *Scheffler*, in: BHdR, B 233, Rn. 543.

auch vor Aufstellung derartiger Pläne in Betracht, wenn ernsthaft mit Stilllegungen oder Betriebseinschränkungen und daher bereits am Abschlussstichtag mit bestimmbaren Abfindungszahlungen zu rechnen ist[1093]. Die Voraussetzungen für eine Rückstellungsbildung sind spätestens dann gegeben, wenn zum einen die für die Genehmigung der Betriebsänderung zuständigen Unternehmensorgane einen entspr. Beschluss vor dem Abschlussstichtag gefasst haben und zum anderen Betriebsrat oder Arbeitnehmer bis zum Ende des Wertaufhellungszeitraums über die Betriebsänderung informiert wurden oder die Unterrichtung zumindest bevorsteht[1094]. Entscheidend ist, dass die Außenverpflichtung bereits am Abschlussstichtag hinreichend konkretisiert ist. Der Unterrichtung des Betriebsrats bzw. der Arbeitnehmer kommt im Zweifel dann nur noch eine Beweisfunktion zu[1095].

Steuererklärung 675

Für die Kosten der betrieblichen Steuererklärung vgl. Kap. F Tz. 662.

Steuern und Abgaben, für die das Unternehmen Steuerschuldner ist 676

Vgl. Kap. F Tz. 608 ff.

Swapgeschäfte 677

Zur Bildung von Drohverlustrückstellungen für den negativen Marktwert eines Swaps vgl. Kap. F Tz. 1320.

Tantiemen, Gratifikationen u.ä. 678

Für gewinnabhängige Vergütungen, die an das Ergebnis eines abgelaufenen GJ anknüpfen und deren Auszahlung erst nach Ablauf mehrerer Jahre und ggf. unter der Voraussetzung weiterer Betriebszugehörigkeit vorgenommen werden soll (Sperrfrist), ist eine Rückstellung grds. in voller Höhe unter Berücksichtigung der gesetzlich vorgeschriebenen Abzinsung (§ 253 Abs. 2 HGB) und – bei einer größeren Anzahl von Zusagen – eines Abschlags für voraussichtliche Fluktuation zu bilden[1096]. Alternativ kann eine ratierliche Verteilung des Aufwands über die betr. GJ der Sperrfrist vertreten werden, wenn die weitere Betriebszugehörigkeit für die Erdienung der Vergütung im Vordergrund steht. Letztlich ist der wirtschaftliche Gehalt der Vereinbarung ausschlaggebend. Steht jedenfalls der Zukunftsbezug der Vergütung über die Festlegung einer Sperrfrist hinaus durch die zusätzliche Anknüpfung der Vergütung an die Erreichung von Zielen in künftigen GJ im Vordergrund, ist eine ratierliche Rückstellungsbildung über den jeweiligen Leistungszeitraum sachgerecht[1097]. Bei abweichendem GJ sind bereits erdiente Weihnachtsgratifikationen zurückzustellen, wenn ein Rechtsanspruch auf Zahlung besteht[1098]. Wegen Jubiläumszahlungen und Treuegeldern vgl. Kap. F Tz. 663 und wg. Aktienoptionsprogrammen Kap. F Tz. 1286 ff.

1093 Vgl. ADS[6], § 249 HGB, Tz. 133, § 253 HGB, Tz. 266; *Schubert*, in: BeBiKo[11], § 249, Rn. 100 („Sozialplan").
1094 Vgl. *Deubert/Lewe* BB 2018, S. 874 (876); strenger (Unterrichtung zwingend bis zum Ende des Wertaufhellungszeitraums) *Schubert*, in: BeBiKo[11], § 249, Rn. 100 („Sozialplan").
1095 Vgl. *Scheffler*, in: BHdR, B 233, Rn. 488 f.; *Kessler*, in: HdR[5], § 249 HGB, Rn. 140.
1096 Vgl. BFH v. 07.07.1983, BStBl. II S. 753; *Kessler*, in: HdR[5], § 249 HGB, Rn. 148, 350 (13); ADS[6], § 249 HGB, Tz. 61.
1097 Vgl. *Schubert*, in: BeBiKo[11], § 249, Rn. 100 („Gratifikationen").
1098 Vgl. *Schubert*, in: BeBiKo[11], § 249, Rn. 100 („Weihnachtsgratifikation").

679 *Termingeschäfte*

Zur Bildung von Drohverlustrückstellungen für offene Positionen aus Termingeschäften vgl. Kap. F Tz. 1318 f.

680 *Umsatzboni und Rabatte*

Zurückzustellen sind die Beträge, die Umsätze des abgelaufenen GJ betreffen[1099]. Voraussichtliche Skontoabzüge sind aktivisch bei den Forderungen abzusetzen.

681 *Umweltschäden*

Für bis zum Abschlussstichtag entstandene Umweltschäden, die aufgrund ö.-r. (z.B. Atomgesetz, Bundesimmissionsschutzgesetz; Chemikaliengesetz; Gentechnikgesetz; Kreislaufwirtschaftsgesetz (vgl. Kap. F Tz. 637); Wasserhaushaltsgesetz; Bodenschutzgesetz; Umweltschadensgesetz), privatrechtlicher oder faktischer Verpflichtungen beseitigt werden müssen, sind Rückstellungen zu bilden[1100]. Im Verhältnis zur **außerplanmäßigen Abschreibung** eines belasteten Vermögensgegenstands ist nach § 249 Abs. 1 HGB vorrangig eine Rückstellung in Höhe der voraussichtlichen wirtschaftlichen Belastung zu bilden, wenn die Wertminderung durch die Erfüllung der Sanierungspflicht vollständig beseitigt werden kann und somit nur vorübergehender Natur ist. Eine außerplanmäßige Abschreibung ist nach § 253 Abs. 3 S. 5 HGB dann erforderlich, wenn die Wertminderung dauerhaft ist, weil sie trotz Sanierung nicht vollständig behoben werden kann[1101].

Zu Abfallbeseitigung und -recycling vgl. Kap. F Tz. 637; zu Anpassungsverpflichtungen vgl. Kap. F Tz. 641; zur Dekontaminierung vgl. Kap. F Tz. 651; zum Schachtversatz vgl. Kap. F Tz. 658.

682 *Urlaubsverpflichtungen, Arbeitszeitguthaben*

Rückstellungen für **Urlaubsverpflichtungen** sind in Höhe der zum Zeitpunkt der Erfüllung voraussichtlich zu zahlenden Lohn- und Gehaltsanteile einschl. Sozialabgaben, Nebenverpflichtungen (Urlaubsgeld, Altersversorgung, Verwaltungsaufwand etc.) und aperiodischer Entgeltbestandteile (Tantiemen, Gratifikationen) zu bilden, soweit am Abschlussstichtag noch ein Anspruch auf Urlaub oder Barabgeltung besteht oder das Unternehmen unbeschadet der rechtlichen Regelung beabsichtigt, den rückständigen Urlaub zu gewähren oder abzugelten[1102]. Bei abweichendem GJ ist die Rückstellung zeitanteilig zu bemessen[1103]. Für Verpflichtungen des Arbeitgebers aus Arbeitszeitgut-

---

1099 Vgl. *Schubert*, in: BeBiKo[11], § 249, Rn. 100 („Bonus").
1100 Vgl. ADS[6], § 249 HGB, Tz. 118 ff.; *Schubert*, in: BeBiKo[11], § 249, Rn. 100 („Altlastensanierung"; „Anpassungsverpflichtungen"; „Atomanlagen"; „Entsorgung"; „Rekultivierung"; „Umweltschutzverpflichtungen"); *Mayer-Wegelin/Kessler/Höfer*, in: HdR[5], § 249 HGB, Rn. 92 ff.; zur Bewertung vgl. ADS[6], § 253 HGB, Tz. 241 (auch zur Unbeachtlichkeit steuerlicher Einschränkungen); *Kessler*, in: HdR[5], § 249 HGB, Rn. 350 (25); steuerlich s. *Weber-Grellet*, in: Schmidt, L., EStG[37], § 5, Rn. 550 („Umweltschutz und Umweltschäden").
1101 Vgl. HFA, WPg 1992, S. 326; WPg 1993, S. 250; WPg 1994, S. 545.
1102 Vgl. HFA, WPg 1992, S. 330; ADS[6], § 249 HGB, Tz. 158 ff., § 253 HGB, Tz. 264; *Ries*, WPg 2010, S. 811 (813 f.); *Schubert*, in: BeBiKo[11], § 249, Rn. 100 („Urlaub"); abweichend zur Bewertung BFH v. 10.03.1993, BStBl. II S. 446; BFH v. 08.07.1992, BStBl. II S. 910.
1103 Vgl. BFH v. 26.06.1980, BStBl. II S. 506; *Kessler*, in: HdR[5], § 249 HGB, Rn. 160 m.w.N.

haben der Mitarbeiter (**Arbeitszeitkonten**) ist eine Rückstellung nach den Grundsätzen für Urlaubsverpflichtungen zu bilden[1104].

Verlustabdeckung und Ausgleichszahlungen 683

Verpflichtungen zur Verlustabdeckung bei Vorliegen von **Beherrschungs- und Gewinnabführungsverträgen** nach § 302 Abs. 1 AktG oder bei Pacht- und anderen Überlassungsverträgen nach § 302 Abs. 2 AktG oder entspr. Verträgen zwischen Unternehmen anderer Rechtsform sind zu passivieren. Unstrittig betrifft dies den bis zum Abschlussstichtag bei der abhängigen Ges. entstandenen Verlust (Rückstellung bei Ungewissheit der Höhe nach, ansonsten Verbindlichkeit)[1105]. Nach hier vertretener Auffassung ist es zudem sachgerecht, den Barwert der voraussichtlichen Verlustübernahmen für den Zeitraum bis zur frühestmöglichen Beendigung des Unternehmensvertrags – d.h. bspw. bei bereits jährlich kündbarem Vertrag nur für das kommende GJ der abhängigen Ges. – grds. zurückzustellen[1106]. Etwas anderes (keine Passivierung) gilt, soweit die künftigen Verlustübernahmen als nachträgliche AK der Beteiligung zu aktivieren sind (vgl. Kap. F Tz. 368 und Kap. F Tz. 383), was bspw. der Fall sein kann, wenn es sich im Wesentlichen um reine Buchverluste aus Umwandlungsvorgängen handelt[1107]. Auch soweit künftige Verlustübernahmen durch zeitlich vorgelagerte und nach dem Unternehmensvertrag zulässige Thesaurierungen noch vermieden werden können, muss eine Rückstellungsbildung nicht erfolgen. Passivierte Verlustübernahmeverpflichtungen sind bei der Ermittlung der Ertragsüberschüsse i.R.d. Beteiligungsbewertung nach dem Ertragswertverfahren für Zwecke des § 253 Abs. 3 S. 5 und 6 HGB zu berücksichtigen, damit keine „doppelte" Aufwandserfassung erfolgt (vgl. Kap. F Tz. 381 f.). Ebenfalls vertreten wird, Rückstellungen für künftig zu übernehmende Verluste regelmäßig nicht zu bilden, sondern grds. nur nach § 285 Nr. 3a HGB im Anh. anzugeben[1108]. Folgt man dieser Auffassung, müssen die künftig zu übernehmenden Verluste bei der Beteiligungsbewertung für Zwecke des § 253 Abs. 3 S. 5 und 6 HGB in Abzug gebracht werden.

Vorruhestandsverpflichtungen 684

Mit Vorruhestandsleistungen soll dem Arbeitnehmer das Ausscheiden aus einem Unternehmen vor Erreichen des eigentlichen Pensionsalters erleichtert werden. Solche Leistungsverpflichtungen, die im Regelfall den Zeitraum nach Beendigung des Arbeitsverhältnisses betreffen, haben Abfindungscharakter[1109]. Rückstellungen für Vorruhestandsgelder sind nach *IDW RS HFA 30 n.F.*, Tz. 8 unter die Rückstellungen für mit Altersversorgungsverpflichtungen vergleichbaren langfristig fälligen Verpflichtungen zu subsumieren (vgl. Kap. F Tz. 563).

[1104] Zur Erfassung von Ansprüchen aus negativen Arbeitszeitkonten vgl. *HFA*, FN-IDW 2009, S. 322 f.; *Ries*, WPg 2010, S. 811 (815 f.).
[1105] Vgl. *Schubert*, in: BeBiKo[11], § 249, Rn. 100 („Verlustausgleichsverpflichtungen" und „Verlustübernahme"); ADS[6], § 249 HGB, Tz. 133; *Scheffler*, in: BHdR B 233, Rn. 522.
[1106] Vgl. *Scheffler*, in: BHdR B 233, Rn. 525; *Petersen/Künkele/Zwirner*, in: Petersen/Zwirner/Brösel, Bilanzrecht[2], § 249 HGB, Rn. 348 („Verlustausgleichsverpflichtung"); zum Charakter der Rückstellung vgl. *IDW RS HFA 4*, Tz. 4 (Verbindlichkeits-, keine Drohverlustrückstellung).
[1107] Keine Rückstellung für künftige AK, vgl. *Schubert*, in: BeBiKo[11], § 249, Rn. 24; vgl. auch Kap. F Tz. 385 zur Behandlung ausstehender noch nicht eingeforderter Einlagen.
[1108] So *Schubert*, in: BeBiKo[11], § 249, Rn. 100 („Verlustausgleichsverpflichtungen" und „Verlustübernahme").
[1109] Vgl. ADS[6], § 249 HGB, Tz. 116; *HFA*, FN-IDW 1997, S. 611.

685 *Wettbewerbsverbot*

Zahlungen aufgrund eines Wettbewerbsverbots sind als künftige Leistung für eine künftige Gegenleistung (Unterlassen eines Wettbewerbs) anzusehen (schwebendes Geschäft). Aufgrund des wirtschaftlichen Charakters des Wettbewerbsverbots als schwebendes Geschäft und mangels Erfüllungsrückstand (Dienstleistungen liegen aus der Sicht des Abschlussstichtags in der Zukunft) kommt eine Verbindlichkeitsrückstellung nicht in Betracht[1110].

686 *Zuschüsse*

Zu Rückstellungen für **bedingt rückzahlbare öffentliche Zuschüsse** vgl. *IDW St/HFA 1/ 1984*, Abschn. 3.

8.4.9 Verbindlichkeiten (§ 268 Abs. 5 HGB)

687 Als Verbindlichkeiten[1111] sind die am Abschlussstichtag der Höhe und Fälligkeit nach feststehenden Verpflichtungen der Ges. auszuweisen (zur Abgrenzung vom EK grundlegend *IDW St/HFA 1/1994* und *IDW RS HFA 7 n.F.*, Tz. 13 f.; zur Bewertung von Verbindlichkeiten vgl. Kap. F Tz. 158). Nicht jede zivilrechtliche Schuld ist indes passivierungspflichtig. Es muss jeweils eine Vermögensbelastung der Ges. und damit nach den GoB eine **bilanzrechtliche Schuld** vorliegen, die passiviert werden muss (vgl. Kap. F Tz. 37)[1112]. Verbindlichkeiten, für die ein Dritter im Innenverhältnis eine Erfüllungsübernahme erklärt hat (§ 329 BGB), ohne der Verpflichtung rechtlich beizutreten, sind weiterhin beim Schuldner zu passivieren, der jedoch einen Freistellungsanpruch zu aktivieren und nach allgemeinen Grundsätzen zu bewerten hat[1113]. Der Freistellungsanspruch darf in der Bilanz offen in einer Vorspalte von der dazugehörigen Verpflichtung abgesetzt werden[1114]. Ein Verzicht auf die Passivierung einer Schuld, trotz bestehender rechtlicher Verpflichtung, kommt darüber hinaus nur nach den Grundsätzen für die Bilanzierung von Gesamtschuldverhältnissen in Betracht[1115].

688 Forderungen aus **Gesellschafterdarlehen** sind nach § 39 Abs. 1 Nr. 5 InsO ggü. den in § 39 Abs. 1 Nr. 1 bis 4 InsO genannten Forderungen **in der Insolvenz nachrangig**[1116]. Die korrespondierende Rückzahlungsverpflichtung des Darlehensschuldners bleibt aber rechtlich bestehen, so dass die Verbindlichkeit in der HB weiterhin zu passivieren ist[1117]. Erhaltene (Gesellschafter-)Darlehen sind in der HB auch dann als Verbindlichkeiten zu passivieren, wenn Gläubiger **Rangrücktrittserklärungen** abgegeben haben[1118].

689 Ein echter **Forderungsverzicht**, d.h. der Erlass einer Forderung durch den Gläubiger (§ 397 Abs. 1 BGB), führt dagegen zum Erlöschen und damit zum Ausbuchen der

---

1110 Vgl. *Böckem*, BC 2010, S. 399 (401).
1111 Vgl. ADS[6], § 246 HGB, Tz. 110 ff.
1112 Vgl. *Gelhausen/Fey/Kämpfer*, BilMoG, Kap. B, Rn. 20 ff.; *Schmidt/Ries*, in: BeBiKo[11], § 246, Rn. 50; *Baetge/Kirsch*, in: HdR[5], Kap. 4, Rn. 101.
1113 Vgl. dazu *Schmidt/Ries*, in: BeBiKo[11], § 246, Rn. 51.
1114 Vgl. ADS[6], § 246 HGB, Tz. 422 i.V.m. 418.
1115 Vgl. *Schmidt/Ries*, in: BeBiKo[11], § 246, Rn. 52.
1116 Vgl. *Förschle/Heinz*, in: Winkeljohann/Förschle/Deubert, Sonderbilanzen[5], Kap. Q, Rn. 60 ff.
1117 Vgl. *Förschle/Heinz*, in: Winkeljohann/Förschle/Deubert, Sonderbilanzen[5], Kap. Q, Rn. 68.
1118 Vgl. ADS[6], § 246 HGB, Tz. 128; *Förschle/Heinz*, in: Winkeljohann/Förschle/Deubert, Sonderbilanzen[5], Kap. Q, Rn. 53 ff. m.w.N.; *Schubert*, in: BeBiKo[11], § 247, Rn. 232.

Schuld[1119]. Die Vereinbarung, dass die Forderung bei Eintritt von künftigen, in einem Besserungsschein[1120] genannten Bedingungen (Zahlung aus künftigen Jahresüberschüssen, Liquidationsüberschüssen oder sonstigem freien Vermögen) wieder auflebt, steht dem nicht entgegen. Verbindlichkeiten, die aus dem Gewinn oder Liquidationsüberschuss der Ges. zu erfüllen sind (z.B. **Besserungsscheine**), sind – sofern der Tatbestand, an den sie anknüpfen, verwirklicht ist – bereits bei Aufstellung der Bilanz zu Lasten des Ergebnisses als Verbindlichkeit auszuweisen[1121] (wg. Angaben nach § 285 Nr. 3a HGB vgl. Kap. F Tz. 1041 ff.; wg. Angaben nach § 285 Nr. 15a HGB vgl. Kap. F Tz. 1124 ff.).

Zahlungsverpflichtungen aufgrund von **Gewinnabführungs- und Teilgewinnabführungsverträgen** sowie Gewinngemeinschaften sind ebenfalls bereits in der Bilanz des abgelaufenen GJ zu berücksichtigen, so dass der Jahresüberschuss um diese Beträge gekürzt ausgewiesen wird (§ 277 Abs. 3 S. 2 HGB; vgl. Kap. F Tz. 774 ff.). Gleiches gilt im Hinblick auf die Vorschrift des § 286 Abs. 3 AktG[1122] für den Gewinnanteil des persönlich haftenden Gesellschafters einer **KGaA**[1123] sowie für (Zins-)Zahlungen auf Gewinnschuldverschreibungen. **690**

Bei allen Posten der Verbindlichkeiten sind jeweils die Beträge zu vermerken, die eine **Restlaufzeit** bis zu einem Jahr und von mehr als einem Jahr haben (§ 268 Abs. 5 S. 1 HGB). Auch wenn eine alternative Angabe hierfür im Anh. nicht ausdrücklich vorgesehen ist, dürfen die Angaben statt als Davon-Vermerk in der Bilanz in einen **Verbindlichkeitenspiegel** im Anh. aufgenommen werden, weil dadurch die Klarheit des JA gefördert wird (§ 265 Abs. 7 Nr. 2 HGB)[1124]. **691**

Werden bei einer GmbH **Verbindlichkeiten gegenüber Gesellschaftern** nicht unter einem Sonderposten unter entspr. Bezeichnung ausgewiesen, muss der Betrag dieser Verbindlichkeiten vermerkt, d.h. durch einen Davon-Vermerk kenntlich gemacht werden (§ 42 Abs. 3 Hs. 2 GmbHG). **692**

8.4.9.1 Anleihen

Anleihen der Ges. sind langfristige Darlehen unter Inanspruchnahme des öffentlichen Kapitalmarktes, i.d.R. durch Ausgabe von Teilschuldverschreibungen. Auf die Rechtsform kommt es nicht an. **Wandelschuldverschreibungen** (§ 221 AktG) und **Optionsschuldverschreibungen** sind als konvertible Anleihen durch einen Davon-Vermerk oder als Untergliederung anzugeben[1125]. Eine gesonderte Angabe (Vermerk oder Sonderposten innerhalb der Verbindlichkeiten) ist auch erforderlich für nicht zum EK zählende passivierungspflichtige **Genussscheine** (vgl. IDW/St/HFA 1/1994, Abschn. 2.1.3.)[1126], wenn sie unter den gleichen Voraussetzungen wie Schuldver- **693**

1119 Vgl. ADS[6], § 246 HGB, Tz. 145; *Förschle/Heinz*, in: Winkeljohann/Förschle/Deubert, Sonderbilanzen[5], Kap. Q, Rn. 44 ff.
1120 Vgl. ADS[6], § 246 HGB, Tz. 148.
1121 Vgl. *Förschle/Heinz*, in: Winkeljohann/Förschle/Deubert, Sonderbilanzen[5], Kap. Q, Rn. 44 ff.
1122 Vgl. dazu ADS[6], § 286 AktG, Tz. 42.
1123 Vgl. ADS[4], § 151 AktG, Tz. 270; a.A., offensichtlich ohne den Zusammenhang mit dem Ausweiswahlrecht des § 286 Abs. 3 AktG zu bedenken, ADS[6], § 286 AktG, Tz. 31 (Zuschreibung zum Kapitalanteil).
1124 Vgl. h.M. z.B. *Grottel*, in: BeBiKo[11], § 285, Rn. 38.
1125 Vgl. hierzu und zum gesonderten Ausweis von Gewinnschuldverschreibungen *Dusemond/Heusinger-Lange/Knop*, in: HdR[5], § 266 HGB, Rn. 148.
1126 Vgl. hierzu auch ADS[6], § 266 HGB, Tz. 190.

schreibungen ausgegeben werden. Zu den Angaben im Anh. nach § 285 Nr. 15a HGB vgl. Kap. F Tz. 1124 ff. Dagegen sind **Schuldscheindarlehen** unter den Verbindlichkeiten ggü. KI (§ 266 Abs. 3 C.2. HGB) oder den sonstigen Verbindlichkeiten (§ 266 Abs. 3 C.8. HGB) auszuweisen, da sie nicht am öffentlichen Kapitalmarkt aufgenommen sind[1127].

694 Für die **Bewertung** ist der Erfüllungs- (= Rückzahlungs-)Betrag maßgebend (§ 253 Abs. 1 S. 2 HGB). Bei dauernder Verminderung des Umlaufs durch **Rückkauf** fälliger Stücke sind die Rückzahlungsbeträge vom Anleihebetrag abzusetzen und vor der Einlösung unter den sonstigen Verbindlichkeiten auszuweisen; nicht endgültig aus dem Verkehr gezogene Anleihen sind bei Beibehaltung des passivierten Anleihebetrags unter den Wertpapieren des Anlage- oder Umlaufvermögens zu aktivieren[1128].

8.4.9.2 Verbindlichkeiten gegenüber Kreditinstituten

695 Hierunter sind alle Verbindlichkeiten ggü. inländischen Banken, Sparkassen und sonstigen KI i.S.d. § 1 Abs. 1 S. 1 KWG und vergleichbaren ausländischen Instituten sowie Verbindlichkeiten gegenüber Bausparkassen (§ 1 Abs. 1 S. 1 BSpKG) auszuweisen.

8.4.9.3 Erhaltene Anzahlungen auf Bestellungen

696 Statt des Ausweises erhaltener Anzahlungen unter diesem Posten darf nach § 268 Abs. 5 S. 2 HGB auch eine offene Absetzung von dem Posten „Vorräte" erfolgen (vgl. Kap. F Tz. 402). USt auf erhaltene Anzahlungen (§ 13 Abs. 1 Nr. 1a UStG) ist nicht hier auszuweisen, sondern, wie bei einem Umsatzgeschäft, bis zur Abführung an das FA unter den sonstigen Verbindlichkeiten zu erfassen.

8.4.9.4 Verbindlichkeiten aus Lieferungen und Leistungen

697 Auf die Ausführungen zum entsprechenden Forderungsposten wird verwiesen (vgl. Kap. F Tz. 407). Hier zu zeigende Verbindlichkeiten brauchen allerdings nicht in unmittelbarem Zusammenhang mit dem betrieblichen Leistungsprozess zu stehen. Bestehen die Verbindlichkeiten ggü. **verbundenen Unternehmen** oder Unternehmen, mit denen ein **Beteiligungsverhältnis** besteht, sollte der Ausweis unter den dafür vorgesehenen Posten erfolgen; sonst ist ein Vermerk der Mitzugehörigkeit in der Bilanz oder im Anh. notwendig, wenn dies für die Klarheit und Übersichtlichkeit des JA erforderlich ist (§ 265 Abs. 3 S. 1 HGB).

8.4.9.5 Verbindlichkeiten aus der Annahme gezogener Wechsel und der Ausstellung eigener Wechsel

698 Unter dem Posten § 266 Abs. 3 C.5. HGB sind alle akzeptierten Schuldwechsel und eigene Wechsel (Solawechsel) auszuweisen. Hat die Ges. einen aufgrund einer Verbindlichkeit auf sie gezogenen Wechsel noch nicht akzeptiert, so wird die Schuld als solche und nicht als Wechselverpflichtung ausgewiesen. Hierher gehören auch **Gefälligkeitsakzepte**[1129], weil auch dadurch eine echte Verbindlichkeit begründet wird.

699 **Kautionswechsel**, die abredegemäß nur in den Verkehr gebracht werden dürfen, wenn die Ges. ihren Verpflichtungen nicht nachkommt, brauchen nicht als solche passiviert zu werden, wenn mit einer wechselmäßigen Inanspruchnahme in keiner Weise zu rechnen

---

1127 Vgl. ADS[6], § 266 HGB, Tz. 220; *Schubert*, in: BeBiKo[11], § 266, Rn. 220.
1128 Vgl. *Schubert*, in: BeBiKo[11], § 266, Rn. 219.
1129 Vgl. ADS[6], § 266 HGB, Tz. 229.

ist[1130]. Ein Vermerk über die für den Kautionswechsel ursächliche Garantie nach § 251 S. 1 ggf. i.V.m. § 268 Abs. 7 HGB ist nur geboten, soweit ein Risiko über die passivierte eigene Verbindlichkeit hinaus besteht. Sind Kautionswechsel für Verpflichtungen Dritter hinterlegt, sind sie nach § 251 S. 1 ggf. i.V.m. § 268 Abs. 7 HGB zu vermerken.

Für das **Wechselobligo** genügt grds. ein Vermerk nach § 251 S. 1 ggf. i.V.m. § 268 Abs. 7 HGB, sofern nicht eine Inanspruchnahme droht, dann sind Rückstellungen nach § 249 Abs. 1 S. 1 HGB zu bilden (vgl. Kap. F Tz. 659). Die Verbindlichkeit aus dem Schuldverhältnis darf neben der Wechselverbindlichkeit nicht noch einmal passiviert werden. 700

Werden Akzepte und Solawechsel, die an **verbundene Unternehmen** oder an Unternehmen, mit denen ein **Beteiligungsverhältnis** besteht, weitergegeben sind, hier und nicht unter Verbindlichkeiten ggü. diesen Unternehmen ausgewiesen, muss die Mitzugehörigkeit in der Bilanz oder im Anh. vermerkt werden, soweit dies von Bedeutung ist (§ 265 Abs. 3 S. 1 HGB). Der Ausweis bzw. der Vermerk der Mitzugehörigkeit entfällt jedoch, wenn das empfangende Unternehmen das Akzept oder den Wechsel an einen (konzernfremden) Dritten weitergegeben hat[1131]. 701

Wechselverbindlichkeiten sind stets mit dem Betrag in der Bilanz aufzuführen, der der **Wechselsumme** entspricht. Bei längerer Laufzeit kann ggf. eine Abgrenzung des Diskontbetrags nach § 250 Abs. 3 HGB in Betracht kommen (vgl. Kap. F Tz. 435 ff.). 702

8.4.9.6 Verbindlichkeiten gegenüber verbundenen Unternehmen und gegenüber Unternehmen, mit denen ein Beteiligungsverhältnis besteht

Auf die Ausführungen zu den entsprechenden Forderungsposten wird verwiesen (Kap. F Tz. 411 ff.). Wegen der Begriffe „**Verbundene Unternehmen**" und „**Beteiligungen**" vgl. Kap. F Tz. 354 und Kap. F Tz. 361. Ist ein Unternehmen, mit dem ein Beteiligungsverhältnis besteht, zugleich ein verbundenes Unternehmen, geht der Ausweis unter § 266 Abs. 3 C.6. HGB vor. 703

8.4.9.7 Sonstige Verbindlichkeiten

Dieser Posten ist ein **Sammelposten** für alle Verbindlichkeiten, die nicht unter die anderen Posten fallen. Hierzu gehören z.B. noch nicht ausbezahlte Löhne und Gehälter, Verbindlichkeiten aus einbehaltenen Sozialversicherungsbeiträgen, Steuerschulden der Ges. (soweit nicht als Rückstellungen zu berücksichtigen), einbehaltene und abzuführende Steuern (LSt, KapErtrSt), als FK anzusetzende Einlagen stiller Gesellschafter, sofern nicht in gesonderten Posten innerhalb der Verbindlichkeiten ausgewiesen[1132], Verpflichtungen aus Besserungsscheinen bei Eintritt der Bedingung[1133], noch nicht eingelöste Zins- und Dividendenscheine, erhaltene Mietvorauszahlungen mit möglicher Rückzahlungspflicht u.dgl. 704

Im Gliederungsschema sind zwei **Davon-Vermerke** vorgesehen, nämlich 705

- davon aus Steuern
- davon i.R.d. sozialen Sicherheit.

1130 Vgl. ADS[6], § 266 HGB, Tz. 230, § 251 HGB, Tz. 44.
1131 Vgl. ADS[6], § 266 HGB, Tz. 231.
1132 Vgl. ADS[6], § 266 HGB, Tz. 189; *Schubert*, in: BeBiKo[11], § 266, Rn. 246.
1133 Vgl. ADS[6], § 266 HGB, Tz. 235.

706 Der Davon-Vermerk **aus Steuern** umfasst alle von der Ges. geschuldeten Steuern, soweit sie hier und nicht unter den Steuerrückstellungen auszuweisen sind (vgl. Kap. F Tz. 608 ff.). Dem Sinn der Vorschrift (Sonderausweis der Verpflichtungen gegenüber dem Fiskus) dürfte es entsprechen, auch einbehaltene Steuerabzugsbeträge (LSt, KapErtrSt) hierunter auszuweisen, obwohl die Ges. selbst nicht Steuerschuldner ist; ggf. kann auf die Art der Behandlung im Anh. hingewiesen werden.

707 Verbindlichkeiten **i.R.d. sozialen Sicherheit** betreffen die Arbeitgeber- und einbehaltenen Arbeitnehmeranteile zur Sozialversicherung (Renten-, Kranken-, Pflege- und Arbeitslosenversicherung) und zu Zusatzversorgungseinrichtungen, ferner Verbindlichkeiten aufgrund von Vereinbarungen über vermögenswirksame Leistungen, einbehaltene Beiträge für Gewerkschaften, Berufsverbände u.dgl. Ebenso fallen Beiträge zum Pensions-Sicherungs-Verein unter die Angabepflicht, wie auch Verpflichtungen aufgrund von Pensionszusagen und ähnlichen Verpflichtungen, wenn sie dem Grunde und der Höhe nach definitiv feststehen und dementsprechend unter § 266 Abs. 3 C.8. HGB ausgewiesen sind. Auch Zusagen an eine rechtlich selbstständige Unterstützungseinrichtung der Ges. sind ebenso wie Verpflichtungen aus Abfindungen, Altersteilzeitvereinbarungen und Vorruhestandsregelungen als i.R.d. sozialen Sicherheit liegend anzusehen und daher ggf. in den Vermerk einzubeziehen[1134].

8.4.10 Passive Rechnungsabgrenzung (§ 250 Abs. 2 HGB)

708 Nach § 250 Abs. 2 HGB sind Einnahmen vor dem Abschlussstichtag, soweit sie Ertrag für eine bestimmte Zeit nach diesem Tag darstellen, als passive RAP auszuweisen[1135]. Die Ausführungen zum Ansatz aktiver RAP (vgl. Kap. F Tz. 435 ff.) gelten für die passiven RAP grds. entsprechend, allerdings mit umgekehrten Vorzeichen i.S.d. Erfolgsrechnung. Im Unterschied zu den aktiven RAP genügt es bei den passiven RAP, wenn der Zeitraum für die Erfolgsverteilung nach dem Abschlussstichtag, zwar nicht bestimmt, aber doch bestimmbar ist[1136].

8.4.11 Passive latente Steuern (§ 274 HGB)

8.4.11.1 Grundlagen

709 Die Bilanzierung latenter Steuern im JA nach § 274 HGB beruht auf dem international üblichen, bilanzorientierten Konzept (sog. *temporary*-**Konzept**), dessen Ziel insb. die zutreffende Darstellung der Vermögenslage ist[1137]. Das *temporary*-Konzept gilt auch für die Bilanzierung latenter Steuern im handelsrechtlichen KA nach § 274 i.V.m. § 298 Abs. 1 HGB sowie § 306 HGB (vgl. Kap. G Tz. 541). Für die Auslegung von Zweifelsfragen der Bilanzierung latenter Steuern im JA wird empfohlen, die Grundsätze des DRS 18, der sich grds. auf die Bilanzierung latenter Steuern im KA bezieht, heranzuziehen[1138], soweit sie nicht aus konzernspezifischen Sachverhalten, z.B. latente Steuern aus Konsolidierungsvorgängen (vgl. DRS 18.25 ff.), resultieren. Eine Bindungswirkung

---

1134 Vgl. im Einzelnen ADS[6], § 266 HGB, Tz. 236; *Schubert*, in: BeBiKo[11], § 266 HGB, Rn. 252.
1135 Vgl. ADS[6], § 250 HGB, Tz. 105 ff.
1136 Vgl. *Schubert/Waubke*, in: BeBiKo[11], § 250, Rn. 24 m.w.N.
1137 Vgl. *Grottel/Larenz*, in: BeBiKo[11], § 274, Rn. 4.
1138 Vgl. DRS 18.7; *Grottel/Larenz*, in: BeBiKo[11], § 274, Rn. 2.

von DRS 18 für den JA besteht nicht, wenn dort über das Gesetz hinausgehende (Anh.-) Angaben verlangt werden[1139].

Kleine KapGes. bzw. kleine KapCoGes. sind nach § 274a Nr. 4 HGB von der Anwendung des § 274 HGB befreit. Für diese richtet sich die Bilanzierung latenter Steuern grds. nach dem *timing*-Konzept (vgl. ausführlich Kap. F Tz. 614 ff.). Geht die Qualifizierung als kleine Ges. durch Überschreiten der Größenmerkmale (vgl. Kap. F Tz. 281) oder aus sonstigen Gründen (z.B. Erlangung des Status einer kapitalmarktorientierten Ges. i.S.d. § 264d HGB; § 267 Abs. 3 S. 2 HGB; vgl. Kap. F Tz. 282) verloren oder wird § 274 HGB freiwillig angewandt[1140], gelten für die Erfassung der Aufwendungen und Erträge aus der erstmaligen Anwendung des § 274 HGB die Regelungen in Art. 67 Abs. 6 EGHGB entsprechend[1141], auch wenn der Übergang auf das *temporary*-Konzept zeitlich erst nach der verpflichtenden Erstanwendung der durch das BilMoG geänderten Regelungen erfolgt (Art. 66 Abs. 3 S. 1 EGHGB)[1142]. In diesen Fällen erscheint es sachgerecht, der **Umstellung auf das *temporary*-Konzept** den Beginn des GJ der Erstanwendung des § 274 HGB zugrunde zu legen, analog zur Vorgehensweise bei der erstmaligen Anwendung der sonstigen durch das BilMoG geänderten Bilanzierungs- und Bewertungsvorschriften[1143]. Für Besonderheiten bei der Bilanzierung latenter Steuern bei KapCoGes. vgl. im Übrigen Kap. F Tz. 1498 ff.

710

> **! Hinweis 53:**
> Die freiwillige Anwendung des § 274 HGB zwingt Unternehmen, die in ihrem JA lediglich die Vorschriften für alle Kaufleute beachten müssen, nicht dazu, auch die übrigen für KapGes. bzw. KapCoGes. geltenden Bestimmungen der §§ 264 ff. HGB anzuwenden.

8.4.11.2 Ansatz

8.4.11.2.1 Grundlagen

Anknüpfungspunkt für die Bilanzierung latenter Steuern ist, dass in künftigen Perioden aus dem Abbau temporärer Differenzen in den Vermögens- und Schuldposten sowie den RAP, die aus **Ansatz- oder Bewertungsunterschieden** in HB und StB stammen, sowie aus der Nutzung steuerlicher Verlustvorträge (vgl. Kap. F Tz. 717 ff.) steuerliche Be- oder Entlastungen für das bilanzierende Unternehmen resultieren.

711

Eine **temporäre Differenz** liegt unabhängig davon vor, ob ihr Abbau von vornherein in absehbarer Zeit, nur als Folge einer Disposition des Unternehmens, z.B. Verkauf des betreffenden Vermögensgegenstands, oder erst bei der Liquidation des Unternehmens eintritt[1144]. Für Effekte, die sich nicht steuerwirksam umkehren (z.B. nicht steuerrelevante Wertdifferenzen für von KapGes. gehaltene Beteiligungen an KapGes. gem. § 8b KStG oder Rückstellungen für nicht abzugsfähige Betriebsausgaben) sind dagegen

712

1139 Vgl. zur Ausstrahlungswirkung der DRS auf die GoB für den JA *Schmidt/Holland*, in: BeBiKo[11], § 342, Rn. 9.
1140 Vgl. zur Zulässigkeit der freiwilligen Anwendung *IDW RS HFA 7 n.F.*, Tz. 18.
1141 Vgl. ausführlich *IDW RS HFA 28*, Tz. 52 ff.; *Gelhausen/Fey/Kämpfer*, BilMoG, Kap. M, Rn. 60 ff.
1142 Gl.A. *Petersen*, WPg 2011, S. 255 (259).
1143 Vgl. *Gelhausen/Fey/Kirsch*, WPg 2010, S. 24 (25).
1144 Vgl. *Grottel/Larenz*, in: BeBiKo[11], § 274, Rn. 5 und 13.

keine latenten Steuern zu bilden (sog. **permanente Differenzen**)[1145]. Für die Einordnung als temporäre Differenz kommt es nicht auf einen begrenzten Planungshorizont oder die gegenwärtige Einschätzung der Organe an. Ausschlaggebend ist allein, dass es (spätestens) bis zur Vollbeendigung des Unternehmens zu einem Abbau der Differenz kommen wird.

713 Um die künftigen Steuerbe- und -entlastungen, die aus der Realisierung der handelsrechtlichen Wertansätze der Vermögensgegenstände, Schulden und RAP resultieren, vollständig zu erfassen, sind bei der Ermittlung der steuerlichen Wertansätze auch **außerbilanzielle Hinzurechnungen und Abzüge** (z.B. § 7g EStG) zu berücksichtigen (vgl. DRS 18.37).

714 Für den Ansatz latenter Steuern müssen sowohl für aktive als auch für passive latente Steuern gewichtigere Gründe dafür als dagegen sprechen, dass bei Abbau der temporären Differenzen die Entstehung **künftiger Steuerbe- oder -entlastungen** erwartet werden kann (vgl. DRS 18.9). Der Ansatz aktiver latenter Steuern hat dabei unter besonderer Berücksichtigung des Vorsichtsprinzips (§ 252 Abs. 1 Nr. 4 HGB) zu erfolgen (vgl. DRS 18.17).

715 Grundlage für die Prognose der Realisierbarkeit der künftigen Steuerbe- und -entlastungen ist eine **steuerliche Planungsrechnung**, die aus der Unternehmensplanung unter Berücksichtigung von realisierbaren Steuerstrategien abzuleiten ist. Anders als für die Ermittlung latenter Steuern aus steuerlichen Verlustvorträgen ist hierbei kein bestimmter Planungszeitraum vorgeschrieben (vgl. Kap. F Tz. 717 f.). Die Anforderungen an Zeithorizont und Detailliertheit der Steuerplanung steigen aber, wenn ein Unternehmen in der Vergangenheit Verluste erzielt oder keine ausreichenden zu versteuernden Gewinne erwirtschaftet hat[1146]. Die Anwendung pauschaler Abschläge zur Berücksichtigung der Unsicherheit der Realisierbarkeit bei abziehbaren Differenzen, die sich erst in weiter Zukunft abbauen, ist nicht zulässig (vgl. DRS 18.17), weil dies im Ergebnis einem unzulässigen teilw. Ansatz[1147] gleichkäme.

716 § 274 Abs. 1 HGB stellt auf die sich insgesamt aus den temporären Differenzen unter Berücksichtigung eines ggf. vorhandenen steuerlichen Verlustvortrags ergebende Steuerbe- bzw. -entlastung (**Gesamtdifferenz**) ab[1148]. Ergibt sich ein Überhang zu versteuernder temporärer Differenzen (Passivüberhang) besteht eine Passivierungspflicht (§ 274 Abs. 1 S. 1 HGB), im Fall eines Aktivüberhangs ein Ansatzwahlrecht (§ 274 Abs. 1 S. 2 HGB). Das **Ansatzwahlrecht** gem. § 274 Abs. 1 S. 2 HGB gilt nur für die sich insgesamt ergebende Steuerentlastung (d.h. den Aktivüberhang) und darf nicht auf aktive latente Steuern, die sich aus bestimmten Einzelsachverhalten ergeben, beschränkt werden (vgl. DRS 18.15). Die Ausübung des Ansatzwahlrechts unterliegt dem Stetigkeitsgebot nach § 246 Abs. 3 S. 1 HGB. Stetigkeitsdurchbrechungen sind nur in begründeten Ausnahmefällen zulässig (vgl. *IDW RS HFA 38*, Tz. 14 f.). Eine Durchbrechung von der Aktivierung hin zur Nichtaktivierung wird jedoch nur selten begründet werden können

---

1145 Vgl. *Gelhausen/Fey/Kämpfer*, BilMoG, Kap. M, Rn. 8 f.; *Grottel/Larenz*, in: BeBiKo[11], § 274, Rn. 13.
1146 Vgl. *Gelhausen/Fey/Kämpfer*, BilMoG, Kap. M, Rn. 11.
1147 Vgl. *Gelhausen/Fey/Kämpfer*, BilMoG, Kap. M, Rn. 15.
1148 Der Ermittlung der latenten Steuern selbst ist jedoch eine Einzeldifferenzenbetrachtung vorgelagert; vgl. *Briese*, in: BHdR, B 235, Rn. 74.

(z.B. bei Änderung der Konzernzugehörigkeit)[1149]. Zur Ausschüttungssperre i.Z.m. der Aktivierung latenter Steuern (§ 268 Abs. 8 S. 2 HGB) vgl. Kap. F Tz. 545.

8.4.11.2.2 Verlust- und Zinsvorträge

Gem. § 274 Abs. 1 S. 4 HGB sind steuerliche Verlustvorträge bei der Berechnung aktiver latenter Steuern zu berücksichtigen, vorausgesetzt der daraus resultierende Vorteil kann innerhalb der nächsten fünf Jahre voraussichtlich auch realisiert werden. Durch die **Begrenzung des Prognosezeitraums** auf fünf Jahre wird die Nachprüfbarkeit der Aktivierung latenter Steuern auf steuerliche Verlustvorträge erleichtert und zugleich dem Vorsichtsprinzip (§ 252 Abs. 1 Nr. 4 HGB) Rechnung getragen, weil die Prognosesicherheit der Steuerplanung mit zunehmendem Planungshorizont abnimmt[1150]. Die zeitliche Begrenzung der Verlustberücksichtigung des § 274 Abs. 1 S. 4 HGB bei der Berechnung aktiver latenter Steuern gilt nicht, soweit ein **Überhang** an **zu versteuernden temporären Differenzen** besteht[1151]. 717

Grundlage für die Ermittlung der aktivierbaren latenten Steuern auf steuerliche Verlustvorträge ist die aus der Unternehmensplanung abgeleitete Steuerplanung. Der fünfjährige Planungshorizont gilt auch dann, wenn sich die **Steuerplanung** des Unternehmens nur auf einen kürzeren Zeitraum erstreckt. In diesem Fall ist die Lücke zwischen dem in § 274 Abs. 1 S. 4 HGB vorgeschriebenen und dem tatsächlichen Planungszeitraum durch eine sachgerechte und plausible Schätzung, z.B. im Wege einer Extrapolation, zu schließen (vgl. DRS 18.19). 718

Der mit einem Verlustvortrag verbundene Steuervorteil kann **mit hinreichender Sicherheit realisiert** werden, wenn ausreichende zu versteuernde temporäre Differenzen bestehen oder zu versteuernde Gewinne in ausreichender Höhe erwartet werden (vgl. DRS 18.23). 719

> **Hinweis 54:**
> Anhaltspunkte für hinreichende zu versteuernde Einkünfte können z.B. sein:
> - Vorliegen profitabler Aufträge, die in Folgejahren abgewickelt werden,
> - Veräußerung oder Aufgabe defizitärer Geschäftsbereiche oder Standorte
>
> oder
> - erwartete Kosteneinsparungen oder Effizienzsteigerungen aufgrund abgeschlossener Restrukturierungsmaßnahmen.

Effekte aus **steuerlichen Gestaltungsmaßnahmen** sind bei der Steuerplanung zu berücksichtigen, wenn mit ihrer Umsetzung (spätestens) bis zum Ende der Aufstellungsphase für den JA begonnen oder ihre Durchführung bis zu diesem Zeitpunkt von dem dafür zuständigen Organ genehmigt wurde. Auch dürfen keine Anhaltspunkte dafür vorliegen, dass die Umsetzung der Steuergestaltung aus anderen Gründen nicht erfolgreich sein wird[1152]. 720

[1149] Vgl. *Fuhrmann/Gellrich*, in: *Herzig/Fuhrmann*, Handbuch latente Steuern, Kap. B IV, Rn. 84.
[1150] Vgl. DRS 18.18; *Gelhausen/Fey/Kämpfer*, BilMoG, Kap. M, Rn. 32; *Grottel/Larenz*, in: BeBiKo[11], § 274, Rn. 42.
[1151] Vgl. DRS 18.21; *Gelhausen/Fey/Kämpfer*, BilMoG, Kap. M, Rn. 33. Zur Kürzung des Passivüberhangs um die Auswirkungen der sog. Mindestbesteuerung vgl. *Grottel/Larenz*, in: BeBiKo[11], § 274, Rn. 45.
[1152] Vgl. DRS 18.24; *Gelhausen/Fey/Kämpfer*, BilMoG, Kap. Q, Rn. 305.

721 Weist ein Unternehmen eine nachhaltige **Verlusthistorie** auf, wird i.d.R. nicht mit ausreichender Wahrscheinlichkeit vom Entstehen entsprechender künftiger Steuerentlastungen aus der Nutzung von Verlustvorträgen ausgegangen werden können. Etwas anderes gilt dagegen, wenn die Verluste in VJ auf identifizierbaren Sondereffekten beruhen, mit deren Wiederkehr bis zum Ende des Planungshorizonts nicht zu rechnen ist[1153].

722 Bei der Aktivierung latenter Steuern auf Verlustvorträge sind ferner die Beschränkungen des Verlustabzugs aufgrund der sog. **Mindestbesteuerung** (§ 8 Abs. 1 KStG i.V.m. § 10d Abs. 2 EStG bzw. § 10a S. 1 und 2 GewStG) sowie die **Verlustabzugsbeschränkungen** aufgrund eines „schädlichen Beteiligungserwerbs" (§ 8c KStG bzw. § 10a S. 10 GewStG) zu beachten[1154].

723 Fraglich ist, ob die Beschränkung des Prognosezeitraums auch für abzugsfähige temporäre Differenzen gilt, deren Abbau zur Entstehung bzw. Erhöhung eines steuerlichen Verlustvortrags führt und mit dessen Realisierung erst nach Ablauf von fünf Jahren zu rechnen ist[1155]. Der Sinn und Zweck des § 274 Abs. 1 S. 4 HGB, die vorsichtige Ermittlung der realisierbaren Steuerentlastung aus einem Verlustvortrag (vgl. Kap. F Tz. 717), spricht einerseits dafür, **abziehbare temporäre Differenzen, die sich in einen Verlustvortrag wandeln**, bereits am Stichtag wie Verlustvorträge zu behandeln und deshalb die dafür geltenden strengeren Ansatzvoraussetzungen zu beachten. Andererseits bezieht sich der Wortlaut des § 274 Abs. 1 S. 4 HGB nur auf am Abschlussstichtag bereits vorhandene Verlustvorträge, so dass abziehbare temporäre Differenzen hiervon zunächst nicht erfasst werden. Daher ist der Ansatz aktiver latenter Steuern in diesen Fällen entspr. der Grundkonzeption (vgl. Kap. F Tz. 714) zulässig, wenn gewichtigere Gründe dafür als dagegen sprechen, dass die Steuerentlastung erwartet werden kann (vgl. DRS 18.9).

724 Letztlich kann in diesen Fällen über die Aktivierung latenter Steuern nur unter Berücksichtigung der **(Verlust-)Historie im** konkreten Einzelfall entschieden werden[1156].

> **Hinweis 55:**
>
> Bei Unternehmen, die in der Vergangenheit immer ausreichende Gewinne erzielt haben und bei denen keine Anhaltspunkte dafür vorliegen, dass sich die Ergebnissituation nachhaltig verschlechtern wird, wird die Aktivierung von latenten Steuern auf temporäre Differenzen nicht zu beanstanden sein, auch wenn sich diese in einem „einmaligen" Verlustjahr abbauen und sich nach der Steuerplanung voraussichtlich nicht mehr bis zum Ende des Planungshorizonts abbauen werden. Anderes gilt dagegen bei Unternehmen, die in der Vergangenheit Verluste oder nur gerade ausgeglichene Ergebnisse erzielt haben. Hier dürfte bereits mit Rücksicht auf das allgemeine Vorsichtsprinzip eine Aktivierung ausgeschlossen sein, auch wenn es sich am Stichtag formal noch nicht um einen Verlustvortrag handelt.

1153 Vgl. *Grottel/Larenz*, in: BeBiKo[11], § 274, Rn. 42.
1154 Vgl. *Gelhausen/Fey/Kämpfer*, BilMoG, Kap. M, Rn. 36; *Grottel/Larenz*, in: BeBiKo[11], § 274, Rn. 43. Das Bundesverfassungsgericht hat am 29.03.2017 entschieden, dass der Untergang von Verlustvorträgen gem. § 8c S. 1 KStG a.F. (jetzt § 8c Abs. 1 S. 1. KStG) verfassungswidrig ist, und den Gesetzgeber beauftragt, den Verfassungsverstoß bis zum 31.12.2018 rückwirkend zu beseitigen. Vgl. stellvertretend *Wittkowski*, BC 2017, S. 485 (487).
1155 Vgl. *Spanheimer/Simlacher* , in: HdR[5], § 274 HGB, Rn. 42 f.; *Meyer/Ruberg*, DStR 2010, S. 1538 (1539).
1156 Vgl. *Meyer/Ruberg*, DStR 2010, S. 1538 (1539).

Die künftige Verrechnungsmöglichkeit eines Zinsvortrags, der bei Anwendung der **Zinsschranke** nach § 4h EStG i.V.m. § 8a KStG entsteht, stellt, ebenso wie ein ertragsteuerlicher Verlustvortrag, einen wirtschaftlichen Vorteil dar. Obwohl § 274 Abs. 1 S. 4 HGB ausdrücklich nur steuerliche Verlustvorträge erwähnt, gelten die gleichen Grundsätze nach h.M. auch für die Berücksichtigung von aktiven latenten Steuern auf Zinsvorträge[1157]. 725

8.4.11.3 Bewertung

Die für die temporären Differenzen und steuerlichen Verlustvorträge angesetzten latenten Steuern sind mit dem **unternehmensindividuellen Steuersatz im Zeitpunkt ihres Abbaus** zu bewerten (§ 274 Abs. 2 S. 1 HGB). Sind die künftigen Steuersätze nicht bekannt, erfolgt die Bewertung der latenten Steuern auf Basis der am Stichtag geltenden Steuersätze. **Änderungen der Steuersätze** sind bei der Bewertung latenter Steuern zu berücksichtigen, wenn die maßgebliche gesetzgebende Körperschaft, d.h. in Deutschland der Bundesrat, der Gesetzesänderung bis zum jeweiligen Abschlussstichtag zugestimmt hat (vgl. DRS 18.46 ff.). Entsprechendes gilt für sonstige für die Bilanzierung latenter Steuern relevante Änderungen des Steuerrechts, z.B. Beschränkungen des Verlustabzugs oder die Abschaffung einer Steuerart (vgl. DRS 18.47). 726

Gelten in Abhängigkeit von Steuerart oder Einkunftsart **unterschiedliche Steuersätze**, ist dies bei der Bewertung grds. zu berücksichtigen[1158]. Die Verwendung durchschnittlicher Steuersätze (z.B. für Zwecke der GewSt, wenn ein Unternehmen Betriebsstätten in Gemeinden mit unterschiedlichen Hebesätzen unterhält) ist zulässig, wenn die daraus resultierenden Abweichungen unwesentlich sind (vgl. DRS 18.42). 727

Nach § 274 Abs. 2 S. 1 HGB besteht ein **Abzinsungsverbot** für latente Steuern. 728

8.4.11.4 Ausweis und Anhang

Latente Steuern dürfen in der Bilanz saldiert oder unsaldiert ausgewiesen werden (§ 274 Abs. 1 S. 3 HGB). Das Ansatzwahlrecht nach § 274 Abs. 1 S. 2 HGB gilt unabhängig davon, ob vom **Saldierungswahlrecht** Gebrauch gemacht wird oder nicht[1159]. Die Ausübung des Ausweiswahlrechts unterliegt dem Stetigkeitsgebot (§ 265 Abs. 1 S. 1 HGB). Ein Wechsel vom saldierten zum unsaldierten Ausweis ist gem. *IDW RS HFA 38*, Tz. 15 regelmäßig zulässig, weil dadurch der Einblick in die Vermögenslage verbessert wird[1160]. 729

Als Posten eigener Art sind anzusetzende bzw. angesetzte latente Steuern in der **Bilanz** unter der Bezeichnung „Aktive latente Steuern" (§ 266 Abs. 2 D. HGB) bzw. „Passive latente Steuern" (§ 266 Abs. 3 E. HGB) auszuweisen (§ 274 Abs. 1 S. 1 und 2 HGB). Zum Ausweis latenter Steuern bei Bestehen von Steuerumlageverträgen vgl. Kap. F Tz. 745. 730

Aufwendungen oder Erträge aus der Veränderung bilanzierter latenter Steuern sind in der **GuV** gesondert unter dem Posten „Steuern vom Einkommen und vom Ertrag" (§ 275 Abs. 2 Nr. 14 bzw. Abs. 3 Nr. 13 HGB) auszuweisen (§ 274 Abs. 2 S. 3 HGB). Der gesonderte Ausweis kann durch Einfügen einer gesonderten Zeile, eine Vorspaltenangabe oder einen Davon-Vermerk erfolgen (vgl. DRS 18.60). Statt des gesonderten Ausweises 731

[1157] Vgl. DRS 18.20; *Grottel/Larenz*, in: BeBiKo[11], § 274, Rn. 50 ff.; *Briese*, in: BHdR, B 235, Rn. 67.
[1158] Vgl. *Gelhausen/Fey/Kämpfer*, BilMoG, Kap. M, Rn. 44.
[1159] Vgl. *Gelhausen/Fey/Kämpfer*, BilMoG, Kap. M, Rn. 48.
[1160] Vgl. *Gelhausen/Fey/Kämpfer*, BilMoG, Kap. M, Rn. 50.

darf auch eine Angabe im Anh. erfolgen, wenn es sich um unwesentliche Beträge handelt (§ 265 Abs. 7 Nr. 1 HGB) oder dadurch die Klarheit und Übersichtlichkeit der Darstellung erhöht wird (§ 265 Abs. 7 Nr. 2 HGB)[1161].

732 Zu den **Anh.-Angaben** i.Z.m. der Bilanzierung latenter Steuern gem. § 285 Nr. 29 bzw. Nr. 30 HGB vgl. Kap. F Tz. 1227 ff. bzw. Kap. F Tz. 1231 ff.

8.4.11.5 Sonderfragen

8.4.11.5.1 Erfolgsneutral entstandene temporäre Differenzen

733 In die Ermittlung latenter Steuern nach § 274 Abs. 1 S. 1 und 2 HGB sind temporäre Differenzen unabhängig davon einzubeziehen, ob der Ansatz- oder Bewertungsunterschied erfolgswirksam oder erfolgsneutral entstanden ist. Ursachen für die erfolgsneutrale Entstehung temporärer Differenzen sind vor allem (Rein-)Vermögenszugänge i.Z.m. **Umwandlungsvorgängen** (Verschmelzungen, Spaltungen) oder **Sacheinlagen/-zuzahlungen**, bei denen aufgrund besonderer steuerlicher Regelungen durch eine Buchwertfortführung die Besteuerung von in der HB aufgedeckten Lasten und Reserven hinausgezögert werden kann[1162]. Die Erfassung der latenten Steuern ist Teil der erfolgsneutralen Erwerbsbilanzierung und erfolgt beim Erwerb von Sachgesamtheiten/Unternehmen gegen die Residualgröße (i.d.R. Geschäfts- oder Firmenwert) bzw. bei Gesellschaftertransaktionen gegen das EK[1163].

734 Häufig wird sich in diesen Fällen bezogen auf das erworbene (Rein-)Vermögen ein **Überhang zu versteuernder temporärer Differenzen** ergeben. Nicht zulässig ist, auf die Erfassung der passiven Gesamtdifferenz als Teil des erworbenen Reinvermögens zu verzichten, wenn der Erwerber im Erwerbszeitpunkt über einen nicht bilanzierten Aktivüberhang latenter Steuern verfügt, weil der wirtschaftliche Vorteil, der mit den abziehbaren temporären Differenzen verbunden ist, nicht Teil des erworbenen Reinvermögens ist, sondern bereits bisher als „stille Reserve" zum Vermögen des Erwerbers gehört hat. Eine Einbeziehung dieser Vorteile in die Erwerbsbilanzierung würde eine stille Realisierung dieser wirtschaftlichen Vorteile bedeuten (niedrigere Abschreibungen eines Geschäfts- oder Firmenwerts oder höhere Einlage im Zugangszeitpunkt). Gegen die Berücksichtigung dieser Vorteile i.R.d. Erwerbsbilanzierung spricht im Übrigen, dass sie sich nicht auf die Höhe der Gesamt-AK für das erworbene (Rein-)Vermögen ausgewirkt haben. Entsprechendes gilt, wenn ein steuerlicher Verlustvortrag des Erwerbers erst durch den Unternehmenserwerb werthaltig wird[1164].

735 Beim Erwerb einer Sachgesamtheit (*asset deal*) können temporäre Differenzen auch dadurch entstehen, dass die Gesamt-AK in der StB aufgrund besonderer Ansatz- und Bewertungsvorschriften (z.B. § 6a EStG) anders als in der HB verteilt werden. Folge hiervon ist, dass sich im Zugangszeitpunkt ggf. eine Wertdifferenz beim **Geschäfts- oder Firmenwert** zwischen HB und StB ergibt. Nach im Fachschrifttum vertretener Auffassung ist es in diesem Zusammenhang zulässig, die Wertdifferenz beim Geschäfts- oder Firmenwert im Zugangszeitpunkt bei der Ermittlung latenter Steuern zu berücksichtigen

---

1161 Vgl. *Spanheimer/Simlacher*, in: HdR⁵, § 274 HGB, Rn. 67.
1162 Vgl. *Gelhausen/Fey/Kämpfer*, BilMoG, Kap. M, Rn. 18.
1163 Vgl. DRS 18.51; *Grottel/Larenz*, in: BeBiKo¹¹, § 274, Rn. 10.
1164 Vgl. dazu analog DRS 23.76; *Winkeljohann/Deubert*, in: BeBiKo¹¹, § 301, Rn. 98.

oder darauf zu verzichten[1165]. Wird die Wertdifferenz im Zugangszeitpunkt bei der Bilanzierung latenter Steuern berücksichtigt, erfolgt die Ermittlung der latenten Steuern im Wege einer In-Sich-Rechnung, die durch die folgende Formel abgekürzt werden kann[1166]:

$$\text{Latente Steuer} = \text{Wertdifferenz im Zugangszeitpunkt} \times \frac{\text{Steuersatz}}{1 - \text{Steuersatz}}$$

Der Geschäfts- oder Firmenwert erhöht sich um den Betrag der so ermittelten latenten Steuer. Für Bewertungsunterschiede aus der Folgebewertung des Geschäfts- oder Firmenwerts sind hingegen zwingend latente Steuern zu bilanzieren.

In bestimmten Fällen sind latente Steuern, die aus dem erstmaligen Ansatz eines Vermögensgegenstands resultieren, nicht erfolgsneutral, sondern erfolgswirksam zu erfassen. Dies ist z.B. bei **steuerfreien Investitionszulagen** der Fall, die handelsbilanziell als Minderung der AK des bezuschussten Vermögensgegenstands oder durch Bildung eines gesonderten Passivpostens abgebildet werden, steuerbilanziell aber als steuerfreier Ertrag erfasst werden, so dass eine abziehbare temporäre Differenz entsteht[1167]. Da die temporäre Differenz nicht aus dem Anschaffungsvorgang selbst, sondern der damit einhergehenden Gewährung eines nicht steuerbaren Vermögensvorteils resultiert, und die Zuwendung im Übrigen durch einen Nicht-Gesellschafter erfolgt, kommt die erfolgsneutrale Erfassung des Steuervorteils nicht in Betracht[1168].

8.4.11.5.2 Ausländische Betriebsstätten

Für die Bilanzierung und Bewertung der Vermögensgegenstände, Schulden und RAP, die einer (rechtlich unselbstständigen) ausländischen Zweig-NL zugeordnet sind, gelten im JA des Gesamtunternehmens (Haupt-NL) die handelsrechtlichen Vorschriften ohne Einschränkung[1169]. Werden die Einkünfte der Betriebsstätte im Sitzstaat besteuert und im Inland nach DBA von einer Besteuerung freigestellt, sind die nach dem **Steuerrecht des Sitzstaats** ermittelten steuerlichen Wertansätze der Vermögens- und Schuldposten der Ermittlung latenter Steuern i.S.d. § 274 HGB zugrunde zu legen[1170]. Deshalb sind die temporären Differenzen im Vermögen der ausländischen Zweig-NL wie für ein rechtlich selbstständiges Unternehmen zu ermitteln und deren Realisierbarkeit unter Berücksichtigung ihrer individuellen Verhältnisse zu beurteilen. Erwartete steuerpflichtige Ergebnisse der Haupt-NL sind aus diesem Grund nicht geeignet, die Werthaltigkeit abziehbarer temporärer Differenzen oder eines steuerlichen Verlustvortrags der Zweig-NL zu begründen. Die Verhältnisse der Haupt-NL sind für die Beurteilung der **Realisierbarkeit von Verlustvorträgen** einer ausländischen Betriebsstätte jedoch dann relevant, wenn es sich um eine EU-Betriebsstätte handelt und eine Verlustnutzung im Sitzstaat

---

1165 Vgl. *Grottel/Larenz*, in: BeBiKo[11], § 274, Rn. 11; *Spanheimer/Simlacher*, in: HdR[5], § 274 HGB, Rn. 27 ff. Für den KA besteht gem. § 306 S. 3 i.V.m. § 301 Abs. 3 HGB ein Verbot zur Berücksichtigung latenter Steuern für eine Wertdifferenz beim Geschäfts- oder Firmenwert im Zugangszeitpunkt.
1166 Vgl. *Grottel/Larenz*, in: BeBiKo[11], § 274, Rn. 11.
1167 Vgl. *Gelhausen/Fey/Kämpfer*, BilMoG, Kap. M, Rn. 24.
1168 Vgl. m.w.N. *Briese*, in: BHdR, B 235, Rn. 100 f.; *Grottel/Larenz*, in: BeBiKo[11], § 274, Rn. 12.
1169 Vgl. *Winkeljohann/Lewe*, in: BeBiKo[11], § 238, Rn. 136.
1170 Vgl. *Briese*, in: BHdR, B 235, Rn. 116. Hat die Betriebsstätte ihren Sitz außerhalb der Euro-Zone, erfolgt die Ermittlung der latenten Steuern zunächst in fremder Währung, die gem. DRS 25.40 anschließend mit dem Devisenkassamittelkurs zum Abschlussstichtag umzurechnen sind; vgl. auch *Deubert/Meyer/Müller*, Der Konzern 2018, S. 96 (99).

der Betriebsstätten tatsächlich nicht mehr möglich ist, weil z.B. die Betriebsstätte geschlossen werden soll.

738 Bei ausländischen Betriebsstätten mit DBA-Freistellung ist für die Bewertung der latenten Steuern der **Steuersatz** im jeweiligen Sitzstaat heranzuziehen. Bei Betriebsstätten in unterschiedlichen Staaten dürfen gem. DRS 18.42 durchschnittliche Steuersätze verwendet werden, wenn sich dadurch keine wesentlichen Abweichungen ergeben[1171].

739 Besteht mit dem Sitzstaat der ausländischen Betriebsstätte **kein DBA**, sind dagegen grds. die nach deutschem Steuerrecht ermittelten Wertansätze der Vermögensgegenstände und Schulden bei der Ermittlung der latenten Steuern maßgeblich[1172].

740 Die getrennt für die Zweig-NL ermittelten (realisierbaren) temporären Differenzen einschl. der aktiven latenten Steuern auf Verlustvorträge gehen anschließend für Zwecke des JA der Haupt-NL in die Ermittlung der **Gesamtdifferenz** aktiver oder passiver latenter Steuern ein. Ausschlaggebend dafür ist, dass unabhängig davon, ob temporäre Differenzen im Vermögen der Haupt- oder der Zweig-NL bestehen, die daraus resultierenden steuerlichen Be- und Entlastungen sich im (einheitlichen) JA der Haupt-NL insgesamt niederschlagen. Folglich besteht das Ansatzwahlrecht für eine sich insgesamt ergebende Steuerentlastung nach § 274 Abs. 1 S. 2 HGB nicht je Zweig-NL, sondern nur insgesamt auf Ebene des JA der Haupt-NL.

8.4.11.5.3 Organschaften

741 Bei Bestehen einer ertragsteuerlichen Organschaft sind latente Steuern aus temporären Differenzen in den Vermögensgegenständen und Schulden der Organges. grds. im handelsrechtlichen JA des **Organträgers** zu berücksichtigen, weil dieser Steuerschuldner in der Organschaft ist (sog. formale Betrachtungsweise; zu Besonderheiten bei Bestehen von Umlageverträgen vgl. Kap. F Tz. 745)[1173]. Vororganschaftliche Verlustvorträge der Organges. können vom Organträger steuerlich nicht geltend gemacht werden (§ 15 S. 1 Nr. 1 KStG; § 10a S. 3 GewStG) und dürfen deshalb bei der Ermittlung der Gesamtdifferenz für den Organkreis nicht berücksichtigt werden[1174].

742 Bei **abweichenden GJ** der Organges. und des Organträgers ist fraglich, welcher Stichtag bei der Ermittlung der temporären Differenzen im Vermögen der Organges. im JA des Organträgers maßgeblich sein soll. Durch den EAV, der in Deutschland zwingend für das Vorliegen einer ertragsteuerlichen Organschaft erforderlich ist (§ 14 Abs. 1 S. 1 i.V.m. § 17 Abs. 1 KStG; § 2 Abs. 2 S. 2 GewStG), werden die bilanzbezogenen temporären Differenzen im Vermögen der Organges. in ergebnisbezogene Differenzen des Organträgers transformiert[1175]. Dies spricht dafür, dass jeweils der JA der Organges., der zuletzt der Ergebnisabführung an den Organträger zugrunde gelegen hat, auch für die Ermittlung der temporären Differenzen im Vermögen der Organges. maßgeblich sein soll.

743 Im JA der **Organges.** sind latente Steuern lediglich auf solche temporäre Differenzen zu erfassen, die sich voraussichtlich nach Beendigung der Organschaft abbauen werden[1176].

1171 Vgl. *Grottel/Larenz*, in: BeBiKo[11], § 274, Rn. 61.
1172 Vgl. ausführlich *Briese*, in: BHdR, B 235, Rn. 117.
1173 Vgl. DRS 18.32; *Grottel/Larenz*, in: BeBiKo[11], § 274, Rn. 70.
1174 Vgl. *Spanheimer/Simlacher*, in: HdR[5], § 274 HGB, Rn. 77.
1175 Vgl. *Prinz/Ruberg*, Der Konzern 2009, S. 343 (350).
1176 Vgl. DRS 18.34; *Dahlke*, BB 2009, S. 878 (879).

Für die steuerliche Anerkennung eines EAV ist es erforderlich, dass dieser für einen Zeitraum von mindestens fünf (Zeit-)Jahren abgeschlossen wird (§ 14 Abs. 1 S. 1 Nr. 3 KStG). Nach Ablauf dieser Mindestfrist verlängert sich ein EAV in der Praxis üblicherweise um ein weiteres Jahr, wenn er nicht gekündigt wird. Da eine Beendigung des EAV und damit der Organschaft i.d.R. nicht von der Organges., sondern nur vom Organträger herbeigeführt werden kann, führt dies dazu, dass aus Sicht der Organges. zunächst von einem unbefristeten Organschaftsverhältnis ausgegangen werden muss. Solange keine Anhaltspunkte dafür vorliegen, dass der Organträger beabsichtigt, den EAV zu beenden, wird deshalb im JA der Organges. regelmäßig die Bilanzierung latenter Steuern nicht erforderlich sein[1177].

> **Hinweis 56:**
>
> Hat die Organges. jedoch eine ausländische Zweig-NL, deren Einkommen im Inland von einer Besteuerung freigestellt ist (vgl. Kap. F Tz. 737 ff.), sind für die damit verbundenen temporären Differenzen sowie etwaige steuerliche Verlustvorträge im JA der Organges. latente Steuern nach § 274 HGB zu bilanzieren.

Der Umstand, dass die Organges. eine von ihr nach § 304 AktG an außenstehende Gesellschafter geleistete **Ausgleichszahlung** selbst versteuern muss (§ 16 KStG), führt nicht zur Bilanzierung latenter Steuern im JA der Organges. Die Bemessungsgrundlage für die Ertragsteuerzahlung ist der von der Organges. zu leistende Ausgleich, dessen Höhe sich nach der bisherigen Ertragslage der Organges. sowie ihren künftigen Ertragsaussichten richtet. In Ermangelung einer separaten (steuerlichen) Bemessungsgrundlage für diese Steuerzahlung können sich temporäre Differenzen im Vermögen der Organges. bei ihrem Abbau jedoch nicht auf die Höhe der Ertragsteuer auf die Ausgleichszahlung auswirken. Damit liegen insofern die Voraussetzungen für eine Bilanzierung latenter Steuern nach § 274 HGB nicht vor. **744**

Bei Bestehen eines **Steuerumlagevertrags**, bei dem sich die Steuerbe- und -entlastung aufgrund des Abbaus temporärer Differenzen im Vermögen der Organges. in voller Höhe auf die Höhe der künftigen Umlage auswirken, dürfen die latenten Steuern wahlweise auch im handelsrechtlichen JA der **Organges.** abgebildet werden (vgl. DRS 18.35). Strittig ist, ob latente Steuern bei Inanspruchnahme des Wahlrechts ausschließlich bei der Organges. zu erfassen sind oder ob diese zusätzlich zur Erfassung beim Organträger auch bei der Organges. zu berücksichtigen sind[1178]. Nach h.M. sind die originären latenten Steuern für die temporären Differenzen der Organges. auch bei Ausübung des Wahlrechts weiterhin im handelsrechtlichen JA des Organträgers auszuweisen, während die Organges. die latenten Steuern (zusätzlich) und gem. DRS 18.61 mit gesondertem Ausweis (z.B. in einem Posten „Aktive (bzw. passive) latente Steuerumlage vom Organträger"[1179]) in Bilanz und GuV zu erfassen hat[1180]. Wegen der daraus resultierenden **745**

1177 Vgl. *Gelhausen/Fey/Kämpfer*, BilMoG, Kap. M, Rn. 42; *Spanheimer/Simlacher*, in: HdR[5], § 274 HGB, Rn. 79.
1178 Vgl. *Briese*, in: BHdR, B 235, Rn. 197.
1179 Vgl. *Melcher/Murer*, DB 2011, S. 2329 (2331).
1180 Vgl. *Grottel/Larenz*, in: BeBiKo[11], § 274, Rn. 72; *Spanheimer/Simlacher*, in: HdR[5], § 274 HGB, Rn. 82; *Melcher/Murer*, DB 2011, S. 2329 (2330); a.A.: *Liekenbrock/Vossel*, DB 2012, S. 753 (755), wonach die originären latenten Steuern bei der Organges. gebildet und ausgewiesen werden.

„Doppelerfassung" latenter Steuern im Organkreis sollte beim Organträger dann eine korrespondierende, d.h. gegenläufige latente Steuerumlage bilanziert werden[1181].

8.4.12 Sonderposten der Passivseite

8.4.12.1 Sonderposten für unentgeltlich ausgegebene Emissionsberechtigungen

746 Werden kostenlos erhaltene Emissionsberechtigungen zum vorsichtig geschätzten Zeitwert im Ausgabezeitpunkt angesetzt (vgl. *IDW RS HFA 15*, Tz. 11), ist in gleicher Höhe nach § 265 Abs. 5 S. 2 HGB ein **„Sonderposten für unentgeltlich ausgegebene Emissionsberechtigungen"** zu bilden (*IDW RS HFA 15*, Tz. 13). Zu weiteren Einzelheiten, insb. zur Auflösung dieses Postens, vgl. *IDW RS HFA 15*, Tz. 15, 20 ff.

8.4.12.2 Passiver Unterschiedsbetrag aus Unternehmenserwerb

747 Ist die bei einem Unternehmenserwerb bewirkte Gegenleistung (i.d.R. Kaufpreis) niedriger als der Zeitwert der erworbenen Vermögensgegenstände abzgl. der übernommenen Schulden, darf die sich ergebende Differenz entsprechend der **Empfehlung** in **DRS 23**.3. nach DRS 23.91 in einem Sonderposten nach dem EK erfasst werden, der als „passiver Unterschiedsbetrag aus Unternehmenserwerb" oder „negativer Geschäfts- oder Firmenwert" zu bezeichnen ist. In diesem Fall richtet sich die Fortführung des Sonderpostens nach den Regelungen in DRS 23.142 f. und .149 (vgl. dazu Kap. G Tz. 410 ff.).

748 Wird von dieser Empfehlung kein Gebrauch gemacht, ist der Minderwert durch eine **Abstockung** der nicht-monetären Vermögensgegenstände zu berücksichtigen (vgl. dazu Kap. F Tz. 318). Kann der Minderwert dabei nicht vollständig im Wege der Abstockung verteilt werden, ist ein verbleibender Restbetrag ebenfalls auf der Passivseite auszuweisen und entsprechend zu bezeichnen. Der passive Unterschiedsbetrag darf in diesem Fall nur aufgelöst und vereinnahmt werden, wenn feststeht, dass er einem realisierten Gewinn entspricht (§ 252 Abs. 1 Nr. 4 HGB), z.B. wenn mit dem erworbenen Unternehmen verbundene Risiken, die im Erwerbszeitpunkt noch nicht als Schuld zu erfassen waren, sich konkretisiert und zu einer entspr. Ergebnisbelastung im handelsrechtlichen JA des Erwerbers geführt haben (analog Kap. F Tz. 367).

749 Resultiert die passive Differenz dagegen daraus, dass die Gesamt-AK für das erworbene Unternehmen z.B. durch die Ausübung von Gestaltungswahlrechten im Rahmen der allgemeinen Grundsätze für die Bewertung von Sacheinlagen[1182] unter dem Zeitwert des erworbenen Reinvermögens festgelegt werden, d.h. im handelsrechtlichen JA eine **zulässige Unterbewertung** vorgenommen wird, erscheint der Ausweis eines nach einer Abstockung verbleibenden passiven Unterschiedsbetrags nicht sachgerecht, stattdessen sollte die Differenz in dieser Konstellation in die Kapitalrücklage (§ 272 Abs. 2 Nr. 4 HGB) eingestellt werden[1183].

1181 Vgl. *Grottel/Larenz*, in: BeBiKo[11], § 274, Rn. 72; *Melcher/Murer*, DB 2011, S. 2329 (2330).
1182 Vgl. *Winkeljohann/Deubert*, in: BeBiKo[11], § 301, Rn. 157.
1183 Gl.A. *Deubert/Hoffmann*, in: Winkeljohann/Förschle/Deubert, Sonderbilanzen[5], Kap. K, Rn. 49.

8.5 Gewinn- und Verlustrechnung

8.5.1 Allgemeines

Grds. haben alle Kaufleute[1184] nach § 242 Abs. 2 HGB für den Schluss eines jeden GJ eine GuV als Gegenüberstellung der Aufwendungen und Erträge des GJ aufzustellen. Die GuV der KapGes. und der KapCoGes. (vgl. zur Abgrenzung Kap. F Tz. 1442 f.) bildet nach § 264 Abs. 1 S. 1 HGB mit der Bilanz als Teil des JA eine Einheit mit dem Anh. Die Gliederung der GuV ist in erster Linie in § 275 HGB geregelt. Sie ist stets in Staffelform nach dem **GKV** oder dem **UKV** aufzustellen (§ 275 Abs. 1 S. 1 HGB). Zum Vergleich beider Verfahren siehe Kap. F Tz. 789 ff.

750

8.5.1.1 Verbindlichkeit der Gliederungsschemata

Die Pflicht zur Anwendung eines der beiden Gliederungsschemata des § 275 HGB gilt für alle **KapGes.** und alle **Personenhandelsges. i.S.d. § 264a HGB** (KapCoGes.), die nicht zur Anwendung besonderer Formblätter (§ 330 HGB) für die GuV[1185] verpflichtet sind. Für kleine und mittelgroße Ges. (§ 267 Abs. 1 und 2 HGB) sowie für Kleinst-Ges. (§ 267a HGB) bestehen Erleichterungen hinsichtlich der Darstellungsform (§ 276 sowie § 275 Abs. 5 HGB, vgl. im Einzelnen Kap. F Tz. 766 ff. und Kap. F Tz. 770 ff.).

751

Für den Fall, dass Unternehmen in **mehreren Geschäftszweigen** tätig sind und dies die Gliederung nach verschiedenen Vorschriften bedingt, ist die Gliederung nach einer dieser Vorschriften vorzunehmen und nach den anderen Vorschriften zu ergänzen (§ 265 Abs. 4 S. 1 HGB)[1186]. Wegen Angaben im Anh. vgl. Kap. F Tz. 987.

752

Untergliederungen von Posten sind zulässig, sofern sie i.R.d. vorgeschriebenen Gliederung erfolgen (§ 265 Abs. 5 S. 1 HGB). Untergliederung bedeutet die Aufgliederung eines im Gliederungsschema aufgeführten Postens in einzelne Teilkomponenten. Eine Untergliederung liegt aber auch vor, wenn ein Teil des Posteninhalts durch einen Davon-Vermerk angegeben wird.

753

Die **Einfügung neuer Posten** – neben den gesetzlich vorgesehenen Ergänzungen (z.B. nach § 277 Abs. 3 S. 1 und 2 HGB) – ist zulässig, wenn ihr Inhalt nicht von einem vorgeschriebenen Posten gedeckt wird (§ 265 Abs. 5 S. 2 HGB). Ein gesonderter Ausweis i.R. eines neuen Postens kommt ausnahmsweise in Frage, wenn hierdurch der Einblick in die Ertragslage wesentlich verbessert wird. Dies gilt für sonst in den Sammelposten (Nrn. 4 und 8) zu erfassende Aufwendungen und Erträge (z.B. Ausweis von Buchgewinnen aus einem Anteilstausch[1187] oder aus der Veräußerung von Wertpapieren des AV i.R.d. Finanzergebnisses)[1188]. Für den infolge des BilRUG weggefallenen gesonderten Ausweis der außerordentlichen Erträge und Aufwendungen dürfen keine neuen Posten freiwillig eingefügt werden[1189]. Eine weitere Untergliederung der bestehenden Posten in Form eines Davon-Vermerks der in dem jeweiligen Posten enthaltenen Erträge bzw. Auf-

754

[1184] Zur Ausnahme für Kleinbetriebe nach § 242 Abs. 4 i.V.m. § 241a HGB vgl. *Gelhausen/Fey/Kämpfer*, BilMoG, Kap. A.
[1185] Vgl. hierzu ADS⁶, § 330 HGB, Tz. 20; sowie *Winkeljohann/Lawall*, in: BeBiKo¹¹, § 330, Rn. 20.
[1186] Vgl. *Winkeljohann/Büssow*, in: BeBiKo¹¹, § 265, Rn. 11 bis 13.
[1187] Vgl. zu den allg. Tauschgrundsätzen ADS⁶, § 255 HGB, Tz. 89.
[1188] Vgl. auch ADS⁶, § 275 HGB, Tz. 82; zu Gewinnen aus der Veräußerung von Beteiligungen vgl. *Schmidt/Peun*, in: BeBiKo¹¹, § 275, Rn.180.
[1189] Vgl. Begr. RegE BilRUG, BR-Drs. 23/15, S. 75.

wendungen von außergewöhnlicher Größenordnung oder außergewöhnlicher Bedeutung (§ 285 Nr. 31 HGB) ist zulässig, soweit dies der Klarheit und Übersichtlichkeit (§ 243 Abs. 2 HGB) dient[1190].

755 **Zwischensummen**, die – bezeichnet oder unbezeichnet – das Ergebnis mehrerer Einzelposten in sinnvoller Weise zusammenfassen, sind zulässig. Für eine nach § 275 Abs. 2 HGB gegliederte GuV kommen neben dem gesetzlich vorgesehenen Zwischenposten „Ergebnis nach Steuern" (Nr. 15) zusätzlich z.B. in Betracht:

- Gesamtleistung = Posten Nrn. 1 bis 4 (vgl. Kap. F Tz. 789),
- Rohergebnis = Posten Nrn. 1 bis 5 (vgl. Kap. F Tz. 766),
- Finanzergebnis = Posten Nrn. 9 bis 13.

Die Zulässigkeit eines Zwischenpostens „Rohergebnis" ergibt sich für kleine und mittelgroße Ges. bereits aus den Bestimmungen des § 276 S. 1 HGB.

756 Die **Reihenfolge der Posten** ohne zwingenden Grund zu ändern, ist nicht zulässig, denn § 275 Abs. 1 S. 2 HGB schreibt ausdrücklich einen Ausweis „in der angegebenen Reihenfolge" vor. Wenn allerdings „wegen Besonderheiten der Kapitalgesellschaft" (bzw. der ebenfalls zur Gliederung nach § 275 HGB verpflichteten KapCoGes.) eine andere Gliederung der GuV zur Aufstellung eines klaren und übersichtlichen JA erforderlich ist, muss die Gliederung geändert werden (§ 265 Abs. 6 HGB). Dies kann z.B. bei Speditionsunternehmen, Holdinges. und Leasingfirmen der Fall sein[1191].

757 Unter den Voraussetzungen des § 265 Abs. 7 HGB sind **Zusammenfassungen von Posten**, die im Gliederungsschema der GuV aufgeführt sind, zulässig. Dies gilt zum einen dann (Nr. 1), wenn die Posten einen Betrag enthalten, der für die Vermittlung eines den tatsächlichen Verhältnissen entspr. Bildes i.S.d. § 264 Abs. 2 HGB nicht erheblich ist[1192]. Zusammengefasst werden können danach sowohl Posten, die jeder für sich einen unerheblichen Betrag ausweisen, als auch Posten, von denen dies nur für den einen der beiden Posten gilt, sofern der zweite Posten Sammelcharakter trägt.

> **Hinweis 57:**
>
> Liegen z.B. nur unerhebliche „Andere aktivierte Eigenleistungen" (Abs. 2 Nr. 3) vor, jedoch erhebliche „Sonstige betriebliche Erträge" (Abs. 2 Nr. 4), erscheint eine Zusammenfassung beider Posten zulässig; die Bezeichnung des Postens Nr. 4 kann in diesem Fall wohl unverändert beibehalten werden. Unter den gleichen Voraussetzungen ist auch eine Zusammenfassung der Posten Abs. 2 Nrn. 2, 3 und 4 denkbar.

758 Zusammenfassungen von Erträgen und Aufwendungen sind grds. unzulässig. Sie würden gegen das **Verrechnungsverbot** (§ 246 Abs. 2 S. 1 HGB) verstoßen (zur gesetzlich vorgeschriebenen Ausnahme vom Verrechnungsverbot bei Vorliegen von Deckungsvermögen vgl. Kap. F Tz. 762). Zur Zusammenfassung von Posten zum Rohergebnis bei kleinen und mittelgroßen Ges. vgl. Kap. F Tz. 766.

759 Zusammenfassungen von Posten sind gestattet, wenn dadurch die **Klarheit der Darstellung vergrößert** wird (§ 265 Abs. 7 Nr. 2 HGB). Auf die Höhe des Betrags kommt es nicht an, es können auch erhebliche Beträge sowie Aufwendungen und Erträge zusam-

---

[1190] Vgl. *Peun/Rimmelspacher*, DB 2015, Beil. 5, S. 12 (18); *Schmidt/Peun*, in: BeBiKo[11], § 275, Rn. 17.
[1191] Vgl. ADS[6], § 265 HGB, Tz. 70, mit weiteren Bsp.
[1192] Zum Grundsatz der Wesentlichkeit vgl. ADS[6], § 252 HGB, Tz. 127.

mengefasst werden. Werden Posten zusammengefasst, sind die durch die Zusammenfassung untergegangenen Einzelposten grds. im Anh. aufzuführen (§ 265 Abs. 7 Nr. 2 Hs. 2 HGB; vgl. hierzu Kap. F Tz. 988). Der gesonderte Ausweis im Anh. kann unterbleiben, wenn die zusammengefassten Posten einen Betrag enthalten, der für die Vermittlung eines den tatsächlichen Verhältnissen entsprechenden Bildes i.S.d. § 264 Abs. 2 HGB nicht erheblich ist (§ 265 Abs. 7 Nr. 1 HGB).

Ein Posten, für den kein Betrag auszuweisen ist (**Leerposten**), braucht nicht aufgeführt zu werden, es sei denn, dass im VJ ein Betrag unter dem gleichen Posten auszuweisen war (§ 265 Abs. 8 HGB). **760**

Eine **Kurzbezeichnung** von Posten der GuV ist bei Berücksichtigung von § 243 Abs. 2 HGB grds. zulässig. Eine Kurzbezeichnung darf indes keinen Zweifel über die Zugehörigkeit des Postens zu einem bestimmten Posten des gesetzlichen Gliederungsschemas aufkommen lassen und darf nur dann erwogen werden, wenn eine längere gesetzliche Bezeichnung ersetzt werden soll[1193]. Ein **Weglassen von Teilen der gesetzlichen Bezeichnung** kann erforderlich sein, wenn die gesetzliche Bezeichnung auf mehrere Ertrags- oder Aufwandsarten hinweist und nur ein Teil von ihnen angefallen ist. **761**

> **Hinweis 58:**
>
> Beispiel zum GuV-Posten gem. § 275 Abs. 2 Nr. 10 HGB:
> Liegen z.B. nur Erträge aus anderen Wertpapieren des Finanz-AV vor, nicht dagegen aus Ausleihungen, so ist dies auch in der Postenbezeichnung zum Ausdruck zu bringen (§ 265 Abs. 6 HGB).

8.5.1.2 Verrechnungsgebot bei Vorliegen von Deckungsvermögen

Der Ausweis von Aufwendungen und Erträgen hat nach § 246 Abs. 2 S. 1 HGB grds. unsaldiert zu erfolgen. Gemäß § 246 Abs. 2 S. 2 Hs. 2 HGB sind jedoch **innerhalb des Finanzergebnisses** Aufwendungen und Erträge aus der Auf- bzw. Abzinsung von Altersversorgungsverpflichtungen u.ä. zwingend mit den dazugehörigen Aufwendungen und Erträgen aus dem Deckungsvermögen **zu verrechnen**[1194] (vgl. Kap. F Tz. 66). Aufwendungen und Erträge aus dem Deckungsvermögen, die grds. im operativen Ergebnis auszuweisen sind (z.B. Erfolgswirkungen aus Zeitwertänderungen des Deckungsvermögens), dürfen für Zwecke der Saldierung ebenfalls vollumfänglich im Finanzergebnis erfasst werden[1195]. Lediglich im Anh. sind nach § 285 Nr. 25 HGB die verrechneten Beträge brutto anzugeben. **762**

Sämtliche Aufwendungen und Erträge, die in den Saldierungsbereich des § 246 Abs. 2 S. 2 Hs. 2 HGB fallen, sind zu einem Gesamtbetrag zusammenzufassen. In Abhängigkeit vom Vorzeichen ist dieser Saldo gesondert unter den Zinsaufwendungen (Nr. 13) bzw. Zinserträgen (Nr. 11) zu zeigen (z.B. Vorspaltenausweis) oder durch einen Davon-Ver-

---

1193 Vgl. im Einzelnen ADS[6], § 265 HGB, Tz. 79.
1194 Der Dienstzeitaufwand aus der Zuführung zu den Altersversorgungsverpflichtungen u.ä. (vgl. Kap. F Tz. 824) darf nicht mit in den Saldierungsbereich einbezogen werden.
1195 Vgl. *IDW RS HFA 30 n.F.*, Tz. 87; *Gelhausen/Fey/Kämpfer*, BilMoG, Kap. C, Rn. 83 ff.; gem. *IDW RS HFA 30 n.F.*, Tz. 87 sind in diesem Fall auch die Erfolgswirkungen aus einer Änderung des Abzinsungszinssatzes für Altersversorgungsverpflichtungen u.ä. nicht im operativen, sondern im Finanzergebnis zu erfassen und in den genannten Saldierungsbereich einzubeziehen.

merk kenntlich zu machen[1196], sofern dieser nicht in einem gesonderten Posten innerhalb des Finanzergebnisses (z.B. „Erträge aus dem Deckungsvermögen abzgl. Zinszuführung zu den Altersversorgungsrückstellungen")[1197] ausgewiesen wird.

8.5.1.3 Grundsatz der Darstellungsstetigkeit

763 Die Gliederung des vorangegangenen GJ ist beizubehalten (**Grundsatz der Darstellungsstetigkeit**; vgl. *IDW RS HFA 38*), soweit nicht in Ausnahmefällen wg. besonderer Umstände Abweichungen erforderlich sind (§ 265 Abs. 1 S. 1 HGB). Besondere Umstände i.S. dieser Vorschrift können nur im Vergleich zum VJ grundlegend veränderte rechtliche oder tatsächliche Verhältnisse sein. Die Vorschrift erschwert im Interesse der Vergleichbarkeit insb. den Wechsel zwischen den beiden für die GuV zugelassenen Ausweisverfahren (GKV und UKV). Ein einmaliger Wechsel zwischen diesen Verfahren ist jedoch nicht generell ausgeschlossen; es muss sich jedoch um einen Ausnahmefall handeln und es müssen besondere Gründe vorliegen.

> **Beispiel 13:**
> Besondere Gründe können bspw. sein:
> - Vorbereitung der Aktieneinführung an einer ausländischen Börse,
> - wesentliche Änderung der Geschäftstätigkeit,
> - Begründung/Wechsel der Konzernzugehörigkeit,
> - Änderung der Kostenrechnung.

764 Nach § 265 Abs. 1 S. 1 HGB besitzen auch einmal getroffene Entscheidungen in den Ausweisfragen der Abs. 2 bis 8 grds. Bindungswirkung für künftige JA[1198], soweit nicht sachliche Gründe eine Änderung verlangen (vgl. *IDW RS HFA 38*, Tz. 15 i.V.m. Tz. 1). Das Stetigkeitsgebot gilt auch in Bezug auf den Inhalt der Posten. Ob die Vorschrift außerdem dazu zwingt, einmal eingeführte Untergliederungen stetig beizubehalten, erscheint dagegen fraglich; eine solche Auslegung könnte sich praktisch gegen Untergliederungen in einzelnen Jahren auswirken. Auch hinsichtlich der Möglichkeit von Zusammenfassungen von Posten gem. § 265 Abs. 7 HGB kann der Stetigkeitsgrundsatz nicht gelten; sowohl die erstmalige Anwendung als auch die Rückkehr zu einer Vollgliederung würden erschwert oder gar unmöglich gemacht.

765 Zulässige **Durchbrechungen des Stetigkeitsgrundsatzes** sind im Anh. anzugeben und zu begründen (§ 265 Abs. 1 S. 2 HGB; vgl. hierzu Kap. F Tz. 984 f.). Zur Notwendigkeit und zu den Möglichkeiten der Herstellung der Vergleichbarkeit der VJ-Zahlen nach § 265 Abs. 2 S. 2 oder 3 HGB vgl. *IDW RS HFA 39* und Kap. F Tz. 986.

8.5.1.4 Erleichterungen für kleine und mittelgroße Gesellschaften

766 Für kleine und mittelgroße Ges. (§ 267 Abs. 1 und 2 HGB) gilt die Erleichterung, dass sie anstelle der Posten nach § 275 Abs. 2 Nrn. 1 bis 5 oder Abs. 3 Nrn. 1 bis 3 und 6 HGB nur einen Posten „**Rohergebnis**" auszuweisen brauchen (§ 276 S. 1 HGB). Der Posten

---

[1196] Vgl. *IDW RS HFA 30 n. F.*, Tz. 86; *Gelhausen/Fey/Kämpfer*, BilMoG, Kap. I, Rn. 60 (auch Angabe im Anh. zulässig).
[1197] Vgl. *Gelhausen/Fey/Kämpfer*, BilMoG, Kap. C, Rn. 87.
[1198] Vgl. ADS⁶, § 265 HGB, Tz. 16.

"Rohergebnis" hat je nachdem, ob das GKV oder das UKV angewendet wird, einen unterschiedlichen Inhalt.

In der GuV sind als **Erträge** nur noch die verschiedenen Finanzerträge **gesondert auszuweisen**. Es liegt auf der Hand, dass eine nach diesen Grundsätzen aufgestellte GuV das in § 264 Abs. 2 S. 1 HGB geforderte, den tatsächlichen Verhältnissen entspr. Bild der Ertragslage nur noch eingeschränkt zu vermitteln vermag. Das Gesetz nimmt dies bewusst in Kauf. Eine korrigierende Berichterstattung im Anh. nach § 264 Abs. 2 S. 2 HGB kann daher nicht gefordert werden (vgl. Kap. F Tz. 983). 767

In vielen Fällen werden trotz der Erleichterungen des § 276 S. 1 HGB zumindest die **Umsatzerlöse** entspr. den Bestimmungen in § 277 Abs. 1 HGB zu ermitteln sein, um feststellen zu können, ob zusammen mit einem der beiden anderen Grenzwerte die in § 267 Abs. 2 HGB für mittelgroße Ges. gezogenen Grenzen überschritten werden. 768

Für AG und KGaA gilt, dass sie auf Verlangen eines jeden **Aktionärs** den JA auf der HV in der Form vorlegen müssen, die er ohne Anwendung des § 276 HGB hätte (§ 131 Abs. 1 S. 3 AktG). **Gesellschafter** anderer Gesellschaftsformen (GmbH, OHG, KG) können i.R.d. Feststellung des JA ihre Einsichts- und Auskunftsrechte geltend machen und daher i.d.R. entspr. Informationen verlangen (bei einer GmbH i.R.d. § 51a Abs. 1 GmbHG). 769

8.5.1.5 Erleichterungen für Kleinstgesellschaften

Gem. § 275 Abs. 5 HGB dürfen KleinstKapGes./KleinstKapCoGes. i.S.d. § 267a Abs. 1 HGB (vgl. Kap. F Tz. 281) anstelle der in § 275 Abs. 2 und 3 HGB vorgesehenen Gliederungsschemata eine **verkürzte GuV** aufstellen, die sich auf den Ausweis der Posten Umsatzerlöse, sonstige Erträge, Materialaufwand, Personalaufwand, Abschreibungen, sonstige Aufwendungen, Steuern und Jahresüberschuss/Jahresfehlbetrag beschränkt[1199]. Grds. gilt für eine nach dem vereinfachten Gliederungsschema aufgestellte GuV gem. § 264 Abs. 2 S. 5 HGB die **widerlegbare Vermutung der Vermittlung eines zutreffenden Bildes der Ertragslage** der Ges. Führen besondere Umstände[1200] dazu, dass kein den tatschlichen Verhältnissen entspr. Bild der Ertragslage bei Aufstellung einer GuV i.S.d. § 275 Abs. 5 HGB vermittelt wird, sind gem. § 264 Abs. 2 S. 2 und 4 HGB zusätzliche Angaben im Anh. bzw. unter der Bilanz zu machen. 770

Der nach § **277 Abs. 5 HGB** geforderte **gesonderte Ausweis** von Erträgen bzw. Aufwendungen aus der Abzinsung sowie von Erträgen oder Aufwendungen aus der Währungsumrechnung entfällt bei Aufstellung der verkürzten GuV (vgl. *HFA*, FN-IDW 2013, S. 360). Dies gilt jedoch nicht für die nach § **277 Abs. 3 S. 1 HGB** geforderte gesonderte Angabe der **außerplanmäßigen Abschreibungen**, da der zu erläuternde Posten ("Abschreibungen") auch in der verkürzten GuV enthalten ist. Die Angabe darf grds. entweder in der GuV oder im Anh. erfolgen. Sie ist daher bei Verzicht auf die Aufstellung eines Anh. gem. § 264 Abs. 1 S. 5 HGB in Form eines Davon-Vermerks, als Vorspalten-Vermerk oder als Unterposten zum Posten "Abschreibungen" zu machen[1201]. Zum Ausweis von **Erträgen und Aufwendungen aus Ergebnisausgleichsverträgen** vgl. Kap. F Tz. 774 ff. 771

[1199] Vgl. *Fey* u.a., BB 2013, S. 107 (108); zur Zuordnung der einzelnen Aufwendungen und Erträge in das verkürzte GuV-Schema vgl. *Schmidt/Peun*, in: BeBiKo[11], § 275, Rn. 317.
[1200] Vgl. *Schmidt/Peun*, in: BeBiKo[11], § 275, Rn. 320.
[1201] Vgl. *Fey* u.a., BB 2013, S. 107 (109); *Schmidt/Peun*, in: BeBiKo[11], § 275, Rn. 317

772 Die **Erleichterungen nach § 276 S. 1 HGB**, wonach bestimmte GuV-Posten zum Posten Rohergebnis zusammengefasst werden dürfen, darf von KleinstKapGes./KleinstKapCoGes., die von den Erleichterungen nach § 275 Abs. 5 HGB Gebrauch machen, nach § 276 S. 2 HGB nicht in Anspruch genommen werden.

773 Gem. § 158 Abs. 3 AktG sind KleinstKapGes./KleinstKapCoGes., die eine verkürzte GuV aufstellen (§ 275 Abs. 5 HGB), nicht zur Erstellung einer **GuV-Verlängerungsrechnung** verpflichtet.

8.5.1.6 Erträge und Aufwendungen aus Gewinngemeinschaften, Gewinnabführungs- und Teilgewinnabführungsverträgen sowie aus Verlustübernahme

774 Erträge und Aufwendungen der genannten Art sind in den Gliederungsschemata des § 275 Abs. 2 und 3 HGB nicht aufgeführt, doch schreibt § 277 Abs. 3 S. 2 HGB ihren **gesonderten Ausweis** unter entspr. Bezeichnung vor. Die Bezeichnung des gesonderten Postens entspricht den §§ 291 Abs. 1, 292 Abs. 1 Nrn. 1 und 2 AktG. Unter diesen Posten sind mithin die Erträge und Aufwendungen aus folgenden **Vertragsverhältnissen** aufzuführen:

a) Gewinngemeinschaften (Interessengemeinschaftsverträge),
b) GAV einschl. solcher Verträge, nach denen die Ges. ihr Unternehmen für Rechnung eines anderen Unternehmens zu führen hat,
c) Teil-GAV.

775 Zu den Teil-GAV zählen regelmäßig auch Verträge über **stille Beteiligungen** sowie andere Verträge, die an den Teil eines periodisch ermittelten Gewinns oder den Gewinn einzelner Betriebe anknüpfen[1202].

776 Erträge und Aufwendungen aus den vorbezeichneten Verträgen sind auch dann gesondert auszuweisen, wenn die Ges. oder das andere Unternehmen nicht in der Rechtsform der AG oder KGaA geführt werden. **Saldierungen** zwischen Erträgen und Aufwendungen sind nach dem in § 277 Abs. 3 S. 2 HGB geforderten „gesonderten Ausweis" und nach § 246 Abs. 2 S. 1 HGB unzulässig (vgl. aber Kap. F Tz. 785). Eine weitere Untergliederung (z.B. nach den einzelnen Vertragsarten) ist nicht erforderlich.

1202 Vgl. ADS[6], § 277 HGB, Tz. 58; *Schmidt/Peun*, in: BeBiKo[11], § 277, Rn. 10; im Einzelnen *Hüffer/Koch*, AktG[12], § 292, Rn. 4 ff., 12 ff.

> **Hinweis 59:**
> Die Erträge und Aufwendungen sollten wie folgt in die gesetzlichen Gliederungsschemata eingeordnet werden[1203]:
>
> | | | GKV (§ 275 Abs. 2) | UKV (§ 275 Abs. 3) |
> |---|---|---|---|
> | – | Erträge aus Gewinngemeinschaften, GAV und Teil-GAV | vor oder hinter Posten Nr. 9 | vor oder hinter Posten Nr. 8 |
> | – | Aufwendungen aus Verlustübernahme | vor oder hinter Posten Nr. 13 | vor oder hinter Posten Nr. 12 |
> | – | Erträge aus Verlustübernahme | vor Posten Nr. 17 | vor Posten Nr. 16 |
> | – | aufgrund von Gewinngemeinschaften, GAV oder Teil-GAV abgeführte Gewinne | vor Posten Nr. 17 | vor Posten Nr. 16 |

Anstelle des gesonderten Ausweises können auch **Davon-Vermerke** oder **Untergliederungen** bei den Posten vorgenommen werden, unter denen die Aufwendungen und Erträge ohne die Vorschrift des § 277 Abs. 3 S. 2 HGB auszuweisen wären. 777

Zum Ausweis der Aufwendungen und Erträge aus im Rahmen von Organschaften **weiterbelasteten Steuern** vgl. Kap. F Tz. 866. 778

Für die genannte Zuordnung (vgl. Kap. F Tz. 776) ist die Überlegung bestimmend, dass die Erträge aus Gewinngemeinschaften, GAV und Teil-GAV sowie die Aufwendungen aus Verlustübernahme parallel zu den Erträgen und Aufwendungen, die bei einer **Oberges.** i.Z.m. Beteiligungen entstehen, behandelt werden sollten. Bei KleinstKapGes./ KleinstKapCoGes. i.S.d. § 267a HGB als Oberges., die von den Erleichterungen des § 275 Abs. 5 HGB Gebrauch machen und eine verkürzte GuV aufstellen, wird der gesonderte Ausweis der Aufwendungen und Erträge gem. § 277 Abs. 3 S. 2 HGB unterbleiben dürfen, da die Aufwendungen und Erträge des Finanzergebnisses im Falle einer vereinfachten GuV in die Sammelposten „sonstiger Ertrag" (§ 275 Abs. 5 Nr. 2 HGB) oder „sonstige Aufwendungen" (§ 275 Abs. 5 Nr. 6 HGB) einfließen. 779

Unter dem gesonderten Posten „**Aufwendungen aus Verlustübernahme**" sind bei der Oberges. insb. die nach § 302 AktG zu übernehmenden Verluste auszuweisen (zu Einzelheiten vgl. die Ausführungen zur Unterges. in Kap. F Tz. 781)[1204]. Soweit wg. drohender Verlustübernahmen **Rückstellungen** zu bilden sind[1205] (vgl. Kap. F Tz. 683), ist der hierfür erforderliche Aufwand entweder in Posten Nr. 8 (sonstige betriebliche Aufwendungen) einzubeziehen, damit in dem gesonderten Posten nur tatsächlich getragene Verluste ausgewiesen werden, oder der Aufwand ist alternativ unter entspr. Erl. im Anh. in den gesonderten Posten einzubeziehen[1206]. Bei Ausweis unter Nr. 8 ist der dann später tatsächlich anfallende Verlust – bei Einstellung eines Ausgleichspostens in Höhe der 780

1203 Für die vorgeschlagene Einordnung *Schmidt/Peun*, in: BeBiKo[11], § 277, Rn. 19; ADS[6], § 277 HGB, Tz. 65 (vor oder hinter Posten Nr. 9).
1204 Für qualifiziert faktische GmbH-Konzerne vgl. *Knepper*, DStR 1993, S. 1613; bzgl. der unter diesen Posten fallenden Verluste vgl. ADS[6], § 277 HGB, Tz. 62.
1205 Vgl. *Schmidt/Peun*, in: BeBiKo[11], § 277, Rn. 18.
1206 Vgl. ADS[6], § 277 HGB, Tz. 72 (den Ausweis unter Nr. 8 vorziehend); *Schmidt/Peun*, in: BeBiKo[11], § 277 HGB, Rn. 18 (für den Ausweis als Aufwendungen aus Verlustübernahme und Erl. im Anh.).

passivierten Rückstellung in die sonstigen betrieblichen Erträge (Nr. 4) – in dem gesonderten Posten auszuweisen.

781 Die **Erträge aus Verlustübernahme** und die aufgrund einer Gewinngemeinschaft, eines GAV oder Teil-GAV **abgeführten Gewinne** betreffen regelmäßig das Gesamtergebnis einer Unterges., weshalb es richtig erscheint, diese Posten bei der **Unterges.** unmittelbar vor dem Jahresergebnis einzuordnen[1207]. Sollte sich im Einzelfall eine Gewinngemeinschaft nur auf einzelne Teilbereiche eines Unternehmens beziehen und sollten unabhängig vom Gesamtergebnis Gewinne abzuführen sein, so ist ein Ausweis des Postens hinter dem Posten Abs. 2 Nr. 9/Abs. 3 Nr. 8 (Beteiligungserträge) vorzuziehen. Der gesonderte Ausweis von Erträgen aus Verlustübernahme ist bei Unterges. i.S.d. § 267a HGB (Kleinst-Ges.) ebenfalls (grds. vor dem Posten „Jahresüberschuss/Jahresfehlbetrag" (§ 275 Abs. 5 Nr. 8 HGB)) geboten[1208].

782 In den Posten Erträge aus Verlustübernahme gehören in erster Linie der Ges. gem. **§ 302 AktG** vergütete Beträge[1209]. Nach dieser Vorschrift besteht bei **Beherrschungs- und GAV** die Verpflichtung, Jahresfehlbeträge auszugleichen (Abs. 1); gleiches gilt bei **Betriebspacht- und Betriebsüberlassungsverträgen** zwischen einem herrschenden Unternehmen und einer abhängigen Ges. insoweit, als die vereinbarte Gegenleistung das angemessene Entgelt nicht erreicht und daraus ein Jahresfehlbetrag resultiert (Abs. 2).

783 Im Hinblick darauf, dass die Postenbezeichnung nicht auf eine gesetzliche Verlustübernahme beschränkt ist, sind ferner auch **freiwillige** oder auf anderen **Verträgen** als nach § 302 AktG beruhende Verlustübernahmen hier auszuweisen[1210]. Hierzu zählen auch Erträge des Emittenten aus der Verlustteilnahme von **Genussrechtskapital ohne EK-Charakter**; dabei ist ein gesonderter Ausweis, z.B. als „Ertrag aus der Herabsetzung des Genussrechtskapitals", oder eine Angabe im Anh. notwendig[1211]. Aufgrund der Genussrechtsbedingungen vorzunehmende **Wiederauffüllungen** aus Jahresüberschüssen folgender Jahre sind als gesonderter Aufwandsposten, z.B. als „Aufwand aus der Wiederauffüllung des Genussrechtskapitals", auszuweisen[1212].

784 **Ertragszuschüsse**, die dem Bilanzierenden unabhängig von einem Verlust gewährt werden, sind demgegenüber nicht hier, sondern – sofern es sich um Zuschüsse mit Gegenleistungsverpflichtung handelt – nach Maßgabe des § 277 Abs. 1 HGB unter dem Posten Nr. 1 oder Nr. 4 zu erfassen[1213]. Bei Zuschüssen ohne Gegenleistungsverpflichtung erfolgt der Ausweis grds. unter Nr. 4 (mit Erl. im Anh. nach § 285 Nr. 31 HGB), soweit es sich nicht um eine Zuzahlung in die Kapitalrücklage nach § 272 Abs. 2 Nr. 4 HGB handelt[1214].

785 Bei Abschluss von Beherrschungs- oder GAV mit einer AG oder KGaA muss außenstehenden Aktionären eine **Dividendengarantie** (= zu leistender Ausgleich für außen-

---

1207 Im Ergebnis ebenso *Schmidt/Peun*, in: BeBiKo[11], § 277, Rn. 23.
1208 Vgl. *Schmidt/Peun*, in: BeBiKo[11], § 275, Rn. 318.
1209 Vgl. zur entspr. Anwendung bei der GmbH ADS[6], § 277 HGB, Tz. 60.
1210 Vgl. ADS[6], § 277 HGB, Tz. 62; *Scheffler*, in: BHdR, B 336, Rn. 120.
1211 Vgl. *IDW St/HFA 1/1994*, Abschn. 2.2.1.b).
1212 Vgl. *IDW St/HFA 1/1994*, Abschn. 2.2.1.b).
1213 Vgl. *IDW St/HFA 2/1996 i.d.F. 2013*, Abschn. 2.1.2.; zur Abgrenzung zwischen Ertragszuschüssen und gesondert auszuweisenden Verlustübernahmen vgl. *Schmidt/Peun*, in: BeBiKo[11], § 277, Rn. 21.
1214 Vgl. *IDW St/HFA 2/1996 i.d.F. 2013*, Abschn. 2.2.; ADS[6], § 272 HGB, Tz. 137; *Grottel*, in: BeBiKo[11], § 285, Rn. 891; *Scheffler*, in: BHdR, B 336, Rn. 123.

stehende Aktionäre) eingeräumt werden (§ 304 Abs. 1 AktG). Ist danach die Oberges. selbst zur Zahlung der Dividende an die außenstehenden Gesellschafter der Unterges. verpflichtet (**Rentengarantie**), so sind diese Ausgleichszahlungen nach § 158 Abs. 2 S. 1 AktG von den aus der (Teil-)Gewinnabführung der Tochterges. vereinnahmten Erträgen zu kürzen, höchstens jedoch in Höhe der aus dem jeweiligen Vertragsverhältnis resultierenden Erträge. Übersteigen die aufgrund der Dividendengarantie zu zahlenden Beträge die vereinnahmten Erträge, so ist – wie auch im Falle einer Verlustübernahme – der die Oberges. belastende Betrag (Saldo) unter den Aufwendungen aus Verlustübernahmen auszuweisen. § 158 Abs. 2 S. 2 AktG bestimmt für AG und KGaA ausdrücklich, dass von den Erträgen aus (Teil-)GAV andere als die an außenstehende Gesellschafter zu leistenden Beträge nicht abgesetzt werden dürfen.

Ist die Unterges. unmittelbar zu Zahlungen der garantierten Dividende an ihre Minderheitsgesellschafter verpflichtet, muss also die Mutterges. die Tochterges. so stellen, dass diese aufgrund ihres Ergebnisses die zugesagte Dividende zahlen kann (**Rentabilitätsgarantie**), so weist die Oberges. den um die Ausgleichszahlung verminderten Gewinn bzw. den von ihr getragenen Gesamtaufwand (Ausgleichszahlung und Verlustausgleich) aus. Die Tochterges. muss die Aufwendungen für Ausgleichszahlungen, soweit sie nicht durch die Mutterges. übernommen wurden, als Sonderposten (vor Posten Nr. 17 bzw. 16) ausweisen[1215]. 786

8.5.1.7 Außergewöhnliche und periodenfremde Erträge und Aufwendungen

Nach § 285 Nr. 31 HGB sind Betrag und Art der Erträge und Aufwendungen, die von **außergewöhnlicher Größenordnung oder außergewöhnlicher Bedeutung** sind, im Anh. anzugeben (vgl. hierzu Kap. F Tz. 1234 ff.)[1216]. 787

Die **periodenfremden** Erträge und Aufwendungen sind ebenfalls gem. § 285 Nr. 32 HGB hinsichtlich ihres Betrags und ihrer Art im Anh. zu erläutern (vgl. hierzu Kap. F Tz. 1242 ff.). 788

8.5.1.8 Gemeinsamkeiten und Unterschiede zwischen dem Gesamtkosten- und dem Umsatzkostenverfahren

Bei der Gliederung nach dem **GKV** werden die gesamten im GJ angefallenen Erträge und Aufwendungen nach Arten gegliedert angegeben. Der Ausweis der Posten ist somit **periodenbestimmt** und unabhängig davon, in welcher Beziehung sie zu den Umsatzerlösen des GJ stehen. Das macht es notwendig, die Bestandsveränderungen und die anderen aktivierten Eigenleistungen als solche auszuweisen. Diese Posten ergeben zusammen mit den Umsatzerlösen mit gewissen Einschränkungen[1217] die **Gesamtleistung** des Unternehmens im GJ, weshalb eine nach § 275 Abs. 2 HGB aufgestellte GuV auch als Produktionskostenrechnung und das ihr zugrundeliegende Gliederungsprinzip als **Produktionskostenverfahren** bezeichnet werden kann. Es bestehen keine Bedenken dagegen, die „Gesamtleistung" als Zwischensumme in das gesetzliche Gliederungsschema einzufügen (vgl. Kap. F Tz. 755). 789

1215 Vgl. ADS⁶, § 277 HGB, Tz. 69; wegen analoger Behandlung von Fällen, die nicht den Vorschriften des AktG unterliegen, vgl. ADS⁶, § 277 HGB, Tz. 69.
1216 Vgl. zu den im Zuge des BilRUG erfolgten Änderungen i.Z.m. außerordentlichen Erträgen und Aufwendungen *IDW*, WPH Edition, Wirtschaftsprüfung & Rechnungslegung¹⁵, Kap. F, Tz. 761.
1217 Vgl. ADS⁶, § 275 HGB, Tz. 21, 24.

790 Demgegenüber ist das **UKV**[1218] auf eine Darstellung des Umsatzes und der zu ihm in unmittelbarer Beziehung stehenden Kosten ausgerichtet. Diese Kosten – HK der zur Erzielung der Umsatzerlöse erbrachten Leistungen – werden in der GuV unabhängig davon ausgewiesen, ob sie in dem GJ, über das berichtet wird, angefallen sind oder in früheren GJ. Demgegenüber erscheinen Kosten des GJ, die in am Jahresende noch unverkauften, d.h. in den Beständen aktivierte Produkte eingegangen sind, nicht in der GuV. Der Ausweis der Kosten ist insoweit nicht perioden-, sondern umsatzbestimmt.

791 Diese **Unterschiede im Ausweis** zwischen GKV und UKV beziehen sich allerdings nur auf einen Teil der auszuweisenden Posten. Andere Aufwendungen, die nicht in direkter Relation zum Umsatz stehen, wie die allgemeinen Verwaltungskosten, oder Aufwendungen, die teils perioden-, teils umsatzabhängig sind, wie die Vertriebskosten, sowie alle übrigen Aufwendungen und Erträge werden nach Arten getrennt ausgewiesen.

> **! Hinweis 60:**
> Die Posten Nrn. 1, 4 und 8 bis 17 des GKV sind von ihrer Bezeichnung her identisch mit denen der Nrn. 1 und 6 bis 16 des UKV, ohne dass jedoch in jedem Fall der Inhalt der Posten der gleiche sein muss.

8.5.2 Inhalt der einzelnen Posten bei Gliederung nach dem Gesamtkostenverfahren (§ 275 Abs. 2 HGB)

8.5.2.1 Umsatzerlöse (Nr. 1)

792 Als Umsatzerlöse sind nach § 277 Abs. 1 HGB die Erlöse aus dem Verkauf und der Vermietung oder Verpachtung von Produkten sowie aus der Erbringung von Dienstleistungen der Ges. auszuweisen. Erlösschmälerungen, die USt (vgl. *IDW RH HFA 1.017*, Tz. 2) und sonstige direkt mit dem Umsatz verbundene Steuern sind abzusetzen.

793 Umsatzerlöse i.S.d. § 277 Abs. 1 HGB liegen vor, wenn das Unternehmen Lieferungen oder Leistungen erbringt, die sich auf Produkte oder Dienstleistungen des Unternehmens beziehen[1219]. Unter **Produkten** i.S.d. § 277 Abs. 1 HGB sind nach Auffassung des *HFA* solche Vermögensgegenstände zu verstehen, die regelmäßig i.R.d. Geschäftstätigkeit des Unternehmens veräußert werden (vgl. IDW Life 2015, S. 670)[1220]. **Dienstleistungen** führen dagegen unabhängig davon, ob diese regelmäßig i.R.d. Geschäftstätigkeit erbracht werden oder nicht, immer zu Umsatzerlösen i.S.d. § 277 Abs. 1 HGB.[1221] Entscheidend ist lediglich das Vorliegen eines Leistungsaustausches[1222].

1218 Vgl. hierzu im Einzelnen Kap. F Tz. 901 ff.
1219 Vgl. bzgl. Einzelheiten der Definition von Produkten und Dienstleistungen *Schmidt/Peun*, in: BeBiKo[11], § 275, Rn. 49 ff.; *HFA*, IDW Life 2016, S. 670 f.
1220 Vgl. Begr. RegE zum BilRUG, BR-Drs. 25/15, S. 76, nach der der neu eingeführte Begriff „Produkte" grds. mit dem Begriffspaar „Erzeugnisse und Waren" gemäß HGB i.d.F. vor Inkrafttreten des BilRUG gleichzusetzen ist.
1221 Vgl. *Schmidt/Peun*, in: BeBiKo[11], § 275, Rn. 52; *Richter*, DB 2015, S. 385 (387).
1222 Vgl. *Peun/Rimmelspacher*, DB 2015, Beil. 5, S. 12 (16); *HFA*, IDW Life 2015, S. 671.

> **Beispiel 14**[1223]:
>
> In die Umsatzerlöse sind u.a. Erlöse aus folgenden Sachverhalten einzubeziehen:
>
> Verkauf von Erzeugnissen und Handelswaren, regelmäßige Verkäufe von nicht mehr benötigten Roh-, Hilfs- und Betriebsstoffen, regelmäßige Verkäufe von Schrott, Abfallprodukten, Neben- oder Kuppelprodukten und Zwischenerzeugnissen, Vereinnahmung passivierter Baukostenzuschüsse bei Netzbetreibern, Entgelte für Vermittlungs- und Kommissionsgeschäfte (Provisionen), Patent- und Lizenzgebühren, Vermietung oder Verpachtung von Vermögensgegenständen, regelmäßige Veräußerung von Vorführprodukten, Reparatur-, Instandhaltungs- und Wartungsleistungen, Überlassung von Personal an ein anders (Konzern-)Unternehmen.

794 Zur Einbeziehung von **Zuschüssen** mit Gegenleistungsverpflichtung in die Umsatzerlöse bei entspr. Charakter vgl. *IDW St/HFA 2/1996 i.d.F. 2013*.

795 **Finanzerträge** sind als Bestandteil des Finanzergebnisses unter den entspr. Posten (Abs. 2 Nrn. 9, 10 und 11 bzw. Abs. 3 Nrn. 8, 9 und 10) auszuweisen und führen nicht zu Umsatzerlösen (vgl. *HFA*, IDW Life 2015, S. 671).

796 Die Umsatzerlöse sind grds. in **Höhe der Rechnungsbeträge** auszuweisen, also einschl. Verpackungs- und Versandkosten. Die USt ist abzusetzen (§ 277 Abs. 1 HGB); auch der Ausweis der Bruttoerlöse unter offener Absetzung der USt ist als weitergehende Gliederung nach § 265 Abs. 5 HGB zulässig[1224].

797 Neben der USt sind auch zwingend die „**sonstigen direkt mit dem Umsatz verbundenen Steuern**" von den Umsatzerlösen abzuziehen. Hierbei wird es ebenfalls für zulässig erachtet, wenn eine offene Absetzung in der Vorspalte der GuV vorgenommen wird[1225]. Als sonstige direkt mit dem Umsatz verbundene Steuern i.S.d. § 277 Abs. 1 HGB kommen Verbrauchsteuern/Monopolabgaben in Betracht, für die das Unternehmen selbst Steuerschuldner ist und die nicht in die HK für am Abschlussstichtag vorhandene aktivierungspflichtige Vermögensgegenstände einzubeziehen sind (vgl. bspw. zur Einbeziehung der Biersteuer in die HK *IDW RS HFA 31 n.F.*, Tz. 29). Es sind nur die Steuern abzuziehen, bei denen der Zeitpunkt der Steuerentstehung nach den entspr. Steuergesetzen mit dem Zeitpunkt der handelsrechtlichen Umsatzrealisation zusammenfällt, da es ansonsten an der „direkten Verbundenheit" mit dem Umsatz fehlt[1226].

798 Zur Ermittlung der Umsatzerlöse bei **Versorgungsunternehmen** mit rollierenden Jahresabrechnungsverfahren vgl. *IDW PH 9.314.1*. Bei **Speditionsunternehmen** sind die weiterberechneten Fremdleistungen bei den Umsatzerlösen auszuweisen, während vorgelegte Auslagen (durchlaufende Posten) in der GuV nicht erfasst werden[1227]. Zur Er-

---

1223 Vgl. zur Abgrenzung weiterer Einzelfälle *Schmidt/Peun*, in: BeBiKo[11], § 275, Rn. 54 ff.; *HFA*, IDW Life 2016, S. 670 f.
1224 Vgl. ADS[6], § 277 HGB, Tz. 37; *IDW RH HFA 1.017*, Tz. 2.
1225 Vgl. *HFA*, IDW Life 2015, S. 672; *Schmidt/Peun*, in: BeBiKo[11], § 275, Rn. 66.
1226 Vgl. *Peun/Rimmelspacher*, DB 2015, Beil. 5, S. 12 (16); *HFA*, IDW Life 2015, S. 671 f.; *Richter*, DB 2015, S. 385 (386).
1227 Vgl. ADS[6], § 277 HGB, Tz. 17.

fassung von Ergebnisanteilen aus Arbeitsgemeinschaften in den Umsatzerlösen vgl. *IDW St/HFA 1/1993*, Abschn. 3.4[1228].

799 Die Umsatzerlöse sind um **Erlösschmälerungen** zu kürzen (§ 277 Abs. 1 HGB). Im Einzelnen gehören dazu grds. Skonti, Umsatzvergütungen, Mengenrabatte, Treueprämien und andere Sondernachlässe sowie zurückgewährte Entgelte, jedoch nicht an Dritte gewährte Provisionen (Ausweis unter dem Posten Nr. 8). Auch Abzinsungen minderverzinslicher oder unverzinslicher langfristiger Waren- und Leistungsforderungen sind hier einzubeziehen[1229]. Unter die zurückgewährten Entgelte fallen Rückwaren sowie alle Gutschriften an Abnehmer für Gewichtsmängel, Preisdifferenzen sowie für Fracht und Verpackungskosten bis zur Höhe des ursprünglichen Rechnungsbetrags. Es sind nicht nur die bereits gewährten Preisnachlässe und zurückgewährten Entgelte abzusetzen, sondern auch Zuweisungen zu entspr. Rückstellungen[1230], z.B. für die Verpflichtung zur künftigen Gebühren- bzw. Entgeltabsenkung bei kommunalen Versorgungsunternehmen[1231]. Grds. können Preisnachlässe und zurückgewährte Entgelte nur insoweit von dem Posten Nr. 1 abgesetzt werden, als die entspr. Erlöse in diesem Posten enthalten sind. Es sollten aber keine Bedenken dagegen bestehen, bei unzureichender Rückstellungsbildung auch VJ-Umsätze betreffende Abzüge unter dem Posten Nr. 1 zu verrechnen, wenn in jedem GJ in der gleichen Weise verfahren wird und es sich nicht um außergewöhnliche oder einmalige Umsatzkorrekturen handelt[1232]. Zur Aufgliederung der Umsatzerlöse im **Anh.** (§ 285 Nr. 4 HGB) vgl. im Einzelnen Kap. F Tz. 1053 ff.

> **Hinweis 61:**
> Nicht von den unter Nr. 1 auszuweisenden Umsätzen dürfen wg. § 246 Abs. 2 S. 1 HGB (Saldierungsverbot) Ausgangsfrachten, Vertreterprovisionen, Versicherungen und andere Vertriebskosten, z.B. sog. Listing-Fees, abgesetzt werden (Ausweis unter Nr. 8). Ebenfalls unter die **sonstigen betrieblichen Aufwendungen** fallen i.d.R. Abschreibungen auf uneinbringliche Forderungen (soweit nicht unter Nr. 7 lit. b) gehörend) und Vertragsstrafen mit Schadensersatzcharakter.

8.5.2.2 Erhöhung oder Verminderung des Bestands an fertigen und unfertigen Erzeugnissen (Nr. 2)

800 Der Posten ergibt sich im Regelfall als **Differenz** zwischen den Werten, die in der zum Ende des GJ aufgestellten Bilanz und in der VJ-Bilanz für **unfertige und fertige Erzeugnisse** ausgewiesen sind. Eine Aufteilung nach der Veränderung der unfertigen und der fertigen Erzeugnisse erübrigt sich, auch wenn gegenläufige Bestandsveränderungen der beiden Erzeugnisarten zu verzeichnen sind. Ob die Bestandsveränderung auf Änderungen der Menge oder des Werts (Zu- und Abschreibungen) beruht, ist im Regelfall unbeachtlich (§ 277 Abs. 2 Hs. 1 HGB).

1228 Vgl. *Schmidt/Peun*, in: BeBiKo[11], § 275, Rn. 56 ff.; *Isele/Urner-Hemmeter*, in: HdR[5], § 277, Rn. 66 ff.
1229 Vgl. ADS[6], § 277 HGB, Tz. 35; *Schmidt/Peun*, in: BeBiKo[11], § 275, Rn. 65.
1230 Vgl. ADS[6], § 277 HGB, Tz. 33.
1231 So z.B. Zuführung zu Rückstellungen für Kostenüberdeckungen gem. § 6 Abs. 2 S. 3 KAG NW; vgl. hierzu auch *ÖFA*, FN-IDW 2001, S. 240.
1232 Vgl. ADS[6], § 277 HGB, Tz. 34 m.w.N.; *Schmidt/Peun*, in: BeBiKo[11], § 275, Rn. 63.

Liegen jedoch **Abschreibungen** vor, die das bei der Ges. sonst **übliche Maß übersteigen**, so dürfen diese Abschreibungen nicht einbezogen werden (§ 277 Abs. 2 Hs. 2 HGB); sie sind unter dem Posten Nr. 7 lit. b) auszuweisen. Darunter können Niederstwertabschreibungen i.Z.m. Sanierungen, Betriebsstilllegungen, Katastrophen o.ä. fallen. Weiterhin kommen als sonst nicht übliche Abschreibungen solche in Betracht, die mit einem Übergang auf geänderte Bewertungsmethoden i.Z. stehen (Erläuterungspflicht nach § 284 Abs. 2 Nr. 2 HGB) und betragsmäßig so bedeutend sind, dass sie aus dem Rahmen des sonst Üblichen fallen[1233]. 801

Selbst erzeugte Roh-, Hilfs- und Betriebsstoffe sind bilanztechnisch unfertige Erzeugnisse, deren Bestandsveränderungen unter erweiterter Postenbezeichnung grds. hier auszuweisen sind; falls sie in der Bilanz jedoch wg. der Schwierigkeit ihrer Erfassung zusammen mit den bezogenen Roh-, Hilfs- und Betriebsstoffen ausgewiesen werden, muss die Bestandsveränderung unter dem Posten Nr. 5 lit. a) verrechnet werden[1234]. 802

Auch die **Bestandsveränderungen noch nicht abgerechneter Leistungen**, wie in Arbeit befindliche Aufträge oder für Dritte errichtete unfertige Bauten auf fremdem Grund und Boden bei Dienstleistungs- oder Bauunternehmen, fallen unter den Posten Nr. 2; die Bezeichnung des Postens Nr. 2 ist dann grds. anzupassen (§ 265 Abs. 6 HGB)[1235]. Dagegen gehört die **Bestandsveränderung der Handelswaren**, auch wenn diese üblicherweise in der Bilanz zusammen mit den fertigen Erzeugnissen ausgewiesen werden, nicht unter diesen Posten[1236]. Bestandserhöhungen bei Handelswaren betreffen nicht die GuV, sondern unmittelbar die Vorratskonten; Bestandsverminderungen sind dagegen unter dem Posten Nr. 5 lit. a) (Verbrauch; Wertminderungen, soweit nicht unüblich) oder ggf. unter Nr. 7 lit. b) (unübliche Abschreibungen) auszuweisen. 803

8.5.2.3 Andere aktivierte Eigenleistungen (Nr. 3)

Der Posten resultiert aus der Aktivierung von Eigenleistungen im AV des Unternehmens, für die die Aufwendungen unter den verschiedenen Aufwandsposten der GuV ausgewiesen sind. Die Aufwendungen dürfen also nicht um die aktivierten Beträge gekürzt, sondern müssen vollständig ausgewiesen werden. Den wesentlichen Inhalt des Postens bilden **selbst erstellte Anlagen, aktivierte Großreparaturen** und Entwicklungskosten für **selbst geschaffene immaterielle Vermögensgegenstände des AV**[1237]. 804

Direkt auf den betreffenden Anlagekonten aktivierte **Fremdbezüge** sind nicht unter Nr. 3 zu erfassen, da ihnen in der GuV keine entspr. Aufwendungen gegenüberstehen (Netto-Methode)[1238]. Auch **Eigenleistungen**, die **nicht aktiviert** worden sind, gehören nicht unter den Posten Nr. 3, wie die Kosten für nach § 248 Abs. 2 S. 1 HGB nicht akti- 805

1233 Vgl. im Einzelnen zur Abgrenzung der unüblichen Abschreibungen ADS[6], § 275 HGB, Tz. 132, § 277 HGB, Tz. 43; teilw. abw. *Schmidt/Peun*, in: BeBiKo[11], § 275, Rn. 145; wegen zusätzlicher Angaben oder Änderung der Postenbezeichnung vgl. ADS[6], § 277 HGB, Tz. 47.
1234 Vgl. ADS[6], § 275 HGB, Tz. 66; *Schmidt/Peun*, in: BeBiKo[11], § 275, Rn. 78; *Isele/Urner-Hemmeter/Paffrath*, in: HdR[5], § 277 HGB, Rn. 83 f.; a.A. (grds. für Ausweis unter Nr. 3) *Budde*, in: HdR[5], § 275 HGB, Rn. 37 f.
1235 Vgl. ADS[6], § 275 HGB, Tz. 57; *Schmidt/Peun*, in: BeBiKo[11], § 275, Rn. 79.
1236 Vgl. ADS[6], § 275 HGB, Tz. 55; ferner *Hüttemann/Meyer*, in: Staub, HGB[5], § 275, Rn. 17.
1237 Vgl. *Gelhausen/Fey/Kämpfer*, BilMoG, Kap. E, Rn. 129.
1238 Vgl. ADS[6], § 275 HGB, Tz. 63 (Netto-Methode für Fremdbezüge nur anwendbar bei unwesentlichem Anteil der Eigenleistungen am Gesamtprojekt); ebenso *Schmidt/Peun*, in: BeBiKo[11], § 275, Rn. 81.

vierte oder nach Abs. 2 S. 2 nicht aktivierbare selbst geschaffene immaterielle Vermögensgegenstände des AV, eigene nicht aktivierbare Forschungskosten (§ 255 Abs. 2 S. 4 HGB), nicht in die HK einbezogene Wahlbestandteile (§ 255 Abs. 2 S. 3 HGB) oder nicht aktivierbare eigene Reparaturen. Ebenso wenig dürfen hier selbst erzeugte Roh-, Hilfs- und Betriebsstoffe ausgewiesen werden (vgl. Kap. F Tz. 802).

806 Werden **Aufwendungen früherer Perioden** im Anschluss an eine steuerliche Betriebsprüfung, aktiviert, so dürfen derartige periodenfremde Beträge unter dem Posten Nr. 4 erfasst werden[1239]. Zur Behandlung der Nachaktivierungen im Anlagenspiegel vgl. Kap. F Tz. 1012.

8.5.2.4 Sonstige betriebliche Erträge (Nr. 4)

807 Der Posten Nr. 4 ist ein **Sammelposten** für alle nicht unter andere Ertragsposten fallenden Erträge.

> **Beispiel 15:**
>
> Unter die sonstigen betrieblichen Erträge fallen insb.:
> - Erträge aus der Auflösung nicht mehr benötigter Rückstellungen (mit Ausnahme der Steuerrückstellungen, vgl. Erl. zu Nr. 14),
> - Ausgleichsposten bei der Inanspruchnahme von solchen Rückstellungen, die über sonstige betriebliche Aufwendungen gebildet worden sind[1240],
> - Erträge aus Zuschreibungen und aus Wertaufholungen (§ 253 Abs. 5 S. 1 HGB), soweit nicht unter Posten Nrn. 2, 5 lit. a) fallend[1241],
> - Zahlungseingänge auf in früheren Jahren ausgebuchte Forderungen,
> - Schuldnachlässe, soweit keine Zuzahlung in die Kapitalrücklage vorliegt,
> - Buchgewinne, die beim Verkauf oder Tausch von Gegenständen des AV entstehen, soweit nicht im Ausnahmefall unter Nr. 1 zu berücksichtigen[1242],
> - Buchgewinne aus dem Verkauf von Wertpapieren des UV oder von Bezugsrechten dieser Wertpapiere,
> - (realisierte) Erträge aus dem Einsatz von derivativen FI, es sei denn, aufgrund der Einbeziehung in eine Bewertungseinheit als Sicherungsinstrument ist ein saldierter Ausweis mit den Erfolgswirkungen des Grundgeschäfts (in dem GuV-Posten des Grundgeschäfts) sachgerecht[1243].

1239 Vgl. *IDW RS HFA 6*, Tz. 36; ebenso ADS[6], § 275 HGB, Tz. 60; *Schmidt/Peun*, in: BeBiKo[11], § 275, Rn. 82 (auch zur Nachaktivierung bei GJ-übergreifender Herstellung (Ausweis unter Nr. 3); *Winzker*, in: BHdR, B 331, Rn. 101 f.
1240 Vgl. ADS[6], § 275 HGB, Tz. 71, 78; *Schmidt/Peun*, in: BeBiKo[11], § 275, Rn. 103; a.A. *Budde*, in: HdR[5], § 275 HGB, Rn. 45.
1241 Vgl. *Kirsch/Siefke/Ewelt*, in: Baetge/Kirsch/Thiele, Bilanzrecht, § 275, Rn. 97.
1242 Vgl. zu den Ausnahmefällen *Schmidt/Peun*, in: BeBiKo[11], § 275, Rn. 50.
1243 Vgl. bzgl. Zinsderivaten *Schmidt/Peun*, in: BeBiKo[11], § 275, Rn. 108; *IDW RS HFA 35*, Tz. 85.

- realisierte Kursgewinne aus Währungen und Erträge aus der Umrechnung von Fremdwährungsposten zum Abschlussstichtag gem. § 256a HGB (zum gesonderten Ausweis nach § 277 Abs. 5 S. 2 HGB vgl. Kap. F Tz. 834)[1244],
- Rückvergütungen und Gutschriften für frühere Jahre[1245],
- Erträge aus Schadensersatzleistungen und Versicherungsentschädigungen (soweit nicht für verkaufte Produkte),
- Erträge aus Subventionen und Zuschüssen, soweit nicht AK-Minderungen, Umsatzerlöse oder Zuzahlungen von Gesellschaftern, die als Ertragszuschuss gewollt sind[1246],
- Erträge aus Ausgleichsansprüchen nach § 311 Abs. 2 AktG,
- Erträge aus Heraufsetzungen von Festwerten des Sach-AV,
- Erträge aus Kostenweiterbelastungen z.B. an TU im Rahmen von Konzernumlagen, soweit hierfür keine Dienstleistung (bspw. auf sog. cost-plus-Basis) von dem Bilanzierenden erbracht wird (dann Ausweis unter Nr. 1)[1247]; für das Fehlen einer eigenständigen Dienstleistung spricht es bspw., wenn extern anfallende Kosten ohne Marge an ein TU weiterberechnet werden und der Bilanzierende auch die Risiken aus den für das TU von dem Dritten erbrachten Leistungen zu einem deutlich geringeren Umfang trägt, als dies bei einem Dienstleister üblicherweise der Fall ist (damit Nähe zum durchlaufenden Posten),
- Erträge aus der Haftungsvergütung i.Z.m. der Stellung als persönlich haftender Gesellschafter einer PersGes.[1248]; gleiches dürfte für die Geschäftsführungsvergütung gelten[1249],
- Erträge aus im UV bilanzierten Joint Ventures, soweit kein Ausweis i.R.d. Umsatzerlöse (vgl. Erl. zu Nr. 1; im Einzelnen *IDW St/HFA 1/1993*),
- erstattete Stromsteuer, soweit nicht mit dem Materialaufwand verrechnet[1250],
- Gewinne aus dem Verkauf von Emissionsrechten sowie ein positiver Gesamtsaldo (Ertrag) aus Aufwendungen aufgrund von Abschreibungen der Emissionsrechte und Rückstellungsdotierungen sowie den korrespondierenden Erträgen aus der Auflösung des Sonderpostens (vgl. *IDW RS HFA 15*, Tz. 14, 25).

8.5.2.5 Materialaufwand (Nr. 5)

8.5.2.5.1 Aufwendungen für Roh-, Hilfs- und Betriebsstoffe und für bezogene Waren (Nr. 5 lit. a))

Es dürfen entweder alle Aufwendungen für Roh-, Hilfs- und Betriebsstoffe in den Posten Nr. 5 lit. a) einbezogen werden oder nur der auf den Fertigungsbereich entfallende Stoffverbrauch. Daher können Aufwendungen für Roh-, Hilfs- und Betriebsstoffe der Bereiche Verwaltung oder Vertrieb entweder hier oder unter den sonstigen betrieblichen

808

1244 Vgl. *Gelhausen/Fey/Kämpfer*, BilMoG, Kap. J, Rn. 84 (auch Angabe im Anh. zulässig); DRS 25.36; DRS 25.37 empfiehlt die unrealisierten Währungsgewinne aus der Anwendung des § 256a S. 2 HGB als Ersatz für eine Ausschüttungssperre gesondert anzugeben (vgl. DRS 25.B16; *Deubert/Meyer/Müller*, Der Konzern 2018, S. 99).
1245 Vgl. ADS[6], § 275 HGB, Tz. 71; *Winzker*, in: BHdR, B 331, Rn. 126.
1246 Vgl. *IDW St/HFA 1/1984*, Abschn. 2.a), sowie *IDW St/HFA 2/1996 i.d.F. 2013*, Abschn. 2.1.
1247 Vgl. *HFA*, IDW Life 2015, S. 671; *Baumann*, in: BilRUG-Komm., Kap. F., Rn. 78.
1248 Vgl. *HFA*, IDW Life 2015, S. 671.
1249 So auch *Schmidt/Peun*, in: BeBiKo[11], § 275, Rn. 52; a.A. *Oser/Orth/Wirtz*, DB 2015, S. 1729 (1732).
1250 Vgl. *Schmidt/Peun*, in: BeBiKo[11], § 275, Rn. 111.

809 Unter Nr. 5 lit. a) ist zumindest der **gesamte Materialverbrauch** der Fertigung des Unternehmens auszuweisen.

Aufwendungen (Nr. 8) ausgewiesen werden[1251]. Die Art des Ausweises ist gem. § 265 Abs. 1 S. 1 HGB beizubehalten.

> **Beispiel 16:**
>
> Unter den Posten Nr. 5 lit. a) fallen insb.:
>
> Alle Fertigungsstoffe, Labormaterial, Brenn- und Heizungsstoffe, Reinigungsmaterial, Reparaturstoffe, Material für aktivierte Eigenleistungen, Reserveteile und Werksgeräte, Versand- und Büromaterial sowie die Einstandswerte verkaufter Handelswaren.

810 Bei Leasingges. sind hier auch die Einstandskosten für Mietkaufgegenstände sowie ggf. die Buchwerte verkaufter Leasinggegenstände auszuweisen[1252]. Der Bezug von Energie (z.B. Strom, Gas, Fernwärme) wird bei Produktionsunternehmen insb. wg. der im Regelfall fehlenden Bevorratungs- bzw. Speichermöglichkeit häufig nicht unter Nr. 5 lit. a), sondern innerhalb der Aufwendungen für bezogene Leistungen (Nr. 5 lit. b)) ausgewiesen[1253]. Da die Aufwendungen dem Charakter nach jedoch auch dem Bereich „Roh-, Hilfs- und Betriebsstoffe" zugeordnet werden können, kommt ein Ausweis unter Nr. 5 lit. a) ebenfalls in Betracht. Für EVU (Vertriebsunternehmen) handelt es sich gem. *IDW RS ÖFA 3*, Tz. 7 dem Charakter nach um Waren, so dass der Ausweis grds. unter Nr. 5 lit. a) zu erfolgen hat.

811 Beschaffungen von Gegenständen für **Festwertposten des Sach-AV** können sowohl hier als auch im Posten Nr. 8 erfasst werden[1254]; Erhöhungen dieser Festwertposten aus Zugängen in VJ sind unter Nr. 4, Verminderungen unter Nr. 7 lit. a) auszuweisen[1255]. Bei Festwerten für Roh-, Hilfs- und Betriebsstoffe sind Ersatzbeschaffungen und Veränderungen der Höhe unter Nr. 5 lit. a) zu erfassen.

812 Die Aufwendungen sind zu den **Einstandswerten der verbrauchten Materialien**, jedoch ohne USt (Vorsteuer) auszuweisen; nicht abzugsfähige Vorsteuern (§ 15 Abs. 2 UStG) sind den AK zuzurechnen (vgl. *IDW RH HFA 1.017*, Tz. 11). Der Ausweis unter dem Posten Nr. 5 lit. a) umfasst aber nicht nur die Einstandswerte der verbrauchten Materialien oder verkaufter Handelswaren, sondern im Regelfall auch die sich aus Schwund, Qualitätsverlusten, rückläufigen Marktpreisen und anderen Ursachen ergebenden **Inventur- und Bewertungsdifferenzen**. Anders als beim Posten Nr. 2 ist nicht eigens vorgeschrieben, dass Abschreibungen, die über die in der Ges. sonst üblichen Abschreibungen hinausgehen, nicht in den Posten Nr. 5 lit. a) einbezogen werden dürfen. Gleichwohl ist im Hinblick auf die Bezeichnung des Postens Nr. 7 lit. b) davon aus-

---

[1251] Vgl. ADS[6], § 275 HGB, Tz. 83; *Schmidt/Peun*, in: BeBiKo[11], § 275, Rn. 116 (grds. Ausweis unter Nr. 8, zulässig aber auch unter Nr. 5 lit. a)); *Wulf*, in: BoHdR, § 275 HGB, Rn. 90 (bei Wesentlichkeit oder bei Ausweis eines Rohertrags als Zwischenergebnis Ausweis unter Nr. 8).
[1252] Vgl. *Gelhausen/Henneberger*, in: HdJ, Abt. I/8, Rn. 182.
[1253] Vgl. ADS[6], § 275 HGB, Tz. 85, 97; *Schmidt/Peun*, in: BeBiKo[11], § 275, Rn. 122; nach *Budde*, in: HdR[5], § 275 HGB, Rn. 53 nicht zulässig.
[1254] Vgl. ADS[6], § 275 HGB, Tz. 87.
[1255] ADS[6], § 275 HGB, Tz. 87; abw. *Winkeljohann/Philipps*, in: BeBiKo[11], § 240, Rn. 119 (Minderungen en Posten Nr. 8).

zugehen, dass **nicht übliche Abschreibungen** nicht unter Nr. 5 lit. a), sondern unter Nr. 7 lit. b) auszuweisen sind (zur Abgrenzung der nicht üblichen Abschreibungen vgl. die Erl. zu Nr. 7 lit. b)).

8.5.2.5.2 Aufwendungen für bezogene Leistungen (Nr. 5 lit. b))

Außer dem Verbrauch an Roh-, Hilfs- und Betriebsstoffen sowie dem Einsatz bezogener Waren sind unter dem Posten Nr. 5 „Materialaufwand" als Untergliederung auch die Aufwendungen für bezogene Leistungen auszuweisen. Hierher gehören daher nicht Fremdleistungen schlechthin, sondern solche Aufwendungen für von Dritten bezogene Leistungen, die bei betriebswirtschaftlicher Betrachtungsweise dem **Materialaufwand** zuzuordnen sind[1256]. Eine gewisse Großzügigkeit bei der Abgrenzung erscheint vertretbar. Maßgeblich ist, dass die durch Dritte erbrachten Leistungen ein wesentlicher bzw. prägender Bestandteil der durch das Unternehmen zu erbringenden Leistungen sind, die zu Umsatzerlösen (§ 277 Abs. 1 HGB) führen.

813

> **Beispiel 17:**
>
> In die Aufwendungen für bezogene Leistungen sind im Wesentlichen **einzubeziehen**:
>
> Aufwendungen für von Dritten durchgeführte Lohnbe- und -verarbeitung von Fertigungsstoffen und Erzeugnissen, wie die Kosten für das Umschmelzen von Metallen, für Stanzarbeiten, für Entgraten von Pressteilen, für Lackierung eigener Erzeugnisse, für Härten von Fertigungsteilen etc.[1257] und die Aufwendungen für von Dritten erbrachte Leistungen i.Z.m. der Erbringung von Dienstleistungen durch das Unternehmen.
>
> Bei Produktionsunternehmen häufig ebenfalls unter Nr. 5 lit. b) ausgewiesen werden Aufwendungen für bezogene Energie (vgl. Kap. F Tz. 810), mit denen erstattete Stromsteuer (maximal bis zur Höhe der in den unter Nr. 5 lit. b) erfassten Aufwendungen für bezogenen Strom enthaltenen Stromsteuer) i.d.R. saldiert wird.

Dagegen gehören nicht hierher (sondern unter die **sonstigen betrieblichen Aufwendungen** nach Nr. 8) die Aufwendungen für solche bezogenen Leistungen Dritter, die nicht dem Materialaufwand zuzurechnen sind, wie Reisespesen, Sachversicherungsprämien, Porti, Telefongebühren, Sachverständigenhonorare. Es erscheint sachgerecht, **Fremdreparaturen** unter Nr. 5 lit. b) auszuweisen, wenn der Materialanteil an den Reparaturkosten den Lohnanteil überwiegt (sonst unter Nr. 8)[1258]. Mietaufwendungen, die als Umsatzerlöse weiterberechnet werden, sind unter Nr. 5 lit. b) einzubeziehen. Ob Aufwendungen für **Lizenzen** als dem Roh-, Hilfs- und Betriebsstoffverbrauch gleichzusetzende Fremdleistungen anzusehen sind, kann nur im Einzelfall beurteilt werden; sofern bspw. überwiegend Umsatzerlöse aus der laufenden Unterlizenzierung erzielt werden, sollte eine Erfassung der entrichteten Lizenzgebühr hier erfolgen[1259]. Entgelte für **Konzessionen** sollten grds. unter Nr. 8 ausgewiesen werden[1260]. Wenn Konzessionsabgaben jedoch abhängig von der abgegebenen Leistungsmenge des Bilanzierenden anfallen (z.B. je kWh durchgeleiteten Strom bei Stromnetzbetreibern; vgl. § 2 Konzes-

814

1256 Vgl. ADS[6], § 275 HGB, Tz. 93; *Wulf*, in: BoHdR, § 275 HGB, Rn. 93.
1257 Vgl. ADS[6], § 275 HGB, Tz. 94.
1258 Vgl. ADS[6], § 275 HGB, Tz. 96.
1259 Vgl. *Schmidt/Peun*, in: BeBiKo[11], § 275, Rn. 122.
1260 Vgl. *Schmidt/Peun*, in: BeBiKo[11], § 275, Rn. 172.

sionsabgabenverordnung), kommt aufgrund des unmittelbaren Bezugs zur Höhe der Umsatzerlöse ein Ausweis unter Nr. 5 lit. b) in Betracht.

8.5.2.6 Personalaufwand (Nr. 6)

8.5.2.6.1 Löhne und Gehälter (Nr. 6 lit. a))

815 Hier sind sämtliche Löhne und Gehälter (Bruttobeträge) sowie alle sonstigen **Vergütungen für im Abschlussjahr geleistete Arbeiten** der Belegschaftsmitglieder (Arbeiter, Angestellte einschl. der Mitglieder des Vorstands oder der Geschäftsführung sowie befristet bzw. projektbezogen beschäftigte Personen, wenn diese einem Weisungsrecht des Unternehmens unterliegen), soweit sie nicht i.R.d. Gewinnverwendung gewährt werden, auszuweisen, ebenso auch Nachzahlungen für VJ, soweit hierfür nicht Rückstellungen bestehen. Handelt es sich um wesentliche periodenfremde Beträge, so sind sie nach § 285 Nr. 32 HGB im Anh. zu erläutern. Auch Tätigkeitsvergütungen persönlich haftender Gesellschafter gehören hierher, soweit es sich um natürliche Personen handelt; Vergütungen, die an eine Komplementär-KapGes. für Geschäftsführung und Haftungsübernahme gezahlt werden, sind dagegen unter Nr. 8 auszuweisen.

> **! Hinweis 62:**
> Unerheblich für den GuV-Ausweis ist,
> a) in welcher **Form** und unter welcher **Bezeichnung** die Vergütungen gewährt werden, z.B. Sachbezüge wie Deputate, mietfreie Dienstwohnungen und Privatnutzung von Dienstwagen[1261] (Ausweis der Gegenbuchung unter Nr. 4)[1262], Nebenbezüge, wie allg. Aufwands- und Trennungsentschädigungen, Gratifikationen, Provisionen an angestellte Reisende, Hausstands- und Kinderzulagen, Löhne für Feiertage und Urlaub, Weihnachtsgelder, Zahlungen aufgrund des Lohnfortzahlungsgesetzes, Zahlungen nach dem Vermögensbildungsgesetz, Wohnungsentschädigungen, Entgelte für Überstunden, Vergütungen für Erfindungen oder Verbesserungsvorschläge (soweit nicht aktiviert), Erfolgsbeteiligungen, Sonderzulagen für Schwerarbeit, Erziehungsbeihilfen etc.; Provisionen selbstständiger Vertreter gehören unter Nr. 8. Im Allgemeinen werden sich die Nebenbezüge, die unter Nr. 6 lit. a) einzubeziehen sind, mit den Beträgen decken, die lohnsteuerpflichtig sind. Auch von der Ges. übernommene Lohn- und Kirchensteuern gehören unter Nr. 6 lit. a) (z.B. pauschalierte LSt)[1263];
> b) wie die bezahlten Arbeitsentgelte in der Kalkulation verrechnet werden (Einzel- oder Gemeinkostenlöhne und -gehälter);
> c) in welcher Kostenstelle die Arbeit verrechnet wurde (Haupt-, Neben- oder Hilfsbetriebe, Vertrieb, Verwaltung);
> d) welchen Zwecken die Arbeit gedient hat, z.B. Produktion von Waren zum Verkauf oder von Anlagen, Reparaturarbeiten für Fremde etc.; soweit Löhne und Gehälter im AV aktiviert werden, gehört der Gegenwert unter den Posten Nr. 3; für weiterberechnete Löhne und Gehälter kommen i.d.R. aufgrund dahinter stehender Dienstleistungserbringung die Umsatzerlöse (Nr. 1) in Betracht; eine Absetzung in der Vorspalte ist nicht zulässig;
> e) ob die Beträge schon bezahlt oder erst Rückstellungen bzw. Verbindlichkeiten für sie angesetzt worden sind (§ 252 Abs. 1 Nr. 5 HGB).

1261 Vgl. *Schmidt/Peun*, in: BeBiKo[11], § 275, Rn. 128.
1262 Vgl. *HFA*, IDW Life 2016, S. 303; *Schmidt/Peun*, in: BeBiKo[11], § 275, Rn. 128.
1263 Vgl. ADS[6], § 275 HGB, Tz. 104, 200.

Vorschüsse auf künftige Löhne und Gehälter sind keine Aufwendungen, sondern, soweit am Abschlussstichtag noch nicht verrechnet, als Forderungen zu bilanzieren. Rückstellungen für **nach dem Abschlussstichtag anfallende Lohnaufwendungen** zur Erfüllung von Sach- und Dienstleistungsverpflichtungen (z.B. für Garantiearbeiten) sollten bei ihrer Bildung nicht über Nr. 6 lit. a) verrechnet werden, sondern über Nr. 8[1264]. Im GJ des Anfalls werden die tatsächlich entstandenen Löhne dann unter Nr. 6 lit. a) ausgewiesen, wobei die früher gebildete Rückstellung in Höhe des Verbrauchs über sonstige betriebliche Erträge (Nr. 4) aufzulösen ist („Ausgleichsposten für die Inanspruchnahme von Rückstellungen"; vgl. Kap. F Tz. 807). Wurde die Rückstellung dagegen über den Personalaufwand gebildet, so wird die GuV nur in Höhe der ggf. auftretenden Differenzen zwischen dem Rückstellungsbetrag und der tatsächlichen Inanspruchnahme berührt. 816

Nicht zu den Löhnen und Gehältern gehören **Rückerstattungen barer Auslagen** einschl. ggf. pauschalierter Spesen für Reisen, Verpflegung und Übernachtung sowie Umzüge (Ausweis unter Nr. 8). Löhne und Gehälter für Arbeitskräfte fremder Firmen (**Personalleasing**) sind unter Anwendung der allg. Abgrenzungsgrundsätze (vgl. Kap. F Tz. 813 f.) unter Nr. 5 lit. b) oder Nr. 8 auszuweisen, auch wenn die Entgelte von der Ges. errechnet und ausgezahlt werden[1265]. 817

Bei **Abfindungen** vorzeitig ausscheidender Belegschaftsmitglieder und Organmitglieder kann eine Nachzahlung von Lohn oder Gehalt für bereits geleistete Dienste vorliegen. Außerdem liegt der Grund für Abfindungszahlungen letztlich im Dienstverhältnis. Daher ist es nicht generell zu beanstanden, Abfindungen als Löhne und Gehälter auszuweisen[1266]. I.d.R. soll der Mitarbeiter durch die Abfindung jedoch zum Ausscheiden bewegt werden. Dann hat der Ausweis unter Nr. 8 zu erfolgen; dies gilt insb. für derartige Verpflichtungen aus Sozialplänen[1267]. Gemäß *IDW RS HFA 3* ist bei Altersteilzeitvereinbarungen hinsichtlich der Aufstockungsbeträge zu unterscheiden, ob Abfindungscharakter (Ausweis unter Nr. 8) oder Entlohnungscharakter (Ausweis unter Nr. 6 lit. a)) vorliegt (zu dieser Unterscheidung auch Kap. F Tz. 638 und Kap. F Tz. 674). Die Bildung der Rückstellung für den Erfüllungsrückstand im Blockmodell erfolgt dagegen stets unter Nr. 6 lit. a) (vgl. *IDW RS HFA 3*, Tz. 29). 818

Auch **freiwillig** von der Ges. **übernommene Beiträge** der Belegschaftsmitglieder an gesetzliche soziale Versicherungen gehören unter Nr. 6 lit. a)[1268]. Das Gleiche gilt für Jubiläumszahlungen. Von der Ges. für Belegschaftsmitglieder geleistete Versicherungsprämien für Altersversorgung fallen unter Nr. 6 lit. b), wenn der Anspruch aus dem Versicherungsvertrag den Arbeitnehmern direkt zusteht[1269]. Ob Beiträge der Ges. zu Lebensversicherungen, die zur Befreiung von der Pflichtversicherung abgeschlossen 819

1264 Diese Vorgehensweise wird auch vorgezogen bei ADS[6], § 275 HGB, Tz. 106; ferner *Winzker*, in: BHdR, B 333, Rn. 26.
1265 Vgl. auch *Budde*, in: HdR[5], § 275 HGB, Rn. 55; *Schmidt/Peun*, in: BeBiKo[11], § 275, Rn. 131.
1266 Vgl. ADS[6], § 275 HGB, Tz. 109 f.; differenzierend *Winzker*, in: BHdR, B 333, Rn. 42; *Schmidt/Peun*, in: BeBiKo[11], § 275, Rn. 131 und *Budde*, in: HdR[5], § 275 HGB, Rn. 56.
1267 Vgl. *Kessler/Freisleben*, in: MünchKomm. Bilanzrecht, § 275 HGB, Rn. 93; *Schmidt/Peun*, in: BeBiKo[11], § 275, Rn. 131.
1268 Vgl. *Schmidt/Peun*, in: BeBiKo[11], § 275, Rn. 127; a.A. *Budde*, in: HdR[5], § 275 HGB, Rn. 59a (vertragliche und freiwillige Sozialaufwendungen unter Nr. 6 lit. b), soweit nicht andere Aufwandsarten betreffend).
1269 Vgl. auch *Budde*, in: HdR[5], § 275 HGB, Rn. 56.

wurden, hier oder unter Nr. 6 lit. b) auszuweisen sind, kann zweifelhaft sein; im Hinblick auf den Ersatzcharakter werden Einwendungen gegen den Ausweis unter Nr. 6 lit. b) in Höhe der gesetzlichen Verpflichtung nicht zu erheben sein[1270].

820 **Aufsichtsratsbezüge** (feste Bezüge wie auch Gewinnbeteiligungen) fallen nicht unter Nr. 6 lit. a), sondern unter Nr. 8 (kein Dienst- oder Anstellungsverhältnis zur Ges.). Wegen Vergütungen an persönlich haftende Gesellschafter bei einer KapCoGes. vgl. Kap. F Tz. 815.

8.5.2.6.2 Soziale Abgaben und Aufwendungen für Altersversorgung und für Unterstützung (Nr. 6 lit. b))

821 Unter den **sozialen Abgaben** sind lediglich die gesetzlichen[1271] Pflichtabgaben, soweit sie von der Ges. zu tragen sind (Arbeitgeberanteile), auszuweisen. Hierunter fallen die Beiträge an die Sozialversicherung (Rentenversicherung der Angestellten und Arbeiter, Knappschaft, Kranken-, Pflege- und Arbeitslosenversicherung) sowie an die Berufsgenossenschaft (einschl. der Umlage für Insolvenzgeld).

822 Zum Ausweis von Firmenbeiträgen zur sog. befreienden Lebensversicherung vgl. Kap. F Tz. 819.

823 Nicht hier auszuweisen sind von der Ges. **freiwillig übernommene Beiträge** der Arbeitnehmer zu gesetzlichen Sozialeinrichtungen sowie die auf Basis gesetzlicher Bestimmungen im Krankheitsfall an Betriebsangehörige weitergezahlten Bezüge oder Zuschüsse (grds. Ausweis unter Nr. 6 lit. a), bei freiwilligen Unterstützungszahlungen z.B. bei Unfall allerdings als Aufwendungen für Unterstützung unter Nr. 6 lit. b)). Zahlungen an die Ausgleichskasse für nicht beschäftigte Schwerbehinderte gehören zu den sonstigen betrieblichen Aufwendungen[1272].

824 Die Aufwendungen für die **Altersversorgung** sind durch einen Davon-Vermerk, eine Untergliederung des Postens oder nach § 265 Abs. 7 Nr. 2 HGB im Anh. **besonders anzugeben.**

> **Beispiel 18:**
>
> Als Aufwendungen für **Altersversorgung** kommen folgende Aufwendungen für tätige und nicht mehr tätige Betriebsangehörige (einschl. der Mitglieder des Geschäftsführungsorgans) in Betracht:
> a) **Pensionszahlungen** (soweit nicht zu Lasten von Pensionsrückstellungen geleistet);
> b) **Zuführungen zu Pensionsrückstellungen** (einschl. Deputatrückstellungen), soweit es sich um den Dienstzeitaufwand des betreffenden GJ handelt. Hierzu zählen insb. zusätzlich erdiente Altersversorgungsanwartschaften (einschl. Effekte aus der Änderung der Versorgungszusagen) und Auswirkungen aus geänderten Annahmen zum Lohn-, Gehalts- und Rententrend sowie zu den biometrischen

---

[1270] Ebenso ADS[6], § 275 HGB, Tz. 117; für einen generellen Ausweis unter Nr. 6 lit. b) *Schmidt/Peun*, in: BeBiKo[11], § 275, Rn. 133; so auch *Budde*, in: HdR[5], § 275 HGB, Rn. 59.
[1271] A.A. *Budde*, in: HdR[5], § 275 HGB, Rn. 59a (grds. auch vertragliche und freiwillige Sozialaufwendungen unter Nr. 6 lit. b) auszuweisen).
[1272] Vgl. ADS[6], § 275 HGB, Tz. 116; für Ausweiswahlrecht (Nr. 6 lit. b) oder Nr. 8) *Schmidt/Peun*, in: BeBiKo[11], § 275, Rn. 133.

> Bewertungsgrundlagen (z.B. Lebenserwartung der Mitarbeiter)[1273]. Der im Zuführungsaufwand enthaltene **Zinsanteil** ist nach § 277 Abs. 5 S. 1 HGB unter dem Posten Nr. 13 innerhalb des Finanzergebnisses auszuweisen. Erträge und Aufwendungen aus der Änderung des Diskontierungszinssatzes sind entweder im Finanzergebnis (Nr. 11 bzw. Nr. 13) oder im operativen Ergebnis (Nr. 4 oder Nr. 6 lit. b)) zu erfassen[1274]. Zur Abgrenzung des Saldierungsbereichs nach § 246 Abs. 2 S. 2 Hs. 2 HGB bei Vorliegen von Deckungsvermögen vgl. Kap. F Tz. 762;
> c) **Zuweisungen an Unterstützungs- und Pensionskassen und Pensionsfonds** sowie Prämienzahlungen für die künftige Altersversorgung der Mitarbeiter, wenn diese einen unmittelbaren Anspruch erwerben (vgl. auch Kap. F Tz. 819); dagegen sind Prämien zum Zwecke der Rückdeckung der Ges. – soweit nicht zu aktivieren – in Nr. 8 zu erfassen[1275];
> d) Beiträge an den **Pensionssicherungsverein**[1276].

Die Aufwendungen für **Unterstützung** betreffen ausschließlich Unterstützungen für tätige und nicht mehr tätige Betriebsangehörige (einschl. der Mitglieder des Geschäftsführungsorgans) und deren Hinterbliebene, soweit sie nicht für Leistungen der Empfänger erbracht werden[1277]. Dagegen sind Spenden und Unterstützungen, die nicht an den vorgenannten Personenkreis geleistet werden, unter den sonstigen betrieblichen Aufwendungen (Nr. 8) auszuweisen[1278]. Im Einzelnen kommen für einen Ausweis in Betracht: Krankheits- und Unfallunterstützungen (mit Ausnahme der Zahlungen aufgrund des Lohnfortzahlungsgesetzes), übernommene Kur- und Arztkosten, Erholungsbeihilfen, Unterstützungszahlungen an Invaliden, Rentner und Hinterbliebene, Notstandsbeihilfen an Beschäftigte, Aufwendungen für Verunglückte, Familienfürsorge, Heirats- und Geburtsbeihilfen oder ähnliche lohnsteuerfreie Zuwendungen, Zuweisungen für diese oder ähnliche Zwecke an Sozialkassen und Unterstützungseinrichtungen sowie Betriebssportvereine[1279]. **825**

Dagegen sind **nicht** hier, sondern unter Nr. 8 auszuweisen: Fahrtkostenzuschüsse, Kosten für Betriebsarzt, Zuschüsse für Erholungsheime, Ausbildungs- und Fortbildungskosten, Zuschüsse für Wohnungswirtschaft u.ä. **826**

8.5.2.7 Abschreibungen

8.5.2.7.1 Abschreibungen auf immaterielle Vermögensgegenstände des Anlagevermögens und Sachanlagen (Nr. 7 lit. a))

Unter diesen Posten fallen grds. alle **planmäßigen und außerplanmäßigen Abschreibungen** zu den in § 266 Abs. 2 A.I. und II. HGB im Einzelnen aufgeführten Bilanzposten einschl. neuer Posten des AV nach § 265 Abs. 5 S. 2 HGB. Auch die Ab- **827**

1273 Vgl. *IDW RS HFA 30 n.F.*, Tz. 88; *Gelhausen/Fey/Kämpfer*, BilMoG, Kap. I, Rn. 90.
1274 Vgl. *IDW RS HFA 30 n.F.*, Tz. 87; *Gelhausen/Fey/Kämpfer*, BilMoG, Kap. I, Rn. 91 f.; *Scheffler*, in: BHdR, B 233, Rn. 257.
1275 Vgl. ADS[6], § 275 HGB, Tz. 119; *Budde*, in: HdR[5], § 275 HGB, Rn. 61; *Schmidt/Peun*, in: BeBiKo[11], § 275, Rn. 135.
1276 Vgl. ADS[6], § 275 HGB, Tz. 119.
1277 Vgl. ADS[6], § 275 HGB, Tz. 122.
1278 Vgl. *Schmidt/Peun*, in: BeBiKo[11], § 275, Rn. 136.
1279 Ebenso *Budde*, in: HdR[5], § 275 HGB, Rn. 60.

schreibungen auf Leasingvermögen beim Leasinggeber[1280] und Herabsetzungen von Festwertposten des Sach-AV gehören unter Nr. 7 lit. a). Der ausgewiesene Betrag muss bei mittelgroßen und großen KapGes./KapCoGes. mit den im Anlagenspiegel (§ 284 Abs. 3 HGB; vgl. Kap. F Tz. 1018 ff.) vermerkten **Abschreibungen des GJ** übereinstimmen.

828 **Außerplanmäßige** Abschreibungen nach § 253 Abs. 3 S. 5 HGB sind als Untergliederung oder als Davon-Vermerk gesondert auszuweisen oder im Anh. anzugeben (§ 277 Abs. 3 S. 1 HGB). In seltenen Fällen kann eine Angabe nach § 285 Nr. 31 HGB notwendig sein (z.B. umfangreiche Abschreibungen bei Stilllegungen von Betriebsteilen oder Fehlinvestitionen).

> **Hinweis 63:**
>
> Buchverluste aus dem Abgang von Gegenständen des AV werden nicht als außerplanmäßige Abschreibungen behandelt, sondern in die sonstigen betrieblichen Aufwendungen (Nr. 8) mit einbezogen.

8.5.2.7.2 Abschreibungen auf Vermögensgegenstände des Umlaufvermögens, soweit diese die in der Gesellschaft üblichen Abschreibungen überschreiten (Nr. 7 lit. b))

829 Abschreibungen auf Gegenstände des UV nach § 253 Abs. 4 HGB sind nur insoweit unter Nr. 7 lit. b) auszuweisen, als sie die in der Ges. **üblichen Abschreibungen übersteigen**. Die üblichen Abschreibungen sind dagegen je nachdem, auf welche Bilanzposten sie entfallen, in die Posten Nr. 2 (unfertige und fertige Erzeugnisse), Nr. 5 lit. a) (Roh-, Hilfs- und Betriebsstoffe, bezogene Waren) oder Nr. 8 (Forderungen und sonstige Vermögensgegenstände) einzubeziehen. Abschreibungen auf Wertpapiere des UV gehören i.S. einer klaren Trennung von Betriebs- und Finanzbereich stets in den Posten Nr. 12[1281].

830 Zur Frage, wann Abschreibungen die in der Ges. üblichen Abschreibungen überschreiten, vgl. die Ausführungen zum Posten Nr. 2 (Kap. F Tz. 801)[1282]. Dies werden nur wg. ihrer Höhe und ihrer Seltenheit aus dem Rahmen fallende Abschreibungen sein.

8.5.2.8 Sonstige betriebliche Aufwendungen (Nr. 8)

831 Der Posten ist ein **Sammelposten**. Er umfasst alle übrigen Aufwendungen, die nicht in einen der anderen im Gliederungsschema vorgesehenen Aufwandsposten eingestellt werden müssen, unabhängig davon, ob diese betriebsfremd, selten oder diskontinuierlich sind. In Betracht kommen[1283] bei der Ges. übliche Abschreibungen auf Forderungen sowie auf sonstige Vermögensgegenstände[1284] (unübliche gehören zu Nr. 7 lit. b)), Aufwendungen aus der Währungsumrechnung (vgl. Kap. F Tz. 834), Buchverluste aus dem

---

1280 Vgl. *Gelhausen/Henneberger*, in: HdJ, Abt. I/8, Rn. 181 (für gesonderten Ausweis der Abschreibungen, wenn das Leasingvermögen in der Bilanz gesondert ausgewiesen wird).
1281 Ebenso *Wulf*, in: BoHdR, § 275 HGB, Rn. 113; nicht so streng ADS[6], § 275 HGB, Tz. 169; *Budde*, in: HdR[5], § 275 HGB, Rn. 82.
1282 Vgl. dazu im Einzelnen auch ADS[6], § 275 HGB, Tz. 132; *Leffson*, HURB, S. 298; *Schmidt/Peun*, in: BeBiKo[11], § 275, Rn. 145.
1283 Vgl. im Einzelnen ADS[6], § 275 HGB, Tz. 141.
1284 Zum Ausweis der Abschreibungen auf unter den sonstigen Vermögensgegenständen bilanzierte Genussrechte an dieser Stelle vgl. *IDW St/HFA 1/1994*, Abschn. 3.

Abgang von Gegenständen des Anlage- und des Umlaufvermögens außer Vorräten[1285], Reklameaufwendungen, Ausgangsfrachten, Reisespesen, Provisionen, Fremdreparaturen (soweit nicht unter Nr. 5 lit. b) zu erfassen), Büromaterial, Reparatur- und Versandmaterial (soweit nicht unter Nr. 5 lit. a) ausgewiesen), Mieten und Pachten (sofern nicht unter Nr. 5 lit. b) auszuweisen), Erbbauzinsen, Hausverwaltungskosten, Rechtsschutzkosten, Prüfungskosten, Konzessionsabgaben (sofern nicht unter Nr. 5 lit. b) ausgewiesen; vgl. Kap. F Tz. 814), Lizenzgebühren (soweit nicht unter Nr. 5 lit. b) ausgewiesen), Gründungskosten, Beiträge an Berufsvertretungen und Verbände, Verluste aus Syndikats- oder Verbandsabrechnungen, Transport- und Lagerungskosten, Lohnfertigung (sofern nicht unter Nr. 5 lit. b) auszuweisen)[1286], Post-, Telefon-, Telefax- und Internetkosten, Prämien an VU, Gebühren und Spenden, Ausbildungs-, Bewirtungs- und Betreuungskosten, Kosten des AR (einschl. Tantiemen) und der HV/Gesellschafterversammlungen sowie die Kosten des Drucks des JA sowie bei MU des KA und der Offenlegung, Gerichts-, Notar- und Gutachterkosten, Umlagen von Oberges., Wartungskosten, Leasingraten, Steuerberatungskosten, Aufwendungen für Fachliteratur, Zuschüsse zu Kantinen, Erholungs- und Sportanlagen, Schutzkleidung, Schwerbehindertenausgleichsabgabe, Kosten des Zahlungsverkehrs, Vorfrachten zu Außenlägern, Verluste aus Schadensfällen, Zugänge zu Anlagen, für die in der Bilanz ein Festwert angesetzt ist (vgl. aber Nr. 5 lit. a)), AK bzw. HK von Anlagegütern, soweit wg. Geringfügigkeit[1287] oder Kurzlebigkeit[1288] keine Aktivierung erfolgt, Aufwendungen aus Haftungsverhältnissen (z.B. Bürgschaften, Wechsel- und Scheckobligo), Aufwendungen aus dem Einsatz derivativer FI, es sei denn, es handelt sich um in eine Bewertungseinheit einbezogene Sicherungsinstrumente und die Aufwendungen resultieren aus dem abgesicherten Risiko (dann ggf. (saldierter) Ausweis in dem GuV-Posten des Grundgeschäfts sachgerecht)[1289], Verluste aus im UV bilanzierten Joint Ventures (z.B. Arbeitsgemeinschaften)[1290], Aufwendungen für nach § 311 Abs. 2 AktG eingeräumte Rechtsansprüche zum Zwecke des Nachteilsausgleichs, und die Zuführung zu solchen Rückstellungen, bei deren Bildung noch nicht feststeht, welche Aufwandsart die Rückstellung endgültig betrifft (z.B. Garantierückstellungen). Auch unter Nr. 8 auszuweisen ist der Betrag, um den Aufwendungen aufgrund von Abschreibungen von Emissionsrechten und Rückstellungsdotierungen die Erträge aus der Auflösung des Sonderpostens für Emissionsrechte übersteigen (vgl. *IDW RS HFA 15, Tz. 25*).

832 Mit Wegfall des gesonderten Ausweises der außerordentlichen Aufwendungen sind bspw. **Sozialplankosten** i.Z.m. der Stilllegung von Betriebsteilen, Verluste aus einer Verschmelzung oder anderen **Umwandlungen** und Aufwendungen aus der Gewährung von **Zuschüssen** ohne Gegenleistungsverpflichtung ebenfalls unter Nr. 8 auszuweisen. Zur Erl. im Anh. nach § 285 Nr. 31 HGB vgl. Kap. F Tz. 1234 ff. Aufwendungen aus der Ansammlung eines **BilMoG-Umstellungsbetrags** bei den Altersversorgungsver-

---

1285 Wegen Bruttoausweises der Erlöse und Aufwendungen (Buchwerte) aus dem Abgang von Leasingvermögen vgl. *Gelhausen/Henneberger*, in: HdJ, Abt. I/8, Rn. 182 und 188.
1286 Vgl. ADS[6], § 275 HGB, Tz. 141.
1287 Zu der steuerlichen Wertgrenze (Aufzeichnungspflicht ab 250 €) vgl. § 6 Abs. 2 S. 4 EStG.
1288 Zur Abgrenzung vgl. ADS[6], § 253 HGB, Tz. 412.
1289 Vgl. im Einzelnen *Schmidt/Peun*, in: BeBiKo[11], § 275, Rn. 168.
1290 Vgl. im Einzelnen *IDW St/HFA 1/1993*, WPg 1993, S. 441.

pflichtungen sind nunmehr ebenfalls hier auszuweisen (gesonderter Ausweis nach Art. 75 Abs. 5 EGHGB)[1291].

833 Eine Einbeziehung der **sonstigen Steuern** in den Posten Nr. 8 ist nach § 265 Abs. 7 Nr. 2 HGB nur dann zulässig, wenn die zusammengefassten Posten im Anh. aufgegliedert werden[1292]; andere Abgaben, wie Gebühren, und Bußgelder sind i.d.R. jedoch hier auszuweisen[1293].

834 **Aufwendungen aus der Währungsumrechnung** sind grds. nach § 277 Abs. 5 S. 2 HGB gesondert unter den sonstigen betrieblichen Aufwendungen auszuweisen, d.h. durch einen Davon-Vermerk, einen Unterposten oder durch Vorspaltenausweis kenntlich zu machen[1294]; entspr. gilt für Erträge aus der Währungsumrechnung (gesonderter Ausweis unter Nr. 4; vgl. Kap. F Tz. 807). Der Wortlaut des § 277 Abs. 5 S. 2 HGB spricht dafür, dass nur Erträge und Aufwendungen aus der Umrechnung von am Abschlussstichtag noch in der Bilanz enthaltenen Vermögensgegenständen und Schulden nach § 256a HGB gesondert auszuweisen sind. Es erscheint jedoch sachgerecht, auch die im Berichtsjahr realisierten Kursgewinne und -verluste in den gesonderten Ausweis einzubeziehen[1295]. DRS 25.37 empfiehlt, die unrealisierten Währungsgewinne aus der Anwendung des § 256a S. 2 HGB als Ersatz für eine Ausschüttungssperre gesondert anzugeben[1296]. Es erscheint außerdem sachgerecht, Währungskurseffekte zusammen mit den Erfolgswirkungen aus der Veränderung des Basiswerts (d.h. z.B. zusammen mit Bonitätsabschreibungen für auf fremde Währung lautende Forderungen insgesamt unter Nr. 7 lit. b) auszuweisen und dort gesondert kenntlich zu machen (Mitzugehörigkeit; § 265 Abs. 3 HGB (analog))[1297].

835 **Sind** wesentliche Beträge bei den sonstigen betrieblichen Aufwendungen **anderen GJ zuzurechnen**, so werden Erl. im Anh. nach § 285 Nr. 32 HGB notwendig.

8.5.2.9 Erträge aus Beteiligungen, davon aus verbundenen Unternehmen (Nr. 9)

836 Unter Erträge aus Beteiligungen (§ 271 Abs. 1 HGB; zur Abgrenzung vgl. Kap. F Tz. 361) fallen die **laufenden Erträge** aus Beteiligungen wie (Sach-)Dividenden von KapGes. einschl. Abschlagszahlungen auf den Bilanzgewinn, Gewinnanteile von Personenhandelsges. (vgl. hierzu Kap. F Tz. 370 f.; *IDW RS HFA 18*, Tz. 12 ff.), Zinsen auf beteiligungsähnliche Darlehen (soweit in der Bilanz als Beteiligungen behandelt, i.d.R. aber unter Nr. 10 auszuweisen), Erträge aus Beherrschungsverträgen nach § 291 Abs. 1 AktG, soweit nicht gleichzeitig die volle oder teilw. Gewinnabführung vorgesehen ist (dann Sonderausweis, vgl. Kap. F Tz. 774 ff.). Erträge aus Beteiligungen, die **verbundene Unternehmen** (§ 271 Abs. 2 HGB) sind, müssen als Untergliederung oder als Davon-Ver-

---

1291 Vgl. *Schmidt/Peun*, in: BeBiKo[11], § 275, Rn. 138 und 172.
1292 Vgl. *HFA*, FN-IDW 1989, S. 336.
1293 Vgl. ADS[6], § 275 HGB, Tz. 200.
1294 Vgl. *Gelhausen/Fey/Kämpfer*, BilMoG, Kap. J, Rn. 84 (auch Angabe im Anh. zulässig); bei entspr. Anwendung des DRS 25 im JA ist auch eine Anh.-Angabe zulässig nach DRS 25.108.
1295 Gl.A. *Schmidt/Peun*, in: BeBiKo[11], § 275, Rn. 173; DRS 25.36; a.A. (gesonderter Ausweis nur für Kursverluste aus § 256a HGB) *Wobbe*, in: Haufe HGB Kommentar[8], § 277, Rn. 24; ähnlich (Zusammenhang zwischen §§ 256a und 277 Abs. 5 S. 2 HGB) *de la Paix*, in: Petersen/Zwirner/Brösel, Bilanzrecht[3], § 277 HGB, Rn. 44.
1296 Vgl. DRS 25.B16; *Deubert/Meyer/Müller*, Der Konzern 2018, S. 99.
1297 Vgl. *Gelhausen/Fey/Kämpfer*, BilMoG, Kap. J, Rn. 85.

merk angegeben werden. Zu den verbundenen Unternehmen i.S.d. Vorschrift vgl. Kap. F Tz. 354 f.; maßgebend für die Zuordnung ist, dass im Zeitpunkt der Vereinnahmung der Erträge eine Unternehmensverbindung vorlag[1298]. Auch Erträge aus Joint Ventures sind hier auszuweisen, wenn die Voraussetzungen für die Bilanzierung der Anteile am Joint Venture unter den Beteiligungen gegeben sind[1299].

837 Auszuweisen sind stets die **Bruttoerträge.** Einbehaltene KapErtrSt darf nicht abgesetzt werden; sie ist bei KapGes. als Forderung zu bilanzieren, soweit sie anrechenbar ist; nicht anrechnungsfähige Steuern sind unter Nr. 14 auszuweisen (z.B. nicht anrechnungsfähige ausländische Quellensteuern); bei Personenhandelsges. gilt die KapErtrSt bei Einbuchung des Beteiligungsertrags dagegen als von den Gesellschaftern entnommen (vgl. *IDW RS HFA 7 n.F.*, Tz. 31). Ist die Ges. nicht zur Anrechnung berechtigt oder besteht kein Erstattungsanspruch, weil sie steuerbefreit ist, so sind lediglich die zugeflossenen Erträge zu vereinnahmen[1300]. In verdeckter Form empfangene Erträge von Beteiligungsges. (z.B. aus Kostenumlagen, Verrechnungspreisen) sind nur in Ausnahmefällen hier auszuweisen[1301].

838 Grds. nicht unter Nr. 9 gehören Buchgewinne aus der **Veräußerung von Beteiligungen**; sie sind i.d.R. unter Nr. 4 auszuweisen[1302]. Erträge aus **GAV und Teil-GAV** sowie Gewinngemeinschaften sind gesondert nach § 277 Abs. 3 S. 2 HGB auszuweisen (vgl. Kap. F Tz. 774 ff.). Verluste aus Beteiligungen führen ggf. zu Abschreibungen auf Beteiligungen, die unter Nr. 12 auszuweisen sind; von der Mutterges. freiwillig übernommene Verluste sowie Verlustübernahmen von Tochterges., die Personenhandelsges. sind, fallen (ggf. unter Verzicht auf Abschreibungen, vgl. Kap. F Tz. 383) ebenso wie Verlustübernahmen aufgrund von Unternehmensverträgen unter die Aufwendungen aus Verlustübernahme (vgl. Kap. F Tz. 780)[1303]. Buchverluste aus dem Verkauf einer Beteiligung gehören zu Nr. 8. **Zuschreibungen** (Wertaufholungen nach § 253 Abs. 5 S. 1 HGB) zu Vermögensgegenständen des AV sind nicht hier, sondern als „Sonstige betriebliche Erträge" (Nr. 4) auszuweisen[1304]. Sofern es sich um Zuschreibungen auf Gegenstände des Finanz-AV handelt, kommt auch ein Ausweis im Finanzergebnis in Betracht[1305].

839 **Erträge** aus der **Beteiligung an KapGes.** dürfen grds. erst vereinnahmt werden, wenn der Rechtsanspruch bis zum Abschlussstichtag entstanden ist. Ein aktivierbarer Gewinnanspruch entsteht daher i.d.R. erst im Zeitpunkt des **Gewinnverwendungsbeschlusses** gem. § 174 AktG bzw. §§ 29, 46 Nr. 1 GmbHG.

840 Abw. hiervon müssen MU, die sämtliche Anteile an einem TU in der Rechtsform der KapGes. halten, nach dem BGH-Urt. v. 12.01.1998, DB, S. 567, die Beteiligungserträge

---

1298 Vgl. ADS[6], § 275 HGB, Tz. 144.
1299 Vgl. im Einzelnen *IDW St/HFA 1/1993* (Joint Venture mit Gesamthandsvermögen und Unternehmenseigenschaft bei dauernder Beteiligungsabsicht); hierzu auch *Früh/Klar*, WPg 1993, S. 493 (499).
1300 Vgl. *Schmidt/Peun*, in: BeBiKo[11], § 275, Rn. 178.
1301 Vgl. ADS[6], § 275 HGB, Tz. 147; *Schmidt/Peun*, in: BeBiKo[11], § 275, Rn. 179; krit. hierzu *Hüttemann/Meyer*, in: Staub· HGB[5], § 275, Rn. 31.
1302 Nach *Schmidt/Peun*, in: BeBiKo[11], § 275, Rn. 180 kommt ein Ausweis im Finanzergebnis in Betracht, wenn mit der Beteiligung keine Nähe zum operativen Geschäft verbunden war (Finanzanlage im Vordergrund).
1303 Vgl. hinsichtlich freiwilliger Verlustübernahmen ADS[6], § 277 HGB, Tz. 62.
1304 Vgl. *Schmidt/Peun*, in: BeBiKo[11], § 275, Rn. 98.
1305 Vgl. *Schmidt/Peun*, in: BeBiKo[11], § 275, Rn. 98; *Berndt*, in: Kölner Komm. Rechnungslegungsrecht, § 275 HGB, Rn. 139 (Erfassung im Finanzergebnis).

jedoch bereits in dem GJ vereinnahmen, in dem das TU den Gewinn erzielt hat (**Pflicht zur phasengleichen Gewinnvereinnahmung**), wenn:

- Die GJ von MU und TU deckungsgleich sind,
- der JA des TU ein den tatsächlichen Verhältnissen entspr. Bild der Vermögens-, Finanz- und Ertragslage vermittelt und vor dem des MU festgestellt wird und
- die Gewinnverwendung des TU vor Beendigung der Abschlussprüfung des MU beschlossen ist[1306]

Gleiches gilt unter sonst gleichen Umständen, wenn das MU zwar nicht sämtliche Anteile an dem TU hält, jedoch am Abschlussstichtag und im Zeitpunkt des Gewinnverwendungsbeschlusses über die nach Gesetz, Satzung oder Gesellschaftsvertrag erforderliche Stimmenmehrheit verfügt, um eine entspr. Beschlussfassung herbeizuführen[1307]. Ohne Stimmrechtsmehrheit kommt eine phasengleiche Gewinnvereinnahmung nicht in Betracht[1308]. Etwas anderes gilt dann, wenn Gesellschafter, die zusammen über die für die Gewinnausschüttung notwendigen Stimmrechte verfügen, sich in einem Stimmbindungsvertrag zur Herbeiführung einer Ausschüttung verpflichten[1309]. Endet das GJ des TU vor dem des MU, so besteht bei Vorliegen der übrigen Voraussetzungen ebenfalls eine Pflicht zur phasengleichen Gewinnvereinnahmung.

841 Sofern bis zum Abschluss der Prüfung des JA des MU allerdings noch **kein Gewinnverwendungsbeschluss**, sondern nur ein entspr. Vorschlag vorliegt, ist dagegen nach den Grundsätzen des BGH-Urt. v. 03.11.1975, WPg 1976, S. 80, ein **Wahlrecht** zur phasengleichen Gewinnvereinnahmung anzunehmen[1310]. **Steuerlich** besteht in diesem Fall ein Aktivierungsverbot[1311].

842 **Gewinne** aus der Beteiligung an **Personenhandelsges.** stehen den Gesellschaftern nach dem gesetzlichen Normalstatut ohne Gewinnverwendungsbeschluss zu (anders bei abw. gesellschaftsvertraglicher Regelung (sog. Vertragsstatut)); zu den Voraussetzungen für eine phasengleiche Gewinnvereinnahmung vgl. Kap. F Tz. 370 f.; *IDW RS HFA 18*, Tz. 13 ff.

843 Soweit es sich bei den genannten Erträgen dem Charakter nach um **Rückzahlungen der AK** der Beteiligung handelt, sind diese erfolgsneutral (gegen den Beteiligungsbuchwert) zu erfassen (vgl. Kap. F Tz. 375 ff.)[1312].

8.5.2.10 Erträge aus anderen Wertpapieren und Ausleihungen des Finanzanlagevermögens, davon aus verbundenen Unternehmen (Nr. 10)

844 Unter dem Posten Nr. 10 sind die Erträge aus allen **nicht** zu **Beteiligungen** gehörenden Posten des **Finanz-AV** (§ 266 Abs. 2 A.III. Nrn. 2, 4 bis 6 HGB) auszuweisen. Auch Er-

---

1306 Vgl. hierzu auch EuGH v. 27.06.1996, WPg, S. 524, nebst Berichtigung v. 10.07.1997, DB, S. 1513; *HFA*, WPg 1998, S. 427; ADS[6], § 246 HGB, Tz. 213 m.w.N., § 275 HGB, Rn. 152; *Schubert/Waubke*, in: BeBiKo[11], § 266, Rn. 120 (auch steuerlich); *Groh*, DStR 1998, S. 813.
1307 Vgl. *HFA*, WPg 1998, S. 427.
1308 Vgl. ADS[6], § 246 HGB, Tz. 220.
1309 Vgl. *Schmidt/Peun*, in: BeBiKo[11], § 275, Rn. 177.
1310 Vgl. HFA, WPg 1998, S. 427 f.
1311 Vgl. BFH v. 07.08.2000, BStBl. II S. 632; bestätigt durch BFH v. 07.02.2007, BStBl. II 2008 S. 340; s. auch H 4.2 EStR 2008.
1312 Vgl. *IDW RS HFA 18*, Tz. 25 f.; *Deubert/Hoffmann*, DK 2014, S. 154 (154); *Gelhausen/Heinz*, in: FS Hoffmann-Becking, S. 357.

träge aus Anteilen an verbundenen Unternehmen sind hier auszuweisen, soweit es sich nicht um Beteiligungen handelt (z.B. Erträge aus Anteilen an anderen TU des MU). Ergebnisbeiträge aus Joint Ventures sind hier auszuweisen, wenn die Anteile am Joint Venture unter den sonstigen Ausleihungen zu bilanzieren sind[1313].

> **Hinweis 64:**
> Sind Genussrechte im AV zu bilanzieren, erfolgt der Ausweis der entspr. Erträge unter Nr. 10; erfüllen die Genussrechte die Bedingungen für den EK-Ausweis beim Emittenten – nach Beurteilung durch den Genussrechtsinhaber aufgrund der Genussrechtsbedingungen – und handelt es sich um wesentliche Beträge, sind die Erträge beim Genussrechtsinhaber gesondert auszuweisen[1314].

Auch die Erträge aus der periodisch erfolgenden Aufzinsung abgezinster langfristiger Ausleihungen sollten hier ausgewiesen werden[1315]. Hierzu zählen insb. Erträge aus den regelmäßig erfolgenden Zuschreibungen auf die Zinsforderungen der Inhaber von Zero-Bonds des AV[1316]. Derartige Erträge aus der Aufzinsung von Ausleihungen werden von der Regelung des § 277 Abs. 5 S. 1 HGB nicht erfasst; der dort vorgeschriebene gesonderte Ausweis bezieht sich ausschließlich auf die Zinseffekte i.Z.m. der Bewertung von Rückstellungen[1317]. Erträge aus Anteilen an GmbH, die nicht verbundene oder Beteiligungsunternehmen sind und im Finanz-AV ausgewiesen werden, gehören ebenfalls unter Nr. 10[1318]. **845**

Erträge, die aus **verbundenen Unternehmen** (§ 271 Abs. 2 HGB) stammen, sind als Unterposten oder als Davon-Vermerk anzugeben. Zu den verbundenen Unternehmen i.S.d. Vorschrift vgl. Kap. F Tz. 354 f. **846**

Die Beträge sind zzgl. ggf. einbehaltener KapErtrSt, d.h. **brutto** auszuweisen. Verrechnungen mit Aufwendungen sind grds. unzulässig (§ 246 Abs. 2 S. 1 HGB). Zur Ausnahme hinsichtlich des Saldierungsgebots gem. § 246 Abs. 2 S. 2 Hs. 2 HGB bei Vorliegen von Deckungsvermögen vgl. Kap. F Tz. 762. **847**

Gewinne aus dem Verkauf von **Bezugsrechten**[1319], Buchgewinne aus Veräußerung oder Erträge aus Wertaufholungen nach § 253 Abs. 5 S. 1 HGB sind unter Nr. 4 auszuweisen[1320]. Erträge aus **Wertpapieren des UV** gehören unter Nr. 11. Gleiches gilt für Erträge aus im UV ausgewiesenen Anteilen an verbundenen Unternehmen. **848**

8.5.2.11 Sonstige Zinsen und ähnliche Erträge, davon aus verbundenen Unternehmen (Nr. 11)

Hierunter fallen sonstige Zinsen und ähnliche Erträge, die nicht bereits unter Nr. 10 oder ggf. Nr. 9 auszuweisen sind. Zinsen und ähnliche Erträge, die von **verbundenen Unter-** **849**

1313 Vgl. IDW St/HFA 1/1993, Abschn. 3.4.; hierzu auch Früh/Klar, WPg 1993, S. 493 (499).
1314 Vgl. im Einzelnen IDW St/HFA 1/1994, Abschn. 3.2.; zum Realisationszeitpunkt vgl. HFA, WPg 1998, S. 891 (Ergänzung der IDW St/HFA 1/1994).
1315 Im Ergebnis ebenso Schmidt/Peun, in: BeBiKo[11], § 275, Rn. 187; Budde, in: HdR[5], § 275 HGB, Rn. 80.
1316 Vgl. ADS[6], § 275 HGB, Tz. 155.
1317 So auch Gelhausen/Fey/Kämpfer, BilMoG, Kap. I, Rn. 58; IDW RS HFA 34, Tz. 50.
1318 Vgl. ADS[6], § 275 HGB, Tz. 154; Schmidt/Peun, in: BeBiKo[11], § 275, Rn. 187.
1319 Vgl. ADS[6], § 275 HGB, Tz. 155; krit. dazu Scheffler, in: BHdR, B 336, Rn. 67.
1320 Vgl. Schmidt/Peun, in: BeBiKo[11], § 275, Rn. 187.

nehmen (§ 271 Abs. 2 HGB) stammen, sind als Unterposten oder als Davon-Vermerk anzugeben. Zu den verbundenen Unternehmen i.S.d. Vorschrift vgl. Kap. F Tz. 354 f.

> **Beispiel 19:**
>
> Als **Ertragszinsen** kommen insb. in Betracht:
> a) Zinsen aus Guthaben, Termingeldern und anderen Einlagen bei KI;
> b) Zinsen und Dividenden auf Wertpapiere des UV einschl. der einbehaltenen KapErtrSt;
> c) Zinsen aus Forderungen (einschl. Verzugszinsen, Wechseldiskont[1321]) und aus sonstigen Vermögensgegenständen, insb. aus unter diesem Posten ausgewiesenen Darlehen, Schuldscheinen u.dgl.;
> d) Aufzinsungsbeträge für unverzinsliche und niedrig verzinsliche Forderungen des UV (einschl. der Zinsforderungen für Zerobonds im UV);
> e) Erträge aus der Abzinsung von langfristigen Rückstellungen (§ 253 Abs. 2 HGB), die in Ausnahmefällen, z.B. infolge einer Verschiebung des voraussichtlichen Erfüllungszeitpunkts, entstehen[1322]; diese sind nach § 277 Abs. 5 S. 1 HGB gesondert auszuweisen (Davon-Vermerk, Vorspaltenausweis oder Angabe im Anh.)[1323];
> f) Erträge, die auf einer Änderung des Diskontierungszinssatzes beruhen, soweit nicht im operativen Ergebnis erfasst[1324];
> g) Erträge aus Genussrechten, soweit die Genussrechte unter den sonstigen Vermögensgegenständen oder den sonstigen Wertpapieren im UV bilanziert sind[1325].

850 Als AK oder HK **aktivierte FK-Zinsen** (§ 255 Abs. 3 HGB) gehören **nicht** hierher, sondern unter Posten Nr. 2 (soweit sie Vorräte betreffen) oder Posten Nr. 3. **Lieferantenskonti** sind AK-Minderungen und gem. § 255 Abs. 1 S. 3 HGB erfolgsneutral abzusetzen.

851 Auszuweisen sind grds. die **Bruttoerträge**. Einbehaltene KapErtrSt darf nicht abgesetzt werden; sie ist als Forderung zu bilanzieren, soweit sie anrechenbar ist, ansonsten ist die einbehaltene KapErtrSt Steueraufwand und unter Nr. 14 auszuweisen. Die Zinserträge dürfen grds. nicht mit den Zinsaufwendungen saldiert werden (§ 246 Abs. 2 S. 1 HGB). Das **Saldierungsverbot** erstreckt sich auch auf Zinsaufwendungen und Zinserträge ein und desselben Bankkontos sowie auf Zinsaufwendungen und Zinserträge, die zur gleichen Zeit, aber auf verschiedenen Bankkonten angefallen sind[1326]. Eine Saldierung liegt nicht vor, wenn bei der Einräumung eines Kredits das KI den Kredit auf einem besonderen Konto belastet und den Gegenwert auf ein laufendes Konto überträgt. Das Saldierungsverbot gilt auch für Diskonterträge und -aufwendungen; von dem KI abgerechnete Diskontaufwendungen für weitergegebene Kundenwechsel sind dagegen mit den entspr. Diskonterträgen zu verrechnen[1327]. Zu zahlende **negative Zinsen** auf Ein-

---

1321 Vgl. ADS[6], § 275 HGB, Tz. 161.
1322 Vgl. zur Erstverbuchung (Brutto- vs. Nettomethode) Kap. F Tz. 852.
1323 Vgl. *Gelhausen/Fey/Kämpfer*, BilMoG, Kap. I, Rn. 60; *Schmidt/Peun*, in: BeBiKo[11], § 275, Rn. 206; *IDW RS HFA 34*, Tz. 50.
1324 Vgl. hinsichtlich Altersversorgungsrückstellungen *IDW RS HFA 30 n.F.*, Tz. 87; *Gelhausen/Fey/Kämpfer*, BilMoG, Kap. I, Rn. 92; *Scheffler*, in: BHdR, B 233, Rn. 257; *IDW RS HFA 34*, Tz. 49.
1325 Vgl. *IDW St/HFA 1/1994*, Abschn. 2.2.1.a) und 3.2.; ferner *Emmerich/Naumann*, WPg 1994, S. 677 (689); zum Realisationszeitpunkt vgl. auch Ergänzung der *IDW St/HFA 1/1994*, WPg 1998, S. 891.
1326 Vgl. im Einzelnen ADS[6], § 275 HGB, Tz. 162.
1327 Vgl. ADS[6], § 275 HGB, Tz. 161.

lagen dürfen als negativer Zinsertrag offen in einer Vorspalte zum Posten Nr. 11 abgesetzt werden[1328]. Zu Zinsen für durchlaufende Kredite bei Konzernoberges. vgl. ADS[6], § 275 HGB, Tz. 160. Zur Ausnahme bei Vorliegen von Deckungsvermögen (Verrechnungsgebot nach § 246 Abs. 2 S. 2 Hs. 2 HGB) vgl. Kap. F Tz. 762.

Bei Erstverbuchung einer langfristigen Rückstellung i.S.d. § 253 Abs. 2 S. 1 HGB (mit einer Restlaufzeit größer einem Jahr) ist darüber hinaus fraglich, ob diese mit ihrem Barwert, d.h. mit dem Betrag nach der gesetzlich vorgeschriebenen Abzinsung in der GuV zu erfassen ist (**Nettomethode**) oder ob die Zuführung mit dem Erfüllungsbetrag nach § 253 Abs. 1 S. 2 HGB zu erfolgen hat und gleichzeitig ein Abzinsungsertrag nach § 253 Abs. 2 HGB auszuweisen ist (**Bruttomethode**)[1329]. Gem. IDW RS HFA 30 n.F., Tz. 59, IDW RS HFA 34, Tz. 11 und IDW RS HFA 4, Tz. 43, ist allein die Nettomethode zulässig. 852

Als den Zinsen **ähnliche Erträge** kommen u.a. in Betracht: Erträge aus einem Agio, Disagio oder Damnum, Kreditprovisionen, Erträge für Kreditgarantien, Teilzahlungszuschläge u.ä. Laufende Erträge und Aufwendungen aus **Zinsswaps** und aus **Zinstermin- oder Zinsoptionsgeschäften**, die in eine Bewertungseinheit einbezogen sind, erhöhen oder vermindern die Zinserträge aus dem Grundgeschäft[1330]. 853

Dagegen gehören Einnahmen, die weder Ertragszinsen darstellen, noch unmittelbar für die Kreditverschaffung erzielt werden, **nicht** hierher, so z.B. bestimmte Kreditbearbeitungsgebühren (bspw. für die Überwachung des Kredits), Mahnkosten u.ä. Ebenfalls nicht hier auszuweisen sind nicht in Anspruch genommene **Kundenskonti** (Ausweis unter den Umsatzerlösen)[1331]. Auch Gewinne aus dem Verkauf von **Bezugsrechten** sind nicht unter diesem Posten auszuweisen, sie fallen unter Nr. 4. **Zinszuschüsse** der öffentlichen Hand gehören zu Nr. 4, wenn sie nicht von den betreffenden Zinsaufwendungen abgesetzt werden (vgl. IDW St/HFA 1/1984). 854

8.5.2.12 Abschreibungen auf Finanzanlagen und auf Wertpapiere des Umlaufvermögens (Nr. 12)

Unter dem Posten Nr. 12 sind sämtliche Abschreibungen auf die unter den Finanzanlagen (§ 266 Abs. 2 A.III. HGB) und den Wertpapieren des UV (§ 266 Abs. 2 B.III. HGB) ausgewiesenen Posten auszuweisen (§ 253 Abs. 3 und 4 HGB), gleichgültig ob sie üblich sind oder nicht und aus welchem Grunde sie erfolgen. Auch bei der Ges. **nicht übliche Abschreibungen**[1332] oder außergewöhnliche Abschreibungen sind hier und nicht unter Nr. 7 lit. b) auszuweisen. **Außerplanmäßige** Abschreibungen auf Finanzanlagen nach § 253 Abs. 3 S. 5 und 6 HGB sind als Unterposten oder als Davon-Vermerk jeweils gesondert auszuweisen oder im Anh. anzugeben (§ 277 Abs. 3 S. 1 HGB). 855

1328 Vgl. Schmidt/Peun, in: BeBiKo[11], § 275, Rn. 193 m.w.N.
1329 Vgl. Gelhausen/Fey/Kämpfer, BilMoG, Kap. I, Rn. 61 ff.; Berndt, in: Kölner Komm. Rechnungslegungsrecht, § 275 HGB, Rn. 132.
1330 Vgl. ADS[6], § 275 HGB, Tz. 176a; Schmidt/Peun, in: BeBiKo[11], § 275, Rn. 194; bei fehlender Sicherungsbeziehung Ausweis unter Posten Nr. 4 bzw. Nr. 8, vgl. Kap. F Tz. 807 und Kap. F Tz. 831.
1331 Vgl. auch Schmidt/Peun, in: BeBiKo[11], § 275, Rn. 192; Hüttemann/Meyer, in: Staub, HGB[5], § 275, Rn. 33.
1332 Im Ergebnis auch für Ausweis unter Nr. 12 ADS[6], § 275 HGB, Tz. 169; Schmidt/Peun, in: BeBiKo[11], § 275, Rn. 201. Zum Ausweis der Abschreibungen auf Genussrechte im Posten Nr. 12, wenn diese im AV oder unter den sonstigen Wertpapieren bilanziert sind, vgl. IDW St/HFA 1/1994, Abschn. 3.2.

856 **Buchverluste** aus dem Abgang von Finanzanlagen und Wertpapieren des UV sind **nicht** hier, sondern unter Nr. 8 auszuweisen[1333]. **Abzinsungsbeträge** auf langfristige Ausleihungen, die bereits im Zeitpunkt des Zugangs abzuzinsen waren, sind unter den sonstigen betrieblichen Aufwendungen (Nr. 8) zu erfassen[1334]. Werden Abzinsungen erst in der Folgezeit vorgenommen, so sind sie als Abschreibungen nach § 253 Abs. 3 S. 5 und 6 oder Abs. 4 HGB hier auszuweisen.

8.5.2.13 Zinsen und ähnliche Aufwendungen, davon an verbundene Unternehmen (Nr. 13)

857 Zinsaufwendungen und Zinserträge dürfen grds. nicht miteinander verrechnet werden (vgl. Erl. zu Posten Nr. 11). Zinsen und ähnliche Aufwendungen, die **verbundenen Unternehmen** (§ 271 Abs. 2 HGB) zufließen, sind als Unterposten oder Davon-Vermerk anzugeben. Zu den verbundenen Unternehmen i.S.d. Vorschrift vgl. Kap. F Tz. 354 f.

> **Beispiel 20:**
>
> Als hier auszuweisende Zinsaufwendungen und ähnliche Aufwendungen kommen in Betracht:
> a) Zinsen für geschuldete Kredite, gleich welcher Art (z.B. Bankkredite, Hypotheken, Schuldverschreibungen, Darlehen, Lieferantenkredite, Verzugszinsen für verspätete Zahlung)[1335];
> b) Diskontbeträge für Wechsel und Schecks;
> c) Entgelt für die unmittelbare Beschaffung und Besicherung von FK wie z.B. Bank-, Kreditprovisionen, Überziehungsprovisionen, Kreditbereitstellungsgebühren, Bürgschafts- und Avalprovisionen; auch Umsatzprovisionen für KI werden vielfach als „ähnliche Aufwendungen" betrachtet, obwohl es sich um Kosten des Zahlungsverkehrs handelt (Nr. 8);
> d) Abschreibungen auf aktiviertes Agio, Disagio oder Damnum (§ 250 Abs. 3 S. 2 HGB); bei sofortiger Aufwandsverrechnung des Agios, Disagios oder Damnums ist ein Ausweis vorzugsweise hier oder alternativ unter den sonstigen betrieblichen Aufwendungen (Nr. 8) vorzunehmen[1336] (bei Wesentlichkeit Anh.-Angaben nach § 285 Nr. 32 HGB);
> e) Frachtstundungsgebühren;
> f) Aufwendungen aus der Aufzinsung von Rückstellungen; diese sind nach § 277 Abs. 5 S. 1 HGB gesondert auszuweisen (Davon-Vermerk, Vorspaltenausweis oder Angabe im Anh.)[1337]; ebenso unter Nr. 13 fallen Aufwendungen, die auf einer Änderung des Diskontierungszinssatzes beruhen, soweit nicht im operativen Ergebnis erfasst[1338]; zur Ausnahme hinsichtlich des Saldierungsgebots gem. § 246 Abs. 2 S. 2 Hs. 2 HGB bei Vorliegen von Deckungsvermögen vgl. Kap. F Tz. 762;

[1333] Ebenso ADS[6], § 275 HGB, Tz. 170.
[1334] Vgl. im Einzelnen ADS[6], § 275 HGB, Tz. 171; ADS[6], § 255 HGB, Tz. 80.
[1335] Vgl. *Schmidt/Peun*, in: BeBiKo[11], § 275, Rn. 206.
[1336] Vgl. ADS[6], § 275 HGB, Tz. 174; enger (Sofortverrechnung ist über Nr. 13 vorzunehmen) *Schmidt/Peun*, in: BeBiKo[11], § 275, Rn. 206; *Budde*, in: HdR[5], § 275 HGB, Rn. 84.
[1337] Vgl. *Gelhausen/Fey/Kämpfer*, BilMoG, Kap. I, Rn. 60; *Schmidt/Peun*, in: BeBiKo[11], § 275, Rn. 206; IDW RS HFA 34, Tz. 50.
[1338] Vgl. hinsichtlich Altersversorgungsrückstellungen IDW RS HFA 30 n.F., Tz. 87; *Gelhausen/Fey/Kämpfer*, BilMoG, Kap. I, Rn. 92; IDW RS HFA 34, Tz. 49.

g) Differenz zwischen dem Erfüllungsbetrag (§ 253 Abs. 1 S. 2 und 3 HGB) einer (bedingten) Kaufpreisverpflichtung und dem als nachträgliche AK zu erfassenden Betrag[1339];
h) Vergütungen für die Überlassung von Genussrechtskapital ohne EK-Charakter (mit Angabe im Anh. oder Davon-Vermerk) (vgl. *IDW St/HFA 1/1994*, Abschn. 2.2.1. a));
i) Laufende Erträge und Aufwendungen aus Zinsswaps und aus Zinstermin- oder Zinsoptionsgeschäften, die in eine Bewertungseinheit einbezogen sind, soweit sie Zinsaufwendungen aus einem Grundgeschäft erhöhen oder vermindern[1340];
j) Zinsen nach § 233a AO, Säumnisgelder und Verspätungszuschläge[1341].

858 Nicht zu den zinsähnlichen Aufwendungen gehören Bankspesen, Einlösungsprovisionen für Schuldverschreibungen, Entgelte für Beratungsleistungen sowie mit der laufenden Überwachung des Kredits i.Z. stehende Kosten[1342]. Von Kunden abgesetzte Skonti stellen Preisnachlässe i.S.d. § 255 Abs. 1 S. 3 HGB dar und mindern die entspr. Umsatzerlöse. Nicht ausgenutzte Lieferantenskonti dürfen trotz Zinscharakter aktiviert oder unter Nr. 5 bzw. Nr. 8 im entspr. Primäraufwand erfasst werden[1343]. **Zinszuschüsse** der öffentlichen Hand können mit den hier auszuweisenden Zinsen verrechnet werden, wenn ihre Vereinnahmung periodengerecht erfolgt (vgl. *IDW St/HFA 1/1984*). Zur Frage, wann eine unzulässige Verrechnung mit Zinserträgen vorliegt, vgl. die Erl. zum Posten Nr. 11.

859 **FK-Zinsen** sind hier auch dann auszuweisen, wenn sie nach § 255 Abs. 3 S. 2 HGB als HK aktiviert werden. Sie sind dann nach § 284 Abs. 2 Nr. 4 HGB im Anh. anzugeben. Zum Ausweis von Aufwendungen für die **Abzinsung** von unverzinslichen oder niedrig verzinslichen Aktiva vgl. die Erl. zu Nr. 8 und Nr. 12[1344]; die Aufwendungen sind nicht in den gesonderten Ausweis gem. § 277 Abs. 5 S. 1 HGB einzubeziehen[1345]. **Aufwendungen für Verlustübernahmen** sind nach § 277 Abs. 3 S. 2 HGB gesondert vor oder nach den Zinsen und ähnlichen Aufwendungen (Nr. 13) auszuweisen (vgl. Kap. F Tz. 774 ff.).

8.5.2.14 Steuern vom Einkommen und vom Ertrag (Nr. 14)

860 Ausweispflichtig sind alle Steuern, für die das Unternehmen **wirtschaftlich Steuerschuldner**[1346] ist. Im Einzelnen gehören hierher:

a) Steuern vom **Einkommen**: KSt (einschl. aller Arten von Ergänzungsabgaben) vor Abzug etwaiger anrechenbarer KapErtrSt;
b) Steuern vom **Ertrag**: GewSt.

1339 Vgl. DRS 23.32; *Schmidt/Peun*, in: BeBiKo[11], § 275, Rn. 206.
1340 Vgl. ADS[6], § 275 HGB, Tz. 176a; *Schmidt/Peun*, in: BeBiKo[11], § 275, Rn. 210; bei fehlender Sicherungsbeziehung Ausweis unter Posten Nr. 4 bzw. Nr. 8, vgl. Kap. F Tz. 807 und Kap. F Tz. 831.
1341 Vgl. *Marx*, DB 1996, S. 1149; a.A. *Schmidt/Peun*, in: BeBiKo[11], § 275, Rn. 206 (für den Ausweis von Verspätungszuschlägen unter Nr. 8).
1342 Vgl. ADS[6], § 275 HGB, Tz. 175.
1343 Vgl. ADS[6], § 275 HGB, Tz. 176 (den Ausweis unter Nr. 13 ablehnend); *Schmidt/Peun*, in: BeBiKo[11], § 275, Rn. 209 (eher für den Ausweis unter Nr. 13).
1344 Vgl. im Einzelnen ADS[6], § 275 HGB, Tz. 176b; *Budde*, in: HdR[5], § 275 HGB, Rn. 85.
1345 Vgl. *Gelhausen/Fey/Kämpfer*, BilMoG, Kap. I, Rn. 58 m.w.N.; *IDW RS HFA 34*, Tz. 50.
1346 Vgl. ADS[6], § 275 HGB, Tz. 184; zur Steuerschuldnerschaft (§ 43 AO) bei den verschiedenen Steuerarten.

Unter Nr. 14 fallen ferner auch die als Quellensteuer erhobene KapErtrSt i.S.d. § 43 Abs. 1 EStG[1347], der Solidaritätszuschlag gem. § 2 Nr. 3 i.V.m. § 3 Abs. 1 Nr. 5 SolZG sowie die in **ausländischen** Staaten gezahlten Steuern, die den in Deutschland erhobenen Steuern vom Einkommen und vom Ertrag entsprechen (vgl. Anlage 6 zu R 34 c EStR 2012, welches sich jedoch auf die der deutschen ESt vergleichbaren Steuern in Nicht-DBA-Staaten beschränkt, vgl. H 34 c EStR 2012). Die durch die KapGes./KapCoGes. für Rechnung Dritter einbehaltenen sog. Quellensteuern fallen nicht unter diesen Posten. Dies gilt auch für die durch eine Organges. für Rechnung des Organträgers einbehaltene KapErtrSt auf steuerliche Mehrabführungen, welche als sonst. Verbindlichkeit ohne GuV-Berührung zu erfassen ist.

861 Die Einkommensteuern der **Gesellschafter einer Personenhandelsges.** gehören nicht hierher (vgl. *IDW RS HFA 7 n.F.*, Tz. 32); in der GuV einer KapCoGes. darf jedoch nach dem Jahresergebnis – bzw. im Fall einer Überleitung auf den Bilanzgewinn (vgl. *IDW RS HFA 7 n.F.*, Tz. 56.) erst nach diesem Posten – ein dem Steuersatz der Komplementärges. entspr. Steueraufwand der Gesellschafter offen abgesetzt oder hinzugesetzt werden (§ 264c Abs. 3 S. 2 HGB, vgl. dazu Kap. F Tz. 1494; *IDW RS HFA 7 n.F.*, Tz. 33).

862 Steuerlich kommt es bei KapGes., die an anderen KSt-pflichtigen Ges. beteiligt sind, aufgrund des § 8b KStG jedoch regelmäßig nicht zu einer Steuerbelastung bei der Ausschüttung von Dividenden oder der Veräußerung derartiger Beteiligungen. Ausgenommen sind hiervon die gem. § 8b Abs. 5 bzw. Abs. 3 KStG nicht abzugsfähigen Betriebsausgaben in Höhe von 5% der empfangenen Dividende bzw. 5% des ermittelten Veräußerungsgewinns, sowie die grds. nicht nach § 8b Abs. 4 KStG begünstigten Ausschüttungen aus Streubesitzanteilen. Nicht anrechnungsfähige **KapErtrSt** (z.B. auf ausländische Schachteldividenden) ist als Steueraufwand auszuweisen.

863 Auch nach Aufhebung des § 278 HGB a.F. infolge des BilRUG muss bei phasengleicher Aufdeckung stiller Reserven i.Z.m. **Sachdividenden** der daraus resultierende Steueraufwand ebenfalls phasengleich erfasst werden (vgl. zur Behandlung von Sachdividenden im Einzelnen Kap. F Tz. 525 ff.)[1348].

864 Der Posten Nr. 14 umfasst sämtliche das Einkommen und/oder den Ertrag betreffende **Steueraufwendungen und -erträge** der Ges. Die Aufwendungen und Erträge dürfen saldiert ausgewiesen werden[1349] und betreffen sowohl tatsächliche Steuern als auch latente Steuern (§ 274 Abs. 2 S. 3 HGB). Die hier auszuweisenden Aufwendungen und Erträge umfassen demnach sowohl laufende Zahlungen und Zuführungen zu bzw. Auflösungen von Rückstellungen als auch Aufwendungen für zurückliegende GJ, für die keine ausreichenden Rückstellungen gebildet worden waren, sowie Steuererstattungen für frühere Jahre[1350], ggf. auch solche aufgrund eines Verlustrücktrags[1351]. Bei größeren **periodenfremden** Beträgen, z.B. aufgrund von Betriebsprüfungen, nennenswerten Erstattungen oder Nachzahlungen, sind nach § 285 Nr. 32 HGB entspr. Erl. im Anh., evtl. auch Untergliederungen oder Davon-Vermerke bei Nr. 14[1352] erforderlich. Ergibt sich in

---

1347 Vgl. *Schmidt/Peun*, in: BeBiKo[11], § 275, Rn. 238.
1348 Vgl. Schmidt/Peun, in: BeBiKo[11], § 275, Rn. 242.
1349 Vgl. *Schmidt/Peun*, in: BeBiKo[11], § 275, Rn. 246; *Budde*, in: HdR[5], § 275, Rn. 96.
1350 Zu Auswirkungen steuerlicher Außenprüfungen vgl. *IDW RS HFA 6*, Tz. 33 ff.
1351 Vgl. *HFA*, FN-IDW 1998, S. 71.
1352 Vgl. *Schmidt/Peun*, in: BeBiKo[11], § 275, Rn. 246.

Ausnahmefällen ein **positiver** („**Haben**"-)**Saldo**, so ist dies nach dem Grundsatz der Klarheit (§ 243 Abs. 2 HGB) kenntlich zu machen.

Die Aufwendungen und Erträge aus der Bildung, Auflösung und Fortschreibung von **latenten Steuern** nach § 274 Abs. 2 S. 3 HGB sind durch einen Unterposten, einen Vorspaltenausweis oder einen Davon-Vermerk gesondert auszuweisen[1353]. **Steuerstrafen**, **Zinsen** nach § 233a AO, **Säumniszuschläge** u.ä. fallen nicht unter Posten Nr. 14[1354]. Steuerstrafen sind den sonstigen betrieblichen Aufwendungen (Nr. 8) zuzuordnen; Zinsen und Säumniszuschläge sind unter den Zinsen und ähnlichen Aufwendungen (Nr. 13) auszuweisen[1355].

865

Werden bei ertragsteuerlichen **Organschaftsverhältnissen** gem. §§ 14-19 KStG und § 2 Abs. 2 S. 2 GewStG die tatsächlichen Steuern vom Organträger an die Organges. weiterbelastet (= Steuerumlage), sollten diese vom **Organträger** als Unterposten der Erträge aus GAV ausgewiesen werden[1356]. Als zulässig anzusehen ist auch die Einstellung in einen gesonderten Posten im Finanzergebnis (vor Nr. 14). Der Ausweis unter Nr. 4 erscheint nicht sachgerecht[1357]. Die **Organges.** sollte dagegen die ihr weiterbelasteten Steuern (bspw. im Rahmen einer Konzernumlage) gesondert unter Nr. 14 ausweisen[1358], da der Ausweis der Steuerbelastung der Organges. im Vordergrund steht[1359]. Sofern bei Vorliegen eines Steuerumlagevertrags latente Steuern bei der Organges. ausgewiesen werden (vgl. DRS 18.35; zu Einzelheiten s. Kap. F Tz. 745), hat der Ausweis der hieraus resultierenden Aufwendungen und Erträge unter gesonderter Bezeichnung zu erfolgen[1360].

866

8.5.2.15 Ergebnis nach Steuern (Nr. 15)

Mit dem BilRUG wurde zwischen dem Posten „Steuern vom Einkommen und vom Ertrag" und dem Posten „sonstige Steuern" das „Ergebnis nach Steuern" als Zwischensumme eingefügt, welches das Betriebsergebnis, das Finanzergebnis und die Einkommen- und Ertragsteuern beinhaltet. Hierbei handelt es sich jedoch nicht um ein Ergebnis nach allen Steuern, da die sonstigen Steuern erst in dem folgenden Posten zu erfassen sind. Die Wahl einer engeren Bezeichnung „Ergebnis nach Steuern vom Einkommen und vom Ertrag" muss als zulässig angesehen werden, weil dies die Klarheit und Übersichtlichkeit der GuV erhöht und die engere Bezeichnung ebenfalls gesetzestechnisch klar umrissen ist[1361]. Ebenso dürfte eine Doppelbezeichnung „Ergebnis nach Steuern/Jahresüberschuss"zulässig sein, wenn keine sonstigen Steuern angefallen sind[1362]. Das Weglassen der Zwischensumme ist dagegen nicht zulässig[1363].

867

1353 Vgl. DRS 18.60; *Gelhausen/Fey/Kämpfer*, BilMoG, Kap. M, Rn. 52.
1354 Vgl. ADS[6], § 275 HGB, Tz. 186; *Walz*, in: BHdR, B 338, Rn. 2.
1355 Vgl. ADS[6], § 275 HGB, Tz. 186; *Schmidt/Peun*, in: BeBiKo[11], § 275, Rn. 206.
1356 Vgl. im Einzelnen ADS[6], § 275 HGB, Tz. 191 f.; *Schmidt/Peun*, in: BeBiKo[11], § 275, Rn. 250.
1357 Vgl. *Schmidt/Peun*, in: BeBiKo[11], § 275, Rn. 250; nach ADS[6], § 275 HGB, Tz. 192 darf der Ausweis auch unter Posten Nr. 4 erfolgen.
1358 Teilw. abw. *Schmidt/Peun*, in: BeBiKo[11], § 275, Rn. 249 (auch Ausweis unter „aufgrund von GAV abgeführten Gewinnen" oder „Erträgen aus Verlustübernahmen" zulässig).
1359 Vgl. auch *Walz*, in: BHdR, B 338, Rn. 46 ff.
1360 Vgl. DRS 18.61.
1361 Vgl. ADS[6], § 265 HGB, Tz. 84.
1362 Vgl. *Schmidt/Peun*, in: BeBiKo[11], § 275 HGB, Rn. 253.
1363 Vgl. *Schmidt/Peun*, in: BeBiKo[11], § 275 HGB, Rn. 253, auch zu Besonderheiten bei Vorliegen eines EAV.

8.5.2.16 Sonstige Steuern (Nr. 16)

868 Hierunter fallen alle **nicht unter Nr. 14 auszuweisenden Steuern**, die von der Ges. direkt getragen und als Aufwand verrechnet werden, sofern sie nicht nach § 265 Abs. 7 HGB mit dem Posten Nr. 8 zusammengefasst wurden und sofern es sich nicht um direkt mit dem Umsatz verbundene Steuern i.S.d. § 277 Abs. 1 HGB handelt[1364].

> **Beispiel 21:**
>
> Zu den **nicht** unter Nr. 14 auszuweisenden Steuern zählen:
> Zölle, Biersteuer, Branntweinsteuer, Energiesteuer (insb. Steuer auf Mineralöle und Gas), Erbschaftsteuer, Grundsteuer, Hundesteuer, Jagdsteuer, Kaffeesteuer, Kraftfahrzeugsteuer, Rennwett- und Lotteriesteuer, Schenkungsteuer, Schaumweinsteuer, Strom- und Tabaksteuer, Versicherungsteuer (soweit nicht bei der entspr. Aufwandsart erfasst)[1365] und entspr. ausländische Steuern.

869 Zu der Frage, unter welchen Voraussetzungen die o.g. Steuern als „direkt mit dem Umsatz verbunden" i.S.d. § 277 Abs. 1 HGB gelten und daher zwingend von den Umsatzerlösen abzuziehen sind, vgl. Kap. F Tz. 797[1366].

870 Auch entspr. Mehrsteuern aufgrund **steuerlicher Außenprüfungen** sind hier auszuweisen, **Steuererstattungen** sind zu saldieren, auch wenn der Steueraufwand hierdurch negativ wird (vgl. IDW RS HFA 6, Tz. 36). Zur Pflicht zur Erläuterung größerer periodenfremder Beträge im Anh. vgl. Kap. F Tz. 1242 ff.

871 Die **Umsatzsteuer** ist unter diesem Posten nur auszuweisen, soweit sie durch das Unternehmen selber zu tragen ist (bspw. Eigenverbrauch). Bei Organschaftsverhältnissen ist die die Umsätze des Organs betr. USt bei dem Organträger (Oberges.) nur unter den sonstigen Steuern auszuweisen, wenn eine Weiterbelastung der von der Oberges. zu tragenden USt an das Organ unterblieben ist (dort Ausweis der nicht weiterbelasteten USt unter Nr. 4)[1367]. Nicht abziehbare Vorsteuern sind wie die zugrundeliegende Lieferung oder Leistung zu behandeln. In allen übrigen Fällen ist die USt, auch soweit sie auf Anzahlungen zu entrichten ist[1368], als durchlaufender Posten zu behandeln und berührt die GuV nicht. Ein offenes Absetzen der USt von den Bruttobeträgen unter Nr. 1 (und u.U. unter Nr. 4) ist zulässig.

872 Soweit Steuern als **Anschaffungsnebenkosten** zu betrachten sind (z.B. Zölle, GrESt, nicht abzugsfähige Vorsteuern) und als solche zu aktivieren sind, gehören sie **nicht** zum Posten Nr. 16. **Steuerstrafen** sind unter Nr. 8 zu erfassen; vgl. Kap. F Tz. 865. Von der Ges. für Mitarbeiter übernommene **pauschalierte LSt** und darin enthaltene KiSt sind wirtschaftlich als Arbeitsentgelte zu betrachten und daher unter Nr. 6 lit. a) auszuweisen[1369].

[1364] Vgl. ADS⁶, § 275 HGB, Tz. 197; Schmidt/Peun, in: BeBiKo¹¹, § 275 HGB, Rn. 255.
[1365] Vgl. auch für ähnliche Fälle ADS⁶, § 275 HGB, Tz. 201.
[1366] Hierzu zählen i.d.R. bspw. Energiesteuer bei Gasvertriebsges., Stromsteuer bei Stromvertriebsges., vgl. hierzu Peun/Rimmelspacher, DB 2015, Beil. 5, S. 12 (16).
[1367] Vgl. IDW RH HFA 1.017, Tz. 4, Tz. 7.
[1368] Zur Behandlung der USt auf Anzahlungen vgl. IDW RH HFA 1.017, Tz. 8 ff.; steuerlich s. auch § 5 Abs. 5 S. 2 Nr. 2 EStG.
[1369] Vgl. ADS⁶, § 275 HGB, Tz. 200; Schmidt/Peun, in: BeBiKo¹¹, § 275, Rn. 255.

8.5.2.17 Sonderposten vor dem Jahresüberschuss/Jahresfehlbetrag

Vergütungen für die Überlassung von **Genussrechtskapital mit EK-Charakter** sind beim Emittenten gesondert vor dem Jahresergebnis auszuweisen, und zwar auch dann, wenn die Genussrechtsbedingungen eine Ausschüttung aus dem Bilanzgewinn vorsehen, da die Vergütungen auf einem schuldrechtlichen Vertrag beruhen[1370]. 873

Verpflichtungen aus **Besserungsscheinen**[1371] sind erst mit Eintritt der aufschiebenden Bedingung (i.d.R. Entstehen eines künftigen Jahresüberschusses) zu passivieren. Der damit verbundene Aufwand sollte ebenfalls hier gesondert ausgewiesen werden. Sieht die Besserungsabrede vor, dass zunächst die Zinsen auf die erlassene Forderung nachgezahlt werden müssen, sind diese Beträge unter dem Posten Nr. 13 auszuweisen. 874

Anh.-Angaben aufgrund außergewöhnlicher Bedeutung der Aufwendungen gem. § 285 Nr. 31 HGB werden i.d.R. erforderlich sein (vgl. Kap. F Tz. 1234 ff.). Nach § 285 Nr. 15a HGB sind zudem Angaben u.a. zum Bestehen von Besserungsscheinen und Genussrechten im Anh. zu machen (vgl. Kap. F Tz. 1124 ff.). 875

Erträge aus Verlustübernahmen sowie **Aufwendungen aus abgeführten** Gewinnen sind bei der Organges. in einem gesonderten Posten unmittelbar vor dem Jahresergebnis auszuweisen (vgl. Kap. F Tz. 776). 876

8.5.2.18 Jahresüberschuss/Jahresfehlbetrag (Nr. 17)

Der Posten weist als Saldo aller in der GuV ausgewiesenen Erträge und Aufwendungen den im GJ neu erzielten **Gewinn** oder neu eingetretenen **Verlust vor Rücklagenbewegungen** aus. Der hier ausgewiesene Betrag stellt bei AG die Ausgangsgrundlage für das Gewinnverwendungsrecht der Verwaltung einerseits und der HV andererseits (§ 58 AktG) dar; auch andere Bestimmungen knüpfen an diesen Posten an (z.B. §§ 150 Abs. 2, 300 AktG). Wegen der Gewinnverteilung bei der GmbH vgl. § 29 GmbHG[1372]. 877

Mit dem Posten Nr. 17 endet das gesetzliche Gliederungsschema des § 275 Abs. 2 HGB. Das Gesetz geht indes davon aus, dass der JA einer AG oder KGaA regelmäßig unter Berücksichtigung einer vollständigen oder teilw. **Verwendung des Jahresergebnisses** aufgestellt wird. Auch bei einer GmbH besteht diese Möglichkeit (vgl. § 268 Abs. 1 S. 1 HGB und § 29 Abs. 1 S. 2 GmbHG) und wird allgemein empfohlen. § 275 Abs. 4 HGB bestimmt daher, dass Veränderungen der Kapital- und Gewinnrücklagen erst nach dem Posten „Jahresüberschuss/Jahresfehlbetrag" ausgewiesen werden dürfen. 878

Für **KapCoGes.**, die nach dem gesetzlichen Normalstatut organisiert sind, ist es sachgerecht, die Verwendung des Jahresüberschusses/Jahresfehlbetrags in Fortführung der GuV oder im Anh. darzustellen (vgl. auch Kap. F Tz. 1473 ff. und Kap. F Tz. 1470). Zudem kommt eine entspr. Erweiterung der GuV durch Überleitung des Jahresergebnisses auf den in der Bilanz ausgewiesenen Bilanzgewinn in Betracht, wenn der Gesellschaftsvertrag abw. vom gesetzlichen Normalstatut die Bildung von Rücklagen und/oder eine 879

1370 Vgl. *IDW St/HFA 1/1994*, Abschn. 2.2.2.a); hierzu *Emmerich/Naumann*, WPg 1994, S. 677 (687); *Wollmert*, BB 1992, S. 2106 (für Zuordnung des Postens zum Zinsergebnis); *Castan/Böcking*, in: BHdR, B 300, Rn. 76 (alternativ Vermerk bei dem Posten Bilanzgewinn).
1371 Vgl. ADS[6], § 246 HGB, Tz. 148.
1372 Vgl. zur verdeckten Gewinnausschüttung *Fastrich*, in: Baumbach/Hueck, GmbH[21], § 29 GmbHG, Rn. 68 ff.; *Hommelhoff*, in: Lutter/Hommelhoff, GmbHG[19], § 29, Rn. 36.

Beschlussfassung der Gesellschafter über die Gewinnverwendung vorsieht (vgl. *IDW RS HFA 7 n.F.*, Tz. 56 f.).

880 Für **AG** und **KGaA** ist die insoweit in Betracht kommende weitere Gliederung durch § 158 Abs. 1 S. 1 AktG verbindlich vorgeschrieben (sog. **GuV-Verlängerung**). Sie sollte aus Gründen der Klarheit (§ 243 Abs. 2 HGB) von **GmbH** (insb. von großen) entspr. angewandt werden (zur analogen Anwendung bei der GmbH vgl. Kap. F Tz. 493 und bei KapCoGes. vgl. Kap. F Tz. 1478)[1373]. Es ist zulässig, die weiteren Posten statt in der GuV im **Anh.** anzugeben (§ 158 Abs. 1 S. 2 AktG; vgl. Kap. F Tz. 949 und Kap. F Tz. 1437).

8.5.2.19 Vermögensminderung aufgrund von Abspaltungen

881 Die Abspaltung von Vermögensgegenständen oder Reinvermögen gem. § 123 Abs. 2 UmwG stellt eine auf einer Beschlussfassung der Anteilsinhaber des übertragenden Rechtsträgers beruhende Vermögensauskehrung (Sachausschüttung) dar, in deren Zusammenhang an die Gesellschafter des übertragenden Rechtsträgers für den Wegfall oder die vermögensmäßige Minderung ihrer Beteiligung am übertragenden Rechtsträger eine Gegenleistung in Form von Anteilen am übernehmenden Rechtsträger gewährt wird. Hierbei handelt es sich somit um einen gesellschaftsrechtlichen Vorgang und nicht um einen laufenden Geschäftsvorfall des abspaltenden (übertragenden) Rechtsträgers. Der Vermögensabgang aufgrund der Abspaltung ist bei der AG in der GuV nach dem Posten Nr. 17 gesondert auszuweisen[1374].

8.5.2.20 Gewinnvortrag/Verlustvortrag aus dem Vorjahr

882 Ergab sich aus dem Gewinnverteilungsbeschluss über das Ergebnis des VJ ein **Gewinnvortrag**, so ist dieser in der GuV des neuen GJ ebenfalls als erster Posten der Gewinnverwendungsrechnung auszuweisen. Der Gewinnvortrag ist dabei immer der unverteilte, d.h. nach Abzug einer für das VJ geleisteten Dividende sowie einer Dotierung von Gewinnrücklagen verbleibende Rest des VJ-Gewinns. Die für das VJ geleistete Ausschüttung ist dementsprechend nicht in der GuV-Verlängerungsrechnung des Folgejahres aufzuführen. Soweit ausnahmsweise der VJ-Gewinn bis zum Abschlussstichtag nicht verwendet wurde, z.B. wg. Einlegen eines Rumpf-GJ, ist im Hinblick auf die noch ausstehende Beschlussfassung über diesen Betrag anstelle des Gewinnvortrags ein Posten „nicht verwendeter Gewinn des Vorjahres/Bilanzgewinn" auszuweisen. Wird in der Aufstellungsphase des Abschlusses über den noch nicht verwendeten VJ-Gewinn entschieden, ist dies durch einen entspr. Davon-Vermerk kenntlich zu machen. Schloss der VJ-Abschluss mit einem Bilanzverlust ab, so ist dieser als **Verlustvortrag** aus dem VJ als erster Posten der Gewinnverwendungsrechnung auszuweisen, auch wenn zwischenzeitlich Gesellschafterzuschüsse zur Verlustabdeckung gewährt wurden.

8.5.2.21 Entnahmen aus der Kapitalrücklage

883 Hier sind bei **AG** die Entnahmen aus der Kapitalrücklage nach § 272 Abs. 2 Nrn. 1 bis 3 HGB zum Ausgleich eines Jahresfehlbetrags oder Verlustvortrags nach den Vorschriften des § 150 Abs. 3 und Abs. 4 Nrn. 1 und 2 AktG auszuweisen. Außerdem sind hier Ent-

---

1373 Vgl. ADS[6], § 268 HGB, Tz. 14; *Schmidt/Peun*, in: BeBiKo[11], § 275, Rn. 310.
1374 Vgl. *IDW RS HFA 43*, Tz. 17; für die GmbH erscheint die Angabe in der Verlängerungsrechnung sachgerecht vgl. *IDW RS HFA 43*, Tz. 18; *Klingebiel*, in: Winkeljohann/Förschle/Deubert, Sonderbilanzen[5], Kap. I, Rn. 331.

nahmen auszuweisen, die bei einer vereinfachten Kapitalherabsetzung nach § 229 Abs. 2 AktG dem Ausgleich von Wertminderungen oder der Deckung sonstiger Verluste dienen[1375]. Werden nicht verwendungsbeschränkte Kapitalrücklagen nach § 272 Abs. 2 Nr. 4 HGB zu Gunsten des Bilanzgewinns aufgelöst, so berührt dies ebenfalls die GuV-Verlängerung. Dagegen sind Entnahmen zur Kapitalerhöhung aus Gesellschaftsmitteln gem. § 150 Abs. 4 Nr. 3 AktG **nicht** in der GuV-Verlängerung darzustellen[1376]. Auch bei **GmbH** gehören Entnahmen aus der Kapitalrücklage zu Gunsten des Bilanzgewinns (§ 58b Abs. 1 GmbHG) unter diesen Posten[1377]. Nach § 270 Abs. 1 HGB sind die Entnahmen aus der Kapitalrücklage bereits bei der Aufstellung des JA vorzunehmen.

8.5.2.22 Entnahmen aus der gesetzlichen Rücklage

Die Erl. in Kap. F Tz. 883 gelten entspr. **884**

8.5.2.23 Entnahmen aus der Rücklage für Anteile an einem herrschenden oder mehrheitlich beteiligten Unternehmen

Soweit Auflösungen dieser Rücklage in Betracht kommen (bei Veräußerung oder Einziehung der Aktien sowie bei Ansatz eines niedrigeren Werts auf der Aktivseite, § 272 Abs. 4 S. 4 HGB), sind sie grds. hier auszuweisen. **885**

Bei **KapCoGes.** kann hier die Auflösung des „Ausgleichspostens für aktivierte eigene Anteile" (§ 264c Abs. 4 S. 2 HGB) ausgewiesen werden, wenn die Bildung des Postens zu Lasten des Jahresergebnisses erfolgt ist (vgl. dazu Kap. F Tz. 1489 ff.). **886**

8.5.2.24 Entnahmen aus satzungsmäßigen Rücklagen

Soweit von der Ges. satzungsmäßige Rücklagen gebildet wurden (insb. bei GmbH), sind Auflösungen, die nach den Satzungsvorschriften ergebniswirksam sein sollen, unter diesem Posten auszuweisen. Sollen die satzungsmäßigen Rücklagen dagegen dazu dienen, unter bestimmten Voraussetzungen in Grund- bzw. Stammkapital umgewandelt zu werden, so wird bei einem entspr. Gesellschafterbeschluss nur eine Umbuchung in der Bilanz vorgenommen[1378]. Eine direkte Umbuchung in die gesetzliche Rücklage ist unzulässig. **887**

8.5.2.25 Entnahmen aus anderen Gewinnrücklagen

Hierunter sind grds. alle Entnahmen aus freien Gewinnrücklagen aufzuführen. Eine Ausnahme gilt z.B. für die Umwandlung von Rücklagen in Nennkapital bei einer Kapitalerhöhung aus Gesellschaftsmitteln. Nicht zulässig ist es, Rücklagen, die für bestimmte Zwecke vorgesehen wurden, direkt in Anspruch zu nehmen, ohne sie über die GuV-Verlängerung aufzulösen; unzulässig ist es auch, die betr. Aufwendungen offen von den unter diesem Posten ausgewiesenen Entnahmen abzusetzen. **888**

[1375] Vgl. ADS⁶, § 158 AktG, Tz. 9; vgl. dort auch zu Angaben im Anh. entspr. § 240 S. 3 AktG.
[1376] Vgl. ADS⁶, § 158 AktG, Tz. 10; vgl. dort auch zu Angaben im Anh. nach § 152 Abs. 2 Nr. 2 AktG.
[1377] Zur Rückzahlung von Nachschusskapital nach § 30 Abs. 2 GmbHG vgl. *Heymann*, in: BHdR, B 231, Rn. 100, 131.
[1378] Vgl. im Einzelnen ADS⁶, § 158 AktG, Tz. 14; *Brönner*, in: AktG Großkomm⁴, § 158 AktG, Rn. 11.

8.5.2.26 Entnahmen aus Genussrechtskapital

889 Eine Minderung von Genussrechtskapital mit EK-Charakter aufgrund einer Verlustbeteiligung ist wie eine Entnahme aus Rücklagen nach dem Jahresüberschuss/Jahresfehlbetrag auszuweisen und schon bei der Aufstellung des JA zu berücksichtigen[1379].

8.5.2.27 Ertrag aus der Kapitalherabsetzung

890 Nach § 240 S. 1 AktG sind bei AG und KGaA Buchgewinne, die bei einer Kapitalherabsetzung anfallen (§§ 222 Abs. 4, 237 AktG), gesondert als „Ertrag aus der Kapitalherabsetzung" hinter den Entnahmen aus Gewinnrücklagen auszuweisen. Vgl. im Übrigen ADS[6], § 158 AktG, Tz. 23.

8.5.2.28 Einstellungen in die Kapitalrücklage nach den Vorschriften über die vereinfachte Kapitalherabsetzung und im Fall der vereinfachten Einziehung

891 Die vereinfachte Kapitalherabsetzung kann dazu dienen, Beträge in die Kapitalrücklage einzustellen (§ 229 Abs. 1 AktG); außerdem sind ggf. im Anschluss an eine vereinfachte Kapitalherabsetzung weitere Einstellungen in die Kapitalrücklage erforderlich (§ 232 AktG). § 240 S. 2 AktG bestimmt, dass diese Einstellungen unter der genannten Bezeichnung gesondert auszuweisen sind[1380]. Auch im Fall der vereinfachten Einziehung ist korrespondierend zu dem Ertrag aus der Kapitalherabsetzung die Einstellung in die Kapitalrücklage (§ 237 Abs. 5 AktG) dort auszuweisen[1381]. Bei GmbH ist ein besonderer Ausweis nicht vorgeschrieben, doch empfiehlt es sich, entspr. zu verfahren. Zur Erläuterungspflicht im Anh. vgl. Kap. F Tz. 1281.

8.5.2.29 Einstellungen in die gesetzliche Rücklage

892 Hier sind hauptsächlich die Einstellungen aufgrund der obligatorischen Bestimmungen des § 150 Abs. 2 AktG auszuweisen, ferner Einstellungen i.Z.m. der vereinfachten Kapitalherabsetzung (§ 231 S. 1 AktG)[1382].

Einstellungen in die gesetzliche Rücklage gem. § 58 Abs. 3 AktG aufgrund eines Gewinnverwendungsbeschlusses der HV sind nicht in der GuV-Verlängerung auszuweisen; sie sind in der Bilanz oder im Anh. des Folgejahres gesondert zu vermerken (§ 152 Abs. 3 Nr. 1 AktG) und im Beschluss der HV über die Gewinnverwendung (§ 174 Abs. 2 Nr. 3 AktG) aufzuführen.

8.5.2.30 Einstellungen in die Rücklage für Anteile an einem herrschenden oder mehrheitlich beteiligten Unternehmen

893 Die Einstellungen nach § 272 Abs. 4 HGB können aus dem Jahresüberschuss, aus einem Gewinnvortrag, aus frei verfügbaren Rücklagen oder zu Lasten eines Bilanzverlustes vorgenommen werden. Sie sind grds. über diesen Posten zu führen; lediglich soweit eine

---

[1379] Vgl. IDW St/HFA 1/1994, Abschn. 2.2.2.b).
[1380] Vgl. ADS[6], § 158 AktG, Tz. 25; Förschle/Heinz, in: Winkeljohann/Förschle/Deubert, Sonderbilanzen[5], Kap. Q, Rn. 110.
[1381] Vgl. ADS[6], § 158 AktG, Tz. 27.
[1382] Vgl. ADS[6], § 158 AktG, Tz. 18.

frei verfügbare Rücklage herangezogen wird (§ 272 Abs. 4 S. 3 HGB), erscheint in Ausnahmefällen eine Umbuchung in der Bilanz ausreichend[1383].

Demgegenüber berührt die Bildung des „Ausgleichsposten[s] für aktivierte eigene Anteile" (§ 264c Abs. 4 S. 2 HGB) bei KapCoGes. die Gewinnverwendungsrechnung i.d.R. nicht (vgl. Kap. F Tz. 1489 ff.), sodass ein entspr. Ausweis nur ausnahmsweise in Betracht kommen dürfte.

894

8.5.2.31 Einstellungen in satzungsmäßige Rücklagen

Soweit die Satzung Einstellungen in eine solche Rücklage vorschreibt, sind sie hier auszuweisen. Stellt die HV im Beschluss über die Verwendung des Bilanzgewinns Beträge in diese Rücklage ein (§ 58 Abs. 3 AktG), so geschieht dies durch direkte Umbuchung vom Bilanzgewinn in die Rücklage; die GuV-Verlängerung wird in diesem Fall nicht berührt[1384].

895

8.5.2.32 Einstellungen in andere Gewinnrücklagen

Hier sind insb. diejenigen Einstellungen auszuweisen, die bei Aufstellung oder Feststellung des JA im Rahmen und unter Beachtung gesetzlicher Vorschriften (§ 58 Abs. 1, 2 und 2a AktG, § 270 Abs. 2 HGB) den anderen Gewinnrücklagen zugewiesen werden. Nicht hierunter fallen Einstellungen durch die HV; vgl. ADS[6], § 158 AktG Tz. 17.

896

8.5.2.33 Wiederauffüllung des Genussrechtskapitals

Die Wiederauffüllung des Genussrechtskapitals mit EK-Charakter nach Minderung durch Verlustteilnahme aufgrund der Genussrechtsbedingungen ist gesondert unter diesem Posten zu zeigen und bereits bei der Aufstellung des JA zu berücksichtigen[1385].

897

8.5.2.34 Aufwand aus dem Erwerb eigener Anteile

Die Verrechnung der Differenz zwischen den AK und dem Nennbetrag bzw. rechnerischen Wert erworbener eigener Anteile mit den frei verfügbaren Rücklagen (§ 272 Abs. 1a S. 2 HGB) darf grds. unmittelbar, d.h. ohne Berührung der GuV-Verlängerung erfolgen[1386]. Ein Ausweis in der GuV-Verlängerung könnte sich jedoch aus Gründen der Klarheit und Übersichtlichkeit empfehlen[1387]. In diesem Fall ist der Aufwand aus dem Erwerb eigener Anteile gesondert zu erfassen; dieser ist bis zu dem Betrag, der sonst zur unmittelbaren Verrechnung herangezogen würde, durch Auslösung der jeweiligen Rücklage zu kompensieren[1388]. Reichen die in den freien Rücklagen verfügbaren Beträge nicht aus und muss daher eine Verrechnung zu Lasten des Bilanzgewinns bzw. Bilanzverlustes erfolgen[1389], ist der gesonderte Ausweis zwingend notwendig.

898

1383 Vgl. im Einzelnen ADS[6], § 158 AktG, Tz. 19, § 268 HGB, Rn. 22; dazu auch *Reiß*, in: BoHdR, § 158 AktG, Rn. 12.
1384 Vgl. ADS[6], § 158 AktG, Tz. 20.
1385 Vgl. *IDW St/HFA 1/1994*, Abschn. 2.2.2.b); ferner *Emmerich/Naumann*, WPg 1994, S. 677 (688); *Wollmert*, BB 1992, S. 2106 (2108).
1386 Vgl. analog zum alten Recht (vor BilMoG) ADS[6] (ErgBd.), § 272 HGB, Tz. 17; so auch *Gelhausen/Fey/Kämpfer*, BilMoG, Kap. L, Rn. 30.
1387 Vgl. *Gelhausen/Fey/Kämpfer*, BilMoG, Kap. L, Rn. 30.
1388 So auch *Winkeljohann/Hoffmann*, in: BeBiKo[11], § 272, Rn. 135.
1389 Vgl. *Winkeljohann/Hoffmann*, in: BeBiKo[11], § 272, Rn. 133.

8.5.2.35 Bilanzgewinn/Bilanzverlust

899 Der hierunter ausgewiesene Betrag muss mit dem Betrag des gleichlautenden Postens der Bilanz (§ 268 Abs. 1 S. 2 HGB) übereinstimmen. Er ist die Grundlage für den Gewinnverwendungsvorschlag nach § 170 Abs. 2 AktG und für die Beschlussfassung der HV nach § 174 AktG.

8.5.2.36 Ertrag aufgrund höherer Bewertung gemäß dem Ergebnis der Sonderprüfung/gemäß gerichtlicher Entscheidung

900 Es handelt sich um die Summe der Unterschiedsbeträge, die sich aus einer Erhöhung von Aktivposten und einer Herabsetzung von Passivposten aufgrund des Ergebnisses einer Sonderprüfung nach §§ 258 ff. AktG wg. unzulässiger Unterbewertung oder einer gerichtlichen Entscheidung über die Feststellungen der Sonderprüfer gem. § 260 AktG ergeben. Der Posten ist nach § 261 Abs. 1 S. 6 oder Abs. 2 S. 2 AktG gesondert unter der dort verlangten Bezeichnung auszuweisen; er darf nicht mit anderen Posten zusammengefasst werden. Der auszuweisende Betrag ist, sofern auch zwischenzeitliche Bewertungsänderungen zu berücksichtigen sind, nicht identisch mit der Summe der Beträge, die bei der Sonderprüfung oder durch das Gericht festgestellt wurden[1390].

8.5.3 Inhalt der einzelnen Posten bei Gliederung nach dem Umsatzkostenverfahren (§ 275 Abs. 3 HGB)[1391]

8.5.3.1 Umsatzerlöse (Nr. 1)

901 Der Posten stimmt inhaltlich mit dem Posten Nr. 1 des GKV überein (§ 277 Abs. 1 HGB). Vgl. Kap. F Tz. 792 ff.

8.5.3.2 Herstellungskosten der zur Erzielung der Umsatzerlöse erbrachten Leistungen (Nr. 2)

902 Entspr. dem Charakter und der Zielsetzung der Umsatzkostenrechnung soll dieser Posten die HK der im GJ verkauften Produkte und erbrachten Dienstleistungen nachweisen, gleichgültig, ob sie im letzten oder in früheren GJ angefallen sind. Für die Zwecke der Bestandsbewertung sind die HK in § 255 Abs. 2 HGB definiert. Während dort Kosten der **allgemeinen Verwaltung** grds. als in die HK einrechenbar bezeichnet werden (S. 3), ist im Gliederungsschema des § 275 Abs. 3 HGB für die allgemeinen Verwaltungskosten ein eigener Posten (Nr. 5) vorgesehen. Dennoch ist davon auszugehen, dass grds. die Verwaltungskosten, die **dem Herstellungsbereich zurechenbar** sind, zu den HK i.S.d. Postens Nr. 2 gehören, und zwar unabhängig von der Handhabung bei der Bilanzbewertung, und dass unter dem Posten Nr. 5 nur diejenigen allgemeinen Verwaltungskosten auszuweisen sind, die nicht zum Bereich der Herstellung gehören. Fehlt es an einer Aufgliederung der Verwaltungskosten nach in die HK einrechenbaren und nicht einrechenbaren Kosten, so ist es zulässig, die allgemeinen Verwaltungskosten in vollem Umfang unter dem Posten Nr. 5 auszuweisen. **Vertriebskosten** sind nicht hier, sondern unter Nr. 4 zu erfassen.

903 Darüber hinaus (und insoweit abw. von den Begrenzungen des § 255 Abs. 2 HGB) sind unter dem Posten Nr. 2 aber auch alle diejenigen Kosten für verkaufte Produkte auszu-

---

1390 Wegen weiterer Einzelheiten siehe ADS[6], § 275 HGB, Tz. 207, und § 261 AktG, Tz. 5.
1391 Zur älteren Literatur zum UKV vgl. *Göllert*, DB 2008, S. 1165 (1168).

weisen, die i.w.S. **dem Herstellungsbereich zuzurechnen** sind und die nicht unter die Vertriebskosten oder die allgemeinen Verwaltungskosten fallen[1392]. Hierzu können z.B. die Kosten der Forschung und Produktentwicklung, Gewährleistungskosten, Kosten der Produkthaftpflicht u.dgl. gehören. Besitzen die Aufwendungen für Forschung und Entwicklung wesentlichen Umfang, so sollten sie gem. § 265 Abs. 5 HGB gesondert gezeigt werden[1393].

Auch **Gemeinkosten**, die in der Bilanz **nicht aktivierbar** wären, weil sie nicht notwendig oder nicht angemessen waren, und Abschreibungen auf nicht voll genutzte Anlagen dürfen in den Posten Nr. 2 einbezogen werden[1394]; zur Berücksichtigung der Abschreibungen vgl. im Einzelnen *IDW St/SABI 1/1987*.   904

> **Hinweis 65:**
>
> Als **HK i.S.d. Postens Nr. 2** sind demnach auszuweisen die HK für:
> - Im GJ verkaufte, zu Beginn des Jahres vorhandene fertige Erzeugnisse und fertige Leistungen, bewertet mit den Bilanzwerten des letzten JA[1395],
> - im GJ verkaufte, zu Beginn des Jahres vorhandene und in der Zwischenzeit fertiggestellte unfertige Erzeugnisse und unfertige Leistungen, bewertet mit den Bilanzwerten des letzten JA zzgl. der im laufenden Jahr angefallenen HK i.w.S.,
> - im GJ produzierte und verkaufte Erzeugnisse und erbrachte Leistungen, bewertet mit den HK i.w.S.

Bei einer Bewertung der Bestände auf Basis von **Vollkosten** (vgl. Kap. F Tz. 125 ff.) führt dies zum Ausweis der vollen HK der verkauften Produkte und Leistungen unter dem Posten Nr. 2, während die entspr. Kosten für noch nicht verkaufte Produkte und Leistungen in der Bilanz aktiviert werden.   905

Beim Ansatz zu **Teilkosten** dürfen nicht aktivierte HK von Bestandserhöhungen des GJ in die sonstigen betrieblichen Aufwendungen (Nr. 7) oder in den Posten Nr. 2 einbezogen werden. Beide Ausweisformen sind zulässig; der Ausweis unter Nr. 2 ist jedoch vorzuziehen[1396]. I.d.Z. ist im **Anh.** anzugeben, wie die unter Nr. 2 ausgewiesenen HK ermittelt sind, insb. ob in den sonstigen betrieblichen Aufwendungen (Nr. 7) nicht aktivierte Teile der HK enthalten sind (§ 284 Abs. 2 Nr. 1 HGB). Bei außergewöhnlich hohen Bestandsveränderungen können zusätzliche Angaben im Anh. nach § 264 Abs. 2 S. 2 HGB erforderlich werden.   906

Werden **Aufwandszinsen** und **betriebliche Steuern** in die Berechnung der HK einbezogen, stellt sich auch hier die Frage, ob sie als HK der verkauften Erzeugnisse ausgewiesen oder den entspr. Aufwandsposten (Nrn. 12 und 15) zugerechnet werden sollen. Geht man davon aus, dass auch die nach dem UKV gegliederte GuV in Bezug auf die Posten Nrn. 8 ff. den Ausweis von Ertrags- und Aufwandsposten vorschreibt, sollten die o.g. *Aufwendungen im Jahr des Anfalls* unter den dafür vorgesehenen Posten ausgewiesen werden. Es muss aber auch als zulässig angesehen werden, betriebliche Steuern   907

1392 Vgl. ADS⁶, § 275 HGB, Tz. 216; ferner *Schmidt/Peun*, in: BeBiKo¹¹, § 275, Rn. 271 i.V.m. Rn. 31.
1393 Vgl. *Schmidt/Peun*, in: BeBiKo¹¹, § 275, Rn. 307.
1394 Vgl. *Schmidt/Peun*, in: BeBiKo¹¹, § 275, Rn. 277.
1395 Vgl. ADS⁶, § 275 HGB, Tz. 222.
1396 Vgl. ADS⁶, § 275 HGB, Tz. 223; im Ergebnis ebenso *Schmidt/Peun*, in: BeBiKo¹¹, § 275, Rn. 276.

und Zinsen, die den HK zugerechnet werden können, in den Posten Nr. 2 mit einzubeziehen (entspr. gilt für die dem Vertriebs- und Verwaltungsbereich zuzurechnende Kostensteuern; Angaben im Anh. nach § 284 Abs. 2 Nr. 1 HGB sind erforderlich)[1397]. Konsequent wäre es in diesem Fall, die Bezeichnung der Posten Nr. 12 und Nr. 15 im Hinblick auf § 265 Abs. 6 HGB in dieser Form zu ergänzen.

908 In allen genannten Abgrenzungsfällen ist die einmal gewählte Zuordnung nach § 265 Abs. 1 S. 1 HGB grds. beizubehalten (Grundsatz der **Darstellungsstetigkeit**)[1398].

909 Wird das UKV von reinen **Handelsbetrieben** angewandt, dann ist im Hinblick auf § 265 Abs. 6 HGB die Bezeichnung des Postens entspr. anzupassen (z.B. „Anschaffungskosten der verkauften Waren")[1399].

8.5.3.3 Bruttoergebnis vom Umsatz (Nr. 3)

910 Dieser Posten ergibt sich als **Saldogröße** aus den Posten Nrn. 1 und 2. Ein Sollsaldo sollte nach § 243 Abs. 2 HGB durch ein entspr. Vorzeichen oder eine geänderte Postenbezeichnung erkennbar sein.

8.5.3.4 Vertriebskosten (Nr. 4)

911 Die Vertriebskosten rechnen nicht zu den HK (§ 255 Abs. 2 S. 4 HGB) und müssen daher unter diesem Posten sämtlich in der Periode verrechnet werden, in der sie anfallen. Zu den Vertriebskosten rechnen alle Aufwendungen der Verkaufs-, Werbe-, Marketingabteilungen, des Vertreternetzes, der Vertriebsläger, der verschiedenen Formen der Absatzförderung etc.

912 Als **Vertriebseinzelkosten**, die direkt einzelnen Produkten zuzurechnen sind, kommen insb. Verpackungs- und Transportkosten sowie Provisionen in Betracht.

913 Zu den **Vertriebsgemeinkosten** rechnen die Personalkosten der genannten Abteilungen, die Kosten der Marktforschung, Werbung und Absatzförderung, der Kundenschulung, kostenlose Warenproben und Muster, Messe- und Ausstellungskosten, Präsentationen, Reisekosten, Kosten der Auslieferungs- und Verteilungsläger, des Fuhrparks, die anteiligen Abschreibungen und Materialkosten sowie ein angemessener Anteil der Verwaltungskosten (u.a. Energiekosten, Telefon, Porti, Mieten, Versicherungen). Zinsaufwendungen sind nicht zu berücksichtigen, sie sind unter Nr. 12 auszuweisen. Wird der Vertrieb von einer eigens dazu bestimmten Tochterges. wahrgenommen, so sind die der Tochterges. dafür gewährten Entgelte ebenfalls hier auszuweisen[1400]; ein etwa darüber hinaus noch zu übernehmender Verlust muss im Hinblick auf § 277 Abs. 3 S. 2 HGB vor oder hinter Posten Nr. 12 gesondert ausgewiesen werden (vgl. Kap. F Tz. 776 ff.); doch ist, soweit er Vertriebskosten-Charakter hat, ein Sonderausweis unter Nr. 4 möglich. Wegen des Ausweises der **Kostensteuern** vgl. Kap. F Tz. 907.

[1397] Vgl. ADS[6], § 275 HGB, Tz. 231; *Schmidt/Peun*, in: BeBiKo[11], § 275, Rn. 274; a.A. (nur Nrn. 12, 18) *Budde*, in: HdR[5], § 275 HGB, Rn. 116, 134.
[1398] Vgl. ADS[6], § 275 HGB, Tz. 224, 243.
[1399] Zu „Herstellungskosten" für verkaufte Waren vgl. auch *Rogler*, BB 1992, S. 1459 (1461); zu Vermietungen, Verpachtungen und Dienstleistungen ferner S. 1462.
[1400] Vgl. ADS[6], § 275 HGB, Tz. 236; *Schmidt/Peun*, in: BeBiKo[11], § 275, Rn. 286.

8.5.3.5 Allgemeine Verwaltungskosten (Nr. 5)

Unter Nr. 5 sind alle allgemeinen Verwaltungskosten auszuweisen, soweit sie nicht in die HK (Posten Nr. 2) eingerechnet sind oder anteilig bei den Vertriebskosten ausgewiesen werden. Auch die Ermittlung dieses Postens setzt eine entspr. innerbetriebliche Kostenrechnung voraus.

914

> **Beispiel 22:**
>
> Zu den allgemeinen Verwaltungskosten gehören[1401]:
> Kosten der Geschäftsführung und anderer Unternehmensorgane, des Rechnungswesens und eines Rechenzentrums, der Personalverwaltung, der Finanzabteilung, der Stabsabteilungen, wie Rechtsabteilung, Steuerabteilung, Revisionsabteilung u.ä., jeweils soweit sie nicht anteilig zu den HK oder Vertriebskosten gerechnet werden. Außerdem können hierher die Kosten für Sozial- und Schulungseinrichtungen des Unternehmens gehören.

Schwierigkeiten kann die Abgrenzung zum Posten Nr. 7 **sonstige betriebliche Aufwendungen** bereiten. Denn der entspr. Posten Nr. 8 im Gliederungsschema des GKV enthält auch Aufwendungen, die beim UKV den allgemeinen Verwaltungskosten zuzurechnen sind (z.B. Reisespesen, Büromaterial, Rechtsschutzkosten). Da der Posten Nr. 7 als Sammelposten für alle nicht unter anderen Posten auszuweisenden betrieblichen Aufwendungen anzusehen ist und da bereits die HK (Nr. 2) und Vertriebskosten (Nr. 4) Aufwendungen enthalten, die beim GKV nur unter Nr. 8 ausgewiesen werden können, ist in Zweifelsfällen dem Ausweis unter Nr. 5 der Vorzug zu geben[1402]. Zum Ausweis der **Kostensteuern** vgl. Kap. F Tz. 907.

915

8.5.3.6 Sonstige betriebliche Erträge (Nr. 6)

Der Posten stimmt inhaltlich weitgehend mit dem Posten Nr. 4 des GKV überein (vgl. Kap. F Tz. 807 ff.). Soweit **Eigenleistungen** der Ges. im AV aktiviert und die entspr. Aufwendungen nicht direkt den Anlagekonten belastet, sondern unter Aufwandsposten der GuV ausgewiesen sind, ist ein entspr. Gegenposten unter Nr. 6 einzustellen. Die direkte Umbuchung ohne Berührung der GuV ist vorzuziehen[1403]. Auch **FK-Zinsen** und **betriebliche Steuern**, die in die HK eines aktivierten Vermögensgegenstands eingerechnet wurden, führen ggf. zu einem Gegenposten unter Nr. 6[1404], wenn sie nicht unter Nr. 12 bzw. Nr. 15 abgesetzt werden. Nach § 276 S. 1 HGB dürfen kleine und mittelgroße Ges. die Posten Nrn. 1 bis 3 und 6 zum Posten „Rohergebnis" zusammenfassen.

916

8.5.3.7 Sonstige betriebliche Aufwendungen (Nr. 7)

Es handelt sich, wie bereits zum entspr. Posten des GKV (§ 275 Abs. 2 Nr. 8 HGB) ausgeführt (vgl. Kap. F Tz. 831 ff.), um einen **Sammelposten** für alle nicht unter anderen Posten der GuV auszuweisenden Aufwendungen. Der hier auszuweisende Aufwand

917

1401 Vgl. im Einzelnen ADS[6], § 275 HGB, Tz. 238.
1402 Vgl. ADS[6], § 275 HGB, Tz. 239.
1403 Vgl. ADS[6], § 275 HGB, Tz. 241; strenger *Schmidt/Peun*, in: BeBiKo[11], § 275, Rn. 300; a.A. *Budde*, in: HdR[5], § 275 HGB, Rn. 114 (Ausweis unter Nr. 6 unzulässig).
1404 Vgl. ADS[6], § 275 HGB, Tz. 243; strenger *Schmidt/Peun*, in: BeBiKo[11], § 275, Rn. 308 (Doppelausweis in Nrn. 2 und 12 bzw. Nr. 18 nicht sachgerecht).

wird jedoch wesentlich niedriger ausfallen als der des Postens Nr. 8 des GKV. Wegen nicht aktivierter Teile der HK noch nicht veräußerter Produkte vgl. Kap. F Tz. 906.

918 Falls im GJ Vermögensgegenstände veräußert werden, die keine Produkte i.S.d. § 277 Abs. 1 HGB sind, sodass die Erlöse hieraus nicht unter dem Posten Nr. 1, sondern als sonstige betriebliche Erträge (Nr. 6) ausgewiesen werden, fällt der entspr. Aufwand (Material-, Personal- und sonstiger Aufwand) unter Nr. 7 (z.B. die Aufwendungen für unregelmäßige Magazin- oder Schrottverkäufe). Hier können auch Aufwendungen ausgewiesen werden, die mehreren Unternehmensbereichen zuzurechnen, aber nicht willkürfrei aufzuteilen sind.

919 **Periodenfremde Aufwendungen** sind den einzelnen Funktionsbereichen zuzuordnen[1405] und nach § 285 Nr. 32 HGB im Anh. anzugeben.

8.5.3.8 Alle übrigen GuV-Posten des Umsatzkostenverfahrens (Nrn. 8 bis 16)

920 Alle übrigen Ertrags- und Aufwandsposten des UKV stimmen im Grundsatz mit den entspr. **Ertrags- und Aufwandsposten des GKV** überein. Dies gilt auch für die verschiedenen nicht im gesetzlichen Gliederungsschema vorgesehenen Sonderposten und die Rücklagenveränderungen.

921 Ein **Unterschied** zum Gliederungsschema nach § 275 Abs. 2 HGB kann sich ergeben, wenn **unübliche Abschreibungen** auf Wertpapiere des UV beim GKV abw. von der hier vertretenen Auffassung gesondert gezeigt werden (vgl. die Erl. zu Nr. 7 lit. b), Kap. F Tz. 829). Werden **Zinsen und Kostensteuern** beim UKV den Posten Nrn. 2, 4 oder 5 zugerechnet, so sind sie von den Posten Nr. 12 bzw. Nr. 15 abzusetzen, wenn kein Gegenposten unter Nr. 6 gebildet wird.

8.6 Anhang

8.6.1 Allgemeines

922 Grds. haben alle KapGes. und KapCoGes. ihren JA um einen **Anh.** zu erweitern (§ 264 Abs. 1 S. 1 HGB). Lediglich Kleinst-KapGes. und Kleinst-KapCoGes. i.S.d. § 267a HGB brauchen den JA nicht um einen Anh. zu erweitern, wenn sie bestimmte Angaben unter der Bilanz machen (§ 264 Abs. 1 S. 5 HGB; vgl. Kap. F Tz. 17). Für kleine und mittelgroße Ges. (§ 267 Abs. 1 und 2 HGB) bestehen Erleichterungen für die Aufstellung (§§ 274a und 288 HGB). Große KapGes. i.S.d. § 267 Abs. 3 HGB sowie denen gleichgestellte PersGes., die nach § 325 Abs. 2a HGB vom Wahlrecht der Offenlegung eines **IFRS-Einzelabschlusses** Gebrauch machen (vgl. Kap. F Tz. 23), haben grds. neben den Angaben nach IFRS auch die handelsrechtlichen Anh.-Angaben nach § 325 Abs. 2a S. 3 i.V.m. § 264 Abs. 1a, § 285 Nrn. 7, 8 lit. b), Nrn. 9 bis 11a und 14 bis 17 HGB zu machen. Es gelten hierfür auch die Erleichterungsvorschriften des § 286 Abs. 1, 3 und 5 HGB. Außerdem bestehen **Befreiungsmöglichkeiten** für Ges., die TU sind und in den KA ihres MU einbezogen werden (§§ 264 Abs. 3 und 4, 264b HGB; vgl. dazu und zu den Befreiungsvoraussetzungen Kap. F Tz. 256 und Kap. F Tz. 1446 ff.). Zu Besonderheiten bei KI sowie VU vgl. WP Handbuch 2012 Bd. I, Kap. J, Tz. 397 bzw. Kap. K Tz. 70, 569.

[1405] Vgl. abw. (für Wahlrecht eines Sammelausweises unter Nr. 7) ADS[6], § 275 HGB, Tz. 246.

Der **Inhalt** des Anh. bestimmt sich in erster Linie nach den §§ 284-288 HGB. Allerdings enthalten die übrigen Vorschriften über den JA der KapGes. und der KapCoGes. (§§ 264 ff. HGB) weitere Bestimmungen, denen z.T. wahlweise durch Angaben in der Bilanz/GuV oder im Anh. entsprochen werden kann. AG und KGaA haben darüber hinaus noch weitere rechtsformspezifische Bestimmungen des AktG, GmbH solche des GmbHG zu beachten[1406]. Ist die Ges. börsennotiert (§ 3 Abs. 2 AktG) oder darüber hinaus kapitalmarktorientiert (bspw. durch Ausgabe von Schuldtiteln an einem organisierten Markt i.S.d. § 2 Abs. 11 WpHG), sind weitere Anh.-Angaben erforderlich. 923

Inhalt und Umfang des Anh. bestimmen sich ferner danach, dass Bilanz, GuV und Anh. zusammen unter Beachtung der GoB „ein den tatsächlichen Verhältnissen entsprechendes Bild der Vermögens-, Finanz- und Ertragslage der Kapitalgesellschaft zu vermitteln" haben (§ 264 Abs. 2 S. 1 HGB). Falls dies wg. „besonderer Umstände" nicht der Fall ist, sind im Anh. **zusätzliche Angaben** zu machen (§ 264 Abs. 2 S. 2 HGB). Diese Angaben müssen so umfassend sein, dass der JA das in § 264 Abs. 2 S. 1 HGB geforderte Bild vermittelt (vgl. Kap. F Tz. 24 f. und Kap. F Tz. 981). 924

Eine besondere **Unterzeichnung** des Anh. durch die Mitglieder des Geschäftsführungsorgans ist nicht erforderlich. Nach § 245 S. 1 HGB ist der JA unter Angabe des Datums zu unterzeichnen. Da Bilanz, GuV und Anh. eine Einheit bilden (§ 264 Abs. 1 S. 1 HGB), gilt diese Unterzeichnung auch für den Anh. 925

§ 298 Abs. 2 S. 1 HGB gestattet, den Anh. des MU mit dessen **Konzern-Anh.** (§§ 313 f. HGB) **zusammenzufassen**. In diesem Fall müssen der KA und der JA des MU gemeinsam offengelegt werden (§ 298 Abs. 2 S. 2 HGB). Es muss ersichtlich sein, welche Aussagen sich nur auf das MU und welche sich auf den Konzern beziehen (§ 298 Abs. 2 S. 3 HGB)[1407]. Im Übrigen vgl. Kap. G Tz. 671. 926

8.6.2 Grundsätze der Berichterstattung

Die Ausführungen im Anh. müssen der **Generalnorm** des § 264 Abs. 2 S. 1 HGB entsprechen, d.h. zusammen mit Bilanz und GuV „unter Beachtung der Grundsätze ordnungsmäßiger Buchführung ein den tatsächlichen Verhältnissen entsprechendes Bild der Vermögens-, Finanz- und Ertragslage der Kapitalgesellschaft […] vermitteln"; vgl. dazu auch Kap. F Tz. 24 ff. 927

Bei der Bestimmung der Grundsätze der Berichterstattung ist zu beachten, dass der Anh. (als gleichwertiger Bestandteil des JA)[1408] nicht nur ein Mittel der **Rechenschaftslegung** des Geschäftsführungsorgans ggü. den Aktionären/Gesellschaftern ist, sondern dass er sich in gleicher Weise an die Öffentlichkeit, insb. an die Gläubiger sowie an bestehende und potenzielle Geschäftspartner der Ges. richtet. Die Berichterstattung im Anh. darf nicht deshalb unterbleiben oder eingeschränkt werden, weil die entspr. Sachverhalte den Gesellschaftern bereits bekannt sind oder weil diese darauf verzichten möchten. 928

Die Ausführungen im Anh. müssen **wahr**, **klar** und **übersichtlich**[1409] (§ 243 Abs. 2 HGB) und **vollständig** sein, sodass damit das in § 264 Abs. 2 S. 1 HGB geforderte Bild vermittelt wird. Der Grundsatz der Vollständigkeit wird durch den Grundsatz der We- 929

1406 Vgl. dazu insgesamt die tabellarische Übersicht in Kap. F Tz. 949.
1407 Vgl. ADS[6], § 298 HGB, Tz. 229 ff.; *Grottel*, in: BeBiKo[11], § 298, Rn. 95 ff.
1408 Zu den Aufgaben des Anh. vgl. ADS[6], § 284 HGB, Tz. 5 ff.; *Grottel*, in: BeBiKo[11], § 284, Rn. 6 f.
1409 Vgl. *Grottel*, in: BeBiKo[11], § 284, Rn. 11.

sentlichkeit[1410] eingeschränkt. In einigen Fällen verlangt das Gesetz ausdrücklich nur wesentliche Angaben, z.B. in § 285 Nrn. 3, 3a und Nr. 12 HGB (vgl. Kap. F Tz. 942). Zur Sicherstellung der Vollständigkeit werden in der Praxis häufig Kontroll-Listen verwendet (vgl. dazu Kap. F Tz. 949).

930 Wegen der vom Gesetz geschützten Informationsinteressen Dritter ist auf die **Verständlichkeit** des Anh. besonderer Wert zu legen. Eine Bezugnahme auf Paragrafen ist zulässig. Allerdings darf dies nicht dazu führen, dass die entspr. Ausführungen nur unter Heranziehung der jeweiligen gesetzlichen Vorschrift verständlich sind.

> **Beispiel 23:**
> Unzulässig ist die folgende Berichterstattung über die Bezüge des Geschäftsführungsorgans und die diesem gewährten Kredite: „Die nach § 285 Nr. 9 lit. a), lit. b) und lit. c) HGB anzugebenden Beträge lauten X €/ Y €/ Z €".

931 **Verweise** auf die Angaben in **Vorjahren** entbinden nicht von der Angabepflicht im aktuellen Berichtsjahr. Hat eine Ges. in einem früheren Anh. zu einem bestimmten Punkt besonders ausführlich und über die gesetzlichen Verpflichtungen hinausgehend berichtet, ist ein Hinweis darauf nicht ausgeschlossen. Für das laufende Jahr muss gleichwohl im gesetzlich vorgesehenen Umfang berichtet werden[1411].

932 Pflichtangaben, die das HGB ausdrücklich für den Anh. (als Bestandteil des JA) verlangt (z.B. Arbeitnehmerzahl nach § 285 Nr. 7 HGB), dürfen **nicht in den LB verlagert** werden. Allerdings darf in den Anh. an entspr. Stelle ein Hinweis auf weitere Angaben im LB aufgenommen werden[1412]. Für freiwillige Angaben besteht dagegen eine Wahlmöglichkeit, ob diese im Anh. oder im LB platziert werden[1413]. Hierbei ist zu beachten, dass die freiwilligen, zusätzlichen Angaben im Anh. ebenso der Prüfungspflicht unterliegen wie die gesetzlichen Pflichtangaben, vorausgesetzt, diese freiwilligen zusätzlichen Informationen bilden einen integralen Bestandteil des Anh. und damit des JA[1414].

933 Während für Bilanz und GuV zu jedem Posten der entspr. **VJ-Betrag** anzugeben ist (§ 265 Abs. 2 S. 1 HGB), besteht diese Angabepflicht für den Anh. grds. nicht[1415]. Werden jedoch bei Inanspruchnahme von § 265 Abs. 7 Nr. 2 HGB die in der Bilanz und/oder GuV zusammengefassten Posten im Anh. gesondert ausgewiesen, sind die VJ-Beträge anzugeben[1416].

934 **Fehlanzeigen** sind in analoger Anwendung von § 265 Abs. 8 HGB nicht erforderlich.

935 Die zu den einzelnen Posten der Bilanz oder der GuV vorgeschriebenen Angaben sind in der **Reihenfolge** der Posten der Bilanz und der GuV darzustellen (§ 284 Abs. 1 S. 1 Hs. 2 HGB), bei der Bilanz zweckmäßiger Weise beginnend mit den Aktiva. Die Vorschrift gilt für alle Anh.-Angaben, d.h. auch solche, die nur wahlweise im Anh. gemacht werden

---
1410 Vgl. ADS[6], § 284 HGB, Tz. 23; *Grottel*, in: BeBiKo[11], § 284, Rn. 13.
1411 Vgl. ADS[6], § 285 HGB, Tz. 2.
1412 Vgl. hierzu auch *IDW PS 345*, Tz. 19a.
1413 Einschränkend ADS[6], § 284 HGB, Tz. 36.
1414 Vgl. *IDW PS 400 n.F.*, Tz. 82 ff.
1415 Vgl. ADS[6], § 284 HGB, Tz. 20; *Grottel*, in: BeBiKo[11], § 284, Rn. 21.
1416 Vgl. ADS[6], § 284 HGB, Tz. 20; *Grottel*, in: BeBiKo[11], § 284, Rn. 21.

oder nach anderen Gesetzen (z.B. AktG, GmbHG) zu machen sind[1417]. Bei Angaben, die mehrere Bilanz- oder GuV-Posten betreffen (bspw. Angaben zu den nicht zum beizulegenden Zeitwert bewerteten derivativen FI (§ 285 Nr. 19 HGB), zu den Schulden und dem mit ihnen verrechneten Deckungsvermögen (§ 285 Nr. 25 HGB) oder zur Ausschüttungssperre (§ 285 Nr. 28 HGB)) sind aus Gründen der Klarheit und Übersichtlichkeit (§ 243 Abs. 2 HGB) zusammenfassende Angaben sachgerecht[1418]. Dies gilt auch für die Angaben zu den angewandten Bilanzierungs- und Bewertungsmethoden (§ 284 Abs. 2 Nr. 1 HGB); allerdings empfiehlt sich innerhalb deren Darstellung – soweit möglich – eine an der Reihenfolge der Bilanz- und GuV-Posten orientierte Darstellung[1419]. Angaben ohne konkreten Bezug zu einzelnen Posten (z.B. zu der Zahl der durchschnittlich beschäftigten Arbeitnehmer oder zu den Mitgliedern des Geschäftsführungsorgans) sollten nach den postenbezogenen Erläuterungen gemacht werden[1420].

In der Bilanz und der GuV sollte durch fortlaufende Nummerierung in Form von **Fußnoten** oder in einer **Hinweisspalte** auf die in gleicher Weise gekennzeichneten Abschnitte des Anh. verwiesen werden. Dadurch wird nicht nur das Auffinden der zugehörigen Angaben im Anh. erleichtert, sondern es wird auch erkennbar, ob der Anh. Angaben zu einem bestimmten Posten der Bilanz oder der GuV enthält. Dies ist umso wichtiger, je mehr Ausweiswahlrechte (vgl. Kap. F Tz. 949) zugunsten des Anh. ausgeübt werden.

So könnte der Anh. z.B. in folgende Abschnitte **gegliedert** werden[1421]:

I. Allgemeine Angaben (inkl. Angaben gem. § 264 Abs. 1a HGB)

II. Bilanzierungs- und Bewertungsmethoden

III. Erläuterungen der Bilanz und der GuV (jeweils in der Reihenfolge der Posten)

    1. Bilanz

    2. GuV

IV. Sonstige Angaben

V. AR und Vorstand/Geschäftsführung.

Entsprechend der Reihenfolge der **Posten der Bilanz und der GuV** nach den gesetzlichen Gliederungen (§§ 266, 275 HGB) könnten in die Erläuterung der Bilanz etwaige Angaben gem. § 285 Nrn. 1, 2, 12, 13, 15a, 18 bis 20, 22 bis 30 HGB einbezogen werden, in die Erläuterung der GuV die Angaben gem. § 285 Nrn. 4, 8, 31 und 32 HGB. Unter die **sonstigen Angaben** fielen dann die Angaben gem. § 285 Nrn. 3, 3a, 7, 9, 11 bis 11b, 14 bis 15, 16, 17, 21, 33 und 34 HGB. Die Angaben zu **AR** und **Vorstand/Geschäftsführung** (§ 285 Nr. 10 HGB) werden üblicherweise im Anschluss daran gemacht, können aber auch in die sonstigen Angaben einbezogen werden.

Wie für die Bilanz und die GuV gilt auch für den Anh. hinsichtlich der Form der Darstellung das **Stetigkeitsgebot** (§ 265 Abs. 1 HGB)[1422]. Dies betrifft insb. die Ent-

---

1417 Vgl. *Rimmelspacher/Meyer*, DB 2015, Beil. 5, S. 23 (30); *Grottel*, in: BeBiKo[11], § 284, Rn. 26.
1418 Vgl. *Rimmelspacher/Meyer*, DB 2015, Beil. 5, S. 23 (30); *Grottel*, in: BeBiKo[11], § 284, Rn. 27.
1419 Vgl. *Fink/Theile*, DB 2015, S. 753 (754); *Grottel*, in: BeBiKo[11], § 284, Rn. 27.
1420 Vgl. *Fink/Theile*, DB 2015, S. 753 (754); *Rimmelspacher/Meyer*, DB 2015, Beil. 5, S. 23 (30).
1421 Vgl. dazu ADS[6], § 284 HGB, Tz. 28.
1422 Vgl. *Grottel*, in: BeBiKo[11], § 284, Rn. 28.

scheidung, ob die sog. Wahlpflichtangaben (vgl. im Einzelnen Kap. F Tz. 926) in der Bilanz bzw. GuV oder im Anh. platziert werden, sowie die Reihenfolge der einzelnen Anh.-Angaben (§ 284 Abs. 1 S. 1 Hs. 2 HGB).

940 Der Anh. ist in **deutscher Sprache** zu verfassen (§ 264 Abs. 1 S. 1 i.V.m. § 244 HGB).

941 Die gesetzlichen Vorschriften unterscheiden **verschiedene Formen** der Berichterstattung im Anh.[1423]

> **Hinweis 66:**
>
> | | | |
> |---|---|---|
> | Angabe | = | 1. Oberbegriff für alle Arten der Anforderung an eine Berichterstattung im Anh.
2. verbale oder zahlenmäßige Nennung von Fakten oder Beschreibung von Sachverhalten |
> | Aufgliederung | = | zahlenmäßige Segmentierung einer Größe |
> | Ausweis | = | zahlenmäßige Nennung von Beträgen |
> | Begründung | = | verbale Offenlegung der Motive oder Ursachen |
> | Darstellung | = | verbale oder zahlenmäßige Nennung von Fakten oder Beschreibung von Sachverhalten |
> | Erläuterung | = | weitergehende Erklärung, Kommentierung und Interpretation eines Sachverhalts über die reine Darstellung hinaus |

Im Zweifel ist der Inhalt der jeweiligen Bestimmung aus dem Gebot der Vermittlung eines den tatsächlichen Verhältnissen entspr. Bilds (§ 264 Abs. 2 S. 1 HGB) abzuleiten.

942 An verschiedenen Stellen verlangt das Gesetz nur **Angaben**, wenn es sich um „erhebliche Beträge" handelt, sie **„von Bedeutung"**, „besonderer Bedeutung" oder „nicht von untergeordneter Bedeutung" sind, „erhebliche Unterschiede" bestehen oder Beträge „einen nicht unerheblichen Umfang" haben[1424]. Es muss sich um für den jeweiligen Sachverhalt relevante Beträge handeln, so dass sich allgemeine Kriterien, wann ein Betrag erheblich, von Bedeutung o.ä. ist, nur schwer nennen lassen[1425]. Entscheidend sind die Zielsetzung der jeweiligen Vorschrift und die Bedeutung, die die Angabe oder Nichtangabe für die Adressaten des JA haben kann. Auch kann die in § 264 Abs. 2 HGB niedergelegte Generalnorm in Zweifelsfällen heranzuziehen sein.

8.6.3 Allgemeine und freiwillige Abschlusserläuterungen

943 Der JA ist aufgrund von Einzelvorschriften und der Generalnorm des § 264 Abs. 2 HGB zu erläutern. Im Einzelfall kann es allerdings fraglich sein, ob Angaben zum Pflichtinhalt des Anh. gehören oder ob es sich um **freiwillige Angaben** handelt. Dies kann deshalb von Bedeutung sein, weil für freiwillige Angaben grds. keine Offenlegungspflicht besteht. Werden sie indes in das als Anh. bezeichnete Schriftstück aufgenommen und nicht in einen gesonderten Teil des GB, bilden sie zusammen mit den Pflichtangaben den Anh. und unterliegen insoweit im Fall des § 316 Abs. 1 HGB auch der Prüfung durch den APr. (vorausgesetzt, diese freiwilligen zusätzlichen Informationen sind ein integraler Be-

---

[1423] Vgl. ADS[6], § 284 HGB, Tz. 24; *Kupsch*, in: HdJ, Abt. IV/4, Rn. 31; entspr. DRS 20.11 (für den LB).
[1424] Vgl. dazu auch Kap. F Tz. 929.
[1425] Vgl. auch *Kupsch*, in HdJ, Abt. IV/4, Rn. 28.

standteil des Anh. und damit des JA)[1426] sowie der Offenlegungspflicht gem. § 325 HGB[1427]. Eine sinngemäße Anwendung der Erleichterungen, wie sie in §§ 326 Abs. 1 S. 2 und 327 Nr. 2 HGB für die Offenlegung des Anh. vorgesehen sind, dürfte nur für eindeutig freiwillige Angaben und nur für den dort genannten Kreis von Ges. (kleine und mittelgroße Ges.) in Betracht kommen.

Als **allgemeine Abschlusserläuterungen** kommen (weitgehend auf freiwilliger Basis) in erster Linie Angaben über die Zusammensetzung der einzelnen Posten der Bilanz und der GuV in Betracht. In Zeiten erheblicher Preissteigerungen aufgrund von Geldwertverschlechterungen wären dies bspw. Darstellungen, die die Auswirkungen dieser Veränderungen auf das Ergebnis des GJ aufzeigen (zur Form der Berichterstattung vgl. *IDW St/HFA 2/1975*; danach soll mithilfe einer Nebenrechnung zumindest ermittelt werden, welcher Teil des Jahresergebnisses im Interesse der Substanzerhaltung der Ges. nicht ausgeschüttet werden sollte). 944

Für kapitalmarktorientierte KapGes. (vgl. Kap. J Tz. 11), die nicht zur Aufstellung eines KA verpflichtet sind (§ 264 Abs. 1 S. 2 Hs. 1 HGB) ist die Aufstellung einer **KFR** und eines **EK-Spiegels** als eigenständige Abschlussbestandteile vorgeschrieben. In anderen Fällen rechnen eine KFR und ähnliche, auf eine Darstellung von Mittelzufluss und Mittelverwendung zielende Aufstellungen und Erläuterungen sowie ein EK-Spiegel zu den freiwilligen Erläuterungen des JA, die im Anh. erfolgen dürfen[1428]. Die Aufstellung einer **Segmentberichterstattung** erfolgt immer freiwillig. Wird sie in den Anh. aufgenommen, empfiehlt sich eine Aufstellung nach DRS 3. Vertretbar erscheint aber auch eine Aufstellung entspr. den internationalen Rechnungslegungsstandards (IFRS 8), da zwischen IFRS 8 und DRS 3 zahlreiche Gemeinsamkeiten bestehen[1429]. 945

Zu **weiteren freiwilligen Angaben** zählen bspw. das Ergebnis je Aktie[1430], Angaben gem. den Empfehlungen und Anregungen des DCGK oder Angaben zu Zeitwerten oder in Vermögensgegenständen enthaltenen stillen Reserven[1431]. 946

Informationen, die weniger die Vermögens-, Finanz- und Ertragslage als vielmehr die Stellung der Ges. in ihrem Umfeld betreffen (z.B. zur **Nachhaltigkeit**), sollten vorzugsweise im LB oder in anderen (freiwilligen) Teilen des GB wiedergegeben werden[1432]. Teilweise ergibt sich eine solche verpflichtende Berichterstattung außerhalb des Anh. schon aus dem HGB, bspw. zur nichtfinanziellen Berichterstattung gem. §§ 289b ff. HGB (vgl. Kap. J Tz. 94 ff.) oder über die Verwendung nichtfinanzieller Leistungsindikatoren i.R.d. Analyse des Geschäftsverlaufs und der Lage gem. § 289 Abs. 3 i.V.m. Abs. 1 S. 3 HGB (vgl. Kap. F Tz. 1415 f.). 947

Viele Unternehmen verwenden in ihren Abschlusserläuterungen **Tabellen, Statistiken, Grafiken** u.ä., die insb. der Darstellung von Zusammenhängen und Mehrjahresent- 948

1426 Vgl. *IDW PS 400 n.F.*, Tz. 82 ff.
1427 Vgl. ADS[6], § 284 HGB, Tz. 36; *Grottel*, in: BeBiKo[11], § 284, Rn. 90.
1428 Zum grds. Aufbau und zur Ausgestaltung einer KFR vgl. Kap. J Tz. 39, Kap. G Tz. 761 ff. und DRS 21; eines EK-Spiegels vgl. Kap. J Tz. 40, Kap. G Tz. 791 ff. und DRS 22 und einer SegBE vgl. Kap. J Tz. 41, Kap. G Tz. 799 ff. und DRS 3 sowie *Winkeljohann/Rimmelspacher*, in: BeBiKo[11], § 297, Rn. 52 ff., 100 ff. und 151 ff.
1429 Vgl. *Ebeling*, in HdJ, Abt. VI/6, Rn. 23 f.
1430 Vgl. zur Ermittlung des Ergebnisses je Aktie nach DVFA/SG *Winnefeld*, Bilanz-Handbuch[5], Kap. O, Rn. 248 ff.
1431 Vgl. *Grottel*, in: BeBiKo[11], § 284, Rn. 90 ff.
1432 Vgl. ADS[6], § 284 HGB, Tz. 31; *Grottel*, in: BeBiKo[11], § 284, Rn. 90.

wicklungen dienen. Auch hier kann die Zugehörigkeit zu den Pflichtangaben oder zu den freiwilligen Angaben zweifelhaft sein. Würde ohne diese Abschlusserläuterungen das in § 264 Abs. 2 HGB verlangte Bild nicht vermittelt, gehören sie zu den Pflichtangaben. Sind sie als freiwillige Angaben zu werten, unterliegen sie dann der Prüfung und Offenlegung, wenn sie in das von der Ges. als Anh. bezeichnete Schriftstück aufgenommen sind (vgl. Kap. F Tz. 932).

8.6.4 Übersicht über die gesetzlichen Vorschriften, die Angaben im Anhang vorschreiben

949 Im Folgenden sind die gesetzlichen Vorschriften, die bei der Aufstellung des Anh. i.R.d. JA zu beachten sind, in aufsteigender Reihenfolge zusammengestellt. Die Aufstellung enthält sowohl die Angaben, die für den Anh. vorgeschrieben sind (Pflichtangaben), als auch die wahlweise in Bilanz/GuV oder im Anh. zu machenden Angaben (Wahlpflichtangaben). Sie kann als **Kontroll-Liste**[1433] verwendet werden.

! Hinweis 67:

Vorschrift HGB	Gegenstand der Angabe (^{X} = Wahlpflichtangabe)	siehe
§ 253 Abs. 6 S. 3	Unterschiedsbetrag aus der Abzinsung von Pensionsrückstellungen mit dem Zehn- statt dem Sieben-Jahres-Durchschnittszinssatz^X	Kap. F Tz. 587, Kap. F Tz. 1201
§ 264 Abs. 1a***	Firma, Sitz, Registergericht und HR-Nr., bei Ges. in Liquidation oder Abwicklung Angabe dieser Tatsache^X	Kap. F Tz. 19
§ 264 Abs. 2 S. 2	Zusätzliche Angaben zur Vermittlung des in § 264 Abs. 2 S. 1 HGB geforderten Bildes	Kap. F Tz. 981 ff.
§ 264c Abs. 1	Ausleihungen, Forderungen und Verbindlichkeiten ggü. Gesellschaftern (nur bei OHG/KG i.S.d. § 264a HGB)^X	Kap. F Tz. 408
§ 264c Abs. 2 S. 9*	Im HR eingetragene Hafteinlagen der Kommanditisten, soweit nicht geleistet (nur bei KG i.S.d. § 264a HGB)	Kap. F Tz. 1513
§ 265 Abs. 1 S. 2	Abweichungen in der Darstellungsform aufeinanderfolgender Bilanzen und GuV (einschl. Begründung)	Kap. F Tz. 984 f.
§ 265 Abs. 2 S. 2 und 3	Nicht vergleichbare oder angepasste VJ-Beträge (einschl. Erläuterung)	Kap. F Tz. 986
§ 265 Abs. 3	Vermerk der Mitzugehörigkeit zu anderen Posten der Bilanz^X	Kap. F Tz. 291 f.
§ 265 Abs. 4 S. 2*	Gliederung nach verschiedenen Gliederungsvorschriften (bei mehreren Geschäftszweigen)	Kap. F Tz. 987
§ 265 Abs. 7 Nr. 2	Angabe von Posten, die in Bilanz oder GuV zwecks größerer Klarheit der Darstellung zusammengefasst sind	Kap. F Tz. 988
§ 268 Abs. 1 S. 3	Angabe eines Ergebnisvortrags aus dem VJ, wenn die Bilanz unter Berücksichtigung der teilw. Verwendung des Jahresergebnisses aufgestellt wird^X	Kap. F Tz. 522 ff.
§ 268 Abs. 4 S. 2*	Antizipative Abgrenzungsposten unter den sonstigen Vermögensgegenständen	Kap. F Tz. 989
§ 268 Abs. 5 S. 3*	Antizipative Abgrenzungsposten unter den Verbindlichkeiten	Kap. F Tz. 990

1433 Zu Checklisten vgl. auch *Grottel*, in: BeBiKo¹¹, § 284, Rn. 45 ff. (Pflichtangaben) und Rn. 65 ff. (Wahlpflichtangaben).

Vorschrift	Gegenstand der Angabe (^{X} = Wahlpflichtangabe)	siehe
§ 268 Abs. 6*	Ausgabedisagio/Rückzahlungsagio^X	Kap. F Tz. 435
§ 268 Abs. 7	Angaben zu den in § 251 HGB bezeichneten Haftungsverhältnissen	Kap. F Tz. 991 ff.
§ 277 Abs. 3 S. 1	Außerplanmäßige Abschreibungen nach § 253 Abs. 3 S. 5 und 6 HGB^X	Kap. F Tz. 963, Kap. F Tz. 1114
§ 284 Abs. 2 Nr. 1	Bilanzierungs- und Bewertungsmethoden	Kap. F Tz. 952 ff.
§ 284 Abs. 2 Nr. 2	Abweichungen von Bilanzierungs- und Bewertungsmethoden und deren Einfluss auf Vermögens-, Finanz- und Ertragslage	Kap. F Tz. 973 ff.
§ 284 Abs. 2 Nr. 3*	Unterschiedsbeträge bei Anwendung der Gruppenbewertung oder eines Verbrauchsfolgeverfahrens	Kap. F Tz. 1004 ff.
§ 284 Abs. 2 Nr. 4	Einbeziehung von FK-Zinsen in die HK	Kap. F Tz. 1007
§ 284 Abs. 3*	Anlagenspiegel; im GJ im AV aktivierte FK-Zinsen	Kap. F Tz. 1008 ff.
§ 285 Nr. 1, § 285 Nr. 2*	Restlaufzeiten und Sicherheiten der Verbindlichkeiten (Gesamtbeträge und Aufgliederung)	Kap. F Tz. 1026 ff.
§ 285 Nr. 3*	Nicht in der Bilanz enthaltene Geschäfte	Kap. F Tz. 1031 ff.
§ 285 Nr. 3a	Sonstige finanzielle Verpflichtungen	Kap. F Tz. 1041 ff.
§ 285 Nr. 4* **	Aufgliederung der Umsatzerlöse	Kap. F Tz. 1053 ff.
§ 285 Nr. 7* ***	Durchschnittliche Zahl der Arbeitnehmer	Kap. F Tz. 1059 ff.
§ 285 Nr. 8 lit. a)*, § 285 Nr. 8 lit. b)* ***	Material- und Personalaufwand bei Anwendung des UKV	Kap. F Tz. 1063 ff.
§ 285 Nr. 9 lit. a)* ***	Bezüge von Organmitgliedern	Kap. F Tz. 1067 ff.
§ 285 Nr. 9 lit. b)* ***	Bezüge früherer Organmitglieder und Pensionsverpflichtungen für diesen Personenkreis	Kap. F Tz. 1085 ff.
§ 285 Nr. 9 lit. c)***	Vorschüsse, Kredite, Haftungsverhältnisse zugunsten von Organmitgliedern	Kap. F Tz. 1091 ff.
§ 285 Nr. 10* ***	Name und ausgeübter Beruf der Organmitglieder, bei börsennotierten Ges. ferner die Mitgliedschaften in AR	Kap. F Tz. 1097 ff.
§ 285 Nr. 11* ***	Name und Sitz anderer Unternehmen bei Beteiligungen i.S.d. § 271 Abs. 1 HGB, Höhe des Kapitalanteils, EK und Ergebnis des letzten GJ	Kap. F Tz. 1100 ff.
§ 285 Nr. 11a* ***	Name, Sitz und Rechtsform der Unternehmen, deren unbeschränkt haftender Gesellschafter die KapGes. ist	Kap. F Tz. 1107 ff.
§ 285 Nr. 11b*	Bei börsennotierten KapGes. alle Beteiligungen an großen KapGes. mit mehr als 5% der Stimmrechte	Kap. F Tz. 1110
§ 285 Nr. 12*	In der Bilanz nicht gesondert ausgewiesene sonstige Rückstellungen	Kap. F Tz. 1111 ff.

Vorschrift	Gegenstand der Angabe (^{X} = Wahlpflichtangabe)	siehe
§ 285 Nr. 13	Erläuterung des Zeitraums, über den ein entgeltlich erworbener Geschäfts- oder Firmenwert abgeschrieben wird	Kap. F Tz. 1114 ff.
§ 285 Nr. 14* ***, § 285 Nr. 14a***	Name und Sitz des MU der Ges., das den KA für den größten/den kleinsten Kreis von Unternehmen aufstellt und Ort, wo der vom jeweiligen MU aufgestellte KA erhältlich ist	Kap. F Tz. 1117 ff., Kap. F Tz. 1120
§ 285 Nr. 15* ***	Name und Sitz der Ges., die persönlich haftende Gesellschafter sind, sowie deren gezeichnetes Kapital (nur bei OHG/KG i.S.d. § 264a HGB)	Kap. F Tz. 1122 f.
§ 285 Nr. 15a* ***	Genussrechte und ähnliche Rechte auf Gewinnbezug	Kap. F Tz. 1124 ff.
§ 285 Nr. 16***	Entsprechenserklärung zum DCGK gem. § 161 AktG	Kap. F Tz. 1130
§ 285 Nr. 17* ** ***	Gesamthonorar des APr., soweit nicht in einem das Unternehmen einbeziehenden KA enthalten	Kap. F Tz. 1131 ff.
§ 285 Nr. 18*	Buch- und Zeitwert für FI des AV, bei denen eine außerplanmäßige Abschreibung unterblieben ist, Gründe für dieses Unterlassen, Anhaltspunkte für die vorübergehende Wertminderung	Kap. F Tz. 1143 ff.
§ 285 Nr. 19*	Art, Umfang, Zeit- und Buchwerte, Bewertungsmethoden, Bilanzposten nicht zum beizulegenden Zeitwert bilanzierter derivativer FI	Kap. F Tz. 1150 ff.
§ 285 Nr. 20	Für mit dem beizulegenden Zeitwert bewertete FI Annahmen zur Bestimmung des Zeitwerts, Umfang und Art jeder Kategorie der FI inkl. der Bedingungen, die künftige Zahlungsströme beeinflussen können	Kap. F Tz. 1162 ff.
§ 285 Nr. 21* **	Geschäfte mit nahe stehenden Personen	Kap. F Tz. 1167 ff.
§ 285 Nr. 22*	Gesamtbetrag der Forschungs- und Entwicklungskosten und der davon auf selbst geschaffene immaterielle Vermögensgegenstände des AV entfallende Betrag	Kap. F Tz. 1183 ff.
§ 285 Nr. 23	Angaben zu Bewertungseinheiten	Kap. F Tz. 1187 ff.
§ 285 Nr. 24*	Versicherungsmathematisches Berechnungsverfahren und Annahmen der Berechnung von Pensionsrückstellungen	Kap. F Tz. 1196 ff.
§ 285 Nr. 25	Zeitwert, Erfüllungsbetrag, verrechnete Aufwendungen und Erträge bei Verrechnung von Vermögensgegenständen des Deckungsvermögens und Schulden aus Altersversorgungsverpflichtungen und vergleichbaren langfristig fälligen Verpflichtungen	Kap. F Tz. 1204 ff.
§ 285 Nr. 26*	Angaben zu Anteilen an Sondervermögen oder Anlageaktien an Investmentvermögen	Kap. F Tz. 1209 ff.
§ 285 Nr. 27*	Gründe für die Einschätzung des Risikos der Inanspruchnahme bei Haftungsverhältnissen i.S.d. § 268 Abs. 7 HGB	Kap. F Tz. 1217 ff.
§ 285 Nr. 28*	Angabe und Aufschlüsselung des Gesamtbetrags ausschüttungsgesperrter Beträge i.S.d. § 268 Abs. 8 HGB	Kap. F Tz. 1220 ff.
§ 285 Nr. 29* **	Angaben zu latenten Steuern (Differenzen oder steuerliche Verlustvorträge, Steuersätze)	Kap. F Tz. 1227 ff.

Vorschrift	Gegenstand der Angabe (^{X} = Wahlpflichtangabe)	siehe
§ 285 Nr. 30*	Latente Steuersalden und deren Veränderung im GJ, wenn latente Steuerschulden angesetzt werden	Kap. F Tz. 1231 ff.
§ 285 Nr. 31	Betrag und Art der einzelnen Erträge und Aufwendungen von außergewöhnlicher Größenordnung oder Bedeutung	Kap. F Tz. 1234 ff.
§ 285 Nr. 32* **	Erläuterung periodenfremder Erträge und Aufwendungen	Kap. F Tz. 1242 ff.
§ 285 Nr. 33*	Vorgänge von besonderer Bedeutung nach dem Abschlussstichtag und deren finanzielle Auswirkungen	Kap. F Tz. 1247 ff.
§ 285 Nr. 34*	Vorschlag oder Beschluss über die Ergebnisverwendung	Kap. F Tz. 1250 ff.
§ 286 Abs. 2	Angabe des Unterbleibens der Aufgliederung der Umsatzerlöse (§ 285 Nr. 4 HGB) nach der Ausnahmeregelung gem. § 286 Abs. 2 HGB	Kap. F Tz. 1058
§ 286 Abs. 3 S. 4***	Anwendung der Ausnahmeregelung nach § 286 Abs. 3 S. 1 Nr. 2 HGB (Weglassen von Angaben über den Anteilsbesitz gem. § 285 Nr. 11 und Nr. 11b HGB) von nicht kapitalmarktorientierten Unternehmen	Kap. F Tz. 1105
§ 291 Abs. 2 S. 1 Nr. 4	Name und Sitz des den befreienden KA und KLB aufstellenden ausländischen MU, Hinweis auf Befreiung, abw. Bilanzierungs-, Bewertungs- und Konsolidierungsmethoden im befreienden KA	Kap. F Tz. 1253 ff.
§ 292 Abs. 2 S. 1	Name und Sitz des den befreienden KA und KLB aufstellenden ausländischen MU, Hinweis auf Befreiung, abw. Bilanzierungs-, Bewertungs- und Konsolidierungsmethoden im befreienden KA, Vorgaben i.S.d. § 292 Abs. 1 Nr. 1 HGB und ggf. Recht des Staates, nach denen/dem der befreiende KA und KLB aufgestellt sind	Kap. F Tz. 1253 ff.
§ 324 Abs. 1 S. 2 Nr. 1 Hs. 2	Gründe für die Nichteinrichtung eines PrA bei Ges., die ausschließlich durch Vermögensgegenstände besicherte Wertpapiere ausgeben	Kap. J Tz. 10
§ 341s Abs. 2 S. 2	Angaben zu einem MU, das einen Konzernzahlungsbericht mit befreiender Wirkung aufstellt	Kap. F Tz. 1257
EGHGB		
Art. 28 Abs. 2, Art. 48 Abs. 6	Nicht passivierte Pensionsverpflichtungen (Fehlbetrag)	Kap. F Tz. 1258
Art. 67 Abs. 1 S. 4	Betrag der Überdeckung von Rückstellungen bei Anwendung des Beibehaltungswahlrechts nach Art. 67 Abs. 1 S. 2 EGHGB	Kap. F Tz. 1199
Art. 67 Abs. 2	Nicht ausgewiesene Beträge bei Pensionsrückstellungen i.S.d. Art. 67 Abs. 1 S. 1 EGHGB	Kap. F Tz. 1259
Art. 67 Abs. 3	Beibehaltung des Sonderpostens mit Rücklageanteil^X	Kap. F Tz. 1260
Art. 67 Abs. 4	Wertbeibehaltung für steuerrechtliche Abschreibungen^X	Kap. F Tz. 1261
AktG		
§ 58 Abs. 2a S. 2	Einstellung des EK-Anteils von Wertaufholungen in andere Gewinnrücklagen^X	Kap. F Tz. 514
§ 152 Abs. 2	Veränderung der Kapitalrücklage^X (kleine AG: zwingend in der Bilanz)	Kap. F Tz. 491 f.

Vorschrift	Gegenstand der Angabe (^{X} = Wahlpflichtangabe)	siehe
§ 152 Abs. 3	Veränderung der Gewinnrücklagen^X (kleine AG: zwingend in der Bilanz)	Kap. F Tz. 496
§ 158 Abs. 1 S. 2	Ergebnisvortrag aus dem VJ, Entnahmen aus und Einstellungen in Rücklagen, Bilanzergebnis^X	Kap. F Tz. 880
§ 160 Abs. 1 Nr. 1*	Bestand und Zugang an Vorratsaktien sowie bei Verwertung Angabe des Erlöses und Bericht über dessen Verwendung	Kap. F Tz. 1266 f.
§ 160 Abs. 1 Nr. 2*	Zahl eigener Aktien, deren Betrag und Anteil am Grundkapital, Zeitpunkt des Erwerbs und Gründe für den Erwerb, Angaben zu Erwerb oder Veräußerung eigener Aktien im GJ	Kap. F Tz. 1268 ff.
§ 160 Abs. 1 Nr. 3*	Aktiengattungen, Nennbetrag bzw. rechnerischer Wert je Gattung, im GJ gezeichnete Aktien aus bedingter Kapitalerhöhung oder genehmigtem Kapital^X	Kap. F Tz. 1272
§ 160 Abs. 1 Nr. 4*	Genehmigtes Kapital	Kap. F Tz. 1273
§ 160 Abs. 1 Nr. 5*	Zahl der Bezugsrechte gem. § 192 Abs. 2 Nr. 3 AktG	Kap. F Tz. 1274
§ 160 Abs. 1 Nr. 7*	Bestehen einer wechselseitigen Beteiligung unter Angabe des Unternehmens	Kap. F Tz. 1275
§ 160 Abs. 1 Nr. 8*	Nach § 20 Abs. 1 oder 4 AktG oder § 33 Abs. 1 oder 2 WpHG mitgeteilte Beteiligung und Inhalt der Mitteilung	Kap. F Tz. 1276 ff.
§ 240 S. 3*	Verwendung von Beträgen aus vereinfachter Kapitalherabsetzung	Kap. F Tz. 1281
§ 261 Abs. 1 S. 3, Abs. 2 S. 1*	Weitere Behandlung durch Sonderprüfung festgestellter unzulässiger Unterbewertung	Kap. F Tz. 1282
§ 261 Abs. 1 S. 4, Abs. 2 S. 1*	Bericht über den Abgang von Gegenständen und Erlösverwendung im Fall einer Sonderprüfung wg. unzulässiger Unterbewertung	Kap. F Tz. 1282
GmbHG		
§ 29 Abs. 4 S. 2	Einstellung des EK-Anteils von Wertaufholungen in andere Gewinnrücklagen^X	Kap. F Tz. 519
§ 42 Abs. 3 Hs. 1	Ausleihungen, Forderungen und Verbindlichkeiten ggü. Gesellschaftern^X	Kap. F Tz. 359, Kap. F Tz. 391, Kap. F Tz. 446
*	Kleine Ges. können von Erleichterungen Gebrauch machen oder sind von der Anwendung der Vorschrift befreit.	
**	Mittelgroße Ges. können von Erleichterungen Gebrauch machen oder sind von der Anwendung der Vorschrift befreit.	
***	Zusätzliche Pflichtangaben bei Aufstellung eines IFRS-EA i.s.d. § 325 Abs. 2a HGB.	

950 Die Erläuterungen zur Bilanz haben den Zweck, zusammen mit der Bilanz ein den tatsächlichen Verhältnissen entspr. Bild der **Vermögens- und Finanzlage** i.S.d. § 264 Abs. 2 HGB zu vermitteln.

Entsprechend besteht der Zweck der Erläuterungen zur GuV darin, zusammen mit der GuV ein den tatsächlichen Verhältnissen entspr. Bild der **Ertragslage** zu vermitteln (§ 264 Abs. 2 HGB). Allerdings brauchen kleine Ges. (§ 267 Abs. 1 HGB) die die GuV betreffenden Angaben nicht offenzulegen (§ 326 Abs. 1 HGB), da sie auch von der Pflicht befreit sind, die GuV zum HR einzureichen. Mittelgroße Ges. (§ 267 Abs. 2 HGB) sind nach § 327 Nr. 2 HGB von der Pflicht zur **Offenlegung** bestimmter Anh.-Angaben befreit. Dies betrifft die Angaben nach § 285 Nrn. 2, 8 lit. a) und 12 HGB. Große Ges. (§ 267 Abs. 3 HGB) sind nach § 325 Abs. 2a S. 3 HGB von bestimmten Anh.-Angabepflichten befreit, wenn sie für Zwecke der Offenlegung einen IFRS-EA aufstellen[1434]. In diesem Fall muss die Ges. jedoch in vollem Umfang den Anh.-Angabepflichten nach IFRS nachkommen[1435].

951

> **Hinweis 68:**
>
> Kleinst-KapGes. i.S.d. § 267a HGB brauchen keinen Anh. aufzustellen, wenn sie die Angaben zu den Haftungsverhältnissen nach § 268 Abs. 7 HGB, zur Kreditgewährung an Organmitglieder nach § 285 Nr. 9 lit. c) HGB und im Fall der AG zu den eigenen Aktien nach § 160 Abs. 3 S. 2 AktG unter der Bilanz angeben (§ 264 Abs. 1 S. 5 HGB). Sie können ihre Offenlegungspflichten dadurch erfüllen, dass sie die Bilanz mit diesen Angaben beim BAnz. in elektronischer Form zur dauerhaften Hinterlegung einreichen (§ 326 Abs. 2 HGB).

8.6.5 Einzelangaben nach HGB

8.6.5.1 Bilanzierungs- und Bewertungsmethoden (§ 284 Abs. 2 Nr. 1 HGB)

Das HGB verlangt, dass im Anh. die „auf die Posten der Bilanz […] angewandten Bilanzierungs- und Bewertungsmethoden angegeben werden" (§ 284 Abs. 2 Nr. 1 HGB). Die **Bilanzierungsmethoden** umfassen Verfahrensweisen zur Bilanzierung dem Grunde, der Art, dem Umfang und dem Zeitpunkt nach sowie Gliederungsgrundsätze[1436] und damit auch den Begriff „**Ansatzmethode**" i.S.d. § 246 Abs. 3 S. 1 HGB[1437]. Ansatzmethoden bezeichnen das planvolle Vorgehen bei der Ausübung von expliziten Ansatzwahlrechten einerseits und bei der Ausübung von Ermessensspielräumen i.R.d. Entscheidung über den Ansatz von Vermögensgegenständen, Schulden, RAP und Sonderposten andererseits, sofern der Ausübung ein bestimmtes Verfahren bzw. eine Systematik zugrunde liegt[1438]. Unter dem Begriff der „**Bewertungsmethode**" sind bestimmte, in ihrem Ablauf definierte Verfahren der Wertfindung zu verstehen, durch die ein Wert nachvollziehbar aus den die Bewertung bestimmenden Faktoren abgeleitet wird[1439] (vgl. Kap. F Tz. 97).

952

Der **Umfang der Berichterstattung** richtet sich nach § 264 Abs. 2 HGB, § 284 Abs. 2 Nr. 1 HGB fordert nur Angaben über die angewandten Bilanzierungs- und Bewertungsmethoden. Eine darüberhinausgehende Erläuterung i.Z.m. einzelnen Posten ist

953

[1434] Vgl. Kap. F Tz. 23.
[1435] Vgl. IAS 1.112 ff. sowie Angabepflichten gem. den einzelnen IFRS-Standards.
[1436] Vgl. Kap. F Tz. 244 ff.; *Winnefeld*, Bilanz-Handbuch[5], Kap. J, Rn. 60; *Andrejewski*, in BHdR, B 40, Rn. 53.
[1437] Vgl. *IDW RS HFA 38*, Tz. 7.
[1438] Vgl. *IDW RS HFA 38*, Tz. 7.
[1439] Vgl. *IDW RS HFA 38*, Tz. 8; ADS[6], § 284 HGB, Tz. 60.

nicht erforderlich, sofern diese durch Einzelvorschriften wie bspw. § 285 Nrn. 13, 18 bis 20, 23, 24, 26, 29 und 30 HGB aufgegriffen werden[1440].

954 Wird von bisher angewandten Bilanzierungs- und Bewertungsmethoden abgewichen (**Durchbrechung des Stetigkeitsgrundsatzes** nach § 246 Abs. 3 S. 1 und § 252 Abs. 1 Nr. 6 HGB), ist dies anzugeben und zu begründen. Der Einfluss der Abweichung auf die Vermögens-, Finanz- und Ertragslage muss gesondert dargestellt werden (§ 284 Abs. 2 Nr. 2 HGB)[1441]. Vgl. hierzu Kap. F Tz. 973 ff.

8.6.5.1.1 Angabe der Bilanzierungsmethoden

955 Es sind nicht sämtliche Bilanzierungsmethoden anzugeben, sondern nur solche, für die **Alternativen** (explizite Wahlrechte oder Ermessensspielräume) bestehen oder die nur in **Sonderfällen** zur Anwendung kommen und deshalb einer ausdrücklichen Erwähnung bedürfen[1442].

956 Handelsrechtlich bestehen folgende explizite **Ansatzwahlrechte**, über deren Ausübung, soweit einschlägig, zu berichten ist:[1443]

- Selbst geschaffene immaterielle Vermögensgegenstände des AV (§ 248 Abs. 2 S. 1 HGB)[1444],
- Disagio (§ 250 Abs. 3 S. 1 HGB),
- Aktivüberhang latenter Steuern (§ 274 Abs. 1 S. 2 HGB),
- Rückstellungen für Pensionsverpflichtungen aus vor 1987 erworbenen Rechtsansprüchen (sog. Altzusagen), für mittelbare Pensionsverpflichtungen sowie für ähnliche Verpflichtungen (§ 249 Abs. 1 S. 1 HGB i.V.m. Art. 28 Abs. 1 S. 1 und 2 EGHGB, ggf. i.V.m. Art. 48 Abs. 6 EGHGB).

> **Beispiel 24:**
> Zu den Angaben zum Bilanzierungszeitpunkt zählen bspw., wann im Fall langfristiger Fertigung die Gewinnrealisierung erfolgt (mit Erbringung der Gesamtleistung oder unter bestimmten Voraussetzungen schon früher; vgl. Kap. F Tz. 1349 ff.) oder wann Beteiligungserträge vereinnahmt werden, wenn die Voraussetzungen für eine phasengleiche Gewinnvereinnahmung grds. erfüllt sind, allerdings kein Gewinnverwendungsbeschluss gefasst ist, sondern nur ein entspr. Vorschlag vorliegt (vgl. Kap. F Tz. 815).

957 **Ermessensspielräume** i.Z.m. dem Ansatz von Vermögensgegenständen und Schulden können z.B. bestehen bei der

- Abgrenzung von Forschungs- und Entwicklungskosten,
- Schätzung der Wahrscheinlichkeit des Entstehens künftiger Verpflichtungen oder
- der Bilanzierung von Forderungen aus Lieferungen und Leistungen aus Mehrkomponentengeschäften[1445].

1440 Zu den einzelnen Anh.-Angaben vgl. Kap. F Tz. 949.
1441 Vgl. *IDW RS HFA 38*, Tz. 23 ff.
1442 Vgl. ADS[6], § 284 HGB, Tz. 56.
1443 Vgl. *Grottel*, in: BeBiKo[11], § 284, Rn. 106.
1444 Vgl. dazu auch DRS 24.135.
1445 Vgl. *IDW RS HFA 38*, Tz. 7.

958 Aus den Angaben soll erkennbar werden, dass und ggf. aus welchen Gründen von den Wahlrechten Gebrauch bzw. nicht Gebrauch gemacht wurde. In Fällen, in denen es sich um unwesentliche Beträge handelt, kann entspr. dem **Grundsatz der Wesentlichkeit** auf Angaben verzichtet werden.

8.6.5.1.2 Angabe der Bewertungsmethoden[1446]

959 Die Angaben müssen für alle wesentlichen Bilanzposten gemacht werden, um die Vermittlung eines den tatsächlichen Verhältnissen entspr. Bildes der Vermögens-, Finanz- und Ertragslage (§ 264 Abs. 2 S. 1 HGB) sicherzustellen. Dabei sind für mehrere Bilanzposten zusammengefasste Angaben zulässig, um Wiederholungen zu vermeiden.

960 Die das **AV** betreffenden Angaben umfassen die Ermittlungsmethoden der AHK sowie die angewandten Abschreibungsmethoden. Eine besondere Darstellung der Ermittlung der in § 255 Abs. 1 HGB geregelten **AK** wird sich i.d.R. erübrigen, es sei denn, es bestehen in Einzelfällen Wahlrechte (z.B. bei Zugängen i.R. von Tausch- oder Umwandlungsvorgängen sowie bei der Behandlung von Zuwendungen der öffentlichen Hand)[1447].

961 Bei der Erläuterung der **HK** ist in erster Linie deutlich zu machen, ob und in welchem Umfang von den Einbeziehungswahlrechten des § 255 Abs. 2 S. 3, Abs. 3 HGB Gebrauch gemacht wurde[1448]. Bei Unterbeschäftigung ist ggf. darzulegen, wie die **notwendigen** Fertigungsgemeinkosten von den Leerkosten abgegrenzt wurden. Werden FK-Zinsen als Teil der HK angesetzt (§ 255 Abs. 3 HGB), muss dies in jedem Fall angegeben werden (§ 284 Abs. 2 Nr. 4, Abs. 3 S. 4 HGB; vgl. Kap. F Tz. 1007). Wird die GuV nach dem UKV aufgestellt, ist es von Bedeutung, nach welcher Methode die HK der zur Erzielung der Umsatzerlöse erbrachten Leistungen (§ 275 Abs. 3 Nr. 2 HGB) ermittelt wurden. Dies gilt insb. dann, wenn sie sich von den HK der in der Bilanz aktivierten Vermögensgegenstände unterscheiden[1449].

962 Als anzugebende **Abschreibungsmethoden** kommen in Betracht: lineare, degressive (ggf. mit planmäßigem Übergang auf die lineare) und progressive Abschreibungen sowie die Abschreibung nach der Inanspruchnahme oder – bei Gewinnungsbetrieben – nach der Ausbeute (vgl. Kap. F Tz. 170 ff.). Bei Zugrundelegung der von der Finanzverwaltung veröffentlichten AfA-Tabellen[1450] kann auf diese Bezug genommen werden, wobei erkennbar sein muss, ob es sich um die zulässigen Höchst- oder Mindestsätze handelt[1451]. Zu den nach § 285 Nr. 13 HGB erforderlichen Erläuterungen zur Abschreibung eines Geschäfts- oder Firmenwerts vgl. Kap. F Tz. 1114 ff. Die Sofortabschreibung sog. **geringwertiger Anlagegüter** und die Abschreibung eines für geringwertige Anlagegüter gebildeten Sammelpostens[1452] sind vereinfachende planmäßige handelsrechtliche Abschreibungsmethoden, über die entspr. zu berichten ist[1453]. Werden abnutzbare Ver-

---

[1446] Vgl. zum Begriff der Bewertungsmethode Kap. F Tz. 952; zu den Bewertungsvorschriften vgl. Kap. F Tz. 82 ff.
[1447] Vgl. ADS[6], § 284 HGB, Tz. 65; *Grottel*, in: BeBiKo[11], § 284, Rn. 125.
[1448] Vgl. auch *IDW RS HFA 31 n.F.*, Tz. 13 ff.
[1449] Vgl. *IDW St/SABI 1/1987*, Abschn. III.1.
[1450] Vgl. zur Zulässigkeit in der HB *HFA*, FN-IDW 2001, S. 447 (449); *Schubert/Andrejewski/Roscher*, in: BeBiKo[11], § 253, Rn. 231, 235.
[1451] Vgl. *Grottel*, in: BeBiKo[11], § 284, Rn. 126.
[1452] Zur Zulässigkeit in der HB vgl. *HFA*, FN-IDW 2007, S. 506 sowie *HFA*, IDW Life 2017, S. 848.
[1453] Vgl. *Grottel*, in: BeBiKo[11], § 284 Rn. 127.

963 Des Weiteren ist über die Vornahme **außerplanmäßiger Abschreibungen** nach § 253 Abs. 3 S. 5 und 6 HGB zu berichten. Die Höhe der außerplanmäßigen Abschreibungen ist im Anh. oder gesondert in der GuV anzugeben (§ 277 Abs. 3 S. 1 HGB)[1455]. Bei den Finanzanlagen ist eine Berichterstattung über die Ausübung des Wahlrechts nach § 253 Abs. 3 S. 6 HGB erforderlich. Zu den Angabepflichten nach § 285 Nr. 18 HGB für unterbliebene Abschreibungen vgl. Kap. F Tz. 1143 ff.

964 Mussten aufgrund des **Wertaufholungsgebots** in VJ vorgenommene außerplanmäßige Abschreibungen rückgängig gemacht werden (§ 253 Abs. 5 HGB, vgl. Kap. F Tz. 190 ff.), ist darüber i.R.d. allgemeinen Angabepflichten zu den Bewertungsmethoden grds. nicht zu berichten. Bestand bei der Bewertung jedoch ein Ermessensspielraum, ergibt sich eine Berichtspflicht, wie dieser ausgeübt worden ist. Geboten sind zudem Angaben bei Zuschreibungen von außergewöhnlicher Größenordnung oder Bedeutung, soweit die Beträge nicht von untergeordneter Bedeutung sind (§ 285 Nr. 31 HGB; vgl. Kap. F Tz. 1234 ff.)[1456].

965 Bei den **Vorräten** sind ebenfalls die angewandten Bewertungsmethoden anzugeben. Für Roh-, Hilfs- und Betriebsstoffe zählt dazu bspw., ob die AK einzeln festgestellt oder nach dem (gewogenen) Durchschnittswert, dem Lifo-, Fifo- (§ 256 HGB), dem Festwert- (§ 240 Abs. 3 HGB) oder dem Gruppenbewertungsverfahren (§ 240 Abs. 4 HGB) ermittelt wurden. Die Angabepflicht nach § 284 Abs. 2 Nr. 3 HGB bleibt hiervon unberührt (vgl. Kap. F Tz. 1004 ff.). Kann der Bilanzierende bei unter die AK gesunkenen Wiederbeschaffungspreisen von Roh-, Hilfs- und Betriebsstoffen verlässlich nachweisen, dass diese nach Weiterverarbeitung zumindest kostendeckend veräußert werden können, darf er auf eine am Beschaffungsmarkt orientierte Abschreibung zugunsten einer absatzmarktorientierten Bewertung verzichten[1457]. Anzugeben ist daher auch, ob die Roh-, Hilfs- und Betriebsstoffe i.R.d. Folgebewertung beschaffungs- oder absatzmarktorientiert bewertet wurden. Entsprechendes gilt für schwebende Geschäfte über derartige Gegenstände. Für die Erläuterung der HK bei unfertigen und fertigen Erzeugnissen gelten die Ausführungen zum AV entspr. (vgl. Kap. F Tz. 961). Erfolgte eine Abschreibung auf den niedrigeren beizulegenden Wert (§ 253 Abs. 4 S. 1 und 2 HGB), ist dies anzugeben[1458], ggf. mit Hinweisen auf die Art der Berechnung des niedrigeren Werts. Zu Zuschreibungen vgl. Kap. F Tz. 964[1459].

966 Werden (derivative) FI zur ökonomischen Sicherung eingesetzt und **Bewertungseinheiten** gebildet (§ 254 HGB, vgl. Kap. F Tz. 200 ff.), ist dies anzugeben, außerdem, nach welcher Methode die wirksamen Teile der Bewertungseinheit abgebildet werden (Einfrierungs- oder Durchbuchungsmethode)[1460]. Werden trotz ökonomischer Sicherungsbeziehungen (derivative) FI nicht in Bewertungseinheiten einbezogen oder (derivative) FI aus anderen Gründen einzeln bewertet, können zusätzliche Erläuterungen er-

---

[1454] Vgl. *Grottel*, in: BeBiKo[11], § 284 Rn. 126. Zur Zulässigkeit vgl. *IDW RH HFA 1.016*.
[1455] Vgl. *Grottel*, in: BeBiKo[11], § 284, Rn. 129.
[1456] Vgl. *Grottel*, in: BeBiKo[11], § 284, Rn. 130.
[1457] Vgl. *HFA*, FN-IDW 2013, S. 500.
[1458] Vgl. ADS[6], § 284 HGB, Tz. 81; *Grottel*, in: BeBiKo[11], § 284, Rn. 140.
[1459] Vgl. *Grottel*, in: BeBiKo[11], § 284, Rn. 141 f.
[1460] Vgl. *IDW RS HFA 35*, Tz. 93.

forderlich sein, für derivative FI bspw. zur Bewertung der Posten „Sonstige Vermögensgegenstände" oder „Sonstige Rückstellungen".

Sind **Forderungen** nicht zum Nominalwert angesetzt, müssen die Gründe für die niedrigere Bewertung angegeben werden. Zu Fremdwährungsforderungen vgl. Kap. F Tz. 237. Zu Zuschreibungen vgl. Kap. F Tz. 964. 967

Die Bildung von **RAP** (§ 250 HGB; vgl. Kap. F Tz. 435 ff. und Kap. F Tz. 708) unterliegt nicht der Bewertung nach § 253 HGB, so dass für diesbezügliche Angaben kein Raum ist. Im Falle eines Disagios (§ 250 Abs. 3 HGB; vgl. Kap. F Tz. 435 ff.) sind allerdings die Grundsätze seiner Ermittlung und Tilgung anzugeben, soweit darüber nicht bereits bei den Bilanzierungsmethoden (vgl. Kap. F Tz. 955 ff.) berichtet worden ist[1461]. 968

Für die **Passivseite** kommen hinsichtlich der Bewertungsmethoden Angaben v.a. für die sonstigen Rückstellungen, für Fremdwährungsverpflichtungen (vgl. Kap. F Tz. 162) sowie zur Ausübung des Wahlrechts der sog. *amortised cost*-Bewertung nominell unterverzinslicher Verbindlichkeiten (vgl. Kap. F Tz. 160)[1462] in Betracht. Für Pensionsrückstellungen ergeben sich die Angabepflichten i.W. aus den handelsrechtlichen Sondervorschriften (§ 285 Nr. 24 HGB; vgl. Kap. F Tz. 1196 ff. sowie Art. 28 Abs. 2, Art. 48 Abs. 6, Art. 67 Abs. 2 EGHGB; vgl. Kap. F Tz. 1258 ff.). Für Steuerrückstellungen entfallen die Erläuterungspflichten i.d.R. mangels Bewertungswahlrechte, vorausgesetzt, Rückstellungen wg. des allgemeinen Betriebsprüfungsrisikos werden nicht hier, sondern unter den sonstigen Rückstellungen ausgewiesen (vgl. Kap. F Tz. 610). 969

Für die **sonstigen Rückstellungen** – ggf. einzeln erläutert, wenn sie einen nicht unerheblichen Umfang haben und in der Bilanz nicht gesondert ausgewiesen sind (§ 285 Nr. 12 HGB; vgl. Kap. F Tz. 1111 ff.) – kommen Angaben über die Grundlagen der Ermittlung in Betracht[1463] (z.B. zur Abzinsung[1464] oder zur Bewertung von Verteilungsrückstellungen[1465]). 970

> **Hinweis 69:**
>
> Finden für **denselben Bilanzposten verschiedene Bewertungsmethoden** Anwendung, sind, sofern dies zur Vermittlung eines entspr. Bildes i.S.d. § 264 Abs. 2 HGB erforderlich ist, weitere Angaben zu machen, die erkennen lassen, auf welchen Teil des Bilanzpostens sich die Bewertungsmethoden jeweils beziehen.

Da die **Währungsumrechnung** für die Folgebewertung in § 256a HGB geregelt ist (vgl. Kap. F Tz. 228 ff.), gilt die Angabepflicht i.R.d. allgemeinen Bewertungsmethoden i.d.R. nur noch für die **Zugangsbewertung**. Betroffen hiervon sind in erster Linie Fremdwährungsforderungen und -verbindlichkeiten sowie die damit korrespondierenden Erträge und Aufwendungen, Rückstellungen für Verpflichtungen in fremder Währung u.dgl., aber auch Vermögensgegenstände, die in fremder Währung erworben wurden, ferner die Vermögensgegenstände und Schulden von Niederlassungen außerhalb des 971

[1461] Vgl. ADS[6], § 284 HGB, Tz. 85; *Grottel*, in: BeBiKo[11], § 284, Rn. 145; teilw. a.A. *Kupsch*, in: HdJ, Abt. IV/4, Rn. 95 (Angabe der Ermittlungs- und Auflösungsmethode bei wesentlicher Größenordnung zweckmäßig).
[1462] Vgl. *HFA*, FN-IDW 2014, S. 595.
[1463] Vgl. ADS[6], § 284 HGB, Tz. 91; *Grottel*, in: BeBiKo[11], § 284, Rn. 156 f.; *Krawitz*, in: BoHdR[2], § 284 HGB, Rn. 75.
[1464] Vgl. *IDW RS HFA 34*, Tz. 41 ff.
[1465] Vgl. *IDW RS HFA 34*, Tz. 18 ff.

Euro-Raums und ggf. in fremder Währung zu begleichende Verpflichtungen aus Haftungsverhältnissen sowie sonstige finanzielle Verpflichtungen. Die Angabepflicht bezieht sich auch auf Fremdwährungsbeträge, die für Anh.-Angaben umzurechnen sind, wie bspw. in Fremdwährung bestehende Haftungsverhältnisse (§ 251 i.V.m. § 268 Abs. 7 HGB), sonstige finanzielle Verpflichtungen (§ 285 Nr. 3a HGB) sowie das (anteilige) EK und Ergebnis bei ausländischen Beteiligungen (§ 285 Nr. 11 HGB).[1466]

972 Anzugeben ist, welche **Wechselkurse** für die Umrechnung der monetären und nichtmonetären Posten zur Anwendung kamen (z.B. historische Kurse am jeweiligen Transaktions-/Entstehungstag, (vereinfachende) Mittelkurse, Stichtagskurse oder ggf. Sicherungskurse). In die Erläuterungen werden die Umrechnungsgrundsätze für die Erlösund Aufwandsposten zweckmäßigerweise mit einbezogen.[1467]

8.6.5.2 Abweichungen von Bilanzierungs- und Bewertungsmethoden (§ 284 Abs. 2 Nr. 2 HGB)[1468]

973 Das HGB geht davon aus, dass sachlich und zeitlich stetig bilanziert wird. Das **Stetigkeitsgebot** wird für die Ansatz- und Bewertungsmethoden sowie für die Darstellung ausdrücklich erwähnt (§§ 246 Abs. 3, 252 Abs. 1 Nr. 6, 265 Abs. 1 HGB).[1469]

Um die Vergleichbarkeit aufeinander folgender JA herzustellen, verlangt § 284 Abs. 2 Nr. 2 HGB folgende Angaben:

- die Angabe und Begründung bei Abweichungen von den **Bilanzierungs- und Bewertungsmethoden**,
- die gesonderte Darstellung des **Einflusses** dieser Abweichungen auf die Vermögens-, Finanz- und Ertragslage der Ges.

Die Angabepflichten umfassen nur Angaben zur Abweichung von Bilanzierungs- und Bewertungsmethoden, die nicht unter anderen Vorschriften (z.B. § 265 Abs. 1 S. 2 HGB zur Darstellungsstetigkeit) geregelt sind. Die Zusammenfassung in einer geschlossenen Darstellung ist zulässig, wenn der Charakter der einzelnen Angaben für sich erkennbar bleibt.[1470] Die Berichtspflicht nach § 284 Abs. 2 Nr. 2 HGB erstreckt sich auch auf die Posten der GuV.[1471]

974 Zur Definition des Begriffs „**Bilanzierungsmethode**" (inkl. „Ansatzmethode") vgl. Kap. F Tz. 952; zu bestehenden Ansatzwahlrechten vgl. Kap. F Tz. 956, zu Ermessensspielräumen vgl. Kap. F Tz. 957.

975 Zur Definition der „**Bewertungsmethode**" vgl. Kap. F Tz. 97. Bewertungsmethoden umfassen die Anwendung gesetzlich vorgeschriebener Werte (z.B. AK, niedrigerer beizulegender Wert), echte Wahlrechte (z.B. Einbeziehung bestimmter Gemeinkosten in

---

1466 Vgl. *Gelhausen/Fey/Kämpfer*, BilMoG, Kap. J, Rn. 89.
1467 Wg. gesonderter Angaben zu Abweichungen in der Währungsumrechnung im Vergleich zum VJ vgl. ADS[6], § 284 HGB, Tz. 98.
1468 Vgl. dazu *IDW RS HFA 38*, Tz. 19 ff.; ADS[6], § 284 HGB, Tz. 100 ff.; für den KA DRS 13.
1469 *Zum Begriff der „Ansatzmethode"* vgl. Kap. F Tz. 952, zu den Grundsätzen der Ansatz- und Bewertungsstetigkeit vgl. Kap. F Tz. 71 ff. und Kap. F Tz. 96; zur Zulässigkeit von Stetigkeitsdurchbrechungen nach den §§ 246 Abs. 3 S. 2 und 252 Abs. 2 HGB vgl. Kap. F Tz. 71 und Kap. F Tz. 101 f.
1470 Vgl. *IDW RS HFA 38*, Tz. 18.
1471 Vgl. *IDW RS HFA 38*, Tz. 22.

die HK i.S.d. § 255 Abs. 2 S. 3 HGB) sowie unechte Wahlrechte (z.B. Angemessenheit der Gemeinkostenzuschläge, vernünftige kaufmännische Beurteilung)[1472].

Abweichungen von Bilanzierungs- und Bewertungsmethoden sind als Durchbrechungen des Stetigkeitsgebots nur in begründeten Ausnahmefällen zulässig (§ 246 Abs. 3 S. 2 i.V.m. § 252 Abs. 2 HGB; vgl. Kap. F Tz. 71 und Kap. F Tz. 101 f.). 976

Zu berichten ist bei **Abweichungen von Ansatz- und Bewertungsmethoden** unabhängig davon, ob von in VJ wahrgenommenen Wahlrechten abgewichen wird (z.B. beim Ansatz aktiver latenter Steuern oder bei der Ermittlung der HK durch Änderung der einbezogenen Kostenarten) oder ob allgemeine Grundsätze (insb. § 252 Abs. 1 HGB) abw. ausgeübt werden[1473]. 977

Keine Abweichung von einer Bilanzierungs- oder Bewertungsmethode liegt vor, wenn sich eine **notwendige Änderung** unmittelbar aus dem Gesetz ergibt (z.B. zwingende Abschreibungen im Anlage- oder Umlaufvermögen nach § 253 Abs. 3 S. 5, Abs. 4 S. 1 und 2 HGB) oder bei Zuschreibungen aufgrund des Wertaufholungsgebots (§ 253 Abs. 5 HGB). In diesen Fällen besteht daher auch keine Berichtspflicht gem. § 284 Abs. 2 Nr. 2 HGB[1474]. Gleiches gilt, wenn eine Bewertungsmethode von vornherein einen Wechsel von Bewertungskomponenten vorsieht (bspw. beim Übergang von der degressiven zur linearen Abschreibung nach einer bestimmten Zahl von Jahren). Ebenfalls nicht angabepflichtig ist die Änderung eines die Bewertung bestimmenden Faktors aufgrund geänderter wirtschaftlicher Gegebenheiten oder sachgerechter Schätzung. Dies stellt zwar eine Änderung der Bewertung, nicht aber der Bewertungsmethode dar. Abweichend hiervon ist der Ersatz einer subjektiven Schätzung durch die Verwendung objektiver Sachverhaltsdaten oder durch gesetzliche Vorgaben eine Änderung der Bewertungsmethode[1475]. 978

> **Hinweis 70:**
>
> Das Gesetz stellt nicht auf die **Größenordnung** der Abweichung ab. Die Angabepflicht besteht demnach grds. für jede Abweichung von Bilanzierungs- und Bewertungsmethoden. Nach dem Grundsatz der Wesentlichkeit von Angaben dürfen allerdings unerhebliche Abweichungen unerörtert bleiben[1476].

Die Berichterstattung nach § 284 Abs. 2 Nr. 2 Hs. 1 HGB hat durch Angabe und Begründung zu erfolgen. Die **Angabe** umfasst hier den jeweiligen Posten der Bilanz bzw. der GuV und die Beschreibung der Abweichungen ggü. den Methoden des VJ. **Begründung** ist die Darlegung der Überlegungen und Argumente, die zur abw. Methode geführt haben, wobei sich die Zulässigkeit der Abweichung i.S.d. § 252 Abs. 2 HGB (vgl. Kap. F Tz. 101 f.) aus der Begründung ergeben muss[1477]. 979

Darüber hinaus ist der **Einfluss** der Abweichungen von Bilanzierungs- und Bewertungsmethoden auf die Vermögens-, Finanz- und Ertragslage für jede dieser Methoden 980

[1472] Vgl. *IDW RS HFA 38*, Tz. 9.
[1473] Vgl. auch ADS⁶, § 284 HGB, Tz. 115.
[1474] Vgl. ADS⁶, § 284 HGB, Tz. 118 und 132; *Krawitz*, in: BoHdR², § 284 HGB, Rn. 104; a.A. *Kupsch*, in HdJ, Abt. IV/4, Rn. 108.
[1475] Vgl. *IDW RS HFA 38*, Tz. 10 und Tz. 12.
[1476] Vgl. *IDW RS HFA 38*, Tz. 20.
[1477] Vgl. *IDW RS HFA 38*, Tz. 19.

unter Berücksichtigung wesentlicher Folgewirkungen gesondert darzustellen (§ 284 Abs. 2 Nr. 2 Hs. 2 HGB), soweit die Änderung für sich allein oder in der Summe mit den Auswirkungen anderer Methodenänderungen nicht unerheblich ist[1478]. Ein Einfluss auf die **Vermögenslage** ist gegeben, wenn aufgrund der Anwendung einer anderen Methode die Vermögensgegenstände/Schulden höher oder niedriger ausgewiesen werden. Die **Finanzlage** wird beeinflusst, wenn die Methodenänderung Auswirkungen auf finanzwirksame Vorgänge hat (z.B. Steuer- und Dividendenzahlungen)[1479]. In erster Linie werden aber Auswirkungen auf die **Ertragslage** (Änderungen des Periodenergebnisses im GJ) in Betracht kommen. Dabei ist nur über den **Saldo** der jeweiligen Abweichung für jede der drei Lagen zu berichten[1480]. Nicht zulässig ist dagegen, die Auswirkungen aller Abweichungen auf die drei Lagen zusammenzufassen und zu saldieren und (jeweils) nur noch den überschießenden positiven oder negativen Betrag anzugeben[1481].

Obwohl die Angabe eines Unterschiedsbetrags aus Methodenänderungen gesetzlich nicht ausdrücklich verlangt wird, bedeutet dies, wie auch der Ausdruck „darzustellen" im Gesetz erkennen lässt, nicht unbedingt, dass jede **zahlenmäßige Angabe** entfallen kann[1482]. Es hängt von der Auswirkung der Abweichung ab, ob verbale Angaben genügen (z.B.: „ [...] haben sich nur unwesentlich ausgewirkt."; „ [...] haben sich gegenseitig aufgehoben.") oder ob direkt oder indirekt Beträge zu nennen sind (z.B.: „[...] haben zu einem um x Mio. Euro höheren Ergebnis geführt."; „[...] haben den entstandenen Verlust halbiert."). Nach *IDW RS HFA 38*, Tz. 25 sind zahlenmäßige Angaben insoweit erforderlich, dass zumindest die Größenordnung der jeweiligen Änderung in ihrem Einfluss auf die Vermögens-, Finanz- und Ertragslage abschätzbar wird. Darüber hinaus empfiehlt es sich, die Auswirkungen der Methodenänderung auf die jeweiligen VJ-Zahlen anzugeben.

8.6.5.3 Zusätzliche Angaben zur Vermittlung des in § 264 Abs. 2 S. 1 HGB geforderten Bildes (§ 264 Abs. 2 S. 2 HGB)

981 Nach § 264 Abs. 2 S. 2 HGB „sind im Anhang zusätzliche Angaben zu machen", wenn aufgrund „besonderer Umstände" sonst ein den tatsächlichen Verhältnissen entspr. Bild i.S.d. Satzes 1 nicht vermittelt wird. Diese Auffangvorschrift greift, wenn die Beachtung der in den Einzelvorschriften getroffenen Bestimmungen für sich allein nicht ausreicht, um ein entspr. Bild zu vermitteln, d.h. ohne zusätzliche Angaben ein zu günstiges oder ein zu ungünstiges Bild gezeichnet würde[1483]. Allerdings müssen „besondere Umstände" vorliegen. Damit zwingen nur **Sachverhalte von außerordentlicher Bedeutung und einmaliger Art**, für die sonst keine Erläuterungspflicht besteht, zu zusätzlichen Angaben.

982 So könnte z.B. daran gedacht werden, Angaben zu fordern, wenn in Zeiten **erheblicher Preissteigerungen** und Geldwertänderungen das ausgewiesene Ergebnis aufgrund des Nominalwertprinzips ein völlig unzutreffendes Bild von der Ertragslage vermittelt. Ein

---

1478 Vgl. *IDW RS HFA 38*, Tz. 23 f.
1479 Vgl. ADS[6], § 284 HGB, Tz. 145.
1480 Vgl. *Grottel*, in: BeBiKo[11], § 284, Rn. 195; *Kupsch*, in HdJ, Abt. IV/4, Rn. 114.
1481 Vgl. ADS[6], § 284 HGB, Tz. 149.
1482 Vgl. ADS[6], § 284 HGB, Tz. 106 und 148 (grds. für eine Zahlenangabe, zumindest Verhältnis- oder Prozentzahlen); *Grottel*, in: BeBiKo[11], § 284, Rn. 196 (zahlenmäßige Angabe ggf. notwendig); *Oser/Holzwarth*, in: HdR[5], §§ 284 bis 288 HGB, Rn. 115 (betragsmäßige Angabe, wenn verbale Aussage unzureichend ist).
1483 Vgl. ADS[6], § 264 HGB, Tz. 115; *Winkeljohann/Schellhorn*, in: BeBiKo[11], § 264, Rn. 48 ff.

ähnlicher Anwendungsfall kann vorliegen, wenn ein wesentlicher Teil des Gewinns eines inländischen Unternehmens aus einer ausländischen Betriebsstätte stammt und wg. höherer Inflationsraten in dem betreffenden Land erhebliche Scheingewinne enthält[1484].

Zu erläutern sind ggf. auch ungewöhnliche, rein **bilanzpolitische und sachverhaltsgestaltende Maßnahmen** i.S.d. § 321 Abs. 2 S. 4 HGB, wie z.B. Sale-and-lease-back-Geschäfte bei angespannter wirtschaftlicher Lage[1485]. Nach *IDW St/HFA 1/1989*, Abschn. D.6., können ferner die Gestaltung und Vereinnahmung von Leasingentgelten im Falle wesentlicher Anlaufverluste oder Auslaufgewinne – insb. aufgrund von Veränderungen im Geschäftsumfang – beim Leasinggeber zusätzliche Angaben gem. § 264 Abs. 2 S. 2 HGB erfordern. Eine Angabepflicht kann nach *IDW St/HFA 1/1984*, Abschn. 3.a), außerdem in Betracht kommen, wenn gewährte **Zuwendungen** ausdrücklich als künftigen Gewinnen des Unternehmens zurückzuzahlen und deshalb die Rückzahlungsverpflichtungen vor Gewinnerzielung nicht zu passivieren sind. Zu entspr. Angaben i.Z.m. **Genussrechten** vgl. *IDW St/HFA 1/1994*, Abschn. 2.1.3. Nach *IDW RS HFA 17* i.V.m. *IDW PS 270 n.F.*, Tz. 9 sind – neben den Angaben im LB nach § 289 Abs. 1 S. 4 HGB (vgl. Kap. F Tz. 1381 ff.) – Anh.-Angaben erforderlich, wenn eine wesentliche Unsicherheit i.Z.m. Ereignissen oder Gegebenheiten besteht, die einzeln oder insgesamt bedeutsame Zweifel an der Fähigkeit des Unternehmens zur **Fortführung der Unternehmenstätigkeit** aufwerfen können, um ein zutreffendes Bild der Vermögens-, Finanz- und Ertragslage des bilanzierenden Unternehmens darzustellen. Wird kein Anhang erstellt, können diese Ausführungen an anderer geeigneter Stelle erfolgen, z.B. unter der Bilanz. Anzugeben sind zum einen die wichtigsten Ereignisse oder Gegebenheiten, die bedeutsame Zweifel an der Fähigkeit des Unternehmens zur Fortführung der Unternehmenstätigkeit aufwerfen können, und die Pläne der gesetzlichen Vertreter zum Umgang mit diesen Ereignissen oder Gegebenheiten. Zum anderen ist eindeutig anzugeben, dass eine solche wesentliche Unsicherheit besteht. In diesem Zusammenhang kann der Begriff „bestandsgefährdende Risiken" statt „wesentliche Unsicherheit" verwendet werden. Werden diese Angaben im LB gemacht, muss im Abschluss unter eindeutiger Bezugnahme auf das Vorliegen einer wesentlichen Unsicherheit ein entspr. Verweis auf diese Angaben enthalten sein. Ein weiterer Anwendungsfall kann die Darstellung der Ertragslage bei langfristiger Fertigung im Zeitablauf betreffen, wenn die Voraussetzungen für eine **Teilgewinnrealisierung** nicht gegeben sind[1486].

> **! Hinweis 71:**
>
> Nach § 264 Abs. 2 S. 2 HGB sind keine Angaben erforderlich, wenn das Gesetz bestimmte **Erleichterungen** gestattet (z.B. Saldierung von Umsatzerlösen, sonstigen betrieblichen Erträgen und Materialaufwand gem. § 276 S. 1 HGB; Verzicht auf Angaben im Anh. gem. §§ 274a, 286 oder 288 HGB), auch wenn dies zu Einschränkungen bei der Vermittlung eines den tatsächlichen Verhältnissen entspr. Bildes führt. Ansonsten müsste vor jeder Inanspruchnahme einer Erleichterung die mögliche Berichterstattungspflicht nach § 264 Abs. 2 S. 2 HGB sondiert werden, was in vielen Fällen die Inanspruchnahme der Erleichterung praktisch ausschließen würde.

1484 Vgl. ADS[6], § 264 HGB, Tz. 119.
1485 Vgl. ADS[6], § 264 HGB, Tz. 117; *Winkeljohann/Schellhorn*, in: BeBiKo[11], § 264, Rn. 50; vgl. zur Definition von sachverhaltsgestaltenden Maßnahmen und zu weiteren Bsp. *IDW PS 450 n.F.*, Tz. 94 f.
1486 Vgl. ADS[6], § 264 HGB, Tz. 122.

8.6.5.4 Abweichungen von der Darstellungsstetigkeit (§ 265 Abs. 1 S. 2 HGB)

984 Auch für die Form der Darstellung, insb. die Gliederung aufeinander folgender Bilanzen und GuV, ist die Stetigkeit zu beachten (§ 265 Abs. 1 S. 1 HGB). Abweichungen von der **Gliederungsstetigkeit** sind nur in Ausnahmefällen wg. besonderer Umstände erlaubt (vgl. Kap. F Tz. 287). In diesen Fällen ist auf die Abweichung im Anh. hinzuweisen. Zudem sind die Gründe zu nennen, die zu der Abweichung geführt haben (§ 265 Abs. 1 S. 2 HGB).

985 Eine **Durchbrechung** der Stetigkeit wird immer erlaubt sein, wenn durch die neue Form der Darstellung oder der Gliederung der Generalnorm (§ 264 Abs. 2 S. 1 HGB) besser entsprochen wird. Gleiches gilt für eine weitere Untergliederung von Posten (§ 265 Abs. 5 S. 1 HGB). Allerdings wird umgekehrt die Rückkehr zu einer weniger aussagefähigen Form der Darstellung oder zu einem Verzicht auf Untergliederungen durch das Stetigkeitsgebot nur bei Vorliegen besonderer Gründe zulässig sein. In Betracht könnte z.B. eine Anpassung an konzerneinheitliche Bilanzierungsrichtlinien nach einem Unternehmenserwerb kommen[1487].

> **! Hinweis 72:**
> Das Stetigkeitsgebot gilt auch für die Fälle, in denen eine Ges. von den Möglichkeiten der **Postenzusammenfassung** gem. § 265 Abs. 7 HGB (vgl. Kap. F Tz. 298 f.) Gebrauch macht.

8.6.5.5 Nicht vergleichbare oder angepasste Vorjahresbeträge (§ 265 Abs. 2 S. 2 und 3 HGB)

986 Sind VJ-Beträge nicht mit denen des laufenden Jahres vergleichbar oder sind im Hinblick hierauf VJ-Beträge angepasst worden[1488], ist dies im Anh. „anzugeben und zu erläutern" (§ 265 Abs. 2 S. 2 und 3 HGB; vgl. Kap. F Tz. 289). **Erläutern** bedeutet im vorstehenden Zusammenhang, dass nicht allein die Tatsache der nicht vergleichbaren Gliederung oder der Anpassung der VJ-Zahlen zu erwähnen ist, sondern dass bei Anpassung der VJ-Zahlen auch die Gründe für die Anpassung zu nennen sind[1489]. Werden die nicht vergleichbaren VJ-Zahlen nicht angepasst, erscheinen neben den verbalen Erläuterungen auch quantitative Angaben erforderlich, wobei es ausreicht, wenn Letztgenannte die wesentlichen Änderungen von Abschlussposten (Bilanz und GuV) erkennen lassen[1490].

8.6.5.6 Gliederung nach verschiedenen Gliederungsvorschriften (§ 265 Abs. 4 S. 2 HGB)

987 Sind im Fall **mehrerer Geschäftszweige** verschiedene Gliederungsvorschriften zu beachten, muss die Bilanz nach der für einen Geschäftszweig vorgeschriebenen Gliederung

---

1487 Vgl. *IDW RS HFA 38*, Tz. 15 i.V.m. Tz. 1; vgl. auch die Beispiele bei *Kupsch*, in: HdJ, Abt. IV/4, Rn. 128.
1488 Eine Anpassung der VJ-Beträge kommt bspw. bei Vermögenszu- und -abgängen durch Verschmelzungs- oder Spaltungsvorgänge sowie Sacheinlagen oder Kauf ganzer Unternehmen in Betracht, vgl. *IDW RS HFA 39*, Tz. 7 f.
1489 Vgl. ADS[6], § 265 HGB, Tz. 32; *Winkeljohann/Büssow*, in: BeBiKo[11], § 265, Rn. 5; weitergehend *Oser/Holzwarth*, in: HdR[5], §§ 284 bis 288 HGB, Rn. 35 (Angabepflicht für vergleichbaren VJ-Betrag).
1490 Vgl. ADS[6], § 265 HGB, Tz. 32; *IDW RS HFA 39*, Tz. 9.

aufgestellt und nach der für die anderen Geschäftszweige vorgeschriebenen Gliederung ergänzt werden (§ 265 Abs. 4 S. 1 HGB; vgl. Kap. F Tz. 293). Auf eine solche Ergänzung ist im Anh. hinzuweisen, und sie ist zu begründen (§ 265 Abs. 4 S. 2 HGB), d.h. es sind die Gliederungsvorschriften zu nennen, die zu beachten sind, und es ist anzugeben, nach welcher Vorschrift die Grundgliederung erfolgt und warum sie ergänzt worden ist.

8.6.5.7 Posten, die in der Bilanz oder in der GuV zusammengefasst sind (§ 265 Abs. 7 Nr. 2 HGB)

Werden Posten in der Bilanz oder der GuV zulässigerweise zusammengefasst (Wahlrecht), damit „dadurch die Klarheit der Darstellung vergrößert wird" (§ 265 Abs. 7 Nr. 2 HGB), sind die **zusammengefassten Posten** im Anh. **gesondert** auszuweisen. Zur Zulässigkeit eines solchen verkürzten Bilanz- oder GuV-Schemas vgl. im Übrigen Kap. F Tz. 298 f. **988**

8.6.5.8 Antizipative Abgrenzungsposten (Ausweis unter den sonstigen Vermögensgegenständen; § 268 Abs. 4 S. 2 HGB)

Werden unter den „Sonstigen Vermögensgegenständen" Beträge für Vermögensgegenstände ausgewiesen, die erst **nach dem Abschlussstichtag rechtlich entstehen** (sog. antizipative Abgrenzungsposten), müssen Beträge von größerem Umfang[1491] im Anh. erläutert werden (§ 268 Abs. 4 S. 2 HGB). Kleine KapGes. (§ 267 Abs. 1 HGB) sind von dieser Angabe befreit (§ 274a Nr. 1 HGB). In Betracht kommen z.B. abgegrenzte Zinsansprüche, Erstattungsansprüche, Rückdeckungsansprüche aus Lebensversicherungen u.dgl. Es genügt, die Art dieser Posten zu erläutern. Betragsmäßige Angaben kommen nur ausnahmsweise in Betracht[1492]. **989**

8.6.5.9 Antizipative Abgrenzungsposten (Ausweis unter den Verbindlichkeiten; § 268 Abs. 5 S. 3 HGB)

Sind unter den in der Bilanz ausgewiesenen Verbindlichkeiten solche enthalten, die erst **nach dem Abschlussstichtag rechtlich entstehen** (sog. antizipative Abgrenzungsposten) und haben sie einen größeren Umfang, müssen sie im Anh. erläutert werden (§ 268 Abs. 5 S. 3 HGB). Kleine KapGes. (§ 267 Abs. 1 HGB) sind von der Erläuterungspflicht gem. § 274a Nr. 2 HGB befreit. Häufig werden solche Verpflichtungen unter den Rückstellungen erfasst, so dass Angaben nach § 268 Abs. 5 S. 3 HGB nur ausnahmsweise in Betracht kommen, z.B. bei faktischen Verbindlichkeiten[1493]. **990**

8.6.5.10 Haftungsverhältnisse i.S.d. § 251 HGB (§ 268 Abs. 7 HGB)

Die in § 251 HGB bezeichneten **Haftungsverhältnisse** sind im Anh. jeweils gesondert und unter Angabe der gewährten **Pfandrechte und sonstigen Sicherheiten** anzugeben. Dabei sind Verpflichtungen betreffend die **Altersversorgung** und Verpflichtungen ggü. **verbundenen oder assozierten Unternehmen** jeweils gesondert zu vermerken (§ 268 Abs. 7 HGB). Mangels größenabhängiger Erleichterung in § 274a HGB und aufgrund der Tatsache, dass nach § 264 Abs. 1 S. 5 selbst Kleinstunternehmen die in § 268 Abs. 7 **991**

[1491] Oser/Holzwarth, in: HdR[5], §§ 284 bis 288 HGB, Rn. 77: als Richtschnur kann die „10% oder mehr"-Regel (bezogen auf den Bilanzposten) dienen.
[1492] Gl.A. Oser/Holzwarth, in: HdR[5], §§ 284 bis 288, Rn. 78; a.A. Kupsch, in: HdJ, Abt. IV/4, Rn. 141 (stets quantitative Angaben).
[1493] Vgl. Schubert/Waubke, in: BeBiKo[11], § 268, Rn. 42.

HGB genannten Angaben machen müssen, müssen die gesonderte Aufgliederung der Haftungsverhältnisse sowie die gesonderten Vermerke auch von kleinen KapGes. (§ 267 Abs. 1 HGB) verlangt werden[1494].

992 Die Haftungsverhältnisse sind von KapGes. und KapCoGes. im Anh. **gesondert nach den vier** in § 251 HGB genannten **Gruppen**

- Verbindlichkeiten aus der Begebung und Übertragung von Wechseln (Wechselobligo),
- Verbindlichkeiten aus Bürgschaften, Wechsel- und Scheckbürgschaften,
- Verbindlichkeiten aus Gewährleistungsverträgen sowie
- Haftungsverhältnisse aus der Bestellung von Sicherheiten für fremde Verbindlichkeiten[1495]

anzugeben, soweit keine Passivierung erfolgt ist (§ 268 Abs. 7 Nr. 1 HGB) und sofern es sich nicht um gesetzlich normierte Haftungsverhältnisse handelt (z.B. eine spaltungsbedingte Nachhaftung nach §§ 133 f. UmwG oder eine gesamtschuldnerische Haftung nach § 613a Abs. 2 BGB). Im Fall gesetzlich normierter Haftungsverhältnisse besteht stattdessen eine Pflicht zur Anh.-Angabe nach § 285 Nr. 3a HGB (sonstige finanzielle Verpflichtungen), wenn die Angabe für die Beurteilung der Finanzlage von Bedeutung ist (vgl. Kap. F Tz. 1041 ff.)[1496]. Bestehen für dieselbe Verbindlichkeit zwei Haftungsverhältnisse, kommt der Ausweis nur an einer Stelle in Betracht; ggf. ist die Mitzugehörigkeit zur anderen Gruppe zu vermerken[1497]. Bestehende Rückgriffsforderungen dürfen nicht mit den Haftungsverhältnissen saldiert werden (§ 251 S. 2 HGB). Sie dürfen separat vermerkt werden[1498].

993 In das **Wechselobligo** sind alle Abschnitte einzubeziehen, aus denen die Ges. als Ausstellerin (Art. 9 Abs. 1 WG) oder Indossantin (Art. 15 Abs. 1 WG) haftet. In der Praxis wird für die Berechnung des angabepflichtigen Betrags regelmäßig von der Wechselsumme ausgegangen. Nebenkosten bleiben im Allgemeinen außer Betracht. Für die Frage der Nennung ist nicht maßgebend, ob es sich um Akzeptanten von größerer oder geringerer Bonität handelt. Entscheidend ist vielmehr, ob ein wechselrechtliches Obligo besteht. Auch Akzepte öffentlicher Auftraggeber sind daher hier zu nennen. Die Frage der Bonität der Akzeptanten ist bei der Bemessung etwa erforderlicher Rückstellungen zu berücksichtigen[1499].

994 Zu den **Bürgschaftsverbindlichkeiten** gehören Bürgschaften aller Art, auch Rückbürgschaften, Ausfallbürgschaften sowie (wg. § 778 BGB) Kreditaufträge[1500]. Bei bürgschaftsähnlichen Rechtsverhältnissen handelt es sich i.d.R. um Verbindlichkeiten aus

---

[1494] Vgl. *Grottel/Haußer*, in: BeBiKo[11], § 268, Rn. 51 und 56; *Dyck/Scholz*, in: HdR[5], § 268 HGB, Rn. 250.
[1495] Vgl. im Einzelnen ADS[6], § 251 HGB, Tz. 37 ff.; *Grottel/Haußer*, in: BeBiKo[11], § 251, Rn. 14 ff.
[1496] Vgl. *IDW RS HFA 43*, Tz. 30; *IDW RS HFA 30 n.F.*, Tz. 99.
[1497] Zum Verhältnis der Angaben zu Haftungsverhältnissen zu den Angabepflichten zu außerbilanziellen Geschäften und zur Abgrenzung vgl. *IDW RS HFA 32*, Tz. 24 ff.
[1498] Vgl. ADS[6], § 251 HGB, Tz. 34 ff.
[1499] vgl. ADS[6], § 251 HGB, Tz. 37 ff.; *Grottel/Haußer*, in: BeBiKo[11], § 251, Rn. 14 ff.
[1500] Zu Einzelheiten bei Wechsel- und Scheckbürgschaften vgl. ADS[6], § 251 HGB, Tz. 49 und 58; zur Behandlung von Bürgschaften für Verpflichtungen, die aus dem Gewinn oder dem Liquidationsüberschuss zu tilgen sind, vgl. ADS[6], § 251 HGB, Tz. 55.

Gewährleistungsverträgen[1501]. Bürgschaften Dritter zugunsten des Unternehmens werden von der Angabepflicht nicht umfasst.

Hat sich die Ges. durch eine Bürgschaft in **unbeschränkter Höhe** verpflichtet, gilt zur Bestimmung der Risikohöhe hilfsweise der Betrag am Abschlussstichtag. Haftet das Unternehmen gesamtschuldnerisch, ist der volle Betrag anzugeben; jedoch können Rückgriffsrechte vermerkt werden. Bei anteiliger Haftung ist nur der Anteil zu vermerken. Da der Sinn und Zweck der Vorschrift darin liegt, die am Abschlussstichtag vertraglich begründeten Risiken in vollem Umfang im JA zu zeigen, sind Höchstbetragsbürgschaften grds. mit dem Höchstbetrag anzugeben, wenn eine Inanspruchnahme in voller Höhe möglich ist[1502]. 995

Der Begriff des **Gewährleistungsvertrags** i.S.v. § 251 HGB ist gesetzlich nicht definiert. Nach *IDW RH HFA 1.013*, Tz. 5 handelt es sich um einen eigenständigen bilanzrechtlichen Begriff, der mit Ausnahme von Bürgschaften jeden Vertrag umfasst, durch den das bilanzierende Unternehmen verpflichtet wird, für einen bestimmten Erfolg oder eine Leistung oder für den Nichteintritt eines bestimmten Nachteils einzustehen, soweit hiermit eine Vermögensbelastung verbunden sein kann. 996

Unter die Vermerkpflicht fallen vertraglich übernommene Gewährleistungen für fremde Leistungen und grds. auch für eigene Leistungen. Als Gewährleistungen **für fremde Leistungen** kommen bürgschaftsähnliche Rechtsverhältnisse, z.B. Schuldmitübernahme (Schuldbeitritt), nicht passivierungspflichtige Freistellungsverpflichtungen jeder Art und sonstige Gewährleistungen für Dritte wie Kurs- und Ausbietungsgarantien oder Patronatserklärungen (vgl. hierzu *IDW RH HFA 1.013*)[1503] in Betracht. Für die Bewertung der Gewährleistungen für fremde Leistungen ist grds. der jeweilige Stand der Hauptschuld am Abschlussstichtag maßgebend[1504]. Soweit für die Verpflichtung eine Verbindlichkeit oder Rückstellung angesetzt ist (bspw. im Fall des Schuldbeitritts mit (teilw.) Erfüllungsübernahme im Innenverhältnis) ist der Gesamtbetrag des Haftungsverhältnisses zu kürzen[1505]. 997

Bei Gewährleistungen **für eigene Leistungen** kann es sich um unselbstständige (z.B. anlässlich eines Verkaufs gegebene Zusicherungen) oder um selbstständige Garantiezusagen handeln. Sie sind nur insoweit vermerkpflichtig, wie Zusagen bei dem Unternehmen normalerweise nicht zu erwarten sind. Branchenübliche Gewährleistungen brauchen daher nicht einbezogen zu werden. Ist das Risiko nicht bezifferbar, sind entspr. Erläuterungen erforderlich[1506]. 998

Als Haftungsverhältnisse aus der Bestellung von **Sicherheiten für fremde Verbindlichkeiten** kommen z.B. Grundpfandrechte, Sicherungsübereignungen oder Verpfändungen beweglicher Sachen und Rechte in Betracht. Hierzu zählen grds. auch i.Z.m. der Forfaitierung von Leasingraten sicherungsübereignete Leasinggegenstände. Solange in 999

[1501] Vgl. ADS[6], § 251 HGB, Tz. 48 und 59 ff.
[1502] Vgl. ADS[6], § 251 HGB, Tz. 52 und 56 m.w.N.; *Grottel/Haußer*, in: BeBiKo[11], § 251, Rn. 10 und 23.
[1503] Vgl. ADS[6], § 251 HGB, Tz. 78 ff.; *Grottel/Haußer*, in: BeBiKo[11], § 251, Rn. 29 ff.; zu nicht unter die Angabepflicht fallenden Nachhaftungen bei Spaltungen vgl. *IDW RS HFA 43*, Tz. 29.
[1504] Vgl. ADS[6], § 251 HGB, Tz. 204.
[1505] Vgl.*Grottel/Haußer*, in: BeBiKo[11], § 251, Rn. 10; *IDW RS HFA 30 n.F.*, Tz. 101b.
[1506] Vgl. ADS[6], § 251 HGB, Tz. 109; *Grottel/Haußer*, in: BeBiKo[11], § 251, Rn. 11.

diesen Fällen jedoch entspr. Beträge als Verbindlichkeiten oder RAP passiviert sind, ist eine zusätzliche Angabe überflüssig[1507].

Es sind nur Haftungsverhältnisse aus der Bestellung von Sicherheiten für *fremde* Verbindlichkeiten angabepflichtig. Da bspw. bei einer Spaltung zur Sicherheitsleistung nur der an der Spaltung beteiligte Rechtsträger verpflichtet ist, gegen den sich der Anspruch richtet, entsteht durch die Sicherheitsleistung eines an der Spaltung beteiligten Rechtsträgers nach § 133 Abs. 1 S. 2 i.V.m. §§ 22 und 125 UmwG kein nach § 251 i.V.m. § 268 Abs. 7 HGB anzugebendes Haftungsverhältnis[1508].

1000 Angaben über **Fehlbeträge bei Pensionsverpflichtungen** und ähnlichen Verpflichtungen sind nach Art. 28 Abs. 2, Art. 48 Abs. 6 EGHGB gesondert anzugeben. Sie dürfen nicht in den Betrag der Haftungsverhältnisse einbezogen werden[1509]. Gleiches gilt für die aus Art. 67 Abs. 1 S. 1 EGHGB resultierende Unterdeckung aus der durch BilMoG geänderten Bewertung der Pensionsrückstellungen.

1001 **Sonstige Haftungsverhältnisse**, die nicht unter § 251 HGB fallen, sind, soweit sie nicht von § 285 Nr. 3 HGB erfasst werden, unter den sonstigen finanziellen Verpflichtungen nach § 285 Nr. 3a HGB (vgl. Kap. F Tz. 1041 ff.) anzugeben. Die Angabe von Haftungsverhältnissen zugunsten von Organmitgliedern erfolgt nach § 285 Nr. 9 lit. c) HGB (vgl. Kap. F Tz. 1091 ff.). Außerdem sind nach § 285 Nr. 27 HGB Angaben zur Einschätzung des Risikos der Inanspruchnahme zu machen (vgl. Kap. F Tz. 1217 ff.).

1002 Zu jeder der vier in § 251 HGB genannten Gruppen (vgl. Kap. F Tz. 992) sind evtl. gewährte **Pfandrechte** (z.B. Grundpfandrechte) und **sonstige Sicherheiten** (z.B. Sicherungsübereignungen oder -abtretungen) anzugeben (§ 268 Abs. 7 Nr. 2 HGB). Ein Davon-Vermerk pro Gruppe ist empfehlenswert; dabei ist die Art der Pfandrechte und sonstigen Sicherheiten sowie der (für Pfandrechte und sonstige Sicherheiten zusammengefasste) Betrag anzugeben[1510].

1003 Außerdem sind für jede der vier Gruppen die Verpflichtungen betreffend die **Altersversorgung** und die Verpflichtungen ggü. **verbundenen oder assoziierten Unternehmen** zugunsten Dritter (unter zusätzlicher Angabe der jeweiligen Pfandrechte und sonstigen Sicherheiten) anzugeben (§ 268 Abs. 7 Nr. 3 HGB). Nicht angabepflichtig sind Verpflichtungen zugunsten verbundener oder assoziierter Unternehmen. Zu den angabepflichtigen Verpflichtungen betreffend die Altersversorgung gehört die verbleibende gesamtschuldnerische Haftung für Altersversorgungsverpflichtungen, die aufgrund eines Schuldbeitritts mit Erfüllungsübernahme im Innenverhältnis ausgebucht wurden[1511]. Die Definition eines assoziierten Unternehmens ergibt sich aus § 311 Abs. 1 S. 1 HGB (vgl. Kap. G Tz. 607). Nach dem Gesetzeswortlaut („oder") dürfen die Angaben zu den Verpflichtungen ggü. verbundenen oder assoziierten Unternehmen pro Gruppe zusammengefasst werden[1512].

1507 Vgl. ADS[6], § 251 HGB, Tz. 98.
1508 Vgl. *IDW RS HFA 43*, Tz. 31.
1509 Vgl. ADS[6], § 251 HGB, Tz. 17.
1510 Vgl. ADS[6], § 268 HGB, Tz. 126; *Grottel/Haußer*, in: BeBiKo[11], § 268, Rn. 54.
1511 Vgl. *IDW RS HFA 30 n.F.*, Tz. 101b.
1512 Vgl. zur vergleichbaren Regelung in § 285 Nr. 3a HGB*Grottel*, in: BeBiKo[11], § 285, Rn. 115.

8.6.5.11 Unterschiedsbeträge bei Anwendung von Bewertungsvereinfachungsverfahren (§ 284 Abs. 2 Nr. 3 HGB)

Die Vorschrift verlangt von mittelgroßen und großen Ges. i.S.d. § 267 Abs. 2 und 3 HGB die Angabe von Bewertungsreserven, die durch die Anwendung von Bewertungsvereinfachungsverfahren i.S.d. §§ 240 Abs. 4, 256 S. 1 HGB (Gruppenbewertung; Fifo-, Lifo-Verfahren) entstehen können[1513]. Kleine Ges. (§ 267 Abs. 1 HGB) brauchen die Angabe nicht zu machen (§ 288 Abs. 1 Nr. 1 HGB). Die Angabepflicht besteht nur dann, wenn der **Unterschied** ggü. einer Bewertung auf der Grundlage des letzten vor dem (bzw. am) Abschlussstichtag bekannten Börsen- oder Marktpreises **erheblich** ist. Ist kein Börsen- oder Marktpreis feststellbar, entfällt die Angabepflicht[1514].

1004

Zur Feststellung eines Unterschiedsbetrags ist zunächst eine **Vergleichsbewertung** vorzunehmen. Dabei ist von demselben Mengengerüst auszugehen, das der Bilanzbewertung zugrunde liegt. Um eine Neuberechnung auf Basis der tatsächlichen AK zu vermeiden, bestimmt das Gesetz aus Vereinfachungsgründen, dass die Bewertung auf der Grundlage des zuletzt bekannten Börsen- oder Marktpreises vorzunehmen ist. Der so ermittelte Wert kann bei vorangegangenen Preissteigerungen über dem Wert liegen, der unter Berücksichtigung des Anschaffungswertprinzips höchstens angesetzt werden dürfte. Entsprechende, vorsichtig bemessene Abschläge müssen daher zulässig sein[1515], außerdem die üblichen Abschreibungen wg. eingeschränkter Verwendbarkeit u.dgl. Da die Unterschiedsbeträge „pauschal" anzugeben sind, sind keine allzu großen Anforderungen an die Genauigkeit der Rechnung zu stellen[1516].

1005

Die Unterschiedsbeträge sind für die jeweilige **Gruppe** zu ermitteln. Das Gesetz greift damit den in § 240 Abs. 4 HGB verwendeten Ausdruck auf. Von der Gruppe ist nach dem Wortlaut des § 284 Abs. 2 Nr. 3 HGB auch für die Frage auszugehen, ob der Unterschiedsbetrag erheblich ist. Es ist daher bei der Bestimmung der Wesentlichkeit auf die jeweilige Gruppe, ihre absolute und relative Bedeutung sowie die Höhe des Unterschiedsbetrags und dessen Verhältnis zum Wert der Gruppe abzustellen[1517]. Da Unterschiedsbeträge nur **pauschal** anzugeben sind, sollten Auf- und Abrundungen gestattet sein (z.B. auf Tsd. oder Mio. Euro, bei kleineren Beträgen jeweils mit einer Stelle hinter dem Komma).

1006

8.6.5.12 Einbeziehung von Fremdkapitalzinsen in die Herstellungskosten (§ 284 Abs. 2 Nr. 4 HGB)

FK-Zinsen gehören nicht zu den HK (§ 255 Abs. 3 S. 1 HGB). Eine Ausnahme gilt nur für den Fall der direkten Zurechenbarkeit zu einem Herstellungsvorgang in sachlicher und zeitlicher Hinsicht, insb. im Fall der **Auftragsfinanzierung** (§ 255 Abs. 3 S. 2 HGB; vgl. Kap. F Tz. 130). Wurde von der Aktivierungsmöglichkeit Gebrauch gemacht, müssen Angaben darüber im Anh. erfolgen (§ 284 Abs. 2 Nr. 4 HGB). I.R.d. allgemeinen Anga-

1007

[1513] Vgl. ADS⁶, § 284 HGB, Tz. 150; *Krawitz*, in: BoHdR², § 284 HGB, Rn. 122; *Grottel*, in: BeBiKo¹¹, § 284, Rn. 201.
[1514] Vgl. *Grottel*, in: BeBiKo¹¹, § 284, Rn. 205.
[1515] Vgl. ADS⁶, § 284 HGB, Tz. 153; *Kupsch*, in: HdJ, Abt. IV/4, Rn. 119; a.A. *Oser/Holzwarth*, in: HdR⁵, §§ 284 bis 288 HGB, Rn. 132.
[1516] Vgl. *Krawitz*, in: BoHdR², § 284 HGB, Rn. 134.
[1517] Vgl. ADS⁶, § 284 HGB, Tz. 155; *Grottel*, in: BeBiKo¹¹, § 284, Rn. 203 f.

ben der Bewertungsmethoden genügen i.d.R. verbale Ausführungen[1518]. Dabei ist deutlich zu machen, bei welchen Bilanzposten FK-Zinsen aktiviert wurden[1519]. Zu ergänzenden Angaben nach § 284 Abs. 3 HGB im Fall der Einbeziehung von FK-Zinsen in die HK von Vermögensgegenständen des AV vgl. Kap. F Tz. 1009 und Kap. F Tz. 1025.

8.6.5.13 Anlagenspiegel (§ 284 Abs. 3 HGB)

1008 Im Anh. ist die Entwicklung der einzelnen Posten des AV in einer gesonderten Aufgliederung darzustellen (§ 284 Abs. 3 HGB). Dies geschieht üblicherweise in einem sog. **Anlagenspiegel** (Anlagengitter). **Kleine Ges.** (§ 267 Abs. 1 HGB) sind von der Aufstellung eines Anlagenspiegels befreit (§ 288 Abs. 1 Nr. 1 HGB).

1009 Für jeden einzelnen **Posten des AV** sind aufzuführen (§ 284 Abs. 3 S. 2 und 3 HGB):
- die gesamten (kumulierten) AHK der am Beginn des GJ vorhandenen Vermögensgegenstände,
- die Zugänge des GJ,
- die Abgänge des GJ,
- die Umbuchungen während des GJ,
- die gesamten (kumulierten) Abschreibungen der am Beginn des GJ vorhandenen Vermögensgegenstände,
- die Abschreibungen des GJ,
- die Änderungen in den Abschreibungen in ihrer gesamten Höhe i.Z.m. Zu- und Abgängen sowie Umbuchungen im Laufe des GJ,
- die Zuschreibungen des GJ,
- die gesamten (kumulierten) Abschreibungen am Ende des GJ.

Wurden in die HK Zinsen für FK einbezogen, ist für jeden Posten des AV anzugeben, welcher Betrag an Zinsen im GJ aktiviert worden ist (§ 284 Abs. 3 S. 4 HGB).

> **! Hinweis 73:**
> Der Anlagenspiegel ist infolge der gesonderten Darstellung der Entwicklungen der AHK und der Abschreibungen während des GJ eine **Bruttodarstellung** der Anlagenwerte[1520]. Rechnerisch führt eine zutreffende Nennung der in § 284 Abs. 3 S. 2 und 3 HGB geforderten Angaben zum Ende des GJ im Saldo zu dem Bilanzwert des jeweiligen Postens (Nettobuchwert), der in der Praxis häufig ebenfalls angegeben und dem VJ-Buchwert gegenübergestellt wird.

1010 Bei der Angabe der **gesamten AHK zu Beginn des GJ** ist zu beachten, dass alle am Beginn des GJ vorhandenen Vermögensgegenstände in die Angabe einzubeziehen sind, auch wenn sie bereits voll abgeschrieben sind.

1011 Die **Zugänge** des GJ sind vollständig mit ihren AHK gem. § 255 Abs. 1 bis 3 HGB aufzuführen. Eine Kürzung um die auf das GJ entfallenden Abschreibungen ist nicht zulässig. Die Zugänge sind auch dann aufzuführen, wenn die angeschafften Vermögensgegenstände im Jahr des Zugangs voll abgeschrieben werden (z.B. geringwertige Anlagegüter mit AHK von bis zu 800 €, sofern nicht in einem Sammelposten erfasst (vgl.

[1518] Vgl. *Grottel*, in: BeBiKo[11], § 284, Rn. 210.
[1519] Vgl. ADS[6], § 284 HGB, Tz. 156.
[1520] Zur Darstellung vgl. z.B. *Grottel*, in: BeBiKo[11], § 284, Rn. 224 (14 Spalten).

Kap. F Tz. 171)[1521]. Es bestehen keine Bedenken, sie regelmäßig bereits im Zugangsjahr als Abgang zu behandeln[1522]. Wird ein steuerlich gem. § 6 Abs. 2a EStG gebildeter Sammelposten in den handelsrechtlichen JA übernommen[1523], sind die betreffenden Vermögensgegenstände am Ende desjenigen GJ, in dem der Sammelposten vollständig abgeschrieben wurde, im Anlagenspiegel als Abgang zu erfassen[1524]. Zulässigerweise in der GuV sofort aufwandswirksam erfasste Zugänge (vgl. Kap. F Tz. 171) sind nicht im Anlagenspiegel darzustellen.

Nachträgliche AHK für bereits aktivierte Vermögensgegenstände sind im Jahr ihres Anfalls als Zugänge zu erfassen. Bei späterer Nachholung (z.B. Berichtigung einer in VJ erfolgten sofortigen Aufwandsverrechnung i.Z.m. einer steuerlichen Außenprüfung) kann auch eine Erfassung als Zuschreibung in Betracht kommen (vgl. Kap. F Tz. 1017)[1525]. Derartige Nachholungen lassen sich im Anlagenspiegel am einfachsten durch Einbeziehung der Bruttowerte in die Zugangsspalte erfassen. Die Differenz zwischen dem Bruttowert und dem zu aktivierenden Nettowert ist sachgerechter Weise in der Spalte „Abschreibungen i.Z.m. Zugängen" auszuweisen, da es sich um eine erfolgsneutrale Korrektur der brutto erfassten AHK handelt. Werden derartige nachträgliche AHK in die Zuschreibungsspalte einbezogen, müssen die entspr. Werte im nächsten JA als Teil der (Brutto-)AHK aufgeführt werden, dürfen also nicht mit den kumulierten Abschreibungen verrechnet werden[1526]. **1012**

Wird im Rahmen einer **Verschmelzung** oder **Spaltung** (§§ 2 ff., 123 ff. UmwG) vom Wahlrecht des § 24 UmwG in der Weise Gebrauch gemacht, dass die Buchwerte aus der Schlussbilanz des übertragenden Rechtsträgers als AK angesetzt werden, sind grds. diese (Netto-)Werte beim übernehmenden Rechtsträger als Zugangswerte im Anlagenspiegel zu erfassen. Es bestehen jedoch keine Bedenken, stattdessen die ursprünglichen AHK sowie die kumulierten Abschreibungen des übertragenden Rechtsträgers in den Anlagenspiegel einzubeziehen, wenn neben dem Ausweis des Zugangs zu den kumulierten Abschreibungen in der Spalte „Abschreibungen i.Z.m. Zugängen" (vgl. Kap. F Tz. 1021) auch der Zugang zu den ursprünglichen AK in einer Sonderspalte ausgewiesen oder anderweitig kenntlich gemacht wird[1527]. Darüber hinaus muss sichergestellt werden, dass die tatsächlichen AK des übernommenen Vermögens (d.h. die Buchwerte des übertragenden Rechtsträgers) bei etwaigen späteren Zuschreibungen nicht überschritten werden. **1013**

Die **Abgänge** sind nicht mit Restbuchwerten aufzuführen, sondern mit den (Brutto-)AHK, mit denen sie ursprünglich als Zugang aufgeführt worden sind. **1014**

Umbuchungen stellen Ausweisänderungen dar. Sie kommen bei Anwendung des gesetzlichen Gliederungsschemas praktisch v.a. vom Posten „Geleistete Anzahlungen" (§ 266 Abs. 2 A.I.4. HGB) bzw. „Geleistete Anzahlungen und Anlagen im Bau" (§ 266 **1015**

1521 Vgl. *Grottel*, in: BeBiKo[11], § 284, Rn. 259; a.A. *Schubert/Andrejewski/Roscher*, in: BeBiKo[11], § 253, Rn. 276.
1522 Vgl. ADS[6], § 268 HGB, Tz. 77 zu § 268 Abs. 2 HGB a.F. (auch Fortführung über die durchschnittliche Nutzungsdauer oder Fiktion des Abgangs im Folgejahr zulässig).
1523 Bei Wesentlichkeit des Sammelpostens sind ggf. Anpassungen vorzunehmen, vgl. *Schubert/Andrejewski/Roscher*, in: BeBiKo[11], § 253, Rn. 275.
1524 Vgl. *HFA*, FN-IDW 2007, S. 506.
1525 Vgl. ADS[6], § 268 HGB, Tz. 55 zu § 268 Abs. 2 HGB a.F.; *Grottel*, in: BeBiKo[11], § 284, Rn. 228.
1526 Vgl. *Grottel*, in: BeBiKo[11], § 284 HGB, Rn. 228.
1527 Vgl. *IDW RS HFA 42*, Tz. 64. Entsprechendes gilt auch bei Einbringungsvorgängen sowie bei sonstigen Erwerben von verbundenen Unternehmen, vgl. ADS[6], § 268 HGB, Tz. 49 zu § 268 Abs. 2 HGB a.F.

Abs. 2 A.II.4. HGB) auf andere Posten des AV vor. Umgliederungen vom AV in das UV und umgekehrt dürfen entweder als Abgang bzw. Zugang oder als Umbuchung behandelt werden[1528].

1016 Eine Angabe der **gesamten AHK am Ende des GJ** ist gesetzlich nicht gefordert, empfiehlt sich aber aus Gründen der Klarheit und Übersichtlichkeit und ist in der Praxis üblich.

1017 **Zuschreibungen** sind Aufhebungen von in früheren Jahren vorgenommenen Abschreibungen auf Posten des AV, insb. i.Z.m. dem Wertaufholungsgebot (§ 253 Abs. 5 S. 1 HGB). Zuschreibungen können auch i.Z.m. einer Anpassung von Bilanzwerten an die Werte der StB sowie bei Fehlerberichtigungen in laufender Rechnung in Betracht kommen[1529].

1018 Die im Anlagenspiegel aufzuführenden **Abschreibungen** umfassen die planmäßigen und außerplanmäßigen Abschreibungen nach § 253 Abs. 3 HGB. Zu Abschreibungen i.Z.m. Beibehaltungs- oder Fortführungswahlrechten aus Art. 67 EGHGB vgl. WP Handbuch 2012 Bd. I, Kap. F Tz. 133.

1019 Die **Abschreibungen** sind **in ihrer gesamten Höhe** aufzuführen, d.h. es sind die im gerade abgelaufenen GJ sowie die in früheren GJ vorgenommenen Abschreibungen zusammen in einem Betrag zu nennen, und zwar je Posten für alle zu Beginn des GJ und am Abschlussstichtag vorhandenen Vermögensgegenstände des AV.

1020 Die **Abschreibungen des GJ** umfassen nach h.M. die in der GuV aufwandswirksam erfassten Abschreibungen des GJ (einschl. Abschreibungen auf Abgänge)[1530].

1021 Bei den **Änderungen in den Abschreibungen i.Z.m. Zu- und Abgängen sowie Umbuchungen im Laufe des GJ** handelt es sich in Abgrenzung zu den Abschreibungen des GJ um (historische) Abschreibungen, die vor dem Zugangs-, Abgangs- bzw. Umbuchungszeitpunkt – bei einer Umwandlung bei einem anderen Unternehmen – aufwandswirksam erfasst worden sind[1531]. Die **Änderungen in den Abschreibungen i.Z.m. Zugängen** betrifft die Bruttoerfassung von Anlagenzugängen mit ihren gesamten (historischen) AHK und ihren gesamten (historischen) Abschreibungen im Anlagenspiegel[1532]. Ein Beispiel hierfür ist die Übernahme von AV bei Umwandlungen (z.B. Verschmelzungen) nach § 24 UmwG unter Anwendung der Buchwertfortführung. Eine Pflicht zur Aufnahme der historischen Abschreibungen des Rechtsvorgängers (Buttoerfassung) resultiert für den Erwerb gebrauchter oder wertgeminderter Vermögensgegenstände des AV aus § 284 Abs. 3 S. 3 Nr. 3 HGB jedoch nicht[1533].

1022 Die **Änderungen in den Abschreibungen i.Z.m. Abgängen** betreffen die bis zum Abgangszeitpunkt von Vermögensgegenständen vorgenommenen Abschreibungen aus VJ und dem laufenden GJ, die aus den gesamten Abschreibungen zu eliminieren sind[1534].

[1528] Vgl. ADS[6], § 268 HGB, Tz. 59 i.V.m. 51 zu § 268 Abs. 2 HGB a.F. (Wahlrecht mit Erläuterung in Bilanz oder Anh.).
[1529] Vgl. ADS[6], § 253 HGB, Tz. 433, 605.
[1530] Vgl. ADS[6], § 268 HGB, Tz. 68 zu § 268 Abs. 2 a.F.; *Grottel*, in: BeBiKo[11], § 284 HGB, Rn. 230.
[1531] Vgl. *Grottel*, in: BeBiKo[11], § 284 HGB, Rn. 233; *Rimmelspacher/Meyer*, DB 2015, Beil. 5, S. 23 (24); HFA IDW Life 2016, S. 51 (54).
[1532] Vgl. *Grottel*, in: BeBiKo[11], § 284 HGB, Rn. 234; *Rimmelspacher/Meyer*, DB 2015, Beil. 5, S. 23 (24).
[1533] Vgl. *Rimmelspacher/Meyer*, DB 2015, Beil. 5, S. 23 (24); *Grottel*, in: BeBiKo[11], § 284 HGB, Rn. 235.
[1534] Vgl. *Grottel*, in: BeBiKo[11], § 284 HGB, Rn. 236.

Die **Änderungen in den Abschreibungen i.Z.m. Umbuchungen** betreffen die bis zum Umbuchungszeitpunkt aufgelaufenen kumulierten Abschreibungen, bspw. bei der Umbuchung von bereits außerplanmäßig im Wert geminderten „Anlagen im Bau" auf den entspr. Posten des AV bei Fertigstellung des Vermögensgegenstands oder die Umbuchung von Vermögensgegenständen zwischen AV und UV[1535]. 1023

Wegen weiterer **Angabepflichten** zu den auf Posten des AV vorgenommenen oder unterlassenen Abschreibungen vgl. Kap. F Tz. 962 ff. 1024

Die Angabe der **im GJ aktivierten FK-Zinsen für jeden Posten des AV** umfasst nach dem Wortlaut des § 284 Abs. 3 S. 4 HGB nicht den Gesamtbetrag der insgesamt, d.h. auch in VJ aktivierten Zinsen, sondern nur der im GJ erstmals aktivierten Zinsen[1536]. Die Angabe stellt einen Davon-Vermerk zu den Zugängen des GJ dar, die aus Gründen der Klarheit und Übersichtlichkeit (§ 243 Abs. 2 HGB) auch getrennt vom Anlagenspiegel vorgenommen werden darf[1537]. 1025

8.6.5.14 Restlaufzeiten und Sicherheiten der Verbindlichkeiten (§ 285 Nrn. 1 und 2 HGB)[1538]

Die Bestimmungen in § 285 Nrn. 1 und 2 HGB fordern mehrere Angaben zu den in der Bilanz ausgewiesenen Verbindlichkeiten. Diese betreffen 1026

- sowohl den **Gesamtbetrag** des Abschn. C. der Passivseite des Bilanzgliederungsschemas nach § 266 HGB (§ 285 Nr. 1 HGB)
- als auch jeden **einzelnen** in der Bilanz ausgewiesenen **Posten** der Verbindlichkeiten gem. § 266 Abs. 3 C.1. bis 8. HGB, inkl. evtl. weiterer Untergliederungen oder neu hinzugefügter Posten nach § 265 Abs. 5 S. 1 oder 2 HGB[1539] (§ 285 Nr. 2 HGB)[1540].

Die Angaben nach § 285 Nr. 2 HGB brauchen von kleinen Ges. (§ 267 Abs. 1 HGB) nicht gemacht zu werden (§ 288 Abs. 1 Nr. 1 HGB) und können von mittelgroßen Ges. (§ 267 Abs. 2 HGB) bei der Offenlegung weggelassen werden (§ 327 Nr. 2 HGB).

Anzugeben ist der Gesamtbetrag der Verbindlichkeiten bzw. der einzelnen Posten mit einer **Restlaufzeit von mehr als fünf Jahren** (§ 285 Nr. 1 lit. a) bzw. Nr. 2 HGB). Maßgeblich ist der Zeitraum zwischen dem Abschlussstichtag und dem vereinbarten oder gesetzlich festgelegten Fälligkeitstermin. Bei regelmäßig in Teilbeträgen (Raten) zu tilgenden Verbindlichkeiten ist der Teilbetrag anzugeben, der nach Ablauf von fünf Jahren fällig wird. Prolongationsabreden zugunsten des Schuldners sind zu berücksichtigen, wenn zweifellos davon Gebrauch gemacht werden wird. Ebenso ist eine beabsichtigte vorzeitige Rückzahlung zu beachten, weil sonst der gesetzlich geforderte Angabebetrag zu hoch ermittelt und damit die Finanzlage zu günstig dargestellt wird[1541]. 1027

Ferner sind der Gesamtbetrag der **gesicherten Verbindlichkeiten** bzw. der einzelnen Posten der Verbindlichkeiten sowie Art und Form der Sicherheiten anzugeben (§ 285 1028

1535 Vgl. Grottel, in: BeBiKo[11], § 284 HGB, Rn. 237.
1536 Vgl. Rimmelspacher/Meyer, DB 2015, Beil. 5, S. 23 (24); Grottel, in: BeBiKo[11], § 284 HGB, Rn. 238.
1537 Vgl. Rimmelspacher/Reitmeier, WPg 2015, S. 1003 (1004); Rimmelspacher/Meyer, DB 2015, Beil. 5, S. 23 (24); Grottel, in: BeBiKo[11], § 284 HGB, Rn. 238.
1538 Vgl. dazu IDW St/SABI 3/1986, Nr. 4.
1539 So ADS[6], § 285 HGB, Tz. 27; einschränkend Grottel, in: BeBiKo[11], § 285, Rn. 36.
1540 Vgl. ADS[6], § 285 HGB, Tz. 8.
1541 Vgl. ADS[6], § 285 HGB, Tz. 11; Grottel, in: BeBiKo[11], § 285, Rn. 15 ff.

Nr. 1 lit. b) bzw. Nr. 2 HGB). Maßgebend für die Angabe der jeweiligen Beträge ist der in der Bilanz ausgewiesene Wert, nicht der evtl. höhere Betrag der eingeräumten Sicherheiten[1542].

1029 Als **Sicherheiten** für Verbindlichkeiten kommen insb. Grundpfandrechte, Pfandrechte an Forderungen und sonstigen Rechten (z.B. Wertpapieren), Sicherungsübereignungen und –abtretungen, Eigentumsvorbehalte, Nießbrauch an beweglichen Sachen und Rechten sowie bei echten Pensionsgeschäften der (Buch-)Wert der in Pension gegebenen Vermögensgegenstände in Betracht.[1543] Die Angabepflicht erstreckt sich auch auf branchenübliche Pfandrechte und EV. Bei Letztgenanntem dürfte es aber genügen, darüber in allgemeiner Form zu berichten[1544]. Zahlenmäßige Angaben über den Umfang der jeweiligen Sicherheiten sind nicht gefordert. Bestehen für einen Posten mehrere Arten und Formen der Sicherheiten, ist eine entspr. Darstellung erforderlich.

1030 Neben der Angabe der Restlaufzeit von mehr als fünf Jahren im Anhang (§ 285 Nrn. 1 und 2 HGB) besteht nach § 268 Abs. 5 S. 1 HGB eine Vermerkpflicht der Restlaufzeit bis zu einem Jahr und von mehr als einem Jahr zu jedem Posten in der Bilanz. Im Hinblick auf diese gespaltenen Angabepflichten stellt sich die Frage, ob nicht auch eine beiden Angabeverpflichtungen Rechnung tragende Darstellung im Anh. möglich ist, so dass für jeden Posten der Verbindlichkeiten (außer dem Bilanzbetrag) die in § 268 Abs. 5 S. 1 HGB und in § 285 Nrn. 1 und 2 HGB geforderten Angaben (Fälligkeiten sowie Art und Form der Sicherheiten) tabellenmäßig in einem sog. **Verbindlichkeitenspiegel** als Teil des Anh. angeführt werden. Da dies die Klarheit der Darstellung zweifellos fördert und insoweit die Voraussetzungen des § 265 Abs. 7 Nr. 2 HGB vorliegen, ergeben sich gegen eine solche Darstellung keine Bedenken[1545].

8.6.5.15 Nicht in der Bilanz enthaltene Geschäfte (§ 285 Nr. 3 HGB)

1031 Nach § 285 Nr. 3 HGB sind Art und Zweck sowie Risiken, Vorteile und finanzielle Auswirkungen von nicht in der Bilanz enthaltenen (**sog. außerbilanziellen**) **Geschäften** im Anh. anzugeben, soweit die Risiken und Vorteile wesentlich sind und die Offenlegung für die Beurteilung der Finanzlage des Unternehmens erforderlich ist. Kleine Ges. (§ 267 Abs. 1 HGB) brauchen die Angaben nicht zu machen (§ 288 Abs. 1 Nr. 1 HGB). Eine Fehlanzeige ist nicht erforderlich[1546].

1032 Der Begriff „**Geschäft**" ist in einem weiten, funktionalen Sinn zu verstehen und umfasst Rechtsgeschäfte und andere getroffene Maßnahmen. Es handelt sich mithin um alle Transaktionen rechtlicher und wirtschaftlicher Art, die sich auf die gegenwärtige und künftige Finanzlage (vgl. Kap. F Tz. 27) eines Unternehmens auswirken können. Zur Abgrenzung von Rechtsgeschäften und Maßnahmen kann auf die Begriffsauslegung i.S.d. § 312 AktG zurückgegriffen werden. Allerdings fallen allgemeine geschäftspolitische Entscheidungen, die noch nicht zu einer Übertragung von Risiken oder Vor-

---

1542 Vgl. ADS[6], § 285 HGB, Tz. 20.
1543 Vgl. *Grottel*, in: BeBiKo[11], § 285, Rn. 21 f.
1544 Vgl. ADS[6], § 285 HGB, Tz. 18; *Grottel*, in: BeBiKo[11], § 285, Rn. 24.
1545 So *IDW St/SABI 3/1986*, Nr. 4; ferner ADS[6], § 285 HGB, Tz. 26; *Grottel*, in: BeBiKo[11], § 285, Rn. 38 (auch zur Zulässigkeit, im Verbindlichkeitenspiegel anstelle der gesonderten Angabe der Restlaufzeit von mehr als einem Jahr zwei getrennte Restlaufzeitenbänder (ein bis fünf Jahre/mehr als fünf Jahre) anzugeben).
1546 Vgl. *IDW RS HFA 32*, Tz. 15; *Grottel*, in: BeBiKo[11], § 285, Rn. 44.

teilen geführt haben, sowie unterlassene Rechtsgeschäfte und Maßnahmen nicht unter die Angabepflicht[1547].

1033 Ein **nicht in der Bilanz enthaltenes** Geschäft liegt vor, wenn der Bilanzierende Risiken, Vorteile oder finanzielle Auswirkungen durch ein Rechtsgeschäft oder eine Maßnahme übernimmt, ohne dass dies zum Ansatz von Vermögensgegenständen oder Schulden führt. In Betracht kommen v.a.[1548]:

- schwebende einseitig oder gegenseitig verpflichtende Geschäfte,
- Dauerschuldverhältnisse (noch nicht erfüllter Teil des Vertrags),
- Geschäfte, bei denen der Bilanzierende trotz fehlenden wirtschaftlichen Eigentums Risiken und Vorteile übernimmt.

Ob sich ein Geschäft zu einem späteren Zeitpunkt in der Bilanz niederschlägt, ist für die Beurteilung, ob am Abschlussstichtag die Voraussetzung „nicht in der Bilanz enthalten" erfüllt ist, unbeachtlich. Geschäfte, die im abgelaufenen GJ zu einem endgültigen Abgang von Vermögensgegenständen oder einem rechtswirksamen Erlöschen von Schulden geführt haben, sind grds. nicht anzusetzen[1549].

> **Beispiel 25:**
> Typische Beispiele für **außerbilanzielle Geschäfte** sind unechte Pensionsgeschäfte, Operating-Leasing-Verträge, Sale-and-lease-back-Geschäfte bei Vorliegen von Operating-Leasing, verdeckte Leasinggeschäfte, Konsignationslagervereinbarungen sowie die Auslagerung von betrieblichen Funktionen. Hierunter können auch Rechtsgeschäfte fallen, die i.Z.m. Zweckges. oder Offshore-Geschäften stehen.

1034 Die Angaben nach § 285 Nr. 3 HGB sind nur zu machen, soweit die Risiken und Vorteile wesentlich und die Angaben für die Beurteilung der Finanzlage der Ges. – d.h. der am Stichtag vorhandenen Liquidität sowie der erwarteten künftigen Finanzmittelzuflüsse und -abflüsse – erforderlich sind. Die Voraussetzung der **Wesentlichkeit von Risiken und Vorteilen** hat dabei keine materielle Bedeutung, da in aller Regel nur wesentliche Risiken und Chancen zu erheblichen Verbesserungen oder Verschlechterungen der Finanzsituation führen und deshalb für die Beurteilung der Finanzlage erforderlich sind[1550]. Angaben können **für die Beurteilung der Finanzlage erforderlich** sein, wenn nach der Beurteilung zum Abschlussstichtag erhebliche Verbesserungen oder Verschlechterungen der Finanzsituation zu erwarten oder Geschäfte bzgl. ihres Zeitpunkts bzw. -raums oder des Geschäftspartners als ungewöhnlich anzusehen sind. Nicht erforderlich für die Beurteilung der Finanzlage ist hingegen regelmäßig die Angabe der am Abschlussstichtag kurzfristig in der Schwebe befindlichen Lieferungen und Leistungen des gewöhnlichen Geschäftsbetriebs. Nach dem Abschlussstichtag bekannt werdende wertaufhellende Ereignisse sind zu berücksichtigen. Eine Berichtspflicht ergibt sich auch dann, wenn Angaben zu Risiken und Vorteilen einzelner Geschäfte lediglich bei einer

---

1547 Vgl. *IDW RS HFA 32*, Tz. 4.
1548 Vgl. *IDW RS HFA 32*, Tz. 5.
1549 Zu Vermögensgegenständen oder Schulden, denen trotz Abgang bzw. Erlöschen nach dem Abschlussstichtag weiterhin Risiken, Vorteile oder finanzielle Auswirkungen zuzuordnen sind und für die somit ausnahmsweise eine Angabepflicht bestehen kann, vgl. *IDW RS HFA 32*, Tz. 7.
1550 Vgl. *Rimmelspacher/Meyer*, DB 2015, Beil. 5, S. 23 (25); *Völkner/Weiser*, in: BilRUG-Komm., Kap. H, Tz. 19; differenzierter *Grottel*, in: BeBiKo[11], § 285, Rn. 73 f.

Gesamtbetrachtung gleichartiger oder miteinander verknüpfter Geschäfte für die Beurteilung der Finanzlage erforderlich sind[1551]. Angaben zu den künftigen Liquiditätswirkungen sind zu jedem Abschlussstichtag zu machen, solange ein nicht in der Bilanz enthaltenes Geschäft (z.B. mehrjähriges Dauerschuldverhältnis) noch nicht vollständig abgewickelt ist[1552].

1035 Als **Art der Geschäfte** kann eine Kategorisierung nach dem Vertragstyp (z.B. Leasing oder Pensionsgeschäft) oder nach der Art der mit den Geschäften verbundenen Risiken bzw. Vorteilen erfolgen. Als **Zweck der Geschäfte** sind die Gründe anzugeben, die zum Abschluss derselben geführt haben (bspw. Beschaffung liquider Mittel)[1553].

1036 **Risiken und Vorteile** liegen vor, wenn sich ein Geschäft auf die Liquidität bzw. auf die Fähigkeit eines Unternehmens, in einem absehbaren Zeitraum die vorhandenen Verpflichtungen erfüllen zu können, negativ oder positiv auswirkt oder auswirken kann[1554]. Anzugeben sind wesentliche Risiken und Vorteile, die sich aus gewissen und ungewissen Auswirkungen auf die Finanzlage ergeben, soweit feststehende finanzielle Nachteile nicht bereits bilanziell berücksichtigt sind und dies für die Beurteilung der Finanzlage erforderlich ist. Die Auswirkungen auf die Liquidität der Ges. zum Abschlussstichtag und auf die künftigen Finanzmittelzuflüsse und -abflüsse sind für jede Art von angabepflichtigen außerbilanziellen Geschäften darzustellen, wobei jeweils nach den Risiken und Vorteilen für die Finanzlage des Unternehmens zu differenzieren ist. Darüber hinaus kann die Angabe wesentlicher weiterer Vertragsbedingungen erforderlich sein[1555].

1037 Die Auswirkungen der Risiken und Vorteile auf die Finanzlage sind in **quantitativer Form** anzugeben[1556]. Bei den betragsmäßigen Angaben empfiehlt sich eine Unterteilung nach Fristigkeiten. Lassen sich Zahlungsbeträge nicht eindeutig ermitteln, ist eine Angabe von Bandbreiten vorzunehmen. Risiken und Vorteile sind getrennt darzustellen; eine kompensatorische Betrachtung ist nicht zulässig[1557].

1038 Werden zu den von § 285 Nr. 3 HGB betroffenen Geschäften **Angaben** nach anderen Vorschriften (insb. zu **Geschäften mit nahe stehenden Unternehmen und Personen** nach § 285 Nr. 21 HGB) gemacht, aber der Zweck bzw. die Risiken und Vorteile dieser Geschäfte nicht angegeben, dürfen insoweit die Angaben nicht entfallen[1558].

1039 Zu den nicht zum beizulegenden Zeitwert bilanzierten **derivativen FI** sind über die in der abschließenden speziellen Regelung des § 285 Nr. 19 HGB geforderten Angaben hinaus keine weitergehenden Angaben nach § 285 Nr. 3 HGB erforderlich[1559].

1040 Die Angaben nach § 285 Nr. 3 HGB haben Vorrang vor den Angaben zu den **sonstigen finanziellen Verpflichtungen** nach § 285 Nr. 3a HGB, d.h. Doppelerfassungen/-angaben sind nicht erforderlich[1560]. Ob ein außerbilanzielles Geschäft nach § 285 Nr. 3 oder

---

[1551] Vgl. *IDW RS HFA 32*, Tz. 9 ff.
[1552] Vgl. *IDW RS HFA 32*, Tz. 14.
[1553] Vgl. *IDW RS HFA 32*, Tz. 16 f.
[1554] Zu konkreten Risiken und Vorteilen vgl. *Grottel*, in: BeBiKo[11], § 285, Rn. 65.
[1555] Vgl. *IDW RS HFA 32*, Tz. 18 ff.
[1556] Vgl. *Grottel*, in: BeBiKo[11], § 285, Rn. 63; *Rimmelspacher/Meyer*, DB 2015, Beil. 5, S. 23 (25); *IDW RS HFA 32*, Tz. 13.
[1557] Vgl. *IDW RS HFA 32*, Tz. 21 ff.
[1558] Vgl. *IDW RS HFA 32*, Tz. 24.
[1559] Vgl. *IDW RS HFA 32*, Tz. 25.
[1560] Vgl. *Grottel*, in: BeBiKo[11], § 285, Rn. 44.

Nr. 3a HGB anzugeben ist, richtet sich nach dem konkreten Einzelfall. Dabei ist der Begriff „Risiko" i.S.d. § 285 Nr. 3 HGB im Vergleich zum Begriff der „finanziellen Verpflichtung" i.S.d. § 285 Nr. 3a HGB weiter zu verstehen, da ersterer auch einen (noch) unwahrscheinlichen Eintritt eines Ressourcenabflusses erfasst. Anderseits ist der Anwendungsbereich des § 285 Nr. 3 HGB insofern enger, als hiernach die Angabe für die Beurteilung der Finanzlage „erforderlich" sein muss, während die Angabe nach § 285 Nr. 3a HGB für die Beurteilung der Finanzlage lediglich „von Bedeutung" sein muss[1561].

8.6.5.16 Sonstige finanzielle Verpflichtungen (§ 285 Nr. 3a HGB)[1562]

Nach § 285 Nr. 3a HGB sind die sonstigen finanziellen Verpflichtungen, die nicht in der Bilanz enthalten und nicht nach § 268 Abs. 7 oder § 285 Nr. 3 HGB anzugeben sind, mit ihrem Gesamtbetrag zu nennen, wenn diese Angabe für die **Beurteilung der Finanzlage** von Bedeutung ist. Eine Fehlanzeige ist nicht notwendig. **1041**

In Betracht kommen für die Angabe in erster Linie Verpflichtungen aus **schwebenden Rechtsgeschäften**, die noch keinen Niederschlag in der Bilanz gefunden haben, aber künftig zu einer wesentlichen Belastung der Finanzlage führen können. Zu nennen sind hier bspw. schwebende Verpflichtungen i.Z.m. begonnenen Investitionsvorhaben (sog. Bestellobligo), Verpflichtungen aus Miet- und Leasingverträgen oder Verpflichtungen aus notwendig werdenden Umweltschutzmaßnahmen und anderen ö.-r. Rechtsverhältnissen (Auflagen u.dgl.)[1563]. **1042**

Verbindlichkeiten, die **aus dem Gewinn zu tilgen** sind und erst zu dem Zeitpunkt bilanzierungspflichtig sind, in dem der Gewinn realisiert ist (z.B. Schulderlass gegen Besserungsschein), sind grds. als sonstige finanzielle Verpflichtungen anzugeben. Die entspr. Angabe ist nur dann entbehrlich, wenn mit an Sicherheit grenzender Wahrscheinlichkeit kein Gewinn zu erwarten ist[1564]. **1043**

Unter die Angabepflicht nach § 285 Nr. 3a HGB können auch **gesellschaftsrechtliche Verpflichtungen** fallen. Dazu zählen bspw. finanzielle Verpflichtungen, die aus nicht vollbezahlten Aktien oder Geschäftsanteilen resultieren[1565]. Dagegen ist das Bestehen einer unbeschränkten persönlichen Haftung als Gesellschafter einer PersGes. nach § 285 Nr. 11a HGB gesondert anzugeben (vgl. dazu Kap. F Tz. 1107 ff.). Hier einzubeziehen sind ggf. jedoch weiterhin Fälle der Nachhaftung eines Gesellschafters nach Ausscheiden aus der Ges. oder nach Auflösung der Ges.[1566]. **1044**

Neben rechtlichen Verpflichtungen können auch rein **wirtschaftliche Verpflichtungen**, tatsächliche Umstände, denen sich das Unternehmen nicht entziehen kann und die für das Unternehmen eine künftige finanzielle Last bedeuten, zu Angaben führen (z.B. zwangsläufige Folgeinvestitionen, unabwendbare Großreparaturen)[1567]. Die vorstehenden Überlegungen gelten entspr. für noch nicht passivierte künftige **Rekultivierungs- und Entsorgungsverpflichtungen**. **1045**

1561 Vgl. *IDW RS HFA 32*, Tz. 26 f.
1562 Vgl. dazu *IDW St/SABI 3/1986*, insb. Nr. 7.
1563 Für weitere Bsp. vgl. *IDW St/SABI 3/1986*, Nr. 7; *Grottel*, in: BeBiKo[11], § 285, Rn. 165.
1564 Vgl. ADS[6], § 285 HGB, Tz. 50.
1565 Vgl. im Einzelnen ADS[6], § 285 HGB, Tz. 58 ff.
1566 Vgl. *Grottel*, in: BeBiKo[11], § 285, Rn. 156.
1567 Vgl. ADS[6], § 285 HGB, Tz. 33 und 57.

1046 Bei den sonstigen finanziellen Verpflichtungen nach § 285 Nr. 3a HGB muss es sich um **eigene Verpflichtungen** der Ges. handeln und nicht um die eines Dritten zugunsten der Ges. Umgekehrt sind Verpflichtungen, die aus der Haftung oder Mithaftung für fremde Verbindlichkeiten erwachsen können, bei der Beurteilung einer möglichen Angabepflicht nach § 285 Nr. 3a HGB zu berücksichtigen. Der Bilanzausweis oder die Angabe derartiger Haftungsverhältnisse nach § 268 Abs. 7 HGB ist jedoch vorrangig; Doppelangaben sind nicht erforderlich[1568].

1047 Die Angabepflicht nach § 285 Nr. 3a HGB stellt einen Auffangtatbestand dar[1569], der die Mehrfachberücksichtigung von Verpflichtungen im JA verhindern soll. Nicht unter die Angabepflicht nach § 285 Nr. 3a HGB fallen deshalb **Sicherheiten für eigene Verbindlichkeiten**, da sie bereits nach Nr. 1 und Nr. 2 anzugeben sind. Sind bei schwebenden Verträgen drohende Verluste bereits durch die Bildung einer **Rückstellung** berücksichtigt, ist der entspr. Teilbetrag der Verpflichtung von dem Betrag abzusetzen, der ggf. im Anh. anzugeben ist[1570]. **Fehlbeträge** gem. Art. 28 Abs. 2 und Art. 67 Abs. 2 EGHGB sind gesondert zu nennen (vgl. Kap. F Tz. 1258 f.). Sie dürfen nicht in den nach Nr. 3a anzugebenden Gesamtbetrag einbezogen werden[1571].

1048 Für die Frage, ob finanzielle Verpflichtungen für die Beurteilung der Finanzlage von **Bedeutung** sind (Grundsatz der Wesentlichkeit), kommt es grds. nur auf den Gesamtbetrag an[1572]. Erstrecken sich die Fälligkeiten der Verpflichtungen über einen längeren Zeitraum, kann dies dazu führen, dass ein an sich bedeutender Gesamtbetrag, auf die Zukunft verteilt, für die Beurteilung der Finanzlage soweit an Bedeutung verliert, dass die Angabe unterbleiben kann[1573]. Ob finanzielle Verpflichtungen für die Beurteilung der Finanzlage von Bedeutung sind, hängt außerdem davon ab, ob sie außerhalb des laufenden Geschäftsbetriebs oder des geschäftsüblichen Rahmens liegen. Nicht angabepflichtig sind deshalb bspw. laufende Verpflichtungen zu Lohn- und Gehaltszahlungen oder zum üblichen Bezug von Material oder Energie[1574]. Ebenfalls nicht angabepflichtig sind allgemeine gesetzliche Haftungen (z.B. die Haftung als Kfz-Halter)[1575].

1049 Die Angabe nach § 285 Nr. 3a HGB wird lediglich als **Gesamtbetrag** verlangt. Eine Aufgliederung etwa nach Art der einzelnen Verpflichtungen oder nach Fristigkeit (Restlaufzeiten) ist grds. nicht erforderlich, aber dann sachgerecht, wenn sie für die Beurteilung der Finanzlage von Bedeutung ist. Die Angabe ist grds. durch Zahlenangaben zu machen. Eine **Saldierung** bestehender Verpflichtungen mit eigenen, gleichwertigen in Geld bestehenden Gegen-/Regressansprüchen ist nur zulässig, soweit das Unternehmen die Verpflichtungen mit hoher Wahrscheinlichkeit nicht selbst zu tragen hat[1576].

1050 Maßgebend für die **Bewertung** der finanziellen Verpflichtungen sind die Verhältnisse am Abschlussstichtag. Bei der Ermittlung des Gesamtbetrags sind feststehende Zah-

---

1568 Vgl. ADS[6], § 285 HGB, Tz. 39 und 63 f.
1569 Vgl. auch ADS[6], § 285 HGB, Tz. 36; *Grottel*, in: BeBiKo[11], § 285, Rn. 96.
1570 Vgl. ADS[6], § 285 HGB, Tz. 81; *Grottel*, in: BeBiKo[11], § 285, Rn. 106.
1571 Ebenso *IDW St/SABI 3/1986*, Nr. 8; ADS[6], § 285 HGB, Tz. 28.
1572 Ebenso ADS[6], § 285 HGB, Tz. 76; Grottel, in: BeBiKo[11], § 285, Rn. 100.
1573 Ebenso *IDW St/SABI 3/1986*, Nr. 7; ADS[6], § 285 HGB, Tz. 74.
1574 Vgl. *Grottel*, in: BeBiKo[11], § 285, Rn. 100.
1575 Vgl. ADS[6], § 285 HGB, Tz. 38.
1576 Vgl. ADS[6], § 285 HGB, Tz. 76 f.

lungsverpflichtungen mit dem zu zahlenden Betrag (Erfüllungsbetrag) anzusetzen; von diesem Betrag abzuziehen sind Teilbeträge, die die Ges. wirtschaftlich nicht leisten muss (z.B. Investitionszuschüsse, Versicherungsentschädigungen)[1577].

1051 Soweit Angaben nur über finanzielle Verpflichtungen aus **Dauerschuldverhältnissen** zu machen sind, genügt die Angabe der jährlich zu zahlenden Beträge und der Dauer der Verpflichtung. Die Angabe des Gesamtbetrags ist dann nicht erforderlich[1578]. Verpflichtungen, die erst in späteren Perioden fällig werden, dürfen mit dem **abgezinsten** Rückzahlungsbetrag angesetzt werden[1579]. Bestehen die Verpflichtungen in **fremder Währung**, sind sie grds. mit dem Geldkurs des Abschlussstichtags umzurechnen[1580].

1052 Soweit die anzugebenden Verpflichtungen ggü. **verbundenen** (§ 271 Abs. 2 HGB; vgl. Kap. G Tz. 741) **oder assoziierten Unternehmen** (§ 311 Abs. 1 S. 1 HGB; vgl. Kap. F Tz. 354 ff.) bestehen, sind sie gesondert anzugeben (§ 285 Nr. 3a Hs. 2 HGB), bspw. als Davon-Vermerk. Nach dem Gesetzeswortlaut („oder") dürfen die Angaben zusammengefasst werden[1581]. Ebenfalls gesondert anzugeben sind sonstige finanzielle Verpflichtungen, welche die **Altersversorgung** betreffen, z.B. die Haftung für Altersversorgungsverpflichtungen im Fall eines Betriebsübergangs nach § 613a Abs. 2 BGB oder die Nachhaftung des übertragenden Rechtsträgers für i.R. einer Spaltung übertragene Altersversorgungsverpflichtungen[1582].

8.6.5.17 Aufgliederung der Umsatzerlöse (§ 285 Nr. 4 HGB)[1583]

1053 Große Ges. (§ 267 Abs. 3 HGB) müssen ihre Umsatzerlöse nach **Tätigkeitsbereichen** und **geografisch bestimmten Märkten** aufgliedern, soweit sich unter Berücksichtigung der Organisation des Verkaufs, der Vermietung oder Verpachtung von Produkten und der Erbringung von Dienstleistungen der Ges. die Tätigkeitsbereiche und Märkte untereinander erheblich unterscheiden (§ 285 Nr. 4 HGB). Kleine und mittelgroße Ges. (§ 267 Abs. 1 und 2 HGB) müssen die Aufgliederung nicht vornehmen (§ 288 Abs. 1 Nr. 1, Abs. 2 S. 1 HGB). Wg. der Schutzklausel gem. § 286 Abs. 2 HGB vgl. Kap. F Tz. 1058 und Kap. F Tz. 1283 ff.

1054 Eine Pflicht zur Aufgliederung besteht, wenn sich die **Tätigkeitsbereiche** untereinander erheblich unterscheiden. Soweit die Produkte sich nur durch die Größe oder die Art der Ausführung unterscheiden oder soweit es sich um verwandte Produktgruppen handelt, besteht keine Pflicht zur Aufgliederung. Hat eine Ges. dagegen deutlich voneinander abgegrenzte Bereiche in organisatorischer, sachlicher, funktionaler oder örtlicher Hinsicht (z.B. Produktion, Dienstleistung, Handel; Metallhandel und Nichtmetallhandel; verschiedene Sparten eines Leasingunternehmens), sind die Umsatzerlöse entspr. aufzugliedern[1584]. Die Angabepflicht besteht auch dann, wenn z.B. aus verschiedenen Produktsparten annähernd gleich hohe Umsatzerlöse erzielt werden[1585].

1577 Vgl. ADS[6], § 285 HGB, Tz. 78; wg. der Berücksichtigung von Preissteigerungen vgl. ADS[6], § 285 HGB, Tz. 79.
1578 Ebenso *IDW St/SABI 3/1986*, Nr. 7; a.A. ADS[6], § 285 HGB, Tz. 76.
1579 So ADS[6], § 285 HGB, Tz. 78; a.A. *Grottel*, in: BeBiKo[11], § 285, Rn. 105.
1580 Vgl. *Grottel/Koeplin*, in: BeBiKo[11], § 256a, Rn. 274 und 210.
1581 Vgl. *Grottel*, in: BeBiKo[11], § 285, Rn. 115.
1582 Vgl. *IDW RS HFA 30 n.F.*, Tz. 99; *IDW RS HFA 43*, Tz. 30.
1583 Vgl. dazu ADS[6], § 285 HGB, Tz. 83; *Grottel*, in: BeBiKo[11], § 285, Rn. 170.
1584 Vgl. auch ADS[6], § 285 HGB, Tz. 88.
1585 Vgl. ADS[6], § 285 HGB, Tz. 91.

1055 Eine Pflicht zur Aufgliederung besteht außerdem, wenn sich die **geografisch bestimmten Märkte** erheblich voneinander unterscheiden und die Ges. mit nennenswerten Umsätzen auf verschiedenen Märkten präsent ist. Das Bundesgebiet kann i.d.R. als ein einheitlicher, geografisch bestimmter Markt angesehen werden[1586]. Darüber hinaus wird in einfach gelagerten Fällen nach Inland und Ausland unterschieden werden können. Mit zunehmender Bedeutung des Exportgeschäfts und den daraus resultierenden höheren Risiken kommen weitere Aufgliederungen in Betracht, soweit die Bedingungen auf den jeweiligen Märkten erhebliche Unterschiede aufweisen. Solche Märkte können z.B. Ländergruppen, einzelne Länder oder Regionen sein[1587]. Die Gliederung ist so zu wählen, dass die für die Ges. jeweils relevanten Märkte sichtbar werden, soweit auf ihnen unterschiedliche Bedingungen bestehen.

1056 Beide Aufgliederungen lassen sich miteinander **kombinieren**, doch wird dem Gesetz bereits entsprochen, wenn die Aufgliederungen jeweils für sich erfolgen[1588]. Liegen erhebliche Unterschiede nur in **einem** der beiden Bereiche vor, beschränkt sich die Pflicht zur Aufgliederung auf diesen Bereich.

1057 Die Umsatzaufgliederung kann sowohl durch Angabe **absoluter Zahlen** als auch durch **Prozentzahlen** erfolgen[1589]. Bei der Aufgliederung ist der Stetigkeitsgrundsatz zu beachten (analog § 265 Abs. 1 S. 1 HGB)[1590].

1058 Für alle Angaben nach § 285 Nr. 4 HGB gilt die **Schutzklausel** (§ 286 Abs. 2 HGB). Danach darf die Aufgliederung der Umsatzerlöse insoweit unterbleiben, wie sie nach vernünftiger kaufmännischer Beurteilung geeignet ist, dem bilanzierenden Unternehmen einen erheblichen Nachteil zuzufügen. Als Nachteil dürften in erster Linie befürchtete Absatzeinbußen in Betracht kommen, ferner Maßnahmen von Konkurrenten, die ohne die Offenlegung nicht erfolgen würden[1591]. Die Inanspruchnahme der Schutzklausel ist im Anh. anzugeben.

8.6.5.18 Durchschnittliche Zahl der beschäftigten Arbeitnehmer (§ 285 Nr. 7 HGB)

1059 Die Vorschrift verpflichtet mittelgroße und große Ges. (§ 267 Abs. 2 und 3 HGB) vollumfänglich. **Kleine Ges.** (§ 267 Abs. 1 HGB) brauchen keine Trennung der Angaben nach Gruppen (vgl. Kap. F Tz. 1062) vorzunehmen (§ 288 Abs. 1 Nr. 2 HGB).

1060 § 285 Nr. 7 HGB verlangt die Angabe der **durchschnittlichen Zahl** der während des GJ beschäftigten Arbeitnehmer, getrennt nach Gruppen. Gesetzlich ist nicht vorgegeben, wie die durchschnittliche Zahl der Arbeitnehmer zu berechnen ist. Es liegt jedoch nahe, auf den in § 267 Abs. 5 HGB bestimmten Berechnungsmodus zurückzugreifen (vgl. dazu Kap. F Tz. 285): Summe der am Ende eines jeden Quartals beschäftigten Arbeitnehmer geteilt durch vier[1592]. Entspricht die so ermittelte Durchschnittszahl nicht den tatsächlichen Verhältnissen der Ges. (z.B. bei stark schwankendem Personalstand aufgrund

---

[1586] Ebenso ADS[6], § 285 HGB, Tz. 92; *Grottel*, in: BeBiKo[11], § 285, Rn. 180.
[1587] Vgl. *Grottel*, in: BeBiKo[11], § 285, Rn. 180.
[1588] Ebenso ADS[6], § 285 HGB, Tz. 96; einschränkend *Kupsch*, in: HdJ, Abt. IV/4, Rn. 161.
[1589] Vgl. ADS[6], § 285 HGB, Tz. 95; *Grottel*, in: BeBiKo[11], § 285, Rn. 170.
[1590] Vgl. ADS[6], § 285 HGB, Tz. 85; *Grottel*, in: BeBiKo[11], § 285, Rn. 172.
[1591] Zur Auslegung des „erheblichen Nachteils" vgl. *Grottel*, in: BeBiKo[11], § 286, Rn. 24; *Oser/Holzwarth*, in: HdR[5], §§ 284 bis 288 HGB, Rn. 356 f.
[1592] Vgl. ADS[6], § 285 HGB, Tz. 144.

Saisongeschäfts), empfiehlt es sich, den Durchschnitt entspr. der in § 1 Abs. 2 S. 5 PublG geregelten Methode zu ermitteln[1593].

1061 Zu erfassen sind **alle** (in- und ausländischen) **Arbeitnehmer** der Ges., mit Ausnahme der zu ihrer Berufsausbildung Beschäftigten (§ 267 Abs. 5 HGB). Mitglieder des Vorstands/der Geschäftsführung rechnen nicht zu den Arbeitnehmern i.S.d. Vorschrift. Leitende Angestellte i.S.d. § 5 Abs. 3 BetrVG gehören jedoch dazu, ebenso Teilzeitkräfte, die voll zu zählen sind[1594]. Bei einer größeren Anzahl teilzeitbeschäftigter Personen sollte hierauf hingewiesen werden. Nicht einzubeziehen sind Personen, die der Ges. von anderen Unternehmen zeitweilig zur Verfügung gestellt werden. Bei Arbeitnehmerüberlassung in größerem Umfang können zusätzliche Angaben gem. § 264 Abs. 2 S. 2 HGB geboten sein[1595].

1062 Die Abgrenzung für die gesonderte Angabe von **Gruppen** ist im Gesetz nicht ausdrücklich geregelt. Infrage kommen dürfte in erster Linie eine Gliederung nach gewerblichen Arbeitnehmern und Angestellten.

> **! Hinweis 74:**
> Eine weitere Untergliederung kann z.B. nach Funktionsbereichen (z.B. Produktion, Vertrieb, Verwaltung, Forschung und Entwicklung), nach Branchen bzw. Sparten, nach Berufsgruppen, nach Betriebsstätten bzw. Werken, Inland – Ausland, tariflich – außertariflich, Facharbeiter – angelernte Arbeiter – ungelernte Arbeiter, Vollbeschäftigte – Teilzeitbeschäftigte, männlich – weiblich erfolgen. Je nach Einzelfall können auch Kombinationen untereinander zweckmäßig sein.

8.6.5.19 Material- und Personalaufwand bei Anwendung des Umsatzkostenverfahrens (§ 285 Nr. 8 HGB)

1063 Im Fall der Gliederung der GuV nach dem UKV (§ 275 Abs. 3 HGB; vgl. Kap. F Tz. 901 ff.) sind der Materialaufwand und der Personalaufwand des GJ nicht mehr erkennbar, da die entspr. Aufwendungen in verschiedenen anderen Posten enthalten sind (z.B. Nrn. 2, 4 und 5). Beide Aufwandsarten sind daher in der Aufgliederung, wie sie für die nach dem GKV (§ 275 Abs. 2 HGB) gegliederte GuV vorgeschrieben ist, im Anh. **betragsmäßig** anzugeben, d.h. wie folgt:

§ 285 Nr. 8 lit. a) HGB: **Materialaufwand**

a) Aufwendungen für Roh-, Hilfs- und Betriebsstoffe und für bezogene Waren
b) Aufwendungen für bezogene Leistungen

§ 285 Nr. 8 lit. b) HGB: **Personalaufwand**

a) Löhne und Gehälter
b) soziale Abgaben und Aufwendungen für Altersversorgung und für Unterstützung, davon für Altersversorgung.

1064 Die anzugebenden Posten sind betragsmäßig mit denen identisch, die in einer nach dem GKV gegliederten GuV unter den Posten Nrn. 5 und 6 auszuweisen wären[1596]. Die An-

---

[1593] Vgl. ADS⁶, § 285 HGB, Tz. 145; *Grottel*, in: BeBiKo¹¹, § 285, Rn. 200.
[1594] Vgl. ADS⁶, § 285 HGB, Tz. 146 ff.
[1595] Vgl. ADS⁶, § 285 HGB, Tz. 149; *Oser/Holzwarth*, in: HdR⁵, §§ 284 bis 288 HGB, Rn. 368.
[1596] Vgl. IDW St/SABI 1/1987, Abschn. IV.1; ADS⁶, § 285 HGB, Tz. 154.

gabe von **VJ-Beträgen** ist nicht vorgeschrieben (vgl. Kap. F Tz. 933), sollte aber im Hinblick auf eine aussagekräftige Berichterstattung auf freiwilliger Basis erfolgen[1597].

1065 Für den Davon-Vermerk kann der **Personalaufwand** auch dreifach untergliedert werden (Löhne und Gehälter; soziale Abgaben und Aufwendungen für Unterstützung; Aufwendungen für Altersversorgung). Im Übrigen vgl. Kap. F Tz. 815 ff.

1066 **Kleine Ges.** (§ 267 Abs. 1 HGB) sind von der Angabe befreit (§ 288 Abs 1 Nr. 1 HGB), **mittelgroße Ges.** (§ 267 Abs. 2 HGB) dürfen die Angabe des Materialaufwands bei der Offenlegung weglassen (§ 327 Nr. 2 HGB).

8.6.5.20 Bezüge von Vorstand/Geschäftsführung, Aufsichtsrat und Beirat (§ 285 Nr. 9 lit. a) HGB)[1598]

8.6.5.20.1 Angabe der Gesamtbezüge der Organmitglieder

1067 Die Vorschrift verpflichtet nur mittelgroße und große Ges. (§ 267 Abs. 2 und 3 HGB), vorausgesetzt die Erleichterung nach § 286 Abs. 4 HGB greift nicht (vgl. Kap. F Tz. 1082 ff.). Für **kleine Ges.** (§ 267 Abs. 1 HGB) ist sie nicht verpflichtend (§ 288 Abs. 1 Nr. 1 HGB). Zu den besonderen Angabepflichten der Bezüge jedes einzelnen Vorstandsmitglieds einer börsennotierten AG (§ 3 Abs. 2 AktG) nach § 285 Nr. 9 lit. a) S. 5 bis 8 HGB vgl. Kap. J Tz. 13 ff.

1068 Anzugeben sind nach § 285 Nr. 9 lit. a) HGB, jeweils **getrennt nach den Organen**, die im GJ gewährten Gesamtbezüge von Vorstand/Geschäftsführung (bei PersGes. i.S.d. § 264a HGB ggf. der geschäftsführenden Komplementärges.)[1599], AR, eines Beirats oder einer ähnlichen Einrichtung (z.B. eines Gesellschafterausschusses)[1600]. Die Angabepflicht erstreckt sich auf alle im GJ amtierenden Organmitglieder, unabhängig davon, ob die Funktion zum Abschlussstichtag noch ausgeübt wird[1601]. Die (Gesamt-)Bezüge umfassen Gehälter, Gewinnbeteiligungen, Bezugsrechte und sonstige aktienbasierte Vergütungen[1602], Aufwandsentschädigungen[1603], Versicherungsentgelte, Provisionen und Nebenleistungen jeder Art (vgl. auch Kap. F Tz. 1072).

1069 Es sind nur solche Bezüge angabepflichtig, die ein Mitglied eines der genannten Organe bzw. Gremien in seiner **Eigenschaft als Mitglied** während bzw. für die Zeit der Zugehörigkeit erhält[1604]. Bezüge eines AR-Mitglieds, die für klar außerhalb der eigentlichen AR-Tätigkeit liegende Dienste gezahlt werden (z.B. für seine Tätigkeit als Arbeitnehmer, für Rechtsgutachten oder für technische Beratung), fallen nicht unter die Angabepflicht[1605]. Bei Mitgliedern des Vorstands/der Geschäftsführung werden regelmäßig kraft Dienstvertrag alle Leistungen i.R.d. Vorstands-/Geschäftsführungstätigkeit liegen.

1070 Wann Bezüge als „gewährt" i.S.d. § 285 Nr. 9 lit. a) S. 1 HGB gelten, hängt davon ab, ob es sich um aktienbasierte Bezüge handelt (d.h. Bezugsrechte und sonstige aktienbasierte

---

1597 So ADS[6], § 285 HGB, Tz. 156.
1598 Vgl. zu entspr. Angaben im KA DRS 17, dessen Anwendung im JA empfohlen wird.
1599 Vgl. *IDW RS HFA 7 n.F.*, Tz. 34; *Grottel*, in: BeBiKo[11], § 285, Rn. 231.
1600 Vgl. ADS[6], § 285 HGB, Tz. 160 ff.; *Grottel*, in: BeBiKo[11], § 285, Rn. 235 ff.
1601 Vgl. zum KA DRS 17.16.
1602 Vgl. *Grottel*, in: BeBiKo[11], § 285, Rn. 246.
1603 Vgl. ADS[6], § 285 HGB, Tz. 178 f.; der Ersatz von Auslagen ist keine Aufwandsentschädigung und fällt nicht unter die Berichtspflicht nach § 285 Nr. 9 lit. a) HGB.
1604 Vgl. ADS[6], § 285 HGB, Tz. 167.
1605 Vgl. ADS[6], § 285 HGB, Tz. 175; *Grottel*, in: BeBiKo[11], § 285, Rn. 246.

Vergütungen i.S.d. § 285 Nr. 9 lit. a) S. 4 HGB; vgl. Kap. F Tz. 1076 f.) oder nicht. **Nichtaktienbasierte Bezüge** sind gewährt (und damit angabepflichtig), wenn sie zu einer **endgültigen Vermögensmehrung** des begünstigten Organmitglieds führen. Dies ist dann der Fall, wenn dem Begünstigten eine rechtsverbindliche Zusage erteilt und die der Zusage zugrunde liegende Tätigkeit erbracht wurde, wobei aufschiebende Bedingungen erfüllt bzw. auflösende Bedingungen weggefallen sein müssen. So gilt bei einer unter einer aufschiebenden Bedingung erteilten Zusage die Tätigkeit erst bei vollständigem Eintritt der Bedingung als erbracht und ist die Angabe erst im JA für das GJ des Bedingungseintritts zu machen. Unter einer auflösenden Bedingung erteilte Zusagen gelten entspr. erst bei Wegfall der Bedingung als gewährt. Eine rechtsverbindliche Zusage und damit eine (bei der Ermittlung der Bezüge zu berücksichtigende) Gewährung liegt auch im Fall eines Verzichts auf Bezüge vor, da dieser einen (zweiseitigen) Erlassvertrag gem. § 397 BGB voraussetzt. Wann der entspr. Aufwand i.Z.m. Bezügen erfasst wird, ist nicht maßgeblich. Ebenfalls unmaßgeblich für die Angabe nach § 285 Nr. 9 lit. a) HGB ist, wann die Auszahlung erfolgt. Erfolgt die Auszahlung vor der (vollständigen) Erbringung der Tätigkeit, ist der betreffende Betrag im Jahr der Auszahlung bei den Angaben gem. § 285 Nr. 9 lit. c) HGB zunächst als Vorschuss anzugeben. Erst wenn die Tätigkeit erbracht wurde, ist dieser Betrag in die Gesamtbezüge nach lit. a) einzubeziehen[1606].

> **Beispiel 26:**
>
> Bsp. für Zusagen mit aufschiebender Bedingung sind Tantiemen, die erst bei Erreichen bestimmter Leistungsziele, oder Prämien, die erst bei Erreichen einer bestimmten Dienstzeit, gewährt werden.
>
> Bsp. für eine unter auflösender Bedingung erteilte Zusage sind sog. Signature Fees, die unter der Bedingung gewährt werden, dass der Vorstand noch eine bestimmte Zeit im Unternehmen verbleibt.

1071 Werden Bezüge für eine Tätigkeit des GJ bis zur Aufstellung des JA für dieses GJ zugesagt und ist die Tätigkeit bis zum Abschlussstichtag erbracht, sind die Bezüge in jedem Fall in die Gesamtbezüge einzubeziehen. Liegt zum Zeitpunkt der Aufstellung des JA für dieses GJ allein wg. **fehlender Organbeschlüsse** noch keine rechtsverbindliche Zusage dem Grunde und/oder der Höhe nach vor, sind die zu gewährenden Bezüge in die Gesamtbezüge einzubeziehen, wenn folgende Voraussetzungen kumulativ erfüllt sind:[1607]

- Die den zu gewährenden Bezügen zugrunde liegende Tätigkeit wurde bis zum Abschlussstichtag dieses GJ vollständig erbracht.
- Bei der Aufstellung des JA für dieses GJ ist mit der Erteilung der erforderlichen Organbeschlüsse aufgrund der bisherigen Erfahrungen mit hoher Wahrscheinlichkeit zu rechnen.
- Die Höhe der Bezüge ist zum Zeitpunkt der Aufstellung des JA für dieses GJ verlässlich abschätzbar.

Grds. sind damit (nicht-aktienbasierte) variable Bezüge für das GJ schon im Anh. des betreffenden GJ anzugeben. Werden diese später in einer vom angegebenen Betrag ab-

---

1606 Vgl. zum KA DRS 17.20.
1607 Vgl. zum KA DRS 17.25.

weichenden Höhe festgelegt, muss der Differenzbetrag im Jahr der rechtsverbindlichen Zusage in die Gesamtbezüge einbezogen werden (vgl. Kap. F Tz. 1078)[1608].

1072 Zu den **Gesamtbezügen** der Mitglieder des Vorstands/der Geschäftsführung gehören neben vertraglich festgelegten erfolgsunabhängigen Gehältern und erfolgsbezogenen Bezügen freiwillig gewährte Zahlungen wie Tantiemen (inkl. Ermessenstantiemen) oder Gewinnbeteiligungen für einzelne Geschäfte, Antrittsgelder[1609], Sondervergütungen mit langfristiger Anreizwirkung (z.B. Einräumung von Bezugsrechten, Konsortialbeteiligungen, Options- oder Vorkaufsrechten) oder Ersparnisse aufgrund zinslos oder zinsgünstig gewährter Kredite[1610]. Hierunter fallen ferner Beträge, die die Ges. für auf den Namen im Dienst befindlicher Mitglieder des Vorstands/der Geschäftsführung lautende Lebens- und Pensionsversicherungen zahlt, sofern dem Mitglied nach den vertraglichen Abmachungen mit der Ges. der Anspruch aus dem Versicherungsvertrag zusteht.

1073 Nicht zu den Bezügen rechnen **Zuführungen zu Pensionsrückstellungen** oder Prämien, die die Ges. zur Deckung ihrer **Pensionsverpflichtungen** für auf ihren Namen lautende Versicherungsverträge zahlt[1611]. Werden allerdings Bezüge, auf die ein Rechtsanspruch besteht, nicht gezahlt, sondern zur Aufstockung bestehender oder Gewährung neuer Pensionsansprüche jeder Art verwendet, sind diese insoweit berichtspflichtig (gleichwohl fallen die entspr. Pensionszahlungen später unter die Angabepflicht nach § 285 Nr. 9 lit. b) HGB). Die Berichtspflicht gilt für alle Umwandlungen nicht ausgezahlter Bezüge (§ 285 Nr. 9 lit. a) S. 2 HGB)[1612].

1074 Soweit für Mitglieder des Vorstands/der Geschäftsführung gesetzliche **Arbeitgeberanteile zur Sozialversicherung** entrichtet werden, gehören diese Zahlungen nicht zu den angabepflichtigen Bezügen. Gleiches gilt in gewissem Umfang auch für Zahlungen für sog. befreiende Lebensversicherungen[1613]. Prämien für **Unfallversicherungen** sind dann nicht den angabepflichtigen Bezügen zuzurechnen, wenn nicht die Mitglieder des Vorstands/der Geschäftsführung unmittelbar Begünstigte der Versicherungsverträge sind, sondern die Versicherungssumme zunächst der Ges. zusteht.

1075 Außer den angeführten Leistungen rechnen zu den angabepflichtigen Bezügen bspw. auch **Jubiläumszuwendungen**, übermäßige **Reisespesen** und **Naturalbezüge** (z.B. Zurverfügungstellung einer Wohnung, von Personal oder eines Dienstwagens). Beim Fehlen anderer Anhaltspunkte ist bei den Naturalbezügen der als einkommensteuer-/lohnsteuerpflichtig behandelte Betrag anzugeben[1614].

1076 Die Bewertung der Bezugsrechte (z.B. Aktienoptionen) und sonstigen aktienbasierten Vergütungen (z.B. Stock Appreciation Rights) hat nach § 285 Nr. 9 lit. a) S. 4 HGB mit dem beizulegenden Zeitwert zum Zeitpunkt der Gewährung zu erfolgen. Der Zeitpunkt der Gewährung **aktienbasierter Bezüge** ist der Zeitpunkt, zu dem das Unternehmen dem Begünstigten Aktienoptionen oder sonstige aktienbasierte Vergütungen rechtsver-

---

1608 Vgl. *Peters*, in: Kölner Komm. Rechnungslegungsrecht, § 285 HGB, Rn. 98 und 107, zum KA DRS 17.25.
1609 Vgl. *Grottel*, in: BeBiKo[11], § 285, Rn. 253.
1610 Vgl. ADS[6], § 285 HGB, Tz. 176 und 183; *Peters*, in: Kölner Komm. Rechnungslegungsrecht, § 285 HGB, Rn. 98 f.
1611 Zu den Pensionsverpflichtungen ehem. Mitglieder vgl. Kap. F Tz. 1085 ff.
1612 Vgl. ADS[6], § 285 HGB, Tz. 180 f.; § 285 Nr. 9 lit. a) S. 2 HGB erfasst nicht die originäre Zusage von Pensionen, vgl. zum KA DRS 17.19.
1613 Vgl. *IDW St/HFA 1/1969*.
1614 Vgl. ADS[6], § 285 HGB, Tz. 176; *Grottel*, in: BeBiKo[11], § 285, Rn. 247 und 253.

bindlich zusagt. Er entspricht dem Tag der Gewährung nach IFRS 2. Der beizulegende Zeitwert dieser Vergütungsbestandteile ist analog § 255 Abs. 4 HGB zu ermitteln (vgl. hierzu detailliert Kap. F Tz. 146).

Für die Ermittlung der Angaben zu aktienbasierten Vergütungen ist ebenfalls keine aufwandsbezogene Betrachtung zugrunde zu legen. Vielmehr ist der **beizulegende Zeitwert** von Bezugsrechten und sonstigen aktienbasierten Vergütungen grds. im GJ der Gewährung in vollem Umfang in die Gesamtbezüge (§ 285 Nr. 9 lit. a) S. 1 HGB) einzubeziehen. Darüber hinaus ist dieser beizulegende Zeitwert nach § 285 Nr. 9 lit. a) S. 4 HGB separat anzugeben, außerdem die **Anzahl** der Bezugsrechte und sonstigen aktienbasierten Vergütungen[1615]. Nachfolgende Wertänderungen der aktienbasierten Bezüge sind nur dann angabepflichtig, wenn sie auf eine Änderung der Ausübungsbedingungen zurückzuführen sind (§ 285 Nr. 9 lit. a) S. 4 Hs. 2 HGB; zu Ausübungsbedingungen vgl. Kap. F Tz. 1294). Ist der ursprüngliche beizulegende Zeitwert bereits in einem früheren GJ in die Gesamtbezüge einbezogen worden, ist der entspr. Differenzbetrag im Jahr der Änderung der Ausübungsbedingungen in die Gesamtbezüge einzubeziehen. Andernfalls ist im Jahr der Änderung der Ausübungsbedingungen der neu ermittelte Wert in die Gesamtbezüge einzubeziehen[1616]. Entsprechendes gilt für die separate Angabe. **1077**

Außer den Bezügen für das GJ sind die **weiteren Bezüge** anzugeben, die **im GJ gewährt, bisher aber in keinem Anh.** angegeben worden sind (§ 285 Nr. 9 lit. a) S. 3 HGB). Dies gilt in allen Fällen, in denen die Tätigkeit, an die die Gewährung der Bezüge anknüpft, bereits in einem früheren GJ vollständig erbracht wurde und Angaben nicht bereits nach § 285 Nr. 9 lit. a) S. 1 HGB anzugeben sind. Sachgerecht erscheint, derartige nachträgliche Gewährungen in die Gesamtbezüge nach § 285 Nr. 9 lit. a) S. 1 HGB einzubeziehen[1617]. Bei wesentlichen Beträgen je Personenkreis erscheint ein Hinweis geboten. **1078**

Werden der Ges. die **Bezüge** ganz oder z.T. **von Dritten erstattet** (z.B. Konzernunternehmen), ändert dies an ihrer Gewährung durch die Ges. und damit an der Angabepflicht nichts. Erfolgt die unmittelbare Gewährung für eine Tätigkeit als Organmitglied in der berichtenden Ges. durch einen Dritten (z.B. durch das MU, mit dem der Geschäftsführer der berichtenden Ges. einen Anstellungsvertrag hat oder durch eine Geschäftsführungs-GmbH), kommt es darauf an, ob bzw. inwieweit die Bezüge an die berichtende Ges. weiterbelastet werden. Erfolgt keine Weiterbelastung, fehlt es an einer Gewährung durch die berichtende Ges. und damit an einer Angabepflicht. Erfolgt eine Weiterbelastung, z.B. über eine (ggf. auch nur pauschale) Konzernumlage, liegt eine mittelbare Gewährung vor. Insoweit sind diese gewährten Bezüge in die Gesamtbezüge einzubeziehen. Zur abweichenden Behandlung nicht weiterbelasteter Leistungen Dritter bei einer börsennotierten AG vgl. Kap. J Tz. 25. **1079**

Bezüge eines in den Vorstand delegierten **AR-Mitglieds** (§ 105 Abs. 2 AktG) sind als Vorstandsbezüge auszuweisen. **1080**

Weiterhin sind nach § 285 Nr. 9 lit. a) HGB die **Gesamtbezüge des AR, eines Beirats oder einer ähnlichen Einrichtung** gesondert für jedes Gremium aufzuführen. Der **1081**

1615 Vgl. zum KA DRS 17.29 ff.; für den Fall zum Zeitpunkt der Aufstellung des JA noch fehlender Organbeschlüsse vgl. Kap. F Tz. 1071.
1616 Vgl. DRS 17.33.
1617 Vgl. *Grottel*, in: BeBiKo[11], § 285, HGB, Rn. 249; a.A. ADS[6], § 285 HGB, Rn. 184 (Wortlaut spricht für eine gesonderte Angabe).

Umfang der Berichtspflicht für die Gesamtbezüge des AR deckt sich mit derjenigen für den Vorstand/die Geschäftsführung, so dass insoweit die vorstehenden Ausführungen sinngemäß gelten[1618]. Die den AR-Mitgliedern erstattete USt ist als durchlaufender Posten zu behandeln und rechnet daher nicht zu den angabepflichtigen Bezügen. Dies gilt auch dann, wenn die Ges. die Vorsteuer nicht absetzen kann[1619].

8.6.5.20.2 Unterbleiben von Angaben

1082 Nach § 286 Abs. 4 HGB dürfen bei Ges., die nicht börsennotierte AG sind[1620], die Angaben nach § 285 Nr. 9 lit. a) und b) HGB über die Gesamtbezüge unterbleiben, wenn sich anhand dieser Angaben die Bezüge eines einzelnen Mitglieds des betreffenden Organs feststellen lassen (**Schutzklausel**). Ob dies der Fall ist, ist stets aus der Perspektive eines Adressaten zu prüfen, der über keine weiteren Informationen über die Ges. verfügt. Insb. dürfen hierbei nicht die Perspektiven eines Mitglieds desselben Organs oder von Mitarbeitern, die über Kenntnisse des Vergütungssystems verfügen, zugrunde gelegt werden[1621].

1083 Nach Auffassung des HFA ist § 286 Abs. 4 HGB als Ausnahmevorschrift grds. eng auszulegen. Da die für diese Regelung maßgeblichen Erwägungen des Datenschutzes relevant sind, darf auf die Angabe des Gesamtbetrags der Organbezüge nur verzichtet werden, wenn die Bezüge der einzelnen Organmitglieder feststellbar oder in ihrer Größenordnung zutreffend schätzbar wären. Nach Ansicht des HFA wird die Zulässigkeit des Verzichts auf die Angabe nach § 286 Abs. 4 HGB nur dann außer Frage stehen, wenn die Gesellschaftsorgane nur mit **bis zu drei Mitgliedern** besetzt sind. In anderen Fällen wird die Angabe der Organbezüge regelmäßig geboten sein, sofern nicht im Einzelfall besondere Umstände vorliegen, aufgrund derer die Höhe der individuellen Bezüge von den unternehmensexternen Abschlussadressaten festgestellt oder verlässlich geschätzt werden kann. Nicht ausreichend für die Inanspruchnahme von § 286 Abs. 4 HGB ist, dass sich bei einer Durchschnittsbildung die Bezüge einzelner Mitglieder mehr oder weniger zufällig ergeben[1622].

> **Praxistipp 20:**
> Besteht das Geschäftsführungsorgan einer Ges. unterjährig aus vier Mitgliedern – z.B. kontinuierlich aus vier Geschäftsführern oder aus zwei Geschäftsführern, die im laufenden GJ von zwei anderen abgelöst wurden – und haben drei Organmitglieder eine Vergütung von dieser Ges. und das vierte Organmitglied seine Vergütung von einer Konzernges. erhalten, ohne dass die Konzernges. hierfür Beträge an die Ges. weiterbelastet, darf die Ges. die Erleichterung des § 286 Abs. 4 HGB in Anspruch nehmen, wenn aus dem Anh. hervorgeht, dass nur drei Organmitglieder von der Ges. Bezüge erhalten haben und unter Nennung der Namen der betreffenden Organmitglieder im Anh. ersichtlich wird, welche Organmitglieder von der Ges. Bezüge erhalten bzw. nicht erhalten haben. Andernfalls fehlt es an dem (Da-

---

1618 Vgl. *Oser/Holzwarth*, in: HdR[5], §§ 284 bis 288 HGB, Rn. 417 ff.; wg. Ersatz- oder Ehrenmitgliedern des AR vgl. ADS[6], § 285 HGB, Tz. 168.
1619 Vgl. *IDW RH HFA 1.017*, Tz. 14.
1620 Zum Unterlassen von Angaben bei börsennotierten AG vgl. Kap. J Tz. 91 ff.
1621 Vgl. ADS[6], § 286 HGB, Tz. 53 f.; *Grottel*, in: BeBiKo[11], § 286, Rn. 43.
1622 Vgl. *HFA*, FN-IDW 2011, S. 339 f.

> ten-)Schutzbedürfnis der drei (nicht namentlich bekannten) Organmitglieder, denen Bezüge gewährt werden.

1084 § 286 Abs. 4 HGB gestattet nur eine Befreiung von den Angaben über die Gesamtbezüge, d.h. von den Angaben nach § 285 Nr. 9 lit. a) S. 1 bis 4 und Nr. 9 lit. b) S. 1 und 2 HGB (inkl. des beizulegenden Zeitwerts und der Anzahl aktienbasierter Bezüge, da diese Angaben in unmittelbarem Zusammenhang mit den Gesamtbezügen stehen). **Pensionsrückstellungen** gehören nicht zu den Gesamtbezügen. Die Angaben nach § 285 Nr. 9 lit. b) S. 3 HGB (vgl. Kap. F Tz. 1090) werden deshalb von der Schutzklausel nicht erfasst[1623].

8.6.5.21 Angaben zu den Bezügen früherer Mitglieder von Vorstand/Geschäftsführung, Aufsichtsrat und Beirat sowie zu Pensionsverpflichtungen für diesen Personenkreis (§ 285 Nr. 9 lit. b) HGB)

1085 Die Vorschrift verpflichtet nur mittelgroße und große Ges. (§ 267 Abs. 2 und 3 HGB). Allerdings dürfen diese Ges. auf die verlangten Angaben zu den Gesamtbezügen verzichten, wenn sich daraus die Bezüge eines einzelnen (ehem.) Organmitglieds feststellen lassen (§ 286 Abs. 4 HGB; vgl. dazu Kap. F Tz. 1082 ff.). Für kleine Ges. (§ 267 Abs. 1 HGB) ist die Vorschrift nicht obligatorisch (§ 288 Abs. 1 Nr. 1 HGB). Eine Fehlanzeige ist nicht erforderlich.

1086 Anzugeben sind nach § 285 Nr. 9 lit. b) S. 1 und 2 HGB **Abfindungen** (inkl. zeitlich begrenzte Gehaltsfortzahlungen nach Beendigung der Tätigkeit im Gremium), **Ruhegehälter, Hinterbliebenenbezüge und Leistungen verwandter Art**. Die Angaben haben jeweils gesondert für die einzelnen Gremien (Vorstand/Geschäftsführung, AR, Beirat oder eine ähnliche Einrichtung) zu erfolgen[1624]. Werden solche Versorgungsleistungen von selbstständigen Pensionskassen oder VU erbracht, besteht dann keine Angabepflicht, wenn der Zahlungsempfänger unmittelbar berechtigt ist. In einem solchen Fall fehlt es an der Gewährung durch die berichtende Ges.[1625]. Die Angabepflicht umfasst neben den früheren Mitgliedern der Organe auch deren Hinterbliebene. Zu den früheren Mitgliedern der Organe zählen im GJ auch solche, die mit Ablauf dieses GJ aus dem Organ ausgeschieden sind.[1626]

1087 Hinsichtlich des **Angabezeitpunkts** ist es sachgerecht, sich grds. am Zeitpunkt der Gewährung i.S.d. § 285 Nr. 9 lit. a) S. 1 HGB (vgl. Kap. F Tz. 1070) derartiger Gesamtbezüge zu orientieren, d.h. grds. am Zeitpunkt der definitiven Vermögensmehrung (bei ehem. Organmitgliedern grds. der Zeitpunkt der rechtsverbindlichen Zusage). Der Auszahlungszeitpunkt spielt hierfür keine Rolle[1627]. Lediglich für Ruhegehälter und Hinterbliebenenbezüge, für die der Betrag der gebildeten oder nicht gebildeten Pensionsrückstellungen bereits nach § 285 Nr. 9 lit. b) S. 3 HGB anzugeben ist (vgl. Kap. F Tz. 1090), erscheint zur Abgrenzung von dieser Angabe eine Einbeziehung der laufenden Zahlungen in die Gesamtbezüge sachgerecht.

1623 Vgl. Oser/Holzwarth, in: HdR[5], §§ 284 bis 288 HGB, Rn. 441; a.A. Grottel, in: BeBiKo[11], § 286, Rn. 41 (aufgrund des Verweises des § 285 Nr. 9 lit. b) S. 2 auf Nr. 9 lit. a) S. 2 und 3 HGB).
1624 Vgl. ADS[6], § 285 HGB, Tz. 193.
1625 So ADS[6], § 285 HGB, Tz. 186.
1626 Vgl. DRS 19.106f entsprechend.
1627 So auch Grottel, in: BeBiKo[11], § 285, Rn. 313 (zur Irrelevanz des Auszahlungszeitpunkts).

1088 Verliert ein Organmitglied im Fall der **Gesamtrechtsnachfolge** (z.B. Verschmelzung) seine Organstellung, sind im Anh. der übernehmenden Ges. die vom übertragenden Rechtsträger bis zum Wirksamwerden der Gesamtrechtsnachfolge gewährten Bezüge unter § 285 Nr. 9 lit. a) HGB, die weiteren Bezüge aber unter § 285 Nr. 9 lit. b) HGB anzugeben[1628]. Tantiemen, die nach Beendigung des Organverhältnisses für die Tätigkeit als Organmitglied gewährt wurden, sind folglich noch in die Angaben gem. § 285 Nr. 9 lit. a) HGB einzubeziehen[1629].

1089 Aufgrund des Verweises in § 285 Nr. 9 lit. b) S. 2 HGB auf Nr. 9 lit. a) S. 2 und 3 HGB sind auch Bezüge angabepflichtig sind, die nicht ausgezahlt, sondern **in Ansprüche anderer Art umgewandelt** oder zur Erhöhung anderer Ansprüche verwendet werden. Das Gleiche gilt für weitere (andere GJ betreffende) Bezüge, die im GJ gewährt, bisher aber in keinem JA angegeben wurden.

1090 Anzugeben sind nach § 285 Nr. 9 lit. b) S. 3 HGB ferner der Betrag der **Rückstellungen für laufende Pensionen und Anwartschaften**, die für frühere Mitglieder der genannten Personengruppen gebildet sind, sowie (davon getrennt) ein etwaiger **Fehlbetrag** (zusätzlich zur Angabe der Gesamtbeträge nach Art. 28 Abs. 2 und Art. 67 Abs. 2 EGHGB).

8.6.5.22 Vorschüsse, Kredite, Haftungsverhältnisse zugunsten von Mitgliedern des Vorstands/der Geschäftsführung, Aufsichtsrat und Beirat (§ 285 Nr. 9 lit. c) HGB)

1091 Die Vorschrift ist von Ges. **aller Größenklassen** zu beachten. Eine Schutzvorschrift zugunsten einzelner Organmitglieder gibt es nicht. Eine Fehlanzeige ist nicht erforderlich.

1092 Anzugeben sind – auch hier jeweils **getrennt für die Gruppen** Vorstand/Geschäftsführung, AR, Beirat und ähnliche Einrichtungen – die an die Mitglieder dieser Gremien gewährten Vorschüsse und Kredite. Aus der zusätzlichen Bestimmung, die im GJ zurückgezahlten oder erlassenen Beträge ebenfalls anzugeben, folgt, dass nicht nur die Salden zum Stichtag des JA, sondern auch die Veränderungen während des GJ mitzuteilen sind. Die Angabepflicht umfasst somit auch die während des GJ gewährten und zurückgezahlten oder erlassenen Vorschüsse und Kredite. Ohne Bedeutung ist, ob bereits in VJ Angaben gemacht wurden. Kredite, die längere Zeit laufen, sind deshalb in jedem Anh. erneut mit den geforderten Angaben aufzuführen. Gegenstand der Angabe sind die **Nominalbeträge** der Vorschüsse und Kredite, evtl. vorgenommene Abwertungen bleiben unberücksichtigt[1630].

1093 Als gewährte **Vorschüsse** kommen solche auf spätere Bezüge in Betracht, nicht dagegen die üblichen Reisekosten- und Auslagenvorschüsse, sofern es sich (später) um Auslagenersatz handelt. Zu den **Krediten** gehören alle Arten von Darlehen, Waren- oder Wechselkredite, Abzahlungs- und Kontokorrentkredite, die die Ges. einem Organmitglied gewährt hat. Auf die Genehmigungspflicht solcher Kredite (§§ 89, 115 AktG) kommt es für die Angabepflicht nicht an.

[1628] Vgl. *Grottel*, in: BeBiKo[11], § 285, Rn. 314; zur Angabepflicht im Fall der Übernahme eines Betriebs vgl. ADS[6], § 285 HGB, Tz. 187.
[1629] Vgl. zum KA DRS 17.36.
[1630] Vgl. ADS[6], § 285 HGB, Tz. 196 und 198; *Grottel*, in: BeBiKo[11], § 285, Rn. 332 f.

1094 Die Angabepflicht nach § 285 Nr. 9 lit. c) HGB bezieht sich auch auf die vereinbarten **Zinssätze und wesentliche andere Bedingungen** (z.B. Laufzeit, Sicherheiten, Rückzahlungsvereinbarungen). Da die Kredite nicht einzeln aufzuführen sind, sondern zusammengefasst für jede Personengruppe angegeben werden dürfen, reicht es ggf. aus, die typischen Bedingungen aufzuführen und die Spannen für die Zinssätze und Laufzeiten zu nennen. Je ungewöhnlicher die Bedingungen sind, desto genauer sind sie zu beschreiben[1631].

1095 Sind **Haftungsverhältnisse** (§ 251 HGB; vgl. Kap. F Tz. 75 ff.) zugunsten der Mitglieder von Vorstand/Geschäftsführung, AR, Beirat oder ähnlichen Einrichtungen eingegangen worden (z.B. Bürgschaften, Gestellung von Sicherheiten, Patronatserklärungen, Verpfändung), sind auch diese anzugeben. Betragsmäßige Angaben sind nicht erforderlich[1632].

1096 Aus dem Vorspann zu § 285 Nr. 9 lit. c) HGB („jeweils für jede Personengruppe") ergibt sich, dass auch diese Angaben nicht für einzelne Personen, sondern nur für die jeweilige **Personengruppe** der o.g. Gremien zu machen sind. Offen bleibt, ob sich die Angabepflicht allein auf die **tätigen Mitglieder** der Organe oder auch auf ehem. Mitglieder bezieht. Nach der zugrunde liegenden Richtlinienbestimmung dürften jedoch nur die an tätige Mitglieder gewährten Kredite u.ä. anzugeben sein[1633]. Kredite an einen Arbeitnehmervertreter im AR, die er nicht in seiner Eigenschaft als Mitglied des AR, sondern als Arbeitnehmer erhalten hat, fallen nicht unter die Angabepflicht[1634].

8.6.5.23 Mitglieder von Vorstand/Geschäftsführung und Aufsichtsrat (§ 285 Nr. 10 HGB)

1097 Anzugeben sind alle Mitglieder des Vorstands/der Geschäftsführung und eines AR, auch wenn sie im GJ oder später ausgeschieden sind, mit **Familiennamen** und mindestens einem ausgeschriebenen **Vornamen**. Zudem ist der ausgeübte **Beruf** anzugeben. Aus der Angabe muss sich die tatsächlich ausgeübte hauptberufliche Tätigkeit erkennen lassen, z.B. Finanzvorstand, Vertriebsgeschäftsführer etc. Nach den Gesetzesmaterialien zum KonTraG[1635] ist zusätzlich „bei Angestellten" das jeweilige Unternehmen zu nennen; sachgerechter Weise bezieht sich diese Anforderung nur auf AR-Mitglieder[1636].

1098 Auch **nach Ablauf des GJ** bis zum Abschluss der Aufstellung des JA berufene Organmitglieder müssen angegeben werden[1637]. Der **Vorsitzende** des AR und seine **Stellvertreter** sind nach § 285 Nr. 10 S. 2 HGB als solche zu bezeichnen, ebenso ein etwaiger Vorsitzender des Vorstands/der Geschäftsführung. Die Angabepflicht betrifft auch einen anstelle eines AR mit entspr. Aufgaben ausgestatteten Beirat (z.B. Verwaltungsrat, Gesellschafterausschuss), da es auf die Bezeichnung des Überwachungsorgans nicht ankommt[1638].

[1631] Vgl. ADS[6], § 285 HGB, Tz. 201; *Grottel*, in: BeBiKo[11], § 285, Rn. 338 f.
[1632] Vgl. ADS[6], § 285 HGB, Tz. 203; *Grottel*, in: BeBiKo[11], § 285, Rn. 337.
[1633] Vgl. *Grottel*, in: BeBiKo[11], § 285, Rn. 333.
[1634] Vgl. ADS[6], § 285 HGB, Tz. 197; *Grottel*, in: BeBiKo[11], § 285, Rn. 333.
[1635] Vgl. Begr. RegE KonTraG, BT-Drs. 13/9712, S. 26.
[1636] Vgl. *Grottel*, in: BeBiKo[11], § 285, Rn. 353.
[1637] Vgl. ADS[6], § 285 HGB, Tz. 208; *Grottel*, in: BeBiKo[11], § 285, Rn. 352.
[1638] Vgl. ADS[6], § 285 HGB, Tz. 207; *Grottel*, in: BeBiKo[11], § 285, Rn. 356.

1099 Für **kleine Ges.** (§ 267 Abs. 1 HGB) sind diese Angaben nicht obligatorisch (§ 288 Abs. 1 Nr. 1 HGB). Zu zusätzlichen Pflichtangaben für **börsennotierte Ges.** vgl. Kap. J Tz. 12 und Kap. J Tz. 27.

8.6.5.24 Unternehmen, an denen die Gesellschaft Anteile hält (§ 285 Nr. 11 HGB)

1100 Die Angabepflicht umfasst alle Unternehmen, an denen eine **Beteiligung i.S.d. § 271 Abs. 1 HGB** (vgl. Kap. F Tz. 361) besteht oder von einer anderen Person für Rechnung der bilanzierenden Ges. gehalten wird.

1101 Die Angabepflicht bezieht sich auf Beteiligungen an **Unternehmen aller Art**, d.h. auf Anteile an KapGes. und PersGes., Unternehmen ausländischen Rechts, Joint Ventures sowie wirtschaftlich tätigen BGB-Ges. (z.B. Arbeitsgemeinschaften)[1639].

1102 Der Umfang des Anteilsbesitzes bestimmt sich nach den Verhältnissen zum Stichtag des JA der beteiligten Ges. Der Inhalt der Berichterstattung setzt sich aus folgenden **Einzelangaben über das Beteiligungsunternehmen** zusammen[1640]:

- Name und Sitz (entspr. HR-Eintragung),
- Höhe des Anteils am Kapital (in %),
- EK und Ergebnis[1641] (jeweils in voller Höhe, nicht nur entspr. der Beteiligungsquote) des letzten GJ, für das ein JA vorliegt (wg. Ausnahmen vgl. Kap. F Tz. 1106).

1103 Soweit es sich um **ausländische Unternehmen** handelt, können die in Betracht kommenden Betragsangaben in Landeswährung erfolgen. Eine zusätzliche Angabe in Euro kann hilfreich sein[1642].

1104 Für alle Angaben nach § 285 Nr. 11 HGB gilt die **Schutzklausel nach § 286 Abs. 3 HGB**. Nach S. 1 können die Angaben über andere Unternehmen insoweit unterbleiben, wie sie

- für die Darstellung der Vermögens-, Finanz- und Ertragslage der Ges. nach § 264 Abs. 2 HGB **von untergeordneter Bedeutung** sind (Nr. 1) oder
- nach vernünftiger kaufmännischer Beurteilung geeignet sind, der Ges. selbst oder dem andernfalls anzugebenden Unternehmen einen **erheblichen Nachteil** zuzufügen (Nr. 2)[1643].

1105 Wird aufgrund von § 286 Abs. 3 S. 1 Nr. 2 HGB von Angaben abgesehen, ist die **Anwendung dieser Ausnahmeregelung** im Anh. anzugeben (§ 286 Abs. 3 S. 4 HGB).

1106 Ferner kann die **Angabe des EK und des Jahresergebnisses** unterbleiben, wenn das Unternehmen, über das zu berichten ist, seinen JA nicht offenzulegen hat und die berichtende Ges. keinen beherrschenden Einfluss auf das betreffende Unternehmen ausüben kann (§ 286 Abs. 3 S. 2 HGB), es sich also nicht um ein TU i.S.d. § 290 Abs. 1 S. 1 HGB handelt. Erleichterungen bei der Offenlegung (z.B. nach §§ 326 f. HGB, § 9 Abs. 2 und 3 PublG) befreien das beteiligte Unternehmen nur dann von den genannten Anga-

---

[1639] Vgl. ADS[6], § 285 HGB, Tz. 225; Grottel, in: BeBiKo[11], § 285, Rn. 366.
[1640] Wg. Einzelheiten hierzu vgl. ADS[6], § 285 HGB, Tz. 228 ff.
[1641] Bei EAV grds. null, vgl. ADS[6], § 285 HGB, Tz. 236; Grottel, in: BeBiKo[11], § 285, Rn. 406 (mit Hinweis auf ein solches Rechtsverhältnis).
[1642] Vgl. ADS[6], § 285 HGB, Tz. 234.
[1643] Zu Besonderheiten im Fall der Kapitalmarktorientierung des berichtenden Unternehmens oder eines seiner TU vgl. Kap. J Tz. 50 ff.

ben, wenn das Beteiligungsunternehmen diese Angaben bei seiner Offenlegung nicht zu machen hat und auch nicht freiwillig macht. Die Befreiung von der Angabe des Jahresergebnisses gilt auch für

- PersGes., die unter das PublG fallen und bei der Offenlegung das Jahresergebnis in einen Posten „Eigenkapital" einbeziehen (§ 9 Abs. 3 PublG)[1644] und
- kleine KapGes. sowie kleine KapCoGes., wenn diese von den Offenlegungserleichterungen Gebrauch machen und – soweit es sich um KapGes. handelt – in der Bilanz anstelle des Jahresergebnisses einen Bilanzgewinn oder –verlust (§ 268 Abs. 1 S. 2 HGB) ausweisen.

8.6.5.25 Unternehmen, deren unbeschränkt haftender Gesellschafter die Kapitalgesellschaft ist (§ 285 Nr. 11a HGB)

Nach dieser Vorschrift sind im Anh. **Name (Firma), Sitz und Rechtsform** derjenigen Unternehmen anzugeben, deren unbeschränkt haftender Gesellschafter die berichtende Ges. ist. Neben dieser Angabe ist der unbeschränkt haftende Gesellschafter auch weiterhin zu Angaben i.S.d. § 285 Nr. 3a HGB verpflichtet[1645]. Die Vorschrift betrifft sowohl KapGes. als auch KapCoGes., die persönlich haftende Gesellschafter eines anderen Unternehmens sind. Als andere Unternehmen kommen dabei hauptsächlich OHG oder KG, daneben aber auch Unternehmen ausländischen Rechts, Joint Ventures sowie wirtschaftlich tätige BGB-Ges. (z.B. Arbeitsgemeinschaften) in Betracht[1646]. 1107

Die Angabepflicht gilt auch, wenn **keine Einlage** besteht, sowie in den Fällen der **Nachhaftung** eines Gesellschafters nach dem Ausscheiden aus der Ges. (z.B. gem. § 160 HGB). 1108

Soweit für die betreffenden Unternehmen bereits eine **Angabepflicht gem. § 285 Nr. 11 HGB** besteht, kann das Vorliegen der unbeschränkten Haftung auch dort vermerkt werden. 1109

8.6.5.26 Beteiligungen an großen Kapitalgesellschaften, die 5% der Stimmrechte überschreiten (§ 285 Nr. 11b HGB)

Diese Angaben sind nur von börsennotierten KapGes. zu machen. Vgl. dazu Kap. J Tz. 28 f. Auch für diese Angaben gilt die Schutzklausel des § 286 Abs. 3 HGB (vgl. Kap. F Tz. 1104 f.). 1110

8.6.5.27 In der Bilanz nicht gesondert ausgewiesene „Sonstige Rückstellungen" (§ 285 Nr. 12 HGB)

Die zu den „Sonstigen Rückstellungen" (§ 266 Abs. 3 B.3. HGB) zu machenden Angaben sind für **kleine Ges.** (§ 267 Abs. 1 HGB) nicht obligatorisch (§ 288 Abs. 1 Nr. 1 HGB)[1647]. Mittelgroße Ges. (§ 267 Abs. 2 HGB) dürfen sie bei der Offenlegung weglassen (§ 327 Nr. 2 HGB). 1111

Soweit der Posten „Sonstige Rückstellungen" in der Bilanz nicht weiter untergliedert wird, verlangt § 285 Nr. 12 HGB, dass die darin nicht gesondert ausgewiesenen Rück- 1112

1644 Vgl. ADS[6], § 285 HGB, Tz. 218 und § 286 HGB, Tz. 47.
1645 Vgl. *IDW RS HFA 18*, Tz. 8.
1646 ADS[6], § 285 HGB, Tz. 225.
1647 Zum Recht des Aktionärs auf Vorlage des JA in der Form, die er ohne Anwendung des § 288 HGB hätte, vgl. § 131 Abs. 1 S. 3 AktG.

stellungen im Anh. erläutert werden, wenn sie einen nicht unerheblichen Umfang haben. In Bezug auf den **„nicht unerheblichen Umfang"** (als Ausprägung des Wesentlichkeitsgrundsatzes) ist nicht allein auf das Verhältnis der einzelnen Rückstellungen zu dem Posten „Sonstige Rückstellungen" abzustellen, sondern auch auf die Größenordnung im Gesamtbild der Bilanz (unter besonderer Berücksichtigung des Umfangs des EK und des Jahresergebnisses)[1648]. Ferner ist die Generalnorm des § 264 Abs. 2 HGB zu beachten.

1113 Der Begriff der **Erläuterung** geht über die reine Darstellung eines Sachverhalts hinaus und verlangt weitergehende Erklärungen über den wesentlichen Inhalt des Rückstellungspostens. Zu erläutern sind ggf. die Art oder die Bestimmung (Zweck) der Rückstellung, die Gründe, die zur Bildung geführt haben, sowie die Größenordnung innerhalb des Postens „Sonstige Rückstellungen". Die Erläuterung erfolgt regelmäßig durch verbale Darstellungen. Eine betragsmäßige Aufgliederung ist gesetzlich nicht vorgeschrieben, allerdings Aussagen zur Größenordnung, da es sich um einen erheblichen Posten handeln muss[1649].

8.6.5.28 Erläuterung des Zeitraums, über den ein entgeltlich erworbener Geschäfts- oder Firmenwert abgeschrieben wird (§ 285 Nr. 13 HGB)

1114 Nach § 285 Nr. 13 HGB ist der **Zeitraum**, über den ein entgeltlich erworbener Geschäfts- oder Firmenwert abgeschrieben wird, zu erläutern, unabhängig davon, über welchen Zeitraum die Abschreibung vorgenommen wird. Über außerplanmäßige Abschreibungen des Geschäfts- oder Firmenwerts ist nach § 277 Abs. 3 S. 1 HGB in der GuV oder im Anh. zu berichten (vgl. Kap. F Tz. 828 und Kap. F Tz. 963).

1115 Damit die Nachvollziehbarkeit gewährleistet ist, sind die Voraussetzungen und die **Ursachen** zu erläutern, die der Schätzung der Nutzungsdauer zugrunde liegen[1650].

> **Praxistipp 21:**
>
> Anhaltspunkte für die **Schätzung der Nutzungsdauer** können z.B. sein: Art und voraussichtliche Bestandsdauer des erworbenen Unternehmens, Stabilität und Bestandsdauer der Branche, Lebenszyklus der Produkte, Auswirkungen von Veränderungen der Absatz- und Beschaffungsmärkte sowie der wirtschaftlichen Rahmenbedingungen, Laufzeit wichtiger Absatz- oder Beschaffungsverträge, die voraussichtliche Tätigkeit von wichtigen Mitarbeitern oder Mitarbeitergruppen, das erwartete Verhalten potenzieller Wettbewerber, die voraussichtliche Dauer der Beherrschung und der Umfang der Erhaltungsaufwendungen, die erforderlich sind, um den erwarteten ökonomischen Nutzen des erworbenen Unternehmens zu realisieren.

1116 Ergibt sich der nach § 266 Abs. 2 A.I.3. HGB ausgewiesene Geschäfts- oder Firmenwert aus **mehreren Erwerbsvorgängen**, ist grds. über jeden erworbenen Geschäfts- oder Firmenwert einzeln zu berichten („jeweils"). Zusammenfassende Angaben für Geschäfts- oder Firmenwerte nach gleichen Gründen oder gleichen betrieblichen Nutzungsdauern

---

[1648] Ebenso ADS[6], § 285 HGB, Tz. 241; *Grottel*, in: BeBiKo[11], § 285 HGB, Rn. 431 (Gesamtbetrag der Rückstellungen sowie Jahresergebnis).
[1649] Vgl. ADS[6], § 285 HGB, Tz. 242 f.; *Grottel*, in: BeBiKo[11], § 285 HGB, Rn. 431.
[1650] Vgl. *Grottel*, in: BeBiKo[11], § 285, Rn. 441; DRS 23.114 ff. (analog).

sind zulässig, sofern der Grundsatz der Klarheit und Übersichtlichkeit (§ 243 Abs. 2 HGB) beachtet wird[1651].

8.6.5.29 Mutterunternehmen der Gesellschaft, das den Konzernabschluss für den größten Kreis von Unternehmen aufstellt (§ 285 Nr. 14 HGB)

Gehört eine KapGes. oder KapCoGes. zu einem Konzern, weil sie ein TU i.S.d. § 290 HGB ist, hat sie im Anh. bestimmte Angaben in Bezug auf das **MU** (zum Begriff MU vgl. Kap. C Tz. 328 f.) zu machen, das den KA für den größten Kreis von (Konzern-)Unternehmen aufstellt[1652]. Für kleine Ges. (§ 267 Abs. 1 HGB) ist die Angabe nicht verpflichtend (§ 288 Abs. 1 Nr. 1 HGB). 1117

Anzugeben sind **Name und Sitz des MU**, ferner der **Ort**, wo dessen KA erhältlich ist. Als Ort gilt für inländische MU der BAnz. Bei einem ausländischen MU ist das ausländische – ggf. elektronische – Amtsblatt mit Nummer/Datum, in dem die Offenlegung erfolgt[1653], oder die – ggf. elektronische – Adresse der Behörde, bei der der KA eingesehen werden kann, anzugeben. Ist der KA nicht nach gesetzlichen Vorschriften offenzulegen, braucht der Ort nicht angegeben zu werden[1654]. 1118

Die Angabepflicht stellt grds. darauf ab, dass das MU einen **KA** auch **tatsächlich** (verpflichtend oder freiwillig) **aufstellt**. Wird ein KA nicht aufgestellt, obwohl er nach deutschem oder EU-Recht aufzustellen wäre, ist das MU gleichwohl anzugeben[1655]. Eine Angabepflicht besteht ferner auch dann, wenn das TU nach § 296 HGB nicht in den KA einbezogen wurde[1656]. 1119

8.6.5.30 Mutterunternehmen der Gesellschaft, das den Konzernabschluss für den kleinsten Kreis von Unternehmen aufstellt (§ 285 Nr. 14a HGB)

Die Angabepflichten nach § 285 Nr. 14a HGB sind mit den Angaben nach Nr. 14 (vgl. Kap. F Tz. 1117 ff.) weitgehend deckungsgleich[1657]. Sind die MU nach § 285 Nr. 14 und Nr. 14a HGB identisch, brauchen die Angaben nur einmal gemacht zu werden. Wird gesetzeskonform (z.B. aufgrund der Inanspruchnahme einer Befreiungsvorschrift) kein KA für den (formell) kleinsten Kreis von Unternehmen aufgestellt, entfällt die Angabepflicht nicht ersatzlos, sondern ist durch die Angabe des nächsthöheren MU zu ersetzen, das tatsächlich den KA für den kleinsten Kreis von Unternehmen aufstellt[1658]. 1120

Kleine Ges. (§ 267 Abs. 1 HGB) sind (im Gegensatz zu den Angaben nach § 285 Nr. 14 HGB) von den Angaben nach § 285 Nr. 14a HGB nicht vollständig, sondern nur von der Angabe des Ortes befreit, wo der KA erhältlich ist (§ 288 Abs. 1 Nr. 3 HGB). 1121

1651 Vgl. *Grottel*, in: BeBiKo[11], § 285, Rn. 443; *Gelhausen/Fey/Kämpfer*, BilMoG, Kap. O, Rn. 62.
1652 Zu den Angaben bzgl. des MU der Ges., das den KA für den kleinsten Kreis von Unternehmen aufstellt, vgl. Kap. F Tz. 1120.
1653 Vgl. *Grottel*, in: BeBiKo[11], § 285 Rn. 461.
1654 Vgl. ADS[6], § 285 HGB, Tz. 255; *Grottel*, in: BeBiKo[11], § 285 Rn. 461.
1655 Vgl. *Grottel*, in: BeBiKo[11], § 285, Rn. 458.
1656 Vgl. ADS[6], § 285 HGB, Tz. 252.
1657 Vgl. *Grottel*, in: BeBiKo[11], § 285, Rn. 470.
1658 Vgl. *Oser/Holzwarth*, in: HdR[5], §§ 284 bis 288 HGB, Rn. 554.

8.6.5.31 Persönlich haftende Gesellschafter (§ 285 Nr. 15 HGB)

1122 Im Anh. einer KapCoGes. sind **Name (Firma), Sitz und das gezeichnete Kapital** der Ges. anzugeben, die an der berichtenden PersGes. als persönlich haftende Gesellschafter beteiligt sind. Maßgeblich für die Angabe sind die Gesellschaftsverhältnisse am Abschlussstichtag der berichtenden PersGes. Innerhalb des GJ ausgeschiedene persönlich haftende Gesellschafter sind daher – trotz ihrer ggf. bestehenden Nachhaftung (§ 160 HGB) – nicht mehr aufzuführen. Für die Angabe des gezeichneten Kapitals ist im Fall einer persönlich haftenden KapGes. auf das im HR eingetragene Grund- oder Stammkapital abzustellen. Handelt es sich bei der persönlich haftenden Ges. um eine PersGes., sind die Kapitalanteile ihrer Gesellschafter anzugeben[1659].

1123 Für **kleine Ges.** (§ 267 Abs. 1 HGB) ist die Angabe nicht verpflichtend (§ 288 Abs. 1 Nr. 1 HGB).

8.6.5.32 Ausgegebene Genussrechte, Wandelschuldverschreibungen und ähnliche Rechte (§ 285 Nr. 15a HGB)

1124 Nach § 285 Nr. 15a HGB ist das Bestehen von Genussscheinen, Genussrechten, Wandelschuldverschreibungen, Optionsscheinen, Optionen, Besserungsscheinen oder vergleichbaren Wertpapieren oder Rechten, unter Angabe der Anzahl und der Rechte, die sie verbriefen, im Anh. anzugeben. Kleine Ges. (§ 267 Abs. 1 HGB) sind von der Angabe befreit (§ 288 Abs. 1 Nr. 1 HGB).

1125 Hinsichtlich des **Umfangs der Wertpapiere und Rechte** sind solche Wertpapiere oder Rechte angabepflichtig, die das bilanzierende Unternehmen ausgegeben oder gewährt hat und die auf dessen EK-Instrumente oder auf Zahlungen aus dessen Gewinn oder Liquidationserlös gerichtet sind oder die sich an der Höhe des Gewinns oder des Liquidationserlöses orientieren[1660]. Folglich fallen Wertpapiere oder Rechte, die das bilanzierende Unternehmen innehat, nicht unter die Angabepflicht (z.B. erworbene Call-Option auf Unternehmensanteile). Gleiches gilt für solche Wertpapiere oder Rechte, die das bilanzierende Unternehmen zwar ausgegeben oder gewährt hat, die aber auf andere Bezugsgrößen gerichtet sind (z.B. gewährte Optionen auf Anteile an einem TU)[1661].

1126 Zu den Wertpapieren und Rechten, die auf **Zahlungen aus dem Gewinn oder dem Liquidationserlös** des bilanzierenden Unternehmens gerichtet sind oder die sich **an der Höhe des Gewinns oder des Liquidationserlöses orientieren**, zählen u.a. Genussscheine, Genussrechte und Besserungsscheine[1662]. Zu den vergleichbaren Wertpapieren und Rechten zählen sämtliche (mezzaninen) Finanzierungsformen, welche an den Bilanzgewinn oder Jahresüberschuss als Bezugsgröße für die laufende Vergütung anknüpfen (z.B. Hybridanleihen, Gewinnschuldverschreibungen gem. § 221 AktG, stille Beteiligungen). Keine Voraussetzung für eine Angabepflicht ist eine Kapitalüberlassung durch den Berechtigten. Vielmehr besteht eine Angabepflicht auch, wenn solche Rechte im Gegenzug für eingebrachte Erfindungen oder zur Verfügung gestelltes Wissen ausgegeben werden[1663], oder im Fall besonders ausgestalteter Mitarbeitervergütungen (z.B.

[1659] Vgl. auch ADS[6], § 285 HGB, Tz. 52; zu mehrstöckigen KapCoGes. *Grottel*, in: BeBiKo[11], § 285, Rn. 472.
[1660] Vgl. *Rimmelspacher/Meyer*, DB 2015, Beil. 5, S. 23 (26); s.a. *Grottel*, in: BeBiKo[11], § 285, Rn. 481.
[1661] Vgl. *Rimmelspacher/Meyer*, DB 2015, Beil. 5, S. 23 (26); *Grottel*, in: BeBiKo[11], § 285, Rn. 487.
[1662] Für eine Beschreibung der einzelnen FI vgl. *Grottel*, in: BeBiKo[11], § 285, Rn. 482 ff.; ADS[6], § 160 AktG, Tz. 54 ff. (zur vor BilRUG vergleichbaren Angabe bei einer AG).
[1663] Vgl. ADS[6], § 160 AktG, Tz. 54.

sog. Exit-Vereinbarungen, die zur Partizipation an Gewinnausschüttungen berechtigen). Auf eine Passivierung der Rechte beim bilanzierenden Unternehmen kommt es ebenfalls nicht an[1664].

Zu den Wertpapieren und Rechten, die auf **EK-Instrumente** des bilanzierenden Unternehmens gerichtet sind, zählen i.d.R. Wandelschuldverschreibungen sowie Optionen, Optionsanleihen und Optionsscheine[1665]. Erforderlich ist, dass sie ein Umtausch- bzw. Bezugsrecht auf Anteile des bilanzierenden Unternehmens gewähren. Die Angabepflicht besteht auch für den Fall, dass die Schuldverschreibungen von einem als Finanzierungsvehikel zwischengeschalteten TU des bilanzierenden Unternehmens begeben werden, aber mit Optionsrechten auf Anteile des bilanzierenden Unternehmens ausgestattet sind[1666]. Da auch Bezugsrechte auf (echte) Aktien gem. § 192 Abs. 2 Nr. 3 AktG Optionen sind, fallen auch diese sowie diesen vergleichbare Formen der Mitarbeitervergütung unter die Angabepflicht (zur Angabe nach § 160 Abs. 1 Nr. 5 AktG vgl. Kap. F Tz. 1274 f.). Dagegen sind rein virtuelle Aktienoptionen, die zwar an die Wertentwicklung des EK des bilanzierenden Unternehmens anknüpfen, aber einen Barausgleich vorsehen (sog. Stock Appreciation Rights, vgl. dazu Kap. F Tz. 1303 ff.), keine hier angabepflichtigen FI, da sie nicht auf die Ausgabe von EK-Instrumenten gerichtet sind, so dass auch nicht über evtl. Verwässerungsgefahren zu berichten ist[1667].

1127

Anzugeben sind neben dem Bestehen o.g. Wertpapiere und Rechte deren **Anzahl** und die Rechte, die sie vermitteln. Auf eine Verbriefung der Rechte kommt es nach Sinn und Zweck der Vorschrift nicht an[1668]. Die Berichterstattung muss so ausgestaltet sein, dass **Art, Inhalt und Zweck der einzelnen Rechte** transparent werden[1669]. Vor diesem Hintergrund sind neben der Anzahl der ausgegebenen Wertpapiere und Rechte insb. der Umfang der hieraus resultierenden Belastungen bzw. Auswirkungen auf das EK des bilanzierenden Unternehmens zu erläutern. Dies erfordert u.a. die Angabe des Umtauschoder Bezugsverhältnisses und des Ausübungszeitpunkts bzw. -raums sowie eine Erläuterung der wesentlichen Bedingungen und Laufzeit der Rechte[1670]. Eine zusammenfassende Darstellung nach Arten oder Gattungen ist nur zulässig, soweit dies einer transparenten Erläuterung der jeweiligen Rechte nicht entgegensteht.

1128

Abzustellen ist auf alle **am Abschlussstichtag bestehenden** Wertpapiere und Rechte[1671]. Eine gesonderte Angabe der im GJ neu entstandenen Rechte ist nicht erforderlich.

1129

8.6.5.33 Entsprechenserklärung zum DCGK (§ 285 Nr. 16 HGB i.V.m. § 161 AktG)

Die Angaben sind nur von börsennotierten AG/SE und KGaA (§ 3 Abs. 2 AktG) sowie anderen in bestimmter Weise kapitalmarktorientierten Unternehmen zu machen. Vgl. Kap. J Tz. 30.

1130

1664 Vgl. auch ADS⁶, § 160 AktG, Tz. 58.
1665 Für eine Beschreibung der einzelnen FI vgl. *Grottel*, in: BeBiKo¹¹, § 285, Rn. 482 ff.; ADS⁶, § 160 AktG, Tz. 51.
1666 Vgl. ADS⁶, § 160 AktG, Tz. 52.
1667 Vgl. ADS⁶ ErgBd., § 160 AktG, Tz. 10.
1668 Vgl. auch ADS⁶, § 160 AktG, Tz. 58.
1669 Vgl. *Grottel*, in: BeBiKo¹¹, § 285, Rn. 488; ADS⁶, § 160 AktG, Tz. 58.
1670 Vgl. ausführlich ADS⁶, § 160 AktG, Tz. 53 und Tz. 58 bis 61.
1671 Vgl. *Grottel*, in: BeBiKo¹¹, § 285, Rn. 488.

8.6.5.34 Honoraraufwand für den Abschlussprüfer (§ 285 Nr. 17 HGB)

1131 Soweit die Angaben nicht in einem das Unternehmen einbeziehenden KA enthalten sind, besteht nach § 285 Nr. 17 HGB die Verpflichtung, im Anh. die Honorare des APr. i.S.d. § 319 Abs. 1 S. 1 und 2 HGB anzugeben. **Kleine Ges.** (§ 267 Abs. 1 HGB) brauchen diese Angabe nach § 288 Abs. 1 Nr. 1 HGB nicht zu machen. Soweit mittelgroße Ges. (§ 267 Abs. 2 HGB) die Angaben nach § 285 Nr. 17 HGB nicht machen, sind sie verpflichtet, diese der WPK auf deren schriftliche Anforderung zu übermitteln (§ 288 Abs. 2 S. 2 HGB).

1132 Durch den Gesetzeswortlaut wird klargestellt, dass die Angabepflicht nicht alle Beratungs-, Bestätigungs- oder sonstigen in Auftrag gegebenen Leistungen umfasst, sondern nur solche betrifft, die durch den **APr.** ausgeführt wurden (vgl. Kap. A Tz. 136 f.). Hierunter ist grds. der bestellte APr. i.S.d. § 318 HGB zu verstehen, d.h. die (bestellte) Wirtschaftsprüferpraxis, wie sie in *IDW QS 1*[1672] definiert ist. Nach Sinn und Zweck der Vorschrift erscheint es sachgerecht, wenn auch nicht verpflichtend, die von verbundenen Unternehmen i.S.d. § 271 Abs. 2 HGB des APr. berechneten Honorare zu berücksichtigen. Werden sie einbezogen, wird empfohlen, dies durch einen Davon-Vermerk offenzulegen. Angaben zu Verbünden oder Netzwerken, in denen der APr. organisiert ist, sind nicht erforderlich. Werden diese Angaben freiwillig gemacht, ist ein Davon-Vermerk, bezogen auf die zum APr. bestellte Einheit, erforderlich[1673].

1133 Grundlage für die Anh.-Angabe ist der von der Ges. im GJ erfasste Aufwand, der in folgende **Kategorien** aufzuschlüsseln ist:

- Honorar für die Abschlussprüfungsleistungen (§ 285 Nr. 17 lit. a) HGB),
- Honorar für andere Bestätigungsleistungen (§ 285 Nr. 17 lit. b) HGB),
- Honorar für Steuerberatungsleistungen (§ 285 Nr. 17 lit. c) HGB),
- Honorar für sonstige Leistungen (§ 285 Nr. 17 lit. d) HGB).

Gesondert anzugeben sind der Gesamtbetrag und die Teilbeträge (lit. a) bis d)); eine Negativanzeige ist nicht erforderlich[1674].

1134 Die erste Kategorie (lit. a)) umfasst das Honorar für die **Abschlussprüfung**. Hierunter fallen Leistungen, die unmittelbar durch die Abschlussprüfung veranlasst sind oder i.R.d. Abschlussprüfung genutzt werden. Unmittelbar veranlasst sind Prüfungsleistungen, die nach §§ 317 ff. HGB und den einschlägigen *IDW Prüfungsstandards* durchzuführen sind oder die aufgrund gesetzlicher Erweiterungen der Abschlussprüfung anfallen (z.B. Prüfungen nach § 53 HGrG oder § 317 Abs. 4 HGB oder i.Z.m. Enforcement-Verfahren erbrachte Leistungen). Vom APr. genutzt werden Prüfungsleistungen, die einen direkten inhaltlichen Bezug zur Abschlussprüfung haben und für diese Prüfungsnachweise liefern (z.B. Prüfungen von internen Kontrollen bei Auslagerung von Dienstleistungen oder prüferische Durchsichten von Zwischenabschlüssen). Die Leistungen können im Auftrag zur Abschlussprüfung oder in einem separaten Auftrag vereinbart werden[1675]. Ist der Prüfer des JA des MU auch Prüfer des KA, ist im Anh. zum JA auch das für die KAP zu leistende Honorar unter der Kategorie lit. a) anzugeben. In diese Kategorie fallen auch

---

1672 Vgl. *IDW QS 1*, Tz. 12.
1673 Vgl. *IDW RS HFA 36 n.F.*, Tz. 5 ff.
1674 Vgl. *IDW RS HFA 36 n.F.*, Tz. 11.
1675 Vgl. *IDW RS HFA 36 n.F.*, Tz. 12a; zu weiteren Bsp. vgl. Anlage zu *IDW RS HFA 36 n.F.*

Honorare für Bestätigungsleistungen für sog. Konzern-Reporting Packages, die durch den APr. geprüft werden[1676].

1135 Die zweite Kategorie (lit. b)) umfasst sämtliche **anderen Bestätigungsleistungen** i.S.d. § 2 Abs. 1 WPO, die keine Abschlussprüfungsleistungen sind. Hierzu gehören u.a. Prüfungen nach dem EEG (*IDW EPS 970 n.F.*) oder dem KWKG (*IDW PS 971*), freiwillige Prüfungen von RMS oder Compliance-Management-Systemen (*IDW PS 980*) oder die Prüfung von Pro-Forma-Finanzinformationen (*IDW PH 9.960.1*)[1677]. Ebenfalls hierzu zählt eine freiwillige Prüfung der nichtfinanziellen Berichterstattung i.S.d. § 289b HGB, es sei denn, deren inhaltliche Prüfung wird vom APr. vollumfänglich als Erweiterung in die gesetzliche Abschlussprüfung einbezogen (dann erste Kategorie (lit. a)).

1136 Die dritte Kategorie (lit. c)) umfasst die an den APr. zu leistenden Honorare für die im GJ getätigte **Steuerberatung** i.S.d. § 2 Abs. 2 WPO. Hierunter fallen sowohl Honorare für Steuerdeklarationsberatungsleistungen (inkl. Führung von Einspruchsverfahren oder Vertretung bei Finanzgerichtsverfahren) als auch Honorare für Steuergestaltungsberatungsleistungen[1678]. Die Honorare für die Prüfung der handelsrechtlichen Anpassungsbuchungen nach einer steuerlichen Betriebsprüfung sind dagegen unter lit. a) auszuweisen, da sie unmittelbar durch die Abschlussprüfung veranlasst sind.

1137 Die vierte Kategorie (lit. d)) umfasst die Aufwendungen für **sonstige Leistungen** des APr. Dieser Kategorie sind alle Honoraraufwendungen zuzuordnen, die nicht unter die ersten drei Kategorien fallen, bspw. Honorare für vom APr. zulässigerweise erbrachte Bewertungsleistungen. Dies umfasst auch Gutachten, die keine Beurteilungen enthalten[1679].

> **! Hinweis 75:**
> Weitere sonstige Leistungen des APr. sind die treuhänderische Tätigkeit, Beratungen in Corporate Governance-Angelegenheiten (z.B. Compliance, Risikomanagement und interne Revision) und sonstige Beratung in wirtschaftlichen Angelegenheiten[1680].

1138 Nach § 285 Nr. 17 HGB ist das vom APr. „**für das Geschäftsjahr berechnete Gesamthonorar**" anzugeben. Der Regelung wird grds. entsprochen, wenn das im GJ in der GuV erfasste Gesamthonorar angegeben wird. Erfasst werden mit dieser Regelung auch Honorare für Leistungen an den Bilanzierenden, die seitens des APr. z.B. einem MU des Bilanzierenden in Rechnung gestellt und dem Bilanzierenden weiterbelastet werden. Angabepflichtig sind des Weiteren Honorare, die als Anschaffungsnebenkosten i.S.d. § 255 Abs. 1 S. 2 HGB aktiviert wurden (z.B. Beratungshonorare bei Beteiligungserwerb)[1681].

1139 Unter den **Honoraren** i.S.d. § 285 Nr. 17 HGB ist die Gesamtvergütung für die Tätigkeit des APr. zu verstehen. Das Honorar schließt den berechneten Auslagenersatz (Tage- und Übernachtungsgelder, Fahrt- und Nebenkosten, Berichts- und Schreibkosten etc.) ein,

---

1676 Vgl. *IDW RS HFA 36 n.F.*, Tz. 12.
1677 Vgl. *IDW RS HFA 36 n.F.*, Tz. 13; zu weiteren Bsp. vgl. Anlage zu *IDW RS HFA 36 n.F.*
1678 Vgl. *IDW RS HFA 36 n.F.*, Tz. 14.
1679 Vgl. *IDW RS HFA 36 n.F.*, Tz. 15.
1680 Vgl. Anlage zu *IDW RS HFA 36 n.F.*
1681 Vgl. *IDW RS HFA 36 n.F.*, Tz. 8.

jedoch nicht beim APr. durchlaufende Posten wie USt oder einzeln zurechenbare Versicherungsprämien[1682].

1140 Stellt sich die für Honorare des APr. gebildete **Rückstellung** im Nachhinein als über- oder unterdotiert heraus, ist der Betrag der Über- oder Unterdotierung bei der Honorarangabe im Abschluss des Folge-GJ zu berücksichtigen. Bei wesentlichen Beträgen empfiehlt sich eine gesonderte Angabe in Form eines Davon-Vermerks („davon für das Vorjahr")[1683]. Gleiches sollte für den Fall eines Wechsels des APr. gelten, so dass im ersten Jahr der Prüfung durch den neuen APr. ggf. noch die für das VJ zu leistenden Honorare an den vorhergehenden APr. getrennt von den Honoraren des neuen APr. angegeben werden.

1141 Bei gemeinschaftlichen Abschlussprüfungen (**Joint Audits**) ist es sachgerecht, die geforderten Angaben jeweils getrennt für jeden der beteiligten Gemeinschaftsprüfer zu machen, da jeder Gemeinschaftsprüfer eigenverantwortlich tätig ist[1684].

1142 Die Angaben brauchen nach § 285 Nr. 17 letzter Satzteil HGB im Anh. des JA nicht gemacht zu werden, soweit sie in einem das Unternehmen einbeziehenden, den Anforderungen des HGB bzgl. Aufstellung, Prüfung und Offenlegung entspr. KA enthalten sind. Hierzu gehören KA i.S.d. §§ 290 ff., 291, 292 und 315e HGB sowie entspr. KA i.S.d. §§ 11 ff. PublG. Bei einer Inanspruchnahme dieser **Erleichterung** empfiehlt es sich, im Anh. des JA darauf hinzuweisen[1685].

8.6.5.35 Unterbliebene Abschreibungen auf Finanzanlagen (§§ 285 Nr. 18 HGB)

1143 Nach § 285 Nr. 18 HGB sind für **zu den Finanzanlagen gehörende FI**, die zum Abschlussstichtag mit einem höheren Betrag als dem beizulegenden Zeitwert[1686] (vgl. Kap. F Tz. 146 ff.) ausgewiesen werden, da eine außerplanmäßige Abschreibung nach § 253 Abs. 3 S. 6 HGB (gemildertes Niederstwertprinzip) unterblieben ist, folgende Angaben im Anh. verpflichtend:

- der Buchwert und der beizulegende Zeitwert der einzelnen Vermögensgegenstände oder angemessener Gruppierungen von Vermögensgegenständen (§ 285 Nr. 18 lit. a) HGB) sowie
- die Gründe für das Unterlassen der Abschreibung einschl. der Anhaltspunkte, die darauf schließen lassen, dass die Wertminderung voraussichtlich nicht von Dauer ist (§ 285 Nr. 18 lit. b) HGB).

Für kleine Ges. (§ 267 Abs. 1 HGB) sind diese Angaben nicht obligatorisch (§ 288 Abs. 1 Nr. 1 HGB).

1144 FI i.S.d. § 285 Nr. 18 HGB sind alle Vermögensgegenstände und Schulden, die auf vertraglicher Basis zu Geldzahlungen oder zum Zu- bzw. Abgang von anderen FI führen. Hierzu gehören:

- Finanzanlagen i.S.d. § 266 Abs. 2 A.III. HGB, unabhängig davon, ob sie FI i.S.d. §§ 1 Abs. 11 KWG bzw. § 2 Abs. 4 WpHG sind,

---

1682 Vgl. *IDW RS HFA 36 n.F.*, Tz. 10.
1683 Vgl. *IDW RS HFA 36 n.F.*, Tz. 9.
1684 Vgl. *IDW RS HFA 36 n.F.*, Tz. 16.
1685 Vgl. *IDW RS HFA 36 n.F.*, Tz. 17.
1686 Zur Bewertung vgl. *IDW RS HFA 10* und *IDW S 1 i.d.F. 2008*; zu Beteiligungen auch Kap. F Tz. 364 ff.

- Forderungen i.S.d. § 266 Abs. 2 B.II.1. bis 3. HGB,
- Rückstellungen i.S.d. § 266 Abs. 3 B.1. und 3. HGB,
- Verbindlichkeiten i.S.d. § 266 Abs. 3 C.1., 2., 4. bis 8. HGB und
- sonstige Instrumente i.S.d. § 1 Abs. 11 KWG bzw. § 2 Abs. 4 WpHG,

soweit diese die voranstehenden Voraussetzungen erfüllen[1687].

Die Angabe des im Vergleich zum Buchwert **niedrigeren beizulegenden Zeitwerts** ist nur dann notwendig, wenn ein solcher für Zwecke der Bewertung ermittelt werden musste, i.d.R. weil am Abschlussstichtag Anhaltspunkte dafür vorliegen, dass dieser Wert unterhalb des Buchwerts des FI liegt[1688]. Der beizulegende Zeitwert eines FI ist nach § 255 Abs. 4 HGB zu ermitteln und ist nicht mit dem beizulegenden Wert i.S.d. § 253 Abs. 3 S. 5 oder Abs. 4 S. 2 HGB gleichzusetzen, auch wenn sie oft identisch sind[1689]. So können die Werte bspw. dann unterschiedlich sein, wenn für die Ermittlung des beizulegenden Werts Synergieeffekte berücksichtigt wurden[1690]. Liegt nur der beizulegende Zeitwert, nicht aber der beizulegende Wert des FI unterhalb des Buchwerts, ist eine Anh.-Angabe nicht erforderlich[1691]. 1145

Anzugeben sind – auch wenn dies für die Angaben nach § 285 Nr. 18 HGB nicht ausdrücklich im Gesetz steht – die **Bewertungsmethoden** zur Ermittlung des beizulegenden Zeitwerts. Die Angaben entsprechen insoweit denen nach § 285 Nr. 19 lit. b) (vgl. Kap. F Tz. 1155 ff.)[1692]. 1146

Mangels gesetzlicher Vorgaben sind die angewandten Bewertungsmethoden zur Ermittlung des beizulegenden Zeitwerts (im Unterschied zu den Angaben zum beizulegenden Zeitwert nach § 285 Nr. 19 lit. b) (vgl. Kap. F Tz. 1155 ff.) nicht angabepflichtig. 1147

Die Angabe von Buchwerten und beizulegenden Zeitwerten muss nach § 285 Nr. 18 lit. a) HGB nicht für die einzelnen Vermögensgegenstände, sondern darf für angemessene **Gruppierungen** erfolgen, wenn gleichartige Gründe und Anhaltspunkte für die Nichtvornahme der Abschreibungen vorgelegen haben. Einer Gruppe dürfen nur Vermögensgegenstände zugeordnet werden, deren Buchwert den beizulegenden Zeitwert überschreitet, so dass eine Verrechnung von stillen Reserven und Lasten von Vermögensgegenständen innerhalb einer Gruppe ausgeschlossen ist[1693]. 1148

Unterbleiben außerplanmäßige Abschreibungen nach § 253 Abs. 3 S. 6 HGB, sind nach § 285 Nr. 18 lit. b) HGB die **Gründe** anzugeben, die den Verzicht auf die Abschreibung rechtfertigen, d.h. es sind die Anhaltspunkte zu nennen, die darauf hinweisen, dass die **Wertminderung voraussichtlich nicht von Dauer** ist. Die Erwartungen bzgl. künftiger Steigerungen des beizulegenden Zeitwerts sind durch konkrete Maßnahmen wie z.B. Kostensenkungsprogramme, Zusammenlegung von Fertigungsstätten u.ä. zu rechtfertigen. Neben solchen Maßnahmen ist auch ein angemessener Zeithorizont anzugeben, in dem ein Wiederanstieg des beizulegenden Zeitwerts erwartet wird. Für den Fall, dass auf die Abschreibung mit dem Hinweis auf die Erwartung über (wieder) steigende Markt- 1149

[1687] Vgl. *IDW RH HFA 1.005*, Tz. 3 und 14.
[1688] Vgl. *IDW RH HFA 1.005*, Tz. 13.
[1689] Vgl. *IDW RH HFA 1.005*, Tz. 11.
[1690] Vgl. *IDW RS HFA 10*, Tz. 6; *IDW S 1 i.d.F. 2008*, Tz. 13, 43 und 56.
[1691] Vgl. *IDW RH HFA 1.005*, Tz. 14.
[1692] Vgl. *IDW RH HFA 1.005*, Tz. 13 i.V.m. Tz. 33 bis 36.
[1693] Vgl. *IDW RH HFA 1.005*, Tz. 16 f.

preise verzichtet wurde, müssen diese Erwartungen im Anh. konkretisiert und begründet werden[1694]. Zur Beurteilung, ob die Wertminderung von Wertpapieren des AV voraussichtlich nur vorübergehend oder dauerhaft ist, vgl. *IDW RS VFA 2*, Tz. 14 ff., *IDW RH HFA 1.014*, Tz. 25 ff. und VFA zur Bewertung von Kapitalanlagen bei VU[1695]. Bei der Beurteilung sind zusätzliche Erkenntnisse bis zum Ende des Aufhellungszeitraums zu berücksichtigen. Wird von der Möglichkeit der Gruppenbildung Gebrauch gemacht (vgl. Kap. F Tz. 1148), dürfen auch die Gründe zusammengefasst angegeben werden[1696].

8.6.5.36 Nicht zum beizulegenden Zeitwert bilanzierte derivative Finanzinstrumente (§ 285 Nr. 19 HGB)

1150 Nach § 285 Nr. 19 HGB sind für jede Kategorie nicht zum beizulegenden Zeitwert bilanzierter derivativer FI

- deren Art und Umfang (lit. a)),
- deren beizulegender Zeitwert, soweit er sich nach § 255 Abs. 4 HGB verlässlich ermitteln lässt, unter Angabe der angewandten Bewertungsmethode (lit. b)),
- deren Buchwert und der Bilanzposten, in welchem der Buchwert, soweit vorhanden, erfasst ist (lit. c)) sowie
- die Gründe dafür, warum der beizulegende Zeitwert nicht bestimmt werden kann (lit. d))

im Anh. anzugeben. Für kleine Ges. (§ 267 Abs. 1 HGB) ist die Vorschrift nicht obligatorisch (§ 288 Abs. 1 Nr. 1 HGB). Die Angaben nach § 285 Nr. 19 HGB sind auf den Abschlussstichtag zu beziehen. Zeitraumbezogene Angaben sind gesetzlich nicht vorgeschrieben[1697].

1151 **Derivative FI** sind nach *IDW RH HFA 1.005* als Fest- oder Optionsgeschäfte ausgestaltete Termingeschäfte, deren Wert von einer (externen) Basisvariablen (z.B. Marktpreis, Zinssatz oder Devisenkurs) abhängt und deren Erfüllung – brutto oder netto – auf eine Geldzahlung oder den Zu- bzw. Abgang von FI (zum Begriff „Finanzinstrumente" vgl. Kap. F Tz. 1144) gerichtet ist. Zu den derivativen FI zählen auch nach *IDW RS HFA 22* getrennt zu bilanzierende eingebettete Derivate eines strukturierten FI. Außerdem gelten als derivative FI sämtliche Warentermingeschäfte, die nicht auf physische Lieferung, sondern auf Barausgleich gerichtet sind (z.B. EEX-Terminkontrakte ohne physische Lieferung)[1698].

1152 „**Nicht zum beizulegenden Zeitwert bilanziert**" sind derivative FI immer dann, wenn sie nicht mit dem aufgrund einer Gesetzesnorm für die Bewertung ausdrücklich heranzuziehenden beizulegenden Zeitwert gem. § 255 Abs. 4 S. 1 und 2 HGB, sondern nach üblichen Wertmaßstäben bewertet werden[1699]. Unter die Angabepflicht fallen somit bspw. auch derivative FI, für die eine nach § 253 Abs. 1 S. 2 HGB bewertete Drohverlustrückstellung gebildet wird, oder derivative FI, deren aktivierter Wert nach § 253 Abs. 4 HGB auf den niedrigeren beizulegenden Wert abgeschrieben ist, auch wenn in

---

[1694] Vgl. *IDW RH HFA 1.005*, Tz. 18 bis 20.
[1695] Vgl. *HFA*, FN-IDW 2002, S. 667 ff.
[1696] Vgl. *IDW RH HFA 1.005*, Tz. 20 f.
[1697] Vgl. *IDW RH HFA 1.005*, Tz. 23.
[1698] Vgl. *IDW RH HFA 1.005*, Tz. 4 ff.; *Gelhausen/Fey/Kämpfer*, BilMoG, Kap. O, Rn. 101.
[1699] Vgl. *HFA*, IDW Life 2018, S. 312 f.; *IDW RH HFA 1.005*, Tz. 24.

derartigen Fällen ggf. der Wertansatz dem beizulegenden Zeitwert des derivativen FI entspricht[1700].Die Angabepflicht nach § 285 Nr. 19 HGB hat als *lex specialis* Vorrang vor den **Angabepflichten nach § 285 Nr. 3 HGB**. Für derivative FI, die als Grundgeschäft oder Sicherungsinstrument Gegenstand einer **Bewertungseinheit** i.S.d. § 254 HGB sind, gilt die Angabepflicht des § 285 Nr. 19 HGB nicht, da hierfür die speziellen Angabepflichten nach § 285 Nr. 23 HGB (vgl. Kap. F Tz. 1187 ff.) zu beachten sind[1701].

1153 § 285 Nr. 19 HGB verlangt gesonderte Angaben für jede Kategorie derivativer FI. *IDW RH HFA 1.005*, Tz. 26 nimmt eine Abgrenzung unter Bezugnahme auf die unterschiedlichen Risiken bzw. Basiswerte in Anlehnung an § 1 Abs. 11 S. 4 KWG und § 2 Abs. 3 WpHG vor. Danach sind zumindest folgende **Kategorien** zu unterscheiden:

- zinsbezogene Geschäfte,
- währungsbezogene Geschäfte,
- aktien-/indexbezogene Geschäfte,
- sonstige Geschäfte (z.B. auf Derivate bezogene Geschäfte).

Sind derivative FI mehreren Kategorien zuzuordnen (bspw. *cross-currency*-Zinsswaps), sind die Angaben hierzu unter einer eigenständigen Kategorie oder gesondert unter den sonstigen Geschäften anzugeben. Entsprechendes empfiehlt sich, wenn eine Ges. i.W. nur eine besondere Art derivativer FI verwendet. Die Einzelangabe wesentlicher derivativer FI ist nicht erforderlich[1702].

1154 Angabepflichtig nach § 285 Nr. 19 lit. a) HGB ist die Art der derivativen FI. Als **Arten** sind insb. Optionen, Futures, Forwards und Swaps sowie deren Variationen (z.B. sog. Swaptions) zu unterscheiden. Ausreichend ist eine verbale Beschreibung der Arten pro Kategorie[1703]. Neben der Art der derivativen FI ist nach lit. a) auch der **Umfang**, bezogen auf die jeweilige Kategorie, durch Nennung, soweit vorhanden, ihres eigenen Nominalwerts bzw. des Nominalwerts, auf den sie sich beziehen, anzugeben[1704]. Abhängig von der Art der FI können weitere Angaben sachgerecht sein, z.B. eine Angabe der getauschten Zinssätze bei Swaps.

1155 Ferner sind nach § 285 Nr. 19 lit. b) und c) HGB der **beizulegende Zeitwert** sowie ein ggf. vorhandener Buchwert und der Bilanzposten nach Maßgabe von § 266 Abs. 2 und 3 HGB, in dem dieser Buchwert erfasst ist, anzugeben (vgl. auch Kap. F Tz. 1312 ff.). Auch insoweit sind quantitative Angaben nur bezogen auf die einzelne Kategorie derivativer FI zu machen[1705].

1156 Grds. entspricht der beizulegende Zeitwert nach § 255 Abs. 4 S. 1 HGB dem **Marktpreis**, wenn ein solcher verlässlich feststellbar ist (z.B. bei Existenz eines aktiven Markts im Falle börsengehandelter Optionen oder Terminkontrakte). Entspricht der beizulegende Zeitwert dem Marktpreis oder wird dieser, z.B. für außerbörsliche Termingeschäfte, aus dem Marktpreis eines gleichwertigen FI abgeleitet, ist dies nach § 285 Nr. 19 HGB anzugeben[1706].

1700 Zur Bewertung einer Drohverlustrückstellung für Derivate i.H.d. beizulegenden Zeitwerts vgl. *IDW RS HFA 4*, Tz. 44.
1701 Vgl. *IDW RH HFA 1.005*, Tz. 24 f.
1702 Vgl. *IDW RH HFA 1.005*, Tz. 26 ff.
1703 Vgl. *IDW RH HFA 1.005*, Tz. 29 und 32; *Gelhausen/Fey/Kämpfer*, BilMoG, Kap. O, Rn. 105.
1704 Vgl. *IDW RH HFA 1.005*, Tz. 30.
1705 Vgl. *IDW RH HFA 1.005*, Tz. 31 f.
1706 Vgl. *IDW RH HFA 1.005*, Tz. 7 und 33.

1157 Soweit kein aktiver Markt besteht, anhand dessen sich der Marktpreis ermitteln lässt, ist der beizulegende Zeitwert nach § 255 Abs. 4 S. 2 HGB mithilfe allgemein **anerkannter Bewertungsmethoden** zu bestimmen, wenn diese eine angemessene Annäherung an den Marktwert gewährleisten. In diesem Fall verlangt § 285 Nr. 19 lit. b) HGB die Angabe der Bewertungsmethode (z.B. Black-Scholes-Modell zur Bewertung von Optionen). Nicht erforderlich ist es, die tragenden Annahmen dieser Methoden zu nennen. Angaben, dass die Ermittlung des beizulegenden Zeitwerts unter Rückgriff auf Bankbestätigungen oder die Berechnungen von Geschäftspartnern erfolgte, d.h. ohne Hinweis auf die von diesen angewandten Bewertungsmethoden, sind nicht ausreichend[1707].

1158 Kann der beizulegende **Zeitwert** i.S.d. § 255 Abs. 4 S. 1 oder S. 2 HGB auch durch allgemein anerkannte finanzmathematische Bewertungsmethoden **nicht verlässlich bestimmt** werden, ist dies nach § 285 Nr. 19 lit. d) HGB im Anh. zu begründen[1708].

1159 *IDW RH HFA 1.005* empfiehlt die getrennte Angabe für Instrumente mit **positiven und mit negativen beizulegenden Zeitwerten**[1709]. Eine Zusammenfassung von positiven und negativen beizulegenden Zeitwerten in einer Kategorie würde dem Sinn und Zweck der Angabepflicht widersprechen.

1160 Die Angabe der **Buchwerte** und der Bilanzposten nach § 285 Nr. 19 lit. c) HGB setzt voraus, dass im Zeitpunkt der Angabe Beträge erfasst sind, die (fortgeführte) AK (im Fall von Vermögensgegenständen) bzw. (ungewisse) Erfüllungsbeträge (im Fall von Schulden) darstellen und damit als Buchwert des derivativen FI aufgefasst werden können. Dazu gehören bspw. Drohverlustrückstellungen für derivative FI mit negativen Marktwerten, aktivierte bzw. passivierte Optionsprämien oder Upfront-Zahlungen i.Z.m. Swaps, sofern es sich um Ausgleichszahlungen i.H.d. beizulegenden Zeitwerts handelt. Keinen Buchwert des derivativen FI stellen dagegen bspw. Zinsabgrenzungen aus laufenden Zinszahlungen für Swaps oder eine geleistete Initial Margin i.Z.m. Futures dar[1710]. Ob i.Z.m. Futures aktivierte bzw. passivierte Variation Margins angabepflichtige Buchwerte darstellen, erscheint aufgrund ihres Charakters als Sicherheitsleistung fraglich, zumal das Margin-System zu einer Aktivierung (eines Rückzahlungsanspruchs) im Fall eines negativen Marktwerts bzw. zu einer Passivierung (einer Rückzahlungsverpflichtung) im Fall eines positiven Marktwerts führt[1711].

1161 Als Angabe der betroffenen **Bilanzposten** nach § 285 Nr. 19 lit. c) HGB wird i.d.R. eine Nennung des jeweiligen Postens ausreichen, z.B. sonstige Vermögensgegenstände nach § 266 Abs. 2 B.II.4. HGB oder sonstige Rückstellungen nach § 266 Abs. 3 B.3. HGB[1712].

8.6.5.37 Mit dem beizulegenden Zeitwert bewertete Finanzinstrumente (§ 285 Nr. 20 HGB)

1162 Werden FI mit dem beizulegenden Zeitwert bewertet, sind nach § 285 Nr. 20 HGB folgende Angaben erforderlich:

[1707] Vgl. *IDW RH HFA 1.005*, Tz. 7 und 34 f.
[1708] Vgl. *IDW RH HFA 1.005*, Tz. 36.
[1709] Vgl. *IDW RH HFA 1.005*, Tz. 31.
[1710] Vgl. *Grottel*, in: BeBiKo[11], § 285, Rn. 580; *Oser/Holzwarth*, in: HdR[5], §§ 284 bis 288 HGB, Rn. 648.
[1711] A.A. *Oser/Holzwarth*, in: HdR[5], §§ 284 bis 288 HGB, Rn. 648 (Interpretation als Buchwert der Futures zulässig).
[1712] Vgl. *Grottel*, in: BeBiKo[11], § 285, Rn. 580.

- die grundlegenden Annahmen, die der Bestimmung des beizulegenden Zeitwerts mithilfe allgemein anerkannter Bewertungsmethoden zugrunde gelegt wurden (lit. a)), sowie
- Umfang und Art jeder Kategorie derivativer FI einschl. der wesentlichen Bedingungen, welche die Höhe, den Zeitpunkt und die Sicherheit künftiger Zahlungsströme beeinflussen können (lit. b)).

Der sachliche Anwendungsbereich dieser Angabepflicht wurde mit dem CSR-Richtlinie-Umsetzungsgesetz auf alle Unternehmen erweitert. Die Angaben sind erstmals für nach dem 31.12.2016 beginnende GJ verpflichtend; dies gilt, abw. von der Angabe nach § 285 Nr. 19 HGB, auch für kleine KapGes. Zuvor bestand die Angabepflicht nur für Institute.

1163 „Mit dem beizulegenden Zeitwert bewertet" sind FI (zum Begriff vgl. Kap. F Tz. 1144) dann, wenn, abw. von den üblichen Wertmaßstäben, eine Bewertung mit dem beizulegenden Zeitwert ausdrücklich in einer Gesetzesnorm vorgeschrieben ist. Hinsichtlich FI betrifft dies im JA FI des Deckungsvermögens (§ 253 Abs. 1 S. 4 HGB), Rückstellungen für wertpapiergebundene Versorgungszusagen (§ 253 Abs. 1 S. 3 HGB) sowie FI des Handelsbestands bei Instituten (§ 340e Abs. 3 S. 1 HGB)[1713]. Nicht mit dem beizulegenden Zeitwert in diesem Sinne bewertet sind bspw. mit dem niedrigeren beizulegenden Wert angesetzte Finanzanlagen oder Forderungen sowie derivative FI, für die eine nach § 253 Abs. 1 S. 2 HGB zu bewertende Drohverlustrückstellung passiviert wird.

1164 Für FI, die als Grundgeschäft oder Sicherungsinstrument Gegenstand einer Bewertungseinheit i.S.d. § 254 HGB sind, gilt die Angabepflicht nach § 285 Nr. 20 HGB nicht, auch dann nicht, wenn sie mit dem beizulegenden Zeitwert bewertet werden, weil sie in eine vollständig effektive **Bewertungseinheit** einbezogen werden, die nach der Durchbuchungsmethode abgebildet wird (vgl. Kap. F Tz. 220). Bei diesen FI sind die speziellen Angabepflichten nach § 285 Nr. 23 HGB (vgl. Kap. F Tz. 1187 ff.) zu beachten[1714].

1165 Werden (originäre und derivative) FI mit dem beizulegenden Zeitwert bewertet und wird dieser mit einer allgemein anerkannten Bewertungsmethode gem. § 255 Abs. 4 S. 2 HGB ermittelt, sind die angewandte **Methode selbst** (z.B. ein in Abhängigkeit von den Risiken angewandtes Barwertmodell oder Optionspreismodell) sowie die grundlegenden **Annahmen**, die i.R.d. Anwendung der Bewertungsmethode Berücksichtigung gefunden haben, anzugeben. Zu den Annahmen gehören die wesentlichen Parameter, z.B. Zinssätze, Preise des Basiswerts, Restlaufzeiten, Volatilitäten etc. Der beizulegende Zeitwert selbst muss nicht angegeben werden[1715]. Basiert der beizulegende Zeitwert auf einem Marktpreis (§ 255 Abs. 4 S. 1 HGB), ist keine Angabe erforderlich[1716]. Handelt es sich bei derartigen FI gleichzeitig um Deckungsvermögen i.S.d. § 246 Abs. 2 S. 2 Hs. 1 HGB, ergeben sich dieselben Angabepflichten außerdem aus § 285 Nr. 25 HGB; eine Doppelangabe ist in diesem Fall nicht erforderlich[1717].

1166 Darüber hinaus sind für alle derivativen FI, die mit dem beizulegenden Zeitwert bewertet werden, für jede Kategorie derivativer FI weitere Angaben erforderlich (zu den Anga-

---

1713 Vgl. *HFA*, IDW Life 2018, S. 312 f.; *IDW RH HFA 1.005*, Tz. 36b.
1714 Vgl. *IDW RH HFA 1.005*, Tz. 36c.
1715 Vgl. *IDW RH HFA 1.005*, Tz. 36b.
1716 Vgl. *IDW RS BFA 2*, Tz. 80; *Grottel*, in: BeBiKo[11], § 285, Rn. 592 f.; *Oser/Holzwarth*, in: HdR[5], §§ 284 bis 288 HGB, Rn. 663.
1717 Vgl. *IDW RH HFA 1.005*, Tz. 36d.

bepflichten zu allen übrigen, nicht zum beizulegenden Zeitwert bewerteten derivativen FI vgl. Kap. F Tz. 1150). Zur **Kategorisierung** (z.B. zins- oder währungsbezogene Geschäfte) vgl. Kap. F Tz. 1153. Pro Kategorie sind **Art** (z.B. Optionen oder Swaps; vgl. Kap. F Tz. 1154) sowie **Umfang**, d.h. Informationen über den Nominalwert, anzugeben; Angaben zu einzelnen derivativen FI sind nicht gefordert. Darüber hinaus sind pro Kategorie die **wesentlichen Bedingungen** anzugeben, die die Höhe, den Zeitpunkt und die Sicherheit künftiger Zahlungsströme beeinflussen können, d.h. die Informationen darüber zu geben, welchen Risiken (z.B. Marktpreis-, Zins- oder Währungsrisiken) die jeweilige Kategorie derivativer FI ausgesetzt ist. Zu den Zahlungsströmen gehören alle Zu- und Abflüsse von Zahlungsmitteln oder Zahlungsmitteläquivalenten[1718].

8.6.5.38 Geschäfte mit nahe stehenden Unternehmen und Personen (§ 285 Nr. 21 HGB)

1167 Nach § 285 Nr. 21 erster Teilsatz HGB sind im Anh. zumindest die wesentlichen, nicht zu marktüblichen Bedingungen zustande gekommenen Geschäfte mit nahe stehenden Unternehmen und Personen einschl. Angaben zur Art der Beziehung, zum Wert der Geschäfte sowie weiterer Angaben, die für die Beurteilung der Finanzlage notwendig sind, anzugeben. Die Pflicht zur Anh.-Angabe entfällt für Geschäfte mit und zwischen unmittel- oder mittelbar in 100%igem Anteilsbesitz stehenden und in einen – entspr. den Anforderungen des HGB aufgestellten[1719], geprüften und offengelegten – KA einbezogenen Unternehmen (§ 285 Nr. 21 zweiter Teilsatz HGB)[1720]. Angaben über Geschäfte können nach Geschäftsarten zusammengefasst werden, sofern die getrennte Angabe für die Beurteilung der Auswirkungen auf die Finanzlage nicht notwendig ist (§ 285 Nr. 21 dritter Teilsatz HGB).

1168 **Kleine Ges.** (§ 267 Abs. 1 HGB) brauchen diese Angaben nicht zu machen (§ 288 Abs. 1 Nr. 1 HGB). **Mittelgroße Ges.** (§ 267 Abs. 2 HGB) brauchen die Angaben nur zu Geschäften zu machen, die direkt oder indirekt mit einem Gesellschafter oder mit einem Unternehmen, an dem die Ges. selbst eine Beteiligung hält oder mit Mitgliedern des Geschäftsführungs-, Aufsichts- oder Verwaltungsorgans abgeschlossen wurden, vorausgesetzt, die genannten Vertragspartner sind nahe stehend i.S.d. IAS 24.9 (§ 288 Abs. 2 S. 3 HGB). Ein indirekt abgeschlossenes Geschäft liegt vor, wenn Vertragspartner des Bilanzierenden eine Ges. ist, bei der der Gesellschafter, das Unternehmen, an dem der Bilanzierende selbst eine Beteiligung hält, bzw. das Organmitglied des Bilanzierenden Gesellschafter i.S.d. § 288 Abs. 2 S. 3 HGB ist[1721]. Auch in diesem Fall besteht eine Angabepflicht allerdings nur, wenn der Vertragspartner nahe stehend i.S.d. IAS 24.9 ist.

8.6.5.38.1 Nahe stehende Unternehmen und Personen

1169 Der Begriff „**nahe stehende Unternehmen und Personen**" ist i.S.d. zum jeweiligen Abschlussstichtag geltenden, d.h. in EU-Recht übernommenen und in Kraft getretenen internationalen Rechnungslegungsstandards (IFRS) – also gegenwärtig i.S.d. IAS 24.9 ff. – zu verstehen. Zu Einzelheiten, insb. wer nach IAS 24.9 nahe stehend und wer nach IAS 24.11 nicht nahe stehend ist, vgl. Anlage 1 von *IDW RS HFA 33*. Darüber hinaus

---

[1718] Vgl. *IDW RH HFA 1.005*, Tz. 36f f.
[1719] Hierzu gehören auch KA i.S.d. §§ 291, 292 und 315e HGB, vgl. *IDW RS HFA 33*, Tz. 2.
[1720] Vgl. *IDW RS HFA 33*, Tz. 28 f.
[1721] Vgl. *IDW RS HFA 33*, Tz. 27.

wurde nach Verabschiedung von *IDW RS HFA 33* in IAS 24.9 a) viii) konkretisiert, dass ein Unternehmen einem berichtenden Unternehmen nahe steht, wenn das Unternehmen oder ein Mitglied einer Gruppe, der es angehört, für das berichtende Unternehmen oder dessen MU Leistungen im Bereich des Managements in Schlüsselpositionen erbringt. Abgesehen von dieser (in EU-Recht übernommenen und in Kraft getretenen) Ergänzung des IAS 24.9 sind die nicht in Anlage 1 von *IDW RS HFA 33* wiedergegebenen Regelungen des IAS 24 bei der Anwendung des § 285 Nr. 21 HGB nicht maßgeblich[1722].

8.6.5.38.2 Angabepflichtige Geschäfte

Der Begriff des **Geschäfts** i.S.d. § 285 Nr. 21 erster Teilsatz HGB ist weit zu verstehen und umfasst neben Rechtsgeschäften auch andere getroffene Maßnahmen, mithin alle Transaktionen rechtlicher und wirtschaftlicher Art, die sich auf die gegenwärtige und künftige Finanzlage des Unternehmens auswirken können. Zur Abgrenzung von Rechtsgeschäften und Maßnahmen kann auf die Begriffsauslegung i.S.d. § 312 AktG zurückgegriffen werden[1723]. Allgemeine geschäftspolitische Entscheidungen, die noch nicht zu einer Übertragung von Risken oder Vorteilen geführt haben, sowie unterlassene Rechtsgeschäfte/Maßnahmen sind nicht angabepflichtig[1724].

1170

> **Beispiel 27:**
>
> **Rechtsgeschäfte** i.S.d. § 285 Nr. 21 HGB sind bspw. Käufe und Verkäufe von Vermögensgegenständen, der Bezug oder die Erbringung von Dienstleistungen, die Nutzung oder Nutzungsüberlassung von Vermögensgegenständen, Finanzierungen (inkl. Cash-Pooling), die Gewährung oder der Erhalt von Bürgschaften oder anderen Sicherheiten.
> **Maßnahmen** i.S.d. § 285 Nr. 21 HGB sind bspw. Produktionsverlagerungen und -änderungen, Stilllegung von Betriebsteilen, Investitions- oder Forschungstätigkeiten oder Abstimmungen im Ein- oder Verkauf (z.B. auf Weisung einer übergeordneten Konzernges.)[1725].

Voraussetzung für die Angabepflicht nach § 285 Nr. 21 HGB ist, dass der Geschäftspartner dem berichtspflichtigen Unternehmen **zum Zeitpunkt der Transaktion** – nicht notwendiger Weise zugleich auch noch am Abschlussstichtag – **nahe steht**[1726].

1171

Nach § 285 Nr. 21 HGB besteht das (jährlich neu ausübbare) Wahlrecht, entweder **nur die** wesentlichen **nicht zu marktüblichen Bedingungen zustande gekommenen Geschäfte** mit nahe stehenden Unternehmen und Personen **oder alle** wesentlichen **Geschäfte** mit nahe stehenden Unternehmen und Personen anzugeben. Werden alle wesentlichen Geschäfte angegeben, ist eine Untergliederung (marktüblich/marktunüblich) nicht erforderlich. Eine Ergänzung der Angabe der marktunüblichen Geschäfte um die Angabe nur einzelner marktüblicher Geschäfte ist nur zulässig, wenn die marktunüblichen Geschäfte als solche gekennzeichnet werden. Wurden keine wesentlichen Ge-

1172

1722 Vgl. *IDW RS HFA 33*, Tz. 8.
1723 Vgl. *IDW St/HFA 3/1991*, Abschn. II.
1724 Vgl. *IDW RS HFA 33*, Tz. 4 und 6.
1725 Vgl. *IDW RS HFA 33*, Tz. 5.
1726 Vgl. *IDW RS HFA 33*, Tz. 10.

1173 schäfte zu marktunüblichen Konditionen getätigt und verzichtet der Bilanzierende auf die Angabe der wesentlichen marktüblichen Geschäfte, ist eine Negativanzeige nicht erforderlich[1727].

1173 Es sind nur die Geschäfte anzugeben, die für die Beurteilung der Finanzlage unter Berücksichtigung der Verhältnisse des Einzelfalls **wesentlich** sind. Der Begriff der „Finanzlage" umfasst sowohl stichtagsbezogen die vorhandene Liquidität als auch die erwarteten künftigen Finanzmittelzu- und -abflüsse. Geschäfte können einzeln oder zusammen mit anderen gleichartigen oder wirtschaftlich zusammengehörenden Geschäften wesentlich sein. Eine kompensatorische Betrachtung der Auswirkungen gegenläufiger Geschäfte zur Beurteilung der Wesentlichkeit ist nicht zulässig[1728].

1174 Ob ein Geschäft zu **marktunüblichen Bedingungen** abgeschlossen wurde, ist im Wege eines Drittvergleichs im Zeitpunkt des Verpflichtungsgeschäfts festzustellen, wobei als Maßstab das Vorgehen zwischen fremden Dritten bei gleich liegenden Verhältnissen heranzuziehen ist. Für die Beurteilung einer Marktunüblichkeit können steuerrechtliche Beurteilungskriterien zu vGA oder verdeckten Einlagen und die von der OECD entwickelten Verrechnungspreisgrundsätze als Anhaltspunkte dienen[1729].

1175 Fallen Verpflichtungs- und Erfüllungsgeschäft bei Erwerbs- und Veräußerungsgeschäften in verschiedene GJ, sind die Angaben nur für das GJ des Verpflichtungsgeschäfts zu machen. Auch bei Dauerschuldverhältnissen ist die Marktüblichkeit des Geschäfts nur für den **Zeitpunkt des Verpflichtungsgeschäfts** zu beurteilen, wobei die Wesentlichkeit während der Vertragslaufzeit zu jedem Abschlussstichtag erneut einzuschätzen ist[1730].

8.6.5.38.3 Angaben zu den Geschäften

1176 Für die Angaben zu den Geschäften (Art der Beziehungen, Art und Wert der Geschäfte) bietet sich eine **tabellarische Darstellung** – ggf. ergänzt um weitere Angaben, die zur Beurteilung der Finanzlage notwendig sind – an[1731].

1177 Bei der Angabe der **Art der Beziehungen** sind die Beziehungen entspr. dem Verhältnis des nahe stehenden Unternehmens bzw. der nahe stehenden Person zum Bilanzierenden zu geeigneten Gruppen zusammenzufassen (z.B. TU, assoziierte Unternehmen, Personen in Schlüsselpositionen des Unternehmens, nahe Familienangehörige). Eine namentliche Bezeichnung der betreffenden Parteien ist nicht erforderlich[1732].

1178 Angaben über Geschäfte können nach der **Art der Geschäfte** zusammengefasst werden (§ 285 Nr. 21 dritter Teilsatz HGB). Sachgerechte Kategorien können bspw. Verkäufe, Käufe, Leasing, Erbringen oder Bezug von Dienstleistungen sein. Ebenso kommt eine Aufteilung in die Kategorien Beschaffungs-, Absatz-, Finanzierungs- und sonstige Geschäfte in Betracht[1733].

1727 Vgl. *IDW RS HFA 33*, Tz. 19 ff.
1728 Vgl. *IDW RS HFA 33*, Tz. 7.
1729 Vgl. *IDW RS HFA 33*, Tz. 11; *IDW St/HFA 3/1991*, Abschn. II Nr. 11.
1730 Vgl. *IDW RS HFA 33*, Tz. 12 f.
1731 Vgl. *IDW RS HFA 33*, Tz. 9 und 17.
1732 Vgl. *IDW RS HFA 33*, Tz. 14.
1733 Vgl. *IDW RS HFA 33*, Tz. 15; *Gelhausen/Fey/Kämpfer*, BilMoG, Kap. O, Rn. 149.

Als **Wert der Geschäfte** ist das vereinbarte Gesamtentgelt anzugeben, im Falle der Unentgeltlichkeit ein Betrag von null Euro. Bei Dauerschuldverhältnissen ist ferner das auf die im GJ erbrachten oder erhaltenen Leistungen entfallende Entgelt anzugeben. Des Weiteren sind die auf die Restlaufzeit des Schuldverhältnisses nach dem Abschlussstichtag voraussichtlich entfallenden Entgelte anzugeben, wenn das Näheverhältnis am Abschlussstichtag noch besteht[1734].

1179

Einzelfallbezogen können **weitere Angaben** über die Art der Beziehung sowie über Art und Umfang des Geschäfts hinaus erforderlich sein, z.B. wenn Geschäfte hinsichtlich ihres Volumens ungewöhnlich sind oder Dauerschuldverhältnisse mit ungewöhnlich langen Bindungsdauern, ungewöhnlichen Kündigungsbedingungen o.ä. abgeschlossen wurden[1735].

1180

Angaben zu den von § 285 Nr. 9 HGB (als *lex specialis*) erfassten (**Organ-**)**Bezügen** sind aus dem Anwendungsbereich des § 285 Nr. 21 HGB ausgenommen, auch wenn von der Schutzklausel des § 286 Abs. 4 HGB Gebrauch gemacht wurde[1736].

1181

Ausgenommen von der Angabepflicht sind außerdem Geschäfte, die mit und zwischen mittel- oder unmittelbar **in 100%igem Anteilsbesitz stehenden, in einen KA einbezogenen Unternehmen** (d.h. Tochter-, Enkelges. etc.) zustande gekommen sind (§ 285 Nr. 21 zweiter Teilsatz HGB). Aus dem Zweck der Vorschrift, die Information über solche Geschäfte auch für Minderheitsgesellschafter zu gewährleisten, lässt sich schließen, dass auf die Angaben ab dem Zeitpunkt des Erreichens bis zum Zeitpunkt des Unterschreitens des Anteilsbesitzes von 100% verzichtet werden darf[1737].

1182

8.6.5.39 Forschungs- und Entwicklungskosten (§ 285 Nr. 22 HGB)

Im Fall der Aktivierung selbst geschaffener immaterieller Vermögensgegenstände des AV nach § 248 Abs. 2 S. 1 HGB ist der Gesamtbetrag der **Forschungs- und Entwicklungskosten des GJ** sowie der davon auf die selbst geschaffenen immateriellen Vermögensgegenstände des AV entfallende Betrag (Zugangsbetrag des GJ) im Anh. anzugeben. Für kleine Ges. (§ 267 Abs. 1 HGB) ist die Vorschrift nicht obligatorisch (§ 288 Abs. 1 Nr. 1 HGB).

1183

Angaben sind nur erforderlich, wenn am Abschlussstichtag selbst geschaffene gewerbliche Schutzrechte und ähnliche Rechte und Werte (§ 266 Abs. 2 A.I.1. HGB) im AV ausgewiesen werden.

1184

> **! Hinweis 76:**
>
> In den **Gesamtbetrag** der Forschungs- und Entwicklungskosten sind folgende, im GJ angefallenen Kostenbestandteile einzubeziehen:
> - Forschungskosten, die nach § 255 Abs. 2 S. 4 HGB nicht in die HK einbezogen werden dürfen,
> - *Entwicklungskosten*, die nicht aktivierbar sind, weil zum Abschlussstichtag keine hohe Wahrscheinlichkeit gegeben ist, dass ein einzeln verwertbarer Vermögensgegenstand i.S.d. § 246 Abs. 1 S. 1 HGB entstehen wird,

---

1734 Vgl. *IDW RS HFA 33*, Tz. 16 f.
1735 Vgl. *IDW RS HFA 33*, Tz. 18.
1736 Vgl. *IDW RS HFA 33*, Tz. 24. Zu den Angaben nach § 285 Nr. 9 HGB vgl. Kap. F Tz. 1067 ff. sowie zur Schutzklausel des § 286 Abs. 4 HGB Kap. F Tz. 1082 ff.
1737 Vgl. Grottel, in: BeBiKo[11], § 285, Rn. 661.

> - Entwicklungskosten, die unter Berücksichtigung der sachlichen Stetigkeit in Ausübung des Wahlrechts nach § 248 Abs. 2 S. 1 HGB nicht aktiviert werden,
> - Entwicklungskosten für selbst geschaffene Marken, Drucktitel, Verlagsrechte Kundenlisten oder vergleichbare immaterielle Vermögensgegenstände des AV, für die nach § 248 Abs. 2 S. 2 HGB ein Ansatzverbot besteht, und
> - im GJ aktivierte Entwicklungskosten für selbst geschaffene immaterielle Vermögensgegenstände des AV.

Soweit von den Wahlrechten nach § 255 Abs. 2 und 3 HGB für selbst geschaffene immaterielle Vermögensgegenstände des AV Gebrauch gemacht wird, sind auch die entspr. Kosten in den Gesamtbetrag einzubeziehen[1738].

1185 Nicht in den Gesamtbetrag einzubeziehen sind **Vertriebskosten** i.S.d. § 255 Abs. 2 S. 4 HGB (z.B. Ausgaben für Werbung) und Ausgaben, die nicht eindeutig dem Vertrieb oder der Entwicklung zugerechnet werden können. Bei Letzteren ist im Zweifel davon auszugehen, dass es sich um Vertriebskosten handelt[1739]. Ebenfalls nicht einzubeziehen sind **Aufwendungen für Forschung und Entwicklung Dritter**, die dem UV zuzuordnen sind[1740].

1186 Zusätzlich zu dem Gesamtbetrag der Forschungs- und Entwicklungskosten des GJ ist der davon auf die selbst geschaffenen immateriellen Vermögensgegenstände des AV entfallende Betrag anzugeben. Da aus dem Wortlaut der Vorschrift nicht hervorgeht, ob hierunter auch die Ausgaben des GJ fallen, die nach § 248 Abs. 2 S. 1 und 2 HGB nicht aktiviert werden, erscheint es vertretbar, lediglich die nach § 248 Abs. 2 S. 1 i.V.m. § 255 Abs. 2a S. 2 HGB **im GJ neu aktivierten Entwicklungskosten** anzugeben, auch wenn diese bereits im Anlagenspiegel als „Zugänge" ausgewiesen sind[1741].

8.6.5.40 Bewertungseinheiten (§ 285 Nr. 23 HGB)

1187 Geht ein Unternehmen ökonomische Sicherungsbeziehungen ein, hat es nach § 284 Abs. 2 Nr. 1 HGB die **Bilanzierungs- und Bewertungsmethoden** i.Z.m. diesen Sicherungsbeziehungen im Anh. anzugeben (zu den Angabepflichten im LB vgl. Kap. F Tz. 1401 ff.). Dazu gehören insb. Angaben darüber, wie das Wahlrecht des § 254 HGB zur Bildung von Bewertungseinheiten für bilanzielle Zwecke ausgeübt worden ist (vgl. Kap. F Tz. 200 ff.), ob der wirksame Teil der Bewertungseinheit nach der Einfrierungs- oder nach der Durchbuchungsmethode abgebildet wird (vgl. Kap. F Tz. 220)[1742], und für den Fall der Abbildung nach der Durchbuchungsmethode, ob die Durchbuchung ohne oder mit Berührung der GuV erfolgt ist (vgl. Kap. F Tz. 220).

1188 Darüber hinaus sind nach § 285 Nr. 23 HGB für den Fall von am Abschlussstichtag für bilanzielle Zwecke gebildete Bewertungseinheiten, unabhängig von der Größe der Ges., folgende Angaben im Anh. oder LB (vgl. Kap. F Tz. 1406) erforderlich:

1738 Vgl. für den KA DRS 24.145.
1739 Vgl. *Gelhausen/Fey/Kämpfer*, BilMoG, Kap. O, Rn. 166 f.
1740 Vgl. für den KA DRS 24.144.
1741 Vgl. *Gelhausen/Fey/Kämpfer*, BilMoG, Kap. O, Rn. 168; für den KA DRS 24.146.
1742 Vgl. *IDW RS HFA 35*, Tz. 93; *Gelhausen/Fey/Kämpfer*, BilMoG, Kap. H, Rn. 103 ff.

- Betrag, mit welchem jeweils Vermögensgegenstände, Schulden, schwebende Geschäfte und mit hoher Wahrscheinlichkeit erwartete Transaktionen zur Absicherung welcher Risiken in welche Arten von Bewertungseinheiten einbezogen sind (lit. a)),
- Höhe der mit Bewertungseinheiten abgesicherten Risiken (lit. a)),
- für die jeweils abgesicherten Risiken, warum in welchem Umfang und für welchen Zeitraum sich die gegenläufigen Wertänderungen oder Zahlungsströme künftig voraussichtlich ausgleichen, einschl. der Methode der Ermittlung (lit. b)),
- Erläuterung der mit hoher Wahrscheinlichkeit erwarteten Transaktionen, die in Bewertungseinheiten einbezogen wurden (lit. c)).

Die Angabepflichten nach § 285 Nr. 23 lit. a) HGB beziehen sich auf Vermögensgegenstände, Schulden, schwebende Geschäfte und mit hoher Wahrscheinlichkeit erwartete Transaktionen. Nach *IDW RS HFA 35*, Tz. 98 und *IDW RH HFA 1.005*, Tz. 24a und 36c umfassen die Angabepflichten nach § 285 Nr. 23 lit. a) HGB sowohl **Grundgeschäfte** als auch **Sicherungsinstrumente**. Empfehlenswert ist, die Angaben danach zu trennen.

> **Praxistipp 22:**
> Bestehen am Abschlussstichtag derivative FI, bedingen diese in jedem Fall Anh.-Angaben, im Fall ihrer Einbeziehung in eine Bewertungseinheit für bilanzielle Zwecke die Angaben nach § 285 Nr. 23 HGB, im Fall isoliert bilanzierter derivativer FI entweder die Angaben nach § 285 Nr. 19 (falls nicht zum beizulegenden Zeitwert bewertet) oder die Angaben nach § 285 Nr. 20 (falls mit dem beizulegenden Zeitwert bewertet).

Der **Betrag** ist pro Art von Grundgeschäft, also in bis zu vier Teilbeträge aufgegliedert, anzugeben. Sachgerecht ist, bei Vermögensgegenständen und Schulden deren abgesicherten Buchwert (ggf. also nur den anteiligen Buchwert) und bei schwebenden Geschäften und mit hoher Wahrscheinlichkeit erwarteten Transaktionen den abgesicherten kontrahierten bzw. geplanten betraglichen Umfang des Geschäfts als Betrag anzugeben[1743]. Entsprechendes gilt für die Angabe des Betrags bei Sicherungsinstrumenten pro Art von Sicherungsinstrumenten. Zu den angabepflichtigen **abgesicherten Risiken** zählen z.B. Zinsänderungs-, Währungs-, Bonitäts- oder Preisänderungsrisiken[1744]. Die bloße Angabe der Absicherung von Wert- oder Zahlungsstromänderungsrisiken ist danach nicht ausreichend, wenn auch als Ergänzung empfehlenswert[1745]. Die angabepflichtigen **Arten von Bewertungseinheiten** sind Mikro-, Portfolio- oder Makro-Hedges. Aufgrund der unterschiedlichen Auslegung dieser Begriffe wird empfohlen, zusätzlich das Begriffsverständnis zu erläutern[1746]. Nach dem Gesetzeswortlaut sind sowohl die abgesicherten Risiken wie auch die Arten von Bewertungseinheiten für jede Art von Grundgeschäft bzw. Sicherungsinstrument (Vermögensgegenstände, Schulden, schwebende Geschäfte, mit hoher Wahrscheinlichkeit erwartete Transaktionen) anzugeben.

1743 Vgl. *Grottel*, in: BeBiKo[11], § 285, Rn. 707; *Gelhausen/Fey/Kämpfer*, BilMoG, Kap. O, Rn. 175 f.
1744 Vgl. *IDW RS HFA 35*, Tz. 95.
1745 Vgl. *Gelhausen/Fey/Kämpfer*, BilMoG, Kap. O, Rn. 179; a.A. *Grottel*, in: BeBiKo[11], § 285, Rn. 705 (Pflicht zur Angabe, ob es sich um ein Wert- oder ein Zahlungsstromänderungsrisiko handelt, mit näherer Spezifizierung).
1746 Vgl. *IDW RS HFA 35*, Tz. 20 und 95; *Gelhausen/Fey/Kämpfer*, BilMoG, Kap. O, Tz. 181.

Eine weitere betragliche Untergliederung der pro Art von Grundgeschäften bzw. Sicherungsinstrumenten angabepflichtigen Beträge erscheint nicht erforderlich[1747].

1190 Unter der **Höhe der mit Bewertungseinheiten abgesicherten Risiken** ist sachgerechter Weise das Gesamtvolumen der aufgrund der Bildung von Bewertungseinheiten bis zum Abschlussstichtag vermiedenen negativen Wert- oder Zahlungsstromänderungen aus den Grundgeschäften und den Sicherungsinstrumenten zu verstehen. Dabei handelt es sich bspw. bei der Absicherung von Vermögensgegenständen um die unterlassene Abschreibung oder bei abgesicherten schwebenden Geschäften um die unterlassene Bildung einer Drohverlustrückstellung. Sachgerecht ist es außerdem, die Höhe der abgesicherten Risiken pro Risiko (z.B. Zins- oder Währungsrisiko) anzugeben[1748].

1191 § 285 Nr. 23 lit. b) HGB enthält Angabepflichten zur prospektiven und zur bisherigen (Un-)**Wirksamkeit der Bewertungseinheit**. Die Angaben sind nach dem Gesetzeswortlaut nach den unterschiedlichen abgesicherten Risiken zu trennen[1749].

1192 Im Hinblick auf die **prospektive Wirksamkeit** der Sicherungsbeziehung verlangt § 285 Nr. 23 lit. b) HGB pro abgesichertem Risiko die Angabe der Gründe („warum") und die Angabe des Umfangs, in dem sich Wert- oder Zahlungsstromänderungen bezogen auf das abgesicherte Risiko künftig, d.h. bis zum vorgesehenen Ende der Bewertungseinheit, voraussichtlich ausgleichen werden. Außerdem ist der geplante Sicherungszeitraum anzugeben und die Methode zu erläutern, mit der die prospektive Wirksamkeit nachgewiesen worden ist. Der erforderliche Umfang der Angaben hängt vom Einzelfall ab, z.B. von der Komplexität der angewandten Nachweismethode. Im Fall von Portfolio- oder Makro-Hedges, die ein angemessenes und wirksames RMS voraussetzen, müssen sich die Angaben aus dessen Erläuterung ergeben[1750]. Ist kein rechnerischer Nachweis der prospektiven Wirksamkeit erforderlich (vgl. Kap. F Tz. 214), erscheint die Quantifizierung des Umfangs allein für Zwecke der Anh.-Angabe auch nicht erforderlich[1751].

1193 Im Hinblick auf die **bisherige (Un-)Wirksamkeit** der Sicherungsbeziehung sind ebenfalls die Gründe und der Umfang anzugeben, in dem sich Wert- oder Zahlungsstromänderungen bezogen auf das abgesicherte Risiko seit Beginn der Bewertungseinheit ausgeglichen haben, außerdem die Methode, mit der der Betrag der bisherigen Unwirksamkeit rechnerisch ermittelt worden ist[1752].

1194 Werden **antizipative Bewertungseinheiten** gebildet, also Bewertungseinheiten mit einer mit hoher Wahrscheinlichkeit erwarteten Transaktion als Grundgeschäft, verlangt § 285 Nr. 23 lit. c) HGB eine Erläuterung dieser Transaktionen, d.h. warum am Abschlussstichtag von einer hohen Wahrscheinlichkeit des Abschlusses der künftigen Transaktionen auszugehen ist. Sachgerecht erscheint eine zusammenfassende Erläuterung gleichartiger erwarteter Transaktionen. Gründe für eine hohe Wahrscheinlichkeit erwarteter Transaktionen können z.B. die routinemäßige tatsächliche Durchführung derartiger Transaktionen in der Vergangenheit, eine deutliche Untersicherung des Planvolumens künftiger Transaktionen oder nahezu abgeschlossene Vertragsver-

---

[1747] Vgl. *Gelhausen/Fey/Kämpfer*, BilMoG, Kap. O, Rn. 179 f.
[1748] Vgl. *Grottel*, in: BeBiKo[11], § 285, Rn. 708.
[1749] Vgl. *IDW RS HFA 35*, Tz. 96; *Grottel*, in: BeBiKo[11], § 285, Rn. 710; *Gelhausen/Fey/Kämpfer*, BilMoG, Kap. O, Rn. 185.
[1750] Vgl. *Gelhausen/Fey/Kämpfer*, BilMoG, Kap. O, Rn. 193.
[1751] Vgl. *Gelhausen/Fey/Kämpfer*, BilMoG, Kap. O, Rn. 188.
[1752] Vgl. *IDW RS HFA 35*, Tz. 96; *Gelhausen/Fey/Kämpfer*, BilMoG, Kap. O, Rn. 183.

handlungen sein[1753]. Sachgerecht ist ferner, die Art der Transaktion zu erläutern[1754]. Für den Fall, dass ein derivatives FI als Sicherungsinstrument verwendet wird und dessen beizulegender Zeitwert unter seinen AK liegt, ist dieser Umstand nach den Gesetzesmaterialien gesondert anzugeben und zu begründen, warum aus der erwarteten Transaktion ein kompensierender Ertrag zu erwarten ist[1755]. Weitergehende Angaben zu den in einer antizipativen Bewertungseinheit enthaltenen derivativen Sicherungsinstrumenten können nicht gefordert werden[1756].

1195 Sämtliche Angaben nach § 285 Nr. 23 HGB dürfen im Anh. unterbleiben (nach *IDW RS HFA 35*, Tz. 100 verbunden mit einem entspr. Hinweis im Anh.), soweit sie in den **LB** aufgenommen werden. Dies ermöglicht mittelgroßen und großen KapGes. und KapCoGes., ansonsten notwendige Doppelangaben in Anh. und LB zu vermeiden. Damit darf die nach §§ 285 Nr. 23, 289 Abs. 2 S. 1 Nr. 1 und (im Fall kapitalmarktorientierter Unternehmen) Abs. 4 HGB geforderte Berichterstattung über die Verwendung von FI in einem einheitlichen „Risikobericht" erfolgen, sachgerechter Weise in einem gesonderten Abschnitt der (Gesamt-)Risikoberichterstattung im LB (vgl. Kap. F Tz. 1406). Für die übrigen Anh.-Angaben zu (derivativen) FI (z.B. nach § 285 Nrn. 18 bis 20 HGB) ist eine solche Verlagerung der Angaben in den LB unzulässig, ebenso eine Verlagerung von LB-Angaben in den Anh.[1757]

8.6.5.41 Pensionsrückstellungen und ähnliche Verpflichtungen (§ 285 Nr. 24 HGB)

1196 Zu den Rückstellungen für Pensionen und ähnliche Verpflichtungen (§ 266 Abs. 3 B.1. HGB) sind das angewandte versicherungsmathematische **Berechnungsverfahren** sowie die grundlegenden **Annahmen** der Berechnung, wie Zinssatz, erwartete Lohn- und Gehaltssteigerungen und zugrunde gelegte Sterbetafeln anzugeben (§ 285 Nr. 24 HGB). Kleine Ges. (§ 267 Abs. 1 HGB) brauchen die Vorschrift nicht anzuwenden (§ 288 Abs. 1 Nr. 1 HGB).

1197 Die Angaben nach § 285 Nr. 24 HGB sind auch zu machen, wenn Pensionsrückstellungen gem. § 246 Abs. 2 S. 2 Hs. 1 HGB für Zwecke des Ausweises mit Vermögensgegenständen des **Deckungsvermögens** verrechnet wurden und insoweit nicht mehr in der Bilanz in dem entspr. Posten (§ 266 Abs. 3 B.1. HGB) enthalten sind. Ergänzend sind in diesem Fall die Angaben nach § 285 Nr. 25 HGB erforderlich (vgl. Kap. F Tz. 1204 ff.)[1758]

1198 Die Erläuterungspflichten erstrecken sich auch auf die im Anh. nach Art. 28 Abs. 2 und Art. 67 Abs. 2 EGHGB anzugebenden nicht passivierten **Fehlbeträge** (vgl. Kap. F Tz. 1258 f.). Die Verfahren und Parameter für die Berechnung des Fehlbetrags sind entspr. den §§ 284 Abs. 2 Nr. 1, 285 Nr. 24 (analog) HGB anzugeben[1759]. Liegt kein Fehlbetrag vor, ist eine Negativanzeige nicht erforderlich.

1753 Vgl. *Gelhausen/Fey/Kämpfer*, BilMoG, Kap. O, Rn. 195 f.
1754 Vgl. *Grottel*, in: BeBiKo[11], § 285, Rn. 720.
1755 Vgl. *Gelhausen/Fey/Kämpfer*, BilMoG, Kap. O, Rn. 197 mit Verweis auf Beschlussempfehlung und Bericht des Rechtsausschusses zum BilMoG, BT-Drs. 16/12407, S. 88.
1756 A.A. *Grottel*, in: BeBiKo[11], § 285, Rn. 720 (Angaben über Art und Designation des Sicherungsinstruments).
1757 Vgl. *Gelhausen/Fey/Kämpfer*, BilMoG, Kap. O, Rn. 198 bis 202.
1758 Vgl. *Grottel*, in: BeBiKo[11], § 285, Rn. 740.
1759 Vgl. *IDW RS HFA 30 n.F.*, Tz. 92 f.

1199 Ergibt sich aus der infolge des BilMoG geänderten Rückstellungsbewertung i.S.d. § 253 Abs. 1 und 2 HGB eine Überdotierung der passivierten Pensionsrückstellungen, weil von dem Beibehaltungswahlrecht gem. Art. 67 Abs. 1 S. 2 EGHGB für die folgenden GJ Gebrauch gemacht wird, ist der **Betrag der Überdotierung** nach Art. 67 Abs. 1 S. 4 EGHGB anzugeben. In diesem Fall haben sich die Erläuterungen auf die nach § 253 Abs. 1 S. 2 und Abs. 2 bewerteten Pensionsrückstellungen ohne den Betrag der Überdeckung zu beziehen[1760].

1200 Anzugeben ist das **versicherungsmathematische Berechnungsverfahren**, das die Vorgehensweise bei der Ermittlung des Erfüllungsbetrags für Pensionsverpflichtungen i.S.d. § 253 Abs. 1 S. 2 HGB bestimmt. Gängige Verfahren sind bspw. das Barwert-, Teilwert- und Anwartschaftsbarwertverfahren (*projected unit credit method* i.S.d. IAS 19).

1201 Wird jede Pensionsrückstellung unter Verwendung der individuellen Restlaufzeit der jeweiligen Verpflichtung abgezinst (§ 253 Abs. 2 S. 1 HGB), kommen unterschiedliche **Rechnungszinssätze** zur Anwendung. In einem solchen Fall ist die Nennung der Bandbreite der verwendeten Zinssätze ausreichend[1761]. Alternativ darf nach der Vereinfachungsvorschrift des § 253 Abs. 2 S. 2 HGB (Annahme einer Restlaufzeit von 15 Jahren) die Berechnung unter Verwendung eines pauschalen durchschnittlichen Marktzinssatzes erfolgen[1762]. In diesem Fall ist nur dieser eine Zinssatz anzugeben. Des Weiteren erstreckt sich die Angabepflicht auf die Methodik der Ermittlung des Zinssatzes/der Zinssätze sowie die Angabe, ob die Vereinfachungsregel des § 253 Abs. 2 S. 2 HGB in Anspruch genommen wurde[1763].

> **! Hinweis 77:**
> Über die Angaben nach § 285 Nr. 24 HGB hinaus ist zu Pensionsrückstellungen für GJ, die nach dem 31.12.2015 enden, gem. § 253 Abs. 6 HGB zusätzlich der **Unterschiedsbetrag** zwischen dem Ansatz der Rückstellungen nach Maßgabe des entspr. durchschnittlichen Marktzinssatzes aus den vergangenen zehn GJ und dem Ansatz der Rückstellungen nach Maßgabe des entspr. durchschnittlichen Marktzinssatzes aus den vergangenen sieben GJ in jedem GJ im Anh. oder unter der Bilanz darzustellen (vgl. Kap. F Tz. 587).

1202 Die Angabepflicht nach § 285 Nr. 24 HGB umfasst auch die erwarteten **Lohn- und Gehaltstrends**, die der Berechnung der Rückstellungen zugrunde gelegt wurden, mit ihrem Prozentsatz. Ebenso ist der erwartete **Rententrend** anzugeben, da dieser eine grundlegende Annahme bzgl. des Erfüllungsbetrags der Pensionsverpflichtungen ggü. den Rentnern darstellt[1764]. Bei Festzusagen, die nicht vom Gehalt abhängen, sollte angegeben werden, ob ggf. Trendannahmen in die Berechnung eingegangen sind[1765].

1203 Angabepflichtig sind außerdem die der Berechnung zugrunde gelegten **Sterbetafeln**, die auf biometrischen Rechnungsgrundlagen (z.B. Invaliditäts- und Sterbewahrscheinlichkeiten) basieren. Dazu gehören bspw. die „Richttafeln 2005 G von Klaus Heubeck" aus

---

1760 Vgl. *Grottel*, in: BeBiKo[11], § 285, Rn. 744.
1761 Vgl. *IDW RS HFA 30 n.F.*, Tz. 89; *Gelhausen/Fey/Kämpfer*, BilMoG, Kap. O, Rn. 212.
1762 Vgl. *IDW RS HFA 30 n.F.*, Tz. 56 f.
1763 Vgl. *IDW RS HFA 30 n.F.*, Tz. 89.
1764 Vgl. *IDW RS HFA 30 n.F.*, Tz. 89.
1765 Vgl. *Grottel*, in: BeBiKo[11], § 285, Rn. 747; *Gelhausen/Fey/Kämpfer*, BilMoG, Kap. O, Rn. 213.

dem Jahr 2005 (Generationentafeln). Falls der (betriebsindividuelle) Versichertenbestand eine Modifikation der verwendeten Sterbetafeln erfordert, sind die vorgenommenen Änderungen zu erläutern und zu begründen[1766].

8.6.5.42 Verrechnung von Vermögensgegenständen und Schulden nach § 246 Abs. 2 S. 2 HGB (§ 285 Nr. 25 HGB)

Im Fall der Verrechnung von Vermögensgegenständen des Deckungsvermögens und Schulden aus Altersversorgungsverpflichtungen oder vergleichbaren langfristig fälligen Verpflichtungen nach § 246 Abs. 2 S. 2 Hs. 1 HGB (vgl. Kap. F Tz. 599) sind nach § 285 Nr. 25 HGB anzugeben:

- die **AK** (§ 255 Abs. 1 HGB) und der **beizulegende Zeitwert** (§ 253 Abs. 1 S. 4 i.V.m. § 255 Abs. 4 HGB) der verrechneten Vermögensgegenstände,
- der **Erfüllungsbetrag** der verrechneten Schulden (§ 253 Abs. 1 S. 2 HGB) sowie
- die verrechneten **Aufwendungen und Erträge** (§ 246 Abs. 2 S. 2 Hs. 2 HGB).

Des Weiteren umfasst die Angabepflicht für den Fall, dass der beizulegende Zeitwert der verrechneten Vermögensgegenstände kein Marktpreis gem. § 255 Abs. 4 S. 1 HGB ist, sondern mit allgemein anerkannten Bewertungsmethoden gem. § 255 Abs. 4 S. 2 HGB bestimmt wurde, die grundlegenden **Annahmen der angewandten Bewertungsmethode** (§ 285 Nr. 25 Hs. 2 i.V.m. Nr. 20 lit. a) HGB; vgl. dazu Kap. F Tz. 1165.

1204

Anzugeben sind die **historischen AK** der verrechneten Vermögensgegenstände des Deckungsvermögens, d.h. sämtlicher Vermögensgegenstände, die dem Zugriff aller übrigen Gläubiger entzogen sind und ausschließlich der Erfüllung von Schulden aus Altersversorgungsverpflichtungen oder vergleichbaren langfristig fälligen Verpflichtungen dienen. Nach dem Wortlaut des § 285 Nr. 25 Hs. 1 HGB ist die Angabe eines Gesamtbetrags ausreichend. Fortgeführte AK sind nicht angabepflichtig.

1205

Auch wenn der Gesetzeswortlaut dies nicht ausdrücklich verlangt, erscheint es nach Sinn und Zweck der Vorschrift sachgerecht, den beizulegenden **Zeitwert der verrechneten Vermögensgegenstände** entspr. den nach § 266 Abs. 2 HGB vorgesehenen Posten gesondert anzugeben, ggf. unter Berücksichtigung der vorgeschriebenen Davon-Vermerke in der Bilanz oder im Anh.[1767]. Ein verbleibender aktiver Überhang ist als „Aktiver Unterschiedsbetrag aus der Vermögensverrechnung" (§ 266 Abs. 2. E. HGB) auszuweisen und braucht daher nicht gesondert im Anh. angegeben zu werden[1768].

1206

§ 285 Nr. 25 Hs. 1 HGB verlangt die Angabe des **Erfüllungsbetrags** (d.h. des abgezinsten Nominalbetrags) der nach § 246 Abs. 2 S. 2 HGB verrechneten Schulden. Ein verbleibender passiver Überhang bleibt unter dem entspr. Bilanzposten bilanziert und braucht daher im Anh. nicht gesondert angegeben zu werden[1769].

1207

Die nach § 246 Abs. 2 S. 2 Hs. 2 HGB verrechneten **Aufwendungen** (bspw. aus der Aufzinsung von Pensionsrückstellungen) und **Erträge** (bspw. Zinsen, Dividenden aus oder Wertsteigerungen von Deckungsvermögen) sind im Anh. unsaldiert anzugeben. Nach Sinn und Zweck des § 285 Nr. 25 Hs. 1 HGB erscheint es sachgerecht, die Angaben

1208

1766 Vgl. *Grottel*, in: BeBiKo[11], § 285, Rn. 748; *Gelhausen/Fey/Kämpfer*, BilMoG, Kap. O, Rn. 214.
1767 Weitergehend *Grottel*, in: BeBiKo[11], § 285, Rn. 753 (Pflicht mit Verweis auf Begr. RegE BilMoG, BT-Drs. 16/10067, S. 73).
1768 Vgl. *Grottel*, in: BeBiKo[11], § 285, Rn. 753.
1769 Vgl. *Grottel*, in: BeBiKo[11], § 285, Rn. 753; *Gelhausen/Fey/Kämpfer*, BilMoG, Kap. O, Rn. 223.

entspr. den nach § 275 Abs. 2 oder Abs. 3 HGB vorgesehenen Posten gesondert zu machen, ggf. unter Berücksichtigung der vorgeschriebenen Davon-Vermerke in der GuV oder im Anh.[1770]

8.6.5.43 Investmentvermögen (§ 285 Nr. 26 HGB)

1209 Im Anh. sind nach § 285 Nr. 26 HGB Angaben zu Anteilen an **Sondervermögen** und zu **Anlageaktien an Investmentvermögen** zu machen, sofern die entspr. Anteilsquote am Abschlussstichtag jeweils mehr als 10% beträgt. Grundlage für die Ermittlung der Anteilsquote ist die Anzahl der ausgegebenen Anteile bzw. Anlageaktien. Da auf die Verhältnisse am Abschlussstichtag abzustellen ist, ist bei der Berechnung der Anteilsquote auf die zu diesem Zeitpunkt im Umlauf befindlichen, d.h. ausgegebenen Anteile/Anlageaktien abzustellen. Kleine KapGes. (§ 267 Abs. 1 HGB) brauchen die Angabe nicht zu machen (§ 288 Abs. 1 Nr. 1 HGB).

1210 Grundlage der Angaben ist das Kapitalanlagegesetzbuch (KAGB), welches das Investmentgesetz (InvG) im Jahr 2013 abgelöst hat. Der sachliche **Anwendungsbereich** von § 285 Nr. 26 HGB umfasst:

- Anteile an inländischen Sondervermögen i.S.d. § 1 Abs. 10 KAGB,
- Anlageaktien an inländischen Investmentaktienges. i.S.d. §§ 108-123 KAGB,
- Anteile/Anlageaktien an vergleichbaren EU-Investmentvermögen i.S.d. § 1 Abs. 8 KAGB oder Anteile/Anlageaktien an vergleichbaren ausländischen (= dem Recht eines Drittstaats unterliegenden) Investmentvermögen.[1771]

1211 Für Anteile bzw. Anlageaktien im Anwendungsbereich von § 285 Nr. 26 HGB sind, aufgegliedert nach Anlagezielen, jeweils die folgenden, sich auf den Abschlussstichtag beziehenden **Einzelangaben** zu machen:

- Wert der Anteile/Anlageaktien,
- Differenz des Werts der Anteile/Anlageaktien zum Buchwert,
- die für das GJ erfolgte Ausschüttung,
- Beschränkungen in der Möglichkeit der täglichen Rückgabe,
- die Gründe für eine gem. § 253 Abs. 3 S. 6 HGB unterbliebene Abschreibung, einschl. der Anhaltspunkte, die dafür sprechen, dass eine Wertminderung voraussichtlich nicht von Dauer ist.

> **Praxistipp 23:**
>
> Bei umfangreichem Anteils- bzw. Anlageaktienbesitz empfiehlt sich eine tabellarische Darstellung, die neben dem Namen des Investmentvermögens und dem Herkunftsstaat (zwecks Identifikation) die geforderten Angaben und Erläuterungen enthält[1772].

1770 Vgl. *Grottel*, in: BeBiKo[11], § 285, Rn. 755; *Gelhausen/Fey/Kämpfer*, BilMoG, Kap. O, Rn. 226.
1771 Für die Vergleichbarkeit kann auf die in § 196 Abs. 1 Nr. 1 bis 4 KAGB genannten Kriterien (wirksame *öffentliche Aufsicht*, gleichwertiges Schutzniveau der Anleger, Geschäftstätigkeit ist Gegenstand von Jahres- und Halbjahresberichten, Angebot ohne zahlenmäßige Begrenzung und Rückgabemöglichkeit) abgestellt werden; vgl. *Grottel*, in: BeBiKo[11], § 285, Rn. 766.
1772 Vgl. *Grottel*, in: BeBiKo[11], § 285, Rn. 762, sowie die Bsp.-Tabelle in *Gelhausen/Fey/Kämpfer*, BilMoG, Kap. O, Rn. 237.

Die erforderliche **Aufgliederung nach Anlagezielen** soll den JA-Adressaten eine überschlägige Einschätzung des Anlagerisikos ermöglichen, wobei es aufgrund des Gesetzeswortlauts („aufgegliedert nach Anlagezielen") zulässig ist, Anteile bzw. Anlageaktien mit gleichen Anlagezielen zu einer Anlagekategorie zusammenzufassen. Die Begründung zum RegE des BilMoG stellt in diesem Zusammenhang auf die verschiedenen Fondskategorien (z.B. Aktien-, Renten- und Immobilienfonds, Mischfonds, Hedgefonds) ab[1773]. Sachgerecht ist zudem die Angabe, ob das Investmentvermögen national oder international ausgerichtet ist und ob es sich bspw. um Wachstums-, Rendite-, Branchen-, Länderfonds, Fonds mit unbegrenzter Laufzeit oder Laufzeitfonds, Dachfonds, Garantiefonds oder Spezialitätenfonds (z.B. Energie-, Technologie-, Medien-, Emerging Markets-, Ethik-, Öko- oder Umweltfonds) handelt[1774]. **1212**

Um die in den Anteilen bzw. Anlageaktien enthaltenen stillen Reserven und Lasten darzustellen, ist der **Wert** der Anteile/Anlageaktien (jeweils für alle Stücke, nicht pro Stück) anzugeben; dabei dürfen Anteile bzw. Anlageaktien mit gleichen Anlagezielen zu einem Gesamtwert zusammengefasst werden. Der Wert muss entspr. §§ 168, 278 KAGB bzw. § 36 InvG a.F. bzw. – für Anteile/Anlageaktien an ausländischem Investmentvermögen – nach vergleichbaren Vorschriften ermittelt werden. Er basiert grds. auf dem Verkehrswert des Investmentvermögens abzgl. aufgenommener Kredite und sonstiger Verbindlichkeiten[1775]. Zur Offenlegung der stillen Reserven und Lasten ist ferner die **Differenz** zwischen dem genannten Wert und dem entspr. **Buchwert** anzugeben. **1213**

§ 285 Nr. 26 HGB verlangt die Angabe der *für das GJ erfolgten Ausschüttung*, während die Gesetzesmaterialien auf die *im* GJ vereinnahmte Ausschüttung abstellen. Deshalb und aus Praktikabilitätsgründen kommt es nach h.M. auf den Zufluss im GJ an, wozu auch Zwischenausschüttungen gehören[1776]. Nicht angabepflichtig sind die einzelnen Bestandteile der Ausschüttung (z.B. Dividenden, Zinsen, realisierte Kursgewinne) und die vom Fonds thesaurierten Beträge. Substanzausschüttungen, d.h. Ausschüttungen mit Kapitalentnahmecharakter, sind als Kapitalrückzahlungen zu behandeln und deshalb nicht in die Ausschüttung einzubeziehen[1777]. **1214**

Angaben zu **Beschränkungen** in der üblicherweise bestehenden Möglichkeit der **täglichen Rückgabe** der Anteile bzw. Anlageaktien sollen dem Abschlussadressaten Hinweise auf ungewöhnliche Verhältnisse geben (z.B. Investitionen in illiquide strukturierte Anlagevehikel, Hedgefonds mit langen Kündigungsfristen, Infrastrukturprojekte, Private Equity-Anlagen[1778]). **1215**

Unterbleibt in Ausübung des Wahlrechts nach § 253 Abs. 3 S. 6 HGB eine außerplanmäßige Abschreibung von Anteilen bzw. Anlageaktien bei voraussichtlich nur vorübergehender Wertminderung, sind die Gründe für die **unterlassene Abschreibung** einschl. der Anhaltspunkte dafür, dass die Wertminderung voraussichtlich nicht dauerhaft ist, zu erläutern. Insofern ist § 285 Nr. 26 HGB bzgl. des Investmentvermögens *lex specialis* zu § 285 Nr. 18 HGB (vgl. Kap. F Tz. 1143 ff.) und ersetzt deshalb die dort ge- **1216**

1773 Vgl. BT-Drs. 16/10067, S. 74.
1774 Vgl. *Grottel*, in: BeBiKo[11], § 285, Rn. 770.
1775 Vgl. *Grottel*, in: BeBiKo[11], § 285, Rn. 775 f.
1776 Vgl. *Grottel*, in: BeBiKo[11], § 285, Rn. 780; *Oser/Holzwarth*, in: HdR[5], §§ 284 bis 288 HGB, Rn. 767.
1777 Vgl. *Grottel*, in: BeBiKo[11], § 285, Rn. 780.
1778 Vgl. *Grottel*, in: BeBiKo[11], § 285, Rn. 785.

8.6.5.44 Einschätzung des Risikos der Inanspruchnahme aus Eventualverbindlichkeiten (§ 285 Nr. 27 HGB)

1217 Für die nach § 268 Abs. 7 i.V.m. § 251 HGB im Anh. angegebenen **Haftungsverhältnisse** sind die Gründe der Einschätzung des Risikos der Inanspruchnahme anzugeben. Kleine KapGes. (§ 267 Abs. 1 HGB) brauchen die Angabe nicht zu machen (§ 288 Abs. 1 Nr. 1 HGB). Nicht unter die Angabepflicht fallen die nach § 285 Nr. 3a HGB anzugebenden sonstigen (nicht nach § 268 Abs. 7 HGB anzugebenden) finanziellen Verpflichtungen[1780].

1218 Im Anh. sind die **Erwägungen** zu erläutern, aufgrund derer das Unternehmen davon ausgeht, dass die Wahrscheinlichkeit der Inanspruchnahme derart gering ist, dass die Eventualverbindlichkeiten nicht auf der Passivseite der Bilanz anzusetzen sind[1781]. Dies setzt voraus, dass die Risiken benannt und eingeschätzt werden. Quantitative Angaben (z.B. Eintrittswahrscheinlichkeiten) sind nicht erforderlich[1782].

> **! Hinweis 78:**
> Für die Angabepflicht nach § 285 Nr. 27 HGB nicht ausreichend ist die bloße Angabe, dass mit einer Inanspruchnahme des Unternehmens am Abschlussstichtag nicht zu rechnen sei, weil diese nicht drohe und sehr unwahrscheinlich oder so gut wie ausgeschlossen sei[1783].

1219 Die von § 285 Nr. 27 HGB geforderten Erläuterungen sind auch erforderlich, wenn die Risiken nicht bezifferbar sind und deshalb nur ein Merkposten unter den Haftungsverhältnissen ausgewiesen wird[1784]. Dies gilt auch dann, wenn über die Risikoeinschätzung bereits innerhalb der im **LB** nach § 289 Abs. 1 S. 4 HGB enthaltenen Risikoberichterstattung (vgl. Kap. F Tz. 1389 ff.) informiert wurde[1785]. Wenngleich die Angabepflicht nach § 285 Nr. 27 HGB nicht auf das Risiko einer Inanspruchnahme aus **wesentlichen Verpflichtungen** beschränkt ist, dürfte es ausreichend sein, wenn sich die Erläuterungen auf die wesentlichen Eventualverbindlichkeiten beschränken[1786].

8.6.5.45 Ausschüttungsgesperrte Beträge (§ 285 Nr. 28 i.V.m. § 268 Abs. 8 HGB)

1220 Im Anh. ist der **Gesamtbetrag** der ausschüttungsgesperrten Beträge i.S.d. § 268 Abs. 8 HGB (vgl. dazu Kap. F Tz. 541 ff.) anzugeben, **aufgegliedert in Beträge** aus der Aktivierung

- selbst geschaffener immaterieller Vermögensgegenstände des AV,

---

[1779] Vgl. *Grottel*, in: BeBiKo[11], § 285, Rn. 788; *Oser/Holzwarth*, in: HdR[5], §§ 284 bis 288 HGB, Rn. 769.
[1780] Vgl. *Grottel*, in: BeBiKo[11], § 285, Rn. 790.
[1781] Vgl. *Gelhausen/Fey/Kämpfer*, BilMoG, Kap. O, Rn. 243; *Grottel*, in: BeBiKo[11], § 285, Rn. 791.
[1782] Vgl. *Oser/Holzwarth*, in: HdR[5], §§ 284 bis 288 HGB, Rn. 772.
[1783] Vgl. *Gelhausen/Fey/Kämpfer*, BilMoG, Kap. O, Rn. 243; *Grottel*, in: BeBiKo[11], § 285, Rn. 791.
[1784] Vgl. *IDW RH HFA 1.013*, Tz. 21; *Grottel*, in: BeBiKo[11], § 285, Rn. 793.
[1785] Vgl. BT-Drs. 16/10067, S. 75; *Poelzig*, in: MünchKomm. HGB[3], § 285, Rn. 454.
[1786] Vgl. BT-Drs. 16/10067, S. 74.

- von Vermögensgegenständen des Deckungsvermögens zum beizulegenden Zeitwert und
- latenter Steuern.

Die Angaben sind auch bei Vorliegen eines **EAV** von einer abhängigen AG oder GmbH zu machen, weil sich § 301 S. 1 AktG hinsichtlich des abführungsgesperrten Betrags unmittelbar auf die nach § 268 Abs. 8 HGB ausschüttungsgesperrten Beträge bezieht[1787]. Kleine KapGes. (§ 267 Abs. 1 HGB) brauchen die Angabe nicht zu machen (§ 288 Abs. 1 Nr. 1 HGB). Für KapCoGes. gilt die Angabepflicht nach § 285 Nr. 28 HGB ebenfalls nicht[1788].

1221 Nicht Gegenstand der Angabe nach § 285 Nr. 28 HGB ist eine ggf. bestehende Ausschüttungssperre nach § 272 Abs. 5 HGB (vgl. Kap. F Tz. 520 f.). Gleiches gilt für die Ausschüttungssperre i.Z.m. **Pensionsrückstellungen** nach § 253 Abs. 6 S. 2 HGB (vgl. Kap. F Tz. 554 ff.)[1789].

1222 Die Angabe nach § 285 Nr. 28 HGB soll verdeutlichen, in welchem Umfang die Bilanz **Beträge** enthält, die **nicht ausgeschüttet werden dürfen**, soweit nicht in zumindest derselben Höhe jederzeit frei verfügbare Rücklagen zzgl. eines Gewinnvortrags und abzgl. eines Verlustvortrags mindestens den insgesamt nach § 268 Abs. 8 HGB angesetzten Beträgen abzgl. ggf. bilanzierter passiver latenter Steuern entsprechen (vgl. Kap. F Tz. 541)[1790]. Die Angabe darf jedoch auch dann nicht unterbleiben, wenn frei verfügbare Mittel in ausreichendem Umfang bestehen und die Ausschüttungssperre deshalb nicht zur Anwendung kommt. Um nachvollziehen zu können, ob die Ausschüttungssperre beachtet worden ist, empfiehlt es sich, die Angabe um eine Erläuterung der zur Deckung vorhandenen frei verfügbaren EK-Bestandteile zu ergänzen[1791].

1223 Anzugeben ist zunächst der **Gesamtbetrag** der ausschüttungsgesperrten Beträge zum Abschlussstichtag. Bei der Ermittlung des Betrags ist zu berücksichtigen, dass wg. bestehender, sich in späteren GJ abbauender zu versteuernder Differenzen **passive latente Steuern** (§ 274 Abs. 1 S. 1 HGB) zu bilanzieren sein können (vgl. Kap. F Tz. 709 ff.). Da die aufwandswirksame Erfassung der für die nach § 268 Abs. 8 HGB angesetzten Beträge gebildeten passiven latenten Steuern das entspr. Jahresergebnis bereits in gleicher Höhe gemindert hat, ist dieser Betrag vom ausschüttungsgesperrten Betrag abzuziehen[1792].

1224 Der Gesamtbetrag der ausschüttungsgesperrten Beträge ist des Weiteren in die o.g. Bestandteile (vgl. Kap. F Tz. 1220) aufzuteilen. Gesondert anzugeben sind die in der Bilanz ausgewiesenen Beträge aller **selbst geschaffenen immateriellen Vermögensgegenstände des AV** (§ 248 Abs. 2 S. 1 HGB), gekürzt um die dafür gebildeten passiven latenten Steuern (§ 268 Abs. 8 S. 1 HGB).

1225 Unter die Beträge i.S.d. § 268 Abs. 8 S. 3 HGB aus der **Aktivierung von Vermögensgegenständen des Deckungsvermögens zum beizulegenden Zeitwert** fallen die Beträge, die sich aus der Bewertung von nach § 246 Abs. 2 S. 2 Hs. 1 HGB zu verrechnenden Vermögensgegenständen zum beizulegenden Zeitwert (§ 253 Abs. 1 S. 4 HGB) unter

---

1787 Vgl. Gelhausen/Fey/Kämpfer, BilMoG, Kap. O, Rn. 254.
1788 Vgl. IDW RS HFA 7 n.F., Tz. 38; a.A. Gelhausen/Fey/Kämpfer, BilMoG, Kap. N, Rn. 96.
1789 Vgl. Grottel, in: BeBiKo[11], § 285, Rn. 811.
1790 Vgl. Gelhausen/Fey/Kämpfer, BilMoG, Kap. O, Rn. 252.
1791 Vgl. Gelhausen/Althoff, WPg 2009, S. 584 (591).
1792 Vgl. BT-Drs. 16/10067, S. 64; Grottel, in: BeBiKo[11], § 285, Rn. 805.

Abzug ihrer ursprünglichen AK ergeben, gekürzt um die für die jeweilige Ansatzdifferenz eines jeden einzelnen Vermögensgegenstands des Deckungsvermögens nach dem Grundsatz der Einzelbewertung gebildeten passiven latenten Steuern[1793].

1226 Ausschüttungsgesperrt und angabepflichtig ist auch ein angesetzter **Überhang aktiver latenter Steuern** (§ 268 Abs. 8 S. 2 HGB). Bei dessen Ermittlung ist zu berücksichtigen, dass passive latente Steuern ggf. schon i.Z.m. anderen ausschüttungsgesperrten Beträgen in Abzug gebracht worden sind und eine Doppelberücksichtigung von passiven latenten Steuern nicht zulässig ist.

> **! Hinweis 79:**
>
> Da passive latente Steuern bei der Ermittlung der ausschüttungsgesperrten Beträge nicht doppelt berücksichtigt werden dürfen, ist es möglich, dass der ausschüttungsgesperrte Betrag aus der Aktivierung latenter Steuern u.U. höher ist als der bilanzielle Aktivüberhang i.S.d. § 274 Abs. 1 S. 2 HGB bzw. ein ausschüttungsgesperrter Betrag aus der Aktivierung latenter Steuern sogar dann bestehen kann, wenn ein bilanzieller Passivüberhang latenter Steuern besteht[1794].

8.6.5.46 Aktive und passive latente Steuern (§ 285 Nr. 29 HGB)

1227 Im Anh. ist gem. § 285 Nr. 29 HGB anzugeben, auf welchen **temporären Differenzen** oder **steuerlichen Verlustvorträgen** (KSt, GewSt) die latenten Steuern beruhen und mit welchen **Steuersätzen** ihre Bewertung erfolgt ist. Kleine KapGes. (§ 267 Abs. 1 HGB) sind nach § 288 Abs. 1 Nr. 1 HGB und mittelgroße KapGes. (§ 267 Abs. 2 HGB) nach § 288 Abs. 2 S. 1 HGB von dieser Angabepflicht befreit. Die Angaben sind für aktive und passive latente Steuern unabhängig davon zu machen, ob in der Bilanz ein verrechneter oder unverrechneter Ausweis der latenten Steuern erfolgt (§ 274 Abs. 1 S. 3 HGB). Die Erl. eines Überhangs aktiver latenter Steuern, der in Ausübung des Ansatzwahlrechts (§ 274 Abs. 1 S. 2 HGB) nicht angesetzt worden ist, ist nicht erforderlich[1795].

1228 Des Weiteren sind anzugeben die **Art des Vermögensgegenstands** (z.B. Grundstücke, Beteiligungen) und der **Schuld** (z.B. Pensionsrückstellungen, Drohverlustrückstellungen), die **Art der Differenzen** (zeitlich, quasi-permanent) und ob diese zu aktiven oder passiven latenten Steuern führen. Gleichartige Vermögensgegenstände und Schulden dürfen unter Berücksichtigung der Bilanzposten (§ 266 Abs. 2 und 3 HGB) zusammengefasst werden[1796]. Qualitative Angaben zur Art der bestehenden temporären Differenzen oder steuerlichen Verlustvorträge sind nach h.M. regelmäßig ausreichend, um die Erläuterungspflicht zu erfüllen[1797]. Anzugeben ist auch, inwieweit **steuerliche Verlustvorträge**, **Steuergutschriften** und **Zinsvorträge** bei der Berechnung der latenten Steuern berücksichtigt wurden. Dabei sind Erl. zu den bei der Erfassung aktiver latenter Steuern auf Verlustvorträge zugrunde gelegten Prämissen sowie zur Höhe der Wahr-

---

1793 Vgl. *Grottel*, in: BeBiKo[11], § 285, Rn. 820 f.; zur Ermittlung latenter Steuern i.Z.m. Deckungsvermögen vgl. *Henckel/Meyer*, DStR 2015, S. 2459.
1794 Vgl. *Althoff*, DStR 2012, S. 868 (870); *Grottel/Huber*, in: BeBiKo[11], § 268, Rn. 71; *Grottel*, in: BeBiKo[11], § 285, Rn. 826.
1795 Vgl. m.w.N. *Grottel*, in: BeBiKo[11], § 285, Rn. 831; *HFA*, FN-IDW 2015, S. 172; a.A. für den KA DRS 18.64.
1796 Vgl. *Grottel*, in: BeBiKo[11], § 285, Rn. 833.
1797 Vgl. für den KA DRS 18.65; *Gelhausen/Fey/Kämpfer*, BilMoG, Kap. O, Rn. 262.

scheinlichkeit, mit der eine Verlustverrechnung innerhalb der nächsten fünf Jahre zu erwarten ist, erforderlich[1798].

Bei der Angabe der **Steuersätze** ist bei KapCoGes. lediglich der Steuersatz aus der GewSt anzugeben. Bei KapGes. ist darüber hinaus auch der Steuersatz aus der KSt zzgl. SolZ zu berücksichtigen. Da bei der Bewertung latenter Steuern bei Betriebsstätten in verschiedenen Gemeinden mit unterschiedlichen Hebesätzen die Verwendung von Durchschnittssätzen für Zwecke der GewSt zulässig ist, soweit dies nicht zu wesentlichen Abweichungen führt (vgl. Kap. F Tz. 727), ist in diesen Fällen die Angabe entspr. Durchschnittssätze ausreichend[1799]. **1229**

Eine **Überleitungsrechnung** zwischen dem erwarteten Steueraufwand/-ertrag und dem ausgewiesenen Steueraufwand/-ertrag wird zwar empfohlen (vgl. für den KA DRS 18.7 i.V.m. .67), eine gesetzliche Verpflichtung besteht jedoch nicht[1800]. **1230**

8.6.5.47 Latente Steuerschulden (§ 285 Nr. 30 HGB)

Wenn **latente Steuerschulden** in der Bilanz angesetzt werden, sind gem. § 285 Nr. 30 HGB die latenten Steuersalden am GJ-Ende sowie deren Veränderungen während des GJ im Anh. anzugeben. Mittelgroße KapGes. (§ 267 Abs. 2 HGB) sind, im Unterschied zur Angabe nach § 285 Nr. 29 HGB, von der Angabepflicht nicht befreit (vgl. Kap. F Tz. 1227). Kleine KapGes. (§ 267 Abs. 1 HGB) brauchen die Angabe nicht zu machen (§ 288 Abs. 1 Nr. 1 HGB). Dies gilt auch dann, wenn sie die Erleichterung nach § 274a Nr. 4 HGB nicht in Anspruch nehmen und latente Steuerschulden ansetzen[1801]. **1231**

Eine **Angabepflicht** besteht nur bei einem Passivüberhang latenter Steuern oder wenn bei unverrechnetem Ausweis latenter Steuern (§ 274 Abs. 1 S. 3 HGB) passive latente Steuern in der Bilanz ausgewiesen werden, nicht aber, wenn es ausschließlich aktive latente Steuern gibt oder wenn passive latente Steuern bei einem Aktivüberhang latenter Steuern aufgrund der Inanspruchnahme des Saldierungswahlrechts nicht in der Bilanz ausgewiesen werden[1802]. **1232**

Besteht eine Angabepflicht, sind die **aktiven** und die **passiven latenten Steuern** zum GJ-Ende sowie deren Veränderung im Laufe des GJ im Anh. jeweils getrennt anzugeben, unabhängig davon, ob sie für Ausweiszwecke verrechnet werden oder nicht[1803]. Eine weitergehende Untergliederung, z.B. nach Bilanzposten, ist nicht erforderlich[1804]. **1233**

8.6.5.48 Außergewöhnliche Aufwands- und Ertragsposten (§ 285 Nr. 31 HGB)

§ 285 Nr. 31 HGB verlangt im Anh. die Angabe von Betrag und Art einzelner Erträge und Aufwendungen von außergewöhnlicher Größenordnung oder außergewöhnlicher Bedeutung, soweit die Beträge nicht von untergeordneter Bedeutung sind. Für die Ab- **1234**

1798 Vgl. *Grottel*, in: BeBiKo[11], § 285, Rn. 834.
1799 Vgl. *Grottel*, in: BeBiKo[11], § 285, Rn. 835.
1800 Vgl. *HFA*, FN-IDW 2010, S. 451 f.; *Gelhausen/Fey/Kämpfer*, BilMoG, Kap. O, Rn. 260; *Grottel*, in: BeBiKo[11], § 285, Rn. 836.
1801 Vgl. *Grottel*, in: BeBiKo[11], § 285, Rn. 841.
1802 Vgl. *HFA*, IDW Life 2016, S. 54; *Grottel*, in: BeBiKo[11], § 285, Rn. 846 und Rn. 850; a.A. *Rimmelspacher/Meyer*, DB 2015, Beil. 5, S. 23 (27).
1803 Vgl. *HFA*, IDW Life 2016, S. 54.
1804 Vgl. *Rimmelspacher/Reitmeier*, WPg 2015, S. 1003 (1005); *Rimmelspacher/Meyer*, DB 2015, Beil. 5, S. 23 (27); *Grottel*, in: BeBiKo[11], § 285, Rn. 852.

grenzung von Erträgen und Aufwendungen von **außergewöhnlicher Bedeutung** kann indiziell auf die Kriterien abgestellt werden, die für die vor BilRUG erforderliche Abgrenzung der gewöhnlichen Geschäftstätigkeit von außerordentlichen Geschäftsvorfällen entwickelt worden sind[1805]. Außergewöhnliche Bedeutung haben daher alle Erträge und Aufwendungen, die nach altem Recht nicht der gewöhnlichen Geschäftstätigkeit zuzuordnen waren.

1235 Nicht der **gewöhnlichen Geschäftstätigkeit** zuzurechnen sind Erträge und Aufwendungen, wenn sie seltener, d.h. nicht ständig wiederkehrender Natur, ungewöhnlicher Art und von einiger Bedeutung sind[1806].

> **Beispiel 28:**
>
> Beispiele für Erträge und Aufwendungen außerhalb der gewöhnlichen Geschäftstätigkeit sind: Buchgewinne und -verluste aus der Veräußerung von bedeutenden Beteiligungen, (Teil-)Betrieben und Grundstücken; Sozialplankosten oder Erträge und insb. Aufwendungen, die aus einem Wegfall der Going Concern-Prämisse (§ 252 Abs. 1 Nr. 2 HGB; vgl. Kap. F Tz. 84 f.) resultieren; Verluste i.Z.m. der Stilllegung von Betrieben oder der Aufgabe von Produktgruppen; außergewöhnliche Schadensersatzzahlungen, die einmaliger Art sind; Aufwendungen bei Schuldenerlass mit Besserungsschein; Sanierungsgewinne; Erträge aus der erfolgswirksamen Vereinnahmung von Genussrechtskapital; Schadensfälle durch rechtswidrige Handlungen wie Unterschlagung u.ä.; außerplanmäßige Abschreibungen bei Katastrophen; einmalige Umstrukturierungszuschüsse der öffentlichen Hand; private Zuschüsse ohne Gegenleistungsverpflichtung; Gewinne oder Verluste i.Z.m. Verschmelzungen, Spaltungen oder Anwachsungen[1807].

1236 Zur **gewöhnlichen Geschäftstätigkeit** hingegen zählen i.d.R. Buchgewinne und -verluste aus dem Abgang von Vermögensgegenständen des AV, Erträge aus der Auflösung nicht mehr benötigter Rückstellungen sowie Erträge aus Zuschreibungen. Sie fallen regelmäßig an und stellen daher grds. keine Beeinflussung des Geschäftsergebnisses von außergewöhnlicher Bedeutung dar. Inwieweit Erträge und Aufwendungen, die der gewöhnlichen Geschäftstätigkeit zuzuordnen sind, dennoch außergewöhnliche Bedeutung haben können, ist nicht abschließend geklärt[1808].

1237 Ob Erträge und Aufwendungen von **außergewöhnlicher Größenordnung** vorliegen, ist anhand der das Unternehmen ansonsten prägenden Größenordnungen zu beurteilen[1809]. Dabei handelt es sich um eine relative Betrachtung, d.h. es sind quantitative Ausreißer zu identifizieren, wobei für die Beurteilung nicht allein auf (aggregierte) allgemeine Bezugsgrößen wie z.B. Bilanzsumme oder Umsatzerlöse abgestellt werden darf, sondern auch auf die einzelnen GuV-Posten abzustellen ist, in denen die betreffenden Erträge oder Aufwendungen enthalten sind[1810]. Eine außergewöhnliche Größenordnung kann daher z.B. auch bei ungewöhnlich hohen Steueraufwendungen oder Be-

---

[1805] Vgl. *Rimmelspacher/Meyer*, DB 2015, Beil. 5, S. 23 (28); *Rimmelspacher/Reitmeier*, WPg 2015, S. 1003 (1007); *Grottel*, in: BeBiKo[11], § 285, Rn. 880.
[1806] Vgl. zu den Abgrenzungskriterien ADS[6], § 277 HGB, Tz. 79.
[1807] Vgl. zu weiteren Beispielen auch *Grottel*, in: BeBiKo[11], § 285, Rn. 881 und 891.
[1808] Vgl. *Rimmelspacher/Meyer*, DB 2015, Beil. 5, S. 23 (28); *Grottel*, in: BeBiKo[11], § 285, Rn. 884.
[1809] Vgl. BT-Drs. 18/4050, S. 67.
[1810] Vgl. *Grottel*, in: BeBiKo[11], § 285, Rn. 875 und 903.

teiligungserträgen eines GJ, ungewöhnlich hohen Währungskursgewinnen und -verlusten, ungewöhnlich hohen Erträgen und Aufwendungen aus Inventurdifferenzen oder bei (Groß-)Reparaturen vorliegen[1811]. Auch außergewöhnliche Veränderungen der Umsatzerlöse, z.B. aufgrund des Abschlusses von bedeutsamen Lieferverträgen können unter die Angabepflicht nach § 285 Nr. 31 HGB fallen, nicht aber der Wegfall derartiger Verträge, weil es hier an einer entspr. GuV-Berührung fehlt[1812].

1238 Anzugeben sind Betrag und Art einzelner Erträge und Aufwendungen, d.h. **einzelne Geschäftsvorfälle** (z.B. Verlust aus der Veräußerung eines bedeutenden Grundstücks[1813]) und nicht etwa die entspr. GuV-Posten, in denen Erträge und Aufwendungen außergewöhnlicher Größenordnung oder Bedeutung enthalten sind. Eine zusammengefasste Angabe, insb. die Angabe eines Gesamtbetrags aller derartiger Erträge bzw. Aufwendungen, ist nicht zulässig[1814]. Ein Hinweis darauf, ob es sich bei den Erträgen oder Aufwendungen um solche von außergewöhnlicher Größenordnung oder von außergewöhnlicher Bedeutung handelt, ist nicht erforderlich.

1239 Da angabepflichtige außergewöhnliche Erträge und Aufwendungen grds. in allen **GuV-Posten** enthalten sein können, bietet es sich an, die nach § 285 Nr. 31 HGB erforderlichen Angaben jeweils bei den Angaben zu den einzelnen GuV-Posten vorzunehmen[1815]. Alternativ ist eine in sich geschlossene tabellarische Darstellung zulässig, die auch die Angaben nach § 285 Nr. 32 HGB (vgl. Kap. F Tz. 1242 ff.) berücksichtigen könnte[1816]. Entfallen Erträge bzw. Aufwendungen eines berichtspflichtigen Geschäftsvorfalls auf verschiedene GuV-Posten, ist es unter Berücksichtigung der allgemeinen Grundsätze des § 284 Abs. 1 S. 1 HGB („die zu den einzelnen Posten der Bilanz oder der Gewinn- und Verlustrechnung zu machen sind") sachgerecht, zu beziffern, wie sich der gesamte Ertrag bzw. Aufwand aus diesem Geschäftsvorfall auf die betroffenen GuV-Posten aufteilt.

1240 Eine weitergehende Pflicht zur **Erläuterung** der Beträge besteht i.d.R. nicht, kann sich jedoch aus dem Grundsatz der Klarheit und Verständlichkeit (§ 243 Abs. 2 HGB) ergeben oder wenn der JA andernfalls kein den tatsächlichen Verhältnissen entspr. Bild der Vermögens-, Finanz- und Ertragslage vermittelt (§ 264 Abs. 2 S. 2 HGB)[1817]. Aus diesem Grund kann in Fällen, in denen sich ein berichtspflichtiger Geschäftsvorfall aus mehreren Sachverhalten zusammensetzt (z.B. wenn aus Umweltverstößen Kosten der Schadensbeseitigung, Strafzahlungen und Kosten der Produktionsumstellung resultieren), eine Aufgliederung des Geschäftsvorfalls und der entspr. Erträge bzw. Aufwendungen in entspr. (Teil-)Sachverhalte nur ausnahmsweise verlangt werden.

1241 Eine Angabe der Beträge von außergewöhnlicher Größenordnung oder Bedeutung darf unterbleiben, wenn die Beträge von **untergeordneter Bedeutung** sind. Für die Beurteilung der untergeordneten Bedeutung ist es sachgerecht, hauptsächlich auf die Er-

---

1811 Vgl. m.w.N. *Grottel*, in: BeBiKo[11], § 285, Rn. 890.
1812 A.A. *Grottel*, in: BeBiKo[11], § 285, Rn. 890, wonach eine Angabepflicht auch für den Wegfall bedeutsamer Lieferverträge besteht.
1813 Vgl. für weitere Bsp. *Oser/Holzwarth*, in: HdR[5], §§ 284 bis 288 HGB, Rn. 805.
1814 Vgl. *Rimmelspacher/Meyer*, DB 2015, Beil. 5, S. 23 (28); *Grottel*, in: BeBiKo[11], § 285, Rn. 865 und 897.
1815 Vgl. *Rimmelspacher/Meyer*, DB 2015, Beil. 5, S. 23 (28).
1816 Vgl. *Grottel*, in: BeBiKo[11], § 285, Rn. 897 sowie 980 für die tabellarische Darstellung.
1817 Vgl. *Oser/Holzwarth*, in: HdR[5], §§ 284 bis 288 HGB, Rn. 806.

tragslage abzustellen[1818]. Unzulässig ist, die Berichtspflicht durch die „Atomisierung" eines ansonsten berichtspflichtigen Geschäftsvorfalls zu umgehen.

8.6.5.49 Periodenfremde Erträge und Aufwendungen (§ 285 Nr. 32 HGB)

1242 Nicht dem GJ zuzurechnende Erträge und Aufwendungen (sog. **periodenfremde Erträge und Aufwendungen**) sind hinsichtlich Betrag und Art im Anh. zu erläutern, soweit sie nicht von untergeordneter Bedeutung sind. Kleine und mittelgroße KapGes. (§ 267 Abs. 1 und 2 HGB) brauchen die Angabe nicht zu machen (§ 288 Abs. 1 Nr. 1 bzw. Abs. 2 S. 1 HGB).

1243 Bei periodenfremden Erträgen und Aufwendungen handelt es sich i.d.R. um **Fehleinschätzungen der Vergangenheit**, die in der laufenden Periode korrigiert werden. Dabei ist es unerheblich, ob die Einschätzung zum Zeitpunkt der Feststellung bei pflichtgemäßer Prüfung hätte korrigiert werden müssen oder ob spätere werterhellende Erkenntnisse vorliegen[1819].

1244 Als **periodenfremde** Erträge und Aufwendungen können u.a. in Betracht kommen:
- Buchgewinne und -verluste aus der Veräußerung von Vermögensgegenständen des Sach-AV,
- Erträge aus der Auflösung freigewordener Rückstellungen,
- Eingänge auf in VJ abgeschriebene Forderungen,
- Zuschreibungen im Anlage- und im Umlaufvermögen, soweit damit eine ursprünglich zu hoch vorgenommene Abschreibung korrigiert wird (Zuschreibungen, die aufgrund von im GJ eingetretenen Wertsteigerungen notwendig werden, sind demgegenüber nicht periodenfremd),
- Kostenerstattungen sowie Rückvergütungen und Gutschriften für VJ,
- Steuererstattungen aufgrund eines Verlustrücktrags (§ 10d EStG) oder aus anderen Gründen,
- Steuernachzahlungen für VJ, die nicht durch Rückstellungen gedeckt waren,
- außerplanmäßige Abschreibungen, mit denen in früheren Jahren eingetretenen, aber nicht erkannten Verlusten und Risiken Rechnung getragen wird,
- Nachzahlungen an Mitarbeiter für VJ.

1245 Die periodenfremden Erträge und Aufwendungen sind zu **erläutern**. Die bloße Angabe von Betrag und Art reicht nicht aus. Trotz des Wortlauts des Gesetzes („der einzelnen Erträge und Aufwendungen") erscheint eine Zusammenfassung periodenfremder Erträge und Aufwendungen gleicher Art zulässig[1820]. Da die periodenfremden Erträge und Aufwendungen in verschiedenen GuV-Posten enthalten sein können, bietet es sich an, die erforderlichen Erläuterungen jeweils bei den Angaben zu den einzelnen GuV-Posten vorzunehmen. Alternativ ist eine in sich geschlossene tabellarische Darstellung zulässig, die auch die Angaben nach § 285 Nr. 31 HGB (vgl. Kap. F Tz. 1234 ff.) berücksichtigen könnte[1821], wobei zu beachten ist, dass § 285 Nr. 31 HGB grds. keine Erläuterungen über die Angabe von Betrag und Art hinaus vorsieht.

[1818] Vgl. *Rimmelspacher/Reitmeier*, WPg 2015, S. 1003 (1006 f.); *Grottel*, in: BeBiKo[11], § 285, Rn. 901.
[1819] Vgl. *Grottel*, in: BeBiKo[11], § 285, Rn. 915.
[1820] Gl.A. *Grottel*, in: BeBiKo[11], § 285, Rn. 922.
[1821] Vgl. *Grottel*, in: BeBiKo[11], § 285, Rn. 923 sowie Rn. 980 für die tabellarische Darstellung.

Eine Pflicht zur Erläuterung der periodenfremden Erträge und Aufwendungen besteht nur, soweit sie nicht von **untergeordneter Bedeutung** für die Vermögens-, Finanz- und Ertragslage des bilanzierenden Unternehmens sind[1822], wobei die Ertragslage im Vordergrund stehen dürfte. **1246**

8.6.5.50 Ereignisse nach dem Abschlussstichtag (§ 285 Nr. 33 HGB)

§ 285 Nr. 33 HGB verlangt im Anh. die Angabe von Vorgängen von besonderer Bedeutung, die nach dem Schluss des GJ eingetreten und weder in der GuV noch in der Bilanz berücksichtigt worden sind, unter Angabe ihrer Art und ihrer finanziellen Auswirkungen (sog. **Nachtragsbericht**). Kleine KapGes. (§ 267 Abs. 1 HGB) brauchen die Angabe nicht zu machen (§ 288 Abs. 1 Nr. 1 HGB). Eine **Fehlanzeige** ist nicht erforderlich[1823]. **1247**

Eine **Berichtspflicht** besteht nur für wertbegründende Ereignisse (vgl. Kap. F Tz. 94), da diese, anders als werterhellende Ereignisse, gerade nicht in GuV oder Bilanz berücksichtigt worden sind. Zudem müssen die Vorgänge von besonderer Bedeutung sein. Dies ist nach h.M. dann der Fall, wenn die Vorgänge die Vermögens-, Finanz- und Ertragslage erheblich beeinflusst hätten, wenn sie sich bereits bis zum Abschlussstichtag ereignet hätten[1824]. Unbeachtlich ist, ob es sich um positive oder negative Vorgänge handelt[1825]. Die Berichtspflicht erstreckt sich in zeitlicher Hinsicht vom Beginn des neuen GJ bis i.d.R. zum Zeitpunkt der Aufstellung des JA, in Ausnahmefällen auch bis zu dessen Feststellung[1826]. **1248**

Nach § 285 Nr. 33 HGB sind Angaben zur **Art** und zu den **finanziellen Auswirkungen** der Vorgänge von besonderer Bedeutung erforderlich. Eine Beschränkung der Angaben zu den Auswirkungen lediglich auf die Finanzlage kann aus dem Wortlaut des Gesetzes ebenso wenig abgeleitet werden wie die Verpflichtung zu ihrer Quantifizierung. Aus diesem Grund sind qualitative, verbale Aussagen bzw. Umschreibungen der Auswirkungen ausreichend, bezogen allerdings auch auf die Vermögens- und die Ertragslage[1827]. **1249**

8.6.5.51 Ergebnisverwendungsvorschlag oder -beschluss (§ 285 Nr. 34 HGB)

Im Anh. von mittelgroßen und großen KapGes. ist nach § 285 Nr. 34 HGB der Vorschlag oder der Beschluss über die Ergebnisverwendung anzugeben. Kleine KapGes. i.S.d. § 267 Abs. 1 HGB sind von der Angabepflicht befreit (§ 288 Abs. 1 Nr. 1 HGB). Üblicherweise wird zum Zeitpunkt der Aufstellung des JA lediglich der Ergebnisverwendungsvorschlag vorliegen, der dann im Anh. anzugeben ist. In diesen Fällen hat eine gesonderte **Offenlegung** des Beschlusses zu erfolgen (§ 325 Abs. 1b S. 2 HGB). Eine Nachholung der Angabe dieses gesondert offengelegten Beschlusses im darauffolgenden JA ist nicht erforderlich[1828]. **1250**

[1822] Vgl. *Grottel*, in: BeBiKo[11], § 285, Rn. 926; ebenso BR-Drs. 23/15, S. 81.
[1823] Vgl. *Grottel*, in: BeBiKo[11], § 285, Rn. 947; für Zwecke des KLB empfiehlt DRS 20.114 eine entspr. Angabe.
[1824] Vgl. m.w.N. *Rimmelspacher/Meyer*, DB 2015, Beil. 5, S. 23 (29).
[1825] Vgl. *Grottel*, in: BeBiKo[11], § 285, Rn. 935.
[1826] Vgl. ADS[6], § 289 HGB, Tz. 102; *Grottel*, in: BeBiKo[11], § 285, Rn. 950.
[1827] Vgl. *Grottel*, in: BeBiKo[11], § 285, Rn. 943 f.; *Rimmelspacher/Meyer*, DB 2015, Beil. 5, S. 23 (29).
[1828] Vgl. *Rimmelspacher/Meyer*, DB 2015, Beil. 5, S. 23 (29); *Rimmelspacher/Reitmeier*, WPg 2015, S. 1003 (1009); *Grottel*, in: BeBiKo[11], § 285, Rn. 962.

1251 Grds. ist gem. § 285 Nr. 34 HGB anzugeben, wie das **gesamte Ergebnis** verwendet werden soll. Bei Ausschüttungen erstreckt sich die Angabepflicht auf die Höhe, in welcher die Ausschüttung erfolgen soll, nicht aber darauf, wer die **Bezugsberechtigen** sind. Eine wörtliche Wiedergabe des Gewinnverwendungsvorschlags ist nicht erforderlich. Die Angabe ist mangels expliziter gesetzlicher Befreiung auch dann zu machen, wenn sich dadurch die Gewinnanteile von natürlichen Personen feststellen lassen[1829].

1252 Eine **Angabepflicht** besteht nur dann, wenn eine Gewinnverwendung auch beschlossen werden muss. Bei KapCoGes. mit gesetzlichem Normalstatut oder bei Vorliegen eines EAV oder eines Bilanzverlusts bei KapGes. besteht deshalb ebenso wenig eine Angabepflicht wie bei einer GmbH ohne AR[1830]. Eine Angabepflicht besteht auch nicht für Gewinnteile, die aufgrund gesetzlicher oder satzungsmäßiger Bestimmungen in entspr. Rücklagen eingestellt werden, weil die Gewinnverwendung insoweit ebenfalls nicht beschlossen werden muss[1831]. Außerdem darf die Angabe des Gewinnverwendungsvorschlags unterbleiben, wenn ein solcher gesetzlich nicht gefordert ist, sondern nur freiwillig oder aufgrund gesellschaftsvertraglicher Regelungen – und deshalb nur im Interesse der Gesellschafter – erfolgt[1832].

8.6.5.52 Ausländisches Mutterunternehmen, dessen Konzernabschluss befreiende Wirkung haben soll (§ 291 Abs. 2 S. 1 Nr. 4 HGB, § 292 Abs. 2 S. 1 i.V.m. § 291 Abs. 2 S. 1 Nr. 4 HGB)

1253 Ist eine KapGes. oder KapCoGes. zur Aufstellung eines (Teil-)KA verpflichtet, macht sie aber von der **Befreiungsmöglichkeit des § 291 Abs. 2 HGB** Gebrauch, weil sie und ihre TU in den KA und KLB eines MU mit Sitz in einem Mitgliedstaat der EU oder in einem anderen Vertragsstaat des Abkommens über den EWR einbezogen worden sind, hat sie im Anh. folgende Angaben zu machen (§ 291 Abs. 2 S. 1 Nr. 4 HGB):

a) Name und Sitz des MU, das den befreienden KA und KLB aufstellt,
b) einen Hinweis auf die Befreiung sowie
c) eine Erl. der im befreienden KA vom deutschen Recht abweichend angewandten Bilanzierungs-, Bewertungs- und Konsolidierungsmethoden.

1254 Entsprechende Angabepflichten bestehen nach **§ 292 Abs. 2 S. 1 i.V.m. § 291 Abs. 2 S. 1 Nr. 4 HGB**, wenn der befreiende KA und KLB von einem MU mit Sitz außerhalb der EU bzw. des EWR aufgestellt wird. Daneben ist nach § 292 Abs. 2 S. 1 HGB anzugeben, nach welchen der in § 292 Abs. 1 Nr. 1 HGB genannten Vorgaben (Recht eines EU-/EWR-Staats oder einem solchen Recht gleichwertig, EU-IFRS, als gleichwertig festgelegte internationale Rechnungslegungsstandards) sowie ggf. nach dem Recht welchen Staats der befreiende KA und KLB aufgestellt worden sind.

1255 Die Erläuterung der im befreienden KA vom deutschen Recht **abw. angewandten Bilanzierungs-, Bewertungs- und Konsolidierungsmethoden** „soll sicherstellen, dass der Bilanzleser angemessen über die Anwendung ausländischer Bilanzierungsmethoden unterrichtet wird"[1833]. Hierzu sind verbale Ausführungen zu den wesentlichen Abwei-

---

[1829] Vgl. BT-Drs. 18/5256, S. 85; *Grottel*, in: BeBiKo[11], § 285, Rn. 972.
[1830] Vgl. *Rimmelspacher/Meyer*, DB 2015, Beil. 5, S. 23 (30).
[1831] Vgl. *Rimmelspacher/Meyer*, DB 2015, Beil. 5, S. 23 (30); *Grottel*, in: BeBiKo[11], § 285, Rn. 971 f.
[1832] Vgl. *HFA*, IDW Life 2016, S. 54.
[1833] Begr. RegE zum KapAEG, BR-Drs. 967/96, S. 18.

chungen, ggf. z.B. über die Teilgewinnrealisierung bei langfristiger Auftragsfertigung, ausreichend. Eine quantitative Angabe der daraus resultierenden Auswirkungen ist nicht erforderlich[1834]. Eine Erl. der Abweichungen zwischen HGB und IFRS ist nicht notwendig, wenn der befreiende KA des übergeordneten EU-MU nach den von der EU übernommenen IFRS aufgestellt wurde[1835].

Nicht gefordert ist eine Angabe analog § 285 Nrn. 14 und 14a HGB, d.h. eine **Angabe des Ortes**, an dem der befreiende KA und KLB erhältlich sind. Gleichwohl erscheint eine solche Angabe empfehlenswert[1836]. 1256

8.6.5.53 Mutterunternehmen, das einen Konzernzahlungsbericht mit befreiender Wirkung aufstellt (§ 341s Abs. 2 S. 2 HGB)

KapGes. und KapCoGes. mit Sitz im Inland, die in der **mineralgewinnenden Industrie** tätig sind oder **Holzeinschlag in Primärwäldern** betreiben und auf die die Vorschriften für große KapGes. anzuwenden sind, haben jährlich einen Zahlungsbericht zu erstellen (§ 341s Abs. 1 i.V.m. § 341q HGB), es sei denn, das Unternehmen ist in einen von ihr oder von einem anderen Unternehmen mit Sitz in der EU oder dem EWR aufgestellten Konzernzahlungsbericht einbezogen (§ 341s Abs. 2 S. 1 HGB). Verzichtet das berichtende Unternehmen in diesem Fall auf die Aufstellung eines Zahlungsberichts, hat es im Anh. anzugeben, bei welchem Unternehmen es in den Konzernzahlungsbericht einbezogen ist und wo dieser erhältlich ist (§ 341s Abs. 2 S. 2 HGB). Wird der befreiende Konzernzahlungsbericht nach der Aufstellung des JA des befreiten Unternehmens aufgestellt und veröffentlicht, bezieht sich die Anh.-Angabe auf die künftige Einbeziehung in den befreienden Konzernzahlungsbericht. Stellt das befreite Unternehmen aufgrund der Inanspruchnahme der Erleichterungen nach § 264 Abs. 3 HGB keinen Anh. auf, hat es anstelle der Anh.-Angabe eine entspr. Erklärung beim BAnz. zur Offenlegung einzureichen[1837]. 1257

8.6.6 Einzelangaben nach EGHGB

8.6.6.1 Nicht passivierte Pensionsverpflichtungen und ähnliche Verpflichtungen – Fehlbetrag (Art. 28 Abs. 2 und Art. 48 Abs. 6 EGHGB)

Für Pensionsverpflichtungen (einschl. Anwartschaften), die auf einer unmittelbaren, vor dem 01.01.1987 erteilten Zusage beruhen (Altzusagen), sowie für mittelbare Pensionsverpflichtungen und ähnliche unmittelbare und mittelbare Verpflichtungen braucht eine Rückstellung nicht gebildet zu werden (**Passivierungswahlrecht** gem. Art. 28 Abs. 1 EGHGB; vgl. Kap. F Tz. 579)[1838]. Damit der Umfang der nicht passivierten Verpflichtungen gleichwohl erkennbar wird, ist der „**Fehlbetrag**" im Anh. zu nennen (Art. 28 Abs. 2 und Art. 48 Abs. 6 EGHGB)[1839]. Der Fehlbetrag ist gesondert anzugeben; eine Einbeziehung in den Gesamtbetrag der sonstigen finanziellen Verpflichtungen 1258

1834 Vgl. *Grottel/Kreher*, in: BeBiKo[11], § 291, Rn. 28.
1835 Vgl. *Grottel/Kreher*, in: BeBiKo[11], § 291, Rn. 28.
1836 Vgl. *Andrejewski*, in: BHdR, B 40, Rn. 396.
1837 Vgl. *HFA*, IDW Life 2018, S. 298.
1838 Vgl. zu Besonderheiten bei den mittelbaren und ähnlichen Verpflichtungen ausführlich und m.w.N. *Grottel/Johannleweling*, in: BeBiKo[11], § 249, Rn. 255 ff.
1839 Vgl. *IDW RS HFA 30 n.F.*, Tz. 90. Eine Trennung in den auf unmittelbare Verpflichtungen entfallenden Fehlbetrag und den auf mittelbare Verpflichtungen entfallenden Fehlbetrag ist nicht erforderlich; so auch ADS[6], § 284 HGB, Tz. 172; *Grottel/Johannleweling*, in: BeBiKo[11], § 249, Rn. 261.

(§ 285 Nr. 3a HGB) ist nicht zulässig[1840]. Die **Berechnung des Fehlbetrags** i.S.d. Art. 28 Abs. 2 EGHGB hat nach denselben Grundsätzen zu erfolgen wie die Berechnung von Pensionsrückstellungen[1841]. Aus diesem Grund gelten die für die nach § 284 Abs. 2 Nr. 1 HGB gemachten Angaben zur Bewertung von Pensionsrückstellungen entspr. auch für den Fehlbetrag[1842].

8.6.6.2 Fehlbetrag nach BilMoG für Pensionsrückstellungen (Art. 67 Abs. 2 EGHGB)

1259 Ergibt sich aufgrund der durch das BilMoG geänderten Bewertung der Verpflichtungen aus laufenden Pensionen oder Anwartschaften auf Pensionen eine **Zuführung** zu den Pensionsrückstellungen und wird dieser Betrag gem. Art. 67 Abs. 1 S. 1 EGHGB bis spätestens zum 31.12.2024 **angesammelt** (d.h. in jedem GJ zu mindestens einem Fünfzehntel)[1843], ist der hieraus resultierende, am Abschlussstichtag noch nicht passivierte Fehlbetrag nach Art. 67 Abs. 2 EGHGB im Anh. anzugeben.

> **! Hinweis 80:**
> Der Fehlbetrag nach Art. 67 Abs. 2 EGHGB aus der BilMoG-Umstellung darf nicht mit dem Fehlbetrag nach Art. 28 Abs. 2 EGHGB aus dem Passivierungswahlrecht für „Altzusagen" zusammengefasst werden[1844].

8.6.6.3 Beibehaltung von Sonderposten mit Rücklageanteil (Art. 67 Abs. 3 EGHGB)

1260 Vgl. WP Handbuch 2012 Bd. I, Kap. F Tz. 900.

8.6.6.4 Beibehaltungswahlrecht für steuerrechtliche Abschreibungen (Art. 67 Abs. 4 EGHGB)

1261 Vgl. WP Handbuch 2012 Bd. I, Kap. F Tz. 901.

8.6.6.5 Erstmalige Anwendung der geänderten Umsatzerlösdefinition des § 277 Abs. 1 HGB (Art. 75 Abs. 2 S. 3 EGHGB)

1262 Vgl. *IDW*, WPH Edition, Wirtschaftsprüfung & Rechnungslegung[15], Kap. F Tz. 1248.

8.6.6.6 Vorzeitige Anwendung des § 253 Abs. 2 HGB in der ab 17.03.2016 geltenden Fassung (Art. 75 Abs. 7 EGHGB)

1263 Vgl. *IDW*, WPH Edition, Wirtschaftsprüfung & Rechnungslegung[15], Kap. F Tz. 1249.

8.6.7 Einzelangaben nach AktG

1264 AG und KGaA haben für den Anh. außer den Vorschriften des HGB zusätzlich noch verschiedene **Vorschriften des AktG** zu beachten[1845]. Auf sie wird, soweit sie die Bilanz oder die GuV betreffen, in den entspr. Abschnitten hingewiesen[1846]. Im Folgenden wird

---
1840 Vgl. *IDW St/SABI 3/1986*, Rn. 8 mit Bezug auf § 285 Nr. 3 HGB a.F.
1841 Vgl. ausführlich *Grottel/Johannleweling*, in: BeBiKo[11], § 249, Rn. 263 ff.
1842 Vgl. ADS[6], § 284 HGB, Tz. 90.
1843 Vgl. *IDW RS HFA 28*, Tz. 41 ff.; *Gelhausen/Fey/Kämpfer*, BilMoG, Kap. I, Rn. 127 ff.
1844 Vgl. *Schubert*, in: BeBiKo[11], Art. 67 EGHGB, Rn. 13.
1845 Vgl. die Übersicht in Kap. F Tz. 949.
1846 Vgl. Kap. F Tz. 491 f., Kap. F Tz. 496 f. und Kap. F Tz. 882 ff.

nur auf die sich aus §§ 160 Abs. 1, 240 S. 3 und 261 Abs. 1 und 2 AktG ergebenden Angaben im Anh. eingegangen.

1265 Die **Angaben nach § 160 Abs. 1 AktG** hängen nicht vom pflichtmäßigen Ermessen des Vorstands ab. Es kommt auch nicht darauf an, ob die Berichterstattung zum Verständnis des JA geboten ist. Die Angaben sind in jedem Jahr zu machen, in dem entspr. Berichtstatbestände vorliegen. Fehlt es daran, ist keine Fehlanzeige erforderlich[1847]. Die Angaben haben insoweit zu unterbleiben, wie es für das Wohl der Bundesrepublik Deutschland oder eines ihrer Länder erforderlich ist (§ 160 Abs. 2 AktG) (vgl. auch Kap. F Tz. 1283 f.). Zudem brauchen kleine AG bzw. KGaA (§ 267 Abs. 1 HGB) die Angaben nach § 160 Abs. 1 Nr. 1 und Nr. 3 bis 8 AktG nicht zu machen (§ 160 Abs. 3 S. 1 AktG). Für die Angabe nach § 160 Abs. 1 Nr. 2 AktG gelten für kleine Ges. gem. § 160 Abs. 3 S. 2 AktG inhaltliche Erleichterungen (vgl. Kap. F Tz. 1270).

8.6.7.1   Vorratsaktien (§ 160 Abs. 1 Nr. 1 AktG)

1266 Die Berichterstattungspflicht bezieht sich auf die Bestimmungen des § 56 AktG und erstreckt sich auf die Übernahme von Aktien (**Vorratsaktien**), die

- ein Aktionär für Rechnung der Ges. oder
- ein Aktionär für Rechnung eines von der Ges. abhängigen oder
- ein Aktionär für Rechnung eines im Mehrheitsbesitz der Ges. stehenden Unternehmens oder
- ein von der Ges. abhängiges oder
- ein im Mehrheitsbesitz der Ges. stehendes Unternehmen

übernommen hat[1848].

1267 Angabepflichtig ist die **Zahl**, bei Nennbetragsaktien der **Gesamtnennbetrag** und die **Gattung** der Vorratsaktien unter Kenntlichmachung der o.g. Übernahmefälle, wobei die im GJ geschaffenen Vorratsaktien (**Zugang**) besonders kenntlich zu machen sind. Ferner umfasst die Angabepflicht den Anlass für die Aktienausgabe (z.B. Gründung, Kapitalerhöhung, Ausübung von Umtausch- oder Bezugsrechten)[1849]. Nicht anzugeben sind der Name des Übernehmers sowie Zweck und Inhalt der Übernahmevereinbarungen[1850]. Berichterstattungspflichtig ist gem. § 160 Abs. 1 Nr. 1 Hs. 2 AktG auch die **Verwertung** (z.B. durch Verkauf, Tausch, Verwendung bei Verschmelzungen) der Vorratsaktien unter Angabe des **Erlöses und seiner Verwendung** (z.B. Stärkung der liquiden Mittel)[1851]. Die Aufrechnung zugegangener und verwerteter Aktien ist nicht zulässig[1852].

1847 Vgl. ADS[6], § 160 AktG, Tz. 6.
1848 Vgl. *Hüffer/Koch*, AktG[12], § 160, Rn. 4; *Grottel*, in: BeBiKo[11], § 284, Rn. 51.
1849 Vgl. ADS[6], § 160 AktG, Tz. 19; *Grottel*, in: BeBiKo[11], § 284, Rn. 51. Nach Auffassung von *Hüffer/Koch*, AktG[12], § 160, Rn. 5, ist strittig, inwieweit die Angabe des Anlasses verpflichtend ist.
1850 Vgl. *Grottel*, in: BeBiKo[11], § 284, Rn. 51; a.A. ADS[6], § 160 AktG, Tz. 19, wonach die namentliche Nennung des Übernehmers sowie die Angabe von Inhalt und Zweck der Übernahmevereinbarung in Ausnahmefällen geboten ist. Zu den Ausnahmenfällen vgl. *Hüffer/Koch*, AktG[12], § 160, Rn. 5.
1851 Vgl. ADS[6], § 160 AktG, Tz. 20 f.
1852 Vgl. *Hüffer/Koch*, AktG[12], § 160, Rn. 5; ADS[6], § 160 AktG, Tz. 19.

8.6.7.2 Eigene Aktien (§ 160 Abs. 1 Nr. 2 AktG)

1268 Die Berichterstattungspflicht bezieht sich auf die Bestimmungen der §§ 71 ff. AktG. Zu berichten ist über den **Bestand an eigenen Aktien**, die

- die Ges. selbst,
- ein von der Ges. abhängiges Unternehmen,
- ein in Mehrheitsbesitz der Ges. stehendes Unternehmen oder
- ein Dritter für Rechnung der Ges., eines von ihr abhängigen oder eines in ihrem Mehrheitsbesitz stehenden Unternehmens

erworben oder als Pfand genommen hat. Dabei sind die Zahl dieser Aktien und der auf sie entfallende Betrag des Grundkapitals sowie dessen Anteil am Grundkapital, für erworbene Aktien ferner der Erwerbszeitpunkt, selbst wenn er in einem früheren GJ liegt, und die Gründe für den Erwerb (§ 71 Abs. 1 AktG) anzugeben (§ 160 Abs. 1 Nr. 2 S. 1 AktG)[1853].

1269 Bei **Erwerb oder Veräußerung** solcher Aktien im GJ ist unter Angabe der Zahl dieser Aktien, des auf sie entfallenden Betrags des Grundkapitals, ihres Anteils am Grundkapital sowie des Erwerbs- oder Veräußerungspreises und über die Verwendung des Erlöses zu berichten (§ 160 Abs. 1 Nr. 2 S. 2 AktG). Nach h.M. genügen bei umfangreichen Erwerben oder Veräußerungen Monatszusammenfassungen; eine Zusammenfassung (Aufrechnung) von Erwerben und Veräußerungen ist nicht zulässig[1854]. Nicht berichterstattungspflichtig sind der Erwerb in Ausführung einer Einkaufskommission, der nach § 71 Abs. 1 Nr. 4 AktG nur durch KI zulässig ist, sowie der Erwerb in Verwaltungstreuhandschaft, Legitimationsübertragung und bei Kaduzierung[1855].

1270 § 160 Abs. 3 S. 2 AktG sieht i.Z.m. der Angabe nach § 160 Abs. 1 Nr. 2 AktG **Erleichterungen** für kleine Ges. (§ 267 Abs. 1 HGB) vor. Diese müssen nur Angaben zu von ihnen selbst oder durch eine andere Person für Rechnung der Ges. erworbenen und gehaltenen eigenen Aktien machen, nicht aber zu eigenen Aktien, die von einem abhängigen oder im Mehrheitsbesitz stehenden Unternehmen gehalten werden. Über die Verwendung des Erlöses aus der Veräußerung eigener Aktien brauchen kleine Ges. ebenfalls nicht zu berichten. Diese Erleichterung gilt auch für Kleinst-AG (§ 267a HGB) i.Z.m. der Angabe zu eigenen Aktien unter der Bilanz (§ 264 Abs. 1 S. 5 Nr. 3 HGB), wenn sie auf die Aufstellung eines Anh. verzichten wollen. Kleinst-KGaA brauchen die Angabe zu den eigenen Aktien unter der Bilanz nicht zu machen[1856].

1271 Sofern im Anhang die Angaben nach § 160 Abs. 1 Nr. 2 AktG zu machen sind, ist darauf gem. § 289 Abs. 2 S. 2 HGB im **Lagebericht** zu verweisen (vgl. Kap. F Tz. 1414).

8.6.7.3 Verschiedene Aktiengattungen (§ 160 Abs. 1 Nr. 3 AktG)

1272 Der auf jede Aktiengattung entfallende Betrag des Grundkapitals ist nach § 152 Abs. 1 S. 2 AktG in der Bilanz gesondert zu vermerken. Zusätzlich sind im Anh. gem. § 160

[1853] Vgl. *Grottel*, in: BeBiKo[11], § 284, Rn. 52; *Hüffer/Koch*, AktG[12], § 160, Rn. 8.
[1854] Vgl. ADS[6], § 160 AktG, Tz. 32 f.; *Grottel*, in: BeBiKo[11], § 284, Rn. 52.
[1855] Vgl. m.w.N. *Grottel*, in: BeBiKo[11], § 284, Rn. 52.
[1856] Vgl. *Rimmelspacher/Meyer*, DB 2015, Beil. 5, S. 23 (34, 32); *Winkeljohann/Schellhorn*, in: BeBiKo[11], § 264, Rn. 61; *Fink/Theile*, DB 2015, S. 753 (753).

Abs. 1 Nr. 3 AktG die Zahl der **Aktien jeder Gattung** sowie bei Nennbetragsaktien der Nennbetrag bzw. bei Stückaktien der rechnerische Wert jeder Gattung anzugeben[1857]. Die Angabepflicht entfällt, soweit sich diese Angaben bereits aus der Bilanz ergeben. Umgekehrt erscheint in analoger Anwendung des § 265 Abs. 7 Nr. 2 HGB auch eine einheitliche Darstellung der in Bilanz und Anh. geforderten Angaben nur im Anh. zulässig[1858]. Die erforderlichen Angaben sind für Aktien, die im GJ aufgrund einer **bedingten Kapitalerhöhung** (§ 192 AktG) oder eines **genehmigten Kapitals** (§ 202 AktG) gezeichnet wurden, gesondert zu machen (§ 160 Abs. 1 Nr. 3 Hs. 2 AktG).

8.6.7.4 Genehmigtes Kapital (§ 160 Abs. 1 Nr. 4 AktG)

Im Anh. ist der **Nennbetrag** des genehmigten Kapitals (§§ 202 ff. AktG) anzugeben, soweit bis zum Ende des GJ von der Ermächtigung noch kein Gebrauch gemacht worden ist, sowie der **Inhalt des Ermächtigungsbeschlusses** mit den Bedingungen der Aktienausgabe[1859]. Hat die Aktienausgabe im GJ stattgefunden, ist darüber stattdessen nach Nr. 3 zu berichten (vgl. dazu Kap. F Tz. 1272). Die Angabe muss erkennen lassen, ob bei der Ausgabe die satzungsmäßige Ermächtigung eingehalten wurde[1860]. Wird die Ermächtigung nach dem Abschlussstichtag in Anspruch genommen, handelt es sich um ein grds. nach § 285 Nr. 33 HGB (vgl. Kap. F Tz. 1247 ff.) berichtspflichtiges Ereignis nach dem Abschlussstichtag[1861].

1273

8.6.7.5 Bezugsrechte gem. § 192 Abs. 2 Nr. 3 AktG (§ 160 Abs. 1 Nr. 5 AktG)

Bestehen am Abschlussstichtag **Bezugsrechte gem. § 192 Abs. 2 Nr. 3 AktG** für Arbeitnehmer und Mitglieder der Geschäftsführung der Ges. oder eines verbundenen Unternehmens, ist deren Zahl gem. § 160 Abs. 1 Nr. 5 AktG anzugeben. Für weitergehende Angaben zu derartigen Bezugsrechten sowie über Wandelschuldverschreibungen und vergleichbare Rechte nach § 285 Nr. 15a HGB vgl. Kap. F Tz. 1124 ff.

1274

8.6.7.6 Wechselseitige Beteiligungen (§ 160 Abs. 1 Nr. 7 AktG)

Gem. § 19 AktG sind wechselseitig beteiligte Unternehmen dann gegeben, wenn zwei Unternehmen mit Sitz im Inland in der Rechtsform einer KapGes. dadurch verbunden sind, dass jedem Unternehmen mehr als der vierte Teil der Anteile des anderen Unternehmens gehört. Solange die wechselseitige Beteiligung fortbesteht, ist im Anh. über das **Bestehen der wechselseitigen Beteiligung** unter Angabe des anderen Unternehmens zu berichten. Weitere Angaben (z.B. Höhe der Beteiligung, Änderungen im GJ) werden vom Gesetz nicht gefordert[1862].

1275

> **! Hinweis 81:**
> Bei Überschneidung der Berichtspflicht nach § 160 Abs. 1 Nr. 7 AktG mit der Berichtspflicht nach Nr. 8 ist nach h.M. eine zusammenfassende Darstellung möglich[1863].

1857 Vgl. *Grottel*, in: BeBiKo[11], § 284, Rn. 89; *Rimmelspacher/Meyer*, DB 2015, Beil. 5, S. 23 (33).
1858 Vgl. ADS[6], § 160 AktG, Tz. 41; *Grottel*, in: BeBiKo[11], § 284, Rn. 89.
1859 Vgl. ADS[6], § 160 AktG, Tz. 50; *Grottel*, in: BeBiKo[11], § 284, Rn. 54.
1860 Vgl. ADS[6], § 160 AktG, Tz. 50; *Grottel*, in: BeBiKo[11], § 284, Rn. 54.
1861 Vgl. *Hüffer/Koch*, AktG[12], § 160, Rn. 11.
1862 Vgl. ADS[6], § 160 AktG, Tz. 64; *Hüffer/Koch*, AktG[12], § 160, Rn. 13.
1863 Vgl. ADS[6], § 160 AktG, Tz. 66; *Grottel*, in: BeBiKo[11], § 284, Rn. 57.

8.6.7.7 Beteiligungen, die der Gesellschaft nach § 20 Abs. 1 oder 4 AktG oder nach § 33 Abs. 1 oder 2 WpHG mitgeteilt worden sind (§ 160 Abs. 1 Nr. 8 AktG)

1276 Anzugeben sind **Beteiligungen an der berichtenden Ges.**, die ihr nach § 33 Abs. 1 oder 2 WpHG oder nach § 20 Abs. 1 oder 4 AktG mitgeteilt worden sind. Dabei betrifft die Mitteilungspflicht nach § 33 WpHG nur Beteiligungen an Ges., deren Aktien zum Handel an einem organisierten Markt zugelassen sind (§ 33 Abs. 4 WpHG); der Anwendungsbereich des § 20 AktG beschränkt sich dagegen nach § 20 Abs. 8 AktG auf die übrigen Ges. Die Angaben betreffen

- bei Mitteilungen nach § 33 WpHG erreichte, überschrittene oder unterschrittene Beteiligungen an der Ges. von 3, 5, 10, 15, 20, 25, 30, 50 oder 75% der Stimmrechte und
- bei Mitteilungen nach § 20 AktG das Bestehen einer Beteiligung von mehr als 25% (§ 20 Abs. 1 AktG) oder 50% (§ 20 Abs. 4 AktG) des Aktienkapitals. Mitteilungen nach § 33 WpHG zu bestimmten FI i.Z.m. Aktien der berichtenden Ges., die nach §§ 38 oder 39 WpHG mitteilungspflichtig sind, fallen nicht unter die Angabepflicht nach § 160 Abs. 1 Nr. 8 AktG[1864].

1277 Die Angabepflicht umfasst den **Inhalt der Mitteilung**, wie er nach § 20 Abs. 6 AktG oder nach § 40 Abs. 1 WpHG von der Ges. veröffentlicht werden muss[1865], nicht aber die Mitteilung selbst (für den Fall, dass eine Mitteilung an die Ges. nicht erfolgt ist, vgl. Kap. F Tz. 1279). Ob die Veröffentlichung durch die Ges. tatsächlich erfolgt ist, spielt keine Rolle[1866]. Des Weiteren sind der **Aktionär** und der **Schwellenwert** anzugeben, welcher erreicht, über- oder unterschritten worden ist. Bei der Mitteilung nach WpHG ist neben der Nennung des Aktionärs auch sein Wohnort bzw. Sitz (u.U. mit Staat) anzugeben, es sei denn, es handelt sich um eine Privatperson, ferner, ob ein Schwellenwert über- oder unterschritten wurde, das Datum des Über- bzw. Unterschreitens eines Schwellenwerts sowie die Höhe des aktuellen Stimmrechtsanteils in Prozent in Bezug auf die Gesamtzahl der Stimmrechte und in Bezug auf alle mit Stimmrechten versehenen Aktien derselben Gattung und als absolute Zahl der Stimmrechte (§ 160 Abs. 1 Nr. 8 Hs. 2 AktG i.V.m. § 40 Abs. 1 S. 1 WpHG, § 15 WpAV)[1867].

> **Praxistipp 24:**
>
> Da lediglich der Inhalt der Mitteilung im Anh. anzugeben ist, nicht aber die Mitteilung selbst, dürfte es sich – wg. des Umfangs der geforderten Informationen insb. für börsennotierte Unternehmen – anbieten, die nach § 160 Abs. 1 Nr. 8 AktG erforderlichen Angaben im Anh. in tabellarischer Form vorzunehmen. Nicht sinnvoll ist, das Formblatt für die Stimmrechtsmitteilung an die BaFin und den Emittenten (vgl. auch Anlage zur WpAV) im Anh. abzudrucken.

[1864] Vgl. *Grottel*, in: BeBiKo[11], § 284, Rn. 58. Diese und die nachfolgenden Quellen beziehen sich auf das WpHG in der bis zum 2.1.2018 geltenden Fassung. Durch das Zweite Finanzmarktnovellierungsgesetz hat sich zum 3.1.2018 die Nummerierung der hier einschlägigen Paragrafen des WpHG geändert (§ 21 wurde in § 33, § 25 in § 38, § 25a in § 39 und § 26 in § 40 WpHG verschoben), nicht aber deren Inhalt. Die zitierte Literatur ist daher unverändert einschlägig.
[1865] Vgl. *Hüffer/Koch*, AktG[12], § 160, Rn. 14; ähnlich auch *Poll*, in: HdR[5], § 160 AktG, Rn. 24.
[1866] Vgl. ADS[6], § 160 AktG, Rn. 68.
[1867] Vgl. ausführlicher *Grottel*, in: BeBiKo[11], § 284, Rn. 58; *Poll*, in: HdR[5], § 160 AktG, Tz. 23.

1278 Nach dem Wortlaut des § 160 Abs. 1 Nr. 8 AktG könnte vermutet werden, dass nur „**das Bestehen**" der Beteiligung und damit das Überschreiten der Schwellenwerte am Abschlussstichtag anzugeben ist. Hierfür könnte auch sprechen, dass auf die Regelung des § 20 Abs. 5 AktG nicht Bezug genommen worden ist. Da die Angabe aber nach Sinn und Zweck den aktuellen Stand des mitgeteilten Beteiligungsbesitzes wiedergeben soll und zudem der Inhalt der Mitteilung angegeben werden soll, der zumindest nach dem WpHG auch das Unterschreiten der Schwellenwerte umfasst, sind nach h.M. im Anh. alle bis zum Ende der Aufhellungsphase eingegangenen Mitteilungen zu berücksichtigen[1868].

1279 Die Angabepflicht besteht nach h.M. nur, wenn der Ges. das Bestehen der Beteiligung mitgeteilt worden ist. **Nicht mitgeteilte Beteiligungen** sind auch dann nicht anzugeben, wenn ihr Bestehen aus anderen Quellen bekannt ist (z.B. Angabe nach § 285 Nr. 11 oder 11b HGB im JA des Aktionärs), es sei denn, die Angabepflicht ergibt sich bereits aus § 160 Abs. 1 Nr. 7 AktG (vgl. Kap. F Tz. 1275)[1869].

1280 Die **Angaben** sind jährlich zu machen, solange die Beteiligungen in der mitteilungspflichtigen Höhe bestehen und keine neueren, weitergehenden oder weniger weit gehenden Mitteilungen vorliegen[1870]. Bei sukzessivem Beteiligungserwerb, bei dem innerhalb des Berichtszeitraums mehrere Mitteilungen eingegangen sind, muss danach nur der Inhalt der letzten Mitteilung angegeben werden, die den aktuellen Stand enthält. Ob die Angabepflicht noch besteht, wenn bekannt ist, dass eine Beteiligung in der mitteilungspflichtigen Höhe nicht mehr besteht, eine formelle Mitteilung darüber aber noch nicht vorliegt, ist zweifelhaft. Zweckmäßig erscheint eine Angabe, die diesen Sachverhalt erkennen lässt[1871].

8.6.7.8 Verwendung der aus der Kapitalherabsetzung gewonnenen Beträge (§ 240 S. 3 AktG)

1281 Die im Rahmen einer **Kapitalherabsetzung** und aus der in diesem Zusammenhang ggf. vorgenommenen Auflösung von Gewinnrücklagen gewonnenen Beträge (vgl. Kap. F Tz. 887 ff.) sind nach § 240 S. 3 AktG im Anh. dahingehend zu erläutern, ob und in welcher Höhe sie

a) zum Ausgleich von Wertminderungen,
b) zur Deckung von sonstigen Verlusten oder
c) zur Einstellung in die Kapitalrücklage

verwendet worden sind, wobei auch über die Herkunft der Wertminderungen und Verluste zu berichten ist[1872]. Kleine Ges. (§ 267 Abs. 1 HGB) brauchen die Angabe nicht zu machen (§ 240 S. 4 AktG).

1868 Vgl. ADS[6], §§ 21 bis 30 WpHG n.F., Tz. 67 f. bzw. § 160 AktG n.F., Tz. 20.
1869 Vgl. *Grottel*, in: BeBiKo[11], § 284, Rn. 58; *Hüffer/Koch*, AktG[12], § 160, Rn. 14.
1870 Vgl. *Grottel*, in: BeBiKo[11], § 284, Rn. 58.
1871 Vgl. ADS[6], § 160 AktG, Tz. 70.
1872 Vgl. *Hüffer/Koch*, AktG[12], § 240, Rn. 6.

8.6.7.9 Angaben nach einer Sonderprüfung wegen unzulässiger Unterbewertung (§ 261 Abs. 1 S. 3 und 4, Abs. 2 S. 1 AktG)

1282 Anlässlich einer Sonderprüfung (§ 258 AktG) besteht eine besondere Angabepflicht in Fällen, in denen aufgrund veränderter Verhältnisse im nächsten JA (zulässigerweise) **andere als die von den Sonderprüfern festgestellten Werte oder Beträge anzusetzen** sind. Im Anh. sind die Gründe dafür anzugeben. In einer Sonderrechnung ist zudem die Entwicklung der von den Sonderprüfern festgestellten zu den anzusetzenden Werte darzustellen (§ 261 Abs. 1 S. 3 AktG)[1873]. Sind die (zuvor unterbewerteten) **Gegenstände nicht mehr vorhanden**, ist über deren Abgang (z.B. Verschleiß, Veräußerung) und über die Verwendung des Ertrags aus dem Abgang zu berichten (§ 261 Abs. 1 S. 4 AktG). Dabei reicht i.d.R. die Angabe aus, dass der Ertrag (i.S.d. Buchgewinns) in das Jahresergebnis bzw. das Bilanzergebnis eingegangen ist[1874]. Gem. § 261 Abs. 1 S. 7 AktG brauchen kleine KapGes. die Angaben nach S. 3 und 4 nur dann zu machen, wenn die Voraussetzungen des § 264 Abs. 2 S. 2 HGB (vgl. Kap. F Tz. 981 f.) unter Berücksichtigung der durchgeführten Sonderprüfung vorliegen. Stellt ein gem. § 260 AktG angerufenes Gericht fest, dass Posten unterbewertet sind, gilt § 261 Abs. 1 AktG auch im ersten JA, der nach Rechtskraft der gerichtlichen Entscheidung aufgestellt wird (§ 261 Abs. 2 S. 1 AktG). Die entspr. Angaben sind daher auch in diesem JA zu machen.

8.6.8 Unterlassen von Angaben (§ 286 HGB)

1283 In bestimmten Fällen besteht die Pflicht oder das Recht, Angaben im Anh. zu unterlassen (§ 286 HGB; sog. **Schutzklausel**).

1284 Die Berichterstattung hat insoweit zu unterbleiben, wie es für das Wohl der Bundesrepublik Deutschland oder eines ihrer Länder erforderlich ist (**Schutzklausel im öffentlichen Interesse**; § 286 Abs. 1 HGB, § 160 Abs. 2 AktG). Wann dies der Fall ist, hat der Vorstand/die Geschäftsführung nach pflichtgemäßem Ermessen zu entscheiden, wobei die Schutzklausel eng auszulegen ist[1875]. Bei Anwendung der Schutzklausel darf kein diesbezüglicher Hinweis in den Anh. aufgenommen werden, um den Zweck der Schutzklausel nicht zu gefährden.

> **Beispiel 29:**
>
> Als Anwendungsfälle für § 286 Abs. 1 HGB kommen in erster Linie Angaben in Betracht, die mit Aufträgen der Bundeswehr im Zusammenhang stehen. Aber auch andere im öffentlichen Interesse übernommene Aufträge (z.B. Forschungs-, Entwicklungs- und solche Aufträge, die die Verwaltung oder Beschaffung bestimmter Vermögenswerte zum Gegenstand haben) können unter die Pflicht zur Geheimhaltung fallen mit der Folge, dass über sie nicht berichtet werden darf.

1285 Gem. § 286 Abs. 2 bis 5 HGB darf zudem unter bestimmten Voraussetzungen auf die Aufgliederung der Umsatzerlöse (§ 285 Nr. 4 HGB; vgl. Kap. F Tz. 1053), auf bestimmte Angaben zum Anteilsbesitz (§ 285 Nr. 11 und 11b HGB; vgl. Kap. F Tz. 1104 f. und Kap. F Tz. 1110), auf Angaben zu Organbezügen bei nicht börsennotierten AG (§ 285

1873 Vgl. *Grottel*, in: BeBiKo[11], § 284, Rn. 60.
1874 Vgl. m.w.N. ADS[6], § 261 AktG, Tz. 13; *Hüffer/Koch*, AktG[12], § 261, Rn. 5.
1875 Vgl. m.w.N. ADS[6], § 286 HGB, Tz. 10 f.

Nr. 9 lit. a) und b) HGB; vgl. Kap. F Tz. 1082 ff.) und bei börsennotierten AG auf die individualisierten Angaben zu Bezügen und Leistungen an Organmitglieder (§ 285 Nr. 9 lit. a) S. 5 bis 8 HGB; vgl. Kap. J Tz. 13) verzichtet werden.

9. Sonderthemen

9.1 Anteilsbasierte Vergütung

Die Bilanzierung anteilsbasierter Vergütungen ist weder handelsrechtlich besonders geregelt noch existieren hierzu offizielle berufsständische Verlautbarungen[1876]. Auch in der Literatur ist die Bilanzierung umstritten[1877]. Ihrem wirtschaftlichen Gehalt nach bezwecken anteilsbasierte Vergütungen, dass die Begünstigten über einen bestimmten Zeitraum **Arbeitsleistung** erbringen, um im Gegenzug Anteile ihres Arbeitgebers (oder ggf. eines anderen Konzernunternehmens) bzw. Optionen auf solche Anteile zu erwerben oder einen entspr. Wertersatz zu erhalten. Diese Ansprüche aus erbrachter Arbeitsleistung können dabei auf unterschiedlichen Wegen erfüllt werden, bspw. durch die Ausgabe junger Aktien, durch die Lieferung bereits ausgegebener (alter) Aktien oder durch eine Barzahlung. Die analoge Anwendung nachstehender Grundsätze auf die anteilsbasierte Vergütung von externen Dritten für erbrachte **Dienstleistungen** (z.B. Beratervergütung) erscheint sachgerecht.

1286

9.1.1 Optionen auf den Erwerb junger Aktien

Optionsrechte, die zum Bezug von **jungen Aktien** aus einer Kapitalerhöhung berechtigen, sind dadurch charakterisiert, dass sie nicht zu einem Zahlungsmittelabfluss bei dem Unternehmen führen, und zwar weder unmittelbar (wie bei der Vereinbarung eines Barausgleichs, vgl. Kap. F Tz. 1303 ff.) noch mittelbar (wie bei der Verwendung bestehender eigener Aktien, vgl. Kap. F Tz. 1296 ff.). Aus Sicht der Berechtigten (Arbeitnehmer, Organmitglieder) ergibt sich aus der Erfüllung anteilsbasierter Verpflichtungen dagegen kein wesentlicher Unterschied, da sie immer einen Vorteil in Höhe der Differenz zwischen dem vereinbarten günstigen Bezugspreis bei Ausübung der Option und dem dann aktuellen Börsenkurs erhalten. Wirtschaftlich betrachtet tragen bei einer Erfüllung der Verpflichtung durch Ausgabe junger Aktien die bisherigen Aktionäre diesen Vorteil, da sie – unter Ausschluss des Bezugsrechts – in zulässiger Weise eine Verwässerung des Werts ihrer Altaktien hingenommen haben. Dieser Umstand steht jedoch der Tatsache nicht entgegen, dass das Unternehmen in der Vergangenheit bzw. in der Zukunft Arbeitsleistung des begünstigten Mitarbeiters erhält und die gewährten Optionen Bestandteil der Gesamtvergütung des Mitarbeiters sind.

1287

Hinsichtlich der bilanziellen Abbildung dieses Vergütungsmodells muss zwischen der Bilanzierung der gewährten reinen (d.h. nicht i.V.m. einer Schuldverschreibung stehenden) Option zum Bezug von jungen Aktien und der Erfassung der tatsächlichen (späteren) Ausgabe der Aktien i.R.d. Kapitalerhöhung unterschieden werden. Zum Zeitpunkt der **Ausgabe der neuen Aktien** (bedingtes Kapital) bzw. zusätzlich der Ein-

1288

[1876] Das entspr. Projekt des DRSC (E-DRS 11) wurde eingestellt. Vgl. auch IDW zu E-DRS 11, WPg 2001, S. 1342.
[1877] Vgl. zum Meinungsstand u.a. *Winkeljohann/Hoffmann*, in: BeBiKo[11], § 272, Rn. 500 ff. m.w.N.; *Kropff*, in: MünchKomm. BilR, § 272, Rn. 129 ff. m.w.N.; *Reiner*, in: MünchKomm. HGB[3], § 272, Rn. 83 ff. m.w.N.; für weiteres Schrifttum vor 2010 s. auch WP Handbuch 2012 Bd. I, Kap. F Tz. 143 ff.

tragung der Durchführung der Kapitalerhöhung im HR (genehmigtes Kapital) ist deren Nennbetrag bzw. der anteilige Betrag des Grundkapitals in das gezeichnete Kapital einzustellen und der übersteigende Betrag des Optionsausübungspreises als Agio der Kapitalrücklage gem. § 272 Abs. 2 Nr. 1 HGB gutzuschreiben.

1289 Handelsbilanzrechtlich hat sich noch keine einheitliche Auffassung gebildet, ob die **Gewährung einer reinen Option** zum Bezug neuer Aktien aufwandswirksam durch Dotierung der Kapitalrücklage (so im Folgenden) oder Passivierung einer Verbindlichkeitsrückstellung zu behandeln ist[1878] oder ob dieser Vorgang bilanziell nicht zu erfassen ist (vgl. Kap. F Tz. 1295). Nach § 272 Abs. 2 Nr. 2 HGB sind Beträge, die das Unternehmen bei der Ausgabe von Schuldverschreibungen für Wandlungsrechte und Optionsrechte zum Erwerb von Anteilen erzielt, in die Kapitalrücklage einzustellen. Nichts anderes kann für das Entgelt (Bar- oder Sachleistung) gelten, welches das Unternehmen bei der Ausgabe reiner Optionen auf eigene Aktien erzielt[1879].

1290 Vor diesem Hintergrund ist es sachgerecht, die vom Unternehmen erhaltene Gegenleistung für die Ausgabe von Optionsrechten (= Arbeitsleistung) zu Lasten des Personalaufwands in die **Kapitalrücklage nach § 272 Abs. 2 Nr. 2 HGB** einzustellen[1880]. Dem steht die fehlende Einlagefähigkeit von Dienstleistungsverpflichtungen (§ 27 Abs. 2 AktG) nicht entgegen. Es wird nicht der Anspruch auf Arbeitsleistung bei Ausgabe der Optionen, sondern nur nachträglich der Wert der bis zum jeweiligen Abschlussstichtag erbrachten Arbeitsleistung in die Kapitalrücklage eingestellt, so dass sich die Frage der Einlagefähigkeit von Dienstleistungsverpflichtungen schon deshalb nicht stellen kann.

1291 Für den **Zeitpunkt der Erfassung des Personalaufwands und der korrespondierenden Einstellung in die Kapitalrücklage** nach § 272 Abs. 2 Nr. 2 HGB kommt es darauf an, wann dem Unternehmen die für die Option zu gewährende Gegenleistung (= Arbeitsleistung) zufließt. Wird die Option (ausnahmsweise) für bereits erbrachte Arbeitsleistungen gewährt, sind der Personalaufwand und die korrespondierende Einstellung in die Kapitalrücklage sofort zu erfassen. I.d.R. werden Aktienoptionen jedoch nicht zur Abgeltung vergangener Leistungen, sondern im Hinblick auf die **künftige Arbeitsleistung** zugesagt. Indizien hierfür sind neben der angestrebten Motivationsförderung die übliche Vereinbarung einer Sperrfrist und die Regelung, dass das Recht entfällt oder zeitanteilig gekürzt wird, wenn der Berechtigte das Unternehmen verlässt oder verstirbt. Maßgeblicher Leistungszeitraum ist i.d.R. die vereinbarte Sperrfrist[1881]. Dabei ist regelmäßig davon auszugehen, dass mangels anderer Anhaltspunkte die Arbeitsleistung linear erbracht wird und daher auch die Zuführung grds. **zeitanteilig** zu erfolgen hat.

> **Hinweis 82:**
>
> Die nach IFRS 2.IG11 vorzunehmende Aufwandsverteilung (**graded vesting**) erscheint handelsrechtlich dann zulässig, wenn sich die Gesamtzusage in eine bestimmte Anzahl an Einzelzusagen unterteilen lässt. Hierfür ist es erforderlich, dass zu definierten Zeitpunkten eine bestimmte Anzahl an Optionen unverfallbar wird, wobei diese (Einzel-)Zusagen nicht in Beziehung zueinanderstehen dürfen und daher bei

---

1878 Vgl. hierzu *Kropp*, DStR 2002, S. 1960 (1961); *Walter*, DStR 2006, S. 1101 (1104 f.).
1879 Vgl. *Winkeljohann/Hoffmann*, in: BeBiKo[11], § 272, Rn. 184; *Gelhausen/Hönsch*, WPg 2001, S. 69 (77).
1880 Ebenso E-DRS 11.7 ff.; *Winkeljohann/Hoffmann*, in: BeBiKo[11], § 272, Rn. 505; *Gelhausen/Hönsch*, WPg 2001, S. 69 (76 ff.); *Kropff*, in: MünchKomm. BilR, § 272, Rn. 131 f.
1881 Vgl. E-DRS 11.14 f.

Rechnungslegung im Jahresabschluss und Lagebericht nach Handels- und Publizitätsgesetz F

> wirtschaftlicher Betrachtungsweise eigenständige Zusagen darstellen. In diesem Fall kann argumentiert werden, dass für jede Einzelzusage eine eigenständige Arbeitsleistung – und zwar jeweils über den vereinbarten Zeitraum – erbracht wird.

Die **Bewertung** der Arbeitsleistung, die insgesamt durch die Option vergütet wird, kann nur retrograd über den Wert der Option bestimmt werden. Die Höhe des (i.d.R. ratierlich über den Leistungszeitraum zu erfassenden) Personalaufwands und damit der Kapitalrücklage bestimmt sich sachgerechter Weise nach dem Zeitwert der Arbeitsleistung. Dabei lässt dieser sich nur indirekt ermitteln, und zwar nach der Höhe des den Berechtigten tatsächlich gewährten Vorteils im Gewährungszeitpunkt. Dieser spiegelt den Wert der dafür erbrachten bzw. noch zu erbringenden Leistung aus Sicht des bilanzierenden Unternehmens zu diesem Zeitpunkt wider. Damit ist es sachgerecht, den Personalaufwand i.H.d. beizulegenden Zeitwerts bzw. **Gesamtwerts der Option** (innerer Wert zzgl. Zeitwert) im Zeitpunkt ihrer Gewährung zu bestimmen. **1292**

I.d.R. ist – mangels Verfügbarkeit von Marktpreisen – der Gesamtwert der Option auf Basis eines **anerkannten Optionspreismodells** zu ermitteln[1882]. Fraglich ist dabei, wie und in welchem Umfang ggf. vereinbarte Ausübungshürden (z.B. Börsenkurs der Aktie, Ergebnisgröße) in die Ermittlung des Optionswerts einzubeziehen sind. Mangels gesetzlicher Vorgabe besteht hier ein Ermessensspielraum. **1293**

Es erscheint grds. sachgerecht, sämtliche **Ausübungshürden** in die Wertermittlung zum Gewährungszeitpunkt einzubeziehen. Voraussetzung ist in diesem Fall jedoch, dass das verwendete Bewertungsmodell trotz der dann ggf. hohen Anzahl an Variablen eine zuverlässige Schätzung des Gesamtwerts liefert. Zur Reduzierung der Ermittlungskomplexität erscheint es aber ebenso vertretbar, auf die Optionswertermittlung nach IFRS zurückzugreifen[1883]. In diesem Fall fließen nur sog. aktienkursorientierte Ausübungshürden (z.B. Wertentwicklung der eigenen Aktie in Relation zu einem Vergleichsindex) in die Optionswertermittlung ein, während andere Ausübungshürden (z.B. Erreichen bestimmter unternehmensspezifischer Kennzahlen) über eine Anpassung des Mengengerüsts zu einer ergebniswirksamen Anpassung des Personalaufwands und der korrespondierenden Eigenkapitaldotierung führen. Eine solche Bilanzierung ist jedoch nur insoweit zulässig, wie es nicht zu einer erfolgswirksamen Auflösung der Kapitalrücklage kommt. Wurde ein Betrag in die Kapitalrücklage nach § 272 Abs. 2 Nr. 2 HGB eingestellt, unterliegt er der allgemeinen gesetzlichen Bindung. Bei einer AG kann diese nur für die in § 150 Abs. 3 und 4 AktG zugelassenen Zwecke verwendet werden (vgl. Kap. F Tz. 501 f.). Ausgeschlossen ist es daher, die einmal dotierte Rücklage ertragswirksam aufzulösen, wenn sich aufgrund des Nicht-Erreichens von Ausübungshürden eine Reduzierung der auszugebenden Anteile ergibt[1884]. **1294**

> **Beispiel 30:**
> Es werden 100 Aktienoptionen mit einer fünfjährigen Sperrfrist und einer nicht-aktienkurs-, sondern erfolgsorientierten Ausübungshürde (z.B. Erreichen eines bestimmten operativen Ergebnisses) gewährt. Der Gesamtwert einer Option wird unter

---

1882 Vgl. E-DRS 11.10.
1883 Vgl. *Winkeljohann/Hoffmann*, in: BeBiKo[11], § 272, Rn. 506.
1884 Vgl. E-DRS 11.17; a.A. *Winkeljohann/Hoffmann*, in: BeBiKo[11], § 272, Rn. 506.

> (ohne) Berücksichtigung der Ausübungshürde auf GE 10 (GE 12) geschätzt. Es bestehen zwei Möglichkeiten der Abbildung:
> a) Erfassung von GE 200 Personalaufwand p.a. über die Sperrfrist. Verfallen Optionen aufgrund der Ausübungshürde, ergibt sich hieraus keine bilanzielle Konsequenz.
> b) Der insgesamt erwartete Personalaufwand (anfangs GE 1.200) ist zu jedem Abschlussstichtag im Hinblick auf das (Nicht-)Erreichen der Ausübungshürde zu schätzen. Einer erwarteten Reduzierung ist durch die Erfassung eines geringeren jährlichen Personalaufwands (im Extremfall i.H.v. GE 0) Rechnung zu tragen. Eine ertragswirksame Auflösung der Kapitalrücklage ist nicht zulässig.

1295 Bei Anwendung des § 272 Abs. 2 Nr. 2 HGB auf die Ausgabe von reinen Optionen besteht grds. eine Pflicht zur Einstellung erhaltener Beträge in die Kapitalrücklage (vgl. Kap. F Tz. 480). Da die Anwendung dieser Vorschrift auf anteilsbasierte Vergütungen jedoch nur über eine Analogie in Betracht kommt und zudem der Arbeitsleistung als solcher kein unmittelbar messbarer Wert innewohnt, sondern sich die Vermögensmehrung für das Unternehmen nur mittelbar feststellen lässt, erscheint es – solange sich noch keine abschließende Meinung gebildet hat – alternativ vertretbar, in derartigen Fällen von einer aufwandswirksamen **Dotierung der Kapitalrücklage abzusehen**[1885], d.h. also die Gewährung der Optionen auf junge Aktien bilanziell gar nicht zu erfassen.

9.1.2 Optionen auf den Erwerb ausgegebener Aktien

1296 Gewährt das Unternehmen den Mitarbeitern das Recht, bereits ausgegebene Aktien zu einem günstigeren Preis zu erwerben, ist – wie auch bei der Gewährung von Optionen auf junge Aktien – hinsichtlich der bilanziellen Abbildung zwischen der Bilanzierung der gewährten reinen Option einerseits und der Erfassung des Zurückerwerbs und der späteren Ausgabe der (alten) Aktien andererseits zu unterscheiden. Die Bilanzierung der gewährten reinen Optionen auf ausgegebene Aktien richtet sich dabei nach denselben **Grundsätzen wie die Bilanzierung von Optionen auf junge Aktien** (vgl. Kap. F Tz. 1287 ff.)[1886]. Dies ist sachgerecht, da der Wert der Arbeitsleistung unabhängig davon ist, ob die Begünstigten junge Aktien oder bereits ausgegebene, zurückerworbene Aktien erhalten, und es auch für eine Dotierung der Kapitalrücklage nach § 272 Abs. 2 Nr. 2 HGB hierauf nicht ankommt.

1297 Die Zulässigkeit des Erwerbs eigener Aktien zur Bedienung von Aktienoptionen ergibt sich aus § 71 Abs. 1 Nrn. 2 und 8 AktG[1887]. Die bilanzielle Behandlung eines solchen Erwerbs richtet sich nach § 272 Abs. 1a HGB (vgl. Kap. F Tz. 456). Die Ausgabe der zurückerworbenen Aktien an die Begünstigten stellt eine Veräußerung eigener Anteile nach § 272 Abs. 1b HGB dar (vgl. Kap. F Tz. 463).

1298 Für die aus dem Aktienoptionsplan resultierende Verpflichtung des Unternehmens, eigene Aktien am Markt zurückzuerwerben, ist grds. eine **Rückstellung nach § 249 Abs. 1 S. 1 HGB** zu bilden, soweit der Marktpreis der Aktien am Abschlussstichtag über dem Optionsausübungspreis liegt und das Unternehmen nicht bereits in ausreichendem

---

[1885] Vgl. *Fuchs*, in: MünchKomm. AktG⁴, § 192, Rn. 136 ff.; *Hüttemann/Meyer*, in: Staub, HGB⁵, § 272, Rn. 55 m.w.N.; *Reiner*, in: MünchKomm. HGB³, § 272, Rn. 95.
[1886] Vgl. *Winkeljohann/Hoffmann*, in: BeBiKo¹¹, § 272, Rn. 515.
[1887] Vgl. im Einzelnen *Hüffer/Koch*, AktG¹², § 71, Rn. 12 f. und 19c ff.

Umfang eigene Aktien hält, um die Verpflichtung zu erfüllen[1888]. Durch die Optionsgewährung ist das Unternehmen eine Außenverpflichtung eingegangen, die durch die sukzessiv erbrachte Arbeitsleistung der Begünstigten wirtschaftlich verursacht wird. Im Gegensatz zu Aktienoptionsplänen, die aus jungen Aktien bedient werden, ist das Unternehmen aus dieser Verpflichtung auch wirtschaftlich belastet, weil der Rückkauf eigener Anteile zu einem Mittelabfluss führt. Die Bildung der Rückstellung erfolgt sachgerechter Weise gegen die frei verfügbaren Rücklagen entspr. § 272 Abs. 1a HGB, da es sich um eine (der Höhe nach ungewisse) Auszahlungsverpflichtung zum Erwerb eigener Aktien handelt. Gleiches gilt für eine etwaige Auflösung.

9.1.3 Ausgabe von Gratisaktien i.R.v. Belegschaftsaktienprogrammen

1299 Gratisaktienprogramme zeichnen sich dadurch aus, dass das Unternehmen den begünstigten Mitarbeitern unmittelbar eigene Aktien (und eben keine Optionsrechte auf den Erwerb ausgegebener Aktien) gewährt. Die Gratisaktien werden – i.d.R. bei Erfüllung bestimmter Voraussetzungen (Dauer der Betriebszugehörigkeit, Erreichen von Erfolgszielen) – unmittelbar auf die Begünstigten übertragen. Im Gegensatz zu Aktienoptionsprogrammen bedarf es hierfür keiner vorherigen Willenserklärung (Ausübungserklärung).

1300 Wie bei Aktienoptionsprogrammen sind die Ansprüche der Begünstigten aus ihrer erbrachten Arbeitsleistung auf den Erhalt von Aktien gerichtet, welche durch die Unternehmen i.d.R. durch die Ausgabe von zuvor zurückerworbenen Aktien (§ 71 Abs. 1 Nrn. 2 und 8 AktG) erfüllt werden. Dem wirtschaftlichen Gehalt nach handelt es sich bei diesem Vorgang um eine Kapitalerhöhung i.S.d. § 272 Abs. 1b HGB. Da aber die Rechtsfolgen des § 272 Abs. 1b HGB erst mit Übertragung der eigenen Aktien auf die Begünstigten eintreten und auch die Erfassung einer Kapitalrücklage nach § 272 Abs. 2 Nr. 2 HGB (mangels Optionsrechten) nicht zulässig erscheint, kommt – anders als bei Aktienoptionsprogrammen – eine sukzessive Dotierung des EK über den Leistungszeitraum als Gegenbuchung zum Personalaufwand nicht in Betracht. Stattdessen ist es sachgerecht, über den Zeitraum der Erbringung der Arbeitsleistung für die Verpflichtung, diese künftig durch Gratisaktien abzugelten, sukzessive aufwandswirksam eine **Rückstellung** anzusammeln, die durch Ausgabe der Aktien in Anspruch genommen wird. Der Veräußerungserlös i.S.d. § 272 Abs. 1b HGB entspricht der Befreiung von dieser Verpflichtung.

1301 Die **Höhe des Personalaufwands** und damit der anzusammelnden Rückstellung bestimmt sich sachgerechter Weise nach dem beizulegenden Zeitwert der Aktien im Gewährungszeitpunkt. Da es sich bei diesem Wert bereits um einen Barwert handelt, kommt eine Abzinsung der Rückstellung (§ 253 Abs. 2 S. 1 HGB) auch bei Gratisaktienprogrammen mit einer Laufzeit von mehr als einem Jahr nicht in Betracht. Eine Aufzinsung der Rückstellung in den folgenden Jahren kommt zumindest insoweit nicht in Betracht, wie das bilanzierende Unternehmen die für die Bedienung des Programms erforderlichen eigenen Aktien bereits zurückerworben hat, da die Verpflichtung durch Hingabe dieser eigenen Aktien erfüllt wird und das Unternehmen daher nicht durch Zinsen belastet ist. Zur Berücksichtigung sog. Ausübungshürden i.R.d. Bewertung vgl. Kap. F Tz. 1294.

1888 Vgl. *Winkeljohann/Hoffmann*, in: BeBiKo[11], § 272, Rn. 515.

1302 Übersteigt der Marktpreis der durch bereits erbrachte Arbeitsleistung erdienten, vom Unternehmen aber noch nicht zurückerworbenen Aktien den Wert der bereits erbrachten Arbeitsleistung, ist das Unternehmen insoweit aus der **Verpflichtung zum Aktienrückerwerb** (zusätzlich) wirtschaftlich belastet. Aus diesem Grund ist dafür über die o.g. Rückstellung hinaus eine zusätzliche Rückstellung gegen die frei verfügbaren Rücklagen entspr. § 272 Abs. 1a HGB zu passivieren (vgl. Kap. F Tz. 1298). Sinkt der Marktpreis der bereits erdienten, aber noch nicht zurückerworbenen Aktien in der Folge unter den Wert der bereits erbrachten Arbeitsleistung, erscheint im Umkehrschluss die Auflösung der Rückstellung gegen die frei verfügbaren Rücklagen sachgerecht.

9.1.4 Aktienoptionen mit Barausgleich (Stock Appreciation Rights)

1303 Als Stock Appreciation Right (SAR) wird die Zusage des Unternehmens bezeichnet, an den Berechtigten eine **Zahlung** zu leisten, deren Höhe der Differenz zwischen dem Basiskurs der Aktie bei Einräumung des Rechts (z.B. Börsenkurs) und dem Börsenkurs bei Ausübung der Option (Ausübungskurs) entspricht[1889]. Soweit es sich bei der erwarteten Geldzahlung an die Berechtigten um eine Gegenleistung für **Arbeitsleistungen** handelt, die **in der Vergangenheit** erbracht worden sind, ist der Zahlungsbetrag zu schätzen und nach § 249 Abs. 1 S. 1 HGB in voller Höhe sofort aufwandswirksam als Rückstellung für ungewisse Verbindlichkeiten zu passivieren.

1304 I.d.R. werden SARs jedoch im Hinblick auf die **künftige Arbeitsleistung** zugesagt. Durch das Erbringen der Arbeitsleistung seitens des Mitarbeiters baut sich beim Unternehmen während des Leistungszeitraums ein Erfüllungsrückstand auf, so dass der Arbeitgeber am Ende des Leistungszeitraums die ausstehende Vergütung in voller Höhe aufwandswirksam passiviert haben muss[1890]. Zur Bewertung der Verbindlichkeitsrückstellung für gewährte SARs (§ 253 Abs. 1 S. 2 und Abs. 2 HGB) ist grds. auf den nach einem anerkannten Optionspreismodell ermittelten **beizulegenden Zeitwert der (virtuellen) Aktienoptionen** am jeweiligen Abschlussstichtag abzustellen[1891]. Dieser Wert ist über den Leistungszeitraum zu verteilen (zur Bestimmung des Leistungszeitraums und zur Aufwandsverteilung vgl. Kap. F Tz. 1291), wobei der beizulegende Zeitwert zu jedem folgenden Abschlussstichtag neu zu berechnen ist[1892]. Ist am Abschlussstichtag der Optionswert gestiegen, umfasst die erforderliche Zuführung zur Rückstellung nicht nur den zeitanteiligen Betrag für diese Periode auf Basis der aktuellen Berechnungsfaktoren, sondern auch den anteiligen Mehrbetrag für die Vorperioden[1893]. Ist der Optionswert gesunken, beschränkt sich die Zuführung auf den Betrag, der erforderlich ist, um die zeitanteilige Dotierung nach Maßgabe des aktuellen (niedrigeren) Werts zu er-

---

1889 Im Gegensatz dazu sehen Phantom Stocks i.d.R. neben dem Barausgleich von Aktienkurssteigerungen auch Barvergütungen in Höhe einer fiktiven Dividende vor.
1890 Zur Passivierungspflicht auch bei aktuell noch nicht, aber künftig hinreichend wahrscheinlich erfüllten Ausübungsbedingungen vgl. m.w.N. *HFA*, IDW Life 2017, S. 1229 (1229 f.); a.A. BFH-Urteil vom 15.03.2017, BStBl. II S. 1043 (keine Passivierung einer Verbindlichkeitsrückstellung für ein in bar zu erfüllendes Aktienoptionsprogramm, solange die Ausübungsbedingungen (Erfolgsziel und „Exit"-Ereignis) noch nicht eingetreten sind); zur Berücksichtigung der BFH-Rechtsprechung bei der Auslegung handelsrechtlicher Rechnungslegungsnormen vgl. *IDW PS 201*, Tz. 8.
1891 Vgl. *Gelhausen/Hönsch*, WPg 2001, S. 69 (71 ff.); E-DRS 11.34 f.
1892 Vgl. *Gelhausen/Hönsch*, WPg 2001, S. 69 (71 ff.); E-DRS 11.35.
1893 Für eine vollständige Passivierung des den Gesamtwert der Optionen im Gewährungszeitpunkt übersteigenden Betrags zum jeweiligen Abschlussstichtag vgl. *Winkeljohann/Hoffmann*, in: BeBiKo[11], § 272, Rn. 512.

reichen. Soweit der Optionswert am Abschlussstichtag derart stark gesunken ist, dass der zeitanteilige Gesamtwert der Option den im VJ passivierten Betrag unterschreitet, erscheint in Höhe des Differenzbetrags zum VJ-Betrag eine Auflösung der Rückstellung sachgerecht. Darin ist kein Verstoß gegen das Auflösungsverbot des § 249 Abs. 2 S. 2 HGB zu sehen, sondern die stichtagsbezogene Bewertung der für die SARs gebildeten Rückstellung nach § 253 Abs. 1 S. 2 HGB[1894]. Zur Berücksichtigung sog. Ausübungshürden i.R.d. Bewertung vgl. Kap. F Tz. 1294.

Entgegen der hier bevorzugten Bewertung der Rückstellung für die Verpflichtung aus gewährten SARs auf Basis des beizulegenden Zeitwerts wird im Schrifttum auch die Auffassung vertreten, dass auf die Differenz zwischen dem Basiskurs und dem am Stichtag geltenden aktuellen Kurs (innerer Wert der – virtuellen – Option) abzustellen sei[1895]. In diesem Fall ist die gesamte, sich auf der Grundlage des Kurses zum jeweiligen Abschlussstichtag ergebende Verpflichtung zu passivieren. Eine zeitanteilige Kürzung im Hinblick auf den noch ausstehenden Teil für die restliche Sperrfrist kommt nicht in Betracht, weil auf der anderen Seite weitere Steigerungen des Kurses nicht berücksichtigt werden[1896]. Gegen eine Bewertung zum inneren Wert spricht, dass die Zahlung aus den SARs für die Arbeitsleistung des Mitarbeiters während der gesamten Sperrfrist erfolgt (nicht für das einzelne GJ) und dass die Höhe der Zahlung i.d.R. an die künftige Kursentwicklung insgesamt anknüpft (nicht nur an die Entwicklung bis zu den einzelnen Abschlussstichtagen des Leistungszeitraums). Mangels fehlender eindeutiger Regelungen erscheint eine **Bewertung zum inneren Wert der Option** aber vertretbar. 1305

Erwirbt das Unternehmen bei Ausgabe der Rechte eigene Aktien zu einem Kurs, der dem vom Mitarbeiter bei Optionsausübung zu entrichtenden Entgelt entspricht, ist fraglich, ob auf die Bildung einer Rückstellung während der Laufzeit der SARs verzichtet werden darf. Da die Verpflichtung gegenüber den Begünstigten von der Wertermittlung der beschafften eigenen Aktien abhängt, handelt es sich um sog. **Geldwertschulden**. In diesen Fällen ist nach den GoB der Erfüllungsbetrag der Geldwertschuld in Höhe des Buchwerts der hierfür angeschafften Vermögensgegenstände anzusetzen[1897]. Vor diesem Hintergrund erscheint es sachgerecht, bei vollständiger Sicherung der künftigen kursbedingten Zahlungsverpflichtung durch eigene Anteile – mangels deren Ansatzes (§ 272 Abs. 1a HGB) – auf die Dotierung einer Rückstellung zu verzichten. Infolgedessen kommt aber die aus dem Aktienverkauf resultierende Erhöhung des EK, soweit sie die ursprüngliche Kürzung gem. § 272 Abs. 1a HGB bei Erwerb übersteigt, nicht in Betracht, da der Veräußerungserlös i.S.d. § 272 Abs. 1b S. 2 HGB um die faktisch an den Mitarbeiter abgeführte Kurssteigerung zu korrigieren ist. 1306

Sichert das Unternehmen das Risiko für die Bedienung der SARs nicht durch eigene Anteile, sondern durch den Erwerb einer entspr. **Call-Option auf den Kauf eigener Anteile**, liegt ein zur Sicherung geeignetes FI i.S.d. § 254 HGB vor. Eine Erhöhung der 1307

[1894] Zu Bedenken gegen eine Rückstellungsauflösung nach dem Zeitpunkt der ersten Ausübungsmöglichkeit der Option vgl. *Winkeljohann/Hoffmann*, in: BeBiKo[11], § 272, Rn. 511 f.; *Gelhausen/Hönsch*, WPg 2001, S. 69 (73).
[1895] Vgl. *Herzig*, DB 1999, S. 1 (10) (künftige Kursentwicklung erst in der Zukunft verursacht); ebenso *Roß/Baumunk*, Rn. 699; *Lange*, StuW 2001, S. 137 (145).
[1896] Vgl. *Hoffmann/Hönsch*, in: BHdR, B 712, Rn. 21.
[1897] Vgl. *IDW RS HFA 34*, Tz. 22 ff.

Rückstellung aus der Stillhalterposition ggü. dem Begünstigten darf deshalb insoweit unterbleiben, wie sie durch eine entspr. stille Reserve im Gegengeschäft gedeckt ist[1898].

1308 Gewährt nicht das bilanzierende Unternehmen, sondern ein **Konzernunternehmen** den Mitarbeitern des bilanzierenden Unternehmens (Aktien-)Optionen und wird das bilanzierende Unternehmen i.R. einer Weiterbelastungsvereinbarung daraus auf eine einem Aktienoptionsprogramm mit Barausgleich vergleichbare Art und Weise belastet, ist es sachgerecht, die daraus resultierende Rückstellung nach denselben Grundsätzen wie für ein selbst gewährtes Aktienoptionsprogramm mit Barausgleich abzubilden.

9.1.5 Besonderheiten bei Erfüllungswahlrecht des Unternehmens

1309 Gewähren Aktienoptionsprogramme dem Unternehmen ein Wahlrecht zwischen der Gewährung junger bzw. am Markt zurückerworbener Aktien und einem entspr. Barausgleich, steht bei Begebung der Optionsrechte u.U. noch nicht fest, in welcher Weise diese später erfüllt werden. Angesichts der unterschiedlichen bilanziellen Behandlung ist fraglich, wie in der Schwebezeit zu verfahren ist.

1310 Ist am Abschlussstichtag völlig offen, welche Art der Erfüllung das Unternehmen wählt, darf für Bilanzierungszwecke auf diejenige Möglichkeit abgestellt werden, die zu dem **niedrigsten Aufwand** führt, weil davon ausgegangen werden kann, dass das Unternehmen die günstigste Möglichkeit wählen wird[1899]. Dies wird bei steigenden Kursen – jedenfalls ohne Berücksichtigung der steuerlichen Behandlung bei den Arbeitnehmern – im Regelfall die Bedienung in jungen Aktien sein. Andernfalls ist darauf abzustellen, welche Art der Erfüllung am wahrscheinlichsten ist.

1311 Die Dotierung einer Kapitalrücklage kommt allerdings erst dann in Betracht, wenn feststeht, dass die Arbeitsleistung für die Gewährung einer Option auf junge Aktien erbracht worden ist. Nur so kann verhindert werden, dass Beträge endgültig in der Rücklage verbleiben, auch wenn das Unternehmen letztlich eine aufwandswirksame Zahlung leistet oder vorhandene eigene Aktien verbilligt abgibt. Sachgerecht erscheint es daher, den sich zu den einzelnen Stichtagen ergebenden Betrag (vgl. Kap. F Tz. 1310) (ungeachtet seiner Bewertung, die sich nach der wahrscheinlichsten Erfüllungsart richtet) unter den **Rückstellungen** auszuweisen[1900]. Sobald ausgeschlossen werden kann, dass das Unternehmen einen Erfüllungsweg wählt, der zu einem Verbrauch des passivierten Betrags führt, ist die Rückstellung in das EK umzubuchen (z.B. bei Ausgabe junger Aktien).

9.2 Derivative Finanzinstrumente

9.2.1 Vorbemerkung

1312 Im Folgenden wird die handelsbilanzielle Behandlung ausgewählter derivativer FI nach dem Grundsatz der **Einzelbewertung** dargestellt. Zur Bilanzierung von Kreditderivaten (Credit Default Swaps, Total Return Swaps, Credit Linked Notes) vgl. *IDW RS BFA 1*. Zur Bilanzierung bei Einbeziehung eines derivativen FI als Sicherungsinstrument in eine

---
1898 Vgl. *Winkeljohann/Hoffmann*, in: BeBiKo[11], § 272, Rn. 513.
1899 I.d.S. auch *Hoffmann/Hönsch*, in: BHdR, B 712, Rn. 60.
1900 Ebenso *Gelhausen/Hönsch*, WPg 2001, S. 69 (80); E-DRS 11.36 bis 39; die Dotierung der Kapitalrücklage bevorzugend *Winkeljohann/Hoffmann*, in: BeBiKo[11], § 272, Rn. 521.

Bewertungseinheit vgl. *IDW RS HFA 35*[1901] (vgl. Kap. F Tz. 218 ff.). Zu den Anh.-Angaben für KapGes. und KapCoGes. (§ 285 Nrn. 19 und 20 HGB) vgl. Kap. F Tz. 1150.

Die nachfolgenden Bilanzierungsgrundsätze gelten auch für **eingebettete Derivate**, die nach *IDW RS HFA 22* abzuspalten und getrennt zu bilanzieren sind. Dabei handelt es sich um mit einem Basisinstrument (z.B. Darlehensforderung oder -verbindlichkeit) zu einem strukturierten FI rechtlich verbundene Derivate (insb. Optionen). Grds. ist ein strukturiertes FI als einheitlicher Vermögensgegenstand zu aktivieren bzw. als einheitliche Verbindlichkeit zu passivieren. Weist das strukturierte FI allerdings wesentlich erhöhte oder zusätzliche (andersartige) Risiken und Chancen auf, handelt es sich wirtschaftlich um zwei verschiedene Instrumente, die grds. getrennt voneinander zu bilanzieren sind[1902]. Dazu zählen bspw. mit einer Anleihe verbundene Derivate, die einem über das Zinsrisiko hinausgehenden Marktpreisrisiko (z.B. Aktienkursrisiko bei einer Wandel- oder einer Umtauschanleihe) unterliegen. 1313

> **! Hinweis 83:**
>
> Auch in Finanzierungsvereinbarungen eingebettete Kündigungsrechte (= Optionen) sind auf eine Abspaltung zu untersuchen. Zu einer Abspaltungspflicht kann es insb. dann kommen, wenn der Ausübungspreis des Kündigungsrechts (= Rückzahlungsbetrag) am jeweiligen Ausübungstag nicht annähernd dem Buchwert bzw. den fortgeführten AK (= inkl. evtl. Disagio/Agio) des Basisinstruments entspricht, es sein denn, das Kündigungsrecht kann gegen Zahlung einer Vorfälligkeitsentschädigung, die dem Gläubiger den Zinsverlust für den Zeitraum von der Ausübung des Kündigungsrechts bis zur Fälligkeit des Darlehens entschädigt, ausgeübt werden[1903].

Zur Bilanzierung beim Erwerber/Gläubiger vgl. *IDW RS HFA 22*, Tz. 18 ff., beim Emittenten/Schuldner vgl. *IDW RS HFA 22*, Tz. 22 ff.

9.2.2 Optionsgeschäfte

Optionsgeschäfte sind bedingte Termingeschäfte, die den Optionsinhaber (Optionskäufer) gegen Zahlung eines gesonderten Entgelts (Optionsprämie) berechtigen, künftig ein bestimmtes Basisobjekt (*Underlying*) zu vorab festgelegten Bedingungen innerhalb einer bestimmten Frist oder zu einem bestimmten Zeitpunkt vom Optionsverpflichteten (Optionsverkäufer, Stillhalter) zu erwerben (Kaufoption, *Call*) oder an diesen zu veräußern (Verkaufsoption, *Put*) bzw. die Zahlung eines hinsichtlich seiner Bestimmungsgrößen festgelegten Geldbetrags (Barausgleich, *Cash Settlement*) zu verlangen. Optionsgeschäfte können auf Vermögensgegenstände, z.B. Devisen, Aktien oder Beteiligungen, aber auch auf Indizes oder Termingeschäfte (z.B. Swaptions) als *Underlying* gerichtet sein. 1314

Erworbene Optionsrechte stellen nicht abnutzbare immaterielle Vermögensgegenstände des UV dar und sind vom **Optionsinhaber** im Fall nicht verbriefter Optionsrechte unter den sonstigen Vermögensgegenständen und im Fall von Optionsscheinen unter den 1315

[1901] Zu Bewertungseinheiten mit ausgewählten derivativen FI als Sicherungsinstrumenten vgl. *Scharpf*, in: HdR[5], Kap. 6, Rn. 865 ff.
[1902] Zu typischen Beispielen für eine getrennte Bilanzierung vgl. *IDW RS HFA 22*, Tz. 16; zur ausnahmsweise dennoch einheitlichen Bilanzierung *IDW RS HFA 22*, Tz. 13 f.; zur Abspaltung und getrennten Bilanzierung strukturierter FI insgesamt *Schaber* u.a., S. 16 ff.
[1903] Vgl. *IDW RS HFA 22*, Tz. 16g) i.V.m. Fn. 14.

sonstigen Wertpapieren auszuweisen[1904]. Der erstmalige Ansatz im Erwerbszeitpunkt erfolgt i.H.d. zu leistenden Optionsprämie[1905]. Während der Laufzeit ist das Optionsrecht nach dem strengen Niederstwertprinzip ggf. auf den niedrigeren beizulegenden Wert abzuschreiben (§ 253 Abs. 4 HGB). Zu den AK bei physischer Ausübung einer Kaufoption vgl. Kap. F Tz. 109. Wird eine Verkaufsoption physisch ausgeübt, ist der Buchwert des Optionsrechts mit dem Verkaufserlös des gelieferten Vermögensgegenstands zu verrechnen. Im Fall eines Barausgleichs ist der Buchwert mit dem Ertrag aus der Ausübung des Optionsrechts zu verrechnen und ansonsten aufwandswirksam zu erfassen. Verfällt das Optionsrecht, ist der Buchwert aufwandswirksam auszubuchen[1906]. Wird das Optionsrecht rechtlich glattgestellt (Aufhebung, *Closing*), ist die Differenz zwischen dem Glattstellungserlös und dem Buchwert erfolgswirksam zu erfassen[1907]. Im Fall der wirtschaftlichen Glattstellung (Abschluss eines Gegengeschäfts) ist eine Ausbuchung des Buchwerts des Optionsgeschäfts nicht sachgerecht, da das ursprüngliche Geschäft fortgeführt wird. Unter den Voraussetzungen des § 254 HGB darf allerdings zwischen den beiden Optionen eine Bewertungseinheit gebildet werden[1908].

1316 Der **Stillhalter** hat die erhaltene Optionsprämie als sonstige Verbindlichkeit solange in unveränderter Höhe zu passivieren, wie die Leistung für dieses Entgelt geschuldet wird[1909]. Für das Risiko, aus der Option in Anspruch genommen zu werden, ist während ihrer Laufzeit eine Drohverlustrückstellung zu passivieren, soweit der Wert der Verpflichtung die passivierte Optionsprämie übersteigt. I.d.R. ist es sachgerecht, diese Drohverlustrückstellung anhand der sog. Glattstellungsmethode zu bewerten, d.h. anhand des beizulegenden Zeitwerts der Option (= Betrag, der für die Glattstellung des Risikos durch den Kauf einer gegenläufigen Option aufgewendet werden müsste)[1910]. Dies trägt sowohl dem Vorsichtsprinzip (durch Berücksichtigung nicht nur des inneren Werts, sondern zusätzlich des Zeitwerts der Option) wie auch der üblichen Abwicklung (durch Glattstellung) Rechnung. Ist eine physische Erfüllung der Option möglich und eine vorzeitige Glattstellung (und damit eine Belastung mit dem Zeitwert der Option) nicht wahrscheinlich, kommt auch eine Bewertung anhand der sog. Ausübungsmethode in Betracht. Danach wird ausschließlich der innere Wert der Verpflichtung berücksichtigt und damit die Optionsausübung am Abschlussstichtag fingiert[1911]. Wird die Verpflichtung physisch erfüllt, erhöht die passivierte Optionsprämie im Fall der Ausübung einer Kaufoption den Veräußerungserlös des Stillhalters; im Fall der Ausübung einer Verkaufsoption mindert sie die AK des erworbenen Vermögensgegenstands. Erfolgt ein Barausgleich, ist die passivierte Optionsprämie ertragswirksam aufzulösen. Eine evtl. gebildete Drohverlustrückstellung ist bis zur Höhe eines aus der

---

1904 Vgl. *IDW RS BFA 6*, Tz. 12; *Schmidt/Usinger*, in: BeBiKo[11], § 254, Rn. 72; a.A. *Scharpf*, in: HdR[5], Kap. 6, Rn. 807 (ggf. AV).
1905 Vgl. *IDW RS BFA 6*, Tz. 12; *Schmidt/Usinger*, in: BeBiKo[11], § 254, Rn. 72.
1906 Vgl. *IDW RS BFA 6*, Tz. 22 f.; *Schmidt/Usinger*, in: BeBiKo[11], § 254, Rn. 76 ff.
1907 Vgl. *IDW RS BFA 6*, Tz. 23.
1908 Vgl. *Scharpf*, in: HdR[5], Kap. 6, Rn. 816; a.A. *Schmidt/Usinger*, in: BeBiKo[11], § 254, Rn. 76 (für den Fall eines Differenzausgleichs beider Geschäfte).
1909 Vgl. *IDW RS BFA 6*, Tz. 17; *Schmidt/Usinger*, in: BeBiKo[11], § 254, Rn. 74.
1910 Vgl. *IDW RS HFA 4*, Tz. 44, wonach die Drohverlustrückstellung eines Derivats anhand des negativen beizulegenden Zeitwerts zu ermitteln ist.
1911 Vgl. zu den beiden Methoden auch *Schmidt/Usinger*, in: BeBiKo[11], § 254, Rn. 75; *Scharpf*, in: HdR[5], Kap. 6, Rn. 810 f. (Anwendung der Ausübungsmethode nur, wenn bei OTC-Optionen keine sachgerechten Marktpreise ermittelt werden können).

Optionsausübung resultierenden Verlusts in Anspruch zu nehmen und darüber hinaus ertragswirksam aufzulösen. Bei Verfall der Option sind die passivierte Optionsprämie sowie eine evtl. gebildete Drohverlustrückstellung ertragswirksam aufzulösen. Für die Glattstellung gelten die Ausführungen zum Optionsinhaber entspr. (vgl. Kap. F Tz. 1315)[1912].

Zinsbegrenzungsvereinbarungen (Caps, Floors, Collars) stehen einer Serie von (Teil-) Optionen gleich[1913]. Aus diesem Grund gelten die Grundsätze für die Bilanzierung von Optionsgeschäften grds. entspr.[1914] 1317

9.2.3 Futures und Forwards

Futures sind zu standardisierten Bedingungen an einer Terminbörse gehandelte, unbedingte (d.h. beide Vertragspartner verpflichtende) Termingeschäfte über Lieferung (durch den Verkäufer des Futures) bzw. Abnahme (durch den Käufer des Futures) eines bestimmten Vertragsgegenstands (Basiswerts) in einer festgesetzten Menge und Qualität zu einem bestimmten späteren Zeitpunkt gegen ein vorab festgelegtes bestimmtes Entgelt. Dazu gehören bspw. Commodity Futures über Agrarprodukte oder Strom und Financial Futures wie Devisen- oder Zinsfutures. **Forwards** sind ebenfalls unbedingte Termingeschäfte, die allerdings zwischen den Vertragspartnern individuell vereinbart werden. Dazu gehören z.B. Devisentermingeschäfte oder Forward Rate Agreements. Futures und Forwards werden i.d.R. durch Barausgleich (*Cash Settlement*) erfüllt. 1318

Bei Futures und Forwards handelt es sich um schwebende Geschäfte, die grds. nicht zu bilanzieren sind, es sei denn, es droht ein Verlust. Eine bei Geschäftsabschluss gezahlte **Initial Margin** ist als Sicherheitsleistung unter den sonstigen Vermögensgegenständen zu aktivieren[1915]. Zu späteren Zeitpunkten geleistete oder erhaltene **Variation Margins** stellen ebenfalls Sicherheits- und keine Erfüllungsleistungen dar. Sie sind deshalb nicht ergebniswirksam zu behandeln, sondern unter den sonstigen Vermögensgegenständen zu aktivieren bzw. unter den sonstigen Verbindlichkeiten zu passivieren[1916]. Bei einem negativen Marktwert des Futures oder Forwards ist in dieser Höhe eine Drohverlustrückstellung zu passivieren. Im Fall einer geleisteten und deshalb aktivierten Variation Margin ist es sachgerecht, diese, soweit möglich, vorrangig außerplanmäßig abzuschreiben[1917]. Bei Barabrechnung ist die angesetzte Variation Margin unter Berücksichtigung einer evtl. gebildeten Drohverlustrückstellung ergebniswirksam zu erfassen. Kommt es ausnahmsweise zur physischen Erfüllung, bestimmen sich beim Käufer des Futures die AK des Basiswerts nach dem zu zahlenden Preis abzgl. der erhaltenen bzw. zzgl. der geleisteten Variation Margin. Beim Verkäufer bestimmt sich der Veräußerungserfolg nach dem Buchwert des Basisinstruments, dem zu zahlenden Preis, 1319

1912 Vgl. zu Ausübung, Verfall und Glattstellung insgesamt *IDW RS BFA 6*, Tz. 24 f.; *Schmidt/Usinger*, in: BeBiKo[11], § 254, Rn. 77 ff.; *Scharpf*, in: HdR[5], Kap. 6, Rn. 813 ff.
1913 Vgl. *IDW RS BFA 6*, Tz. 4.
1914 Vgl. ausführlich *Schmidt/Usinger*, in: BeBiKo[11], § 254, Rn. 90 ff.; *Scharpf*, in: HdR[5], Kap. 6, Rn. 819 ff.
1915 Vgl. *IDW RS BFA 5*, Tz. 10.
1916 Vgl. *IDW RS BFA 5*, Tz. 4 und 13.
1917 Vgl. *IDW RS HFA 4*, Tz. 20; *IDW RS BFA 1*, Tz. 37; für ein Wahlrecht (Passivierung einer Rückstellung oder Abschreibung der Variation Margin) *IDW RS BFA 5*, Tz. 15; *Schmidt/Usinger*, in: BeBiKo[11], § 254, Rn. 101.

der angesetzten Variation Margin sowie einer evtl. gebildeten Drohverlustrückstellung. Eine zurückgezahlte Initial Margin ist ergebnisneutral zu erfassen[1918].

9.2.4 Swapgeschäfte

1320 **Zinsswaps** sind Tauschgeschäfte, bei denen die Parteien gegenseitige Zinszahlungen vereinbaren (i.d.R. fixe gegen variable). Die Zinszahlungen werden nach einem festen Kapitalbetrag bemessen, der jedoch nicht Gegenstand des Tauschgeschäfts ist. Zinsswaps sind als schwebende Geschäfte grds. nicht zu bilanzieren, es sei denn, es droht ein Verlust. Einmalzahlungen bei Geschäftsabschluss (*Upfront Payments*) oder zum Laufzeitende (*Balloon Payments*) dienen i.d.R. der Anpassung des Festzinssatzes an die Marktkonditionen. Sie sind deshalb im Zeitablauf ergebniswirksam zu erfassen, d.h. anfänglich geleistete Zahlungen abzugrenzen bzw. künftig zu leistende Zahlungen aufzubauen[1919]. Laufende Zinszahlungen sind, unabhängig von der Vereinbarung einer Nettozahlung, in der GuV saldiert auszuweisen[1920]. Für einen negativen Marktwert des Zinsswaps während seiner Laufzeit ist eine Drohverlustrückstellung zu passivieren. Wird der Zinsswap vorzeitig gegen Zahlung des Marktwerts aufgehoben (*Close-out*) und damit zivilrechtlich beendet, ist eine evtl. gebildete Drohverlustrückstellung in Anspruch zu nehmen und ein darüber hinaus gehender Betrag unter Auflösung evtl. abgegrenzter Zinszahlungen ergebniswirksam zu vereinnahmen. Erfolgt eine wirtschaftliche Glattstellung durch Abschluss eines Gegengeschäfts, darf unter den Voraussetzungen des § 254 HGB zwischen beiden Zinsswaps eine Bewertungseinheit gebildet werden. Da der ursprüngliche Zinsswap fortbesteht, darf eine positive Marge nicht sofort erfasst werden, sondern ist über die Laufzeit der Zinsswaps ertragswirksam zu erfassen. Im Fall einer negativen Marge ist spätestens im Zeitpunkt der Glattstellung eine Drohverlustrückstellung in entspr. Höhe zu bilden, die anschließend zeitanteilig verbraucht wird[1921].

> **Praxistipp 25:**
> Zinsswaps werden in der Praxis vielfach zur Absicherung des Zahlungsstromänderungsrisikos aus variabel verzinslichen Kreditaufnahmen abgeschlossen. Wird in diesem Fall unter den Voraussetzungen des § 254 HGB eine Bewertungseinheit gebildet, handelt es sich bei dem neuen Bewertungsobjekt um eine synthetisch festverzinsliche Verbindlichkeit. Da Verbindlichkeiten i.d.R. nicht zinsinduziert bewertet werden, ist in diesem Fall trotz eines negativen Marktwerts des Zinsswaps weder eine Drohverlustrückstellung zu bilden noch die Verbindlichkeit höher zu bewerten.

1321 **Währungsswaps** haben grds. den Austausch und späteren Rücktausch betragsgleicher (d.h. unter Verwendung des historischen Kassakurses ermittelter) Kapitalbeträge in verschiedenen Währungen und der zugehörigen (i.d.R. fixen) Zinsen zum Gegenstand. Auf

---

[1918] Vgl. *IDW RS BFA 5*, Tz. 20 f.; *Schmidt/Usinger*, in: BeBiKo[11], § 254, Rn. 101; *Scharpf*, in: HdR[5], Kap. 6, Rn. 840 ff. und Rn. 848.
[1919] Vgl. *Schmidt/Usinger*, in: BeBiKo[11], § 254, Rn. 113; *PwC*, Derivate Finanzinstrumente[4], Rn. 528.
[1920] Vgl. ADS[6], § 275 HGB, Tz. 176a; *Schmidt/Peun*, in: BeBiKo[11], § 275, Rn. 192.
[1921] Zum Close-out vgl. *BFA*, FN-IDW 2005, S. 697 f.; zur rechtlichen und zur wirtschaftlichen Glattstellung vgl. *Schmidt/Usinger*, in: BeBiKo[11], § 254, Rn. 114; *Scharpf*, in: HdR[5], Kap. 6, Rn. 857; zu den Konsequenzen der Bildung einer Bewertungseinheit mit bereits im Bestand befindlichen Geschäften vgl. *IDW RS HFA 35*, Tz. 71 f.

den anfänglichen Kapitaltausch kann dabei auch verzichtet werden. **Zins-Währungs-Swaps** kombinieren die Elemente von Zins- und Währungsswaps. Auch diese beiden Swap-Formen sind schwebende Geschäfte. Erfolgt ein anfänglicher Kapitaltausch, setzen beide Vertragspartner die ihnen zugeflossenen Kapitalbeträge zu den AK an. Verbleiben die Kapitalbeträge in Fremdwährung im Bestand, müssen anschließende Wechselkursänderungen aufgrund des fest vereinbarten Rücktauschkurses bilanziell nicht berücksichtigt werden[1922]. Darüber hinaus gilt das zu Zinsswaps Gesagte grds. entsprechend.

9.3 Mezzanine-Finanzierung

Aufgrund schuldrechtlicher Vereinbarungen gegen Gewährung von **Genussrechten** überlassenes Genussrechtskapital ist beim Emittenten als **EK** auszuweisen, wenn folgende Kriterien[1923] kumulativ erfüllt sind: **1322**

- Nachrangigkeit,
- Erfolgsabhängigkeit der Vergütung,
- Teilnahme am Verlust bis zur vollen Höhe sowie
- Längerfristigkeit der Kapitalüberlassung.

Nach Auffassung des Schrifttums ist das Kriterium der Längerfristigkeit erfüllt, wenn für einen Zeitraum von fünf bis sieben Jahren die Rückzahlung sowohl für den Emittenten wie auch für den Gläubiger ausgeschlossen ist[1924]. Nicht erforderlich erscheint, in Anlehnung an § 10 Abs. 5 Nr. 4 KWG a.F. über die Mindestlaufzeit von fünf Jahren hinaus eine Mindestkündigungsfrist von zwei Jahren zu verlangen. Zur Erläuterung der o.g. Kriterien sowie zur bilanziellen Behandlung von Genussrechtskapital und Angaben im Anh. vgl. *IDW St/HFA 1/1994*. Sind die Kriterien nicht kumulativ erfüllt, ist das überlassene Kapital als FK auszuweisen; ein Ausweis als Sonderposten zwischen EK und FK kommt nicht in Betracht[1925].

Die in Kap. F Tz. 1322 genannten Voraussetzungen für einen EK-Ausweis gelten für Genussrechte, die von **PersGes.** begeben werden, ohne Einschränkung, auch wenn für auf gesellschaftsrechtlicher Grundlage überlassene Mittel (vgl. Kap. F Tz. 1464) das Kriterium der Längerfristigkeit nicht erforderlich ist[1926]. Da von den Gesellschaftern jederzeit Entnahmen zulasten des EK beschlossen werden können, umfasst das nicht besonders gegen Ausschüttungen geschützte EK das gesamte bilanzielle Kommanditkapital. Das Genussrechtskapital muss deshalb erst zur Verlustdeckung herangezogen werden, wenn und soweit die Verluste nicht durch das noch vorhandene Kommanditkapital gedeckt werden können. Aus Vorsichtsgründen könnte darüber hinaus überlegt werden, ob dies auch für die im HR eingetragene Hafteinlage gelten muss. Hierfür könnte sprechen, dass durch die im HR gem. § 172 Abs. 1 HGB eingetragene Hafteinlage im Außenverhältnis ein gewisser Vertrauensschutz begründet wird. Für den Fall, dass im HR *nur ein relativ geringer* Betrag als Hafteinlage eingetragen ist, sollte aus Vorsichtsgründen bestimmt werden, dass das Genussrechtskapital zur Deckung von Verlusten   **1323**

[1922] Vgl. *Scharpf*, in: HdR⁵, Kap. 6, Rn. 856.
[1923] Vgl. *IDW St/HFA 1/1994*; *Emmerich/Naumann*, WPg 1994, S. 677; ADS⁶, § 246 HGB, Tz. 87 f., § 266 HGB, Tz. 195; *Schubert*, in: BeBiKo¹¹, § 247, Rn. 228; *Schubert/Waubke*, in: BeBiKo¹¹, § 266, Rn. 191.
[1924] Vgl. ausführlich *Kropff*, in: MünchKomm. BilR, § 272, Rn. 263 m.w.N.
[1925] Vgl. *HFA*, FN-IDW 2005, S. 334 (334).
[1926] Vgl. *AK Personengesellschaften*, FN-IDW 2007, S. 442 (442 f.).

heranzuziehen ist, wenn und soweit die Verluste nicht durch das noch vorhandene Kommanditkapital, vermindert um den Betrag der Hafteinlage, gedeckt werden können.

1324 Es erscheint sachgerecht, die in Kap. F Tz. 1322 genannten Kriterien für einen EK-Ausweis grds. auf alle Kapitalüberlassungen auf schuldrechtlicher Grundlage anzuwenden, die eine Kombination typischer Merkmale von EK und FK aufweisen[1927]. Auch hier kommt ein Ausweis entweder nur im EK oder FK in Betracht. Gleiches erscheint im Hinblick auf die bilanzielle Behandlung der **Einlagen eines stillen Gesellschafters** sachgerecht, da es sich bei der stillen Ges. um eine sog. Innenges. handelt mit der Folge, dass ein gemeinschaftliches Gesellschaftsvermögen nicht existiert und die Beteiligung am Gesellschaftsvermögen rein schuldrechtlicher Natur ist[1928]. Gleichwohl wird diesbezüglich im Schrifttum ein breites Meinungsspektrum vertreten[1929].

9.4 Leasing

1325 Bei Vorliegen von Leasingverträgen richtet sich die handelsrechtliche Bilanzierung danach, ob das **wirtschaftliche Eigentum** am Leasinggegenstand beim Leasingnehmer oder beim Leasinggeber liegt. Wirtschaftlicher Eigentümer ist üblicherweise derjenige, dem für die wirtschaftliche Nutzungsdauer Besitz, Gefahr, Nutzungen und Lasten aus einem Vermögensgegenstand zustehen[1930]. Insb. in Fällen, in denen von vornherein ein Übergang des (rechtlichen) Eigentums nach Ablauf der Mietzeit vereinbart ist, liegt das wirtschaftliche Eigentum beim Leasingnehmer (sog. Mietkauf-Verträge; Behandlung wie Ratenkauf-Verträge)[1931].

1326 In der handelsrechtlichen Bilanzierungspraxis wird für die Zurechnung des wirtschaftlichen Eigentums bei Leasingverträgen **weitgehend** auf die Kriterien abgestellt, welche die Finanzverwaltung für steuerliche Zwecke anwendet[1932]. Steuerlich ist die Bilanzierung von Leasingverträgen in vier sog. Leasingerlassen geregelt. Zwei Erlasse betreffen die Bilanzierung von Vollamortisationsverträgen (Finanzierungs-Leasing im steuerlichen Sinne) über bewegliche Wirtschaftsgüter (BMF-Schreiben v. 19.04.1971, BStBl. I S. 264) und über unbewegliche Wirtschaftsgüter (BMF-Schreiben v. 21.03.1972, BStBl. I S. 188). Zwei weitere Erlasse regeln die Bilanzierung von Teilamortisationsverträgen (BMF-Schreiben v. 22.12.1975, DB 1976, S. 172, über bewegliche Wirtschaftsgüter und v. 23.12.1991, BStBl. I 1992 S. 13, über unbewegliche Wirtschaftsgüter).

1327 Grds. gilt für Fälle sog. **Vollamortisationsverträge** (d.h. Verträge, nach denen während der unkündbaren Grundmietzeit Raten in einer Höhe zu entrichten sind, die mindestens die AHK sowie alle Nebenkosten des Leasinggebers, insb. die Finanzierungskosten, decken) über **bewegliche Wirtschaftsgüter** (Mobilien) folgendes Zurechnungsschema:

[1927] Für Hybridanleihen explizit *Sester*, ZBB 2006, S. 443 (456 f.).
[1928] Vgl. *Roth*, in: *Baumbach/Hopt*, HGB[38], § 230, Rn. 3.
[1929] Vgl. z.B. ADS[6], § 246 HGB, Tz. 90; *Küting/Reuter*, in: HdR[5], § 272 HGB, Rn. 252; *Kropff*, in: MünchKomm. BilR, § 272, Rn. 287 f.; *Schubert/Waubke*, in: BeBiKo[11], § 266, Rn. 192.
[1930] Vgl. *IDW ERS HFA 13 n.F.*, Tz. 7.
[1931] Vgl. *Schmidt/Ries*, in: BeBiKo[11], § 246, Rn. 39.
[1932] Vgl. *Gelhausen/Henneberger*, in: HdJ, Abt. I/8, Rn. 48; *Schmidt/Ries*, in: BeBiKo[11], § 246, Rn. 37.

> **Hinweis 84:**

Grundmietzeit in % der betriebsgewöhnlichen Nutzungsdauer	Zurechnung zum
< 40	Leasingnehmer
40 – 90	Leasinggeber
> 90	Leasingnehmer

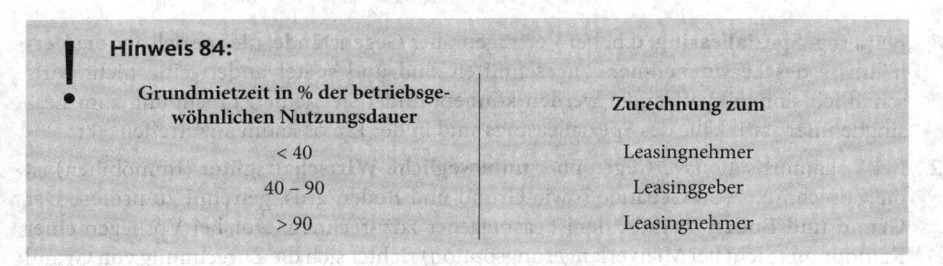

Als **betriebsgewöhnliche Nutzungsdauer** i.S.d. Leasingerlasse ist grds. der in den amtlichen AfA-Tabellen angegebene Zeitraum zugrunde zu legen[1933]. Für handelsrechtliche Zwecke ist zu beachten, dass die amtlichen AfA-Tabellen die technische Nutzungsdauer der Wirtschaftsgüter erfassen. Für handelsrechtliche Zwecke ist jedoch auf die voraussichtliche wirtschaftliche Nutzungsdauer abzustellen[1934]. Bei gebrauchten Vermögensgegenständen ist zudem der bisherige Nutzungszeitraum bei der Bestimmung der **Restnutzungsdauer** zu berücksichtigen[1935]. 1328

Handelt es sich um Vollamortisationsverträge über bewegliche Wirtschaftsgüter mit **Kaufoption** oder **Mietverlängerungsoption**, ist die Zurechnung bei einer Grundmietzeit von 40 v.H. bis 90 v.H. der betriebsgewöhnlichen Nutzungsdauer auch noch von der Höhe des Options-Kaufpreises bzw. der Anschlussmiete abhängig. In diesen Fällen gilt das folgende Schema: 1329

> **Hinweis 85:**

Kaufoption Restbuchwert bzw. niedrigerer gemeiner Wert im Zeitpunkt der Veräußerung	Mietverlängerungsoption Wertverzehr für den Zeitraum der Anschlussmiete	Zurechnung zum
≤ Kaufpreis	≤ Summe der Anschlussmieten	Leasinggeber
> Kaufpreis	> Summe der Anschlussmieten	Leasingnehmer

Wertverzehr ist dabei der Betrag, der sich auf Basis des RBW bzw. des niedrigeren gemeinen Werts und der Restnutzungsdauer lt. AfA-Tabelle ergibt. Der RBW wird unter Anwendung linearer AfA nach den amtl. AfA-Tabellen ermittelt. Weicht die voraussichtliche wirtschaftliche Nutzungsdauer von der betriebsgewöhnlichen Nutzungsdauer ab (vgl. Kap. F Tz. 1328), ist es sachgerecht, den Wertverzehr bzw. den RBW anhand der voraussichtlichen wirtschaftlichen Nutzungsdauer zu ermitteln.

Verträge ohne Mietverlängerungsoption, bei denen nach Ablauf der Grundmietzeit eine Vertragsverlängerung für den Fall vorgesehen ist, dass der Mietvertrag nicht von einer der Vertragsparteien gekündigt wird, sind dabei grds. ebenso wie Verträge mit Mietverlängerungsoption zu behandeln[1936]. 1330

1933 Vgl. BMF-Schr. v. 19.04.1971, BStBl. I S. 264.
1934 Vgl. *Gelhausen/Henneberger*, in: HdJ, Abt. I/8, Rn. 52; *Schmidt/Ries*, in: BeBiKo[11], § 246, Rn. 42.
1935 Vgl. *Gelhausen/Henneberger*, in: HdJ, Abt. I/8, Rn. 52.
1936 Vgl. BMF-Schr. v. 19.04.1971, Abschn. II.2.c), BStBl. I S. 264.

1331 Beim sog. **Spezialleasing**, d.h. bei Verträgen über Gegenstände, die speziell auf die Verhältnisse des Leasingnehmers zugeschnitten sind und später anderweitig nicht wirtschaftlich sinnvoll verwendet werden können, findet stets eine Zurechnung zum Leasingnehmer statt. Fälle des Spezialleasings sind in der Praxis kaum anzutreffen[1937].

1332 Bei Vollamortisationsverträgen über **unbewegliche Wirtschaftsgüter** (Immobilien) ist die Zurechnung von Gebäude sowie Grund und Boden grds. getrennt zu prüfen. Der **Grund und Boden** ist grds. dem Leasinggeber zuzurechnen. Nur bei Vorliegen einer Kaufoption (nicht bei Mietverlängerungsoption) richtet sich die Zurechnung von Grund und Boden nach der Zurechnung des Gebäudes[1938]. Für **Gebäude** gilt grds. folgendes Zurechnungsschema:

> **Hinweis 86:**
>
> | Grundmietzeit in % der betriebsgewöhnlichen Nutzungsdauer bzw. ggf. eines kürzeren Erbbaurechtszeitraums | Zurechnung zum |
> |---|---|
> | < 40 | Leasingnehmer |
> | 40-90 | Leasinggeber |
> | > 90 | Leasingnehmer |

1333 Bei Verträgen mit **Kauf- oder Mietverlängerungsoption** ist die Zurechnung im Falle einer Grundmietzeit zwischen 40 v.H. und 90 v.H. der betriebsgewöhnlichen Nutzungsdauer bzw. ggf. eines kürzeren Erbbaurechtszeitraums auch noch von der Höhe des Options-Kaufpreises bzw. der Anschlussmiete abhängig. Für die Zurechnung gilt folgendes Schema:

> **Hinweis 87:**
>
> | Kaufoption
Gesamtbuchwert bzw. niedrigerer gemeiner Wert des Grundstücks im Zeitpunkt der Veräußerung | Mietverlängerungsoption
75% des üblicherweise für ein nach Art, Lage und Ausstattung vergleichbares Grundstück zu zahlenden Mietentgelts | Zurechnung zum |
> |---|---|---|
> | ≤ Gesamtkaufpreis | < Anschlussmiete | Leasinggeber |
> | > Gesamtkaufpreis | ≥ Anschlussmiete | Leasingnehmer |

Bei der Ermittlung des Gesamtbuchwerts des Grundstücks ist der RBW des Gebäudes unter Anwendung der linearen AfA zu ermitteln.

1334 Bei **Spezialleasing** ist das Gebäude stets dem Leasingnehmer zuzurechnen. Der Grund und Boden ist grds. dem Leasinggeber zuzurechnen, es sei denn, es besteht eine Kaufoption. In diesem Fall folgt die Zurechnung des Grund und Bodens der des Gebäudes[1939].

1937 Vgl. *Gelhausen/Henneberger*, in: HdJ, Abt. I/8, Rn. 67.
1938 Vgl. *Gelhausen/Henneberger*, in: HdJ, Abt. I/8, Rn. 53.
1939 Vgl. *Gelhausen/Henneberger*, in: HdJ, Abt. I/8, Rn. 53.

Bei **Teilamortisationsverträgen**, bei denen die vereinbarten Leasingraten regelmäßig nur einen Teil der AHK zzgl. der Nebenkosten des Leasinggebers decken, ist die Zurechnung von **beweglichen Leasinggegenständen** grds. nach den allgemeinen Grundsätzen zu entscheiden[1940]. Demach ist z.B. in Fällen einer 90% der betriebsgewöhnlichen Nutzungsdauer überschreitenden Grundmietzeit eine Zurechnung zum Leasingnehmer geboten[1941]. Eine besondere Bedeutung besitzt in diesen Fällen die Verteilung der Chancen und Risiken aus der Verwertung des Leasinggegenstands nach Ablauf der Grundmietzeit. Dabei kommt es darauf an, dass beim Leasinggeber als rechtlichem Eigentümer in einem gewissen Mindestmaß derartige Chancen und Risiken verbleiben, um ihm auch das wirtschaftliche Eigentum zuzurechnen. So erfolgt nach dem Teilamortisations-Leasingerlass über Mobilien bspw. bei einem Andienungsrecht seitens des Leasinggebers ohne Kaufoption des Leasingnehmers oder bei Aufteilung eines Mehrerlöses aus der Verwertung des Leasinggegenstands durch den Leasinggeber im Verhältnis von (mind.) 25% für den Leasinggeber und (höchstens) 75% für den Leasingnehmer die wirtschaftliche Zurechnung zum Leasinggeber[1942]. Zu einer Zurechnung zum Leasingnehmer kommt es nach der Rechtsprechung des BFH auch grds. nicht in Fällen, in denen die betriebsgewöhnliche Nutzungsdauer des Leasinggegenstands die Grundmietzeit übersteigt und dem Leasingnehmer auch keine günstige Kauf- oder Mietverlängerungsoption zusteht (das wirtschaftliche Eigentum also grds. dem Leasinggeber zuzurechnen ist), wenn ein **Andienungsrecht des Leasinggebers** aus dessen Sicht vorteilhaft ist, weil der Leasingnehmer keine rechtlich abgesicherte Erwerbsposition innehat[1943].

1335

Bei **unbeweglichen Leasinggegenständen** folgt die Zurechnung von Grund und Boden der Zurechnung des Gebäudes. Das Gebäude ist bei Teilarmotisationsverträgen grds. dem Leasinggeber zuzurechnen. Eine Zurechnung zum Leasingnehmer erfolgt lediglich bei Vorliegen von

1336

- Spezialleasing (vgl. Kap. F Tz. 1334),
- Verträgen mit Kauf- oder Mietverlängerungsoption und einer Grundmietzeit von mehr als 90% der betriebsgewöhnlichen Nutzungsdauer oder
- Verträgen mit Kauf- oder Mietverlängerungsoption (unabhängig von der Grundmietzeit) und aus Sicht des Leasingnehmers günstiger Kaufoption bzw. günstiger Anschlussmiete (entspr. der Behandlung bei Vollamortisation, vgl. Kap. F Tz. 1329) oder bei besonderen **Verpflichtungen** des Leasingnehmers (insb. der Übernahme typischer Eigentümerrisiken)[1944].

Die in sog. Triple-Net-Verträgen vereinbarte Instandhaltung und Instandsetzung von „**Dach und Fach**" durch den Leasingnehmer stellt die Übernahme eines eigentümertypischen Risikos dar, die bei Verträgen mit Kauf- oder Mietverlängerungsoption grds. zur Zurechnung des Gebäudes zum Leasingnehmer führt. Ursächlich dafür ist, dass eine solche Vereinbarung wirtschaftlich wie die Tragung der Gefahr der zufälligen voll-

1337

1940 Vgl. BMF-Schr. v. 22.12.1975, DB 1976, S. 173.
1941 Vgl. *Gelhausen/Henneberger*, in: HdJ, Abt. I/8, Rn. 56.
1942 Vgl. BMF-Schr. v. 22.12.1975, DB 1976, S. 173; *Gelhausen/Henneberger*, in: HdJ, Abt. I/8, Rn. 56 ff.
1943 Vgl. BFH-Urteil vom 13.10.2016 (Az. IV R 33/13). Gl.A. für handelsrechtliche Zwecke *Schmidt/Ries*, in: BeBiKo[11], § 246, Tz. 46; *Gelhausen/Henneberger*, in: HdJ, Abt. I/8, Rn. 56; *Noodt*, in: Haufe HGB Kommentar[8], § 246, Rn. 41.
1944 Vgl. im Einzelnen BMF-Schr. v. 23.12.1991, BStBl. I 1992 Rn. 7 ff.; *Gelhausen/Henneberger*, in: HdJ, Abt. I/8, Rn. 62.

ständigen oder teilw. Zerstörung wirkt. Etwas anderes kann dann gelten, wenn andere vertragliche Nebenabreden dazu führen, dass beim Leasingnehmer im Ergebnis kein wesentliches Risiko aus der Instandhaltung und Instandsetzung von „Dach und Fach" verbleiben.

1338 Bei einer **Zurechnung zum Leasinggeber** hat dieser den Leasinggegenstand (weiterhin) in seiner Bilanz anzusetzen und nach den allgemeinen Bewertungsregeln fortzuführen. Der Ansatz einer Leasingforderung darf gem. den Grundsätzen zur Behandlung schwebender Geschäfte nur entspr. der anteiligen Nutzungsüberlassung erfolgen. Beim Leasingnehmer ist das Leasinggeschäft als schwebendes Geschäft grds. ebenfalls nicht zu bilanzieren. Dieser erfasst die vereinbarten Leasingraten aufwandswirksam entspr. dem Nutzungs- oder Aufwandsverlauf einer gedachten Eigeninvestition. Bei **Zurechnung zum Leasingnehmer** hat dieser den Leasinggegenstand mit seinen Anschaffungskosten (i.d.R. Barwert der Leasingraten) zu aktivieren und nach den allgemeinen Bewertungsregeln fortzuführen; i.H.d. Barwerts der Leasingraten hat er außerdem eine Verbindlichkeit zu passivieren. Die zu entrichtenden Leasingraten sind aufzuteilen in einen erfolgswirksamen Zinsanteil und einen erfolgsneutralen Tilgungsteil, der im Zeitablauf die Verbindlichkeit reduziert. Der Leasinggeber aktiviert eine Forderung i.H.d. Barwerts der künftigen Leasingraten und realisiert u.U. einen Gewinn aus dem Abgang des Leasinggegenstands. Die ihm zufließenden Leasingraten sind ebenfalls in Zins und Tilgung aufzuteilen[1945].

1339 Bei **Sale-and-lease-back-Gestaltungen** erwirbt der Leasinggeber den Leasinggegenstand zunächst vom Leasingnehmer, der den Leasinggegenstand im Anschluss zurückleast. Ist das wirtschaftliche Eigentum nach den allgemeinen Zurechnungskriterien für Leasing dem Leasinggeber zuzurechnen, wird die Realisierung eines Veräußerungsgewinns beim Leasingnehmer auch nicht dadurch gehindert, dass er aufgrund des Leasingverhältnisses evtl. Risiken aus dem Leasinggegenstand trägt. Eine Gewinnrealisierung kommt aber nur insoweit in Betracht, wie der Veräußerungspreis den Zeitwert des Leasinggegenstands nicht überschreitet. Erfolgt die Zurechnung zum Leasingnehmer, ist eine Gewinnrealisierung nicht zulässig[1946] (vgl. *IDW ERS HFA 13 n.F.*, Tz. 72).

1340 Beim **Anlagen-Contracting** betreibt der Contractor im eigenen Namen z.B. eine Anlage zur Energieerzeugung auf dem Gelände der Produktionsstätte des sog. Contracting-Nehmers. Gleichzeitig wird ein Energieliefervertrag mit einer festen Laufzeit zwischen beiden abgeschlossen. Trotz inhaltlicher Nähe zu Leasingverhältnissen wird die Anwendbarkeit der Leasingerlasse auf Contractingverhältnisse steuerlich verneint, da nicht die Anlage selbst, sondern ihr Output Gegenstand des Vertragsverhältnisses ist, so dass die handelsrechtliche Zurechnung nach den allgemeinen Grundsätzen zu erfolgen hat[1947].

9.5 Factoring

1341 Werden Forderungen i.R. einer Factoring- oder Asset Backed Securities (ABS)-Transaktion an einen Forderungskäufer (Factor) verkauft, hängt ihre **Ausbuchung** im JA des

---

[1945] Für die Bilanzierung von Leasingverhältnissen beim Leasinggeber und Leasingnehmer in Abhängigkeit von der Zurechnung des Leasinggegenstands vgl. auch *Schmidt/Ries*, in: BeBiKo[11], § 246, Rn. 47 f.
[1946] Vgl. auch *Gelhausen/Henneberger*, in: HdJ, Abt. I/8, Rn. 254.
[1947] Vgl. *Gelhausen/Henneberger*, in: HdJ, Abt. I/8, Rn. 209; *Schmidt/Ries*, in BeBiKo[11], § 246, Rn. 37.

Forderungsverkäufers nach § 246 Abs. 1 S. 2 HGB davon ab, wer das wirtschaftliche Eigentum an ihnen innehat. Notwendig für eine Übertragung des wirtschaftlichen Eigentums an Forderungen ist nach *IDW RS HFA 8*, Tz. 10 die rechtswirksame Veräußerung und Abtretung der Forderungen und damit der Übergang des Verwertungsrechts[1948]. Erforderlich ist darüber hinaus, dass der Forderungsverkäufer das **Bonitätsrisiko** aus den veräußerten Forderungen nicht mehr trägt und dieses auf den Forderungskäufer (Factor, Zessionar) übergeht. Unschädlich für den Abgang ist der Rückbehalt des Veritätsrisikos, d.h. des Risikos, dass eine Forderung nicht besteht oder ihr Einreden entgegenstehen[1949]. Unbeachtlich für den Abgang ist auch, ob die Abtretung der Forderung (Zession) still oder offen erfolgt, da dies keinen Einfluss darauf hat, wer das Bonitätsrisiko trägt[1950].

Beim **echten Factoring**, d.h. bei vollständiger Übernahme des Bonitätsrisikos durch den Factor, scheiden die verkauften Forderungen i.d.R. mit der Abtretung aus dem Vermögen und der Bilanz des Forderungsverkäufers aus. Stattdessen entstehen Forderungen gegen den Factor, die unter Beachtung der Abreden im Einzelnen (z.B. Sperrbeträge) und unter Berücksichtigung etwaiger zurückbehaltener Veritätsrisiken der übertragenen Forderungen zu bilanzieren sind[1951]. Ferner ist nach den allgemeinen Grundsätzen zu beurteilen, ob eine Verbindlichkeitsrückstellung (§ 249 Abs. 1 S. 1 HGB) für künftig zu zahlende Zinsen sowie für Risiken, die den Forderungsabgang nicht gehindert haben (z.B. unwesentliche Länder- oder Währungsrisiken; vgl. Kap. F Tz. 1347), zu passivieren ist. **1342**

Verbleibt das Ausfallrisiko dagegen beim Forderungsverkäufer (**unechtes Factoring**), hat dieser die verkauften Forderungen unverändert bis zur Tilgung anzusetzen und in Höhe der erhaltenen liquiden Mittel eine Verbindlichkeit ggü. dem Factor zu passivieren, da die Transaktion den Charakter eines Darlehens hat, welches mit den abgetretenen Forderungen besichert ist. Zudem sind die Angaben nach § 285 Nr. 1 lit. b) und Nr. 2 HGB im Anh. zu machen[1952]. **1343**

Für die Frage des Übergangs des Bonitätsrisikos aus den veräußerten Forderungen kommt es insb. auf die Ausgestaltung von **Kaufpreisabschlägen** oder vom Forderungsverkäufer gegebenen (*first loss*-)**Garantien** an. Bonitätsunabhängige (= „fixe") Kaufpreisabschläge hindern den Abgang veräußerter Forderungen grds. nicht[1953]. Ein bonitätsabhängiger (= „variabler") Abschlag, ob offen ausgestaltet oder verdeckt als Bestandteil anderer Abschläge (z.B. in Form überhöhter Servicegebühren), hindert den Abgang nicht, wenn er der Höhe nach angemessen ist. Dies ist dann der Fall, wenn sich der Abschlag (bezogen auf ein veräußertes Forderungsportfolio) an der historischen **1344**

1948 Im Falle von Abtretungsverboten kann gem. *IDW RS HFA 8*, Tz. 14 auf die dingliche Abtretung der Forderungen verzichtet werden, wenn entspr. Vereinbarungen vorliegen (z.B. Treuhandvereinbarungen), die zur Übertragung des wirtschaftlichen Eigentums führen; vgl. dafür ADS[6], § 246 HGB, Tz. 398 ff.
1949 Vgl. *IDW RS HFA 8*, Tz. 8.
1950 Vgl. *IDW RS HFA 8*, Tz. 13; *Rimmelspacher/Hoffmann/Hesse*, WPg 2014, S. 999 (1001 f.) (mit weiteren Argumenten); a.A. ADS[6], § 246 HGB, Tz. 322; *Ballwieser*, in: MünchKomm. HGB[3], § 246, Rn. 58 (Ausbuchung bei offener Zession trotz Rückbehalt des Bonitätsrisikos, wenn gleichzeitig ein entspr. Haftungsverhältnis vermerkt bzw. ggf. eine Rückstellung passiviert wird).
1951 Vgl. ADS[6], § 246 HGB, Tz. 318; *Schubert/Roscher*, in: BeBiKo[11], § 247, Rn. 112.
1952 Vgl. *IDW RS HFA 8*, Tz. 41.
1953 Vgl. *IDW RS HFA 8*, Tz. 19.

Ausfallrate entspr. Forderungen zzgl. eines Risikozuschlags für künftige Änderungen dieser Ausfallrate orientiert[1954].

> **Praxistipp 26:**
>
> In der Literatur wird die Auffassung vertreten, dass ein Risikozuschlag von bis zu 100% der tatsächlichen historischen Ausfallrate noch akzeptiert werden kann, ohne dass ein derartiger variabler Abschlag dem Abgang der Forderungen entgegensteht[1955]. Nach dieser „Daumenregel" wäre bei einer historischen Ausfallrate von 2,5% ein bonitätsabhängiger Kaufpreisabschlag von bis zu 5% für den Übergang des wirtschaftlichen Eigentums an den veräußerten Forderungen unschädlich.

1345 Bezogen auf **Einzelforderungen** ist der Rückbehalt eines Bonitätsrisikos durch den Forderungsverkäufer von bis zu ca. 10% des möglichen Forderungsausfalls – und damit in einem unwesentlichen Umfang – unschädlich für den Abgang der veräußerten Forderung[1956]. Dies entspricht dem typischen **Selbstbehalt** von Kreditversicherungsverträgen, der i.R. von Factoringvereinbarungen je nach Vertragsgestaltung mitunter vom Forderungsverkäufer zu tragen ist. Der Abschluss einer Kreditversicherung allein, d.h. ohne rechtswirksame Veräußerung der entspr. Forderungen, führt jedoch nicht dazu, dass die Forderungen beim bisherigen Eigentümer abgehen (vgl. *IDW RS HFA 8*, Tz. 8).

1346 Eine i.d.R. vereinbarte **Verzinsung** des Forderungskaufpreises für den Zeitraum vom Ankauf der Forderung bis zu ihrer Begleichung durch den Schuldner ist bei isolierter Betrachtung unschädlich für den Forderungsabgang, auch wenn es sich dabei grds. um einen bonitätsabhängigen „Abschlag" handelt, weil er vom Zahlungszeitpunkt und damit ggf. auch von der Zahlungsfähigkeit eines Debitors abhängig ist. Voraussetzung ist, dass die Verzinsung auf einen wirtschaftlich nicht ins Gewicht fallenden Zeitraum begrenzt ist (z.B. durch Festlegung eines sog. „technischen Ausfalls", d.h. eines Zeitpunkts, zu dem eine Forderung als ausgefallen gilt; häufig 120 Tage nach Fälligkeit). Fehlt eine zeitliche Begrenzung, trägt der Forderungsverkäufer weiterhin das Bonitätsrisiko über die Verzinsung[1957].

> **! Hinweis 88:**
>
> Bei der Beurteilung des vom Forderungsverkäufer zurückbehaltenen Risikos ist zu berücksichtigen, dass Abschläge oder vom Forderungsverkäufer übernommene Garantien bei isolierter Betrachtung unschädlich sein können (z.B. zeitlich begrenzte Verzinsung). In **Kombination** mit anderen **vertraglichen Nebenabreden** können sie jedoch insgesamt zum Verbleib des Bonitätsrisikos in wesentlichem Umfang beim Forderungsverkäufer führen[1958].

1347 Schädlich für den Übergang des wirtschaftlichen Eigentums können darüber hinaus **Rückkaufvereinbarungen** sein, bspw. in Form eines echten Pensionsgeschäfts oder eines Andienungsrechts des Factors zum Nominalwert der Forderung (so auch *IDW RS*

1954 Vgl. *IDW RS HFA 8*, Tz. 23.
1955 Vgl. *Rimmelspacher/Hoffmann/Hesse*, WPg 2014, S. 999 (1008); *Flunker/Lotz*, S. 25 (30).
1956 Vgl. *Rimmelspacher/Hoffmann/Hesse*, WPg 2014, S. 999 (1007).
1957 Vgl. *Rimmelspacher/Hoffmann/Hesse*, WPg 2014, S. 999 (1004 f.).
1958 Vgl. *Rimmelspacher/Hoffmann/Hesse*, WPg 2014, S. 999 (1006 f.).

HFA 8, Tz. 11 und 16). Ein Andienungsrecht des Factors zum Zeitwert der Forderung im Rückkaufzeitpunkt ist i.d.R. ebenso unschädlich wie z.B. ein (echtes) Rückkaufrecht des Forderungsverkäufers. Unschädlich ist gem. *IDW RS HFA 8*, Tz. 9 auch der Zurückbehalt von **Länderrisiken** (politische Risiken, Transferrisiken), sofern diese völlig unbedeutend sind. Demgegenüber erscheint ein Abgang nicht sachgerecht, wenn für auf fremde Währung lautende Forderungen das **Wechselkursrisiko** vom Forderungsverkäufer zurückbehalten wird und dieses – ggf. zusammen mit dem Bonitätsrisiko – nicht unwesentlich ist.

Bei sog. **ABS-Gestaltungen** werden Forderungen auf eine Zweckges. übertragen. Diese refinanziert sich über die Begebung von Schuldtiteln am Kapitalmarkt und tilgt aus dem Refinanzierungserlös die Kaufpreisverbindlichkeit. Zum Abgang der Forderungen kommt es beim Veräußerer auch bei diesen Gestaltungen nur dann, wenn nicht nur das rechtliche, sondern auch das wirtschaftliche Eigentum an den Forderungen auf die Zweckges. übergeht. Wie beim Factoring kommt es deshalb insb. auf den Übergang des Bonitätsrisikos an, so dass insoweit keine wesentlichen Unterschiede bestehen[1959]. Gleichwohl sind gestaltungstypische Aspekte zu beachten, z.B. ob der Forderungsverkäufer am EK der Zweckges. beteiligt ist oder ob dieser die von der Zweckges. begebenen Schuldtitel vollständig oder zu nicht unwesentlichen Teilen gezeichnet hat[1960]. Darüber hinaus kann es bei revolvierenden Transaktionen in Abhängigkeit von der vertraglichen Ausgestaltung zu einer zu berücksichtigenden Kumulierung von Bonitätsrisiken kommen[1961].

1348

9.6 Langfristige Fertigung

Nach dem Realisationsprinzip (§ 252 Abs. 1 Nr. 4 HGB) dürfen Umsätze bzw. Gewinne im handelsrechtlichen JA üblicherweise erst dann realisiert werden, wenn die entspr. Lieferungen und Leistungen erbracht worden sind und der Anspruch auf die Gegenleistung, d.h. auf das vereinbarte Entgelt, unwiderruflich entstanden ist[1962] (vgl. Kap. F Tz. 89). Bei **langfristiger Auftragsfertigung**, d.h. bei Herstellungsprozessen, die sich über mehr als ein GJ erstrecken (z.B. Bauindustrie, Großanlagenbau), führt dies grds. dazu, dass die Umsätze und Gewinne aus einem langfristigen Fertigungsauftrag erst im GJ der Fertigstellung realisiert werden dürfen, während die entspr. Aufwendungen z.T. bereits in vorangehenden GJ erfasst worden sind.

1349

Die Frage, inwieweit es zulässig ist, Gewinne handelsrechtlich zumindest teilw. zu realisieren, bevor der Auftrag als Ganzes abgeschlossen ist (sog. **Teilgewinnrealisierung**), ist bis heute strittig[1963]. Grds. eröffnet § 252 Abs. 2 HGB die Möglichkeit, von den Grundsätzen des Abs. 1 – und damit auch vom Realisationsprinzip – in Ausnahmefällen abzuweichen[1964]. Gleichwohl darf dies vor dem Hintergrund des Gläubigerschutzes nur ein **Ausnahmefall** sein, so dass eine Teilgewinnrealisierung nur unter sehr engen Vo-

1350

[1959] Vgl. *Rimmelspacher/Hoffmann/Hesse*, WPg 2014, S. 999 (1000 f.).
[1960] Vgl. *IDW RS HFA 8*, Tz. 16.
[1961] Vgl. ausführlich *IDW RS HFA 8*, Tz. 30 ff.
[1962] Vgl. ADS[6], § 246 HGB, Tz. 186 ff.; *Winkeljohann/Büssow*, in: BeBiKo[11], § 252, Rn. 44.
[1963] Vgl. ausführlich *Marx/Löffler*, in: BHdR, B 700, Rn. 70 ff. m.w.N.
[1964] Vgl. ADS[6], § 252 HGB, Rn. 87; *Winkeljohann/Büssow*, in: BeBiKo[11], § 252, Rn. 44; a.A. *Ballwieser*, in: MünchKomm. HGB[3], § 252, Rn. 61.

raussetzungen infrage kommt[1965]. Zu den **Voraussetzungen**, die für eine Durchbrechung des § 252 Abs. 1 Nr. 4 HGB kumulativ erfüllt sein müssen, gehört, dass:

- die Fertigung über die Dauer eines GJ hinausgeht (langfristige Fertigung),
- langfristige Fertigungen einen wesentlichen Teil der Unternehmenstätigkeit darstellen,
- eine Abrechnung des Auftrags erst nach Auftragsabschluss zu einer nicht unerheblichen Beeinträchtigung des Einblicks in die Ertragslage führt,
- der aus der langfristigen Fertigung erwartete Gewinn sicher ermittelt werden kann und keine Risiken ersichtlich sind, die das erwartete Ergebnis erheblich beeinflussen können,
- für unvorhersehbare Garantieleistungen bzw. Nachbesserungen vorsichtig bemessene Beträge berücksichtigt werden,
- die Gesamtleistung kalkulatorisch in Teilleistungen zerlegt werden kann und die Teilgewinnrealisierung auch nur anteilsmäßig für diese Teilleistungen erfolgt,
- anteilige Gewinne nicht realisiert werden, wenn Teilleistungen ggü. der Vorkalkulation mit wesentlich höheren Ist-Kosten abschließen, sofern nicht davon ausgegangen werden kann, dass noch anfallende Kosten durch die Erlöse hinreichend gedeckt sind,

und

- keine Anzeichen für Einwendungen des Abnehmers vorliegen, die negative Auswirkungen auf das Gesamtergebnis haben werden[1966].

1351 Aus § 252 Abs. 2 HGB folgt keine Pflicht zur Abweichung von den Grundsätzen des § 252 Abs. 1 HGB, so dass die Teilgewinnrealisierung bei Vorliegen der Voraussetzungen als **Bewertungswahlrecht** zu verstehen ist[1967]. Wg. des Grundsatzes der (zeitlichen) Bewertungsstetigkeit (§ 252 Abs. 1 Nr. 6 HGB) müssen begonnene Teilgewinnrealisierungen je Auftrag bis zu ihrer Beendigung fortgeführt werden. Zudem ist auch die sachliche Stetigkeit zu berücksichtigen, so dass das Bewertungswahlrecht für gleichartige langfristige Fertigungsaufträge bei Erfüllung der erforderlichen Voraussetzungen einheitlich auszuüben ist[1968]. Erfolgt zulässigerweise eine Teilgewinnrealisierung, ist dies gem. § 284 Abs. 2 Nr. 1 HGB im Anh. anzugeben.

1352 Keine Ausnahme vom Realisationsprinzip im o.g. Sinne stellen Teilgewinnrealisierungen bei vertraglich vereinbarten **Teilabrechnungen** dar. Teilgewinnrealisierungen sind dann zulässig, wenn es sich um endgültige Teilabrechnungen handelt, die Vertragsgegenstände rechtlich und wirtschaftlich auf den Abnehmer übergegangen sind (Gefahrenübergang) und in den Folgeperioden auch keine Verluste aus dem langfristigen Fertigungsauftrag drohen[1969]. Der notwendige Gefahrenübergang erfordert entspr. **Teilabnahmen** und deshalb selbstständig abgrenzbare und in sich geschlossene Teilleistungen[1970]. Anteilige Gewinnrealisierungen aufgrund von „Pro-forma-Abrech-

---

[1965] Vgl. m.w.N. *Schubert/Hutzler*, in: BeBiKo[11], § 255, Rn. 460; ablehnend *Marx/Löffler*, in: BHdR, B 700, Rn. 85 (Unvereinbarkeit mit dem deutschen Handelsbilanzrecht wg. der Zahlungsbemessungsfunktion des JA).
[1966] Vgl. im Einzelnen ADS[6], § 252 HGB, Rn. 88; kritisch *Marx/Löffler*, in: BHdR, B 700, Rn. 77 ff.
[1967] Vgl. ADS[6], § 252 HGB, Rn. 89.
[1968] Vgl. *Schubert/Pastor*, in: BeBiKo[11], § 255, Rn. 464.
[1969] Vgl. *Schubert/Pastor*, in: BeBiKo[11], § 255, Rn. 461.
[1970] Vgl. *Marx/Löffler*, in: BHdR, B 700, Rn. 64.

nungen" einzelner Teilleistungen verstoßen demgegenüber ebenso gegen das Realisationsprinzip wie Fälle, in denen das Gesamterfüllungsrisiko beim herstellenden Unternehmen verbleibt[1971].

Im Zusammenhang mit der Gewinnrealisierung bei **Werkleistungen von Architekten und Ingenieuren** hat der BFH abw. von den oben dargelegten Grundsätzen entschieden, dass für Abschlagszahlungen i.S.d. § 8 Abs. 2 HOAI i.d.F. vom 21.09.1995 (= a.F.) eine (Teil-)Gewinnrealisierung zulässig sei, weil der Gewinn in diesen Fällen so gut wie sicher sei und es der Leistende selbst in der Hand habe, ob er die Abschlagszahlungen behalten darf; auf eine (Teil-)Abnahme komme es hingegen nicht an[1972]. Nach *IDW PS 201*, Tz. 8 kann eine entspr. (Teil-)Gewinnrealisierung i.Z.m. Abschlagszahlungen nach HOAI i.d.F. vom 21.09.1995 im handelsrechtlichen JA auch ohne (Teil-)Abnahme nicht beanstandet werden; eine (Teil-)Gewinnrealisierung i.Z.m. Abschlagszahlungen i.S.d. HOAI i.d.F. vom 10.07.2013 sowie in allen übrigen Fällen von Abschlagszahlungen i.S.d. § 632a BGB ist handelsrechtlich jedoch nur unter den o.g. engen Voraussetzungen (vgl. Kap. F Tz. 1350) zulässig[1973]. 1353

10. Lagebericht der Kapitalgesellschaft (§§ 289 ff. HGB)

10.1 Aufstellungspflicht und allgemeine Grundsätze

Mittelgroße und große KapGes. sowie **mittelgroße und große PersGes.** i.S.d. § 264a HGB (KapCoGes.) (§ 267 Abs. 2 und 3 HGB) haben nach § 264 Abs. 1 S. 1 HGB zusammen mit dem (um den Anh. erweiterten) JA einen **LB** aufzustellen. Für kleine KapGes. und kleine KapCoGes. (§ 267 Abs. 1 HGB) ist die Aufstellung eines LB nicht obligatorisch (§ 264 Abs. 1 S. 4 HGB). Dasselbe gilt für Kleinst-KapGes. (§ 267a Abs. 2 HGB). 1354

Für den Fall der freiwilligen Aufstellung eines **EA nach internationalen Rechnungslegungsstandards** und dessen Bekanntmachung im BAnz. (§ 325 Abs. 2a HGB i.V.m. § 315e Abs. 1 HGB) ist ein **gemeinsamer LB** zum HGB-JA und zum IFRS-EA offenzulegen. Nach dem Wortlaut des § 325 Abs. 2a S. 4 HGB ist es nicht zulässig, den LB nur als Ergänzung des IFRS-EA aufzustellen. Vielmehr muss „der Lagebericht nach § 289" HGB alle Informationen zum handelsrechtlichen JA enthalten und zusätzlich in dem erforderlichen Umfang auch auf den IFRS-EA Bezug nehmen. Damit sind die nach § 289 HGB notwendigen Angaben des LB zum handelsrechtlichen JA jeweils um Erläuterungen zum IFRS-EA zu ergänzen[1974]. Der erforderliche Umfang ergibt sich aus § 289 HGB und mittelbar aus § 317 Abs. 2 S. 1 HGB, der fordert, dass der LB auch im Einklang mit dem IFRS-EA steht (vgl. auch Kap. L Tz. 1126 ff.). 1355

Der LB ist in **deutscher Sprache** und in **Euro** aufzustellen (§ 244 HGB analog)[1975]. Eine besondere **Unterzeichnung** des LB ist nicht vorgesehen. 1356

Zur **Aufstellungsfrist** vgl. Kap. F Tz. 17; zu **Befreiungsmöglichkeiten** vgl. Kap. F Tz. 256 und Kap. F Tz. 1446. 1357

1971 Vgl. *Schubert/Pastor*, in: BeBiKo[11], § 255, Rn. 461; *Tiedchen*, in: MünchKomm. BilR, § 252, Rn. 75.
1972 Vgl. BFH-Urteil v. 14.05.2014 (Az. VIII R 25/11).
1973 Vgl. *HFA*, IDW Life 2015, S. 616 (618); *Winkeljohann/Büssow*, in: BeBiKo[11], § 252, Rn. 44.
1974 Vgl. dazu *Fey/Deubert*, KoR 2006, S. 92 (97 f.), insb. auch zu der Problematik der Überschneidung der Vorschriften für die Angaben in den IFRS-Notes und im HGB-LB.
1975 Vgl. *Grottel*, in: BeBiKo[11], § 289, Rn. 14.

1358 Der LB ist nicht Teil des JA, sondern ein eigenständiges Berichtsinstrument der externen Rechnungslegung. Der LB soll weitergehende Informationen als der JA liefern und zugleich im Einklang mit diesem stehen. Dabei ist hinsichtlich des **Adressatenkreises** davon auszugehen, dass der LB nicht nur ein Mittel der Rechenschaftslegung der Geschäftsführung ggü. den Gesellschaftern ist, sondern dass er sich in gleicher Weise an die Öffentlichkeit, insb. an die Gläubiger des Unternehmens sowie an bestehende und potenzielle Geschäftspartner richtet. Der LB hat ggü. diesem Adressatenkreis eine **Informations- und Rechenschaftsfunktion** zu erfüllen. Er enthält Informationen, die es den Adressaten ermöglichen sollen, sich ein zutreffendes Bild vom Geschäftsverlauf und von der Lage (vergangenheitsorientierte Berichterstattung) sowie von der voraussichtlichen Entwicklung und den damit einhergehenden Chancen und Risiken (zukunftsorientierte Berichterstattung) zu machen, und legt zugleich Rechenschaft über die Verwendung der anvertrauten Ressourcen im Berichtszeitraum[1976].

1359 Maßgebend bei der Bestimmung der **Grundsätze der Berichterstattung** im LB[1977] ist die gesetzliche Forderung, den Geschäftsverlauf einschl. des Geschäftsergebnisses und die Lage des Unternehmens so darzustellen, dass ein den tatsächlichen Verhältnissen entspr. Bild vermittelt wird (§ 289 Abs. 1 S. 1 HGB). Eine vergleichbare Forderung ergibt sich aus § 264 Abs. 2 S. 1 HGB auch für die Anh.-Angaben. In Abgrenzung zu den Angaben im Anh., die unter engem Bezug auf die in Bilanz und GuV angewandten Rechnungslegungsvorschriften zu erfolgen haben, hat der LB das durch den JA vermittelte Bild unabhängig von diesen Vorschriften aus Sicht der Unternehmensleitung (sog. **Management Approach**) in den Gesamtzusammenhang des Geschäftsverlaufs und der Lage des Unternehmens zu stellen. Die Ausführungen im LB müssen deshalb verlässlich und ausgewogen, klar und übersichtlich, vollständig und aus sich heraus verständlich sein, so dass das in § 289 Abs. 1 S. 1 HGB geforderte Bild vermittelt wird.

1360 Um seiner Informations- und Rechenschaftsfunktion gerecht zu werden, muss sich der LB auf **wesentliche**, d.h. für den Adressatenkreis entscheidungsrelevante **Informationen** konzentrieren. Ob eine bestimmte Information wesentlich ist, bestimmt sich nach deren quantitativer und qualitativer Bedeutung sowie den spezifischen Gegebenheiten des berichtenden Unternehmens und den jeweiligen Interessen der Adressaten[1978]. Zwar gibt § 289 HGB nur den Mindestumfang der Berichterstattung an, so dass darüberhinausgehende, freiwillige Informationen grds. in den LB aufgenommen werden dürfen. Allerdings darf dies nicht dazu führen, dass wesentliche Informationen nicht mehr erkennbar sind[1979].

1361 Vor diesem Hintergrund darf eine Berichterstattung im LB nicht unterbleiben oder eingeschränkt werden, weil die entspr. Sachverhalte den Adressaten bereits auf anderem Wege (z.B. Pressemitteilung) bekannt gemacht wurden. Auch **Verweise** auf Ausführungen im VJ-LB entbinden nicht von der Angabepflicht[1980]. Gleiches gilt für Verweise auf den JA oder andere Quellen der Unternehmenspublizität (z.B. Informationen auf der Internetseite), soweit das Gesetz die Möglichkeit eines solchen Verweises nicht vor-

---

1976 Vgl. DRS 20.3.
1977 Vgl. zu den Grundsätzen im Einzelnen DRS 20.12 ff.; *Grottel*, in: BeBiKo[11], § 289, Rn. 20 ff.
1978 Vgl. *Grottel*, in: BeBiKo[11], § 289, Rn. 23 ff.
1979 Vgl. *Henckel/Rimmelspacher/Schäfer*, DK 2014, S. 386 (390).
1980 Vgl. *Grottel*, in: BeBiKo[11], § 289, Rn. 11.

sieht[1981]. Dies ergibt sich aus der **geschlossenen Form** des LB gem. DRS 20.20[1982]. Verweise sind immer dann zulässig, wenn über die gesetzlichen Anforderungen hinaus berichtet werden soll und der LB bereits alle Pflichtinformationen enthält.

Der LB ist unter den Gesichtspunkten der Klarheit und Übersichtlichkeit (§ 243 Abs. 2 HGB) zu strukturieren. Eine Mindestgliederung sieht weder das Gesetz noch DRS 20 (vgl. hierzu Kap. F Tz. 1365) vor. Es empfiehlt sich jedoch, die **Gliederung** in Anlehnung an die Gesetzesgliederung vorzunehmen und durch klar formulierte Überschriften kenntlich zu machen. **1362**

> **Hinweis 89:**
>
> Die Struktur des LB muss erkennen lassen, an welcher Stelle bzw. in welchem Abschnitt welcher Berichtspflicht nach § 289 HGB nachgekommen wird. Dem wird ein LB i.d.R. dann nicht gerecht, wenn z.B. die Prognoseberichterstattung nicht in einem **gesonderten Abschnitt** (ggf. zusammen mit der Risiko- und Chancenberichterstattung) erfolgt, sondern über den gesamten LB verteilt wird.

Auch im LB ist die **Form der Darstellung stetig beizubehalten**, soweit nicht in Ausnahmefällen wg. besonderer Umstände Abweichungen erforderlich sind[1983]. Abweichungen von den Berichterstattungsgrundsätzen des VJ sind offenzulegen. **Fehlanzeigen** sind nicht erforderlich, die Angabe von **VJ-Zahlen** nur dann, wenn sie erforderlich sind, damit der LB insgesamt ein zutreffendes Bild von der Lage und der künftigen Entwicklung des Unternehmens vermittelt[1984]. **1363**

> **Praxistipp 27:**
>
> Das Gesetz sagt nichts über die **Platzierung** des LB i.R.d. jährlichen Offenlegung. Üblich ist eine Platzierung vor den freiwilligen Berichtsteilen und vor dem JA; jedoch kann der LB auch hinter den freiwilligen Berichtsteilen oder dem JA platziert werden. Alle drei Varianten sind zulässig.

Das Gesetz enthält für den LB keine **Schutzklausel**, wie sie in § 286 HGB für den Anh. geregelt ist. Dennoch müssen Angaben unterbleiben, wenn durch sie das Wohl der Bundesrepublik Deutschland oder eines ihrer Länder gefährdet wäre. Eine dahingehende Schutzklausel ist auch ohne ausdrückliche gesetzliche Verweisung zu beachten[1985]. Zudem dürfen Angaben unterlassen werden, wenn sie einen Verstoß gegen die Sorgfalts- und Verschwiegenheitspflichten der Geschäftsführung (§ 93 Abs. 1 AktG; § 43 Abs. 1 GmbHG) darstellen würden oder Sachverhalte betreffen, die vom Auskunftsrecht eines Aktionärs in der HV gem. § 131 Abs. 3 S. 1 Nr. 1 AktG bzw. eines GmbH-Gesellschafters in der Gesellschafterversammlung gem. § 51a Abs. 2 S. 1 GmbHG ausgenommen sind. Ob darüber hinaus die Angaben auch für den Fall der Zufügung eines erheblichen Nachteils für das berichtende Unternehmen unterlassen werden dürfen, ist umstritten. Durch die Verwendung allgemein gehaltener Formulierungen wird es **1364**

1981 Vgl. DRS 20.21; a.A. *Grottel*, in: BeBiKo[11], § 315, Rn. 17.
1982 Vgl. *Henckel/Rimmelspacher/Schäfer*, DK 2014, S. 386 (387).
1983 Vgl. DRS 20.26; ADS[6], § 289 HGB, Tz. 32; *Grottel*, in: BeBiKo[11], § 289, Rn. 29.
1984 Vgl. DRS 20.26; *Grottel*, in: BeBiKo[11], § 289, Rn. 29, § 315, Rn. 29.
1985 Ebenso ADS[6], § 289 HGB, Tz. 54; *Grottel*, in: BeBiKo[11], § 289, Rn. 35.

i.d.R. nicht erforderlich sein, vertrauliche bzw. schädigende Informationen zu veröffentlichen[1986].

10.2 Ausstrahlungswirkung des DRS 20

1365 Der Inhalt des LB wird durch § 289 HGB bestimmt. Dieser ist (nahezu) wortgleich mit § 315 HGB mit dem Unterschied, dass sich § 315 HGB auf die Lageberichterstattung des Konzerns bezieht. Die gesetzlichen Anforderungen an den KLB werden durch **DRS 20** konkretisiert. Gem. § 342 Abs. 2 HGB wird vermutet, dass es sich dabei um GoB der Konzernrechnungslegung handelt[1987]. Es ist davon auszugehen, dass eine vollumfängliche Beachtung aller Einzelvorschriften des DRS 20 zu einem gesetzeskonformen KLB führt. Bestimmte Einzelanforderungen des DRS 20, welche **keine zweifelsfreien Konkretisierungen des Gesetzes** darstellen, müssen jedoch nicht zwingend beachtet werden, damit ein KLB insgesamt ein zutreffendes Bild von der Lage des Konzerns vermittelt und die Chancen und Risiken der künftigen Entwicklung zutreffend darstellt. Diese sind[1988]:

- Steuerungssystem und konzernweites Risiko- bzw. Chancenmanagementsystem (DRS 20.K45-K47, K137-K145 i.V.m. .165; vgl. hierzu Kap. J Tz. 167 ff.),
- Vergleich mit Vorperiode (DRS 20.57, .66, .85 f., .113 und .159),
- Beurteilungen (DRS 20.53 S. 1, .58 S. 2, .61, .62 S. 2, .64 f., .78 und .99) und Gesamtaussagen (DRS 20.118 S. 2 und .160 S. 1).

Eine Beachtung der genannten Einzelvorschriften kann im Einzelfall jedoch erforderlich sein, wenn andernfalls kein zutreffendes Bild von der Lage des Konzerns vermittelt wird oder die Chancen und Risiken der künftigen Entwicklung nicht zutreffend dargestellt werden.

1366 Aufgrund des weitgehend identischen Wortlauts von § 289 und § 315 HGB sowie der gleichen Zwecke von LB und KLB (vgl. Kap. F Tz. 1358 und Kap. G Tz. 819 ff.) genügt einer ordnungsmäßigen Lageberichterstattung i.S.v. § 289 HGB eine Beachtung der das Gesetz konkretisierenden Anforderungen des DRS 20 unter Berücksichtigung des Grundsatzes der Wesentlichkeit. Bleibt ein LB hinter diesen Anforderungen zurück, ist strittig, ob sich hieraus zwingend Auswirkungen auf die Ordnungsmäßigkeit der Lageberichterstattung ergeben. Nach *IDW PS 350*, Tz. 2 bzw. *IDW PS 350 n.F.*, Tz. 4 hat DRS 20, soweit es sich um Auslegungen der allgemeinen handelsrechtlichen Grundsätze zur Lageberichterstattung handelt, Bedeutung für den LB nach § 289 HGB. Der HFA hat dies dahingehend konkretisiert, dass DRS 20 **zweckdienliche Hinweise** für eine ordnungsmäßige Lageberichterstattung i.S.v. § 289 HGB gibt[1989]. Vor diesem Hintergrund erscheint es geboten, DRS 20 als Ausgangspunkt für die Beurteilung, ob eine ordnungsmäßige Lageberichterstattung i.S.v. § 289 HGB vorliegt, zu beachten, soweit dieser die gesetzlichen Anforderungen konkretisiert[1990]. Abweichungen von Anforderungen des DRS 20, die § 289 HGB konkretisieren, können allerdings im Einzelfall vor dem Hintergrund der tatsächlichen Verhältnisse des Unternehmens und unter Berücksichtigung

---

1986 Vgl. auch Kap. G Tz. 862 ff. sowie ADS[6], § 289 HGB, Tz. 54; *Fink/Kajüter/Winkeljohann*, S. 21; *Grottel*, in: BeBiKo[11], § 289, Rn. 36; *Kajüter*, in: HdR[5], § 289 HGB, Rn. 59.
1987 Vgl. auch *IDW PS 201*, Tz. 12.
1988 Vgl. hierzu auch *Grottel*, in: BeBiKo[11], § 315, Rn. 26 ff., der noch weitere Einzelvorschriften als über das Gesetz hinausgehend benennt.
1989 Vgl. *HFA*, FN-IDW 2014, S. 195.
1990 Vgl. auch *Böcking/Dutzi/Gros*, in: Baetge/Kirsch/Thiele, Bilanzrecht, § 289, Rn. 50.

der Informationsbedürfnisse der Adressaten begründet sein. Der LB muss trotz der Abweichung von DRS 20 insgesamt ein zutreffendes Bild von der Lage des Unternehmens vermitteln und die Chancen und Risiken der künftigen Entwicklung zutreffend darstellen[1991].

Im Ergebnis ist damit eine **Ausstrahlungswirkung des DRS 20** auf die Lageberichterstattung i.S.v. § 289 HGB grds. zu bejahen, weshalb im Folgenden die gesetzlichen Anforderungen an den LB u.a. anhand von DRS 20 erläutert werden. Zu berücksichtigen ist dabei stets, dass im Einzelfall Abweichungen begründet sein können.

10.3 Angaben zu Geschäftsverlauf und Lage (§ 289 Abs. 1 S. 1 bis 3 HGB, sog. Wirtschaftsbericht)

Im Wirtschaftsbericht des LB sind der Geschäftsverlauf einschl. des Geschäftsergebnisses sowie die Lage des Unternehmens so **darzustellen**, dass ein den tatsächlichen Verhältnissen entspr. Bild vermittelt wird (§ 289 Abs. 1 S. 1 HGB). Des Weiteren sind der Geschäftsverlauf und die Lage ausgewogen und umfassend, dem Umfang und der Komplexität der Geschäftstätigkeit entspr. zu **analysieren** (§ 289 Abs. 1 S. 2 HGB), d.h. es sind diesbezüglich systematisch Ursachen und Wirkungszusammenhänge aufzuzeigen (DRS 20.11). Die Analyse hat zum einen hinsichtlich positiver und negativer Aspekte in sich stimmig und ausgeglichen zu erfolgen, zum anderen sind bei der Analyse die Komplexität und die Größe des Unternehmens zu berücksichtigen[1992]. Zielsetzung dieser Darstellung und Analyse ist es, einen **(Gesamt-)Überblick** über die Entwicklung des Unternehmens im Berichtszeitraum und über die Lage des Unternehmens am Abschlussstichtag aus Sicht der Unternehmensleitung (vgl. Kap. F Tz. 1359) zu erhalten, der sich nicht ohne weiteres aus dem JA ergibt. Dazu sind die Ausführungen zum Geschäftsverlauf und zur Lage des Unternehmens unter Berücksichtigung von Erkenntnissen nach dem Abschlussstichtag zu einer Gesamtaussage zu verdichten (DRS 20.58).

Die Angaben zum Geschäftsverlauf beziehen sich auf den **Berichtszeitraum**, d.h. sie sind vergangenheitsorientiert, und werden durch Ausführungen zum Geschäftsergebnis als Bestandteil des Geschäftsverlaufs ergänzt. Die Lage der Ges. ist hingegen zum **Abschlussstichtag**, d.h. gegenwartsorientiert, darzustellen und zu analysieren. Dabei sind Faktoren zu berücksichtigen, die einen Rückschluss von der berichteten auf die künftige Lage der Ges. einschränken (DRS 20.64; vgl. hierzu Kap. F Tz. 1372). Die Darstellung und die Analyse von Geschäftsverlauf und Lage dürfen gem. DRS 20.55 gemeinsam erfolgen.

Soweit es für die Analyse von Geschäftsverlauf und Lage erforderlich ist, sind **gesamtwirtschaftliche und branchenbezogene Rahmenbedingungen** darzustellen und zu erläutern (DRS 20.59). Mithin sind deren Auswirkungen auf die Geschäftstätigkeit zu untersuchen. Dabei ist der Anteil allgemein verfügbarer, wenig unternehmensspezifischer Informationen zum Unternehmensumfeld auf ein für das Verständnis des Geschäftsverlaufs und der Lage des Unternehmens notwendiges Ausmaß zu beschränken (DRS 20.B25).

[1991] Ebenso *Grottel*, in: BeBiKo[11], § 289, Rn. 30.
[1992] Vgl. *Grottel*, in: BeBiKo[11], § 289, Rn. 50 i.V.m. § 315, Rn. 77; *Kajüter*, in: HdR[5], §§ 289, 289a HGB, Rn. 75.

> **Beispiel 31:**
>
> Zu den gesamtwirtschaftlichen Rahmenbedingungen i.e.S. zählen u.a. konjunkturelle Entwicklungen, die Inflationsrate oder das Zinsniveau (ökonomisches Umfeld). Diese sind durch Umfeldfaktoren i.w.S, wie bspw. Änderungen der Steuergesetzgebung (politisch-rechtliches Umfeld), ökologische Trends (ökologisches Umfeld), die demografische Entwicklung (gesellschaftliches oder sozio-kulturelles Umfeld) oder technologische Innovationen (technologisches Umfeld) zu ergänzen. Das branchenbezogene Umfeld wird z.B. durch die Branchenkonjunktur sowie die Wettbewerbssituation bzw. die Marktposition des Unternehmens bestimmt[1993].

1371 Zur Darstellung und Analyse des **Geschäftsverlaufs** ist u.a. auf wesentliche Entwicklungen und Ereignisse einzugehen, welche für den Geschäftsverlauf ursächlich waren. Hierzu gehören z.B. Umstrukturierungsmaßnahmen, Abschluss oder Beendigung wesentlicher Verträge oder Veränderungen der rechtlichen oder wirtschaftlichen Rahmenbedingungen (DRS 20.63). Die Darstellung und Analyse des Geschäftsverlaufs hat auch das **Geschäftsergebnis** zu umfassen. Dabei handelt es sich um das Jahresergebnis der GuV gem. § 275 Abs. 2 Nr. 17 bzw. Abs. 3 Nr. 16 HGB (DRS 20.11).

1372 Die Darstellung und Analyse der Lage der Ges. erstreckt sich auf deren Vermögens-, Finanz- und Ertragslage (DRS 20.64). Die Berichterstattung über die **Ertragslage** hat dabei anhand der wesentlichen Ergebnisquellen bzw. Faktoren zu erfolgen (DRS 20.65). Dazu sind die wesentlichen Veränderungen im Vergleich zum VJ darzustellen, indem auf wesentliche ökonomische Veränderungen und ungewöhnliche oder nicht jährlich auftretende Effekte eingegangen wird. Die Auswirkungen letztgenannter Effekte auf die Ertragslage sind zudem zu quantifizieren (DRS 20.66). Ferner ist der Umsatz (oder im Fall der Inanspruchnahme der größenabhängigen Erleichterung des § 276 S. 1 HGB das Rohergebnis) anzugeben und durch eine geeignete Aufgliederung zu analysieren (DRS 20.69 f.). Des Weiteren sind auch andere wesentliche Erträge und Aufwendungen darzustellen und zu analysieren (DRS 20.74). In Abhängigkeit vom Geschäftsmodell ist außerdem auf die Auftragslage einzugehen, sofern deren Erläuterung für den verständigen Adressaten wesentlich ist (DRS 20.72 f.).[1994]

1373 Zur Darstellung und Analyse der **Finanzlage** sieht DRS 20.78 eine Berichterstattung über die Kapitalstruktur, die Investitionen und die Liquidität vor. I.R.d. Darstellung und Analyse der Kapitalstruktur ist insb. auf wesentliche Konditionen der Verbindlichkeiten (inkl. evtl. Änderungen), auf wesentliche Finanzierungsmaßnahmen und -vorhaben sowie auf wesentliche außerbilanzielle Verpflichtungen einzugehen (DRS 20.81 ff.). Die wesentlichen Investitionen des GJ (inkl. der Fortführung und des Abschlusses bedeutender Investitionsvorhaben) sind hinsichtlich ihres Umfangs und ihres Zwecks darzustellen. Darzustellen ist außerdem der Umfang wesentlicher Investitionsverpflichtungen sowie deren geplante Finanzierung (DRS 20.87 und .89). I.R.d. Darstellung und Analyse der Liquidität ist vor allem auf die Fähigkeit der Ges. einzugehen, ihren Zahlungsverpflichtungen nachzukommen. Soweit möglich hat die Liquiditätsanalyse anhand einer KFR zu erfolgen (DRS 20.93).

[1993] Vgl. DRS 20.59 f.; *Kirsch/Köhrmann/Huter*, in: BHdR, B 510, Rn. 10 f.; ausführlich *Fink/Kajüter/Winkeljohann*, S. 120 ff.
[1994] Vgl. *Grottel*, in: BeBiKo[11], § 289, Rn. 50 i.V.m. § 315, Rn. 80.

> **Beispiel 32:**
>
> **Berichtspflichtige Faktoren** zur Darstellung der Fähigkeit des Unternehmens, seinen Zahlungsverpflichtungen nachzukommen, können u.a. sein (DRS 20.95 ff.):
> - bereits eingetretene oder absehbare Liquiditätsengpässe sowie eingeleitete Gegenmaßnahmen,
> - Financial Covenants, die zu einer vorzeitigen Rückzahlungsverpflichtung führen können,
> - zugesagte, nicht ausgenutzte Kreditlinien,
> - Verfügungsbeschränkungen von Kapital (bspw. Verpfändung von Finanzmitteln, Guthaben mit devisenrechtlichen Beschränkungen).

I.R.d. Darstellung, Analyse und Beurteilung der **Vermögenslage** des Unternehmens sind neben einer Analyse wesentlicher Erhöhungen oder Minderungen des Vermögens anhand ihrer Ursachen insb. Informationen anzugeben, welche nicht direkt aus dem JA ersichtlich sind (z.B. nicht bilanziertes Vermögen, zusätzliche Angaben zur Zusammensetzung des Vermögens)[1995]. **1374**

Gem. § 289 Abs. 1 S. 3 HGB sind die für die Geschäftstätigkeit **bedeutsamsten finanziellen Leistungsindikatoren** in die Analyse des Geschäftsverlaufs und der Lage des Unternehmens unter Bezugnahme auf die im JA ausgewiesenen Beträge und Angaben einzubeziehen[1996]. Leistungsindikatoren stellen dabei Kennzahlen der Abschlussanalyse und ggf. darüberhinausgehende quantitative oder qualitative Einflussfaktoren dar, welche die betriebliche Leistung und damit verbunden die Vermögens-, Finanz- und Ertragslage des Unternehmens beschreiben. Finanzielle Leistungsindikatoren stellen in Abgrenzung zu nichtfinanziellen Leistungsindikatoren Kennzahlen mit einer unmittelbaren betragsmäßigen Auswirkung auf die Rechnungslegung dar[1997]. Dagegen spiegeln sich nichtfinanzielle Leistungsindikatoren erst mit zeitlichem Verzug in der Rechnungslegung wider, weshalb diese auch als sog. Pre-Financial Performance Indicators bezeichnet werden[1998]. **1375**

> **Beispiel 33:**
>
> Zu den finanziellen Leistungsindikatoren zählen bspw. **Erfolgskennzahlen** wie EBIT (DA) oder Economic Value Added, **Rentabilitätskennzahlen** wie EK-Rendite oder Return on Investment, **Liquiditätskennzahlen** wie Working Capital oder **Bilanzkennzahlen** wie die EK-Quote oder der Verschuldungsgrad.

Die Berichtspflicht finanzieller Leistungsindikatoren ist abhängig einerseits von deren Bedeutung für das Verständnis des Geschäftsverlaufs und der Lage des Unternehmens und andererseits, dem Management Approach folgend (vgl. Kap. F Tz. 1359), von deren Verwendung im Rahmen der Unternehmensführung. Es sind stets die bedeutsamsten **1376**

[1995] Vgl. *Fink/Kajüter/Winkeljohann*, S. 138 f.
[1996] Zur Überleitung verwendeter finanzieller Leistungsindikatoren auf Beträge des JA vgl. *HFA*, FN-IDW 2013, S. 356 (359 f.) und Kap. G Tz. 831 (Bsp. Überleitungsrechnung).
[1997] Vgl. *Grottel*, in: BeBiKo[11], § 289, Rn. 50 i.V.m. § 315, Rn. 91; DRS 20.11 „Leistungsindikator" und DRS 20.102 f.; *Fink/Kajüter/Winkeljohann*, S. 141 f.
[1998] Vgl. *Böcking/Althoff*, Der Konzern 2017, S. 246 (246).

der zur **internen Steuerung** des Unternehmens verwendeten finanziellen Leistungsindikatoren in die Analyse einzubeziehen (DRS 20.101 f., .B27).

> **! Hinweis 90:**
> DRS 20 definiert den Begriff der **internen Steuerungsrelevanz** nicht. Mögliche Hinweise für Leistungsindikatoren mit interner Steuerungsrelevanz sind:
> - regelmäßige (interne) Berichterstattung an die Unternehmensführung,
> - Relevanz für die Vergütung von Mitgliedern der Geschäftsführung,
> - Ermittlung von Ziel- bzw. Prognosewerten i.R. eines Budgetierungsprozesses und deren Verfolgung i.R.d. Controllings (bspw. Abweichungsanalyse)[1999].
> - Diese Hinweise begründen eine widerlegbare Vermutung, dass es sich um einen bedeutsamsten Leistungsindikator handelt; dies bedeutet nicht, dass bspw. ein vergütungsrelevanter Leistungsindikator zwingend auch bedeutsamst i.S.d. DRS 20.102 und .106 ist[2000].

1377 Die Angabe rein für den LB ermittelter Leistungsindikatoren anstelle tatsächlich zu Steuerungszwecken verwendeter Leistungsindikatoren ist damit unzulässig[2001]. Dies gilt auch, wenn die tatsächlich verwendeten finanziellen Leistungsindikatoren nach **anderen Rechnungslegungsvorschriften**, z.B. IFRS, oder unter Berücksichtigung unternehmensindividueller Anpassungen ermittelt werden (vgl. Kap. G Tz. 830). Bei freiwilliger Angabe und Analyse weiterer (nicht bedeutsamster) finanzieller Leistungsindikatoren empfiehlt es sich, diese erkennbar von den bedeutsamsten Leistungsindikatoren abzugrenzen[2002].

1378 Die **Berechnung** der bedeutsamsten finanziellen Leistungsindikatoren ist zur Nachvollziehbarkeit der einzelnen Größen anzugeben, sofern diese nicht offensichtlich, insb. aus dem Anh. ersichtlich, ist, bspw. bei Verwendung nicht im Anh. erläuterter bereinigter Kennzahlen. Die Erläuterung der finanziellen Leistungsindikatoren hat unter Bezugnahme auf die im JA ausgewiesenen Informationen zu erfolgen (§ 289 Abs. 1 S. 3 HGB). Sind die finanziellen Leistungsindikatoren nicht unmittelbar aus dem JA ersichtlich, ist daher eine **Überleitungsrechnung** auf die Zahlen des JA vorzunehmen ist, falls eine solche sinnvoll möglich ist (DRS 20.101 und .104).

> **! Hinweis 91:**
> Zur Notwendigkeit der Darstellung der Berechnung von finanziellen Leistungsindikatoren sowie einer Überleitungsrechnung vgl. Kap. G Tz. 831. Die dortigen Ausführungen bezogen auf den KLB gelten für den LB nach § 289 HGB entsprechend.

1379 Sofern Leistungsindikatoren intern unter dem Aspekt der **Nachhaltigkeit** verwendet werden, ist dieser Zusammenhang anzugeben (DRS 20.111; ausführlich Kap. F Tz. 1419).

1380 Große KapGes. sowie große KapCoGes. (§ 267 Abs. 3 HGB) haben gem. § 289 Abs. 3 HGB auch die bedeutsamsten **nichtfinanziellen Leistungsindikatoren**, soweit sie für

---

1999 Vgl. *Barth/Rahe/Rabenhorst*, KoR 2014, S. 47 (51 ff.); Henckel/Rimmelspacher/Schäfer, Der Konzern 2014, S. 386 (391); *Kolb/Neubeck*, Tz. E.511.
2000 Vgl. *Grottel*, in: BeBiKo[11], § 289, Rn. 50 i.V.m. § 315, Rn. 97.
2001 Vgl. *Henckel/Rimmelspacher/Schäfer*, Der Konzern 2014, S. 386 (391).
2002 Vgl. *Grottel*, in: BeBiKo[11], § 289, Rn. 50 i.V.m. § 315, Rn. 98.

das Verständnis der Geschäftstätigkeit von Bedeutung sind, in die Analyse von Geschäftsverlauf und Lage einzubeziehen (vgl. hierzu Kap. F Tz. 1415 ff.).

10.4 Voraussichtliche Entwicklung mit ihren wesentlichen Chancen und Risiken (§ 289 Abs. 1 S. 4 HGB, sog. Prognose-/Chancen- und Risikobericht)

Die primär vergangenheits- sowie gegenwartsorientierte Berichterstattung im Wirtschaftsbericht ist gem. § 289 Abs. 1 S. 4 HGB um eine **zukunftgerichtete Berichterstattung** zu erweitern. Dazu ist die voraussichtliche Entwicklung (sog. Prognosebericht) mit ihren wesentlichen Chancen und Risiken (sog. Chancen- und Risikobericht) zu beurteilen und zu erläutern, wobei zugrunde liegende Annahmen anzugeben sind. Im Gegensatz zum Wirtschaftsbericht, in dem nach dem Gesetzeswortlaut lediglich eine Darstellung und Analyse verlangt wird (vgl. Kap. F Tz. 1368), ist im Prognose- und im Chancen- und Risikobericht eine Wertung und Kommentierung der berichtspflichtigen Sachverhalte durch die Unternehmensleitung erforderlich[2003]. Zweck der Vorschrift ist es, den Adressaten weitere entscheidungsrelevante Informationen zur Verfügung zu stellen, die einen Soll-Ist-Vergleich ermöglichen[2004]. **1381**

Für die **Darstellung** des zukunftgerichteten Teils des LB gewährt DRS 20.117 einen **Gestaltungsspielraum**. Die Risiko- und Chancenberichterstattung darf sowohl in separaten Abschnitten als auch in einem gemeinsamen Abschnitt des LB erfolgen. Unabhängig von dieser Entscheidung darf über die Chancen und Risiken entweder getrennt oder in den Prognosebericht integriert berichtet werden. Bei getrennter Berichterstattung ist sicherzustellen, dass die Zusammenhänge zwischen der voraussichtlichen Entwicklung und den Chancen und Risiken für einen verständigen Adressaten ersichtlich sind. **1382**

Nach § 289 Abs. 1 S. 4 HGB sind die den Prognosen zugrunde liegenden wesentlichen **Annahmen** anzugeben. Diese müssen mit den Prämissen im Einklang stehen, die dem JA zugrunde liegen, z.B. für Zwecke der Ermittlung des beizulegenden Werts von Beteiligungen oder eines Geschäfts- oder Firmenwerts. Öffentlich verfügbare Prognosen zum Umfeld sind dabei nur in einem auf das notwendige Maß beschränkten Umfang darzustellen; insb. darf dadurch der Blick auf die voraussichtliche Entwicklung des Unternehmens nicht beeinträchtigt werden (DRS 20.124). Im Fall verschiedener möglicher Entwicklungsszenarien dürfen diese angegeben werden, sofern die aus Sicht der Unternehmensleitung wahrscheinlichste Annahme kenntlich gemacht wird[2005]. **1383**

> **! Hinweis 92:**
> Zum **Mindestprognosezeitraum** von einem Jahr vgl. ausführlich Kap. G Tz. 835 f.

Prognosegegenstand sind gem. DRS 20.126 die im Wirtschaftsbericht dargestellten bedeutsamsten finanziellen (vgl. Kap. F Tz. 1375) und ggf. nichtfinanziellen (vgl. Kap. F Tz. 1415 ff.) Leistungsindikatoren, so dass die Adressaten die voraussichtliche Entwicklung mit dem Geschäftsverlauf und der aktuellen Lage der Ges. vergleichen können. **1384**

2003 Vgl. DRS 20.11 „Beurteilung".
2004 Vgl. Begr. RegE BilReG, BT-Drs. 15/3419, S. 30; *Grottel*, in: BeBiKo[11], § 289, Rn. 50 i.V.m. § 315, Rn. 115.
2005 Vgl. *Grottel*, in: BeBiKo[11], § 289, Rn. 50 i.V.m. § 315, Rn. 127.

Eine Pflicht zur Prognose anderer Kennzahlen, die zwar im handelsrechtlichen JA ausgewiesen sind, aber keine bedeutsamsten steuerungsrelevanten Leistungsindikatoren sind, besteht nicht (vgl. Kap. F Tz. 1376 f.). Auch das Einklangerfordernis zwischen JA und LB des DRS 20.4 kann eine solche Pflicht nicht begründen. Dem Einklangerfordernis wird i.R.d. Vorgaben an die Prämissen, welche den Prognosen zugrunde liegen (vgl. Kap. F Tz. 1383) sowie der Angaben zur Ermittlung der bedeutsamsten Leistungsindikatoren (vgl. Kap. F Tz. 1378) Rechnung getragen[2006].

1385 Die Berichterstattung über die bedeutsamsten finanziellen und ggf. nichtfinanziellen Leistungsindikatoren stellt einen elementaren Bestandteil der Lageberichterstattung dar, die sich wie ein „**roter Faden**" durch die einzelnen Abschnitte des LB zieht[2007]. Dementsprechend erstreckt sich die Pflicht zur Prognoseberichterstattung auch auf die bedeutsamsten Leistungsindikatoren, die i.R.d. internen Steuerung nicht prognostiziert werden, d.h. an dieser Stelle werden die Anforderungen an die Prognoseberichterstattung nicht durch Management Approach begrenzt[2008].

1386 Jede Prognose hat eine Aussage zur erwarteten Entwicklung der jeweiligen Größe hinsichtlich **Richtung und Intensität** der Veränderung zu treffen, wobei der Vergleichswert, d.h. die Ausprägung des prognostizierten Leistungsindikators im GJ, entweder zusammen mit der Prognose oder an anderer Stelle im LB (i.d.R. im Wirtschaftsbericht) zu nennen ist (DRS 20.128 und .131).

Beispiel 34:

Zulässige Prognosearten sind nach DRS 20.128 ff.:
- Punktprognose: „Wir gehen für das GJ 20XX von einem Umsatz von 100 Mio. € aus."
- Intervallprognose: „Für das GJ 20XX rechnen wir mit einer EBIT-Marge von 10-12%."
- Qualifiziert-komparative Prognose: „Die Zahl der Auslieferungen wird den Erwartungen zufolge im GJ 20XX deutlich zurückgehen."

Unzulässige Prognosearten sind z.B.:
- Komparative Prognose: „Im GJ 20XX rechnen wir mit einem Rückgang der Zahl der Auslieferungen."
- Qualitative Prognose: „Wir gehen für das GJ 20XX von einem angemessenen Ergebnis vor Steuern aus."

1387 Eine Pflicht zur sachlich stetigen Anwendung einer bestimmten Prognoseart für alle zu prognostizierenden Leistungsindikatoren besteht nicht. Vielmehr darf die Prognoseart unter Berücksichtigung sachlicher Kriterien individuell für jeden Leistungsindikator ausgewählt werden. Die Orientierung an der internen Steuerung (vgl. Kap. F Tz. 1376) wird dahingehend aufgeweicht, dass die zulässigen Prognosearten für die Prognoseberichterstattung **grds. frei wählbar** sind, selbst wenn für die interne Steuerung eine andere, ggf. auch präzisere Prognoseart verwendet wird[2009].

2006 Vgl. *Grottel*, in: BeBiKo[11], § 315, Rn. 120; *Kliem/Herr/Kosma*, KoR 2018, S. 78 (85); a.A. *Thormann/Barth*, BB 2016, S. 2923 (2926).
2007 Vgl. hierzu *Barth/Rahe/Rabenhorst*, KoR 2014, S. 47 (52 f.).
2008 Vgl. *Henckel/Rimmelspacher/Schäfer*, Der Konzern 2014, S. 386 (392).
2009 Vgl. *Henckel/Rimmelspacher/Schäfer*, Der Konzern 2014, S. 386 (397).

1388 Besteht in Bezug auf die künftige Entwicklung – bspw. aufgrund gesamtwirtschaftlicher Rahmenbedingungen – **außergewöhnlich hohe Unsicherheit** und ist die Prognosefähigkeit des Unternehmens aus diesem Grund wesentlich beeinträchtigt, gelten reduzierte Anforderungen an die Pronosegenauigkeit. In diesem Ausnahmefall sind gem. DRS 20.133 f. komparative Prognosen, d.h. solche, die nur die Richtung der erwarteten Veränderung verdeutlichen, oder eine Darstellung der voraussichtlichen Entwicklung in verschiedenen Zukunftsszenarien ausreichend. Ein vollständiger Verzicht auf eine Prognoseberichterstattung ist dagegen auch unter diesen Umständen unzulässig[2010].

1389 In die Berichterstattung über die voraussichtliche Entwicklung gem. § 289 Abs. 1 S. 4 HGB sind die wesentlichen Chancen und Risiken einzubeziehen. Nach DRS 20.11 sind Chancen und Risiken potenzielle künftige Entwicklungen oder Ereignisse, die im Fall der **Chancen** eine positive, im Fall der **Risiken** eine negative Abweichung von den Prognosen oder Zielen des Unternehmens begründen können. Damit wird bereits durch die Begriffsdefinition ein unmittelbarer Bezug zum Prognosebericht hergestellt (DRS 20. B8).

1390 Über Chancen und Risiken ist ausgewogen (vgl. Kap. F Tz. 1368) zu berichten, d.h. eine einseitige Darstellung, bspw. durch einen Fokus auf die Risiken der Ges., ist nicht sachgerecht[2011]. Des Weiteren muss über die Auswirkungen von Chancen und Risiken unverrechnet berichtet werden. Für die **Chancenberichterstattung** gelten dabei grds. die Regelungen des DRS 20.135 ff. zur Risikoberichterstattung entspr. (DRS 20.165 ff.).

1391 Zu berichten ist nur über **wesentliche Chancen und Risiken**, d.h. solche, die die Entscheidungen von verständigen Adressaten beeinflussen können (DRS 20.146 und .165). Für diese Beurteilung ist grds. auf den Einzelfall abzustellen. Dabei sind primär die (finanziellen) Auswirkungen einer Chance bzw. eines Risikos zu berücksichtigen. Auf die Eintrittswahrscheinlichkeit ist nur dann abzustellen, wenn diese derart gering ist, dass die daraus resultierende Chance bzw. das daraus resultierende Risiko keine Entscheidungsrelevanz für den verständigen Adressaten hat. Die Beurteilung, ob eine Chance bzw. ein Risiko wesentlich ist, erfolgt somit weitgehend unabhängig von der Eintrittswahrscheinlichkeit der Chance oder des Risikos[2012]. Dies gilt im Gegensatz zur Einschätzung der Bedeutung einer Chance bzw. eines Risikos (vgl. Kap. F Tz. 1393). Gem. DRS 20.B87 besteht für die Identifikation eines wesentlichen Risikos ein Wahlrecht, dieses vor („brutto") oder nach („netto") der Umsetzung von Risikobegrenzungsmaßnahmen zu beurteilen (vgl. Kap. F Tz. 1397).

1392 Zu den wesentlichen Risiken gehören insb. auch Risiken, deren Eintritt den **Bestand des Unternehmens voraussichtlich gefährden** würde. Bestandsgefährdende Risiken sind als solche zu bezeichnen. Ferner sind die vorliegenden Gegebenheiten und Gründe hinsichtlich einer bestehenden erheblichen Unsicherheit über die Fortführung der Ges. darzustellen[2013]. Zum Beurteilungszeitraum vgl. Kap. F Tz. 1396.

1393 Die wesentlichen Chancen und Risiken sind einzeln so darzustellen, dass deren **Bedeutung** für die Ges. zu erkennen ist. Die Bedeutung eines Risikos ergibt sich gem. DRS 20.163 aus dessen Eintrittswahrscheinlichkeit sowie dessen potenziellen Aus-

---

2010 Vgl. *Gödel*, DB 2010, S. 431 (433 f.) i.V.m. OLG Frankfurt v. 24.11.2009, DB, S. 2773 (2775 f.).
2011 Vgl. *Grottel*, in: BeBiKo[11], § 289, Rn. 50 i.V.m. § 315, Rn. 133 und 137.
2012 Vgl. *Henckel/Rimmelspacher/Schäfer*, Der Konzern 2014, S. 386 (399).
2013 Vgl. *Grottel*, in: BeBiKo[11], § 289, Rn. 50 i.V.m. § 315, Rn. 149 und *IDW PS 270 n.F.*, Tz. 6, Tz. 9.

wirkungen. Dabei ist es ausreichend, die Bedeutung anhand der Kombination dieser beiden Faktoren darzustellen. Eine separate Darstellung oder gar eine Quantifizierung dieser Faktoren ist nicht erforderlich[2014]. Zusätzlich zur Darstellung der Bedeutung eines Risikos sind gem. DRS 20.149 die Auswirkungen, d.h. die **bei Eintritt** jeweils **zu erwartenden Konsequenzen**, zu analysieren und zu beurteilen. Haben sich Risiken wesentlich im Vergleich zum VJ verändert, sind diese Veränderungen darzustellen und zu erläutern (DRS 20.159).

> **Hinweis 93:**
>
> Für die Identifikation **wesentlicher Risiken** i.R.d. nichtfinanziellen Berichterstattung i.S.d. §§ 289b ff. HGB gelten höhere Hürden als für die Risikoberichterstattung nach § 289 Abs. 1 S. 4 HGB (vgl. Kap. J Tz. 116 ff.)[2015].

1394 Die Pflicht zur **Quantifizierung von Chancen und Risiken** orientiert sich gem. DRS 20.152 am Management Approach und dem Wesentlichkeitsgrundsatz. Danach sind zur internen Steuerung quantifizierte Chancen und Risiken auch im LB zu quantifizieren, sofern diese Informationen wesentlich sind. Der Standard verlangt in diesem Fall eine Darstellung und Erläuterung der verwendeten Modelle und deren Annahmen sowie die Angabe „der intern ermittelten Werte". Diese Anforderung an die Präzision der zu berichtenden Werte geht über die Anforderungen des Gesetzes nach einer Beurteilung und Erläuterung der voraussichtlichen Entwicklung des Unternehmens mit ihren Chancen und Risiken gem. § 289 Abs. 1 S. 4 HGB hinaus[2016]. Anstelle einer konkreten betragsmäßigen Angabe der intern ermittelten Werte erscheint es deshalb auch zulässig, eine Bandbreite anzugeben oder die Tragweite bzw. Risikotragfähigkeit in anderer Form darzustellen[2017].

> **Praxistipp 28:**
>
> Werden zur internen Steuerung quantifizierte Risiken im LB anhand einer Risikomatrix auf der Basis von Eintrittswahrscheinlichkeit und Auswirkung der Risiken kategorisiert, sind zumindest die festgelegten Clusterintervalle **quantitativ** anzugeben.

1395 Auf eine Quantifizierung von wesentlichen Chancen und Risiken darf ausnahmsweise verzichtet werden, wenn die Quantifizierung mit einer erheblichen Beeinträchtigung der Position der berichtenden Ges. einhergeht, z.B. bei einem Rechtsstreit. In solchen Ausnahmefällen sind die Gründe für die unterlassene Quantifizierung darzustellen

---

[2014] Vgl. *Barth/Rahe/Rabenhorst*, KoR 2014, S. 47 (55); *Henckel/Rimmelspacher/Schäfer*, Der Konzern 2014, S. 386 (399).
[2015] Vgl. anschaulich *Rauch/Weigt*, KoR 2018, S. 119 (121).
[2016] Zur Risikoquantifizierung vgl. auch *Böcking/Dutzi/Gros*, in: Baetge/Kirsch/Thiele, Bilanzrecht, § 289, Rn. 121 (Quantifizierung abhängig von interner Steuerung und Wesentlichkeit); *Böcking/Gros*, in: Ebenroth/Boujong/Joost/Strohn, HGB³, § 289, Rn. 17 (grds. qualitative Berichterstattung, bei fehlender Eignung dieser: Quantifizierung); *Grottel*, in: BeBiKo¹¹, § 289, Rn. 50 i.V.m. § 315, Rn. 34 und 138 (qualitative verbale Beschreibung; Quantifizierung abhängig von interner Steuerung und Wesentlichkeit); *Kirsch*, in: BoHdR, § 289, Rn. 156 (Quantifizierung soweit möglich); *Kirsch/Köhrmann/Huter*, in: BHdR, B 510, Rn. 128 (Wesentlichkeit und Quantifizierbarkeit); *Lange*, in: MünchKomm. HGB³, § 289, Rn. 86 (qualitative verbale Beschreibung).
[2017] Vgl. *Grottel*, in: BeBiKo¹¹, § 289, Rn. 50 i.V.m. § 315, Rn. 34.

(DRS 20.154). Ungeachtet dessen muss die Bedeutung des Risikos bzw. der Chance dargestellt werden und eine Analyse und Beurteilung der erwarteten Auswirkungen ihres Eintritts erfolgen[2018]. Die **Schutzklausel** beschränkt sich somit nur auf die Quantifizierung.

Für die **Beurteilung** der einzelnen Risiken ist ein **jeweils adäquater Zeitraum** zugrunde zu legen, welcher mindestens dem verwendeten Prognosezeitraum zu entsprechen hat (DRS 20.156). Damit ist auch auf absehbare Risiken nach dem Ende des Prognosezeitraums einzugehen. Auch für die Beurteilung des Vorliegens bestandsgefährdender Risiken ist mindestens ein Zeitraum von einem Jahr nach Abschlussstichtag zugrunde zu legen (DRS 20.156), der im Fall eines fortgeschrittenen Krisenstadiums ggf. auf zwei Jahre auszudehnen ist. Sind zum Zeitpunkt der Beendigung der Aufstellung des LB bestandsgefährdende Risiken absehbar, die sich erst nach dem genannten Zeitraum auswirken, sind auch diese berichtspflichtig[2019].

1396

Im Fall von **Risikobegrenzungsmaßnahmen** besteht für die Darstellung und Beurteilung der Auswirkungen von Risiken ein Wahlrecht zwischen einer Brutto- und einer Nettobetrachtung (DRS 20.157, .B87). Nach der sog. Bruttobetrachtung werden die Auswirkungen von Risiken sowie von etwaigen Maßnahmen zur Risikobegrenzung jeweils separat dargestellt und beurteilt. Die sog. Nettobetrachtung sieht eine Darstellung und Beurteilung von Restrisiken nach Berücksichtigung risikobegrenzender Maßnahmen vor, wobei die getroffenen Maßnahmen auch hier explizit darzustellen sind.

1397

Für eine klare und übersichtliche Berichterstattung hat nach DRS 20.162 ff. eine **geordnete Darstellung** der einzelnen Risiken oder Chancen zu erfolgen, d.h. entweder anhand der ermittelten Bedeutung (insgesamt in einer Rangordnung oder in Klassen entspr. ihrer Bedeutung) oder in Kategorien gleichartiger Risiken oder Chancen (z.B. leistungswirtschaftliche oder finanzwirtschaftliche Risiken oder Chancen)[2020].

1398

10.5   Bilanzeid (§ 289 Abs. 1 S. 5 HGB)

Zur Verpflichtung der Mitglieder des vertretungsberechtigten Organs einer KapGes. i.S.d. § 264 Abs. 2 S. 3 HGB zur Abgabe des sog. Bilanzeids vgl. ausführlich Kap. B Tz. 168 ff. sowie Kap. J Tz. 172 ff.

1399

10.6   Angaben nach § 289 Abs. 2 S. 1 HGB

Für alle in § 289 Abs. 2 S. 1 HGB genannten Berichtsgegenstände gilt, dass auf sie einzugehen ist, „soweit die Umstände vorliegen"[2021]. Ausnahmen von dieser **grundsätzlichen Berichtspflicht** bestehen, soweit keine Umstände vorliegen oder soweit die in Abs. 2 S. 1 genannten Sachverhalte unwesentlich für das Verständnis von Geschäftsverlauf, Lage und voraussichtlicher Entwicklung sind. Fehlanzeigen sind nicht erforderlich.

1400

2018 Vgl. *Fink/Kajüter/Winkeljohann*, S. 194.
2019 Vgl. *Grottel*, in: BeBiKo[11], § 289, Rn. 50 i.V.m. § 315, Rn. 149; *IDW*, FN-IDW 2012, S. 463 (467 f.); DRS 20.156; *IDW PS 270 n.F.*, Tz. 18 i.V.m. A10 f.
2020 Für Beispiele vgl. *Kolb/Neubeck*, Tz. E.668 und Tz. E.671 f.
2021 Begr. RegE BilRUG, BR-Drs. 23/15, S. 84.

10.6.1 Angaben zu Risiken aus der Verwendung von Finanzinstrumenten (§ 289 Abs. 2 S. 1 Nr. 1 HGB)

1401 Sofern es für die Beurteilung der Lage oder der voraussichtlichen Entwicklung von Belang ist, muss die Ges. jeweils in Bezug auf die Verwendung von FI auf Folgendes eingehen:

- die **Risikomanagementziele und -methoden** der Ges. einschl. ihrer Methoden zur Absicherung aller wichtigen Arten von Transaktionen, die i.R.d. Bilanzierung von Sicherungsgeschäften erfasst werden (Nr. 1 lit. a)) und
- **Preisänderungs-, Ausfall- und Liquiditätsrisiken** sowie **Risiken aus Zahlungsstromschwankungen**, denen die Ges. ausgesetzt ist (Nr. 1 lit. b)).

Der Umfang und der Detaillierungsgrad der Berichterstattung sind dabei grds. abhängig von der individuellen Risikoexposition des Unternehmens in Bezug auf FI.

> **Hinweis 94:**
> Aus Gründen der Klarheit und Übersichtlichkeit empfiehlt es sich, die Angaben i.R. eines gesonderten Abschnitts des LB, ggf. als Teil des Risikoberichts, zu machen (vgl. auch DRS 20.180).

1402 Bei **Finanzinstrumenten** handelt es sich um Vermögensgegenstände oder Schulden, die auf vertraglicher Basis zu Geldzahlungen oder zum Zugang bzw. Abgang von anderen FI führen[2022]. Darunter fallen originäre FI (z.B. Forderungen und Verbindlichkeiten) genauso wie derivative FI (z.B. Devisentermingeschäfte oder Zinsswaps).

1403 Die Berichterstattung über die **Risikomanagementziele und -methoden**[2023] nach § 289 Abs. 2 S. 1 Nr. 1 lit. a) HGB erfordert die Darstellung, ob das Unternehmen bestimmte Risiken in Bezug auf die Verwendung von FI grds. vermeidet oder ob und in welchem Umfang das Unternehmen solche Risiken eingeht (Risikoneigung). Des Weiteren ist zu erläutern, wie das Unternehmen eingegangene Risiken in Bezug auf die Verwendung von FI steuert. Neben Erläuterungen zur Risikoreduktion und Risikoversicherung bzw. -überwälzung umfasst die Berichterstattung auch die Systematik sowie die Art und Kategorien der von dem Unternehmen eingegangenen Sicherungsgeschäfte (Sicherungsbeziehungen). Unabhängig davon, ob die FI Teil einer Sicherungsbeziehung sind oder isoliert behandelt werden, ist einzugehen auf (DRS 20.185):

- die Art der gesicherten Risiken,
- die Art der Sicherungsbeziehung (Absicherung von einzelnen Posten, Postengruppen oder Nettopositionen (Mikro-, Portfolio-, Makro-Hedge)),
- Maßnahmen zur Sicherstellung der beabsichtigten Effektivität der Risikoabsicherung (z.B. Beobachtung von Risikolimits und Anpassungen des Sicherungsumfangs),
- antizipative Sicherungsbeziehungen.

I.d.R. sind verbale Erläuterungen ausreichend[2024]. Anzugeben ist auch, ob ökonomische Sicherungsbeziehungen für bilanzielle Zwecke durch Bildung von Bewertungseinheiten nachvollzogen werden[2025].

[2022] Vgl. *IDW RS HFA 35*, Tz. 34; *IDW RH HFA 1.005*, Tz. 5.
[2023] Vgl. DRS 20.184 ff.
[2024] Vgl. *Grottel*, in: BeBiKo[11], § 289, Rn. 50 i.V.m. § 315, Rn. 177.
[2025] Vgl. *IDW RS HFA 35*, Tz. 101.

§ 289 Abs. 2 S.1 Nr. 1 lit b) HGB verlangt jeweils in Bezug auf die Verwendung von FI **1404**
Erläuterungen im LB zu wesentlichen Preisänderungs-, Ausfall- und Liquiditätsrisiken
sowie Risiken aus Zahlungsstromschwankungen, denen das Unternehmen ausgesetzt ist.
Die einzelnen **Risikokategorien** lassen sich wie folgt konkretisieren[2026]:

- **Preisänderungsrisiken** bestehen in einem potenziellen Verlust aufgrund von nachteiligen Veränderungen des Marktpreises oder preisbeeinflussender Parameter; das Marktpreisrisiko lässt sich nach Einflussfaktoren untergliedern in Zinsänderungsrisiken, Währungsrisiken, Risiken aus Aktien und sonstigen EK-Titeln sowie Rohstoff- und sonstigen Preisrisiken.
- **Ausfallrisiken** ergeben sich aus der Gefahr, dass der Vertragspartner bei einem Geschäft über ein FI ganz oder teilw. ausfällt; dies umfasst v.a. das Kreditrisiko, das Kontrahentenrisiko und das Emittentenrisiko (jeweils einschl. des Länderrisikos).
- **Liquiditätsrisiken** bestehen darin, dass das Unternehmen möglicherweise nicht in der Lage ist, Zahlungsverpflichtungen im Zeitpunkt der Fälligkeit nachkommen zu können (Liquiditätsrisiko i.e.S.), bei Bedarf ausreichend Liquidität zu den erwarteten Konditionen beschaffen zu können (Refinanzierungsrisiko), oder dass das Unternehmen aufgrund unzulänglicher Markttiefe oder Marktstörungen Geschäfte nicht oder nur mit Verlusten auflösen bzw. glattstellen kann (Marktliquiditätsrisiko).
- **Risiken aus Zahlungsstromschwankungen** resultieren daraus, dass die künftigen, aus einem FI erwarteten Zahlungsströme Schwankungen unterworfen und damit betragsmäßig nicht festgelegt sind. So können sich im Fall von variabel verzinslichen FK-Instrumenten solche Schwankungen aufgrund von Veränderungen der effektiven Verzinsung des FI ergeben, ohne dass damit nennenswerte korrespondierende Veränderungen des entspr. beizulegenden Zeitwerts eintreten.

Art und Ausmaß jeder dieser Risikokategorien sind in Bezug auf die vom berichtenden **1405**
Unternehmen verwendeten FI darzustellen. Dies gilt unabhängig davon, ob die FI bilanziert werden oder nicht. Bzgl. des Ausmaßes sind gem. DRS 20.182 nur **nicht durch konkrete Sicherungsinstrumente gedeckte Risiken** zu berücksichtigen (offene Positionen). Bspw. werden Ausführungen zum Umfang von Währungsrisiken, zur Konzentration von Ausfallrisiken (sog. „Klumpenrisiken" i.Z.m. Großkunden) oder zu mit der Refinanzierung zusammenhängenden Risiken erforderlich sein, wenn diese für das Unternehmen bedeutsam sind. Hierfür können quantifizierte Angaben erforderlich sein (zur Risikoquantifizierung vgl. Kap. F Tz. 1394).

Bei der Lageberichterstattung nach § 289 Abs. 2 S. 1 Nr. 1 HGB können sich inhaltliche **1406**
Überschneidungen mit den nach § 285 Nrn. 19 und 23 HGB geforderten **Anhangangaben** zu bestimmten (derivativen) FI und Bewertungseinheiten ergeben (vgl. Kap. F Tz. 1150 ff. und Kap. F Tz. 1187 ff.):

> 💡 **Praxistipp 29:**
>
> In Bezug auf die Angabepflichten nach § 285 Nr. 23 HGB zu Bewertungseinheiten ist im Gesetz ein Vorrang der Lageberichterstattung vorgesehen („soweit die Angaben nicht im Lagebericht gemacht werden"). Hierdurch sollen Doppelangaben vermieden und eine **zusammenhängende, geschlossene Berichterstattung** im LB

[2026] Vgl. auch die Definitionen in DRS 20.11.

zur Verwendung von FI ermöglicht werden, wobei jedoch ein Verweis im Anh. auf den LB erforderlich ist[2027]. Eine Verlagerung sämtlicher Anhangangaben zu FI in den LB ist allerdings nicht zulässig, da der Gesetzesverweis lediglich für die Angaben nach § 285 Nr. 23 HGB und nicht für die Angaben nach § 285 Nrn. 19 und 20 HGB gilt.

10.6.2 Angaben zum Bereich Forschung und Entwicklung (§ 289 Abs. 2 S. 1 Nr. 2 HGB)

1407 Die Angaben zum Bereich Forschung und Entwicklung (zur Definition vgl. Kap. F Tz. 126 und Kap. F Tz. 143) sollen weitere Informationen zur Beurteilung der künftigen Entwicklung des Unternehmens vermitteln[2028]. Die Berichterstattungspflicht trifft daher alle Unternehmen, die für eigene Zwecke **in größerem Umfang Forschung und Entwicklung** selbst betreiben oder durch Dritte betreiben lassen (DRS 20.48). Ausschlaggebend ist der Stellenwert, den die Forschung und Entwicklung für das berichtende Unternehmen hat. Betreibt ein Unternehmen keine Forschung und Entwicklung, wird dies aber nach der Branche oder nach der Art der Produkte erwartet, sind hierüber Ausführungen i.R.d. Berichterstattung nach § 289 Abs. 1 HGB zur wirtschaftlichen Lage und zur künftigen Entwicklung erforderlich[2029]. Die Berichterstattungspflicht entfällt damit nur, wenn keine entspr. Tätigkeit betrieben wird und diese auch nicht branchenüblich ist, oder im Fall von Forschungs- und Entwicklungstätigkeiten, die das Unternehmen für Dritte durchführt.

1408 **Art und Umfang der Berichterstattung** müssen so beschaffen sein, dass sie einen Einblick in die allgemeine Ausrichtung der Forschungs- und Entwicklungsaktivitäten, deren Intensität sowie wesentliche Veränderungen ggü. dem VJ vermitteln (DRS 20.49).

> **Beispiel 35:**
>
> Es können die Bereiche genannt werden, in denen geforscht und entwickelt wird, die Zahl der Mitarbeiter in diesen Bereichen, die aufzuweisenden Erfolge (z.B. Zahl der in- und ausländischen Patente), die Investitionen, die für die nähere Zukunft in diesem Bereich beabsichtigt sind, der Einsatz öffentlicher Mittel zur Forschungsförderung sowie Kooperationsprojekte und ähnliches mehr. Angaben zu Forschung und Entwicklung können grds. auch hiermit im Zusammenhang stehende nichtfinanzielle Leistungsindikatoren, z.B. Anzahl neuer Patente oder Neuproduktumsatzquote, umfassen (vgl. DRS 20.50; Kap. F Tz. 1415).

1409 Die Wesentlichkeit vorausgesetzt, verlangt DRS 20 **quantitative Angaben** zum Faktoreinsatz, zu den Ergebnissen der Forschungs- und Entwicklungsaktivitäten (DRS 20.49), zum Anteil der aktivierten Entwicklungskosten an den gesamten Forschungs- und Entwicklungskosten des GJ sowie zu den auf aktivierte Entwicklungskosten entfallenden Abschreibungen des GJ (DRS 20.52).

1410 Der Detaillierungsgrad der Berichterstattung wird begrenzt durch **mögliche Nachteile für das Unternehmen**. Von daher ist aus Konkurrenzgründen eine detaillierte Bericht-

---

2027 Vgl. *IDW RS HFA 35* Tz. 100, zur geschlossenen Form des LB vgl. Kap. F Tz. 1361.
2028 Vgl. ADS[6], § 289 HGB, Tz. 113; *Grottel*, in: BeBiKo[11], § 289, Rn. 50 i.V.m. § 315, Rn. 186.
2029 Vgl. ADS[6], § 289 HGB, Tz. 112; *Grottel*, in: BeBiKo[11], § 289, Rn. 50 i.V.m. § 315, Rn. 185.

erstattung z.B. über konkrete Forschungsergebnisse oder Entwicklungsvorhaben und über Geschäfts- und Betriebsgeheimnisse nicht erforderlich. Die Berichterstattung muss im Übrigen unterbleiben, soweit es das Wohl der Bundesrepublik Deutschland oder eines ihrer Länder erfordert (vgl. Kap. F Tz. 1364).

10.6.3 Angaben zu bestehenden Zweigniederlassungen des Unternehmens (§ 289 Abs. 2 S. 1 Nr. 3 HGB)

Im LB sind ferner Angaben zu den in- und ausländischen ZNL des Unternehmens zu machen. Sinn und Zweck der Regelung ist es, den Adressaten über die regionale Ausbreitung des Unternehmens zu informieren. Dies ist bspw. dann erforderlich, wenn die wirtschaftliche und soziale Bedeutung der nicht rechtsfähigen ZNL mit der von TU vergleichbar ist[2030]. Zum Begriff der Zweigniederlassung vgl. Kap. G Tz. 844 f. **1411**

Der Umfang der Berichterstattung hängt von der Bedeutung der ZNL für die Beurteilung der Unternehmenslage ab. Insb. sind **Angaben** über die örtliche Belegenheit der ZNL, über wesentliche Veränderungen ggü. dem VJ im Hinblick auf die Errichtung, Aufhebung und Sitzverlegung von ZNL sowie über Firmierungen von ZNL, die die Zugehörigkeit zum Stammhaus nicht eindeutig erkennen lassen, zu machen[2031]. Eine weitergehende Berichterstattungspflicht besteht nur, wenn die betreffenden Informationen für das Verständnis der Lage des Unternehmens erforderlich sind[2032]. **1412**

10.6.4 Angaben zum Vergütungssystem von börsennotierten AG (§ 289a Abs. 2 HGB)

Der LB börsennotierter Unternehmen in der Rechtsform der AG/SE/KGaA ist nach § 289a Abs. 2 S. 1 HGB um Angaben zu den Grundzügen des Vergütungssystems für die in § 285 Nr. 9 HGB genannten Gesamtbezüge der Mitglieder des Vorstands und des AR zu erweitern (vgl. hierzu Kap. F Tz. 1067 ff.). Bzgl. des Anwendungsbereichs und des Umfangs der Berichterstattung im LB vgl. Kap. J Tz. 91 ff. **1413**

10.7 Einzelangaben nach § 289 Abs. 2 S. 2 HGB

§ 289 Abs. 2 S. 2 HGB begründet eine **Verweispflicht** auf etwaige Anh.-Angaben nach § 160 Abs. 1 Nr. 2 AktG zu **eigenen Aktien** des Unternehmens (vgl. Kap. F Tz. 1268). **1414**

10.8 Berichterstattung großer Kapitalgesellschaften über nichtfinanzielle Leistungsindikatoren (§ 289 Abs. 3 HGB)

Große KapGes. und **große KapCoGes.** (§ 267 Abs. 3 HGB) haben gem. § 289 Abs. 3 HGB auch sog. **nichtfinanzielle Leistungsindikatoren** in die Analyse von Geschäftsverlauf und Lage gem. § 289 Abs. 1 S. 3 HGB einzubeziehen, sofern diese für das Verständnis des Geschäftsverlaufs oder der Lage von Bedeutung sind. Differenzierungsmerkmale zwischen nichtfinanziellen und finanziellen Leistungsindikatoren enthält weder das Gesetz noch DRS 20. Zur Definition von finanziellen Leistungsindikatoren vgl. Kap. F Tz. 1375. § 289 Abs. 3 HGB nennt exemplarisch Umwelt- und Arbeitnehmerbelange als mögliche nichtfinanzielle Leistungsindikatoren. **1415**

[2030] Vgl. *Fink/Kajüter/Winkeljohann*, S. 85; *Fey*, DB 1994, S. 485 (485 f.).
[2031] Vgl. auch DRS 20.38 ff.
[2032] Vgl. hierzu auch *Grottel*, in: BeBiKo[11], § 289, Rn. 101.

> **Beispiel 36:**
>
> DRS 20.107 kategorisiert nichtfinanzielle Leistungsindikatoren wie folgt:
> - Kundenbelange (u.a. Kundenstamm, Kundentreue, Bekanntheitsgrad),
> - Umweltbelange (u.a. Ressourceneffizienz, Emissionswerte, Energieverbrauch),
> - Arbeitnehmerbelange (u.a. Mitarbeiterfluktuation, Ausbildungsquote, Umfang der betrieblichen Weiterbildung, Gesundheitsschutz),
> - Indikatoren zu Forschung und Entwicklung (u.a. Indikatoren zur Innovationskraft),
> - Gesellschaftliche Reputation (u.a. soziale und kulturelle Förderung, Initiativen gesellschaftlicher Verantwortung, Image).

1416 **Zweck** dieser Vorgabe ist der Einbezug von Aspekten der Geschäftstätigkeit, welche regelmäßig über finanzielle Größen des JA hinausgehen bzw. nicht im JA anzugeben oder zu erläutern sind. Begrenzt wird die Berichterstattungspflicht über nichtfinanzielle Leistungsindikatoren anhand ihrer Notwendigkeit für das Verständnis des Geschäftsverlaufs oder der Lage sowie deren Verwendung i.R.d. internen Steuerung des Unternehmens (DRS 20.105 f.; zur Abgrenzung bedeutsamster Leistungsindikatoren i.V.m. dem Management Approach vgl. analog Kap. F Tz. 1376).

> **Hinweis 95:**
>
> Bestimmte Ges. i.S.d. § 264d HGB, welche in den Anwendungsbereich des CSR-RLUG fallen, haben nach § 289c Abs. 3 Nr. 5 HGB die bedeutsamsten nichtfinanziellen Leistungsindikatoren i.R.d. nichtfinanziellen Berichterstattung über den Einbezug in die Analyse von Geschäftsverlauf und Lage hinaus **eigenständig** darzustellen (vgl. ausführlich Kap. J Tz. 108 ff.).

1417 Konsistent und analog zur Berichterstattung über finanzielle Leistungsindikatoren ist sowohl für die Analyse des Geschäftsverlaufs und der Lage der Ges. (**Wirtschaftsbericht**) als auch für die Beurteilung und Erläuterung der voraussichtlichen Entwicklung des Unternehmens (**Prognosebericht**) auch über die bedeutsamsten nichtfinanziellen Leistungsindikatoren zu berichten (§ 289 Abs. 3 i.V.m. Abs. 1 S. 3 HGB; DRS 20.105 f., .126 und .B26). Insofern kann grds. auf die obigen Ausführungen (vgl. Kap. F Tz. 1375 f. und Kap. F Tz. 1384) verwiesen werden.

1418 Zu berücksichtigen ist jedoch, dass nichtfinanzielle Leistungsindikatoren ihrem Wesen nach häufig qualitativer Art sind. Von daher sind quantitative Angaben nur dann erforderlich, wenn eine **Quantifizierung**[2033] auch für die interne Steuerung des Unternehmens erfolgt und sie eine für den Adressaten wesentliche Information darstellen (DRS 20.108). Eine Aggregation der zur internen Steuerung verwendeten quantitativen Angaben ist zulässig (DRS 20.109).

1419 Eine **zusätzliche** Verwendung bestimmter (insb. nichtfinanzieller) Leistungsindikatoren für eine in den LB integrierte oder separate **Nachhaltigkeitsberichterstattung** wird durch DRS 20 nicht eingeschränkt. Gem. DRS 20.111 ist lediglich der Zusammenhang zwischen Leistungsindikatoren und Nachhaltigkeit darzustellen, sofern bedeutsamste Leistungsindikatoren intern unter Nachhaltigkeitsgesichtspunkten verwendet werden (DRS 20.B28). Darüber hinaus fordert DRS 20.111 die Angabe eines für die Nach-

---

[2033] Zur Auslegung des Begriffs „Quantifizierung" im LB vgl. Kap. F Tz. 1394.

haltigkeitsberichterstattung angewendeten allgemein anerkannten Rahmenkonzepts (bspw. der Deutsche Nachhaltigkeitskodex oder die Leitlinien der Global Reporting Initiative)[2034]. Wird von einem Unternehmen zusätzlich zu den im LB geforderten Angaben ein Nachhaltigkeitsbericht erstellt, darf im LB darauf verwiesen werden. Dagegen nicht zulässig ist die ausschließliche Berichterstattung über einzelne bedeutsamste Leistungsindikatoren bspw. i.R. eines Nachhaltigkeitsberichts außerhalb des LB[2035]. Entspr. unzulässig ist eine ausschließliche Berichterstattung über bedeutsamste nichtfinanzielle Leistungsindikatoren i.R. eines (sonstigen) gesonderten nichtfinanziellen Berichts i.S.d. § 289b Abs. 3 HGB (vgl. Kap. J Tz. 104 ff.).

10.9 Angaben kapitalmarktorientierter Unternehmen zum rechnungslegungsbezogenen internen Kontroll- und Risikomanagementsystem (§ 289 Abs. 4 HGB)

Kapitalmarktorientierte Unternehmen i.S.d. § 264d HGB haben in ihrem LB die wesentlichen Merkmale des IKS und des RMS bezogen auf den Rechnungslegungsprozess zu beschreiben. Bzgl. des Anwendungsbereichs und des Umfangs der Berichterstattung vgl. Kap. J Tz. 63 ff. **1420**

10.10 Übernahmerechtliche Angaben bestimmter börsennotierter Unternehmen (§ 289a Abs. 1 HGB)

Unternehmen, die einen organisierten Markt i.S.d. § 2 Abs. 7 WpÜG durch von ihnen ausgegebene stimmberechtigte Aktien in Anspruch nehmen, haben nach § 289a Abs. 1 HGB bestimmte übernahmerechtliche Informationen in ihren LB aufzunehmen. Bzgl. des Anwendungsbereichs und des Umfangs der Berichterstattung vgl. Kap. J Tz. 71 ff. **1421**

10.11 Nichtfinanzielle Berichterstattung bestimmter kapitalmarktorientierter Unternehmen (§§ 289b-289e HGB)

Bestimmte kapitalmarktorientierte Unternehmen haben nach § 289b HGB ihren LB um eine nichtfinanzielle Erklärung zu erweitern bzw. einen gesonderten nichtfinanziellen Bericht zu erstellen. Vgl. dazu im Einzelnen Kap. J Tz. 95 ff. **1422**

10.12 Erklärung zur Unternehmensführung (§ 289f HGB)

Börsennotierte sowie bestimmte andere „kapitalmarktorientierte" Unternehmen i.S.d. § 289f Abs. 1 oder 3 HGB haben eine **Erklärung zur Unternehmensführung** gem. § 289f HGB in einen gesonderten Abschnitt in ihren LB aufzunehmen oder stattdessen auf ihrer Internetseite öffentlich zugänglich zu machen und in ihren LB eine Bezugnahme hierauf aufzunehmen (§ 289f Abs. 1 HGB). Auch Unternehmen, die den Kapitalmarkt nicht i.S.v. Abs. 1 oder 3 in Anspruch nehmen, müssen ggf. eine Erklärung zur Unternehmensführung abgeben, welche dann aber auf die **Angaben zur Frauenquote** beschränkt ist (§ 289f Abs. 4 i.V.m. Abs. 2 Nr. 4 HGB). Hiervon betroffen sind alle Unternehmen, die durch das FührposGleichbergG verpflichtet sind, Zielgrößen für den Frauenanteil und Fristen für deren Erreichung festzulegen. Die Erklärung zur Unternehmensführung wird insgesamt in Kap. J Tz. 127 ff. erläutert. **1423**

[2034] A.A. Grottel, in: BeBiKo[11], § 289, Rn. 50 i.V.m. § 315, Rn. 33.
[2035] Vgl. Grottel, in: BeBiKo[11], § 289, Rn. 50 i.V.m. § 315, Rn. 100; Lackmann/Stich, KoR 2013, S. 236 (238 ff.).

10.13 Aufnahme der Schlusserklärung aus dem sog. Abhängigkeitsbericht in den Lagebericht der AG/SE/KGaA (§ 312 Abs. 3 S. 3 AktG)

1424 Der Vorstand einer abhängigen AG/SE/KGaA hat nach § 312 AktG unter bestimmten Voraussetzungen einen Bericht über Beziehungen zu verbundenen Unternehmen (sog. Abhängigkeitsbericht; vgl. Kap. O Tz. 74 ff.) zu erstatten. Am Schluss dieses Berichts hat der Vorstand eine besondere, in § 312 Abs. 3 S. 1 und 2 AktG im Einzelnen bestimmte Erklärung abzugeben (sog. **Schlusserklärung**). Nach S. 3 ist die Schlusserklärung auch in den LB aufzunehmen.

> **Praxistipp 30:**
>
> Handelt es sich bei der abhängigen AG/SE/KGaA um eine **kleine KapGes.** i.S.d. § 267 Abs. 1 HGB, die keinen LB aufzustellen braucht (§ 264 Abs. 1 S. 4 HGB) und einen LB auch nicht freiwillig aufstellt, greift § 312 Abs. 3 S. 3 AktG nicht. In diesem Fall ist die Schlusserklärung zweckmäßigerweise in den Anh. aufzunehmen[2036].

10.14 Entgeltbericht (§ 21 f. EntgTranspG)

1425 Gem. § 21 EntgTranspG haben bestimmte Arbeitgeber mit i.d.R. mehr als 500 Beschäftigten einen Bericht zur Gleichstellung und Entgeltgleichheit, den sog. **Entgeltbericht**, zu erstellen, vorausgesetzt, sie sind zur Aufstellung eines LB nach §§ 264 und 289 HGB verpflichtet (§ 21 Abs. 1 S. 1 EntgTranspG).

1426 Der Entgeltbericht ist dem LB als **Anlage** beizufügen und im BAnz. zu veröffentlichen (§ 22 Abs. 4 EntgTranspG). Der LB bildet insoweit das „Vehikel" zur Veröffentlichung des Entgeltberichts; dieser wird dadurch allerdings **kein Bestandteil** des LB, so dass bspw. die für den LB geltenden handelsrechtlichen Vorschriften und Rechtsfolgen für den Entgeltbericht nicht gelten[2037].

1427 Die **Begriffe „Arbeitgeber"** und **„Beschäftigte"** werden in § 5 Abs. 3 bzw. Abs. 2 EntgTranspG definiert. Der Begriff des Arbeitgebers orientiert sich an der Definition des § 6 Abs. 2 AGG[2038]; darunter fallen u.a. KapGes. und PersGes. Der Begriff der Beschäftigten geht über die Definition des Arbeitnehmers i.S.d. § 267 HGB hinaus, da bspw. ausweislich der Gesetzesbegründung auch Leiharbeitnehmer als Beschäftigte (beim Entleiher) gelten[2039].

1428 Auch hinsichtlich der Erfüllung des **Größenkriteriums** „Beschäftigte" weicht die Regelung des § 21 Abs. 1 S. 1 EntgTranspG von den Vorgaben des § 267 HGB ab. Anstatt auf das Vorliegen der Arbeitnehmer im Jahresdurchschnitt und an zwei aufeinanderfolgenden Stichtagen abzustellen, ist ein Arbeitgeber zur Erstellung eines Entgeltberichts verpflichtet, wenn dieser regelmäßig mehr als 500 Beschäftigte hat. Gemäß der Gesetzesbegründung sollen bei der Ermittlung des Schwellenwerts i.S.v. § 21 Abs. 1

2036 Vgl. *Grottel*, in: BeBiKo[11], § 289, Rn. 200.
2037 Vgl. BT-Drs. 18/11133, S. 74; *HFA*, IDW Life 2018, S. 310 (310); *Rimmelspacher/Kliem*, DB 2018, S. 265 (265).
2038 Vgl. *Rimmelspacher/Kliem*, DB 2018, S. 265 (266).
2039 Vgl. BT-Drs. 18/11133, S. 73.

EntgTranspG alle ständig Beschäftigten erfasst werden, die i.d.R. dem Unternehmen angehören, so dass von der Anzahl der Beschäftigten des im regelmäßigen Gang befindlichen Betriebs auszugehen ist. Maßgebend ist dabei nicht die Durchschnittszahl, sondern das normale Maß der Jahresbelegschaft[2040].

1429 Zur Aufstellung eines LB nach den §§ 264 und 289 HGB verpflichtet sind grds. mittelgroße und große KapGes. sowie (aufgrund des rechtstechnischen Verweises in § 264a Abs. 1 HGB) mittelgroße und große PersGes i.S.d. § 264a HGB. Sind Unternehmen aufgrund der Erfüllung der Voraussetzungen nach § 264 Abs. 3 bzw. § 264b HGB von der **Aufstellung eines Lageberichts befreit** und stellen sie auch tatsächlich keinen LB auf, sind sie von der Verpflichtung zur Erstellung eines Entgeltberichts befreit. Nicht ausreichend ist lediglich die Befreiung von der Pflicht zur Offenlegung des LB. In einem solchen Fall ist der Entgeltbericht zu erstellen, wenngleich dieser nicht zu veröffentlichen ist, da der LB, dem der Entgeltbericht als Anlage beizufügen ist, zulässigerweise nicht offengelegt wird und somit das vorgesehene Vehikel zur Veröffentlichung fehlt[2041].

> **Hinweis 96:**
> Über die Befreiung eines TU von der Pflicht zur Erstellung eines Entgeltsberichts muss weder im Konzern-Anh. noch im KLB des MU berichtet werden (*HFA*, IDW Life 2018, S. 310 (310)).

1430 **Freiwillig aufgestellte LB** oder LB, die nur aufgrund von satzungsmäßigen oder gesellschaftsvertraglichen Bestimmungen aufgestellt werden, lösen keine Pflicht zur Erstellung eines Entgeltberichts aus, da keine Aufstellungspflicht nach § 264 HGB vorliegt[2042].

1431 Die Entgeltberichterstattung wird nach dem Gesetzeswortlaut, der ausschließlich auf die handelsrechtlichen Vorgaben zur Lageberichterstattung nach §§ 264 und 289 HGB abstellt, nur auf **Ebene des Einzelunternehmens** gefordert. Eine entspr. Pflicht zur Konzernberichterstattung besteht nicht[2043]. Im Fall eines gem. § 315 Abs. 5 i.V.m. § 298 Abs. 2 HGB zusammengefassten LB ist der Entgeltbericht diesem beizufügen, da der zusammengefasste LB den LB nach § 289 HGB enthält[2044].

> **Praxistipp 31:**
> Eine PersGes., die zugleich MU ist, kann sich **selbst** von der Pflicht zur Erstellung eines Entgeltberichts **befreien**, wenn sie die Voraussetzungen des § 264b HGB zur Befreiung von der Pflicht zur Aufstellung eines LB erfüllt (vgl. *IDW RS HFA 7 n.F.*, Tz. 6)[2045]

1432 Berichtsgegenstand sind die Darstellung von **Maßnahmen** zur Förderung der Geschlechtergleichstellung und zur Herstellung der Entgeltgleichheit für Frauen und

---

2040 Vgl. BT-Drs. 18/11133, S. 72; *Kolb/Heinek*, WPg 2017, S. 1243 (1245); ausführlich zur Ermittlung der Anzahl der Beschäftigten *Philippsen/Sultana*, KoR 2018, S. 135 (137 f.).
2041 Vgl. *HFA*, IDW Life 2018, S. 310 (310); *Rimmelspacher/Kliem*, DB 2018, S. 265 (267).
2042 Vgl. *HFA*, IDW Life 2018, S. 310 (311).
2043 Vgl. *Philippsen/Sultana*, KoR 2018, S. 136 (138); *Rimmelspacher/Kliem*, DB 2018, S. 265 (267).
2044 Vgl. *Rimmelspacher/Kliem*, DB 2018, S. 265 (269).
2045 Vgl. *Philippsen/Sultana*, KoR 2018, S. 135 (138).

Männer (§ 21 Abs. 1 S. 1 Nrn. 1 und 2 EntgTranspG) sowie **statistische Angaben** zu den Beschäftigten, zum einen zur durchschnittlichen Gesamtzahl der Beschäftigten, zum anderen zur durchschnittlichen Zahl der Vollzeit- und Teilzeitbeschäftigten, jeweils aufgeschlüsselt nach Geschlecht (§ 21 Abs. 2 EntgTranspG). Verfolgt ein berichtspflichtiges Unternehmen keine entspr. Maßnahmen, hat es dies i.S.d. *comply or explain*-Prinzips zu begründen (§ 21 Abs. 1 S. 2 EntgTranspG).

1433 Tarifgebundene Arbeitnehmer i.S.d. § 5 Abs. 4 EntgTranspG und tarifanwendende Arbeitgeber i.S.d. § 5 Abs. 5 EntgTranspG, die nach § 13 Abs. 5 EntgTranspG erklärt haben, die tariflichen Entgeltregelungen entspr. anzuwenden, haben alle fünf Jahre einen Entgeltbericht zu erstellen (= **Berichtszeitraum**; § 22 Abs. 1 EntgTranspG). Alle anderen Arbeitgeber haben den Entgeltbericht alle drei Jahre über einen entspr. Berichtszeitraum von drei Jahren zu erstellen (§ 22 Abs. 2 EntgTranspG). Die statistischen, nach Geschlecht aufgegliederten Angaben zu den Beschäftigten sind gem. § 22 Abs. 3 EntgTranspG nur auf das letzte KJ des Berichtszeitraums zu beziehen. Ab dem zweiten Entgeltbericht sind die Veränderungen dieser statistischen Angaben im Vergleich zum vorherigen Bericht darzustellen. Der Berichtszeitraum umfasst immer eine bestimmte Anzahl von KJ, auch dann, wenn das GJ der Ges. vom KJ abweicht[2046]. Der erste Entgeltbericht ist für das KJ 2016 zu erstellen, der folgende Entgeltbericht für die KJ 2017-2021 bzw. 2017-2019.

1434 Die Veröffentlichung des Entgeltberichts hat als Anlage zum nächsten LB, der dem jeweiligen Berichtszeitraum folgt, im BAnz. zu erfolgen (§ 22 Abs. 4 EntgTranspG). Da gesetzlich keine explizite **Frist zur Erstellung** geregelt ist, ergibt sich aus der Pflicht zur Veröffentlichung des Entgeltberichts mit dem nächsten LB, dass der Entgeltbericht spätestens bis zur Einreichung des betreffenden LB zur Offenlegung beim BAnz. erstellt sein muss[2047].

1435 Der erste Entgeltbericht ist in 2018 zu erstellen (§ 25 Abs. 2 EntgTranspG). Bei KJ-gleichem GJ hat die **Veröffentlichung als Anlage zum LB** für das GJ 2017 zu erfolgen. Bei vom KJ abweichendem GJ ist der „nächste" LB, dem der Entgeltbericht als Anlage beizufügen ist, der in 2018 offengelegte; dies kann entweder der für das GJ 2016/17 oder der für das GJ 2017/18 sein. Entsprechendes gilt für den folgenden Entgeltbericht.

> **Beispiel 37:**
>
> **Variante 1: GJ 01.01.-31.12.2017**
> Dem in 2018 offenzulegenden LB für das GJ 2017 ist ein Entgeltbericht beizufügen, dessen Berichtszeitraum das KJ 2016 umfasst. Handelt es sich beim berichtspflichtigen Unternehmen um einen unter § 22 Abs. 1 EntgTranspG fallenden Arbeitgeber, umfasst der Berichtszeitraum des nächsten Entgeltberichts die KJ 2017-2021. Dieser Entgeltbericht ist dem in 2023 offenzulegenden LB, d.h. dem LB für das GJ 2022 beizufügen. Sonstige berichtpflichtige Arbeitgeber haben den nächsten Entgeltbericht für den Berichtszeitraum KJ 2017-2019 dem in 2021 offenzulegenden LB für das GJ 2020 beizufügen (vgl. *HFA*, IDW Life 2018, S. 310 (311)).

2046 Vgl. *HFA*, IDW Life 2018, S. 310 (311); *Rimmelspacher/Kliem*, DB 2018, S. 265 (268).
2047 Vgl. *HFA*, IDW Life 2018, S. 442; *Rimmelspacher/Kliem*, DB 2018, S. 265 (268).

> **Variante 2: GJ 01.10.2016-30.09.2017**
> Gem. der Übergangsregelung ist dem LB ein Entgeltbericht für den Berichtszeitraum KJ 2016 beizufügen, der in 2018 offengelegt wird. D.h. wird der LB für das GJ 2016/2017 im KJ 2018 offengelegt, ist diesem der betreffende Entgeltbericht beizufügen. Der nächste Entgeltbericht ist dann für den Berichtszeitraum KJ 2017-2021 bzw. 2017-2019 dem LB beizufügen, der in 2023 bzw. 2021 offengelegt wird.[2048]

11. Größenabhängige Erleichterungen

In bzw. zu den folgenden Vorschriften sind Erleichterungen oder Alternativen für Kleinst-, kleine oder auch mittelgroße Ges. vorgesehen (vgl. zur Einordnung in die Größenklasse Kap. F Tz. 281): **1436**

		Kleinst-Gesellschaft[2049]	Kleine Gesellschaft[2050]	Mittelgroße Gesellschaft[2051]	siehe
1.	§ 264 Abs. 1 S. 4 Hs. 1 HGB (Verzicht auf LB)	X*	X		Kap. F Tz. 16
2.	§ 264 Abs. 1 S. 4 Hs. 2 HGB (längere Aufstellungsfrist von bis zu sechs Monaten)	X*	X		Kap. F Tz. 17
3.	§ 264 Abs. 1 S. 5 HGB (Verzicht auf Anh. unter bestimmten Voraussetzungen)[2052]	X			Kap. F Tz. 15, 922
4.	§ 264c Abs. 2 S. 9 HGB*** (keine Angabe von nicht geleisteten, im HR eingetragenen Einlagen)	X*	X		Kap. F Tz. 1513
5.	§ 265 Abs. 4 S. 2 HGB*** (keine ergänzende Angabe von für andere Geschäftszweige vorgeschriebene Gliederungen)	X*	X		Kap. F Tz. 987
6.	§ 266 Abs. 1 S. 3 HGB (verkürzte Bilanz)		X		Kap. F Tz. 301
7.	§ 266 Abs. 1 S. 4 HGB (verkürzte Bilanz)	X			Kap. F Tz. 301
8.	§ 268 Abs. 4 S. 2 HGB** (keine Erläuterungspflicht antizipativer Aktiva)	X*	X		Kap. F Tz. 989
9.	§ 268 Abs. 5 S. 3 HGB** (keine Erläuterungspflicht antizipativer Passiva)	X*	X		Kap. F Tz. 990

2048 Vgl. *HFA*, IDW Life 2018, S. 310 (311) sowie IDW Life 2018, S. 442; ausführlich *Rimmelspacher/Kliem*, DB 2018, S. 265 (270 f.).
2049 Kleinstkapitalgesellschaften i.S.d. § 267a HGB; macht eine Kleinstkapitalgesellschaft von einer der in § 264 Abs. 1 S. 5, § 266 Abs. 1 S. 4, § 275 Abs. 5 oder § 326 Abs. 2 HGB vorgesehenen Erleichterungen Gebrauch, darf sie eine Bewertung zum beizulegenden Zeitwert nicht vornehmen, stattdessen erfolgt die Bewertung der Vermögensgegenstände nach § 253 Abs. 1 S. 1 HGB, auch soweit eine Verrechnung nach § 246 Abs. 2 S. 2 HGB vorgesehen ist (§ 253 Abs. 1 S. 5 HGB).
2050 Kleine Kapitalgesellschaften i.S.d. § 267 Abs. 1 HGB.
2051 Mittelgroße Kapitalgesellschaften i.S.d. § 267 Abs. 2 HGB.
2052 Erleichterung nur anwendbar, wenn die in § 264 Abs. 1 S. 5 HGB geforderten Angaben unter der Bilanz angegeben werden.

		Kleinst-Gesellschaft[2053]	Kleine Gesellschaft[2054]	Mittelgroße Gesellschaft[2055]	siehe
10.	§ 268 Abs. 6 HGB** (Verzicht auf Sonderausweis oder Anhangangabe eines Disagios gem. § 250 Abs. 3 HGB)	X*	X		Kap. F Tz. 435
11.	§ 274 HGB** (keine Abgrenzung latenter Steuern)	X*	X		Kap. F Tz. 710
12.	§ 275 Abs. 5 HGB (verkürzte GuV)	X			Kap. F Tz. 770
13.	§ 276 S. 1 HGB (verkürzte GuV: zusammengefasster Ausweis des „Rohergebnisses")	X[2056]	X	X	Kap. F Tz. 766
14.	§ 284 Abs. 2 Nr. 3 HGB*** (keine Angabe von Unterschiedsbeträgen aus der Anwendung von Bewertungsvereinfachungsverfahren § 240 Abs. 4; § 256 S. 1 HGB)	X*	X		Kap. F Tz. 1004
15.	§ 284 Abs. 3 HGB*** (keine Darstellung des Brutto-Anlagespiegels)	X*	X		Kap. F Tz. 1008
16.	§ 285 Nr. 2 HGB*** (keine Aufgliederung von Verbindlichkeiten hinsichtlich Restlaufzeit > 5 Jahre und Sicherheiten)	X*	X		Kap. F Tz. 1026
17.	§ 285 Nr. 3 HGB*** (keine Angabe zu nicht in der Bilanz enthaltenen Geschäften)	X*	X		Kap. F Tz. 1031
18.	§ 285 Nr. 4 HGB*** (keine Aufgliederung der Umsatzerlöse)	X*	X	X	Kap. F Tz. 1053
19.	§ 285 Nr. 7 HGB*** (keine Trennung der Arbeitnehmer nach Gruppen)	X*	X		Kap. F Tz. 1059
20.	§ 285 Nr. 8 HGB*** (keine Angabe des Material- und Personalaufwands bei Anwendung des UKV)	X*	X		Kap. F Tz. 1066
21.	§ 285 Nr. 9 lit. a) und b) HGB*** (keine Angabe der Organbezüge)	X*	X		Kap. F Tz. 1067

2053 Kleinstkapitalgesellschaften i.S.d. § 267a HGB; macht eine Kleinstkapitalgesellschaft von einer der in § 264 Abs. 1 S. 5, § 266 Abs. 1 S. 4, § 275 Abs. 5 oder § 326 Abs. 2 HGB vorgesehenen Erleichterungen Gebrauch, darf sie eine Bewertung zum beizulegenden Zeitwert nicht vornehmen, stattdessen erfolgt die Bewertung der Vermögensgegenstände nach § 253 Abs. 1 S. 1 HGB, auch soweit eine Verrechnung nach § 246 Abs. 2 S. 2 HGB vorgesehen ist (§ 253 Abs. 1 S. 5 HGB).

2054 Kleine Kapitalgesellschaften i.S.d. § 267 Abs. 1 HGB.

2055 Mittelgroße Kapitalgesellschaften i.S.d. § 267 Abs. 2 HGB.

2056 Erleichterung nur anwendbar, falls nicht von der Regelung des § 275 Abs. 5 HGB Gebrauch gemacht wird (§ 276 S. 2 HGB, vgl. Kap. F Tz. 772).

		Kleinst-Gesellschaft[2057]	Kleine Gesellschaft[2058]	Mittelgroße Gesellschaft[2059]	siehe
22.	§ 285 Nr. 10 HGB*** (keine Angabe der Mitglieder des Geschäftsführungsorgans und des AR)	X*	X		Kap. F Tz. 1099
23.	§ 285 Nr. 11 HGB*** (keine Angabe zu Unternehmen, an denen eine Beteiligung gem. § 271 Abs. 1 HGB gehalten wird)	X*	X		Kap. F Tz. 1106
24.	§ 285 Nr. 11a HGB*** (keine Angaben zu Unternehmen, bei denen eine unbeschränkte persönliche Haftung besteht)	X*	X		Kap. F Tz. 1107
25.	§ 285 Nr. 11b HGB*** (keine Angabe zu Beteiligungen an großen KapGes.)	X*	X		Kap. F Tz. 1110
26.	§ 285 Nr. 12 HGB*** (keine Pflicht zur Aufgliederung der sonstigen Rückstellungen)	X*	X		Kap. F Tz. 1111
27.	§ 285 Nr. 14 HGB*** (keine Angabe des MU, das den KA für den größten Kreis von Unternehmen aufstellt)	X*	X		Kap. F Tz. 1117
28.	§ 285 Nr. 14a HGB*** (keine Angabe, wo der vom MU (für den kleinsten Kreis von Unternehmen) aufgestellte KA erhältlich ist)	X*	X		Kap. F Tz. 1120
29.	§ 285 Nr. 15 HGB*** (keine Angaben zu phG)	X*	X		Kap. F Tz. 1123
30.	§ 285 Nr. 15a HGB*** (keine Angabe zu verbrieften Wertpapieren oder Rechten)	X*	X		Kap. F Tz. 1124
31.	§ 285 Nr. 17 HGB*** (keine Angabe zu Honoraren für den APr.)	X*	X	X[2060]	Kap. F Tz. 1131
32.	§ 285 Nr. 18 HGB*** (keine Angabe zu über ihrem beizulegenden Zeitwert ausgewiesene FI der Finanzanlagen)	X*	X		Kap. F Tz. 1143

2057 Kleinstkapitalgesellschaften i.S.d. § 267a HGB; macht eine Kleinstkapitalgesellschaft von einer der in § 264 Abs. 1 S. 5, § 266 Abs. 1 S. 4, § 275 Abs. 5 oder § 326 Abs. 2 HGB vorgesehenen Erleichterungen Gebrauch, darf sie eine Bewertung zum beizulegenden Zeitwert nicht vornehmen, stattdessen erfolgt die Bewertung der Vermögensgegenstände nach § 253 Abs. 1 S. 1 HGB, auch soweit eine Verrechnung nach § 246 Abs. 2 S. 2 HGB vorgesehen ist (§ 253 Abs. 1 S. 5 HGB).
2058 Kleine Kapitalgesellschaften i.S.d. § 267 Abs. 1 HGB.
2059 Mittelgroße Kapitalgesellschaften i.S.d. § 267 Abs. 2 HGB.
2060 Verpflichtung, diese Angabe, bei schriftlicher Anforderung, der WPK mitzuteilen.

F Rechnungslegung im Jahresabschluss und Lagebericht nach Handels- und Publizitätsgesetz

		Kleinst-Gesellschaft[2061]	Kleine Gesellschaft[2062]	Mittelgroße Gesellschaft[2063]	siehe
33.	§ 285 Nr. 19 HGB*** (keine Angaben zu Art, Umfang, Zeitwert und Buchwert von nicht zum beizulegenden Zeitwert bewerteter FI)	X*	X		Kap. F Tz. 1150
34.	§ 285 Nr. 21 HGB*** (keine Angabe der nicht marktüblichen Geschäfte)	X*	X	X[2064]	Kap. F Tz. 1167 f.
35.	§ 285 Nr. 22 HGB*** (keine Angabe der Forschungs- und Entwicklungskosten)	X*	X		Kap. F Tz. 1183
36.	§ 285 Nr. 24 HGB*** (keine Angabe zur Berechnung von Pensionsrückstellungen)	X*	X		Kap. F Tz. 1196
37.	§ 285 Nr. 26 HGB*** (keine Angaben zu Anteilen an Sondervermögen)	X*	X		Kap. F Tz. 1209
38.	§ 285 Nr. 27 HGB*** (keine Erläuterung der Risikoeinschätzung für nach § 268 Abs. 7 HGB ausgewiesene Verbindlichkeiten und Haftungsverhältnisse)	X*	X		Kap. F Tz. 1217
39.	§ 285 Nr. 28 HGB*** (keine Angabe des Gesamtbetrags der ausschüttungsgesperrten Beträge i.S.d. § 268 Abs. 8 HGB sowie deren Aufgliederung)	X*	X		Kap. F Tz. 1220
40.	§ 285 Nr. 29 HGB*** (keine Angaben zu latenten Steuern)	X*	X	X	Kap. F Tz. 1227
41.	§ 285 Nr. 30 HGB*** (keine Angabe von latenten Steuersalden)	X*	X		Kap. F Tz. 1231
42.	§ 285 Nr. 32 HGB*** (keine Erläuterung von bedeutsamen Erträgen und Aufwendungen, die einem anderen GJ zuzurechnen sind)	X*	X	X	Kap. F Tz. 1242

2061 Kleinstkapitalgesellschaften i.S.d. § 267a HGB; macht eine Kleinstkapitalgesellschaft von einer der in § 264 Abs. 1 S. 5, § 266 Abs. 1 S. 4, § 275 Abs. 5 oder § 326 Abs. 2 HGB vorgesehenen Erleichterungen Gebrauch, darf sie eine Bewertung zum beizulegenden Zeitwert nicht vornehmen, stattdessen erfolgt die Bewertung der Vermögensgegenstände nach § 253 Abs. 1 S. 1 HGB, auch soweit eine Verrechnung nach § 246 Abs. 2 S. 2 HGB vorgesehen ist (§ 253 Abs. 1 S. 5 HGB).
2062 Kleine Kapitalgesellschaften i.S.d. § 267 Abs. 1 HGB.
2063 Mittelgroße Kapitalgesellschaften i.S.d. § 267 Abs. 2 HGB.
2064 Falls keine Geschäfte direkt oder indirekt mit einem Gesellschafter, Unternehmen, an denen die Gesellschaft selbst eine Beteiligung hält, oder Mitgliedern des Geschäftsführungs-, Aufsichts-, oder Verwaltungsorgans abgeschlossen wurden.

		Kleinst-Gesellschaft[2065]	Kleine Gesellschaft[2066]	Mittelgroße Gesellschaft[2067]	siehe
43.	§ 285 Nr. 33 HGB*** (keine Angabe von Vorgängen von besonderer Bedeutung nach dem Abschlussstichtag)	X*	X		Kap. F Tz. 1247
44.	§ 285 Nr. 34 HGB*** (keine Angabe über die Ergebnisverwendung)	X*	X		Kap. F Tz. 1250
45.	§ 316 Abs. 1 S. 1 HGB (keine Prüfungspflicht)	X*	X		Kap. F Tz. 22
46.	§ 319 Abs. 1 S. 2 HGB (erweiterte Auswahl der APr.)			X	Kap. F Tz. 1131
47.	§§ 326, 327 HGB (Erleichterungen bei der Offenlegung)	X	X	X	Kap. F Tz. 951

(X) Inanspruchnahme von Erleichterungsvorschrift möglich.

* jeweils i.V.m. § 267a Abs. 2 HGB

** jeweils i.V.m. § 274a HGB

*** jeweils i.V.m. § 288 HGB

12. Rechtsformspezifische Abschlussvorschriften für Kapitalgesellschaften

12.1 AG

Im Folgenden sind wesentliche aktienrechtliche Vorschriften zusammengestellt, die bei der Aufstellung von **Bilanz und GuV** einer AG zu beachten sind. **1437**

Vorschrift des AktG	Gegenstand der Vorschrift	siehe
§ 58 Abs. 1 und 2	Aufstellung des JA unter Berücksichtigung der Einstellung in andere Gewinnrücklagen	Kap. F Tz. 514
§ 58 Abs. 2a	Bildung von Wertaufholungsrücklagen und gesonderter Ausweis (alternativ Angabe im Anh.)	Kap. F Tz. 514
§ 150 Abs. 1 und 2	Bildung der gesetzlichen Rücklage	Kap. F Tz. 497
§ 150 Abs. 3 und 4	Verwendung des gesetzlichen Reservefonds (gesetzliche Rücklage und Kapitalrücklage nach § 272 Abs. 2 Nr. 1 bis 3 HGB)	Kap. F Tz. 501
§ 152 Abs. 1*	Ausweis des Grundkapitals, gesonderte Angabe Grundkapital je Aktiengattung, Angaben bei Mehrstimmrechtsaktien, Vermerk des bedingten Kapitals mit dem Nennbetrag	Kap. F Tz. 450, 451

2065 Kleinstkapitalgesellschaften i.S.d. § 267a HGB; macht eine Kleinstkapitalgesellschaft von einer der in § 264 Abs. 1 S. 5, § 266 Abs. 1 S. 4, § 275 Abs. 5 oder § 326 Abs. 2 HGB vorgesehenen Erleichterungen Gebrauch, darf sie eine Bewertung zum beizulegenden Zeitwert nicht vornehmen, stattdessen erfolgt die Bewertung der Vermögensgegenstände nach § 253 Abs. 1 S. 1 HGB, auch soweit eine Verrechnung nach § 246 Abs. 2 S. 2 HGB vorgesehen ist (§ 253 Abs. 1 S. 5 HGB).

2066 Kleine Kapitalgesellschaften i.S.d. § 267 Abs. 1 HGB.

2067 Mittelgroße Kapitalgesellschaften i.S.d. § 267 Abs. 2 HGB.

F Rechnungslegung im Jahresabschluss und Lagebericht nach Handels- und Publizitätsgesetz

Vorschrift des AktG	Gegenstand der Vorschrift	siehe
§ 152 Abs. 2*	Gesonderte Angabe der Veränderung der Kapitalrücklage (bei kleinen AG zwingend in der Bilanz, bei mittelgroßen und großen AG alternativ Angabe im Anhang)	Kap. F Tz. 491
§ 152 Abs. 3*	Gesonderte Angabe der Veränderung der Gewinnrücklagen (bei kleinen AG zwingend in der Bilanz, bei mittelgroßen und großen AG alternativ Angabe im Anh.)	Kap. F Tz. 496
§ 158 Abs. 1*	GuV-Verlängerungsrechnung (alternativ im Anh.)	Kap. F Tz. 880
§ 158 Abs. 2*	Kürzung des Ertrags aus GAV um Ausgleichszahlungen für außenstehende Gesellschafter	Kap. F Tz. 785
§ 160 Abs. 1 Nr. 3**	Zahl und Nennbetrag bzw. rechnerischer Wert der Aktien jeder Gattung, im GJ gezeichnete Aktien aus bedingter Kapitalerhöhung oder genehmigtem Kapital (alternativ im Anh.)	Kap. F Tz. 1272
§ 231	Beschränkte Einstellung in die Kapitalrücklage und in die gesetzliche Rücklage im Rahmen einer vereinfachten Kapitalherabsetzung	Kap. F Tz. 477
§ 232	Einstellung von Beträgen in die Kapitalrücklage bei im Rahmen einer vereinfachten Kapitalherabsetzung zu hoch angenommenen Verlusten	Kap. F Tz. 477
§ 237 Abs. 5	Einstellung von Beträgen in die Kapitalrücklage bei einer Kapitalherabsetzung durch Einziehung von Aktien	Kap. F Tz. 459
§ 240 S. 1	Ausweis des aus der Kapitalherabsetzung gewonnenen Betrags in der GuV	Kap. F Tz. 890
§ 240 S. 2	Ausweis von Einstellungen in die Kapitalrücklage nach den Vorschriften über die vereinfachte Kapitalherabsetzung in der GuV	Kap. F Tz. 891
§ 261 Abs. 1 S. 6	Ausweis des Ertrags aufgrund höherer Bewertung gem. dem Ergebnis einer Sonderprüfung wg. unzulässiger Unterbewertung	Kap. F Tz. 900, Kap. F Tz. 1282
§ 261 Abs. 2 S. 2	Ausweis des Ertrags aufgrund höherer Bewertung gem. gerichtlicher Entscheidung über die abschließenden Feststellungen einer Sonderprüfung wg. unzulässiger Unterbewertung	Kap. F Tz. 900, Kap. F Tz. 1282

* Nicht anzuwenden auf Kleinst-AG i.S.d. § 267a HGB, wenn diese von der Erleichterung nach § 275 Abs. 5 bzw. § 266 Abs. 1 S. 4 HGB Gebrauch machen.

** Nicht anzuwenden auf kleine AG i.S.d. § 267 Abs. 1 HGB.

1438 Zu den aktienrechtlichen Vorschriften, die bei Aufstellung des **Anh.** einer AG zu berücksichtigen sind, vgl. Kap. F Tz. 949.

12.2 GmbH

1439 Im Folgenden sind Vorschriften des GmbHG zusammengestellt, die bei der Aufstellung von **Bilanz und GuV** einer GmbH zu beachten sind.

Vorschrift des GmbHG	Gegenstand der Vorschrift	siehe
§ 5a Abs. 3	Bildung und Verwendung einer gesetzlichen Rücklage im JA einer Unternehmerges. (UG (haftungsbeschränkt))	Kap. F Tz. 504 f.
§ 29 Abs. 4	Bildung von Wertaufholungsrücklagen und gesonderter Ausweis (alternativ Angabe im Anh.)	Kap. F Tz. 519
§ 42 Abs. 1	Ausweis des Stammkapitals	Kap. F Tz. 450

Vorschrift des GmbHG	Gegenstand der Vorschrift	siehe
§ 42 Abs. 2	Aktivierung der von den Gesellschaftern eingeforderten Nachschüsse, gesonderter Ausweis auf der Aktivseite unter den Forderungen als „Eingeforderte Nachschüsse" und auf der Passivseite unter dem Posten Kapitalrücklage	Kap. F Tz. 489
§ 42 Abs. 3	Gesonderter Ausweis oder Davon-Vermerk von Ausleihungen, Forderungen und Verbindlichkeiten ggü. Gesellschaftern (alternativ Angabe im Anhang)	Kap. F Tz. 359, Kap. F Tz. 391, Kap. F Tz. 408, Kap. F Tz. 421, Kap. F Tz. 692

Zu den Vorschriften des GmbHG, die bei Aufstellung des **Anh.** einer GmbH zu berücksichtigen sind, vgl. Kap. F Tz. 949. **1440**

12.3 KGaA

Für den JA der KGaA gelten – soweit nicht die §§ 278-290 AktG etwas anderes bestimmen – die auf den JA der AG anzuwendenden Vorschriften sinngemäß (§ 278 Abs. 3 AktG)[2068]. Im Folgenden sind die Sonderregelungen des AktG zusammengestellt, die bei der Aufstellung der **Bilanz und GuV** einer KGaA (zusätzlich) zu beachten sind. **1441**

Vorschrift des AktG	Gegenstand der Vorschrift	siehe
§ 286 Abs. 2 S. 1	Gesonderter Ausweis der Kapitalanteile der persönlich haftenden Gesellschafter nach dem Posten „gezeichnetes Kapital"	Kap. F Tz. 1462
§ 286 Abs. 2 S. 2	Abschreibung der auf einen persönlich haftenden Gesellschafter entfallenden Verluste von seinem Kapitalanteil	Kap. F Tz. 1470
§ 286 Abs. 2 S. 3	Ausweis von den Kapitalanteil eines persönlich haftenden Gesellschafters übersteigenden Verlusten	Kap. F Tz. 1479, Kap. F Tz. 1485
§ 286 Abs. 2 S. 4	Vermerk von unter § 89 AktG fallenden Forderungen an persönlich haftende Gesellschafter und deren Angehörige bei den entspr. Posten	Kap. F Tz. 390, Kap. F Tz. 408
§ 286 Abs. 3	Kein gesonderter Ausweis der auf die persönlich haftenden Gesellschafter entfallenden Gewinn- oder Verlustanteile	Kap. F Tz. 690

13. Besonderheiten für (haftungsbeschränkte) Personenhandelsgesellschaften (§§ 264a bis 264c HGB)

13.1 Allgemeine Grundsätze

Nach § 264a HGB sind die Vorschriften der §§ 264-330 HGB auch auf bestimmte **OHG** und **KG** anzuwenden. Erfasst werden solche Ges. (KapCoGes.), bei denen nicht wenigstens ein persönlich haftender Gesellschafter eine natürliche Person oder eine andere PersGes. mit einer natürlichen Person als persönlich haftendem Gesellschafter ist. In Deutschland sind dies insb. Ausgestaltungen der **KapGes. & Co. KG**, bei denen zur Beschränkung der Haftung die Stellung des Komplementärs durch eine nur mit ihrem **1442**

2068 Vgl. ADS[6], § 286 AktG, Tz. 27 ff.; *Winkeljohann/Hoffmann*, in: BeBiKo[11], § 272, Rn. 320 ff.

1443 Nicht in den Anwendungsbereich des § 264a HGB, sondern ggf. des PublG (vgl. Kap. F Tz. 1516), fallen dagegen alle OHG und KG, bei denen – unmittelbar oder mittelbar – (mindestens) eine natürliche Person die Stellung eines Vollhafters (Gesellschafter einer OHG, Komplementär einer KG) hat. Ob neben der natürlichen Person auch juristische Personen beteiligt sind, ist dann unerheblich. Bei zwei- oder **mehrstöckigen Ges.** reicht es für eine Vermeidung der Sonderregelungen auf der untersten Stufe aus, wenn in dieser Ges. oder in einer der Stufen darüber wenigstens eine **natürliche Person als Vollhafter** beteiligt ist (vgl. § 264a Abs. 1 letzte Alt. HGB: „[…] *oder sich die Verbindung von Gesellschaften in dieser Art fortsetzt* […]", d.h. nach § 264a Abs. 1 Nr. 2 HGB über den jeweiligen voll haftenden Gesellschafter nach oben)[2069]. Dagegen bleibt § 264a HGB auf eine Ges. höherer Stufe anwendbar, auch wenn an einer nachgeordneten Ges. eine natürliche Person als Vollhafter beteiligt ist.

1444 Maßgeblicher **Zeitpunkt** für die Beurteilung der Frage, ob eine natürliche Person als Vollhafter vorhanden ist, ist grds. der jeweilige Abschlussstichtag (§ 242 HGB). Tritt ein persönlich haftender Gesellschafter nach dem Abschlussstichtag in die Ges. ein, entfällt mit dem Wegfall des Haftungsprivilegs zugleich die Pflicht zur Anwendung der ergänzenden Vorschriften für KapGes. (§§ 264-330 HGB). Sofern zu diesem Zeitpunkt die Offenlegung des JA der KapCoGes. für ein vorangegangenes GJ noch nicht erfolgt ist, entfällt auch diese Verpflichtung ex nunc, mit der Folge, dass dessen Offenlegung nicht nachgeholt werden muss[2070]. Wg. der Nichteinreichung von JA-Unterlagen bereits nach § 335 Abs. 3 und 4 HGB festgesetzte Ordnungsgelder werden dagegen wg. ihres Sanktionscharakters auch nach Beitritt eines Vollhafters nicht mehr rückwirkend aufgehoben[2071]. Für einen wirksamen Eintritt als persönlich haftender Gesellschafter reicht bereits der Abschluss einer (gesellschafts-)vertraglichen Vereinbarung mit den Mitgesellschaftern aus, wenn die Ges. ihre Geschäfte mit ausdrücklicher oder konkludenter Zustimmung des Eintretenden fortsetzt (§ 123 Abs. 2 HGB analog)[2072]. Die Eintragung im HR hat unter dieser Voraussetzung nur deklaratorische Bedeutung. Das Ausscheiden des persönlich haftenden Gesellschafters nach dem Abschlussstichtag wirkt für Zwecke des § 264a HGB nicht zurück, und zwar auch dann nicht, wenn der Austritt vor Erfüllung der Rechnungslegungspflichten erfolgt[2073].

1445 Über die Eigenschaft als natürliche Person hinausgehende besondere **Anforderungen an die Person des Vollhafters** bestehen nicht. Es kann sich um in- oder ausländische Personen handeln. Auch ist es gleichgültig, ob sie über die Mindestanforderungen hinausgehend in der Ges. tätig sind. Ebenfalls ist eine Mindesteinlage nicht vorgeschrieben, so dass auch eine natürliche Person als Gesellschafter oder Komplementär ohne Einlage die Anwendbarkeit des § 264a HGB ausschließt. Entscheidend ist nur die

---

2069 Vgl. im Einzelnen *Schmidt/Usinger*, in: BeBiKo[11], § 264a, Rn. 35 ff.
2070 Vgl. *IDW RS HFA 7 n.F.*, Tz. 4, unter Verweis auf LG Osnabrück v. 01.07.2005, BB, S. 2461; dazu auch *Schmidt/Usinger*, in: BeBiKo[11], § 264a, Rn. 29.
2071 Vgl. LG Bonn v. 13.11.2009, BB 2010, S. 306.
2072 Vgl. *IDW RS HFA 7 n.F.*, Tz. 5.
2073 Vgl. ADS[6], § 264a HGB n.F., Tz. 36; *Ischebeck/Nissen-Schmidt*, in: HdR[5], § 264a, Rn. 14.

volle Haftung mit dem eigenen Vermögen bzw. – wenn kein Vermögen vorhanden ist – der Erwerbsfähigkeit[2074].

13.2 Erleichterungen bei Aufstellung, Prüfung und Offenlegung (§ 264b HGB)

Für **PersGes. i.S.d. § 264a HGB** enthält § 264b HGB die Möglichkeit zur Befreiung von der Pflicht zur Anwendung der §§ 264 ff. HGB, die der für KapGes. geltenden Regelung des § 264 Abs. 3 HGB (dazu Kap. F Tz. 255 ff.) nachgebildet ist. Die Befreiung betrifft die Aufstellung eines Anh. und eines LB sowie eines ggf. zu erstellenden Entgeltberichts, die Anwendung der besonderen Ansatz- und Gliederungsvorschriften für KapGes., die Prüfung des JA und seine Offenlegung. Voraussetzung ist auch hier insb., dass die KapCoGes. in einen KA einbezogen ist und dieser den Adressaten des JA der KapCoGes. auf elektronischem Weg zugänglich gemacht wird. Wg. Besonderheiten für **Kreditinstitute** oder **Versicherungsunternehmen** in der Rechtsform der KapCoGes. vgl. WP Handbuch 2012 Bd. I, Kap. J Tz. 3 bzw. *IDW*, WPH Edition, Versicherungen, Kap. A Tz. 6. Zur Inanspruchnahme der Erleichterungen durch **Energieversorgungsunternehmen** vgl. Kap. F Tz. 261 sowie für **Sonderbilanzen** vgl. Kap. F Tz. 259.

1446

Die Regelung in § 264b HGB geht im **Vergleich zu § 264 Abs. 3 HGB** weiter, indem der befreiende KA nicht notwendigerweise durch ein MU erstellt werden muss (Kap. F Tz. 1450) und außerdem auf das Vorliegen eines Zustimmungsbeschlusses der Gesellschafter und dessen Offenlegung sowie auf das Vorliegen einer Einstandspflicht des MU (§ 264 Abs. 3 S. 1 Nrn. 1 und 2 HGB; vgl. dazu Kap. F Tz. 263 und Kap. F Tz. 270) verzichtet wird. Ebenso wie KapGes. dürfen KapCoGes. die Erleichterungen nur in Anspruch nehmen, wenn **alle Tatbestandsvoraussetzungen** der Vorschrift kumulativ **erfüllt** sind.

1447

Der befreiende KA kann nach § 264b Nr. 1 lit. a) HGB von einem **persönlich haftenden Gesellschafter** der betreffenden KapCoGes. aufgestellt werden. Damit wird auch Komplementärges., die nicht MU der zu befreienden KapCoGes. sind, ein Wahlrecht zur Aufstellung eines befreienden KA bzw. eines konsolidierten Gruppenabschlusses eröffnet[2075]. Das Gesetz geht somit davon aus, dass die Komplementärges. nicht zwangsläufig – eben wg. der Stellung als Komplementärin – als MU der KapCoGes. zu qualifizieren ist, z.B. weil der Komplementärges. wg. fehlenden wirtschaftlichen Eigeninteresses die ihr formal zustehenden Beherrschungsrechte nach § 290 Abs. 3 S. 3 HGB weggerechnet werden[2076], und sie deshalb nicht zur Aufstellung eines KA verpflichtet ist[2077]. Für die Befreiung nach § 264b HGB kommt es nicht darauf an, welche Rechtsform das Unternehmen des persönlich haftenden Gesellschafters hat und wo sich dessen Sitz befindet. Demnach kann auch eine Komplementärges. außerhalb der EU und des EWR einen KA aufstellen, der die KapCoGes. von der Pflicht zur Anwendung der §§ 264 ff. HGB befreit[2078]. Allerdings sind hierbei auch die inhaltlichen Anforderungen (§ 264b Nr. 2 HGB) zu beachten (vgl. Kap. F Tz. 1449). Die Stellung als persönlich haftender

1448

2074 Vgl. ADS[6], § 264a HGB n.F., Tz. 29; *Hüttemann/Meyer*, in: Staub, HGB[5], § 264a, Rn. 11.
2075 Vgl. *Winkeljohann/Deubert*, in: BeBiKo[11], § 264b, Rn. 24.
2076 Vgl. dazu DRS 19.63; *Gelhausen/Deubert/Klöcker*, DB 2010, S. 2005 ff. (2005 f.).
2077 Vgl. zum Meinungsstand ADS[6], § 290 HGB, Tz. 116; *Winkeljohann/Deubert*, in: BeBiKo[11], § 264b, Rn. 28 ff.; *IDW RS HFA 7 n.F.*, Tz. 60 ff.
2078 Vgl. ADS[6], § 264b HGB n.F., Tz. 16 m.w.N.

Gesellschafter der KapCoGes. muss dabei unmittelbar bestehen, eine mittelbare Beziehung, z.B. über eine mehrstöckige KapCoGes., reicht nicht aus[2079].

1449 Daneben kann der befreiende KA nach § 264b Nr. 1 lit. b) HGB von einem **MU** beliebiger Rechtsform mit Sitz im Inland oder in einem anderen EU- bzw. EWR-Vertragsstaat aufgrund gesetzlicher Verpflichtung oder freiwillig[2080] aufgestellt werden. KA von MU im sonstigen Ausland scheiden dagegen für eine Befreiung aus[2081]. Der KA des MU ist aber nur dann befreiend für Zwecke des § 264b HGB, wenn in ihn eine **größere Gesamtheit von Unternehmen** einbezogen ist. Dies ist der Fall, wenn der KA mindestens drei einbezogene Unternehmen (MU und zwei weitere TU) umfasst[2082]. Ist der persönlich haftende Gesellschafter zugleich als MU der zu befreienden KapCoGes. zu qualifizieren, entfällt das zusätzliche Erfordernis der größeren Gesamtheit von Unternehmen nach § 264b Nr. 1 lit. b) HGB[2083].

1450 Die KapCoGes. muss nach § 264b Nr. 1 HGB im Wege der Vollkonsolidierung in den KA des persönlich haftenden Gesellschafters bzw. des MU **einbezogen** sein. Dies ist – wie sich aus § 294 Abs. 1 HGB ergibt – auch dann der Fall, wenn die KapCoGes. selbst das MU ist, das den befreienden KA aufstellt[2084]. Erfolgt dagegen wg. der Inanspruchnahme eines Einbeziehungswahlrechts nach § 296 HGB (vgl. Kap. G Tz. 200) keine Vollkonsolidierung, ist die Voraussetzung der Nr. 1 nicht erfüllt (vgl. Kap. F Tz. 264). Gleiches gilt, wenn die KapCoGes. als assoziiertes Unternehmen (§ 311 HGB) einzustufen ist und nach § 312 HGB at-equity bewertet wird oder als Gemeinschaftsunternehmen quotal (§ 310 HGB) konsolidiert wird (vgl. *IDW RS HFA 7 n.F.*, Tz. 8).

1451 Die Befreiung setzt weiter voraus, dass der KA und KLB bestimmte **inhaltliche Anforderungen** erfüllt. Hierzu verweist § 264b Nr. 2 HGB auf § 264 Abs. 3 S. 1 Nr. 3 HGB, d.h. der befreiende KA und KLB müssen nach dem für das MU geltenden Bilanzrecht, das im **Einklang mit** der **EU-Bilanzrichtlinie** sowie der **EU-Richtlinie für Abschlussprüfungen** steht, aufgestellt und geprüft sein. Dies gilt auch, wenn der befreiende KA und KLB freiwillig aufgestellt werden[2085]. Werden die für die Befreiung erforderlichen Konzernrechnungslegungsunterlagen von einem persönlich haftenden Gesellschafter mit Sitz in einem Drittstaat erstellt, muss die Aufstellung und Prüfung ebenfalls in Einklang mit dem EU-Recht stehen (vgl. Kap. F Tz. 1454).

1452 Das Einklangerfordernis ist automatisch erfüllt, wenn der KA und der KLB nach den **deutschen handelsrechtlichen Vorschriften** (§§ 290 ff. HGB) oder dem entspr. **(Bilanz-)Recht** eines **EU-Mitgliedstaats** oder eines anderen **EWR-Vertragsstaats** aufgestellt worden sind. Gleiches gilt für IFRS-KA nach § 315e HGB, die entweder aufgrund einer ausdrücklichen Verpflichtung (Art. 4 VO (EU) Nr. 537/2014 bzw. § 315e Abs. 2 HGB) oder freiwillig nach § 315e Abs. 3 HGB nach **EU-IFRS** aufgestellt werden (vgl. zum Komitologieverfahren Kap. K Tz. 7).

[2079] Vgl. *Winkeljohann/Deubert*, in: BeBiKo[11], § 264b, Rn. 27.
[2080] Vgl. z.B. *Winkeljohann/Deubert*, in: BeBiKo[11], § 264b, Rn. 47 m.w.N. zur h.M.
[2081] Vgl. ADS[6], § 264b HGB n.F., Tz. 15; *Winkeljohann/Deubert*, in: BeBiKo[11], § 264b, Rn. 46.
[2082] Vgl. Begr. RegE BilRUG, BR-Drs. 23/15, S. 73.
[2083] Vgl. *HFA*, IDW Life 2016, S. 51 ff. (54).
[2084] Vgl. ADS[6], § 264b HGB n.F., Tz. 13; *Winkeljohann/Deubert*, in: BeBiKo[11], § 264b, Rn. 50; *IDW RS HFA 7 n.F.*, Tz. 6; *Ischebeck/Nissen-Schmidt*, in: HdR[5], § 264b HGB, Rn. 8; LG Bonn v. 30.09.2009, BB 2010, S. 1209 (1208); a.A. *Thiele/Sickmann*, in: Baetge/Kirsch/Thiele, Bilanzrecht, § 264b HGB, Rn. 32.3.
[2085] Vgl. *Deubert*, DB 2015, Beil. 5, S. 41 (41).

Ein gem. §§ 11 ff. **PublG** aufgestellter KA und KLB hat für Zwecke des § 264b HGB befreiende Wirkung, wenn im KA – unbeschadet § 314 Abs. 3 HGB – vom Wahlrecht zur Nichtangabe der Organbezüge (§ 13 Abs. 3 S. 1 PublG i.V.m. § 314 Abs. 1 Nr. 6 HGB) kein Gebrauch gemacht wird (§ 264 Abs. 4 HGB analog; vgl. Kap. F Tz 262). Die Inanspruchnahme des Wahlrechts nach § 13 Abs. 3 S. 2 PublG zur Aufstellung einer verkürzten Konzern-GuV (§ 5 Abs. 5 PublG) ist dagegen – anders als für die Befreiung nach § 291 HGB (vgl. Kap. G Tz. 110 ff.) – nicht ausgeschlossen[2086]. **1453**

Wird der befreiende KA und KLB von einem persönlich haftenden Gesellschafter mit Sitz in einem **Drittland** nach dem für ihn maßgeblichen (Konzern-)Bilanzrecht aufgestellt (zur Zulässigkeit vgl. Kap. F Tz. 1448), muss geprüft werden, ob dieser Abschluss im Einklang mit den EU-Vorschriften steht. Die inhaltlichen Anforderungen entsprechen dabei denjenigen, die für die Befreiung eines inländischen (Teil-)Konzern-MU von dessen Konzernrechnungslegungspflicht nach § 292 HGB gelten (Kap. G Tz. 134 ff.). Damit erfüllen automatisch KA, die nach internationalen Rechnungslegungsstands aufgestellt werden, deren Gleichwertigkeit von der EU-Kommission anerkannt wurde, die Voraussetzungen nach § 264b Nr. 2 i.V.m. § 264 Abs. 3 S. 1 Nr. 3 HGB. Als solche gelten die „full" IFRS sowie die allgemein anerkannten Rechnungslegungsgrundsätze Japans und der USA sowie die der Volksrepublik China, Kanadas und Südkoreas[2087]. **1454**

Ferner müssen der KA und KLB von einem i.S.d. EU-Richtlinie für Abschlussprüfungen zugelassenen APr. geprüft worden sein. Bei KA von persönlich haftenden Gesellschaftern mit Sitz außerhalb der EU und des EWR kommt dem KA befreiende Wirkung nur zu, wenn der für die **Prüfung** im Drittstaat zuständige APr. eine den Anforderungen der Abschlussprüferrichtlinie gleichwertige Befähigung hat und der KA in einer den Anforderungen der §§ 316 ff. HGB entspr. Weise geprüft worden ist. APr., die Mitglieder einer Berufsorganisation sind, deren Prüfungsgrundsätze oder nationale Vorschriften den Richtlinien der International Federation of Accountants (IFAC) entsprechen, dürften grds. über eine gleichwertige Befähigung i.S.d. Abschlussprüferrichtlinie verfügen. Eine den Anforderungen des HGB entspr. Prüfung ist bei Anwendung der International Standards on Auditing (ISA) grds. sichergestellt, da die deutschen Prüfungsstandards des IDW keine nennenswerten Unterschiede zu den ISA aufweisen[2088]. Die Prüfung des KA muss nicht mit einem uneingeschränkten BestV abgeschlossen worden sein. Einwendungen des APr., die sich gegen Erfüllung der inhaltlichen Anforderungen an den KA (Einklang mit dem EU-Bilanzrecht) richten, stehen der Befreiung u.U. entgegen. **1455**

Ferner muss die Tatsache der Befreiung der KapCoGes. nach § 264b Nr. 3 HGB unter Angabe ihrer Firma und ihres Sitzes im **Konzernanh.** angegeben werden (vgl. dazu Kap. F Tz. 274). Dies gilt auch, wenn der KA von einem persönlich haftenden Gesellschafter, der nicht MU der zu befreienden Ges. ist, erstellt wird[2089]. **1456**

Eine Befreiung nach § 264b HGB ist nur gegeben, wenn den **Adressaten** des entfallenden JA und LB die befreienden **Konzernrechnungslegungsunterlagen zugänglich** gemacht werden. § 264b Nr. 4 HGB sieht dazu vor, dass der befreiende KA, der KLB und der **1457**

[2086] Vgl. *Winkeljohann/Deubert*, in: BeBiKo[11], § 264b, Rn. 56.
[2087] Vgl. *Winkeljohann/Deubert*, in: BeBiKo[11], § 264b, Rn. 60; zur Gleichwertigkeit eines nach Swiss GAAP FER aufgestellten KA *Deubert/Lewe*, BB 2016, S. 1260 (1260).
[2088] Vgl. *Deubert/Lewe*, BB 2016, S. 1260 (1261).
[2089] Gl.A. *Winkeljohann/Deubert*, in: BeBiKo[11], § 264b, Rn. 65 f.

BestV nach § 325 HGB durch Einreichung beim Betreiber des BAnz., d.h. nach den für den entfallenden JA geltenden Vorschriften offengelegt werden müssen. Wird der befreiende KA von einem inländischen, zur Aufstellung eines KA verpflichteten MU aufgestellt, ist diese Voraussetzung automatisch erfüllt. In allen anderen Fällen, d.h. für freiwillig aufgestellte (inländische) KA, die KA von EU-/EWR-MU oder die KA ausländischer persönlich haftender Gesellschafter, für die keine originäre Offenlegungspflicht im Inland nach § 325 HGB besteht, ist die Befreiungsvoraussetzung dagegen erst erfüllt, wenn der KA etc. den Adressaten durch eine freiwillige Offenlegung im (deutschen) BAnz zugänglich gemacht wurde.

1458 Die Offenlegung des KA etc. hat grds. **durch** die **gesetzlichen Vertreter** der KapCoGes. zu erfolgen. Um eine Mehrfachoffenlegung der Befreiungsunterlagen zu vermeiden, dürfen sie auch von den gesetzlichen Vertretern des MU bzw. des persönlich haftenden Gesellschafters offengelegt werden (§ 264b Nr. 4 i.V.m. § 264 Abs. 3 S. 2 und 3 HGB; vgl. Kap. F Tz. 275 ff.). Diese Offenlegung muss dann für die zu befreiende KapCoGes. erfolgen, was dem Betreiber des BAnz. entspr. mitgeteilt werden muss, damit der KA etc. bei Eingabe der Firma der KapCoGes. als Suchbegriff anzeigt werden[2090].

1459 Ist der befreiende KA etc. nicht in **deutscher Sprache** aufgestellt, sind die offenzulegenden Unterlagen bei einer Offenlegung durch die zu befreiende PersGes. selbst in deutscher Sprache einzureichen, wobei eine beglaubigte Übersetzung erforderlich ist (§ 264b Nr. 4 i.V.m. § 264 Abs. 3 S. 3; vgl. Kap. F Tz. 279). Werden die Unterlagen vom MU bzw. den persönlich haftenden Gesellschafter offengelegt, dürfen sie statt in deutscher auch in **englischer Sprache** beim BAnz. eingereicht werden. Bei einer Offenlegung in deutscher Sprache ist in diesem Fall keine beglaubigte Übersetzung erforderlich. Wird der befreiende KA in einer **Fremdwährung** aufgestellt, ist anlässlich der Offenlegung im (deutschen) BAnz. keine Umrechnung in Euro erforderlich[2091].

13.3 Eigenkapitalausweis (§ 264c Abs. 2 HGB)

13.3.1 Allgemeines

1460 Zu den gesellschaftsrechtlichen Besonderheiten von PersGes. (OHG, KG) gehört u.a., dass es für die persönlich haftenden Gesellschafter **keine auf ihre Einlage beschränkte Haftung** gibt und dass Kapitalschutzregelungen nur teilw. (z.B. § 172 Abs. 4, 6 HGB) und mit anderem Wirkungsmechanismus als bei KapGes. vorhanden sind. Zur Berücksichtigung dieser Besonderheiten wird die für KapGes. konzipierte Regelung zum EK-Ausweis in § 266 Abs. 3 A. HGB für PersGes. i.S.d. § 264a HGB durch eine besondere Regelung in § 264c Abs. 2 HGB angepasst. Diese Regelung hat hinsichtlich der notwendigen Gliederungstiefe und Postenbezeichnung auch Ausstrahlungswirkung auf den EK-Ausweis von KapCoGes., die nicht unter den Anwendungsbereich des § 264a HGB (vgl. Kap. F Tz. 1443) fallen[2092].

2090 Vgl. *Winkeljohann/Deubert*, in: BeBiKo[11], § 264b, Rn. 73.
2091 Vgl. *Winkeljohann/Deubert*, in: BeBiKo[11], § 264b, Rn. 71.
2092 Vgl. *IDW RS HFA 7 n.F.*, Tz. 41; *Graf von Kanitz*, WPg 2003, S. 324 (330); weitergehend *Schmidt/Hoffmann*, in: BeBiKo[11], § 264c, Rn. 1 (mit Ausnahme des Abs. 4 handelt es sich bei den Vorschriften des § 264c HGB um GoB).

Danach erhält der Posten EK in der Bilanz folgende **Gliederung**: 1461

A. **Eigenkapital**
    I.   Kapitalanteile (vgl. Kap. F Tz. 1462 ff.)
    II.   Rücklagen (vgl. Kap. F Tz. 1471 f.)
    III.   Gewinnvortrag/Verlustvortrag (vgl. Kap. F Tz. 1473)
    IV.   Jahresüberschuss/Jahresfehlbetrag (vgl. Kap. F Tz. 1475).

13.3.2 Kapitalanteile der persönlich haftenden Gesellschafter/Kommanditisten und ausstehende Einlagen

Nach § 286 Abs. 2 S. 1 AktG sind bei **KGaA** die Kapitalanteile der persönlich haftenden Gesellschafter nach dem Posten „Gezeichnetes Kapital" gesondert auszuweisen. Die Kapitalanteile mehrerer persönlich haftender Gesellschafter dürfen – soweit sie positiv sind – in einer Summe ausgewiesen werden[2093]. Ein entsprechender Ausweis der Kapitalanteile der persönlich haftenden Gesellschafter ist nach § 264c Abs. 2 S. 2 HGB anstelle des gezeichneten Kapitals bei **PersGes. i.S.d. § 264a HGB** vorgeschrieben. 1462

Der **Kapitalanteil** ist das ziffernmäßig im Kapitalkonto ausgedrückte Beteiligungsrecht der Gesellschafter und gibt für gewisse Zwecke, z.B. bei Auseinandersetzung (§ 155 HGB), das Verhältnis der Rechte und Pflichten der Gesellschafter untereinander an. Nach den (dispositiven) Regelungen des HGB (§ 120 Abs. 2 HGB für OHG; §§ 161 Abs. 2, 167 HGB für KG) gibt es für jeden Gesellschafter einer KapCoGes. nur einen – in seiner Höhe variablen – Kapitalanteil, auf dem die Einlagen und Entnahmen sowie die Gewinn- und Verlustanteile zu buchen sind. In der Praxis werden diese Regelungen jedoch i.d.R. im Gesellschaftsvertrag abbedungen und statt dessen neben einem festen Kapitalanteil (sog. Kapitalkonto I), durch das u.a. der Anteil des Gesellschafters am Gesamthandsvermögen festgelegt wird und das zur Bestimmung der Ergebnis-/Stimmrechtsverteilung dient, weitere, variable Konten (Verlustvortragskonto, sog. Kapitalkonto II, Privatkonto oder Darlehenskonto) vereinbart, auf denen die Gewinn- und Verlustanteile sowie Einlagen und Entnahmen erfasst werden[2094]. 1463

Ob die Kapitalkonten **Eigen- oder Fremdkapitalcharakter** haben, kann nur nach den gesellschaftsvertraglichen Vereinbarungen bzw. den sie ergänzenden Beschlüssen der Gesellschafter festgestellt werden. Ein Ausweis als EK kommt nur für solche Beträge in Betracht, die den Gläubigern als Haftungsmasse zur Verfügung stehen[2095]. Dies ist i.d.R. dann der Fall, wenn diese Kapitalkonten: 1464

- mit künftigen Verlusten bis zur vollen Höhe – auch mit Wirkung ggü. den Gesellschaftsgläubigern – zu verrechnen sind und
- im Falle der Insolvenz der Ges. nicht als Forderung geltend gemacht werden können oder bei einer Liquidation erst nach Befriedigung aller anderen Gläubiger mit dem sonstigen EK auszugleichen sind.

2093 Vgl. ADS⁶, § 286 AktG, Tz. 30.
2094 Vgl. ADS⁶, § 247 HGB, Tz. 59; *Graf von Kanitz*, WPg 2003, S. 324 (330 ff.); *Thiele/Sickmann*, in: Baetge/Kirsch/Thiele, Bilanzrecht, § 264c HGB, Rn. 32.
2095 Vgl. ausführlich dazu ADS⁶, § 246 HGB, Tz. 79.

Anders als bei den auf schuldrechtlicher Grundlage überlassenen Mitteln (z.B. Genussrechtskapital; vgl. Kap. F Tz. 1322) setzt der EK-Ausweis bei einer PersGes. keine „Dauerhaftigkeit der Mittelüberlassung" voraus, weil Entnahmen zu Lasten des EK jederzeit von den Gesellschaftern beschlossen werden können (vgl. IDW RS HFA 7 n.F., Tz. 14).

> **Hinweis 97:**
> Eine Verlustteilnahme bis zur vollen Höhe ist bezogen auf die auf Kommanditisten entfallenden EK-Teile nur gegeben, wenn sichergestellt ist, dass bei unterjährigen Entnahmen etwaige bis zu diesem Zeitpunkt entstandene Verluste gegenzurechnen sind, d.h. sämtliche **bis zur Beschlussfassung entstandenen Verluste** Guthaben auf dem betreffenden Kapitalkonto gegen Entnahmen sperren[2096].

1465 Als Kapitalanteile innerhalb des Postens EK sind danach stets die gesellschaftsvertraglich vereinbarten **Pflichteinlagen** der persönlich haftenden Gesellschafter sowie der Kommanditisten auszuweisen[2097]. Bei den persönlich haftenden Gesellschaftern gehören auch die laufenden und die stehengelassenen Gewinnanteile zum EK, und zwar unabhängig davon, ob sie auf dem Kapitalkonto I oder einem gesondert geführten Kapitalkonto II gebucht werden (vgl. IDW RS HFA 7 n.F., Tz. 47). Zwar können die persönlich haftenden Gesellschafter ihre Kapitalanteile mit Zustimmung der anderen Gesellschafter jederzeit entnehmen (§ 122 Abs. 2 HGB); dies steht der Einordnung als EK aber nicht entgegen, solange ein solcher Beschluss noch nicht gefasst ist, zumal auch das Privatvermögen mit zur Haftungssubstanz gehört, auch wenn es nicht in der Bilanz der KapCoGes. ausgewiesen werden darf (so ausdrücklich § 264c Abs. 3 HGB)[2098]. Gilt der Gewinnanteil des persönlich haftenden Gesellschafters aufgrund entspr. gesellschaftsvertraglicher Regelungen bereits mit seiner Entstehung als geltend gemacht, ist dagegen ein Ausweis als Verbindlichkeit sachgerecht[2099].

1466 Im Unterschied dazu sind **Gewinnanteile eines Kommanditisten** nur dann als EK auszuweisen, wenn sie nach § 167 Abs. 2 HGB dem Kapitalanteil zugeschrieben werden (dazu Kap. F Tz. 1473) oder aufgrund einer gesonderten Einlagevereinbarung in der Ges. belassen werden[2100]. Übersteigende Beträge sind als Verbindlichkeiten auszuweisen, es sei denn, sie stehen aufgrund gesellschaftsvertraglicher Vereinbarungen zur Verrechnung mit künftigen Verlusten zur Verfügung. In diesem Fall haben die Kommanditisten keinen Anspruch auf Auszahlung der stehengelassenen Gewinne mit der Folge, dass diese Beträge als EK zu qualifizieren sind.

1467 Ist die nach dem Gesellschaftsvertrag zu erbringende Einlage (Pflichteinlage) noch nicht vollständig geleistet, sind die Kapitalanteile gleichwohl in voller Höhe der Pflichteinlage auszuweisen. Nicht eingeforderte **ausstehende Einlagen** sind wie bei KapGes. offen von den Kapitalanteilen abzusetzen (vgl. auch Kap. F Tz. 451). Der danach verbleibende Betrag ist als „Eingefordertes Kapital" zu bezeichnen. Sofern der Kapitalanteil auch Gewinn- und Verlustanteile enthält (vgl. auch Kap. F Tz. 1473), sollte die Bezeichnung

---

[2096] Vgl. *Schmidt/Hoffmann*, in: BeBiKo[11], § 247, Rn. 160.
[2097] Vgl. ADS[6], § 247 HGB, Tz. 60, sowie § 264c HGB n.F., Tz. 16; *Thiele/Sickmann*, in: Baetge/Kirsch/Thiele, Bilanzrecht, § 264c HGB, Rn. 36 und 48; *Schmidt/Hoffmann*, in: BeBiKo[11], § 264c, Rn. 20, 30.
[2098] Vgl. ADS[6], § 247 HGB, Tz. 64: kein Ausweis im EK, wenn dem Gesellschafter ein rechtlich unentziehbarer Entnahmeanspruch zusteht und die Verrechnung mit Verlusten etc. ausgeschlossen ist.
[2099] Vgl. *Schmidt/Hoffmann*, in: BeBiKo[11], § 264c, Rn. 44 m.w.N.
[2100] Vgl. ADS[6], § 246 HGB, Tz. 229, § 247 HGB Tz. 65.

entspr. angepasst werden (z.B. „Kapitalanteil abzüglich nicht eingeforderter bedungener Einlage")[2101]. Eingeforderte ausstehende Einlagen sind unter den Forderungen gesondert auszuweisen und entspr. zu bezeichnen (§ 272 Abs. 1 S. 3 HGB analog; vgl. *IDW RS HFA 7 n.F.*, Tz. 45; auch Kap. F Tz. 446)[2102].

Die Kapitalanteile der **persönlich haftenden Gesellschafter** einerseits und der **Kommanditisten** andererseits sind jeweils gesondert auszuweisen, wobei die Kapitalanteile aller persönlich haftenden Gesellschafter bzw. die aller Kommanditisten auch zusammengefasst werden dürfen (§ 264c Abs. 2 S. 2 und 6 HGB), was insb. bei einer großen Zahl von Gesellschaftern aus Gründen der Klarheit und Übersichtlichkeit der Darstellung (§ 243 Abs. 2 HGB) geboten sein wird[2103]. Zum Zweck des gesonderten Ausweises sollte der Posten „A.I. Kapitalanteile" durch mit arabischen Zahlen versehene Posten untergliedert werden. Ggf. kommt auch die Einfügung eines zusätzlichen Postens als „A.II. Kapitalanteile des/der Kommanditisten" in Betracht. **1468**

Bei einer Zusammenfassung nach Gesellschaftergruppen (persönlich haftende Gesellschafter bzw. Kommanditisten) ist es für KapCoGes. nicht zulässig, **positive und negative Kapitalanteile** unterschiedlicher Gesellschafter zu saldieren. Negative Kapitalanteile sind stattdessen in Abhängigkeit davon, ob sie Forderungscharakter haben oder eher einem „Nicht durch Eigenkapital gedeckten Fehlbetrag" entsprechen, auf der Aktivseite unter entspr. Bezeichnung gesondert auszuweisen (vgl. dazu Kap. F Tz. 1479 und Kap. F Tz. 1485)[2104]. Bei PersGes., die nicht unter § 264a HGB fallen, dürfen dagegen positive und negative Kapitalanteile innerhalb der Gesellschaftergruppen (erkennbar oder nicht erkennbar) miteinander saldiert werden (vgl. *IDW RS HFA 7 n.F.*, Tz. 43). **1469**

Im GJ entstandene **Verluste** sind von den Kapitalanteilen der persönlich haftenden Gesellschafter und bei KG der Kommanditisten abzuschreiben (§ 264c Abs. 2 S. 3 bzw. 5 ggf. i.V.m. S. 6 HGB). Ein offenes Absetzen der Verluste von den Kapitalanteilen, z.B. in einer Vorspalte, oder eine Aufgliederung im Anh. ist nicht geboten und im Übrigen, weil regelmäßig keine Pflicht der Gesellschafter zum Ausgleich der eingetretenen Verluste durch Einlagen besteht, zur Vermeidung von Missverständnissen auch nicht zu empfehlen. **1470**

13.3.3 Rücklagen

Bei KapCoGes. sind Rücklagen gesetzlich nicht vorgesehen, sie können aber nach dem Gesellschaftsvertrag zu bilden sein oder aufgrund eines Gesellschafterbeschlusses gebildet werden[2105]. Sie sind dann bei **PersGes i.S.d. § 264a HGB** nach den Kapitalanteilen der persönlich haftenden Gesellschafter sowie ggf. der Kommanditisten unter A.II. als Rücklagen auszuweisen (§ 264c Abs. 2 S. 1 HGB). Dabei kommt zuerst eine Dotierung aus dem Gewinn in Betracht. Von den Gesellschaftern über den Betrag der bedungenen Einlage hinaus eingezahlte Beträge oder übertragene Sachwerte dürfen als (Kapital-) **1471**

[2101] Vgl. *Schmidt/Hoffmann*, in: BeBiKo[11], § 264c, Rn. 20; *Thiele/Sickmann*, in: Baetge/Kirsch/Thiele, Bilanzrecht, § 264c HGB, Rn. 37.
[2102] Vgl. ADS[6], § 247 HGB, Tz. 69; *Graf von Kanitz*, WPg 2003, S. 324 (332).
[2103] Vgl. auch ADS[6], § 247 HGB, Tz. 62; *Thiele/Sickmann*, in: Baetge/Kirsch/Thiele, Bilanzrecht, § 264c HGB, Rn. 38.
[2104] Vgl. auch *Hüttemann/Meyer*, in: Staub, HGB[5], § 264c, Rn. 13; ADS[6], § 264c HGB n.F., Tz. 22; *IDW RS HFA 7 n.F.*, Tz. 44; a.A. *Hennrichs/Pöschke*, in: HdJ, III/1, Rn. 123.
[2105] Vgl. *IDW RS HFA 7 n.F.*, Tz. 46; *Graf von Kanitz*, WPg 2003, S. 324 (332); *Hüttemann/Meyer*, in: Staub, HGB[5], § 264c, Rn. 24.

Rücklage ausgewiesen werden, wenn dies im Gesellschaftsvertrag so bestimmt oder von den Gesellschaftern bei der Einlage so beschlossen wird, sonst sind diese Beträge unmittelbar den Kapitalanteilen zuzuschreiben und als solche auszuweisen (vgl. Kap. F Tz. 1463). Voraussetzung für den Ausweis als Rücklagen ist, dass es sich tatsächlich um zusätzliches EK handelt, das zur Verrechnung mit künftigen Verlusten zur Verfügung steht und im Falle einer Insolvenz der Ges. nicht als Forderung geltend gemacht werden kann bzw. bei einer Liquidation erst nach Befriedigung aller Gesellschaftsgläubiger auszugleichen ist (vgl. Kap. F Tz. 1322)[2106].

1472 Für **PersGes. i.S.d. § 264a HGB** sieht das Gliederungsschema in § 264c Abs. 2 S. 1 HGB nur den Ausweis von „II. Rücklagen" vor, ohne eine Unterscheidung zwischen Kapital- und Gewinnrücklagen vorzunehmen. Dies ist auf der Grundlage der Kapitalvorschriften für KapCoGes. folgerichtig. Zwar können diese auch unverteilte Beträge auf (gemeinsamen) Rücklagenkonten ausweisen, dies werden aber immer unverteilte Gewinne und damit Gewinnrücklagen sein. Von den Gesellschaftern über die bedungene Einlage hinaus eingezahlte Beträge werden regelmäßig deren Kapitalkonto zugeschrieben und sind damit als „I. Kapitalanteile" auszuweisen, da es ein festes, dem gezeichneten Kapital der KapGes. entsprechendes EK nicht gibt. Sind jedoch alle Gesellschafter im Verhältnis ihrer Pflichteinlagen an dem Mehrbetrag (Agio) beteiligt, der z.B. von einem (Neu-)Gesellschafter bei seinem Eintritt in die KapCoGes. über die bedungene Einlage hinaus zu erbringen ist, erscheint es zulässig, diesen Mehrbetrag als (gesamthänderisch gebundene) Rücklage auszuweisen, statt ihn auf die einzelnen Kapitalanteile aller Gesellschafter zu verteilen[2107]. Gleiches gilt für Sacheinlagen/-zuzahlungen, wenn z.B. Gesellschafter auf Forderungen gegen die KapCoGes. verzichten. Eine Aufteilung des Postens „Rücklagen" ist bei PersGes. weder notwendig noch sinnvoll, auch wenn darin Beträge enthalten sind, die bei einer KapGes. gesondert als Kapitalrücklage auszuweisen wären[2108].

13.3.4 Ergebnisausweis

1473 Für **PersGes. i.S.d. § 264a HGB** ist grds. ein den KapGes. entspr. Ergebnisausweis vorgesehen (§ 264c Abs. 2 S. 1 i.V.m. § 268 Abs. 1 HGB; Posten A.III. und IV. bzw. A.III.), was jedoch zu Auslegungsschwierigkeiten führt. Nach dem gesetzlichen Regelstatut (§ 120 Abs. 2 HGB für Gesellschafter einer OHG und i.V.m. § 161 Abs. 2 HGB für Komplementäre einer KG) werden **Gewinnanteile** dem Kapitalanteil des Gesellschafters bei der Aufstellung der Bilanz zugeschrieben und **Verlustanteile** entspr. davon abgeschrieben. Bei Kommanditisten ist die Zuschreibung allerdings nur insoweit möglich, als der Betrag der bedungenen Einlage nicht überschritten wird (§ 167 Abs. 2 HGB). Der übersteigende Betrag führt zu einer Auszahlungsverpflichtung (§ 169 Abs. 1 S. 2 HGB), die dem sog. Privatkonto des Kommanditisten, das FK-Charakter hat, zuzuschreiben ist (vgl. *IDW RS HFA 7 n.F.*, Tz. 47).

1474 Zwar scheint die Regelung in § 264c Abs. 2 S. 1 HGB das Vorhandensein von Ergebnisvorträgen und unverteilten Jahresergebnissen bei KapCoGes. vorauszusetzen. An der

---

[2106] Vgl. ADS[6], § 247 HGB, Tz. 60 m.w.N.; *IDW RS HFA 7 n.F.*, Tz. 13.
[2107] Vgl. *Schmidt/Hoffmann*, in: BeBiKo[11], § 264c, Rn. 22; *Thiele/Sickmann*, in: Baetge/Kirsch/Thiele, Bilanzrecht, § 264c HGB, Rn. 55; *Hennrichs/Pöschke*, in: HdJ, III/1, Rn. 127.
[2108] Vgl. *IDW RS HFA 7 n.F.*, Tz. 46; *Ischebeck/Nissen-Schmidt*, in: HdR[5], § 264c HGB, Rn. 23; a.A. NWB Komm. BilR[9], § 264c, Rn. 28: eine freiwillige Aufgliederung ist unbedenklich.

gesellschaftsrechtlichen Ausgangslage hat sich jedoch nichts geändert. Hinzu kommt, dass für KapCoGes. auch § 268 Abs. 1 HGB gilt, wonach die **vollständige oder teilw. Verwendung des Jahresergebnisses** bereits **bei der Aufstellung der Bilanz** berücksichtigt werden darf. Wobei solche Verwendungen, die aufgrund gesetzlicher oder vertraglicher Regelungen vorzunehmen sind, auch in der aufgestellten Bilanz bereits berücksichtigt werden müssen. Für die Einstellung in Kapital- oder Gewinnrücklagen ergibt sich dies unmittelbar aus § 270 HGB. Nichts anderes kann für die gesetzlich vorgesehene Zuschreibung von Gewinnanteilen zu den Kapitalkonten gelten.

> **! Hinweis 98:**
>
> Die Gesellschaftsverträge von KapCoGes. sehen zwar häufig vor, dass die Ergebnisverwendung der Beschlussfassung durch die Gesellschafter obliegt, enthalten aber gleichzeitig, dem gesetzlichen Normalstatut entspr. Regelungen, die zu einer **vollständigen Ergebnisverwendung** führen, z.B. „*Gewinne bzw. Verluste werden im Verhältnis der Festkapitalanteile verteilt.*" Da diese (Ergebnis-)Verteilungsregeln bereits bei der Aufstellung der Bilanz zu beachten sind (§ 268 Abs. 1 HGB), kommt in diesen Fällen der Ausweis des unverteilten Jahresergebnisses in der Bilanz nicht in Betracht. Die Regelung im Gesellschaftsvertrag zur Beschlussfassung über die „Gewinnverwendung" läuft in diesen Fällen vielmehr ins Leere.

Der Ausweis eines **unverteilten Jahresüberschusses** in der Bilanz kommt danach nur dann in Betracht, wenn im Gesellschaftsvertrag der KapCoGes. abweichend von den §§ 120 ff. ggf. i.V.m. §§ 161 Abs. 2, 167 HGB (gesetzliches Normalstatut) bestimmt ist, dass die Verwendung des Gewinns – ganz oder teilw. – von einer Beschlussfassung der Gesellschafter abhängig ist (vgl. *IDW RS HFA 7 n.F.*, Tz. 48)[2109], für die auch mehrere Alternativen (Ausschüttung an Gesellschafter, Zuweisung zu einer (Gewinn-)Rücklage, Vortrag auf neue Rechnung) bestehen. Ein **Gewinnvortrag** kann in diesem Fall entstehen, wenn der Gewinnverwendungsbeschluss für das VJ bis zum Abschlussstichtag entweder noch nicht gefasst worden ist oder einen Teil des Gewinns unverwendet gelassen hat. Ein **Bilanzgewinn** ist in dieser Konstellation dann auszuweisen, wenn Vorabausschüttungen auf den erwarteten Gewinn an die Gesellschafter geleistet wurden oder bereits bei der Aufstellung des JA Rücklagen gebildet werden dürfen oder müssen. 1475

Fehlt eine vom gesetzlichen Normalstatut abweichende Regelung im Gesellschaftsvertrag, sind **Gewinnanteile** der persönlich haftenden Gesellschafter bereits bei der Aufstellung der Bilanz ihren Kapitalanteilen zuzuschreiben[2110]. Dabei ist der Ausweis des Zugangs in einer Vorspalte zulässig. In der GuV wird dagegen der unverteilte Jahresüberschuss ausgewiesen. Bei den Kommanditisten sind Beträge, die zu einer Überschreitung der bedungenen Einlage führen würden, als Verbindlichkeit zu passivieren (§§ 167 Abs. 2, 169 Abs. 1 S. 2 HGB). 1476

> **! Hinweis 99:**
>
> Für einen **„Beschlussvorbehalt"** im Gesellschaftsvertrag, der zum Ausweis des unverteilten Ergebnisses in der Bilanz führt, ist es nicht ausreichend, wenn dort lediglich geregelt wird, dass die Gesellschafter die Einstellung eines bestimmten Teils des Gewinns in (gesamthänderisch gebundene) Rücklagen beschließen können. Wird

---

2109 Vgl. ADS[6], § 264c HGB, Tz. 25; *Schmidt/Hoffmann*, in: BeBiKo[11], § 264c, Rn. 41.
2110 A.A. NWB Komm. BilR[9], § 264c, Rn. 32: kein Zuschreibungsgebot für persönlich haftende Gesellschafter.

> in diesem Fall bis zur Aufstellung der Bilanz kein entspr. Beschluss von den Gesellschaftern gefasst, wird das Jahresergebnis nach den Regelungen des Normalstatuts bzw. davon abweichenden Regelungen im Gesellschaftsvertrag verteilt. Ein wirksamer Beschlussvorbehalt liegt nur vor, wenn die Zuweisung des Jahresergebnisses/Gewinns zu den Gesellschaftern immer von einem entspr. Gesellschafterbeschluss abhängt, d.h. dies Voraussetzung dafür ist, dass der einzelne Gesellschafter über seinen Gewinnanspruch verfügen kann.

1477 Wegen der gesetzlichen Bestimmungen für die Gewinnverwendung (§ 120 HGB für die OHG, § 168 HGB für die KG) kommt ein **Verlustausweis** jedoch grds. nicht in Betracht[2111]. Da Verluste von den Kapitalanteilen abzuschreiben sind (§ 264c Abs. 2 S. 1 und 6 HGB; vgl. *IDW RS HFA 7 n.F.*, Tz. 49)[2112] und – wenn diese nicht ausreichen – ggf. aktivisch ausgewiesen werden müssen (vgl. Kap. F Tz. 1479), besteht für den in § 264c Abs. 2 S. 1 HGB unter A.IV. vorgesehenen Ausweis eines **Jahresfehlbetrags** kein Raum[2113]. Auch im Gesellschaftsvertrag kann nichts anderes vorgesehen werden. Dasselbe gilt für den Ausweis eines **Verlustvortrags** aus dem VJ. Ein **Bilanzverlust** kann sich folgerichtig nicht ergeben.

1478 Auch wenn eine **Gewinnverwendungsrechnung** (entspr. § 158 AktG) für KapCoGes. nicht vorgeschrieben ist, ist es sachgerecht, die aufgrund des Jahresergebnisses vorgenommenen Zu- oder Abschreibungen der Kapitalanteile in Fortführung der GuV oder im Rahmen einer Veränderungsrechnung im Anh. darzustellen, falls das Jahresergebnis aus der Bilanz nicht ersichtlich ist. In diese dürfen auch die Einlagen und Entnahmen des GJ aufgenommen werden (vgl. *IDW RS HFA 7 n.F.*, Tz. 56).

> **Hinweis 100:**
>
> **Ergebnisverwendungsrechnung bei KapCoGes.:**
>
> | | | |
> |---|---|---|
> | Jahresüberschuss/-fehlbetrag | | .... |
> | +/– | Gutschrift/Belastung auf Rücklagenkonten | .... |
> | +/– | Gutschrift/Belastung auf Kapitalkonten | .... |
> | +/– | Gutschrift/Belastung auf Verbindlichkeitenkonten | .... |
> | Ergebnis nach Verwendung/Bilanzgewinn | | .... |

13.3.5 Sonderausweis bei negativem Eigenkapital

13.3.5.1 Nicht durch Vermögenseinlagen gedeckte Verlustanteile und Entnahmen persönlich haftender Gesellschafter/Kommanditisten

1479 Übersteigt der auf den Kapitalanteil eines persönlich haftenden Gesellschafters einer KapCoGes. entfallende Verlust dessen Kapitalanteil, ist der übersteigende Betrag als *„Nicht durch Vermögenseinlagen gedeckter Verlustanteil persönlich haftender Gesellschafter"* zu bezeichnen und am Schluss der Bilanz auf der Aktivseite auszuweisen, wenn

---

[2111] Vgl. *Graf von Kanitz*, WPg 2003, S. 324 (334); a.A. *Hüttemann/Meyer*, in: Staub, HGB[5], § 264c, Rn. 20 (wahlweise auch offener Ausweis eines Jahresfehlbetrags bzw. Verlustvortrags); NWB Komm. BilR[9], § 264c, Rn. 27, 29, 31.
[2112] Vgl. *Winnefeld*, Bilanz-Handbuch[4], Kap. L, Rn. 891.
[2113] A.A. NWB Komm. BilR[9], § 264c, Rn. 28: Belastung kann nach Feststellung des JA erfolgen.

und soweit keine Zahlungsverpflichtung des Gesellschafters besteht (§ 264c Abs. 2 S. 5 HGB; *IDW RS HFA 7 n.F.*, Tz. 49). Ein entspr. Ausweis ist nach § 286 Abs. 2 S. 3 Hs. 2 AktG auch bei der **KGaA** vorgeschrieben. Einschlägige Beträge mehrerer persönlich haftender Gesellschafter dürfen zusammengefasst werden[2114]. Eine Saldierung mit positiven Kapitalanteilen anderer persönlich haftender Gesellschafter ist dagegen unzulässig[2115].

Entsprechend dem Ausweis für die persönlich haftenden Gesellschafter sind bei KapCoGes. bei entspr. Sachlage (Verlustanteil > Kapitalanteil und keine Einzahlungsverpflichtung) auch die *nicht durch Vermögenseinlagen gedeckten Verlustanteile* von **Kommanditisten** „insgesamt" gesondert von denen der persönlich haftenden Gesellschafter auszuweisen (§ 264c Abs. 2 S. 6 und 7 Hs. 1 i.V.m. S. 4 HGB)[2116]. **1480**

Soweit die KapCoGes. über Rücklagen verfügt, kommt ein Ausweis nicht durch Vermögenseinlagen gedeckter Verlustanteile nur in Betracht, wenn die **Verluste vorweg mit den Rücklagen verrechnet** werden. Diese „Vorwegverrechnung" ist dabei allerdings nur ausweistechnischer Natur, d.h. letztlich werden die, i.d.R. auf Verlustvortragskonten (vgl. Kap. F Tz. 1463) erfassten, Beträge **nur für den Ausweis** in der Bilanz mit den entspr. Rücklagenkonten, und wenn diese nicht zur Deckung ausreichen, mit den Kapitalanteilen zusammengefasst ausgewiesen. Weil ein Ausweis als EK bei PersGes. voraussetzt, dass die entspr. Beträge zur Verlustdeckung zur Verfügung stehen (vgl. Kap. F Tz. 1464), ist nicht ersichtlich, weshalb gesellschaftsvertragliche Regelungen oder sonstige Vereinbarungen der Gesellschafter der ausweistechnischen Verrechnung der aufgelaufenen Verluste mit Rücklagen entgegenstehen soll (so aber einschränkend *IDW RS HFA 7 n.F.*, Tz. 51). **1481**

Wird ein Kapitalanteil durch gesellschaftsvertraglich zulässige **Entnahmen** (z.B. Entnahmerecht zur Begleichung der persönlichen Ertragsteuern der Gesellschafter) oder durch systemisch bedingte (Zwangs-)Entnahmen (z.B. KapESt auf Kapitalerträge, die die KapCoGes. erzielt (vgl. dazu *IDW RS HFA 7 n.F.*, Tz. 31) negativ, ist die Postenbezeichnung entspr. anzupassen (**„Nicht durch Vermögenseinlagen gedeckte Entnahmen"**)[2117]. **1482**

Wird das EK einer PersGes. negativ, weil eine von der Ges. geleistete Abfindung nicht nur den Kapitalanteil des ausscheidenden Gesellschafters, sondern auch die Kapitalanteile der verbleibenden Gesellschafter inkl. ggf. vorhandener Rücklagen übersteigt (vgl. dazu *IDW RS HFA 7 n.F.*, Tz. 58b; Kap. F Tz. 1507), ist die Postenbezeichnung ebenfalls entspr. anzupassen (**„Nicht durch Vermögenseinlagen gedeckte Abfindungen an ausgeschiedene Gesellschafter"**). Der Ausweis hat dabei getrennt nach den Gesellschaftergruppen am Schluss der Bilanz auf der Aktivseite zu erfolgen. **1483**

Ist der negative Saldo des Kapitalanteils sowohl auf Entnahmen als auch auf Verluste und/oder Abfindungen an ausgeschiedene Gesellschafter zurückzuführen, sollten die Beträge, die auf Entnahmen beruhen, zumindest durch einen Davon-Vermerk kenntlich **1484**

[2114] Vgl. ADS[6], § 286 AktG, Tz. 34.
[2115] Vgl. *Schmidt/Hoffmann*, in: BeBiKo[11], § 264c, Rn. 21.
[2116] Vgl. ADS[6], § 264c HGB n.F., Tz. 20; *Schmidt/Hoffmann*, in: BeBiKo[11], § 264c, Rn. 52.
[2117] Vgl. *Schmidt/Hoffmann*, in: BeBiKo[11], § 264c, Rn. 26, 52; *Ischbeck/Nissen-Schmidt*, in: HdR[5], § 264c HGB, Rn. 19; *Graf von Kanitz*, WPg 2003, S. 324 (335).

gemacht werden. Wegen Angaben im **Anh.** gem. § 264c Abs. 2 S. 9 HGB vgl. Kap. F Tz. 1513 ff.

13.3.5.2 Einzahlungsverpflichtungen persönlich haftender Gesellschafter/ Kommanditisten

1485 Übersteigt bei einer KapCoGes. der auf den Kapitalanteil eines **persönlich haftenden Gesellschafters** entfallende Verlust dessen Kapitalanteil und besteht insoweit ausnahmsweise eine Zahlungsverpflichtung des Gesellschafters, ist der übersteigende Betrag unter den Forderungen gesondert als „Einzahlungsverpflichtungen persönlich haftender Gesellschafter" auszuweisen (§ 264c Abs. 2 S. 4 HGB)[2118]. Ein entspr. Sonderposten ist auch bei **KGaA** vorgeschrieben (§ 286 Abs. 2 S. 3 Hs. 1 AktG)[2119]. Einschlägige Forderungen gegen mehrere persönlich haftende Gesellschafter können zusammengefasst werden (vgl. *IDW RS HFA 7 n.F.*, Tz. 43)[2120].

1486 Parallel zu den Einzahlungsverpflichtungen persönlich haftender Gesellschafter sind bei KapCoGes. bei entspr. Sachlage (Verlustanteil > Kapitalanteil, Bestehen einer Einzahlungsverpflichtung) auch die Einzahlungsverpflichtungen von **Kommanditisten** „insgesamt" gesondert von denen der persönlich haftenden Gesellschafter auszuweisen (§ 264c Abs. 2 S. 6 und 7 Hs. 1 i.V.m. S. 4 HGB; vgl. *IDW RS HFA 7 n.F.*, Tz. 49). Dasselbe gilt, wenn ein Kommanditist Gewinnanteile entnimmt, obwohl sein Kapitalanteil bereits durch Verluste oder Abfindungen an ausgeschiedene Gesellschafter unter den Betrag der geleisteten Einlage gemindert wurde oder soweit die Kapitaleinlage erst durch die Entnahme unter diesen Betrag sinkt (S. 7 Hs. 2)[2121]. Mit dieser Regelung wird Bezug auf die Vorschrift zum Wiederaufleben der Außenhaftung des Kommanditisten in § 172 Abs. 4 S. 2 HGB genommen.

1487 Für die Beurteilung, ob die **Gewinnentnahme** zu einem **Wiederaufleben der Haftung** führt, sind nach § 172 Abs. 4 S. 3 HGB bei der Berechnung des Kapitalanteils Beträge i.S.d. § 268 Abs. 8 HGB (vgl. Kap. F Tz. 541 ff.) nicht zu berücksichtigen (vgl. *IDW RS HFA 7 n.F.*, Tz. 38). Sind deshalb zum Zeitpunkt der Gewinnentnahme noch fortgeschriebene Beträge i.S.d. § 268 Abs. 8 HGB vorhanden, führen sie dann zu einem Wiederaufleben der Haftung, wenn der Kapitalanteil des jeweiligen Kommanditisten unter Abzug dieser Beträge den Betrag der geleisteten Einlage nicht erreicht oder unter ihn herabgemindert wird. Da die Ausweisregelung des § 264c Abs. 2 S. 7 Hs. 2 HGB inhaltlich an die wieder auflebende Außenhaftung des Kommanditisten anknüpft, aber ihrem Wortlaut nach die Bestimmung des § 172 Abs. 4 S. 3 HGB außer Acht lässt, liegt insoweit eine Lücke vor, die durch entspr. Beachtung der Berechnungsvorschrift des § 172 Abs. 4 S. 3 HGB bei Anwendung der handelsrechtlichen Ausweisvorschrift zu schließen ist[2122]. Somit hat § 172 Abs. 4 S. 3 HGB nicht nur Bedeutung für den betroffenen Kommanditisten. Vielmehr kann die Vorschrift auch Konsequenzen für den Ausweis negativer Kapitalkonten bei der KG haben.

[2118] Vgl. ADS[6], § 264c HGB, n.F., Tz. 20; *Schmidt/Hoffmann*, in: BeBiKo[11], § 264c, Rn. 43.
[2119] Vgl. ADS[6], § 286 AktG, Tz. 35; *Winkeljohann/Hoffmann*, in: BeBiKo[11], § 272, Rn. 331.
[2120] Vgl. *Winkeljohann/Hoffmann*, in: BeBiKo[11], § 272, Rn. 133; *Ischebeck/Nissen-Schmidt*, in: HdR[5], § 264c HGB, Rn. 16.
[2121] Vgl. *Thiele/Sickmann*, in: Baetge/Kirsch/Thiele, Bilanzrecht, § 264c, Rn. 53; *Graf von Kanitz*, WPg 2003, S. 324 (335).
[2122] Vgl. *Gelhausen/Fey/Kämpfer*, BilMoG, Kap. N, Rn. 90.

1488 Indes reicht das bloße Wiederaufleben der Haftung des Kommanditisten gem. § 172 Abs. 4 S. 2 und 3 i.V.m. § 171 Abs. 1 HGB im Außenverhältnis nicht aus, um eine Einzahlungsverpflichtung des Kommanditisten zu begründen; in allen Fallkonstellationen muss vielmehr eine **Einzahlungsverpflichtung** zwischen dem Kommanditisten und der KG ausdrücklich vereinbart sein[2123]. Darüber hinaus ist die Bonität des Gesellschafters zu berücksichtigen, d.h. der Ansatz einer Forderung darf nur insoweit erfolgen, als auch tatsächlich mit einer Einzahlung gerechnet werden kann.

13.3.6 Ausgleichsposten für aktivierte eigene Anteile

1489 Hält eine KapCoGes. **Anteile an der Komplementärges.** (sog. EinheitsGes.), muss sie nach Maßgabe des § 272 Abs. 4 HGB in Höhe des aktivierten Betrags einen passiven „Ausgleichsposten für aktivierte eigene Anteile" bilden und unter dieser Bezeichnung nach dem EK ausweisen (§ 264c Abs. 4 S. 2 HGB). Damit soll ein unzutreffender EK-Ausweis („Doppelzählung von Haftkapital") korrigiert werden, der sich andernfalls z.B. dann ergeben würde, wenn die Komplementärges. ihre von der KapCoGes. aufgebrachte (und bei dieser als Anteile an der Komplementärges. aktivierte) Kapitalausstattung ihrerseits wieder als Einlage in die KapCoGes. verwendet[2124].

1490 Die vorgeschriebene **Bildung** nach Maßgabe des § 272 Abs. 4 HGB bedeutet, dass der Ausgleichsposten bei vorhandenen frei verfügbaren Rücklagen erfolgsneutral aus diesen dotiert werden darf (§ 272 Abs. 4 S. 3 HGB). Diese Möglichkeit dürfte bei den betroffenen KapCoGes. ebenso wie die Dotierung zu Lasten eines Gewinnvortrags allerdings nur in Ausnahmefällen gegeben sein. Daraufhin müsste der Ausgleichsposten regelmäßig zu Lasten des Jahresergebnisses gebildet werden (vgl. dazu Kap. F Tz. 1473). Dies hätte bei einer KG jedoch Auswirkungen auf die Zulässigkeit einer Gewinnentnahme durch die Kommanditisten in den Folgejahren, obwohl diese ihre Einlage voll geleistet haben und ein Verlust im eigentlichen Sinne nicht entstanden ist. Vielmehr dient die Vorschrift der Korrektur des Rückflusses der Mittel, der allein zu einer Erhöhung des Kapitalteils der Komplementärges. geführt hat. Wegen dieses Zusammenhangs ist es in derartigen Fällen sachgerecht, die Bildung des Ausgleichspostens unmittelbar **zu Lasten des Kapitalanteils der Komplementärges.** vorzunehmen[2125].

1491 Ob und inwieweit ein Ausgleichsposten auch in Fällen zu bilden ist, in denen die von der KapCoGes. als **Einlage in die Komplementärges.** geleisteten und als AK von Anteilen an der Komplementärges. aktivierten Mittel **nicht** wieder **als Kapitaleinlage in ihr Vermögen zurückgelangt** sind, erscheint zweifelhaft, da insoweit keine Doppelzählung von Haftkapital zu korrigieren ist. Der Wortlaut der Vorschrift erfasst allerdings auch diese Fälle, könnte jedoch nach Sinn und Zweck anders auszulegen sein[2126]. Wenn demgegenüber die Bildung des Ausgleichspostens auch in diesen Fällen für erforderlich gehalten wird, hätte er im Unterschied zu den in Kap. F Tz. 506 behandelten Konstella-

---

2123 Vgl. *Graf von Kanitz*, WPg 2003, S. 324 (334 f.); *Thiele/Sickmann*, in: Baetge/Kirsch/Thiele, Bilanzrecht, § 264c, Rn. 52.
2124 Vgl. Begr. RegE KapCoRiLiG, BT-Drs. 14/1806, S. 21; ausführlich ADS[6], § 264c HGB n.F., Tz. 29; *Graf von Kanitz*, WPg 2003, S. 324 (336); zur analogen Anwendung, bei einer (Rück-)Beteiligung an einem Kommanditisten vgl. *Schmidt/Hoffmann*, in: BeBiKo[11], § 264c, Rn. 83.
2125 Vgl. ADS[6], § 264c HGB n.F., Tz. 30; dagegen für eine Bildung auch zu Lasten der Kapitalanteile der Kommanditisten *IDW RS HFA 7 n.F.*, Tz. 16.
2126 Vgl. auch *Graf von Kanitz*, WPg 2003, S. 324 (337); *Schmidt/Hoffmann*, in: BeBiKo[11], § 264c, Rn. 87.

tionen keinen Korrektur-, sondern echten EK-Charakter, und sollte daher nach Bildung zu Lasten des Jahresergebnisses und damit aller Kapitalanteile unverteilt im EK der KapCoGes. ausgewiesen werden (vgl. auch Kap. F Tz. 894).

1492 Bei Abschreibung oder Abgang der Anteile an der Komplementärges. ist der Ausgleichsposten in entspr. Höhe **aufzulösen** (§ 264c Abs. 4 S. 2 i.V.m. § 272 Abs. 4 S. 4 HGB). Gegenposten sind dabei die Kapitalanteile (Kapitalanteil der Komplementärges., Jahresergebnis, ggf. Rücklagen oder Gewinnvortrag), zu deren Lasten der Posten gebildet worden ist.

13.4 Besonderheiten beim GuV-Ausweis bei Personenhandelsgesellschaften i.S.d. § 264a HGB

1493 Für KapCoGes. schreibt das Gesetz in § 264c Abs. 3 S. 1 HGB ausdrücklich vor, dass die **auf das Privatvermögen der Gesellschafter entfallenden Aufwendungen und Erträge** nicht in die GuV aufgenommen werden dürfen. Die Regelung verbietet u.a. die Aufnahme von Zinsen für private Kreditaufnahmen eines Gesellschafters auch und gerade, wenn er die entspr. Mittel als Einlage an die Ges. weitergegeben hat. Nach der Begründung soll damit aber insb. klargestellt werden, dass persönliche Steuern der Gesellschafter nicht als Steueraufwand der Ges. erfasst werden dürfen[2127].

1494 Im Interesse der Vergleichbarkeit des Jahresergebnisses mit dem einer KapGes. darf nach § 264c Abs. 3 S. 2 HGB jedoch ein dem Steuersatz der Komplementärges. entspr. **(fiktiver) Steueraufwand** der Gesellschafter nach dem Jahresüberschuss/Jahresfehlbetrag offen abgesetzt oder hinzugerechnet werden[2128]. Der (fiktive) Steueraufwand ist nach dem Steuersatz der Komplementärges., d.h. i.d.R. nach dem KStG (zurzeit 15%) nebst sonstiger Ergänzungsabgaben (Solidaritätszuschlag; zurzeit 5,5% auf die KSt-Schuld), zu ermitteln. Als Bemessungsgrundlage sollte das zu versteuernde Einkommen nach den körperschaftsteuerlichen Vorschriften unter Berücksichtigung nicht abziehbarer Aufwendungen und steuerfreier Erträge etc. zugrunde gelegt werden[2129].

> **! Hinweis 101:**
> Wird von dem Wahlrecht nach § 264c Abs. 3 S. 2 HGB Gebrauch gemacht, ist die GuV um einen entspr. **Sonderposten** („Fiktive Steuerbelastung der Gesellschafter" bzw. „Jahresüberschuss/Jahresfehlbetrag nach Ertragsteuerbelastung der Gesellschafter") und das sich danach ergebende (vergleichbare) Jahresergebnis zu ergänzen.

1495 Bzgl. der **Steuern der Ges.** bleibt es im Übrigen bei dem in § 275 Abs. 2 Nrn. 14 und 16 bzw. Abs. 3 Nrn. 13 und 15 HGB vorgeschriebenen Ausweis (vgl. dazu Kap. F Tz. 860 ff.). Eine Einbeziehung in die sonstigen Aufwendungen, wie für PersGes. mit natürlichen Personen als Vollhafter nach § 5 Abs. 5 S. 2 PublG möglich, ist nicht zulässig.

1496 Besonderheiten hinsichtlich des Ausweises von Aufwendungen und Erträgen können sich bei PersGes. daraus ergeben, dass über die kapitalmäßige Beteiligung hinaus häufig weitere **Rechts-/Geschäftsbeziehungen zwischen der Ges. und ihren Gesellschaftern**

2127 Vgl. Begr. RegE KapCoRiLiG, BT-Drs. 14/1806, S. 21; ADS[5], § 264c HGB n.F., Tz. 27.
2128 Vgl. auch ADS[6], § 264c HGB n.F., Tz. 27; *Schmidt/Hoffmann*, in: BeBiKo[11], § 264c, Rn. 72.
2129 Vgl. *IDW RS HFA 7 n.F.*, Tz. 33; *Schmidt/Hoffmann*, in: BeBiKo[11], § 264c, Rn. 73.

bestehen[2130]. Vergütungen, die die Gesellschafter hieraus beziehen, sind auf jeden Fall dann als Aufwand der Ges. auszuweisen, wenn ihnen schuldrechtliche Vereinbarungen zugrunde liegen (z.B. Vergütungen für die persönliche Mitarbeit in der Ges. oder die Übernahme der Geschäftsführung durch die Komplementärges., Miet- oder Pachtentgelte oder Darlehenszinsen). Vergütungen auf gesellschaftsrechtlicher Grundlage stellen dagegen i.d.R. keinen Aufwand, sondern Gewinnverwendung dar (z.B. Vergütung für die Haftungsübernahme der Komplementärges., Verzinsung der Kapitalkonten, soweit nicht als FK zu qualifizieren). Ob allerdings allein durch die gewählte Vertragsgestaltung (gesellschaftsrechtliche Abreden) ein Ausweis von Aufwendungen vermieden werden kann[2131], erscheint fraglich. Der **abw. steuerrechtlichen Regelung** gem. § 15 Abs. 1 S. 1 Nr. 2 EStG, nach der alle Vergütungen, die ein Gesellschafter von der Ges. erhält, stets Gewinnverwendung darstellen, kann handelsrechtlich für KapCoGes. nicht gefolgt werden[2132].

1497 Eine **Kenntlichmachung** der Aufwendungen an bzw. Erträge von Gesellschaftern ist nicht vorgeschrieben, erscheint bei wesentlichen Beträgen im Hinblick auf die Klarheit und Übersichtlichkeit der Darstellung (§ 243 Abs. 2 HGB) jedoch geboten (Davon-Vermerk oder Angabe im Anh.)[2133]. Darüber hinaus kann sich zwecks Vergleichbarkeit aufeinander folgender Jahresergebnisse eine Angabepflicht ergeben, wenn Tätigkeitsvergütungen an Gesellschafter etc. von einer schuldrechtlichen auf eine gesellschaftsrechtliche Grundlage umgestellt werden und umgekehrt (*IDW RS HFA 7 n.F.*, Tz. 30).

13.5 Latente Steuern

1498 Eine PersGes. ist nur für die GewSt ein selbstständiges Steuersubjekt (§ 2 Abs. 1 S. 1 GewStG) bzw. Steuerschuldner (§ 5 Abs. 1 S. 3 GewStG). Folglich betrifft die Bilanzierung latenter Steuern bei PersGes., die aufgrund Rechtsform (§ 264a HGB; vgl. Kap. F Tz. 1442) und Größe (vgl. Kap. F Tz. 281) § 274 HGB beachten müssen oder dies freiwillig tun, nur **latente GewSt**, weil es nur insofern auf Ebene des JA der PersGes. durch den Abbau temporärer Differenzen oder die Nutzung von Verlustvorträgen in der Zukunft zu Steuerbe- und –entlastungen kommen kann (vgl. *IDW RS HFA 7 n.F.*, Tz. 19).

1499 Die **steuerlichen Wertansätze** i.S.d. § 274 Abs. 1 HGB umfassen bei einer PersGes. zunächst die Wertansätze aus der Gesamthandsbilanz und etwaige gesellschafterbezogene Korrekturwerte hierzu aus den steuerlichen Ergänzungsbilanzen[2134]. Sonderbilanzen sind dagegen nicht zu berücksichtigen, weil das der Sonderbilanz zugrunde liegende Vermögen nicht in der Gesamthandsbilanz enthalten ist und es insofern für Zwecke des § 274 HGB an einem handelsrechtlichen Wertansatz fehlt. Bei der Ermittlung der steuerlichen Wertansätze sind ferner außerbilanzielle Hinzurechnungen und Kürzungen, z.B. die Verteilung des Aufwands aus der Hebung stiller Lasten nach § 4f EStG oder der Investitionsabzugsbetrag nach § 7g EStG, zu berücksichtigen.

1500 Ist an einer PersGes. unmittelbar eine **natürliche Person als Gesellschafter** beteiligt, ist der auf sie entfallende Gewinn aus der Veräußerung oder Aufgabe eines (Teil-)Betriebs der PersGes. sowie der Beteiligung des Gesellschafters nach § 7 S. 2 GewStG gewerbe-

---

2130 Vgl. *IDW RS HFA 7 n.F.*, Tz. 29; ADS⁶, § 247 HGB, Tz. 99; *Schmidt/Peun*, in: BeBiKo¹¹, § 247, Rn. 645.
2131 So die Begr. RegE KapCoRiLiG, BT-Drs. 14/1806, S. 20.
2132 Anders ggf. für PersGes., die nicht den §§ 264 ff. HGB unterliegen, vgl. ADS⁶, § 247 HGB, Tz. 100.
2133 Ebenso für PersGes., die nicht den §§ 264 ff. HGB unterliegen, ADS⁶, § 247 HGB, Tz. 99.
2134 Vgl. DRS 18.39; *Grottel/Larenz*, in: BeBiKo¹¹, § 274, Rn. 73.

steuerfrei[2135]. In die Ermittlung latenter Steuern im JA der PersGes. dürfen deshalb temporäre Differenzen – soweit sie anteilig auf die natürliche Person entfallen – grds. nur insoweit berücksichtigt werden, als sie sich vor dem Zeitpunkt abbauen, in dem der (Teil-)Betrieb veräußert oder aufgegeben wird oder der Gesellschafter aus der PersGes. ausscheidet[2136]. Grds. kann von einer zeitlich unbegrenzten Zugehörigkeit des Gesellschafters zur PersGes. ausgegangen werden (vgl. *IDW RS HFA 7 n.F.*, Tz. 19). Etwas anderes gilt nur, wenn bis zum Ende der Aufstellungsphase für den JA der PersGes. ein Verkauf bzw. die Aufgabe eines (Teil-)Betriebs vereinbart wurde. Entsprechendes gilt für Vereinbarungen, die zum Ausscheiden des Gesellschafters aus der PersGes. führen oder die die Veräußerung von dessen Anteilen betreffen[2137].

1501 Eine steuerliche **Ergänzungsbilanz** kann mit oder ohne einen entspr. bilanziellen Reflex in der Gesamthandsbilanz entstehen. Eine Entstehung **ohne Berührung der Gesellschaftssphäre** ist z.B. bei einem entgeltlichen Gesellschafterwechsel gegeben. In diesem Fall erscheint es sachgerecht, i.R.d. Gesamtdifferenzenbetrachtung anzusetzende aktive bzw. passive latente Steuern auf ein in der Ergänzungsbilanz ausgewiesenes Mehr- bzw. Minderkapital erfolgswirksam zu erfassen[2138].

1502 Bei Einbringung eines (Teil-)Betriebs in eine PersGes. nach § 24 UmwStG ist die Entstehung der Ergänzungsbilanz dagegen ein Annex des (Rein-)Vermögenszugangs auf Ebene der Gesamthandsbilanz, d.h. **berührt** insofern die **Gesellschaftssphäre**. In diesem Fall sind die latenten Steuern, die aus dem in der Ergänzungsbilanz erfassten Mehr- oder Minderkapital stammen – entspr. den allgemeinen Grundsätzen (vgl. Kap. F Tz. 733) – im JA der PersGes. erfolgsneutral als Teil des Einlagevorgangs zu erfassen[2139].

1503 **Beteiligungen an PersGes.** sind im handelsrechtlichen JA des Gesellschafters als einheitlicher Vermögensgegenstand zu bilanzieren und werden zu fortgeführten AK (§ 253 Abs. 1 S. 1 ggf. i.V.m. Abs. 3 S. 3 HGB) bewertet (vgl. *IDW RS HFA 18*, Tz. 6 ff.). Für steuerliche Zwecke stellt die Beteiligung an einer PersGes. kein eigenständiges Wirtschaftsgut dar. Stattdessen wird in der StB das dem Gesellschafter aus seiner Beteiligung zustehende (steuerliche) Kapitalkonto ausgewiesen (Spiegelbildmethode), das sich aus dem anteiligen Gesamthandsvermögen, einer etwaigen Ergänzungsbilanz sowie dessen Sonderbetriebsvermögen zusammensetzt. Für die Beurteilung, ob abziehbare oder zu versteuernde temporäre Differenzen bestehen, sind der handelsrechtliche Wertansatz der Beteiligung an der PersGes. sowie ggf. die handelsrechtlichen Buchwerte der Vermögensgegenstände und Schulden des steuerlichen Sonderbetriebsvermögens mit dem steuerlichen Kapitalkonto zu vergleichen (vgl. *IDW RS HFA 18*, Tz. 43).

1504 **Temporäre Differenzen** zwischen dem handelsrechtlichen und dem steuerlichen Wertansatz der Beteiligung an einer PersGes. werden insb. auf folgenden Ursachen beruhen (vgl. *IDW RS HFA 18*, Tz. 44 ff.):

[2135] Vgl. zu den GewSt-freien Gewinnbestandteilen z.B. *Drüen*, in: Blümich, EStG, § 7 GewStG, Rn. 125 ff.
[2136] Vgl. *Kastrup/Middendorf*, BB 2010, S. 815 (816).
[2137] Enger *IDW RS HFA 7 n.F.*, Tz. 19: Berücksichtigung von Rechtshandlungen nur bis zum Abschlussstichtag.
[2138] Vgl. *IDW RS HFA 7 n.F.*, Tz. 21; für eine erfolgswirksame bzw. erfolgsneutrale Erfassung in Abhängigkeit von der Steuerpflicht der Veräußerung durch die Altgesellschafter vgl. *Kastrup/Middendorf*, BB 2010, S. 815 (817); *Kirsch*, DStR 2009, S. 1972 (1975).
[2139] Gl.A. *Kastrup/Middendorf*, BB 2010, S. 815 (818).

- unterschiedliche Zugangsbewertung der i.Z.m. **Einbringungsvorgängen** erlangten Anteile an der PersGes. in HB und StB,
- steuerliche Zuweisung der **Gewinne und Verluste aus der Gesamthandsbilanz**, die handelsrechtlich u.U. nicht oder nur phasenverschoben vereinnahmt werden, sowie
- steuerliche Zuweisung der **Ergebnisse** aus der **Fortschreibung** der in **Ergänzungsbilanzen** der Gesellschafter aufgedeckten stillen Reserven und Lasten etc.

Die latenten Steuern auf die so entstandenen temporären Differenzen sind stets **erfolgswirksam** zu erfassen.

Soweit temporäre Differenzen auf einem **negativen Kapitalkonto** des Gesellschafters bei der PersGes. (§ 15a EStG) beruhen, werden diese bei der Ermittlung latenter Steuern i.d.R. nicht berücksichtigt, weil weder die Entstehung noch der Abbau des negativen Kapitalkontos eine Steuerwirkung hat (vgl. IDW RS HFA 18, Tz. 47). Nachträgliche Einlagen zum Ausgleich eines negativen Kapitalkontos ermöglichen keine sofortige Verlustnutzung[2140]. Dies kann dazu führen, dass nach einer Einlage zur Wiederauffüllung des Kapitalkontos verrechenbare Verluste vorhanden sind, obwohl kein negatives Kapitalkonto und damit insoweit keine Abweichung zwischen HB und StB mehr existiert. In diesem Fall dürfen dann unter den Voraussetzungen des § 274 Abs. 1 S. 4 HGB (vgl. Kap. F Tz. 717 ff.) aktive latente Steuern gebildet werden.

1505

Schließlich ist bei der Bilanzierung latenter Steuern auf Beteiligungen an PersGes. zu beachten, dass auf die temporären Differenzen zwischen dem handelsrechtlichen und dem steuerlichen Buchwert der Beteiligung **keine latente GewSt** berücksichtigt werden darf, weil aus deren Abbau aufgrund der Hinzurechnungs- und Kürzungsvorschriften (§ 8 Nr. 8 und § 9 Nr. 2 GewStG) keine steuerlichen Be- oder Entlastungen resultieren. Dies gilt sowohl für Gesellschafter, die selbst eine PersGes. sind, als auch für KapGes. Im Ergebnis sind damit temporäre Differenzen zwischen den handelsrechtlichen und steuerlichen Wertansätzen an einer PersGes. nur im JA einer KapGes. bei der Ermittlung latenter KSt zu berücksichtigen (vgl. IDW RS HFA 18, Tz. 48).

1506

13.6 Bilanzierung bei Abfindung ausscheidender Gesellschafter durch die Personenhandelsgesellschaft

Wird ein ausscheidender Gesellschafter mit Mitteln der Ges. abgefunden, ist der **Betrag, um den die Abfindung den Kapitalanteil** des ausscheidenden Gesellschafters im Zeitpunkt seines Ausscheidens **übersteigt, vorzugsweise mit dem EK** der Ges., d.h. vorweg mit ggf. vorhandenen Rücklagen und soweit diese nicht vorhanden sind oder zur Deckung der Differenz nicht ausreichen mit den Kapitalanteilen der verbleibenden Gesellschafter **zu verrechnen** (vgl. *IDW RS HFA 7 n.F.*, Tz. 58b)[2141]. Werden die Kapitalanteile von verbleibenden Kommanditisten durch die Verrechnung unter den Betrag der bedungenen Einlage herabgemindert, ist soweit der Gesellschaftsvertrag keine abw. Regelung enthält oder die Gesellschafter nicht etwas anderes beschließen, davon auszugehen, dass eine Gewinnzuweisung/-entnahme erst dann wieder erfolgen darf, wenn die Kapitalanteile der betreffenden Kommanditisten den Betrag der bedungenen Einlage wieder erreichen (vgl. *IDW RS HFA 7 n.F.*, Tz. 58b). D.h. im Ergebnis ist der Betrag, um den die

1507

[2140] Vgl. dazu *Wacker*, in: Schmidt, L., EStG[37], § 15a, Rn. 180 ff.
[2141] Vgl. *Priester*, ZIP 2016, S. 949 (951); *Schulze-Osterloh*, NZG 2016, S. 161 (163); *Hennrichs*, in: FS Meincke, 2015, S. 163 (172 f.).

bedungene Einlage durch die Verrechnung der Abfindung gemindert wird, wie ein Verlustvortrag auszugleichen.

1508 Statt der EK-Verrechnung darf der Betrag, um den die Abfindung an den ausscheidenden Gesellschafter dessen Kapitalanteil übersteigt, auch anteilig als **nachträgliche Anschaffungskosten** bei den Vermögensgegenständen aktiviert werden, deren Buchwerte stille Reserven enthalten. Dabei ist auch die nachträgliche anteilige Aktivierung von selbst geschaffenen immateriellen Vermögensgegenständen des AV oder eines Geschäfts- oder Firmenwerts zulässig (vgl. *IDW RS HFA 7 n.F.*, Tz. 59). Werden anteilig selbst geschaffene immaterielle Vermögensgegenstände aktiviert, sind diese aus Sicht der PersGes. entgeltlich durch die Abfindung erworben und bleiben deshalb für Zwecke der § 172 Abs. 4 i.V.m. § 268 Abs. 8 HGB unberücksichtigt.

1509 Ist die von der Ges. gezahlte **Abfindung** dagegen **geringer als der Kapitalanteil** des ausscheidenden Gesellschafters, wird dies regelmäßig auf stille Lasten im Vermögen der Ges., erwartete Verluste oder eine erwartete, ungünstige Entwicklung der Ertragslage der Ges. zurückzuführen sein. Auch in dieser Konstellation ist eine Differenz zwischen dem Abfindungsbetrag und dem Buchwert des Kapitalanteils des ausscheidenden Gesellschafters im Zeitpunkt des Ausscheidens grds. erfolgsneutral zu behandeln (vgl. *IDW RS HFA 7 n.F.*, Tz. 58a). Dies wird sachgerechterweise dadurch erreicht, dass der Differenzbetrag in entspr. Anwendung der Grundsätze des DRS 23.91 i.V.m. .3 – analog zur Vorgehensweise beim negativen Kaufpreis (vgl. Kap. F Tz. 747)[2142] – (erfolgsneutral) in einen Sonderposten (*negativer Unterschiedsbetrag aus Abfindung ausgeschiedener Gesellschafter*) nach dem EK eingestellt wird, der so zu vereinnahmen ist, wie sich die stillen Lasten oder die erwarteten Verluste etc. in der Folgezeit realisieren (analog DRS 23.142 f. und .149). Alternativ kommt auch eine Abstockung der nicht-monetären Vermögensgegenstände in Betracht.

1510 Eine sofortige erfolgswirksame Vereinnahmung kommt ausnahmsweise in Sanierungsfällen oder dann in Betracht, wenn die stillen Lasten auf einem Passivierungswahlrecht (insb. nicht passivierte Altpensionsverpflichtungen nach Art. 28 Abs. 1 EGHGB) beruhen und durch einen teilw. Verzicht hierauf ein Aufwand gerade in Höhe der Differenz zwischen der Abfindung und dem (höheren) Kapitalanteil generiert werden kann, d.h. sich die beiden Effekte per Saldo in der GuV aufheben.

1511 Entspricht der Zeitwert der aufgegebenen Beteiligung dagegen mindestens dem Buchwert des Kapitalanteils, bedeutet die Abfindung des ausscheidenden Gesellschafters zu einem darunterliegenden Betrag eine **aus dem Gesellschaftsverhältnis resultierende Vermögensmehrung**, was dafür spricht, die negative Differenz erfolgsneutral in den Posten Rücklagen einzustellen.

13.7 Anhangangaben

1512 Als gesetzliche Vertreter der KapCoGes. gelten die Mitglieder des vertretungsberechtigten Organs der vertretungsberechtigten Ges. (§ 264a Abs. 2 HGB). Die auf schuldrechtlicher Grundlage gewährten **Organbezüge** sind nach § 285 Nr. 9 lit. a) und b) HGB – vorbehaltlich der §§ 286 Abs. 4, 288 Abs. 1 HGB – im Anh. der KapCoGes. anzugeben, *wobei Kosten für Sachleistungen, die der geschäftsführenden Ges. erstattet werden, nicht*

2142 Vgl. *Anders*, in: Winkeljohann/Förschle/Deubert, Sonderbilanzen[5], Kap. N, Rn. 52 f.

1513 Übersteigt die im HR eingetragene **Hafteinlage** den Betrag der bedungenen Pflichteinlage, ist in der Bilanz nur die Pflichteinlage auszuweisen. Nach § 264c Abs. 2 S. 9 HGB ist der Betrag der im HR eingetragenen Einlagen im **Anh.** anzugeben, „soweit diese nicht geleistet sind". Dies betrifft immer die Differenz zwischen höherer Haft- und der Pflichteinlage. Sind Haft- und Pflichteinlage identisch, ist eine Angabe im Anh. erforderlich, wenn die Einlage noch nicht vollständig erbracht ist (vgl. IDW RS HFA 7 n.F., Tz. 36)[2143]. Neben den Fällen ausstehender Hafteinlagen umfasst die Angabepflicht auch das Wiederaufleben der Haftung aufgrund einer Einlagenrückgewähr nach § 172 Abs. 4 HGB (vgl. IDW RS HFA 7 n.F., Tz. 36 ff.; auch Kap. F Tz. 1487).

1514 Eine haftungsbegründende Einlagenrückgewähr nach § 172 Abs. 4 HGB liegt jedoch nicht vor, wenn bei Abfindung ausscheidender Gesellschafter mit Mitteln der Gesellschaft, die Teile der Abfindung, die den Kapitalanteil des ausscheidenden Gesellschafters übersteigen, mit den Kapitalanteilen der verbleibenden Kommanditisten verrechnet werden und diese so unter den Betrag ihrer geleisteten Einlage sinken (vgl. IDW RS HFA 7 n.F., Tz. 36a; Kap. F Tz. 1507)[2144].

> **Hinweis 102:**
> Weitere spezifische Angaben im Anh. einer KapCoGes.:
>
> | Vorschrift HGB | Gegenstand der Angabe | Erörterung |
> |---|---|---|
> | § 285 Nr. 15 | Name und Sitz des persönlich haftenden Gesellschafters | Kap. F Tz. 1122 |
> | § 264c Abs. 1 | Ausleihungen, Forderungen und Verbindlichkeiten ggü. Gesellschaftern | Kap. F Tz. 408 |

14. Besonderheiten für Unternehmen im Anwendungsbereich des PublG

14.1 Voraussetzungen der Rechnungslegungspflicht

14.1.1 Verpflichtete Unternehmen

1515 Unter die Vorschriften des PublG über den JA fallen nach § 3 Abs. 1 PublG Unternehmen in der **Rechtsform**

- der Personenhandelsgesellschaft (OHG, KG), für die kein Abschluss nach § 264a oder § 264b HGB aufgestellt wird,
- des Einzelkaufmanns,
- des Vereins, dessen Zweck auf einen wirtschaftlichen Geschäftsbetrieb gerichtet ist (§ 22 BGB),
- der rechtsfähigen Stiftung des bürgerlichen Rechts (§§ 80 ff. BGB), wenn sie ein Gewerbe betreibt,

---

[2143] Vgl. Schmidt/Hoffmann, in: BeBiKo[11], § 264c, Rn. 60.
[2144] Vgl. Priester, ZIP 2016, S. 949 (952); Schmidt/Hoffmann, in: BeBiKo[11], § 264c, Rn. 35.

- der Körperschaft, Stiftung oder Anstalt des öR, die Kaufmann nach § 1 HGB sind oder als Kaufmann im HR eingetragen sind (§ 2 HGB).

1516 KapCoGes., d.h. Personenhandelsgesellschaften i.S.d. § 264a HGB, sind vom Anwendungsbereich des PublG ausgenommen, weil für sie grds. ein JA und ggf. ein LB nach den Vorschriften der §§ 264 ff. HGB aufgestellt, ggf. geprüft und offengelegt werden muss. Dies gilt auch dann, wenn die KapCoGes. von den Erleichterungen nach § 264b HGB Gebrauch machen, d.h. auf die Aufstellung, Prüfung und Offenlegung eines JA und LB nach §§ 264 ff. HGB verzichten, weil dann an deren Stelle ein im Einklang mit der RL 2013/34/EU (Bilanz-RL) stehender, geprüfter KA und KLB tritt (Kap. F Tz. 1446). Unter das PublG fallen danach nur „echte" **Personenhandelsgesellschaften**, die mittelbar oder unmittelbar eine oder mehrere **natürliche Person(en) als Vollhafter** aufweisen.

1517 Das Gesetz führt in § 3 Abs. 2 PublG ferner eine Reihe von Unternehmen auf, die **keinen JA nach den Vorschriften des PublG** zu erstellen brauchen. Diese Negativabgrenzung ist von rein deklaratorischem Charakter[2145].

1518 Unternehmen, die sich in **Abwicklung** (= Liquidation) befinden, brauchen ebenfalls nicht nach den Vorschriften des PublG Rechnung zu legen (§ 3 Abs. 3 PublG). Wann dies der Fall ist, bestimmt sich nach den für die einzelne Rechtsform geltenden gesetzlichen Vorschriften oder durch das Vorliegen von Tatbeständen, die bei anderen Rechtsformen das Abwicklungsstadium eröffnen (bspw. die Eröffnung des Insolvenzverfahrens). Im Allgemeinen ist eine Auflösung Voraussetzung für die Abwicklung (vgl. § 145 HGB, §§ 41 ff. BGB)[2146]. Bei einer OHG oder KG muss die Auflösung außer im Insolvenzfall zur Eintragung in das HR angemeldet werden (§ 143 HGB). Eine **„stille"** Abwicklung, d.h. die tatsächliche Abwicklung der Geschäftstätigkeit ohne ausdrücklichen Auflösungsbeschluss, entbindet diese Unternehmen nicht von der Verpflichtung, nach den Vorschriften des PublG Rechnung zu legen. Im Zweifel kommt es darauf an, ob das Unternehmen nach den Grundsätzen geführt wird, die für Abwickler (Liquidatoren) gelten (vgl. hierzu § 268 Abs. 1 AktG, u.a. Beendigung der lfd. Geschäfte und Einziehung der Forderungen).

14.1.2 Größenmerkmale sowie Beginn und Dauer der Rechnungslegungspflicht

14.1.2.1 Überblick

1519 Die Verpflichtung, nach den Bestimmungen des PublG Rechnung zu legen, beginnt, sobald jeweils mindestens zwei der drei nachstehenden **Größenkriterien** an **drei** aufeinanderfolgenden Abschlussstichtagen **erfüllt werden** (§ 1 Abs. 1 PublG):
- Bilanzsumme mehr als 65 Mio. € (vgl. Kap. F Tz. 1522 ff.),
- Umsatzerlöse in den letzten zwölf Monaten vor dem Abschlussstichtag mehr als 130 Mio. € (vgl. Kap. F Tz. 1525 ff.),
- durchschnittliche Beschäftigtenzahl in den letzten zwölf Monaten vor dem Abschlussstichtag mehr als 5.000 Arbeitnehmer (vgl. Kap. F Tz. 1529 f.).

[2145] Vgl. zu weiteren Einzelheiten ADS[6], § 3 PublG, Tz. 14.
[2146] Zur Rechnungslegung bei Liquidation *Deubert*, in: Winkeljohann/Förschle/Deubert, Sonderbilanzen[5], Kap. S, Rn. 40 ff. (Personenhandelsgesellschaft) und Kap. T, Rn. 90 ff. (KapGes.).

1520 Es ist dann der **dritte** der aufeinanderfolgenden JA unter Beachtung der Bestimmungen des PublG aufzustellen (§ 2 Abs. 1 S. 1 PublG). Eine freiwillige Anwendung des PublG auf ein früheres GJ ist zulässig (zu VJ-Zahlen vgl. Kap. F Tz. 1543). Nach § 2 Abs. 2 PublG ist das (erstmalige) **Vorliegen** von zwei der drei **Voraussetzungen** am Abschlussstichtag und an den beiden folgenden Abschlussstichtagen ggü. dem Betreiber des **BAnz anzuzeigen**[2147].

1521 Bei Übergang des Vermögens eines anderen Unternehmens auf ein Unternehmen i.S.d. § 3 Abs. 1 PublG durch Umwandlung (**Verschmelzung**, **Spaltung**; vgl. § 1 Abs. 1 UmwG) oder in anderer Weise kann eine Verpflichtung zur Rechnungslegung nach den Vorschriften des PublG bereits am ersten Abschlussstichtag gegeben sein, wenn die o.g. Größenmerkmale an den beiden vorangegangenen Abschlussstichtagen vor der Übernahme bei dem übernommenen Unternehmen gegeben waren (§ 2 Abs. 1 S. 2 PublG)[2148].

> **! Hinweis 103:**
> Die **Verpflichtung** zur Rechnungslegung **endet** außer in Fällen der Abwicklung (vgl. Kap. F Tz. 1518), wenn an drei aufeinanderfolgenden Abschlussstichtagen nicht mindestens zwei der drei Merkmale nach § 1 Abs. 1 PublG zutrafen (§ 2 Abs. 1 S. 3 PublG). Unternehmen, die von der Rechnungslegungspflicht des PublG einmal erfasst sind, haben noch zumindest an zwei weiteren Abschlussstichtagen nach den Vorschriften dieses Gesetzes Rechnung zu legen, auch wenn an diesen beiden Stichtagen nur noch eines oder keines der o.g. Merkmale zutrifft.

14.1.2.2 Bilanzsumme

1522 Die Bilanzsumme ist aus einer gem. § 5 Abs. 1 PublG aufgestellten **Jahresbilanz** abzuleiten. Der in § 1 Abs. 2 S. 1 Hs. 1 PublG enthaltene Verweis auf eine „gemäß § 5 Abs. 2" PublG aufgestellte Bilanz ist insofern nicht korrekt[2149].

1523 Solange noch keine Rechnungslegungspflicht nach dem PublG besteht, jedoch eines der beiden anderen o.g. Größenmerkmale erfüllt wird (§ 1 Abs. 2 S. 2 PublG), muss eine **(Probe-)Bilanz** nach den Grundsätzen in § 5 Abs. 1 PublG aufgestellt werden, um das Vorliegen des Größenmerkmals „Bilanzsumme" zu überprüfen. Die Probebilanzen sind ihrem Wesen nach Korrekturbilanzen zu den von den Vorschriften des PublG ggf. abweichenden Bilanzen des Unternehmens[2150]. Soweit Korrekturen nötig werden, die zu Höherbewertungen von Aktiva führen, darf der niedrigste zulässige Wertansatz gewählt werden, da das PublG weitergehende Korrekturen nicht verlangt. Umbewertungen auf der Passivseite dürften sich dagegen i.d.R. nicht auf die Bilanzsumme auswirken, weil sie in umgekehrter Richtung das EK beeinflussen[2151]. Im Gegensatz zur Ermittlung der Schwellenwerte nach § 267 HGB ist ein nicht durch EK gedeckter **Fehlbetrag nach § 268 Abs. 3 HGB** nicht von der Bilanzsumme abzusetzen[2152]. Eine Neuausübung von Bewertungs- und Abschreibungswahlrechten ist grds. für die Erstellung der Probebilanz

---

2147 Vgl. ADS[6], § 2 PublG, Tz. 22.
2148 Vgl. ADS[6], § 2 PublG, Tz. 6.
2149 Vgl. *Ischebeck/Nissen-Schmidt*, in: HdR[5], § 1 PublG, Rn. 3 f. („redaktionelles Versehen").
2150 Vgl. zu den spezifischen Vorgaben zum JA nach PublG Kap. F Tz. 1540 ff.
2151 Vgl. ADS[6], § 1 PublG, Tz. 19.
2152 Vgl. ADS[6], § 1 PublG, Tz. 25; *Kirsch*, in: BoHdR[2], § 1 PublG, Rn. 13.

1524 Die **Bilanzsumme** einer im Übrigen den Vorschriften des § 5 Abs. 1 PublG entspr. Bilanz ist **um** unter den Rückstellungen oder Verbindlichkeiten ausgewiesene Beträge für vom Unternehmen geschuldete **Verbrauchsteuern** oder **Monopolabgaben zu verringern** (§ 1 Abs. 2 S. 1 Hs. 2 PublG).

> **Beispiel 38:**
> Zu den Verbrauchsteuern und Monopolabgaben gehören insb. die Mineralöl-, Bier-, Branntwein-, Schaumwein-, Kaffee-, Strom- und Tabaksteuer.

14.1.2.3 Umsatzerlöse

1525 Der Umfang der Umsatzerlöse bestimmt sich nach § 277 Abs. 1 HGB (§ 1 Abs. 2 S. 3 PublG; vgl. hierzu die Ausführungen in Kap. F Tz. 792 ff.).

1526 Sofern die **Umsatzsteuer**, **Verbrauchsteuern** oder **Monopolabgaben** in den Umsatzerlösen enthalten sind und damit nicht als durchlaufende Posten ohne Berührung der GuV behandelt worden sind, sind diese zur Ermittlung der Größenkriterien von den Umsatzerlösen **abzusetzen** (§ 1 Abs. 2 S. 3 PublG)[2153].

1527 Umsatzerlöse in **fremder Währung** sind nach dem amtl. Kurs in € umzurechnen (§ 1 Abs. 2 S. 4 PublG). Diese Bestimmung rekurriert nicht auf den amtl. Kurs zum Abschlussstichtag, sondern auf denjenigen zum jeweiligen Zeitpunkt einer ordnungsgemäßen Erfassung der Forderungen aus Exportgeschäften und der damit korrespondierenden Umsatzerlöse. Alternativ darf eine den GoB entspr. buchhalterische Behandlung der Umsatzerlöse in fremder Währung (bspw. zu monatlichen Durchschnittskursen) beibehalten werden[2154].

1528 Maßgeblich sind die Umsatzerlöse aus den zwölf Monaten vor dem Abschlussstichtag (§ 1 Abs. 1 Nr. 2 PublG). Bei einem **RGJ** sind die Umsatzerlöse derjenigen Monate des vorangegangenen GJ hinzuzurechnen, die dem RGJ zu einem vollen KJ fehlen. Diese Regel gilt auch dann, wenn sich dadurch bestimmte Umsatzerlöse an zwei Abschlussstichtagen auswirken. Wird anlässlich der Gründung eines Unternehmens ein RGJ gebildet, sind die tatsächlichen Umsatzerlöse des RGJ wie im Parallelfall des § 267 HGB auf einen fiktiven Jahresumsatz hochzurechnen[2155].

14.1.2.4 Zahl der Beschäftigten

1529 Die Voraussetzung einer durchschnittlichen Beschäftigung von mehr als 5.000 Arbeitnehmern in den zwölf Monaten vor dem Abschlussstichtag ist erfüllt, wenn „der zwölfte Teil der Summe aus den Zahlen der am Ende eines jeden Monats beschäftigten Arbeitnehmer einschließlich der zu ihrer Berufsausbildung Beschäftigten sowie der im Ausland beschäftigten Arbeitnehmer" mehr als 5.000 ergibt (§ 1 Abs. 2 S. 5 PublG). Die **Arbeitnehmereigenschaft** ist nach den Grundsätzen des Arbeitsrechts zu beurteilen[2156]. Bei

---

[2153] Vgl. ADS⁶, § 277 HGB, Tz. 37 f.
[2154] Vgl. m.w.N. ADS⁶, § 1 PublG, Tz. 39; auch DRS 25.49.
[2155] Vgl. ADS⁶, § 1 PublG, Tz. 35.
[2156] Vgl. ADS⁶, § 267 HGB, Tz. 13.

juristischen Personen sind die Mitglieder der Geschäftsführung, die zugleich Organstellung haben, also ebenso wenig mitzuzählen wie die zur Geschäftsführung berechtigten Gesellschafter einer Personenhandelsgesellschaft und der selbst mitarbeitende Einzelkaufmann.

Fraglich ist, ob **Teilzeitbeschäftigte** voll oder nur „anteilig" zu zählen sind. Geht man davon aus, dass das Gesetz mit der Zahl der Beschäftigten an den Umfang der Beziehungen anknüpfen wollte, die zwischen einem Unternehmen und den Arbeitnehmern bestehen, so liegt es nahe, auch Teilzeitbeschäftigte voll zu zählen[2157]. Für die Ermittlung der Beschäftigtenzahl bei Vorliegen von **RGJ** gelten die Ausführungen zu den Umsatzerlösen entspr. (vgl. Kap. F Tz. 1528).

1530

14.1.3 Befreiung bei Einbeziehung in einen Konzernabschluss

Ebenso wie KapGes. nach § 264 Abs. 3 HGB die besonderen Vorschriften der §§ 264 ff. HGB auf ihren JA nicht anwenden müssen, wenn sie in den KA eines MU einbezogen worden sind und weitere Voraussetzungen erfüllt sind (vgl. Kap. F Tz. 263), hat der Gesetzgeber eine entspr. **Befreiungsmöglichkeit** in § 5 Abs. 6 PublG auch für Unternehmen vorgesehen, die nach dem PublG Rechnung legen.

1531

Unternehmen müssen einen JA nach den besonderen Anforderungen des PublG nicht aufstellen, prüfen lassen und offenlegen, wenn:

1532

- das zu befreiende Unternehmen in den KA eines MU i.S.d. § 11 PublG oder des § 290 HGB einbezogen ist (vgl. Kap. F Tz. 1534 ff. und Kap. G Tz. 168 ff.) und
- im Übrigen die entspr. geltenden Voraussetzungen des § 264 Abs. 3 HGB erfüllt sind[2158]:
  – Alle Gesellschafter müssen der Befreiung für das jeweilige GJ zugestimmt haben (vgl. Kap. F Tz. 266).
  – Das MU muss zur Haftungs-/Verlustübernahme verpflichtet sein (vgl. Kap. F Tz. 267 ff.; Kap. F Tz. 1538 f.).
  – Die Befreiung des Unternehmens muss im Anh. des befreienden KA angegeben sein (vgl. Kap. F Tz. 274).
  – Der Zustimmungsbeschluss der Gesellschafter, die Haftungs-/Verlustübernahmeerklärung, sofern erforderlich, sowie der befreiende KA, KLB und der zugehörige BestV müssen für das zu befreiende Unternehmen nach § 9 Abs. 1 PublG i.V.m. § 325 Abs. 1 bis 1b HGB offengelegt werden (vgl. Kap. F Tz. 275).

§ 5 Abs. 6 PublG befreit von der Anwendung der besonderen Vorschriften des PublG für den JA, dessen Prüfung und Offenlegung. Die für alle Kaufleute geltenden Vorschriften zum JA (§§ 242 ff. HGB, vgl. Kap. F Tz. 1540) sind dagegen weiterhin anzuwenden. Von den Befreiungen darf auch **einzeln Gebrauch** gemacht werden. So darf bspw. der JA inhaltlich nach den Vorschriften des PublG aufgestellt werden, dessen Prüfung und/oder Offenlegung jedoch unterbleiben.

1533

[2157] Vgl. m.w.N. ADS[6], § 1 PublG, Tz. 43; ebenso *Ischebeck/Nissen-Schmidt*, in: HdR[5], § 1 PublG, Rn. 7.
[2158] Vgl. hierzu *Winkeljohann/Deubert*, in: BeBiKo[11], § 264, Rn. 115 ff.

F   Rechnungslegung im Jahresabschluss und Lagebericht nach Handels- und Publizitätsgesetz

> **Hinweis 104:**
>
> Der persönliche Anwendungsbereich des PublG erfasst **Personenhandelsgesellschaften** i.S.d. § 3 Abs. 1 Nr. 1 PublG (OHG und KG), bei denen natürliche Personen mit ihrem Vermögen voll haften. Für **Einzelkaufleute** und **Unternehmen i.S.d. § 3 Abs. 1 Nrn. 3 bis 5 PublG** findet die Vorschrift dem Grunde nach ebenfalls Anwendung; zweifelhaft ist jedoch regelmäßig, ob für diese die Voraussetzung einer Einbeziehung in den KA eines MU erfüllt werden kann[2159].

1534 Voraussetzung für die Befreiung nach § 5 Abs. 6 PublG ist, dass das Unternehmen in den **KA eines MU** tatsächlich einbezogen worden ist. Dieser KA muss entweder nach den Vorschriften des § 11 PublG oder des § 290 HGB aufgestellt worden sein. Damit kann – anders als für Zwecke der §§ 264 Abs. 3 bzw. 264b HGB – die Befreiung nicht in Anspruch genommen werden, wenn es sich um den KA eines ausländischen MU handelt[2160]. Die Befreiung greift ferner nicht, wenn die Einbeziehung bspw. nach § 296 HGB (Wahlrechte) unterbleibt (vgl. Kap. F Tz. 264).

1535 Die Einbeziehung in einen **KA nach § 11 PublG** setzt voraus, dass auf das zu befreiende Unternehmen von einem anderen Unternehmen mit Sitz (Hauptniederlassung) im Inland ein beherrschender Einfluss ausgeübt werden kann. Dies setzt wiederum voraus, dass derjenige, der den KA aufstellt, als Unternehmen anzusehen ist[2161]. Ein beherrschender Einfluss dürfte bei einer OHG in Betracht kommen, wenn einem der Gesellschafter die Geschäftsführungsbefugnis übertragen worden ist. Bei der KG steht sie regelmäßig dem Komplementär zu. Da sich der Anwendungsbereich der §§ 1 ff. PublG auf Personenhandelsgesellschaften beschränkt, bei denen mindestens eine natürliche Person voll haftet, wird auf der oberen Leitungsebene i.d.R. eine **natürliche Person** stehen. Diese kann nicht nach § 290 HGB, wohl aber nach § 11 PublG zur Konzernrechnungslegung verpflichtet sein, wenn sie wg. anderweitiger wirtschaftlicher Aktivitäten als Unternehmen zu qualifizieren ist[2162].

Bei mehrstöckigen Konstruktionen kann es sich ergeben, dass die natürliche Person als Vollhafter auf der oberen Ebene beteiligt ist und diese (obere) Personenhandelsgesellschaft wiederum unmittelbar die Komplementärstellung bei der (unteren) Personenhandelsgesellschaft innehat. In diesem Fall ist es möglich, dass der befreiende KA auf der Ebene der **Mutter-Personenhandelsgesellschaft** aufgestellt wird. Auf welcher Stufe der befreiende KA i.S.d. § 5 Abs. 6 PublG aufgestellt wird, ist gleichgültig. Allerdings ist zu beachten, dass Personenhandelsgesellschaften und Einzelkaufleute nach § 11 Abs. 5 S. 2 PublG von der Konzernrechnungslegung freigestellt sind, wenn sich ihr Gewerbebetrieb auf die **Vermögensverwaltung** beschränkt und sie nicht Aufgaben der Konzernleitung wahrnehmen. Wird in diesen Fällen jedoch freiwillig ein KA nach Maßgabe der §§ 11 ff. PublG aufgestellt, geprüft und offengelegt, dürfte die Befreiung gleichwohl greifen.

1536 Die Einbeziehung in einen **KA nach § 290 HGB** erscheint auf den ersten Blick als Ausnahmefall. Ist das MU eine KapGes. oder eine KapCoGes., kommt die Befreiung nach § 5 Abs. 6 PublG i.d.R. nicht zum Tragen, da die zu befreiende Personenhandelsgesellschaft

---

2159 Vgl. *Winkeljohann/Deubert*, in: BeBiKo[11], § 264b, Rn. 82.
2160 Vgl. *Winkeljohann/Deubert*, in: BeBiKo[11], § 264b, Rn. 83.
2161 Zum Unternehmensbegriff vgl. Kap. C Tz. 44 ff.; ADS[6], § 11 PublG, Tz. 6.
2162 Vgl. dazu im Einzelnen Kap. C Tz. 48; ADS[6], § 11 PublG, Tz. 11.

gar nicht in den Anwendungsbereich des PublG, sondern unter die Regelung des § 264a HGB fällt. Es ist jedoch möglich, dass neben dem MU eine natürliche Person als weiterer Vollhafter beteiligt ist. Außerdem kann bei entspr. Ausgestaltung des Gesellschaftsvertrags auch ein Kommanditist als MU anzusehen sein[2163]. Dieser könnte als KapGes. verpflichtet sein, das Unternehmen in seinen KA nach § 290 HGB einzubeziehen.

1537 Auch bei Personenhandelsgesellschaften müssen nach § 5 Abs. 6 PublG i.V.m. § 264 Abs. 3 S. 1 Nr. 1 HGB **alle** persönlich haftenden **Gesellschafter** sowie alle Kommanditisten der Befreiung **zustimmen**, weil die sonst gebotene Anwendung der Rechnungslegungsvorschriften des PublG auch in deren Informationsinteresse liegt.

1538 Zum Schutz der Gläubiger des zu befreienden Unternehmens muss seitens des MU in dem auf die Befreiungsinanspruchnahme folgenden GJ eine unbedingte und in ihrer Höhe unbeschränkte **Einstandspflicht für die Verpflichtungen** des zu befreienden Unternehmens bestehen (§ 264 Abs. 3 S. 1 Nr. 2 HGB). Die Einstandspflicht kann sich aus einer Innen- oder Außenhaftung des MU ergeben (vgl. Kap. F Tz. 267), d.h. die gesetzliche Haftung (§§ 128, 161 Abs. 1 HGB) des MU als persönlich haftender Gesellschafter für die Schulden der zu befreienden Gesellschaft ist ausreichend. Einer zusätzlichen Haftungs-/Verlustübernahmeerklärung bedarf es nicht[2164]. Allerdings ist es erforderlich, dass das **Mutterunternehmen**, das den befreienden KA aufstellt, selbst unmittelbar und nicht (nur) ein anderer Gesellschafter als **Vollhafter** einstandspflichtig ist. Ist das MU nicht zugleich persönlich haftender Gesellschafter des zu befreienden Unternehmens bedarf es für das Vorliegen der Tatbestandsvoraussetzung nach § 264 Abs. 3 S. 1 Nr. 2 HGB i.V.m. § 5 Abs. 6 PublG dagegen der Abgabe einer (harten) Patronatserklärung ggü. der Ges. (vgl. Kap. F Tz. 268) oder der Abgabe einer inhaltlich den Anforderungen des § 302 AktG entspr. Verlustübernahmeerklärung ggü. dem zu befreienden Unternehmen.

1539 Wenn das **MU** ausnahmsweise als **Kommanditist** an der Ges. beteiligt ist, genügt die Einstandspflicht mit den (Haft-)Einlagen nicht. Erforderlich für die Befreiung nach § 5 Abs. 6 PublG i.V.m. § 264 Abs. 3 S. 1 Nr. 2 HGB ist eine in der Höhe nicht beschränkte Haftung. In diesen Fällen bedarf es daher einer (harten) Patronatserklärung ggü. der Ges. (vgl. Kap. F Tz. 268) oder der Abgabe einer besonderen, inhaltlich § 302 AktG entspr. Verlustübernahmeerklärung über den Ausgleich sonst entstehender Jahresfehlbeträge (vgl. Kap. F Tz. 270), um das betreffende Unternehmen – vorbehaltlich des Vorliegens der übrigen Befreiungsvoraussetzungen – von der Pflicht zur Aufstellung, Prüfung und Offenlegung eines JA nach den Vorschriften des PublG zu befreien.

14.2 Jahresabschluss

14.2.1 Anwendung der für alle Kaufleute geltenden Vorschriften der §§ 242 ff. HGB

1540 Nach § 5 Abs. 1 S. 1 PublG haben alle unter das PublG fallende Unternehmen einen JA nach § 242 HGB aufzustellen. Auf diesen JA finden – unbeschadet der Vorschriften, die durch die Rechtsform oder den Geschäftszweig bestimmt sind – uneingeschränkt die

---

[2163] Vgl. *Winkeljohann/Deubert*, in: BeBiKo[11], § 264b, Rn. 28 ff.; ADS[6], § 290 HGB, Tz. 139, und § 17 AktG, Tz. 78.
[2164] Gl.A. *Winkeljohann/Deubert*, in: BeBiKo[11], § 264b, Rn. 85.

Bestimmungen der §§ 242-256a HGB bspw. zu Aufstellung (§ 243 Abs. 1 und 2 HGB), Ansatz (§§ 246-251 HGB) und Bewertung (§§ 252-256a HGB) Anwendung (vgl. Kap. F Tz. 11 ff., Kap. F Tz. 32 ff. und Kap. F Tz. 79 ff.). Lediglich die Zeit, innerhalb der der JA aufzustellen ist, ist abw. von § 243 Abs. 3 HGB mit drei Monaten nach Ende des GJ bestimmt (§ 5 Abs. 1 S. 1 PublG). Ferner ist § 247 Abs. 1 HGB wg. der Anwendungspflicht des § 266 HGB (§ 5 Abs. 1 S. 2 PublG) ohne praktische Bedeutung. Als geschäftszweigbedingte Besonderheiten (§ 5 Abs. 1 S. 3 PublG) kommen in erster Linie Gliederungs- und Ausweisvorschriften in Betracht[2165].

14.2.2 Anwendung der ergänzenden Vorschriften für Kapitalgesellschaften für die Bilanz und die Gewinn- und Verlustrechnung

14.2.2.1 Überblick

1541 Zusätzlich zu den Vorschriften, die für alle Kaufleute gelten, haben die unter das PublG fallenden Unternehmen bei der Aufstellung des JA die meisten der **ergänzenden Vorschriften**, die das HGB für die Bilanz und die GuV der KapGes. vorsieht (§§ 265 ff. HGB, vgl. Kap. F Tz. 14), sinngemäß anzuwenden. Ausgenommen hiervon sind insb. die handelsrechtlichen Größenkriterien inkl. der größenabhängigen Erleichterungen (§§ 267, 274a und 276 HGB), da nur im handelsrechtlichen Sinne *große* Unternehmen dem PublG unterliegen[2166]. Darüber hinaus sind einzelne allgemeine, für KapGes. geltende Vorschriften, z.B. §§ 267, 267a HGB, nicht anzuwenden (§ 5 Abs. 1 S. 2 PublG).

1542 Neben den nicht anwendbaren größenspezifischen Vorgaben ist die wesentliche Abweichung der JA von Unternehmen, die unter das PublG fallen, die nicht erforderliche Beachtung der Generalnorm des § 264 Abs. 2 HGB[2167] (zur fehlenden Aufstellungspflicht eines Anh. für Personenhandelsgesellschaften und Einzelkaufleute vgl. Kap. F Tz. 1564). Stattdessen muss der JA formal lediglich den Bestimmungen in § 243 Abs. 1 und 2 HGB genügen, d.h. er ist nach den GoB aufzustellen und muss klar und übersichtlich sein. Abgesehen von der Inanspruchnahme von Erleichterungen durch Personenhandelsgesellschaften und Einzelkaufleute entspricht der JA nach dem PublG sowohl hinsichtlich der äußeren Form als auch hinsichtlich des Inhalts somit (als Folge der sinngemäß in weiten Teilen anzuwendenden Vorschriften für KapGes.) dem JA einer (großen) KapGes. Ferner werden Unternehmen im Geltungsbereich des PublG, die gem. § 264d HGB kapitalmarktorientiert sind, durch § 5 Abs. 2a PublG mit sonstigen kapitalmarktorientierten Unternehmen gleichgestellt (vgl. dazu auch Kap. J).

14.2.2.2 Allgemeine Grundsätze für die Gliederung (§ 265 HGB)

1543 Nach § 5 Abs. 1 S. 2 PublG sind die allgemeinen Gliederungsgrundsätze gem. § 265 HGB sinngemäß anzuwenden. Die Pflicht zur Angabe des **Betrags des vorhergehenden GJ** für jeden Posten der Bilanz und der GuV und deren Erläuterung im Anh., wenn diese Beträge nicht vergleichbar sind oder angepasst wurden (§ 265 Abs. 2 HGB, vgl. Kap. F Tz. 288 ff.), entfällt grds. für Unternehmen, die erstmals einen JA nach den Vorschriften des PublG aufzustellen haben[2168]. Geben diese Unternehmen freiwillig angepasste VJ-

---

[2165] Vgl. ADS[6], § 5 PublG, Tz. 52.
[2166] Vgl. ADS[6], § 5 PublG, Tz. 26.
[2167] Vgl. ADS[6], § 264 HGB, Tz. 7-9, und § 5 PublG, Tz. 26; ebenso *Ischebeck/Nissen-Schmidt*, in: HdR[5], § 5 PublG, Rn. 4-6.
[2168] Vgl. ADS[6], § 5 PublG, Tz. 29.

Beträge an, braucht auf die Anpassung nicht besonders hingewiesen zu werden, da der betreffende JA noch nicht veröffentlicht war.

14.2.2.3 Gliederung der Bilanz (§ 266 HGB)

§ 5 Abs. 1 S. 2 PublG schreibt grds. die Anwendung des **Gliederungsschemas** nach § 266 **HGB** (einschl. der Vermerke nach § 268 HGB) vor. Nach § 5 Abs. 3 PublG i.V.m. § 330 HGB sind die **Formblattvorschriften** für bestimmte Geschäftszweige zu beachten[2169], soweit diese nicht auf KapGes. begrenzt sind[2170]. 1544

Auch wenn in § 5 Abs. 1 S. 2 PublG ein Verweis auf § 264c HGB fehlt, sollten dem PublG unterliegende Personenhandelsgesellschaften die in § 264c Abs. 2 HGB für KapCoGes. vorgeschriebenen Regelungen zum **EK-Ausweis** als GoB verstehen und entspr. beachten[2171]. Dies bedeutet, dass als EK jeweils gesondert die Kapitalanteile, getrennt für die Gruppen der persönlich haftenden Gesellschafter und der Kommanditisten, etwaige Rücklagen sowie ggf. ein Gewinnvortrag und ein Jahresüberschuss gem. § 264c Abs. 2 S. 6 HGB ausgewiesen werden[2172] (vgl. Kap. F Tz. 1460). 1545

In der Bilanz von Personenhandelsgesellschaften dürfen bei der **Offenlegung** die Kapitalanteile der Gesellschafter, Rücklagen, ein Gewinnvortrag und ein Gewinn unter Abzug der nicht durch Vermögenseinlagen gedeckten Verlustanteile von Gesellschaftern, eines Verlustvortrags und eines Verlusts in einem Posten „Eigenkapital" ausgewiesen werden (§ 9 Abs. 3 PublG). Daher sollten auch keine Bedenken dagegen bestehen, in der Bilanz eines **Einzelkaufmanns** entspr. sämtliche Kapitalposten zu einem Posten „Eigenkapital" zusammenzufassen, weil hier evtl. unterschiedlichen Bezeichnungen für die einzelnen Teile des EK faktisch keinerlei Bedeutung zukommt[2173]. Dies dürfte bereits bei der Aufstellung des JA zulässig sein, da bei Einzelkaufleuten i.d.R. nur der offengelegte JA zur Kenntnis Dritter gelangt. 1546

Ist das **EK** von Personenhandelsgesellschaften und Einzelkaufleuten insgesamt **negativ**, entfällt der Ausweis auf der Passivseite. Stattdessen ist in sinngemäßer Anwendung der §§ 264c Abs. 2, 268 Abs. 3 HGB am Schluss der Bilanz auf der Aktivseite ein Posten „Nicht durch Vermögenseinlagen gedeckte Verlustanteile" – getrennt für persönlich haftende Gesellschafter und für Kommanditisten – auszuweisen. Soweit eine Zahlungsverpflichtung der Gesellschafter besteht, ist der Anspruch unter entspr. Bezeichnung gesondert unter den Forderungen („Einzahlungsverpflichtungen persönlich haftender Gesellschafter" bzw. „Einzahlungsverpflichtungen der Kommanditisten") auszuweisen[2174] (*IDW RS HFA 7 n.F.*, Tz. 50 und 39; vgl. hierzu auch Kap. F Tz. 1485 ff.). 1547

Andere Unternehmen haben das EK entspr. den für sie geltenden Vorschriften (Gesetz, Satzung u.dgl.) aufzugliedern und auszuweisen. 1548

[2169] Vgl. *Ischebeck/Nissen-Schmidt*, in: HdR[5], § 5 PublG, Rn. 10.
[2170] Vgl. zu den geltenden Formblattvorschriften ADS[6], § 330 HGB, Tz. 20-36; *Winkeljohann/Lawall*, in: BeBiKo[11], § 330, Rn. 20 f.
[2171] Gl.A. *Schmidt/Hoffmann*, in: BeBiKo[11], § 264c, Rn. 95.
[2172] Vgl. ADS[6], ErgBd., § 264c HGB n.F., Tz. 12.
[2173] Ebenso ADS[6], § 9 PublG, Tz. 40; *Winkeljohann/Taetzner*, in: BeBiKo[11], § 270, Rn. 21.
[2174] Vgl. ADS[6], ErgBd., § 264c HGB n.F., Tz. 20.

> **Hinweis 105:**
>
> Unternehmen, die unter die Bestimmungen des PublG fallen, haben auch § 268 Abs. 7 HGB zu beachten (§ 5 Abs. 1 S. 2 PublG) und dürfen deshalb das Wahlrecht, die angabepflichtigen Haftungsverhältnisse nach § 251 S. 1 letzter Hs. HGB in einem Betrag anzugeben, nicht in Anspruch nehmen. Wird von einer Personenhandelsgesellschaft oder einem Einzelkaufmann kein Anh. aufgestellt (vgl. Kap. F Tz. 1564), sind die einzelnen Haftungsverhältnisse unter der Bilanz anzugeben[2175].

14.2.2.4 Eigenkapital (§ 272 HGB)

1549 Die Bestimmungen des § 272 HGB können in den meisten Fällen nur sinngemäß bei der jeweiligen **Rechtsform** angewandt werden (vgl. hierzu Kap. F Tz. 1545).

1550 Bei KG, die selbst eine Beteiligung an einer Komplementärges. halten und die diese nach § 264c Abs. 4 S. 1 HGB als Anteile an verbundenen Unternehmen oder als Beteiligungen aktiviert haben, ist in entspr. Anwendung des § 264c Abs. 4 S. 2 HGB nach dem EK ein **„Ausgleichsposten für aktivierte eigene Anteile"** zu bilden (vgl. hierzu Kap. F Tz. 1489 ff.). Unabhängig davon, ob die KG unter § 264a HGB oder § 3 Abs. 1 Nr. 1 PublG fällt, handelt es sich der Sache nach um einen Korrekturposten zum EK, da die Beteiligung einer Rückbeteiligung i.S.d. § 272 Abs. 4 S. 1 HGB entspricht.

14.2.2.5 Gliederung der Gewinn- und Verlustrechnung (§§ 275, 277 HGB)

1551 Grds. haben die unter das PublG fallenden Unternehmen ihre GuV nach den in § 275 HGB getroffenen Bestimmungen zu gliedern (vgl. § 5 Abs. 1 S. 2 PublG; wg. der Beachtung geschäftszweigbedingter **Formblattvorschriften** vgl. Kap. F Tz. 1544).

1552 Abw. von dem genannten Grundsatz dürfen jedoch **Personenhandelsgesellschaften und Einzelkaufleute** die GuV nach den für ihr Unternehmen geltenden Bestimmungen aufstellen (§ 5 Abs. 5 S. 1 PublG). Dies bedeutet, dass – abgesehen von evtl. gesellschaftsvertraglichen oder geschäftszweigbedingten Bestimmungen – in erster Linie die GoB (§ 243 Abs. 1 HGB) zu beachten sind[2176].

1553 Das HGB schreibt lediglich für KapGes. und für KapCoGes. vor, dass die GuV in Staffelform aufzustellen ist (§ 275 Abs. 1 HGB). Personenhandelsgesellschaften und Einzelkaufleute i.S.d. § 3 Abs. 1 Nr. 1 PublG sind hieran nicht gebunden (§ 5 Abs. 5 S. 1 PublG), d.h. sie dürfen die GuV sowohl in der Konto- als auch in der Staffelform aufstellen. Gliedern **Personenhandelsgesellschaften** und **Einzelkaufleute** ihre GuV nach § 275 HGB, brauchen die **Steuern**, die sie als Steuerschuldner zu entrichten haben, nicht gesondert ausgewiesen zu werden. Es genügt deren Einbeziehung in die sonstigen (betrieblichen) Aufwendungen (§ 5 Abs. 5 S. 2 PublG, vgl. auch Kap. F Tz. 1557).

1554 Ergänzend zu den Gliederungsvorschriften des § 275 HGB sind von den betroffenen Unternehmen auch die Bestimmungen des § 277 HGB zu einzelnen Posten der GuV zu beachten. Danach sind u.a. **außerplanmäßige Abschreibungen** nach § 253 Abs. 3 S. 5 und 6 HGB kenntlich zu machen (gesonderter Ausweis oder Angabe im Anh., § 277 Abs. 3 S. 1 HGB). Ebenso wie bei KapGes. umfasst der gesonderte Ausweis oder die Anh.-Angabe neben den zwingenden Abschreibungen wg. voraussichtlich dauernder

---

[2175] Vgl. Grottel/Haußer, in: BeBiKo[11], § 251, Rn. 8.
[2176] Vgl. Schmidt/Peun, in: BeBiKo[11], § 275, Rn. 324.

Wertminderungen auch die weiteren Abschreibungen wg. voraussichtlich nur vorübergehender Wertminderungen auf Finanzanlagen (vgl. Kap. F Tz. 180).

14.2.3 Nichtaufnahme des Privatvermögens von Einzelkaufleuten und Personenhandelsgesellschaften in den Jahresabschluss (§ 5 Abs. 4 PublG)

Das **Privatvermögen** (einschl. der privaten Schulden) sowie die auf das Privatvermögen entfallenden Aufwendungen und Erträge dürfen nicht in einen nach den Vorschriften des PublG aufzustellenden JA aufgenommen werden (§ 5 Abs. 4 PublG). Das bedeutet ferner, dass auch die privaten Verbindlichkeiten nicht in Erscheinung treten dürfen. Da private Gläubiger eines Einzelkaufmanns in dessen betriebliches Vermögen vollstrecken dürfen, können private Schulden das Betriebsvermögen erheblich gefährden. In diesem Fall entspricht es der Berufsübung, den Bilanzleser hierauf durch einen Hinweis im BestV aufmerksam zu machen (vgl. *IDW St/HFA 1/1972 i.d.F. 1990*). **1555**

Schwierigkeiten in der Abgrenzung zwischen Privat- und Betriebsvermögen sind in erster Linie bei **Einzelkaufleuten** denkbar. Zum Privatvermögen rechnet alles, was nicht dem Handelsgeschäft des Kaufmanns gewidmet ist. Im Zweifel kann dabei die steuerrechtliche Unterscheidung in notwendiges und gewillkürtes Betriebsvermögen auch für die Bilanzierung nach § 5 PublG von Bedeutung sein[2177]. Bei Gegenständen, die sowohl Privat- als auch Betriebsvermögen sein können (z.B. Wertpapiere, Reservegrundstücke), kommt es dann auf den Willen des Kaufmanns an, welchem Vermögensbereich sie zuzurechnen sind. Eine willkürliche Änderung der Zurechnung ist unzulässig. **1556**

Besondere Bedeutung kommt der Abgrenzung der **Privatschulden** zu. Schulden aus dem Kauf von zum Privatvermögen gehörenden Gegenständen sind unbeschadet dessen, dass das Vermögen der Handelsges. für ihre Erfüllung mithaftet, nicht in die Jahresbilanz aufzunehmen. Auch **persönliche Steuerschulden** für ESt u.dgl. werden üblicherweise nicht unter den betrieblich begründeten Verpflichtungen bilanziert, wohl aber Gewerbesteuerschulden, Schulden für USt u.dgl. Der Grund liegt darin, dass für die zuerst genannten Steuern das Unternehmen nicht Steuerschuldner ist und außerdem die Höhe der Steuern wesentlich von außerhalb des Handelsgeschäfts liegenden Faktoren bestimmt wird. Fraglich ist, ob der Wortlaut des § 5 Abs. 4 PublG die Passivierung von persönlichen Steuerschulden ausschließt. Vor dem Hintergrund der Ratio der Bestimmung zum Schutz der Privatspäre sowie der Möglichkeiten, die Gewinnverwendung in dem einzureichenden und bekanntzumachenden JA bereits zu berücksichtigen, sollten bei Einzelkaufleuten keine Bedenken bestehen, analog zur Zulässigkeit der aufwandswirksamen Erfassung von persönlichen Steuern, auch die Passivierung der auf das Handelsgeschäft entfallenden persönlichen Steuerschulden zuzulassen[2178]. Wird so verfahren, ist auf diese Handhabung in einer Fußnote zur Bilanz hinzuweisen. **1557**

Besonders problematisch sind „private" **Kreditaufnahmen**, die der Kaufmann zur Finanzierung von **Einlagen** in das Handelsgeschäft benutzt. Durch die Nichtbilanzierung als Verbindlichkeit und den Ausweis als EK wird die Vermögens- und Ertragslage u.U. zu günstig dargestellt, was insb. im Hinblick auf das öffentliche Interesse an einer zu- **1558**

[2177] So auch ADS[6], § 5 PublG, Tz. 61; § 246 HGB, Tz. 425; *Kirsch*, in: BoHdR[2], § 5 PublG, Rn. 102.
[2178] Vgl. ADS[6], § 5 PublG, Tz. 42 und 62; *Ischebeck/Nissen-Schmidt*, in: HdR[5], § 5 PublG, Rn. 20; *Förschle/Kropp*, in: Winkeljohann/Förschle/Deubert, Sonderbilanzen[5], Kap. B, Rn. 104 und 111.

treffenden Publizität bedenklich erscheint. I.d.R. werden derartige Kredite nicht Privatschulden, sondern Betriebsschulden sein und müssen daher in die Bilanz als solche aufgenommen werden[2179].

1559 Auch der von einem **stillen Gesellschafter** gegebene Kapitalanteil ist nicht dem Privatvermögen des Kaufmanns, sondern dem Handelsgeschäft zuzurechnen (§ 230 Abs. 1 HGB; zu den Voraussetzungen für einen Ausweis im EK vgl. Kap. F Tz. 1324).

1560 Bei **Personenhandelsgesellschaften** treten derartige Zurechnungsfragen in geringerem Maße auf, da hier das in der Ges. gebundene Vermögen i.d.R. allen Gesellschaftern zur gesamten Hand gehört (§§ 718 f. BGB) und insoweit eine klare Abgrenzung vom Privatvermögen der einzelnen Gesellschafter besteht. Ggf. ist die Zurechnung nach den Grundsätzen über die wirtschaftliche Zugehörigkeit zu entscheiden. Zu den Ansatzbesonderheiten bei Personenhandelsgesellschaften, wenn Gesellschafter Vermögensgegenstände zur Nutzung *und* dem Werte nach oder nur zur Nutzung einbringen vgl. Kap. F Tz. 34.

14.2.4 Anlage zur Bilanz bei Einzelkaufleuten und Personenhandelsgesellschaften (§ 5 Abs. 5 S. 3 PublG)

1561 Personenhandelsgesellschaften und Einzelkaufleute dürfen anstelle der GuV eine sog. **Anlage zur Bilanz** beim BAnz. einreichen und offenlegen (§ 5 Abs. 5 S. 3 sowie § 9 Abs. 2 PublG)[2180]. Die Angaben dieser Anlage beziehen sich auf einzelne Posten, die in einer nach § 275 Abs. 2 HGB aufgestellten GuV gesondert auszuweisen wären (§ 5 Abs. 5 S. 3 Nrn. 1 bis 3 PublG), auf Erläuterungen zu den Bewertungs- und Abschreibungsmethoden einschl. wesentlicher Änderungen (Nr. 4) sowie auf die durchschnittliche Zahl der Beschäftigten (Nr. 5).

> **! Hinweis 106:**
> Die Angaben in der Anlage zur Bilanz werden grds. durch die entspr. handelsrechtlichen Vorgaben nach § 277 Abs. 1 HGB (Umsatzerlöse, vgl. Kap. F Tz. 792 ff.), § 275 Abs. 2 Nr. 9 bzw. Abs. 3 Nr. 8 HGB (Erträge aus Beteiligungen, vgl. Kap. F Tz. 836 ff.) und § 275 Abs. 2 Nr. 6 HGB (Personalaufwand, vgl. Kap. F Tz. 815 ff.) bestimmt.

1562 Unter den Angaben nach Nr. 4 sind für die wichtigen, den Inhalt der Bilanz bestimmenden Posten die angewandten **Bewertungs- und Abschreibungsmethoden** (vgl. Kap. F Tz. 975) zu nennen. Die Angaben müssen so vollständig und klar sein, dass sich ein verständiger Bilanzleser ein Bild machen kann. Ggf. genügen Fußnoten in der Bilanz (z.B. bei Vorräten: zu HK oder niedrigerem zu erwartenden (Netto-)Veräußerugserlös), auf die in der Anlage verwiesen werden kann. Im Übrigen müssen die Angaben jedes Jahr erfolgen. Verweise auf Angaben in früheren Jahren sind nicht zulässig. Wesentliche **Änderungen** von Bewertungs- und Abschreibungsmethoden sind anzugeben. Die Verpflichtung entspricht in etwa der des § 284 Abs. 2 Nrn. 1 und 2 HGB (vgl. Kap. F Tz. 952 ff. und Kap. F Tz. 976 ff.), wenngleich nach dem PublG nur auf die Bewertungs-, nicht jedoch auf die Bilanzierungsmethoden abgestellt wird und die Abweichungen we-

---

2179 Vgl. ADS[6], § 5 PublG, Tz. 62.
2180 Vgl. hierzu ADS[6], § 5 PublG, Tz. 75.

der zu begründen sind, noch deren Einfluss auf die VFE-Lage darzustellen ist[2181]. Einzelheiten der Änderungen brauchen nicht genannt zu werden. Zweifelhaft ist, ob die Angabe wesentlicher Änderungen von Bewertungs- und Abschreibungsmethoden für den ersten publizitätspflichtigen JA unterbleiben darf[2182].

Für die Angabe der **Zahl der Beschäftigten** (Nr. 5) ist zwingend ein Durchschnittswert zu bilden. Für deren Ermittlung kommen dabei sowohl monatliche Werte nach § 1 Abs. 2 S. 5 PublG als auch quartalsweise erhobene Werte nach § 267 Abs. 5 HGB in Betracht[2183]. Bei RGJ sind so viele Monate des vorangehenden GJ hinzuzählen bis zwölf Monate erreicht sind[2184]. Aufgrund des fehlenden Verweises auf § 285 Nr. 7 HGB besteht keine Pflicht zur Aufteilung der durchschnittlichen Mitarbeiterzahl nach Gruppen (§ 5 Abs. 5 Nr. 5 PublG)[2185]. 1563

14.3 Anhang

Nach § 5 Abs. 2 PublG haben die unter das PublG fallenden Unternehmen ihren JA um einen Anh. zu erweitern. **Ausgenommen** hiervon sind lediglich Personenhandelsgesellschaften und Einzelkaufleute, soweit diese Unternehmen nicht kapitalmarktorientiert (in sinngemäßer Anwendung des § 264d HGB) sind (§ 5 Abs. 2 S. 1 und Abs. 2a S. 1 PublG). Für den Anh. gelten die §§ 284-286 HGB sinngemäß. Darüber hinaus enthalten die §§ 265, 268 und 277 HGB zusätzliche Bestimmungen, die zu Angaben im Anh. **verpflichten** oder **wahlweise** Angaben für die Bilanz, die GuV oder den Anh. vorschreiben. Diese sind von den Unternehmen, die nach § 3 Abs. 1 Nrn. 1 bis 5 i.V.m. § 5 Abs. 2 oder 2a PublG einen Anh. aufzustellen haben, ebenfalls sinngemäß anzuwenden. Lediglich Angaben zum MU nach § 285 Nr. 14 HGB (vgl. Kap. F Tz. 1117 ff.) sowie rechtsformspezifische Angaben bei KapCoGes. und für die AG brauchen nicht zu erfolgen[2186]. 1564

Anders verhält es sich bei den in sinngemäßer Anwendung des § 264d HGB nicht kapitalmarktorientierten **Personenhandelsgesellschaften** und **Einzelkaufleuten**. Diese sind zur Aufstellung eines Anh. nicht verpflichtet (§ 5 Abs. 2 S. 1 PublG). Daher können sie grds. auch nicht durch sinngemäß anzuwendende Vorschriften, welche Angaben (ausschließlich) für den Anh. vorschreiben (z.B. § 268 Abs. 7 Nr. 1 HGB), zu zusätzlichen Angaben verpflichtet sein. Bei Ausweiswahlrechten sind die Angaben von diesen Unternehmen entspr. an alternativer Stelle zu machen. 1565

Fehlbeträge nach Art. 28 Abs. 2 EGHGB brauchen nicht angegeben zu werden, da sich diese Vorschrift nur auf KapGes. bezieht[2187]. 1566

14.4 Lagebericht

Nach § 5 Abs. 2 PublG haben die unter das PublG fallenden Unternehmen mit **Ausnahme** der Personenhandelsgesellschaften und Einzelkaufleute auch einen LB aufzustellen. Für den LB gilt § 289 HGB sinngemäß, d.h. er ist entspr. den für KapGes. gel- 1567

[2181] Vgl. *Schmidt/Peun*, in: BeBiKo[11], § 275, Rn. 326; a.A. (Bilanzierungsmethoden nach Sinn und Zweck ebenfalls anzugeben) ADS[6], § 5 PublG, Tz. 83; *Castan*, in: BHdR, B 740, Rn. 32.
[2182] Verneinend ADS[6], § 5 PublG, Tz. 85; *Ischebeck/Nissen-Schmidt*, in: HdR[7], § 5 PublG, Rn. 33.
[2183] Vgl. *Grottel*, in: BeBiKo[11], § 285, Rn. 200; ADS[6], § 5 PublG, Tz. 86.
[2184] Vgl. *Grottel*, in: BeBiKo[11], § 285, Rn. 201.
[2185] Vgl. *Schmidt/Peun*, in: BeBiKo[11], § 275, Rn. 326.
[2186] Vgl. *Gelhausen/Fey/Kämpfer*, BilMoG, Kap. X, Rn. 7.
[2187] Vgl. ADS[6], § 284 HGB, Tz. 159.

tenden Vorschriften aufzustellen[2188]. Auf die Erläuterungen in Kap. F Tz. 1354 ff. wird verwiesen.

> **Hinweis 107:**
>
> Da die Pflicht zur Aufstellung eines LB für unter das PublG fallende Unternehmen nicht aus einem Verweis auf die §§ 264 und 289 HGB resultiert, sondern auf eine sinngemäße Anwendung des § 289 HGB abstellt, brauchen diese Unternehmen **keinen Entgeltbericht** nach §§ 21 f. EntgTranspG zu erstellen (vgl. *HFA*, IDW Life 2018, S. 310 (311); ausführlich zum Entgeltbericht Kap. F Tz. 1425 ff.)[2189]

2188 Vgl. ADS⁶, § 5 PublG, Tz. 57; *Kirsch*, in: BoHdR², § 5 PublG, Rn. 78; *Ischebeck/Nissen-Schmidt*, in: HdR⁵, § 5 PublG, Rn. 14.
2189 Vgl. *Rimmelspacher/Kliem*, DB 2018, S. 265 (267).

Kapitel G

Rechnungslegung im Konzern nach dem HGB und dem PublG

Verfasser:
WP StB Prof. Dr. Peter Wollmert, Stuttgart

Mitarbeit:
WP StB Prof. Dr. Peter Oser, Stuttgart
StB Dr. Katharina Philippsen, Essen
WP StB Dr. Ahmad Sultana, Dortmund

G Rechnungslegung im Konzern nach dem HGB und dem PublG

Inhalt Tz.
1. Grundlagen der Konzernrechnungslegung 1
   1.1 Aufgaben der Konzernrechnungslegung 1
   1.2 Rechtsgrundlagen 6
   1.3 Einheitsgrundsatz 12
   1.4 Grundsatz der Stetigkeit 16
2. Pflicht zur Aufstellung eines Konzernabschlusses und Konzernlageberichts . . 18
   2.1 Grundsätzliche Aufstellungspflicht 18
      2.1.1 Konzept des beherrschenden Einflusses (Control-Concept) 18
         2.1.1.1 Mutter-Tochter-Verhältnis nach § 290 Abs. 1 HGB 18
            2.1.1.1.1 Definition des Mutter-Tochter-Verhältnisses (§ 290 Abs. 1 HGB) 18
            2.1.1.1.2 Präsenzmehrheit bei Hauptversammlungen 22
            2.1.1.1.3 Potenzielle Stimmrechte 23
         2.1.1.2 Unwiderlegbare Beherrschungsvermutungen des § 290 Abs. 2 HGB 24
            2.1.1.2.1 Grundsatz 24
            2.1.1.2.2 Mehrheit der Stimmrechte 26
            2.1.1.2.3 Recht zur Besetzung der Mehrheit der Unternehmensorgane 30
            2.1.1.2.4 Beherrschender Einfluss aufgrund Beherrschungsvertrag oder Satzungsbestimmung 33
            2.1.1.2.5 Mehrheit der Risiken und Chancen bei Zweckgesellschaften 36
         2.1.1.3 Zurechnung und Abzug von Rechten nach § 290 Abs. 3 HGB . 49
      2.1.2 Mutterunternehmen einer Personenhandelsgesellschaft i.S.d. § 264a HGB 55
      2.1.3 Transaktionen unter gemeinsamer Beherrschung 58
      2.1.4 Besonderheiten nach dem PublG 61
         2.1.4.1 Vorbemerkungen 61
         2.1.4.2 Voraussetzungen für die Verpflichtungen zur Konzernrechnungslegung 65
            2.1.4.2.1 Mutter-Tochter-Verhältnis 65
            2.1.4.2.2 Mögliche Ausübung beherrschenden Einflusses durch ein Unternehmen 67
            2.1.4.2.3 Größenmerkmale 77
            2.1.4.2.4 Beginn und Dauer der Konzernrechnungslegungspflicht 93
         2.1.4.3 Besonderheiten bei Nichteinbeziehung des Mutterunternehmens 98
   2.2 Befreiung von der grundsätzlichen Aufstellungspflicht 105
      2.2.1 Befreiung mangels einbeziehungspflichtiger Tochterunternehmen nach § 290 Abs. 5 HGB 105
      2.2.2 Befreiende Konzernabschlüsse und Konzernlageberichte 107
         2.2.2.1 Pflicht zur Aufstellung von Teilkonzernabschlüssen und Teilkonzernlageberichten 107
         2.2.2.2 Befreiende Konzernabschlüsse und Konzernlageberichte 109

	2.2.2.3		Befreiung durch Mutterunternehmen mit Sitz innerhalb der EU/des EWR (§ 291 HGB)......	110
		2.2.2.3.1	Befreiender Konzernabschluss und Konzernlagebericht eines übergeordneten Mutterunternehmens........	110
		2.2.2.3.2	Einbeziehung.................................	113
		2.2.2.3.3	Inhalt.......................................	116
		2.2.2.3.4	Prüfung.....................................	121
		2.2.2.3.5	Anhang.....................................	122
		2.2.2.3.6	Offenlegung.................................	126
		2.2.2.3.7	Grenzen der Befreiungsmöglichkeiten............	130
	2.2.2.4		Befreiung durch Mutterunternehmen mit Sitz außerhalb der EU/des EWR (§ 292 HGB)......	134
		2.2.2.4.1	Inhalt.......................................	134
		2.2.2.4.2	Prüfung.....................................	140
		2.2.2.4.3	Anhang, Offenlegung und Grenzen der Befreiungsmöglichkeiten............................	144
2.2.3			Größenabhängige Befreiungen...........................	148
	2.2.3.1		Grundsatz...	148
	2.2.3.2		Abgrenzung des Konsolidierungskreises.................	155
	2.2.3.3		Größenmerkmale.....................................	156
		2.2.3.3.1	Bilanzsumme................................	156
		2.2.3.3.2	Umsatzerlöse................................	160
		2.2.3.3.3	Anzahl der Arbeitnehmer.....................	161
	2.2.3.4		Beginn und Dauer der Befreiung.......................	163
	2.2.3.5		Nichtanwendbarkeit der Befreiungsregel...............	166
2.2.4			Besonderheiten nach dem PublG.........................	168

3. Abgrenzung des Konsolidierungskreises............................. 172
   3.1 Weltabschlussprinzip.. 172
   3.2 Konsolidierungswahlrechte.................................. 176
      3.2.1 Beschränkungen in der Ausübung der Rechte........ 176
      3.2.2 Unverhältnismäßig hohe Kosten oder unangemessene Verzögerungen.. 185
      3.2.3 Beabsichtigte Weiterveräußerung..................... 189
      3.2.4 Tochterunternehmen von geringer Bedeutung......... 194
      3.2.5 Angaben im Konzernanhang.......................... 199
      3.2.6 Anwendung der Equity-Methode..................... 200
      3.2.7 Stetigkeit der Abgrenzung............................ 202

4. Konzernbilanz.. 205
   4.1 Abschlussstichtag, Konzerngeschäftsjahr, Geschäftsjahr der einbezogenen Unternehmen................................. 205
      4.1.1 Abschlussstichtag des Konzernabschlusses........... 205
      4.1.2 Geschäftsjahr der einbezogenen Unternehmen........ 207
      4.1.3 Zwischenabschlüsse.................................. 208
      4.1.4 Verzicht auf Zwischenabschlüsse..................... 217
         4.1.4.1 Grundsatz................................. 217
         4.1.4.2 Vorgänge von besonderer Bedeutung...... 218
         4.1.4.3 Art der Berücksichtigung bzw. der Angabe.. 223

4.2	Fristen für die Aufstellung, Prüfung und Billigung eines Konzernabschlusses und Konzernlageberichts	229
4.3	Inhalt der Konzernbilanz	234
4.3.1	Zusammenfassung der Einzelbilanzen	234
4.3.2	Grundsatz der Vollkonsolidierung	235
4.4	Gliederung	238
4.4.1	Grundsatz	238
4.4.2	Entsprechende Anwendung von Gliederungsvorschriften für den Jahresabschluss	240
4.4.3	Gesetzlich vorgeschriebene Abweichungen gegenüber dem Jahresabschluss	243
4.4.4	Systembedingte Abweichungen	248
4.4.5	Ergebnisvortrag und Gewinnrücklagen	249
4.5	Bilanzansatz	250
4.5.1	Grundsatz	250
4.5.2	Notwendige Anpassungen	253
4.5.3	Systembedingte Anpassungen	258
4.5.4	Freiwillige Anpassungen	259
4.5.5	Ausnahmen von der Anpassungspflicht	262
4.5.6	Erstmalige Anwendung von § 300 HGB	264
4.6	Bewertung	266
4.6.1	Grundsatz	266
4.6.2	Notwendige Bewertungsanpassungen	270
4.6.3	Ausnahmen von der Anpassungspflicht	272
4.6.4	Erstmalige Anwendung der einheitlichen Bewertung	276
4.7	Besonderheiten nach dem PublG	277
4.7.1	Grundsätze	277
4.7.2	Abschlussstichtag, Konzerngeschäftsjahr, Geschäftsjahr der einbezogenen Unternehmen	282
4.7.3	Gliederung	283
4.7.4	Privatvermögen und private Schulden	289
4.7.5	Bilanzansatz und Bewertung	290
5.	Konzern-Gewinn- und Verlustrechnung	291
5.1	Grundsatz	291
5.2	Entsprechende Anwendung der Vorschriften über die Einzel-Gewinn- und Verlustrechnung	293
5.3	Systembedingte Abweichungen von der Gliederung der Einzel-Gewinn- und Verlustrechnung	297
5.4	Konzernergebnis	298
5.5	Besonderheiten nach dem PublG	300
5.5.1	Gliederung	300
5.5.2	Private Aufwendungen und Erträge	306
6.	Überleitung von der Handelsbilanz I zur Handelsbilanz II	307
6.1	Einführung einer Handelsbilanz II	307
6.2	Form und Inhalt der Handelsbilanz II	308
6.3	Ergebnisauswirkung in der Handelsbilanz II	313
6.4	Fortschreibung der Handelsbilanz II	314

7. Währungsumrechnung 316
  7.1 Bedeutung und anzuwendende Normen 316
  7.2 Währungsumrechnung nach § 308a HGB 320
  7.3 Währungsumrechnung und Konsolidierungsmaßnahmen 327
    7.3.1 Kapitalkonsolidierung 327
    7.3.2 Schuldenkonsolidierung 332
    7.3.3 Zwischenergebniseliminierung 337
    7.3.4 Aufwands- und Ertragskonsolidierung 338
    7.3.5 Quotenkonsolidierung 339
    7.3.6 Equity-Methode 340
  7.4 Sonderfragen der Währungsumrechnung 342
    7.4.1 Latente Steuern bei der Währungsumrechnung 342
    7.4.2 Bewertungseinheiten 343
    7.4.3 Besonderheiten der Umrechnung hochinflationärer Währungen 344
8. Kapitalkonsolidierung 345
  8.1 Grundsatz 345
  8.2 Erstkonsolidierung nach der Neubewertungsmethode 349
    8.2.1 Stichtag der Erstkonsolidierung 349
    8.2.2 Konsolidierungspflichtige Anteile 358
    8.2.3 Wertansatz des konsolidierungspflichtigen Kapitals 362
      8.2.3.1 Grundlagen 362
      8.2.3.2 Ansatz von Bilanzposten des erworbenen Unternehmens 366
      8.2.3.3 Bewertung von Bilanzposten des erworbenen Unternehmens 374
    8.2.4 Vorläufige Erstkonsolidierung 382
    8.2.5 Ausweis und Ursachen verbleibender Unterschiedsbeträge .. 385
  8.3 Folgekonsolidierungen 394
    8.3.1 Grundlagen 394
    8.3.2 Fortschreibung der Zurechnungen zu Vermögensgegenständen und Schulden 396
    8.3.3 Fortschreibung des Geschäfts- oder Firmenwerts 401
    8.3.4 Fortschreibung des passiven Unterschiedsbetrages 410
  8.4 Anteile anderer Gesellschafter 417
    8.4.1 Anteile anderer Gesellschafter in der Konzernbilanz 417
    8.4.2 Anteile anderer Gesellschafter am Gewinn bzw. Verlust ... 425
  8.5 Veränderungen im Buchwert der konsolidierungspflichtigen Anteile 429
    8.5.1 Zugänge und Abgänge 429
    8.5.2 Abschreibungen und Zuschreibungen 433
  8.6 Veränderungen des konsolidierungspflichtigen Kapitals 435
  8.7 Ausstehende Einlagen 441
    8.7.1 Ausstehende Einlagen des Mutterunternehmens 442
    8.7.2 Ausstehende Einlagen der Tochterunternehmen 444
  8.8 Eigene Anteile und Rückbeteiligung 446
  8.9 Gegenseitige Beteiligungen 451
  8.10 Kapitalkonsolidierung in mehrstufigen Konzernen 454
    8.10.1 Grundsatz 454
    8.10.2 Ermittlung der Beteiligungsquote am Enkelunternehmen ... 457

8.11	Konsolidierungsmaßnahmen bei Ausscheiden aus dem Konsolidierungskreis	460
8.12	Wechsel der Konsolidierungsmethode	464
8.12.1	Übergang auf die Quotenkonsolidierung	464
8.12.2	Übergang auf die Equity-Methode	465
8.12.3	Übergang auf die Anschaffungskostenbewertung	466
9.	Schuldenkonsolidierung	467
9.1	Grundsatz	467
9.2	Rückstellungen	470
9.3	Rechnungsabgrenzungsposten	472
9.4	Eventualverbindlichkeiten und Haftungsverhältnisse	474
9.5	Drittschuldverhältnisse	481
9.6	Erfolgswirksame Schuldenkonsolidierung	483
9.7	Erstmalige Schuldenkonsolidierung	491
10.	Eliminierung von Zwischenergebnissen	492
10.1	Grundsatz	492
10.2	Konzernanschaffungs- und Konzernherstellungskosten	497
10.3	Pflichteliminierung von Zwischenergebnissen	505
10.4	Ausnahmen von der Eliminierungspflicht	506
10.5	Zwischenergebniseliminierung bei abnutzbaren Anlagegegenständen	510
10.6	Erstmalige Eliminierung von Zwischenergebnissen	511
10.7	Buchhalterische Abbildung der Eliminierung von Zwischenergebnissen	512
11.	Aufwands- und Ertragskonsolidierung	517
11.1	Grundsatz	517
11.2	Gesamtkostenverfahren	519
11.2.1	Konsolidierung der Innenumsatzerlöse	519
11.2.1.1	Grundsatz	519
11.2.1.2	Innenumsatzerlöse aus Lieferungen	522
11.2.1.3	Innenumsatzerlöse aus Leistungen	523
11.2.2	Konsolidierungen anderer Erträge aus Lieferungen und Leistungen	524
11.2.2.1	Grundsatz	524
11.2.2.2	Andere Erträge aus Lieferungen	526
11.2.2.3	Andere Erträge aus Leistungen	527
11.2.3	Ergebnisübernahmen innerhalb des Konsolidierungskreises	529
11.2.3.1	Erträge aus Beteiligungen	529
11.2.3.2	Ergebnisübernahmen aufgrund von Ergebnisübernahmeverträgen	531
11.3	Umsatzkostenverfahren	536
11.3.1	Grundsatz	536
11.3.2	Konsolidierung der Innenumsatzerlöse	537
11.3.2.1	Innenumsatzerlöse aus Lieferungen	537
11.3.2.2	Innenumsatzerlöse aus Leistungen	538
11.3.3	Konsolidierungen anderer Erträge aus Lieferungen und Leistungen	539
11.3.4	Ergebnisübernahmen innerhalb des Konsolidierungskreises	540

12. Berücksichtigung latenter Steuern aus der Konsolidierung 541
    12.1 Grundsatz 541
    12.2 Temporäre Differenzen aus Konsolidierungsmaßnahmen 554
        12.2.1 Kapitalkonsolidierung 555
        12.2.2 Schuldenkonsolidierung 561
        12.2.3 Eliminierung von Zwischenergebnissen 562
        12.2.4 Aufwands- und Ertragskonsolidierung 564
        12.2.5 Quotenkonsolidierung und Equity-Methode 565
    12.3 Outside Basis Differences 570
    12.4 Ansatz latenter Steuern aus Konsolidierungsmaßnahmen 576
    12.5 Bewertung latenter Steuern aus Konsolidierungsmaßnahmen ... 579
        12.5.1 Maßgeblicher Steuersatz 579
        12.5.2 Abzinsungsverbot 583
        12.5.3 Fortschreibung latenter Steuern 584
    12.6 Ausweis latenter Steuern aus der Konsolidierung 588
        12.6.1 Konzernbilanz 588
        12.6.2 Konzern-Gewinn- und Verlustrechnung 591
13. Quotenkonsolidierung 592
    13.1 Grundsatz 592
    13.2 Begriff des Gemeinschaftsunternehmens 593
    13.3 Bestimmung der zu konsolidierenden Anteile 598
    13.4 Konsolidierungstechnik 599
    13.5 Änderung der Beteiligungsquote 600
14. Equity-Methode 604
    14.1 Grundsatz 604
    14.2 Assoziierte Unternehmen 607
        14.2.1 Voraussetzungen 607
        14.2.2 Maßgeblicher Einfluss 609
        14.2.3 Bereiche des maßgeblichen Einflusses 614
        14.2.4 Intensität und Dauer des maßgeblichen Einflusses 615
    14.3 Anwendungsbereich der Equity-Methode 618
    14.4 Konsolidierung nach der Buchwertmethode 620
        14.4.1 Erstkonsolidierung 620
        14.4.2 Folgekonsolidierungen 635
    14.5 Übernahme von anteiligen Ergebnissen bei Anwendung der Equity-Methode 639
        14.5.1 Ermittlung des Beteiligungsergebnisses 639
        14.5.2 Anpassungen an einheitliche Bilanzierungs- und Bewertungsmethoden 642
        14.5.3 Eliminierung von Zwischenergebnissen 643
    14.6 Ergebnisübernahmen im Rahmen der Equity-Methode 647
        14.6.1 Grundsatz 647
        14.6.2 Ausweis 648
        14.6.3 Berücksichtigung der steuerlichen Konsequenzen 650
    14.7 Negativer Wert der Beteiligung 651
    14.8 Außerplanmäßige Abschreibungen auf eine Beteiligung 655
    14.9 Abweichender Abschlussstichtag des assoziierten Unternehmens .. 656

14.10 Konzernabschluss des assoziierten Unternehmens als Grundlage für
die Equity-Methode 659
14.11 Abweichungen zwischen dem Wert der Beteiligung im Jahres- und
Konzernabschluss.. 661
14.12 Methodenwechsel 664
    14.12.1 Übergang von der Anschaffungskostenmethode zur Equity-
Methode 664
    14.12.2 Erwerb weiterer Anteile ohne Statusänderung als assoziiertes
Unternehmen.. 665
    14.12.3 Übergang von der Equity-Methode zur Vollkonsolidierung..... 666
    14.12.4 Übergang von der Equity-Methode zur Anschaffungskosten-
methode 667
15. Konzernanhang.. 669
  15.1 Grundsatz.. 669
  15.2 Tabellarische Übersicht der gesetzlichen Angabepflichten für den
Konzernanhang 676
  15.3 Angabepflichten zum Konsolidierungs- und Beteiligungsbereich ... 677
    15.3.1 Grundsatz 677
    15.3.2 Tochterunternehmen.. 678
    15.3.3 Assoziierte Unternehmen 683
    15.3.4 Gemeinschaftsunternehmen................................ 685
    15.3.5 Beteiligungen im Sinne von § 271 Abs. 1 HGB 687
    15.3.6 Beteiligungen an großen Kapitalgesellschaften bei mindestens
5% der Stimmrechte.. 691
    15.3.7 Stellung als persönlich haftender Gesellschafter.............. 694
    15.3.8 Angaben zu Mutterunternehmen........................... 696
    15.3.9 Schutzklausel 697
  15.4 Angabepflichten zu den Konsolidierungsmethoden 699
    15.4.1 Kapitalkonsolidierung (Purchase-Methode) 699
    15.4.2 Quotenkonsolidierung 701
    15.4.3 Equity-Methode 702
  15.5 Angabepflichten zu Bilanzierungs- und Bewertungsmethoden sowie
zu einzelnen Posten der Konzernbilanz und Konzern-Gewinn-
und Verlustrechnung... 704
    15.5.1 Bilanzierungs- und Bewertungsmethoden 705
    15.5.2 Abweichung von Bilanzierungs-, Bewertungs- und Konsolidie-
rungsmethoden.. 718
    15.5.3 Restlaufzeit und Besicherung von Verbindlichkeiten 721
    15.5.4 Aufgliederung der Umsatzerlöse 724
    15.5.5 Eigene Anteile... 730
    15.5.6 Angaben zu Aktien, Genussscheinen und vergleichbaren
Wertpapieren oder Rechten 732
    15.5.7 Bewertungseinheiten 734
    15.5.8 Abschreibungszeitraum des Geschäfts- oder Firmenwerts 735
    15.5.9 Latente Steuern 736
  15.6 Sonstige Angabepflichten 738

	15.6.1	Erleichterungen für Tochterunternehmen bezüglich der Aufstellung, Prüfung und Offenlegung des Jahresabschlusses und des Lageberichts	738
	15.6.2	Nicht in der Konzernbilanz enthaltene Geschäfte	740
	15.6.3	Sonstige finanzielle Verpflichtungen	741
	15.6.4	Haftungsverhältnisse gegenüber nicht konsolidierten Unternehmen	743
	15.6.5	Zahl der beschäftigten Arbeitnehmer	745
	15.6.6	Gesamtbezüge, Vorschüsse und Kredite sowie Haftungsübernahmen für Organmitglieder des Mutterunternehmens	748
	15.6.7	Corporate-Governance-Erklärung	754
	15.6.8	Honorar des Abschlussprüfers	755
	15.6.9	Berichterstattung über Beziehungen zu nahe stehenden Personen (Related Parties)	757
	15.6.10	Ergebnisverwendung	759
16.	Kapitalflussrechnung		761
	16.1	Geltungsbereich und anwendbare Regelungen	761
	16.2	Aufgaben und Grundsätze der Kapitalflussrechnung	763
	16.3	Einzubeziehende Unternehmen	767
	16.4	Abgrenzung des Finanzmittelfonds	771
	16.5	Bereinigung um zahlungsunwirksame Veränderungen des Finanzmittelfonds	776
	16.6	Wechselkurseinflüsse auf die Darstellung der Cash Flows	778
	16.7	Das Aktivitätsformat der Kapitalflussrechnung	782
		16.7.1 Grundsatz	782
		16.7.2 Laufende Geschäftstätigkeit	787
		16.7.3 Investitionstätigkeit	788
		16.7.4 Finanzierungstätigkeit	790
17.	Eigenkapitalspiegel		791
18.	Segmentberichterstattung		799
	18.1	Grundlagen	799
	18.2	Segmentberichterstattung nach DRS 3	805
		18.2.1 Segmentierungsgrundsätze	805
		18.2.2 Kongruenz der Segmentdaten mit den Bilanz- und GuV-Daten	812
		18.2.3 Angabe- und Erläuterungspflichten	815
		18.2.4 Stetigkeitsgrundsatz	816
19.	Konzernlagebericht		819
	19.1	Aufgabe des Konzernlageberichts, Aufstellungspflichten, gesetzliche Grundlagen sowie deren Konkretisierung	819
	19.2	Grundlagen des Konzerns	824
	19.3	Geschäftsverlauf und Lage des Konzerns (§ 315 Abs. 1 S. 1-3, Abs. 3 HGB), sog. Wirtschaftsbericht	827
	19.4	Voraussichtliche Entwicklung mit ihren wesentlichen Chancen und Risiken (§ 315 Abs. 1 S. 4 HGB), sog. Prognose-, Chancen- und Risikobericht	832
		19.4.1 Grundlagen	832
		19.4.2 Chancen- und Risikobericht	833

19.4.3	Prognosebericht	834
19.5	Versicherung der gesetzlichen Vertreter (§ 315 Abs. 1 S. 5 HGB)	837
19.6	Einzelangaben (§ 315 Abs. 2 HGB)	839
19.6.1	Risikoberichterstattung über die Verwendung von Finanzinstrumenten (§ 315 Abs. 2 Nr. 1 HGB)	840
19.6.2	Forschungs- und Entwicklungsbericht (§ 315 Abs. 2 Nr. 2 HGB)	841
19.6.3	Zweigniederlassungsbericht (§ 315 Abs. 2 Nr. 3 HGB)	843
19.6.4	Internes Kontrollsystem und Risikomanagementsystem bezogen auf den Konzernrechnungslegungsprozess (§ 315 Abs. 4 HGB)	847
19.7	Zusammenfassung des KLB mit dem LB des MU (§ 315 Abs. 5 HGB)	848
19.8	Übernahmerechtliche Angaben und Erläuterungen (§ 315a Abs. 1 HGB)	850
19.9	Grundzüge des Vergütungssystems (§ 315a Abs. 2 HGB)	853
19.10	Nichtfinanzielle Konzernerklärung (§§ 315b, 315c HGB)	854
19.11	Erklärung zur Unternehmensführung für den Konzern (§ 315d HGB)	856
19.12	Keine allgemeine Schutzklausel	862

1. Grundlagen der Konzernrechnungslegung

1.1 Aufgaben der Konzernrechnungslegung[1]

1 Für Zwecke des KA[2] tritt an die Stelle der einzelnen, rechtlich selbstständigen Unternehmen die **wirtschaftliche Einheit des Konzerns**. Im KA ist die Vermögens-, Finanz- und Ertragslage der einbezogenen Unternehmen daher so darzustellen, als ob diese Unternehmen insgesamt ein einziges Unternehmen wären (vgl. § 297 Abs. 3 S. 1 HGB)[3]. Hierbei werden die Aussagen der Konzernbilanz, der Konzern-GuV, der KFR, des EK-Spiegels und ggf. einer SegBE durch den KAnh. und KLB ergänzt und erläutert.

2 Da die einzelnen konsolidierten Unternehmen unbeschadet der wirtschaftlichen Einheit des Konzerns **rechtlich selbstständig bleiben**, sind sie vorbehaltlich der §§ 264 Abs. 3, 264b HGB auch weiterhin zur Aufstellung **eines eigenen JA** nach den für sie geltenden Vorschriften verpflichtet. Der KA ersetzt nicht die JA, auch nicht den des MU; er tritt vielmehr als besonderer Abschluss der größeren wirtschaftlichen Einheit des Konzerns selbstständig neben die JA der rechtlich selbstständigen Unternehmen.

3 Der KA unterscheidet sich vom JA dadurch, dass er **keine Grundlage für die Gewinnverteilung** bildet. Auch die Gesellschafter des MU haben keine Gewinnansprüche an den Konzern, sondern ausschließlich an das MU. Der KA bedarf der Billigung durch den AR oder die HV einer AG bzw. der Billigung durch die Gesellschafter einer GmbH

---

1 Die Konzernrechnungslegung setzt sich nach § 290 Abs. 1 S. 1 HGB aus dem KA und dem KLB zusammen. Der KA wiederum umfasst nach der Legaldefinition in § 297 Abs. 1 HGB neben der Konzernbilanz, der Konzern-GuV, dem KAnh. auch eine Konzern-KFR und einen Konzern-EK-Spiegel als Pflichtbestandteile. Im Folgenden wird anstatt des Begriffs „Konzernrechnungslegung" aus Vereinfachungsgründen der Begriff KA verwendet, sofern sich aus dem Zusammenhang nicht etwas anderes ergibt.

2 Zur Bedeutung des KA für die Konzernleitung, für Aktionäre, Gläubiger und sonst. Interessen, vgl. ADS[6], Vorbem. zu §§ 290-315, Tz. 12-17 und *Busse v. Colbe* u.a., Konzernabschlüsse[9], S. 18.

3 Vgl. im Einzelnen Kap. G Tz. 12.

(§§ 42a Abs. 4, 46 Nr. 1b GmbHG). Der AR muss erklären, ob Einwendungen zu erheben sind oder ob er den vom Vorstand aufgestellten KA **billigt** (§ 171 Abs. 2 S. 5 i.V.m. S. 4 AktG). Bei fehlender Billigung durch den AR entscheidet die HV über die Billigung des KA (§ 173 Abs. 1 S. 2 AktG). Für die Billigung ist nach § 316 Abs. 2 S. 2 HGB Voraussetzung, dass eine Konzernabschlussprüfung stattgefunden hat.

Auch die **Stellung der Gläubiger** der einzelnen konsolidierten Unternehmen wird durch den KA **nicht berührt**. Ihre Ansprüche richten sich ausschließlich an die rechtlich selbstständige Einheit, ggü. der die Forderung besteht. 4

Der KA ist ferner **keine Grundlage für die Besteuerung**, die grds. an die einzelnen, rechtlich selbstständigen Unternehmen als Steuersubjekte anknüpft. Das Steuerrecht ignoriert, von einigen Ausnahmen abgesehen, die wirtschaftliche Einheit des Konzerns. Somit richten sich auch die Ansprüche des Fiskus, wie die der Anteilseigner und Gläubiger, nicht an den Konzern, sondern an die einzelnen Konzernunternehmen[4]. 5

1.2 Rechtsgrundlagen

Die **Pflicht zur Aufstellung** eines KA und KLB bestimmt sich nach der in nationales Recht umgesetzten RL 2013/34/EU[5]. Die gesetzlichen Vorschriften über die Pflicht zur Aufstellung eines KA und KLB bei Gesellschaften im Inland sind im Wesentlichen in den **§§ 290-293 HGB** zusammengefasst. Sie sind grds. nur dann anzuwenden, wenn an der Spitze eines Konzerns/Teilkonzerns eine KapGes. (AG/KGaA, SE, GmbH) oder eine KapCoGes. (§ 264a Abs. 1 HGB) steht. Auf die Rechtsform des TU kommt es dabei nicht an. 6

Konzerne, an deren Spitze ein Einzelkaufmann oder eine PersGes. steht, sind nicht nach den Vorschriften des HGB zur Aufstellung eines KA und KLB verpflichtet. Eine solche Pflicht kann sich aber bei Überschreiten bestimmter Größenkriterien aus dem **PublG** ergeben[6]. KI sind unabhängig von der Rechtsform und Größe nach § 340i Abs. 1 HGB und VU nach § 341i Abs. 1 HGB generell zur Aufstellung eines KA und KLB verpflichtet. 7

Gemäß § 315e Abs. 3 HGB dürfen MU ihren KA alternativ nach **den von der EU übernommenen IFRS** aufstellen. Bei Anwendung dieses Wahlrechts ist die Erstellung eines KA nach den Bilanzierungsvorschriften des HGB dann nicht mehr erforderlich (**befreiender KA**). Gleichzeitig ist ein KLB nach den handelsrechtlichen Vorschriften aufzustellen (§ 315e Abs. 3 S. 2 i.V.m. Abs. 1 und §§ 315-315d HGB). 8

Kapitalmarktorientierte MU[7] haben in ihrem KA die von der EU übernommenen IFRS anzuwenden (§ 315e Abs. 1 HGB). Auch MU, für die **bis zum Bilanzstichtag** die Zulassung eines Wertpapiers i.S.d. § 2 Abs. 1 S. 1 WpHG zum Handel an einem organisierten Markt (§ 2 Abs. 11 WpHG) **beantragt** wurde, haben in ihrem KA die von der EU über- 9

---

4   Vgl. hierzu *Grotherr*, WPg 1995, S. 81 m.w.N.
5   Vgl. RL 2013/34/EU des Europäischen Parlaments und des Rates vom 26.06.2013 über den Jahresabschluss, den konsolidierten Abschluss und damit verbundene Berichte von Unternehmen bestimmter Rechtsformen und zur Änderung der RL 2006/43/EG des Europäischen Parlaments und des Rates und zur Aufhebung der RL 78/660/EWG und 83/349/EWG des Rates, Abl.EU, Nr. L 182/19 v. 29.06.2013. Mit dieser RL wurden zwar die 4. und die 7. EG-RL aufgehoben, Art. 52 der RL 2013/34/EU regelt aber, dass Bezugnahmen auf die 4. und die 7. EG-RL als Bezugnahmen auf die RL 2013/34/EU gelten und nach Maßgabe der Entsprechungstabelle in Anh. VII zu lesen sind.
6   Vgl. dazu im Einzelnen Kap. G Tz. 61 ff.
7   Zum Begriff vgl. Kap. J Tz. 3.

nommenen IFRS anzuwenden (§ 315e Abs. 2 HGB). Gleichzeitig ist ein KLB nach den handelsrechtlichen Vorschriften aufzustellen (§ 315e Abs. 2 i.V.m. Abs. 1 und §§ 315-315d HGB). Die grds. Pflicht zur Aufstellung eines KA und KLB solcher MU richtet sich weiterhin nach den nationalen Vorschriften der §§ 290-293 HGB.

10 Wird kein IFRS-KA aufgestellt, so bilden die §§ 294-314 HGB die maßgeblichen Konzernrechnungslegungsvorschriften. Die Vorschriften der §§ 315 ff. HGB zum KLB sind sowohl bei HGB- als auch bei IFRS-KA (§ 315e HGB) anzuwenden.

11 Für die handelsrechtliche Konzernrechnungslegung sind neben den Vorschriften der §§ 290-315e HGB die vom HGB-Fachausschuss auf der Grundlage des § 342 HGB verabschiedeten **Deutschen Rechnungslegungs Standards (DRS)** zu beachten. Die DRS gelten, wenn sie vom BMJ[8] bekannt gemacht worden sind, widerlegbar als GoB für den KA. Die DRS konkretisieren einerseits Einzelregelungen der §§ 290 ff. HGB, z.B. zur KFR oder zum KLB. Ein Verstoß kann Auswirkungen auf den BestV haben, wenn die im Einzelfall gewählte Darstellung nicht den GoB entspricht. Andererseits fordern die DRS über die gesetzlichen Regelungen hinausgehende Angaben oder weichen von bisher gefestigter Literaturmeinung ab. Eine von bekannt gemachten DRS abw. Ausübung gesetzlicher Wahlrechte im KA ist zulässig, da DRS gesetzliche Wahlrechte nicht einschränken können. Der APr. hat im PrB auf Abweichungen von einer durch einen DRS vorgegebenen Bilanzierung hinzuweisen[9].

1.3 Einheitsgrundsatz

12 Den Gründen[10], die den Gesetzgeber zum Erlass der Konzernrechnungslegungsvorschriften veranlasst haben, kann ein KA nicht gerecht werden, in dem unter Verzicht auf die Eliminierung der Ergebnisse innerkonzernlicher Beziehungen die einzelnen Posten der Bilanz, der GuV oder der KFR nur additiv zusammengefasst sind. Die seitens des Gesetzgebers vom KA erwarteten Aussagen sind vielmehr nur dann möglich, wenn unter Verzicht auf alle Doppelerfassungen und unter Ausschaltung aller Erfolge, die nicht durch Lieferungen und Leistungen an Konzernfremde entstanden sind, die Vermögens-, Finanz- und Ertragslage des Konzerns als wirtschaftlicher Einheit gezeigt wird (Einheitsgrundsatz; § 297 Abs. 3 S. 1 HGB). Das Wesen des Einheitsgrundsatzes besteht darin, dass der Konzern als eine in sich geschlossene **wirtschaftliche Einheit** angesehen wird, in der die einzelnen Unternehmen unbeschadet ihrer rechtlichen Selbstständigkeit wirtschaftlich die Stellung unselbstständiger Betriebsabteilungen einnehmen.

13 Die Konzernrechnungslegungsvorschriften des HGB bauen in Übereinstimmung mit der im Schrifttum nahezu einhellig vertretenen Auffassung[11] und der auch im internationalen Bereich vorherrschenden Praxis[12] auf einem so verstandenen Einheits-

---

[8] § 342 Abs. 1 HGB verweist noch auf das BMJ, das sich zwischenzeitlich aber in Bundesministerium der Justiz und für Verbraucherschutz (BMJV) umbenannt hat.
[9] Vgl. *IDW PS 450 n.F.*, Tz. 134.
[10] Vgl. Begr. AktG 1965, *Kropff*, AktG, S. 437 (443); vgl. ebenso Präambel zur 7. EG-RL, abgedruckt bei Biener/Schatzmann, Konzernrechnungslegung, S. 1.
[11] Vgl. *Schuhmann*, S. 35; *Wentland* sowie die dort angegebene Literatur; vgl. auch *Havermann*, in: FS Goerdeler, S. 173 sowie *Küting/Weber*, Konzernabschluss[13], S. 95 f. m.w.N.
[12] Vgl. IFRS 10, insbes. IFRS 10, Anh. A u. Anh. B 86.

grundsatz auf[13]. Daraus folgt, dass bei Zweifelsfragen eine sachgerechte Lösung grds. unter Beachtung des Einheitsgrundsatzes gefunden werden muss.

Aus dem Einheitsgrundsatz folgt, dass die aus der Zusammenfassung der JA resultierenden **Doppelerfassungen zu eliminieren** sind. Dies betrifft Beteiligungsverhältnisse, Kredit- und Haftungsverhältnisse sowie Lieferungen und Leistungen zwischen den einbezogenen Unternehmen. 14

Der aus der Addition der JA gewonnene Summenabschluss ist deshalb durch folgende **Konsolidierungsmaßnahmen** zum KA weiterzuentwickeln: 15

- Beteiligungen an einbezogenen Unternehmen sind mit dem darauf entfallenden EK zu verrechnen (Kapitalkonsolidierung).
- Forderungen und Verbindlichkeiten zwischen den einbezogenen Unternehmen sind aufzurechnen (Schuldenkonsolidierung).
- Aufwendungen und Erträge aus Geschäften zwischen einbezogenen Unternehmen sind aufzurechnen (Aufwands- und Ertragskonsolidierung).
- aus Konzernsicht nicht realisierte Gewinne und Verluste sind aus den Beständen zu eliminieren (Zwischenergebniseliminierung).

1.4 Grundsatz der Stetigkeit

Die nach dem HGB zulässigen Konsolidierungsmethoden sind im Einzelnen gesetzlich geregelt, wobei Wahlrechte und Ermessensspielräume gewährt werden. Die Ausübung der Wahlrechte und Ermessensspielräume unterliegt dem Grundsatz der **Stetigkeit der Konsolidierungsmethoden** (§ 297 Abs. 3 S. 2 HGB)[14]. Daraus folgt, dass in den Folgejahren auf den gleichen Sachverhalt die Konsolidierungsmethoden unverändert anzuwenden sind (zeitliche Stetigkeit). Darüber hinaus ergibt sich aus dem Grundsatz der Stetigkeit und der Verpflichtung, ein den tatsächlichen Verhältnissen entspr. Bild der Vermögens-, Finanz- und Ertragslage zu vermitteln (§ 297 Abs. 2 S. 2 HGB), dass auf gleichartige Sachverhalte dieselben Konsolidierungsmethoden anzuwenden sind (sachliche Stetigkeit). So bestimmt auch DRS 13 „Grundsatz der Stetigkeit und Berichtigung von Fehlern", dass gleichartige Sachverhalte nach den gleichen Konsolidierungsmethoden abzubilden und diese im Zeitablauf beizubehalten sind (vgl. DRS 13.15). Im Hinblick auf die Vollkonsolidierung von TU (§ 301 HGB) sowie die Bewertung von assoziierten Unternehmen nach der Equity-Methode (§ 312 HGB) bestehen keine Wahlrechte, so dass sich insoweit im Regelfall die Frage der sachlichen Stetigkeit nicht stellt. Fraglich ist, ob z.B. bei mehreren GU (§ 310 HGB) das Wahlrecht zwischen Quotenkonsolidierung (§ 310 HGB) und der Anwendung der Equity-Methode (§ 312 HGB) einheitlich ausgeübt werden muss. Die Frage ist danach zu beantworten, um welche Art von GU es sich handelt (z.B. Produktionsunternehmen oder Holdinggesellschaft) bzw. welche Art von Beziehungen aus Konzernsicht zu diesem GU bestehen (z.B. Forderungen/Schulden bzw. Aufwendungen/Erträge). Die Wahl der Einbeziehungsmethode (Quotenkonsolidierung vs. Equity-Methode) hätte unterschiedliche Auswirkungen auf 16

---

13 Zur Einheitstheorie vgl. BR-Drs. 163/85, S. 32; zur Interessentheorie vgl. *Bores*, S. 47 (130); sowie ADS[6], Vorbem. zu §§ 290-315, Tz. 21-25; vgl. hierzu aber *Baetge/Kirsch/Thiele*, Konzernbilanzen[12], S. 15 ff. sowie S. 62, wonach in § 297 Abs. 3 S. 1 HGB lediglich der Einheitsgrundsatz normiert ist. Ausführlich auch *Ruppert*, S. 19.
14 Vgl. auch Kap. G Tz. 718 f.

die Darstellung der Vermögens-, Finanz- und Ertragslage des Konzerns[15]. Entscheidend muss letztlich bleiben, welche Konsolidierungsmethode im Einzelfall den besseren Einblick in die Vermögens-, Finanz- und Ertragslage des Konzerns gibt (§ 297 Abs. 2 S. 2 HGB), so dass es bei mehreren GU durchaus zu einer unterschiedlichen Ausübung des Wahlrechts zwischen Quotenkonsolidierung und der Anwendung der Equity-Methode kommen kann. Eine willkürliche Ausübung der Wahlrechte und Ermessensspielräume ist hingegen unzulässig.

17 Zu **Abweichungen vom Gebot der zeitlichen und sachlichen Stetigkeit** der Konsolidierungsmethoden in Ausnahmefällen vgl. Kap. G Tz. 720.

2. Pflicht zur Aufstellung eines Konzernabschlusses und Konzernlageberichts

2.1 Grundsätzliche Aufstellungspflicht

2.1.1 Konzept des beherrschenden Einflusses (Control-Concept)

2.1.1.1 Mutter-Tochter-Verhältnis nach § 290 Abs. 1 HGB

2.1.1.1.1 Definition des Mutter-Tochter-Verhältnisses (§ 290 Abs. 1 HGB)

18 Grundvoraussetzung für die Verpflichtung zur Aufstellung eines KA und KLB nach § 290 Abs. 1 HGB ist ein Mutter-Tochter-Verhältnis. Dieses wird durch den beherrschenden Einfluss eines MU auf ein anderes Unternehmen (TU) begründet[16]. Dabei ist es unerheblich, ob der beherrschende Einfluss unmittelbar oder mittelbar ausgeübt werden kann. Ein beherrschender Einfluss liegt immer dann vor, wenn ein Unternehmen die Möglichkeit hat, die Finanz- und Geschäftspolitik eines anderen Unternehmens dauerhaft zu bestimmen, um aus dessen Tätigkeit Nutzen zu ziehen. Die tatsächliche Ausübung eines beherrschenden Einflusses ist für die Konsolidierungspflicht hingegen nicht erforderlich[17]. Es erscheint sachgerecht, die Möglichkeit, einen beherrschenden Einfluss auszuüben, anhand der Zurechnungsvorschriften des § 290 Abs. 3 S. 1 und 2 HGB zu beurteilen. Diese gelten nach dem Wortlaut zwar nur für die Beurteilung der Typisierungstatbestände des § 290 Abs. 2 HGB, jedoch finden sie nach ihrem Sinn und Zweck auch für die Beurteilung, ob einem MU Einflussmöglichkeiten mittelbar i.S.d. § 290 Abs. 1 S. 1 HGB zustehen, Anwendung. Dabei ist nicht ausgeschlossen, dass der Begriff „mittelbar ausüben" in § 290 Abs. 1 S. 1 HGB weitere Zurechnungstatbestände erfasst[18].

---

15 Siehe z.B. *Winkeljohann/Rimmelspacher*, in: BeBiKo[11], § 297, Rn. 202.

16 Damit ergibt sich eine Konzernrechnungslegungspflicht nur bei Vorliegen eines **Unterordnungskonzerns**. Demgegenüber sind **Gleichordnungskonzerne** i.S.d. § 18 Abs. 2 AktG dadurch gekennzeichnet, dass mindestens zwei Unternehmen unter einheitlicher Leitung zusammengefasst sind, ohne dass ein Unternehmen von dem anderen i.S.d. § 17 Abs. 1 AktG abhängig ist. Da abhängige Unternehmen rechtlich selbständige Unternehmen sind, auf die ein anderes Unternehmen (herrschendes Unternehmen) unmittelbar oder mittelbar einen beherrschenden Einfluss ausüben kann, dürfte sich eine Konzernrechnungslegungspflicht aus § 290 HGB wegen des in § 290 Abs. 1 HGB enthaltenen Tatbestandsmerkmals der möglichen Ausübung beherrschenden Einflusses für Gleichordnungskonzerne grds. nicht mehr begründen lassen.

17 Vgl. Begr. Beschlussempf. BilMoG, BT-Drs. 16/12407, S. 89; DRS 19.10.

18 Vgl. *Gelhausen/Fey/Kämpfer*, BilMoG, Q, Rn. 12.

§ 290 Abs. 1 HGB geht auf Art. 22 Abs. 2 lit. a der RL 2013/34/EU[19] zurück. Nach dem Wortlaut der RL muss das MU beherrschenden Einfluss oder Kontrolle über ein TU ausüben. Da der Begriff des beherrschenden Einflusses den Begriff der Kontrolle umfasst, wurde die mögliche Kontrolle nicht als separates Tatbestandsmerkmal in § 290 Abs. 1 HGB aufgenommen[20]. § 290 Abs. 1 HGB liegt eine wirtschaftliche Sichtweise (economic control concept) zugrunde[21].

Der beherrschende Einfluss muss sich auf die Finanz- und Geschäftspolitik des anderen Unternehmens beziehen. Die Bestimmung der Finanzpolitik zielt dabei insb. auf die Budgetierung, Aspekte der Kapitalstruktur sowie der Liquiditätslage (Beschaffung und Verwendung von Finanzmitteln) des betrachteten Unternehmens ab, wohingegen die Geschäftspolitik grundlegende Entscheidungen in allen bedeutenden Unternehmensbereichen (insb. Produktion, Vertrieb, Investition, Forschung und Entwicklung sowie Personal) umfasst[22]. Die Finanzpolitik ist integraler Bestandteil der Geschäftspolitik[23]. Die Möglichkeit zur Bestimmung der **Finanz- und Geschäftspolitik** ist insb. dann gegeben, wenn ein Unternehmen seine Interessen bei allen wesentlichen strategischen, operativen und finanziellen Entscheidungen eines anderen Unternehmens – auch gegen dessen Einzelinteressen – durchsetzen kann[24].

Die Möglichkeit zur Bestimmung der Finanz- und Geschäftspolitik muss auf eine **gewisse Dauer** angelegt sein und nicht nur vorübergehend bestehen[25]. Das Merkmal der Dauerhaftigkeit trägt zu einer stetigen Abgrenzung des Konsolidierungskreises bei[26], wodurch die Vergleichbarkeit aufeinander folgender KA verbessert wird.

2.1.1.1.2 Präsenzmehrheit bei Hauptversammlungen

Eine **nachhaltige Präsenzmehrheit** in der HV kann beherrschenden Einfluss vermitteln[27]. Dies ist denkbar, wenn einem Großaktionär (direkt und indirekt) weniger als die Hälfte der Stimmrechte zustehen, er jedoch nachhaltig über die Mehrheit der in der HV vorhandenen oder vertretenen Stimmen verfügt. Solche Konstellationen sind insb. dann denkbar, wenn eine AG zahlreiche Kleinaktionäre hat, die weder selbst an der HV teilnehmen noch sich durch eine Stimmrechtsvollmacht vertreten lassen[28]. Beherrschender Einfluss durch eine Präsenzmehrheit setzt voraus, dass mit hinreichender Sicherheit erwartet werden kann, dass die Mehrheit auch in künftigen HV gegeben sein wird[29]. Zudem muss sie für eine gewisse Dauer bestehen[30]. Hiervon kann ausgegangen werden, wenn innerhalb eines hinreichenden Zeitraums in der Vergangenheit eine Anwesenheitsquote festzustellen ist, bei der die dem Hauptgesellschafter zustehenden

---

19 Die Regelung ist identisch mit dem bisherigen Art. 1 Abs. 2 lit. a der 7. EG-RL, der durch das BilMoG erstmals in nationales Recht umgesetzt wurde.
20 Vgl. Begr. Beschlussempf. BilMoG, BT-Drs. 16/12407, S. 89.
21 Vgl. *Küting/Seel*, DStR 2009, Beiheft zu Heft 26, S. 37* (39*).
22 Vgl. DRS 19.11; vgl. auch *Gelhausen/Fey/Kämpfer*, BilMoG, Q, Rn. 16.
23 Vgl. ADS[6], § 311 HGB, Tz. 19.
24 Vgl. hierzu auch DRS 19.11; *Küting/Seel*, DStR 2009, Beiheft zu Heft 26, S.37*/38*.
25 Vgl. Begr. Beschlussempf. BilMoG, BT-Drs. 16/12407, S. 89; DRS 19.12.
26 Vgl. *Gelhausen/Fey/Kämpfer*, BilMoG, Q, Rn. 18.
27 Vgl. Begr. Beschlussempf. BilMoG, BT-Drs. 16/12407, S. 89; DRS 19.16.
28 Vgl. hierzu im Detail auch DRS 19.70-74.
29 Vgl. *Gelhausen/Fey/Kämpfer*, BilMoG, Q, Rn. 28-30.
30 Vgl. Begr. Beschlussempf. BilMoG, BT-Drs. 16/12407, S. 89.

Stimmrechte diesem eine Präsenzmehrheit vermitteln würden und eine Veränderung dieses Präsenzverhaltens nicht zu erwarten ist[31]. Des Weiteren müssen entweder Erfahrungswerte existieren, dass auch auf HV, bei denen wesentliche Entscheidungen getroffen wurden (z.B. die Bestellung/Abwahl von Aufsichtsratsmitgliedern), die Mehrheit der Präsenzstimmen gegeben war oder es deutliche Indizien dafür gibt, dass auf einer solchen HV die Mehrheit der Präsenzstimmen gegeben sein wird[32]. Mangelt es an belastbaren Erfahrungswerten für die Vergangenheit, dann ist zu beurteilen, ob die festgestellte Präsenzmehrheit in die Zukunft gerichtet mit hinreichender Sicherheit fortbestehen wird oder ob es sich nur um eine zufällig (z.B. datums- oder witterungsabhängig) zustande gekommene Präsenzmehrheit handelt, die keine Möglichkeit zur Ausübung eines beherrschenden Einflusses vermittelt[33].

2.1.1.1.3 Potenzielle Stimmrechte

23 Potenzielle Stimmrechte können ein Indikator für die Möglichkeit zur Ausübung eines beherrschenden Einflusses sein. Sie können sich z.B. aus Optionsanleihen, Wandelschuldverschreibungen, Anteilskaufoptionen oder ähnlichen Instrumenten ergeben[34]. Die diese Möglichkeit vermittelnden Rechtspositionen und sonstigen Einflussmöglichkeiten müssen dem MU zustehen. Das bedeutet, dass das MU über wirtschaftliches Eigentum an den die Stimmrechte vermittelnden Anteilen besitzen muss. Bei einer isolierten Kaufoption ist diese Voraussetzung regelmäßig nicht erfüllt. Etwas anderes kann dann gelten, wenn der aktuelle Anteilseigner eine gegenläufige Put-Option mit identischen Ausübungsbedingungen innehat, durch die bei wirtschaftlicher Betrachtungsweise ein treuhandähnliches Verhältnis entsteht[35].

2.1.1.2 Unwiderlegbare Beherrschungsvermutungen des § 290 Abs. 2 HGB

2.1.1.2.1 Grundsatz

24 Während § 290 Abs. 1 HGB im Sinne einer Generalnorm eine abstrakte Definition des Mutter-Tochter-Verhältnisses enthält, nennt § 290 Abs. 2 HGB vier konkrete Tatbestände, die unwiderlegbar zur **Annahme eines beherrschenden Einflusses** führen[36]. Dabei begründet jeder der Tatbestände für sich genommen ein Mutter-Tochter-Verhältnis[37].

25 § 290 Abs. 2 Nr. 1-3 HGB setzt die verpflichtenden Regelungen des Art. 22 Abs. 1 der RL 2013/34/EU um[38], dem eine rein formalrechtliche Control-Definition zugrunde liegt (legal control concept)[39]. Bei der Lösung von Zweifelsfragen ist bei diesen Beherrschungstatbeständen eine formalrechtliche Betrachtungsweise erforderlich[40]. Demgegenüber beruht die in § 290 Abs. 2 Nr. 4 HGB geregelte Beherrschungsvermutung für so

---

31 So DRS 19.72.
32 Vgl. DRS 19.73.
33 So DRS 19.74.
34 Vgl. DRS 19.75.
35 Vgl. *Gelhausen/Fey/Kämpfer*, BilMoG, Q, Rn. 37 f.
36 Vgl. *Küting/Seel*, DStR 2009, Beiheft zu Heft 26, S. 37* (38*); DRS 19.18.
37 Vgl. *Gelhausen/Fey/Kämpfer*, BilMoG, Q, Rn. 39. Zur Frage der zweifachen Konzernzugehörigkeit bei Zweckgesellschaften s. Kap. G Tz. 47.
38 Diese Regelungen waren bereits in Art. 1 Abs. 1 7. EG-RL enthalten.
39 Vgl. *Niessen*, WPg 1983, S. 653 (654).
40 Vgl. *Gelhausen/Fey/Kämpfer*, BilMoG, Q, Rn. 39-41.

genannte Zweckgesellschaften auf einer wirtschaftlichen Betrachtungsweise. Damit soll die vollständige Einbeziehung sämtlicher TU, unabhängig von möglichen rechtlichen Gestaltungen, sichergestellt werden[41].

2.1.1.2.2 Mehrheit der Stimmrechte

Steht einer KapGes. mit Sitz im Inland (MU) die **Mehrheit der Stimmrechte** der Gesellschafter an einem anderen Unternehmen (TU) zu, so ist sie grds.[42] zur Aufstellung eines KA und KLB verpflichtet. Auf die Höhe der Kapitalbeteiligung kommt es dabei nicht an. Wird z.B. die Stimmenmehrheit nur über Mehrstimmrechtsaktien erreicht, so ist die Voraussetzung des § 290 Abs. 2 Nr. 1 HGB erfüllt. Die Vorschrift stellt auf die Möglichkeit der Einflussnahme auf die Leitung des TU mit Hilfe der Stimmenmehrheit in den entspr. Gremien ab. Diese Möglichkeit muss rechtlich gesichert sein und darf sich nicht auf rein faktische Verhältnisse stützen. Auch eine nachhaltige HV-Präsenzmehrheit erfüllt nicht die Voraussetzung des § 290 Abs. 2 Nr. 1 HGB[43]. Das Gesetz spricht eindeutig von der Mehrheit der Stimmen „der Gesellschafter" und nicht von den Stimmen der „anwesenden Gesellschafter".

26

Die Mehrheit der Stimmrechte schließt normalerweise auch die **tatsächliche Beherrschungsmöglichkeit** ein. Sie wird von § 290 Abs. 2 Nr. 1 HGB **nicht verlangt**. Man wird daher davon ausgehen müssen, dass die Voraussetzungen für die Anwendung von § 290 Abs. 2 Nr. 1 HGB auch dann erfüllt sind, wenn z.B. ein MU an einem TU nur mit 51% (einfache Mehrheit) beteiligt ist und Satzung oder Gesellschaftsvertrag gleichzeitig für wesentliche Beschlüsse eine Mehrheit von 75% (qualifizierte Mehrheit) verlangen[44]. In diesen Fällen ist § 296 Abs. 1 Nr. 1 HGB einschlägig. Daraus ergibt sich ein Konsolidierungswahlrecht für diese Tochtergesellschaften[45].

27

Im Schrifttum ist umstritten, ob sich das MU seiner Rechtspositionen durch vertragliche Vereinbarungen, z.B. durch einen **Entherrschungs- oder Stimmbindungsvertrag** entziehen kann, so dass ein Mutter-Tochter-Verhältnis nicht mehr besteht und die Konsolidierung entfällt, oder ob lediglich ein Sachverhalt geschaffen wird, der unter § 296 Abs. 1 Nr. 1 HGB zu subsumieren ist und zu einem Konsolidierungswahlrecht führt. Bleibt das Mutter-Tochter-Verhältnis bestehen, so bleibt das TU ein verbundenes Unternehmen i.S.v. § 271 Abs. 2 HGB mit allen sich daraus ergebenden Konsequenzen, z.B. für die Pflicht zur Aufstellung eines KA (vorbehaltlich von Befreiungstatbeständen, z.B. § 290 Abs. 5 HGB) oder den Bilanzierungsausweis und die Angabepflichten im Anh. Wird das Mutter-Tochter-Verhältnis dagegen negiert, so scheidet das fragliche Unternehmen nicht nur aus der Konsolidierungspflicht, sondern auch aus dem Kreis der verbundenen Unternehmen aus[46]. Nach DRS 19.23 bleibt das Mutter-Tochter-Verhältnis

28

---

41 Vgl. *Küting/Seel*, DStR 2009, Beiheft zu Heft 26, S. 39*.
42 Wegen möglicher Ausnahmen bei mehrstufigen Konzernen vgl. Kap. G Tz. 109. Für weitere Ausnahmen vgl. § 290 Abs. 5 HGB sowie Kap. G Tz. 148 zu größenabhängigen Befreiungen.
43 Siehe aber Kap. G Tz. 22.
44 Vgl. DRS 19.23; ebenso ADS[6], § 290, Tz. 35-36; *Wiedmann/Böcking/Gros*, Bilanzrecht[3], § 290, Rn. 16 f.; *Grottel/Kreher*, in: BeBiKo[11], § 290, Rn. 45; a.A. *Siebourg*, in: HdKonzernR[2], § 290, Rn. 70.
45 Vgl. DRS 19.23; DRS 19.81 ff.
46 Ein Mutter-Tochter-Verhältnis bejahend vgl. z.B. Kap. C Tz. 362 ff.; ADS[6], § 290, Tz. 38; *Grottel/Kreher*, in: BeBiKo[11], § 290, Rn. 45 f.; ebenso *Ulmer*, in: FS Goerdeler, S. 641; verneinend *Siebourg*, in: HdKonzernR[2], § 290, Rn. 73; *Biener/Berneke*, BiRiLiG, S. 287; offenlassend *Maas/Schruff*, WPg 1986, S. 201.

29 Welcher Teil der Stimmrechte einem Unternehmen zusteht, bestimmt sich in diesem Zusammenhang nach dem Verhältnis der Zahl der Stimmrechte, die es aus den ihm gehörenden Anteilen ausüben kann, zur Gesamtzahl aller Stimmrechte. Von der Gesamtzahl aller Stimmrechte sind die Stimmrechte aus eigenen Anteilen **abzuziehen**, die dem TU selbst, einem seiner TU oder einer anderen Person für Rechnung dieser Unternehmen gehören (§ 290 Abs. 4 HGB). Die Vorschrift entspricht praktisch § 16 Abs. 3 i.V.m. Abs. 2 S. 3 AktG, so dass auf die Erläuterungen dazu verwiesen werden kann[47]. Im Gegensatz zur aktienrechtlichen Regelung sind von der Gesamtzahl aller Stimmrechte nicht nur die Stimmrechte aus eigenen Anteilen, die dem abhängigen Unternehmen bzw. TU selbst oder einem anderen für dessen Rechnung gehören, abzuziehen, sondern darüber hinaus auch die Stimmrechte aus Anteilen, die einem seiner TU bzw. einer anderen Person für Rechnung dieser Unternehmen gehören[48].

2.1.1.2.3 Recht zur Besetzung der Mehrheit der Unternehmensorgane

30 Steht einer KapGes. mit Sitz im Inland das Recht zu, bei einem anderen Unternehmen **die Mehrheit der Mitglieder des die Finanz- und Geschäftspolitik bestimmenden Verwaltungs-, Leitungs- oder Aufsichtsorgans** zu bestellen oder abzuberufen, und ist sie **gleichzeitig Gesellschafter**, so hat sie stets beherrschenden Einfluss und damit grds.[49] einen KA und KLB aufzustellen (§ 290 Abs. 2 Nr. 2 HGB). Bei dem Passus des „die Finanz- und Geschäftspolitik bestimmenden" Organs handelt es sich ausweislich der Gesetzesbegründung lediglich um eine redaktionelle Ergänzung. Demnach genügt weiterhin die Mitverantwortung für die Festlegung der Finanz- und Geschäftspolitik. Durch die Ergänzung wird klargestellt, dass ein Besetzungsrecht für ein Organ, dem eine ausschließlich beratende Funktion zukommt (denkbar wären freiwillige Beiräte), die Voraussetzungen des § 290 Abs. 2 Nr. 2 HGB nicht erfüllt[50]. Von der Vorschrift erfasst werden somit die Entsendungs- und Abberufungsrechte in Bezug auf Vorstandsmitglieder, Geschäftsführer, geschäftsführende Gesellschafter, Aufsichtsräte, Verwaltungsräte, Beiräte und Personen, die ähnliche Leitungs- und Aufsichts-/Kontrollaufgaben im deutschen dualistischen System wahrnehmen.

31 In der Regel ist das Recht zur Bestellung oder Abberufung von Personen dieser Organe mit der Mehrheit der Stimmrechte der Gesellschafter verbunden. Unabhängig davon kann einem Unternehmen ein Besetzungsrecht für die Mehrheit der Mitglieder der Gesellschaftsorgane aufgrund von Entsendungsrechten oder von Vereinbarungen mit anderen Gesellschaftern zustehen[51]. Bedeutung haben solche Entsendungsrechte insb. für GmbHs und Personenhandelsgesellschaften, da bei der AG zwingend der AR den Vorstand bestellt und Entsendungsrechte höchstens für ein Drittel der AR-Mitglieder eingeräumt werden können (§ 101 Abs. 2 S. 4 AktG)[52].

---

[47] Vgl. Kap. C Tz. 97.
[48] Im Gegensatz dazu vgl. die Regelung des § 16 Abs. 3 i.V.m. Abs. 2 S. 3 AktG (Kap. C Tz. 73 und Kap. C Tz. 92).
[49] Wegen möglicher Ausnahmen bei mehrstufigen Konzernen vgl. Kap. G Tz. 109. Für weitere Ausnahmen vgl. § 290 Abs. 5 HGB sowie Kap. G Tz. 148 zu größenabhängigen Befreiungen.
[50] Vgl. *Gelhausen/Fey/Kämpfer*, BilMoG, Q, Rn. 44-46.
[51] Vgl. zum AktG 1965 z.B. *Rittner*, DB 1976, S. 1513-1515.
[52] Vgl. *Kropff*, DB 1986, S. 364.

Die Vorschrift stellt nicht auf eine Kapitalbeteiligung, sondern auf die Gesellschafterstellung ab[53]. Die Bezugnahme auf die Gesellschafterstellung schließt Entsendungsrechte Dritter (z.B. KI) als Voraussetzung für das Entstehen eines Mutter-Tochter-Verhältnisses aus. Die Möglichkeit zur Berufung von Personen in und zur Abberufung aus solchen Organen muss rechtlich gesichert sein und darf sich nicht auf rein faktische Verhältnisse (z.B. Präsenzmehrheit, faktische Abhängigkeit) stützen. **32**

2.1.1.2.4 Beherrschender Einfluss aufgrund Beherrschungsvertrag oder Satzungsbestimmung

Eine inländische KapGes. ist grds.[54] zur Konzernrechnungslegung verpflichtet, wenn ihr aufgrund eines **Beherrschungsvertrags**[55] oder einer **Satzungsbestimmung** das Recht zusteht, die Finanz- oder Geschäftspolitik eines anderen Unternehmens zu bestimmen (§ 290 Abs. 2 Nr. 3 HGB). Ein Beherrschungsvertrag i.S.d. § 291 Abs. 1 AktG ermöglicht regelmäßig die Bestimmung der Finanz- und Geschäftspolitik; es sind aber auch sämtliche anderen Verträge zu berücksichtigen, die vergleichbare Rechte vermitteln (wie z.B. die Eingliederung gem. §§ 319, 323 AktG). Reine Gewinnabführungsverträge sowie andere Unternehmensverträge gem. § 292 Abs. 1 AktG (Gewinngemeinschaft, Teilgewinnabführungsvertrag, Betriebspachtvertrag, Betriebsüberlassungsvertrag) erfüllen die Voraussetzungen indes nicht[56]. **33**

Satzungsbestimmungen begründen nur dann ein Mutter-Tochter-Verhältnis, wenn sie in ihrer Gesamtheit die Beherrschung eines Unternehmens gestatten. Dies ist jedenfalls dann der Fall, wenn die Satzung die entscheidenden Kriterien eines Beherrschungsvertrags enthält. Bei der AG sind die Möglichkeiten einer Einflussnahme über die Satzung durch § 23 Abs. 5 AktG begrenzt[57]. Die Regelung einer Beherrschung über die Satzung bezieht sich nicht nur auf die Satzung i.S.d. AktG, sondern stellt darüber hinaus und unabhängig von der Rechtsform auf sämtliche in- oder ausländische Statuten ab (z.B. Gesellschaftsvertrag einer inländischen Personenhandelsgesellschaft), die vergleichbare Rechte vermitteln[58]. **34**

Eine gleichzeitige Gesellschafterstellung wird für die Beherrschungsmöglichkeit kraft Beherrschungsvertrag oder Satzung – im Gegensatz zu den vorhergehenden Nr. 1 und Nr. 2 – nach dem Wortlaut des Gesetzes nicht gefordert[59]. **35**

2.1.1.2.5 Mehrheit der Risiken und Chancen bei Zweckgesellschaften

Wenn eine inländische KapGes. bei wirtschaftlicher Betrachtung die **Mehrheit der Risiken und Chancen** eines Unternehmens trägt, das zur Erreichung eines eng begrenzten und genau definierten Ziels des MU dient (**Zweckgesellschaft**), so ist sie grds.[60] zur **36**

---

53 Zum beherrschenden Einfluss einer Komplementär-GmbH vgl. Kap. G Tz. 61 ff.
54 Wegen möglicher Ausnahmen bei mehrstufigen Konzernen vgl. Kap. G Tz. 109. Für weitere Ausnahmen vgl. § 290 Abs. 5 HGB sowie Kap. G Tz. 148 zu größenabhängigen Befreiungen.
55 Zu den Anforderungen, die ein solcher Beherrschungsvertrag zu erfüllen hat, vgl. Kap. C Tz. 205 sowie ADS[6], § 290, Tz. 54-57.
56 Vgl. DRS 19.32 f.
57 Siehe *Windbichler*, in: Großkomm. AktG[4], Rn. 31 zu § 17.
58 So DRS 19.35.
59 Vgl. dazu auch ADS[6], § 290, Tz. 61; DRS 19.36.
60 Wegen möglicher Ausnahmen bei mehrstufigen Konzernen vgl. Kap. G Tz. 109. Für weitere Ausnahmen vgl. § 290 Abs. 5 HGB sowie Kap. G Tz. 148 zu größenabhängigen Befreiungen.

Konzernrechnungslegung verpflichtet (§ 290 Abs. 2 Nr. 4 HGB)[61]. Die Tatbestandsmerkmale der Zweckgesellschaft und Tragung der Mehrheit der Risiken und Chancen müssen für die Einbeziehung in einen Konsolidierungskreis kumulativ erfüllt sein[62]. Der Gesetzgeber beabsichtigt mit dieser Regelung – dem seinerzeitigen internationalen Vorbild[63] folgend –, auch Zweckgesellschaften über das Kriterium der wirtschaftlichen Beherrschung in den Konsolidierungskreis einzubeziehen. Danach ist beim Vorliegen bestimmter Umstände davon auszugehen, dass Unternehmen, die zur Erreichung eines eng begrenzten und genau definierten Ziels des MU dienen, das bei wirtschaftlicher Betrachtung die Mehrheit der Risiken und Chancen trägt, zwar nicht rechtlich, sehr wohl aber wirtschaftlich beherrscht werden[64].

a) Begriff der Zweckgesellschaft

37 Nach dem Gesetzeswortlaut sind Zweckgesellschaften Unternehmen, die zur Erreichung eines **eng begrenzten und genau definierten Ziels** des MU dienen (§ 290 Abs. 2 Nr. 4 HGB). „Unternehmen" werden in den Gesetzesmaterialien zum BilMoG definiert als „Wirtschaftseinheiten, die eigenständige Interessen kaufmännischer oder wirtschaftlicher Art mittels einer nach außen in Erscheinung tretenden Organisation verfolgen"[65]. Um Umgehungen der Konsolidierungspflicht durch rechtsgestaltende Maßnahmen zu verhindern[66], erweitert § 290 Abs. 2 Nr. 4 S. 2 HGB den möglichen Kreis potenzieller Zweckgesellschaften über Unternehmen hinaus um **sonstige juristische Personen** des Privatrechts und **unselbstständige Sondervermögen** des Privatrechts. Unter die sonstigen juristischen Personen fallen z.B. eingetragene bzw. wirtschaftliche Vereine oder rechtsfähige Stiftungen. In der Regel werden diese Rechtsträger ohnehin den Unternehmensbegriff erfüllen[67]. Bei den unselbstständigen Sondervermögen des Privatrechts kann es sich um Investment-Vehikel handeln[68], soweit sie nicht durch § 290 Abs. 2 Nr. 4 S. 2 HGB ausdrücklich ausgeschlossen sind[69]. Darüber hinaus kommen auch schuldrechtlich abgegrenzte Vermögensmassen (z.B. ein Portfolio) in Betracht, wie sie z.B. bei Verbriefungstransaktionen eingesetzt werden[70].

38 **Unterstützungskassen und ähnliche externe Versorgungseinrichtungen** können die Kriterien einer Zweckgesellschaft erfüllen. Sie sind in den Konsolidierungskreis einzubeziehen, wenn das MU die Mehrheit der Risiken und Chancen trägt[71]. Die Einbeziehung in den Konsolidierungskreis ändert nicht den Charakter der Verpflichtung als

---

61 Diese Regelung wurde erst gegen Ende des Gesetzgebungsverfahrens zum BilMoG vor dem Hintergrund der Finanzmarktkrise in das HGB aufgenommen. Im Zuge der Finanzmarktkrise erachtete es der Rechtsausschuss des Deutschen Bundestages für erforderlich, durch die Konsolidierung von Zweckgesellschaften nach § 290 Abs. 2 Nr. 4 HGB die Auslagerung von Risiken aus dem handelsrechtlichen KA einzuschränken. Für Details vgl. Begr. Beschlussempf. BilMoG, BT-Drs. 16/12407, S. 89.
62 Siehe DRS 19.37.
63 Vgl. die seinerzeit geltenden und zwischenzeitlich durch IFRS 10 ersetzten SIC-12 und IAS 27.
64 Vgl. Begr. Beschlussempf. BilMoG, BT-Drs. 16/12407, S. 89.
65 Begr. Beschlussempf. BilMoG, BT-Drs. 16/12407, S. 89.
66 Vgl. Begr. Beschlussempf. BilMoG, BT-Drs. 16/12407, S. 89.
67 Vgl. *Gelhausen/Fey/Kämpfer*, BilMoG, Q, Rn. 85.
68 Vgl. *Gelhausen/Fey/Kämpfer*, BilMoG, Q, Rn. 85; *Zoeger/Möller*, KoR 2009, S. 309 (313).
69 Vgl. dazu Kap. G Tz. 48.
70 Zellen einer Silo- oder Zebra-Struktur. Vgl. hierzu *Gelhausen/Fey/Kämpfer*, BilMoG, Q, Rn. 86-89.
71 Vgl. DRS 19.46.

mittelbare Pensionsverpflichtung, für die gem. Art. 28 Abs. 1 S. 2 EGHGB ein Passivierungswahlrecht bzgl. dieses Fehlbetrags besteht[72].

39 Eine Zweckgesellschaft i.S.d. § 290 Abs. 2 Nr. 4 HGB liegt nur dann vor, wenn sie für das MU eine bestimmte Funktion erfüllt bzw. einem bestimmten Zweck dient. In Betracht kommen z.B. eine Finanzierungsfunktion oder die Versorgung mit bestimmten Gütern oder Dienstleistungen (Beschaffungsfunktion). Dient die Gesellschaft dagegen einer Vielzahl anderer Parteien oder nimmt sie allgemein am Geschäftsleben teil, mit der Folge, dass regelmäßig unternehmerische Entscheidungen zu treffen sind, so dürfte es sich i.d.R. nicht um eine Zweckgesellschaft i.S.d. § 290 Abs. 2 Nr. 4 HGB handeln[73]. Als mögliche Beispiele für solche eng begrenzten und genau definierten Ziele werden in den Gesetzesmaterialien zum BilMoG Leasinggeschäfte, ausgelagerte Forschungs- und Entwicklungstätigkeiten und Verbriefungsgeschäfte genannt[74]. In der Literatur wird als weiteres denkbares Beispiel die Auslagerung von Funktions- oder Servicebereichen, z.B. i.R. eines sog. MBO, genannt[75]. Auch Projektabwicklungsgesellschaften können Zweckgesellschaften sein[76].

40 Bei Zweckgesellschaften werden die wichtigsten unternehmerischen Entscheidungen oftmals bereits bei der Errichtung vertraglich festgelegt (z.B. durch Betriebsführungsverträge). Die weitere Tätigkeit des betreffenden Unternehmens folgt dann einem sog. Autopilotmechanismus[77]. Gesellschaftsrechtlich begründete Einflussmöglichkeiten sind in diesem Fall wirtschaftlich bedeutungslos.

41 Nicht vorausgesetzt wird in § 290 Abs. 2 Nr. 4 HGB, dass die Zweckgesellschaft ausschließlich auf die Bedürfnisse nur einer Partei ausgerichtet ist. Im Regelfall wird die Errichtung einer Zweckgesellschaft mehreren Parteien dienen. In einem solchen Fall muss geprüft werden, wessen Parteiinteressen wohl überwiegen. Trägt eine der Parteien die Mehrheit der Risiken und Chancen aus der Zweckgesellschaft, so ist davon auszugehen, dass die Zweckgesellschaft v.a. den Zielen dieses Partners dient[78].

b) Mehrheit der Risiken und Chancen

42 Ein MU hat stets beherrschenden Einfluss, wenn es **bei wirtschaftlicher Betrachtung die Mehrheit der Risiken und Chancen** (§ 290 Abs. 2 Nr. 4 HGB) aus der Geschäftstätigkeit der Zweckgesellschaft trägt.

43 **Risiken** sind dem Grunde oder der Höhe nach unsichere negative finanzielle Auswirkungen auf die Vermögens-, Finanz- und Ertragslage des Konzerns, die sich aus der Geschäftstätigkeit der Zweckgesellschaft oder aus Beziehungen des MU zur Zweckgesellschaft ergeben[79]. In Anlehnung an SIC-12.10 (c) und (d) sind für die Beurteilung zunächst solche Risiken zu berücksichtigen, die typischerweise mit einer Eigentümerstellung an der Zweckgesellschaft verbunden sind. **Residual- oder Eigentümerrisiken** aus der Geschäftstätigkeit der Zweckgesellschaft betreffen die Verwertung des Ver-

---

72 Vgl. DRS 19.47. A.A. *Sultana*, S. 228, 237, 238, 261.
73 Vgl. hierzu *Schruff*, Der Konzern 2009, S. 511/514; *Lüdenbach/Freiberg*, BB 2009, S. 1230/1232; sowie *Gelhausen/Fey/Kämpfer*, BilMoG, Q, Rn. 62 f.
74 Vgl. Begr. Beschlussempf. BilMoG, BT-Drs. 16/12407, S. 89.
75 Vgl. *Gelhausen/Fey/Kämpfer*, BilMoG, Q, Rn. 58.
76 Vgl. DRS 19.41.
77 Siehe hierzu auch DRS 19.40.
78 Vgl. *Gelhausen/Fey/Kämpfer*, BilMoG, Q, Rn. 64 f.; *Mujkanovic*, StuB 2009, S. 374 (377).
79 So DRS 19.51.

mögens der Zweckgesellschaft. Sie können sich bspw. in Zinsänderungs- oder Ausfallrisiken, Refinanzierungs- oder Liquiditätsrisiken sowie Forschungs- und Entwicklungsrisiken konkretisieren[80]. Zweckgesellschaften werden häufig mit sehr geringem EK ausgestattet, so dass das potenzielle MU die entspr. Risiken auf indirektem Weg trägt, bspw. durch Bürgschaften oder Patronatserklärungen ggü. Kreditgebern oder durch die Gewährung von nachrangigen oder nicht im üblichen Maß besicherten Darlehen (first loss). Auch Werthaltigkeitsgarantien in Form von Andienungsrechten für die Anteile an der Zweckgesellschaft sind denkbar. Andienungsrechte können auch in den Fällen, in denen Zweckgesellschaften über nennenswertes, von Dritten aufgebrachtes EK verfügen, dazu führen, dass nicht die formellen EK-Geber die Mehrheit der Risiken tragen, sondern der Stillhalter des Andienungsrechts. Dies kann bspw. dann der Fall sein, wenn das Andienungsrecht derart gestaltet ist, dass die EK-Geber bei Andienung ihre ursprüngliche Einlage zzgl. einer marktüblichen Verzinsung wiedererlangen[81].

44 **Chancen** sind dem Grunde oder der Höhe nach unsichere positive finanzielle Auswirkungen auf die Vermögens-, Finanz- und Ertragslage des Konzerns, die sich aus der Geschäftstätigkeit der Zweckgesellschaft oder aus Beziehungen des MU zur Zweckgesellschaft ergeben[82]. Demnach können Chancen bspw. in ausgeschütteten Nettobarmittelzuflüssen, Periodenüberschüssen sowie Reinvermögensansprüchen oder Residualansprüchen bei Liquidation bestehen. Der Anspruch auf die Mehrheit der Chancen muss dabei wegen der wirtschaftlichen Betrachtung nicht aufgrund einer Gesellschafterstellung bestehen, er kann vielmehr auch auf Treuhandvereinbarungen, Verträgen, Übereinkünften oder anderen Konstrukten beruhen[83]. Synergieeffekte u.a. Formen von Nutzen, die nicht bei der Zweckgesellschaft selbst anfallen, bleiben bei der Beurteilung unberücksichtigt[84].

45 Zu den Risiken und Chancen aus der Geschäftstätigkeit der Zweckgesellschaft, die das MU trägt, gehören auch die Risiken und Chancen, die direkt von TU oder die von Dritten für Rechnung des MU oder eines TU getragen werden. Risiken und Chancen, die GU, assoziierten Unternehmen oder sonstigen Beteiligungsunternehmen i.S.v. § 271 Abs. 1 HGB zuzurechnen sind, sind zu berücksichtigen, soweit sie einen wesentlichen Einfluss auf die wirtschaftliche Lage des Konzerns haben können[85].

46 Zur Beurteilung der Risiken- und Chancenverteilung ist eine qualitative Gesamtbetrachtung unter Würdigung sämtlicher Umstände des Einzelfalls anzustellen[86]. Die Risiken und Chancen müssen in geeigneter Weise durch Gewichtung oder Bewertung vergleichbar gemacht werden. Dem MU muss die **absolute Mehrheit** der Risiken und Chancen zustehen[87]. Das heißt, eine Konsolidierungspflicht ergibt sich nicht bereits deshalb, weil eine Partei mehr Risiken und Chancen als alle anderen an einer Transaktion beteiligten Parteien trägt[88]. Im Falle einer asymmetrischen Verteilung von Risi-

---

80 Vgl. *Mujkanovic*, StuB 2009, S. 374 (377).
81 Vgl. *Gelhausen/Fey/Kämpfer*, BilMoG, Q, Rn. 70 f.
82 So DRS 19.52.
83 Vgl. *Küting/Koch*, in: Küting/Pfitzer/Weber, Bilanzrecht², S. 398.
84 Vgl. *Küting/Koch*, in: Küting/Pfitzer/Weber, Bilanzrecht², S. 398 f.; a.A. *Mujkanovic*, StuB 2009, S. 374 (377).
85 Siehe DRS 19.56.
86 Vgl. DRS 19.57.
87 Siehe DRS 19.54.
88 Vgl. *Gelhausen/Fey/Kämpfer*, BilMoG, Q, Rn. 75.

ken und Chancen ist ausweislich der Gesetzesmaterialien zum BilMoG vorrangig auf die Risiken abzustellen[89]. Im Fall einer paritätischen Verteilung der Risiken geben dann die Chancen den Ausschlag[90].

c) Mehrfache Konzernzugehörigkeit von Zweckgesellschaften

Fraglich ist, ob in Konstellationen, in denen einem Unternehmen die Mehrheit der Stimmrechte einer (Autopilot-)Zweckgesellschaft zusteht (§ 290 Abs. 2 Nr. 1 HGB) und ein anderes Unternehmen bei wirtschaftlicher Betrachtung die Mehrheit der Risiken und Chancen der Zweckgesellschaft trägt (§ 290 Abs. 2 Nr. 4 HGB), grds. beide Unternehmen zur Konsolidierung der Zweckgesellschaft verpflichtet sind. Nach Auffassung des DSR besteht für beide Unternehmen grds. eine Konsolidierungspflicht[91]. Eine Konsolidierung auf der Basis von § 290 Abs. 2 Nr. 1 HGB kann aber i.d.R. durch Ausübung des Einbeziehungswahlrechts des § 296 Abs. 1 Nr. 1 HGB aufgrund erheblicher und dauernder Beschränkung der Ausübung der Rechte des MU unterbleiben[92]. Ein Mutter-Tochter-Verhältnis bleibt bestehen[93]. 47

d) Ausnahmen für Spezial-Sondervermögen

Vom Anwendungsbereich des § 290 Abs. 2 Nr. 4 HGB explizit ausgenommen sind Spezial-Sondervermögen i.S.d. § 2 Abs. 3 InvG oder vergleichbare ausländische Investmentvermögen oder als Sondervermögen aufgelegte offene inländische Spezial-AIF mit festen Anlagebedingungen i.S.d. § 284 des KAGG. Hierzu gehören auch vergleichbare EU-Investmentvermögen oder ausländische Investmentvermögen, die den als Sondervermögen aufgelegten offenen inländischen Spezial-AIF mit festen Anlagebedingungen i.S.d. § 284 des KAGG vergleichbar sind (§ 290 Abs. 2 Nr. 4 S. 2 HGB). Als Ausgleich für den Informationsverlust aufgrund der unterbleibenden Konsolidierung werden in § 314 Abs. 1 Nr. 18 HGB entspr. Angaben im KAnh. gefordert[94]. 48

2.1.1.3 Zurechnung und Abzug von Rechten nach § 290 Abs. 3 HGB

Die Rechte, die einem MU nach § 290 Abs. 2 HGB zustehen, sind um **Hinzurechnungen** und **Abzüge** zu korrigieren (§ 290 Abs. 3 HGB). 49

Als Rechte, die einem MU zustehen, gelten auch (§ 290 Abs. 3 S. 1 HGB) 50

- Rechte, die einem TU zustehen,
- Rechte, die für Rechnung des MU handelnden Personen zustehen,
- Rechte, die für Rechnung des TU handelnden Personen zustehen.

Diese **Hinzurechnungen** entsprechen inhaltlich der sog. Mittlerfunktion des Abhängigkeitsverhältnisses (§ 16 Abs. 4 AktG). Auf die Ausführungen dazu kann verwiesen werden[95].

---

89 Vgl. Begr. Beschlussempf. BilMoG, BT-Drs. 16/12407, S. 89.
90 So DRS 19.61.
91 A.A. *Lüdenbach/Freiberg*, BB 2009, S. 1230 (1232), wonach nur bei dem Unternehmen, das die Mehrheit der Stimmrechte innehat, eine Konsolidierungspflicht besteht. *Findeisen/Sabel/Klube*, DB 2010, S. 965 (967 ff.) sehen hingegen den Vorrang des Risiken-Chancen-Kriteriums vor der formalrechtlichen Stimmrechtsmehrheit. Eine doppelte Konsolidierung kommt auch für sie nicht infrage.
92 Vgl. hierzu Kap. G Tz. 176 ff.
93 Vgl. so auch *Gelhausen/Fey/Kämpfer*, BilMoG, Q, Rn. 43; *Grottel/Kreher*, in: BeBiKo[11], § 290, Rn. 31.
94 Vgl. Begr. Beschlussempf. BilMoG, BT-Drs. 16/12407, S. 89 f.
95 Vgl. Kap. C Tz. 79; vgl. dazu im Einzelnen auch ADS[6], § 290, Tz. 136-145.

51 Der Wortlaut von § 290 Abs. 2 HGB stellt nur auf unmittelbare Mutter-Tochter-Beziehungen ab und enthält keinen Hinweis darauf[96], dass auch mittelbare TU in den KA einzubeziehen sind. Durch die Hinzurechnungen in § 290 Abs. 3 S. 1 HGB wird erreicht, dass auch Unternehmen, an denen dem MU Rechte nur kraft Zurechnung zustehen, TU sind. Durch die Zurechnung der dem MU nur mittelbar zustehenden Rechte werden in **mehrstufigen Konzernen** die Rechte eines TU an seinem TU den MU auf jeder höheren Stufe zugerechnet, so dass auch alle mittelbaren TU als TU eines MU gelten[97].

52 Dem MU sind weiterhin solche Rechte zuzurechnen, über die es selbst oder ein TU aufgrund einer Vereinbarung mit anderen Gesellschaftern dieses Unternehmens verfügen kann (§ 290 Abs. 3 S. 2 HGB). Anwendungsfälle dieser Vorschrift sind Stimmrechtsbindungsverträge, Stimmrechtsüberlassungsverträge, Poolverträge, Konsortial- und ähnliche Verträge, die einem Gesellschafter alleine die Ausübung der (Stimm-) Rechte ermöglichen[98]. Ist ein Unternehmen mit einem anderen in der Weise verbunden, dass es über dessen Stimmen verfügen kann, so sind sie seinen eigenen Stimmen i.S.v. § 290 Abs. 2 HGB **hinzuzurechnen**[99]. Dabei ist es durchaus möglich, dass erst durch diese Hinzurechnungen ein Mutter-Tochter-Verhältnis i.S.v. § 290 Abs. 2 Nr. 1 HGB und damit die Verpflichtung zur Konzernrechnungslegung entsteht.

53 Von den Rechten, die dem MU unmittelbar oder kraft Zurechnung zustehen, sind **abzuziehen** (§ 290 Abs. 3 S. 3 HGB)
- Rechte, die mit Anteilen verbunden sind, die von dem MU oder von TU für Rechnung einer anderen Person gehalten werden,
- Rechte, die mit Anteilen verbunden sind, die als Sicherheit gehalten werden, sofern diese Rechte nach Weisung des Sicherungsgebers oder, wenn ein KI die Anteile als Sicherheit für ein Darlehen hält, im Interesse des Sicherungsgebers ausgeübt werden.

54 Diese Abzüge entsprechen fast spiegelbildlich den Hinzurechnungen nach § 290 Abs. 3 S. 1 und 2 HGB. Sie unterstreichen die in diesem Zusammenhang anzuwendende wirtschaftliche Betrachtungsweise[100].

2.1.2 Mutterunternehmen einer Personenhandelsgesellschaft i.S.d. § 264a HGB

55 Bei Personenhandelsgesellschaften i.S.d. § 264a Abs. 1 HGB stellt sich die Frage, ob der persönlich haftende Gesellschafter als MU gem. § 290 Abs. 1 HGB anzusehen ist. Denn grds. kann die beteiligte KapGes. (typischerweise eine **Komplementär-GmbH**) ebenso wie die Personenhandelsgesellschaft zur Konzernrechnungslegung verpflichtet sein[101]. Ob die KapGes. als MU einen eigenen Geschäftsbetrieb unterhält, ist unerheblich. Entscheidend ist einzig das Vorliegen eines Mutter-Tochter-Verhältnisses aufgrund der Möglichkeit, einen beherrschenden Einfluss auszuüben.

---

96 Anders z.B. § 17 Abs. 1 AktG, der ausdrücklich von einer unmittelbaren und mittelbaren Beherrschung und Abhängigkeit spricht.
97 Vgl. auch Begr. RegE, BR-Drs. 163/85, S. 49.
98 So auch *Hoffmann-Becking/Rellermeyer*, in: FS Goerdeler, S. 208; ADS[6], § 290, Tz. 140.
99 Kritisch dazu *Kropff*, DB 1986, S. 368.
100 Vgl. dazu im Einzelnen ADS[6], § 290, Tz. 140-149 sowie *Siebourg*, in: HdKonzernR[3], § 290, Rn. 93-112 m.w.N.
101 So bereits die Gesetzesbegründung zum KapCoRiLiG, vgl. BR-Drs. 458/99, S. 23.

Von den vier typisierend in § 290 Abs. 2 HGB aufgeführten Tatbeständen, bei deren (isolierter oder kumulativer) Verwirklichung unwiderlegbar ein beherrschender Einfluss des MU auf das TU angenommen wird, dürfte bei einer typisch strukturierten Personenhandelsgesellschaft i.S.d. § 264a Abs. 1 HGB regelmäßig nur die Erfüllung des Tatbestands nach § 290 Abs. 2 Nr. 2 HGB für den persönlich haftenden Gesellschafter in Betracht kommen[102]. Die Komplementär-GmbH ist i.d.R. als Leitungsorgan i.S.d. § 290 Abs. 2 Nr. 2 HGB der KapCoGes. anzusehen[103]. Trotz formal nicht bestehender Bestellungs- oder Abberufungsrechte steht dem persönlich haftenden Gesellschafter aber kraft Gesetzes sogar ein noch stärkeres Recht als das Bestellungsrecht zu. Als Organ kann der persönlich haftende Gesellschafter die Geschäfts- und Finanzpolitik bestimmen, sodass ein Mutter-Tochter-Verhältnis vorliegt[104]. Sofern die Leitungsmacht des persönlich haftenden Gesellschafters gesellschaftsvertraglich eingeschränkt wird und dieser keine richtungsweisenden Entscheidungen mehr treffen kann, liegt hingegen kein Mutter-Tochter-Verhältnis vor[105].

56

Fraglich ist, ob das Vorliegen eines wirtschaftlichen Eigeninteresses des persönlich haftenden Gesellschafters bei der Beurteilung, ob dieser als MU der Personenhandelsgesellschaft qualifiziert, zu berücksichtigen ist. Wenn der persönlich haftende Gesellschafter am Kapital nicht oder nur geringfügig beteiligt ist, fließen ihm weder Ausschüttungen zu noch partizipiert er an einer Steigerung des Unternehmenswerts. Sein primäres Interesse richtet sich auf den Erhalt einer Geschäftsführungs-/Haftungsvergütung. Ist die Kapitalbeteiligung der Kommanditisten zudem ausreichend groß und dadurch gleichzeitig das Risiko einer Haftungsinanspruchnahme des Komplementärs so gut wie ausgeschlossen, sind die dem persönlich haftenden Gesellschafter zustehenden Rechte mangels eigenen wirtschaftlichen Interesses gem. § 290 Abs. 3 S. 1 HGB dem Kommanditisten zuzurechnen, sodass dieser – Unternehmenseigenschaft vorausgesetzt – als MU der Personenhandelsgesellschaft anzusehen ist[106].

57

2.1.3 Transaktionen unter gemeinsamer Beherrschung

Als Transaktionen unter gemeinsamer Beherrschung (transactions under common control) werden Vorgänge verstanden, bei denen Anteile an einem MU in eine neu gegründete oder wirtschaftlich wiederbelebte Mantelgesellschaft eingebracht werden, an der a.E. dieselben Gesellschafter beteiligt sind wie an dem eingebrachten Unternehmen. Im Ergebnis verändert sich die Beherrschungsmöglichkeit der Gesellschafter über das eingebrachte Unternehmen durch die Umstrukturierungsmaßnahme also nicht[107]. Es stellt sich die Frage, ob eine – durch Einbringung der Anteile der Gesellschafter des bisherigen MU – neu geschaffene Konzernholding in ihrem (ersten) KA das gesamte Ver-

58

---

102 Vgl. *IDW RS HFA 7 n.F.*, Tz. 66.
103 Die Konzernrechnungslegungspflicht der Komplementär-GmbH i.d.R. verneinend *Herrmann*, WPg 2001, S. 278.
104 Vgl. *IDW RS HFA 7 n.F.*, Tz. 67; DRS 19.30.
105 Vgl. *IDW RS HFA 7 n.F.*, Tz. 67; a.A. DRS 19.30, wonach weiterhin ein Mutter-Tochter-Verhältnis vorliegt, aber möglicherweise die Anwendung des Einbeziehungswahlrechts gem. § 296 Abs. 1 Nr. 1 HGB in Betracht kommt.
106 Siehe *Winkeljohann/Deubert*, in: BeBiKo[11], § 264b, Rn. 31 ff., im Ergebnis wohl auch ADS[6], § 290 HGB, Tz. 139.
107 Vgl. *Beine/Roß*, BB 2012, S. 2743 (2744); *Oser*, BB 2014, S. 1387.

mögen des bisherigen Konzerns nach § 301 Abs. 1 S. 2 HGB vollständig neu bewerten muss.

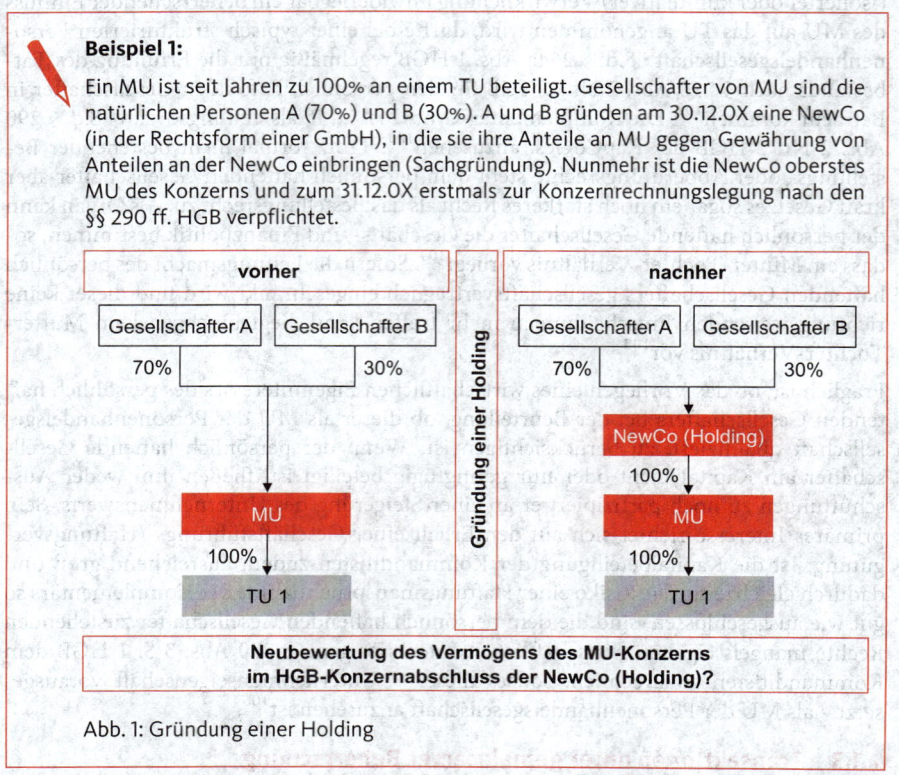

> **Beispiel 1:**
>
> Ein MU ist seit Jahren zu 100% an einem TU beteiligt. Gesellschafter von MU sind die natürlichen Personen A (70%) und B (30%). A und B gründen am 30.12.0X eine NewCo (in der Rechtsform einer GmbH), in die sie ihre Anteile an MU gegen Gewährung von Anteilen an der NewCo einbringen (Sachgründung). Nunmehr ist die NewCo oberstes MU des Konzerns und zum 31.12.0X erstmals zur Konzernrechnungslegung nach den §§ 290 ff. HGB verpflichtet.
>
> | vorher | nachher |
> |---|---|
> | Gesellschafter A (70%) — Gesellschafter B (30%) → MU → 100% → TU 1 | Gesellschafter A (70%) — Gesellschafter B (30%) → NewCo (Holding) → 100% → MU → 100% → TU 1 |
>
> (Gründung einer Holding)
>
> **Neubewertung des Vermögens des MU-Konzerns im HGB-Konzernabschluss der NewCo (Holding)?**
>
> Abb. 1: Gründung einer Holding

59 Für Transaktionen unter gemeinsamer Beherrschung bestehen im HGB keine spezifischen Bilanzierungsanweisungen. Nach dem Wortlaut des § 301 HGB ist bei erstmaliger Aufstellung eines KA durch die neue Konzernholding das Vermögen des bisherigen Konzerns vollständig neu zu bewerten[108]. Demgegenüber sieht Art. 25 der RL 2013/34/EU ein Mitgliedstaatenwahlrecht für derartige Transaktionen vor. Demnach dürfen die Buchwerte von Aktien oder Anteilen am Kapital eines in die Konsolidierung einbezogenen Unternehmens lediglich mit dem entspr. Kapital verrechnet werden, sofern die am Unternehmenszusammenschluss beteiligten Unternehmen letztlich vor und nach dem Unternehmenszusammenschluss von derselben Partei kontrolliert werden und diese Kontrolle nicht nur vorübergehender Natur ist. Hierbei kommt es weder zu einer Neubewertung der Vermögens- und Schuldposten des TU, noch zu einer Aufdeckung eines GoF bzw. eines pUB, weil ein nach der Verrechnung entstehender Unterschiedsbetrag den konsolidierten Rücklagen zugerechnet oder von ihnen abgezogen wird. Dieses Mitgliedstaatenwahlrecht wurde durch das BilRUG indes nicht in nationales Recht transformiert. In DRS 23 wird die Abbildung von Transaktionen unter ge-

---

[108] Siehe *Winkeljohann/Deubert*, in: BeBiKo[11], § 301, Rn. 296, die eine Erstkonsolidierung nach der Erwerbsmethode bevorzugen.

meinsamer Beherrschung im KA mangels einer gesetzlichen Grundlage nicht thematisiert.

Im Lichte teleologischer Gesetzesauslegung vermag das (formale Wortlaut-)Ergebnis nicht zu überzeugen. Folgende Argumente sprechen für eine teleologische Reduktion des § 301 HGB: **60**

- **Einheitsgrundsatz:** Der KA nach HGB steht unter dem Regime des Einheitsgrundsatzes (§ 297 Abs. 3 S. 1 HGB). Der Einheitsgrundsatz fingiert, dass der Konzern nicht nur eine wirtschaftliche, sondern auch eine rechtliche Einheit ist. Mithin wird im KA des MU die rechtliche Selbstständigkeit der einzelnen Konzernglieder (einschl. der des MU) negiert. Im Lichte des Einheitsgrundsatzes hat sich die Vermögens-, Finanz- und Ertragslage des Konzerns durch die Schaffung einer neuen Konzernholding indes nicht geändert. Leitbild eines Unternehmenszusammenschlusses ist dagegen, dass sich durch den Erwerb eines TU das Reinvermögen des Konzerns ändert. Vor diesem Hintergrund „firmiert" die Kapitalkonsolidierung nach § 301 HGB auch unter der Bezeichnung „Erwerbsmethode".
- **Grundsatz der wirtschaftlichen Betrachtungsweise:** Gegen eine Pflicht zur Neubewertung spricht überdies der Grundsatz der wirtschaftlichen Betrachtungsweise. Bei Transaktionen unter gemeinsamer Beherrschung liegt die ultimative Kontrolle über die beteiligten Unternehmen vor und nach der Transaktion bei denselben Personen. Da diese Transaktionen wirtschaftlich keine Substanz haben, scheidet jedenfalls eine Pflicht zur Neubewertung aus.
- **Vergleich mit konzerninterner Verschmelzung:** Gegen eine Pflicht zur Neubewertung spricht auch die bilanzielle Abbildung einer konzerninternen Verschmelzung (sei es eine Aufwärts-, Abwärts- oder Seitwärtsverschmelzung), welche grds. keine Auswirkungen auf den KA haben darf, da die Verschmelzung von Unternehmen des Konsolidierungskreises nicht die wirtschaftliche Substanz, sondern lediglich die rechtliche Selbstständigkeit der einbezogenen Unternehmen berührt.
- **Grenzenlose Bilanzpolitik:** Gegen eine Pflicht zur Neubewertung spricht des Weiteren, dass eine (uneingeschränkte) Anwendung des § 301 HGB auch auf Transaktionen unter gemeinsamer Beherrschung Konzernen nach Belieben die Möglichkeit eröffnen würde, durch eine Gründung einer neuen Konzernholding (ohne wirtschaftliche Substanz) die gesamten stillen Reserven (und Lasten) sowie den originären GoF des bisherigen Konzerns aufzudecken. Eine Neubewertung des Reinvermögens des bisherigen Konzerns wäre in diesem Falle – anders als bei einem (klassischen) Unternehmenszusammenschluss (share deal, asset deal oder konzernexterne Verschmelzung) – nicht durch eine Transaktion mit einem fremden Dritten bestätigt (fehlender Markttest).

2.1.4 Besonderheiten nach dem PublG

2.1.4.1 Vorbemerkungen

Die Verpflichtung zur Konzernrechnungslegung kann sich neben den Vorschriften der §§ 290 ff. HGB auch aus den Vorschriften des Gesetzes über die Rechnungslegung von bestimmten Unternehmen und Konzernen (Publizitätsgesetz – PublG) ergeben. **61**

62 Die Konzernrechnungslegungsvorschriften des HGB knüpfen in erster Linie an die Rechtsform des MU (KapGes./KapCoGes.) an[109]. Demgegenüber rekurriert die Verpflichtung zur Konzernrechnungslegung nach dem PublG unabhängig von der Rechtsform des MU auf die Größenordnung des Konzerns. Nach § 11 Abs. 1 PublG besteht bei Überschreiten der Größenkriterien die Konzernrechnungslegungspflicht für ein MU mit Sitz im Inland, das unmittelbar oder mittelbar einen beherrschenden Einfluss auf ein anderes Unternehmen ausüben kann und nicht bereits nach den §§ 290, 264a, 340i, 341i HGB zur Aufstellung eines KA verpflichtet ist.

63 Nach § 11 Abs. 6 S. 1 Nr. 2 PublG i.V.m. § 315e HGB sind MU, die Gesellschaften i.S.d. § 4 der IAS-VO[110] sind, unmittelbar verpflichtet, ihren KA nach Maßgabe der IFRS aufzustellen, wenn ihre Wertpapiere am Abschlussstichtag in einem beliebigen Mitgliedstaat zum Handel an einem organisierten Markt zugelassen sind (§ 315e Abs. 1 HGB) oder deren Zulassung beantragt worden ist[111]. Über den Verweis in § 11 Abs. 6 S. 1 Nr. 2 PublG findet auch das in § 315e Abs. 3 HGB gewährte Wahlrecht Anwendung, d.h. MU, die nach § 11 PublG verpflichtet sind, einen KA aufzustellen, dürfen demnach die IFRS freiwillig anwenden.

64 Die Vorschriften des PublG über die Konzernrechnungslegung und Konzernpublizität sind in dessen Zweitem Abschn. (§§ 11-15 PublG) zusammengefasst. Sie sind, abgesehen von den zahlreichen Verweisen, auch **inhaltlich weitgehend den Vorschriften des HGB** nachgebildet. Die folgenden Erläuterungen zur Konzernrechnungslegung nach dem PublG beschränken sich daher im Wesentlichen auf die Besonderheiten des PublG. Da die DRS die Vermutung der GoB für den KA haben, sind sie ebenfalls grds. entspr. in KA nach dem PublG anzuwenden[112].

2.1.4.2 Voraussetzungen für die Verpflichtungen zur Konzernrechnungslegung

2.1.4.2.1 Mutter-Tochter-Verhältnis

65 Voraussetzung für die Verpflichtung zur Konzernrechnungslegung ist das Vorliegen eines Mutter-Tochter-Verhältnisses. Ein solches liegt dann vor, wenn ein Unternehmen mit Sitz (Hauptniederlassung) im **Inland** unmittelbar oder mittelbar einen **beherrschenden Einfluss** auf ein anderes Unternehmen ausüben kann (§ 11 Abs. 1 S. 1 PublG) oder ein Unternehmen mit Sitz (Hauptniederlassung) im **Ausland** unmittelbar oder mittelbar einen **beherrschenden Einfluss** auf ein anderes Unternehmen ausüben kann und dieses Unternehmen über ein oder mehrere zum Konzern gehörende Unternehmen mit Sitz (Hauptniederlassung) im Inland andere Unternehmen beherrscht (§ 11 Abs. 3 S. 1 PublG). Als MU i.S.v. § 11 Abs. 3 S. 1 PublG gilt das Konzernunternehmen mit Sitz im Inland, welches der Konzernspitze im Ausland „**am nächsten**" steht; je nach Aufbau und Größe des Konzerns kann es sich dabei auch um mehrere Konzernunternehmen handeln. Die betr. MU haben unabhängig voneinander für ihren jeweiligen Konzernbe-

---

[109] Vgl. hierzu Kap. G Tz. 6.
[110] VO (EG) Nr. 1606/2002, Abl.EG 2002, Nr. L 243, S. 1.
[111] Vgl. Gottel/Kreher, in: BeBiKo[11], § 315e, Rn. 20, die gleichzeitig darauf hinweisen, dass jedenfalls der Einzelkaufmann keine „Gesellschaft" i.S.d. Art. 4 der IAS-VO sein kann.
[112] Inwieweit die einzelnen DRS durch die zur Konzernrechnungslegung verpflichteten MU anzuwenden sind, lässt sich diesen im Einzelnen entnehmen. Zur Anwendung der DRS s.a. Kap. G Tz. 11.

reich (Teilkonzern) einen eigenen Teil-KA aufzustellen. Eine Zusammenfassung zu einem einzigen KA ist nicht zulässig[113].

Der **Begriff** des beherrschenden Einflusses in § 11 Abs. 1 und Abs. 3 PublG entspricht inhaltlich dem des § 290 Abs. 1 HGB[114]. Außerdem sind die Vorschriften des § 290 Abs. 2-5 HGB sinngemäß anzuwenden (§ 11 Abs. 6 S. 1 Nr. 1 PublG). 66

2.1.4.2.2 Mögliche Ausübung beherrschenden Einflusses durch ein Unternehmen

Anders als § 290 HGB nimmt § 11 Abs. 1 PublG nicht auf bestimmte Rechtsformen Bezug. Von entscheidender Bedeutung für die Aufstellung des KA ist daher die Frage, wie der **Unternehmensbegriff** des PublG zu interpretieren ist, da das Gesetz selbst keine Legaldefinition enthält. Darüber hinaus ist die kasuistisch enumerative Aufzählung der Rechtsträger in § 3 PublG ausweislich ihres einleitenden Satzes nur für die Regelungen des Ersten Abschn. und damit nicht für die Regelungen zur Konzernrechnungslegung (§§ 11-15 PublG) relevant. Gleichwohl werden innerhalb des PublG nicht unterschiedliche Unternehmensbegriffe zur Anwendung kommen, so dass die Aufzählung des § 3 PublG bei der Auslegung des Unternehmensbegriffs aus dem Sinn und Zweck des § 11 Abs. 1 PublG und dem Sachzusammenhang heraus zu berücksichtigen sein wird[115]. 67

Die Konzernrechnungslegungsvorschriften des PublG ergänzen diejenigen des HGB und schließen insb. die Lücke, die das HGB aufgrund seiner Rechtsformbezogenheit für Konzerne bestimmter Größenordnung offenlässt, an deren Spitze keine KapGes. oder Personenhandelsgesellschaft i.S.v. § 264a Abs. 1 HGB steht. Betroffen sind davon ganz überwiegend Konzerne einer bestimmten Größenordnung, an deren Spitze ein **Einzelkaufmann** oder eine nicht haftungsbeschränkte **Personenhandelsgesellschaft** steht. Für sie strebt das PublG wegen ihrer gesamtwirtschaftlichen Bedeutung eine ähnliche Rechenschaftslegung wie für KapGes. an[116], wobei die unterschiedliche Eigentümerstruktur, Organisationsform und Haftung durch Abstriche in Teilbereichen der anzuwendenden Normen berücksichtigt sind. Auf keinen Fall will das PublG in Abweichung von den bis dahin geltenden Rechnungslegungsvorschriften einen neuen Kreis von Verpflichteten schaffen. Es ist daher – auch in Ansehung der im Schrifttum weitgehend übereinstimmenden Auffassung, dass es einen einheitlichen Unternehmensbegriff für alle Rechtsgebiete nicht gibt[117], sondern der Begriff aus seinem Zusammenhang und seiner Zielsetzung heraus zu interpretieren ist – kein Grund ersichtlich, dem Unternehmensbegriff für Zwecke der Rechnungslegung nach dem HGB[118] und dem PublG einen grds. anderen Inhalt zu geben[119]. Die in erster Linie betroffenen Einzelkaufleute, Personenhandelsgesellschaften, eingetragenen Genossenschaften, Vereine, deren Zweck auf einen wirtschaftlichen Geschäftsbetrieb gerichtet ist, sowie Stiftungen, die ein Handelsgewerbe betreiben, sind konzernrechnungslegungspflichtig. 68

---

113 Vgl. ADS[6], § 11 PublG, Tz. 25.
114 Vgl. die Ausführungen in Kap. G Tz. 18.
115 So auch *Grottel/Kreher*, in: BeBiKo[11], § 290, Rn. 104.
116 Vgl. dazu auch die Begr. RegE zum PublG 1969, BR-Drs. 296/68, S. 23 f.
117 Vgl. ADS[6], § 15 AktG, Tz. 1.
118 Vgl. Kap. C Tz. 323.
119 Zu den unterschiedlichen Auffassungen über den Unternehmensbegriff vgl. weiter *Müller*, WPg 1978, S. 61; *Lutter/Timm*, BB 1978, S. 836; *Zilias*, DB 1986, S. 1110.

1123

69 Allerdings setzt der Unternehmensbegriff des PublG nicht die Kaufmannseigenschaft i.S.d. HGB voraus. Auch **BGB-Gesellschaften,** die mittels eines nach außen erkennbaren Geschäftsbetriebs Interessen kaufmännischer oder gewerblicher Art verfolgen (z.B. Arbeitsgemeinschaften), sind regelmäßig als Unternehmen anzusehen[120].

70 Zweifel kommen dagegen immer wieder bei der Frage auf, ob **auch Gebietskörperschaften,** wie die Bundesrepublik Deutschland, Unternehmen sind. So hat der BGH für den Begriff des herrschenden Unternehmens i.S.d. § 17 AktG die Unternehmenseigenschaft der Bundesrepublik Deutschland im Falle erheblichen Anteilsbesitzes im industriellen Bereich bejaht[121], während der Gesetzgeber offensichtlich davon ausgeht, dass Bund, Länder und Gemeinden keine Unternehmen sind und daher auch keine befreienden KA aufstellen können[122]. Daher wird für das PublG ebenso wie für § 290 HGB davon ausgegangen, dass Gebietskörperschaften mangels eigenen Geschäftsbetriebs nicht als Unternehmen gelten[123].

71 Fraglich ist, ob eine **Privatperson** als Unternehmen anzusehen ist, wenn sie an mehreren KapGes. oder Personenhandelsgesellschaften beteiligt ist, ohne einen eigenen Geschäftsbetrieb zu unterhalten und nach außen ähnlich wie ein Kaufmann in Erscheinung zu treten[124]. In der Literatur wird die Unternehmenseigenschaft mit Rückgriff auf die aktienrechtliche Diskussion bejaht, sofern die Privatperson nicht lediglich vermögensverwaltend, sondern übergreifend koordinierend tätig ist[125]. Ob nur Vermögensverwaltung vorliegt, könnte insb. dann zu verneinen sein, wenn z.B. die von einer Privatperson gehaltenen Unternehmen eine wirtschaftliche Einheit bilden und ein starker Lieferungs- und Leistungsverkehr untereinander besteht. Allerdings besteht selbst in einem solchen Fall keine Konzernrechnungslegungspflicht, wenn die Privatperson nicht selbst der kaufmännischen Rechnungslegungspflicht unterliegt[126].

72 Ein **Idealverein**[127], der Beteiligungen an KapGes. hält, ist nicht zur Aufstellung eines KA nach dem PublG verpflichtet[128], weil der Unternehmensbegriff des PublG auf eine eigene erwerbswirtschaftliche Betätigung abstellt und die Möglichkeit der Ausübung beherrschenden Einflusses keine Konzerneigenschaft begründet, wenn sie i.R.d. Zweckerfüllung eines Idealvereins stattfindet und der erwerbswirtschaftliche Teil sich nur in einer Holding unter Beachtung der Voraussetzungen des Nebenzweckprivilegs abspielt[129].

73 Unternehmen in Abwicklung sind nach den Regeln des PublG ebenso wie nach denen des HGB zur Aufstellung eines KA verpflichtet[130].

---

120 Vgl. *Grottel/Kreher*, in: BeBiKo[11], § 290, Rn. 105; zum aktienrechtlichen Unternehmensbegriff vgl. ADS[6], § 15 AktG, Tz. 1 m.w.N.
121 BGH v. 13.10.1977, DB 1977, S. 2367.
122 Vgl. BT-Drs. 10/4268, S. 113.
123 Vgl. *Grottel/Kreher*, in: BeBiKo[11], § 290, Rn. 105 m.w.N.
124 Die Unternehmenseigenschaft einer Privatperson wird vom Rechtsausschuss des Deutschen Bundestages in einer Stellungnahme zu § 291 HGB allgemein verneint, vgl. BT-Drs. 10/4268.
125 Vgl. ADS[6], PublG § 11, Tz. 11; ähnlich *Petersen/Zwirner*, BB 2008, S. 1778.
126 Vgl. ADS[6], PublG § 11, Tz. 11 sowie (zum PublG 1969) auch *Brinkmann/Reichardt*, DB 1971, S. 2417 ff.
127 Unter Idealvereinen werden rechtsfähige, nichtwirtschaftlich ausgerichtete Vereine gem. § 21 BGB verstanden; vgl. *Lettl*, DB 2000, S. 1449.
128 Vgl. ADAC-Beschluss des LG München I v. 30.08.2001, DB 2003, S. 1316.
129 Vgl. kritisch hierzu mit a.A. *Segna*, DB 2003, S. 1311; *Niehus*, DB 2003, S. 1125.
130 Vgl. die abw. Regelung für den JA in § 3 Abs. 3 PublG.

Nach § 1 Abs. 5 PublG ist der **Einzelkaufmann**, der mehrere Handelsgeschäfte unter verschiedenen Firmen betreibt, als ein einziges Unternehmen anzusehen. Eine Konzernrechnungslegungspflicht besteht insoweit nicht. **74**

Darüber hinaus ist der Zweite Abschn. des PublG nicht anzuwenden, wenn das MU eine KapGes., ein KI, ein VU oder eine Personenhandelsgesellschaft i.S.d. § 264a Abs. 1 HGB ist (§ 11 Abs. 5 S. 1 PublG). Für diese Unternehmen ergibt sich die Verpflichtung zur Konzernrechnungslegung bereits aus anderen gesetzlichen Vorschriften. **75**

Zudem stellt § 11 Abs. 5 S. 2 PublG klar, dass Personenhandelsgesellschaften und Einzelkaufleute nicht zur Aufstellung eines KA verpflichtet sind, wenn sich ihr Gewerbebetrieb auf die **Vermögensverwaltung** beschränkt und sie nicht die Aufgaben der Konzernleitung wahrnehmen. **76**

2.1.4.2.3 Größenmerkmale

a) Grundsatz

Nach dem PublG sind MU dann zur Konzernrechnungslegung verpflichtet, wenn sie für drei aufeinanderfolgende KA-Stichtage mindestens zwei der drei folgenden **Merkmale** erfüllen (§ 11 Abs. 1 Nr. 1-3 PublG): **77**

- Die Bilanzsumme einer auf den KA-Stichtag aufgestellten Konzernbilanz übersteigt 65 Mio. €.
- Die Umsatzerlöse einer auf den KA-Stichtag aufgestellten Konzern-GuV in den 12 Monaten vor dem Abschlussstichtag übersteigen 130 Mio. €.
- Die Konzernunternehmen mit Sitz im Inland haben in den 12 Monaten vor dem KA-Stichtag insgesamt durchschnittlich mehr als 5.000 Arbeitnehmer beschäftigt.

Damit werden die für den JA maßgebenden Größenmerkmale (§ 1 Abs. 1 PublG) unter Anpassung an die Besonderheiten des Konzerns auch für den KA übernommen. Zwei dieser Merkmale müssen jeweils zutreffen, wobei nicht erforderlich ist, dass es sich an allen drei Abschlussstichtagen um dieselben Merkmale handelt. **78**

Maßgebend für die Feststellung der Größenmerkmale ist der **KA-Stichtag**, der dem Abschlussstichtag des MU entspricht (§§ 13 Abs. 2 PublG i.V.m. 299 Abs. 1 HGB). Für MU, die nicht Kaufmann i.S.d. HGB sind und daher keinen JA aufzustellen brauchen, ist für die Feststellung der Größenmerkmale der Abschlussstichtag des größten Unternehmens[131] mit Sitz im Inland maßgebend (§ 11 Abs. 2 S. 2 PublG). Das „größte" (Konzern-)Unternehmen mit Sitz im Inland ist unter Anwendung der Größenmerkmale des § 1 PublG zu ermitteln[132]. Es wird dasjenige Unternehmen sein, bei dem mindestens zwei der drei Merkmale des § 1 Abs. 1 PublG „größer" sind als bei den anderen (Konzern-)Unternehmen. Das Gesetz geht nicht darauf ein, ob das „größte" (Konzern-)Unternehmen tatsächlich in den KA einbezogen wird. In der Regel wird die Differenzierung zwischen (Konzern-)Unternehmen und konsolidierten Konzernunternehmen auch keine Bedeutung haben, da das „größte" (Konzern-)Unternehmen im Allgemeinen nicht außerhalb des Konsolidierungskreises steht. Sollte dies trotzdem einmal vorkommen, so **79**

---

[131] Im Gegensatz zum § 11 Abs. 2 S. 2 PublG 1969 stellt der Wortlaut nur noch auf den Begriff „Unternehmen", aber nicht auf den Begriff „Konzernunternehmen" ab. Aus Sinn und Zweck der Vorschrift ergibt sich jedoch, dass inhaltlich auch weiterhin nur Konzernunternehmen gemeint sein können.

[132] Zum PublG 1969 vgl. Begr. BR-Drs. 296/68, S. 24.

ist, wie auch bei Anwendung der Größenmerkmale selbst, das „größte" Unternehmen des Konsolidierungskreises maßgebend.

80 Hat die Konzernleitung ihren **Sitz im Ausland**, muss jedes MU i.S.v. § 11 Abs. 3 S. 1 PublG für seinen Konzernbereich die Größenmerkmale des § 11 Abs. 1 PublG prüfen. Muss ein Teil-KA aufgestellt werden (§ 11 Abs. 3 PublG)[133], so gilt § 11 Abs. 2 PublG sinngemäß (§ 11 Abs. 3 S. 2 PublG). Jeder Teilbereich kann selbstständig in die Konzernrechnungslegungspflicht hineinwachsen und aus ihr entlassen werden (§ 12 Abs. 1 PublG).

81 Aus dem Gesetz geht nicht unmittelbar hervor, ob für die Berechnung der Größenmerkmale alle Konzernunternehmen heranzuziehen sind oder nur diejenigen, die tatsächlich in den KA unter der Ausübung von Konsolidierungswahlrechten einbezogen werden. Je nachdem, wie die Konzernleitung die Konsolidierungswahlrechte des § 13 Abs. 2 S. 1 PublG i.V.m. § 296 HGB ausübt, können beide Gruppen voneinander abweichen.

82 Aus der Erwähnung der Bilanzsumme und der Umsatzerlöse einer Konzernbilanz bzw. Konzern-GuV (§ 11 Abs. 1 Nr. 1 und 2 PublG) kann nur gefolgert werden, dass Maßstab für die Verpflichtung zur Konzernrechnungslegung nicht die wirtschaftliche Bedeutung der Konzernunternehmen schlechthin, sondern ausschließlich die der Unternehmen des Konsolidierungskreises sein soll, da nur solche Unternehmen die Höhe der Konzernbilanzsumme und der Außenumsatzerlöse beeinflussen. Die in § 11 Abs. 1 Nr. 3 PublG genannte Anzahl der bei Konzernunternehmen beschäftigten Arbeitnehmer kann zwar bei isolierter Betrachtungsweise so verstanden werden, dass hier sämtliche Konzernunternehmen gemeint sind, i.Z.m. den Kriterien unter Nr. 1 und 2 ergibt aber auch hier nur die **Beschränkung auf den Konsolidierungskreis** ein sinnvolles Ergebnis[134]. Allerdings enthält Nr. 3 eine Besonderheit ggü. Nr. 1 und 2 insofern, als das Kriterium der Anzahl der beschäftigten Arbeitnehmer ausdrücklich auf inländische Konzernunternehmen beschränkt wird[135]. Dadurch können bei Aufstellung eines Weltabschlusses[136] die Unternehmen des Konsolidierungskreises und die für die Feststellung der Größenordnung des Konzerns heranzuziehenden Unternehmen (§ 11 Abs. 1 Nr. 3 PublG) auseinanderfallen.

83 Für die **Feststellung der Größenmerkmale** des Konzerns sind folglich diejenigen Konzernunternehmen heranzuziehen, die nach den Vorschriften der §§ 294 Abs. 1, 296 HGB **zum Konsolidierungskreis** gehören. Dabei ist es den Konzernleitungen freigestellt, das Wahlrecht des § 296 HGB so auszuüben, dass der Kreis der „einzubeziehenden" Konzernunternehmen möglichst klein ist. Dies gilt auch für Unternehmen, die nach § 11 Abs. 6 S. 1 Nr. 2 PublG i.V.m. § 315e HGB einen IFRS-KA aufstellen. Die Anwendung des § 315e HGB setzt nämlich voraus, dass ein Unternehmen grds. zur Konzernrechnungslegung nach dem PublG verpflichtet ist. Im Rahmen der Prüfung der Aufstellungspflicht ist daher auf den Konsolidierungskreis gem. § 13 Abs. 2 S. 1 PublG i.V.m. §§ 294 Abs. 1, 296 HGB abzustellen. Sollte das MU ausschließlich über TU verfügen, die gem. § 296 HGB nicht in den KA einbezogen werden müssen, dann ist dieses MU gem.

---

[133] Vgl. hierzu im Einzelnen Kap. G Tz. 63.
[134] Vgl. § 293 Abs. 1 Nr. 2 c) HGB, der insoweit klarer ist.
[135] Im Gegensatz zu § 293 Abs. 1 HGB. Vgl. Kap. G Tz. 161.
[136] Zur Aufstellungspflicht von Weltabschlüssen vgl. Kap. G Tz. 174.

§ 11 Abs. 6 S. 1 Nr. 1 PublG i.V.m. § 290 Abs. 5 HGB von der KA-Erstellungspflicht befreit. Die Voraussetzungen für die Anwendung des § 315e HGB sind nicht erfüllt. Ergibt die Prüfung hingegen eine KA-Erstellungspflicht des MU, so ist § 13 Abs. 2 S. 1 PublG i.R.d. tatsächlichen Aufstellung des KA nach § 11 Abs. 6 S. 1 Nr. 2 PublG i.V.m. § 315e HGB fortan nicht anwendbar (§ 11 Abs. 6 S. 2 PublG). Im Rahmen der Aufstellung bestimmt sich der Konsolidierungskreis somit nach den IFRS.

b) Bilanzsumme

Bilanzsumme i.S.v. § 11 Abs. 1 Nr. 1 PublG ist die Bilanzsumme einer gem. § 13 Abs. 2 PublG aufgestellten Konzernbilanz (§ 11 Abs. 2 S. 1 Hs. 1 PublG). Zur Ermittlung der Bilanzsumme muss praktisch eine **„Probe-Konzernbilanz"** aufgestellt werden, die alle Wesensmerkmale einer regulären Konzernbilanz enthält. Kapital- und Schuldenkonsolidierung sind vorzunehmen, Zwischenergebnisse sind, soweit erforderlich, zu eliminieren. Soweit bei der Gestaltung der Konzernbilanz nach allgemeiner Auffassung Bilanzierungs- und Bewertungswahlrechte bestehen, können sie auch dann in Anspruch genommen werden, wenn dadurch die Konzernbilanzsumme unter den Schwellenwert des § 11 Abs. 1 Nr. 1 PublG sinken sollte[137]. **84**

Ein ggf. in der Konzernbilanz auf der Aktivseite auszuweisender „Nicht durch Eigenkapital gedeckter Fehlbetrag" (§ 268 Abs. 3 HGB) darf nach der hier vertretenen Auffassung in analoger Anwendung der §§ 293 Abs. 2, 267 Abs. 4a HGB **nicht von der Konzernbilanzsumme** abgezogen werden[138]. **85**

Nach dem Wortlaut des Gesetzes dürften bei der Aufstellung der Probe-Konzernbilanz Rückstellungen und Verbindlichkeiten für geschuldete **Verbrauchsteuern** oder **Monopolabgaben** nicht von der Konzernbilanzsumme gekürzt werden, da § 11 Abs. 2 S. 1 Hs. 2 PublG nicht auf § 1 Abs. 2 S. 1 PublG[139] verweist, der eine entspr. Kürzung in der Einzel-Probebilanz vorsieht. Es ist nicht verständlich, aus welchen Gründen bei der Zusammenfassung der Einzelbilanzen zur Konzernbilanz anders verfahren werden soll als bei den Einzelbilanzen selbst. Das Ergebnis muss umso mehr überraschen, als bei der Ermittlung des Größenmerkmals „Konzernaußenumsatzerlöse" wie bei den Einzelumsatzerlösen die darin enthaltenen Verbrauchsteuern oder Monopolabgaben abzusetzen sind (§ 11 Abs. 2 S. 1 Hs. 2 PublG i.V.m. § 1 Abs. 2 S. 3 PublG). Es sollten daher keine Bedenken bestehen, bei der Konzern-Probebilanz die Konzernbilanzsumme um die darin enthaltenen Rückstellungen und Verbindlichkeiten für geschuldete Verbrauchsteuern oder Monopolabgaben zu kürzen[140]. **86**

Die Aufstellung der Probebilanz ist nicht erforderlich, wenn die Konzernrechnungslegungspflicht bereits durch die Merkmale des § 11 Abs. 1 Nr. 2 oder 3 PublG begründet wird. Trifft für den Abschlussstichtag das Merkmal nach § 11 Abs. 1 Nr. 2 oder Nr. 3 PublG zu, so muss nach dem Wortlaut des Gesetzes zur Feststellung, ob auch das Merkmal nach Abs. 1 Nr. 1 zutrifft, eine Probe-Konzernbilanz aufgestellt werden (§ 11 Abs. 2 S. 1 Hs. 2 PublG i.V.m. § 1 Abs. 2 S. 2 PublG). Da die Probe-Konzernbilanz keinen Selbstzweck hat, sondern nur Mittel zum Zweck ist, wird auch in diesen Fällen auf die Aufstellung einer vollständigen Konzern-Probebilanz verzichtet werden können, wenn **87**

---

137 Vgl. entspr. § 293 Abs. 1 Nr. 2a HGB; Kap. G Tz. 157.
138 Vgl. im Einzelnen Kap. G Tz. 156.
139 Vgl. Kap. F Tz. 1524.
140 Eine Kürzung dieser Beträge ist nach § 293 Abs. 1 Nr. 2a HGB nicht zulässig.

bereits überschlägige Rechnungen ergeben, dass die Konzernbilanzsumme 65 Mio. € nicht erreicht[141].

88 Auch in Fällen, in denen gem. § 11 Abs. 6 S. 1 Nr. 2 PublG i.V.m. § 315e HGB ein IFRS-KA erstellt werden soll, ist die Bilanzsumme nach der Gesetzessystematik zunächst auf der Basis einer HGB-Probe-Konzernbilanz zu ermitteln. Zwar sind § 13 Abs. 2 S. 1 und 2 PublG und damit die meisten Vorschriften[142] der §§ 294-314 HGB nicht für Unternehmen, die nach IFRS bilanzieren, anzuwenden (vgl. § 11 Abs. 6 PublG)[143]; dies gilt aber erst dann, wenn die Voraussetzungen des § 315e HGB bereits erfüllt sind und die Konzernrechnungslegungspflicht nach dem PublG bejaht wurde. Es erscheint im Anwendungsbereich des § 315e Abs. 1 und 2 HGB nicht sachgerecht, die Bilanzsumme aus einer IFRS-Probe-Konzernbilanz unter Berücksichtigung der von der EU übernommenen IFRS zu ermitteln. Es könnte sein, dass auf der Basis einer IFRS-Probe-Konzernbilanz eine Konzernrechnungslegungspflicht zu verneinen ist, obwohl sich auf der Basis einer HGB-Probe-Konzernbilanz eine solche Konzernrechnungslegungspflicht ergeben würde. Maßgeblich kann hier nur die HGB-Probe-Konzernbilanz sein, auch wenn dies zusätzlichen Aufwand für IFRS-Bilanzierer bedeutet.

c) Außenumsatzerlöse

89 An die Stelle der für den JA maßgebenden Umsatzerlöse (§ 1 Abs. 1 Nr. 2 PublG) treten für den KA als Größenmerkmal die Außenumsatzerlöse, da die wirtschaftliche Bedeutung des Konzerns nur an den Umsatzerlösen gemessen werden kann, die er aus Lieferungen und Leistungen an konzernfremde Unternehmen erzielt[144]. Die **Ermittlung der Außenumsatzerlöse** setzt die Trennung von Innen- und Außenumsatzerlösen voraus, was bei entspr. organisatorischen Vorkehrungen[145] keine besonderen Schwierigkeiten bereitet.

> **Praxistipp 1:**
> Bei Erreichen des Größenmerkmals „Anzahl der Arbeitnehmer" ist es im Interesse eines möglichst geringen Aufwands zweckmäßig – sofern nicht überschlägige Rechnungen bereits eindeutige Ergebnisse liefern – zunächst das Merkmal „Außenumsatzerlöse" zu prüfen, ehe eine Konzern-Probebilanz aufgestellt wird.

90 Für die Abgrenzung des Begriffs „Umsatzerlöse" – und damit auch der Außenumsatzerlöse – gilt § 277 Abs. 1 HGB (§ 11 Abs. 2 S. 1 Hs. 2 PublG i.V.m. § 1 Abs. 2 S. 3 PublG). Dabei ist zu beachten, dass bei Zusammenfassungen von Unternehmen mit stark heterogener wirtschaftlicher Tätigkeit in einem KA die Umsatzerlöse ggf. abw. vom Ausweis in den JA ausgewiesen werden müssen.

91 **Umsatzerlöse** in **fremder Währung** sind nach dem amtl. Kurs in € umzurechnen (§ 11 Abs. 2 S. 1 Hs. 2 PublG i.V.m. § 1 Abs. 2 S. 4 PublG). Die Außenumsatzerlöse sind um die darin enthaltenen **Verbrauchsteuern oder Monopolabgaben** zu kürzen (§ 11 Abs. 2 S. 1 Hs. 2 PublG i.V.m. § 1 Abs. 2 S. 3 PublG). Allerdings läuft die Regelung des § 1 Abs. 2 S. 3

---

141 Zur Möglichkeit einer gerichtlich angeordneten Prüfung vgl. § 12 Abs. 3 PublG.
142 Zu Ausnahmen vgl. Kap. G Tz. 279.
143 Siehe auch Kap. G Tz. 83.
144 Vgl. Begr. PublG 1969, BR-Drs. 296/68, S. 24.
145 Vgl. dazu ADS[6], Vorbem. zu §§ 290-315, Rn. 41.

PublG ins Leere, weil die Verbrauchsteuern und Monopolabgaben schon auf der Ebene der HB I bei der Bilanzierung der Umsatzerlöse abzuziehen sind (§ 277 Abs. 1 HGB)[146]. Daher kommt ein erneuter Abzug nach § 1 Abs. 2 S. 3 PublG nicht in Betracht.

d) Anzahl der Arbeitnehmer

Für die Ermittlung der Anzahl der Arbeitnehmer des Konzerns (§ 11 Abs. 1 Nr. 3 PublG) und die sich dabei ergebenden Fragen sind die für § 1 Abs. 1 Nr. 3 PublG geltenden Grundsätze entspr. anzuwenden. Aus der sinngemäßen Anwendung von § 1 Abs. 2 S. 5 PublG (§ 11 Abs. 2 S. 1 Hs. 2 PublG) folgt, dass auch die im Ausland beschäftigten Arbeitnehmer eines Konzernunternehmens mit Sitz im Inland, das zum Konsolidierungskreis gehört, in die Berechnung einzubeziehen sind. Arbeitnehmer eines Konzernunternehmens mit Sitz im Ausland sind – wie sich aus dem Wortlaut des § 11 Abs. 1 Nr. 3 PublG ergibt – unabhängig davon, ob das Unternehmen konsolidiert wird oder nicht, nicht in die Berechnung nach § 11 Abs. 1 Nr. 3 PublG einzubeziehen. **92**

2.1.4.2.4 Beginn und Dauer der Konzernrechnungslegungspflicht

Die Verpflichtung zur Konzernrechnungslegung tritt erstmals für den **dritten**[147] der **aufeinanderfolgenden Abschlussstichtage** ein, an dem mindestens zwei der drei Merkmale des § 11 Abs. 1 PublG zutreffen (§ 12 Abs. 1 PublG i.V.m. § 2 Abs. 1 S. 1 PublG). Dabei braucht es sich nicht an jedem Abschlussstichtag um die gleichen Merkmale zu handeln. **93**

Werden die Größenmerkmale bereits von dem MU überschritten, wird aber für die übrigen Konzernunternehmen das Konsolidierungswahlrecht des § 296 Abs. 2 HGB aufgrund untergeordneter Bedeutung dieser Unternehmen – auch in ihrer Gesamtheit – in Anspruch genommen, so entfallen der KA und der KLB[148]. Tritt in einem späteren GJ ein Konzernunternehmen von Bedeutung hinzu oder ist für die übrigen Konzernunternehmen das Konsolidierungswahlrecht des § 296 Abs. 2 HGB nicht mehr anwendbar, so sind erstmals für den nächsten Abschlussstichtag ein KA und ein KLB zu erstellen, da die grds. Publizitätspflicht nach Überschreitung der Größenmerkmale fortbesteht, auch wenn ein KA nicht erstellt wird. **94**

Ein Konzern braucht nicht mehr Rechnung zu legen, wenn für drei aufeinanderfolgende Abschlussstichtage mindestens zwei der drei Größenmerkmale des § 11 Abs. 1 PublG nicht mehr zutreffen (§ 12 Abs. 1 PublG i.V.m. § 2 Abs. 1 S. 3 PublG). Ein KA braucht demnach erst für den dritten der aufeinanderfolgenden Abschlussstichtage nicht mehr aufgestellt zu werden, an dem die genannten Größenmerkmale nicht mehr vorliegen (§ 12 Abs. 1 PublG i.V.m. § 2 Abs. 1 S. 3 PublG). **95**

Unabhängig davon hat die Konzernleitung aber nur so lange einen KA aufzustellen, wie ein Konzernverhältnis vorliegt. Besteht ein solches am maßgebenden Abschlussstichtag nicht mehr, so entfällt damit auch die Verpflichtung zur Konzernrechnungslegung, ohne dass eine weitere Frist einzuhalten ist. **96**

Zur **Überwachung** der Rechnungslegungspflicht schreibt § 12 Abs. 2 S. 1 PublG analog zu § 2 Abs. 2 PublG vor, dass die gesetzlichen Vertreter eines MU, für dessen Abschlussstichtag erstmals die Größenmerkmale nach § 11 Abs. 1 zutreffen, unverzüglich **97**

---

146 Vgl. Kap. G Tz. 160.
147 Vgl. im Gegensatz dazu § 293 HGB, Kap. G Tz. 163.
148 Die Begr. ist im Anh. des MU anzugeben, sofern ein solcher zu erstellen ist. Vgl. hierzu Kap. G Tz. 199.

beim Betreiber des BAnz elektronisch eine entspr. Erklärung einzureichen haben. Braucht das MU keinen JA aufzustellen, so trifft diese Verpflichtung die gesetzlichen Vertreter des „größten" Konzernunternehmens mit Sitz im Inland (§ 12 Abs. 2 S. 1 Hs. 2 PublG i.V.m. § 11 Abs. 2 S. 2 PublG). Eine entsprechende Erklärung ist auch für jeden der beiden folgenden Abschlussstichtage unverzüglich beim Betreiber des BAnz elektronisch einzureichen, wenn die Merkmale auch für diesen Abschlussstichtag zutreffen (§ 12 Abs. 2 S. 2 PublG). § 2 Abs. 2 S. 3 PublG betreffend die Bekanntmachung ist gem. § 12 Abs. 2 S. 3 PublG entspr. anzuwenden.

2.1.4.3 Besonderheiten bei Nichteinbeziehung des Mutterunternehmens

98 Ist das MU kein Kaufmann i.S.d. HGB und stellt es folglich keinen JA auf, so ist der KA nach Art eines KA im Gleichordnungskonzern aufzustellen, an dessen Spitze eine natürliche Person steht. Dabei sind einige Besonderheiten zu beachten.

99 Eine Aufrechnung von konsolidierungspflichtigen Anteilen mit dem darauf entfallenden Kapital kann nur insoweit vorgenommen werden, als die übrigen einbezogenen Konzernunternehmen untereinander beteiligt sind. Das auf die Anteile des MU entfallende Kapital ist zusammenzufassen und in der Konzernbilanz als EK des Konzerns auszuweisen, wobei eine freiwillige Unterteilung nach Haftungskapital und Rücklagen möglich ist. Die Fremdanteile am Kapital und Gewinn sind wie üblich zu errechnen und auszuweisen. Die Kapitalkonsolidierung bedarf der Erläuterung im KAnh.

100 Die demgegenüber im Schrifttum[149] vorgeschlagene in diesem Fall vorzunehmende „Konsolidierung auf das größte Konzernunternehmen" findet im Gesetz keine Stütze und widerspricht der Grundstruktur des KA.

101 Die übrigen Konsolidierungsgrundsätze der §§ 297 ff. HGB sind uneingeschränkt zu beachten: Die bei den konsolidierten Unternehmen entstandenen Zwischenergebnisse sind zu eliminieren und gegenseitige Forderungen und Verbindlichkeiten aufzurechnen; Innenumsatzerlöse sowie konzerninterne Aufwendungen und Erträge sind zu konsolidieren. Soweit Abschlussposten aus dem wirtschaftlichen Verkehr mit dem MU entstanden sind (z.B. Forderungen, Verbindlichkeiten, Umsatzerlöse), sollten diese, sofern es sich um wesentliche Posten handelt, im KA als solche kenntlich gemacht werden, da die sonst üblichen Aufrechnungen oder Umgruppierungen nicht möglich sind.

102 Für den Bilanzansatz und für die Bewertung gelten die Ausführungen zu den Pflichten der Einzelkaufleute und PersGes. analog[150].

103 Da § 13 Abs. 2 S. 1 PublG die Gliederung des KA von der Rechtsform des MU abhängig macht, ist der Konzern in einem solchen Falle in der Gliederung seines Abschlusses frei, da der Fall, dass für das MU keinerlei Bilanzierungsvorschriften bestehen, mit der zulässigen abw. Gliederung[151] i.S.v. § 13 Abs. 2 S. 1 Hs. 2 PublG gleichzusetzen ist. Soweit in den §§ 294-314 HGB, die gem. § 13 Abs. 2 S. 1 PublG sinngemäß anzuwenden sind, jedoch ein gesonderter Ausweis von Posten gefordert wird (z.B. gesonderter Posten „nicht beherrschende Anteile" gem. § 307 Abs. 1 HGB, gesonderter Ausweis der „Eigen-

---

[149] Vgl. *Biener*, WPg 1972, S. 90; vgl. auch *Brinkmann/Reichardt*, DB 1971, S. 2417, die in einem von ihnen gewählten Beispiel eine Konsolidierung auf die Kommanditisten einer GmbH & Co. vorsehen.
[150] Vgl. Kap. G Tz. 277.
[151] Vgl. Kap. G Tz. 286, Kap. G Tz. 303.

kapitaldifferenz aus Währungsumrechnung" gem. § 308a S. 3 HGB), werden die zuvor dargestellten Freiheitsgrade eingeschränkt.

Für den KAnh. gelten §§ 313, 314 HGB (§ 13 Abs. 2 S. 1 Hs. 1 PublG) mit der Einschränkung, dass § 314 Abs. 1 Nr. 6 HGB nicht angewendet werden muss (§ 13 Abs. 3 S. 1 PublG). Der KLB ist unter sinngemäßer Anwendung des § 315 HGB aufzustellen (§ 13 Abs. 2 S. 3 PublG). 104

2.2 Befreiung von der grundsätzlichen Aufstellungspflicht

2.2.1 Befreiung mangels einbeziehungspflichtiger Tochterunternehmen nach § 290 Abs. 5 HGB

Gemäß § 290 Abs. 5 HGB entfällt die Pflicht zur Aufstellung eines KA nach HGB, wenn sämtliche TU aufgrund der Einbeziehungswahlrechte des § 296 HGB nicht einbezogen werden. Dies gilt auch für kapitalmarktorientierte MU[152]. § 296 Abs. 3 HGB fordert die Begründung der Inanspruchnahme der Einbeziehungswahlrechte im KAnh. § 296 HGB ist im Fall des § 290 Abs. 5 HGB zwar mangels Konzernrechnungslegungspflicht nicht anwendbar; es erscheint dennoch sachgerecht, im Anh. des MU zumindest auf das Bestehen der Befreiung nach § 290 Abs. 5 HGB hinzuweisen[153]. 105

Nach § 11 Abs. 6 S. 1 Nr. 1 PublG ist § 290 Abs. 5 HGB sinngemäß anzuwenden. Daraus folgt, dass auch nach den Vorschriften des PublG die Konzernrechnungslegungspflicht entfällt, wenn auf die Einbeziehung sämtlicher TU nach Maßgabe des § 296 HGB verzichtet werden darf. 106

2.2.2 Befreiende Konzernabschlüsse und Konzernlageberichte

2.2.2.1 Pflicht zur Aufstellung von Teilkonzernabschlüssen und Teilkonzernlageberichten

§ 290 Abs. 1 und 2 HGB verpflichten grds. jedes MU zur Aufstellung eines KA und KLB, sofern die dort im Einzelnen genannten Voraussetzungen erfüllt sind. Das hat zur Folge, dass in mehrstufigen Konzernen jedes **TU**, das **gleichzeitig** im Verhältnis zu nachgeordneten Unternehmen MU ist, für den ihm nachgeordneten Teil des Konzerns einen Teil-KA und Teil-KLB aufstellen muss[154]. Hat das oberste MU mehrere TU, die ihrerseits TU haben, können sich bei schematischer Darstellung der aus § 290 Abs. 1 HGB abgeleiteten Pflichten tannenbaumähnliche Gebilde ergeben (sog. Tannenbaumprinzip). Diese Stufenkonzeption, die die Aufstellung von Teil-KA neben einem Gesamt-KA verlangt, wird insb. mit den schutzwürdigen Interessen von Minderheitsgesellschaftern, Gläubigern und sonstigen Adressaten begründet. 107

Der deutsche Gesetzgeber hat durch die Ausnutzung der in der RL 2013/34/EU vorgesehenen **Befreiungsmöglichkeiten** die Folgen der Anwendung des Stufenkonzepts erheblich abgeschwächt. 108

---

152 Vgl. Begr. Beschlussempf. BilMoG, BT-Drs. 16/12407, S. 90.
153 Vgl. *Gelhausen/Fey/Kämpfer*, BilMoG, Q, Rn. 100, unter Verweis auf die bisherige Kommentierung zur Inanspruchnahme der faktischen Befreiung.
154 Die Teil-KA und Teil-KLB sind zu prüfen (§ 316 Abs. 2 HGB) und müssen offengelegt werden (§ 325 Abs. 3 HGB).

2.2.2.2 Befreiende Konzernabschlüsse und Konzernlageberichte

109 Befreiende KA und KLB sind Abschlüsse bzw. LB, die von einem MU aufgestellt werden, wodurch ein ihm nachgeordnetes TU, das gleichzeitig MU ist, von der Verpflichtung freigestellt wird, für seinen Teilbereich des Konzerns einen Teil-KA und Teil-KLB aufzustellen. Befreiende KA und KLB können von der Konzernspitze (**Gesamt-KA und Gesamt-KLB**) oder von einem Unternehmen aufgestellt werden, das in der Konzernhierarchie zwischen dem zur Teilkonzernrechnungslegung verpflichteten Unternehmen und der Konzernspitze steht (**Teil-KA und Teil-KLB auf höherer Ebene**). Sie können von einem Unternehmen mit Sitz im **Inland** bzw. mit Sitz innerhalb der **EU/des EWR** (§ 291 HGB) oder mit Sitz in einem Drittstaat (§ 292 HGB) aufgestellt werden.

2.2.2.3 Befreiung durch Mutterunternehmen mit Sitz innerhalb der EU/des EWR (§ 291 HGB)

2.2.2.3.1 Befreiender Konzernabschluss und Konzernlagebericht eines übergeordneten Mutterunternehmens

110 Ein **MU**, das zugleich TU eines MU **mit Sitz in der EU/im EWR** ist, braucht einen Teil-KA und Teil-KLB nicht aufzustellen, wenn ein den Anforderungen des § 291 Abs. 2 HGB entsprechender KA und KLB seines MU (befreiendes MU) einschl. des Bestätigungs- oder Versagungsvermerks in Deutschland in deutscher Sprache offengelegt wird (§ 291 Abs. 1 S. 1 HGB). Das befreiende MU braucht nicht an der Spitze des Konzerns zu stehen.

> **Beispiel 2:**
>
> Das oberste MU eines Teilkonzerns mit Sitz in Deutschland hat seinen Sitz in den USA. Zwischen dem obersten MU in den USA und dem deutschen Teilkonzern-MU befindet sich ein weiteres MU mit Sitz in Frankreich. Das deutsche MU kann von der Verpflichtung zur Aufstellung eines Teil-KA und Teil-KLB befreit werden, wenn das dem deutschen MU übergeordnete MU mit Sitz in Frankreich einen den Anforderungen des § 291 Abs. 2 HGB entsprechenden Teil-KA und Teil-KLB aufstellt und in Deutschland offenlegt.

111 Die Befreiung setzt voraus, dass das übergeordnete MU als KapGes. mit Sitz in einem Mitgliedsland der EU/Vertragsstaat des EWR zur Aufstellung eines KA unter Einbeziehung des zu befreienden MU und seiner TU verpflichtet wäre (§ 291 Abs. 1 S. 2 HGB). Die nicht ganz leicht zu verstehende Einschränkung soll als eine **Umschreibung des Unternehmensbegriffs**[155] verstanden werden und klarstellen, dass **Privatpersonen, Bund, Länder und Gemeinden** keine befreienden MU sein können[156]. Es kommt ferner weder auf die Größe des befreienden MU noch darauf an, ob der befreiende KA freiwillig oder aufgrund außerhalb des HGB liegender rechtlicher Verpflichtungen (z.B. PublG) aufgestellt wird. Entscheidend für die Befreiung ist allein, dass die Anforderungen des § 291 HGB erfüllt werden. Ein nach dem PublG aufgestellter KA (§ 11 Abs. 1 und 3 PublG) kann daher nur dann befreiende Wirkung entfalten, wenn bestimmte Erleichte-

---

[155] Zum Unternehmensbegriff im Dritten Buch des HGB vgl. Kap. C Tz. 325.
[156] Vgl. Bericht des Rechtsausschusses zu § 291 HGB (BT-Drs. 10/4268, S. 113).

rungsvorschriften des PublG nicht in Anspruch genommen werden (§ 13 Abs. 3 S. 3 PublG)[157].

Zwischen dem befreienden und dem zu befreienden Unternehmen muss ein Mutter-Tochter-Verhältnis i.S.d. in nationales Recht transformierten Kriterien des Art. 22 der RL 2013/34/EU bestehen. Dies bedeutet, dass bei einem befreienden Unternehmen mit Sitz in Deutschland zwischen diesem und der zu befreienden Teilkonzernspitze ein Mutter-Tochter-Verhältnis i.S.d. § 290 HGB vorliegen muss. Eine freiwillige Einbeziehung des zu befreienden MU, die über die in § 290 HGB genannten Kriterien hinausgeht, hat somit keine befreiende Wirkung. Hat das befreiende MU seinen Sitz in einem anderen EU-Mitgliedstaat/Vertragsstaat des EWR, so richtet sich die Mutter-Tochter-Beziehung nach dem in Übereinstimmung mit Art. 22 der RL 2013/34/EU transformierten Recht des jeweiligen Staates. 112

2.2.2.3.2 Einbeziehung

In den befreienden KA und KLB müssen das zu befreiende MU und seine TU unbeschadet des § 296 HGB **einbezogen werden** (§ 291 Abs. 2 S. 1 Nr. 1 HGB). Die Abgrenzung des Konsolidierungskreises richtet sich nach den für das obere MU geltenden Vorschriften. Unter Einbeziehung wird grds. die **Vollkonsolidierung** verstanden[158]. Eine Vollkonsolidierung setzt die Übernahme der Vermögensgegenstände und Schulden sowie der damit korrespondierenden Aufwendungen und Erträge des TU in den KA voraus. Vor diesem Hintergrund wird eine Einbeziehung auch dann bejaht, wenn das TU nach IFRS 5[159] in einen IFRS-KA einbezogen wird. 113

Fraglich ist, ob auch der IFRS-Abschluss einer **Investmentgesellschaft** i.S.d. IFRS 10.27 für ihre grds. zur Teilkonzernrechnungslegung verpflichteten TU bei Erfüllung der übrigen Voraussetzungen des § 291 HGB befreiende Wirkung haben kann. Investmentgesellschaften sind in der Praxis häufig Beteiligungsgesellschaften[160], in deren IFRS-Abschluss die Anteile an sämtlichen TU ergebniswirksam zum beizulegenden Zeitwert zu bewerten sind (IFRS 10.31). Ein solcher IFRS-Abschluss wird vom IASB als Einzelabschluss eingestuft (IAS 27.8A), was bereits der Befreiung nach § 291 HGB entgegenstehen könnte, weil hiernach ein „Konzernabschluss" gefordert wird. Darüber hinaus **fehlt** es an einer **Einbeziehung** der TU im Sinne einer Vollkonsolidierung[161]. Vor diesem Hintergrund ist die befreiende Wirkung eines IFRS-Abschlusses einer Investmentgesellschaft gem. § 291 HGB **abzulehnen**. 114

Aus dem Hinweis „unbeschadet des § 296" in § 291 Abs. 2 S. 1 Nr. 1 HGB geht hervor, dass die **Konsolidierungswahlrechte** (§ 296 HGB) grds. auch **für den** nach HGB aufgestellten **befreienden KA** gelten[162]. Fraglich ist allerdings, ob auch für das zu befreiende 115

---

157 Vgl. im Einzelnen Kap. G Tz. 31.
158 Vgl. *Winkeljohann/Deubert* in: BeBiKo[11], § 264, Rn. 116.
159 Wird ein TU zur Weiterveräußerung gehalten, sind in der Konzernbilanz nur zwei Beträge auszuweisen: die Summe der Vermögenswerte und die Summe der Schulden des zu veräußernden TU, grds. bewertet zum Fair Value abzgl. der Veräußerungskosten. In der Gesamtergebnisrechnung ist der Jahreserfolg des TU zusammen mit der Wertänderung der Bewertung der Bilanzpositionen auf einer Nachsteuerbasis in einer Position auszuweisen (IFRS 5.33 (a)).
160 Zum Begriff der Beteiligungsgesellschaft vgl. Kap. G Tz. 193.
161 Vgl. Kap. G Tz. 113.
162 Für im EU/EWR-Ausland aufgestellte KA gelten die Konsolidierungswahlrechte nach dem jeweiligen Landesrecht.

MU ein Konsolidierungswahlrecht in Anspruch genommen werden kann. Der Wortlaut des Gesetzes legt dies zumindest nahe. Die Nichteinbeziehung eines zu befreienden MU mit Verweis auf § 296 Abs. 2 HGB dürfte indes regelmäßig bereits daran scheitern[163], dass vielleicht das untere MU als solches für die Vermögens-, Finanz- und Ertragslage des Konzerns von untergeordneter Bedeutung ist, sicherlich aber nicht der gesamte Teilkonzern[164]. Ansonsten bestünden für das zu befreiende MU wohl aufgrund der größenabhängigen Erleichterungen bereits keine Konzernrechnungslegungspflicht und damit keine Notwendigkeit für eine Befreiung.

2.2.2.3.3 Inhalt

116 Der befreiende KA und der KLB müssen nach dem auf das MU anwendbaren **Recht** im Einklang mit der RL 2013/34/EU aufgestellt werden (§ 291 Abs. 2 S. 1 Nr. 2 Hs. 1 und Nr. 3 Hs. 1 HGB).

117 Ist das befreiende MU eine KapGes. mit Sitz im **Inland**, so ist diese Voraussetzung durch einen ordnungsmäßig nach den handelsrechtlichen Vorschriften aufgestellten KA und den KLB erfüllt. Dasselbe gilt für den KA und KLB einer KapGes. mit Sitz in einem **Mitgliedstaat der EU**[165], die ordnungsgemäß nach dem jeweiligen Landesrecht aufgestellt wurden. Es ist unerheblich, dass dieser KA und dieser KLB wegen einer von Deutschland abw. Ausübung von Mitgliedstaatenwahlrechten der **RL 2013/34/EU** einen anderen materiellen Inhalt haben und auch anders gegliedert sein können.

> **Beispiel 3:**
>
> So kann z.B. die Bilanz des befreienden KA für einen deutschen Teilkonzern, der zu einem Konzern in einem anderen EU-Staat gehört, in horizontaler oder vertikaler Gliederung (Art. 10 RL 2013/34/EU) aufgestellt sein. Die Anwendung der Quotenkonsolidierung für GU könnte ausgeschlossen sein (Art. 26 Abs. 1 RL 2013/34/EU).

118 Werden ein befreiender KA und KLB von einem MU mit Sitz in einem **anderen Vertragsstaat des EWR**, der nicht Mitgliedstaat der EU ist, aufgestellt, so ist die Übereinstimmung mit den Vorschriften der RL 2013/34/EU nicht zwingend gegeben, sondern muss im Einzelnen analysiert werden.

119 KA haben nach § 291 Abs. 1 Nr. 2 HGB auch dann eine befreiende Wirkung, wenn sie im Einklang mit den in § 315e Abs. 1 HGB bezeichneten **internationalen Rechnungslegungsstandards**, also den von der EU übernommenen IFRS, aufgestellt wurden. Die darüber hinaus in § 315e Abs. 1 HGB genannten handelsrechtlichen Vorschriften müssen nicht beachtet werden[166], sofern das befreiende MU nicht im Inland ansässig ist.

120 Mit § 291 Abs. 1 Nr. 3 HGB wird klargestellt, dass neben einem befreienden KA in jedem Fall auch ein im Einklang mit RL 2013/34/EU stehender **KLB aufgestellt werden muss**,

---

[163] So auch Grottel/Kreher, in: BeBiKo[11], § 291, Rn. 17.
[164] ADS[6], § 291, Rn. 35 haben generell Bedenken, dass zu befreiende MU aufgrund eines Konsolidierungswahlrechts nicht zu konsolidieren.
[165] Vgl. dazu die Aufzählung der Rechtsformen in Anh. II RL 2013/34/EU.
[166] Vgl. Götze/Weiser, in: BilRUG-Komm., I, Rn. 2; Oser/Orth/Wirtz, DB 2015, S. 1729 (1731).

um die Befreiungsmöglichkeiten des § 291 HGB nutzen zu können. Diese ausdrückliche Regelung ist notwendig, weil nach IFRS kein KLB aufzustellen ist[167].

2.2.2.3.4 Prüfung

Der befreiende KA und KLB müssen nach dem jeweiligen Recht, dem das befreiende MU unterliegt, im Einklang mit der RL 2006/43/EG **geprüft worden sein** (§ 291 Abs. 2 S. 1 Nr. 2 Hs. 2 und Nr. 3 Hs. 2 HGB)[168]. Wird in dem BestV zu dem befreienden KA oder KLB ein eingeschränktes Prüfungsurteil abgegeben oder werden die Versagung bzw. die Nichtabgabe eines Prüfungsurteils erklärt (Versagungsvermerk), so kommen diesem KA und KLB trotzdem grds. Befreiungswirkung zu. Diese Auslegung ergibt sich aus dem Gesetzeswortlaut, weil nach § 291 Abs. 1 S. 1 HGB der befreiende KA und KLB auch einschl. eines Vermerks über die Versagung des BestV offengelegt werden kann. Zudem sind an den befreienden KA und KLB keine größeren Anforderungen als an den entfallenden KA und KLB zu stellen, weil im Falle eines Versagungsvermerks ein inländisches MU ebenfalls nicht verpflichtet ist, einen neuen KA und KLB aufzustellen[169]. Im Falle eines Versagungsvermerks tritt die Befreiungswirkung allerdings dann nicht ein, wenn die Gründe für die Erteilung des Versagungsvermerks so weit gehen, dass der befreiende KA und KLB nach dem Gesamtbild der Umstände nicht nach dem maßgeblichen und mit den Anforderungen der RL 2013/34/EU übereinstimmenden Recht aufgestellt wurden. Der befreiende KA und KLB entsprechen dann insgesamt nicht den Anforderungen des § 291 Abs. 2 S. 1 Nr. 2 und Nr. 3 HGB. Es kann sich hierbei nur um eine Entscheidung im Einzelfall handeln.

121

2.2.2.3.5 Anhang

Werden ein befreiender KA und KLB aufgestellt, so hat das befreite Unternehmen im Anh. zu seinem JA (§§ 284 ff. HGB) **folgende Angaben** zu machen (§ 291 Abs. 2 S. 1 Nr. 4 HGB):

122

- Name und Sitz des MU, das den befreienden KA und KLB aufstellt
- einen Hinweis auf die Befreiung von der Verpflichtung, einen KA und einen KLB aufzustellen sowie
- eine Erläuterung der im befreienden KA angewandten, vom deutschen Recht abw. Bilanzierungs-, Bewertungs- und Konsolidierungsmethoden[170].

Diese Angaben richten sich an die Adressaten des JA des befreiten Unternehmens. Bei den Erläuterungspflichten ist ein verbales Eingehen auf wesentliche Unterschiede als ausreichend zu betrachten. Quantitative Angaben werden nicht verlangt. Falls der befreiende KA des übergeordneten MU nach den von der EU übernommenen IFRS aufgestellt wurde, besteht keine Erläuterungspflicht, da nach § 315e HGB und nach EU-Recht auch die von der EU übernommenen IFRS zu den in Deutschland anwendbaren Regelungen gehören. Im JA des zu befreienden MU sollte in solchen Fällen explizit auf

123

---

167 Vgl. *Götze/Weiser*, in: BilRUG-Komm., I, Rn. 2; *Oser/Orth/Wirtz*, DB 2015, S. 1729 (1731).
168 Wegen weiterer Einzelheiten vgl. Kap. L Tz. 1264 ff. sowie ADS[6], § 291, Tz. 40.
169 Vgl. ADS[6], § 291, Tz. 41; *Götze/Weiser*, in: BilRUG-Komm., I, Rn. 6. A.A. *Oser/Orth/Wirtz*, DB 2015, S. 1729 (1731), wonach ein mit einem Versagungsvermerk versehener KA und KLB unabhängig von den Gründen für die Versagung kein befreiender KA und KLB i.S.d. § 291 HGB sein können.
170 Diese Erläuterungspflicht wurde i.R.d. KapAEG in § 291 Abs. 2 HGB aufgenommen, um sicherzustellen, dass die JA-Adressaten angemessen über die Anwendung ausländischer Bilanzierungsmethoden unterrichtet werden; vgl. Begr. im Regierungsentwurf, abgedruckt in *Ernst/Seibert/Stuckert*, S. 143.

124 Es stellt sich die Frage, ob auch MU, die aufgrund der zulässigen Inanspruchnahme von §§ 264 Abs. 3, 264b HGB keinen Anh. zu ihrem JA aufstellen, die Befreiung nach § 291 HGB in Anspruch nehmen können. Da der BAnz die Möglichkeit zur Einreichung der früheren „Hinweisbekanntmachung nach § 264 Abs. 3 HGB" weiterhin aufrechterhält, empfiehlt es sich, die nach § 291 Abs. 2 S. 1 Nr. 4 HGB erforderlichen Angaben auf diese Weise zu veröffentlichen und als „Bekanntmachung für Zwecke einer Inanspruchnahme der Erleichterungen nach § 291 HGB bei gleichzeitiger Inanspruchnahme der Befreiungen nach § 264 Abs. 3 HGB bzw. § 264b HGB" zu bezeichnen. Die Angaben könnten bspw. alternativ im KAnh. gemacht werden.

125 Sofern es sich bei dem nach § 291 HGB zu befreienden MU um eine Kleinstkapitalgesellschaft i.S.d. § 267a HGB handelt, die nach § 264 Abs. 1 S. 5 HGB keinen Anh. aufstellt, sind die nach § 291 Abs. 2 S. 1 Nr. 4 HGB erforderlichen Angaben unter der Bilanz zu machen[171].

2.2.2.3.6 Offenlegung

126 Der befreiende KA und der KLB einschl. des BestV oder des Vermerks über seine Versagung müssen im **BAnz** (§ 325 Abs. 3 i.V.m. Abs. 1 HGB) in deutscher Sprache elektronisch **bekannt gemacht** werden (§ 291 Abs. 1 S. 1 HGB). Der befreiende KA und KLB unterliegen somit derselben Publizität wie ein andernfalls von dem befreiten Unternehmen aufzustellender Teil-KA und Teil-KLB. Eine Vorlagepflicht nach § 170 AktG oder § 42a GmbHG besteht für den befreienden KA und KLB nicht[172].

127 Von dem Mitgliedstaatenwahlrecht der Übersetzung in die deutsche Sprache (Art. 23 Abs. 4 lit. c S. 2 der RL 2013/34/EU) hat der deutsche Gesetzgeber nach wie vor Gebrauch gemacht, „weil die Offenlegung in einer fremden Sprache die Kenntnisnahme vom Inhalt des befreienden Konzernabschlusses und Konzernlageberichts in einer Weise erschweren würde, die den Interessenten nicht zuzumuten ist"[173].

128 Auf die Beglaubigung der Übersetzung, die als Mitgliedstaatenwahlrecht ebenfalls hätte verlangt werden können, wurde dagegen verzichtet. Eine Umrechnung ausländischer Währungen in € ist ebenfalls nicht erforderlich.

129 Die Offenlegung zum Zweck der Befreiung obliegt dem befreiten Unternehmen[174]. Sie muss vor Ablauf des zwölften Monats nach dem Stichtag des zu befreienden Unternehmens vorgenommen werden (§ 291 Abs. 1 S. 1 i.V.m. § 325 Abs. 3 HGB). Die Offenlegung kann logischerweise nicht früher erfolgen, als der befreiende KA und KLB des MU aufgestellt, geprüft, gebilligt und zur Veröffentlichung freigegeben sind. Dafür mögen in den Mitgliedstaaten der EU/Vertragsstaaten des EWR unterschiedliche Fristen

---

171 Siehe *Grottel/Kreher*, in: BeBiKo[11], § 291, Rn. 28.
172 Vgl. hierzu *Maas/Schruff*, WPg 1991, S. 765 (770).
173 RegBegr. zu § 297 HGB (jetzt § 291 HGB), BR-Drs. 163/85, S. 44. *Oser/Ollinger*, DB 2017, S. 2045 (2046), sehen hierin zwar eine planwidrige Unvollständigkeit, empfehlen aber dennoch eine Offenlegung in deutscher Sprache.
174 Vgl. *Grottel/Kreher*, in: BeBiKo[11], § 291, Rn. 11.

gelten[175]. Auf jeden Fall wird dies – unter Annahme desselben Abschlussstichtages für alle Konzernunternehmen – erst einige Monate nach dem Abschlussstichtag des zu befreienden Unternehmens und möglicherweise erst nach dessen eigener HV sein. Da andererseits die ordnungsgemäße Offenlegung des befreienden KA und KLB Voraussetzung für eine wirksame Befreiung sein soll, hat dies zur Folge, dass über die Frage, ob das zu befreiende Unternehmen nicht doch einen Teil-KA und Teil-KLB aufstellen muss, endgültig erst Monate nach dem Abschlussstichtag entschieden werden kann[176].

2.2.2.3.7 Grenzen der Befreiungsmöglichkeiten

Die Befreiungsmöglichkeit des § 291 Abs. 1 HGB durch einen übergeordneten KA und KLB gilt nicht, wenn von dem zu befreienden MU ausgegebene Wertpapiere i.S.v. § 2 Abs. 1 S. 1 WpHG am Abschlussstichtag an einem organisierten Markt i.S.v. § 2 Abs. 11 WpHG notiert sind (§ 291 Abs. 3 Nr. 1 HGB). **130**

Damit können Unternehmen, die gem. Art. 4 der IAS-VO ihren KA nach den von der EU übernommenen IFRS aufstellen müssen, nicht durch einen übergeordneten KA befreit werden, weil sie am Abschlussstichtag ihre **Wertpapiere bereits** an einem organisierten Markt **ausgegeben haben**. Demgegenüber hat ein zu befreiendes MU, das am Abschlussstichtag „nur" die Zulassung i.S.d. § 315e Abs. 2 HGB beantragt hat, bis zur Zulassung noch keine Wertpapiere an einem organisierten Markt ausgegeben. Daher kann es von der Aufstellung eines Teil-KA befreit werden (Umkehrschluss aus § 291 Abs. 3 Nr. 1 HGB). In diesem Fall ist es nicht erforderlich, dass der befreiende Gesamt-KA nach IFRS aufgestellt wird. Nach Zulassung ist eine Befreiung nach § 291 Abs. 1 HGB nicht mehr möglich. **131**

Die Befreiungsmöglichkeit kann auch dann nicht in Anspruch genommen werden, wenn ein bestimmter Anteil von Minderheitsgesellschaftern des zu befreienden MU die Aufstellung eines KA und KLB beantragen (§ 291 Abs. 3 Nr. 2 HGB)[177]. Durch das den Minderheiten zugestandene Recht, die Aufstellung eines ergänzenden KA verlangen zu können, soll ihnen die Möglichkeit gegeben werden, zusätzliche Informationen über den Teilbereich des Konzerns zu erhalten, an dem sie beteiligt sind[178]. **132**

Hat das zu befreiende MU die Rechtsform einer **AG/KGaA**, so kann die Befreiung nicht erreicht werden, wenn mindestens **10%** der Aktionäre spätestens sechs Monate vor Ablauf des Konzern-GJ die Aufstellung eines Teil-KA und Teil-KLB beantragen. Ist das zu befreiende MU eine **GmbH**, so müssen **20%** der Gesellschafter die Aufstellung eines Teil-KA und Teil-KLB bis spätestens sechs Monate vor Ablauf des Konzern-GJ verlangen. **133**

---

175 Die RL 2013/34/EU enthält dafür keine Anforderungen. Jedoch sieht Art. 4 Abs. 1 und 3 der Transparenz-RL für Wertpapieremittenten an geregelten Märkten eine Frist von vier Monaten für die Veröffentlichung von KA nach dem Ende des GJ vor.
176 Zu den Problemen, die sich in diesem Zusammenhang für den APr. des zu befreienden MU ergeben, vgl. *Maas/Schruff*, WPg 1991, S. 765 (770).
177 Diese Bestimmung ist trotz Verweises in § 11 Abs. 6 PublG auf § 291 HGB auf befreiende publizitätsgesetzliche KA nicht anwendbar (sinngemäße Anwendung), vgl. auch BR-Drs. 163/85, S. 44.
178 Vgl. dazu Kap. G Tz. 107; einem weitergehenden Antrag, „die Befreiung zu versagen, wenn die Arbeitnehmervertretungen die Aufstellung eines KA und eines KLB beantragen", wurde mehrheitlich vom Rechtsausschuss nicht entsprochen, vgl. BT-Drs. 10/4268, S. 113.

2.2.2.4 Befreiung durch Mutterunternehmen mit Sitz außerhalb der EU/des EWR (§ 292 HGB)

2.2.2.4.1 Inhalt

134 Für **MU**, die einen befreienden KA und KLB erstellen wollen und ihren Sitz **außerhalb der EU/des EWR** in einem Drittstaat haben, ergeben sich die Voraussetzungen für befreiende KA und KLB aus § 292 HGB. Mit dem BilRUG wurden die bis dahin in § 292 HGB geregelte Ermächtigungsgrundlage und die auf der Basis vom BMJ erlassene Rechtsverordnung zu § 292 HGB (Konzernabschlussbefreiungsverordnung = KonBefrV) zusammengefasst[179]. Darüber hinaus wurden die bisherigen Vorschriften präzisiert und um weiterführende Vorgaben ergänzt.

135 **Grundsätzlich** stellen die Befreiungsvorschriften des § 292 HGB darauf ab, dass auch MU, die ihren Sitz außerhalb der EU/des EWR haben, **zu den gleichen Bedingungen** einen befreienden KA und KLB aufstellen können wie Unternehmen mit Sitz innerhalb der EU/des EWR. In § 292 HGB wird in vielen Fällen auf § 291 HGB verwiesen, so dass grds. auf die entspr. Ausführungen zurückgegriffen werden kann[180].

136 Die Anforderungen des § 292 HGB entsprechen auch hinsichtlich Inhalt und Aufbau des befreienden KA und KLB weitgehend den Vorschriften des § 291 HGB[181]. Demnach kann ein KA eines MU mit Sitz in einem Drittstaat ein **befreiender KA** sein, sofern er im Einklang mit der RL 2013/34/EU oder mit den in § 315e Abs. 1 HGB bezeichneten internationalen Rechnungslegungsstandards steht (§ 292 Abs. 1 Nr. 1 Buchst. a und b HGB). Ein **befreiender KLB** muss im Einklang mit der RL 2013/34/EU aufgestellt werden oder einem nach diesen Vorschriften aufgestellten KLB gleichwertig sein (§ 292 Abs. 1 Nr. 2 HGB). Sofern die Rechnungslegungsvorschriften des übergeordneten MU keine Lageberichterstattung oder ein ähnliches Berichtsinstrument fordern, sind zur Inanspruchnahme der Befreiungsmöglichkeiten des § 292 HGB gleichwertige Angaben an anderer Stelle in den veröffentlichten Unterlagen in vergleichbarer Form in einer geschlossenen Darstellung notwendig. So können die notwendigen Angaben innerhalb eines KA z.B. nach US-GAAP in die MD&A aufgenommen werden.

137 Die in § 292 Abs. 1 Nr. 1 HGB geregelten Vorgaben zum Inhalt des KA gehen insoweit über die Anwendung von § 291 HGB hinaus, als auch eine Konzernrechnungslegung befreiende Wirkung haben kann, die einem nach EU-Mitgliedstaatenrecht/EWR-Vertragsstaatenrecht aufgestellten KA **gleichwertig** ist (§ 292 Abs. 1 Nr. 1 Buchst. c HGB)[182]. Dasselbe gilt gem. § 292 Abs. 1 Nr. 2 HGB für den KLB. Unter welchen Voraussetzungen ein KA und KLB als gleichwertig angesehen werden können, wird in § 292 HGB weiterhin nicht unmittelbar geregelt[183]. Das Kriterium der Gleichwertigkeit macht deutlich, dass eine exakte Anwendung etwa der deutschen Konzernrechnungslegungsvorschriften oder der Vorschriften eines anderen EU-Mitgliedstaates/EWR-Vertragsstaates nicht erforderlich ist. Entscheidend ist vielmehr das **Gesamtbild**, und zwar insoweit, als die Vermögens-, Finanz- und Ertragslage in dem befreienden KA und KLB so dargestellt

---

[179] Vgl. *Deubert/Lewe*, DB 2015, Beil. Nr. 5, S. 49 (50); *Götze/Weiser*, in: BilRUG-Komm., I, Rn. 10; *Oser/Orth/Wirtz*, DB 2015, S. 1729 (1731).
[180] Vgl. Kap. G Tz. 110 sowie *Götze/Weiser*, in: BilRUG-Komm., I, Rn. 10.
[181] Vgl. Kap. G Tz. 116.
[182] Vgl. *Götze/Weiser*, in: BilRUG-Komm., I, Rn. 14.
[183] Vgl. *Götze/Weiser*, in: BilRUG-Komm., I, Rn. 16.

sein muss, dass keine wesentlichen Informationsverluste ggü. einem nach deutschen Vorschriften oder nach den Vorschriften eines anderen EU-Mitgliedstaates oder EWR-Vertragsstaates aufgestellten KA und KLB entstehen[184]. Welche Abweichungen von den deutschen Konzernrechnungslegungsvorschriften den Tatbestand der Gleichwertigkeit gefährden können und welche Anhangangaben notwendig sind, um die Gleichwertigkeit herzustellen, ist jeweils im **Einzelfall** zu prüfen. Keinesfalls ist es vertretbar, KA und KLB aus Nicht-EU-Mitgliedstaaten/EWR-Vertragsstaaten pauschal als gleichwertig anzuerkennen[185].

138 Abweichungen, die im Hinblick auf die Vermittlung eines den tatsächlichen Verhältnissen entspr. Bildes der Vermögens-, Finanz- und Ertragslage von **untergeordneter Bedeutung** sind, stehen der befreienden Wirkung nicht entgegen[186]. Bei darüber hinausgehenden Abweichungen ist zunächst zu beurteilen, ob die Gleichwertigkeit ggf. durch entspr. Erläuterungen im KAnh. hergestellt werden kann. Denn das Gleichwertigkeitskriterium bezieht sich nicht auf die Konzernbilanz oder Konzern-GuV, sondern auf den KA insgesamt[187].

139 Sofern der befreiende KA **internationalen Rechnungslegungsstandards** entspricht, sind die Regelungen des mit dem BilRUG neu gefassten § 292 Abs. 1 Nr. 1. Buchst. d HGB zu beachten. Demnach ist die Gleichwertigkeit dieses KA mit Hilfe eines von der EU mittels VO (EG) Nr. 1569/2007[188] implementierten Mechanismus zur **Festlegung der Gleichwertigkeit** der von Drittstaatenemittenten angewandten Rechnungslegungsgrundsätze zu prüfen. Auf der Basis dieser VO hat die EU-Kommission in einer ersten Entscheidung festgelegt, dass KA, die in Übereinstimmung mit den IFRS („full IFRS") sowie den lokalen Rechnungslegungsstandards der USA oder Japans aufgestellt wurden, als gleichwertige KA anzusehen sind[189]. In einer weiteren Entscheidung hat die EU-Kommission darüber hinaus die nach den lokalen Rechnungslegungsstandards der Volksrepublik China, Kanadas und der Republik Korea ebenfalls als gleichwertig mit den von der EU übernommen IFRS angesehen[190].

2.2.2.4.2 Prüfung

140 Die befreiende Wirkung eines KA und KLB eines MU mit Sitz in einem Drittstaat tritt grds. nur dann ein, wenn der **KA** von einem oder mehreren **APr.**[191] geprüft worden ist. Demgegenüber ist es nicht notwendig, dass auch der KLB von einem APr. geprüft wird[192]. Der APr. muss aufgrund der einzelstaatlichen Rechtsvorschriften des jeweiligen Drittstaates zur Prüfung von JA zugelassen sein. Hierzu gehören zunächst einmal in

---

184 Vgl. ADS[6], § 292, Tz. 44; *Götze/Weiser*, in: BilRUG-Komm., I, Rn. 17.
185 Vgl. hierzu insb. ADS[6], § 292, Tz. 47; *Götze/Weiser*, in: BilRUG-Komm., I, Rn. 17.
186 Vgl. *Havermann*, in: FS Zünd, S. 263 (270).
187 Vgl. *Busse v. Colbe* u.a., Konzernabschlüsse[9], S. 81; *Götze/Weiser*, in: BilRUG-Komm., I, Rn. 18.
188 VO (EG) Nr. 1569/2007, Abl.EU 2007, Nr. L 340, S. 66.
189 Vgl. Art. 1 der Entscheidung der Kommission v. 12.12.2008, 2008/961/EG, Abl.EU v. 19.12.2008, Nr. L 340, S. 112.
190 Vgl. Art. 1 Nr. 1 der Entscheidung der Kommission v. 11.04.2012, 2012/194/EU, Abl.EU v. 13.04.2012, Nr. L 103, S. 49; *Deubert/Lewe*, DB 2015, Beil. 5, S. 49 (50); außerdem weiterführend mit entspr. Überlegungen zur befreienden Wirkung eines KA eines in der Schweiz ansässigen übergeordneten MU *Götze/Weiser*, in: BilRUG-Komm., I, Rn. 20-22.
191 Die in § 292 Abs. 1 Nr. 3 HGB enthaltenen Begriffe „Abschlussprüfer" und „Prüfungsgesellschaft" werden synonym verwendet.
192 Vgl. *Götze/Weiser*, in: BilRUG-Komm., I, Rn. 24; *Oser/Orth/Wirtz*, DB 2015, S. 1729 (1731).

Übereinstimmung mit den Vorschriften der RL 2006/43/EG zugelassene APr. (§ 292 Abs. 1 Nr. 3 HGB). Andere APr. sollen nur dann befugt sein, mit befreiender Wirkung zu prüfen, wenn sie eine den Anforderungen der Abschlussprüferrichtlinie **gleichwertige Befähigung** haben und der KA in einer den Anforderungen der §§ 316 ff. HGB entspr. Weise geprüft worden ist (§ 292 Abs. 3 S. 1 HGB)[193]. Häufig wird der KA eines MU mit Sitz außerhalb des EWR von einem APr. geprüft worden sein, der nicht auf der Grundlage der RL 2006/43/EG zugelassen ist. In diesen Fällen muss der ausländische APr. über gleichwertige fachliche und persönliche Voraussetzungen verfügen. APr., die Mitglieder einer Berufsorganisation sind, deren Prüfungsgrundsätze oder nationale Vorschriften den Richtlinien der IFAC entsprechen, werden im Allgemeinen die Anforderungen der Gleichwertigkeit erfüllen.

141 Neben dem KA und dem KLB ist auch der BestV offenzulegen (§ 292 Abs. 1 Nr. 4 HGB). Anders als nach § 291 Abs. 1 S. 1 HGB ist hier dem Gesetzeswortlaut zufolge ausdrücklich von einem **BestV**, also einem positiven oder eingeschränkten Prüfungsurteil die Rede. Ein **Versagungsvermerk** zu KA aus Drittstaaten reicht demnach offenbar nicht aus[194]. Es ist fraglich, ob eine derartige Ungleichbehandlung von inländischen Teilkonzernmutterunternehmen mit übergeordneten MU mit Sitz in der EU/dem EWR und in einem Drittstaat gerechtfertigt ist. Da die begriffliche Differenzierung in BestV und Versagungsvermerk eine Besonderheit der in Deutschland üblichen Begriffsdefinition ist, erscheint eine Ungleichbehandlung nicht gerechtfertigt. Insofern wird im Schrifttum teilweise die Auffassung vertreten, dass für KA von MU mit Sitz in einem Drittstaat hinsichtlich des Prüfungsurteils die gleichen Überlegungen wie für MU mit Sitz in der EU/im EWR gelten[195]. Hier sollte eine entspr. Klarstellung durch den Gesetzgeber erfolgen.

142 Sofern Wertpapiere i.S.d. § 2 Abs. 1 WpHG des MU, das den befreienden KA und KLB aufstellt, an einer **inländischen Börse zum Handel** am regulierten Markt zugelassen sind, weist ein nicht nach den Vorschriften der RL 2006/43/EG zugelassener APr. des MU nur dann eine gleichwertige Befähigung auf, wenn er entweder gem. § 134 Abs. 1 WPO bei der WPK **eingetragen** oder die Gleichwertigkeit gem. § 134 Abs. 4 WPO **anerkannt** ist (§ 292 Abs. 3 S. 2 HGB)[196]. Zur Feststellung der Gleichwertigkeit hat die EU-Kommission die in Drittstaaten vorhandenen Abschlussprüferaufsichtssysteme analysiert. Hiernach sind die öffentlichen Aufsichtssysteme z.B. von Australien, Brasilien, China, Indonesien, Japan, Kanada, Kroatien, der Schweiz, Singapur, Südafrika, Südkorea und den USA den Systemen in der EU gleichwertig. Neben der Feststellung der Gleichwertigkeit ist in diesen Fällen mit dem BestV eine **Bescheinigung der WPK** gem. § 134 Abs. 2a WPO über die Eintragung des APr. oder eine Bestätigung der WPK gem. § 134 Abs. 4 S. 8 WPO über die Befreiung von der Eintragungsverpflichtung **offenzulegen** (§ 292 Abs. 3 S. 4 HGB). Diese Regelungen gelten nicht, wenn ausschließlich Schuldtitel des MU i.S.d. § 2 Abs. 1 Nr. 3 WpHG mit einer Mindeststückelung von 50.000 € oder dem entspr. Betrag in anderer Währung an einer inländischen Börse zum Handel am regulierten Markt zugelassen sind (§ 292 Abs. 3 S. 3 HGB).

---

193 Vgl. *Götze/Weiser*, in: BilRUG-Komm., I, Rn. 26.
194 Zur Abgrenzung vgl. *IDW PS 400 n.F.*, Tz. 23, 24 und *IDW PS 405 n.F.*, Tz. 4.
195 Vgl. *Deubert/Lewe*, DB 2015, Beil. 5, S. 49 (50 f.); *Götze/Weiser*, in: BilRUG-Komm., I, Rn. 23. A.A. *Oser/Orth/Wirtz*, DB 2015, S. 1729 (1731).
196 Vgl. hierzu weiterführend *Gelhausen/Fey/Kämpfer*, BilMoG, Q, Rn. 129-133.

Bei der Durchführung der Prüfung, die den Anforderungen des HGB entsprechen muss, **143**
sind insb. die Grundsätze über die Pflicht zur Prüfung (§ 316 HGB), die Auswahl des
APr. (§ 319 HGB), die Vorlagepflicht/das Auskunftsrecht (§ 320 HGB), den PrB (§ 321
HGB), den BestV (§ 322 HGB) und die Verantwortlichkeit des APr. (§ 323 HGB) zu
beachten.

2.2.2.4.3 Anhang, Offenlegung und Grenzen der Befreiungsmöglichkeiten

Die befreiende Wirkung des KA eines übergeordneten MU mit Sitz in einem Drittstaat **144**
tritt darüber hinaus nur ein, wenn im **Anh. des JA** des von der Teilkonzernrechnungs-
legungspflicht zu befreienden MU die in § 291 Abs. 2 S. 1 Nr. 4 HGB genannten Angaben
gemacht werden (§ 292 Abs. 2 S. 1 HGB)[197]. Ferner ist anzugeben, nach welcher der in
§ 292 Abs. 1 Nr. 1 HGB genannten Vorgaben und ggf. nach dem Recht welchen Drittstaates der befreiende KA und KLB aufgestellt worden sind (§ 292 Abs. 2 S. 1 HGB).

Teilkonzern-MU, die i.R.d. zulässigen Inanspruchnahme der §§ 264 Abs. 3, 264b HGB **145**
keinen Anh. aufstellen, sollten durch Einreichung einer „Hinweisbekanntmachung nach
§ 264 Abs. 3 HGB" beim BAnz die nach § 292 Abs. 2 S. 1 HGB i.V.m. § 291 Abs. 2 S. 1
Nr. 4 HGB erforderlichen Angaben offenlegen[198]. Sofern das zu befreiende Teilkonzern-
MU eine Kleinstkapitalgesellschaft i.S.d. § 267a HGB sein sollte und daher zulässigerweise keinen Anh. aufstellt, sind die geforderten Angaben unter der Bilanz zu machen[199].

Der befreiende KA und KLB einschl. des BestV müssen nach den Vorschriften, die für **146**
den entfallenden KA und KLB maßgeblich sind, in deutscher Sprache offengelegt werden (§ 292 Abs. 1 Nr. 4 HGB). Die **Offenlegung** hat sich demnach an den Vorschriften
der §§ 325 ff. HGB zu orientieren. Danach müssen der befreiende KA und KLB der Gesellschaft im BAnz bekannt gemacht werden.

Die Befreiungsmöglichkeit des § 292 Abs. 1 HGB gilt, wie bei übergeordneten MU mit **147**
Sitz in der EU/im EWR, nicht bei übergeordneten KA bestimmter kapitalmarktorientierter MU oder bei bestimmten Minderheitenvoten (§ 292 Abs. 2 S. 2 HGB i.V.m.
§ 291 Abs. 3 HGB)[200].

2.2.3 Größenabhängige Befreiungen

2.2.3.1 Grundsatz

Für die Konzerne, die bestimmte **Größenmerkmale** nicht überschreiten, sehen die **148**
HGB-Vorschriften eine Befreiung von der Konzernrechnungslegung vor. Die Befreiung
gilt, sofern die im Einzelnen dafür erforderlichen Voraussetzungen erfüllt sind, grds. für
alle andernfalls zur Konzernrechnungslegung verpflichteten MU in der Rechtsform der
AG, SE, KGaA, GmbH und KapCoGes. (§ 293 Abs. 1 HGB). Für MU, die KI oder VU
sind, gilt die Befreiung gem. § 340i Abs. 2 S. 2 HGB (KI) bzw. § 341j Abs. 1 S. 2 HGB (VU)
nicht. Die Konzernrechnungslegungspflichten für Nicht-KapGes. nach § 11 Abs. 1
PublG bleiben unberührt.

---

197 Vgl. Kap. G Tz. 122.
198 Vgl. hierzu Kap. G Tz. 124.
199 Vgl. *Götze/Weiser*, in: BilRUG-Komm., I, Rn. 31.
200 Siehe Kap. G Tz. 133 ff.

149 Ein MU ist grds. von der Verpflichtung zur Aufstellung eines KA und KLB befreit, wenn an **zwei** aufeinanderfolgenden Abschlussstichtagen die Schwellenwerte von mindestens zwei der drei Merkmale Bilanzsumme, Umsatzerlöse und durchschnittliche Arbeitnehmerzahl unterschritten werden. Als Bezugsgrundlage können entweder die summierten JA des MU und der TU des Konsolidierungskreises (Bruttomethode; § 293 Abs. 1 S. 1 Nr. 1 HGB) oder aber auch ein konsolidierter Abschluss dieser Unternehmen (Nettomethode; § 293 Abs. 1 S. 1 Nr. 2 HGB) gewählt werden[201].

150 Bei der **Bruttomethode** setzen sich Bilanzsumme und Umsatzerlöse aus den kumulierten Werten aller JA der Konzerngesellschaften zusammen, ohne dass Konsolidierungsbuchungen vorgenommen wurden. Eine Anpassung an die konzerneinheitlichen Bilanzierungs- und Bewertungsvorschriften (§§ 300, 308 HGB) ist nicht erforderlich, soweit die JA dem für sie maßgeblichen Recht entsprechen[202]. Die Überprüfung der Konzernrechnungslegungspflicht aufgrund der Größenklassenkriterien wird erleichtert, da nicht erst ein KA aufgestellt werden muss. Auch wenn der Bruttomethode regelmäßig die HB I[203] zugrunde gelegt wird[204], ist ihre Anwendung auf der Grundlage von niedrigeren Wertansätzen einer HB II nach einheitlichen Bilanzierungs- und Bewertungsvorschriften nicht ausgeschlossen. Ebenso erscheint es zulässig, insgesamt bei Anwendung der Bruttomethode von IFRS-Einzelabschlüssen auszugehen, zumal der Sinn der Bruttomethode darin besteht, insb. bei der Existenz von ausländischen TU ohne größeren Aufwand die Verpflichtung zur Konzernrechnungslegung zu bestimmen[205].

151 Die **Nettomethode** erfordert dagegen einen aufgestellten KA. Die Konzernbilanz ist daher zwingend nach §§ 300 und 308 HGB zu erstellen. Der Ermittlung der relevanten Größenkriterien kann auch ein freiwillig aufgestellter IFRS-KA i.S.d. § 315e Abs. 3 HGB zugrunde gelegt werden[206].

152 Die Grenzwerte für Bilanzsumme und Umsatzerlöse bei der Bruttomethode liegen um etwa **20%** über denen der Nettomethode. Die Differenz ist als Ausgleich für die Verminderung beider Größenmerkmale durch Konsolidierungsvorgänge gedacht. Es ist den MU freigestellt, welcher Methode sie sich bedienen. Das Wahlrecht kann auch von Jahr zu Jahr unterschiedlich[207], jedoch an einem Stichtag nur einheitlich für den gesamten **Konsolidierungskreis** angewandt werden.

153 Maßgebend für die Feststellung, ob die Größenmerkmale erreicht sind, ist bei Anwendung der Bruttomethode der Abschlussstichtag des JA des MU (§ 293 Abs. 1 S. 1 Nr. 1 HGB), bei Anwendung der Nettomethode ist der KA-Stichtag maßgeblich (§ 293 Abs. 1 S. 1 Nr. 2 HGB). Da der KA auf den Stichtag des JA des MU aufzustellen ist (§ 299 Abs. 1 HGB), handelt es sich bei beiden Methoden um denselben Stichtag.

154 Zur Bestimmung der Konzernrechnungslegungspflicht sind – vorbehaltlich etwaiger abw. Übergangsvorschriften des EGHGB – immer die jeweils aktuellen Schwellenwerte

---

201 In § 11 PublG ist ausschließlich die Nettomethode vorgesehen.
202 Vgl. ADS[6], § 293 HGB, Tz. 8.
203 Unter HB I werden die JA nach dem jeweiligen Landesrecht (auch der ausländischen TU) verstanden.
204 Vgl. *Grottel/Kreher*, in: BeBiKo[11], § 293, Rn. 12.
205 Vgl. Begr. RegE, BT-Drucks. 10/3440, S. 45.
206 Für kapitalmarktorientierte Unternehmen i.S.d. § 264d HGB, die nach § 315e Abs. 1 oder Abs. 2 HGB einen IFRS-KA aufstellen müssen, gelten die größenabhängigen Befreiungen gem. § 293 Abs. 5 HGB nicht.
207 Das Stetigkeitsgebot des § 297 Abs. 3 S. 2 HGB trifft nicht zu, da es sich bei der Befreiung nach § 293 HGB nicht um eine Konsolidierungsmethode handelt.

des GJ anzuwenden. Im Falle einer Änderung der Schwellenwerte gelten die neuen Größenmerkmale auch entsprechend für das VJ.

2.2.3.2 Abgrenzung des Konsolidierungskreises

Die Abgrenzung des Konsolidierungskreises kann i.Z.m. § 293 HGB unmittelbar einen Einfluss auf die Befreiung oder Nicht-Befreiung von der Konzernrechnungslegung haben. Fraglich ist, ob für die **Ermittlung der Größenmerkmale** alle oder nur die andernfalls tatsächlich konsolidierten TU maßgebend sind. Nach Sinn und Zweck der Vorschrift können die Größenmerkmale sich nur auf einen KA beziehen, der aufgestellt würde, wenn die Voraussetzungen für eine Befreiung nach § 293 HGB nicht gegeben sind. Dabei ist zu beachten, dass der Konsolidierungskreis sich nach den §§ 294, 296 HGB oder ggf. auch nach IFRS 10.20, IFRS 10.A, Stichwort: „Konzern" bestimmen kann[208]. **155**

Für die Ermittlung der Größenmerkmale dürfen daher sowohl bei der Brutto- als auch bei der Nettomethode bestehende Konsolidierungswahlrechte berücksichtigt werden. Insoweit haben die MU einen Gestaltungsspielraum bei der Anwendung von § 293 HGB.

2.2.3.3 Größenmerkmale

2.2.3.3.1 Bilanzsumme

Für die Ermittlung der „**Bilanzsumme**" nach der **Bruttomethode** (§ 293 Abs. 1 S. 1 Nr. 1 Buchst. a HGB) sind die Bilanzsummen der Einzelbilanzen des MU und der TU, die in den KA einbezogen werden sollen, zu addieren. Wird in den Einzelbilanzen auf der Aktivseite ein „nicht durch EK gedeckter Fehlbetrag" (§ 268 Abs. 3 HGB) ausgewiesen, so ist die Summe dieser Beträge abzuziehen (§§ 293 Abs. 2 i.V.m. 267 Abs. 4a S. 2 HGB). In den Einzelbilanzen enthaltene Rückstellungen und Verbindlichkeiten für Verbrauchsteuern und Monopolabgaben dürfen hier – anders als nach § 1 Abs. 2 S. 1 PublG – nicht von der Bilanzsumme abgezogen werden[209]. **156**

Für die Ermittlung der Konzernbilanzsumme nach der **Nettomethode** (§ 293 Abs. 1 Nr. 2 Buchst. a HGB) ist grds. eine Probekonzernbilanz nach den Vorschriften des HGB unter Berücksichtigung der erforderlichen Konsolidierungsbuchungen zu erstellen. Soweit bei der Gestaltung der Konzernbilanz nach dem HGB Bilanzierungs- und Bewertungswahlrechte bestehen, können sie auch dann in Anspruch genommen werden, wenn dadurch die Konzernbilanzsumme unter den vom Gesetzgeber festgelegten Schwellenwert sinken sollte. Ist der KA eines MU in der Vergangenheit (freiwillig nach § 315e Abs. 3 HGB) unter Anwendung der IFRS aufgestellt worden, so kann nach der Nettomethode auch der IFRS-KA zugrunde gelegt werden, selbst wenn die Konzern-Bilanzsumme wegen abw. Gliederungs- und Ausweisvorschriften der IFRS niedriger sein sollte als nach denen des HGB. **157**

Wie bei der Bruttomethode ist auch bei der Nettomethode ein etwaiger ausgewiesener, nicht durch EK gedeckter Fehlbetrag auf der Aktivseite von der Konzernbilanzsumme zu kürzen (§§ 293 Abs. 2 i.V.m. 267 Abs. 4a S. 2 HGB). Rückstellungen und Verbindlich- **158**

---

[208] Vgl. zum Konsolidierungskreis im Einzelnen Kap. G Tz. 172 ff. sowie Kap. K Tz. 261 für IFRS 10.20; IFRS 10.A, Stichwort: Konzern.
[209] Vgl. im Einzelnen Kap. G Tz. 86.

keiten für Verbrauchsteuern und Monopolabgaben dürfen auch hier nicht abgezogen werden.

159 Die Erstellung einer Probebilanz ist nicht erforderlich, wenn die Befreiung bereits durch die Merkmale des § 293 Abs. 1 S. 1 Nr. 2 Buchst. b und c HGB begründet wird. Trifft nur eines der Merkmale nach § 293 Abs. 1 S. 1 Nr. 2 Buchst. b oder c HGB zu, wird auch in diesen Fällen auf die Erstellung einer vollständigen Konzern-Probebilanz verzichtet werden können, wenn bereits überschlägige Rechnungen ergeben, dass der Schwellenwert hinsichtlich der Konzernbilanzsumme keinesfalls überschritten wird.

2.2.3.3.2 Umsatzerlöse

160 Die **Umsatzerlöse** nach der **Bruttomethode** (§ 293 Abs. 1 S. 1 Nr. 1 Buchst. b HGB) werden durch Addition der in den Einzel-GuV gem. § 277 Abs. 1 HGB ausgewiesenen Umsatzerlöse nach Abzug u.a. der sonstigen, direkt mit dem Umsatz verbundenen Steuern (z.B. Verbrauchsteuern wie die Energiesteuer sowie Monopolabgaben[210]) ermittelt. Somit entspricht die Ermittlung der Umsatzerlöse gem. § 293 Abs. 1 S. 1 Nr. 1 Buchst. b HGB im Ergebnis der Ermittlung der Umsatzerlöse nach § 1 Abs. 1 Nr. 2 PublG[211].

Bei Anwendung der **Nettomethode** (§ 293 Abs. 1 S. 1 Nr. 2 Buchst. b HGB) treten an die Stelle der summierten Umsatzerlöse aus den Einzel-GuV die **Außenumsatzerlöse** des Konzerns, die gem. § 298 Abs. 1 i.V.m. § 277 Abs. 1 HGB zu ermitteln sind. Umsatzerlöse aus dem Lieferungs- und Leistungsverkehr mit nicht in den KA einbezogenen TU gelten als Außenumsatzerlöse.

> **Praxistipp 2:**
>
> Wird das Größenmerkmal „Anzahl der Arbeitnehmer" nicht überschritten, so wird es – sofern nicht überschlägige Rechnungen bereits eindeutige Ergebnisse liefern – im Interesse eines möglichst geringen Aufwands i.d.R. zweckmäßig sein, zunächst das Merkmal „Außenumsatzerlöse" zu prüfen, bevor eine Konzern-Probebilanz erstellt wird.

2.2.3.3.3 Anzahl der Arbeitnehmer

161 Die Anzahl der Arbeitnehmer ist bei der Brutto- und bei der Nettomethode in gleicher Weise zu ermitteln. Abgestellt wird ausschließlich auf die Zahl der Arbeitnehmer, die bei Unternehmen des Konsolidierungskreises beschäftigt sind. Der Sitz der Unternehmen des Konsolidierungskreises hat für die Befreiung keine Bedeutung[212].

162 Für die Ermittlung des Jahresdurchschnitts ist § 267 Abs. 5 HGB anzuwenden (§ 293 Abs. 1 S. 2 HGB)[213].

---

210 Vgl. *Baumann*, in: BilRUG-Komm., F, Rn. 92.
211 Vgl. im Einzelnen Kap. G Tz. 90.
212 Vgl. im Gegensatz dazu § 11 Abs. 1 Nr. 3 PublG; Kap. G Tz. 92.
213 Vgl. Kap. F Tz. 285.

2.2.3.4 Beginn und Dauer der Befreiung

Die Befreiung von der Konzernrechnungslegungspflicht tritt grds. erstmals für den zweiten der aufeinanderfolgenden Abschlussstichtage ein, an dem mindestens zwei der drei Merkmale des § 293 Abs. 1 HGB unterschritten werden. Dabei braucht es sich nicht an jedem Abschlussstichtag um die gleichen Merkmale zu handeln. Die Befreiung entfällt erst dann wieder, wenn für zwei aufeinanderfolgende Abschlussstichtage mindestens **zwei der drei Größenmerkmale** überschritten werden (§ 293 Abs. 4 S. 1 HGB)[214]. 163

Der in § 293 Abs. 4 S. 2 HGB enthaltene Verweis auf § 267 Abs. 4 S. 2 HGB bewirkt, dass bei erstmaliger Konzernbildung durch eine **Neugründung** oder **Umwandlung** die größenabhängige Befreiung nicht in Anspruch genommen werden kann, wenn die Schwellenwerte des § 293 Abs. 1 HGB überschritten werden[215]. Unter Neugründung ist dabei das erstmalige Entstehen eines Mutter-Tochter-Verhältnisses i.S.v. § 290 HGB zu verstehen. Dabei wird in der Kommentierung[216] auch eine wirtschaftliche Neugründung unter § 293 Abs. 4 S. 2 HGB gefasst. Hierunter sind bspw. solche Fälle zu verstehen, in denen zwei inaktive Gesellschaften (MU und TU) das erste operative TU erwerben. Für Umwandlungsfälle kann § 293 Abs. 4 S. 2 HGB dann relevant sein, wenn einer der beteiligten Rechtsträger durch den Umwandlungsvorgang den Status eines MU i.S.v. § 290 HGB erlangt[217]. Hierbei stellt der Verweis des § 293 Abs. 4 S. 2 HGB auf § 267 Abs. 4 S. 3 HGB klar, dass von den möglichen Umwandlungsarten (§ 1 Abs. 1 UmwG) die Einschränkung des § 267 Abs. 4 S. 2 HGB nicht auf den Formwechsel anwendbar ist. Daher ist der Zweijahreszeitraum auch bei MU anzuwenden, die i.R. eines Formwechsels ihre Rechtsform in eine KapGes. oder eine Gesellschaft i.S.d. § 264a Abs. 1 HGB ändern. 164

Die größenabhängige Befreiung von der Konzernrechnungslegungspflicht ist vom Wegfall der Konzernrechnungslegungspflicht zu unterscheiden. Ein MU hat nur so lange einen KA und einen KLB aufzustellen, wie ein Mutter-Tochter-Verhältnis vorliegt (§ 290 HGB). Besteht ein solches Verhältnis am maßgeblichen Abschlussstichtag nicht mehr, entfällt damit automatisch die Verpflichtung zur Konzernrechnungslegung, ohne dass eine weitere Frist einzuhalten ist. Das heißt, auch wenn unterjährig noch ein Mutter-Tochter-Verhältnis bestanden hat, dieses aber z.B. aufgrund des Verkaufs sämtlicher Beteiligungen kurz vor dem KA-Stichtag entfallen ist, besteht zum KA-Stichtag keine Verpflichtung mehr zur Konzernrechnungslegung. 165

2.2.3.5 Nichtanwendbarkeit der Befreiungsregel

Die Befreiung von der Aufstellung eines KA und eines KLB ist ausgeschlossen, wenn das MU selbst oder eines der in den KA einbezogenen TU am KA-Stichtag **kapitalmarktorientiert** i.S.d. § 264d HGB ist (§ 293 Abs. 5 HGB). Sind Aktien eines nichtkonsolidierten TU, z.B. aufgrund der Konsolidierungswahlrechte des § 296 HGB, zum Handel an einem organisierten Markt i.S.d. § 2 Abs. 5 WpHG zugelassen, so berührt das die Befreiung nicht. 166

---

214 Einer Meldepflicht i.S.v. § 12 Abs. 2 PublG bedarf es nicht.
215 Vgl. *Küting/Koch*, in: Küting/Pfitzer/Weber, Bilanzrecht², S. 408.
216 Vgl. *Gelhausen/Fey/Kämpfer*, BilMoG, Q, Rn. 156; *Grottel/Kreher*, in: BeBiKo¹¹, § 293, Rn. 23.
217 Vgl. detaillierter *Gelhausen/Fey/Kämpfer*, BilMoG, Q, Rn. 152-159.

167 Darüber hinaus können die größenabhängigen Befreiungen nicht in Anspruch genommen werden, wenn das MU oder ein in dessen KA im Wege der Vollkonsolidierung einbezogenes TU am KA-Stichtag **den ergänzenden Vorschriften** des
- Ersten Unterabschnitts für KI und FDLI (§§ 340-340o HGB) oder
- Zweiten Unterabschnitts für VU und Pensionsfonds (§§ 341-341p HGB)

unterworfen ist.

2.2.4 Besonderheiten nach dem PublG

168 Ein nach § 11 Abs. 1 oder Abs. 3 PublG zur Aufstellung eines KA und KLB verpflichtetes MU[218] ist von dieser Verpflichtung befreit, wenn ein übergeordnetes MU einen **befreienden KA** und **KLB** aufstellt (§ 11 Abs. 6 S. 1 Nr. 1 PublG i.V.m. §§ 291, 292 HGB).

169 Hinsichtlich des Inhalts des befreienden Abschlusses ist die Rechtsform des zu befreienden Unternehmens zu berücksichtigen. So dürfen Personenhandelsgesellschaften und Einzelkaufleute eine vereinfachte GuV aufstellen (§ 13 Abs. 3 S. 2 1. Hs. PublG i.V.m. § 5 Abs. 5 S. 1 PublG), in der darüber hinaus die Steuern mit den sonstigen Aufwendungen zusammengefasst werden können (§ 13 Abs. 3 S. 2 Hs. 1 PublG i.V.m. § 5 Abs. 5 S. 2 PublG). Soweit keine Kapitalmarktorientierung i.S.d. § 264d HGB vorliegt, kann ferner auf die Aufstellung von KFR und EK-Spiegel (§ 13 Abs. 3 S. 2 2. Hs. PublG) verzichtet werden. Obwohl § 13 Abs. 3 S. 2 PublG insgesamt auf § 5 Abs. 5 PublG und damit auch auf dessen S. 3 verweist, kann von der Offenlegung der Konzern-GuV – anders als im JA – nicht abgesehen werden. Für den KA fehlt es an einer korrespondierenden Regelung zu § 9 Abs. 2 PublG, nach der es Personenhandelsgesellschaften und Einzelkaufleuten gestattet ist, auf die Offenlegung der GuV zu verzichten, sofern sie die in § 5 Abs. 5 S. 3 PublG genannten Angaben in einer Anlage zur Bilanz machen. Aus dem Verweis auf § 5 Abs. 5 PublG kann nicht gefolgert werden, dass hierdurch auch eine analoge Anwendung des § 9 Abs. 2 PublG auf den KA eröffnet werden soll[219].

170 Sofern ein MU mit Sitz im Ausland einen befreienden KA und KLB nach §§ 291, 292 HGB für das deutsche Teilkonzern-MU in der Rechtsform einer Personenhandelsgesellschaft oder eines Einzelkaufmanns aufstellt, könnten sich aus einer ausschließlich **wortgetreuen Anwendung** der §§ 291, 292 HGB höhere Anforderungen an den befreienden KA und KLB eines ausländischen Unternehmens als an den KA und KLB eines inländischen Teilkonzerns ergeben. Eine derartige Ungleichbehandlung kann nicht i.S.d. Gesetzes sein. Die **sinngemäße Anwendung** der §§ 291, 292 HGB kann daher nur zu dem Ergebnis führen, dass an den befreienden KA und KLB einer ausländischen Konzernleitung höchstens die (geringeren) Anforderungen gestellt werden dürfen, die andernfalls an den zu veröffentlichenden inländischen Teil-KA und Teil-KLB zu stellen sind.

171 Aus der (nur) sinngemäßen Anwendung von § 291 HGB (§ 11 Abs. 6 S. 1 Nr. 1 PublG) folgt auch, dass für zu befreiende Teil-KA und Teil-KLB nach PublG das Antragsrecht von Minderheitsgesellschaftern zur Aufstellung eines Teil-KA und Teil-KLB (§ 291

---

218 Vgl. hierzu Kap. G Tz. 61 ff.
219 Anderer Ansicht ADS⁶, § 13 PublG, Tz. 59.

Abs. 3 HGB) nicht gilt[220]. Die Aufstellung befreiender Abschlüsse und LB nach PublG liegt ausschließlich in der Kompetenz der betreffenden Unternehmen.

Die beschriebenen **Erleichterungen** gelten nicht, wenn der befreiende KA und KLB nicht nur befreiende Wirkung für einen Teil-KA und Teil-KLB eines MU in der Rechtsform einer Personenhandelsgesellschaft haben soll (§ 11 Abs. 6 S. 1 Nr. 1 PublG), sondern darüber hinaus auch eine befreiende Wirkung für einen Teil-KA und Teil-KLB eines MU in der Rechtsform einer **KapGes.** bzw. einer **KapCoGes.**[221] § 13 Abs. 3 S. 3 PublG stellt klar, dass der befreiende (Teil-)KA und (Teil-)KLB dann den für KapGes. bzw. KapCoGes. geltenden (strengeren) Konzernrechnungslegungsvorschriften genügen muss. Die zuvor beschriebenen Erleichterungen des § 13 Abs. 2 Hs. 1 PublG dürfen in diesen Fällen nicht in Anspruch genommen werden[222]. Auch der Verzicht auf die Angabe von Organbezügen nach § 314 Abs. 1 Nr. 6 HGB im KAnh. (§ 13 Abs. 3 S. 1 PublG) ist in diesem Fall nicht zulässig.

3. Abgrenzung des Konsolidierungskreises

3.1 Weltabschlussprinzip

Welche Unternehmen in den handelsrechtlichen KA einzubeziehen sind (Konsolidierungskreis), richtet sich nach §§ 294, 296 HGB[223]. **172**

Voraussetzung für die Einbeziehung in den KA im Wege der Vollkonsolidierung ist das Bestehen eines **Mutter-Tochter-Verhältnisses**[224]. Grundsätzlich müssen neben dem MU alle **TU** in den KA einbezogen werden. Jedoch dürfen auch nur TU einbezogen werden, d.h. der **Tatbestand** des möglichen beherrschenden Einflusses nach § 290 HGB muss erfüllt sein. Unternehmen, die diese Voraussetzung nicht erfüllen, wie dies z.B. bei einem nach wirtschaftlichen Kriterien abgegrenzten Konsolidierungskreis sein kann[225], dürfen nicht in den gesetzlichen KA einbezogen werden. Die (freiwillige) Einbeziehung im Wege der Vollkonsolidierung von Unternehmen, die keine TU sind, ist nicht zulässig[226]. Derartige „erweiterte KA" oder „Gruppenabschlüsse" besitzen keine rechtliche Relevanz und können daher auch keine befreiende Wirkung i.S.d. §§ 291, 292 HGB vermitteln[227]. **173**

Als **TU** des den KA erstellenden MU gelten nicht nur die jeweils **unmittelbaren**, sondern auch die **mittelbaren** TU (§ 290 Abs. 1 S. 1 HGB). Ein Unternehmen ist nicht bereits deshalb TU des den (Teil-)KA erstellenden MU, weil es TU eines diesem übergeordneten oder gleichgeordneten MU ist.

Die §§ 294, 296 HGB gelten grds. auch für KA und KLB von **KI** und **VU**. Während dies für VU uneingeschränkt gilt (vgl. § 341j Abs. 1 HGB), werden die Vorschriften zum Konsolidierungskreis für KA von KI durch die Vorschrift des § 340j HGB ergänzt. Für **174**

---

[220] Vgl. auch BR-Drs. 163/85, S. 44.
[221] Zum Begriff vgl. Kap. G Tz. 62.
[222] Dies dürfte nach Sinn und Zweck der Vorschriften auch für die vereinfachte Gliederung (§ 13 Abs. 2 S. 1 Hs. 2 PublG) gelten, obwohl § 13 Abs. 3 S. 3 PublG auf diese Vorschriften nicht unmittelbar verweist.
[223] Zur Abgrenzung des Konsolidierungskreises im KA nach IFRS vgl. Kap. K Tz. 261.
[224] Vgl. dazu im Einzelnen Kap. G Tz. 18.
[225] Zu praktischen Beispielen vgl. *Haeger/Zündorf*, DB 1991, S. 1841.
[226] Siehe DRS 19.78.
[227] Vgl. Kap. G Tz. 109.

die Abgrenzung des Konsolidierungskreises nach den Vorschriften des **PublG** gelten die §§ 294, 296 HGB sinngemäß (§ 13 Abs. 2 S. 1 Hs. 1 PublG).

175 Ausnahmen von der grds. Einbeziehungspflicht für TU bestehen nur noch in den **Konsolidierungswahlrechten** (§ 296 HGB). Die §§ 294, 296 HGB schließen unmittelbar an § 290 HGB an. Die Konsolidierungswahlrechte des § 296 Abs. 1 Nr. 1-3 und Abs. 2 HGB gelten für jedes einzelne TU. Es muss von Jahr zu Jahr erneut geprüft werden, ob die Voraussetzungen für die Inanspruchnahme der Wahlrechte noch erfüllt sind.

> **Praxistipp 3:**
> Die **vollständige und richtige Abgrenzung des Konsolidierungskreises** ist für die Ordnungsmäßigkeit der Konzernrechnungslegung und für die Vermittlung eines den tatsächlichen Verhältnissen entspr. Bildes der wirtschaftlichen Lage von entscheidender Bedeutung[228].
> Für die praktische Umsetzung empfiehlt es sich, im **Summenabschluss** die Bilanzposten näher zu analysieren, bei denen **Anteile an anderen Unternehmen** ausgewiesen werden. Hierzu gehören v.a. die Positionen Anteile an verbundenen Unternehmen, Beteiligungen, Wertpapiere des AV sowie sonstige Wertpapiere im UV. Diese Erkenntnisse sollten mit der Anteilsbesitzliste (§ 285 Nr. 11 HGB) des MU und der Konzernunternehmen abgeglichen werden.
> Außerdem sollten insb. **Leasing-, Factoring- und ähnliche Verträge** ausgewertet werden, mit denen Vermögensgegenstände und Schulden oder andere betriebliche Funktionen von Konzernunternehmen an andere, nicht kapitalmäßig mit Konzernunternehmen verbundene Unternehmen ausgelagert werden. Diese Maßnahme soll helfen, insb. Zweckgesellschaften zu identifizieren, mit denen regelmäßig keine gesellschaftsrechtlichen Verbindungen bestehen.

3.2 Konsolidierungswahlrechte

3.2.1 Beschränkungen in der Ausübung der Rechte

176 Ein TU braucht in den KA nicht einbezogen zu werden, wenn **erhebliche** und **andauernde Beschränkungen** die **Ausübung** der **Rechte** des MU in Bezug auf **das Vermögen** oder die **Geschäftsführung** dieses Unternehmens **nachhaltig beeinträchtigen** (§ 296 Abs. 1 Nr. 1 HGB[229]). Zur Anwendung des Einbeziehungswahlrechts ist es dabei ausreichend, wenn einer der beiden Beschränkungssachverhalte vorliegt.

177 Die erheblichen und andauernden Beschränkungen der Ausübung der Rechte des MU führen nicht bereits dazu, dass im Falle einer Mehrheitsbeteiligung ein beherrschender Einfluss i.S.v. § 290 Abs. 2 Nr. 1 HGB und damit ein Mutter-Tochter-Verhältnis zu verneinen ist[230]. Vielmehr ist in diesen Fällen die Anwendbarkeit des Einbeziehungswahlrechts nach § 296 Abs. 1 Nr. 1 HGB zu prüfen.

178 § 296 Abs. 1 Nr. 1 HGB stellt auf die Beschränkung in der Ausübung der Rechte ab. Die Beschränkungen können **rechtlicher** und/oder **tatsächlicher** Natur sein. Das Fehlen ei-

---

228 Vgl. *Sultana*, S. 129
229 Zu möglichen Anwendungsfällen s. DRS 19.85.
230 Vgl. hierzu Kap. G Tz. 27.

ner tatsächlichen Einflussnahme reicht bei bestehender Beherrschungsmöglichkeit für die Inanspruchnahme des Einbeziehungswahlrechts nicht aus[231].

179 Die Beschränkungen der Rechte können sich auf das Vermögen oder die Geschäftsführung des Unternehmens beziehen. Dabei muss sich die Beschränkung auf das ganze Vermögen oder zumindest seine wesentlichen Teile erstrecken. Verfügungsbeschränkungen über einzelne Vermögensgegenstände wie bei Sicherungsübereignungen genügen nicht. Beschränkungen, die allen Geschäftsführungen in einer bestimmten Branche oder Region auferlegt sind (z.B. Umweltschutzauflagen, kartellrechtliche Beschränkungen), fallen ebenfalls nicht unter § 296 Abs. 1 Nr. 1 HGB[232].

180 Beschränkungen der Geschäftsführungsrechte und/oder der Vermögensrechte können **tatsächlicher** Natur sein (z.B. politische, wirtschaftspolitische Verhältnisse); sie können aber auch auf **gesellschaftsrechtlicher oder vertraglicher** Grundlage beruhen. Tatsächliche und rechtliche Beschränkungen liegen z.B. vor, wenn über ein TU das Insolvenzverfahren eröffnet worden ist[233].

181 Gesellschaftsrechtliche Beschränkungen können sich ergeben, wenn finanz- oder geschäftspolitische Entscheidungen nur mit qualifizierter Mehrheit (z.B. 75%) getroffen werden können[234]. Bei satzungsmäßigen Mitwirkungs- oder Zustimmungserfordernissen der Minderheitsgesellschafter bzgl. der Geschäfts- bzw. Finanzpläne oder der Investitionsbudgets kann das Einbeziehungswahlrecht in Anspruch genommen werden. Handelt es sich dagegen um die Beteiligung schützende Rechte der Minderheitsgesellschafter, die dem gesetzlichen Normalstatut (z.B. eines typisch stillen Gesellschafters) entsprechen, kommt ein Verzicht auf die Einbeziehung in den Konsolidierungskreis nicht in Betracht. Beispiele für schützende Rechte der Minderheitsgesellschafter sind Zustimmungserfordernisse zu Satzungsänderungen oder Kapitalerhöhungen[235].

182 Wesentliche Bedeutung kommt dem Einbeziehungswahlrecht bei der Einbeziehung ausländischer TU zu, wenn aufgrund politischer Verhältnisse die Geschäftsführungs- und/oder Vermögensrechte des MU durch den ausländischen Staat beeinträchtigt werden. Als Beschränkung der Ausübung von Rechten kommen hier insb. ein Verbot der Besetzung von Organen mit Repräsentanten des MU oder sonstiger Einflussnahmen sowie eine drohende oder tatsächliche Verstaatlichung oder staatliche Zwangsverwaltungen in Betracht. Ob die Beschränkung im Transfer von Gewinnen und der Konvertierbarkeit von Währungen für sich allein bereits ein ausreichender Grund für die Inanspruchnahme des Wahlrechts ist, hängt davon ab, ob die Beschränkungen erheblich und andauernd sind und die Rechte des MU erheblich beeinträchtigen. In Fällen, in denen diese Beschränkungen im Einklang mit den Interessen des MU stehen, bspw. wenn ohnehin die Reinvestition der betreffenden Mittel vorgesehen ist, kann das Einbeziehungswahlrecht des § 296 Abs. 1 Nr. 1 HGB nicht in Anspruch genommen werden[236].

---

231 Vgl. DRS 19.82.
232 Vgl. DRS 19.82.
233 Vgl. *IDW RS HFA 17*, Tz. 44.
234 Vgl. Kap. G Tz. 27.
235 Vgl. *Winkeljohann/Deubert*, in: BeBiKo[11], § 296, Rn. 11.
236 Vgl. *Winkeljohann/Deubert*, in: BeBiKo[11], § 296, Rn. 11.

183 Der Gefahr einer Aushöhlung des Konsolidierungskreises wirken die Voraussetzungen einer „erheblichen und andauernden Beschränkung" sowie einer „nachhaltigen Beeinträchtigung" entgegen. Diese Kriterien machen deutlich, dass ein **strenger Maßstab** bei der Inanspruchnahme des Einbeziehungswahlrechts angewendet werden muss. Geringfügige oder nur vorübergehende bzw. zufällige Beschränkungen der Verfügungsgewalt über ein TU können keinesfalls das Einbeziehungswahlrecht begründen[237]. Die Inanspruchnahme des Einbeziehungswahlrechts scheidet insb. dann aus, wenn bestimmte Geschäftsvorfälle mit dem Ziel der Ergebnisverlagerung durchgeführt werden[238] oder wenn die Beschränkung im Interesse des Konzerns liegt[239].

184 Bei **Zweckgesellschaften** i.S.v. § 290 Abs. 2 Nr. 4 HGB[240] sind zwar die für die Beherrschung der Finanz- und Geschäftspolitik erforderlichen Rechte i.d.R. nicht dem Rechtsträger zugeordnet, der die Mehrheit der Risiken und Chancen trägt. Dennoch kann in solchen Fällen nicht unter Hinweis auf das Fehlen oder auf formalrechtliche Beschränkungen der Geschäftsführungsrechte das Einbeziehungswahlrecht des § 296 Abs. 1 Nr. 1 HGB in Anspruch genommen werden[241]. Im Falle eines sog. Autopilotmechanismus gelten die Rechte aufgrund der Einrichtung des Autopilotmechanismus bereits als ausgeübt[242].

3.2.2 Unverhältnismäßig hohe Kosten oder unangemessene Verzögerungen

185 TU brauchen nicht in den KA einbezogen zu werden, wenn die für die Aufstellung des KA erforderlichen Angaben nicht ohne **unverhältnismäßig hohe Kosten oder unangemessene Verzögerungen** zu erhalten sind (§ 296 Abs. 1 Nr. 2 HGB).

186 Diese Vorschrift führt Wirtschaftlichkeitsüberlegungen in die Rechnungslegung ein und stellt damit auf das Verhältnis von Grenzkosten und Grenznutzen des KA ab. Sie ist aber insofern problematisch, als die unbestimmten Rechtsbegriffe „unverhältnismäßig hohe Kosten" und „unangemessene Verzögerungen" wegen ihrer mangelnden Quantifizierbarkeit praktisch kaum ausfüllbar sind[243]. Sie sollte daher als eine **Ausnahmevorschrift** angesehen werden, die im Hinblick auf das Vollständigkeitsgebot (§ 294 Abs. 1 HGB) nur in extremen Fällen und nur für einen befristeten Zeitraum anwendbar ist[244]. Die Weltabschlüsse großer deutscher Konzerne, die in den meisten Fällen erheblich früher als vom Gesetz vorgesehen[245] vorgelegt werden, beweisen, dass auch die Einbeziehung einer größeren Zahl ausländischer TU bei entspr. Organisation und Vorbereitung die Vorlage eines KA wenige Monate nach dem KA-Stichtag ermöglicht. Zeitliche Verzögerungen, die Anlass für den Ausschluss eines Unternehmens von der Einbeziehung sind, können daher für den Regelfall nur außergewöhnliche Ereignisse oder Katastrophenfälle sein (z.B. Zusammenbruch der Datenverarbeitung, länger anhaltende Streiks,

---

[237] Siehe DRS 19.84.
[238] Vgl. ADS[6], § 296, Tz. 2.
[239] Vgl. *Sahner/Sauermann*, in: HdKonzernR[2], § 296, Rn. 10.
[240] Vgl. dazu Kap. G Tz. 36.
[241] Vgl. DRS 19.85 h); *Winkeljohann/Deubert*, in: BeBiKo[11], § 296, Rn. 12 m.w.N.
[242] Siehe DRS 19.86.
[243] Zur Kritik vgl. auch *IDW*, WPg 1985, S. 191; *Sahner/Kammers*, DB 1983, S. 2212.
[244] Vgl. DRS 19.87 ff.; stellvertretend für viele ADS[6], § 296, Tz. 19.
[245] Vgl. § 175 AktG.

Vernichtung von Unterlagen oder Anlagen durch Naturkatastrophen, politische Behinderungen)[246]. Daneben ist eine Inanspruchnahme des Wahlrechts möglich, wenn ein nicht unbedeutendes TU erst kurz vor dem KA-Stichtag erworben worden ist und bis zu diesem Zeitpunkt eine Umstellung seines Rechnungswesens als vorbereitende Maßnahme für die Einbeziehung in den KA auch bei normalem Geschäftsablauf nicht möglich war[247].

187 Wann die Kosten für die Einbeziehung eines Unternehmens in den KA „unverhältnismäßig hoch" sind, lässt sich quantitativ nicht erfassen, da es „Normalkosten" für die Einbeziehung eines TU nicht gibt. So weichen z.B. die Kosten für die Einbeziehung von TU in Hochinflationsländern ganz erheblich von denen der Einbeziehung eines durchschnittlichen deutschen TU ab, ohne dass daraus abgeleitet werden könnte, dass für die Einbeziehung von TU aus Hochinflationsländern generell ein Wahlrecht besteht. Auch hier wird man sich auf solche Ausnahmefälle beschränken müssen, in denen die Kosten für das jeweilige TU in einem unverhältnismäßigen Ausmaß von denen für die Einbeziehung eines vergleichbaren Unternehmens in vergleichbarer Lage abweichen[248].

188 Da die Vorschrift Ausnahmecharakter hat, ist ihre Anwendung regelmäßig auf einen KA-Stichtag beschränkt. Mängel bei der Datenbeschaffung und der Organisation des Rechnungswesens rechtfertigen keine längerfristige Befreiung von der Einbeziehung in den KA[249].

3.2.3 Beabsichtigte Weiterveräußerung

189 Ein TU braucht in den KA nicht einbezogen zu werden, wenn die Anteile des TU **ausschließlich** zum Zwecke ihrer **Weiterveräußerung** gehalten werden (§ 296 Abs. 1 Nr. 3 HGB). Mit dieser Norm sollen v.a. **kurzfristige Wechsel** im Konsolidierungskreis bei **nicht bestehender Integrationsabsicht** (TU ist kein Teil der wirtschaftlichen Einheit) vermieden werden[250]. Für die Inanspruchnahme dieses Einbeziehungswahlrechts ist es somit erforderlich, dass die Anteile an dem Unternehmen ausschließlich zur Weiterveräußerung erworben und gehalten werden. Somit ist eine – auch nur kurzfristige – Einflussnahme des MU oder eine Integration in andere Konzernaktivitäten mit den Tatbestandsvoraussetzungen dieses Einbeziehungswahlrechts nicht vereinbar[251].

190 Ein Verzicht auf die Einbeziehung nach § 296 Abs. 1 Nr. 3 HGB ist nur zulässig, wenn die (ausschließliche) Weiterveräußerungsabsicht **bereits bei Erwerb der Anteile** besteht[252]. Für TU, die zuvor konsolidiert worden sind und nach einigen Jahren Konzernzugehörigkeit veräußert werden sollen, ist das Einbeziehungswahlrecht folglich nicht anwendbar[253]. Ein TU ist erst dann nicht mehr in den KA einzubeziehen, wenn die be-

---

246 Vgl. DRS 19.91.
247 Vgl. DRS 19.92; ADS[6], § 296, Tz. 18.
248 Biener/Schatzmann, Konzernrechnungslegung, S. 26, scheinen dagegen als Kriterium eher einen Vergleich der Kosten für die Konsolidierung eines spezifischen TU mit den Kosten für den gesamten KA anzustreben, was zu einem geregelten Wahlrecht für TU in bestimmten Ländern führen könnte.
249 Siehe DRS 19.93.
250 Siehe DRS 19.95 S. 2.
251 Vgl. DRS 19.97 S. 2; Winkeljohann/Deubert, in: BeBiKo[11], § 296, Rn. 30.
252 So DRS 19.97 S. 1.
253 Vgl. DRS 19.97.

herrschende Einflussnahmemöglichkeit nicht mehr besteht[254]. Von Bedeutung ist das Konsolidierungswahlrecht dann, wenn bei der Akquisition eines Teilkonzerns Beteiligungen an einzelnen TU mit Weiterveräußerungsabsicht erworben wurden. Die Weiterveräußerungsabsicht zeigt sich in diesem Fall im Allgemeinen darin, dass solche Unternehmen ihrer Struktur nach nicht in den Konzern passen, d.h. dass es keine wirtschaftlichen Gründe für eine Integration gibt und dass das MU auch keine Anstrengungen für eine Integration unternimmt.

191 Bei diesem Einbeziehungswahlrecht geht es um TU, bei denen der Erwerber **die Absicht** hat, es weiter zu veräußern. Für diese Weiterveräußerungsabsicht kommt es somit auf den Willen des Bilanzierenden an (§ 298 Abs. 1 i.V.m. § 247 Abs. 2 HGB). Dieser Wille muss **nachvollziehbar dokumentiert** und innerhalb eines **angemessenen Zeitraums durchführbar** sein. Die Dokumentation der Weiterveräußerungsabsicht kann z.B. durch bereits abgeschlossene (Vor-)Verträge, durch eingeleitete Verkaufsverhandlungen, die Beauftragung eines Maklers, Aufsichtsratsbeschlüsse oder Auflagen von Wettbewerbsbehörden erfolgen[255]. Es sind also konkret eingeleitete Verkaufsmaßnahmen erforderlich, um die Weiterveräußerungsabsicht zu dokumentieren. Eine reine Absichtserklärung in Form eines Letter of Intent reicht ohne weitere Maßnahmen, die eine Verkaufsabsicht bestätigen, nicht aus.

192 Im Gesetz ist keine zeitliche Begrenzung des Wahlrechts vorgesehen. Allerdings wird man **ab einer gewissen Zeitdauer nicht mehr** von dem ausschließlichen Zweck der Weiterveräußerung ausgehen können[256]. Die Veräußerungsabsicht des MU muss nachvollziehbar sein[257]. Dies setzt notwendigerweise einen Ausweis der Anteile im UV voraus[258]. Zumindest an jedem KA-Stichtag ist erneut zu prüfen, ob die Voraussetzungen für das Einbeziehungswahlrecht noch erfüllt sind[259].

193 Das Wahlrecht des § 296 Abs. 1 Nr. 3 HGB wird in **erster Linie von Kreditinstituten**[260] u.a. professionellen Anlegern in Anspruch genommen werden können. Diese Unternehmen erwerben i.R. ihrer Geschäftsaktivitäten Beteiligungen an Industrie- und ggf. auch anderen Unternehmen von vornherein mit Weiterveräußerungsabsicht. Eine Integration in die wirtschaftliche Einheit Konzern wird hier i.d.R. weder beabsichtigt noch umgesetzt. Außerdem üben diese Unternehmen keinen nennenswerten Einfluss auf die Finanz- und Geschäftspolitik der erworbenen Unternehmen aus. **Beteiligungsgesellschaften**[261] erfüllen die genannten Voraussetzungen hingegen **regelmäßig nicht**, weil sie nach dem Erwerb eines Unternehmens häufig einen erheblichen Einfluss auf die Fi-

---

254 Siehe DRS 23.178. Vgl. zur Diskussion über das Ende der Einbeziehungspflicht ausführlich *Maas/Schruff*, in: FS Havermann, S. 417 sowie ADS[6], § 296, Tz. 23 und *Busse v. Colbe* u.a., Konzernabschlüsse[9], S. 111.
255 Vgl. DRS 19.98; *Winkeljohann/Deubert*, in: BeBiKo[11], § 296, Rn. 27.
256 Vgl. ADS[6], § 296, Tz. 25.
257 Vgl. ADS[6], § 296, Tz. 26; DRS 19.98.
258 DRS 19.98 S. 4.
259 DRS 19.99; Insoweit wäre die Situation vergleichbar mit dem Ausweis von Beteiligungen (Beteiligungsabsicht) oder der Zuordnung von Wertpapieren zum AV oder UV (Absicht der Daueranlage).
260 Für KA von KI wird § 296 Abs. 1 Nr. 3 HGB durch § 340f Abs. 2 HGB ergänzt. Bei Inanspruchnahme des Einbeziehungswahlrechts verlangt § 340j Abs. 2 HGB unter bestimmten Voraussetzungen die Beifügung des JA des nicht einbezogenen TU sowie zusätzliche Angaben im KAnh.
261 In der betrieblichen Praxis werden diese Unternehmen auch „Kapitalbeteiligungsgesellschaften", „Wagnisfinanzierungsgesellschaften" oder mit ihren englischen Bezeichnungen „Private-Equity-Gesellschaft (PE-Haus)" sowie „Venture-Capital-Gesellschaft" genannt. Für die hier dargestellten Überlegungen zum Einbeziehungswahlrecht nach § 296 Abs. 1 Nr. 3 HGB werden diese Bezeichnungen synonym verwendet.

nanz- und Geschäftspolitik des erworbenen Unternehmens ausüben. Dies beginnt in vielen Fällen mit einem Wechsel der Geschäftsführungs- und Aufsichtsorgane und geht bis hin zu einer Umstrukturierung des Unternehmens, Schließung unrentabler Geschäftsbereiche und Veränderungen bei der Finanzierung sowie den Investitionen. Hier gehen die Aktivitäten häufig über die Fortführung der Geschäftsaktivitäten in einem ordnungsmäßigen Geschäftsgang hinaus. In einigen Fällen können Unternehmen erst über die von der Beteiligungsgesellschaft eingeleiteten Maßnahmen in einen verkaufsfähigen Zustand überführt werden[262]. Darüber hinaus werden auch die übrigen Tatbestandsvoraussetzungen, insb. die einer kurzfristigen Haltedauer und der hiermit zusammenhängende Ausweis der Anteile im UV, nicht erfüllt.

3.2.4 Tochterunternehmen von geringer Bedeutung

Von der Einbeziehung grds. konsolidierungspflichtiger TU darf abgesehen werden, wenn es für die Verpflichtung, ein den tatsächlichen Verhältnissen entspr. Bild der Vermögens-, Finanz- und Ertragslage des Konzerns zu vermitteln, **von untergeordneter Bedeutung** ist (§ 296 Abs. 2 S. 1 HGB)[263]. Ein TU ist folglich nur dann von untergeordneter Bedeutung, wenn der KA bei Nicht-Einbeziehung des TU kein wesentlich anderes Bild von der Vermögens-, Finanz- und Ertragslage des Konzerns vermittelt als bei seiner Einbeziehung[264]. **194**

Bei der Beurteilung der untergeordneten Bedeutung kommt es auf das Gesamtbild der relevanten Umstände an. Die Bildung und Auswertung starrer Verhältniszahlen reicht somit nicht aus. Auch der Ausweis nicht nennenswerter Aufwendungen und Erträge ist für sich allein noch kein eindeutiges Kriterium für eine geringe Bedeutung (z.B. Grundstücksgesellschaft mit großem Vermögen und geringen Aufwendungen und Erträgen). **195**

Es ist vielmehr auf die Struktur des Abschlusses des TU, seine Geschäftstätigkeit sowie seine (grds. konsolidierungspflichtigen) Beziehungen zu anderen Konzernunternehmen abzustellen. Wesentliche Gesichtspunkte, die für eine Einbeziehung sprechen können, sind z.B. die Übertragung unternehmenstypischer Funktionen auf TU (z.B. Grundstücks- und Finanzierungsunternehmen), die strukturelle Belastung des Konzernergebnisses mit Verlusten (z.B. Forschungs- und Entwicklungsunternehmen) oder die Möglichkeit, bei einem Verzicht auf die Einbeziehung in den KA Zwischenergebnisse in nennenswertem Umfang nicht eliminieren zu müssen. **196**

Bei der Beurteilung sind ergänzend qualitative Aspekte zu berücksichtigen. Dazu zählen z.B. die Verhinderung eines Verlustausweises, die Darstellung eines Turnarounds, mögliche Einflüsse auf die (erfolgsabhängige) Vergütung von Führungskräften, Einflüsse auf Kreditvereinbarungen, Einstieg in ungewöhnliche oder besonders risikoreiche Geschäftsbereiche. Maßgeblich ist die Perspektive der Adressaten des KA[265]. **197**

Auch wenn ein einzelnes TU bei isolierter Betrachtung von untergeordneter Bedeutung ist, *können mehrere solcher TU in ihrer Gesamtheit* durchaus nicht von untergeordneter Bedeutung für die Aussagefähigkeit des KA sein (§ 296 Abs. 2 S. 2 HGB). In diesem Fall **198**

---

262 Vgl. weiterführend zum Kriterien der ausschließlichen Weiterveräußerungsabsicht *Winkeljohann/Deubert*, in: BeBiKo[11], § 296, Rn. 30.
263 Kritisch zu dieser Regelung vgl. *Sahner/Kammers*, DB 1983, S. 2209.
264 Siehe DRS 19.102.
265 Siehe DRS 19.104.

sind mindestens so viele TU einzubeziehen, dass die verbleibenden (nicht einbezogenen Unternehmen) in ihrer Gesamtheit von untergeordneter Bedeutung sind.

3.2.5 Angaben im Konzernanhang

199 Die Inanspruchnahme jedes der in § 296 HGB aufgeführten **Einbeziehungswahlrechte** erfordert neben den Angaben nach § 313 Abs. 2 Nr. 1 HGB[266] zusätzlich eine **Begründung im KAnh.** (§ 296 Abs. 3 HGB). Eine Beifügung der entspr. JA zum KA ist nicht erforderlich[267]. Ein bloßer Verweis auf die jeweilige gesetzliche Vorschrift ist als Begründung nicht ausreichend. Vielmehr ist für jedes TU zu erläutern, warum die Voraussetzungen des jeweiligen Ausnahmetatbestandes nach den Umständen des Sachverhaltes vorliegen[268].

3.2.6 Anwendung der Equity-Methode

200 Die Anwendung der Equity-Methode kommt auch für solche TU in Betracht, die in Ausübung eines Einbeziehungswahlrechts nicht in den KA einbezogen werden. Dies bedeutet nicht, dass automatisch alle gem. § 296 HGB nicht konsolidierten TU unter Anwendung der Equity-Methode in den KA einbezogen werden müssen. Wegen der unterschiedlichen Voraussetzungen für die Qualifizierung von Unternehmen als TU oder assoziierte Unternehmen[269] muss geprüft werden, ob die Voraussetzungen für die Anwendung der Equity-Methode vorliegen. Ist dies der Fall, so muss die Equity-Methode angewendet werden. Es kommt dann nicht mehr darauf an, aus welchen der in § 296 HGB genannten Gründen das TU nicht in den KA einbezogen worden ist. Für diese Unternehmen bedeutet das Einbeziehungswahlrecht des § 296 HGB letztlich eine Wahl zwischen einer Einbeziehung im Wege der Vollkonsolidierung oder nach der Equity-Methode. Werden die Voraussetzungen für die Anwendung der Equity-Methode nicht erfüllt, so ist – auch freiwillig – eine Anwendung der Equity-Methode nicht zulässig und die betreffenden TU sind im KA mit den fortgeführten AK zu erfassen.

201 Eine Sonderstellung nehmen diejenigen TU ein, die i.S.v. § 296 Abs. 2 S. 1 HGB für die Vermittlung eines den tatsächlichen Verhältnissen entsprechenden Bilds der Vermögens-, Finanz- und Ertragslage von untergeordneter Bedeutung sind. Auf diese TU braucht die Equity-Methode nicht angewandt zu werden, auch wenn ein maßgeblicher Einfluss tatsächlich ausgeübt wird, da das Gesetz für die Anwendung der Equity-Methode in diesen Fällen ebenfalls ein Wahlrecht vorsieht (§ 311 Abs. 2 HGB).

3.2.7 Stetigkeit der Abgrenzung

202 Die verschiedenen Wahlrechte, die das Gesetz dem MU für die **Abgrenzung des Konsolidierungskreises** einräumt, lassen die Frage aufkommen, ob das MU diese Rechte von Jahr zu Jahr neu ausüben kann oder ob sie an die einmal getroffene Wahl auch in den folgenden Jahren gebunden ist. Die Aussagefähigkeit des KA – insb. bei einem Zeitvergleich – hängt entscheidend von der Beibehaltung des einmal gewählten Konsolidierungskreises ab. Deshalb sind Änderungen in der Ausübung der Konsolidierungswahlrechte, die nicht durch veränderte Verhältnisse bedingt sind, grds. nicht zulässig.

---

[266] Vgl. im Einzelnen Kap. G Tz. 678.
[267] Etwas anderes kann im Falle von § 340j HGB für KI gelten.
[268] Vgl. DRS 19.116.
[269] Vgl. im Einzelnen Kap. G Tz. 18 ff. bzw. Kap. G Tz. 607 ff.

203 Generell misst das HGB dem **Grundsatz der Stetigkeit** eine große Bedeutung zu. Die angewandten Ansatz- und Bewertungsmethoden sind beizubehalten (§ 298 Abs. 1 i.V.m. § 246 Abs. 3 bzw. § 252 Abs. 1 Nr. 6 HGB). Dasselbe gilt für die angewandten Konsolidierungsmethoden (§ 297 Abs. 3 S. 2 HGB). Beide Vorschriften betreffen expressis verbis nicht die Abgrenzung des Konsolidierungskreises. Sie unterstützen die Auslegung des § 297 Abs. 2 S. 2 HGB, im Interesse des Einblicks in die Vermögens-, Finanz- und Ertragslage des Konzerns in der Ausübung der Einbeziehungswahlrechte Kontinuität zu wahren.

204 Hat sich die **Zusammensetzung** des Konsolidierungskreises ggü. dem VJ wesentlich **geändert** (z.B. Zugang, Abgang konsolidierungspflichtiger Unternehmen), so sind – unbeschadet der Angaben nach §§ 296 Abs. 3, 313 Abs. 2 Nr. 1 S. 2 HGB – weitere Angaben im KA aufzunehmen, um die Vergleichbarkeit der KA herzustellen (§ 294 Abs. 2 S. 1 HGB). Diese Angaben sind, obgleich der Wortlaut der Vorschrift nicht vom KAnh., sondern umfassender vom KA spricht, ausweislich der Gesetzesbegründung zum BilMoG ausschließlich im KAnh. zulässig[270]. Sie müssen so detailliert sein, dass trotz eines veränderten Konsolidierungskreises ein Vergleich mit den für die Aussage des KA wesentlichen Posten möglich ist. Dies ist im Allgemeinen ohne Zahlenangaben (absolute Zahlen oder Prozentzahlen über Abweichungen) zu den im Bilanzgliederungsschema (§ 266 HGB) mit römischen Zahlen bezeichneten Postengruppen sowie zu den Konzernaußenumsatzerlösen, den betrieblichen Aufwendungen und Erträgen, dem Finanzergebnis, den Steuern und dem Konzernjahresergebnis nicht möglich[271]. Anstelle dieser zusätzlichen Angaben ist es auch zulässig, neben den VJ-Zahlen die an den geänderten Konsolidierungskreis angepassten VJ-Zahlen in einer dritten Spalte darzustellen[272]. Eine Berichterstattung ist nicht bei jeder Änderung des Konsolidierungskreises erforderlich, sondern nur dann, wenn sie für die Aussagefähigkeit der Vermögens-, Finanz- und Ertragslage des Konzerns wesentlich ist[273].

4. Konzernbilanz

4.1 Abschlussstichtag, Konzerngeschäftsjahr, Geschäftsjahr der einbezogenen Unternehmen

4.1.1 Abschlussstichtag des Konzernabschlusses

205 Der KA ist gem. § 299 Abs. 1 HGB auf den Stichtag des JA des **MU** aufzustellen, so dass das Ende des Konzern-GJ eindeutig gesetzlich geregelt ist. Nach § 240 Abs. 2 S. 2 HGB darf das GJ des MU die Dauer von zwölf Monaten nicht überschreiten. § 298 Abs. 1 HGB verweist für den KA nicht auf § 240 Abs. 2 S. 2 HGB. Es fehlt aber auch an eigenständigen Regelungen zum Konzern-GJ. Das Konzern-GJ kann daher nur mit dem GJ des MU identisch sein[274]. In Konstellationen, in denen innerhalb des laufenden GJ einer Gesellschaft erstmalig ein Mutter-Tochter-Verhältnis z.B. durch Erwerb sämtlicher Anteile an einer anderen Gesellschaft und damit die Pflicht zur Erstellung eines KA gem. § 290

---

270 Vgl. Begr. RegE BilMoG, BT-Drs. 16/10067, S. 80.
271 Ebenso *IDW RS HFA 44*, Tz. 12-14.
272 Vgl. *IDW RS HFA 44*, Tz. 15-17.
273 Vgl. *IDW RS HFA 44*, Tz. 11.
274 Im Ergebnis so wohl auch *Winkeljohann/Deubert*, in: BeBiKo[11], § 299, Rn. 3.

Abs. 1 HGB begründet wird, beginnt das Konzern-GJ nicht etwa (unterjährig) mit der Erstkonsolidierung des TU, sondern bereits mit Beginn des GJ des MU.

206 Wird das GJ des MU geändert und deshalb nach § 240 Abs. 2 S. 2 HGB ein Rumpf-GJ eingelegt, hat dies wegen § 299 Abs. 1 HGB auch ein Konzern-Rumpf-GJ zur Folge[275].

4.1.2 Geschäftsjahr der einbezogenen Unternehmen

207 Die **JA der in den KA einbezogenen Unternehmen** sollen auf den Stichtag des KA aufgestellt werden. Da § 299 Abs. 2 S. 1 HGB somit nur eine Sollvorschrift enthält, sind die konsolidierten Unternehmen in der Wahl ihres Abschlussstichtages grds. frei. Liegt der Abschlussstichtag eines konsolidierten Unternehmens **mehr als drei Monate** vor dem KA-Stichtag, so muss dieses Unternehmen auf den KA-Stichtag einen **Zwischenabschluss** aufstellen (§ 299 Abs. 2 S. 2 HGB)[276]. Seine Aufgabe besteht darin, einen Abrechnungszeitraum zu schaffen, der abw. vom satzungsmäßigen GJ des TU Grundlage für die Aufstellung des KA ist[277]. Für die rechtlichen Beziehungen des TU zu seinen Gesellschaftern sowie für die Besteuerung hat er keine Bedeutung. Eine Billigung durch den AR ist nicht vorgesehen[278]. Insbesondere bildet der Zwischenabschluss keine Grundlage für die Gewinnverteilung und unterscheidet sich insoweit wesentlich vom JA[279].

4.1.3 Zwischenabschlüsse

208 Die Konzernrechnungslegungsvorschriften enthalten **keine** besonderen Vorschriften für die Aufstellung eines Zwischenabschlusses. In den **Prüfungsvorschriften** (§ 317 Abs. 3 S. 1 HGB) heißt es aber, dass die APr. die im KA zusammengefassten JA in entspr. Anwendung des § 317 Abs. 1 HGB zu prüfen haben[280]. Der Verweis in § 317 Abs. 1 HGB auf die Beachtung der gesetzlichen Vorschriften kann nur so verstanden werden, dass Zwischenabschlüsse keine Abschlüsse minderer Qualität sein dürfen. Ihre Aufstellung und namentlich die dabei angewandten Bilanzierungs- und Bewertungsmethoden richten sich nach dem Recht des MU (§§ 300, 308 HGB), d.h. es gelten die allgemeinen Grundsätze für die Aufstellung einer HB II[281].

209 Der Zwischenabschluss muss wie jeder JA ordnungsmäßig aus den Büchern und sonstigen Unterlagen des Unternehmens entwickelt werden. Die statistische Ableitung muss so vollständig sein, dass ein Sachverständiger jederzeit die Entwicklung des Zwischenabschlusses aus den Büchern und sonstigen Unterlagen nachvollziehen kann. Die statistischen Ableitungen sind Bücher i.S.d. HGB und wie diese aufzubewahren.

210 Grundsätzlich gelten auch für den Zwischenabschluss die allgemeinen Regeln für den Nachweis von Vermögensgegenständen und Schulden im JA. Im Hinblick darauf, dass der Zwischenabschluss keine Grundlage für die Gewinnverteilung und Besteuerung ist, erscheint auch die Anwendung vereinfachter Verfahren vertretbar, solange die Darstellung der Vermögens-, Finanz- und Ertragslage des Konzerns dadurch nicht beein-

---

[275] So im Ergebnis auch *Winkeljohann/Deubert*, in: BeBiKo[11], § 299, Rn. 4; *IDW RH HFA 1.019*, Tz. 2.
[276] Zur Kritik an dieser Regelung vgl. *Maas/Schruff*, WPg 1985, S. 1; *Harms/Küting*, BB 1985, S. 432 Für den KA für VU gilt statt der 3-Monats-Frist eine 6-Monats-Frist (§ 341i Abs. 3 S. 2 HGB).
[277] *Vgl. auch IDW RH HFA 1.019*, Tz. 4.
[278] Vgl. dazu im Einzelnen *Mock*, DB 1987, S. 2553.
[279] Zum Verzicht auf einen Zwischenabschluss s. Kap. G Tz. 217.
[280] Vgl. *IDW RH HFA 1.019*, Tz. 14.
[281] Vgl. hierzu Kap. G Tz. 250, Kap. G Tz. 266.

trächtigt wird. Dies gilt insb. dann, wenn der Stichtag des KA nur wenige Monate nach dem Stichtag des JA liegt. In diesen Fällen wird im Allgemeinen eine globale Weiterentwicklung der auf den JA-Stichtag im Einzelnen festgestellten Vermögensgegenstände und Schulden auf den Stichtag des Zwischenabschlusses genügen[282].

Fraglich ist, wie im Zwischenabschluss ergebnisabhängige Aufwendungen zu errechnen sind, wobei insb. die **Ertragsteuern** bedeutsam sind. Bei der Ermittlung der im Zwischenabschluss auszuweisenden Ertragsteuern sind **zwei** Bereiche zu unterscheiden: 211

- die Berechnung der Steueraufwendungen nach Maßgabe eines nach steuerrechtlichen Vorschriften ermittelten Ergebnisses und
- die Berechnung der latenten Steuern nach Maßgabe des § 274 HGB.

Probleme bei der Ermittlung der Steueraufwendungen nach Maßgabe eines nach steuerrechtlichen Vorschriften ermittelten Ergebnisses entstehen im Zwischenabschluss dadurch, dass Bemessungsgrundlage für die Ertragsteuern das (nach steuerrechtlichen Vorschriften ermittelte) Ergebnis des GJ des TU ist, der Zwischenabschluss auf den Stichtag des KA dagegen regelmäßig Teile aus zwei Einzel-GJ zu einer neuen Einheit zusammenfasst. 212

Grundsätzlich sind folgende Lösungsmöglichkeiten denkbar[283]: 213

a) Für den Zwischenabschluss wird eine fiktive Veranlagung durchgeführt, wobei unterstellt wird, dass das im Zwischenabschluss ausgewiesene Ergebnis, welches sich aus einem Teilergebnis des letzten und einem Teilergebnis des neuen Einzel-GJ zusammensetzt, tatsächlich der Besteuerung unterliegt[284].

b) Die zweite Möglichkeit besteht darin, als Steueraufwand für das Konzern-GJ den in den anteiligen Einzel-GJ tatsächlich angefallenen Steueraufwand – soweit bereits bekannt – zu übernehmen. Danach wird für den ersten Teil des Konzern-GJ, der mit dem letzten Teil des bereits abgeschlossenen Einzel-GJ identisch ist, der Differenzbetrag aus dem für das abgelaufene Einzel-GJ veranlagten Ertragsteueraufwand und dem im VJ (für die zweite Teilperiode) schon berücksichtigten Aufwand übernommen. Für den zweiten Teil des Konzern-GJ, der mit dem ersten Teil des noch nicht abgeschlossenen Einzel-GJ übereinstimmt, wird der Ertragsteueraufwand nach Maßgabe des in diesem Zeitraum erwirtschafteten Ergebnisses geschätzt.

Neben die Ermittlung der Steueraufwendungen nach Maßgabe **eines nach steuerrechtlichen Vorschriften** ermittelten Ergebnisses tritt auch im Zwischenabschluss die **Berechnung** etwaiger **latenter Steuern.** Diesbezüglich ergeben sich aus einem Zwischenabschluss keine Besonderheiten, so dass auf die allgemeinen Grundsätze zur Abgrenzung latenter Steuern verwiesen werden kann[285]. 214

Da ein im Zwischenabschluss ausgewiesener Gewinn als solcher nicht der Verwendung unterliegt, kann fraglich sein, wie sich die **Gewinnverwendung** im letzten JA auf den Zwischenabschluss auswirkt. In der Literatur werden dazu verschiedene Vorschläge gemacht[286]. Im Hinblick darauf, dass der KA keine Gewinnverwendungsgrundlage ist, 215

---

282 Vgl. statt vieler ADS[6], § 299, Tz. 32/34.
283 Vgl. *Haase/Lanfermann*, WPg 1970, S. 209/213; *Winkeljohann/Deubert*, in: BeBiKo[11], § 299, Rn. 21.
284 Vgl. dazu die Beispiele bei *Kohlstruck*, DB 1966, S. 949; kritisch zu dieser Methode vgl. *Winkeljohann/Deubert*, in: BeBiKo[11], § 299, Rn. 21.
285 Vgl. Kap. F Tz. 443 ff. und Kap. F Tz. 709 ff. sowie die dort angegebene Literatur.
286 Vgl. ADS[6], § 299, Tz. 38; zur Auswirkung bei Ergebnisübernahmeverträgen vgl. ADS[6], § 299, Tz. 43.

sollten – auch aus Vereinfachungsgründen – keine Bedenken bestehen, wenn die tatsächliche Gewinnverwendung des letzten GJ in den Zwischenabschluss unverändert übernommen wird[287].

216 Zwischenabschlüsse, die zwecks Einbeziehung des TU in den KA aufgestellt werden, müssen geprüft werden (§ 317 Abs. 3 S. 1 HGB). Der Gesetzestext spricht zwar von JA und nicht allgemein von Abschlüssen. Aus dem Gesamtzusammenhang ergibt sich aber, dass dieser Einengung keine Bedeutung beizumessen ist[288].

4.1.4 Verzicht auf Zwischenabschlüsse

4.1.4.1 Grundsatz

217 Trotz abw. Stichtage kann auf die **Aufstellung eines Zwischenabschlusses verzichtet** werden, wenn der Abschlussstichtag des einbezogenen Unternehmens nicht mehr als drei Monate (bei VU sechs Monate, § 341i Abs. 3 S. 2 HGB) vor dem Stichtag des KA liegt (§ 299 Abs. 2 S. 2 HGB). Auch in diesem Falle geht i.d.R. ein Zeitraum von zwölf Monaten in die Konzernrechnungslegung ein, allerdings mit einer Phasenverschiebung von bis zu drei Monaten. Ist der KA-Stichtag z.B. der 31.12., so brauchen die einbezogenen Unternehmen, deren GJ zwischen dem 30.9. und dem 31.12. endet, keinen Zwischenabschluss aufzustellen. Grundlage für die Konsolidierung ist dann ihr regulärer JA. Liegt der Abschluss eines einbezogenen TU nach dem Stichtag des KA, so ist stets ein Zwischenabschluss aufzustellen.

4.1.4.2 Vorgänge von besonderer Bedeutung

218 Wird bei einem vom KA-Stichtag **abw. Stichtag** eines einbezogenen TU auf die Aufstellung eines Zwischenabschlusses verzichtet, so sind **Vorgänge von besonderer Bedeutung** für die Vermögens-, Finanz- und Ertragslage eines in den KA einbezogenen Unternehmens, die zwischen dem Abschlussstichtag dieses TU und dem Abschlussstichtag des KA eingetreten sind, in der Konzernbilanz und der Konzern-GuV zu berücksichtigen oder im KAnh. anzugeben (§ 299 Abs. 3 HGB).

219 Die im KA zu berücksichtigenden bzw. anzugebenden Vorgänge sind **zeitlich** und **sachlich** begrenzt. Zeitlich sind nur die Vorgänge zu berücksichtigen bzw. anzugeben, die zwischen dem Abschlussstichtag des einbezogenen TU und dem KA-Stichtag eingetreten sind. Dabei kann es sich immer nur um einen Zeitraum von maximal drei Monaten handeln. Die sachliche Begrenzung ergibt sich daraus, dass nur die Vorgänge zu berücksichtigen bzw. anzugeben sind, die von besonderer Bedeutung für die Vermögens-, Finanz- und Ertragslage eines in den KA einbezogenen Unternehmens sind (§ 299 Abs. 3 HGB). Demnach kommt es nicht darauf an, ob die Vorgänge für die Aussagefähigkeit des KA von besonderer Bedeutung sind, sondern ob sie für die Darstellung der Vermögens-, Finanz- und Ertragslage irgendeines konsolidierten Unternehmens von besonderer Bedeutung sind[289]. Dabei wird die Wesentlichkeit nicht von einzelnen, sondern von der Summe aller Geschäftsvorfälle bestimmt, die für die Frage der Berücksichtigung bzw. Angabe entscheidend sein können.

---

[287] Ebenso *Winkeljohann/Deubert*, in: BeBiKo[11], § 299, Rn. 22.
[288] Vgl. ADS[6], § 299, Tz. 56; *Winkeljohann/Deubert*, in: BeBiKo[11], § 299, Rn. 11.
[289] Ebenso vgl. *IDW RH HFA 1.019*, Tz. 8.

220 Die Frage, **wann** Vorgänge von besonderer Bedeutung sind, lässt sich nicht allgemein beantworten. Ebenso wie bei vergleichbaren Regelungen (z.B. Einbeziehungswahlrecht des § 296 Abs. 2 HGB) wollte der Gesetzgeber offensichtlich eine flexible Regelung schaffen, die für eine Beurteilung nach starren Verhältniszahlen keinen Raum lässt. Insoweit muss die Frage der besonderen Bedeutung eines Vorganges für ein konsolidiertes Unternehmen jeweils im Einzelfall entschieden werden. Insbesondere muss sichergestellt sein, dass ein wesentlicher Informationsverlust, der durch die Nichtaufstellung eines Zwischenabschlusses entstehen kann, ausgeschlossen ist[290].

221 Dabei ist Folgendes zu berücksichtigen: Ist der Lieferungs- und Leistungsverkehr eines TU, das einen im Vergleich zum KA abw. Stichtag hat, im Zeitablauf stetig und in etwa gleichbleibend, dann ist das Geschäftsvolumen der in den KA eingeflossenen, aber aus der Sicht einer einheitlichen Konzernabrechnungsperiode eigentlich dem VJ zuzurechnenden Geschäftsvorfälle und der aus dieser Sicht dem Konzern-GJ eigentlich zuzurechnenden, aber im KA nicht berücksichtigten Geschäftsvorfälle im Wesentlichen gleich hoch. In diesen Fällen wird daher grds. kein wesentlicher Informationsverlust entstehen, der im KA eine Berücksichtigung oder Angabepflicht begründet. Man wird die Vorgänge von besonderer Bedeutung dagegen eher im außergewöhnlichen Bereich suchen müssen, z.B. Zu-/Abgang wesentlicher Beteiligungen, Bekanntwerden neuer Tatsachen, die zu Wertberichtigungen oder zur Bildung von Rückstellungen führen, wesentliche Darlehenstilgungen oder Eingehen neuer Verbindlichkeiten. Wesentliche Vorgänge können auch bei Saisonunternehmen entstehen, wenn sich die Hauptgeschäftstätigkeit auf den relevanten Dreimonatszeitraum konzentriert und deutlich vom VJ abweicht. Entstehen bei der Konsolidierung erhebliche Unterschiedsbeträge, so können sich hieraus bereits Hinweise auf das Vorliegen von Vorgängen von besonderer Bedeutung ergeben[291].

222 Hat ein **GU**, das nach § 310 HGB im Wege der Quotenkonsolidierung einbezogen wird, einen abw. Stichtag, kann auf einen Zwischenabschluss unter denselben Bedingungen wie für vollkonsolidierte TU verzichtet werden (§ 310 Abs. 2 HGB). Demgegenüber ist für die Anwendung der Equity-Methode auf die Bewertung von Anteilen an **assoziierten Unternehmen** weder ein Zwischenabschluss erforderlich (§ 312 Abs. 6 S. 1 HGB) noch verlangt das Gesetz Angaben zu Vorgängen von besonderer Bedeutung. Vielmehr kann für die Bewertung der Beteiligung am assoziierten Unternehmen jeweils der letzte JA verwendet werden.

4.1.4.3 Art der Berücksichtigung bzw. der Angabe

223 Vorgänge von besonderer Bedeutung können **entweder** in der **Konzernbilanz** und **Konzern-GuV** berücksichtigt **oder** im **KAnh.** angegeben werden. Die Auswahl des Informationsweges liegt im Ermessen des rechnungslegenden MU. Beide Möglichkeiten sind zwar vom Wortlaut her alternativ zu verstehen, dennoch können auch bei Be-

---

290 Vgl. auch *IDW RH HFA 1.019*, Tz. 9; BR-Drs. 163/85, S. 37; *Biener/Schatzmann*, Konzernrechnungslegung, S. 44.
291 Ebenso *IDW RH HFA 1.019*, Tz. 9.

224 Aufgrund des unterschiedlichen Zeitbezugs des in den KA eingehenden Zahlenmaterials werden konzerninterne Vorgänge zwischen dem (abw.) Abschlussstichtag des einbezogenen TU und dem KA-Stichtag im KA nur „einseitig" erfasst. Wird z.B. zwischen dem (abw.) Abschlussstichtag eines einbezogenen TU und dem KA-Stichtag eine konzerninterne Verbindlichkeit des einbezogenen TU beglichen, so ist bei Summation der JA im KA die konzerninterne Verbindlichkeit enthalten, die korrespondierende Forderung hingegen nicht mehr. Andererseits wird auch die Vermögensseite (z.B. Zahlungsmittel oder Waren) im KA entspr. zu hoch ausgewiesen.

rücksichtigung der Vorgänge in der Konzernbilanz und Konzern-GuV zusätzliche Erläuterungen im KAnh. erforderlich sein[292].

225 Beeinträchtigungen der Ertragslage ergeben sich insb., wenn zwischen den abw. Abschlussstichtagen einbezogener Unternehmen Waren mit Zwischengewinn/-verlust innerhalb dieses Konsolidierungskreises veräußert werden. Hierbei kann der Fall auftreten, dass aus Konzernsicht **Zwischenergebnisse zu eliminieren** sind, die im Warenbestand des KA nicht vorhanden sind. Aufgrund der nur einseitigen Erfassung konzerninterner Vorgänge müssen ggf. Konsolidierungsmaßnahmen unterbleiben, die anderenfalls erforderlich wären (z.B. Eliminierung von Zwischenergebnissen), oder es entstehen bei Durchführung von Konsolidierungsmaßnahmen systemwidrige Restposten (z.B. **Schuldenkonsolidierung, Konsolidierung der Innenumsatzerlöse**)[293].

226 Eine sachgerechte „Berücksichtigung" in Konzernbilanz und Konzern-GuV bedeutet demnach, dass die „Vorgänge von besonderer Bedeutung" in der HB II des betreffenden Unternehmens **nachgebucht** werden. Je umfangreicher diese Nachbuchungen sind, desto mehr nähert sich die HB II einem Zwischenabschluss an[294]. Da die nachgebuchten Vorgänge wegen der Phasenverschiebung im nächsten JA des TU enthalten sind, müssen sie, wie die Anpassungen der HB I an die HB II, im Zeitablauf verfolgt werden[295], weil sonst die Gefahr besteht, dass wesentliche Vorgänge in zwei aufeinanderfolgenden KA enthalten sind. Die so korrigierte HB II liegt dann der Konsolidierung zugrunde. Ob über **gezielte Einzelkorrekturen** hinaus auch **pauschale Korrekturbuchungen** und die Bildung von Ausgleichsposten zulässig[296] sind, ist nur im Einzelfall zu beurteilen[297].

227 Werden **Vorgänge von besonderer Bedeutung** nicht in der Konzernbilanz und/oder Konzern-GuV berücksichtigt, müssen sie im **KAnh.** angegeben werden. Auch hierzu ist eine **vollständige Durchsicht** aller Geschäftsvorfälle in dem nicht erfassten Zeitraum erforderlich[298].

228 Die Angaben im KAnh. müssen der „Berücksichtigung" in Konzernbilanz und Konzern-GuV gleichwertig sein. Dies ist nur dann der Fall, wenn Zahlenangaben gemacht werden, die es dem Adressaten des KA erlauben, die wesentlichen Korrekturen, die aufgrund des

---

292 Vgl. *IDW RH HFA 1.019*, Tz. 10. Nach IFRS 10.B93 sind bei der Einbeziehung eines Unternehmens auf der Basis eines Abschlusses mit abw. Stichtag wesentliche Vorgänge stets durch Nachbuchungen zu berücksichtigen.
293 Zu weiteren Beispielen vgl. ADS[6], § 299, Tz. 83 ff.
294 Vgl. *Maas/Schruff*, WPg 1985, S. 1 (3).
295 Vgl. Kap. G Tz. 255 ff.
296 So *Harms/Küting*, BB 1985, S. 432 (435).
297 Der Bericht des Rechtsausschusses zum BiRiLiG geht davon aus, dass die APr. auf Unsicherheiten, die sich aus dem Fehlen eines Zwischenabschlusses ergeben, durch Ergänzung seines BestV hinweist (vgl. BT-Drs. 10/4268, S. 115).
298 Vgl. *Niehus*, DB 1984, S. 1792.

fehlenden Zwischenabschlusses im KA unterblieben sind, gedanklich nachzuvollziehen. Rein verbale Angaben können diese Voraussetzungen nicht erfüllen[299]. Wohl aber können **zusätzliche Erläuterungen** zu Zahlenangaben notwendig sein, die ihre Auswirkungen auf Konzernbilanz und Konzern-GuV erkennbar machen[300].

4.2 Fristen für die Aufstellung, Prüfung und Billigung eines Konzernabschlusses und Konzernlageberichts

Die gesetzlichen Vertreter des MU haben den KA und KLB in den ersten **fünf Monaten** nach dem Stichtag des KA **aufzustellen** (§ 290 Abs. 1 S. 1 HGB). Ist das MU eine kapitalmarktorientierte Gesellschaft i.S.d. § 264d HGB, so sind der KA und KLB in den ersten vier Monaten nach dem Stichtag aufzustellen und offenzulegen (§ 290 Abs. 1 S. 2 i.V.m. § 325 Abs. 4 S. 1 und § 325 Abs. 1 S. 2 HGB)[301]. Da der KA grds. auf festgestellten und geprüften JA aufbauen muss[302], ist diese Frist kurz. Eine Verlängerung ist auch durch Satzung nicht möglich. 229

Für **VU** gilt eine branchenspezifische Ausnahme von der Fünfmonatsfrist. Nach § 341i Abs. 3 S. 1 HGB sind der KA und der KLB innerhalb von zwei Monaten nach Ablauf der Aufstellungsfrist für den zuletzt aufzustellenden und in den KA einzubeziehenden Abschluss, spätestens aber innerhalb von zwölf Monaten nach dem Stichtag des KA, für das vergangene GJ aufzustellen. Damit wird der verlängerten Aufstellungsfrist für VU, insb. für RückVU (§ 341a Abs. 1 und 5 HGB), Rechnung getragen. 230

Die Frist für die **Prüfung** des KA wird von dem Termin der HV/Gesellschafterversammlung bestimmt. Bei MU in der Rechtsform der **AG/KGaA**[303] sind der KA und der KLB unverzüglich nach ihrer Aufstellung dem AR vorzulegen (§ 170 Abs. 1 AktG). Der AR hat den KA zu prüfen und zu billigen (vgl. § 171 AktG). An den Verhandlungen des AR oder eines entspr. Ausschusses muss der APr. teilnehmen. Hat der AR eines MU den KA nicht gebilligt, so entscheidet die HV über die Billigung (§ 173 Abs. 1 S. 2 AktG). Die HV muss in den ersten acht Monaten des GJ stattfinden (§ 175 Abs. 1 S. 2 AktG). Die Einberufungsfrist mit Hinterlegungs- oder Anmeldefrist beträgt i.d.R. etwa sechs Wochen (vgl. § 123 AktG). Mit Beginn dieser Frist ist der KA bereits zur Einsichtnahme auszulegen (§ 175 Abs. 2 AktG). Aus dem Zusammenwirken der Vorschriften ergibt sich für die Prüfung des KA durch den APr. (§ 317 HGB) ein Zeitraum von ebenfalls rd. sechs Wochen. Allerdings ist es zulässig und üblich, dass mit der Prüfung des KA bereits während der Aufstellungsphase, oftmals sogar vor dem Abschlussstichtag begonnen wird. 231

Geschäftsführer eines MU in der Rechtsform der **GmbH** haben nach der Aufstellung unverzüglich den Gesellschaftern den KA zur Billigung vorzulegen. Soweit ein AR vorhanden ist, ist dessen Bericht ebenfalls unverzüglich vorzulegen (§ 42a Abs. 1 und 4 232

---

299 Vgl. *Maas/Schruff*, WPg 1985, S. 1 (3); *Harms/Küting*, BB 1985, S. 432 (435); ADS[6], § 299, Tz. 100.
300 Zu einer evtl. Ergänzung des BestV in diesem Zusammenhang gilt auch für diesen Teil der Alternative die Auffassung des Rechtsausschusses (vgl. BT-Drs. 10/4268, S. 115).
301 Dies gilt nicht für MU, die eine KapGes. i.S.d. § 327a HGB sind.
302 Wegen der Frage, ob noch nicht endgültig festgestellte JA in den KA einbezogen werden können, vgl. ADS[6], § 290, Tz. 158; zur Einbeziehung assoziierter Unternehmen nach der Equity-Methode vgl. Kap. G Tz. 656.
303 Zur KGaA vgl. §§ 278 Abs. 3, 283 Nr. 9 und 11 AktG.

GmbH). Die Gesellschafter haben grds.[304] spätestens bis zum Ablauf der ersten acht Monate über die Billigung des KA zu beschließen (§ 42a Abs. 2 GmbHG).

233 Sind die Voraussetzungen der §§ 11, 12 PublG erfüllt, so haben die gesetzlichen Vertreter des MU in den **ersten fünf Monaten** des Konzern-GJ für das vergangene Konzern-GJ einen KA und einen KLB aufzustellen (§ 13 Abs. 1 PublG). Gesetzliche Vertreter sind u.a. die Gesellschafter einer OHG, die Komplementäre einer KG, der Vorstand einer eG. Die gesetzlichen Vertreter des MU haben auch dann für die Aufstellung eines KA Sorge zu tragen, wenn das MU keinen eigenen JA aufstellt, der mit einzubeziehen ist[305]. **Kapitalmarktorientierte MU** i.S.v. § 264d HGB müssen ihren KA und KLB innerhalb der ersten vier Monate des folgenden GJ aufstellen, soweit sie nicht die Erleichterungen des § 13 Abs. 1 S. 2. Hs. 2 PublG in Anspruch nehmen können.

4.3 Inhalt der Konzernbilanz

4.3.1 Zusammenfassung der Einzelbilanzen

234 Die Konzernbilanz wird durch Zusammenfassung der Einzelbilanzen aller in den KA einbezogenen Unternehmen erstellt (§ 300 Abs. 1 S. 1 HGB). Eine eigenständige Konzernbuchführung, aus der die Konzernbilanz unmittelbar und regelmäßig abgeleitet werden kann, ist nicht vorgeschrieben. Allerdings erfordern die anzuwendenden Konsolidierungsmethoden und die damit verbundenen, je nach Sachlage mehr oder weniger umfangreichen Umbewertungen und deren Fortschreibung erhebliche Nebenrechnungen, die als Teile einer speziellen Konzernbuchführung angesehen werden können[306].

4.3.2 Grundsatz der Vollkonsolidierung

235 Dem **Einheitsgrundsatz** folgend schreibt das Gesetz für die Einbeziehung von TU grds. die sog. Voll- oder Bruttokonsolidierung mit Minderheitenausweis vor. Die Vermögensgegenstände, Schulden, RAP und Sonderposten aus der HB für Konsolidierungszwecke (HB II) der einbezogenen Unternehmen werden unabhängig von der Beteiligungsquote des MU mit ihren vollen Beträgen in die Konzernbilanz aufgenommen (§ 300 Abs. 2 HGB).

236 Für Anteile an einbezogenen Unternehmen, die nicht dem MU oder anderen konsolidierten TU (§ 290 Abs. 3 HGB) gehören, ist in Höhe ihres Anteils am EK ein **Ausgleichsposten** für Anteile anderer Gesellschafter unter der Bezeichnung „nicht beherrschende Anteile" innerhalb des EK gesondert auszuweisen (§ 307 Abs. 1 HGB)[307].

237 Abweichend hiervon hat der Gesetzgeber in § 310 HGB die beteiligungsproportionale Übernahme der Bilanzposten von GU zugelassen („Quotenkonsolidierung")[308] sowie die Anwendung der Equity-Methode (§ 312 HGB) für die Bewertung von Beteiligungen an assoziierten Unternehmen vorgesehen (§ 311 Abs. 1 HGB)[309].

---

304 Für die kleine GmbH (§ 267 Abs. 1 HGB) ist eine Frist von elf Monaten vorgesehen (§ 42a Abs. 2 GmbHG).
305 Vgl. Kap. G Tz. 98.
306 Vgl. Kap. G Tz. 314.
307 Vgl. Kap. G Tz. 244.
308 Vgl. Kap. G Tz. 592.
309 Vgl. Kap. G Tz. 604.

4.4 Gliederung

4.4.1 Grundsatz

Für die Konzernbilanz gilt zunächst die **Generalnorm** des § 297 Abs. 2 HGB. Danach ist der KA klar und übersichtlich aufzustellen. Er hat unter Beachtung der GoB ein den tatsächlichen Verhältnissen entspr. Bild der Vermögens-, Finanz- und Ertragslage des Konzerns zu vermitteln[310]. Führen besondere Umstände dazu, dass der KA ein den tatsächlichen Verhältnissen entspr. Bild nicht vermittelt, so sind zusätzliche Angaben im KAnh. zu machen. **238**

Das HGB enthält keine eigenständigen Vorschriften für die Gliederung der Konzernbilanz. Stattdessen verweist § 298 Abs. 1 HGB auf das **Gliederungsschema für große KapGes.** (§ 266 Abs. 2 und 3 HGB). Außerdem enthält § 298 Abs. 1 HGB weitere Verweise auf ergänzende Gliederungsvorschriften für die Einzelbilanz (insb. §§ 265, 268 Abs. 1-7 HGB), die für die Konzernbilanz entspr. anzuwenden sind. **239**

Die Vorschriften über den KA enthalten darüber hinaus ausdrückliche Vereinfachungen ggü. der Einzelbilanz sowie Erweiterungen der Gliederung um gesondert auszuweisende, aus der Konsolidierungstechnik resultierende Posten.

4.4.2 Entsprechende Anwendung von Gliederungsvorschriften für den Jahresabschluss

Im Einzelnen sind folgende Vorschriften des HGB, die die Bilanzgliederung der KapGes. nach § 266 Abs. 2 und 3 HGB ergänzen, für die Konzernbilanz entspr. anzuwenden (§ 298 Abs. 1 HGB): **240**

- Saldierungsverbot (§ 246 Abs. 2 S. 1 HGB)
- Saldierungsgebot von Deckungsvermögen mit Schulden aus Altersversorgungsverpflichtungen oder vergleichbaren langfristig fälligen Verpflichtungen (§ 246 Abs. 2 S. 2 HGB)
- Besondere Bestimmungen für oHG und KG i.S.d. § 264a HGB (§ 264c HGB)
- Stetigkeit der Gliederung (§ 265 Abs. 1 HGB)
- Angabe der VJ-Beträge (§ 265 Abs. 2 HGB)
- Vermerk der Mitzugehörigkeit zu anderen Posten (§ 265 Abs. 3 S. 1 HGB)
- Erweiterung der Gliederung bei mehreren Geschäftszweigen (§ 265 Abs. 4 HGB)
- freiwillig weitergehende Untergliederung (§ 265 Abs. 5 S. 1 HGB)
- freiwillige Einfügung neuer Posten, wenn ihr Inhalt nicht von einem vorgeschriebenen Posten gedeckt wird (§ 265 Abs. 5 S. 2 HGB)
- Abweichungen vom Gliederungsschema, wenn dies zur Klarheit und Übersichtlichkeit erforderlich ist (§ 265 Abs. 6 HGB)
- Zusammenfassung bestimmter Posten bei unwesentlichen Beträgen (§ 265 Abs. 7 Nr. 1 HGB)
- Zusammenfassung von Posten zur Vergrößerung der Klarheit bei Aufgliederung im KAnh. (§ 265 Abs. 7 Nr. 2 HGB)
- kein Ausweis von Leerposten, sofern auch im VJ kein Betrag ausgewiesen wurde (§ 265 Abs. 8 HGB);

---

310 Vgl. zur Generalnorm Kap. F Tz. 24 ff.

- Vermerk des Betrages der Forderungen mit einer Restlaufzeit von mehr als einem Jahr (§ 268 Abs. 4 HGB)
- Vermerk des Betrages der Verbindlichkeiten mit einer Restlaufzeit von bis zu einem Jahr und des Betrages der Verbindlichkeiten mit einer Restlaufzeit von mehr als einem Jahr (§ 268 Abs. 5 S. 1 HGB)
- gesonderter Ausweis der erhaltenen Anzahlungen, soweit nicht offen von dem Posten „Vorräte" abgesetzt (§ 268 Abs. 5 S. 2 HGB)
- gesonderter Ausweis eines aktivierten Disagios, sofern nicht Angabe im Anh. erfolgt (§ 268 Abs. 6 HGB)
- Vermerk der Haftungsverhältnisse[311] (§ 251 HGB i.V.m. § 268 Abs. 7 HGB)
- Ausweis der nicht eingeforderten ausstehenden Einlagen auf das Kapital (Abzug vom Posten „Gezeichnetes Kapital") sowie Ausweis der eingeforderten, aber noch nicht eingezahlten Einlagen auf das gezeichnete Kapital (unter den Forderungen) (§ 272 Abs. 1 S. 3 HGB)
- Ausweis eigener Anteile als Abzugsposten vom „Gezeichneten Kapital" (§ 272 Abs. 1a HGB)
- gesonderter Ausweis eines Postens „nicht durch Eigenkapital gedeckter Fehlbetrag" (§ 268 Abs. 3 HGB)
- Wahlrecht zum unverrechneten Ausweis von aktiven und passiven latenten Steuern (§ 274 Abs. 1 S. 3 HGB)
- sofern das MU eine AG ist: gesonderter Ausweis des auf jede Aktiengattung entfallenden Betrages des Grundkapitals, Vermerk des bedingten Kapitals, Gesamtstimmenzahl von Mehrstimmrechtsaktien und der übrigen Aktien (§ 298 Abs. 1 HGB i.V.m. § 152 Abs. 1 AktG)
- sofern das MU eine GmbH ist: gesonderter Ausweis von „eingeforderten Nachschüssen" unter den Forderungen sowie gesonderter Ausweis des dem Aktivum entspr. Betrags unter den „Kapitalrücklagen" (§ 298 Abs. 1 HGB i.V.m. § 42 Abs. 2 GmbHG)[312].

Durch Verweis in § 298 Abs. 1 HGB gelten die Definitionen der Posten des Gliederungsschemas der Einzelbilanz auch für die Konzernbilanz[313].

241 Für den KA von KI und VU sind die durch Rechtsverordnung erlassenen besonderen Gliederungsvorschriften (**Formblätter**) zu beachten (§ 340i Abs. 2 i.V.m. § 340a Abs. 2 für KI, § 341j Abs. 1 i.V.m. § 341a Abs. 2 für VU, jeweils i.V.m. § 330 HGB)[314].

242 Auf den KA sind auch die für die **Rechtsform** der in den KA einbezogenen Unternehmen mit Sitz im Geltungsbereich des HGB geltenden Vorschriften anzuwenden, soweit die Eigenart des KA keine Abweichungen bedingt oder in den Vorschriften des HGB über den KA nicht etwas anderes bestimmt ist (§ 298 Abs. 1 HGB). Die Anwendung von Vorschriften, die nur für eine bestimmte Rechtsform gelten, auf einen KA, in dem Unternehmen verschiedener Rechtsformen zusammengefasst werden, wirft ei-

---

311 Vgl. im Einzelnen Kap. G Tz. 474.
312 Zu den Besonderheiten in den Fällen, in denen das MU nicht die Rechtsform einer KapGes. hat, vgl. Kap. G Tz. 111.
313 Zum Beispiel die Definition des AV (§ 247 Abs. 2), der Beteiligung (§ 271 Abs. 1), des gezeichneten Kapitals (§ 272 Abs. 1), der Kapital- und der Gewinnrücklagen (§ 272 Abs. 2 und 3).
314 Für KI RechKredV, BGBl. I 1998, S. 3658; im Einzelnen vgl. WP Handbuch 2012 Bd. I, Kap. J; für VU RechVersV, BGBl. I 1994, S. 3378; vgl. *IDW*, WPH Edition, Versicherungsunternehmen, Kap. A Tz. 43 ff.

nige Probleme auf, die eine generelle Anwendung **rechtsformspezifischer Vorschriften** im KA zweifelhaft erscheinen lassen[315].

4.4.3 Gesetzlich vorgeschriebene Abweichungen gegenüber dem Jahresabschluss

Ein **Unterschiedsbetrag** aus der Kapitalkonsolidierung ist in der Konzernbilanz, wenn er auf der Aktivseite entsteht, als **Geschäfts- oder Firmenwert** bzw., wenn er auf der Passivseite entsteht, als **Unterschiedsbetrag aus der Kapitalkonsolidierung** gesondert nach dem EK auszuweisen (§ 301 Abs. 3 HGB)[316]. 243

Für Anteile an einbezogenen TU, die nicht dem MU oder anderen konsolidierten TU gehören, ist in der Konzernbilanz ein gesonderter Posten unter der Bezeichnung „**nicht beherrschende Anteile**" in Höhe ihres Anteils am EK auszuweisen (§ 307 Abs. 1 HGB). Der Posten umfasst die Anteile konzernfremder Gesellschafter am gesamten EK des jeweiligen TU. Ein gesonderter Vermerk der auf Gewinne und Verluste entfallenden Beträge in der Konzernbilanz ist nicht erforderlich, da diese Beträge in der Konzern-GuV gezeigt werden müssen (§ 307 Abs. 2 HGB). Das HGB verlangt den Minderheitenausweis innerhalb des EK (§ 307 Abs. 1 HGB) und macht damit klar, dass dieser Posten materiell EK des Konzerns ist[317]. Da der Posten Anteile aus allen EK-Posten umfassen kann, wird er in der Konzernbilanz zweckmäßigerweise nach dem Posten „Jahresüberschuss/Jahresfehlbetrag" ausgewiesen (DRS 23.93). 244

Der in der Konzernbilanz der Komplementär-GmbH auszuweisende Posten für nicht beherrschende Anteile (§ 307 Abs. 1 HGB) enthält bei **KapCoGes.** das anteilige, den Kommanditisten zustehende EK an der KapCoGes.. Aus Gründen der Klarheit sollte dieses in einem einzufügenden Posten z.B. „Anteile der Kommanditisten" ausgewiesen werden, damit das EK der Kommanditisten getrennt von dem fremden Dritten zustehenden EK gezeigt wird[318]. 245

Eine Rücklage nach § 272 Abs. 4 HGB für Anteile an dem MU, die einem konsolidierten TU gehören (**Rücklagen für Rückbeteiligung**)[319], ist bei der Konsolidierung rückgängig zu machen. Die Anteile sind aus der Sicht des Konzerns eigene Anteile des MU und als solche in der Konzernbilanz mit ihrem Nennwert bzw. dem rechnerischen Wert in der Vorspalte offen von dem Posten „Gezeichnetes Kapital" abzusetzen (§ 301 Abs. 4 HGB; DRS 22.47, .49 i.V.m. DRS 22.29). 246

Wird von einem konsolidierten Unternehmen eine **Beteiligung an einem assoziierten Unternehmen** gehalten, so ist diese Beteiligung in der Konzernbilanz in einem gesonderten Posten mit entspr. Bezeichnung (z.B. „Anteile an assoziierten Unternehmen") **auszuweisen** (§ 311 Abs. 1 HGB). Dieser Posten wird zweckmäßigerweise in die Standardgliederung (§ 266 Abs. 2 und 3 HGB) im Finanzanlagevermögen nach dem Posten A.III.3. eingefügt. Der Sonderausweis ist nicht erforderlich, „wenn die Beteiligung für die Vermittlung eines den tatsächlichen Verhältnissen entsprechenden Bildes der Vermögens-, Finanz- und Ertragslage des Konzerns von untergeordneter Bedeutung ist" (§ 311 Abs. 2 HGB). 247

---

[315] Vgl. *Havermann*, in: IDW Fachtagung 1986, S. 43/48.
[316] Vgl. hierzu Kap. G Tz. 387 ff. Wegen der notwendigen Erläuterungen im KAnh. vgl. Kap. G Tz. 700.
[317] Abgesehen von den – i.d.R. relativ geringfügigen – Ergebnisanteilen, die zur Ausschüttung bestimmt sind.
[318] Vgl. hierzu *Lanfermann*, in: FS Ludewig, S. 580; *Ellerich*, in: HdKonzernR², III, Rn. 13.
[319] Vgl. Kap. G Tz. 446.

4.4.4 Systembedingte Abweichungen

248 Für die Konzernbilanz gilt das Gliederungsschema des § 266 Abs. 2 und 3 HGB nur insoweit, wie die Eigenart der Konzernbilanz nicht Abweichungen bedingt (§ 298 Abs. 1 HGB). Neben den gesetzlich vorgeschriebenen Abweichungen und Vereinfachungen sind insb. **Umgliederungen** von Posten der Einzelbilanzen in der Konzernbilanz erforderlich, um die Sachverhalte im KA so auszuweisen, als ob der Konzern auch rechtlich eine Einheit wäre (§ 297 Abs. 3 HGB).

Beispiel 4:

Ein Konzernunternehmen hat bei einem anderen Konzernunternehmen eine Maschine zur eigenen Verwendung bestellt. Am Stichtag des KA ist die Maschine von dem herstellenden Unternehmen noch nicht fertig gestellt und wird deshalb in der Bilanz dieses Unternehmens unter „unfertige Erzeugnisse" (B.I.2) ausgewiesen. Aus Konzernsicht handelt es sich um eine Anlage im Bau, die im AV in der Konzernbilanz unter A.II.4. auszuweisen ist[320].

Liegen – bei sonst ähnlichen Bedingungen wie im vorgenannten Fall – am Abschlussstichtag keine Bestellungen anderer Konzernunternehmen vor, sondern sind Erzeugnisse auf Vorrat gearbeitet und folglich in der Bilanz des herstellenden Unternehmens als fertige Erzeugnisse ausgewiesen worden, so wird man zwei Fälle unterscheiden müssen:

a) Die Gegenstände werden ausschließlich von Konzernunternehmen zur Verwendung in deren AV abgenommen. In diesen Fällen ist wie oben dargestellt zu verfahren.

b) Die Gegenstände werden von Konzernunternehmen zur Verwendung in deren AV und von Dritten abgenommen. Soweit keine genaueren Maßstäbe vorliegen, sollte auf die überwiegende Art der Verwendung abgestellt werden.

4.4.5 Ergebnisvortrag und Gewinnrücklagen

249 Der Ergebnisvortrag ist – insb. als **Gewinnvortrag** – dazu bestimmt, Gewinnspitzen, die weder den Rücklagen zugeführt noch ausgeschüttet werden sollen, vorübergehend zu speichern und in einer späteren Abrechnungsperiode erneut zur Disposition zu stellen. Der Ergebnisvortrag kann daher als ein positives oder negatives EK-Konto mit Speicherfunktion verstanden werden. Diese Speicherfunktion hat dazu geführt, dass dem Ergebnisvortrag im KA konzernspezifische Speicherfunktionen zugewiesen worden sind: z.B. die Aufnahme des nicht im Jahresergebnis wirksamen Blocks der **eliminierten Zwischenergebnisse**[321], der erfolgsneutral verrechneten **Unterschiedsbeträge aus der Schuldenkonsolidierung**[322] oder der **Differenzbeträge aus der Phasenverschiebung zwischen Gewinnerzielung und Gewinnvereinnahmung** bei der Übernahme von Beteiligungserträgen innerhalb des Konsolidierungskreises, sofern diese Beträge nicht den Konzerngewinnrücklagen zugewiesen werden.

---

320 Vgl. ADS⁶, § 298, Tz. 163.
321 Vgl. Kap. G Tz. 516.
322 Vgl. Kap. G Tz. 489.

4.5 Bilanzansatz

4.5.1 Grundsatz

Das HGB unterscheidet auch für den KA zwischen Ansatz- und Bewertungsvorschriften. Die Frage, welche Vermögensgegenstände, Schulden, RAP und Sonderposten in die Konzernbilanz aufzunehmen sind, aufgenommen werden können oder nicht aufgenommen werden dürfen (**konkrete Aktivierungsfähigkeit**), ist in § 300 HGB geregelt; die Frage der **Bewertung** der tatsächlich in die Konzernbilanz aufgenommenen Vermögensgegenstände und Schulden wird in § 308 HGB beantwortet[323]. 250

In die Konzernbilanz sind sämtliche Vermögensgegenstände, Schulden, RAP und Sonderposten[324] der konsolidierten TU aufzunehmen (§ 300 Abs. 1 S. 2 HGB). Dies gilt unabhängig davon, ob sie tatsächlich bei den entspr. TU angesetzt sind (§ 300 Abs. 2 S. 1 HGB)[325]. Der **Grundsatz der Vollständigkeit** (§ 298 Abs. 1 i.V.m. § 246 Abs. 1 S.1 HGB) gilt aufgrund der expliziten Vorschrift des § 300 Abs. 2 HGB auch für die Konzernbilanz. 251

Voraussetzung für die Aufnahme in die Konzernbilanz ist aber, dass diese Posten nach dem Recht des MU ansatzfähig sind und die Eigenart des KA keine Abweichung bedingt (§ 300 Abs. 1 S. 2 HGB)[326]. Nach dem Recht des MU zulässige Ansatzwahlrechte bleiben unberührt (§ 300 Abs. 2 S. 2 HGB). Insoweit gehen die konkreten Wahlrechte dem allgemeinen Vollständigkeitsgebot vor. 252

4.5.2 Notwendige Anpassungen

Ansatzpflichten, -verbote und -wahlrechte für die Konzernbilanz richten sich grds. nach den Vorschriften, die für das MU gelten, das den KA aufstellt (§ 300 Abs. 1 S. 2 HGB)[327]. Hat das MU die Rechtsform einer KapGes. oder KapCoGes., so sind die Ansatzvorschriften der §§ 246-251 und 274 HGB anzuwenden. 253

Sofern die JA der einbezogenen TU diesen Ansatzvorschriften nicht entsprechen, sind sie vor der Konsolidierung durch Aufstellung einer HB II[328] anzupassen. Für **inländische TU**, die nicht kleine KapGes./KapCoGes. sind, ergibt sich die Notwendigkeit zur **Aufstellung einer HB II** z.B. dann, wenn latente Steuern nicht gem. § 274 HGB berücksichtigt worden sind, weil diese Verpflichtung nur für mittelgroße und große KapGes./KapCoGes. gilt. Notwendig werden Anpassungen v.a. bei JA einbezogener TU mit Sitz im Ausland, soweit die landesrechtlichen JA nicht mit den deutschen Ansatzpflichten und -verboten übereinstimmen. 254

Hat z.B. ein **ausländisches TU** in Übereinstimmung mit seinem nationalen Bilanzrecht Aufwendungen für die Gründung des Unternehmens und für die Beschaffung des EK oder für selbsterstellte Marken, Drucktitel, Verlagsrechte, Kundenlisten oder vergleichbare immaterielle Vermögensgegenstände des AV aktiviert, so dürfen diese Posten nicht 255

---

[323] Vgl. Kap. G Tz. 266.
[324] Als Sonderposten i.S.d. § 300 Abs. 1 HGB kommen weiterhin z.B. erhaltene Zuschüsse in Betracht; vgl. *IDW St/HFA 1/1984* zu Bilanzierungsfragen bei Zuwendungen und *IDW RS HFA 15*.
[325] Zu den dadurch entstehenden bilanzpolitischen Möglichkeiten vgl. die Ausführungen Kap. G Tz. 266, die sinngemäß gelten.
[326] Im Gegensatz zu den Bewertungsvorschriften (§ 308 Abs. 2 S. 4 HGB) ist für die Ansatzvorschriften ein Abweichen von dem für das MU geltenden Recht im Gesetz nicht zugelassen.
[327] Vgl. *IDW RH HFA 1.018*, Tz. 2.
[328] Vgl. im Einzelnen Kap. G Tz. 307.

in eine deutsche Konzernbilanz übernommen werden (§ 300 Abs. 1 S. 2 i.V.m. § 248 Abs. 2 S. 2 HGB).

256 Andererseits verlangt § 300 Abs. 2 S. 1 HGB die Aufnahme von Vermögensgegenständen, Schulden, RAP und Sonderposten, deren Bilanzierung nach dem für das MU geltende Recht geboten ist, auch dann, wenn sie in den zu konsolidierenden JA nicht enthalten sind. Hat z.B. ein zu konsolidierendes ausländisches TU einen immateriellen Vermögensgegenstand erworben und in Übereinstimmung mit seinem nationalen Bilanzrecht nicht aktiviert, so muss dieser Gegenstand in die Konzernbilanz aufgenommen werden. Dasselbe gilt, wenn RAP nicht aktiviert bzw. passiviert worden sind (§ 298 Abs. 1 i.V.m. § 250 HGB).

257 Eine Ergänzung der Konzernbilanz um Posten, die in keiner einbezogenen Einzelbilanz enthalten sind, kann auch die Folge von Konsolidierungsvorgängen sein. So muss in der Konzernbilanz ein Abgrenzungsposten für latente Steuern auf Konsolidierungsmaßnahmen angesetzt werden[329], die zu Differenzen zwischen den handelsrechtlichen und steuerlichen Wertansätzen führen (§ 306 HGB)[330].

4.5.3 Systembedingte Anpassungen

258 Die Übernahme von Bilanzansätzen aus den Einzelabschlüssen kommt nicht in Betracht, wenn einzelne Sachverhalte bei Anwendung des Einheitsgrundsatzes (§ 297 Abs. 3 HGB) für den KA anders zu beurteilen sind als für den JA[331]. Ist z.B. in der Einzelbilanz eines einbezogenen Unternehmens ein von einem anderen einbezogenen Unternehmen entgeltlich erworbenes Verlagsrecht aktiviert worden, so liegt aus Konzernsicht (Einheitsgrundsatz) ein **selbst geschaffenes Verlagsrecht** vor, dessen Aktivierung nach § 248 Abs. 2 S. 2 HGB unzulässig ist[332]. Das aktivierte Verlagsrecht ist daher im Jahr des Erwerbs in der HB II zu eliminieren; die in Folgejahren in der HB I verrechneten Abschreibungen sind ebenfalls in der HB II erfolgswirksam zu korrigieren[333].

4.5.4 Freiwillige Anpassungen

259 Bestehen für Vermögensgegenstände, Schulden und Sonderposten **Ansatzwahlrechte**, so dürfen sie im KA unabhängig von ihrer Ausübung im JA eines konsolidierten Unternehmens ausgeübt werden (§ 300 Abs. 2 S. 2 HGB)[334]. So dürfen z.B. nicht aktivierte, selbst geschaffene immaterielle Vermögensgegenstände des AV in der Einzelbilanz eines konsolidierten Unternehmens (§ 248 Abs. 2 S. 1 HGB) aus anderen bilanzpolitischen Zielsetzungen in der HB II aktiviert werden. Ebenso darf ein in der Einzelbilanz aktivierungsfähiges, aber nicht aktiviertes Disagio (§ 250 Abs. 3 HGB) in der HB II aktiviert werden.

260 Voraussetzung ist in allen Fällen, dass das Wahlrecht nach dem Recht des MU besteht und konzerneinheitlich ausgeübt wird. Auf die Behandlung des Vorgangs nach den

---

329 Vgl. Kap. G Tz. 541.
330 Im Gegensatz zur Einzelbilanz, in der für den Aktivposten „latente Steuern" ein Ansatzwahlrecht besteht (§ 274 Abs. 1 HGB), besteht für die Konzernbilanz eine Ansatzpflicht (§ 306 HGB).
331 § 300 Abs. 1 S. 2 HGB: „und die Eigenart des KA keine Abweichungen bedingt".
332 Vgl. ADS[6], § 300, Tz. 15. Weiterführend am Beispiel einer mittelbaren Altersversorgungszusage *Sultana*, S. 228.
333 Vgl. *Havermann*, in: FS Döllerer, S. 185-203. Zur Frage des Zusammenhangs von HB I und II, die bei systembedingten Abweichungen entsteht, vgl. Kap. G Tz. 307.
334 Vgl. *IDW RH HFA 1.018*, Tz. 5 und 6.

Vorschriften, die für das TU gelten, kommt es nicht an. Gestattet z.B. ein Mitgliedstaat der EU in seinem nationalen Bilanzrecht die nach Art. 12 Abs. 11 der RL 2013/34/EU zulässige Aktivierung von „Aufwendungen für die Errichtung und Erweiterung des Unternehmens", so dürfen gleichwohl diese Aufwendungen, sofern sie bei einem einbezogenen TU angefallen sind, in einem nach § 290 HGB aufgestellten KA nicht aktiviert werden.

Das **Gebot der Ansatzstetigkeit** ist nach § 298 Abs. 1 i.V.m. § 246 Abs. 3 HGB auch für den KA gesetzlich kodifiziert und zu beachten. Abweichungen vom Grundsatz der Ansatzstetigkeit sind nur unter entspr. Anwendung des § 252 Abs. 2 HGB in begründeten Ausnahmefällen zulässig (§ 298 Abs. 1 i.V.m. § 246 Abs. 3 S. 2 HGB)[335]. 261

4.5.5 Ausnahmen von der Anpassungspflicht

Ansätze, die auf speziellen Vorschriften für KI und VU beruhen, dürfen nach § 300 Abs. 2 S. 3 HGB auch im KA eines MU, das selbst nicht nach den Sondervorschriften der §§ 340i, 341i HGB zur Konzernrechnungslegung verpflichtet ist, beibehalten werden[336]. Wird von diesem Wahlrecht Gebrauch gemacht, so ist im KAnh. darauf hinzuweisen. 262

Sind die Auswirkungen einer nach § 298 Abs. 1 i.V.m. § 246 Abs. 3 S. 1 HGB grds. gebotenen Anpassung an die einheitliche Bilanzierung für die Vermittlung eines den tatsächlichen Verhältnissen entsprechenden Bildes der Vermögens-, Finanz- und Ertragslage des Konzerns nur von untergeordneter Bedeutung, so dürfen die abw. Ansätze unverändert in den Konzernabschluss übernommen werden. Dies gilt nicht, wenn einzelne Sachverhalte zwar bei isolierter Betrachtung, nicht aber bei einer Gesamtbetrachtung von untergeordneter Bedeutung sind[337]. 263

4.5.6 Erstmalige Anwendung von § 300 HGB

Bei der erstmaligen Einbeziehung eines TU in den KA ist in einem ersten Schritt die HB I auf die HB II zu dem Stichtag überzuleiten, der für die Erstkonsolidierung nach § 301 Abs. 2 HGB maßgebend ist. Hierzu sind gem. § 300 Abs. 2 S. 1 HGB häufig Anpassungen an die Bilanzansatzvorschriften, die für das MU gelten, erforderlich. Diese **Anpassungen** beziehen sich i.R.d. erstmaligen Einbeziehung auf **Vorperioden** und damit auf den Zeitraum vor der erstmaligen Einbeziehung des TU. Aus diesem Grunde sind die hierzu notwendigen Anpassungsbuchungen **erfolgsneutral** zu erfassen[338]. 264

Fällt der Stichtag der Erstkonsolidierung auf den **Beginn des Konzern-GJ oder einen unterjährigen Erstkonsolidierungszeitpunkt**, ist die Fortschreibung dieser Anpassungen zum KA-Stichtag nach den allgemeinen Grundsätzen zu erfassen. Anpassungen, die Geschäftsvorfälle des Berichtsjahres betreffen, werden im Jahreserfolg der HB II und in der Folge im Konzernerfolg wirksam. 265

---

335 Mögliche Ausnahmefälle werden in DRS 13.8 sowie in *IDW RS HFA 38*, Tz. 15 genannt.
336 Vgl. *IDW RH HFA 1.018*, Tz. 10.
337 Vgl. *IDW RH HFA 1.018*, Tz. 11-13.
338 Die gleiche Frage stellt sich bei der Anpassung an die einheitliche Bewertung, vgl. Kap. G Tz. 276. Vergleichbare Probleme ergeben sich auch bei der Schuldenkonsolidierung und Zwischenergebniseliminierung erstmals einbezogener TU. Die erfolgsneutrale Behandlung der auf Vorperioden entfallenden Beträge dürfte auch aufgrund Art. 27 Abs. 4 EGHGB als Grundsatz ordnungsmäßiger Konsolidierung gelten, vgl. *Busse v. Colbe* u.a., Konzernabschlüsse[9], S. 143 und *Winkeljohann/Kroner*, in: BeBiKo[11], § 300, Rn. 33 sowie Kap. G Tz. 511.

4.6 Bewertung

4.6.1 Grundsatz

266 Die Bewertungsvorschriften für den KA sind in § 308 HGB zusammengefasst. Danach ist die Bewertung der Vermögensgegenstände und Schulden in der Konzernbilanz vollständig **gelöst** von den zugrunde liegenden Einzelbilanzen. Die **Konzernbilanz** ist als Bilanz eines einheitlichen Unternehmens anzusehen, für die eine **eigenständige Bilanzpolitik** ohne Präjudizien aus den JA verfolgt werden kann. Alle Vermögensgegenstände und Schulden können i.R.d. gesetzlich zulässigen Spielräume neu bewertet werden, sämtliche Bewertungswahlrechte[339] leben wieder auf.

267 Gesetzlicher Maßstab für die Bewertung von Vermögensgegenständen und Schulden in der Konzernbilanz sind grds. die auf die Bilanz des MU **anwendbaren Bewertungsmethoden** (§ 308 Abs. 1 S. 1 HGB)[340].

Wird der KA von einer deutschen KapGes. oder KapCoGes. aufgestellt, so sind die bei i.R.d. für KapGes./KapCoGes. geltenden Vorschriften zulässigen Methoden anzuwenden[341]. Die in Art. 24 Abs. 11 der RL 2013/34/EU als Mitgliedstaatenwahlrecht enthaltene Möglichkeit, Bewertungsvorschriften anderer EU-Länder für den KA zuzulassen, ist vom deutschen Gesetzgeber nicht in nationales Recht transformiert worden. Eine Bewertung mit Wiederbeschaffungskosten, die in Art. 7 der RL 2013/34/EU zugelassen und von einigen Mitgliedsländern in nationales Recht übernommen worden ist, ist unzulässig. Abweichungen von den Bewertungsmethoden, die nach den Vorschriften für das MU anwendbar sind, werden in Ausnahmefällen unter entspr. Angabe- und Begründungspflicht (§ 308 Abs. 2 S. 4 HGB) sowie generell in Fällen von untergeordneter Bedeutung (§ 308 Abs. 2 S. 3 HGB) zugelassen.

268 Die Vermögensgegenstände und Schulden sind in der Konzernbilanz **„einheitlich"** (nach den auf den JA des MU anwendbaren Bewertungsmethoden) zu bewerten (§ 308 Abs. 1 S. 1 HGB). Einheitlich i.d.S. bedeutet zunächst, dass der Rahmen der für das MU anwendbaren Bewertungsmethoden (KapGes.) eingehalten werden muss. Innerhalb dieses Rahmens dürfen gleiche Sachverhalte grds. nicht nach unterschiedlichen Methoden oder unter Verwendung unterschiedlicher Rechengrößen (z.B. Nutzungsdauer) bewertet werden[342].

Gleiche Sachverhalte sind in diesem Zusammenhang art- und funktionsgleiche Vermögensgegenstände und Schulden, die den gleichen wertbestimmenden Faktoren unterliegen. Allerdings sind für die Prüfung der Gleichheit von Sachverhalten strenge Maßstäbe anzulegen, damit es nicht zu einer Nivellierung in der Bewertung von verschiedenen bewertungsrelevanten Umständen kommt[343].

---

[339] Vgl. Kap. G Tz. 276.
[340] Vgl. *IDW RH HFA 1.018*, Tz. 2.
[341] Zu den Anforderungen an die Bewertung bei befreienden KA ausländischer MU sowie freiwillig von Nicht-KapGes. aufgestellten KA vgl. Kap. G Tz. 111.
[342] Der Bericht des Rechtsausschusses zu § 308 HGB, BT-Drs. 10/4268, S. 116, führt aus: „Die Absicht des Regierungsentwurfs, den MU alle Bewertungsmöglichkeiten des deutschen Rechts für den KA unabhängig von deren Anwendung in den JA des MU und der TU einzuräumen, kommt nunmehr klarer zum Ausdruck. Es bleibt dabei, dass im KA einheitlich zu bewerten ist, so dass Bewertungswahlrechte nebeneinander nur ausgeübt werden können, soweit diese Möglichkeit auch für den JA einer einzelnen KapGes. besteht." Vgl. auch *IDW RH HFA 1.018*, Tz. 3 und ADS[6], § 308, Tz. 10.
[343] Vgl. *IDW RH HFA 1.018*, Tz. 3 f.

Werden auf den KA **Bewertungsmethoden** angewandt, die zwar nach den Bewertungsvorschriften des HGB für KapGes. zulässig sind, jedoch von denen abweichen, die das MU auf seinen JA tatsächlich anwendet, so sind diese Abweichungen im KAnh. anzugeben und zu begründen (§ 308 Abs. 1 S. 3 HGB)[344].

Die auf den KA angewandten Bewertungsmethoden unterliegen dem **Grundsatz der Stetigkeit** (§ 298 Abs. 1 i.V.m. § 252 Abs. 1 Nr. 6 HGB). Allerdings darf auch davon „in begründeten Ausnahmefällen" **abgewichen** werden (§ 298 Abs. 1 i.V.m. § 252 Abs. 2 HGB). 269

4.6.2 Notwendige Bewertungsanpassungen

Eine Änderung der Wertansätze des JA einbezogener Unternehmen wird notwendig, wenn und soweit diese Werte nicht mit den Bewertungsmethoden vereinbar sind, die für den KA einheitlich anzuwenden sind[345]. Von der Notwendigkeit der Bewertungsanpassung[346] sind insb. betroffen: 270

- JA ausländischer Unternehmen mit Sitz innerhalb der EU, soweit aufgrund unterschiedlicher Ausübung nationaler Wahlrechte der RL 2013/34/EU die Wertansätze nicht mit den deutschen Bewertungsvorschriften vereinbar sind[347] (z.B. Bewertung zu höheren Wiederbeschaffungskosten gem. Art. 7 Abs. 1 der RL 2013/34/EU)
- JA ausländischer Unternehmen mit Sitz außerhalb der EU, die in erheblichem Umfang Verstöße gegen deutsche Bewertungsvorschriften enthalten können.

Notwendig ist eine Bewertungsanpassung auch dann, wenn in dem JA eines ausländischen TU Beteiligungen nach der Equity-Methode oder einer anderen Methode, die mit dem AK-Prinzip unvereinbar ist, bewertet sind. Dies gilt auch für solche Beteiligungen, die im KA gem. §§ 311, 312 HGB als Beteiligungen an assoziierten Unternehmen nach der Equity-Methode bilanziert werden. Diese Notwendigkeit ergibt sich bereits bei formaler Anwendung der deutschen Bewertungsvorschriften für den JA von TU. Sie lässt sich weiterhin damit begründen, dass für die Kapitalkonsolidierung das anteilige konsolidierungspflichtige EK nach einheitlichen Maßstäben ermittelt werden muss. Die Anwendung der Equity-Methode beeinflusst das EK des beteiligten Unternehmens. 271

4.6.3 Ausnahmen von der Anpassungspflicht

Wertansätze, die auf zwingenden Spezialvorschriften für **KI** (z.B. § 340f HGB) oder **VU** (§ 341g Abs. 4 HGB) beruhen und mit den Bewertungsvorschriften des HGB für KapGes. nicht vereinbar sind, dürfen beibehalten werden, auch wenn das MU selbst nicht unter eine der Spezialvorschriften fällt[348]. Wird von dieser Ausnahme Gebrauch gemacht, so ist im KAnh. auf die Inanspruchnahme hinzuweisen (§ 308 Abs. 2 S. 2 HGB). 272

Materiell handelt es sich dabei primär um das Recht zur Beibehaltung von versicherungstechnischen **Rückstellungen** und der besonderen **stillen Reserven** bei Banken in der Konzernbilanz[349]. Stille Reserven i.S.v. § 340f HGB können in der Konzern- 273

---

344 Vgl. *Wiedmann/Böcking/Gros*, Bilanzrecht[3], § 308, Rn. 8.
345 Vgl. dazu sowie zu den möglichen Abweichungen Kap. G Tz. 266.
346 Zu den Fragen des Zusammenhangs von HB I und II, die in diesen Fällen auftreten, vgl. Kap. G Tz. 307.
347 Vgl. *Funk*, in: Baetge, Bilanzrecht, S. 145 (166).
348 Vgl. *IDW RH HFA 1.018*, Tz. 10.
349 Vgl. Begr. RegE § 289 HGB-EK, BR-Drs. 163/85, S. 41.

bilanz, etwa zum Ausgleich von Verlusten bei anderen konsolidierten Unternehmen, aufgelöst werden, ohne dass ihre Fortführung in den JA davon berührt wird.

274 Dem allgemeinen Grundsatz der **Wesentlichkeit** entspr. kann auf die Anpassung der nach abw. Methoden ermittelten Wertansätze verzichtet werden, wenn die Auswirkungen der Anpassung im Hinblick auf die in § 297 Abs. 2 HGB geforderte Vermittlung eines den tatsächlichen Verhältnissen entspr. Bildes nur von untergeordneter Bedeutung wären (§ 308 Abs. 2 S. 3 HGB)[350]. Für diese Fälle wird konsequenterweise keine Angabe im KAnh. verlangt.

275 Darüber hinaus kann in nicht abschließend bestimmten **Ausnahmefällen** auf die sonst notwendige Bewertungsanpassung verzichtet werden (§ 308 Abs. 2 S. 4 HGB). Allerdings ist eine **restriktive** Handhabung dieser Ausnahmeregelung geboten[351], da der Informationsverlust des KA bei abw. Bewertung auch durch die mit der Inanspruchnahme verbundene Verpflichtung zur Angabe[352] und Begründung der Abweichung nur in Einzelfällen ausgeglichen werden kann. Mit dieser Ausnahmeregelung soll in besonderen Fällen die Praktikabilität der Konsolidierung gewährleistet werden[353], weil der Verzicht auf die Einbeziehung eines TU eine stärkere Gefährdung des Informationswertes bedeuten würde als eine Einbeziehung mit abw. Bewertung und gleichzeitiger Erläuterung. Ein denkbarer Anwendungsfall wäre z.B. die erstmalige Einbeziehung eines TU, für das gleichzeitig nach § 296 Abs. 1 Nr. 2 HGB die Nichteinbeziehung zulässig wäre, weil die Bewertungsanpassung zu unverhältnismäßigen Verzögerungen führen würde.

4.6.4 Erstmalige Anwendung der einheitlichen Bewertung

276 Wird ein TU **erstmals** in den Konsolidierungskreis **einbezogen**, so ist die Bewertungsanpassung in der HB II auf den maßgeblichen Stichtag der Erstkonsolidierung (§ 301 Abs. 2 HGB) vorzunehmen. Die Anpassungsbeträge aus der erstmaligen Anwendung der einheitlichen Bewertung gehen in das konsolidierungspflichtige Kapital ein und beeinträchtigen somit nicht die Vergleichbarkeit des Konzernerfolges mit anderen Perioden[354].

4.7 Besonderheiten nach dem PublG

4.7.1 Grundsätze

277 Die **Grundsätze** für die Aufstellung des KA und KLB sind in § 13 Abs. 2-4 PublG zusammengefasst. Sie bestehen im Wesentlichen aus einem Verweis auf die entspr. Vorschriften des HGB sowie einigen Erleichterungen, insb. für den Fall, dass an der Spitze des Konzerns ein Einzelkaufmann oder eine Personenhandelsgesellschaft steht, die nicht unter § 264a HGB fällt.

278 Unternehmen, die nach dem PublG verpflichtet sind, einen KA aufzustellen, dürfen diesen gem. § 11 Abs. 6 S. 1 Nr. 2 PublG i.V.m. § 315e HGB auch nach den von der EU übernommenen IFRS aufstellen[355]. Fällt ein MU in den **Anwendungsbereich des Art. 4**

---

[350] Vgl. *IDW RH HFA 1.018*, Tz. 11-13.
[351] Vgl. *IDW RH HFA 1.018*, Tz. 14; *Biener*, DB 1983, Beil. Nr. 19, S. 8; ADS[6], § 308, Tz. 49.
[352] Vgl. *IDW RH HFA 1.018*, Tz. 16.
[353] Vgl. *IDW RH HFA 1.018*, Tz. 15; *Biener*, DB 1983, Beil. Nr. 19, S. 8.
[354] Vgl. dazu im Einzelnen auch die Ausführungen in Kap. G Tz. 511, die hier sinngemäß gelten.
[355] Zur Bilanzierung nach IFRS vgl. Kap. K.

der IAS-VO[356], ist es verpflichtet, die von der EU übernommenen IFRS zu befolgen. In den Anwendungsbereich der IAS-VO fallen Gesellschaften, die dem Recht eines Mitgliedstaates unterliegen und deren Wertpapiere am jeweiligen Abschlussstichtag zum Handel an einem organisierten Markt[357] in einem beliebigen Mitgliedstaat zugelassen sind. Der Begriff „Gesellschaften" wird in Art. 48 des Vertrags zur Gründung der Europäischen Gemeinschaft definiert. Als Gesellschaften gelten die Gesellschaften des bürgerlichen Rechts und des Handelsrechts einschl. der Genossenschaften und die sonstigen juristischen Personen des öffentlichen und privaten Rechts mit Ausnahme derjenigen, die keinen Erwerbszweck verfolgen[358]. Nach diesem Wortlaut würden ein Einzelunternehmen bzw. ein eingetragener Kaufmann nicht unter den Begriff „Gesellschaft" fallen[359]. MU, die nach dem PublG zur Aufstellung eines KA verpflichtet sind und die Zulassung einer Wertpapieremission zu einem organisierten Markt in der EU **beantragt** haben, müssen ihren KA gem. § 11 Abs. 6 S. 1 Nr. 2 PublG i.V.m. § 315e Abs. 2 HGB nur dann nach IFRS aufstellen, wenn sie ihrer Rechtsform nach in den Anwendungsbereich der IAS-VO fallen.

Stellt das nach PublG verpflichtete Unternehmen seinen KA pflichtmäßig (§ 315e Abs. 1 oder 2 HGB) oder freiwillig (§ 315e Abs. 3 HGB) nach den von der EU übernommenen IFRS auf, so richten sich Inhalt und Form des KA, Abgrenzung des Konsolidierungskreises, Konsolidierungsvorschriften und Anhangangaben nach den IFRS. In diesem Fall gelten die Verweisungen des § 13 Abs. 2 S. 1 und 2 sowie Abs. 3 S. 1 und 2 PublG nicht (§ 11 Abs. 6 S. 2 PublG). **279**

Der KA besteht grds. aus der Konzernbilanz, der Konzern-GuV, dem KAnh., der KFR und dem EK-Spiegel (§ 13 Abs. 2 S. 1 PublG i.V.m. § 297 Abs. 1 S. 1 HGB). Die SegBE ist freiwilliger Bestandteil des KA (§ 297 Abs. 1 S. 2 HGB). Bei Personenhandelsgesellschaften oder Einzelkaufleuten, die zur Konzernrechnungslegung nach dem PublG verpflichtet sind, braucht der KA keine KFR und keinen EK-Spiegel zu umfassen (§ 13 Abs. 3 S. 2 Hs. 2 PublG). Dies gilt nur, wenn das MU nicht kapitalmarktorientiert i.S.d. § 264d HGB ist. **280**

Ergänzt wird der KA durch den **KLB** (§ 13 Abs. 1 PublG), der selbstständig neben den KA tritt und auf den § 315 HGB sinngemäß anzuwenden ist (§ 13 Abs. 2 S. 3 PublG). **281**

---

356 VO (EG) Nr. 1606/2002, Abl.EG 2002, Nr. L 243, S. 1.
357 Zur Definition des organisierten Marktes vgl. Kap. J Tz. 4.
358 Vgl. EU-Vertrag, Abl.EG 2001, Nr. C 325, S. 33. Die Definition für Gesellschaften kann aus diesem Vertrag herangezogen werden, da Art. 44 dieses Vertrags Rechtsgrundlage für die Rechnungslegungsrichtlinien der EU ist.
359 In diesem Sinne wohl auch Regierungsbegründung zum BilReG zu § 11 PublG. Vgl. BT-Drs. 15/3419, S. 36. In der englischen Fassung des Art. 48 des Vertrags zur Gründung der EG wird von *companies or firms* gesprochen, während die englische Fassung der IAS-VO nur von *companies* spricht. Dies spricht ebenfalls dafür, dass die Anwendung der IAS-VO eng an den Begriff „Gesellschaft" gebunden ist. Die Wiedergabe des Art. 48 mit den Worten „Gesellschaften oder Unternehmen" in der Stellungnahme der Kommission der EU (in: Kommentare zu bestimmten Art. der VO (EU) Nr. 1606/2002, http://www.ifrs-portal.com/ Dokumente/Framework_de.pdf, zit. 11.10.2018) ist näher an der englischen Fassung, sie geht aber über die amtl. Übersetzung des Vertrags hinaus.

4.7.2 Abschlussstichtag, Konzerngeschäftsjahr, Geschäftsjahr der einbezogenen Unternehmen

282 Der KA ist auf den Stichtag des JA des MU aufzustellen (§ 13 Abs. 2 S. 1 PublG i.V.m. § 299 Abs. 1 HGB). Ist das **MU kein Kaufmann** i.S.d. HGB und daher überhaupt nicht verpflichtet, einen JA aufzustellen, so sollte der Stichtag des JA des „größten" Konzernunternehmens mit Sitz im Inland, der für die Feststellung der Größenmerkmale des § 11 Abs. 1 PublG maßgebend ist, auch Stichtag für die Aufstellung des KA sein.

4.7.3 Gliederung

283 Für die Gliederung der Konzernbilanz gilt grds. das **Gliederungsschema für die Bilanz großer KapGes.** (§ 13 Abs. 2 S. 1 PublG i.V.m. § 298 Abs. 1 i.V.m. § 266 HGB).

284 Ist für das MU eine von § 266 HGB abw. Gliederung vorgeschrieben, muss diese auch für die Konzernbilanz an die Stelle des nach § 266 HGB vorgeschriebenen Gliederungsschemas treten (§ 13 Abs. 2 S. 2 PublG). Die Regelung gilt in erster Linie für die sog. **Formblattunternehmen**, aber auch für alle anderen Unternehmen, für die eine arteigene Gliederung vorgeschrieben ist. Das Gliederungsschema des § 266 HGB gilt auch für Genossenschaften, jedoch mit entspr. angepasstem EK-Ausweis (§ 337 HGB).

285 Übt das MU eine Tätigkeit aus, die von der der übrigen einbezogenen Unternehmen stark abweicht (z.B. KI als Spitze eines Industriekonzerns), könnte das abw. Gliederungsschema im Einzelfall zu einer Beeinträchtigung der Aussagefähigkeit des KA führen. In solchen Fällen ist die Konzernbilanz nach dem Schema zu gliedern, das für die Unternehmen mit der überwiegend im Konzern ausgeübten Tätigkeit gilt. Es ist um notwendige Einzelangaben aus anderen Gliederungsvorschriften, z.B. durch Fußnoten, Davon-Vermerke, Vorspalte oder weitere Angaben im KAnh. zu ergänzen. Außerdem ist die Ergänzung im KAnh. anzugeben und zu begründen (§ 13 Abs. 2 S. 1 PublG i.V.m. §§ 298 Abs. 1, 265 Abs. 4 HGB).

286 Soweit **für das MU** eine von §§ 266, 275 HGB **abw. Gliederung zulässig** ist, kann diese auch für den KA verwendet werden (§ 13 Abs. 2 S. 1 Hs. 2 PublG). Obgleich dies dazu führt, dass die Gliederung eines KA weniger detailliert ist als die eines gleich großen Einzelkaufmanns oder einer PersGes. (§ 13 Abs. 1 S. 1 Hs. 1 PublG), können nach dem Wortlaut des Gesetzes Einzelkaufleute und PersGes., die nicht unter § 1 PublG fallen, den von ihnen aufzustellenden KA „individuell" gliedern. Für diese Unternehmen gibt es keine spezifischen Gliederungsvorschriften; eine von §§ 265, 275 HGB abw. Gliederung ist demnach zulässig. Angesichts der Größenordnung solcher Konzerne ist die Anwendung einer Gliederung wünschenswert, die nicht hinter der für gleich große Einzelkaufleute und PersGes. zurückbleibt. Da gem. § 13 Abs. 2 S. 1 PublG die Vorschriften der §§ 294–314 HGB sinngemäß anzuwenden sind, werden die zuvor dargestellten Freiheitsgrade insoweit eingeschränkt, als das HGB den Ausweis gesonderter Posten im KA explizit vorsieht (z.B. gesonderter Posten „nicht beherrschende Anteile" gem. § 307 Abs. 1 HGB, gesonderter Ausweis der „Eigenkapitaldifferenz aus Währungsumrechnung" gem. § 308a S. 3 HGB). Soll der KA nach dem PublG befreiende Wirkung nach § 291 HGB für eine nach § 290 HGB verpflichtete KapGes. haben, muss die Gliederung den Vorschriften entsprechen, die für den KA von KapGes. gelten[360].

---

360 Vgl. Kap. G Tz. 111.

287 Bei der Gestaltung der zulässigen abw. Gliederung ist § 297 Abs. 2 S. 1 HGB zu beachten. Danach ist der KA klar und übersichtlich aufzustellen. Er hat unter Beachtung der GoB ein den tatsächlichen Verhältnissen entspr. Bild der Vermögens-, Finanz- und Ertragslage des Konzerns zu vermitteln (§ 13 Abs. 2 S. 1 Hs. 1 PublG i.V.m. § 297 Abs. 2 HGB). Grundsätzlich ist davon auszugehen, dass eine Bilanz nicht diesen Grundsätzen entspricht, wenn in ihr nicht die wesentlichen Gruppen des Vermögens und der Schulden gesondert ausgewiesen werden: Sachanlagen und immaterielle Vermögensgegenstände, Finanzanlagen, Vorräte, Forderungen, flüssige Mittel, sonstige Vermögensgegenstände, aktive RAP, EK, Rückstellungen, Verbindlichkeiten, passive RAP. Als Orientierungshilfe kann auch das Bilanzgliederungsschema für kleine Gesellschaften (§ 266 Abs. 1 S. 3 HGB) oder für Kleinstgesellschaften (§ 266 Abs. 1 S. 4 HGB) herangezogen werden. Diese Schemata gelten zwar expressis verbis nur für KapGes. bzw. Kleinstgesellschaften. Angesichts der Schwellenwerte für diese Gesellschaften (§ 267 Abs. 1 bzw. § 267a Abs. 1 HGB) muss davon ausgegangen werden, dass der Gesetzgeber Gliederungen, die hinter diesem Schema zurückbleiben, generell nicht mehr für geeignet hält, ein den tatsächlichen Verhältnissen entspr. Bild der Vermögenslage des Unternehmens zu geben. Ob und ggf. wie weit eine Untergliederung dieser Posten erforderlich ist, muss im Einzelfall entschieden werden.

288 Der Einblick in die Vermögens-, Finanz- und Ertragslage ist unvollständig, wenn unter der Konzernbilanz nicht die **Bilanzvermerke nach § 251 HGB** angegeben werden. Die Bilanzvermerke sind nach § 268 Abs. 7 Nr. 1-3 HGB **aufzugliedern** (§ 13 Abs. 2 S. 1 PublG i.V.m. § 298 Abs. 1 HGB). In gleicher Weise ergibt sich auch die Pflicht zur Darstellung der Entwicklung des AV im Anlagenspiegel.

4.7.4 Privatvermögen und private Schulden

289 Ist das MU oder eines der in den KA einbezogenen TU ein Einzelkaufmann oder eine Personenhandelsgesellschaft, so dürfen das Privatvermögen und die privaten Schulden des Einzelkaufmanns oder der Gesellschafter nicht in die Konzernbilanz eingehen (§ 13 Abs. 3 S. 2 i.V.m. § 5 Abs. 4 PublG)[361]. Ist der Einzelkaufmann oder die Personenhandelsgesellschaft nicht nach dem ersten Abschn. des PublG zur Rechnungslegung verpflichtet und muss daher § 5 Abs. 4 PublG nicht angewendet werden, so ist die Aussonderung des privaten Vermögens und der privaten Schulden bei der Aufstellung der Konzernbilanz gleichwohl vorzunehmen.

4.7.5 Bilanzansatz und Bewertung

290 Für Bilanzansatz und Bewertung gelten, ohne Rücksicht darauf, ob das MU selbst die Schwellenwerte von § 1 PublG überschreitet, die für KapGes. anzuwendenden Vorschriften sinngemäß (§ 13 Abs. 2 S. 1 Hs. 1 PublG i.V.m. § 298 Abs. 1 HGB)[362].

---

[361] Zur Abgrenzung des Privatvermögens und der privaten Schulden vgl. Kap. G Tz. 289 sowie *Goerdeler*, in: FS Kaufmann, S. 169.
[362] Vgl. hierzu im Einzelnen Kap. G Tz. 250 und Kap. G Tz. 266.

5. Konzern-Gewinn- und Verlustrechnung

5.1 Grundsatz

291 Das HGB schreibt als einzig zulässige Form für die Konzern-GuV die vollkonsolidierte Form mit ungekürzter **Gliederung** vor. Allerdings werden für diese ungekürzte Gliederung in Staffelform sowohl das GKV (§ 275 Abs. 2 HGB) als auch das UKV (§ 275 Abs. 3 HGB) zugelassen.

292 Gesetzliche Grundlage für die Konzern-GuV nach HGB ist § 298 Abs. 1 HGB i.V.m. § 275 HGB. Außerdem sind § 305 HGB (Aufwands- und Ertragskonsolidierung), § 307 Abs. 2 HGB (Ausweis des auf nicht beherrschende Anteile entfallenden Gewinns und Verlustes) und § 306 HGB (Latente Steuern) zu beachten.

5.2 Entsprechende Anwendung der Vorschriften über die Einzel-Gewinn- und Verlustrechnung

293 Grundsätzlich gelten für die Gliederung der Konzern-GuV die Schemata nach § 275 Abs. 2 und 3 HGB, sofern die Eigenart des KA keine Abweichungen bedingt oder ausdrücklich etwas anderes vorgeschrieben ist (§ 298 Abs. 1 HGB). Außerdem gilt auch für die Konzern-GuV die Ermächtigung des § 330 HGB zum Erlass von Formblattvorschriften.

294 Im Einzelnen sind folgende Vorschriften des HGB, die die GuV einer KapGes. nach § 275 Abs. 2 und 3 HGB ergänzen, für die Konzern-GuV entspr. anzuwenden:
- Vollständigkeitsgebot (§ 298 Abs. 1 i.V.m. § 246 Abs. 1)
- Saldierungsverbot (§ 298 Abs. 1 i.V.m. § 246 Abs. 2 S.1)
- Saldierungsgebot für Aufwendungen und Erträge aus Deckungsvermögen und Schulden aus Altersversorgungsverpflichtungen oder vergleichbaren langfristig fälligen Verpflichtungen (§ 298 Abs. 1 i.V.m. § 246 Abs. 2 S. 2)
- Stetigkeit der Gliederung (§ 298 Abs. 1 i.V.m. § 265 Abs. 1)
- Angabe der VJ-Beträge (§ 298 Abs. 1 i.V.m. § 265 Abs. 2)
- Erweiterung der Gliederung bei mehreren Geschäftszweigen (§ 298 Abs. 1 i.V.m. § 265 Abs. 4)
- freiwillig weitergehende Untergliederung (§ 298 Abs. 1 i.V.m. § 265 Abs. 5 S. 1)
- freiwillige Einfügung neuer Posten, wenn ihr Inhalt nicht von einem vorgeschriebenen Posten gedeckt wird (§ 298 Abs. 1 i.V.m. § 265 Abs. 5 S. 2)
- Abweichungen vom Gliederungsschema, wenn dies zur Klarheit und Übersichtlichkeit erforderlich ist (§ 298 Abs. 1 i.V.m. § 265 Abs. 6)
- Zusammenfassung bestimmter Posten bei unwesentlichen Beträgen (§ 298 Abs. 1 i.V.m. § 265 Abs. 7 Nr. 1)
- Zusammenfassung von Posten zur Vergrößerung der Klarheit bei Aufgliederung im KAnh. (§ 298 Abs. 1 i.V.m. § 265 Abs. 7 Nr. 2)
- kein Ausweis von Leerposten, sofern auch im VJ kein Betrag ausgewiesen wurde (§ 298 Abs. 1 i.V.m. § 265 Abs. 8)
- Definition der Umsatzerlöse (§ 298 Abs. 1 i.V.m. § 277 Abs. 1). Für die Abgrenzung *von den sonstigen betrieblichen Erträgen* (§ 298 Abs. 1 i.V.m. § 275 Abs. 2 Nr. 4, Abs. 3 Nr. 6) in Konzernen mit heterogener wirtschaftlicher Tätigkeit ist ent-

scheidend, wie die Erträge aus der Sicht eines einheitlichen Unternehmens gliederungsmäßig einzuordnen wären (§ 297 Abs. 3 S. 1).
- Definition der Bestandsveränderung (§ 298 Abs. 1 i.V.m. § 277 Abs. 2)
- Verpflichtung zum jeweils gesonderten Ausweis von außerplanmäßigen Abschreibungen gem. § 253 Abs. 3 S. 5 und 6 (§ 298 Abs. 1 i.V.m. § 277 Abs. 3 S. 1)
- Verpflichtung zum jeweils gesonderten Ausweis von Erträgen und Aufwendungen aus Verlustübernahme und aufgrund einer Gewinngemeinschaft, eines Gewinnabführungsvertrags oder Teil-Gewinnabführungsvertrags erhaltenen oder abgeführten Gewinnen unter entspr. Bezeichnung (§ 298 Abs. 1 i.V.m. § 277 Abs. 3)
- Verpflichtung, vom Ertrag aus einem Gewinnabführungsvertrag oder Teil-Gewinnabführungsvertrag einen vertraglich zu leistenden Ausgleich für außenstehende Gesellschafter abzutreten bzw. einen übersteigenden Betrag unter den Aufwendungen aus der Verlustübernahme auszuweisen (§ 298 Abs. 1 HGB i.V.m. § 158 Abs. 2 AktG). Die Vorschrift gilt expressis verbis nur für die AG; bei Verträgen gleichen wirtschaftlichen Inhalts mit einer GmbH oder zwischen anderen Gesellschaften mbH sollte entspr. verfahren werden. Ihre praktische Bedeutung ist ohnehin gering, da sie nur dann gilt, wenn Unternehmen, die ihre Ergebnisse an Unternehmen des Konsolidierungskreises abführen, nicht in den KA einbezogen werden.
- Verpflichtung zum jeweils gesonderten Ausweis von Erträgen und Aufwendungen aus der Abzinsung sowie aus der Währungsumrechnung nach § 256a HGB (§ 298 Abs. 1 i.V.m. § 277 Abs. 5)
- Ausweis eines Ertrags aus Kapitalherabsetzung nach dem Posten „Entnahmen aus Gewinnrücklagen" und gesonderter Ausweis der Einstellung in die Kapitalrücklage nach den Vorschriften über die vereinfachte Kapitalherabsetzung (§ 240 AktG). Auf beide Sachverhalte verweist § 298 Abs. 1 HGB („die für die Rechtsform geltenden Vorschriften"). Sofern eine Konzernergebnisverwendungsrechnung erstellt wird, ist die Darstellung der Rücklagenbewegung in der Konzern-GuV erforderlich (soweit die Posten nicht i.R.d. Konsolidierung entfallen sind). Wird eine solche Verwendungsrechnung nicht erstellt, kann auch die Darstellung der Rücklagenbewegung gem. § 240 AktG entfallen.
- gesonderter Ausweis des Ertrags aufgrund höherer Bewertung gem. dem Ergebnis der Sonderprüfung und des Ertrags aufgrund höherer Bewertung gem. gerichtlicher Entscheidung (§ 298 Abs. 1 HGB i.V.m. § 261 AktG). Fraglich ist, inwieweit die Aufwertung in der HB I wegen der ggf. ohnehin schon abw. Bewertung in der HB II bzw. der Aufstellung einer Neubewertungsbilanz für Zwecke der Kapitalkonsolidierung überhaupt Einfluss auf die Bewertung in der Konzernbilanz hat.

Es stellt sich die Frage, ob die gem. § 158 Abs. 1 AktG für den JA von AG/KGaA vorgeschriebene **Gewinnverwendungsrechnung** auch im KA zu machen ist, wenn das MU oder eines der einbezogenen TU die Rechtsform einer AG/KGaA hat. Für den JA einer GmbH fehlt es an einer vergleichbaren Verpflichtung, auch wenn die Aufstellung einer Gewinnverwendungsrechnung empfohlen wird. In DRS 22.20 wird rechtsformunabhängig die Aufstellung einer Konzernergebnisverwendungsrechnung empfohlen.

Da nach § 298 Abs. 1 HGB die für große KapGes. geltenden Vorschriften anzuwenden sind, ist die Zusammenfassung von Posten der GuV zu einem Posten „Rohergebnis", die gem. § 276 HGB von Kleinstkapitalgesellschaften[363] sowie von kleinen und mittelgroßen KapGes. gemacht werden darf, in der Konzern-GuV nicht zulässig. Auch die für Kleinstkapitalgesellschaften zulässige verkürzte GuV-Darstellung (§ 275 Abs. 5 HGB) ist folglich auf die Konzern-GuV nicht anwendbar.

5.3 Systembedingte Abweichungen von der Gliederung der Einzel-Gewinn- und Verlustrechnung

297 Abweichungen von der **Gliederung** der GuV nach § 275 Abs. 2 bzw. Abs. 3 HGB, die durch die Eigenart der Konzern-GuV bedingt sind (§ 298 Abs. 1 HGB), sind insb. jene Umgliederungen, die sich daraus ergeben, dass bestimmten Sachverhalten, denen in der Einzel-GuV ein Posten zugewiesen ist, aus der Sicht des Konzerns als einheitliches Unternehmen (**Einheitsgrundsatz**) ein anderer Inhalt beizulegen ist. Im Prinzip können systembedingte Abweichungen sowohl beim GKV als auch beim UKV erforderlich sein. Im Folgenden werden dazu einige Beispiele gegeben:

- Leistet ein MU i.Z.m. Ergebnisübernahmeverträgen garantierte Ausgleichszahlungen an Minderheitsgesellschafter eines TU (§ 304 AktG), so sind diese Zahlungen in der Einzel-GuV des MU von dem Ertrag aus dem Gewinnabführungsvertrag abzusetzen. In der Konzern-GuV ist die Ausgleichszahlung als „nicht beherrschenden Anteilen zustehender Gewinn" (nicht: „nicht beherrschende Anteile" i.S.v. § 307 Abs. 2 HGB) gesondert **vor** dem Konzern-Jahresüberschuss/Jahresfehlbetrag auszuweisen (DRS 23.159).

- Liefert ein Konzernunternehmen A eine selbst hergestellte Maschine an das ebenfalls in den KA einbezogene Unternehmen B zur Nutzung in dessen AV und entstehen in diesem Zusammenhang bei Unternehmen A Transportkosten, die Unternehmen B gesondert in Rechnung gestellt werden, sind diese Kosten in der Einzel-GuV von Unternehmen A bei Anwendung des UKV als Vertriebskosten (§ 275 Abs. 3 Nr. 4 HGB) auszuweisen. Aus der Sicht des Konzerns handelt es sich um Herstellungskosten der Maschine (§ 275 Abs. 3 Nr. 2 HGB).

5.4 Konzernergebnis

298 Als Konzernergebnis wird hier der Konzernbilanzgewinn/-verlust bezeichnet, der sich aus dem Jahresergebnis, dem Ergebnisvortrag und den Rücklagenbewegungen im Konzern ableitet. Dieser Betrag wird nicht notwendigerweise in einer Summe in der Konzernbilanz ausgewiesen; seine Elemente erscheinen vielmehr als Einzelposten in der Gruppe EK (§ 266 Abs. 3 A. HGB), wobei die Rücklagenbewegung nur aus einer Differenzrechnung ggü. dem VJ abgeleitet werden kann. In der Konzern-GuV wird der Konzernbilanzgewinn/-verlust als letzter Posten ausgewiesen, falls sie eine Ergebnisverwendungsrechnung enthält[364].

299 Das Konzernergebnis weicht regelmäßig von der Summe der entspr. Ergebnisse aus den konsolidierten JA (HB II) ab. Gründe dafür sind erfolgswirksame Konsolidierungsmaßnahmen, die Bereinigung zeitlicher Verschiebungen zwischen Ergebniserzielung und Ergebnisvereinnahmung, inkl. der Anwendung der Equity-Methode, u.ä. konsolidierungstechnische Maßnahmen einschl. der dadurch ausgelösten Steuerabgrenzung

---

363 Sofern diese nicht die Erleichterung des § 275 Abs. 5 HGB in Anspruch nehmen.
364 Vgl. im Einzelnen Kap. G Tz. 295.

sowie die Aufteilung des Ergebnisses in zwei Gruppen von Anteilseignern: MU u.a. Gesellschafter. Addiert man dazu noch die Korrekturen der Einzelbilanzen (HB I), die bereits in der HB II vorzunehmen sind, so kann je nach Sachlage die Differenz zwischen der Summe der Einzelbilanzergebnisse und dem Konzernbilanzergebnis eine erhebliche Größenordnung erreichen.

5.5 Besonderheiten nach dem PublG

5.5.1 Gliederung

Grundsätzlich gelten für die Konzern-GuV die **Gliederungsvorschriften der §§ 275, 277 HGB** (§ 13 Abs. 2 S. 1 Hs. 1 PublG i.V.m. § 298 Abs. 1 HGB).[365] **300**

In vollem Umfang sind die Vorschriften anzuwenden, wenn der KA nach dem PublG zugleich befreiende Wirkung nach §§ 291, 292 HGB haben soll. Auch MU in der Rechtsform einer eingetragenen Genossenschaft müssen die Vorschriften mit Ausnahme des § 277 Abs. 3 S. 1 HGB beachten (§ 13 Abs. 2 S. 1 Hs. 1 PublG i.V.m. §§ 298 Abs. 1, 275, 336 Abs. 2 HGB). Ist das zur Aufstellung des KA verpflichtete MU ein Einzelkaufmann oder eine Personenhandelsgesellschaft, die unter den ersten Abschn. des PublG fällt (vgl. §§ 1, 3 PublG), so gelten für die Konzern-GuV grds. die §§ 275, 277 HGB (§ 13 Abs. 2 S. 1 Hs. 1 PublG i.V.m. § 298 Abs. 1 HGB).[366] **301**

Soweit für MU eine von § 275 HGB **abw. Gliederung der GuV vorgeschrieben** ist, ist diese auch für die Konzern-GuV zu verwenden (§ 13 Abs. 2 S. 2 PublG). Die Ausführungen zur Erweiterung des Gliederungsschemas der Bilanz bei unterschiedlichen Geschäftszweigen gelten für die Konzern-GuV sinngemäß. **302**

Ist für das MU eine von § 275 HGB **abw. Gliederung für die GuV zulässig**, so kann diese Gliederung auch für die Konzern-GuV verwendet werden (§ 13 Abs. 2 S. 1 Hs. 2 PublG). Praktische Bedeutung hat dieses Wahlrecht nur für MU in der Rechtsform des Einzelkaufmanns oder einer Personenhandelsgesellschaft. Darüber hinaus hat diese Vorschrift Bedeutung für die seltenen Fälle eines MU in der Rechtsform der BGB-Gesellschaft. **303**

Als Gliederungssystem für eine individuelle Konzern-GuV sollte die in Deutschland übliche Staffelform gewählt werden. Jedoch ist auch die Kontoform nicht ausgeschlossen. Ferner können sich die Unternehmen für das GKV oder das UKV entscheiden. Die Gliederungstiefe wird von dem Gebot der Vermittlung eines den tatsächlichen Verhältnissen entspr. Bildes der Ertragslage bestimmt (§ 13 Abs. 2 S. 1 Hs. 1 PublG i.V.m. § 297 Abs. 2 HGB). Im Allgemeinen wird man davon ausgehen können, dass das Gliederungsschema für Kleinstkapitalgesellschaften (§ 275 Abs. 5 HGB) bzw. für kleine und mittelgroße Gesellschaften und Kleinstkapitalgesellschaften, die § 275 Abs. 5 HGB nicht in Anspruch nehmen, (§ 276 HGB) diese Voraussetzung erfüllt. **304**

Ist das MU ein Einzelkaufmann oder eine Personenhandelsgesellschaft, so dürfen die **Steuern**, die die einbezogenen Unternehmen als Steuerschuldner zu entrichten haben, unter den sonstigen (betrieblichen) Aufwendungen ausgewiesen werden (§ 13 Abs. 3 S. 2 Hs. 1 PublG i.V.m. § 5 Abs. 5 S. 2 PublG). Diese Erleichterung gilt dann auch für die entspr. Steueraufwendungen der nach § 294 HGB einbezogenen Unternehmen anderer Rechtsform. Sie schließt außerdem die latenten Steuern (§§ 274, 306 HGB) ein. Uner- **305**

---

[365] Vgl. daher die Ausführungen in Kap. G Tz. 291 f.
[366] Zu den Ausnahmen vgl. Kap. G Tz. 303 ff.

lässlicher Bestandteil einer Konzern-GuV ist der gesonderte Ausweis des anderen Gesellschaftern zustehenden Gewinns bzw. des auf sie entfallenden Verlustes (§ 307 Abs. 2 HGB).

5.5.2 Private Aufwendungen und Erträge

306 Ist das MU ein Einzelkaufmann oder eine Personenhandelsgesellschaft, so dürfen die auf das **Privatvermögen und die privaten Schulden** entfallenden Aufwendungen und Erträge weder in die Einzel-GuV noch in die Konzern-GuV aufgenommen werden[367] (§ 13 Abs. 3 S. 2 Hs. 1 i.V.m. § 5 Abs. 4 PublG).

6. Überleitung von der Handelsbilanz I zur Handelsbilanz II

6.1 Einführung einer Handelsbilanz II

307 Die Aufstellung einer **HB II** ist – abgesehen von der notwendigen Anpassung der Gliederung – unerlässliche Voraussetzung für die Aufstellung eines KA nach HGB, wenn Vermögensgegenstände, Schulden, RAP und Sonderposten aus den Bilanzen von TU im KA anders angesetzt oder bewertet werden sollen als in den JA (HB I)[368]. Dabei kommt es nicht darauf an, ob das betreffende TU seinen Sitz im Inland, innerhalb der EU oder im übrigen Ausland hat und ob die Änderung gesetzlich erforderlich ist oder freiwillig vorgenommen wird.

6.2 Form und Inhalt der Handelsbilanz II

308 Korrekturen in der **HB II** ggü. der HB I kommen grds. in folgenden Bereichen vor:

- Gliederung (§ 298 Abs. 1 i.V.m. § 266 HGB)
- Bilanzansatz (§ 300 HGB)
- Bewertung (§ 308 HGB)
- Währungsumrechnung (§ 308a HGB).

309 Anpassungen der **Gliederung** lassen sich für den Inlandsbereich weitgehend dadurch vermeiden, dass alle inländischen TU bereits in ihrer Einzelbilanz das Gliederungsschema anwenden, das für den KA gilt. Im Allgemeinen wird es sich dabei um das Schema für große und mittelgroße KapGes. (§ 266 HGB) handeln, das um Besonderheiten des MU oder anderer konsolidierter Unternehmen zu ergänzen ist. TU mit Sitz im Ausland müssen ihre HB I nach ihrem jeweiligen Landesrecht gliedern, so dass hier ggf. größere Anpassungen erforderlich sein können.

310 Grundsätzlich ist das **Mengengerüst** aus der HB I in die HB II zu übernehmen. Allerdings sind auch hier bereits Korrekturen erforderlich, soweit die Bilanzansatzvorschriften nach dem jeweiligen Landesrecht nicht mit § 300 HGB vereinbar sind. Dies trifft z.B. dann zu, wenn in der HB I in Übereinstimmung mit dem betreffenden Landesrecht ein selbst geschaffenes Markenrecht aktiviert worden ist oder wenn die Passivierung einer Rückstellung nach deutschem Bilanzrecht unzulässig ist. Andererseits sind

---

[367] Vgl. die Ausführungen zum privaten Vermögen und den privaten Schulden in Kap. G Tz. 289, die sinngemäß gelten.
[368] Vgl. zu notwendigen Anpassungen im Einzelnen Kap. G Tz. 238, Kap. G Tz. 250 und Kap. G Tz. 266, *Havermann*, in: FS Döllerer, S. 185. Vgl. zur Notwendigkeit einer gesonderten HB II *IDW RH HFA 1.018*, Tz. 7-9.

ggf. Aktiv- und Passivposten in die HB II aufzunehmen, die nach § 300 HGB bilanzierungsfähig oder bilanzierungspflichtig sind, aber in der HB I nicht enthalten sind. Zum Beispiel könnte es nach ausländischem Bilanzrecht verboten sein, selbst geschaffene immaterielle Vermögensgegenstände des AV zu aktivieren, wohingegen hierfür in Deutschland nach § 248 Abs. 2 S. 1 HGB ein Wahlrecht besteht. Bei der Überleitung der HB I in die HB II können sich darüber hinaus Änderungen sowohl für inländische als auch für ausländische TU immer dann ergeben, wenn Ansatzwahlrechte im KA anders ausgeübt werden sollen als in der HB I[369].

Für die Überleitung der Bewertung in der HB I zur HB II können sich die gleichen Fallgruppen ergeben. Maßstab für die **Bewertung von Aktiva und Passiva in der HB II** sind die auf den JA des MU anwendbaren Bewertungsmethoden (§ 308 Abs. 1 S. 1 HGB) bzw. ihre Umsetzung – insb. für den Bereich der Wahlrechte – in die spezifische Konzernbilanzrichtlinie. Schließen z.B., was im Ausland teilw. zulässig ist, Abschreibungen auf bebaute Grundstücke auch Abschreibungen auf Grund und Boden mit ein, so ist die auf den Grund und Boden entfallende Abschreibung in der HB II rückgängig zu machen. Andererseits kann es notwendig sein, dass ein GoF in der HB I eines TU mit Sitz im Ausland in der HB II schneller abgeschrieben werden muss, um den Anforderungen von § 298 Abs. 1 i.V.m. § 253 Abs. 3 S. 1 HGB zu entsprechen. Neben diesen notwendigen Korrekturen können sich zahlreiche Umbewertungen aus der von den JA (HB I) abw. Ausübung von Bewertungswahlrechten ergeben[370]. Zu den notwendigen Anpassungsmaßnahmen in der HB II rechnet bei TU mit Sitz im Ausland auch die Währungsumrechnung nach § 308a HGB. **311**

Durch diese Änderungen entfernt sich die HB II mehr oder weniger weit von der HB I. Als Ergebnis einer statistischen Nebenrechnung („Konzernbuchführung") ist sie die Bilanz, die der Konsolidierung zugrunde gelegt wird. Sie ist keine Grundlage für Gewinnausschüttungen des betreffenden TU, für die Besteuerung oder für die Haftung ggü. Dritten. Sie bedarf keiner Feststellung oder Billigung eines Leitungsorgans und wird nicht offengelegt. **312**

6.3 Ergebnisauswirkung in der Handelsbilanz II

Die **Unterschiede in Bilanzansatz und Bewertung** zwischen HB I und HB II haben i.d.R. Auswirkungen auf das in der HB II ausgewiesene EK und Ergebnis. Die Veränderung der Unterschiede ggü. dem vergleichbaren Betrag des VJ wird voll erfolgswirksam und geht in das Jahresergebnis der HB II ein. Gleichzeitig muss aufgrund der geänderten Bilanzansätze die Ermittlung der latenten Steuern überprüft und ggf. angepasst werden (§ 298 Abs. 1 i.V.m. § 274 HGB), was ebenfalls erfolgswirksam geschieht. Die Auswirkungen der Anpassungsmaßnahmen werden bei der **erstmaligen Einbeziehung** eines TU im konsolidierungspflichtigen EK erfasst und beeinträchtigen somit nicht die Vergleichbarkeit mit anderen Perioden[371]. **313**

---

[369] Vgl. im Einzelnen Kap. G Tz. 259.
[370] Vgl. im Einzelnen Kap. G Tz. 266.
[371] Vgl. Kap. G Tz. 264.

6.4 Fortschreibung der Handelsbilanz II

314 Abweichungen im Ansatz und der Bewertung von Aktiva und Passiva zwischen HB I und **HB II** müssen regelmäßig verfolgt werden, da sie häufig zu Ergebnisbeeinflussungen über eine Reihe von Jahren führen. So führen z.B. Änderungen bei der Bewertung von Sachanlagegegenständen, deren Nutzung zeitlich begrenzt ist, zu Differenzen zwischen der Höhe der Abschreibungen in HB I und HB II für den Rest der Nutzungsdauer. Dies ist stets der Fall, wenn z.B. ein TU mit Sitz im Ausland Sachanlagen zu Wiederbeschaffungskosten oder zum beizulegenden Zeitwert (fair value) bewertet. Änderungen bei der Bewertung der Vorräte haben Ergebnisauswirkungen nicht nur im Jahr ihrer Vornahme, sondern auch im Jahr der Veräußerung. Die Summe der Unterschiede zwischen HB I und HB II nach Berücksichtigung latenter Steuern ist für jeden Stichtag den entspr. Korrekturen des VJ gegenüberzustellen. Die Veränderungen des Unterschiedsbetrags werden erfolgswirksam in den entspr. GuV-Posten gebucht und gehen in das Jahresergebnis des Konzerns ein.

315 Die Anpassungen in der HB II können statistisch erfasst und als Nebenrechnung von Jahr zu Jahr weitergeführt werden. Sie können in Abhängigkeit von der Anzahl und vom Sitz der TU sowie der Konzernbilanzpolitik sehr bald ein Ausmaß erreichen, das die Einrichtung einer besonderen „**Konzernbuchführung**" zweckmäßig erscheinen lässt[372], in der die von den HB I abw. Posten zusammengefasst und nach der Konzernbilanzrichtlinie des MU bilanziert werden. Die Überleitung der HB I zur HB II muss jederzeit nachvollziehbar sein. Sie ist notwendiger Gegenstand der Prüfung des KA (§ 317 Abs. 3 HGB).

> **Praxistipp 4:**
> Probleme und Verzögerungen bei der Aufstellung der HB II können zu erheblichen Verzögerungen des Gesamtprozesses (= Aufstellung des KA) führen. Um bei dieser, für die praktische Umsetzung der Aufstellung des KA so wichtigen Phase einen möglichst sachgerechten, effizienten und sicheren Ablauf zu gewährleisten, sollte auch in kleineren Konzernen eine **Konzernbilanzrichtlinie** erstellt werden. Mit dieser Konzernbilanzrichtlinie werden konzerneinheitliche Bilanzierungs- und Bewertungskriterien seitens des MU dokumentiert und gleichzeitig ggü. den TU und deren Teilbereichsprüfern klargestellt. Darüber hinaus sollte die Aufstellung des KA in allen Phasen mit Hilfe einer Konsolidierungssoftware abgebildet werden. Auch diese Maßnahme sollte bereits bei kleineren Konzernen umgesetzt werden, um den Gesamtprozess zu unterstützen, effizienter zu gestalten und die Qualität der Arbeitsergebnisse sicherzustellen.

7. Währungsumrechnung

7.1 Bedeutung und anzuwendende Normen

316 In den KA sind aufgrund des Weltabschlussprinzips nach § 294 Abs. 1 HGB auch ausländische TU einzubeziehen. Der nach deutschen Vorschriften aufzustellende KA hat zwingend auf **EUR-Beträge** zu lauten (§ 298 Abs. 1 i.V.m. § 244 HGB bzw. § 315e Abs. 1

---

[372] Vgl. *Havermann*, in: FS Döllerer, S. 197 und *Ruhnke*.

i.V.m. §§ 298 Abs. 1, 244 HGB). Die Konsolidierung ausländischer JA setzt daher die vorherige Umrechnung der Fremdwährungsbeträge in € voraus.

Die **Aufgabe der Währungsumrechnung** besteht somit darin, die Währung der in den KA einzubeziehenden JA zu **vereinheitlichen** und damit deren Zusammenfassung zum KA zu ermöglichen[373]. 317

Das Handelsrecht enthält mit § 308a HGB **eine konkrete Vorschrift**, nach welchen Grundsätzen in fremder Währung erstellte Abschlüsse in € umzurechnen sind. Mit dem Ziel, die Bilanzierungspraxis bei der Umrechnung von auf ausländische Währung lautenden Abschlüssen gesetzlich zu verankern und die Fremdwährungsumrechnung bei der Aufstellung von handelsrechtlichen KA zu vereinfachen und zu vereinheitlichen[374], wurde die sog. **modifizierte Stichtagskursmethode** als gesetzlich anzuwendende Methode für die Umrechnung von auf fremde Währung lautenden Abschlüssen festgeschrieben[375]. 318

Die Anwendung der Zeitbezugsmethode ist, abgesehen von Fällen, in denen ihre Anwendung für eine den tatsächlichen Verhältnissen entspr. Darstellung der Vermögens-, Finanz- und Ertragslage unwesentlich ist, für den handelsrechtlichen KA nicht zulässig[376]. 319

7.2 Währungsumrechnung nach § 308a HGB

Die modifizierte Stichtagskursmethode nach § 308a HGB erfordert die Umrechnung der **Aktiv- und Passivposten** einer auf fremde Währung lautenden Bilanz in € zum Devisenkassamittelkurs zum Abschlussstichtag. Hiervon ausgenommen ist das EK, das mit dem historischen Kurs umzurechnen ist, d.h. mit dem Kurs zum Zeitpunkt, an dem die jeweiligen Kapitaltransaktionen stattgefunden haben (§ 308a S. 1 HGB)[377]. Auch vom TU gehaltene eigene Anteile und Rückbeteiligungen am MU sind wie ein EK-Posten zu behandeln und mit dem historischen Devisenkassamittelkurs im Erwerbszeitpunkt umzurechnen (DRS 25.56 bzw. .58). Ausgegebenes Genussrechtskapital ist eine schuldrechtliche Mittelüberlassung und daher unabhängig von dessen Qualifikation als EK oder FK mit dem Devisenkassamittelkurs am KA-Stichtag umzurechnen (DRS 25.57). 320

Die Posten der **Konzern-GuV** sind zum Durchschnittskurs in € umzurechnen (§ 308a S. 2 HGB). Es ist ein periodenbezogener Durchschnittskurs heranzuziehen. Im Hinblick auf die erforderliche Genauigkeit sind Monatsdurchschnittskurse grds. ausreichend[378]. Bei der Ermittlung des Durchschnittskurses sind die Volatilität des Wechselkurses im GJ ebenso wie saisonale Einflüsse auf den Geschäftsverlauf zu berücksichtigen. Eine Gewichtung anhand der Umsatzerlöse wird regelmäßig sachgerecht sein (DRS 25.50). Da die Vorschriften des § 308a HGB eine Umrechnung der Zwischensummen der GuV und 321

---

[373] Vgl. HFA: *Entwurf einer Stellungnahme: Zur Währungsumrechnung im Konzernabschluß*, WPg 1998, S. 549.
[374] Vgl. Begr. RegE BilMoG, BT-Drs. 16/10067, S. 83.
[375] Die Abwendung vom international anerkannten Konzept der funktionalen Währung begründet der Gesetzgeber damit, dass die Ermittlung der funktionalen Währung auf einer Reihe von Indizien beruht und letztlich nicht zweifelsfrei festgestellt werden kann.
[376] Vgl. Begr. RegE BilMoG, BT-Drs. 16/10067, S. 84.
[377] Für eine Übersicht der für die einzelnen Eigenkapitalposten geltenden Umrechnungskurse vgl. *Gelhausen/Fey/Kämpfer*, BilMoG, Q, Rn. 361-365.
[378] Vgl. ADS[6], § 298, Tz. 17. Die Verwendung eines auf das GJ bezogenen Durchschnittskurses ist zulässig, wenn die Auswirkung auf die Darstellung der Ertragslage unwesentlich ist (DRS 25.52).

des Jahresergebnisses nicht vorsehen, ergeben sich diese als Saldo der umgerechneten Aufwendungen und Erträge[379]. Wird ein TU erstmals in den KA einbezogen oder endet die Einbeziehung im Wege der Vollkonsolidierung, ist für die Ermittlung des Durchschnittskurses der Zeitraum der Konzernzugehörigkeit im betreffenden Konzern-GJ zugrunde zu legen (DRS 25.51).

322 Wird ein TU mit einem **abw. Abschlussstichtag**[380] nicht auf der Grundlage eines auf den KA-Stichtag aufgestellten Zwischenabschlusses einbezogen, sind dessen Vermögensgegenstände und Schulden mit dem Kurs am abw. Stichtag umzurechnen. Periodenbezogene Durchschnittskurse zur Umrechnung der GuV sind bezogen auf das abw. GJ des TU zu ermitteln (DRS 25.55).

323 Umrechnungsdifferenzen, die aus der Umrechnung der Aufwendungen und Erträge mit dem jeweiligen Durchschnittskurs sowie des EK mit den jeweils historischen Kursen und der Umrechnung aller weiteren Bilanzpositionen mit dem Stichtagskurs entstehen, sind ergebnisneutral zu erfassen. Umrechnungsdifferenzen sind innerhalb des Konzern-EK nach den Rücklagen unter dem Posten **„Eigenkapitaldifferenz aus Währungsumrechnung"** auszuweisen (§ 308a S. 3 HGB). Der auf nicht beherrschende Gesellschafter entfallende Anteil der EK-Differenz aus Währungsumrechnung ist im Posten **„nicht beherrschende Anteile"** (§ 307 Abs. 1 HGB) auszuweisen (DRS 22.14, DRS 25.54).

324 Bei teilweisem oder vollständigem **Ausscheiden des TU** ist die EK-Differenz aus Währungsumrechnung in entspr. Höhe erfolgswirksam aufzulösen (§ 308a S. 4 HGB). Dies gilt auch dann, wenn sämtliche Vermögensgegenstände, Schulden, RAP und Sonderposten des ausländischen TU i.R. eines asset deals veräußert werden (DRS 25.69). Der Begriff Ausscheiden umfasst nicht nur die Veräußerung eines TU, sondern auch jedes sonstige Ausscheiden, wie die Liquidation oder die Eröffnung eines Insolvenzverfahrens[381]. Die Währungsumrechnung i.Z.m. einer Entkonsolidierung hat mit dem Devisenkassamittelkurs zum Zeitpunkt des Ausscheidens des TU zu erfolgen. Eine anteilig im Ausgleichsposten für nicht beherrschende Anteile enthaltene EK-Differenz aus Währungsumrechnung ist erfolgsneutral gegen das anteilig auf diese Anteile entfallende und aus Anlass der Entkonsolidierung aus dem KA ausscheidende Reinvermögen zu verrechnen (DRS 23.184, DRS 25.68).

325 Ist eine teilweise Veräußerung mit einer **Statusänderung** verbunden, sind die den abgehenden Anteilen entspr. Umrechnungsdifferenzen ergebniswirksam aufzulösen. Bei einem Übergang von der Vollkonsolidierung auf die **Quotenkonsolidierung** (§ 310 HGB) ist eine auf die im Konzern verbleibenden Anteile entfallende EK-Differenz nach § 308a HGB fortzuführen (DRS 25.70). Führt die Statusänderung zu einem Übergang von der Vollkonsolidierung auf die **Equity-Methode**, ist der auf die im Konzern verbleibenden Anteile entfallende Betrag der EK-Differenz aus Währungsumrechnung entweder gesondert im Konzern-EK oder als Teil des Equity-Werts fortzuführen (DRS 25.71). Bei einem Übergang auf die **AK-Methode** sind die kumulierten Währungsdifferenzen auf die verbleibenden Anteile mit dem Zugangswert der Anteile, der

---

[379] Vgl. Begr. RegE BilMoG, BT-Drs. 16/10067, S. 84.
[380] Vgl. im Einzelnen Kap. G Tz. 218.
[381] Vgl. im Einzelnen Kap. G Tz. 460.

nach DRS 23.190 dem darauf entfallenden anteiligen Reinvermögen zu Konzernbilanzbuchwerten entspricht, erfolgsneutral zu verrechnen (DRS 25.72)[382].

Eine **statuswahrende Aufstockung** von Anteilen darf nach DRS 23.171 entweder als Erwerbs- oder als Kapitalvorgang behandelt werden[383]. Bei einer Behandlung als Erwerbsvorgang gehört die auf die hinzuerworbenen Anteile entfallende und bislang als Teil der nicht beherrschenden Anteile ausgewiesene EK-Differenz aus Währungsumrechnung zum konsolidierungspflichtigen EK (§ 301 Abs. 1 Satz 2 und 3 HGB; DRS 23.172). Bei einer Behandlung als Kapitalvorgang ist die auf die hinzuerworbenen Anteile entfallende EK-Differenz aus Währungsumrechnung, die bislang als Teil des auf nicht beherrschende Anteile entfallenden EK ausgewiesen wurde, erfolgsneutral in die EK-Differenz aus Währungsumrechnung nach § 308a S. 3 HGB im EK, das auf Gesellschafter des MU entfällt, umzugliedern (DRS 25.66). Eine **statuswahrende Abstockung** von Anteilen darf nach DRS 23.171 entweder als Veräußerungs- oder als Kapitalvorgang behandelt werden[384]. Bei einer Behandlung als Veräußerung ist die auf die veräußerten Anteile entfallende EK-Differenz aus Währungsumrechnung nach § 308a S. 4 HGB erfolgswirksam aufzulösen (vgl. DRS 23.174). Erfolgt die Abbildung als Kapitalvorgang, ist auch die auf die veräußerten Anteile entfallende EK-Differenz aus Währungsumrechnung erfolgsneutral in den Posten „nicht beherrschende Anteile" umzugliedern (vgl. DRS 23.177, DRS 25.65).

326

7.3 Währungsumrechnung und Konsolidierungsmaßnahmen

7.3.1 Kapitalkonsolidierung

Da das zum Zeitpunkt der Erstkonsolidierung umgerechnete EK die Grundlage für sämtliche Folgekonsolidierungen bildet, ist für die Kapitalkonsolidierung bei ausländischen TU stets das mit dem **historischen Devisenkassamittelkurs** umgerechnete EK der Erstkonsolidierung maßgebend. „Änderungen des EK im Zeitablauf aufgrund von Wechselkursschwankungen sind demzufolge für Zwecke der Kapitalkonsolidierung ebenso ohne Belang wie bspw. EK-Änderungen aufgrund von erwirtschafteten Verlusten bzw. thesaurierten Gewinnen"[385]. Die aus der Anwendung unterschiedlicher Umrechnungskurse resultierenden Differenzen werden nach § 308a S. 3 HGB erfolgsneutral in den Posten „Eigenkapitaldifferenz aus Währungsumrechnung" eingestellt[386] und sind somit nicht Bestandteil der Kapitalkonsolidierung.

327

Die Regelungen des HGB zur Konzernrechnungslegung enthalten keine Vorschriften über die maßgebliche Währung für die Fortführung der bei der Erstkonsolidierung aufgedeckten stillen Reserven und Lasten sowie des GoF bzw. eines pUB aus der Kapitalkonsolidierung. Daher hat die Bewertung der aufgedeckten stillen Reserven und Lasten aus der Kapitalkonsolidierung nach den allgemeinen Regeln gem. § 308a HGB in der **Fremdwährung des TU** zu erfolgen. Denn diese Werte bilden letztlich einen Teil des einheitlich im Ausland investierten Vermögens. Deshalb sind sie korrespondierend zu den übrigen Vermögensgegenständen und Schulden des TU zu behandeln und mit dem

328

---

[382] Vgl. Kap. G Tz. 466.
[383] Vgl. Kap. G Tz. 429 ff.
[384] Vgl. Kap. G Tz. 429 ff.
[385] *Duckstein/Dusemond*, DB 1995, S. 1675.
[386] Vgl. Kap. G Tz. 323.

Devisenkassamittelkurs zum Abschlussstichtag in € umzurechnen (DRS 23.100, DRS 25.59)[387].

329 Sofern ein **GoF** aus der Kapitalkonsolidierung auf ein TU entfällt, welches seinen Abschluss in Fremdwährung aufstellt, ist zu entscheiden, ob diese Position dem MU oder dem TU zuzuordnen ist. Die Zuordnung richtet sich nach der Währung, in der die mit dem GoF u.a. abgebildeten künftigen Erfolgsbeiträge mehrheitlich realisiert werden (DRS 23.135). Sofern die künftigen Erfolgsbeiträge des TU in der Währung des MU realisiert werden, ist der GoF dem MU zuzuordnen. In diesem Fall wird der GoF wie ein Vermögensgegenstand des MU sowohl bei der Erst- als auch bei der Folgekonsolidierung in € bilanziert (DRS 23.136). Eine Fremdwährungsumrechnung ist hierbei nicht erforderlich. Andernfalls wird der GoF wie ein Vermögensgegenstand des ausländischen TU behandelt. Hierbei wird der GoF zum Zeitpunkt der Erstkonsolidierung in € mit dem Devisenkassamittelkurs im maßgeblichen Erstkonsolidierungszeitpunkt in die fremde Währung des TU umgerechnet (DRS 25.60) und in dieser Währung planmäßig oder außerplanmäßig fortgeführt (DRS 25.61). An den auf die Erstkonsolidierung folgenden Abschlussstichtagen ist der Buchwert des GoF gem. § 308a S. 1 HGB jeweils mit dem Devisenkassamittelkurs am Abschlussstichtag und die auf den GoF entfallende (planmäßige sowie ggf. außerplanmäßige) Abschreibung gemäß § 308a S. 2 HGB zum Durchschnittskurs in € umzurechnen (DRS 23.138, DRS 25.63). Erfolgt die Fortführung in der Fremdwährung des TU, sind die sich ergebenden Umrechnungsdifferenzen nach § 308a S. 3 HGB erfolgsneutral im Posten „Eigenkapitaldifferenz aus Währungsumrechnung" zu erfassen. Ein aus der Kapitalaufrechnung resultierender **pUB** aus der Kapitalkonsolidierung ist stets wie ein zum Vermögen des ausländischen TU gehörender Sonderposten zu behandeln und mit dem Devisenkassamittelkurs im maßgeblichen Erstkonsolidierungszeitpunkt in die fremde Währung des TU umzurechnen (DRS 25.64 i.V.m. .60).

330 Einen **Sonderfall** stellt die Kapitalkonsolidierung in einem ausländischen Teilkonzern in Landeswährung dar, weil der Unterschiedsbetrag zunächst in Landeswährung ermittelt und zugeordnet wird. Die Umrechnung mit dem Stichtagskurs führt dann dazu, dass sich wechselkursbedingte Veränderungen dieser Werte in € ergeben und so möglicherweise auf EUR-Basis insgesamt ein höherer oder niedrigerer Unterschiedsbetrag erfolgswirksam verrechnet wird, als bei der Erstkonsolidierung vorhanden war. Es wäre sachgerecht, die Differenzen ggü. dem historischen Kurs wieder zu eliminieren. Da die Wertschwankungen aus der Umrechnung der aufgedeckten stillen Reserven und Lasten und des GoF bzw. der dazugehörigen Abschreibungen und Auflösungen der anzuwendenden Stichtagskursmethode systemimmanent sind, kann auf eine Eliminierung verzichtet werden[388].

331 Hält in einem mehrstufigen Konzern ein ausländisches TU Anteile an einem anderen ausländischen TU, wird empfohlen, die entspr. Anteile statt mit dem jeweils maßgeblichen Devisenkassamittelkurs mit dem historischen Kurs, der auch für die Umrechnung des konsolidierungspflichtigen EK dieses TU gilt, umzurechnen, um Schwankungen bei den AK der zu konsolidierenden Anteile in der Konzernwährung zu vermeiden (DRS 25.75).

---

387 So auch *Oser/Mojadadr/Wirth*, KoR 2008, S. 575/576; *Gelhausen/Fey/Kämpfer*, BilMoG, Q, Rn. 387-389.
388 Vgl. *HFA-Entwurf*, WPg 1998, S. 552 und weiterführend ADS[6], § 301, Tz. 297 f.

7.3.2 Schuldenkonsolidierung

Wechselkursveränderungen bei konzerninternen Forderungen und Verbindlichkeiten dürfen sich nach dem **Einheitsgrundsatz** nicht auf das Konzernergebnis auswirken und sind daher bei der Schuldenkonsolidierung zu eliminieren[389]. Begründet wird dies damit, dass die Kreditverhältnisse aus Konzernsicht gar nicht existieren und es somit auch nicht zu Währungsgewinnen und -verlusten kommen kann.

332

Zunächst stellt sich die Frage, wie **Erfolgsbeiträge** zu behandeln sind, die sich aus der Umrechnung zum Abschlussstichtag von im KA zu eliminierenden Forderungen und Verbindlichkeiten in den JA der Konzernunternehmen ergeben. Bestehen auf € lautende Forderungen oder Verbindlichkeiten zwischen MU und TU, die sowohl im JA des ausländischen TU für den Ausweis in Fremdwährung als auch im KA für den Ausweis in € zum Stichtagskurs umgerechnet werden, ergeben sich bei der Schuldenkonsolidierung keine Aufrechnungsdifferenzen. Aufgrund der Umrechnung mit dem identischen Kurs stehen sich EUR-Forderung und EUR-Verbindlichkeit in derselben Höhe gegenüber. Die sich bei der Bewertung im JA des TU unter Anwendung des Imparitäts-/Realisationsprinzips gem. § 252 Abs. 1 Nr. 4 bzw. § 256a HGB evtl. ergebenden Erfolgsbeiträge sind bei der Schuldenkonsolidierung **erfolgswirksam zu eliminieren** und in die EK-Differenz aus Währungsumrechnung einzustellen (DRS 25.78).

333

Aufrechnungsdifferenzen können bei der Schuldenkonsolidierung aus Wechselkursänderungen entstehen, wenn die Bewertung von auf € lautenden Forderungen oder Verbindlichkeiten im JA des TU zum historischen Kurs erfolgt und der entspr. Fremdwährungsbetrag anschließend mit dem niedrigeren bzw. höheren Devisenkassamittelkurs am KA-Stichtag umgerechnet wird. Entspr. gilt für Forderungen oder Verbindlichkeiten zwischen MU und TU in der Währung des TU, wenn die Fremdwährungsbeträge im JA des MU mit dem historischen Kurs angesetzt werden. Die aus der Währungsumrechnung resultierenden Umrechnungsdifferenzen sind grds. **erfolgsneutral** in den Posten „Eigenkapitaldifferenz aus Währungsumrechnung" einzustellen.

334

In der Literatur wird in Anlehnung an die Argumentation in der internationalen Rechnungslegung[390] auch die Auffassung vertreten, dass die Erfolgsbeiträge aus den JA im KA beibehalten werden können und die **ergebniswirksame** Eliminierung von Aufrechnungsdifferenzen aufgrund von Wechselkursänderungen zulässig ist[391]. Insb. vor dem Hintergrund der durch das BilMoG angestrebten Vereinfachung der Währungsumrechnung[392] ist diese Vorgehensweise nicht zu beanstanden (DRS 25.80)[393]. Eine erfolgsneutrale Erfassung von Währungsumrechnungsdifferenzen ist als Ausnahme hiervon dann notwendig, wenn die konzerninternen (wesentlichen) Darlehen aus der Sicht des MU beteiligungsähnlichen bzw. aus Sicht des TU eigenkapitalersetzenden Charakter haben, d.h. wenn die Rückzahlung weder geplant noch wahrscheinlich ist (DRS 25.81)[394]. In diesen Fällen handelt es sich um Darlehen als Teil einer sog. *Nettoinvestition* in einen ausländischen Geschäftsbetrieb, die erst bei Rückzahlung des Darlehens erfolgswirksam zu buchen sind (DRS 25.81).

335

---

389 Vgl. ADS[6], § 303, Tz. 37; *Grottel/Koeplin*, in: BeBiKo[11], § 308a, Rn. 84 m.w.N.
390 Vgl. IAS 21.45.
391 Vgl. *Grottel/Koeplin*, in: BeBiKo[11], § 308a, Rn. 85.
392 Vgl. Begr. RegE BilMoG, BT-Drs. 16/10067, S. 83.
393 So auch *Gelhausen/Fey/Kämpfer*, BilMoG, Q, Rn. 397.
394 Vgl. *Grottel/Koeplin*, in: BeBiKo[11], § 308a, Rn. 87.

336 Unabhängig von der angewandten Methode ist eine **erfolgswirksame Vereinnahmung** von Beträgen, die bei der Schuldenkonsolidierung als EK-Differenz aus der Währungsumrechnung erfasst wurden, nach dem Gesetzeswortlaut des § 308a S. 4 HGB bei teilweisem oder vollständigem Ausscheiden des TU vorzunehmen. Eine erfolgswirksame Vereinnahmung ist aber auch dann geboten, wenn das zugrundeliegende Schuldverhältnis beendet wird, weil die Rückzahlung des Darlehens bei wirtschaftlicher Betrachtungsweise als teilweise Liquidation anzusehen ist[395]. Die Währungsdifferenz aus der Schuldenkonsolidierung ist hingegen fortzuführen, wenn die Fremdwährungsverbindlichkeit auf der Ebene des ausländischen TU in EK umgewandelt wird. Insoweit kommt es erst bei teilweiser oder vollständiger Veräußerung des TU zu einer Erfolgswirkung[396].

7.3.3 Zwischenergebniseliminierung

337 Die **Zwischenergebniseliminierung** muss mit der Währungsumrechnung der Bestandswerte abgestimmt werden, wenn Vermögensgegenstände zwischen zwei Konzernunternehmen verkauft werden, die in verschiedenen Währungen bilanzieren, z.B. bei Lieferungen des MU an Vertriebsgesellschaften im Ausland[397]. Werden Zwischengewinne bzw. Zwischenverluste unabhängig von der Währungsumrechnung eliminiert, kann dies im Ergebnis zu einer überhöhten Wertkorrektur und somit zu einem unzutreffenden Ausweis im KA führen[398]. Das Zwischenergebnis, das gegen den Bestandswert in der Bilanz des Empfängerunternehmens erfasst wird, ist in der Währung des Empfängerunternehmens zu bewerten, während für die Bewertung des in der Lieferungs- oder Leistungsperiode aus dem Konzernergebnis zu eliminierende Zwischenergebnis die Währung des Lieferunternehmens maßgeblich ist (DRS 25.83). Die Veränderung zwischen dem Wechselkurs bei Lieferung und dem Kurs am Abschlussstichtag ist, soweit sie auf das Zwischenergebnis entfällt, erfolgsneutral in die EK-Differenz aus Währungsumrechnung einzustellen (DRS 25.84)[399].

7.3.4 Aufwands- und Ertragskonsolidierung

338 Aufrechnungsdifferenzen aus der Aufwands- und Ertragskonsolidierung, die aus einer Umrechnung der GuV des ausländischen TU mit einem vom Transaktionskurs abw. Durchschnittskurs resultieren, sind in die Posten „sonstige betriebliche Erträge" oder „sonstige betriebliche Aufwendungen" umzugliedern (DRS 25.86).

7.3.5 Quotenkonsolidierung

339 Die Umrechnung der auf fremde Währung lautenden Abschlüsse i.R.d. Quotenkonsolidierung hat nach § 310 Abs. 2 i.V.m. § 308a HGB ebenfalls nach der modifizierten Stichtagskursmethode zu erfolgen.

---

[395] So auch *Gelhausen/Fey/Kämpfer*, BilMoG, Q, Rn. 398; *Grottel/Koeplin*, in: BeBiKo[11], § 308a, Rn. 87.
[396] So auch *Gelhausen/Fey/Kämpfer*, BilMoG, Q, Rn. 398; *Winkeljohann/Deubert*, in: BeBiKo[11], § 303, Rn. 20.
[397] Vgl. *Busse v. Colbe* u.a., Konzernabschlüsse[9], S. 406-408.
[398] Vgl. *Grottel/Koeplin*, in: BeBiKo[11], § 308a, Rn. 91.
[399] Zu Vereinfachungen s. DRS 25.85.

7.3.6 Equity-Methode

Mit der Einführung des § 308a HGB durch das BilMoG sollte für die Währungsumrechnung von ausländischen assoziierten Unternehmen bei der Equity-Methode ebenfalls die **modifizierte Stichtagskursmethode** zur Anwendung kommen[400], auch wenn eine vom KA abw. Bewertung nach § 312 Abs. 5 HGB grds. beibehalten werden darf. Bei der erstmaligen Equity-Bewertung ist das (anteilige) EK[401] zum Devisenkassamittelkurs am Tag der erstmaligen Equity-Bewertung umzurechnen (= historischer Kurs, DRS 25.88). Für die Fortschreibung des Equity-Werts sieht DRS 25.90 zwei zulässige Ausweisalternativen vor: (1) Der Equity-Wert darf mit den Stichtagskursen umgerechnet werden und die Differenz, die sich im Vergleich zur Umrechnung mit den differenzierten (historischen) Kursen ergibt, ist erfolgsneutral in den Posten „Eigenkapitaldifferenz aus Währungsumrechnung" einzustellen und dort durch einen Davon-Vermerk kenntlich zu machen. (2) Der Equity-Wert darf alternativ mit den historischen Kursen umgerechnet werden und die Differenz zur Umrechnung mit den differenzierten (historischen) Kursen ist im Posten „Anteile aus assoziierten Unternehmen" auszuweisen und dort oder im KAnh. zu vermerken. Die Anwendung der Alternative (1) wird empfohlen. Eine einmal gewählte Vorgehensweise ist stetig anzuwenden.

340

Wird für die Beteiligung am assoziierten Unternehmen eine EK-Differenz im Konzern-EK geführt und wird der Equity-Wert nach § 253 Abs. 3 S. 5 i.V.m. § 298 Abs. 1 HGB außerplanmäßig abgeschrieben, ist die mit den Anteilen korrespondierende EK-Differenz aus Währungsumrechnung nach DRS 25.92 wie folgt zu behandeln: **Währungsgewinne** (passivische Differenz) sind unter der Berücksichtigung des Realisationsprinzips gem. § 252 Abs. 1 Nr. 4 i.V.m. § 298 Abs. 1 HGB nicht zu erfassen; **Währungsverluste** (aktivische Differenz) sind unter der Berücksichtigung des Imparitätsprinzips gem. § 252 Abs. 1 Nr. 4 i.V.m. § 298 Abs. 1 HGB erfolgswirksam im Ergebnis des assoziierten Unternehmens (§ 312 Abs. 4 S. 2 HGB) zu erfassen.

341

7.4 Sonderfragen der Währungsumrechnung

7.4.1 Latente Steuern bei der Währungsumrechnung

Die Währungsumrechnung ist der Anpassung der handelsrechtlichen HB I an die konzerneinheitliche HB II zuzuordnen, so dass grds. die Regelungen zur Berücksichtigung latenter Steuern nach § 298 Abs. 1 i.V.m. § 274 HGB anzuwenden sind[402]. Temporäre Differenzen, die sich aus der Währungsumrechnung ergeben, sind als sog. **Outside Basis Differences** einzustufen[403]. Im Gegensatz zu § 306 S. 4 HGB wird in § 274 HGB die Abgrenzung latenter Steuern auf Outside Basis Differences nicht explizit vom Anwendungsbereich ausgeschlossen, aber nach Sinn und Zweck der durch den Gesetzgeber in § 306 HGB aufgenommenen Ausnahme[404] sind auch für konzernspezifische Effekte aus

342

---

400 Vgl. *Küting/Mojadadr*, DB 2008, S. 1869 (1872); *Gelhausen/Fey/Kämpfer*, BilMoG, Q, Rn. 352; *Melcher/Murer*, DB 2010, S. 1597 (1601); *Grottel/Koeplin*, in: BeBiKo[11], § 308a, Rn. 62.
401 Zur Definition s. DRS 25.89.
402 Vgl. *Grottel/Larenz*, in: BeBiKo[11], § 306, Rn. 9.
403 Vgl. *Oser/Mojadadr/Wirth*, KoR 2008, S. 575 (580) m.w.N.; *Grottel/Koeplin*, in: BeBiKo[11], § 308a, Rn. 102.
404 Vgl. Begr. Beschlussempf. BilMoG, BT-Drs. 16/12407, S. 90.

der Währungsumrechnung keine latenten Steuern zu berücksichtigen[405]. Auch nach DRS 18.28 sind auf temporäre Differenzen aus der Umrechnung von auf fremde Währung lautenden Abschlüssen zum Zwecke der Einbeziehung in den KA keine latenten Steuern zu berücksichtigen.

7.4.2 Bewertungseinheiten

343 Sofern ein in den KA einbezogenes Unternehmen für ein konzerninternes Kreditverhältnis eine Währungssicherung abgeschlossen und auf JA- oder HB-II-Ebene eine **Bewertungseinheit** i.S.v. § 254 HGB gebildet hat, führt eine Aufrechnung von konzerninternen Ansprüchen und Verpflichtungen in fremder Währung, soweit sie Teil der Bewertungseinheit sind, nicht zu deren Beendigung auf Konzernebene. Der ineffektive Teil der Bewertungseinheit ist nach allgemeinen Grundsätzen zu behandeln (DRS 25.82).

Währungsrisiken aus **Nettoinvestitionen in wirtschaftlich selbstständige ausländische Teileinheiten** können im KA z.B. durch das Eingehen einer Fremdwährungsverbindlichkeit beim MU abgesichert werden[406]. Während der Abschluss des ausländischen TU nach § 308a HGB erfolgsneutral umgerechnet wird, erfolgt die Umrechnung langfristiger Fremdwährungsverbindlichkeiten beim MU nach § 256a HGB unter Beachtung des Imparitätsprinzips grds. erfolgswirksam. Bedingt durch die unterschiedlichen Umrechnungsmethoden kann sich im KA eine Ergebnisauswirkung ergeben, die aufgrund des Sicherungszusammenhangs wirtschaftlich nicht gerechtfertigt ist.

7.4.3 Besonderheiten der Umrechnung hochinflationärer Währungen

344 In der Gesetzesbegründung zum BilMoG wird ausgeführt, dass die modifizierte Stichtagskursmethode für TU aus **Hochinflationsländern** keine Anwendung findet und die diesbezügliche Praxis von § 308a HGB unberührt bleibt[407]. Die Umrechnung von JA aus Hochinflationsländern erfordert zunächst die **Bereinigung der Abschlüsse um Inflationseffekte**, um die Werte der Abschlussposten in Kaufkrafteinheiten des Abschlussstichtags auszudrücken. Inflationsbedingte Auswirkungen auf den Vermögens- und Erfolgsausweis müssen spätestens in der HB II bereinigt werden (DRS 25.96). Erst nach der Inflationsbereinigung wird mit der Stichtagskursmethode umgerechnet[408]. Die erstmalige (letztmalige) Inflationsbereinigung darf jeweils zu dem Abschlussstichtag für das Konzern-GJ erfolgen, in dem die Voraussetzungen für ein Hochinflationsland erstmals (nicht mehr) erfüllt sind (DRS 25.100).

Ein Hochinflationsland liegt regelmäßig vor, wenn die kumulierte Inflationsrate innerhalb eines **Dreijahreszeitraums über 100%** beträgt (DRS 25.97). Daneben enthält DRS 25.97 weitere Indikatoren, die auf ein Hochinflationsland hinweisen. Die Inflationsbereinigung darf entweder durch die Aufstellung eines **Hartwährungsabschlusses**[409] oder durch die **Indexierung**[410] des auf dem AK-/Nominalwertprinzip be-

---

[405] So auch *Oser/Mojadadr/Wirth*, in: Küting/Pfitzer/Weber, Bilanzrecht², S. 460; *Zwirner/Künkele*, StuB 2009, S. 722 (725); *Strickmann*, in: Kessler/Leinen/Strickmann, Handbuch BilMoG², S. 739; *Grottel/Larenz*, in: BeBiKo¹¹, § 306, Rn. 9.
[406] Vgl. ADS International, Abschn. 5, Tz. 70-73.
[407] Vgl. Begr. RegE BilMoG, BT-Drs. 16/10067, S. 84.
[408] Vgl. *Grottel/Koeplin*, in: BeBiKo¹¹, § 308a, Rn. 116-117.
[409] Zur konkreten Vorgehensweise s. DRS 25.101-.103.
[410] Zur konkreten Vorgehensweise s. DRS 25.104.

ruhenden und in der (hochinflationären) Landeswährung aufgestellten JA erfolgen (DRS 25.99).

8. Kapitalkonsolidierung

8.1 Grundsatz

Werden Aktiva und Passiva der in den KA einbezogenen Unternehmen additiv zusammengefasst, so kommt es im KA insoweit zu Doppelerfassungen von Nettovermögen, als die Posten „Beteiligungen" der MU und die hinter ihnen stehenden Posten in den Bilanzen der TU nur zwei verschiedene Erscheinungsformen derselben Sache sind. Der Beseitigung dieser Doppelerfassungen dient die **Kapitalkonsolidierung**. 345

Nach § 300 Abs. 1 S. 2 HGB treten daher an die Stelle der dem MU gehörenden Anteile an den einbezogenen TU die Vermögensgegenstände, Schulden, RAP und Sonderposten der TU, soweit sie nach dem Recht des MU bilanzierungsfähig sind und die Eigenart des KA keine Abweichungen bedingt (so auch DRS 23.10). Ergänzend dazu ist nach § 307 Abs. 1 HGB in der Konzernbilanz für nicht dem MU gehörende Anteile an in den KA einbezogenen TU ein Ausgleichsposten für die Anteile der anderen Gesellschafter in Höhe ihres Anteils am EK unter dem Posten „nicht beherrschende Anteile" innerhalb des EK gesondert auszuweisen. Aus beiden Vorschriften ergibt sich, dass die Vollkonsolidierung mit Minderheitenausweis anzuwenden ist. 346

Für die Kapitalkonsolidierung schreibt § 301 HGB die **Erwerbsmethode** (purchase-Methode) vor. Die Erwerbsmethode unterscheidet zwischen Erst- und Folgekonsolidierungen. Die Aufrechnung des Beteiligungsbuchwertes erfolgt grds. zu jedem Stichtag mit dem Betrag des anteiligen EK, welches sich zum Zeitpunkt der **Erstkonsolidierung** ergibt. 347

Ob und in welcher Höhe ein Unterschiedsbetrag aus der Kapitalkonsolidierung entsteht, hängt von der Höhe des anteiligen EK ab. § 301 Abs. 1 S. 2 HGB lässt die Ermittlung des EK nur auf der Basis der beizulegenden Zeitwerte der Vermögensgegenstände, Schulden, RAP und Sonderposten zu (**Neubewertungsmethode**). Ein nach der Erstkonsolidierung verbleibender Unterschiedsbetrag ist in der Konzernbilanz, wenn er auf der Aktivseite entsteht, als **Geschäfts- oder Firmenwert** bzw., wenn er auf der Passivseite entsteht, als **Unterschiedsbetrag aus der Kapitalkonsolidierung** gesondert auszuweisen (§ 301 Abs. 3 S. 1 HGB). 348

8.2 Erstkonsolidierung nach der Neubewertungsmethode

8.2.1 Stichtag der Erstkonsolidierung

Nach § 301 Abs. 2 S. 1 HGB ist die Erstkonsolidierung grds. zu dem **Zeitpunkt** durchzuführen, zu dem ein Unternehmen **TU geworden** ist und somit erstmals ein Mutter-Tochter-Verhältnis i.S.v. § 290 HGB vorliegt (DRS 23.8). Der Zeitpunkt, zu dem ein Unternehmen TU wird, ist i.d.R. mit dem Zeitpunkt des Anteilserwerbs identisch[411]. Der Stichtag der Erstkonsolidierung entspricht somit grds. der Konzeption der Erwerbsmethode, welche eine Verrechnung der AK der Beteiligung mit dem beizulegenden Zeitwert des anteiligen EK zum Erwerbszeitpunkt vorsieht. Nur dadurch ist eine klare 349

---

[411] Vgl. Begr. RegE BilMoG, BT-Drs. 16/10067, S. 81.

Trennung von erworbenen Ergebnissen und solchen, die in das Konzernergebnis eingehen, möglich. Je weiter sich die tatsächliche Erstkonsolidierung vom Erwerbsstichtag entfernt, desto mehr ergeben sich Verschiebungen zwischen Kapitalkonsolidierung und Konzernerfolg.

350 Sofern der Zeitpunkt des schuldrechtlichen **Abschlusses des Kaufvertrags** (signing) vom Zeitpunkt der dinglichen **Übertragung der Anteile** (closing) abweicht, entsteht ein Mutter-Tochter-Verhältnis regelmäßig zu dem Zeitpunkt, zu dem das wirtschaftliche Eigentum der Anteile am TU auf das MU übergeht (DRS 19.106a). Dies gilt auch, wenn das MU die Anteile an einem TU aufgrund eines **vermögensübertragenden Umwandlungsvorgangs** erwirbt (DRS 19.106b). Vertraglich vereinbarte Verlagerungen des Erwerbszeitpunkts auf einen Zeitpunkt vor dem Vertragsabschluss (sog. schuldrechtliche Rückwirkung) sind allenfalls bei der Ergebnisverteilung zu berücksichtigen. Auf den Zeitpunkt der Erstkonsolidierung haben sie keinen Einfluss (DRS 19.106c)[412].

351 Geht das **wirtschaftliche Eigentum** lt. Vertrag „mit Ablauf des 31.12." eines Jahres vom Veräußerer auf den Erwerber über, sind die Anteile am 31.12. im JA des Veräußerers als Abgang und gleichzeitig am 31.12. im JA des Erwerbers als Zugang zu erfassen. Somit ist das Reinvermögen des TU zu diesem Zeitpunkt im KA des Veräußerers i.R. einer Entkonsolidierung als Abgang und im KA des Erwerbers – unbeschadet des § 296 HGB – i.R. einer Erstkonsolidierung als Zugang zu erfassen (DRS 19.106f).

352 Bei sog. **Mitternachtsgeschäften** wird häufig für Zwecke der Anerkennung des EAV bis zum Verkaufszeitpunkt ein Doppeldatum (31.12.x0, 24 Uhr/01.01.x1, 0 Uhr) vereinbart. Im Hinblick auf die Beurteilung der finanziellen Eingliederung einer Gesellschaft in den Organkreis wird von der Finanzverwaltung auf die logische Sekunde zwischen dem 31.12.x0, 24 Uhr und dem 01.01.20x1, 0 Uhr abgestellt: Am 31.12.x0, 24 Uhr soll die Gesellschaft noch dem bisherigen Organkreis angehören, wohingegen ab dem 01.01.x1, 0 Uhr eine Zuordnung zum neuen Gesellschafter erfolgt. Aufgrund des **Bilanzzusammenhangs** gibt es handelsrechtlich diese logische Sekunde aber nicht, so dass durch Auslegung des jeweiligen Vertrags der maßgebliche Übertragungszeitpunkt ermittelt werden muss.

353 Sofern der Erstkonsolidierungszeitpunkt vom Bilanzstichtag des TU abweicht, wird in DRS 23.11 die Aufstellung eines **Zwischenabschlusses** auf den Zeitpunkt der erstmaligen Einbeziehung empfohlen. Dies können auch ein zeitnah zum Erwerbszeitpunkt erstellter **Monats- oder Quartalsabschluss** oder zumindest so umfangreiche Nebenrechnungen sein, die einem Zwischenabschluss fast gleichkommen. Hierbei ist es unbedenklich, wenn der exakte Zugangszeitpunkt wenige Tage vor oder nach dem Stichtag eines Zwischenabschlusses liegt, sofern die Mengen- und Wertänderungen zwischen diesen Zeitpunkten unwesentlich sind oder wesentliche Vorgänge von besonderer Bedeutung nachgebucht werden[413]. Der Zwischenabschluss dient der Dokumentation des erworbenen Reinvermögens sowie der Ermittlung des bis zum Zeitpunkt der Erstkonsolidierung vom TU erwirtschafteten Ergebnisses.

354 Sofern kein Zwischenabschluss aufgestellt wird, ist zumindest ein alle Vermögensgegenstände, Schulden und sonstigen Posten zum Zeitpunkt der erstmaligen Einbeziehung enthaltendes Inventar aufzustellen. Die Abgrenzung des Ergebnisses kann verein-

---

[412] Zu (aufschiebend) bedingten Erwerbsvereinbarungen s. DRS 19.106d und .106e.
[413] Vgl. *Gelhausen/Fey/Kämpfer*, BilMoG, Q, Rn. 236.

fachend durch statistische Rückrechnung aus dem JA des TU ermittelt werden (DRS 23.13)[414].

Aus Praktikabilitätsgründen lässt § 301 Abs. 2 S. 3 und 4 HGB in Sonderfällen eine Verschiebung der Erstkonsolidierung auf den **Stichtag der erstmaligen Einbeziehung** des TU in den KA zu. Dies kommt dann in Betracht, wenn ein MU erstmalig einen KA (freiwillig oder pflichtgemäß) aufstellt, z.B. weil die Schwellenwerte nach § 293 HGB überschritten werden, oder wenn bisher auf die Einbeziehung des TU in den KA zulässigerweise gem. § 296 HGB verzichtet worden ist[415]. Mit dieser Regelung soll der Prozess zur Aufstellung eines KA erleichtert werden. Denn insb. bei länger zurückliegenden Unternehmenszusammenschlüssen stellt sich regelmäßig das Problem, dass die für die Neubewertung des Reinvermögens notwendigen historischen Daten entweder nur mit einem unverhältnismäßig hohen Aufwand oder teilw. gar nicht mehr ermittelt werden können. Als Zeitpunkt der erstmaligen Einbeziehung ist in diesen Fällen der Beginn des Konzern-GJ anzusehen (DRS 23.14). Dies ergibt sich daraus, dass die Einbeziehung in den KA nicht nur die Konzernbilanz, sondern auch die Konzern-GuV betrifft[416]. Die Erleichterungen sind nicht anwendbar, wenn das Unternehmen in dem Jahr TU geworden ist, für das der KA aufgestellt wird.

355

Nach dem Wortlaut von § 301 Abs. 2 S. 3 HGB ist die Zeitwertbewertung des Reinvermögens auf den Beginn der erstmaligen Konzernrechnungslegungspflicht als verpflichtende Regelung zu verstehen („sind"). Daher wäre selbst in den Fällen, in denen die historischen Daten für die Erstkonsolidierung gem. § 301 Abs. 2 S. 1 HGB bekannt sind und aus Sicht des MU auch verwendet werden sollen, die Zeitwertbewertung gleichwohl auf den Zeitpunkt der erstmaligen Einbeziehung durchzuführen. Für derartige (Ausnahme-)Fälle erlaubt § 301 Abs. 2 S. 5 HGB die Erstkonsolidierung auf den Erwerbszeitpunkt, sofern dies im KAnh. angegeben und begründet wird[417]. Das Wahlrecht unterliegt der sachlichen und zeitlichen Stetigkeit. Daher ist es bei all denjenigen TU, bei denen historische Werte bekannt sind, einheitlich auszuüben. Denn insofern handelt es sich um gleichartige Sachverhalte[418].

356

Ist ein TU nicht an einem bestimmten Stichtag erworben worden, sondern sind die Anteile an der Beteiligung (z.B. über die Börse) in mehreren Schritten erworben worden, so ist für diesen **Sukzessiverwerb** die Erstkonsolidierung zwingend auf den **Stichtag** durchzuführen, zu dem das Unternehmen **TU geworden** ist (§ 301 Abs. 2 S. 1 HGB), z.B. bei Erreichen der Mehrheit der Stimmrechte (§ 290 Abs. 2 Nr. 1 HGB). Für Fälle des sukzessiven Anteilserwerbs ist eine tranchenweise Erstkonsolidierung zu den jeweiligen, unterschiedlichen Erwerbszeitpunkten nicht zulässig (DRS 23.9). Anlässlich des Erwerbs der Tranche, durch die das Mutter-Tochter-Verhältnis begründet wird, findet aber auch kein Tauschvorgang in Bezug auf die bereits vorhandenen Anteilstranchen statt, sodass eine Neubewertung zum beizulegenden Zeitwert von bereits vor dem erstmaligen Entstehen des Mutter-Tochter-Verhältnisses vorhandener Anteile (Alterwerbe) zum Zeit-

357

---

414 Zu statistischen Vereinfachungsmöglichkeiten s.a. *IDW RS HFA 44*, Tz. 23-25, die sich jedoch nur auf die GuV-Posten beziehen. Darüber hinaus ist sicherzustellen, dass ein evtl. statistisch ermitteltes Jahresergebnis auch zum bilanziellen EK als Reinvermögenssaldo unter Wahrung der Bilanzidentität passt.
415 Vgl. *Deubert/Lewe*, DB 2015, Beil. 5, S. 49 (52); *Götze/Weiser*, in: BilRUG-Komm., I, Rn. 86.
416 Vgl. ADS[6], § 301, Tz. 120.
417 Zur Kritik an der (Rück-)Änderung vgl. *Oser/Orth/Wirtz*, DB 2015, S. 197 (201 f.).
418 Vgl. DRS 23.15; *Götze/Weiser*, in: BilRUG-Komm., I, Rn. 87-90.

punkt der Erstkonsolidierung ausgeschlossen ist. Die fortgeführten AK einer Beteiligung, die bisher nach der AK-Methode bilanziert wurde bzw. der fortgeführte Equity-Wert, sofern ein assoziiertes Unternehmen zu einem TU wird, werden bei der Kapitalkonsolidierung nach § 301 Abs. 1 HGB wie zusätzliche AK behandelt[419]. Die erstmalige Vollkonsolidierung im Fall von sukzessiven Anteilserwerben ist nach HGB somit immer **erfolgsneutral**.

8.2.2 Konsolidierungspflichtige Anteile

358 In die **Kapitalkonsolidierung** sind die dem MU gehörenden Anteile an jedem einzelnen TU einzubeziehen[420]. Als Anteile, die dem MU gehören, gelten auch Anteile, die anderen einbezogenen Unternehmen gehören (§ 290 Abs. 3 HGB analog). Der Wortlaut des § 301 Abs. 1 HGB erfasst nicht die von einbezogenen TU gehaltenen Anteile an anderen einbezogenen Unternehmen. Gleichwohl ist nach dem Einheitsgrundsatz (§ 297 Abs. 3 HGB) die Einbeziehung auch solcher Anteile in die Kapitalkonsolidierung erforderlich[421]. Im Ergebnis unterliegen damit sämtliche Anteile an einbezogenen TU, die einem vollkonsolidierten Unternehmen gehören, der Konsolidierungspflicht (DRS 23.17). Ausgenommen davon sind vom TU gehaltene eigene Anteile, die nach § 272 Abs. 1a HGB mit dem EK des TU zu verrechnen sind[422]. Anteile, die von nicht konsolidierten TU, von assoziierten Unternehmen oder im Wege der Equity-Methode abgebildeten GU gehalten werden, sind ebenfalls nicht zu berücksichtigen.

359 **Anteile** an einbezogenen TU, die einem nach § 310 HGB im Wege der **Quotenkonsolidierung einbezogenen GU** gehören, sind hingegen in die Konsolidierung einzubeziehen. Würden diese Anteile nicht konsolidiert, so käme es in der Konzernbilanz sowohl zum Ausweis der Vermögensgegenstände und Schulden des einbezogenen TU als auch zum Ausweis von Anteilen an einbezogenen TU in Höhe der Quote, mit der das GU einbezogen wird, sowie einem korrespondierenden Ausgleichsposten für Anteile anderer Gesellschafter. Zur Vermeidung einer derartigen Doppelerfassung wird die Konsolidierung dieser Anteile daher für notwendig gehalten (DRS 23.17)[423].

360 Anteile i.d.S. sind, unabhängig davon, unter welchen Posten sie in der Einzelbilanz[424] ausgewiesen werden, alle kapitalmäßigen Beteiligungen mit Einlagen bei TU (DRS 23.7 und .17). Darunter fallen auch Einlagen bei PersGes., für die unbeschadet der Frage, ob Einlagen bei PersGes. formalrechtlich als Anteile zu bezeichnen sind, eine Konsolidierungspflicht besteht, sofern die übrigen Voraussetzungen erfüllt sind. Zu den Anteilen i.S.v. § 301 HGB gehören somit grds.[425] (§ 266 Abs. 2 HGB):

- Anteile an verbundenen Unternehmen in den Finanzanlagen (A.III.1.)
- Anteile an verbundenen Unternehmen in den Wertpapieren des UV (B.III.1.).

361 Aufzurechnen ist der **Buchwert** der konsolidierungspflichtigen Anteile nach den Wertverhältnissen zum Zeitpunkt der Erstkonsolidierung. Fällt die Erstkonsolidierung auf

---

419 Vgl. *Klaholz/Stibi*, KoR 2009, S. 297/298.
420 Vgl. hierzu *Wiedmann/Böcking/Gros*, Bilanzrecht³, § 301, Rn. 6.
421 Vgl. ADS⁶, § 301, Tz. 17.
422 Vgl. hierzu im Einzelnen *Winkeljohann/Deubert*, in: BeBiKo¹¹, § 301, Rn. 15-17.
423 Vgl. *Dusemond/Weber/Zündorf*, in: HdKonzernR², § 301, Rn. 30; ADS⁶, § 301, Tz. 20; *Wiedmann/Böcking/Gros*, Bilanzrecht³, § 310, Rn. 12; *Winkeljohann/Deubert*, in: BeBiKo¹¹, § 301, Rn. 12.
424 Vgl. hierzu Kap. F Tz. 354 ff.
425 Zu eigenen Anteilen (B.III.2) einbezogener TU vgl. Kap. G Tz. 446.

den Erwerbszeitpunkt, so entspricht der Wertansatz i.d.R. den AK der Anteile. Sind dagegen nach Erwerb, aber vor dem Zeitpunkt der Erstkonsolidierung Abschreibungen auf die Beteiligung nach § 253 Abs. 3 S. 5 oder 6 HGB vorgenommen worden, so muss der niedrigere Wertansatz beibehalten werden, wenn dies den konzerneinheitlich anzuwendenden Bewertungsmethoden entspricht. Waren die Abschreibungen wegen voraussichtlich dauernder Wertminderung zwingend, so ist nach DRS 23.25 der niedrigere Wertansatz der Erstkonsolidierung zugrunde zu legen[426].

8.2.3 Wertansatz des konsolidierungspflichtigen Kapitals

8.2.3.1 Grundlagen

Zur Durchführung der erstmaligen Kapitalkonsolidierung nach der **Neubewertungsmethode** wird der Wert der konsolidierungspflichtigen Anteile mit dem auf sie entfallenden EK des TU verrechnet, das dem Zeitwert der in den KA aufzunehmenden Vermögensgegenstände[427], Schulden, RAP und Sonderposten entspricht, der diesen zum maßgeblichen Erstkonsolidierungszeitpunkt beizulegen ist (§ 301 Abs. 1 S. 2 HGB)[428]. Ausgenommen von der Bewertung zum beizulegenden Zeitwert sind nach § 301 Abs. 1 S. 3 HGB lediglich Rückstellungen und latente Steuern, die nach den allgemeinen Bewertungsvorschriften in § 253 Abs. 1 S. 2 und 3, Abs. 2 HGB bzw. § 274 Abs. 2 HGB zu bewerten sind. 362

Bei der Neubewertungsmethode werden vor der Kapitalkonsolidierung alle stillen Reserven und Lasten in voller Höhe aufgedeckt. Das **konsolidierungspflichtige Kapital** erhöht sich nur um den Anteil der stillen Reserven, die dem Konzern aufgrund seiner Beteiligung zustehen. Die übrigen stillen Reserven werden den Anteilen anderer Gesellschafter (§ 307 HGB) zugerechnet, die ebenfalls an der Aufdeckung stiller Reserven partizipieren. Die Neubewertung umfasst nicht den ggf. vorhandenen originären GoF, da das Bilanzierungsverbot für den originären GoF[429] auch für die HB II gilt. Der GoF ergibt sich vielmehr als Saldogröße zwischen dem Buchwert der Anteile und dem neubewerteten Reinvermögen des TU (§ 301 Abs. 3 S. 1 HGB). 363

Die Neubewertung wird i.d.R. bereits vor der Konsolidierung in einer gesonderten **Neubewertungsbilanz** (Handelsbilanz III = HB III)[430] oder simultan innerhalb der Konsolidierung durchgeführt, so dass die Zeitwerte anschließend vollständig in die Konzernbilanz übernommen werden. Ausgangspunkt hierfür ist eine auf den Erstkonsolidierungszeitpunkt aufgestellte, an die konzerneinheitliche Bilanzierung und Bewertung angepasste HB II des TU. 364

Das **konsolidierungspflichtige Kapital** umfasst grds. sämtliche Posten des **bilanziellen EK** (§ 266 Abs. 3 A. HGB) der aufgestellten Neubewertungsbilanz einschl. des Ergebnisvortrags und des Jahresergebnisses[431], soweit es nicht früheren Anteilseignern zusteht (DRS 23.35 und .12). Bei PersGes. sind als Kapital in diesem Zusammenhang die 365

---

426 So auch ADS[6], § 301, Tz. 35; a.A. *Dusemond/Weber/Zündorf*, in: HdKonzernR[2], § 301, Rn. 38.
427 Dabei sind auch die im JA des TU nicht bilanzierungsfähigen Vermögensgegenstände zu berücksichtigen; vgl. ADS[6], § 301, Tz. 104.
428 Vgl. *Wollmert/Oser/Skirk*, ZfCM 2010, S. 71 (72).
429 Der originäre GoF darf nicht angesetzt werden, weil er kein Vermögensgegenstand i.S.v. § 246 Abs. 1 S. 1 HGB ist.
430 Vgl. DRS 23.34.
431 Zur Behandlung der Rücklage für eigene Anteile (§ 272 Abs. 4 HGB) vgl. Kap. G Tz. 446.

Einlagen anzusehen, die die Beteiligung der Gesellschafter am Vermögen des Unternehmens zum Ausdruck bringen sollen (DRS 23.36). Fällt der **Stichtag der Erstkonsolidierung** auf den Stichtag der Konzernbilanz (z.B. der 31.12.), so wird das gesamte Jahresergebnis der HB II in die Kapitalkonsolidierung einbezogen[432].

8.2.3.2 Ansatz von Bilanzposten des erworbenen Unternehmens

366 In der Neubewertungsbilanz sind sämtliche Vermögensgegenstände, Schulden, RAP und Sonderposten des erworbenen TU anzusetzen, unabhängig davon, ob sie beim TU bereits bilanziert waren oder nicht (DRS 23.51). Maßgeblich hierfür ist die Sicht des erwerbenden Unternehmens. Sind im Kaufpreis der Anteile auch nach § 248 Abs. 2 S. 2 HGB nicht aktivierbare, selbst geschaffene **immaterielle Vermögensgegenstände** des AV (z.B. selbst geschaffene Verlagsrechte) des TU abgegolten worden, so liegt aus der Perspektive des Konzerns ein entgeltlicher Erwerb vor. Die erworbenen immateriellen Anlagegegenstände sind mithin nicht nur aktivierungsfähig, sondern auch aktivierungspflichtig[433]. Dies gilt auch für durch das erworbene TU selbst geschaffene immaterielle Vermögensgegenstände des AV, die das TU aufgrund des Aktivierungswahlrechts nach § 248 Abs. 2 S. 1 HGB nicht bilanziert hat (DRS 24.42 und .B38).

367 Ein bislang beim erworbenen TU in Ausübung des Aktivierungswahlrechts des § 274 Abs. 1 S. 2 HGB nicht angesetzter Aktivüberhang latenter Steuern muss zwingend i.R.d. Neubewertungsbilanz angesetzt werden, da es sich bei diesem Steuervorteil um eine stille Reserve handelt, die i.R.d. Anteilserwerbs entgeltlich erworben wurde. Das Aktivierungswahlrecht kann – in Abhängigkeit von den Konzernvorgaben – erst für Veränderungen des Aktivüberhangs an darauffolgenden Konzernbilanzstichtagen in Anspruch genommen werden (DRS 23.72).

368 **Geschäftswertähnliche Vorteile** wie allgemeine Standortvorteile, Ruf der Firma oder Know-how und Qualität der Mitarbeiter können nicht eigenständig in der Neubewertungsbilanz angesetzt werden, da es sich hierbei nicht um selbstständig verwertbare und damit ansatzfähige Vermögensgegenstände handelt (DRS 23.53 und .54; DRS 24.21)[434].

369 Ein im JA des erworbenen TU nach § 246 Abs. 1 S. 4 HGB bilanzierter **GoF** ist nach überwiegender Literaturmeinung nicht gesondert in die Neubewertungsbilanz aufzunehmen, sondern aufgrund des Einheitsgrundsatzes und der Erwerbsfiktion im verbleibenden Unterschiedsbetrag aus der Kapitalkonsolidierung nach § 301 Abs. 3 S. 1 HGB zu erfassen[435].

370 **Alt-Pensionsverpflichtungen**, die in Einklang mit Art. 28 Abs. 1 EGHGB nicht passiviert wurden, stellen eine stille Last dar und sind dementsprechend im KA anzusetzen (DRS 23.56)[436].

---

432 Vgl. zur Vorgehensweise bei unterjährigen Änderungen des Konsolidierungskreises *IDW RS HFA 44*, Abschn. 4.
433 Vgl. ADS[6], § 301, Tz. 79-83; ebenso *Ordelheide*, DB 1986, S. 493; *Dusemond/Weber/Zündorf*, in: HdKonzernR[2], § 301, Rn. 76; *Winkeljohann/Deubert*, in: BeBiKo[11], § 301, Rn. 61.
434 Vgl. ADS[6], § 301, Tz. 104; *Winkeljohann/Deubert*, in: BeBiKo[11], § 301, Rn. 67.
435 Vgl. *Hachmeister*, in: Hachmeister u.a., Bilanzrecht, Rz. 99; *Winkeljohann/Deubert*, in: BeBiKo[11], § 301, Rn. 68;
436 Vgl. *Winkeljohann/Deubert*, in: BeBiKo[11], § 301, Rn. 62 m.w.N.

Aufwendungen für **Restrukturierungsmaßnahmen** beim erworbenen TU werden regelmäßig erst durch Entscheidungen nach dem Erwerb zu Außenverpflichtungen, so dass zum Erwerbszeitpunkt aus Sicht des erwerbenden Konzerns nur eine Innenverpflichtung und damit noch keine Schuld des erworbenen TU vorliegt[437]. Eine Passivierung von **Aufwandsrückstellungen** ist nicht möglich. Eine Restrukturierungsrückstellung ist folglich nur noch dann zu berücksichtigen, wenn bereits zum Erstkonsolidierungszeitpunkt eine Außenverpflichtung vorliegt und dadurch in der HB II des erworbenen TU eine Rückstellung nach den allgemeinen Grundsätzen gem. § 249 Abs. 1 S. 1 HGB gebildet werden muss (DRS 23.58). Das Reinvermögen des TU muss daher bereits zum Erwerbszeitpunkt unabhängig vom konkreten Erwerber mit einer faktischen Verpflichtung zur Durchführung einer Restrukturierungsmaßnahme belastet sein[438]. 371

Bei der Neubewertung der stillen Reserven und Lasten sind nach § 306 HGB auch die steuerlichen Auswirkungen zu berücksichtigen. Die erfolgsneutrale Aufdeckung stiller Reserven und Lasten bei der Neubewertung führt zu temporären Differenzen zwischen den Wertansätzen in der Konzernbilanz und deren steuerlichen Wertansätzen, so dass nach dem bilanzorientierten Temporary-Konzept des § 306 HGB **latente Steuern** anzusetzen sind[439]. Der Ansatz von latenten Steuern bei der Erstkonsolidierung erfolgt erfolgsneutral und wirkt sich entspr. auf den verbleibenden GoF bzw. pUB aus der Kapitalkonsolidierung aus[440]. Der GoF bzw. pUB ist als solcher hingegen nicht in die Ermittlung der latenten Steuern einzubeziehen (§ 306 S. 3 HGB)[441]. 372

Eine Aktivierung latenter Steuern auf **steuerliche Verlustvorträge und Zinsvorträge**, über die das erworbene TU zum Erstkonsolidierungszeitpunkt verfügt, ist in der HB II nur unter der Beachtung der Verlustabzugsbeschränkungen nach § 8c KStG möglich (DRS 23.75)[442]. Verlustvorträge bei den MU oder bei anderen bereits konsolidierten TU, die durch den Erwerb und die damit verbundenen Gewinnerwartungen erstmals nutzbar werden, dürfen in der Neubewertungsbilanz bei der Ermittlung der latenten Steuern nicht berücksichtigt werden, da sie nicht Gegenstand des Anschaffungsvorgangs sind und insofern nicht erworben wurden (DRS 23.76)[443]. 373

8.2.3.3 Bewertung von Bilanzposten des erworbenen Unternehmens

Nach § 301 Abs. 1 S. 2 HGB ist das erworbene EK in der Neubewertungsbilanz mit dem Betrag anzusetzen, der dem **beizulegenden Zeitwert** der in den KA aufzunehmenden Vermögensgegenstände, Schulden, RAP und Sonderposten zum jeweils maßgeblichen Erstkonsolidierungszeitpunkt entspricht (DRS 23.62). Eine Ausnahme von der Bewertung zum beizulegenden Zeitwert besteht nur für Rückstellungen und latente Steuern (§ 301 Abs. 1 S. 3). Als Folge der begrifflichen Änderung vom beizulegenden Wert auf den beizulegenden Zeitwert durch das BilMoG ist die Bewertung der Bilanzposten 374

---

[437] Vgl. *Stibi/Klaholz*, BB 2009, S. 2582 (2585); *Winkeljohann/Deubert*, in: BeBiKo[11], § 301, Rn. 65-66.
[438] Vgl. *Wollmert/Oser/Skirk*, ZfCM 2010, S. 73/74; *Gelhausen/Fey/Kämpfer*, BilMoG, Q, Rn. 199-201.
[439] Vgl. Begr. RegE BilMoG, BT-Drs. 16/10067, S. 83 sowie Kap. G Tz. 541 ff.
[440] Vgl. *Kühne/Melcher/Wesemann*, WPg 2009, S. 1057 (1062).
[441] DRS 18.25 erlaubt hingegen den Ansatz latenter Steuern auf Buchwertdifferenzen beim GoF, soweit sie auf temporären Differenzen beruhen, die auf einen steuerlich abzugsfähigen GoF oder einen steuerlich zu berücksichtigen pUB zurückzuführen sind.
[442] Vgl. *Wollmert/Oser/Skirk*, ZfCM 2010, S. 71 (73, 74); *Gelhausen/Fey/Kämpfer*, BilMoG, Q, Rn. 197.
[443] Vgl. Begr. RegE BilMoG, BT-Drs. 16/10067, S. 81 sowie Kap. G Tz. 560.

des erworbenen Unternehmens somit nicht mehr aus Sicht des erwerbenden Unternehmens, sondern in Anlehnung an die internationale Praxis soweit wie möglich auf der Basis der objektivierten Sicht eines unabhängigen Marktteilnehmers vorzunehmen[444].

375 Der beizulegende Zeitwert ist als **Marktpreis** definiert (§ 298 Abs. 1 i.V.m. § 255 Abs. 4 S. 1 HGB) und entspricht damit dem Betrag, zu dem sachverständige, vertragswillige und voneinander unabhängige Kaufleute einen Vermögensgegenstand erwerben würden[445]. Der beizulegende Zeitwert einer Schuld ist der Betrag, zu dem diese unter Berücksichtigung des aktuellen Zinsniveaus abgelöst werden könnte[446].

376 Bei der Ermittlung des beizulegenden Zeitwerts ist die **Bewertungshierarchie** in § 255 Abs. 4 HGB zu beachten. Der Marktpreis nach § 255 Abs. 4 S. 1 HGB ist demzufolge soweit möglich auf einem **aktiven Markt**[447] zu ermitteln, weil das Vorhandensein öffentlich notierter Marktpreise der bestmögliche objektive Hinweis für den beizulegenden Zeitwert ist[448].

377 Für die Neubewertung der erworbenen Vermögensgegenstände und Schulden bei der Erstkonsolidierung werden objektivierte Marktpreise in der überwiegenden Zahl der Fälle aufgrund fehlender aktiver Märkte nicht vorliegen, so dass nach § 255 Abs. 4 S. 2 HGB allgemein anerkannte Bewertungsmethoden zur Bestimmung des beizulegenden Zeitwerts heranzuziehen sind[449]. In diesen Fällen wird der beizulegende Zeitwert dann entweder aus den **Marktpreisen vergleichbarer Geschäftsvorfälle** abgeleitet, oder, wenn dies nicht möglich ist, unter Anwendung **sonstiger anerkannter Bewertungsverfahren** ermittelt[450]. Soweit sich die Zahlungsströme den einzelnen Vermögensgegenständen zurechnen lassen, kommen hierfür in Analogie zu IFRS insb. **kapitalwertorientierte Bewertungsverfahren**[451] in Form von Ertragswert- oder DCF-Verfahren in Betracht[452].

378 Kostenorientierte Bewertungsverfahren in Form der **Reproduktions- oder Wiederbeschaffungskostenmethode** sind nur anzuwenden, wenn die Wertermittlung durch marktpreisorientierte und kapitalwertorientierte Verfahren nicht möglich ist, z.B. weil kein aktiver Markt vorliegt oder sich die zukünftigen Zahlungsströme nicht einzelnen Vermögensgegenständen zuordnen lassen[453].

379 Kann der beizulegende Zeitwert auch mit Hilfe dieser anerkannten Bewertungsverfahren nicht verlässlich bestimmt werden, ist ein gesonderter Ansatz als Vermögensgegenstand oder Schuld in der Neubewertungsbilanz nicht zulässig (DRS 23.52), sodass sich die zugrunde liegenden Sachverhalte im GoF bzw. im pUB niederschlagen, soweit sie im Kaufpreis berücksichtigt wurden[454]. Ein Rückgriff auf die fortgeführten Anschaffungs- oder Herstellungskosten des erworbenen TU nach § 255 Abs. 4 S. 3 HGB ist

---

444 Vgl. Begr. RegE BilMoG, BT-Drs. 16/10067, S. 81; *Stibi/Klaholz*, BB 2009, S. 2582 (2583).
445 Vgl. DRS 23.7, Stichwort: Beizulegender Zeitwert; *Müller*, in: Haufe HGB Kommentar[8], § 301, Rn. 61; *Winkeljohann/Deubert*, in: BeBiKo[11], § 301, Rn. 77; Kap. F Tz. 146 ff.
446 Vgl. DRS 23.7, Stichwort: Beizulegender Zeitwert.
447 Zur Definition eines aktiven Markts vgl. Kap. F Tz. 149 sowie Begr. RegE BilMoG, BT-Drs. 16/10067, S. 61.
448 Vgl. DRS 23.64; Begr. RegE BilMoG, BT-Drs. 16/10067, S. 61.
449 Vgl. *Gelhausen/Fey/Kämpfer*, BilMoG, Q, Rn. 205.
450 ~~Vgl. Begr. RegE BilMoG, BT-Drs. 16/10067, S. 61.~~
451 Vgl. DRS 23.65 und .66.
452 Vgl. DRS 23.65; *Stibi/Klaholz*, BB 2009, S. 2582 (2583).
453 Vgl. *Winkeljohann/Deubert*, in: BeBiKo[11], § 301, Rn. 79.
454 Vgl. DRS 23.67; *Stibi/Klaholz*, BB 2009, S. 2582 (2583).

in diesen Fällen ausgeschlossen, weil sich die Regelung auf die Folgebewertung bezieht, während bei der Erstkonsolidierung die AK aus Konzernsicht ermittelt werden[455].

Wegen der objektivierten Bewertung zum beizulegenden Zeitwert dürfen subjektive kaufpreisbestimmende Einflussfaktoren, wie Werteinflüsse aufgrund von **Nutzungsentscheidungen des Erwerbers**, bei der Erstkonsolidierung nicht berücksichtigt werden[456]. Entspr. ist die Bewertung unabhängig von der konkreten Verwendungsabsicht, so dass auch mit Stilllegungsabsicht erworbene Vermögensgegenstände zum beizulegenden Zeitwert zu bilanzieren sind[457]. Wertänderungen der erworbenen Vermögensgegenstände und Schulden, die erst durch spätere **wertbegründende Entscheidungen des Erwerbers** herbeigeführt werden, sind nicht bei der Erstkonsolidierung zu berücksichtigen, sondern werden nach den allgemeinen Grundsätzen zum Zeitpunkt der Wertänderung ergebniswirksam erfasst[458]. 380

Nach § 301 Abs. 1 S. 3 HGB sind **Rückstellungen** und **latente Steuern** in der Neubewertungsbilanz nach den für den handelsrechtlichen JA geltenden Vorschriften der § 253 Abs. 1 S. 2 und 3, Abs. 2 sowie § 274 Abs. 2 HGB zu bewerten. Diese Ausnahme von der Bewertung zum beizulegenden Zeitwert dient der Vereinfachung der Wertermittlung dieser Posten bei der Neubewertung für Zwecke der Kapitalkonsolidierung[459]. 381

8.2.4 Vorläufige Erstkonsolidierung

Können die Wertansätze für die übernommenen Vermögensgegenstände und Schulden oder die Aufwendungen des Beteiligungserwerbs zum Zeitpunkt, zu dem das Unternehmen TU geworden ist, nicht endgültig ermittelt werden, so besteht nach § 301 Abs. 2 S. 2 HGB die Möglichkeit einer **vorläufigen Erstkonsolidierung**. Bessere Erkenntnisse über das Mengen- und Wertgerüst, d.h. wertaufhellende Informationen, sind innerhalb von zwölf Monaten nach dem Zeitpunkt, zu dem das Unternehmen TU geworden ist, zu berücksichtigen. Wertaufhellende Informationen können sich hierbei auch in Bezug auf die Einschätzung der Nutzungsdauer des GoF ergeben[460]. Eine ggf. notwendige Anpassung muss lt. Gesetzesbegründung zum BilMoG grds. erfolgsneutral erfolgen, da der Anschaffungsvorgang weiterhin erfolgsneutral abzubilden ist[461]. Wertbegründende Erkenntnisse sind von der Jahresfrist nach § 301 Abs. 2 S. 2 HGB nicht betroffen. Sie wirken sich somit nicht auf die Erstkonsolidierung aus und müssen folglich nach den allgemeinen Grundsätzen und damit regelmäßig erfolgswirksam behandelt werden[462]. 382

Bei der Beurteilung, ob innerhalb der zwölfmonatigen Frist **wertaufhellende Informationen** vorliegen, muss beachtet werden, dass bei der Ermittlung der beizulegenden Zeitwerte zum Erstkonsolidierungszeitpunkt die **objektivierte Sicht** eines unabhängigen Marktteilnehmers einzunehmen ist[463]. Wird bspw. ein bei der vorläufigen 383

---

455 Vgl. *Leinen*, in: Kessler/Leinen/Strickmann, Handbuch BilMoG², S. 702; *Stibi*, KoR 2008, S. 517 (521).
456 Vgl. *Schurbohm-Ebneth/Zoeger*, DB 2009, Beil. Nr. 5, S. 53 (55).
457 Zur Berücksichtigung von Restrukturierungsmaßnahmen vgl. Kap. G Tz. 371.
458 Vgl. *Gelhausen/Fey/Kämpfer*, BilMoG, Q, Rn. 206; *Winkeljohann/Deubert*, in: BeBiKo¹¹, § 301, Rn. 80.
459 Vgl. Begr. Beschlussempf. BilMoG, BT-Drs. 16/12407, S. 90.
460 Vgl. *Gelhausen/Fey/Kämpfer*, BilMoG, Q, Rn. 416-418 zur Anpassung der Abschreibung des Geschäfts oder Firmenwerts aufgrund einer geänderten Nutzungsdauer.
461 Vgl. DRS 23.78; Begr. RegE BilMoG, BT-Drs. 16/10067, S. 81.
462 Vgl. DRS 23.77; *Stibi*, KoR 2008, S. 517 (522).
463 Vgl. hierzu Kap. G Tz. 374.

Zugangsbewertung bewerteter Vermögensgegenstand durch spätere Entscheidungen des Erwerbers mit einem niedrigeren Wert veräußert, z.B. weil er nicht betriebsnotwendig war, so handelt es sich bei dem tatsächlich erzielten Verkaufserlös nicht um bessere Erkenntnisse über die Wertverhältnisse im Erwerbszeitpunkt[464]. Der Verlust basiert auf einer nach dem Erwerbszeitpunkt getroffenen unternehmerischen Entscheidung des Erwerbers und ist daher auch im KA als solcher zu erfassen[465].

384 Eine **Anpassung der Erstkonsolidierung**, z.B. aufgrund einer vorläufigen Bewertung von Bilanzposten des erworbenen Unternehmens, hat erfolgsneutral und unter Anpassung der latenten Steuern zu erfolgen und resultiert in einer Änderung der Residualgröße GoF bzw. des pUB aus der Kapitalkonsolidierung, wenn die AK der konsolidierungspflichtigen Anteile sich nicht korrespondierend verändern. In diesem Zusammenhang ist nicht näher geregelt, ob es sich um eine retrospektive, d.h. **rückwirkende Anpassung** des GoF handelt, wodurch eine Anpassung der Abschreibungen in der Vorperiode notwendig werden könnte, oder um eine Anpassung, die prospektiv erfolgt und folglich die Vorperiode unberührt lässt[466]. Aus dem Sinn und Zweck der Vorschrift ergibt sich, dass Anpassungen so vorzunehmen sind, als hätten die entspr. Erkenntnisse bereits zu dem Zeitpunkt vorgelegen, zu dem das Unternehmen TU geworden ist, mit der Folge einer retrospektiven Durchführung ggf. notwendiger Anpassungen[467]. In diesem Zusammenhang ist im Korrekturjahr auch eine Anpassung der VJ-Zahlen (§ 298 Abs. 1 i.V.m. § 265 Abs. 2 S. 3 HGB) erforderlich[468].

8.2.5 Ausweis und Ursachen verbleibender Unterschiedsbeträge

385 Bei der Erstkonsolidierung werden sich in den meisten Fällen die Werte der aufzurechnenden Anteile und das anteilige neubewertete EK nicht in gleicher Höhe gegenüberstehen. Sind die AK der Beteiligung höher als das anteilige **konsolidierungspflichtige Kapital**, so ist der Unterschiedsbetrag nach § 301 Abs. 3 S. 1 HGB als GoF (§ 266 Abs. 2 A.I.3. HGB) zu qualifizieren, da vorhandene stille Reserven und Lasten bereits bei der Neubewertung aufgedeckt worden sind. In einer internen Nebenrechnung sollte der GoF auf die betreffenden Geschäftsfelder eines Unternehmens aufgeteilt werden (DRS 23.85). Er gehört zum immateriellen AV und muss somit auch in den Anlagespiegel aufgenommen werden (DRS 23.84). Sind aus der Konsolidierung mehrerer TU mehrere aktive Restbeträge entstanden, so dürfen sie zu einem Posten zusammengefasst werden. Sie dürfen auch mit den aus den Einzelbilanzen in die Konzernbilanz zu übernehmenden GoF zusammengefasst werden, so dass in der Konzernbilanz als GoF nur ein einziger Posten ausgewiesen wird. Der Posten und seine wesentlichen Veränderungen ggü. dem VJ müssen im KAnh. erläutert werden (§ 301 Abs. 3 S. 2 HGB). Wesentliche Veränderungen sind bereits aus dem Konzernanlagespiegel ersichtlich. Daher kann sich die Erläuterungspflicht für den GoF im Allgemeinen auf die Zuordnung wesentlicher Beträge, insb. bei den Zugängen, sowie die Abschreibungsverfahren und die Nutzungsdauer beschränken[469].

---

[464] Vgl. *Gelhausen/Fey/Kämpfer*, BilMoG, Q, Rn. 224.
[465] Vgl. *Gelhausen/Fey/Kämpfer*, BilMoG, Q, Rn. 224.
[466] Vgl. *Schurbohm-Ebneth/Zoeger*, DB 2009, Beil. Nr. 5, S. 53 (56).
[467] Vgl. ebenso DRS 23.78; *Stibi*, KoR 2008, S. 517 (522); *Oser/Reichart/Wirth*, in: Küting/Pfitzer/Weber, Bilanzrecht², S. 423; *Gelhausen/Fey/Kämpfer*, BilMoG, Q, Rn. 226.
[468] So auch DRS 23.79; *Stibi*, KoR 2009, S. 517 (522); *Gelhausen/Fey/Kämpfer*, BilMoG, Q, Rn. 227.
[469] Vgl. DRS 23.208

Ein GoF kann folgende **Ursachen** haben[470]: 386

- Gegenwert nicht bilanzierter immaterieller Vorteile, weil sie nicht die Kriterien eines Vermögensgegenstandes nach HGB erfüllen, z.B. Know-how und Qualität der Mitarbeiter oder Marktstellung des erworbenen TU
- Barwert künftiger Ertragserwartungen aus der Fortführung des Unternehmens, die über den Substanzwert des Vermögens hinausgehen
- Synergieeffekte aus dem Zusammenschluss mit anderen Unternehmen des Konzerns
- Erweiterung der strategischen Handlungsalternativen durch den Erwerb des TU.

Ein pUB entsteht bei der Erstkonsolidierung dann, wenn zum Zeitpunkt der Erstkonsolidierung der Buchwert der Beteiligung[471] **geringer ist** als das anteilige EK der HB III des TU nach Aufdeckung aller stillen Reserven und Lasten. Ein verbleibender **passiver Unterschiedsbetrag** aus der Kapitalkonsolidierung muss in der Konzernbilanz gesondert nach dem EK als **„Unterschiedsbetrag aus der Kapitalkonsolidierung"** ausgewiesen werden (§ 301 Abs. 3 S. 1 HGB)[472]. Der konsequente Ausweis in einem gesonderten Posten nach dem EK, ohne die Möglichkeit, den pUB je nach seinem bilanziellen Charakter den Rücklagen oder den Rückstellungen zuzuordnen, dient dem besseren Verständnis der Abschlussadressaten[473]. Die Ursachen und der wirtschaftliche Charakter des jeweiligen pUB müssen bei den Erläuterungen im KAnh. nach § 301 Abs. 3 S. 2 HGB angegeben werden[474]. Auch bei pUB wird die Aufteilung auf Geschäftsfelder empfohlen, sofern das erworbene Unternehmen aus mehreren Geschäftsfeldern besteht (DRS 23.92). 387

Die Gründe dafür, dass sich die Vertragsparteien bei den Kaufpreisverhandlungen auf AK der Beteiligung unterhalb des Zeitwerts des Reinvermögens des zu erwerbenden Unternehmens geeinigt haben, können unterschiedlich sein. Sie sind für die Folgekonsolidierung von großer Bedeutung und sollten daher bereits bei der Erstkonsolidierung dokumentiert werden. Denn ein pUB ist in Abhängigkeit von seinen Entstehungsursachen entweder als pUB mit **EK- oder mit FK-Charakter** einzuordnen (DRS 23.139 S. 2). 388

Ein pUB mit **FK-Charakter** kann folgende **Ursachen** haben (DRS 23.142): 389

- Überbewertung von Aktiva oder Unterbewertung von Passiva
- Berücksichtigung von Verlusterwartungen oder geplanten Sanierungsmaßnahmen im Kaufpreis.

Aktiva des TU können z.B. in Bezug auf den Kaufpreis der Beteiligung überbewertet sein, weil sie nach Übernahme durch das MU anderweitig verwendet oder stillgelegt werden sollen. Insoweit hat der Unterschiedsbetrag **Wertberichtigungscharakter**. 390

Passiva können unterbewertet sein, wenn Rückstellungen für im Einzelnen zu bezeichnende Gründe nicht oder nicht in ausreichender Höhe gebildet worden sind, z.B. 391

---

470 Vgl. *Busse v. Colbe* u.a., Konzernabschlüsse[9], S. 236.
471 Zum Zeitpunkt des Erwerbs mit den AK identisch.
472 Wegen der notwendigen Erläuterungen im KAnh. vgl. Kap. G Tz. 700.
473 Vgl. Begr. RegE BilMoG, BT-Drs. 16/10067, S. 81-82.
474 Vgl. DRS 23.209; Begr. RegE BilMoG, BT-Drs. 16/10067, S. 82.

im Fall von zum handelsrechtlichen Erfüllungsbetrag passivierten Pensionsrückstellungen[475]. Der Unterschiedsbetrag hat insoweit **Rückstellungscharakter**.

392 Ist der Kaufpreis aufgrund einer nachhaltig zu erwartenden schlechten Ertragslage unter das konsolidierungspflichtige Kapital gesenkt worden, so hat der pUB insoweit den Charakter eines Zuschusses zur Aufbesserung zukünftiger Ertragslagen bzw. den **Charakter eines negativen Geschäftswertes** (badwill). Das gleiche gilt für geplante Sanierungsmaßnahmen, die bislang noch nicht durchgeführt, bei der Kaufpreisermittlung aber schon mindernd berücksichtigt wurden (DRS 23.142).

393 Demgegenüber beruht ein **pUB mit EK-Charakter** auf einem **günstigen Gelegenheitsgeschäft** (lucky buy), was in der Praxis eher die Ausnahme sein dürfte. Denn in diesem Fall ist der Kaufpreis des TU wegen glücklicher Umstände niedriger als das anteilige neubewertete EK.

8.3 Folgekonsolidierungen

8.3.1 Grundlagen

394 Die **Grundsätze für die Folgekonsolidierung** sind aus der Konzeption der Erwerbsmethode unter Berücksichtigung des Einheitsgrundsatzes (§ 297 Abs. 3 S. 1 HGB) sowie der allgemeinen Bewertungsvorschriften abzuleiten[476]. Gesetzliche Regelungen bestehen nur für den GoF und den pUB aus der Kapitalkonsolidierung (§ 309 HGB). Eine Fortschreibung ist ebenfalls für die bei der Erstkonsolidierung aufgedeckten stillen Reserven und Lasten notwendig und erfolgt entspr. der Entwicklung der Posten, denen sie bei der Erstkonsolidierung zugeordnet wurden[477]. Die Folgekonsolidierung ist im Unterschied zur Erstkonsolidierung grds. erfolgswirksam.

395 Im Hinblick auf die **Technik** der Folgekonsolidierung ist zu beachten, dass der KA zu jedem Stichtag erneut aus der Zusammenfassung der JA (HB II) der einbezogenen Unternehmen zu entwickeln ist. Die Fortschreibung der aufgedeckten stillen Reserven und Lasten erfolgt in der HB III, die insoweit auch um eine GuV zu ergänzen ist[478].

8.3.2 Fortschreibung der Zurechnungen zu Vermögensgegenständen und Schulden

396 Soweit bei der Erstkonsolidierung **stille Reserven** aufgedeckt und verschiedenen Aktiva zugerechnet worden sind, müssen bei den Folgekonsolidierungen die Abschreibungen auf Vermögensgegenstände, deren Nutzung zeitlich begrenzt ist, von den höheren, in der Konzernbilanz ausgewiesenen Werten vorgenommen werden. Dabei sind, auch für den zugerechneten Betrag, die Restnutzungsdauer und die **Abschreibungsmethode** anzuwenden, die in der HB II für den betreffenden Vermögensgegenstand angewandt werden. Mit der endgültigen Abschreibung des Vermögensgegenstandes ist dann auch die in der Erstkonsolidierung aufgedeckte und zugeordnete stille Reserve aufgelöst. In gleicher Weise ist auch die bei der Erstkonsolidierung gebildete passive latente Steuer aufzulösen.

---

[475] Vgl. DRS 23.142.
[476] Vgl. ADS[6], § 301, Tz. 143.
[477] Vgl. *Winkeljohann/Deubert*, in: BeBiKo[11], § 301, Rn. 180.
[478] Vgl. DRS 23.99; ADS[6], § 301, Tz. 144.

397 Soweit stille Reserven beim **nicht abnutzbaren AV** aufgedeckt worden sind, ist zum Zeitpunkt des Abgangs ein ggf. im JA entstandener Buchgewinn um den Betrag aufgedeckter stiller Reserven aus der Erstkonsolidierung zu kürzen. Ein entstandener Buchverlust ist um die ggf. noch in der Konzernbilanz ausgewiesene stille Reserve zu erhöhen. Die auf die aufgedeckten stillen Reserven gebildete passive latente Steuer ist zum Zeitpunkt des Abgangs ebenfalls ergebniswirksam aufzulösen.

398 Sind stille Reserven in den **Vorräten** bei der Erstkonsolidierung aufgedeckt worden, so vermindern sie bei Veräußerung an Dritte den Gewinn aus dem JA bzw. erhöhen einen Verlust.

399 Soweit **stille Lasten** der Aktivseite zugeordnet wurden (z.B. zusätzliche Abwertungen auf Forderungen), sind diese bei Eintritt der erwarteten Mindereinzahlung zu verbrauchen oder entspr. der Zahlungsflüsse aufzulösen.[479]

400 In der Regel betreffen stille Lasten Pensionsrückstellungen aus Altzusagen, für die im JA das Passivierungswahlrecht gem. Art. 28 Abs. 1 EGHGB in Anspruch genommen wurde. Stille Lasten können auch auf Pensionsrückstellungen entfallen, für die vom Verteilungswahlrecht nach Art. 67 Abs. 1 S. 1 EGHGB Gebrauch gemacht wurde. Aufgrund der Erwerbsfiktion sind diese Pensionsrückstellungen in der HB III zwingend in voller Höhe zu passivieren und in der Folge entspr. dem Anfall der zahlungswirksamen Aufwendungen aufzulösen, d.h. gegen den im JA ausgewiesenen Aufwand zu verbrauchen.[480]

8.3.3 Fortschreibung des Geschäfts- oder Firmenwerts

401 Im Rahmen der Folgekonsolidierung ist bei der Beurteilung eines GoF zunächst zu analysieren, ob dieser auf Differenzen zurückzuführen ist, die aus der **Konsolidierungstechnik** resultieren (sog. technische aktive Unterschiedsbeträge, DRS 23.109). Diese Differenzen sollten vorab gesondert und in Abhängigkeit von ihrer Entstehungsursache bereinigt werden. Aus Vereinfachungsgründen kann dies auch bereits i.R.d. Erstkonsolidierung erfolgen.

- So können sich insb. bei der Gründung eines TU oder i.Z.m. einer Kapitalerhöhung aktive Unterschiedsbeträge ergeben, die auf **Anschaffungsnebenkosten** (z.B. Beurkundungs- und Eintragungskosten) zurückzuführen sind (DRS 23.110). Diese Ausgaben sind in der HB I des MU als Teil der AK der Anteile am TU zu aktivieren (§ 255 Abs. 1 S. 2 HGB). Da aus Konzernsicht keine Anteile, sondern das Reinvermögen des TU erworben wurde, ist es sachgerecht, den auf dieser Transaktion beruhenden Teil des aktiven Unterschiedsbetrags nicht als GoF zu aktivieren, sondern in voller Höhe ergebniswirksam als Rechts- und Beratungskosten des laufenden GJ zu erfassen (DRS 23.111).
- Ein weiteres Beispiel ist die **Grunderwerbsteuer**, die mit dem Erwerb der Anteile an *dem TU angefallen ist*. Auch bei diesen Ausgaben ist es nicht sachgerecht, sie als GoF zu aktivieren und abzuschreiben. Vielmehr sollten sie als Anschaffungsnebenkosten der Grundstücke aktiviert werden, die das erworbene TU bilanziert (DRS 23.112).
- Ein technischer aktiver Unterschiedsbetrag kann auch auf **kumulierten Verlusten** beruhen, die ein TU in der Zeit zwischen dem Erwerb der Anteile (§ 301 Abs. 2 S. 1

---

479 Vgl. *Winkeljohann/Deubert*, in: BeBiKo[11], § 301, Rn. 193.
480 Siehe im Einzelnen *Winkeljohann/Deubert*, in: BeBiKo[11], § 301, Rn. 194.

HGB) und der tatsächlichen Einbeziehung (§ 301 Abs. 2 S. 3 bzw. S. 4 HGB) erzielt. In diesem Fall sind die in dem genannten Zeitraum erzielten kumulierten Verluste dem Konzerngewinn- oder -verlustvortrag zuzuordnen und ein verbleibender Restbetrag als GoF fortzuführen.

402 Nach der gesonderten Behandlung der technischen aktiven Unterschiedsbeträge ist der Restbetrag des GoF nach den Vorschriften des Ersten Abschn. des HGB (§§ 238-263 HGB) abzuschreiben (§ 309 Abs. 1 HGB). Hierzu stellt der Gesetzgeber klar, dass ein entgeltlich erworbener **GoF als zeitlich begrenzt nutzbarer Vermögensgegenstand** gilt (§§ 309 Abs. 1, 298 Abs. 1, 246 Abs. 1 S. 4 HGB). Somit ist ein GoF, der bei der Erstkonsolidierung in die Konzernbilanz aufgenommen worden ist, **planmäßig** über die voraussichtliche wirtschaftliche Nutzungsdauer abzuschreiben (§ 309 Abs. 1 i.V.m. § 253 Abs. 3 S. 1 und 2 HGB). Damit besteht ein Einklang mit der Regelung für den JA.

403 Sofern der GoF auf die Geschäftsfelder eines Konzerns verteilt wurde, ist die Abschreibungsmethode und die Nutzungsdauer **für jedes Geschäftsfeld** jeweils gesondert zu ermitteln (DRS 23.116). Eine andere als die lineare Abschreibungsmethode ist nach DRS 23.119 nur dann zulässig, wenn diese Methode den Abnutzungsverlauf zutreffend widerspiegelt[481]. Die Nutzungsdauer ist anhand objektiv nachvollziehbarer Kriterien zu bestimmen (DRS 23.120).

404 Die **Bestimmung der Nutzungsdauer** eines GoF erfordert eine Analyse der Komponenten und Ursachen, die zu seiner Entstehung beigetragen haben und eine Einschätzung, über welchen Zeitraum die daraus resultierenden wirtschaftlichen Vorteile voraussichtlich wirksam werden[482]. Hierbei sind die rechtlichen, ökonomischen und technischen Rahmenbedingungen des erworbenen Unternehmens zu berücksichtigen[483]. Anhaltspunkte für die Schätzung der Nutzungsdauer werden in DRS 23.121 aufgelistet. Zudem ist die Restnutzungsdauer des GoF an jedem Abschlussstichtag zu überprüfen (DRS 23.123).

405 Sofern die voraussichtliche Nutzungsdauer eines derivativen GoF **ausnahmsweise nicht verlässlich geschätzt werden kann**, sind die planmäßigen Abschreibungen über einen Zeitraum von zehn Jahren vorzunehmen (§ 309 Abs. 1 HGB i.V.m. § 253 Abs. 3 S. 4 i.V.m. S. 3 HGB). Mit der Vorgabe einer **typisierten Nutzungsdauer** soll insb. der in der betrieblichen Praxis häufig anzutreffenden Problematik bei der individuellen Schätzung der Nutzungsdauer eines GoF begegnet werden[484]. Die typisierte Nutzungsdauer darf nur zugrunde gelegt werden, wenn die in DRS 23.121 genannten Anhaltspunkte für die Schätzung der voraussichtlichen Nutzungsdauer allesamt nicht verwertet werden können[485]. Aufgrund der Vielzahl und der Bandbreite der Anhaltspunkte dürfte dies bei wohlüberlegten und geplanten Unternehmenszusammenschlüssen nicht zutreffen. Denn andernfalls könnte dies zu der Annahme verleiten, dass der Erwerber des TU bei

---

481 Vgl. ADS[6], § 301, Tz. 146.
482 Vgl. *Gelhausen/Fey/Kämpfer*, BilMoG, Q, Rn. 409.
483 Vgl. *Schurbohm-Ebneth/Zoeger*, DB 2009, Beil. Nr. 5, S. 53 (57).
484 Vgl. *Baumann*, in: BilRUG-Komm., C, Rn. 3. Diese Vorgabe beruht auf Art. 12 Abs. 11 UnterAbs. 2 S. 1 der RL 2013/34/EU und wurde mit dem BilRUG in nationales Recht umgesetzt.
485 Vgl. hierzu weiterführend DRS 24.99, .100, .B99 und .B100.

der Ermittlung und Verhandlung des Kaufpreises eine sehr eingeschränkte Vorstellung von den wirtschaftlichen Verhältnissen des TU hat[486].

Eine **außerplanmäßige Abschreibung** des GoF aus der Kapitalkonsolidierung auf den niedrigeren beizulegenden Wert ist nach § 309 Abs. 1 i.V.m. § 253 Abs. 3 S. 5 HGB vorzunehmen, wenn am Abschlussstichtag eine **voraussichtlich dauernde Wertminderung** vorliegt. In DRS 23.126 werden eine Reihe von Anhaltspunkten aufgezählt, die bei der Beurteilung einer dauernden Wertminderung relevant sein können. Die Gründe für eine dauernde Wertminderung können z.B. in gesunkenen Gewinnerwartungen oder in Änderungen bei den für die Bestimmung der Nutzungsdauer relevanten Faktoren liegen. Sofern Anhaltspunkte für eine Wertminderung vorliegen, ist die Werthaltigkeit des GoF zu prüfen (DRS 23.127). Bevor eine außerplanmäßige Abschreibung auf den GoF vorgenommen wird, sind die Wertansätze der Vermögensgegenstände und Schulden des TU, insb. die bei der Erstkonsolidierung aufgedeckten stillen Reserven zu überprüfen und vorrangig außerplanmäßig auf den jeweiligen ggf. niedrigeren beizulegenden Wert abzuschreiben[487]. 406

Der GoF ist im Wert gemindert, wenn der **beizulegende Wert** des GoF, d.h. der Ertrags- oder DCF-Wert der Beteiligung[488] abzgl. des Zeitwerts des Reinvermögens des TU niedriger ist als der Restbuchwert des GoF (DRS 23.128)[489]. Vereinfachend kann der Betrag der außerplanmäßigen Abschreibung als Differenz zwischen dem Zeitwert der Beteiligung am TU und der Summe der Buchwerte des im KA bilanzierten Reinvermögens des TU zzgl. des GoF ermittelt werden (DRS 23.129). Der GoF wird im KA nur für die Anteile des MU ausgewiesen, so dass bei der Ermittlung des beizulegenden Werts der auf die Minderheiten entfallende Anteil sowohl am Ertragswert der Beteiligung als auch am Zeitwert des Reinvermögens nicht zu berücksichtigen ist (DRS 23.130). 407

Die Werthaltigkeit des GoF wird für Konzernzwecke nach HGB grds. auf der Basis der jeweiligen **rechtlichen Einheit** überprüft[490]. Sofern der GoF im Erstkonsolidierungszeitpunkt nach DRS 23.85 auf Geschäftsfelder aufgeteilt wurde, ist die Werthaltigkeit eines jeden Teilbetrags gesondert zu überprüfen (DRS 23.132). 408

Zuschreibungen beim GoF aus der Kapitalkonsolidierung sind nicht zulässig. Ein niedriger Wertansatz aufgrund einer außerplanmäßigen Abschreibung ist nach § 298 Abs. 1 i.V.m. § 253 Abs. 5 S. 2 HGB beizubehalten[491]. Hintergrund dafür ist, dass die eingetretene Wertaufholung eines GoF nicht allein auf dem Wegfall der Gründe für die außerplanmäßige Abschreibung beruht, sondern auch auf der Geschäftstätigkeit des Unternehmens und somit zumindest teilweise ein originärer GoF entsteht, der nicht aktiviert werden darf[492]. 409

---

486 A.A. *Baumann*, in: BilRUG-Komm., C, Rn. 17, der die „verlässliche Schätzbarkeit seiner Nutzungsdauer als den Regelfall zu betrachten ... [als] geradezu verwegen" beurteilt.
487 Vgl. *Gelhausen/Fey/Kämpfer*, BilMoG, Q, Rn. 421.
488 Vgl. *IDW RS HFA 10*, Tz. 3.
489 Vgl. *Gelhausen/Fey/Kämpfer*, BilMoG, Q, Rn. 425.
490 Vgl. hierzu im Einzelnen *Gelhausen/Fey/Kämpfer*, BilMoG, Q, Rn. 424.
491 Vgl. hierzu auch DRS 23.125; *Gelhausen/Fey/Kämpfer*, BilMoG, Q, Rn. 431.
492 Vgl. Begr. RegE BilMoG, BT-Drs. 16/10067, S. 57; ADS[6], § 301, Tz. 197; *Winkeljohann/Hoffmann*, in: BeBiKo[11], § 309, Rn. 16.

8.3.4 Fortschreibung des passiven Unterschiedsbetrages

410 Grundsätzlich ist der pUB aus der Erstkonsolidierung in den Folgejahren unverändert fortzuführen. Er kann **ergebniswirksam aufgelöst** werden, soweit ein solches Vorgehen den Grundsätzen der §§ 297 und 298 HGB i.V.m. den Vorschriften des Ersten Abschn. (§§ 238-263 HGB) entspricht (§ 309 Abs. 2 HGB)[493]. Der Gesetzeswortlaut („kann") könnte zu der Schlussfolgerung verleiten, dass es sich bei den genannten Regeln zur Fortführung des pUB um ein Wahlrecht handelt. Indes ist davon auszugehen, dass eine ergebniswirksame Auflösung vorgenommen werden **muss**, sofern dieses Vorgehen den Grundsätzen der §§ 297 und 298 HGB i.V.m. den allgemeinen Grundsätzen des Ersten Abschn. und hier insb. dem Realisationsprinzip entspricht[494].

411 Mit dieser allgemein formulierten Regelung zur Folgekonsolidierung eines pUB beabsichtigt der Gesetzgeber eine **prinzipienbasierte Regelung** und wählt insoweit bewusst die Abkehr von der bis zum Inkrafttreten des BilRUG kasuistisch aufgebauten Vorschrift. In DRS 23.139 ff. wird die allgemeine Regelung des § 309 Abs. 2 HGB konkretisiert.

412 Demnach richtet sich die **Folgekonsolidierung** nach der im Zeitpunkt der Erstkonsolidierung vorgenommenen Einordnung des pUB als pUB mit **EK- oder mit FK-Charakter** (DRS 23.139 S. 2)[495]. Sofern der pUB **Geschäftsfeldern** zugeordnet wurde, sind diese Einordnung und die Folgekonsolidierung jeweils für jedes Geschäftsfeld separat vorzunehmen (DRS 23.140).

413 Ein **pUB mit FK-Charakter** darf bei der Folgekonsolidierung nur in dem Umfang ergebniswirksam aufgelöst werden, in dem die ursächlich für diesen Posten **erwarteten künftigen Aufwendungen oder Verluste angefallen sind**. Falls sich im Laufe der Zeit herausstellen sollte, dass die erwarteten künftigen Aufwendungen oder Verluste zweifelsfrei nicht mehr anfallen werden, ist der Posten zu diesem Zeitpunkt insoweit aufzulösen (DRS 23.143).

414 Die beschriebene Vorgehensweise wirkt sich z.B. in dem sog. **badwill-Fall**, bei dem künftige Verlusterwartungen oder geplante Sanierungsmaßnahmen antizipiert werden, wie folgt aus: Ist im Kaufpreis der Beteiligung ein Abschlag vorgenommen worden, der ungünstige Ergebniserwartungen antizipiert, die sich zum Zeitpunkt der Erstkonsolidierung noch nicht im bilanziellen EK des TU niedergeschlagen haben, und wird das EK des TU in den Folgejahren durch die erwarteten negativen Entwicklungen oder Aufwendungen verringert, sind insoweit die Voraussetzungen für die Auflösung des Passivpostens erfüllt (§ 309 Abs. 2 HGB; DRS 23.143). Durch die erfolgswirksame Auflösung wird in der Konzern-GuV der Verlust des TU kompensiert. Daher ist für eine zutreffende Darstellung der Vermögens-, Finanz- und Ertragslage die **Auflösung** des pUB in diesem Fall **erforderlich**[496].

415 Sofern es sich um einen **pUB mit EK-Charakter** handelt, beruht der Unternehmenszusammenschluss auf einem günstigen Erwerb[497]. Die Folgebilanzierung eines derarti-

---

[493] Mit dieser Regelung wurden die Vorgaben des Art. 24 Abs. 3 Buchst. f der RL 2013/34/EU in nationales Recht umgesetzt.
[494] So auch *Deubert/Lewe*, DB 2015, Beil. 5, S. 49 (53); *Oser/Orth/Wirtz*, DB 2015, S. 1729 (1736-1737).
[495] Vgl. Kap. G Tz. 387 ff.
[496] So auch *Ordelheide*, WPg 1984, S. 244; *Busse v. Colbe*, ZfbF 1985, S. 773. Ebenso DRS 23.143.
[497] Vgl. Kap. G Tz. 393.

gen pUB richtet sich nach den Regelungen des DRS 23.145. Demnach ist der pUB **planmäßig über die gewichtete durchschnittliche Restnutzungsdauer** der erworbenen Vermögensgegenstände zu vereinnahmen. Bei wesentlichen Abgängen der zugrunde liegenden erworbenen abnutzbaren Vermögensgegenstände ist auch eine vorzeitige Vereinnahmung zulässig. Sofern das Vermögen des TU im Wesentlichen aus **nicht abnutzbaren Vermögensgegenständen** besteht (z.B. Grundstücke oder Finanzinstrumente), richtet sich die Folgebilanzierung des pUB nach dem Verbrauch oder dem Abgang dieser Vermögensgegenstände. Falls diese Vermögensgegenstände also künftig außerplanmäßig abgeschrieben oder verkauft werden sollten, ist der pUB insoweit erfolgswirksam aufzulösen (DRS 23.146).

Die Ursache für die Entstehung eines pUB kann auch auf die **Konsolidierungstechnik** 416 zurückzuführen sein (sog. **technische pUB**). Diese Differenzen sollten vorab gesondert und in Abhängigkeit von ihrer Entstehungsursache bereinigt werden.

- Ein technischer pUB kann z.B. aufgrund erheblicher Gewinnthesaurierung bei einem TU entstehen, das bisher nicht konsolidiert wurde (z.B. weil ein MU erstmalig zur Aufstellung eines KA verpflichtet ist oder auf die Einbeziehung des TU bisher nach § 296 HGB verzichtet wurde[498]), wenn das neubewertete EK des TU die historischen AK des MU übersteigt (DRS 23.147 a)). In diesen Fällen ist eine Umgliederung des pUB in den Konzernergebnisvortrag geboten, da es sich um erwirtschaftetes EK während der Konzernzugehörigkeit handelt (DRS 23.148).
- Bei bislang nicht in den KA einbezogenen TU können auch dann technische pUB entstehen, wenn zwischen dem Erwerb der Anteile am TU und der erstmaligen Einbeziehung neue stille Reserven und/oder stille Lasten entstanden sind. Denn auch in diesem Fall ergibt sich aufgrund der neuen stillen Reserven und/oder stillen Lasten eine Differenz zwischen den historischen AK der Beteiligung des MU und dem neubewerteten EK des TU (DRS 23.147 b)). Sofern diese Differenz auf die erworbenen Vermögensgegenstände und die übernommenen Schulden zugeordnet werden kann, ist sie in Abhängigkeit von der Fortschreibung dieser Vermögensgegenstände und Schulden aufzulösen (DRS 23.149 a)). Andernfalls ist die Differenz planmäßig über die gewichtete durchschnittliche Restnutzungsdauer bzw. Restlaufzeit der abnutzbaren Vermögensgegenstände und der Schulden zu vereinnahmen (DRS 23.149 b)).
- Schließlich kann ein technischer pUB auch aus einer Sacheinlage resultieren, bei der die AK des MU für die Beteiligung zulässigerweise unterhalb ihres beizulegenden Wertes liegen. In diesem Fall könnte das MU die AK der Beteiligung in ihrer HB II abw. von der Behandlung in der HB I mit dem beizulegenden Zeitwert ansetzen. Andernfalls sollte eine sich ergebende Differenz analog zur vorstehend erläuterten Vorgehensweise des DRS 23.149 erfolgen (DRS 23.150).

8.4 Anteile anderer Gesellschafter

8.4.1 Anteile anderer Gesellschafter in der Konzernbilanz

Bei der Vollkonsolidierung sind die Vermögensgegenstände, Schulden, RAP und Sonderposten[499] aus dem JA des TU in voller Höhe, d.h. unabhängig von der Anteilsquote des MU u.a. einbezogener Unternehmen, in die Konzernbilanz zu übernehmen (§ 300

417

---
498 Vgl. hierzu Kap. G Tz. 176 ff.
499 Vgl. Kap. G Tz. 251.

Abs. 1 S. 2 HGB). Für nicht dem MU gehörende Anteile[500] an einbezogenen Unternehmen ist in der Konzernbilanz ein Ausgleichsposten in Höhe des Anteils anderer Gesellschafter am EK unter dem Posten „nicht beherrschende Anteile" auszuweisen (§ 307 Abs. 1 HGB). Dieser Ausgleichsposten ist in der Konzernbilanz **innerhalb des EK auszuweisen**. Der Anteil am Ergebnis braucht nur in der Konzern-GuV gesondert nach dem Posten „Jahresüberschuss/Jahresfehlbetrag" ausgewiesen zu werden (§ 307 Abs. 2 HGB).

418 Der Ausgleichsposten umfasst grds. den auf andere Gesellschafter entfallenden **Teil des gesamten bilanziellen EK** i.S.d. § 266 Abs. 3 A. HGB der Neubewertungsbilanz (HB III) unter Berücksichtigung der „Eigenkapitaldifferenz aus der Währungsumrechnung" gem. § 308a S. 3 HGB (DRS 23.152 und .156). Rechnerisch ergibt sich der Betrag durch Multiplikation der Beteiligungsquote der anderen Gesellschafter mit dem Endbestand des so ermittelten EK am jeweiligen Stichtag (DRS 23.94). Ggf. sind abw. Gewinnverteilungsabreden zu berücksichtigen (DRS 23.154). Die Beteiligungsquote entspricht hierbei dem **Anteil am Kapital** des TU ohne Berücksichtigung evtl. hiervon abw. Anteile an den Stimmrechten (DRS 23.95). Ein ggf. i.R.d. Erstkonsolidierung entstehender GoF bleibt bei der Ermittlung des Ausgleichspostens außen vor[501].

419 Hält das TU Anteile an dem MU, das den KA aufstellt (**Rückbeteiligung**), und hat das TU dafür eine Rücklage nach § 272 Abs. 4 HGB gebildet, so steht den anderen Gesellschaftern der anteilige Teilbetrag der Rücklage zu[502]. Da der Nennbetrag dieser Anteile (als eigene Anteile des MU) in der Konzernbilanz nach § 301 Abs. 4 HGB in voller Höhe offen vom gezeichneten Kapital abzusetzen ist, reduziert ein auf das MU entfallender Unterschiedsbetrag zwischen Anschaffungskosten und Nennbetrag der Rückbeteiligung den Ausgleichsposten nach § 307 Abs. 1 HGB (DRS 23.98, DRS 22.51 S. 2)[503].

420 In den Folgekonsolidierungen werden die i.R.d. erstmaligen Kapitalkonsolidierung aufgelösten stillen Reserven nach den allgemeinen Regeln[504] erfolgswirksam abgeschrieben. Dadurch vermindert sich anteilig auch der Ausgleichsposten.

421 In den Ausgleichsposten „nicht beherrschende Anteile" gehen nicht nur die bei der Erstkonsolidierung auf diese Gesellschafter entfallenden EK-Anteile ein, sondern auch die bei den Folgekonsolidierungen auf diesen Kreis entfallenden Rücklagenzuführungen und Ergebnisanteile.

422 Entsteht bei der Konsolidierung neben den i.d.R. passiven Ausgleichsposten ausnahmsweise auch ein **aktiver Ausgleichsposten**, so bestehen gegen eine Saldierung aktiver und passiver Posten innerhalb des EK grds. keine Bedenken, wenn eine Aufgliederung im KAnh. erfolgt[505].

423 Hält das MU weder direkt noch indirekt Kapitalanteile an einem konsolidierungspflichtigen TU (z.B. im Falle einer Zweckgesellschaft oder bei einer kapitalmäßig nicht beteiligten Komplementärin als MU einer haftungsbeschränkten PersGes.), ist das sich

---

500 Anteile, die anderen einbezogenen TU gehören, gelten als Anteile des MU; vgl. Kap. G Tz. 358.
501 Siehe hierzu *Winkeljohann/Hoffmann*, in: BeBiKo[11], § 307, Rn. 26, wonach es sich um eine Konvention handelt.
502 Vgl. zur Begründung *Zilias/Lanfermann*, WPg 1980, S. 89 (95).
503 Vgl. auch DRS 23.98.
504 Vgl. Kap. G Tz. 394.
505 Vgl. DRS 23.96.

ergebende Reinvermögen des TU vollständig unter dem Posten „nicht beherrschende Anteile" auszuweisen (DRS 23. 20).

Halten TU, die nicht in den KA einbezogen werden, Anteile an einbezogenen Unternehmen, so ist insoweit eine Kapitalkonsolidierung nicht möglich. Eine Einbeziehung dieser Kapitalanteile in die „nicht beherrschenden Anteile" (§ 307 Abs. 1 HGB) gibt den Sachverhalt nicht zutreffend wieder, da es sich um Anteile handelt, die indirekt dem MU gehören. Sie sollten in der Konzernbilanz als Davon-Vermerk kenntlich gemacht oder im Anhang angegeben werden[506]. 424

8.4.2 Anteile anderer Gesellschafter am Gewinn bzw. Verlust

Der im Jahresergebnis des Konzerns enthaltene, anderen Gesellschaftern zustehende Gewinn bzw. der auf sie entfallende Verlust ist nach dem Posten „Jahresüberschuss/Jahresfehlbetrag" unter dem Posten „nicht beherrschende Anteile" **gesondert auszuweisen** (§ 307 Abs. 2 HGB). 425

Der Ergebnisanteil wird zunächst auf der Grundlage der für die Konsolidierung verwendeten **HB III** ermittelt. Darüber hinaus sind auch die Ergebniseffekte der auf das TU entfallenden **Konsolidierungsmaßnahmen** – mit Ausnahme der Fortschreibung des GoF[507] – zu berücksichtigen (DRS 23.153)[508]. 426

Die so errechneten Beträge sind als „ideelle" Anteile der anderen Gesellschafter am Gewinn bzw. Verlust des jeweiligen TU anzusehen und brauchen – im Falle des Gewinns – nicht mit der geplanten oder tatsächlichen Ausschüttung übereinzustimmen. 427

Als „nicht beherrschenden Anteilen zustehender Gewinn" sind auch die wiederkehrenden Ausgleichszahlungen nach § 304 AktG auszuweisen, die im Fall eines Gewinnabführungsvertrags den Minderheitsgesellschaftern zustehen[509]. 428

8.5 Veränderungen im Buchwert der konsolidierungspflichtigen Anteile

8.5.1 Zugänge und Abgänge

Wird durch den **Erwerb oder die Veräußerung von Anteilen** an einem in den KA einbezogenen Unternehmen der Buchwert der konsolidierungspflichtigen Anteile verändert, ist zunächst zu prüfen, ob sich aufgrund dieser Transaktion der Status des TU als TU ändert. Sofern sich der Status nicht ändert, wird der Erwerb bzw. die Veräußerung als Auf- oder Abstockung einer Mehrheitsbeteiligung bezeichnet. Diese Transaktion kann im KA entweder als Erwerbs- oder als Kapitalvorgang interpretiert und abgebildet werden (DRS 23.171). Die bilanzielle Behandlung dieser Transaktion unterliegt der sachlichen und zeitlichen Stetigkeit. 429

Bei einer Interpretation **als Erwerbsvorgang** ist im Fall der **Aufstockung** für die zusätzlichen Anteile eine **Erstkonsolidierung** gem. § 301 HGB auf der Grundlage der 430

---

506 Vgl. hierzu DRS 23.97. Nach ADS[6], § 307, Tz. 11, empfiehlt sich ein gesonderter Posten z.B. unter der Bezeichnung „Nicht beherrschende Anteile nicht konsolidierter Tochterunternehmen".
507 Vgl. *Winkeljohann/Hoffmann*, in: BeBiKo[11], § 307, Rn. 28.
508 Vgl. zu Besonderheiten bei der Zwischenergebniseliminierung Kap. G Tz. 496.
509 Vgl. hierzu DRS 23.159; Kap. G Tz. 532 und *Wiedmann/Böcking/Gros*, Bilanzrecht[3], § 307, Rn. 16.

Wertverhältnisse des jeweiligen Zugangs vorzunehmen (DRS 23.172)[510]. Dabei wiederholen sich alle Konsolidierungsvorgänge, die für jede Erstkonsolidierung gelten. Gleichzeitig werden neue Voraussetzungen für Folgekonsolidierungen geschaffen. Dies ist erforderlich, weil das Verhältnis zwischen AK und anteiligem EK für jeden zusätzlichen Anteilserwerb unterschiedlich sein kann. Je weiter die Erwerbsstichtage auseinanderliegen, desto mehr wird sich auch das Kapital durch in der Zwischenzeit erwirtschaftete Ergebnisse und, sofern verschiedene GJ betroffen sind, durch Rücklagenbewegungen verändern.

431 Wird das TU nach einer teilw. Veräußerung weiterhin in den KA einbezogen (**Abstockung** einer Mehrheitsbeteiligung), ist aus dem anteiligen Abgang der Vermögens- und Schuldposten ein Veräußerungsergebnis zu bestimmen, welches erfolgswirksam zu erfassen ist. Das Veräußerungsergebnis ergibt sich aus der Differenz zwischen dem Veräußerungserlös und dem hierauf entfallenden anteiligen EK (inkl. einer ggf. bilanzierten EK-Differenz aus der Währungsumrechnung nach § 308a HGB) des betreffenden TU zum Veräußerungszeitpunkt (DRS 23.173). Bei der Ermittlung des anteiligen EK sind auch – sofern vorhanden – die fortgeführten stillen Reserven und Lasten sowie ein GoF zu berücksichtigen[511]. Die in der Konzernbilanz weiterhin vollständig ausgewiesenen einzelnen Vermögens- und Schuldposten inkl. stiller Reserven selbst bleiben unberührt, da sie unabhängig von der Beteiligungsquote aufgedeckt worden sind. Auch ein noch vorhandener GoF ist in Höhe der fortgeführten AK beizubehalten (DRS 23.173). Mit der Veräußerung der Anteile verändert sich das Verhältnis von Konzernanteilen und Anteilen anderer Gesellschafter. Daher wird nach der Veräußerung der auf die veräußerten Anteile entfallende Teil des EK (inkl. anteiliger stiller Reserven/Lasten) und der anteilig auf die veräußerten Anteile entfallenden Teils des GoF in den Posten **„nicht beherrschende Anteile"** (§ 307 HGB) einbezogen (DRS 23.173).

432 Wird der Erwerb bzw. die Veräußerung von Anteilen als **Kapitalvorgang** interpretiert, wird sowohl die Auf- als auch die Abstockung in der Konzernbilanz erfolgsneutral abgebildet. Im Gegensatz zur Interpretation als Erwerbsvorgang findet bei einer als Kapitalvorgang angesehenen **Aufstockung keine Neubewertung** der Vermögens- und Schuldposten des TU statt. Stattdessen werden die AK der neu erworbenen Anteile mit dem hierauf entfallenden Anteil anderer Gesellschafter zum Erwerbszeitpunkt verrechnet. Sofern sich bei dieser Verrechnung ein Unterschiedsbetrag ergeben sollte, ist er in voller Höhe erfolgsneutral mit dem Konzern-EK zu verrechnen (DRS 23.175). Für den Fall, dass die Anteile an dem TU **statuswahrend veräußert** werden, ist der hierauf entfallende Anteil des EK (inkl. anteiliger stiller Reserven und Lasten und einer ggf. bilanzierten EK-Differenz aus der Währungsumrechnung nach § 308a HGB) sowie der auf die veräußerten Anteile entfallende Teil des bilanzierten GoF zum Verkaufszeitpunkt als **„nicht beherrschende Anteile"** auszuweisen. Die Differenz zwischen dem Verkaufspreis und den nicht beherrschenden Anteilen ist erfolgsneutral mit dem Konzern-EK zu verrechnen. Ein bislang bilanzierter GoF ist unverändert mit den fortgeführten AK zu bilanzieren (DRS 23.176).

---

510 So auch ADS[6], § 301, Tz. 176 und *Winkeljohann/Deubert*, in: BeBiKo[11], § 301, Rn. 216.
511 Vgl. *Winkeljohann/Deubert*, in: BeBiKo[11], § 301, Rn. 236.

8.5.2 Abschreibungen und Zuschreibungen

Abschreibungen auf konsolidierungspflichtige Anteile, die nach der Erstkonsolidierung vorgenommen werden, können nicht in den KA übernommen werden, da die Anteile nicht im KA als solche ausgewiesen werden. Es ist daher grds. eine erfolgswirksame Buchwerterhöhung der Anteile des MU unter Stornierung der Abschreibung des lfd. GJ vorzunehmen. Die Rücknahme von Abschreibungen aus VJ – sofern diese nach dem Erstkonsolidierungszeitpunkt angefallen sind – müssen in den Gewinnrücklagen bzw. im Gewinn-/Verlustvortrag des Konzerns erfasst werden (DRS 23.163)[512]. Eine voraussichtlich dauerhafte Wertminderung der Beteiligung am TU im handelsrechtlichen JA des MU nach § 253 Abs. 3 S. 3 HGB ist auf Konzernebene zumindest ein **Anlass für die Überprüfung der Werthaltigkeit** eines ggf. noch vorhandenen GoF[513] bzw. der ggf. noch vorhandenen stillen Reserven. Denn die in den KA übernommenen Vermögensgegenstände und Schulden des TU verkörpern materiell die beim MU ausgewiesene Beteiligung. Es kann daher erforderlich sein, im KA zulasten des Konzern-Jahresüberschusses/Jahresfehlbetrags außerplanmäßige Abschreibungen auf diejenigen Vermögensgegenstände vorzunehmen, die durch die Beteiligung repräsentiert werden. Regelmäßig werden hiervon zunächst in erster Linie die bei der Erstkonsolidierung aufgedeckten stillen Reserven und ggf. ein noch vorhandener GoF betroffen sein (DRS 23.164)[514]. Sind diese Beträge bereits abgeschrieben oder ist ein aktiver Unterschiedsbetrag bei der Erstkonsolidierung nicht entstanden, so sind i.R.d. Bewertungsvorschriften ggf. weitere Abschreibungen auf die entspr. Vermögensgegenstände vorzunehmen[515]. Ggf. kann auch die Bildung von Rückstellungen infrage kommen. In jedem Fall ist im Vorfeld zu analysieren, ob sich die Gründe für die außerplanmäßige Wertminderung der Beteiligung im handelsrechtlichen JA des MU bereits im KA niedergeschlagen haben, z.B. über die Verluste in der HB II des entspr. TU. In der Konzern-GuV werden die Aufwendungen unter den dafür vorgesehenen Posten ausgewiesen (z.B. § 275 Abs. 2 HGB: Abschreibungen auf immaterielle Vermögensgegenstände des AV und Sachanlagen, Nr. 7a; Materialaufwand, Nr. 5a; Sonstige betriebliche Aufwendungen, Nr. 8).

433

Werden Abschreibungen auf konsolidierungspflichtige Anteile, die nach der Erstkonsolidierung vorgenommen worden sind, durch **Wertaufholung** zulässigerweise rückgängig gemacht, so ist die **Zuschreibung** aus dem JA bei der Konsolidierung zu stornieren. Gleichzeitig sind im KA erfolgswirksame Zuschreibungen bei den einzelnen Vermögensgegenständen vorzunehmen, die in der vorhergehenden Abrechnungsperiode außerplanmäßig abgeschrieben worden sind. Dabei kann die Wertaufholung auch die aufgedeckten stillen Reserven aus der Erstkonsolidierung betreffen. Hierbei muss beachtet werden, dass bei Anlagegegenständen, die einem Wertverzehr unterliegen, die Höchstgrenze für die Zuschreibung durch die Ausgangswerte abzgl. der planmäßigen Abschreibung bestimmt wird. Für den GoF hingegen ist eine Zuschreibung nach § 298 Abs. 1 i.V.m. § 253 Abs. 5 S. 2 HGB unzulässig[516].

434

---

512 So auch ADS⁶, § 301, Tz. 194; AK „Externe Unternehmensrechnung" der Schmalenbach-Gesellschaft – Deutsche Gesellschaft für Betriebswirtschaft e.V., S. 107.
513 Vgl. *Gelhausen/Fey/Kämpfer*, BilMoG, Q, Rn. 421.
514 Vgl. Kap. G Tz. 406.
515 Vgl. ebenso *Weber/Zündorf*, BB 1989. S. 1852 (1864).
516 Vgl. Kap. G Tz. 409.

8.6 Veränderungen des konsolidierungspflichtigen Kapitals

435 **Konsolidierungspflichtiges Kapital** i.S.d. § 301 HGB ist das Kapital, das der Erstkonsolidierung zugrunde liegt[517]. Wird das Kapital des TU gegen Einlagen erhöht, so stehen sich i.d.R. die Aufstockung des Beteiligungsbuchwerts und die Erhöhung des anteiligen konsolidierungspflichtigen Kapitals in gleicher Höhe gegenüber[518], so dass sich insoweit kein Unterschiedsbetrag ergibt[519].

436 Bei einer **Kapitalerhöhung aus Gesellschaftsmitteln** des TU wird der Buchwert der Beteiligung nicht verändert. Insoweit liegt lediglich eine Vermögensumschichtung innerhalb des TU vor. Wird die Kapitalerhöhung aus Rücklagen durchgeführt, die bereits bei der Erstkonsolidierung vorhanden waren, so handelt es sich insoweit um eine Umschichtung innerhalb des konsolidierungspflichtigen Kapitals. Kapitalerhöhungen aus Gewinnrücklagen, die nach der Erstkonsolidierung entstanden sind, berühren die Kapitalkonsolidierung nicht. Unabhängig vom Ausweis im TU nach Durchführung der Kapitalerhöhung sind sie im KA weiterhin als Gewinnrücklagen auszuweisen[520].

437 Aber nicht nur Kapitalerhöhungen aus Gesellschaftsmitteln können zu Veränderungen von Rücklagen eines TU **nach dem Erstkonsolidierungszeitpunkt** führen. Vielmehr können sich die Rücklagen des TU auch durch Gewinnthesaurierungen erhöhen oder durch Ausschüttungen vermindern. Auch diese Rücklagenveränderungen haben – sofern sie nach dem Erstkonsolidierungszeitpunkt durchgeführt werden – keinen Einfluss auf das konsolidierungspflichtige EK des TU[521]. Sofern bei einem TU i.R.d. Ergebnisverwendung der Jahresüberschuss ganz oder teilweise den Gewinnrücklagen zugewiesen wird, ist diese Ergebnisverwendung aus Sicht des Konzerns als eine in sich geschlossene Einheit[522] zu stornieren[523]. Gemäß dem Einheitsgrundsatz haben die einzelnen TU unbeschadet ihrer rechtlichen Selbstständigkeit wirtschaftlich die Stellung unselbstständiger Betriebsabteilungen, die als solche keine eigenen Entscheidungen über die Ergebnisverwendung treffen können. Im Übrigen fließt das Jahresergebnis des TU regelmäßig bereinigt um Konsolidierungseffekte in das Konzernergebnis ein. Würde die Einstellung in die Gewinnrücklagen aus dem JA unverändert in den KA übernommen, könnte aufgrund der Ergebnisbereinigungen um Konsolidierungseffekte hierdurch im Einzelfall aus Konzernsicht sogar ein Bilanzverlust entstehen. Werden bei dem TU Kapital- oder Gewinnrücklagen zugunsten des Bilanzgewinns aufgelöst, so ist aus Konzernsicht auch diese Buchung aus den vorstehend genannten Gründen zu stornieren. Werden die zunächst zugunsten des Bilanzgewinns aufgelösten Rücklagen ausgeschüttet, gelten die Ausführungen in Kap. G Tz. 529 f.

---

517 Veränderungen des Kapitals von TU, die dieses konsolidierungspflichtige Kapital nicht berühren, z.B. spätere Gewinnthesaurierungen, Entnahmen aus während der Konzernzugehörigkeit gebildeten Rücklagen, berühren die Kapitalkonsolidierung nicht.
518 Eine Abweichung kann jedoch bei einer Kapitalerhöhung gegen Sacheinlagen entstehen, deren bisheriger Buchwert unter dem Ausgabekurs der neuen Anteile liegt, sofern der Buchwert als Anschaffungspreis der neuen Anteile bilanziert wird. Vgl. hierzu *Weber*, S. 214; ferner ADS[6], § 255, Tz. 96. Zur Eliminierung von Zwischengewinnen bei Sacheinlagen vgl. ADS[6], § 301, Tz. 185.
519 Aktivierungspflichtige Anschaffungsnebenkosten, die einen aktiven Unterschiedsbetrag verursachen können, sind im KA als sonst. betriebliche Aufwendungen zu erfassen. Vgl. hierzu DRS 23.110.
520 Vgl. *Winkeljohann/Deubert*, in: BeBiKo[11], § 301, Rn. 280.
521 Vgl. *Hachmeister*, in: Hachmeister u.a., Bilanzrecht, § 301, Rz. 240.
522 Vgl. hierzu ausführlich Kap. G Tz. 12 ff.
523 A.A. *Hachmeister*, in: Hachmeister u.a., Bilanzrecht, § 301, Rz. 240.

438 Werden **Rücklagen von TU**, die bereits zum Zeitpunkt der Erstkonsolidierung vorhanden waren, **zur Deckung von Verlusten** bei diesen Unternehmen **aufgelöst**, so muss dieser Vorgang im KA storniert werden. Denn aus der Sicht eines einheitlichen Unternehmens „Konzern" handelt es sich nur um konzerninterne Verrechnungen, von denen der KA frei bleiben muss. Die gleichen Überlegungen gelten für den Fall der **Kapitalherabsetzung** zum Zweck des **Verlustausgleichs** beim TU. Mit der Stornierung der Rücklagenentnahme bzw. Kapitalherabsetzung bleiben die Verluste dieser TU vollständig in der Konzern-GuV wirksam.

439 Die **Auflösung** von bereits vor der Erstkonsolidierung **vorhandenen Rücklagen** des TU zur **Deckung von Verlusten** ist auf Konzernebene darüber hinaus zumindest ein **Anlass** für die **Überprüfung der Werthaltigkeit** eines aus der Erstkonsolidierung ggf. noch nicht vollständig abgeschriebenen GoF, weil sich die bei Erwerb des TU bezahlten Gewinnerwartungen offenbar nicht realisieren lassen. Die ggf. entstehende „doppelte" Aufwandsverrechnung ist aus Konzernsicht durch eine doppelte Wertminderung gerechtfertigt. Ist ein GoF aus der Erstkonsolidierung bereits abgeschrieben, sind keine weiteren Maßnahmen erforderlich.

440 Werden aufgelöste Kapitalrücklagen von TU nicht zur Verlustdeckung, sondern zur **Ausschüttung** verwendet, so handelt es sich dabei wirtschaftlich um eine Kapitalrückzahlung und aus der Sicht des Konzerns um eine interne Kapitalverlagerung (soweit sie nicht Anteile anderer Gesellschafter betrifft). Beim MU führen diese Kapitalrückzahlungen grds.[524] zu einer Minderung der AK der Beteiligung, so dass der Vorgang erfolgsneutral bleibt. Eine Änderung der Erstkonsolidierung ist nicht erforderlich.

8.7 Ausstehende Einlagen

441 Die Konsolidierung der ausstehenden Einlagen auf das gezeichnete Kapital ist im Gesetz nicht im Einzelnen geregelt und muss daher nach allgemeinen Konsolidierungsgrundsätzen vorgenommen werden. Im Einzelnen sind, abhängig von der **Doppelnatur** ausstehender Einlagen, die teils Forderungscharakter bzw. teils den Charakter von Korrekturposten auf das gezeichnete Kapital haben, die folgenden Fälle zu unterscheiden:

8.7.1 Ausstehende Einlagen des Mutterunternehmens

442 Soweit einbezogene TU zur Einzahlung verpflichtet sind, wird die **Einzahlungsverpflichtung** spätestens zum Zeitpunkt der Einforderung bei diesen als Verbindlichkeit passiviert sein. Die entspr. Forderung[525] sowie die Verbindlichkeit sind dem Einheitsgrundsatz entspr. (§ 297 Abs. 3 HGB) in diesem Fall bei der Schuldenkonsolidierung (§ 303 Abs. 1 HGB) zu eliminieren.

443 Ist die ausstehende Einlage **nicht eingefordert** und folglich bei dem verpflichteten TU nicht passiviert, so ist die Bilanzierung der ausstehenden Einlage stets aus dem JA des MU unverändert in die Konzernbilanz zu übernehmen. Dies gilt auch für ausstehende Einlagen, zu deren Einzahlung Dritte oder nichtkonsolidierte TU verpflichtet sind.

---

524 Siehe aber auch Kap. F Tz. 375 zur Aufteilung der Kapitalrückzahlung in einen erfolgsneutralen (den Buchwert der Beteiligung mindernden) und einen erfolgswirksamen Teil.
525 Zum Ausweis ausstehender Einlagen im JA nach § 272 Abs. 1 HGB vgl. Kap. F Tz. 446.

8.7.2 Ausstehende Einlagen der Tochterunternehmen

444 **Eingeforderte** ausstehende Einlagen eines TU, zu deren Zahlung ein anderes einbezogenes Unternehmen verpflichtet ist, sind bei der Schuldenkonsolidierung (§ 303 Abs. 1 HGB) wegzulassen. Sind die ausstehenden Einlagen **nicht eingefordert**, so sind sie nach § 272 Abs. 1 S. 3 HGB ihrem Charakter als **Korrekturposten** entspr. bereits im JA des jeweiligen TU vom gezeichneten Kapital offen abzusetzen[526]. Folglich sind sie auch nicht Bestandteil des konsolidierungspflichtigen Kapitals des TU.

445 Ausstehende Einlagen, die **eingefordert** und zu deren Einzahlung Dritte verpflichtet sind, werden unter den Forderungen mit entspr. Bezeichnung gesondert ausgewiesen. **Nicht eingeforderte** ausstehende Einlagen ggü. Dritten sind bereits in der HB I offen vom gezeichneten Kapital des TU abzusetzen (§ 272 Abs. 1 S. 3 HGB) und somit ebenfalls nicht Bestandteil des konsolidierungspflichtigen Kapitals. Da nach § 272 Abs. 1 HGB zwingend der Nettoausweis vorgeschrieben ist, werden die nicht eingeforderten ausstehenden Einlagen weder i.R.d. Kapitalkonsolidierung noch bei der Ermittlung der Anteile anderer Gesellschafter berücksichtigt.

8.8 Eigene Anteile und Rückbeteiligung

446 Eigene Anteile des MU (§ 298 Abs. 1 S 1 i.V.m. § 272 Abs. 1a HGB) sowie Anteile an dem MU, die von anderen einbezogenen Unternehmen gehalten werden („**Rückbeteiligung**"), sind in der Konzernbilanz mit ihrem Nennwert, oder falls ein solcher nicht vorhanden ist, mit ihrem rechnerischen Wert, in der Vorspalte offen vom gezeichneten Kapital des MU abzusetzen (§ 301 Abs. 4 HGB; DRS 22.29). Die von TU gehaltenen Rückbeteiligungen werden auf Konzernebene entspr. dem Grundgedanken der wirtschaftlichen Einheit als eigene Anteile des MU klassifiziert (DRS 22.47).

447 Unter MU ist in diesem Zusammenhang, wie sich aus dem Sinn der Vorschrift – Ausweis des haftenden Kapitals des Unternehmens, das an der Spitze des Konzerns steht – ergibt, das MU zu verstehen, welches den KA aufstellt. Gehören in einem mehrstufigen Konzern TU Anteile an MU, die gleichzeitig TU sind (**Rückbeteiligungen an unteren MU**), so bestehen gegen die Konsolidierung dieser Anteile bei der Konsolidierung gegenseitiger Beteiligungen[527] keine Bedenken[528].

448 Haben einbezogene Unternehmen für von ihnen gehaltene Anteile an dem MU (§ 266 Abs. 2 A.III.1 HGB) im JA Rücklagen gem. § 272 Abs. 4 HGB gebildet, so sind diese bei der Konsolidierung rückgängig zu machen. Die Anteile sind nach § 301 Abs. 4 HGB offen vom gezeichneten Kapital des MU abzusetzen und im KA so abzubilden, als hätte das MU die eigenen Anteile selbst erworben[529].

449 Sind an übrigen einbezogenen Unternehmen, die Anteile an dem MU halten, **andere Gesellschafter** beteiligt, so steht ihnen die bei diesen Unternehmen gebildete Rücklage für Anteile an dem MU anteilig zu. Da der Nennbetrag dieser Anteile (als eigene Anteile des MU) in der Konzernbilanz nach § 301 Abs. 4 HGB in voller Höhe[530] offen vom gezeichneten Kapital abzusetzen ist, reduziert ein auf das MU entfallender Unter-

---

[526] Zum Ausweis ausstehender Einlagen im JA nach § 272 Abs. 1 HGB vgl. Kap. F Tz. 446.
[527] Vgl. Kap. G Tz. 451.
[528] Vgl. *Gelhausen/Fey/Kämpfer*, BilMoG, Q, Rn. 257.
[529] Vgl. Begr. RegE BilMoG, BT-Drs. 16/10067, S. 82.
[530] Vgl. DRS 22.51.

schiedsbetrag zwischen Anschaffungskosten und Nennbetrag der Rückbeteiligung den Ausgleichsposten nach § 307 Abs. 1 HGB (DRS 22.51 S. 2, DRS 23.98)[531].

Eigene Anteile der **einbezogenen Unternehmen** sind nach § 272 Abs. 1a HGB bereits in der HB I bzw. bei einem ausländischen TU in der HB II mit ihrem Nennwert oder dem rechnerischen Wert offen vom gezeichneten Kapital des TU abzusetzen bzw. mit den frei verfügbaren Rücklagen zu verrechnen (DRS 23.37). Folglich sind sie nicht Bestandteil des konsolidierungspflichtigen Kapitals des jeweiligen TU. 450

8.9 Gegenseitige Beteiligungen

Gegenseitige Beteiligungen liegen dann vor, wenn zwei TU direkt oder indirekt aneinander beteiligt sind, wobei es auf die Höhe der Beteiligung nicht ankommt. Nach dem Grundsatz des § 301 Abs. 1 HGB ist für jedes der beiden einzubeziehenden und gegenseitig beteiligten Unternehmen eine uneingeschränkte Kapitalkonsolidierung durchzuführen. Lediglich Anteile am Kapital des MU, das den KA aufstellt (Rückbeteiligung am obersten MU), sind als eigene Anteile des MU offen vom gezeichneten Kapital abzusetzen (§ 301 Abs. 4 HGB)[532]. 451

Die Konsolidierung bereitet keine besonderen Schwierigkeiten, sofern sämtliche Anteile der gegenseitig beteiligten Unternehmen einbezogenen Unternehmen gehören. Die **Erstkonsolidierung** lässt sich in solchen Fällen in der Weise durchführen, dass die Summe aller Beteiligungsbuchwerte von der Summe des neubewerteten konsolidierungspflichtigen Kapitals abgezogen wird[533]. Ein nach der Verrechnung verbleibender Unterschiedsbetrag ist nach § 301 Abs. 3 S. 1 HGB auf der Aktivseite als GoF bzw. auf der Passivseite als Unterschiedsbetrag aus der Kapitalkonsolidierung auszuweisen[534]. 452

Sind an den einbezogenen TU, die Anteile an anderen einbezogenen TU halten, Dritte beteiligt, so stellen die Anteile an den anderen einbezogenen Unternehmen zugleich **indirekte Anteile der anderen Gesellschafter** an dem Vermögen und dem Gewinn dieser anderen einbezogenen Unternehmen dar. Gleiches gilt auch für den Fall der gegenseitigen Beteiligungen, allerdings mit dem Unterschied, dass die indirekten Anteile an dem anderen einbezogenen Unternehmen wiederum indirekte Anteile an dem Unternehmen enthalten, an dem die anderen Gesellschafter direkt beteiligt sind. Daraus ergeben sich gleichzeitig wieder indirekte Ansprüche an das andere einbezogene Unternehmen. Für die Erstkonsolidierung gegenseitiger Beteiligungen lassen sich die direkten und indirekten Fremd- und Konzernanteile am Kapital mit Hilfe simultaner Gleichungen oder auch anderer Rechenverfahren darstellen und ermitteln[535]. 453

8.10 Kapitalkonsolidierung in mehrstufigen Konzernen

8.10.1 Grundsatz

Während in einstufigen Konzernen die Konsolidierung aller TU gleichzeitig durchgeführt werden kann (Kernkonsolidierung), müssen in mehrstufigen Konzernen – sofern 454

---

531 Vgl. auch DRS 23.98 und Kap. G Tz. 451.
532 Vgl. Kap. G Tz. 446.
533 Vgl. zur Konsolidierung gegenseitiger Beteiligungen ohne andere Gesellschafter auch ADS[6], § 301, Tz. 250-254.
534 Vgl. Kap. G Tz. 385 ff.
535 Vgl. *Lanfermann/Stolberg*, WPg 1970, S. 353 und *Busse v. Colbe* u.a., Konzernabschlüsse[9], S. 309-310.

nicht vereinfachte Verfahren angewandt werden – die einzelnen Unternehmen nacheinander konsolidiert werden. Dabei wird das im Konzernaufbau am weitesten von dem obersten MU entfernte TU[536] mit dem über ihm stehenden MU, dieses wiederum mit dem über ihm stehenden MU usw. bis zum obersten MU konsolidiert (**Kettenkonsolidierung**)[537].

455 Neben der stufenweisen Konsolidierung bestehen noch **Simultankonsolidierungsverfahren**, welche die Konsolidierung als Lösung eines linearen Gleichungssystems auf der Basis von Matrizenrechnungen konzipieren. Das Prinzip dieser Konsolidierung besteht darin, zunächst die direkten und die indirekten Anteile des Konzerns und der anderen Gesellschafter am konsolidierungspflichtigen Kapital formelmäßig unter Umgehung von Vor- und Zwischenkonsolidierung zu errechnen und dann in einem Schritt die Konsolidierung durchzuführen[538]. Wegen der verfahrensimmanenten Saldierung von Unterschiedsbeträgen bestehen Bedenken gegen die Zulässigkeit der Simultankonsolidierung[539]. Nach DRS 23.193 ist sie nur zulässig, sofern die Unterschiedsbeträge auf den unteren Konzernebenen unsaldiert bilanziert werden. Auch stellt sie keine wesentliche Vereinfachung dar.

456 Sofern auf den einzelnen Konzernstufen keine Anteile anderer Gesellschafter bestehen, gibt es – bis auf die beschriebene stufenweise Abbildung der Kapitalkonsolidierung – bei einem mehrstufigen Konzern keine Besonderheiten, die im Vergleich zur Kapitalkonsolidierung in einem einstufigen Konzern zu beachten wären. Falls an den TU auf unterschiedlichen Stufen hingegen andere Gesellschafter beteiligt sein sollten, ergeben sich Besonderheiten, die v.a. bei der **Ermittlung der Beteiligungsquote** und bei der **Behandlung der Unterschiedsbeträge aus der Erstkonsolidierung** zu beachten sind.

8.10.2 Ermittlung der Beteiligungsquote am Enkelunternehmen

457 Häufig sind insb. in tief gegliederten und/oder historisch gewachsenen Konzernstrukturen andere Gesellschafter auf den verschiedenen Konzernstufen beteiligt. Hierbei stellt sich die Frage, wie hoch die **effektive Beteiligungsquote** an den TU ist, die unterhalb der ersten Konzernstufe stehen. Denn an diesen Enkelunternehmen ist das MU nicht direkt, sondern indirekt über dazwischen liegende TU beteiligt. Sofern an diesen Stufen neben dem MU bzw. TU andere Gesellschafter beteiligt sind, gibt es zwei Möglichkeiten, die effektive Beteiligungsquote am Enkelunternehmen zu berechnen. Zum einen ist es möglich, die Beteiligungsquote ausschließlich aus der Perspektive des direkten MU zu ermitteln und Anteile anderer Gesellschafter auf den darunter liegenden Stufen außer Betracht zu lassen (**additive Methode**). Daneben wird im Schrifttum diskutiert, die Ermittlung der effektiven Beteiligungsquote aus der Sicht des obersten MU durchzuführen und neben der direkten Beteiligungsquote des Konzerns auch die Anteile anderer Gesellschafter zu berücksichtigen (**multiplikative Methode**)[540].

---

536 Die TU, die unterhalb der 1. Konzernstufe stehen, werden häufig als Enkelunternehmen bezeichnet. Diese Bezeichnung erfolgt nur zur Abgrenzung und Verdeutlichung der Fragestellungen zur Konsolidierung von TU in einem mehrstufigen Konzern.
537 Vgl. DRS 23.191 und .192.
538 Vgl. im Einzelnen *Forster/Havermann*, WPg 1969, S. 1 (4), *Lanfermann/Stolberg*, WPg 1970, S. 353.
539 Zu den Bedenken vgl. *Busse v. Colbe* u.a., Konzernabschlüsse[9], S. 310 und *Winkeljohann/Hoffmann*, in: BeBiKo[11], § 301, Rn. 371.
540 Vgl. m.w.N. *Baetge/Kirsch/Thiele*, Konzernbilanzen[12], S. 399.

Beispiel 5:

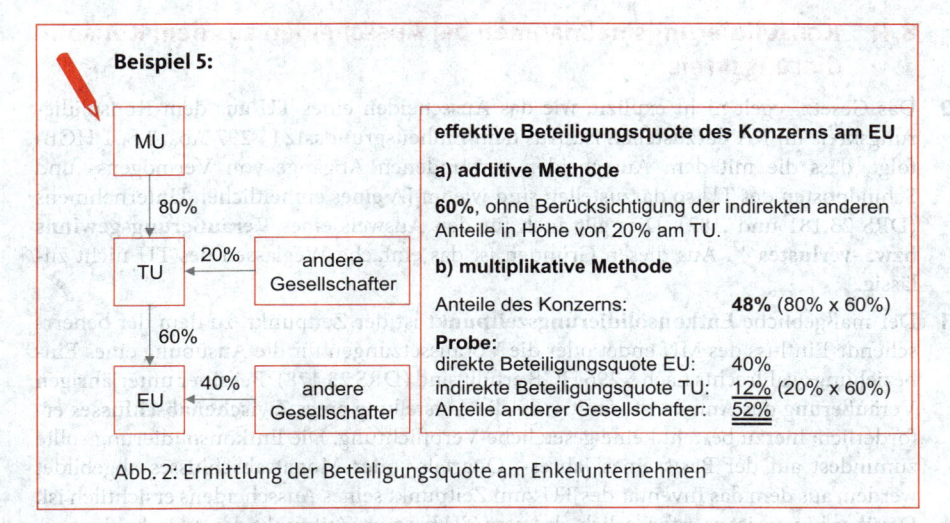

```
     MU
     │
   80%
     ↓
     TU ←── 20% ── andere Gesellschafter
     │
   60%
     ↓
     EU ←── 40% ── andere Gesellschafter
```

effektive Beteiligungsquote des Konzerns am EU

a) **additive Methode**

60%, ohne Berücksichtigung der indirekten anderen Anteile in Höhe von 20% am TU.

b) **multiplikative Methode**

Anteile des Konzerns: **48%** (80% x 60%)

Probe:
direkte Beteiligungsquote EU: 40%
indirekte Beteiligungsquote TU: 12% (20% x 60%)
Anteile anderer Gesellschafter: 52%

Abb. 2: Ermittlung der Beteiligungsquote am Enkelunternehmen

Die beiden Methoden führen zu unterschiedlichen Ergebnissen. Weil die Höhe der effektiven Beteiligungsquote **unmittelbare Auswirkungen auf die Höhe** des GoF bzw. des pUB sowie des Postens „nicht beherrschende Anteile" hat, kommt ihrer Ermittlung bei der Kapitalkonsolidierung in einem mehrstufigen Konzern eine zentrale Bedeutung zu. Im Schrifttum wird diese Frage seit vielen Jahrzehnten kontrovers diskutiert. Hierbei sind verschiedene Erklärungsansätze für eine differenzierte Anwendung der additiven und der multiplikativen Methode entwickelt worden[541]. Mit den Regelungen in **DRS 23** wurde hierzu für die Kapitalkonsolidierung beim Erwerb eines einzelnen TU (DRS 23.194) und beim Erwerb eines Teilkonzerns (DRS 23.199) eine Präferenz zugunsten der **additiven Methode** ausgesprochen. Hierbei wird für den Erwerb eines einzelnen TU verbindlich und für den Erwerb eines Teilkonzerns als Empfehlung festgelegt, für die Ermittlung der effektiven Beteiligungsquote nur die direkten Beteiligungsverhältnisse des direkten MU zugrunde zu legen.

458

Aufgrund der Entscheidung zugunsten der additiven Methode bestehen keine Unterschiede zwischen der Kapitalkonsolidierung in einem ein- und in einem mehrstufigen Konzern. Im Ergebnis kann die Anwendung der additiven Methode dazu führen, dass bei der Kapitalkonsolidierung auch für die indirekt am Enkelunternehmen beteiligten anderen Gesellschafter ein anteiliger GoF bzw. pUB angesetzt wird (DRS 23.195). Dieser Ansatz lässt sich mit den AK begründen, die für den Erwerb des Enkelunternehmens tatsächlich ausgegeben wurden. Damit ist der auf die indirekt beteiligten anderen Gesellschafter entfallende Teil des GoF bzw. pUB pagatorisch abgesichert. Mit dem Ansatz dieses Teils wird dem Grundsatz der Vollständigkeit (§ 246 Abs. 1 S. 1 HGB) entsprochen (DRS 23.B53).

459

---

541 Vgl. m.w.N. *Baetge/Kirsch/Thiele*, Konzernbilanzen[12], S. 398 ff.

8.11 Konsolidierungsmaßnahmen bei Ausscheiden aus dem Konsolidierungskreis

460 Das Gesetz regelt nicht explizit, wie das Ausscheiden eines TU aus dem Konsolidierungskreis im KA darzustellen ist. Aus dem Einheitsgrundsatz (§ 297 Abs. 3 S. 1 HGB) folgt, dass die mit dem Ausscheiden verbundenen Abgänge von Vermögens- und Schuldposten des TU so darzustellen sind wie im JA eines einheitlichen Unternehmens (DRS 23.181 und .182). Dies gilt auch für den Ausweis eines **Veräußerungsgewinns bzw. -verlustes**[542]. Aus diesen Gründen ist das einfache Weglassen des TU nicht zulässig.

461 Der maßgebliche **Entkonsolidierungszeitpunkt** ist der Zeitpunkt, zu dem der beherrschende Einfluss des MU endet oder die Voraussetzungen für die Ausübung eines Einbeziehungswahlrechts nach § 296 HGB erfüllt sind (DRS 23.178). Bei einer unterjährigen Veräußerung der Anteile ist somit grds. die Aufstellung eines **Zwischenabschlusses** erforderlich; hierzu besteht keine gesetzliche Verpflichtung. Die Entkonsolidierung sollte zumindest auf der Basis eines Jahres-, Quartals- oder Monatsabschlusses abgebildet werden, aus dem das Inventar des TU zum Zeitpunkt seines Ausscheidens ersichtlich ist. Darüber hinaus ist es erforderlich, das vom TU bis zum Zeitpunkt des Ausscheidens erwirtschaftete Jahresergebnis periodengerecht zu ermitteln. Dies kann in einfachen Fällen durch statistische Rückrechnungen aus dem JA des TU erfolgen. Hierbei sind wesentliche Schwankungen, die zumeist bei saisonalem Geschäft vorkommen, durch geeignete Maßnahmen zu berücksichtigen (DRS 23.180 i.V.m. DRS 23.11 ff.)[543].

462 Sowohl für die Darstellung im Anlagespiegel des Konzerns als auch für die Ermittlung des Veräußerungserfolges sind die abgehenden Vermögensgegenstände und Schulden mit den **fortgeführten Konzernwerten** zum Entkonsolidierungszeitpunkt anzusetzen[544]. EK-Differenzen aus der Währungsumrechnung sind nach § 308a S. 4 HGB beim teilw. oder vollständigen Ausscheiden des TU in entspr. Höhe erfolgswirksam aufzulösen. Die auf die konzernfremden Gesellschafter entfallenden Anteile an den Vermögensgegenständen und Schulden (ohne GoF und pUB) sind nach DRS 23.184 erfolgsneutral mit dem Anteil anderer Gesellschafter im EK zu verrechnen.

463 Ein **GoF**, der bei einer Erstkonsolidierung vor Anwendung der BilMoG-Vorschriften nach § 309 Abs. 1 S. 3 HGB a.F. erfolgsneutral mit Rücklagen verrechnet wurde, muss bei Ausscheiden des betreffenden TU aus dem Konsolidierungskreis grds. erfolgswirksam werden[545]. Entspr. gilt für einen noch nicht aufgelösten pUB aus der Erstkonsolidierung[546]. Die Veränderungen der pUB sind im KAnh. zu erläutern (§ 301 Abs. 3 S. 2 HGB).

---

542 Vgl. AK „Externe Unternehmensrechnung" der Schmalenbach-Gesellschaft – Deutsche Gesellschaft für Betriebswirtschaft e.V., S. 82.
543 Vgl. zur analogen Vorgehensweise bei der Erstkonsolidierung Kap. G Tz. 353 ff.
544 Vgl. hierzu im Einzelnen ADS[6], § 301, Tz. 260-276 sowie *Winkeljohann/Deubert*, in: BeBiKo[11], § 301, Rn. 305-318; DRS 23.179.
545 H.M., vgl. *Ordelheide*, WPg 1987, S. 311; AK „Externe Unternehmensrechnung" der Schmalenbach-Gesellschaft – Deutsche Gesellschaft für Betriebswirtschaft e.V., S. 83; *Baetge/Herrmann*, WPg 1995, S. 225; *Winkeljohann/Deubert*, in: BeBiKo[11], § 301, Rn. 308; a.A. *Dusemond/Weber/Zündorf*, in: HdKonzernR[2], § 301, Rn. 371; *Oser*, WPg 1995, S. 266.
546 Vgl. zu den Konsolidierungsmaßnahmen im Einzelnen ADS[6], § 301, Tz. 262-264.

8.12 Wechsel der Konsolidierungsmethode

8.12.1 Übergang auf die Quotenkonsolidierung

Wird als Folge einer Anteilsveräußerung ein TU zu einem GU, ist das Veräußerungsergebnis nach DRS 23.185 i.V.m. DRS 23.179 ff. so zu bestimmen, dass die Vermögensgegenstände und Schulden des TU einschl. des GoF bzw. pUB sowie der EK-Differenz aus der Währungsumrechnung **entsprechend der Veräußerungsquote** in der **Entkonsolidierung** berücksichtigt werden. Wird das GU nach § 310 Abs. 1 HGB quotal in den KA einbezogen, sind die verbleibenden Anteile an den Vermögensgegenständen und Schulden weiterhin anteilig in den KA einzubeziehen, während die konzernfremden Gesellschaftern zustehenden Anteile ergebnisneutral gegen deren EK zu verrechnen sind (DRS 23.186). Der **Übergang** auf die Quotenkonsolidierung ist hinsichtlich der nicht verkauften Anteile somit **erfolgsneutral**.

464

8.12.2 Übergang auf die Equity-Methode

Aus der Fiktion der wirtschaftlichen Einheit des Konzerns folgt, dass der Übergang von der Vollkonsolidierung auf die Equity-Methode als Abgang der einzelnen Vermögensgegenstände und Schulden des TU abzubilden ist. Nach DRS 23.187 werden die AK der verbleibenden Beteiligung in Höhe des anteiligen Reinvermögens zu Konzernbilanzbuchwerten angesetzt. Der Übergang auf die Equity-Methode ist somit für die **verbleibenden Anteile** ebenfalls grds. **erfolgsneutral**[547]. Bei der Übergangskonsolidierung auf die Equity-Methode erfolgt keine erneute Erwerbsbilanzierung, d.h. die fortgeschriebenen stillen Reserven und stillen Lasten sowie ein ggf. noch vorhandener GoF werden anteilig in der für die Equity-Bewertung notwendigen statistischen Nebenrechnung fortgeführt[548].

465

8.12.3 Übergang auf die Anschaffungskostenbewertung

Beim Übergang zur AK-Bewertung sind die **verbleibenden Anteile** im KA nicht mit anteiligen fortgeführten AK aus dem JA des MU anzusetzen, sondern nach DRS 23.190 mit dem **anteiligen Reinvermögen zu Konzernbilanzbuchwerten**. Entgegen der bisherigen h.M.[549] ist somit der Übergang auf die AK-Bewertung hinsichtlich der nicht veräußerten Anteile auch erfolgsneutral, so dass zum Übergangszeitpunkt kein Unterschied zwischen einem Wechsel auf die Equity-Methode oder die AK-Bewertung besteht[550].

466

9. Schuldenkonsolidierung

9.1 Grundsatz

Unter Schuldenkonsolidierung versteht man die **Aufrechnung der Forderungen und Schulden** zwischen den in die Konsolidierung einbezogenen Unternehmen. Ihre sachliche Berechtigung findet die Schuldenkonsolidierung in dem Einheitsgrundsatz; gesetzliche Grundlage ist § 303 Abs. 1 HGB: Ausleihungen u.a. Forderungen, Rück-

467

---

547 Vgl. DRS 23.189 zu möglichen Ergebnisauswirkungen bei einem künftigen Verzicht auf die Aufstellung eines HB II.
548 Vgl. hierzu im Einzelnen *Winkeljohann/Deubert*, in: BeBiKo[11], § 301, Rn. 340-344.
549 Vgl. ADS[6], § 301, Tz. 283.
550 Vgl. *Winkeljohann/Deubert*, in: BeBiKo[11], § 301, Rn. 350-351.

stellungen und Verbindlichkeiten zwischen den in den KA einbezogenen Unternehmen sowie entspr. RAP sind wegzulassen.

468 Die **Begriffe Forderungen und Verbindlichkeiten** sind nicht in dem engen bilanztechnischen Sinne des § 266 HGB zu verstehen, sondern weit auszulegen, so dass auch ausstehende **Einlagen, Anzahlungen, Wechselforderungen, Guthaben bei Kreditinstituten, sonstige Vermögensgegenstände** sowie **Eventualverbindlichkeiten** grds. zu eliminieren sind. Hiervon ausgenommen sind marktgängige Anleihen, die von einem anderen einbezogenen Unternehmen erworben wurden, solange die Wiederveräußerung an Dritte möglich ist[551].

469 Dem allgemeinen Grundsatz der Wesentlichkeit entspr. darf auf die Schuldenkonsolidierung in den Fällen verzichtet werden, in denen dies keine Auswirkungen auf die geforderte Vermittlung eines den tatsächlichen Verhältnissen entspr. Bildes der Vermögens-, Finanz- und Ertragslage des Konzerns hat (§ 303 Abs. 2 HGB).

9.2 Rückstellungen

470 In den Einzelbilanzen (ggf. HB II) angesetzte Rückstellungen werden grds. in die Konzernbilanz übernommen (§ 300 Abs. 2 HGB). Eine **Eliminierungspflicht** besteht für Rückstellungen, die zur Abdeckung von Verpflichtungen ggü. anderen einbezogenen Unternehmen gebildet worden sind[552]. Aus der Sicht des Konzerns stehen diese Rückstellungen für Verbindlichkeiten ggü. sich selbst. Sie müssen auch dann „weggelassen" (§ 303 Abs. 1 HGB) werden, wenn ihnen keine Forderungen bei konsolidierten Konzernunternehmen gegenüberstehen.

471 Ein **Weglassen innerkonzernlicher Rückstellungen** ist indes nicht möglich, wenn diese aus der Sicht des Konzerns einen anderen Charakter bekommen und daher aus anderen Gründen als denen, die ursprünglich zu ihrer Bildung geführt haben, beibehalten werden müssen. So kann z.B. eine **Rückstellung für Gewährleistungen** aus der Sicht des Konzerns den Charakter einer Rückstellung für unterlassene Reparaturen oder einer Wertberichtigung annehmen[553].

9.3 Rechnungsabgrenzungsposten

472 Soweit der Bildung von RAP konzerninterne Schuldverhältnisse (z.B. Verrechnung von Zinsen, Mieten, Pachten) zugrunde liegen, besteht für sie eine Eliminierungspflicht nach § 303 Abs. 1 HGB. Dabei ist unerheblich, dass der Ausgleich von Anspruch und Verpflichtung nicht in Geld, sondern durch eine andere Leistung erfolgt. Schwierigkeiten können sich bei der **Konsolidierung eines Disagios** ergeben. Werden innerhalb des Konsolidierungskreises Darlehen (Anleihen, Hypotheken) mit einem Disagio gewährt, so ist der Schuldner verpflichtet, die Verbindlichkeit mit ihrem Erfüllungsbetrag zu passivieren (§ 253 Abs. 1 S. 2 HGB), während ihm freigestellt ist, das Disagio im Jahr der Entstehung der Verbindlichkeit voll als Aufwand zu behandeln oder zu aktivieren und abzuschreiben. Der Gläubiger wird im Allgemeinen seine Forderung mit dem Nominalbetrag ansetzen, ist dann jedoch verpflichtet, das Disagio passiv abzugrenzen und

---

[551] Vgl. ADS[6], § 303, Tz. 17; *Busse v. Colbe* u.a., Konzernabschlüsse[9], S. 360.
[552] Vgl. *Busse v. Colbe* u.a., Konzernabschlüsse[9], S. 353; HdJ, Abt. V/4, Rn. 30 sowie *Wiedmann/Böcking/Gros*, Bilanzrecht[3], § 303, Rn. 18.
[553] Vgl. *Busse v. Colbe* u.a., Konzernabschlüsse[9], S. 361-362.

ratierlich aufzulösen. Infolge der Passivierungspflicht des Disagios beim Gläubiger und des Aktivierungswahlrechts beim Schuldner sowie der ggf. unterschiedlichen Auflösung werden sich häufig aktives und passives Disagio nicht in gleicher Höhe gegenüberstehen. Durch das „Weglassen" beider Posten entsteht dann ein aktiver oder passiver Überhang, der im Zuge der erfolgswirksamen Schuldenkonsolidierung zu verrechnen ist.

Dasselbe gilt, wenn der Gläubiger die Forderung nur mit dem Ausgabebetrag aktiviert und den jährlichen Anteil aus der Differenz zwischen Ausgabe- und Rückzahlungskurs durch Aufstockung der Forderung vereinnahmt[554]. Nach den gleichen Grundsätzen ist sinngemäß zu verfahren, wenn vertraglich bei Fälligkeit des Darlehens die Zahlung eines Aufgeldes (Agio) vorgesehen ist. **473**

9.4 Eventualverbindlichkeiten und Haftungsverhältnisse

Nach § 298 Abs. 1 HGB gelten die Angabepflichten für **Eventualverbindlichkeiten** und **Haftungsverhältnisse** nach § 251 i.V.m. § 268 Abs. 7 HGB für den **KAnh**. Das setzt voraus, dass auch die in die Konsolidierung einbezogenen Unternehmen, die nicht die Rechtsform einer KapGes. haben, ihre Haftungsverhältnisse in entspr. Aufgliederung (§ 268 Abs. 7 HGB) dem MU mitteilen. **474**

Die **Haftungsverhältnisse** der konsolidierten Unternehmen dürfen nicht generell additiv in den KA übernommen werden. Vielmehr ist zu analysieren, inwieweit die Haftungsverhältnisse zwischen einbezogenen TU bestehen und somit eliminierungspflichtig sind. **475**

Die Angabe des **Wechselobligos** (§ 251 HGB) muss insoweit entfallen, als sich Wechsel, die von einem einbezogenen Unternehmen ausgestellt oder indossiert worden sind, in der Hand eines anderen konsolidierten Unternehmens befinden. Dasselbe gilt, wenn bei einem einbezogenen Unternehmen die Wechsel als Wechselverbindlichkeiten auszuweisen sind. Dabei ist unerheblich, ob in der Indossantenkette auch konzernfremde Dritte sind[555]. **476**

Bürgschaften und **Gewährleistungsverträge** (§ 251 HGB) von konsolidierten Unternehmen ggü. anderen einbezogenen Unternehmen dürfen im KAnh. nicht angegeben werden, weil diese Verpflichtungen aus der Sicht des Konzerns eine Verpflichtung ggü. sich selbst bedeuten. Dies gilt unabhängig davon, ob die Bürgschaft (bzw. der Gewährleistungsvertrag) für Verbindlichkeiten eines ebenfalls in den KA einbezogenen Unternehmens geleistet worden ist. **477**

Leisten einbezogene Unternehmen Bürgschaften für die Verbindlichkeiten anderer einbezogener Unternehmen ggü. konzernfremden Dritten, so muss im KAnh. die Angabe der Bürgschaft unterbleiben, weil die ihr zugrunde liegende Hauptschuld bereits unter den Passiva des Konzerns ausgewiesen wird und darüber hinaus für den Konzern keine Verpflichtung besteht. Wird ceteris paribus ein Gewährleistungsvertrag geschlossen oder eine **Patronatserklärung** abgegeben, so hängt die Behandlung im KA davon ab, inwieweit das Garantieversprechen eine über den Rahmen der Hauptschuld wesentlich hinausgehende wirtschaftliche Belastung für den Konzern bedeutet. Liegt eine solche Belastung vor, ist die Angabe nach den allgemeinen Grundsätzen in den KAnh. zu **478**

---

554 So z.B. die Handhabung bei Zero-Bonds. Vgl. *IDW St/HFA 1/1986; Bordewin*, WPg 1986, S. 263.
555 Zu den Schwierigkeiten der Erfassung vgl. ADS[6], § 266, Tz. 231; zur Angabepflicht des Wechselobligos ggü. nichtkonsolidierten TU im Anh. vgl. Kap. G Tz. 744.

übernehmen – unabhängig davon, ob es sich aus der Sicht des Konzerns um Garantien für eigene Verbindlichkeiten handelt[556]. Ist diese Voraussetzung nicht erfüllt, muss die Angabe entfallen.

479 Auch Angaben aufgrund der **Bestellung von Sicherheiten** für fremde Verbindlichkeiten (§§ 251, 268 Abs. 7 HGB) wie Sicherungsübertragungen, Bestellung von Pfandrechten an beweglichen Sachen, Bestellung von Grundpfandrechten u.ä. dürfen nicht in den KAnh. übernommen werden, wenn die Begünstigten aus diesen Haftungsverhältnissen ebenfalls in den KA einbezogene Unternehmen sind. Ob die gesicherte Verbindlichkeit von einem einbezogenen Unternehmen oder einem Dritten geschuldet wird, ist dann unerheblich. Aus der Sicht des **Einheitsgrundsatzes** bestellt der Konzern sich in allen diesen Fällen selbst eine Sicherheit. Haften konsolidierte Unternehmen Dritten aus der Bestellung von Sicherheiten für Verbindlichkeiten anderer Dritter, so handelt es sich aus der Sicht des Konzerns um eine Haftung für eine fremde Verbindlichkeit. Die Haftung ist folglich im KAnh. anzugeben (§ 298 Abs. 1 i.V.m. §§ 251, 268 Abs. 7 HGB). Ist der Dritte ein nichtkonsolidiertes TU, so ist dies im KAnh. anzugeben (§ 314 Abs. 1 Nr. 2a 2. Hs. HGB), sofern dies nicht bereits freiwillig i.R.d. Angaben nach § 251 i.V.m. § 268 Abs. 7 HGB (z.B. „davon gegenüber nicht konsolidierten Tochterunternehmen") geschehen ist. Haften konsolidierte Unternehmen Dritten aus der Bestellung von Sicherheiten für Verbindlichkeiten anderer konsolidierter TU, so ist eine Angabe im KAnh. nach § 298 Abs. 1 i.V.m. §§ 251, 268 Abs. 7 HGB nicht erforderlich, weil in diesem Falle die Verbindlichkeit als solche in der Konzernbilanz enthalten ist. Allerdings muss dann die Besicherung der Verbindlichkeit im KAnh. angegeben werden (§ 314 Abs. 1 Nr. 1 2. Hs. HGB)[557].

480 Haften mehrere einbezogene Unternehmen nebeneinander für die Verbindlichkeit eines anderen einbezogenen Unternehmens und liegt insoweit eine „Übersicherung" der Verbindlichkeit vor, so ist die Angabe im KAnh. nur in der Höhe anzugeben, in der der Konzern höchstens haftet.

9.5 Drittschuldverhältnisse

481 Drittschuldverhältnisse (Fremdschuldverhältnisse) liegen dann vor, wenn konzernfremde Dritte ggü. verschiedenen Unternehmen des Konsolidierungskreises gleichzeitig Forderungen und Verbindlichkeiten haben. Als Drittunternehmen gelten auch die nach § 296 HGB nicht einbezogenen Unternehmen. Aus der Sicht des Konzerns als wirtschaftlicher Einheit (§ 297 Abs. 3 HGB) liegen Forderungen und Verbindlichkeiten ggü. demselben Dritten vor.

482 Das HGB verlangt nur eine Konsolidierung von Forderungen und Verbindlichkeiten „zwischen den in den Konzernabschluß einbezogenen Unternehmen" (§ 303 Abs. 1 HGB). Zu einer Konsolidierung von Drittschuldverhältnissen besteht demnach keine Verpflichtung. Es entspräche aber dem Einheitsgrundsatz, die verrechenbaren Drittschuldverhältnisse mit in die Schuldenkonsolidierung einzubeziehen[558]. Gegen eine **freiwillige Konsolidierung** von Drittschuldverhältnissen bestehen daher keine Bedenken, soweit dabei die in § 246 Abs. 2 HGB enthaltenen Grenzen einer Saldierung von

---

556 Vgl. auch *Busse v. Colbe* u.a., Konzernabschlüsse[9], S. 364; ADS[6], § 303, Tz. 22.
557 Vgl. im Einzelnen Kap. G Tz. 723.
558 Vgl. ADS[6], § 303, Tz. 29; *Busse v. Colbe* u.a., Konzernabschlüsse[9], S. 363.

Forderungen und Verbindlichkeiten in der Einzelbilanz[559] nicht überschritten werden[560].

9.6 Erfolgswirksame Schuldenkonsolidierung

Im Idealfall stehen sich Forderungen und Verbindlichkeiten i.R.d. Schuldenkonsolidierung in gleicher Höhe gegenüber. Das „Weglassen" (§ 303 Abs. 1 HGB) ist erfolgsneutral und konsolidierungstechnisch unproblematisch. Nicht selten weichen konsolidierungspflichtige Forderungen und Verbindlichkeiten jedoch voneinander ab, wobei in aller Regel aufgrund des Vorsichts- und des Realisationsprinzips der Wertansatz der Forderungen unter dem der Verbindlichkeiten liegt. Es kann aber auch sein, dass der Gläubiger Ausleihungen mit einem niedrigeren Wert gem. § 253 Abs. 3 HGB angesetzt oder unverzinsliche Darlehen auf den Barwert abgezinst hat, während die entspr. Verbindlichkeiten beim Schuldner zum Erfüllungsbetrag passiviert sind. 483

Im Falle des konzernintern mit **Disagio** gewährten Darlehens übersteigt der Buchwert der Verbindlichkeit den der Forderung dann, wenn der Gläubiger bei Hingabe des Darlehens das Disagio nicht passiv abgrenzt, sondern das Darlehen mit dem Auszahlungsbetrag bilanziert und den Buchwert direkt über die Laufzeit verteilt aufstockt, während der Schuldner das Disagio sofort als Aufwand behandelt (§ 250 Abs. 3 HGB)[561]. 484

Weiterhin können **Forderungen** an einbezogene Unternehmen, die zum UV des Gläubigers zählen, nach dem Niederstwertprinzip nach § 253 Abs. 4 S. 1 HGB abgewertet sein. **Konzerninternen Rückstellungen** werden nur in Ausnahmefällen Forderungen anderer einbezogener Unternehmen gegenüberstehen. 485

Der Umkehrfall, dass konzerninterne Forderungen die entspr. Verbindlichkeiten übersteigen, dürfte nur ausnahmsweise eintreten, da der Schuldner stets den Erfüllungsbetrag der Schuld bilanziert und für den Gläubiger die AK der Forderung die Obergrenze der Bewertung bilden (Ausnahme: Obligationen eines einbezogenen Unternehmens, die ein anderes einbezogenes Unternehmen zu einem Überparikurs erworben hat). 486

Unabhängig davon, ob und in welcher Höhe ein Gegenposten vorhanden ist, sind Forderungen und Verbindlichkeiten nach § 303 Abs. 1 HGB „wegzulassen"; dies hat grds. ein „Ausbuchen" der aktiven und passiven Restbeträge zur Folge. Die Restbeträge werden dadurch ergebniswirksam, wobei je nachdem, ob es sich um eine erstmalige oder wiederholte Verrechnung des Restbetrages handelt, zwischen einer Beeinflussung des **Jahresergebnisses** einerseits und des **Ergebnisvortrages** oder der **Gewinnrücklagen** des Konzerns andererseits zu unterscheiden ist[562]. 487

Wird z.B. ein unverzinsliches **Darlehen** im Jahr der Gewährung beim Darlehensgeber **abgezinst**, so vermindert der Abzinsungsaufwand in dessen JA den Jahresüberschuss. Die Eliminierung dieses konzerninternen Vorgangs aus dem KA verlangt eine Stornierung der Abzinsung bei der Schuldenkonsolidierung. Das Jahresergebnis des Konzerns übersteigt dann in Höhe des Abzinsungsbetrags das Jahresergebnis im JA. Insoweit ist die Schuldenkonsolidierung ergebniswirksam. In den Folgejahren darf der im KA bereits 488

---

559 Vgl. § 387 BGB.
560 Vgl. *Busse v. Colbe* u.a., Konzernabschlüsse[9], S. 363, unter Hinweis auf a.A. zur Rechtslage vor 1965; ADS[6], § 303, Tz. 30; *Winkeljohann/Deubert*, in: BeBiKo[11], § 303, Rn. 45 f.
561 Zum konzerninternen Disagio vgl. Kap. G Tz. 472.
562 Vgl. Kap. G Tz. 249.

in VJ ergebniswirksam konsolidierte Betrag das Konzernergebnis nicht noch einmal berühren, sondern ist im KA als Gewinnvortrag bzw. in den Gewinnrücklagen des Konzerns zu berücksichtigen oder als gesonderter Posten innerhalb des EK auszuweisen[563]. Andererseits müssen auch die im JA des Darlehensgebers enthaltenen Aufzinsungsbeträge im KA erfolgsneutral bleiben. Sie sind daher ebenfalls zu verrechnen.

489 In der Praxis treffen im Allgemeinen bei einer Vielzahl von Darlehensgewährungen erstmalige **Abzinsungen und Aufzinsungen** von in früheren Jahren gewährten Darlehen in derselben Abrechnungsperiode zusammen. Für eine zusammengefasste Konsolidierung lässt sich dann folgende allgemeine Regel aufstellen: Die Differenz zwischen den wegzulassenden Forderungen und Verbindlichkeiten ist in Höhe ihrer Veränderung ggü. dem VJ im Jahresergebnis des Konzerns zu verrechnen (ergebniswirksame Schuldenkonsolidierung). Erhöhungen der Differenz ggü. dem VJ verbessern das Jahresergebnis des Konzerns, Verminderungen verschlechtern es. Die Gesamtdifferenz nach dem Stand des VJ bzw. der unveränderte Block geht in den Ergebnisvortrag oder die Gewinnrücklagen des Konzerns ein oder ist als gesonderter Posten innerhalb des Konzern-EK auszuweisen[564].

490 Nicht um Restbeträge handelt es sich bei Differenzen zwischen konzerninternen Forderungen und Verbindlichkeiten, die sich aus buchungstechnischen Abweichungen ergeben (z.B. **zeitliche Buchungsunterschiede**). Diese Beträge sind nicht erfolgswirksam zu verrechnen, sondern bei der Konsolidierung anzupassen. Zweckmäßigerweise sollten solche Differenzen bereits bei Aufstellung der Einzelbilanzen festgestellt und berichtigt werden.

9.7 Erstmalige Schuldenkonsolidierung

491 Bei der erstmaligen erfolgswirksamen Schuldenkonsolidierung kann das Jahresergebnis des Konzerns in außergewöhnlichem Umfang beeinflusst werden. Dadurch könnte die Vergleichbarkeit mit anderen Abschlüssen beeinträchtigt werden. Daher kann der Unterschiedsbetrag aus der Schuldenkonsolidierung zunächst zum Beginn des Konzern-GJ ermittelt und erfolgsneutral in die **Gewinnrücklagen** eingestellt oder mit diesen offen verrechnet werden. Dieser Betrag ist nicht Bestandteil des Jahresergebnisses[565]. Ergebniswirksam wird dann nur die auf das Konzern-GJ entfallende Veränderung des Unterschiedsbetrages.

10. Eliminierung von Zwischenergebnissen

10.1 Grundsatz

492 Aus der Sicht des Konzerns als einem wirtschaftlich einheitlichen Unternehmen (§ 297 Abs. 3 S. 1 HGB) sind Gewinne, die aus Lieferungen und Leistungen zwischen den Unternehmen des Konsolidierungskreises entstehen (**Zwischengewinne**), so lange unrealisiert, bis die Lieferung oder Leistung ohne oder nach Be- oder Verarbeitung den Kreis der in die Konsolidierung einbezogenen Unternehmen verlassen hat. Dasselbe gilt sinngemäß für Verluste aus Lieferungen und Leistungen zwischen den einbezogenen

---

[563] Vgl. *Busse v. Colbe* u.a., Konzernabschlüsse⁹, S. 460-462.
[564] Vgl. *Busse v. Colbe* u.a., Konzernabschlüsse⁹, S. 460-462.
[565] Wegen weiterer Einzelheiten sowie anderer Möglichkeiten vgl. die Erläuterungen Kap. G Tz. 511, die sinngemäß gelten.

Unternehmen (**Zwischenverluste**). Das **Realisationsprinzip** gilt auch für den KA (§ 298 Abs. 1 i.V.m. § 252 Abs. 1 Nr. 4 HGB); dies führt i.V.m. dem Einheitsgrundsatz dazu, dass Gewinne und Verluste nicht dann realisiert werden, wenn die Lieferung oder Leistung die rechtlich selbstständige Einheit des einzelnen Unternehmens verlässt, sondern die größere wirtschaftliche Einheit des Konzerns (§ 304 Abs. 1 HGB). Bis dahin **müssen** Ergebnisse aus konzern**internen** Lieferungen und Leistungen im KA **erfolgsneutral** bleiben. In der Regel folgt einer Zwischengewinn-/Zwischenverlusteliminierung zu einem späteren Zeitpunkt eine Zwischengewinn-/Zwischenverlustrealisierung.

Die Eliminierung von Zwischenergebnissen (§ 304 Abs. 1 HGB) ist ein konsolidierungstechnischer Vorgang, bei dem die **Konzern-AK/-HK** den in der HB II für Konzernbestände angesetzten Werten gegenübergestellt werden. Sie berührt daher auch nicht die Einzelbilanzen der konsolidierten Unternehmen. Dem steht nicht entgegen, dass die Verrechnungspreise für Lieferungen und Leistungen zwischen den Unternehmen des Konsolidierungskreises so festgesetzt werden, dass eliminierungspflichtige Beträge nicht entstehen. In der Regel wird dies durch eine Festsetzung der Verrechnungspreise i.H.d. Konzern-AK/-HK erreicht. Ob sich daraus Konsequenzen für die Besteuerung ergeben, ist eine Frage des Einzelfalls, die für die Konzernrechnungslegung keine Bedeutung hat.

493

Grundsätzlich gebietet die **Zwischengewinneliminierung**, dass der betreffende Vermögensgegenstand in der Konzernbilanz mit einem niedrigeren Wert angesetzt wird als in der HB II des Empfängers der Lieferung oder Leistung. Umgekehrt liegen die Werte in der Konzernbilanz nach der Eliminierung von Zwischenverlusten über den Werten, mit denen die betreffenden Konzernbestände in der HB II angesetzt worden sind[566].

494

Für die **Technik der Eliminierung** von Zwischenergebnissen genügt eine Gegenüberstellung der in der HB II angesetzten Werte mit den Konzern-AK/-HK. Überschreitet der in der HB II angesetzte Wert die höchstmöglichen Konzern-AK/-HK, so muss die Differenz (Zwischengewinn) eliminiert werden. Liegt der Wertansatz in der HB II unterhalb der Konzern-AK/-HK, so ist dieser höhere Wert anzusetzen, sofern nicht ein niedrigerer beizulegender Wert (§ 253 Abs. 3, 4 HGB) anzusetzen ist.

495

Die Zwischenergebnisse sind **in voller Höhe** aus den betreffenden Konzernbeständen zu eliminieren. Sofern die betreffenden Konzernbestände am KA-Stichtag bei einem TU bilanziert werden, an dem andere Gesellschafter beteiligt sind, ergeben sich weitergehende Konsequenzen. Denn in diesem Fall sind die i.R.d. Zwischenergebniseliminierung eliminierten Beträge in die Ermittlung der nicht beherrschenden Anteile[567] unter Berücksichtigung der entspr. Anteilsquote der anderen Gesellschafter einzubeziehen (DRS 23.153).

496

10.2 Konzernanschaffungs- und Konzernherstellungskosten

Das Gesetz enthält lediglich in der Überschrift zu § 304 HGB den Begriff des Zwischenergebnisses. Die Vorschrift selbst regelt die Bewertung von Vermögensgegenständen, die ganz oder teilweise aus Lieferungen oder Leistungen anderer einbezogener Unternehmen stammen. Konzernbestände sind in der Konzernbilanz mit einem Betrag anzusetzen, zu dem sie in der auf den Stichtag des KA aufgestellten Jahresbilanz dieses Un-

497

---

566 Wegen weiterer Einzelheiten vgl. Kap. G Tz. 505.
567 Vgl. Kap. G Tz. 425.

ternehmens angesetzt werden könnten, wenn die in den KA einbezogenen Unternehmen auch rechtlich ein einziges Unternehmen bilden würden (Einheitsgrundsatz). Konzernbestände können Handelswaren, unfertige und fertige Erzeugnisse, unfertige Leistungen, Roh-, Hilfs- und Betriebsstoffe oder selbsterstellte Anlagegegenstände sein. Diese sind mit den Konzern-AK/HK anzusetzen.

498 Zu den **Konzern-AK** gehören neben den ursprünglichen AK des liefernden Unternehmens, das den Vermögensgegenstand von Dritten erworben hat (§ 255 Abs. 1 HGB), alle angefallenen direkt zurechenbaren Aufwendungen, die i.Z.m. der Weiterveräußerung entstanden sind. Sind die konzerninternen Transaktionskosten auf Leistungen eines einbezogenen Unternehmens zurückzuführen (z.B. Transport), so sind diese Kosten um evtl. Zwischenergebnisse zu bereinigen[568].

499 Grundlage für die Ermittlung der **Konzern-HK** sind die HK des liefernden Unternehmens gem. § 255 Abs. 2, 2a und 3 HGB. Diesen „Einzel-HK" sind solche Kosten hinzuzurechnen, die aus der Sicht eines rechtlich selbstständigen Unternehmens nicht aktivierungsfähig sind, aus der Sicht des Konzerns jedoch den Charakter aktivierbarer HK erhalten. Dies gilt z.B. für die bei der Lieferung entstandenen Transportkosten, die unter der Fiktion der rechtlichen Einheit (§ 297 Abs. 3 S. 1 HGB) als innerbetriebliche Transportkosten anzusehen sind[569], sofern diese Kosten beim Herstellungsprozess anfallen.

500 Andererseits dürfen bestimmte im JA aktivierungsfähige Kosten im KA nicht aktiviert werden (z.B. an einbezogene Unternehmen gezahlte Lizenzen für von diesen selbst entwickelte Patente). Die im JA aktivierungsfähigen, aus Konzernsicht nicht aktivierbaren Kosten werden bei der **Abwertung auf die Konzern-HK** ebenso eliminiert wie ein Zwischengewinn. Vertriebsgemeinkosten dürfen weder im JA noch im KA aktiviert werden.

501 Mit der Bezugnahme auf den Betrag, zu dem die betreffenden Vermögensgegenstände im JA eines rechtlich einheitlichen Unternehmens angesetzt werden könnten (§ 304 Abs. 1 HGB), wird die aus der Einzelbilanz bekannte Bandbreite bei der Ermittlung der HK (§ 255 Abs. 2, 2a und 3 HGB)[570] auch für die Konzernbilanz übernommen.

502 Die **Obergrenze** der Konzern-HK wird demnach bestimmt durch die höchstmöglichen HK des liefernden Unternehmens (unabhängig davon, ob sie in der Einzelbilanz bzw. HB II tatsächlich angesetzt worden sind), zzgl. der Kosten, die nicht bei den Einzel-HK, wohl aber als Konzern-HK aktiviert werden dürfen, abzgl. der Kosten, die wohl i.R.d. Einzel-HK, nicht aber als Konzern-HK aktivierungsfähig sind.

503 Die **Untergrenze** der Konzern-HK wird bestimmt durch die niedrigstmöglichen HK des liefernden Unternehmens (unabhängig davon, ob sie in dessen Einzelbilanz bzw. HB II angesetzt worden sind), zzgl. direkt zurechenbarer Kosten, die nicht bei den Einzel-HK, wohl aber als Konzern-HK aktiviert werden müssen, abzgl. der Kosten, die bei den Einzel-HK, nicht aber als Konzern-HK aktiviert werden dürfen. Aufgrund des Ineinandergreifens von Bewertungswahlrechten bei den HK und Zwischenerfolgseliminierung sind

---

[568] Wegen möglicher Befreiungen von der Verpflichtung zur Eliminierung von Zwischenergebnissen in derartigen Fällen vgl. Kap. G Tz. 506 ff.
[569] Zu den weiteren Hinzurechnungen (Verpackungsmaterial, Transportversicherung etc.) vgl. *Havermann*, in: IDW Fachtagung 1966, S. 75/80; vgl. auch *Winkeljohann/Schellhorn*, in: BeBiKo[11], § 304, Rn. 15.
[570] Vgl. im Einzelnen Kap. F Tz. 129 ff.

Zwischengewinne nur eliminierungspflichtig, soweit der Wert lt. HB II die höchstmöglichen Konzern-HK überschreitet. Zwischenverluste sind nur eliminierungspflichtig, soweit die niedrigstmöglichen Konzern-HK den Wert lt. HB II übersteigen. Die Differenz zwischen höchstmöglichen und niedrigstmöglichen Konzern-HK kann, aber braucht in beiden Fällen der Erfolgseliminierung nicht eliminiert zu werden[571]. Es ist daher gerechtfertigt, i.R.d. Zwischengewinneliminierung nach § 304 HGB von eliminierungspflichtigen und eliminierungsfähigen Ergebnisanteilen zu sprechen[572]. Die Ausübung der Wahlrechte bei der Abgrenzung der Konzern-HK unterliegt dem Gebot **einheitlicher Bewertung** (§ 308 Abs. 1 S. 1 HGB)[573]. Somit wird es als unzulässig angesehen, die Konzern-HK auf der Basis von Vollkosten festzulegen, wenn identische Produkte im Bestand des liefernden Unternehmens zu Teilkosten in der HB II bewertet sind.

Da die Abgrenzung der Konzern-HK zu den Bilanzierungsgrundsätzen zählt, ist nach DRS 13.7, 13.15 die sachliche und zeitliche Stetigkeit zu beachten. Damit besteht das Wahlrecht zur Festlegung, ob z.B. die Ober- oder die Untergrenze der Konzern-HK angesetzt werden soll, grds. nur bei der erstmaligen Erstellung des KA.

504

10.3 Pflichteliminierung von Zwischenergebnissen

Das Gesetz knüpft die Verpflichtung zur Eliminierung von Zwischenergebnissen gem. § 304 Abs. 1 HGB an folgende **Voraussetzungen**:

505

a) Es muss sich um Vermögensgegenstände (Sachen, Rechte) handeln. Eine Zwischenergebniseliminierung ist für Leistungen, die sich nur in Aufwendungen und Erträgen niederschlagen (z.B. Aufnahme eines Kredites durch ein Konzernunternehmen zu einem Zinssatz von 8% und Weitergabe an ein anderes Unternehmen zu 12%) nicht relevant. Evtl. Mehr- oder Mindergewinne aufgrund von Zinserträgen und Zinsaufwendungen gleichen sich i.R.d. Aufwands- und Ertragskonsolidierung aus[574].
b) Die Vermögensgegenstände müssen am Stichtag des KA bei einem in den KA einbezogenen Unternehmen vorhanden sein; d.h. sie müssen bei den jeweiligen Unternehmen ordnungsgemäß aufgenommen und bilanziert sein.
c) Die Vermögensgegenstände müssen ganz oder teilw. Lieferungen oder Leistungen anderer in den KA einbezogener Unternehmen darstellen. Die Eliminierungspflicht betrifft also nicht Lieferungen von aufgrund eines Einbeziehungswahlrechts nach § 296 HGB nicht einbezogenen TU. Diese werden wie Fremdunternehmen[575] behandelt. Zwischenergebnisse sind auch bei solchen Gegenständen zu eliminieren, die nur teilw. Lieferungen anderer einbezogener Unternehmen darstellen, z.B. unfertige Erzeugnisse, für die Rohstoffe verwendet wurden, die z.T. von einbezogenen, z.T. von nicht einbezogenen Unternehmen geliefert worden sind.

---

571 So auch *Jöris*, in: IDW Fachtagung 1985, S. 234.
572 Vgl. *Winkeljohann/Schellhorn*, in: BeBiKo[11], § 304, Rn. 16.
573 Vgl. ADS[6], § 304, Tz. 30.
574 Werden i.R.d. Möglichkeiten des § 255 Abs. 3 HGB FK-Zinsen in die HK der Bestände einbezogen, unterliegen sie ebenfalls der Verpflichtung zur Eliminierung von Zwischenergebnissen, sofern sie ggü. anderen einbezogenen Unternehmen anfallen.
575 Bei Lieferungen von assoziierten Unternehmen sind bei Anwendung der Equity-Methode Zwischenergebnisse gem. § 312 Abs. 5 S. 3 HGB zu eliminieren. Vgl. hierzu Kap. G Tz. 643.

10.4 Ausnahmen von der Eliminierungspflicht

506 Auf die Eliminierung kann nur verzichtet werden, wenn die Zwischenergebnisse im Hinblick auf die Generalnorm (§ 297 Abs. 2 S. 2 HGB) **von untergeordneter Bedeutung** sind (§ 304 Abs. 2 HGB).

507 Die Zwischengewinneliminierung **entfällt**, soweit Vermögensgegenstände, die ganz oder teilw. auf Lieferungen oder Leistungen anderer einbezogener Unternehmen zurückzuführen sind, in der Bilanz des Empfängers nicht mit dem Konzern-Verrechnungspreis, sondern – rechtlich zwingend oder zulässig – mit einem Wert angesetzt sind, der **unter** den Konzern-AK/-HK liegt. Dabei ist es unbedeutend, ob dieser Wert bereits aus dem JA in die HB II übernommen oder erstmals in der HB II gem. §§ 300, 308 HGB angesetzt und bewertet worden ist. In diesen Fällen ist ein ggf. aufgrund des Konzern-Verrechnungspreises entstandener Zwischengewinn bereits durch die **Abschreibungen** auf den **niedrigeren Wert** nach § 253 Abs. 3 S. 5 oder Abs. 4 S. 1 HGB erfolgswirksam eliminiert worden.

508 Die Verpflichtung zur Eliminierung von Zwischengewinnen lebt wieder auf, wenn nach Wegfall des Abschreibungsgrundes eine **Wertaufholung** (§ 253 Abs. 5 HGB) vorgenommen wird. In Höhe der Differenz zwischen den fortgeführten, d.h. um planmäßige Abschreibungen verringerten Konzern-AK oder -HK und dem höheren Buchwert nach Zuschreibung ergibt sich ein Zwischengewinn, der grds. eliminierungspflichtig ist.

509 **Zwischenverluste** sind aus den gleichen Gründen nicht mehr zu eliminieren, wenn die Vermögensgegenstände aus konzerninternen Lieferungen oder Leistungen in der Einzelbilanz und/oder HB II mit einem **niedrigeren Wert** als den Konzern-AK/-HK angesetzt worden sind, dieser Wert aber in der Konzernbilanz nach § 304 Abs. 1 HGB beizubehalten ist, weil z.B. der Vermögensgegenstand zwischen dem Zeitpunkt der Lieferung und dem Abschlussstichtag einen Wertverfall erlitten hat, der einen niedrigeren Wertansatz erforderlich werden lässt. Ggf. ist eine Anpassung des GuV-Ausweises notwendig.

10.5 Zwischenergebniseliminierung bei abnutzbaren Anlagegegenständen

510 Sofern innerhalb des Konsolidierungskreises abnutzbare Anlagegegenstände mit eliminierungspflichtigen Zwischenergebnissen geliefert worden sind, ist zu beachten, dass die darauf vorgenommenen Abschreibungen, die in der Einzel-GuV ausgewiesen werden, aus der Sicht des Konzerns zu hoch (Zwischengewinn) bzw. zu niedrig (Zwischenverlust) sind. Im KA dürfen Abschreibungen nur von den Konzern-AK oder -HK vorgenommen werden. Bei der Zwischenergebniseliminierung sind die jährlichen **Abschreibungen** aus der Einzel-GuV insoweit zu **korrigieren**. Diese Korrekturen sind jährlich so lange durchzuführen, bis der Vermögensgegenstand voll abgeschrieben ist. Auf die Nutzungsdauer des Gegenstandes bezogen, realisieren sich so die Zwischenergebnisse[576].

---

576 Vgl. das ausführliche Beispiel bei ADS[6], § 304, Tz. 81.

10.6 Erstmalige Eliminierung von Zwischenergebnissen

Die erstmalige Eliminierung von Zwischenergebnissen vermindert/erhöht in voller Höhe den Jahresüberschuss des Konzerns, während in späteren Jahren nur noch die Differenzbeträge ggü. dem VJ erfolgswirksam werden[577]. Dies hätte zur Folge, dass das Jahresergebnis des Konzerns bei erstmaliger Aufstellung des KA durch erstmalige Eliminierung von Zwischengewinnen i.d.R. stärker belastet würde als in den Folgejahren. Derselbe Effekt ergäbe sich bei einer starken Ausdehnung des Konsolidierungskreises auf bisher nicht konsolidierte Konzernunternehmen. Diese Auswirkungen der erstmaligen Eliminierung von Zwischenergebnissen können vermieden werden. Ist erstmals ein KA aufzustellen, so kann z.B. der Betrag der Zwischenergebnisse zum Ende des VJ statistisch ermittelt werden. Dieser Betrag wird dann im ersten KA erfolgsneutral mit dem Ergebnisvortrag oder den Gewinnrücklagen des Konzerns verrechnet, so dass im Konzernjahresergebnis nur noch die Veränderungen ggü. dem Stand a.E. des VJ wirksam werden.

511

10.7 Buchhalterische Abbildung der Eliminierung von Zwischenergebnissen

Soweit die Lieferungen/Leistungen im GJ erfolgt sind, haben sich die daraus entstandenen Zwischenergebnisse in den Einzel-GuV der betreffenden einbezogenen Unternehmen ausgewirkt. Sie müssen in der Konzern-GuV aus dem Konzern-Jahresüberschuss/Jahresfehlbetrag eliminiert werden.

512

Konsolidierungstechnisch wird die Erfolgswirksamkeit der Zwischenergebniseliminierung durch eine Verrechnung der eliminierungspflichtigen Beträge bei den einzelnen Posten der Konzern-GuV erreicht. Im Wesentlichen sind dies bei Anwendung des GKV (§ 275 Abs. 2 HGB) die Innenumsatzerlöse, Bestandsveränderungen, andere aktivierte Eigenleistungen, Materialaufwendungen, sonstige betriebliche Erträge und sonstige betriebliche Aufwendungen und bei Anwendung des UKV (§ 275 Abs. 3 HGB) die Innenumsatzerlöse, Herstellungskosten und sonstige betriebliche Aufwendungen/Erträge.

513

Im Jahr der Veräußerung an Dritte tritt aus Konzernsicht ein Außenumsatz ein, bei dem ein vorher eliminiertes Zwischenergebnis ggf. realisiert wird. In diesem Fall ist das im KA ausgewiesene Ergebnis entspr. höher als im JA.

514

Betrachtet man **zusammengefasst** im Zeitablauf die jeweils in einer Abrechnungsperiode neu entstandenen und die bereits in den VJ eliminierten Zwischenergebnisse sowie die Realisierungen im GJ von in früheren GJ eliminierten Zwischenergebnissen, so lässt sich die Konsolidierung technisch vereinfachen: Eliminierungen und Realisierungen von Zwischenergebnissen saldieren sich, so dass lediglich ein Block zu eliminieren ist, der die aus den am jeweiligen KA-Stichtag vorhandenen Konzernbeständen zu eliminierenden Zwischenergebnisse widerspiegelt. Dieser Betrag schlägt sich in voller Höhe im Konzern-EK (Jahresergebnis, Ergebnisvortrag, Gewinnrücklagen) nieder. **Ergebniswirksam** wird nicht der Gesamtbetrag, sondern nur seine **Veränderung ggü. dem VJ.** Erhöht sich der Block der zu eliminierenden Zwischenergebnisse ggü. dem VJ, so vermindert sich das Konzernjahresergebnis in Höhe des Differenzbetrags. Ver-

515

---

577 Vgl. Kap. G Tz. 512.

mindert sich der Block ggü. dem VJ, wird das Konzernjahresergebnis um diesen Betrag verbessert[578].

516 Zwischengewinne, die bereits in früheren Jahren eliminiert worden sind, müssen so lange **erfolgsneutral** bleiben, bis sie aus der Sicht des Konzerns realisiert sind. Dies ist dann der Fall, wenn die Gegenstände an Dritte veräußert sind oder wenn sich – z.B. bei abnutzbaren Anlagegegenständen – die Zwischenergebnisse durch Verrechnung entspr. niedrigerer Abschreibungen aufgelöst haben. Es entspricht daher dem Wesen des KA, die eliminierten Zwischenergebnisse in der Zeit zwischen der erfolgswirksamen Eliminierung und der ebenfalls erfolgswirksamen Realisierung erfolgsneutral wie einen Ergebnisvortrag zu behandeln und sie mit dem Ergebnisvortrag oder den Gewinnrücklagen zu verrechnen[579].

11. Aufwands- und Ertragskonsolidierung

11.1 Grundsatz

517 Nach dem **Einheitsgrundsatz** (§ 297 Abs. 3 HGB) dürfen in der Konzern-GuV grds. nur Aufwendungen und Erträge aus dem Geschäftsverkehr mit Dritten ausgewiesen werden. Aufwendungen und Erträge, die aus Geschäften zwischen den einbezogenen Unternehmen entstanden sind, müssen gegeneinander aufgerechnet oder so umgegliedert werden, wie sie aus der Sicht eines einheitlichen Unternehmens auszuweisen sind (**Aufwands- und Ertragskonsolidierung**).

518 Aufwendungen und Erträge aus Lieferungen und Leistungen zwischen den in den KA einbezogenen Unternehmen brauchen nach dem GKV und dem UKV nicht eliminiert zu werden, wenn die wegzulassenden Beträge für die Vermittlung eines den tatsächlichen Verhältnissen entspr. Bildes der Vermögens-, Finanz- und Ertragslage des Konzerns nur von untergeordneter Bedeutung sind (§ 305 Abs. 2 HGB).

11.2 Gesamtkostenverfahren

11.2.1 Konsolidierung der Innenumsatzerlöse

11.2.1.1 Grundsatz

519 Als **Innenumsatzerlöse** werden die Erlöse aus **Lieferungen und Leistungen** zwischen den in den KA einbezogenen Unternehmen bezeichnet. **Außenumsatzerlöse** sind umgekehrt alle Umsatzerlöse, die im Lieferungs- und Leistungsverkehr mit nicht in den KA einbezogenen Unternehmen entstanden sind. Umsatzerlöse aus Lieferungen und Leistungen an TU, die außerhalb des Konsolidierungskreises stehen, gehören demnach zu den Außenumsatzerlösen.

520 Gem. § 305 Abs. 1 Nr. 1 HGB sind die **Innenumsatzerlöse** entweder

- mit den auf sie entfallenden Aufwendungen zu verrechnen oder
- in Bestandsveränderungen umzugliedern oder
- in andere aktivierte Eigenleistungen umzugliedern.

---

[578] Vgl. u.a. *Dreger*, S. 169; *Busse v. Colbe* u.a., Konzernabschlüsse[9], S. 419.
[579] Vgl. bspw. ADS[6], § 304, Tz. 90 ff.; *Winkeljohann/Schellhorn*, in: BeBiKo[11], § 304, Rn. 51.

Sind diese Konsolidierungsvorgänge durchgeführt, so werden in der Konzern-GuV als Umsatzerlöse nur noch Außenumsatzerlöse ausgewiesen.

Die Konsolidierung der **Innenumsatzerlöse** darf nicht mit der Eliminierung von Zwischenergebnissen verwechselt werden, auch wenn in der Praxis beide Sachverhalte eng miteinander verflochten sind. Die Innenumsatzerlöse müssen in der Konzern-GuV unabhängig davon, ob Zwischengewinne oder -verluste zu eliminieren sind oder nicht, konsolidiert werden.

11.2.1.2 Innenumsatzerlöse aus Lieferungen

Die erforderlichen Konsolidierungsvorgänge werden im Folgenden einzeln an praktischen Beispielen dargestellt:

> **Beispiel 6:**
>
> **a) Gegenstände, die vom liefernden Unternehmen selbst hergestellt oder bebzw. verarbeitet worden sind**
>
> - *Umgliederung in andere aktivierte Eigenleistungen*
>
> Unternehmen A liefert eine selbst hergestellte Maschine an das ebenfalls einbezogene Unternehmen B. Der **Innenumsatzerlös** in der Einzel-GuV von Unternehmen A ist aus der Sicht des Konzerns eine andere aktivierte Eigenleistung. Der Betrag ist von Nr. 1 nach Nr. 3 umzugliedern[580].
>
> Ist aus der Lieferung dem Unternehmen A ein Zwischengewinn/-verlust entstanden, so ist die andere aktivierte Eigenleistung um den darin enthaltenen Zwischengewinn/-verlust zu korrigieren.
>
> Werden von Unternehmen A selbst hergestellte Zubehörteile für das AV von Unternehmen B geliefert, die bei Unternehmen B, wie z.T. in der Praxis üblich, zunächst wie Roh-, Hilfs- und Betriebsstoffe auf Lager genommen werden, ehe sie (in der gleichen Abrechnungsperiode) als nachträgliche AK in das AV eingehen, so wird bei Unternehmen B eine andere aktivierte Eigenleistung ausgewiesen, die in die Konzern-GuV übernommen werden kann. In diesem Fall ist der Materialaufwand in der Einzel-GuV von Unternehmen B überhöht, so dass insoweit für die Konzern-GuV eine Saldierung zwischen Innenumsatzerlös (Nr. 1) und Materialaufwand (Nr. 5a) erforderlich ist.
>
> - *Umgliederung in Bestandsveränderungen*
>
> Unternehmen A liefert an das ebenfalls konsolidierte Unternehmen B selbst hergestellte Gegenstände, die bei Unternehmen B am Abschlussstichtag lagern und zur Weiterveräußerung bestimmt sind. Aus der Sicht des Konzerns liegt kein Umsatzerlös, sondern eine Bestandserhöhung vor. In der Konzern-GuV ist folglich eine Umgliederung der Umsatzerlöse (Nr. 1) in Bestandserhöhung (Nr. 2) erforderlich. War der Umsatzerlös höher als die Konzern-HK, so ist die Bestandserhöhung außerdem um diese Differenz zu vermindern. Im Fall eines eliminierungspflichtigen Zwischenverlustes ist die Differenz den Beständen und den Bestandsveränderungen hinzuzurechnen.
>
> Waren die entspr. Gegenstände am Abschlussstichtag bei Unternehmen B im Stadium der Weiterverarbeitung, so weist Unternehmen B in seiner Einzel-GuV bereits zutreffend eine Bestandserhöhung aus, die in die Konzern-GuV zu übernehmen ist.

---

580 Die Nr.-Angaben beziehen sich auf das Gliederungsschema der GuV nach § 275 Abs. 2 HGB.

Der Innenumsatzerlös (Nr. 1) ist in diesem Falle mit dem überhöhten Materialaufwand (Nr. 5a) zu saldieren.

- *Verrechnung mit den Aufwendungen des Empfängers*

Unternehmen A liefert an das ebenfalls in die Konsolidierung einbezogene Unternehmen B einen selbst hergestellten Gegenstand, der von Unternehmen B noch im gleichen Konzern-GJ ohne oder nach Weiterbe- oder -verarbeitung veräußert wird. Aus der Sicht des Konzerns liegt die Herstellung eines Erzeugnisses in verschiedenen Abteilungen mit nur einem echten Umsatz (dem Außenumsatzerlös von Unternehmen B) vor.

Der Innenumsatzerlös von A (Nr. 1) ist mit dem Materialaufwand von B (Nr. 5a) bei der Konsolidierung zu saldieren. Ist bei der Lieferung von A an B ein Zwischengewinn/-verlust entstanden, so ist er durch die Lieferung von B an einen Dritten realisiert worden, so dass weitere Korrekturen nicht erforderlich sind.

Veräußert Unternehmen B an konzernfremde Dritte ohne oder nach Weiterverarbeitung Gegenstände, die es in einem früheren GJ von Unternehmen A erworben und in seiner Bilanz am letzten Stichtag als Roh-, Hilfs- und Betriebsstoffe ausgewiesen hatte, so werden in der Einzel-GuV von Unternehmen B ein Materialaufwand und ein Außenumsatzerlös ausgewiesen. Im KA auf den vorhergehenden Stichtag sind diese Gegenstände aber als unfertige Erzeugnisse und Bestandsveränderung behandelt worden. Aus der Sicht des Konzerns liegt daher kein Materialeinsatz, sondern eine Bestandsminderung vor. Unter den in § 305 Abs. 1 HGB geregelten Fällen ist dieser Vorgang nicht zu erfassen. Zur Darstellung des Konzerns als einheitliches Unternehmen (§ 297 Abs. 3 S. 1 HGB) ist dieser Teil des aus der GuV von Unternehmen B stammenden Materialaufwands in die Bestandsveränderung umzugliedern[581].

b) Gegenstände, die von einbezogenen Unternehmen nicht hergestellt oder verarbeitet worden sind

- *Verrechnungen mit den Aufwendungen des Empfängers*

Das einbezogene Unternehmen A kauft Roh-, Hilfs- und Betriebsstoffe bei Dritten, die es an das ebenfalls in die Konsolidierung einbezogene Unternehmen B verkauft, das die Stoffe noch in der gleichen Abrechnungsperiode ohne oder nach Weiterverarbeitung an Dritte verkauft. Die **Innenumsatzerlöse** (Nr. 1) von Unternehmen A sind betragsmäßig mit dem Materialaufwand (Nr. 5a) von Unternehmen B zu saldieren. Ebenso ist zu verfahren, wenn Unternehmen B die Stoffe zwar noch nicht veräußert, aber weiterverarbeitet hat, so dass diese bei Unternehmen B als fertige bzw. unfertige Erzeugnisse und als Bestandsveränderung (Nr. 2) ausgewiesen werden.

- *Verrechnung mit den Aufwendungen des Lieferers*

Unternehmen A kauft Roh-, Hilfs- und Betriebsstoffe von einem Dritten, die es ohne weitere Be- oder Verarbeitung an das ebenfalls in die Konsolidierung einbezogene Unternehmen B verkauft, bei dem die Bestände am Abschlussstichtag unverändert lagern. In diesem Falle handelt es sich aus der Sicht des Konzerns um einen erfolgsneutralen Einkauf von Roh-, Hilfs- und Betriebsstoffen.

Die Innenumsatzerlöse (Nr. 1) von Unternehmen A sind mit dem ebenfalls bei Unternehmen A ausgewiesenen Wareneinsatz (Nr. 5a) zu saldieren[582].

---

581 Vgl. ADS[6], § 305, Tz. 29.
582 Zur Behandlung von Transportkosten, die in den Innenumsatzerlösen enthalten sein können, vgl. *Heine*, WPg 1967, S. 113 (118) sowie ADS[6], § 305 Tz. 32.

> - *Umgliederung in andere aktivierte Eigenleistungen*
>
> Unternehmen A kauft bei einem Dritten eine Maschine und verkauft sie ohne Be- und Verarbeitung an das ebenfalls in die Konsolidierung einbezogene Unternehmen B zur Verwendung in dessen AV.
>
> Wird die Maschine zum Einstandspreis von Unternehmen A an Unternehmen B weiterveräußert, so stehen sich Innenumsatzerlöse (Nr. 1) und Wareneinsatz (Nr. 5a) bei Unternehmen A in gleicher Höhe gegenüber, so dass beide Posten wie bei anderen Handelswaren (s.o.) gegeneinander aufzurechnen sind. Wird die Maschine von Unternehmen A mit einem Zwischengewinn/-verlust an Unternehmen B verkauft wird, ist dieser zunächst zu eliminieren. Danach stehen sich Innenumsatzerlöse und Materialaufwand des Lieferers wieder in gleicher Höhe gegenüber; eine Saldierung wie bei den anderen Handelswaren ist ohne Schwierigkeiten möglich.

11.2.1.3 Innenumsatzerlöse aus Leistungen

Unter **Innenumsatzerlösen** aus Leistungen sind alle gem. § 277 Abs. 1 HGB i.V.m. § 305 Abs. 1 Nr. 1 HGB als Umsatzerlöse auszuweisenden Erträge zu verstehen, die nicht aus der Veräußerung von Gegenständen entstanden sind. In der Regel werden diesen Innenumsatzerlösen des leistenden Unternehmens gleich hohe Aufwendungen des Empfängers gegenüberstehen (z.B. Mieten, Pachten), so dass eine Konsolidierung keine Schwierigkeiten bereitet. In Ausnahmefällen kann auch eine Aktivierung beim Empfänger in Betracht kommen (z.B. Leistungen i.R. aktivierungspflichtiger Reparaturen). Die Innenumsatzerlöse sind dann nach den unter 11.2.1.2 erläuterten Grundsätzen zu konsolidieren. 523

11.2.2 Konsolidierungen anderer Erträge aus Lieferungen und Leistungen

11.2.2.1 Grundsatz

In der Konzern-GuV sind neben den Umsatzerlösen auch andere Erträge aus Lieferungen und Leistungen zwischen den in den KA einbezogenen Unternehmen zu konsolidieren. Sie sind „mit den auf sie entfallenden Aufwendungen zu verrechnen, soweit sie nicht als andere aktivierte Eigenleistungen auszuweisen sind" (§ 305 Abs. 1 Nr. 2 HGB). 524

Unter „andere Erträge" sind in diesem Zusammenhang alle Erträge aus Lieferungen und Leistungen zwischen den konsolidierten Unternehmen zu verstehen, die keine Umsatzerlöse sind, unabhängig davon, unter welcher Bezeichnung sie in der Einzel-GuV der einbezogenen Unternehmen ausgewiesen werden. Ggf. kann auch eine Umgruppierung von Verlusten aus Lieferungen erforderlich werden. 525

11.2.2.2 Andere Erträge aus Lieferungen

Seit der Neudefinition der Umsatzerlöse durch das BilRUG[583] kommt den anderen Erträgen aus Lieferungen i.R.d. Aufwands- und Ertragskonsolidierung keine praktische Bedeutung mehr zu. Die in den sonstigen betrieblichen Erträgen (sonstigen betrieblichen Aufwendungen) enthaltenen Erträge (Verluste) aus dem Abgang von Gegenständen des AV haben aus Sicht des Konzerns die AK des betreffenden Anlagege- 526

---

583 Vgl. hierzu die Ausführungen in Kap. F Tz. 793.

genstands erhöht (verringert) und werden bereits i.R.d. Zwischenergebniseliminierung wieder eliminiert. Im Übrigen fehlt es an einem für die Aufwands- und Ertragskonsolidierung notwendigen Aufwand.

11.2.2.3 Andere Erträge aus Leistungen

527 In erster Linie fallen unter die „anderen Erträge aus ... Leistungen" solche, denen gleich hohe Aufwendungen des Empfängers gegenüberstehen. Seit BilRUG dürfte sich der Anwendungsbereich dieser Regelung reduziert haben, da z.B. die Vermietung regelmäßig eine Dienstleistung i.S.v. § 277 Abs. 1 HGB darstellen und damit zu Umsatzerlösen führen wird. Zu den Erträgen aus Leistungen zählen innerhalb des Postens „sonstige betriebliche Erträge" aber bspw. die Erträge aus Konzernumlagen für Dienstleistungen, sofern mit diesen eine reine Umverteilung von Aufwendungen stattfindet. Im Finanzergebnis sind bspw. die unter den „sonstige Zinsen und ähnliche Erträge" ausgewiesenen Zinsen aus der Darlehensgewährung von der Aufwands- und Ertragskonsolidierung betroffen.

528 Wenn den Erträgen des leistenden Unternehmens entspr. Aufwendungen gegenüberstehen, die beim Empfänger der Leistung zu aktivieren sind, z.B. Beratungshonorare i.Z.m. dem Erwerb oder der Erstellung eines Gegenstandes des AV oder Leistungen i.R. aktivierungspflichtiger Reparaturen, so handelt es sich aus der Sicht des Konzerns um **andere aktivierte Eigenleistungen**. Diese Erträge sind gem. § 305 Abs. 1 Nr. 2 HGB in diesen Posten (Nr. 3) umzugliedern.

11.2.3 Ergebnisübernahmen innerhalb des Konsolidierungskreises

11.2.3.1 Erträge aus Beteiligungen

529 Den Posten „Erträge aus Beteiligungen" (Nr. 9)[584], „Erträge aus anderen Wertpapieren" (Nr. 10) und ggf. auch „aus sonstigen Zinsen und ähnlichen Erträgen" (Nr. 11) stehen in einem bestimmten Umfang keine Aufwendungen, sondern Gewinne anderer konsolidierter Unternehmen gegenüber. Um eine Doppelerfassung der Gewinne in der Konzern-GuV zu vermeiden, muss bei Aufstellung des KA die Einbuchung der **Gewinnvereinnahmung** bei der Muttergesellschaft in sinngemäßer Anwendung des § 305 Abs. 1 Nr. 2 HGB gewinnmindernd storniert werden. Eine solche Konsolidierung ist nur dann möglich, wenn die Gewinne noch in dem Jahr, in dem sie erwirtschaftet werden, von den anspruchsberechtigten einbezogenen Konzernunternehmen vereinnahmt werden[585].

530 Werden die Gewinne dagegen **nicht im Jahr der Gewinnerzielung**, sondern im nächsten Jahr der Gewinnausschüttung von dem beteiligten Unternehmen übernommen, so erscheint in diesen Fällen der gleiche Gewinn im ersten Jahr im Abschluss des TU und im zweiten Jahr in dem des MU. Bei der Konsolidierung ist diese aus der Phasenverschiebung zwischen Gewinnerzielung und -vereinnahmung beruhende Auswirkung daher zu beseitigen. Aus Konzernsicht stellen die von der Muttergesellschaft vereinnahmten Beteiligungserträge im VJ erzielte Gewinne dar, die weder ausgeschüttet noch einer Rücklage zugeführt worden sind. Die Beteiligungserträge sind daher aus den betreffenden Ertragsposten in den **Ergebnisvortrag** umzugliedern[586].

---

[584] Zur Ergebnisübernahme bei Anwendung der Equity-Methode vgl. Kap. G Tz. 647.
[585] Zum Zeitpunkt der Gewinnvereinnahmung vgl. Kap. F Tz. 840 f.
[586] Zu weiteren Einzelheiten zum Ausweis vgl. Kap. G Tz. 249.

11.2.3.2 Ergebnisübernahmen aufgrund von Ergebnisübernahmeverträgen

531 Sind zwischen konsolidierten Unternehmen Ergebnisübernahmeverträge abgeschlossen worden, so stehen sich bei 100%-Anteilsbesitz des MU die in den GuV der betreffenden Unternehmen gesondert auszuweisenden Erträge und Aufwendungen (§ 277 Abs. 3 S. 2 HGB) in gleicher Höhe gegenüber, sodass eine vollständige Aufrechnung möglich ist.

532 Sind an dem TU andere Gesellschafter beteiligt und besteht demnach eine Verpflichtung zur **Ausgleichszahlung** gem. § 304 AktG, so ist zu unterscheiden, ob diese in Form einer **Rentabilitäts- oder einer Rentengarantie** zugesagt ist[587].

533 Verpflichtet sich das MU, das einbezogene TU so zu stellen, dass es den angemessenen Ausgleich zahlen kann (**Rentabilitätsgarantie**), so erscheint die zu zahlende Dividende unter den Aufwendungen des TU. Im Übrigen stehen sich die Gewinnabführungen bzw. Verlustdeckungen bei MU und TU in gleicher Höhe gegenüber, so dass beide gegeneinander aufgerechnet werden können. Die im JA des TU gebuchte **garantierte Dividende** ist in der Konzern-GuV als „nicht beherrschenden Anteilen zustehender Gewinn" gesondert vor dem Posten „Konzern-Jahresüberschuss/Jahresfehlbetrag" auszuweisen (DRS 23.159).

534 Leistet das MU die Ausgleichszahlung selbst (**Rentengarantie**), so ist in seiner GuV der um die Rentengarantie verminderte Ertrag oder erhöhte Aufwand aus der Ergebnisübernahme auszuweisen (§ 158 Abs. 2 AktG). Erträge und entspr. Aufwendungen bei MU und TU stehen sich dann nicht mehr in gleicher Höhe gegenüber. Bei der Konsolidierung ist die Ausgleichszahlung wiederum in den gesondert auszuweisenden Posten „nicht beherrschenden Anteilen zustehender Gewinn" umzugliedern. Danach können Ergebnisabführung und -übernahme saldiert werden.

535 Im Rahmen des KA kann den Vorgaben des § 158 Abs. 2 AktG nicht mehr gefolgt werden, weil die Erträge aus der Gewinnabführung der Aufwands- und Ertragskonsolidierung unterliegen. Insoweit bedingt die Konzern-GuV ihrer Eigenart nach eine entsprechende Abweichung von § 158 Abs. 2 AktG(§ 298 Abs. 1 HGB).

11.3 Umsatzkostenverfahren

11.3.1 Grundsatz

536 Auch für die Konzern-GuV nach dem UKV (§ 275 Abs. 3 HGB) gilt § 305 HGB uneingeschränkt. Im Gegensatz zum GKV entfällt jedoch die Umgruppierung der **Innenumsatzerlöse** (§ 305 Abs. 1 Nr. 1 HGB) in Bestandsveränderungen und andere aktivierte Eigenleistungen. Dasselbe gilt für die Konsolidierung der **anderen Erträge** (§ 305 Abs. 1 Nr. 2 HGB). Darüber hinaus können sich bei der Konsolidierung der anderen Erträge und Verluste Abweichungen zum GKV daraus ergeben, dass einige Aufwandsarten nach § 275 Abs. 2 HGB anderen Gliederungsposten zuzuordnen sind als nach § 275 Abs. 3 HGB (z.B. Abschreibungen).

Wie beim GKV müssen Innenumsatzerlöse und andere Erträge unbeschadet der Verpflichtung zur Eliminierung von Zwischenergebnissen (§ 304 HGB) eliminiert werden.

---

[587] Vgl. im Einzelnen ADS[6], § 305, Tz. 76-79; ADS[6], § 277, Tz. 67.

11.3.2 Konsolidierung der Innenumsatzerlöse

11.3.2.1 Innenumsatzerlöse aus Lieferungen

537 Die Konsolidierung wird im Folgenden einzeln an praktischen Beispielen dargestellt. Dabei werden zur Gegenüberstellung mit dem GKV dieselben Sachverhalte zugrunde gelegt wie in Kap. G Tz. 522.

> **Beispiel 7:**
>
> **a) Gegenstände, die vom liefernden Unternehmen selbst hergestellt oder be- bzw. verarbeitet worden sind**
>
> - *Verrechnung mit Aufwendungen des Lieferers*
>
> Unternehmen A liefert eine selbst hergestellte Maschine an das ebenfalls einbezogene Unternehmen B zur Eigennutzung bei Unternehmen B. Aus der Sicht des Konzerns handelt es sich um die Herstellung einer Maschine zur Eigennutzung. Aufwendungen dafür dürfen nach dem System des Umsatzkostenverfahrens nicht in der GuV enthalten sein. Sie werden erst in späteren Abrechnungsperioden als Abschreibungen im Posten Nr. 2[588] den verkauften Erzeugnissen gegenübergestellt. Um dieses Ergebnis zu erzielen, müssen die Innenumsatzerlöse von A mit den zugehörigen **Herstellungskosten** (Nr. 2) aus seiner eigenen GuV aufgerechnet werden (§ 305 Abs. 1 Nr. 1 HGB)[589]. Ist aus der Lieferung bei Unternehmen A ein eliminierungspflichtiger Zwischengewinn entstanden, so sind der **Innenumsatzerlös** und die AK der Maschine bei Unternehmen B um diesen Betrag zu vermindern. Im Falle eines Zwischenverlustes sind beide Posten entspr. zu erhöhen. Fallen bei solchen Lieferungen Transportkosten an, die in der Einzel-GuV des liefernden Unternehmens A als Vertriebskosten (Nr. 4) ausgewiesen sind und die als Bestandteil der Konzern-HK aktiviert werden, so sind die Innenumsatzerlöse insoweit auch mit den Vertriebskosten zu verrechnen[590].
>
> In der gleichen Weise ist zu konsolidieren, wenn Unternehmen A selbst hergestellte Zubehörteile für das AV von Unternehmen B geliefert hat, die bei Unternehmen B, wie z.T. in der Praxis üblich, zunächst wie Roh-, Hilfs- und Betriebsstoffe auf Lager genommen werden, ehe sie (in derselben Abrechnungsperiode) als nachträgliche AK in das AV eingehen. Auf das Ergebnis von Unternehmen B hat dieser Vorgang erst mit der Abschreibung der zusätzlichen AK Einfluss. Die Innenumsätze von Unternehmen A sind demnach wiederum mit den ihnen entspr. HK von Unternehmen A zu saldieren.
>
> Werden ceteris paribus von Unternehmen A an Unternehmen B selbst hergestellte Gegenstände geliefert, die am Abschlussstichtag noch bei B lagern und weiterbearbeitet bzw. -veräußert werden sollen, so handelt es sich dabei aus der Sicht des Konzerns um unfertige oder fertige Erzeugnisse. Die erforderlichen Konsolidierungsvorgänge entsprechen den oben dargestellten.
>
> - *Verrechnung mit den Aufwendungen des Empfängers*
>
> Unternehmen A liefert an das ebenfalls einbezogene Unternehmen B einen selbst hergestellten Gegenstand, der von Unternehmen B noch im selben Konzern-GJ ohne

---

[588] Postenangaben ohne nähere Bezeichnung beziehen sich auf das Gliederungsschema für das UKV (§ 275 Abs. 3 HGB).
[589] Vgl. hierzu auch *v. Wysocki*, in: FS Goerdeler, S. 723.
[590] Vgl. ADS[6], § 305, Tz. 41.

oder nach einer Weiterbe- oder -verarbeitung an Dritte veräußert wird. Aus der Sicht des Konzerns liegt die Herstellung eines Erzeugnisses in verschiedenen Abteilungen mit nur einem wirklichen Umsatz (dem Außenumsatzerlös von Unternehmen B) vor. Die zur Erzielung dieses Umsatzes aufgewandten HK des Konzerns setzen sich zusammen aus denen des Unternehmens A und ggf. den bei Unternehmen B angefallenen Kosten der Weiterbe- oder -verarbeitung. Bei der Konsolidierung sind deshalb die Innenumsatzerlöse von Unternehmen A (Nr. 1) mit den bei Unternehmen B ausgewiesenen HK (Nr. 2), in die der gleiche Betrag als Kosten der Vorprodukte eingegangen ist, zu verrechnen.

Veräußert Unternehmen B an konzernfremde Dritte ohne oder nach Weiterverarbeitung Gegenstände, die es in einem früheren GJ von Unternehmen A erworben und in seiner Bilanz am letzten Stichtag als Roh-, Hilfs- und Betriebsstoffe ausgewiesen hatte, so werden in der Einzel-GuV von Unternehmen B HK und ein Außenumsatzerlös ausgewiesen. Aus der Sicht des Konzerns liegt bereits eine zutreffende Darstellung des Sachverhalts vor, so dass weitere Konsolidierungen nicht erforderlich sind.

b) Gegenstände, die vom liefernden Unternehmen nicht selbst hergestellt oder be- bzw. verarbeitet worden sind

- *Verrechnung mit den Aufwendungen des Empfängers*

Die Konsolidierung bereitet auch in den Fällen, in denen die Gegenstände vom liefernden Unternehmen nicht selbst hergestellt, be- oder verarbeitet worden sind (Handelsware), keine Schwierigkeiten, soweit diese vom Empfänger der Lieferung in der gleichen Abrechnungsperiode veräußert werden oder in abgesetzte Produkte eingehen.

Unternehmen A kauft Roh-, Hilfs- und Betriebsstoffe bei Dritten, die es an das ebenfalls in die Konsolidierung einbezogene Unternehmen B verkauft, das die Stoffe noch in derselben Abrechnungsperiode ohne oder nach Weiterverarbeitung verkauft. Die **Innenumsatzerlöse** (Nr. 1) von Unternehmen A sind mit den HK (Nr. 2) von Unternehmen B in Übereinstimmung mit dem Wortlaut des Gesetzes zu saldieren.

Sind bei der Lieferung von Unternehmen A an Unternehmen B Zwischenergebnisse entstanden, so sind sie durch den Weiterverkauf in derselben Abrechnungsperiode realisiert worden.

- *Verrechnung mit den Aufwendungen des Lieferers*

Unternehmen A kauft Roh-, Hilfs- und Betriebsstoffe von einem Dritten, die es ohne weitere Be- oder Verarbeitung an das ebenfalls in die Konsolidierung einbezogene Unternehmen B verkauft, bei dem die Bestände am Abschlussstichtag unverändert lagern. Den Innenumsatzerlösen von Unternehmen A stehen dann die eigenen HK gegenüber, die gegeneinander aufzurechnen sind.

Die gleichen Konsolidierungsbuchungen sind erforderlich, wenn Unternehmen A bei einem Dritten Handelswaren kauft und an Unternehmen B weiterverkauft, wo sie am Abschlussstichtag nach Weiterverarbeitung als unfertige oder fertige Erzeugnisse lagern, oder wenn Unternehmen A eine Maschine einkauft und unverändert an Unternehmen B zur Verwendung in dessen AV verkauft.

11.3.2.2 Innenumsatzerlöse aus Leistungen

538 Unter **Innenumsatzerlösen** aus Leistungen sind alle gem. § 277 Abs. 1 HGB i.V.m. § 305 Abs. 1 Nr. 1 HGB als Umsatzerlöse auszuweisenden Erträge zu verstehen, die nicht aus der Veräußerung von Gegenständen entstanden sind. In der Regel werden diesen Innenumsatzerlösen des leistenden Unternehmens gleich hohe Aufwendungen des Empfängers gegenüberstehen (z.B. Mieten, Pachten), so dass eine Konsolidierung keine Schwierigkeiten bereitet. In Ausnahmefällen kann auch eine Aktivierung beim Empfänger in Betracht kommen (z.B. Leistungen i.R. aktivierungspflichtiger Reparaturen). Die Innenumsatzerlöse sind dann mit den entspr. Aufwendungen (i.d.R. **„Herstellungskosten"**) des leistenden Unternehmens zu konsolidieren.

11.3.3 Konsolidierungen anderer Erträge aus Lieferungen und Leistungen

539 Die Konsolidierung der anderen Erträge bei Anwendung des UKV weist keine Besonderheiten ggü. dem GKV auf. Vgl. daher die Ausführungen in Kap. G Tz. 524 ff.

11.3.4 Ergebnisübernahmen innerhalb des Konsolidierungskreises

540 Hinsichtlich des Ausweises von Aufwendungen und Erträgen des Beteiligungs- und Wertpapierbereichs sowie des Finanzbereichs unterscheidet sich die GuV nach dem UKV nicht von der nach dem GKV. Zur Konsolidierung der Ergebnisübernahmen innerhalb des Kreises einbezogener Unternehmen kann deshalb auf die zum GKV dargestellten Grundsätze verwiesen werden[591].

12. Berücksichtigung latenter Steuern aus der Konsolidierung

12.1 Grundsatz

541 Der Berücksichtigung latenter Steuern aus der Konsolidierung gem. § 306 HGB liegt das international übliche **bilanzorientierte Konzept** (Temporary-Konzept) zugrunde. Während nach dem vor dem BilMoG geltenden GuV-orientierten Konzept die periodengerechte Erfolgsermittlung im Vordergrund stand, verfolgt das bilanzorientierte Konzept primär die zutreffende Darstellung der Vermögenslage[592].

542 Nach der bilanzorientierten Methode sind grds. alle temporären Bilanzierungs- und Bewertungsdifferenzen zwischen den handelsrechtlichen Wertansätzen und den entspr. steuerlichen Werten in die Ermittlung der latenten Steuern einzubeziehen. Die bilanzorientierte Methode umfasst im Gegensatz zum GuV-orientierten Konzept auch **quasi-permanente Differenzen**. Hierbei handelt es sich um zeitlich begrenzte Differenzen, die sich in Abhängigkeit von den Entscheidungen des Unternehmens abbauen und sich so ggf. erst bei Verkauf der betreffenden Vermögensgegenstände oder bei Liquidation des Unternehmens reduzieren[593].

543 Da das bilanzorientierte Konzept nicht auf Ergebnisdifferenzen, sondern auf Bilanzunterschiede abstellt, sind auch latente Steuern auf **erfolgsneutral entstandene Differenzen** zu erfassen. Hieraus ergibt sich im Vergleich zum GuV-orientierten Konzept ein wesentlicher Unterschied hinsichtlich des Umfangs der Berücksichtigung latenter Steu-

---

591 Vgl. Kap. G Tz. 529.
592 Vgl. ausführlich ADS[6], § 274, Tz. 11-15; *Kühne/Melcher/Wesemann*, WPg 2009, S. 1005 (1006); *Küting/Seel*, in: Küting/Pfitzer/Weber, Bilanzrecht[2], S. 502.
593 Vgl. ADS International, Abschn. 20, Tz. 51; *Wendholt/Wesemann*, DB 2009, Beil. Nr. 5, S. 64 (66).

ern im KA, da zwingend latente Steuern auf erfolgsneutral entstandene Differenzen aus der Erstkonsolidierung zu ermitteln sind[594].

Ferner sind nach § 274 Abs. 1 S. 4 HGB auch **steuerliche Verlustvorträge und Zinsvorträge** in die Berechnung der aktiven latenten Steuern einzubeziehen, sofern sich die daraus resultierenden Vorteile innerhalb der nächsten fünf Jahre[595] voraussichtlich realisieren lassen[596]. 544

Die Ermittlung latenter Steuern im handelsrechtlichen KA lässt sich in einen **dreistufigen Prozess** unterteilen[597]. Die nationalen JA (HB I – erste Stufe) werden auf die HB II nach den handelsrechtlichen Bilanzierungs- und Bewertungsvorschriften des Konzerns übergeleitet (HB II – zweite Stufe). Auf der dritten Stufe werden latente Steuern aus Konsolidierungsmaßnahmen nach § 306 HGB berücksichtigt. Latente Steuern aus der Konsolidierung sind **voraussichtliche künftige Steuerbe- oder –entlastungen** einer Periode, die sich aufgrund temporärer Abweichungen zwischen dem Ansatz in der Konzernbilanz und den Bilanzansätzen in der HB II der einbezogenen Unternehmen ergeben. 545

Die Abgrenzung latenter Steuern auf temporäre Differenzen aus der HB I (erste Stufe) und aus der Anpassung an die konzerneinheitlichen Bilanzierungs- und Bewertungsvorschriften in der HB II (zweite Stufe) erfolgt nach § 298 Abs. 1 i.V.m. § 274 HGB[598]. Latente Steuern, die aufgrund von **Bewertungsanpassungen**[599] gem. § 308 HGB im JA entstehen, sind nicht bei der Konsolidierung, sondern bereits in der HB II zu berücksichtigen. Sie sind als Maßnahmen des fünften Titels vom Wortlaut des § 306 HGB nicht erfasst. 546

Fraglich ist, ob auch die **Anpassung des Bilanzansatzes** (§ 300 HGB) den Konsolidierungsmaßnahmen i.S.v. § 306 S. 1 HGB zuzurechnen ist oder wie die Bewertung (§ 308 HGB) in den Bereich der HB II gehört. § 300 HGB gehört formell zum vierten Titel und damit nach dem Wortlaut des Gesetzes auch zu den Maßnahmen mit Folgewirkungen für die Berücksichtigung latenter Steuern nach § 306 HGB. Inhaltlich gehört diese Vorschrift wie § 308 HGB in den Bereich der HB II. Sie ist daher auch wie § 308 HGB zu behandeln, weil ansonsten Vorschriften mit gleichen materiellen Konsequenzen für die Aussagefähigkeit des KA unterschiedlich behandelt werden[600]. 547

Der Anwendungsbereich der dritten Stufe der Berücksichtigung latenter Steuern nach § 306 HGB im KA erstreckt sich somit lediglich auf **Konsolidierungsmaßnahmen** einschl. der Aufdeckung der stillen Reserven und Lasten bei der Erstkonsolidierung. Dabei sind als Maßnahmen solche Konsolidierungstechniken zu verstehen, die in den §§ 301-307 HGB geregelt sind (§ 306 S. 1 HGB)[601]. Dasselbe gilt für andere Konsolidie- 548

---

594 Vgl. Begr. RegE BilMoG, BT-Drs. 16/10067, S. 83.
595 *Zur Reduktion eines verbleibenden Passivüberhangs können nach h.M. auch solche steuerlichen Verlustvorträge berücksichtigt werden, deren Verrechenbarkeit erst nach Ablauf von fünf Jahren zu erwarten ist.* Vgl. DRS 18.22, Begr. A5; *Kühne/Melcher/Wesemann*, WPg 2009, S. 1057 (1058).
596 Vgl. ausführlich Kap. F Tz. 717 ff.
597 Vgl. Begr. RegE BilMoG, BT-Drs. 16/10067, S. 83.
598 So auch bereits bisher ADS[6], § 306, Tz. 25 sowie *Gelhausen/Fey/Kämpfer*, BilMoG, Q, Rn. 282; *Küting/Seel*, in: *Küting/Pfitzer/Weber*, Bilanzrecht[2], S. 524; *Grottel/Larenz*, in: BeBiKo[11], § 306, Rn. 7.
599 Vgl. Kap. G Tz. 307 ff.
600 Vgl. die Ausführungen in Kap. G Tz. 628, die hier sinngemäß gelten.
601 Drittes Buch, zweiter Abschn., zweiter Unterabschn., vierter Titel HGB.

rungsmaßnahmen wie Gewinnübernahmen im Konsolidierungskreis[602], die sich aus § 297 Abs. 3 S. 1 HGB ergeben, ohne dass sie formell bei den §§ 301-307 HGB aufgezählt sind. Sie sind als Maßnahmen der Aufwands- und Ertragskonsolidierung (§ 305 HGB) indirekt erfasst[603].

549 Die Differenzierung zwischen den drei verschiedenen Stufen der Berücksichtigung latenter Steuern ist von Bedeutung, da nach § 306 S. 1 HGB für latente Steuern aufgrund von Konsolidierungsmaßnahmen eine **Aktivierungs- und Passivierungspflicht** besteht. Für die Aktivierung eines Überhangs von aktiven latenten Steuern, die auf temporäre Differenzen aus der HB I oder aus der Anpassung an die konzerneinheitlichen Bilanzierungs- und Bewertungsvorschriften in der HB II beruhen, gilt nach § 274 Abs. 1 S. 2 HGB hingegen ein **Ansatzwahlrecht**[604]. Das Aktivierungswahlrecht des § 274 Abs. 1 S. 2 HGB kann nach § 300 Abs. 2 S. 2 HGB im KA unabhängig von der Ausübung im handelsrechtlichen JA der einbezogenen Unternehmen einheitlich neu ausgeübt werden[605]. Zu beachten ist in diesem Zusammenhang, dass eine unterschiedliche Ausübung des Aktivierungswahlrechts für den Überhang an aktiven latenten Steuern aus der ersten Stufe (HB I) und der zweiten Stufe (HB II) nicht sachgerecht ist[606].

550 Die Währungsumrechnung ist der Anpassung an die konzerneinheitlichen Bilanzierungs- und Bewertungsmethoden zuzuordnen, so dass grds. die Regelungen zur Berücksichtigung latenter Steuern nach § 298 Abs. 1 i.V.m. § 274 HGB anzuwenden sind[607]. Temporäre Differenzen, die sich aus der **Währungsumrechnung** ergeben, sind als sog. Outside Basis Differences einzustufen[608]. Im Gegensatz zu § 306 S. 4 HGB existiert in § 274 HGB keine explizite Ausnahmeregelung für die Berücksichtigung latenter Steuern auf Outside Basis Differences. Nach dem Sinn und Zweck der Ausnahme in § 306 HGB[609] sind auch für konzernspezifische Effekte aus der Währungsumrechnung keine latenten Steuern abzugrenzen (DRS 18.28 und .30)[610].

551 **Voraussetzungen** für die Abgrenzung latenter Steuern aus Konsolidierungsmaßnahmen nach § 306 S. 1 HGB, die kumulativ erfüllt sein müssen, sind:
- Es gibt Differenzen zwischen den handelsrechtlichen Wertansätzen der Vermögensgegenstände, Schulden oder RAP und deren steuerlichen Wertansätzen,
- die Differenzen sind auf Konsolidierungsmaßnahmen nach §§ 301-307 HGB zurückzuführen,
- die Differenzen müssen sich in späteren GJ voraussichtlich wieder abbauen und
- die Differenzen führen insgesamt zu einer künftigen Steuerbelastung (passive latente Steuer) oder zu einer künftigen Steuerentlastung (aktive latente Steuer).

---

602 Vgl. Kap. G Tz. 529.
603 Vgl. Kap. G Tz. 573 ff. zur Abgrenzung latenter Steuern bei phasenverschobenen Ergebnisübernahmen.
604 Vgl. Kap. F Tz. 716 zum Ansatzwahlrecht nach § 274 Abs. 1 S. 2 HGB.
605 Vgl. Kap. G Tz. 259.
606 Vgl. *Kühne/Melcher/Wesemann*, WPg 2009, S. 1057 (1063).
607 So auch *Gelhausen/Fey/Kämpfer*, BilMoG, Q, Rn. 283; *Grottel/Larenz*, in: BeBiKo[11], § 306, Rn. 9.
608 Vgl. *Oser/Mojadadr/Wirth*, KoR 2008, S. 575 (580) m.w.N.; *Grottel/Koeplin*, in: BeBiKo[11], § 308a, Rn. 102.
609 Vgl. Begr. Beschlussempf. BilMoG, BT-Drs. 16/12407, S. 90.
610 So auch *Oser/Mojadadr/Wirth*, in: Küting/Pfitzer/Weber, Bilanzrecht[2], S. 460; *Zwirner/Künkele*, StuB 2009, S. 722 (725); *Strickmann*, in: Kessler/Leinen/Strickmann, Handbuch BilMoG[2], S. 739; *Grottel/Larenz*, in: BeBiKo[11], § 306, Rn. 29.

Eine **aktive latente Steuer** entsteht bei temporären Differenzen zwischen der Konzern- und Steuerbilanz, wenn diese künftig zu einer Steuerentlastung führen[611]. Dies ist dann der Fall, wenn 552

- Vermögensgegenstände (Verbindlichkeiten) in der Konzernbilanz niedriger (höher) bewertet sind als in der Steuerbilanz oder
- Vermögensgegenstände (Verbindlichkeiten) in der Steuerbilanz (Konzernbilanz), aber nicht in der Konzernbilanz (Steuerbilanz) angesetzt werden.

Führen temporäre Differenzen in den Bilanzansätzen zu einer künftigen Steuerbelastung, sind **passive latente Steuern** zu bilden. Dies ist dann der Fall, wenn 553

- Vermögensgegenstände (Verbindlichkeiten) in der Konzernbilanz höher (niedriger) bewertet sind als in der Steuerbilanz oder
- Vermögensgegenstände (Verbindlichkeiten) in der Konzernbilanz (Steuerbilanz), aber nicht in der Steuerbilanz (Konzernbilanz) angesetzt werden.

12.2 Temporäre Differenzen aus Konsolidierungsmaßnahmen

Temporäre Differenzen zwischen den Konzernbilanzwerten und den Wertansätzen lt. HB II (Stufe 3)[612], die für die Berücksichtigung latenter Steuern nach § 306 HGB in Betracht kommen, können aus folgenden Konsolidierungsmaßnahmen entstehen: 554

12.2.1 Kapitalkonsolidierung

Aufgrund des bilanzorientierten Temporary-Konzepts umfasst § 306 HGB zur Berücksichtigung latenter Steuern auch erfolgsneutral entstandene quasi-permanente Differenzen[613]. Folglich sind **temporäre Differenzen** aus i.R.d. **Kapitalkonsolidierung** erfolgsneutral aufgedeckten stillen Reserven und stillen Lasten bei der Ermittlung der latenten Steuern zu berücksichtigen. Die Konzernbilanzwerte weichen durch die Neubewertung von den Werten in der HB II ab und aus Konzernsicht resultieren hieraus künftige Steuerbe- oder -entlastungen[614]. 555

Ebenso wie die Aufdeckung der zugrunde liegenden stillen Reserven und Lasten erfolgt der Ansatz von latenten Steuern in der Neubewertungsbilanz i.R.d. Erstkonsolidierung **erfolgsneutral** und führt somit zu einer entspr. Erhöhung oder Verminderung des konsolidierungspflichtigen EK[615]. Die latenten Steuern haben insofern einen Einfluss auf den verbleibenden GoF bzw. pUB aus der Kapitalkonsolidierung[616]. Bei der Folgekonsolidierung sind diese latenten Steuern entspr. der Veränderung der jeweils zugrunde liegenden temporären Differenz fortzuführen (DRS 23.108). 556

Nach § 306 S. 3 HGB dürfen latente Steuern auf den **GoF** bzw. den **pUB** aus der Kapitalkonsolidierung entspr. dem international üblichen Vorgehen nicht angesetzt werden. Dies wird damit begründet, dass der nach § 301 Abs. 3 HGB verbleibende Unterschiedsbetrag als Residualgröße zu interpretieren ist und eine Einbeziehung zu einer 557

---

611 Vgl. *Küting/Seel*, in: Küting/Pfitzer/Weber, Bilanzrecht², S. 505.
612 Vgl. Kap. G Tz. 545.
613 Vgl. Kap. G Tz. 541 ff.
614 Vgl. DRS 23.71 und .72; Begr. RegE BilMoG, BT-Drs. 16/10067, S. 83; *Küting/Seel*, in: Küting/Pfitzer/Weber, Bilanzrecht², S. 525.
615 Vgl. DRS 23.74; *Gelhausen/Fey/Kämpfer*, BilMoG, Q, Rn. 292.
616 Vgl. *Kühne/Melcher/Wesemann*, WPg 2009, S. 1057 (1062).

Aufblähung der latenten Steuern und des GoF bzw. des pUB führen würde[617]. Diese Differenzen bleiben auch in den Folgejahren unberücksichtigt, weil ein entspr. Ansatz in der Steuerbilanz fehlt und somit auch eine spätere Veränderung des GoF, z.B. durch planmäßige Abschreibungen nach § 309 Abs. 1 i.V.m. § 253 Abs. 3 HGB, keinen Einfluss auf die Berücksichtigung latenter Steuern hat[618]. Liegt dagegen ein steuerlich abzugsfähiger GoF vor, so besteht nach DRS 18.25 ein Wahlrecht zur Bildung von latenten Steuern auf die temporären Differenzen zwischen dem Konsolidierungs-GoF und dem steuerlichen GoF[619].

558 Bei der Kapitalaufrechnung von **PersGes.** sind Ergänzungsbilanzen beim steuerlichen Wertansatz grds. zu berücksichtigen[620]. Ergeben sich in diesem Zusammenhang Differenzen zwischen dem GoF in einer steuerlichen Ergänzungsbilanz und dem handelsrechtlichen Wertansatz, z.B. weil ein GoF steuerlich mit einer anderen Nutzungsdauer abgeschrieben wird, sind diese Differenzen in die Bilanzierung latenter Steuern einzubeziehen[621].

559 Aufgrund der **Verlustabzugsbeschränkung** nach § 8c KStG ist zu berücksichtigen, dass mit einem Unternehmenserwerb auch ein anteiliger oder voller Untergang der bestehenden steuerlichen Verlust- und Zinsvorträge[622] des TU einhergehen kann, so dass ein Ansatz von aktiven latenten Steuern bei der Erstkonsolidierung insoweit nicht zulässig ist[623].

560 Im Gegensatz dazu dürfen **Verlustvorträge** des erwerbenden Unternehmens oder Verlustvorträge auf der Ebene anderer bereits konsolidierter Unternehmen, die durch den Erwerb und die damit verbundenen Gewinnerwartungen **erstmals nutzbar** werden, bei der Kapitalkonsolidierung nicht berücksichtigt werden, da es sich hierbei nicht um Vermögensgegenstände des erworbenen TU handelt[624]. Die Aktivierung dieser latenten Steuern hat stattdessen nach § 274 Abs. 1 S. 4 HGB erfolgswirksam bei demjenigen Konzernunternehmen zu erfolgen, bei dem der Verlustvortrag besteht[625].

12.2.2 Schuldenkonsolidierung

561 Die i.R.d. **Schuldenkonsolidierung** vorzunehmende Verrechnung der konzerninternen Forderungen und Verbindlichkeiten führt in der Konzernbilanz zu einem Wertansatz dieser Posten mit null. Sofern sich bei der Schuldenkonsolidierung die aufzurechnenden Forderungen und Verbindlichkeiten gleichlautend gegenüberstehen und die Wertansätze in Handels- und Steuerbilanz identisch sind, korrespondiert der Wertansatz von null lt. Konzernbilanz mit einem Nettowert lt. Steuerbilanz von ebenfalls null. Es besteht

---

617 Vgl. Begr. RegE BilMoG, BT-Drs. 16/10067, S. 83.
618 Vgl. *Kühne/Melcher/Wesemann*, WPg 2009, S. 1057/1063; *Küting/Seel*, in: Küting/Pfitzer/Weber, Bilanzrecht[2], S. 527.
619 DRS 18 lässt offen, in welcher Weise die latenten Steuern in diesem Fall zu ermitteln sind, daher wird es als zulässig erachtet, auf Verfahren zurückzugreifen, die sich bereits in der internationalen Rechnungslegung etabliert haben. Vgl. hierzu im Detail *Loitz*, DB 2010, S. 2177 (2182).
620 Vgl. ausführlich *Grottel/Larenz*, in: BeBiKo[11], § 306, Rn. 16; DRS 18.79.
621 Vgl. DRS 18.25; *Schurbohm-Ebneth/Zoeger*, DB 2009, Beil. Nr. 5, S. 53 (56); *Kühne/Melcher/Wesemann*, WPg 2009, S. 1057 (1061); *Gelhausen/Fey/Kämpfer*, BilMoG, Q, Rn. 309.
622 § 8c KStG ist nach § 4h EStG i.V.m. § 8a KStG auf Zinsvorträge entspr. anzuwenden.
623 Vgl. DRS 23.75; *Gelhausen/Fey/Kämpfer*, BilMoG, Q, Rn. 197.
624 Vgl. DRS 23.76; Begr. RegE BilMoG, BT-Drs. 16/10067, S. 81.
625 Vgl. Begr. RegE BilMoG, BT-Drs. 16/10067, S. 81; *Küting/Seel* in: Küting/Pfitzer/Weber, Bilanzrecht[2], S. 527.

kein Bedarf für die Ermittlung latenter Steuern. Etwas anderes kann sich bspw. ergeben, wenn sich die in der Steuerbilanz ausgewiesenen Forderungen und Verbindlichkeiten nicht betragsgleich gegenüberstehen. So können bspw. Forderungen aufgrund von Wertberichtigungen oder Abzinsungen mit einem unterhalb ihrer AK liegenden Nennbetrag ausgewiesen sein, wohingegen die Verbindlichkeiten zwingend mit ihrem Erfüllungsbetrag zu bewerten sind[626]. Dem Konzernbilanzwert von null für die Forderungen und Verbindlichkeiten steht dann eine Nettoverbindlichkeitsposition gegenüber. Auf diesen Wertunterschied sind gem. § 306 HGB passive latente Steuern zu bilden[627]. Im Ergebnis ist die Schuldenkonsolidierung immer dann für die Bildung latenter Steuern nach § 306 HGB von Bedeutung, wenn dem Konzernwert von null für die Forderungen und Verbindlichkeiten ein Steuerwert gegenübersteht.

12.2.3 Eliminierung von Zwischenergebnissen

Durch die **Eliminierung von Zwischenergebnissen** wird der Konzernerfolg um die aus Konzernsicht nicht realisierten Erfolgsbeiträge korrigiert, die in der Einzel-GuV enthalten sind. Eine Zwischenergebniseliminierung setzt voraus, dass sich die innerhalb des Konzerns mit Zwischenergebnis gelieferten Vermögensgegenstände am Bilanzstichtag noch im Konzernbestand befinden. Die Zwischenergebniseliminierung verändert daher die Wertansätze in der handelsrechtlichen Konzernbilanz, wodurch es regelmäßig zu Abweichungen im Vergleich zum Steuerbilanzwert kommen wird. Sofern die Eliminierungen der Zwischenergebnisse das UV oder das abnutzbare AV betreffen, sind die entstehenden Differenzen zeitlich begrenzt. Mit dem Verkauf bzw. Verbrauch werden die Eliminierungen realisiert. Insoweit ist im Fall eines zu eliminierenden Zwischengewinns grds. eine aktive und für den Fall der Eliminierung von Zwischenverlusten eine passive latente Steuer zu bilden. **562**

Dagegen entstehen **quasi-permanente Differenzen**, wenn die Eliminierung das nicht abnutzbare AV betrifft. Die Eliminierung wird dann spätestens mit dem Verkauf oder der Liquidation des Unternehmens realisiert. Auch auf diese quasi-permanenten Differenzen sind zwingend latente Steuern zu bilden[628]. **563**

12.2.4 Aufwands- und Ertragskonsolidierung

Durch die **Aufwands- und Ertragskonsolidierung** kommt es grds. nicht zu unterschiedlichen Wertansätzen von Vermögensgegenständen und Schulden in der Konzernbilanz und Steuerbilanz, so dass latente Steuern nach § 306 HGB nicht zu berücksichtigen sind[629]. **564**

12.2.5 Quotenkonsolidierung und Equity-Methode

Latente Steuern sind nach § 310 Abs. 2 HGB i.V.m. § 306 HGB auch bei **GU** zu berücksichtigen, sofern diese nach § 310 HGB **quotal konsolidiert** werden. Insoweit ergeben sich keine Besonderheiten. **565**

Bei **Anwendung der Equity-Methode** nach § 312 HGB sind gem. § 312 Abs. 5 S. 3 HGB i. V.m. § 306 S. 1 HGB latente Steuern auf temporäre Differenzen in den handelsrecht- **566**

---

626 Vgl. Kap. G Tz. 483 ff.
627 Vgl. hierzu und zu weiteren Bsp. *Grottel/Larenz*, in: BeBiKo[11], § 306, Rn. 20.
628 Vgl. Kap. G Tz. 542.
629 Vgl. ADS[6], § 306, Tz. 35; *Grottel/Larenz*, in: BeBiKo[11], § 306, Rn. 26.

lichen Wertansätzen, die durch Konsolidierungsmaßnahmen der §§ 301-307 HGB entstehen (Inside Basis Differences), zu bilden. Damit sind die bei der Vollkonsolidierung zu beachtenden Vorschriften zur Bilanzierung und Bewertung latenter Steuern i.R.d. Equity-Methode entspr. anzuwenden, soweit die für die Beurteilung maßgeblichen Sachverhalte bekannt oder zugänglich sind. Auch DRS 18 ist analog auf die Konsolidierung von assoziierten Unternehmen nach § 312 HGB anzuwenden.

567 Entspr. sind auf die **Unterschiede zu den steuerlichen Wertansätzen** in Bezug auf die bei der Erstkonsolidierung ermittelten stillen Reserven und Lasten latente Steuern zu erfassen und in den Folgejahren fortzuschreiben[630]. Auf einen GoF bzw. pUB i.S.d. § 312 Abs. 2 S. 3 HGB dürfen keine latenten Steuern gebildet werden (§ 312 Abs. 5 S. 3 HGB i.V.m. § 306 S. 3 HGB)[631]. Nach DRS 18.14 S. 2 besteht für aktive latente Steuern, die auf der Anpassung an die konzerneinheitlichen Bilanzierungs- und Bewertungsmethoden beruhen, ein Ansatzwahlrecht nach § 274 HGB.

568 Die Erfassung und Fortschreibung der latenten Steuern erfolgt i.R.d. **außerbilanziellen Nebenrechnung**, mit deren Hilfe der Equity-Wertansatz zu Beginn des GJ auf den Equity-Wertansatz zum KA-Stichtag fortgeschrieben wird. Somit bilden die latenten Steuern einen **Teil des Equity-Wertansatzes**[632].

569 Differenzen können sich auch zwischen dem Equity-Wert im KA und dem Steuerwert der Beteiligung beim MU aus anteilig zuzurechnenden Ergebnisübernahmen ergeben, die nach der Equity-Methode unabhängig von einer Ausschüttung sind. Zwar bauen sich diese Differenzen zum Zeitpunkt der Gewinnausschüttung i.d.R. wieder ab, es handelt sich hierbei indes um **Outside Basis Differences**, für die § 306 S. 4 HGB ausdrücklich vorsieht, dass sie bei der Ermittlung latenter Steuern nicht zu berücksichtigen sind[633].

12.3 Outside Basis Differences

570 Bei der Abgrenzung latenter Steuern im handelsrechtlichen KA ist grds. zwischen Inside Basis Differences und Outside Basis Differences zu unterscheiden[634]. **Inside Basis Differences** sind temporäre Differenzen, die im Abschluss des jeweiligen TU, GU bzw. assoziierten Unternehmens entstehen und sich auch auf der Ebene steuerlich auswirken werden, d.h. Bilanzdifferenzen zwischen den handelsrechtlichen Wertansätzen und dem jeweiligen Steuerwert der Vermögensgegenstände, Schulden und RAP[635]. Die Berücksichtigung latenter Steuern für Inside Basis Differences umfasst Bewertungsunterschiede bei der HB I und der HB II sowie Bewertungsunterschiede, die durch Konsolidierungsmaßnahmen nach §§ 301-307 HGB entstehen[636].

571 Ferner können temporäre Differenzen zwischen dem handelsrechtlichen Wertansatz des im KA bilanzierten Nettovermögens und dem steuerlichen Beteiligungsbuchwert für die betreffende Gesellschaft beim rechtlichen MU bestehen. Diese sog. **Outside Basis Differences** betreffen somit die Ebene des rechtlichen MU bzw. die zukünftigen steuer-

---

[630] Vgl. DRS 18.26 und .27, Begr. A7.
[631] Vgl. *Oser/Orth/Wirtz*, DB 2015, S. 1729 (1737); *Sichting/Weiser*, in: BilRUG-Komm., I, Rn. 134.
[632] Vgl. *Sichting/Weiser*, in: BilRUG-Komm., I, Rn. 131; *Deubert/Lewe*, DB 2015, Beil.5, S. 49 (56); DRS 18.27.
[633] Vgl. *Begr. Beschlussempf.* BilMoG, BT-Drs. 16/12407, S. 90; DRS 18.28 und .29.
[634] Zur Abgrenzung und Definition von Inside und Outside Basis Differences vgl. z.B. ausführlich *Loitz*, WPg 2008, S. 1110 (1111).
[635] Vgl. *Gelhausen/Fey/Kämpfer*, BilMoG, Q, Rn. 310.
[636] Vgl. Kap. G Tz. 545 ff.

lichen Konsequenzen der Anteilseigner[637]. Während zum Zugangszeitpunkt der Beteiligungsbuchwert in der Steuerbilanz des MU und das anteilige Nettovermögen des TU im KA noch übereinstimmen, ergeben sich durch die Folgebewertung Bilanzdifferenzen, z.b. aus thesaurierten Gewinnen, Wechselkurseffekten aus der Währungsumrechnung nach § 308a HGB oder aus der Änderung des steuerlichen Beteiligungsbuchwerts, z.B. durch eine entspr. Teilwertabschreibung in der Steuerbilanz des MU[638]. Diese Outside Basis Differences sind temporäre Bilanzdifferenzen, die nach dem bilanzorientierten Temporary-Konzept theoretisch bei der Berechnung latenter Steuern zu berücksichtigen sind, weil eine zukünftige Dividendenausschüttung bzw. Veräußerung eine entspr. zusätzliche Steuerbelastung beim MU und damit im KA auslöst[639].

Allerdings werden nach § 306 S. 4 HGB temporäre Differenzen zwischen dem steuerlichen Wertansatz einer Beteiligung an einem TU, assoziierten Unternehmen oder GU und dem handelsrechtlichen Wertansatz des im KA angesetzten Nettovermögens (**Outside Basis Differences**) bei der Berechnung latenter Steuern aus Konsolidierungsmaßnahmen nicht berücksichtigt. Dieses **Ansatzverbot** gilt entspr. für Outside Basis Differences i.Z.m. ausländischen Betriebsstätten. Unter Inkaufnahme von konzeptionellen Unstimmigkeiten wurde diese Ausnahme mit Praktikabilitätserwägungen begründet[640].

Die Ausnahme nach § 306 S. 4 HGB gilt grds. unabhängig davon, ob sich die Outside Basis Differences in absehbarer Zeit abbauen oder realisieren und damit zu einem Steuereffekt führen[641]. Fraglich ist, ob das Ansatzverbot nach § 306 S. 4 HGB auch anzuwenden ist, wenn die Ausschüttung von thesaurierten Gewinnen vom TU an das MU in einem Folgejahr **aufgrund eines Gewinnverwendungsvorschlags** und weiterer Voraussetzungen so gut wie sicher ist (sog. phasenverschobene Ergebnisübernahmen) und als Folge davon weitere **Ertragsteuern anfallen werden**[642]. Bis zum Inkrafttreten des BilRUG ergab sich in diesem Fall die Verpflichtung nämlich nicht primär aus dem Steuerabgrenzungskonzept, sondern vielmehr unmittelbar aus § 278 HGB a.F. i.V.m. § 298 Abs. 1 HGB, wonach die Steuern vom Einkommen und Ertrag auf der Grundlage des Gewinnverwendungsvorschlags zu berechnen sind[643]. Im Gegensatz hierzu soll nach DRS 18.31 das Ansatzverbot des § 306 S. 4 HGB auch auf phasenverschobene Ergebnisübernahmen Anwendung finden, sofern noch kein Gewinnverwendungsbeschluss vorliegt. Mit der Aufhebung des § 278 HGB a.F. ist davon auszugehen, dass § 306 S. 4 HGB ohne Gewinnverwendungsbeschluss auch auf phasenverschobene Ergebnisübernahmen anzuwenden ist, weshalb keine latenten Steuern zu bilanzieren sind.

Nach § 8b Abs. 1 und 5 KStG sind Dividenden zu 95% steuerfrei[644]. Daher führt in dieser Höhe ein späterer Ausgleich der temporären Differenzen aus phasenverschobenen Ergebnisübernahmen nicht zu einer tatsächlichen steuerlichen Be- oder Entlastung, zumindest sofern die Beteiligung von einem in den KA einbezogenen inländischen Un-

---

637 Vgl. *Küting/Seel*, in: Küting/Pfitzer/Weber, Bilanzrecht², S. 528.
638 Vgl. *Loitz*, WPg 2008, S. 1110 (1111).
639 Vgl. *Küting/Seel*, in: Küting/Pfitzer/Weber, Bilanzrecht², S. 528.
640 Vgl. Begr. Beschlussempf. BilMoG, BT-Drs. 16/12407, S. 90.
641 Vgl. *Kühne/Melcher/Wesemann*, WPg 2009, S. 1057 (1063).
642 Vgl. *Gelhausen/Fey/Kämpfer*, BilMoG, Q, Rn. 315.
643 Vgl. *Loitz*, DB 2010, S. 2177 (2183).
644 Dies gilt auch für Buchgewinne aus der Veräußerung von Anteilen an KapGes.; vgl. § 8b Abs. 2 und 3 KStG.

ternehmen gehalten wird, so dass eine Berücksichtigung latenter Steuern in dieser Höhe nicht in Betracht kommt. Allerdings werden nach § 8b Abs. 5 KStG i.H.v. 5% nicht abzugsfähige Betriebsausgaben fingiert, die insoweit einer Begrenzung der Steuerfreiheit von Dividenden gleichkommt[645] und bei einem Steuersatz von bspw. 30% zu einer zusätzlichen Steuerbelastung von 1,5% (5% x 30%) bei den Anteilseignern führt. Für diese künftige Steuerbelastung ist aufgrund der phasengleichen Vereinnahmung der Ergebnisse im handelsrechtlichen KA eine **latente Steuerrückstellung** nach § 249 Abs. 1 S. 1 HGB zu erfassen, wenn die Ausschüttung unter den dargestellten Voraussetzungen ernsthaft beabsichtigt ist[646].

575 Ist eine **phasengleiche Gewinnvereinnahmung**[647] bereits im handelsrechtlichen JA des MU erfolgt, so ist der zusätzliche Steueraufwand aus der Dividendenbesteuerung dort zu erfassen und darf folglich nicht in die Eliminierung der Beteiligungserträge nach § 305 HGB einbezogen werden[648]. Die entspr. passive latente Steuer ist auch im KA auszuweisen.

12.4 Ansatz latenter Steuern aus Konsolidierungsmaßnahmen

576 Der Ansatz latenter Steuern auf temporäre Differenzen aus Konsolidierungsmaßnahmen setzt nach § 306 S. 1 HGB voraus, dass sich diese in späteren GJ voraussichtlich wieder abbauen und daraus eine Steuerbe- oder -entlastung resultiert. Die voraussichtliche **Realisierung der Steuereffekte**[649] ist anhand von Wahrscheinlichkeitsüberlegungen zu beurteilen, bei denen das handelsrechtliche Vorsichtsprinzip zu beachten ist[650]. Im Gegensatz zur Aktivierung latenter Steuern auf Verlustvorträge nach § 274 Abs. 1 S. 4 HGB[651] besteht für den **Prognosezeitraum** keine feste zeitliche Begrenzung[652].

577 Maßgeblich für die Prognose der Realisierbarkeit der Steuereffekte ist nicht die Ebene des Konzerns, da dieser kein eigenständiges Steuersubjekt ist, sondern die **Ebene des Unternehmens**, dem die jeweiligen Vermögensgegenstände und Schulden, für die durch Konsolidierungsmaßnahmen eine temporäre Differenz entsteht, zuzuordnen sind[653]. Insb. wenn ein TU bereits in der Vergangenheit nicht über ausreichende nachhaltige steuerliche Gewinne verfügt hat, sind an den Nachweis der hinreichenden Wahrscheinlichkeit für die Realisierung aktiver latenter Steuern hohe Anforderungen zu stellen[654].

578 Die Voraussetzungen für eine hinreichende Wahrscheinlichkeit der **Realisierung aktiver latenter Steuern** sind für Zwecke der Konzernrechnungslegung dann erfüllt, wenn[655]

---

645 Vgl. ADS International, Abschn. 20, Tz. 62 mit Verweis auf *Dötsch/Pung*, DB 2004, S. 151.
646 Vgl. *Gelhausen/Fey/Kämpfer*, BilMoG, Q, Rn. 316.
647 Vgl. Kap. F Tz 840.
648 Vgl. *Gelhausen/Fey/Kämpfer*, BilMoG, Q, Rn. 318.
649 Vgl. hierzu im Detail auch Kap. F Tz. 714 f.
650 Vgl. Begr. RegE BilMoG, BT-Drs. 16/10067, S. 67.
651 *Vgl. Kap. F Tz. 717.*
652 Vgl. *Wendholt/Wesemann*, DB 2009, Beil. Nr. 5, S. 64 (67).
653 Vgl. *Grottel/Larenz*, in: BeBiKo¹¹, § 306, Rn. 35; DRS 18.17.
654 Vgl. Begr. RegE BilMoG, BT-Drs. 16/10067, S. 67.
655 Vgl. DRS 18.23.

- am Abschlussstichtag zu versteuernde passive temporäre Differenzen einer verrechnungsfähigen Steuerart in ausreichender Höhe ggü. demselben Steuergläubiger bestehen, die sich in den entspr. GJ voraussichtlich auflösen werden, oder
- erwartet werden kann, dass ggü. demselben Steuergläubiger zukünftig zu versteuernde Gewinne in ausreichender Höhe anfallen werden, z.B. durch den Eingang von profitablen, in Folgejahren abzuwickelnden Aufträgen, oder
- durch eingeleitete oder wahrscheinliche steuerliche Gestaltungsmaßnahmen steuerpflichtige Gewinne in die betreffende Gesellschaft verlagert werden können.

12.5 Bewertung latenter Steuern aus Konsolidierungsmaßnahmen

12.5.1 Maßgeblicher Steuersatz

Die Bewertung latenter Steuern aus Konsolidierungsmaßnahmen erfolgt gem. § 306 S. 5 i.V.m. § 274 Abs. 2 HGB mit den **unternehmensindividuellen Steuersätzen** der in den KA einbezogenen TU. Hierbei ist auf die Steuersätze abzustellen, die zum Zeitpunkt des Abbaus der Differenzen voraussichtlich gültig sind. Sind die künftigen Steuersätze nicht bekannt, ist die Berechnung mit den am Abschlussstichtag gültigen Steuersätzen vorzunehmen[656]. **579**

Gesetzesänderungen, zu denen auch Änderungen des Steuersatzes zählen, sind zu berücksichtigen, sobald die Änderung durch die maßgebliche gesetzgebende Körperschaft vor oder am Abschlussstichtag verabschiedet ist (DRS 18.46 ff.). In Deutschland sind **geänderte Steuersätze** zu berücksichtigen, wenn die Zustimmung von Bundestag und Bundesrat erfolgt ist, wobei die Zustimmung des Bundesrates i.d.R. nachgelagert und damit die entscheidende ist[657]. Eine Unterzeichnung des relevanten Gesetzes durch den Bundespräsidenten ist für die Berücksichtigung grds. nicht erforderlich. In den vergangenen Jahren gebildete latente Steuern sind aufgrund geänderter Steuersätze vollständig anzupassen. Unabhängig davon, ob diese ursprünglich erfolgswirksam oder erfolgsneutral gebildet wurden, sind die latenten Steuern erfolgswirksam an geänderte Steuersätze anzupassen[658]. **580**

Die Verpflichtung zur Verwendung von unternehmensindividuellen Steuersätzen gilt auch für internationale KA. Die Verwendung eines **konzerneinheitlichen Steuersatzes**, der sich an den durchschnittlichen Steuersätzen der einbezogenen Unternehmen orientiert, ist grds. nicht vorgesehen. Hintergrund hierfür ist, dass nicht der Konzern selbst die Grundlage für die Besteuerung ist, sondern die einbezogenen Unternehmen die jeweiligen Steuersubjekte sind. Dadurch wird die Fiktion der wirtschaftlichen Einheit des Konzerns zugunsten einer den tatsächlichen Verhältnissen entspr. Darstellung der Vermögens-, Finanz- und Ertragslage zurückgedrängt[659]. In der Regierungsbegründung zum BilMoG wird klargestellt, dass nur unter Verhältnismäßigkeits- und Wesentlichkeitsgesichtspunkten die Bewertung latenter Steuern ausnahmsweise mit einem konzerneinheitlichen, durchschnittlichen Steuersatz erfolgen kann[660]. **581**

---

656 Vgl. hierzu auch Begr. RegE BilMoG, BT-Drs. 16/10067, S. 68.
657 Vgl. hierzu auch Begr. RegE BilMoG, BT-Drs. 16/10067, S. 68; DRS 18.48.
658 Vgl. DRS 18.54.
659 Vgl. Begr. RegE BilMoG, BT-Drs. 16/10067, S. 83.
660 Vgl. Begr. RegE BilMoG, BT-Drs. 16/10067, S. 83.

582 Die Verwendung unternehmensindividueller Steuersätze führt dazu, dass bei der **Aufstellung der HB II** zur Anpassung der einzubeziehenden JA an konzerneinheitliche Bilanzierungs- und Bewertungsmethoden die Steuersätze des jeweiligen TU heranzuziehen sind. Dies gilt entspr. auch für temporäre Differenzen aus der Kapitalkonsolidierung sowie der Schuldenkonsolidierung und der Zwischenergebniseliminierung[661], mit der Folge, dass die Konsolidierungsmaßnahmen den entspr. Konzernunternehmen zuzuordnen sind. Bei der **Erstkonsolidierung** ist folglich der Steuersatz des zu konsolidierenden TU für Wertdifferenzen aus der Aufdeckung stiller Reserven und Lasten heranzuziehen. Bei der **Zwischenergebniseliminierung** ist nach DRS 18.45 der Steuersatz des Unternehmens maßgeblich, das die Lieferung oder Leistung empfangen hat[662].

12.5.2 Abzinsungsverbot

583 Latente Steuern auf Konsolidierungsmaßnahmen dürfen nach § 306 S. 5 i.V.m. § 274 Abs. 2 S. 1 HGB nicht abgezinst werden. Dies gilt nach § 301 Abs. 1 S. 3 HGB auch für bei der Erstkonsolidierung erfasste latente Steuern und führt zu einer Abweichung des allgemeinen Bewertungsprinzips des § 301 HGB, wonach grds. der beizulegende Zeitwert maßgebend ist[663].

12.5.3 Fortschreibung latenter Steuern

584 Soweit sich die handelsrechtlichen und steuerlichen Wertansätze, die zum Ansatz latenter Steuern geführt haben, in den Folgejahren wieder ausgleichen, ist der bilanzierte Steuerposten entspr. aufzulösen. Die Auflösung latenter Steuern ist grds. **erfolgswirksam**[664].

585 Temporäre Differenzen zwischen den Wertansätzen in der Konzernbilanz und der Steuerbilanz können auch erstmals bei der **Folgekonsolidierung** auftreten, sofern aufgedeckte stille Reserven und Lasten auch steuerlich berücksichtigt werden, wie beim Erwerb von PersGes., und sich die Folgebilanzierung zwischen Handels- und Steuerrecht, z.B. aufgrund unterschiedlicher Abschreibungen, unterscheidet[665]. Für diese temporären Differenzen sind latente Steuern nach den allgemeinen Grundsätzen des § 274 HGB zu erfassen.

586 Voraussetzung für die Bildung aktiver latenter Steuern ist nach § 306 S. 1 HGB, dass der Steuervorteil mit hinreichender Wahrscheinlichkeit realisiert werden kann. Daher sind die dem Ansatz und der Bewertung zugrunde liegenden Annahmen, Steuersätze und Wahrscheinlichkeiten zu jedem Abschlussstichtag unter Berücksichtigung des Vorsichtsprinzips zu überprüfen[666]. Ist eine Realisierung in voller Höhe nicht mehr wahrscheinlich, so sind latente Steuerpositionen nach § 306 S. 5 i.V.m. § 274 Abs. 2 S, 2 HGB ergebniswirksam aufzulösen bzw. zu korrigieren, soweit mit einer anderen als der ursprünglich ermittelten Höhe zu rechnen ist.

---

661 Vgl. DRS 18.41.
662 Dies ergibt sich bereits aus dem bilanzorientierten Temporary-Konzept nach der Liability-Methode, weil dies der Steuersatz ist, mit dem sich der Steuereffekt wieder abbaut; vgl. *Loitz*, DB 2009, S. 913 (917).
663 Vgl. Kap. G Tz. 374.
664 Vgl. DRS 18.52.
665 Vgl. *Gelhausen/Fey/Kämpfer*, BilMoG, Q, Rn. 293.
666 Vgl. DRS 18.24.

587 Erwartungsänderungen i.Z.m. Unternehmenserwerben können ebenfalls zu einer Änderung der Bilanzierung von latenten Steuern führen. Sind z.B. bei der Erstkonsolidierung aktive latente Steuern des erworbenen Unternehmens in der Konzernbilanz nicht angesetzt worden, weil die Realisierungswahrscheinlichkeit nicht gegeben war, ist eine Aktivierung bei geänderter Erwartung in späteren GJ nachzuholen. Erwartungsänderungen über die Realisierung von steuerlichen Verlustvorträgen i.S.d. § 301 Abs. 2 S. 2 HGB führen innerhalb von zwölf Monaten nach dem Zeitpunkt, zu dem das Unternehmen TU geworden ist, zu einer ergebnisneutralen Anpassung der Kapitalkonsolidierung[667]. Dabei wird der GoF bzw. der pUB so berichtigt, als ob die aktive latente Steuer bereits bei der Erstkonsolidierung angesetzt worden wäre[668]. Sofern sich die Einschätzung bzgl. der Realisierbarkeit aktiver latenter Steuern nach dem Anpassungszeitraum von zwölf Monaten ändert, hat die Anpassung ergebniswirksam zu erfolgen[669].

12.6 Ausweis latenter Steuern aus der Konsolidierung

12.6.1 Konzernbilanz

588 Aktive und passive latente Steuern aus Konsolidierungsmaßnahmen dürfen alternativ zu dem in § 306 S. 1 HGB vorgesehenen Nettoausweis auch „unverrechnet" ausgewiesen werden (§ 306 S. 2 HGB). Die Ausübung dieses Wahlrechts unterliegt dem Gebot der Stetigkeit[670].

589 Der Ausweis latenter Steuern hat in der Konzernbilanz nach § 298 Abs. 1 i.V.m. § 266 HGB analog zum Ausweis im JA jeweils nach den RAP als **„aktive latente Steuern"** (§ 266 Abs. 2 D. HGB) bzw. als **„passive latente Steuern"** (§ 266 Abs. 3 E. HGB) zu erfolgen.

590 Die **Zusammenfassung von latenten Steuern**, die aus **Konsolidierungsmaßnahmen** nach § 306 HGB entstanden sind, mit entspr. Posten, die bereits im **JA** bzw. der **HB II** nach § 274 HGB enthalten sind, ist nach § 306 S. 6 HGB zulässig[671].

12.6.2 Konzern-Gewinn- und Verlustrechnung

591 Die aus der Abgrenzung resultierenden Erträge und Aufwendungen sind in der Konzern-GuV nach § 306 S. 5 i.V.m. § 274 Abs. 2 S. 3 HGB gesondert unter dem Posten „Steuern vom Einkommen und vom Ertrag" (§ 275 Abs. 2 Nr. 18, Abs. 3 Nr. 17 HGB) auszuweisen. Der gesonderte Ausweis kann wahlweise entweder durch einen Unterposten, durch einen Vorspaltenausweis oder durch einen Davon-Vermerk erfolgen[672]. Die nach § 274 und § 306 HGB zu erfassenden latenten Steueraufwendungen und -erträge dürfen analog zur Zusammenfassung in der Konzernbilanz nach § 306 S. 6 HGB auch in der Konzern-GuV saldiert werden[673].

---

667 Vgl. DRS 18.55.
668 Vgl. Kap. G Tz. 384.
669 Vgl. DRS 18.55.
670 Vgl. hierzu auch DRS 18.56.
671 So auch DRS 18.62.
672 Vgl. DRS 18.59 i.V.m. DRS 18.60.
673 So auch *Küting/Seel*, in: Küting/Pfitzer/Weber, Bilanzrecht², S. 530; *Gelhausen/Fey/Kämpfer*, BilMoG, Q, Rn. 329.

13. Quotenkonsolidierung

13.1 Grundsatz

592 GU dürfen in den KA entspr. den dem MU gehörenden Anteilen am Kapital einbezogen werden (§ 310 Abs. 1 HGB). Mit der tatsächlich ausgeübten gemeinsamen Führung ist stets zugleich ein maßgeblicher Einfluss auf die Geschäfts- und Finanzpolitik verbunden, so dass GU nach § 310 HGB daher gleichzeitig auch den Tatbestand assoziierter Unternehmen erfüllen. Damit besteht ein Wahlrecht, GU anteilmäßig oder nach der Equity-Methode zu bilanzieren[674]. Die gewählte Konsolidierungsmethode ist anzugeben und stetig beizubehalten (DRS 27.28[675]). Für die anteilmäßige Einbeziehung hat sich in der Praxis der Begriff der **Quotenkonsolidierung** durchgesetzt.

13.2 Begriff des Gemeinschaftsunternehmens

593 Der **Begriff „Gemeinschaftsunternehmen"** ist im HGB nicht enthalten. Basierend auf der Regelung in § 310 Abs. 1 HGB definiert DRS 27.7 GU als Unternehmen, deren Geschäfts- und Finanzpolitik von einem in den KA einbezogenen MU oder TU gemeinsam mit einem oder mehreren nicht in den KA einbezogenen Unternehmen geführt wird. Unter **gemeinsamer Führung** versteht DRS 27.7 die tatsächlich gleichberechtigte Ausübung eines beherrschenden Einflusses auf die Finanz- und Geschäftspolitik des GU auf Basis einer auf Dauer angelegten vertraglichen Vereinbarung. Bei den vertraglichen Vereinbarungen kann es sich um schuldrechtliche Vereinbarungen, z.B. in Form von sog. Joint-Venture-Verträgen oder Stimmrechtspooling-Verträgen, um gesellschaftsvertragliche Vereinbarungen oder um (Vorschalt-)Strukturen zur Koordination der gemeinsamen Willensbildung (z.B. Stimmrechts-GbR) handeln[676]. Keine gemeinsame Führung liegt vor, wenn bei wesentlichen Entscheidungen über die Geschäfts- und Finanzpolitik Mehrheitsentscheidungen möglich sind[677] oder wenn sich in Konfliktfällen oder Pattsituationen ein Gesellschafter einseitig durchsetzen kann[678]. Ausnahmsweise kann auch bei Stimmrechtsmehrheit ein GU vorliegen, wenn z.B. die Stimmrechtsmehrheit aufgrund vertraglicher Vereinbarung nicht ausgeübt werden darf oder nach Bestimmungen der Satzung in allen wesentlichen Punkten die einstimmige Ausübung der Stimmrechte vorgesehen ist[679]. In diesen Fällen ist § 296 Abs. 1 Nr. 1 HGB einschlägig[680], so dass aufgrund der Stufenkonzeption des HGB faktisch ein Konsolidierungswahlrecht zwischen der Vollkonsolidierung und der Quotenkonsolidierung besteht[681].

---

674 Vgl. ADS[6], § 310, Tz. 5; *Busse v. Colbe* u.a., Konzernabschlüsse[9], S. 493; *Sultana*, in: Hachmeister u.a., Bilanzrecht, § 310, Rz. 12.

675 Der DRS 27 wurde am 17.07.2018 vom HFA-FA des DRSC einstimmig verabschiedet und am 16.10.2018 im amtlichen Teil des BAnz veröffentlicht.

676 So DRS 27.16.

677 Siehe DRS 27.19.

678 Vgl. DRS 27.21; *Winkeljohann/Lewe*, in: BeBiKo[11], § 310, Rn. 19.

679 Vgl. ADS[6], § 310, Tz. 22.

680 Vgl. Kap. G Tz. 176.

681 Es besteht ebenfalls die Möglichkeit zur Anwendung der Equity-Methode. Bei dieser handelt es sich allerdings nicht um ein Konsolidierungsverfahren, sondern um ein Verfahren zur Abbildung von Anteilen an assoziierten Unternehmen (so DRS 26.B1).

Es muss sich um eine **auf Dauer** angelegte vertragliche Vereinbarung handeln[682]. Das Merkmal der Dauerhaftigkeit schließt nicht aus, dass das GU von vornherein nur für eine gewisse Dauer, z.B. zur Abwicklung eines Großprojekts, errichtet wird[683].	594
Für das Vorliegen eines GU ist die **Unternehmenseigenschaft** erforderlich[684]. Die Rechtsform und der Sitz sind unerheblich (DRS 27.9). Sonstige juristische Personen des Privatrechts, wie Stiftungen und Vereine, sind keine Unternehmen[685] und können daher auch nicht GU sein.	595
Die gemeinsame Führung setzt ferner eine **Beteiligung** nach § 271 Abs. 1 HGB an dem GU voraus, da § 310 Abs. 1 HGB eine Einbeziehung entspr. den Anteilen am Kapital fordert. Der Gesetzgeber hat im HGB keine Mindestbeteiligungshöhe und damit keine Begrenzung der Anzahl der Gesellschafter vorgesehen. Gleichwohl wird eine gemeinsame Führung faktisch nur bei einer überschaubaren Anzahl von Gesellschaftern möglich sein[686]. Die Anzahl der Gesellschafter kann nicht beliebig hoch sein, damit die Voraussetzung der gemeinsamen Führung vorliegt. Im Regelfall wird die Beteiligung der Gesellschafter zwischen 20-50% der Kapital- und Stimmrechtsanteile liegen[687]. Für die Beurteilung des Einflusses ist die **Höhe der Stimmrechte** ausschlaggebend. Hierbei ist es nicht erforderlich, dass die Stimmrechtsanteile bzw. die Kapitalanteile zwischen den Gesellschaftern paritätisch verteilt sind, denn für die gemeinsame Führung ist ausschlaggebend, dass wesentliche Entscheidungen einstimmig getroffen werden[688]. Ferner ist es nicht notwendig, dass alle Gesellschafter an der gemeinsamen Führung beteiligt sind. Allerdings müssen in diesem Fall die Partnerunternehmen, welche die gemeinsame Führung ausüben, zumindest insgesamt über die Mehrheit der Stimmrechte verfügen[689].	596
Die gemeinsame Führung setzt darüber hinaus die **wirtschaftliche Unabhängigkeit** der Gesellschafterunternehmen voraus[690]. Nach § 310 Abs. 1 HGB muss das GU von mehreren Unternehmen gemeinsam geführt werden, von denen mindestens ein Unternehmen nicht in den KA einbezogen wird. Hier stellt sich die Frage, ob es sich bei den nicht in den KA einbezogenen Unternehmen um konzernfremde Unternehmen handeln muss oder ob hierfür auch verbundene Unternehmen gem. § 271 Abs. 2 HGB, die aufgrund von § 296 HGB nicht konsolidiert wurden, in Betracht kommen[691]. Die nach § 296 HGB nicht konsolidierten Unternehmen sind TU, so dass nach der Zurechnungsvorschrift des § 290 Abs. 3 HGB in diesen Fällen dem MU die Mehrheit der Stimmrechte zustehen wird[692]. Folglich besteht aufgrund der Beherrschung durch das MU (§ 290 Abs. 2 Nr. 1 HGB) grds. eine Konsolidierungspflicht[693]. In diesem Fall haben die	597

---

682 Vgl. ADS[6], § 310, Tz. 26.
683 Siehe DRS 27.18.
684 Vgl. *IDW St/HFA 1/1993*, WPg 1993, S. 441 (444).
685 Siehe DRS 19.43.
686 So *Winkeljohann/Lewe*, in: BeBiKo[11], § 310, Rn. 26.
687 Vgl. DRS 27.B10; ADS[6], § 310, Tz. 15; *Sultana*, in: Hachmeister u.a., Bilanzrecht, § 310, Rz. 26.
688 Vgl. *Busse v. Colbe* u.a., Konzernabschlüsse[9], S. 495; *Winkeljohann/Lewe*, in: BeBiKo[11], § 310, Rn. 25.
689 Vgl. ADS[6], § 310, Tz. 16.
690 Vgl. *Baetge/Kirsch/Thiele*, Konzernbilanzen[12], S. 338.
691 Vgl. ADS[6], § 310, Tz. 17-18 für Fälle, in denen das nicht in den KA einbezogene Unternehmen ein assoziiertes Unternehmen oder ein anderes GU ist.
692 Vgl. ADS[6], § 310, Tz. 17; *Sultana*, in: Hachmeister u.a., Bilanzrecht, § 310, Rz. 45-46.
693 § 296 HGB bleibt unberührt.

Unternehmen kein Wahlrecht, entweder die Vollkonsolidierung oder die Quotenkonsolidierung anzuwenden.

13.3 Bestimmung der zu konsolidierenden Anteile

598 GU sind bei Anwendung der Quotenkonsolidierung nach § 310 Abs. 1 HGB entspr. den Anteilen am Kapital, die dem MU gehören, einzubeziehen. Die Berechnungsgrundlage bestimmt sich damit nach den **Kapitalanteilen** und nicht nach den Stimmrechten[694]. Maßgebend sind nicht die Anteile einzelner Konzernunternehmen, sondern die Anteile aller Konzernunternehmen am GU[695]. Als Anteile, die dem MU gehören, gelten auch Anteile, die einem TU gehören (DRS 27.39). Für die Feststellung, welcher Prozentsatz der Anteile an einem Unternehmen dem MU gehört, ist grds. § 290 Abs. 4 HGB entspr. anzuwenden[696].

13.4 Konsolidierungstechnik

599 Grundsätzlich ist für die Quotenkonsolidierung die gleiche Konsolidierungstechnik anzuwenden wie bei der Vollkonsolidierung. Jedoch sind Aktiva und Passiva, Aufwendungen und Erträge sowie die Zahlungsströme nur in Höhe der Anteile am Kapital des GU in den KA zu übernehmen. Es ist Wesensmerkmal der Quotenkonsolidierung, dass aufgrund der anteilmäßigen Konsolidierung der Ausweis von Anteilen anderer Gesellschafter (§ 307 HGB) entfällt[697]. Im Übrigen sind die §§ 297-309 HGB entspr. anzuwenden:

- Für die zu übernehmenden Aktiva und Passiva des GU gelten die Grundsätze der Anwendung einheitlicher Bilanzierungsvorschriften (§ 300 HGB)[698] und einheitlicher Bewertungsmethoden (§ 308 HGB)[699].
- Der Beteiligungsbuchwert ist wie bei der Vollkonsolidierung (§ 301 HGB) mit dem anteiligen konsolidierungspflichtigen EK aufzurechnen. Ein Unterschiedsbetrag wird wie bei der Vollkonsolidierung behandelt.
- Forderungen und Schulden zwischen den in den KA einbezogenen Unternehmen sind in Höhe der Anteile an dem GU wegzulassen (§ 310 Abs. 2 i.V.m. § 303 HGB). Ist ein MU z.B. mit 30% an einem GU beteiligt, so werden 70% einer Forderung des MU ggü. dem GU nicht eliminiert. Sie gelten als Forderungen ggü. Dritten (DRS 27.45). Werden andere GU in den KA einbezogen, an denen das MU mit unterschiedlich hohen Prozentsätzen beteiligt ist, so ist eine Konsolidierung von Forderungen und Verbindlichkeiten zwischen den GU nur in der Höhe des geringsten Beteiligungsprozentsatzes möglich. Diese Grundsätze gelten auch für die Konsolidierung von Haftungsverhältnissen i.S.d. §§ 251, 268 Abs. 7 HGB[700].
- Die Pflicht zur anteilmäßigen Zwischenergebniseliminierung bezieht sich nach DRS 27.46 sowohl auf Lieferungen und Leistungen von dem GU an das MU bzw. ei-

---

694 Vgl. DRS 27.38; *Sultana*, in: Hachmeister u.a., Bilanzrecht, § 310, Rn. 50.
695 Vgl. ADS[6], § 310, Tz. 30 mit ausgewählten Beispielen für die wichtigsten Konstellationen bei der Zurechnung von Anteilen.
696 Vgl. hierzu auch Kap. G Tz. 358; vgl. ferner ADS[6], § 310, Tz. 30; *Sultana*, in: Hachmeister u.a., Bilanzrecht, § 310, Rn. 59-60.
697 Vgl. DRS 27.44.
698 Vgl. Kap. G Tz. 250.
699 Vgl. Kap. G Tz. 266.
700 Vgl. Kap. G Tz. 474.

nem TU (Upstream-Lieferungen) als auch für solche in umgekehrter Richtung (Downstream-Lieferungen). Bei Lieferungen und Leistungen zwischen zwei GU (Crossstream-Lieferungen) werden daraus entstehende Zwischenergebnisse entspr. der Anteilsquote am empfangenden GU eliminiert (DRS 27.47).

- Nach DRS 27.34 ist bei abw. Stichtag grds. ein Zwischenabschluss aufzustellen. Auf die Aufstellung eines Zwischenabschlusses kann verzichtet werden, wenn der Stichtag des GU nicht mehr als drei Monate vor dem Stichtag des KA liegt (§ 310 Abs. 2 i.V.m. § 299 Abs. 2 HGB).

13.5 Änderung der Beteiligungsquote

Werden nach Begründung der gemeinsamen Führung weitere Anteile an einem GU erworben (Aufstockung) oder veräußert (Abstockung), ohne dass der Status als GU verloren geht, sind diese Transaktionen als Erwerbs- bzw. Veräußerungsvorgang abzubilden (DRS 27.48). Es handelt sich nicht um Transaktionen mit anderen Gesellschaftern gem. § 307 HGB, sondern um Transaktionen mit konzernfremden Dritten, deren Reinvermögen (bisher auch) nicht im KA enthalten ist. Aus Konzernsicht erfolgen dementsprechend ein Erwerb oder eine Veräußerung von Konzernvermögen, die entsprechend abzubilden sind. Eine Darstellung als Kapitalvorgang – analog zur Vorgehensweise bei TU gem. DRS 23 – scheidet mithin aus[701]. **600**

Bei einer **Aufstockung** sind die Vermögensgegenstände und Schulden gem. DRS 27.49 anteilig in Höhe des Zuerwerbs neu zu bewerten. Ein sich nach der Verrechnung der Anschaffungskosten der weiteren Anteile mit dem auf diese Anteile entfallenden neubewerteten EK ergebender Unterschiedsbetrag ist entsprechend §§ 301 Abs. 3 und 309 i.V.m. § 310 HGB zu behandeln. **601**

Bei einer **Abstockung** sind der auf die veräußerten Anteile entfallende Anteil der Vermögensgegenstände und Schulden sowie ein noch vorhandener anteiliger GoF bzw. pUB als Abgang auszubuchen. Die Differenz zwischen dem Verkaufspreis der Anteile und dem hierauf entfallenden Anteil des EK sowie des anteiligen GoF bzw. pUB ist zum Zeitpunkt der Veräußerung dieser Anteile erfolgswirksam als Veräußerungsgewinn bzw. -verlust zu erfassen (DRS 27.50). **602**

Ein **Wechsel des Konsolidierungsverfahrens** ist immer dann erforderlich, wenn durch eine geänderte Möglichkeit der Einflussnahme ein Unternehmen erstmals als GU einzustufen ist oder der Status eines Unternehmens als GU endet. Beim Übergang von der Vollkonsolidierung auf die anteilmäßige Konsolidierung ist eine erneute Zeitwertbewertung der nunmehr nur noch anteilmäßig im Konzernabschluss ausgewiesenen Vermögensgegenstände und Schulden nicht zulässig, soweit i.R.d. Vollkonsolidierung bereits eine Zeitwertbewertung erfolgt ist (DRS 27.52). Beim Übergang von der Equity-Methode auf die anteilmäßige Konsolidierung sind die bislang im Wertansatz der Beteiligung enthaltenen und nach § 312 Abs. 2 Sätze 2 und 3 HGB fortgeführten Beträge direkt den anteilig in den KA übernommenen Vermögensgegenständen, Schulden, RAP und Sonderposten sowie dem GoF bzw. pUB zuzuordnen (DRS 27.53). Beim Übergang von der Anschaffungskostenbilanzierung auf die anteilmäßige Konsolidierung ist der fortgeführte Wertansatz der bislang gehaltenen Anteile zzgl. des Wertansatzes der ggf. hinzuerworbenen Anteile in die Kapitalverrechnung nach § 301 Abs. 1 i.V.m. § 310 **603**

---

701 Siehe hierzu DRS 27.B14.

Abs. 2 HGB einzubeziehen (DRS 27.55). Beim Übergang von der anteilmäßigen Konsolidierung auf die Equity-Methode bzw. die AK-Bilanzierung erfolgt im Regelfall eine erfolgsneutrale Überführung des noch verbleibenden anteiligen Nettoreinvermögens in den Wertansatz der Anteile. Sofern ein negatives anteiliges Reinvermögen vorliegt, ist im Zeitpunkt der Übergangskonsolidierung ein Ertrag zu buchen, soweit aus Konzernsicht keine Außenverpflichtungen bestehen, die als Rückstellung oder Verbindlichkeit bilanzierungspflichtig sind (DRS 27.56).

14. Equity-Methode

14.1 Grundsatz

604 Nach dem Grundkonzept der Equity-Methode[702] wird der **Wertansatz der Beteiligung**, ausgehend von den AK, in den Folgejahren entspr. der Entwicklung des anteiligen bilanziellen EK des **assoziierten Unternehmens** fortgeschrieben[703]. Anteilige Jahresüberschüsse werden in dem Jahr ihrer Entstehung in die Konzern-GuV als gesonderter Posten übernommen und gleichzeitig dem Buchwert der Beteiligung zugeschrieben. Anteilige Jahresfehlbeträge des assoziierten Unternehmens führen zu einer entspr. Abschreibung des Beteiligungsbuchwertes. Die Ausschüttung von Dividenden führt zu einer – erfolgsneutralen – Minderung des Wertansatzes, weil die Dividende aus bereits im Jahr der Gewinnentstehung erfolgswirksam vereinnahmten anteiligen Jahresüberschüssen eine erfolgsneutrale Vermögensumschichtung darstellt[704]. Die Equity-Methode zur Bewertung von Beteiligungen ist grds. im JA und KA denkbar. In Deutschland darf die Equity-Methode nur im KA angewandt werden, so dass insoweit die Wertansätze für Beteiligungen an assoziierten Unternehmen in JA und KA voneinander abweichen[705]. Diese Abweichungen sind in einer Nebenrechnung fortzuschreiben[706].

605 Auch wenn die Equity-Methode mit der gesonderten Ermittlung und Abschreibung bzw. Auflösung von aktiven und passiven Unterschiedsbeträgen aus der erstmaligen Kapitalaufrechnung sowie der grds. vorgeschriebenen Eliminierung von Zwischenerfolgen **Elemente einer Vollkonsolidierung** enthält, so handelt es sich nach Ansicht von DRS 26.8[707] und .B1 um ein **Verfahren zur Abbildung von Anteilen an assoziierten Unternehmen** (und nicht um eine Form der Konsolidierung). In der Kommentierung wird die Equity-Methode hingegen auch als „einzeilige" Konsolidierung bzw. als „One-line Consolidation" bezeichnet[708], weil nicht die (anteiligen) Vermögensgegenstände und Schulden, Aufwendungen und Erträge gesondert ausgewiesen, sondern als Nettobetrag im diese anteilig repräsentierenden Beteiligungswert zusammengefasst werden.

---

[702] Zur Darstellung der Grundkonzeption der Equity-Methode vgl. bspw. ADS[6], § 312, Tz. 1; *Busse v. Colbe* u.a., Konzernabschlüsse[9], S. 513–517.
[703] Vgl. *Schäfer*, S. 17.
[704] Vgl. *Havermann*, WPg 1975, S. 234.
[705] Die RL 2013/34/EU sieht in Art. 9 Abs. 7 für die Equity-Methode im JA ein Mitgliedstaatenwahlrecht vor, von dem jedoch im HGB kein Gebrauch gemacht worden ist.
[706] Vgl. hierzu *Kessler*, BB 1999, S. 1750.
[707] Der DRS 26 wurde am 17.07.2018 vom HFA-FA des DRSC einstimmig verabschiedet und am 16.10.2018 im amtlichen Teil des BAnz veröffentlicht.
[708] Vgl. *Winkeljohann/Lewe*, in: BeBiKo[11], § 312, Rn. 3.

Sofern die AK der Beteiligung genau dem anteiligen bilanziellen EK des assoziierten Unternehmens zum Erwerbszeitpunkt entsprechen, führt die Equity-Methode stets zum Ausweis der Beteiligung in Höhe des anteiligen bilanziellen EK des assoziierten Unternehmens. In den meisten Fällen werden sich die AK der Beteiligung und das anteilige bilanzielle EK des assoziierten Unternehmens nicht in gleicher Höhe gegenüberstehen. Bei der erstmaligen Anwendung der Equity-Methode im KA ist daher eine **Kapitalaufrechnung** zur Ermittlung des Unterschiedsbetrages vorzunehmen (§ 312 Abs. 1 HGB). Je nachdem, ob der Unterschiedsbetrag aktiv oder passiv ist, wird er in den Folgejahren fortgeschrieben oder aufgelöst, so dass der Wertansatz der Beteiligung sich tendenziell dem Wert des anteiligen bilanziellen EK des assoziierten Unternehmens nähert. Die Technik der in einer Nebenrechnung durchgeführten Kapitalaufrechnung bei Anwendung der Equity-Methode entspricht im Prinzip in allen wesentlichen Punkten derjenigen bei Vollkonsolidierung gem. § 301 HGB. Nach § 312 Abs. 1 HGB ist hierbei nur die **Buchwertmethode** zulässig. Bei der Buchwertmethode wird der Equity-Wert, der sich aus dem anteiligen EK und dem GoF zusammensetzt, in einem Bilanzposten ausgewiesen.

606

14.2 Assoziierte Unternehmen

14.2.1 Voraussetzungen

Voraussetzung für die Einbeziehung eines Unternehmens in den KA nach der Equity-Methode ist, dass es sich um ein assoziiertes Unternehmen (§ 311 HGB) handelt. Der Begriff **„assoziiertes Unternehmen"** beschreibt eine Unternehmensverbindung[709], die durch folgende Merkmale gekennzeichnet ist (§ 311 Abs. 1 HGB):

607

- Ein in den KA einbezogenes Unternehmen besitzt eine Beteiligung[710] (§ 271 Abs. 1 HGB) an einem anderen Unternehmen.
- Dieses andere Unternehmen wird nicht im Wege der Voll-[711] oder Quotenkonsolidierung[712] in den KA einbezogen.
- Das einbezogene beteiligte Unternehmen übt tatsächlich einen maßgeblichen Einfluss auf die Geschäfts- und Finanzpolitik des anderen Unternehmens aus oder ein solcher Einfluss wird widerlegbar vermutet (DRS 26.7 und .9).

Gemäß DRS 26.B1 handelt sich um sog. „echte" assoziierte Unternehmen. Falls TU nach § 296 HGB nicht konsolidiert werden, das MU aber einen maßgeblichen Einfluss auf dieses TU ausübt, handelt es sich bei diesem TU um ein sog. „unechtes" assoziiertes Unternehmen. Gleiches gilt für GU, die aufgrund des Wahlrechts gem. § 310 HGB nach der Equity-Methode bilanziert werden (DRS 26.B2).

Besteht nicht einmal maßgeblicher Einfluss auf das betr. Unternehmen, so ist selbst eine freiwillige Einbeziehung nach der Equity-Methode nicht zulässig. Die Beteiligung muss dann mit ihrem Buchwert, d.h. mit den fortgeführten AK, in den KA übernommen werden.

608

---

[709] Assoziierte Unternehmen i.S.d. § 311 HGB sind nicht „verbundene Unternehmen" i.S.d. § 271 Abs. 2 HGB, § 15 AktG.
[710] Zum Begriff der Beteiligung vgl. Kap. F Tz. 361.
[711] Wegen Einbeziehungswahlrechten bei TU vgl. Kap. G Tz. 176.
[712] Vgl. Kap. G Tz. 592.

14.2.2 Maßgeblicher Einfluss

609 Das Tatbestandsmerkmal „maßgeblicher Einfluss" entzieht sich einer exakten Definition und kann nur umschrieben werden. Nach DRS 26.7 handelt es sich um die tatsächliche Mitwirkung an den für die Geschäfts- und Finanzpolitik des assoziierten Unternehmens relevanten Entscheidungen, ohne dass diese Entscheidungen aufgrund eines beherrschenden Einflusses oder gemeinsamer Führung (mit-)bestimmt werden können. Anhaltspunkte für das Vorliegen eines maßgeblichen Einflusses können sein[713]:

- Stimmrechtsausübungen in der HV/Gesellschafterversammlung, die unter der Mehrheitsgrenze liegen
- Vertretung in Aufsichts-/Leitungsorganen ohne die Möglichkeit, diese Gremien zu kontrollieren
- erhebliche Liefer- und Leistungsverflechtungen
- erhebliche finanzielle Beziehungen
- erhebliche technologische Beziehungen.

610 Entscheidend ist nach § 311 Abs. 1 HGB, dass der maßgebliche Einfluss **tatsächlich ausgeübt** wird. Die bloße Möglichkeit, einen solchen Einfluss auszuüben, genügt nicht. § 311 HGB steht damit in einem systematischen Gegensatz zu § 290 Abs. 1 HGB, der für die Qualifikation eines Unternehmens als TU lediglich auf die Möglichkeit zur Ausübung eines beherrschenden Einflusses abstellt[714].

611 Da das Kriterium des maßgeblichen Einflusses einer abstrakten Definition kaum zugänglich ist, sieht das Gesetz eine **objektivierte Vermutung** für die Annahme eines maßgeblichen Einflusses vor. Danach wird bei einem Stimmrechtsanteil von 20% und mehr **widerlegbar** vermutet, dass das beteiligte Unternehmen einen maßgeblichen Einfluss ausübt (§ 311 Abs. 1 S. 2 HGB). Für die Berechnung des Stimmrechtsanteils sind den Stimmrechten des beteiligten Unternehmens auch die Rechte hinzuzurechnen, die einem TU gehören.

612 Die tatsächliche Ausübung eines maßgeblichen Einflusses ist auch bei einem Stimmrechtsanteil von weniger als 20% nicht ausgeschlossen. Ein assoziiertes Unternehmen liegt in diesem Fall nur dann vor, wenn nachgewiesen wird, dass tatsächlich ein maßgeblicher Einfluss ausgeübt wird.

613 Besteht aufgrund eines Stimmrechtsanteils von 20% und mehr zwar die Möglichkeit, einen maßgeblichen Einfluss auszuüben, ohne dass diese auch tatsächlich genutzt wird, so ist damit die **Assoziierungsvermutung widerlegt**. Auch durch den Umstand, dass die notwendigen Angaben für die Anwendung der Equity-Methode nicht zu erhalten sind, kann die Assoziierungsvermutung widerlegt werden[715]. Die Beweislast liegt bei dem MU, das den KA aufstellt. Der Hinweis auf ergebnislose Versuche, eine Vertretung im Vorstand oder AR zu erlangen, reicht nicht aus, um einen maßgeblichen Einfluss zu

---

[713] Vgl. *Havermann*, WPg 1975, S. 238; *Küting/Köthner/Zündorf*, in: HdKonzernR², § 311, Rn. 15-22; DRS 26.18. DRS 26.19 nennt Anhaltspunkte, die gegen das Vorliegen eines maßgeblichen Einflusses sprechen.
[714] Vgl. im Einzelnen Kap. G Tz. 18.
[715] Vgl. Protokollerklärung Abs. 20 zu Art. 33 Abs. 1 und 2, die vom Rat und der Kommission abgegeben worden ist, abgedruckt bei *Biener/Schatzmann, Konzernrechnungslegung*, S. 52; vgl. auch Begr. RegE zu § 292 RegE HGB, BR-Drs. 163/85, S. 42.

widerlegen. Zusätzlich sind stets die Kompetenzregelungen sowie die übrigen wirtschaftlichen und technologischen Abhängigkeiten im Einzelfall zu berücksichtigen[716].

14.2.3 Bereiche des maßgeblichen Einflusses

Die Einflussnahme muss sich auf die **Geschäfts- und Finanzpolitik**[717] richten (§ 311 Abs. 1 HGB). Mit dem Begriff der Geschäftspolitik wird zwar grds. jeder Entscheidungsbereich eines Unternehmens erfasst, doch ist davon auszugehen, dass es für die Annahme eines assoziierten Unternehmens nicht erforderlich ist, dass sich der Einfluss auf sämtliche Bereiche erstreckt. Erstreckt sich der Einfluss nur auf einzelne Bereiche der Geschäftspolitik, so sind als weitere Kriterien die Bedeutung dieser Entscheidungsbereiche innerhalb der gesamten Geschäftspolitik sowie die Intensität und Regelmäßigkeit der Einflussnahme heranzuziehen. Die Finanzpolitik ist integraler Bestandteil der gesamten Geschäftspolitik. Es ist daher davon auszugehen, dass mit den Worten „Geschäfts- und Finanzpolitik" ein zusammenhängender Einflussbereich umschrieben werden soll.

614

14.2.4 Intensität und Dauer des maßgeblichen Einflusses

Die Intensität der Einflussnahme muss über die Ausübung normaler Aktionärsrechte (z.B. Kontroll- und Vetorechte der HV) hinausgehen[718]. Im Gegensatz zum Beherrschungsverhältnis wird die Möglichkeit der uneingeschränkten Durchsetzung der eigenen Interessen des beteiligten Unternehmens für ein Assoziierungsverhältnis nicht vorausgesetzt. So ist grds. die Ausübung eines maßgeblichen Einflusses nicht durch die Tatsache ausgeschlossen, dass einem anderen, nicht zum Konzern gehörenden Unternehmen die Stimmrechtsmehrheit zusteht.

615

Für gem. § 296 Abs. 1 Nr. 1 HGB nicht vollkonsolidierte TU ist zu prüfen, ob trotz der erheblichen und andauernden Beschränkungen, welche die Ausübung der Rechte des MU in Bezug auf das Vermögen oder die Geschäftsführung dieses TU nachhaltig beeinträchtigen, die Möglichkeit der Ausübung eines maßgeblichen Einflusses verbleibt und dieser auch tatsächlich ausgeübt wird (DRS 26.10).

616

Die einmalige oder gelegentliche Einflussnahme in Einzelentscheidungen begründet kein Assoziierungsverhältnis. Zwar wird eine bestimmte Dauer der Einflussnahme im Gesetz nicht verlangt, doch wird sich i.d.R. aus der mittel- oder langfristigen Ausrichtung der Geschäftspolitik ergeben, dass sich die Einflussnahme über mehrere Jahre erstreckt. Andererseits ist die Befristung der Einflussnahme allein zumindest bis zum Eintritt der Befristung kein hinreichender Tatbestand zur Widerlegung der Assoziierungsvermutung[719]. Sind die Anteile ausschließlich zur Weiterveräußerung in der nahen Zukunft erworben worden, wird aber gleichwohl vorübergehend ein maßgeblicher Einfluss ausgeübt, ist die Anwendung der Equity-Methode gem. DRS 26.12 ausgeschlossen, da es an einer Beteiligung gem. § 271 Abs. 1 S. 1 HGB fehlt.

617

---

716 Vgl. ADS[6], § 311, Tz. 49.
717 Vgl. zum Begriff der Geschäfts- und Finanzpolitik Kap. G Tz. 20.
718 Vgl. *Havermann*, in: IDW, Rechnungslegung, S. 405 (421); *Schäfer*, S. 215; *Biener*, DB 1983 Beil. 19, S. 8 (12); *Küting/Köthner/Zündorf*, in: HdKonzernR[2], § 311, Rn. 26.
719 Vgl. *Schäfer*, S. 208.

14.3 Anwendungsbereich der Equity-Methode

618 Die Anwendung der Equity-Methode kommt für folgende **Beteiligungen** in Betracht:
- Beteiligungen, die zwischen 20% und 50% der Stimmrechte gewähren, sofern die Assoziierungsvermutung (§ 311 Abs. 1 S. 2 HGB) nicht widerlegt ist
- Beteiligungen, die weniger als 20% der Stimmrechte gewähren, sofern die Ausübung eines maßgeblichen Einflusses nachgewiesen ist
- Beteiligungen an TU (§ 290 HGB), die nicht in den Konsolidierungskreis nach § 296 Abs. 1 Nr. 1 und 2, Abs. 2 HGB einbezogen zu werden brauchen[720]
- Beteiligungen an GU, sofern sie nicht nach der Methode der Quotenkonsolidierung (§ 310 HGB) einbezogen werden.

619 Liegt ein Assoziierungsverhältnis vor, so braucht die Equity-Methode gleichwohl nicht angewendet zu werden, wenn die Beteiligung für die Vermittlung eines den tatsächlichen Verhältnissen entspr. Bildes der Vermögens-, Finanz- und Ertragslage des Konzerns von untergeordneter Bedeutung ist (§ 311 Abs. 2 HGB). Das **Kriterium der untergeordneten Bedeutung** ist nach DRS 26.20 sowohl für jedes einzelne Unternehmen gesondert als auch für alle als unwesentlich anzusehenden Unternehmen insgesamt zu prüfen.

14.4 Konsolidierung nach der Buchwertmethode

14.4.1 Erstkonsolidierung

620 Bei der **Buchwertmethode** wird die Beteiligung an einem assoziierten Unternehmen mit ihrem Buchwert, der zum Zeitpunkt der erstmaligen Anwendung in aller Regel mit den AK übereinstimmt, in die Konzernbilanz übernommen (§ 312 Abs. 1 S. 1 HGB). Die Beteiligung ist gesondert unter der Bezeichnung „Beteiligungen an assoziierten Unternehmen" auszuweisen (§ 311 Abs. 1 S. 1 HGB).

621 Auch bei Anwendung der Equity-Methode muss zwischen **Erst- und Folgekonsolidierung** unterschieden werden. Die Erstkonsolidierung ist wie bei der Vollkonsolidierung (§ 301 Abs. 1 HGB) erfolgsneutral; die Folgekonsolidierungen lösen prinzipiell erfolgswirksame Vorgänge aus. Die konsolidierungstechnischen Überlegungen folgen in allen wesentlichen Punkten der Kapitalkonsolidierung i.R.d. Vollkonsolidierung[721]. Anders als bei der Vollkonsolidierung wird nach Durchführung der Erstkonsolidierung bei Anwendung der Equity-Methode ein aktiver oder pUB nicht in der Konzernbilanz ausgewiesen, sondern der Beteiligungsbuchwert wird unverändert aus der Einzelbilanz in die Konzernbilanz übernommen[722].

622 Der Wertansatz für die Beteiligung (§ 312 Abs. 1 S. 1 HGB) und die Unterschiedsbeträge (§ 312 Abs. 1 S. 2 HGB) werden auf der Grundlage der Wertansätze zu dem **Zeitpunkt**, zu dem das Unternehmen **assoziiertes Unternehmen** geworden ist, ermittelt (§ 312 Abs. 3 S. 1 HGB). Nach § 311 Abs. 1 S. 1 HGB ist dies der Zeitpunkt, ab dem tatsächlich ein maßgeblicher Einfluss auf die Geschäfts- und Finanzpolitik ausgeübt wird[723]. Die

---

[720] Vgl. im Einzelnen Kap. G Tz. 176.
[721] Vgl. im Einzelnen Kap. G Tz. 345.
[722] Insoweit hat der Begriff der Kapitalkonsolidierung bei der Equity-Methode einen anderen Inhalt als bei der Vollkonsolidierung.
[723] Vgl. Kap. G Tz. 609.

Regelung entspricht inhaltlich derjenigen für den Stichtag der Erstkonsolidierung bei Vollkonsolidierung (§ 301 Abs. 2 S. 1 HGB). Die Ausführungen dazu[724] gelten daher sinngemäß für die Fälle, in denen die Beteiligung an dem assoziierten Unternehmen erworben und zum nächstmöglichen Zeitpunkt auf der Basis der Equity-Methode in den KA einbezogen wird. Grundlage für die erstmalige Anwendung der Equity-Methode ist der letzte verfügbare JA oder KA des assoziierten Unternehmens (§ 312 Abs. 6 HGB).

Erfolgt die Anwendung der Equity-Methode erst zu einem späteren Zeitpunkt, z.B. weil das assoziierte Unternehmen bisher nach § 311 Abs. 2 HGB von **untergeordneter Bedeutung** war oder weil das MU **erstmals zur Aufstellung eines KA** nach §§ 290 ff. HGB verpflichtet ist, so ist das anteilige EK bei Erstkonsolidierung nach § 312 Abs. 3 S. 1 HGB zu dem Zeitpunkt zu ermitteln, zu dem das Unternehmen assoziiertes Unternehmen geworden ist[725]. Liegt dieser Zeitpunkt weit in der Vergangenheit, wäre diese Vorgehensweise sehr aufwendig und würde praktisch bedeuten, dass trotz Nichteinbeziehung in den KA die Equity-Methode seit dem Zeitpunkt, zu dem das Unternehmen assoziiertes Unternehmen geworden ist, in einer Nebenrechnung rückwirkend angewendet werden muss bzw. auf den Stichtag der erstmaligen Anwendung der Equity-Methode fortgeschrieben wird. Der vom Gesetzgeber angestrebte Gleichlauf zwischen §§ 312 und 301 HGB[726] rechtfertigt die analoge Anwendung des § 301 Abs. 2 S. 3-5 HGB[727] mit der Folge, dass die Bewertung in diesen Fällen auch auf den Beginn des Konzern-GJ vorgenommen werden kann, in dem das assoziierte Unternehmen erstmals nach der Equity-Methode einbezogen wird (§ 312 Abs. 3 S. 3 HGB)[728]. **623**

Wird in diesen Sonderfällen die Vereinfachung bzgl. des Erstkonsolidierungszeitpunkts nicht in Anspruch genommen, ist für die erstmalige Anwendung der Equity-Methode nach dem Wortlaut des § 312 Abs. 3 S. 1 HGB auf die Wertverhältnisse zum Zeitpunkt, zu dem das Unternehmen assoziiertes Unternehmen geworden ist, abzustellen. Dies bedeutet, dass eine **retroaktive Anpassung** notwendig ist, um die Wertverhältnisse in einer Nebenrechnung auf den Zeitpunkt fortzuführen, zu dem die Beteiligung erstmals nach der Equity-Methode einbezogen wird[729]. Soweit die nach der Equity-Methode erforderlichen Fortschreibungen des Beteiligungswertes die Jahre vor erstmaliger Anwendung betreffen, werden sie im Wertansatz der Beteiligung zum Zeitpunkt der erstmaligen Anwendung berücksichtigt. Im Jahr der erstmaligen Anwendung der Equity-Methode ergibt sich dadurch in Höhe der Differenz zum bisherigen Buchwert eine Änderung des EK im KA. Dabei ist es sachgerecht, diese Differenz, die i.d.R. positiv ist, unmittelbar dem Bilanzgewinn bzw. Bilanzverlust zuzuführen, ohne das Konzernergebnis zu berühren, weil die Beteiligung zum Übergangszeitpunkt so dargestellt werden soll, als wäre sie von Anfang an nach der Equity-Methode bewertet worden. Diese Methode kann insb. bei einem lang zurückliegenden Beteiligungserwerb sehr aufwendig sein. **624**

Zum Zeitpunkt der erstmaligen Anwendung der Equity-Methode ist der (Konzern-)Buchwert der Anteile in einer **Nebenrechnung** mit dem anteiligen EK des assoziierten **625**

---

724 Vgl. im Einzelnen Kap. G Tz. 349.
725 Siehe DRS 26.42 f.
726 Vgl. Begr. Beschlussempf. und Bereich des Rechtsausschusses BilMoG, BT-Drs. 16/12407, S. 90.
727 Vgl. *Melcher/Murer*, DB 2010, S. 1597 (1602); *Gelhausen/Fey/Kämpfer*, BilMoG, Q, Rn. 470-472.
728 Vgl. *Sichting/Weiser*, in: BilRUG-Komm., I, Rn. 127; Kap. G Tz. 355.
729 So auch DRS 26.43; ADS[6], § 312, Tz. 68.

Unternehmens zu verrechnen. Die Buchwertmethode verlangt hierbei, dass der Buchwert der Anteile dem zum Buchwert bewerteten anteiligen EK des assoziierten Unternehmens gegenübergestellt wird. Übersteigt der Buchwert der Beteiligung das anteilige bilanzielle EK, so ergibt sich ein **aktiver Unterschiedsbetrag**, der im KAnh. einschl. des darin enthaltenen GoF anzugeben ist (§ 312 Abs. 1 S. 2 HGB). Diese Angaben sind in jedem GJ zu machen[730]. Eine entspr. Angabepflicht im KAnh. besteht ebenfalls, wenn bei der Erstkonsolidierung das anteilige EK des assoziierten Unternehmens den Buchwert der Beteiligung übersteigt und dadurch ein **pUB** entsteht.

626 DRS 26.33 ff. sieht hingegen ein zweistufiges Ermittlungsverfahren vor: So soll zunächst der Buchwert der Anteile dem anteiligen bilanziellen EK des assoziierten Unternehmens gegenübergestellt werden. Es ergibt sich der sog. **Unterschiedsbetrag 1**. In einem zweiten Schritt sollen die stillen Reserven und Lasten anteilig – unabhängig von der Höhe des Unterschiedsbetrags 1 – aufgedeckt werden. Mangels einer expliziten gesetzlichen Regelung bestehe insoweit keine Anschaffungskostenrestriktion, so dass i.R.d. Aufdeckung der stillen Reserven und Lasten ggf. ein pUB entsteht[731]. Der nach Aufdeckung der stillen Reserven und Lasten verbleibende GoF oder pUB wird als **Unterschiedsbetrag 2** bezeichnet. Bei der vom DRSC vorgesehenen Vorgehensweise findet im Ergebnis eine Neubewertung des anteiligen EK des assoziierten Unternehmens statt, die im Widerspruch zur Buchwertmethode steht.

627 Die Höhe des aktiven oder pUB hängt von dem Beteiligungsbuchwert und von der Höhe des anteiligen bilanziellen EK ab, das nicht unbedingt auf den in der HB I des assoziierten Unternehmens ausgewiesenen Betrag festgelegt ist. Wendet das assoziierte Unternehmen in seinem JA **Bewertungsmethoden** an, die von den im KA verwendeten abweichen, so können abw. bewertete Vermögensgegenstände und Schulden für die Anwendung der Equity-Methode an die im KA angewandten Bewertungsmethoden angepasst werden (§ 312 Abs. 5 S. 1 HGB). Zwingend ist dies nicht. Praktisch bedeutet dies, dass in diesem Rahmen § 308 Abs. 2 S. 1 HGB auch bei der Equity-Methode für die Ermittlung des anteiligen EK und der Jahresergebnisse wahlweise angewendet werden kann[732]. Werden solche **Bewertungsanpassungen in der HB II** vorgenommen, so schlagen die Bewertungsanpassungen automatisch auf die Höhe des aktiven oder pUB durch. Trotz des Wahlrechts geht das Gesetz offenbar davon aus, dass die Anpassung an die Bewertungsmethoden des KA der Normalfall ist. Für den Ausnahmefall der Nichtanpassung ist daher eine Berichterstattung im KAnh. vorgeschrieben (§ 312 Abs. 5 S. 2 HGB). Diese Einschränkung ist notwendig, weil trotz des maßgeblichen Einflusses nicht absolut sichergestellt ist, dass das Beteiligungsunternehmen von dem assoziierten Unternehmen die für eine Bewertungsanpassung erforderlichen Informationen bekommt.

628 Obwohl das Gesetz (§ 312 Abs. 5 HGB) ausdrücklich nur von einer Anpassung abw. Bewertungsmethoden spricht, ist nach h.M. auch eine Anpassung der **Bilanzansatzmethoden** bei Anwendung der Equity-Methode analog § 300 Abs. 2 HGB zulässig[733]. Zweck der vorgesehenen Bewertungsanpassung ist die Ermittlung des EK nach einheitlichem Maßstab. Da die Vereinheitlichung der Ansatzmethoden ebenso Aus-

---

730 Vgl. Winkeljohann/Lewe, in: BeBiKo[11], § 312, Rn. 15.
731 Siehe DRS 26.B16; gl.A. offenbar Winkeljohann/Lewe, in: BeBiKo[11], § 312, Rn. 12.
732 Vgl. im Einzelnen Kap. G Tz. 266.
733 Vgl. DRS 26.30; ADS[6], § 312, Tz. 132-135; Busse v. Colbe u.a., Konzernabschlüsse[9], S. 530; Winkeljohann/Lewe, in: BeBiKo[11], § 312, Rn. 68.

wirkungen auf die Höhe des anteiligen EK hat wie die Anpassung der Bewertungsmethoden, ist auch eine Anpassung der von dem assoziierten Unternehmen tatsächlich angewandten Bilanzansatzmethoden an die im KA verwendeten zulässig. Eine Erläuterung im KAnh. ist auch in diesem Fall zu geben, wenn die Anpassungen des Bilanzansatzes im JA des assoziierten Unternehmens nicht vorgenommen worden sind. Dies ergibt sich aus § 313 Abs. 1 Nr. 2 HGB, wonach bei Abweichungen von Bilanzierungs- und Bewertungsmethoden im KA gleichermaßen die Angabe- und Begründungspflicht besteht. Dementsprechend enthält DRS 26.87 eine Auflistung der Mindestangaben zu den vom assoziierten Unternehmen angewandten Bilanzierungs- und Bewertungsmethoden.

Hat das assoziierte Unternehmen seinen Abschluss in fremder Währung aufgestellt, ist in entsprechender Anwendung des § 308a HGB[734] das (anteilige) EK dieses Unternehmens zum Devisenkassamittelkurs am Tag der erstmaligen Equity-Bewertung (= historischer Kurs) in € umzurechnen. **629**

Aktive und passive Konsolidierungsunterschiede sind wie bei der Vollkonsolidierung[735] zu analysieren und den entspr. Aktiva und Passiva des assoziierten Unternehmens insoweit zuzuordnen, als deren beizulegender Zeitwert höher oder niedriger ist als ihr Buchwert (§ 312 Abs. 2 S. 1 HGB). Die Aufdeckung der stillen Reserven und Lasten i.R.d. Nebenrechnung ist gem. DRS 26.36 nicht auf den sog. Unterschiedsbetrag 1 beschränkt, selbst wenn dadurch ein pUB entsteht. Die AK-Restriktion ist insoweit nicht zu beachten (DRS 26.B16). **630**

Die Zuordnungen bei der **Erstkonsolidierung** sind – ebenso wie ihre Fortführungen in den Folgekonsolidierungen – nur in Form von Nebenrechnungen möglich, weil die Aktiva und Passiva selbst in der Konzernbilanz nicht enthalten sind[736]. Bei der Zuordnung des Unterschiedsbetrags gelten die in § 301 Abs. 1 S. 3 HGB für die Bewertung von Rückstellungen und latenten Steuern eingeführten Vereinfachungen auch für assoziierte Unternehmen (§ 312 Abs. 2 S. 4 HGB)[737]. Soweit eine Zuordnung nicht möglich ist, entfällt der verbleibende **aktive Unterschiedsbetrag** auf den GoF. **631**

Auch bei Anwendung der Equity-Methode sind auf die bei der Erstkonsolidierung ermittelten stillen Reserven und Lasten (**Inside Basis Differences**) nach § 312 Abs. 5 S. 3 HGB i.V.m. § 306 S. 1 HGB latente Steuern zu erfassen[738]. Dies gilt nur, sofern die für die Beurteilung maßgeblichen Sachverhalte bekannt oder zugänglich sind. Nach DRS 18.14 besteht für aktive latente Steuern, die auf der Anpassung an die konzerneinheitlichen Bilanzierungs- und Bewertungsmethoden beruhen, allerdings ein Ansatzwahlrecht. Für die Bewertung der latenten Steuern ist der individuelle Steuersatz des assoziierten Unternehmens maßgebend, der zum Zeitpunkt des Abbaus der Differenzen voraussichtlich gilt[739]. Dagegen sind Bilanzunterschiede zwischen der Bewertung des assoziierten Unternehmens im KA des MU mit dem Equity-Wert und der Bewertung der Beteiligung in **632**

---

734 Vgl. Kap. G Tz. 340.
735 Vgl. im Einzelnen Kap. G Tz. 385 ff.
736 Vgl. ADS[6], § 312, Tz. 83.
737 Vgl. Kap. G Tz. 381.
738 Vgl. Kap. G Tz. 565 ff.
739 Vgl. DRS 18.41.

der Steuerbilanz des MU mit den AK (**Outside Basis Differences**) bei der Ermittlung der latenten Steuern nach § 306 S. 4 HGB nicht zu berücksichtigen[740].

633 Die Nebenrechnungen erfordern detaillierte Informationen über die Einzelheiten der Wertansätze in der Bilanz des assoziierten Unternehmens, die im Fall von Minderheitsbeteiligungen häufig nicht verfügbar sein werden[741]. Verweigert das assoziierte Unternehmen die zur Anwendung der Equity-Methode notwendigen Auskünfte, so ist die Vermutung eines maßgeblichen Einflusses (§ 311 Abs. 1 S. 2 HGB) als widerlegt anzusehen[742].

634 Können die Wertansätze der Vermögensgegenstände und Schulden des assoziierten Unternehmens bei der Erstkonsolidierung nicht endgültig ermittelt werden, so sind diese bei besseren Erkenntnissen nach § 312 Abs. 3 S. 2 HGB innerhalb der darauf folgenden zwölf Monate ab dem Zeitpunkt, zu dem das Unternehmen assoziiertes Unternehmen geworden ist, anzupassen. Eine ggf. notwendige **Anpassung der Erstkonsolidierung** hat erfolgsneutral sowie retrospektiv zu erfolgen und resultiert in einer Änderung des GoF bzw. des pUB, wenn die AK unverändert bleiben[743]. Im Übrigen kann wegen der Übereinstimmung auf die Erläuterungen zu § 301 Abs. 2 S. 2 HGB verwiesen werden[744].

14.4.2 Folgekonsolidierungen

635 In den Folgeperioden ist gem. DRS 26.48 der in der Nebenrechnung den jeweils vorhandenen stillen Reserven und Lasten zugeordnete Teil des Unterschiedsbetrags 1 zunächst – entsprechend der Behandlung der Vermögensgegenstände, Schulden, RAP und Sonderposten, denen jeweils stille Reserven oder Lasten im JA bzw. KA des assoziierten Unternehmens zugeordnet wurden – im KA (unter Berücksichtigung latenter Steuern) fortzuführen, abzuschreiben oder aufzulösen (§ 312 Abs. 2 S. 2 HGB). Die aus der Abschreibung oder Auflösung der bei den einzelnen Bilanzposten erfassten stillen Reserven und Lasten resultierenden Änderungen sind als Gesamtbetrag als Änderung des Equity-Werts erfolgswirksam zu erfassen (DRS 26.49). Auf den verbleibenden aktiven oder passiven Unterschiedsbetrag 2 sind bei der Fortführung die Regelungen der Vollkonsolidierung in § 309 HGB entsprechend anzuwenden (§ 312 Abs. 2 S. 3 HGB).

636 Für die Fortführung eines verbleibenden aktiven Unterschiedsbetrags (GoF) sind die Regelungen gem. DRS 23.109 ff. entsprechend anzuwenden. Die danach notwendige planmäßige und ggf. außerplanmäßige Abschreibung ist erfolgswirksam als Minderung des Equity-Werts zu erfassen. Ein verbleibender pUB ist gem. § 309 Abs. 2 HGB ergebniswirksam aufzulösen. Dabei sind die Regelungen des DRS 23.139 ff. zu beachten. Die danach notwendige Auflösung des pUB ist erfolgswirksam oder (im Fall eines technischen pUB) ggf. erfolgsneutral als Erhöhung des Equity-Werts zu erfassen.

637 In der Konzern-GuV ist nach § 312 Abs. 4 S. 2 HGB das auf assoziierte Beteiligungen entfallende Ergebnis unter einem gesonderten Posten zu erfassen[745]. Die Abschreibungen der aktiven und die Auflösung der passiven Konsolidierungsunterschiede

---

[740] Vgl. DRS 18.29; Kap. G Tz. 569.
[741] Vgl. *Havermann*, in: IDW, Rechnungslegung, S. 405 (435).
[742] Vgl. auch Begr. RegE zum gleichlautenden § 292 RegE HGB, BR-Drs. 163/85, S. 42.
[743] Vgl. Kap. G Tz. 384.
[744] Vgl. Kap. G Tz. 382 ff.
[745] Vgl. Kap. G Tz. 648.

führen tendenziell dazu, dass der Wertansatz der Beteiligung sich dem Betrag des bilanziellen EK des assoziierten Unternehmens annähert, da grds. alle Ergebnisübernahmen sowie Gewinnausschüttungen des assoziierten Unternehmens nach der Erstkonsolidierung automatisch den Beteiligungsbuchwert verändern.

638 Stellt das assoziierte Unternehmen einen auf fremde Währung lautenden Abschluss auf, so ergeben sich für die Fortschreibung des Equity-Werts nach DRS 25.90 zwei zulässige (Bewertungs- und) Ausweisalternativen:

a) Der Equity-Wert wird mit den Stichtagskursen umgerechnet und die Differenz aus der Umrechnung mit dem Stichtagskurs im Vergleich zur Umrechnung mit den differenzierten historischen Kursen wird erfolgsneutral in den Posten „Eigenkapitaldifferenz aus Währungsumrechnung" eingestellt und durch einen Davon-Vermerk kenntlich gemacht.

b) Der Equity-Wert wird mit den historischen Kursen umgerechnet und die Differenz aus der Umrechnung mit den differenzierten historischen Kursen im Vergleich zur Umrechnung mit dem Stichtagskurs ist im Posten „Anteile aus assoziierten Unternehmen" auszuweisen und dort oder im KAnh. zu vermerken.

14.5 Übernahme von anteiligen Ergebnissen bei Anwendung der Equity-Methode

14.5.1 Ermittlung des Beteiligungsergebnisses

639 Der bei der Erstkonsolidierung in der Konzernbilanz ausgewiesene Wert der Beteiligung an einem assoziierten Unternehmen verändert sich bei den Folgekonsolidierungen um anteilige Gewinne, Verluste und Gewinnausschüttungen. Dabei kommt es nicht darauf an, ob anteilige Gewinne des assoziierten Unternehmens ausgeschüttet oder thesauriert werden sollen.[746]

640 Anteilige **Gewinne** erhöhen erfolgswirksam den Wert der Beteiligung, anteilige **Verluste** vermindern, ebenfalls erfolgswirksam, den Wert der Beteiligung jeweils im Jahr ihrer Entstehung. Dagegen müssen Gewinnausschüttungen im KA erfolgsneutral bleiben, da sie schon bei Gewinnentstehung erfolgswirksam berücksichtigt wurden. In der Höhe des anteiligen ausgeschütteten Ergebnisses treten an die Stelle des Beteiligungswertes im KA Forderungen oder liquide Mittel (Aktivtausch). In der Konzern-GuV ist der im JA des beteiligten Unternehmens vereinnahmte Beteiligungsertrag zu eliminieren. Der Gesetzestext (§ 312 Abs. 4 HGB) spricht indessen nicht von anteiligen Ergebnissen und Ergebnisübernahmen, sondern – zur Vermeidung von Missverständnissen[747] – von EK-Veränderungen. Dabei ist EK die Summe der in § 266 Abs. 3 A. HGB zusammengefassten Posten I-V. Nur wenn sich der Gesamtbetrag dieser Posten ggü. dem VJ erhöht, ist auch der Beteiligungswert – anteilig – zu erhöhen. EK-Minderungen sind entspr. zu berücksichtigen. Daraus wird auch deutlich, dass Umbuchungen innerhalb des EK, z.B. bei Kapitalerhöhung aus Gesellschaftsmitteln, den Beteiligungswert nicht berühren.[748] Ändert sich aufgrund von Kapitalmaßnahmen das zuzurechnende anteilige EK, z.B. durch Kapitalerhöhungen, bei denen das beteiligte Unternehmen nicht entspr. seiner

---

[746] Vgl. *Havermann*, WPg 1975, S. 234.
[747] So *Biener/Schatzmann*, Konzernrechnungslegung, S. 54.
[748] Zum Ausweis der Ergebnisübernahme in der Konzern-GuV und zur Behandlung der Ertragsteuern des assoziierten Unternehmens vgl. Kap. G Tz. 648 ff.

bisherigen Beteiligungsquote teilnimmt, so ist nach DRS 26.62 der Teil des Änderungsbetrags des anteiligen EK, der nicht auf die Einlagen des beteiligten Unternehmens entfällt, erfolgswirksam zu berücksichtigen.[749]

641 Die Beteiligungsergebnisse werden i.d.R. nicht unverändert aus der HB I des assoziierten Unternehmens in den KA übernommen. Sie können je nach Sachlage verschiedenen **Korrekturen** unterliegen, die zweckmäßigerweise in einer HB II[750] oder einer ihr im Ergebnis entspr. Ergebnisfortschreibung vorgenommen werden. Im Einzelnen können sich Ergebniskorrekturen ergeben aus:

- Anpassungen an einheitliche Bilanzierungs- und Bewertungsmethoden
- der Eliminierung von Zwischenergebnissen
- der Abschreibung von aktiven Unterschiedsbeträgen oder der Auflösung von pUB.

14.5.2 Anpassungen an einheitliche Bilanzierungs- und Bewertungsmethoden

642 Wendet das assoziierte Unternehmen in seinem JA vom KA abw. Bewertungsmethoden an, so können abw. bewertete Vermögensgegenstände und Schulden für die Erstkonsolidierung angepasst werden. Sie müssen in diesem Fall auch für die Ermittlung des anteiligen Ergebnisses bei den Folgekonsolidierungen nach den auf den KA angewendeten Bewertungsmethoden angepasst werden (§ 312 Abs. 5 S. 1 HGB). Dasselbe gilt auch für die Anpassung der Bilanzansatzmethoden.[751] Korrekturen in beiden Bereichen wirken sich unmittelbar auf die Höhe des zu übernehmenden Ergebnisses aus.

14.5.3 Eliminierung von Zwischenergebnissen

643 Im Rahmen der Equity-Methode ist § 304 HGB über die Behandlung der Zwischenergebnisse entspr. anzuwenden, soweit die maßgeblichen Sachverhalte bekannt oder zugänglich sind (§ 312 Abs. 5 S. 3 HGB). Danach sind Vermögensgegenstände, die in den KA zu übernehmen sind und die ganz oder teilw. auf **Lieferungen** oder **Leistungen assoziierter Unternehmen** beruhen, in der Konzernbilanz so anzusetzen, als wenn Lieferer und Empfänger auch rechtlich ein einziges Unternehmen bilden würden.[752] Bestände aus Lieferungen und Leistungen von Unternehmen des Konsolidierungskreises **an assoziierte Unternehmen** unterliegen bei entspr. Anwendung des § 304 Abs. 1 HGB **nicht** der Zwischenergebniseliminierungspflicht, weil diese Bestände nicht, jedenfalls nicht als solche, in den KA übernommen werden.[753] Die Beschränkung auf sog. Upstream-Lieferungen resultiert aus der Formulierung des § 304 Abs. 1 HGB als Bewertungsvorschrift für Vermögensgegenstände, die in der Konzernbilanz angesetzt sind. DRS 26.70 sieht demgegenüber sowohl für Upstream-Lieferungen als auch für Downstream-Lieferungen die Eliminierung von Zwischenergebnissen vor.

644 Nach DRS 26.72 dürfen die in den Upstream-Lieferungen enthaltenen Zwischengewinne gegen den Bestandswert des erworbenen Vermögensgegenstands oder gegen den Equity-Wertansatz verrechnet werden, wobei die Verrechnung mit dem Bestandswert empfoh-

---

749 Vgl. *Winkeljohann/Lewe*, in: BeBiKo[11], § 312, Rn. 50 ff. m.w.N.
750 Vgl. im Einzelnen Kap. G Tz. 627 sowie Kap. G Tz. 307.
751 Vgl. Kap. G Tz. 628.
752 Vgl. im Einzelnen Kap. G Tz. 492.
753 Vgl. *Havermann*, WPg 1987, S. 317 (319); *Sahner/Häger*, BB 1988, S. 1783; *Küting/Zündorf*, in: HdKonzernR[2], § 312, Rn. 214; *Winkeljohann/Lewe*, in: BeBiKo[11], § 312, Rn. 78.

len wird. Im Falle von Downstream-Lieferungen sind die zu eliminierenden Zwischenergebnisse mit dem Equity-Ansatz zu verrechnen (DRS 26.74).

Für die Praxis der Eliminierung von Zwischenergebnissen aus den zu übernehmenden anteiligen Jahreserfolgen assoziierter Unternehmen sind folgende Vereinfachungen und Ausnahmen zugelassen: **645**

- An die Stelle der allgemeinen Verpflichtung zur Eliminierung von Zwischenergebnissen tritt auch i.Z.m. der Equity-Methode das Wahlrecht des § 304 Abs. 2 HGB (materiality)[754].
- Eine Pflicht zur Eliminierung von Zwischenergebnissen besteht nur, „soweit die für die Beurteilung maßgeblichen Sachverhalte bekannt oder zugänglich sind" (§ 312 Abs. 5 S. 3 HGB). Diese Einschränkung soll offenbar den Besonderheiten der Assoziierungsverhältnisse Rechnung tragen, weil eine zuverlässige Zwischenerfolgseliminierung nur möglich ist, wenn die Kalkulationsunterlagen des liefernden Unternehmens bei Aufstellung des KA bekannt sind. Die Assoziierungsvermutung (§ 311 Abs. 1 S. 2 HGB) kann damit jedoch nicht widerlegt werden. Der Verzicht auf eine Zwischenergebniseliminierung aus diesem Grunde ist daher nicht möglich, wenn TU, die nicht in die Vollkonsolidierung einbezogen werden, im KA nach der Equity-Methode bewertet werden[755].

Die Eliminierung der Zwischenergebnisse darf nur auf den Teil beschränkt werden, der der Beteiligungsquote des Konzerns entspricht (§ 312 Abs. 5 S. 3 i.V.m. § 304 Abs. 1 HGB, DRS 26.70). Damit besteht eine gesetzliche Pflicht zur beteiligungsproportionalen Zwischenergebniseliminierung[756]. **646**

14.6 Ergebnisübernahmen im Rahmen der Equity-Methode

14.6.1 Grundsatz

Bei Anwendung der **Equity-Methode** werden die anteiligen Jahresergebnisse der assoziierten Unternehmen grds.[757] im Jahr ihrer Entstehung unabhängig von ihrer Ausschüttung übernommen[758]. Werden in einem späteren Jahr die Gewinne des assoziierten Unternehmens teilw. oder vollständig ausgeschüttet, so ist die Dividende als Beteiligungsertrag in der Einzel-GuV des beteiligten einbezogenen Unternehmens enthalten. Um die doppelte Berücksichtigung des anteiligen Jahresergebnisses assoziierter Unternehmen in zwei Konzern-GJ zu vermeiden, ist die Dividende erfolgsmindernd zu eliminieren und gleichzeitig der Wertansatz der Beteiligung zu reduzieren[759]. **647**

14.6.2 Ausweis

Das auf die Beteiligungen an assoziierten Unternehmen entfallende Ergebnis ist nach § 312 Abs. 4 S. 2 HGB unter einem **gesonderten Posten** auszuweisen. Zweckmäßigerweise werden übernommene Gewinne als „Erträge aus assoziierten Unternehmen" zwi- **648**

---

754 Vgl. im Einzelnen Kap. G Tz. 506.
755 Vgl. Kap. G Tz. 200.
756 Vgl. *Deubert/Lewe*, DB 2015, Beil. 5, S. 49 (55); *Sichting/Weiser*, in: BilRUG-Komm., I, Rn. 136.
757 Ausnahmen ergeben sich bei abw. Abschlussstichtag des assoziierten Unternehmens sowie im Fall der Verwendung des VJ-Abschlusses (vgl. Kap. G Tz. 656).
758 Vgl. im Einzelnen Kap. G Tz. 604 und Kap. G Tz. 639.
759 Vgl. hierzu Kap. G Tz. 640.

schen den Posten „Erträge aus Beteiligungen" und „Erträge aus anderen Wertpapieren und Ausleihungen des Finanzanlagevermögens" ausgewiesen[760]. Die Übernahme negativer Ergebnisanteile sollte dementsprechend unter der Bezeichnung „Aufwendungen aus Verlustübernahme von assoziierten Unternehmen" nach den „Abschreibungen auf Finanzanlagen" ausgewiesen werden.

649 Weil das Gesetz den gesonderten Ausweis indessen für das „auf assoziierte Beteiligungen entfallende **Ergebnis**" verlangt, dürfte es auch zulässig sein, positive und negative Ergebnisanteile zusammenzufassen und unter Berücksichtigung der Abschreibungen von Unterschiedsbeträgen als „Ergebnis aus Beteiligungen an assoziierten Unternehmen" saldiert in einem Posten auszuweisen[761].

14.6.3 Berücksichtigung der steuerlichen Konsequenzen

650 Das Gesetz verlangt die Berücksichtigung von EK-Veränderungen in den Folgejahren (§ 312 Abs. 4 S. 1 HGB). Daher liegt es nahe, nur das anteilige Jahresergebnis **nach Steuern** zu übernehmen. Dementsprechend erlaubt DRS 26.79, das Ergebnis aus der Änderung des Equity-Werts in der Konzern-GuV nach Kürzung um Ertragsteuern (netto) auszuweisen.

14.7 Negativer Wert der Beteiligung

651 Entstehen beim assoziierten Unternehmen über eine Reihe von Jahren Verluste, so kann der Beteiligungsbuchwert in der Folge auf null absinken. Fallen weitere Verluste beim assoziierten Unternehmen an, würde die unveränderte Anwendung der Equity-Methode sogar zu einem **negativen Beteiligungsbuchwert** führen. Ob in diesen Fällen die Anwendung der Equity-Methode so lange zu unterbleiben hat, bis wieder ein Beteiligungsbuchwert von mindestens null erreicht wird, ist im Gesetz nicht explizit geregelt.

652 Nach DRS 26.54[762] wird bei Erreichen der Null-Grenze die bilanzielle Fortschreibung des **Equity-Werts ausgesetzt** und die Beteiligung stattdessen mit einem Erinnerungswert in der Konzernbilanz fortgeführt. Weitere Verluste beim assoziierten Unternehmen werden lediglich in einer Nebenrechnung erfasst. Erzielt das assoziierte Unternehmen nach Unterschreiten der Null-Grenze wieder Gewinne, so sind diese zunächst mit in der Nebenrechnung erfassten Verlusten aufzurechnen. Erst nach vollständiger Kompensation der in der Nebenrechnung vorgetragenen Verlustanteile mit angefallenen Gewinnen oder Leistungen der Gesellschafter wird die Equity-Methode bilanziell durch Zuschreibungen zum Beteiligungsbuchwert wieder fortgeführt.

653 Im Falle negativer Equity-Werte müssen **Rückstellungen** angesetzt werden, wenn am Abschlussstichtag im Jahresabschluss des die Beteiligung an dem assoziierten Unternehmens haltenden Unternehmen eine **Verpflichtung zum Verlustausgleich** besteht. Fehlt es am Abschlussstichtag an einer solchen Verlustausgleichsverpflichtung, so dürfen Rückstellungen nicht angesetzt werden (DRS 26.55).

---

[760] So auch *Harms*, BB 1987, S. 938; AK „Externe Unternehmensrechnung" der Schmalenbach-Gesellschaft – Deutsche Gesellschaft für Betriebswirtschaft e.V., S. 154; *Winkeljohann/Lewe*, in: BeBiKo[11], § 312, Tz. 42 f.
[761] Vgl. *Gross/Schruff/v. Wysocki*, Jahresabschluß[2], S. 259; *Küting/Zündorf*, in: HdKonzernR[2], § 312, Rn. 115.
[762] Vgl. zur internationalen Praxis IASB, IAS 28 (rev. 2011), Tz. 38.

Bei der Fortschreibung eines negativen Equity-Wertes sind **auch eigenkapitalähnliche** **654** **Posten**, wie z.B. **langfristige, konzerninterne Darlehen** an das assoziierte Unternehmen zu berücksichtigen. Hierbei kommen indes nur Posten in Betracht, bei denen der Darlehensgeber beteiligungsähnlichen Risiken ausgesetzt ist (sog. eigenkapitalersetzende Darlehen). Es darf also keine anderweitige werthaltige Besicherung oder Garantie vorliegen. In diesem Fall ist der (verbleibende) negative Equity-Wert ergebniswirksam mit dem Buchwert des Darlehens zu verrechnen (DRS 26.56).

14.8 Außerplanmäßige Abschreibungen auf eine Beteiligung

Wie andere Detailfragen der Equity-Methode ist die Verpflichtung zur Durchführung **655** außerplanmäßiger Abschreibungen auf Beteiligungen, die im KA nach der Equity-Methode bewertet werden, in § 312 HGB nicht geregelt. Der Vornahme **außerplanmäßiger Abschreibungen** steht die Anwendung der Equity-Methode nicht entgegen[763]. Übersteigt der Equity-Wertansatz den beizulegenden Wert, so ist der Equity-Wertansatz nach DRS 26.57 außerplanmäßig abzuschreiben, sofern eine voraussichtlich dauernde Wertminderung vorliegt (§ 253 Abs. 3 S. 5 HGB). Bei einer voraussichtlich nicht dauernden Wertminderung besteht ein Wahlrecht zur Vornahme einer außerplanmäßigen Abschreibung (§ 253 Abs. 3 S. 6). Die außerplanmäßigen Abschreibungen mindern nach DRS 26.58 zunächst den GoF, der bei der Buchwertmethode in der Nebenrechnung erfasst wird. Nach dessen vollständiger Abschreibung werden zunächst evtl. noch vorhandene stille Reserven und dann der verbleibende Equity-Wertansatz verringert. Wenn der Grund für die außerplanmäßige Abschreibung in einer späteren Periode entfällt, ist der Equity-Wertansatz höchstens bis zum anteiligen EK des assoziierten Unternehmens im Bewertungszeitpunkt zzgl. der in der Nebenrechnung fortgeführten stillen Reserven bzw. abzgl. der fortgeführten stillen Lasten, aufgrund des Wertaufholungsverbots gem. § 309 Abs. 1 i.V.m. § 253 Abs. 5 S. 2 HGB jedoch ohne einen ggf. abgeschriebenen GoF, zuzuschreiben (DRS 26.59 f.).

14.9 Abweichender Abschlussstichtag des assoziierten Unternehmens

Für die Anwendung der Equity-Methode ist der jeweils letzte JA des assoziierten Unternehmens zugrunde zu legen (§ 312 Abs. 6 S. 1 HGB). Anders als bei der Vollkonsolidierung[764] ist demnach in keinem Fall ein Zwischenabschluss aufzustellen. Im Extremfall könnte der Abschlussstichtag des assoziierten Unternehmens zwölf Monate vor dem Stichtag des KA liegen[765]. Diese Vorschrift wird als Vereinfachungsregel aufgefasst, die der Tatsache Rechnung tragen soll, dass der Einfluss des Beteiligungsunternehmens, z.B. auf die Umstellung des GJ des assoziierten Unternehmens, begrenzt ist[766]. Dies gilt insb. dann, wenn das betreffende Unternehmen assoziiertes Unternehmen im Verhältnis zu mehreren Beteiligungsgesellschaften mit möglicherweise unterschiedlichen Abschlussstichtagen ist[767]. Auch wenn der Wortlaut des Gesetzes einen Zwischenabschluss nicht abdeckt, bestehen im Hinblick auf die erhöhte Aussagekraft des KA

656

---

[763] Vgl. *Havermann*, WPg 1975, S. 234.
[764] Vgl. Kap. G Tz. 353.
[765] Vgl. *Maas/Schruff*, WPg 1985, S. 1/6; im Ergebnis auch DRS 26.25.
[766] Vgl. *Müller*, DB 1980, S. 268.
[767] Vgl. *Schäfer*, S. 347.

keine Bedenken gegen die Verwendung eines solchen[768]. Damit besteht ein faktisches Wahlrecht, den jeweils letzten JA zu verwenden oder einen Zwischenabschluss aufzustellen.

657 Bei übereinstimmendem GJ ist der „letzte JA" i.S.v. § 312 Abs. 6 S. 1 HGB grds. der auf den KA-Stichtag aufgestellte JA des assoziierten Unternehmens. In vielen Fällen wird ein solcher Abschluss noch nicht im Rechtssinne „festgestellt" sein. Einer solchen Feststellung bedarf es auch nicht, weil das Erfordernis der Feststellung nicht in das Gesetz aufgenommen worden ist. Bei einem prüfungspflichtigen assoziierten Unternehmen ist es nicht erforderlich, der Anwendung der Equity-Methode einen geprüften JA zugrunde zu legen. Es muss sich dabei um eine Fassung handeln, die mit hinreichender Wahrscheinlichkeit von den zuständigen Organen festgestellt wird[769].

658 Wird die Beteiligung an einem TU, für das von einem Einbeziehungswahlrecht nach § 296 HGB Gebrauch gemacht wird, oder an einem GU, welches nicht gem. § 310 HGB anteilmäßig konsolidiert wird, nach der Equity-Methode bilanziert, darf der Equity-Methode ein auf den KA-Stichtag aufgestellter und an die konzerneinheitlichen Bilanzierungs- und Bewertungsmethoden (§§ 300 Abs. 2, 308 HGB) angepasster Abschluss zugrunde gelegt werden (DRS 26.31).

14.10 Konzernabschluss des assoziierten Unternehmens als Grundlage für die Equity-Methode

659 Stellt das assoziierte Unternehmen einen KA auf, so ist von diesem und nicht vom JA des assoziierten Unternehmens auszugehen (§ 312 Abs. 6 S. 2 HGB). Diese Regelung ist die Konsequenz daraus, dass sich der maßgebliche Einfluss des beteiligten Unternehmens nicht nur auf das assoziierte Unternehmen selbst, sondern auch auf dessen TU erstreckt.

660 Bei der Ermittlung des anteiligen EK anhand der Konzernbilanz des assoziierten Unternehmens ist zu berücksichtigen, dass der Ausgleichsposten für Anteile anderer Gesellschafter, obwohl zum EK gehörend[770], nach DRS 26.35 nicht in die Bemessungsgrundlage des Investors einzubeziehen ist[771]. Dementsprechend sind auch bei der Übernahme des anteiligen Konzernergebnisses Gewinne und Verluste anderer Gesellschafter abzusetzen.

14.11 Abweichungen zwischen dem Wert der Beteiligung im Jahres- und Konzernabschluss

661 Die Equity-Methode wird in Deutschland ausschließlich im KA angewendet. Im JA, der der Konsolidierung zugrunde gelegt wird, werden Beteiligungen an assoziierten Unternehmen nach dem AK-Prinzip bewertet. Dementsprechend ergeben sich in der Konsolidierung Differenzbeträge in Höhe der Abweichung zwischen dem Buchwert im JA und dem Equity-Wert nach dem Stand a.E. des VJ.

---

[768] So auch DRS 26.26.
[769] Vgl. ebenso *Küting/Hayn/Zündorf*, in: HdKonzernR², § 312, Rn. 192; *Winkeljohann/Lewe*, in: BeBiKo¹¹, § 312, Rn. 90. Gem. DRS 26.24 sollten zumindest alle wesentlichen Prüfungshandlungen abgeschlossen sein.
[770] Vgl. § 307 HGB.
[771] Vgl. *Fricke*, S. 116; *Küting/Zündorf*, in: HdKonzernR², § 312, Rn. 20. Zur weiteren Abgrenzung des anteiligen EK im Fall der Ermittlung aus dem KA des assoziierten Unternehmens vgl. *Fricke*, S. 116.

In jeder Konzernbilanz muss daher erneut der Wertansatz für die Beteiligung auf den Stand a.E. des VJ gebracht werden, ehe die Veränderungen des laufenden Jahres vorgenommen werden können. Als Gegenposten ist der **Bilanzgewinn bzw. Bilanzverlust** in der Konzernbilanz entspr. zu korrigieren. **662**

Auf Bilanzunterschiede zwischen der Bewertung der Beteiligung in der Steuerbilanz des MU und der Bewertung nach der Equity-Methode im handelsrechtlichen KA des MU (**Outside Basis Differences**) sind nach DRS 18.29 keine latenten Steuern zu erfassen[772]. **663**

14.12 Methodenwechsel

14.12.1 Übergang von der Anschaffungskostenmethode zur Equity-Methode

Eine Beteiligung, die bisher nach der AK-Methode zu bilanzieren war, kann sich z.B. aufgrund einer Erhöhung der Beteiligungsquote für die Anwendung der Equity-Methode qualifizieren (**sukzessiver Anteilserwerb**). Für die dann erstmals erforderliche Bewertung nach der Equity-Methode ist nach § 312 Abs. 1 S. 1 HGB grds. auf den Zeitpunkt abzustellen, zu dem das Unternehmen assoziiertes Unternehmen geworden ist. Eine tranchenweise Ermittlung der Unterschiedsbeträge ist nicht zulässig[773]. Die Vorgehensweise bei einem sukzessiven Anteilserwerb von assoziierten Unternehmen entspricht somit der Regelung in § 301 Abs. 2 S. 1 HGB zur Umsetzung der Erwerbsmethode bei der Vollkonsolidierung von TU, die sukzessive erworben wurden[774]. **664**

14.12.2 Erwerb weiterer Anteile ohne Statusänderung als assoziiertes Unternehmen

Werden weitere Anteile an einem Unternehmen erworben, das bereits nach der Equity-Methode bilanziert wird (Aufstockung), sind nach DRS 26.63 für die neuerworbenen Anteile die Wertverhältnisse zum Zeitpunkt des jeweiligen Erwerbs zugrunde zu legen. Der Unterschiedsbetrag aus dem Vergleich der Anschaffungskosten der neu erworbenen Anteile und dem anteiligen EK des assoziierten Unternehmens ist jeweils zum Zeitpunkt des Erwerbs gesondert zu ermitteln und in den Folgeperioden gesondert fortzuschreiben. **665**

14.12.3 Übergang von der Equity-Methode zur Vollkonsolidierung

Wird ein assoziiertes Unternehmen zu einem TU, so stellt der Equity-Wert zum Zeitpunkt des Übergangs auf die Vollkonsolidierung die anteiligen AK der Beteiligung dar[775]. Im Übrigen gelten die Regelungen für die Vollkonsolidierung sinngemäß. Entsprechendes gilt für den Übergang von der Equity-Methode zur Quotenkonsolidierung[776]. **666**

---

772 Vgl. hierzu auch *Oser/Reichart/Wirth*, in: Küting/Pfitzer/Weber, Bilanzrecht², S. 436.
773 Vgl. *Oser/Reichart/Wirth*, in: Küting/Pfitzer/Weber, Bilanzrecht², S. 436; *Gelhausen/Fey/Kämpfer*, BilMoG, Q, Rn. 469; *Winkeljohann/Lewe*, in: BeBiKo¹¹, § 312, Rn. 18.
774 Vgl. Kap. G Tz. 357.
775 Vgl. *Winkeljohann/Deubert*, in: BeBiKo¹¹, § 301, Rn. 225.
776 Vgl. DRS 27.53.

14.12.4 Übergang von der Equity-Methode zur Anschaffungskostenmethode

667 Durch den Verkauf von Anteilen oder aufgrund anderer Vorgänge kann der Fall eintreten, dass die Ausübung eines maßgeblichen Einflusses für die Zukunft ausgeschlossen ist. Eine bisher nach der Equity-Methode bewertete Beteiligung ist dann nach der AK-Methode zu bilanzieren. Das Gesetz regelt die dazu erforderliche Umstellung der Bewertung nicht explizit.

668 Als AK gilt nach DRS 26.68 der Equity-Wertansatz der verbliebenen Anteile in dem Zeitpunkt, ab dem der maßgebliche Einfluss nicht mehr ausgeübt wird. Der Unterschied zwischen dem Veräußerungspreis und dem auf die abgehenden Anteile entfallenden Equity-Wertansatz ist ergebniswirksam als Veräußerungsgewinn bzw. -verlust zu erfassen. Hinsichtlich der nicht veräußerten Anteile bleibt der Übergang auf die AK-Methode erfolgsneutral (DRS 26.69).

15. Konzernanhang

15.1 Grundsatz

669 Der KAnh. ist neben der Konzernbilanz, der Konzern-GuV, der KFR[777] und dem EK-Spiegel[778] Pflichtbestandteil des KA (§ 297 Abs. 1 S. 1 HGB). Die Bestandteile des KA haben gemeinsam die Aufgabe, ein den tatsächlichen Verhältnissen entspr. Bild der **Vermögens-, Finanz- und Ertragslage** des Konzerns zu vermitteln (§ 297 Abs. 2 HGB).

670 Zur Aufstellung eines KAnh. sind **alle MU** unabhängig von ihrer Rechtsform und Größenordnung **verpflichtet**. Dies gilt auch dann, wenn an der Spitze des **publizitätspflichtigen Konzerns** eine Personenhandelsgesellschaft, für die kein Abschluss nach § 264a HGB oder § 264b HGB aufgestellt wird, oder ein Einzelkaufmann steht (§ 11 Abs. 1 PublG). Die den Personenhandelsgesellschaften und Einzelkaufleuten für den JA eingeräumte Befreiung (§ 5 Abs. 1 S. 1; Abs. 2 S. 1 PublG) gilt nicht für den KA[779].

Es kommt auch nicht darauf an, ob ein HGB- oder ein IFRS-KA (§ 315e HGB) aufgestellt wird. Bei einem IFRS-KA bestimmt sich der Inhalt des KAnh. grds. nach IFRS; allerdings sind neben den von den IFRS geforderten Angaben zusätzlich die Anforderungen aus § 313 Abs. 2 und 3, § 314 Abs. 1 Nr. 4, 6, 8 und 9 HGB zu beachten, d.h. es sind allgemeine Angaben zum Umfang des Konsolidierungskreises sowie der Beteiligungsgesellschaften, zu Arbeitnehmern, Organbezügen, zur Corporate-Governance-Erklärung sowie den Prüfungshonoraren zu machen (§ 315e Abs. 1 HGB).

671 Der KAnh. steht selbstständig neben den Anh. zu den JA einbezogener Unternehmen. Dem steht nicht entgegen, dass der **Anh. des MU** und der **KAnh. zusammengefasst** werden dürfen (§ 298 Abs. 2 S. 1 HGB). In diesem Falle müssen sie auch gemeinsam offengelegt werden (§ 298 Abs. 2 S. 2 HGB). Es muss stets hervorgehen, welche Angaben sich auf den Konzern und welche Angaben sich nur auf das MU beziehen (§ 298 Abs. 2 S. 3 HGB).

---

[777] Vgl. im Einzelnen Kap. G Tz. 761 ff.
[778] Vgl. im Einzelnen Kap. G Tz. 791 ff.
[779] Personenhandelsgesellschaften und Einzelkaufleute sind nur dann nicht zur Aufstellung eines KA nach dem PublG verpflichtet, wenn sich ihr Gewerbebetrieb auf die Vermögensverwaltung beschränkt und sie nicht die Aufgaben der Konzernleitung wahrnehmen (§ 11 Abs. 5 S. 2 PublG).

Nach § 313 Abs. 1 S. 1 HGB sind diejenigen Angaben, die zu einzelnen Posten der Konzernbilanz oder Konzern-GuV vorgeschrieben sind, in der **Reihenfolge** der einzelnen Posten der Konzernbilanz und der Konzern-GuV[780] darzustellen. Den Unternehmen ist es freigestellt, bestimmte Angaben entweder in die Konzernbilanz/Konzern-GuV oder den KAnh. aufzunehmen. **672**

Die Bestimmungen über den Inhalt des KAnh. ergeben sich aus vier Gruppen von Vorschriften: **673**

a) Angabepflichten aus §§ 313, 314 HGB
b) Angabepflichten, die sich unmittelbar aus den übrigen Konzernrechnungslegungsvorschriften der §§ 290 ff. HGB ergeben
c) Angabepflichten aus bestimmten Vorschriften zum JA einschl. rechtsform- und geschäftszweigbedingter Vorschriften, die aufgrund des Verweises in § 298 Abs. 1 HGB auch für den KAnh. entspr. gelten
d) von den DRS geforderte Angaben.

Bezüglich der Angabepflichten aus bestimmten Vorschriften zum JA einschl. rechtsform- und geschäftszweigbedingter Vorschriften, die aufgrund des Verweises in § 298 Abs. 1 HGB auch für den KAnh. entspr. gelten, kann auf die entspr. Ausführungen zum JA verwiesen werden[781]. Die übrigen gesetzlichen Vorschriften sind im folgenden Abschn. systematisch zusammengestellt[782]. Die von den DRS geforderten Angaben ergeben sich unmittelbar aus diesen selbst.

Die **DRS** konkretisieren bestimmte, explizit gesetzlich vorgeschriebene Angaben und fordern darüber hinaus weitergehende Angaben. Diese weitergehenden Angaben der DRS sind zumindest dann verpflichtend, wenn sie zur Vermittlung eines den tatsächlichen Verhältnissen entspr. Bildes der Vermögens-, Finanz- und Ertragslage des Konzerns i.S.d. § 297 Abs. 2 S. 3 HGB erforderlich sind[783]. **674**

Für den KAnh. des HGB gelten die gleichen **Offenlegungspflichten** wie für die übrigen Bestandteile des KA. **Größenabhängige Erleichterungen** sind für den KAnh. weder bei der Aufstellung noch bei der Offenlegung vorgesehen. Erleichterungen bestehen für KI nach § 340i Abs. 2 S. 2 HGB[784] und für VU nach § 341j Abs. 1 S. 2 und 3 HGB[785]. Darüber hinaus gibt es bestimmte Erleichterungen für die Aufstellung des KAnh. nach § 13 Abs. 3 S. 1 PublG. So brauchen die Angaben über Organbezüge (§ 314 Abs. 1 Nr. 6 HGB)[786] nicht gemacht zu werden. Diese Ausnahme gilt nicht, wenn der KA als befreiender Abschluss gem. § 291 HGB an die Stelle eines (Teil-)KA von KapGes. treten soll (§ 13 Abs. 3 S. 3 PublG). **675**

---

[780] Vgl. Kap. F Tz. 935.
[781] Vgl. Kap. F Tz. 933.
[782] Zur Strukturierung des KAnh. vgl. z.B. *Selchert/Karsten*, BB 1986, S. 1258; ADS[6], § 313 Tz. 37.
[783] Vgl. zu Beispielen *Grottel*, in: BeBiKo[11], § 313, Rn. 110.
[784] KI können insb. auf die Angaben nach § 314 Abs. 1 Nr. 1, 3 und 6c HGB verzichten.
[785] VU können insb. auf die Angaben nach § 314 Abs. 1 Nr. 3 und unter bestimmten Voraussetzungen auch nach § 314 Abs. 1 Nr. 2a HGB verzichten.
[786] Vgl. Kap. G Tz. 748.

15.2 Tabellarische Übersicht der gesetzlichen Angabepflichten für den Konzernanhang

676 Die folgende Übersicht gibt alle handelsrechtlichen Vorschriften[787] in aufsteigender Paragrafen-Reihenfolge wieder, die bei der Aufstellung des KAnh. zu beachten sind (Pflichtangaben). Angaben, die grds. in der Konzernbilanz/Konzern-GuV zu machen sind, wahlweise aber auch im Anh. gemacht werden können, sind mit einem * versehen.

Vorschrift	Gegenstand der Angabe	Siehe
HGB		
§ 264 Abs. 3 Nr. 4	Erleichterungen bei der Rechnungslegung für TU	Kap. G Tz. 738
§ 264b Nr. 3	Erleichterungen bei der Rechnungslegung für unter § 264a Abs. 1 HGB fallende Personenhandelsgesellschaften	Kap. G Tz. 739
§ 294 Abs. 2	Änderung des Konsolidierungskreises	Kap. G Tz. 204
§ 296 Abs. 3	Einbeziehungswahlrechte	Kap. G Tz. 199
§ 297 Abs. 2 S. 3	Zusätzliche Angaben zur Vermittlung eines den tatsächlichen Verhältnissen entspr. Bildes	Kap. G Tz. 238
§ 297 Abs. 3 S. 4 und 5	Abweichungen von auf den vorhergehenden KA angewandten Konsolidierungsmethoden und ihr Einfluss auf die Vermögens-, Finanz- und Ertragslage	Kap. G Tz. 718
§ 298 Abs. 1 i.V.m. § 253 Abs. 6 S. 3	Darstellung des Unterschiedsbetrags zwischen Ansatz der Pensionsrückstellungen bei einem durchschnittlichen Marktzinssatz von 10 im Vergleich zu 7 Jahren	Kap. F Tz. 587
i.V.m. § 265 Abs. 1 S. 2	Abweichungen beim Aufbau und bei der Gliederung der Konzernbilanz und der Konzern-GuV	Kap. F Tz. 984 ff.
i.V.m. § 265 Abs. 2 S. 2 und 3	Nicht vergleichbare oder angepasste VJ-Beträge	Kap. F Tz. 986
i.V.m. § 265 Abs. 3*	Vermerk der Mitzugehörigkeit zu anderen Posten der Konzernbilanz	Kap. F Tz. 291 f.
i.V.m. § 265 Abs. 4 S. 2	Gliederung nach verschiedenen Gliederungsvorschriften	Kap. F Tz. 987
i.V.m. § 265 Abs. 7 Nr. 2	Zusammenfassung von Posten zwecks größerer Klarheit der Darstellung	Kap. F Tz. 988
i.V.m. § 268 Abs. 1 S. 3*	*Angabe eines Ergebnisvortrages aus dem VJ*	Kap. F Tz. 522 ff.

---

787 Auf die Angabe von rechtsform- und geschäftszweigbedingten Angabepflichten (§ 298 Abs. 1 HGB) ist verzichtet worden; vgl. dazu Kap. F Tz. 1437 ff.

Vorschrift	Gegenstand der Angabe	Siehe
i.V.m. § 268 Abs. 4 S. 2	Antizipative Abgrenzungsposten unter den sonstigen Vermögensgegenständen	Kap. F Tz. 989
i.V.m. § 268 Abs. 5 S. 3	Antizipative Abgrenzungsposten unter den Verbindlichkeiten	Kap. F Tz. 990
i.V.m. § 268 Abs. 6*	Disagio/Rückzahlungsagio	Kap. F Tz. 435
i.V.m. § 268 Abs. 7	Haftungsverhältnisse	Kap. F Tz. 991 ff.
i.V.m. § 277 Abs. 3 S. 1*	Außerplanmäßige Abschreibung nach § 253 Abs. 3 S. 5 und 6 HGB	Kap. F Tz. 963, Kap. F Tz. 1114
§ 297 Abs. 1a[788]	Firma, Sitz, Registergericht und Handelsregisternummer	Kap. F Tz. 19
§ 299 Abs. 3*	Vorgänge von besonderer Bedeutung bei fehlendem Zwischenabschluss	Kap. G Tz. 218
§ 300 Abs. 2 S. 3 Hs. 2	Beibehaltung von Bilanzansätzen für KI und VU	Kap. G Tz. 262
§ 301 Abs. 2 S. 5	Abweichung von Vereinfachungsregel des § 301 Abs. 2 S. 3 und 4	Kap. G Tz. 699
§ 301 Abs. 3 S. 2	Unterschiedsbetrag aus der Kapitalkonsolidierung	Kap. G Tz. 700
§ 308 Abs. 1 S. 3	Vom Abschluss des MU abw. Bewertungen im KA	Kap. G Tz. 718
§ 308 Abs. 2 S. 2 Hs. 2	Beibehaltung von Wertansätzen für KI und VU	Kap. G Tz. 272
§ 308 Abs. 2 S. 4 Hs. 2	Abweichung von einheitlicher Bewertung	Kap. G Tz. 275
§ 310 Abs. 2 i.V.m. den dort angegebenen Vorschriften	Der Bruttokonsolidierung entspr. Angabepflichten bei Anwendung der anteilmäßigen Konsolidierung	Kap. G Tz. 701
§ 312 Abs. 1 S. 2	Unterschiedsbetrag bei der Equity-Methode	Kap. G Tz. 702
§ 312 Abs. 5 S. 2	Verzicht auf die Anpassung an einheitliche Bewertung bei einem assoziierten Unternehmen	Kap. G Tz. 627

---

788 Die Vorschrift lautet, dass diese Angaben im „KA" zu machen sind. Dafür gibt es verschiedene Möglichkeiten (Deckblatt, Überschrift des KA o.Ä.). Denkbar ist auch eine Angabe im Anh. Eine alternative Angabe in der Konzern-Bilanz und -GuV kann nicht gemacht werden.

Vorschrift	Gegenstand der Angabe	Siehe
§ 313 Abs. 1 S. 3 Nr. 1	Bilanzierungs- und Bewertungsmethoden	Kap. G Tz. 705
§ 313 Abs. 1 S. 3 Nr. 2	Abweichungen von Bilanzierungs-, Bewertungs- und Konsolidierungsmethoden	Kap. G Tz. 718
§ 313 Abs. 2 Nr. 1 S. 1	Konsolidierte TU	Kap. G Tz. 678
§ 313 Abs. 2 Nr. 1 S. 2	Nach § 296 nicht konsolidierte TU	Kap. G Tz. 682
§ 313 Abs. 2 Nr. 2 S. 1	Assoziierte Unternehmen	Kap. G Tz. 683
§ 313 Abs. 2 Nr. 2 S. 2	Assoziierte Unternehmen, die wegen untergeordneter Bedeutung nicht nach der Equity-Methode bilanziert werden	Kap. G Tz. 684
§ 313 Abs. 2 Nr. 3	GU	Kap. G Tz. 685
§ 313 Abs. 2 Nr. 4	Angaben zu Beteiligungen i.S.v. § 271 Abs. 1	Kap. G Tz. 687
§ 313 Abs. 2 Nr. 5	Angabe aller Beteiligungen von börsennotierten MU oder TU an großen KapGes., wenn diese 5% der Stimmrechte überschreiten	Kap. G Tz. 691
§ 313 Abs. 2 Nr. 6	Angaben zu Unternehmen, deren unbeschränkt haftender Gesellschafter das MU oder TU ist	Kap. G Tz. 694
§ 313 Abs. 2 Nr. 7	MU des MU (größter Kreis)	Kap. G Tz. 696
§ 313 Abs. 2 Nr. 8	MU des MU (kleinster Kreis)	Kap. G Tz. 696
§ 313 Abs. 3 S. 2	Inanspruchnahme der Schutzklausel	Kap. G Tz. 697
§ 313 Abs. 4 i.V.m. § 284 Abs. 2 Nr. 4	Einbeziehung von Fremdkapitalzinsen in die Herstellungskosten	Kap. F Tz. 1007
§ 313 Abs. 4 i.V.m. § 284 Abs. 3	Konzern-Anlagenspiegel	Kap. F Tz. 1008 ff.
§ 314 Abs. 1 Nr. 1 Hs. 1	Gesamtbetrag der Verbindlichkeiten mit einer Restlaufzeit von mehr als fünf Jahren	Kap. G Tz. 721

Vorschrift	Gegenstand der Angabe	Siehe
§ 314 Abs. 1 Nr. 1 Hs. 2	Gesamtbetrag der Verbindlichkeiten, die durch Pfandrechte u.ä. Rechte von einbezogenen Unternehmen gesichert sind, einschl. Art und Form der Sicherheiten	Kap. G Tz. 721
§ 314 Abs. 1 Nr. 2	Art und Zweck sowie Risiken, Vorteile und finanzielle Auswirkungen von nicht in der Konzernbilanz enthaltenen Geschäften, soweit wesentlich	Kap. G Tz. 740
§ 314 Abs. 1 Nr. 2a Hs. 1	Gesamtbetrag der sonstigen finanziellen Verpflichtungen	Kap. G Tz. 741
§ 314 Abs. 1 Nr. 2a Hs. 2	Sonstige finanzielle Verpflichtungen betreffend die Altersversorgung sowie ggü. nicht konsolidierten TU und assoziierten Unternehmen	Kap. G Tz. 741
§ 314 Abs. 1 Nr. 3	Aufgliederung der Umsatzerlöse	Kap. G Tz. 724
§ 314 Abs. 1 Nr. 4 Hs. 1	durchschnittliche Zahl der beschäftigten Arbeitnehmer/durchschnittliche Zahl der beschäftigten Arbeitnehmer von nur anteilmäßig einbezogenen Unternehmen	Kap. G Tz. 745
§ 314 Abs. 1 Nr. 4 Hs. 2	Personalaufwand, soweit nicht gesondert in Konzern-GuV enthalten	Kap. F Tz. 815 ff., Kap. F Tz. 1063 ff.
§ 314 Abs. 1 Nr. 6a	Bezüge von Organmitgliedern	Kap. G Tz. 748
§ 314 Abs. 1 Nr. 6b	Bezüge früherer Organmitglieder und Pensionsverpflichtungen für diesen Personenkreis	Kap. G Tz. 748
§ 314 Abs. 1 Nr. 6c	Vorschüsse, Kredite, Haftungsverhältnisse zugunsten von Organmitgliedern	Kap. G Tz. 748
§ 314 Abs. 1 Nr. 7	Eigene Anteile am MU	Kap. G Tz. 730
§ 314 Abs. 1 Nr. 7a	Angaben zu Aktien	Kap. G Tz. 732
§ 314 Abs. 1 Nr. 7b	Angaben zu Genussscheinen, Wandelschuldverschreibungen, Optionsscheinen, Optionen oder vergleichbaren Wertpapieren und Rechten	Kap. G Tz. 733

Vorschrift	Gegenstand der Angabe	Siehe
§ 314 Abs. 1 Nr. 8	Bei einbezogenen börsennotierten Unternehmen Angaben zur Entsprechenserklärung zum DCGK	Kap. G Tz. 754
§ 314 Abs. 1 Nr. 9	Vom APr. des KA für das GJ berechnetes Honorar aufgeschlüsselt nach Leistungen	Kap. G Tz. 755
§ 314 Abs. 1 Nr. 10	Bestimmte Angaben für zu den Finanzanlagen (§ 266 Abs. 2 A.III) gehörende Finanzinstrumente, die über ihren beizulegenden Zeitwerten ausgewiesen werden	Kap. F Tz. 1143 ff.
§ 314 Abs. 1 Nr. 11	Bestimmte Angaben für jede Kategorie nicht zum beizulegenden Zeitwert bilanzierter derivativer Finanzinstrumente	Kap. F Tz. 1150 ff.
§ 314 Abs. 1 Nr. 12	Bestimmte Angaben zu mit dem beizulegenden Zeitwert bewerteten Finanzinstrumenten	Kap. F Tz. 1162 ff.
§ 314 Abs. 1 Nr. 13	Geschäfte mit nahe stehenden Unternehmen und Personen	Kap. G Tz. 757
§ 314 Abs. 1 Nr. 14	Forschungs- und Entwicklungskosten	Kap. F Tz. 1183 ff.
§ 314 Abs. 1 Nr. 15	Angaben zu Bewertungseinheiten	Kap. G Tz. 734
§ 314 Abs. 1 Nr. 16	Angaben zu Pensionsrückstellungen	Kap. F Tz. 1196 ff.
§ 314 Abs. 1 Nr. 17	Angaben bei Verrechnung von Vermögensgegenständen und Schulden nach § 246 Abs. 2 S. 2	Kap. F Tz. 1204 ff.
§ 314 Abs. 1 Nr. 18	Angaben zu Investmentvermögen	Kap. F Tz. 1209 ff.
§ 314 Abs. 1 Nr. 19	Gründe der Einschätzung des Risikos der Inanspruchnahme aus Haftungsverhältnissen	Kap. G Tz. 743
§ 314 Abs. 1 Nr. 20	Erläuterung des Abschreibungszeitraums für den GoF	Kap. G Tz. 735
§ 314 Abs. 1 Nr. 21	Differenzen oder steuerliche Verlustvorträge, auf denen die latenten Steuern beruhen, Steuersätze	Kap. G Tz. 736
§ 314 Abs. 1 Nr. 22	Saldo der latenten Steuerschulden a.E. des GJ und die Änderung des Saldos im Laufe des GJ	Kap. G Tz. 736
§ 314 Abs. 1 Nr. 23	Betrag und Art der Erträge/Aufwendungen von außergewöhnlicher Größenordnung oder Bedeutung	Kap. F Tz. 1234 ff.

Vorschrift	Gegenstand der Angabe	Siehe
§ 314 Abs. 1 Nr. 24	Periodenfremde Erträge und Aufwendungen	Kap. F Tz. 1242 ff.
§ 314 Abs. 1 Nr. 25	Vorgänge von besonderer Bedeutung nach Schluss des GJ	Kap. F Tz. 1247 ff.
§ 314 Abs. 1 Nr. 26	Vorschlag für Ergebnisverwendung	Kap. F Tz. 1250 ff.
EGHGB		
Art. 28 Abs. 2	Nichtpassivierte Pensionsverpflichtungen u.ä. Verpflichtungen (Fehlbetrag)	Kap. F Tz. 1258
Art. 67 Abs. 1 S. 4	Angabe der Überdeckung bei Inanspruchnahme des Beibehaltungswahlrechts für Pensionsrückstellungen beim Übergang auf BilMoG gem. Art. 67 Abs. 1 S. 2 EGHGB	Kap. F Tz. 1204
Art. 67 Abs. 2	Angabe des Fehlbetrags bei Pensionsrückstellungen aufgrund von Art. 67 Abs. 1 S. 1 EGHGB	Kap. F Tz. 1259
Art. 67 Abs. 5 S. 1	Erläuterung des im KA wahlweise fortgeführten Postens „Aufwendungen für die Ingangsetzung des Geschäftsbetriebs und dessen Erweiterung" nach § 269 S. 1 Hs. 2 HGB a.F.	WPH 2012 Bd. I, Kap. F Tz. 743
Art. 67 Abs. 5 S. 2	Angabe der Methode der Kapitalkonsolidierung bei Interessenzusammenführung (§ 302 Abs. 3 HGB a.F.) bei ihrer wahlweisen Beibehaltung	WPH 2012 Bd. I, Kap. M Tz. 706
Art. 75 Abs. 2 S. 3	Hinweis auf fehlende Vergleichbarkeit der UE mit VJ und Darstellung der UE des VJ als ob § 277 Abs. 1 HGB i.d.F. vor dem BilRUG anwendbar gewesen wäre (Angabe nur bei erstmaliger Anwendung von § 277 Abs. 1 HGB i.d.F. BilRUG)	Kap. F Tz. 1262
Art. 75 Abs. 7 S. 4	Angabe der Inanspruchnahme des Wahlrechts zur vorzeitigen Anwendung des § 253 Abs. 2 HGB n.F. (nur mittelgroße und große KapGes.)	Kap. F Tz. 1263

15.3 Angabepflichten zum Konsolidierungs- und Beteiligungsbereich

15.3.1 Grundsatz

677 Die Angabepflichten zum Konsolidierungs- und Beteiligungsbereich (§ 313 Abs. 2 HGB) stehen in engem sachlichem Zusammenhang mit den Vorschriften zur **Abgrenzung des Konsolidierungskreises** (§§ 294 Abs. 1 i.V.m. 290, 296 HGB) sowie mit den Vorschriften zu den sonstigen Beteiligungsbeziehungen des Konzerns (§§ 310, 311, 298 i.V.m. 271 Abs. 1 HGB). Die Vorschriften ergänzen sich gegenseitig und bilden eine sachliche Einheit. Sie sollen dem Leser des KA Auskunft darüber geben, welche Unternehmen zum Konzern gehören, welcher Art die Unternehmensverbindung ist und welche Unternehmen in die Konsolidierung einbezogen worden sind. Je nach Sachlage kann dieser Angabenkatalog sehr umfangreich sein.[789]

15.3.2 Tochterunternehmen

678 Im KAnh. sind für die in den KA einbezogenen TU folgende Angaben zu machen (§ 313 Abs. 2 Nr. 1 S. 1 HGB):

- Name
- Sitz
- Höhe des Anteils am Kapital (%)
- ggf. Konsolidierungsgrund.

679 Die Angabepflicht ist nicht etwa auf die wesentlichen in den KA einbezogenen TU beschränkt, sondern erstreckt sich auf sämtliche in den KA einbezogenen TU. Es kommt auch nicht darauf an, ob die Unternehmen ihren Sitz im Inland oder im Ausland haben.

680 Neben Namen und Sitz der konsolidierten Unternehmen ist auch der Anteil am Kapital der TU, der dem MU und den in den KA einbezogenen TU gehört oder von einer für Rechnung dieser Unternehmen handelnden Person gehalten wird (§ 313 Abs. 2 Nr. 1 S. 1 HGB), anzugeben. Bei der Errechnung des Kapitalanteils (Beteiligungsquote) sind deshalb nicht nur die Anteile zu berücksichtigen, die dem MU unmittelbar gehören, sondern auch die Anteile, die ihm zuzurechnen sind.[790]

681 Sofern die Einbeziehung des TU in den KA nicht auf einer der Kapitalbeteiligung entspr. Mehrheit der Stimmrechte beruht, muss zusätzlich der zur Einbeziehung in den KA verpflichtende Sachverhalt angegeben werden (§ 313 Abs. 2 Nr. 1 S. 1 HGB). Die Kapital- und Stimmrechtsmehrheit wird offenbar als der Normalfall für die Begründung eines Mutter-Tochter-Verhältnisses und damit als nicht angabebedürftig angesehen. Beruht die Einbeziehung hingegen

- auf einer Stimmrechtsmehrheit bei abw. Beteiligungsquote (§ 290 Abs. 2 Nr. 1 HGB),
- auf dem Recht zur Bestellung und Abberufung der Mehrheit der Mitglieder des Verwaltungs-, Leitungs- oder Aufsichtsorgans bei Minderheitsbeteiligung (§ 290 Abs. 2 Nr. 2 HGB),
- auf dem Recht zur Bestimmung der Finanz- und Geschäftspolitik aufgrund eines Beherrschungsvertrags oder einer Satzungsbestimmung (§ 290 Abs. 2 Nr. 3 HGB)

---

[789] Zur Schutzklausel vgl. Kap. G Tz. 697.
[790] Vgl. auch Kap. G Tz. 173.

- oder handelt es sich bei dem TU um eine Zweckgesellschaft (§ 290 Abs. 2 Nr. 4 HGB) bzw. liegt ein sonstiger Beherrschungstatbestand i.S.v. § 290 Abs. 1 S. 1 HGB vor,

so ist diese Tatsache nach § 313 Abs. 2 Nr. 1 S. 1 HGB angabepflichtig.

Werden TU nicht in den KA einbezogen (§ 296 HGB), so bestehen gleichwohl die Angabepflichten im KAnh. wie für die konsolidierten TU (§ 313 Abs. 2 Nr. 1 S. 2 HGB)[791]. Dies umfasst auch die Angabe des zur Einbeziehung in den KA verpflichtenden Sachverhalts, auch wenn das TU tatsächlich nicht einbezogen wird[792]. Zusätzlich ist die **Nichteinbeziehung anzugeben** und zu **begründen** (§ 296 Abs. 3 HGB). **682**

15.3.3 Assoziierte Unternehmen

Für assoziierte Unternehmen (§ 311 HGB) sind sinngemäß die gleichen Angaben zu machen wie für TU (§ 313 Abs. 2 Nr. 2 S. 1 HGB)[793]: **683**

- Name
- Sitz
- Höhe des Anteils am Kapital (%)[794]

Wird die Beteiligung an dem assoziierten Unternehmen nicht nach der Equity-Methode (§ 312 HGB) bilanziert, weil die Beteiligung für die Vermittlung eines den tatsächlichen Verhältnissen entspr. Bildes der Vermögens-, Finanz- und Ertragslage des Konzerns von untergeordneter Bedeutung ist (§ 311 Abs. 2 HGB), so ist auch dieses anzugeben und zu begründen (§ 313 Abs. 2 Nr. 2 S. 2 HGB). **684**

15.3.4 Gemeinschaftsunternehmen

Für Unternehmen, die nach § 310 HGB nur anteilmäßig in den KA einbezogen worden sind (= GU), sind folgende Angaben zu machen (§ 313 Abs. 2 Nr. 3 HGB): **685**

- Name
- Sitz
- Höhe des Anteils am Kapital (%)[795]
- Tatbestand, aus dem sich die Anwendung von § 310 HGB ergibt.

Die Erläuterung des Tatbestands, aus dem sich die Anwendung von § 310 HGB ergibt, muss erkennen lassen, auf welcher sachlichen oder rechtlichen Grundlage die gemeinsame Führung beruht[796]. Nach dem Wortlaut von Art. 28 Abs. 2 Buchst. c) der RL 2013/34/EU sind nämlich die Tatbestände anzugeben, aus denen sich die gemeinsame Leitung der GU ergibt. Es sollte darüber hinaus zumindest erkennbar sein, mit wie vielen anderen Unternehmen das Unternehmen gemeinsam geführt wird. Eine Angabe der Namen dieser anderen Unternehmen ist hingegen nicht zwingend, aber wünschenswert[797]. **686**

---

791 Vgl. die vorstehenden Ausführungen.
792 A.A. *Dörner/Wirth*, in: HdKonzernR[2], §§ 313, 314 Rn. 290.
793 Vgl. Kap. G Tz. 678.
794 Zur Berechnung der Beteiligungsquote vgl. Kap. G Tz. 680.
795 Zur Berechnung der Beteiligungsquote vgl. Kap. G Tz. 680.
796 So auch ADS[6], § 313, Tz. 109. Nach DRS 27.61 reicht der Hinweis auf das Vorliegen der gemeinsamen Führung.
797 Ebenso ADS[6], § 313, Tz. 109.

15.3.5 Beteiligungen im Sinne von § 271 Abs. 1 HGB

687 Die in § 313 Abs. 2 Nr. 4 HGB erwähnten Angaben müssen für Unternehmen gemacht werden, die als Beteiligungen i.S.v. § 271 Abs. 1 HGB anzusehen sind, oder ein solcher Anteil von einer Person für Rechnung des MU oder eines anderen in den KA einbezogenen Unternehmens gehalten wird. Anzugeben sind

- Name,
- Sitz,
- Höhe des Anteils am Kapital (%),
- Höhe des EK,
- Ergebnis des letzten GJ.

Die Regelung ist grds. deckungsgleich mit der Vorschrift für den JA (§ 285 Nr. 11 HGB)[798].

688 Es fällt auf, dass hinsichtlich der Beteiligungen, die nicht von einer Person für Rechnung des MU oder eines anderen in den KA einbezogenen Unternehmens gehalten werden, die Angabe fehlt, aus wessen Sicht es sich um eine Beteiligung handeln muss. Ferner stellt sich die Frage, wer zum Kreis der in den KA einbezogenen Unternehmen zählt. Nach Art. 28 Abs. 2 Buchst. d) der RL 2013/34/EU muss die Beteiligung entweder von einem in die Konsolidierung einbezogenen Unternehmen selbst oder einer in eigenem Namen, aber für Rechnung dieses Unternehmens handelnden Person gehalten werden. Der Konsolidierungskreis wird zunächst in § 294 Abs. 1 HGB definiert. Demnach sind in den KA das MU und alle TU ohne Rücksicht auf den Sitz und die Rechtsform dieser TU einzubeziehen, sofern die Einbeziehung nicht nach § 296 HGB unterbleibt[799]. In die Konsolidierung und damit auch in den KA einbezogen werden ggf. aber auch die GU, auch wenn es sich diesbezüglich nur um eine anteilmäßige Konsolidierung handelt[800]. Der Konsolidierungskreis im weiteren Sinne beinhaltet somit auch die GU, sofern von dem Wahlrecht der anteilmäßigen Konsolidierung Gebrauch gemacht wird. Demzufolge muss es sich für die Angabepflicht nach § 313 Abs. 2 Nr. 4 HGB um vom MU, einem konsolidierten TU oder einem quotal einbezogenen GU gehaltene Beteiligungen handeln[801]. Dass die quotal einbezogenen GU ebenfalls von der Angabepflicht erfasst sind, lässt sich auch aus der Verwendung des Begriffs „Unternehmen" sowohl in der handelsrechtlichen Vorschrift als auch in der dieser zugrunde liegenden Regelung in der EU-RL ableiten. Wäre eine Beschränkung auf TU gewollt gewesen, so hätte dies – wie in den Nr. 1-3 – durch die Verwendung des Begriffs „TU" klargestellt werden müssen. Assoziierte Unternehmen werden hingegen nicht in die Konsolidierung einbezogen und werden folglich auch nicht von der Angabepflicht des § 313 Abs. 2 Nr. 4 HGB erfasst.

689 Ungeachtet einer möglichen Inanspruchnahme der **Schutzklausel**[802] gilt – im Gegensatz zu den Angabepflichten nach § 313 Abs. 2 Nr. 1-3 HGB – die allgemeine **Materiality-Klausel**. Auf die Angaben kann **verzichtet** werden, wenn sie für die Vermittlung eines den tatsächlichen Verhältnissen entspr. Bildes der Vermögens-, Finanz- und Ertragslage des Konzerns von untergeordneter Bedeutung sind (§ 313 Abs. 3 S. 4 HGB).

---

798 Vgl. daher im Einzelnen Kap. F Tz. 1100 ff.
799 Vgl. auch DRS 23.7.
800 Nach dem Wortlaut des § 310 Abs. 1 HGB „darf das andere Unternehmen in den Konzernabschluß ... einbezogen werden".
801 A.A. *Völkner/Weiser*, in: BilRUG-Komm, J, Rn. 7 f., die die Angabepflicht auf tatsächlich in den KA einbezogene TU beschränken wollen.
802 Vgl. Kap. G Tz. 697.

Darüber hinaus kann auf die Angabe des EK und des Ergebnisses verzichtet werden, wenn das in Anteilsbesitz stehende Unternehmen seinen JA nicht offenlegt. Dies bedeutet, dass das in Anteilsbesitz stehende Unternehmen aufgrund der Erfüllung gesetzlicher Vorschriften nicht verpflichtet war, seinen JA offenzulegen. Eine pflichtwidrige Unterlassung der Offenlegung kann das MU hingegen nicht von der Angabepflicht befreien[803].

690

15.3.6 Beteiligungen an großen Kapitalgesellschaften bei mindestens 5% der Stimmrechte

Ferner sind alle nicht bereits nach § 313 Abs. 2 Nr. 1-4 HGB anzugebenden Beteiligungen an großen KapGes. aufzuführen, die 5% der Stimmrechte überschreiten, wenn sie von einem börsennotierten MU, einem börsennotierten TU oder einer für Rechnung eines dieser Unternehmen handelnden Person gehalten werden (§ 313 Abs. 2 Nr. 5 HGB). Die Regelung ist grds. deckungsgleich mit der Vorschrift für den JA (§ 285 Nr. 11b HGB)[804].

691

Im Gegensatz bspw. zur Regelung des § 313 Abs. 2 Nr. 4 HGB kommt es für die Angabepflicht nach § 313 Abs. 2 Nr. 5 HGB nicht darauf an, ob das die Beteiligung haltende TU in den KA einbezogen wird oder nicht. Nach dem Wortlaut des Gesetzes müssen daher auch die Beteiligungen an großen KapGes. bei mindestens 5% der Stimmrechte angegeben werden, die von nicht konsolidierten börsennotierten TU gehalten werden. Börsennotiert sind KapGes., deren Aktien zu einem Markt zugelassen sind, der von staatlich anerkannten Stellen geregelt und überwacht wird, regelmäßig stattfindet und für das Publikum mittelbar oder unmittelbar zugänglich ist (§ 3 Abs. 2 AktG).

692

Ungeachtet einer möglichen Inanspruchnahme der **Schutzklausel**[805] gilt – analog zur Angabepflicht nach § 313 Abs. 2 Nr. 4 HGB, aber im Gegensatz zu den Angabepflichten nach § 313 Abs. 2 Nr. 1-3 HGB – die allgemeine **Materiality-Klausel**[806].

693

15.3.7 Stellung als persönlich haftender Gesellschafter

Gemäß § 313 Abs. 2 Nr. 6 HGB sind Name, Sitz und Rechtsform der Unternehmen anzugeben, deren unbeschränkt haftender Gesellschafter das MU oder ein anderes in den KA einbezogenes Unternehmen ist. Die Regelung ist grds. deckungsgleich mit der Vorschrift für den JA (§ 285 Nr. 11a HGB)[807].

694

Hinsichtlich der Frage, welche anderen Unternehmen – neben dem MU – in den KA einbezogen werden, ergeben sich dieselben Auslegungsprobleme wie bei der Regelung in § 313 Abs. 2 Nr. 4 HGB[808]. Im Ergebnis zählen hierzu die vollkonsolidierten TU und die anteilmäßig konsolidierten GU.

695

15.3.8 Angaben zu Mutterunternehmen

Im KAnh. sind Name und Sitz des Unternehmens, das den KA für den **größten Kreis** von Unternehmen aufstellt, dem das MU als TU angehört, anzugeben. Im Fall der Of-

696

---

803 Gl.A. *Völkner/Weiser*, in: BilRUG-Komm, J, Rn. 11.
804 Vgl. daher im Einzelnen Kap. J Tz. 28 f.
805 Vgl. Kap. G Tz. 697.
806 Vgl. die Ausführungen in Kap. G Tz. 689.
807 Vgl. daher im Kap. F Tz. 1107 ff.
808 Vgl. daher die Ausführungen in Kap. G Tz. 687.

fenlegung des von diesem anderen MU aufgestellten KA ist zusätzlich der Ort zu nennen, wo dieser KA erhältlich ist (§ 313 Abs. 2 Nr. 7 HGB). Außerdem sind Name und Sitz des Unternehmens, das den KA für den **kleinsten Kreis** von Unternehmen aufstellt, dem das MU als TU angehört, anzugeben. Auch hier ist im Fall der Offenlegung des von diesem anderen MU aufgestellten KA der Ort zu nennen, wo dieser KA erhältlich ist (§ 313 Abs. 2 Nr. 8 HGB). Die Vorschriften stimmen mit den Regelungen für den JA überein (§ 285 Nr. 14 und Nr. 14a HGB)[809].

15.3.9 Schutzklausel

697 Die in § 313 Abs. 2 HGB verlangten Angaben können unterbleiben, wenn nach vernünftiger kaufmännischer Beurteilung damit gerechnet werden muss, dass durch die Angaben dem MU, einem TU oder einem anderen in Abs. 2 bezeichneten Unternehmen erhebliche Nachteile entstehen können (§ 313 Abs. 3 S. 1 HGB). Zu den „anderen in Abs. 2 bezeichneten Unternehmen" gehören assoziierte Unternehmen, GU und Beteiligungen, auch wenn diese von einer Person für Rechnung des MU oder eines anderen in den KA einbezogenen Unternehmens gehalten werden (§ 313 Abs. 2 Nr. 1-4 HGB). Außerdem zählen hierzu alle anderen Beteiligungen an großen KapGes., die 5% der Stimmrechte übersteigen, wenn sie von einem börsennotierten MU, TU oder von einer für Rechnung eines dieser Unternehmen handelnden Person gehalten werden (§ 313 Abs. 2 Nr. 5 HGB). Auch Unternehmen, deren unbeschränkt haftender Gesellschafter das MU oder ein anderes in den KA einbezogenes TU ist (§ 313 Abs. 2 Nr. 6 HGB), müssen nach § 313 Abs. 3 S. 1 HGB nicht angegeben werden, wenn mit Nachteilen im o.g. Sinn zu rechnen ist. Dasselbe gilt für MU des MU, die für den größten bzw. kleinsten Kreis von Unternehmen einen KA aufstellen (§ 313 Abs. 2 Nr. 7 und 8 HGB). Wird von der Schutzklausel Gebrauch gemacht, so muss dies im KAnh. angegeben werden (§ 313 Abs. 3 S. 2 HGB). Ist das MU oder eines seiner TU kapitalmarktorientiert i.S.v. § 264d HGB, darf die Ausnahmeregelung nicht in Anspruch genommen werden (§ 313 Abs. 3 S. 3 HGB).

698 Zwar fehlt im zweiten Unterabschnitt des HGB zum KA und KLB eine § 286 Abs. 1 HGB entspr. Regelung, nach der die Berichterstattung im Anh. insoweit zu unterbleiben hat, „als es für das Wohl der Bundesrepublik Deutschland oder eines ihrer Länder erforderlich ist". Es ist aber auch von einer Geltung dieser Schutzklausel für den KA auszugehen, weil es inhaltlich kaum nachvollziehbar sein dürfte, wenn § 286 Abs. 1 HGB auf JA beschränkt sein sollte[810]. Im Übrigen kann auf die entspr. Ausführungen zum JA verwiesen werden[811].

15.4 Angabepflichten zu den Konsolidierungsmethoden

15.4.1 Kapitalkonsolidierung (Purchase-Methode)

699 Stellt das MU erstmalig (pflichtgemäß oder freiwillig) einen KA auf, sind nach § 301 Abs. 2 S. 3 HGB die Wertansätze zum Zeitpunkt der Einbeziehung des TU in den KA zugrunde zu legen, soweit das TU nicht in dem Jahr TU geworden ist, für das der KA aufgestellt wird. Das Gleiche gilt für die erstmalige Einbeziehung eines TU, auf die bisher

---

809 Vgl. daher im Kap. F Tz. 1117 ff. und Kap. F Tz. 1120 f.
810 Vgl. *Dörner/Wirth*, in: HdKonzernR², § 314, Rn. 403.
811 Vgl. Kap. F Tz. 1283 ff.

gem. § 296 HGB verzichtet wurde (§ 301 Abs. 2 S. 4 HGB)[812]. In Ausnahmefällen dürfen aber auch die Wertansätze zu dem Zeitpunkt zugrunde gelegt werden, zu dem das Unternehmen TU geworden ist[813]. Das Vorliegen eines solchen Ausnahmefalls ist im KAnh. anzugeben und zu begründen (§ 301 Abs. 2 S. 5 HGB), d.h. es muss zumindest der Sachverhalt beschrieben werden[814].

Gemäß § 301 Abs. 3 S. 2 sind die in der Konzernbilanz auf der Aktivseite als GoF bzw. auf der Passivseite als pUB ausgewiesenen Beträge und deren wesentliche Veränderungen im KAnh. zu erläutern. Das Gesetz lässt dabei offen, was im Einzelnen unter „Erläuterung" zu verstehen ist. DRS 23.213 f. enthalten konkretisierende Vorschriften, welche Angaben im Einzelnen erforderlich sind[815]. **700**

15.4.2 Quotenkonsolidierung

Bei Anwendung der anteilmäßigen Konsolidierung ist gem. § 310 Abs. 2 HGB u.a. § 301 HGB analog anzuwenden, so dass die sich hieraus ergebenden Angabepflichten auch im Falle der Quotenkonsolidierung zu berücksichtigen sind. Auch in diesem Fall sind die konkretisierenden Vorschriften des DRS 23.208 f. zu beachten (DRS 27.66). Soweit (insb. gem. § 314 HGB) quantitative Angaben im KA erforderlich sind, sind diese entsprechend der Anteilsquote zu machen bzw. entsprechend dieser Quote in die Gesamtangaben einzubeziehen. Eine separate Angabe für vollkonsolidierte TU und anteilmäßig einbezogene Unternehmen ist grds. nicht erforderlich (DRS 27.67). **701**

15.4.3 Equity-Methode

Bei Anwendung der **Equity-Methode** sind der Unterschiedsbetrag zwischen Buchwert und anteiligem EK des assoziierten Unternehmens sowie ein darin enthaltener GoF oder pUB im KAnh. anzugeben (§ 312 Abs. 1 S. 2 HGB)[816]. Die Angabe darf für sämtliche assoziierte Unternehmen zusammen gemacht werden (DRS 26.88). Eine Saldierung im Unterschiedsbetrag enthaltener GoF und verbleibender pUB aus der Nebenrechnung ist hingegen nicht zulässig. Die Angabepflicht des § 312 Abs. 1 S. 2 HGB gilt nicht nur bei erstmaliger Anwendung der Equity-Methode, sondern ist in jedem GJ erforderlich, in dem Beteiligungen an assoziierten Unternehmen ausgewiesen und entsprechend der Equity-Methode bilanziert werden (DRS 26.89). **702**

Wendet ein assoziiertes Unternehmen in seiner HB I vom KA abw. Bewertungsmethoden an und werden diese nicht den konzerneinheitlichen Methoden angepasst, so ist dies im KAnh. anzugeben (§ 312 Abs. 5 S. 2 HGB). Die Vorschrift überschneidet sich insoweit mit § 313 Abs. 1 Nr. 2 HGB[817]. **703**

---

812 Vgl. hierzu im Einzelnen die Ausführungen in Kap. G Tz. 355.
813 Siehe hierzu auch DRS 23.15.
814 So auch *Götze/Weiser*, in: BilRUG-Komm., I, Rn. 90.
815 Sofern für Erwerbsvorgänge, die vor dem Beginn des GJ der Erstanwendung des BilMoG vorgenommen wurden, die Kapitalkonsolidierung nach der Interessenzusammenführungsmethode fortgeführt wird, sind die von § 302 Abs. 2 und 3 HGB a.F. vorgesehenen Anhangangabepflichten grds. weiter zu erfüllen.
816 Vgl. hierzu im Einzelnen *Küting/Zündorf*, in: HdKonzernR², § 312, Rn. 64.
817 Vgl. Kap. G Tz. 718 ff.

15.5 Angabepflichten zu Bilanzierungs- und Bewertungsmethoden sowie zu einzelnen Posten der Konzernbilanz und Konzern-Gewinn- und Verlustrechnung

704 Eine große Zahl der Angabepflichten zu diesem Teil entspricht den Angaben und Erläuterungen für den Anh. zum JA. Soweit sich für den KAnh. keine Besonderheiten ergeben, wird daher im Folgenden auf die Erläuterungen zu §§ 284 ff. HGB verwiesen, die insoweit sinngemäß gelten.

15.5.1 Bilanzierungs- und Bewertungsmethoden

705 Im KAnh. sind „die auf die Posten der Konzernbilanz und der Konzern-Gewinn- und Verlustrechnung angewandten **Bilanzierungs- und Bewertungsmethoden**" anzugeben (§ 313 Abs. 1 S. 3 Nr. 1 HGB).

706 Die Vorschrift entspricht vollinhaltlich § 284 Abs. 2 Nr. 1 HGB für den Anh. zum JA. Für die Anwendung von § 313 Abs. 1 S. 3 Nr. 1 HGB gelten daher die Erläuterungen zu § 284 Abs. 2 Nr. 1 HGB entspr.[818]

707 Besondere Erläuterungspflichten für den KA ergeben sich darüber hinaus aus der Verpflichtung zur **einheitlichen Bilanzierung** (§ 300 HGB) **und einheitlichen Bewertung** (§ 308 HGB). Aus den Erläuterungen muss hervorgehen, wie im KA bilanziert und bewertet worden ist.

708 Da die DRS nach Bekanntmachung durch das BMJV die Vermutung der Konzern-GoB innehaben und Bilanzierungsgrundsätze darstellen (§ 342 Abs. 2 HGB), sollte im KAnh. auf die Anwendung der DRS hingewiesen werden. Wurden die DRS im KA nicht vollständig beachtet, so sollte angegeben werden, von welchen Vorschriften der DRS abgewichen worden ist; ferner ist in diesem Fall anzugeben, wie stattdessen verfahren worden ist.

709 Im Zusammenhang mit der Vollkonsolidierung nach der **Neubewertungsmethode** (§ 301 Abs. 1 S. 2 HGB) ist die konkrete Ermittlung des „beizulegenden Zeitwertes" näher zu beschreiben, z.B. indizierte AK, Wiederbeschaffungskosten aus Richtsatzkarteien, Marktpreise, Wiederbeschaffungskosten abzgl. Normalabschreibungen. Außerdem muss aus den Erläuterungen hervorgehen, wie die Aufwertungsbeträge bewertet, abgeschrieben oder aufgelöst werden. Im Allgemeinen wird dafür ein Hinweis genügen, dass auch auf die Aufwertungsbeträge die konzerneinheitlichen Bilanzierungs- und Bewertungsmethoden angewandt werden. Bei anteilmäßiger Konsolidierung von GU gelten die zuvor genannten Erläuterungspflichten entspr.

710 Auch die Grundlagen für die Umrechnung ausländischer Währungen in € sind Bestandteil der Bilanzierungs- und Bewertungsmethoden. Grundsätzlich kann insoweit auf die Erläuterungen zu § 284 Abs. 2 Nr. 1 HGB verwiesen werden. Allerdings kommt der Währungsumrechnung im KA aufgrund der Konsolidierungspflicht auch der ausländischen TU (Weltabschlussprinzip § 294 Abs. 1 HGB) besondere Bedeutung zu.

711 In der Kommentierung werden unterschiedliche Auffassungen dahingehend vertreten, ob bei der Darstellung der Grundlagen für die Umrechnung die modifizierte Stichtagskursmethode beschrieben werden muss, was durch eine Wiederholung des Ge-

---

818 . Vgl. Kap. F Tz. 952 ff.

setzeswortlauts von § 256a bzw. § 308a HGB geschehen könnte[819], oder ob lediglich Abweichungen von der Norm oder die Ausübung verbliebener Wahlrechte Gegenstand einer Angabepflicht sind[820]. DRS 25.106 schreibt a) die Darstellung der Methode der Umrechnung sowohl von Fremdwährungsgeschäften in der HB II als auch b) von auf fremde Währung lautenden Abschlüssen ausländischer einbezogener Unternehmen vor und nennt gleichzeitig die Pflichtbestandteile einer solchen Darstellung.

In jedem Falle sind die bei der Umrechnung der Posten der Konzernbilanz und der Konzern-GuV verwendeten Kurse anzugeben, insb. ist hier auf die Ermittlung der für die Umrechnung der Konzern-GuV verwendeten Durchschnittskurse einzugehen (DRS 25.106c)). Ferner ist die Behandlung von Währungsumrechnungsdifferenzen i.R.d. Schuldenkonsolidierung und der Zwischenergebniseliminierung anzugeben (DRS 25.106d) und e)). Zudem sind die Methode der Währungsumrechnung bei Anwendung der Equity-Methode sowie die EK-Differenz aus Währungsumrechnung anzugeben, sofern diese im Posten „Anteile aus assoziierten Unternehmen" ausgewiesen und dort nicht kenntlich gemacht wurde (DRS 25.106 f)). Auch auf die Methode der Inflationsbereinigung muss eingegangen werden (DRS 25.106 g)). **712**

Bei der Umrechnung mit Stichtagskursen können sich Währungsdifferenzen im Anlagenspiegel ergeben, da die planmäßigen und außerplanmäßigen Abschreibungen hier mit dem Stichtagskurs und nicht wie in der GuV mit dem Durchschnittskurs umgerechnet werden. Die Umrechnungsdifferenz ist in diesem Fall im Anlagenspiegel unter den Zuführungen bzw. Abschreibungen des GJ auszuweisen[821]. Ein weiteres Problem ergibt sich, wenn im Brutto-Anlagenspiegel die historischen AK mit den Stichtagskursen umgerechnet werden, wodurch die Vergleichbarkeit mit dem VJ gestört wird. Es kann daher zweckmäßig sein, die Beträge zu jedem Posten zu vermerken, die sich bei Umrechnung mit den historischen Kursen ergeben hätten. Alternativ können die historischen AK mit den historischen Kursen umgerechnet werden und die Anpassungen an den Stichtagskurs in einer gesonderten Spalte für jeden Posten gezeigt werden[822]. **713**

Wenn bei abw. Abschlussstichtagen ein Unternehmen nicht auf der Grundlage eines auf den Stichtag und den Zeitraum des KA aufgestellten Zwischenabschlusses einbezogen wird[823], ist die Verwendung der abw. Wechselkurse anzugeben. Wesentliche Änderungen des Wechselkurses zwischen dem bis zu drei Monate früheren Abschlussstichtag des TU bis zum KA-Stichtag sind ebenfalls anzugeben (DRS 25.107). **714**

Einer besonderen Erläuterung bedarf im Allgemeinen das „**Konzernergebnis**"[824]. Dabei ist auch darauf einzugehen, ob und ggf. in welchem Umfang das Ergebnis für Ausschüttungen zur Verfügung steht (so auch DRS 22.60 f.). Die Behandlung (z.B. Ausweis im Ergebnisvortrag oder als Sonderposten, Verrechnung in den Gewinnrücklagen) der wesentlichen erfolgswirksamen Konsolidierungsvorgänge (z.B. Eliminierung von Zwischenerfolgen, erfolgswirksame Schuldenkonsolidierung) sowie der zeitlichen Divergenzen zwischen Ergebniserzielung und Ergebnisvereinnahmung sollte erläutert wer- **715**

---

819 Vgl. *Gelhausen/Fey/Kämpfer*, BilMoG, Q, Rn. 384.
820 Vgl. *Grottel*, in: BeBiKo[11], § 313, Rn. 131.
821 Vgl. *HFA-Entwurf*, WPg 1998, S. 554.
822 Vgl. ADS[6], § 298, Tz. 36.
823 Vgl. Kap. G Tz. 355.
824 Vgl. Kap. G Tz. 298; gl. A. ADS[6], § 313, Tz. 68; *Dörner/Wirth*, in: HdKonzernR[2], §§ 313/314, Rn. 261.

716 Obwohl § 313 Abs. 1 S. 3 Nr. 1 HGB keine generellen Erläuterungen der Abschlussposten verlangt, ergibt sich daraus nicht, dass auf sämtliche Erläuterungen, die nicht ausdrücklich im HGB aufgeführt sind, verzichtet werden kann[825]. Entspr. der Forderung, dass der KA ein den tatsächlichen Verhältnissen entspr. **Bild der Vermögens-, Finanz- und Ertragslage** des Konzerns vermitteln muss, können ergänzende Angaben dann erforderlich werden, wenn das geforderte Bild andernfalls nicht vermittelt wird[826].

717 DRS 23.212 konkretisiert die Angabepflichten nach § 313 Abs. 1 S. 3 Nr. 1 HGB in Bezug auf die Kapitalkonsolidierung. Im Fall der Anwendung der Equity-Methode enthält DRS 26.87 die zu jedem Abschlussstichtag erforderlichen Mindestangaben.

15.5.2 Abweichung von Bilanzierungs-, Bewertungs- und Konsolidierungsmethoden

718 Abweichungen von Bilanzierungs-, Bewertungs- und Konsolidierungsmethoden sind im KAnh. anzugeben und zu begründen. Ihr Einfluss auf die Vermögens-, Finanz- und Ertragslage des Konzerns ist gesondert darzustellen (§ 313 Abs. 1 S. 3 Nr. 2 HGB)[827]. Die Vorschrift entspricht nahezu wörtlich der für den JA (§ 284 Abs. 2 Nr. 2 HGB)[828]. Wegen der unterschiedlichen Sachlage ist sie für den KA lediglich um die Darstellung der **Abweichungen bei den Konsolidierungsmethoden** – die nach § 297 Abs. 3 S. 3 HGB nur in Ausnahmefällen[829] zulässig sind – ergänzt worden. Die Erläuterungspflichten beziehen sich auf Abweichungen zwischen dem KA des GJ und dem KA des VJ § 308 Abs. 1 S. 3 HGB sieht darüber hinaus vor, dass Abweichungen im KA des GJ von den auf den JA des MU angewandten Bewertungsmethoden im KAnh. anzugeben und zu begründen sind.

719 Zu den Konsolidierungsmethoden sowie den konzernspezifischen Bilanzierungs- und Bewertungsmethoden gehören:

- die Kapitalkonsolidierung (§ 301 HGB)
- die Konsolidierung nach der Equity-Methode (§ 312 HGB)[830]
- die Quotenkonsolidierung (§ 310 HGB)
- die Schuldenkonsolidierung (§ 303 HGB)
- die Eliminierung von Zwischenergebnissen (§ 304 HGB)
- die Aufwands- und Ertragskonsolidierung (§ 305 HGB)
- ggf. die Berücksichtigung latenter Steuern (§ 306 HGB).

---

825 Ebenso ADS[6], § 313, Tz. 58.
826 Vgl. dazu auch die entspr. Ausführungen für den JA, Kap. F Tz. 980.
827 In Bezug auf die Konsolidierungsmethoden ergibt sich die Angabe- und Erläuterungspflicht zusätzlich aus § 297 Abs. 3 S. 4 und 5 HGB.
828 Vgl. daher zu den Angabepflichten i.Z.m. den Abweichungen von Bilanzierungs- und Bewertungsmethoden auch Kap. F Tz. 973 ff.
829 Als solche Ausnahmefälle sind nach DRS 13.8 und 13.16 insb. Änderungen der gesetzlichen oder sonst. Grundlagen der Konzernrechnungslegung (z.B. Gesetze, Rspr. oder DRS) oder die Durchbrechung des Stetigkeitsgrundsatzes zur Verbesserung der Darstellung der Vermögens-, Finanz- und Ertragslage bei strukturellen Veränderungen im Konzern anzusehen.
830 Ebenso ADS[6], § 313, Tz. 86; *Dörner/Wirth*, in: HdKonzernR[2], §§ 313/314, Rn. 241; *Grottel*, in: BeBiKo[11], § 313, Rn. 171; a.A. *Biener/Berneke*, BiRiLiG, S. 384.

Ferner zählen hierzu alle jene Techniken, die aus dem **Einheitsgrundsatz** (§ 297 Abs. 3 S. 1 HGB) abzuleiten und nicht im Einzelnen im Gesetz geregelt sind (z.B. Ergebnisübernahmen innerhalb des Konsolidierungskreises).

Werden vom VJ abw. Bilanzierungs-, Bewertungs- und/oder Konsolidierungsmethoden angewandt, genügt es ausweislich des Gesetzeswortlauts in § 313 Abs. 1 S. 3 Nr. 2 HGB nicht, auf die Tatsache der Abweichung hinzuweisen. Vielmehr muss **begründet** werden, warum dieser Wechsel vorgenommen worden ist. Außerdem muss der Einfluss auf die Vermögens-, Finanz- und Ertragslage des Konzerns dargestellt werden. Allgemeine Hinweise darauf, dass sich durch den Wechsel in der Bilanzierungs-, Bewertungs- und/oder Konsolidierungsmethode der Einblick in die Vermögens-, Finanz- und Ertragslage des Konzerns verbessert hat, genügen diesen Anforderungen nicht. Vielmehr muss dargestellt werden, in welchen Bereichen und in welcher Form sich der Einblick verbessert hat, und ggf. auch, wie er sich quantitativ ausgewirkt hat. Der Leser muss durch die Erläuterungen in die Lage versetzt werden, sich ein Bild davon zu machen, wie der KA bei Beibehaltung der Methode ausgesehen hätte. So sind nach DRS 13.29 die Auswirkungen aus der Anwendung eines anderen Bilanzierungsgrundsatzes[831] betragsmäßig einzeln für die betr. Bilanzposten darzustellen und für die maßgeblichen Posten der VJ-Abschlüsse Pro-forma-Angaben zu machen und zu erläutern, soweit die Angaben nicht bereits in der Konzernbilanz bzw. der Konzern-GuV selbst gemacht wurden. Ausweisänderungen sind ebenfalls zu erläutern (DRS 13.23). Sofern Änderungen von Schätzungen, z.B. Nutzungsdauern, Auswirkungen auf die Vermögens-, Finanz- und Ertragslage haben, sind deren Auswirkungen für die Berichtsperiode nach DRS 13.30 betragsmäßig anzugeben und zu erläutern. Auf Auswirkungen in Folgeperioden ist hinzuweisen.

15.5.3 Restlaufzeit und Besicherung von Verbindlichkeiten

Zum Gesamtbetrag der in der Konzernbilanz ausgewiesenen Verbindlichkeiten sind im KAnh. folgende Angaben zu machen (§ 314 Abs. 1 Nr. 1 HGB):
- Gesamtbetrag der Verbindlichkeiten mit einer Restlaufzeit von mehr als fünf Jahren
- Gesamtbetrag der von konsolidierten Unternehmen gesicherten Verbindlichkeiten unter Angabe von Art und Form der Sicherheiten.

Die Vorschrift ist dem § 285 Nr. 1 HGB für den Anh. zum JA nachgebildet, so dass grds. auf die Erläuterungen dort verwiesen werden kann[832]. § 285 Nr. 2 HGB verlangt die Aufgliederung der in § 285 Nr. 1 HGB verlangten Angaben für jeden Posten der Verbindlichkeiten nach dem gesetzlichen Gliederungsschema. Eine korrespondierende Regelung für den KAnh. findet sich nicht, so dass nach § 314 Abs. 1 Nr. 1 HGB **die Angaben nur für den Gesamtbetrag** der ausgewiesenen Verbindlichkeiten und nicht für jeden einzelnen Posten der Verbindlichkeiten zu machen sind[833].

Zu berichten ist über **Art und Form von Sicherheiten**. Unter die Angabepflicht fallen aber nur die Sicherheiten, die sich auf in der Konzernbilanz ausgewiesene Verbindlich-

---

[831] Zu den Bilanzierungsgrundsätzen zählen gem. DRS 13.6 die angewandten Ansatz-, Ausweis-, Bewertungs- und Konsolidierungsvorschriften und -methoden sowie die Ausübung bestehender Ansatz-, Ausweis-, Bewertungs- und Konsolidierungswahlrechte.
[832] Vgl. Kap. F Tz. 1026 ff.
[833] Die Angabepflicht der Restlaufzeiten von bis zu einem Jahr bei jedem einzelnen Posten bleibt davon jedoch unberührt (§§ 298 Abs. 1 i.V.m. 268 Abs. 5 HGB).

keiten beziehen. Damit entfällt automatisch die Angabepflicht für aus den JA übernommene konzernintern besicherte Verbindlichkeiten, die bei der Schuldenkonsolidierung weggelassen worden sind. Für die Angabepflicht nach § 314 Abs. 1 Nr. 1 HGB ist entscheidend, dass sich die Sicherheit auf eine in der Konzernbilanz ausgewiesene Verbindlichkeit bezieht. Im Wesentlichen handelt es sich daher um Verbindlichkeiten ggü. Dritten, für die ein in den KA einbezogenes Unternehmen diesem Dritten die in § 314 Abs. 1 Nr. 1 HGB angesprochenen Rechte eingeräumt hat. Die Angabepflicht besteht aber auch dann, wenn die Verbindlichkeit ggü. einem nichtkonsolidierten Konzernunternehmen besteht.

15.5.4 Aufgliederung der Umsatzerlöse

724 Die Umsatzerlöse des Konzerns sind im KAnh. nach Tätigkeitsbereichen und nach geografisch bestimmten Märkten aufzugliedern, soweit sich unter Berücksichtigung der Organisation des Verkaufs, der Vermietung oder Verpachtung von Produkten und der Erbringung von Dienstleistungen des Konzerns die Tätigkeitsbereiche und geografisch bestimmten Märkte untereinander erheblich unterscheiden (§ 314 Abs. 1 Nr. 3 HGB). Wenn der KA um eine SegBE (§ 297 Abs. 1 S. 2 HGB) erweitert wird, brauchen diese Angaben nicht gemacht zu werden (§ 314 Abs. 2 HGB).

725 Die Vorschrift ist § 285 Nr. 4 HGB für den JA nachgebildet, so dass grds. auf die Erläuterungen dort verwiesen werden kann[834]. Das gilt auch für die Abgrenzung der Produktgruppen und geografischen Bereiche. Für den KA gelten darüber hinaus einige Besonderheiten:

726 Die Aufgliederung beschränkt sich auf die in der Konzern-GuV ausgewiesenen (Außen-)Umsatzerlöse; eine **Segmentierung** der bei der Konsolidierung eliminierten (Innen-)Umsatzerlöse ist nach dieser Regelung nicht erforderlich[835].

727 Das Gesetz lässt offen, ob die Segmentierung nach geografischen Märkten[836] sich auf den Ort der jeweiligen Betriebstätigkeit (Umsatzherkunft) oder auf den jeweiligen Absatzmarkt bezieht. Wird auf den Ort der Betriebstätigkeit abgestellt, so ist z.B. der Umsatz eines südafrikanischen TU – unabhängig davon, ob der Umsatz mit einem deutschen oder südafrikanischen Unternehmen getätigt worden ist – als südafrikanischer Umsatz im KA auszuweisen.

728 Wird auf den jeweiligen regionalen Absatzmarkt abgestellt, so ist der Umsatz des Konzerns nach dem Sitz des jeweiligen Geschäftspartners zu segmentieren. Ein Umsatz eines südafrikanischen TU mit einem deutschen Geschäftspartner würde insoweit einem Umsatz eines deutschen Konzernunternehmens mit deutschen Geschäftspartnern gleichgestellt.

729 Unter dem Gesichtspunkt der Aufdeckung der mit ausländischen Umsätzen verbundenen Risiken kann keine der beiden Möglichkeiten voll befriedigen. Für den JA

---

[834] Vgl. Kap. F Tz. 1052 ff. sowie weiterführend *Zimmermann*, DStR 1998, S. 1974; größenabhängige Erleichterungen (vgl. § 288 HGB) sind jedoch für den KAnh. nicht vorgesehen.

[835] Vgl. *Biener/Schatzmann*, Konzernrechnungslegung, S. 61; ebenso ADS[6], § 314, Tz. 21; *Dörner/Wirth*, in: HdKonzernR[2], §§ 313/314, Rn. 340; *Grottel*, in: BeBiKo[11], § 314, Rn. 41. Zur Frage der Berücksichtigung von Innenumsätzen vgl. auch *Baumann*, in: FS Goerdeler, S. 22 sowie *Selchert*, BB 1992, S. 2035.

[836] Ähnliche Probleme können sich auch für die Segmentierung der Außenumsatzerlöse nach Tätigkeitsbereichen/Produktgruppen ergeben.

stellt sich dieses Problem i.d.R. nicht[837], da hier nur eine absatzmarktorientierte Segmentierung einen Sinn hat. Auch für den KA sollte diese Aufteilung angewandt werden, weil sich andernfalls Angaben im Anh. und KAnh. widersprechen. Eine zusätzliche geografische Segmentierung nach dem Ort der jeweiligen Betriebstätigkeit kann interessante Aufschlüsse liefern, wird vom Gesetz aber nicht gefordert[838].

15.5.5 Eigene Anteile

Im KAnh. ist über den Bestand an Anteilen an dem MU zu berichten, den **730**

- das MU selbst,
- ein TU,
- ein anderer für Rechnung des MU,
- ein anderer für Rechnung eines TU

erworben oder als Pfand genommen hat (§ 314 Abs. 1 Nr. 7 Hs. 1 HGB). Dabei sind die Zahl und der Nennbetrag oder rechnerische Wert dieser Anteile sowie deren Anteil am Kapital anzugeben.

Die Angabepflicht betrifft zunächst eigene Anteile des MU und Anteile am MU, die von **731** einem konsolidierten TU gehalten werden. Diese Anteile dürfen nicht in die Kapitalkonsolidierung einbezogen werden, sondern sind in der Konzernbilanz als eigene Anteile des MU in der Vorspalte offen von dem Posten „Gezeichnetes Kapital" abzusetzen (§ 301 Abs. 4 HGB bzw. § 298 Abs. 1 S. 1 i.V.m. § 272 Abs. 1a HGB). Die Angabepflicht erstreckt sich darüber hinaus auf Anteile, die von einem nichtkonsolidierten TU oder von Dritten für Rechnung des MU oder eines TU (Vorratsaktien) gehalten werden und als solche nicht im KA ausgewiesen sind. Anteile, die von einem assoziierten Unternehmen oder einem nach der Quotenkonsolidierung in den KA einbezogenen Unternehmen erworben oder als Pfand genommen worden sind, brauchen nicht angegeben zu werden, wenn dies nicht für Rechnung eines in den KA einbezogenen Unternehmens geschehen ist. Dasselbe gilt für Anteile, die ein Dritter für Rechnung eines nichtkonsolidierten TU erworben oder als Pfand genommen hat[839].

15.5.6 Angaben zu Aktien, Genussscheinen und vergleichbaren Wertpapieren oder Rechten

Gem. § 314 Abs. 1 Nr. 7a HGB ist die Zahl der Aktien jeder Gattung der während des GJ **732** i.R. eines genehmigten Kapitals (§§ 202 ff. AktG) gezeichneten Aktien des MU im KAnh. anzugeben. Dabei ist zu Nennbetragsaktien der Nennbetrag und zu Stückaktien der rechnerische Wert für jede von ihnen anzugeben. Die durch das BilRUG neu eingefügte Nr. 7a ist lt. der Begründung zum Gesetzentwurf des BilRUG[840] durch Art. 28 Abs. 1 i.V.m. Art. 17 Abs. 1 Buchst. i) der RL 2013/34/EU geboten. Während beim JA § 160 AktG insoweit eine für AG und KGaA geltende Spezialregelung enthält, fehle eine vergleichbare Regelung für den KA.

---

837 Grundsätzlich können die gleichen Fragen auch bei rechtlich unselbstständigen Zweigniederlassungen im Ausland auftreten. Diese Fälle sind jedoch selten und i.d.R. nicht von besonderem Gewicht. Für Ausnahmefälle gelten die vorstehenden Überlegungen sinngemäß.
838 Vgl. hierzu im Einzelnen auch ADS[6], § 314, Tz. 21-23; *Dörner/Wirth*, in: HdKonzernR[2], §§ 313/314, Rn. 343.
839 Vgl. ADS[6], § 314, Tz. 53; ausführlich *Grottel*, in: BeBiKo[11], § 314, Rn. 124 ff.
840 BR-Drs. 23/15, S. 91.

733 Nach § 314 Abs. 1 Nr. 7b HGB ist außerdem das Bestehen von Genussscheinen, Wandelschuldverschreibungen, Optionsscheinen, Optionen oder vergleichbaren Wertpapieren oder Rechten, aus denen das MU verpflichtet ist, unter Angabe der Anzahl und der Rechte, die sie verbriefen, anzugeben. Die Regelung in § 314 Abs. 1 Nr. 7b HGB korrespondiert mit der Regelung in § 285 Nr. 15a HGB für den Anh. zum JA. Dass die Konzernvorschrift im Gegensatz zu § 285 Nr. 15a HGB Genussrechte und Besserungsscheine nicht explizit nennt, führt nicht zu geringeren Angabepflichten im KAnh. Genussrechte und Besserungsscheine sind vergleichbare Rechte i.S.d. § 314 Abs. 1 Nr. 7b HGB und sind damit auch im KAnh. anzugeben[841]

15.5.7 Bewertungseinheiten

734 § 314 Abs. 1 Nr. 15 HGB verlangt bei Anwendung des § 254 HGB im KA die Angabe bestimmter Informationen zu den Grundgeschäften (Nr. 15 Buchst. a)), zur Effektivität der Bewertungseinheit (Nr. 15 Buchst. b)) sowie eine Erläuterung der mit hoher Wahrscheinlichkeit erwarteten Transaktionen, die in die Bewertungseinheiten einbezogen wurden (Nr. 15 Buchst. c)), soweit diese Angaben nicht im KLB gemacht werden. Da die Vorschrift der entspr. Regelung für den JA in § 285 Nr. 23 HGB nachgebildet ist, kann grds. auf die entspr. Erläuterungen verwiesen werden[842]. Im KAnh. umfasst die Angabevorschrift neben den Bewertungseinheiten in den Bilanzen der einbezogenen Unternehmen auch die Bewertungseinheiten gem. § 254 HGB, bei denen Grund- und Sicherungsgeschäft von verschiedenen einbezogenen Unternehmen mit fremden Dritten kontrahiert wurden und erst bei der Konsolidierung zu einer Bewertungseinheit zusammengefasst werden[843]. Sofern im JA Bewertungseinheiten gebildet wurden, bei denen Grund- und Sicherungsgeschäfte zwischen den einbezogenen Unternehmen geschlossen wurden, sind diese durch Konsolidierungsmaßnahmen analog § 303 Abs. 1 HGB zu eliminieren[844].

15.5.8 Abschreibungszeitraum des Geschäfts- oder Firmenwerts

735 § 314 Abs. 1 Nr. 20 HGB schreibt eine Erläuterung des Zeitraums vor, über den ein entgeltlich erworbener GoF abgeschrieben wird. Grundsätzlich entspricht die Regelung derjenigen in § 285 Nr. 13 HGB für den JA, so dass auf die entspr. Ausführungen verwiesen werden kann[845]. Da § 314 Abs. 1 Nr. 20 HGB sich allgemein auf einen entgeltlich erworbenen GoF bezieht und diesen nicht etwa durch einen Zusatz wie „im Sinne des § 301 Abs. 3 S. 1 HGB" spezifiziert, muss davon ausgegangen werden, dass sowohl die Abschreibungszeiträume für aus der Konsolidierung resultierende GoF als auch die Abschreibungszeiträume für Geschäfts- oder Firmenwerte i.S.d. § 246 Abs. 1 S. 4 HGB (Asset Deals oder vermögensübertragende Umwandlungen) zu erläutern sind[846].

15.5.9 Latente Steuern

736 Im KAnh. ist anzugeben, „auf welchen Differenzen oder steuerlichen Verlustvorträgen die latenten Steuern beruhen und mit welchen Steuersätzen die Bewertung erfolgt ist"

---

841 Siehe *Rimmelspacher/Meyer*, DB 2015, Beil. Nr. 5, S. 23 (26).
842 Vgl. Kap. F Tz. 1187 ff.
843 Vgl. *Grottel*, in: BeBiKo[11], § 314, Rn. 210.
844 Vgl. *Gelhausen/Fey/Kämpfer*, BilMoG, R, Anm. 59.
845 Vgl. Kap. F Tz. 1114 ff.
846 Siehe auch *Völkner/Weiser*, in: BilRUG-Komm., J, Rn. 31.

(§ 314 Abs. 1 Nr. 21 HGB). Wenn latente Steuerschulden in der Konzernbilanz angesetzt werden, sind die latenten Steuersalden a.E. des GJ und die im Laufe des GJ erfolgten Änderungen dieser Salden anzugeben (§ 314 Abs. 1 Nr. 22 HGB). Die Regelungen entsprechen wortgleich denen in § 285 Nr. 29 HGB und § 285 Nr. 30 HGB, so dass hinsichtlich Inhalt und Umfang der Berichtspflicht grds. auf die dortigen Erläuterungen verwiesen werden kann[847]. Da § 306 S. 6 HGB die Zusammenfassung der latenten Steuern aus Konsolidierungsmaßnahmen mit denen gem. § 274 HGB gestattet, erstreckt sich die Angabepflicht auf alle latenten Steuern der einbezogenen Unternehmen. Fraglich ist, wie die Angabe der für die Bewertung verwandten Steuersätze im Falle unterschiedlicher Ertragsteuersätze auszugestalten ist. Nach dem Wortlaut der Vorschrift müsste für jedes einbezogene Unternehmen der individuelle Steuersatz angegeben werden, soweit diese differieren. In Deutschland ist dies wegen unterschiedlicher gewerbesteuerlicher Hebesätze der Fall.

Über die gesetzlichen Angabepflichten hinausgehend verlangt DRS 18 weitere Angaben: **737**

- Nach DRS 18.64 sind Angaben zu den Differenzen oder Verlustvorträgen zu machen, für die in Ausübung des Ansatzwahlrechts nach § 274 Abs. 1 S. 2 HGB keine latenten Steuern angesetzt oder die mit zu versteuernden Differenzen verrechnet worden sind. Hierzu werden qualitative Angaben als i.d.R. ausreichend angesehen.
- DRS 18.66 verlangt außerdem die Angabe des Betrags und ggfs. Verfallsdatums von Differenzen, für die kein latenter Steueranspruch angesetzt worden ist, sowie von ungenutzten steuerlichen Verlustvorträgen und ungenutzten Steuergutschriften.
- Zusätzlich verlangt DRS 18.67 eine Überleitungsrechnung, die den Zusammenhang zwischen dem erwarteten Steueraufwand und dem ausgewiesenen Steueraufwand erläutert[848].

In Bezug auf die Angaben nach DRS 18.64 und DRS 18.67 teilt der HFA die Ansicht des DSR, dass diese Angaben sachgerecht sind und den Abschlussadressaten entscheidungsnützliche Informationen vermitteln. Allerdings besteht für diese Angaben keine gesetzliche Pflicht, so dass es nach Auffassung des HFA nicht zu beanstanden ist, wenn der KAnh. die Angaben nach DRS 18.64 und 18.67 nicht enthält[849].

15.6 Sonstige Angabepflichten

15.6.1 Erleichterungen für Tochterunternehmen bezüglich der Aufstellung, Prüfung und Offenlegung des Jahresabschlusses und des Lageberichts

Nach § 264 Abs. 3 Nr. 4 HGB ist die Inanspruchnahme der Erleichterungen[850] durch ein **738** TU im Anh. des vom MU aufgestellten KA anzugeben. „Inhaltlich stellt die Anhangangabe somit eine Erklärung des TU über die Inanspruchnahme der Erleichterungen des § 264 Abs. 3 HGB dar, die von dem Mutterunternehmen in den Konzernabschluss übernommen wird und zusätzlich im Bundesanzeiger für das Tochterunternehmen un-

---

847 Vgl. Kap. F Tz. 1227 ff. und Kap. F Tz. 1231 ff.
848 Zur Darstellung vgl. z.B. *Loitz*, DB 2008, S. 1389 (1393).
849 Insoweit kommt eine Einschränkung des BestV nicht in Betracht. Der KAPr. hat jedoch im PrB auf die Abweichung von DRS 18 hinzuweisen; vgl. *IDW PS 201*, Tz. 12 i.V.m. *IDW PS 450 n.F.*, Tz. 134.
850 Vgl. zu § 264 Abs. 3 HGB im Einzelnen Kap. F Tz. 255 ff.

739 Die Inanspruchnahme der entspr. Erleichterungen für TU gem. § 264 Abs. 4 HGB, § 264b HGB und § 5 Abs. 6 PublG ist ebenfalls im KAnh. anzugeben.

15.6.2 Nicht in der Konzernbilanz enthaltene Geschäfte

740 § 314 Abs. 1 Nr. 2 HGB fordert Angaben zu Art und Zweck sowie Risiken, Vorteilen und finanziellen Auswirkungen von nicht in der Konzernbilanz enthaltenen Geschäften des MU und der in den KA einbezogenen TU, soweit die Risiken und Vorteile wesentlich sind und die Offenlegung für die Beurteilung der Finanzlage des Konzerns erforderlich ist. Die Regelung ist derjenigen für den JA in § 285 Nr. 3 HGB nachgebildet, so dass grds. auf die entspr. Erläuterungen verwiesen werden kann[852]. Nach dem Wortlaut der Vorschrift erstreckt sich die Angabepflicht nicht auf außerbilanzielle Geschäfte von nicht einbezogenen TU, von quotal einbezogenen GU und von assoziierten Unternehmen mit Dritten[853]; sie umfasst außerbilanzielle Geschäfte des MU oder von einbezogenen TU mit diesen Unternehmen[854]. Für außerbilanzielle Geschäfte, die bei der Konsolidierung eliminiert werden, besteht ebenfalls keine Angabepflicht[855].

15.6.3 Sonstige finanzielle Verpflichtungen

741 Im KAnh. ist der Gesamtbetrag der **sonstigen finanziellen Verpflichtungen**, die nicht in der Konzernbilanz erscheinen und nicht als Haftungsverhältnisse (§ 298 Abs. 1 i.V.m. §§ 251, 268 Abs. 7 HGB) oder nach § 314 Abs. 1 Nr. 2 anzugeben sind, zu nennen, sofern diese Angabe für die Beurteilung der Finanzlage des Konzerns von Bedeutung ist. Davon sind Verpflichtungen betreffend die Altersversorgung sowie Verpflichtungen ggü. TU, die nicht in den KA einbezogen werden, oder ggü. assoziierten Unternehmen jeweils gesondert anzugeben (§ 314 Abs. 1 Nr. 2a HGB). Die Vorschrift ist § 285 Nr. 3a HGB für den JA nachgebildet, so dass auf die Erläuterungen dort grds. verwiesen werden kann[856].

742 Aus der Natur des KA ergibt sich, dass, wie bei Forderungen und Verbindlichkeiten sowie Haftungsverhältnissen zwischen den in den KA einbezogenen Unternehmen, hier nur solche finanziellen Verpflichtungen auszuweisen sind, die ggü. nichtkonsolidierten Unternehmen bestehen. Sonstige finanzielle Verpflichtungen ggü. konsolidierten Unternehmen belasten den Konzern als einheitliches Unternehmen (§ 297 Abs. 3 S. 1 HGB) nicht und sind daher wegzulassen.

15.6.4 Haftungsverhältnisse gegenüber nicht konsolidierten Unternehmen

743 § 314 Abs. 1 Nr. 19 HGB verlangt für nach § 268 Abs. 7 HGB im KAnh. ausgewiesene Verbindlichkeiten und Haftungsverhältnisse die Angabe der Gründe der Einschätzung des Risikos der Inanspruchnahme. In Bezug auf die Gründe der Einschätzung des Risikos der Inanspruchnahme kann auf die Erläuterungen zur identischen Regelung für den

---

851 IDW PH 9.200.1, Tz. 14b.
852 Vgl. Kap. F Tz. 1031 f.
853 Vgl. IDW RS HFA 32, Tz. 29.
854 Vgl. *Grottel*, in: BeBiKo[11], § 314, Rn. 17.
855 Vgl. IDW RS HFA 32, Tz. 30.
856 Vgl. Kap. F Tz. 1041 ff.; vgl. auch *Dörner/Wirth*, in: HdKonzernR[2], §§ 313/314, Rn. 329; *Grottel*, in: BeBiKo[11], § 314, Rn. 20 ff. Anders als im Anh. zum JA sind im KAnh. jedoch keine größenabhängigen Erleichterungen vorgesehen (§ 288 S. 1 HGB).

Anh. zum JA in § 285 Nr. 27 HGB verwiesen werden[857], da sich insoweit keine konzernspezifischen Besonderheiten ergeben.

Sofern sie nicht auf der Passivseite der Konzernbilanz auszuweisen sind, müssen im KAnh. folgende **Haftungsverhältnisse** jeweils gesondert und soweit zutreffend unter Angabe der gewährten Pfandrechte und sonstigen Sicherheiten ausgewiesen werden (§§ 298 Abs. 1 i.V.m. 251, 268 Abs. 7 HGB):

- Verbindlichkeiten aus der Begebung und Übertragung von Wechseln (Wechselobligo)
- Verbindlichkeiten aus Bürgschaften, Wechsel- und Scheckbürgschaften
- Verbindlichkeiten aus Gewährleistungsverträgen
- Haftungsverhältnisse aus der Bestellung von Sicherheiten für fremde Verbindlichkeiten.

Haftungsverhältnisse sind auch dann anzugeben, wenn ihnen gleichwertige Rückgriffsforderungen gegenüberstehen (§ 251 S. 2 HGB). Auf die Erläuterungen zu §§ 251, 268 Abs. 7 HGB kann insoweit verwiesen werden[858]. Für **Eventualverbindlichkeiten und Haftungsverhältnisse**, die zwischen konsolidierten Unternehmen bestehen, entfällt die Angabepflicht[859]. Ausweispflichtig unter der Konzernbilanz oder im KAnh. bleiben demnach – neben den Verpflichtungen ggü. Dritten – die Haftungsverhältnisse ggü. nichtkonsolidierten TU. Werden GU quotal einbezogen, bezieht sich die Angabepflicht auf den nicht einbezogenen Anteil. Haftungsverhältnisse, die ggü. at equity bewerteten GU und assoziierten Unternehmen bestehen, sind ebenfalls angabepflichtig. Verpflichtungen ggü. nicht konsolidierten TU und assoziierten Unternehmen sind gesondert, ggf. durch einen Davon-Vermerk, anzugeben (§ 268 Abs. 7 Nr. 3 HGB). Die Haftungsverhältnisse ggü. den zuvor genannten Unternehmen dürfen im KAnh. nicht mit den sonst. finanziellen Verpflichtungen (§ 314 Abs. 1 Nr. 2a Hs. 1 HGB) ggü. diesen Unternehmen zusammengefasst werden.

15.6.5 Zahl der beschäftigten Arbeitnehmer

Im KAnh. ist die **durchschnittliche Zahl der Arbeitnehmer** der in den KA einbezogenen Unternehmen während des GJ getrennt nach Gruppen und gesondert für quotal einbezogene GU anzugeben (§ 314 Abs. 1 Nr. 4 1. Hs. HGB). Darüber hinaus ist der im GJ entstandene gesamte Personalaufwand, aufgeschlüsselt nach Löhnen und Gehältern, Kosten der sozialen Sicherheit und Kosten der Altersversorgung anzugeben, falls er nicht gesondert in der GuV ausgewiesen ist (§ 314 Abs. 1 Nr. 4 2. Hs. HGB) Die Vorschrift ist § 285 Nr. 7 HGB nachgebildet, so dass auf die Erläuterungen dort weitgehend verwiesen werden kann[860].

Zu erfassen sind alle Arbeitnehmer, die bei in den KA einbezogenen Unternehmen beschäftigt sind, unabhängig davon, ob es sich um Unternehmen mit Sitz im Inland oder im Ausland handelt. Das Gesetz stellt klar, dass auch nach § 310 HGB nur anteilmäßig konsolidierte Unternehmen in die Angabe einzubeziehen sind. Die durchschnittliche Zahl der Arbeitnehmer der quotal einbezogenen GU ist sogar gesondert auszuweisen. Es

---

857 Vgl. Kap. F Tz. 1217 ff.
858 Vgl. Kap. F Tz. 991 ff.
859 Vgl. Kap. G Tz. 474 ff.
860 Vgl. Kap. F Tz. 1059 ff.

handelt sich hierbei um die Gesamtzahl der Arbeitnehmer des GU und nicht etwa um den auf das MU entfallenden quotalen Anteil[861]. Nicht konsolidierte TU und assoziierte Unternehmen sind hingegen nicht in die Angabepflicht nach § 314 Abs. 1 Nr. 4 HGB einzubeziehen.

747 Es bleibt offen, wie die im Gesetz erwähnten „Gruppen" abzugrenzen sind. Neben der für den JA möglichen Aufteilung kommt für den KA in erster Linie eine **Segmentierung** nach geografischen Bereichen infrage, wobei die Länder oder Ländergruppen mit der für die Umsatzerlöse gewählten Auflistung übereinstimmen sollten[862]. Neben der Aufteilung nach geografischen Bereichen könnten aber z.B. auch Gruppenbildungen nach Funktionen, Geschlecht, Nationalität oder Geschäftssparten durchgeführt werden, wobei diese Aufteilungen insb. den Bestrebungen internationaler Organisationen entgegenkommen würden[863].

15.6.6 Gesamtbezüge, Vorschüsse und Kredite sowie Haftungsübernahmen für Organmitglieder des Mutterunternehmens

748 Für die Mitglieder des Geschäftsführungsorgans, eines AR, eines Beirats oder einer ähnlichen Einrichtung des MU sind jeweils für jede Personengruppe gesondert die in § 314 Abs. 1 Nr. 6 HGB aufgeführten Angaben zu machen. Die Angabepflichten sind grds. dem Anh. zum JA (§ 285 Nr. 9 HGB) nachgebildet[864]. Die Definition und die zeitliche Abgrenzung der Gesamtbezüge und der individuellen Bezüge der aktiven Organmitglieder, die Definition der Gesamtbezüge der früheren Organmitglieder und ihrer Hinterbliebenen und die Angaben zur Rückstellungsbildung für diesen Personenkreis sowie die Einzelheiten zu gewährten Vorschüssen und Krediten, stimmen wörtlich mit § 285 Nr. 9 HGB überein. Insoweit wird auf die Erläuterungen zum Anh. verwiesen[865].

749 Für den KAnh. sind darüber hinaus folgende Besonderheiten[866] zu beachten:

- Berichtspflichtig sind Bezüge der Mitglieder des Geschäftsführungsorgans, AR, Beirats oder einer ähnlichen Einrichtung des MU und nicht etwa der Organmitglieder aller in den KA einbezogenen Unternehmen. Dasselbe gilt für Vorschüsse und Kredite an diesen Personenkreis sowie die Bezüge ehem. Mitglieder dieses Personenkreises oder ihrer Hinterbliebenen. Bezüge etc. für Organmitglieder von TU, die nicht gleichzeitig Organmitglied des MU sind, begründen daher keine Berichtspflicht.
- Für die Angabepflicht kommt es nicht darauf an, ob die Gesamtbezüge ausschließlich vom MU oder anteilmäßig auch von dem oder den TU gezahlt werden, und auch nicht darauf, ob bei vollständiger Zahlung durch das MU ein Teil der Gesamtbezüge an TU im In- oder Ausland weiterbelastet wird. Die Zahlstelle hat also für die Angabepflicht keine Bedeutung.
- Anzugeben sind die Gesamtbezüge usw. der Organmitglieder des MU, die sie für die Wahrnehmung ihrer Aufgaben im MU und den TU erhalten. Dabei kommt es nicht

---

861 Siehe aber auch *Grottel*, in: BeBiKo[11], § 314, Rn. 60.
862 Bei börsennotierten MU sind dagegen die Regelungen zur SegBE zu beachten; vgl. Kap. G Tz. 799 ff.
863 Vgl. *Havermann*, in: UEC-Kongress, S. 14 (18).
864 *Anders als in* § 285 Nr. 9 HGB sind im KAnh. jedoch keine größenabhängigen Erleichterungen vorgesehen (§ 288 Abs. 1 HGB).
865 Vgl. Kap. F Tz. 1067 ff., Kap. F Tz. 1085 ff. und Kap. F Tz. 1091 ff.; vgl. auch DRS 17 sowie ADS[6], § 314, Tz. 41.
866 Zu den Besonderheiten, wenn ein KI zum Konzern gehört, vgl. ADS[6], § 314, Tz. 49.

darauf an, ob bei einer Mitgliedschaft in Organen sowohl des MU als auch des TU die Organe vergleichbare oder unterschiedliche Aufgaben haben. Angabepflichtig sind nicht nur die Bezüge von AR-/Vorstandsmitgliedern des MU, die in gleicher Funktion auch beim TU tätig sind, sondern auch die Bezüge, die ein Vorstandsmitglied des MU in seiner Eigenschaft als AR-Mitglied eines TU bekommt.

- MU ist das Unternehmen, das den KA aufstellt. Wird in einem Konzern auf einer nachgeordneten Stufe ein Teil-KA aufgestellt, so beziehen sich die Angabepflichten auf die Organmitglieder des MU des Teilkonzerns. Erhalten z.B. Vorstandsmitglieder des MU eines Teilkonzerns etwa wegen ihrer Spartenverantwortung Bezüge auch von Konzernunternehmen, die nicht zu diesem Teilbereich des Konzerns gehören (Konzernunternehmen auf höherer Ebene oder auf gleicher Ebene), so sind diese Bezüge nach dem Wortlaut des Gesetzes nicht angabepflichtig.
- Anzugeben sind die Bezüge für die Wahrnehmung der Aufgaben von Organmitgliedern bei dem MU und bei allen TU. Es kommt nicht darauf an, ob die TU ihren Sitz im Inland oder im Ausland haben und auch nicht darauf, ob die TU in den KA einbezogen oder gem. § 296 HGB von der Konsolidierung ausgeschlossen werden[867]. Allerdings muss es sich stets um TU i.S.v. § 290 Abs. 1 und 2 HGB handeln.
- Die Gesamtbezüge sind jeweils für jede einzelne Personengruppe in einem Betrag anzugeben. Erhält ein Vorstandsmitglied des MU zusätzlich zu den Vorstandsbezügen auch AR-Bezüge von TU, so sind auch diese mit den Vorstandsbezügen zusammenzufassen und als Bezüge auszuweisen, die Vorstandsmitglieder des MU erhalten. Eine weitere Differenzierung verlangt das Gesetz nicht.

Müssen im KAnh., der von einer Einzelfirma oder PersGes. gem. PublG aufgestellt wird, **Organbezüge** angegeben werden, um die Befreiungswirkung gem. § 291 HGB zu erzielen, so sind anstelle der Vorstandsbezüge die Bezüge des Personenkreises anzugeben, der eine vorstandsähnliche Tätigkeit ausübt, und die er für diese Tätigkeit bekommt. Dasselbe gilt für Personen, die die Funktion eines AR oder Beirats erfüllen. Dabei kommt es nicht darauf an, ob diese Gremien Organe der betreffenden Unternehmen im Rechtssinne sind.

750

Für den JA wurde in § 286 Abs. 4 HGB eine Ausnahmeregelung geschaffen, wonach die Anhangangaben über Organbezüge nach § 285 Nr. 9a und b HGB dann unterbleiben können, „wenn sich anhand dieser Angaben die Bezüge eines Mitglieds dieser Organe feststellen lassen"[868] und das berichtende Unternehmen keine börsennotierte AG ist. Nach der Gesetzesbegründung[869] ist die Regelung aus Gründen des Datenschutzes erforderlich.

751

Eine für den KA vergleichbare Ausnahmeregelung existiert nicht[870], obwohl der Schutz persönlicher Daten im KAnh. in gleicher Weise relevant werden kann. Dies umso mehr, wenn der Anh. des MU und der KAnh. zusammengefasst und gemeinsam offengelegt werden[871]. Wird das Fehlen der Ausnahmeregelung im KAnh. nicht als bewusster Re-

752

---

867 Vgl. DRS 17.15.
868 Vgl. Kap. F Tz. 1082 ff.
869 BT-Drs. 12/7912, S. 23.
870 Auch in der Mittelstandsrichtlinie war für den KA ein derartiges Wahlrecht nicht vorgesehen.
871 Vgl. auch ADS⁶, § 314, Tz. 50.

gelungsverzicht des Gesetzgebers interpretiert, so sprechen Sinn und Zweck für eine analoge Anwendung des § 286 Abs. 4 HGB auch auf den KAnh.[872]

753 Ist das MU eine KGaA, gelten § 314 Abs. 1 Nr. 6 Buchst. a und b HGB mit der Maßgabe, dass der auf die Kapitalanteile der persönlich haftenden Gesellschafter entfallende Gewinn nicht angegeben werden muss (§ 298 Abs. 1 HGB i.V.m. § 286 Abs. 4 AktG)[873].

15.6.7 Corporate-Governance-Erklärung

754 Nach § 314 Abs. 1 Nr. 8 HGB hat der KAnh. für jedes in den KA einbezogene börsennotierte Unternehmen die Angabe zu enthalten, dass die nach § 161 des AktG vorgeschriebene Entsprechenserklärung zum DCGK abgegeben und wo sie öffentlich zugänglich gemacht worden ist. Diese Vorschrift ist § 285 Nr. 16 HGB nachgebildet, so dass grds. auf die entspr. Erläuterungen verwiesen werden kann[874]. Unter den in den KA einbezogenen börsennotierten Unternehmen sind für Zwecke des § 314 Abs. 1 Nr. 8 HGB die einbezogenen, vollkonsolidierten und anteilmäßig konsolidierten, börsennotierten AG (i.S.v. § 3 Abs. 2 AktG) zu verstehen. Auch die Erklärungen von Gesellschaften i.S.d. § 161 Abs. 1 S. 2 AktG (Gesellschaften, die ausschließlich andere Wertpapiere als Aktien zum Handel an einem organisierten Markt i.S.d. § 2 Abs. 5 WpHG ausgegeben haben), die gerade nicht börsennotiert i.S.d. § 161 Abs. 1 S. 1 AktG sind, sind anzugeben[875].

15.6.8 Honorar des Abschlussprüfers

755 Nach § 314 Abs. 1 Nr. 9 HGB ist das von dem APr. des KA für das GJ berechnete Gesamthonorar aufgeschlüsselt in das Honorar für

a) die Abschlussprüfungsleistungen,
b) andere Bestätigungsleistungen,
c) Steuerberatungsleistungen,
d) sonst. Leistungen

anzugeben. Die Vorschrift ist derjenigen des § 285 Nr. 17 für den JA nachgebildet, so dass grds. auf die entspr. Ausführungen verwiesen werden kann[876].

756 Im KA umfasst die Angabepflicht das vom APr. oder seinen verbundenen Unternehmen für das GJ berechnete Gesamthonorar für Leistungen der vier Kategorien, die diese an das MU, an vollkonsolidierte TU, an quotal konsolidierte GU oder an assoziierte Unternehmen erbracht haben. In der Kategorie a) sind damit sowohl das berechnete Honorar für die Prüfung des KA als auch die berechneten Honorare für die gesetzliche oder freiwillige Prüfung der JA der in den KA einbezogenen Unternehmen zu berücksichtigen. Honorarbestandteile, die auf Prüfungen von GU bzw. assoziierte Unternehmen entfallen, sind nur entspr. der Beteiligungsquote aufzunehmen[877]. Die Angabepflicht umfasst dabei nach *IDW RS HFA 36 n.F.* entgegen dem Wortlaut der Vorschrift nur das Honorar, das im GJ im KA erfolgswirksam erfasst oder als Anschaffungsnebenkosten

---

[872] Ebenso ADS⁶, § 314, Tz. 50; Zur Auslegung dieser Vorschrift vgl. auch Schr. des BMJ v. 06.03.1995 III A 3 - 3507/1 - 13 (D) - 1 II - 32 - 2014/94 abgedruckt in DB 1995, S. 639; vgl. auch *Feige/Ruffert*, DB 1995, S. 637.
[873] Vgl. *Grottel*, in: BeBiKo¹¹, § 314, Rn. 76.
[874] Vgl. Kap. J Tz. 30 ff.
[875] So *Grottel*, in: BeBiKo¹¹, § 314, Rn. 150.
[876] Vgl. Kap. F Tz. 1131 ff.
[877] Vgl. *IDW RS HFA 36 n.F.*, Tz. 19.

aktiviert wurde[878]. Werden für die Inanspruchnahme der Erleichterungspflicht des § 285 Nr. 17 letzter Satzteil HGB auch Honorare anderer APr. als des KAPr. oder dessen verbundener Unternehmen angegeben, so ist für jede der vier Kategorien die Summe der auf diese APr. entfallenden Honorare entweder gesondert oder in einem Davon-Vermerk anzugeben[879]. Falls § 314 Abs. 1 Nr. 9 HGB innerhalb eines mehrstufigen Konzerns für mehrere Teil-KA anwendbar ist, ist jeder Teilkonzern isoliert zu betrachten. Das heißt, Angaben in Bezug auf verbundene Unternehmen, die dem Teilkonzern-MU über- oder gleichgeordnet sind, sind nicht erforderlich[880].

15.6.9 Berichterstattung über Beziehungen zu nahe stehenden Personen (Related Parties)

Gemäß § 314 Abs. 1 Nr. 13 HGB sind zumindest die nicht zu marktüblichen Bedingungen zustande gekommenen Geschäfte des MU und seiner TU, soweit sie wesentlich sind, mit nahe stehenden Unternehmen und Personen anzugeben. Dies umfasst auch Angaben zur Art der Beziehung, zum Wert der Geschäfte sowie weitere Angaben, die für die Beurteilung der Finanzlage des Konzerns notwendig sind. Geschäfte mit und zwischen mittel- oder unmittelbar in 100%igem Anteilsbesitz stehenden in einen KA einbezogenen Unternehmen sind von der Angabepflicht ausgenommen. Eine Zusammenfassung der Angaben über Geschäfte nach Geschäftsarten ist zulässig, sofern die getrennte Angabe für die Beurteilung der Auswirkungen auf die Finanzlage des Konzerns nicht notwendig ist. Da die Vorschrift unter Bezugnahme auf den KA wortgleich mit der korrespondierenden Vorschrift für den JA (§ 285 Nr. 21 HGB) ist, kann hinsichtlich der Erläuterungen zu Inhalt und Umfang der Angabepflichten auf die dortigen Ausführungen[881] verwiesen werden. 757

Aus Konzernsicht ergeben sich einige Besonderheiten der Angabepflicht. Nach dem Gesetzeswortlaut umfasst die Vorschrift die angabepflichtigen Geschäfte des MU und seiner TU – unabhängig davon, ob diese in den KA einbezogen werden oder nicht[882]. GU oder assoziierte Unternehmen fallen somit nicht in den Anwendungsbereich der Vorschrift[883], wohl aber Geschäfte des MU oder seiner TU mit GU oder assoziierten Unternehmen, da diese nahe stehend sind. Zudem ist für Zwecke des KAnh. der Kreis der nahestehenden Unternehmen und Personen weiter gezogen als für den Anh. des JA, da alle Unternehmen bzw. Personen dem Konzern nahe stehend sind, die dem MU oder einbezogenen TU nahe stehend i.S.d. § 314 Abs. 1 Nr. 13 HGB[884] sind[885]. 758

15.6.10 Ergebnisverwendung

Nach § 314 Abs. 1 Nr. 26 HGB ist der Vorschlag für die Verwendung des Ergebnisses des MU oder ggf. der Beschluss über die Verwendung des Ergebnisses des MU anzugeben. Da der KA keine Zahlungsbemessungsfunktion hat, kann sich diese Angabe nicht auf das 759

---

[878] Vgl. *IDW RS HFA 36 n.F.*, Tz. 21.
[879] Vgl. *IDW RS HFA 36 n.F.*, Tz. 20.
[880] Vgl. *IDW RS HFA 36 n.F.*, Tz. 23.
[881] Vgl. Kap. F Tz. 1167 ff.
[882] So auch *Grottel*, in: BeBiKo[11], § 314, Rn. 186. A.A. *Rimmelspacher/Fey*, WPg 2010, S. 191, die Geschäfte nicht einbezogener TU mit nahe stehenden Unternehmen von der Angabepflicht ausschließen wollen.
[883] Vgl. Begr. RegE BilMoG, BT-Drs. 16/10067, S. 86.
[884] Vgl. hierzu im Einzelnen die Erläuterungen zu § 285 Nr. 21, Kap. F Tz. 1167 ff.
[885] Vgl. *IDW RS HFA 33*, Tz. 28-29.

Konzernergebnis beziehen. Vielmehr muss die Angabe nach § 314 Abs. 1 Nr. 26 HGB deckungsgleich mit der Angabe nach § 285 Nr. 34 HGB im Anh. zum JA sein. Sofern gem. § 298 Abs. 2 S. 1 HGB der KAnh. mit dem Anh. zum JA zusammengefasst wird, ist eine doppelte Angabe dementsprechend nur einmal zu machen[886].

760 Auf JA-Ebene können kleine KapGes. gem. § 288 Abs. 1 Nr. 1 i.V.m. § 285 Nr. 34 HGB auf die Angabe des Vorschlags oder des Beschlusses über die Ergebnisverwendung verzichten. Auf KA-Ebene gibt es keine vergleichbare Erleichterungsvorschrift. Es kann also sein, dass eine kleine KapGes., die zugleich das den KA aufstellende MU ist, im Anh. zum JA von der Angabe des Vorschlags/Beschlusses über die Ergebnisverwendung befreit ist, wohingegen sie im Anh. zum KA zu genau dieser Angabe verpflichtet ist. Auf der Ebene des KA wird die kleine KapGes. im Ergebnis so behandelt als sei sie eine große KapGes.

16. Kapitalflussrechnung

16.1 Geltungsbereich und anwendbare Regelungen

761 Neben der Konzernbilanz, der Konzern-GuV, dem KAnh. und dem EK-Spiegel gehört auch die KFR zu den Pflichtbestandteilen des KA (§ 297 Abs. 1 S. 1 HGB), weil der Gesetzgeber den Inhalt des nach den Vorschriften des HGB aufgestellten KA an den international üblichen Umfang von KA anpassen wollte. Inhaltlich ausgestaltet wird die KFR durch den Deutschen Rechnungslegungsstandard (**DRS**) **Nr. 21** „**Kapitalflussrechnung**".

762 Mit DRS 21 werden die **Grundsätze** zusammengestellt, die ein MU bei der Aufstellung einer KFR gem. § 297 Abs. 1 HGB zu beachten hat (DRS 21.2). DRS 21 **gilt für alle MU**, die gem. § 290 HGB einen KA aufstellen müssen. In allen anderen Fällen wird die Beachtung des Standards empfohlen. Der Standard gilt für Unternehmen aller Branchen. Branchenspezifische Besonderheiten von KI/FI sowie von VU werden in den Anlagen 1 und 2 zu DRS 21 geregelt (DRS 21.2-.8).

16.2 Aufgaben und Grundsätze der Kapitalflussrechnung

763 Durch die KFR soll der Einblick in die Fähigkeit des Unternehmens, künftig finanzielle Überschüsse zu erwirtschaften, Zahlungsverpflichtungen zu erfüllen und Ausschüttungen an die Anteilseigner zu leisten, verbessert werden. Die KFR soll für die Berichtsperiode die Zahlungsströme darstellen und darüber Auskunft geben, wie das Unternehmen aus der laufenden Geschäftstätigkeit Finanzmittel erwirtschaftet hat und welche zahlungswirksamen Investitions- und Finanzierungsmaßnahmen vorgenommen wurden[887]. Im Ergebnis soll also die Veränderung des Finanzmittelfonds, der sich aus den Zahlungsmitteln und Zahlungsmitteläquivalenten zusammensetzt, gezeigt werden.

764 Zur Realisierung dieses Zieles hat sich in den Standards das sog. **Aktivitätsformat** durchgesetzt, bei dem die Zahlungsströme den betrieblichen Bereichen zugeordnet werden, durch die sie ausgelöst wurden[888]. Die KFR wird in die Bereiche laufende Geschäftstätigkeit, Investitionstätigkeit und Finanzierungstätigkeit untergliedert. Dies ermöglicht eine Strukturanalyse der Zahlungsströme und im Zeitablauf detaillierte Ana-

---

886 Vgl. *Völkner/Weiser*, in: BilRUG-Komm., J, Rn. 39.
887 DRS 21.1.
888 Die Gliederung der KFR nach Mittelherkunft und Mittelverwendung ist dagegen nicht mehr gebräuchlich.

lysen der finanziellen Entwicklung[889]. Nach Berücksichtigung der wechselkursbedingten und sonst. Wertänderungen der Fondsbestände entspricht die Summe dieser Zahlungsströme der Änderung des Finanzmittelfonds in der Berichtsperiode (DRS 21.15).

Da es sich bei der KFR um die Darstellung von Zahlungsströmen handelt, sind gem. DRS 21.29 nur Geschäftsvorfälle, die zu einer Veränderung des Finanzmittelfonds führen, die also **zahlungswirksam** sind, in die KFR aufzunehmen. Als Beispiele für zahlungsunwirksame Geschäftsvorfälle werden in DRS 21.30 u.a. der Erwerb von Vermögenswerten mit Stundung des Erwerbspreises, der Erwerb eines Unternehmens gegen Ausgabe eigener Anteile und die Umwandlung von Schulden in EK angeführt.

Die Konzern-KFR ist unter der Fiktion der **wirtschaftlichen Einheit** des Konzerns aufzustellen. Dies bedeutet, dass sämtliche konzerninternen Beziehungen aus der KFR zu eliminieren und somit ausschließlich Zahlungsströme abzubilden sind, die sich im Geschäftsverkehr mit Konzernfremden ergeben[890]. Zu den eliminierungspflichtigen Zahlungsströmen gehören z.B. Aufnahme und Tilgung von konzerninternen Krediten, Zahlungen i.Z.m. konzerninternen Lieferungen oder Leistungen oder Zahlungen aufgrund von konzerninternen Dividenden. Soweit die KFR aus der Konzernbilanz und Konzern-GuV abgeleitet wird[891], ist eine Eliminierung nicht mehr notwendig, da diese bereits im Zuge der Konsolidierung vorgenommen wurde.

16.3 Einzubeziehende Unternehmen

Um den Zusammenhang mit den übrigen Abschlussrechnungen zu gewährleisten und Manipulationsmöglichkeiten auszuschließen, ist für die Konzern-KFR grds. der dem KA zugrunde liegende Konsolidierungskreis maßgeblich[892].

Alle in den KA einbezogenen Unternehmen sind entspr. ihrer **Konsolidierungsmethode** in die KFR aufzunehmen (DRS 21.14). Dies hat besondere Bedeutung für die Einbeziehung von GU und assoziierten Unternehmen. Während quotal konsolidierte GU auch quotal in die Konzern-KFR einfließen[893], werden lt. DRS 21.14 nach der Equity-Methode bilanzierte Unternehmen „in der Kapitalflussrechnung nur anhand der Zahlungen zwischen ihnen und dem Konzern und anhand der Zahlungen im Zusammenhang mit dem Erwerb oder Verkauf solcher Beteiligungen erfasst". Entspr. sind Dividendenzahlungen von assoziierten Unternehmen grds. in den Zahlungsströmen aus Investitionstätigkeit enthalten.

In der KFR sind die Zahlungsströme aller vollkonsolidierten TU mit Dritten zusammengefasst, so dass die Ein- und Auszahlungen eines TU entspr. ihrer Herkunft in die drei Bereiche der KFR eingehen. Davon zu unterscheiden sind Zahlungen i.Z.m. der Veränderung des Konsolidierungskreises. Diese Zahlungen sind ausschließlich den Investitionszahlungen zuzuordnen (DRS 21.43 und DRS 21.B28). Daraus ergibt sich, dass bei indirekter Ermittlung der Zahlungsströme aus laufender Geschäftstätigkeit die zu berücksichtigenden Änderungen der Bestände (z.B. Vorräte) um die Änderungen des

---

889 Vgl. *Pfuhl*, in: HdKonzernR², II Rn. 1225.
890 Vgl. *Pfuhl*, in: HdKonzernR², II Rn. 1218.
891 Nach DRS 21.11 kann die Konzern-KFR entweder aus der Konzernbilanz und Konzern-GuV unter Verwendung zusätzlicher Informationen oder durch Konsolidierung der einzelnen KFR der einbezogenen Unternehmen ermittelt werden.
892 Vgl. *Pfuhl*, in: HdKonzernR², II Rn. 1220.
893 Die entspr. Bestände des Finanzmittelfonds sind gem. DRS 21.52d) gesondert anzugeben.

Konsolidierungskreises zu korrigieren sind. Außerdem müssen aus dem Cash Flow aus laufender Geschäftstätigkeit die Gewinne und Verluste aus der Veräußerung eines TU eliminiert werden.

770 Bei Unternehmenskäufen und -verkäufen ist nur der liquiditätswirksame Betrag in der Konzern-KFR zu berücksichtigen. Bei der Ermittlung der durch Veränderungen des Konsolidierungskreises bedingten Zahlungsströme ist daher darauf zu achten, „dass die bei einer Erstkonsolidierung eines Tochterunternehmens in die Verfügungsgewalt des Konzerns gelangenden Zahlungsmittel mit der Anschaffungsauszahlung saldiert bzw. im umgekehrten Fall bei der Entkonsolidierung mit dem Verkaufspreis verrechnet werden (Nettoausweis)"[894]. Bei der Ermittlung der Veränderung des Finanzmittelfonds als Vergleich der Bestände am Anfang und a.E. der betrachteten Periode ist folglich sicherzustellen, dass Veränderungen des Konsolidierungskreises eliminiert werden (DRS 21.31).

16.4 Abgrenzung des Finanzmittelfonds

771 In den Finanzmittelfonds dürfen nur Zahlungsmittel und Zahlungsmitteläquivalente einbezogen werden (DRS 21.33). Hierdurch werden Bewertungseinflüsse auf die Fondsdarstellung vermieden[895].

772 Der Finanzmittelfonds umfasst nur äußerst **liquide Mittel** (DRS 21.B15), wobei grds. davon ausgegangen wird, dass der Finanzmittelfonds dem Buchwert des Bilanzpostens „B.IV Kassenbestand, Bundesbankguthaben, Guthaben bei KI und Schecks" nach § 266 Abs. 2 HGB entspricht. Dies folgt aus der Verpflichtung zur rechnerischen Überleitung auf die betreffenden Bilanzposten, soweit der Finanzmittelfonds nicht dem Posten B.IV entspricht (DRS 21.52b).

773 Gemäß DRS 21.9 bzw. 21.B15 handelt es sich bei den **Zahlungsmitteläquivalenten** um „als Liquiditätsreserve gehaltene, kurzfristige, äußerst liquide Finanzmittel, die jederzeit in Zahlungsmittel umgewandelt werden können und nur unwesentlichen Wertschwankungen unterliegen". Hierbei kann es sich bspw. um festverzinsliche Wertpapiere des UV handeln. Mit dieser Erweiterung des Finanzmittelfonds um Zahlungsmitteläquivalente wird der Praxis des Cash-Managements, kurzfristig für die Liquiditätsdisposition nicht benötigte Mittel in liquide verzinsliche Anlagen zu investieren und diese bei Bedarf zu liquidieren, Rechnung getragen[896].

Zahlungsmitteläquivalente, die die Voraussetzungen des DRS 21.9 bzw. DRS 21.B15 erfüllen, dürfen im Erwerbszeitpunkt nur eine Restlaufzeit von maximal drei Monaten haben. Zur Vermeidung von Umgliederungen und missverständlichen Interpretationen ist die Ermittlung der Restlaufzeiten nicht am Abschlussstichtag, sondern zum Erwerbszeitpunkt des betreffenden Postens auszurichten (DRS 21.B15).

774 Da der Finanzmittelfonds eine Bruttogröße darstellt, sind Saldierungen mit kurzfristigen Verbindlichkeiten grds. nicht zulässig. Eine Ausnahme gilt für jederzeit fällige Bankverbindlichkeiten, die zur Disposition der liquiden Mittel gehören. Zur Vermeidung von

---

[894] *Pfuhl*, in: HdKonzernR², II Rn. 1221.
[895] Vgl. *v. Wysocki*, in: Dörner, Reform, S. 451.
[896] Vgl. *Gebhardt*, BB 1999, S. 1314 mit kritischen Anm. Der von *Gebhardt* geforderte gesonderte Ausweis aller Zahlungen aus Cash-Management-Aktivitäten dürfte aber über die in DRS 2.52a) vorgesehene Angabe der Definition des Finanzmittelfonds hinausgehen.

Gestaltungsspielräumen und einer besseren Nachvollziehbarkeit sind sie in den Finanzmittelfonds einzubeziehen und offen abzusetzen (DRS 21.34 sowie DRS 21.B14).

Die Definition und die Zusammensetzung des Finanzmittelfonds sind als **ergänzende Angaben** der KFR in den Anh. aufzunehmen (DRS 21.52a) und b)). Führen bspw. Kreditvereinbarungen zu Verwendungsbeschränkungen bei den im Finanzmittelfonds enthaltenen Zahlungsmitteln und Zahlungsmitteläquivalenten, müssen diese Beschränkungen im KAnh. offengelegt und ihre Höhe angegeben werden (DRS 21.52e)[897].

16.5 Bereinigung um zahlungsunwirksame Veränderungen des Finanzmittelfonds

Um ein den tatsächlichen Verhältnissen entspr. Bild der Finanzlage zu vermitteln, darf eine Finanzrechnung nicht von Periodisierungen und Bewertungen beeinflusst werden. Entscheidend ist, zu welchem Zeitpunkt dem Unternehmen Liquidität durch Auszahlungen entzogen worden und durch Einzahlungen zugeflossen ist[898].

Sofern Zahlungsmittel oder Zahlungsmitteläquivalente auf Fremdwährungen lauten, unterliegt die Bestandsänderung in Konzernwährung den **Wechselkursveränderungen** (vgl. DRS 21.35). Der Finanzmittelfonds, soweit er ausschließlich aus liquiden Mitteln besteht, unterliegt weder Periodisierungs- noch Bewertungseinflüssen. Soweit Zahlungsmitteläquivalente enthalten sind, können **Bewertungsänderungen** auftreten (vgl. DRS 21.37). Durch Wechselkurs- und Wertänderung können Veränderungen des Finanzmittelfonds vom Anfang zum Ende der Periode in Konzernwährung entstehen, die nicht auf Zahlungsvorgängen beruhen. Diese nichtzahlungswirksamen Veränderungen sind in der Darstellung der Entwicklung des Finanzmittelfonds ebenso wie die konsolidierungskreisbedingten Änderungen gesondert anzugeben (DRS 21; Anlage 1, Zeile 38 bei der direkten und Zeile 45 bei der indirekten Methode). Wechselkursbedingte Änderungen werden ermittelt, indem die Zahlungsmittelbestandsveränderung in Fremdwährung ermittelt und zum Devisenkassamittelkurs am KA-Stichtag umgerechnet wird. Dem wird die Differenz des Zahlungsmittelbestands zu Anfang und a.E. der Periode in Konzernwährung gegenübergestellt. Der Saldo beider Beträge ist die wechselkursbedingte Änderung. Diese Entwicklungen sind für jeden Bestand an Zahlungsmitteln in Fremdwährung getrennt zu ermitteln. Insb. in internationalen Konzernen können die Beträge erheblich sein, weil die Zahlungsmittelbestände der ausländischen (außerhalb des Euro-Raums ansässigen) TU in den Konzernfinanzmittelfonds eingehen. Nicht zahlungswirksame, bewertungsbedingte Änderungen des Finanzmittelfonds entstehen z.B., wenn im Fonds Wertpapiere enthalten sind, die zum Abschlussstichtag abgewertet wurden.

16.6 Wechselkurseinflüsse auf die Darstellung der Cash Flows

DRS 21.13 legt fest, dass Zahlungsvorgänge in anderen Währungen als in der Berichtswährung des Konzerns grds. mit dem zum Transaktions-/Zahlungszeitpunkt gültigen Transaktionskurs in die Berichtswährung umzurechnen sind. DRS 21.13 lässt vereinfachend auch die Umrechnung mit **Periodendurchschnittskursen** zu. Sofern die KFR aus dem KA abgeleitet wird, liegen bereits umgerechnete Werte zugrunde. Dann

---
897   Vgl. *Winkeljohann/Rimmelspacher*, in: BeBiKo[11], § 297, Rn. 60.
898   Vgl. *Winkeljohann/Rimmelspacher*, in: BeBiKo[11], § 297, Rn. 52.

muss beachtet werden, dass bei der indirekten Darstellung der Cash Flows aus laufender Geschäftstätigkeit aus der Veränderung der Aktiva und Passiva die wechselkursbedingten Änderungen zu eliminieren sind. Ihre Höhe hängt von den im KA verwandten Wechselkursen[899] ab. Sofern Wechselkurseinflüsse erfolgswirksam erfasst wurden, müssen diese Beträge ebenfalls korrigiert werden.

779 Zusätzlich zu den wechselkursbedingten Wertänderungen des Finanzmittelfonds (wechselkursbedingte Fondsänderung) entstehen bei der derivativen Methode zahlungsunwirksame Differenzen aus der Währungsumrechnung durch die wechselkursbedingte Änderung der Bilanzposten. Wechselkursbedingte Änderungen des Anfangsbestands ergeben sich bspw., wenn sich der Vorratsbestand aufgrund einer Umrechnung mit dem (gesunkenen) Stichtagskurs verringert. Obwohl in Landeswährung keine Bestandsveränderung stattgefunden hat, kann sich der entspr. Bestandsposten somit in Konzernwährung ändern. In solchen Fällen sind Korrekturrechnungen erforderlich, die eine zumindest näherungsweise Eliminierung der durch die Änderung der Umrechnungskurse induzierten „Bestandsänderungen" gewährleisten[900].

780 Zur Eliminierung der wechselkursbedingten Bestandsänderungen müssen zunächst die Bestandsveränderungen der einzelnen Bilanzpositionen in der Berichtswährung des TU ermittelt werden. Die Bestandsveränderungen lassen sich aus den Konzernpackages der TU errechnen. Der errechnete Betrag[901] wird anschließend (bei Anwendung der Vereinfachungsregel vgl. Kap. G Tz. 778) zum Periodendurchschnittskurs in die Konzernwährung umgerechnet. Die so ermittelten Beträge werden addiert und der aus der Konzernbilanz ermittelten Differenz des Bestandes in Konzernwährung zu Anfang und a.E. der Periode gegenübergestellt. Der Saldo aus beiden Beträgen ist die wechselkursbedingte Differenz. Die Differenz zwischen diesen beiden Berechnungen stellt den Effekt aus der Wechselkursänderung dar. Die Eliminierung der währungsbedingten Bestandsveränderungen ist nur dann mit dieser Berechnung beendet, wenn es im Berichtsjahr keine internen Leistungsbeziehungen zwischen TU und MU gegeben hat[902].

781 Auf die Problematik von Währungen von **Hochinflationsländern** oder von Ländern mit ausgeprägten politischen Risiken sowie auf die Handelsintensität der Währungen wird weder in DRS 21 noch in den international anerkannten Standards zur KFR eingegangen, obwohl Finanzmittelbestände in solchen Währungen mit erheblichen Wertänderungsrisiken verbunden sein können. Somit ist nicht geklärt, ob alle Fremdwährungen oder z.B. nur auf aktiven Märkten gehandelte stabile Währungen in den Finanzmittelfonds einbezogen werden dürfen[903]. Auch wenn DRS 21 dies nicht vorsieht, erscheint zumindest ein gesonderter Ausweis bspw. in Form einer grob segmentierten Ergänzungsrechnung sinnvoll[904].

---

899 Vgl. zur Währungsumrechnung Kap. G Tz. 316.
900 Vgl. DRS 21.37; *Winkeljohann/Rimmelspacher*, in: BeBiKo[11], § 297, Rn. 90 f.
901 Dieser stellt die Volumenänderung dar.
902 Vgl. *Plein*, WPg 1998, S. 14 (15).
903 Vgl. *Gebhardt*, BB 1999, S. 1315.
904 Vgl. *Busse v. Colbe* in: HWR[3], Sp. 1081 (1083).

16.7 Das Aktivitätsformat der Kapitalflussrechnung

16.7.1 Grundsatz

DRS 21.16 sieht vor, dass die Cash Flows entspr. der jeweiligen wirtschaftlichen Tätigkeit des Unternehmens einem der drei Bereiche „laufende Geschäftstätigkeit", „Investitionstätigkeit", „Finanzierungstätigkeit" zuzuordnen sind. Präzisierend wird in DRS 21.9 und im Gliederungsschema in DRS 21.39 ausgeführt, dass der Bereich der laufenden Geschäftstätigkeit von den beiden anderen Bereichen negativ abzugrenzen ist. Somit müssen auch Zahlungen, die von ihrem Charakter her nicht zur laufenden Geschäftstätigkeit zählen, trotzdem diesem Bereich zugeordnet werden, soweit sie nicht eindeutig zur Investitions- oder Finanzierungstätigkeit gehören. Beispielhaft sind hier Versicherungsleistungen, Prozessgewinne und Spenden zu nennen.

782

Zahlungsströme, die sich **mehreren** Tätigkeitsbereichen zuordnen lassen, sind auf die betroffenen Tätigkeitsbereiche nach vernünftiger kaufmännischer Beurteilung aufzuteilen oder dem vorrangig betroffenen Bereich zuzuordnen (DRS 21.17).

783

Erhaltene und gezahlte **Ertragsteuern** sind jeweils gesondert anzugeben und sollen grds. der laufenden Geschäftstätigkeit zugeordnet werden (DRS 21.18). Sie sind der Investitions- oder Finanzierungstätigkeit zuzuordnen, wenn sie eindeutig zu einem Geschäftsvorfall dieser Tätigkeitsbereiche gehören (DRS 21.19).

784

Für Zahlungen i.Z.m. **Sicherungsgeschäften** (hedging) sieht DRS 21.20 eine Zuordnung entspr. der sachlichen Zugehörigkeit des Grundgeschäftes vor.

785

Zahlungsströme aus Erträgen und Aufwendungen von **außergewöhnlicher Größenordnung oder** außergewöhnlicher **Bedeutung** i.S.v. § 314 Abs. 1 Nr. 23 HGB sind in der KFR in dem Tätigkeitsbereich gesondert auszuweisen, dem die Zahlungen zuzuordnen sind[905].

786

16.7.2 Laufende Geschäftstätigkeit

Der Cash Flow aus der laufenden Geschäftstätigkeit stammt aus den auf Erlöserzielung ausgerichteten zahlungswirksamen Tätigkeiten des Unternehmens sowie sonstigen Aktivitäten, die nicht der Investitions- oder Finanzierungstätigkeit zuzuordnen sind (DRS 21.9) und ergibt sich damit insb. aus dem Produktions-, Verkaufs- sowie dem Servicebereich. Er resultiert regelmäßig aus Geschäftsvorfällen, die in das Jahresergebnis einfließen[906].

787

16.7.3 Investitionstätigkeit

Nach den Definitionen des DRS 21.9 gehören zur Investitionstätigkeit „Aktivitäten in Verbindung mit Zu- und Abgängen von Vermögensgegenständen des Anlagevermögens sowie von Vermögensgegenständen des Umlaufvermögens, die nicht dem Finanzmittelfonds oder der laufenden Geschäftstätigkeit zuzuordnen sind". Neben Zahlungen, die zu einer Erhöhung des Buchwertes eines in der Konzernbilanz angesetzten Vermögensgegenstandes des AV führen, gehören hierzu z.B. auch Zahlungen, die geleistet werden, um die Verminderung des Buchwertes einer Beteiligung zu vermeiden. Denkbar sind hier etwa Sanierungszuschüsse des MU an sein in der Krise befindliches TU. Der

788

---
905 Siehe DRÄS 6 Art. 11 4.
906 Vgl. *v. Wysocki*, Kapitalflußrechnung, S. 14.

gesonderte Ausweis der Cash Flows aus Investitionstätigkeit soll somit Informationen über den Mitteleinsatz für künftige Erfolge und für künftige Einnahmenüberschüsse vermitteln[907].

789 DRS 21 sieht eine **differenzierte Darstellung** der Investitionstätigkeit vor. So sind nicht nur die Einzahlungen aus Abgängen von Gegenständen des AV sowie die Auszahlungen für Investitionen in das AV auszuweisen. Vielmehr müssen die Zahlungsströme nach Gegenständen des immateriellen AV, Gegenständen des Sachanlagevermögens, Gegenständen des Finanzanlagevermögens, nach Verkauf bzw. Erwerb von konsolidierten Unternehmen sowie nach Finanzmittelanlagen i.R.d. kurzfristigen Finanzdisposition differenziert werden. Erhaltene Zinsen und Dividenden sowie Auszahlungen für den Erwerb oder die Herstellung von Deckungsvermögen sind ebenfalls dem Cash Flow aus der Investitionstätigkeit zuzuordnen (DRS 21.44 f.).

16.7.4 Finanzierungstätigkeit

790 Durch den separaten Ausweis der Zahlungsvorgänge im Finanzierungsbereich soll die Abschätzung künftiger Ansprüche der Kapitalgeber ggü. dem Unternehmen erleichtert werden[908]. Den Definitionen des DRS 21.9 zufolge stellt die Finanzierungstätigkeit „Aktivitäten [dar], die sich auf die Höhe und/oder die Zusammensetzung der Eigenkapitalposten und/oder Finanzschulden auswirken, einschließlich der Vergütungen für die Kapitalüberlassung". Im Bereich der Finanzierungstätigkeit werden somit zum einen die Zahlungsströme aus der Außenfinanzierung mit EK und zum anderen die Zahlungsströme aus der Außenfinanzierung mit FK erfasst. Darüber hinaus sind gezahlte Zinsen und Dividenden genauso dem Cash Flow aus der Finanzierungstätigkeit zuzuordnen, wie Einzahlungen aus erhaltenen Zuschüssen bzw. Zuwendungen (DRS 21.48 f.).

17. Eigenkapitalspiegel

791 Der EK-Spiegel ist ein Pflichtbestandteil des KA (§ 297 Abs. 1 S. 1 HGB). Regelungen zu den notwendigen Angaben im EK-Spiegel enthält das Gesetz nicht. Diese gesetzliche Lücke wird durch den Deutschen Rechnungslegungsstandard **(DRS) Nr. 22 „Konzerneigenkapital"** ausgefüllt.

792 Ziel des EK-Spiegels ist es, die Zusammensetzung und die Entwicklung des Konzern-EK systematisch darzustellen (DRS 22.1). Hierbei ist die Entwicklung des EK des MU gesondert von der Entwicklung des EK anderer Gesellschafter abzubilden.

793 Die Struktur des Konzern-EK-Spiegels bestimmt sich stets nach der Rechtsform des MU (DRS 22.11). Aus diesem Grund enthält DRS 22 rechtsformspezifische Mindestgliederungsschemata für den Konzern-EK-Spiegel von KapGes. (Anlage 1) und für PersGes. (Anlage 2). Darüber hinaus spricht DRS 22.20 eine rechtsformunabhängige Empfehlung für die Aufstellung einer Konzernergebnisverwendungsrechnung aus.

794 DRS 22.22 ff. enthalten erstmals konkrete Regelungen zur Darstellung der EK-Entwicklung im KA eines MU in der Rechtsform einer PersGes. i.S.d. § 264a HGB. Danach sind die Kapitalanteile der persönlich haftenden Gesellschafter und die Verbindlichkeiten ggü. den Kommanditisten im KA des MU in gleicher Höhe wie in seinem JA

---

907 Vgl. *v. Wysocki*, Kapitalflußrechnung, S. 21.
908 Vgl. *v. Wysocki*, Kapitalflußrechnung, S. 24.

auszuweisen (DRS 22.23). Übersteigt das Konzernergebnis das Jahresergebnis des MU, so ist die Differenz in die sonst. Konzerngewinnrücklagen einzustellen. Ist das Konzernergebnis niedriger als das Jahresergebnis des MU, sollte der Differenzbetrag zunächst mit den Konzerngewinnrücklagen verrechnet werden, sofern diese in ausreichender Höhe vorhanden sind. Reichen die Konzerngewinnrücklagen nicht aus, sollte der noch verbleibende Unterschiedsbetrag in einem gesonderten Posten mit entspr. Bezeichnung innerhalb des Konzern-EK ausgewiesen werden. Wird das Konzern-EK aufgrund von Verlusten der TU insgesamt negativ, ist dieser Betrag am Schluss der Bilanz auf der Aktivseite gesondert unter der Bezeichnung „Nicht durch Konzerneigenkapital gedeckter Fehlbetrag" auszuweisen (DRS 22.24).

DRS 22.29 ff. regeln ausführlich die Behandlung des Erwerbs eigener Anteile im KA. In DRS 22.38 ff. werden verschiedene Fallgestaltungen der **Veräußerung eigener Anteile** und deren bilanzielle Abbildung unterschieden. Sofern eigene Anteile in mehreren Tranchen zu unterschiedlichen Zeitpunkten mit unterschiedlichen AK erworben wurden, können als AK der veräußerten Anteile die durchschnittlichen AK der einzelnen Anteilserwerbe zugrunde gelegt werden (DRS 22.42). Bei der Ermittlung der durchschnittlichen AK ist eine sachgerechte Methode anzuwenden. Zugleich wird die proportionale Verteilung des Unterschiedsbetrags empfohlen. **795**

Nach § 272 Abs. 4 HGB muss für Anteile an einem herrschenden oder mit Mehrheit beteiligten Unternehmen (**Rückbeteiligung**) eine Rücklage gebildet werden. Nach DRS 22.47 sind Rückbeteiligungen in der Konzernbilanz wie eigene Anteile des MU zu behandeln, so dass die Regelungen zur Bilanzierung eigener Anteile Anwendung finden. In DRS 22.51 wurde eine Sonderregelung für den Fall aufgenommen, dass an der die Rückbeteiligung haltenden Tochtergesellschaft andere Gesellschafter beteiligt sind. Auch in diesem Fall soll das gezeichnete Kapital um den vollen und nicht nur um den auf das MU entfallenden Anteil am Nennbetrag der Rückbeteiligung vermindert werden. Entspr. ist der auf das MU entfallende Teil des Anschaffungspreises, der den Nennbetrag der eigenen Anteile übersteigt, in Höhe des auf die anderen Gesellschafter entfallenden Anteils am Nennbetrag der Rückbeteiligung zusätzlich mit dem Ausgleichsposten nach § 307 Abs. 1 HGB zu verrechnen[909]. **796**

DRS 22 enthält leider keine Regelungen zur Darstellung einer erfolgsneutralen Korrektur einer Kaufpreisallokation im Berichtigungszeitraum (§ 301 Abs. 2 S. 2 HGB). **797**

DRS 22.60 verlangt **ergänzende Angaben** zu den ausschüttungsgesperrten Beträgen. In der Begründung zu DRS 22 weist das DRSC darauf hin, dass die empfohlenen Angaben solche im Konzern-EK ausgewiesenen Beträge umfassen sollten, die sowohl beim MU als auch bei den in den KA einbezogenen TU einer Ausschüttungssperre bzw. anderen Verfügungsbeschränkungen unterliegen (DRS 22.B49). Die ergänzenden Angaben sind geschlossen entweder unter dem Konzern-EK-Spiegel oder im KAnh. zu machen (DRS 22.61). **798**

---

909 Vgl. Kap. G Tz. 246.

18. Segmentberichterstattung

18.1 Grundlagen

799 Während es sich bei der Konzernbilanz, der Konzern-GuV, dem KAnh., der KFR und dem EK-Spiegel um Pflichtbestandteile des KA handelt (§ 297 Abs. 1 S. 1 HGB), besteht hinsichtlich der Erweiterung des KA um eine **SegBE**[910] ein Wahlrecht (§ 297 Abs. 1 S. 2 HGB). Über die inhaltliche Ausgestaltung einer solchen SegBE sind dem Gesetz keinerlei Vorgaben zu entnehmen. Diese Regelungslücke wird durch den Deutschen Rechnungslegungsstandard **(DRS) Nr. 3 „Segmentberichterstattung"** ausgefüllt.

800 Ziel der SegBE ist es, Informationen über die wesentlichen Geschäftsfelder eines Unternehmens und sein Umfeld und damit weitere entscheidungsrelevante Detailinformationen zu liefern. Da sich die Gewinnspannen, die Risiken und die Wachstumsaussichten einzelner Unternehmensbereiche stark unterscheiden können, lässt die für die GuV vorgeschriebene **Ergebnisspaltung** nach Funktionen (Betriebsergebnis, Finanzergebnis) keine Aussagen über Erfolgs- und Risikopotenziale einzelner Bereiche zu. Durch die SegBE werden die gerade bei diversifizierten Unternehmen problematischen Aggregationen in Bilanz und GuV zumindest partiell wieder rückgängig gemacht, was differenziertere Rückschlüsse auf die Vermögens-, Finanz- und Ertragslage sowie die Risikosituation der einzelnen Unternehmensbereiche überhaupt erst ermöglicht[911].

Angesichts der Entscheidungsrelevanz der durch die SegBE zur Verfügung gestellten Informationen[912] und der stärkeren Fokussierung auf die **Informationsfunktion** des KA ermöglicht die SegBE den Investoren die Beurteilung, welchen Erfolgsbeitrag die einzelnen Segmente liefern und ob mit einer Diversifikation in verschiedene Geschäftszweige der Gesamtertrag bzw. der Unternehmenswert gesteigert wird[913].

801 Nach dem sog. **Management Approach** ergibt sich die Segmentierung aus der internen Organisations- und Berichtsstruktur des Unternehmens. Dies führt zu einer Konvergenz zwischen interner und externer Berichterstattung[914].

802 Durch den Management Approach soll den Adressaten der externen Rechnungslegung der Blick auf das Unternehmen aus der Perspektive des Managements ermöglicht werden[915]. Man geht dabei davon aus, dass die Unternehmensleitung i.d.R. die beste Informationsbasis besitzen müsste, „um das Unternehmen in einzelne Segmente einzuteilen, den Ressourcenverbrauch aufzuteilen und die Leistung eines Segments abzubilden, mit dem Ziel, entscheidungsrelevante Informationen zu gewinnen"[916]. Da für das Management entscheidungsrelevante Informationen auch für externe Adressaten entscheidungsrelevant sein müssten, kann die Konvergenz zwischen interner und externer Berichterstattung als Hauptvorteil des Management Approachs angesehen werden.

---

910 Als Segment kann „jede isolierbare Untereinheit (Produktgruppe, Geschäftszweig, Profit Center etc.) innerhalb einer diversifizierten Wirtschaftseinheit (Unternehmung, Konzern)" verstanden werden; vgl. *Haase*, BFuP 1979, S. 455.
911 Vgl. *Haller/Park*, ZfbF 1994, S. 499; *Husmann*, WPg 1997, S. 349 (352); *Fey/Mujkanovic*, DBW 1999, S. 262 und *Küting/Pilhofer*, DStR 1999, S. 559.
912 Vgl. die entspr. Ergebnisse einer empirischen Untersuchung: AICPA (1994).
913 Vgl. *Böcking*, in: Dörner, Reform, S. 509 (512).
914 Vgl. *Böcking*, in: Dörner, Reform, S. 509 (522).
915 Vgl. *Husmann*, WPg 1998, S. 822 und *Küting/Pilhofer*, DStR 1999, S. 562.
916 *Böcking/Benecke*, WPg 1998, S. 97.

803 Der Management Approach gewährleistet hinsichtlich der **intersubjektiven Nachprüfbarkeit** ein hohes Maß an Objektivität, weil das Management nicht die Möglichkeit hat, in der SegBE von der ursprünglich eingerichteten internen Berichterstattung abzuweichen. Dies schließt zwar nicht aus, dass intern nach unzweckmäßigen Kriterien segmentiert wird und dies die Berichterstattung nach außen beeinflusst. Es wird aber verhindert, dass für die externe Berichterstattung ggf. verschleiernde Modifikationen vorgenommen werden können[917]. Beim Management Approach ist eine bilanzpolitisch motivierte Veränderung der SegBE somit unwahrscheinlich[918].

804 Der Management Approach hat die **intertemporäre Vergleichbarkeit** und Kontrolle der Segmente eines Unternehmens zum Ziel[919]. Damit dieses Ziel erreicht wird, kommt dem Grundsatz der Stetigkeit bei diesem Ansatz eine besonders hohe Bedeutung zu. Eine Umstrukturierung der internen Berichterstattung und damit auch der Segmente erfordert somit auch entspr. angepasste Segmentinformationen für vergangene Berichtsperioden[920].

18.2 Segmentberichterstattung nach DRS 3

18.2.1 Segmentierungsgrundsätze

805 Im Regelfall hat sich die Segmentabgrenzung an der **internen Organisations- und Berichtsstruktur** zu orientieren und folgt daher dem Management Approach (DRS 3.9 und 3.10). Es wird ausdrücklich unterstellt, dass die interne Strukturierung auf die unterschiedlichen Chancen und Risiken der Unternehmensaktivitäten abstellt. Dies ist nicht verpflichtend, so dass auch eine von den Chancen und Risiken abw. Segmentierung denkbar ist. Allerdings erfordert die Zusammenfassung von Geschäftsfeldern mit unterschiedlichen Chancen und Risiken innerhalb eines Segments zusätzliche Angaben und muss begründet werden (DRS 3.28).

806 Gemäß DRS 3.9 hat die Segmentierung primär anhand **operativer Segmente** zu erfolgen. Ein operatives Segment ist ein Teil des Unternehmens, der geschäftliche Tätigkeiten entfaltet und potenziell oder tatsächlich zu externen bzw. intersegmentären Umsatzerlösen führt und dabei regelmäßig von der Unternehmensleitung im Hinblick auf seine wirtschaftliche Lage überwacht wird (DRS 3.8). Hierzu zählen auch Segmente, die ihre Leistungen ausschließlich oder überwiegend an andere operative Segmente abgeben (**vertikal integrierte Segmente**).

807 DRS 3.10 geht davon aus, dass sich i.d.R. entweder eine **produktorientierte oder eine geografische Segmentierung** ergeben wird. Produktorientierte Segmente sind Teileinheiten eines Unternehmens, die anhand gleicher oder ähnlicher Produkte oder Dienstleistungen abgegrenzt werden können. Eine Abgrenzung nach Kundengruppen ist ebenfalls denkbar. Bei der geografischen Segmentierung ist sowohl eine Ausrichtung an den Absatzmärkten (market locations) als auch eine Ausrichtung an den Standorten der Aktiva (operating locations) möglich. Während die Orientierung an den Absatzmärkten auf die Beurteilung der Ertragsstruktur eines Unternehmens abzielt, lässt die

---

917 Vgl. *Böcking*, in: Dörner, Reform, S. 509 (524).
918 Vgl. *Husmann*, WPg 1998, S. 820.
919 Vgl. *Husmann*, WPg 1998, S. 821.
920 Vgl. *Böcking*, in: Dörner, Reform, S. 509 (526).

Orientierung an den Standorten der Aktiva Schlüsse über die Aufwandsentwicklung im jeweiligen Segment zu[921].

808 Eine Abweichung von diesen beiden Segmentierungsalternativen ist möglich, wenn die interne Strukturierung des berichtenden Konzerns anders aufgebaut ist[922]. DRS 3.11 verlangt von der Unternehmensleitung, sich bei der externen SegBE für eine Segmentierung zu entscheiden, wenn in der internen Organisations- und Berichtsstruktur mehrere Segmentierungen bestehen. Diese Entscheidung hat in Übereinstimmung mit dem **Risk-and-Reward Approach** zu erfolgen, d.h. eine Orientierung an der Chancen- und Risikostruktur des Unternehmens ist nach DRS 3.11 verpflichtend.

809 Die Segmente sind nur dann getrennt anzugeben, wenn sie eine bestimmte Wesentlichkeit erreichen. Nach DRS 3.15 ist ein operatives Segment anzugeben, „wenn

a) seine Umsatzerlöse mit externen Kunden und mit anderen Segmenten mindestens 10% der gesamten externen und intersegmentären Umsatzerlöse ausmachen oder

b) sein Ergebnis mindestens 10% des zusammengefassten Ergebnisses aller operativen Segmente mit positivem Ergebnis oder aller operativen Segmente mit negativem Ergebnis beträgt, wobei der jeweils größere Betrag maßgebend ist, oder

c) sein Vermögen mindestens 10% des gesamten Vermögens aller operativen Segmente ausmacht."

810 Wenn die den anzugebenden Segmenten zuzuordnenden externen Umsatzerlöse insgesamt **weniger als 75%** der gesamten konsolidierten Umsatzerlöse des Unternehmens ausmachen, besteht die Pflicht, zusätzliche, nach den 10%-Regeln nicht getrennt anzugebende operative Segmente zu berücksichtigen, bis mindestens 75% der gesamten Umsatzerlöse durch die berichtspflichtigen Segmente aufgegliedert werden (DRS 3.12)[923].

811 Für eine größere Transparenz sind gem. DRS 3.45 die Grundlagen zur Bestimmung der **Verrechnungspreise** anzugeben. Dies ist gerade bei der Verwendung nicht marktgerechter Preise von großer Bedeutung, weil ansonsten der Verteilungsmodus zwischen den Segmenten nicht nachvollziehbar wäre und damit evtl. Quersubventionierungen nicht erkennbar würden[924].

18.2.2 Kongruenz der Segmentdaten mit den Bilanz- und GuV-Daten

812 Die SegBE ist gem. DRS 3.20 ausdrücklich Teil des KA, so dass eine **Kongruenz** der anzuwendenden Bilanzierungs- und Bewertungsnormen in allen Konzernabschlussbestandteilen einschl. der SegBE zwingend gewährleistet werden muss. Der Segmentbericht muss auf Bilanz- und GuV-Daten aufbauen, da die segmentierten Daten zur Erläuterung von Bilanz und GuV dienen[925]. Es ist demzufolge nicht zulässig, z.B. kalkulatorische Kosten in die einzelnen zu segmentierenden KA-Posten einzubeziehen. Zusätzlich verlangt DRS 3.37 Überleitungsrechnungen, um die Daten im Segmentbericht den korrespondierenden Posten des KA zuordnen zu können. In diesem Punkt wird vom Management Approach abgewichen, da die Unternehmen unabhängig von

---

[921] Vgl. *Fey/Mujkanovic*, DBW 1999, S. 267.
[922] Allerdings sind auch hier gem. DRS 3.38 zusätzliche Angaben erforderlich.
[923] Diese Regelung entspricht IFRS 8.15 und FASB ASC Topic 280-10-50-14.
[924] Vgl. *Böcking/Benecke*, WPg 1998, S. 92 und *Böcking*, in: Dörner, Reform, S. 509 (525). Die in E-DRS 3 noch enthaltene Soll-Vorschrift, nach der den Verrechnungspreisen zwischen den Segmenten nach Möglichkeit Marktbedingungen zugrunde gelegt werden sollen, wurde in DRS 3 nicht übernommen.
[925] Vgl. *Haller/Park*, ZfbF 1994, S. 510.

der internen Vorgehensweise zur Anwendung einheitlicher und mit dem KA übereinstimmender Rechnungslegungsmethoden für alle Segmente gezwungen werden. IFRS 8.25 sowie FASB ASC Topic 280-10-50-27 verzichten dagegen auf das Kongruenzerfordernis, was eine konsequentere Anwendung des Management Approachs darstellt. Hierdurch können Abweichungen zwischen den intern und den im KA verwandten Rechnungslegungsmethoden auftreten, welche ausführlich erläutert und/oder durch mehrere Überleitungsrechnungen transparent gemacht werden müssen (FASB ASC Topic 280-10-50-29 und; IFRS 8.27 f.)[926].

DRS 3.22 verlangt, dass die für die Segmente ausgewiesenen Vermögens- und Schuldposten sowie die Aufwendungen und Erträge miteinander korrespondieren. Werden Vermögensgegenstände von mehr als einem Segment genutzt und sind Schulden mehr als einem Segment zuzurechnen, sind diese mit Hilfe eines **sachgerechten Schlüssels** und auf eine für Dritte nachvollziehbare Weise auf die Segmente zu verteilen. Die korrespondierenden Komponenten des Segmentergebnisses müssen nach den gleichen Kriterien zugeordnet werden. Zweifellos ergibt sich durch diese in DRS 3.23 vorgesehene Vereinfachung ein nicht unbeträchtlicher Spielraum hinsichtlich der bei der SegBE offenzulegenden Daten[927].

Das **Segmentergebnis** ist von der Unternehmensleitung zu definieren. Insoweit orientiert sich DRS 3.24 wieder tendenziell am Management Approach, weil das berichtende Unternehmen das Segmentergebnis u.a. unter Berücksichtigung geschäftszweigspezifischer Besonderheiten selbst festlegen kann. Somit kommen als Segmentergebnis nicht nur das Betriebsergebnis oder das Ergebnis der gewöhnlichen Geschäftstätigkeit gem. HGB, sondern bspw. auch das Ergebnis vor Zinsen und Steuern (EBIT) in Betracht. Derartige Ergebnisdefinitionen laufen der Zielsetzung der zwischenbetrieblichen Vergleichbarkeit zuwider[928]; die gem. DRS 3.44 notwendige Angabe der Segmentergebnisdefinition schafft aber eine ausreichende Transparenz.

18.2.3 Angabe- und Erläuterungspflichten

Die in DRS 3.25 ff. festgelegten Angabepflichten stimmen im Wesentlichen mit den entsprechenden internationalen Regelungen in IFRS 8 und FASB ASC Topic 280 überein. Die folgende Tabelle fasst die Pflichtangaben unter Angabe der entspr. Rz. des DRS 3 zusammen.

Angabepflichten gemäß DRS 3 [929]	Rz.
Produkte und Dienstleistungen je Segment im Falle einer nicht produktorientierten Segmentierung	27
Produktorientierte Daten (in Summe) im Falle einer nicht produktorientierten Segmentierung	38

---

926 Vgl. hierzu auch *Böcking/Benecke*, WPg 1998, S. 106; *Fink/Ulbrich*, DB 2007, S. 981 (983).
927 Vgl. *Naumann*, BB 1999, S. 2290. Die Grundsätze etwaiger Aufteilungen gemeinsam genutzter Vermögenswerte und von zugeordneten Schulden sind gem. DRS 3.44 zu erläutern.
928 Vgl. dazu kritisch IDW, das ein vordefiniertes Segmentergebnis für zwingend erforderlich hält; vgl. Stellungnahme des IDW zum Entwurf eines Deutschen Rechnungslegungsstandards Nr. 3 (E-DRS 3) „Segmentberichterstattung" v. 22.10.1999, WPg, S. 892.
929 Gemäß DRS 3.43 sind die Informationen für den Berichtszeitraum und die entspr. Vorperiode anzugeben. Dies gilt auch für erstmalig anzugebende Segmente (DRS 3.30).

Angabepflichten gemäß DRS 3 [930]	Rz.
Falls keine geografische Segmentierung, Mindestangaben für unternehmensrelevante geografische Regionen	39, 40
Umsatzerlöse mit Dritten	31a
Intersegmentäre Umsätze	31a
Umsatzerlöse mit Großkunden	42
Nicht zahlungswirksame Posten (außer Abschreibungen)	31b
Abschreibungen	31b
Zinserträge und Zinsaufwendungen[931]	32, 33
Aufwendungen und Erträge aus Ertragsteuern[932]	33, 34
Ergebnis aus Beteiligungen an assoziierten Unternehmen des Segments	31b
Erträge aus sonstigen Beteiligungen des Segments	31b
Segmentergebnis und dessen Definition	31b/44
Investitionen in das langfristige Segmentvermögen	31d
Segmentvermögen einschl. der Beteiligungen	31c
Segmentschulden	31e
Überleitungsrechnungen zum KA	37
Grundlagen zur Bestimmung der Verrechnungspreise für intersegmentäre Transfers	45
Anpassungen der VJ-Daten bei Durchbrechung des Stetigkeitsgrundsatzes	47
Erläuterungspflichten gemäß DRS 3	**Rz.**
Beschreibung jedes anzugebenden Segments	25, 26
Bestimmungsfaktoren der Segmentabgrenzung und Segmentaggregation	25, 26
Zusammenfassung von Geschäftsfeldern mit verschiedenen Chancen und Risiken innerhalb eines Segments	28
Zusammensetzung aller angegebenen Segmentbeträge	44
Aufteilungen gemeinsam genutzter Vermögenswerte und zugeordneter Schulden	44
Wesentliche Überleitungsposten i.R.d. Überleitungsrechnungen zum JA	37
Gründe für die Durchbrechung des Stetigkeitsgrundsatzes	47
Wesentliche Posten i.Z.m. dem Wegfall eines Segments	48

---

[930] Gemäß DRS 3.43 sind die Informationen für den Berichtszeitraum und die entspr. Vorperiode anzugeben. Dies gilt auch für erstmalig anzugebende Segmente (DRS 3.30).
[931] Vgl. die Einschränkung in DRS 3.35.
[932] Sofern als Segmentergebnis das Periodenergebnis ausgewiesen wird (DRS 3.33).

In DRS 3.36 wird die Angabe des **Cash Flows** aus laufender Geschäftstätigkeit je Segment empfohlen.

18.2.4 Stetigkeitsgrundsatz

Da DRS 3 im Wesentlichen dem Management Approach folgt, ist die in DRS 3.46 geforderte Stetigkeit der SegBE von allergrößter Bedeutung. Diese ist nicht nur bei der Segmentierung und der Bestimmung der anzugebenden Segmente, sondern auch bei der Darstellung des Segmentberichts zu gewährleisten[933]. 816

Bei einer (nur in Ausnahmefällen zulässigen) Methodenänderung bei der SegBE sind die Daten der **Vorperiode** entspr. anzupassen. Haben sich bspw. aufgrund einer Konsolidierungsänderung Modifikationen in der Segmentstruktur ergeben, so ist bei der SegBE diese Segmentstruktur auch der Vorperiode zugrunde zu legen. Die zusätzliche Angabe der tatsächlichen VJ-Daten wird von DRS 3 zwar nicht verlangt, ist aber im Hinblick auf die Informationsfunktion der SegBE zweckmäßig[934]. 817

Im Falle einer Durchbrechung der Stetigkeit lässt DRS 3 keine Ausnahmen von der Pflicht zur Anpassung der VJ-Daten zu, was die intertemporäre Vergleichbarkeit auch bei der Vornahme von Methodenänderungen sicherstellt. Zusätzlich zu den Anpassungen der VJ-Zahlen hat das MU die Durchbrechung der Stetigkeit zu erläutern und die Gründe hierfür offenzulegen (DRS 3.47). 818

19. Konzernlagebericht

19.1 Aufgabe des Konzernlageberichts, Aufstellungspflichten, gesetzliche Grundlagen sowie deren Konkretisierung

Aufgabe des KLB ist es, Informationen zur Verfügung zu stellen, die den verständigen Adressaten in die Lage versetzen, sich ein zutreffendes Bild vom Geschäftsverlauf, von der Lage sowie von der voraussichtlichen Entwicklung des Konzerns unter Berücksichtigung der damit einhergehenden Chancen und Risiken zu machen. Außerdem dient der KLB dazu, Rechenschaft über die Verwendung der der Konzernleitung anvertrauten Ressourcen zu legen[935]. Der KLB hat einen ausgeprägten Zukunftsbezug. Die ihm gestellte Aufgabe ist damit umfassender als die des KAnh., der sich darauf beschränkt, Angaben in der Konzernbilanz und der Konzern-GuV zu erläutern, zu ergänzen und ggf. zu ersetzen[936]. 819

Ein KLB, der nicht Bestandteil des KA (§ 297 Abs. 1 HGB) ist, sondern diesen ergänzt und mit diesem in Einklang stehen muss (DRS 20.4), ist gem. § 290 Abs. 1 HGB von allen MU aufzustellen, die der Konzernrechnungslegungspflicht nach den §§ 290 ff. HGB unterliegen[937]. Eine **Verpflichtung zur Aufstellung** eines KA und KLB kann sich auch aus §§ 11, 13 Abs. 1 und 2 PublG ergeben, und zwar auch dann, wenn das MU selbst 820

---

933 So ausdrücklich noch E-DRS 3.45.
934 Diese Drei-Spalten-Form wird auch von *IDW RS HFA 44*, Tz. 15 für die Herstellung der Vergleichbarkeit aufeinanderfolgender KA bei wesentlichen Änderungen des Konsolidierungskreises empfohlen. Dieselben Gründe lassen diese Darstellung auch für die SegBE zweckmäßig erscheinen.
935 Vgl. DRS 20.3; *Böcking/Dutzi/Gros*, in: Baetge/Kirsch/Thiele, Bilanzrecht, § 289 HGB Tz. 6 ff.
936 Siehe ähnlich in Bezug auf den LB nach § 289 HGB *Kajüter*, in: HdR[5], §§ 289, 289a, Rn. 3 f.
937 Auch KI und VU, die MU eines Konzerns sind, haben unabhängig von deren Rechtsform oder Größe grds. einen KLB aufzustellen (§§ 340i Abs. 1, 341i Abs. 1 HGB).

keinen LB zu seinem handelsrechtlichen JA aufstellen muss[938]. Ebenso gilt dies, wenn ein MU statt eines HGB-KA einen befreienden KA nach international anerkannten Rechnungslegungsstandards, z.B. IFRS, aufzustellen hat bzw. aufstellt (§ 315e HGB).

821 § 315 HGB stellt die **gesetzliche Grundlage** dar, aus der sich die Mindestanforderungen an den KLB ergeben. Danach sind im KLB – der gem. § 298 Abs. 1 HGB i.V.m. § 244 HGB in deutscher Sprache und in € aufzustellen ist – der Geschäftsverlauf einschl. des Geschäftsergebnisses und die Lage des Konzerns auf eine Weise darzustellen, dass ein den tatsächlichen Verhältnisses entspr. Bild vermittelt wird (§ 315 Abs. 1 S. 1 HGB). Sowohl der Geschäftsverlauf als auch die Lage des Konzerns sind ausgewogen und umfassend, dem Umfang und der Komplexität der Geschäftstätigkeit entspr. zu analysieren (§ 315 Abs. 1 S. 2 HGB). Dabei sind die für die Geschäftstätigkeit bedeutsamsten finanziellen und, soweit für das Verständnis von Bedeutung, nichtfinanziellen Leistungsindikatoren (z.B. Informationen über Umwelt- und Arbeitnehmerbelange) einzubeziehen und unter Bezugnahme auf die im KA enthaltenen Beträge und Angaben zu erläutern (§ 315 Abs. 1 S. 3 und Abs. 3 HGB). Ferner ist im KLB unter Angabe der zugrunde liegenden Annahmen die voraussichtliche Entwicklung mit ihren wesentlichen Chancen und Risiken zu beurteilen und zu erläutern (§ 315 Abs. 1 S. 4 HGB). Dass im KLB der Geschäftsverlauf und die Lage des Konzerns so dargestellt wird, dass ein den tatsächlichen Verhältnissen entspr. Bild vermittelt wird, und dass die wesentlichen Chancen und Risiken beschrieben werden, haben die gesetzlichen Vertreter des MU zu versichern (§ 315 Abs. 1 S. 5 HGB).

Der KLB muss auch auf Risikomanagementziele und -methoden sowie Risiken i.Z.m. Finanzinstrumenten (§ 315 Abs. 2 Nr. 1 HGB), auf den Bereich Forschung und Entwicklung (§ 315 Abs. 2 Nr. 2 HGB) sowie auf wesentliche Zweigniederlassungen (§ 315 Abs. 2 Nr. 3 HGB) eingehen. Ferner sind von bestimmten MU die Grundzüge des Vergütungssystems (§ 315a Abs. 2 HGB) und die wesentlichen Merkmale des internen Kontroll- und des Risikomanagementsystems im Hinblick auf den Konzernrechnungslegungsprozess darzustellen (§ 315 Abs. 4 HGB). Außerdem schreibt § 315a Abs. 1 HGB bestimmten MU vor, gewisse übernahmerelevante Angaben und Erläuterungen in den KLB aufzunehmen. Kapitalmarktorientierte MU i.S.d. § 264d HGB mit im Jahresdurchschnitt mehr als 500 Arbeitnehmern müssen ihren KLB um eine nichtfinanzielle Konzernerklärung erweitern oder einen gesonderten nichtfinanziellen Konzernbericht außerhalb des KLB erstellen. Schließlich ist von bestimmten MU in einem gesonderten Abschn. des KLB eine Erklärung zur Unternehmensführung für den Konzern aufzunehmen (§ 315d HGB).

822 Diese gesetzlichen Anforderungen werden durch **DRS 20** konkretisiert (DRS 20.1). DRS 20 gilt für alle MU, die gesetzlich zur Aufstellung eines KLB gem. § 315 HGB verpflichtet sind oder die einen solchen freiwillig aufstellen (DRS 20.5), also auch für MU, die unter Beachtung von § 315e HGB einen IFRS-KA aufstellen. DRS 20 gilt auch für MU aller Branchen (DRS 20.7); lediglich für KI/FI sowie für VU enthalten die Anl. 1 und 2 zu DRS 20 besondere Regelungen zur Risikoberichterstattung. Einzelne Ausführungen des DRS 20 beziehen sich nur auf bestimmte (bspw. auf kapitalmarktorientierte) MU (DRS 20.6; Regelungen für kapitalmarktorientierte MU sind vor der jeweiligen Rz. im DRS 20 mit dem Buchst. „K" markiert).

---

[938] Vgl. *Grottel*, in: BeBiKo[11], § 315, Rn. 8.

Die gesetzlichen Anforderungen an die Zwischenlageberichterstattung werden durch DRS 16 konkretisiert (DRS 20.9 f.).

Ob eine einzelne Detailanforderung des **DRS 20** die gesetzliche Vorgabe des **§ 315 HGB** tatsächlich **konkretisiert oder darüber hinausgeht**, kann im Einzelfall strittig sein. Entscheidend ist letztendlich, dass der KLB – auch bei Nichtbeachtung einzelner Vorgaben des DRS 20 – insgesamt ein zutreffendes Bild von der Lage des Konzerns vermittelt und die Chancen und Risiken der zukünftigen Entwicklung zutreffend darstellt. 823

19.2 Grundlagen des Konzerns

Die Geschäftstätigkeit und deren Rahmenbedingungen stellen den Ausgangspunkt für eine Beurteilung und Analyse des Geschäftsverlaufs sowie der Lage dar. Dabei ist gem. DRS 20.36 ff., soweit für das Verständnis erforderlich, auf das **Geschäftsmodell**, d.h. im Einzelnen auf die organisatorische Struktur des Konzerns, Segmente, Standorte, Produkte und Dienstleistungen, Geschäftsprozesse, Absatzmärkte sowie externe Einflussfaktoren für das Geschäft einzugehen[939]. 824

Sofern ein MU freiwillig über **Ziele und Strategien** berichtet (Strategieberichterstattung), was dem Adressaten dabei hilft, die im KLB veröffentlichten Informationen besser einordnen zu können, soll diese Darstellung unter Berücksichtigung der Vorgaben des DRS 20.39-20.44 und 20.56 erfolgen, um so eine Standardisierung zu erreichen[940]. 825

Kapitalmarktorientierte MU haben das im Konzern eingesetzte **Steuerungssystem** darzustellen und dabei die für die Konzernsteuerung verwendeten Kennzahlen anzugeben[941]. Ist die Berechnung einzelner Kennzahlen für einen verständigen Adressaten nicht offensichtlich, ist auch diese darzustellen (DRS 20.K45). Soweit sich die verwendeten Kennzahlen oder deren Berechnungsmethodik ggü. dem VJ verändert haben, ist auch dies darzustellen und zu erläutern (DRS 20.K47)[942]. 826

19.3 Geschäftsverlauf und Lage des Konzerns (§ 315 Abs. 1 S. 1-3, Abs. 3 HGB), sog. Wirtschaftsbericht

Im KLB sind der **Geschäftsverlauf** einschl. des Geschäftsergebnisses und die **Lage** des Konzerns so darzustellen, zu analysieren und zu beurteilen, dass ein den tatsächlichen Verhältnissen entspr. Bild vermittelt wird (§ 315 Abs. 1 S. 1 HGB, DRS 20.53). Da die Formulierungen in § 315 HGB für den KLB nahezu wortgleich mit denen des § 289 HGB sind, wird insoweit auf die Ausführungen zum LB verwiesen[943]. Im Folgenden werden nur die konzernspezifischen Besonderheiten thematisiert. 827

In die Darstellung gem. § 315 Abs. 1 HGB sind **neben** den **vollkonsolidierten** TU (§ 294 HGB) grds. – wenngleich unter Berücksichtigung des Wesentlichkeitsgrundsatzes – **auch** die nicht im Wege der Vollkonsolidierung in den KA einbezogenen TU (§ 296 HGB), die quotal konsolidierten GU (§ 310 HGB) sowie die assoziierten Unternehmen (§ 311 HGB) 828

---

[939] Vgl. *Kajüter*, in: HdR[5], §§ 289, 289a, Rn. 63. S. ausführlich *Fink/Kajüter/Winkeljohann*, S. 79 ff.
[940] Vgl. *Barth/Rahe/Rabenhorst*, KoR 2014, S. 47 (50 f.); *Grottel*, in: BeBiKo[11], § 315, Rn. 82. Siehe ausführlich *Fink/Kajüter/Winkeljohann*, S. 79 ff.
[941] Siehe ausführlich *Fink/Kajüter/Winkeljohann*, S. 98 ff.
[942] Vgl. *Grottel*, in: BeBiKo[11], § 315, Rn. 55.
[943] Vgl. die Ausführungen Kap. F Tz. 1354 ff.

aufzunehmen, da auch diese Einfluss auf die Lage des Konzerns als Ganzes haben können[944]. Sind bei nichtkonsolidierten Konzernunternehmen Ereignisse eingetreten, die für die Lage des Konzerns von Bedeutung sind, so ist auch darüber im KLB zu berichten.

829 Eine Einzeldarstellung für in den KA einbezogene Unternehmen wird nicht verlangt und wäre auch nicht ausreichend. Die nicht gesonderte Erwähnung der einbezogenen Unternehmen muss so verstanden werden, dass Hinweise auf Einzelheiten, die wohl für ein einbezogenes Unternehmen, nicht aber für den Konzern in seiner Gesamtheit von Bedeutung sind, nicht erwähnt zu werden brauchen und dass auch eine Bezugnahme auf einzelne Unternehmen nicht erforderlich ist[945]. Daraus wird auch deutlich, dass der Maßstab für das den tatsächlichen Verhältnissen entspr. Bild der **Konzern als wirtschaftliche Einheit** ist[946].

830 Es kann zu der Situation kommen, dass in einem (Teil-)KLB auf finanzielle Leistungsindikatoren einzugehen ist, die sich nach **anderweitigen Rechnungslegungsvorschriften als der aufgestellte (Teil-)KA**, z.B. IFRS oder US GAAP, ermitteln. Die Anforderungen werden nicht erfüllt, wenn statt der intern verwendeten Leistungsindikatoren solche angegeben werden, die allein für Zwecke der KLB-Erstattung berechnet werden[947].

> **Beispiel 8:**
>
> Ein deutsches MU, das in einen übergeordneten IFRS-KA einbezogen wird, stellt einen handelsrechtlichen (Teil-)KA nebst KLB auf. Die Organe des MU werden teilw. variabel vergütet. Dies geschieht anhand der Bemessungsgrundlage EBITDA, ermittelt nach IFRS für den deutschen Teilkonzern. Der IFRS-EBITDA ist Gegenstand der internen Planung bzw. Budgetierung, wird monatlich an die (Teil-)Konzernleitung berichtet und auch beim Beteiligungscontrolling verwendet.
> Da der deutsche Teilkonzern nach dem IFRS-EBITDA gesteuert wird, ist dieser Leistungsindikator sowohl in die Analyse von Geschäftsverlauf und Lage einzubeziehen als auch im Prognosebericht zu prognostizieren und beim Prognose-Ist-Vergleich aufzugreifen. Es ist zwingend die Kennzahl, wie sie sich nach IFRS berechnet, zu verwenden, und nicht etwa ein anhand des HGB-(Teil-)KA berechnetes EBITDA, weil letzteres gerade nicht zur internen Steuerung des Konzerns herangezogen wird.

831 Nach DRS 20.104 ist die Berechnung jedes berichteten finanziellen Leistungsindikators darzustellen, wenn eine solche nicht bereits im KAnh. enthalten ist. Grundsätzlich ist dabei eine **Überleitungsrechnung** auf die Zahlen des KA erforderlich, auf die ausnahmsweise (nur) dann verzichtet werden darf, wenn eine solche nicht sinnvoll möglich ist. Insbesondere wenn die zu berichtenden finanziellen Leistungsindikatoren erheblich von den Zahlen des KA abweichen (z.B. aufgrund von Anpassungen wie die Eliminierung von periodenfremden Vorgängen, aufgrund der Verwendung von der internen Kosten- und Leistungsrechnung entstammenden Rechengrößen oder aufgrund der An-

---

944 Vgl. *Böcking/Dutzi/Gros*, in: Baetge/Kirsch/Thiele, Bilanzrecht, § 315 HGB Tz. 32.
945 Vgl. *Grottel*, in: BeBiKo[11], § 315, Rn. 54.
946 Vgl. *Böcking/Dutzi/Gros*, in: Baetge/Kirsch/Thiele, Bilanzrecht, § 315 HGB Tz. 41.
947 Vgl. *Henckel/Rimmelspacher/Schäfer*, Der Konzern 2014, S. 386 (391). Siehe sich dem anschließend *Kolb/Neubeck*, StuB 2016, S. 55 (59); *Grottel*, in: BeBiKo[11], § 315, Rn. 94.

wendung unterschiedlicher Rechnungslegungsvorschriften), benötigen die Adressaten eine Überleitungsrechnung.

> **Beispiel 9[948]:**
>
> Ein deutsches MU erstellt ein sog. IFRS-Teilkonzern-Package, aus welchem sich die Steuerungskennzahl IFRS-EBITDA ergibt. Die Unterschiede zwischen dem handelsrechtlichen (Teil-)KA und dem IFRS-Teilkonzern-Package ergeben sich aus den verschiedenen, angewandten Rechnungslegungsvorschriften. Aus der handelsrechtlichen (Teil-)Konzern-GuV ist das EBITDA nicht als Zwischenergebnis ersichtlich.
> Das MU muss das IFRS-EBITDA gem. DRS 20.102 in die Analyse des Geschäftsverlaufs und der Lage des Konzerns einbeziehen, wenn der Teilkonzern nach diesem Leistungsindikator gesteuert wird. Zwangsläufig fallen die Zahlen des handelsrechtlichen (Teil-)KA und dem im KLB berichteten, nach IFRS ermittelten Leistungsindikator auseinander. Die Analyse von Geschäftsverlauf und Lage des Konzerns unter Einbezug des zur internen Steuerung verwendeten finanziellen Leistungsindikators ist damit u.U. nicht mehr anhand der Zahlen des handelsrechtlichen (Teil-)KA nachvollziehbar. Es ist auch vorstellbar, dass das HGB-EBITDA ansteigt, während das IFRS-EBITDA zurückgeht, sich also eine widersprüchliche Entwicklung zeigt. Daher ist es grds. geboten, in den KLB des MU eine Überleitungsrechnung aufzunehmen.
> Folgende tabellarische Darstellung erscheint zur Erfüllung der o.g. Anforderungen an die Überleitungsrechnung sachgerecht:
>
> | | | |
> | :---- | :--- | :-------- |
> | | IFRS-EBITDA | Wert in € |
> | +/– | wesentlicher Unterschied aufgrund unterschiedlicher Rechnungslegungsvorschriften (HGB vs. US GAAP), z.B. Bewertung der Finanzinstrumente | Wert in € |
> | +/– | Saldo aus sonst. rechnungslegungsbezogenen Differenzen | Wert in € |
> | = | HGB-EBITDA | Wert in € |
> | +/– | Steuern vom Einkommen und Ertrag, sonst. Steuern, Abschreibungsaufwand sowie Zinsergebnis gem. handelsrechtlicher GuV | Wert in € |
> | = | handelsrechtliches Konzernergebnis | Wert in € |

19.4 Voraussichtliche Entwicklung mit ihren wesentlichen Chancen und Risiken (§ 315 Abs. 1 S. 4 HGB), sog. Prognose-, Chancen- und Risikobericht

19.4.1 Grundlagen

Gemäß § 315 Abs. 1 S. 4 HGB ist im KLB die **voraussichtliche Entwicklung** (Prognosebericht)[949] mit ihren wesentlichen **Chancen und Risiken** (Chancen- und Risikobericht) unter Angabe der zugrunde liegenden Annahmen zu beurteilen und zu erläutern. Auch hierbei kommt es grds. nur auf solche Entwicklungen an, die den **Konzern in seiner**

832

---

948 Bsp. in Anlehnung an *Henckel/Rimmelspacher/Schäfer*, Der Konzern 2014, S. 386 (392 f.).
949 Zu einem Vergleich der Anforderungen, wie sie sich aus DRS 20 sowie aus dessen Vorgängerregelung DRS 15 zum Prognosebericht ergeben, s. *Philipps*, BBK 2013, S. 1054 (1054 ff.). Zu einer Gesamtdarstellung der neuen Vorgaben zur Prognoseberichterstattung s. *Ergün/Müller/Juchler*, StuB 2012, S. 897 (897 ff.).

Gesamtheit und nicht lediglich einzelne Konzernunternehmen beeinflussen. Der verständige Adressat soll auf diese Weise in die Lage versetzt werden, sich mit Hilfe des KA und des KLB ein zutreffendes Bild von der voraussichtlichen Entwicklung des Konzerns und den mit dieser Entwicklung einhergehenden wesentlichen Chancen und Risiken zu machen (DRS 20.116).

19.4.2 Chancen- und Risikobericht

833 Hinsichtlich des Chancen- und Risikoberichts im KLB wird auf die Erläuterungen zum Chancen- und Risikobericht im LB verwiesen[950].

19.4.3 Prognosebericht

834 Auch zum Prognosebericht wird grds. auf die Erläuterungen zum LB verwiesen[951].

835 § 315 Abs. 1 S. 4 HGB lässt offen, wie lang der **Mindestprognosezeitraum** sein muss. DRS 20.127 konkretisiert dies und schreibt einen dem Prognosebericht zugrunde zu legenden Mindestprognosezeitraum von grds. einem Jahr vor, gerechnet vom letzten KA-Stichtag.

836 Sofern die gesetzlichen **Fristen zur Aufstellung des KLB** von vier bzw. fünf Monaten (§ 290 Abs. 1 S. 1 und 2 HGB) nicht eingehalten werden, kann der Zukunftsbezug des Prognoseberichts dadurch beeinträchtigt werden oder ggf. ganz verloren gehen[952]. Es erscheint folgende Differenzierung sachgerecht:[953]

- Wenn der KLB innerhalb der gesetzlichen Frist aufgestellt wird, ist der gesetzlich geforderte Zukunftsbezug des Prognoseberichts auch dann, wenn der Prognosezeitraum nur den Mindestzeitraum umfasst und sich die prognostischen Informationen damit effektiv auf evtl. acht bzw. sieben Monate erstrecken, in hinreichendem Umfang vorhanden.
- Werden die gesetzlichen Aufstellungsfristen dagegen nicht beachtet, vermindert sich der Zukunftsbezug des Prognoseberichts u.U. deutlich. Wird der KLB immerhin noch vor dem nächsten KA-Stichtag aufgestellt, ist ein solcher Zukunftsbezug immerhin noch teilw. vorhanden, wenn ein Prognosezeitraum von einem Jahr, gerechnet ab dem letzten KA-Stichtag, gewählt wird. Angesichts des eindeutigen Wortlauts des DRS 20.127 werden die Konzern-GoB auf diese Weise noch eingehalten.
- Wird der KLB dagegen erst nach dem nächsten KA-Stichtag aufgestellt, hat der Prognosebericht keinen Zukunftsbezug mehr, wenn der Prognosezeitraum vor (oder an) diesem nächsten KA-Stichtag endet[954]. Um die gesetzlichen Anforderungen an eine Erl. der voraussichtlichen zukünftigen Entwicklung zu erfüllen, muss der Prognosezeitraum über den nächsten KA-Stichtag hinaus ausgeweitet werden, und zwar sachgerecht um mindestens ein weiteres Jahr (DRS 20.127: gerechnet vom letzten KA-Stichtag).

---

950 Vgl. die Ausführungen Kap. F Tz. 1381 ff.
951 Vgl. die Ausführungen unter Kap. F Tz. 1381 ff.
952 Vgl. *Fink/Kajüter/Winkeljohann*, S. 168.
953 Vgl. *Henckel/Rimmelspacher/Schäfer*, Der Konzern 2014, S. 386 (395).
954 Siehe ähnlich *Senger/Brune*, WPg 2012, S. 1285 (1288).

19.5 Versicherung der gesetzlichen Vertreter (§ 315 Abs. 1 S. 5 HGB)

Nach § 315 Abs. 1 S. 5 HGB sind die gesetzlichen Vertreter eines **MU**, das Inlandsemittent i.S.d. § 2 Abs. 7 WpHG und keine KapGes. i.S.d. § 327a HGB ist, verpflichtet zu versichern, dass nach bestem Wissen der Geschäftsverlauf einschl. des Geschäftsergebnisses und die Lage des Konzerns im KLB so dargestellt sind, dass ein den tatsächlichen Verhältnissen entspr. Bild vermittelt wird und dass die wesentlichen Chancen und Risiken der voraussichtlichen Entwicklung beschrieben sind. Damit ist diese Vorschrift mit Ausnahme des Bezugs zum KLB wortgleich mit § 289 Abs. 1 S. 5 HGB; auf die entspr. Ausführungen zum LB, in Kap. G Tz. konkretisiert durch DRS 20.K232 ff., wird insoweit verwiesen[955].

837

Die Erklärung der gesetzlichen Vertreter für den KA nach § 297 Abs. 2 S. 4 HGB und den KLB nach § 315 Abs. 1 S. 5 HGB darf separat erfolgen oder alternativ zu einer einheitlichen Erklärung zusammengefasst werden. Die Erklärung ist als **„Versicherung der gesetzlichen Vertreter"** zu kennzeichnen. In DRS 20.K234 f. werden für beide Möglichkeiten Formulierungen vorgeschlagen.

838

19.6 Einzelangaben (§ 315 Abs. 2 HGB)

Außerdem schreibt das Gesetz Ausführungen zu einigen Einzelsachverhalten vor, die in § 315 Abs. 2 HGB zusammengefasst sind. „Soweit die Umstände vorliegen", sind die Angaben zu diesen Einzelsachverhalten zu machen[956]. Eine „Fehlanzeige" erscheint nicht erforderlich[957]. Gegenstand der Berichterstattung ist die wirtschaftliche Einheit des Konzerns[958].

839

19.6.1 Risikoberichterstattung über die Verwendung von Finanzinstrumenten (§ 315 Abs. 2 Nr. 1 HGB)

Nach § 315 Abs. 2 Nr. 1 HGB soll der KLB jeweils in Bezug auf die Verwendung von Finanzinstrumenten durch den Konzern – sofern dies für die Beurteilung der Lage oder der zukünftigen Entwicklung von Bedeutung ist – auch auf die **Risikomanagementziele und -methoden** des Konzerns einschl. seiner Methoden zur Absicherung aller wichtigen Arten von Transaktionen, die bei der Bilanzierung von Sicherungsgeschäften erfasst werden, sowie die Preisänderungs-, Ausfall- und Liquiditätsrisiken und die Risiken aus Zahlungsstromschwankungen, denen die Gesellschaft ausgesetzt ist, eingehen. Die Risikoberichterstattung hinsichtlich der Verwendung von Finanzinstrumenten ist in **DRS 20.179 ff.** konkretisiert. Es bietet sich an, dies im Chancen- und Risikobericht darzustellen, sofern dies nicht die Klarheit und Übersichtlichkeit beeinträchtigt (DRS 20.180)[959].

840

---

955 Siehe außerdem ausführlich *Böcking/Dutzi/Gros*, in: Baetge/Kirsch/Thiele, Bilanzrecht, § 289 HGB Tz. 131 ff.
956 Vgl. RegE BilRUG, BR-Drs. 23/15, S. 84.
957 Vgl. *Grottel*, in: BeBiKo[11], § 315, Rn. 161.
958 Siehe Kap. G Tz. 829.
959 Zu den berichtspflichtigen Finanzinstrumenten und den Einzelangaben s. ausführlich *Böcking/Dutzi/Gros*, in: Baetge/Kirsch/Thiele, Bilanzrecht, § 289 HGB Tz. 171 ff.; *Kajüter*, in: HdR[5], §§ 289, 289a, Rn. 120 ff.; *Grottel*, in: BeBiKo[11], § 315, Rn. 169 ff.

19.6.2 Forschungs- und Entwicklungsbericht (§ 315 Abs. 2 Nr. 2 HGB)

841 **Forschungs- und Entwicklungsaktivitäten**[960] des Konzerns (§ 315 Abs. 2 Nr. 2 HGB) sind nur darzustellen[961], wenn sie für eigene Zwecke des Konzerns durchgeführt werden, wozu auch die Inanspruchnahme der Leistungen Dritter zählt (DRS 20.48). Die Erläuterungspflichten bestehen unabhängig davon, ob die Entwicklungskosten aktiviert wurden (DRS 20.52). Dabei haben die Informationen einen Einblick in die allgemeine Ausrichtung der Forschungs- und Entwicklungsaktivitäten sowie deren Intensität zu vermitteln; quantitative Angaben[962] sind zum Faktoreinsatz und zu den Ergebnissen der Aktivitäten zu machen, vorausgesetzt, diese sind für den Adressaten wesentlich (DRS 20.49). Wesentliche Veränderungen der Aktivitäten ggü. dem VJ sind anzugeben und zu erläutern (DRS 20.51)[963]. Gliederungstechnisch bietet es sich an, die erforderlichen Angaben i.Z.m. den Grundlagen des Konzerns (Geschäftsmodell, Strategie, Steuerungssystem[964]) vorzunehmen.

842 Im Fall der **Aktivierung von Entwicklungskosten** ist im KAnh. gem. § 314 Abs. 1 Nr. 14 HGB der Gesamtbetrag der Forschungs- und Entwicklungskosten des GJ der in den KA einbezogenen Unternehmen sowie der davon auf die selbst geschaffenen immateriellen Vermögensgegenstände des AV entfallende Betrag anzugeben. Da es weder § 315 Abs. 2 Nr. 2 HGB noch DRS 20.21 erlauben, darauf im KLB zu verweisen und im KLB aus diesem Grund auf Informationen zu verzichten, erscheint dies unzulässig[965]. Ein (dann freiwilliger) Verweis, ohne erforderliche Ausführungen im KLB auszulassen, ist dagegen zulässig.

19.6.3 Zweigniederlassungsbericht (§ 315 Abs. 2 Nr. 3 HGB)

843 Mit dem BilRUG wurde die bisher nur für den LB gem. § 289 Abs. 2 Nr. 3 HGB bestehende Pflicht zur Erteilung eines Zweigniederlassungsberichts[966] auf den KLB **übertragen**. Nunmehr muss auch der KLB gem. § 315 Abs. 2 Nr. 3 HGB auf für das Verständnis der Lage des Konzerns wesentliche Zweigniederlassungen der insgesamt in den KA einbezogenen Unternehmen eingehen.

844 Eine Legaldefinition des Begriffs **Zweigniederlassung** findet sich in §§ 289, 315 HGB nicht. Nach h.M. zum Zweigniederlassungsbericht im LB, die angesichts des vergleichbaren Zwecks der Neuregelung im KLB auf diesen übertragbar ist, handelt es sich bei einem nicht rechtsfähigen, räumlich und organisatorisch von der Hauptniederlassung getrennten, im Innenverhältnis weisungsgebundenen, nach außen aber nachhaltig selbstständig auftretenden Unternehmensteil um eine Zweigniederlassung[967]. Es kommt

---

[960] Zu den Begriffen Forschung und Entwicklung s. *Henckel/Lüdke/Ludwig*, DB 2008, S. 196.
[961] Siehe ausführlich *Böcking/Dutzi/Gros*, in: Baetge/Kirsch/Thiele, Bilanzrecht, § 289 HGB Tz. 191 ff.; *Kajüter*, in: HdR[5], §§ 289, 289a, Rn. 131 ff.
[962] Zu Bsp. s. DRS 20.50.
[963] Zu Zweck, Gegenstand, Inhalt und Umfang der Berichterstattung s. ausführlich *Grottel*, in: BeBiKo[11], § 315, Rn. 169 ff.
[964] Vgl. Kap. G Tz. 824 ff.
[965] Vgl. analog *Fink/Kajüter/Winkeljohann*, S. 109.
[966] S. ausführlich *Fink/Kajüter/Winkeljohann*, S. 111 ff.
[967] Vgl. ADS[6], § 289 HGB Tz. 122; *Fink/Kajüter/Winkeljohann*, S. 111; *Schäfer/Rimmelspacher*, DB 2015, Beil. Nr. 5, S. 57 (58).

aber nicht darauf an, ob ein Unternehmensteil gem. §§ 13 ff. HGB als Zweigniederlassung in das HR eingetragen ist[968].

Unklar ist, ob unter dem Begriff der einbezogenen Unternehmen, um deren Zweigniederlassungen es geht, nur das MU und vollkonsolidierte TU zu verstehen sind, oder auch anteilmäßig konsolidierte GU[969]. Da GU nach dem Wortlaut des § 310 Abs. 1 HGB „in den Konzernabschluß ... einbezogen werden" dürfen, fallen auch Zweigniederlassungen **anteilmäßig konsolidierter GU** unter die Berichtspflicht des § 315 Abs. 2 Nr. 3 HGB[970]. Assoziierte Unternehmen dürften dagegen nicht unter diesen Begriff zu subsumieren sein, wenn man die Equity-Methode als Bewertungs- und nicht als Einbeziehungsmethode ansieht[971].

845

Der **Inhalt** des Zweigniederlassungsberichts ist gesetzlich nicht konkret bestimmt. Umstritten ist, wie detailliert diese Angaben sein müssen[972]. Konsens besteht darüber, dass mindestens der Sitz der in- und ausländischen Zweigniederlassungen, von der Hauptniederlassung abw. Firmierungen und wesentliche Veränderungen wie bspw. die Errichtung oder die Aufhebung einer Zweigniederlassung sowie deren Sitzverlegungen anzugeben sind[973], wobei sich i.S.d. Grundsatzes der Klarheit und Übersichtlichkeit eine tabellarische Darstellung empfiehlt. Mit der Bekanntgabe von DRÄS 6 werden entspr. Vorgaben in DRS 20.38a-.38c aufgenommen. Demnach ist auch die Bedeutung der Zweigniederlassung für den Konzern darzustellen, indem bspw. auf die geografische Verbreitung und den Geschäftszweck der Zweigniederlassung eingegangen wird. Weil darauf verzichtet werden soll, Informationen in den KLB aufzunehmen, die zum Verständnis des Geschäftsverlaufs, der Lage und der voraussichtlichen Entwicklung des Konzerns nicht erforderlich sind (DRS 20.33), erscheint es auch mit Blick auf den Zweigniederlassungsbericht sachgerecht, nur dann Angaben über Umsätze, Vertriebsprogramme oder Mitarbeiter vorzunehmen, wenn diese für das Verständnis der Lage des Konzerns erforderlich sind[974].

846

19.6.4 Internes Kontrollsystem und Risikomanagementsystem bezogen auf den Konzernrechnungslegungsprozess (§ 315 Abs. 4 HGB)

Ist eines der in den KA einbezogenen TU oder das MU selbst kapitalmarktorientiert i.S.d. § 264d HGB, ist im KLB gem. § 315 Abs. 4 HGB auch auf die **wesentlichen Merkmale** des internen **Kontroll- und des Risikomanagementsystems** im Hinblick auf den Konzernrechnungslegungsprozess einzugehen. Dies kann innerhalb des Risikoberichts erfolgen (DRS 20.K169). Konkretisierungen sind in DRS 20.K168 ff. enthalten. Im Übrigen

847

---

[968] Vgl. ADS[6], § 289 HGB Tz. 121; *Mujkanovic*, StuB 2015, S. 891 (894); *Schäfer/Rimmelspacher*, DB 2015, Beil. Nr. 5, S. 57 (58).
[969] Vgl. *Völkner/Weiser*, in: BilRUG-Komm., J, Rn. 46.
[970] Vgl. *Schäfer/Rimmelspacher*, DB 2015, Beil. Nr. 5, S. 57 (58).
[971] Vgl. *Völkner/Weiser*, in: BilRUG-Komm., J, Rn. 46. Siehe auch ADS[6], § 312 HGB Tz. 1.
[972] Vgl. *Völkner/Weiser*, in: BilRUG-Komm., J, Rn. 51. Siehe detailliert NWB Komm BilR[9], § 315 Rz. 10; *Schäfer/Rimmelspacher*, DB 2015, Beil. Nr. 5, S. 57 (58).
[973] Vgl. ADS[6], § 289 HGB Tz. 123; *Schäfer/Rimmelspacher*, DB 2015, Beil. Nr. 5, S. 57 (58).
[974] Vgl. *Schäfer/Rimmelspacher*, DB 2015, Beil. Nr. 5, S. 57 (58); vgl. analog *Kajüter*, in: HdR[5], §§ 289, 289a, Rn. 142. Für eine generelle Notwendigkeit weiterführender Angaben s. *Mujkanovic*, StuB 2015, S. 891 (895); *Völkner/Weiser*, in: BilRUG-Komm., J, Rn. 49 und analog *Grottel*, in: BeBiKo[11], § 289, Rn. 100. Gegen weiterführende Angaben s. analog ADS[6], § 289 HGB Tz. 126.

wird aufgrund der Übereinstimmung auf die Erläuterungen zu § 289 Abs. 4 HGB für den LB verwiesen[975].

19.7 Zusammenfassung des KLB mit dem LB des MU (§ 315 Abs. 5 HGB)

848   Eine **Zusammenfassung des KLB mit dem LB**, den das MU als Ergänzung seines JA aufgestellt hat (§ 289 HGB), ist vom Gesetz ausdrücklich gestattet (§ 315 Abs. 5 i.V.m. § 298 Abs. 2 HGB, DRS 20.22). Voraussetzung dafür ist, dass JA und KA, ergänzt um den zusammengefassten LB, gemeinsam offengelegt werden. DRS 20.24 schlägt, um diesen Umstand bereits in der Überschrift zu verdeutlichen, die Bezeichnung als „Zusammengefasster Lagebericht" vor.

849   Allerdings darf nicht ohne weiteres von einer Deckungsgleichheit zwischen der Lage des Konzerns und der des MU ausgegangen werden, so dass eine **auf die jeweiligen Besonderheiten eingehende Berichterstattung** erforderlich ist[976]. Sowohl die den LB wie auch die den KLB betr. Berichterstattungspflichten müssen gleichermaßen voll erfüllt werden[977]; d.h. es muss sichergestellt sein, dass der zusammengefasste LB sämtliche Informationen enthält, um die Lage des Konzerns und die Lage des MU beurteilen zu können. Dabei sind Informationen, die den Konzern, nicht aber das MU betreffen, von solchen betr. das MU zu trennen (DRS 20.23).

19.8 Übernahmerechtliche Angaben und Erläuterungen (§ 315a Abs. 1 HGB)

850   MU, die einen **organisierten Markt** i.S.d. § 2 Abs. 7 WpÜG durch ausgegebene Stimmrechtsaktien in Anspruch nehmen, haben im KLB zahlreiche, im Gesetzestext einzeln aufgelistete Angaben zu machen. Dazu gehören Angaben zur Struktur des Kapitals, zum Vorstand und zu möglicherweise bestehenden Übernahmehindernissen[978]. Auf diese Weise sollen potenzielle Bieter eines Übernahmeangebots über die Ausstattung der Aktien und etwaige Übernahmehindernisse informiert werden.

851   Die Angaben nach § 315a Abs. 1 HGB dürfen nicht unter Hinweis auf den LB des MU weggelassen werden. Es ist zulässig, im KLB auf Angaben zu verzichten und **auf den KAnh. zu verweisen**, wenn Angaben nach § 315a Abs. 1 S. 1 HGB im KAnh. zu machen sind (§ 315a Abs. 1 S. 2 HGB). Doppelangaben innerhalb der Konzernrechnungslegung sollen dadurch vermieden werden, wobei eine klare Präferenz für die Angabe im KAnh. aus dem Wortlaut der Vorschrift zu entnehmen ist[979].

852   Die Angabepflichten für den KLB nach § 315a Abs. 1 HGB entsprechen denen des § 289a Abs. 1 HGB für den LB des MU, auf deren Erläuterungen verwiesen wird[980]. Die Anforderungen an die Berichterstattung im KLB nach § 315a Abs. 1 HGB werden in DRS 20.K188 ff. weiter konkretisiert.

---

975 Vgl. *Grottel*, in: BeBiKo[11], § 315, Rn. 220 ff.
976 Vgl. *Böcking/Dutzi/Gros*, in: Baetge/Kirsch/Thiele, Bilanzrecht, § 315 HGB Tz. 52.
977 Vgl. *Grottel*, in: BeBiKo[11], § 315, Rn. 260.
978 Vgl. *Grottel*, in: BeBiKo[11], § 315a, Rn. 10.
979 Vgl. Begr. RegE BilMoG, BT-Drs. 16/10067, S. 77.
980 Vgl. *Böcking/Dutzi/Gros*, in: Baetge/Kirsch/Thiele, Bilanzrecht, § 289 HGB Tz. 271 ff.

19.9 Grundzüge des Vergütungssystems (§ 315a Abs. 2 HGB)

Der KLB einer börsennotierten AG soll auch auf die **Grundzüge des Vergütungssystems** für die in § 314 Abs. 1 Nr. 6 HGB genannten Gesamtbezüge eingehen[981]. DRS 17 konkretisiert diesbzgl. die gesetzlichen Vorschriften. Werden die Angaben der individualisierten Vorstandsbezüge entspr. § 314 Abs. 1 Nr. 6 Buchst. a S. 5-8 HGB im Vergütungsbericht innerhalb des KLB gemacht, dürfen diese im KAnh. unterbleiben[982]. Für die Konzernanhangangaben gem. § 314 Abs. 1 Nr. 6 Buchst. a S. 1-4 HGB dagegen besteht diese Möglichkeit nicht. Unzulässig ist es auch, die Grundzüge des Vergütungssystems in umgekehrter Richtung in den KAnh. zu verlagern und im KLB wegzulassen. Im Übrigen wird aufgrund der Übereinstimmung auf die Erläuterungen zu § 289a Abs. 2 HGB für den LB verwiesen[983].

853

19.10 Nichtfinanzielle Konzernerklärung (§§ 315b, 315c HGB)

Mit dem Gesetz zur Stärkung der nichtfinanziellen Berichterstattung der Unternehmen in ihren Lage- und Konzernlageberichten (CSR-Richtlinie-Umsetzungsgesetz)[984] wurde die EU-RL über die Offenlegung nichtfinanzieller und die Diversität betreffender Informationen (RL 2014/95/EU; Corporate-Social-Responsibility-Richtlinie) in nationales Recht transformiert. Demnach haben MU (§ 290 HGB) ihren KLB um eine **nichtfinanzielle Konzernerklärung** zu erweitern, wenn sie kapitalmarktorientiert i.S.d. § 264d HGB sind, die in den KA einzubeziehenden Unternehmen die in § 293 Abs. 1 S. 1 Nr. 1 oder 2 HGB geregelten Voraussetzungen für eine größenabhängige Befreiung nicht erfüllen und bei ihnen insgesamt im Jahresdurchschnitt mehr als 500 Arbeitnehmer beschäftigt sind (§ 315b Abs. 1 S. 1 HGB)[985]. Alternativ kann das MU auch einen gesonderten nichtfinanziellen Konzernbericht außerhalb des KLB erstellen[986].

854

Auf den Inhalt der nichtfinanziellen Erklärung ist § 289c HGB entspr. anzuwenden. Vergleiche daher die Ausführungen in Kap. F Tz. 1365, Kap. F Tz. 1416 sowie Kap. J Tz. 108 ff.

855

19.11 Erklärung zur Unternehmensführung für den Konzern (§ 315d HGB)

Bereits bisher hatten börsennotierte KapGes. und bestimmte andere kapitalmarktorientierte Unternehmen i.S.d. § 289f HGB eine Erklärung zur Unternehmensführung in den LB aufzunehmen. Mit dem BilRUG wurde diese Verpflichtung auch für den KLB von MU i.S.d. § 289f HGB eingeführt (§ 315d HGB).

856

Börsennotierte und bestimmte andere kapitalmarktorientierte MU haben seither, zusätzlich zur Erklärung für die rechtliche Einheit des MU, für den Konzern eine Erklärung zur Unternehmensführung zu erstellen. Diese muss entweder als gesonderter Abschn. im KLB stehen oder auf ihrer Website veröffentlicht werden. Im KLB ist auf

857

---

981 Siehe ausführlich *Böcking/Dutzi/Gros*, in: Baetge/Kirsch/Thiele, Bilanzrecht, § 289 HGB Tz. 231 ff.; *Kajüter*, in: HdR⁵, §§ 289, 289a, Rn. 145 ff.
982 Vgl. *Grottel*, in: BeBiKo¹¹, § 315a, Rn. 28.
983 Vgl. *Grottel*, in: BeBiKo¹¹, § 315a, Rn. 20 ff.
984 BGBl. 2017 I, S. 802.
985 Zu den Befreiungsmöglichkeiten von der Pflicht zur Erstellung einer nichtfinanziellen Konzernerklärung s. § 315b Abs. 2 HGB.
986 Zu den Einzelheiten s. § 315b Abs. 3 HGB.

diese Veröffentlichung zu verweisen. Erfüllt nur ein TU die Voraussetzungen des § 289f HGB, nicht aber das MU, erwächst daraus für das MU keine Verpflichtung, sich zur Unternehmensführung des Konzerns zu erklären[987].

858 § 315d HGB verweist auf § 289f HGB („entsprechend anzuwenden"). Zum Inhalt der Erklärung zur Unternehmensführung kann daher auf Kap. F Tz. 1423 und Kap. J Tz. 127 ff. zur Erklärung zur Unternehmensführung der rechtlichen Einheit des MU verwiesen werden.

859 Aus dem Ges. für die gleichberechtigte Teilhabe von Frauen und Männern an Führungspositionen in der Privatwirtschaft und im öffentlichen Dienst (FührposGleichberG)[988], das am 01.05.2015 in Kraft getreten ist, ergeben sich für bestimmte Gesellschaften die nachfolgend tabellarisch dargestellten, gesellschaftsrechtlichen Pflichten, deren Beachtung nunmehr gem. § 315d i.V.m. § 289f Abs. 2 HGB inhaltlicher Bestandteil der Erklärung zur Unternehmensführung für den Konzern ist[989].

Gesellschaftsrechtliche Pflichten nach dem Gesetz für die gleichberechtigte Teilhabe von Frauen und Männern an Führungspositionen in der Privatwirtschaft und im öffentlichen Dienst				
Wer	**börsennotierte AG, KGaA und SE***, die **paritätisch mitbestimmt** sind (d.h. die dem MitbestG (bei i.d.R. mehr als 2.000 AN) bzw. dem MontanMitbestG oder MontanMitbestGErgG (bei i.d.R. mehr als 1.000 AN) unterliegen)	**Börsennotierte** und nicht oder nicht paritätisch mitbestimmte **AG, KGaA und SE**, (d.h. i.d.R. weniger als 1.000 AN)	nicht-börsennotierte und **mitbestimmte AG, KGaA, SE, GmbH, eG** sowie **VVAG** (d.h. die dem MitbestG (bei i.d.R. mehr als 2.000 AN) bzw. dem Montan-MitbestG oder Montan-MitbestGErgG (bei i.d.R. mehr als 1.000 AN) bzw. dem DrittelbG** (bei i.d.R. mehr als 500 AN) unterliegen)	Übrige Unternehmen (ohne Beteiligungen des Bundes), die nicht unter nebenstehende Spalten zu subsumieren sind

---

[987] Vgl. Begr. RegE BilRUG, BT-Drs. 18/4050, 76; *Schäfer/Rimmelspacher*, DB 2015, Beil. Nr. 5, S. 57 (58); *Völkner/Weiser*, in: BilRUG-Komm., J, Rn. 50.
[988] BGBl I 2015 Nr. 17, 642.
[989] Zu den Regelungen s. ergänzend *Röhm-Kottmann/Gundel*, WPg 2015, S. 1110 (1110 ff.).

	Gesetzliche Genderquote (Mindestanteil): Gesetzliche Vorgabe einer fixen Geschlechterquote (**Frauen und Männer**) für das unterrepräsentierte Geschlecht von mindestens 30% für den **AR**	**Festlegung von Zielgrößen und Fristen** Festlegung von Zielgrößen und deren Umsetzungsfristen zur Erhöhung des Frauenanteils für den **Vorstand** (Festlegung durch den AR) und die **obersten beiden Führungsebenen** unterhalb des Vorstands (Festlegung durch den Vorstand). Es besteht ein Verschlechterungsverbot, d.h. die Zielgrößen dürfen den bereits erreichten Frauenanteil nicht mehr unterschreiten, sofern dieser bei Festlegung der Zielgröße unter 30% liegt.	**Festlegung von Zielgrößen und Fristen** Festlegung von Zielgrößen und deren Umsetzungsfristen zur Erhöhung des **Frauenanteils** für den **VO/die Geschäftsführer** (Festlegung durch den AR bzw. die Gesellschafterversammlung), den **AR** (Festlegung durch den AR bzw. die Gesellschafterversammlung) und die **obersten beiden Führungsebenen** unterhalb des VO/der Geschäftsführer (Festlegung durch den Vorstand bzw. die Geschäftsführer). Es besteht ein Verschlechterungsverbot, d.h. die Zielgrößen dürfen den bereits erreichten Frauenanteil nicht mehr unterschreiten, sofern dieser bei Festlegung der Zielgröße unter 30% liegt.	keine Verpflichtungen
Gesetzliche Verpflichtung				
Erstanwendung	Die Regelungen zur gesetzlichen Genderquote sind für **AR-Wahlen und -Entsendungen ab dem 01.01.2016** zu erfüllen. Frei werdende AR-Posten sind so nachzubesetzen, dass die Mindestquote für das unterrepräsentierte Geschlecht erreicht wird.	Festlegung der Zielgrößen und deren Umsetzungsfristen bis zum **30.09.2015**. Die maximal zulässige erste Umsetzungsfrist endete **am 30.06.2017**. Danach sind die Zielgrößen regelmäßig zu aktualisieren, wobei die nachfolgenden Umsetzungsfristen max. **fünf Jahre** betragen dürfen.		keine Verpflichtungen

*Für Unternehmen in der Rechtsform der Europäischen Gesellschaft (Societas Europaea – SE) mit dualistischer Struktur und paritätischer Besetzung des Aufsichts- oder Verwaltungsorgans
**In der Regel sind Unternehmen mit mehr als 500 Mitarbeitern (drittel)mitbestimmt (DrittelbG), jedoch auch AG mit weniger als 500 Mitarbeitern, die keine Familiengesellschaften sind und vor dem 10.08.1994 gegründet wurden.

Tabelle: Gesellschaftsrechtliche Pflichten gem. FührposGleichberG

860 **Umstritten** ist, ob die Erklärung zur Unternehmensführung eines MU nach § 289f HGB für die rechtliche Einheit und die des MU nach § 315d HGB für den Konzern inhaltlich **deckungsgleich** sind **oder voneinander abweichen**[990]. Bei einzelnen Angaben kann sich sachlogisch keine Abweichung ergeben, so bspw. hinsichtlich der Zusammensetzung des Vorstands. Bei anderen Angaben, bspw. die in Bezug auf die rechtliche Einheit praktizierten Unternehmensführungspraktiken, die theoretisch von den konzernweiten Konzernführungspraktiken abweichen können, wären dagegen unterschiedliche Inhalte vorstellbar. Insgesamt sollten die beiden Erklärungen inhaltlich weitgehend übereinstimmen[991].

861 MU, die große börsennotierte AG oder große AG, die ausschließlich andere Wertpapiere als Aktien zum Handel an einem organisierten Markt i.S.d. § 2 Abs. 5 WpHG ausgegeben haben und deren ausgegebene Aktien auf eigene Veranlassung über ein multilaterales Handelssystem i.S.v. § 2 Abs. 3 S. 1 Nr. 8 WpHG gehandelt werden, sind, haben gem. § 315d S. 2 i.V.m. § 289f Abs. 2 Nr. 6 HGB in ihrer Konzernerklärung zur Unternehmensführung das **Diversitätskonzept**, das im Hinblick auf die Zusammensetzung des vertretungsberechtigten Organs und des Aufsichtsrats in Bezug auf Aspekte wie bspw. Alter, Geschlecht, Bildungs- oder Berufshintergrund verfolgt wird, sowie die Ziele dieses Diversitätskonzepts, der Art und Weise seiner Umsetzung und der im GJ erreichten Ergebnisse zu beschreiben. Wird kein Diversitätskonzept verfolgt, ist dies i.R.d. Erklärung zur Unternehmensführung zu erläutern[992].

19.12 Keine allgemeine Schutzklausel

862 Der Gesetzeswortlaut enthält lediglich im Hinblick auf die Angaben nach § 315a Abs. 1 S. 1 Nr. 8 HGB (Vereinbarungen, die unter der Bedingung eines Kontrollwechsels infolge eines Übernahmeangebots stehen) eine Schutzklausel. Die Schutzklausel des § 286 Abs. 1 HGB, nach der Anhangangaben unterbleiben müssen, die das **Wohl der Bundesrepublik Deutschland** oder eines ihrer Länder gefährden, ist nach überwiegender Meinung auch ohne ausdrückliche Verweisung analog für den KLB einschlägig, weil ansonsten die Schutzwirkung dieser Vorschrift ins Leere liefe[993]. Beide Vorschriften schützen das MU nicht vor der Angabe als sensibel empfundener Informationen.

863 § 313 Abs. 3 HGB sieht für den KAnh. weitere Schutzklauseln vor. Fraglich ist, ob Angaben, die geeignet sind, dem Unternehmen erhebliche Nachteile zuzufügen, unter analoger Anwendung von § 313 Abs. 3 HGB[994] unterlassen werden dürfen[995].

Soweit eine Angabe im KLB als **Verstoß gegen die Sorgfalts- und Verschwiegenheitspflichten** der Konzernleitung i.S.v. § 93 Abs. 1 AktG bzw. § 43 Abs. 1 GmbHG zu werten wäre oder Sachverhalte betrifft, die vom **Auskunftsrecht eines Aktionärs** in der HV

---

990 Vgl. *Völkner/Weiser*, in: BilRUG-Komm., J, Rn. 51. Siehe detailliert NWB Komm BilR[9], § 315 Rz. 10; *Schäfer/Rimmelspacher*, DB 2015, Beil. 5, S. 57 (59).
991 Vgl. *Schäfer/Rimmelspacher*, DB 2015, Beil. 5, S. 57 (60). Siehe ausführlicher *Grottel*, in: BeBiKo[11], § 315d, Rn. 15.
992 Zu Einzelheiten vgl. Kap. J Tz. 127 ff., da § 289f HGB entsprechend anzuwenden ist.
993 Vgl. ADS[6], § 289 HGB Tz. 54; *Henckel/Rimmelspacher/Schäfer*, Der Konzern 2014, S. 386 (402); Kajüter, in: HdR[5], §§ 289, 289a, Rn. 58.
994 § 313 Abs. 3 HGB ist gem. § 313 Abs. 3 S. 3 HGB nicht anwendbar, wenn das MU oder eines deren TU am Abschlussstichtag kapitalmarktorientiert i.S.d. § 264d HGB ist.
995 Vgl. ADS[6], § 289 HGB Tz. 54; Kap. F Tz. 1364.

gem. § 131 Abs. 3 S. 1 Nr. 1 AktG bzw. eines GmbH-Gesellschafters in der Gesellschafterversammlung gem. § 51a Abs. 2 S. 1 GmbHG **ausgenommen** sind, darf die Angabe der betr. Informationen im KLB unterbleiben[996]. Gleiches gilt, soweit durch eine Angabe im KLB ein **Straftatbestand** verwirklicht wird oder gegen ein anderes **Gesetz verstoßen** würde[997].

Weil § 315 Abs. 1 S. 1 HGB das MU dazu verpflichtet, im KLB ein den tatsächlichen Verhältnissen entspr. Bild zu vermitteln, darf eine Angabe selbst dann **nicht** unterbleiben, wenn darauf grds. wegen drohender erheblicher Nachteile verzichtet werden dürfte. Erhebliche Nachteile rechtfertigen es nicht, ein **unzutreffendes Bild** vom Geschäftsverlauf, von der Lage oder von der voraussichtlichen Entwicklung mit ihren wesentlichen Chancen und Risiken des Konzerns zu vermitteln[998]. **864**

---

[996] Vgl. *Böcking/Dutzi/Gros*, in: Baetge/Kirsch/Thiele, Bilanzrecht, § 289 Tz. 54; *Fink/Kajüter/Winkeljohann*, 21; *Henckel/Rimmelspacher/Schäfer*, Der Konzern 2014, S. 386 (402); *Kajüter*, in: HdR⁵, §§ 289, 289a, Rn. 59.
[997] Vgl. *Henckel/Rimmelspacher/Schäfer*, Der Konzern 2014, S. 386 (402). Siehe ähnlich *Scholz*, GmbHG¹¹, § 51a Tz. 33.
[998] Vgl. *Fink/Kajüter/Winkeljohann*, S. 21; *Henckel/Rimmelspacher/Schäfer*, Der Konzern 2014, S. 386 (403); *Kajüter*, in: HdR⁵, §§ 289, 289a, Rn. 59.

Kapitel H

Ergänzende Vorschriften zu Abschlüssen und Lageberichten für eingetragene Genossenschaften

Verfasser:
WP StB RA Dr. Eckhard Ott, Berlin

Mitarbeit:
StB Dipl.-Betriebsw. Karl-Heinz Dickau, Berlin

H Ergänzende Vorschriften für eingetragene Genossenschaften

Inhalt   Tz.
1. Rechnungslegung von Genossenschaften 1
   1.1 Einleitung 1
   1.2 Überblick über die rechtlichen Grundlagen 3
2. Jahresabschluss und Lagebericht 10
   2.1 Bestandteile, Fristen 10
   2.2 Anzuwendende Vorschriften 12
   2.3 Erleichterungen für Kleinstgenossenschaften 16
   2.4 Erleichterungen für kleine und mittelgroße Genossenschaften 22
   2.5 Befreiung von der Anwendung bestimmter Vorschriften 24
   2.6 Fristen 26
3. Besondere Vorschriften für die Bilanz 27
   3.1 Geschäftsguthaben der Mitglieder 27
   3.2 Mindestkapital 32
   3.3 Ergebnisrücklagen 35
4. Besondere Vorschriften für den Anhang 39
   4.1 Mitgliederbewegung 39
   4.2 Angabe des Prüfungsverbands und der Organmitglieder 42
   4.3 Angabe bestimmter Forderungen 45
5. Konzernabschluss und Konzernlagebericht 46
6. Offenlegung des Abschlusses 51

1. Rechnungslegung von Genossenschaften

1.1 Einleitung

1 Eingetragene Genossenschaften (eG) gelten gem. § 17 Abs. 2 GenG als **Kaufleute** i.S.d. HGB. Sie müssen daher die für alle Kaufleute geltenden Vorschriften des ersten Abschnitts des Dritten Buches des HGB (§§ 238-263 HGB) beachten.

2 Der dritte Abschnitt des Dritten Buches des HGB (§§ 336-339 HGB) enthält **ergänzende Vorschriften für eG**.

1.2 Überblick über die rechtlichen Grundlagen

3 Durch das BiRiLiG sind die ergänzenden Vorschriften für eG (§§ 336-339 HGB) im HGB verankert worden. Die Übernahme der betreffenden Regelungen in das Dritte Buch des HGB entsprach der Konzeption des Rechtsausschusses des BT, die Rechnungslegungsvorschriften im Dritten Buch des HGB aus Gründen der Übersichtlichkeit und zur Entlastung der Spezialgesetze von zusätzlichen Vorschriften so weit wie möglich zusammenzufassen[1].

4 Die **Buchführungspflicht** des Vorstands der eG ist in § 33 Abs. 1 GenG geregelt. Die **Feststellung des JA** und die **Beschlussfassung über die Ergebnisverwendung** sind in § 48 Abs. 1 S. 1 und 2 GenG geregelt. Die Generalversammlung (GV) stellt den JA fest; sie beschließt über die Verwendung des Jahresüberschusses oder die Deckung eines Jah-

---
[1] Vgl. BT-Drs. 10/4268, S. 122.

resfehlbetrags. Die Beschlussfassung betrifft den gesamten ungeteilten Gewinn bzw. Verlust sowie auch die auf neue Rechnung vorgetragenen Beträge[2]. Die GV ist bei der Gewinnverwendung an die Satzung gebunden. Die Satzung muss die Bildung einer gesetzlichen Rücklage zur Deckung späterer Verluste (§ 7 Nr. 2 GenG) vorsehen. Im Übrigen ist die GV an Vorschläge des Vorstands nicht gebunden[3].

Die für Kreditgenossenschaften geltenden ergänzenden Vorschriften gehen auf das **Bankbilanzrichtlinie-Gesetz** zurück. 5

Kreditinstitute in der Rechtsform der eG (**Kreditgenossenschaften**) haben die im ersten Unterabschnitt des vierten Abschnitts des Dritten Buches des HGB (§§ 340-340o HGB) verankerten **Vorschriften für KI und FDLI**[4] zu beachten[5]; zusätzliche Anforderungen auf Grund von Vorschriften, die wegen der Rechtsform bestehen, bleiben unberührt (§ 340 Abs. 1 S. 3 HGB). Auf Wohnungsunternehmen mit Spareinrichtung sind die ergänzenden Vorschriften für KI und FDLI nicht anzuwenden (§ 340 Abs. 3 HGB). Zu den nach § 8 Abs. 2 VAG für **Versicherungsunternehmen** vorgesehenen Rechtsformen gehört die eingetragene Genossenschaft nicht. 6

Die ergänzenden Vorschriften für eG und die ergänzenden Vorschriften für KI und FDLI sind jeweils mit dem für KapGes. einschlägigen zweiten Abschnitt des Dritten Buches des HGB (§§ 264-335c HGB) verknüpft. 7

Die **Konzernrechnungslegungspflicht** einer eG ergibt sich je nach Einzelfall aus § 11 Abs. 1 PublG[6] (nicht für Kreditgenossenschaften) bzw. aus § 340i Abs. 1 HGB (Kreditgenossenschaften). Bei Erfüllung der Voraussetzungen von Art. 4 der VO (EG) Nr. 1606/2002 bzw. § 315e Abs. 1 oder 2 HGB (Kapitalmarktorientierung) müssen auch eG zwingend einen KA nach den IFRS aufstellen. 8

Für die Aufstellung des JA und des LB einer **Europäischen Genossenschaft** (Societas Cooperativa Europaea, kurz SCE) mit Sitz im Inland gelten §§ 336-338 HGB und für die Offenlegung § 339 HGB entsprechend (vgl. §§ 1, 32 f. SCEAG). Wenn es sich bei der SCE mit Sitz im Inland um ein KI handelt, gelten für die Aufstellung des JA und LB die §§ 340-340j HGB und für die Offenlegung §§ 340l und 340o HGB entsprechend (vgl. §§ 1, 32 f. SCEAG)[7]. 9

2. Jahresabschluss und Lagebericht

2.1 Bestandteile, Fristen

Der Vorstand einer Genossenschaft hat den JA (§ 242 HGB) um einen Anhang zu erweitern, der mit der Bilanz und der GuV eine Einheit bildet, sowie einen LB aufzustellen (§ 336 Abs. 1 S. 1 HGB). Kleine eG brauchen keinen LB aufzustellen (§ 336 Abs. 2 S. 1 Nr. 1 HGB i.V.m. § 264 Abs. 1 S. 4 Hs. 1 HGB). 10

---

2 Vgl. *Lang/Weidmüller*, GenG, § 48, Rn. 17 f.
3 Vgl. *Schmidt/Schäfer*, in: BeBiKo[11], Vor § 339 HGB, Rn. 60.
4 Vgl. zu weiteren Einzelheiten: WP Handbuch 2012 Bd. I, Kap. J Tz. 5 ff.
5 Zur Geltung der Vorschriften für Finanzdienstleistungsgenossenschaften vgl. *Spanier*, in: MünchKomm. HGB[3], Bd. 4, Vorbemerkungen zu §§ 336-339, Rn. 18.
6 § 3 Abs. 2 PublG schließt lediglich die Anwendbarkeit des Ersten Abschnitts des PublG auf eG aus.
7 Das SCEAG enthält keine Vorschriften zu KA und KLB; zum konsolidierten Abschluss der SCE ist auf Art. 68 der VO (EG) Nr. 1435/2003 vom 22.07.2003 über das Statut der Europäischen Genossenschaft (SCE) zu verweisen.

H Ergänzende Vorschriften für eingetragene Genossenschaften

11 Jahresabschluss und LB sind in den ersten fünf Monaten des GJ[8] für das vergangene GJ aufzustellen (§ 336 Abs. 1 S. 2 HGB). Unverzüglich nach ihrer Aufstellung sind JA und LB dem AR und mit dessen Bemerkungen der GV vorzulegen (§ 33 Abs. 1 S. 2 GenG).

2.2 Anzuwendende Vorschriften

12 Auf den JA einer eG finden §§ 242-256a HGB Anwendung. Eine **Abweichung gegenüber den Vorschriften für alle Kaufleute** ergibt sich aus § 336 Abs. 1 S. 2 HGB für den Zeitraum, innerhalb dessen JA und ggf. LB aufzustellen sind (in den ersten fünf Monaten des GJ gegenüber der einem ordnungsmäßigen Geschäftsgang entsprechenden Zeit gem. § 243 Abs. 3 HGB, vgl. Kap. H Tz. 11).

13 Zusätzlich zu den für alle Kaufleute geltenden Vorschriften sind gem. § 336 Abs. 2 S. 1 HGB die im Folgenden aufgeführten **Vorschriften für KapGes.** entsprechend anzuwenden:

- § 264 Abs. 1 S. 4 Hs. 1 und Abs. 1a, 2 HGB,
- §§ 265-289e HGB, mit Ausnahme von § 277 Abs. 3 S. 1 und § 285 Nr. 17,
- § 289f Abs. 4 HGB nach Maßgabe des § 9 Abs. 3 und 4 GenG.

Die zu beachtenden Vorschriften umfassen, wenn die Genossenschaft der **Mitbestimmung** unterliegt, auch die Normen zur Festlegung von Zielgrößen für den **Frauenanteil** und zur Festlegung von **Fristen für das Erreichen der Zielgrößen**; eine Erklärung zur Unternehmensführung mit den einschlägigen Festlegungen und Angaben ist abzugeben. Die Vorschriften zur **CSR-Berichterstattung** betreffen große Unternehmen, die kapitalmarktorientiert i.S.d. § 264d HGB sind und im Jahresdurchschnitt mehr als 500 Arbeitnehmer beschäftigen; unabhängig von einer Kapitalmarktorientierung werden auch Kreditinstitute von der Pflicht zur Berichterstattung erfasst. Unmittelbar betroffen sind in der Praxis bisher nur Kreditgenossenschaften[9].

14 Sonstige Vorschriften, die durch den **Geschäftszweig** bedingt sind, bleiben unberührt, § 330 Abs. 1 HGB über den **Erlass von Rechtsverordnungen** ist entsprechend anzuwenden (§ 336 Abs. 2 S. 2, Abs. 3 HGB)[10].

15 Seit dem Inkrafttreten des Bilanzrechtsmodernisierungsgesetzes (BilMoG) 2009 bestehen in Bezug auf die Bewertungsvorschriften keine Unterschiede zu Kapitalgesellschaften mehr. Jedoch können eG aufgrund der Übergangsregelungen zum BilMoG nach Art. 67 Abs. 4 S. 1 EGHGB niedrigere Wertansätze, die auf der Ausübung von bestimmten Bewertungswahlrechten beruhen, die ihnen vor dem Inkrafttreten des BilMoG – abweichend von den Vorschriften für Kapitalgesellschaften – gewährt wurden, unter Anwendung der für sie vormals geltenden Vorschriften fortführen. Eine größere Bedeutung haben in der Praxis noch **Abschreibungen im Rahmen vernünftiger kaufmännischer Beurteilung** (§ 253 Abs. 4 HGB i.d.F. vor BilMoG). Für Kreditgenossenschaften hatte die dargestellte Übergangsregelung keine Bedeutung.

---

8   Für Kreditgenossenschaften gilt die kürzere Aufstellungsfrist von drei Monaten (§ 340a Abs. 1 i.V.m. § 264 Abs. 1 S. 3 HGB).
9   Nach Angaben des Betreibers des BAnz existieren derzeit keine kapitalmarktorientierten Genossenschaften, die nicht zugleich Kreditinstitute sind (vgl. BT-Drs. 18/9982, S. 35), vgl. auch *Mehring/Hartke/Pieper*, WPg 2018, S. 494.
10 Vgl. für Kreditgenossenschaften auch § 340a Abs. 2 S. 2 HGB zur Anwendung der durch Rechtsverordnung erlassenen Formblätter und anderer Vorschriften.

2.3 Erleichterungen für Kleinstgenossenschaften

Genossenschaften, die die Merkmale für Kleinstkapitalgesellschaften i.S.d. § 267a Abs. 1 HGB (vgl. Kap. F Tz. 281, Darstellung der für die Klassifizierung als Kleinstkapitalgesellschaft maßgeblichen Schwellenwerte einschl. Darstellung der Regelung gem. § 267a Abs. 3 HGB) erfüllen (Kleinstgenossenschaften), dürfen auch die **Erleichterungen für Kleinstkapitalgesellschaften** nach näherer Maßgabe der § 337 Abs. 4 HGB und § 338 Abs. 4 HGB anwenden (§ 336 Abs. 2 S. 3 HGB). Im Einzelnen gilt: 16

Kleinstgenossenschaften, die von der Erleichterung für Kleinstkapitalgesellschaften nach § 266 Abs. 1 S. 4 HGB Gebrauch machen und eine **verkürzte Bilanz** aufstellen (vgl. Kap. F Tz. 301, Darstellung der Regelung für Kleinstkapitalgesellschaften – verkürzte Bilanz), haben den Betrag der Geschäftsguthaben der Mitglieder sowie die gesetzliche Rücklage in der Bilanz im **Passivposten A Eigenkapital** wie folgt auszuweisen (§ 337 Abs. 4 HGB): 17

Passivseite der Bilanz

- A Eigenkapital
  - Davon:
  - Geschäftsguthaben der Mitglieder
  - Gesetzliche Rücklage

Die **Gewinn- und Verlustrechnung** dürfen Kleinstgenossenschaften **verkürzt** darstellen (vgl. Kap. F Tz. 770 ff, Darstellung der Regelung für Kleinstkapitalgesellschaften – verkürzte GuV); eine Angabe von Zusatzinformationen wird nicht verlangt[11]. 18

Kleinstgenossenschaften brauchen gem. § 338 Abs. 4 HGB den JA nicht um einen Anhang zu erweitern, wenn sie unter der Bilanz 19

- die in §§ 251, 268 Abs. 7 HGB (Haftungsverhältnisse, vgl. Kap. F Tz. 951) genannten Angaben und
- die in § 338 Abs. 1 (Mitgliederbewegung, vgl. Kap. H Tz. 39 ff.), Abs. 2 Nr. 1 (Name und Anschrift des zuständigen Prüfungsverbands, dem die Genossenschaft angehört, vgl. Kap. H Tz. 43) und Abs. 3 HGB (Angabe der Forderungen, die der Genossenschaft gegen Mitglieder des Vorstands oder Aufsichtsrats zustehen, vgl. Kap. H Tz. 45) genannten Angaben

machen.

Ebenso wie Kleinstkapitalgesellschaften dürfen Kleinstgenossenschaften eine **Bewertung von Deckungsvermögen zum beizulegenden Zeitwert** nur vornehmen, wenn sie von keiner der vorgesehenen Erleichterungen Gebrauch machen; falls eine der Erleichterungen in Anspruch genommen wird, muss eine Bewertung des Deckungsvermögens zu fortgeführten Anschaffungs- oder Herstellungskosten erfolgen, auch soweit eine Verrechnung vorgesehen ist (vgl. Kap. F Tz. 1436, Darstellung der Regelungen für Kleinstkapitalgesellschaften nach § 253 Abs. 1 S. 5 und 6 HGB). 20

Die **Offenlegungserleichterungen** für Kleinstkapitalgesellschaften (Einreichung der Bilanz in elektronischer Form zur dauerhaften Hinterlegung beim Betreiber des BAnz und Erteilung eines Hinterlegungsauftrags) gelten für **Kleinstgenossenschaften** entsprechend (§ 339 Abs. 2 S. 1 i.V.m. § 326 Abs. 2 HGB). Bei Kleinstgenossenschaften be- 21

---

11 Vgl. *Harr*, in: BilRUG-Komm., Kapitel N, Rn. 10.

schränkt sich jede zweite Prüfung nach § 53 Abs. 1 S. 1 GenG unter bestimmten Voraussetzungen auf eine vereinfachte Prüfung (§ 53a Abs. 1 S. 1 GenG).

2.4 Erleichterungen für kleine und mittelgroße Genossenschaften

22 Die Erleichterungen, die das HGB kleinen und mittelgroßen KapGes. einräumt, gelten nach § 336 Abs. 2 HGB auch für kleine und mittelgroße Genossenschaften. Ob es sich im Einzelfall um eine kleine oder mittelgroße Genossenschaft handelt, regelt die entsprechend anzuwendende Vorschrift des § 267 Abs. 1 und 2 HGB.

23 **Kreditgenossenschaften** dürfen die dargestellten **Erleichterungen nicht in Anspruch nehmen**, da KI auf ihren JA die für große KapGes. geltenden Vorschriften anzuwenden haben (§ 340a Abs. 1 S. 1 HGB).

2.5 Befreiung von der Anwendung bestimmter Vorschriften

24 Nach dem Gesetzeswortlaut sind bei Genossenschaften[12] bestimmte Vorschriften nicht anzuwenden, nämlich:

- § 277 Abs. 3 S. 1 HGB (Anhangangabe zu außerplanmäßigen Abschreibungen nach § 253 Abs. 3 S. 5 und 6 HGB, vgl. Kap. F Tz. 963 und Tz. 1114) und
- § 285 Nr. 17 HGB (Angaben zum Honoraraufwand für den Abschlussprüfer i.S.d. § 319 Abs. 1 S. 1 und 2 HGB, vgl. Kap. F Tz. 1131 ff.).

25 Die Befreiung von der Angabepflicht nach § 285 Nr. 17 HGB gilt auch für **Kreditgenossenschaften**[13].

2.6 Fristen

26 Jahresabschluss und Lagebericht sind in den ersten fünf Monaten des GJ für das vergangene GJ aufzustellen (§ 336 Abs. 1 S. 2 HGB), vgl. Kap. H Tz. 11 f.

3. Besondere Vorschriften für die Bilanz

3.1 Geschäftsguthaben der Mitglieder

27 An Stelle des gezeichneten Kapitals ist der **Betrag der Geschäftsguthaben der Mitglieder** auszuweisen (§ 337 Abs. 1 S. 1 HGB). Das Geschäftsguthaben setzt sich aus den von den Mitgliedern auf die Geschäftsanteile (§ 7 Nr. 1 GenG) eingezahlten Beträgen zusammen, zuzüglich Gutschriften aus Dividende und ggf. Zinsen[14], genossenschaftlichen Rückvergütungen sowie Gutschriften aus der Übertragung von Geschäftsguthaben, abzüglich der Verlustanteile. Die ausgewiesenen Geschäftsguthaben dürfen die Summe der Geschäftsanteile nicht übersteigen; überschießende Beträge sind als **Verbindlichkeiten der eG** auszuweisen[15].

---

12 Vgl. dazu *Schmidt/Schäfer*, in: BeBiKo[11], § 336 HGB, Rn. 17, nach deren Auffassung die freiwillige Angabe in Fortführung der bisherigen Wahlrechtsausübung zulässig ist, da nicht zu erwarten ist, dass hierdurch die Darstellung im JA insgesamt irreführend wird. Ebenso *Harr*, in: BilRUG-Komm., Kapitel N, Rn. 8.
13 Vgl. WPK-Magazin 4/2007, S. 37.
14 Vgl. § 21a Abs. 1 S. 1 GenG; die Satzung kann danach bestimmen, dass die Geschäftsguthaben verzinst werden.
15 Vgl. *Schmidt/Schäfer*, in: BeBiKo[11], § 337 HGB, Rn. 5.

Der Betrag der Geschäftsguthaben der mit Ablauf des GJ ausgeschiedenen Mitglieder ist **gesondert anzugeben** (§ 337 Abs. 1 S. 2 HGB). 28

Kreditgenossenschaften müssen darüber hinaus in der Aufgliederung der Geschäftsguthaben (§ 34 Abs. 2 Nr. 3c) RechKredV) die **Geschäftsguthaben aus gekündigten Geschäftsanteilen** angeben. Genossenschaften aus anderen Geschäftszweigen dürfen die Angabe freiwillig machen[16]. 29

Für rückständige fällige Einzahlungen auf Geschäftsanteile bestehen zwei Ausweismöglichkeiten: 30

- Ausweis der rückständigen fälligen Einzahlungen auf Geschäftsanteile in der Bilanz als Geschäftsguthaben und Einstellung des entsprechenden Betrags auf der Aktivseite unter der Bezeichnung „Rückständige fällige Einzahlungen auf Geschäftsanteile"; Ansatz des Betrags mit dem Nennwert (§ 337 Abs. 1 S. 3 und 5 HGB);
- Vermerk des Betrags der rückständigen fälligen Einzahlungen bei dem Posten „Geschäftsguthaben", wenn rückständige fällige Einzahlungen nicht als Geschäftsguthaben ausgewiesen werden; Ansatz des Betrags mit dem Nennwert (§ 337 Abs. 1 S. 4 und 5 HGB).

Bei der Ermittlung der rückständigen fälligen Einzahlungen sind auch die zum Schluss des GJ ausscheidenden Mitglieder und die gem. § 67b GenG gekündigten Geschäftsanteile zu erfassen[17]. 31

3.2 Mindestkapital

Ein in der Satzung bestimmtes Mindestkapital ist gesondert anzugeben (§ 337 Abs. 1 S. 6 HGB). 32

Nach § 8a GenG kann in der Satzung einer Genossenschaft ein Mindestkapital bestimmt werden, welches durch die Auszahlung des Auseinandersetzungsguthabens von Mitgliedern, die ausgeschieden sind oder einzelne Geschäftsanteile gekündigt haben, nicht unterschritten werden darf. Wenn die Satzung ein Mindestkapital bestimmt, ist die **Auszahlung des Auseinandersetzungsguthabens** ausgesetzt, solange durch die Auszahlung das Mindestkapital unterschritten würde. 33

Die Vorschrift hängt mit der IFRS-Rechnungslegung zusammen. Nach IAS 32 stellt das Geschäftsguthaben im Grundsatz kein Eigenkapital, sondern **Fremdkapital** dar. Eine Klassifizierung der Geschäftsguthaben als **Eigenkapital** ist jedoch dann vorzunehmen, wenn die in IFRIC 2: Geschäftsanteile an Genossenschaften und ähnliche Instrumente definierten Bedingungen erfüllt sind. Die Vorschriften der §§ 8a, 73 Abs. 4 GenG ermöglichen den Ausweis von Geschäftsguthaben als EK in der IFRS-Rechnungslegung[18]. 34

3.3 Ergebnisrücklagen

Genossenschaften haben an Stelle der Gewinnrücklagen (§ 272 Abs. 3 HGB) die **Ergebnisrücklagen** auszuweisen und wie folgt aufzugliedern (§ 337 Abs. 2 HGB): 35

- gesetzliche Rücklage;

---

16 Vgl. *Spanier*, in: MünchKomm. HGB³, Bd. 4, § 337, Rn. 20 m.w.N.
17 Vgl. DGRV – Deutscher Genossenschafts- und Raiffeisenverband e.V. Berlin (Hrsg.), Jahresabschluss der Waren-, Dienstleistungs- und Agrargenossenschaften, Stand: 01.11.2017, C. I., Rn. 10.
18 Vgl. dazu ausführlich *Förschle*, in: BeBiKo⁹, § 337 HGB, Rn. 13 ff.

- andere Ergebnisrücklagen – die Ergebnisrücklage nach § 73 Abs. 3 GenG und die Beträge, die aus dieser Ergebnisrücklage an ausgeschiedene Mitglieder auszuzahlen sind, müssen vermerkt werden.

36 Die Satzung einer eG kann Mitgliedern, die ihren Geschäftsanteil voll einbezahlt haben, für den Fall der Beendigung der Mitgliedschaft einen Anspruch auf Auszahlung eines Anteils an einer zu diesem Zweck zu bildenden Ergebnisrücklage (Ergebnisrücklage nach § 73 Abs. 3 GenG; **Beteiligungsfonds**) einräumen.

37 Folgende **Veränderungen** der Ergebnisrücklagen sind in der Bilanz oder im Anhang gesondert aufzuführen (§ 337 Abs. 3 HGB):
- die Beträge, welche die Generalversammlung aus dem Bilanzgewinn des Vorjahrs eingestellt hat;
- die Beträge, die aus dem Jahresüberschuss des GJ eingestellt werden;
- die Beträge, die für das GJ entnommen werden.

38 Die Vorschrift des § 337 Abs. 3 HGB geht auf das BiRiLiG zurück[19]. Da bei eG von der GV über die Verwendung des Jahresüberschusses oder die Deckung eines Jahresfehlbetrags beschlossen wird, ist es nicht zu beanstanden, wenn der Jahresüberschuss ungeschmälert ausgewiesen wird und die Aufstellung der Bilanz unter Berücksichtigung der vollständigen oder teilweisen Verwendung des Jahresergebnisses (§ 268 Abs. 1 S. 1 HGB) keine Anwendung findet (vgl. Kap. H Tz. 4).

4. Besondere Vorschriften für den Anhang

4.1 Mitgliederbewegung

39 Im Anhang sind gem. § 338 Abs. 1 HGB folgende Angaben zu machen:
- die Zahl der im Laufe des GJ eingetretenen oder ausgeschiedenen **Mitglieder**,
- die Zahl der am Schluss des GJ der Genossenschaft angehörenden Mitglieder,
- der Gesamtbetrag, um welchen in diesem Jahr die **Geschäftsguthaben** sowie die **Haftsummen** der Mitglieder sich vermehrt oder vermindert haben, und
- der Betrag der Haftsummen i.S.d. § 119 GenG, für welche am Jahresschluss alle Mitglieder zusammen aufzukommen haben.

40 Die **Mitgliedschaft** bei einer eG wird durch eine schriftliche, unbedingte Beitrittserklärung und die Zulassung des Beitritts durch die Genossenschaft erworben (§ 15 Abs. 1 S. 1 GenG); bei Gründungsmitgliedern kann die Mitgliedschaft auch durch Unterzeichnung der Satzung erworben werden (§ 15 Abs. 1 S. 4 GenG). Das Mitglied ist unverzüglich in die Mitgliederliste einzutragen und hiervon unverzüglich zu benachrichtigen (§ 15 Abs. 2 S. 1 GenG). Beendigt wird die Mitgliedschaft durch Kündigung oder Ausschluss. Die Kündigung kann nur zum Schluss eines GJ erklärt werden; ein Ausschluss ist ebenso nur zum Schluss eines GJ zulässig[20]. Mit dem Tod eines Mitglieds geht die Mitgliedschaft auf den Erben über; sie endet mit dem Schluss des GJ, in dem der Erbfall eingetreten ist.

---

19 Die Darstellung der Entwicklung der Ergebnisrücklagen entspricht nach der Regierungsbegründung zum BiRiLiG der für AG und GmbH vorgesehenen Regelung, zitiert nach *Biener/Berneke*, BiRiLiG, S. 486.
20 Vgl. §§ 65 Abs. 2 S. 1, 68 Abs. 1 S. 2 GenG.

> **Hinweis 1:**
> Die Satzung der eG kann bestimmen, dass im Falle des Todes eines Mitglieds dessen Mitgliedschaft in der eG durch dessen Erben fortgesetzt wird.

Bestimmt die Satzung, dass die Mitglieder beschränkt auf eine Haftsumme Nachschüsse zur Insolvenzmasse zu leisten haben, so darf die **Haftsumme** in der Satzung nicht niedriger als der Geschäftsanteil festgesetzt werden (§ 119 GenG). Die Veränderung der Zahl der Geschäftsanteile braucht nicht angegeben zu werden[21]. 41

4.2 Angabe des Prüfungsverbands und der Organmitglieder

Im Anhang sind gem. § 338 Abs. 2 HGB ferner anzugeben: 42
- **Name und Anschrift des zuständigen Prüfungsverbandes**, dem die Genossenschaft angehört;
- alle **Mitglieder des Vorstands und des Aufsichtsrats**, auch wenn sie im GJ oder später ausgeschieden sind, mit dem Familiennamen und mindestens einem ausgeschriebenen Vornamen; ein etwaiger Vorsitzender des Aufsichtsrats ist als solcher zu bezeichnen.

Es ist der für die gesetzliche Prüfung zuständige **Prüfungsverband** anzugeben[22]. 43

Die **Angaben zu den Vorstands- und Aufsichtsratsmitgliedern** sind auch für die Mitglieder der Organe zu machen, die bis zum Tag der Bilanzaufstellung neu in das jeweilige Gremium berufen worden sind. 44

4.3 Angabe bestimmter Forderungen

An Stelle der in § 285 Nr. 9 HGB vorgeschriebenen Angaben über die an Mitglieder von Organen geleisteten Bezüge, Vorschüsse und Kredite sind gem. § 338 Abs. 3 HGB lediglich die Forderungen anzugeben, die der Genossenschaft gegen Mitglieder des Vorstands oder Aufsichtsrats zustehen[23]. Die Beträge dieser Forderungen können für jedes Organ in einer Summe zusammengefasst werden (§ 338 Abs. 3 HGB). Nach einem weiten Begriffsverständnis von „Forderungen" sollen in die Angabepflicht auch jene Forderungen einzubeziehen sein, für die das Organmitglied nach den gesetzlichen Bestimmungen gesamtschuldnerisch haftet, z.B. als Vollhafter einer OHG oder KG[24]. 45

5. Konzernabschluss und Konzernlagebericht

Für **Genossenschaften, die nicht zu den Kreditgenossenschaften gehören**, bestimmt sich die Pflicht zur Aufstellung eines Konzernabschlusses und Konzernlageberichts nach § 11 PublG, sofern keine Kapitalmarktorientierung gegeben ist. Eine Genossenschaft hat Rechnung nach § 11 ff. PublG zu legen, wenn für drei aufeinander folgende Konzern- 46

---

21 Vgl. *Schmidt/Schäfer*, in: BeBiKo[11], § 338 HGB, Rn. 6 m.w.N.
22 Vgl. zur Mitgliedschaft in mehreren Prüfungsverbänden *Lang/Weidmüller*, GenG, § 54, Rn. 20 ff. Vgl. auch § 55 Abs. 4 GenG zur Prüfung im Falle der Mehrfachmitgliedschaft.
23 Kreditgenossenschaften haben nach § 285 Nr. 9a, b HGB die Gesamtbezüge der Organmitglieder anzugeben, sofern die Angaben nicht nach § 286 Abs. 4 HGB unterbleiben können; ferner sind Forderungen und Haftungsverhältnisse gegenüber Organmitgliedern anzugeben (§ 34 Abs. 2 Nr. 2 RechKredV).
24 Vgl. DGRV – Deutscher Genossenschafts- und Raiffeisenverband e.V. Berlin (Hrsg.), E. VI., Rn. 114; *Spanier*, in: MünchKomm. HGB³, § 338 HGB, Rn. 16 m.w.N.

abschlussstichtage jeweils mindestens zwei der drei Merkmale nach § 11 Abs. 1 PublG zutreffen. Für den Konzernabschluss oder Teilkonzernabschluss gelten gem. § 13 Abs. 2 PublG die §§ 294-314 HGB sinngemäß; soweit eine abweichende Gliederung zulässig ist, kann diese auch für den Konzernabschluss oder den Teilkonzernabschluss verwendet werden. Sonstige Vorschriften, die durch die **Rechtsform** oder den Geschäftszweig bedingt sind, bleiben unberührt. Rechtsformspezifische Vorschriften sind daher zu beachten. Für den Konzernlagebericht oder Teilkonzernlagebericht gilt § 315 HGB sinngemäß. Auf den Konzernabschluss oder den Teilkonzernabschluss braucht § 314 Abs. 1 Nr. 6 HGB (Angabe von Organbezügen) nicht angewendet zu werden.

> **Hinweis 2:**
> Wenn der Konzernabschluss einer Genossenschaft **befreiende Wirkung**, insbesondere nach § 291 HGB, haben soll, kommt es darauf an, ob das befreite Tochterunternehmen, das gleichzeitig Mutterunternehmen ist, diese Erleichterungen für seinen Konzern- oder Teilkonzernabschluss hätte in Anspruch nehmen können.

47 **Kreditgenossenschaften**, die als MU anzusehen sind, haben gem. § 340i Abs. 1 HGB als KI unabhängig von ihrer Größe einen KA und einen KLB aufzustellen; das MU-TU-Verhältnis ist für die Frage der Beurteilung der KA-Aufstellungspflicht nach nationalem Recht und damit nach §§ 290-292 HGB zu beurteilen[25]; größenabhängige Erleichterungen (§ 293 HGB) sind nicht anwendbar (vgl. § 340i Abs. 2 S. 2 HGB).

48 Zusätzliche Anforderungen auf Grund von Vorschriften, die wegen der **Rechtsform** bestehen, bleiben unberührt. Kreditgenossenschaften müssen daher auch im KAnh. §§ 337 f. HGB beachten. Das PublG ist auf KI nicht anzuwenden (vgl. § 11 Abs. 5 S. 1 PublG).

49 Wenn die Voraussetzungen nach Art. 4 der VO (EG) Nr. 1606/2002, § 315e Abs. 1 HGB bzw. § 315e Abs. 2 HGB erfüllt sind, hat eine Genossenschaft einen **IFRS-Konzernabschluss** aufzustellen.

50 Besonderheiten für die Aufstellung eines KLB gelten nicht.

6. Offenlegung des Abschlusses

51 Der Vorstand hat unverzüglich nach der GV über den JA, jedoch **spätestens vor Ablauf des zwölften Monats** des dem Abschlussstichtag nachfolgenden GJ, den festgestellten JA, den LB und den Bericht des AR beim Betreiber des BAnz elektronisch einzureichen (§ 339 Abs. 1 S. 1 HGB). Der Verweis in § 339 Abs. 3 HGB auf die §§ 335, 335a HGB ermöglicht ein **Ordnungsgeldverfahren** gegen die Mitglieder des Vorstands der Genossenschaft, wenn die Vorschriften zur Offenlegung nicht befolgt werden.

52 Wenn die **Erteilung eines BestV** nach § 58 Abs. 2 GenG oder nach Art. 10 Abs. 1 der Verordnung (EU) Nr. 537/2014 vorgeschrieben ist, muss dieser mit dem JA eingereicht werden. Wenn der Prüfungsverband die Bestätigung des JA versagt hat, muss dies auf dem eingereichten JA vermerkt und der Vermerk vom Prüfungsverband unterschrieben sein (§ 339 Abs. 1 S. 2 HGB).

---

25 WP Handbuch 2012 Bd. I, Kap. J Tz. 420.

Wenn die **Prüfung des JA** im Zeitpunkt der Einreichung der Unterlagen nicht abgeschlossen ist, muss der BestV oder der Vermerk über seine Versagung unverzüglich nach Abschluss der Prüfung eingereicht werden (§ 339 Abs. 1 S. 3 HGB). **53**

Wird der JA oder der LB nach der Einreichung geändert, so ist auch die **geänderte Fassung** einzureichen (§ 339 Abs. 1 S. 4 HGB). Nach § 48 Abs. 2 S. 2 GenG werden, wenn der JA bei der Feststellung geändert wird und die Prüfung nach § 53 GenG bereits abgeschlossen ist, vor der erneuten Prüfung gefasste Beschlüsse über die Feststellung des JA und über die Ergebnisverwendung erst wirksam, wenn auf Grund einer erneuten Prüfung ein hinsichtlich der Änderung uneingeschränkter BestV erteilt worden ist. **54**

Kleinstgenossenschaften dürfen von der Erleichterung für Kleinstkapitalgesellschaften nach § 326 Abs. 2 HGB Gebrauch machen und die Bilanz in elektronischer Form zur dauerhaften Hinterlegung beim Betreiber des BAnz einreichen und einen Hinterlegungsauftrag erteilen. **55**

Kreditgenossenschaften haben JA und LB nach den für KI geltenden Vorschriften (§ 340l HGB) offenzulegen, die wiederum Bezug nehmen auf die für KapGes. geltenden Vorschriften. **56**

Die Offenlegung von **Konzernabschlüssen nach PublG** ist in § 15 PublG geregelt; die gesetzlichen Vertreter des MU haben in sinngemäßer Anwendung des § 325 Abs. 3-6 HGB offenzulegen. **57**

Bei der Offenlegung von **Konzernabschlüssen von Kreditgenossenschaften** finden, unabhängig von dem angewendeten Rechnungslegungssystem, die für den JA geltenden Vorschriften Anwendung (vgl. Kap. H Tz. 56)[26]. **58**

---

26 Vgl. auch WP Handbuch 2012 Bd. I, Kap. J Tz. 436.

Kapitel J

Rechnungslegungsbezogene Besonderheiten bei Kapitalmarktorientierung

Verfasser:
WP StB Dr. Ulrich Störk, Frankfurt am Main

Mitarbeit:
WP StB Dr. Bernd Kliem, München
WP StB Dipl.-Kfm. Dirk Rimmelspacher, Frankfurt am Main
WPin StBin Dipl.-Kffr. Nina Schäfer, Frankfurt am Main

J Rechnungslegungsbezogene Besonderheiten bei Kapitalmarktorientierung

Inhalt	Tz.
1. Einleitung	1
2. Besonderheiten beim Jahresabschluss	10
2.1 Überblick	10
2.2 Anhang	13
2.2.1 Individualisierte Vorstandsvergütung (§ 285 Nr. 9 lit. a) S. 5 ff. HGB)	13
2.2.2 Angaben zur Mitgliedschaft in weiteren Aufsichtsräten (§ 285 Nr. 10 HGB)	27
2.2.3 Angaben zu Beteiligungen an großen KapGes., die 5% der Stimmrechte überschreiten (§ 285 Nr. 11b HGB)	28
2.2.4 Angaben über die Entsprechenserklärung zum DCGK (§ 285 Nr. 16 HGB i.V.m. § 161 AktG)	30
2.3 Zusätzliche Jahresabschlussbestandteile gemäß § 264 Abs. 1 S. 2 HGB	33
2.3.1 Überblick	33
2.3.2 Kapitalflussrechnung	39
2.3.3 Eigenkapitalspiegel	40
2.3.4 Segmentberichterstattung	41
3. Besonderheiten beim Konzernabschluss	43
3.1 Überblick	43
3.2 Aufstellung nach internationalen Rechnungslegungsstandards (§ 315e Abs. 1 und 2 HGB)	45
3.3 Aufstellungsfrist (§ 290 Abs. 1 S. 2 HGB)	49
3.4 Konzernanhang	50
3.4.1 Angaben zum Konsolidierungskreis und zum Konzernanteilsbesitz (§ 313 Abs. 2 und 3 HGB)	50
3.4.2 Individualisierte Vorstandsvergütung (§ 314 Abs. 1 Nr. 6 lit. a) S. 5 ff. HGB)	53
3.4.3 Angaben über die Entsprechenserklärung nach § 161 AktG (§ 314 Abs. 1 Nr. 8 HGB)	57
4. Besonderheiten beim (Konzern-)Lagebericht	58
4.1 Überblick	58
4.2 Angaben zum internen Kontroll- und Risikomanagementsystem bezogen auf den (Konzern-)Rechnungslegungsprozess (§§ 289 Abs. 4, 315 Abs. 4 HGB)	63
4.3 Übernahmerelevante Zusatzangaben (§§ 289a Abs. 1, 315a Abs. 1 HGB)	71
4.3.1 Anwendungsbereich	71
4.3.2 Zusammensetzung des gezeichneten Kapitals (Nr. 1)	74
4.3.3 Stimmrechts- und Übertragungsbeschränkungen (Nr. 2)	75
4.3.4 Direkte und indirekte Beteiligungen am Kapital mit mehr als 10% der Stimmrechte (Nr. 3)	77
4.3.5 Art und Inhaber von Aktien mit Sonderrechten (Nr. 4)	79
4.3.6 Art der Stimmrechtskontrolle bei Arbeitnehmerbeteiligung (Nr. 5)	80
4.3.7 Vorschriften zur Ernennung und Abberufung von Vorstandsmitgliedern und zur Satzungsänderung (Nr. 6)	81
4.3.8 Vorstandsbefugnisse zur Ausgabe und zum Rückkauf von Aktien (Nr. 7)	82

  4.3.9 Wesentliche Vereinbarungen für einen Kontrollwechsel infolge eines Übernahmeangebots (Nr. 8) 84
  4.3.10 Entschädigungsvereinbarungen für Vorstandsmitglieder und Arbeitnehmer im Fall eines Übernahmeangebots (Nr. 9) 87
 4.4 Grundzüge des Vergütungssystems bei einer börsennotierten AG (§§ 289a Abs. 2, 315a Abs. 2 HGB) 91
 4.5 Nichtfinanzielle (Konzern-)Berichterstattung (§§ 289b ff., 315b f. HGB) 94
  4.5.1 Anwendungsbereich und Befreiungsmöglichkeiten 95
   4.5.1.1 Unternehmen i.S.d. § 289b Abs. 1 HGB 95
   4.5.1.2 Mutterunternehmen i.S.d. § 315b Abs. 1 HGB 97
   4.5.1.3 Befreiungsmöglichkeiten (§§ 289b Abs. 2, 315b Abs. 2 HGB) . . . 99
  4.5.2 Berichtsformen und Veröffentlichung (§§ 289b Abs. 1 und 3, 315b Abs. 1 und 3 HGB) 104
  4.5.3 Inhalt der nichtfinanziellen (Konzern-)Berichterstattung 108
  4.5.4 Veröffentlichung des Prüfungsurteil (§§ 289b Abs. 4, 315b Abs. 4 HGB). 126
 4.6 Erklärung zur Unternehmensführung (§ 289f HGB) 127
  4.6.1 Anwendungsbereich 127
   4.6.1.1 Unternehmen i.S.d. § 289f Abs. 1 S. 1, Abs. 3 HGB 127
   4.6.1.2 Angaben zur Frauenquote und zum Mindestanteil (§ 289f Abs. 2 Nr. 4 und 5, Abs. 4 HGB). 130
   4.6.1.3 Angaben zur Diversität (§ 289f Abs. 2 Nr. 6, Abs. 5 HGB) 133
  4.6.2 Verpflichteter Personenkreis 134
  4.6.3 Ort und Form der Erklärung 135
  4.6.4 Zeitpunkt der Abgabe der Erklärung 141
  4.6.5 Erklärungsinhalt 145
   4.6.5.1 Entsprechenserklärung nach § 161 AktG (§ 289f Abs. 2 Nr. 1 HGB) 145
   4.6.5.2 Angaben zu Unternehmensführungspraktiken (§ 289f Abs. 2 Nr. 2 HGB) 146
   4.6.5.3 Angaben zur Arbeitsweise von Vorstand und AR und zur Zusammensetzung und Arbeitsweise von Ausschüssen dieser Organe (§ 289f Abs. 2 Nr. 3 HGB) 150
   4.6.5.4 Zielgrößen und -fristen für den Frauenanteil (§ 289f Abs. 2 Nr. 4, Abs. 4 HGB) 154
   4.6.5.5 Angaben zum Mindestanteil im Aufsichtsrat (§ 289f Abs. 2 Nr. 5 HGB) 160
   4.6.5.6 Angaben zum Diversitätskonzept für Vorstand und Aufsichtsrat (§ 289f Abs. 2 Nr. 6, Abs. 5 HGB) 162
 4.7 Konzernerklärung zur Unternehmensführung (§ 315d HGB) 164
 4.8 Weitere Vorschriften des DRS 20 für kapitalmarktorientierte Mutterunternehmen 167
5. Bilanzeid. 172

J Rechnungslegungsbezogene Besonderheiten bei Kapitalmarktorientierung

1. Einleitung

1 Die Rechnungslegungsvorschriften stellen differenzierte Anforderungen in Abhängigkeit von der Rechtsform des Unternehmens, von der Größenklasse und davon, ob das Unternehmen bzw. ein TU den Kapitalmarkt in Anspruch nimmt. Zwar enthält das HGB durch den im Zuge des BilMoG eingefügten § 264d HGB eine Legaldefinition für die „kapitalmarktorientierte KapGes.", auf die zahlreiche Sondervorschriften Bezug nehmen. Jedoch ist zu beachten, dass andere Vorschriften des HGB nicht an die Kapitalmarktorientierung i.S.d. § 264d HGB anknüpfen, sondern an andere kapitalmarktrechtliche Differenzierungsmerkmale (z.B. die Art der notierten Wertpapiere oder der in Anspruch genommene Kapitalmarkt).

2 Das nachstehende Kapitel veranschaulicht die rechnungslegungsbezogenen Besonderheiten für Unternehmen, die den Kapitalmarkt in Anspruch nehmen. Dabei geht es insb. darum, den jeweiligen **Anwendungsbereich** zu konkretisieren und aufzuzeigen, welche **handelsrechtlichen Berichtspflichten** in der Folge zu beachten sind.

3 Eine KapGes. ist **kapitalmarktorientiert i.S.d. § 264d HGB**, wenn sie einen organisierten Markt i.S.d. § 2 Abs. 11 WpHG (vgl. Kap. J Tz. 4 f.) durch von ihr ausgegebene Wertpapiere i.S.d. § 2 Abs. 1 WpHG (vgl. Kap. J Tz. 6) in Anspruch nimmt oder die Zulassung solcher Wertpapiere zum Handel an einem organisierten Markt beantragt hat (vgl. Kap. J Tz. 7). In den Anwendungsbereich des § 264d HGB fallen KapGes. (AG, GmbH, KGaA, SE) sowie die ihnen gleichgestellten PersGes. i.S.d. § 264a HGB. Außerdem nehmen das PublG und das GenG an verschiedenen Stellen Bezug auf § 264d HGB.

4 Ein **organisierter Markt** i.S.d. § 2 Abs. 11 WpHG ist ein im Inland, in einem anderen Mitgliedstaat der EU oder einem EWR-Vertragsstaat betriebenes oder verwaltetes, durch staatliche Stellen genehmigtes, geregeltes und überwachtes multilaterales System, das die Interessen einer Vielzahl von Personen am Kauf und Verkauf von dort zum Handel zugelassenen FI innerhalb des Systems und nach nichtdiskretionären Bestimmungen in einer Weise zusammenbringt oder das Zusammenbringen fördert, die zu einem Vertrag über den Kauf dieser FI führt. Nicht zu den organisierten Märkten gehören die Märkte in sog. Drittstaaten (z.B. USA, Japan oder Schweiz). Unternehmen, deren Wertpapiere ausschließlich zum Handel in einem **Drittstaat** zugelassen sind, sind daher keine kapitalmarktorientierten KapGes. i.S.d. § 264d HGB.

5 Der organisierte Markt i.S.d. § 2 Abs. 11 WpHG ist identisch mit dem **geregelten Markt** gem. Art. 4 Abs. 1 Nr. 21 Finanzmarktrichtlinie[1]. Die ESMA veröffentlicht ein regelmäßig aktualisiertes Verzeichnis aller geregelten Märkte i.S.v. Art. 4 Abs. 1 Nr. 21 Finanzmarktrichtlinie auf ihrer Internetseite[2].

> **Beispiel 1:**
>
> In Deutschland fallen unter den geregelten Markt der regulierte Markt i.S.d. §§ 32 ff. BörsG der deutschen Regionalbörsen (nicht aber der privatrechtlich organisierte Freiverkehr) sowie die Europäische Energiebörse EEX (Leipzig), die Terminbörse Eurex (Frankfurt) und die Tradegate Exchange (Berlin).

---

[1] Richtlinie 2014/65/EU über Märkte für Finanzinstrumente sowie zur Änderung der Richtlinien 2002/92/EG und 2011/61/EU vom 15.05.2014, Abl. EU Nr. L 173 v. 12.06.2014, S. 349.

[2] Vgl. https://registers.esma.europa.eu/publication/searchRegister?core=esma_registers_upreg (zit. 02.07.2018).

Wertpapiere i.S.d. § 2 Abs. 1 WpHG[3] sind, auch wenn keine Urkunden über sie ausgestellt sind, alle Gattungen von übertragbaren Wertpapieren mit Ausnahme von Zahlungsinstrumenten, die ihrer Art nach auf den Finanzmärkten handelbar sind, insb.: 6

a) Aktien,
b) andere Anteile an in- oder ausländischen juristischen Personen, PersGes. oder sonstigen Unternehmen, soweit sie Aktien vergleichbar sind, sowie Zertifikate, die Aktien vertreten,
c) Schuldtitel,
 – insb. Genussscheine, Inhaber- und Orderschuldverschreibungen sowie Zertifikate, die Schuldtitel vertreten,
 – sonstige Wertpapiere, die zum Erwerb oder zur Veräußerung von Wertpapieren nach a) und b) berechtigen oder zu einer Barzahlung führen, die in Abhängigkeit von Wertpapieren, von Währungen, Zinssätzen oder anderen Erträgen, von Waren, Indices oder Messgrößen bestimmt wird.

Eine **Inanspruchnahme des Kapitalmarkts** i.S.d. § 264d HGB liegt vor, wenn Wertpapiere des betr. Unternehmens am Abschlussstichtag zum Handel an einem organisierten Markt i.S.d. § 2 Abs. 11 WpHG zugelassen sind oder bis zu diesem Zeitpunkt ein entspr. Zulassungsantrag gestellt wurde. Nach Sinn und Zweck der Regelung entfallen aber die aus der Kapitalmarktorientierung folgenden, erweiterten Rechnungslegungs- und Prüfungspflichten für den letzten noch offenen JA, wenn in dessen Aufstellungsphase die Zulassung der Wertpapiere zum Handel an einem organisierten Markt endet[4]. Wertpapiere, die von TU ausgegeben werden, führen nicht zur Kapitalmarktorientierung i.S.d. § 264d HGB des MU[5]. 7

Von der kapitalmarktorientierten KapGes. i.S.d. § 264d HGB zu unterscheiden ist die **börsennotierte AG** oder **börsennotierte KapGes.**, an deren Vorliegen weitere rechnungslegungsbezogene Besonderheiten geknüpft sind. Eine **börsennotierte AG** ist gem. § 3 Abs. 2 AktG eine AG, deren Aktien zu einem Markt zugelassen sind, der von staatlich anerkannten Stellen geregelt und überwacht wird, regelmäßig stattfindet und für das Publikum (un-)mittelbar zugänglich ist. Im Gegensatz zu § 264d HGB fallen somit nur AG (inkl. SE) hierunter, deren Aktien (nicht Schuldtitel) zum Handel an einem geregelten Markt zugelassen sind. Des Weiteren ist es – zumindest dem Wortlaut nach – unerheblich, an welcher geregelten Börse die Aktien zugelassen sind, sodass grds. auch eine Börsennotierung in einem Drittstaat außerhalb der EU/EWR für § 3 Abs. 2 AktG genügt[6]. Allerdings hat der Gesetzgeber in Bezug auf die Anhangangabe nach § 285 Nr. 16 HGB zum Ausdruck gebracht, dass es sich bei einer börsennotierten AG i.S.d. § 3 Abs. 2 AktG um eine Ges. handelt, deren Aktien zum Handel an einem geregelten Markt i.S.d. § 2 Abs. 11 WpHG – und damit begrenzt auf den EU/EWR-Raum – zugelassen sind (vgl. Kap. J Tz. 30). Offen ist, ob diese engere Definition für alle rechnungslegungsbezogenen Besonderheiten bei Börsennotierung gilt. Der Begriff der **börsennotierten KapGes.** erweitert den Anwendungsbereich auf Unternehmen in der Rechtsform der KGaA. 8

---

3 Vgl. ausführlich dazu *Gelhausen/Fey/Kämpfer*, BilMoG, Kap. K Rn. 42 ff.
4 Vgl. *Schmidt/Hoffmann*, in: BeBiKo[11], § 264d, Rn. 1.
5 Vgl. *Gelhausen/Fey/Kämpfer*, BilMoG, Kap. K Rn. 54.
6 Vgl. *Schmidt/Hoffmann*, in: BeBiKo[11], § 264d, Rn. 6; *Hüffer/Koch*, AktG[12], § 3, Rn. 6.

J Rechnungslegungsbezogene Besonderheiten bei Kapitalmarktorientierung

9 Weitere rechnungslegungsbezogene Besonderheiten, welche in diesem Kapitel dargestellt werden, ergeben sich für

- KapGes. und PersGes. i.S.d. § 264a HGB, die **ausschließlich andere Wertpapiere als Aktien** zum Handel an einem organisierten Markt i.S.d. § 2 Abs. 11 WpHG ausgegeben haben und deren ausgegebene **Aktien** auf eigene Veranlassung über ein **multilaterales Handelssystem** i.S.d. § 2 Abs. 8 S. 1 Nr. 8 WpHG gehandelt werden (vgl. Kap. J Tz. 30 ff. (Angaben zur DCGK-Entsprechenserklärung im Anh.), Kap. J Tz. 57 (Angaben zur DCGK-Entsprechenserklärung im KAnh.), Kap. J Tz. 127 ff. (Erklärung zur Unternehmensführung) und Kap. J Tz. 164 ff. (Erklärung zur Unternehmensführung für den Konzern)),
- AG/SE und KGaA, die einen **organisierten Markt** i.S.d. § 2 Abs. 7 WpÜG durch von ihnen ausgegebene **stimmberechtigte Aktien** in Anspruch nehmen (vgl. Kap. J Tz. 71 ff. (übernahmerechtliche Angaben im LB und KLB), sowie
- **Inlandsemittenten** i.S.d. § 2 Abs. 14 WpHG, die aber keine KapGes. i.S.d. § 327a HGB sind (vgl. Kap. J Tz. 172 ff. (Bilanzeid).

2. Besonderheiten beim Jahresabschluss

2.1 Überblick

10 Von **kapitalmarktorientierten Unternehmen** i.S.d. § 264d HGB (vgl. Kap. J Tz. 3) sind, da diese nach § 267 Abs. 3 S. 2 HGB stets als groß gelten, die Anhangangaben für große KapGes. zu erfüllen. Auch dürfen die Angaben zum Beteiligungsbesitz nach § 285 Nr. 11 und 11b HGB wegen Nachteilszufügung nicht unterbleiben, falls das berichtende Unternehmen oder eines seiner TU kapitalmarktorientiert ist (§ 286 Abs. 3 S. 3 HGB). Des Weiteren haben kapitalmarktorientierte Unternehmen, deren ausschließlicher Zweck in der Ausgabe von Wertpapieren i.S.d. § 2 Abs. 1 WpHG besteht, die durch Vermögensgegenstände besichert sind[7], und die weder einen Aufsichts- oder Verwaltungsrat haben, der die Voraussetzungen des § 100 Abs. 5 AktG erfüllt, noch einen Prüfungsausschuss i.S.d. § 324 Abs. 2 HGB gebildet haben, im Anh. darzulegen, weshalb ein solcher nicht eingerichtet wird (§ 324 Abs. 1 S. 2 Nr. 1 zweiter Hs. HGB).

11 Kapitalmarktorientierte Unternehmen i.S.d. § 264d HGB (vgl. Kap. J Tz. 3), die nicht zur Aufstellung eines KA gem. §§ 290 ff. HGB (vgl. Kap. G Tz. 7 ff.) verpflichtet sind, haben ihren handelsrechtlichen JA um eine **Kapitalflussrechnung** und einen **Eigenkapitalspiegel** zu erweitern (§ 264 Abs. 1 S. 2 erster Hs. HGB). Sie dürfen den JA ferner um eine **Segmentberichterstattung** ergänzen (§ 264 Abs. 1 S. 2 zweiter Hs. HGB). Vgl. Kap. J Tz. 33 ff.

12 **Börsennotierte KapGes.** (vgl. Kap. J Tz. 8) haben zusätzlich zu den für kapitalmarktorientierte Unternehmen geltenden Anhangangaben noch

- die erweiterten Anhangangaben für Mitglieder des Geschäftsführungsorgans und des AR in Bezug auf die Mitgliedschaft in Kontrollgremien nach § 285 Nr. 10 HGB (vgl. Kap. J Tz. 27),
- die erweiterte Anhangangabe in Bezug auf Beteiligungen an großen KapGes. nach § 285 Nr. 11b HGB (vgl. Kap. J Tz. 28 f.) und

---

7 Vgl. Kap. F Tz. 949.

- Angaben zur Abgabe und Veröffentlichung der DCGK-Entsprechenserklärung nach § 161 AktG gem. § 285 Nr. 16 HGB (vgl. Kap. J Tz. 30 ff.) zu beachten.

Letzteres gilt auch für KapGes., die ausschließlich andere Wertpapiere als Aktien zum Handel an einem organisierten Markt i.S.d. § 2 Abs. 11 WpHG ausgegeben haben und deren ausgegebene Aktien auf eigene Veranlassung über ein multilaterales Handelssystem i.S.d. § 2 Abs. 8 S. 1 Nr. 8 WpHG gehandelt werden. **Börsennotierte AG/SE** (vgl. Kap. J Tz. 8) müssen zudem die individualisierten Angaben in Bezug auf die Offenlegung von Vorstandsbezügen i.S.d. § 285 Nr. 9 lit. a) S. 5 bis 8 HGB berücksichtigen (vgl. Kap. J Tz. 13 ff.).

2.2 Anhang

2.2.1 Individualisierte Vorstandsvergütung (§ 285 Nr. 9 lit. a) S. 5 ff. HGB)

§ 285 Nr. 9 lit. a) S. 5 bis 8 HGB fordert bei börsennotierten AG/SE i.S.d. § 3 Abs. 2 AktG (nicht KGaA) **individualisierte Angaben** zur Organvergütung für jedes einzelne Vorstandsmitglied. Angaben zu AR-Mitgliedern sind nach HGB nicht zu individualisieren. Die Angaben dürfen nach § 289a Abs. 2 S. 2 HGB wahlweise auch i.R.d. Vergütungsberichts im LB gemacht werden (vgl. Kap. J Tz. 92). Die Angaben dürfen unterbleiben, wenn die HV dies beschlossen hat (vgl. § 286 Abs. 5 HGB). Der Befreiungsbeschluss darf höchstens für fünf Jahre gefasst werden und bedarf einer Mehrheit von mindestens drei Viertel des bei der Beschlussfassung vertretenen Grundkapitals[8]. Die Pflicht zu den Angaben nach § 285 Nr. 9 lit. a) S. 1 bis 4 HGB bleibt in jedem Fall bestehen, auch unabhängig von der Anzahl der Vorstandsmitglieder, da die Erleichterungen des § 286 Abs. 4 HGB für börsennotierte AG nicht gelten.

13

§ 285 Nr. 9 lit. a) S. 5 HGB verlangt eine betragsmäßige Angabe der **individuellen Bezüge** unter Namensnennung der Vorstandsmitglieder[9]. Hierbei muss die Angabe getrennt nach erfolgsunabhängigen und erfolgsbezogenen Bezügebestandteilen sowie nach Komponenten mit langfristiger – i.d.R. aktienbasierter – Anreizwirkung erfolgen[10]. Sofern die einzelnen Bestandteile freiwillig weiter aufgegliedert werden, ist die Angabe einer Zwischensumme pro Komponente nicht erforderlich, sofern ersichtlich ist, welcher Komponente die Bezügebestandteile zuzuordnen sind. Die Summe der individualisiert anzugebenden Bezüge muss mit den nach § 285 Nr. 9 lit. a) S. 1 HGB anzugebenden **Gesamtbezügen** des Vorstands übereinstimmen[11].

14

> **Beispiel 2:**
>
> - **Erfolgsunabhängige** Komponenten:
>   Gehälter, feste jährliche Einmalzahlungen (z.B. erfolgsunabhängige Tantiemen, Urlaubsgelder), von der Ges. für auf den Namen des Vorstandsmitglieds lautende Lebens- oder Unfallversicherungen gezahlte Versicherungsprämien und Aufwandsentschädigungen, feste Antrittsprämien[12]

---

8   Vgl. Grottel, in: BeBiKo[11], § 286, Rn. 51 f.
9   Zur namentlichen Nennung vgl. § 285 Nr. 10 HGB; Kap. F Tz. 1097.
10 Vgl. zur Abgrenzung der Vergütungskomponenten Grottel, in: BeBiKo[11], § 285, Rn. 295 ff.
11 Vgl. zum KA DRS 17.39.
12 Vgl. zum KA DRS 17.40; Grottel, in: BeBiKo[11], § 285, Rn. 296.

> - **Erfolgsabhängige** Komponenten:
>   Gewinnbeteiligungen, variable Tantiemen und Boni sowie sonstige Prämien für besondere Leistungen[13]
> - Komponenten mit **langfristiger Anreizwirkung**:
>   unentgeltliche Gewährung von Aktien mit mehrjähriger Veräußerungssperre, Ausgabe von Wandelschuldverschreibungen, Aktienoptionen und sonstige aktienbasierte Vergütungen[14]. Auch nicht aktienbasierte Vergütungen können als Komponenten mit langfristiger Anreizwirkung angabepflichtig sein, wenn eine variable Vergütung von der Erreichung bestimmter Ziele (bspw. Kunden- und Mitarbeiterzufriedenheit, Marktanteil oder Rendite) über eine mehrjährige Bemessungsgrundlage hinweg abhängt.

15 Neben diesen Angaben zu den Bezügen für die aktive Tätigkeit der Vorstandsmitglieder werden nach § 285 Nr. 9 lit. a) S. 6 HGB auch individualisierte Angaben in Bezug auf künftige, bei oder nach einer planmäßigen oder außerplanmäßigen **Beendigung der Tätigkeit** zugesagte Leistungen verlangt:

- Leistungen, die dem Vorstandsmitglied für den Fall einer vorzeitigen Beendigung seiner Tätigkeit zugesagt worden sind (lit. aa))
- Leistungen, die dem Vorstandsmitglied für den Fall der regulären Beendigung seiner Tätigkeit zugesagt worden sind, mit ihrem Barwert, sowie den von der Ges. während des GJ hierfür aufgewandten oder zurückgestellten Betrag (lit. bb))
- während des GJ vereinbarte Änderungen dieser Zusagen (lit. cc))
- Leistungen, die einem früheren Vorstandsmitglied, das seine Tätigkeit im Laufe des GJ beendet hat, in diesem Zusammenhang zugesagt und im Laufe des GJ gewährt worden sind (lit. dd)).

16 § 285 Nr. 9 lit. a) S. 6 lit. aa) bis cc) HGB erfasst Zusagen von zukünftigen Leistungen für den Fall der Beendigung der Tätigkeit, die in Abgrenzung zu § 285 Nr. 9 lit. a) S. 1 HGB noch nicht gewährt sind, weil die zugrunde liegende Tätigkeit noch nicht vollständig erbracht ist, und die Bedingung(en), an deren Eintritt die Leistung geknüpft ist, noch nicht erfüllt ist/sind[15]. In Abgrenzung zu lit. aa) bis cc) erfasst lit. dd) alle Fälle von Leistungszusagen und -gewährungen aus Anlass der Beendigung der Vorstandstätigkeit, in denen die Vorstandstätigkeit im GJ beendet wird. Der Begriff „Leistungen" i.S.d. § 285 Nr. 9 lit. a) S. 6 HGB geht dabei über den in § 285 Nr. 9 lit. a) S. 1 HGB definierten Begriff der „Gesamtbezüge" hinaus, so dass bspw. auch Aufwendungen zur Bildung einer Pensionsrückstellung, die nicht unter die Gesamtbezüge i.S.d. S. 1 fallen, nach S. 6 angabepflichtig sind[16]. Leistungen nach § 285 Nr. 9 lit. a) S. 6 HGB sind unabhängig davon anzugeben, ob der Anspruch auf einer gesetzlichen Regelung, einer vertraglichen Vereinbarung oder einer betrieblichen Übung beruht[17]. Sie umfassen sowohl Zusagen von **wiederkehrenden Leistungen** (z.B. Zusagen für Pensionen oder verrentete Abfindungen) als auch Zusagen von **Einmalleistungen** (z.B. solche aus Change-of-control-Klauseln, Abfindungen bei Nichtverlängerung des Dienstvertrags)[18]. Da sich S. 6 nach dem

---

13 Vgl. zum KA DRS 17.41; *Grottel*, in: BeBiKo[11], § 285, Rn. 297.
14 *Vgl. zum KA DRS 17.42; Grottel*, in: BeBiKo[11], § 285, Rn. 298.
15 Vgl. zum KA DRS 17.47.
16 Vgl. ADS[6], § 285 HGB, Tz. 180; *Grottel*, in: BeBiKo[11], § 285, Rn. 247, S. 277 f.; vgl. auch Kap. J Tz. 21.
17 Vgl. zum KA DRS 17.50.
18 Vgl. RegBegr. VorstOG, BT-Drs. 15/5577, S. 7; zum KA DRS 17.50.

Gesetzeswortlaut auf S. 5 bezieht, ist auch bei der Angabe der Leistungen nach S. 6 für jedes Vorstandsmitglied nach erfolgsunabhängigen und erfolgsbezogenen Leistungen sowie Leistungen mit langfristiger Anreizwirkung zu differenzieren[19].

Anzugeben sind die **Basisdaten einer Zusage** (wesentliche Merkmale, welche die Höhe und zeitliche Verteilung der Leistung beeinflussen), bei Zusagen für den Fall der regulären Beendigung der Tätigkeit zusätzlich der Barwert der zugesagten Leistung sowie der während des GJ für die Leistungszusagen aufgewandte oder zurückgestellte Betrag[20]. Hängt die Höhe der zugesagten Leistungen von künftig eintretenden Bedingungen ab, ist der **wesentliche Inhalt** der Vereinbarungen vollständig darzustellen. 17

> **! Hinweis 1:**
>
> Hierzu gehören insb. folgende individualisierte, betragsmäßige Angaben[21]
> - Bemessungsgrundlage (z.B. Gehalt im Zeitpunkt des Ausscheidens, ggf. einschließlich erfolgsbezogener Anteile),
> - Prozentsatz der Bemessungsgrundlage, der bei Ausscheiden des Vorstandsmitglieds für die Berechnung der Leistung maßgeblich ist (z.B. fix oder ansteigend mit der Dauer der Vorstandstätigkeit, der am Abschlussstichtag erreichte Prozentsatz),
> - Dynamisierung laufender Renten (z.B. nach Verbraucherpreisindex, ggf. plus fixem Prozentsatz),
> - bei beitragsbezogenen Zusagen die im GJ erfassten Beträge und die vereinbarten wesentlichen Konditionen (z.B. die Verzinsung der Beiträge, ggf. Abhängigkeit der Beiträge bzw. der Ablaufleistung von anderen Faktoren, Laufzeit der Zusage) sowie
> - Vereinbarungen über Hinterbliebenenbezüge (z.B. Minderung, unterschieden nach Ehepartnern und Kindern).

Die Angabepflichten nach § 285 Nr. 9 lit. a) S. 6 lit. aa) und bb) HGB umfassen alle zum Abschlussstichtag zugesagten Leistungsverpflichtungen, unabhängig vom Zusagezeitpunkt und unabhängig davon, ob bzw. in welchem Umfang ihre rechtliche Ausgestaltung von den Zusagen an Arbeitnehmer abweicht[22].

Anzugeben ist im Fall der **vorzeitigen Beendigung** eines Vertrags (z.B. Amtsniederlegung, Abberufung, Beendigung der Vorstandstätigkeit infolge eines Kontrollwechsels nach einem Übernahmeangebot[23]) nach § 285 Nr. 9 lit. a) S. 6 lit. aa) HGB bspw. 18

- ob und in welchem Umfang die Vergütung aus dem bestehenden Vertragsverhältnis weiterzuzahlen ist,
- ob anderweitiger Verdienst anzurechnen ist,
- wie mit den entgehenden Boni zu verfahren ist[24].

---

19 Vgl. *Grottel*, in: BeBiKo[11], § 285, Rn. 273.
20 Vgl. zum KA DRS 17.51; zur Zusage von bspw. festen Monats- bzw. Jahresbeträgen für die Zeit nach einem vorzeitigen oder regulären Ausscheiden vgl. DRS 17.52.
21 Vgl. zum KA DRS 17.53.
22 Vgl. zum KA DRS 17.58.
23 Vgl. auch Angabepflichten nach § 289a Abs. 1 S. 1 Nr. 9 HGB im LB.
24 Vgl. RegBegr. VorstAG, BT-Drs. 16/12278, S. 7.

19 § 285 Nr. 9 lit. a) S. 6 lit. bb) HGB verlangt die Angabe der Leistungen, die dem noch tätigen Vorstandsmitglied für den Fall der **regulären Beendigung** seiner Tätigkeit zugesagt worden sind. Dazu gehören z.B. Abfindungen für die fehlende Wiederbestellung oder vereinbarte Versorgungszusagen (Ruhegehalts- und Hinterbliebenenbezüge)[25]. Bei Versorgungszusagen ist anzugeben, ob es sich um ein gleichbleibendes Ruhegehalt handelt; des Weiteren sind Angaben u.a. bzgl. der Dynamisierung und Wertsicherung erforderlich[26]. Angabepflichtig sind auch die zu Vollkosten zu bewertenden sonstigen Leistungen der Ges. nach regulärer Beendigung der Tätigkeit (bspw. Weiternutzung eines Büros oder Dienstwagens)[27].

20 Anzugeben ist nach § 285 Nr. 9 lit. a) S. 6 lit. bb) HGB neben den Basisdaten der Zusage (vgl. Kap. J Tz. 17) der jeweilige **Barwert** der den einzelnen Vorstandsmitgliedern für den Fall der regulären Beendigung ihrer Tätigkeit insgesamt zum Abschlussstichtag zugesagten Leistungen; eine Aufgliederung nach den einzelnen Leistungen ist nicht erforderlich[28]. Für Pensions- und sonstige Versorgungszusagen ist der für bilanzielle Zwecke ermittelte Barwert anzugeben[29]. Bei wertpapiergebundenen Altersversorgungszusagen tritt an die Stelle des Barwerts der Rückstellungsbetrag in Höhe des beizulegenden Zeitwerts dieser Wertpapiere i.S.d. § 253 Abs. 1 S. 3 HGB (vgl. Kap. F Tz. 591 ff.). Auch bei mittelbaren Versorgungszusagen, die nicht durch die KapGes., sondern durch einen externen Versorgungsträger erfüllt werden[30], ist der Barwert der Zusage anzugeben, unabhängig davon, ob ein Fehlbetrag nach Art. 28 Abs. 2 EGHGB existiert und ob dieser passiviert ist[31]. Dabei entspricht der Barwert der Zusage dem handelsrechtlich notwendigen Erfüllungsbetrag i.S.v. *IDW RS HFA 30 n.F.*, Tz. 78. Aufgrund der Einheit der Versorgungszusage ist der gesamte Barwert anzugeben, auch dann, wenn die Zusage zu einem Zeitpunkt vor dem Beginn der Vorstandstätigkeit erteilt wurde[32]. Für sonstige Leistungen (d.h. andere als Pensions- und sonstige Versorgungszusagen) ist zur Ermittlung des Barwerts grds. auf das Ende des aktuellen Bestellungszeitraums des Vorstandsmitglieds bzw. das Erreichen des vorgesehenen Mindestbestellungszeitraums abzustellen[33]. Der Barwert derartiger sonstiger Leistungen, bei denen keine festen Beträge zugesagt sind, ist nur anzugeben, soweit er verlässlich bestimmbar ist. Dabei ist grds. auf dieselben Annahmen zurückzugreifen, die für Pensions- und sonstige Versorgungszusagen getroffen wurden[34].

21 Neben dem Barwert ist nach § 285 Nr. 9 lit. a) S. 6 lit. bb) HGB der für derartige Leistungszusagen im GJ **aufgewandte oder zurückgestellte Betrag** anzugeben. Nach DRS 17.55 ist danach bei Zusagen für Pensionen und sonstige Versorgungsleistungen individualisiert wahlweise entweder der im GJ hierfür erfasste Personalaufwand (ausschließlich eines möglichen Aufwands aus der Aufzinsung einer Rückstellung) oder die

---

[25] Vgl. *Grottel*, in: BeBiKo[11], § 285, Rn. 276.
[26] Zu weiteren erforderlichen Angaben vgl. *Grottel*, in: BeBiKo[11], § 285, Rn. 276.
[27] Vgl. *Grottel*, in: BeBiKo[11], § 285, Rn. 277.
[28] Vgl. *Grottel*, in: BeBiKo[11], § 285, Rn. 277.
[29] Vgl. zum KA DRS 17.57; *Grottel*, in: BeBiKo[11], § 285, Rn. 277.
[30] Vgl. *IDW RS HFA 30 n.F.*, Tz. 36.
[31] Vgl. *Grottel*, in: BeBiKo[11], § 285, Rn. 277.
[32] Vgl. auch *Grottel*, in: BeBiKo[11], § 285, Rn. 306 zur vergleichbaren Fragestellung für die Angabe nach § 285 Nr. 9 lit. b) HGB.
[33] Vgl. zum KA DRS 17.57.
[34] Vgl. zum KA DRS 17.57.

Veränderung des für Zwecke der Bilanzierung ermittelten Barwerts der Verpflichtung im GJ anzugeben. Im Fall von mittelbaren Versorgungszusagen, die nicht durch die KapGes., sondern einen externen Versorgungsträger erfüllt werden[35], erscheint es sachgerecht, als aufgewandten Betrag die im GJ an den externen Versorgungsträger geleisteten Zahlungen anzugeben[36] bzw. als Veränderung des Barwerts der Verpflichtung die Veränderung des handelsrechtlich notwendigen Erfüllungsbetrags i.S.v. *IDW RS HFA 30 n.F.*, Tz. 78, im GJ anzugeben. Diese Angaben müssen nach dem Gesetzeswortlaut auch für andere als Pensions- und sonstige Versorgungsleistungen gemacht werden und dürfen in einem Betrag pro Vorstandsmitglied erfolgen[37]. Versicherungsentgelte, die die Ges. für auf den Namen des Vorstandsmitglieds lautende Lebens-, Pensions- oder Unfallversicherungen zahlt, sind Teil der Bezüge und daher hier nicht anzugeben[38]. Der aufgewandte oder zurückgestellte Betrag ist weder in die Summe der individualisiert anzugebenden Bezüge nach § 285 Nr. 9 lit. a) S. 5 HGB noch in die Gesamtbezüge nach § 285 Nr. 9 lit. a) S. 1 HGB einzubeziehen[39].

Der Umfang der Berichterstattung bei einer während des GJ rechtsverbindlich vereinbarten **Änderung der Zusagen** i.S.d. § 285 Nr. 9 lit. a) S. 6 lit. aa) und bb) HGB nach lit. cc) richtet sich danach, dass ein Abschlussadressat in der Lage sein muss, sich ein Bild über den wesentlichen Inhalt und den Umfang der Änderungen der Zusagen zu verschaffen und die Bedeutung der Änderung für die Ges. und ihren Wert für das Vorstandsmitglied erkennen kann[40]. Anzugeben sind die geänderten Basisdaten der Zusage(n) (vgl. Kap. J Tz. 17), so dass erkennbar wird, welche Vertragsbestimmungen geändert wurden und welche finanziellen Auswirkungen die Änderungen für die Ges. und für das Vorstandsmitglied haben[41].

Nach § 285 Nr. 9 lit. a) S. 6 lit. dd) HGB sind die einem **während des Geschäftsjahres ausgeschiedenen Vorstandsmitglied** i.Z.m. der Beendigung der Tätigkeit zugesagten und im Laufe des GJ gewährten Leistungen ebenfalls individualisiert anzugeben[42]. Ob die Zusage im lfd. GJ oder in VJ („vorab erteilte Zusagen") erfolgt ist, ist dabei unbeachtlich[43]. Im Fall von Leistungszusagen aus Anlass der Beendigung der Vorstandstätigkeit betrifft lit. dd) damit alle Fälle, in denen die Vorstandstätigkeit im (inkl. mit Ablauf des)[44] GJ beendet wird, während lit. aa) bis cc) alle Fälle von Leistungszusagen betreffen, in denen das Vorstandsmitglied seine Tätigkeit im GJ noch nicht beendet hat.

Die Angabe nach lit. dd) hat getrennt von den dem Vorstandsmitglied gewährten Bezügen nach § 285 Nr. 9 lit. a) S. 5 HGB zu erfolgen und ist nicht in die **Gesamtbezüge** nach § 285 Nr. 9 lit. a) S. 1 HGB einzubeziehen[45]. Zur Frage, wann die Leistungen als gewährt

---

35 Vgl. *IDW RS HFA 30 n.F.*, Tz. 36.
36 Gleiches gilt im IFRS-KAnh. im Fall von sog. beitragsorientierten Versorgungszusagen, für die keine Pensionsrückstellungen angesetzt werden.
37 Vgl. *Grottel*, in: BeBiKo[11], § 285, Rn. 278.
38 Vgl. zum KA DRS 17.55.
39 Vgl. zum KA DRS 17.56.
40 Vgl. zum KA DRS 17.59.
41 Vgl. zum KA DRS 17.60.
42 Vgl. zum KA DRS 17.61.
43 Vgl. zum KA DRS 17.62.
44 Vgl. Kap. F Tz. 1086 ff.
45 Vgl. zum KA DRS 17.61.

gelten, vgl. Kap. F Tz. 1070. Eine Angabe hat jedoch zugleich in Form der Einbeziehung in die Gesamtbezüge früherer Vorstandsmitglieder nach § 285 Nr. 9 lit. b) HGB zu erfolgen[46], was insoweit zu Doppelangaben führt[47].

> **Beispiel 3:**
>
> Individualisiert darzustellende **Aufhebungsvereinbarungen** können sein:
>
> Vereinbarungen über die Weiterzahlung von Vergütungen inkl. Nebenleistungen oder einer Tantieme, Vereinbarungen über die Anrechnung anderweitiger Verdienste, Abfindungen zur Abgeltung von Ansprüchen für die Restlaufzeit des Anstellungsvertrags und sonstige Abfindungen (Entschädigungen für die vorzeitige Beendigung der Organstellung, Karenzentschädigungen für ein Wettbewerbsverbot oder Abfindungen zur Ablösung von Versorgungsanwartschaften)[48].

25 Nach § 285 Nr. 9 lit. a) S. 7 HGB sind bei börsennotierten AG **Leistungen**, die einem Vorstandsmitglied im Hinblick auf seine Tätigkeit als Vorstandsmitglied **von einem Dritten** zugesagt oder im GJ gewährt werden, angabepflichtig. Auch hier ist eine individualisierte Anhangangabe für jedes einzelne Vorstandsmitglied, aufgeteilt nach erfolgsunabhängigen und erfolgsbezogenen Komponenten sowie Komponenten mit langfristiger Anreizwirkung, verpflichtend[49]. Sie sind, wie die Angaben nach S. 6, von den Gesamtbezügen gesondert darzustellen. Der Umfang der Angabe ist nach dem Gesetzeswortlaut nicht auf die Gesamtbezüge i.S.d. § 285 Nr. 9 lit. a) S. 1 HGB beschränkt und nach dem Sinn und Zweck der Vorschrift, mögliche Interessenkonflikte deutlich zu machen, weit auszulegen[50]. Der Wortlaut der Vorschrift stellt insofern klar, dass hierunter nicht nur die i.R.d. Vorstandstätigkeit von Dritten zugesagten oder gewährten Leistungen, bspw. durch einen Gesellschafter gezahlte Gehälter oder Tantiemen, anzugeben sind, sondern auch – unabhängig von der gesetzlichen oder satzungsmäßigen Zulässigkeit solcher Leistungen – jede Vorteilsgewährung von Dritten, die auf die Stellung als Vorstandsmitglied zurückgeführt werden kann[51]. Um mögliche Interessenkonflikte deutlich zu machen, sind die gewährten Leistungen unter allgemeiner Bezeichnung der Herkunft (z.B. Leistungen von Gesellschaftern oder sonstigen Dritten) aufzuschlüsseln[52]. Sind Leistungen Dritter bereits in den Gesamtbezügen enthalten (bspw. Vergütung durch das MU, die an die berichtende Ges. weiterbelastet wird; vgl. Kap. F Tz. 1079), sind sie nicht erneut nach S. 7 angabepflichtig.

26 Nach § 285 Nr. 9 lit. a) S. 8 HGB sind, sofern der JA **weitergehende Angaben zu bestimmten Bezügen** enthält, diese zusätzlich für jedes Vorstandsmitglied individualisiert anzugeben. Der Begriff der „Bezüge" i.S.d. § 285 Nr. 9 lit. a) S. 8 HGB entspricht inhaltlich dem Begriff der „Gesamtbezüge" i.S.d. § 285 Nr. 9 lit. a) S. 1 und 5 HGB (vgl. Kap. F Tz. 1068 f.), nicht jedoch den Leistungen i.S.d. § 285 Nr. 9 lit. a) S. 6 und 7 HGB (vgl.

---

46 Vgl. Begr. VorstAG, BT-Drucks. 16/12278, S. 7.
47 Vgl. *Grottel*, in: BeBiKo[11], § 285, Rn. 274 und 280; so auch die Begr. zu DRS 17.61 bis 63 (.A50).
48 Vgl. zum KA DRS 17.63.
49 *Vgl. zum KA DRS 17.69.*
50 Vgl. zum KA DRS 17.68 und .B51; restriktiver *Grottel*, in: BeBiKo[11], § 285, Rn. 285 ff.
51 Vgl. hierzu auch Beschlussempfehlung des Rechtsausschusses zum VorstOG, BT-Drs. 15/5860, S. 10, durch Verweis auf § 11 Abs. 2 S. 3 Nr. 3 WpÜG; zum KA DRS 17.70.
52 Vgl. zum KA DRS 17.70 und .B53.

Kap. J Tz. 15 ff.). Da auch aktienbasierte Vergütungen i.S.d. § 285 Nr. 9 lit. a) S. 4 HGB zu diesen Gesamtbezügen gehören, fordert S. 8 im JA insb. eine Individualisierung der nach S. 4 verlangten Angaben (beizulegen der Zeitwert zum Zeitpunkt der Gewährung der aktienbasierten Vergütungen sowie ihre Anzahl; vgl. Kap. F Tz. 1077)[53].

2.2.2 Angaben zur Mitgliedschaft in weiteren Aufsichtsräten (§ 285 Nr. 10 HGB)

Börsennotierte KapGes. (vgl. Kap. J Tz. 8) haben für alle gem. § 285 Nr. 10 HGB aufzuführenden Organmitglieder zusätzlich zu den weiteren Angaben nach § 285 Nr. 10 HGB[54] deren **Mitgliedschaft in (weiteren) Aufsichtsräten** und anderen Kontrollgremien i.S.d. § 125 Abs. 1 S. 5 AktG anzugeben, um mögliche Interessenkonflikte erkennbar zu machen[55].

27

2.2.3 Angaben zu Beteiligungen an großen KapGes., die 5% der Stimmrechte überschreiten (§ 285 Nr. 11b HGB)

Von börsennotierten KapGes. (vgl. Kap. J Tz. 8) sind alle Beteiligungen an großen KapGes. (dazu Kap. F Tz. 1110) anzugeben, die 5% der Stimmrechte überschreiten[56]. Zur Ermittlung des Stimmrechtsanteils ist § 16 Abs. 3 AktG anzuwenden[57]. Der Begriff der Beteiligung ist in § 271 Abs. 1 HGB definiert (dazu Kap. F Tz. 361). Anzugeben sind **Name und Sitz** der KapGes. Weitere Angaben, insb. die Höhe der Stimmrechtsquote, sind nicht erforderlich. Insofern genügt die Angabe, dass die Beteiligung mehr als 5% der Stimmrechte vermittelt.

28

Ein Verzicht auf die Angabe ist nur nach Maßgabe des § 286 Abs. 1 und 3 HGB zulässig (vgl. hierzu Kap. F Tz. 1283 ff. sowie Kap. F Tz. 1082 i.V.m. Kap. F Tz. 1104 f. sowie einschränkend Kap. J Tz. 10).

29

2.2.4 Angaben über die Entsprechenserklärung zum DCGK (§ 285 Nr. 16 HGB i.V.m. § 161 AktG)

Börsennotierte AG müssen in ihrem Anh. Angaben über die jährliche Entsprechenserklärung zum DCGK i.S.d. § 161 Abs. 1 AktG machen. Nach dem Willen des Gesetzgebers sind das solche AG, deren Aktien an einem organisierten Markt i.S.d. § 2 Abs. 11 WpHG (vgl. Kap. J Tz. 4 f., d.h. keine Drittstaaten) zugelassen sind[58]. Gleiches gilt für Unternehmen in der Rechtsform der **KGaA** und **SE**[59].

30

Die Verpflichtung nach § 161 AktG trifft auch Vorstand und AR von Ges., die ausschließlich andere Wertpapiere als Aktien zum Handel an einem organisierten Markt i.S.d. § 2 Abs. 11 WpHG ausgegeben haben und deren ausgegebene Aktien auf eigene Veran-

31

---

53 Vgl. *Grottel*, in: BeBiKo[11], § 285, Rn. 291 i.V.m. 255. Zur weitergehenden Bedeutung im KA, insb. im Fall dessen Aufstellung nach IFRS, vgl. auch Kap. K Tz. 227 ff.
54 Vgl. Kap. F Tz. 1097 ff.
55 Vgl. ausführlich *Grottel*, in: BeBiKo[11], § 285, Rn. 354.
56 Vgl. ausführlich *Grottel*, in: BeBiKo[11], § 285, Rn. 420 ff.
57 Zum Verhältnis dieser Angaben zur Angabepflicht nach § 285 Nr. 11 HGB vgl. *Grottel*, in: BeBiKo[11], § 285, Rn. 424.
58 Vgl. Begr. RegE BilMoG, BT-Drs. 16/10067, 104. Dagegen wird in der aktienrechtlichen Kommentierung nicht zwischen Drittstaaten und dem EU/EWR-Raum differenziert, vgl. *Goette*, in: MünchKomm. AktG[4], § 161, Rn. 60.
59 Vgl. *Lutter*, in: *Kremer* u.a., DCGK[7], Rn. 1801 m.w.N.

lassung über ein multilaterales Handelssystem i.S.d. § 2 Abs. 8 S. 1 Nr. 8 WpHG gehandelt werden. Als „multilaterales Handelssystem" wird in Deutschland der **Freiverkehr** i.S.d. § 48 BörsG erfasst; Handelssysteme außerhalb des EU/EWR-Raums fallen nicht darunter[60].

32 Angabepflichtig ist, dass die **Erklärung** des Vorstands und des AR i.S.d. § 161 Abs. 1 **AktG abgegeben** wurde und **wo** sie gem. § 161 Abs. 2 AktG auf der Internetseite der Ges. dauerhaft öffentlich **zugänglich** gemacht worden ist. Es genügt nicht, im Anh. einen Verweis auf den BAnz anzugeben, in dem die Erklärung nach § 325 Abs. 1 und 2 HGB bekannt zu machen ist. Die Anhangangabe muss die **Internetadresse**, d.h. den genauen Pfad enthalten, unter dem die Erklärung zugänglich ist[61]. Die Angabepflicht bezieht sich dagegen nicht auf den **Inhalt der Erklärung** i.S.d. § 161 Abs. 1 AktG[62].

2.3 Zusätzliche Jahresabschlussbestandteile gemäß § 264 Abs. 1 S. 2 HGB

2.3.1 Überblick

33 Kapitalmarktorientierte Unternehmen i.S.d. § 264d HGB (vgl. Kap. J Tz. 3 ff.), die nicht zur Aufstellung eines KA gem. §§ 290 ff. HGB (vgl. Kap. G Tz. 7 ff.) verpflichtet sind, haben ihren handelsrechtlichen JA um eine **Kapitalflussrechnung** und einen **Eigenkapitalspiegel** zu ergänzen (§ 264 Abs. 1 S. 2 erster Hs. HGB). Sie dürfen den JA ferner um eine **Segmentberichterstattung** ergänzen (§ 264 Abs. 1 S. 2 zweiter Hs. HGB). Alle in § 264 Abs. 1 HGB geforderten JA-Bestandteile bilden eine Einheit. Zweck der Regelung in § 264 Abs. 1 S. 2 HGB ist es, die Finanzberichterstattung kapitalmarktorientierter Unternehmen zu vereinheitlichen[63]. Die Einbeziehung des Unternehmens in einen übergeordneten KA befreit nicht von den Aufstellungspflichten des § 264 Abs. 1 S. 2 HGB. Dagegen erscheint die Erweiterung des JA um eine KFR und einen EK-Spiegel nicht erforderlich, wenn das kapitalmarktorientierte Unternehmen zwar nicht zur Konzernrechnungslegung verpflichtet ist, aber freiwillig einen um eine KFR und einen EK-Spiegel erweiterten KA und KLB aufstellt, prüfen lässt und offenlegt[64].

34 Für kapitalmarktorientierte MU ist eine Befreiung von der Pflicht, einen KA aufzustellen, durch eine befreiende Einbeziehung in einen übergeordneten KA nach § 291 Abs. 3 Nr. 1 HGB, ggf. i.V.m. § 292 Abs. 2 S. 2 HGB, sowie eine größenabhängige Befreiung von der Konzernrechnungslegungspflicht nach § 293 Abs. 5 HGB ausgeschlossen. Der **Anwendungsbereich** des § 264 Abs. 1 S. 2 HGB erstreckt sich damit letztlich auf solche kapitalmarktorientierte Unternehmen, die entweder kein TU nach § 290 HGB haben oder nur TU haben, die nach § 296 HGB nicht im Wege der Vollkonsolidierung (§§ 300 ff. HGB) in den KA einbezogen werden müssen und deshalb nach § 290 Abs. 5 HGB von der Verpflichtung zur Konzernrechnungslegung gem. §§ 290 ff. HGB befreit sind.

---

60 Vgl. Begr. RegE BilMoG, BT-Drs. 16/10067, 104; *Gelhausen/Fey/Kämpfer*, BilMoG, Kap. P Rn. 6.
61 Vgl. *Gelhausen/Fey/Kämpfer*, BilMoG, Kap. O Rn. 68 f.
62 Vgl. *Grottel*, in: BeBiKo[11], § 285, Rn. 493.
63 Vgl. Begr. RegE BilMoG, BT-Drs. 16/10067, 63.
64 Vgl. *Baetge/Commandeur/Hippel*, in: HdR[5], § 264, Rn. 10; *Reiner*, in: MünchKomm. HGB[3], § 264, Rn. 11 jeweils unter Hinweis auf den Zweck der Regelung.

§ 264 Abs. 1 S. 2 HGB enthält selbst keine Vorgaben zum Aufbau von KFR, EK-Spiegel **35** und SegBE. Die **formale und inhaltliche Ausgestaltung** sollte sich nach den Grundsätzen des DRS 21 für die KFR, des DRS 22 für den EK-Spiegel und des DRS 3 für die SegBE richten[65]. Auch wenn sich die GoB-Vermutung der DRS gem. § 342 Abs. 2 HGB ausdrücklich nur auf den KA bezieht, ist deren Anwendung sachgerecht, weil bezogen auf die ergänzenden Abschlussbestandteile aus konzeptioneller Sicht keine Unterschiede zwischen JA und KA ersichtlich sind[66]. Abweichungen können sich jedoch im JA ergeben, sofern in den DRS über das Gesetz hinausgehende Anforderungen geregelt sind, sowie darüber hinaus aufgrund konzernspezifischer Regelungen, die im handelsrechtlichen JA ohne Entsprechung sind.

Für die Form der Darstellung der drei zusätzlichen Abschlussbestandteile im Zeitablauf **36** gilt das **Stetigkeitsgebot** gem. § 265 Abs. 1 HGB analog (vgl. Kap. F Tz. 287). Abweichungen wegen besonderer Umstände, z.B. Änderung der einschlägigen DRS, sind zulässig.

Die **Angabe von Vorjahreszahlen** ist nicht verpflichtend, da dies ausdrücklich nur für **37** Bilanz und GuV (§ 265 Abs. 2 S. 1 HGB), nicht aber für die übrigen JA-Bestandteile vorgeschrieben ist. Dessen ungeachtet ist die Angabe von VJ-Zahlen empfehlenswert[67].

Zum Verständnis von KFR, EK-Spiegel und SegBE sind i.d.R. **zusätzliche** verbale **Er- 38 läuterungen** erforderlich. Diese sind grds. Teil der einzelnen Abschlussbestandteile. Solche Erl. dürfen auch in den Anh. aufgenommen werden. In diesem Fall muss aber für die Adressaten des JA, z.B. durch Zwischenüberschriften, erkennbar sein, dass es sich nicht um originäre Anhangangaben, sondern um dorthin ausgelagerte Angaben anderer Abschlussbestandteile handelt.

2.3.2 Kapitalflussrechnung

Eine KFR zeigt die **Herkunft und Verwendung der dem Unternehmen zugeflossenen** **39 Zahlungsmittel** und gibt so Aufschluss über dessen Fähigkeit, künftige finanzielle Überschüsse zu erwirtschaften, seine Zahlungsverpflichtungen zu erfüllen und Ausschüttungen an die Anteilseigner zu leisten[68]. Die KFR ist in **Staffelform** unter Beachtung der in Anlage 1 zu DRS 21 enthaltenen Mindestgliederung aufzustellen[69]. Wegen weiterer Einzelheiten vgl. die Erl. zur KFR im KA in Kap. G Tz. 761 ff.

2.3.3 Eigenkapitalspiegel

Der EK-Spiegel soll die **Zusammensetzung und Veränderungen des EK** im GJ, bspw. **40** aufgrund von Transaktionen mit Gesellschaftern (z.B. Kapitaleinlagen, Gewinnausschüttungen) oder des erzielten Jahresergebnisses, systematisch darstellen[70]. Der EK-Spiegel hat die in der Anlage 1 bzw. 2 zu DRS 22 dargestellten Posten zu enthalten **(Matrixform)**[71]. Wegen weiterer Einzelheiten vgl. die Erl. zum Konzern-EK-Spiegel in Kap. G Tz. 791 ff.

---

[65] So ausdrücklich auch DRS 21.7 und DRS 22.6.
[66] Vgl. *Gelhausen/Fey/Kämpfer*, BilMoG, Kap. K Rn. 6; *Reiner*, in: MünchKomm. HGB³, § 264, Rn. 12.
[67] Vgl. auch DRS 21.22 (KFR); DRS 22.21 (EK-Spiegel).
[68] Vgl. DRS 21.1.
[69] Vgl. DRS 21.21.
[70] Vgl. DRS 22.1.
[71] Vgl. DRS 22.10.

> **Hinweis 2:**
> Zu den **konzernspezifischen Sachverhalten**, die für den EK-Spiegel im JA nicht einschlägig sind, gehören z.B. der Ausweis von Anteilen anderer Gesellschafter (§ 307 HGB; vgl. Kap. G Tz. 244 ff.) oder der EK-Differenz aus Währungsumrechnung (§ 308a HGB; vgl. Kap. G Tz. 320 ff.).

2.3.4 Segmentberichterstattung

41 Die SegBE enthält Informationen über einzelne Teilbereiche der geschäftlichen Aktivitäten eines Unternehmens (Segmente). Durch die **Disaggregation von Finanzinformationen** sollen, insb. bei diversifizierten Unternehmen, die für Analysezwecke problematischen Aggregationen in Bilanz und GuV und die damit verbundenen Informationsdefizite und -verzerrungen korrigiert und so der Einblick in die Vermögens-, Finanz- und Ertragslage sowie die Beurteilung von Risiken und Erfolgsaussichten des Unternehmens durch die Adressaten verbessert werden[72]. Wegen Einzelheiten zu Aufbau und Umfang der SegBE vgl. die Erl. zum KA in Kap. G Tz. 799 ff.

42 Wird der JA um eine SegBE ergänzt, darf im Anh. auf die **Aufgliederung der Umsatzerlöse** nach § 285 Nr. 4 HGB (vgl. Kap. F Tz. 1032 ff.) **verzichtet** werden (§ 314 Abs. 2 HGB analog)[73].

3. Besonderheiten beim Konzernabschluss

3.1 Überblick

43 **Kapitalmarktorientierte MU** müssen ihren KA nach den von der EU-Kommission übernommenen IFRS aufstellen und dabei ergänzend die in § 315e Abs. 1 HGB genannten handelsrechtlichen Vorschriften beachten (vgl. Kap. J Tz. 45 ff.). Es besteht i.d.R. eine verkürzte Aufstellungsfrist von 4 Monaten (vgl. Kap. J Tz. 49). Auch dürfen die Angaben zum Beteiligungsbesitz im KAnh. nach § 313 Abs. 2 HGB wegen Nachteilszufügung gem. § 313 Abs. 3 S. 3 HGB nicht unterbleiben (vgl. Kap. J Tz. 52). Letztgenanntes gilt dann, wenn das MU oder eines seiner TU kapitalmarktorientiert ist.

44 **Börsennotierte MU** (vgl. Kap. J Tz. 8) haben zusätzlich zu den für kapitalmarktorientierte MU geltenden Konzernanhangangaben noch die erweiterte Angabepflicht in Bezug auf Beteiligungen an großen KapGes. nach § 313 Abs. 2 Nr. 5 HGB (vgl. Kap. J Tz. 51) zu beachten. Dies gilt auch, wenn ein **TU börsennotiert** ist. Des Weiteren muss der KAnh. nach § 314 Abs. 1 Nr. 8 HGB für jedes in den KA einbezogene **börsennotierte Unternehmen** die Angaben zur Abgabe und Veröffentlichung der Entsprechenserklärung nach § 161 AktG (vgl. Kap. J Tz. 57) enthalten. **Börsennotierte MU in der Rechtsform der AG/SE** haben darüber hinaus die individualisierten Angaben in Bezug auf die Offenlegung von Vorstandsbezügen i.S.d. § 314 Abs. 1 Nr. 6 lit. a) S. 5 bis 8 HGB zu beachten (vgl. Kap. J Tz. 53 ff.).

---

72 Vgl. DRS 3.1 f.
73 Vgl. *Grottel*, in: BeBiKo[11], § 285, Rn. 171.

3.2 Aufstellung nach internationalen Rechnungslegungsstandards (§ 315e Abs. 1 und 2 HGB)

Nach Art. 4 der VO (EG) 1606/2002[74] haben die zur Konzernrechnungslegung verpflichteten kapitalmarktorientierten MU der EU-Mitgliedstaaten ihren KA nach den **von der EU-Kommission übernommenen IFRS** aufzustellen. Ein MU ist kapitalmarktorientiert i.S.d. VO (EG) 1606/2002, wenn am jeweiligen Bilanzstichtag Wertpapiere dieses Unternehmens in einem beliebigen Mitgliedstaat zum Handel in einem geregelten Markt zugelassen sind. Trotz der unterschiedlichen Terminologie ergeben sich (nahezu) keine inhaltlichen Unterschiede zu § 264d HGB (vgl. hierzu Kap. J Tz. 3). Gem. § 315e Abs. 2 HGB besteht die Pflicht, den KA nach den von der EU-Kommission übernommenen IFRS zu erstellen, auch dann, wenn das MU am Bilanzstichtag die **Zulassung** eines Wertpapiers i.S.d. § 2 Abs. 1 WpHG zu einem organisierten Markt i.S.d. § 2 Abs. 5 WpHG a.F.[75] **im Inland beantragt** hat. Dagegen sind Unternehmen kapitalmarktorientiert i.S.d. § 264d HGB, wenn sie zum Stichtag die Zulassung solcher Wertpapiere zum Handel an einem organisierten Markt irgendeines EU/EWR-Staates beantragt haben.

45

Ergänzend zu den von der EU-Kommission übernommenen IFRS sind bestimmte Vorschriften des HGB, die den KA oder den KLB betreffen, entspr. anzuwenden. Dies betrifft § 294 Abs. 3, § 297 Abs. 1a, Abs. 2 S. 4, § 298 Abs. 1, dieser jedoch nur i.V.m. den §§ 244 und 245, ferner § 313 Abs. 2 und 3, § 314 Abs. 1 Nr. 4, 6, 8 und 9, Abs. 3 sowie §§ 315-315d HGB. Dies gilt auch, wenn ein MU freiwillig einen IFRS-KA gem. § 315e Abs. 3 HGB aufstellt, dem befreiende Wirkung zukommen soll.

46

Ob ein Unternehmen ein MU und zur Aufstellung eines KA verpflichtet ist, bestimmt sich nach den §§ 290 ff. HGB (vgl. Kap. G Tz. 18 ff.). Dabei ist zu berücksichtigen, dass ein kapitalmarktorientiertes MU, das den organisierten Markt i.S.d. § 2 Abs. 11 WpHG durch von ihm ausgegebene Wertpapiere in Anspruch nimmt (und nicht lediglich deren Zulassung zum Handel beantragt hat) von den **Befreiungsmöglichkeiten durch Einbezug in einen übergeordneten KA** nach § 291 HGB Abs. 3 Nr. 1 HGB, ggf. i.V.m. § 292 Abs. 2 S. 2 HGB, durch Einbezug in einen übergeordneten KA keinen Gebrauch machen darf. Ebenfalls dürfen kapitalmarktorientierte MU keine **größenabhängigen Befreiungen** von der Pflicht zur Aufstellung eines KA in Anspruch nehmen (§ 293 Abs. 5 HGB).

47

Ein MU, das nicht kapitalmarktorientiert i.S.d. § 264d HGB ist, darf ebenfalls von den größenabhängigen Befreiungen keinen Gebrauch machen, wenn ein einbezogenes **TU am Bilanzstichtag kapitalmarktorientiert** ist (§ 293 Abs. 5 HGB). In diesem Fall besteht jedoch keine Pflicht zur Aufstellung eines IFRS-KA, weil von Art. 4 der VO (EG) 1606/2002 nur kapitalmarktorientierte MU erfasst werden.

48

3.3 *Aufstellungsfrist (§ 290 Abs. 1 S. 2 HGB)*

Die Aufstellungsfrist für den KA und KLB beträgt nur 4 statt 5 Monate, wenn das MU eine KapGes. i.S.d. § 325 Abs. 4 S. 1 HGB ist (§ 290 Abs. 1 S. 2 HGB). Die verkürzte Aufstellungsfrist gilt demnach grds. für alle kapitalmarktorientierten MU i.S.d. § 264d

49

---

[74] Vgl. ausführlich Kap. K Tz. 1 ff.
[75] Nach der Änderung des WpHG durch Art. 3 des 2. FiMaNoG ist der organisierte Markt in § 2 Abs. 11 WpHG definiert.

HGB (vgl. Kap. J Tz. 3). Ausgenommen hiervon sind lediglich Unternehmen i.S.d. § 327a HGB, die ausschließlich Schuldtitel zum Handel an einem organisierten Markt (vgl. Kap. J Tz. 4 f.) mit einer Mindeststückelung von 100.000 € begeben.

3.4 Konzernanhang

3.4.1 Angaben zum Konsolidierungskreis und zum Konzernanteilsbesitz (§ 313 Abs. 2 und 3 HGB)

50 Gem. § 313 Abs. 2 HGB sind im KAnh. umfangreiche Angaben zum Konsolidierungskreis und zum Konzernanteilsbesitz zu machen (vgl. hierzu Kap. G Tz. 676 m.w.N.). Dies gilt auch für einen IFRS-KA (§ 315e Abs. 1 HGB).

51 Ist das MU oder eines seiner TU **börsennotiert** (vgl. Kap. J Tz. 8), sind die von ihnen gehaltenen Beteiligungen an großen KapGes., die 5% der Stimmrechte überschreiten und die nicht bereits nach § 313 Abs. 2 Nr. 1 bis 4 HGB aufzuführen sind, anzugeben (§ 313 Abs. 2 Nr. 5 HGB). Dies gilt auch, wenn die Beteiligungen von einer für Rechnung eines dieser Unternehmen handelnden Person gehalten werden. Die Regelung ist grds. deckungsgleich mit der Vorschrift für den JA (§ 285 Nr. 11b HGB; vgl. Kap. J Tz. 28). Für die Angabepflicht kommt es nicht darauf an, ob das börsennotierte TU auch tatsächlich in den KA einbezogen wird[76]. Nicht anzugeben ist, von welchem Unternehmen die Beteiligung gehalten wird.

52 Die Angaben zum Konsolidierungskreis und zum Konzernanteilsbesitz brauchen unter bestimmten Voraussetzungen nicht gemacht zu werden (§ 313 Abs. 3 HGB; vgl. im Einzelnen Kap. G Tz. 697). Für den KAnh. eines **kapitalmarktorientierten MU** i.S.d. § 264d HGB (vgl. Kap. J Tz. 3) oder eines MU mit einem **kapitalmarktorientierten TU** dürfen diese Angaben jedoch nicht wegen eines dadurch entstehenden erheblichen Nachteils unterbleiben (§ 313 Abs. 3 S. 3 HGB). Dagegen ist die Inanspruchnahme der **Materiality-Klausel** (vgl. Kap. G Tz. 689) auch für die Angaben nach § 313 Abs. 2 Nr. 4 und 5 HGB zulässig.

3.4.2 Individualisierte Vorstandsvergütung (§ 314 Abs. 1 Nr. 6 lit. a) S. 5 ff. HGB)

53 **Börsennotierte MU in der Rechtsform der AG/SE** haben nach § 314 Abs. 1 Nr. 6 lit. a) S. 5 bis 8 HGB (regelmäßig i.V.m. § 315e Abs. 1 HGB) individualisierte Angaben über Bezüge und Leistungen an Vorstandsmitglieder des MU in den KAnh. aufzunehmen. Die Vorschriften sind weitestgehend wortgleich zu § 285 Nr. 9 lit. a) S. 5 bis 8 HGB, so dass auf die entspr. Erl. verwiesen werden kann (vgl. Kap. J Tz. 13 ff.). Für den KAnh. sind in Bezug auf die Angaben zur Organvergütung jedoch eine Reihe von Besonderheiten zu beachten (vgl. Kap. G Tz. 749 f.), die auch für Zwecke der individualisierten Angaben zu beachten sind. Die Angaben dürfen nach § 315a Abs. 2 S. 2 HGB wahlweise auch i.R.d. Vergütungsberichts im KLB gemacht werden (vgl. Kap. J Tz. 92).

54 Zugesagte oder gewährte **Leistungen von Dritten** an das Vorstandsmitglied sind nach § 314 Abs. 1 Nr. 6 lit. a) S. 7 HGB (getrennt von den Gesamtbezügen) anzugeben (vgl. Kap. J Tz. 25). Dritte sind dabei natürliche Personen, Gemeinschaftsunternehmen, assoziierte Unternehmen, übergeordnete MU und andere fremde Unternehmen, nicht

---

76 Vgl. Grottel, in: BeBiKo[11], § 313, Rn. 225.

aber TU, weil deren Leistungen, unabhängig davon, ob sie in den KA einbezogen werden oder nicht[77], bereits nach S. 1 erfasst werden[78].

Unter die individualisierten Angabepflichten nach § 314 Abs. 1 Nr. 6 lit. a) S. 8 HGB (**weitergehende Angaben zu bestimmten Bezügen**; vgl. Kap. J Tz. 26) fallen in einem IFRS-KA, im Unterschied zum JA, zusätzlich sämtliche Angaben nach IFRS i.Z.m. Bezügen der Vorstandsmitglieder. Nach DRS 17.74 betrifft dies im Fall aktienbasierter Vergütungsvereinbarungen die Angaben nach IFRS 2.44 (Art und Ausmaß der in der Berichtsperiode bestehenden anteilsbasierten Vergütungsvereinbarungen) und nach IFRS 2.51(a) (der in der Berichtsperiode erfasste Gesamtaufwand für aktienbasierte Vergütungen). Angaben nach IAS 19 zu Pensionszusagen der Vorstandsmitglieder sind demggü. nicht gesondert aufzuführen, da es sich nicht um Bezüge handelt[79]. **55**

Die individualisierte **Angabepflicht entfällt**, wenn die HV des MU dies mit einer Mehrheit von mind. drei Viertel des bei der Beschlussfassung vertretenen Grundkapitals beschließt (§ 314 Abs. 3 S. 1 i.V.m. § 286 Abs. 5 HGB). Von der Ausnahmeregelung des § 314 Abs. 3 S. 2 HGB i.V.m. § 286 Abs. 4 HGB, nach der die Angabe der Gesamtbezüge nach § 314 Abs. 1 Nr. 6 lit. a) und b) HGB unter bestimmten Voraussetzungen unterbleiben darf, dürfen börsennotierte AG keinen Gebrauch machen. **56**

3.4.3 Angaben über die Entsprechenserklärung nach § 161 AktG (§ 314 Abs. 1 Nr. 8 HGB)

Nach § 314 Abs. 1 Nr. 8 HGB (regelmäßig i.V.m. § 315e Abs. 1 HGB) hat der KAnh. für jedes in den KA einbezogene **börsennotierte Unternehmen** die Angabe zu enthalten, dass die nach § 161 des AktG vorgeschriebene Entsprechenserklärung zum DCGK abgegeben und wo sie öffentlich zugänglich gemacht worden ist. Unter „einbezogen" sind die vollkonsolidierten und anteilsmäßig konsolidierten Konzernunternehmen zu verstehen, nicht aber die assoziierten Unternehmen und die anderen Unternehmen i.S.d. § 313 Abs. 2 Nr. 4 und 5 HGB. Nach dem Wortlaut bezieht sich die Angabepflicht nur auf die Erklärungen von einbezogenen börsennotierten Unternehmen. Nach Sinn und Zweck ist die Angabepflicht auf die Erklärung von einbezogenen **Unternehmen i.S.d. § 161 Abs. 1 S. 2 AktG** (vgl. Kap. J Tz. 31), die zwar nicht börsennotiert sind, aber dennoch zur Abgabe einer Entsprechenserklärung verpflichtet sind, zu erweitern[80]. Zum Inhalt der Angabe vgl. Kap. J Tz. 32. **57**

4. Besonderheiten beim (Konzern-)Lagebericht

4.1 Überblick

Kapitalmarktorientierte (Mutter-)Unternehmen i.S.d. § 264d HGB (vgl. Kap. J Tz. 3) haben nach §§ 289 Abs. 4, 315 Abs. 4 HGB in ihren LB/KLB eine Beschreibung des IKS und des RMS in Bezug auf den (Konzern-)Rechnungslegungsprozess aufzunehmen (vgl. Kap. J Tz. 63 ff.). Dies gilt für den KLB auch, wenn ein in den KA einbezogenes TU kapitalmarktorientiert i.S.d. § 264d HGB ist. Des Weiteren haben kapitalmarktorientierte (Mutter-)Unternehmen bei Überschreiten bestimmter Größenkriterien ihren LB/KLB **58**

---

[77] Vgl. DRS 17.15 und .67.
[78] Vgl. *Grottel*, in: BeBiKo[11], § 314, Rn. 101.
[79] Vgl. DRS 17.75.
[80] So auch *Grottel*, in: BeBiKo[11], § 314, Rn. 150.

um bestimmte nichtfinanzielle Informationen zu erweitern (§§ 289b ff., 315b f. HGB, vgl. Kap. J Tz. 94 ff.). Zudem haben (Mutter-)Unternehmen in der Rechtsform der AG/SE bzw. KGaA, die einen **organisierten Markt i.S.d. § 2 Abs. 7 WpÜG** durch von ihnen ausgegebene stimmberechtigte Aktien in Anspruch nehmen, bestimmte übernahmerechtliche Informationen in ihren LB/KLB gem. §§ 289a Abs. 1, 315a Abs. 1 HGB aufzunehmen (vgl. Kap. J Tz. 71 ff.).

59 **Börsennotierte (Mutter-)Unternehmen** sowie solche, die **ausschließlich andere Wertpapiere als Aktien** zum Handel an einem organisierten Markt i.S.d. § 2 Abs. 5 WpHG a.F.[81] ausgegeben haben und deren ausgegebene **Aktien** auf eigene Veranlassung über ein **multilaterales Handelssystem** i.S.d. § 2 Abs. 3 S. 1 Nr. 8 WpHG a.F.[82] gehandelt werden, haben über die o.g. Vorschriften hinaus eine Erklärung zur Unternehmensführung gem. § 289f HGB bzw. § 315d HGB (für den Konzern) in ihren LB/KLB aufzunehmen; vgl. hierzu Kap. J Tz. 127 ff. und Kap. J Tz. 164 ff.

60 **Börsennotierte (Mutter-)Unternehmen in der Rechtsform der AG/SE** haben zudem in ihrem LB/KLB die Grundzüge des Vergütungssystems gem. §§ 289a Abs. 2, 315a Abs. 2 HGB darzustellen (vgl. Kap. J Tz. 91 ff.).

61 Über die gesetzlichen Vorschriften hinaus fordert DRS 20 von **kapitalmarktorientierten MU** bestimmte Angaben zum Steuerungssystem und zum Risiko-/Chancenmanagementsystem im KLB (vgl. Kap. J Tz. 167 ff.).

62 Die genannten Vorschriften sind nach § 315e Abs. 1 HGB auch in einem KLB zu einem nach den von der EU-Kommission übernommenen IFRS aufgestellten KA zu beachten.

4.2 Angaben zum internen Kontroll- und Risikomanagementsystem bezogen auf den (Konzern-)Rechnungslegungsprozess (§§ 289 Abs. 4, 315 Abs. 4 HGB)

63 Berichtspflichtig sind nach § 289 Abs. 4 HGB **kapitalmarktorientierte** Unternehmen i.S.d. § 264d HGB (vgl. Kap. J Tz. 3). Für den KLB ergibt sich eine Berichtspflicht nach § 315 Abs. 4 HGB, wenn eines der in den KA einbezogenen TU oder das MU selbst kapitalmarktorientiert i.S.d. § 264d HGB ist. Unter „einbezogenen TU" sind die vollkonsolidierten TU zu verstehen.

64 Ziel der Angabepflicht ist es, Abschlussadressaten eine Einschätzung der mit dem (Konzern-)Rechnungslegungsprozess verbundenen Risiken zu ermöglichen[83]. Die Vorschrift gibt allerdings nicht vor, ob und wie derartige Systeme auszugestalten sind. Sofern kein IKS oder RMS vorhanden ist bzw. ein solches sich nicht auf den (Konzern-)Rechnungslegungsprozess bezieht, ist dies ohne nähere Begründung anzugeben[84]. Beruht das IKS oder das RMS auf einem allgemein anerkannten Rahmenkonzept, ist dies nach DRS 20.K172 anzugeben[85].

65 Die Berichtspflicht über das vorhandene IKS und RMS wird in zweifacher Hinsicht eingeschränkt. Zunächst bezieht sie sich jeweils ausschließlich auf die (konzern-)rech-

---

81 Nach der Änderung des WpHG durch Art. 3 des 2. FiMaNoG ist der organisierte Markt in § 2 Abs. 11 WpHG definiert.
82 § 2 Abs. 8 S. 1 Nr. 8 WpHG nach der Änderung durch Art. 3 des 2. FiMaNoG.
83 Vgl. DRS 20.K168.
84 Vgl. DRS 20.K178 sowie RegBegr. BilMoG, BT-Drs. 16/10067, 76.
85 Vgl. weiterführend *Grottel*, in: BeBiKo[11], § 315, Rn. 33.

nungslegungsbezogenen Teilaspekte der Systeme. Zudem sind lediglich die wesentlichen Merkmale zu beschreiben (vgl. hierzu Kap. J Tz. 70). Der Begriff **„(Konzern-)Rechnungslegungsprozess"** ist weit auszulegen und enthält sämtliche Strukturen und Prozesse von der buchhalterischen Erfassung eines Geschäftsvorfalls bis zur abschließenden Aufstellung des JA und LB[86] bzw. die relevanten Rechnungslegungsprozesse der einbezogenen Konzernunternehmen sowie die Konsolidierungsprozesse[87]. Eine Würdigung der **Effektivität und Effizienz** der Systeme ist gem. DRS 20.K178 nicht erforderlich.

Das **rechnungslegungsbezogene IKS** umfasst nach der RegBegr. zum BilMoG die Grundsätze, Verfahren und Maßnahmen zur Sicherung der Wirksamkeit und Wirtschaftlichkeit der Rechnungslegung, zur Sicherung der Ordnungsmäßigkeit der Rechnungslegung sowie zur Einhaltung der maßgeblichen gesetzlichen und satzungsgemäßen Vorgaben[88]. Aufbauend auf den Regelungen zur Steuerung von Unternehmensaktivitäten (internes Steuerungssystem) umfasst das IKS Regelungen und Maßnahmen zur Überwachung der Einhaltung dieser Regelungen. Bestandteil des IKS sind neben prozessintegrierten Kontrollen prozessunabhängige Überwachungsmaßnahmen, die insb. von der internen Revision wahrgenommen werden[89]. **66**

Beispiel 4:

In die Berichterstattung über das IKS können bspw. Ausführungen aufgenommen werden über vorhandene Bilanzierungsrichtlinien, die Organisation und Kontrolle der (Konzern-)Buchhaltung, den Ablauf der (Konzern-)Abschlusserstellung, die Grundzüge der Funktionstrennung zwischen den involvierten Abt., die Zuordnung von Aufgaben bei der Erstellung der Abschlüsse bzw. des KA einschließlich beteiligter externer Dienstleister, die vergebenen Schreib- und Leseberechtigungen im EDV-System, integrierte Kontrollschritte und Genehmigungskonzepte und die von der internen Revision wahrgenommenen Aufgaben[90].

Das RMS umfasst die Gesamtheit aller organisatorischen Regelungen und Maßnahmen zur Risikoerkennung und zum Umgang mit den Risiken unternehmerischer Betätigung[91]. Durch die Beschränkung auf das **(konzern-)rechnungslegungsbezogene Risikomanagementsystem** reduziert sich die Angabepflicht nach §§ 289 Abs. 4, 315 Abs. 4 HGB auf die Beschreibung **67**

- der Maßnahmen zur Identifizierung und Bewertung von Risiken, die der Normenkonformität des JA und LB bzw. KA und KLB entgegenstehen könnten,
- der Maßnahmen zur Begrenzung erkannter Risiken und
- der Maßnahmen i.Z.m. der Überprüfung erkannter Risiken hinsichtlich ihres Einflusses auf den JA bzw. KA und die entspr. Abbildung dieser Risiken[92].

---

[86] Vgl. *Gelhausen/Fey/Kämpfer*, BilMoG, Kap. O Rn. 306.
[87] Vgl. DRS 20.K173; zu Beispielen vgl. *Grottel*, in: BeBiKo[11], § 315, Rn. 221.
[88] Vgl. RegBegr. BilMoG, BT-Drs. 16/10067, S. 77; vergleichbar auch *IDW PS 261 n.F.*, Tz. 19 f.
[89] Vgl. *IDW PS 261 n.F.*, Tz. 20; DRS 20.K174.
[90] Vgl. DRS 20.K175 f.
[91] Vgl. *IDW PS 340*, Tz. 4. Vgl. auch die Definition in DRS 20.11.
[92] Vgl. DRS 20.K177.

Darüber hinaus ist neben Maßnahmen zur Steuerung der Risiken aus nicht in der Bilanz enthaltenen Geschäften und Risiken der Inanspruchnahme aus Haftungsverhältnissen lt. RegBegr. zum BilMoG in erster Linie das RMS darzustellen, mit dem die in der Rechnungslegung abzubildenden Bewertungseinheiten überwacht und gesteuert werden[93]. Um Doppelangaben zu vermeiden, können die Angaben zum (konzern-)rechnungslegungsbezogenen RMS mit den Angaben zu Risiken aus der Verwendung von **Finanzinstrumenten** nach § 289 Abs. 2 S. 1 Nr. 1 bzw. § 315 Abs. 2 S. 1 Nr. 1 HGB zusammengefasst werden[94].

68 Die Berichtspflicht zum (konzern-)rechnungslegungsbezogenen RMS umfasst nicht das gesamte nach § 91 Abs. 2 AktG bei einer AG einzurichtende **Risikofrüherkennungs- und Überwachungssystem bzw. das konzernweite Risikomanagementsystem**, dessen wesentliche Merkmale kapitalmarktorientierte MU gem. DRS 20.K137 ff. in ihrem KLB darzustellen haben (vgl. hierzu Kap. J Tz. 170 f.). Diese sind jeweils dahingehend umfassender, als sie auch nicht rechnungslegungsbezogene Bereiche des RMS umfassen. Allerdings ist es im Hinblick auf den KLB gem. DRS 20.K169 zulässig, die Angaben nach § 315 Abs. 4 HGB mit den Angaben nach DRS 20.K137 ff. zusammenzufassen, sofern dies die Klarheit und Übersichtlichkeit des KLB nicht beeinträchtigt.

69 Zwischen dem IKS und dem RMS bestehen zahlreiche Verknüpfungen und Interdependenzen. Eine Unterscheidung zwischen den beiden Systemen ist daher für die Berichterstattung im LB/KLB nicht erforderlich. Stattdessen kann nach DRS 20.K171 eine **zusammengefasste Beschreibung** erfolgen.

70 Die Berichterstattung nach §§ 289 Abs. 4, 315 Abs. 4 HGB ist auf die **wesentlichen Merkmale** des (konzern-)rechnungslegungsbezogenen IKS und RMS zu beschränken. Der konkrete Umfang hängt somit von den individuellen Gegebenheiten des Unternehmens bzw. Konzerns, wie der Branchenzugehörigkeit, der Größe und Komplexität sowie der spezifischen Geschäftsprozesse und Organisation, ab. Durch die Angaben muss sichergestellt sein, dass sich die Abschlussadressaten ein Bild von den wesentlichen Merkmalen des (konzern-)rechnungslegungsbezogenen IKS und RMS machen können[95].

4.3 Übernahmerelevante Zusatzangaben (§§ 289a Abs. 1, 315a Abs. 1 HGB)

4.3.1 Anwendungsbereich

71 Die übernahmerelevanten Zusatzangaben der §§ 289a Abs. 1, 315a Abs. 1 HGB sind von (Mutter-)Unternehmen in der Rechtsform der AG, SE und KGaA in den LB/KLB aufzunehmen, die einen **organisierten Markt i.S.d. § 2 Abs. 7 WpÜG** durch von ihnen ausgegebene **stimmberechtigte Aktien** in Anspruch nehmen. Der organisierte Markt i.S.d. § 2 Abs. 7 WpÜG umfasst alle regulierten Märkte innerhalb der EU/EWR (vgl. Kap. J Tz. 5). Eine Angabepflicht besteht nicht, sofern lediglich stimmrechtslose Vorzugsaktien i.S.d. § 139 AktG zum Handel an einem organisierten Markt zugelassen sind. Zweck der Angaben ist es, potenzielle Bieter eines Übernahmeangebots über die Aus-

---

[93] Vgl. RegBegr. BilMoG, BT-Drs. 16/10067, 77; *Grottel*, in: BeBiKo[11], § 289, Rn. 180.
[94] Vgl. RegBegr. BilMoG, BT-Drs. 16/10067, 77 und 86.
[95] Vgl. RegBegr. BilMoG, BT-Drs. 16/10067, 76.

stattung der Aktien und etwaige Übernahmehindernisse zu informieren. Gem. DRS 20.25 sind die Angaben in einem **eigenständigen Berichtsteil** des LB/KLB unter entspr. Bezeichnung aufzuführen. Die Angaben beziehen sich auf die Verhältnisse am Abschlussstichtag[96], wobei es sich empfiehlt, weitergehende Erkenntnisse bis zum Aufstellungszeitpunkt zu berücksichtigen.

> 💡 **Praxistipp 1:**
>
> § 176 Abs. 1 S. 1 AktG verpflichtet den Vorstand einer börsennotierten AG, der **Hauptversammlung** u.a. einen **erläuternden Bericht** zu den Angaben nach den §§ 289a Abs. 1, 315a Abs. 1 HGB vorzulegen. Auch wenn die §§ 289a Abs. 1, 315a Abs. 1 HGB keine Erl. der Angaben im LB/KLB verlangen, erscheint es zulässig, die jeweiligen Angaben insoweit um Erl. zu ergänzen, dass der LB/KLB gleichzeitig den Informationspflichten des § 176 Abs. 1 S. 1 AktG genügt.

§ 315a Abs. 1 S. 1 Nr. 1 bis 9 HGB stimmt nahezu wortgleich mit § 289a Abs. 1 S. 1 Nr. 1 bis 9 HGB überein (zu Konzernspezifika vgl. Kap. J Tz. 84 und Kap. J Tz. 87). Die Angaben sind trotzdem jeweils im LB und im KLB zu machen. Eine Verweismöglichkeit besteht nicht. Wird allerdings der KLB mit dem LB nach § 315 Abs. 5 HGB zusammengefasst, ist aufgrund der Identität der Angaben nur einmal zu berichten[97]. **72**

Bei den nach §§ 289a Abs. 1, 315a Abs. 1 HGB geforderten übernahmerelevanten Angaben kann es z.T. zu Überschneidungen und Doppelangaben mit entspr. handels- oder aktienrechtlichen Angabepflichten, z.B. nach § 160 Abs. 1 Nr. 3 und 8 AktG, im **Anh. bzw. KAnh.** kommen. Eine **Verweismöglichkeit** im LB/KLB auf die entspr. Anhangangaben ist allerdings auf die Angabepflichten nach den Nrn. 1, 3 und 9 HGB beschränkt (§§ 289a Abs. 1 S. 2, 315a Abs. 1 S. 2 HGB). Nach § 289a Abs. 1 S. 3 HGB bzw. § 315a Abs. 1 S. 3 HGB besteht zudem eine **Verweispflicht**, soweit Angaben nach S. 1 im Anh. bzw. KAnh. zu machen sind. Anzugeben sind dabei die gesetzliche Vorschrift und die Stelle im Anh. bzw. KAnh., an der die Angaben gemacht werden[98]. **73**

> ❗ **Hinweis 3:**
>
> Angaben nach den Nrn. 1, 3 und 9 HGB finden sich regelmäßig nur im Anh., nicht jedoch im KAnh., da bspw. die aktienrechtlichen Angabepflichten nur für den Anh. zu beachten sind[99]. Verweise vom KLB auf den KAnh. nach § 315a Abs. 1 S. 2 und 3 HGB kommen daher i.d.R. nicht in Betracht.
> Im Fall der **Zusammenfassung von LB und KLB** nach § 315 Abs. 5 HGB erscheint es nach Sinn und Zweck der Regelungen zur Vermeidung von Doppelangaben zulässig, auch für die Angabepflichten nach § 315a Abs. 1 HGB nur auf den Anh. des MU zu verweisen. Dies gilt insb. vor dem Hintergrund, dass aufgrund der Deckungsgleichheit der Angaben im Fall der Zusammenfassung von LB und KLB ohnehin nur *einmal* berichtet werden muss (vgl. Kap. J Tz. 72) und dass in diesem Fall KA und JA des MU gemeinsam offengelegt werden müssen (§ 298 Abs. 2 S. 2 HGB), so dass dem Berichtsadressaten keine Informationsnachteile entstehen können.

---

[96] Vgl. DRS 20.K189.
[97] Vgl. *Grottel*, in: BeBiKo[11], § 315a, Rn. 11.
[98] Vgl. *Grottel*, in: BeBiKo[11], § 289a, Rn. 70.
[99] Vgl. *Grottel*, in: BeBiKo[11], § 313, Rn. 71.

4.3.2 Zusammensetzung des gezeichneten Kapitals (Nr. 1)[100]

74 Die §§ 289a Abs. 1 S. 1 Nr. 1, 315a Abs. 1 S. 1 Nr. 1 HGB verlangen Angaben zur Zusammensetzung des gezeichneten Kapitals. Sofern unterschiedliche Aktiengattungen i.S.d. § 11 AktG vorliegen, z.B. Stammaktien, stimmrechtslose Vorzugsaktien und stimmberechtigte Vorzugsaktien, sind für jede Gattung die damit verbundenen Rechte und Pflichten sowie ihr Anteil am Ges.-Kapital anzugeben. Ausgangspunkt für die Aufgliederung des gezeichneten Kapitals ist der in der Bilanz nach § 266 Abs. 3 A.I. HGB ausgewiesene Betrag[101]. Anzugeben sind jeweils die Anzahl der ausgegebenen Aktien (bei mehreren Aktiengattungen pro Gattung) unter Angabe des ggf. vorhandenen Nennbetrags sowie die Art der ausgegebenen Aktien (Nennbetrags- oder Stückaktie sowie Inhaber-, Namens- oder vinkulierte Namensaktie). Des Weiteren ist anzugeben, ob die jeweiligen Aktien börsennotiert sind oder nicht[102]. Zur Verweismöglichkeit auf die Anhangangaben nach den §§ 152 Abs. 1 S. 2, 160 Abs. 1 Nr. 3 AktG vgl. Kap. J Tz. 73.

4.3.3 Stimmrechts- und Übertragungsbeschränkungen (Nr. 2)[103]

75 Beschränkungen, die Stimmrechte oder die Übertragung von Aktien betreffen, sind nach den §§ 289a Abs. 1 S. 1 Nr. 2, 315a Abs. 1 S. 1 Nr. 2 HGB angabepflichtig, soweit sie dem Vorstand der berichtenden KapGes. bekannt sind. Die Beschränkungen können sich sowohl aus gesetzlichen oder satzungsmäßigen Bestimmungen ergeben, als auch auf vertraglichen bzw. faktischen Vereinbarungen zwischen Gesellschaftern beruhen. Bei gesetzlichen Beschränkungen genügt ein Hinweis auf die entspr. Vorschrift.

> **Beispiel 5:**
>
> Unter die Angabepflicht fallen neben gesetzlichen Beschränkungen insb. Stimmbindungs-, Stimmrechtsverzichts-, Entherrschungs-, Konsortial- und Poolverträge sowie Lock-up-Vereinbarungen und sonstige Zustimmungserfordernisse Dritter in Bezug auf die Übertragbarkeit von Anteilen[104].

76 Ihre Grenzen findet die Angabepflicht dadurch, dass lediglich die Beschränkungen anzugeben sind, die **dem Vorstand der Gesellschaft bekannt** sind. Aktionäre sind nicht verpflichtet, sämtliche Vereinbarungen untereinander dem Vorstand mitzuteilen. Dem Vorstand entstehen hierdurch weder ein Auskunftsrecht noch eine Erkundigungspflicht.

4.3.4 Direkte und indirekte Beteiligungen am Kapital mit mehr als 10% der Stimmrechte (Nr. 3)[105]

77 Die §§ 289a Abs. 1 S. 1 Nr. 3, 315a Abs. 1 S. 1 Nr. 3 HGB verlangen die Angabe der direkten und indirekten Beteiligungen am Kapital der berichtenden KapGes., die 10% der

---

[100] Vgl. DRS 20.K190 bis K193.
[101] Vgl. RegBegr. Übernahmerichtlinie-Umsetzungsgesetz, BT-Drs. 16/1003, S. 24.
[102] Vgl. *Grottel*, in: BeBiKo[11], § 289a, Rn. 26.
[103] Vgl. DRS 20.K194 bis K196.
[104] A.A. *Grottel*, in: BeBiKo[11], § 289a, Rn. 33, nach dem bloße schuldrechtliche Ansprüche auf Übertragung der Aktien nicht ausreichen.
[105] Vgl. DRS 20.K197 bis K201.

Stimmrechte überschreiten[106]. Stimmrechtslose Beteiligungen fallen nicht unter die Angabepflicht, wechselseitige Beteiligungen hingegen schon[107]. Für die Zurechnung von indirekten Beteiligungen sind die Vorschriften der §§ 34 f. WpHG einschlägig. Zur Verweismöglichkeit auf entspr. Anhangangaben nach § 160 Abs. 1 Nr. 7 und 8 AktG vgl. Kap. J Tz. 73.

78 Für die einzelnen Beteiligungen sind jeweils die Firma bzw. der Name sowie Sitz/Wohnort und Staat, in dem sich der Sitz/Wohnort des Beteiligten befindet, anzugeben. Informationsgrundlage für die Angaben bilden die Mitteilungspflichten nach den §§ 33 und 43 WpHG. Änderungen der Höhe der Kapitalanteile, die nach dem Abschlussstichtag begründet werden, sind grds. nicht zu berücksichtigen, wohl aber Mitteilungen über die Verhältnisse am Abschlussstichtag, die bis zum Ende der Aufstellungsphase zugehen.

4.3.5 Art und Inhaber von Aktien mit Sonderrechten (Nr. 4)[108]

79 Inhaber von Aktien mit Sonderrechten, die Kontrollbefugnisse verleihen, sind nach den §§ 289a Abs. 1 S. 1 Nr. 4, 315a Abs. 1 S. 1 Nr. 4 HGB mit Firma/Name, Sitz/Wohnort und Staat, in dem sich der Sitz/Wohnort des Inhabers befindet, anzugeben. Des Weiteren sind die Sonderrechte in ihrer Ausgestaltung im Hinblick auf ihre gewährten Kontrollbefugnisse zu beschreiben. Neben Entsenderechten in den AR (§ 101 Abs. 2 AktG) können spezielle Veto- und Weisungsrechte i.R.d. gesetzlichen Zulässigkeit (§ 23 Abs. 5 AktG) unter die Angabepflicht fallen[109].

4.3.6 Art der Stimmrechtskontrolle bei Arbeitnehmerbeteiligung (Nr. 5)[110]

80 Die §§ 289a Abs. 1 S. 1 Nr. 5, 315a Abs. 1 S. 1 Nr. 5 HGB verlangen, die Art der Stimmrechtskontrolle anzugeben, wenn Arbeitnehmer am Kapital beteiligt sind und sie ihre Kontrollrechte nicht unmittelbar ausüben. Die praktische Relevanz dieser Vorschriften in Deutschland dürfte gering sein, da eine Trennung von Stimmrecht (Kontrollrecht) und Aktie aktienrechtlich nicht zulässig ist (§ 12 Abs. 1 S. 1 AktG) und somit eine indirekte Kontrollrechtsausübung nur eingeschränkt umsetzbar ist. Ein Anwendungsfall der Vorschrift kann bspw. vorliegen, wenn Stimmrechte aus von Arbeitnehmern gehaltenen Aktien, die diesen in gemeinsamer Berechtigung zustehen (§ 69 Abs. 1 AktG), durch einen gemeinsamen Vertreter ausgeübt werden oder wenn von Arbeitnehmern gehaltene Stimmrechte von einem Mitarbeiteraktionärsverein ausgeübt werden. Arbeitnehmer sind nicht verpflichtet, Vereinbarungen dem Vorstand mitzuteilen. Dem Vorstand entstehen hierdurch weder ein Auskunftsrecht noch eine Erkundigungspflicht ggü. den Arbeitnehmern.

4.3.7 Vorschriften zur Ernennung und Abberufung von Vorstandsmitgliedern und zur Satzungsänderung (Nr. 6)[111]

81 Die gesetzlichen Vorschriften und die sie ggf. ergänzenden Bestimmungen der Satzung über die Ernennung und Abberufung von Vorstandsmitgliedern (nicht Mitglieder des

---

106 Zur Ermittlung der 10%-Schwelle vgl. *Grottel*, in: BeBiKo¹¹, § 289a, Rn. 37.
107 Vgl. RegBegr. Übernahmerichtlinie-Umsetzungsgesetz, BT-Drs. 16/1003, S. 25.
108 Vgl. DRS 20.K202 f.
109 Vgl. RegBegr. Übernahmerichtlinie-Umsetzungsgesetz, BT-Drs. 16/1003, S. 25.
110 Vgl. DRS 20.K204 bis K206.
111 Vgl. DRS 20.K207 f.

AR!) und über die Änderung der Satzung sind nach §§ 289a Abs. 1 S. 1 Nr. 6, 315a Abs. 1 S. 1 Nr. 6 HGB darzustellen. Sofern die Vorschriften dem gesetzlichen Normstatut entsprechen, genügt ein Verweis auf die Gesetzesnormen, z.B. §§ 84 f. AktG zur Bestellung und Abberufung von Vorstandsmitgliedern und §§ 133 und 179 ff. AktG zur Satzungsänderung. Vom gesetzlichen Normstatut abweichende Satzungsregelungen, z.B. im Hinblick auf die erforderlichen Mehrheitsverhältnisse, sind mit ihren wesentlichen Bestimmungen anzugeben.

4.3.8 Vorstandsbefugnisse zur Ausgabe und zum Rückkauf von Aktien (Nr. 7)[112]

82 Die Befugnisse des Vorstands insb. hinsichtlich der Möglichkeit, Aktien auszugeben oder zurückzukaufen unterliegen der Angabepflicht nach §§ 289a Abs. 1 S. 1 Nr. 7, 315a Abs. 1 S. 1 Nr. 7 HGB. Die Angabe bezieht sich ausschließlich auf die dem Vorstand kraft dispositiven Rechts übertragenen Befugnisse, die für eine potenzielle Unternehmensübernahme relevant sein können[113]. Ausschlaggebend sind die Befugnisse des Vorstands zum Abschlussstichtag. Trotz des weiter gefassten Gesetzeswortlauts ist aufgrund der erforderlichen Relevanz der Angabe für potenzielle Übernahmeversuche lediglich über die Befugnisse des Vorstands zu berichten, die sich auf **stimmberechtigte Aktien** beziehen. Ermächtigungen zur Ausgabe stimmrechtsloser Vorzugsaktien i.S.d. § 139 AktG unterliegen daher nicht der Angabepflicht. Anzugeben ist jeweils der wesentliche Inhalt der Vorstandsbefugnisse einschließlich des Ermächtigungszeitraums.

83 Neben einer Ermächtigung des Vorstands durch die HV zum Erwerb eigener Aktien (§ 71 Abs. 1 Nr. 6 bis 8 AktG) und zur Ausgabe neuer Aktien aus dem genehmigten Kapital (§§ 202 ff. AktG) fallen auch Ermächtigungen zur Ausgabe von Wandel- und Gewinnschuldverschreibungen sowie entspr. Genussrechte nach § 221 AktG unter die Angabepflicht. Des Weiteren können die mögliche Ausgabe neuer Aktien aus dem bedingten Kapital (§§ 192 ff. AktG) sowie die noch ausstehende Durchführung einer beschlossenen Kapitalerhöhung nach §§ 182 ff. AktG und Ermächtigungen des Vorstands durch die HV zur Ergreifung von Verteidigungsmaßnahmen gegen Übernahmeangebote nach § 33 Abs. 2 WpÜG **Anwendungsfälle** der Vorschrift darstellen.

4.3.9 Wesentliche Vereinbarungen für einen Kontrollwechsel infolge eines Übernahmeangebots (Nr. 8)[114]

84 Die §§ 289a Abs. 1 S. 1 Nr. 8, 315a Abs. 1 S. 1 Nr. 8 HGB verpflichten zur Angabe der wesentlichen Vereinbarungen der Ges./des MU, die unter der Bedingung eines Kontrollwechsels infolge eines Übernahmeangebots stehen und der hieraus folgenden Wirkungen. Der Angabepflicht unterliegen alle Vereinbarungen, die das (Mutter-)Unternehmen selbst mit Dritten (bspw. Vorstandsmitgliedern, AR-Mitgliedern, Arbeitnehmern, Aktionären, KI, Lieferanten, Kunden) oder mit TU abgeschlossen hat. Dagegen sind Vereinbarungen, die von TU mit Dritten abgeschlossen wurden, nicht angabepflichtig. Vereinbarungen gelten als wesentlich, wenn sie – einzeln oder i.V.m. weiteren Vereinbarungen – für den Bieter und die erfolgreiche Umsetzung seines Angebots von Bedeutung sein könnten. Unter Kontrolle ist das Halten von mind. 30% der

---

112 Vgl. DRS 20.K209 f.
113 Vgl. RegBegr. Übernahmerichtlinie-Umsetzungsgesetz, BT-Drs. 16/1003, S. 25.
114 Vgl. DRS 20.K211 bis K217.

Stimmrechte zu verstehen (§ 29 Abs. 2 WpÜG). Voraussetzung für die Angabepflicht ist nicht, dass ein konkretes Übernahmeangebot zu erwarten ist bzw. vorliegt.

Darzustellen sind der **wesentliche Inhalt** der Vereinbarungen und die möglichen wirtschaftlichen Folgen, wobei eine zusammenfassende Darstellung sowie eine qualitative Erl. i.d.R. ausreichen. Quantitative Angaben erscheinen sachgerecht, wenn sie sich unmittelbar aus der Vereinbarung ergeben und daher ohne großen Aufwand ermittelbar sind. 85

Eine Angabe kann unter Nennung dieser Tatsache unterbleiben, wenn sie geeignet wäre, der Ges. bzw. dem MU einen **erheblichen Nachteil** zuzufügen (§§ 289a Abs. 1 S. 4, 315a Abs. 1 S. 4 HGB). Die Beurteilung eines möglichen (bezifferbaren oder immateriellen) Schadens für die Ges. bzw. das MU hat auf Basis vernünftiger kaufmännischer Beurteilung zu erfolgen. Ein potenzieller Schaden für Dritte, bspw. Vorstandsmitglieder, ist für die Angabepflicht unerheblich. Unabhängig von der Inanspruchnahme der Schutzvorschrift bleibt die Angabepflicht nach anderen gesetzlichen Vorschriften unberührt[115]. 86

4.3.10 Entschädigungsvereinbarungen für Vorstandsmitglieder und Arbeitnehmer im Fall eines Übernahmeangebots (Nr. 9)[116]

Entschädigungsvereinbarungen der Ges./des MU, die für den Fall eines Übernahmeangebots mit Vorstandsmitgliedern oder Arbeitnehmern getroffen sind, müssen gem. den §§ 289a Abs. 1 S. 1 Nr. 9, 315a Abs. 1 S. 1 Nr. 9 HGB angegeben werden. Voraussetzung für die Angabepflicht ist nicht, dass ein konkretes Übernahmeangebot zu erwarten ist bzw. vorliegt, sondern dass die **Entschädigungsvereinbarungen** im Fall eines Übernahmeangebots greifen. Neben Entschädigungsvereinbarungen, die das (Mutter-)Unternehmen mit Vorstandsmitgliedern oder Arbeitnehmern für den Fall geschlossen hat, dass diese bei einem Übernahmeangebot kündigen, ohne weitere in ihrer Person liegende Gründe entlassen werden oder ihr Dienst- bzw. Arbeitsverhältnis endet, sind auch sonstige Entschädigungsvereinbarungen ohne eine entspr. Beendigung des Dienst- bzw. Arbeitsverhältnisses anzugeben. Aus Konzernsicht bezieht sich die Angabepflicht ausschließlich auf Vereinbarungen des MU mit Vorstandsmitgliedern (des MU oder eines TU) und Arbeitnehmern (des MU oder eines TU). Nicht angabepflichtig sind dagegen Vereinbarungen des TU. Entschädigungsvereinbarungen mit AR-Mitgliedern sind nur dann anzugeben, wenn diese zusätzlich Arbeitnehmer sind und die Entschädigungsvereinbarung in erster Linie aufgrund ihrer Arbeitnehmerstellung getroffen wurde. 87

In einer zusammenfassenden Darstellung – ggf. untergliedert für Vorstandsmitglieder und Arbeitnehmer – sind die **wesentlichen Inhalte** der Entschädigungsvereinbarungen anzugeben. Neben dem Namen des Begünstigten fällt hierunter auch die Höhe der vereinbarten Entschädigung bzw. die vereinbarte Berechnungsformel[117]. 88

Insb. bei den Vereinbarungen mit Vorstandsmitgliedern kann es zu **Doppelangaben** mit den Anhangangaben nach § 285 Nr. 9 lit. a) S. 6 HGB bzw. § 314 Abs. 1 Nr. 6 lit. a) S. 6 HGB kommen. In diesen Fällen kann auf die entspr. Anhangangaben verwiesen werden 89

---

115 Vgl. hierzu *Grottel*, in: BeBiKo[11], § 289a, Rn. 77.
116 Vgl. DRS 20.K218 bis K223.
117 Vgl. *Grottel*, in: BeBiKo[11], § 289a, Rn. 65; *Kleindiek*, in: MünchKomm. BilR, § 289, Rn. 135; a.A. *Lange*, in: MünchKomm. HGB[3], § 289, Rn. 152; diesbzgl. nicht eindeutig DRS 20.K223.

(vgl. allgemein zur Verweismöglichkeit auf Anhangangaben Kap. J Tz. 73). Die Angaben können auch in den Vergütungsbericht nach § 289a Abs. 2 HGB bzw. § 315a Abs. 2 HGB integriert werden.

90 Sofern das (Mutter-)Unternehmen nach § 286 Abs. 5 S. 1 HGB bzw. § 314 Abs. 3 S. 1 HGB von dem **Befreiungsbeschluss der HV** Gebrauch gemacht hat, erscheinen entspr. (die Vorstandsmitglieder betreffende) Angaben nach § 289a Abs. 1 S. 1 Nr. 9 bzw. § 315a Abs. 1 S. 1 Nr. 9 HGB nicht erforderlich[118].

4.4 Grundzüge des Vergütungssystems bei einer börsennotierten AG (§§ 289a Abs. 2, 315a Abs. 2 HGB)

91 Nach den §§ 289a Abs. 2, 315a Abs. 2 HGB haben börsennotierte AG/SE (vgl. Kap. J Tz. 8) ihren LB/KLB um Angaben zu den Grundzügen des Vergütungssystems der Ges./ des MU für die in §§ 285 Nr. 9, 314 Abs. 1 Nr. 6 HGB genannten Gesamtbezüge (vgl. Kap. J Tz. 14) der Mitglieder des Vorstands und des AR (des MU) (sog. Vergütungsbericht) zu erweitern[119]. Die Angaben zu den Grundzügen des Vergütungssystems dienen der Erl. der einzelnen Vergütungsparameter und der Zusammensetzung der Bezüge einschließlich bestehender Anreizpläne[120]. Unter die Angaben zur Vergütungsstruktur fallen Erl. zum Verhältnis der erfolgsunabhängigen und erfolgsbezogenen Komponenten sowie der Komponenten mit langfristiger Anreizwirkung. Dabei ist auch auf die einzelnen Parameter der Erfolgsbindung der Vergütung einzugehen (z.B. Ergebnis- oder Renditekennziffern). Ferner sind Angaben zu den Bedingungen zu machen, an die aktienbasierte Vergütungen sowie nicht-aktienbasierte Bonusleistungen geknüpft sind (z.B. Aktienkursentwicklung, Vesting Period)[121].

92 Werden i.R.d. Berichterstattung im LB/KLB über die Grundzüge des Vergütungssystems auch die Angaben nach den §§ 285 Nr. 9 lit. a) S. 5 bis 8, 314 Abs. 1 Nr. 6 lit. a) S. 5 bis 8 HGB (individualisierte Offenlegung der Vorstandsbezüge bei börsennotierten AG) gemacht, dürfen diese im Anh./KAnh. unterbleiben (§§ 289a Abs. 2 S. 2, 315a Abs. 2 S. 2 HGB) (vgl. Kap. J Tz. 13 und Kap. J Tz. 53). Die Angaben zu den **Gesamtbezügen** nach den §§ 285 Nr. 9 lit. a) S. 1 bis 4, 314 Abs. 1 Nr. 6 lit. a) S. 1 bis 4 HGB sind jedoch zwingend im Anh./KAnh. zu machen[122]. Unzulässig ist es auch, die Grundzüge des Vergütungssystems in umgekehrter Richtung in den Anh./KAnh zu verlagern und im LB/KLB wegzulassen.

93 Von den Angaben zur Vergütungsstruktur darf abgesehen werden, soweit sie nach vernünftiger kaufmännischer Beurteilung geeignet sind, der Ges. einen **erheblichen Nachteil** zuzufügen (vgl. Kap. F Tz. 1082 i.V.m. Kap. F Tz. 1104 f.)[123]. Dies betrifft Ausnahmefälle, in denen Anreize an Ziele eines Unternehmens geknüpft sind, die nicht zur Veröffentlichung bestimmt sind (z.B. Steigerung des Umsatzes in einem bestimmten Geschäftsfeld oder regionalen Absatzmarkt). Wird insoweit auf Angaben zur Vergü-

---

118 Vgl. *Grottel*, in: BeBiKo[11], § 289a, Rn. 65.
119 Vgl. WP Handbuch 2012, Bd. I, Kap. S „Die Bezüge des Vorstands und des Aufsichtsrats einer Aktiengesellschaft".
120 Vgl. DRS 17.79; *van Kann*, DStR 2005, S. 1496 (1499).
121 Weitergehend *Grottel*, in: BeBiKo[11], § 289a, Rn. 80 i.V.m. § 315a, Rn. 27 (zusätzlich Angaben zur Altersvorsorge und zu Vorruhestandsregelungen sowie zu Leistungen Dritter i.S.d. § 285 Nr. 9 lit. a) S. 7 HGB).
122 Vgl. hierzu auch *IDW PS 345*, Tz. 19a.
123 Vgl. DRS 17.81.

tungsstruktur verzichtet, haben die individuellen Pflichtangaben zwingend im Anh./ KAnh. zu erfolgen[124].

4.5 Nichtfinanzielle (Konzern-)Berichterstattung (§§ 289b ff., 315b f. HGB)[125]

Mit dem CSR-Richtlinie-Umsetzungsgesetz (CSR-RLUG) wurde die CSR-Richtlinie der EU in deutsches Recht umgesetzt. Wesentliche Neuerung ist eine ggü. den bisherigen Anforderungen der §§ 289 Abs. 3, 315 Abs. 3 HGB erweiterte **nichtfinanzielle (Konzern-)Berichterstattung**, von der große, kapitalmarktorientierte Unternehmen und Konzerne mit mehr als 500 Arbeitnehmern betroffen sind[126]. Die Neuregelungen gelten fast ausnahmslos für GJ, die nach dem 31.12.2016 beginnen (zur Ausnahme vgl. Kap. J Tz. 126). 94

4.5.1 Anwendungsbereich und Befreiungsmöglichkeiten

4.5.1.1 Unternehmen i.S.d. § 289b Abs. 1 HGB

Der Anwendungsbereich der neuen nichtfinanziellen Berichtspflichten umfasst nach § 289b Abs. 1 HGB **kapitalmarktorientierte KapGes** und **kapitalmarktorientierte PersGes** i.S.d. § 264a HGB, sofern bestimmte Größenmerkmale erfüllt sind und die Befreiungsvoraussetzungen des § 289b Abs. 2 HGB (vgl. Kap. J Tz. 99 ff.) nicht greifen. Der Anwendungsbereich umfasst grds. auch kapitalmarktorientierte eG, die die genannten Merkmale erfüllen (§ 336 Abs. 2 S. 1 Nr. 2 HGB). Das Kriterium der Kapitalmarktorientierung i.S.d. § 264d HGB (vgl. Kap. J Tz. 3 ff.) muss dabei am maßgeblichen Abschlussstichtag erfüllt sein. Unerheblich ist, ob das Kriterium während des gesamten GJ erfüllt war[127]. 95

Für eine Berichtspflicht muss das betreffende kapitalmarktorientierte Unternehmen zudem bestimmte **Größenmerkmale** erfüllen: Es muss groß i.S.d. § 267 Abs. 3 S. 1 HGB sein (d.h. die Fiktion des § 267 Abs. 3 S. 2 HGB greift nicht) und im Jahresdurchschnitt mehr als 500 Arbeitnehmer beschäftigen. Zur Ermittlung der Bilanzsumme am Abschlussstichtag ist auf die Regelung des § 267 Abs. 4a HGB (vgl. Kap. F Tz. 283) und zur Ermittlung der durchschnittlichen Arbeitnehmerzahl auf die Regelung des § 267 Abs. 5 HGB (vgl. Kap. F Tz. 285) zurückzugreifen (§ 289b Abs. 1 S. 2 HGB). Die o.g. Größenmerkmale – nicht aber das Merkmal der Kapitalmarktorientierung – müssen an den Abschlussstichtagen zweier aufeinanderfolgender GJ erfüllt sein (§ 289b Abs. 1 S. 2 HGB i.V.m. § 267 Abs. 4 HGB). 96

4.5.1.2 Mutterunternehmen i.S.d. § 315b Abs. 1 HGB

Auch auf Konzernebene besteht eine Berichtspflicht über nichtfinanzielle Informationen, wenn die folgenden **Merkmale kumulativ** erfüllt sind und die Befreiungsvoraussetzungen des § 315b Abs. 2 HGB (dazu Kap. J Tz. 99 ff.) nicht greifen: 97

---

[124] Vgl. DRS 17.82.
[125] Siehe hierzu auch *IDW*, Positionspapier „Pflichten und Zweifelsfragen zur nichtfinanziellen Erklärung als Bestandteil der Unternehmensführung", (Stand: 14.06.2017).
[126] Zudem sind auch bestimmte Institute und Versicherungsunternehmen von der Berichtspflicht betroffen (vgl. *IDW*, WPH Edition, Versicherungsunternehmen).
[127] Vgl. *Winkeljohann/Schäfer*, in: BeBiKo[11], § 289b, Rn. 14.

- Das MU ist kapitalmarktorientiert i.S.d. § 264d HGB (vgl. Kap. J Tz. 3 ff.),
- die in den KA einzubeziehenden Unternehmen[128] erfüllen nicht die Voraussetzungen für eine größenabhängige Befreiung nach § 293 Abs. 1 HGB und
- bei ihnen sind im Jahresdurchschnitt mehr als 500 Arbeitnehmer beschäftigt.

98 Aufgrund des Verweises in § 315b Abs. 1 S. 2 HGB müssen die genannten Größenmerkmale (keine größenabhängige Befreiung nach § 293 Abs. 1 HGB; mehr als 500 Arbeitnehmer im Jahresdurchschnitt) – nicht aber das Merkmal der Kapitalmarktorientierung – an den Abschlussstichtagen von **zwei aufeinanderfolgenden Geschäftsjahren** tatsächlich erfüllt sein[129]. Die Bestimmung der durchschnittlichen Zahl der Arbeitnehmer ist entspr. § 267 Abs. 5 HGB (vgl. Kap. F Tz. 285) vorzunehmen.

> **Praxistipp 2:**
>
> Unbeschadet etwaiger Befreiungsmöglichkeiten (dazu Kap. J Tz. 99 ff.) besteht bei Erfüllung der Voraussetzungen des § 289b Abs. 1 HGB und des § 315b Abs. 1 HGB eine doppelte Berichtspflicht für das betreffende (Mutter-)Unternehmen, zum einen auf Ebene des Einzelunternehmens und zum anderen auf Konzernebene. Aufgrund des Verweises des § 315b Abs. 1 S. 2 bzw. Abs. 3 S. 2 HGB auf § 298 Abs. 2 HGB besteht die **Möglichkeit der Zusammenfassung** der nichtfinanziellen Berichterstattung des MU mit der nichtfinanziellen Konzernberichterstattung[130].

4.5.1.3 Befreiungsmöglichkeiten (§§ 289b Abs. 2, 315b Abs. 2 HGB)

99 Ein Unternehmen im Anwendungsbereich des § 289b Abs. 1 HGB ist von der nichtfinanziellen Berichterstattung befreit, wenn es **nicht zur Aufstellung eines LB verpflichtet** ist („unbeschadet anderer Befreiungsvorschriften", § 289b Abs. 2 S. 1 HGB). In Betracht kommen hier die Befreiungsvorschriften der §§ 264 Abs. 3, 264b HGB (vgl. Kap. F Tz. 256 ff. und Tz. 1446 ff.)[131]. Gleiches gilt auf Konzernebene, wenn ein MU im Anwendungsbereich des § 315b Abs. 1 HGB aufgrund der Inanspruchnahme des § 291 HGB (vgl. Kap. G Tz. 110 ff.) oder des § 292 HGB (vgl. Kap. G Tz. 134 ff.) keinen KLB aufstellen muss[132].

100 Darüber hinaus eröffnet § 289b Abs. 2 HGB bzw. § 315b Abs. 2 HGB die Möglichkeit der Befreiung von der nichtfinanziellen (Konzern-)Berichterstattung durch **Einbezug in die nichtfinanzielle Konzernberichterstattung eines übergeordneten** MU, wenn alle im Folgenden genannten Voraussetzungen hierfür kumulativ erfüllt sind.

101 Bei dem zu befreienden (Mutter-)Unternehmen muss es sich um ein TU des die befreiende nichtfinanzielle Konzernberichterstattung aufstellenden (übergeordneten) MU handeln[133].

---

128 Nach DRS 20.232 handelt es sich hierbei um das MU und die in den KA einzubeziehenden TU.
129 Vgl. *DRS 20.234 und .236*.
130 Zur Zusammenfassung vgl. DRS 20.245 und .248 f.
131 Vgl. *Winkeljohann/Schäfer*, in: BeBiKo[11], § 289b, Rn. 45.
132 Vgl. DRS 20.239.
133 Vgl. Begr. RegE CSR-RLUG, BT-Drs. 18/9982, 44; DRS 20.237.

> **Hinweis 4:**
>
> Da für eine wirksame Befreiung ein **Mutter-Tochter-Verhältnis** erforderlich ist, besteht für das oberste MU in einem Konzern keine Möglichkeit, von der Befreiungsmöglichkeit des § 289b Abs. 2 HGB Gebrauch zu machen. Eine **„Selbstbefreiung"** durch die eigene nichtfinanzielle Konzernberichterstattung ist somit zwar **unzulässig**; es besteht aber die Möglichkeit, die nichtfinanzielle Berichterstattung für das Einzelunternehmen mit der für den Konzern zusammenzufassen (vgl. Praxistipp 2).

Das zu befreiende (Mutter-)Unternehmen muss in die **befreiende nichtfinanzielle Konzernberichterstattung** des übergeordneten MU **einbezogen** sein. Unbeachtlich ist, welche Form der Berichterstattung vom übergeordneten MU gewählt wird, d.h. ob es sich um einen um eine nichtfinanzielle Konzernerklärung erweiterten KLB (§ 289b Abs. 2 S. 1 HGB bzw. § 315b Abs. 2 S. 1 HGB) oder um einen gesonderten nichtfinanziellen Konzernbericht (§ 289b Abs. 2 S. 2 HGB bzw. § 315b Abs. 2 S. 2 HGB; zur Berichtsform vgl. Kap. J Tz. 104 ff.) handelt. Unbeachtlich ist ebenfalls, ob das übergeordnete MU seinen Sitz innerhalb oder außerhalb der EU oder des EWR hat. Maßgeblich für die Befreiung ist jedoch, dass die befreiende nichtfinanzielle Konzernberichterstattung **nach Maßgabe des nationalen Rechts eines Mitgliedstaats der EU oder des EWR im Einklang mit der Richtlinie 2013/34/EU** erstellt wird. 102

Des Weiteren muss das zu befreiende (Mutter-)Unternehmen in seinem LB bzw. KLB über die Befreiung von der nichtfinanziellen (Konzern-)Berichterstattung berichten und erläutern, **welches übergeordnete MU** die befreiende nichtfinanzielle Konzernberichterstattung erstellt und **wo dieser Konzernbericht in deutscher oder englischer Sprache öffentlich zugänglich** ist. Andere Sprachen als Deutsch oder Englisch sind nicht zulässig[134]. Die befreiende nichtfinanzielle Konzernberichterstattung kann bei einem öffentlichen Register (z.B. BAnz) offengelegt oder im Internet, z.B. auf der Internetseite des befreienden MU oder des zu befreienden (Mutter-)Unternehmens, veröffentlicht werden. 103

4.5.2 Berichtsformen und Veröffentlichung (§§ 289b Abs. 1 und 3, 315b Abs. 1 und 3 HGB)

§ 289b Abs. 1 HGB bzw. § 315b Abs. 1 HGB sieht grds. vor, dass der LB bzw. KLB um eine nichtfinanzielle (Konzern-)Erklärung zu erweitern ist. Daneben eröffnet der als Befreiungsvorschrift formulierte § 289b Abs. 3 HGB bzw. § 315b Abs. 3 HGB die Möglichkeit, anstelle der Erweiterung des LB bzw. KLB einen gesonderten nichtfinanziellen (Konzern-)Bericht zu erstellen, der entweder im BAnz offenzulegen oder spätestens vier Monate nach dem Abschlussstichtag auf der Internetseite des (Mutter-)Unternehmens zu veröffentlichen ist. Hiermit wird in Bezug auf die **Form** der Berichterstattung sowie den **Ort** und den **Zeitpunkt** der Veröffentlichung eine **größtmögliche Flexibilität** für die verpflichteten Unternehmen erreicht[135]. 104

Die **nichtfinanzielle (Konzern-)Erklärung** stellt eine Erweiterung des LB bzw. KLB dar und darf entweder in diesen **integriert** werden, so dass die nichtfinanziellen Angaben an verschiedenen Stellen innerhalb des LB bzw. KLB gemacht werden, oder einen **be-** 105

---

134 Vgl. dazu DRS 20.240.
135 Vgl. *Kajüter*, DB 2017, S. 617 (619).

sonderen **Abschnitt** innerhalb des LB bzw. KLB darstellen. Wird die erstgenannte Variante gewählt, ist eine Übersicht, an welchen Stellen sich die nichtfinanziellen Angaben befinden, zwar nicht verpflichtend, aber regelmäßig empfehlenswert[136]. Wird die letztgenannte Variante gewählt, ist es zulässig, auf die an anderen Stellen im LB bzw. KLB enthaltenen nichtfinanziellen Angaben zu verweisen (§ 289b Abs. 1 S. 3 HGB bzw. § 315b Abs. 1 S. 3 HGB). Dies schließt einen Verweis auf die eventuell abzugebende (Konzern-)Erklärung zur Unternehmensführung (siehe Kap. J Tz. 127 ff.) ein[137]. Dagegen sind Verweise auf den (Konzern-)Anh. unzulässig, sofern es sich hierbei nicht um freiwillige zusätzliche Informationen handelt[138].

106 Alternativ ist es zulässig, den nichtfinanziellen Berichtspflichten außerhalb des LB bzw. KLB in Form eines **gesonderten nichtfinanziellen (Konzern-)Berichts** für dasselbe GJ nachzukommen, vorausgesetzt, dieser ist **inhaltlich mindestens gleichwertig** zur nichtfinanziellen (Konzern-)Erklärung (§ 289b Abs. 3 S. 1 Nr. 1, S. 2 HGB bzw. § 315b Abs. 3 S. 1 Nr. 1, S. 2 HGB). Verweise auf die im LB bzw. KLB einschließlich der (Konzern-)Erklärung zur Unternehmensführung enthaltenen nichtfinanziellen Informationen sind auch bei Erstellung eines gesonderten nichtfinanziellen (Konzern-)Berichts zulässig (§ 289b Abs. 3 S. 2 HGB bzw. § 315b Abs. 3 S. 2 HGB). DRS 20.252 stellt klar, dass der gesonderte nichtfinanzielle (Konzern-)Bericht nicht nur als eigenständiger Bericht verfasst sein darf, sondern auch in einen anderen Konzernbericht integriert oder als besonderer Abschn. in einen anderen Konzernbericht aufgenommen werden kann[139].

> **Praxistipp 3:**
> Es ist grds. zulässig, den gesonderten nichtfinanziellen (Konzern-)Bericht z.B. in einen **Nachhaltigkeitsbericht** zu integrieren. In diesem Fall ist in dem Nachhaltigkeitsbericht darauf hinzuweisen, dass dieser die Angaben zur nichtfinanziellen (Konzern-)Berichterstattung enthält (vgl. DRS 20.253).

107 Die nichtfinanzielle (Konzern-)Erklärung ist Bestandteil des LB bzw. KLB. Hinsichtlich der Anforderungen an die **Aufstellung und Offenlegung** bestehen folglich keine weitergehenden spezifischen Regelungen. Anderes gilt jedoch im Hinblick auf den gesonderten nichtfinanziellen (Konzern-)Bericht. Dieser ist entweder zusammen, d.h. zeitgleich, mit dem LB bzw. KLB im BAnz gem. § 325 HGB offenzulegen oder auf der Internetseite des (Mutter-)Unternehmens zu veröffentlichen (§ 289b Abs. 3 S. 1 Nr. 2 HGB bzw. § 315b Abs. 3 S. 1 Nr. 2 HGB). Die Veröffentlichung auf der Internetseite hat spätestens 4 Monate nach dem Abschlussstichtag und für mindestens 10 Jahre zu erfolgen. Darüber hinaus ist im LB bzw. KLB die konkrete Internetseite anzugeben, auf welcher der gesonderte nichtfinanzielle (Konzern-)Bericht veröffentlicht ist[140].

4.5.3 Inhalt der nichtfinanziellen (Konzern-)Berichterstattung

108 Der Inhalt der nichtfinanziellen Berichterstattung wird durch die Regelungen der §§ 289c bis 289e HGB determiniert. Gleiches gilt für die nichtfinanzielle Konzernbe-

---

[136] Vgl. auch DRS 20.242.
[137] Vgl. Begr. RegE CSR-RLUG, BT-Drs. 18/9982, S. 47.
[138] Vgl. DRS 20.244; *Winkeljohann/Schäfer*, in: BeBiKo[11], § 289b, Rn. 26.
[139] Zu den Verweismöglichkeiten vgl. DRS 20.256.
[140] Vgl. DRS 20.250; *Winkeljohann/Schäfer*, in: BeBiKo[11], § 289b, Rn. 53.

richterstattung aufgrund entspr. Verweise in § 315c Abs. 1 und 3 bzw. § 315b Abs. 3 S. 1 und 2 HGB. Vor diesem Hintergrund werden im Folgenden die gesetzlichen Anforderungen an den Inhalt der nichtfinanziellen (Konzern-)Berichterstattung anhand der **Regelungen des DRS 20** erläutert, auch wenn dieser formal lediglich die gesetzlichen Vorgaben zum Inhalt der nichtfinanziellen Konzernberichterstattung konkretisiert (§ 342 Abs. 2 HGB)[141].

In die nichtfinanzielle (Konzern-)Berichterstattung ist eine **kurze Beschreibung des Geschäftsmodells** des Unternehmens bzw. Konzerns aufzunehmen (§ 289c Abs. 1 HGB)[142]. Dabei ist, soweit für das Verständnis des Geschäftsmodells erforderlich, auf dessen wesentliche Merkmale einzugehen[143]. 109

> **Beispiel 6:**
> Bei den wesentlichen **Merkmalen des Geschäftsmodells** handelt es sich gem. DRS 20.37 um den Geschäftszweck, die organisatorische Struktur des Unternehmens bzw. Konzerns, die notwendigen Einsatzfaktoren für die Durchführung der Geschäftstätigkeit, Geschäftsprozesse, Produkte und Dienstleistungen, Beschaffungs- und Absatzmärkte und die externen Einflussfaktoren für das Geschäft, wie z.B. wirtschaftliche, ökologische und soziale Rahmenbedingungen.

Die nichtfinanzielle (Konzern-)Berichterstattung bezieht sich darüber hinaus zumindest auf die folgenden, in § 289c Abs. 2 HGB aufgeführten **nichtfinanziellen Aspekte**: 110

- Umweltbelange
- Arbeitnehmerbelange
- Sozialbelange
- Achtung der Menschenrechte sowie
- Bekämpfung von Korruption und Bestechung.

Es handelt sich hierbei nach dem Gesetzeswortlaut um einen **Mindestkatalog**, d.h. in Abhängigkeit vom Geschäftsmodell können auch weitere Aspekte berichtspflichtig sein[144].

Jeder Aspekt kann gem. § 289c Abs. 2 HGB einen oder mehrere **Sachverhalte** umfassen, bei denen es sich um Beispiele für mögliche Themen innerhalb der einzelnen Aspekte handelt (z.B. Aspekt Umweltbelange: Treibhausgase, Wasserverbrauch, Luftverschmutzung). Eine Berichtpflicht auf Ebene der einzelnen Sachverhalte ist zwar zulässig, aber nach DRS 20.262 nicht verpflichtend. Zumindest bei der Beschreibung der verfolgten Konzepte (vgl. Kap. J Tz. 114) erscheint eine Bezugnahme auf die einzelnen wesentlichen Sachverhalte regelmäßig erforderlich[145]. 111

---

141   Zur Ausstrahlungswirkung des DRS 20 auf den LB vgl. auch Kap. F Tz. 1365 ff.
142   Auf den Zusatz „§ 315c i.V.m. § 289c HGB" für die nichtfinanzielle Konzernberichterstattung wird im Folgenden aus Gründen der Übersichtlichkeit verzichtet.
143   Vgl. DRS 20.257.
144   Vgl. *Blöink/Halbleib*, Der Konzern 2017, S. 182 (186); *Winkeljohann/Schäfer*, in: BeBiKo[11], § 289c, Rn. 22.
145   Vgl. DRS 20.262; *Winkeljohann/Schäfer*, in: BeBiKo[11], § 289c, Rn. 26.

> **Praxistipp 4:**
>
> Die **Reihenfolge**, in der über die Aspekte berichtet wird, kann **frei gewählt** werden (DRS 20.260). Dies gilt auch für die Reihenfolge der Angaben zu den Aspekten (DRS 20.264). Wenn eine Information mehrere Aspekte oder Sachverhalte betrifft, können die Angaben **zusammenhängend** dargestellt werden (DRS 20.263).

112 Der Umfang der Einzelangaben zu den nichtfinanziellen Aspekten hängt gem. § 289c Abs. 3 HGB grds. von einer **zweistufigen Wesentlichkeitsbeurteilung** ab (zum Inhalt der Mindestberichterstattung vgl. Kap. J Tz. 121). Angaben sind nur zu machen, wenn sie für das Verständnis des Geschäftsverlaufs, des Geschäftsergebnisses, der Lage des Unternehmens (*Beurteilung 1*) sowie für das Verständnis der Auswirkungen der Tätigkeit des Unternehmens auf die nichtfinanziellen Aspekte (*Beurteilung 2*) erforderlich sind. Die erste Beurteilung entspricht der bisherigen Regelung für die nichtfinanzielle Berichterstattung nach § 289 Abs. 3 HGB[146]. Da für eine Berichtspflicht auch die zweite Stufe der Wesentlichkeitsbeurteilung erfüllt sein muss, spricht dies zunächst für einen im Vergleich zur Berichterstattung nach § 289 Abs. 3 HGB eingeschränkten Berichtsumfang[147]. Der Gesetzgeber geht allerdings davon aus, dass in aller Regel wesentliche Informationen über signifikante Auswirkungen der Geschäftstätigkeit auf die nichtfinanziellen Aspekte gleichzeitig auch eine wesentliche Bedeutung für das Verständnis von Lage und Entwicklung des Unternehmens haben[148].

113 Im Hinblick auf die nichtfinanzielle **Konzernberichterstattung** regelt § 315c Abs. 2 HGB, dass diejenigen Angaben zu machen sind, die für das Verständnis des Geschäftsverlaufs, des Geschäftsergebnisses, der Lage des Konzerns sowie der Auswirkungen seiner Tätigkeit auf die in § 289c Abs. 2 HGB genannten Aspekte erforderlich sind. Die zweistufige Wesentlichkeitsbeurteilung gilt somit entspr., wobei allerdings auf den Konzern insgesamt abzustellen ist.

114 § 289c Abs. 3 Nr. 1 HGB verlangt eine **Beschreibung der verfolgten Konzepte** einschließlich der angewandten Due-Diligence-Prozesse zu den nichtfinanziellen Aspekten. Nicht erforderlich ist die Implementierung von Konzepten für die einzelnen nichtfinanziellen Aspekte. Vielmehr sind die vorhandenen Konzepte zu beschreiben. Dies beinhaltet eine Darstellung der Ziele, der Maßnahmen, der angewandten Due-Diligence Prozesse sowie die Einbindung der Unternehmens-/Konzernleitung und etwaiger weiterer Interessensträger wie z.B. Arbeitnehmer. Es muss deutlich werden, auf welchen Aspekt bzw. Sachverhalt sich das Konzept bezieht[149]. Im Rahmen der Darstellung der Ziele sind quantitative Angaben zu Ausmaß und Zeitbezug der Ziele nicht erforderlich, während Inhalt und Zeitbezug der geplanten Maßnahmen verpflichtend darzustellen sind[150]. Des Weiteren sind die angewandten Due-Diligence-Prozesse darzustellen, d.h. es sind Angaben zu den angewandten Verfahren zur Erkennung, Verhinderung und Abschwächung von bestehenden oder möglichen negativen Auswirkungen in Bezug auf

---

146 Vgl. Begr. RegE CSR-RLUG, BT-Drs. 18/9982, 48.
147 Vgl. *Kajüter*, DB 2017, S. 617 (621); *Schmotz/Schmidt*, DB 2017, S. 2877 (2878).
148 Vgl. Begr. RegE CSR-RLUG, BT-Drs. 18/9982, 48 f.; *Blöink/Halbleib*, Der Konzern 2017, S. 182 (186).
149 Vgl. DRS 20.265 f.
150 Vgl. DRS 20.267 f.

einen berichtspflichtigen Aspekt bzw. Sachverhalt zu machen[151]. Sofern dies bedeutsam und verhältnismäßig[152] ist, ist auch auf die Due-Diligence-Prozesse bzgl. der Lieferkette und der Kette der Subunternehmer einzugehen.

Zudem sind die **Ergebnisse der verfolgten Konzepte** darzustellen (§ 289c Abs. 3 Nr. 2 HGB). Dabei ist bspw. auf das Ausmaß der Zielerreichung und den Stand der Maßnahmenrealisierung einzugehen. Wenn ein Konzept zu keinem Ergebnis geführt hat, ist auch dies anzugeben[153]. **115**

Darüber hinaus sind die wesentlichen **Risiken**, die mit **der eigenen Geschäftstätigkeit** des Unternehmens bzw. des Konzerns verknüpft sind und die sehr wahrscheinlich schwerwiegende negative Auswirkungen auf die nichtfinanziellen Aspekte haben oder haben werden, sowie die Handhabung dieser Risiken durch das Unternehmen bzw. den Konzern anzugeben (§ 289c Abs. 3 Nr. 3 HGB). Nach DRS 20.11 handelt es sich bei einem Risiko um mögliche künftige Entwicklungen oder Ereignisse, die zu einer negativen Abweichung von Prognosen bzw. Zielen des Unternehmens bzw. Konzerns führen können. Bezugspunkt für die Risikodefinition sind damit die Prognosen bzw. Ziele des Unternehmens bzw. Konzerns in Bezug auf die nichtfinanziellen Aspekte[154]. Von der Berichtspflicht umfasst werden letztlich nur solche Risiken, deren Eintritt sehr wahrscheinlich ist und deren negativen Auswirkungen auf die berichtspflichtigen Aspekte schwerwiegend sind oder sein werden[155]. Diese dritte Wesentlichkeitsschwelle tritt somit noch zum doppelten Wesentlichkeitsvorbehalt des § 289c Abs. 3 HGB (dazu Kap. J Tz. 112) hinzu. In der Regel wird es aber bei einem wesentlichen Risiko i.S.d. § 289c Abs. 3 Nr. 3 HGB für das Verständnis der Auswirkungen dieses Risikos auf das Unternehmen und die Aspekte erforderlich sein, darüber zu berichten, so dass entweder alle oder keines der genannten Wesentlichkeitskriterien erfüllt sind[156]. **116**

Die nichtfinanzielle Risikoberichterstattung umfasst des Weiteren solche wesentlichen **Risiken**, die mit den **Geschäftsbeziehungen** des Unternehmens bzw. Konzerns, seinen **Produkten und Dienstleistungen verknüpft** sind und die sehr wahrscheinlich schwerwiegende negative Auswirkungen auf die Aspekte haben oder haben werden, soweit die Angaben von Bedeutung sind und die Berichterstattung über diese Risiken verhältnismäßig ist, sowie die Handhabung dieser Risiken (§ 289c Abs. 3 Nr. 4 HGB). Dabei betrifft die Berichterstattung über die Risiken, die mit den Geschäftsbeziehungen verknüpft sind, insb. die Lieferkette und die Kette der Subunternehmer[157]. Die Angabe dieser Risiken steht allerdings zusätzlich – d.h. über die in der vorhergehenden Tz. genannten Wesentlichkeitskriterien hinaus – unter dem (vierten) Vorbehalt, dass die Angaben von Bedeutung sind und ihre Berichterstattung verhältnismäßig ist. Letzteres erfordert eine Abwägung verschiedener Faktoren wie z.B. Schwere und Eintrittswahrscheinlichkeit eines drohenden Schadens, Kosten der Informationsbeschaffung und der Informationsnutzen für die Adressaten[158]. **117**

---

151 Vgl. DRS 20.269.
152 Vgl. DRS 20.270 f.; weiterführend *Winkeljohann/Schäfer*, in: BeBiKo[11], § 289c, Rn. 48.
153 Vgl. DRS 20.275 f.
154 Vgl. weiterführend *Winkeljohann/Schäfer*, in: BeBiKo[11], § 289c, Rn. 55 f. sowie DRS 20.B8 und .B82.
155 Vgl. DRS 20.277.
156 Vgl. Begr. RegE CSR-RLUG, BT-Drs. 18/9982, S. 50 f.
157 Vgl. DRS 20.279.
158 Vgl. DRS 20.280.

118 Für die nichtfinanzielle Risikoberichterstattung nach § 289c Abs. 3 Nr. 3 und Nr. 4 HGB, d.h. für die **Angabe der berichtspflichtigen Risiken und deren Handhabung**, ist es sachgerecht, auf die allgemeinen Grundsätze der (finanziellen) Risikoberichterstattung im LB bzw. KLB zurückzugreifen (vgl. dazu Kap. F Tz. 1381 ff.)[159].

119 Die nichtfinanzielle (Konzern-)Berichterstattung umfasst auch die Angabe der **bedeutsamsten nichtfinanziellen Leistungsindikatoren**, die für die Geschäftstätigkeit von Bedeutung sind (§ 289c Abs. 3 Nr. 5 HGB). Diese sind selbstständig darzustellen, d.h. sie müssen leicht identifizierbar und leicht auffindbar sein, z.B. durch die Verwendung von Tabellen[160]. Der Umfang der berichtspflichtigen nichtfinanziellen Leistungsindikatoren geht über die schon bisher nach § 289 Abs. 3 HGB bzw. § 315 Abs. 3 HGB in die Analyse von Geschäftsverlauf und Lage einzubeziehenden Leistungsindikatoren nicht hinaus.

> **Beispiel 7:**
>
> DRS 20.286 führt zahlreiche **Beispiele für nichtfinanzielle Leistungsindikatoren** auf, z.B.
> - für den Aspekt Umweltbelange: Wasserverbrauch pro Jahr, Tonnen CO_2-Ausstoß pro Jahr, Energieeffizienz der eigenen Produkte,
> - für den Aspekt Arbeitnehmerbelange: Personalfluktuation, Mitarbeiterzufriedenheit,
> - für den Aspekt Sozialbelange: Spenden an gemeinnützige Organisationen,
> - für den Aspekt Achtung der Menschenrechte: Anteil der im Hinblick auf Menschenrechte zertifizierten Lieferanten bzw. Subunternehmen,
> - für den Aspekt Bekämpfung von Korruption und Bestechung: Anteil der Mitarbeiter, die ein Compliance-Training absolviert haben.

120 Zuletzt sind Hinweise auf **im JA bzw. KA ausgewiesene Beträge** und zusätzliche Erläuterungen dazu zu machen, soweit es für das Verständnis erforderlich ist (§ 289c Abs. 3 Nr. 6 HGB). Erforderlich können damit auch Hinweise auf im (Konzern-)Anh. angegebene Beträge sein[161].

121 Den Konzepten kommt i.R.d. nichtfinanziellen (Konzern-)Berichterstattung insofern eine Sonderstellung zu, als für den Fall, dass zu einem oder mehreren Aspekten kein Konzept verfolgt wird, dies jeweils klar und unter Angabe von Gründen zu erläutern ist (sog. **Comply-or-Explain-Ansatz** gem. § 289c Abs. 4 HGB). Diese Angaben treten dann anstelle der Beschreibung der verfolgten Konzepte und der Ergebnisse der Konzepte (dazu Kap. J Tz. 114 f.). Können lediglich zu Teilen eines Konzepts keine Angaben gemacht werden, weil bspw. keine Due-Diligence-Prozesse eingerichtet wurden, ist dazu weder eine Negativerklärung noch eine Erl. notwendig[162]. Die Angabe pro Aspekt, dass kein Konzept verfolgt wird und aus welchen Gründen, stellt – neben der kurzen Beschreibung des Geschäftsmodells (dazu Kap. J Tz. 109) – den Mindestinhalt jeder nichtfinanziellen (Konzern-)Berichterstattung dar[163].

---

[159] Vgl. DRS 20.281.
[160] Vgl. DRS 20.284 f.
[161] Vgl. DRS 20.288; *Winkeljohann/Schäfer*, in: BeBiKo[11], § 289c, Rn. 81.
[162] Vgl. DRS 20.295.
[163] Vgl. Begr. RegE CSR-RLUG, BT-Drs. 18/9982, S. 52.

Der Umstand, dass für bestimmte Aspekte kein Konzept verfolgt wird, befreit nicht von den Angaben nach § 289c Abs. 3 Nr. 4 bis 6 HGB, sofern die jeweiligen Wesentlichkeitskriterien erfüllt sind. Sind diese nicht erfüllt, besteht **keine Pflicht zur Negativanzeige**. Der *Comply or Explain*-Ansatz des § 289c Abs. 4 HGB bezieht sich explizit nur auf die Angaben zu den Konzepten, nicht aber auf die Angaben zu den nichtfinanziellen Risiken, nichtfinanziellen Leistungsindikatoren oder im Hinblick auf im JA bzw. KA ausgewiesene Beträge[164].

122

Die Ausgestaltung der nichtfinanziellen (Konzern-)Berichterstattung kann gem. § 289d HGB in Anlehnung an oder unter **Verwendung eines Rahmenwerks** erfolgen. Die Unternehmen sind somit in ihrer Entscheidung frei. Wird jedoch kein Rahmenwerk genutzt, ist dies nach dem *Comply or Explain*-Ansatz zu begründen (§ 289d S. 2 HGB). Kommt ein Rahmenwerk zur Anwendung, sind folgende Angaben zu machen[165]:

123

- welches Rahmenwerk genutzt wurde,
- dass ein Rahmenwerk nur in Teilen genutzt wurde,
- welches Rahmenwerk für welche Bestandteile der nichtfinanziellen (Konzern-)Berichterstattung genutzt wurde.
- Entsprechendes gilt bei Nutzung mehrerer Rahmenwerke.

> **Beispiel 8:**
>
> Für die Erstellung der nichtfinanziellen (Konzern-)Berichterstattung kommen nationale **Rahmenwerke** wie der Deutsche Nachhaltigkeitskodex (DNK), europäische Rahmenwerke wie das Umweltmanagement- und -betriebsprüfungssystem EMAS oder internationale Rahmenwerke wie das Global Compact der Vereinten Nationen (VN), die Leitlinien der Organisation für wirtschaftliche Zusammenarbeit und Entwicklung (OECD) für multinationale Unternehmen oder die Global Reporting Initiative (GRI) in Betracht.

Die Europäische Kommission hat **unverbindliche Leitlinien** zur Methode der Berichterstattung über nichtfinanzielle Informationen veröffentlicht[166]. Diese Leitlinien können zur weiteren Orientierung für die nichtfinanzielle Berichterstattung dienen[167].

124

In eng begrenzten Ausnahmefällen dürfen bestimmte, für das Unternehmen bzw. den Konzern erheblich nachteilige Informationen weggelassen werden. Diese sind aber zu einem späteren Zeitpunkt nachzuholen, wenn die Gründe für das Weglassen entfallen sind (§ 289e HGB). Die Anwendung dieser **Schutzklausel** setzt voraus, dass es sich um Angaben handelt zu künftigen Entwicklungen oder Belangen, über die Verhandlungen geführt werden, und die Angaben nach vernünftiger kaufmännischer Beurteilung der Mitglieder des vertretungsberechtigten Organs des Unternehmens bzw. der Konzernleitung geeignet sind, dem Unternehmen bzw. dem Konzern einen erheblichen Nachteil zuzufügen, *und das Weglassen der Angaben ein den tatsächlichen Verhältnissen entspr. und ausgewogenes Verständnis des Geschäftsverlaufs, des Geschäftsergebnisses, der*

125

---

164 Vgl. *Winkeljohann/Schäfer*, in: BeBiKo[11], § 289c, Rn. 35.
165 Vgl. DRS 20.297 ff.
166 EU-Kommission, Leitlinien für die Berichterstattung über nichtfinanzielle Informationen (Methode zur Berichterstattung über nichtfinanzielle Informationen), Abl. EU 2017/C 215/01.
167 Vgl. ausführlich *Schmotz/Schmidt*, DB 2017, S. 2877 (2880 ff.).

Lage des Unternehmens bzw. Konzerns und der Auswirkungen seiner Tätigkeit auf die Aspekte nicht verhindert. Ein erheblicher Nachteil ist anzunehmen, wenn das Unternehmen bzw. der Konzern einen hinreichend konkretisierbaren geschäftlichen Schaden von beachtlichem Ausmaß erwarten kann[168].

4.5.4 Veröffentlichung des Prüfungsurteil (§§ 289b Abs. 4, 315b Abs. 4 HGB)

126 Nach § 317 Abs. 2 S. 4 HGB muss der APr. nur beurteilen, ob die nichtfinanzielle (Konzern-)Berichterstattung vorgelegt wurde. Eine Pflicht zur inhaltlichen Prüfung besteht nicht (vgl. Kap. L Tz. 1191 ff.). Im Fall der (freiwilligen) inhaltlichen Überprüfung durch den APr. oder einen anderen externen Dritten ist die **Beurteilung des Prüfungsergebnisses**, d.h. das Prüfungsurteil, **in gleicher Weise** wie die nichtfinanzielle (Konzern-)Berichterstattung **öffentlich zugänglich** zu machen. Dies gilt sowohl hinsichtlich des Orts als auch des Zeitpunkts der Veröffentlichung, d.h. die Beurteilung des Prüfungsergebnisses ist in Abhängigkeit davon, wie die nichtfinanzielle (Konzern-)Berichterstattung öffentlich zugänglich gemacht wird, zeitgleich mit dieser entweder im BAnz offenzulegen oder auf der Internetseite des berichtenden (Mutter-)Unternehmens zu veröffentlichen. Diese Verpflichtung besteht – abweichend von den übrigen Neuregelungen des CSR-RLUG – erstmals für GJ, die nach dem 31.12.2018 beginnen (Art. 12 Abs. 2 i.V.m. Art. 2 und Art. 4 CSR-RLUG).

4.6 Erklärung zur Unternehmensführung (§ 289f HGB)

4.6.1 Anwendungsbereich

4.6.1.1 Unternehmen i.S.d. § 289f Abs. 1 S. 1, Abs. 3 HGB

127 Der Anwendungsbereich des § 289f HGB erstreckt sich zum einen auf **börsennotierte AG** (bzw. SE) i.S.d. § 3 Abs. 2 AktG (vgl. Kap. J Tz. 8). Nach dem Willen des Gesetzgebers sind das solche AG, deren Aktien an einem **organisierten Markt** i.S.d. § 2 Abs. 11 WpHG (vgl. Kap. J Tz. 4) zugelassen sind[169].

128 Zum anderen werden AG/SE erfasst, die (kumulativ) ausschließlich andere Wertpapiere als Aktien (z.B. Schuldverschreibungen) zum Handel an einem **organisierten Markt** i.S.d. § 2 Abs. 5 WpHG a.F.[170] (vgl. Kap. J Tz. 4) ausgegeben haben **und** deren ausgegebene Aktien auf **eigene Veranlassung** über ein **multilaterales Handelssystem** i.S.d. § 2 Abs. 3 S. 1 Nr. 8 WpHG a.F.[171] innerhalb des EU/EWR-Raums gehandelt werden[172]. Als „multilaterales Handelssystem" wird in Deutschland der **Freiverkehr** i.S.d. § 48 BörsG erfasst[173]. Die einschränkende Tatbestandsvoraussetzung „auf eigene Veranlassung" ist geboten, da die Zustimmung oder Kenntnis der AG/SE für eine Notierung der Aktien im Freiverkehr nicht zwingend erforderlich ist[174].

---

168 Vgl. DRS 20.305.
169 Vgl. Begr. RegE BilMoG, BT-Drs. 16/10067, S. 77.
170 Nach der Änderung des WpHG durch Art. 3 des 2. FiMaNoG ist der organisierte Markt in § 2 Abs. 11 *WpHG* definiert.
171 § 2 Abs. 8 S. 1 Nr. 8 WpHG nach der Änderung durch Art. 3 des 2. FiMaNoG.
172 Vgl. Begr. RegE BilMoG, BT-Drs. 16/10067, S. 77 und S. 104.
173 Vgl. Begr. RegE BilMoG, BT-Drs. 16/10067, 77; *Gelhausen/Fey/Kämpfer*, BilMoG, Kap. P Rn. 6.
174 Vgl. *Gelhausen/Fey/Kämpfer*, BilMoG, Kap. P Rn. 7.

§ 289f Abs. 3 HGB stellt klar, dass Abs. 1 und 2 auch auf **börsennotierte KGaA** Anwendung finden[175], nach Sinn und Zweck der Klarstellung des Weiteren auch auf KGaA, die anderweitig „kapitalmarktorientiert" i.S.d. § 289f Abs. 1 HGB sind.

129

4.6.1.2 Angaben zur Frauenquote und zum Mindestanteil (§ 289f Abs. 2 Nr. 4 und 5, Abs. 4 HGB)

Gem. § 289f Abs. 2 Nr. 4 HGB haben **börsennotierte AG/SE** bestimmte Angaben zur Frauenquote im AR, im Vorstand und in den beiden Führungsebenen unterhalb des Vorstands in die Erklärung zur Unternehmensführung aufzunehmen. Entsprechendes gilt für die **KGaA** (§ 289f Abs. 3 HGB). Zur Börsennotierung vgl. Kap. J Tz. 8.

130

Angaben zur Frauenquote haben gem. § 289f Abs. 4 HGB auch Unternehmen zu machen, die nach Abs. 1 nicht in den Anwendungsbereich der Erklärung zur Unternehmensführung fallen. Diese müssen aber nur eine „partielle" Erklärung abgeben, die ausschließlich die Angaben nach § 289f Abs. 2 Nr. 4 HGB enthält. Hiervon betroffen sind Unternehmen, die durch das FührposGleichberG[176] verpflichtet sind, Zielgrößen für den Frauenanteil und Fristen für deren Erreichung festzulegen, insb. **nicht-börsennotierte AG/KGaA/SE und GmbH, die der Mitbestimmung unterliegen** (§§ 76 Abs. 4, 111 Abs. 5, 278 Abs. 3 AktG, §§ 36, 52 Abs. 2 GmbHG)[177]. Dies gilt auch, wenn es sich um eine **kleine KapGes.** handelt, die nicht zur Aufstellung eines LB verpflichtet ist (§ 264 Abs. 1 S. 4 HGB)[178].

131

> **Hinweis 5:**
>
> Es ist nicht explizit geregelt, ob mitbestimmte Tochter-KapGes., die von den **Befreiungsmöglichkeiten des § 264 Abs. 3 HGB** Gebrauch machen und zulässigerweise auf die **Aufstellung eines LB verzichten**, in den Anwendungsbereich des § 289a Abs. 4 HGB fallen. Dafür spricht, dass die Regelung in § 289f Abs. 4 S. 2 HGB nach Sinn und Zweck als Auffangvorschrift für all jene mitbestimmten Unternehmen dient, die keinen LB aufstellen bzw. offenlegen müssen. Dagegen spricht, dass gem. § 264 Abs. 3 HGB eine Tochter-KapGes. bei Erfüllung aller Voraussetzungen die ergänzenden Vorschriften für KapGes. – und damit auch § 289f HGB – nicht anzuwenden braucht. Vor diesem Hintergrund müssen nach § 264 Abs. 3 HGB von der Aufstellung eines LB befreite Tochter-KapGes. nicht zwingend Angaben zur Frauenquote machen[179].

Angaben zum sog. Mindestanteil im AR nach § 289f Abs. 2 Nr. 5 HGB sind von **AG/KGaA** zu machen, die **(kumulativ) börsennotiert** (vgl. Kap. J Tz. 8) sind und für die **das MitbestG, das Montan-MitbestG oder das MErgGBE** (nicht aber das DrittelbG) gilt (§ 96 Abs. 2 AktG). Gleiches gilt für börsennotierte Ges., die aus einer **grenzüberschreitenden Verschmelzung** hervorgegangen sind und bei denen nach dem Gesetz

132

---

175 Vgl. Begr. RegE FührposGleichberG, BT-Drs. 18/3784, S. 133.
176 Gesetz für die gleichberechtigte Teilhabe von Frauen und Männern an Führungspositionen in der Privatwirtschaft und im öffentlichen Dienst (FührposGleichberG) vom 24.04.2015 (BGBl. I S. 642), zuletzt geändert am 11.04.2017 (BGBl. I S. 802).
177 Hierunter fallen auch mitbestimmte VVaG und mitbestimmte eG; vgl. Beschlussempfehlung und Bericht des Ausschusses für Familie, Senioren, Frauen und Jugend, BT-Drs. 18/4227, S. 25. Vgl. auch *IDW PH 9.350.1*, Tz. 2 f.
178 Vgl. Begr. RegE FührposGleichberG, BT-Drs. 18/3784, S. 133.
179 So auch *Grottel*, in: BeBiKo[11], § 289f, Rn. 21.

über die Mitbestimmung der Arbeitnehmer bei einer grenzüberschreitenden Verschmelzung das Aufsichts- oder Verwaltungsorgan aus derselben Zahl von Anteilseigner- und Arbeitnehmervertretern besteht (§ 96 Abs. 3 AktG). In den Anwendungsbereich fallen auch **börsennotierte und mitbestimmte SE**, wenn der AR bzw. der Verwaltungsrat zu gleichen Anteilen mit Anteilseignern und Arbeitnehmern besetzt ist (§§ 17 Abs. 2, 24 Abs. 3 SEAG).

4.6.1.3 Angaben zur Diversität (§ 289f Abs. 2 Nr. 6, Abs. 5 HGB)

133 Angaben zur Diversität nach § 289f Abs. 2 Nr. 6 und Abs. 5 HGB sind von **Unternehmen i.S.d. Abs. 1 bzw. Abs. 3** (vgl. Kap. J Tz. 127) zu machen, welche zugleich die Größenkriterien des § 267 Abs. 3 S. 1 und Abs. 4 bis Abs. 5 HGB erfüllen. Die betreffenden Unternehmen müssen demnach tatsächlich **groß i.S.d. § 267 Abs. 3 HGB** sein, weil die Fiktion des § 267 Abs. 3 S. 2 HGB nicht greift (zu den Größenkriterien vgl. Kap. F Tz. 281 ff.).

4.6.2 Verpflichteter Personenkreis

134 Die Pflicht zur Abgabe der Erklärung zur Unternehmensführung trifft nach h.M. allein den **Vorstand** der AG und damit im Gegensatz zur Erklärung nach § 161 AktG nicht Vorstand und AR gemeinsam[180].

Die Kompetenzzuweisung an den Vorstand ändert allerdings nichts daran, dass eine interne Abstimmung mit dem **AR** sinnvoll und wünschenswert ist. Insb. die Erklärungsinhalte nach § 289f Abs. 2 Nr. 3 bis Nr. 5 HGB können nur unter Einbeziehung der dem AR zur Verfügung stehenden Informationen sachgerecht aufbereitet werden, so dass sich der Vorstand die erforderlichen Informationen beim AR zu beschaffen hat; dieser ist zur Mitwirkung verpflichtet. Darüber hinaus hat der AR sich i.R.d. gesetzlich vorgeschriebenen Prüfung des LB (§ 171 Abs. 1 S. 1 AktG) auch mit der Erklärung zur Unternehmensführung inhaltlich auseinanderzusetzen[181]. Dies gilt auch, wenn die Erklärung auf der Internetseite der Ges. öffentlich zugänglich gemacht wird. Vor diesem Hintergrund ist es auch zulässig, wenn die Erklärung zur Unternehmensführung durch **beide Organe gemeinsam** abgegeben wird.

4.6.3 Ort und Form der Erklärung

135 Nach § 289f Abs. 1 S. 1 HGB ist die Erklärung zur Unternehmensführung grds. in den **Lagebericht** aufzunehmen. Bei Zusammenfassung von LB und KLB gem. § 315 Abs. 5 HGB ist die Erklärung zur Unternehmensführung Bestandteil des zusammengefassten LB. Für die Erklärung ist im LB ein **gesonderter Abschnitt** vorzusehen, in dem der Erklärungsinhalt in **geschlossener Form** wiedergegeben wird. Im Sinne der Systematik des DRS 20 zur Untergliederung des LB in inhaltlich abgegrenzte Abschn. (vgl. DRS 20.25) sollte die Erklärung auf dieselbe (Haupt-)Berichtsebene wie z.B. der Wirtschaftsbericht und der Risiko-/Chancenbericht gestellt werden.

136 Als Alternative gestattet § 289f Abs. 1 S. 2 HGB, die Erklärung auf der **Internetseite** der Ges. **öffentlich zugänglich** zu machen. In diesem Fall ist nach § 289f Abs. 1 S. 3 HGB in den LB eine **Bezugnahme** auf die Internetseite der Ges. aufzunehmen, auf der sich die

---

180 So z.B. *Böcking/Eibelshäuser*, Der Konzern 2009, S. 563 (567); *Gelhausen/Fey/Kämpfer*, BilMoG, Kap. P Rn. 20; *Kleindiek*, in: MünchKomm. BilR, § 289a, Rn. 9 m.w.N.; *Grottel*, in: BeBiKo[11], § 289f, Rn. 35.
181 Vgl. *Gelhausen/Fey/Kämpfer*, BilMoG, Kap. P Rn. 21 f.

Erklärung findet. Auch wenn das Gesetz im Unterschied zur Regelung in § 161 Abs. 2 AktG eine „dauerhafte" Zugänglichmachung nicht ausdrücklich vorschreibt, genügt auch für die Erklärung zur Unternehmensführung eine nur vorübergehende, kurzfristige Veröffentlichung auf der Internetseite nicht. Vielmehr muss die Ges. die Erklärung auf ihrer Internetseite so lange **zugänglich halten**, bis diese durch die Abgabe der Folgeerklärung überholt ist[182]. Wird so verfahren, ist die Pflicht nach § 161 Abs. 2 AktG gleichzeitig mit erfüllt[183].

> **Praxistipp 5:**
>
> Zulässig ist es auch, die Erklärung zur Unternehmensführung zum Zweck der Informationsbündelung in den **Corporate-Governance-Bericht** i.S.d. Ziff. 3.10 des DCGK zu integrieren, wenn in dem Corporate-Governance-Bericht ein gesonderter Abschn. mit dem Inhalt der Erklärung zur Unternehmensführung aufgenommen und als solche bezeichnet wird. Im LB ist dann auf die Fundstelle des entspr. Berichtsteils im Internet zu verweisen.

137 Ein **weiteres Gestaltungswahlrecht** hat der Gesetzgeber in § 289f Abs. 2 Nr. 3 zweiter Hs. HGB eingeräumt, um Doppelangaben zu vermeiden[184]. Hiernach kann (ausschließlich) für die Angaben nach § 289f Abs. 2 Nr. 3 HGB auf einzelne Informationen verwiesen werden, die auf der Internetseite der Ges. bereits öffentlich zugänglich sind. Alle anderen Erklärungsbestandteile müssen immer mit vollem Text in der Erklärung zur Unternehmensführung enthalten sein. Dieses Gestaltungswahlrecht besteht sowohl für den Fall der Aufnahme der Erklärung zur Unternehmensführung in den LB als auch bei Wiedergabe der Erklärung auf der Internetseite.

138 Wird die Erklärung als Teil des LB abgegeben, ist wie auch beim LB selbst eine **gesonderte Unterzeichnung** nicht erforderlich[185]. Wird die Erklärung zur Unternehmensführung dagegen auf der Internetseite der Ges. öffentlich zugänglich gemacht, ist durch eine **Datumsangabe** kenntlich zu machen, welchen zeitlichen Stand die Erklärung hat. Des Weiteren ist der Vorstand als Urheber anzugeben. Wenn die Angaben in der Erklärung unterjährig aktualisiert werden, muss die Datumsangabe entspr. angepasst werden[186].

139 Die oben getroffenen Aussagen gelten nach § 289f Abs. 4 S. 1 HGB grds. auch für Unternehmen, die ausschließlich in den Anwendungsbereich des **§ 289f Abs. 4 HGB** fallen (vgl. Kap. J Tz. 131). Als Ort der Erklärung kommen damit auch hier nur der LB oder die Internetseite des jeweils in den Anwendungsbereich des § 289f Abs. 4 HGB fallenden Unternehmens in Betracht. Weitere Orte der Veröffentlichung (z.B. Internetseite des MU) sieht das Gesetz nicht vor; sie sind deshalb grds. unzulässig.

140 Einen Sonderfall stellen solche **Unternehmen** dar, die zulässigerweise **keinen LB offenlegen**. Diese haben die Erklärung mit den Festlegungen und Angaben nach § 289f Abs. 2

---

182 Vgl. *Gelhausen/Fey/Kämpfer*, BilMoG, Kap. P Rn. 15. Zur Zulässigkeit eines unterjährigen Relaunchs der Internetseite vgl. *Kleindiek*, in: MünchKomm. BilR, § 289a, Rn. 15.
183 Vgl. *Hüffer/Koch*, AktG[12], § 161, Rn. 24a.
184 Vgl. Beschlussempfehlung des Rechtsausschusses zum BilMoG, BT-Drs. 16/12407, S. 89.
185 Vgl. *Gelhausen/Fey/Kämpfer*, BilMoG, Kap. P Rn. 24.
186 Vgl. *Böcking/Eibelshäuser*, Der Konzern 2009, S. 563 (568); *Gelhausen/Fey/Kämpfer*, BilMoG, Kap. P Rn. 26.

Nr. 4 HGB auf ihrer Internetseite öffentlich zugänglich zu machen (§ 289f Abs. 4 S. 2 HGB). Alternativ können sie diese Pflicht durch die (freiwillige) Offenlegung eines LB, welcher die Erklärung enthalten muss, erfüllen (§ 289f Abs. 4 S. 3 HGB). Erfasst werden damit zum einen kleine KapGes. (vgl. Kap. F Tz. 1423), zum anderen TU, die nach § 264 Abs. 3 HGB von der Offenlegung eines LB befreit sind (vgl. Kap. F Tz. 255 ff.). Etwas anderes gilt für TU, die nach § 264 Abs. 3 HGB auch von der Aufstellung eines LB befreit sind (vgl. Kap. J Tz. 131).

4.6.4 Zeitpunkt der Abgabe der Erklärung

141 Bei Aufnahme der Erklärung in den LB geht die Abgabe der Erklärung zeitlich mit der Aufstellung des LB durch den Vorstand einher. Der Zeitpunkt der Abgabe der Erklärung bestimmt sich mithin nach dem Zeitpunkt der Aufstellung des LB. Da hierfür keine besonderen Vorschriften bestehen, kommt es auf den **Zeitpunkt der endgültigen Aufstellung des JA** an.

142 Gleiches gilt im Ergebnis für den Fall, dass die Erklärung insgesamt oder die Angaben nach § 289f Abs. 2 Nr. 3 HGB gesondert auf der Internetseite zugänglich gemacht werden. Zwar enthält das Gesetz keine ausdrücklichen zeitlichen Vorgaben. Mittelbar ergibt sich eine zeitliche Festlegung jedoch daraus, dass die Einstellung auf der Internetseite befreiende Wirkung für die Aufnahme der Erklärung zur Unternehmensführung in den LB selbst haben soll. Da hierfür die konkrete Verweisung auf die Internetseite im LB anzugeben ist, muss die Einstellung ins Internet bereits zum **Zeitpunkt der endgültigen Aufstellung** des LB erfolgt sein. Hinzu kommt, dass nur dann AR und APr. prüfen können, ob die Befreiungswirkung kraft Verweisung tatsächlich gegeben und der LB damit vollständig ist[187].

143 Die Angaben in der Erklärung müssen im **Zeitpunkt der Aufstellung des Lageberichts aktuell** sein. Da das Gesetz die Erklärung zur Unternehmensführung als Teil der jährlichen Finanzberichterstattung vorschreibt, ergibt sich, dass die Erklärung jährlich zu aktualisieren ist. Dies gilt unabhängig davon, ob diese in den LB aufgenommen oder auf der Internetseite der Ges. eingestellt wird[188]. Eine Pflicht zur **unterjährigen Aktualisierung** der Erklärung zur Unternehmensführung besteht nicht. Etwas anderes gilt nur für die in die Erklärung aufzunehmende Entsprechenserklärung nach § 161 AktG, für die nach h.M. z.B. bei geänderten Umsetzungsabsichten eine Pflicht zur unterjährigen Aktualisierung besteht[189]. Wie bei anderen nicht geschäftsjahresbezogenen Angaben in Anh. und LB auch sind die Erklärungen nach § 289f Abs. 2 Nr. 2 bis 6 HGB auf den aktuellen Stand bei Abgabe der Erklärung zu beziehen.

144 Eine **freiwillige Aktualisierung** der Angaben in den auf der Internetseite eingestellten gesonderten Unterlagen ist während des laufenden GJ zulässig. Eine Änderung des LB (Verweisung auf die Internetseite) ist hierin nicht zu sehen, so dass die besonderen Anforderungen an die Änderung des LB[190] (u.a. Nachtragsprüfung und erneute Vorlage)

---

187 Vgl. *Gelhausen/Fey/Kämpfer*, BilMoG, Kap. P Rn. 30.
188 Vgl. *Gelhausen/Fey/Kämpfer*, BilMoG, Kap. P Rn. 31.
189 Vgl. *Grottel* in: BeBiKo[11], § 289f, Rn. 52 m.w.N.
190 Vgl. ADS[6], § 289 HGB, Tz. 52; zur Nachtragsprüfung ADS[6], § 316 HGB, Tz. 65.

nicht eingehalten werden müssen[191]. Im Fall der unterjährigen Aktualisierung ist jedoch eine Anpassung der Datumsangabe der Erklärung erforderlich.

4.6.5 Erklärungsinhalt

4.6.5.1 Entsprechenserklärung nach § 161 AktG (§ 289f Abs. 2 Nr. 1 HGB)

Die Entsprechenserklärung nach § 161 AktG ist mit **vollem Wortlaut** in die Erklärung zur Unternehmensführung aufzunehmen. Die Entsprechenserklärung wird damit zu einem Teil des LB, wenn die Erklärung zur Unternehmensführung in den LB aufgenommen wird[192]. Auch bei Aufnahme in den LB bleibt die Entsprechenserklärung ein **gesondertes Informationsinstrument**, das von Vorstand und AR in den dafür vorgeschriebenen Verfahren aufgestellt und beschlossen wird. Dies schließt ihre Veröffentlichung auf der Internetseite nach § 161 Abs. 2 AktG mit ein. Nicht zulässig ist es in diesem Zusammenhang, auf die Wiedergabe der Entsprechenserklärung im Wortlaut zu verzichten und im LB (nur) insoweit auf die Internetseite zu verweisen.

145

> **Praxistipp 6:**
> Die Entsprechenserklärung nach § 161 AktG darf auch – mit vollem Wortlaut – in die Erklärung zur Unternehmensführung aufgenommen werden, die gem. § 289f Abs. 1 S. 2 HGB auf der **Internetseite** der Ges. zugänglich gemacht wird. Wird so verfahren, ist die Pflicht nach § 161 Abs. 2 AktG gleichzeitig mit erfüllt.

4.6.5.2 Angaben zu Unternehmensführungspraktiken (§ 289f Abs. 2 Nr. 2 HGB)

Weiterer Pflichtbestandteil der Erklärung zur Unternehmensführung sind Angaben zu **Unternehmensführungspraktiken**, die über die gesetzlichen Anforderungen hinaus angewendet werden. Entspr. Angaben sind jedoch nur dann zu machen, wenn das Unternehmen besondere Unternehmensführungspraktiken **auch tatsächlich anwendet**[193]. Andernfalls ist zwar eine **Fehlanzeige** nicht gesetzlich vorgeschrieben, jedoch empfehlenswert, um die Vollständigkeit der Erklärung nach § 289f HGB zu dokumentieren.

146

Der Begriff „Unternehmensführungspraktiken" wird im Gesetz nicht erläutert und ist auch sonst nicht allgemein gebräuchlich. Da nur solche Praktiken angabepflichtig sind, die über die Anforderungen des deutschen Rechts hinaus angewendet werden, werden **die gesetzlichen Vorschriften** zur Corporate Governance von der Berichtspflicht nicht erfasst[194]. Ebenfalls nicht hierzu gehört eine Darstellung der Unternehmensorganisation[195], der angewendeten Führungsprinzipien oder das nach § 91 Abs. 2 AktG verpflichtend einzurichtende Risikofrüherkennungssystem.

147

---

191 Vgl. *Böcking/Eibelshäuser*, Der Konzern 2009, S. 563 (571); *Gelhausen/Fey/Kämpfer*, BilMoG, Kap. P Rn. 32.
192 Vgl. *Lange*, in: MünchKomm. HGB³, § 289a, Rn. 8.
193 Vgl. *Gelhausen/Fey/Kämpfer*, BilMoG, Kap. P Rn. 44.
194 Vgl. *Gelhausen/Fey/Kämpfer*, BilMoG, Kap. P Rn. 51.
195 Vgl. *Böcking/Eibelshäuser*, Der Konzern 2009, S. 563 (569).

> **Beispiel 9:**
>
> Beispiele für angabepflichtige Unternehmensführungspraktiken sind unternehmensweit gültige ethische Standards sowie Arbeits- und Sozialstandards[196]. Hierzu gehören auch Compliance-Richtlinien, die über gesetzliche Anforderungen hinausgehende Verhaltensanweisungen enthalten[197]. Darüber hinaus fallen hierunter unternehmensinterne Richtlinien zu den Anforderungen an Mitglieder von Unternehmensorganen und Ausschüssen im Hinblick auf deren Qualifikation und Unabhängigkeit sowie die im DCGK enthaltenen Anregungen[198] sowie Richtlinien zur Nachhaltigkeit[199].

148 Zudem wird der Umfang der Erklärungspflicht durch das **Erfordernis der Relevanz** der Angaben erheblich eingeschränkt. Es ist daher nur über wesentliche Unternehmensführungspraktiken zu berichten, die für das gesamte Unternehmen von einer gewissen Bedeutung sind. Bei der Beurteilung der Relevanz der Angaben besteht für den Vorstand ein nicht unerheblicher Ermessensspielraum.

149 In die Erklärung zur Unternehmensführung muss nach § 289f Abs. 2 Nr. 2 HGB ein **Hinweis** darauf aufgenommen werden, wo die Angaben zu den angewendeten Unternehmensführungspraktiken **öffentlich zugänglich** sind. Das Gesetz lässt es damit zu, bei Anwendung umfangreicherer Kodizes o.Ä. diese nicht in die Erklärung selbst aufzunehmen, sondern auf deren Fundstelle zu verweisen. Soweit ein Quellenverweis nicht gemacht wird, sind die Grundsätze in der Erklärung darzustellen[200].

4.6.5.3 Angaben zur Arbeitsweise von Vorstand und AR und zur Zusammensetzung und Arbeitsweise von Ausschüssen dieser Organe (§ 289f Abs. 2 Nr. 3 HGB)

150 Hinsichtlich der Beschreibung der **Arbeitsweise des AR** und seiner Ausschüsse hat der Gesetzgeber auf die Empfehlungen der EU-Kommission zu den Aufgaben des AR verwiesen[201]. Diese sehen neben der Bildung spezialisierter Ausschüsse insb. eine Darstellung der Ergebnisse einer jährlichen Selbstbeurteilung des AR, die sich mit dessen Organisation und Arbeitsweise sowie der Kompetenz und Leistung einzelner AR-Mitglieder befassen soll, und der hieraus gezogenen Konsequenzen vor. Für die Beschreibung der **Arbeitsweise** des **Vorstands** gibt es keine entspr. Vorgaben. Hier kommen insb. Angaben zur praktischen Arbeitsweise des Vorstands im Sinne einer „technischen" Verfahrensbeschreibung in Betracht[202].

151 Zur Darstellung der **Arbeitsweise** von **Ausschüssen** kommen z.B. Ausführungen zu den Zielen, Aufgaben, Entscheidungskompetenzen und zur Anzahl der Sitzungen des jeweiligen Ausschusses in Betracht[203]. Es ist nicht erforderlich, in der Erklärung die geltenden

---

196 Vgl. Begr. RegE BilMoG, BT-Drs. 16/10067, S. 78.
197 Vgl. *Böcking/Eibelshäuser*, Der Konzern 2009, S. 563 (569).
198 Vgl. *Grottel*, in: BeBiKo[11], § 289f, Rn. 66.
199 Vgl. DRS 20.K229.
200 Vgl. *Gelhausen/Fey/Kämpfer*, BilMoG, Kap. P Rn. 54.
201 Vgl. Begr. RegE BilMoG, BT-Drs. 16/10067, 78, mit Verweis auf Abl. Nr. L 52 v. 25.02.2005, S. 51 ff.
202 Vgl. *Gelhausen/Fey/Kämpfer*, BilMoG, Kap. P Rn. 62.
203 Vgl. DRS 20.K230.

gesetzlichen Vorschriften des AktG zu wiederholen, die die Arbeitsweise von Vorstand und AR regeln.

> **Beispiel 10:**
>
> Die Angaben können sich auf relevante Regelungen der Satzung und insb. der **Geschäftsordnung** für AR und Vorstand beziehen, ferner auf Vorgaben und Richtlinien zur inneren Ordnung von Vorstand und AR, die Ressortzuständigkeiten bzw. besonderen Aufgabenbereiche einzelner Organmitglieder oder Ausschüsse, das interne Informationsmanagement, interne Konsultationspflichten, Umgang mit Interessenkonflikten oder den Sitzungsturnus von Vorstand und AR bzw. der Ausschüsse. Soweit auf Geschäftsordnungen o.Ä. Bezug genommen wird, muss deren Inhalt in der Erklärung dargestellt werden, wenn nicht die Geschäftsordnung selbst im Internet zugänglich gemacht und hierauf verwiesen wird.

Anzugeben ist, welche Ausschüsse mit welchen Zuständigkeiten vom Vorstand und insb. vom AR gebildet wurden; wer den Vorsitz sowie dessen Stellvertretung innehat und wer die übrigen Mitglieder sind unter Angabe von Vor- und Nachnamen der Mitglieder sowie dem ausgeübten Beruf (**Zusammensetzung der Ausschüsse**)[204]. Zudem werden weitere Angaben zur Person der einzelnen Ausschussmitglieder empfohlen, wie z.B. die Mitgliedschaft in anderen AR[205]. **152**

Um **Doppelangaben** zu vermeiden, darf in Ausnutzung des Gestaltungswahlrechts gem. § 289f Abs. 2 Nr. 3 HGB (vgl. Kap. J Tz. 137) auf andere Dokumente verwiesen werden, soweit diese auf der Internetseite des Unternehmens öffentlich zugänglich gemacht werden und rechtzeitig vorliegen. In Betracht kommen die Geschäftsordnungen für Vorstand und AR sowie der Bericht des AR nach § 171 Abs. 2 AktG. **153**

4.6.5.4 Zielgrößen und -fristen für den Frauenanteil (§ 289f Abs. 2 Nr. 4, Abs. 4 HGB)

Gem. § 289f Abs. 2 Nr. 4 HGB müssen börsennotierte KapGes. (zum Anwendungsbereich vgl. Kap. J Tz. 130), die nach §§ 76 Abs. 4, 111 Abs. 5 AktG verpflichtet sind, Zielgrößen und -fristen für den Frauenanteil im AR, im Vorstand und in den beiden Führungsebenen unterhalb des Vorstands festzulegen, in ihre Erklärung zur Unternehmensführung diese festgelegten Zielgrößen und -fristen sowie nach Ablauf der Fristen bestimmte Informationen zur Zielerreichung aufnehmen. Die Pflicht zur Festlegung von Frauenquoten ergibt sich damit aus den Regelungen der §§ 76 Abs. 4, 111 Abs. 5 AktG, während § 289f Abs. 2 Nr. 4 HGB den Umfang der **Berichterstattung über diese Festlegungen** regelt. **154**

Anzugeben sind zum einen „die Festlegungen" nach §§ 76 Abs. 4, 111 Abs. 5 AktG[206]. Danach legt der Vorstand für den Frauenanteil in den beiden Führungsebenen unterhalb des Vorstands Zielgrößen sowie Fristen von max. 5 Jahren zu ihrer Erreichung fest, während der AR für den Frauenanteil im AR und im Vorstand Zielgrößen sowie Fristen **155**

---

204 Vgl. DRS 20.K230.
205 Vgl. *Grottel*, in: BeBiKo[11], § 289f, Rn. 74.
206 Die vorzunehmenden Festlegungen werfen zahlreiche Anwendungsfragen auf. Hierzu ausführlich *Fromholzer/Simons*, AG 2015, S. 457; *Röder/Arnold*, NZA 2015, S. 1281.

von ebenfalls max. 5 Jahren zu ihrer Erreichung festlegt[207]. Eine Zusammenbetrachtung beider Führungsebenen unterhalb des Vorstands ist nicht zulässig[208], so dass in der Erklärung zur Unternehmensführung für den AR, für den Vorstand und für die beiden Führungsebenen unterhalb des Vorstands **jeweils eine Zielgröße** anzugeben ist (keine Mischquoten). Gleiches gilt für die Fristen zur Zielerreichung, wobei es zulässig ist, dieselbe Frist für alle vier Zielgrößen festzulegen.

156 Unternehmen, die in den Anwendungsbereich des § 289f Abs. 2 Nr. 5 HGB fallen (vgl. Kap. J Tz. 132), sind nach § 111 Abs. 5 S. 5 AktG von der Festlegung von Zielgrößen für den Frauenanteil im AR befreit. Sie müssen stattdessen Angaben zum **Mindestanteil** machen.

157 In der Praxis bestehen nicht bei allen Unternehmen zwei **Führungsebenen unterhalb des Vorstands**, so dass in diesem Fall die Verpflichtung zur Festlegung von Zielgrößen und -fristen für die nicht vorhandene(n) Ebene(n) entfällt[209]. Es empfiehlt sich, in solchen Fällen eine entspr. Erl. in die Erklärung zur Unternehmensführung aufzunehmen, um die Vollständigkeit der Erklärung nach § 289a HGB zu dokumentieren[210]. Eine Beschreibung der Führungsebenen unterhalb des Vorstands ist nicht verpflichtend[211].

158 Des Weiteren ist anzugeben, ob die festgelegten Zielgrößen erreicht worden sind; wenn nicht, sind die Gründe dafür anzugeben. Diese Angaben sind erst **nach Ablauf der definierten Frist(en)** vorzunehmen[212].

> **! Hinweis 6:**
> § 289f HGB enthält keine Vorgaben, wie Unternehmen ihre Berichtspflichten für den Fall der **Nichterreichung von Zielgrößen** auszufüllen haben. Es ist jedoch nachvollziehbar darzulegen, was zur Zielerreichung unternommen wurde und weshalb die Maßnahmen keinen Erfolg hatten[213].

159 Für Unternehmen, die in den Anwendungsbereich des **§ 289f Abs. 4 HGB** fallen (vgl. Kap. J Tz. 131), ergeben sich bzgl. des Inhalts der Erklärung keine Besonderheiten. Auch für diese Unternehmen ergibt sich die Pflicht zur Festlegung von Frauenquoten aus den jeweiligen Regelungen des AktG (ggf. i.V.m. dem VAG) bzw. GmbHG oder GenG, während § 289f Abs. 4 i.V.m. Abs. 2 Nr. 4 HGB den Umfang der Berichterstattung über diese Festlegungen regelt. Insofern kann auf die obigen Aussagen verwiesen werden.

---

207 Zu Besonderheiten bei der KGaA aufgrund der fehlenden Personalkompetenz des AR für die Geschäftsführung vgl. Beschlussempfehlung und Bericht des Ausschusses für Familie, Senioren, Frauen und Jugend, BT-Drs. 18/4227, S. 22.
208 Vgl. *Fromholzer/Simons*, AG 2015, S. 457 (463 f.).
209 Vgl. *Fromholzer/Simons*, AG 2015, S. 457 (463).
210 Vgl. Beschlussempfehlung und Bericht des Ausschusses für Familie, Senioren, Frauen und Jugend, BT-Drs. 18/4227, S. 22 (Pflicht für eine entspr. Angabe).
211 Vgl. DRS 20.K231b.
212 Vgl. Beschlussempfehlung und Bericht des Ausschusses für Familie, Senioren, Frauen und Jugend, BT-Drs. 18/4227, S. 26.
213 Vgl. Begr. RegE FührposGleichberG BT-Drs. 18/3784, S. 120.

4.6.5.5 Angaben zum Mindestanteil im Aufsichtsrat (§ 289f Abs. 2 Nr. 5 HGB)

160 Gem. § 289f Abs. 2 Nr. 5 HGB müssen börsennotierte und (gleichzeitig) paritätisch mitbestimmte KapGes. (vgl. Kap. J Tz. 132) angeben, ob sie bei der Besetzung des AR mit Frauen und Männern jeweils **Mindestanteile** im Bezugszeitraum eingehalten haben, und wenn nicht, die Gründe hierfür nennen. Die Pflicht zur Einhaltung von Mindestanteilen bei der Besetzung des AR ergibt sich aus den Regelungen des § 96 Abs. 2 und 3 AktG bzw. der §§ 17 Abs. 2, 24 Abs. 3 SEAG, während § 289f Abs. 2 Nr. 5 HGB den **Umfang der Berichterstattung** hierüber regelt. Demnach besteht für die genannten KapGes. eine Pflicht zur Einhaltung eines Mindestanteils von 30% Frauen und 30% Männern bei der Zusammensetzung ihres AR[214].

161 Der Gesetzeswortlaut könnte darauf schließen lassen, dass Angaben nach § 289f Abs. 2 Nr. 5 HGB nur erforderlich sind, wenn der Mindestanteil im Fall einer Neubesetzung oder Entsendung nicht beachtet wurde. Dies greift zu kurz. Nach der Begr. zum FührposGleichberG[215] umfasst die Berichtspflicht „die Angabe, ob die Mindestquote eingehalten wurde beziehungsweise die Angabe der Gründe für das Zurückbleiben hinter der Mindestquote. Die Quote gilt nur dann als eingehalten, wenn die gesetzlichen Vorgaben für die Mindestbesetzungen beider Bänke im AR objektiv gewahrt sind. Empfehlenswert ist die Angabe, wie viele Mitglieder jeden Geschlechts in dem AR auf jeder Bank vertreten sind." Demnach ist anzugeben, **ob der Mindestanteil** von jeweils 30% **eingehalten** wurde, und ggf. zusätzlich die **Gründe** für eine Nichteinhaltung[216].

4.6.5.6 Angaben zum Diversitätskonzept für Vorstand und Aufsichtsrat (§ 289f Abs. 2 Nr. 6, Abs. 5 HGB)

162 Die durch das CSR-RLUG eingeführten Berichtspflichten sehen für die betroffenen Unternehmen (vgl. Kap. J Tz. 133) vor, dass das **Diversitätskonzept**, das im Hinblick auf die Zusammensetzung des vertretungsberechtigten Organs und des AR verfolgt wird, sowie die **Ziele** dieses Diversitätskonzepts, die Art und Weise seiner **Umsetzung** und die im GJ erreichten **Ergebnisse** zu beschreiben sind. Wird kein Diversitätskonzept verfolgt, ist dies unter Angabe der Gründe zu erläutern (**Comply-or-Explain-Ansatz** gem. § 289f Abs. 5 HGB).

163 Die Beschreibung des Diversitätskonzepts kann anhand von Merkmalen wie bspw. Alter, Geschlecht, Nationalität, Bildungs- oder Berufshintergrund erfolgen[217]. Bei der Darstellung der Ziele ist auf deren Ausmaß und Zeitbezug einzugehen, wenn diese intern festgelegt werden[218]. Die Angaben zu Art und Weise der Umsetzung des Diversitätskonzepts können z.B. eine Beschreibung der Prozesse zur Zielerreichung enthalten[219]. Im Rahmen der jährlich erforderlichen Angabe zu den im GJ erreichten Ergebnissen ist auch anzugeben, wenn ein Konzept zu keinem Ergebnis geführt hat[220].

---

214 Vgl. ausführlich *Grottel*, in: BeBiKo[11], § 289f, Rn. 90.
215 Vgl. Begr. RegE FührposGleichberG, BT-Drs. 18/3784, S. 133.
216 Vgl. *Grottel*, in: BeBiKo[11], § 289f, Rn. 92; DRS 20.K231c.
217 Für weitere Merkmale vgl. *Grottel*, in: BeBiKo[11], § 289f, Rn. 109; vgl. zum KLB DRS 20.K231g.
218 Vgl. zum KLB DRS 20.K231h; weiterführend *Grottel*, in: BeBiKo[11], § 289f, Rn. 107 ff.
219 Vgl. zum KLB DRS 20.K231i.
220 Vgl. zum KLB DRS 20.K231k.

4.7 Konzernerklärung zur Unternehmensführung (§ 315d HGB)

164 Nach § 315d HGB hat ein MU i.S.d. § 289f Abs. 1 oder Abs. 3 HGB für den Konzern eine Erklärung zur Unternehmensführung zu erstellen und als gesonderten Abschn. in den KLB aufzunehmen. Dabei ist § 289f HGB entspr. anzuwenden, so dass im Wesentlichen auf die Erl. zu § 289f HGB verwiesen werden kann (vgl. Kap. J Tz. 127 ff.). Zu weiteren Ausführungen vgl. auch DRS 20.K224 ff.[221]

165 Der **Anwendungsbereich** der Konzernerklärung zur Unternehmensführung ist auf MU i.S.d. § 289f Abs. 1 oder Abs. 3 HGB beschränkt, d.h. dass MU, die lediglich in den Anwendungsbereich des § 289f Abs. 4 HGB fallen, keine Erklärung zur Unternehmensführung für den Konzern zu erstellen haben. Erfüllt nur ein TU die Voraussetzungen des § 289f HGB, nicht aber das MU, erwächst daraus für das MU keine Verpflichtung nach § 315d HGB[222]. Der Anwendungsbereich hinsichtlich der Angaben zum Diversitätskonzept (vgl. Kap. J Tz. 162 f.) erstreckt sich nicht auf alle zur Erstellung einer Konzernerklärung zur Unternehmensführung verpflichtete MU, sondern ist aufgrund des Verweises auf § 289f Abs. 2 Nr. 6 HGB beschränkt. In der Konzernerklärung zur Unternehmensführung sind diese Angaben nur dann zu machen, wenn es sich um ein MU i.S.d. § 289f Abs. 1 oder Abs. 3 HGB handelt und zugleich das MU und die in den KA einzubeziehenden TU zusammen am Abschlussstichtag und am vorhergehenden Abschlussstichtag nicht die Voraussetzungen für eine größenabhängige Befreiung gem. § 293 Abs. 1 HGB erfüllen[223]. Für die Konzernerklärung ansonsten ist es unerheblich, ob das MU groß i.S.d. § 267 Abs. 3 S. 1 HGB ist (vgl. aber Kap. J Tz. 133).

166 **Fraglich** ist, ob die Erklärung zur Unternehmensführung eines MU nach § 289f HGB für die rechtliche Einheit und die des MU nach § 315d HGB für den Konzern inhaltlich **deckungsgleich** sind **oder voneinander abweichen**[224]. Bei einzelnen Angaben kann sich sachlogisch keine Abweichung ergeben, bspw. bei der Zusammensetzung des Vorstands oder den (unternehmensspezifischen) Angaben zum Frauenanteil. Bei anderen Angaben, bspw. zu den Unternehmensführungspraktiken des Einzelunternehmens, die ggf. von den konzernweiten Konzernführungspraktiken abweichen können, sind ggf. unterschiedliche Inhalte vorstellbar. Insgesamt sollten die beiden Erklärungen inhaltlich jedoch weitgehend übereinstimmen.

> **Praxistipp 7:**
>
> Vor diesem Hintergrund ist es zulässig, eine **gemeinsame Erklärung zur Unternehmensführung nach § 289f HGB und § 315d HGB** auf der Internetseite des MU öffentlich zugänglich zu machen und im LB bzw. KLB hierauf zu verweisen[225]. Für den Fall, dass die beiden Erklärungen inhaltlich voneinander abweichen, muss aber eindeutig erkennbar sein, welche Aussagen sich nur auf das MU und welche Aussagen sich auf den Konzern insgesamt beziehen. Dies gilt auch für den Fall der Zusammenfassung von LB und KLB nach § 315 Abs. 5 HGB.

---

[221] Zu Fragen der Prüfung der (Konzern-)Erklärung zur Unternehmensführung siehe Kap. L Tz. 1193 ff. sowie *IDW PS 350 n.F.*, Tz. 84.
[222] Vgl. Begr. RegE BilRUG, BT-Drs. 18/4050, S. 76; *Schäfer/Rimmelspacher*, DB 2015, Beil. 5, S. 57 (59).
[223] Vgl. DRS 20.K231d.
[224] Vgl. *Schäfer/Rimmelspacher*, DB 2015, Beil. 5, S. 57 (59 f.); *Grottel*, in: BeBiKo[11], § 315d, Rn. 15 ff.
[225] Vgl. *Schäfer/Rimmelspacher*, DB 2015, Beil. 5, S. 57 (60).

4.8 Weitere Vorschriften des DRS 20 für kapitalmarktorientierte Mutterunternehmen

167 DRS 20 unterscheidet nach Vorschriften für alle Konzerne und solchen, die nur im Fall einer Inanspruchnahme des Kapitalmarkts zu beachten sind (sog. K-Textziffern). Hierzu gehören über die in diesem Kapitel bereits genannten Vorschriften hinaus die Folgenden für kapitalmarktorientierte MU:

- Darstellung des im Konzern eingesetzten **Steuerungssystems** und Angabe der für die Konzernsteuerung verwendeten Kennzahlen (vgl. DRS 20.K45-K47)
- Darstellung der **Merkmale des konzernweiten Risiko- bzw. Chancenmanagementsystems** (vgl. DRS 20.K137-K145, .165).

168 DRS 20.K45 verlangt eine Darstellung des im Konzern eingesetzten Steuerungssystems und die Angabe der für die Konzernsteuerung verwendeten Kennzahlen inkl. ihrer Berechnung, wenn diese für den verständigen Adressaten nicht offensichtlich ist. Der Standard verpflichtet somit nicht zur Berichterstattung über bestimmte, vorgegebene Kennzahlen, sondern zu einer Berichterstattung unter Beachtung des Management-Approachs (DRS 20.31), indem er auf die **interne Steuerungsrelevanz der zu berichtenden Kennzahlen** abstellt.

> **Hinweis 7:**
> Eine Definition von interner Steuerungsrelevanz liefert DRS 20 nicht. Anhaltspunkte sind die regelmäßige interne Berichterstattung über die Kennzahlen an die Geschäftsführung, die Vergütungsrelevanz der Kennzahlen für die Geschäftsführung, die Ermittlung von Ziel- bzw. Prognosewerten für die Kennzahlen i.R. eines Budgetierungsprozesses und deren Verfolgung i.R. des Controllings (bspw. Abweichungsanalyse)[226].

Umfasst der KA eine SegBE und unterscheiden sich die zur Steuerung des Konzerns verwendeten Kennzahlen zwischen den Segmenten grundlegend, sind gem. DRS 20.K46 zusätzlich die **segmentspezifischen Kennzahlen** darzustellen. Weiterhin sind **Änderungen** des Steuerungssystems sowie Änderungen der Berechnung der Kennzahlen ggü. dem VJ gem. DRS 20.K47 – sofern sie wesentlich sind – darzustellen und zu erläutern.

169 Eine Gesamtdarstellung des im Konzern eingesetzten Steuerungssystems ist **vom Gesetz nicht gefordert**. In der Regel wird die nach § 315 Abs. 1 S. 3 und Abs. 3 HGB geforderte Darstellung und Erl. der bedeutsamsten finanziellen und nichtfinanziellen Leistungsindikatoren genügen, um den Berichtsadressaten einen ausreichenden Einblick in das Steuerungssystem zu geben. Dies setzt voraus, dass die finanziellen und nichtfinanziellen Leistungsindikatoren angemessen dargestellt werden.

170 DRS 20.K137 verlangt eine Darstellung des konzernweiten RMS[227], wobei auf die Ziele und die Strategie sowie auf die Strukturen und Prozesse des RMS einzugehen ist. Anzugeben ist auch, ob das RMS neben Risiken auch Chancen umfasst. DRS 20 liegt dabei ein weites Verständnis von Risikomanagement zugrunde, das die Identifikation, Bewertung, Kommunikation, Steuerung und Kontrolle von Risiken sowie die Überwachung dieser

---

[226] Vgl. Henckel/Rimmelspacher/Schäfer, Der Konzern 2014, S. 386 (391).
[227] Vgl. ausführlich Fink/Kajüter/Winkeljohann, S. 184 ff.

Prozessschritte umfasst[228]. Eine detaillierte Darstellung des RMS ist jedoch explizit nicht gefordert. Vielmehr sind – auch unter Berücksichtigung des Grundsatzes der Wesentlichkeit nach DRS 20.32 f. – nur solche Angaben erforderlich, die den verständigen Adressaten in die Lage versetzen, den **Umgang mit Risiken im Konzern** besser einschätzen zu können. Hierzu gehört auch die Angabe, ob und ggf. welche Risiken nicht erfasst bzw. vermieden werden (vgl. DRS 20.K140).

Anzugeben und ggf. zu erläutern sind weiterhin ein allgemein anerkanntes Rahmenkonzept, sofern das RMS auf einem solchen beruht, Veränderungen des RMS ggü. dem VJ und der Risikokonsolidierungskreis, sofern dieser vom Konsolidierungskreis des KA abweicht (vgl. DRS 20.K139 und .K142).

171 Eine Darstellung der Merkmale des konzernweiten Risiko- bzw. Chancenmanagementsystems ist **nicht vom Gesetz gefordert**. Die gesetzlich geforderte Berichterstattung über die einzelnen Chancen und Risiken nach § 315 Abs. 1 S. 4 HGB erzwingt keine Berichterstattung über das System der Erfassung der Chancen und Risiken. Eine Ausnahme bilden die Angaben zur Verwendung von FI nach § 315 Abs. 2 S. 1 Nr. 1 lit. a) HGB (vgl. Kap. F Tz. 1401) sowie die Angaben über das RMS bezogen auf den Konzernrechnungslegungsprozess nach § 315 Abs. 4 HGB (vgl. Kap. J Tz. 63 ff.).

5. Bilanzeid[229]

172 Gem. §§ 264 Abs. 2 S. 3, 289 Abs. 1 S. 5 HGB müssen die gesetzlichen Vertreter einer KapGes., die Inlandsemittent i.S.d. § 2 Abs. 14 WpHG und keine KapGes. i.S.d. § 327a HGB ist, bei der Unterzeichnung schriftlich versichern, dass nach bestem Wissen der JA ein den tatsächlichen Verhältnissen entspr. Bild der Vermögens-, Finanz- und Ertragslage der Ges. vermittelt oder der Anh. bestimmte Angaben enthält und dass nach bestem Wissen im LB der Geschäftsverlauf einschließlich des Geschäftsergebnisses und die Lage der Ges. so dargestellt sind, dass ein den tatsächlichen Verhältnissen entspr. Bild vermittelt wird, und dass die wesentlichen Chancen und Risiken der voraussichtlichen Entwicklung beschrieben sind (**Bilanzeid**). Gleiches gilt für den KA und den KLB nach §§ 297 Abs. 2 S. 4, 315 Abs. 1 S. 5 HGB, wobei in diesem Fall die Pflicht zur Abgabe der Erklärung die gesetzlichen Vertreter eines MU trifft, das Inlandsemittent i.S.d. § 2 Abs. 14 WpHG und keine KapGes. i.S.d. § 327a HGB ist. Auch Unternehmen, die ihren KA nach den IFRS aufstellen oder die befreiend einen IFRS-EA offenlegen, haben den Bilanzeid abzugeben (§§ 315e Abs. 1, 325 Abs. 2a HGB).

173 Der **Anwendungsbereich**[230] umfasst KapGes. sowie PersGes. i.S.d. § 264a Abs. 1 HGB, sofern es sich um Inlandsemittenten i.S.d. § 2 Abs. 14 WpHG handelt. Inlandsemittenten sind Emittenten,

- für die Deutschland der Herkunftsstaat ist (Herkunftsstaatsprinzip; § 2 Abs. 13 WpHG), es sei denn, die Wertpapiere dieser Emittenten sind nur in einem anderen EU- oder EWR-Staat zum Handel zugelassen und die Emittenten unterliegen dort

---

228 Vgl. DRS 20.K144, sowie *Fink/Kajüter/Winkeljohann*, S. 184 f.
229 Vgl. hierzu Kap. B Tz. 168 ff.
230 Vgl. ausführlich *Reiner*, in: MünchKomm. HGB³, § 264, Rn. 99 f.

Veröffentlichungs- und Mitteilungspflichten nach der Transparenzrichtlinie[231] (§ 2 Abs. 14 Nr. 1 WpHG) oder
- für die nicht Deutschland, sondern ein anderer EU- oder EWR-Staat Herkunftsstaat ist, deren Wertpapiere aber nur im Inland zum Handel an einem organisierten Markt zugelassen sind (§ 2 Abs. 14 Nr. 2 WpHG).

KapGes. i.S.d. § 327a HGB, d.h. solche, die ausschließlich Schuldtitel zum Handel an einem organisierten Markt (vgl. Kap. J Tz. 4 f.) mit einer Mindeststückelung von 100.000 € begeben, sind vom Anwendungsbereich ausgenommen.

Der Bilanzeid liegt in der **Gesamtverantwortung** der gesetzlichen Vertreter und ist von jedem Mitglied des Vertretungsorgans persönlich abzugeben (vgl. Kap. B Tz. 172 f.). Zum **Wissensvorbehalt** der gesetzlichen Vertreter vgl. Kap. B Tz. 174 f. 174

Bei der Formulierung des Bilanzeids empfiehlt sich, den im Gesetz vorgeschriebenen Wortlaut möglichst **wortgetreu** wiederzugeben. Dabei ist es zulässig, den Bilanzeid nach § 264 Abs. 2 S. 3 HGB mit dem nach § 289 Abs. 1 S. 5 HGB **zusammenzufassen**. Auch der Bilanzeid für den KA (§ 297 Abs. 2 S. 4 HGB) und für den KLB (§ 315 Abs. 1 S. 5 HGB) darf zusammengefasst werden. DRS 20.K308 f. enthalten Formulierungsvorschläge für eine separate Abgabe sowie für eine Zusammenfassung. 175

> **Hinweis 8:**
> Eine Anpassung der Formulierung des Bilanzeids im Hinblick auf die ggf. erforderliche Erweiterung des KLB um eine nichtfinanzielle Konzernberichterstattung (vgl. Kap. J Tz. 94 ff.) ist nicht erforderlich, weil sich der Bilanzeid in Bezug auf den KLB auf die Berichtspflichten nach § 315 Abs. 1 S. 1 und S. 4 HGB bezieht, nicht aber darüber hinaus. Gleiches gilt für den Bilanzeid in Bezug auf den LB[232].

---

231 Richtlinie 2004/109/EG zur Harmonisierung der Transparenzanforderungen vom 15.12.2004, Abl. EU Nr. L 390 v. 31.12.2004, S. 38.
232 Vgl. RegBegr. TUG, BT-Drs. 16/2498, S. 55.

Kapitel K

Überblick über die IFRS-Rechnungslegung

Verfasser:
WP StB Prof. Dr. Peter Wollmert, Stuttgart

Mitarbeit:
WP StB Dr. Stefan Bischof, Stuttgart
StB M.A. Dipl.-Bw. (FH) Sybille Bellert, Freiburg
WP Dr. Peter Lauer, Saarbrücken

K Überblick über die IFRS-Rechnungslegung

Inhalt	Tz.
1. Rechtliche Grundlagen zur Aufstellung des IFRS-Abschlusses	1
1.1 Anwendungsbereich der IFRS	1
1.2 Anzuwendende Vorschriften	6
1.3 IFRS für SMEs	9
2. Konzeption der IFRS-Rechnungslegung	13
2.1 Konzeption und Regelungshierarchie der IFRS-Normen	13
2.2 Zwecke und Grundprinzipien der IFRS-Rechnungslegung	18
2.3 Aufbau eines IFRS-Abschlusses	20
2.4 Bilanzierungsgrundsätze	40
2.4.1 Definition der Abschlussposten	40
2.4.2 Erfassungsgrundsätze	44
2.5 Bewertungsmaßstäbe und Fair Value (IFRS 13)	47
2.6 Fremdwährungsumrechnung (IAS 21)	56
2.7 Ereignisse nach der Berichtsperiode (IAS 10)	63
2.8 Rechnungslegungsmethoden, Änderungen von Schätzungen und Fehler (IAS 8)	67
2.9 Erstmalige Anwendung der IFRS (IFRS 1)	68
3. Bilanzierung wesentlicher Einzelposten	75
3.1 Immaterielle Vermögenswerte (IAS 38)	75
3.2 Sachanlagevermögen (IAS 16)	86
3.3 Zuwendungen der öffentlichen Hand (IAS 20)	95
3.4 Aktivierung von Fremdkapitalkosten (IAS 23)	101
3.5 Leasingverhältnisse (IFRS 16)	105
3.5.1 Bilanzierung beim Leasingnehmer	110
3.5.2 Bilanzierung beim Leasinggeber	115
3.5.3 Sale-and-Lease-back-Transaktionen	119
3.6 Als Finanzinvestition gehaltene Immobilien (IAS 40)	121
3.7 Wertminderung von Vermögenswerten (IAS 36)	128
3.7.1 Grundlagen und Anlässe	128
3.7.2 Erzielbarer Betrag und Buchwert	132
3.7.3 Wertminderung und Wertaufholung	137
3.7.4 Angaben	140
3.8 Vorräte (IAS 2)	141
3.9 Zur Veräußerung gehaltene langfristige Vermögenswerte und aufgegebene Geschäftsbereiche (IFRS 5)	148
3.10 Finanzinstrumente: Ansatz, Klassifizierung und Bewertung, Hedge Accounting (IFRS 9)	153
3.10.1 Anwendungsbereich und Definitionen	153
3.10.2 Ansatz und Ausbuchung	158
3.10.3 Klassifizierung und Zugangsbewertung	160
3.10.4 Folgebewertung	164
3.10.5 Wertminderung (Impairment)	166
3.10.6 Sicherungsgeschäfte (Hedge Accounting)	171
3.10.7 Angaben	178
3.11 Finanzinstrumente: Darstellung (IAS 32)	179
3.11.1 Anwendungsbereich und Definitionen	179

   3.11.2 Abgrenzung Fremdkapital vs. Eigenkapital 181
   3.11.3 Zusammengesetzte Finanzinstrumente 185
   3.11.4 Eigene Anteile 186
   3.11.5 Saldierung 188
   3.11.6 Angaben 189
  3.12 Leistungen an Arbeitnehmer (IAS 19) 190
   3.12.1 Anwendungsbereich und Arten 190
   3.12.2 Kurzfristig fällige Leistungen an Arbeitnehmer 192
   3.12.3 Leistungen nach Beendigung des Arbeitsverhältnisses 195
   3.12.4 Andere Leistungen an Arbeitnehmer 206
  3.13 Rückstellungen, Eventualschulden und Eventualforderungen (IAS 37) 208
   3.13.1 Anwendungsbereich und Definitionen 208
   3.13.2 Ansatz 211
   3.13.3 Bewertung 219
   3.13.4 Angaben 225
  3.14 Anteilsbasierte Vergütungen (IFRS 2) 227
  3.15 Umsatzerlöse (IFRS 15) 234
  3.16 Ertragsteuern (IAS 12) 248
4. Konzernspezifische Regelungen zur IFRS-Rechnungslegung 258
  4.1 Überblick 258
  4.2 Konzernabschlüsse (IFRS 10) 259
   4.2.1 Aufstellungspflicht und Abgrenzung des Konsolidierungskreises . 259
   4.2.2 Konzerneinheitliche Bilanzierung und Bewertung 264
   4.2.3 Konsolidierungsmaßnahmen 267
   4.2.4 Angaben 269
  4.3 Unternehmenszusammenschlüsse (IFRS 3) 271
   4.3.1 Anwendungsbereich und Abgrenzung 271
   4.3.2 Erwerbsmethode im Überblick 274
   4.3.3 Ansatz und Bewertung der übernommenen Vermögenswerte und
      Schulden 279
   4.3.4 Ansatz und Bewertung nicht beherrschender Anteile 285
   4.3.5 Übertragene Gegenleistung für den Unternehmenserwerb 288
   4.3.6 Ansatz und Bewertung eines Unterschiedsbetrags 291
   4.3.7 Folgebewertung 295
   4.3.8 Ausweis und Angaben 299
  4.4 Gemeinsame Vereinbarungen (IFRS 11) 301
   4.4.1 Anwendungsbereich 301
   4.4.2 Bilanzierung von gemeinschaftlichen Tätigkeiten 306
   4.4.3 Bilanzierung von Gemeinschaftsunternehmen 308
   4.4.4 Angaben 310
  4.5 Anteile an assoziierten Unternehmen und Gemeinschaftsunter-
     nehmen (IAS 28) 311
   4.5.1 Anwendungsbereich 311
   4.5.2 Equity-Methode 317
   4.5.3 Ausweis und Angaben 322
5. Besondere Angabepflichten 324
  5.1 Segmentberichterstattung (IFRS 8) 324

5.2 Ergebnis je Aktie (IAS 33)................................... 330
5.3 Angaben über Beziehungen zu nahe stehenden Unternehmen und
Personen (IAS 24)................................... 337

1. Rechtliche Grundlagen zur Aufstellung des IFRS-Abschlusses

1.1 Anwendungsbereich der IFRS

1 Art. 4 der VO 1606/2002 des Europäischen Parlaments und des Rates vom 19.07.2002 verpflichtet als sekundäres, unmittelbar gültiges europäisches Gemeinschaftsrecht alle in einem EU-Mitgliedstaat ansässigen Gesellschaften, deren Wertpapiere zum Handel im geregelten Markt eines Mitgliedstaates zugelassen sind und die nach nationalem Recht der Pflicht zur Erstellung eines KA unterworfen sind, diesen Abschluss für an oder nach dem 01.01.2005 beginnende GJ nach den von der EU übernommenen internationalen Rechnungslegungsstandards aufzustellen. Der deutsche Gesetzgeber hat diese Pflicht durch § 315e Abs. 1 HGB umgesetzt und mit § 315e Abs. 2 HGB auf alle MU ausgeweitet, die die Zulassung eines Wertpapiers an einem organisierten Markt i.S.d. § 2 Abs. 11 WpHG im Inland beantragt haben.

2 Für in Deutschland ansässige Unternehmen sind damit als Voraussetzungen einer obligatorischen IFRS-KA-Erstellung die Pflicht zur Konzernrechnungslegung gem. §§ 290-293 HGB[1] und die **Kapitalmarktorientierung** i.S.v. § 264d HGB zu nennen. Unter einen organisierten Markt i.S.d. § 2 Abs. 11 WpHG fallen in erster Linie das Segment des regulierten Markts der verschiedenen deutschen Wertpapierbörsen wie auch die Terminbörse EUREX. Der Begriff des Wertpapiers bestimmt sich nach § 2 Abs. 1 WpHG und ist damit umfassend i.S. aller Gattungen übertragbarer Wertpapiere mit Ausnahme von Zahlungsinstrumenten, die ihrer Art nach auf den Finanzmärkten handelbar sind, zu verstehen[2].

3 Allen **nicht-kapitalmarktorientierten** MU gestattet § 315e Abs. 3 HGB, einen befreienden IFRS-KA freiwillig aufzustellen, sofern sämtliche in § 315e Abs. 1 HGB genannten Vorschriften angewendet werden.

4 Gleichermaßen als Wahlrecht steht es KapGes. gem. § 325 Abs. 2a HGB frei, für Zwecke der Veröffentlichung einen **IFRS-EA** zu erstellen und diesen beim BAnz einzureichen. Indes wird „[f]ür Zwecke der gesellschaftsrechtlichen Kapitalerhaltung und Ausschüttungsbemessung [...] weiterhin stets ein Jahresabschluss nach den Vorschriften des HGB gefordert"[3].

5 Des Weiteren können die IFRS bei einem Zwischenbericht, insb. einem Halbjahresfinanzbericht i.S.d. § 115 WpHG, zum Tragen kommen. Diesbezüglich sind die Regelungen des IAS 34 zur Zwischenberichterstattung zu beachten.

---

[1] Gleiches gilt für gem. den branchenspezifischen Vorschriften in §§ 340i und 341i HGB oder des § 11 PublG zur Konzernrechnungslegung verpflichtete Unternehmen.
[2] Vgl. ausführlich zu den Begrifflichkeiten Kap. J Tz. 3 ff. sowie *Assmann/Schneider*, WpHG[6], § 2; *Fuchs*, WpHG[2], § 2.
[3] BT-Drs. 15/3419, S. 45.

1.2 Anzuwendende Vorschriften

Unabhängig davon, welcher der zuvor beschriebenen Wege zur Anwendung der IFRS-Normen führt, setzt sich die Gesamtheit der verbindlichen Vorschriften einerseits aus einem regelmäßig durch neue VO erweiterten Katalog in europäisches Recht übernommener internationaler Standards und Interpretationen sowie andererseits aus den in § 315e Abs. 1 HGB aufgeführten handelsrechtlichen Normen zusammen. Danach sind einzelne Vorschriften des HGB betreffend Sprache, Währung und Unterzeichnung des Abschlusses zu beachten. Zusätzlich müssen einzelne der gem. §§ 313 und 314 HGB verpflichtenden **Konzernanhangangaben** gemacht werden. Darüber hinaus ist auch ein **KLB** gem. § 315 HGB (ggf. unter Beachtung der Angaben nach § 315a HGB) zu erstellen. Zudem sind ggf. die Erklärungen gem. §§ 315b – 315d abzugeben. Entsprechendes gilt für einen IFRS-EA i.S.v. § 325 Abs. 2a HGB. 6

Die vom Standardsetter IASB und vom IFRS Interpretationskomitee (IFRS IC) erarbeiteten Vorschriften erhalten erst Rechtskraft durch die Übernahme in EU-Recht (**Endorsement**-Prozess). Diese Übernahme erfolgt i.R. eines sog. Komitologieverfahrens. 7

Gem. Art. 3 VO 1606/2002 ist Voraussetzung für die Übernahme, dass die internationalen Rechnungslegungsstandards der Vermittlung eines den tatsächlichen Verhältnissen entspr. Bildes der VFE-Lage nicht zuwiderlaufen, europäischem öffentlichen Interesse entsprechen und den Kriterien der Verständlichkeit, Erheblichkeit, Verlässlichkeit und Vergleichbarkeit insoweit genügen, als sich aus den resultierenden Finanzinformationen wirtschaftliche Entscheidungen ableiten lassen. 8

1.3 IFRS für SMEs

Die IFRS sehen grds. keine größen- oder branchenspezifischen Erleichterungen bzw. Vereinfachungen vor. Um diesem Umstand zu begegnen, verabschiedete der IASB im Jahr 2009 einen eigenen Standard für „Small and Medium-sized Entities" (IFRS for SMEs). 9

Der **Anwendungsbereich** des IFRS for SMEs erstreckt sich auf solche Unternehmen, die zwar nicht öffentlich rechenschaftspflichtig sind, aber dennoch Abschlüsse veröffentlichen (IFRS-SMEs 1.2). 10

Eine **Übernahme** des IFRS for SMEs in europäisches Recht ist bisher nicht erfolgt, was insb. darin begründet ist, dass sich der Standard an jene Unternehmen wendet, die von der VO (EG) 1606/2002 als Grundlage der IFRS-Rechnungslegung in der EU nicht erfasst werden. 11

Einer **freiwilligen Anwendung** des IFRS for SMEs steht nichts entgegen, sie hat jedoch keinerlei befreiende Wirkung als Ersatz für einen EA oder KA nach HGB. Daher ist die Bedeutung – zumindest für deutsche Unternehmen – als gering anzusehen[4], weshalb auf eine tiefergehende Auseinandersetzung mit dem Standard an dieser Stelle verzichtet wird[5]. 12

---

4 Vgl. auch *Beiersdorf/Schubert*, IRZ 2013, S. 401 (402).
5 Vgl. hierzu ausführlich *Baetge* u.a., IFRS[2], Teil A, Kapitel V.

2. Konzeption der IFRS-Rechnungslegung

2.1 Konzeption und Regelungshierarchie der IFRS-Normen

13 Die IFRS-Rechnungslegung basiert auf einem Regelwerk, das im Kern von den Standards gebildet und durch Interpretationen ergänzt wird. Die **Standards** umfassen dabei sowohl die bis 2000 vom IASC erlassenen IAS als auch die vom – seither als IASB bezeichneten – Standardsetter veröffentlichten IFRS. Gleichermaßen werden unter die Interpretationen die älteren SIC wie auch die IFRIC subsumiert. Diese Verlautbarungen müssen den Standardsetzungsprozess (sog. due process) durchlaufen, der in einem mehrstufigen Verfahren die Einbeziehung der Stellungnahmen aller Interessengruppen vorsieht.

14 Die Gesamtheit der vom IASB verabschiedeten Standards und Interpretationen wird infolge des Endorsement-Prozesses anwendbares Europarecht. Den nicht hiervon erfassten und nicht als Standardbestandteil deklarierten Veröffentlichungen des IASB, z.B. Anwendungsleitlinien (guidance on implementing) oder Entscheidungserwägungen (basis for conclusions), ist kein Rechtsnormcharakter zuzusprechen. Dies gilt auch für Standard- und Interpretationsentwürfe, Agendaentscheidungen des IFRS IC sowie Verlautbarungen, die vorbereitend vom Mitarbeiterstab des IASB erstellt werden.

15 Eine Sonderstellung nimmt das – zuletzt im März 2018 verabschiedete – **Rahmenkonzept** ein. Als konzeptionelle Basis der IFRS und ihrer Entwicklung stellt es selbst keinen Standard dar und geht diesen nie vor (vgl. CF SP1.2 f.). Folglich wurde es (bislang) nicht von der EU in europäisches Recht übernommen[6]. Gleichwohl wird in einzelnen Standards auf das Rahmenkonzept verwiesen. So schreibt etwa IAS 8.11 vor, bei Fehlen (explizit oder analog) anwendbarer Standards zur Entscheidungsfindung auf die im Rahmenkonzept enthaltenen Definitionen und Erfassungskriterien sowie Bewertungskonzepte zu rekurrieren.

16 Die IFRS sind, abseits der Regelungen zu den IFRS für SMEs, **größenunabhängig** normiert. Für **kapitalmarktorientierte Unternehmen** bestehen zusätzliche Anforderungen in Form der Segmentberichterstattung nach IFRS 8 sowie des Ergebnisses je Aktie gem. IAS 33. Daneben bestehen einige **branchen- bzw. aktivitätsspezifische** Regelungen, z.B. für landwirtschaftliche Erzeugnisse (IAS 41), Versicherungsverträge (IFRS 4 bzw. IFRS 17), Exploration und Evaluierung von mineralischen Ressourcen (IFRS 6) oder Investmentgesellschaften (IFRS 10).

17 Die IFRS regeln nicht, welche **Einheit** einen IFRS-Abschluss aufzustellen hat. Das Rahmenkonzept stellt fest, dass eine berichtende Einheit eine Einheit, Teil einer Einheit oder mehr als eine Einheit umfassen kann. Eine berichtende Einheit muss nicht notwendigerweise eine rechtliche Einheit sein (CF 3.10). Je nach dem sind damit **unkonsolidierte, konsolidierte** oder **kombinierte Abschlüsse** denkbar (CF 3.11 ff.).

2.2 Zwecke und Grundprinzipien der IFRS-Rechnungslegung

18 Im Sinne der angelsächsischen Rechnungslegungstradition zielt der IFRS-Abschluss darauf ab, aktuellen und zukünftigen EK- und FK-Gebern sowie anderen Gläubigern

---

6 Die ursprüngliche 1989 vom IASC verabschiedete Fassung wurde indes i.R. einer Kommentierung seitens der EU-Kommission adressiert und als Anhang aufgenommen.

entscheidungsrelevante Informationen zur Verfügung zu stellen. Dabei sollen die im Abschluss enthaltenen Informationen die primären Abschlussadressaten dabei unterstützen, eine Einschätzung über Höhe, zeitlichen Anfall und Unsicherheit von zukünftigen Nettozahlungsströmen des Unternehmens und eine Einschätzung über die Verwendung der ökonomischen Ressourcen des Unternehmens durch das Management (stewardship) vornehmen zu können, damit sie über die (weitere) Bereitstellung von EK oder FK oder die Ausübung von Stimmrechten urteilen können (IAS 1.9; CF 1.2 f.).

Um den genannten Zwecken gerecht werden zu können, enthalten das Rahmenkonzept sowie IAS 1 verschiedene **Anforderungen** an den IFRS-Abschluss. Die entspr. Merkmale lassen sich der folgenden Tabelle entnehmen. **19**

Kategorie		Merkmal	Inhalt
Qualitative Merkmale entscheidungsnützlicher Informationen	Grundlegende Merkmale	Relevanz (CF 2.6 ff.)	Fähigkeit, Entscheidungen der Abschlussadressaten verändern zu können (i.S.v. einem **Vorhersage- und/oder Bestätigungswert**).
		Glaubwürdige Darstellung (CF 2.12 ff.)	Eine glaubwürdige Darstellung setzt **Vollständigkeit**, **Neutralität** (Vermeidung verzerrender Einflüsse, wobei Neutralität durch Ausübung von Vorsicht unterstützt wird) und **Fehlerfreiheit** voraus.
	Unterstützende Merkmale	Vergleichbarkeit (CF 2.24 ff.)	Adressaten sollen in die Lage versetzt werden, Gemeinsamkeiten und Differenzen zwischen verschiedenen Sachverhalten zu erkennen und zu verstehen. Unterstützend wirkt hierbei das **Stetigkeitsprinzip**.
		Überprüfbarkeit (CF 2.30 ff.)	Verschiedene sachkundige Adressaten sollten grds. zu einem Konsens gelangen können (entweder auf Basis des dargestellten Ergebnisses oder der Inputfaktoren eines ggf. genutzten Bewertungsverfahrens).
		Zeitnähe (CF 2.33)	Informationen müssen zu einem Zeitpunkt bereitgestellt werden, zu dem sie die betroffenen Entscheidungen noch beeinflussen können.
		Verständlichkeit (CF 2.34 ff.)	Klare und präzise Darstellung von Sachverhalten in angemessenem Umfang.
Kosten-Restriktion (CF 2.39 ff.)			Der zusätzliche Nutzen einer Information muss die durch ihre Beschaffung verursachten Kosten rechtfertigen.

Kategorie	Merkmal	Inhalt
Allgemeine Merkmale	Vermittlung eines den tatsächlichen Verhältnissen entspr. Bildes (IAS 1.15 ff.)	Vermittlung eines den tatsächlichen Verhältnissen entspr. Bildes der VFE-Lage sowie der Cash Flows; annahmegemäß regelmäßig erfüllt durch Anwendung der IFRS. In äußerst seltenen Fällen kann es zu einer Abweichung von den IFRS mit zusätzlichen Angabepflichten kommen (sog. overriding principle).
	Unternehmensfortführung (CF 3.9; IAS 1.25 f.)	Der Abschluss ist auf Basis der Annahme der Unternehmensfortführung aufzustellen, sofern nicht die Absicht oder die Notwendigkeit zur Auflösung des Unternehmens oder zur Einstellung des Geschäftsbetriebs dem entgegenstehen.
	Periodenabgrenzung (IAS 1.27 f.)	Mit Ausnahme der KFR sind unabhängig von den tatsächlichen Zahlungsströmen die einzelnen Posten dann im Abschluss zu erfassen, wenn die im CF enthaltenen entspr. Definitionen und Erfassungskriterien erfüllt sind.
	Wesentlichkeit und Zusammenfassung von Posten (CF 2.11; IAS 1.29 ff.; IAS 8.5)	Informationen sind wesentlich, wenn deren Unterlassen oder Falschangabe die Entscheidungsfindung der primären Abschlussadressaten beeinflussen könnte. Wesentliche Gruppen gleichartiger Posten sind gesondert darzustellen. Geschäftsvorfälle und sonstige Ereignisse sind nach ihrer Art oder Funktion zu Gruppen zusammenzufassen. Wesentlichkeit gilt für alle Abschlussbestandteile.
	Saldierung (IAS 1.32 ff.)	Die Saldierung von Vermögenswerten und Schulden bzw. Erträgen und Aufwendungen ist untersagt, es sei denn, ein Standard fordert oder erlaubt es (z.B. IAS 37.54).
	Häufigkeit der Berichterstattung (IAS 1.36 f.)	Der IFRS-Abschluss ist mindestens jährlich aufzustellen. Die Regelung zu Rumpfgeschäftsjahren ist aufgrund gesellschaftsrechtlicher Vorgaben in Deutschland nicht relevant.

Tabelle 1: Qualitative und allgemeine Merkmale des Abschlusses

2.3 Aufbau eines IFRS-Abschlusses

Gem. IAS 1.10 besteht ein vollständiger Abschluss aus nachfolgenden **Bestandteilen**: 20
a) Bilanz zum Abschlussstichtag (statement of financial position)
b) Gesamtergebnisrechnung (statement of comprehensive income), bestehend aus GuV (profit or loss) und sonstigem Ergebnis (other comprehensive income, OCI)
c) EK-Veränderungsrechnung (statement of changes in equity)
d) KFR (statement of cash flows)
e) Anhang (notes).

Unternehmen mit Sitz in Deutschland, die der Pflicht zur Erstellung eines IFRS-Abschlusses unterliegen, erfüllen regelmäßig zugleich die Anwendungskriterien des IFRS 8.2 zur Segmentberichterstattung sowie des IAS 33.2 zur Darstellung des Ergebnisses je Aktie. 21

Sofern die IFRS nichts anderes erlauben oder vorschreiben, sind für alle im Abschluss enthaltenen quantitativen Informationen **Vergleichsinformationen** für das Vorjahr anzugeben. In diesem Sinne haben auch die primären Abschlussbestandteile (mindestens) jeweils den entspr. Bestandteil für die Vergleichsperiode zu enthalten. Bei verbalen und beschreibenden Informationen sind Vorjahresvergleichsinformationen nur erforderlich, wenn sie für das Verständnis des Abschlusses von Bedeutung sind (IAS 1.10(ea) i.V.m. IAS 1.38 ff.). 22

Zusätzlich ist eine **dritte Bilanz** zum Beginn der Vergleichsperiode aufzustellen, 23
a) wenn eine Rechnungslegungsmethode retrospektiv angewendet wird, eine retrospektive Fehlerkorrektur oder eine Umklassifizierung von Bilanzposten vorgenommen wird und
b) diese rückwirkende Anwendung einen wesentlichen Effekt auf die Informationen der Eröffnungsbilanz der Vorperiode hat (IAS 1.10(f) i.V.m. IAS 1.40A).

In diesem Fall brauchen die Anhangangaben, die sich auf die dritte Bilanz beziehen, nicht gemacht zu werden; gleichwohl sind die Angaben nach IAS 1.41 ff. und IAS 8 zu beachten (IAS 1.40C). Bei einer freiwillig veröffentlichten dritten Bilanz sind indes zwingend auch die Anhangangaben für diese Berichtsperiode erforderlich (IAS 1.38C).

Dem Bilanzierenden ist grds. freigestellt, die **Bilanz** in Konto- oder Staffelform aufzustellen. Der Standard führt in IAS 1.54 zunächst nur bestimmte in die Bilanz aufzunehmende Posten auf, die (sofern vorhanden und wesentlich) getrennt auszuweisen sind. Je nach Bedarf sind zusätzliche Posten, Überschriften oder Zwischensummen einzufügen (IAS 1.57). Die darzustellenden Posten müssen getrennt in Gruppen entspr. ihrer **Fristigkeit** ausgewiesen werden, also als kurzfristige und langfristige Vermögenswerte bzw. Schulden, sofern nicht eine Anordnung nach **Liquidität** zuverlässige und relevantere Informationen liefert (IAS 1.60). Die Einteilung nach der Fristigkeit richtet sich nach Verwendungszweck und rechtlichen Umständen. Überdies sind für den Ausweis die obigen allgemeinen Merkmale zu beachten (vgl. Kap. K Tz. 19). 24

Daneben werden in IAS 1 zahlreiche Informationen aufgeführt, die entweder in der Bilanz oder alternativ im **Anhang** darzustellen sind, bspw. die Gruppierung von Sachanlagen oder die Aufgliederung der Rückstellungen (vgl. IAS 1.77 ff.). 25

Die **Gesamtergebnisrechnung** beinhaltet neben der GuV auch das sonstige Ergebnis. Das Gesamtergebnis darf entweder in einer Darstellung oder in getrennten Dar- 26 stellungen von GuV und sonstigem Ergebnis gezeigt werden. Zugleich ist grds. die Zurechnung von Gewinn oder Verlust und dem sonstigen Ergebnis jeweils zu dem MU und den nicht beherrschenden Anteilen darzustellen (IAS 1.81A f.).

27 Auch für die **GuV** wird lediglich die Darstellung bestimmter Posten vorgeschrieben (IAS 1.82). Der Bilanzierende besitzt grds. ein Wahlrecht zur Anwendung des **Umsatz- oder des Gesamtkostenverfahrens** (IAS 1.99), wobei die Entscheidung in Abhängigkeit von Historie, Branchenzugehörigkeit und der Art des Unternehmens zu treffen und danach auszurichten, welches Format verlässliche und relevantere Informationen liefert (IAS 1.105). Die Aufgliederung der operativen Aufwendungen kann innerhalb der GuV oder im Anhang erfolgen; empfohlen wird die erste Alternative (IAS 1.100).

28 Die Darstellung des **sonstigen Ergebnisses** erfolgt nach Art der Beträge. Diese müssen derart gruppiert werden, dass zwischen Beträgen, die in nachfolgenden Perioden ggf. umgegliedert werden dürfen, und solchen, die nicht umgegliedert werden dürfen, unterschieden wird (IAS 1.82A). Eine tatsächlich erfolgte Umgliederung in die GuV (recycling) ist in der Gesamtergebnisrechnung oder im Anhang anzugeben (IAS 1.92, .94).

29 Bei Aufstellung der Gesamtergebnisrechnung oder ggf. ihrer beiden Bestandteile sind ebenfalls zusätzliche Posten, Überschriften und Zwischensummen hinzuzufügen, sofern dies für das Verständnis der Ertragslage erforderlich ist (IAS 1.85). Überdies sieht IAS 1.98 Situationen vor, die eine gesonderte Angabe von Ertrags- und Aufwandsposten in der Gesamtergebnisrechnung oder im Anhang erfordern können. Dazu zählen bspw. außerplanmäßige Abschreibungen von Vorräten oder Sachanlagen. Der Ausweis außerordentlicher Posten ist unzulässig (IAS 1.87).

30 Veränderungen des EK resultieren insb. aus Transaktionen mit Eigentümern (z.B. Kapitaleinlagen, Rückkauf von EK-Instrumenten oder Dividendenzahlungen), aus der erfolgswirksamen GuV und aus den erfolgsneutralen Bewegungen des sonstigen Ergebnisses. Ihre Darstellung erfolgt gem. IAS 1.106 in einer **EK-Veränderungsrechnung** mit folgenden Pflichtbestandteilen (zur Veranschaulichung vgl. das Beispiel in den Anwendungsleitlinien IAS 1.IG6):

a) das Gesamtergebnis für die Berichtsperiode, getrennt nach den auf die nicht beherrschenden Anteile und den auf die Eigentümer des MU entfallenden Beträgen

b) für jede EK-Komponente (z.B. Kapital, Gewinnrücklagen, jede Kategorie des sonstigen Ergebnisses), die Beträge, die sich aus einer rückwirkenden Anwendung bzw. rückwirkenden Korrektur nach IAS 8 ergeben

c) eine Überleitungsrechnung für jede EK-Komponente (s.o.) vom Beginn der Berichtsperiode zum Ende der Berichtsperiode, getrennt nach den Ursachen: GuV, sonstiges Ergebnis und Transaktionen mit Eigentümern.

31 Der Aufriss des sonstigen Ergebnisses für jede EK-Komponente nach IAS 1.106(d)(ii) hat wahlweise im Anhang oder in der EK-Veränderungsrechnung erfolgen (IAS 1.106A). Ein entspr. Ausweiswahlrecht gilt auch für die Höhe der Dividenden, die während der Berichtsperiode an die Anteilseigner ausgeschüttet wurden, sowie den entspr. Dividendenbetrag je Aktie (IAS 1.107).

32 Die **Kapitalflussrechnung** (**KFR**) informiert den Abschlussadressaten über die Herkunft und die Verwendung von Zahlungsmitteln und Zahlungsmitteläquivalenten (dem sog. **Finanzmittelfonds**). Zahlungsmittel umfassen Barmittel und Sichteinlagen. Zahlungsmitteläquivalente sind kurzfristige (d.h. mit einer Restlaufzeit von nicht mehr als

3 Monaten ab dem Erwerbszeitpunkt), hochliquide Finanzinvestitionen, die jederzeit in festgelegte Zahlungsmittelbeträge umgewandelt werden können und nur unwesentlichen Wertschwankungen unterliegen. Hierzu zählen u.U. auch Kontokorrentkredite gegenüber Kreditinstituten (IAS 7.6 ff.).

Um die Mittelherkunft und Mittelverwendung aufzuzeigen, sind die Zahlungsströme in der KFR in drei Bereiche zu untergliedern: in **Cash Flows aus betrieblicher Tätigkeit**, in **Cash Flows aus Investitionstätigkeit** und in **Cash Flows aus Finanzierungstätigkeit** (IAS 7.10). Zuordnungswahlrechte bestehen bei Zinsen, Dividenden (IAS 7.31 ff.) und Ertragsteuern (IAS 7.35 f.). Bewertungsänderungen, insb. Wechselkursänderungen bei Zahlungsmitteln und Zahlungsmitteläquivalenten, sind nicht einem der drei Tätigkeitsbereiche zuzuordnen, sondern werden als separate Zeile in der KFR ausgewiesen (IAS 7.28). **33**

Für die Darstellung der Cash Flows aus betrieblicher Tätigkeit lässt IAS 7.18 entweder die **direkte Methode** oder die **indirekte Methode** zu. Bei der direkten Methode sind die Hauptgruppen der Bruttoeinzahlungen und Bruttoauszahlungen anzugeben, während bei der indirekten Methode die Ein- und Auszahlungen aus den Aufwendungen und Erträgen sowie aus den Veränderungen der Aktiva und Passiva abgeleitet werden. Für die Darstellung der Cash Flows aus Investitions- und Finanzierungstätigkeit schreibt IAS 7.21 die direkte Methode zwingend vor. Beispiele für die Darstellung nach der direkten und indirekten Methode finden sich in den illustrierenden Beispielen zu IAS 7. Zusätzlich zur KFR fordert IAS 7 erläuternde Anhangangaben. Unter anderem sind die Zusammensetzung des Finanzmittelfonds sowie etwaige Verfügungsbeschränkungen zu erläutern und auf die entspr. Bilanzposten überzuleiten (IAS 7.45 ff.; IAS 7.48 f.). Außerdem sind nicht zahlungswirksame Investitions- und Finanzierungsvorgänge (z.B. der Erwerb von Unternehmensanteilen gegen eigene Aktien) zu erläutern (IAS 7.43 f.). Auch der Erwerb oder die Veräußerung von TU oder sonstigen Geschäftseinheiten erfordert zusätzliche Anhangangaben (IAS 7.39 ff.). Zudem wurden i.R.d. sog. Disclosure Initiative IAS 7.44 ff. eingefügt, deren Anwendung eine Analyse der Entwicklung der Finanzschulden in Hinblick auf die Zahlungswirksamkeit der Vorgänge ermöglichen soll. **34**

Dem **Anhang** kommen eine Erläuterungsfunktion bezüglich der maßgeblichen Rechnungslegungsmethoden sowie eine Entlastungs- und Ergänzungsfunktion mit Blick auf die in den anderen Abschlussbestandteilen darzustellenden Informationen zu (vgl. IAS 1.112). **35**

Darüber hinaus sind nach IAS 1 weitere Angaben zu machen, u.a. zu den Quellen wesentlicher Schätzungsunsicherheiten (IAS 1.125 ff.) und zum Kapitalmanagement (IAS 1.134 ff.). **36**

Die **Darstellung** des Anhangs soll, soweit durchführbar, **systematisch** und im Zeitablauf **stetig** erfolgen. Eine explizite Reihenfolge der Anhangangaben sieht IAS 1 nicht vor, vielmehr betont der IASB, dass bei der Anordnung die Verständlichkeit und Vergleichbarkeit der Abschlüsse im Vordergrund stehen soll (IAS 1.113 f.). Außerdem wird ein **Querverweis** für jeden Posten in den primären Abschlussbestandteilen auf sämtliche zugehörigen Informationen im Anhang verlangt (IAS 1.113). **37**

Im Übrigen gilt der **Wesentlichkeitsgrundsatz** auch für den Anhang (IAS 1.31). Einer bestimmten Angabepflicht eines IFRS braucht damit nicht nachgekommen zu werden, wenn die anzugebende Information nicht wesentlich ist. Zudem soll die Verständlichkeit **38** des Abschlusses nicht dadurch erschwert werden, dass wesentliche Informationen unterschiedlicher Art aggregiert werden, oder entscheidungsnützliche wesentliche Informationen durch unwesentliche Angaben verschleiert werden.

39 Inhaltlich umfasst der Anhang Informationen, die sich ergeben aus den Anforderungen des IAS 1, aber auch aus sämtlichen anderen IFRS sowie ggf. zum Verständnis des Abschlusses zusätzlich erforderlichen Angaben. Darüber hinaus sind freiwillige Informationen zulässig, soweit sie die Verständlichkeit des Abschlusses nicht beeinträchtigen. Damit dürfen auch Angaben, die lediglich nach nationalem Recht verlangt werden (z.B. Anhangangaben nach § 315e Abs. 1 HGB) in den IFRS-Anhang aufgenommen werden.

2.4 Bilanzierungsgrundsätze

2.4.1 Definition der Abschlussposten

40 Der Abschluss soll gem. IAS 1.9 u.a. Informationen über Vermögenswerte, Schulden und das EK liefern. Das Rahmenkonzept definiert einen **Vermögenswert** als eine gegenwärtige ökonomische Ressource, die aufgrund von vergangenen Ereignissen in der Verfügungsmacht des Unternehmens steht. Eine ökonomische Ressource ist ein Recht, welches das Potenzial hat, wirtschaftlichen Nutzen zu generieren (CF 4.3 ff.). Potenzial i.d.S. setzt nicht voraus, dass es sicher oder (sogar nur) wahrscheinlich ist, dass das Recht wirtschaftlichen Nutzen generieren wird (vgl. CF 4.14 ff.). Eine **Schuld** hingegen stellt eine gegenwärtige Verpflichtung dar, aufgrund von vergangenen Ereignissen eine ökonomische Ressource übertragen zu müssen. Die Art der Verpflichtung ist sekundär. Sie muss so gestaltet sein, dass das Unternehmen nicht die praktische Fähigkeit haben darf, deren Erfüllung zu vermeiden; auf die hypothetische Vermeidbarkeit kommt es insoweit nicht an (CF 4.26 ff.).

41 Die Grundlage für die Anwendung von Erfassungs- und Bewertungsgrundsätzen bildet die sog. **Bilanzierungseinheit** (unit of account), deren Definition die Zusammenfassung von Rechten und Verpflichtungen mit sich bringen kann (vgl. CF 4.48). Gleichwohl kann die Festlegung der Bilanzierungseinheit zwischen Erfassung und Bewertung divergieren[7].

42 Das **EK** als Residualgröße ist definiert als Anspruch auf die nach Abzug aller Schulden verbleibenden Vermögenswerte, also auf das Nettovermögen. Die Höhe des EK wird dabei beeinflusst durch Vorgänge, die sich als Ertrag oder Aufwand in der GuV bzw. dem sonstigen Ergebnis oder direkt im EK niederschlagen (CF 4.63 ff.).

43 Diesbezüglich wird ein **Ertrag** definiert als ein Anstieg der Vermögenswerte oder ein Sinken der Schulden, der/das sich werterhöhend auf das EK auswirkt, jedoch nicht aus Transaktionen mit EK-Gebern resultiert. Spiegelbildlich sind **Aufwendungen** als Sinken der Vermögenswerte oder Ansteigen der Schulden definiert, die zu einer EK-Minderung führen, jedoch nicht aus Ansprüchen von EK-Gebern resultieren (CF 4.68 f.).

2.4.2 Erfassungsgrundsätze

44 Im Abschluss dürfen nur solche Vermögenswerte, Schulden, EK-Posten sowie Erträge und Aufwendungen erfasst werden, die die jeweiligen Definitionsmerkmale erfüllen.

---

[7] Die Festlegung und das Auseinanderfallen von Bilanzierungs- und Bewertungseinheiten spielt bspw. für die Fair-Value-Bewertung nach IFRS 13 eine große Rolle (vgl. hierzu auch Kap. K Tz. 47ff.).

Indes ist das Erfüllen der Definitionsmerkmale nicht hinreichend für einen **Ansatz** im Abschluss (CF 5.6). Vielmehr sind Vermögenswerte und Schulden nur dann anzusetzen, wenn der Ansatz der Vermögenswerte und Schulden und die hieraus resultierenden Aufwendungen und Erträge sowie EK-Veränderungen den Abschlussadressaten entscheidungsnützliche Informationen vermitteln; wenn damit also die Vermittlung von relevanten und zugleich glaubwürdigen Informationen einhergeht (vgl. CF 5.7). Relevanz kann bspw. dann zu verneinen sein, wenn die Wahrscheinlichkeit des Zu- oder Abflusses von wirtschaftlichem Nutzen als gering einzuschätzen ist (vgl. CF 5.12 ff.); einer glaubwürdigen Darstellung können z.B. Bewertungsunsicherheiten zuwider laufen (vgl. CF 5.18 ff.).

Die (Teil-)**Ausbuchung** von Abschlussposten folgt regelmäßig dem Verlust der Kontrolle über den Vermögenswert oder dem Erlöschen der entsprechenden Verpflichtung (CF 5.26). 45

Aufwands- und Ertragsposten sind grds. in der GuV zu erfassen. Der Board kann jedoch bei der Standardentwicklung entscheiden, dass bestimmte Posten in außergewöhnlichen Fällen statt in der GuV im sonstigen Ergebnis zu erfassen sind. Diese Posten sind später in die GuV umzugliedern (recycling), es sei denn, die Umgliederung führt nicht zu relevanteren Informationen oder einer glaubwürdigeren Darstellung. In diesen Fällen kann der Board bei der Standardentwicklung entscheiden, dass bestimmte Posten nicht in die GuV umgegliedert werden (CF 7.15 ff.). 46

2.5 Bewertungsmaßstäbe und Fair Value (IFRS 13)

In Kapitel 6 des Rahmenkonzepts werden verschiedene Bewertungsmaßstäbe und die Informationen, die diese liefern, angesprochen sowie Faktoren für die Wahl von geeigneten sachverhaltsspezifischen Bewertungsmaßstäben dargestellt. Die konkrete Ausprägung bzw. Definition und deren Anwendungsbereich ergibt sich indes aus den einzelnen IFRS. Nach wie vor kommen für viele Sachverhalte, insb. für nicht-finanzielle Vermögenswerte, die fortgeführten AHK zum Tragen. 47

Bestimmte Sachverhalte, bspw. bestimmte finanzielle Vermögenswerte und Schulden oder Vermögenswerte und Schulden, die i.R. eines Unternehmenserwerbs zugehen, sind mit dem **Fair Value** zu bewerten. Der Fair Value wird zentral in **IFRS 13** erläutert und ist definiert als der Preis, der in einem geordneten Geschäftsvorfall zwischen Marktteilnehmern am Bewertungsstichtag für den Verkauf eines Vermögenswerts eingenommen bzw. für die Übertragung einer Schuld gezahlt würde (IFRS 13.9)[8]. Der Anwender soll den Fair Value als beobachtbaren Marktpreis für einen identischen Vermögenswert bzw. eine identische Schuld bestimmen. Ist ein solcher nicht verfügbar, muss er sich als Ziel setzen, den „Prozess der Bildung eines Veräußerungs- bzw. Übertragungspreises (exit price) an einem Markt"[9] möglichst exakt nachzubilden. 48

Konkret gelten folgende Bestimmungen: 49

a) Der Bewertende hat die Bilanzierungseinheit (unit of account), die der jeweils für die Anwendung heranzuziehende Standard vorgibt, sowie die **Merkmale des Bewer-**

---

8 Zu Einzelfragen zur Ermittlung des Fair Value nach IFRS 13 siehe *IDW RS HFA 47*.
9 *IDW RS HFA 47*, Tz. 2.

tungsobjekts zu berücksichtigen, sofern und soweit diese von Marktteilnehmern bei der Bewertung einbezogen werden bzw. würden (IFRS 13.11 ff.).

b) Der **(hypothetische) Geschäftsvorfall**, dem der Preis zu entnehmen ist, ist unter Ausschluss von Zwangsbedingungen am sog. Hauptmarkt oder in Ermangelung dessen am vorteilhaftesten Markt zu ermitteln[10]. Der Zugang zu dem entspr. Markt muss am Abschlussstichtag gewährleistet sein. Auf die tatsächliche Übertragbarkeit kommt es hingegen nicht an (IFRS 13.15 ff.).

c) Der Transaktion liegen die Annahmen zugrunde, wie sie typischen **Marktteilnehmern** zuzuordnen sind, die voneinander unabhängig, sachkundig, vertragsfähig und -willig sind (IFRS 13.22 f.).

Ein unter diesen Voraussetzungen beobachteter Marktpreis stellt ohne Bereinigung um Transaktionskosten den Fair Value dar (IFRS 13.24 ff.).

50 Die Ermittlung des Fair Value als Abgangspreis ist dabei unabhängig von der tatsächlichen Bewertungssituation, also gleichermaßen für **Zugangs- und Folgebewertung** vorzunehmen (IFRS 13.57 ff.).

51 Zur Ermittlung des Fair Value kommen drei **Bewertungsverfahren** in Betracht: das marktpreisorientierte, das kapitalwertorientierte und das kostenorientierte Verfahren. Die Auswahl der Bewertungsverfahren und -methoden richtet sich danach, mit welcher – sachgerechten und hinsichtlich der zur Verfügung stehenden Daten anwendbaren – Methode die Verwendung beobachtbarer Inputfaktoren maximiert werden kann (IFRS 13.61).

52 Für die Inputfaktoren wurde eine entsprechende Hierarchie entwickelt (IFRS 13.72 ff.):
- Stufe 1:
  notierte (nicht angepasste) Preise auf aktiven, für das Unternehmen am Bewertungsstichtag zugänglichen Märkten für identische Vermögenswerte und Schulden
- Stufe 2:
  alle anderen unmittelbar beobachtbaren oder marktgestützt ermittelbaren Inputfaktoren sowie angepasste und daher abgestufte notierte Preise
- Stufe 3:
  nicht beobachtbare Inputfaktoren sowie solche, die auf Grundlage wesentlicher nicht beobachtbarer Inputfaktoren angepasst wurden.

53 Bei der Bewertung eines **nicht finanziellen Vermögenswerts** hat der Bilanzierende die bestmögliche Verwendung des betroffenen Vermögenswerts zu unterstellen (highest and best use), wobei ggf. das Vorhandensein der ergänzenden Vermögenswerte und Schulden beim Käufer unterstellt werden muss (IFRS 13.31 ff.).

54 Der Bewertung von **Schulden**[11] liegt der Gedanke der Übertragung einer Schuld auf einen Marktteilnehmer, nicht aber deren Tilgung zugrunde (IFRS 13.34). Zudem ist das

---

10 Der Hauptmarkt ist der Markt mit dem größten Handelsvolumen und dem höchsten Aktivitätsgrad für den Vermögenswert oder die Schuld. Der vorteilhafteste Markt ist der Markt, der (unter Berücksichtigung von Transaktions- und Transportkosten) den einzunehmenden Betrag bei Veräußerung eines Vermögenswerts maximieren *oder* den aufzuwendenden Betrag bei Übertragung einer Schuld minimieren würde (vgl. IFRS 13.A).

11 Die Regelungen sind, soweit zutreffend, auch auf (eigene) EK-Instrumente anzuwenden; insb. aufgrund des Ausschlusses von IFRS 2 aus dem Anwendungsbereich des IFRS 13 ist die praktische Bedeutung dieser Ausweitung gering (vgl. auch *Große*, KoR 2011, S. 286 (294)).

(eigene) Nichterfüllungsrisiko zu berücksichtigen, welches vor und nach der Übertragung als konstant anzusehen ist (IFRS 13.42). Sollte der Marktpreis einer identischen oder ähnlichen Schuld nicht verfügbar sein, erfolgt ein Perspektivwechsel in dem Sinne, dass die Bewertung der Schuld aus der Sicht eines Marktteilnehmers, der den korrespondierenden Vermögenswert hält, durchzuführen ist (IFRS 13.37 ff.)[12]. Ist auch ein korrespondierender Vermögenswert nicht vorhanden, was bspw. bei einer Fair-Value-Bewertung von Rückstellungssachverhalten gem. IFRS 3 anzunehmen wäre, erfolgt hingegen eine unmittelbare Bewertung der Schuld unter Zugrundelegung eines Erfüllungsbetrags oder Emissionserlöses (IFRS 13.40 f.).

Darüber hinaus sieht IFRS 13 auch spezielle Regelungen für die Anwendung der Fair-Value-Bewertung auf bestimmte **Portfolien** vor (IFRS 13.48 ff.). 55

2.6 Fremdwährungsumrechnung (IAS 21)

Nachfolgend werden die wesentlichen Regelungen von IAS 21 zur Umrechnung von Transaktionen und Abschlüssen in fremder Währung dargestellt. Für die Bilanzierung von Abschlüssen in hochinflationären Ländern wird auf die speziellen Vorschriften in IAS 29 verwiesen. 56

Begrifflich ist für Zwecke der Fremdwährungsumrechnung zu differenzieren zwischen der funktionalen Währung eines Unternehmens (= Währung des primären Wirtschaftsumfelds des berichtenden Unternehmens), der Fremdwährung (= jede andere Währung neben der funktionalen Währung) sowie der Darstellungswährung, in welcher der Abschluss veröffentlicht wird (vgl. jeweils IAS 21.8). 57

Fremdwährungstransaktionen eines Unternehmens sind im Zuge der erstmaligen Erfassung zum Kassakurs im Zeitpunkt des Geschäftsvorfalls in die funktionale Währung umzurechnen (IAS 21.21). Am Ende eines jeden Berichtszeitraums sind: 58

a) monetäre Posten in einer Fremdwährung zum Stichtagskurs
b) nicht monetäre Posten in einer Fremdwährung:
   – bei Bewertung zu AHK mit dem Kurs am Tag des Geschäftsvorfalls
   – bei Bewertung zum Fair Value mit dem Kurs am Tag dessen Bemessung umzurechnen (IAS 21.23).

Umrechnungsdifferenzen bzgl. monetärer Posten sind grds. in der Periode ihrer Entstehung in der GuV zu erfassen (IAS 21.28). Bei nicht monetären Posten folgt die Erfassung von Umrechnungsdifferenzen entspr. den zugrunde liegenden Posten, sodass bspw. Umrechnungsdifferenzen, die sich auf im sonstigen Ergebnis erfasste Wertänderungen beziehen, ebenfalls im sonstigen Ergebnis erfasst werden müssen (IAS 21.30). 59

Die **Umrechnung von Abschlüssen** mit abweichender funktionaler Währung in die Darstellungswährung erfolgt ebenso wie die Umrechnung von Abschlüssen ausländischer *Geschäftsbetriebe* zum Zwecke der Einbeziehung in einen KA nach der modifizierten Stichtagsmethode (IAS 21.39 i.V.m. IAS 21.44). Demnach sind 60

a) Vermögenswerte und Schulden zum Abschlussstichtagskurs,
b) Erträge und Aufwendungen zum Tag des Geschäftsvorfalls bzw. vereinfachend zum Durchschnittskurs der Periode umzurechnen.

---

12 Vgl. hierzu ausführlich *Weber/Lauer*, DB 2014, S. 2357.

61 **Umrechnungsdifferenzen** werden hierbei im sonstigen Ergebnis erfasst (IAS 21.39(c); .41). Der Anteil am GoF, der i.Z.m. dem Erwerb eines ausländischen Geschäftsbetriebs entsteht, sowie sämtliche i.R.d. Erstkonsolidierung vorgenommenen am Fair Value ausgerichteten Wertänderungen sind als Vermögenswerte und Schulden des ausländischen Geschäftsbetriebs zu behandeln (IAS 21.47). Bei Abgang eines ausländischen Geschäftsbetriebs sind die entspr. Beträge aus dem sonstigen Ergebnis in die GuV umzugliedern (IAS 21.48).

62 Als **Nettoinvestition in einen ausländischen Geschäftsbetrieb** ist der Anteil des berichtenden Unternehmens am Nettovermögen dieses Betriebs anzusehen (IAS 21.8). Im KA, der den ausländischen Geschäftsbetrieb und das berichtende Unternehmen enthält, sind Umrechnungsdifferenzen bzgl. eines monetären Postens, der einen Teil der Nettoinvestition des berichtenden Unternehmens in den ausländischen Geschäftsbetrieb darstellt (z.B. ein Darlehen, das vom MU an ein TU ausgereicht wurde und für das eine Rückzahlung weder geplant noch in der vorhersehbaren Zukunft wahrscheinlich ist) im sonstigen Ergebnis zu erfassen und erst bei einer Veräußerung der Nettoinvestition in die GuV umzugliedern (IAS 21.32).

2.7 Ereignisse nach der Berichtsperiode (IAS 10)

63 In IAS 10 wird zwischen **berücksichtigungspflichtigen** (HGB: wertaufhellenden) und **nicht zu berücksichtigenden** (HGB: wertbegründenden) **Ereignissen** unterschieden. Erstere sind Ereignisse, die weitere substanzielle Hinweise zu Gegebenheiten liefern, die bereits am Abschlussstichtag vorgelegen haben (IAS 10.3(a), .8 f.). Dagegen zeigen nicht zu berücksichtigende Ereignisse Gegebenheiten an, die nach dem Abschlussstichtag eingetreten sind; sie lösen jedoch u.U. entspr. Angabepflichten aus (IAS 10.3(b), .10 f., .21 f.).

64 Zeigt sich nach dem Abschlussstichtag, dass es an der Fähigkeit oder dem Willen zur **Unternehmensfortführung** mangelt, darf ein Abschluss nicht mehr auf der Grundlage der Annahme der Unternehmensfortführung aufgestellt werden (IAS 10.14 f.). Die IFRS enthalten indes keine spezifischen Vorschriften, wie in diesem Falle zu bilanzieren ist.

65 Der **Wertaufhellungszeitraum** endet mit der Genehmigung zur Veröffentlichung (IAS 10.3 ff.), bezogen auf den deutschen Rechtskreis also regelmäßig mit der Freigabe des Abschlusses durch den Vorstand bzw. die Geschäftsführung zum Zwecke der Billigung durch den Aufsichtsrat bzw. die Gesellschafterversammlung[13].

66 Im Gegensatz zum deutschen Handelsrecht ist eine Aufstellung des Abschlusses nach vollständiger **Ergebnisverwendung** grds. nicht möglich. Ein nach dem Abschlussstichtag erfolgter Beschluss über die Ausschüttung von Dividenden führt lediglich zu einer Anhangangabe (IAS 10.12 f.)[14].

---

13 Vgl. ausführlich *Baetge* u.a., IFRS², Teil B, IAS 10, Rn. 6-16c.
14 Eine phasengleiche Gewinnvereinnahmung ist nicht möglich.

2.8 Rechnungslegungsmethoden, Änderungen von Schätzungen und Fehler (IAS 8)

IAS 8 setzt sich zum Ziel, die Zuverlässigkeit und Relevanz der durch den Abschluss vermittelten Informationen sowie die Vergleichbarkeit eines Abschlusses im Zeitablauf sowie zu anderen Unternehmen zu verbessern (IAS 8.1). Im Hinblick auf ggf. notwendige Änderungen von Rechnungslegungsmethoden und Schätzungen sowie der Korrektur von Fehlern regelt IAS 8 das Folgende: **67**

a) **Änderungen von Schätzungen**, die sich bspw. in Bezug auf die Bewertung von risikobehafteten Forderungen oder die Einschätzung der Nutzungsdauer von abnutzbaren Vermögenswerten ergeben können (IAS 8.32), sind prospektiv, d.h. in der laufenden und ggf. den folgenden Perioden, und zwar grds. erfolgswirksam zu berücksichtigen (IAS 8.36). Vorjahresbeträge sind nicht anzupassen (IAS 8.34 ff.). Art und Betrag der erfolgten Änderung sind anzugeben, ebenso wie die Auswirkungen auf künftige Berichtsperioden, es sei denn, dies ist undurchführbar (IAS 8.39 f.).

b) Rechnungslegungsmethoden sind stetig anzuwenden (IAS 8.13). **Änderungen von Rechnungslegungsmethoden** sind daher nur im Falle neu anzuwendender Standards oder zur Verbesserung der Darstellung i.S.v. zuverlässigen, relevanteren Informationen zulässig (IAS 8.14). Sie sind grds. retrospektiv zu berücksichtigen, d.h. so, als sei die neu gewählte Methode auf die Geschäftsvorfälle von Anfang an angewandt worden, es sei denn, die Ermittlung der periodenspezifischen oder kumulierten Auswirkungen der Änderung ist nicht durchführbar (IAS 8.23 f.). Bei einer Änderung von Rechnungslegungsmethoden ergeben sich umfangreiche Angabepflichten u.a. bzgl. der Art der Änderung, der Gründe für die Änderung und der Anpassungsbeträge der einzelnen betroffenen Posten des Abschlusses für die Berichtsperiode und, soweit bestimmbar, für jede frühere dargestellte Periode (IAS 8.28 ff.).

c) **Korrekturen von Fehlern** aus früheren Perioden, d.h. Auslassungen oder fehlerhafte Darstellungen, die wesentlich sind oder bewusst herbeigeführt wurden, sind – soweit durchführbar – retrospektiv zu berücksichtigen (IAS 8.5, .42 ff.). Eine Korrektur wie ihr Unterlassen (z.B. bei Undurchführbarkeit) erfordert umfangreiche Angaben, u.a. bzgl. der Art des Fehlers und der Anpassungsbeträge der einzelnen betroffenen Posten des Abschlusses.

2.9 Erstmalige Anwendung der IFRS (IFRS 1)

IFRS 1 ist auf den ersten Abschluss anzuwenden, den ein Unternehmen nach IFRS erstellt, und dient dazu, bereits diesen ersten Abschluss inter- und intraperiodisch vergleichbar zu machen, ohne dabei jedoch die Kosten der Umstellung außer Acht zu lassen (IFRS 1.1). Letztere sind eine Ursache für die zahlreichen Ausnahmen von einer vollständigen rückwirkenden Anwendung der IFRS, die der Standard gewährt. **68**

Der erste IFRS-Abschluss eines Unternehmens ist der erste Abschluss des GJ, in welchem das Unternehmen die IFRS durch eine ausdrückliche und uneingeschränkte Bestätigung der Übereinstimmung mit den IFRS in diesem Abschluss anwendet. Dagegen liegt kein IFRS-Abschluss eines Unternehmens vor, wenn der Abschluss **69**

- nicht in vollständiger Übereinstimmung mit den IFRS (zum jeweiligen Rechtsstand) steht,

- zwar grds. nach den IFRS, aber nur zur internen Nutzung durch das Management oder nur zu Konsolidierungszwecken erstellt oder
- nicht veröffentlicht wurde (IFRS 1.3).

Probleme bei der Abgrenzung ergeben sich in praxi häufig hinsichtlich der Festlegung des persönlichen Anwendungsbereichs. So ist bspw. im Fall umgekehrter Unternehmenserwerbe bei rechtlicher Übernahme eines IFRS-Anwenders durch eine neue Holdinggesellschaft davon auszugehen, dass der neu entstandene Konzern bzw. die neue Holdinggesellschaft kein IFRS-Erstanwender ist.

70 Ein IFRS-Erstanwender muss zunächst eine IFRS-Eröffnungsbilanz für den Zeitpunkt des Übergangs auf die Rechnungslegung nach IFRS erstellen, die den Ausgangspunkt für die weitere Anwendung der IFRS bildet (IFRS 1.6). Demzufolge sind im erstmaligen Abschluss nach IFRS mindestens drei Bilanzen sowie die sonstigen Bestandteile des Abschlusses für mindestens zwei Berichtsperioden zu erstellen (IFRS 1.21). Es ergibt sich der nachfolgende veranschaulichte zeitliche Ablauf (bei vormaliger HGB-Anwendung)[15]:

Übergangszeitpunkt (date of transition)	IFRS-Vergleichszahlen	Abschlussstichtag (reporting date)
01.01.2017	31.12.2017	31.12.2018
	Umstellungsjahr (transition period)	Berichtsperiode (reporting period)
IFRS-Eröffnungsbilanz	letzter HGB-Abschluss	erster IFRS-Abschluss

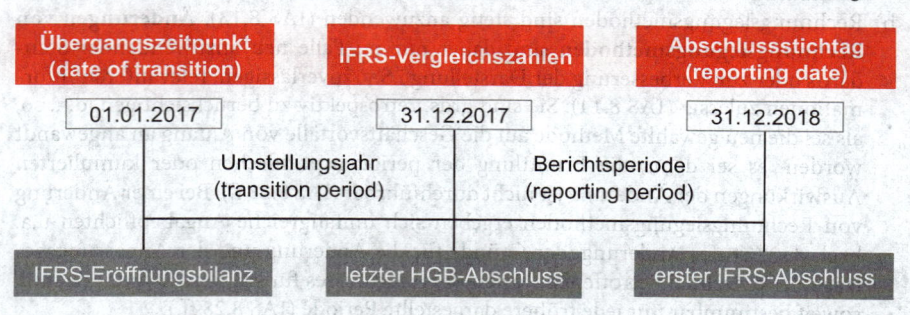

Abb. 1: Zeitraum der IFRS-Umstellung

71 IFRS 1 sieht grds. die **retrospektive Anwendung** der IFRS vor. Diese zielt auf einen Abschluss ab, der so aufgestellt wurde, als ob das Unternehmen schon immer die IFRS angewandt hätte. Dabei müssen für sämtliche im erstmaligen Abschluss dargestellten Perioden einheitliche Rechnungslegungsmethoden gem. der zum Ende der ersten IFRS-Berichtsperiode geltenden Standards zugrunde gelegt werden (IFRS 1.7).

72 **Schätzungen** müssen bzgl. der Vergleichsperioden in Einklang mit den bei der Aufstellung des Abschlusses nach zuvor angewandten Rechnungslegungsstandards zugrunde gelegten Erkenntnissen stehen (IFRS 1.14). Der Wertaufhellungszeitraum für die Vergleichsperiode ist insoweit auf den Aufstellungszeitpunkt des nach zuvor angewandten Rechnungslegungsstandards aufgestellten Abschlusses beschränkt. Eine Anpassung hat lediglich zu erfolgen, wenn diese Schätzung als fehlerhaft einzustufen ist (IFRS 1.15). Erstmals vorzunehmende Schätzungen müssen die Gegebenheiten zum entspr. Zeitpunkt (z.B. zum Übergangszeitpunkt) widergeben (IFRS 1.16). Insoweit ist auch hier die Unterscheidung zwischen berücksichtigungspflichtigen und nicht zu berücksichtigenden Ereignissen gem. IAS 10 relevant (vgl. hierzu Kap. K Tz. 63).

73 Gleichwohl sind hinsichtlich der retrospektiven Anwendung einige obligatorische sowie eine Vielzahl fakultativer **Ausnahmen** zu beachten. So ist bspw. die rückwirkende An-

---

15 Leicht modifiziert entnommen aus *Baetge* u.a., IFRS², Teil B, IFRS 1, Rn. 24.

wendung des IFRS 9 für die Beurteilung einer zuvor vorgenommenen Ausbuchung finanzieller Vermögenswerte und Schulden nur unter bestimmten Voraussetzungen gestattet (IFRS 1.B2), während z.B. für die bilanzielle Abbildung von Versicherungsverträgen die in IFRS 4 vorgesehenen Übergangsvorschriften alternativ zur retrospektiven Anwendung herangezogen werden dürfen (IFRS 1.D4).

Über die generell notwendigen **Angaben**, die auch für die IFRS-Eröffnungsbilanz gelten, hinaus ist eine Überleitungsrechnung zu erstellen, die einerseits das EK nach zuvor angewandten Rechnungslegungsstandards auf das nach IFRS ausgewiesene EK und andererseits die zuvor erstellte (Gesamt-)Ergebnisrechnung auf die IFRS-Gesamtergebnisrechnung überleitet (IFRS 1.23 ff.). Erstere ist für den Übergangszeitpunkt wie auch für den letzten nach zuvor angewandten Rechnungslegungsstandards aufgestellten Abschluss, die Gesamtergebnisrechnung nur für diesen letztgenannten Zeitpunkt aufzustellen. Im Abschluss dargestellte Informationen, die nicht IFRS-konform sind, müssen als solche entspr. gekennzeichnet werden (IFRS 1.22). Darüber hinaus sind Angaben zu bestimmten Ausnahmeregelungen des IFRS 1 zu machen (IFRS 1.29 ff.). Zudem sind für die **Zwischenberichterstattung** spezielle Überleitungsrechnungen zu erstellen (IFRS 1.32 f.). 74

3. Bilanzierung wesentlicher Einzelposten

3.1 Immaterielle Vermögenswerte (IAS 38)

Immaterielle Vermögenswerte sind als **identifizierbare, nicht monetäre Vermögenswerte** definiert, die sich in Abgrenzung zu materiellen Vermögenswerten durch die **fehlende physische Substanz** auszeichnen (IAS 38.8). Sofern der Vermögenswert auf oder in einer physischen Substanz enthalten ist, ist zur Charakterisierung als materieller oder immaterieller Vermögenswert eine Beurteilung notwendig, welches Element wesentlich ist (IAS 38.4). Nicht anwendbar ist IAS 38 u.a. auf Vorräte, Leasingverhältnisse und den aus einem Unternehmenszusammenschluss resultierenden GoF (IAS 38.3). 75

Ein **Ansatz** bedingt zunächst das Vorliegen eines verlässlich bewertbaren immateriellen Vermögenswerts (IAS 38.18, .21), was wiederum die Identifizierbarkeit, die Verfügungsgewalt und das Bestehen eines zukünftigen wirtschaftlichen Nutzens voraussetzt. Das Kriterium der **Identifizierbarkeit** i.S.v. einer Abgrenzbarkeit vom GoF kann einerseits durch die Separierbarkeit erfüllt werden, sofern der Vermögenswert (einzeln oder i.V.m. anderen Vermögenswerten oder Schulden) vom Unternehmen getrennt und verkauft, lizenziert, vermietet oder getauscht werden kann. Andererseits ist die Entstehung aus vertraglichen oder anderen gesetzlichen Rechten hinreichende Voraussetzung (IAS 38.11 f.). **Verfügungsgewalt (control)** ist gegeben, wenn der zukünftige wirtschaftliche Nutzen dem Bilanzierenden zufließt und er zugleich Dritte vom Zugriff auf diesen Nutzen ausschließen kann (IAS 38.13 ff.). Der **künftige wirtschaftliche Nutzen** muss durch künftige Mehrerlöse oder Kostenersparnisse realisierbar sein (IAS 38.17). 76

Explizite **Ansatzverbote** bestehen für einen selbst geschaffenen GoF (IAS 38.48) sowie für selbst geschaffene Markennamen, Drucktitel, Verlagsrechte, Kundenlisten und ähnliche Rechte und Werte (IAS 38.63). 77

Ebenso sind **Forschungskosten** nicht aktivierungsfähig (IAS 38.54). Die Kosten in der **Entwicklungsphase**, die sich durch die Anwendung von Forschungsergebnissen oder 78 von anderem Wissen auf einen Plan oder Entwurf für die Produktion von neuen oder beträchtlich verbesserten Materialien, Vorrichtungen, Produkten, Verfahren, Systemen oder Dienstleistungen auszeichnet, sind hingegen aktivierungspflichtig, wenn sich beide Phasen trennen lassen und die folgenden Kriterien erfüllt sind (IAS 38.53, .57):

- technische Realisierbarkeit des immateriellen Vermögenswerts
- Absicht zu seiner Fertigstellung
- Fähigkeit des Unternehmens zu seiner späteren Nutzung oder zum späteren Verkauf
- Nachweis seines künftigen wirtschaftlichen Nutzens
- Verfügbarkeit technischer, finanzieller u.a. Ressourcen zum Abschluss der Entwicklung
- verlässliche Bewertbarkeit des immateriellen Vermögenswerts während der Entwicklung.

79 Die **Zugangsbewertung** immaterieller Vermögenswerte ist grds. zu AK oder HK vorzunehmen (IAS 38.24). Spezielle Regelungen gelten für den Erwerb infolge eines Unternehmenszusammenschlusses (IAS 38.33 ff.) und durch Tausch. Im letzteren Fall bemessen sich die AK des empfangenen immateriellen Vermögenswerts nach dem Fair Value, es sei denn, dem Tauschgeschäft fehlt es an wirtschaftlicher Substanz[16] oder weder der Fair Value des erhaltenen Vermögenswerts noch der des hingegebenen Vermögenswerts sind verlässlich ermittelbar. In diesen Fällen sind die AK in Höhe des Buchwerts des hingegebenen Vermögenswerts zu bemessen (IAS 38.45 ff.).

80 Für die **Folgebewertung** steht dem Bilanzierenden ein Wahlrecht zur Anwendung des AK- oder des Neubewertungsmodells zu (IAS 38.72). Im Gegensatz zur Fortführung der ursprünglichen AK oder HK sieht Letzteres die Bewertung mit dem Fair Value (zum Neubewertungszeitpunkt) abzgl. späterer kumulierter Amortisationen und späterer kumulierter Wertminderungsaufwendungen vor. Die Optierung zum Neubewertungsmodell setzt allerdings Folgendes voraus (IAS 38.72 f., .75):

- einheitliche Ausübung des Wahlrechts für alle Vermögenswerte einer Gruppe von Vermögenswerten ähnlicher Art und mit ähnlichem Verwendungszweck
- Ermittlung des Fair Value auf einem aktiven Markt.

81 Hierbei ist die **Neubewertung** regelmäßig durchzuführen, um sicherzustellen, dass Buchwert und Fair Value nicht wesentlich voneinander abweichen (IAS 38.75). Sollte die Neubewertung zu einer Erhöhung des Buchwerts führen, ist der entsprechende Betrag gesondert im sonstigen Ergebnis und im EK unter der Position Neubewertungsrücklage zu erfassen, sofern es sich nicht um die Aufholung einer vorherigen Abwertung handelt (IAS 38.85). Spiegelbildlich wird eine Neubewertung, die zu einer Verringerung des Buchwerts führt, im sonstigen Ergebnis erfasst, solange die diesbezügliche Neubewertungsrücklage noch nicht verbraucht ist (IAS 38.86). Darüber hinaus gelten die Vorschriften zur Wertminderung gem. IAS 36 (IAS 38.111). Eine Nachaktivierung bisher nicht angesetzter Vermögenswerte ist durch das Neubewertungsmodell nicht möglich (IAS 38.76(a)).

---

16 Dies bemisst sich danach, ob sich die Zusammensetzung der Cash Flows – resultierend aus erhaltenem und hingegebenem Vermögenswert – unterscheiden oder der unternehmensspezifische Wert jenes Teils der Geschäftstätigkeit, der vom Tauschvorgang betroffen ist, durch diesen geändert wird. In beiden Fällen muss die Änderung wesentlich im Verhältnis zum Fair Value der getauschten Vermögenswerte sein (IAS 38.46).

Die für die planmäßige **Abschreibung** zu ermittelnde Nutzungsdauer und die Abschreibungsmethode müssen dem spezifischen Nutzungsverlauf im Unternehmen sowie der technischen, technologischen und kommerziellen Alterung Rechnung tragen; im Zweifel ist linear abzuschreiben (IAS 38.97). Allerdings kann auch eine unbegrenzte respektive unbestimmte („indefinite") Nutzungsdauer zugrunde zu legen sein. In diesem Fall ist eine planmäßige Abschreibung unzulässig. Stattdessen ist jährlich und bei Vorliegen eines Anhaltspunkts für eine Wertminderung eine Werthaltigkeitsprüfung nach IAS 36 durchzuführen (IAS 38.107 f.). Die Annahme einer unbestimmten Nutzungsdauer muss jedoch mindestens jährlich überprüft werden (IAS 38.109). 82

Bezüglich der **Neubewertungsmethode** ist für die Folgebewertung die Bruttodarstellung (Anpassung von Buchwert und kumulierter Abschreibung) oder die Nettodarstellung (Anpassung des Buchwerts auf den Neubewertungsbetrag ohne verbleibende kumulierte Abschreibung) zulässig (IAS 38.80). Die planmäßige Abschreibung auf Basis eines durch Neubewertung erhöhten Buchwerts sollte sich vollständig in der GuV niederschlagen und die Auflösung der Neubewertungsrücklage gegen die Gewinnrücklagen erfolgen[17]. 83

Die **Ausbuchung** von immateriellen Vermögenswerten ist im Zuge deren Veräußerung oder Stilllegung vorzunehmen oder sobald kein weiterer wirtschaftlicher Nutzen aus der Nutzung oder Veräußerung mehr zu erwarten ist. Ein vom Restbuchwert abweichender Abgangserlös ist regelmäßig als Gewinn oder Verlust zu berücksichtigen; Gewinne sind nicht als Umsatzerlöse zu zeigen (IAS 38.112 ff.). 84

Neben der Erstellung eines Anlagenspiegels sind **Angaben** insb. bei immateriellen Vermögenswerten mit unbestimmter Nutzungsdauer, bei Anwendung der Neubewertungsmethode und zu Forschungs- und Entwicklungskosten vorgeschrieben (IAS 38.118 ff.). 85

3.2 Sachanlagevermögen (IAS 16)

Sachanlagen sind materielle Vermögenswerte, die zum Zwecke der Herstellung oder der Lieferung von Gütern und Dienstleistungen oder zur Vermietung an Dritte oder für Verwaltungszwecke gehalten und die erwartungsgemäß länger als eine Periode genutzt werden (IAS 16.6). Wechselbeziehungen bestehen u.a. zu IAS 17 und IAS 40. 86

Ansatzvoraussetzungen sind die Wahrscheinlichkeit eines künftigen wirtschaftlichen Nutzenzuflusses, der mit dem Vermögenswert assoziiert ist, und die verlässliche Bewertbarkeit der AK oder HK (IAS 16.7). Ersatzteile oder Wartungsgeräte können bei Erfüllung dieser Voraussetzungen auch Sachanlagen darstellen (IAS 16.8). 87

Die **Zugangsbewertung** erfolgt mit den AK oder HK zzgl. der Kosten, die notwendig sind, um den Vermögenswert in einen betriebsbereiten Zustand zu versetzen (IAS 16.15 ff.). Die Bemessung der AK oder HK muss ggf. als Barwert zukünftiger Zahlungen erfolgen; für die Ermittlung im Falle des Tauschs gelten besondere Vorschriften (vgl. analog Kap. K Tz. 79; IAS 16.23 ff.). 88

Eine sachanlagenspezifische Besonderheit besteht in der Berücksichtigung von korrespondierenden **Entsorgungs-, Wiederherstellungs- und ähnlichen Verpflichtungen**. Sofern diese im Wesentlichen mit der Anschaffung entstehen und gleichzeitig zu einer 89

---

[17] Vgl. *EY*, International GAAP 2018, Ch. 18, 6.2.

entspr. Rückstellung führen, sind diese Kosten als AK der Sachanlage zu berücksichtigen (IAS 16.16)[18].

90 Für die **Folgebewertung** steht dem Bilanzierenden ein Wahlrecht zur Anwendung des AK- oder des Neubewertungsmodells zu (IAS 16.29). Letzteres sieht die Bewertung mit dem Fair Value (zum Neubewertungszeitpunkt) abzgl. späterer kumulierter Amortisationen und späterer kumulierter Wertminderungsaufwendungen vor. Die Optierung zum Neubewertungsmodell setzt lediglich die verlässliche Bestimmbarkeit des Fair Value und die Anwendung auf eine gesamte Gruppe von Sachanlagen (z.B. Gebäude) voraus. Abgesehen von den weniger strengen Anwendungsvoraussetzungen gelten die Vorschriften zur Neubewertung von immateriellen Vermögenswerten analog (vgl. Kap. K Tz. 80 ff.; IAS 16.39 ff.).

91 Das **Abschreibung**svolumen – als Residual aus Buchwert und Restwert – ist planmäßig über die Nutzungsdauer zu verteilen, welche ebenso wie die Abschreibungsmethode in Abhängigkeit von der tatsächlichen Nutzung bzw. dem Nutzenverzehr im Unternehmen sowie der technischen und wirtschaftlichen Alterung zu bestimmen ist (IAS 16.50 ff.).

92 Dem sog. **Komponentenansatz** folgend wird die Abschreibung einer Sachanlage für jeden ihrer wesentlichen (significant) Bestandteile getrennt vorgenommen, wobei wesentliche Bestandteile mit identischem Abnutzungsverlauf zusammengefasst werden dürfen. Die restlichen (separat nicht wesentlichen) Teile sind einheitlich (ggf. unter Berücksichtigung eines gewogenen Durchschnitts bei divergierenden Nutzungsdauern) abzuschreiben (IAS 16.43 ff.).

93 Eng mit diesem Ansatz verknüpft bestehen gesonderte Regelungen für **nachträgliche AHK**, da diese nicht nur im Falle einer erheblichen Kapazitätserweiterung, einer wesentlichen Nutzungsdauerverlängerung oder substantiellen Qualitätsverbesserung zu berücksichtigen sind, sondern auch bei Ersatz von Komponenten, die getrennt abgeschrieben wurden. Der verbliebene Restbuchwert einer ersetzten Komponente muss entspr. ausgebucht werden (IAS 16.12 ff.). Ansonsten erfolgt die **Ausbuchung** wie im vorangegangenen Abschn. dargestellt (vgl. Kap. K Tz. 84).

94 IAS 16 sieht umfangreiche **Angaben** zu den Sachanlagen vor (z.B. zu den Bewertungsgrundlagen und Abschreibungsmethoden) sowie die Erstellung eines Anlagespiegels i.S. einer Überleitung der Buchwerte vom Beginn der Periode zu deren Ende (vgl. IAS 16.73). Zu den Angaben im Fall der Neubewertung siehe IAS 16.77.

3.3 Zuwendungen der öffentlichen Hand (IAS 20)

95 IAS 20 regelt die Bilanzierung von Zuwendungen der öffentlichen Hand, wobei grds. zu unterscheiden ist zwischen ertrags- und vermögenswertbezogenen Zuwendungen sowie zwischen monetären und nicht monetären Zuwendungen. Eine Erfassung von Zuwendungen ist generell nur möglich, wenn mit angemessener Sicherheit von einer Erfüllung der Bedingungen und einer Zuschussgewährung auszugehen ist (IAS 20.7).

96 Ebenfalls eine Zuwendung der öffentlichen Hand stellt der Zinsvorteil aus einem **un- oder niedrig verzinslichen Darlehen** dar, das von der öffentlichen Hand gewährt wird.

---

18 Zur Änderung bestehender Verpflichtungen vgl. IFRIC 1. Ein Gegenbeispiel ist u.a. eine Kiesgrube, bei der der Rekultivierungsumfang schrittweise anwächst und die Rückstellung entspr. ratierlich unmittelbar aufwandswirksam zu bilden ist.

Der als Zuwendung der öffentlichen Hand zu erfassende Betrag ergibt sich aus der Differenz zwischen erhaltener Zahlung und dem gem. IFRS 9 ermittelten Zugangswert des Darlehens (IAS 20.10A).

(Ertragsbezogene) Zuwendungen, die zum **Ausgleich von Aufwendungen** geleistet werden, sind grds. in der Periode zu erfassen, in der die entsprechenden Aufwendungen anfallen (IAS 20.12). Sie sind entweder als sonstige Erträge zu zeigen oder gegen die entsprechenden Aufwendungen zu verbuchen (IAS 20.29 ff.). Ertragszuschüsse sind unmittelbar als sonstige Erträge zu zeigen. 97

Sofern es sich um **bedingt rückzahlbare** Zuwendungen handelt, ist in Abhängigkeit von der Wahrscheinlichkeit der Rückzahlungsverpflichtung eine Eventualverbindlichkeit anzugeben bzw. eine Rückstellung anzusetzen (IAS 20.11). Der Eintritt der Rückzahlungspflicht ist als Änderung einer Schätzung zu behandeln (IAS 20.32; vgl. dort auch zur Verbuchung). 98

(Vermögenswertbezogene) Zuwendungen, d.h. Zuwendungen für **Investitionen in Vermögenswerte** dürfen entweder als Passivposten bilanziert werden, der über die Nutzungsdauer des Vermögenswerts aufzulösen ist, oder unmittelbar mit den AK oder HK des Vermögenswerts verrechnet werden, um so den künftigen Abschreibungsbetrag zu reduzieren (IAS 20.24 ff.). 99

Erfolgt die **Zuwendung in Form der Sache** selbst (nicht monetäre Zuwendung), darf diese entweder in Höhe ihres Fair Value bei gleichzeitiger Bildung eines passivischen Abgrenzungspostens oder als Merkposten mit einem symbolischen Wert (bspw. 1 €) angesetzt werden (IAS 20.23). 100

3.4 Aktivierung von Fremdkapitalkosten (IAS 23)

FK-Kosten sind Zinsen und weitere i.Z.m. der Aufnahme von FK angefallene Kosten (IAS 23.5). Sie gehören zu den AK oder HK eines Vermögenswerts, sofern es sich hierbei um einen **qualifizierten Vermögenswert** handelt, dessen Erwerb, Bau oder Herstellung einen beträchtlichen Zeitraum umfasst (bspw. Fabrikanlagen; IAS 23.1, .5, .7; zu den Ausnahmen vgl. IAS 23.4)[19]. Sie dürfen nur aktiviert werden, wenn es wahrscheinlich ist, dass dem Unternehmen hieraus ein künftiger wirtschaftlicher Nutzen erwächst und die Kosten verlässlich bewertet werden können (IAS 23.9). Bei Ermittlung eines ggf. notwendigen Wertminderungsbedarfs sind die aktivierten FK-Kosten folglich einzubeziehen (IAS 23.16). 101

Mit der **Aktivierung der FK-Kosten** ist erst zu beginnen, wenn Kosten für die bereits begonnene Herstellung, den Bau oder den Erwerb und zugleich auch FK-Kosten angefallen sind (IAS 23.17). Die Aktivierung ist zu beenden, wenn im Wesentlichen alle Arbeiten abgeschlossen sind und der Vermögenswert somit in einen betriebs- oder verkaufsbereiten Zustand versetzt ist (IAS 23.22). Wird die Herstellung/der Bau/der Erwerb des qualifizierten Vermögenswerts für einen längeren Zeitraum (ungeplant) unterbrochen, ist die Aktivierung von FK-Kosten i.d.R. auszusetzen (IAS 23.20 f.). 102

Der **Umfang der aktivierbaren FK-Kosten** ergibt sich aus den FK-Kosten, die vermieden worden wären, wenn die Ausgaben für den qualifizierten Vermögenswert nicht getätigt worden wären. Dies umfasst bei speziell für die Beschaffung eines qualifizierten 103

---

19 Zu Einzelfragen zur Bilanzierung von Fremdkapitalkosten nach IAS 23 siehe *IDW RS HFA 37*.

Vermögenswerts aufgenommenen Fremdmitteln die tatsächlich angefallenen FK-Kosten und bei nicht zweckgebundener Mittelaufnahme die durch Anwendung eines Finanzierungskostensatzes ermittelten anteiligen FK-Kosten (IAS 23.10 ff.). Der Finanzierungskostensatz entspricht dem gewogenen Durchschnitt der FK-Kosten für solche Kredite des Unternehmens, die während der Berichtsperiode bestanden haben und nicht speziell für die Beschaffung eines qualifizierten Vermögenswerts aufgenommen wurden (IAS 23.14).

104 **Angabepflichten** bestehen bzgl. der in der Periode aktivierten FK-Kosten sowie ggf. des Finanzierungskostensatzes (IAS 23.26).

3.5 Leasingverhältnisse (IFRS 16)[20]

105 IFRS 16 ist auf alle Leasingverhältnisse (einschl. Unterleasingverhältnisse) i.S.d. Standards anzuwenden[21].

106 Ausgenommen sind Leasingvereinbarungen über Vermögenswerte für Exploration und Evaluierung (IFRS 6), biologische Vermögenswerte (IAS 41), Dienstleistungskonzessionsvereinbarungen (IFRIC 12), Lizenzvereinbarungen über geistiges Eigentum, sofern beim Leasinggeber im Anwendungsbereich des IFRS 15, sowie Lizenzrechte, die beim Leasingnehmer in den Anwendungsbereich des IAS 38 fallen (IFRS 16.3).

107 Bei einem Leasingverhältnis erhält der Leasingnehmer für einen bestimmten Zeitraum ein **Nutzungsrecht** (right to control the use) an einem **spezifizierten Vermögenswert** (identified asset) im Austausch für eine Gegenleistung (IFRS 16.9). Spezifiziert ist ein Vermögenswert, wenn dieser entweder explizit im Vertrag bestimmt ist, oder impliziert durch die tatsächliche Zur-Verfügung-Stellung durch den Leasinggeber (IFRS 16.B13 ff.). Der Leasingnehmer erhält durch das Nutzungsrecht die Kontrolle über den geleasten Vermögenswert, d.h. er kann während der Vertragslaufzeit frei über dessen Nutzung entscheiden (IFRS 16.B24 ff.), und ihm stehen im Wesentlichen alle wirtschaftlichen Vorteile daraus zu (IFRS 16.B21 ff.).

108 Wurde ein Leasingverhältnis i.S.d. IFRS 16 identifiziert, hat der Leasingnehmer zu prüfen, ob der Leasingvertrag auch eine **Nichtleasingkomponente** (z.B. eine Dienstleistung) enthält, welche von der Leasingkomponente getrennt zu bilanzieren ist. Die Aufteilung der AK erfolgt im Verhältnis der jeweils beobachtbaren (andernfalls geschätzten) Einzelveräußerungspreise (IFRS 16.13 f.). Die Bilanzierung der Nichtleasingkomponente richtet sich grds. nach den jeweils einschlägigen IFRS (IFRS 16.16). Wahlweise wird es dem Leasingnehmer auch gestattet, die gesamte Vereinbarung gem. IFRS 16 zu bilanzieren (IFRS 16.15). Der Leasinggeber hat dagegen eine Aufteilung der Gegenleistung gem. den Vorgaben des IFRS 15 vorzunehmen (IFRS 16.17).

109 Sowohl für Leasingnehmer (IFRS 16.51 ff.) als auch für Leasinggeber (IFRS 16.89 ff.) sind umfangreiche quantitative wie auch qualitative Angaben zu machen. Sie sollen es dem Abschlussleser ermöglichen, die Auswirkungen von Leasingvereinbarungen auf die VFE-Lage einzuschätzen.

---

[20] IFRS 16 tritt für GJ beginnend ab dem 01.01.2019 in Kraft. Zu den durch IFRS 16 ersetzten Standards und Interpretationen siehe WPH I 2012, Kap. N Tz. 262 ff.

[21] Vgl. zu IFRS 16 ausführlich u.a. *Eckl/Kirch/Piesbergen/Pilhofer*, DB 2016, S. 661 ff. und S. 721 ff.; *Bauer/Gallert*, WPg 2016, S. 321 ff. sowie *Ganssauge/Klockmann/Alymov*, WPg 2016, S. 735 ff.

3.5.1 Bilanzierung beim Leasingnehmer

Ab dem Zeitpunkt, an dem der Leasinggeber dem Leasingnehmer die Verfügungsgewalt über den geleasten Vermögenswert überträgt, hat der Leasingnehmer grds. für das Nutzungsrecht einen Vermögenswert und für die Erfüllung der Gegenleistung eine Leasingverbindlichkeit zu bilanzieren (IFRS 16.22). **110**

Als **Bilanzierungserleichterung** aufgrund von Kosten-Nutzen-Erwägungen sieht IFRS 16.5 für den **Leasingnehmer zwei Wahlrechte** vor. Bei **kurzlaufenden Leasingverhältnissen** mit einer Laufzeit von maximal zwölf Monaten (short-term leases; IFRS 16.5(a)) dürfen Leasingnehmer für jede Klasse von geleasten Vermögenswerten entscheiden, diese nicht in der Bilanz zu erfassen, sondern als schwebende Geschäfte zu behandeln. Das Vorgehen entspricht dem bisherigen Operating Lease nach IAS 17, wonach die gezahlten Leasingraten als Aufwand erfasst werden (IFRS 16.6). Auch für **geleaste Vermögenswerte, die einzeln nutzbar sind und nur einen geringen Wert aufweisen** darf dieses Vorgehen im jeweiligen Einzelfall gewählt werden (IFRS 16.5(b); IFRS 16.B3 ff.). Der IASB hatte bei seiner Entscheidung für dieses Wahlrecht Vermögenswerte vor Augen, deren Neupreis 5.000 USD nicht übersteigt (IFRS 16.BC100). **111**

Die **Leasingverbindlichkeit** ist bei Zugang in Höhe des **Barwerts der noch zu leistenden Leasingzahlungen** anzusetzen (IFRS 16.26). Die während der Vertragslaufzeit noch zu leistenden Zahlungen umfassen fixe und bestimmte variable Zahlungen, eine ggf. vorhandene Restwertgarantie sowie den Ausübungspreis einer mit hoher Wahrscheinlichkeit ausgeübten Kaufoption und wahrscheinliche Strafzahlungen für die Ausübung einer Option zur vorzeitigen Beendigung des Leasingverhältnisses (IFRS 16.27). Als Abzinsungssatz ist grds. der dem Leasingverhältnis zugrunde liegende (interne) Zinssatz heranzuziehen, sofern dieser vom Leasingnehmer bestimmt werden kann; andernfalls ist der Grenzfremdkapitalzinssatz des Leasingnehmers anzuwenden (IFRS 16.26). Bei der Folgebewertung ist die Leasingverbindlichkeit aufzuzinsen und um geleistete Leasingzahlungen zu kürzen, sowie um ggf. erforderliche Neueinschätzungen der Leasingzahlungen oder erfolgte Vertragsänderungen – sog. Neubeurteilungen (remeasurements) – anzupassen (IFRS 16.36). Die Leasingverbindlichkeit ist entweder in der Bilanz als gesonderter Posten auszuweisen oder im Anhang anzugeben (IFRS 16.47(b)). **112**

Das **Nutzungsrecht** ist bei Zugang mit den **AK** anzusetzen (IFRS 16.23). Die AK umfassen den Zugangswert der Leasingverbindlichkeit, bereits vor Beginn des Leasingverhältnisses geleistete Zahlungen, alle anfänglichen direkten Kosten des Leasingnehmers sowie geschätzte Rückbau-/Rekultivierungsverpflichtungen (IFRS 16.24). Bei der Folgebewertung sind die AK um planmäßige Abschreibungen und ggf. um Wertminderungen gem. IAS 36 fortzuschreiben sowie ggf. um Neubeurteilungen der Leasingverbindlichkeit anzupassen (IFRS 16.29 ff.). Unter Umständen kommt bei der Folgebewertung in Übereinstimmung mit IAS 16 und IAS 40 der Ansatz zum Fair Value zum Tragen (IFRS 16.34 f.). Das Nutzungsrecht ist entweder in der Bilanz als gesonderter Posten oder in dem jeweiligen Bilanzposten, in dem der geleaste Vermögenswert (als Eigentum) zu zeigen wäre (mit zusätzlich erläuternden Anhangangaben), auszuweisen (IFRS 16.47(a)). **113**

In der **GuV** dürfen die Abschreibungen des Nutzungsrechts und die Zinsaufwendungen der Leasingverbindlichkeit nicht zusammen dargestellt werden (IFRS 16.49). Die Zinsaufwendungen sind Teil des Finanzergebnisses nach IAS 1.82(b). In der **KFR** ist der **114**

Tilgungsanteil der Leasingverbindlichkeit im Finanzierungsbereich zu erfassen, der Zinsanteil in Abhängigkeit des Bilanzierungswahlrechts nach IAS 7.31 entweder im operativen oder im Finanzierungsbereich. Bei Inanspruchnahme der Bilanzierungserleichterung für kurzlaufende Leasingverhältnisse oder geleaste Vermögenswerte mit geringem Wert sind die als Aufwand erfassten Leasingzahlungen insgesamt dem operativen Bereich zuzuordnen (IFRS 16.50).

3.5.2 Bilanzierung beim Leasinggeber

115 Die Bilanzierung beim Leasinggeber entspricht im Wesentlichen der Vorgehensweise nach dem bisherigen „dualen **Risk-and-Rewards-Modell**" des IAS 17. Der Leasinggeber unterscheidet hierbei die Leasingverhältnisse in Operating- und Finanzierungsleasing (IFRS 16.61).

116 Überträgt der Leasinggeber im Wesentlichen alle mit dem Eigentum verbundenen **Chancen und Risiken des geleasten Vermögenswerts** auf den Leasingnehmer, handelt es sich um ein Finanzierungsleasing, andernfalls um ein Operating Leasing (IFRS 16.62).

117 Bei einem **Finanzierungsleasing** muss der Leasinggeber den Leasinggegenstand mit Beginn des Leasingverhältnisses ausbuchen und eine Leasingforderung einbuchen, die mit dem **Nettoinvestitionswert** in das Leasingverhältnis bewertet wird (IFRS 16.67). Der Nettoinvestitionswert ist die Summe der diskontierten noch zu erhaltenen Zahlungen für das Nutzungsrecht des geleasten Vermögenswerts. Dazu zählen fixe und bestimmte variable Zahlungen, der garantierte Restwert sowie der Ausübungspreis einer mit hoher Wahrscheinlichkeit ausgeübten Kaufoption und wahrscheinliche Strafzahlungen für Ausübung einer Option zur vorzeitigen Beendigung des Leasingverhältnisses (IFRS 16.70). Anfängliche direkte Kosten (z.B. Rechtsberatungskosten, Provisionen, interne Verhandlungskosten) müssen zu Beginn des Leasingverhältnisses aufwandswirksam erfasst werden (IFRS 16.69). Bei der Folgebewertung hat der Leasinggeber die Nettoinvestition mit dem internen Zinsfuß des Leasingverhältnisses aufzuzinsen und um erhaltene Leasingzahlungen zu kürzen (IFRS 16.76). Ferner unterliegt die Leasingforderung den Ausbuchungs- und Wertminderungsvorschriften des IFRS 9 (IFRS 16.77). Auszuweisen sind der Nettoinvestitionswert in der Bilanz als Forderung und die Aufzinsung des Nettoinvestitionswerts in der GuV als Zinsertrag.

118 Bei einem **Operating Leasing** hat der Leasinggeber den Leasinggegenstand weiterhin zu bilanzieren und entspr. den Regelungen des IAS 16/IAS 38/IAS 40 sowie IAS 36 zu bewerten. Die Leasingzahlungen sollen grds. linear über die Leasingvertragslaufzeit erfolgswirksam erfasst werden (IFRS 16.81). Anfängliche direkte Kosten werden dem Buchwert des geleasten Vermögenswerts hinzugerechnet und methodengleich zu den erhaltenen Leasingzahlungen als Aufwand erfasst (IFRS 16.83). Ebenfalls als Aufwand zu erfassen sind Abschreibungen und Wertminderungen auf den geleasten Vermögenswert (IFRS 16.82). In der Bilanz des Leasinggebers sind die geleasten Vermögenswerte entspr. ihrer Art auszuweisen (IFRS 16.88).

3.5.3 Sale-and-Lease-back-Transaktionen

119 Aufgrund des Right-of-Use-Modells des IFRS 16 ist das Lease-back beim Leasingnehmer grds. bilanzwirksam abzubilden. Nach den Neuregelungen des IFRS 15[22] i.V.m. IFRS 16

---

22 Siehe Kap. K Tz. 234 ff.

hat der Verkäufer zunächst zu prüfen, ob ein Verkauf nach IFRS 15 stattgefunden hat, indem die Verfügungsgewalt (control) über den Leasinggegenstand auf den Käufer/Leasinggeber übergegangen ist (IFRS 16.99). Liegt ein **Verkauf i.S.d. IFRS 15** vor, so haben der Verkäufer/Leasingnehmer und der Käufer/Leasinggeber den Geschäftsvorfall als **Sale-and-Lease-Back-Transaktion** gem. IFRS 16.100 ff. zu bilanzieren. D.h., der Verkäufer/Leasingnehmer hat zum Zeitpunkt des Verkaufs zum einen den geleasten Vermögenswert auszubuchen (sowie einen ggf. hieraus resultierenden Veräußerungsgewinn oder -verlust ergebniswirksam zu erfassen) und zum anderen sowohl ein Nutzungsrecht als auch eine Leasingverbindlichkeit einzubuchen (IFRS 16.100(a)). Der Käufer/Leasinggeber hat den erworbenen Vermögenswert in Übereinstimmung mit den hierfür einschlägigen IFRS zu bilanzieren (IFRS 16.100(b)). Entspricht der Veräußerungspreis nicht dem Fair Value des geleasten Vermögenswerts oder sind nichtmarktübliche Leasingzahlungen vereinbart, müssen diese nach IFRS 16.101 f. an marktübliche Konditionen angepasst werden.

Qualifiziert der Übergang des Vermögenswerts **nicht als Verkauf i.S.d. IFRS 15** oder hat der Verkäufer/Leasingnehmer eine substanzielle Option zum Rückkauf des Vermögenswerts, liegt keine Sale-and-Lease-back-Transaktion vor, sondern eine **reine Finanzierungstransaktion ohne Abgang des Vermögenswerts**. Der Verkäufer/Leasingnehmer hat dann den übertragenen Vermögenswert weiterhin zu bilanzieren und eine finanzielle Verbindlichkeit für die Leasingzahlungen gem. IFRS 9 zu erfassen (IFRS 16.103). **120**

3.6 Als Finanzinvestition gehaltene Immobilien (IAS 40)

Charakteristikum einer als Finanzinvestition gehaltenen Immobilie (investment property) ist die Absicht zur Erzielung von Mieteinnahmen und/oder zur Partizipation an Wertsteigerungen, wohingegen selbstgenutzte Immobilien zur Herstellung oder Lieferung von Gütern bzw. zur Erbringung von Dienstleistungen oder für Verwaltungszwecke gehalten werden (IAS 40.5). **121**

Der **Ansatz** als Finanzinvestition gehaltene Immobilie erfolgt, wenn die (auch für Sachanlagen geltenden) Ansatzkriterien des künftigen wirtschaftlichen Nutzens und der verlässlichen Bewertbarkeit erfüllt sind (IAS 40.16). **122**

Die **Zugangsbewertung** der Anlageimmobilien ist mit den AK oder HK vorzunehmen, denen die – in diesem Bereich oftmals wesentlichen – direkt zurechenbaren Nebenkosten wie z.B. Honorare, Gebühren und Steuern zu addieren sind. Eine Ausnahme stellt auch hier der Erwerb durch Tausch dar (analog zu Kap. K Tz. 79; IAS 40.27 ff.). **123**

Die **Folgebewertung** ist entweder nach dem AK-Modell oder nach dem Modell des Fair Value vorzunehmen (IAS 40.30). Letzteres darf nur gewählt werden, sofern der Fair Value (voraussichtlich) fortwährend verlässlich bestimmbar ist. Das Bewertungswahlrecht ist einheitlich und im Zeitverlauf stetig auszuüben (IAS 40.33, .53). Ein Wechsel des Bewertungsmodells ist in Übereinstimmung mit IAS 8.14(b) nur dann möglich, wenn das neue Bewertungsmodell dazu führt, dass der Abschluss zuverlässigere und relevantere Informationen enthält, was vom IASB für den Wechsel zum AK-Modell als höchst unwahrscheinlich erachtet wird (IAS 40.31). **124**

Der **Fair Value** ist gem. IFRS 13 zu bestimmen (vgl. Kap. K Tz. 48 ff.), wobei für die Ermittlung die Beauftragung eines unabhängigen Gutachters empfohlen wird (IAS 40.32). **125**

Im Unterschied zum Neubewertungsmodell nach IAS 16 und IAS 38 wird der Fair Value zu jedem Stichtag tatsächlich ermittelt und eine etwaige Wertveränderung unmittelbar in der GuV erfasst; die Abnutzung der Immobilien schlägt sich folglich in einer Änderung des Fair Value nieder (IAS 40.33, .35).

126 Hingegen gelten im Falle der Anwendung des **AK-Modells** die Vorschriften des IAS 16 (IAS 40.46; vgl. Kap. K Tz. 88); ebenso gelten die dortigen Ausführungen zum Komponentenansatz (vgl. auch IAS 40.19, .68; Kap. K Tz. 92) und zur **Ausbuchung** (vgl. Kap. K Tz. 93).

127 Mit der Wahl beider Modelle gehen jeweils umfangreiche **Angabepflichten** einher. Diese umfassen u.a. die Erstellung einer Überleitungsrechnung sowie im Falle des AK-Modells die Angabe des Fair Value oder der Gründe, warum dieser nicht verlässlich ermittelt werden konnte (IAS 40.74 ff.).

3.7 Wertminderung von Vermögenswerten (IAS 36)

3.7.1 Grundlagen und Anlässe

128 IAS 36 ist auf die Durchführung von **Werthaltigkeitsprüfungen (impairment tests)** für Vermögenswerte oder zahlungsmittelgenerierende Einheiten (ZGE) und die Erfassung ggf. festgestellter Wertminderungen und etwaiger späterer Wertaufholungen ausgerichtet[23]. Im Zentrum steht dabei die Ermittlung des erzielbaren Betrags (recoverable amount), der sich als der höhere Wert aus Fair Value abzgl. Abgangskosten (fair value less costs of disposal) und Nutzungswert (value in use) errechnet und die Basis für den Vergleich mit dem korrespondierenden Buchwert bildet (vgl. IAS 36.18, .59).

129 Nicht anwendbar ist der Standard auf Vermögenswerte, für die in anderen Standards spezielle Regelungen zur Erfassung von Wertminderungen enthalten sind (IAS 36.2 ff.). Der **Anwendungsbereich** erstreckt sich daher im Wesentlichen auf immaterielle Vermögenswerte, insb. den GoF, Sachanlagen, als Finanzinvestition gehaltene Immobilien (AK-Modell) und im EA abgebildete Beteiligungen an Konzernunternehmen[24].

130 An jedem Abschlussstichtag hat der Bilanzierende einzuschätzen, ob Anhaltspunkte für die Wertminderung eines Vermögenswerts vorliegen und ob entspr. eine Werthaltigkeitsprüfung durchzuführen ist (IAS 36.9; zu Ausnahmen siehe IAS 36.15). Als Anhaltspunkte sind zumindest folgende externe Informationsquellen zu beachten: die Entwicklung des Marktpreises, die Veränderung des technischen, marktbezogenen, ökonomischen sowie gesetzlichen Umfelds und die Veränderung von Marktzinssätzen, -renditen und der Marktkapitalisierung[25]. Daneben sind zumindest folgende interne Informationsquellen zu berücksichtigen: substanzielle Hinweise für eine Überalterung oder physische Schaden des Vermögenswerts und darauf, dass die Ertragskraft des Vermögenswerts schlechter ist oder sein wird als erwartet und signifikante Veränderungen mit nachteiligen Folgen für die Nutzung des Vermögenswerts (bspw. Stilllegung des Vermögenswerts oder Restrukturierung des zugehörigen Bereichs) (IAS 36.12). Unabhängig von dem Vorliegen von Anhaltspunkten sind **regelmäßige Werthaltigkeitsprüfungen** – zu einem frei wählbaren, aber immer gleichen Zeitpunkt innerhalb des

---

23 Siehe zu Einzelfragen zu IAS 36 auch *IDW RS HFA 40*.
24 Sofern gem. IAS 27.10(a) zu AK bewertet (vgl. IAS 27.10, IAS 28.44 und IFRS 11.26(b)).
25 Siehe *IDW RS HFA 40*, Tz. 10 ff.

GJ – für noch nicht zum Gebrauch verfügbare immaterielle Vermögenswerte sowie solche mit unbestimmter Nutzungsdauer und für den GoF durchzuführen (IAS 36.10).

131 Die Werthaltigkeitsprüfung erfolgt auf Basis des einzelnen Vermögenswerts, sofern dessen erzielbarer Betrag bestimmt werden kann. Ist dies nicht möglich, wird die Werthaltigkeitsprüfung auf Ebene der ZGE durchgeführt, zu welcher der Vermögenswert gehört (IAS 36.66). Eine ZGE ist die kleinste identifizierbare Gruppe von Vermögenswerten, die durch ihren Einsatz im Unternehmen Zahlungsmittelzuflüsse erzeugt, die weitestgehend unabhängig von denen anderer Vermögenswerte sind (IAS 36.6). Die Werthaltigkeit des GoF ist auf der niedrigsten Ebene zu überprüfen, auf der er innerhalb des Unternehmens für Managementzwecke überwacht wird, wobei die betroffene Einheit / Gruppe von Einheiten nicht größer als ein Geschäftssegment i.S.v. IFRS 8.5 sein darf (IAS 36.80).

3.7.2 Erzielbarer Betrag und Buchwert

132 Konzeptionell liegt der Werthaltigkeitsprüfung die Überlegung zugrunde, dass ein Unternehmen einen Gegenstand nur dann veräußert, wenn sein Fair Value abzgl. der Abgangskosten größer ist als sein Nutzungswert. Andernfalls nutzt es ihn weiter. Folglich ist der **erzielbare Betrag** als der höhere der beiden Werte zu bestimmen. Wenn bereits ein Wert den Buchwert übersteigt, ist dies ein hinreichender Beleg dafür, dass keine Wertminderung vorliegt (IAS 36.19).

133 Der **Fair Value** ist gem. den Vorschriften des IFRS 13 zu ermitteln (vgl. Kap. K Tz. 48) und anschließend um die Abgangskosten zu mindern. Zu berücksichtigen sind nur die dem Verkauf direkt zurechenbaren Kosten (IAS 36.28). Sollte der Fair Value nicht verlässlich ermittelbar sein, darf der Nutzungswert als erzielbarer Betrag herangezogen werden (IAS 36.20).

134 Für die Ermittlung des **Nutzungswerts** sind zwei Schritte erforderlich: zum einen die Schätzung der künftigen Zahlungsströme aus der fortgesetzten Nutzung des Vermögenswerts bzw. der ZGE und aus dessen/deren Abgang, zum anderen die Ermittlung und Anwendung eines angemessenen Kapitalisierungszinssatzes (IAS 36.31). IAS 36 beinhaltet umfangreiche Vorgaben zur Schätzung der künftigen Zahlungsströme (IAS 36.33 ff.) und des Kapitalisierungszinssatzes (IAS 36.55 ff.). So wird bspw. für die Prognose der künftigen Zahlungsströme im Regelfall eine zweigeteilte Struktur vorgegeben. D.h. die auf vernünftigen und vertretbaren Annahmen des Managements basierenden Prognosen sind zunächst für eine (bis zu) fünfjährige Detailplanungsphase zu erstellen und dann für eine sich daran anschließende Restnutzungsdauer bzw. ggf. ewige Rente langfristig fortzuschreiben. Diese Fortschreibung beruht in praxi i.d.R. auf einer Extrapolation der Zahlungsströme aus dem (letzten Jahr des) Detailplanungszeitraum(s)[26]. Dabei dürfen Erweiterungsmaßnahmen und Restrukturierungen nur in engen Grenzen berücksichtigt werden (IAS 36.44 ff.). Den Risiken, die dem jeweiligen Vermögenswert immanent sind, sowie den Unsicherheiten bei der Prognose der Zahlungsströme ist durch Anpassung der Zahlungsströme oder des Zinssatzes Rechnung zu tragen. Bei Bestimmung der Größen ist grds. das Äquivalenzprinzip zu beachten, welches sich auf Risiko, Laufzeit, Inflation, Besteuerung und Währung erstreckt[27].

---

26 Siehe *IDW RS HFA 40*, Tz. 18 ff.
27 Vgl. hierzu ausführlich auch *Freiberg*, S. 36 ff.

135 Die Ermittlung des **erzielbaren Betrags für eine ZGE** erfolgt analog zur Vorgehensweise bei einzelnen Vermögenswerten.

136 Die Bestimmung des **Buchwerts** ist bei der Werthaltigkeitsprüfung eines einzelnen Vermögenswerts i.d.R. unproblematisch. Bei Betrachtung einer ZGE ist das Äquivalenzprinzip zu beachten, d.h. der Buchwert der ZGE muss konsistent mit den in den erzielbaren Betrag eingeflossenen Zahlungsströmen bestimmt werden (IAS 36.75). Schulden werden i.d.R. einer ZGE nicht zugeordnet (IAS 36.76(b), .78). Ggf. sind corporate assets[28] (z.B. die Konzernzentrale oder IT-Systeme) anteilig im Buchwert der zu beurteilenden ZGE zu berücksichtigen (IAS 36.100 ff.)[29].

3.7.3 Wertminderung und Wertaufholung

137 Ist der erzielbare Betrag eines Vermögenswerts bzw. einer ZGE kleiner als sein Buchwert bzw. als die Summe der Buchwerte der zur ZGE zusammengefassten Vermögenswerte (und ggf. Schulden), liegt eine Wertminderung vor. Der **Wertminderungsaufwand** eines Vermögenswerts, d.h. die Differenz zwischen erzielbarem Betrag und Buchwert, ist in der GuV zu erfassen, es sei denn, die Wertminderung ist (teilw.) gegen eine zuvor gebildete Neubewertungsrücklage zu verbuchen (IAS 36.60). Der erzielbare Betrag bildet im Falle der Wertminderung zugleich die neue Abschreibungsbasis des betreffenden Vermögenswerts (IAS 36.63).

138 Eine ZGE ist grds. analog zu behandeln. Allerdings vermindert ein resultierender Wertminderungsaufwand zunächst einen ggf. zugeordneten GoF und danach anteilig die anderen Vermögenswerte der ZGE in Relation zu ihren Buchwerten (IAS 36.104). Die Untergrenze für den einzelnen Vermögenswert ist dabei durch seinen erzielbaren Betrag oder null gegeben, sodass ein darüber hinaus gehender Wertminderungsanteil wiederum proportional auf die übrigen Vermögenswerte verteilt werden muss (IAS 36.105).

139 Spiegelbildlich zur Wertminderung ist zu prüfen, ob ein in früheren Perioden erfasster Wertminderungsaufwand nicht länger Bestand hat oder vermindert ist (IAS 36.110). Ist eine solche Feststellung auf die Änderung der ursprünglichen Schätzungen zurückzuführen, so ist – mit Ausnahme des GoF – eine **Wertaufholung** zu buchen (IAS 36.114). Diese kann für einzelne Vermögenswerte den Betrag, der sich durch Fortführung des ursprünglichen Werts vor der Wertminderung ergeben hätte, nur übersteigen, sofern es sich um eine Neubewertung in Einklang mit IAS 16 bzw. IAS 38 handelt (IAS 36.118). Hingegen ist die Zuschreibung der Vermögenswerte einer ZGE grds. begrenzt durch den niedrigeren Betrag aus erzielbarem Betrag (sofern bestimmbar) und dem fortgeführten Betrag (IAS 36.123), sodass der Anteil, der auf einen nicht zuschreibungsfähigen GoF entfällt, tatsächlich „verloren" ist. Die Wertaufholung ist in Umkehrung der Wertminderung erfolgswirksam oder gegen die Neubewertungsrücklage zu buchen und erhöht gleichsam die Basis für ggf. vorzunehmende (planmäßige) Abschreibungen der betreffenden Vermögenswerte (IAS 36.119 ff.).

---

28 Corporate assets sind Vermögenswerte, die keinen GoF darstellen und die zu den künftigen Zahlungsströmen sowohl der zu beurteilenden ZGE als auch anderer ZGEs beitragen (IAS 36.6).
29 Siehe *IDW RS HFA 40*, Tz. 85 ff.

3.7.4 Angaben

IAS 36 verpflichtet den Bilanzierenden ggf. zu umfangreichen Angaben. Dies betrifft zum einen generelle Angaben für jede Gruppe von Vermögenswerten, welche z.B. auch teilw. im Anlagespiegel dargestellt werden können (IAS 36.126 ff.). Zum anderen werden im Falle von festgestellten Wertminderungen oder späteren Wertaufholungen u.a. Angaben zu den Ursachen, zur Höhe der Wertminderung und zur Ermittlung des erzielbaren Betrags verlangt (IAS 36.130 ff.). Gleiches gilt für derartige Feststellungen zu ZGEs, wobei die Angaben in diesem Fall stärker auf die Bewertung(sparameter) ausgerichtet sind (IAS 36.134 ff.). **140**

3.8 Vorräte (IAS 2)

Vorräte sind Vermögenswerte, die zum Verkauf im normalen Geschäftsgang gehalten werden, sich in der Herstellung für einen solchen Verkauf befinden oder als Roh-, Hilfs- und Betriebsstoffe zum Verbrauch bei der Herstellung von Gütern oder bei der Erbringung von Dienstleistungen bestimmt sind (IAS 2.6). Die Bilanzierung unfertiger Erzeugnisse und unfertiger Leistungen richtet sich entweder nach den Regelungen für Vorräte in IAS 2 oder u.U. nach den Regelungen für Umsatzerlöse in IFRS 15[30]. Für biologische Vermögenswerte i.Z.m. landwirtschaftlicher Tätigkeit und landwirtschaftliche Erzeugnisse zum Zeitpunkt der Ernte ist IAS 41 einschlägig; für Finanzinstrumente IAS 32 und IFRS 9 (IAS 2.2). **141**

IAS 2 beinhaltet keine Vorschriften zur Frage des **Ansatzes**, vielmehr gelten die Vorschriften des Rahmenkonzepts (vgl. Kap. K Tz. 44) und – zur Ausbuchung – die des IFRS 15. **142**

Die **Bewertung** erfolgt grds. mit den AK oder HK. Diese umfassen sämtliche Kosten des Erwerbs, der Be- und Verarbeitung sowie die sonstigen Kosten, die angefallen sind, um die Vorräte an ihren derzeitigen Ort und in ihren derzeitigen Zustand zu bringen (IAS 2.10). Zu den Kosten des Erwerbs zählen allerdings nur die Kosten, die dem Erwerb direkt zuzurechnen sind (z.B. Einfuhrzölle und Transportkosten; IAS 2.11 f.). Darüber hinaus sind ggf. FK-Kosten zu berücksichtigen (IAS 2.17 i.V.m. IAS 23). Mehrkosten aufgrund eines verlängerten Zahlungsziels sind als Zinsaufwendungen zu erfassen (IAS 2.18). **143**

Allerdings kommt bereits bei Ansatz und i.R.d. Folgebewertung der **Nettoveräußerungswert** (net realisable value) zum Tragen, wenn dieser unter den AHK liegt (IAS 2.9). Dieser Wert ist als der geschätzte im normalen Geschäftsgang erzielbare Verkaufserlös abzgl. der geschätzten Kosten bis zur Fertigstellung und der geschätzten notwendigen Vertriebskosten definiert (IAS 2.6). Im Gegensatz zum Fair Value abzgl. Abgangskosten stellt der Nettoveräußerungswert einen unternehmensspezifischen Wert dar (IAS 2.7). Daher ist die vorgesehene Verwendung aus Unternehmenssicht zu berücksichtigen, z.B. für kontrahierte Mengen der vereinbarte Verkaufspreis (IAS 2.31). Vorräte, die in Fertigerzeugnisse eingehen, welche voraussichtlich mindestens zu den AK oder HK verkauft werden können, sind nicht mit einem Wert unter ihren Kosten anzusetzen (IAS 2.32). Wertminderungen und -aufholungen schlagen sich (wie auch der Verbrauch) grds. unmittelbar in der GuV nieder (IAS 2.34). **144**

---

30 Siehe Kap. K Tz. 234 ff.

145 IAS 2 sieht zudem Vereinfachungen vor. Zum einen betrifft dies die **Bewertungsverfahren**. Hierzu werden bspw. das Standardkostenverfahren, welches der Ermittlung der AK die normale Höhe des Materialeinsatzes und der Fertigungslöhne sowie die normale Leistungsfähigkeit und Kapazitätsauslastung zugrunde legt, sowie die retrograde Methode aufgeführt. Bei Letzterer werden die AK durch Abzug einer angemessen Bruttogewinnmarge vom Verkaufspreis errechnet (vgl. IAS 2.21 f.).

146 Zum anderen kann die Bewertung bzw. **Kostenzuordnung** bei einer Gruppe gleichartiger bzw. austauschbarer Vorratsvermögenswerte mittels Durchschnittsmethode oder mittels des sog. FIFO-Verfahrens vorgenommen werden. Letzteres unterstellt, dass die zuerst zugegangenen Vorräte zuerst verbraucht werden (IAS 2.25). Der Durchschnittspreis darf entweder gleitend oder periodenbezogen bestimmt werden (IAS 2.27).

147 IAS 2.36 verlangt **Angaben** u.a. zu den angewandten Bilanzierungs- und Bewertungsverfahren, Untergliederungen der Buchwerte sowie Informationen zur Herleitung des tatsächlichen Materialaufwands.

3.9 Zur Veräußerung gehaltene langfristige Vermögenswerte und aufgegebene Geschäftsbereiche (IFRS 5)

148 IFRS 5 ist auf die Bilanzierung und Bewertung von langfristigen Vermögenswerten, Gruppen von Vermögenswerten und Schulden sowie Geschäftsbereichen ausgerichtet, die zur Veräußerung bestimmt sind[31]. Der Standard beinhaltet zwei unterschiedliche Konzepte:
- Die Klassifizierung von Vermögenswerten als zur Veräußerung gehalten löst in der Bilanz einen gesonderten Ausweis der betroffenen Posten aus.
- Die Einstufung als aufgegebener Geschäftsbereich führt zu einem gesonderten Ausweis in der GuV.

149 Die **Einstufung als zur Veräußerung gehalten** (held for sale) setzt voraus, dass der betroffene Vermögenswert bzw. die Veräußerungsgruppe i.R.d. jeweils gewöhnlichen Bedingungen sofort veräußerbar ist und der zugehörige Buchwert überwiegend durch die höchstwahrscheinliche Veräußerung[32] realisiert werden soll (IFRS 5.6 f.).

150 Im Zuge der erstmaligen Einstufung als zur Veräußerung gehalten ist der niedrigere Wert aus Buchwert und Fair Value abzgl. Veräußerungskosten (fair value less cost to sell) anzusetzen (IFRS 5.15). Der Buchwert eines Vermögenswerts ist dabei zunächst auf Grundlage des einschlägigen Standards zu ermitteln, derjenige einer Veräußerungsgruppe ergibt sich analog durch die Summe der einzelnen Buchwerte der Vermögenswerte und Schulden (IFRS 5.18). Ein identifizierter Wertminderungsbedarf wird stets erfolgswirksam verbucht, wobei der Wertminderungsaufwand im Falle einer Veräußerungsgruppe nach der in IAS 36 festgeschriebenen Vorgehensweise zu verteilen ist (IFRS 5.20 ff.; vgl. Kap. K Tz. 137 ff.). Für die Folgebewertung ist eine planmäßige Abschreibung, bspw. von Sachanlagen, ausgeschlossen (IFRS 5.25). In der Bilanz sind die als zur Veräußerung gehalten eingestuften Vermögenswerte und Schulden jeweils in ei-

---

31 Siehe zu Einzelfragen zu IFRS 5 auch *IDW RS HFA 2*, Tz. 48 ff.
32 Die Einstufung als höchstwahrscheinlich (highly probable) setzt u.a. die entspr. Beschlüsse des Managements sowie die aktive Suche nach einem Käufer und die Erwartung voraus, den Verkauf innerhalb eines Jahres abschließen zu können (IFRS 5.8).

nem gesonderten Posten auszuweisen (IFRS 5.38). Darüber hinaus sind zusätzliche **Angaben** zu machen (vgl. IFRS 5.41).

Besondere Ausweisvorschriften gelten für **aufgegebene Geschäftsbereiche** (discontinued operations). Hierunter ist ein Unternehmensbestandteil zu verstehen, der einen Geschäftsbereich und die zugehörigen Zahlungsströme umfasst, die betrieblich und für die Zwecke der Rechnungslegung vom restlichen Unternehmen klar abgegrenzt werden können, also eine ZGE oder eine Gruppe von ZGEs war. Ein aufgegebener Geschäftsbereich ist ein Unternehmensbestandteil, der veräußert wurde oder als zur Veräußerung gehalten eingestuft wird und (a) der einen gesonderten, wesentlichen Geschäftszweig oder geografischen Geschäftsbereich darstellt, oder (b) Teil eines einzelnen, abgestimmten Plans zur Veräußerung eines gesonderten wesentlichen Geschäftszweigs oder geografischen Geschäftsbereichs ist oder (c) ein TU darstellt, das ausschließlich mit der Absicht einer Weiterveräußerung erworben wurde (IFRS 5.31 ff.). **151**

Die Einstufung als **aufgegebener Geschäftsbereich** führt u.a. zu den folgenden Konsequenzen im **Ausweis** und Anhangangaben (IFRS 5.33 ff.): **152**

- gesonderter Ausweis des auf aufgegebene Geschäftsbereiche entfallenden Ergebnisses in einem Posten in der Gesamtergebnisrechnung unter Anpassung der Vorjahresbeträge
- Aufgliederung dieses Betrags in einzelne Bestandteile gem. IFRS 5.33(b) (wahlweise im Anhang) unter Anpassung der Vorjahresbeträge
- Angabe der Netto-Cash-Flows der laufenden Geschäftstätigkeit sowie der Investitions- und Finanzierungstätigkeit, die auf die aufgegebenen Geschäftsbereiche entfallen, in der KFR oder im Anhang unter Anpassung der Vorjahresbeträge.

3.10 Finanzinstrumente: Ansatz, Klassifizierung und Bewertung, Hedge Accounting (IFRS 9)

3.10.1 Anwendungsbereich und Definitionen

Die Vorschriften für Finanzinstrumente, die von „einfachen" Forderungen oder Verbindlichkeiten bis hin zu komplexen zusammengesetzten Instrumenten div. **Sachverhalte** betreffen, werden im Kern aus dem Dreiklang IFRS 9 (Ansatz und Bewertung), IAS 32 (Darstellung) sowie IFRS 7 (Angaben) gebildet und ergänzt um die noch in IAS 39[33] verbliebenen Vorschriften sowie verschiedene Interpretationen (insb. IFRIC 2, IFRIC 16 und IFRIC 19). **153**

Der **Anwendungsbereich** des IFRS 9 basiert auf dem des IAS 32 (vgl. Kap. K Tz. 179). Zusätzliche Ausnahmen bestehen indes u.a. für Rechte und Pflichten aus Leasingverhältnissen gem. IFRS 16, EK-Instrumente gem. IAS 32, Termingeschäfte zum Zwecke des Erwerbs oder der Veräußerung eines Unternehmens und grds. Kreditzusagen, die üblicherweise nach IAS 37 bilanziert werden (IFRS 9.2.1). Erweitert wird der Anwendungsbereich andererseits um Verträge über den Kauf oder Verkauf von nicht-finanziellen Posten, die zum Zweck des Empfangs oder der Lieferung von nicht-finanziellen Posten gemäß dem erwarteten Einkaufs-, Verkaufs- oder Nutzungsbedarf des Unter- **154**

---

[33] Zu den nach Inkrafttreten von IFRS 9 vorläufig verbliebenen Vorschriften des IAS 39 vgl. Kap. K Tz. 177; zu weiteren Einzelfragen der Bilanzierung nach IFRS 9 siehe *IDW RS HFA 48*. Für Ausführungen zu den Regelungen des Vorgängerstandards (IAS 39) siehe WPH I 2012, Kap. N Tz. 563 ff. sowie *IDW RS HFA 9*.

nehmens abgeschlossen wurden und zu diesem Zweck weiterhin gehalten werden (sog. own use exemption), sofern für deren Bewertung die Fair-Value-Option (s. Kap. K Tz. 161) in Anspruch genommen wird (IFRS 9.2.4).

155 Anknüpfend an die allgemeine Definition eines Finanzinstruments in IAS 32 (vgl. Kap. K Tz. 180) werden **Derivate** definiert als Finanzinstrumente oder sonstige Verträge im Anwendungsbereich von IFRS 9, die sich auszeichnen durch die Abhängigkeit ihrer Wertentwicklung von bestimmten (Markt-)Parametern (z.B. Zinssatz, Rohstoffpreis, Wechselkurs), durch fehlende oder geringfügige Anfangsauszahlungen und die Erfüllung zu einem späteren Zeitpunkt (IFRS 9.A). Werden diesen Kriterien nicht erfüllt, liegt ein nicht-derivatives bzw. **originäres Finanzinstrument** vor.

156 Für den Ansatz und die Bewertung von Finanzinstrumenten sind neben dem in IFRS 13 definierten Fair Value und den AK insb. die mittels Effektivzinsmethode fortgeführten AK relevant.

157 Die **Effektivzinsmethode** dient der Bestimmung der fortgeführten AK und der Allokation und Erfassung von Zinserträgen und Zinsaufwendungen in der GuV der jeweiligen Periode. Dabei ist der Effektivzinssatz so zu bestimmen, dass der mit seiner Hilfe bestimmte Barwert aller geschätzten zukünftigen Zahlungsströme des Finanzinstruments – mit Ausnahme von Kreditausfällen – und sämtlicher Transaktionskosten und (Dis-)Agien dem Bruttobuchwert des finanziellen Vermögenswerts oder der finanziellen Verbindlichkeit entspricht (IFRS 9.A).

3.10.2 Ansatz und Ausbuchung

158 Finanzielle Vermögenswerte und finanzielle Schulden sind nur dann anzusetzen, wenn das bilanzierende Unternehmen Vertragspartei des Finanzinstruments geworden ist. Verträge über den marktüblichen Kauf oder Verkauf eines finanziellen Vermögenswerts sind entweder zum Handelstag oder zum Erfüllungstag anzusetzen. Ein Vertrag, der einen Nettoausgleich für eine Änderung des Vertragswerts vorschreibt oder gestattet, stellt keinen marktüblichen Vertrag dar. Stattdessen ist ein solcher Vertrag im Zeitraum zwischen Handels- und Erfüllungstag analog einem Derivat zu bilanzieren (IFRS 9.3.1.1 f., IFRS 9.B3.1.1 ff.).

159 Die **Ausbuchung** finanzieller Vermögenswerte erfolgt zu dem Zeitpunkt, zu dem die vertraglichen Rechte auf den Erhalt von Zahlungsströmen auslaufen oder zu dem der finanzielle Vermögenswert übertragen wird[34]. Diese Übertragung kann unmittelbar oder durch das Eingehen der Verpflichtung zur Weiterleitung zukünftiger Zahlungsströme erfolgen (vgl. IFRS 9.3.2.3 ff.). Bei der Entscheidung über die Ausbuchung ist zu berücksichtigen, in welchem Umfang die mit dem Eigentum an dem finanziellen Vermögenswert verbundenen Chancen und Risiken beim bilanzierenden Unternehmen verbleiben (vgl. ausführlich IFRS 9.3.2.6 ff.; IFRS 9.B3.2.1 ff.). Eine finanzielle Verbindlichkeit ist dann auszubuchen, wenn sie getilgt ist, d.h. wenn die im Vertrag genannte Verpflichtung erfüllt, aufgehoben oder ausgelaufen ist (IFRS 9.3.3.1). Der Austausch von Schulden mit wesentlich unterschiedlichen Konditionen sowie eine wesentliche Veränderung der Konditionen einer Schuld führen zur Ausbuchung der ursprünglichen und dem Ansatz einer neuen Schuld (IFRS 9.3.3.2).

---

34 Zu Einzelfragen zum Abgang siehe auch *IDW RS HFA 48*, Tz. 43 ff.

3.10.3 Klassifizierung und Zugangsbewertung

Finanzielle Vermögenswerte und finanzielle Verbindlichkeiten sind bei **Zugang** mit dem Fair Value zu bemessen, wobei den Transaktionskosten Rechnung zu tragen ist, sofern die Bewertung nicht erfolgswirksam zum Fair Value erfolgt (IFRS 9.5.1.1)[35]. Dabei gilt die Vermutung, dass der Fair Value zumeist dem Transaktionspreis entspricht. Bedeutung hat dies v.a. für Forderungen aus Lieferungen und Leistungen, die grds. zum Transaktionspreis zu bewerten sind. Eine Anpassung ist lediglich im Fall einer signifikanten Finanzierungskomponente erforderlich (IFRS 9.5.1.3.). Weichen Transaktionspreis und Fair Value voneinander ab, so ist die Differenz nur dann im Gewinn oder Verlust abzubilden, wenn der Fair Value auf Basis quotierter Preise in aktiven Märkten für identische Vermögenswerte oder Verbindlichkeiten (Level 1-Inputfaktoren) oder mittels Bewertungstechniken unter ausschließlicher Verwendung beobachtbarer Inputfaktoren bestimmt wurde. Andernfalls ist die Differenz abzugrenzen und in der Folge in dem Maße erfolgswirksam aufzulösen, wie diese durch die Änderung eines Faktors entstanden ist, den Marktteilnehmer bei der Preisermittlung berücksichtigen würden (IFRS 9.B5.1.2A).

160

Die Zuordnung finanzieller Vermögenswerte zu den nachfolgend dargestellten möglichen Kategorien stützt sich auf das Geschäftsmodell, die Eigenschaften der vertraglichen Zahlungsströme und die Art des Finanzinstruments. Die konkrete Umsetzung lässt sich der folgenden Abbildung entnehmen, woraus auch deutlich wird, dass die Bewertung mit dem Fair Value als der Regelfall vorgesehen ist (vgl. IFRS 9.4.1.1 ff.)[36]. Die Inanspruchnahme der aufgeführten Option zur Designation eines finanziellen Vermögenswerts als erfolgswirksam zum Fair Value bewertet (Fair-Value-Option) hat unwiderruflich bei Zugang zu erfolgen und ist nur dann möglich, wenn dadurch Ansatz- oder Bewertungsinkongruenzen wesentlich vermindert werden (IFRS 9.4.1.5).

161

---

[35] Zu Einzelfragen zur Klassifikation siehe auch *IDW RS HFA 48*, Tz. 138 ff.; *Wolsiffer* u.a., WPg 2016, S. 726 ff.; *Weigel* u.a., WPg 2016, S. 782 ff.
[36] Modifiziert entnommen aus *Kuhn/Hachmeister*, S. 101.

Kategorisierung finanzieller Vermögenswerte nach IFRS 9

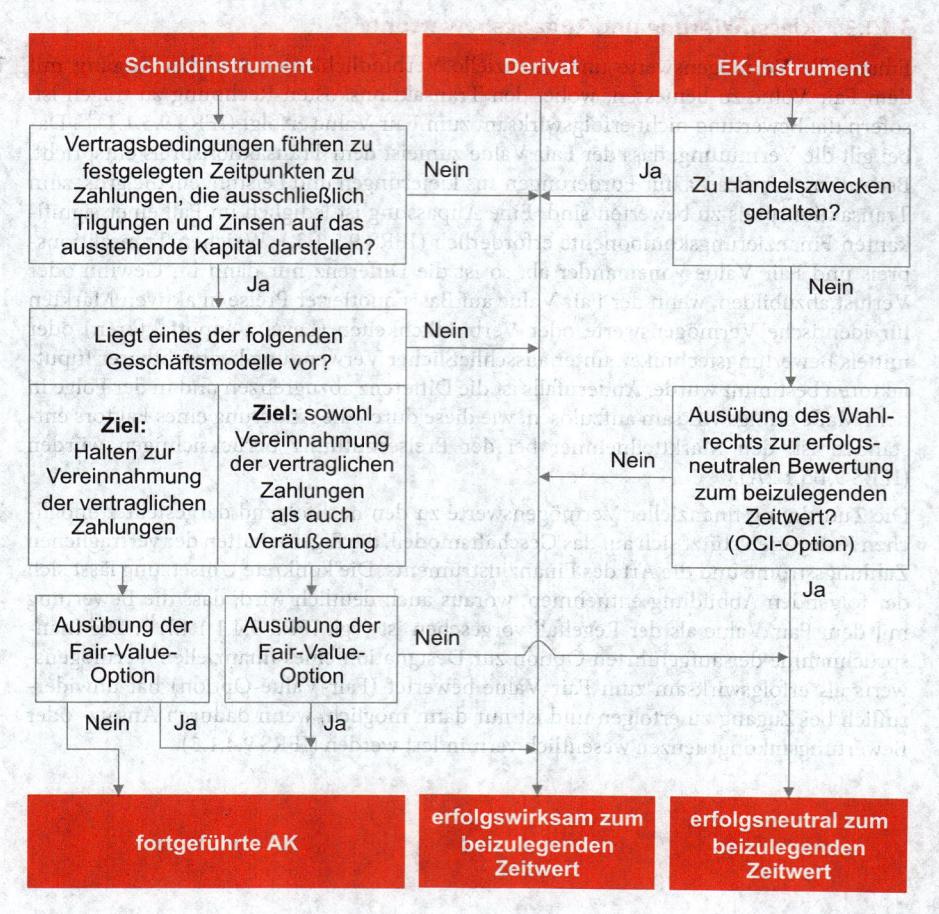

Schuldinstrument:
- Vertragsbedingungen führen zu festgelegten Zeitpunkten zu Zahlungen, die ausschließlich Tilgungen und Zinsen auf das ausstehende Kapital darstellen?
  - Ja → Liegt eines der folgenden Geschäftsmodelle vor?
    - **Ziel:** Halten zur Vereinnahmung der vertraglichen Zahlungen
      - Ausübung der Fair-Value-Option? Nein → **fortgeführte AK**; Ja → **erfolgswirksam zum beizulegenden Zeitwert**
    - **Ziel:** sowohl Vereinnahmung der vertraglichen Zahlungen als auch Veräußerung
      - Ausübung der Fair-Value-Option? Ja → **erfolgswirksam zum beizulegenden Zeitwert**; Nein → **erfolgsneutral zum beizulegenden Zeitwert**
    - Nein → **erfolgswirksam zum beizulegenden Zeitwert**
  - Nein → **erfolgswirksam zum beizulegenden Zeitwert**

Derivat: Ja → **erfolgswirksam zum beizulegenden Zeitwert**

EK-Instrument:
- Zu Handelszwecken gehalten?
  - Ja → **erfolgswirksam zum beizulegenden Zeitwert**
  - Nein → Ausübung des Wahlrechts zur erfolgsneutralen Bewertung zum beizulegenden Zeitwert? (OCI-Option)
    - Ja → **erfolgsneutral zum beizulegenden Zeitwert**
    - Nein → **erfolgswirksam zum beizulegenden Zeitwert**

Abb. 2: Kategorisierung und Bewertung finanzieller Vermögenswerte nach IFRS 9

162 IFRS 9 führt nicht zu einer symmetrischen Behandlung finanzieller Vermögenswerte und **finanzieller Verbindlichkeiten.** Vielmehr werden Letztere grds. zu fortgeführten AK bewertet, ausgenommen sind lediglich (IFRS 9.4.2.1):

- finanzielle Verbindlichkeiten, die erfolgswirksam zum Fair Value bewertet werden (inkl. Derivate);
- finanzielle Verbindlichkeiten resultierend aus nicht zur Ausbuchung führenden Übertragungen finanzieller Vermögenswerte;
- Finanzgarantien (Bewertung mit AK als Untergrenze);
- Kreditzusagen mit unter dem Marktwert liegender Verzinsung (Bewertung analog Finanzgarantien);
- bedingte Kaufpreisvereinbarungen bei Erfassung durch den Erwerber i.R. eines Unternehmenszusammenschlusses nach IFRS 3.

Zudem ist die Inanspruchnahme der **Fair-Value-Option** möglich. Diese setzt eine wesentliche Verringerung von Ansatz- und Bewertungsinkongruenzen voraus oder das

Bestehen einer Gruppe von finanziellen Verbindlichkeiten oder einer Gruppe von finanziellen Vermögenswerten und finanziellen Verbindlichkeiten, die (dokumentiert) auf Basis des Fair Value gesteuert wird (IFRS 9.4.2.2). Darüber hinaus ist eine Inanspruchnahme der Fair-Value-Option für finanzielle Verbindlichkeiten auch dann möglich, wenn ein strukturierter bzw. hybrider Vertrag eingebettete Derivate enthält, die die Bedingungen in IFRS 9.4.3.5 erfüllen.

Im Nachhinein ist eine **Umklassifizierung** von finanziellen Vermögenswerten im Grunde nur bei Änderung des Geschäftsmodells möglich (IFRS 9.4.4.1). Finanzielle Verbindlichkeiten dürfen nicht umklassifiziert werden (IFRS 9.4.4.2). **163**

3.10.4 Folgebewertung

Die **Folgebewertung** finanzieller Vermögenswerte und finanzieller Verbindlichkeiten ist der zuvor dargestellten Zuordnung entspr. zu fortgeführten AK oder zum Fair Value – erfolgswirksam oder erfolgsneutral – vorzunehmen. Fortgeführte AK finanzieller Vermögenswerte sind (mit Ausnahme von wertgeminderten Vermögenswerten) auf Basis des ursprünglich ermittelten Effektivzinssatzes zu bestimmen, weshalb eine Veränderung der künftigen Zahlungsströme zu einer Anpassung des Buchwerts führt (IFRS 9.5.4.1, IFRS 9.5.4.3)[37]. **164**

Die nachfolgende Abbildung[38] zeigt die Bewertungsvorschriften für finanzielle Vermögenswerte und – mit Ausnahme der Finanzgarantien und Kreditzusagen – auch für finanzielle Verbindlichkeiten. Finanzgarantien und Kreditzusagen werden jeweils zum höheren der beiden Beträge aus Risikovorsorge nach IFRS 9.5.5.1 ff. (siehe Kap. K Tz. 166 f.) und dem ursprünglich vereinnahmten Betrag (abzgl. ggf. gem. IFRS 15 realisierter Beträge) bewertet (IFRS 9.4.2.1(c), (d)). **165**

---

[37] Zu Einzelfragen zur Bewertung siehe auch *IDW RS HFA 48*, Tz. 249 ff.; *Wolsiffer* u.a., WPg 2016, S. 726 ff.; *Weigel* u.a., WPg 2016, S. 782 ff.
[38] In Anlehnung an und Erweiterung von *Kuhn/Hachmeister*, S. 114.

Kategorie	Bilanz	GuV	OCI	Umgliederung vom OCI in die GuV
finanzielle Vermögenswerte				
zu fortgeführten AK bewertet (Schuldinstrumente)	fortgeführte AK	Effektivzins, Wertminderungen, Währungsumrechnung	–	–
erfolgsneutral zum beizulegenden Zeitwert bewertet (Schuldinstrumente)	beizulegender Zeitwert	Effektivzins, Wertminderungen, Währungsumrechnung	(restliche) Änderungen des beizulegenden Zeitwerts	Ja
erfolgsneutral zum beizulegenden Zeitwert bewertet (EK-Instrument)	beizulegender Zeitwert	Dividenden	(sämtliche) Änderungen des beizulegenden Zeitwerts	Nein
erfolgswirksam zum beizulegenden Zeitwert bewertet (inkl. Fair-Value-Option)	beizulegender Zeitwert	(sämtliche) Änderungen des beizulegenden Zeitwerts	–	–
finanzielle Verbindlichkeiten				
zu fortgeführten AK bewertet	fortgeführte AK	Effektivzins, Wertminderungen, Währungsumrechnung	–	–
erfolgswirksam zum beizulegenden Zeitwert bewertet	beizulegender Zeitwert	(sämtliche) Änderungen des beizulegenden Zeitwerts	–	–
erfolgswirksam zum beizulegenden Zeitwert bewertet (Fair-Value-Option)	beizulegender Zeitwert	(restliche) Änderungen des beizulegenden Zeitwerts (s. OCI)	Wertänderungen, die auf die Veränderung des Kreditrisikos zurückgehen	Nein

Abb. 3: Folgebewertung finanzieller Vermögenswerte und finanzieller Verbindlichkeiten gem. IFRS 9

3.10.5 Wertminderung (Impairment)

166 Die Wertminderungsvorschriften des IFRS 9 sind insb. anzuwenden auf finanzielle Vermögenswerte und Kreditzusagen sowie Finanzgarantien, soweit diese nicht erfolgswirksam zum Fair Value bewertet werden, und auf Forderungen aus Leasingverhältnissen sowie auf vertragliche Vermögenswerte (contract assets, vgl. Kap. K Tz. 246) (IFRS 9.5.5.1). Kennzeichen der Wertminderungskonzeption ist, dass diese nicht (mehr) nur eingetretene Verluste (incurred losses) berücksichtigt, sondern vielmehr eine frühere *Risikovorsorge* durch Zugrundelegung der erwarteten Verluste (expected credit losses, ECL) vorsieht.

167 Im Zentrum der Regelungen steht die Zuordnung der Vermögenswerte zu den drei nachfolgend abgebildeten Stufen mit unterschiedlicher Wahrscheinlichkeit eines Zahlungsausfalls:

	Stufe 1	Stufe 2	Stufe 3
Einstufungs-kriterium	keine Wertminderung bei Zugang bzw. keine wesentliche Erhöhung des Kreditausfallrisikos in der Folge	wesentliche Erhöhung des Kreditausfallrisikos; aber: keine Wertminderung	objektive Anzeichen für Wertminderung (ggf. schon zum Zugangszeitpunkt)
	Beurteilung auf Ebene eines einzelnen Vermögenswerts oder auf Portfolioebene		
Betrachtungs-zeitraum	erwartete Kreditausfälle in den nächsten zwölf Monaten (12-Monats-ECL)	erwartete Kreditausfälle über die Gesamtlaufzeit (Gesamtlaufzeit-ECL) *Gesamtlaufzeit = maximale Vertragslaufzeit (inkl. Verlängerungsoption)*	
Erfassung der Zinserträge	Anwendung des Effektivzinssatzes auf den Bruttobuchwert (= Buchwert vor Berücksichtigung einer Risikovorsorge)		Anwendung des Effektivzinssatzes auf den Nettobuchwert

Abb. 4: Stufenmodell der Wertminderungsvorschriften gem. IFRS 9

168 **Indikatoren einer Erhöhung des Kreditausfallrisikos** sind u.a. signifikante Änderungen der Marktindikatoren bzgl. des Kreditausfallrisikos, aktuelle oder erwartete nachteilige Veränderungen des externen oder internen Ratings des Schuldners bzw. des Finanzinstruments, ein Anstieg des Kreditausfallrisikos bei anderen Finanzinstrumenten desselben Schuldners oder eine Änderung des Werts gestellter Sicherheiten oder Garantien (IFRS 9.B5.5.17).

169 Allerdings sieht der IASB die Anwendung eines **vereinfachten Wertminderungsmodells** vor, zum einen verpflichtend für die Bewertung von Forderungen aus Lieferungen und Leistungen sowie vertragliche Vermögenswerte jeweils ohne signifikante Finanzierungskomponente, zum anderen fakultativ für beide genannten Kategorien bei signifikanter Finanzierungskomponente sowie für Leasingforderungen (IFRS 9.5.5.15). Infolgedessen muss der Bilanzierende die Änderungen des Kreditausfallrisikos nicht mehr hinsichtlich ihrer Einstufung nachvollziehen, sondern grds. eine Risikovorsorge in Höhe der Gesamtlaufzeit-ECL erfassen. Weitere Besonderheiten sind für die Bewertung von Kreditzusagen und Finanzgarantien zu beachten[39].

---

39 Vgl. hierzu etwa *Bär/Gollob*, WPg 2014, S. 1240 (1246 f.).

170 Erwartete Verluste bzw. Wertminderungen sind wie folgt zu erfassen (IFRS 9.5.5.1 ff.)[40]:

- im Grundsatz durch die Bildung einer Risikovorsorge-Position
- hierbei für bereits zum Zugangszeitpunkt wertgeminderte Vermögenswerte nur in Höhe der Veränderung seit Zugang
- für Kreditzusagen und Finanzgarantien über einen Passivposten
- bei finanziellen Vermögenswerten, die erfolgsneutral zum Fair Value bewertet werden, ist der entspr. Betrag im sonstigen Ergebnis zu erfassen.

3.10.6 Sicherungsgeschäfte (Hedge Accounting)

171 Mit den Vorschriften zum Hedge-Accounting in IFRS 9 sollen die Abbildungsregeln noch stärker an das tatsächliche Risikomanagement angenähert werden (IFRS 9.6.1.1)[41]. Bei erstmaliger Anwendung von IFRS 9 kann ein Unternehmen indes wählen, statt der Vorschriften des IFRS 9 weiterhin die Vorschriften des IAS 39 zur Bilanzierung von Sicherungsgeschäften anzuwenden (IFRS 9.7.2.21).

172 Voraussetzung für eine Sicherungsbilanzierung ist zunächst das Vorliegen geeigneter Grund- und Sicherungsgeschäfte. Als **Grundgeschäfte** kommen bilanzierte Vermögenswerte und Verbindlichkeiten, nicht bilanzierte feste Verpflichtungen, erwartete und mit hoher Wahrscheinlichkeit eintretende Transaktionen und Nettoinvestitionen in einen ausländischen Geschäftsbetrieb infrage. Gleichzeitig stellen Gruppen solcher Posten (item), Komponenten einzelner Posten oder Gruppen von Posten sowie aggregierte Risikopositionen (bspw. die Nettoposition aus Derivat und Risikoposition) mögliche Grundgeschäfte dar (IFRS 9.6.3.1 ff.). Zudem sind Grundgeschäft-Gruppen mit insgesamt ausgeglichenem Risiko (sog. nil net positions) unter bestimmten Voraussetzungen designierbar (IFRS 9.6.6.6).

173 Als **Sicherungsinstrumente** dürfen grds. sowohl derivative Finanzinstrumente als auch originäre Finanzinstrumente designiert werden, sofern sie vollständig erfolgswirksam zum Fair Value bewertet werden (IFRS 9.6.2.1 ff.)[42]. Auch sind sowohl die Kombination als auch eine anteilige Designation möglich (IFRS 9.6.2.5 f.).

174 Weitere **Voraussetzungen** für Hedge Accounting sind (IFRS 9.6.4.1):

- formale Designation und Dokumentation der Sicherungsbeziehung sowie der Risikomanagementzielsetzung und -strategie des Unternehmens zu Beginn der Sicherungsbeziehung (u.a. bzgl. der Grund- und Sicherungsgeschäfte, des Risikos und der Effektivität)
- wirtschaftlicher Zusammenhang zwischen Grund- und Sicherungsgeschäft
- keine Dominanz des Kreditausfallrisikos hinsichtlich der Wertänderungen
- Übereinstimmung der Sicherungsquote der Sicherungsbeziehung (hedge ratio) mit dem Verhältnis von tatsächlich abzusicherndem Grundgeschäft(-anteil) und dem designierten Sicherungsgeschäft.

Die in den drei letztgenannten Punkten zum Ausdruck kommenden Anforderungen an die **Effektivität** der Sicherungsbeziehung sind prospektiv zu beurteilen. Diesbezüglich

---

[40] Vgl. *Fischer/Flick/Krakuhn*, IRZ 2014, S. 435 (435 f.).
[41] Zu Einzelfragen zur Sicherungsbilanzierung siehe auch *IDW RS HFA 48*, Tz. 332 ff.; *Berger* u.a., WPg 2016, S. 964 ff.
[42] Zu den vereinzelten Ausnahmen siehe auch *IDW RS HFA 48*, Tz. 335 ff.

kann durch die Anpassung der Sicherungsquote der drohenden Ineffektivität einer Sicherungsbeziehung und damit ihrer Beendigung entgegengewirkt werden (sog. Rebalancing, IFRS 9.6.5.5, IFRS 9.B6.5.7 ff.).

Die drei möglichen Arten von Sicherungsbeziehungen sind: **175**

- **Fair value hedge** (= Sicherung des Fair Value, IFRS 9.6.5.8 ff.):
  Das Sicherungsinstrument wird erfolgswirksam zum Fair Value bewertet, ebenso der gesicherte Anteil des Grundgeschäfts; eine Ausnahme stellt die erfolgsneutrale Bewertung von EK-Instrumenten dar, für die die entspr. Option gewählt wurde. Für bilanzunwirksame feste Verpflichtungen sind die kumulierten Wertänderungen als Vermögenswert oder Schuld abzubilden und später ggf. bei den AHK der abgesicherten Vermögenswerte bzw. Schulden einzubeziehen. Wertänderungen eines gesicherten, zu fortgeführten AHK bewerteten Grundgeschäfts sind auf Basis der Effektivzinsmethode unter Zinssatzanpassung zu amortisieren.
- **Cash flow hedge** (= Sicherung der Zahlungsströme, IFRS 9.6.5.11 f.):
  Hierbei wird zunächst nur das Sicherungsgeschäft betrachtet, dessen Wertänderungen mit dem niedrigeren Betrag aus dem kumulierten Gewinn oder Verlust aus dem Sicherungsinstrument und der kumulierten Änderung des Fair Value der erwarteten künftigen Zahlungsströme im sonstigen Ergebnis erfasst wird. Ein aus dem Sicherungsgeschäft resultierender Überhang wird als verbleibende Ineffektivität abgebildet. Die Auflösung dieser EK-Position erfolgt bei der Sicherung nicht finanzieller Vermögenswerte oder Verbindlichkeiten durch die Berücksichtigung in deren Buchwert, ansonsten insoweit durch Umgliederung in die GuV, als sich die gesicherten Zahlungsströme in der GuV niederschlagen.
- **Hedge of a net investment in a foreign operation** (= Sicherung der Nettoinvestitionen in einen ausländischen Geschäftsbetrieb, IFRS 9.6.5.13 f.):
  Die Bilanzierung erfolgt analog dem Cash flow hedge.

Eine weitere Besonderheit besteht für die Sicherung von Kreditausfallrisiken durch entspr. (Kredit-)Derivate. Diese ist grds. nicht möglich. Allerdings räumt der IASB eine **Fair-Value-Option** ein, die unter der Voraussetzung der Identität des tatsächlichen Schuldners und des Referenzschuldners sowie der Übereinstimmung des jeweiligen Ranges der Instrumente in Anspruch genommen werden kann und dann – nur für den auf das gesicherte Kreditrisiko entfallenden Teil der Fair-Value-Änderung und nur für die Dauer der Designation (!) – angewendet wird (IFRS 9.6.7.1 ff.). **176**

Für die Abbildung der Sicherung des Fair Value eines **Portfolios** von finanziellen Vermögenswerten oder Verbindlichkeiten gegen Zinsrisiken können statt der Regelungen des IFRS 9 alternativ die entsprechenden Regelungen des IAS 39 angewendet werden (IFRS 9.6.1.3). Diese unterscheidet sich von der oben dargestellten Bilanzierung neben umfangreicheren Dokumentationsanforderungen und der Notwendigkeit zur Bildung von Laufzeitbändern insb. durch die Designation und Bewertung auf aggregierter Ebene sowie die separate Erfassung von Wertänderungen in einem separaten Bilanzposten[43]. **177**

---

[43] Vgl. hierzu *IDW RS HFA 9*, Tz. 358 ff.

3.10.7 Angaben

178 Die Angaben zur Bilanzierung und Bewertung von Finanzinstrumenten und Sicherungsbeziehungen sind in IFRS 7 geregelt und sehr umfangreich[44]. Hierzu gehören u.a.:

- in Abhängigkeit von der Kategorisierung die Angabe des Buchwerts in Bilanz oder Anhang (IFRS 7.8)
- diverse Angabepflichten bei der Bewertung von finanziellen Vermögenswerten und finanziellen Verbindlichkeiten zum Fair Value (IFRS 7.9 ff.)
- Auswirkungen der unterschiedlichen Bewertungskategorien auf die GuV oder das sonstige Ergebnis (IFRS 7.20)
- Angaben zur Re-Klassifizierung von Vermögenswerten (IFRS 7.12B ff.) und zu bestehenden Sicherheiten (IFRS 7.14)
- Angaben zu Wertminderungen – im Einzelnen zum Risikomanagement, in Form quantitativer und qualitativer Informationen zu den erwarteten Ausfällen sowie zu den insgesamt ausfallgefährdeten Beträgen (IFRS 7.35A ff.)
- Angaben zu Sicherungsbeziehungen – im Einzelnen zur Risikomanagementstrategie, zur Auswirkung der Aktivitäten auf künftige Zahlungsströme und zu den Auswirkungen auf Bilanz, GuV und sonstiges Ergebnis sowie zur diesbezüglichen Fair-Value-Option (IFRS 7.21A ff.).

3.11 Finanzinstrumente: Darstellung (IAS 32)

3.11.1 Anwendungsbereich und Definitionen

179 Der **Anwendungsbereich** des IAS 32 umfasst grds. alle Arten von Finanzinstrumenten. Ausgenommen sind u.a. Anteile an TU, assoziierten Unternehmen und GU, sofern diese nicht im EA gem. IFRS 9 bilanziert werden, Rechte und Verpflichtungen eines Arbeitgebers aus Altersversorgungsplänen (IAS 19) sowie grds. Versicherungsverträge i.S.v. IFRS 4 bzw. IFRS 17, Verträge und Verpflichtungen i.Z.m. anteilsbasierten Vergütungen (IFRS 2) sowie bestimmte Warentermingeschäfte (sog. own use exemption, vgl. Kap. K Tz. 154) (IAS 32.4, .8)[45].

180 IAS 32 beinhaltet zunächst einige wichtige Definitionen, so die der **Finanzinstrumente**, welche Verträge darstellen, die gleichzeitig bei einem Vertragspartner zu einem finanziellen Vermögenswert und bei dem anderen Vertragspartner zu einer finanziellen Verbindlichkeit oder einem EK-Instrument führen (IAS 32.11). Zusammengesetzte Finanzinstrumente enthalten sowohl eine EK- als auch eine FK-Komponente (oder auch eingebettete Derivate, vgl. IAS 32.28 ff. sowie Kap. K Tz. 185).

Finanzielle Vermögenswerte treten im Wesentlichen in Form von flüssigen Mitteln, EK-Instrumenten eines anderen Unternehmens oder vertraglichen Rechten auf den Erhalt flüssiger Mittel oder finanzieller Vermögenswerte oder den günstigen Tausch von finanziellen Vermögenswerten oder Verbindlichkeiten, sowie als derivative oder nichtderivative Finanzinstrumente, die zum Erhalt von eigenen EK-Instrumenten führen (können), auf (IAS 32.11).

Finanzielle Verbindlichkeiten umfassen vertragliche Verpflichtungen, flüssige Mittel oder andere finanzielle Vermögenswerte an ein anderes Unternehmen abzugeben oder

---

[44] Zu Einzelfragen zu IFRS 7 siehe *IDW RS HFA 24*.
[45] Vgl. zum Anwendungsbereich des IAS 32 ausführlich *Kuhn/Hachmeister*, S. 35 ff.

zu potenziell nachteiligen Bedingungen finanzielle Vermögenswerte oder finanzielle Verbindlichkeiten zu tauschen sowie derivative oder nicht-derivative Finanzinstrumente, die zur Übertragung einer variablen Anzahl von eigenen EK-Instrumenten führen (können). Eine finanzielle Verbindlichkeit liegt auch dann vor, wenn die vertragliche Verpflichtung zur Abgabe flüssiger Mittel oder anderer finanzieller Vermögenswerte in Abhängigkeit vom Eintritt oder Nichteintritt unsicherer künftiger Ereignisse steht, die außerhalb der Kontrolle sowohl des Emittenten als auch des Inhabers des Instruments liegen, es sei denn, es handelt sich hierbei um die Liquidation des Unternehmens (IAS 32.11, .25).

EK-Instrumente gewähren grds. einen Residualanspruch an den Vermögenswerten eines Unternehmens nach Abzug aller korrespondierenden Schulden. Die Charakterisierung des EK als Residualgröße verhindert nicht seine Untergliederung (IAS 32.11 i.V.m. IAS 1.54, .78).

3.11.2 Abgrenzung Fremdkapital vs. Eigenkapital

Die zuvor dargestellte **Definition** des EK wird für Zwecke der Abgrenzung gegenüber dem FK durch Negativabgrenzung gegenüber finanziellen Verbindlichkeiten konkretisiert. Diese lässt sich im Wesentlichen auf das Nicht-Bestehen einer Zahlungsverpflichtung oder ungünstigen Tauschverpflichtung reduzieren[46]. 181

Diese Abgrenzung führte in Deutschland insb. für **Personengesellschaften** zu Problemen, da nicht ausschließbare Kündigungsrechte für deren Gesellschafter vorgesehen sind[47], was folglich mit einer Zahlungsverpflichtung einhergeht. Daher wurde eine Änderung des IAS 32 – ursprünglich als Zwischenlösung – verabschiedet, wonach eine Einstufung auch kündbarer Instrumente (puttable instruments) als EK möglich ist, sofern 182

- ein beteiligungsproportionaler Anspruch am Nettovermögen des Emittenten im Fall der Liquidation gewährt wird;
- eine Zuordnung zur nachrangigsten Klasse von Instrumenten erfolgt;
- alle Instrumente dieser Klasse gleiche Merkmale aufweisen;
- abgesehen vom Kündigungsfall keine weiteren Verpflichtungen i.S.d. Definition der finanziellen Verbindlichkeiten bestehen; und
- die zu erwartenden Zahlungsströme im Wesentlichen auf den Gewinnen oder Verlusten oder der Veränderung des (auch bilanzunwirksamen) Nettovermögens während der Laufzeit des Instruments beruhen (IAS 32.16A).

Zudem setzt IAS 32.16B voraus, dass keine anderen Instrumente emittiert werden, deren Zahlungsströme ebenfalls aus den im letzten Aufzählungspunkt aufgeführten Größen resultieren und die damit die (Rest-)Rendite für die Inhaber der fraglichen Instrumente erheblich beschränken oder festlegen würden.

Die eingeführte **Ausnahmeregelung** ermöglicht im Regelfall den sachgerechten Ausweis als EK[48]. Darüber hinaus wurden weitere Ausnahmeregelungen für Instrumente eingeführt, die ausschl. im Fall der Liquidation des emittierenden Unternehmens zu einem 183

---

46 Siehe zur Abgrenzung von EK und FK *IDW RS HFA 45*.
47 Vgl. bspw. zur GbR § 723 BGB oder zur OHG § 105 Abs. 3 HGB i.V.m. § 723 BGB.
48 Siehe hierzu *IDW RS HFA 45*, Tz. 48 ff.

184 Sofern ein Unternehmen ein Recht besitzt oder einer Verpflichtung unterliegt, einen Vertrag durch **Lieferung oder Erhalt eigener EK-Instrumente** zu begleichen, so ist eine Einstufung dieses Vertrags als EK grds. nur dann zulässig, wenn die Erfüllung ausschließlich durch den Tausch einer festen Anzahl eigener EK-Instrumente gegen einen festen Betrag flüssiger Mittel oder anderer finanzieller Vermögenswerte (auf Bruttobasis) erfolgen kann (IAS 32.21 ff.). Hingegen sind – mit Ausnahme der in Kap. K Tz. 182 dargestellten Sachverhalte – Verträge auch dann als FK einzustufen, wenn sie den Rückkauf einer festen Anzahl eigener EK-Instrumente gegen einen festen Betrag flüssiger Mittel oder anderer finanzieller Vermögenswerte vorsehen (IAS 32.23)[49].

3.11.3 Zusammengesetzte Finanzinstrumente

185 Weist ein Finanzinstrument eine EK- und eine FK-Komponente auf (bspw. eine begebene Wandelschuldverschreibung), ist es in diese Bestandteile aufzuteilen. Im Rahmen der Zugangsbewertung ist zunächst der Wert der Schuldkomponente zu ermitteln und sodann vom Fair Value des gesamten Instruments abzuziehen, sodass als Ergebnis der Wert der EK-Komponente verbleibt. Hierbei ist der Wert der FK-Komponente mit dem Fair Value einer ähnlichen, nicht mit einer EK-Komponente verbundenen finanziellen Verbindlichkeit zu bewerten (bspw. einer reinen Schuldverschreibung; IAS 32.32). Jeglicher (derivative) Bestandteil, der nicht der EK-Komponente zuzurechnen ist, wird der FK-Komponente zugeschlagen, da der Gesamtwert des zusammengesetzten Instruments stets verteilt werden muss (IAS 32.31).

3.11.4 Eigene Anteile

186 Werden eigene **Anteile erworben**, sind diese grds. nicht aktivierungsfähig (IAS 32.33). Der vom EK abzusetzende Betrag ist entweder in der Bilanz oder im Anhang gesondert auszuweisen (IAS 32.34). Dies gilt ebenfalls für die EK-Veränderungsrechnung (IAS 1.106 ff.). Die konkrete Umsetzung dieser Vorgabe wird in IAS 32 nicht geregelt, weshalb sich gem. *IDW RS HFA 45*, Tz. 41, folgende Möglichkeiten ergeben[50]:

- Verminderung des EK in Höhe der AK der Anteile durch einen gesonderten Posten
- Absetzung des Nennwerts vom gezeichneten Kapital sowie Verrechnung der verbleibenden Differenz mit anderen EK-Positionen
- Anpassung jeder betroffenen EK-Position.

187 Gleichermaßen ist eine erneute **Veräußerung** der EK-Instrumente erfolgsneutral unter Berücksichtigung der Vorgehensweise beim Erwerb eigener Anteile zu erfassen (bspw. durch Auflösung eines gesonderten Postens, IAS 32.33). Im Rahmen derartiger Maßnahmen anfallende Transaktionskosten sind vom EK abzuziehen (IAS 32.35).

3.11.5 Saldierung

188 Abweichend vom grds. **Saldierungsverbot** des IAS 1.32 sind finanzielle Vermögenswerte und finanzielle Verbindlichkeiten gem. IAS 32.42 dann zu saldieren und in der Bilanz als Nettobetrag auszuweisen, wenn

---

49 Vgl. hierzu auch *IDW RS HFA 45*, Tz. 3 und Tz. 22 ff.
50 Vgl. hierzu auch Beck-IFRS[5], § 12, Rn. 87.

- zum gegenwärtigen Zeitpunkt ein Rechtsanspruch auf Verrechnung besteht; und
- beabsichtigt wird, den Ausgleich auf Nettobasis herbeizuführen oder die Beträge gleichzeitig zu verwerten und abzulösen.

Das Recht auf Verrechnung muss dabei auf vertraglicher oder anderer Grundlage beruhen. Ein zum gegenwärtigen Zeitpunkt bestehender Rechtsanspruch auf Verrechnung erfordert u.a. zudem, dass dieser unbedingt und unabhängig vom Eintritt bestimmter Ereignisse durchsetzbar ist, sodass bspw. eine Aufrechnung auf Basis von häufig für Derivate abgeschlossenen Globalaufrechnungsvereinbarungen meist nicht möglich ist[51].

3.11.6 Angaben

Die Angabepflichten zu den zuvor dargestellten Bilanzierungsvorschriften finden sich zum einen in IAS 1 (insb. in IAS 1.106 ff. zur EK-Veränderungsrechnung). Zudem ergeben sich Angabepflichten aus dem für Finanzinstrumente grds. einschlägigen IFRS 7, der u.a. für bestimmte zusammengesetzte Finanzinstrumente (IFRS 7.17, vgl. Kap. K Tz. 185) und für den Fall der Saldierung (IFRS 7.13A ff., vgl. Kap. K Tz. 188) Angaben vorsieht.

3.12 Leistungen an Arbeitnehmer (IAS 19)

3.12.1 Anwendungsbereich und Arten

Grundsätzlich ist zu unterscheiden zwischen kurzfristig fälligen Leistungen an Arbeitnehmer, Leistungen nach Beendigung des Arbeitsverhältnisses, anderen langfristig fälligen Leistungen an Arbeitnehmer und Leistungen aus Anlass der Beendigung des Arbeitsverhältnisses. Leistungen nach Beendigung des Arbeitsverhältnisses (insb. in Form von leistungsorientierten Plänen) bilden aufgrund ihrer Komplexität den Kern des einschlägigen Standards IAS 19.

Die Bilanzierung von anteilsbasierten Vergütungen nach IFRS 2 stellt im Wesentlichen die einzige Ausnahme bzgl. des sonst umfassenden **Anwendungsbereichs** des IAS 19 dar.

3.12.2 Kurzfristig fällige Leistungen an Arbeitnehmer

Kurzfristig fällige Leistungen an Arbeitnehmer sind Leistungen (außer Leistungen aus Anlass der Beendigung des Arbeitsverhältnisses), bei denen zu erwarten ist, dass sie innerhalb von zwölf Monaten nach Ende der Berichtsperiode, in der die entspr. Arbeitsleistung erbracht wurde, vollständig abgegolten werden (IAS 19.8). Dazu zählen insb. (IAS 19.5(a)):

- Löhne, Gehälter und Sozialversicherungsbeiträge
- Urlaubs- und Krankengeld
- *Gewinn- und Erfolgsbeteiligungen*
- geldwerte Leistungen für aktive Arbeitnehmer (z.B. medizinische Versorgung, Unterkunft, Dienstwagen).

Der undiskontierte Betrag der (erbrachten) Arbeitsleistungen ist abzgl. der bereits geleisteten Zahlungen als Schuld zu passivieren, was grds. erfolgswirksam geschieht, sofern es sich nicht um aktivierungsfähige Kosten i.S.e. anderen IFRS handelt (IAS 19.11).

---

51 Vgl. *Geisel/Berger*, WPg 2011, S. 1120 (1122 ff.).

193 Bestehen die kurzfristig fälligen Leistungen in **ansammelbaren Ansprüchen**, bspw. auf künftige vergütete Abwesenheit, sind die Kosten, mit denen das Unternehmen hieraus – ggf. auch unter Berücksichtigung der Erwartungen über die Inanspruchnahme – rechnen muss, als Schuld am Abschlussstichtag zu passivieren. Dies gilt sowohl für verfallbare als auch für nicht verfallbare Ansprüche. Nicht ansammelbare Ansprüche sind erst ab dem Zeitpunkt der Abwesenheit zu erfassen (vgl. IAS 19.13 ff.).

194 **Gewinn- und Erfolgsbeteiligungspläne** sind als faktische oder rechtliche Verpflichtungen ebenfalls den kurzfristigen Leistungen zuzurechnen, wenn die Zahlungen innerhalb von 12 Monaten nach dem Abschlussstichtag fällig werden und die Höhe der Verpflichtung verlässlich geschätzt werden kann. Hierbei sind mögliche Auswirkungen der Mitarbeiterfluktuation zu berücksichtigen (IAS 19.19 ff.).

3.12.3 Leistungen nach Beendigung des Arbeitsverhältnisses

195 Zu diesen Leistungen zählen in praxi in erster Linie Rentenleistungen, aber bspw. auch Kostenübernahmen im Falle der Krankheit (nach Beendigung des Arbeitsverhältnisses). Die im HGB vorgenommene Unterscheidung zwischen unmittelbaren und mittelbaren Zusagen findet sich nicht in den IFRS. Hier wird vielmehr zwischen beitrags- und leistungsorientierten Plänen differenziert. Im Falle der **beitragsorientierten Pläne** wird die Verpflichtung des Unternehmens gegenüber dem Begünstigten rechtlich und faktisch auf die vom Unternehmen vereinbarten Beiträge begrenzt. Bei **leistungsorientierten Plänen** wird die Verpflichtung hingegen durch eine zugesagte Leistung determiniert, weshalb hier das versicherungsmathematische Risiko und das Anlagerisiko auf das Unternehmen übergehen (IAS 19.26 ff.).[52]

196 Davon zu unterscheiden sind **gemeinschaftliche Pläne** mehrerer (nicht verbundener) Unternehmen, die gleichermaßen als leistungs- oder beitragsorientiert einzustufen und dementsprechend abzubilden sind. Sollte die Abbildung eines leistungsorientierten gemeinschaftlichen Plans nicht möglich sein, wird er grds. wie ein beitragsorientierter Plan – jedoch mit weiterführenden Angaben – behandelt (vgl. IAS 19.32 ff.). Hiervon wiederum zu unterscheiden sind lediglich gemeinschaftlich verwaltete (Einzel-)Pläne (IAS 19.38).

197 Die Bilanzierung **beitragsorientierter Pläne** wird vom IASB selbst als einfach bezeichnet, „weil die Verpflichtung des berichtenden Unternehmens in jeder Periode durch die für die Periode zu entrichtenden Beträge bestimmt ist" (IAS 19.50). Daneben ist lediglich zu beachten, dass bereits erdiente Beiträge, die erst mehr als zwölf Monate nach dem Abschlussstichtag fällig werden, abzuzinsen sind.

198 Die Bilanzierung **leistungsorientierter Pläne** ist hingegen aufgrund der Abbildung zukünftiger Versorgungsleistungen komplexer (IAS19.55). Nach Empfehlung des IASB sollte hierzu regelmäßig auf Sachverständige zurückgegriffen werden (IAS 19.58). Die in der Bilanz auszuweisende Pensionsrückstellung bzw. Nettoschuld oder der auszuweisende Nettovermögenswert aus der leistungsorientierten Verpflichtung (net defined benefit liability/asset) ergibt sich als Differenz zwischen dem Barwert der leistungsorientierten Verpflichtung und dem Fair Value eines etwaig vorhandenen Planvermö-

---

[52] Vgl. ausführlich zur Unterscheidung zwischen leistungs- und beitragsorientierten Plänen der in Deutschland üblichen Durchführungswege *Baetge* u.a., IFRS², IAS 19, Rn. 91 ff.

gens, zzgl. oder abzgl. evtl. Auswirkungen der Begrenzung des Nettovermögens aus der leistungsorientierten Verpflichtung (asset ceiling, IAS 19.8).

Der **Barwert der leistungsorientierten Verpflichtung** ist mittels einer versicherungsmathematischen Bewertungsmethode, konkret mit der Methode der laufenden Einmalprämien (projected unit credit method; auch Anwartschaftsbarwertverfahren) zu bestimmen (IAS 19.67 ff.). Dieses Verfahren geht davon aus, dass in jedem Dienstjahr ein zusätzlicher Teil des Leistungsanspruchs erdient wird und fügt so aus den einzelnen Leistungsbausteinen die endgültige Verpflichtung zusammen. Zu deren Berechnung sind neben der Zuordnung von Leistungen zu den Dienstjahren aufeinander abgestimmte versicherungsmathematische Annahmen (demografische Annahmen, z.B. Sterbewahrscheinlichkeit, Fluktuation, Renteneintrittsalter etc., und finanzielle Annahmen, z.B. Zinssatz, Gehaltsentwicklung, Rentendynamik etc.) zu verwenden (IAS 19.70 ff.). 199

Vermögenswerte, die als **Planvermögen** zu charakterisieren sind, weil sie entweder in einen entspr. Fonds ausgelagert wurden und die erforderliche Zweckbindung erfüllen oder qualifizierende Versicherungsverträge darstellen (IAS 19.8), sind mit ihrem Fair Value gem. IFRS 13 zu bewerten (vgl. IAS 19.113 ff.)[53]. Planvermögen kann bspw. bei externen Versorgungsträgern wie Unterstützungskassen oder auch bei sog. contractual trust arrangements vorliegen. 200

Der Pensionsaufwand errechnet sich dabei aus den folgenden Komponenten (IAS 19.120): 201

Dienstzeitaufwand		GuV
+/−	Nettozinsen auf die Nettoschuld (den Vermögenswert) aus Leistungszusagen	
+/−	Neubewertungen der Nettoschuld/des Nettovermögenswerts aus Leistungszusagen	OCI
=	Pensionsaufwand	

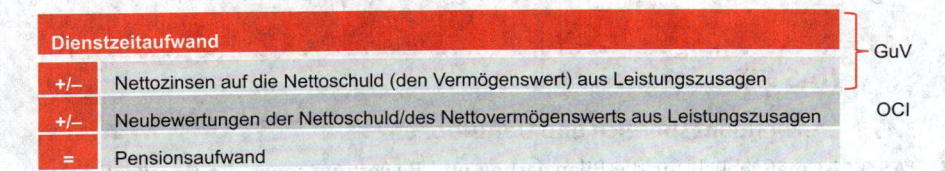

Abb. 5: Zusammensetzung des Pensionsaufwands

Der **Dienstzeitaufwand** ist dabei zu errechnen als Summe aus dem laufenden Dienstzeitaufwand, aus dem aufgrund von Planänderungen nachzuverrechnenden Dienstzeitaufwand und Abgeltungen (IAS 19.8). 202

Die **Nettozinsen** werden durch Multiplikation der Nettoschuld (Nettovermögenswert) aus Leistungszusagen zu Beginn der Berichtsperiode und dem zu diesem Zeitpunkt zu verwendenden Abzinsungssatz nach IAS 19.83 bestimmt (IAS 19.125 ff.). 203

Der **Neubewertungsbetrag** als der nicht GuV-wirksame Teil des Pensionsaufwands setzt sich insb. zusammen aus versicherungsmathematischen Gewinnen und Verlusten, die den Veränderungen der entspr. Annahmen geschuldet sind, und den Erträgen aus Planvermögen (ohne die in den Nettozinsen enthaltenen Anteile) (IAS 19.127 ff.). Begründung für die Abbildung der Neubewertungsbeträge im sonstigen Ergebnis ist die mit den regelmäßig weit in der Zukunft liegenden Entwicklungen verbundene hohe Unsicherheit (Umkehrschluss aus IAS 19.154). 204

---

53 Zu Einzelfragen zum Planvermögen siehe *IDW RS HFA 2*, Tz. 25 ff.

205 Die Abbildung von Pensionsrückstellungen zieht sehr umfangreiche **Angabepflichten** nach sich, die u.a. die Merkmale der Versorgungspläne, die damit einhergehenden Risiken, die auf diese Versorgungspläne entfallenden Beträge und die Auswirkungen dieser Pläne auf die künftigen Zahlungsströme des Unternehmens umfassen (IAS 19.135 ff.).

3.12.4 Andere Leistungen an Arbeitnehmer

206 Als weitere Leistungen an Arbeitnehmer sind zum einen die **anderen langfristig fälligen Leistungen an Arbeitnehmer** (z.B. Sonderurlaub nach langjähriger Dienstzeit, Jubiläumsgelder sowie Erfüllungsrückstände aus Altersteilzeitvereinbarungen[54]) zu nennen. Grds. werden diese Verpflichtungen analog zu leistungsorientierten Plänen bilanziert (IAS 19.155 ff.). Neben der auf Sachverhaltsebene meist festzustellenden geringeren Komplexität oder des deutlich kürzeren Zeithorizonts unterscheiden sich diese Leistungsformen im Hinblick auf die bilanzielle Behandlung dadurch, dass Neubewertungen nicht im sonstigen Ergebnis, sondern in der GuV zu erfassen sind (IAS 19.154).

207 Zum anderen sind **Leistungen aus Anlass der Beendigung des Arbeitsverhältnisses** (Abfindungsleistungen) aufzuführen, die im Gegensatz zu den zuvor dargestellten Leistungen nicht durch die vom Arbeitnehmer geleistete Arbeit selbst, sondern eben durch die Aufhebung des Arbeitsverhältnisses begründet sind (IAS 19.159). Sie sind anzusetzen, wenn sich das Unternehmen der entspr. Leistungspflicht nicht mehr entziehen kann[55] oder wenn es entspr. Restrukturierungsrückstellungen bilanziert (IAS 19.165). Zur Bewertung sind je nach Ausgestaltung der Leistungen die Regelungen der zuvor dargestellten Leistungen heranzuziehen und ggf. anzupassen (IAS 19.169).

3.13 Rückstellungen, Eventualschulden und Eventualforderungen (IAS 37)

3.13.1 Anwendungsbereich und Definitionen

208 IAS 37 ist maßgeblich für die Bilanzierung und Bewertung sowie die Angabepflichten von Rückstellungen. Ausgenommen vom Anwendungsbereich sind in erster Linie Finanzinstrumente und Versicherungsverträge, Eventualschulden bei Unternehmenszusammenschlüssen sowie Pensionsrückstellungen (IAS 37.1 ff.). Eine **Rückstellung** ist definiert als eine Schuld, die bzgl. ihrer Fälligkeit oder ihrer Höhe ungewiss ist, wobei sie als Schuld eine gegenwärtige Verpflichtung des Unternehmens verkörpert, die aus vergangenen Ereignissen entstanden ist und die erwartungsgemäß zu einem Abfluss von Ressourcen mit wirtschaftlichem Nutzen führt (IAS 37.10). Rückstellungen unterscheiden sich damit von den Verbindlichkeiten durch lediglich überwiegend wahrscheinliche(n) Entstehung und/oder Ressourcenabfluss (more likely than not, IAS 37.14(b) i.V.m. IAS 37.23)[56].

---

[54] Siehe hierzu DRSC Anwendungshinweis 1 (IFRS): Einzelfragen zur Bilanzierung von Altersteilzeitverhältnissen nach IFRS.

[55] Bei den konkret zu erfüllenden Ansatzvoraussetzungen wird hierbei unterschieden zwischen Abfindungsleistungen, die aufgrund einer Entscheidung eines Mitarbeiters ein entspr. Angebot zu akzeptieren und solchen, die aufgrund der Entscheidung des Unternehmens, das Arbeitsverhältnis zu beenden, gezahlt werden (IAS 19.165 ff.).

[56] Ausgenommen sind finanzielle Verbindlichkeiten i.S.d. IFRS 9, deren Ansatz grds. nicht an ein Wahrscheinlichkeitsmaß gebunden ist.

209 Sind die Entstehung der Schuld bzw. der damit verbundene Abfluss von Ressourcen mit wirtschaftlichem Nutzen nur als möglich (possible), nicht aber überwiegend wahrscheinlich (probable) einzuschätzen oder ist die Höhe der resultierenden Verpflichtung nicht verlässlich schätzbar, liegt hingegen eine **Eventualschuld** vor. Spiegelbildlich sind **Eventualforderungen** solche Sachverhalte, die nur möglicherweise zur Entstehung eines Vermögenswerts führen (vgl. zu den Definitionen IAS 37.10).

210 Hiervon zu unterscheiden sind abgegrenzte Schulden (**accruals**), die in Abschlüssen zumeist unter den Verbindlichkeiten ausgewiesen werden. Bei diesen sind die Unsicherheiten bzgl. der Wahrscheinlichkeit bzw. des Zeitpunkts des Ressourcenabflusses üblicherweise geringer als bei Rückstellungen, bspw. bei gelieferten, aber noch nicht in Rechnung gestellten Waren (IAS 37.11(b)).

3.13.2 Ansatz

211 Ihrer Definition entspr. sind Rückstellungen anzusetzen, wenn

- es überwiegend wahrscheinlich ist, dass dem Unternehmen aus einem Ereignis der Vergangenheit eine **gegenwärtige (rechtliche oder faktische) Verpflichtung** gegenüber einer anderen Partei entstanden ist (IAS 37.14(a), .16(a), .20);
- und es überwiegend wahrscheinlich ist, dass diese Verpflichtung mit einem **Abfluss von Ressourcen mit wirtschaftlichem Nutzen** einhergeht (IAS 37.14(b));
- und die Höhe der Verpflichtung **verlässlich schätzbar** ist, was vom IASB als Regelfall unterstellt wird (IAS 37.14(c), .25 f.).

212 Die Tatsache, dass nicht nur rechtliche, sondern auch faktische **Verpflichtungen** zu berücksichtigen sind, ist Grundlage bspw. für den Ansatz von Rückstellungen für Kulanzfälle. Die Beurteilung hinsichtlich dieser ersten Wahrscheinlichkeitshürde kann z.B. im Umfeld von Rechtsstreitigkeiten mit Schwierigkeiten verbunden sein (IAS 37.16). Bei einer Vielzahl ähnlicher Verpflichtungen (u.a. bei potenziellen Gewährleistungsfällen) ist die Gruppe der Verpflichtungen in Gänze zu betrachten und hinsichtlich der Wahrscheinlichkeiten zu beurteilen (IAS 37.24).

213 Da IAS 37.20 mögliche Verpflichtungen auf solche gegenüber anderen Parteien eingrenzt, ist die Bilanzierung von **Aufwandsrückstellungen**, wie sie das HGB in § 249 Abs. 1 S. 2 Nr. 1[57] vorsieht, den IFRS nicht immanent.

214 Dahingegen sind **Drohverlustrückstellungen** auch nach IAS 37 zu bilden, sofern diesen ein belastender Vertrag zugrunde liegt, bei dem die unvermeidbaren Kosten zur Erfüllung der vertraglichen Verpflichtung höher sind als der erwartete wirtschaftliche Nutzen (IAS 37.10).

215 **Restrukturierungsmaßnahmen** sind von der Unternehmensleitung geplante und kontrollierte Programme, die entweder den sachlichen Umfang der vom Unternehmen betriebenen Geschäftstätigkeit oder die Art und Weise, in der die Geschäftstätigkeit betrieben wird, wesentlich verändern (IAS 37.10). Rückstellungen sind hierfür nur zu bilden, wenn eine faktische Verpflichtung derart besteht, dass ein detaillierter Restrukturierungsplan aufgestellt und bei den Betroffenen eine entspr. Erwartungshaltung geweckt wurde. Der zu ermittelnde Betrag darf dabei nur die Aufwendungen umfassen,

---

[57] Kap. F Tz. 631 ff.

216 **Entsorgungs-, Wiederherstellungs- und ähnliche Verpflichtungen** sind u.U. bei erstmaligem Ansatz des betroffenen Vermögenswerts zu bilden (vgl. Kap. K Tz. 89).

217 **Künftige betriebliche Verluste** erfüllen grds. nicht die Kriterien der Rückstellungsbildung und können lediglich als Anzeichen für die Wertminderung einzelner Vermögenswerte oder ZGEs dienen (IAS 37.63 ff., vgl. hierzu auch Kap. K Tz. 130).

218 **Eventualschulden** sind grds. nicht anzusetzen, sondern lediglich anzugeben, soweit der Abfluss von Ressourcen mit wirtschaftlichem Nutzen nicht unwahrscheinlich ist (IAS 37.27 f.). Ausgenommen hiervon sind solche, die gem. IFRS 3.23 im Zuge von Unternehmenszusammenschlüssen angesetzt werden müssen. **Eventualforderungen** hingegen sind stets lediglich anzugeben, sofern der Zufluss wirtschaftlichen Nutzens wahrscheinlich ist (IAS 37.34)[58].

3.13.3 Bewertung

219 Rückstellungen sind mit dem **besten Schätzwert** anzusetzen, welcher als der zur Erfüllung der gegenwärtigen Verpflichtung erforderliche Betrag definiert ist. Es handelt sich um den Betrag, den das Unternehmen bei vernünftiger Betrachtung

- zur Erfüllung der Verpflichtung am Abschlussstichtag; oder
- zur Übertragung der Verpflichtung auf einen Dritten am Abschlussstichtag

zahlen müsste. Dies gilt, auch wenn der IASB selbst beide Möglichkeiten häufig als unmöglich oder als über die Maßen teuer ansieht. Maßgeblich ist die Einschätzung durch die Unternehmensleitung, ergänzt durch Erfahrungswerte aus ähnlichen Vorgängen sowie ggf. Sachverständigengutachten und aufgrund von Ereignissen nach dem Abschlussstichtag zusätzlich erlangte substantielle Hinweise (IAS 37.36 ff.).

220 Die Unsicherheit ist regelmäßig auf verschiedene künftige Szenarien zurückzuführen, deren Eintreten das Entstehen und die Höhe der Verpflichtung beeinflussen. In der konkreten Umsetzung der obigen Bewertungsvorschrift sieht IAS 37 vor, bei der Bewertung einzelner Verpflichtungen (**Einzelrückstellungen**) auf das wahrscheinlichste dieser Szenarien bzw. den daraus resultierenden Wert abzustellen (most likely outcome, IAS 37.40). Dagegen ist bei der Bewertung einer Rückstellung für eine große Anzahl von Positionen (**Sammelrückstellung**) der wahrscheinlichkeitsgewichtete Durchschnittswert, d.h. der Erwartungswert (expected value), heranzuziehen. Diese Unterteilung wird indes durchbrochen, falls im Zuge der Bewertung einer Einzelrückstellung alle anderen Szenariowerte über oder unter dem wahrscheinlichsten Wert liegen (IAS 37.39 f.).

221 Rückstellungen sind bei wesentlicher Wirkung des **Zinseffekts** mit einem die aktuellen Marktbedingungen hinsichtlich der Schuld widerspiegelnden Zinssatz vor Steuern abzuzinsen. Dieser Zinssatz muss auch mit Blick auf die mit der Schuld verbundenen Risiken bestimmt werden, sofern diese nicht bereits in den Zahlungsströmen Berücksichtigung fanden (IAS 37.45 ff.). Die Wesentlichkeit des Zinseffekts wird regelmäßig ange-

---

[58] Hier verdeutlichen sich die grds. unterschiedlichen Ansatzvoraussetzungen für Vermögenswerte und Schulden.

nommen, wenn die Verpflichtung voraussichtlich nicht vor Ablauf eines Jahres beglichen wird oder dieser angesichts der Höhe des Rückstellungsbetrags wesentlich ist[59].

Künftige Ereignisse, für deren Eintritt ausreichend objektive substanzielle Hinweise vorliegen und die den zur Erfüllung der Verpflichtung notwendigen Betrag beeinflussen können, sind bei der Rückstellungsbewertung zu berücksichtigen (IAS 37.48). Mit dem Rückstellungssachverhalt in Verbindung stehende **Gewinne aus dem erwarteten Abgang** von Vermögenswerten dürfen indes nicht einbezogen werden. Diese sind in Einklang mit dem jeweils für den Vermögenswert einschlägigen Standard zu bilanzieren (IAS 37.51 f.). **Erstattungen** sind dagegen – maximal bis zur Höhe der Rückstellung – als separater Vermögenswert zu erfassen, sofern sie bei Erfüllung der Verpflichtung so gut wie sicher (virtually certain) gezahlt werden. Allerdings dürfen die resultierenden GuV-Effekte verrechnet werden (IAS 37.53 ff.). 222

Rückstellungen für **belastende Verträge** sind ihrer Höhe nach durch den Betrag begrenzt, um den die unvermeidbaren Kosten den künftigen wirtschaftlichen Nutzen übersteigen, oder alternativ durch den Betrag etwaiger Entschädigungszahlungen (IAS 37.66 ff.). 223

Im Rahmen der **Folgebewertung** sind Rückstellungen zu jedem Abschlussstichtag zu prüfen und um Zinseffekte fortzuschreiben sowie ggf. um Wertänderungen anzupassen (IAS 37.59 f.). Sie dürfen nur i.Z.m. den Sachverhalten verbraucht werden, für die sie gebildet wurden (IAS 37.61 f.). 224

3.13.4 Angaben

IAS 37 sieht einen nach Gruppen gegliederten **Rückstellungsspiegel** vor, wobei keine Vorjahreszahlen angegeben werden müssen. Allerdings sind verbale Beschreibungen der Sachverhalte und der damit verbundenen Unsicherheiten sowie Angaben zu möglichen Erstattungen erforderlich (IAS 37.84 f.). 225

Darüber hinaus sind **Eventualschulden** und ggf. auch **Eventualforderungen** zu beschreiben und jeweils durch Angaben zu den finanziellen Auswirkungen zu ergänzen (IAS 37.86 ff.). 226

3.14 Anteilsbasierte Vergütungen (IFRS 2)

Anteilsbasierte Vergütungen bilden dem Grunde nach eine alternative Form der Vergütung und treten i.S.d. einschlägigen IFRS 2 als anteilsbasierte Vergütungen mit Ausgleich durch EK-Instrumente oder mit Barausgleich oder als solche auf, bei denen der Empfänger die Wahl hat, den Ausgleich durch EK-Instrumente oder in bar zu verlangen (IFRS 2.2). 227

Die **Erfassung** der anteilsbasierten Vergütungen erfolgt korrespondierend mit dem Erhalt der Vermögenswerte oder der Erbringung der Dienstleistungen, die für die Gewährung der anteilsbasierten Vergütung geschuldet werden (IFRS 2.7 ff.). Während die erhaltene Leistung sich als Vermögenswert(e) oder Aufwendungen niederschlägt, ist die anteilsbasierte Vergütung je nach Ausprägungsform als EK, Schuld oder Mischform (zusammengesetztes Finanzinstrument) zu bilanzieren. 228

---

59 Heuser/Theile, IFRS[5], Tz. 3467.

229 Bei **anteilsbasierten Vergütungen mit Ausgleich durch EK-Instrumente** erfolgen die Bewertung der erhaltenen Güter oder Dienstleistungen und die korrespondierende Erhöhung des EK in Höhe des Fair Value der erhaltenen Güter oder Dienstleistungen. Ist dieser Wert nicht verlässlich schätzbar (z.B. bei der Gewährung gegenüber Mitarbeitern für deren (Jahres-)Arbeitsleistung), ist der Fair Value der gewährten EK-Instrumente zum Gewährungszeitpunkt zugrunde zu legen (IFRS 2.10 ff.). Sind die EK-Instrumente sofort ausübbar, müssen die erhaltenen Leistungen am Tag der Gewährung in voller Höhe mit der entspr. EK-Erhöhung erfasst werden. Ansonsten erfolgt die Erfassung in dem Maße, in dem die geschuldete Leistung erbracht wird (z.B. zeitanteilig bei Voraussetzung einer bestimmten Verbleibdauer des Mitarbeiters im Unternehmen; IFRS 2.14 f.). Letzteres ist regelmäßig bei Vergütungen an Arbeitnehmer der Fall. Hierbei ist die Ausübung der aktienbasierten Vergütung i.d.R. an das Erreichen von bestimmten Zielen geknüpft. IFRS 2 unterscheidet diesbezüglich zwischen Ausübungsbedingungen (Dienst- oder Leistungsbedingungen) und Nicht-Ausübungsbedingungen. Eine Leistungsbedingung wiederum kann eine Marktbedingung enthalten (IFRS 2.19 ff., IFRS 2.A, IFRS 2.IG24).

230 Für die Ermittlung des **Fair Value der EK-Instrumente** ist IFRS 13 nicht anzuwenden (vgl. auch IFRS 13.6(a)). Vielmehr folgt sie der Definition in IFRS 2.A und den weiteren Vorschriften zur Berücksichtigung der besonderen Konditionen, zu denen die EK-Instrumente gewährt werden. Hierzu zählen insb. die Ausübungsbedingungen und Marktbedingungen, wobei erstere sich auf die Anzahl der einbezogenen EK-Instrumente auswirken, Letztere hingegen unmittelbar auf die Ermittlung des Fair Value (IFRS 2.19 ff.). Zudem ist eine sog. Reload-Eigenschaft (d.h. die automatische Gewährung zusätzlicher Aktienoptionen bei Begleichung gewährter Optionen durch EK-Instrumente statt des Barausgleichs) nicht zu berücksichtigen (IFRS 2.22). Beide Vorgaben führen nach Ansicht des IASB nicht zur Ermittlung eines Fair Value i.S.d. IFRS 13. Der Fair Value der gewährten EK-Instrumente ist (einmalig) zum Bewertungstag zu ermitteln; bei der Gewährung gegenüber Mitarbeitern für deren Arbeitsleistung entspricht dieser dem Gewährungszeitpunkt. Soweit sich nachfolgend geänderte Einschätzungen im Hinblick auf das Erreichen von Marktbedingungen (z.B. eine bestimmte Aktienkurssteigerung) sowie Nicht-Ausübungsbedingungen ergeben, sind diese unbeachtlich, d.h. es verbleibt insoweit bei einer Aufwandserfassung, auch wenn bspw. nicht mehr mit dem Erreichen dieser Ziele gerechnet wird. Dagegen sind nachfolgend geänderte Einschätzungen im Hinblick auf das Erreichen von Ausübungsbedingungen (z.B. die erwartete Anzahl der Mitarbeiter, die bis zum Ende des Leistungszeitraums im Unternehmen verbleiben) bei dem zu erfassenden Aufwand zu berücksichtigen (IFRS 2.19 ff.).

231 Im Falle **anteilsbasierter Vergütungen mit Barausgleich** sind die erworbenen Güter oder Dienstleistungen wie auch die entstandene Schuld mit dem Fair Value der Schuld zu erfassen, was ebenso wie spätere Wertänderungen stets erfolgswirksam zu vollziehen ist (IFRS 2.30). Dabei determiniert der Wert der Anteile bzw. der Wertsteigerungsrechte den Wert der Schuld. Auch hier kann eine zeitanteilige Erfassung notwendig sein, sofern die Leistung über einen Zeitraum erbracht wird (IFRS 2.31 f.). Anders als bei *anteilsbasierten Vergütungen mit Ausgleich durch EK-Instrumente* ist der Fair Value der Schuld zu jedem Abschlussstichtag neu zu ermitteln (IFRS 2.33). IFRS 2 sieht für die Berücksichtigung von Ausübungsbedingungen entsprechende Regelungen wie für anteilsbasierte Vergütungen mit Ausgleich durch EK-Instrumente vor (IFRS 2.33A ff.).[60] Der insgesamt zu erfassende Aufwand für anteilsbasierte Vergütungen mit Barausgleich entspricht dem gezahlten Betrag.

Anteilsbasierte Vergütungen mit wahlweisem Barausgleich oder Ausgleich durch EK-Instrumente sind danach zu differenzieren, welcher Partei das Wahlrecht zusteht. Liegt die Wahl bei der Gegenpartei, so liegt aus Sicht des Bilanzierenden ein zusammengesetztes Finanzinstrument vor, welches aus einer Schuldkomponente (= Recht der Gegenpartei auf Barvergütung) und einer EK-Komponente (= Recht der Gegenpartei auf Ausgleich durch EK-Instrumente) besteht. Bei Gewährung an Mitarbeiter ist der Wert der EK-Komponente als Residual durch Subtraktion des Fair Value der Schuldkomponente von dem Fair Value des gesamten Instruments zu ermitteln; ansonsten als Differenz zwischen den Fair Values der erhaltenen Güter/Dienstleistungen und dem Fair Value der Schuld (IFRS 2.35 ff.). Erfolgt später der Ausgleich mit EK-Instrumenten, ist eine Umbuchung der Schuld ins EK vorzunehmen. Erfolgt dagegen der Ausgleich in bar, wird die Zahlung in voller Höhe gegen die Schuld verrechnet (IFRS 2.39 f.). Liegt das Wahlrecht hingegen beim Bilanzierenden und kann er dieses auch tatsächlich ausüben, ist nach den Grundsätzen für anteilsbasierte Vergütungen mit Ausgleich durch EK-Instrumente vorzugehen. Wählt das Unternehmen indes nachfolgend den Barausgleich, so ist dies als Rückkauf von EK-Anteilen zu behandeln. Entscheidet sich der Bilanzierende für einen Ausgleich durch EK-Instrumente ist keine Buchung mehr notwendig (IFRS 2.43[61]). Liegt dagegen eine (faktische) Verpflichtung zum Barausgleich vor, ist nach den Grundsätzen für anteilsbasierte Vergütungen mit Barausgleich vorzugehen (IFRS 2.42). 232

Die umfangreichen **Angabepflichten** des IFRS 2 umfassen neben der Darstellung der einzelnen Vergütungsformen u.a. weitere Informationen zu gewährten Optionen, deren Ausübungspreisen und den Parametern der Ermittlung des/der Fair Value(s) (IFRS 2.44 ff.). 233

3.15 Umsatzerlöse (IFRS 15)

IFRS 15 ist grds. auf alle Verträge mit Kunden anzuwenden[62]. Ausgenommen von der **Anwendung** sind Leasingverträge, Versicherungsverträge gem. IFRS 4 bzw. IFRS 17, Finanzinstrumente und andere vertragliche Rechte und Verpflichtungen i.S.v. IFRS 9, IFRS 10, IFRS 11, IAS 27 und IAS 28 sowie bestimmte nicht monetäre Tauschgeschäfte zwischen Unternehmen (IFRS 15.5). Zudem setzt die Anwendbarkeit des IFRS 15 das Vorliegen eines durchsetzbaren Vertrags mit einem Kunden voraus, also eines Vertrags über den Transfer von Gütern oder Dienstleistungen i.R.d. gewöhnlichen Geschäftstätigkeit gegen Erhalt einer Gegenleistung (vgl. IFRS 15.6). 234

---

60 Siehe die Neuregelung des IASB vom Juni 2016 *IFRS 2 Classification and Measurement of Share-based Payment Transactions*.
61 Für den Sonderfall des Ausgleichs mit dem am Erfüllungstag höheren Fair Value von EK-Instrumenten oder Bar-Erfüllung, muss die Differenz zwischen beiden Zeitwerten als zusätzlicher Aufwand berücksichtigt werden (IFRS 2.43(c)).
62 Vgl. zu IFRS 15 *Grote/Hold/Pilhofer*, KoR 2014, S. 405 ff., S. 474 ff.; *Knobloch/Anton*, DStR 2015, S. 1519 ff.; 1582 ff. Für Ausführungen zu durch IFRS 15 ersetzten Standards und Interpretationen siehe WPH I 2012, Kap. N Tz. 355 ff. sowie Tz. 822 ff.

235 IFRS 15 sieht die folgenden **fünf Schritte zur Umsatzrealisation** vor:

Schritt 1	Identifizierung des/der Vertrags/Verträge mit dem Kunden
Schritt 2	Identifizierung der separaten Leistungsverpflichtungen innerhalb des Vertrags bzw. der Verträge
Schritt 3	Bestimmung des Transaktionspreises
Schritt 4	Allokation des Transaktionspreises auf die vertraglich vereinbarten separaten Leistungsverpflichtungen
Schritt 5	Ertragsrealisierung bei Erfüllung einzelner Leistungsverpflichtungen

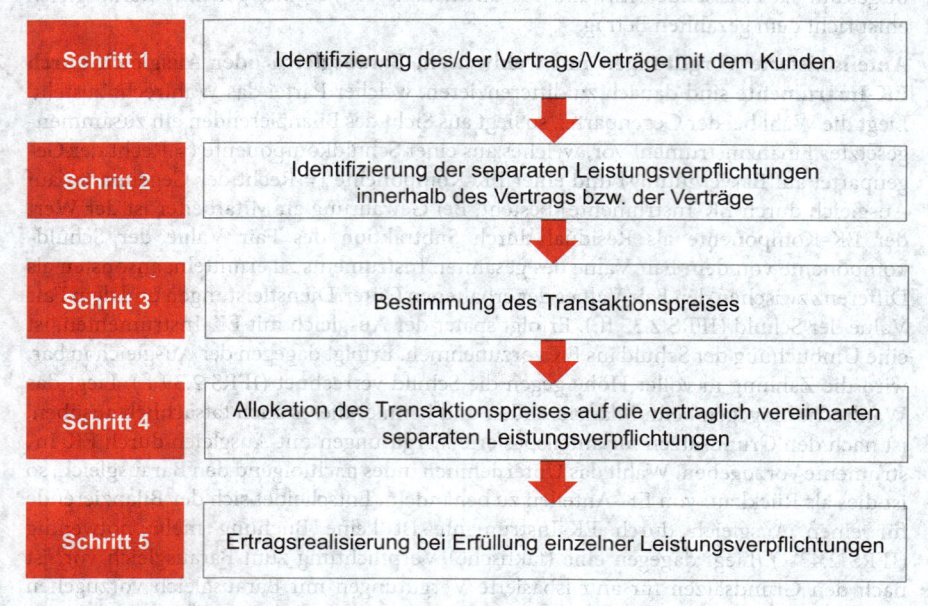

Abb. 6: Schritte der Umsatzrealisation nach IFRS 15

236 Schritt 1 fordert zunächst die **Identifizierung eines Vertrags** (IFRS 15.9 ff.). Ein Vertrag in diesem Sinne setzt insb. voraus, dass hieraus für die Vertragsparteien durchsetzbare Rechte und Pflichten entstehen (IFRS 15.A).

237 Handelt es sich um einen Vertrag mit wirtschaftlichem Gehalt, der eine identifizierbare Pflicht zur Leistungserbringung enthält, so ist im zweiten Schritt festzustellen, ob die **Vereinbarung eine oder mehrere separate Leistungsverpflichtungen** beinhaltet. Ein vertragliches Leistungsversprechen stellt eine separate Leistungsverpflichtung dar, sofern Abgrenzungsfähigkeit i.S.v. eigenständiger Nutzbarkeit sowie Abgrenzbarkeit im Vertragskontext vorliegen, was wiederum aus der Perspektive des leistenden Unternehmens bezogen auf die sonstigen vertraglichen Leistungen zu beurteilen ist (vgl. zum zweiten Schritt IFRS 15.22 ff.).

238 Die **Bestimmung des Transaktionspreises** als dritter Schritt basiert auf den vereinbarten Beträgen bzw. bei nicht monetärer Gegenleistung auf deren Fair Value. Einzubeziehen sind darüber hinaus der Zeitwert des Geldes, an Kunden gezahlte oder zu zahlende Gegenleistungen sowie variable Gegenleistungen des Kunden (IFRS 15.50 ff.). Hinsichtlich Letzterer ist der entspr. Betrag (zu jedem Abschlussstichtag) zu schätzen, was entweder mittels des wahrscheinlichsten Werts bei wenigen alternativen Ereignissen (und resultierenden Ergebnissen) oder des Erwartungswerts bei einer Bandbreite verschiedener Ereignisse bzw. einer Vielzahl von Verträgen mit ähnlichen Eigenschaften erfolgen soll (IFRS 15.53 ff.). Variable Gegenleistungen sind jedoch nur in dem Umfang zu berücksichtigen, in dem es hochwahrscheinlich (highly probable) ist, dass es zu keiner signifikanten Umkehr des kumulierten erfassten Umsatzes kommt, wenn sich die mit der variablen Gegenleistung verbundene Unsicherheit auflöst (IFRS 15.56).

Liegen **Vertragsänderungen** vor, die zusätzlich zu erbringende Leistungen vorsehen, und die einen korrespondierenden Anstieg des Transaktionspreises bewirken, muss der Abschluss eines separaten Vertrags unterstellt werden Wird die zweite Bedingung nicht erfüllt, sind aber die bis zur Vertragsänderung erbrachten Leistungen abgrenzbar, ist dies als Beendigung des ursprünglichen Vertrags und Entstehung eines neuen Vertrags zu bilanzieren; ansonsten als Vertragsmodifizierung mit Anpassung der vorgenommenen Schritte (IFRS 15.18 ff.). 239

Das Ziel des vierten Schrittes liegt darin, sicher zu stellen, dass einer eigenständigen Leistungsverpflichtung derjenige **Teilbetrag des Transaktionspreises** zugeordnet wird, der die Höhe der erwartungsgemäß für die enthaltenen Lieferungen oder Leistungen zu beanspruchenden Gegenleistungen widerspiegelt. Dies wiederum gilt es auf Basis der für jede Leistungsverpflichtung zu ermittelnden relativen Einzelveräußerungspreise nachzuvollziehen (IFRS 15.73 ff.). 240

Mit Blick auf den fünften Schritt der **Ertragsrealisierung**, d.h. der Bestimmung des Zeitpunkts der Ertragsrealisierung, ist hervorzuheben, dass auch bei der Identifizierung nur einer einzigen Leistungsverpflichtung eine schrittweise Realisierung angezeigt sein kann. Das entscheidende Kriterium für die Leistungserfüllung stellt die Übertragung des geschuldeten Guts (und/oder der geschuldeten Leistung) bzw. der damit verbundene Kontrollübergang (IFRS 15.31). Diese Leistungserfüllung kann entweder zeitraum- oder zeitpunktbezogen stattfinden. 241

Zur Unterscheidung gibt IFRS 15.35 Kriterien vor, wonach bspw. eine zeitraumbezogene Leistung vorliegt, wenn 242

- der Kunde den Nutzen aus der Leistung gleichzeitig zu deren Erbringung zieht,
- ein Vermögenswert erschaffen oder verbessert wird, der unter der Kontrolle des Kunden steht, oder
- ein Vermögenswert erstellt wird, der keine alternative Nutzungsmöglichkeit für den Leistenden hat, und Letzterer über einen Rechtsanspruch auf die Bezahlung der bereits erbrachten Leistungen verfügt.

Während damit einerseits eine weitgehend analoge Bilanzierung durch die bisherigen IAS 11-Anwender ermöglicht wird[63], erweitert insb. das letztgenannte Kriterium den potenziellen Anwendungskreis für eine zeitraumbezogene Umsatzrealisierung erheblich. Die Auslegung des Standards unter Würdigung der unternehmensindividuellen Gegebenheiten hat in der Bilanzierungs- und Prüfungspraxis weitreichende Diskussionen nach sich gezogen. Die notwendige Messung des Fortschritts bei einer zeitraumbezogenen Erfüllung darf dabei output- oder input-orientiert erfolgen (IFRS 15.41, *IFRS 15.BC164 ff.*).

Die letztendliche Beurteilung des **Kontrollübergangs bei zeitpunktbezogener Erfüllung** kann gem. IFRS 15.38 an verschiedene Indikatoren anknüpfen, so etwa an der Frage, 243

- ob das Unternehmen das Recht und der Kunde die Pflicht zur Zahlung hat,

---

[63] Vgl. hierzu *Wüstemann/Wüstemann*, WPg 2014, S. 929 ff.; *Heintges/Erber*, WPg 2016, S. 1015 ff. und S. 1067 ff.

- ob der Kunde den Rechtsanspruch auf den Vermögenswert/die Leistung innehat,
- ob die physische Übertragung auf den Kunden stattgefunden hat,
- ob der Kunde die wesentlichen Risiken und Chancen aus dem Eigentum hat oder
- ob der Kunde die Leistung abgenommen hat.

244 Darüber hinaus enthält IFRS 15 im Anhang B für diverse Sachverhalte spezifische Regelungen, z.B. für Prinzipal-Agenten-Beziehungen, Lizenzvereinbarungen, Garantien, Rückgaberechte etc.

245 Fallen bei der **Vertragserlangung** Kosten an, so sind diese zu aktivieren und über die geschätzte Vertragslaufzeit zu verteilen, wenn die Kosten ohne den Vertragsabschluss nicht angefallen wären und ihre Amortisation i.R.d. Leistungserbringung zu erwarten ist. Auf die Aktivierung darf jedoch verzichtet werden, wenn die zugrunde liegende Vertragslaufzeit ein Jahr nicht übersteigt (IFRS 15.94 ff.). **Kosten der Vertragserfüllung** sind dann zu aktivieren, wenn sich die Kosten auf einen gegenwärtigen oder künftigen Vertrag beziehen, Ressourcen generiert oder verbessert werden, die bei der Erfüllung künftiger Leistungsverpflichtungen eingesetzt werden, und die Kosten voraussichtlich wiedererlangt werden können (IFRS 15.91 ff.). Die Abschreibung der aktivierten Kosten erfolgt korrespondierend zur Leistungserfüllung (IFRS 15.99 ff.).

246 Der **Ausweis** einer (Kunden-)Forderung ist vorzunehmen, sobald die Leistung erbracht wurde und ein unbedingter Zahlungsanspruch des Kunden entstanden ist. Ist hingegen nur die Leistung erbracht, ohne dass die Zahlungsverpflichtung bereits entstanden ist, ist ein vertraglicher Vermögenswert (**contract asset**) auszuweisen; im umgekehrten Fall einer Zahlung ohne Leistungserfüllung eine vertragliche Schuld (**contract liability**), vgl. IFRS 15.105 ff.

247 Der Standard fordert im **Anhang** u.a. die Aufgliederung der Umsätze nach Kategorien, die Angabe der Eröffnungs- und Schlusssalden aller vertraglichen Vermögenswerte und Schulden sowie mit vertraglichen Vermögenswerten und Schulden der Vorperiode verbundene erfasste Umsatzerlöse und Angaben zum Umfang von Leistungspflichten, was grds. den nicht erfüllten Auftragsbestand umfasst (vgl. IFRS 15.110 ff.).

3.16 Ertragsteuern (IAS 12)

248 IAS 12 regelt grds. Fragestellungen zu allen Ertragsteuern, mithin allen in- und ausländischen Steuern, die auf Grundlage des zu versteuernden Ergebnisses/Einkommens ermittelt bzw. erhoben werden (IAS 12.2). Mittels des zu versteuernden Einkommens wird zum Abschlussstichtag die tatsächliche Steuerlast für die laufende und frühere Periode(n) ermittelt und etwaig geleisteten (Voraus-)Zahlungen gegenübergestellt. Ergibt sich hieraus eine Steuerlast, ist sie als Steuerschuld anzusetzen. Ein Überhang der Vorauszahlungen ist als Erstattungsanspruch zu bilanzieren, ebenso der Vorteil aus einem Verlustrücktrag (IAS 12.12 ff.). Diese **tatsächlichen Steuerschulden bzw. -ansprüche** sind mit dem – ggf. abgezinsten – Betrag zu bewerten, in dessen Höhe eine Zahlung an oder eine Erstattung von den Steuerbehörden erwartet wird, und zwar auf Grundlage der Steuersätze, die am Abschlussstichtag verabschiedet bzw. substanziell verabschiedet sind (IAS 12.46 ff.)[64]. Eine Saldierung von tatsächlichen Steuerschulden und -ansprüchen ist

---

64 Dies umfasst i.d.R. auch im Bundesrat verabschiedete Steuergesetze.

vorzunehmen, sofern eine Aufrechnung oder eine zeitgleiche Realisierung – i.d.R. gegenüber derselben Behörde – möglich und beabsichtigt ist (IAS 12.71).

Latente Steuern basieren auf zeitlich befristeten (temporären) Unterschieden zwischen dem Wertansatz von Vermögenswerten und Schulden in der IFRS-Bilanz und ihrer steuerlichen Basis. Es handelt sich um Ertragsteuerbeträge, die in zukünftigen Perioden aufgrund der sich umkehrenden Differenz zu zahlen sein werden (latente Steuerschulden/passive latente Steuern), oder um Ertragsteuerbeträge, die in zukünftigen Perioden aufgrund der sich umkehrenden Differenz erstattungsfähig sein werden (latente Steueransprüche/aktive latente Steuern) (IAS 12.5). Aktive latente Steuern sind zudem für noch nicht genutzte steuerliche Verlustvorträge und Steuergutschriften grds. ansatzfähig. Die Steuerabgrenzung folgt damit dem bilanzorientierten Temporary-Konzept. 249

Eine **Ansatzvoraussetzung** ergibt sich dabei unmittelbar aus der Definition, da nur temporäre und keine permanenten Differenzen Berücksichtigung bei der Bilanzierung der Steuerlatenzen finden dürfen. Quasi-permanente Differenzen, also solche, die sich bspw. erst beim Verkauf realisieren (z.B. Differenzen betreffend Grund und Boden), sind als temporäre Differenzen einzuordnen. 250

Darüber hinaus gilt hinsichtlich latenter Steuerschulden ein **Ansatzverbot** bzgl. Differenzen aus dem erstmaligen Ansatz eines GoF sowie aus einem erstmaligen – in IFRS- und Steuerbilanz – erfolgsneutral abgebildeten Ansatz von Vermögenswerten und Schulden, sofern dies nicht i.R. eines Unternehmenszusammenschlusses erfolgt (IAS 12.15). Abweichend hiervon gilt für aktive latente Steuern das Ansatzverbot nicht für Differenzen aus einem GoF (IAS 12.24). 251

Aktive latente Steuern dürfen nur in dem Umfang bilanziert werden, in dem es wahrscheinlich ist, dass ein zu versteuerndes Ergebnis verfügbar sein wird, gegen das die abzugsfähige temporäre Differenz verrechnet werden kann; d.h., u.a. nur dann, 252

- wenn entweder ausreichende passive Latenzen beim gleichen Steuersubjekt und der gleichen Steuerbehörde vorliegen (IAS 12.28(a)) oder
- mit ausreichender Wahrscheinlichkeit künftig (IAS 12.29(a)) steuerpflichtige Gewinne entstehen oder entspr. Steuerplanungsstrategien zur Verfügung stehen (IAS 12.29(b)).

Aktive latente Steuern auf **Verlustvorträge und ungenutzte Steuergutschriften** sind in dem Umfang zu bilden, wie es wahrscheinlich ist, dass ein künftiges zu versteuerndes Ergebnis zur Verfügung steht, gegen das sie verrechnet werden können (IAS 12.34 f.). Allerdings gelten, insb. bei Vorliegen einer Verlusthistorie, strengere Aktivierungsvoraussetzungen (vgl. IAS 12.35 f.). 253

Die **Bewertung** latenter Steuern ist anhand der Steuersätze vorzunehmen, deren Gültigkeit *für die Periode der Umkehrung der Differenz* erwartet wird. Hierbei sind die Erwartungen hinsichtlich des zu versteuernden Einkommens (ggf. Progression) und der Art der Realisation der Differenz zu berücksichtigen (IAS 12.46 ff.). Eine Abzinsung latenter Steuerpositionen ist generell untersagt (IAS 12.53). 254

Die **Erfassung** latenter Steuern folgt dem zugrunde liegenden Sachverhalt. Sie ist grds. erfolgswirksam vorzunehmen, es sei denn, der Sachverhalt wurde im sonstigen Ergebnis oder direkt im EK erfasst oder es handelt sich um einen Unternehmenszusammenschluss (IAS 12.57 ff.). 255

256 Latente Steuern sind separat von allen sonstigen Vermögenswerten und Schulden sowie von tatsächlichen Ertragsteuerschulden/-ansprüchen stets unter den langfristigen Posten auszuweisen. Latente Steuerschulden und Steuerforderungen sind zu saldieren, wenn die tatsächlichen Steuern aufrechenbar sind und die latenten Steuern sich auf Ertragsteuern beziehen, die von der gleichen Steuerbehörde erhoben werden, wobei es sich um dasselbe Steuersubjekt handeln muss oder der Ausgleich auf Nettobasis bzw. mit der Realisierung der Ansprüche die gleichzeitige Ablösung der Schulden beabsichtigt ist (IAS 12.74).

257 IAS 12.79 ff. sehen umfangreiche **Angaben** vor, u.a. zu den Hauptbestandteilen des Steueraufwands/-ertrags sowie eine Überleitungsrechnung vom nominellen auf den effektiven Steuersatz, welche die Differenzen zwischen dem auf Basis des anzuwendenden Steuersatzes zu erwartenden Steuerergebnis und dem tatsächlichen Steueraufwand/-ertrag erklärt.

4. Konzernspezifische Regelungen zur IFRS-Rechnungslegung

4.1 Überblick

258 Konzernspezifische Regelungen sind auf diverse IFRS verteilt. Die bilanzielle Abbildung von Unternehmenszusammenschlüssen ist Gegenstand von IFRS 3 (vgl. Kap. K Tz. 271 ff.). Die Frage, wann ein KA zu erstellen ist bzw. wann ein anderes Unternehmen beherrscht wird, ist anhand der Regelungen des IFRS 10 zu bestimmen (vgl. Kap. K Tz. 259 ff.). Darüber hinaus definiert IFRS 11 sog. gemeinsame Vereinbarungen (joint arrangements), die entweder als gemeinschaftliche Tätigkeit (joint operation) oder als GU (joint venture) ausgestaltet sein können (vgl. Kap. K Tz. 301 ff.). Die Anwendung der Equity-Methode ist in IAS 28 geregelt (vgl. Kap. K Tz. 311 ff.). Alle Angabepflichten zu Beteiligungen an anderen Unternehmen sind zentral in IFRS 12 gebündelt. Des Weiteren sind für die Erstellung eines KA insb. auch IAS 12 zu latenten Steuern (vgl. Kap. K Tz. 248 ff.) und IAS 21 zur Währungsumrechnung (vgl. Kap. K Tz. 56 ff.) relevant.

4.2 Konzernabschlüsse (IFRS 10)

4.2.1 Aufstellungspflicht und Abgrenzung des Konsolidierungskreises

259 Ein Konzern ist ein Verbund rechtlich selbständiger Unternehmen, die von einem Unternehmen (= MU) beherrscht werden. Demnach besteht ein Konzern aus einem MU und mind. einem TU. Ziel eines KA ist es, die Vermögenswerte, Schulden, EK, Erträge, Aufwendungen und Zahlungsströme des MU und seiner TU so darzustellen, als gehörten sie zu einer wirtschaftlichen Einheit (sog. **Einheitstheorie**, IFRS 10.A)[65].

260 IFRS 10 sieht grds. die Einbeziehung aller TU in den KA des MU im Wege der Vollkonsolidierung vor[66]. Eine Ausnahme besteht für Investmentgesellschaften (IFRS 10.31 ff.). Ein TU ist auch dann zu konsolidieren, wenn es mit der Absicht der Weiterveräußerung erworben wurde (IFRS 5.32(c)). Allerdings darf in diesem Fall eine vereinfachte Konsolidierung vorgenommen werden.

---

[65] Zur Aufstellungspflicht eines IFRS-KA in Deutschland vgl. Tz. 2 f.
[66] Für einen KA, der gem. § 315e HGB nach den in EU-Recht übernommenen IFRS aufgestellt wird, bestimmt sich der Konsolidierungskreis ebenfalls nach den IFRS.

Die **Einbeziehung eines TU** in den KA **beginnt** gem. IFRS 10.20 an dem Tag, an dem das MU die **Beherrschung** (control) über das TU erlangt (sog. **Erwerbszeitpunkt**; vgl. Kap. K Tz. 277). Ein **Beherrschungsverhältnis** zwischen MU und TU liegt dann vor, wenn die folgenden drei Tatbestandsmerkmale kumulativ erfüllt sind (IFRS 10.7)[67]: **261**

a) das MU besitzt **Verfügungsgewalt** (power) über das TU
b) und das MU ist **variablen Rückflüssen** (positive wie auch negative) ausgesetzt
c) und das MU kann kraft seiner Verfügungsgewalt die Höhe der Rückflüsse **beeinflussen**.

IFRS 10 liegt dabei ein einheitliches Beherrschungskonzept für alle Arten von Unternehmen, auch für sog. strukturierte Einheiten, zugrunde. Im Anhang B des Standards sind umfangreiche Anwendungsleitlinien für die Bestimmung von Beherrschung enthalten.

Die Einbeziehung als TU in den KA **endet**, wenn das MU die Beherrschung über das TU verliert (z.B. infolge einer (teilweisen) Veräußerung des TU; IFRS 10.20). Im Rahmen der **Entkonsolidierung** sind gem. IFRS 10.25 i.V.m. IFRS 10.B97 ff. die Vermögenswerte und Schulden des (ehem.) TU erfolgswirksam auszubuchen und jede zurückbehaltene Beteiligung mit ihrem Fair Value zu bewerten. Dieser Wert gilt dann als Zugangswert für einen finanziellen Vermögenswert nach IFRS 9 oder als AK i.R.d. Equity-Bewertung, wenn das Beteiligungsunternehmen als assoziiertes Unternehmen (vgl. Kap. K Tz. 311) oder GU (vgl. Kap. K Tz. 304) zu qualifizieren ist. Mit dem abgehenden TU verbundene, im EK erfasste Bestandteile des sonstigen Ergebnisses (z.B. Fremdwährungsumrechnungsdifferenzen) sind entspr. den für die zugrunde liegenden Sachverhalte anzuwendenden Regelungen zu behandeln. **262**

Änderungen an der Anteilsquote an einem TU, ohne dass dies zu einem Verlust von Beherrschung führt, sind als Transaktion mit EK-Gebern erfolgsneutral im EK zu erfassen (IFRS 10.23). **263**

4.2.2 Konzerneinheitliche Bilanzierung und Bewertung

Das Ziel, den Konzern als **wirtschaftliche Einheit** abzubilden, erfordert es, dass die in den KA einzubeziehenden Abschlüsse hinsichtlich des Abschlussstichtags, der zugrunde liegenden Rechnungslegungsgrundsätze und der Darstellungswährung vereinheitlicht werden. **264**

Der KA ist auf einen einheitlichen **KA-Stichtag** zum Geschäftsjahresende des MU aufzustellen (IFRS 10.B92). Weichen die Stichtage der TU davon ab, sind grds. Zwischenabschlüsse erforderlich. Sofern dies praktisch undurchführbar ist, dürfen auch Abschlüsse verwendet werden, die zu einem (höchstens drei Monate) abweichenden Stichtag aufgestellt wurden. In diesem Fall sind Anpassungen für wesentliche Geschäftsvorfälle oder andere Ereignisse vorzunehmen (IFRS 10.B93). **265**

Ein KA ist unter Anwendung **einheitlicher Rechnungslegungsgrundsätze** aufzustellen (IFRS 10.B87). Dies bedeutet, dass ähnliche Geschäftsvorfälle und andere Ereignisse unter vergleichbaren Umständen gleich zu behandeln sind (IFRS 10.19). Demnach sind **266**

---

[67] Ausführlich zu den einzelnen Voraussetzungen vgl. etwa EY, International GAAP 2018, Ch. 6; KPMG, Insights into IFRS[14], Tz. 2.5.20 ff.

etwa von den IFRS eröffnete Wahlrechte sowie Ermessensentscheidungen bei vergleichbaren Sachverhalten im KA einheitlich auszuüben.

4.2.3 Konsolidierungsmaßnahmen

267 Zunächst sind alle gleichartigen Posten an Vermögenswerten, Schulden, EK, Erträgen Aufwendungen und Zahlungsströmen des MU und seiner TU in einem sog. **Summenabschluss** zusammenzufassen (IFRS 10.B86(a)).

268 Nach der Einheitsfiktion sind zur Vermeidung von Mehrfacherfassungen alle konzerninternen Verflechtungen zu eliminieren (sog. **Konsolidierungsmaßnahmen**). Hierzu wird i.R.d. **Kapitalkonsolidierung** der Beteiligungsbuchwert für das TU mit dem anteiligen EK des TU verrechnet. Damit im KA nur diejenigen Geschäfte abgebildet werden, die mit konzernexternen Dritten getätigt wurden, müssen i.R.d. **Schuldenkonsolidierung** alle konzerninternen Vermögenswerte und Schulden, sowie i.R.d. **Aufwands- und Ertragskonsolidierung** alle konzerninternen Aufwendungen und Erträge gegeneinander aufgerechnet werden. Sind bei konzerninternen Lieferungen und Leistungen Gewinne oder Verluste entstanden, die aus Konzernsicht noch nicht realisiert sind, müssen diese schließlich im Wege der **Zwischenergebniseliminierung** aus dem Konzerngesamtergebnis herausgerechnet werden (IFRS 10.B86).

4.2.4 Angaben

269 Die Angabepflichten für KA werden einheitlich für TU, Anteile an gemeinsamen Vereinbarungen und an assoziierten Unternehmen in IFRS 12 geregelt. Ziel der umfangreichen Angabepflichten ist es, den Abschlussadressaten eine Beurteilung der Art der Beteiligung, die damit verbundenen Risiken sowie die daraus resultierenden finanziellen Auswirkungen auf die VFE-Lage und Zahlungsströme des berichtenden Unternehmens zu ermöglichen (IFRS 12.1).

270 Für TU ist der Konsolidierungskreis mit den ggf. damit verbundenen Ermessensentscheidungen zu beschreiben. Neben Name, Sitz und Beteiligungsquote ist insb. auf abweichende Stichtage, nicht beherrschende Anteile und auf die Art und den Umfang maßgeblicher Beschränkungen, auf Anteile an strukturierten Einheiten sowie Folgen aus einer geänderten Beteiligungsquote einzugehen (IFRS 12.7 ff., IFRS 12.10 ff.).

4.3 Unternehmenszusammenschlüsse (IFRS 3)

4.3.1 Anwendungsbereich und Abgrenzung

271 IFRS 3 regelt die bilanzielle Abbildung von Unternehmenszusammenschlüssen. Auf diese ist die **Erwerbsmethode** (acquisition method) anzuwenden.

272 Bei einem Unternehmenszusammenschluss erlangt ein Erwerber die **alleinige Beherrschung** über einen anderen **Geschäftsbetrieb** (business). Als Geschäftsbetrieb gilt eine integrierte Gruppe von Tätigkeiten und Vermögenswerten, die mit dem Ziel geführt und geleitet werden kann, den Investoren oder anderen Eigentümern, Mitgliedern oder Teilnehmern eine Rendite in Form von Dividenden zu zahlen oder niedrigere Kosten oder sonstigen wirtschaftlichen Nutzen direkt zukommen zu lassen (IFRS 3.A; IFRS 3.B7).

273 Nicht in den Anwendungsbereich des IFRS 3 fallen die Gründung von GU, Unternehmenszusammenschlüsse unter gemeinsamer Beherrschung (sog. common-control-

Transaktionen) und der Erwerb von Vermögenswerten oder einer Gruppe von Vermögenswerten, die nicht die Definition eines Geschäftsbetriebs erfüllen (vgl. IFRS 3.2). Ebenfalls vom Anwendungsbereich des IFRS 3 ausgeschlossen ist der Erwerb von Anteilen an einem TU durch eine Investmentgesellschaft i.S.v. IFRS 10, sofern dieses TU erfolgswirksam zum Fair Value bewertet werden muss (IFRS 3.2A).

4.3.2 Erwerbsmethode im Überblick

Ein Unternehmenszusammenschluss ist zwingend nach der **Erwerbsmethode** abzubilden (IFRS 3.4). Grundgedanke der Erwerbsmethode ist, dass der Erwerber wirtschaftlich betrachtet die einzelnen Vermögenswerte und Schulden des erworbenen Geschäftsbetriebs übernimmt (sog. **Einzelerwerbsfiktion**). 274

Die Erwerbsmethode unterteilt sich in vier Schritte (IFRS 3.5): 275

a) Identifizierung des Erwerbers (vgl. Kap. K Tz. 276)
b) Bestimmung des Erwerbszeitpunkts (vgl. Kap. K Tz. 277)
c) Ansatz und Bewertung der erworbenen identifizierbaren Vermögenswerte, der übernommenen Schulden (vgl. Kap. K Tz. 279 ff.) sowie (ggf. im KA) aller nicht beherrschenden Anteile am erworbenen Unternehmen (vgl. Kap. K Tz. 285 ff.)
d) die Bilanzierung und Bestimmung des GoF oder eines Gewinns aus einem Erwerb zu einem Preis unter Marktwert (vgl. Kap. K Tz. 291 ff.).

Zunächst ist der **Erwerber** zu identifizieren, da nur aus Sicht des Erwerbers die Erwerbsmethode anzuwenden ist (IFRS 3.BC25). Als Erwerber gilt grds. das Unternehmen, welches die **Beherrschung** (control) über den Geschäftsbetrieb übernimmt (IFRS 3.7). Für den Tatbestand der Beherrschung verweist IFRS 3 vorrangig auf die Leitlinien des IFRS 10 (vgl. Kap. K Tz. 261 ff.). Sofern sich danach der Erwerber nicht eindeutig bestimmen lässt, sind die Indikatoren in IFRS 3.B14 ff. heranzuziehen. Dies ist z.B. regelmäßig bei Unternehmenszusammenschlüssen durch Anteilstausch, bei Zusammenschlüssen von mehr als zwei Unternehmen oder bei sog. umgekehrten Unternehmenserwerben (reverse acquisitions) geboten.[68] 276

Der **Erwerbszeitpunkt** ist der Zeitpunkt, zu dem der Erwerber die Beherrschung über das erworbene Unternehmen erlangt (IFRS 3.8). Dies ist im Regelfall der Zeitpunkt des rechtlichen Übergangs (closing date). Der Beherrschungsübergang kann indes auch zu einem anderen Zeitpunkt stattfinden (IFRS 3.9). Erst ab diesem Zeitpunkt dürfen die vom erworbenen Geschäftsbetrieb erwirtschafteten Erträge und Aufwendungen sowie dessen identifizierbaren Vermögenswerte und Schulden in den KA einbezogen werden. 277

Besonderheiten sind bei der Bilanzierung von **sukzessiven Anteilserwerben** (IFRS 3.41 f.)[69], bei Unternehmenszusammenschlüssen mit **bedingter** (IFRS 3.39 f.)[70] oder **keiner Gegenleistung** (IFRS 3.43 f.)[71] zu beachten. 278

---

[68] Zu den Sonderfällen vgl. u.a. Beck-IFRS⁵, § 34 Rn. 195 ff.; *Lüdenbach/Hoffmann*, IFRS¹⁶, § 31 Rn. 2 ff.
[69] Vgl. *Baetge* u.a., IFRS², Teil B, IFRS 3, Rn. 139.; Beck-IFRS⁵, § 34, Rn. 200; 253 ff.
[70] Vgl. *Baetge* u.a., IFRS², Teil B, IFRS 3, Rn. 149; *Heuser/Theile*, IFRS⁵, Rn. 5570 ff.; Beck-IFRS⁵, § 34, Rn. 205 ff.
[71] Vgl. *Baetge* u.a., IFRS², Teil B, IFRS 3, Rn. 141; Beck-IFRS⁵, § 34, Rn. 197.

4.3.3 Ansatz und Bewertung der übernommenen Vermögenswerte und Schulden

279 Der Erwerber hat zum Erwerbszeitpunkt **alle Vermögenswerte** und **übernommenen Schulden** zu **identifizieren** und getrennt vom GoF anzusetzen (IFRS 3.10). Sie müssen aus Sicht des Erwerbers die Ansatzkriterien des Rahmenkonzepts[72] erfüllen und in den Tauschvorgang zwischen Erwerber und Veräußerer einbezogen sein. Entsprechend sind ggf. auch Vermögenswerte anzusetzen, die im EA des Veräußerers bislang nicht angesetzt werden durften (z.B. selbst erstellte immaterielle Vermögenswerte wie Marken, Patente und Kundenbeziehungen; IFRS 3.13). Die erworbenen Vermögenswerte und Schulden sind zu 100% anzusetzen (sog. **Vollkonsolidierung**), selbst wenn dem MU nicht alle Anteile zuzurechnen sind (sog. nicht beherrschende Anteile, vgl. Kap. K Tz. 285 ff.).

280 Für bestimmte Vermögenswerte und Schulden ist vor ihrer Bewertung eine **Klassifizierung** vorzunehmen, so z.B. für finanzielle Vermögenswerte und Verbindlichkeiten eine Zuordnung zu den Kategorien des IFRS 9 (IFRS 3.15 f.). Von einer erneuten Klassifizierung ausgenommen sind Leasingverhältnisse und die Identifizierung von Versicherungsverträgen gem. IFRS 4 (IFRS 3.17). Für diese sind die Bedingungen maßgeblich, die bei Vertragsabschluss vorlagen.

281 Alle identifizierten und klassifizierten Vermögenswerte und Schulden sind mit ihrem **Fair Value zum Erwerbszeitpunkt** neu zu bewerten (IFRS 3.10 ff., IFRS 3.18 ff.). Demzufolge müssen sämtliche, im erworbenen Geschäftsbetrieb enthaltenen stillen Reserven und stillen Lasten zum Erwerbszeitpunkt vollständig aufgedeckt werden. Zur Bestimmung des Fair Value sind die Vorschriften des IFRS 13 anzuwenden (vgl. Kap. K Tz. 48 ff.).

282 Sonderregelungen bestehen für Eventualverbindlichkeiten (IFRS 3.22 f.), latente Steuern (IFRS 3.24 ff.), Leistungen an Arbeitnehmer (IFRS 3.26), Vermögenswerte aus Entschädigungsleistungen (IFRS 3.27 f.), zurückerworbene Rechte (IFRS 3.29), anteilsbasierte Vergütungstransaktionen (IFRS 3.30) und zur Veräußerung gehaltene Vermögenswerte (IFRS 3.31)[73].

283 Sofern die Wertansätze der neu bewerteten Vermögenswerte und Schulden von den Buchwerten in der **Steuerbilanz des erworbenen Unternehmens** abweichen, sind hierauf gem. IAS 12.19 **latente Steuern** zu erfassen, sofern es sich nicht um permanente Differenzen handelt (vgl. Kap. K Tz. 250).

284 Soweit bis zum Ende der Berichtsperiode, in der der Zusammenschluss stattfindet, die Kaufpreisaufteilung nicht final beendet werden kann, darf die Bilanzierung des Unternehmenszusammenschlusses insoweit auf Basis von **vorläufigen Werten** mit entspr. Erläuterungen im Anhang vorgenommen werden (IFRS 3.45, IFRS 3.61 i.V.m. IFRS 3.B67(a)). Die Kaufpreisaufteilung ist spätestens innerhalb von 12 Monaten nach dem Erwerbszeitpunkt zu finalisieren. Anpassungen der vorläufigen Werte sind retrospektiv vorzunehmen. Hierbei sind nur werterhellende Informationen zu berücksichtigen

---

[72] Nach IFRS 3.11 (2018) sind weiterhin die Definitionen von Vermögenswert und Schuld sowie die unterstützenden Leitlinien des in 2001 vom IASB verabschiedeten Rahmenkonzepts anzuwenden, anstelle der geänderten Definitionen gem. der im März 2018 veröffentlichten Neufassung des Rahmenkonzepts.

[73] Vgl. *Baetge* u.a., IFRS², Teil B, IFRS 3, Rn. 228 ff.; Beck-IFRS⁵, § 34, Rn. 91 f.; *Lüdenbach/Hoffmann*, IFRS¹⁶, § 31 Rn. 71.

(IFRS 3.45, IFRS 3.48 f.). Nach diesem Zeitraum kann eine Anpassung der Bilanzierung des Unternehmenserwerbs nur noch i.R. einer Fehlerkorrektur nach IAS 8 erfolgen (IFRS 3.50).

4.3.4 Ansatz und Bewertung nicht beherrschender Anteile

Zum Erwerbszeitpunkt sind ggf. vorhandene nicht beherrschende Anteile am erworbenen Unternehmen anzusetzen. Bei der Bewertung dieser Anteile unterscheidet IFRS 3.19 zwischen sog. qualifizierten Anteilen ohne beherrschenden Einfluss (= Anteile, die einen gegenwärtigen Eigentumsanspruch sowie im Falle einer Liquidation einen Anspruch auf das anteilige Nettovermögen begründen) und anderen Anteilen ohne beherrschenden Einfluss. **285**

Die **qualifizierten Anteile ohne beherrschenden Einfluss** dürfen im Erwerbszeitpunkt wahlweise entweder mit dem anteiligen identifizierbaren Nettovermögen oder mit ihrem Fair Value bewertet werden (IFRS 3.19). In letzterem Fall wird neben den anteiligen stillen Reserven und Lasten auch der auf die nicht beherrschenden Anteilseigner entfallende GoF aufgedeckt. Das Wahlrecht darf für jeden Unternehmenszusammenschluss neu ausgeübt werden. **286**

Für alle **anderen Anteile ohne beherrschenden Einfluss**, die keinen gegenwärtigen Anteil am Nettovermögen begründen und/oder nicht am Liquidationserlös partizipieren (z.B. Aktienoptionen und Wandelschuldverschreibungen), gilt dieses Wahlrecht nicht. Diese sind mit ihrem **Fair Value** zum Erwerbszeitpunkt zu bilanzieren, es sei denn die IFRS schreiben eine andere Bewertungsgrundlage vor (IFRS 3.19). **287**

4.3.5 Übertragene Gegenleistung für den Unternehmenserwerb

Im Regelfall überträgt der Erwerber für den Unternehmenserwerb eine **Gegenleistung** (z.B. in Form von Zahlungsmitteln, Zahlungsmitteläquivalenten oder sonstigen Vermögenswerten) oder übernimmt Verbindlichkeiten. Die Gegenleistung kann auch durch Hingabe eines Geschäftsbetriebs oder TU des Erwerbers, oder durch Übertragung von eigenen Anteilen (z.B. Stamm- oder Vorzugsaktien), Optionen, Optionsscheinen oder als bedingte Gegenleistung erbracht werden. **288**

Zu bewerten ist die übertragene Gegenleistung (inkl. bedingter Gegenleistungen) mit ihrem **Fair Value zum Erwerbszeitpunkt** (IFRS 3.37). Werden Vermögenswerte oder Schulden (z.B. nicht monetäre Vermögenswerte oder Geschäftsbetriebe) übertragen, deren Fair Values von den Buchwerten im Erwerbszeitpunkt abweichen, hat der Erwerber einen Gewinn oder Verlust zu realisieren, sofern die übertragenen Vermögenswerte oder Schulden nicht im Konzern verbleiben. Andernfalls sind die Buchwerte vom Erwerber fortzuführen (IFRS 3.38). **289**

Nebenkosten (z.B. Provisionen, Beratungskosten, Notargebühren) sind nicht Bestandteil des Fair Value der Gegenleistung. Sie müssen **als Aufwand** in der Periode **erfasst** werden, in der sie anfallen. Lediglich **Transaktionskosten** i.Z.m. der Beschaffung von EK oder FK sind nach den Regelungen des IAS 32 bzw. IFRS 9 zu erfassen (IFRS 3.53). **290**

4.3.6 Ansatz und Bewertung eines Unterschiedsbetrags

291 Ein positiver bzw. ein negativer Unterschiedsbetrag ermittelt sich wie folgt:

zum beizulegenden Zeitwert bewertete Gegenleistung des Erwerbers	
+	Wert der qualifizierten Anteile ohne beherrschenden Einfluss
+	beizulegender Zeitwert ggf. vorhandener Altanteile
./.	beizulegender Zeitwert des erworbenen identifizierbaren Nettovermögens
=	positiver (> 0) oder negativer Unterschiedsbetrag (<0)

Abb. 7: Ermittlung des Unterschiedsbetrags

292 Ein positiver Unterschiedsbetrag wird als GoF (goodwill) bezeichnet und ist als Vermögenswert zu aktivieren (IFRS 3.32 f.). Ist der Unterschiedsbetrag hingegen negativ (gain on a bargain purchase), hat der Erwerber gem. IFRS 3.36 nochmals zu überprüfen, ob alle erworbenen Vermögenswerte und Schulden richtig identifiziert und bewertet sind. Ein danach in seltenen Fällen verbleibender Unterschiedsbetrag ist zum Erwerbszeitpunkt erfolgswirksam zu erfassen (IFRS 3.34).

293 Auf die Höhe des Unterschiedsbetrags wirkt sich die Ausübung des Bewertungswahlrechts nach IFRS 3.19 für qualifizierte Anteile ohne beherrschenden Einfluss unmittelbar aus. Während bei einer Bewertung mit dem anteiligen identifizierbaren Nettovermögen nur der vom MU erworbene GoF angesetzt wird, ist bei einer Bewertung mit dem Fair Value auch der auf die nicht beherrschenden Anteile entfallende GoF zu berücksichtigen (sog. **Full-Goodwill-Methode**).

294 Beim erstmaligen Ansatz eines GoF i.R. eines Unternehmenszusammenschlusses dürfen keine **passiven latenten Steuern** auf eine temporäre Differenz zur Steuerbilanz gebildet werden (IAS 12.21). Im Weiteren sind jedoch latente Steuern auf temporäre Differenzen zu bilden, die aus einer unterschiedlichen Folgebewertung des GoF in der Steuer- und IFRS-Bilanz resultieren (IAS 12.21B).

4.3.7 Folgebewertung

295 Die Folgebewertung der bei einem Unternehmenszusammenschluss erworbenen identifizierbaren Vermögenswerte, übernommenen oder eingegangenen Schulden sowie ggf. ausgegebenen EK-Instrumente richtet sich grds. nach den für ihre Art einschlägigen IFRS (IFRS 3.54).

296 **Ausnahmen** bestehen für zurückerworbene Rechte (IFRS 3.55), zum Erwerbszeitpunkt angesetzte Eventualverbindlichkeiten (IFRS 3.56), Vermögenswerte für Entschädigungsleistungen (IFRS 3.57) und bedingte Gegenleistungen, wobei Wertänderungen von Letzteren grds. erfolgswirksam zu erfassen sind (IFRS 3.58). Hierfür sehen IFRS 3.54 ff. und IFRS 3.B63 explizite Regelungen und Anwendungsleitlinien vor[74].

297 Ein aktivierter **GoF** darf nicht planmäßig abgeschrieben werden, sondern muss gem. dem **Impairment-Only-Ansatz** des IAS 36 jährlich, oder sofern Anhaltspunkte auf eine

---

[74] Vgl. *Baetge* u.a., IFRS², Teil B, IFRS 3, Rn. 324 ff.

etwaige Wertminderung hinweisen, auf seine Werthaltigkeit hin getestet werden (vgl. Kap. K Tz. 130 ff.).

Die **nicht beherrschenden Anteile** sind in den Folgeperioden um die anteiligen EK-Veränderungen beim TU anzupassen (IFRS 10.B94). 298

4.3.8 Ausweis und Angaben

IFRS 3 verlangt umfangreiche **Anhangangaben** zu Unternehmenszusammenschlüssen, die während der Berichtsperiode oder nach dem Ende der Berichtsperiode, aber vor Genehmigung des Abschlusses zur Veröffentlichung, erfolgen (IFRS 3.59 ff., IFRS 3. B64 ff.). Erforderlich sind u.a. Angaben zum erworbenen Unternehmen, zum Erwerbszeitpunkt, zur erbrachten Gegenleistung, zu den erworbenen Vermögenswerten und übernommenen Schulden sowie zum GoF. 299

Die Anteile ohne beherrschenden Einfluss sind im EK separat von den Anteilen des MU darzustellen (IAS 1.54(q)). Auch der auf die Anteile ohne beherrschenden Einfluss entfallende Gewinn oder Verlust sowie das anteilige Gesamtergebnis der Periode sind nach IAS 1.81B/IFRS 10.B94 getrennt von denen des MU auszuweisen. 300

4.4 Gemeinsame Vereinbarungen (IFRS 11)

4.4.1 Anwendungsbereich

IFRS 11 regelt die Bilanzierung von gemeinsamen Vereinbarungen (joint arrangements). Eine gemeinsame Vereinbarung ist eine **vertragliche** Vereinbarung, bei der zwei oder mehr Parteien die **Beherrschung gemeinschaftlich ausüben** (joint control; IFRS 11.4). Eine **gemeinschaftliche Beherrschung/Führung**[75] durch die beteiligten Parteien setzt voraus, dass alle Entscheidungen über maßgebliche Aktivitäten (relevant activities) einvernehmlich von den an der Führung beteiligten Parteien getroffen werden (IFRS 11.7, IFRS 11.B6). 301

Es sind zwei Arten von gemeinsamen Vereinbarungen zu unterscheiden (IFRS 11.6): die **gemeinschaftlichen Tätigkeiten** (joint operations) und die **GU** (joint ventures). Die Unterscheidung wird anhand der vertraglich vereinbarten Rechte und Pflichten der beteiligten Parteien getroffen (IFRS 11.14). 302

Eine **gemeinschaftliche Tätigkeit** liegt vor, wenn die Vertragsparteien Rechte an den einzelnen, der Vereinbarung zuzurechnenden Vermögenswerten und Verpflichtungen für deren Schulden haben. Die Vertragsparteien werden dann „gemeinschaftlich Tätige (joint operators)" genannt (IFRS 11.15). 303

Bei einem **GU** haben die Vertragsparteien keine Rechte und Pflichten an den einzelnen Vermögenswerten und Schulden, sondern am Nettovermögen (d.h. einen Residualanspruch auf das **EK**) der Vereinbarung. Die Vertragsparteien werden hier Partnerunternehmen (joint venturers) genannt (IFRS 11.16). 304

Werden die gemeinsamen maßgeblichen Aktivitäten **nicht in einer separaten Einheit** oder Teileinheit (separate vehicle) ausgeführt, so ist die Vereinbarung **in jedem Fall als gemeinschaftliche Tätigkeit** zu klassifizieren (IFRS 11.B16). Umgekehrt führt aber das 305

---

[75] Nachfolgend Verwendung der amtlichen EU-Übersetzung von joint control: gemeinschaftliche Führung.

Vorliegen einer separaten Einheit nicht zwangsläufig zu einer Einstufung als GU (IFRS 11.B19).

4.4.2 Bilanzierung von gemeinschaftlichen Tätigkeiten

306 Bei einer gemeinschaftlichen Tätigkeit sind im EA und im KA die den gemeinschaftlich Tätigen jeweils vollständig und **anteilig** zuordenbaren Vermögenswerte, Schulden, Aufwendungen und Erträge (**entspr. den jeweils einschlägigen IFRS**) zu erfassen (IFRS 11.20 ff.; .26(a)).

307 Werden Vermögenswerte zwischen einem gemeinschaftlich tätigen Unternehmen und seiner gemeinschaftlichen Tätigkeit gekauft, verkauft oder in diese eingelegt, so findet grds. zunächst eine **Gewinn- und Verlustrealisierung entspr. der Fremdbeteiligungsquote** statt (IFRS 11.B34, .B36). Bei einem **Verlust** ist außerdem zu prüfen, ob eine **Wertminderung beim eigenen Anteil** der Vermögenswerte erforderlich ist (IFRS 11.B35, .B37).

4.4.3 Bilanzierung von Gemeinschaftsunternehmen

308 Im **KA** der an der gemeinsamen Führung beteiligten **Partnerunternehmen** erfolgt die Bilanzierung von Anteilen an einem GU grds. nach der **Equity-Methode** gem. IAS 28 (IFRS 11.24; vgl. hierzu Kap. K Tz. 317). Im **EA** dürfen Anteile an GU und assoziierten Unternehmen einheitlich entweder zu (fortgeführten) **AK**, zum **Fair Value** nach IFRS 9 oder gem. der **Equity-Methode** nach IAS 28 bilanziert werden (IFRS 11.26 i.V.m. IAS 27.10).

309 Bei einer Partei, die zwar am GU, **nicht aber an der gemeinschaftlichen Führung beteiligt** ist, sind die Anteile im **separaten EA** und im **KA** als **Finanzinstrumente** nach IFRS 9 zu bilanzieren, sofern kein maßgeblicher Einfluss i.S.d. IAS 28 und damit ein assoziiertes Unternehmen vorliegt (IFRS 11.25, .27(b)).

4.4.4 Angaben

310 Angabepflichten für gemeinsame Vereinbarungen ergeben sich aus IFRS 12. Für gemeinsame Vereinbarungen müssen u.a. Angaben zu Name und Hauptniederlassung, Kapital- und (falls abweichend) Stimmrechtsquote sowie eine Beschreibung der Art der Beziehung gegeben werden (IFRS 12.20 ff.).

4.5 Anteile an assoziierten Unternehmen und Gemeinschaftsunternehmen (IAS 28)

4.5.1 Anwendungsbereich

311 IAS 28 ist von Unternehmen anzuwenden, die ein Beteiligungsunternehmen gemeinschaftlich führen (GU) oder über einen maßgeblichen Einfluss („significant influence") auf ein Unternehmen verfügen (assoziiertes Unternehmen) (IAS 28.16).

312 **Maßgeblicher Einfluss** ist definiert als die **Möglichkeit**, an den finanz- und geschäftspolitischen Entscheidungen des Beteiligungsunternehmens mitzuwirken, ohne diese aber i.S.d. IFRS 10 zu beherrschen oder nach IFRS 11 gemeinschaftlich zu führen *(IAS 28.3)*. Ein maßgeblicher Einfluss wird **widerlegbar vermutet**, wenn ein Konzernunternehmen unmittelbar oder **mittelbar mindestens 20% der Stimmrechte** an einem anderen Unternehmen hält (IAS 28.5).

Indikatoren für einen maßgeblichen Einfluss sind nach IAS 28.6 regelmäßig: 313
a) eine Vertretung im Geschäftsführungs- und/oder Aufsichtsorgan oder einem gleichartigen Leitungsgremium des Beteiligungsunternehmens
b) die Mitwirkung bei der Festlegung der Geschäftspolitik, einschl. Dividenden-/Ausschüttungsentscheidungen
c) Geschäftsbeziehungen in wesentlichem Umfang zwischen Anteilseigner und assoziiertem Unternehmen
d) ein Austausch von Führungspersonal
e) technologische Abhängigkeit.

Nach IAS 28 sind im **KA** Beteiligungen an GU und assoziierten Unternehmen grds. nach der **Equity-Methode** zu bilanzieren. Ausnahmen hiervon bestehen u.a., wenn 314

- eine bestimmte Geschäftstätigkeit vom Beteiligungsunternehmen ausgeübt wird (z.B. Venture–Capital-Gesellschaften) und diese Anteile erfolgswirksam mit dem Fair Value nach IFRS 9 bewertet werden,
- eine Klassifizierung als zur Veräußerung gehalten vorgenommen wird und infolgedessen die Bewertung und der Ausweis gem. IFRS 5 erfolgen (IAS 28.17 ff.).

Endet ein maßgeblicher Einfluss oder eine gemeinschaftliche Führung, ist die Anwendung Equity-Methode zu beenden. Ggf. verbleibende Anteile sind mit ihrem Fair Value gem. IFRS 9 anzusetzen, sofern aus dem Beteiligungsunternehmen kein TU geworden ist (IAS 28.22 f.). Erfolgt lediglich ein Wechsel zwischen der Einstufung von assoziiertem Unternehmen und GU, ist die Equity-Methode weiterhin anzuwenden und die verbleibenden Anteile nicht neu zu bewerten (IAS 28.24). 315

Im **EA** können Anteile an GU und assoziierten Unternehmen jeweils einheitlich entweder zu (fortgeführten) **AK,** zum **Fair Value** nach IFRS 9 oder gem. der **Equity-Methode** nach IAS 28 bilanziert werden (IAS 27.10). 316

4.5.2 Equity-Methode

Bei der Equity-Methode wird der **Anteil am Nettovermögen** des Beteiligungsunternehmens bilanziert. Dieser Anteil wird zunächst mit den **AK** (inkl. Anschaffungsnebenkosten) angesetzt und in der Folge um **anteilsmäßige Veränderungen des EK** des Beteiligungsunternehmens fortgeschrieben. Die Vorgehensweise bei der Equity-Methode ähnelt in vielem den in IFRS 10 beschriebenen Konsolidierungsverfahren (IAS 28.26). 317

Die Equity-Methode ist ab dem Zeitpunkt, zu dem das Beteiligungsunternehmen die Kriterien eines assoziierten Unternehmens oder GU erfüllt, anzuwenden (IAS 28.32). Hierzu ist der letzte verfügbare (ggf. um wesentliche Ereignisse fortgeführte) Abschluss des Beteiligungsunternehmens heranzuziehen, sofern dessen Abschlussstichtag nicht mehr als drei Monate vom Konzernabschlussstichtag abweicht. Andernfalls ist ein Zwischenabschluss erforderlich (IAS 28.33 ff.). Weitere Anpassungen sind ggf. infolge der **konzerneinheitlichen Bilanzierungs- und Bewertungsmethoden** erforderlich (IAS 28.35). 318

Zum Zugangszeitpunkt werden in einer **Nebenrechnung** die AK mit dem anteiligen, zum Fair Value bewerteten Nettovermögen des Beteiligungsunternehmens verglichen (IAS 28.32). Ein sich ergebender **GoF** wird nicht gesondert ausgewiesen, sondern ist im 319

Beteiligungsbuchwert enthalten (IAS 28.32(a)). Ein **negativer Unterschiedsbetrag** ist zum Erwerbszeitpunkt als Ertrag zu erfassen (IAS 28.32(b)).

320 Bei der **Folgebilanzierung** werden die AK um **anteilsmäßige Veränderungen des EK** des Beteiligungsunternehmens fortgeschrieben. Diese sind entspr. den zugrunde liegenden Sachverhalten entweder erfolgsneutral, im sonstigen Ergebnis oder GuV-wirksam zu erfassen (IAS 28.10). Erhaltene Ausschüttungen sind erfolgsneutral vom Equity-Wert abzusetzen. Ein im Equity-Wert enthaltener GoF darf nicht gesondert auf Werthaltigkeit geprüft werden. Vielmehr ist zu beurteilen, ob für die gesamte Equity-Beteiligung Wertminderungsindikatoren vorliegen (IAS 28.40). Ein Wertminderungstest ist dann ggf. für den gesamten Beteiligungsbuchwert nach IAS 36 durchzuführen.

321 Erreicht der Beteiligungsbuchwert einen **Wert von Null**, so werden weitere Verluste grds. nur in einer Nebenrechnung festgehalten. Unterliegt das MU jedoch einer Verlustausgleichsverpflichtung, so ist ein negativer Equity-Wert als Verbindlichkeit zu passivieren. Spätere Gewinne sind zunächst mit den in der Nebenrechnung festgehaltenen bzw. als Schuld passivierten Verlusten zu verrechnen (IAS 28.39).

4.5.3 Ausweis und Angaben

322 Anteile an **GU** und **assoziierten Unternehmen**, die nach der **Equity-Methode** bilanziert werden, sind in der Bilanz **separat auszuweisen** (IAS 1.54(e)). Ebenso fordern IAS 1.82 (c) einen gesonderten Posten für den auf diese Anteile entfallenden Gewinn oder Verlust und IAS 1.82A eine getrennte Darstellung für den Anteil am sonstigen Ergebnis, wobei zwischen Posten zu unterscheiden ist, die in den Folgeperioden in die GuV umgegliedert werden dürfen und solchen die nicht umgegliedert werden.

323 Für Anteile an GU und assoziierten Unternehmen sieht IFRS 12 umfangreiche Anhangangaben vor (IFRS 12.20 ff.). Bspw. sind für jedes GU und assoziierte Unternehmen, das aus Konzernsicht wesentlich ist, sowie insgesamt für alle unwesentlichen Unternehmen zusammengefasste Finanzinformationen anzugeben.

5. Besondere Angabepflichten

5.1 Segmentberichterstattung (IFRS 8)

324 Eine Segmentberichterstattung als Teil des Anhangs ist von Unternehmen aufzustellen, deren Schuld- oder EK-Instrumente auf einem öffentlichen Markt gehandelt werden oder die eine solche Notierung beantragen (IFRS 8.2). Unternehmen, die in Deutschland zur IFRS-Rechnungslegung verpflichtet sind (vgl. hierzu Kap. K Tz. 1 ff.), fallen regelmäßig unter die Anwendungspflicht.

325 Ein **Geschäftssegment** ist definiert als Unternehmensbestandteil,
- der aus seiner Geschäftstätigkeit Umsatzerlöse erzielt, wobei Aufwendungen anfallen können,
- dessen Betriebsergebnisse regelmäßig von der verantwortlichen Unternehmensinstanz[76] im Hinblick auf Entscheidungen über die Allokation von Ressourcen zu diesem Segment und die Bewertung seiner Ertragskraft überprüft werden und
- *für den separate Finanzinformationen vorliegen* (IFRS 8.5).

---

76 Zur Definition siehe IFRS 8.7.

IFRS 8 folgt damit i.S.d. **management approach** der internen Organisation/Steuerung.

Für Zwecke der Segmentberichterstattung dürfen einerseits Segmente zusammengefasst werden, die hinsichtlich ihrer wirtschaftlichen Merkmale und der in IFRS 8.12 aufgeführten Kriterien vergleichbar sind. Andererseits ist zu beachten, dass Geschäftssegmente nur **berichtspflichtig** sind, sofern sie wesentlich sind, was der Standard insb. an dem Vergleich (Maßstab: 10%) von Umsatzerlösen, GuV-Anteil und der Vermögenswerte des Segments und der jeweiligen Summe aller Segmente festmacht. Allerdings müssen in der Segmentberichterstattung mindestens 75% der Umsatzerlöse auf berichtspflichtige Segmente entfallen (IFRS 8.13 ff.). | 326

Für die darzustellenden Segmentinformationen ist der management approach ebenfalls relevant. Dies betrifft zum einen die anzugebenden Größen, d.h. es ist bspw. der Wertmaßstab für den Gewinn und Verlust anzugeben, den die verantwortliche Unternehmensinstanz zur Messung der Ertragskraft des Segments und zur Ressourcenallokation verwendet. Zum anderen betrifft dies die Ermittlung dieser Größen, d.h. es sind diejenigen **Bilanzierungs- und Bewertungsmethoden** anzuwenden, die auch der internen Steuerung und Berichterstattung zugrunde liegen (IFRS 8.25 f.). Da diese Methoden von den IFRS abweichen können, sind Angaben zu den internen Bewertungsgrundlagen zu machen (IFRS 8.27). Zudem ist eine Überleitungsrechnung darzustellen, mit deren Hilfe die wesentlichen Segmentgesamtbeträge (insb. Umsatzerlöse, GuV, Vermögenswerte und Schulden) auf die jeweiligen Abschlussposten übergeleitet werden können (IFRS 8.28). Darüber hinaus sind allgemeine Informationen zu den Segmenten bzw. zur Segmentabgrenzung zu geben (IFRS 8.20). | 327

Kern der Segmentberichterstattung ist die Angabe von segmentbezogenen Informationen über die Bewertung des Gewinns oder Verlusts sowie von Vermögenswerten und Schulden (IFRS 8.23), wobei Letztere nur anzugeben sind, wenn diese regelmäßig der verantwortlichen Unternehmensinstanz berichtet werden. Zudem sind die folgenden Beträge anzugeben, wenn diese in die Bewertung des Gewinns oder Verlusts eines Segments einbezogen werden, der von der verantwortlichen Unternehmensinstanz überprüft oder ansonsten dieser regelmäßig übermittelt wird (auch wenn sie nicht in diese Bewertung einfließen): | 328

- mit Externen erzielte Umsätze
- mit anderen Segmenten erzielte Umsätze
- Zinserträge und -aufwendungen (gesondert)
- Abschreibungen
- weitere wesentliche zahlungsunwirksame Posten
- wesentliche Ertrags- und Aufwandspositionen (vgl. IAS 1.97)
- der Anteil am Periodenergebnis assoziierter Unternehmen und GU, die nach der Equity-Methode bilanziert werden
- Ertragsteueraufwand und -ertrag
- wesentliche zahlungsunwirksame Posten (ohne Abschreibungen).

Darüber hinaus sind gem. IFRS 8.31 ff. weitere **Angabepflichten auf Unternehmensebene** zu machen, um ein gewisses Maß an vergleichbaren Informationen sicherzustellen. Sofern nicht bereits Bestandteil der Segmentberichterstattung, sind Umsatzerlöse von externen Kunden für jedes Produkt und jede Dienstleistung bzw. Gruppe vergleichbarer Produkte oder Dienstleistungen anzugeben. Überdies sind Umsatzerlöse von | 329 externen Kunden und langfristige Vermögenswerte nach geografischen Bereichen (mindestens nach In- und Ausland aufgegliedert) sowie eine Aufteilung auf die wesentlichen Länder anzugeben. Erzielt das Unternehmen mit einem einzigen externen Kunden bzw. mit einer Gruppe von Unternehmen unter gemeinsamer Beherrschung/Führung mindestens 10% der gesamten Umsatzerlöse, so müssen auch diese Tatsache, der Gesamtbetrag der Umsatzerlöse sowie die betroffenen Segmente angegeben werden, wobei eine Offenlegung der Identität des Kunden nicht erfolgen muss.

5.2 Ergebnis je Aktie (IAS 33)

330 IAS 33 enthält Leitlinien für die Ermittlung und Darstellung des Ergebnisses je Aktie (earnings per share, EPS). Diese verfolgen den **Zweck**, den Vergleich dieser Kennzahl zwischen unterschiedlichen Unternehmen für dieselbe Berichtsperiode und unterschiedlichen Berichtsperioden für dasselbe Unternehmen zu erleichtern (IAS 33.1). Die Angabe der EPS ist nur für Unternehmen, deren Stammaktien öffentlich gehandelt werden, oder für eine solche Notierung beantragende Unternehmen verpflichtend (IAS 33.2). Unternehmen, die in Deutschland zur IFRS-Rechnungslegung verpflichtet sind (vgl. hierzu Kap. K Tz. 1 ff.), fallen regelmäßig unter die Anwendungspflicht.

331 Die Formel zur **Ermittlung** der EPS lautet (IAS 33.9 ff.):

$$\frac{\text{Stammaktionären zustehendes Periodenergebnis}}{\text{gewichtete durchschnittliche Anzahl der innerhalb der Berichtsperiode im Umlauf befindlichen Stammaktien}} = \text{unverwässertes Ergebnis je Aktie}$$

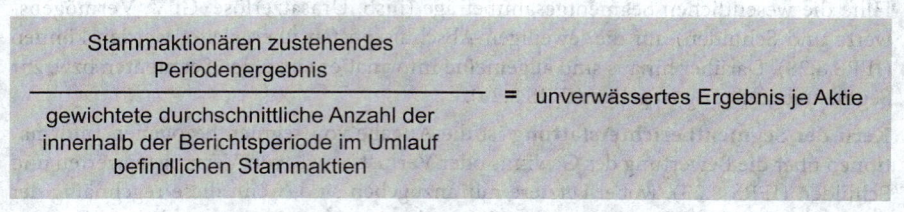

Abb. 8: Berechnung des Ergebnisses je Aktie

Die der Ermittlung des EPS zugrunde liegende Problematik besteht in der Abgrenzung des Gewinn oder Verlusts der Periode sowie der in die Anzahl der Stammaktien (ordinary shares) eingehenden EK-Instrumente. Dem gleichen Schema folgend ist bei Vorliegen potenzieller Stammaktien auch ein **verwässertes Ergebnis** je Aktie zu ermitteln (IAS 33.30 ff.).

332 Die in IAS 33.5 definierten **ordinary shares** zeichnen sich dadurch aus, dass sie allen anderen EK-Instrumenten nachgeordnet sind und mit Blick auf das Periodenergebnis erst nachrangig partizipieren (IAS 33.6). Für deutsche AGs sind damit ausschließlich Stammaktien i.S.d. AktG angesprochen sowie Vorzugsaktien als separate Klasse von ordinary shares (§ 139 AktG), sofern die Vorzugsdividende an die Dividende der Stammaktien gekoppelt ist und ein Dividendenzuschlag gewährt wird, der aber nicht vorrangig ausgeschüttet wird[77].

333 Für die Ermittlung des **unverwässerten Ergebnisses** je Aktie ist das Periodenergebnis um Anteile nicht beherrschender Anteile sowie um Anteile der Inhaber von Finanzinstrumenten mit Vorrechten zu bereinigen, da diese Ansprüche zu befriedigen sind, *bevor das Periodenergebnis* den Stammaktionären zur Verfügung steht. Bei der Be-

---

[77] Vgl. im Detail zur Behandlung von Vorzugsaktien *IDW RS HFA 2*, Tz. 6 ff.

stimmung des Nenners der obigen Gleichung sind alle Transaktionen zu berücksichtigen, die eine Veränderung der Anzahl der ausstehenden Stammaktien nach sich ziehen, bspw. Kapitalerhöhung und -herabsetzung sowie der Rückkauf eigener Aktien (IAS 33.19 ff.).

Im Zuge der Berechnung des **verwässerten Ergebnisses** je Aktie sind der Gewinn oder Verlust der Periode und die gewichtete durchschnittliche Anzahl der in Umlauf befindlichen Aktien um alle Verwässerungseffekte potenzieller Stammaktien zu bereinigen (IAS 33.31). Folglich sind einerseits bspw. Zinsaufwendungen für die betroffenen Instrumente dem Gewinn oder Verlust der Periode des unverwässerten Ergebnisses hinzuzurechnen, andererseits sind u.a. Aktienoptionen oder Wandelschuldverschreibungen entspr. gewichtet in die Berechnung der Aktienanzahl einzubeziehen (IAS 33.41 ff.). 334

Das unverwässerte und ggf. verwässerte Ergebnis je Aktie ist in der Gesamtergebnisrechnung bzw. in der gesonderten GuV für jede Gattung von Stammaktien mit unterschiedlichem Recht auf Teilnahme am Ergebnis **auszuweisen** und zwar zum einen bezogen auf den den Stammaktionären des MU zurechenbaren Gewinn oder Verlust der Periode aus dem fortzuführenden Geschäft sowie andererseits bezogen auf den den Stammaktionären des MU zurechenbaren Gewinn oder Verlust (IAS 33.66 ff.). Bei Vorliegen eines aufgegebenen Geschäftsbereichs ist das hierauf entfallende unverwässerte und verwässerte Ergebnis je Aktie in der Gesamtergebnisrechnung oder im Anhang auszuweisen (IAS 33.68). 335

Die **Angabepflichten** umfassen insb. die Beträge, die notwendig sind, um die Berechnung der EPS und deren (künftige) Entwicklung nachvollziehen zu können (IAS 33.70 ff). 336

5.3 Angaben über Beziehungen zu nahe stehenden Unternehmen und Personen (IAS 24)

Zielsetzung des IAS 24 ist es, die Abschlussadressaten über bestehende Beziehungen zu nahe stehenden Unternehmen und Personen, über Vergütungen an Mitglieder des Managements in Schlüsselpositionen (key management personnel) sowie über Geschäftsvorfälle mit nahe stehenden Unternehmen und Personen und etwaige Auswirkungen auf den Abschluss zu informieren. 337

IAS 24 enthält eine **umfangreiche Definition** für die unten den Begriff der **nahe stehenden Personen und Unternehmen** Sachverhalte (IAS 24.9)[78]. 338

Beziehungen zwischen **MU und TU** sind anzugeben (und zwar unabhängig davon, ob Transaktionen stattgefunden haben), ebenso der Name des MU, und falls abweichend, der des obersten beherrschenden Unternehmens oder der Namen der herrschenden natürlichen Person (IAS 24.13). Im Übrigen muss im EA eine Auflistung aller wesentlichen TU, GU und assoziierten Unternehmen mit entspr. Angaben erfolgen (vgl. hierzu IAS 27.17(b)). 339

Darüber hinaus ist die während der Berichtsperiode **gewährte Vergütung** an die Mitglieder des Managements in Schlüsselpositionen sowohl in der Gesamtsumme als auch in Einzelbeträgen für die nachfolgenden Kategorien anzugeben (IAS 24.17): 340

- kurzfristig fällige Leistungen an Arbeitnehmer

---

[78] Vgl. ausführlich etwa *Baetge* u.a., IFRS², Teil B, IAS 24, Rn. 9 ff.

1461

- Leistungen nach Beendigung des Arbeitsverhältnisses
- andere langfristig fällige Leistungen an Arbeitnehmer
- Leistungen anlässlich der Beendigung des Arbeitsverhältnisses
- anteilsbasierte Vergütungen.

341 Ebenso sind die aufgewendeten Beträge für von einem anderen Unternehmen bezogene **Managementdienstleistungen** anzugeben (IAS 24.18A). Angaben i.S.d. IAS 24.17 sind hierfür jedoch nicht erforderlich (IAS 24.17A).

342 Für **Geschäftsvorfälle zwischen nahe stehenden Personen** sind gem. IAS 24.18 folgende Angaben zu machen (getrennt für die in IAS 24.19 aufgeführten Kategorien wie z.B. MU, TU):

- die Höhe des Geschäftsvorfalls
- die Höhe offener Salden (einschl. Verpflichtungen) unter Angabe der jeweiligen Bedingungen und Konditionen sowie der Einzelheiten zu gewährten oder erhaltenen Garantien
- etwaige Wertberichtigungen für zweifelhafte Forderungen
- den während der Periode erfassten Aufwand für uneinbringliche oder zweifelhafte Forderungen gegenüber nahe stehende Personen und Unternehmen.

343 Mit Blick auf Unternehmen, die von **staatlichen Einrichtungen** beherrscht, gemeinschaftlich geführt oder maßgeblich beeinflusst werden, sind Ausnahmen zu beachten (IAS 24.25 ff.).

Kapitel L

Die Durchführung der Abschlussprüfung

Verfasser:
WP StB Prof. Dr. Joachim Schindler, Berlin
WP StB RA Dr. Jochen Haußer, Hamburg

Mitarbeit:
WP StB Hanno Bötel, Hamburg
WP StB Dipl. Kfm. Michael Linden, Reichshof
WP StB Dipl. Kfm. (FH) Andreas Pöhlmann, Düsseldorf
WP StB Dipl. Kfm. Wolfgang Schubert, München

L Die Durchführung der Abschlussprüfung

Inhalt

	Tz.
1. Einleitung	1
1.1 Zielsetzung und Nutzen der Abschlussprüfung	1
1.2 Gegenstand und Umfang	6
1.2.1 Gesetzliche und freiwillige Abschlussprüfungen	6
1.2.2 Sonstige Prüfungen	15
1.3 Konzept des risikoorientierten Prüfungsansatzes im Überblick	16
1.3.1 Prozess der Auftragsannahme	17
1.3.1.1 Auswahl und Wahl des Abschlussprüfers	17
1.3.1.2 Prüfung der Übernahme des Mandats	21
1.3.2 Informationsbeschaffung und vorläufige Risikoeinschätzung	27
1.3.2.1 Vornahme von Prüfungshandlungen zur Gewinnung eines Verständnisses des Unternehmens	28
1.3.2.2 Einschätzung der Fähigkeit zur Unternehmensfortführung	36
1.3.2.3 Erkenntnisse über Unrichtigkeiten und Verstöße	38
1.3.3 Festlegung der Wesentlichkeit und Beurteilung der Fehlerrisiken	39
1.3.3.1 Festlegung der Wesentlichkeit	39
1.3.3.2 Beurteilung des Fehlerrisikos	45
1.3.4 Auswertung der rechnungslegungsrelevanten Prozesse und internen Kontrollen	55
1.3.5 Ableitung des Prüfungsprogramms und Zusammenstellung des Prüfungsteams	62
1.3.6 Funktionsprüfungen	68
1.3.7 Aussagebezogene Prüfungshandlungen	80
1.3.7.1 Aussagebezogene analytische Prüfungshandlungen	83
1.3.7.2 Einzelfallprüfungen	85
1.3.7.3 Externe Bestätigungen	90
1.3.8 Abschließende Prüfungshandlungen	93
1.3.8.1 Prüfung des Anhangs/Lageberichts	93
1.3.8.2 Abschließende Abstimmungsarbeiten	94
1.3.8.3 Neueinschätzung Wesentlichkeit und Aktualisierung der Risikoeinschätzung	95
1.3.8.4 Abschließende Durchsicht der Protokolle von Gremiensitzungen	97
1.3.8.5 Abschließende Beurteilung der Auswirkungen nicht korrigierter Prüfungsdifferenzen	98
1.3.8.6 Einholung von Erklärungen der gesetzlichen Vertreter	101
1.3.8.7 Beurteilung der Auswirkungen von Ereignissen nach dem Bilanzstichtag	103
1.3.9 Berichterstattung	106
1.4 Ausblick	108
2. Auftrags- bzw. Mandatsmanagement	110
2.1 Beurteilung des potentiellen Mandanten	110
2.2 Anforderungen an den Abschlussprüfer	126
2.3 Kommunikation mit dem Vorprüfer	129
2.4 Angebot	135
2.4.1 Regulatorischer Rahmen für Ausschreibungen	135

2.4.2 Verantwortlichkeiten und Arbeitsteilung 141
2.4.3 Ausschreibungsprozess 145
2.5 Kommunikation mit dem Aufsichtsorgan. 149
2.6 Auftragsschreiben 155
   2.6.1 Bestellung des Abschlussprüfers (Wahl und Prüfungsauftrag) ... 155
   2.6.2 Inhalt des Prüfungsauftrags 162
   2.6.3 Besonderheiten bei Folgeprüfungen 167
2.7 Vorbereitung der Abschlussprüfung durch das zu prüfende
     Unternehmen.. 170
3. Verständnis des Unternehmens und seines Umfeldes. 175
   3.1 Merkmale des Unternehmens und Unternehmensumfelds 178
      3.1.1 Rechnungslegungsgrundsätze 180
      3.1.2 Rechtsgrundlagen und rechtliche Verhältnisse 181
   3.2 Unternehmensziele und -strategien und Geschäftsrisiken 191
   3.3 Messung und Überwachung des wirtschaftlichen Erfolgs 192
   3.4 Instrumente zur Beurteilung der Geschäftstätigkeit und des
        rechtlichen und wirtschaftlichen Umfelds 194
   3.5 Ergebnisse der Analyse der Geschäftstätigkeit und des rechtlichen
        und wirtschaftlichen Umfelds 196
   3.6 Bedeutung von IT im Unternehmen 199
      3.6.1 Grundlegende Aspekte von IT im Unternehmen......... 199
      3.6.2 Verarbeitung und Analyse von Daten im Unternehmen... 204
      3.6.3 Risiken aus dem Einsatz von Informationstechnologie (IT). . 210
         3.6.3.1 IT-Risikoindikatoren für die Risikoeinschätzung.... 213
         3.6.3.2 Konkretisierung von IT-Risikoindikatoren......... 219
         3.6.3.3 Branchen-Fokus und rechtliche Rahmenbedingungen...... 220
      3.6.4 Vorgehensweise zur Identifikation von IT-Fehlerrisiken und
             Überleitung zur prozessorientierten Abschlussprüfung.... 222
   3.7 Verständnis des Internen Kontrollsystems................... 224
      3.7.1 Begriff und Aufgaben des internen Kontrollsystems (IKS) .. 225
      3.7.2 Abgrenzung des IKS von anderen Managementsystemen (RMS,
             CMS, Risikofrüherkennungssystem): Three lines of Defense 229
      3.7.3 COSO-Framework (IT Environment/General IT Controls, Entity
             Level Controls)....................................... 235
      3.7.4 Internes Kontrollsystem und risikoorientierte Abschlussprüfung . 243
4. Prüfungsplanung 249
   4.1 Gegenstand und Zweck der Planung........................ 249
   4.2 Projektmanagement und Prüfungsplanung 255
   4.3 Planung als prüfungsbegleitender Prozess................... 258
   4.4 Sachliche Planung 260
      4.4.1 Überblick 260
      4.4.2 Informationen als Grundlage der Planung............. 261
      4.4.3 Beurteilung der Fortführung der Unternehmenstätigkeit ... 268
      4.4.4 Entwicklung der Prüfungsstrategie 269
         4.4.4.1 Einführung................................... 269
         4.4.4.2 Einschätzung des Prüfungsrisikos 272
         4.4.4.3 Festlegung von Wesentlichkeitsgrenzen......... 292

            4.4.4.4 Bestimmung des Prozentsatzes der Vergleichsgröße 297
            4.4.4.5 Plausibilitätsbeurteilungen 307
        4.4.5 Planung von Art und Umfang der Prüfungshandlungen 309
            4.4.5.1 Grundsatz 309
            4.4.5.2 Prüfung des IKS. 312
            4.4.5.3 Aussagebezogene Prüfungshandlungen 332
            4.4.5.4 Auswahlverfahren 345
            4.4.5.5 Besonderheiten beim IT-Einsatz. 363
        4.4.6 Besonderheiten bei Erstprüfungen 366
        4.4.7 Zeitplanung 374
    4.5 Personelle Planung 383
    4.6 Erstellung und Dokumentation des Prüfungsplans 387
5. Festlegung der Wesentlichkeit und Beurteilung der Risiken von Fehlern 392
    5.1 Einführung 392
    5.2 Festlegung der Wesentlichkeit 393
    5.3 Risiken von Fehlern. 400
        5.3.1 Risiken in der Abschlussprüfung. 402
        5.3.2 Beurteilung der Fehlerrisiken. 409
            5.3.2.1 Einführung 409
            5.3.2.2 Bedeutsame Risiken. 413
            5.3.2.3 Risiken, die nicht durch aussagebezogene Prüfungshandlungen adressiert werden können 418
            5.3.2.4 Risiken wesentlicher Falschdarstellungen auf Abschluss- und Aussageebene. 419
6. Beurteilung der Fortführung der Unternehmenstätigkeit 426
7. Verwertung der Arbeit Dritter 453
    7.1 Prüfungsergebnisse anderer Prüfer 456
    7.2 Prüfungsergebnisse der Internen Revision 458
    7.3 Verwertung der Arbeit von Sachverständigen 463
        7.3.1 Verwertung der Arbeit eines für den APr. tätigen Sachverständigen 466
        7.3.2 Verwendung der Tätigkeit eines für das zu prüfende Unternehmen tätigen Sachverständigen 471
8. Berücksichtigung von Verstößen im Rahmen der Abschlussprüfung. 475
    8.1 Einleitung 475
    8.2 Verantwortung der gesetzlichen Vertreter für die Aufdeckung von Verstößen und kritische Grundhaltung des Abschlussprüfers. 496
    8.3 Vorgehensweise zur Berücksichtigung von Verstößen 503
        8.3.1 Erörterungen im Prüfungsteam 503
        8.3.2 Prüfungshandlungen zur Erkennung und Beurteilung von Risiken . 506
            8.3.2.1 Befragungen der gesetzlichen Vertreter und anderer Führungskräfte sowie weiterer geeigneter Personen im geprüften Unternehmen. 508
            8.3.2.2 Befragungen des Aufsichtsorgans 513
            8.3.2.3 Einschätzung von Risikofaktoren für Verstöße 515
            8.3.2.4 Berücksichtigung ungewöhnlicher oder unerwarteter Verhältnisse sowie anderer Informationen. 516
        8.3.3 Erkennung und Beurteilung der Risiken von Verstößen 517

8.3.4	Risiken von Verstößen im Zusammenhang mit der Umsatzrealisierung	520
8.3.5	Reaktionen auf Risiken wesentlicher falscher Angaben aufgrund von Verstößen	522
8.3.6	Berücksichtigung des Risikos von Management Override	526
8.3.7	Mitteilungspflichten bei vermuteten oder aufgedeckten Verstößen	528
8.3.8	Pflicht zur Berichterstattung im PrB und Bestätigungsvermerk	535

9. Abschlussprüfung bei teilweiser Auslagerung der Rechnungslegung auf Dienstleistungsunternehmen ... 542
   - 9.1 Einführung ... 542
   - 9.2 Gewinnung eines Verständnisses über die vom Dienstleistungsunternehmen erbrachten Dienstleistungen einschließlich der Feststellung und Beurteilung von Fehlerrisiken ... 546
     - 9.2.1 Verwendung einer Berichterstattung vom Typ 1 oder Typ 2 ... 552
     - 9.2.2 Besonderheit Subdienstleistungsunternehmen ... 557
   - 9.3 Festlegung und Durchführung von Prüfungshandlungen als Reaktion auf die beurteilten Risiken wesentlicher falscher Angaben in der Rechnungslegung ... 559
   - 9.4 Festgestellte Unregelmäßigkeiten im Zusammenhang mit Tätigkeiten beim Dienstleistungsunternehmen ... 564
   - 9.5 Auswirkungen auf den Prüfungsbericht und Bestätigungsvermerk ... 566

10. IT in der Prüfung ... 569
    - 10.1 Grundlagen ... 569
      - 10.1.1 Rahmenbedingungen des IT-Einsatzes ... 572
      - 10.1.2 Erforderliche Infrastruktur für den IT-Einsatz ... 586
      - 10.1.3 Datenanalysen i.R.d. Abschlussprüfung ... 595
      - 10.1.4 XBRL ... 605
    - 10.2 Rechnungslegungsrelevantes IT-System und Prüfungshandlungen des Abschlussprüfers ... 607
      - 10.2.1 Einleitung ... 607
      - 10.2.2 Bestimmung des Prüfungsgegenstands ... 617
      - 10.2.3 Überblick zu den Prüfungskriterien des rechnungslegungsbezogenen IT-Systems ... 625
        - 10.2.3.1 IT-Sicherheitsanforderungen ... 626
        - 10.2.3.2 Spezifische Anforderungen an die Ordnungsmäßigkeit ... 630
        - 10.2.3.3 Beleg-, Journal- und Kontenfunktion ... 632
        - 10.2.3.4 Dokumentation und Nachvollziehbarkeit des Rechnungslegungsverfahrens ... 635
        - 10.2.3.5 GoBD ... 639
      - 10.2.4 Planung und Durchführung von IT-Systemprüfungen ... 643
        - 10.2.4.1 Planung der IT-Prüfung und Einordnung in die Prüfungsstrategie ... 643
        - 10.2.4.2 Risikoanalyse und Informationserhebung ... 645
        - 10.2.4.3 Durchführung der IT-Systemprüfung ... 647
      - 10.2.5 Berichterstattung ... 677

11. Aufbauprüfung ... 682
    - 11.1 Durchführung der Aufbauprüfung ... 682

11.2	Systemerfassung und -beurteilung	690
11.2.1	Prüfung des Aufbaus des IT-Kontrollsystems	695
11.2.2	Berichterstattung	724
11.3	Erfassen der relevanten Kontrollmaßnahmen	725
11.3.1	Organisation des Arbeitsablaufs	726
11.3.2	Funktionstrennung	729
11.3.3	Kontrolle	731
11.3.4	Kontrollzeitpunkt	732
11.3.5	Manuelle und maschinelle Kontrollen	733
11.3.6	Organisationsplan und Stellenbeschreibungen	737
11.3.7	Verfahrens- und Prozessbeschreibungen	739
11.3.8	Richtlinien und Arbeitsanweisungen	740
11.3.9	Formulare	743
11.3.10	Interne Revision	746
11.3.11	IKS in kleinen und mittelgroßen Unternehmen (KMU)	747
11.3.12	Information zum IKS im Überblick	756
11.3.13	Sammlung von Unterlagen	757
11.3.14	Arbeiten mit Fragebögen	758
11.3.15	Dokumentation mit Hilfe von Ablaufschaubildern und -beschreibungen	761
11.4	Beurteilen der Angemessenheit des internen Kontrollsystems	763
11.4.1	Beurteilen der einzelnen Komponenten des IKS	764
11.4.2	Beurteilung des Zusammenwirkens der einzelnen Komponenten des IKS	768
11.5	Prüfung der Implementierung der Kontrollmaßnahmen	770
11.6	Prüfungshandlungen im Rahmen der Aufbau- und Implementierungsprüfung	772
11.7	Prüfungshandlungen in ausgewählten Teilbereichen des Unternehmens	775
11.7.1	Beschaffung/Einkauf	777
11.7.2	Produktions- und Lagermanagement	784
11.7.3	Personalmanagement	785
11.7.4	Beteiligungsmanagement	786
11.7.5	Finanzmanagement	787
11.7.6	Investitions- und Instandhaltungsmanagement	788
11.7.7	Rechnungswesen/Jahresabschlusserstellung	789
11.7.8	IT (IT-Umfeld, IT-Organisation, IT-Infrastruktur, IT-Anwendungen, IT-gestützte Geschäftsprozesse)	791
11.7.9	Verkauf	792
11.8	Kommunikation mit Management und den für die Überwachung Verantwortlichen	793
12. Funktionsprüfungen		797
12.1	Grundlagen	797
12.2	Ergebnisse der Funktionsprüfung	808
12.3	Kommunikation mit Management und den für die Überwachung Verantwortlichen	812
13. Aussagebezogene Prüfungshandlungen		814

13.1	Analytische Prüfungshandlungen	818
13.1.1	Begriff und Komponenten der analytischen Prüfungshandlungen	821
13.1.2	Planung und Durchführung analytischer Prüfungshandlungen	823
13.1.3	Vergleich	831
13.1.4	Arten analytischer Prüfungshandlungen	835
13.1.4.1	Trend- und Kennzahlenanalysen	836
13.1.4.2	Plausibilitätsprüfungen	842
13.1.5	Anwendungsbereich analytischer Prüfungshandlungen	846
13.1.5.1	Prüfungsplanung	847
13.1.5.2	Prüfungsdurchführung	848
13.1.5.3	Abschließende Gesamtdurchsicht	855
13.1.5.4	Besonderheiten bei der Prüfung von KMU	856
13.1.6	Grenzen und Probleme analytischer Prüfungshandlungen	857
13.2	Einzelfallprüfungen	863
13.2.1	Einführung	863
13.2.2	Prüfung der Gliederungsgrundsätze	869
13.2.3	Prüfung der Bilanz	872
13.2.3.1	Grundsätzliches zur Prüfungstechnik bei der Prüfung der Bilanz	872
13.2.3.2	Prüfung der immateriellen Vermögensgegenstände	873
13.2.3.3	Prüfung der Sachanlagen	880
13.2.3.4	Prüfung der Finanzanlagen	899
13.2.3.5	Prüfung der Vorräte	912
13.2.3.6	Prüfung der Forderungen	946
13.2.3.7	Prüfung der Wertpapiere	969
13.2.3.8	Prüfung der flüssigen Mittel	977
13.2.3.9	Prüfung der aktiven latenten Steuern	985
13.2.3.10	Prüfung des aktiven Unterschiedsbetrags aus der Vermögensverrechnung	990
13.2.3.11	Prüfung des Eigenkapitals	991
13.2.3.12	Prüfung der Rücklagen	999
13.2.3.13	Prüfung der Rückstellungen	1002
13.2.3.14	Prüfung der Verbindlichkeiten	1019
13.2.3.15	Prüfung der passiven Rechnungsabgrenzung	1035
13.2.3.16	Prüfung der passiven latenten Steuern	1036
13.2.3.17	Prüfung der vermerkpflichtigen Haftungsverhältnisse	1037
13.2.3.18	Prüfung von off-balance sheet-Geschäften	1038
13.2.4	Prüfung der Gewinn- und Verlustrechnung	1046
13.2.4.1	Grundsätzliches zur Prüfungstechnik bei der Prüfung der Gewinn- und Verlustrechnung	1046
13.2.4.2	Zusammenhang zwischen Bilanzprüfung und Prüfung der Gewinn- und Verlustrechnung	1052
13.2.4.3	Prüfung der Umsatzerlöse	1055
13.2.5	Prüfung des Anhangs	1056
13.2.5.1	Grundsätzliches zur Prüfung des Anhangs	1056
13.2.5.2	Prüfung der Angaben zu Einzelposten der Bilanz und der Gewinn- und Verlustrechnung	1063

		13.2.5.3	Prüfung der Angaben zu den angewandten Bilanzierungs- und Bewertungsmethoden 1064

        13.2.5.4 Prüfung der sonstigen Angaben. 1067
    13.2.6 Prüfung der Kapitalflussrechnung. 1074
    13.2.7 Prüfung der Eigenkapitalveränderungsrechnung. 1075
    13.2.8 Prüfung der Segmentberichterstattung 1076
14. Beziehungen zu nahe stehenden Personen 1077
    14.1 Allgemeines. 1077
    14.2 Prüfung der Beziehungen mit nahe stehenden Personen. 1082
    14.3 Reaktionen auf festgestellte bedeutsame Risiken. 1093
    14.4 Prüfungsbericht und Bestätigungsvermerk 1094
    14.5 Dokumentation 1096
15. Besonderheiten von geschätzten Werten einschließlich von Zeitwerten . . . 1097
    15.1 Geschätzte Werte und Zeitwerte in der Rechnungslegung. 1097
    15.2 Prüfungshandlungen bei geschätzten Werten 1099
        15.2.1 Prüfungshandlungen zur Beurteilung von Fehlerrisiken im Zusammenhang mit geschätzten Werten. 1100
        15.2.2 Prüfungshandlungen als Reaktion auf die beurteilten Fehlerrisiken im Zusammenhang mit geschätzten Werten 1104
    15.3 Abschließende Beurteilung und Berichterstattung 1110
    15.4 Prüfung von Zeitwerten. 1115
16. Prüfung des Lageberichts 1121
    16.1 Vorwort 1121
    16.2 Verantwortung der gesetzlichen Vertreter 1124
    16.3 Verantwortung des Abschlussprüfers. 1126
    16.4 Planung der Prüfung des LB 1135
    16.5 Wesentlichkeit bei der Planung und Durchführung der Prüfung des Lageberichts 1138
    16.6 Risiken wesentlicher falscher Darstellungen im Lagebericht 1142
        16.6.1 Prüfungshandlungen zur Risikobeurteilung 1142
        16.6.2 Gewinnung eines Verständnisses vom Unternehmen und von dessen Umfeld 1147
        16.6.3 Erlangung eines Verständnisses von den relevanten Systemen zur Aufstellung des Lageberichts und zur Ermittlung prognostischer Angaben. 1149
        16.6.4 Identifizierung und Beurteilung der Risiken wesentlicher falscher Darstellungen im Lagebericht 1152
    16.7 Reaktionen auf die beurteilten Risiken wesentlicher falscher Darstellungen im Lagebericht. 1154
        16.7.1 Allgemeine Reaktionen auf Ebene des Lageberichts als Ganzes . . . 1154
        16.7.2 Reaktionen auf Aussageebene 1155
            16.7.2.1 Reaktionen auf Aussageebene in Bezug auf sämtliche Informationskategorien 1155
            16.7.2.2 Besondere Reaktionen auf Aussageebene für ausgewählte Informationskategorien des Lageberichts 1160
                16.7.2.2.1 Ziele und Strategien. 1160
                16.7.2.2.2 Steuerungssystem 1161

Die Durchführung der Abschlussprüfung L

       16.7.2.2.3 Gesamtwirtschaftliche und branchenbezogene
                          Rahmenbedingungen 1162
       16.7.2.2.4 Geschäftsverlauf 1164
       16.7.2.2.5 Vermögens-, Finanz- und Ertragslage mit finanziellen
                          und nichtfinanziellen Leistungsindikatoren.......... 1165
       16.7.2.2.6 Prognosebericht.............................. 1171
       16.7.2.2.7 Chancen- und Risikobericht 1179
       16.7.2.2.8 Grundzüge des Vergütungssystems................ 1187
       16.7.2.2.9 Übernahmerelevante Angaben und Angaben zu
                          eigenen Aktien............................... 1188
    16.7.3 Nichtfinanzielle Berichterstattung und (Konzern-)Erklärung zur
           Unternehmensführung 1191
       16.7.3.1 Nichtfinanzielle Berichterstattung................. 1191
       16.7.3.2 (Konzern-)Erklärung zur Unternehmensführung
                      (§§ 289f, 315d HGB).......................... 1193
       16.7.3.3 Behandlung der Angaben nach §§ 289b bis 289f, 315b bis
                      315d HGB im Rahmen der Abschlussprüfung 1195
       16.7.3.4 Inhaltliche Prüfung der Angaben zur nichtfinanziellen Bericht-
                      erstattung oder der (Konzern-)Erklärung zur
                      Unternehmensführung 1196
    16.7.4 Bericht zur Gleichstellung und Entgeltgleichheit 1197
    16.7.5 Besonderheiten bei der Prüfung des Konzernlageberichts 1198
    16.7.6 Gesamtwürdigung des Lageberichts 1199
    16.7.7 Beurteilung, ob die erlangten Prüfungsnachweise ausreichend
           und geeignet sind.................................... 1204
16.8 Beurteilung der festgestellten, nicht korrigierten falschen
       Darstellungen im Lagebericht 1207
16.9 Ereignisse nach dem Abschlussstichtag.......................... 1212
16.10 Schriftliche Erklärungen 1213
16.11 Dokumentation... 1216
16.12 Bildung eins Prüfungsurteils 1221
17. Abschließende Prüfungshandlungen 1222
   17.1 Neueinschätzung der Wesentlichkeit 1223
   17.2 Aktualisierung der Risikoeinschätzung 1226
   17.3 Abschließende Durchsicht der relevanten Unterlagen 1231
   17.4 Analytische Prüfungshandlungen in zeitlicher Nähe zum Ende der
        Abschlussprüfung 1238
   17.5 Abschließende Prüfungshandlungen des Prozesses der Abschluss-
        buchungen... 1241
   17.6 *Abschließende Beurteilung der Auswirkungen von festgestellten
        falschen Angaben* 1245
   17.7 Vollständigkeitserklärung.................................... 1251
   17.8 Ereignisse nach dem Abschlussstichtag........................ 1258
   17.9 Ereignisse nach der Erteilung des Bestätigungsvermerks 1259
18. Besonderheiten der Konzernabschlussprüfung 1261
   18.1 Prüfungspflicht und Prüfungsberechtigte 1261
   18.2 Auftragsannahme 1268

18.3 Bestellung des Konzernabschlussprüfers 1271
18.4 Prüfung der Konzernrechnungslegung 1274
    18.4.1 Prüfungsrisiko der Konzernabschlussprüfung 1280
    18.4.2 Feststellung von Risiken 1283
        18.4.2.1 Verstehen des Konzerns, seiner Teilbereiche und des jeweiligen Umfelds 1283
        18.4.2.2 Verstehen der Abschlussprüfer der TU und andere Teilbereichsprüfer 1288
    18.4.3 Festlegung der Wesentlichkeitsgrenzen 1292
    18.4.4 Reaktion auf festgestellte Risiken 1299
        18.4.4.1 Festlegung der Art der Untersuchungen, die zu den Finanzinformationen von Teilbereichen durchzuführen sind 1299
        18.4.4.2 Einbindung in die Tätigkeit der APr. von TU und anderen Teilbereichsprüfern 1304
        18.4.4.3 Prüfung des Konsolidierungsprozesses 1307
            18.4.4.3.1 Prüfung der Abgrenzung des Konsolidierungskreises ... 1310
            18.4.4.3.2 Prüfung der Finanzinformationen der Teilbereiche/ JA der TU 1314
            18.4.4.3.3 Prüfung der konsolidierungsbedingten Anpassungen .. 1317
        18.4.4.4 Ereignisse nach dem Abschlussstichtag 1322
    18.4.5 Würdigung der erlangten Prüfungsnachweise 1323
    18.4.6 Kommunikation mit dem APr. von TU und anderen Teilbereichsprüfern und mit den Unternehmensorganen 1328
        18.4.6.1 Kommunikation mit dem APr. von TU und anderen Teilbereichsprüfern 1328
        18.4.6.2 Kommunikation mit den Unternehmensorganen 1330
    18.4.7 Prüfung des Konzernlageberichts 1336
    18.4.8 Dokumentation 1338
    18.4.9 Berichterstattung 1342
19. Besonderheiten von Gemeinschaftsprüfungen 1345
    19.1 Auftragsannahme 1348
    19.2 Durchführung von Gemeinschaftsprüfungen 1350
    19.3 Besonderheiten im Rahmen von Konzernabschlussprüfungen 1355
20. Ausblick 1358

1. Einleitung

1.1 Zielsetzung und Nutzen der Abschlussprüfung

1 Das Prüfungsvorgehen, mithin die Prüfungstechnik, muss sich an der Zielsetzung der Abschlussprüfung orientieren. Diese ergibt sich aus § 317 Abs. 1 S. 2 HGB; danach hat sich die Prüfung „darauf zu erstrecken, ob die gesetzlichen Vorschriften und sie ergänzende *Bestimmungen des Gesellschaftsvertrags* oder der Satzung beachtet worden sind". Durch die Prüfung soll die **Verlässlichkeit** der im JA und LB enthaltenen Informationen erhöht werden¹. Konsequenterweise wird die Abschlussprüfung als Gesetz- und Ordnungsmäßigkeitsprüfung bezeichnet. Neben dieser **Kontrollfunktion** kommt der Abschlussprüfung eine **Informationsfunktion** gegenüber den gesetzlichen Vertretern, den Aufsichtsorganen und den Anteilseignern des Unternehmens zu, die primär durch den PrB erfüllt wird. Die Informationsfunktion ist gerade bei kapitalmarktorientierten Unternehmen bedeutsam, um Investoren einen Einblick in die Vermögens-, Finanz- und Ertragslage des Unternehmens zu ermöglichen. Mit der Erteilung eines BestV bzw. dessen Modifizierung übernimmt die Abschlussprüfung schließlich eine **Beglaubigungsfunktion** gegenüber den externen Adressaten des JA².

§ 317 Abs. 1 S. 3 HGB konkretisiert die Ziele der Abschlussprüfung. Danach ist die Prüfung so anzulegen, dass **Unrichtigkeiten und Verstöße** gegen die in S. 2 aufgeführten Bestimmungen, die sich auf die Darstellung des sich nach § 264 Abs. 2 HGB ergebenden Bildes der Vermögens-, Finanz- und Ertragslage des Unternehmens wesentlich auswirken, bei gewissenhafter Berufsausübung erkannt werden. Diese Ausrichtung entspricht ISA 240 und ISA 315³. Durch die gesetzliche Regelung wird zum einen klargestellt, dass nur Vorgänge von erheblicher Bedeutung zu berücksichtigen sind, da nur in diesen Fällen eine wesentliche Auswirkung auf die Vermögens-, Finanz- und Ertragslage eintreten kann. Zum anderen macht die Bezugnahme auf eine **gewissenhafte Berufsausübung** einschränkend deutlich, dass die Prüfungshandlungen zur Aufdeckung von Unregelmäßigkeiten und Verstößen i.R.d. Abschlussprüfung nicht den Umfang einer Sonderprüfung, wie z.B. einer Unterschlagungsprüfung, annehmen können⁴. Der APr. hat eine Nichtaufdeckung solcher Tatbestände nur dann zu vertreten, wenn er sie bei ordnungsmäßiger Durchführung der Abschlussprüfung mit berufsüblichen Methoden hätte feststellen müssen. Zu den berufsüblichen Methoden gehört, dass die Abschlussprüfung mit einer **kritischen Grundhaltung** zu planen und durchzuführen ist⁵. Der APr. muss sich stets bewusst sein, dass Umstände existieren können, aufgrund derer der JA und der LB wesentliche falsche Aussagen enthalten⁶.

Das Ziel der Abschlussprüfung ist eine Aussage über ein mit hinreichender Sicherheit zu treffendes Prüfungsergebnis unter Beachtung des Grundsatzes der Wirtschaftlichkeit⁷. Das ist ein hoher Maßstab. Eine absolute Sicherheit ist nicht zu erreichen. Die Grenzen der Abschlussprüfung liegen in vielfältigen Ursachen begründet, insb. sind dies

- die Prüfung in Stichproben,
- die immanenten Grenzen des IKS einschl. des Rechnungslegungssystems,
- der Umstand, dass Prüfungsnachweise ggf. nicht den Tatsachen entsprechen (z.B. bei kollusivem Verhalten),
- die Tatsache, dass in den meisten Fällen die Prüfungsnachweise eher überzeugend als zwingend sind, sie also Schlussfolgerungen nahelegen, ohne aber einen endgültigen Beweis zu liefern⁸.

---

1   *IDW PS 200*, Tz. 8.
2   Zu den Funktionen vgl. ADS⁶, § 316, Tz. 16; siehe auch *Ebke*, in: MünchKomm. HGB³, § 316, Rn. 24 ff.
3   Zu den Folgen für die Prüfungsplanung, Prüfungsdurchführung und Berichterstattung vgl. ausführlich *Schindler/Gärtner*, WPg 2004, S. 1238; *Mertin/Schmidt*, WPg 2001, S. 1305.
4   *IDW PS 201*, Tz. 11; vgl. dazu *Schindler/Rabenhorst*, BB 1998, S. 1886 (1889) m.w.N.
5   § 37 S. 1 BS WP/vBP; § 43 Abs. 4 WPO.
6   *IDW PS 200*, Tz. 17.
7   *IDW PS 200*, Tz. 9.
8   *IDW PS 200*, Tz. 24 ff.

4 Der APr. ist für seine Prüfungsaussagen im PrB und BestV sowie für die mündliche Berichterstattung in der bilanzfeststellenden Sitzung verantwortlich[9]. Obgleich er die Organe des Unternehmens in ihrer Überwachungsfunktion unterstützt, bleiben die gesetzlichen Vertreter des Unternehmens für Buchführung, JA und ggf. LB verantwortlich. Auch die Einrichtung und Aufrechterhaltung eines rechnungslegungsbezogenen IKS ist Aufgabe der gesetzlichen Vertreter. Damit ändert die Durchführung einer Abschlussprüfung nichts an den gesetzlichen Verantwortlichkeiten der gesetzlichen Vertreter für die gesamte Rechnungslegung des Unternehmens[10].

5 In der Öffentlichkeit wird im BestV des APr. häufig ein „Gütesiegel" für die wirtschaftliche Lage des Unternehmens gesehen. Ein solcher Aussagegehalt einer Abschlussprüfung deckt sich nicht mit der Intention, der ihr der Gesetzgeber beimisst. So ist es nicht Ziel einer Abschlussprüfung, ein Urteil über die wirtschaftlichen Verhältnisse oder die **Ordnungsmäßigkeit der Geschäftsführung**[11] abzugeben. Aus diesen unterschiedlichen Erwartungshaltungen hat sich die sog. Erwartungslücke (Expectation Gap) gebildet.[12] Das zeigt sich insb. in den Fällen, in denen bei einem Unternehmen nach dem Bilanzstichtag die Annahme der Fortführung der Unternehmenstätigkeit nicht mehr aufrechterhalten werden kann, der APr. gleichwohl einen uneingeschränkten BestV erteilt hat. Dem steht nicht entgegen, dass ein Eingehen auf die wirtschaftlichen Verhältnisse im PrB guter Übung entspricht und dass der APr. eine Berichtspflicht hat, wenn er bei Wahrnehmung seiner Aufgabe Tatsachen festgestellt hat, die den Bestand des Unternehmens gefährden oder seine Entwicklung wesentlich beeinträchtigen können[13]. In § 317 Abs. 4a HGB ist deutlich klargestellt, dass sich eine Abschlussprüfung, sofern nichts anderes bestimmt ist, nicht darauf erstreckt, ob der Fortbestand des geprüften Unternehmens oder die Wirksamkeit und Wirtschaftlichkeit der Geschäftsführung zugesichert werden kann.

1.2 Gegenstand und Umfang

1.2.1 Gesetzliche und freiwillige Abschlussprüfungen

6 Gegenstand der **gesetzlichen Abschlussprüfung** nach § 317 Abs. 1 und 2 HGB sind der **JA** unter Einbeziehung der **Buchführung** und der **LB**. Zur Buchführung[14] gehören nicht nur die Finanzbuchführung, sondern auch die rechnungslegungsbezogenen Teile der Nebenbuchhaltungen, wie z.B. Anlagenbuchhaltung, Lohn- und Gehaltsbuchhaltung oder Lagerbuchhaltung. Die Kostenrechnung ist demgegenüber kein unmittelbarer Gegenstand der Abschlussprüfung, sondern nur insoweit zu berücksichtigen, als sie die Grundlage für Ansatz und Bewertung einzelner Bilanzposten bildet. Dies betrifft u.a. die Prüfung der HK für die fertigen und unfertigen Erzeugnisse.

7 In die Abschlussprüfung sind darüber hinaus solche Bereiche einzubeziehen, die einen Einfluss auf die Rechnungslegung haben können, aber nicht selbst Teil davon sind. Dabei

---

9   *IDW PS 200*, Tz. 29 ff.
10 Vgl. Kap. B Tz. 1.
11 *Allerdings kann sich eine Verpflichtung zur Prüfung der Ordnungsmäßigkeit der Geschäftsführung aufgrund rechtsformspezifischer Vorschriften ergeben, vgl. z.B. § 53 Abs. 1 GenG, § 53 HGrG.*
12 Vgl. z.B. *Ruhnke/Schmiele/Schwind*, Zfbf 2010, S. 394; *Velte*, WiSt 2009, S. 481.
13 § 321 Abs. 1 HGB.
14 Vgl. zur Buchführungspflicht und damit verbundenen Fragen Kap. B Tz. 9 ff.

geht es um Rechtsgrundlagen und Rechtsbeziehungen des Unternehmens zu Kunden, Lieferanten, Mitarbeitern, Behörden und anderen Dritten (sog. **außerbuchhalterische Bereiche**). Der APr. muss sich bereits deshalb mit ihnen befassen, weil sie regelmäßig Auswirkungen auf die Buchhaltung haben. So bestehen z.B. enge Verbindungen zwischen den Rechtsgrundlagen der Gesellschaft und den Bilanzposten „Kapital" und „Rücklagen" oder zwischen den Erträgen und Aufwendungen aus Ergebnisabführungsverträgen und den dazugehörigen Angaben im Anhang. Weitere Zusammenhänge können sich zwischen den Rechtsbeziehungen der Gesellschaft und den Rückstellungen ergeben, z.B. durch Risiken aus Lieferungs- und Abnahmeverträgen oder Verbindlichkeiten aus Altersversorgungszusagen.

KapGes. haben gemäß § 265 Abs. 2 S. 1 HGB im JA zu jedem Posten den entsprechenden Betrag des vorangegangenen GJ anzugeben. Diese Angabepflicht führt dazu, dass die VJ-Zahlen Bestandteil des zu prüfenden JA werden und somit auch Gegenstand der Abschlussprüfung sind. Vergleichsangaben über VJ im Anh. und im LB unterliegen ebenfalls der Prüfungspflicht des APr. VJ-Angaben, die außerhalb des geprüften Abschlusses gemeinsam mit diesem veröffentlicht werden, sind vom APr. kritisch zu lesen[15]. **8**

Für börsennotierte AG erweitert § 317 Abs. 4 HGB den Gegenstand der Abschlussprüfung um das **Risikofrüherkennungssystem** i.S.v. § 91 Abs. 2 AktG[16]. Dabei ist zu beurteilen, „ob der Vorstand die ihm nach § 91 Abs. 2 des AktG obliegenden Maßnahmen in einer geeigneten Form getroffen hat und ob das danach einzurichtende Überwachungssystem seine Aufgaben erfüllen kann". Auch ohne eine derartige explizite gesetzliche Verpflichtung werden bei den übrigen Gesellschaften diejenigen Teile des Überwachungssystems, die i.Z.m. den Risiken der künftigen Entwicklung stehen, i.R.d. Prüfung des LB (Darstellung der Risiken der künftigen Entwicklung) zu untersuchen sein[17]. **9**

Der **Umfang** der Abschlussprüfung ergibt sich in erster Linie aus den Rechnungslegungsvorschriften der §§ 238 ff. HGB sowie den ergänzenden rechtsform- und wirtschaftszweigspezifischen Sondervorschriften über den JA. Ferner können ergänzende Bestimmungen des **Gesellschaftsvertrags** oder der **Satzung** Regelungen enthalten, die die Aufstellung des JA betreffen[18]. Die gesetzlichen Vorschriften über die Rechnungslegung werden ergänzt durch die nicht kodifizierten GoB, die gleichfalls vom APr. zu berücksichtigen sind. Darüber hinaus sind die höchstrichterliche handelsrechtliche deutsche Rechtsprechung und die Rechtsprechung des EuGH zu berücksichtigen, soweit sie über den entschiedenen Fall hinaus Bedeutung haben[19]. Die Prüfung der Einhaltung anderer gesetzlicher Vorschriften gehört dagegen nur insoweit zu den Aufgaben der Abschlussprüfung, als sich aus diesen anderen Vorschriften üblicherweise Rückwirkungen auf den geprüften JA ergeben oder die Nichtbeachtung solcher Gesetze erfahrungsgemäß Risiken zur Folge haben kann, die im LB darzustellen sind[20]. **10**

---

15 *IDW PS 318*, Tz. 9 i.V.m. *IDW PS 202.*
16 Zur Prüfung des Risikofrüherkennungssystems ausführlich Kap. O Tz. 18 ff.
17 Vgl. *Schindler/Rabenhorst*, BB 1998, S. 1886 (1891). Teilweise bestehen weitere gesetzliche Erweiterungen des Prüfungsauftrags, etwa bei Krankenhäusern und Genossenschaften.
18 *IDW PS 201*, Tz. 5.
19 *IDW PS 201*, Tz. 8.
20 *IDW PS 201*, Tz. 9.

11 Bei der Prüfung der Beachtung der Bestimmungen des Gesellschaftsvertrags oder der Satzung ist der gleiche Maßstab anzulegen wie bei der Prüfung der Einhaltung der gesetzlichen Vorschriften. Der APr. hat deshalb die Einhaltung solcher Bestimmungen zu prüfen, die sich auf den JA oder den LB auswirken können. Dazu zählen bspw. Regelungen über die Gewinnverwendung, die Inanspruchnahme zweckgebundener Rücklagen, den Verzicht auf größenabhängige Aufstellungserleichterungen o.Ä.[21]

12 Der gesetzlich festgelegte Umfang der Prüfung (§ 317 HGB) kann weder einseitig durch den APr. noch in Einvernehmen mit dem zu prüfenden Unternehmen **eingeschränkt** werden. Wird der APr. dagegen von dem Organ der Gesellschaft (AR oder Geschäftsführung), das den Prüfungsauftrag erteilt, gebeten, seine Prüfung in einer bestimmten Richtung oder auf bestimmte Sachverhalte auszudehnen, so handelt es sich um eine **Auftragserweiterung**, die Bestandteil der Abschlussprüfung ist. Für den Inhalt des BestV[22] haben derartige Auftragserweiterungen keine unmittelbare Bedeutung.

13 Der APr. wird häufig mit der Prüfung von JA beauftragt, ohne dass eine gesetzliche Verpflichtung zur Prüfung besteht. Anlässe für solche **freiwilligen Abschlussprüfungen** können sich etwa ergeben aus

- gesellschaftsvertraglichen oder satzungsmäßigen Bestimmungen,
- Anweisungen der Obergesellschaft,
- Verlangen von Kreditgebern oder
- beabsichtigten Unternehmensverkäufen.

14 Soweit sich nicht aus diesen Regelungen bzw. Vereinbarungen heraus bestimmte Festlegungen ergeben, können bei freiwilligen Abschlussprüfungen Gegenstand und Umfang der Prüfung i.R.d. erteilten Prüfungsauftrags zwischen der Unternehmensleitung und dem WP grundsätzlich frei vereinbart werden. Soll die Prüfung jedoch mit einem BestV abschließen, müssen hinsichtlich Art und Prüfungsumfang die Vorschriften der §§ 316 ff. HGB beachtet werden. Für Prüfungen mit einem abweichenden Prüfungsgegenstand darf kein BestV erteilt werden[23]. Das gilt etwa für die Prüfung von Abschlüssen, die nach Rechnungslegungsgrundsätzen für einen speziellen Zweck aufgestellt wurden (*IDW PS 480*). Ein BestV darf gleichfalls nicht erteilt werden bei der Prüfung von Finanzaufstellungen oder deren Bestandteilen (*IDW PS 490*). In solchen Fällen ist eine Bescheinigung zu erteilen. Gleiches gilt für Prüfungen mit einem geringeren Umfang (z.B. mit begrenzter bzw. gewisser Sicherheit).

1.2.2 Sonstige Prüfungen

15 Gegenstand und Umfang sonstiger Prüfungen ergeben sich, soweit sie gesetzlich vorgeschrieben sind, i.d.R. unmittelbar aus den jeweiligen gesetzlichen Vorschriften[24]. Bei freiwilligen sonstigen Prüfungen, wie z.B. Prüfung von Nachhaltigkeits- oder Sozialberichten, können hingegen Gegenstand und Umfang der Prüfung frei vereinbart werden. Dabei sollte der WP in jedem Fall in einer schriftlichen **Auftragsbestätigung** sein Verständnis des Prüfungsauftrags dokumentieren, um Missverständnisse über Gegenstand

---

21 Zur Prüfung der nichtfinanziellen Erklärung nach §§ 289b ff. HGB vgl. § 317 Abs. 2 S. 4 HGB.
22 Vgl. auch *IDW PS 400 n.F.*, Tz. 22, *IDW PS 400 n.F.*, Tz. 66, *IDW PS 400 n.F.*, Tz. A63.
23 *IDW PS 400 n.F.*, Tz. 78.
24 Z.B. §§ 142 ff. AktG; § 313 AktG; § 16 MaBV.

und Umfang der Prüfung zu vermeiden. Das gilt insb. für die Regelungen zur Haftungsbegrenzung und zur Verwendung/Weitergabe der Berichterstattung des WP[25].

1.3 Konzept des risikoorientierten Prüfungsansatzes im Überblick

Der APr. trifft in der Abschlussprüfung Prüfungsaussagen mit hinreichender Sicherheit[26]. Zu diesem Zweck muss er das Risiko der Abgabe eines positiven Prüfungsurteils trotz vorhandener Fehler in der Rechnungslegung (Prüfungsrisiko) auf ein akzeptables Maß reduzieren[27]. Dazu holt er Prüfungsnachweise zur Funktion des IKS und über einzelne Aussagen der Rechnungslegung ein[28]. Diesen risikoorientierten Prüfungsansatz kann er umsetzen, indem er einzelne Prüffelder und einzelne Posten (z.B. Vorräte) und Angaben (z.B. Haftungsverhältnisse) in den Fokus seiner Prüfungshandlungen nimmt. Stattdessen kann er sich auch an den Unternehmensfunktionen und -prozessen (z.B. Einkauf, Verkauf, Produktion) orientieren. Eine Abschlussprüfung lässt sich wie folgt einteilen:

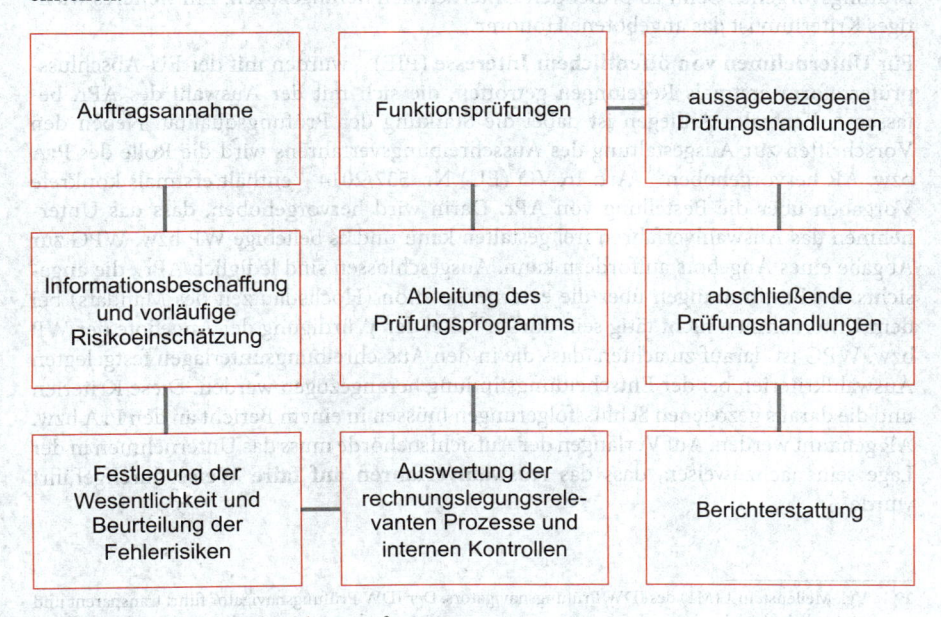

16

```
Auftragsannahme  →  Funktionsprüfungen  →  aussagebezogene Prüfungshandlungen
        ↓                                              ↑
Informationsbeschaffung    Ableitung des         abschließende
und vorläufige          → Prüfungsprogramms  →  Prüfungshandlungen
Risikoeinschätzung
        ↓
Festlegung der         Auswertung der
Wesentlichkeit und  →  rechnungslegungsrele-  →  Berichterstattung
Beurteilung der        vanten Prozesse und
Fehlerrisiken          internen Kontrollen
```

Abb. 1: Ablauf einer Abschlussprüfung

---

25 Vgl. hierzu etwa *IDW PS 480*, Tz. 2.
26 *IDW PS 200*, Tz. 24.
27 *IDW PS 261 n.F.*, Tz. 5.
28 *IDW PS 261 n.F.*, Tz. 10.

1.3.1 Prozess der Auftragsannahme[29]

1.3.1.1 Auswahl und Wahl des Abschlussprüfers[30]

17 Bei einer erstmaligen Mandatierung geht der Annahme durch das zu prüfende Unternehmen regelmäßig ein **Ausschreibungsprozess** voran. Im ersten Schritt fordert das Unternehmen meist mehrere WPG auf, Angebote für die Durchführung einer Jahres- oder Konzernabschlussprüfung abzugeben (sog. request for proposal). Dieser Aufforderung sind meist Informationen über das Unternehmen, bspw. Geschäftstätigkeit oder Größe, Anzahl und Standorte der zu prüfenden Gesellschaften beigefügt.

18 Nach Abgabe und ggf. Präsentation der Angebote der WP bzw. WPG wählt das Unternehmen auf der Basis definierter Auswahlkriterien den APr. aus. Als Kriterien werden in der Praxis regelmäßig die Branchen- und Industrieexpertise des APr., Zusammensetzung, Verfügbarkeit und Struktur des Prüfungsteams sowie die Organisation und das Prüfungsvorgehen beim zu prüfenden Unternehmen herangezogen. Ein weiteres wichtiges Kriterium ist das angebotene Honorar.

19 Für **Unternehmen von öffentlichem Interesse** (PIE)[31] wurden mit der EU-Abschlussprüferreform erstmals Regelungen getroffen, die sich mit der Auswahl des APr. befassen[32]. Zentrales Anliegen ist dabei die Stärkung der Prüfungsqualität. Neben den Vorschriften zur Ausgestaltung des Ausschreibungsverfahrens wird die Rolle des PrA bzw. AR hervorgehoben[33]. Art. 16 VO (EU) Nr. 537/2014[34] enthält erstmals konkrete Vorgaben über die Bestellung von APr. Darin wird hervorgehoben, dass das Unternehmen das Auswahlverfahren frei gestalten kann und es beliebige WP bzw. WPG zur Abgabe eines Angebots auffordern kann. Ausgeschlossen sind lediglich APr., die angesichts der Bestimmungen über die externe Rotation (Höchstlaufzeit des Mandats) bei dem Unternehmen nicht tätig sein dürfen[35]. Bei der Würdigung der Angebote der WP bzw. WPG ist darauf zu achten, dass die in den Ausschreibungsunterlagen festgelegten Auswahlkriterien bei der Entscheidungsfindung herangezogen werden. Diese Kriterien und die daraus gezogenen Schlussfolgerungen müssen in einem Bericht an den PrA bzw. AR genannt werden. Auf Verlangen der Aufsichtsbehörde muss das Unternehmen in der Lage sein nachzuweisen, dass das **Auswahlverfahren auf faire Weise** durchgeführt wurde.

---

29 Vgl. Meilenstein 1 (M1) des IDW Prüfungsnavigators. Der IDW Prüfungsnavigator führt transparent und nachvollziehbar durch den Prüfungsprozess mit sämtlichen relevanten Anforderungen und ermöglicht eine risikoorientierte und somit skalierte Prüfung; vgl. https://www.idw.de/idw/im-fokus/idw-pruefungsnavigator (zit. 30.08.2018).
30 Zu weiteren Apekten der Wahl und Bestellung des APr. vgl. auch Kap. A Tz. 277 ff. sowie Kap. B Tz. 42 ff.
31 Richtlinie 2014/56/EU des Europäischen Parlaments und des Rates v. 16.04.2014 zur Änderung der Richtlinie 2006/43/EG über Abschlussprüfungen von Jahresabschlüssen und konsolidierten Abschlüssen (im Folgenden: RL 2014/56/EU), Abl.EU Nr. L 158 v. 27.05.2014, S. 196 ff.
32 Vgl. dazu IDW Positionspapier zur Ausschreibung der Abschlussprüfung für Unternehmen von öffentlichem Interesse² (Stand: 09.01.2018), abrufbar unter https://www.idw.de/idw/verlautbarungen/idw-positionspapiere (zit. 30.08.2018).
33 Vgl. bereits *Nonnenmacher*, in: FS Ballwieser, S. 547; im Einzelnen s. auch Kap. B Tz. 52 ff.
34 *VO (EU) Nr. 537/2014 des Europäischen Parlaments und des Rates v. 16.04.2014* über spezifische Anforderungen an die Abschlussprüfung bei Unternehmen von öffentlichem Interesse und zur Aufhebung des Beschlusses 2005/909/EG der Kommission (im Folgenden: VO (EU) Nr. 537/2014), Abl.EU Nr. L 158 v. 27.05.2014, S. 77 ff.
35 Zur Rotation vgl. im Einzelnen auch Kap. A Tz. 138 ff.

Danach kann der APr. bestellt werden. Bei gesetzlichen Jahres- und Konzernabschlussprüfungen von KapGes./KapCoGes. kann die **Beauftragung** aber erst nach der **Wahl** durch die Gesellschafterversammlung erfolgen (§ 318 Abs. 1 S. 1 HGB). Das ist bei AG, KGaA, SE zwingend[36]. Bei GmbH/KapCoGes. kann die Wahl auf andere Gremien, z.B. auf einen Beirat oder Gesellschafterausschuss, übertragen werden (§ 318 Abs. 1 S. 2 HGB). Dabei ist eine Beschränkung der Wahlmöglichkeiten auf bestimmte Kategorien oder Listen von Prüfern oder Prüfungsgesellschaften nichtig (§ 318 Abs. 1b HGB). 20

1.3.1.2 Prüfung der Übernahme des Mandats

Der APr. muss vor Annahme eines neuen oder bestehenden Mandats die damit verbundenen **Mandats- und Auftragsrisiken** würdigen. Dabei sind die Umstände des Unternehmens und dessen Umfeld zu prüfen. Die Prüfung wird sich mit der Geschäftstätigkeit des Unternehmens, dem regulatorischem Umfeld sowie den wirtschaftlichen, technischen und sozialen Einflussfaktoren, wie bspw. technischen oder digitalen Herausforderungen oder Verhalten der Wettbewerber, befassen. Zu berücksichtigen ist auch die wirtschaftliche Lage des Unternehmens. So wird der WP eine nachhaltige Verlustsituation und daraus entstehende Risiken einer falschen Abbildung im Hinblick auf den JA bzw. KA einschätzen müssen. Für die Beurteilung der Mandats- und Auftragsrisiken kann sich der WP bspw. auf folgende Informationsquellen stützen: 21

- öffentlich verfügbare Informationen (z.B. Informationen auf der Homepage des Unternehmens, Pressemitteilungen des Unternehmens, Jahres- und Zwischenfinanzberichte, HR-Auszüge, Presseberichterstattungen, Internetrecherchen)
- Informationen aus Datenbanken
- Erkenntnisse aus VJ-Prüfungen
- zulässig erworbene Informationen[37] aus Beratungstätigkeit.

Der **Umfang der Informationsbeschaffung** hängt von Größe, Komplexität und Risiko des Unternehmens ab. Die Würdigung von Auftrags- und Mandatsrisiken erfolgt auf der Basis der zu diesem Zeitpunkt vorliegenden Informationen und ist naturgemäß – insb. bei erstmaliger Mandatierung – kursorisch. Bestehen im Einzelfall Auftrags- oder Mandatsrisiken, ist zu prüfen, wie diesen begegnet werden kann. So kann etwa durch Einschaltung von Spezialisten das Auftragsrisiko reduziert werden. 22

> **Beispiel 1:**
>
> Ein Unternehmen der Wohnungswirtschaft mit erheblichem Immobilienbestand schreibt die Jahres- und Konzernabschlussprüfung aus. Sofern der APr. nicht über die erforderliche Immobilienexpertise verfügt, kann er einen Immobiliensachverständigen in das Prüfungsteam aufnehmen.

Erhebliche Auftragsrisiken, die die wirtschaftliche Situation und den Ruf des WP bzw. der WPG gefährden, und die nicht durch Prüfungshandlungen bzw. Qualitätssiche- 23

---

36 Für die AG § 119 Abs. 1 Nr. 4 AktG; i.V.m. § 285 Abs. 1 AktG (für KGaA) bzw. i.V.m. Art 52 S. 2 SE-VO für SE.
37 Sofern keine Informationsbarrieren zur Vermeidung von Interessenkonflikten innerhalb der WP-Praxis vereinbart wurden.

rungsmaßnahmen reduziert werden können, müssen dazu führen, dass das Mandat nicht angenommen bzw. fortgeführt werden darf[38].

24 Auf der Basis der Einschätzung des Mandanten muss der WP seine **Unabhängigkeit** prüfen (§§ 319, 319a, 319b HGB). Seine persönliche Unabhängigkeit ist gefährdet, wenn er etwa an dem zu prüfenden Unternehmen ein finanzielles Interesse hat, Anteile hält oder Beschäftigter des zu prüfenden Unternehmens ist. Gleiches gilt, wenn der APr. die Rotationsfristen (Art. 17 Abs. 1 VO (EU) Nr. 537/2014) überschritten hat. Der WP ist sachlich nicht unabhängig, wenn er Nicht-Prüfungsleistungen erbracht hat, die bei einem Prüfungsmandanten unzulässig sind. Kritisch zu prüfen ist die Unabhängigkeit, wenn zwischen WP und zu prüfendem Unternehmen ein Rechtsstreit anhängig ist.

25 Schließlich muss der WP sicherstellen, dass er über **ausreichend Ressourcen und Kenntnisse** für die Durchführung der Abschlussprüfung verfügt.[39] Das erforderliche Profil für die Mitglieder des Prüfungsteams kann sich auf Kenntnisse der Branche (z.B. Krankenhäuser) und des regulatorischen Umfeldes (z.B. Banken und Versicherungen) erstrecken. Auch sind Kenntnisse der erforderlichen Rechnungslegungsvorschriften bedeutsam (z.B. IFRS, US-GAAP). Schließlich muss das Team in der Lage sein, die Prüfung einschl. der Berichterstattung innerhalb der festgesetzten Zeit durchzuführen.

26 Dabei sind auch die Rollen der einzelnen Teammitglieder zu bestimmen, um dadurch **Verantwortlichkeiten und Aufgaben** abzugrenzen. Der APr. hat darauf zu achten, dass die Mitglieder über ausreichend praktische Erfahrung verfügen und insb. die fachlichen Regeln beherrschen. So sollten schwierige Prüffelder, die ermessensbehaftet sind, etwa die Prüfung von Prozesskosten- oder Restrukturierungsrückstellungen, von erfahrenen Prüfungsmitgliedern verantwortet werden. Auch wird man bei der Prüfung der Bilanzierung und Bewertung von Finanzinstrumenten, Pensionsrückstellungen oder Immobilienbeständen Experten hinzuziehen.

> **Hinweis 1:**
> Die Beurteilung der Mandats- und Auftragsrisiken ist abzuschließen, bevor der WP sein Angebot für die Abschlussprüfung abgibt bzw. bevor er zum APr. auf der HV des zu prüfenden Unternehmens gewählt wird.

1.3.2 Informationsbeschaffung und vorläufige Risikoeinschätzung[40]

27 Die Festlegung der Prüfungsstrategie für den Prüfungsauftrag und die Entwicklung eines Prüfungsprogramms erfordern eine umfangreiche Befassung mit dem Unternehmen, seinem Umfeld und seinen Risiken. Erst auf der Basis der Risikoeinschätzung können Art, zeitliche Einteilung und Umfang weiter durchzuführender Prüfungshandlungen sachgerecht festgelegt werden[41]. Der APr. kommt auf der Basis der beschafften Informationen zu einer vorläufigen Einschätzung der Risiken wesentlicher – beabsichtigter oder unbeabsichtigter – falscher Darstellungen. Das **Ziel der Informationsbeschaffung** ist die Gewinnung eines Verständnisses des Unternehmens und einer vorläufigen Ein-

---

38 *IDW PS 220*, Tz. 11; allgemein *IDW QS 1*, Tz. 70.
39 §§ 47 i.V.m. 38 Abs. 1 BS WP/vBP.
40 Vgl. auch Meilenstein 2 (M2) des IDW Prüfungsnavigators.
41 *IDW PS 240*, Tz. 15.

schätzung der Fähigkeit zur Unternehmensfortführung sowie von Erkenntnissen über Unrichtigkeiten und Verstöße[42].

1.3.2.1 Vornahme von Prüfungshandlungen zur Gewinnung eines Verständnisses des Unternehmens

Um die weitere Vorgehensweise festzulegen, muss sich der APr. zunächst einen Überblick über das zu prüfende Unternehmen verschaffen.[43] Neben dem **Geschäftsmodell** ist das **wirtschaftliche und rechtliche Umfeld** des Mandanten zu berücksichtigen. So sind Branchenbesonderheiten, etwa die Besonderheiten von öffentlichen Unternehmen oder rechtliche Rahmenbedingungen, etwa die aufsichtsrechtlichen Bestimmungen für VU zu beachten. Schließlich wirkt sich auch eine Kapitalmarktorientierung eines Unternehmens auf das Vorgehen in der Prüfung aus. Das reicht vom relevanten Regelwerk (IFRS, wie sie in der EU anzuwenden sind; vgl. § 315e Abs. 1 HGB) bis hin zu Prüfungsschwerpunkten der Deutschen Prüfstelle für Rechnungslegung[44]. Der APr. wird auch Eigentümerstruktur und die Finanzierung des Unternehmens in seine Überlegungen einbeziehen. Dabei würdigt er darüber hinaus die **Ziele und Strategien** des Unternehmens einschl. der damit verbundenen Geschäftsrisiken. So kann die Erschließung eines neuen Marktes mit potentiellen Geschäftsrisiken, etwa in Form von Haftungsrisiken durch nationale Produkthaftungsregelungen oder in einer unzutreffenden Einschätzung des Marktpotentials bestehen. 28

Der APr. entwickelt zudem ein Verständnis, nach welchen zentralen **Erfolgskennzahlen** das Unternehmen seinen Erfolg misst und überwacht. So berücksichtigt er bspw.: 29

- finanzielle Leistungsgrößen
  - Umsatzerlöse, EBIT, Jahresüberschuss
- nichtfinanzielle Leistungsgrößen
  - Mitarbeiterzahl, Mitarbeiterfluktuation
- wichtige Kennziffern
  - Umsatz pro Mitarbeiter; Debitorenlaufzeit (DSO), Umschlagshäufigkeit der Vorräte
- Trendanalysen
  - Entwicklung der Umsatzerlöse und der Jahresergebnisse in den letzten fünf Jahren
- Grundsätze der Erfolgsmessung der Mitarbeiter einschl. von Incentive-Programmen
- Unternehmensprognosen und Abgleich mit den Ist-Ergebnissen
- Entwicklung der verschiedenen Unternehmenssegmente im Mehrjahresvergleich
- Performance-Vergleich mit Wettbewerbern.

Enthält die Rechnungslegung **geschätzte Werte**[45], können sich bei hohen Schätzunsicherheiten bedeutsamen Risiken ergeben. Hier hat der APr. bereits in der Planungsphase zu prüfen, ob es insb. bei komplexen Schätzprozessen oder speziellen Ermittlungsverfahren, geboten ist, einen Sachverständigen heranzuziehen[46]. Dabei wird er sich ein Bild von der Ausgestaltung der Prozesse zur Ermittlung der geschätzten Werten, der 30

---

42 Hierbei sind auch andere Informationen zu berücksichtigen, die das Unternehmen i.Z.m. dem JA veröffentlicht, vgl. ISA 720 (rev.) bzw. ISA 720 (rev.) (E-DE) und Kap. L Tz. 1232.
43 *IDW PS 261 n.F.*, Tz. 13 ff.
44 http://www.frep.info/pruefverfahren/pruefungsschwerpunkte.php (zit. 31.10.2018)p.
45 Für Zeitwerte gelten die Ausführungen entsprechend. Dazu ausführlich Kap. L Tz. 1115 ff.
46 *IDW PS 314 n.F.*, Tz. 30.

zugrunde liegenden Daten und der relevanten Kontrollen machen, um die damit verbundenen Fehlerrisiken einzuschätzen und Art, Umfang und zeitliche Einteilung der weiteren Prüfungshandlungen planen zu können[47].

> **Beispiel 2:**
>
> Der APr. befasst sich i.R.d. Prüfungsplanung mit dem Geschäft des Unternehmens, das in der chemischen Industrie tätig ist. Bei einer großen Betriebsstätte werden von der Umweltbehörde erhebliche Bodenverunreinigungen festgestellt. Sofern es das Unternehmen nicht ohnehin veranlasst, wird der APr. bei der Würdigung der Auswirkungen dieses Ereignisses auf den JA auf die Hinzuziehung eines Umweltgutachters drängen.

31 Seine Erkenntnisse wird der APr. in erster Linie aus **Gesprächen** mit der Geschäftsleitung oder mit Mitarbeitern des Unternehmens erlangen. Diese Erkenntnisse können ergänzt bzw. abgerundet werden durch Organigramme, Prozessbeschreibungen, Unternehmensverträge, Sitzungsprotokolle von Vorstands- und AR-Sitzungen, Unternehmenspräsentationen oder Dokumente des internen Berichtswesens. Auch Branchenberichte von Unternehmensverbänden oder Presseberichte können wichtige Quellen darstellen.

32 Schließlich wird sich der APr. auch bereits in dieser Phase mit dem IKS des Unternehmens beschäftigen. Dabei steht nicht das gesamte IKS im Vordergrund. Nur der rechnungslegungsbezogene Teil des IKS ist für den APr. im Rahmen seiner Prüfungshandlungen bedeutsam. Die Verantwortung für die Konzeption, Implementierung, Aufrechterhaltung sowie laufende Anpassung eines angemessenen und wirksamen IKS tragen dabei die gesetzlichen Vertreter der Gesellschaft. Sie haben ein Interesse daran, die Verlässlichkeit des Rechnungswesens, die Wirksamkeit und Wirtschaftlichkeit der Geschäftsprozesse und die Einhaltung der einschlägigen rechtlichen Regelungen sicherzustellen[48]. Die Ausgestaltung des IKS hängt dabei von der Größe, Branche und Komplexität des Unternehmens ab. Zur Würdigung der IT-Komponenten des IKS sollten Mitarbeiter mit IT-Erfahrung hinzugezogen werden. Bei großem, international agierenden, kapitalmarktorientierten Konzern sind andere Anforderungen an das IKS zu stellen als an ein solches in einem mittelständischen Unternehmen.

> **Hinweis 2:**
>
> Häufig bestehen in mittelständischen Unternehmen keine formalisierten Prozesse. So ist bspw. aufgrund zu geringer Mitarbeiterzahl eine klare Funktionstrennung oder die Einhaltung des Vier-Augen-Prinzips nicht durchgängig möglich. Teilweise ist der Eigentümer aktiv in die Geschäftsprozesse eingebunden. Zudem fehlt es häufig an einer schriftlichen Dokumentation. Wichtig ist, dass der APr. sich auch in diesen Fällen ein Verständnis vom IKS verschafft.

33 Das IKS besteht aus verschiedenen Komponenten. Dabei hat sich in Anlehnung an das Modell der Committee of Sponsoring Organizations of the Treadway Commission

---

[47] *IDW PS 314 n.F.*, Tz. 26, 29 und 31 ff.
[48] *IDW PS 261 n.F.*, Tz. 26.

(COSO), einer privatwirtschaftlichen Organisation in den USA, folgende Einteilung in der Praxis bewährt[49]:

- **Kontrollumfeld**: Das Kontrollumfeld wird maßgeblich geprägt von der Kultur des Unternehmens, dem Führungsstil (tone at the top) und dem Umgang mit Problemen und Fehlern. Ein positives Kontrollumfeld ist eine Voraussetzung für die Wirksamkeit des IKS.
- **Risikobeurteilungen**: Dabei geht es um die Frage, wie die Unternehmensleitung Risiken, die sich auf die Ordnungsmäßigkeit und Verlässlichkeit der Rechnungslegung auswirken, erkennt, im Hinblick auf die Bedeutung und Auswirkungen würdigt und wie über Maßnahmen des Risikomanagements entschieden wird.
- **Kontrollaktivitäten**: Sind die Maßnahmen des Managements zur Reaktion auf Fehlerrisiken, etwa Belegkontrolle oder Funktionstrennung, auch tatsächlich geeignet, Fehler in der Rechnungslegung zu verhindern, aufzudecken oder zu korrigieren?
- **Information und Kommunikation:** Die Sicherung und Verlässlichkeit der Rechnungslegung ist zentrales Ziel des IKS. Das verlangt, dass alle relevanten Informationen zeitnah und vollständig weitergegeben werden. Das muss für ständig wiederkehrende Geschäftsvorfälle (Routinetransaktionen) gelten, wie bspw. den Einkauf von Rohstoffen, aber auch für einmalige oder ungewöhnliche Geschäftsvorfälle, wie etwa die Erfassung der Kosten für ein verunreinigtes Betriebsgrundstück.
- **Überwachung des IKS:** Das IKS muss vom Management hinsichtlich seiner Angemessenheit und Wirksamkeit lfd. überwacht werden. Maßnahmen zur Überwachung können prozessintegriert (z.B. durch Zugriffschutz auf bestimmte Informationen oder Plausibilitätskontrollen) oder prozessunabhängig sein, etwa durch Aktivitäten der internen Revision oder die Prüfung der Einhaltung des Vier-Augen-Prinzips durch den Geschäftsführer.

34 Im Rahmen der Informationsbeschaffung muss der APr. weiterhin Prüfungshandlungen planen und durchführen, um das Risiko wesentlicher falscher Darstellungen aus **Rechtsstreitigkeiten** abzuschätzen[50]. Dazu befragt er Geschäftsleitung und Rechtsabteilung des Unternehmens. Auf der Grundlage seiner Risikoeinschätzung holt er ergänzend schriftliche Bestätigungen der externen Rechtsberater des Mandanten ein.

35 Durch **analytische Prüfungshandlungen**[51] erweitert der APr. sein Verständnis vom Unternehmen und den potentiellen Risikobereichen[52]. Dabei versucht er, durch Verhältniszahlen und Trends Auffälligkeiten zu ermitteln und zu verplausibilisieren. Meist legt er dabei Zahlen der Monats- oder Quartalsberichterstattung zu Grunde.

1.3.2.2 Einschätzung der Fähigkeit zur Unternehmensfortführung

36 Der APr. hat bereits bei der Planung abzuschätzen, ob Anhaltspunkte vorliegen, die einer Fortführung der Unternehmenstätigkeit entgegenstehen[53]. Das Risiko einer Bestandsgefährdung ist insb. bei Vorliegen folgender Faktoren kritisch zu prüfen:

---

49 Vgl. auch *IDW PS 261 n.F.*, Tz. 34. Das Committee of Sponsoring Organizations of the Treadway Commission (COSO) hat 2017 das bestehende Rahmenwerk für IKS überarbeitet. Weitere Informationen finden sich auf der Homepage von COSO: https://www.coso.org/Pages/default.aspx (zit. 14.08.2018); vgl. auch *IDW PS 261 n.F.*, Tz. 26 ff.
50 Vgl. *IDW PS 300 n.F.*, Tz. 13 f.; *IDW PS 302 n.F.*, Tz. 25 f.
51 Vgl. dazu Kap. L Tz. 83 und ausf. Kap. L Tz. 818 ff.
52 *IDW PS 312*, Tz. 26.
53 *IDW PS 270 n.F.*, Tz. 15.

- Banken oder andere Fremdkapitalgeber haben ihre Bereitschaft zur Kreditgewährung gekündigt.
- Es bestehen nachhaltige und signifikante Verluste aus der operativen Geschäftstätigkeit.
- Großkunden wandern ab.
- Wesentliche Wettbewerbspositionen (Ablauf des Patentschutzes eines Schlüsselprodukts) gehen verloren.
- Gesellschafter sind nicht mehr bereit, das Unternehmen weiter zu unterstützen.

37 Zugrunde zu legen ist ein Zeitraum von mindestens zwölf Monaten[54]. Zur Klärung wird der APr. in erster Linie das Gespräch mit den gesetzlichen Vertretern suchen und von ihnen eine Einschätzung verlangen. Dabei werden insb. die kurz-, mittel- und langfristige Finanzplanung kritisch erörtert und verplausibilisiert werden.

1.3.2.3 Erkenntnisse über Unrichtigkeiten und Verstöße

38 Die Abschlussprüfung ist so anzulegen, dass Unrichtigkeiten und Verstöße gegen die gesetzlichen Bestimmungen und sie ergänzende Bestimmung des Gesellschaftsvertrags bzw. der Satzung, die sich auf die Darstellung des sich nach § 264 Abs. 2 HGB ergebenden Bildes der Vermögens-, Finanz- und Ertragslage wesentlich auswirken, bei gewissenhafter Berufsausübung erkannt werden (§ 317 Abs. 1 S. 3 HGB). Daher muss der APr. Prüfungshandlungen zur Identifizierung und Beurteilung derartiger Risiken vornehmen. Das beginnt bereits bei der Planung der Prüfung, bei der der APr. vorläufig zu beurteilen hat, inwieweit das Risiko besteht, dass Unrichtigkeiten und Verstöße zu wesentlichen falschen Angaben im Abschluss geführt haben[55]. Erkannten Risikofaktoren muss er bei Ableitung des Prüfungsprogramms Rechnung tragen[56]. Prüfungshandlungen umfassen in erster Linie die Befragung der Geschäftsleitung und – soweit angemessen – weiterer Personen, wie etwa den Leiter Rechnungswesen, den Leiter Interne Revision oder den Vorsitzenden des PrA. Dabei geht es darum, dass der APr. ein Verständnis entwickelt, wie etwa die Geschäftsleitung bzw. die weiteren Personen das Risiko von Unrichtigkeiten und Verstößen einschätzen und welche Maßnahmen im IKS eingerichtet wurden[57]. Auch wird der APr. fragen, welche Kenntnisse über bestehende oder behauptete Verstöße bestehen.

1.3.3 Festlegung der Wesentlichkeit und Beurteilung der Fehlerrisiken[58]

1.3.3.1 Festlegung der Wesentlichkeit

39 Eine Abschlussprüfung kann keine absolute Sicherheit bieten. Sie kann vielmehr nur darauf ausgerichtet sein, dass mit hinreichender Sicherheit falsche Angaben aufgedeckt werden, die wegen ihrer Größenordnung (quantitativ) oder Bedeutung (qualitativ) einen Einfluss auf die Aussagekraft der Rechnungslegung für die Abschlussadressaten haben und damit wesentlich sind[59]. Die Wesentlichkeit durchzieht alle Phasen der Abschlussprüfung. Sie beginnt bei der Planung und entscheidet, welche Risiken erheblich und

---

54 *IDW PS 270 n.F.*, Tz. 18.
55 *IDW PS 210*, Tz. 22.
56 *IDW PS 210*, Tz. 23.
57 *IDW PS 210*, Tz. 26.
58 Vgl. Meilenstein 3 (M3) des IDW Prüfungsnavigators.
59 *IDW PS 250 n.F.*, Tz. 6. Vgl. auch *Kunellis*, WPg 2013, S. 791.

welche Bereiche in welchem Umfang zu prüfen sind. Die Frage der **Wesentlichkeit** ist aber auch bei der Prüfungsdurchführung und der Würdigung der Auswirkung festgestellter falscher Darstellungen (welcher Fehler ist wesentlich?) und bei der Bildung des Prüfungsurteils zu berücksichtigen.

Um den Grundsatz der Wesentlichkeit für den APr. operabel zu machen, wurde ein abgestuftes Wesentlichkeitskonzept entwickelt[60]:

- 1. Ebene: **Abschluss als Ganzes**

Zunächst muss der APr. festlegen, ab welcher Grenze das Ausmaß von Unrichtigkeiten und Verstößen in der Rechnungslegung (Abschluss und LB) die Abschlussadressaten in ihrer wirtschaftlichen Entscheidung beeinflusst (sog. Wesentlichkeit für den Abschluss als Ganzes).

Um sicherzustellen, dass die Summe der einzelnen nicht korrigierten und nicht aufgedeckten falschen Darstellungen die Wesentlichkeit für den Abschluss als Ganzes nicht überschreitet, ist ein niedrigerer Betrag unterhalb dieser festzulegen (sog. **Toleranzwesentlichkeit**).

Meist wird sodann eine sog. Nichtaufgriffsgrenze definiert, unterhalb derer falsche Darstellungen in jedem Fall als unbeachtlich betrachtet werden.

- 2. Ebene: **Ebene der Geschäftsvorfälle, Kontensalden oder Abschlussangaben**

Sofern sich Fehler bei bestimmten Geschäftsvorfällen, Kontensalden oder Abschlussangaben auf die wirtschaftliche Entscheidung der Abschlussadressaten auswirken, muss der APr. hierfür eine spezifische Wesentlichkeit bestimmen. Wie bei der Festlegung der Wesentlichkeit für den Abschluss als Ganzes müssen dann auch hierfür spezifische Toleranzwahrscheinlichkeiten ermittelt werden. Im Fokus stehen dabei für das jeweilige Unternehmen bedeutsame Prüffelder. So kann es sich bspw. um Transaktionen mit nahe stehenden Personen, Forschungs- und Entwicklungskosten eines Unternehmens der chemischen Industrie, Rückstellungen für Prozesskosten eines pharmazeutischen Unternehmens oder um neu erworbene Beteiligungen oder aufgegebene Geschäftsbereiche handeln. Dabei kann der APr. eine einheitliche Toleranzwesentlichkeit für alle Arten von Geschäftsvorfällen, Kontensalden oder Anhang- und Lageberichtsangaben oder aber für bestimmte Prüffelder (z.B. Umsatzerlöse oder Rückstellungen) jeweils eigene festlegen.

Die Ermittlung der Wesentlichkeit erfolgt im Spannungsfeld zwischen Prüfungssicherheit und Prüfungseffizienz. Der APr. setzt sich bereits im Rahmen seiner Planung mit den verschiedenen Wesentlichkeitsmaßstäben auseinander, um damit auch den Umfang der Prüfungshandlungen festzulegen[61]. Je höher die Toleranzwesentlichkeit ist, umso stärker kann er den Prüfungsumfang reduzieren. Freilich muss er dabei sicherstellen, dass er mit seiner Prüfung mit hinreichender Sicherheit wesentlich falsche Darstellungen im Abschluss aufdeckt.

Bei der Festlegung der Wesentlichkeit greift der APr. auf möglichst aktuelle, ggf. auch vorläufige Werte, bspw. in Form eines Quartals- oder Monatsberichts zurück. Der VJ-Abschluss ist hingegen keine geeignete Grundlage hierfür.

---

60 Vgl. dazu *IDW PS 250 n.F.*, Tz. 5 f., *IDW PS 250 n.F.*, Tz. 16.
61 *IDW PS 250 n.F.*, Tz. 11.

43 Zur Bestimmung der Wesentlichkeit wird der APr. regelmäßig einen Prozentsatz einer angemessenen Bezugsgröße zugrunde legen. Als **mögliche Bezugsgröße** werden in der Praxis häufig Umsatzerlöse, Vorsteuerergebnis oder Bilanzsumme herangezogen. Verbindliche Bezugsgrößen oder Prozentsätze bestehen nicht. Die Entscheidung steht jedoch im Ermessen des APr. Dabei wird er sich von der Aussagekraft der Bezugsgröße für eine wirtschaftliche Entscheidung der Abschlussadressaten leiten lassen. So mag die Bilanzsumme für ein Unternehmen der Wohnungswirtschaft eine taugliche Bezugsgröße sein; für ein IT-Unternehmen wird hingegen eine Ergebnis- oder Umsatzgröße relevanter sein. Liegen z.B. außergewöhnliche Umstände vor, die dazu führen, dass das Vorsteuerergebnis nur sehr eingeschränkt aussagekräftig ist, kann der APr. die Bezugsgröße um diesen Sondereffekt, etwa Erträge aus der Veräußerung einer wesentlichen Beteiligung, bereinigen.

> **Hinweis 3:**
> Als Bezugssätze haben sich für den Abschluss als Ganzes in der Praxis für die Bilanzsumme 0,25%-4%, für die Umsatzerlöse 0,5%-3% und für das Vorsteuerergebnis 3%-10%[62] herausgebildet. Bei der Toleranzwesentlichkeit wird ein bestimmter Prozentsatz der Wesentlichkeit im Ganzen verwendet (z.B. 60%-75%).

44 Die Ermittlung der Wesentlichkeitsgrenzen insgesamt ist keine mathematische Rechenübung des APr., sondern steht in seinem Ermessen. Es kann erforderlich sein, diese anzupassen. Der APr. dokumentiert seine Überlegungen in seinen Arbeitspapieren.

> **Hinweis 4:**
> Kommt es z.B. im Verlauf der Prüfung des Abschlusses eines Automobilzulieferers dazu, dass infolge eines schadhaften Produkts das Automobilunternehmen großflächig seine Fahrzeuge zurückrufen muss und Produkthaftungsklagen zu befürchten sind, wird der APr. seine Toleranzwesentlichkeit beim Prüffeld „Rückstellungen" überdenken und ggf. anpassen.

1.3.3.2 Beurteilung des Fehlerrisikos

45 Der APr. kommt nach Beendigung seiner Prüfungshandlungen zum Prüfungsurteil und erklärt darin, ob der JA und der LB als Ganzes frei von wesentlichen falschen Darstellungen sind. Dabei muss das Risiko der Abgabe eines positiven Prüfungsurteils ungeachtet vorhandener Fehler in der Rechnungslegung (sog. Prüfungsrisiko) auf ein akzeptables Maß reduziert werden[63]. Erst wenn sich der APr. mit dem Prüfungsrisiko befasst hat, kann er daraus eine risikoorientierte Prüfungsstrategie entwickeln und die Prüfungshandlungen festlegen. Das Prüfungsrisiko setzt sich aus dem Fehler- und dem Entdeckungsrisiko zusammen.

---

62 F&A zu ISA 320 bzw. IDW PS 250 n.F., Frage 3.3.3.
63 IDW PS 261 n.F., Tz. 5; vgl. auch *Schmidt/Eibelshäuser*, WPg 2013, S. 696.

```
                    ┌─────────────────┐
                    │  Prüfungsrisiko │
                    └─────────────────┘
                    ↙                 ↘
        ┌──────────────┐         ┌──────────────────┐
        │ Fehlerrisiko │         │ Entdeckungsrisiko│
        └──────────────┘         └──────────────────┘
   ┌──────────────┬──────────────┐
   │inhärentes    │ Kontrollrisiko│
   │Risiko        │               │
   └──────────────┴──────────────┘
```

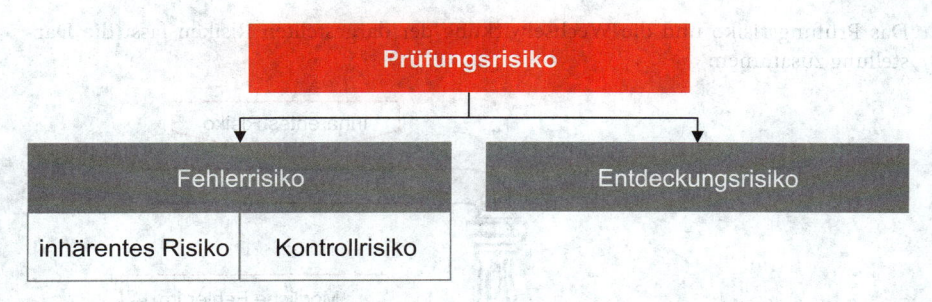

Abb. 2: Risiken der Abschlussprüfung[64]

Mit dem **inhärenten (innewohnenden) Risiko** wird die Anfälligkeit eines Prüffeldes für das Auftreten von Fehlern bezeichnet, die für sich genommen oder zusammen mit Fehlern in anderen Prüffeldern wesentlich sind[65]. Dabei sind die damit in Zusammenhang stehenden Kontrollen nicht zu betrachten. Faktoren für die Bestimmung des inhärenten Risikos sind z.B. gesamtwirtschaftliche Faktoren (etwa die konjunkturelle Entwicklung), branchenspezifische Faktoren (z.B. neue Regelungen für schadstoffemittierende Unternehmen) oder firmenspezifische Aspekte (Geschäftsmodelle, wesentliche Geschäftsaktivitäten in korruptionsanfälligen Ländern). Ein inhärentes Risiko kann sich auch aus einem Prüffeld ergeben, wie bspw. Ermessensspielräume bei der Beurteilung von Prozessrisiken eines Arzneimittelherstellers. **46**

Das **Kontrollrisiko** ist das Risiko, dass wesentliche Fehler durch das IKS des Unternehmens nicht verhindert oder aufgedeckt und beseitigt werden[66]. Hat das zu prüfende Unternehmen ein unwirksames oder nur ein eingeschränkt wirksames IKS, ist das Kontrollrisiko hoch. Umgekehrt kann ein wirksames IKS das Kontrollrisiko reduzieren; wobei ein Restkontrollrisiko immer bestehen wird, weil kaum denkbar ist, dass durch die Kontrollen jeder wesentliche Fehler ausgeschlossen ist oder in jedem Fall aufgedeckt wird. Zur Evaluierung des Kontrollrisikos wird der APr. seine Erkenntnisse aus der Beurteilung der Kontrollen heranziehen. **47**

Unter dem **Entdeckungsrisiko** ist das Risiko zu verstehen, dass der APr. durch seine Prüfungshandlungen einen wesentlichen Fehler in der Rechnungslegung nicht entdeckt.[67] **48**

Die Einschätzung des inhärenten Risikos und des Kontrollrisikos wirken sich unmittelbar auf die Prüfungsstrategie und die Prüfungsprogramme des APr. aus. Je höher das inhärente Risiko und das Kontrollrisiko eingeschätzt werden, desto umfangreicher müssen die aussagebezogenen Prüfungshandlungen geplant werden, um das Prüfungsrisiko zu minimieren. Werden umgekehrt das inhärenten Risiko und das Kontrollrisiko als niedrig eingeschätzt, so kann der APr. den Umfang der aussagebezogenen Prüfungshandlungen entsprechend vermindern. **49**

---

64 *IDW PS 261 n.F.*, Tz. 6.
65 *IDW PS 261 n.F.*, Tz. 6.
66 *IDW PS 261 n.F.*, Tz. 6.
67 *IDW PS 261 n.F.*, Tz. 6.

50 Das Prüfungsrisiko und die Wechselwirkung der dargestellten Risiken fasst die Darstellung zusammen:

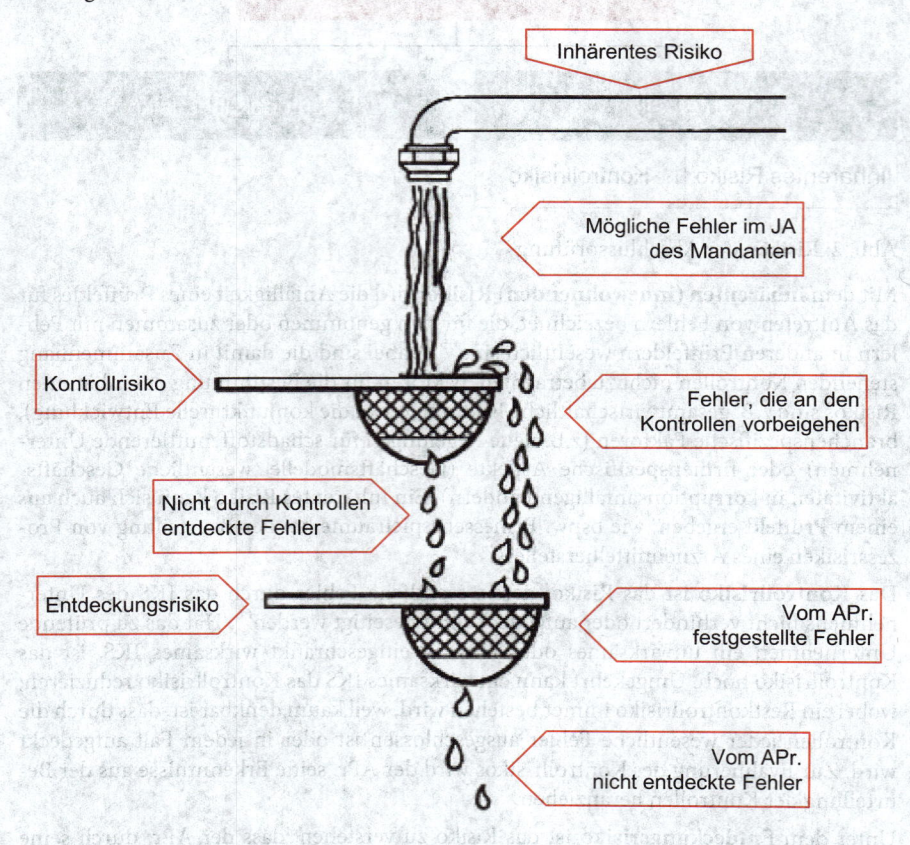

Abb. 3: Zusammenspiel der Bestandteile des Prüfungsrisikos[68]

51 Die **Einschätzung** des inhärenten Risikos und des Kontrollrisikos kann sich im Verlauf der Prüfung **ändern**. So kann der APr. bspw. bei der Durchführung von Funktionstests und/oder aussagebezogenen Prüfungshandlungen zu Erkenntnissen gelangen, die wesentlich von den Annahmen abweichen, die er bei der ursprünglichen Einschätzung des inhärenten Risikos oder des Kontrollrisikos zugrunde gelegt hat. In diesen Fällen muss er Art und Umfang der aussagebezogenen Prüfungshandlungen entsprechend anpassen[69].

52 Fehlerrisiken können sich auf die Rechnungslegung insgesamt (**Fehlerrisiken auf Abschlussebene**) und auf einzelne Aussagen in der Rechnungslegung (**Fehlerrisiken auf**

---

[68] AICPA, Auditing Procedures in: Audits of Small Business, New York 1985, S. 44 entnommen aus *Hayes/Wallage/Görtemaker*, Principles of Auditing³, S. 199.
[69] *IDW PS 261 n.F.*, Tz. 69.

Aussageebene) auswirken[70]. Schwächen im IKS oder das Unternehmensumfeld sind häufig verantwortlich für Fehlerrisiken auf Abschlussebene. So können unzureichend eingewiesene Mitarbeiter die Ursache für nur teilweise wirksame Kontrollen sein. Verkaufseinbrüche bei einem Schlüsselprodukt des Unternehmens können die ggü. dem Kapitalmarkt kommunizierten Umsatzprognosen gefährden und die Unternehmensleitung zu bilanzpolitischen Maßnahmen verleiten. Fehlerrisiken auf Aussageebene können entstehen bei komplexen Geschäftsvorfällen, wie etwa die Bewertung von Finanzinstrumenten oder der Abschluss ungewöhnlicher oder komplexer Geschäfte, etwa eines Sale-and-Lease-Back-Vertrages zum Ende des GJ.

Fehlerrisiken können bedeutsame Risiken sein. Es kann sich aber auch um Risiken handeln, bei denen aussagebezogene Prüfungshandlungen alleine zur Gewinnung einer hinreichenden Sicherheit nicht ausreichen (z.B. Routinetransaktionen, die IT-gestützt erfasst und verarbeitet werden). Als bedeutsam stuft der APr. Fehlerrisiken ein, die wegen ihrer Art oder ihrer Auswirkungen auf eine fehlerhafte Rechnungslegung besonderer Aufmerksamkeit im Verlauf der Abschlussprüfung bedürfen. Als solche kommen bspw. Hinweise auf Verstöße, komplexe Geschäftsvorfälle oder Transaktionen mit nahe stehenden Personen in Betracht[71]. Angaben zur Umsatzrealisierung sind grundsätzlich als bedeutsames Risiko einzustufen[72]. 53

Auf der Grundlage der Beurteilung der Fehlerrisiken hat der APr. Prüfungsnachweise zur Funktion relevanter Teile des IKS (Funktionsprüfungen) und zu den einzelnen Aussagen in der Rechnungslegung (aussagebezogene Prüfungshandlungen) einzuholen[73]. 54

1.3.4 Auswertung der rechnungslegungsrelevanten Prozesse und internen Kontrollen[74]

Auf der Basis des erworbenen Verständnisses vom IKS muss der APr. entscheiden, ob und wie das Unternehmen auf die identifizierten inhärenten Risiken reagiert. Dazu greift der APr. auf die Kontrollen des Unternehmens zurück. Die ausgewählten Kontrollen hat der APr. auf ihre Aussagekraft für eine Abschlussaussage zu prüfen. 55

> **Hinweis 5:**
>
> Solche Kontrollen können prozessübergreifend sein, wie etwa die Durchsicht einer Verkaufsstatistik der Produktlinie A durch den Vertriebsleiter. Eine solche Kontrolle liefert nur bedingt eine Aussage zur Abschlussaussage der Vollständigkeit der Umsatzerlöse. Hingegen bezieht sich eine Prüfungshandlung wie etwa die Abstimmung von Versandpapieren mit den dazugehörigen Rechnungen unmittelbar auf diese Abschlussaussage.

Relevante Kontrollen können dabei solche sein, die sich auf die gesamte Unternehmensebene beziehen, sowie solche auf der Ebene der Geschäftsprozesse, wie etwa Einkauf, Vorräte, Produktion, Personal oder Abschlusserstellung. Häufig wird der APr. dabei auf Prozessdokumentationen des Unternehmens zurückgreifen, die sich aus Or- 56

---

70 IDW PS 261 n.F., Tz. 64.
71 IDW PS 261 n.F., Tz. 65.
72 IDW PS 261 n.F., Tz. 67.
73 IDW PS 261 n.F., Tz. 10.
74 Vgl. Meilenstein 4 (M4) des IDW Prüfungsnavigators.

ganigrammen, Prozessflussdiagrammen oder Arbeitsplatzbeschreibungen ergeben können.

57 Die relevanten Kontrollen unterzieht der APr. einer sog. **Aufbauprüfung**. Diese umfasst neben dem Erfassen der Kontrollen auch die Beurteilung der Angemessenheit und Implementierung dieser Kontrollen. Dabei prüft er, inwieweit das IKS angemessen ist und befasst sich mit der Konzeption, Einrichtung und Aufrechterhaltung der Kontrollen[75]. Kernpunkt ist die Frage, ob die Kontrollen einzeln oder in Verbindung mit anderen Kontrollen – ihr Funktionieren unterstellt – Fehler verhindern, aufdecken und ggf. korrigieren können. Erst in einem weiteren Schritt wird i.R.d. Funktionsprüfung die tatsächliche Arbeitsweise der Kontrolle überprüft[76].

58 Die Aufbauprüfung orientiert sich an den einzelnen Bestandteilen des IKS (Kontrollumfeld, Risikobeurteilung, Kontrollaktivitäten, Information und Kommunikation sowie Überwachung)[77]. Dabei erfasst der APr. zunächst die relevante Kontrollmaßnahme. Eine Kontrollmaßnahme kann bspw. in der Trennung von Funktionen zwischen ausführender Stelle (z.B. Einkauf, Verkauf) und Buchhaltung liegen. Eine andere Kontrollmaßnahme ist die Existenz von Verfahrens- bzw. Prozessbeschreibungen oder Richtlinien, etwa für das Beschaffungswesen. Mit diesen Verfahrens- und Prozessbeschreibungen, Richtlinien, betrieblichen Prozessen und vorgesehenen Kontrollmaßnahmen gewinnt der APr. eine Vorstellung von den Soll-Vorstellungen und Soll-Anforderungen im Unternehmen. Im Rahmen der Aufbauprüfung wird sich der APr. diese Kontrollaktivitäten und Arbeitsabläufe im Unternehmen ansehen und die Verarbeitung von Geschäftsvorfällen im Unternehmen nachvollziehen (sog. **Walkthrough**). Im Folgenden ist ein solcher Walkthrough in stark verkürzter Form für den Einkaufsprozess beispielhaft dargestellt:

> **Beispiel 3:**
> - Bedarfsanforderung
> - Bestellung
>   - Wer bestellt?
>   - Wie wird die Bestellung angelegt und welche Daten werden in der Bestellung erfasst (Preis, Menge, Datum, Bestellnummer)?
> - Lieferung
>   - Wo und durch wen erfolgt die Warenzugangsbuchung?
>   - Wie wird die Warenzugangsbewertung vorgenommen?
>   - Erfolgt eine Abstimmung zwischen Bestellmenge und Liefermenge (systemseitig oder manuell)?
> - Rechnungseingang
>   - Wo und durch wen wird die Rechnungserfassung vorgenommen?
>   - Erfolgt ein Abgleich zwischen Rechnungspreis und -menge zu Bestellpreis und -menge sowie zur Liefermenge (systemseitig oder manuell)?
>   - Verfügt das Unternehmen über ein sog. Wareneingangs-/Rechnungseingangs-/Verrechnungskonto (WERE-Konto)?
> - Zahlung
>   - Wie oft werden Zahlungen vorgenommen (Zahlungsläufe)?

---

75 *IDW PS 261 n.F.*, Tz. 18.
76 Vgl. dazu Kap. L Tz. 68 und ausf. Kap. L Tz. 797 ff.
77 Vgl. dazu ausf. Kap. L Tz. 682 ff.

> – Wer kann Zahlungen freigeben?
> – Wie ist sichergestellt, dass Zahlungen nur nach Erhalt der Ware erfolgen?
> – Wie erfolgt die Auszifferung auf dem Kreditorenkonto nach erfolgter Zahlung?

Die wesentlichen Ergebnisse der Gespräche und Recherchen hat der APr. in seinen Arbeitspapieren zu dokumentieren. Bei Folgeprüfungen kann der APr. auf seine Erkenntnisse aus vorhergehenden Prüfungen zurückgreifen und sie ggf. aktualisieren. 59

Der APr. würdigt in einem nächsten Schritt, ob das vom Unternehmen vorgesehene Regelsystem (Sollobjekt) für die konkrete Situation im Unternehmen angemessen und leistungsfähig ist, um wesentliche Fehler zu verhindern, aufzudecken bzw. zu korrigieren (**Angemessenheitsprüfung**)[78]. Bei Kontrollmaßnahmen fragt sich der APr., ob diese – wiederum ihr Funktionieren unterstellt – einen Beitrag zur Richtigkeit der Rechnungslegung leisten können. So sind etwa Richtlinien, deren Inhalt unvollständig, sachlich unrichtig und unverständlich ist, als Kontrollmaßnahme ungeeignet. 60

Schließlich prüft der APr. in einem letzten Schritt, ob die Kontrollmaßnahmen tatsächlich eingerichtet wurden (**Implementierungsprüfung**). Damit würdigt der APr. deren tatsächliche Einrichtung und Nutzung. Diese Kontrollen werden aber nur zu einem bestimmten Zeitpunkt geprüft. Damit trifft der APr. im Unterschied zur Funktionsprüfung keine Aussage über das Funktionieren der Kontrollen über den gesamten Prüfungszeitraum und damit über die Ordnungsmäßigkeit der Rechnungslegung. 61

1.3.5 Ableitung des Prüfungsprogramms und Zusammenstellung des Prüfungsteams[79]

Auf Basis der eingeholten Informationen zum rechtlichen und wirtschaftlichen Umfeld, der identifizierten Fehlerrisiken einschl. des Risikos von Unrichtigkeiten und Verstößen legt der APr. das **weitere Prüfungsvorgehen** fest. Bedeutsam ist dabei die Einschätzung des IKS. Mit den aus den Funktionsprüfungen des IKS gewonnenen Kenntnissen führt er aussagebezogener Prüfungshandlungen durch, um ein vollständiges Bild der wesentlichen Arten von Geschäftsvorfällen, Kontensalden und Abschlussinformationen zu erhalten. Die Festlegung der Wesentlichkeit hilft ihm dabei, die richtigen Schwerpunkte zu legen. Das weitere Vorgehen findet seinen Ausdruck in der Erarbeitung von Prüfungsprogrammen, in denen Art und Umfang sowie zeitliche Einteilung der durchzuführenden Prüfungshandlungen festgelegt werden. 62

Ausgangspunkt ist die Frage, bei **welchen Konten und Abschlussangaben** zumindest eine hinreichende Wahrscheinlichkeit besteht, dass eine fehlerhafte Darstellung vorliegt, die einzeln oder zusammen mit anderen fehlerhaften Darstellungen betrachtet, wesentliche Auswirkung auf den Abschluss hat. Dabei sind etwa zu berücksichtigen, wie hoch der Kontosaldo bzw. die Angabe im Vergleich zur Toleranzwesentlichkeit ist oder ob ein hohes Transaktionsvolumen dahintersteht. Auch die Tatsache, dass eine hohe Anfälligkeit für Unregelmäßigkeiten besteht oder Geschäftsvorfälle mit nahe stehenden Personen betroffen sind, ist ein Anhaltspunkt für die Einstufung eines Kontos oder einer Angabe als wesentlich. Sodann ist zu überlegen, welche Abschlussaussagen mit dem wesentlichen Konto bzw. der Angabe verbunden sind. Mit Abschlussaussagen sind Er- 63

---

78 Vgl. *IDW PS 261 n.F.*, Tz. 40 ff.
79 Vgl. auch Meilenstein 5 (M5) des IDW Prüfungsnavigators.

klärungen der Geschäftsführung gemeint, die sich auf den Abschluss beziehen. Diese Aussagen können sich auf Geschäftsvorfälle und Ereignisse, Kontensalden und Abschlussinformationen beziehen. Daher unterscheiden sie sich auch in ihrem Aussagegehalt[80]:

a) Aussagen über Arten von Geschäftsvorfällen und Ereignissen innerhalb des Prüfungszeitraums können sich beziehen auf
   - den **Eintritt** eines Geschäftsvorfalls oder Ereignisses: Haben die erfassten Geschäftsvorfälle und Ereignisse stattgefunden und sind sie dem zu prüfenden Unternehmen zuzurechnen?
   - die **Vollständigkeit**: Wurden alle Geschäftsvorfälle und Ereignisse, die erfasst werden müssen, tatsächlich auch erfasst?
   - die **Genauigkeit**: Wurden die sich auf die erfassten Geschäftsvorfälle und Ereignisse beziehenden Beträge und sonstigen Daten zutreffend erfasst?
   - die **Periodenabgrenzung**: Wurden Geschäftsvorfälle und Ereignisse in der richtigen Berichtsperiode erfasst?
   - die **Kontenzuordnung**: Wurden die Geschäftsvorfälle und Ereignisse auf den richtigen Konten erfasst?

b) Aussagen über die Kontensalden am Periodenende können sich beziehen auf
   - das **Vorhandensein**: Sind Vermögensgegenstände, Schulden und EK vorhanden?
   - die **Zurechnung** zum Unternehmen aufgrund bestehender Rechte an Vermögensgegenständen und Verpflichtungen
   - die **Vollständigkeit**: Wurden sämtliche Vermögensgegenstände, Schulden und Eigenkapitalpositionen, die zu erfassen sind, auch erfasst?
   - die **Bewertung und Zuordnung**: Sind Vermögensgegenstände, Schulden und EK im Abschluss mit den zutreffenden Beträgen enthalten und wurden damit verbundene Anpassungen der Bewertung oder Zuordnung angemessen vorgenommen?

c) Aussagen über Abschlussinformationen können sich beziehen auf
   - den **Eintritt** eines Geschäftsvorfalls oder Ereignisses sowie die Zurechnung zum Unternehmen aufgrund bestehender Rechte und Verpflichtungen: Haben die dargestellten Ereignisse, Geschäftsvorfälle und anderen Sachverhalte stattgefunden, bestehen sie und sind sie dem zu prüfenden Unternehmen zuzurechnen?
   - die **Vollständigkeit**: Sind alle Angaben, die in der Rechnungslegung enthalten sein müssen, enthalten?
   - den **Ausweis und die Verständlichkeit**: Wurden Rechnungslegungsinformationen angemessen dargestellt und erläutert und sind die Angaben deutlich formuliert?
   - die **Genauigkeit und Bewertung**: Sind Rechnungslegungs- und andere Informationen angemessen und mit den richtigen Beträgen angegeben?

64 Diese Abschlussaussagen helfen dem APr. dabei, mittels der jeweiligen Behauptung seine konkreten Prüfungshandlungen festzulegen.

---

[80] Vgl. Anlage zu *IDW PS 300 n.F.*

> **Beispiel 4:**
>
> Der APr. prüft i.R.d. Vollständigkeit von Forderungen aus Lieferungen und Leistungen eines Bauunternehmens (Geschäftsvorfälle), ob alle abrechenbaren Leistungen den Kunden in Rechnung gestellt worden sind.

Bei Konten und Angaben mit einem bedeutsamen Risiko sind **Kontrolltests**, zumindest aber eine Aufbauprüfung durchzuführen. Das gilt auch dann, wenn ohne eine derartige Prüfung keine ausreichende Prüfungssicherheit erlangt werden kann. Das Testen von Kontrollen kann zudem effizienter sein, weil dadurch aussagebezogene Prüfungshandlungen (analytische Prüfungshandlungen oder Einzelfallprüfungen) reduziert werden können. 65

Das nächste, wesentliche Element der Prüfungsplanung ist die **Zusammenstellung des Prüfungsteams** und die Festlegung des zeitlichen Ablaufs der Prüfung (§§ 38 i.V.m. 47 Abs. 1 BS WP/vBP). Die Größe und Zusammensetzung des Teams hängen vom Personalbedarf, vom zu erwartenden Prüfungsumfang und den erforderlichen Kenntnissen der Mitarbeiter ab. Bei Folgeprüfungen mag das VJ hierfür Anhaltspunkte liefern. Das Team umfasst sämtliche Personen, die mit Prüfungshandlungen i.R.d Auftrags befasst sind. Damit erfasst werden zum einen die den BestV unterzeichnenden WP, der Prüfungsleiter, die Prüfer und Assistenten. Darüber hinaus sind sämtliche hinzugezogenen Experten, etwa Steuer- oder IT-Spezialisten, Bestandteil des Prüfungsteams. Kein Bestandteil des Teams sind hingegen Personen, die mit der der auftragsbezogenen Qualitätssicherung (§ 48 BS WP/vBP) betraut sind. 66

Die **zeitliche Prüfungsplanung** orientiert sich am Umfang der erforderlichen Prüfungshandlungen und an den Berichterstattungsterminen (§ 47 Abs. 2 BS WP/vBP). So muss der APr. die Termine der Schlussbesprechung mit dem Management, die Besprechung mit dem PrA bzw. den Termin der bilanzfeststellenden Sitzung im AR bei der Disposition berücksichtigen. Auch der Umfang der Berichterstattung ist einzubeziehen. Soll der PrB eine Aufgliederung und Erläuterung der Posten des JA und des KA enthalten (vgl. § 321 Abs. 2 S. 5 HGB), müssen hierfür ausreichend personelle und zeitliche Ressourcen bereitgestellt werden, was schon alleine deshalb bedeutsam ist, weil diese Arbeiten regelmäßig in der zeitkritischen letzten Phase einer Abschlussprüfung vorgenommen werden. 67

1.3.6 Funktionsprüfungen[81]

Der APr. befasst sich mit den IKS, weil es auf Risiken reagieren soll, die die Verlässlichkeit der Rechnungslegung gefährden, die Wirksamkeit oder Wirtschaftlichkeit der Geschäftsprozesse beeinträchtigen oder relevante rechtliche Bestimmungen verletzen können[82]. Im Rahmen der Aufbauprüfung, die die Prüfung der Angemessenheit und Implementierung der Kontrollmaßnahmen einschließt, steht das Sollobjekt im Vordergrund. Grundlage dieser Prüfungshandlungen sind die vom Unternehmen vorgesehenen Kontrollen und Prozesse. Damit ist noch nicht die tatsächliche Umsetzung validiert. Die Würdigung der Funktionsweise des IKS auf die erfassten und beurteilten Fehlerrisiken wird vielmehr i.R.d. **Funktionsprüfung** vorgenommen (sog. test of ope- 68

---

81 Vgl. auch Meilenstein 6 (M6) des IDW Prüfungsnavigators.
82 *IDW PS 261 n.F.*, Tz. 19.

rating effectiveness). Der Umfang einer Funktionsprüfung bezieht sich zum einen darauf, welcher Mitarbeiter welche Kontrolle tatsächlich durchgeführt hat und zum anderen, ob die interne Kontrolle während des gesamten Kontrollzeitraums (z.B. GJ) durchgängig durchgeführt wurde[83].

69 Eine Funktionsprüfung ist freilich dann nicht vorzunehmen, wenn die Kontrolle entweder überhaupt nicht eingerichtet wurde (dann gibt es nichts zu prüfen) oder die Kontrolle nicht angemessen ist, um die Kontrollziele zu erreichen (dann ist die Kontrolle zur Gewinnung eines Prüfungsnachweises untauglich)[84]. Kommt der APr. umgekehrt nach der Aufbau-, Angemessenheits- und Implementierungsprüfung zu der Auffassung, dass eine Kontrolle zuverlässig ist und möchte er sich auf die **Wirksamkeit dieser Kontrolle** verlassen, muss er eine Funktionsprüfung durchführen. Das ist insb. dann unerlässlich, wenn er allein mit aussagebezogenen Prüfungshandlungen keine angemessenen und ausreichenden Prüfungsnachweise für die zu treffende Prüfungsaussage erlangen kann[85].

> **Beispiel 5:**
> Das Unternehmen stimmt bei allen Eingangsrechnungen für Warenlieferungen den in Rechnung gestellten Preis und die Menge mit den Daten aus der Bestellung und der Wareneingangsbuchung ab. Der APr. kann in diesem Fall z.B. in Form des Nachvollzuges der Kontrollaktivität für eine Stichprobe diesen Abgleich vornehmen und/oder sich Nachweise der durchgeführten Abgleiche zur Verfügung stellen lassen. Sofern die Kontrolle in Form eines automatischen IT-gestützten Abgleiches erfolgt, kann der APr. die Funktionsprüfung auch in Form einer IT-Systemprüfung durchführen und auf diesem Wege sicherstellen, dass in jedem Falle eine derartige Abstimmung systemseitig vorgenommen wird[86].

70 Der APr. nimmt Funktionsprüfungen in Form folgender **Prüfungshandlungen** vor:
- Befragung von Mitarbeitern
- Durchsicht von Nachweisen über die Durchführung von bestimmten Maßnahmen
- Beobachtung der Durchführung dieser Maßnahmen
- Nachvollzug von Kontrollaktivitäten durch den APr.
- Auswertung von Ablaufdiagrammen, Checklisten und Fragebögen
- Einsichtnahme in Berichte der Internen Revision
- IT-gestützte Prüfungshandlungen[87].

Bei Befragungen ist wichtig, dass der APr. seine Erkenntnisse daraus immer durch weitere Prüfungsnachweise festigt[88].

71 Der Umfang von Funktionsprüfungen hängt von verschiedenen Faktoren ab. So wird der APr. das beurteilte Risiko und den angestrebte Grad der Prüfungssicherheit berücksichtigen. Bei **Funktionstests** wird der APr. stichprobenartig (entweder bewusst oder zufallsgesteuert) entsprechende Geschäftsvorfälle auswählen. Der Umfang der Kontrolltests hängt maßgeblich vom Fehlerrisiko sowie von der Häufigkeit der vom

---

83 *IDW PS 261 n.F.*, Tz. 73.
84 *IDW PS 261 n.F.*, Tz. 74.
85 *IDW PS 261 n.F.*, Tz. 73 ff.
86 Vgl. hierzu *IDW PS 330* und *IDW PH 9.330.2*.
87 *IDW PS 261 n.F.*, Tz. 73.
88 *IDW PS 300 n.F.*, Tz. A22.

Unternehmen vorgenommenen Kontrollmaßnahmen ab. In der Praxis geht der APr. bei manuellen Kontrollen von folgender Häufigkeit der Durchführung aus:

- jährlich durchgeführte Kontrolle: mindestens 1 Stichprobe
- monatlich durchgeführte Kontrolle: 2-3 Stichproben
- täglich durchgeführte Kontrolle: 15-25 Stichproben
- mehrmals täglich durchgeführte Kontrolle: 25-40 Stichproben.

Der Umfang richtet sich aber nicht zuletzt danach, ob das Unternehmen manuelle oder automatisierte Kontrollen eingerichtet hat. Bei **manuellen Kontrollen** prüft der APr. anhand ausgewählter Geschäftsvorfälle, ob die vorgesehene Kontrolle durchgeführt wurde. Geht es um Abstimmkontrollen prüft der APr., ob die Abstimmarbeiten in Form von Abstimmvermerken bzw. Aufzeichnungen vorgenommen wurden. 72

Im Unterschied dazu enthalten **automatisierte Kontrollen** eine Verarbeitungslogik, die sich der APr. im Rahmen seiner Prüfungshandlungen zunutze machen kann. Häufig sind automatisierte Kontrollen IT-gestützt. Sie sind damit Teil des internen Überwachungssystems. Ein wichtiger Risikoindikator ist die Verlässlichkeit der IT-basierten Kontrollen. Kann etwa ein Bestellprozess für Waren im Unternehmen ausschl. im IT-System angestoßen werden, wozu nur ein eng definierter Anwenderkreis berechtigt ist, wird sich der APr. nicht einzelne Geschäftsvorfälle ansehen, sondern er wird das Zugriffsberechtigungskonzept in den Fokus seiner Prüfungshandlungen nehmen. Häufig zieht er dabei den Rat und die Erfahrung von IT-Spezialisten heran. 73

Nachdem der APr. die Kontrollaktivitäten des Unternehmens auf ihre Funktionsfähigkeit geprüft hat, stellt sich die Frage, wie er mit den Ergebnissen daraus umgeht. Hat er keine Auffälligkeiten festgestellt, ist sie wirksam und er kann sein Prüfungsurteil auf diese Kontrolle stützen. Kommt es hingegen zu Abweichungen, muss er Art und Ursache der Abweichung untersuchen. Meist wird es angemessen sein, die Stichprobe zu erweitern. Kommt es dann zu keinen weiteren Kontrollabweichungen, darf er die Kontrolle als wirksam einstufen. Stellt er jedoch weiterhin Kontrollabweichungen fest, ist die Kontrolle unwirksam. Das gilt auch dann, wenn die Abweichungen auf einen systematischen Fehler oder gar auf absichtliches Handeln schließen lassen. 74

Funktionsprüfungen erhöhen zum einen die Prüfungssicherheit. Das gilt insb. dann, wenn ausreichende Prüfungssicherheit nicht ausschl. durch aussagebezogene Prüfungshandlungen erlangt werden kann. So kann die Prüfungsaussage „Vollständigkeit der Umsatzerlöse" grundsätzlich nur im Wege eines kontrollbasierten Prüfungsansatzes verifiziert werden. Die Inaugenscheinnahme von Rechnungen wird regelmäßig keine hinreichende Prüfungssicherheit liefern. 75

Funktionsprüfungen sind aber auch geeignet, die **Wirtschaftlichkeit** der Prüfungsdurchführung zu verbessern. So können wirksame Kontrollen nicht nur den Umfang aussagebezogener Prüfungshandlungen reduzieren. Funktionsprüfungen können auch bereits vor dem Bilanzstichtag durchgeführt werden und sind damit geeignet, durch Vorverlagerung von Prüfungshandlungen die Hauptprüfung zu entlasten[89]. Der APr. muss dann indes sicherstellen, dass er auch eine Prüfungssicherheit für den verbleibenden Zeitraum bis zum Abschlussstichtag und ggf. sogar bis zum Zeitpunkt der Erteilung des BestV gewinnt (sog. Roll-forward der Funktionsprüfung). 76

---

[89] IDW PH 9.100.1., Tz. 64.

77 Der APr. wird sich zudem insb. auf diejenigen Kontrollen konzentrieren, die gleichzeitig **mehreren Risiken für wesentliche Fehler** in der Rechnungslegung entgegenwirken. Damit kann er auf die Durchführung von Funktionsprüfungen verzichten, die auf Kontrollziele gerichtet sind, für die er bereits aus anderen Funktionsprüfungen eine hinreichende Prüfungssicherheit über das Kontrollrisiko erhalten hat.

> **Beispiel 6:**
>
> Der bereits erwähnte Abgleich zwischen Bestellung, Wareneingang und Rechnung wirkt als Kontrolle bedeutsamen Fehlern sowohl bei den Verbindlichkeiten aus Lieferungen und Leistungen, als auch beim Vorratsvermögen entgegen.

78 Schließlich kann sich der APr. unter bestimmten Voraussetzungen auf seine Erkenntnisse aus **Funktionsprüfungen der VJ** verlassen. Das setzt freilich voraus, dass die relevante Kontrolle seit der letzten Prüfung nicht geändert wurde. In einem solchen Fall muss die Kontrollmaßnahme aber zumindest in jeder dritten aufeinanderfolgenden Abschlussprüfung einer Funktionsprüfung unterzogen werden. Das gilt jedoch nicht für bedeutsame Risiken. Für diese Risiken müssen für jedes GJ Funktionsprüfungen vorgenommen werden. Das folgende Schaubild fasst die Voraussetzungen, sich auf Ergebnisse aus Funktionsprüfungen aus Vorperioden zu stützen, zusammen:

- Ist die Kontrolle weiterhin relevant? — Nein → keine Funktionsprüfung
- Ja ↓
- Handelt es sich um ein bedeutsames Risiko? — Ja → Funktionsprüfung muss (in jedem Jahr) durchgeführt werden.
- Nein ↓
- Wurde die betreffende Kontrolle seit der letzten Prüfung verändert? — Ja → Funktionsprüfung muss durchgeführt werden.
- Nein ↓
- Wurde in einer der beiden Vorperioden eine Funktionsprüfung durchgeführt? — Nein → Funktionsprüfung muss durchgeführt werden.
- Ja ↓
- Auf eine Funktionsprüfung kann verzichtet werden.

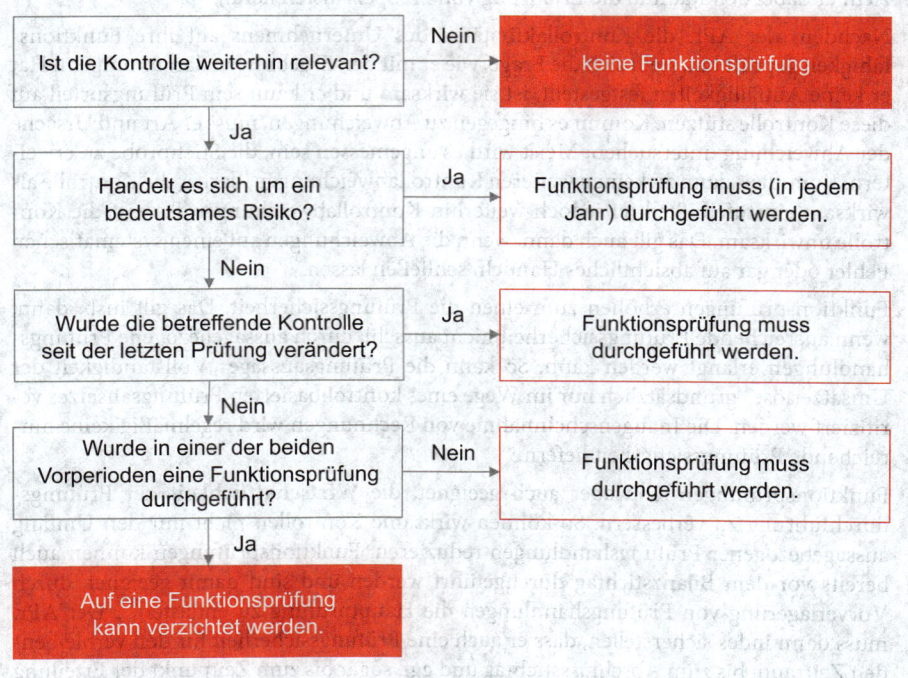

Abb. 4: Nutzung der Erkenntnisse aus VJ[90]

---

90   *Schmidt*, WPg 2005, S. 873 (882).

Der APr. muss über bedeutsame Mängel im IKS, die Auswirkung auf die Buchführung haben, auch dann im PrB eingehen, wenn sie zwischenzeitlich behoben sind[91]. Derartige Feststellungen können i.R.d. mündlichen Berichterstattung des APr. vertieft werden[92]. Auf diese Weise wird er seiner Warnfunktion gerecht. Bei Unternehmen von öffentlichem Interesse (PIE) hat der APr. auf Verlangen des PrA mit diesem oder ggf. den für die Überwachung Verantwortlichen über die wichtigsten im PrB genannten, sich aus der Abschlussprüfung ergebenden Sachverhalte zu beraten (Art. 11 Abs. 2 Unterabs. 3 VO (EU) Nr. 537/2014). Das betrifft insb. bedeutsame Schwächen des IKS[93]. 79

1.3.7 Aussagebezogene Prüfungshandlungen[94]

Funktionsprüfungen sind ein effektives und effizientes Mittel für das Prüfungsvorgehen des APr. Bei wesentlichen Prüffeldern darf er sich aber nicht nur auf die Wirksamkeit der getesteten Kontrollen verlassen. Das liegt daran, dass auch einem IKS des Unternehmens Grenzen gesetzt sind. So werden bspw. nicht routinemäßige Geschäftsvorfälle vom IKS nur bedingt erfasst. Auch können Kontrollaktivitäten unwirksam werden, weil Unternehmensprozesse geändert oder durch das Management gezielt außer Kraft gesetzt werden[95]. Daher muss der APr. in wesentlichen Prüffeldern **aussagebezogene Prüfungshandlungen** durchführen[96]. Damit bezweckt der APr., wesentliche falsche Darstellungen auf Aussageebene aufzudecken[97]. 80

- Art der aussagebezogenen Prüfungshandlungen

Aussagebezogene Prüfungshandlungen umfassen **Einzelfallprüfungen** und **aussagebezogene analytische Prüfungshandlungen** zu einzelnen Arten von Geschäftsvorfällen, Kontensalden und zu Angaben im Abschluss und LB.[98] 81

- Umfang

Der Umfang der Prüfungshandlungen hängt vom Fehlerrisiko, der Wesentlichkeit und vom Ergebnis der Funktionsprüfungen ab. Je höher das Fehlerrisiko, desto umfangreicher müssen auch die Prüfungshandlungen sein, das heißt desto größer wird die Stichprobe sein[99]. Dabei haben die **höchste Aussagekraft** aussagebezogene Prüfungshandlungen, die am oder zumindest **in zeitlicher Nähe zum Abschlussstichtag** durchgeführt werden. Sofern aussagebezogene Prüfungshandlungen unterjährig vorgenommen werden, muss der APr. auch für den verbleibenden Zeitraum Prüfungssicherheit haben. Das erreicht er durch die Vornahme aussagebezogener Prüfungshandlungen, ggf. ergänzt um Funktionsprüfungen, für den Zeitraum bis zum Abschlussstichtag. 82

---

91 *IDW PS 450 n.F.*, Tz. 47.
92 *IDW PS 470 n.F.*, Tz. 5 f.
93 Siehe auch *IDW PS 470 n.F.*, Tz. 31.
94 Vgl. auch Meilenstein 7 (M7) des IDW Prüfungsnavigators.
95 *IDW PS 261 n.F.*, Tz. 25.
96 Zur Verwendung der Ergebnisse aus Funktionsprüfungen als aussagebezogene Prüfungshandlungen siehe *IDW PS 261 n.F.*, Tz. 83.
97 Zur Unterscheidung von Fehlerrisiken auf Abschlussebene und auf Aussageebene siehe Kap. L Tz. 52.
98 *IDW PS 261 n.F.*, Tz. 80 ff.
99 Vgl. dazu *IDW PS 310*, Anlage 3.

1.3.7.1 Aussagebezogene analytische Prüfungshandlungen

83 Mit aussagebezogenen analytischen Prüfungshandlungen würdigt der APr. Finanzinformationen, indem er plausible Beziehungen zwischen finanziellen und nichtfinanziellen Daten untersucht. Als aussagebezogene analytische Prüfungshandlungen gelten auch Untersuchungen des APr., wenn sich bei diesen auffällige Schwankungen im Zeitablauf ergeben oder sich ein deutlich anderer Wert als erwartet ergibt[100]. Die Schwierigkeit in der Praxis besteht darin, mit der analytischen Prüfungshandlung ausreichende Prüfungssicherheit zu erlangen. So muss der APr. prüfen, ob zwischen den Daten überhaupt eine Beziehung besteht, auf deren Basis er verlässliche Schlussfolgerungen ziehen kann. Deshalb muss der sich mit folgenden Fragen befassen:

- Kann die analytische Prüfungshandlung überhaupt eine Aussage für eine bestimmte Abschlussaussage treffen?

> **Beispiel 7:**
> Prüft der APr. die Prognose der Gesamtmieteinnahmen aus Mietwohnungen eines Immobilienunternehmens, so kann er sich aus der Anzahl der Mietwohnungen, den Mietpreisen und der Leerstandsquote eine Erwartung bilden. Will der APr. die Entwicklung der Umsatzerlöse eines Unternehmens verplausibilisieren, so liefert der Vergleich von Bruttogewinnspannen des Unternehmens weniger überzeugende Nachweise[101].

- Wie verlässlich ist das Datenmaterial, aus dem eine Erwartungshaltung abgeleitet wird?

> **Beispiel 8:**
> Der APr. würdigt die Quelle der verfügbaren Informationen, etwa ob sie im Unternehmen erstellt wurden oder ob sie aus externen Quellen stammen. Ein unternehmensexterner Nachweis ist dabei meist verlässlicher als eine unternehmensinterne Quelle. Auch wird er im vorangegangenen Beispiel die Leerstandsquote auf der Basis historischer Zustände ermitteln oder eine aktuelle Einschätzung der Geschäftsführung einholen.

- Welche Erwartung besteht, wenn bestimmte Informationen zueinander in Beziehung gesetzt werden?
- Welche Abweichung ist als wesentlich einzuschätzen?

> **Hinweis 6:**
> Die **Wesentlichkeit der Abweichung** muss der APr. nach pflichtgemäßem Ermessen festlegen. Dabei spielt eine Rolle, auf welcher Ebene er seine Prüfungshandlungen vornimmt. So sind Untersuchungen auf Unternehmensebene (etwa die Umsatzerlöse des Unternehmens) mit größerer Unsicherheit behaftet als auf der Ebene von Konten. Er berücksichtigt auch, ob er sich auf eine analytische Prüfungshandlung

---

100 *IDW PS 312*, Tz. 26.
101 Vgl. ISA 520.A8.

verlassen will oder Prüfungsnachweise aus anderen Prüfungshandlungen erlangt hat. Die Grenze ist stets die Toleranzwesentlichkeit[102].

Sofern sich die Erwartung und der tatsächlich erfasste Betrag decken bzw. innerhalb der vertretbaren Bandbreite liegen, ist die Prüfungshandlung beendet und der Prüfungsnachweis erbracht. Sofern sich nicht vertretbare Abweichungen ergeben, befragt der APr. das Management und holt ggf. weitere Prüfungsnachweise ein.

1.3.7.2 Einzelfallprüfungen

Bei Einzelfallprüfungen befasst sich der APr. mit dem einzelnen Posten bzw. Geschäftsvorfall. Dabei kommen verschiedene Arten von Prüfungshandlungen in Betracht[103]:

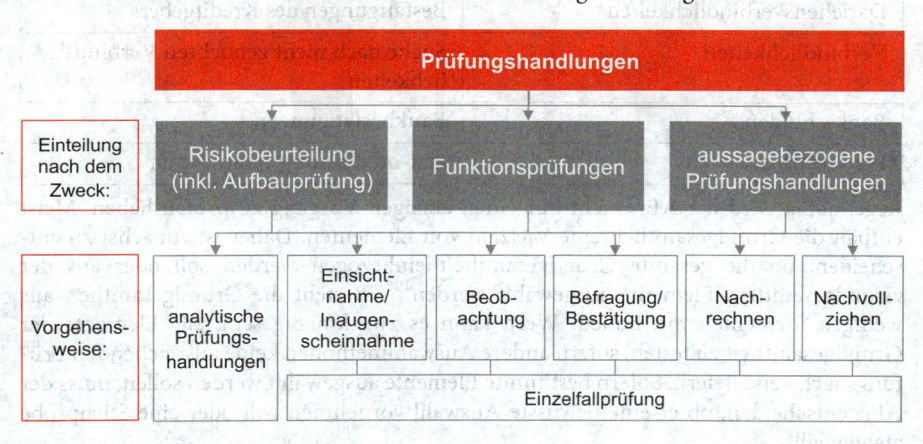

Abb. 5: Prüfungshandlungen[104]

> **Beispiel 9:**
> - **Einsichtnahme/Inaugenscheinnahme**: Der APr. liest den Vertrag über den Erwerb von Anteilen des zu prüfenden Unternehmens an einem anderen Unternehmen.
> - **Beobachtung**: Der APr. beobachtet die Inventur durch Mitarbeiter des Unternehmens.
> - **Nachrechnen**: Der APr. prüft die rechnerische Richtigkeit einer Bestandsliste.
> - **Nachvollziehen**: Der APr. prüft, ob der Raum, in dem die IT-Server des Unternehmens untergebracht sind, tatsächlich verschlossen ist.
> - **Externe Bestätigung**: Der APr. holt eine Bestätigung eines Lagerhalters über eingelagerte Waren ein, die dem zu prüfenden Unternehmen gehören[105].

---

102 Siehe Kap. L Tz. 40.
103 Die Prüfungshandlungen gelten für Aufbau- und Funktionsprüfungen gleichermaßen.
104 *IDW PS 300 n.F.*, Tz. A11.
105 Vgl. dazu Kap. L Tz. 90 und ausf. Kap. L Tz. 947 ff.

86 Die folgende Übersicht fasst wichtige Einzelfallprüfungshandlungen zusammen:

wesentliche Konto-/Abschlussangabe	Beispiele von Prüfungshandlungen
Sachanlagevermögen	Prüfung der wesentlichen Anlagenzu- und -abgänge
Vorräte	Inventurbeobachtung
Forderungen aus Lieferungen und Leistungen	Saldenbestätigungen
Rückstellungen/Verbindlichkeiten	Rechtsanwaltsbestätigungen
Darlehensverbindlichkeiten	Bestätigungen des Kreditgebers
Verbindlichkeiten	Suche nach nicht gebuchten Verbindlichkeiten
Bankschulden	Bankbestätigungen
Umsatzerlöse	Cut-off-Prüfungshandlungen

87 Regelmäßig wird der APr. nicht nur einen einzigen Vorgang zu prüfen haben. Meist enthält die Grundgesamtheit eine Vielzahl von Elementen. Daher ist zunächst zu entscheiden, ob die gesamte Grundgesamtheit einbezogen werden soll oder aus der Grundgesamtheit Elemente ausgewählt werden[106]. Besteht die Grundgesamtheit aus wenigen Elementen mit hohem Wert, kann es zweckmäßig sein, alle Elemente der Grundgesamtheit zu testen, sofern andere Auswahlmethoden keine ausreichenden Prüfungsnachweise liefern. Sofern bestimmte Elemente ausgewählt werden sollen, muss der APr. entscheiden, ob er eine bewusste Auswahl vornehmen will oder eine Stichprobe ziehen will.

> **Hinweis 7:**
>
> Wählt der APr. eines Anlagenunternehmens aus einer Liste von 50 Transaktionen sieben Vorgänge mit den höchsten Werten aus, die er prüfen möchte, trifft er eine bewusste Auswahl. Nach *IDW PS 310* handelt es sich nicht um eine Stichprobe. Eine Stichprobe verlangt, dass sie auf der Basis eines repräsentativen Auswahlverfahrens gezogen wird und alle Elemente eine Chance haben, ausgewählt zu werden[107].

Die nachfolgende Grafik fasst die Auswahlverfahren nochmals zusammen.

---

[106] *IDW PS 300 n.F.*, Tz. A49.
[107] *IDW PS 310*, Tz. 2; *IDW PS 300 n.F.*, Tz. A50.

```
           ┌─────────────────────────────────────┐
           │ Erlangen von Prüfungsnachweisen für │
           │  ein Prüffeld bzw. eine Grundgesamtheit │
           └─────────────────────────────────────┘
              │              │              │
      ┌───────▼──────┐ ┌─────▼──────┐ ┌─────▼──────────┐
      │ Vollerhebung │ │ Stichprobe │ │ bewusste Auswahl│
      │(Auswahl aller│ │(repräsenta-│ │(Auswahl bestimm-│
      │  Elemente)   │ │tive Auswahl)│ │ ter Elemente)  │
      └───────┬──────┘ └─────┬──────┘ └─────┬──────────┘
              │              │              │
     IDW PS 300 n.F.,   IDW PS 310     IDW PS 300 n.F.,
        Tz. A49                            Tz. A50
                     ┌────┴─────┐
              statistische   nichtstatistische
          Stichprobenverfahren Stichprobenverfahren
```

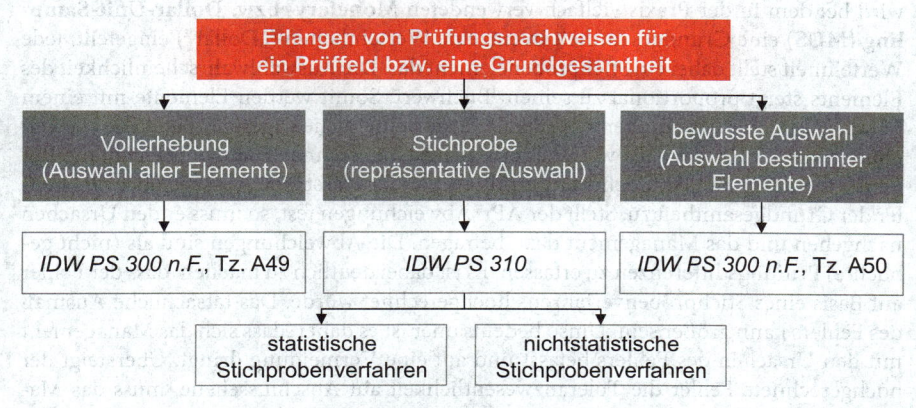

Abb. 6: Erlangung von Prüfungsnachweisen[108]

Bei der **bewussten Auswahl** greift der APr. auf seine Erfahrungen und Kenntnisse des Mandanten sowie dessen Umfeld zurück, um auf Basis der ausgewählten Elemente eine Aussage über die Grundgesamtheit zu treffen[109]. Dabei kann er sich bspw. leiten lassen von der Höhe der Beträge, der Vorratsbestandsdauer (z.B. Auswahl der Vorräte älter als sechs Monate) oder dem Alter von Forderungen (z.B. Auswahl der Forderungen älter als neun Monate). Eine bewusste Auswahl ist zweckmäßig, wenn das Fehlerrisiko niedrig ist und der APr. durch aussagebezogene analytische Prüfungshandlungen über die gleiche Grundgesamtheit bereits Prüfungssicherheit erlangt hat. Eine bewusste Auswahl kann sich auch anbieten, wenn die Grundgesamtheit aus einer kleinen Anzahl von Elementen oder aus Nicht-Routine-Transaktionen bzw. Schätzungen besteht. Wenn der APr. eine bewusste Auswahl trifft, muss er beachten, dass die Untersuchung der ausgewählten Elemente keine Aussage über die restliche Grundgesamtheit liefern kann[110]. Der APr. muss vielmehr entscheiden, ob er auf Basis der Ergebnisse der bislang erlangten Prüfungsnachweise noch für die restliche Grundgesamtheit Prüfungshandlungen vornehmen muss. Dabei berücksichtigt er, ob das Fehlerrisiko für die restliche Grundgesamtheit auf Aussageebene hinreichend gering ist. 88

> **Beispiel 10:**
>
> Der APr. wählt für die im Rahmen einer Saldenbestätigungsaktion, zur Bestätigung der am Bilanzstichtag ausstehenden Forderungen aus Lieferungen und Leistungen, anzuschreibenden Debitoren aus einer Grundgesamtheit von 100 Debitoren fünf Debitoren bewusst auf Basis der bisherigen Prüfungserkenntnisse und der Tatsache aus, dass die verbleibenden 95 Debitoren in Summe unter der Nichtaufgriffsgrenze liegen.

Im Unterschied zur bewussten Auswahl werden bei der zufallsgesteuerten Auswahl die zu prüfenden Elemente nicht bewusst, sondern nach dem Zufallsprinzip selektiert. Dabei 89

---

108 *IDW PS 310*, Tz. 3.
109 *IDW PS 300 n.F.*, Tz. A50.
110 Vgl. dazu ISA 500.A55.

wird bei dem in der Praxis vielfach verwendeten **Monetary- bzw. Dollar-Unit-Sampling (MUS)** eine Grundgesamtheit in einzelne Werteinheiten („Dollar") eingeteilt. Jede Werteinheit stellt dabei ein Stichprobenelement dar. Die Auswahlwahrscheinlichkeit des Elements steigt proportional zu seinem Buchwert. Somit werden Elemente mit einem hohen Wert eher einbezogen als Elemente mit einem niedrigeren Wert. Die Abweichungen in den Stichproben werden statistisch hochgerechnet. Damit wird nicht nur der Fehler der ausgewählten Stichprobe ermittelt, sondern lässt eine Aussage über den Fehler der Grundgesamtheit zu. Stellt der APr. Abweichungen fest, so muss er den Ursachen nachgehen und das Management dazu befragen. Die Abweichungen sind als (nicht gebuchte) Prüfungsdifferenzen zu erfassen. Es ist dabei deutlich zu machen, dass der Fehler auf Basis eines Stichprobenverfahrens hochgerechnet wurde. Das tatsächliche Ausmaß des Fehlers kann größer sein. Umso bedeutsamer ist es daher, dass sich das Management mit den Ursachen des Fehlers befasst und auf eine Vermeidung dringt. Übersteigt der hochgerechnete Fehler die Toleranzwesentlichkeit auf Abschlussebene, muss das Management Anpassungsbuchungen vornehmen.

1.3.7.3 Externe Bestätigungen

90 Der APr. beschafft sich im Verlauf der APr. seine Prüfungsnachweise auf verschiedene Weise. Auskünfte der Mitarbeiter des Unternehmens sind unerlässlich für den APr., bspw., wenn er den Finanzvorstand über fraudulente Sachverhalte im Unternehmen befragt und im Anschluss daran die Gesprächsnotiz zu seinen Arbeitspapieren nimmt. In vielen Fällen greift er unmittelbar auf **schriftliche Dokumente** zurück. Teilweise sind es Unterlagen, die im Unternehmen angefertigt werden, z.B. eine Aufstellung über die bestehenden Rechtsstreitigkeiten des Unternehmens einschl. einer Einschätzung der Erfolgsaussichten durch die Rechtsabteilung. Noch verlässlicher ist allerdings eine Auskunft durch einen Dritten, etwa durch einen externen Rechtsanwalt[111]. Die *IDW Prüfungsstandards* enthalten Regelungen, auf welche Weise sich der APr. solche externen Bestätigungen zu beschaffen hat, um hinreichende Sicherheit darüber zu enthalten, ob die in der Rechnungslegung enthaltenen Angaben keine wesentlichen falschen Angaben enthalten.

91 Wichtige Formen externer Bestätigungen

- **Bankbestätigungen**: Bestätigung von Banksalden und sonstigen bankrelevanten Sachverhalten (z.B. Wertpapierdepots, Avale, Garantien, Bürgschaften). Diese sind regelmäßig verpflichtend für alle Arten der geschäftlichen Beziehungen des Unternehmens mit KI einzuholen[112].
- **Debitoren- und Kreditorenbestätigungen**: Bestätigung von Forderungs- und Verbindlichkeitssalden
- **Fremdlagerbestätigungen**: Bestätigung über Vorräte, die von Dritten eingelagert werden
- **Rechtsanwaltsbestätigungen**: Erklärung über laufende Rechtsstreitigkeiten einschl. offener RA-Kosten
- **Steuerberaterbestätigungen**: Erklärung u.a. über die Abgabe von Steuererklärungen, das Vorliegen von Steuerbescheiden und die Durchführung von Betriebs(außen)*prüfungen*.

---

111 Siehe *IDW PS 300 n.F.*, Tz. A29.
112 *IDW PS 302 n.F.*, Tz. 20.

Bei der Entscheidung des APr., Unternehmensexterne um eine Bestätigung zu bitten, muss er die Kenntnisse der bestätigenden Partei über den Sachverhalt und deren Bereitschaft zu antworten, berücksichtigen. Nicht zuletzt muss er deren Objektivität würdigen[113]. Bei der Abfrage muss er zudem darauf achten, dass er die Kontrolle über den gesamten Bestätigungsprozess behält. Das ist insb. bedeutsam, wenn externe Bestätigungen per E-Mail versendet werden. Der APr. muss bei allen Prozessschritten die Kontrolle behalten. Das beginnt mit der Festlegung der zu bestätigenden Informationen, der Auswahl der anzuschreibenden Parteien, die Ausgestaltung der Anfragen bis zur Versendung der Anfragen durch den APr.[114]. Die Anfragen dürfen nicht durch das zu prüfende Unternehmen versendet werden. Die Antworten sind direkt an den APr. zu richten, um der Gefahr von Manipulationen, etwa durch das Abfangen oder das Abändern des Inhalts, zu begegnen.

1.3.8 Abschließende Prüfungshandlungen[115]

1.3.8.1 Prüfung des Anhangs/Lageberichts

Der APr. hat auf der Basis der vorgenommenen Prüfungshandlungen die einzelnen Posten des JA geprüft. Dabei hat er sich mit Bilanz und GuV befasst. Weiter können EK-Veränderungsrechnung, KFR und Segmentberichterstattung dazukommen[116]. Hinzu kommen Angaben in Anh. und LB. So wird sich der APr. i.R.d. Prüfung der Verbindlichkeiten auch mit möglichen Besicherungen, z.B. durch Pfandrechte, befassen, die im Anh. (§ 285 Nr. 1 Buchst. b HGB) bzw. in den notes (IFRS 7.14 f.) anzugeben sind.

> **Praxistipp 1:**
>
> In anderen Fällen werden die Angaben in Anh. und LB nicht ohne weiteres im Verlauf des Prüfungsprozesses gewürdigt. Hier empfiehlt es sich, aus Effizienzgesichtspunkten die angrenzenden Prüffelder aus Anh. und LB im Blick zu behalten. So bietet es sich an, i.R.d. Prüfung des Personalaufwandes gleichzeitig die Gesamtbezüge der Mitglieder der Geschäftsführung mit zu prüfen (§ 285 Nr. 9 HGB).

1.3.8.2 Abschließende Abstimmungsarbeiten

Bevor der APr. zu einem Gesamturteil für den JA samt LB kommen kann, muss er seine endgültigen Schlussfolgerungen zur Ordnungsmäßigkeit der einzelnen Posten ziehen. Dazu stimmt er den JA mit der endgültigen Saldenliste ab. Dabei prüft er auch die richtige sachliche Zuordnung der Jahresabschlussposten und die rechnerische Richtigkeit des JA. Im Rahmen der abschließenden Prüfungshandlungen nimmt der APr. erneut analytische Prüfungshandlungen vor. Kennzahlen- und Abweichungsanalysen, VJ- und Branchenvergleiche und einfache Prognosemodelle helfen ihm zu prüfen, ob der JA insgesamt und der LB mit seinen aktuellen Kenntnissen über Geschäftstätigkeit und Umfeld des Unternehmens in Einklang stehen.

---

113 *IDW PS 302 n.F.*, Tz. A7.
114 *IDW PS 302 n.F.*, Tz. 8.
115 Vgl. auch Meilenstein 8 (M8) des IDW Prüfungsnavigators; s. auch Kap. L Tz. 1222 ff.
116 § 264 Abs. 1 S. 2 HGB. Für den IFRS-Abschluss vgl. IAS 1.54 (Bilanz); IAS 1.81A (Gesamtergebnisrechnung), IAS 1.106 (EK-Veränderungsrechnung) und IAS 1.111 bzw. IAS 7 (KFR). Zur Segmentberichterstattung vgl. IFRS 8. Zum handelsrechtlichen KA vgl. § 297 Abs. 1 HGB.

1.3.8.3 Neueinschätzung Wesentlichkeit und Aktualisierung der Risikoeinschätzung

95 Im Rahmen der abschließenden Prüfungshandlungen prüft der APr. auch, ob sich die Grundlage für die Berechnung der Wesentlichkeit geändert hat und deren Neufestlegung erforderlich macht. Dazu ist der aktuelle Betrag der jeweiligen Referenzgröße (z.B. Umsatzerlöse, EBIT oder Jahresüberschuss) heranzuziehen[117]. Eine Anpassung der Wesentlichkeitsgrenzen ist erforderlich, wenn der APr. während der Abschlussprüfung Informationen erlangt, bei deren Kenntnis er ein anderes Wesentlichkeitsmaß festgelegt hätte. Dazu kann es bspw. kommen, wenn das Unternehmen einen größeren Betriebsteil veräußern möchte[118]. Wird i.R.d. Neueinschätzung der Wesentlichkeit die ursprünglich festgelegte Wesentlichkeit abgesenkt, muss der APr. prüfen, ob er auch die Toleranzwesentlichkeit herabsetzt und ggf. den Umfang seiner Prüfungshandlungen ausdehnen muss[119].

96 Eine Ausdehnung von Prüfungshandlungen kann auch dann erforderlich werden, wenn sich im Verlauf der Prüfung neue Risiken ergeben oder der APr. Risiken im Verlauf der Prüfung anders einschätzt.

> **Beispiel 11:**
> Bei der Durchsicht der Vorstandsprotokolle erhält ein Mitglied des Prüfungsteams Kenntnis von einem bedeutsamen Altlastenfall des Unternehmens, der bereits zu Untersuchungen der zuständigen Umweltbehörde geführt hat.
> Der Prüfungsleiter erhält von einem Mitarbeiter des Unternehmens den Hinweis, dass es bei der Erneuerung des Maschinenparks zu Schmiergeldzahlungen an den Leiter Einkaufsabteilung gekommen ist.

1.3.8.4 Abschließende Durchsicht der Protokolle von Gremiensitzungen

97 Der APr. befasst sich nicht nur mit den Protokollen von Vorstands- oder AR-Sitzungen sowie Gesellschafterversammlungen des Berichtsjahres, sondern wird auch deren Protokolle nach dem Bilanzstichtag, aber vor Beendigung der Prüfungshandlungen einsehen. Gerade in der Schlussphase einer Abschlussprüfung können sich zuvor nicht erkannte Risiken wesentlicher falscher Angaben aufgrund von Verstößen ergeben, die sich auch auf das Berichtsjahr auswirken.

> **Beispiel 12:**
> Im Unternehmen U herrscht auf Grund eines zum Ende des GJ verlorenen Rechtsstreits erheblicher Druck. Der Vorstand ging von einem Obsiegen und einem beträchtlichen Schadensersatzanspruch für das Unternehmen aus. Um die veröffentlichten Gewinnziele doch noch zu erreichen, wird in der Vorstandssitzung am 12.02.20x2 beschlossen, „Maßnahmen zur Erfassung von Umsatzerlösen im GJ 20x1 zu treffen". Der APr. wird nach der Lektüre des Protokolls nicht nur den Vorstand nach diesen „Maßnahmen" kritisch befragen, sondern auch die periodengerechte Erfassung der Umsatzerlöse erneut in den Fokus seiner Prüfungshandlungen nehmen.

---

117 Vgl. dazu bereits Kap. L Tz. 43.
118 *IDW F&A zu ISA 320 bzw. IDW PS 250 n.F.*, Frage 6.1.
119 *IDW PS 250 n.F.*, Tz. 17.

1.3.8.5 Abschließende Beurteilung der Auswirkungen nicht korrigierter Prüfungsdifferenzen

Bevor der APr. zu einem Gesamturteil kommt, muss er sämtliche festgestellten Fehler der Rechnungslegung würdigen. Dabei geht es nicht nur um fehlerhafte Buchungen in Bilanz und Gewinn- und Verlustrechnung, sondern auch um fehlerhafte Darstellung in den anderen Berichterstattungsinstrumenten, wie etwa KFR, Anh. oder LB. Die Wesentlichkeit für den Abschluss als Ganzes gilt für alle Abschlussbestandteile, somit auch für die KFR und die EK-Veränderungsrechnung. Dementsprechend ist die Wesentlichkeit einer falschen Darstellung unabhängig davon zu würdigen, ob sie sich z.B. in der GuV, der KFR oder in beiden zugleich niederschlägt.

98

> **Praxistipp 2:**
>
> In der Praxis besteht häufig die Neigung, Fehler oder unterlassende Angaben im Anh. oder im LB generell als unwesentlich zu betrachten. Die Wesentlichkeit gilt jedoch für sämtliche Abschlussbestandteile und damit auch für dieses Berichtsinstrument. Mit einer Verpflichtung, quantitative und qualitative Angaben im Anh. und LB zu machen, zeigt der Gesetzgeber, dass er diese Angaben für Jahresabschlussadressaten für bedeutsam betrachtet. Bei der Frage, ob eine Angabe im Anh. oder im LB wesentlich ist, muss berücksichtigt werden, ob es sich bei dieser Angabe im Anhang oder im LB um originäre Informationen handelt, oder ob damit eine Angabe in Bilanz und GuV zum besseren Verständnis erläutert wird. Angaben, die neue Informationen liefern, sind generell als entscheidungsrelevant zu klassifizieren[120].
>
> Hält der APr. im Einzelfall eine fehlerhafte oder unterlassene Angabe im Anh. für nicht wesentlich, muss er diese Einschätzung begründen und in seinen Arbeitspapieren dokumentieren[121].

Sofern die festgestellten falschen Angaben unterhalb der Nichtaufgriffsgrenze liegen[122], muss der APr. nichts weiter veranlassen. Er kann diese Fehler auf sich beruhen lassen. Anderes gilt aber in den Fällen, wenn die Summe der falschen Angaben die Wesentlichkeit für den Abschluss als Ganzes überschreitet. Dann muss der APr. beurteilen, ob Konsequenzen für den PrB und/oder den BestV zu ziehen sind[123]. Unabhängig davon muss der APr. auf eine Korrektur aller falschen Angaben drängen, die über der Nichtaufgriffsgrenze liegen (zusammengestellte falsche Angaben)[124]. Die nicht korrigierten falschen Angaben fasst der APr. in der „Liste der nichtgebuchten Prüfungsdifferenzen" zusammen.

99

Die gesetzlichen Vertreter des Unternehmens haben in einer Erklärung zu bestätigen, dass die nicht korrigierten Prüfungsfeststellungen sowie die nicht korrigierten Angaben im LB sowohl einzeln als auch insgesamt unwesentlich sind[125]. Der APr. muss würdigen, ob auch seiner Auffassung nach die fehlerhaften Angaben in der Liste der nicht gebuchten Prüfungsdifferenzen und seine Feststellungen hinsichtlich des LB insgesamt

100

---

120 IDW PS 250 n.F., Tz. 27 ff.
121 Vgl. dazu F&A zu ISA 450 bzw. IDW PS 250 n.F., Frage 6.8.
122 Dazu Kap. L Tz. 40 und ausf. Kap. L Tz. 303.
123 Vgl. IDW PS 250 n.F., Tz. 25.
124 Vgl. IDW PS 250 n.F., Tz. 23.
125 IDW PS 303 n.F., Tz. 28.

unwesentlich für sein Gesamturteil sind. Sofern diese Prüfungsfeststellungen wesentlich sind und nicht korrigiert werden, muss der APr. den BestV einschränken oder versagen[126].

1.3.8.6 Einholung von Erklärungen der gesetzlichen Vertreter

101 Nach §§ 238, 242, 264 HGB hat der Kaufmann die Verantwortung für JA und LB einschl. der Buchführung. Diese Verantwortung dokumentieren die gesetzlichen Vertreter durch die Unterzeichnung des JA (§ 245 HGB). Der APr. holt einen schriftlichen Nachweis darüber ein, indem er ein unterschriebenes Exemplar des aufgestellten Abschlusses zu seinen Arbeitspapieren nimmt[127]. Darüber hinaus holt der APr. auch zeitnah zum Datum des BestV eine sog. VollstE ein. Diese stellt eine umfassende Versicherung der gesetzlichen Vertreter des geprüften Unternehmens über die Vollständigkeit der erteilten Aufklärungen und Nachweise. Sie ist an den APr. zu adressieren, zu datieren und zu unterzeichnen[128].

102 Der VollstE ist als Anlage zudem zum einen die Aufstellung nicht korrigierter Prüfungsdifferenzen beizufügen[129]. Zum anderen haben die gesetzlichen Vertreter zu erklären, dass die Auswirkungen der nicht korrigierten Prüfungsdifferenzen im JA/KA und von nicht korrigierten Angaben im LB/KLB sowohl einzeln als auch insgesamt unwesentlich sind.

1.3.8.7 Beurteilung der Auswirkungen von Ereignissen nach dem Bilanzstichtag

103 Der APr. muss abschl. würdigen, ob Ereignisse zwischen Bilanzstichtag und Datum des BestV Auswirkungen auf die Rechnungslegung und seine Berichterstattung haben. Ereignisse, die bis zum Abschlussstichtag eingetreten sind, aber erst danach bekannt werden, sind als werterhellende Ereignisse in der Rechnungslegung zu berücksichtigen. Ereignisse, die hingegen neue, wertverändernde Verhältnisse nach dem Abschlussstichtag begründen (wertbegründende Ereignisse), dürfen sich nicht in Bilanz und GuV niederschlagen. Diese sind ggf. im Anhang darzustellen (sog. Nachtragsbericht, § 285 Nr. 33 HGB)[130].

104 Zur Feststellung von Ereignissen nach dem Bilanzstichtag liest der APr. kritisch Protokolle von Vorstands- und AR-Sitzungen bzw. Gesellschafterversammlungen und befragt Verwaltungsorgane zu relevanten Sachverhalten. Zudem wird er die aktuellen Zwischenabschlüsse (etwa Monatsabschlüsse) einsehen und würdigen.

105 Mit dem Datum des BestV endet für den APr. die Pflicht, Prüfungshandlungen zu JA und LB vorzunehmen und neuen Erkenntnissen nachzugehen. Nunmehr sind die gesetzlichen Vertreter des Unternehmens aufgerufen, ihrerseits den APr. über Ereignisse zu informieren, die im geprüften JA und LB zu berücksichtigen sein könnten[131].

---

126 *IDW PS 250 n.F.*, Tz. 32; *IDW PS 405*, Tz. 10 ff.
127 *IDW PS 303 n.F.*, Tz. 12.
128 *IDW PS 303 n.F.*, Tz. 24. Der IDW Verlag hält Muster dazu bereit.
129 Vgl. Kap. L Tz. 102 ff., Kap. L Tz. 1246 ff.
130 *IDW PS 203 n.F.*, Tz. 9 f.
131 *IDW PS 203 n.F.*, Tz. 18.

1.3.9 Berichterstattung[132]

Der APr. wird über bedeutsame Prüfungsfeststellungen häufig bereits im Verlauf der Prüfung mit Management und den für die Überwachung Verantwortlichen (z.B. AR) sprechen. Bei Verdacht auf gravierende fraudulente Handlungen muss er nicht nur seine Prüfungshandlungen anpassen, sondern auch diese Organe darüber informieren[133]. **106**

Mit der Beendigung aller Prüfungshandlungen und der Würdigung der Prüfungsfeststellungen geht die APr. in die Phase der Berichterstattung. Sie erfolgt ggü. dem Unternehmen in Form des schriftlichen PrB[134] und wird ergänzt durch die mündliche Berichterstattung des APr. in der Sitzung des AR bzw. des PrA über die Prüfung des JA und LB[135]. Die Berichterstattung gegenüber der Öffentlichkeit geschieht in Form des BestV[136]. **107**

1.4 Ausblick

Die Vorgehensweise bei Abschlussprüfungen hat sich in der Praxis in den letzten Jahrzehnten fortentwickelt. Nicht zuletzt die technischen Möglichkeiten in der **Informations- und Kommunikationstechnologie** wirken sich gleichfalls auf die Abschlussprüfung aus. So ist die elektronische Kommunikation seit geraumer Zeit ein unverzichtbarer Bestandteil geworden. Bei großen Konzernabschlussprüfungen erleichtern gemeinsame Kommunikationsplattformen den **Informations- und Datenaustausch** zwischen KAPr. und APr. der Teileinheiten. Die Fortschritte in der IT wirken sich auch auf die Prüfungshandlungen selbst aus. So verlangt die Zielsetzung der Abschlussprüfung zwar keine lückenlose Prüfung aller Geschäftsvorfälle, sondern die Vornahme von Prüfungshandlungen in Form von Stichproben[137]. Gleichwohl geht der APr. immer häufiger dazu über, die Grundgesamtheit auszuwerten, weil er dadurch nicht nur ein höheres Maß an Prüfungssicherheit erhält, sondern die Auswertung über elektronische Tools vielfach der effizientere Weg ist. Mit den modernen Analyse- und Auswertungsmöglichkeiten der Mandantensoftware ist die Verarbeitung sehr großer Datenmengen des Mandanten kein Problem mehr. Auch lassen sich mit spezifischen Prüfalgorithmen Aussagen über Prozesse und Einsparpotentiale des Mandanten treffen. Die zunehmende Vernetzung von Prozessen führt in den Unternehmen nicht nur zu einer noch stärkeren Automatisierung, sondern auch dazu, dass Finanzinformationen über den Bereich des Rechnungswesens hinaus im gesamten Produktionsprozess, etwa der Materialwirtschaft, anfallen. Damit steigt die Erwartungshaltung des Mandanten, diese Daten für die Abschlussprüfung nutzbar zu machen. Zugleich ist in der Praxis zu beobachten, dass das Bedürfnis nach Bestätigungsleistungen im Bereich der IT wächst. So kann ein Interesse des Mandanten bestehen, die Prüfung der IT-Systeme um eine IT-Sicherheitsprüfung, etwa im Bereich Cyber Security, zu ergänzen. Denkbar ist auch eine Zertifizierung der Datenflüsse im Unternehmen. Hier wird der APr. noch stärker darauf achten müssen, dass er in die IT-Ausstattung seiner Praxis, in computergestützte Prüfsoftware, Prüf- **108**

---

132 Vgl. auch Meilenstein 9 (M9) IDW Prüfungsnavigator.
133 *IDW PS 210*, Tz. 60 ff.
134 *IDW PS 450 n.F.*, Tz. 1; ausführlich dazu Kap. M.
135 Für AG vgl. § 171 Abs. 1 S. 2 AktG. Siehe dazu *IDW PS 470 n.F.*, Tz. 22.
136 Siehe hierzu *IDW PS 400 n.F.; IDW PS 401; IDW PS 405 und IDW PS 406*.ausführlich dazu Kap. M.
137 *IDW PS 200*, Tz. 19.

routinen und Simulationstechniken investiert[138]. Auch muss er darauf achten, dass in den Prüfungsteams die erforderlichen IT-Kenntnisse vorhanden sind.

109 An der Ausrichtung der Abschlussprüfung an den Geschäftsrisiken hat sich indes nichts geändert. Mit dem **geschäftsrisikoorientierten Prüfungsansatz** (Business Risk Audit[139]) versucht der APr. das Unternehmen sowie seine Umwelt in einer ganzheitlichen Betrachtungsweise zu erfassen. Mit der Veröffentlichung des überarbeiteten Audit Risk Model hat das IAASB die grundlegenden Elemente des geschäftsrisikoorientierten Prüfungsansatzes in seine Prüfungsnormen aufgenommen[140]. Die neueren Entwicklungen zielen insb. darauf ab, die festgestellten Risiken und die einzusetzenden Prüfungshandlungen in stärkerem Maße zu verbinden[141]. Mit dieser holistischen Sicht[142] kann der APr. den Prüfungsschwerpunkt noch mehr auf die kritischen Prüffelder lenken. Das verlangt jedoch eine intensive Befassung mit dem Unternehmen und dessen Geschäftsmodell. Auch sind die Rahmenbedingungen, etwa die Beziehungen zu Kunden, Lieferanten, Kapitalgebern und zu Wettbewerbern zu berücksichtigen. Dies nachzuvollziehen und in die Prüfungspraxis des APr. zu spiegeln, wird die Aufgabe der Zukunft sein. Dann wird der APr. (auch weiterhin) Ansprechpartner des Mandanten „auf Augenhöhe" sein.

2. Auftrags- bzw. Mandatsmanagement

2.1 Beurteilung des potentiellen Mandanten

110 APr. sind verpflichtet, in ihrer WP-Praxis Regelungen zur **Auftragsannahme und -fortführung** sowie zur **vorzeitigen Beendigung** von Aufträgen einzuführen[143]. Damit soll sichergestellt werden, dass der APr. nur Mandate annimmt oder fortführt, die in **sachlicher, personeller** und **zeitlicher** Hinsicht ordnungsgemäß abgewickelt werden können[144].

Dabei muss eindeutig geklärt werden, wer für die Annahme, Fortführung und Beendigung von Aufträgen zuständig ist[145]. Bei gesetzlichen Abschlussprüfungen nach § 316 HGB ist festzulegen, welcher verantwortliche Prüfungspartner mit welcher Funktion und mit welchen Aufgaben für die Auftragsdurchführung verantwortlich ist. Darüber hinaus ist zu dokumentieren, dass der auftragsverantwortliche Prüfungspartner als WP zugelassen ist[146].

111 Mit dem Prozess zur Auftragsannahme und -fortsetzung soll im Qualitätssicherungssystem einer WP-Praxis die Unabhängigkeit, Unparteilichkeit des APr. sichergestellt werden. Zudem soll bereits im Vorfeld eine Besorgnis der Befangenheit verhindert werden.

112 Der **Prozess der Auftragsannahme** unterstützt den APr. bei der Entscheidung, ob er eine Geschäftsbeziehung mit einem potentiellen Mandanten eingehen bzw. beibehalten

---

[138] Siehe auch *Rega/Teipel*, WPg 2016, S. 39.
[139] Vgl. *Ruhnke*, JfB 2006, S. 193.
[140] Vgl. *Link*, S. 247 ff.
[141] Vgl. *Ruhnke/Lubitzsch*, WPg 2006, S. 366.
[142] *Marten/Quick/Ruhnke*, Wirtschaftsprüfung⁵, S. 338.
[143] Vgl. ISQC1.26-28; *IDW QS 1*, Tz. 70; § 51 Nr. 2 f. BS WP/vBP.
[144] Vgl. § 55b WPO sowie § 53 Nr. 4 BS WP/vBP.
[145] Vgl. *IDW QS 1*, Tz. 71.
[146] Vgl. § 51b Abs. 5 S. 3 WPO.

möchte und beantwortet die Frage, ob der APr. in Verbindung mit einem bestimmten Mandanten gebracht werden möchte. Dies wird im Wesentlichen durch zwei Faktoren beeinflusst: einerseits durch den Einfluss des Mandanten auf die Reputation des APr. und andererseits, ob der Mandant in der Lage ist, das Honorar zu zahlen. Die Beurteilung der Reputationsrisiken ist dabei u.a. abhängig von der Eigentümerstruktur des Unternehmens, von der Integrität des Managements sowie von Art und Ort der Geschäftstätigkeit des Mandanten.

Der **Prozess der Auftragsfortsetzung** unterstützt den APr. bei der Entscheidung, ob er eine bestimmte Leistung in einem bestehenden Mandatsverhältnis erbringen möchte und kann. Hierfür ist entscheidend, ob der APr. diese Leistung bereits in der Vergangenheit erbracht hat und ob er das nötige Wissen und die Ressourcen besitzt, um die inhaltlichen Anforderungen des Auftrags sowie die Anforderungen des Mandanten zu erfüllen. Die Würdigung möglicher Interessenkonflikte und möglicher Beeinträchtigungen der Unabhängigkeit des APr. klären hingegen die Frage, ob er eine bestimmte Leistung für den Mandanten erbringen darf. **113**

Der APr. hat Regelungen zur Steuerung des Auftragsprozesses sowie gleichzeitig Regelungen zur Überwachung der Einhaltung dieser Regelungen zu implementieren. Konkret muss der APr. für seine WP-Praxis Regelungen zur Auftragsannahme und -fortführung einführen, die mit hinreichender Sicherheit gewährleisten, dass Aufträge nur angenommen bzw. fortgeführt werden[147], **114**

- nachdem eine Analyse der Integrität des Mandanten und der mit dem Auftrag verbundenen Risiken vorgenommen wurde (z.B. Haftungsrisiko oder Risiko eines Reputationsverlustes) und entweder keine besonderen Risiken vorliegen oder ausreichende Maßnahmen zur Risikobegrenzung ergriffen werden können (z.B. Erhöhung der Berufshaftpflichtversicherung),
- nachdem die Pflichten des Geldwäschegesetzes erfüllt wurden (insb. Identifizierungspflicht nach § 2 Abs. 1 GwG),
- wenn ausreichende Erfahrung und Kompetenz sowie personelle und zeitliche Ressourcen in der WP-Praxis vorhanden sind, um den jeweiligen Auftrag ordnungsgemäß durchführen zu können[148],
- bei denen die allgemeinen Berufspflichten, insb. der Grundsatz der Unabhängigkeit, eingehalten werden können.

Der APr. hat seine Einschätzung zur Neuaufnahme bzw. Fortführung der Mandantenbeziehung und zu den relevanten beruflichen Verhaltensanforderungen, einschl. der Unabhängigkeitsanforderungen stets zu überprüfen und bei Änderungen der Umstände während des gesamten Prüfungsverlaufs anzupassen. Die notwendigen Feststellungen, ob die Voraussetzungen vorliegen, sind vor der Entscheidung zur Annahme bzw. Fortführung des Auftrags zu treffen[149]. Bei Folgeprüfungsaufträgen werden die vorbereitenden Maßnahmen häufig kurz nach (oder i.Z.m.) der Beendigung der vorherigen Prüfung durchgeführt. **115**

---

147 Vgl. *IDW QS 1*, Tz. 72.
148 Vgl. auch § 4 Abs. 2 BS WP/vBP.
149 Vgl. *IDW QS 1*, Tz. 73.

116 Im Hinblick auf die **Integrität des Mandanten** sind vor allem die folgenden Aspekte von Bedeutung[150]:

- Identität und geschäftlicher Ruf der maßgebenden Gesellschafter, der gesetzlichen Vertreter, der Mitglieder des Aufsichtsorgans und ggf. dem Mandanten nahe stehender Personen oder Unternehmen
- Art der geschäftlichen Aktivitäten und der Geschäftspraktiken
- unangemessener Honorardruck
- Hinweise auf unzulässige Beschränkungen des Prüfungsumfangs
- Verdacht auf die Verwicklung des Unternehmens in Geldwäsche- oder andere kriminelle Aktivitäten (z.B. Kartellverstöße)
- Gründe für einen Prüferwechsel (z.B. Meinungsverschiedenheiten bei bedeutsamen Rechnungslegungsfragen mit dem Vorprüfer)
- Transparenz der Finanzberichterstattung (z.B. aggressive Bilanzierungspraktiken) und Ausgestaltung des IKS.

Informationen zu diesen Aspekten können insb. durch die Nutzung allgemein zugänglicher Quellen (z.B. Zeitschriften) eingeholt werden. Darüber hinaus kommen u.a. folgende Informationsquellen in Betracht:

- Nutzung spezialisierter Informationsdienste
- Internet-Suchdienste
- Gespräche mit Dritten, z.B. mit Vorprüfern.

Auch nach Annahme eines Auftrags ist auf Hinweise zu achten, die Zweifel an der Integrität des Mandanten wecken können, etwa negative Berichterstattung in der Presse.

117 Die **Würdigung der Auftragsrisiken** und die Beantwortung der Frage, ob **ausreichende Ressourcen** für die ordnungsgemäße Auftragsdurchführung vorhanden sind, setzt eine Beurteilung der Anforderungen des jeweiligen Auftrags und der vorhandenen Personalstruktur in der WP-Praxis voraus. In diesem Zusammenhang ist insb. festzustellen, ob

- die für die Durchführung des Auftrags erforderlichen Fach- und Branchenkenntnisse verfügbar sind (z.B. Banken oder Versicherungen),
- Erfahrungen mit den einschlägigen rechtlichen Anforderungen und Berichterstattungspflichten vorliegen oder erlangt werden können (z.B. Unternehmen des Energieversorgungssektors),
- Spezialisten verfügbar sind (z.B. Experten für Immobilienbewertungen oder Sachverständige für versicherungsmathematische Fragestellungen oder für Finanzinstrumente),
- nicht mit der Auftragsabwicklung befasste geeignete Personen zur Durchführung einer auftragsbezogenen Qualitätssicherung verfügbar sind und
- genügend Zeit für die Auftragsabwicklung zur Verfügung steht und die vorgesehenen Berichtstermine realistisch eingehalten werden können[151]

118 Bei Folgeaufträgen sind Änderungen der Mandats- und Auftragsrisiken sorgfältig zu beurteilen. Wenn beim Mandanten neue Geschäftsaktivitäten hinzugekommen sind, die

---

[150] Vgl. ISQC1.A19; *IDW QS 1*, Tz. 74.
[151] Vgl. ISQC1.A21; *IDW QS 1*, Tz. 75.

Spezialkenntnisse erfordern, ist festzustellen, ob die WP-Praxis über die erforderlichen Ressourcen verfügt[152].

> **Beispiel 13:**
>
> Ein Unternehmen, welches Spezialmaschinen für die Pharmabranche herstellt und vertreibt, bietet nunmehr über eine angegliederte Bank oder Leasinggesellschaft Finanzierungsdienstleistungen für die Kunden an.

Vor der Annahme bzw. Fortführung eines Auftrags muss zudem festgestellt werden, ob Interessenkonflikte mit bestehenden Mandaten drohen. Hierzu ist es erforderlich, dass in der WP-Praxis Regelungen bestehen, die eine Identifikation potenzieller Interessenkonflikte sicherstellen. Können Interessenkonflikte nicht gelöst werden, ist der Auftrag abzulehnen oder niederzulegen. **119**

> **Praxistipp 3:**
>
> In der Praxis haben sich zur Prüfung der Interessenkonflikte bei internationalen Konzernabschlussprüfungen global verwaltete Anwendungen etabliert, die sicherstellen sollen, dass alle Aufträge sämtlicher Landesgesellschaften bzw. des gesamten Netzwerkes vollständig identifiziert und gepflegt werden. Die Überprüfung der Einhaltung der geltenden Unabhängigkeitsvorschriften obliegt i.d.R. dem auftragsverantwortlichen WP der obersten Muttergesellschaft. Folgende Informationen sind u.a. vorzuhalten und laufend zu pflegen:
> - Art der Geschäftsbeziehung (z.B. aktuelles Prüfungsmandat, PIE, geplantes Prüfungsmandat, Nicht-Prüfungsmandat,)
> - Informationen zu den Gesellschafter- bzw. Aktionärsstrukturen
> - Informationen zu sämtlichen unmittelbaren und mittelbaren Tochtergesellschaften (z.B. Firma, Land, Beteiligung, Registernummer).

Es ist sicherzustellen, dass der Praxisleitung bzw. der in der Praxis zuständigen Stelle (u.a. dem auftragsverantwortlichen APr. sowie dem Qualitäts- und Risikomanagement) kritische Sachverhalte zur Entscheidung über eine Mandatsfortführung vorgelegt werden. Der APr. bzw. die gesetzlichen Vertreter der WPG haben sicherzustellen, dass ein IKS zur Einhaltung der berufsrechtlichen Pflichten implementiert ist und funktioniert. **120**

Hierbei sind insb. folgende Aspekte zu beachten[153]: **121**
- rechtliche oder berufsständische Anforderungen, einschl. ggf. bestehender Berichterstattungspflichten gegenüber dem Auftraggeber oder gegenüber einer Behörde und
- Pflicht zur Niederlegung des Mandates nach § 4 Abs. 4 BS WP/vBP bzw. der Geschäftsbeziehungen zu dem Mandanten (bei gesetzlichen Abschlussprüfungen sind hierbei die Voraussetzungen des § 318 Abs. 6 HGB zu beachten).

Werden dem auftragsverantwortlichen WP i.R.d. Abwicklung eines Auftrags Informationen bekannt, die zu einer Ablehnung der Auftragsannahme geführt hätten, wenn sie **122**

---

152 Vgl. *IDW QS 1*, Tz. 76.
153 Vgl. *IDW QS 1*, Tz. 78.

zum Zeitpunkt der Auftragsannahme bereits bekannt gewesen wären, ist die Praxisleitung bzw. die zuständige Stelle zu informieren. Diese hat gemeinsam mit dem auftragsverantwortlichen WP über die notwendigen Schritte zu entscheiden, einschl. einer möglichen Niederlegung des Mandates[154].

123 Wird die **Niederlegung des Mandates** erwogen, sollten folgende Schritte in Betracht gezogen werden[155]:
- Erörterung des Sachverhaltes und möglicher Handlungsvarianten mit dem Mandanten bzw. dem Überwachungsorgan oder der Aufsichtsstelle
- Prüfung, ob eine rechtliche Pflicht zur Fortführung des Auftrags besteht
- Berichterstattung über die Mandatsniederlegung, wenn eine gesetzliche Pflicht besteht (z.B. gegenüber einer Behörde).

124 Die bedeutsamen Aspekte, die vorgenommenen Konsultationen und die Gründe für die Entscheidung über die Niederlegung oder Fortführung des Auftrags sind angemessen und ausreichend schriftlich zu dokumentieren.

125 Wird ein Prüfungsauftrag bei einer gesetzlichen Abschlussprüfung durch **Kündigung nach § 318 Abs. 6 HGB** beendet, darf der vorgesehene Mandatsnachfolger den Auftrag nur annehmen, wenn er sich über den Grund der Kündigung und das Ergebnis der bisherigen Prüfung unterrichtet hat. Der Mandatsvorgänger ist verpflichtet, dem Mandatsnachfolger auf Verlangen die schriftliche Kündigung und das Ergebnis der bisherigen Prüfung nach § 318 Abs. 6 S. 4 HGB vorzulegen und zu erläutern, wenn die Verschwiegenheitspflicht, andere gesetzliche Bestimmungen oder eigene berechtigte Interessen nicht entgegenstehen. Erfolgt die Erläuterung nicht, ist das Mandat abzulehnen, es sei denn, der vorgesehene Mandatsnachfolger hat sich auf andere Art und Weise davon überzeugt, dass gegen die Auftragsannahme keine Bedenken bestehen (§ 42 Abs. 3 BS WP/vBP)[156].

2.2 Anforderungen an den Abschlussprüfer

126 Der APr. hat sicherzustellen, dass sich die fachlichen Anforderungen an die Abwicklung eines Auftrages in der Zusammensetzung des Prüfungsteams widerspiegeln[157]. Bei der Auswahl der Mitglieder des Prüfungsteams ist auf die Qualifikation der Mitarbeiter, die Kontinuität und/oder den planmäßigen Wechsel in der personellen Besetzung, die zeitliche Verfügbarkeit und Unabhängigkeit der Mitarbeiter gegenüber dem Mandanten sowie die Erfahrung in der Führung der Mitarbeiter zu achten.

127 Wird das Prüfungsmandat ausgeschrieben, hat sich die Ausschreibung an den Anforderungen an den APr. zu orientieren, die sich aus den individuellen Bedürfnissen des Unternehmens ergeben. Je nach Größe, Geschäftsmodell, Komplexität, Konzernzugehörigkeit, internationaler Ausrichtung sowie ggf. weiteren Unternehmensmerkmalen können die Anforderungen an den APr. in ihrer Gewichtung variieren. Aus den Anforderungen an den APr. werden Auswahlkriterien entwickelt, die der Ausschreibung des Prüfungsmandats und der anschließenden Auswahl zugrunde legen.

---

154 Vgl. *IDW QS 1*, Tz. 79.
155 Vgl. ISQC1.A22; *IDW QS 1*, Tz. 80.
156 Vgl. *IDW QS 1*, Tz. 81.
157 Vgl. ISQC 1.29; *IDW QS 1*, Tz. 115; §§ 38 Abs. 3 i.V.m. 47 Abs. 1 S. 2 BS WP/vBP.

Die Anforderungen an den APr. wird der PrA mit dem Vorstand und anderen involvierten Unternehmensstellen (z.B. Einkauf, Finanz- und Rechnungswesen) festlegen.

128 Die EU-Reform der Abschlussprüfung hat umfangreiche Neuerungen nicht nur für den Berufsstand der WP, sondern auch für die zu prüfenden Unternehmen mit sich gebracht. Am 27.05.2014 wurden die RL 2014/56/EU und die VO (EU) Nr. 537/2014 im Amtsblatt der EU veröffentlicht. Der Deutsche Bundestag hat am 17.03.2016 das AReG verabschiedet. Damit hat der deutsche Gesetzgeber auch den zeitlichen Vorgaben Rechnung getragen, da die Umsetzung der RL 2014/56/EU in nationales Recht bis spätestens 17.06.2016 erfolgen musste. Die VO (EU) Nr. 537/2014 setzt auf der RL 2014/56/EU, die für alle Abschlussprüfungen gilt, auf und ergänzt sie für den Bereich der Abschlussprüfungen bei Unternehmen von öffentlichem Interesse (sog. Public Interest Entities – PIE). Das EU-Regelwerk konkretisiert das Verfahren zur Auswahl des APr. und verlangt insb. ein transparentes und diskriminierungsfreies Vorgehen (Art. 16 Abs. 3 Unterabs. 2 i.V.m. Unterabs. 1 Buchst. c S. 3 Buchst. f VO (EU) Nr. 537/2014). Das jeweilige Überwachungsgremium (z.B. AR, PrA) hat dafür Sorge zu tragen, dass die gesetzlichen Vorgaben der VO (EU) Nr. 537/2014 bzw. des AReG eingehalten werden. Dazu ist z.B. erforderlich, dass es an den Entscheidungen über die Eckdaten des Ausscheidungsprozesses, die Auswahlkriterien und die Beurteilung der Bewerber wesentlich beteiligt wird[158].

2.3 Kommunikation mit dem Vorprüfer

129 Bei einer Erstprüfung[159] besteht für den APr. ein erhöhtes Risiko, falsche Angaben im Abschluss nicht zu entdecken[160]. Der APr. muss daher ausreichende und angemessene Prüfungsnachweise einholen[161], um feststellen zu können, ob die Beträge aus der Schlussbilanz des vorhergehenden GJ korrekt vorgetragen worden sind und somit die Bilanzidentität zur Schlussbilanz des VJ gegeben ist[162], die Eröffnungsbilanz keine falschen Angaben enthält, die den zu prüfenden Abschluss wesentlich beeinflussen und zulässige Ansatz-, Ausweis-, Bewertungs- und Konsolidierungsmethoden stetig im Zeitablauf angewendet werden[163].

130 Ist der VJ-Abschluss von einem Vorprüfer geprüft worden, kann der APr. Prüfungsnachweise grundsätzlich aus der Durchsicht des PrB des Vorprüfers und ggf. der Erörterung bedeutsamer Sachverhalte mit dem Vorprüfer gewinnen[164]. Die Möglichkeit, Feststellungen des Vorprüfers **verwerten** zu können, hängt im Einzelfall von der Bedeutung des Sachverhalts für das Gesamturteil des APr. sowie von der fachlichen Kompetenz und Qualifikation des Vorprüfers ab[165]. In diesem Zusammenhang hat der APr. auch die Einhaltung der Berufsgrundsätze durch den Vorprüfer zu würdigen.

131 Eine ordnungsgemäße Unterrichtung erfordert, dass der vorgesehene Mandatsnachfolger sich die schriftliche Begründung der **Kündigung** (§ 318 Abs. 6 S. 3 HGB) oder das

---
158 Vgl. ausf. Kap. L Tz. 135 ff.
159 Nach ISA 510.4 sowie *IDW PS 205*, Tz. 1 gilt als Erstprüfung auch eine Abschlussprüfung, bei der der JA oder der KA des VJ durch einen anderen APr. geprüft wurde.
160 Vgl. *IDW PS 205*, Tz. 8.
161 Vgl. ISA 510.6; *IDW PS 205*, Tz. 9.
162 Vgl. § 252 Abs. 1 Nr. 1 HGB.
163 Vgl. §§ 246 Abs. 3, 252 Abs. 1 Nr. 6, 265 Abs. 1, 297 Abs. 3, 284 Abs. 2 Nr. 3, 313 Abs. 1 Nr. 3 HGB; *IDW RS HFA 38*.
164 Vgl. ISA 510.A4; *IDW PS 205*, Tz. 12.
165 Vgl. ISA 510.A4; *IDW PS 205*, Tz. 12.

Ersetzungsurteil (§ 318 Abs. 3 HGB), die Mitteilungen an die WPK (§ 318 Abs. 8 HGB) sowie den Bericht über das Ergebnis der bisherigen Prüfung (§ 318 Abs. 6 S. 4 HGB) vorlegen lässt.

132 Der Vorprüfer ist verpflichtet, dem Mandatsnachfolger auf schriftliche Anfrage seine im vorherigen Absatz genannten Unterlagen zu erläutern. Erfolgt die Erläuterung nicht, so hat der Mandatsnachfolger das Mandat abzulehnen, es sei denn, er hat sich auf andere Art und Weise davon überzeugt, dass gegen die Annahme des Mandats keine Bedenken bestehen (§ 42 Abs. 3 BS WP/vBP).

133 Im Falle eines **Prüferwechsels ohne Widerruf oder Kündigung des Prüfungsauftrags aus wichtigem Grund** hat sich der Mandatsnachfolger den Bericht über die vorangegangene Abschlussprüfung vorlegen zu lassen. Der Mandatsvorgänger ist dem Mandatsnachfolger auf dessen schriftliche Anfrage zur Vorlage verpflichtet (§ 42 Abs. 4 BS WP/vBP).

Generell ist es bei jedem Wechsel eines Prüfungsmandats erforderlich, dass sich der APr. ausreichend über den Mandanten und die vorangegangene Prüfung informiert. Der Mandatsnachfolger kann sich zwecks Vorlage des Berichts an den Mandanten oder den Mandatsvorgänger richten. Sofern er sich an den Vorprüfer richtet, trifft diesen eine Pflicht zur Vorlage an den Mandatsnachfolger.

> **Praxistipp 4:**
>
> In der Praxis hat es sich bewährt, dass in einem Übergabegespräch der Mandatsvorgänger und der Mandatsnachfolger sich insb. über Prüfungsschwerpunkte, besonders wichtige Prüfungssachverhalte, eine etwaige Liste korrigierter sowie nicht korrigierter Prüfungsdifferenzen sowie bedeutsame Kontrollschwächen austauschen.

134 Diese Anforderungen gelten sinngemäß auch für alle nicht gesetzlich vorgeschriebenen Abschlussprüfungen, bei denen ein BestV erteilt werden soll, der dem gesetzlichen BestV in § 322 HGB nachgebildet ist[166]. Dies entspricht dem Grundsatz, dass bei freiwilligen Abschlussprüfungen für den Berufsangehörigen keine grundsätzlich anderen Berufspflichten bestehen können als für gesetzlich vorgeschriebene Abschlussprüfungen.

2.4 Angebot

2.4.1 Regulatorischer Rahmen für Ausschreibungen

135 Bei der Auswahl des APr., d.h. von der Ausschreibung bis zur Wahl des Prüfers, muss auf ein faires, insb. transparentes und diskriminierungsfreies Vorgehen geachtet werden. Grundsätzlich ist bei jedem Wechsel des APr. eines PIE eine Ausschreibung erforderlich. Die ersten Erfahrungen in der Praxis zeigen, dass es durch die neue Pflicht zur externen Rotation des APr. eines PIE, insgesamt vermehrt zu Ausschreibungen kommt.

136 Art. 16 VO (EU) Nr. 537/2014 regelt die Bestellung von APr. von PIE. Konkrete **Vorgaben** an das Auswahlverfahren macht Art. 16 Abs. 3 Unterabs. 1 Buchst. a bis f VO (EU)

---

166 Vgl. § 42 Abs. 5 BS WP/vBP.

Nr. 537/2014, soweit nicht ein bestehendes Mandat i.S.v. Art. 17 Abs. 1 und 2 VO (EU) Nr. 537/2014 verlängert wird[167]:

- Bei der Aufforderung von APr. zur Abgabe eines Vorschlages oder eines Angebots ist darauf zu achten, dass eine Bestellung des APr. nicht gegen die Regeln zur externen Rotation (Höchstlaufzeit und Cooling-off) verstößt (Buchst. a, 1. Fall).
- Die Aufforderung von APr. darf „in keiner Weise" solche APr. ausschließen, die im vorausgegangenen Kalenderjahr weniger als 15% der von PIE im Mitgliedstaat gezahlten Gesamthonorare erhalten haben (Buchst. a, 2. Fall).
- Die Ausschreibungsunterlagen des Unternehmens müssen es ermöglichen, dessen Geschäftstätigkeit und die Art der durchzuführenden Abschlussprüfung zu erfassen; die Ausschreibungsunterlagen enthalten transparente, diskriminierungsfreie Auswahlkriterien (Buchst. b).
- Das Unternehmen kann das Auswahlverfahren frei gestalten und im Laufe des Verfahrens direkte Verhandlungen mit interessierten Bietern führen (Buchst. c).
- Die Ausschreibungsunterlagen müssen die Qualitätsstandards enthalten, deren Erfüllung von der APr.-Aufsichtsbehörde verlangt werden (Buchst. d).
- Die Vorschläge der APr. sind anhand der in den Ausschreibungsunterlagen festgelegten Auswahlkriterien zu beurteilen; in einem Bericht sind die im Auswahlverfahren gezogenen Schlussfolgerungen zu nennen, wobei alle Erkenntnisse und Schlussfolgerungen der von der zuständigen Aufsichtsbehörde veröffentlichten Inspektionsberichte über die bietenden APr. zu berücksichtigen sind (Buchst. e).
- Das Unternehmen muss in der Lage sein, auf Verlangen der APr.-Aufsichtsbehörde darzulegen, dass das Auswahlverfahren auf faire Weise durchgeführt wurde (Buchst. f).

137 Die genannten **Kriterien** des Art. 16 Abs. 3 VO (EU) Nr. 537/2014 für das Auswahlverfahren gelten grundsätzlich **bei jeder Ausschreibung**. Ausgenommen von der Pflicht dieses Auswahlverfahrens sind kleine und mittelgroße PIE, die die Kriterien nach Art. 2 Abs. 1 Buchst. f und t der RL 2003/71/EG[168] erfüllen[169].

138 **Vertragliche Vereinbarungen** zwischen einem Unternehmen und Dritten, die die Auswahlmöglichkeiten der HV auf bestimmte APr. beschränken, sind nichtig. Für PIE ist dies in Art. 16 Abs. 6 VO (EU) Nr. 537/2014 geregelt. § 318 Abs. 1b HGB[170] sieht dies für alle Unternehmen vor[171].

---

167 Vgl. hierzu IDW Positionspapier zur Ausschreibung der Abschlussprüfung für Unternehmen von öffentlichem Interesse² (Stand: 09.01.2018), abrufbar unter https://www.idw.de/idw/verlautbarungen/idw-positionspapiere (zit. 30.08.2018).
168 Richtlinie 2003/71/EG des Rates vom 22.07.2003 zur Ergänzung des Statuts der Europäischen Genossenschaft hinsichtlich der Beteiligung der Arbeitnehmer, Abl.EU L 207 v. 18.08.2003, S. 25.
169 Vgl. Art. 16 Abs. 4 VO (EU) Nr. 537/2014.
170 *Eingeführt mit dem Gesetz zur Umsetzung der prüfungsbezogenen Regelungen der RL 2014/56/EU sowie zur Ausführung der entsprechenden Vorgaben der VO (EU) Nr. 537/2014 im Hinblick auf die Abschlussprüfung bei Unternehmen von öffentlichem Interesse (Abschlussprüfungsreformgesetz – AReG) v. 27.03.2016.*
171 Weitere Regeln, die bei der – einer Ausschreibung folgenden – Bestellung des APr. zu beachten sind, finden sich insb. im HGB (§§ 318 ff.), AktG (§ 111 Abs. 2 S. 3) und PublG (§§ 6 Abs. 3, 14 Abs. 2); für KI und für VU wird § 318 HGB durch Spezialvorschriften ergänzt (vgl. § 28 Abs. 1 KWG, § 341k Abs. 2 HGB, § 36 Abs. 1 VAG). Der DCGK enthält in Abschnitt 7.2 Empfehlungen und Anregungen i.Z.m. der Abschlussprüfung; die Erklärung zum DCGK gemäß § 161 AktG ist seit dem BilMoG in die Erklärung zur Unternehmensführung nach § 289a HGB aufzunehmen.

139 Bei **Ausschreibung einer Konzernabschlussprüfung** ist zu beachten, dass die Vorgaben der VO (EU) Nr. 537/2014 auch für die Tochtergesellschaften in den EU-Mitgliedstaaten gelten, sofern die Tochtergesellschaften PIE sind. Demnach sind im Konzern nach dem Territorialitätsprinzip ggf. (je nach Ausübung der Mitgliedstaatenwahlrechte zur externen Rotation) unterschiedliche Rotationszyklen und weitere nationale Vorschriften zu beachten. Entsprechende nationale Regelungen in Drittstaaten können vergleichbare Wirkungen entfalten.

> **Beispiel 14:**
>
> Die Konzernobergesellschaft ist PIE in Deutschland und hat eine Tochtergesellschaft in Italien, die selbst nach italienische Recht eine PIE ist.
>
> Für die deutsche Konzernobergesellschaft gelten für die Konzernabschlussprüfung die Rotationspflichten nach der VO (EU) Nr. 537/2014, ggf. in Verbindung mit den deutschen Regelungen zur Verlängerungsoption.
>
> Für die italienische Tochtergesellschaft richtet sich die Rotation nach dem italienischen Recht. Sie müsste derzeit nach dortigem Recht nach neun Jahren den APr. wechseln. Es dürfte gleichwohl weiterhin zulässig sein, dass der bisherige APr. das Konzernreporting für Zwecke der Konzernabschlussprüfung prüft, da er nach dem für die Obergesellschaft geltenden Recht nicht von der Prüfung ausgeschlossen ist[172].

140 PrA von PIE haben in Deutschland grundsätzlich auf Verlangen der **APAS**, der deutschen APr.-Aufsichtsbehörde, das Ergebnis sowie die Durchführung ihrer Tätigkeit darzustellen und zu erläutern (§ 324 Abs. 3 HGB). Mit dieser Vorgabe wurde eine Grundlage für die in Art. 27 VO (EU) Nr. 537/2014 vorgesehene Überwachungstätigkeit der Aufsichtsbehörden geschaffen.

2.4.2 Verantwortlichkeiten und Arbeitsteilung

141 Für die Leitung des Unternehmens[173] ist der **Vorstand** verantwortlich (§ 76 Abs. 1 AktG), für dessen Überwachung der **AR** (§ 111 Abs. 1 AktG). Ein wesentlicher Teil der Überwachungstätigkeit des AR ist dessen eigene Prüfung des JA (§ 171 Abs. 1 S. 1 AktG). Der **APr.** unterstützt mit seinen Prüfungsergebnissen aus der gesetzlichen Abschlussprüfung den AR maßgeblich bei der Erfüllung seiner Überwachungsfunktion (§ 171 Abs. 1 S. 2 AktG) Der APr. wird durch den AR (§ 318 Abs. 1 S. 4 HGB) beauftragt.

142 Der AR kann aus seiner Mitte einen **PrA** bestellen (§ 107 Abs. 3 S. 1 AktG); eine Pflicht hierzu besteht regelmäßig[174] nicht. Jedoch empfiehlt Ziffer 5.3.2 S. 1 DCGK allen börsennotierten Gesellschaften, einen PrA einzurichten.

---

172 Vgl. dazu IDW Positionspapier zu Inhalten und Zweifelsfragen der EU-Verordnung und der Abschlussprüferrichtlinie[4], Nr. 3.6.1., S. 27 (Stand: 23.05.2018), abrufbar unter https://www.idw.de/blob/86498/ea346a862c94cf8619af57187ea153ee/down-positionspapier-zweifelsfragen-data.pdf (zit. 30.08.2018).

173 *Die folgenden Ausführungen gehen von der Rechtsform der AG aus. Bei anderen Rechtsformen sind die entsprechenden Vorschriften zu beachten.*

174 Eine gesetzliche Verpflichtung zur Einrichtung eines PrA kann sich aus branchenspezifischen Sonderregelungen ergeben, z.B. § 25d Abs. 9 KWG. Darüber hinaus kann sich aus § 324 HGB eine Verpflichtung zur Einrichtung eines PrA ergeben.

143 Der PrA befasst sich u.a. mit der Überwachung des Rechnungslegungsprozesses und der Abschlussprüfung, einschl. der Unabhängigkeit des APr. und der vom APr. zusätzlich erbrachten Leistungen (§ 107 Abs. 3 S. 2 AktG). In einer Geschäftsordnung des AR sollte geregelt werden, welche Aufgaben auf den PrA zur abschließenden Behandlung delegiert werden bzw. inwieweit der PrA die ihm zugewiesenen Angelegenheiten für den Gesamtaufsichtsrat nur vorbereiten soll. Dabei ist zu beachten, dass die Befassung mit dem JA (§ 171 Abs. 1 AktG) nicht abschließend auf den PrA delegiert werden kann (§ 107 Abs. 3 S. 3 AktG).

144 Das verpflichtende Auswahlverfahren wird unter der **Verantwortung des PrA** bzw. des AR durchgeführt und durch das Unternehmen organisiert (Erwägungsgrund 18 VO (EU) Nr. 537/2014). Soweit „das geprüfte Unternehmen" das Verfahren durchzuführen hat (Art. 16 Abs. 3 Unterabs. 1 VO (EU) Nr. 537/2014), bedeutet dies bei einer Zuständigkeit des PrA (Art. 16 Abs. 3 Unterabs. 2 VO (EU) Nr. 537/2014), dass der PrA „Herr des Verfahrens" ist und die Verantwortung dafür trägt, dass das Auswahlverfahren den gesetzlichen Vorgaben, insb. der VO (EU) Nr. 537/2014, entsprechend durchgeführt wird. Aus der Verantwortung des PrA für die Auswahl des APr. folgt, dass er alle für die Ausschreibung wesentlichen Entscheidungen treffen bzw. hierfür die Verantwortung übernehmen muss; sofern der PrA Aufgaben delegiert, behält er die Letztverantwortung. Bei Zuständigkeit des AR trägt dieser die Verantwortung.

2.4.3 Ausschreibungsprozess

145 Der **Ausschreibungsprozess** läuft i.d.R. in folgenden Schritten ab[175]:
- Festlegung der Anforderungen an den APr.
- Erstellung der Ausschreibungsunterlagen
- Festlegung der Auswahlkriterien für die Auswahl des APr.
- Vorbereitung und Durchführung des Angebotsverfahrens (Angebotsabgabe und Präsentation)
- Beurteilung der Angebote und Auswahlentscheidung
- Empfehlung des PrA an den AR
- Vorschlag des AR an die HV.

146 Die **Ausschreibungsunterlagen** enthalten die festgelegten Anforderungen an den APr., die sich aus den individuellen **Bedürfnissen des Unternehmens** ergeben (z.B. Geschäftsmodell, Größe und Komplexität sowie Internationalität) und sind somit die **Informationsbasis** für die Bewerber.

147 Für einen **fairen Vergleich der Bewerber**, insb. mit Blick auf das Preis-Leistungs-Verhältnis, bedarf es präziser Beschreibungen der vom APr. erwarteten Leistungen i.R.d. Erstellung der Ausschreibungsunterlagen. Dazu gehören z.B. Auflistungen der in die Prüfung eines KA einzubeziehenden TU und deren Bedeutung für den KA, detaillierte Anforderungen an Art und Umfang der Berichterstattung, z.B. Häufigkeit der Teilnahme des APr. an AR/PrA-Sitzungen, ggf. beabsichtigte Erweiterungen des Prüfungsauftrags u.Ä.[176]

---

175 Siehe hierzu ausführlich: IDW Positionspapier zur Ausschreibung der Abschlussprüfung für Unternehmen von öffentlichem Interesse[2] (Stand: 09.01.2018), abrufbar unter https://www.idw.de/idw/verlautbarungen/idw-positionspapiere (zit. 30.08.2018).
176 Vgl. IDW Positionspapier zur Ausschreibung der Abschlussprüfung bei Unternehmen von öffentlichem Interesse v. 09.01.2018, 3.3.2., S. 14; Kap. L Tz. 21 ff.

148 Die an der Ausschreibung teilnehmenden WP bzw. WPG unterliegen hinsichtlich der i.R.d. Ausschreibung erhaltenen Informationen der gesetzlichen **Verschwiegenheitspflicht** (§ 43 WPO).

2.5 Kommunikation mit dem Aufsichtsorgan

149 Nach der Wahl zum APr. legt dieser in der Prüfungsplanung eigenverantwortlich und unabhängig die grundlegende Ausrichtung des Prüfungsvorgehens fest. Dies umfasst ein Prüfungsprogramm mit sachlichen, zeitlichen und personellen Vorgaben. Bereits in der Prüfungsplanung sollten jedoch ergänzende Vorstellungen und Wünsche des Aufsichtsorgans über etwaige Prüfungsschwerpunkte, Prüfungszeitpunkte oder bestimmte Prüfungshandlungen Berücksichtigung finden[177]. Gesprächsthemen können hierbei u.a. sein:

- Ziele und Strategien des Unternehmens und die aktuelle Zielerreichung,
- festgestellte bedeutsame Kontrollschwächen,
- bedeutsame Risiken für wesentliche falsche Angaben,
- auf welchem Wege wesentliche falsche Angaben, die auf Unregelmäßigkeiten beruhen, aufgedeckt werden können,
- welche weiteren Sachverhalte bestehen, die nach Ansicht des Aufsichtsorgans einer besonderen Aufmerksamkeit bei der Prüfung erfordern.

150 Der APr. hat sich regelmäßig (auch außerhalb der eigentlichen Prüfungsphasen) und während des gesamten GJ mit dem Aufsichtsorgan über bedeutsame Sachverhalte mit wesentlichen Auswirkungen auf den Jahres- und Konzernabschluss auszutauschen[178]. Das Aufsichtsorgan wird den APr. dabei regelmäßig als Diskussionspartner nutzen, um z.B. über wesentliche Bilanzierungs- und Bewertungsfragen, Änderungen in der Rechnungslegung, sachverhaltsgestaltende Maßnahmen sowie die Ausnutzung von Ermessensspielräumen informiert zu sein.

151 Über wesentliche Feststellungen und Vorkommnisse während der Prüfung ist das Aufsichtsorgan stets unverzüglich zu informieren[179]. Wesentliche vorläufige Prüfungsfeststellungen sollte der APr. zunächst mit dem im Unternehmen Verantwortlichen besprechen, wenn nicht eine direkte Ansprache des Aufsichtsorgans erforderlich scheint. APr. und Aufsichtsorgan sollten während der Prüfungsdurchführung wechselseitig das Gespräch suchen, wenn sie Informationen erhalten, von denen anzunehmen ist, dass diese für die Prüfungs- bzw. Überwachungstätigkeit von Bedeutung ist (z.B. bei bedeutsamen Schwächen im IKS). Ebenso sollte bei Verdacht einer Mitwirkung eines gesetzlichen Vertreters bei Gesetzesverstößen unverzüglich das Aufsichtsorgan informiert werden.

152 Während das Gesetz lediglich eine Teilnahme des APr. an der Bilanzsitzung vom PrA oder AR vorsieht, ist im Hinblick auf die kontinuierliche Überwachungsaufgabe des Aufsichtsorgans eine Teilnahme des APr. auch an bestimmten weiteren Sitzungen sinnvoll. Der APr. sollte zumindest zu den Sitzungen hinzugezogen werden, bei denen

---

177 Vgl. *IDW PS 470 n.F.*, A16; siehe auch IDW Positionspapier zur Zusammenarbeit zwischen Aufsichtsrat und Abschlussprüfer v. 04.05.2012, abrufbar unter https://www.idw.de/blob/28162/d278bd83bfa032917-baf3eb5784af8fc/down-positionspapier-zusammenarbeit-aufsichtsrat-data.pdf (zit. 30.08.2018).
178 *IDW PS 470 n.F.*, Tz. 21.
179 *IDW PS 470 n.F.*, Tz. 28 und A54; vgl. auch Ziff. 7.2.3 DCKG.

Fragen der Rechnungslegung, des IKS, des Risikomanagementsystems, von Compliance oder Themen der Internen Revision besprochen werden. Ferner sollte der APr. in einer Sitzung seine Prüfungsstrategie vorstellen.

In der Bilanzsitzung hat der APr. über die wesentlichen Ergebnisse seiner Prüfung, insb. über wesentliche Schwächen des rechnungslegungsbezogenen internen Kontroll- und Risikomanagementsystem zu berichten[180]. 153

Im Hinblick auf die kollektive Überwachungsaufgabe des AR ist es sachgerecht, neben einer Teilnahme des APr. am PrA auch die Teilnahme in der Sitzung des AR vorzusehen, um dem gesamten Plenum Gelegenheit zum Gespräch zu geben. Wenn die Geschäftsordnung oder ein Gremienbeschluss Vorgespräche des APr. mit dem AR-Vorsitzenden oder dem Vorsitzenden des PrA vorsehen, sollte der APr. auch hierfür zur Verfügung stehen. 154

2.6 Auftragsschreiben

2.6.1 Bestellung des Abschlussprüfers (Wahl und Prüfungsauftrag)

Der gesetzliche APr. erhält seine Stellung durch Wahl und Beauftragung (Bestellung i.S.d. § 318 HGB). Für die Wahl des APr. ist rechtsformabhängig zuständig: 155

- bei der AG die Hauptversammlung auf Vorschlag des AR (§ 318 Abs. 1 S. 1 HGB, § 119 Abs. 1 Nr. 4 AktG, § 124 Abs. 3 S. 1 AktG)
- bei der GmbH die Gesellschafterversammlung (§ 46 Nr. 6 GmbHG, § 318 Abs. 1 S. 1 HGB), soweit nicht der Gesellschaftsvertrag etwas anderes bestimmt (§ 318 Abs. 1 S. 2 HGB)
- bei Personenhandelsgesellschaften i.S.d. § 264a HGB die Gesellschafterversammlung, soweit nicht der Gesellschaftsvertrag etwas anderes bestimmt (§ 318 Abs. 1 S. 2 HGB)
- bei publizitätspflichtigen Unternehmen die Gesellschafter, soweit nicht anders geregelt (§ 6 Abs. 3 PublG).

Branchenmäßige Besonderheiten bestehen bei der Wahl und Beauftragung z.B. bei Versicherungsunternehmen (§ 341k HGB).

Die Beauftragung erfolgt durch eine schuldrechtliche Vereinbarung zwischen Unternehmen und APr. über die Prüfung, den **Prüfungsauftrag**[181]. Die Gesellschaft wird dabei durch das nach Gesetz oder Gesellschaftsvertrag vertretungsberechtigte Organ vertreten. Bei Zuständigkeit des AR entscheidet dieser durch Beschluss über die Beauftragung; die Erklärung gegenüber dem APr. wird i.d.R. durch den dazu ermächtigten Vorsitzenden gemeinsam mit dem Vorsitzenden des PrA abgegeben. Die KG, ebenso wie die OHG, schließt den Auftrag durch vertretungsberechtigte persönlich haftende Gesellschafter ab, soweit der Gesellschaftsvertrag nichts anderes bestimmt. 156

Der APr. sollte die Erklärung über die Annahme des Auftrags vor Beginn der Prüfungshandlungen aus Nachweisgründen schriftlich abgeben. Die **Ablehnung** eines Auftrags ist unverzüglich zu erklären (§ 51 WPO). 157

Der APr. hat zu prüfen, ob die Bestellung ordnungsgemäß erfolgt ist und bis zur Beendigung der Prüfung weiter darauf zu achten, ob zwischenzeitlich Umstände einge-

---

[180] *IDW PS 470 n.F.*, Tz. 22.
[181] Vgl. dazu ausf. Kap. B Tz. 91 f.; Kap A Tz. 277.

treten sind, die eine Pflicht zur Kündigung begründen. Werden Mängel der Wahl oder Beauftragung festgestellt, sind diese durch Nachholung der entsprechenden Maßnahmen spätestens bis zur Unterzeichnung des BestV zu beseitigen.

158 Das Gesetz enthält keine Regelungen über die für den Abschluss des Prüfungsauftrages erforderlichen Erklärungen. Das Unternehmen und der APr. haben sich über die Inhalte des Prüfungsauftrages, vorbehaltlich zwingender gesetzlicher Regelungen, zu einigen, um Zweifel über den Inhalt des Prüfungsauftrags zu vermeiden.

159 Fehlt eine schriftliche Vereinbarung, hat der APr. zu klären, ob eine wirksame Beauftragung gegeben ist bzw. ob weitere Maßnahmen zu ergreifen sind. Gleiches gilt für etwaige Unsicherheiten über den Umfang des Prüfungsauftrages.

160 Für die Bestellung des KAPr. gelten die vorstehenden Ausführungen entsprechend. Hat die HV oder Gesellschafterversammlung keinen APr. gesondert als KAPr. gewählt, gilt nach § 318 Abs. 2 HGB der Prüfer als KAPr. bestellt, der für die Prüfung des MU bestellt worden ist.

161 Freiwillige Abschlussprüfungen kann, vorbehaltlich der Regelungen im Gesellschaftsvertrag, auch der Geschäftsführer eines Unternehmens veranlassen und in Auftrag geben. Die **Auswahl des APr.** obliegt als Grundlagengeschäft dem Unternehmensinhaber oder den Gesellschaftern, sofern im Gesellschaftsvertrag nichts anderes bestimmt ist. Bei **freiwilligen Abschlussprüfungen** und **sonstigen Tätigkeiten** können sämtliche Auftragsbedingungen frei vereinbart werden. Aber auch für freiwillige Abschlussprüfungen ist eine Vereinbarung zwischen dem Unternehmen und dem APr. abzuschließen. Erfolgt bei freiwilligen Abschlussprüfungen die Reduzierung der Prüfungsanforderungen auf ein Niveau, das nur die Erteilung einer Bescheinigung zulässt, handelt es sich nicht mehr um eine freiwillige Abschlussprüfung.

2.6.2 Inhalt des Prüfungsauftrags

162 Die Pflichten des APr. bei gesetzlichen Abschlussprüfungen ergeben sich aus §§ 317 ff. HGB und den vom IDW festgestellten deutschen Grundsätzen ordnungsmäßiger Abschlussprüfung (GoA). Für Prüfungen von Unternehmen von öffentlichem Interesse (PIE) enthält die VO (EU) Nr. 537/2014 weitere, direkt anwendbare Vorschriften. Bei freiwilligen Abschlussprüfungen muss der Umfang der Prüfung entsprechend §§ 317 ff. HGB vereinbart werden. Es empfiehlt sich eine Bezugnahme auf die gesetzliche Regelung. Gemäß § 317 Abs. 5 HGB sind die International Standards on Auditing verpflichtend anzuwenden, wenn diese von der EU-Kommission im Wege delegierter Rechtsakte angenommen worden sind. Da die EU-Kommission die ISA bislang noch nicht angenommen hat, sind sie gegenwärtig noch nicht gesetzlich verpflichtend bei der Prüfung von JA in Deutschland anzuwenden. Eine freiwillige Anwendung ist jedoch zulässig.[182]

163 Zur Verdeutlichung des Prüfungsauftrags und um Missverständnissen oder falsche Erwartungen beim Auftraggeber zu vermeiden, ist es im Interesse beider Vertragspartner, die Vereinbarungen zum Prüfungsauftrag möglichst vor Beginn der Prüfung zu treffen und in einem Auftragsbestätigungsschreiben zu dokumentieren. Das Auftragsbestätigungsschreiben kann in individueller Form oder unter ergänzender Zuhilfenahme von

---

[182] Zur künftigen Anwendung der ISA in Deutschland vgl. *Gewehr/Moser* WPg 2018, S. 193.

berufsüblichen AAB[183] oder vorformulierten Sondervereinbarungen abgefasst werden[184].

Gegenstand eines Auftragsbestätigungsschreibens sind regelmäßig folgende Punkte[185]: **164**

- Zielsetzung der Abschlussprüfung
- Verantwortlichkeit der gesetzlichen Vertreter für den Abschluss unter Einbeziehung der Buchführung und des LB /KLB
- Art und Umfang der Abschlussprüfung mit Hinweis auf die vom APr. diesbezüglich zu beachtenden Gesetze, Verordnungen und Verlautbarungen des Berufsstandes
- Art und Umfang der Berichterstattung
- Hinweis auf das Prüfungsrisiko, also die Tatsache, dass wegen der Prüfung in Stichproben und wegen anderer immanenter Grenzen der Abschlussprüfung zusammen mit den immanenten Grenzen eines jeden rechnungslegungsbezogenen IKS ein unvermeidbares Risiko besteht, dass selbst wesentliche falsche Angaben unentdeckt bleiben können
- Erfordernis eines unbeschränkten Zugangs zu den für die Prüfung erforderlichen Aufzeichnungen, Schriftstücken und sonstigen Informationen sowie Hinweis auf die Auskunftspflichten der gesetzlichen Vertreter gemäß § 320 HGB
- Erfordernis der Vorlage zusätzlicher Informationen, die von der Gesellschaft zusammen mit dem JA veröffentlicht werden, rechtzeitig vor dem Datum des BestV bzw. unverzüglich, sobald sie vorliegen, falls die zusätzlichen Informationen vor dem Datum des BestV nicht oder nicht vollständig verfügbar gemacht werden konnten
- Grundlagen der Honorarabrechnung sowie des Ersatzes von Auslagen
- Vereinbarungen über Haftungsbeschränkungen (bei freiwilligen Jahresabschlussprüfungen)
- Verpflichtung der zu prüfenden Gesellschaft, eine VollstE abzugeben.

Die Festlegungen zu **Prüfungsschwerpunkten und Erweiterungen des Prüfungsauftrages** sind im Prüfungsauftrag ausdrücklich zu vereinbaren. Auch Ergänzungen des Prüfungsauftrags durch zusätzliche Auftragsinhalte, die über den Rahmen des gesetzlichen Prüfungsauftrags hinausgehen, sind ausdrücklich zu vereinbaren. Dies gilt auch für eine Haftungsvereinbarung, soweit § 323 HGB nicht greift. **165**

> **Praxistipp 5:**
> Folgende sinnvolle **Erweiterungen** können in einem Auftragsbestätigungsschreiben getroffen werden:
> - Absprachen i.Z.m. der Prüfungsplanung (z.B. Zeitpunkt der Prüfungsbereitschaft, Dokumentation des Risikofrüherkennungssystems)
> - Art und Weise der Berichterstattung bei ergänzenden Prüfungen
> - weitere Berichte des APr. und ggf. Management Letter[186] an das Unternehmen
> - Einholen des ausdrücklichen Einverständnisses des Auftraggebers zur Einbeziehung anonymisierter Unternehmensdaten in die Ermittlung betriebswirt-

---

183 Allgemeine Auftragsbedingungen für WP und WPG vom 01.01.2017, hrsg. vom IDW.
184 Vgl. *IDW PS 220*, Tz. 14 f.; *IDW*, IDW Praxishandbuch[11], Kap. A, Abschn. 4.2, Tz. 26 ff. sowie A-4.2.3(1) Muster Auftragsbestätigungsschreiben Abschlussprüfung.
185 Vgl. ISA 210.10 sowie *IDW PS 220*, Tz. 19.
186 Vgl. *IDW PS 450 n.F.*, Tz. 17.

> - schaftlicher Kennzahlen der Branche, sofern solche ermittelt und gegenüber Dritten verwendet werden
> - Hinweise auf die Heranziehung anderer Prüfer und Sachverständiger für bestimmte Bereiche der Prüfung
> - Vereinbarungen im Hinblick auf den Zugang zu Arbeitspapieren von APr. aus Drittstaaten i.S.d. § 3 Abs. 1 S. 1 WPO (§ 51b Abs. 6 WPO)
> - Hinweise auf die Verwertung von Ergebnissen der Internen Revision und zur Zusammenarbeit mit Mitarbeitern des Auftraggebers
> - Vereinbarungen, die im Falle einer Erstprüfung vom Auftraggeber mit dem VJ-Prüfer zu treffen sind (z.B. Entbindung von der Verschwiegenheitsverpflichtung)
> - Hinweise auf weitere Vereinbarungen mit dem Auftraggeber
> - Zahlungsmodalitäten
> - Vereinbarungen hinsichtlich etwaiger Mehraufwendungen des APr.

166 Im Fall einer **verspäteten Beauftragung** hat der APr. im Auftragsbestätigungsschreiben die daraus resultierenden Konsequenzen aufzuzeigen (z.B. Unmöglichkeit der Inventurbeobachtung sowie ggf. Erwähnung einer solchen Unmöglichkeit im BestV).

2.6.3 Besonderheiten bei Folgeprüfungen

167 Nach den gesetzlichen Vorschriften erfolgt für jedes GJ die Bestellung zum APr. erneut. Der APr. hat dabei stets zu klären, ob der Prüfungsauftrag angenommen werden darf.

168 Bei jeder Bestellung ist eine neue Vereinbarung mit den wesentlichen Vertragsmerkmalen der Beauftragung erforderlich. Eine Bezugnahme auf frühere Abreden ist aus Gründen der Klarheit zu vermeiden.

169 Die Regelungen zu Form und Inhalt von Auftragsbestätigungsschreiben sind auch bei Folgeprüfungen zu beachten. Allerdings hat der APr. abzuwägen, ob Umstände vorliegen, die eine Änderung der Bedingungen für den Auftrag erfordern, oder ob die Notwendigkeit besteht, den Auftraggeber auf bestimmte bestehende Vereinbarungen ausdrücklich hinzuweisen[187].

2.7 Vorbereitung der Abschlussprüfung durch das zu prüfende Unternehmen

170 Ein Unternehmen ist dann prüfbereit, wenn alle personellen und sachlichen Voraussetzungen dafür geschaffen sind, dass die Prüfung ohne vermeidbare Verzögerung durchgeführt werden kann.

171 Die **personelle Vorbereitung** beschränkt sich im Wesentlichen darauf, dass alle Mitarbeiter, die für eine Auskunftserteilung i.R.d. Prüfungstätigkeit in Betracht kommen, darüber informiert sind, zu Auskünften ermächtigt werden und während der Dauer der Prüfung für Auskünfte zur Verfügung stehen.

172 Der Schwerpunkt der Planung liegt regelmäßig auf der **sachlichen Vorbereitung durch den Mandanten**, die neben der Vorbereitung der Arbeitsplätze (z.B. Bereitstellung der Hardware, Beantragung der notwendigen Berechtigungen für das ERP-Sytem, Beantragung der Berechtigungen für interne Laufwerke/Projektordner, Beantragung der Be-

---

187 Vgl. ISA 210.13 sowie *IDW PS 220*, Tz. 26.

rechtigungen für das Intranet) und Arbeitsmaterialien v.a. in der Bereitstellung der von den Prüfern benötigten Unterlagen besteht. In der Praxis hat es sich bewährt, ein gemeinsames internes Austauschlaufwerk einzurichten, für welches die notwendigen Personen beider Parteien Zugriff erhalten. Häufig werden auch sog. Datenräume (sichere, browserbasierte Online-Arbeitsumgebungen) eingesetzt, über die der Mandant und der APr. benötigte Informationen und wichtige Prüfungsergebnisse mit einem externen Zugriff austauschen und verwalten.

Ein vollständiger Katalog der benötigten Unterlagen wird i.d.R. vom APr. als Muster[188] vorgehalten, ist aber wegen der Verschiedenartigkeit der zu prüfenden Unternehmen an das jeweilige Mandat anzupassen. Dennoch gibt es eine Reihe von Unterlagen, die bei nahezu jeder Prüfung benötigt werden. Vielfach wird der APr. in der Lage sein, sich diese Unterlagen direkt aus den ERP-Systemen des Unternehmens zu extrahieren. Häufig stehen ihm die Unterlagen bei Folgeprüfungen auch bereits zur Verfügung. Dabei handelt es sich im Wesentlichen, allerdings nicht abschließend, um folgende Unterlagen:

Allgemeine Unterlagen[189]

1. Rechtliche Verhältnisse

Gesellschaftsvertrag bzw. Satzung, HR-Auszüge, Protokolle der letzten Gesellschafterversammlungen bzw. AR-Sitzungen und HV, Übersicht über den Konzernaufbau und/oder verbundene Unternehmen, Konzessionsverträge, Patenturkunden, Lizenzverträge, sonstige wichtige Verträge und Unterlagen, insb. über Beziehungen zu verbundenen Unternehmen und nahe stehenden Personen, Liste der anhängigen Rechtsstreitigkeiten, Verträge mit Kreditinstituten (Darlehen, Kreditlinien, Finanzinstrumente, Vereinbarung von Covenants), Meldepflichten, Nachweis der Einreichung der offenlegungspflichtigen Unterlagen der Vorperiode usw.

2. Technisch-wirtschaftliche Verhältnisse

Beschreibung der Geschäftsmodelle, Unterlagen über Fertigungsprogramm und Produktion, ggf. Änderungen im Fertigungsprogramm gegenüber dem VJ, Kapazitätsausnutzung, Anzahl der Beschäftigten (Fluktuationszahlen), Auftragsbestand, Absatzentwicklung, Kundenstruktur, Budget, Finanzplan, Investitionsplan, Unterlagen zu Verrechnungspreisen, Vorstands-/Geschäftsführungssitzungsprotokolle, Untersuchungen durch ein Aufsichtsamt oder eine Behörde

3. Unternehmensstrategie

Strategiepapiere, Analyse der Wettbewerber sowie der Marktstellung, erwartete Marktentwicklung, Stärken-Schwächen-Analyse, Unterlagen zu den strategischen Risiken

4. Unternehmensprozesse

Darstellung der Unternehmensprozesse, kritische Erfolgsfaktoren, leistungsbezogene Schlüsselgrößen, Beschreibung der internen Kontrollen innerhalb der Abläufe, graphische Darstellungen von Unternehmensprozessen

---

188 Siehe hierzu die Arbeitshilfe in: *IDW*, IDW Praxishandbuch[10], Kap. B, B-1.8 Bereitstellung von Unterlagen für die Jahresabschlussprüfung.
189 In der Praxis werden viele dieser Unterlagen i.d.R. in einer sog. Dauerakte abgelegt.

5. Organisation und Rechnungswesen

Organisationsplan, Übersicht über das IKS, Namensverzeichnis des Vorstandes, des AR und der Anweisungs- und Zeichnungsberechtigten, Kontenplan, Kostenstellenplan, BAB, Angaben über das Buchführungssystem und die Datenverarbeitungsanlage, Angaben zu verwendeten IT-Systemen (Hardware, Software, Archivierung, Verfahrensregelungen), Prüfungsplan und Prüfungsberichte der Internen Revision, Konzernbilanzierungs- und Organisationsrichtlinien

6. Risikofrüherkennungssystem

Unterlagen und Dokumentation zum Risikofrüherkennungssystem (Identifizierung wesentlicher Risiken, Definition von Risiken, Kommunikation)

Unterlagen zum JA

1. Allgemeine Abschlussunterlagen

JA, Anh. und LB, BestV und PrB (bei Erstprüfung) des VJ, Gewinnverwendungsvorschlag des VJ, aktueller JA, Erläuterungen zu wesentlichen Änderungen gegenüber dem VJ in Bilanz und GuV, Entwurf des LB und des Anh., Übersicht über nicht in der Bilanz enthaltene Geschäfte

2. Anlagevermögen

Anlagebuchhaltung, Bruttoanlagenspiegel, Abschreibungslisten, Grundbuchauszüge, Zusammenstellungen der Zu- und Abgänge mit den dazugehörigen Eingangs- und Ausgangsrechnungen einschl. Bezugskosten, genehmigte Investitionsanträge, Unterlagen über die Ermittlung der HK bei selbsterstellten Anlagen und selbsterstellten immateriellen Vermögensgegenstände (einschl. Dokumentation der Aktivierungsvoraussetzungen), Kaufverträge bei Grundstückskäufen, hypothekarische Belastungen, Verträge über Eigentumsvorbehalte und Sicherungsübereignungen, Versicherungspolicen, Verzeichnis der gemieteten Anlagen, Leasing-Verträge, Beteiligungsspiegel, Abschlüsse von Beteiligungsunternehmen, Depotauszüge, Zusammenstellung der langfristigen Ausleihungen

3. Roh-, Hilfs- und Betriebsstoffe

Inventuranweisungen, unterschriebene Inventur-Urschriften und -Reinschriften, Eingangsrechnungen, Bestandsmeldungen von Kommissions- und Konsignationslägern, Unterlagen über den Altersaufbau der Bestände, wenn keine besondere Lagerkartei vorhanden ist, ebenso für Fremdmaterialbestände und deren Lagerort im Betrieb, Konzernbestände, aktuelle Marktpreise

4. Unfertige und fertige Erzeugnisse

Kalkulationsunterlagen und bisher aufgelaufene Kosten, bei Einzelfertigung: Aufzeichnung nach Aufträgen, Baukonten bei Bauunternehmungen, Brückenbauern und dgl., Fertigungsstadium: noch zu erwartende Kosten, Nachkalkulation, Verkaufspreise, ggf. Verkaufskontrakte, Liefer- und Zahlungsbedingungen

5. Anzahlungen (geleistete)

Saldenlisten getrennt für Anlage- und Umlaufvermögen, Aufstellung über von Kunden *erhaltene Anzahlungen (Auftrag)*

6. Kurzfristige Forderungen und Verbindlichkeiten

Saldenlisten und Saldenbestätigungen, Altersaufbau der Forderungen, Ermittlung der Wertberichtigungen, Schriftwechsel zu zweifelhaften oder besonders bemerkenswerten Forderungen, Sicherheiten, Kreditversicherungen, Forderungsabtretungen, Bestandsaufnahmeprotokolle von Wechseln und Schecks am Abschlussstichtag, Aufstellung über das Wechselobligo

7. Langfristige Forderungen (Ausleihungen) und Verbindlichkeiten

Hypothekenforderungen und Verbindlichkeiten, Saldenlisten, Fälligkeiten, Verzinsung, Tilgungspläne, gegebene oder erhaltene Sicherheiten, Ermittlung der Wertberichtigungen, Saldenbestätigungen

8. Bankguthaben, Bankverbindlichkeiten

Tagesauszüge zum Abschlussstichtag, Bankbestätigungen, Zinsstaffel, Kopie der Darlehensverträge und Kreditzusagen, Einzelaufstellung dieser Verbindlichkeiten, Besicherung von Bankverbindlichkeiten, Marktwertermittlungen von Finanzinstrumenten, Unterlagen zur Fremdwährungsumrechnung, Liste der zeichnungsberechtigten Personen, Aufstellung aller Unternehmen im Cash Management

9. Barbestände

Anweisungen zur Bestandsaufnahme, Verzeichnis der Haupt- und Nebenkassen, unterzeichnete Aufnahmeprotokolle zum Abschlussstichtag und zu anderen Stichtagen des Jahres, Kassenordnung

10. Eigenkapital

Veränderungen im GJ, Übersicht über Aktiengattungen, Nachweis über alle Zahlungen i.Z.m. Barkapitalerhöhungen, Nachweise der Werte von Sacheinlagen, Ermittlung der Ausschüttungssperre

11. Rückstellungen

Darstellung der Entwicklung der Rückstellungen, Begründung und Einzelnachweis der Entwicklung: Anfangsbestand – Auflösung – Neubildung – Endbestand, Gutachten über Pensionsrückstellungen/Altersteilzeit/Jubiläen, Pensionsordnung/-zusagen, Unterlagen über rechtlich selbständige Unterstützungskassen oder ähnliche Versorgungseinrichtungen, die nicht bilanziert sind, ggf. versicherungsmathematische Errechnung von Unterdeckungen/Fehlbeträgen, RA-Bestätigungen (direkt an den APr.), Berechnungsgrundlagen zu den einzelnen Rückstellungen

12. Haftungsverhältnisse und sonstige finanzielle Verpflichtungen

Zusammenstellung der Bürgschafts- und Gewährleistungsverträge, Wechselobligo, Patronatserklärungen, Angaben über eingegangene Haftungsverhältnisse gegenüber ehemaligen oder derzeitigen Mitgliedern des Vorstands/Geschäftsführung/AR, Aufstellung über sonstige finanzielle Verpflichten (z.B. aus Miet-/Leasingverträgen), notwendigen Großreparaturen, notwendig werdenden Umweltschutzmaßnahmen, mögliche Vertragsstrafen, außergewöhnliche Werbebeiträge oder Entwicklungsaufwendungen

13. Umsatzerlöse

Übersicht der Umsätze nach Erzeugnissen bzw. Dienstleistungen sowie entsprechenden übergeordneten Gruppen, Preis- und Mengenbewegungen, Aufstellung über Inlands- und Auslandsumsatz, Rabattsysteme, Umsatzerlöse innerhalb des Konsolidierungskreises (Innenumsatzerlöse), Abweichungsanalysen nach Produktgruppen gegenüber Budget sowie VJ.

14. Materialverbrauch

Auswertung von Inventurdifferenzen und Preisentwicklung, Begründung wesentlicher Abweichungen gegenüber dem VJ, Auswirkung steuerlicher Maßnahmen, Konzernmaterialverbrauch

15. Personalaufwendungen

Lohn- und Gehaltslisten, Berechnungsunterlagen der Brutto- und Nettolöhne bzw. -gehälter, Unterlagen über die Berechnung und Abführung von Lohnsteuern und Sozialabgaben, Organisation der Lohn- und Gehaltsbuchführung, Abrechnung von Naturalbezügen, Unterlagen über Sozialversicherungsprüfungen, Analyse der Personalaufwendungen (auf Monatsbasis), Auflistung von Sondervergütungen

16. Steuern

Steuerbescheide, Unterlagen über schwebende Auseinandersetzungen mit dem FA, Ergebnis der letzten Außenprüfung, letzter Bericht der Betriebsprüfung, Steuerbescheide, Schriftverkehr mit dem FA, Unterlagen zur Berechnung der Steuern und der Steuerumlagen im Konzern, Unterlagen über die Berechnung der Steuerrückstellungen, Ermittlung latenter Steuern, Unterlagen zu sonstigen externen Prüfungen (LSt, USt, Zoll etc.).

17. Zinsen

Aufgliederung der Zinsaufwendungen/Zinserträge

18. Sonstige Aufwendungen und Erträge

Unterlagen über die Zusammensetzung und ggf. die Berechnungsunterlagen

19. Sonstige Angaben

Ermittlung der durchschnittlichen Zahl der Beschäftigten, Zusammenstellung der Organvergütungen, Übersicht über gebildete Bewertungseinheiten

20. Unterlagen zum neuen Geschäftsjahr

Zwischenabschluss, Angaben und Erläuterungen zu wesentlichen Vorgängen nach dem Bilanzstichtag, Unterlagen zur Unternehmensplanung.

174 Durch die Bereitstellung geeigneter Hilfsmittel für die Prüfer wie Netzwerkverbindungen, einer genügenden Zahl von Arbeitsräumen, Druckern Telefonen, Telefonverzeichnissen, verschließbaren Schränken usw. kann das Unternehmen den Ablauf der Prüfung beschleunigen. Dazu gehören auch die Bereitstellung des Zugangs zum IT-System und die Einräumung ausreichender Rechnerkapazitäten für Datenanalysen bzw. -abzüge oder eventuelle Testläufe der EDV-Buchführung.

3. Verständnis des Unternehmens und seines Umfeldes

175 Um einschätzen zu können, ob sich Ereignisse oder Geschäftsvorfälle wesentlich auf den zu prüfenden JA und LB, die Abschlussprüfung, den PrB sowie den BestV auswirken können, muss der APr. über ausreichende Kenntnisse über das Geschäftsmodell sowie das wirtschaftliche und rechtliche Umfeld des Unternehmens verfügen. Die Beschaffung und Würdigung dieser Informationen stellen den Bezugsrahmen für eine **pflichtgemäße**

Ermessensausübung im Verlauf der gesamten Abschlussprüfung dar[190], die relevant sind für folgende Aspekte:
- Risikobeurteilung und die Identifikation möglicher Problemfelder,
- Wirksame und sachgerechte Prüfungsplanung und -durchführung,
- Würdigung von Prüfungsnachweisen
- Verbesserte Dienstleistung gegenüber dem Mandanten[191].

Im Rahmen des Verständnisses des Unternehmens sind **176**
- die Merkmale des Unternehmens (Geschäftstätigkeit und -entwicklung, Organe, Finanzierung etc.) einschl. der Rechtsgrundlagen und der rechtlichen Verhältnisse,
- das Unternehmensumfeld (einschl. branchenspezifischer und rechtlicher Rahmenbedingungen sowie Rechnungslegungsgrundsätze),
- die Ziele und Strategien des Unternehmens (einschl. der Geschäftsrisiken) sowie
- die Erfolgskennzahlen und die Erfolgsmessung

zu analysieren[192].

Das für die Abschlussprüfung relevante IKS ist hinsichtlich des Aufbaus und der Implementierung zu würdigen (insb. Kontrollumfeld, Risikobeurteilungsprozess, rechnungslegungsbezogenes Informationssystem, Überwachung des IKS)[193]. **177**

3.1 Merkmale des Unternehmens und Unternehmensumfelds

Zu den Merkmalen eines Unternehmens gehören die Geschäftstätigkeit, die Unternehmensorganisation bzw. der Konzernaufbau, die Eigentümer- und Finanzierungsstruktur, Beziehungen zu nahe stehenden Personen, die Führungs- und Aufsichtsstruktur, sowie durchgeführte und geplante Investitionen[194]. **178**

Der APr. muss die Branche, die rechtlichen Rahmenbedingungen und andere externe Faktoren einschl. des maßgebenden Rechnungslegungssystems **verstehen**. Dies umfasst **179**
- die Branchensituation, wie z.B. Wettbewerbsverhältnisse, Lieferanten- und Kundenbeziehungen sowie technologische Entwicklungen,
- das rechtliche Umfeld, wie etwa Umweltvorschriften, die sich auf die Branche und das Unternehmen auswirken, oder das maßgebende Rechnungslegungssystem,
- die Besteuerung,
- die politische Rahmenbedingungen,
- andere externe Faktoren, wie die gesamtwirtschaftlichen Rahmenbedingungen, das Zinsniveau, die Verfügbarkeit von Finanzierungsmitteln, Inflation oder Währungsanpassungen[195].

---

190 Vgl. ISA 315.A1 sowie *IDW PS 230*, Tz. 7. Zur Befassung des APr. mit anderen Informationen, insb. solchen i.Z.m. JA und KA veröffentlichten Daten vgl. ISA 720 (rev.) bzw. ISA 720 (rev.) (E-DE).
191 Vgl. *IDW PS 230*, Tz. 6.
192 Vgl. ISA 315.A25 ff. sowie *IDW PS 261 n.F.*, Tz. 13.
193 Vgl. *IDW PS 261 n.F.*, Tz. 37 ff.
194 Vgl. ISA 315.11(b) und ISA 315.A31 ff.
195 Vgl. ISA 315.11(a) und ISA 315.A25 ff.

3.1.1 Rechnungslegungsgrundsätze

180 Der APr. muss sich mit den angewandten Rechnungslegungsgrundsätzen auseinandersetzen und beurteilen, ob diese der Geschäftstätigkeit angemessen und mit den maßgebenden Rechnungslegungssystemen vereinbar sind. Dies umfasst

- die Rechnungslegungsgrundsätze für bedeutsame und ungewöhnliche Geschäftsvorfälle,
- die Auswirkung von bedeutsamen Rechnungslegungsgrundsätzen in umstrittenen oder neuen Bereichen, für die es keine verbindlichen Grundsätze oder keine herrschende Meinung gibt,
- Veränderungen in den angewandten Rechnungslegungsgrundsätzen sowie
- Rechnungslegungsstandards und gesetzliche oder andere rechtliche Bestimmungen, die für das Unternehmen neu sind[196].

3.1.2 Rechtsgrundlagen und rechtliche Verhältnisse

181 Nach den Vorschriften des HGB ist die Abschlussprüfung auf die Prüfung des JA und des LB einschl. der Ordnungsmäßigkeit der Buchführung beschränkt. Gleichwohl muss der APr. auch solche Teilgebiete in seine Prüfung einbeziehen, die nur in einem mittelbaren Zusammenhang mit der Prüfung des JA stehen[197]. Bei diesen sog. **außerbuchhalterischen Bereichen** handelt es sich im Wesentlichen um die Rechtsgrundlagen und Rechtsbeziehungen des Unternehmens. Ihre Einbeziehung in die Prüfung des JA ist schon deswegen geboten, weil von ihnen häufig Wirkungen ausgehen, die ihren Niederschlag in der Buchhaltung finden (z.B. Einbeziehung der Rechtsabteilung des Unternehmens und externer Rechtsanwälte bei wesentlichen Rechtsstreitigkeiten im Bereich der Umweltverpflichtungen zur Einschätzung der Bilanzierung der Rückstellungen dem Grunde und der Höhe nach). Darüber hinaus ist die Auseinandersetzung mit den Rechtsgrundlagen und den rechtlichen Verhältnissen des Unternehmens auch für die Berichtspflicht des APr. über schwerwiegende Verstöße der gesetzlichen Vertreter oder von Arbeitnehmern gegen Gesetz, Gesellschaftsvertrag oder die Satzung (§ 321 Abs. 1 S .3 HGB) von Bedeutung.

182 Bei der Prüfung der Rechtsgrundlagen und der rechtlichen Verhältnisse werden insb. die **Satzung, Protokolle** der HV/Gesellschafterversammlung und des AR sowie **Verträge mit Dritten** zu untersuchen sein, wobei Fragenkataloge nützlich sein können.

183 Fragenkatalog zur **Satzung/Gesellschaftsvertrag**

- Ist die Gesellschaft unter Beachtung der aktienrechtlichen Gründungsvorschriften wirksam entstanden (ggf. ist darüber hinaus die Prüfung von umwandlungsrechtlichen Vorschriften erforderlich)?
- Wie setzt sich das Grundkapital zusammen (Inhaberaktien, Namensaktien, vinkulierte Namensaktien (Aktienbuch), nennwertlose Stückaktien, Stammaktien, Vorzugsaktien, Mehrstimmrechtsaktien)?
- Ist das Kapital voll eingezahlt?
- Besteht bedingtes Kapital (Bilanzvermerk, ggf. Erläuterung im Anh.)?
- Besteht ein genehmigtes Kapital (Angabe im Anh.)?

---

196 Vgl. ISA 315.11(c) und ISA 315.A36.
197 Vgl. *Schulze-Osterloh*, in: HWRev³, Sp. 1620.

- Sind bei Kapitalerhöhungen oder -herabsetzungen die gesetzlichen Vorschriften beachtet worden?
- Bestehen Sonderrechte der Gründer/Aktionäre?
- Bestehen von den Kapitalanteilen abweichende Stimmrechtsregelungen (einschl. Vereinbarungen über Stimmrechtsausübungen)?
- Bestehen Genussrechte (Angabe im Anh.)?
- Sind Einlagen offen oder verdeckt zurückgewährt worden?
- Sind gewinn- oder dividendenabhängige AR-Bezüge zu zahlen?
- Gibt die Satzung/der Gesellschaftsvertrag Anweisungen über die Bildung und Auflösung von Rücklagen sowie Verwendung des Bilanzgewinns?
- Steht die geschäftliche Betätigung im Einklang mit dem in der Satzung/im Gesellschaftsvertrag festgelegten Zweck der Gesellschaft?
- Bestehen eingetragene Zweigniederlassungen?
- Zählt die Satzung/der Gesellschaftsvertrag Rechtsgeschäfte oder Maßnahmen auf, die der Vorstand/die Geschäftsführung nur mit Zustimmung des AR vornehmen darf?
- Wann ist die Satzung/der Gesellschaftsvertrag letztmalig geändert worden?
- Ist die Satzungsänderung in das HR eingetragen worden (neuester Registerauszug)?

Der APr. ist nicht verpflichtet, i.R.d. Abschlussprüfung gesetzeswidrige Bestimmungen der Satzung/des Gesellschaftsvertrages aufzudecken. Stellt er jedoch bei seiner Prüfung solche Gesetzesverstöße fest, so sind Konsequenzen für den PrB und in bestimmten Fällen für den BestV zu ziehen[198]. **184**

Für **fehlerhafte Bestimmungen** der Satzung/des Gesellschaftsvertrages, die die rechtliche Struktur der Gesellschaft betreffen und nicht den JA beeinflussen, aber dem APr. zur Kenntnis gelangen, wie z.B. fehlerhafte Bestimmungen über den Gegenstand des Unternehmens, die Geschäftsführungsbefugnis des Vorstands/der Geschäftsführung oder Formen und Fristen bei der Einberufung der HV/Gesellschafterversammlung, besteht keine Rede- und Mitteilungspflicht des Prüfers. Er wird jedoch die Unternehmensleitung in geeigneter Form darauf aufmerksam machen. **185**

Fragenkatalog zum **AR, Vorstand/Geschäftsführung, Prokuristen** **186**

- Sind AR und Vorstand/Geschäftsführung ordnungsmäßig besetzt (Satzungsbestimmungen, Zeitablauf der Bestellung)?
- Sind Beschlüsse eventuell wegen nicht ordnungsmäßiger Besetzung des AR oder des Vorstandes/der Geschäftsführung fehlerhaft?
- Sind die Befugnisse des Vorstandes/der Geschäftsführung durch die Satzung beschränkt?
- Ist der letzte JA festgestellt worden?
- Ist der letzte JA offengelegt worden?
- Sind Vorstand und AR von der HV entlastet worden?
- *Welche Beschlüsse hat der AR im GJ gefasst?*
- Sind neue Prokuristen ernannt oder ist bisherigen Prokuristen die Prokura entzogen worden?
- Sind Erteilungen und Löschungen von Prokuren im HR eingetragen worden?
- Wird die Art der Prokura (Einzel- oder Gesamtprokura) beachtet?
- Sind andere Vollmachten erteilt worden?

---

198 Vgl. § 321 Abs. 1 S. 3 HGB; *IDW PS 450 n.F.*, Tz. 48.

L Die Durchführung der Abschlussprüfung

187 Fragenkatalog zur **Hauptversammlung/Gesellschafterversammlung**
- Wann hat die letzte HV/Gesellschafterversammlung stattgefunden (Protokoll)?
- Ist die HV/Gesellschafterversammlung ordnungsmäßig einberufen worden, so dass alle Beschlüsse ordnungsmäßig gefasst worden sind?
- Hat der letzte JA der HV/Gesellschafterversammlung vorgelegen?
- Welche Beschlüsse hat die HV/Gesellschafterversammlung über die Gewinnverwendung gefasst und wie sind diese Beschlüsse ausgeführt worden?
- Welche Beschlüsse hat die HV/Gesellschafterversammlung weiterhin gefasst?
- Sind die Beschlüsse, deren Durchführung dem Vorstand/der Geschäftsführung obliegt, ausgeführt worden?
- Ist gegen einen Beschluss Widerspruch zu Protokoll gegeben worden?
- Schweben Nichtigkeits- oder Anfechtungsklagen?
- Ist der APr. gewählt worden?
- Ist ein Sonderprüfer bestellt worden?

188 Fragenkatalog zu **Verträgen mit Dritten/nahe stehenden Personen**
- Bestehen langfristige Verträge mit Lieferanten und Kunden?
- Bestehen Verträge mit Lizenzgebern oder Lizenznehmern?
- Bestehen Pacht- oder Leasingverträge?
- Wurden Unternehmensfunktionen ausgelagert (z.B. Logistik, Buchhaltung, IT etc.)?
- Bestehen wesentliche Darlehensverträge bzw. sind Covenants vereinbart?
- Bestehen Zweckgesellschaften?
- Bestehen wesentliche Verträge mit nahe stehenden Personen/Unternehmen?
- Bestehen Beherrschungs- und/oder GAV, Gewinnpoolungen, Interessengemeinschaftsverträge, Kartellverträge, steuerlich wirksame Organschaftsverträge, Dokumentation zu Verrechnungspreisen?
- Welche Zusagen wurden für die Altersversorgung der Belegschaft gemacht?
- Unterliegt die Gesellschaft Tarifverträgen?

189 Fragenkatalog zu **sonstigen Themen**
- Ist die Gesellschaft ein verbundenes Unternehmen?
- Ist ein Risikofrüherkennungssystem nach § 91 Abs. 2 AktG eingerichtet?
- Sind der Gesellschaft Mitteilungen gem. §§ 20, 21 AktG gemacht worden?
- Hat die Gesellschaft ihrerseits Mitteilungspflichten nach §§ 20, 21 AktG erfüllt?
- Hat die Gesellschaft die diversen Mitteilungspflichten des WpHG eingehalten?
- Welche Regelungen hat die Gesellschaft in Bezug auf eine angemessene Corporate Governance getroffen?
- Ist ein Abhängigkeitsbericht zu erstellen?
- Ist ein (Teil-)KA zu erstellen?
- Hat die Gesellschaft ihren JA oder einen Zwischenabschluss zur Einbeziehung in einen KA einem anderen Unternehmen einzureichen?
- Erfüllt die Gesellschaft die für die Inanspruchnahme von Aufstellungs- und/oder Offenlegungserleichterungen erforderlichen Größenkriterien?

190 Aus der exemplarischen Aufzählung möglicher **Rechtsbeziehungen** ergibt sich, dass sich ggf. sehr weitgehende Auswirkungen auf die Buchführung und den JA ergeben können, so dass hinreichender Anlass für den APr. besteht, solchen Fragen nachzugehen und entsprechende Auskünfte zu erfragen. Gerade für den außerbuchhalterischen Bereich empfiehlt sich stets die Einholung einer ausführlich gehaltenen VollstE[199].

3.2 Unternehmensziele und -strategien und Geschäftsrisiken

Der APr. muss die Ziele und Strategien des Unternehmens sowie die damit zusammenhängenden **Geschäftsrisiken** verstehen, die wesentliche falsche Angaben im JA und LB zur Folge haben können[200]. Unter Strategien werden Leitlinien für das operative Geschäft verstanden, die der Erreichung der Ziele durch die gesetzlichen Vertreter dienen. Geschäftsrisiken resultieren aus bedeutenden Gegebenheiten, Ereignissen, Umständen, Maßnahmen oder Unterlassungen, die sich auf die Fähigkeit des Unternehmens, seine Ziele zu erreichen und seine Strategien umzusetzen, nachteilig auswirken können. Der Begriff „Geschäftsrisiko" umfasst neben dem Risiko wesentlicher falscher Angaben im Abschluss auch andere Risiken (z.B. operative oder strategische Risiken sowie Risiken aus der Nichteinhaltung gesetzlicher Vorgaben), die sich negativ auf die Zielerreichung des Mandanten auswirken können[201].

191

> **Beispiel 15:**
> Zu den Geschäftsrisiken zählen:
> - Fehlen angemessener Reaktionen des Unternehmens auf Entwicklungen innerhalb der Branche (z.B. mangels Know-how),
> - erhöhtes Produkthaftungsrisiko bei neuen Produkten,
> - Ausweitung der Geschäftstätigkeit bei unzutreffender Einschätzung der Nachfrage,
> - Zunahme rechtlicher Risiken bei Änderung der regulatorischen Anforderungen,
> - gegenwärtige und zukünftige Finanzierungsanforderungen,
> - IT-Risiken.
>
> Die meisten Geschäftsrisiken sind letztlich mit finanziellen Konsequenzen verbunden und wirken sich deshalb auf den JA oder LB aus.

3.3 Messung und Überwachung des wirtschaftlichen Erfolgs

Leistungskennzahlen und deren Überwachung geben dem APr. Hinweise auf von den gesetzlichen Vertretern sowie anderen am Unternehmen interessierten Personen (Analysten u.a.) als wichtig erachtete Aspekte der unternehmerischen Leistung[202]. **Interne oder externe Leistungskennziffern** bewirken Druck auf die gesetzlichen Vertreter und andere Führungskräfte, Maßnahmen zur Verbesserung der Leistung des Unternehmens zu ergreifen oder aber im Abschluss falsche Angaben zu machen. Im Unternehmen genutzte Informationen zur Messung und Überwachung des wirtschaftlichen Erfolgs können intern erzeugte Informationen umfassen, wie leistungsbezogene (finanzielle und nichtfinanzielle) Schlüsselgrößen, Budgets, Abweichungsanalysen, Segmentinformationen und Leistungsberichte nach Geschäftsbereichen oder Abteilungen sowie Benchmark-Analysen einschl. der Entwicklung der Wettbewerber. Daneben können extern

192

---
199 Vgl. Kap. L Tz. 1251 ff.
200 Vgl. ISA 315.11(d) und ISA 315.A37 ff.
201 Vgl. ISA 315.4.
202 Vgl. ISA 315.11(e) und ISA 315.A44 ff.

ermittelte Analysen verwendet werden, wie Analystenberichte, Berichte von Rating-Agenturen.

193 Beabsichtigt der APr. die Verwendung von **Leistungskennzahlen** für Zwecke der Abschlussprüfung (z.B. für analytische Prüfungshandlungen), hat er abzuwägen, ob die bei der Überwachung der Leistung verwendeten Informationen hierfür verlässlich und hinreichend präzise sind, um die Aufdeckung wesentlicher falscher Angaben zu ermöglichen.

3.4 Instrumente zur Beurteilung der Geschäftstätigkeit und des rechtlichen und wirtschaftlichen Umfelds

194 Die Gewinnung der erforderlichen Kenntnisse[203] im Hinblick auf die Besonderheiten der Unternehmen und der Komplexität der Geschäftsmodelle stellt den APr. vor erhebliche Herausforderungen, obgleich es i.d.R. nicht erforderlich sein wird, dass sein Kenntnisstand dem der gesetzlichen Vertreter entspricht[204]. Die Vielzahl der Aspekte, die in diesem Zusammenhang zu berücksichtigen sind[205], macht ein operationalisiertes Verfahren notwendig, das eine strukturierte Vorgehensweise sicherstellt. Um die Informationen systematisch aufbereiten zu können, stehen verschiedene Techniken zu Verfügung. Die Entscheidung darüber, welche Technik am besten geeignet ist, kann nur unternehmensspezifisch getroffen werden. Die Durchführung der Analyse kann durch verschiedene betriebswirtschaftliche Verfahren unterstützt werden:

- Die **PEST-Analyse** (Political, Economical, Social, Technological) stellt auf das Makroumfeld des Unternehmens ab und dient zur strukturierten Aufbereitung der Informationen der politischen, wirtschaftlichen, sozialen und technologischen Einflussfaktoren. Damit werden die Chancen und Gefahren von externen Einflüssen auf die Geschäftstätigkeit des Unternehmens sichtbar gemacht.
- Im **Porter's Five Forces-Modell** (Strukturierung anhand der Einflussgrößen Wettbewerbsintensität, Bedrohung durch neue Anbieter, Bedrohung durch Ersatzprodukte, Verhandlungsstärke der Lieferanten sowie Verhandlungsstärke und Preissensitivität der Abnehmer) werden die Einflüsse im Branchenumfeld und die Wettbewerbssituation in der Branche dargestellt.
- Ebenfalls auf die Stellung des Unternehmens innerhalb der Branche stellt eine **Wettbewerbsanalyse** ab, bei der die Leistung des Unternehmens in unterschiedlichen Kategorien in Relation zur Leistung der Wettbewerber gesetzt wird.
- Die **SWOT-Analyse** dient der systematischen Erfassung von Stärken, Schwächen, Chancen und Risiken (Strengths, Weaknesses, Opportunities, Threats) des Unternehmens und führt die festgestellten Eigenschaften der Strategie des Mandanten zusammen. Dabei gehen sowohl die (unternehmensinternen) Stärken und Schwächen als auch die (unternehmensexternen) Chancen und Gefahren in die Beurteilung ein.
- Das Konzept der **Balanced Scorecard** übersetzt die Geschäftsziele und -strategien in eine Ursache-/Wirkungsbeziehung regelmäßig entlang von vier Perspektiven; Finanzperspektive, Kundenperspektive, interne Prozessperspektive und Lern- und Entwicklungsperspektive. Durch das Aufzeigen von Ursache-Wirkungszusammen-

---

[203] Vgl. im Einzelnen: *IDW PS 230*, Anhang.
[204] Vgl. *IDW PS 230*, Tz. 8.
[205] Vgl. Aufstellung im Anhang zu *IDW PS 230*.

hängen zwischen den einzelnen Perspektiven wird eine Perspektive nicht isoliert betrachtet, sondern aus den anderen Perspektiven abgeleitet und in Verbindung zu diesen gesetzt.

Der APr. zieht diverse Quellen heran, um Informationen über das Unternehmen und dessen Umfeld zu erlangen. Als solche sind etwa zu nennen[206]: 195

- Gespräche mit Personen innerhalb des Unternehmens (z.B. mit den gesetzlichen Vertretern oder leitenden Angestellten)
- Veröffentlichungen über das Unternehmen oder die Branche (z.B. Branchenreporte, von Banken und Finanzanalysten veröffentlichte Berichte, Internet)
- Rechtsvorschriften mit wesentlicher Bedeutung für das Unternehmen
- vom Unternehmen erstellte Unterlagen (z.B. JA und Geschäftsberichte vorhergehender Jahre, Protokolle über Vorstands-, AR- und sonstige Sitzungen, strategische und operative Unternehmensplanung, interne Unternehmensberichte und Organisationshandbücher).

3.5 Ergebnisse der Analyse der Geschäftstätigkeit und des rechtlichen und wirtschaftlichen Umfelds

Der APr. hat die aus der Analyse der Geschäftstätigkeit sowie des rechtlichen und wirtschaftlichen Umfelds erworbenen Kenntnisse in zweifacher Hinsicht zu nutzen: Einerseits sind die Auswirkungen des wirtschaftlichen und rechtlichen Umfelds dahingehend zu beurteilen, inwieweit sie sich auf JA und LB auswirken. Andererseits ist zu fragen, ob der JA und der LB mit diesen Kenntnissen in Einklang stehen[207]. Die Ergebnisse sind wesentliche Grundlage für die[208] 196

- Beurteilung von Risiken wesentlicher falscher Angaben im Abschluss,
- Festlegung der Wesentlichkeitsgrenzen,
- Einschätzung der Angemessenheit der Auswahl und Anwendung von Rechnungslegungsgrundsätze sowie der Angaben im JA (z.B. hinsichtlich einer Bilanzierung unter der Fortführungsprämisse),
- Identifikation von Bereichen, die ggf. einer besonderen Berücksichtigung bei der Abschlussprüfung erfordern (z.B. branchenspezifische Regelungen),
- Entwicklung von analytischen Prüfungshandlungen (z.B. werden analytische VJ-Vergleiche bei disruptiven Branchenentwicklungen mangels Vergleichbarkeit i.d.R. nicht zu angemessenen Prüfungsnachweisen führen),
- Beurteilung der Aussagen im LB zum Geschäftsverlauf und der Lage des Unternehmens[209] sowie der zukünftigen Entwicklung[210];
- Beurteilung, ob ausreichende und angemessene Prüfungsnachweise erlangt wurden.

Der APr. muss die Risiken wesentlicher falscher Angaben auf **Abschlussebene** und auf **Aussageebene** von Geschäftsvorfällen, Kontensalden sowie Angaben in Abschluss- 197

---

206 Vgl. dazu auch *IDW PS 230*, Tz. 14.
207 Vgl. *IDW PS 230*, Tz. 8.
208 Vgl. ISA 315.A1; *IDW PS 230*, Tz. 6 f.
209 Vgl. *IDW PS 350 n.F.*, Tz. 57 ff.; ferner *Clemm/Reittinger*, in: HWRev³, Sp. 1190.
210 Vgl. § 317 Abs. 2 S. 2 HGB; *IDW PS 350 n.F.*, Tz. 71 ff. Zu Einzelheiten der Prüfung des LB vgl. Kap. L Tz. 1121 ff.

posten und andere Angaben erkennen und beurteilen[211]. Die Kontrollrisiken auf Abschlussebene resultieren vielfach aus einem schwachen Kontrollumfeld des Unternehmens oder dem rechtlichen oder wirtschaftlichen Umfeld des Unternehmens (z.B. konjunkturelle Lage, rechtliche Rahmenbedingungen in einer regulierten Branche, wirtschaftlicher oder technischer Umbruch in der Branche, starker Wettbewerbsdruck) und wirken daher regelmäßig nicht auf einzelne Anschlussaussagen, sondern auf den Abschluss als Ganzes.

198 Als Teil der Risikobeurteilung ist festzulegen, welche der identifizierten Risiken auf Abschlussebene eine besondere Berücksichtigung bei der Prüfung erfordern (sog. **bedeutsame Risiken**)[212]. Für die bedeutsamen Risiken **muss** der APr. ein Verständnis von den für dieses Risiko relevanten Kontrollen des Unternehmens gewinnen, einschl. der dazugehörigen Kontrollaktivitäten[213]. Bedeutsame Risiken betreffen oft Nicht-Routine-Transaktionen, die aufgrund ihrer Größe oder Art ungewöhnlich sind und deshalb selten auftreten, wie bspw. die Bewertung von Rückstellungen für wesentliche Rechtsstreitigkeiten. Weiterhin zählen dazu solche Sachverhalte, die ermessensbehaftete Entscheidungen erfordern, bei denen es erhebliche Bemessungsunsicherheiten gibt.

3.6 Bedeutung von IT im Unternehmen

3.6.1 Grundlegende Aspekte von IT im Unternehmen

199 Die heutigen Möglichkeiten der Digitalisierung führen zu grundlegenden Veränderungen in den Geschäftsprozessen der Unternehmen. Durch die mit der Digitalisierung einhergehenden Technologien, insb. die Informationstechnologie (IT), und die Sammlung und Auswertung von strukturierten und unstrukturierten Datenmengen entstehen neue Geschäftsmodelle; traditionelle Geschäftsmodelle werden von bis dato als „branchenfremd" angesehenen Anbietern angegriffen oder verdrängt (Disruption). Die neuen oder veränderten Geschäftsprozesse verlangen eine Änderung in den Wertschöpfungsketten und in der Steuerung von Unternehmensprozessen. Dabei ist eine starke Zunahme von innovativen, originär **auf IT beruhenden Geschäftsmodellen** zu beobachten. Während die Erfassung, Verarbeitung und Speicherung von Geschäftsvorfällen schon seit einigen Jahren weitestgehend automatisiert in den Unternehmen mit Hilfe von sog. Enterprise Resource Planning (ERP)-Systemen von SAP, Microsoft Dynamics NAV/AX oder Infor erfolgt, gab es keine automatische Vernetzung oder Selbst-Steuerung von Maschinen. Auch die Kommunikation, sei es über den Online-Handel mit Kunden oder über Supply Chain Management (SCM)-Systeme mit Zulieferern, ist heute stark durch den Einsatz von IT geprägt. Zum Zwecke der Unternehmensplanung, -steuerung und -überwachung werden über immer leistungsfähigere Business Intelligence (BI)-Systeme die in den Unternehmensprozessen verarbeiteten Daten verdichtet, in Kennzahlen aufbereitet und über Mobile Devices, wie das iPad, zur Verfügung gestellt (Stichwort „Industrie 4.0").

200 Aufgrund der starken Durchdringung der IT in mittlerweile sämtlichen Unternehmensprozessen steigen die **Abhängigkeit von und die Bedeutung der IT** in den Unternehmen. Ein von der IT abhängiges Unternehmen wird daher seine IT-Strategie

---

211 Vgl. ISA 315.25; *IDW PS 261 n.F.*, Tz. 70.
212 Vgl. ISA 315.27; *IDW PS 261 n.F.*, Tz. 65; zu Einzelheiten vgl. Kap. L Tz. 198, Kap. L Tz. 285 ff.
213 Vgl. ISA 315.29; *IDW PS 261 n.F.*, Tz. 78; zu Einzelheiten vgl. Kap. L Tz. 324.

immer aus der Geschäftsstrategie ableiten. Eine fehlende Abstimmung der Strategien oder fehlende Investitionen in die IT können die von der Unternehmensleitung angestrebten strategischen Ziele in Frage stellen. Hierauf ist z.B. zu achten, wenn Unternehmen sehr ambitionierte Steigerungen der Umsatzerlöse anstreben oder neue Geschäftsmodelle mit IT-Unterstützung planen.

Die Geschäftsmodelle vieler etablierter Unternehmen (z.B. Autobauer, Krankenhäuser) sowie der durch die Möglichkeiten der Digitalisierung neu entstehenden Unternehmen sind stark abhängig von einer funktionierenden IT; ohne IT-Einsatz wären sie nicht überlebensfähig. **201**

Beispiel 16:

Die nachfolgende Tabelle beschreibt die IT-Abhängigkeit von traditionellen Unternehmen und Unternehmen der sog. sharing economy:

Bereich	traditionelles Unternehmen	sharing economy
Transport	Taxi • erhält Fahraufträge per Handzeichen, telefonisch oder über App • kann auch ohne IT Fahraufträge annehmen	Uber • erhält eine Gebühr für die Vermittlung von Fahrten (= wesentliche Einnahmequelle) • ohne IT kann keine Vermittlung und damit kein Fahrauftrag erfolgen
Beherbergung	Hotel • verkauft Übernachtungen persönlich (Kunde bestellt im Hotel), telefonisch oder über das Internet bzw. App • kann auch ohne IT Übernachtungen anbieten	Airbnb • erhält eine Gebühr für die Vermittlung von Übernachtungen (= wesentliche Einnahmequelle) • ohne IT kann keine Vermittlung und damit keine Übernachtung erfolgen

Der Einsatz der IT ist für Unternehmen mit großen Chancen für Geschäftsentwicklung und Prozessoptimierung verbunden; gleichzeitig ist er mit **Risiken** verbunden. Hier sind insb. die Bedrohungen der IT-Sicherheit in einer vernetzten Welt durch Wirtschaftsspionage und Informationsdiebstahl (Stichwort „Cyber Crime"), Datenschutzverletzungen und Störungen sowie Ausfälle von IT-Systemen zu nennen. Viele Risiken lassen sich mit Schutzmaßnahmen, wie etwa der Ausrichtung von Prozessen an allgemein anerkannten Standards (z.B. ISO/IEC 27001 zum Informationssicherheits-Managementsystem oder die Standards des Bundesamts für die Sicherheit in der Informationstechnik (BSI) zum IT-Grundschutz) minimieren bzw. vermeiden. Häufig mangelt es jedoch an der Umsetzung der in den Standards genannten Maßnahmen. So besteht z.B. ein unzureichender Passwortschutz oder er fehlt gänzlich. Auch finden sich in der IT-Infrastruktur des Unternehmens teilweise nicht aktualisierte Software, die dadurch erhebliche Sicherheitslücken aufweist. Ein bedeutsames Risiko entsteht in der Praxis auch häufig aus einer Kombination von menschlichen Schwächen, z.B. durch das Außerachtlassen von Sicherheitsrichtlinien und Lücken im IT-Sicherheitssystem. **202**

203 Durch die zunehmende Möglichkeit der **Auslagerung** (einschl. Cloud Computing) von IT-Leistungen besteht für viele Unternehmen die Möglichkeit, den Einsatz von IT kurzfristig an ihre jeweiligen Bedürfnisse anzupassen (z.B. Saisongeschäft, kurzfristige hohe Auslastung), ohne die dazu benötigten personellen Ressourcen anzupassen und ggf. hohe Investitionen in Hard- und Software sowie in die IT-Sicherheit zu tätigen. Viele der neuen Geschäftsmodelle, z.B. die Analyse von großen, unstrukturierten Datenmengen (Stichwort „Big Data"), sind ohne die Nutzung von Cloud Computing für die Mehrzahl der Unternehmen wirtschaftlich nicht darstellbar. Die Nutzung von Cloud Computing steht häufig nicht mehr in der Entscheidung des Unternehmens, sondern wird vom datenverarbeitenden Unternehmen getroffen, so dass sich das auslagernde Unternehmen zwangsweise mit der Schutz der von der Auslagerung betroffenen Daten befassen muss.

3.6.2 Verarbeitung und Analyse von Daten im Unternehmen

204 Die Verbreitung von Breitbandtechnologien, mobilen Endgeräten, Cloud Computing, kontinuierlich steigenden Rechnerkapazitäten, künstlicher Intelligenz u.Ä. gehen einher mit einem exponentiellen Wachstum strukturierter und unstrukturierter Informationen in den Unternehmen und bei deren Kommunikation mit ihren Stakeholdern. Hiermit verbunden sind für Unternehmen nahezu aller Branchen und Größenklassen erhebliche Herausforderungen im Umgang mit den Daten. Beispielhaft zu nennen sind Faktoren wie die Nutzung des Internets als Medium zur Kommunikation zwischen Unternehmensinnen- und -außenwelt (z.B. Anfälligkeit gegen Hacker-Attacken und andere Spielarten von Cyber-Kriminalität) sowie die Einhaltung von Datenschutzanforderungen bei der Verarbeitung von personenbezogenen Daten[214].

205 Zur Abwicklung ihrer Geschäftsprozesse setzen Unternehmen IT-Systeme ein, die elektronische Daten **strukturiert** erfassen, verarbeiten und ausgeben. Diese Daten betreffen neben den klassischen Kernprozessen (z.B. Einkauf, Verkauf) auch die Unterstützungsprozesse (z.B. Personal, Buchhaltung) und die Führungsprozesse (z.B. Strategie, Vorstand) und dienen der Planung, Steuerung und Überwachung des Unternehmens. Die Erfassung der Daten kann sowohl manuell als auch maschinell erfolgen. In den IT-Systemen hinterlegte Programmfunktionen steuern die ordnungsmäßige Verarbeitung der Daten. Die Ausgabe der Daten kann einzeln, aggregiert sowie mit der Anwendung von einfachen oder komplexen Berechnungsverfahren erfolgen.

Beispiel 17:

Art der Datenverarbeitung	Anwendungsfall (Beispiele)
manuelle Erfassung von Daten	Buchung einer Rückstellung durch den Sachbearbeiter
maschinelle Erfassung von Daten	Bankdaten werden automatisiert über eine Schnittstelle vom Bankenprogramm in das IT-System des Unternehmens eingelesen
Verarbeitung von Daten	im IT-System hinterlegte Regeln steuern die Zuordnung von Zahlungen zu offenen Posten

---

214 Vgl. Kap. A Tz. 191.

Art der Datenverarbeitung	Anwendungsfall (Beispiele)
Ausgabe von Daten (einzeln)	Einzelposten Sachkonto
Ausgabe von Daten (aggregiert)	Bilanz, GuV
Ausgabe von Daten (mit einfacher Berechnung)	Altersstrukturliste Debitoren

Zunehmend werden auch **unstrukturierte** Daten in den Unternehmen verarbeitet. Unstrukturierte Daten können – im Gegensatz zu strukturierten Daten – von IT-Systemen nicht mit klassischen Programmlogiken verarbeitet werden, da sie in keiner formalisierten Datenstruktur vorliegen. 206

> **Beispiel 18:**
>
> Zu den unstrukturierten Daten zählen zum Beispiel PowerPoint-Präsentationen, Word-Dokumente, Excel-Tabellen, Bilddateien, Audio- und Video-Dateien sowie Daten aus Social-Media-Anwendungen (z.B. Twitter oder Facebook).
>
> Obwohl einige der genannten Beispiele eine gewisse Struktur haben (z.B. Datenblatt mit Zellen in der Excel-Datei), können die darin befindlichen Daten frei und beliebig (= unstrukturiert) vom Nutzer vergeben werden.
>
> Eine Besonderheit stellen E-Mail-Nachrichten dar. Hier vermischen sich strukturierte Daten (Absender, Empfänger und Betreff) mit unstrukturierten Daten (Textfeld der E-Mail).

Die Verwaltung, Speicherung und Verarbeitung der unstrukturierten Daten stellt viele Unternehmen vor große Herausforderungen, da die herkömmlichen Verarbeitungsprogramme und Datenbanken hierfür nicht nutzbar sind. Neuere Entwicklungen im Bereich des sog „Data/Text Mining" und der Einsatz von künstlicher Intelligenz zeigen erste Erfolge in der automatisierten Nutzung dieser Daten. Eine Strukturierung kann für die Unternehmen in zweierlei Hinsicht sinnvoll sein: Erstens können die in den unstrukturierten Daten enthaltenen Informationen intern einzelnen Geschäftsvorfällen zugeordnet werden (Rechenschaftsfunktion) und zweitens können diese Daten analysiert und für externe Zwecke, wie etwa für das Kundenmanagement, genutzt werden. 207

Die technischen Möglichkeiten zur zeitnahen Verarbeitung von großen strukturierten und unstrukturierten Datenmengen werden von den Unternehmen für unterschiedlichste Analysemöglichkeiten genutzt. So lassen sich mit Hilfe von Data Warehouse (DW) und Business Intelligence (BI)-Lösungen Daten aus den unterschiedlichsten IT-Systemen einzeln oder aggregiert zur Planung, Steuerung und Überwachung des Unternehmens nutzen. 208

Ausgangspunkt für die Analysen sind regelmäßig Daten aus der Rechnungslegung des Unternehmens. Aufgrund der hohen Kontrolldichte bei rechnungslegungsrelevanten Daten weisen diese meist eine höhere Verlässlichkeit auf als Daten aus anderen Unternehmensbereichen. 209

3.6.3 Risiken aus dem Einsatz von Informationstechnologie (IT)

Der APr. muss sich ein **Verständnis** von Art und Bedeutung des Einsatzes **von IT im Unternehmen** einschl. der Auswirkungen auf das IKS verschaffen, um festzustellen und 210 zu beurteilen, ob und welche IT-Risiken zu wesentlichen falschen Angaben in der Rechnungslegung führen können[215].

211 Die beurteilten IT-Risiken, die zu wesentlichen falschen Angaben in der Rechnungslegung führen können, werden als **IT-Fehlerrisiken** bezeichnet. Das IT-Fehlerrisiko setzt sich aus dem inhärenten IT-Risiko und dem IT-Kontrollrisiko zusammen. Beide Risikoarten sind eng miteinander verbunden, so dass grundsätzlich eine gemeinsame Betrachtung erfolgt[216]. Ein inhärentes IT-Risiko liegt vor, wenn durch den Einsatz von IT-Systemen Fehler auftreten können, die Auswirkungen auf die Ordnungsmäßigkeit der Rechnungslegung haben, ohne Berücksichtigung des IKS. Bei der Beurteilung der inhärenten IT-Risiken ist es notwendig, IT-bezogene Risikoindikatoren frühzeitig zu beachten, um auf dieser Basis Schlussfolgerungen für die weitere Prüfung zu ziehen. IT-Kontrollrisiken stellen die Gefahr dar, dass wesentliche Fehler in der IT durch das IT-Kontrollsystem (welches integraler Bestandteil des IKS ist[217]) des Unternehmens nicht verhindert oder aufgedeckt und korrigiert werden.

212 Bei der Beurteilung von IT-Fehlerrisiken berücksichtigt der APr. nur Risiken wesentlicher Fehler im IT-System, soweit diese **rechnungslegungsrelevant** sind. Rechnungslegungsrelevante IT-Systeme (bestehend aus den rechnungslegungsrelevanten IT-Anwendungen, IT-gestützten Geschäftsprozessen und der IT-Infrastruktur) dienen dazu, Daten über Geschäftsvorfälle oder sonstige betriebliche Aktivitäten zu erfassen und zu verarbeiten,

- die entweder direkt in die IT-gestützte Rechnungslegung einfließen (z.B. Buchung einer Rückstellung im Hauptbuch, Erfassung einer Ausgangsrechnung im Nebenbuch mit Überleitung ins Hauptbuch) oder
- als Grundlage für Buchungen dem Rechnungslegungssystem in elektronischer Form zur Verfügung stehen (z.B. elektronische Auswertung der Garantiefälle als Grundlage zur Buchung der Garantierückstellung)[218].

3.6.3.1 IT-Risikoindikatoren für die Risikoeinschätzung

213 Die **IT-Risikoindikatoren** Abhängigkeit, Änderungen, Know-how und Ressourcen sowie geschäftliche Ausrichtung sollen dem APr. eine angemessene Einschätzung der jeweiligen Mandantensituation ermöglichen. Die nachfolgende Darstellung dieser Risikoindikatoren berücksichtigt wesentliche und typisch auftretende Faktoren, die u.U. an die jeweilige Situation anzupassen sind (Ergänzung, Gewichtung, etc.). Insb. ist zu beachten, dass IT-Risiken (bzw. aktuelle technische und organisatorische Entwicklungen im IT-Bereich) branchenspezifisch stark variieren können.

214 Bei der **Einschätzung der IT-Risikoindikatoren** ist weiterhin zu berücksichtigen, dass Teile davon keine direkten Auswirkungen auf die Ordnungsmäßigkeit der Rechnungslegung haben müssen (z.B. Überalterung der IT), andere Faktoren jedoch einen unmittelbaren Einfluss darauf haben, wie z.B. fehlende Nachvollziehbarkeit von Änderungen von Softwareprogrammen.

---

215 Vgl. ISA 315.21.
216 Vgl. ISA 200.A40; *IDW PS 261 n.F.*, Tz. 7.
217 Vgl. *IDW PS 330*, Tz. 9.
218 Vgl. *IDW RS FAIT 1*, Tz. 14.

a) Risikoindikator „Abhängigkeit"

Die Abhängigkeit der Unternehmen von IT stellt einen strategischen Risikofaktor dar. **215**
Die folgenden Risikoaspekte gelten grundsätzlich für alle Unternehmen:

- **Automationsgrad:** Die Automatisierung der Systeme und Prozesse fördert einerseits die Effizienz und Effektivität, andererseits können Fehlfunktionen (z.B. in Produktions-, Lagerwirtschafts- und Logistiksystemen) zu einem Ausfall ganzer Geschäftsprozesse (betrieblicher Abläufe) führen, so dass der Geschäftsbetrieb gefährdet wird. Das Unternehmen ist somit in hohem Maße von der Funktionsfähigkeit und der dauernden Betriebsbereitschaft und Verfügbarkeit der Systeme abhängig. Es muss entsprechende Maßnahmen (**Notfallplanungen**) ergreifen, um diese zu gewährleisten. Zu berücksichtigen ist auch, dass derartige Systeme häufig über Schnittstellen mit Dritten verbunden sind (z.B. Internet, Electronic Data Interchange) und automatisierte Prozesse von außen initiiert werden können. Im Falle eines hohen Automatisierungsgrads sind im IKS des Unternehmens häufiger organisatorische Sicherungsmaßnahmen und automatisierte Kontrollen anzutreffen und es werden vermehrt Massendaten verarbeitet[219]. Der APr. muss dies bei der Auswahl der Mitarbeiter seines Prüfungsteams berücksichtigen.
- **Komplexität:** Die Systeme werden zunehmend flexibler und umfangreicher und für die Anwender komplizierter und unüberschaubarer. So müssen selbst bei Standard-Anwendungssystemen umfangreiche rechnungslegungsrelevante Tabellen und Parameter gepflegt werden, um diese an die jeweiligen Unternehmensanforderungen anzupassen (Customizing). Das liegt auch an den Schnittstellen zwischen den verschiedenen Systemen. Diese Komplexität bedingt eine hohe **Abhängigkeit vom Fachwissen** einzelner IT-Spezialisten, das zudem häufig an externe Dritte ausgelagert ist. Fehlende Kenntnisse über die eigenen und ausgelagerten Systeme können zu einem höheren Risikopotenzial führen.
- **Kritische/sensible Daten:** Unternehmenswichtige Daten werden heute weitgehend in IT-Systemen vorgehalten (z.B. Rezepturen, Zeichnungen, Stücklisten) und stellen einen wichtigen Vermögenswert dar. Ohne permanenten Zugriff auf diese Daten können der Wertschöpfungsprozess (d.h. Produktion von Gütern und Dienstleistungen) und die Unternehmenssteuerung gefährdet werden. Das Unternehmen muss neben ausreichenden Datensicherungsmaßnahmen auch angemessene **Zugriffsbeschränkungen** konzipieren, um eine Manipulation oder die missbräuchliche Verwendung zu verhindern.
- **Verfügbarkeit der Systeme:** IT-Systeme müssen zur Aufrechterhaltung des Geschäftsbetriebs dauerhaft und verlässlich verfügbar sein. Hierzu ist es erforderlich, die Abhängigkeit des Unternehmens vom Betrieb wichtiger Systeme richtig einzuschätzen und – nach Prioritäten gewichtet – Notfallmaßnahmen für die Überbrückung von Ausfallzeiten zu definieren. Eine Nichtverfügbarkeit von IT-Systemen kann das Risiko von Datenverlusten (z.B. fehlende Daten können nicht mehr oder nur mit unverhältnismäßig hohem Aufwand rekonstruiert werden) oder Datenmanipulationen (z.B. Daten werden nach einem Systemausfall doppelt gebucht) sowie von materiellen und immateriellen Vermögensschäden (z.B. Umsatzausfälle, Reputationsschaden mit möglichen künftigen Umsatzeinbußen) erhöhen.

---

219 Vgl. ISA 315.A60 ff.; *IDW PS 261 n.F.*, Tz. 20.

- **Outsourcing:** IT-Leistungen werden aus unterschiedlichen Gründen an externe Dritte vergeben (Outsourcing). So spielen bei einem Outsourcing u.a. die Reduzierung der Kosten, die Sicherstellung einer höchstmöglichen IT-Expertise und strategische Überlegungen im Unternehmen eine Rolle. Dies kann das Outsourcing des gesamten IT-Betriebs, die Inanspruchnahme von Rechenzentren oder Softwarehäusern, aber auch die gezielte Vergabe von einzelnen Leistungen beinhalten. Je nach Umfang des Outsourcings, das bis zu einer Auslagerung ganzer Prozesse führen kann (Business Process Outsourcing), wird hierdurch eine sehr hohe Abhängigkeit von Dritten eintreten. Das Unternehmen muss sehr sorgfältig überlegen, welche Leistungen nach außen gegeben und ob hierdurch unvertretbare strategische Abhängigkeiten verursacht werden. Die Leistungen und gegenseitigen Rechte und Pflichten, insb. Prüfrechte beim externen Dritten, sind umfassend vertraglich zu regeln und zu dokumentieren. Dies schließt die Leistungserbringung und -messung auf Basis sog. Service Level Agreements (SLA) mit ein. Hat die Auslagerung von IT-Leistungen einen hohen Einfluss auf das IKS des auslagernden Unternehmens (z.B. Betrieb, Änderung und Benutzer-/Berechtigungspflege des rechnungslegungsrelevanten Warenwirtschaftssystems durch einen IT-Dienstleister), kann von einem höheren Risikopotenzial ausgegangen werden.
- **Cloud-Computing:** Eine Sonderform des Outsourcings von IT-Leistungen stellen Cloud Computing Dienstleistungen (Cloud Computing) dar. Dabei werden IT-Ressourcen (z.B. IT-Anwendungen, IT-Infrastruktur) über Internet- oder andere Breitbandtechnologien als Dienstleistung auf Abruf zur Verfügung gestellt, ggf. unter Einbeziehung von Subdienstleistungsunternehmen. Als wesentlicher Unterschied zum IT-Outsourcing werden dem auslagernden Unternehmen keine eigens reservierten IT-Systeme zur Verfügung gestellt, so dass eine physische Ortung der ausgelagerten Daten kaum möglich ist[220]. Auch hier sollten die Grundsätze zu Auslagerungen für eine Risikoeinschätzung berücksichtigt werden[221].
- **Cyber Security:** Durch die zunehmende Vernetzung der IT-Systeme des Unternehmens mit Externen (z.B. Datenaustausch mit Kunden und Lieferanten, Webshop) werden diese anfälliger für Angriffe von außen. Technische Angriffe erfolgen häufig in Form von Ransomware (Verschlüsselung von Daten mit dem Ziel, diese gegen Zahlung von Lösegeld in Form von Bitcoins wieder frei zu geben) oder Phishing (persönliche Zugangsdaten eines Administrators werden „geangelt", d.h. ausspioniert, um damit an sensible Unternehmens- und Mitarbeiterdaten zu gelangen). In beiden Fällen nutzt der Angreifer „Malware" (z.B. schädlicher E-Mail-Anhang, schädliche Links). Die Angriffe richten sich vermehrt auch gegen mobile Endgeräte (Smartphones, Tablets) und IoT Devices (Internet of Things, Geräte des alltäglichen Gebrauchs, die mit dem Internet verbunden sind). Nichttechnische Angriffe erfolgen meist in Form des CEO-Fraud. Dabei geben sich die Angreifer – nach Sammlung jeglicher Art von Information über das anzugreifende Unternehmen und den betroffenen Mitarbeiter – als Leitende Angestellte, Geschäftsführer oder Handelspartner aus. Sie fordern dann z.B. unter Hinweis auf eine angebliche Unternehmensübernahme oder angeblich geänderter Kontoverbindungen den Transfer eines größeren Geldbetrages

---

[220] Vgl. *IDW RS FAIT 5*, Tz. 7 f.
[221] Vgl. dazu Kap. L Tz. 331.

auf Konten ins Ausland. Die Kontaktaufnahme erfolgt i.d.R. über E-Mail oder Telefon, wobei E-Mail-Adressen verfälscht und Telefonnummern verschleiert werden.

b) Risikoindikator „Änderungen"

Der rasante technologische Wandel macht Änderungen der IT-Prozess- und -Infrastruktur in immer kürzeren Zeitläufen erforderlich. Wesentliche Risiken resultieren daher aus Änderungsprojekten, die durch die Einführung neuer Systeme und Technologien sowie Umstrukturierungen bedingt sein können. **216**

Folgende Risiken sind hervorzuheben:

- **Projektmanagement:** Fehlläufer in Änderungsprojekten können zu wesentlichen Zeit-, Kosten- und/oder Terminüberschreitungen oder sogar zu Betriebsunterbrechungen führen. Die besonderen Risiken resultieren primär aus der Tatsache, dass derartige Projekte nicht zum Tagesgeschäft des Unternehmens gehören, demgemäß auch nur geringe Erfahrungen insb. im professionellen Projektmanagement bestehen. Häufig ist festzustellen, dass das sog. Change Management vernachlässigt wird. Dies führt dazu, dass bei den Mitarbeitern im Unternehmen keine Akzeptanz für neue IT-Lösungen erzielt werden kann und dadurch wesentliche Effizienzverluste auftreten können. Hinzu kommt ein erhöhtes Risiko für die fehlerhafte Verarbeitung von Geschäftsvorfällen in den neuen IT-gestützten Geschäftsprozessen.
- **Neue Technologien/Prozesse:** Die Veränderungen werden häufig durch die Einführung neuer Technologien (z.B. Produktionsverfahren) bzw. durch eine Änderung von Unternehmensabläufen (z.B. neue integrierte IT-Systeme) begleitet. Diese sind den Anwendern zu Beginn unvertraut, stellen hohe Anforderungen an die Anwender und werden u.U. von diesen abgelehnt. Ohne ausreichende Schulung und Dokumentation (z.B. durch Anwenderhandbücher) sowie professionelles Change Management ist das Risiko für Fehler in den Prozessen (z.B. mangelhafte Produkte; Fehlhandhabung von Systemen) größer als im bewährten Betriebsablauf.
- **Softwarekonzepte:** Unterschiedliche Risiken resultieren sowohl aus der Einführung von Standard-Softwarepaketen als auch von Individualprogrammierungen[222]. Die Einführungsrisiken bei Standard-Software bestehen darin, dass keine fertigen Produkte vorliegen, sondern ein komplexes und strukturiertes Customizing (d.h. mandantenspezifische Einstellung von Parametern) notwendig ist, um den Standard an die Anforderungen des Unternehmens anzupassen. Software-Testate[223] sind in diesen Zusammenhang nur eingeschränkt aussagefähig, da sie sich nur auf den allgemeinen Standard beziehen und nicht auf Kundenspezifika ausgerichtet sind. Auch ist für das Customizing ein professionelles Projektmanagement einschl. eines Qualitätssicherungsverfahrens erforderlich. Individualprogrammierungen, die je nach Branche in größerem Umfang vorgenommen werden (z.B. um Zusatzlösungen oder Add-Ons für den Standard zu entwickeln), weisen besondere Projektentwicklungsrisiken auf, da häufig keine ausreichenden Pflichtenhefte vorliegen und der Aufwand sowie die Entwicklungszeit unterschätzt werden. Die Einführung von Standard-Softwarepaketen und Individualprogrammierungen führt aufgrund des darin enthaltenen sehr hohen inhärenten Risikos regelmäßig zu einem erhöhten IT-Fehlerrisiko, welches der APr. frühzeitig in seiner Prüfungsplanung berücksichtigen sollte.

---

222 Vgl. auch *IDW PS 850*.
223 Vgl. *IDW PS 880*.

c) Risikoindikator „Know-how und Ressourcen"

217 Trotz der fortschreitenden IT-Technologie ist der Faktor „Mensch" für die Risikoanalyse weiterhin, teilw. sogar zunehmend, von Bedeutung:

- **Know-how:** Wesentlich für den IT-Betrieb und die Geschäftsabwicklung ist das aktuelle und spezifische Fachwissen der Mitarbeiter. Dieses sollte alle wesentlichen Anforderungen erfüllen, die von der eingesetzten Technik (Hardware, Betriebssysteme, Software) und den Prozessabläufen gestellt werden. Dies gilt sowohl für die IT-Spezialisten als auch für die Anwender der eingesetzten IT-Systeme. Risiken resultieren aus veraltetem oder lückenhaftem IT-Know-how. Fachkenntnisse im Bereich der Großrechnersysteme oder älterer Betriebssysteme reichen nicht aus, um dezentrale Anwendungen, wie bspw. Windows Server-Systeme, einzuführen und zu pflegen. Ähnliches gilt für Anwender, die über keine Kenntnisse der technischen Prozesse verfügen, aber zumindest ein Verständnis von einem neuen System haben müssen, um es bedienen zu können. Dieses Verständnis muss in Schulungen erworben werden.

- **Arbeitsbelastung/Zufriedenheit:** Unterbesetzungen und Überlastungen im IT- und Anwenderbereich können ein erhebliches Risiko darstellen. Der Betrieb von IT-Systemen kann insofern durch unzureichende Pflege und Fehlbedienungen bzw. Gleichgültigkeit beeinträchtigt werden. IT-relevante Aufgaben sind, abhängig von Inhalt, Zielsetzung und Priorität, den Mitarbeitern mit den jeweiligen Fachkompetenzen zuzuweisen.

d) Risikoindikator „Geschäftliche Ausrichtung"

218 Wesentlich für die Risikobegrenzung ist die Ausrichtung der IT auf die Geschäftsstrategien und -prozessanforderungen des Unternehmens:

- **IT-Strategie:** Geschäftsrisiken und IT-Risiken können nur dauerhaft auf ein akzeptables Maß begrenzt werden, wenn die IT-Strategie mit der Unternehmensstrategie abgestimmt ist[224]. Diese muss mittel- bis langfristig ausgerichtet, schriftlich formuliert, von der Unternehmensleitung genehmigt sein und konkrete Maßnahmenpläne/Investitionsbudgets beinhalten. Diese Anforderung setzt einerseits voraus, dass die Unternehmensleitung IT als wesentlichen Faktor einstuft und sich über Entwicklungen im IT-Bereich fortlaufend informieren lässt. Andererseits ist es wichtig, dass das IT-Management in die unternehmerischen Entscheidungsprozesse eingebunden ist. Sofern derartige Strategien nicht vorliegen und das IT-Management nicht ausreichend integriert ist, kann von einem deutlich erhöhten Risikopotenzial ausgegangen werden. Die IT-Strategie als Ergebnis der Unternehmensstrategie gewinnt aufgrund der fortschreitenden Digitalisierung auch bislang IT-ferner Branchen stetig an Bedeutung. Die möglichen disruptiven Auswirkungen auf das Geschäftsmodell sind zu antizipieren und für das Unternehmen als Potenzial zu nutzen.

- **IT-Steuerung:** Der umfassende Einsatz von IT-Systemen führt häufig zu einer erheblichen Kostenbelastung und ohne adäquates IT-Controlling zu erheblichen Mehrkosten. Das Unternehmen sollte daher eine IT-Kostenrechnung implementieren und/oder Indikatoren bzw. Benchmarks einführen, um die Kostenentwicklung sinnvoll überwachen zu können. Derartige Maßnahmen sind zudem erforderlich, um

---

[224] Vgl. *IDW RS FAIT 1*, Tz. 76.

die Vergabe von IT-Leistungen an Dritte (Outsourcing/Cloud Computing) und größere IT-Projekte angemessen zu steuern. Obwohl eine mögliche Unwirtschaftlichkeit der IT keine direkten rechnungslegungsrelevanten Auswirkungen aufweist, können Folgeursachen unmittelbar die IT-Fehlerrisiken erhöhen (z.B. Sicherheitslücken in den IT-Systemen aufgrund veralteter IT-Anwendungen).

- **Geschäftliche Anforderungen:** Unternehmerische Anforderungen an die Geschäftsprozesse und die Anwenderbedürfnisse müssen klar definiert sein (z.B. über Fachkonzepte, Pflichtenhefte, strategische Maßnahmenpläne) und über IT-Funktionalitäten bzw. -Prozesse zielgerichtet abgedeckt werden. Größere Lücken zwischen Anforderungsprofil und Umsetzung, die i.d.R. durch höhere Unzufriedenheit bei den Anwendern erkennbar werden, deuten auf ein hohes Risikopotenzial hin.
- **Geschäftliche Zielsetzungen:** Unrealistische und überzogene Zielsetzungen für das Management (z.B. Budgetziele, erfolgsabhängige Vergütungen) können dazu beitragen, dass verlässliche IT-Systeme durch sog. Management Override (z.B. manuelle Eingriffe) außer Kraft gesetzt werden[225]. Eine fehlende Funktionstrennung (IT-Benutzerberechtigungskonzept) kann der Manipulation durch Mitarbeiter Vorschub leisten.

3.6.3.2 Konkretisierung von IT-Risikoindikatoren

Die dargestellten IT-Risikoindikatoren können ein Anzeichen dafür sein, dass IT-Fehlerrisiken bestehen, die sich nachteilig auf die Ordnungsmäßigkeit der Rechnungslegung auswirken und damit die Ausgestaltung des Buchführungsverfahrens, die Funktionsweise der rechnungslegungsrelevanten Programmabläufe und Verarbeitungsregeln sowie die Sicherheit der rechnungslegungsrelevanten Daten beeinträchtigen. Diese IT-Fehlerrisiken können sich als **IT-Infrastruktur-, IT-Anwendungs- und IT-Geschäftsprozessrisiken** konkretisieren, jedoch auch als Kombination dieser Risikofaktoren auftreten, und betreffen u.a. folgende Aspekte:

- **Qualität:** Erhöhte Fehlerrisiken treten auf, wenn die eingesetzten Anwendungsprogramme nicht den Anwenderbedürfnissen entsprechend am Markt ausgewählt oder entwickelt werden. Gründe hierfür sind u.a. fehlende spezifische Pflichtenhefte bzw. unzureichende Vorgaben der Fachabteilungen sowie unterlassene Probeläufe der Programme. Als Folge ist, neben erheblichen Kosten- und Zeitüberschreitungen bei der Implementierung, nicht sichergestellt, dass die rechnungslegungsrelevanten Geschäftsprozesse adäquat durch IT-Programme unterstützt werden. Fehleinstellungen in den Systemen, Falscheingaben oder Bedienfehler können zu einer hohen Anzahl von systematischen Fehlern bei Routinetransaktionen oder zu unvermuteten Verarbeitungsfehlern in anderen, integrierten Bereichen führen.
Sofern kein adäquates IKS besteht, sind diese Fehler häufig nicht direkt erkennbar und nur mit hohem Aufwand zu bereinigen. Wesentlich ist daher ein eingerichtetes **Qualitätssicherungsverfahren**, das die Umsetzung klar definierter Anforderungen, ausreichende Tests und Abnahmen (erfolgen durch die fachlichen Anwender in Testsystemen mit geeigneten Testdaten, die vom Produktionssystem getrennt sind), gesicherte Programmübergaben und verlässliche Datenübernahmen gewährleistet.

---

225 Vgl. ISA 240.31-33; *IDW PS 210*, Tz. 7.

> **Beispiel 19:**
> In den Stammsätzen von mehreren inländischen Debitoren werden durch Bedienerfehler die USt-Schlüssel für ausländische Debitoren mit einem USt-Satz von 0% hinterlegt. Dadurch werden bei jedem Verkauf von Waren an diese Debitoren sowohl die Ausgangsrechnungen (Vertriebsmodul) als auch die Konten Forderungen aus LuL und USt (Hauptbuch) falsch ausgewiesen.

- **Entwicklungsstand:** Spezifische Risiken bestehen, wenn veraltete, nichtintegrierte Softwareanwendungen („Insellösungen") betrieben werden. Zum einen stehen aufgrund einer eingeschränkten Berichterstattung dieser Insellösungen den Entscheidungsträgern und Anwendern häufig nicht die notwendigen Informationen zeitnah zur Verfügung, zum anderen bindet die Überwachung der Schnittstellen unnötige Ressourcen. Neben diesen Risiken ist die Behebung von Störungen kaum möglich, da häufig keine Dokumentationen vorliegen und das dafür erforderliche (Entwicklungs-)Know-how nicht mehr verfügbar ist. Die Hardwareausstattungen der Insellösungen sind teilw. veraltet und durch die Vielzahl von Typen und Herstellern inhomogen gestaltet und damit vielfach nicht mehr entwicklungsfähig. Aus diesen Insellösungen resultieren mittelfristig hohe Kostenbelastungen (z.B. durch ineffizientes „Trouble Shooting", langsame Reaktionen). Ähnliches gilt bei veralteten Betriebssystemen und Datenbanken, da diese z.T. unnötig Know-how binden und eine Neuausrichtung der eingesetzten IT-Anwendungen vielfach nicht zulassen.
- **Schutz:** Der unzureichende Schutz von sensiblen Daten und Programmen führt zu einem ungehinderten Zugang (teilw. auch von außen durch ungeschützte Internet-Anschlüsse) zu nahezu allen wesentlichen Informationen und Betriebsgeheimnissen. Um diese Risiken zu begrenzen, muss über ein sachgerechtes Benutzerberechtigungskonzept sichergestellt werden, dass den Anwendern unter Beachtung einer sinnvollen Funktionstrennung nur die Rechte eingeräumt werden, die diese zur Bewältigung des Tagesgeschäfts benötigen. Dies schließt auch die Mitarbeiter des IT-Bereichs ein, welche häufig mit weitgehenden Administratorenrechten ausgestattet sind.

> **Hinweis 8:**
> In den Prüfgebieten Benutzerverwaltung, Berechtigungskonzept und Funktionstrennung ergeben sich, unabhängig von der Anwendung, regelmäßig Feststellungen. Im Bereich der Benutzerverwaltung ist dies häufig der ungeregelte Einsatz von nichtpersonalisierten Benutzern (Benutzer, die keinem konkreten Mitarbeiter zugeordnet werden können). Beim Berechtigungskonzept wird häufig der nicht hinreichend kontrollierte Einsatz von sog. Superusern (Benutzer mit weitgehenden Rechten in der Anwendung) beanstandet. Eine systemseitige Funktionstrennung in wesentlichen Geschäftsprozessen, wie bspw. Einkauf, Verkauf oder Buchhaltung kann häufig bei Unternehmen mit nur wenigen Anwendern nicht aufrechterhalten werden. Das ist häufig inb. bei mittelständischen Unternehmen der Fall.

- *Infrastruktur-/Ressourcensicherung:* Baulich-technische Maßnahmen zur Absicherung des IT-Betriebs werden häufig nicht oder zu spät ergriffen, um Investitionsmittel zu schonen. Insb. der Schutz vor unberechtigtem Zutritt/Zugriff, vor

Feuer- und Wasserschäden sowie Energieunterbrechungen wird dadurch stark eingeschränkt, gleichzeitig das Risiko der Betriebsunterbrechung deutlich erhöht. Erhebliche Vermögensverluste und Behinderungen des Betriebsablaufs können auch dann entstehen, wenn Daten, Programme und zum Betrieb notwendige Dokumentationen nicht regelmäßig gesichert und ausgelagert werden. Diese Risiken potenzieren sich bei Eintritt eines echten Notfalls, sofern keine ausreichenden Planungen und Vorkehrungen für den Notbetrieb bzw. Wiederanlauf bestehen.

3.6.3.3 Branchen-Fokus und rechtliche Rahmenbedingungen

Die Risikoanalyse ist um branchenspezifische Faktoren zu ergänzen. Hierzu ist es in einem ersten Schritt notwendig, die **aktuellen technischen Trends der Branche** zu analysieren. In einem zweiten Schritt sind die eingesetzten IT-Systeme und Verfahren hinsichtlich der **Branchenbesonderheiten** zu gewichten. So sind viele Branchen, insb. Banken, durch einen „24/7-Einsatz" der IT (d.h. einen Einsatz über 24 Stunden an 7 Tagen der Woche) gekennzeichnet. Ausfälle der IT für eine vergleichbar kurze Zeit können erhebliche Schäden verursachen und sogar bestandsgefährdend sein. 220

Rechtliche Rahmenbedingungen beinhalten u.a. Anforderungen des Handels- und Steuerrechts, Arbeits- und Umweltrechts, aber auch, branchenabhängig, **regulatorische Vorgaben** von inländischen und ausländischen Aufsichtsbehörden. Obwohl auf den ersten Blick in vielen Fällen kein direkter Bezug zur IT besteht, sollte beachtet werden, dass moderne IT-Systeme in erheblichem Umfang zur Umsetzung derartiger Vorschriften beitragen müssen. 221

> **Beispiel 20:**
> Solche Vorschriften können z.B. betreffen
> - Nachweise von Rezepturen im Bereich Medizin/Pharma,
> - Qualitäts- und Lieferantennachweise für Zwecke der Produkthaftung,
> - spezifische Berichtspflichten für steuerliche Zwecke sowie für die Aufsichtsämter im Bereich Kreditwirtschaft/Versicherungswesen,
> - Nachweise der Effektivität des IKS für die Rechnungslegung.

Sofern derartige Anforderungen nicht über IT-Systeme abgedeckt werden, können substantielle Nachteile/Risiken für das Unternehmen eintreten.

3.6.4 Vorgehensweise zur Identifikation von IT-Fehlerrisiken und Überleitung zur prozessorientierten Abschlussprüfung

Im Rahmen der Prüfungsplanung ist vom Prüfungsteam (ggf. in Zusammenarbeit mit IT-Prüfungsspezialisten) frühzeitig eine vorläufige Analyse der IT-Risiken durchzuführen. Auf dieser Grundlage sind die Prüfungsbereiche und -schwerpunkte im IT-Bereich sowie die mögliche Einbindung von IT-Spezialisten für die weitere Prüfung festzulegen. 222

> **Praxistipp 6:**
> Bereits bei der Prüfungsplanung sollten Informationen darüber eingeholt werden, ob für die zu prüfende IT-Anwendung eine Software-Bescheinigung[226] vorliegt, um damit den Prüfungsaufwand reduzieren zu können. Umgekehrt sind bei Fehlen einer Software-Bescheinigung ggf. weitergehende Prüfungshandlungen zur Ordnungsmäßigkeit und Sicherheit der IT-Anwendung vom Prüfer durchzuführen.

223 Im Rahmen der Systemprüfung sind auf Basis der mandantenspezifischen Prüfungsplanung dann die folgenden Prüfungsschritte (ggf. von IT-Prüfungsspezialisten) durchzuführen:

- Aufnahme und Dokumentation der IT-Systeme im Überblick (Voraussetzung für die weitere Risikoanalyse)
- Analyse und Beurteilung der Geschäftsrisiken im IT-Bereich
- Analyse und Beurteilung der internen Kontrollen im IT-Bereich, die geeignet sind, die festgestellten Risiken zu begrenzen
- Darstellung der vorläufigen Risikoeinschätzung
- Ermittlung von Schwachstellen, Beurteilung der Auswirkungen für die weitere Prozessprüfung und abschließende Dokumentation der Ergebnisse.

3.7 Verständnis des Internen Kontrollsystems

224 Der APr. muss das rechnungslegungsrelevante IKS des Unternehmens verstehen, weil es grundlegend zum Verständnis des Unternehmens und der mit den Kontrollaktivitäten des Unternehmens verbundenen Geschäftsrisiken ist. Der APr. berücksichtigt dabei in erster Linie, ob und inwiefern bestimmte Kontrollmaßnahmen geeignet sind, wesentliche falsche Angaben in Arten von Geschäftsvorfällen, Kontensalden sowie Angaben in Abschlussposten und anderen Angaben und den damit zusammenhängenden Aussagen zu verhindern bzw. aufzudecken und zu korrigieren (**relevante Kontrollen**)[227].

3.7.1 Begriff und Aufgaben des internen Kontrollsystems (IKS)

225 Unter einem **IKS** werden Grundsätze, Verfahren und Maßnahmen (Regelungen) verstanden, die vom Management in einem Unternehmen eingeführt werden und auf die organisatorische Umsetzung der Entscheidungen des Managements ausgerichtet sind, um folgende Ziele zu erreichen:

- Sicherung von Wirksamkeit und Wirtschaftlichkeit der Geschäftstätigkeit (hierzu gehört auch der Schutz des Vermögens, einschl. der Verhinderung und Aufdeckung von Vermögensschädigungen)
- Ordnungsmäßigkeit sowie Verlässlichkeit der internen und externen Rechnungslegung
- Einhaltung von für das Unternehmen relevanten rechtlichen Vorschriften[228].

---

226 Vgl. *IDW PS 880*.
227 Vgl. ISA 315.12.
228 Vgl. *IDW PS 261 n.F.*, Tz. 22 ff.

Ein IKS hat die folgenden Bestandteile:

- **ein internes Steuerungssystem**, d.h. Regelungen zur Steuerung von Unternehmensaktivitäten, und
- **ein internes Überwachungssystem**, d.h. Regelungen zur Überwachung der Einhaltung dieser Regelungen.

226

```
                    internes Kontrollsystem (IKS)
              ┌──────────────────┴──────────────────┐
    internes Steuerungssystem          internes Überwachungssystem
                                     ┌──────────────┴──────────────┐
                          prozessintegrierte            prozessunabhängige
                          Überwachungsmaßnahmen          Überwachungsmaßnahmen
                          ┌───────┴────────┐             ┌────────┴────────┐
                    organisatorische    Kontrollen     interne          sonstige
                    Sicherungs-                        Revision
                    maßnahmen
```

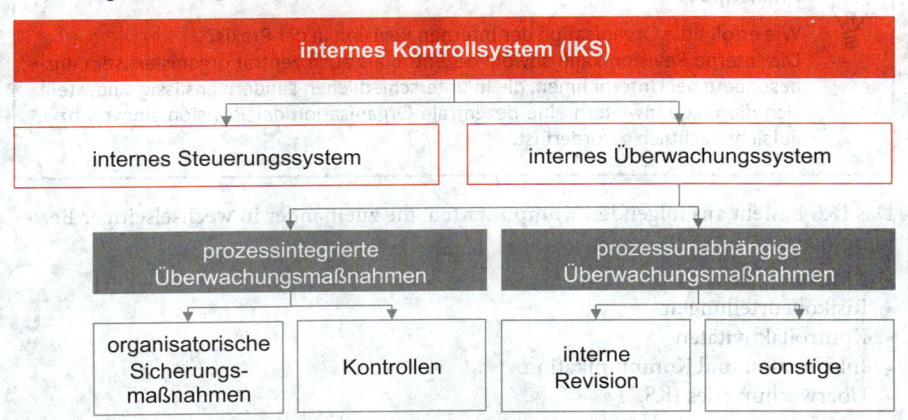

Abb. 7: Bestandteile des IKS

Das **interne Überwachungssystem** beinhaltet „prozessintegrierte (organisatorische Sicherungsmaßnahmen, Kontrollen) und prozessunabhängige Überwachungsmaßnahmen (vor allem von der Internen Revision durchgeführt)"[229].

227

Organisatorische Sicherungsmaßnahmen umfassen fehlervermeidende Maßnahmen. Diese sind nicht nur in die Aufbau- sondern auch in die Ablauforganisation eines Unternehmens integriert. So können z.B. Sicherheitsstandards durch Funktionstrennungsregelungen, Zugriffsbeschränkungen im IT-Bereich oder Zahlungsrichtlinien gesetzt werden. **Kontrollen** können eingerichtet werden, indem etwa bestimmte Personen zur Überwachung eingesetzt werden oder Maßnahmen in den Arbeitsablauf integriert werden, die die Wahrscheinlichkeit für das Auftreten von Fehlern in den Arbeitsabläufen vermindern bzw. aufgetretene Fehler aufdecken sollen. Im Rahmen der Überprüfung der Vollständigkeit und Richtigkeit von Daten soll die Eintrittswahrscheinlichkeit von Fehlern in Arbeitsabläufen vermindert bzw. Fehler aufgedeckt werden. Die **Interne Revision** ist eine prozessunabhängige Institution, die neben Strukturen auch die Aktivitäten in einem Unternehmen überprüft und beurteilt. Sie darf weder in Arbeitsabläufe integriert oder für die Ergebnisse eines überwachten Prozesses verantwortlich sein. Zusätzlich können weitere prozessunabhängige Überwachungsmaßnahmen implementiert werden, z.B. in Form von übergreifenden Kontrollen, die oberhalb der Ebene eines einzelnen Prozesses durchgeführt werden und regelmäßig Aussagen mehrerer Prozesse betreffen, sog. Higher Level Controls[230] Beispielsweise kann die monatliche Durchsicht und Analyse einer nach Regionen und Produkten geordneten Ver-

---

229 Vgl. *IDW PS 261 n.F.*, Tz. 20.
230 Vgl. *IDW PS 210*, Tz. 20 ff. Zu den Higher Level Controls vgl. Kap. L Tz. 241.

kaufsstatistik durch den Vertriebsleiter unter Beachtung einer präzisen Toleranzgrenze, ab der Differenzen untersucht werden, in der Lage sein, wesentliche Fehler in den relevanten Aussagen (z.B. Bestand und Genauigkeit der Umsatzerlöse verschiedener Produkte) zu identifizieren.

> **Praxistipp 7:**
> Wie erfolgt die Organisation der Internen Revision in der Praxis?
> Die Interne Revision kann sowohl dezentral als auch zentral organisiert sein. Insbesondere bei Unternehmen, die in unterschiedlichen Ländern ansässig sind, stellt sich die Frage inwiefern eine dezentrale Organisation der Revision sinnvoll bzw. aufsichtsrechtlich gefordert ist.

228 Das **IKS** besteht aus folgenden **Komponenten**, die zueinander in wechselseitiger Beziehung stehen[231]:

- Kontrollumfeld
- Risikobeurteilungen
- Kontrollaktivitäten
- Information und Kommunikation
- Überwachung des IKS.

3.7.2 Abgrenzung des IKS von anderen Managementsystemen (RMS, CMS, Risikofrüherkennungssystem): Three lines of Defense

229 Neben dem IKS, das organisatorische Maßnahmen und Kontrollen im Unternehmen zur Einhaltung von Richtlinien und zur Abwehr von Schäden vorsieht, gibt es weitere Managementsysteme, wie z.B. das Compliance Management System, welches auf die Sicherstellung eines regelkonformen Verhaltens der gesetzlichen Vertreter und der Mitarbeiter des Unternehmen sowie ggf. von Dritten abzielt. Nachfolgend wird der Zusammenhang und gleichzeitig die Abgrenzung der unterschiedlichen Systeme anhand des sog. Three-lines-of-defense-Modells erläutert:

---

[231] Vergleiche dazu auch das Kontrollmodell COSO. Die hier aufgeführten Komponenten bilden gleichzeitig die COSO-Elemente; siehe auch Kap. L Tz. 235.

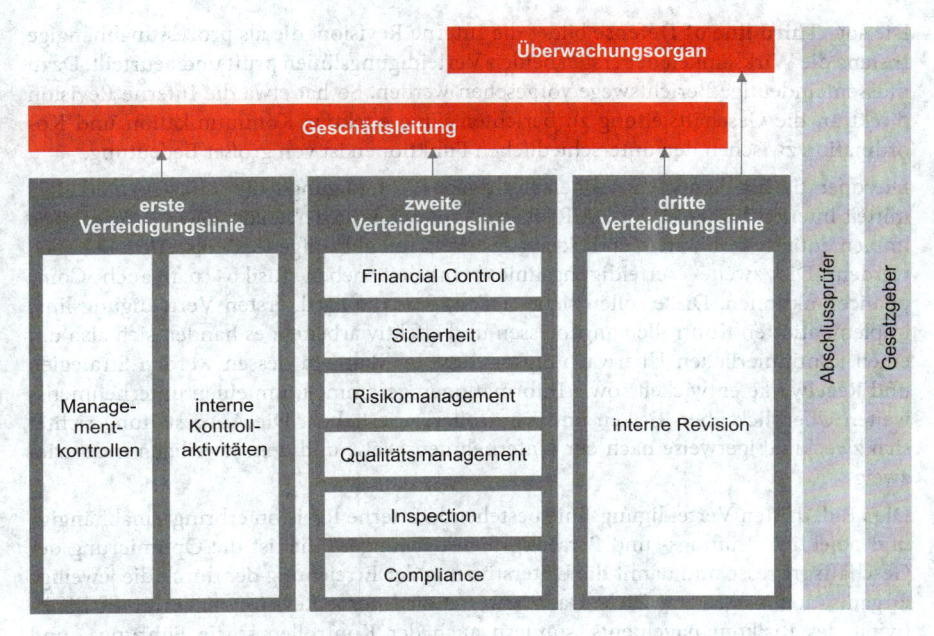

Abb. 8: Three-lines-of-Defense-Modell[232]

230 Die sog. **First line of Defense** beinhaltet die Kontrollen in den operativen Prozessen, d.h. die Planung, Organisation und Ausführung der Kontrollen, um Risiken des operativen Geschäftsbetriebs zu minimieren. Das operative Management trägt die Verantwortung für diese Kontrollen.

231 Die sog. **Second line of Defense** beinhaltet prozessübergreifende Systeme, wie z.B. das Controlling, Risikomanagement, Compliance oder die Qualitätssicherung. Die zweite Verteidigungslinie ist in ihrer Funktion von der ersten Linie getrennt; lediglich die Kontrolle unterliegt bei beiden dem Management. Der zentrale Unterschied liegt darin, dass der zweiten Verteidigungslinie im Wesentlichen eine Managementfunktion bzw. Aufsichtsfunktion zukommt. Aus diesem Grund besteht das immanente Risiko, dass diese Säule auf Basis fehlender Unabhängigkeit durch das Management nicht funktioniert[233].

> **Beispiel 21:**
>
> Der Leiter Rechnungswesen analysiert i.R.d. Abschlusserstellung ein Journal aller manuellen Buchungen im Hauptbuch mit dem Ziel, unangemessene und/oder fehlerhafte Transaktionen zu identifizieren.

---

232 Vgl. IIA Position Paper: The Three Lines Of Defense In Effective Risk Management and Control, Januar 2013, S. 2; https://global.theiia.org/standards-guidance/recommended-guidance/Pages/The-Three-Lines-of-Defense-in-Effective-Risk-Management-and-Control.aspx (zit. 30.08.2018).

233 Vgl. Vgl. IIA Position Paper: The Three Lines Of Defense In Effective Risk Management and Control, Januar 2013, S. 2.

232 Die sog. **Third line of Defense** bildet die Interne Revision, die als prozessunabhängige Instanz die Wirksamkeit der ersten beiden Verteidigungslinien prüft und beurteilt. Dazu müssen eindeutige Berichtswege vorgesehen werden. So hat etwa die Interne Revision direkt an die Geschäftsleitung zu berichten. Eine effektive Kommunikation und Koordination zwischen den unterschiedlichen Funktionen ist von großer Bedeutung.

233 Die operativ handelnden Personen der ersten Verteidigungslinie schätzen i.R.d. IKS mittels interner Kontrollprozesse Risiken ab und sollen sicherstellen, dass Prozesse – wie implementiert – ablaufen und Schwachstellen sowohl aufgedeckt als auch behoben werden. Die zweite Verteidigungslinie beinhaltet neben Risiko- u.a. auch Compliancefunktionen. Diese sollen sicherstellen, dass die i.R.d. ersten Verteidigungslinie implementierten Kontrollen angemessen und effektiv arbeiten; es handelt sich also um einen kontinuierlichen Überwachungsprozess. Im Rahmen dessen werden Strategien und Regelwerke entwickelt sowie Informationen gesammelt, um einen unternehmensweiten Überblick über Risiken und Kontrollen zu erhalten. Die Ausgestaltung richtet sich zweckmäßigerweise nach der Unternehmensgröße und dem jeweiligen Industriezweig[234].

234 Die i.R.d. dritten Verteidigungslinie bestehende Interne Revision erbringt unabhängige und objektive Prüfungs- und Beratungsdienstleistungen. Ziel ist die Optimierung der Geschäftsprozesse und damit die Unterstützung der Erreichung der durch die jeweilige Organisation festgelegten Ziele. Dazu bewertet die Interne Revision nicht nur die Effektivität des Risikomanagements, sondern auch der Kontrollen sowie Führungs- und Überwachungsprozesse.

3.7.3 COSO-Framework (IT Environment/General IT Controls, Entity Level Controls)

235 COSO ist eine US-amerikanische Organisation, die darauf abzielt, die Finanzberichterstattung sowohl durch ethisches Handeln, funktionierende interne Kontrollen als auch durch gute Unternehmensführung zu verbessern. Der erste COSO-Standard wurde im Jahre 1992 entwickelt und im Jahr 2013 aktualisiert. Allgemein dient das **COSO-Rahmenwerk** Unternehmen als Unterstützung von Aufbau, Bewertung und Verbesserung interner Kontrollen. Der Fokus liegt dabei auf den Kontrollen in Bezug auf die Finanzberichterstattung.

236 Das COSO-Rahmenwerk wird vor allem in größeren, insb. kapitalmarktorientierten Gesellschaften angewendet; in kleinen und mittelständisch-geprägten Unternehmen wird hingegen meist von der Verwendung des formalen Rahmenkonzepts abgesehen. Aus diesem Grund hat COSO im Jahr 2006 ein auf kleinere Gesellschaften ausgerichtetes Rahmenwerk, das sog. COSO SME, veröffentlicht[235]. Über *IDW PS 261* zog das COSO-Rahmenwerk in die deutsche Prüfungspraxis ein.

237 Gemäß COSO ist das **IKS ein dreidimensionales Modell**. Die **erste** (drei Zielkategorien) und die **zweite** Dimension (fünf Komponenten) stehen in einem direkten Verhältnis zueinander, so dass sich die Komponenten direkt auf die Zielkategorien beziehen. Nicht nur für das Unternehmen an sich, sondern auch für die einzelnen Einheiten/Abteilungen

---

[234] Vgl. IIA Position Paper: The Three Lines Of Defense In Effective Risk Management and Control, Januar 2013, S. 6.
[235] Vgl. *Sutter/Hunziker/Grab*, IKS-Leitfaden², S. 21 f.

(**dritte Dimension**) spielt das IKS eine entscheidende Rolle. Alle Unternehmensebenen und damit alle Aufgaben bzw. Organisationseinheiten wirken in ihrer Funktion auf das Unternehmen und tragen dazu bei, ob die jeweilig definierten Ziele erreicht werden oder nicht (siehe hierzu auch die nachfolgende Abbildung).

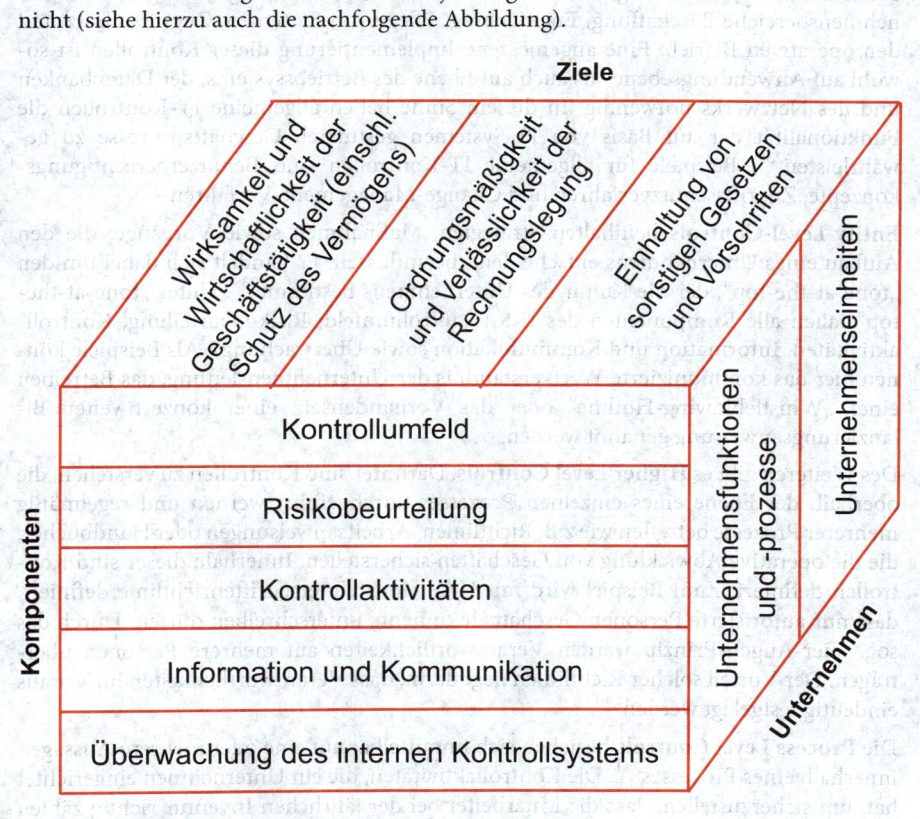

Abb. 9: COSO-Rahmenwerk[236]

Die Ziele einer Organisation unterteilen sich in die auf einen wirksamen und wirtschaftlichen Ressourceneinsatz ausgerichteten betrieblichen Ziele (Operations), die Zuverlässigkeit der Berichterstattung (Reporting) und die Einhaltung der anzuwendenden Gesetze und Verordnungen (Compliance)[237]. Bei den betrieblichen Zielen, der Berichterstattung und Compliance handelt es sich wiederum um IKS-Zieldimensionen, die Teil des COSO-Rahmenwerks sind. Um dies zu erreichen, gibt es allgemeine IT-Kontrollen sowie sog. Entity Level Controls, Higher Level Controls sowie Process Level Controls.

Allgemeine IT Kontrollen beeinflussen Finanzberichte i.d.R. meist nur mittelbar. Vielmehr wirken sich diese Kontrollen auf alle internen Kontrollen aus, da sie grundsätzlich für die technisch-korrekte Umsetzung und Verfügbarkeit der im IKS relevanten Anwendungen sowie für die automatisierten Kontrollen verantwortlich sind. Das bedeutet,

238

239

---

236 Vgl. *IDW PS 261 n.F.*, Tz. 34.
237 Vgl. ISA 315.A95.

dass eine nicht korrekt funktionierende IT-Kontrolle einen unmittelbaren Einfluss auf alle mit ihr verbundenen Systeme und damit auch auf Anwendungen für die Finanzberichterstattung hat. Allgemeine IT-Kontrollen umfassen regelmäßig die Unternehmensbereiche Beschaffung, Entwicklung, Pflege von Systemen, Zugriffsschutz und den operativen Betrieb. Eine angemessene Implementierung dieser Kontrollen ist sowohl auf Anwendungsebene, als auch auf Ebene des Betriebssystems, der Datenbanken und des Netzwerks notwendig. In diesem Sinne haben allgemeine IT-Kontrollen die Funktionalität der auf Basis von IT-Systemen gestützten Geschäftsprozesse zu gewährleisten[238]. Beispiele für allgemeine IT-Kontrollen sind Benutzerberechtigungskonzepte, Zugriffsschutzverfahren und Change-Management-Verfahren.

240 **Entity-Level-Controls** beinhalten Strategien, Maßnahmen sowie Vorgänge, die den Aufbau eines Unternehmens entscheidend beeinflussen. Es handelt sich dabei um den „tone-at-the-top", der die Kultur des Unternehmens bestimmt[239]. Unter „tone-at-the-top" fallen alle Komponenten des IKS (Kontrollumfeld, Risikobeurteilung, Kontrollaktivitäten, Information und Kommunikation sowie Überwachung). Als Beispiele können hier das kommunizierte Wertverständnis der Unternehmensleitung, das Betreiben einer „Whistleblowing-Hotline" oder das Vorhandensein einer konzernweiten Bilanzierungsanweisung genannt werden.

241 Des Weiteren gibt es **Higher Level Controls**. Darunter sind Kontrollen zu verstehen, die oberhalb der Ebene eines einzelnen Prozesses durchgeführt werden und regelmäßig mehrerer Prozesse betreffen wie z.B. Richtlinien, Arbeitsanweisungen oder Handbücher, die die operative Abwicklung von Geschäften sicherstellen. Innerhalb dieser sind Kontrollen definiert. Zum Beispiel wird mit Hilfe einer Unterschriftenrichtlinie definiert, dass nur autorisierte Personen Geschäftsdokumente unterschreiben dürfen. Durch das sog. Vier-Augen-Prinzip werden Verantwortlichkeiten auf mehrere Personen übertragen. Der Vorteil solcher Richtlinien liegt darin, dass Verantwortlichkeiten im Voraus eindeutig festgelegt werden[240].

242 Die **Process Level Controls** beziehen sich unmittelbar auf eine oder mehrere Aussagen innerhalb eines Prozesses[241]. Die Kontrollaktivitäten, die ein Unternehmen eingerichtet hat, um sicherzustellen, dass die Mitarbeiter bei der jährlichen Inventur richtig zählen und die Ergebnisse richtig aufzeichnen, beziehen sich bspw. unmittelbar auf die Aussagen Vorhandensein und Vollständigkeit des Postens Vorräte.

3.7.4 Internes Kontrollsystem und risikoorientierte Abschlussprüfung

243 Für die Durchführung einer Prüfung des IKS, benötigt der APr. ein umfassendes Verständnis des Systems, um Fehlerrisiken feststellen und angemessen auf diese reagieren zu können. Das Ziel einer Prüfung des IKS ist die Beurteilung seines Aufbaus (**Test of Design**). Bei dieser Prüfung würdigt der APr., ob Kontrollen tatsächlich implementiert wurden (Prüfung der Implementierung) Zu den prüfungsrelevanten Bestandteilen des IKS gehört neben dem Rechnungslegungs- und Buchführungssystem im Falle des § 317 Abs. 4 HGB auch das Risikofrüherkennungssystem[242]. Die rein auf die Sicherstellung der

---

[238] Vgl. ISA 315.A108 sowie *Ringswirth*, S. 126.
[239] Vgl. ISA 315.A77 ff.
[240] Vgl. *Wallmüller*, Risiko- und Chancen-Management², S. 45.
[241] Vgl. ISA 315.A99 ff.
[242] Vgl. *IDW PS 261 n.F.*, Tz. 35 i.V.m. *IDW PS 261 n.F.*, Tz. 24.

Wirksamkeit und Wirtschaftlichkeit abzielenden unternehmensinternen Prozesse sind für die Abschlussprüfung i.d.R. nicht relevant[243]. So könnte eine Kontrollschwäche im Bereich des Investitionscontrollings dazu führen, dass Investitionen getätigt werden, die die konzernweiten Renditevorgaben nicht erreichen. Dies hat Auswirkung auf die Wirtschaftlichkeit des Unternehmens; für den JA erwachsen aus der genannten Kontrollschwäche allein keine Risiken wesentlicher falscher Aussagen.

244 Im Rahmen der Prüfungsplanung verschafft sich der APr. einen umfassenden Überblick über das zu prüfende Unternehmen. Dazu gehören der Umgang des Unternehmens mit Geschäftsrisiken und die Organisation von Geschäftsprozessen durch das Management. Darüber hinaus muss er auch ein umfassendes Verständnis des IKS erlangen[244].

245 Die Bedeutung eines umfassenden Verständnisses des IKS beruht auf der Notwendigkeit

- wesentliche Fehler unterschiedlicher Art feststellen zu können, die möglicherweise in der Rechnungslegung auftreten,
- verschiedenste Einflussfaktoren abwägen zu können, die eine Auswirkung auf das Fehlerrisiko haben,
- mit weiteren zielgerichteten Prüfungshandlungen angemessen auf Fehlerrisiken reagieren zu können[245].

246 Für die Ausgestaltung eines risikoorientierten Prüfungsansatzes bestehen verschiedene Möglichkeiten. Die Ausgestaltung kann

- die Geschäftsrisiken und die damit in sehr engem Zusammenhang stehenden Geschäftsprozesse (geschäftsrisikoorientierte Prüfung),
- die betrieblichen Funktionsbereiche des Mandanten (funktionsorientierte Prüfung) oder
- die Systematik der Rechnungslegung (abschlussorientierte Prüfung)

in Betracht ziehen[246].

247 Die abschlussorientierte Prüfung orientiert sich an den Posten und Angaben der Rechnungslegung sowie deren Zusammenhängen untereinander. Werden die Prüffelder hingegen in Anlehnung an die Funktionen eines Unternehmens bestimmt (z B. Einkauf, Vertrieb, Materialwirtschaft), spricht man von einer funktionsorientierten Ausgestaltung des Prüfungsansatzes. Diese Funktionsanalyse kann bis hin zu einer Prozessanalyse erweitert werden. Diese prüft und analysiert z.B. die Funktionen und Auswirkungen zwischen finanzwirtschaftlichen und personalwirtschaftlichen Prozessen oder Produktionsprozessen (geschäftsrisikoorientierte Prüfung)[247].

248 Dementsprechend beurteilt der APr. den Aufbau der jeweiligen Kontrollmaßnahme, und ob diese tatsächlich implementiert wurde. Zur Prüfung der Wirksamkeit einer Kontrolle ist allerdings das Verständnis sowie die Aufbauprüfung nicht ausreichend. Der APr. prüft im Rahmen einer Funktionsprüfung, ob die Kontrolle auch während der gesamten *Periode* entsprechend effektiv war.

---

243 Vgl. *IDW PS 261 n.F.*, Tz. 41 f.
244 Vgl. ISA 315.12; *IDW PS 261 n.F.*, Tz. 37.
245 Vgl. *IDW PS 261 n.F.*, Tz. 39.
246 Vgl. *Marten/Quick/Ruhnke*, Wirtschaftsprüfung[5], S. 334 f.
247 Vgl. *IDW PS 261 n.F.*, Tz. 10 ff.

4. Prüfungsplanung

4.1 Gegenstand und Zweck der Planung

249 Eine sachgerechte Planung der Prüfung ist erforderlich, damit die Abschlussprüfung wirksam und zeitgerecht sowie wirtschaftlich durchgeführt werden kann. Durch die Prüfungsplanung ist von der Auftragsannahme an dafür Sorge zu tragen, dass

- alle Bereiche des Prüfungsgegenstands angemessen – d.h. der aus den Prüfungszielen abzuleitenden Bedeutung entsprechend – berücksichtigt werden,
- mögliche Problemfelder erkannt werden,
- der Prüfungsauftrag zeitgerecht bearbeitet werden kann,
- der Mitarbeitereinsatz und die ggf. notwendige Zusammenarbeit mit anderen Prüfern oder Sachverständigen koordiniert werden kann und
- der Grundsatz der Wirtschaftlichkeit der Abschlussprüfung beachtet wird[248].

250 Der APr. hat sowohl die Gesamtheit aller Aufträge als auch die bei jeder einzelnen Abschlussprüfung durchzuführenden Prüfungshandlungen angemessen zu planen[249].

251 Die Prüfungsplanung umfasst die **Beschaffung von Informationen** über das Unternehmen und die prüfungsrelevanten Bereiche, die Entwicklung einer **Prüfungsstrategie** und die **Einteilung des Prüfungsstoffs** in einzelne Prüfungsgebiete. Hierauf aufbauend wird ein Prüfungsprogramm erstellt, in dem Art, Umfang und Zeitpunkt der **Prüfungshandlungen** im Einzelnen festgelegt werden sowie der zeitliche und qualitative **Mitarbeitereinsatz** bestimmt wird. Darüber hinaus ist der Umfang der Anleitung und **Überwachung der Mitglieder des Prüfungsteams** sowie die **Durchsicht ihrer Arbeit** zu planen[250]. Die Prüfungsplanung soll sicherstellen, dass die Prüfung zum vereinbarten Zeitpunkt begonnen, mit den jeweiligen, den Anforderungen entsprechend qualifizierten Prüfern besetzt ist, ordnungsgemäß durchgeführt und zeitgerecht abgeschlossen wird.

252 Art und Umfang der Planungsaktivitäten hängen ab von[251]

- der Größe und Komplexität des zu prüfenden Unternehmens,
- dem Schwierigkeitsgrad der Prüfung,
- den Erfahrungen des Prüfers mit dem Unternehmen – insb. mit dessen rechnungslegungsbezogenen IKS – und
- den Kenntnissen über die Geschäftstätigkeit sowie das wirtschaftliche und rechtliche Umfeld des Unternehmens.

253 In die Prüfungsplanung hat der auftragsverantwortliche WP insb. die erfahrenen Mitglieder des Prüfungsteams einzubeziehen. Dies gilt auch für die Teilnahme an der Besprechung, in der das Prüfungsteam mögliche Anfälligkeiten für falsche Angaben in der Rechnungslegung erörtert[252].

254 Die Planung ist keine separate Prüfungsphase, sondern ein fortwährender Prozess, der häufig kurz nach oder i.Z.m. der Beendigung der vorherigen Prüfung beginnt und bis zur

---

[248] Vgl. ISA 300.2; IDW PS 240, Tz. 8.
[249] Vgl. IDW PS 240, Tz. 7 sowie IDW QS 1, Tz. 99 f.
[250] Vgl. IDW PS 240, Tz. 12.
[251] Vgl. ISA 300.A1 sowie IDW PS 240, Tz. 12.
[252] Vgl. IDW PS 240, Tz. 11a.

Beendigung der lfd. Abschlussprüfung andauert, um einen den Verhältnissen des zu prüfenden Unternehmens angemessenen Prüfungsverlauf in sachlicher, personeller und zeitlicher Hinsicht zu gewährleisten[253]. Daneben hat die Prüfungsplanung die Aufgabe, ergänzende Vorstellungen und Anforderungen des PrA/AR zu berücksichtigen.

> **Hinweis 9:**
> Die folgenden ausgewählten Planungsschritte können bei der Prüfungsplanung eingesetzt werden:
> - analytische Prüfungshandlungen, die für die Risikobeurteilung herangezogen werden
> - Erlangung eines allgemeinen Verständnisses des für das Unternehmen maßgebenden rechtlichen Umfelds und der Frage, wie das Unternehmen die Einhaltung der gesetzlichen und satzungsrechtlichen Vorgaben sicherstellt
> - Befragung des Managements, des AR sowie der internen Revision
> - Lesen aktuell verfügbarer Finanzinformation bzw. Branchennachrichten.
>
> Die nachfolgenden Schritte können Auswirkungen auf die weitere Planung haben:
> - Festlegung der Wesentlichkeit
> - Festlegung von Prüfungsschwerpunkten
> - Hinzuziehung von Spezialisten.

4.2 Projektmanagement und Prüfungsplanung

Die Abschlussprüfung ist in den letzten Jahren entsprechend den Entwicklungen bei den zu prüfenden Unternehmen zunehmend komplexer und internationaler geworden. So lagern Unternehmen Aktivitäten in Shared Service-Center aus, handeln mit Derivaten, haben eine anspruchsvolle IT-Infrastruktur oder sind in einem rechtlich regulierten Umfeld tätig. Eine Vielzahl von Unternehmen, auch mittelständische Unternehmen, ist weltweit tätig. Die mit einer Abschlussprüfung verbundenen Herausforderungen zur Erlangung eines hinreichend sicheren Prüfungsurteils verlangen vom APr. daher regelmäßig eine Koordination der Prüfungsteams und Teilbereichsprüfungsteams von TU im In- und Ausland sowie die Koordination und Einbeziehung von internen Spezialisten und externen Sachverständigen. Dadurch ist ein effektives **Projektmanagement**, und damit eine Planung, Steuerung und Kontrolle, des Prüfungsauftrags unerlässlich.

Mit einem konsequenten Projektmanagement wird sichergestellt, dass ungeachtet des engen Zeitrahmens einer Abschlussprüfung sowie begrenzten personellen Ressourcen ein zutreffendes Prüfungsurteil bei gleichzeitiger Realisierung der wirtschaftlichen Ziele abgegeben werden kann. Besondere Anforderungen an das Projektmanagement ergeben sich bspw. in den Bereichen

- Mitarbeiterdisposition i.R.d. Verfügbarkeit von Ressourcen
- Koordination einer ggf. notwendigen Zusammenarbeit mit anderen Prüfern oder Sachverständigen
- Erstellung eines Prüfungsablaufplans mit definierten Meilensteinen
- Zeitgerechter Einsatz von Spezialisten

---

253 Vgl. ISA 300.A2; § 4 BS WP/vBP; *IDW PS 240*, Tz. 7; siehe auch *IDW QS 1*, Tz. 70.

- Kommunikation mit dem Mandanten während des gesamten Prüfungsverlaufs (z.B. Erstellung eines Kommunikationsplans, Definition eines Eskalationsprozesses zur Vermeidung der Verzögerung bedeutsamer Themen)
- Unsicherheiten bezüglich der Qualifikation und der Kompetenzen der verantwortlichen Ansprechpartner beim Mandanten (insb. bei bedeutsamen neuen Themen oder Erstprüfungen)
- Einhaltung der Termine (insb. bei kapitalmarktorientierten Unternehmen).

257 Die Planung ist ein unverzichtbarer Teil des Projektmanagements und ermöglicht erst eine anschließende **Steuerung und Überwachung**. Daher gehört zur Prüfungsplanung auch die Erstellung eines **Zeit- und Honorarbudgets**. Diesem Budget werden im weiteren Ablauf die tatsächlich aufgelaufenen Zeiten und das Honorar gegenübergestellt und i.R. einer Soll-Ist-Abweichung analysiert. Dadurch ist es möglich, frühzeitig Abweichungen von der ursprünglichen Planung festzustellen.

4.3 Planung als prüfungsbegleitender Prozess

258 Planung und Überwachung sind als kontinuierliche und rückgekoppelte Prozesse bis zur Beendigung der Abschlussprüfung zu verstehen. Die Prüfungsstrategie und das zu ihrer Umsetzung entwickelte Prüfungsprogramm sowie die Gesamtplanung sind lfd. den bei der Prüfung gewonnenen Erkenntnissen anzupassen. Die Notwendigkeit für **Änderungen in der Prüfungsplanung** kann sich insb. in den folgenden Fällen ergeben:

- Änderung der in der Prüfungsplanung zugrunde gelegten Gegebenheiten (z.B. durch Zweifel an der Annahme der Unternehmensfortführung)
- zusätzliche Informationen in bedeutsamen Bereichen während der Prüfungsdurchführung (z.B. durch Kenntnisnahme erheblicher Altlasten)
- unerwartete Ergebnisse einzelner Prüfungshandlungen (z.B. Widersprüche zwischen Prüfungsnachweisen aus aussagebezogenen Prüfungshandlungen und Funktionsprüfungen)
- Aufdeckung von Schwachstellen des IKS (z.B. fehlende oder unzureichende Kontrollen i.R.d. Umsatzrealisierung)
- Identifizierung von Anzeichen für betrügerische Handlungen (z.B. durch Hinweise auf Leistungen ohne erkennbare/eindeutige Gegenleistung)[254].

259 Das wiederkehrende Durchlaufen der Stufen dieses Gesamtprozesses (Planung, Durchführung, Überwachung, Anpassung) ist in jeder Phase des Prüfungsablaufs erforderlich, um die im Laufe der Prüfung gewonnenen Erkenntnisse und Feststellungen in den nächsten Prüfungsschritten berücksichtigen zu können.

> **Praxistipp 8:**
> Es bietet sich in der Praxis an, in den Besprechungen mit dem Prüfungsteam stets das iterative Element der Abschlussprüfung zu betonen. So sollte u.a. die Prüfungsdokumentation zur Wesentlichkeit, zu den Prüfungsschwerpunkten sowie zu den bedeutsamen Risiken stets auf Angemessenheit überprüft werden. Wird z.B. ein wesentlicher Fehler im Bereich der Vorratsbewertung festgestellt, sollten die als effektiv geprüften Kontrollen in diesem Bereich kritisch hinterfragt werden. Dies kann Folgewirkungen auf andere Prüfungsgebiete nach sich ziehen, falls z.B. der

---

[254] Vgl. ISA 300.10; ISA 300.A15; *IDW PS 240*, Tz. 21.

> Kontrollinhaber für eine Vielzahl von Kontrollen zuständig ist oder die Kontrolle verschiedene Aussagen abdeckt.

4.4 Sachliche Planung

4.4.1 Überblick

Die sachliche Planung umfasst die Festlegung der im Einzelnen vorzunehmenden **Prüfungshandlungen**. In allen Fällen vollzieht sich die Planung in folgenden **Schritten**, die im Einzelfall unterschiedlich detailliert ausgestaltet sind: 260

- Erlangung eines Verständnisses vom Unternehmen sowie von dessen rechtlichem und wirtschaftlichem Umfeld einschl. des IKS
- Entwicklung einer Prüfungsstrategie
- Planung von Art und Umfang der Prüfungshandlungen (Erstellung eines Prüfungsprogramms einschl. der zeitlichen Einteilung).

4.4.2 Informationen als Grundlage der Planung

Die Entwicklung der Prüfungsstrategie sowie darauf aufbauend des Prüfungsprogramms setzt voraus, dass sich der APr. ein möglichst umfassendes Verständnis von dem zu prüfenden Unternehmen und den prüfungsrelevanten Bereichen verschafft. Diese Informationsbeschaffung ist wesentlicher Bestandteil der **Prüfungshandlungen zur Risikobeurteilung**, durch die der APr. ein Verständnis von dem Unternehmen und seinem Umfeld, einschl. des IKS, mit dem Ziel gewinnt, die Risiken wesentlicher falscher Angaben zu identifizieren und zu beurteilen[255]. Die i.R.d. **Informationsbeschaffungs- und -analyseprozesses** heranzuziehenden Informationen umfassen Informationen über die **Geschäftstätigkeit** sowie das **rechtliche und wirtschaftliche Umfeld** des Unternehmens. Durch diese Informationen macht sich der APr. mit den grundlegenden Verhältnissen des Unternehmens vertraut und gewinnt Erkenntnisse über externe Einflussfaktoren. Darüber hinaus sind bei der Prüfungsplanung die Informationen des APr. über wesentliche interne Aspekte des zu prüfenden Unternehmens zu berücksichtigen. Dazu gehören insb. die von dem zu prüfenden Unternehmen verfolgten Ziele und **Strategien** sowie die damit zusammenhängenden Geschäftsrisiken[256] und die Kenntnisse der Unternehmensabläufe einschl. des IKS[257] des Unternehmens. 261

Zur Feststellung von **Fehlerrisiken auf Unternehmensebene** muss der APr. unternehmensinterne und unternehmensexterne Bereiche analysieren, insb. 262

- die relevanten branchenbezogenen, rechtlichen und andere externen Faktoren; dazu gehören
  - Branchengegebenheiten wie das Wettbewerbsumfeld, Lieferanten- und Kundenbeziehungen sowie technologische Entwicklungen
  - Markt- und Wettbewerbssituation einschl. Nachfrage, Kapazitäten und Preiswettbewerb, zyklische und saisonale Tätigkeit,

---

[255] Vgl. ISA 315.25 f.; *IDW PS 230*, Tz. 6.
[256] Vgl. dazu im Einzelnen Kap. L Tz. 246.
[257] Vgl. dazu im Einzelnen Kap. L Tz. 243.

- Produkttechnologie für die Produkte und Energiekosten, Energieversorgung und energiekostenrechtliche Rahmenbedingungen (z.B. begrenzte EEG-Umlage für stromkostenintensive Unternehmen nach §§ 63 ff. EEG sowie begrenzte Netzentgelte gemäß § 19 Abs. 2 StromNEV)
- andere gesetzliche und rechtliche Bestimmungen, die sich erheblich auf die Geschäftstätigkeit des Unternehmens auswirken (einschl. direkter Überwachungsmaßnahmen), wie z.B. Umweltauflagen, Besteuerung usw.
- Merkmale des Unternehmens
  - Geschäftstätigkeit
  - Eigentümer-, Führungs- und Überwachungsstruktur
  - lfd. und geplante Investitionen sowie Beteiligungen an operativen Gesellschaften z.B. an Zweckgesellschaften
  - Art, in der das Unternehmen organisiert und finanziert ist
- vom Unternehmen angewendete Rechnungslegungsgrundsätze, einschl. der Gründe für vorgenommene Änderungen, z.B.
  - Rechnungslegungsstandards sowie gesetzliche und andere rechtliche Bestimmungen, die neu sind, einschl. der Frage, wann und wie das Unternehmen diese Regelungen übernehmen wird (z.B. könnte das Unternehmen im Zuge einer geplanten Kapitalmarkttransaktion oder eines Gesellschafterwechsels erstmalig von der handelsrechtlichen Rechnungslegung auf IFRS umstellen),
  - kritische Rechnungslegungsgrundsätze, einschl. der Methoden zur Umsatzrealisierung sowie der Bedingungen und Konditionen der zugehörigen Umsatzströme
- Ziele und Strategien des Unternehmens sowie die damit verbundenen Geschäftsrisiken, z.B.
  - Entwicklungen innerhalb der Branche (potentielles Geschäftsrisiko: disruptive Branchenentwicklungen führen bei einer Vielzahl von Marktteilnehmern zu veralteten Produktionstechnologien)
  - neue Produkte und Dienstleistungen (potentielles Geschäftsrisiko: z.B. erhöhte Produkthaftung)
  - Ausweitung der Geschäftstätigkeit (potentielles Geschäftsrisiko: z.B. unzutreffende Einschätzung der Nachfrage)
  - neue Rechnungslegungspflichten (potentielles Geschäftsrisiko: z.B. unvollständige oder fehlerhafte Anwendung oder erhöhte Kosten)
  - regulatorische Anforderungen (potentielles Geschäftsrisiko: z.B. Zunahme der rechtlichen Risiken)
  - gegenwärtige und zukünftige Finanzierungsanforderungen (potentielles Geschäftsrisiko: z.B. Verlust von Finanzierungsmitteln, wenn das Unternehmen nicht in der Lage ist, bestimmte Anforderungen zu erfüllen)
  - Einsatz von IT (potentielles Geschäftsrisiko: z.B. Inkompatibilitäten zwischen Systemen und Prozessen)
  - Auswirkungen der Umsetzung einer Strategie, besonders solche Auswirkungen, die zu neuen Rechnungslegungspflichten führen werden (potentielles Geschäftsrisiko: z.B. unvollständige oder fehlerhafte Umsetzung)
- Messung und Überwachung des wirtschaftlichen Erfolgs des Unternehmens; Beispiele für vom Unternehmen intern erzeugte Informationen bzw. Kennzahlen, die vom

Management für die Messung und Überwachung des wirtschaftlichen Erfolgs verwendet werden können und die der APr. berücksichtigen kann, sind
- besonders wichtige leistungsbezogene Schlüsselgrößen (finanziell und nicht finanziell), Kennzahlen sowie Trends und statistische Angaben zur Geschäftstätigkeit sowie ggf. die nichtfinanzielle Erlärung nach § 289b HGB des VJ,
- Analysen des wirtschaftlichen Erfolgs im Periodenvergleich,
- Budgets, Prognosen, Abweichungsanalysen, Segment- und Geschäftsbereichsinformationen,
- Leistungsberichte nach Geschäftsbereichen, Abteilungen oder anderen Teilbereichen,
- Leistungskennzahlen für Mitarbeiter und Regelungen zur leistungsbezogenen Vergütung und
- Vergleiche des Erfolgs mit dem von Wettbewerbern.

Der **Umfang** der benötigten Informationen ist im Einzelfall sehr unterschiedlich und abhängig insb. von der Größe, Komplexität und Organisation des zu prüfenden Unternehmens sowie der Branche, in der es tätig ist. Als mögliche **Informationsquellen** kommen u.a. in Betracht: **263**
- unternehmensinterne Informationsquellen
  - Vorstands- und AR-Protokolle
  - Geschäftsberichte, Internetrecherchen
  - Datenbanken
  - Planungsrechnungen
  - Gespräche mit der Geschäftsführung
  - Gespräche mit der Innenrevision und Durchsicht von Berichten der Innenrevision
  - Gespräche mit der Rechtsabteilung
  - Gespräche mit der Compliance-Abteilung
  - Bilanzierungsrichtlinie
  - Übersicht über das IKS
  - Übersicht über eingesetzte IT-Systeme
  - Betriebsbesichtigungen
- weitere Informationsquellen
  - PrB des VJ
  - Dauerakte des APr.
  - Arbeitspapiere des VJ
  - Gespräche mit Fachleuten außerhalb des Unternehmens (z.B. externe RA und Berater)
  - Berichte von Banken, Analysten oder Rating-Agenturen
  - Berichte in Fach- und Wirtschaftszeitschriften.

Die i.R.d. Informationsbeschaffungsprozesses gewonnenen Erkenntnisse und Hinweise erlauben dem APr., eine **vorläufige Risikoeinschätzung** für die einzelnen Prüfungsgebiete vorzunehmen. Er wird eine dieser Einschätzung entsprechende Prüfungsstrategie entwickeln, bei der er unter Berücksichtigung der relativen oder absoluten Bedeutung der Prüfungsgebiete festlegt, **264**

- in welchen Bereichen er bei der Durchführung der Prüfung auf das IKS zurückgreifen kann oder muss[258],
- welche Prüfungshandlungen zur Gewinnung zusätzlicher urteilsrelevanter Informationen in den einzelnen Prüfungsbereichen durchgeführt werden sollen und
- in welchen Bereichen aufgrund einer erhöhten Risikoeinschätzung umfangreichere Prüfungshandlungen erforderlich sind bzw. in welchen Bereichen aufgrund eines geringen Risikos weniger Prüfungshandlungen möglich sind.

265 Dem Verständnis des IKS kommt i.R.d. Abschlussprüfung eine besondere Bedeutung zu. **Zielsetzung des IKS** ist die Sicherung

- der Wirksamkeit und Wirtschaftlichkeit der Geschäftstätigkeit (hierzu gehört auch der Schutz des Vermögens, einschl. der Verhinderung und Aufdeckung von Vermögensschädigungen),
- der Ordnungsmäßigkeit und Verlässlichkeit der internen und externen Rechnungslegung sowie
- der Einhaltung der für das Unternehmen maßgeblichen rechtlichen Vorschriften.

266 Das IKS – also das interne Steuerungssystem und das interne Überwachungssystem – besteht aus folgenden **Komponenten**, die zueinander in wechselseitiger Beziehung stehen[259]:

- Kontrollumfeld
- Risikobeurteilung
- Kontrollaktivitäten
- Information und Kommunikation und
- Überwachung des IKS.

267 Diese Bestandteile sind in ihrer Gesamtheit zwingende Voraussetzung für die Erreichung der Ziele. Das IKS ist für das Gesamtunternehmen, auf Ebene der operativen Einheiten und für die Unternehmensfunktionen von Relevanz. Nach § 317 Abs. 4 HGB hat der APr. bei börsennotierten AG auch zu beurteilen, ob der Vorstand i.R.d. Risikomanagements geeignete Maßnahmen getroffen hat, insb. ein Überwachungssystem eingerichtet hat, damit den Fortbestand des Unternehmens gefährdende Entwicklungen frühzeitig erkannt werden (**Risikofrüherkennungssystem**), und ob dieses Risikofrüherkennungssystem seine Aufgaben erfüllen kann. Die Prüfung des Risikofrüherkennungssystems geht insoweit über die Prüfung des rechnungslegungsbezogenen IKS hinaus, als auch nicht rechnungslegungsbezogene Feststellungen zu treffen sind.

4.4.3 Beurteilung der Fortführung der Unternehmenstätigkeit

268 Im Rahmen der Prüfungsplanung hat sich der APr. auch mit der Frage der Fortführung der Unternehmenstätigkeit zu befassen. Hierzu wird auf die ausführlichen Darstellungen in Kap. L Tz. 426 verwiesen.

---

258 Vgl. ISA 315.30; *IDW PS 261 n.F.*, Tz. 19.
259 Vgl. ISA 315.A59; *IDW PS 261 n.F.*, Tz. 29.

4.4.4 Entwicklung der Prüfungsstrategie

4.4.4.1 Einführung

Der APr. muss eine Prüfungsstrategie entwickeln, in der **Art und Umfang sowie zeitliche Einteilung und Ausrichtung der Prüfung** festgelegt werden und die bei der **Entwicklung des Prüfungsprogramms** als Leitfaden dient. Die Prüfungsstrategie muss in der Beschreibung des Ansatzes der Prüfung und dem erwarteten Ausmaß der Prüfungshandlungen ausreichend detailliert sein, um aus ihr ein Prüfungsprogramm erstellen zu können. Umfang und Inhalt der Prüfungsstrategie können in Abhängigkeit von der Größe des zu prüfenden Unternehmens, der Komplexität der Prüfung und der vom APr. gewählten Prüfungsmethode und -technologie variieren[260]. Die Entwicklung der Prüfungsstrategie für Prüfungen von **kleinen Einheiten** muss daher kein komplexer oder zeitaufwendiger Vorgang sein.

269

Folgende Sachverhalte sind bei der Entwicklung der Prüfungsstrategie zu berücksichtigen:

270

- Merkmale des Auftrags
  - maßgebliches Regelwerk der Rechnungslegung, einschl. zu berücksichtigender Gesetze oder anderer Rechtsvorschriften (z.B. IFRS, IFRS, wie sie in der EU anzuwenden sind, HGB)
  - maßgebende Prüfungsstandards (ISA, *IDW Prüfungsstandards*)
  - branchenbezogene Besonderheiten (z.B. für Banken, Versicherungen oder für öffentliche Unternehmen),
  - sonstige Berichterstattung i.Z.m. der Abschlussprüfung (z.B. Berichterstattung an den KAPr. gem. Prüfungsanweisungen)
  - Charakteristika des Unternehmens (z.B. Kapitalmarktorientierung)
  - Standorte des Unternehmens
- Bestimmung der Berichterstattungsziele, um die zeitliche Einteilung der Prüfung und die Art der erforderlichen Kommunikation zu planen (Festlegung von Terminen für die Berichterstattung und Zeitpunkte für die erwartete Kommunikation mit dem Management sowie dem Aufsichtsorgan)
- bedeutsame Faktoren, die für das Ausüben des pflichtgemäßen Ermessens maßgebend sind, etwa
  - Wesentlichkeit
  - Bedeutung des IKS
  - Bedeutung der IT
  - Branchenentwicklung
- wesentliche Kontensalden und Angaben (vorläufige Einschätzung der wesentlichen Kontensalden und Angaben)
- Art, zeitliche Einteilung und Umfang der Ressourcen
  - Ressourcen, die für bestimmte Prüfungsgebiete eingesetzt werden müssen (z.B. Einsatz von Teammitgliedern mit angemessener Erfahrung in Gebieten mit hohem Risiko oder Hinzuziehung von Sachverständigen bei komplexen Sachverhalten)
  - Umfang an Ressourcen, die in bestimmten Prüfungsgebieten eingesetzt werden müssen (z.B. Anzahl der zur Beobachtung der Inventur abgestellten Teammit-

---

260 Vgl. ISA 300.A11; *IDW PS 240*, Tz. 14.

glieder, Umfang der notwendigen Durchsicht der Arbeit anderer Prüfer bei KAP, Stundenbudgets für Prüfungsgebiete mit hohem Risiko)
- Zeitpunkt des Einsatzes dieser Ressourcen
- Einsatz, Anleitung und Überwachung dieser Ressourcen.

271 Die Anforderungen an eine gewissenhafte Prüfung sind an den **Zielen** der Abschlussprüfung auszurichten. Der APr. hat zur Beurteilung des JA die Richtigkeit von **Abschlussaussagen**, das sind Einzelaussagen innerhalb des JA, zu überprüfen[261].

Aussagen zu Arten von Geschäftsvorfällen und Ereignissen für den zu prüfenden Zeitraum	Aussagen zu Kontensalden am Abschlussstichtag	Aussagen zur Darstellung im Abschluss und zu den Abschlussangaben
Eintritt: Erfasste Geschäftsvorfälle und Ereignisse haben stattgefunden und sind dem Unternehmen zuzurechnen. **Vollständigkeit**: Alle Geschäftsvorfälle und Ereignisse, die erfasst werden mussten, wurden aufgezeichnet. **Genauigkeit**: Beträge und andere Daten zu aufgezeichneten Geschäftsvorfällen und Ereignissen wurden angemessen erfasst. **Periodenabgrenzung**: Geschäftsvorfälle und Ereignisse wurden in der richtigen Berichtsperiode erfasst. **Kontenzuordnung**: Geschäftsvorfälle und Ereignisse wurden auf den richtigen Konten erfasst.	**Vorhandensein**: Vermögensgegenstände und Schulden sowie das Eigenkapital sind vorhanden. **Rechte und Verpflichtungen**: Das Unternehmen hält die Rechte an Vermögensgegenständen bzw. hat die Kontrolle darüber; Schulden stellen Verpflichtungen des Unternehmens dar. **Vollständigkeit**: Alle Vermögensgegenstände und Schulden und Eigenkapitalposten, die zu erfassen sind, wurden erfasst. **Bewertung und Zuordnung**: Vermögensgegenstände, Schulden und Eigenkapitalpositionen sind mit angemessenen Beträgen im Abschluss enthalten, Anpassungen bei Bewertungen oder Zuordnung wurden in angemessener Weise erfasst.	**Eintritt sowie Rechte und Verpflichtungen**: Im Abschluss angegebene Ereignisse, Geschäftsvorfälle und andere Sachverhalte haben stattgefunden und sind dem Unternehmen zuzurechnen. **Vollständigkeit**: Alle Angaben, die im Abschluss enthalten sein müssen, sind enthalten. **Ausweis und Verständlichkeit**: Finanzinformationen sind in angemessener Weise dargestellt und erläutert, die Angaben sind deutlich formuliert. **Genauigkeit und Bewertung**: Finanzinformationen und andere Informationen sind angemessen und mit zutreffenden Beträgen angegeben.

4.4.4.2 Einschätzung des Prüfungsrisikos

272 Eine Abschlussprüfung ist darauf auszurichten, dass die Prüfungsaussagen mit hinreichender Sicherheit getroffen werden können. Zu diesem Zweck muss das Risiko der

---

261 Vgl. *IDW PS 300 n.F.*, Anlage; siehe dazu ausf. Kap. L Tz. 340 ff.

Abgabe eines positiven Prüfungsurteils trotz vorhandener Fehler in der Rechnungslegung (**Prüfungsrisiko**) auf ein akzeptables Maß reduziert werden. Fehler können hierbei sowohl unabsichtlich als auch absichtlich entstanden sein. Der APr. muss die einzelnen Komponenten des Prüfungsrisikos kennen und analysieren[262].

Das Prüfungsrisiko setzt sich aus den folgenden drei Teilrisiken zusammen: **273**

- Fehlerrisiko bestehend aus
  - inhärentem und
  - Kontrollrisiko
- Entdeckungsrisiko.

Bei der Prüfungsplanung ist zu unterscheiden zwischen den Risikoursachen, den innerbetrieblichen Möglichkeiten zur Risikobeseitigung oder -minderung (interne Kontrollen) und den prüferischen Möglichkeiten der Aufdeckung falscher Angaben[263]. **274**

Als **inhärentes Risiko** wird das Risiko bezeichnet, dass gewollt oder ungewollt signifikante Fehlaussagen auftreten können. Dabei bleibt die Wirksamkeit der internen Kontrollen außer Betracht, die solche Fehler verhüten, entdecken oder korrigieren sollen. Das inhärente Risiko wird durch eine Vielzahl von Faktoren bestimmt (u.a. makroökonomische, branchenspezifische, unternehmensspezifische und prüffeldspezifische Faktoren). So könnten z.B. externe Faktoren wie die Erhöhung des maßgeblichen Leitzinses der Zentralbank, die (drohende) Insolvenz großer Marktteilnehmer in der Branche oder erhebliche Kurskorrekturen an den Aktienmärkten Anzeichen auf bedeutsame inhärente Risiken sein. Ferner könnte auch die Komplexität der zu Grunde liegenden Transaktionen einschl. deren Bilanzierung ein Indikator für bedeutsame inhärente Risiken sein (z.B. Bilanzierung von derivativen Finanzinstrumenten sowie Ertragsrealisation bei langfristiger Auftragsfertigung). **275**

Als **Kontrollrisiko** wird das Risiko bezeichnet, dass Fehler, die in Bezug auf ein Prüffeld ggf. zusammen mit Fehlern aus anderen Prüffeldern wesentlich sind, nicht durch das IKS des Unternehmens verhindert oder aufgedeckt und korrigiert werden[264]. Eine falsche Einschätzung des Kontrollrisikos kann dazu führen, dass der APr. zu Unrecht auf die Wirksamkeit und Funktionsfähigkeit des IKS vertraut oder dieses zu Unrecht ablehnt[265]. Bei der vorläufigen Einschätzung des Kontrollrisikos kann sich der APr. im Wesentlichen auf die Informationen stützen, die er i.R.d. Aufnahme der Kontrollstruktur gewonnen hat. **276**

Das **Entdeckungsrisiko** stellt das Risiko dar, dass der APr. durch seine Prüfungshandlungen Fehler in der Rechnungslegung nicht entdeckt, die für sich oder zusammen mit anderen Fehlern wesentlich sind. In Abhängigkeit von der Beurteilung der Fehlerrisiken ist das Entdeckungsrisiko durch die Auswahl von Art, Umfang und zeitlichem Ablauf der aussagebezogenen Prüfungshandlungen so festzulegen, dass der APr. das Prüfungsurteil mit **hinreichender Sicherheit** treffen kann. Je höher (geringer) die Fehlerrisiken sind, desto niedriger muss (höher kann) das Entdeckungsrisiko sein[266]. **277**

---

262 Vgl. ISA 200.A39-A46; *IDW PS 261 n.F.*, Tz. 5. Vgl. *Hayes/Wallage/Görtemarker*, Principles of Auditing³, S. 195 ff. sowie *Martens/Quick/Ruhnke*, Wirtschaftsprüfung⁵, S. 208 ff.
263 Vgl. *Hömberg*, DB 1989, S. 1781 (1785).
264 Vgl. ISA 200.A41; *IDW PS 261 n.F.*, Tz. 6.
265 Vgl. *Dörner*, in: HWRP³, Sp. 1746.
266 Vgl. ISA 200.A45 sowie *IDW PS 261 n.F.*, Tz. 6.

278 Zur Identifizierung und Beurteilung des Risikos einer wesentlichen falschen Darstellung muss der APr.

- während des gesamten Prozesses, in dem er ein Verständnis vom Unternehmen und dessen Umfeld gewinnt, einschl. der relevanten Kontrollen, die sich auf diese Risiken beziehen, sowie bei der Betrachtung der Arten von Geschäftsvorfällen, der Kontensalden und der Angaben im Abschluss Risiken identifizieren,
- die identifizierten Risiken beurteilen und einschätzen, ob sich diese umfassend auf den Abschluss als Ganzes auswirken und möglicherweise viele Aussagen betreffen,
- einen Bezug zwischen identifizierten Risiken und den Fehlermöglichkeiten auf Aussageebene, unter Berücksichtigung relevanter Kontrollen herstellen, für die der APr. eine Funktionsprüfung beabsichtigt und
- die Wahrscheinlichkeit von falschen Darstellungen einschätzen, einschl. der Möglichkeit falscher Darstellungen und der Abschätzung, ob die möglichen falschen Darstellungen ein Ausmaß haben, das zu einer wesentlichen falschen Darstellung führen könnte.

279 Der APr. bestimmt das Fehlerrisiko für alle relevanten Aussagen bei Geschäftsvorfällen, Kontensalden oder Abschlussangaben. Soweit ein inhärentes Risiko von Unregelmäßigkeiten und Verstößen für eine Abschlussaussage identifiziert wurde, bestimmt der APr. für diese Abschlussaussage das Fehlerrisiko gesondert.

280 Zwischen den inhärenten Risiken und den Kontrollrisiken besteht in vielen Fällen ein enger Zusammenhang, da die gesetzlichen Vertreter üblicherweise durch die Ausgestaltung des IKS auf die bestehenden inhärenten Risiken reagieren. Eine separate Beurteilung von inhärenten Risiken und Kontrollrisiken kann daher u. U. zu einer falschen Beurteilung der Fehlerrisiken führen[267]. Aus praktischen Überlegungen wird oftmals eine gemeinsame Beurteilung der bestehenden inhärenten Risiken sowie der Kontrollrisiken vorgenommen.

281 Der APr. hat durch **Prüfungshandlungen zur Risikobeurteilung** sicherzustellen, dass er ein ausreichendes Verständnis über das zu prüfende Unternehmen (einschl. des IKS) und dessen Umfeld erlangt, welches es ihm ermöglicht, wesentliche Fehlerrisiken zu identifizieren[268]. Die Prüfungshandlungen zur Risikobeurteilung stellen keine neuen Prüfungsaktivitäten dar. Jedoch wird mit Einführung dieser eigenständigen Kategorie verdeutlicht, dass die vom APr. eingesetzten Verfahren zur allgemeinen Informationsgewinnung als Prüfungshandlungen gelten und daher zu Prüfungsnachweisen führen, die entsprechend zu dokumentieren sind.

282 Die Fehlerrisiken sind hinsichtlich ihrer Auswirkungen auf die Rechnungslegung insgesamt (**Fehlerrisiken auf Abschlussebene**) und auf einzelne Aussagen in der Rechnungslegung (**Fehlerrisiken auf Aussageebene**) einzustufen[269]. Diese Differenzierung ist erforderlich im Hinblick auf die Reaktion der APr. auf diese Fehlerrisiken. Während es sich bei Fehlerrisiken auf Abschlussebene um **allgemeine Reaktionen**[270] des APr. handelt (z.B. Betonung der kritischen Grundhaltung, Einsatz von Spezialisten, überra-

---

267 Vgl. *IDW PS 261 n.F.*, Tz. 7.
268 Vgl. *IDW PS 261 n.F.*, Tz. 13 ff.
269 Vgl. ISA 315.25; *IDW PS 261 n.F.*, Tz. 64.
270 Vgl. ISA 315.A122-A125; *IDW PS 261 n.F.*, Tz. 71.

schende Prüfungshandlungen, besondere Qualitätssicherungsmaßnahmen), kann es sich bei Fehlerrisiken auf Aussageebene um Reaktionen in Form von **Funktionsprüfungen** des IKS oder **aussagebezogenen Prüfungshandlungen** handeln.

Die Fehlerrisiken auf Abschlussebene resultieren häufig aus Schwächen im IKS oder aus dem Unternehmensumfeld. Für solche Fehlerrisiken sind nachfolgende Faktoren von Bedeutung[271]:

- Integrität und Kompetenz des Managements sowie Kontinuität in der Zusammensetzung der gesetzlichen Vertreter
- Entwicklungen im Unternehmen oder in der Branche, die das Management zur Anwendung fragwürdiger bilanzpolitischer Maßnahmen verleiten könnten (z.B. hohe externe Erwartungen an die Erreichung aggressiver Ergebnis- oder Umsatzziele, Abhängigkeit der Vergütung des Managements von ambitionierten Zielvorgaben)
- branchenspezifische Faktoren, z.B. neue Technologien, Nachfrageänderungen und Konkurrenzentwicklungen
- neue Vorschriften zur Rechnungslegung
- mangelnde fachliche Kompetenz der für die Rechnungslegung zuständigen Mitarbeiter.

Für Fehlerrisiken auf Aussageebene können folgende Aspekte von Bedeutung sein[272]:

- Fehleranfälligkeit von Posten des Abschlusses
- Komplexität der Geschäftsvorfälle
- Beurteilungsspielräume bei Ansatz und Bewertung von Vermögensgegenständen und Schulden
- Gefahr von Verlust oder Unterschlagung bei Vermögensgegenständen
- Abschluss ungewöhnlicher oder komplexer Geschäfte, insb. gegen Ende des GJ
- Geschäftsvorfälle, die nicht routinemäßig verarbeitet werden.

Die Risikoorientierung der Abschlussprüfung zeigt sich auch in dem Erfordernis einer weiteren **Klassifizierung der Fehlerrisiken**. Der APr. hat folgende Fehlerrisiken gesondert festzustellen[273]:

- bedeutsame Risiken
- Risiken, bei denen aussagebezogene Prüfungshandlungen alleine zur Gewinnung einer hinreichenden Sicherheit nicht ausreichen (z.B. Routinetransaktionen, die IT-gestützt erfasst und verarbeitet werden).

Auf der Grundlage der Beurteilung der Fehlerrisiken hat der APr. Prüfungsnachweise zur Funktion relevanter Teile des IKS (Funktionsprüfungen) und zu den einzelnen Aussagen in der Rechnungslegung (aussagebezogene Prüfungshandlungen) einzuholen[274].

Risiken können aufgrund ihrer Art oder des damit verbundenen Umfangs möglicher falscher Angaben **bedeutsam** sein[275]. Dabei ist das Kontrollrisiko außer Betracht zu las-

---

[271] Vgl. *IDW PS 261 n.F.*, Tz. 14.
[272] Vgl. *IDW PS 261 n.F.*, Tz. 15.
[273] Vgl. ISA 315.27-.30 sowie *IDW PS 261 n.F.*, Tz. 10.
[274] Vgl. *IDW PS 261 n.F.*, Tz. 10.
[275] Vgl. *IDW PS 261 n.F.*, Tz. 65.

sen. Folgende Faktoren sind bei der Einstufung als bedeutsame Risiken zu berücksichtigen[276]:

- Hinweise auf Verstöße
- Anforderungen i.Z.m. jüngeren bedeutsamen wirtschaftlichen, rechnungslegungsbezogenen oder anderen Entwicklungen (z.B. Fair Value Accounting)
- Komplexität der Geschäftsvorfälle (z.B. ABS-Transaktionen)
- bedeutsame Transaktionen mit nahe stehenden Personen
- Maß an Subjektivität bei der Ausübung von Ermessensspielräumen (z.B. Prozessrisiken)
- ungewöhnliche Geschäftsvorfälle und solche außerhalb des gewöhnlichen Geschäftsbetriebs (z.B. Verschmelzungen).

287 Die Einschätzung des inhärenten Risikos und des Kontrollrisikos beeinflussen unmittelbar die Entscheidung des APr. über Art und Umfang der aussagebezogenen Prüfungshandlungen, die vorzunehmen sind, um das Entdeckungsrisiko auf ein vertretbares Maß zu reduzieren.

288 Diese **Abhängigkeit** lässt sich auch formal in einer mathematischen Gleichung quantifizieren, die auf dem Multiplikationsgesetz der Wahrscheinlichkeitslehre basiert[277]. Dabei ist das Prüfungsrisiko (PR) gleich dem Produkt aus inhärentem Risiko (IR), Kontrollrisiko (KR) und Entdeckungsrisiko (ER):

$$PR = IR * KR * ER^{278}$$

289 Da der Umfang der durchzuführenden aussagebezogenen Prüfungshandlungen im Wesentlichen davon abhängt, welches Prüfungsrisiko der APr. maximal in Kauf zu nehmen bereit ist, kann er durch Auflösung der obigen Gleichung nach ER das **maximale Entdeckungsrisiko** ermitteln und den Umfang der aussagebezogenen Prüfungshandlungen danach ausrichten.

> **Beispiel 22:**
>
> Lägen bspw. das inhärente Risiko und das Kontrollrisiko bei jeweils 40% und wäre der APr. maximal bereit, ein Prüfungsrisiko von 4% in Kauf zu nehmen, so ergibt sich durch Einsetzen in die oben stehende Gleichung ein Entdeckungsrisiko von 25%. Dies zeigt, dass der APr. nur ein geringes Entdeckungsrisiko in Kauf nehmen darf und entsprechend aussagefähige aussagebezogene Prüfungshandlungen durchführen muss.

Das inhärente Risiko und das Kontrollrisiko sind durch den APr. zu schätzen. Das Entdeckungsrisiko stellt die vom Prüfer zu kontrollierende Variable dar. Diese ist so anzupassen, dass das Prüfungsrisiko auf das vorgesehene Niveau reduziert wird.

---

276 Vgl. ISA 315.A141 ff.; *IDW PS 261 n.F.*, Tz. 65.
277 Das Multiplikationsgesetz der Wahrscheinlichkeit besagt, dass die Wahrscheinlichkeit des gleichzeitigen Eintretens mehrerer, voneinander unabhängiger Ereignisse gleich dem Produkt der Einzelwahrscheinlichkeiten ist; vgl. weiterführend und zur Modellkritik *Marten/Quick/Ruhnke*, Wirtschaftsprüfung[5], S. 236 ff.
278 Teilweise wird dieses Modell um das Analytical Review Risk, d.h. das Risiko, dass Fehler oder Verstöße nicht anhand von Plausibilitätsbeurteilungen aufgedeckt werden, erweitert; vgl. bspw. *Diehl*, DStR 1993, S. 1115.

Im Rahmen einer Abschlussprüfung ist es weder sinnvoll noch möglich, Risikoeinschätzungen exakt zu **quantifizieren** und in einer Skala abzubilden. Das Modell soll lediglich dazu dienen, die Beziehungen zwischen den einzelnen Risikoarten und die sich daraus ergebenden Auswirkungen auf den Umfang der durchzuführenden Prüfungshandlungen aufzuzeigen.

Die nachfolgende Abbildung veranschaulicht die Beziehung zwischen inhärentem Fehlerrisiko und Kontrollrisiko:

290

	Kontrollrisiko	
	hoch	gering
inhärentes Fehlerrisiko bedeutsam	hoch	moderat/gering
nicht bedeutsam	moderat/gering	gering

Abb. 10: Beziehung zwischen inhärentem Fehlerrisiko und Kontrollrisiko

> **Hinweis 10:**
>
> Die **Abstufungen zwischen hohem und geringem Kontrollrisiko** und bedeutsamem sowie nicht bedeutsamem inhärentem Risiko folgen keiner festen Einstufung, sondern stellen eine gleitende Skalierung dar.
>
> Je höher das inhärente Risiko und das Kontrollrisiko eingeschätzt werden, desto umfangreicher müssen die aussagebezogenen Prüfungshandlungen geplant werden, um das Prüfungsrisiko zu minimieren. Werden umgekehrt das inhärente Risiko und das Kontrollrisiko als niedrig eingeschätzt, so kann der APr. den Umfang der aussagebezogenen Prüfungshandlungen entsprechend vermindern. Das kann, je nach Ausgestaltung des Einzelfalls und insb. der Risikoeinschätzung, dazu führen, dass in einzelnen Bereichen analytische Prüfungshandlungen ausreichen und keine Einzelfallprüfungen mehr vorgenommen werden müssen.

Die **Einschätzung** des inhärenten Risikos und des Kontrollrisikos kann sich im Verlauf der Prüfung ändern. So kann der APr. bspw. bei der Durchführung von Funktionstests und/oder aussagebezogenen Prüfungshandlungen zu Erkenntnissen gelangen, die wesentlich von den Annahmen abweichen, die er bei der ursprünglichen Einschätzung des *inhärenten Risikos* oder des *Kontrollrisikos* zugrunde gelegt hat. In diesen Fällen muss er Art und Umfang der aussagebezogenen Prüfungshandlungen entsprechend anpassen.

291

4.4.4.3 Festlegung von Wesentlichkeitsgrenzen

In der Abschlussprüfung besagt das Konzept der Wesentlichkeit, dass die Prüfung des JA und des LB bzw. des KA und des KLB darauf auszurichten ist, mit hinreichender Sicherheit falsche Angaben zu entdecken, die wegen ihrer Größenordnung oder Bedeutung einen Einfluss auf den Aussagewert der Rechnungslegung für die Rechnungs-

292

legungsadressaten haben[279]. Das Konzept der Wesentlichkeit ist daher adressatenorientiert. Welche **Bedeutung** einem Prüfungsgegenstand oder einem bestimmten Sachverhalt i.R.d. Rechnungslegung zukommt, ergibt sich i.d.R. aus deren absolutem oder relativem Wert. Dabei können **qualitative** und **quantitative Merkmale** maßgebend sein[280].

293 Bei der Wesentlichkeit handelt es sich um einen allgemeinen Grundsatz, der sowohl bei der Rechnungslegung als auch in der Abschlussprüfung zu beachten ist[281]. In den Regelwerken der Rechnungslegung wird daher häufig das Konzept der Wesentlichkeit i.Z.m. der Aufstellung und Darstellung von Abschlüssen verwendet[282]. Dabei erläutern diese im Allgemeinen, dass

- falsche Darstellungen, einschl. fehlender Darstellungen, als wesentlich angesehen werden, wenn vernünftigerweise erwartet werden kann, dass sie einzeln oder in der Summe die auf der Grundlage des Abschlusses getroffene Entscheidung von Nutzern beeinflussen können,
- Beurteilungen i.Z.m. der Wesentlichkeit vor dem Hintergrund der Begleitumstände getroffen werden und durch das Ausmaß oder die Art der falschen Darstellung oder durch eine Kombination von beidem beeinflusst werden und
- Beurteilungen von Sachverhalten, die für Nutzer des Abschlusses wesentlich sind, auf einer Einschätzung der gemeinsamen Finanzinformationsbedürfnisse der Nutzer als Gruppe basieren. Die mögliche Auswirkung von falschen Darstellungen auf einzelne Nutzer, deren Bedürfnisse sich stark unterscheiden können, wird nicht berücksichtigt.

294 Das Konzept der Wesentlichkeit findet Anwendung[283]

- für die Planung und Durchführung der Prüfungshandlungen zur Risikobeurteilung sowie die Festlegung von Art, Zeitpunkt und Umfang der Prüfungshandlungen,
- für die Beurteilung der Auswirkungen von festgestellten falschen Darstellungen auf die Abschlussprüfung und von vorhandenen, nicht korrigierten falschen Darstellungen auf die Rechnungslegung sowie
- bei der Bildung des Prüfungsurteils im BestV des APr.

295 Die Festlegung der Wesentlichkeit liegt im **pflichtgemäßen Ermessen** des APr.[284] und wird durch dessen Einschätzung der Finanzinformationsbedürfnisse der Nutzer des Abschlusses beeinflusst. Die Wesentlichkeit der Auswirkungen von falschen Angaben ergibt sich aus der Entscheidungserheblichkeit für die Rechnungslegungsadressaten. Daher werden aus Wirtschaftlichkeitsüberlegungen die Prüffelder, in denen nur unwesentliche falsche Angaben erwartet werden, mit weniger Aufwand zu prüfen sein. Die Wesentlichkeit von Angaben ist danach zu beurteilen, ob ihr Weglassen oder ihre unrichtige Darstellung die wirtschaftliche Entscheidung der Abschlussadressaten beeinflussen kann[285]. Unabhängig hiervon kann sich die Wesentlichkeit auch aus der Bedeutung einer verletzten Rechtsnorm (z.B. Organbezüge) ergeben. Die Entscheidungs-

---

279 Vgl. ISA 320.2; *IDW PS 250 n.F.*, Tz. 6.
280 Vgl. *IDW PS 250 n.F.*, Tz. 9.
281 Vgl. *IDW PS 250 n.F.*, Tz. 5.
282 *Vgl.* IASB, Conceptual Framework for Financial Reporting, 2010, QC11. Für das deutsche Handelsrecht ergibt sich dies als ungeschriebener GoB vgl. *Winkeljohann/Büssow*, in: BeBiKo[11] § 252, Rn. 70 f.
283 Vgl. ISA 320.6; *IDW PS 250 n.F.*, Tz. 10.
284 Vgl. ISA 320.6; *IDW PS 250 n.F.*, Tz. 6.
285 Vgl. *IDW PS 250 n.F.*, Tz. 5.

erheblichkeit wird i.R.d. Abschlussprüfung berücksichtigt durch die **Wesentlichkeit für den Abschluss als Ganzes** und durch die Wesentlichkeit für einzelne Arten von Geschäftsvorfällen, Kontensalden oder Abschluss- bzw. Lageberichtsangaben (**spezifische Wesentlichkeit**)[286].

Zur Auswahl einer geeigneten Bezugsgröße für die Festlegung der Wesentlichkeit für den Abschluss als Ganzes sind **Vergleichsgrößen** zu bestimmen, die für die Abschlussadressaten relevant sind. Vergleichsgrößen sind Bestandteile aus dem Abschluss oder daraus abgeleitete Kennzahlen, die aus Sicht der Abschlussadressaten als Gruppe entscheidungsrelevant sind, also die wirtschaftlichen Entscheidungen beeinflussen. Typische Vergleichsgrößen sind z.B. Ergebnis vor Steuern, Umsatzerlöse, Eigenkapital oder Bilanzsumme[287].

> **Hinweis 11:**
> Folgende Faktoren können bei der Bestimmung der Vergleichsgrößen berücksichtigt werden:
> - Bestandteile des Abschlusses (z.B. Vermögenswerte, Schulden, Eigenkapital, Umsatzerlöse, Aufwendungen)
> - ggf. Posten, auf die sich tendenziell die Aufmerksamkeit der Nutzer des Abschlusses richtet (z.B. ziehen Jahresabschlussadressaten zur Beurteilung der Ertragslage häufig den Gewinn vor Steuern, die Erlöse oder das Nettovermögen heran)
> - Art des Unternehmens, die derzeitige Phase in seinem Lebenszyklus sowie die Branche und das wirtschaftliche Umfeld
> - Eigentumsverhältnisse am Unternehmen sowie Art und Weise der Finanzierung (z.B. können Nutzer bei einem Unternehmen, das ausschl. mit Fremdkapital finanziert ist, mehr Wert auf die Vermögensgegenstände bzw. Vermögenswerte und auf bestehende Ansprüche legen als auf die Ergebnisse der Einheit).

4.4.4.4 Bestimmung des Prozentsatzes der Vergleichsgröße

Die Wesentlichkeit wird durch die Anwendung eines geeigneten Prozentsatzes auf eine als angemessen angesehene Vergleichsgröße ermittelt. Dabei sind qualitative und quantitative Faktoren und auch die anderen Vergleichsgrößen als ein weiterer solcher Faktor zu berücksichtigen[288]:

Faktor	höherer Prozentsatz innerhalb der Bandbreite	niedrigerer Prozentsatz innerhalb der Bandbreite
Struktur der Gesellschafter und/oder des Managements	• überschaubare Gesellschafterstruktur mit geringer Anzahl gut informierter Gesellschafter	• kapitalmarktorientierte Unternehmen gem. § 264d HGB

---

[286] Vgl. ISA 320.10; *IDW PS 250 n.F.*, Tz. 10.
[287] Vgl. *IDW PS 250 n.F.*, Tz. 12.
[288] Vgl. *F&A zu ISA 320 bzw. IDW PS 250 n.F.*

Faktor	höherer Prozentsatz innerhalb der Bandbreite	niedrigerer Prozentsatz innerhalb der Bandbreite
Finanzierungsstruktur	• geringer Verschuldungsgrad • Finanzierungsvereinbarungen, bei denen Finanzierungsgeber Zugang zu Managementinformationen haben und sich nicht nur auf den geprüften Abschluss stützen	• öffentlich gehandelte Schuldtitel • Kreditgewährungsklauseln, die in Abhängigkeit von operativen Ergebnissen stehen
Geschäftsumfeld	• Unternehmen ist in einem stabilen Geschäftsumfeld tätig • Geschäftstätigkeit ist wenig komplex und es gibt relativ wenig Kerngeschäftsprozesse • Unternehmen erbringt eine überschaubare Anzahl an Produkten oder Leistungen • Geschäft des Unternehmens ist existenzfähig und nachhaltig	• Unternehmen ist in einem volatilen Geschäftsumfeld tätig • Geschäftstätigkeit ist komplex und/oder es gibt diverse Geschäftsprozesse • Unternehmen ist in politisch instabilen Ländern tätig
sonstige Faktoren	• keine Regulatoren • Erfahrungs- oder erwartungsgemäß keine oder nur geringe Änderungen der Stakeholder • wenige externe Nutzer des Abschlusses	• Tätigkeit in einer hoch regulierten Branche • Absicht zur Zulassung von Wertpapieren an einem organisierten Markt • Durchgeführter oder erwarteter Verkauf des Unternehmens • Möglicher Einfluss falscher Darstellungen auf das Ergebnis je Aktie und daraus abgeleitet der erwartete Einfluss auf das Entscheidungsverhalten der Nutzer des Abschlusses
Einfluss anderer Vergleichsgrößen	• andere Vergleichsgrößen würden (als hypothetische Vergleichsgrößen) zu einer höheren Wesentlichkeit führen	• andere Vergleichsgrößen würden (als hypothetische Vergleichsgrößen) zu einer niedrigeren Wesentlichkeit führen

298 Nicht immer ist es möglich, die Vergleichsgröße unverändert aus dem Abschluss des zu prüfenden Unternehmens zu übernehmen. In Abhängigkeit vom jeweiligen Einzelfall kann es erforderlich sein, die Vergleichsgröße zu **bereinigen**. Eine Anpassung durch Durchschnittsbildung bietet sich an, wenn die Vergleichsgröße sehr volatil ist. Dabei kommen insb. Bereinigungen von einmaligen, wiederkehrenden oder außergewöhnlichen Effekten in Betracht. Weicht die Vergleichsgröße (z.B. Ergebnis vor Steuern) in den letzten Jahren in einigen Jahren positiv oder negativ vom arithmetischen Mittel ab und ist die Volatilität Teil der Geschäftätigkeit, kann eine Glättung durch Durchschnittsbildung sinnvoll sein. Ist die Volatilität allerdings auf eine strukturelle Veränderung zurückzuführen (z.B. Verlust eines wichtigen Kunden oder Verkauf eines signifikanten Geschäftsbereichs), ist eine Glättung durch Durchschnittsbildung nicht sinnvoll.

> **Hinweis 12:**
> Der APr. sollte i.Z.m. der Festlegung der Wesentlichkeit für den Abschluss als Ganzes folgendes dokumentieren:
> - Begründung für die Bestimmung der Vergleichsgröße
> - Begründung für die Anpassung oder Durchschnittsbildung, die beinhaltet
>   - das Verständnis über das Unternehmen, die Branche und die wirtschaftlichen Rahmenbedingungen, die belegen, dass die Vergleichsgrößen volatil sind,
>   - die Begründung dafür, warum die eine ungewöhnliche Erhöhung oder Verringerung der Vergleichsgröße in einer bestimmten Periode als vorübergehend angesehen werden
> - Bestimmung des Prozentsatzes der Vergleichsgröße
> - Betrag der Wesentlichkeit für den Abschluss als Ganzes und Begründung für die Festlegung dieser Größe
> - Begründung für eine signifikante Änderung des Betrags der Wesentlichkeit für den Abschluss als Ganzes oder der Prozentsätze im Vergleich zur vorhergehenden Prüfung
> - Begründung, warum ausnahmsweise ein Prozentsatz gewählt wurde, der außerhalb der erwarteten Bandbreite liegt.

> **Praxistipp 9:**
> „Auf Grundlage freiwilliger Auskünfte von zehn in Deutschland tätigen Prüfungsgesellschaften lässt sich beobachten, dass die Mehrzahl dieser Gesellschaften Bandbreiten verwendet, während einzelne Gesellschaften bewusst auf derartige Vorgaben verzichten.
>
> Die verwendeten Bandbreiten bewegen sich für die nachstehend beispielhaft aufgeführten drei Bezugsgrößen innerhalb folgender Grenzen:
> - Bilanzsumme: 0,25-4%
> - Umsatzerlöse: 0,5-3%
> - *Gewinn vor Steuern:* 3-10%.
>
> Die von den Prüfungsgesellschaften verwendeten Bandbreiten weisen eine hohe Streuung auf, d.h. keine der Prüfungsgesellschaften verwendet Bandbreiten, die das gesamte hier genannte Spektrum umfassen"[289].

---

[289] F&A zu ISA 320 bzw. IDW PS 250 n.F., Frage 3.3.3.

299 Die **Toleranzwesentlichkeit** dient der Beurteilung von Risiken wesentlicher falscher Angaben sowie der Festlegung von Art, Zeitpunkt und Umfang der Prüfungshandlungen als Reaktion auf diese Risiken[290]. Die Toleranzwesentlichkeit wird vom APr. unterhalb der Wesentlichkeit für den Abschluss als Ganzes festgelegt, um die Wahrscheinlichkeit auf ein angemessen niedriges Maß zu reduzieren, dass die Summe aus den nicht korrigierten und den nicht aufgedeckten falschen Darstellungen die Wesentlichkeit für den Abschluss als Ganzes nicht überschreitet.

300 Die Festlegung der Toleranzwesentlichkeit ist kein mathematischer Vorgang, sondern erfordert wie die Bestimmung der Wesentlichkeit für den Abschluss als Ganzes sowie die Bestimmung der spezifischen Wesentlichkeit das pflichtgemäße Ermessen des APr. Bei der Festlegung der Toleranzwesentlichkeit hat der APr. Art, Ursache und betragsmäßige Größe der in den Prüfungen der VJ festgestellten falschen Darstellungen zu berücksichtigen. Regelmäßig wird die Festlegung an einer Obergrenze in Abhängigkeit der Wesentlichkeit für den Abschluss als Ganzes vorgenommen (z.B. die Toleranzgrenze übersteigt nicht 75% der Wesentlichkeit für den Abschluss als Ganzes). Dabei können folgende Faktoren zu einem höheren Aggregationsrisiko und damit zu einer niedrigeren Toleranzwesentlichkeit führen[291]:

- schwaches Kontrollumfeld
- wesentliche Schwächen und/oder eine hohe Anzahl von Schwächen im IKS
- hohe Fluktuation im Management und bei Schlüsselpersonen im Rechnungswesen
- komplexe Bilanzierungsthemen mit hohem Ermessensspielraum und/oder hohen Schätzunsicherheiten und
- Tätigkeit des Unternehmens an mehreren Standorten.

301 Wenn es unter den für das Unternehmen typischen Umständen eine oder mehrere bestimmte Arten von Geschäftsvorfällen, Kontensalden oder Abschlussbuchungen gibt, von denen vernünftigerweise erwartet werden kann, dass falsche Darstellungen von Beträgen unterhalb der Wesentlichkeit für den Abschluss als Ganzes entscheidungsrelevant sind, muss der APr. hierfür eine **spezifische Wesentlichkeitsgrenze** bzw. -grenzen festlegen. Diese Wesentlichkeitsgrenzen sind sodann auf diese Arten von Geschäftsvorfällen, Kontensalden oder Abschlussbuchungen anzuwenden.

> **Beispiel 23:**
>
> Folgende Einflussfaktoren können die Festlegung einer spezifischen Wesentlichkeitsgrenze erforderlich machen[292]:
> - die Frage, ob für die Jahresabschlussadressaten die nach dem jeweiligen Regelwerk vorgeschriebene Information einen besonders hohen Stellenwert innehat (z.B. Transaktionen mit nahe stehenden Personen, Vergütung des Managements/Aufsichtsgremiums)
> - besondere wichtige Abschlussangaben für die Branche (z.B. FuE-Kosten bei einem Pharmaunternehmen)
> - die Frage, ob sich die Aufmerksamkeit auf einen bestimmten Aspekt der Geschäftstätigkeit des Unternehmens richtet, der im Abschluss gesondert angegeben wird (z.B. ein neu erworbenes Unternehmen).

---

290 Vgl. ISA 320.9; *IDW PS 250 n.F.*, Tz. 11.
291 Vgl. *F&A zu ISA 320 bzw. IDW PS 250 n.F.*, Frage 4.4.
292 Vgl. ISA 320.A11.

302 Die Berücksichtigung des Konzepts der Wesentlichkeit bei den Schlussfolgerungen aus den eingeholten Prüfungsnachweisen ist in den Arbeitspapieren des APr. angemessen zu dokumentieren[293].

303 Für die Anwendung des Wesentlichkeitsgrundsatzes muss der APr. **Grenzen** festlegen, anhand derer er entscheiden kann, welche Bereiche in welchem Umfang zu prüfen sind und welches Ausmaß von Unrichtigkeiten und Verstößen er noch akzeptieren kann, ohne den BestV modifizieren zu müssen[294]. Der APr. kann einen Betrag bestimmen, unterhalb dessen falsche Angaben als zweifelsfrei unbeachtlich gelten (**Nichtaufgriffsgrenze**)[295]. Diese Beträge muss der APr. auf der Liste der nicht gebuchten Prüfungsfeststellungen nicht erfassen[296]. Zweifelsfrei unbeachtlich ist kein anderer Ausdruck für „nicht wesentlich". Sachverhalte, die zweifelsfrei unbeachtlich sind, werden eine völlig andere, kleinere Größenordnung haben als die Wesentlichkeit für den Abschluss als Ganzes und stellen Sachverhalte dar, die zweifelsfrei unbedeutend sind, unabhängig davon, ob sie einzeln oder in der Summe betrachtet werden und nach welchem Kriterium von Größe, Art oder Umständen sie beurteilt werden[297]. Gleichwohl hat der APr. die qualitativen Aspekte dieser Unrichtigkeiten, die unterhalb der Nichtaufgriffsgrenze liegen, zu würdigen (z.B. die Frage, ob sich aus diesen geringfügigen Unrichtigkeiten Hinweise auf Kontrollschwächen ergeben können).

> **Praxistipp 10:**
> Die Nichtaufgriffsgrenze wird i.d.R. als Prozentsatz der Wesentlichkeit für den Abschluss als Ganzes festgelegt (z.B. 3 bis 5% der Wesentlichkeit für den Abschluss als Ganzes). Für Ausweisfehler innerhalb bestimmter Posten der Bilanz oder der GuV sowie innerhalb der gleichen Kategorie von Cashflow kann die Bestimmung einer Nichtaufgriffsgrenze angemessen sein, die oberhalb dieser Prozentsätze liegt.

304 Die Wesentlichkeit für den Abschluss als Ganzes (und ggf. die Toleranzwesentlichkeit/ spezifische Wesentlichkeiten) **sind anzupassen**, wenn während der Abschlussprüfung Informationen bekannt werden, die dazu geführt hätten, dass der APr. ursprünglich einen oder mehrere andere Beträge festgelegt hätte[298]. Wenn der APr. zum Schluss gelangt, dass eine niedrigere als die ursprüngliche Wesentlichkeit für den Abschluss als Ganzes (und ggf. die Toleranzwesentlichkeit) angemessen ist, muss er ebenso entscheiden, ob es notwendig ist, die Toleranzwesentlichkeit anzupassen und ob Art, zeitliche Einteilung und Umfang der weiteren Prüfungshandlungen weiterhin angemessen bleiben[299]. Wenn der APr. im Prüfungsverlauf die ursprünglich festgelegte Wesentlichkeit für den Abschluss als Ganzes vermindert, muss er abwägen, auch eine entsprechende Anpassung der Nichtaufgriffsgrenze vorzunehmen.

---

293 Vgl. *IDW PS 250 n.F.*, Tz. 23 ff., *IDW PS 250 n.F.*, Tz. 33.
294 Vgl. *Leffson*, HURB, S. 437; *Leffson/Bönkhoff*, WPg 1982, S. 389.
295 Vgl. *IDW PS 250 n.F.*, Tz. 19.
296 Vgl. dazu Kap. L Tz. 1246 ff.
297 Vgl. *IDW PS 250 n.F.*, Tz. 19.
298 Vgl. ISA 320.12; *IDW PS 250 n.F.*, Tz. 18.
299 Vgl. *IDW PS 250 n.F.*, Tz. 18.

> **Hinweis 13:**
> Die Wesentlichkeit ist in folgenden Schritten zu bestimmen:
> - Festlegung der Vergleichsgrößen, die für die Abschlussadressaten relevant sind
> - Bestimmung des Betrags der Vergleichsgröße
> - Bestimmung der Wesentlichkeit unter Berücksichtigung von qualitativen und quantitativen Faktoren und unter Berücksichtigung der anderen Vergleichsgrößen.

305 Bei der qualitativen Beurteilung, ob eine falsche Angabe wesentlich ist, muss die Auswirkung auf die gesamte Darstellung der Vermögens-, Finanz- und Ertragslage beurteilt werden. Der in der Praxis häufig betrachtete quantitative Aspekt (als Faustregel gilt dabei vielfach 5% des entsprechenden Bilanzpostens oder des Jahresergebnisses) wird mit Recht erheblich kritisiert. Denn dies hat in der Vergangenheit mitunter dazu geführt, dass selbst absichtlich falsche Angaben bzw. Ergebnisbeeinflussungen unterhalb einer solchen Grenze nicht berichtigt wurden[300].

306 Der Grundsatz der Wesentlichkeit wird ergänzt um den **Grundsatz der Wirtschaftlichkeit**[301]. Das bedeutet für den APr., seine Prüfungshandlungen so auszurichten, dass er mit dem geringstmöglichen Aufwand ein unter Beachtung des Grundsatzes der Wesentlichkeit ausreichendes Prüfungsurteil erhält. Er hat grundsätzlich die Prüfungshandlung zu wählen, die den geringsten zeitlichen und personellen Einsatz erfordert. Dabei sind auch die Einsatzmöglichkeiten von IT-Tools zu berücksichtigen. I.d.R. ist bei Routinetransaktionen der auf einer Prüfung des IKS basierende Prüfungsansatz der effizientere, da hierdurch eine Reduktion der aussagebezogenen Prüfungshandlungen, insb. der Einzelfallprüfungen, erreicht wird.

4.4.4.5 Plausibilitätsbeurteilungen

307 Zusätzliche Hinweise auf bedeutende Prüffelder oder ungewöhnliche Entwicklungen, die erhöhte Risiken in sich bergen können, erhält der APr. häufig i.R.d. Erarbeitung der Prüfungsstrategie durch eine erste Plausibilitätsbeurteilung. Dafür wird regelmäßig ein Zwischenabschluss herangezogen und das Verhältnis bestimmter Posten zueinander oder deren Entwicklung im Vergleich zum VJ oder zum letzten JA analysiert.

308 Werden im Rahmen einer derartigen Analyse auffällige Abweichungen von den Erwartungen des APr. oder Veränderungen festgestellt, kann dies auf besondere Risikobereiche hindeuten, die dann zu besonderen Prüfungsschwerpunkten und bedeutenden Prüffeldern führen.

4.4.5 Planung von Art und Umfang der Prüfungshandlungen

4.4.5.1 Grundsatz

309 Im Anschluss an die Entwicklung der Prüfungsstrategie müssen Art und Umfang der Prüfungshandlungen in einem Prüfungsprogramm festgelegt werden. Diese Festlegung hat zum Ziel, unter Berücksichtigung der Wirtschaftlichkeit **ausreichende und angemessene Prüfungsnachweise** zu erlangen, um mit hinreichender Sicherheit die ge-

---

300 Vgl. *F&A zu ISA 450 bzw. IDW PS 250 n.F.*
301 Vgl. *IDW PS 200*, Tz. 21.

forderten Prüfungsaussagen treffen zu können. Ausreichender Umfang ist das Maß für die Quantität der Prüfungsnachweise. Die Quantität der benötigten Prüfungsnachweise hängt ab von der durch den APr. vorgenommenen Beurteilung der Risiken wesentlicher falscher Angaben (je höher die beurteilten Risiken, desto mehr Prüfungsnachweise sind i.d.R. erforderlich) und von der Qualität dieser Prüfungsnachweise (je höher die Qualität, desto weniger Nachweise sind i.d.R. erforderlich)[302]. Angemessenheit ist das Maß für die Qualität von Prüfungsnachweisen, d.h. ihrer Relevanz[303] und Verlässlichkeit[304], die Schlussfolgerungen zu stützen, auf denen das Prüfungsurteil beruht. Insbesondere geht es dabei darum,

- dass der APr. sich auf das IKS (**Aufbau- bzw. Funktionsprüfung**) stützen kann bzw. muss und
- welche weiteren **aussagebezogenen Prüfungshandlungen** notwendig sind.

Der Zusammenhang zwischen den einzelnen Arten von Prüfungshandlungen wurde bereits i.R.d. Erläuterungen zum Prüfungsrisiko dargestellt[305]. Je geringer das Kontrollrisiko ist, weil der APr. sich von der Zuverlässigkeit der internen Kontrollen überzeugen konnte, desto geringer ist der notwendige Umfang der aussagebezogenen Prüfungshandlungen. Als aussagebezogene Prüfungshandlungen kommen **analytische Prüfungshandlungen** und **Einzelfallprüfungen** in Betracht. Auch zwischen diesen Arten von Prüfungshandlungen besteht eine Wechselwirkung; sofern durch analytische Prüfungshandlungen aussagefähige Prüfungsnachweise erlangt werden können, sind keine oder kaum Einzelfallprüfungen erforderlich. Wenn dagegen wenig oder keine Prüfungsnachweise durch analytische Prüfungshandlungen erzielbar sind, müssen umfangreiche Einzelfallprüfungen durchgeführt werden.

Die nachstehende Grafik[306] verdeutlicht, dass erst durch die Kombination verschiedener Prüfungshandlungen unter Berücksichtigung der Grundsätze der Wirtschaftlichkeit und Wesentlichkeit insgesamt eine ausreichende Prüfungssicherheit erreicht wird[307].

---

302 Vgl. ISA 500.A4; *IDW PS 300 n.F.*, Tz. A5, *IDW PS 300 n.F.*, Tz. A6.
303 Siehe ausführlich ISA 500.A5, *IDW PS 300 n.F.*, Tz. A25 ff.
304 Siehe ausführlich ISA 500.A5, *IDW PS 300 n.F.*, Tz. A29 ff.
305 Vgl. Kap. L Tz. 289 f.
306 Vgl. *Dörner*, in: HWRP3, Sp. 1744 (1759). Teilweise werden den systemorientierten Prüfungshandlungen in kürzerer Zeit eine höhere Prüfungssicherheit zugestanden als den analytischen Prüfungshandlungen, so dass sie auf der X-Achse vor diesen abgetragen werden.
307 Vgl. *Wiedmann*, WPg 1993, S. 19.

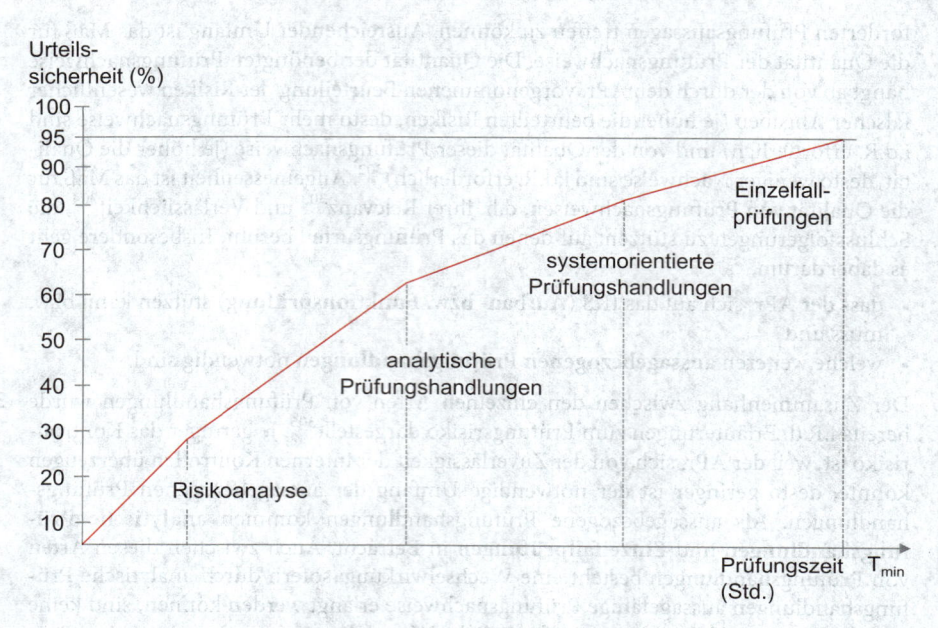

Abb. 11: Weg zur ausreichenden Prüfungssicherheit

4.4.5.2 Prüfung des IKS

312 Im Rahmen der Prüfungshandlungen zur Risikobeurteilung hat der APr. die Ausgestaltung und Implementierung des rechnungslegungsbezogenen IKS zu beurteilen. Gleichwohl sind nicht alle rechnungslegungsbezogenen Kontrollen für die Abschlussprüfung von Bedeutung. Die Beurteilung, ob eine Kontrolle einzeln oder in Kombination mit anderen für die Abschlussprüfung relevant ist, liegt im pflichtgemäßen Ermessen des APr.

> **Hinweis 14:**
>
> Das IKS[308] wird so konzipiert, eingerichtet und aufrechterhalten, dass identifizierten Geschäftsrisiken begegnet werden kann, welche die Erreichung der Ziele des Unternehmens in den folgenden Bereichen bedrohen:
> - Verlässlichkeit der Rechnungslegung des Unternehmens
> - Wirksamkeit und Wirtschaftlichkeit der Geschäftsprozesse
> - Einhaltung der maßgeblichen gesetzlichen und anderen rechtlichen Bestimmungen.

313 Der APr. muss ein Verständnis von dem IKS insoweit entwickeln, als es für die Feststellung und Beurteilung der Fehlerrisiken sowie der prüferischen Reaktionen auf die beurteilten Fehlerrisiken erforderlich ist. Zu den originären prüfungsrelevanten Bestandteilen des IKS gehören das Rechnungslegungssystem einschließl. des Buch-

---

308 Vgl. ausf. Kap. L Tz. 224 ff.

führungssystems und ggf. das Risikofrüherkennungssystem[309]. Gleichwohl kann z.B. der Prüfungsgenstand durch eine Auftragserweiterung nach § 53 HGrG auf die Prüfung der Ordnungsmäßigkeit der Geschäftsführung und der wirtschaftlichen Verhältnisse erweitert werden.

> **Hinweis 15:**
>
> Kleinere Unternehmen, bei denen das Management aktiv in den operativen Geschäftsbetrieb sowie in den Rechnungslegungsprozess eingebunden ist, haben ggf. keine dokumentierten Prozesse und Kontrollen. Insbesondere bei sehr kleinen Unternehmen ist der Eigentümer u.U. in die täglichen Geschäfte eingebunden und übt Tätigkeiten aus, die in größeren Unternehmen in unterschiedliche Funktionen aufgeteilt sind. Damit besteht gleichzeitig die Gefahr, dass ein Gesellschafter-Geschäftsführer aufgrund des weniger stark strukturierten IKS leichter in der Lage ist, Kontrollen außer Kraft zu setzen. Gleichwohl sollte sich der APr. unter Berücksichtigung einer entsprechenden Skalierung mit dem IKS des Unternehmens beschäftigen und ggf. systemorientierte Prüfungshandlungen durchführen[310].

Der APr. verschafft sich insb. ein Verständnis von den Kontrollen des Unternehmens, einschl. der zugehörigen Kontrollaktivitäten, wenn eine oder mehrere der folgenden Faktoren gegeben sind: **314**

- Identifikation eines bedeutsamen Risikos,
- Identifikation eines Risikos für Verstöße und Unregelmäßigkeiten,
- er zu dem Urteil gelangt, dass aussagebezogene Prüfungshandlungen allein keine ausreichenden geeigneten Prüfungsnachweise auf Aussageebene erbringen können[311],
- er beabsichtigt, sich bei der Festlegung von Art, zeitlicher Einteilung und Umfang aussagebezogener Prüfungshandlungen auf die Wirksamkeit des IKS zu verlassen.

Hat sich der APr. im jeweiligen Prüfungsgebiet dafür entschieden, das vorhandene Kontrollsystem für seine prüferischen Zwecke zu nutzen, oder ist eine Prüfung der relevanten Kontrollen verpflichtend (z.B., wenn aussagebezogene Prüfungshandlungen alleine keine ausreichende Prüfungssicherheit gewährleisten), so muss er sich davon überzeugen, dass **315**

- die i.R.d. Einschätzung des Kontrollumfelds getroffenen Annahmen über das Vorhandensein angemessener interner Kontrollmaßnahmen in dem jeweiligen Prüfungsbereich zutreffen,
- die Kontrollen tatsächlich in den Arbeitsablauf eingebaut sind,
- sie zweckentsprechend sind und wirksam ausgeführt werden und
- sie während des ganzen GJ bestanden haben.

Zu diesem Zweck muss der APr. für die entsprechenden Prüfungsgebiete Aufbau- und Funktionsprüfungen des relevanten IKS planen, durch die die prüfungsrelevanten internen Kontrollen erfasst, hinsichtlich ihrer Ausgestaltung und Einrichtung (**Aufbauprüfung**) beurteilt und auf ihre Wirksamkeit (**Funktionsprüfung**), d.h. die tatsächliche **316**

---

309 Vgl. *IDW PS 261 n.F.*, Tz. 35.
310 Vgl. *Bungartz*, S. 481 ff.
311 Vgl. ISA 330.8; *IDW PS 261 n.F.*, Tz. 74.

Durchführung in der vorgesehenen Weise, geprüft werden[312]. Nur wenn die Wirksamkeit der Kontrollen geprüft wurde, können die Kontrollen zur Prüfungssicherheit beitragen. Wenn die Aufbauprüfung ergeben hat, dass keine geeigneten Kontrollen implementiert sind, ist eine Funktionsprüfung nicht möglich und die notwendige Prüfungssicherheit muss durch andere Prüfungshandlungen gewonnen werden.

317 Da ein Unternehmen sein IKS nicht jährlich neugestaltet, ergibt sich für die APr., dass das Erfassen des prüfungsrelevanten IKS und das Beurteilen seiner Angemessenheit und Implementierung nach dem erstmaligen Erfassen und Beurteilen in den Folgejahren im Regelfall nicht mit dem gleichen Aufwand erfolgen muss. In den Folgejahren ist es meistens ausreichend, wenn die **wesentlichen Änderungen** erfasst und die Auswirkungen dieser Änderungen beurteilt werden. Das Erfassen, Aktualisieren und die Beurteilung der Angemessenheit des rechnungslegungsbezogenen IKS können zu jedem beliebigen Zeitpunkt im Jahr erfolgen. Sowohl für das Unternehmen als auch für den APr. ist es von Vorteil, wenn bereits in der Phase der Konzeption und der Implementierung von neuen Verfahren das vorgesehene Kontrollsystem prüfungsbegleitend geprüft wird[313].

318 Der APr. wird sich bei der **Aufbauprüfung** an der konkreten Ausgestaltung des IKS durch das Management orientieren und die Komponenten des IKS prüfen. Die Prüfung des Aufbaus des IKS erstreckt sich nicht notwendigerweise auf alle Regelungsbereiche des IKS, sondern insb. auf jene Regelungen, die die Ordnungsmäßigkeit und Verlässlichkeit der Rechnungslegung, den Fortbestand des Unternehmens sowie den Schutz des vorhandenen Vermögens einschl. der Verhinderung oder Aufdeckung von Vermögensschädigungen sicherstellen sollen[314].

319 Hat eine Kontrollschwäche nur für einen Teil des Prüfungszeitraums bestanden, hat der APr. die Auswirkung dieser Kontrollschwäche auf Art, Zeitraum und Intensität seiner Prüfungshandlungen gesondert zu beurteilen.

320 Gegenstand der Aufbauprüfung sind die folgenden Bereiche:
- **Prüfung der Ausgestaltung der Kontrolle:** Ist eine Kontrolle einzeln oder in Kombination mit anderen in der Lage, wesentliche falsche Darstellungen wirksam zu verhindern oder aufzudecken und zu korrigieren? Eine unzureichende Ausgestaltung von Kontrollen kann einen bedeutsamen Mangel im IKS des Unternehmens darstellen;
- **Prüfung der Einrichtung der Kontrolle:** Besteht tatsächlich eine Kontrolle und wird sie im Unternehmen angewendet?

321 Zur Beurteilung von Ausgestaltung und Einrichtung von Kontrollen kann der APr. folgende Prüfungshandlungen vornehmen:
- Befragung von Mitarbeitern
- Beobachtung der Durchführung von bestimmten Kontrollen
- Einsichtnahme in Dokumente und Berichte,
- Nachverfolgung von Geschäftsvorfällen im rechnungslegungsbezogenen Informationssystem (**Walkthrough**).

---

[312] Vgl. ISA 330.10; *IDW PS 261 n.F.*, Tz. 61 ff., *IDW PS 261 n.F.*, Tz. 73 ff.
[313] Vgl. im Einzelnen *IDW PS 850*.
[314] Vgl. *IDW PS 261 n.F.*, Tz. 40 f.

Wenn das Management die relevanten Kontrollen nicht ausreichend dokumentiert hat, was häufig in kleinen und mittelständischen Unternehmen der Fall ist, muss der APr. beurteilen, welche Auswirkungen dies auf seine Einschätzung der Ausgestaltung und Einrichtung der Kontrolle hat. Eine Kontrolle kann auch wirksam sein, wenn sie zwar nicht dokumentiert wurde, der zuständige Kontrollverantwortliche die Kontrolle tatsächlich durchführt, hierin ausreichende Erfahrung hat und nachweisen kann, dass ihm bekannt ist, wie sie durchzuführen ist[315]. **322**

Um ausreichende geeignete Prüfungshandlungen für die Wirksamkeit der relevanten Kontrollen zu erhalten, führt der APr. **Funktionsprüfungen** durch. Sie betreffen die Art der Anwendung bestimmter organisatorischer Regelungen, die Kontinuität in der Anwendung im abgelaufenen GJ und die Frage, welche Personen für die Durchführung bestimmter Maßnahmen verantwortlich waren und wer diese tatsächlich durchgeführt hat[316]. Funktionsprüfungen sind grundsätzlich für den gesamten Zeitraum durchzuführen, für den der APr. beabsichtigt, sich auf die betreffenden Kontrollen zu verlassen. Da Funktionsprüfungen häufig in der Vorprüfung und damit vor dem Bilanzstichtag durchgeführt werden, muss der APr. Prüfungsnachweise über bedeutsame Änderungen der Kontrollen bis zum Abschlussstichtag einholen und festlegen, welche weiteren Prüfungsnachweise einzuholen sind. Der Umfang der zusätzlichen Prüfungshandlungen richtet sich u.a. nach folgenden Faktoren: **323**

- Bedeutsamkeit des beurteilten Risikos
- Änderungen im Informationssystem oder den Prozessen sowie personelle Veränderungen
- Länge des Zeitraums der Durchführung des Funktionstests bis zum Bilanzstichtag
- Umfang, in dem sich der APr. auf die Kontrolle verlässt
- Kontrollumfeld.

Bei Fehlerrisiken, bei denen es sich um **bedeutsame Risiken** handelt, müssen Funktionsprüfungen auch bei unveränderten Kontrollmaßnahmen in jedem GJ durchgeführt werden, sofern der APr. beabsichtigt, sich auf die Wirksamkeit des IKS zu stützen[317]. **324**

Beim Planen und Durchführen von Prüfungshandlungen über die Wirksamkeit der Kontrollen stehen dem APr. verschiedene Prüfungshandlungen, auch in Kombination miteinander, zur Verfügung[318]: **325**

- Befragung von Mitarbeitern (eine Befragung alleine reicht jedoch nicht aus, um die Wirksamkeit einer Kontrolle zu beurteilen)
- Durchsicht von Nachweisen über die Durchführung von Maßnahmen
- Beobachtung der Durchführung von Maßnahmen
- Nachvollzug von Kontrollaktivitäten durch den APr.
- Auswertung von Ablaufdiagrammen, Checklisten und Fragebögen
- Einsichtnahme in die Berichte der Internen Revision
- IT-gestützte Prüfungshandlungen.

---

315 Vgl. *F& A zu ISA 315 bzw. IDW PS 261 n.F.*, Frage 4.15.
316 Vgl. ISA 330.10; *IDW PS 261 n.F.*, Tz. 73.
317 Vgl. ISA 330.15; *IDW PS 261 n.F.*, Tz. 78.
318 Vgl. ISA 330.A21; *IDW PS 261 n.F.*, Tz. 73.

326 Bei der Planung und Durchführung der Prüfungshandlungen berücksichtigt der APr. zudem

- wie die Kontrollen zu relevanten Zeiten während des zu prüfenden Zeitraums durchgeführt wurden,
- die Stetigkeit der Durchführung sowie
- von wem oder auf welche Weise sie durchgeführt wurden.

327 Außerdem ist festzustellen, ob die zu prüfenden Kontrollen von anderen Kontrollen (mittelbare Kontrollen) abhängen und – sofern dies der Fall ist –, ob es notwendig ist, Prüfungsnachweise über die Wirksamkeit dieser mittelbaren Kontrollen einzuholen.

328 Im Unterschied zu Kontrollen, die bedeutsame Fehlerrisiken steuern, besteht für **andere Kontrollen** die Möglichkeit, auf Prüfungsnachweise aus Funktionsprüfungen der VJ zurückzugreifen. Dieser Grundsatz gilt bei automatisierten und manuellen Kontrollen, sofern nachfolgende Voraussetzungen kumulativ erfüllt sind[319]:

- Die Kontrolle darf sich seit der letzten Prüfung nicht verändert haben. Hiervon hat sich der APr. mittels Befragungen und Beobachtungen (i.d.R. in Form eines Walkthrough) zu vergewissern. Wenn der APr. plant, sich auf Kontrollen zu verlassen, die sich seit der letzten Prüfung verändert haben, muss er die Wirksamkeit der Durchführung im aktuellen Jahr prüfen.
- Das Unternehmen stützt die Einschätzung, dass sich die Kontrollen nicht verändert haben, auf ein wirksames Monitoring. Die Implementierung und Wirksamkeit solcher Monitoring-Prozesse müssen vom APr. geprüft werden.

> **Beispiel 24:**
>
> Die physische Bestandsaufnahme des Anlagevermögens kann z.B. Hinweise liefern, dass die implementierten Kontrollen in der Anlagenbuchhaltung lückenhaft sind. Ebenso können Verprobungen von betrieblichen Auswertungen mit der Finanzberichterstattung sowie mit Plan- und Vorperiodenzahlen ein Monitoring darstellen, da sich hierdurch Hinweise auf ggf. nicht wirksame Kontrollen im Bereich der Finanzberichterstattung gewinnen lassen. Liegen solche Hinweise vor, müssen die Ursachen für Abweichungen identifiziert und ggf. notwendige Maßnahmen zur Behebung von Kontrolldefiziten umgesetzt werden.

329 In welchem Umfang sich der APr. auf Prüfungsergebnisse aus VJ zur Beurteilung der Wirksamkeit der Durchführung von Kontrollen verlassen will, ist eine Ermessensfrage. Für die Ausübung des **pflichtgemäßen Ermessens** können folgende Überlegungen herangezogen werden:

- Wirksamkeit der Kontrollen in VJ, einschl. Art und Umfang von in VJ festgestellten Abweichungen
- Wirksamkeit von Aufbau und Implementierung anderer IKS-Bestandteile, insb. Kontrollumfeld, Risikobeurteilung und Monitoring (z.B. Interne Revision, Bilanzierungsrichtlinien, Internes Reporting, Risikomanagementprozess)
- Art der Kontrolle und damit verbundenes Risiko (z.B. automatisierte oder manuelle Kontrolle)

---

319 Vgl. ISA 330.14; *IDW PS 261 n.F.*, Tz. 77 f.

- Wirksamkeit der allgemeinen IT-Kontrollen (z.B. Berechtigungskonzept, Änderungsmanagement, Ablaufsteuerung)
- personelle Veränderungen, die auf die Implementierung und die Durchführung der Kontrolle einen wesentlichen Einfluss haben könnten
- Risiko von unterlassenen Veränderungen von Kontrollen bei veränderten Sachverhalten (so erfordert z.B. der Wegfall einer Kreditversicherung ggf. eine intensivere Bonitätsprüfung der Kunden)
- Umfang, in dem sich der APr. auf die Kontrolle verlassen will, um Art, Zeitpunkt und Umfang seiner aussagebezogenen Prüfungshandlungen zu modifizieren.

Praxistipp 11:
- Stichproben bei automatischen Kontrollen[320]
    - Wenn der APr. die Kontrollen, das IT-Umfeld und die IT-Organisation sowie die IT-Infrastruktur, welche die Funktionsfähigkeit automatischer Kontrollen unterstützen, geprüft und er diese Kontrollen als wirksam über den gesamten Prüfungszeitraum eingestuft hat, kann er die automatische Kontrolle einmal im Berichtszeitraum prüfen (Test of One).
    - Wurden die Kontrollen, das IT-Umfeld und die IT-Organisation sowie die IT-Infrastruktur nicht getestet oder wurden diese Kontrollen als nicht wirksam eingestuft, sollte der APr. zusätzliche Prüfungshandlungen an mehr als einem Zeitpunkt innerhalb des Berichtszeitraums durchführen, um sich auf die automatischen Kontrollen verlassen zu können. Der Stichprobenumfang wird hierbei insb. von der Häufigkeit der Kontrolldurchführung, der Häufigkeit der Veränderung der automatischen Kontrollen sowie durch die Einschätzung des inhärenten Risikos insb. von Unregelmäßigkeiten und Verstößen bestimmt.
- Stichproben bei manuellen Kontrollen
    - Wenn der APr. Prüfungshandlungen plant, um die Wirksamkeit der Durchführung einer manuellen Kontrolle zu beurteilen und erwartet er keine Kontrollabweichung, bestimmt er die Stichprobengröße anhand seiner Einschätzung des Risikos einer wesentlichen Fehlaussage sowie der Häufigkeit (z.B. jährliche, vierteljährliche, monatliche, tägliche, wiederkehrende), mit der die Kontrolle durchgeführt wird.
    - Dieser Stichprobenumfang ist auch anzuwenden, wenn ein Zeitraum zu prüfen ist, der kürzer als ein Kalenderjahr ist.
    - Erwartet der APr. bei der Planung, dass es bei der Durchführung der Prüfung zu Kontrollabweichungen kommen kann und ist er bereit, diese in bestimmtem Umfang zu akzeptieren, so hat er einen größeren Stichprobenumfang auszuwählen, als wenn keine Abweichung erwartet wird.
- Prüfung von Kontrollen an mehreren, homogenen Standorten
    - Wenn der APr. Kontrollen testet, die an mehreren und homogenen Standorten durchgeführt werden, so hat er für seine Tests eine hinreichend große Anzahl von Standorten auszuwählen, um beurteilen können, dass die betrachteten Kontrolldurchführungen tatsächlich homogen sind und dass die getesteten Kontrollen zu den relevanten Abschlussaussagen und Kontensalden wirksam durchgeführt wurden. Homogene Standorte sind solche, die über einheitliche Prozessaktivitäten, Systeme und Prozesskontrollen verfügen und dem gleichen Kontrollumfeld und übergeordneten Kontroll-

---

[320] Vgl. ISA 330.14; vertiefend *Heese/Braatsch*, WPg 2013, S. 841 ff.

> aktivitäten unterliegen (z.B. Niederlassungen einer Handelskette, Bank oder Restaurantkette sind häufig homogene Standorte).
> – Die Auswahl der Standorte erfolgt nach pflichtgemäßem Ermessen. Hierbei wird die Wirksamkeit von übergeordneten Kontrollen einschl. der Kontrollen, die die Wirksamkeit der zu testenden Kontrollen überwachen, berücksichtigt.

330 Für Kontrollen, auf die sich der APr. im Rahmen seiner Prüfung verlassen will, kann in Abhängigkeit der Fehlerrisiken ein unterschiedlicher **Testzyklus** angewendet werden[321]:

- Bei Fehlerrisiken, bei denen es sich um **bedeutsame Risiken** handelt, müssen Funktionsprüfungen auch bei unveränderten Kontrollmaßnahmen **in jedem GJ** durchgeführt werden.
- Bei **nicht bedeutsamen Risiken** müssen unveränderte Kontrollmaßnahmen lediglich in jeder **dritten aufeinander folgenden Abschlussprüfung** einer Funktionsprüfung unterzogen werden.
- Beabsichtigt der APr. jedoch die Verwendung von Prüfungsnachweisen aus früheren Abschlussprüfungen **für mehrere Kontrollmaßnahmen**, so hat er zumindest die Wirksamkeit einiger Kontrollmaßnahmen in der lfd. Abschlussprüfung zu prüfen[322].

> **Praxistipp 12:**
> Faktoren für die Festlegung von weiteren Prüfungshandlungen:
> - Bedeutsamkeit des beurteilten Fehlerrisikos
> - einzelne in dem unterjährigen Zeitraum geprüfte Kontrollen sowie bedeutsame Änderungen dieser Kontrollen seit der Funktionsprüfung (einschl. Veränderungen im Informationssystem an den Prozessen und im Personal)
> - Ausmaß, in dem Prüfungsnachweise über die Wirksamkeit dieser Kontrollen erlangt werden
> - Länge des „Roll-forward"-Zeitraums,
> - Umfang der vom APr. beabsichtigten Reduzierung der weiteren aussagebezogenen Prüfungshandlungen
> - Ausgestaltung des Kontrollumfelds.

331 Die vorstehenden Grundsätze gelten grundsätzlich auch für die relevanten Kontrollen, die mit der Auslagerung von betrieblichen Funktionen auf Dienstleistungsunternehmen zusammenhängen (z.B. Logistikdienstleistungen, IT- bzw. Rechenzentrumsleistungen, Debitorenmanagement, Personalabrechnung, Buchhaltung)[323]. Das Dienstleistungsunternehmen ist ein rechtlich vom auslagernden Unternehmen getrenntes Unternehmen, das eine oder mehrere betriebliche Funktionen des auslagernden Unternehmens in dessen Auftrag eigenständig durchführt. Mit der Auslagerung dieser Funktionen erlangt das IKS des Dienstleistungsunternehmens für die Beurteilung der Frage Bedeutung, ob sich aus der Ausgestaltung der Kontrollen Risiken ergeben, die bei einem auslagernden Unternehmen zu Mängeln in der Rechnungslegung führen können. Falls

---

[321] Vgl. *IDW PS 261 n.F.*, Tz. 75.
[322] Vgl. ISA 330.A35-A39.
[323] Vgl. dazu weiterführend *IDW PS 331 n.F.*; vgl. auch Kap. L Tz. 542 ff.

das Dienstleistungsunternehmen sein IKS insoweit prüfen lässt, als es die Ausführung der ausgelagerten Funktionen betrifft (dienstleistungsbezogenes IKS), stellt dies für das auslagernde Unternehmen und dessen APr. einen Nachweis dar, der für die Beurteilung des dienstleistungsbezogenen IKS des auslagernden Unternehmens verwertet werden kann[324].

4.4.5.3 Aussagebezogene Prüfungshandlungen

a) Analytische Prüfungshandlungen

Analytische Prüfungshandlungen sind **Plausibilitätsbeurteilungen** von Verhältniszahlen und Trends, durch die Beziehungen von prüfungsrelevanten Daten eines Unternehmens zu anderen Daten aufgezeigt sowie auffällige Abweichungen festgestellt werden. Dabei können plausible Beziehungen zwischen sowohl finanziellen als auch nichtfinanziellen Daten verwendet werden. Außerdem umfassen aussagebezogene analytische Prüfungshandlungen die jeweils notwendigen Untersuchungen von festgestellten Schwankungen in der Beziehungen, die nicht mit anderen relevanten Informationen im Einklang stehen oder die um einen erheblichen Betrag von den erwarteten Werten abweichen. 332

Der APr. hat analytische Prüfungshandlungen sowohl bei der **Prüfungsplanung** und der **Prüfungsdurchführung** als auch als abschließende **Gesamtdurchsicht** vor Beendigung der Prüfung vorzunehmen[325]. 333

Durch analytische Prüfungshandlungen in der **Planungsphase** einer Abschlussprüfung hat der APr. seine Kenntnisse über die Geschäftstätigkeit und das wirtschaftliche und rechtliche Umfeld des Unternehmens zu vertiefen sowie Hinweise zu gewinnen, ob in dem zu untersuchenden Prüffeld Besonderheiten vorliegen. Analytische Prüfungshandlungen dienen hierbei dem Ziel, potenzielle Risikobereiche bzw. Mängel des Abschlusses festzustellen[326]. Hierbei berücksichtigt der APr. sowohl finanzielle als auch nichtfinanzielle Informationen[327]. 334

Durch **aussagebezogene analytische Prüfungshandlungen**, durch Einzelfallprüfungen oder durch eine Kombination beider Prüfungshandlungen kann das Entdeckungsrisiko verringert werden, wesentliche falsche Aussagen im JA und im LB nicht festzustellen. Die Entscheidung über die jeweils zweckentsprechende Prüfungshandlung für die Ableitung von Prüfungsaussagen bestimmt sich nach der eigenverantwortlichen Beurteilung der erwarteten Wirksamkeit und Wirtschaftlichkeit der verfügbaren Prüfungshandlungen durch den APr.[328] Die Anwendung aussagebezogener analytischer Prüfungshandlungen beruht auf der Erwartung, dass Zusammenhänge zwischen bestimmten Informationen und Daten vorhanden sind und fortbestehen. Von diesen Zusammenhängen kann ausgegangen werden, solange nichts Gegenteiliges bekannt wird. Der vorgefundene Zusammenhang dient somit als Prüfungsnachweis für die *Vollständigkeit, Genauigkeit* und *Richtigkeit* von Daten des Rechnungswesens. Diese Prüfungsnachweise sind für die Abschlussprüfung relevant, soweit sie Aussagen in der 335

---

[324] Vgl. im Einzelnen *IDW PS 951 n.F.*
[325] Vgl. ISA 520.5-7; *IDW PS 312*, Tz. 16.
[326] Vgl. ISA 520.3; *IDW PS 312*, Tz. 17.
[327] Vgl. ISA 520.4; *IDW PS 312*, Tz. 18.
[328] Vgl. *IDW PS 312*, Tz. 20.

Rechnungslegung stützen[329]. Bei der Planung und Durchführung aussagebezogener analytischer Prüfungshandlungen muss der APr. eine Erwartung zu erfassten Beträgen oder Kennzahlen entwickeln und beurteilen, ob die Erwartung ausreichend genau für die Feststellung einer falschen Darstellung ist.

> **Beispiel 25:**
>
> Analytische Prüfungshandlungen umfassen z.B. Vergleiche zu beurteilender Daten mit
> - Informationen aus VJ (innerbetriebliche Vergleiche)
> - vom Unternehmen erwarteten Ergebnissen (Budgetierung und Prognosen)
> - Erwartungen des APr. über die Fortentwicklung im Unternehmen
> - branchenspezifischen Kennzahlen (zwischenbetriebliche Vergleiche).

> **Praxistipp 13:**
>
> Aussagebezogene analytische Prüfungshandlungen eignen sich, wenn
> - eine sinnvolle Disaggregation der Daten möglich ist,
> - ein großes Volumen von Geschäftsvorfällen vorliegt, welches im Zeitablauf dazu tendiert, vorhersehbar zu sein,
> - plausible Beziehungen zwischen den Daten bestehen und fortdauern oder
> - aussagebezogene analytische Prüfungshandlungen in früheren Perioden bereits erfolgreich durchgeführt wurden.
>
> Sinnvolle Einsatzgebiete für aussagebezogene analytische Prüfungshandlungen:
> - Routinetransaktionen und Schätzungen, für die sich Beziehungen und Trends ermitteln lassen (z.B. Bildung eines Erwartungswert bei den Umsatzerlösen bei Vorliegen eines konstanten Preisniveaus und eines geprüften Mengengerüsts)
> - Abschlussposten und Geschäftsvorfälle, deren Wertansätze innerhalb relativ geringer Spannen schwanken (z.B. Mieteinnahmen eines Bürogebäudes), und
> - ◻ Abschlussposten und Geschäftsvorfälle, für die z.B. Prüfungsnachweise zur Vollständigkeit nur sehr aufwändig durch Einzelfallprüfungen erlangt werden können (z.B. Personalaufwand).

336 Beim Einsatz analytischer Prüfungshandlungen sind u.a. folgende Faktoren zu berücksichtigen[330]:

- Ziele der analytischen Prüfungshandlungen und Verlässlichkeit ihrer Ergebnisse
- Art des Unternehmens und die Möglichkeit, zusammengefasste Informationen wieder in ihre Bestandteile zu zerlegen. So können analytische Prüfungshandlungen wirksamer sein, wenn sie nicht auf den Abschluss insgesamt, sondern auf einzelne Teilbereiche der Rechnungslegung oder Sparten bezogen werden
- Verfügbarkeit der Informationen aus dem Rechnungswesen (z.B. Budgets oder Prognoserechnungen) und aus anderen Unternehmensbereichen (z.B. die Anzahl von produzierten oder verkauften Artikeln).

---

329 Vgl. *IDW PS 312*, Tz. 6.
330 Vgl. *IDW PS 312*, Tz. 21.

- Zuverlässigkeit der verfügbaren Informationen nach der Maßgabe der bei ihrer Erstellung angewandten Sorgfalt sowie ihrer Herkunft (vom Unternehmen unabhängige Quellen sind verlässlicher als unternehmensinterne Quellen, können aber weniger spezifisch sein)
- Relevanz der verfügbaren Informationen: Ist-Zahlen eignen sich für analytische Prüfungshandlungen bspw. besser als Budgetansätze
- Vergleichbarkeit der verfügbaren Informationen: Es kann erforderlich sein, allgemeine Branchenkennziffern anzupassen, um sie mit den Kennziffern eines Unternehmens einer bestimmten Branche vergleichen zu können, das Spezialprodukte herstellt und verkauft
- Erkenntnisse des Prüfers aus der Prüfungsplanung unter Berücksichtigung von VJ-Prüfungen und erforderlich gewordenen Anpassungen sowie Erkenntnisse aus der Systemprüfung.

Um zusammenfassend feststellen zu können, ob der Abschluss insgesamt und der LB mit den Kenntnissen des APr. über die Geschäftstätigkeit und das wirtschaftliche und rechtliche Umfeld des Unternehmens im Einklang stehen, sind analytische Prüfungshandlungen auch unmittelbar vor Beendigung der Prüfung durchzuführen (**abschließende Analyse**). Die analytischen Prüfungshandlungen haben dann das Ziel, die im Laufe der Prüfung von einzelnen Teilbereichen des JA gewonnenen Schlussfolgerungen des APr. zu überprüfen bzw. zu bestätigen und das Gesamturteil über die Rechnungslegung zu erleichtern. Jedoch können analytische Prüfungshandlungen in dieser Phase der Abschlussprüfung auch Bereiche erkennbar machen, in denen noch weitere Prüfungshandlungen vorzunehmen sind[331]. 337

Der Grad an **Verlässlichkeit** analytischer Prüfungshandlungen hängt u.a. von folgenden Faktoren ab[332]: 338

- Vornahme anderer Prüfungshandlungen im Hinblick auf dasselbe Prüfungsziel
- Genauigkeit, mit der sich erwartete Ergebnisse von analytischen Prüfungshandlungen vorhersagen lassen. Grundsätzlich kann der APr. erwarten, dass z.B. die Rohgewinnspanne eines Unternehmens im Zeitablauf geringeren Schwankungen unterliegt als die Aufwendungen für Forschung oder Werbung
- Beurteilung der inhärenten Risiken und der Kontrollrisiken: Bestehen bspw. Schwächen im IKS bei der Abwicklung von Verkaufsaufträgen, besteht ein relativ hohes Kontrollrisiko. Es kann daher für den APr. erforderlich werden, in verstärktem Maße Einzelfallprüfungen vorzunehmen und den Ergebnissen analytischer Prüfungshandlungen weniger Verlässlichkeit beizumessen.

Sofern der APr. durch analytische Prüfungshandlungen **auffällige Schwankungen** im Zeitablauf oder Zusammenhänge, die nicht mit anderen einschlägigen Informationen vereinbar sind oder von den vorhergesehenen Zahlen abweichen, feststellt, muss er versuchen, sachgerechte Erklärungen und angemessene unterstützende Nachweise zu erhalten. Hier ist die Unternehmensleitung zu befragen[333]. 339

---

[331] Vgl. ISA 520.A18; *IDW PS 312*, Tz. 23.
[332] Vgl. ISA 520.A15; *IDW PS 312*, Tz. 24.
[333] Vgl. *IDW PS 312*, Tz. 26.

b) Einzelfallprüfungen

340 Einzelfallprüfungen werden durch einen **Soll-Ist-Vergleich** von Geschäftsvorfällen und Beständen durchgeführt, die einzelne Angaben in der Rechnungslegung stützen. I.d.R. werden bestimmte Prüfungshandlungen keine Schlussfolgerung über alle Abschlussaussagen[334] zulassen. So lässt sich bspw. anhand von Saldenbestätigungen das tatsächliche Vorhandensein der ausgewiesenen Forderungen nachweisen, jedoch erlauben sie keine Aussage über ihren zutreffenden Ausweis und ihre Werthaltigkeit. Die Auswahl der vorzunehmenden Prüfungshandlungen ist deshalb so zu kombinieren, dass sie dem APr. ein verlässliches Urteil über alle relevanten Aussage- oder Prüfkategorien ermöglicht.

341 Folgende Prüfungshandlungen können im Einzelfall angewendet werden[335]:

- **Einsichtnahme/Inaugenscheinnahme** in interne und externe Aufzeichnungen oder Dokumente in Papier- oder elektronischer Form oder auf anderen Medien. Bei der Inaugenscheinnahme handelt es sich um eine Prüfungshandlung, die darüber Aufschluss geben soll, ob ein materieller Vermögensgegenstand, z.B. eine Maschine, tatsächlich vorhanden ist. Über das Eigentum und den Wert kann dadurch kein Prüfungsnachweis erlangt werden.
- **Beobachtung** ist die persönliche Anwesenheit des APr. bei der Durchführung von Prozessen oder Verfahren. Typische Beispiele sind die Beobachtung einer Inventur oder die Beobachtung der Durchführung von Kontrollaktivitäten.
- **Bestätigungen Dritter** sind Prüfungsnachweise, die der APr. unmittelbar als schriftliche Antwort eines Dritten zu in der Rechnungslegung enthaltenen Informationen in Papierform oder mittels eines elektronischen oder anderen Mediums erlangt; sie verstärken die Aussagekraft dieser Informationen. Typische Fälle sind **Saldenbestätigungen** über bestehende Forderungen oder Verbindlichkeiten bei dem entsprechenden Gläubiger bzw. Schuldner oder **Bankbestätigungen** über alle Arten der geschäftlichen Beziehungen des zu prüfenden Unternehmens mit KI.
- **Nachrechnen** umfasst die rechnerische Prüfung durch Feststellung der Richtigkeit von Zahlenmaterial in Originalbelegen und Buchhaltungsunterlagen und deren Verifizierung durch unabhängige Berechnungen.
- **Nachvollziehen** bedeutet die unabhängige Durchführung von Verfahren oder Kontrollen durch den APr., die ursprünglich als Teil des IKS des Unternehmens durchgeführt wurden.
- **Befragungen** sind Informationen von kompetenten Personen inner- und außerhalb des Unternehmens. Dadurch werden neue Informationen geliefert oder bisherige Prüfungsnachweise bestätigt. Befragungen sind an keine bestimmte Form gebunden und können mündlich oder schriftlich erfolgen. Im Rahmen von Befragungen werden prüfungsrelevante Informationen finanzieller und nichtfinanzieller Art bei sachkundigen Personen innerhalb oder außerhalb des Unternehmens eingeholt und ausgewertet. Befragungen werden während der gesamten Abschlussprüfung neben anderen Prüfungshandlungen eingesetzt und reichen von formellen schriftlichen bis zu informellen mündlichen Befragungen. Bei Befragungen ist es besonders wichtig, die erlangten Nachweise durch weitere Prüfungsnachweise abzusichern.

---

334 Vgl. Kap. L Tz. 63.
335 Vgl. ISA 330.A5; *IDW PS 300 n.F.*, Tz. A13-A23.

> **Hinweis 16:**
>
> Bestätigungen Dritter beschränken sich nicht auf Kontensalden. Vielmehr kann der APr. Bestätigungen auch über die Bedingungen von Vereinbarungen oder zu Geschäftsvorfällen zwischen dem zu prüfenden Unternehmen und anderen Parteien einholen.

Die Verlässlichkeit der Prüfungsnachweise hängt wesentlich davon ab, welcher Art diese Nachweise sind und aus welcher Quelle sie stammen. Externen Nachweisen ist eine höhere Beweiskraft beizumessen als internen; eine Inaugenscheinnahme und schriftliche Dokumente haben für sich genommen eine höhere Beweiskraft als mündliche Auskünfte[336].

342

Vorgehensweise bei Planung und Durchführung von Einzelfallprüfungen:

343

- Definition der Grundgesamtheit: Die Grundgesamtheit ist der gesamte Satz von (möglichst homogenen) Daten, aus dem die Stichprobenelemente ausgewählt werden
- Definition einer falschen Darstellung: Typische Gründe sind z.B.
  - zeitliche Abweichungen, bspw. wenn Geschäftsvorfälle nicht periodengerecht erfasst werden,
  - Abweichungen in der Klassifizierung, bspw. wenn Instandhaltungsmaßnahmen fälschlicherweise aktiviert werden und
  - betragsmäßige Abweichungen, bspw. wenn Rechnungen bezüglich ihres Betrags fehlerhaft gebucht werden.

> **Beispiel 26:**
>
> Bei einer auf das Vorhandensein von Forderungen ausgerichteten Einzelfallprüfung (z.B. bei einer Saldenbestätigung) gelten Zahlungen des Kunden vor dem Datum dieser Bestätigung, die der Mandant erst kurz nach diesem Datum erhalten hat, nicht als falsche Darstellung. Ebenso beeinflusst eine falsche Zuordnung zwischen Kundenkonten nicht den Gesamtsaldo der Forderungen. Daher ist es möglicherweise nicht angemessen, dies bei der Auswertung der Stichprobenergebnisse für diese betreffende Prüfungshandlung als falsche Darstellung anzusehen, auch wenn es möglicherweise bedeutende Auswirkungen auf andere Bereiche der Prüfung hat (z.B. die Beurteilung des Fraud Risk oder der Angemessenheit der Wertberichtigung zu zweifelhaften Forderungen).

Bestimmung mittels welcher Auswahlmethode die zu prüfenden Elemente auszuwählen sind:

344

- Auswahl aller Elemente
- Auswahl bestimmter Elemente
- Stichprobenprüfung durch den Einsatz von mathematisch-statistischen Verfahren oder einer anderen Technik oder
- Kombination von Auswahlmethoden

---

336 Vgl. ISA 500.A8; *IDW PS 300 n.F.*, Tz. A29.

4.4.5.4 Auswahlverfahren

345 Die Zielsetzung der Abschlussprüfung erfordert keine lückenlose Prüfung; vielmehr nimmt der APr. seine Prüfungshandlungen unter Berücksichtigung des Grundsatzes der Wesentlichkeit und des Fehlerrisikos auf der Grundlage von Stichproben vor. Eine Anwendung von Stichproben kommt dabei sowohl für Funktionstests i.R.d. Prüfung des IKS als auch für aussagebezogene Prüfungshandlungen in Betracht. Der APr. muss einen Stichprobenumfang festlegen, der ausreicht, um das Stichprobenrisiko auf ein vertretbar niedriges Maß zu reduzieren[337]. Werden durch Stichproben Unregelmäßigkeiten aufgedeckt, so sind weitere Prüfungsnachweise einzuholen, soweit die bisherigen Prüfungsnachweise keine hinreichend sichere Beurteilung ermöglichen[338].

346 Für das Erlangen von Prüfungsweisen für ein Prüffeld kommen – neben der **Vollerhebung**[339] – als Auswahlverfahren die **bewusste Auswahl** (Auswahl bestimmter Elemente)[340] und die **Stichprobe** (repräsentative Auswahl[341]) in Betracht[342]. Beiden Gruppen ist gemeinsam, dass der Grad der Sicherheit und Genauigkeit des anhand der Auswahlverfahren gewonnenen Urteils nicht nur von der Anzahl der in die Stichprobe einbezogenen Elemente, sondern auch von der sachgerechten Anwendung der Verfahren und der Zuverlässigkeit der zugrunde gelegten Informationen über das jeweilige Prüfungsgebiet abhängt. Die erforderlichen Informationen gewinnt der APr. u.a. i.R.d. Analyse der Geschäftstätigkeit sowie der rechtlichen und wirtschaftlichen Verhältnisse des Unternehmens, bei der Beurteilung des IKS oder auch von außerhalb der betreffenden Abschlussprüfung (z.B. aus vorangegangenen Abschlussprüfungen). Diese Informationen erlauben ihm, die Bedeutung der Elemente des Prüfungsgebiets für das Prüfungsurteil abzuschätzen, eine sachgerechte Schichtung des Prüfungsstoffs vorzunehmen und das Risiko abzuschätzen, dass aufgrund des gewählten Auswahlverfahrens wesentliche Elemente nicht in die Stichprobe einbezogen werden. Stichprobenverfahren mit Zufallsauswahl sind insb. geeignet, die Abschlussaussagen „Bestehen, Genauigkeit, Bewertung" zu testen und identifizieren eher Über- als Unterbewertungen. Die JA-Aussage „Vollständigkeit" kann nicht durch Stichprobenverfahren verifiziert werden. Im Falle einer reziproken Grundgesamtheit kann jedoch ausnahmsweise die Vollständigkeit überprüft werden. So könnte bspw. i.R.d. Prüfung der Vollständigkeit des Sachanlagevermögens eine Stichprobe bei den Instandhaltungsaufwendungen vorgenommen und geprüft werden.

347 Der Umfang einer Prüfungshandlung wird unter Berücksichtigung der Wesentlichkeit, des Risikos einer wesentlichen Fehlaussage und des vom APr. angestrebten Grades an Prüfungssicherheit festgelegt. Der Umfang der Prüfungshandlungen nimmt grundsätzlich mit zunehmendem Risiko einer wesentlichen Fehlaussage zu. Als Reaktion auf das beurteilte Risiko einer wesentlichen Fehlaussage aufgrund von Fehlern in der Rechnungslegung kann es bspw. angebracht sein, Stichproben auszuweiten oder aussagebezogene analytische Prüfungshandlungen mit entsprechender Detailgenauigkeit durchzuführen.

---

[337] Vgl. ISA 530.4; *IDW PS 310*, Tz. 9.
[338] Vgl. *IDW PS 310*, Tz. 15.
[339] Vgl. *IDW PS 300 n.F.*, Tz. A49.
[340] Vgl. *IDW PS 300 n.F.*, Tz. A50 f.
[341] Vgl. ISA 530; *IDW PS 310*.
[342] Vgl. *IDW PS 310*, Tz. 3; *v. Wysocki*, S. 170; *Göb/Karrer*, WPg 2010, S. 593.

a) Verfahren mit bewusster Auswahl

Von einer bewussten Auswahl spricht man, wenn die in die Stichprobe einzubeziehenden Elemente einer Grundgesamtheit vom APr. subjektiv aufgrund seiner **persönlichen Erkenntnisse und Erfahrungen** eigenverantwortlich, selbstständig und nach pflichtgemäßem Ermessen ausgewählt werden. Davon zu unterscheiden ist die sog. **Auswahl aufs Geratewohl**[343], bei der ohne sachliche Überlegung eine Anzahl von Elementen aus einem Prüffeld herausgegriffen wird. Da der APr. bei diesem Verfahren weder eine für die Grundgesamtheit repräsentative Auswahl erhält, noch gewährleistet ist, dass die für sein Prüfungsurteil wesentlichen Elemente in die Stichprobe einbezogen werden, kann dieses Verfahren allein nicht zur Begründung eines Urteils über das Prüfungsgebiet herangezogen werden[344].

348

Bei der bewussten Auswahl entscheidet der APr. aufgrund seiner bisher über das Unternehmen gewonnenen Informationen und Kenntnisse sowie seiner Erfahrung über die beurteilten Risiken wesentlicher falscher Angaben und die Merkmale der geprüften Grundgesamtheit. Die bewusste Auswahl bestimmter Elemente unterliegt dabei einem sog. Nicht-Stichprobenrisiko[345].

349

Die Informationen, die sich der APr. über die Geschäftstätigkeit sowie das rechtliche und wirtschaftliche Umfeld des Unternehmens verschafft hat, die Einschätzung der vorhandenen Kontrollstruktur sowie die Ergebnisse der vorläufigen Plausibilitätsbeurteilungen erlauben es ihm, die Elemente eines Prüfungsgebietes für die Stichprobenprüfung nach seiner **Risikoeinschätzung** auszuwählen. Dabei geht er davon aus, dass in den von ihm ausgewählten Stichproben das Risiko falscher Angaben größer ist als in den übrigen Bereichen. In Betracht kommen für eine derartige Auswahl insb. Geschäftsvorfälle oder Posten, die außergewöhnlich sind bzw. bei denen in hohem Maße Beurteilungs- oder Gestaltungsspielräume bestehen, sowie Vermögensgegenstände, die aufgrund ihres Wertes und ihrer Verwertbarkeit anfällig für Manipulationen sind. Dabei wird der APr. auch Erkenntnisse verwerten, die er bei früheren Prüfungen dieses Unternehmens oder bei vergleichbaren Unternehmen gewonnen hat.

350

Die Auswahl bestimmter Elemente kann einschließen[346]:

351

- Elemente mit hohem Wert oder Schlüsselelemente: Der APr. kann sich dafür entscheiden, bestimmte Elemente innerhalb einer Grundgesamtheit auszuwählen, weil sie einen hohen Wert besitzen oder andere Merkmale aufweisen (bspw. Elemente, die verdächtig, ungewöhnlich oder besonders risikoanfällig sind oder die in der Vergangenheit fehlerhaft waren).
- Alle Elemente, die einen bestimmten Betrag überschreiten: Der APr. kann beschließen, Elemente zu untersuchen, deren erfasste Werte einen bestimmten Betrag überschreiten, um damit einen großen Teil des Gesamtbetrags einer Art von Geschäftsvorfällen oder eines Kontensaldos zu überprüfen.

Bei der **Einbeziehung typischer Fälle** in die Stichprobe konzentriert sich der APr. auf solche Geschäftsvorfälle, die im Prüfungsgebiet jeweils in gleicher Weise oder von den gleichen Personen verarbeitet werden und bei denen Fehler deshalb als typisch für den

---

343 Vgl. *Heese/Braatsch*, WPg 2013; S. 843.
344 Vgl. ISA 500.A54-A55; *IDW PS 300 n.F.*, Tz. A51.
345 Vgl. *IDW PS 300 n.F.*, Tz. A50.
346 Vgl. *IDW PS 300 n.F.*, Tz. A50.

jeweiligen Verarbeitungsgang angesehen werden können. Die Auswahl typischer Fälle empfiehlt sich v.a. im Rahmen von Funktionsprüfungen bei der Prüfung des IKS.

Bei einer Auswahl der Prüfungselemente nach ihrer **absoluten oder relativen Bedeutung** werden nur diejenigen Elemente in die Stichprobe einbezogen, denen der Prüfer eine besondere Bedeutung für die Urteilsbildung beimisst. Dem liegt die Überlegung zugrunde, dass Fehler in diesen Elementen die Aussagefähigkeit des betreffenden Prüfungsgebietes in besonderem Maße beeinträchtigen können. Danach kann die Auswahl bspw. darauf ausgerichtet sein, nur Forderungen für die Prüfung auszuwählen, die einen bestimmten Betrag überschreiten (z.B. alle Debitoren mit einem Saldo von mehr als 50.000 €).

352 Für die Auswahl der Elemente können u.a. die folgenden Kriterien herangezogen werden[347]:
- Funktionen (z.B. Zahlungsverkehr, Warenverkehr, Gehaltsabrechnung)
- Höhe des Betrages (z.B. die zehn größten Forderungen)
- Abteilungen (z.B. Anlagenbuchhaltung, Lagerbuchhaltung, Kontokorrentbuchhaltung, Lohnbuchhaltung, Kassen, Filialen und andere Außenstellen)
- Aufträge (v.a. bei Einzelfertigung großer Objekte, z.B. Großanlagenbau, Werften, Bauunternehmen)
- Kunden oder Lieferanten (z.B. Zahlungs- und Leistungsverkehr mit bestimmten Großlieferanten oder -abnehmern)
- verbundene Unternehmen und sonstige nahe stehende Personen (z.B. Rechtsbeziehungen, Einflussnahme, Verrechnungsverkehr)
- Zeiträume (z.B. Monate vor und nach dem Abschlussstichtag, Saison oder sonstige Perioden starken Buchungsverkehrs)
- Arbeitsgebiete bestimmter Mitarbeiter.

b) Verfahren mit Zufallsauswahl

353 Im Gegensatz zur bewussten Auswahl, bei der die Einbeziehung von Elementen in eine Stichprobe von Erfahrungen und dem Gespür des APr. abhängt, haben bei der Zufallsauswahl alle Elemente der Grundgesamtheit eine **berechenbare,** gleiche **Wahrscheinlichkeit** größer Null, in die Stichprobe einbezogen zu werden[348]. Bei einer Stichprobenprüfung können nichtstatistische oder statistische Stichprobenverfahren zugrunde gelegt werden[349]. Bei Anwendung **mathematisch-statistischer Regeln** muss der APr. in der Stichprobe festgestellte falsche Angaben auf die Grundgesamtheit hochrechnen[350].

354 Die Anwendung statistischer Verfahren setzt voraus, dass der APr. mit den von ihm ausgewählten Verfahren vertraut ist, da sonst die Gefahr besteht, dass durch Auswahl ungeeigneter Parameter, durch unzutreffende Schichtung o.Ä. Ergebnisse verzerrt werden und zu falschen Rückschlüssen auf die Gesamtheit führen. Die Anwendung statistischer Verfahren stellt darüber hinaus erhöhte Anforderungen an die interne Organisation des zu prüfenden Unternehmens. Die für die Zwecke der Stichprobenziehung vorzunehmende Abgrenzung der Grundgesamtheit und die strukturelle Aufbereitung

---

347 Vgl. *F&A zu ISA 530 bzw. IDW EPS 310*; ISA 500 bzw. *IDW EPS 300 n.F.*
348 Vgl. ISA 530.5; *IDW PS 300 n.F.*, Tz. A11.
349 Vgl. ISA 530.5; *IDW PS 310*, Tz. A4.
350 Vgl. ISA 530.5; *IDW PS 310*, Tz. 16.

des Prüfungsgebietes erfordern, dass die Merkmale, die als **Auswahlkriterien** in Betracht kommen bzw. selbst Gegenstand der Prüfung sein können, über den gesamten Prüfungszeitraum lückenlos erfasst werden können. Eine weitere Voraussetzung für die Anwendung statistischer Verfahren ergibt sich schließlich aus den ihnen zugrunde liegenden Regeln der Wahrscheinlichkeitsrechnung. Danach verlangt die Anwendung dieser Verfahren insb., dass die Anzahl der Elemente der Grundgesamtheit ausreichend groß ist und die übrigen für die Anwendung des Verfahrens notwendigen Voraussetzungen (z.B. Homogenität der Grundgesamtheit) und Informationen (z.B. erwarteter Fehleranteil, Häufigkeitsverteilung) vorliegen.

Für die Durchführung von Stichprobenverfahren mit Zufallsauswahl stehen dem APr. zahlreiche anerkannte statistische Verfahren zur Verfügung, deren Voraussetzungen und Grundlagen in der Literatur ausführlich dargestellt sind[351]. Der erforderliche Stichprobenumfang hängt u.a. davon ab, welches Stichprobenrisiko der APr. als vertretbar ansieht. Je geringer dieses vertretbare Risiko ist, desto größer muss der Stichprobenumfang sein. Der Stichprobenumfang kann durch Anwendung einer statistikbasierten Formel (mathematisch-statistische Verfahren) oder durch die Ausübung pflichtgemäßen Ermessens (nichtstatistisches Verfahren) festgelegt werden[352].

Die **Auswahl** des im Einzelfall anzuwendenden Verfahrens bestimmt sich nach den vorhandenen Informationen über das jeweilige Prüfungsgebiet (einschl. der Einschätzung der gegebenen Kontroll- und Risikosituation). Anhand dieser Informationen erhält der APr. bspw.

- Erkenntnisse zu Prüfungsgebieten, in denen die Art der anfallenden Geschäftsvorfälle eine routinemäßige Verarbeitung nicht zulässt oder erhebliche Gestaltungsspielräume bestehen (Nicht-Routine-Transaktionen bzw. Schätzungen),
- Aufschluss über Bereiche, in denen er das IKS als nicht hinreichend wirksam eingeschätzt hat oder in denen er sich aus anderen Gründen nicht auf das Kontrollsystem stützen will oder
- wichtige Erkenntnisse über die Auswahl einzelner Parameter, wie z.B. des zugrunde zu legenden Sicherheitsgrades. So dürfte bspw. eine Verringerung des Sicherheitsgrades auf einen Wert unter 90% nur in den Fällen vertretbar sein, in denen der APr. aufgrund seiner Risikoeinschätzung keine besonderen Risikofaktoren festgestellt hat und davon ausgehen kann, dass eine fehlerhafte statistische Aussage keine wesentliche Auswirkung auf das Gesamturteil haben wird[353].

Der APr. muss falsche Angaben auf die Grundgesamtheit hochrechnen, um einen umfassenden Überblick über das Ausmaß der falschen Angaben zu erhalten. Diese Hochrechnung reicht jedoch häufig nicht aus, um einen zu buchenden Betrag festzulegen. Der APr. kann es etwa als sachgerecht ansehen, das Management aufzufordern, das betroffene Prüffeld eingehender zu untersuchen und notwendige Anpassungen vorzunehmen[354]. Bei Einzelfallprüfungen stellt die hochgerechnete falsche Angabe zuzüglich

---

[351] Vgl. z.B. *Leffson*, Wirtschaftsprüfung[4,] S. 170; *v. Wysocki*, S. 170; *Marten/Quick/Ruhnke*, Wirtschaftsprüfung[5] S. 352 ff.
[352] Vgl. ISA 530.A4; *IDW PS 310*, Tz. A10 sowie zu den typischen Einflussfaktoren auf die Festlegung des Stichprobenumfangs vgl. ISA 530 Anl. 2 und 3, *IDW PS 310*, Anl. 2 und 3.
[353] Vgl. *IDW PS 310*, Tz. A10.
[354] Vgl. *IDW PS 310*, Tz. A16.

etwaiger als Anomalie beurteilter falscher Angaben die beste Schätzung des APr. zu falschen Angaben in der Grundgesamtheit dar[355].

358 Bei Funktionsprüfungen stellt der Kontrollabweichungsgrad in der Stichprobe zugleich den hochgerechneten Kontrollabweichungsgrad für die Grundgesamtheit als Ganzes dar[356]. Ein unerwartet hoher Kontrollabweichungsgrad in der Stichprobe kann zu einem Anstieg des beurteilten Risikos wesentlicher falscher Angaben führen, sofern nicht weitere Prüfungsnachweise erlangt werden, welche die ursprüngliche Beurteilung untermauern[357].

359 Wenn der APr. zu dem Schluss gelangt, dass die Stichprobenprüfung keine hinreichende Grundlage für Schlussfolgerungen über die geprüfte Grundgesamtheit geliefert hat, kann er[358]

- das Management auffordern, die Abweichungen und festgestellten falschen Angaben sowie die Möglichkeit weiterer falscher Angaben zu untersuchen und alle notwendigen Anpassungen vorzunehmen, oder
- Art, zeitliche Einteilung und Umfang der Prüfungshandlungen so konzipieren, dass die benötigte Prüfungssicherheit erreicht wird. So könnte der APr. z.B. bei Funktionsprüfungen den Stichprobenumfang ausdehnen, eine alternative Kontrolle prüfen oder aussagebezogene Prüfungshandlungen anpassen.

c) Statistische Schätzverfahren

360 Bei **statistischen Schätzverfahren** werden, ausgehend vom Ergebnis der Stichprobe, die unbekannten Parameter der Grundgesamtheit geschätzt. Als zu schätzende Parameter kommen dabei v.a. in Betracht:

- der Fehleranteil oder die Fehleranzahl (sog. homograder Fall) und
- der durchschnittliche Wert einer Position bzw. der Gesamtwert aller Positionen (sog. heterograder Fall).

361 Zu den statistischen Schätzverfahren gehören bspw.:

- Ungeschichtete und geschichtete Schätzverfahren
  - freie Hochrechnung
  - gebundene Hochrechnung – Differenzenschätzung – Verhältnisschätzung – Regressionsschätzung
- Monetary-Unit-Sampling-Verfahren (MUS). MUS ist das in der Praxis am häufigsten eingesetzte statistische Verfahren. Es ist insb. in den Fällen der Prüfung von Überbewertungen hinsichtlich seiner Effizienz anderen statistischen Verfahren überlegen. Jedoch ist in der Praxis ein hoher Anteil (85%) an nichtstatistischen Verfahren (z.B. reine Zufallsstichprobe – haphazard) zu beobachten, die in den relevanten Anwendungsfällen (z.B. Prüfung von Massendaten, Mangel an Vorabinformationen für eine bewusste Auswahl) den statistischen Methoden unterlegen sind[359].

---

355 Vgl. *IDW PS 310*, Tz. A20.
356 Vgl. *IDW PS 310*, Tz. A18.
357 Vgl. *IDW PS 310*, Tz. A19.
358 Vgl. *IDW PS 310*, Tz. A21.
359 Vgl. *Ruhnke/von Torklus*, WPg 2008, S. 1120.

d) Statistische Testverfahren

Mit **statistischen Testverfahren** versucht der APr., eine bestimmte Ausgangshypothese (sog. Null-Hypothese) zu verifizieren oder zu widerlegen. Die Null-Hypothese entspricht dabei der Fehlerrate, die der APr. in der Grundgesamtheit erwartet und bei der er bereit ist, das Prüfungsgebiet als ordnungsgemäß anzunehmen. 362

4.4.5.5 Besonderheiten beim IT-Einsatz

Im Rahmen der Risikobeurteilung hat der APr. ein Verständnis über die Verwendung von IT beim Unternehmen zu erlangen und dieses zu dokumentieren. Dies bezieht sich u.a. auf 363

- das allgemeine IT-Umfeld mit Beschreibung der IT-Organisation, wichtige Mitarbeiter der IT, IT-Strategie usw.,
- den beim Unternehmen zum Einsatz kommenden IT-Anwendungen sowie
- Risikoindikatoren (wie Komplexität des IT-Umfelds, Verwendung von Cloud Computing, Erfahrung der Mitarbeiter und Qualität der internen Kontrollen).

Das Prüfungsteam entscheidet in der Prüfungsplanung, ob es selbst angemessene Kenntnisse, Fähigkeiten und Erfahrungen besitzt, um die allgemeinen IT-Kontrollen[360] und Anwendungskontrollen zu beurteilen und testen zu können oder ob die Einbindung von IT-Spezialisten erfolgen soll. 364

Für rechnungslegungsrelevante IT-Systeme ist die Einhaltung der gesetzlichen Anforderungen zur Ordnungsmäßigkeit der Buchführung (§§ 238, 239 und 257 HGB) zu beurteilen[361]. 365

4.4.6 Besonderheiten bei Erstprüfungen

Bei einer Erstprüfung besteht ein unvermeidbar höheres Risiko, falsche Angaben im Abschluss nicht zu entdecken, da keine Erfahrungen aus VJ-Prüfungen vorliegen. Dem Projektmanagement des APr. kommt insb. bei Erstprüfungen eine besondere Bedeutung zu, da auch die Projektplanung i.d.R. mit einer Reihe von Unsicherheiten behaftet ist. Ein gutes Projektmanagement hilft dabei, Probleme im Prüfungsablauf zu vermeiden bzw. rechtzeitig zu erkennen und richtig zu steuern. Grundsätzlich ist der Umfang der Prüfungsplanung unabhängig davon, ob es sich um eine erstmalige Abschlussprüfung oder um eine Folgeprüfung durch denselben APr. handelt. Sämtliche für die Rechnungslegung relevanten Sachverhalte sind in jedem Jahr neu zu beurteilen. Dennoch wird der APr. bei Folgeprüfungen auf Kenntnisse und **Erfahrungen aus der Vergangenheit** mit dem zu prüfenden Unternehmen zurückgreifen[362]. 366

Zusätzlich sind bei Erstprüfungen einige Besonderheiten zu berücksichtigen. Dies betrifft insb. die **Prüfung der Eröffnungsbilanzwerte**, zu denen der APr. über keine eigenen Prüfungsnachweise aus dem VJ verfügt. Mittels weiterer Prüfungshandlungen ist sicherzustellen, dass die Prüfungsaussagen hinsichtlich der Eröffnungsbilanzwerte mit hinreichender Sicherheit getroffen werden können. Dabei geht es um 367

- den korrekten Vortrag der Schlussbilanzwerte des vorhergehenden GJ (Bilanzidentität) und

---

360 Vgl. Kap. L Tz. 239 ff.
361 Vgl. *IDW PS 330, IDW RS FAIT 1*.
362 Vgl. *IDW PS 240*, Tz. 13.

- die stetige Anwendung im Zeitablauf der Ausweis-, Bewertungs- und Konsolidierungsmethoden[363].

368 Gemäß § 265 Abs. 2 S. 1 HGB ist in der Bilanz sowie in der GuV einer KapGes. sowie einer KapCoGes. zu jedem Posten der entsprechende Betrag des vorhergehenden GJ anzugeben. Diese Abgabepflicht führt dazu, dass die **VJ-Zahlen** Bestandteil des zu prüfenden JA werden und somit auch Gegenstand der Abschlussprüfung nach §§ 316 ff. HGB sind. VJ-Angaben im Anh. und im LB unterliegen ebenfalls der Prüfungspflicht des APr. Die Prüfung von auf gesetzlicher Grundlage anzugebenden VJ-Zahlen kann im Prüfungsauftrag nicht ausgeschlossen werden, da sie Bestandteil der gesetzlichen Prüfungspflicht ist. Bei Erstprüfungen hat der APr. demzufolge ergänzend zur Prüfung der Übernahme der VJ-Beträge aus dem VJ-Abschluss zusätzliche Prüfungshandlungen durchzuführen[364].

369 Die zusätzlichen Prüfungshandlungen sind i.R.d. Planung zu berücksichtigen. Wesentlich wird es darauf ankommen, ob und mit welchem Ergebnis der JA und LB des VJ geprüft wurden. Sofern ein anderer APr. den JA und LB geprüft hat, können dessen Prüfungsergebnisse unter Beachtung des Grundsatzes der Eigenverantwortlichkeit verwertet werden. Eine unreflektierte Verwendung der Arbeit anderer Prüfer ist unzulässig. In welchem Ausmaß und mit welcher Gewichtung Feststellungen des Vorprüfers verwertet werden können, hängt von der Bedeutung des Sachverhalts für das Gesamturteil des APr. sowie von der fachlichen Kompetenz und beruflichen Qualifikation des Vorprüfers nach Maßgabe der für den APr. geltenden Erfordernisse der Unabhängigkeit, Gewissenhaftigkeit, Unparteilichkeit, Unbefangenheit und Eigenverantwortlichkeit ab[365].

370 Gemäß § 320 Abs. 4 HGB hat der neue APr. ein unmittelbar gegenüber dem bisherigen APr. wirkendes **Informationsrecht**, das den bisherigen APr. dazu verpflichtet, dem neuen APr. auf schriftliche Anforderung über das Ergebnis der bisherigen Abschlussprüfung zu berichten. Dieses Informationsrecht gilt sowohl für den regulären Wechsel des APr. als auch für die Fälle, bei denen ein Auftrag nach § 318 Abs. 6 HGB aus wichtigem Grund gekündigt wurde.

371 In der Praxis dürfte zur Erfüllung der **Auskunftspflicht** die Übersendung des PrB an den neuen APr. sowie – wenn notwendig – einige zusätzliche Erläuterungen genügen. In vielen Fällen wird der Vorprüfer in einem Übergabegespräch bereit sein, Auskunft über den gesetzlichen Mindestumfang hinaus zu erteilen. Die auf diesem Wege erlangten zusätzlichen Informationen sind hilfreich für die Durchführung der Erstprüfung, sodass von der Möglichkeit des Gesprächs mit dem Vorprüfer Gebrauch gemacht werden sollte. Gleiches gilt für eine Einsichtnahme in die Arbeitspapiere des bisherigen APr.[366]. Auf die Einsichtnahme in die Arbeitspapiere[367] und auf die Erteilung mündlicher Auskünfte durch den Vorprüfer besteht indes kein Anspruch. Dies bedeutet, dass die Gewährung von Einsicht in Arbeitspapiere ebenso wie die Erteilung von Auskünften über den gesetzlichen Mindestumfang, d.h. über die Verpflichtung hinaus, wie sie sich unmittelbar

---

363 Vgl. *ISA 510.3*; *IDW PS 205*, Tz. 9.
364 Vgl. ISA 510.6; *IDW PS 318*, Tz. 15 i.V.m. *IDW PS 205*, Tz. 10 ff.
365 Vgl. *IDW PS 205*, Tz. 12.
366 Vgl. *IDW PS 205*, Tz. 12.
367 Vgl. *Gutman*, BB 2010, S. 173.

aus § 320 Abs. 4 HGB ergibt, im Ermessen des bisherigen APr. steht. Grundsätzlich erfolgt die Erteilung von Informationen auf Grundlage eines vom neuen APr. zu unterzeichnenden sog. Hold Harmless Letters, der eine haftungsbegrenzende bzw. -freistellende Vereinbarung in Bezug auf die Auskunftserteilung verbunden mit der Verschwiegenheitsverpflichtung des Informationsempfängers darstellt. Eine Entbindung von der Verschwiegenheit des bisherigen APr. durch den Mandanten ist nur in den Fällen entbehrlich, in denen auszuschließen ist, dass Informationen begehrt bzw. erteilt werden, die über den gesetzlichen Mindestumfang hinausgehen. Da i.d.R. eine trennscharfe Begrenzung auf diesen Umfang häufig nicht möglich sein wird, empfiehlt es sich, stets eine entsprechende Entbindung von der Verschwiegenheit einzuholen.

372 Hat eine Prüfung im VJ nicht stattgefunden, sind geeignete Prüfungshandlungen zu planen, um sicherzustellen, dass die Vermögensgegenstände, Schulden und Rechnungsabgrenzungsposten in der Eröffnungsbilanz der erstmals zu prüfenden Periode so erfasst und bewertet waren, dass hieraus nicht mit einer wesentlichen Beeinträchtigung der Darstellung der Ertragslage des Unternehmens im zu prüfenden GJ zu rechnen ist[368].

373 Die wesentlichen Schritte einer erstmaligen Prüfung oder der Überleitung von einem Vorprüfer sollten in einem gemeinsamen **Terminplan zwischen APr. und Unternehmen** festgehalten werden. Hierin enthalten sind nicht nur Tätigkeit und Meilensteine auf Mandantenseite, sondern auch solche auf Seiten des APr. Die Termine müssen realistisch sein.

4.4.7 Zeitplanung

374 Die Zeitplanung ist insb. bei Erstprüfungen schwierig, da dem APr. der Prüfungsstoff und die bei seiner Bewältigung entstehenden Schwierigkeiten sowie die Organisation des Unternehmens noch unbekannt ist. Der Prüfer wird hier auf seine Erfahrungen bei der Prüfung von Unternehmen ähnlicher Art und Größe zurückgreifen müssen.

375 Bei der Zeitplanung ist v.a. darauf zu achten, dass[369]

- die Terminierung der Prüfungstätigkeiten (z.B. Prüfungshandlungen vor dem Abschlussstichtag, Einholung von Saldenbestätigungen, Inventurteilnahme, Prüfungshandlungen nach dem Abschlussstichtag) einen ordnungsgemäßen Prüfungsablauf ermöglicht,
- die Prüfungsanweisungen an die Prüfungsmitarbeiter rechtzeitig verteilt werden,
- die Zeitvorgaben zur Durchführung der geplanten Prüfungshandlungen ausreichend bemessen sind,
- die Prüfungsbereitschaft des Mandanten bei Beginn der jeweiligen Prüfungstätigkeiten gegeben ist,
- Zeitreserven für unerwartet erforderliche Änderungen des Prüfungsvorgehens bestehen und
- die qualitätssichernden Überwachungsmaßnahmen parallel zum Prüfungsfortschritt durchgeführt werden.

376 Im Verlauf der Prüfung kann sich ergeben, dass der ursprüngliche Zeitplan geändert werden muss. Das kann bspw. darauf zurückzuführen sein, dass Unterlagen vom zu prüfenden Unternehmen nur schleppend bereitgestellt werden, einzelne Sachverhalte

---

368 Vgl. ISA 510.6 sowie *IDW PS 240*, Tz. 24.
369 Vgl. § 38 BS WP/vBP; *IDW QS 1*, Tz. 99 ff.; *IDW PS 240*, Tz. 20.

intensiver zu prüfen sind als ursprünglich vorgesehen, Bilanzierungsentscheidungen aus bilanzpolitischen Gründen im Laufe der Abschlussprüfung geändert werden oder Mitarbeiter im Prüfungsteam krankheitsbedingt ausfallen. Gleichwohl können bei Wiederholungsprüfungen die in VJ aufgewendeten Prüfungszeiten ein wichtiger Anhaltspunkt für die Zeitplanung sein.

377 Bei der zeitlichen Planung muss der APr. auch festlegen, in welchem Umfang Teile der vorzunehmenden Prüfungshandlungen bereits vor dem Abschlussstichtag im Rahmen von **Vor- oder Zwischenprüfungen** durchgeführt werden sollen. Ohne ausreichende Vor- oder Zwischenprüfungen ist i.d.R. eine ordnungsgemäße Durchführung der Abschlussprüfung bei Unternehmen ab einer bestimmten Größe und Organisation nicht möglich, wenn die zeitlichen Restriktionen eingehalten werden sollen, die für die Prüfung und Feststellung des JA durch die zuständigen Organe und die Einberufung und Abhaltung der HV/Gesellschafterversammlung durch die gesetzlichen und ggf. satzungsmäßigen Regelungen festgelegt sind.

378 Die **rechtliche Grundlage** für die Vorprüfung (Zwischenprüfung) ergibt sich aus § 320 Abs. 2 HGB, der dem APr. das Recht einräumt, auch vor Fertigstellung des JA von den gesetzlichen Vertretern sämtliche Unterlagen und Auskünfte zu fordern, die zur Durchführung der Abschlussprüfung erforderlich sind, wenn die Vorbereitung der Abschlussprüfung diese vorzeitigen Prüfungshandlungen notwendig erscheinen lässt.

379 Für Vorprüfungen eignen sich insb.
- die Beschaffung und Analyse von Informationen über die Geschäftstätigkeit des zu prüfenden Unternehmens; dies beinhaltet u.a. die branchenbezogenen, rechtlichen und anderen externen Faktoren des Geschäftsumfelds sowie der Geschäftsrisiken,
- die Beschaffung von Informationen über das Unternehmen (Geschäftstätigkeit, Eigentümer-, Führungs- und Überwachungsstruktur, derzeitige und geplante Investitionen einschl. von Beteiligungen an Zweckgesellschaften, Finanzierung),
- die Analyse der Unternehmensabläufe, insb. die internen Kontrollen, auf die sich der APr. stützen will,
- die Prüfung derjenigen Posten des JA, die eine abschließende Beurteilung der bis zur Vorprüfung angefallenen Geschäftsvorfälle zulassen; dazu gehört bspw. die Prüfung der Anlagenzugänge oder der Pensionsverpflichtungen bis zu diesem Zeitpunkt,
- die Einholung und Prüfung von Bestätigungen auf einen vorgezogenen Stichtag, z.B. Saldenbestätigungen zu Forderungen.

380 Seit vielen Jahren waren die meisten Unternehmen bestrebt, den Prozess der Erstellung und Prüfung des JA zu verkürzen. In diesem Zusammenhang wird vielfach ein vollständiger Abschluss auf einen Stichtag vor dem Abschlussstichtag geprüft, während der Zeitraum bis zum Abschlussstichtag gesondert mit möglichst geringem Zeitaufwand geprüft wird (**hard close**). Dieser Ansatz ist nur unter bestimmten Voraussetzungen zu realisieren, z.B. einem funktionierenden IKS. Eine abschließende Prüfung vieler Aspekte setzt voraus, dass zum Zeitpunkt der Prüfung auf den hard close-Stichtag (z.B. 30. November) die Bilanzpolitik des Unternehmens festgelegt ist, die durch die Ausnutzung von Bilanzierungs- und Bewertungswahlrechten den endgültigen Wertansatz im JA nicht unmaßgeblich beeinflussen kann.

381 Die Prüfungshandlungen, die sich auf den Teil des GJ beziehen, der zwischen Vorprüfung und Abschlussstichtag liegt, sind in den nach dem Abschlussstichtag erfolgenden Teil der Abschlussprüfung einzubeziehen. Wie intensiv diese Prüfung sein muss, hängt davon ab, ob sich der Prüfer durch andere Prüfungshandlungen, z.B. der Einschaltung der Internen Revision und die Verwertung von deren Prüfungsergebnissen, Gewissheit von der Gesetz- und Satzungsmäßigkeit der Bilanzierung der Geschäftsvorfälle auch für diesen Zeitraum verschaffen kann. I.d.R. wird dies ohne ein bestimmtes Maß an Prüfungshandlungen nicht möglich sein. Insb. **außergewöhnliche Buchungen** vor dem Abschlussstichtag sowie alle wesentlichen Abschlussbuchungen sollten von ihm geprüft werden. Er muss sich ferner Gewissheit darüber verschaffen, ob ggf. Ereignisse eingetreten sind, die eine andere Beurteilung der von ihm bereits bei der Vorprüfung geprüften Posten erforderlich machen.

Ergeben sich aus der Vorprüfung **Feststellungen mit erheblicher Bedeutung für die Unternehmensüberwachung**, kann es notwendig sein, mit der Bekanntgabe an die Organe des Unternehmens nicht bis zur Auslieferung des PrB zu warten[370]. Dies gilt insb. für die Feststellung von Tatsachen, die den Bestand des Unternehmens gefährden oder seine Entwicklung wesentlich beeinträchtigen können sowie im Fall von schwerwiegenden Verstößen gegen Gesetz, Gesellschaftsvertrag oder Satzung[371]. Um diesem Gedanken Rechnung zu tragen, wird teilw. in solchen Fällen vorab ein **gesonderter** Teilbericht abgegeben. Bei solchen Teilberichten in Form von Vorabberichten ist auf den noch zu erstellenden PrB zu verweisen. Auf erstattete Teilberichte ist im PrB hinzuweisen und deren Gegenstand und wesentliche Ergebnisse darzustellen[372]. Vorabberichte über vom APr. festgestellte entwicklungsbeeinträchtigende oder bestandsgefährdende Tatsachen sind aufgrund der Bedeutung der Kenntnis über Entwicklungsbeeinträchtigungen und Bestandsgefährdungen für die Beurteilung der Lage des Unternehmens durch die Berichtsadressaten vollständig in den PrB aufzunehmen[373]. 382

4.5 Personelle Planung

Im Rahmen der personellen Planung ist zu entscheiden, welche Prüfer für die Durchführung der Abschlussprüfung eingesetzt und wie die Prüfungsgebiete auf die Mitarbeiter aufgeteilt werden sollen. Bei dieser **Aufteilung** ist insb. darauf zu achten, dass die fachliche Qualifikation (Ausbildung, Erfahrung, Branchen- und Spezialkenntnisse) des jeweiligen Prüfers sachgerecht mit dem Schwierigkeitsgrad der entsprechenden Arbeitsgebiete abgestimmt ist[374]. Darüber hinaus sind mögliche Interessenkonflikte sowie die berufsrechtlichen Grundsätze der **Unabhängigkeit** und Unbefangenheit zu beachten[375]. 383

Eine effiziente Prüfung verlangt neben fundierten Fachkenntnissen insb. detaillierte Kenntnisse über das zu prüfende Unternehmen, die gesellschaftsrechtlichen Verhältnisse (z.B. Beziehungen zu verbundenen Unternehmen), die Organisation des Rechnungswesens und die Betriebsabläufe sowie Branchenbesonderheiten. Dies spricht einerseits für den Einsatz derselben Prüfer bei Wiederholungsprüfungen. Wie lange dieser „Einarbeitungsprozess" dauert, lässt sich generell nicht sagen; er steigt mit zunehmender 384

---

[370] Vgl. ISA 260.A49-50 (rev.); ADS[6] § 321, Tz. 88; siehe auch *IDW PS 470 n.F.*, Tz. 21; Kap. M Tz. 124 ff.
[371] Vgl. *IDW PS 450 n.F.*, Tz. 35 ff.
[372] Vgl. *IDW PS 450 n.F.*, Tz. 41; Kap. M Tz. 147.
[373] Vgl. *IDW PS 450 n.F.*, Tz. 41.
[374] Vgl. *IDW QS 1*, Tz. 115; *IDW PS 240*, Tz. 20.
[375] Vgl. § 2 BS WP/vBP.

Unternehmensgröße sowie komplizierten rechtlichen Konstruktionen und Fertigungsabläufen. Andererseits kann bei langjährigen Prüfungen die Gefahr einer gewissen **Betriebsblindheit** eintreten. Es ist daher abzuwägen, die mit der Prüfung beauftragten Mitarbeiter des APr. in bestimmten Zeitabständen zu wechseln. Dadurch wird ein Optimum zwischen notwendiger Erfahrung und Vermeidung einer möglichen Betriebsblindheit hergestellt[376]. Dies ist auch eine Maßnahme, die notwendige kritische Grundhaltung im Prüfungsteam bei einer langlaufenden Mandatsbeziehung sicherzustellen. Für Unternehmen von öffentlichem Interesse – PIE (dazu zählen u.a. die kapitalmarktorientierten Unternehmen i.S.d. § 264d HGB) schreibt die VO (EU) Nr. 537/2014 vor, dass die für die Durchführung einer Abschlussprüfung verantwortlichen Prüfungspartner ihre Teilnahme an der Abschlussprüfung des geprüften Unternehmens spätestens sieben Jahre nach dem Datum ihrer Bestellung beenden. Frühestens drei Jahre später können sie wieder an der Abschlussprüfung des geprüften Unternehmens mitwirken[377].

385 Mit der VO (EU) Nr. 537/2014 wurde für APr. von PIE auch in Deutschland die Pflicht zum regelmäßigen Wechsel (externe Rotation) eingeführt[378].

386 Im Rahmen der personellen Planung muss sich der APr. auch mit der Einbeziehung von externen Sachverständigen oder internen Spezialisten befassen. Der Einsatz von Sachverständigen oder Spezialisten dient der Sicherung der Qualität sowie der Effektivität und Effizienz der Abschlussprüfung. Sie verfügen über spezielle Fähigkeiten, Kenntnisse und Erfahrungen auf bestimmten Gebieten außerhalb der klassischen Rechnungslegung oder Abschlussprüfung und werden in dieser Eigenschaft i.R.d. Abschlussprüfung tätig. So werden häufig Steuerspezialisten, IT-Spezialisten, Treasury-Spezialisten, aber auch Aktuare, Umweltspezialisten oder Juristen beigezogen. Die uneingeschränkte Verantwortung für die Abschlussprüfung verbleibt jedoch beim APr.

4.6 Erstellung und Dokumentation des Prüfungsplans

387 Bei der Aufteilung des Prüfungsstoffs in Prüfungsgebiete sollen möglichst solche Teile des Rechnungswesens zu einem Bereich zusammengefasst werden, die in einem **sachlogischen Zusammenhang** stehen. Der Prüfer, der z.B. die Anlagenzugänge prüft, die aus der Eigenfertigung stammen, kann sich über die Angemessenheit kein zuverlässiges Urteil bilden, wenn er nicht auch die entsprechenden Kalkulationsunterlagen und deren Zustandekommen sowie die Aufwendungen für Eigen- und Fremdreparaturen prüft. Das Gleiche gilt für die Prüfung der unfertigen und fertigen Erzeugnisse. Mit der Prüfung der Forderungen aus Lieferungen und Leistungen sollte die Prüfung der Wertberichtigungen, der Ausbuchungen, Nachlässe und der Gutschriften für Retouren sowie etwaiger Garantieleistungen verbunden werden. Man kann innerhalb dieser Zusammenhänge je nach der Buchhaltungsorganisation und der Größenordnung auch eine Arbeitsteilung innerhalb eines Prüfungsteams vornehmen. Es ist dann Aufgabe des Prüfungsleiters, die Arbeiten zweckmäßig zu koordinieren.

---

376 Vgl. *Havermann*, BFuP 1976, S. 215.
377 Vgl. Art. 17 Abs. 7 VO (EU) Nr. 537/2014; Kap. A Tz. 143 ff.
378 Zur Einzelheiten vgl. Kap. A Tz. 138 ff.

388 Bei der Festlegung der durchzuführenden Prüfungshandlungen werden häufig auch Fragebögen oder Checklisten verwandt[379]. Dabei handelt es sich um **Prüfungsanweisungen** oder Prüfungsprogramme, durch die dem einzelnen Prüfer bestimmte Prüfungshandlungen fakultativ oder obligatorisch vorgegeben werden. Solche Prüfungsprogramme können entweder als Standardprogramme vorliegen, die an die besonderen Verhältnisse des zu prüfenden Unternehmens anzupassen sind, oder sie werden von vornherein mandantenbezogen entwickelt. Durch solche Prüfungsprogramme soll eine möglichst einheitliche Prüfungsdurchführung und Prüfungsqualität durch alle Mitarbeiter sichergestellt werden. Gleichzeitig schaffen sie die Voraussetzung für eine angemessene Beaufsichtigung der Prüfungsdurchführung, die nach den Berufsgrundsätzen[380] geboten ist. Bei der Aufstellung von Prüfungsprogrammen empfiehlt es sich, die Prüfungshandlungen für das jeweilige Prüfungsgebiet systematisch nach dem jeweiligen Arbeitsablauf vorzugeben und dabei die logischen Verknüpfungen zwischen den einzelnen Prüfungsarten einschl. der vermuteten Fehlerrisiken zu berücksichtigen. Zunehmend gelangen zur Strukturierung des Prüfungsprozesses anstelle von herkömmlichen Prüfungsprogrammen auch aktivitätsbasierte IT-Lösungen zum Einsatz.

389 Der APr. hat seine Planungsentscheidungen angemessen zu dokumentieren[381], etwa in einem **Planungsmemorandum**. Form und Ausgestaltung obliegt dem APr. Die Dokumentation kann als einfacher Aktenvermerk oder in strukturierter elektronischer Form – etwa durch eine elektronische IT-Prüfungs- und Dokumentationssoftware – erfolgen. Die Dokumentation umfasst die Entwicklung der Prüfungsstrategie und die Prüfungsprogramme (sowie die Gesamtplanung sämtlicher Aufträge). Gewöhnlich sind folgenden Punkte zu dokumentieren:

- organisatorische und wirtschaftliche Gegebenheiten des Unternehmens, Hintergrundinformationen zu dem zu prüfenden Unternehmen, Anmerkungen über die Branche und das wirtschaftliche Umfeld mit allen wesentlichen Risikofaktoren
- Prüfungsstrategie für die einzelnen Prüfungsgebiete mit der vorläufigen Beurteilung der Fehlerrisiken und der Entdeckungsrisiken
- Verständnis des APr. von den relevanten Unternehmensabläufen und internen Kontrollen (einschl. der allgemeinen IT-Kontrollen) des Unternehmens
- Risikobeurteilung und eine Zusammenfassung von Art, zeitlicher Abfolge und Umfang der geplanten Prüfungshandlungen unter Berücksichtigung der inhärenten Risiken, der Kontrollrisiken und der Entdeckungsrisiken
- erforderliche Befragungen des Managements zu bestimmten Themen (z.B. Unregelmäßigkeiten/sonstige Gesetzesverstöße, Going Concern etc.)
- nahe stehende Personen sowie mögliche Auswirkungen von Geschäftsvorfällen mit diesem Personenkreis auf den JA und das Prüfungsvorgehen
- Festlegung der Wesentlichkeitsgrenzen
- *Personalplanung*, einschl. Aufgabenzuordnung der einzelnen Mitglieder des Prüfungsteams
- Art, Umfang und zeitlicher Ablauf der geplanten Prüfungshandlungen[382]

---

379 Vgl. dazu auch die Arbeitshilfen im IDW Prüfungsnavigator.
380 Vgl. § 39 Abs. 1 BS WP/vBP.
381 Vgl. *IDW PS 240*, Tz. 28.
382 Die zeitliche und personelle Planung ist nach § 51b Abs. 5 Nr. 2 WPO in den Arbeitspapieren zu dokumentieren.

- Einbeziehung von Spezialisten und Sachverständigen
- Einbeziehung der Arbeit der Internen Revision
- Liste der wichtigsten Mitarbeiter des Mandanten, die in die Abschlussprüfung einbezogen werden müssen
- Einsatz von IT-gestützten Prüfungsmethoden
- Terminplanung einschl. einer Festlegung, wann der PrB ausgeliefert werden soll
- Einbeziehung in die auftragsbegleitende Qualitätssicherung.

390 Damit alle an der Prüfung beteiligten Mitarbeiter ausreichend informiert sind, müssen sie die Prüfungsplanung rechtzeitig vor Beginn der ersten Prüfungshandlungen erhalten. Sind andere WP an der Prüfung beteiligt (z.B. Prüfung von Niederlassungen oder TU), müssen auch diese von den für sie relevanten Planungsaspekten in Kenntnis gesetzt werden[383].

391 Als Prüfungsplan ist die **Gesamtheit aller** vom APr. getroffenen **Festlegungen** hinsichtlich der Art und des Umfangs der durchzuführenden Prüfungshandlungen, der Auswahl und Zuordnung der Mitarbeiter sowie des zeitlichen und organisatorischen Ablaufs der Prüfung anzusehen. Der Prüfungsplan ist angemessen zu dokumentieren[384]. Der Umfang der Dokumentation richtet sich insb. nach der Größe und Komplexität des zu prüfenden Unternehmens sowie der Anzahl der einzusetzenden Mitarbeiter. Während bei Prüfungen von Unternehmen mit hohem Risikopotential und Konzernen eine detaillierte schriftliche Fixierung des Prüfungsplans unverzichtbar ist, sind auch bei Prüfungen mit geringerem Risikopotential mündliche Anweisungen allein nicht als ausreichend anzusehen. Der Prüfungsplan hat eine **Nachweisfunktion** und dokumentiert die Prüfungsschwerpunkte und die Überlegungen und Einschätzungen des APr., die für die getroffene Auswahl maßgeblich waren.

5. Festlegung der Wesentlichkeit und Beurteilung der Risiken von Fehlern

5.1 Einführung

392 Für den APr. sind Wesentlichkeitsüberlegungen bei der Durchführung von Abschlussprüfungen von besonderer Relevanz. Am Ende der Prüfung muss er ein Urteil darüber abgeben, ob der Abschluss frei von wesentlichen falschen Darstellungen („Fehlern") ist[385]. Eine Vollprüfung kann und muss er nicht leisten; es erfolgt eine Konzentration auf entscheidungserhebliche Sachverhalte. Das Konzept der Wesentlichkeit ist bei der Planung und Durchführung von Abschlussprüfungen zu beachten, damit dem APr. mit hinreichender Sicherheit die Beurteilung ermöglicht wird, ob die Rechnungslegung in allen wesentlichen Belangen in Übereinstimmung mit den anzuwendenden Rechnungslegungsgrundsätzen aufgestellt wurde. Es durchzieht somit den gesamten Prozess der Abschlussprüfung von der Planungsphase bis hin zur Würdigung von Fehlern und der Berichterstattung an die Überwachungsgremien.[386]

---

[383] Vgl. *IDW PS 320 n.F.*, Tz. 37.
[384] Vgl. *IDW PS 240*, Tz. 28.
[385] Vgl. *F&A zu ISA 315 bzw. IDW PS 261 n.F.*, Frage 2.1.
[386] Vgl. *F&A zu ISA 315 bzw. IDW PS 261 n.F.*, Frage 2.1.

5.2 Festlegung der Wesentlichkeit

Die Prüfung des JA und LB ist darauf auszurichten, dass mit hinreichender Sicherheit falsche Angaben aufgedeckt werden, die ihrer Größenordnung oder Bedeutung wegen einen Einfluss auf den Aussagewert der Rechnungslegung für die Rechnungslegungsadressaten haben. Dabei werden die Rechnungslegungsadressaten als Gruppe betrachtet, d.h. die mögliche Auswirkung falscher Angaben auf bestimmte einzelne Rechnungslegungsadressaten, deren Bedürfnisse sich stark unterscheiden können, wird nicht berücksichtigt[387].

Entscheidungserheblich und damit wesentlich sind Sachverhalte, die sich aus quantitativen (Größenordnung) oder aus qualitativen Gründen auf die Aussagekraft der Rechnungslegung für die Rechnungslegungsadressaten auswirken[388]. Die Wesentlichkeit durchzieht alle Phasen der Abschlussprüfung. Bei der Planung ist zu entscheiden, welche Risiken erheblich und welche Bereiche in welchem Umfang zu prüfen sind. Die **Wesentlichkeit** ist ebenso bei der Würdigung der Auswirkung festgestellter falscher Darstellungen (welcher Fehler ist wesentlich?) und bei der Bildung des Prüfungsurteils relevant.

Um den Grundsatz der Wesentlichkeit in der Prüfungspraxis anwenden zu können, wurde ein abgestuftes Wesentlichkeitskonzept entwickelt[389]:

- 1. Ebene: **Abschluss als Ganzes**

Zunächst muss der APr. festlegen, ab welchem Ausmaß von Unrichtigkeiten und Verstößen in der Rechnungslegung (Abschluss und LB) die Rechnungslegungsadressaten in ihrer wirtschaftlichen Entscheidung beeinflusst werden (sog. Wesentlichkeit für den Abschluss als Ganzes).

Um sicherzustellen, dass die Summe der einzelnen nicht korrigierten und nicht aufgedeckten falschen Darstellungen die Wesentlichkeit für den Abschluss als Ganzes nicht überschreitet, ist ein niedrigerer Betrag unterhalb dieser festzulegen (sog. **Toleranzwesentlichkeit**).

Meist wird zusätzlich eine sog. Nichtaufgriffsgrenze definiert, unterhalb derer falsche Darstellungen in jedem Fall als unbeachtlich betrachtet werden.

- 2. Ebene: **Ebene der Geschäftsvorfälle, Kontensalden oder Abschlussangaben**

Sofern sich Fehler bei bestimmten Geschäftsvorfällen, Kontensalden oder Abschlussangaben auf die wirtschaftliche Entscheidung der Rechnungslegungsadressaten auswirken, muss der APr. hierfür eine spezifische Wesentlichkeit bestimmen. Wie bei der Festlegung der Wesentlichkeit für den Abschluss als Ganzes müssen auch hierfür spezifische Toleranzwahrscheinlichkeiten ermittelt werden. Im Fokus stehen dabei für das jeweilige Unternehmen bedeutsame Prüffelder. So kann es sich bspw. um Transaktionen mit nahe stehenden Personen, Forschungs- und Entwicklungskosten eines Unternehmens der Chemischen Industrie, Rückstellungen für Prozesskosten eines pharmazeutischen Unternehmens oder um neu erworbene Beteiligungen oder aufgegebene Geschäftsbereiche handeln. Dabei kann der APr. eine einheitliche Toleranzwesentlichkeit

---

[387] Vgl. ISA 320.2; *IDW PS 250 n.F.*, Tz. 5, *IDW PS 250 n.F.*, Tz. 8; F&A zu ISA 320 bzw. *IDW PS 250 n.F.*, Frage 2.1.Vgl.
[388] ISA 320.2; *IDW PS 250 n.F.*, Tz. 6. Vgl. auch *Kunellis*, WPg 2013, S. 791.
[389] Vgl. ISA 320.10; *IDW PS 250 n.F.*, Tz. 5 f., *IDW PS 250 n.F.*, Tz. 16.

396 Die Ermittlung der Wesentlichkeit erfolgt im Spannungsfeld zwischen Prüfungssicherheit und Prüfungseffizienz. Der APr. legt i.R.d. Prüfungsplanung eine Wesentlichkeit fest, um damit den Umfang der Prüfungshandlungen festzulegen[390]. Je höher die Toleranzwesentlichkeit ist, umso stärker kann er den Prüfungsumfang reduzieren. Freilich muss er dabei sicherstellen, dass er mit seiner Prüfung mit hinreichender Sicherheit wesentlich falsche Darstellungen im Abschluss aufdeckt.

397 Bei der Festlegung der Wesentlichkeit greift der APr. auf möglichst aktuelle, ggf. auch vorläufige Werte, bspw. in Form eines Quartals- oder Monatsberichts zurück. Der VJ-Abschluss ist hingegen keine geeignete Grundlage hierfür.

> **Praxistipp 14:**
> Basiert die Festlegung der Wesentlichkeit auf vorläufigen Werten, sollte beachtet werden, dass die Wesentlichkeit für Planungszwecke niedriger und mit einem Sicherheitsabschlag belegt werden sollte als die endgültige Wesentlichkeit (sofern abweichend).
> Der APr. muss die Wesentlichkeit für den Abschluss als Ganzes während bzw. am Ende der Prüfung anpassen, wenn im Verlauf der Abschlussprüfung Informationen bekannt werden, die dazu geführt hätten, dass er ursprünglich einen anderen Betrag für die Wesentlichkeit festgelegt hätte[391].

398 Zur Bestimmung der Wesentlichkeit wird der APr. regelmäßig einen Prozentsatz einer angemessenen Bezugsgröße zugrunde legen. Als **mögliche Bezugsgröße** werden in der Praxis häufig Umsatzerlöse, Vorsteuerergebnis oder Bilanzsumme herangezogen. Verbindliche Bezugsgrößen oder Prozentsätze bestehen nicht. Die Entscheidung steht vielmehr im Ermessen des APr. Dabei wird er sich von der Aussagekraft der Bezugsgröße für eine wirtschaftliche Entscheidung der Rechnungslegungsadressaten des jeweiligen Unternehmens leiten lassen. So mag die Bilanzsumme für ein Unternehmen der Wohnungswirtschaft eine taugliche Bezugsgröße sein; für ein IT-Unternehmen wird hingegen eine Ergebnis- oder Umsatzgröße relevanter sein. Liegen z.B. außergewöhnliche Umstände vor, die dazu führen, dass das Vorsteuerergebnis nur sehr eingeschränkt aussagekräftig ist, kann der APr. die Bezugsgröße um diesen Sondereffekt, etwa Erträge aus der Veräußerung einer wesentlichen Beteiligung, bereinigen.

> **! Hinweis 17:**
> In der Praxis haben sich Bandbreiten herausgebildet. Als Wesentlichkeit auf Abschlussebene werden häufig zugrunde gelegt:
> - Bilanzsumme: 0,25%-4%,
> - Umsatzerlöse: 0,5-3% und
> - Vorsteuerergebnis: 3%-10%[392].

---

[390] Vgl. ISA 320.10 ff.; *IDW PS 250 n.F.*, Tz. 11.
[391] ISA 320.12; *IDW PS 250 n.F.*, Tz. 18; siehe auch *F&A zu ISA 320 bzw. IDW PS 250 n.F.*, Abschn. 6.
[392] *F&A zu ISA 320 bzw. IDW PS 250 n.F.*, Frage 3.3.3. Siehe auch *Hayes/Wallage/Görtemaker*, Priniples of Accounting[3], S. 205.

Bei der Toleranzwesentlichkeit wird ein bestimmter Prozentsatz der Wesentlichkeit im Ganzen angewendet (z.B. 60%-75%), während die Nichtaufgriffsgrenze i.d.R. anhand eines deutlich geringeren Prozentsatzes aus der Wesentlichkeit (z.B. 5%) abgeleitet wird. Es muss jedoch betont werden, dass die Ermittlung der Wesentlichkeit keine mathematische Übung des APr. ist, sondern in seinem Ermessen steht[393]. Die Überlegungen dazu dokumentiert er in seinen Arbeitspapieren.

> **Beispiel 27:**
> Bestimmung der Wesentlichkeit für die Prüfung einer Beteiligungsgesellschaft:
> - Bilanzsumme: 155 Mio. €
> - Prozentsatz für Wesentlichkeit: 1,5%
> - Wesentlichkeit auf Abschlussebene: 2,325 Mio. € (= 1,5% von 155 Mio. €)
> - Toleranzwesentlichkeit: 1,74375 Mio. € (= 75% von 2,325 Mio. €)
> - Nichtaufgriffsgrenze: 116,25 T€ (= 5% von 2,325 Mio. €).

Die Ermittlung der Wesentlichkeitsgrenzen steht im Ermessen des APr. Es kann erforderlich sein, diese anzupassen. Der APr. dokumentiert seine Überlegungen in seinen Arbeitspapieren. **399**

> **Beispiel 28:**
> Ein Automobilzulieferer liefert schadhafte Produktteile an ein Automobilunternehmen, das dadurch gezwungen wird, großflächig seine Fahrzeuge zurückzurufen. Muss der Automobilzulieferer mit Schadenszahlungen aufgrund von Produkthaftungsklagen rechnen, wird der APr. seine Toleranzwesentlichkeit beim Prüffeld „Rückstellungen" überdenken und ggf. reduzieren.

5.3 Risiken von Fehlern

Im Anschluss an die Festlegung der Wesentlichkeit muss sich der APr. mit den Risiken von Fehlern (wesentlichen falschen Darstellungen) in der Abschlussprüfung und deren Beurteilung befassen. **400**

Das Risiko der Abgabe eines positiven Prüfungsurteils ungeachtet vorhandener Fehler in der Rechnungslegung (sog. Prüfungsrisiko) muss auf ein akzeptables Maß reduziert werden[394]. Erst wenn sich der APr. mit dem Prüfungsrisiko befasst hat, kann er daraus eine risikoorientierte Prüfungsstrategie entwickeln und die Prüfungshandlungen festlegen. **401**

5.3.1 Risiken in der Abschlussprüfung

Das Prüfungsrisiko setzt sich aus dem Fehler- und dem Entdeckungsrisiko zusammen. Das Fehlerrisiko besteht seinerseits aus dem inhärenten Risiko und dem Kontrollrisiko. **402**

Mit dem **inhärenten (innewohnenden) Risiko** wird die Anfälligkeit eines Prüffeldes für das Auftreten von Fehlern bezeichnet, die für sich genommen oder zusammen mit Feh- **403**

---

[393] *IDW PS 250 n.F.*, Tz. 44.
[394] ISA 330.25; *IDW PS 261 n.F.*, Tz. 5; vgl. auch *Schmidt/Eibelshäuser*, WPg 2013, S. 696.

lern in anderen Prüffeldern wesentlich sind[395]. Dabei sind die damit in Zusammenhang stehenden Kontrollen nicht zu betrachten. Faktoren für die Bestimmung des inhärenten Risikos sind z.B. gesamtwirtschaftliche Faktoren (etwa die konjunkturelle Entwicklung), branchenspezifische Faktoren (z.B. neue Regelungen für schadstoffemittierende Unternehmen) oder firmenspezifische Aspekte (Geschäftsmodelle, wesentliche Geschäftsaktivitäten in korruptionsanfälligen Ländern). Ein inhärentes Risiko kann sich auch aus einem Prüffeld ergeben, wie bspw. Ermessensspielräume bei der Beurteilung von Prozessrisiken eines Arzneimittelherstellers.

> **! Hinweis 18:**
> Fehler können in folgenden Prüffeldern verstärkt auftreten:
> - Prüffelder, in denen Schätzungen vorgenommen werden
> - Prüffelder, bei denen nicht routinemäßige Geschäftsvorfälle auftreten.

404 Das **Kontrollrisiko** ist das Risiko, dass wesentliche Fehler durch das IKS des Unternehmens nicht verhindert oder aufgedeckt und beseitigt werden[396]. Hat das zu prüfende Unternehmen ein unwirksames oder nur ein eingeschränkt wirksames IKS, ist das Kontrollrisiko hoch. Umgekehrt kann ein wirksames IKS das Kontrollrisiko reduzieren; wobei ein Restkontrollrisiko immer bestehen wird, weil kaum denkbar ist, dass durch die Kontrollen jeder wesentliche Fehler ausgeschlossen ist oder in jedem Fall aufgedeckt wird. Zur Beurteilung des Kontrollrisikos wird der APr. seine Erkenntnisse aus der Funktionsweise der Kontrollen heranziehen[397].

405 Unter dem **Entdeckungsrisiko** ist das Risiko zu verstehen, dass der APr. durch seine Prüfungshandlungen einen wesentlichen Fehler in der Rechnungslegung nicht entdeckt[398].

406 Die Einschätzung des inhärenten Risikos und des Kontrollrisikos wirken sich unmittelbar auf die Prüfungsstrategie und die Prüfungsprogramme des APr. aus. Je höher das inhärente Risiko und das Kontrollrisiko eingeschätzt werden, desto umfangreicher müssen die aussagebezogenen Prüfungshandlungen geplant werden, um das Prüfungsrisiko zu minimieren. Werden umgekehrt das inhärente Risiko und das Kontrollrisiko als niedrig eingeschätzt, so kann der APr. den Umfang der aussagebezogenen Prüfungshandlungen entsprechend vermindern.

407 Hinsichtlich des Prüfungsrisikos und die Wechselwirkung der dargestellten Risiken wird auf die Ausführungen in Kap. L Tz. 45 ff. verwiesen.

408 Die **Einschätzung** des inhärenten Risikos und des Kontrollrisikos kann sich im Verlauf der Prüfung **ändern**. So kann der APr. bspw. bei der Durchführung von Funktionstests und/oder aussagebezogenen Prüfungshandlungen zu Erkenntnissen gelangen, die wesentlich von den Annahmen abweichen, die er bei der ursprünglichen Einschätzung des inhärenten Risikos oder des Kontrollrisikos zugrunde gelegt hat. In diesen Fällen muss er Art und Umfang der aussagebezogenen Prüfungshandlungen entsprechend anpassen[399].

---

395 *ISA 200.A42; IDW PS 261 n.F., Tz. 6.*
396 *ISA 200.A42; IDW PS 261 n.F., Tz. 6.*
397 *Siehe bereits Kap. L Tz. 45 ff.*
398 *IDW PS 261 n.F., Tz. 6.*
399 *IDW PS 261 n.F., Tz. 69.*

5.3.2 Beurteilung der Fehlerrisiken

5.3.2.1 Einführung

Der APr. muss ein Verständnis vom Unternehmen, seinem Umfeld und den damit verbundenen Risiken von Fehlern sowie den für die Abschlussprüfung relevanten internen Kontrollen, die der Vermeidung bzw. Aufdeckung von wesentlichen Fehlern dienen sollen, erlangen. Risiken wesentlicher falscher Darstellungen (Fehlerrisiken) können wie folgt klassifiziert werden[400]

- ob ein bedeutsames Risiko vorliegt[401],
- ob ein Risiko vorliegt, bei dem aussagebezogene Prüfungshandlungen alleine keine ausreichenden geeigneten Prüfungsnachweise erbringen (z.B. Risiken aus Massentransaktionen)[402],
- ob ein Risiko auf Aussageebene oder auf Abschlussebene vorliegt[403].

409

Die Einteilung der identifizierten Fehlerrisiken ist wichtig, weil die Risiken jeweils unterschiedliche Reaktionen des APr. erfordern[404] und die Art und der Umfang der weiteren Prüfungshandlungen von ihnen abhängen[405].

410

Der APr. hat auf Anzeichen für konkrete, d.h. für das Unternehmen relevante Risiken, Fehlerrisiken zu achten.

> **Beispiel 29:**
>
> Für ein Handelsunternehmen können bspw. volatile Preise der Handelswaren ein konkretes Risiko darstellen; wohingegen dieses Risiko für einen Personaldienstleister kein Risiko darstellt.

Anschließend sind die identifizierten Fehlerrisiken zu beurteilen. Dazu muss der APr. folgende Überlegungen anstellen[406]:

411

- Jedes identifizierte Fehlerrisiko ist zu beurteilen. Dabei ist einzuschätzen, ob es sich um ein Risiko auf Abschlussebene handelt, d.h. ob es den Abschluss als Ganzes betrifft und sich damit auf eine Vielzahl von Aussagen auswirken kann.
- Es ist eine Beziehung zwischen den identifizierten Risiken und den Fehlermöglichkeiten auf Aussageebene herzustellen, d.h., es ist zu überlegen, was auf der Ebene der einzelnen Aussagen jeweils „falsch laufen kann". Hierbei sind relevante Kontrollen, für die der APr. eine Funktionsprüfung beabsichtigt, gleichfalls zu würdigen.

> **Beispiel 30:**
>
> Im Rahmen der Inventurprüfung möchte der APr. hinreichende Sicherheit darüber erlangen, ob die Kontrollen funktionieren, die implementiert wurden, um sicherzustellen, dass die Mitarbeiter des Unternehmens bei der Inventur richtig zählen und

---

[400] Vgl. F&A zu ISA 315 bzw. IDW PS 261 n.F., Frage 5.1.
[401] Vgl. ISA 315.27 (rev.); IDW PS 261 n.F., Tz. 10, 65.
[402] Vgl. ISA 315.30 (rev.); IDW PS 261 n.F., Tz. 10, 68.
[403] Vgl. ISA 315.25(a) und (b) (rev.); IDW PS 261 n.F., Tz. 10, IDW PS 261 n.F., Tz. 70.
[404] Vgl. F&A zu ISA 315 bzw. IDW PS 261 n.F., Frage 5.2.
[405] Vgl. F&A zu ISA 315 bzw. IDW PS 261 n.F., Frage 5.1.
[406] Vgl. F&A zu ISA 315 bzw. IDW PS 261 n.F., Frage 5.6.

> die Ergebnisse richtig aufzeichnen. Die Wirkung dieser Kontrollen kann bei der Einschätzung des Fehlerrisikos bei den Aussagen „Vorhandensein" und „Vollständigkeit" des Postens „Vorräte" berücksichtigt werden.

- Abschließend sind Wahrscheinlichkeit und mögliches Ausmaß einer falschen Darstellung dahingehend einzuschätzen, ob diese zu einer wesentlichen falschen Darstellung führen könnte. Dabei ist auch zu berücksichtigen, dass mehrere falsche Darstellungen auftreten können, die in der Summe wesentlich sind. Als wesentlich gelten mögliche Fehler im Kontext der Risikobeurteilung, wenn sie die Toleranzwesentlichkeit überschreiten[407].

412 Aufgrund neuer Erkenntnisse sind die Risikobeurteilungen des APr. im Verlauf der Prüfung anzupassen[408].

> **Praxistipp 15:**
>
> Fehlerrisiken, die ein vertretbar niedriges Maß nicht übersteigen, da deren Eintrittswahrscheinlichkeit bzw. deren maximales Fehlerausmaß, welches unterhalb der Nichtaufgriffsgrenze liegt, zu vernachlässigen ist, müssen nicht als Risiken identifiziert und dokumentiert werden[409]. Sie sind für den weiteren Verlauf der Prüfung nicht mehr relevant.

5.3.2.2 Bedeutsame Risiken

413 Bedeutsame Risiken sind Fehlerrisiken, die aufgrund ihrer Art oder des mit ihnen verbundenen Umfangs möglicher falscher Angaben in der Rechnungslegung bei der Abschlussprüfung besondere Aufmerksamkeit erfordern[410]. Die Einordnung, ob es sich bei einem Fehlerrisiko um ein bedeutsames Risiko handelt, liegt im pflichtgemäßen Ermessen des APr.[411]. Die Einschätzung ist ohne Berücksichtigung der vom Unternehmen eingesetzten Kontrollmaßnahmen vorzunehmen[412]. Der APr. hat solche Fehlerrisiken, bei denen es sich um bedeutsame Risiken handelt, **gesondert zu erfassen**[413].

414 Die folgenden Umstände sprechen insb. für eine Einstufung als bedeutsame Risiken[414]:

- dolose Handlungen
- aktuelle bedeutsame wirtschaftliche, rechnungslegungsbezogene oder andere Entwicklungen, die der besonderen Aufmerksamkeit des APr. bedürfen
- Komplexität von Geschäftsvorfällen
- Transaktionen mit nahe stehenden Personen
- Maß an Subjektivität bei der Ausübung von Ermessensspielräumen.

---

407 Vgl. Kap. L Tz. 40 f., Kap. L Tz. 299.
408 Vgl. ISA 315.31; *IDW PS 261 n.F.*, Tz. 69.
409 Vgl. *F&A zu ISA 315 bzw. IDW PS 261 n.F.*, Frage 5.1.
410 Vgl. ISA 315.4 (rev.); *IDW PS 261 n.F.*, Tz. 65.
411 Siehe ISA 315.25 ff. (rev.); *IDW PS 261 n.F.*, Tz. 66.
412 Siehe ISA 315.25 ff. (rev.); *IDW PS 261 n.F.*, Tz. 66.
413 ISA 315.28 (rev.); *IDW PS 261 n.F.*, Tz. 65.
414 Vgl. ISA 315.28 (rev.); *IDW PS 261 n.F.*, Tz. 65.

> **Beispiel 31:**
>
> Ein deutsches MU führt mit einer US-amerikanischen Tochtergesellschaft ein langfristiges Repo-Geschäft zur Finanzierung der Tochtergesellschaft durch. Zur Sicherung von Währungseffekten sollen derivative Finanzinstrumente eingesetzt werden. Diese sollen als Hedge Accounting behandelt werden.
> Der Sachverhalt birgt mehrere Indikationen für bedeutsame Risiken, u.a. aus der Komplexität der Geschäftsvorfälle und der Transaktion mit nahe stehenden Personen. Diese Einschätzung ist zu treffen, ohne Kontrollmaßnahmen beim Unternehmen zu berücksichtigen.

415 Das Vorliegen eines Umstands allein wird meist nicht zu einem bedeutsamen Risiko führen. Liegen allerdings bei einem erkannten Fehlerrisiko **mehrere der genannten Sachverhalte** vor, so kann von einem bedeutsamen Risiko ausgegangen werden. Dies liegt jedoch letztlich in einer Ermessensentscheidung des APr.[415]

416 In folgenden Fällen liegt ein bedeutsames Risiko vor[416]:

- Risiken wesentlicher falscher Darstellungen aufgrund von Verstößen[417],
- das Risiko, dass das Management Kontrollen außer Kraft setzt (Management Override)[418],
- bedeutsame Transaktionen mit nahe stehenden Personen, die außerhalb der gewöhnlichen Geschäftstätigkeit stattfinden[419].

417 Der APr. muss ferner davon ausgehen, dass **bei der Umsatzrealisierung** allgemein ein Risiko doloser Handlungen und damit ein bedeutsames Risiko besteht. Er muss daher beurteilen, welche Erlösarten, erlösrelevanten Geschäftsvorfälle oder Aussagen solche Risiken zur Folge haben. Allerdings kann der APr. unter Würdigung der Umstände des Einzelfalls zu dem Schluss kommen, dass ausnahmsweise kein bedeutsames Risiko bei der Erlöserfassung vorliegt. In diesem Fall sind die Gründe für diese Schlussfolgerung in die Dokumentation mit aufzunehmen[420].

5.3.2.3 Risiken, die nicht durch aussagebezogene Prüfungshandlungen adressiert werden können

418 Der APr. muss auch solche Fehlerrisiken gesondert erfassen, bei denen er davon ausgehen muss, dass die Durchführung aussagebezogener Prüfungshandlungen nicht ausreicht, um mit hinreichender Sicherheit eine Prüfungsfeststellung über das Vorliegen von falschen Angaben in den betreffenden Prüffeldern zu treffen. Dies betrifft **insb. Routinetransaktionen**, die IT-gestützt erfasst und verarbeitet werden[421]. Für den APr. ist in diesen Fällen die Prüfung des IKS essentiell, da rein aussagebezogene Prüfungshandlungen keine hinreichende Prüfungssicherheit liefern. Dies kann anhand des Beispiels des Prüfungsziels „Vollständigkeit" verdeutlicht werden: Die Prüfung, ob sämt-

---

415 Vgl. *F&A zu ISA 315 bzw. IDW PS 261 n.F.*, Frage 5.10.
416 Vgl. *F&A zu ISA 315 bzw. IDW PS 261 n.F.*, Frage 5.11.
417 Vgl. *ISA 240.27*; *IDW PS 210*, Tz. 38.
418 Vgl. *ISA 240.31*; *IDW PS 210*, Tz. 43.
419 Vgl. *IDW PS 255*, Tz. 20a; s.a. *ISA 240*, Appendix 1.
420 Vgl. *ISA 240.26, ISA 240.47*; *IDW PS 261 n.F.*, Tz. 67; *F&A zu ISA 315 bzw. IDW PS 261 n.F.*, Frage 5.11.
421 Vgl. *IDW PS 261 n.F.*, Tz. 68.

liche Transaktionen Eingang in das Rechenwerk gefunden haben, kann nicht durch aussagebezogene Prüfungshandlungen alleine erfolgen. Es geht letztlich um die Frage, ob bspw. eine stattgefundene Transaktion (eine Eingangsrechnung) nicht erfasst ist. Mittels einer Stichprobe können nur erfasste Vorgänge geprüft werden.

> **Beispiel 32:**
>
> Die Umsatzerlöse in einem Telekommunikationsunternehmen bestehen aus einer sehr großen Zahl von Rechnungen mit regelmäßig kleinen Beträgen. Zum einen ist dieser Prozess vollständig IT-gesteuert und kann ohne eine IT-bezogene Systemprüfung nicht geprüft werden. Zum anderen wäre, wenn ausschließlich aussagebezogene Prüfungshandlungen durchgeführt würden, die Stichprobe so groß, dass die Prüfung in angemessener Zeit und mit angemessenem Aufwand nicht durchführbar wäre.

5.3.2.4 Risiken wesentlicher Falschdarstellungen auf Abschluss- und Aussageebene

419 Risiken wesentlicher falscher Darstellungen können auf Ebene des Abschlusses oder einzelner Aussagen entstehen. Diese Unterscheidung ist bedeutsam, weil davon die Reaktion des APr. abhängt. Der Begriff „Risiken wesentlicher falscher Darstellungen auf **Abschlussebene**" bezieht sich auf Risiken, die sich auf den Abschluss als Ganzes auswirken und i.d.R. viele Aussagen betreffen[422]. Risiken auf Abschlussebene werden durch qualitative Umstände verursacht, die eine ganze Reihe von Abschlussposten betreffen bzw. Risiken wesentlicher falscher Darstellungen auf **Aussageebene** vergrößern können[423].

> **Beispiel 33:**
>
> Beispiele für qualitative Umstände sind[424]:
> - Außerkraftsetzung des IKS durch das Management (Management Override)
> - Zweifel an der Fortführung der Unternehmenstätigkeit
> - Umstellung der angewandten Rechnungslegungsgrundsätze (z.B. HGB auf IFRS) bzw. grundlegende Änderungen in den anzuwendenden Rechnungslegungsgrundsätzen (z.B. BilRuG)
> - Mangelnde Kompetenz des Managements
> - Umfangreiche gesellschaftsrechtliche Umstrukturierungen (z.B. Verschmelzungen, Spaltungen)
> - Mangelhaftes Kontrollumfeld
> - Änderungen von rechtlichen Vorschriften, die sich erheblich auf die Geschäftstätigkeit des zu prüfenden Unternehmens auswirken mit Folgewirkungen für die Rechnungslegung (z.B. allgemeine Umweltauflagen, Einführung eines Dosenpfands, Ausfuhrbeschränkungen, Elektroschrott-Verordnung).

---

422 Vgl. ISA 315.A11 (rev.); IDW PS 261 n.F., Tz. 64; . F&A zu ISA 315 bzw. IDW PS 261 n.F., Frage 5.2.
423 Vgl. F&A zu ISA 315 bzw. IDW PS 261 n.F., Frage 5.2.
424 Vgl. F&A zu ISA 315 bzw. IDW PS 261 n.F., Frage 5.2.

Auf Risiken auf **Abschlussebene** kann der APr. i.d.R. wie folgt reagieren, indem er bspw.[425]: **420**

- Spezialisten oder erfahrene Mitarbeiter im Prüfungsteam einsetzt,
- mehr Prüfungszeit einplant oder die zeitliche Prüfungsplanung anpasst,
- die Aufmerksamkeit des Prüfungsteams für die relevanten Risikoursachen erhöht (bspw. im Rahmen von Teambesprechungen),
- besondere Qualitätssicherungsmaßnahmen ergreift (bspw. freiwillige Hinzuziehung eines auftragsbegleitenden Qualitätssicherers),
- Einzelfallprüfungen ausdehnt bzw. analytische Prüfungshandlungen durch Einzelfallprüfungen ersetzt.

Alternativ kann der APr. durch ein gezieltes Vorgehen wie bspw. den verstärkten Einsatz von Datenanalysetechniken oder von überraschenden Prüfungshandlungen über eine Vielzahl von Prüffeldern hinweg Risiken auf Abschlussebene begegnen[426]. **421**

Fehlerrisiken auf Aussageebene betreffen demgegenüber typischerweise nur ein Prüffeld. Durch die Auswahl ausreichender und geeigneter aussagebezogener Prüfungshandlungen bzw. Funktionsprüfungen kann der APr. auf diese Risiken reagieren[427]. Bei der Einschätzung des Fehlerrisikos auf Aussageebene muss der APr. überlegen, welche Fehlermöglichkeiten im Hinblick auf Ansatz, Bewertung und Darstellung der verschiedenen Abschlussbestandteile sowie der dazugehörigen Angaben bestehen[428]. **422**

Die Anforderungen an eine gewissenhafte Prüfung sind an den **Zielen** der Abschlussprüfung auszurichten. Der APr. hat zur Beurteilung des JA die Richtigkeit von **Abschlussaussagen**, das sind durch die Unternehmensleitung implizit getroffene Einzelaussagen innerhalb des JA, zu überprüfen. Das Aussagenkonzept ist aufgrund der verstärkten Orientierung der Prüfungsnormen an einer geschäftsrisikoorientierten Abschlussprüfung überarbeitet worden[429]. Es zielt darauf ab, die festgestellten Risiken und die einzusetzenden Prüfungshandlungen in stärkerem Maße zu verbinden und lässt sich wie folgt in drei Kategorien einteilen[430]: **423**

---

425 Vgl. ISA 330.5; *IDW PS 261 n.F.*, Tz. 71; F&A zu ISA 315 bzw. IDW PS 261 n.F.; Frage 5.2.
426 Vgl. *F&A zu ISA 315 bzw. IDW PS 261 n.F.*, Frage 5.2.
427 Zu den Reaktionen auf Fehlerrisiken aus Aussageebene vgl. ISA 330.6 ff.; *IDW PS 261 n.F.*, Tz. 72 ff.
428 Vgl. *F&A zu ISA 315 bzw. IDW PS 261 n.F.*; zu den Aussagen siehe Anlage; ISA 315.A124 (Rev.); *IDW PS 300 n.F.*
429 Vergleichende Darstellung der unterschiedlichen Aussagenkonzepte in: *Ruhnke/Lubitzsch*, WPg 2006, S. 366 ff.
430 Vgl. ISA 315.A111 (rev.); *IDW PS 300 n.F.*, Anlage.

Aussagen zu Arten von Geschäftsvorfällen und Ereignissen für den zu prüfenden Zeitraum	Aussagen zu Kontensalden am Abschlussstichtag	Aussagen zur Darstellung im Abschluss und zu den Abschlussangaben
Eintritt: Erfasste Geschäftsvorfälle und Ereignisse haben stattgefunden und sind dem Unternehmen zuzurechnen. **Vollständigkeit**: Alle Geschäftsvorfälle und Ereignisse, die erfasst werden mussten, wurden aufgezeichnet. **Genauigkeit**: Beträge und andere Daten zu aufgezeichneten Geschäftsvorfällen und Ereignissen wurden angemessen erfasst. **Periodenabgrenzung**: Geschäftsvorfälle und Ereignisse wurden in der richtigen Berichtsperiode erfasst. **Kontenzuordnung**: Geschäftsvorfälle und Ereignisse wurden auf den richtigen Konten erfasst.	**Vorhandensein**: Vermögensgegenstände und Schulden sowie das EK sind vorhanden. **Rechte und Verpflichtungen**: Das Unternehmen hält die Rechte an Vermögensgegenständen bzw. hat die Kontrolle darüber; Schulden stellen Verpflichtungen des Unternehmens dar. **Vollständigkeit**: Alle Vermögensgegenstände, Schulden und EK-Posten, die zu erfassen sind, wurden erfasst. **Bewertung und Zuordnung**: Vermögensgegenstände, Schulden und EK-Posten sind mit angemessenen Beträgen im Abschluss enthalten, Anpassungen bei Bewertungen oder Zuordnungen wurden in angemessener Weise erfasst.	**Eintritt aufgrund von Rechten und Verpflichtungen**: Im Abschluss angegebene Ereignisse, Geschäftsvorfälle und andere Sachverhalte haben stattgefunden und sind dem Unternehmen zuzurechnen. **Vollständigkeit**: Alle Angaben, die im Abschluss enthalten sein müssen, sind enthalten. **Ausweis und Verständlichkeit**: Finanzinformationen sind in angemessener Weise dargestellt und erläutert, die Angaben sind deutlich formuliert. **Genauigkeit und Bewertung**: Finanzinformationen und andere Informationen sind angemessen und mit zutreffenden Beträgen angegeben.

424 Der APr. kann die oben beschriebenen Aussagen verwenden oder andere Formulierungen wählen, sofern alle Aspekte abgedeckt sind. Es können auch einzelne Aussagen kombiniert werden.

> **Praxistipp 16:**
>
> In der Praxis wird der APr. je Prüffeld entscheiden, bei welchen Aussagen das Risiko wesentlicher Fehler relevant ist und bei welchen Aussagen die Wahrscheinlichkeit eines wesentlichen Fehlers so gering ist, dass keine weiteren Prüfungshandlungen notwendig sind[431].
>
> Regelmäßig ist **je Prüffeld nur ein Teil der Aussagen relevant**. Beispielsweise kann ein APr. bei der Risikobeurteilung für das Prüffeld „Forderungen aus Lieferungen und Leistungen" zu dem Ergebnis kommen, dass im Hinblick auf die Voll-

---

[431] Vgl. *F&A zu ISA 315 bzw. IDW PS 261 n.F.*, Frage 5.4.

> ständigkeit (z.B. wegen Massentransaktionen), das Vorhandensein (z.B. wegen Zweifelsfragen hinsichtlich der Umsatzrealisierung in VJ) und die Bewertung (z.B. wegen des regelmäßigen Einzelwertberichtigungsbedarfs in VJ) der Forderungen Risiken wesentlicher Fehler bestehen. Zugleich können bspw. Rechte und Verpflichtungen bzw. der Ausweis als nicht relevante Aussagen angesehen werden, da die wirtschaftliche Zugehörigkeit der zu prüfenden Forderungen zum zu prüfenden Unternehmen und die bilanzielle Darstellung der Forderungen eindeutig sind[432].

Ein APr. kann bei einem Prüffeld zu dem Ergebnis kommen, dass aus Sicht sämtlicher Aussagen keine Fehlerrisiken vorliegen bzw. die Wahrscheinlichkeiten oder die maximale Größe möglicher Fehler vernachlässigbar gering sind. In einem solchen Fall sind für das Prüffeld keine weiteren Prüfungshandlungen erforderlich[433]. **425**

6. Beurteilung der Fortführung der Unternehmenstätigkeit

Bei der Bewertung der im JA ausgewiesenen Vermögensgegenstände und Schulden ist grundsätzlich von der **Annahme der Fortführung der Unternehmenstätigkeit** (Going-Concern-Prämisse; § 252 Abs. 1 HGB) auszugehen, sofern dem nicht tatsächliche oder rechtliche Gegebenheiten entgegenstehen. Für IFRS-Abschlüsse ist die Annahme der Fortführung der Unternehmenstätigkeit in IAS 1.25 f. geregelt. Die gesetzlichen Vertreter haben bei der Aufstellung des JA darüber zu entscheiden, ob die Voraussetzungen für die Annahme der Fortführung der Unternehmenstätigkeit gegeben sind[434]. **426**

Der APr. hat die Annahme der Fortführung der Unternehmenstätigkeit mit dem Ziel zu prüfen, **427**

- ausreichende geeignete Prüfungsnachweise über die Angemessenheit der Annahme der Fortführung der Unternehmenstätigkeit zu erlangen, die das Management bei der Aufstellung des Abschlusses zugrunde gelegt hat,
- auf der Grundlage der erlangten Prüfungsnachweise ist zu beurteilen, ob eine wesentliche Unsicherheit über die Fähigkeit des Unternehmens zur Fortführung der Unternehmenstätigkeit besteht und
- ggf. Konsequenzen für den BestV oder die sonstige Berichterstattung[435] zu ziehen[436].

Grundsätzlich kann von der Fortführung der Unternehmenstätigkeit ausgegangen werden, wenn das Unternehmen **428**

- in der Vergangenheit **nachhaltige Gewinne** erzielt hat,
- leicht auf **finanzielle Mittel** zurückgreifen kann sowie
- **keine bilanzielle Überschuldung** droht[437].

Auch wird der APr. würdigen, ob eine Absicht oder eine Pflicht zur Aufgabe der Unternehmenstätigkeit besteht oder die Unternehmung nur für eine bestimmte Zeit gegründet wurde. **429**

---

432 Vgl. F&A zu ISA 315 bzw. IDW PS 261 n.F., Frage 5.4.
433 Vgl. F&A zu ISA 315 bzw. IDW PS 261 n.F., Frage 5.8.
434 Vgl. IDW PS 270 n.F., Tz. 5 und 7 f.
435 Vgl. § 321 Abs. 1 S. 3 HGB; s.a. ISA 570.9 (rev.).
436 IDW PS 270 n.F., Tz. 14.
437 Vgl. ISA 570.A3 (rev.); IDW PS 270 n.F., Tz. A8.

In diesen Fällen muss der APr. keine detaillierten Beurteilungen durchführen, sofern er durch andere Prüfungshandlungen (z.B. Befragungen) zu dem Schluss kommt, dass das Management in angemessener Weise die Annahme der Fortführung der Unternehmenstätigkeit zugrunde gelegt hat. Sofern sich die wirtschaftlichen Rahmenbedingungen ändern (z.B. durch eine Wirtschaftskrise), kann er nicht ohne weiteres von dieser Prämisse ausgehen[438].

430 Wenn nicht ohne Weiteres von der grundsätzlichen Annahme der Fortführung der Unternehmenstätigkeit ausgegangen werden kann und das Unternehmen nicht über ausreichende stille Reserven verfügt, haben die **gesetzlichen Vertreter**[439] eingehende **Untersuchungen** anhand aktueller, hinreichend detaillierter und konkretisierter interner Planungsunterlagen, insb. eines Finanzplans, anzustellen. Dabei ist ein Betrachtungshorizont von mindestens zwölf Monaten, gerechnet vom Abschlussstichtag des GJ zugrunde zu legen[440]. Zum Ende der Abschlussaufstellung dürfen keine Anhaltspunkte vorliegen, dass die Annahme der Unternehmensfortführung zu einem danach liegenden Zeitraum nicht mehr aufrecht zu halten sein wird[441].

431 Verfügt das Unternehmen über einen AR, muss sich dieses Gremium auch mit bestandsgefährdenden Risiken befassen und die Fortführung der Unternehmenstätigkeit überwachen[442].

432 Für die Beurteilung der Fortführung der Unternehmenstätigkeit gilt das Stichtagsprinzip (§ 252 Abs. 1 Nr. 3 und 4 HGB) nicht, so dass neuere Erkenntnisse nach dem Abschlussstichtag, die die Annahme der Unternehmensfortführung betreffen, stets zu berücksichtigen sind[443].

Mit der Berücksichtigung dieser Erkenntnisse soll verhindert werden, dass auf der Grundlage des JA Gewinnausschüttungs- oder Entnahmerechte geltend gemacht werden, obwohl bei der Aufstellung des JA bereits feststeht, dass das Unternehmen den maßgeblichen Prognosezeitraum nicht überleben wird[444].

433 Die Vorgehensweise im Hinblick auf die Prüfung der Angemessenheit der Fortführungsprognose lässt sich in folgende Schritte einteilen[445]:

- Prüfungshandlungen zur Risikobeurteilung von Ereignissen und Gegebenheiten, die bedeutsame Zweifel an der Fähigkeit zur Fortführung der Unternehmenstätigkeit aufwerfen
- zusätzliche Prüfungshandlungen im Falle der Identifikation von Ereignissen und Gegebenheiten, die bedeutsame Zweifel an der Fähigkeit zur Fortführung der Unternehmenstätigkeit aufwerfen, um festzustellen, ob bezüglich dieser Ereignisse und Gegebenheiten wesentliche Unsicherheiten bestehen

---

438 Vgl. *Lilienbecker/Link/Rabenhorst*, BB 2009, S. 262 (264).
439 Zur Pflicht des Geschäftsführungsorgans gehört die Erstellung einer Fortführungsprognose; vgl. *Groß/ Amen*, WPg 2002, S. 225 (226 f.); *Groß*, WPg 2010, S. 119 (127). Bei einer Bestandsgefährdung ist der AR gefordert, die Ursachen der Krise zu erforschen und nach Lösungsmöglichkeiten zu suchen. Vgl. OLG Brandenburg v. 17.02.2009, 6 U 102/07, ZIP, S. 866 (869).
440 Vgl. ISA 570.13 (rev.); *IDW PS 270 n.F.*, Tz. 18.
441 Vgl. *IDW PS 270 n.F.*, Tz. 7.
442 Vgl. *Groß*, WPg 2010, S. 127.
443 Vgl. *IDW PS 270 n.F.*, Tz. 8; vgl. *IDW PS 203 n.F.*, Tz. 9; auch *Winkeljohann/Büssow*, in: BeBiKo[11] § 252, Rn. 12.
444 Vgl. *Hayes/Wallage/Görtemaker*, Principles of Auditing[3], S. 442 f.
445 Vgl. *Lilienbecker/Link/Rabenhorst*, BB 2009, S. 262.

- Beurteilung der Einschätzung der gesetzlichen Vertreter
- Beurteilung, welche Auswirkungen sich aus den getroffenen Feststellungen zur Fortführung der Unternehmenstätigkeit für das Prüfungsurteil ergeben
- ggf. Kommunikation mit den Aufsichtsorganen.

Dabei ist in jedem Fall zu fragen, ob es Zweifel an der Going-Concern-Prämisse gibt. Erhebliche Zweifel an der Fortführung der Unternehmenstätigkeit bestehen insb. dann, wenn einzelne oder mehrere der folgenden, beispielhaft aufgeführten Umstände vorliegen[446]: **434**

finanzwirtschaftliche Umstände	<ul><li>die Schulden übersteigen das Vermögen oder die kurzfristigen Schulden übersteigen das Umlaufvermögen</li><li>Darlehensverbindlichkeiten mit fester Laufzeit, die fällig werden, ohne dass eine realistische Aussicht auf Verlängerung oder auf Rückzahlung besteht</li><li>das Unternehmen verlässt sich in erheblichem Ausmaß auf kurzfristige Darlehen zur Finanzierung langfristiger Vermögenswerte</li><li>Anzeichen für den Entzug finanzieller Unterstützung durch Gläubiger</li><li>vergangenheits- oder zukunftsorientierte Finanzaufstellungen deuten auf negative betriebliche Cash Flows hin</li><li>ungünstige Schlüsselfinanzkennzahlen</li><li>erhebliche betriebliche Verluste oder erhebliche Wertbeeinträchtigung bei Vermögenswerten, die zur Erwirtschaftung von Cash Flows dienen</li><li>ausstehende oder ausgesetzte Gewinnausschüttungen</li><li>Unfähigkeit, Verbindlichkeiten bei ihrer Fälligkeit zu begleichen</li><li>Unfähigkeit, die Bedingungen von Darlehensvereinbarungen zu erfüllen</li><li>Weigerung von Lieferanten, weiterhin ein Zahlungsziel einzuräumen</li><li>Unfähigkeit, Finanzmittel für wichtige neue Produktentwicklungen oder für andere wichtige Investitionen zu beschaffen</li></ul>
betriebliche Umstände	<ul><li>Absicht der gesetzlichen Vertreter zur Liquidierung des Unternehmens oder zur Einstellung der Geschäftstätigkeit</li><li>Ausscheiden von Führungskräften in Schlüsselfunktionen ohne adäquaten Ersatz</li><li>Verlust von wichtigen Absatz- oder Beschaffungsmärkten, bedeutenden Kunden oder Lieferanten sowie Kündigung von wichtigen Franchise- oder Lizenzverträgen</li><li>Konflikte mit der Belegschaft</li><li>Engpässe bei wichtigen Zulieferungen</li><li>Markteintritt eines sehr erfolgreichen Konkurrenten</li></ul>

---

[446] Zit. nach *IDW PS 270 n.F.*, Tz. A5; vgl. auch ISA 570.A3 (rev.).

sonstige Umstände	• Verstöße gegen EK-Vorschriften oder andere gesetzliche Regelungen, wie z.B. Solvenz- oder Liquiditätsanforderungen für Kreditinstitute • anhängige Gerichts- oder Aufsichtsverfahren gegen das Unternehmen, die zu Ansprüchen führen können, die wahrscheinlich nicht erfüllbar sind • Änderungen von Gesetzen oder anderen Rechtsvorschriften sowie politische Entscheidungen, die voraussichtlich nachteilige Auswirkungen für das Unternehmen haben • unzureichender Versicherungsschutz bei Eintritt einer Katastrophe

435 Das Vorliegen eines ungünstigen Faktors bedeutet nicht zwangsläufig, dass ernsthafte Zweifel an der Unternehmensfortführung bestehen müssen. Vielmehr ist eine Gesamtwürdigung aller Umstände erforderlich[447].

436 Ist von der Fortführung der Unternehmenstätigkeit nicht mehr auszugehen, hat dies Konsequenzen für die **Bewertung**, für den **LB**[448] (§ 289 HGB) und das Risikofrüherkennungssystem (§ 91 Abs. 2 AktG). Darüber hinaus sind **insolvenzrechtliche Folgen**[449] – drohende oder eingetretene Zahlungsunfähigkeit (§§ 17 und 18 InsO) und/der Überschuldung (§ 19 InsO) – zu beachten[450].

437 Der APr. trägt die **Verantwortung,** die Angemessenheit der durch die gesetzlichen Vertreter getroffenen Going Concern-Prämisse bei der Planung und Durchführung der Prüfungshandlungen und bei der Abwägung der Prüfungsaussagen auf ihre Plausibilität hin zu beurteilen. Dies kann bspw. durch zielgerichtete Befragungen, analytische Prüfungshandlungen oder Einsichtnahme etwa in Vorstands- und AR-Protokolle erfolgen[451]. Dabei hat er zu erwägen, ob ggf. bestehende wesentliche Unsicherheiten hinsichtlich der Fortführung der Unternehmenstätigkeit im JA und LB zum Ausdruck gebracht werden müssen[452]. Allerdings bedeutet die Beurteilung des APr., die Annahme der Unternehmensfortführung für angemessen zu halten, nicht zugleich, dass die Fortführung der Unternehmenstätigkeit gesichert ist[453].

Liegen Anhaltspunkte für bestandsgefährdende Tatsachen (= wesentliche Unsicherheiten)[454] vor, hat dies Einfluss auf Art, Umfang und zeitlichen Einsatz der Prüfungshandlungen (z.B. vertiefende Analyse der Unternehmensplanung, Prüfung von Kreditvereinbarungen, Umfang der Ereignisse nach dem Bilanzstichtag)[455].

438 Die Annahme der gesetzlichen Vertreter zur Fortführung der Unternehmenstätigkeit ist durch den APr. zu beurteilen[456]. Die **Beurteilung** berücksichtigt die angewandten Prognoseverfahren, die zugrunde gelegten Annahmen, den Zeitraum der Einschätzung,

---

[447] Vgl. ISA 570.A3 (rev.); siehe auch *Hayes/Wallage/Görtemaker*, Principles of Auditing³, S. 442 f.
[448] Siehe auch *IDW PS 350 n.F.*
[449] Siehe zu insolvenzrechtlicher Fortbestehungsprognose *Groß*, WPg 2010, S. 119 (121 ff.).
[450] Vgl. *IDW PS 270 n.F.*, Tz. A11; vgl. auch *IDW S 11*.
[451] Vgl. *Lilienbecker/Link/Rabenhorst*, BB 2009, S. 262 (263).
[452] Vgl. *ISA 570.19, 20 (rev.); IDW PS 270 n.F.*, Tz. 10.
[453] Vgl. *IDW PS 270 n.F.*, Tz. 12 und Tz. A12.
[454] Vgl. *IDW PS 270 n.F.*, Tz. A3.
[455] Vgl. ISA 570.16 (rev.); *IDW PS 270 n.F.*, Tz. 21.
[456] Vgl. ISA 570.12 (rev.); *IDW PS 270 n.F.*, Tz. 17.

die künftigen, von gesetzlichen Vertretern beabsichtigten Vorhaben sowie die Vollständigkeit der dem APr. bekannten Vorhaben und umfasst dabei grundsätzlich den Zeitraum, den auch die gesetzlichen Vertreter zugrunde gelegt haben[457]. Alle relevanten, zum Prognosezeitpunkt eingetretenen Ereignisse bzw. verfügbaren Informationen sind für die Beurteilung der Annahme der Fortführung der Unternehmenstätigkeit zu berücksichtigen[458].

> **Praxistipp 17:**
>
> In mittelständischen bzw. familiengeführten Unternehmen wird oftmals keine detaillierte Einschätzung der Annahme der Fortführung der Unternehmenstätigkeit vorgenommen. Meist schätzen die gesetzlichen Vertreter bzw. der Inhaber die Aussichten auf der Basis ihres Geschäftsverständnisses und ihrer Erfahrung ohne entsprechende Dokumentation ein. Gleichwohl muss der APr. auch in diesen Fällen deren Einschätzung würdigen. Hier kann er durch Befragungen, durch Prüfung des künftigen Auftragsbestandes oder der Einsichtnahme in Kreditverhandlungen Prüfungssicherheit erlangen[459].

439 Die Fortführungsprognose sollte grundsätzlich einen Zeithorizont von mindestens **zwölf Monaten nach dem Abschlussstichtag** abdecken[460]. Bei Unternehmen mit längeren Produktionszyklen etwa Unternehmen im Großanlagen- oder Schiffsbau können längere Prognosezeiträume sachgerecht sein. Zusätzlich dürfen keine Anhaltspunkte dafür vorliegen, dass die Fortführungsprognose nach dem Ende der Aufstellung des Abschlusses (Datum des BestV) nicht aufrecht zu erhalten sein wird. Der APr. ist verpflichtet, das Management zu dessen Kenntnissen von Ereignissen jenseits des Prognosezeitraums zu befragen, die die Unternehmensfortführung in Frage stellen könnten[461], wobei der Zeithorizont unbestimmt ist. Wenn die vom Management vorgenommene Einschätzung der Fähigkeit zur Fortführung der Unternehmenstätigkeit weniger als zwölf Monate ab dem Abschlussstichtag abdeckt, hat der APr. das Management aufzufordern, seinen Einschätzungszeitraum auf mindestens zwölf Monate ab diesem Stichtag auszudehnen[462].

440 Der APr. hat bei sich abzeichnenden bestandsgefährdenden Tatsachen die **gesetzlichen Vertreter** zu **befragen**. Darüber hinaus hat der APr. zu prüfen, ob bereits bekannte Ereignisse oder Gegebenheiten nach dem Prognosezeitraum eingetreten sind, die die Annahme der Unternehmensfortführung in Frage stellen[463]. Anhaltspunkte kann der APr. bei der Prüfungsplanung und während der Prüfungsdurchführung einschl. der Prüfung des Risikofrüherkennungssystems, der Ereignisse nach dem Abschlussstichtag und des LB erlangen. Die Verwertung der Ergebnisse der Prüfung des Risikofrüherkennungssystems ist allerdings nur dann sinnvoll, wenn dieses dazu geeignet ist, bestands-

---

457 Vgl. *IDW PS 270 n.F.*, Tz. 18 und Tz. A10 ff.; *IDW PS 314 n.F.*; siehe auch *Groß*, WPg 2010, S. 119 (123 f.). Allgemein ISA 570.21 (rev.).
458 Vgl. *IDW PS 270 n.F.*, Tz. 19.
459 Siehe auch *IDW PS 270 n.F.*, A14.
460 Vgl. ISA 570.13 (rev.); *IDW PS 270 n.F.*, Tz. 18; *IDW S 11*, Tz. 61 legt bei der insolvenzrechtlichen Fortbestehensprognose das lfd. und das folgende GJ zugrunde.
461 Vgl. ISA 570.17 (rev.); *IDW PS 270 n.F.*, Tz. 20.
462 Vgl. ISA 570.13 (rev.); *IDW PS 270 n.F.*, Tz. 18.
463 Vgl. *IDW PS 270 n.F.*, Tz. 20.

gefährdende Tatsachen festzustellen[464]. Liegen keine deutlichen Anzeichen für eine jenseits des Prognosezeitraums liegende Gefährdung der Fortführung der Unternehmenstätigkeit vor, ist der APr. über die Befragung der gesetzlichen Vertreter hinaus nicht verpflichtet, weitere Prüfungshandlungen durchzuführen.

441 Werden bestandsgefährdende Tatsachen festgestellt, hat der Prüfer zu beurteilen, inwieweit dies sein Prüfungsrisiko beeinflusst. (Geplante) Maßnahmen der gesetzlichen Vertreter sowie die bestandsgefährdenden Tatsachen vermindernde Faktoren sind zu berücksichtigen[465]. Zu diesen gehören z.B. die Veräußerung von Vermögenswerten, Kapitalerhöhungen, Umschuldungen, qualifizierte Rangrücktrittsvereinbarungen, „harte" Patronatserklärungen sowie die Umsetzung von Sanierungsmaßnahmen (z.B. Kostensenkungsprogramme, Aufgabe von Geschäftsbereichen, Schließung oder Verlegung von Produktionsstätten). Geplante Maßnahmen sind hinsichtlich ihrer Realisierbarkeit kritisch zu analysieren und deren tatsächlich beabsichtigte Durchführung hat sich der APr. durch die gesetzlichen Vertreter ggf. schriftlich bestätigen zu lassen[466].

442 Die Durchführung folgender **Prüfungshandlungen** kann zusätzlich Aufschluss über das Bestehen bestandsgefährdender Tatsachen geben[467]:

- Analyse und Erörterung von Cash-Flow-, Gewinn- und sonstigen relevanten Prognosen mit Führungskräften auf der zuständigen Managementebene
- Analyse und Erörterung des letzten verfügbaren Zwischenabschlusses
- Durchsicht von Kreditgewährungsklauseln und Darlehensverträgen und Feststellung, ob hiergegen verstoßen wurde
- Durchsicht von Protokollen der Sitzungen der Gesellschafter, der für die Überwachung Verantwortlichen und relevanter Ausschüsse auf Hinweise auf Finanzierungsschwierigkeiten
- Befragung der Rechtsberater des Unternehmens zum Bestehen von Rechtsstreitigkeiten und Ansprüchen sowie zur Vertretbarkeit der Einschätzungen der gesetzlichen Vertreter über deren Ausgang und der Schätzung deren finanzieller Auswirkungen
- Einholung von Nachweisen über das Vorhandensein sowie Würdigung der rechtlichen Zulässigkeit und der Durchsetzbarkeit von Vereinbarungen mit nahe stehenden Personen oder sonstigen Dritten über die Bereitstellung oder Aufrechterhaltung finanzieller Unterstützung sowie Beurteilung der finanziellen Fähigkeit dieser Personen, zusätzliche Mittel bereitzustellen
- Beurteilung, wie das Unternehmen plant, unerledigte Aufträge abzuwickeln
- Durchführung von Prüfungshandlungen zu Ereignissen nach dem Abschlussstichtag, um solche Ereignisse festzustellen, die die Fähigkeit des Unternehmens zur Fortführung der Unternehmenstätigkeit beeinträchtigen oder anderweitig beeinflussen
- Einholung von Nachweisen über das Vorhandensein und die Bedingungen von Kreditlinien sowie Würdigung, ob sie in ausreichendem Umfang bestehen
- Einholung und Durchsicht von Unterlagen über etwaige Maßnahmen von Aufsichtsbehörden

---

[464] Vgl. *Lilienbecker/Link/Rabenhorst*, BB 2009, S. 262 (263).
[465] Vgl. ISA 570.A3 (rev.) sowie *IDW PS 270 n.F.*, Tz. 21; siehe auch *Lilienbecker/Link/Rabenhorst*, BB 2009, S. 262 (264).
[466] Vgl. ISA 570.16(e) (rev.); *IDW PS 270 n.F.*, Tz. 21; siehe zu Sanierungskonzepten *IDW S 6*; siehe auch *IDW*, WPH Edition, Sanierung und Insolvenz, Kap. B.
[467] Zit. nach *IDW PS 270 n.F.*, Tz. A18; siehe auch ISA 570.A16 (rev.).

- Feststellung, ob die Realisierbarkeit von geplanten Veräußerungen von Vermögenswerten angemessen nachgewiesen wird.

Werden Anhaltspunkte für eine **Insolvenzgefahr** erkannt, sind die gesetzlichen Vertreter i.R.d. Berichtspflicht auf ihre insolvenzrechtlichen Verpflichtungen hinzuweisen[468].

Ganz wesentlich kommt es für die Beurteilung der erwarteten Auswirkungen von Ereignissen oder Verhältnissen auf künftige **Zahlungsströme** an. In diesem Rahmen ist die Zuverlässigkeit des diesbezüglichen Planungssystems zu prüfen[469]. Der APr. vergleicht ergänzend

- die zukunftsorientierten Finanzinformationen für die unmittelbar vorangegangenen Zeiträume mit den jeweiligen Ergebnissen dieser Zeiträume (Plan/Ist-Vergleich) und
- die zukunftsorientierten Annahmen zur Unternehmensfinanzierung für das lfd. GJ mit den bis zum aktuellen Zeitpunkt erreichten Ergebnissen.

Der APr. hat auf Grundlage der erlangten Prüfungsnachweise zu beurteilen, ob eine wesentliche Unsicherheit über die Fortführung der Unternehmenstätigkeit besteht. In einem solchen Fall sind für den PrB und den BestV folgende Fälle zu unterscheiden[470]:

- Die Anwendung des Rechnungslegungsgrundsatzes der Fortführung der Unternehmenstätigkeit ist unangemessen.
- Die Anwendung des Rechnungslegungsgrundsatzes der Fortführung der Unternehmenstätigkeit ist angemessen, obwohl eine wesentliche Unsicherheit besteht.
  - Der Abschluss bzw. LB enthalten eine angemessene Angabe über eine wesentliche Unsicherheit.
  - Der Abschluss bzw. LB enthalten keine angemessene Angabe über eine wesentliche Unsicherheit.

Kommt der APr. zu dem Ergebnis, dass der aufgestellte JA ein den tatsächlichen Verhältnissen entsprechendes Bild vermittelt, weil die wesentliche Unsicherheit über die Fortführung des Unternehmens ausreichend dargestellt ist, erteilt er einen uneingeschränkten BestV[471]. Dieser ist um einen Hinweis nach § 322 Abs. 2 S. 3 HGB zu ergänzen[472], der in einem gesonderten Abschnitt erfolgt[473]. Hiermit wird auf die wesentliche Unsicherheit über die Fortführung der Unternehmenstätigkeit hingewiesen. Der Hinweis muss deutlich genug sein, um dem Adressaten des JA erkennbar zu machen, dass erhebliche Zweifel an der Fähigkeit des Unternehmens bestehen, i.R.d. normalen Geschäftstätigkeit seine Vermögensgegenstände zu realisieren und seine Schulden zu begleichen. Darüber hinaus ist gemäß § 321 Abs. 1 S. 2 HGB im PrB[474] auf die Bestandsgefährdung einzugehen. Sofern das Unternehmen nicht verpflichtet ist, einen LB aufzustellen, soll im BestV ein Hinweis auf die Bestandsgefährdung aufgenommen und auf die zugehörige Anhangangabe verwiesen werden[475].

---

468 Vgl. *IDW PS 270 n.F.*, Tz. A12; zur Beurteilung des Vorliegens von Insolvenzeröffnungsgründen siehe *IDW S 11*; dazu IDW, WPH Edition, Sanierung und Insolvenz, Kap. C.
469 Vgl. ISA 570.A16(b),(c) (rev.); *IDW PS 270 n.F.*, Tz. 21 und Tz. A9.
470 Vgl. ISA 570.19 ff. (rev.); *IDW PS 270*, Tz. 28 ff.
471 Zum BestV siehe *IDW PS 400 n.F.; IDW PS 405*; vgl. im Einzelnen Kap. M.
472 Vgl. ISA 570.22 (rev.); *IDW PS 400 n.F.*, Tz. 77.
473 ISA 570.22 (rev.); *IDW PS 270 n.F.*, Tz. 29.
474 Zum PrB siehe *IDW PS 450 n.F.*; vgl. im Einzelnen Kap. M.
475 Vgl. *Lilienbecker/Link/Rabenhorst*, BB 2009, S. 262 (265).

446 Sind die gesetzlichen Vertreter nicht bereit, nach entsprechender Aufforderung durch den APr. ihre Einschätzung der Fähigkeit des Unternehmens zur Fortführung der Unternehmenstätigkeit vorzunehmen oder den ihrer Einschätzung zugrunde liegenden Zeitraum auszudehnen, hat der APr. abzuwägen, ob ein **Prüfungshemmnis** hinsichtlich des Grundsatzes der Unternehmensfortführung besteht und der BestV zu versagen ist[476].

447 Wurde der JA nicht unter dem Grundsatz der Unternehmensfortführung aufgestellt und wurde dies angemessen in Anhang und LB dargestellt, hat der APr. einen uneingeschränkten BestV zu erteilen, in den ein **Hinweis in Übereinstimmung mit *IDW PS 406*** unter Bezugnahme auf die Darstellung im Anhang und LB aufgenommen werden kann[477].

448 Ist die Berichterstattung im Abschluss und – soweit einschlägig – im LB nicht angemessen (z.B. unzutreffend oder nicht ausreichend), ist der BestV **einzuschränken**[478]. Der Grund für die Einschränkung ist im BestV anzugeben und im PrB zu erläutern[479].

449 Eine Bilanzierung des Unternehmens, die den Grundsatz der **Fortführung** der Unternehmenstätigkeit anwendet, ist dann **nicht angemessen**, wenn die gesetzlichen Vertreter gezwungen sind oder die Entscheidung getroffen wurde, das gesamte Unternehmen zu liquidieren oder die Geschäftstätigkeit einzustellen[480].

> **Beispiel 34:**
>
> Beispiele für eine i.d.R. erforderliche Abkehr vom Rechnungslegungsgrundsatz der Fortführung der Unternehmenstätigkeit sind,
> - wenn das Management feststellt, dass eine Insolvenzantragspflicht vorliegt,
> - wenn ein Insolvenzantrag gestellt wurde oder
> - ein Insolvenzverfahren über das Vermögen der Gesellschaft eröffnet wurde.
>
> In diesen Fällen liegen regelmäßig rechtliche oder tatsächliche Gegebenheiten vor, die einer Fortführung der Unternehmenstätigkeit entgegenstehen.

> **Hinweis 19:**
>
> Da der Rechnungslegungsgrundsatz der Fortführung der Unternehmenstätigkeit an die Geschäftstätigkeit als solche anknüpft, kann im Einzelfall auch angesichts des Vorliegens eines Insolvenzgrundes eine **Bilanzierung nach Fortführungswerten** zulässig sein, bspw. wenn hinreichend begründet und dokumentiert dargelegt wird, dass die Unternehmenstätigkeit auch nach einer Eröffnung des Insolvenzverfahrens jedenfalls innerhalb des Prognosezeitraums fortgeführt werden wird[481].

450 Besonders sorgfältig sind die Fälle zu prüfen, in denen sich Gesellschafter verpflichten, das Unternehmen finanziell zu unterstützen, etwa durch Rangrücktrittserklärungen, Forderungsverzichte mit Besserungsschein o.Ä. Der APr. hat in diesen Fällen darauf zu

---

[476] Vgl. *IDW PS 270 n.F.*, Tz. 33 und Tz. A43.
[477] Vgl. *IDW PS 270 n.F.*, Tz. A33.
[478] Vgl. ISA 570.23 (rev.); *IDW PS 270 n.F.*, Tz. 31 f.
[479] Vgl. *IDW PS 270 n.F.*, Tz. 31.
[480] *IDW PS 270 n.F.*, Tz. A34.
[481] *IDW PS 270 n.F.*, Tz. A34; vgl. BGH v. 26.01.2017, IX ZR 285/14, Rn. 27.

achten, dass diese Verpflichtungen bis zum Datum des BestV vorliegen. Sofern diese nicht beigebracht werden, können die gesetzlichen Vertreter gleichfalls nicht von Annahme der Fortführung der Unternehmenstätigkeit ausgehen[482]. Sofern die Annahme über die **Fortführung** der Unternehmenstätigkeit **nicht angemessen** ist und der JA gleichwohl in der Annahme der Fortführung der Unternehmenstätigkeit aufgestellt ist, hat der APr. den BestV zu versagen, auch wenn die bestandsgefährdenden Tatsachen im LB angemessen dargestellt sind[483].

Die **fehlende oder unzureichende Einschätzung** der Unternehmensfortführung durch die gesetzlichen Vertreter stellt, sofern die Going Concern-Prämisse nicht offenkundig erfüllt ist, ein Prüfungshemmnis dar[484]. Sofern der APr. ohne Einschätzung der gesetzlichen Vertreter nicht mit hinreichender Sicherheit beurteilen kann, dass keine Bestandsgefährdung oder Pläne zur Aufgabe der Geschäftstätigkeit oder Maßnahmen zur Beseitigung der Bestandsgefährdung bestehen, sind die Auswirkungen so wesentlich, dass regelmäßig nicht mehr ein eingeschränktes Prüfungsurteil mit positiver Gesamtaussage, sondern ein Versagungsvermerk zu erteilen ist, sind die Auswirkungen des Prüfungshemmnisses so wesentlich, dass die Nichtabgabe des Prüfungsurteils zu erklären ist[485]. Es ist nicht Aufgabe des APr., die fehlende Analyse der gesetzlichen Vertreter zu ersetzen[486]. 451

Verzögert sich die Aufstellung des JA und stellt der APr. fest, dass die Gründe hierfür in bestandsgefährdenden Tatsachen liegen, ist abzuwägen, ob ergänzende Prüfungshandlungen erforderlich werden oder ob Zweifel an der Fortführung der Unternehmenstätigkeit bestehen, auf die im PrB oder BestV einzugehen ist[487]. 452

7. Verwertung der Arbeit Dritter

Der APr. trägt die **alleinige Verantwortung** für sein abgegebenes Prüfungsurteil.[488] Nach dem Grundsatz der Eigenverantwortlichkeit muss er die Abschlussprüfung stets in eigener Verantwortung planen und durchführen, Prüfungsaussagen treffen und am Ende das Prüfungsurteil fällen[489]. Dem steht nicht entgegen, dass er unter bestimmten Voraussetzungen Prüfungsergebnisse und Untersuchungen Dritter verwertet. Die Verwertung der Arbeit Dritter kann deshalb geboten sein, weil er für bestimmte Prüfungsfelder nicht über die **nötige Sachkunde** verfügt. Dabei kann es sich um Mitglieder des Prüfungsteams handeln oder um externe Dritte. 453

> **Beispiel 35:**
> Im Rahmen der Prüfung des JA einer Gießerei prüft der APr. auch Rückstellungen für Altlasten. Bei der Bemessung der Kosten für die Wiederherstellung eines mit Schwermetallen verunreinigten Grundstückes zieht der APr. bei der Bildung seines Prüfungsurteils die Erfahrung und Expertise eines zertifizierten Umweltgutachters heran.

---

[482] IDW PS 270 n.F. A34.
[483] Vgl. ISA 570.21 (rev.); *IDW PS 270 n.F.*, Tz. 28.
[484] Vgl. ISA 570.35 (rev.); *IDW PS 270 n.F.*, Tz. 33.
[485] Vgl. *IDW PS 270 n.F.*, Tz. 33 und Tz. A43.
[486] Vgl. ISA 570.A9 (rev.); *IDW PS 270 n.F.*, Tz. A8.
[487] Vgl. ISA 570.26 (rev.); *IDW PS 270 n.F.*, Tz. 37 und Tz. A44.
[488] ISA 620, Tz. 3; *IDW PS 322 n.F.*, Tz. 7.
[489] Vgl. § 12 BS WP/vBP.

> Der APr. bittet einen Kollegen mit IT-Expertise, IT-bezogene Prüfungshandlungen bei der Abschlussprüfung seines Mandanten vorzunehmen.

454 Dritte können in die APr. auch einbezogen werden, weil sie bestimmte Prüfungshandlungen im Rahmen ihrer Tätigkeit bereits vorgenommen haben und der APr. aus Gründen der **Prüfungseffizienz** darauf zurückgreifen möchte. Dazu bietet sich teilweise die Arbeit der Internen Revision an.

455 Bei der Verwertung von Arbeiten eines Dritten kann es sich also um Prüfungsergebnisse anderer Prüfer, der Internen Revision oder um Arbeitsergebnisse bzw. Untersuchungen von Sachverständigen handeln[490]. Der APr. muss in allen Fällen eine Entscheidung treffen, ob er die Arbeit von Dritten verwerten will. Eine Verwertung ist allerdings nur zulässig, wenn er vorher gewürdigt hat, ob sie für Zwecke der Abschlussprüfung angemessen ist.

7.1 Prüfungsergebnisse anderer Prüfer

456 Die Frage der Verwertung von Prüfungsergebnissen **anderer externer Prüfer** stellt sich insb., wenn in einen KA einbezogene Abschlüsse von TU nicht vom KAPr., sondern von anderen in- oder ausländischen Prüfern geprüft worden sind. Sie ist darüber hinaus in den – selteneren – Fällen von Bedeutung, in denen Unternehmensteile, z.B. rechtlich unselbständige Betriebsabteilungen, von einem anderen als dem gewählten APr. des Unternehmens geprüft werden. Auch außerhalb einer Konzernabschlussprüfung kann die Verwertung der Arbeit eines anderen Prüfers in Betracht kommen. Das kann etwa der Fall sein, wenn ein anderer Prüfer damit beauftragt wird, Prüfungshandlungen bei einem Shared Service Center vorzunehmen. In solchen Fällen gelten die für die Durchführung von Konzernabschlussprüfungen entwickelten Grundsätze der Verwertung der Tätigkeit von Teilbereichsprüfern entsprechend[491].

457 Als Dritte gelten hingegen **andere interne Prüfer** nicht. Das können Prüfer sein, die sich ausschließlich mit abgegrenzten Prüfungsgebieten befassen, etwa der Prüfung des Vorratsvermögens einschl. der damit zusammenhängenden Einkaufs- und Verkaufsprozesse. Auch können sie bspw. zur Würdigung von personalbezogenen Abschlussposten eingesetzt werden. Obgleich sich die internen Prüfer mit den besonderen Prüfungsgebieten bei mehreren Mandanten befassen, sind sie Teil des jeweiligen Prüfungsteams und damit keine Dritte. Für die Verwertung der Arbeit dieser internen Prüfer gelten damit die gleichen Regelungen wie für die anderen Mitglieder des Prüfungsteams. So muss sich der APr. vor ihrem Einsatz von der Sachkunde und Verfügbarkeit überzeugt haben[492] und deren Arbeitsergebnisse als Bestandteil der Prüfungsdokumentation einer Durchsicht unterziehen[493].

7.2 Prüfungsergebnisse der Internen Revision

458 Betriebliche Prozesse werden, nicht zuletzt durch den Einsatz von IT, immer komplexer. Darüber hinaus steigen die Anforderungen an deren Überwachung durch die gesetz-

---

[490] Vgl. ISA 610 (rev.); ISA 620; *IDW PS 320 n.F.*; *IDW PS 321*; *IDW PS 322 n.F.*
[491] ISA 600; *IDW PS 320 n.F.*
[492] ISA 300.A8.
[493] ISA 220.17; siehe Kap. L Tz. 251 ff.

lichen Vertreter. Daher gewinnt die Einrichtung einer wirksamen Internen Revision für die Ordnungsmäßigkeit des Rechnungswesens immer größere Bedeutung[494]. Unter einer Internen Revision ist eine **Einheit im Unternehmen** zu verstehen, die die Einhaltung von Regelungen und Anordnungen der gesetzlichen Vertreter überwacht[495]. Darüber hinaus ist die Prüfung der Ordnungsmäßigkeit von Aufbau und Funktion des IKS ein wichtiger Aufgabenbereich der internen Revision. Neben ihrer Prüfungstätigkeit hat sie zudem eine wichtige Beratungsfunktion für die gesetzlichen Vertreter[496]. Ziele und Aufgaben der Internen Revision werden durch die gesetzlichen Vertreter des Unternehmens im Rahmen ihrer Geschäftsführung vorgegeben. Die Interne Revision ist, ungeachtet des Grades der ihr eingeräumten Autonomie, nicht in dem Maße unabhängig, wie dies der gesetzliche APr. sein muss[497].

Beispiel 36:

Zu den Aufgaben einer Internen Revision gehören bspw.[498]:
- Untersuchungen des IKS sowie der Wirksamkeit eines Risikomanagementsystems
- Untersuchungen zu abschlussbezogenen Informationen (z.B. Durchführung einer Inventur in einem Außenlager des Unternehmens)
- Untersuchungen zur Wirtschaftlichkeit, Zweckmäßigkeit, Wirksamkeit und Sicherheit betrieblicher Vorgänge
- Beurteilung der Ordnungsmäßigkeit in Bezug auf die Einhaltung externer und interner Regelungen (z.B. Gesetze, Verordnungen oder unternehmensinterne Richtlinien).

In vielen Fällen kann die Interne Revision dem APr. wertvolle Hinweise über Schwachstellen im Unternehmen liefern. Daher wird er deren Ergebnisse regelmäßig für seine Abschlussprüfung **verwerten**.

459

Beispiel 37:

Die von IT-Revisoren durchgeführte Interne Revision der IT-Prozesse ergibt, dass das Benutzerberechtigungskonzept und das Notfallmanagement des Unternehmens erhebliche Schwächen aufweisen.

Die Interne Revision einer ausländischen Tochtergesellschaft deckt Bestechungszahlungen eines leitenden Vertriebsmitarbeiters i.Z.m. der Vergabe von Bauaufträgen durch eine Behörde auf.

Eine unbesehene Übernahme der Arbeit der Internen Revision ist jedoch nicht zulässig. Die Verwertbarkeit der Arbeiten der Internen Revision durch den APr. erfordert vielmehr verschiedene Prüfungshandlungen des APr.:

460

---

494 Vgl. *IDW PS 321*, Tz. 11.
495 *IDW PS 321*, Tz. 1.
496 Vgl. ISA 610.14(a) (rev.); *IDW PS 321*, Tz. 8.
497 Vgl. *IDW PS 321*, Tz. 13.
498 Vgl. ISA 610.A1 (rev.); *IDW PS 321*, Tz. 9.

a) Einschätzung der Internen Revision[499]:

Die Festlegung der Prüfungsstrategie und die Entwicklung eines Prüfungsprogramms erfordern eine umfangreiche Befassung mit dem Unternehmen, seinem Umfeld und seinen Risiken[500]. Die i.R.d. Informationsbeschaffungsprozesses gewonnenen Erkenntnisse und Hinweise erlauben dem APr., eine vorläufige Risikoeinschätzung für die einzelnen Prüfungsgebiete vorzunehmen. Bei der Einschätzung des Kontrollrisikos wird er auch die Arbeit einer eingerichteten Internen Revision berücksichtigen. Dies umfasst die Weisungsungebundenheit und Prozessunabhängigkeit (organisatorische Eingliederung) im Unternehmen sowie Art und Umfang der von der Internen Revision durchgeführten Projekte. Darüber hinaus ist durch den APr. die fachliche Ausbildung sowie berufliche Erfahrung der Mitarbeiter der Internen Revision und die Sorgfalt, mit der die Tätigkeit der Internen Revision geplant, durchgeführt, überwacht und dokumentiert wird, zu würdigen.

b) Prüfung der Arbeit der Internen Revision[501]:

Um die Auswirkungen der Arbeit der Internen Revision auf das Kontrollrisiko beurteilen zu können, muss der APr. würdigen, ob das Vorgehen und der Umfang der Arbeiten der Internen Revision angemessen waren und ob die i.R.d. Prüfungsplanung vorgenommene Einschätzung der Wirksamkeit der Internen Revision zutreffend war. Hierzu wählt der APr. einzelne Projekte der Arbeit der Internen Revision aus und überprüft anhand dieser, ob die Arbeiten durch Personen mit ausreichender fachlicher Ausbildung durchgeführt wurden, angemessene und ausreichende Prüfungsnachweise vorliegen, die Schlussfolgerungen daraus sachgerecht getroffen, die angefertigten Berichte konsistent mit den Arbeitsergebnissen sind, ob ungewöhnliche Sachverhalte geklärt wurden und ob die Umsetzung der eigenen Empfehlungen überwacht wird.

461 Im Interesse einer effektiven und effizienten Zusammenarbeit ist eine enge Abstimmung mit der Internen Revision sinnvoll. Dazu wird sich der APr. einen Überblick über das **Arbeitsprogramm** der Internen Revision verschaffen und die Arbeitsergebnisse, sofern der APr. diese verwerten möchte, so früh wie möglich erörtern. Es empfehlen sich regelmäßige Treffen zwischen dem APr. und dem Leiter der internen Revision.

462 Die Tätigkeiten der Internen Revision können das **Fehlerrisiko reduzieren**. Damit haben sie auch Auswirkungen auf Art und Umfang der Prüfungshandlungen des APr. Er kann zudem Feststellungen der Internen Revision aus Systemprüfungen und aus aussagebezogenen Prüfungshandlungen verwerten[502]. Das setzt voraus, dass die o.g. Voraussetzungen vorliegen. Abgeschlossene Prüfungshandlungen, wie z.B. körperliche Aufnahmen i.R.d. Inventur, Kassen- und Kassenverkehrsprüfungen usw., die im Laufe des GJ von der Internen Revision durchgeführt worden sind, können jedoch nicht an die Stelle gleichartiger Prüfungshandlungen des APr. treten und dürfen nicht als vorweggenommene Teile der Abschlussprüfung angesehen werden. So kann auch eine Prüfung von in den KA einbezogenen JA durch die Interne Revision nicht an die Stelle der Prüfung durch den KAPr. treten.

---

499 Vgl. ISA 610.8 f. (rev.); ISA 610.15 ff. (rev.); *IDW PS 321*, Tz. 14.
500 *IDW PS 240*, Tz. 15.
501 Vgl. ISA 610.11 f. (rev.); *IDW PS 321*, Tz. 22.
502 Vgl. *IDW PS 321*, Tz. 12.

> **Hinweis 20:**
>
> Eine Eingliederung des Personals der Internen Revision sowie anderer Mitarbeiter des geprüften Unternehmens in das Prüfungsteam des APr. ist nicht zulässig[503].

7.3 Verwertung der Arbeit von Sachverständigen

Die gestiegenen Anforderungen an die Abschlussprüfung und die Tatsache, zunehmend komplexere Gestaltungen i.R.d. Abgabe des Prüfungsurteils zu beurteilen (bspw. i.R.d. Beurteilung innovativer Finanzinstrumente oder finanzmathematischer Berechnungen), erfordern **vermehrt** den **Einsatz von Sachverständigen**. Dadurch kann es erforderlich sein, Feststellungen oder Schlussfolgerungen eines Sachverständigen als Prüfungsnachweise zu berücksichtigen, weil der APr. nicht über die speziellen Sachkenntnisse verfügt, die für bestimmte Bereiche speziell qualifizierte Personen, z.B. Versicherungsmathematiker, Ingenieure oder IT-Spezialisten, besitzen. Sachverständige sind daher Personen, Unternehmen oder sonstige Einrichtungen, soweit sie in Bereichen außerhalb der Rechnungslegung oder Abschlussprüfung über spezielle Fähigkeiten, Kenntnisse und Erfahrungen verfügen und deren Arbeit auf diesem Gebiet durch den APr. verwertet wird, um ihn bei der Erlangung ausreichender und angemessener Prüfungsnachweise zu unterstützen[504].

463

> **Beispiel 38:**
>
> Die Arbeit von Sachverständigen kann sich dabei auf die unterschiedlichen Prüffelder erstrecken, wie etwa:
> - Bewertung von Grundstücken von Wohnungsbauunternehmen
> - Bestimmung des Umfangs und der physikalischen Beschaffenheit von Vermögenswerten (z.B. Bodenschätze)
> - Bestimmung des Fertigstellungsgrades von unfertigen Erzeugnissen
> - Beurteilung von Prozessrisiken
> - Beurteilung von Maßnahmen nach § 91 Abs. 2 AktG zur Risikofrüherkennung von Umweltrisiken.

Die Verwertung von Arbeitsergebnissen eines Sachverständigen kommt nur dann in Betracht, sofern diese vom APr. als **angemessen beurteilt** werden. Indes trägt der APr. weiterhin die alleinige Verantwortung für das abgegebene Prüfungsurteil, die nicht durch die Berücksichtigung der Arbeit bzw. Tätigkeit eines Sachverständigen reduziert werden kann[505].

464

Es kann sich bei den Dritten zum einen um externe Sachverständige handeln, die vom zu prüfenden Unternehmen oder dem APr. beauftragt werden. Zum anderen kann der Sachverständige bei dem APr. oder bei einem mit diesem verbundenen Unternehmen angestellt sein[506]. Erforderlich ist, dass die Fachkenntnisse auf einem anderen Gebiet als dem der Rechnungslegung oder Prüfung bestehen. Interne Sachverständige des APr.

465

---

503 Vgl. *IDW PS 321*, Tz. 27.
504 Vgl. *IDW PS 322 n.F.*, Tz. 9a.
505 Vgl. *IDW PS 322 n.F.*, Tz. 7.
506 Vgl. ISA 620.6 (c) management's expert; *IDW PS 322 n.F.*, Tz. 9.

sind jedoch dann Mitglieder des Prüfungsteams[507], wenn sie ihre Sachkunde auf dem Gebiet der Rechnungslegung haben (etwa Versicherungsmathematiker). Die Prüfungsergebnisse sind Teil der Prüfungsdokumentation und damit berufsrechtlich einer Durchsicht und Würdigung durch den APr. zu unterziehen[508].

> **Beispiel 39:**
> Der APr. zieht zur Prüfung der IT des Unternehmens IT-Spezialisten seiner Prüfungsgesellschaft hinzu. Da die IT-Spezialisten ihre Sachkunde auf einem Gebiet außerhalb der Rechnungslegung haben, sind sie Dritte i.S.v. ISA 620 bzw. *IDW PS 322 n.F.* Deren Prüfungsergebnisse muss der APr. umfassend würdigen. Die Dokumentation sämtlicher Prüfungshandlungen und -ergebnisse der IT-Kollegen ist Bestandteil der Arbeitspapiere des APr.

7.3.1 Verwertung der Arbeit eines für den APr. tätigen Sachverständigen

466 Für die Frage, ob der APr. selbst einen Sachverständigen hinzuzieht, sind folgende Aspekte bedeutsam[509]:
- Art, Bedeutung und Komplexität des zu beurteilenden Sachverhalts
- Risiken wesentlicher falscher Angaben, die aus dem Sachverhalt resultieren
- Art der Prüfungshandlungen als Reaktion auf festgestellte Risiken (dies bezieht sich sowohl auf die Kenntnisse und Erfahrungen des APr. in Bezug auf die Arbeit von Sachverständigen i.Z.m. derartigen Fragestellungen sowie auf die Verfügbarkeit alternativer Prüfungsnachweise)
- Einbindung eines Sachverständigen durch die gesetzlichen Vertreter[510].

467 Der APr. hat bei der Verwertung der Arbeit von Sachverständigen wie folgt vorzugehen:
- Beurteilung der Kompetenz, Fähigkeiten und Objektivität des Sachverständigen[511]:
  - Die Kompetenz bezieht sich auf die Fachkenntnisse des Sachverständigen, während die Fähigkeit von dessen Vermögen abhängt, diese Kompetenz unter den vereinbarten Auftragsumständen einsetzen zu können. Die Objektivität könnte bspw. durch Eigeninteressen des Sachverständigen eingeschränkt sein.

> **Hinweis 21:**
> Der APr. hat zu erwägen, ob er zur Beurteilung der Objektivität eines Sachverständigen eine schriftliche Erklärung über die persönlichen und geschäftlichen Beziehungen zum Unternehmen einholt.

- Erlangung eines Verständnisses vom Fachgebiet des Sachverständigen[512]
  - Der APr. muss in der Lage sein, Art, Umfang und Ziele der Arbeit des Sachverständigen festzulegen sowie deren Eignung in Bezug auf die Zwecke der Abschlussprüfung beurteilen zu können.

---

507 Vgl. *IDW PS 322 n.F.*, Tz. A7.
508 Vgl. *Skirk/Wirtz*, WPg 2014, S. 769 f. mit Bezugnahme auf §§ 13, 38 BS WP/vBP a.F.
509 Vgl. *IDW PS 322 n.F.*, Tz. 10, *IDW PS 322 n.F.*, Tz. A5.
510 Zu Kriterien für das Hinzuziehen eines für den APr. tätigen Sachverständigen vgl. *Skirk/Wirtz*, WPg 2014, S. 769 (771).
511 Vgl. *IDW PS 322 n.F.*, Tz. 12, *IDW PS 322 n.F.*, Tz. A9.
512 Vgl. *IDW PS 322 n.F.*, Tz. 13, *IDW PS 322 n.F.*, Tz. A15 f.

- Verständigung mit dem Sachverständigen zumindest über die folgenden Gegenstände[513]
  - Art, Umfang und Ziele der Tätigkeit des Sachverständigen
  - Abgrenzung der Funktionen und Verantwortlichkeiten
  - Konkretisierung der Anforderungen an Kommunikation und Berichterstattung zwischen APr. und Sachverständigem
  - Abgabe einer Verschwiegenheitsverpflichtung
- Beurteilung der Angemessenheit der Arbeit des Sachverständigen
  - Der APr. hat zu beurteilen, ob die Arbeiten als Prüfungsnachweis für die Zwecke des APr. angemessen sind. In einem ersten Schritt erfolgen dabei eine Beurteilung der Feststellungen und Schlussfolgerungen des Sachverständigen und eine Überprüfung, ob diese in Einklang mit anderen Prüfungsnachweisen stehen. Außerdem sind die bedeutsamen Annahmen und verwendeten Methoden sowie die bedeutsamen – der Beurteilung zugrunde liegenden – Ausgangsdaten zu beurteilen.

> **Hinweis 22:**
>
> Sofern eine **Beurteilung der Ausgangsdaten** durch die Sachverständigen unterbleibt, hat das Prüfungsteam diese Beurteilung selbst vorzunehmen. Hierbei kommen insb. eine Beurteilung der Herkunft der Daten und die dieser zugrundliegenden Methoden der Datenermittlung und -übertragung an den Sachverständigen in Betracht. Das ist bspw. bei der Frage der Beurteilung des Mengengerüsts der Berechtigten für die Bewertung der personalbezogenen Rückstellungen (etwa Rückstellungen für Pensionen) bedeutsam.

Art, Zeitpunkt und Umfang der diesbezüglich durchzuführenden Prüfungshandlungen sind von verschiedenen Faktoren abhängig. Hierzu gehören insb. die Art des Sachverhalts sowie die mit diesem Sachverhalt zusammenhängenden Risiken wesentlicher falscher Angaben, die Einschätzung der Bedeutung der Arbeit des Sachverständigen in Bezug auf die Abschlussprüfung sowie die Frage, ob der Sachverständige den Regeln der Qualitätskontrolle der WP-Praxis des APr. unterliegt[514].

> **Hinweis 23:**
>
> In Bezug auf die jeweils geltenden Regeln der Qualitätskontrolle ist zu berücksichtigen, ob es sich bei dem für den APr. tätigen Sachverständigen um einen internen oder externen Sachverständigen handelt. Ein interner Sachverständiger unterliegt den Regeln zur Qualitätssicherung der Wirtschaftsprüferpraxis des APr. bzw. als Mitglied eines Netzwerks gleichwertigen Regelungen zur Qualitätssicherung[515]. Das ist bei einem externen Sachverständigen hingegen nicht der Fall. Deshalb muss der APr. bei diesem weitere Prüfungsnachweise einholen, um zu würdigen, ob die Qualität des Sachverständigenurteils sichergestellt ist (z.B. durch den Nachweis der Teilnahme an geeigneten Fortbildungsveranstaltungen).

---

513 Vgl. *IDW PS 322 n.F.*, Tz. 14.
514 Vgl. *IDW PS 322 n.F.*, Tz. 23.
515 Vgl. *IDW PS 322 n.F.*, Tz. A7.

469 Bei Zweifeln an der Angemessenheit der Arbeit des Sachverständigen und damit der Verwertbarkeit derselben, kommen grundsätzlich die folgenden Maßnahmen in Betracht:

- ergänzende Arbeiten durch den Sachverständigen
- eigenständige Durchführung zusätzlicher/alternativer Prüfungshandlungen
- ggfs. Einschränkung bzw. Versagung des BestV, wenn der APr. zu dem Schluss kommt, dass die Arbeit des Sachverständigen für die Zwecke des APr. nicht ausreichend ist und über alternative Prüfungshandlungen keine ausreichenden und angemessenen Prüfungsnachweise erlangt werden können[516].

470 Im **PrB**[517] sind Ausführungen zur Verwertung und Einschätzung von Arbeiten Sachverständiger zu machen, die für die Beurteilung des APr. wesentlich waren. Die Ausführungen müssen deutlich machen, inwieweit sich die Beurteilungen des APr. auf die Arbeit von Sachverständigen stützen und wie der APr. diese Arbeiten einschätzt. Im Falle eines **uneingeschränkten BestV** ist ein Verweis auf die Verwertung der Arbeit eines Sachverständigen nicht statthaft[518]. Sofern auf die Arbeit eines Sachverständigen im BestV Bezug genommen wird, weil diese für das Verständnis einer **Einschränkung oder Versagung** desselben relevant ist, muss der APr. im BestV klarstellen, dass diese Bezugnahme die alleinige Verantwortung des APr. für das Prüfungsurteil nicht einschränkt.

7.3.2 Verwendung der Tätigkeit eines für das zu prüfende Unternehmen tätigen Sachverständigen

471 Für das Unternehmen tätige Sachverständige sind Personen, Unternehmen oder sonstige Einrichtungen, soweit sie in Bereichen außerhalb der Rechnungslegung oder Abschlussprüfung über spezielle Fähigkeiten, Kenntnisse und Erfahrungen verfügen und deren Arbeit von dem zu prüfenden Unternehmen i.R.d. Abschlusserstellung verwendet wird[519]. Die für das Unternehmen tätigen **Sachverständigen** können externe vom Unternehmen beauftragte Sachverständige sein, wie bspw. ein vom Unternehmen beauftragter Aktuar zur Berechnung der Pensionsverpflichtungen. Es kann sich aber auch um Angestellte des Unternehmens handeln wie z.B. der Leiter der Patentabteilung des Unternehmens, der sich zu einer urheberrechtlichen Frage äußert.

472 Während ein für den APr. tätiger Sachverständiger in allen Phasen der Prüfung eingesetzt werden kann, beschränkt sich die Funktion des für das Unternehmen tätigen Sachverständigen auf die Einbindung in die Abschlusserstellung durch das Unternehmen[520].

473 Sofern der APr. Unterlagen, Dokumentationen und Arbeitsergebnisse als Prüfungsnachweise verwenden möchte, die durch das Unternehmen mithilfe eines Sachverständigen erstellt wurden, muss der APr. unter Berücksichtigung der Bedeutung des Sachverhalts für die Urteilsbildung die folgenden Tätigkeiten durchführen:

---

516 Vgl. *IDW PS 322 n.F.*, Tz. 16, *IDW PS 322 n.F.*, Tz. A29.
517 Vgl. *IDW PS 450 n.F.*, Tz. 17 i.V.m. *IDW PS 450 n.F.*, Tz. 16 und *IDW PS 450 n.F.*, Tz. 57.
518 Vgl. *IDW PS 322 n.F.*, Tz. 18.
519 Vgl. *IDW PS 300 n.F.*, Tz. 9.
520 Vgl. *IDW PS 300 n.F.*, Tz. A31.

- Beurteilung der Kompetenz, Fähigkeiten und Objektivität des Sachverständigen:
  - Die Kompetenz bezieht sich auf die Fachkenntnisse des Sachverständigen, während die Fähigkeit von dessen Vermögen abhängt, diese Kompetenz unter den vereinbarten Auftragsumständen einsetzen zu können. In Bezug auf die Beurteilung der Objektivität des für das Unternehmen tätigen Sachverständigen ist zu berücksichtigen, ob es sich dabei um einen Angestellten und damit einen internen Sachverständigen oder um einen unternehmensexternen Sachverständigen handelt. Im Fall eines internen Sachverständigen wird aufgrund des Anstellungsverhältnisses eine Gefährdung der Objektivität zu erwarten sein und, sofern möglich, das Ergreifen entsprechender Schutzmaßnahmen erwogen werden[521].

> **Praxistipp 18:**
>
> Bei der Beurteilung der Kompetenz eines für das Unternehmen tätigen Sachverständigen können bspw. die persönliche Qualifikation, Berufszulassung, Mitgliedschaften in Berufsorganisationen (z.B. Deutscher Aktuarverein), die fachliche Anforderungen an die Mitgliedschaft stellen, oder andere öffentliche Anerkennungen (z.B. in Form einer Bestellung und Vereidigung durch die Industrie- und Handelskammer) mögliche Quellen darstellen[522]. Darüber hinaus können persönliche Erfahrungen mit dem Sachverständigen sowie Gespräche mit bzw. über den Sachverständigen das Bild vervollständigen.

- Erlangung eines Verständnisses der Tätigkeit des Sachverständigen[523]
  - Der APr. muss sich selbst, ggf. unter Zuhilfenahme eines eigenen Sachverständigen, ein Verständnis von der Tätigkeit des Sachverständigen einschl. des relevanten Fachbereichs verschaffen.

> **Hinweis 24:**
>
> Anders als bei einem für den APr. tätigen Sachverständigen legt im Fall des für das Unternehmen tätigen Sachverständigen nicht der APr. Art, Umfang und Ziele der Tätigkeit des Sachverständigen fest. Sofern es sich bei dem für das Unternehmen tätigen Sachverständigen nicht um einen Angestellten des zu prüfenden Unternehmens handelt, liegt i.d.R. ein Auftragsschreiben oder eine ähnliche schriftliche Vereinbarung vor, die der APr. bei der Würdigung der Tätigkeit des Sachverständigen heranziehen kann. Sollte es sich bei dem für das Unternehmen tätigen Sachverständigen um einen Angestellten des Unternehmens handeln, liegt eine schriftliche Vereinbarung i.d.R. nicht vor. In diesem Fall wird sich der APr. im Rahmen von Befragungen der gesetzlichen Vertreter sowie des Sachverständigen selbst ein Verständnis der Tätigkeit des Sachverständigen verschaffen[524].

---

521 Vgl. *IDW PS 322 n.F.*, Tz. A8.
522 Vgl. *IDW PS 322 n.F.*, Tz. A10.
523 Vgl. *IDW PS 322 n.F.*, Tz. A15 ff.
524 Vgl. *IDW PS 300 n.F.*, Tz. A 43 f.

- Beurteilung der Eignung der Tätigkeit des Sachverständigen des Unternehmens
  - Der APr. hat zu beurteilen, ob die Tätigkeit als Prüfungsnachweis für die Zwecke des APr. geeignet ist[525]. In Bezug auf die Beurteilung der Feststellungen und Schlussfolgerungen des für das Unternehmen tätigen Sachverständigen hat der APr. über die o.g. Anforderungen hinaus auch zu beurteilen, ob diese sich auch angemessen im Abschluss widerspiegeln[526].

474 In Bezug auf die Anforderungen an die Berichterstattung in Form des PrB und des BestV gelten die obigen Ausführungen zu den für den APr. tätigen Sachverständigen entsprechend[527].

8. Berücksichtigung von Verstößen im Rahmen der Abschlussprüfung

8.1 Einleitung

475 Der Gesetzgeber hat auf verschiedene Betrugs- und Korruptionsfällen in der Vergangenheit mit einer Reihe von Maßnahmen zur Verbesserung der Unternehmensführung und Unternehmensüberwachung, wie etwa dem KonTraG oder dem TransPuG, reagiert. Der Deutsche Corporate Governance Kodex stellt nicht nur wesentliche gesetzliche Vorschriften zur Leitung und Überwachung deutscher börsennotierter Gesellschaften dar, sondern enthält zudem in Form von Empfehlungen und Anregungen international und national anerkannte Standards guter und verantwortungsvoller Unternehmensführung[528]. Er betont die Verantwortung der gesetzlichen Vertreter für die die Verhinderung und Aufdeckung von Unrichtigkeiten und Verstößen[529]. Der APr. seinerseits muss sicherstellen, dass Unrichtigkeiten und Verstöße, die sich wesentlich auf die Ordnungsmäßigkeit des von ihm zu prüfenden Abschlusses auswirken, bei gewissenhafter Berufsausübung erkannt werden (vgl. § 317 Abs. 1 S. 3 HGB). Die besondere Erwartungshaltung in der Öffentlichkeit an die Arbeit des APr. erfordert daher seine besondere Umsicht[530].

476 Die Berücksichtigung von **Verstößen** i.R.d. Abschlussprüfung wird im *IDW PS 210* geregelt. Dieser *IDW Prüfungsstandard* setzt die einschlägigen internationalen Standards um. Dabei handelt es sich um ISA 240: The Auditor's Responsibility to Consider Fraud in an Audit of Financial Statements und ISA 250 (rev.): Consideration of Laws and Regulations in an Audit of Financial Statements. Darüber hinaus wurden in *IDW PS 210* Ergänzungen vorgenommen, um der deutschen Rechtslage Rechnung zu tragen (z.B. Berichtspflichten nach § 321 HGB, LB und KLB nach §§ 289 und 315 HGB).

477 Die nachfolgende Abbildung gibt einen zusammenfassenden Überblick über die Einteilung der Unregelmäßigkeiten i.S.d. *IDW PS 210*[531]:

---

525 Zu den Anforderungen an die Beurteilung der Angemessenheit der Arbeit eines für den APr. tätigen Sachverständigen, vgl. bereits Kap. L Tz. 463 ff.
526 Vgl. *IDW PS 300 n.F.*, Tz. A44.
527 Vgl. Kap. L Tz. 466.
528 *Vgl. hierzu auch Hlavica/Hülsberg/Klapproth²*, S. 22 f.
529 Vgl. Nr. 4.1.3. DCGK i.d.F. vom 07.02.2017, abrufbar unter https://www.dcgk.de//files/dcgk/usercontent/de/download/kodex/170424_Kodex.pdf (zit. 30.08.2018).
530 Vgl. dazu auch *Schindler/Gärtner*, WPg 2004, S. 1238.
531 Vgl. *IDW PS 210*, Tz. 7.

Die Durchführung der Abschlussprüfung L

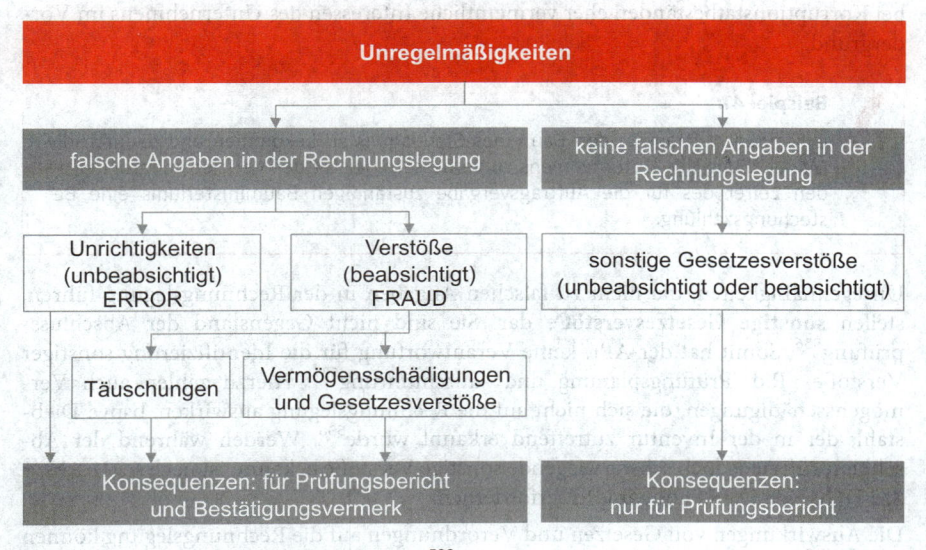

```
                         ┌─────────────────────┐
                         │  Unregelmäßigkeiten │
                         └──────────┬──────────┘
                    ┌───────────────┴───────────────┐
       ┌────────────┴────────────┐       ┌──────────┴──────────────────┐
       │ falsche Angaben in der  │       │ keine falschen Angaben in der│
       │    Rechnungslegung      │       │      Rechnungslegung         │
       └────────────┬────────────┘       └──────────┬──────────────────┘
          ┌─────────┴─────────┐                     │
   ┌──────┴──────┐      ┌─────┴──────┐     ┌────────┴──────────────────┐
   │Unrichtigkeiten│    │  Verstöße  │     │ sonstige Gesetzesverstöße │
   │(unbeabsichtigt)│   │(beabsichtigt)│   │(unbeabsichtigt oder       │
   │    ERROR    │      │   FRAUD    │     │      beabsichtigt)        │
   └──────┬──────┘      └─────┬──────┘     └────────┬──────────────────┘
          │             ┌─────┴──────────┐          │
   ┌──────┴──────┐      │Vermögensschädi-│          │
   │ Täuschungen │      │gungen und Ge-  │          │
   │             │      │setzesverstöße  │          │
   └──────┬──────┘      └─────┬──────────┘          │
          └─────────┬─────────┘                     │
   ┌────────────────┴──────────────────┐  ┌─────────┴──────────────────┐
   │ Konsequenzen: für Prüfungsbericht │  │     Konsequenzen:          │
   │     und Bestätigungsvermerk       │  │  nur für Prüfungsbericht   │
   └───────────────────────────────────┘  └────────────────────────────┘
```

Abb. 12: Arten von Unregelmäßigkeiten[532]

Falsche Angaben im Abschluss und LB können einerseits auf **Unrichtigkeiten (Error)** und andererseits auf **Verstößen (Fraud)** beruhen[533]. Unrichtigkeiten stellen **unbeabsichtigt** falsche Angaben im Abschluss und LB dar, die bspw. aus Schreib- oder Rechenfehlern, aber auch aus einer unbewusst falschen Anwendung von Rechnungslegungsgrundsätzen oder der unzutreffenden Einschätzung von Sachverhalten resultieren. Als Verstöße dagegen werden **beabsichtigte** Handlungen oder Unterlassungen der gesetzlichen Vertreter, der Mitglieder von Aufsichtsorganen, der Mitarbeiter oder Dritter bezeichnet[534]. **478**

> **Beispiel 40:**
> Die Stornierung einer Rechnung nach dem Abschlussstichtag kann aufgrund einer versehentlichen Falscheingabe der Rechnung erfolgen sein (Unrichtigkeit). Kommt es aber zu massenhaften Stornierungen z.B. von Anzahlungsrechnungen nach dem Quartalsabschluss, so kann dies auf eine Absicht deuten, im Quartalsabschluss erhöhte Umsätze zu zeigen.

In der **forensischen Praxis** werden als Verstöße Korruption, Vermögensschädigungen und Manipulationen der Rechnungslegung unterschieden[535]. *IDW PS 210* trennt nur zwischen Täuschungen und Vermögensschädigungen, wobei Korruptionssachverhalte meist beide Komponenten beinhalten. Während der Täter sich bei Vermögensschädigungen häufig selbst einen ungerechtfertigten Vorteil zu verschaffen sucht, stehen **479**

---

532 *IDW PS 210*, Tz. 7.
533 Vgl. *IDW PS 210*, Tz. 6.
534 Vgl. *IDW PS 210*, Tz. 7.
535 Vgl. etwa die Einteilung der Association of Certified Fraud Examiners (ACFE), abrufbar unter http://www.acfe.com/fraud-tree.aspx (zit. 30.08.2018).

> **Beispiel 41:**
> Um einen Auftrag für den Bau eines Staudamms zu bekommen und dadurch die Marktstellung des Unternehmens zu verbessern, leistet der Vertriebsmitarbeiter an den Leiter des für die Auftragsvergabe zuständigen Bauministeriums eine Bestechungszahlung.

480 Unregelmäßigkeiten, die nicht zu falschen Angaben in der Rechnungslegung führen, stellen **sonstige Gesetzesverstöße** dar. Sie sind nicht Gegenstand der Abschlussprüfung[536]. Somit hat der APr. keine Verantwortung für die Identifizierung sonstiger Verstöße i.R.d. Prüfungsplanung und -durchführung[537]. Hierzu zählen auch Vermögensschädigungen, die sich nicht auf die Rechnungslegung auswirken, bspw. Diebstahl, der in der Inventur zutreffend erkannt wurde[538]. Werden während der Abschlussprüfung jedoch schwerwiegende sonstige Verstöße bekannt, ist nach § 321 Abs. 1 S. 3 HGB eine Darstellung im PrB erforderlich.

481 Die Auswirkungen von Gesetzen und Verordnungen auf die Rechnungslegung können sehr unterschiedlich sein, zumal Unternehmen je nach Geschäftstätigkeit und Branche mit unterschiedlich starken regulatorischen Anforderungen z.B. von Risikoerkennungs- und Sicherungssystemen (z.B. Banken und Versicherungen) als auch z.B. Identifizierungspflichten i.R.d. Geldwäschegesetze (z.B. Glücksspielbranche) konfrontiert sind. Verstöße gegen Gesetze und Verordnungen können **unmittelbare** Auswirkungen auf JA und LB haben (z.B. Steuergesetze) oder sich **mittelbar** auf den JA oder den LB auswirken z.B. in Form von Geldbußen oder Rechtsstreitigkeiten. Es kann zudem zu Reputationsverlusten für das Unternehmen kommen. Allerdings kann auch die Verletzung von sonstigen Gesetzen und Verordnungen ohne direkte Auswirkung auf die Rechnungslegung erhebliche Folgen haben und empfindliche Geldbußen nach sich ziehen (z.B. die Einhaltung von Auflagen für eine Betriebserlaubnis oder die Einhaltung von Umweltvorschriften). Beispiele für Gesetzesverstöße sind

- Verstöße gegen gesellschaftsrechtliche Vorschriften, Betriebsverfassungsrecht, Strafrecht, Geldwäschegesetz
- Verstöße gegen steuerrechtliche Vorschriften oder
- Verletzung von Offenlegungspflichten oder der Pflicht zur Aufstellung eines Konzernabschlusses.

482 Für den APr. sind nur solche Gesetzesverstöße relevant, die im Namen, auf Weisung oder für Rechnung des Unternehmens, durch die für die Überwachung Verantwortlichen, das Management oder Mitarbeiter in der Ausübung ihrer Tätigkeit begangen werden[539]. Verstöße in der privaten Sphäre, die in keinem Zusammenhang mit der Tätigkeit im Unternehmen stehen (z.B. Verkehrsverstöße des Geschäftsführers) fallen nicht darunter.

---

536 Vgl. *IDW PS 210*, Tz. 56.
537 Vgl. *Berndt/Jeker*, BB 2007, S. 2618.
538 Vgl. *IDW PS 210*, Tz. 7.
539 Vgl. ISA 250.11; *IDW PS 210*, Tz. 7.

Für den APr. sind zwei Arten von bewusst falschen Angaben von Bedeutung: Manipulationen der Rechnungslegung (Täuschungen) und Vermögensschädigungen[540]. **Manipulationen der Rechnungslegung** stellen **beabsichtigte** Falschangaben im Abschluss und LB dar (z.B. Fälschungen in der Buchführung oder deren Grundlagen, Weglassen von Sachverhalten oder Geschäftsvorfällen, bewusst falsche Anwendung von Rechnungslegungsgrundsätzen, Erfassung von nicht vorhandenen Geschäftsvorfällen)[541]. **483**

Manipulationen der Rechnungslegung zeigen sich in zwei Ausprägungen: **484**
- Fälschung von Daten in der Rechnungslegung, um ungerechtfertigte Vermögensverfügungen zu ermöglichen und um diese zu verschleiern, z.B. mit der Erfassung und folgenden Bezahlung von Scheinrechnungen;
- Erfassung von fiktiven Umsätzen oder Verschleierung von Kosten durch falsche Zuordnung, um hierdurch z.B. eine höhere variable Vergütung, basierend auf einem höheren Umsatz oder einer höheren Rentabilität für den Täter zu rechtfertigen.

Beide Manipulationen gehen häufig mit der gezielten Außerkraftsetzung des ansonsten als wirksam anzusehenden IKS durch die gesetzlichen Vertreter oder andere Führungskräfte (**Management Override**) einher. Daher ist ein wichtiges Indiz in der Abschlussprüfung, welchen Einfluss einzelne Führungskräfte auf die ausführenden Einheiten haben und welche Informationswege das Unternehmen für Hinweise von Mitarbeitern vorsieht. Manipulationen der Rechnungslegung werden von den gesetzlichen Vertretern und anderen Führungskräften nahezu immer mit der Zielsetzung einer Ergebnisbeeinflussung vorgenommen, um die Abschlussadressaten über den wirtschaftlichen Erfolg bzw. die Profitabilität des Unternehmens zu täuschen. **485**

> **! Hinweis 25:**
> In der Unternehmenspraxis kommt es häufig dann zu Manipulationen der Rechnungslegung, wenn z.B. ein starker Druck zur Erfüllung von Erwartungen des Kapitalmarktes oder der Wunsch, eine erfolgsabhängige Vergütung zu maximieren, besteht. Darüber hinaus erfolgen Manipulationen der Rechnungslegung häufig i.Z.m. gezielter Verschleierung der Auswirkungen von Vermögensschädigungen (z.B. Fälschung von Belegmaterial und Nachweisen, fiktive Buchungen auf Geldkonten zur Verschleierung von Fehlbeständen).

Als **Vermögensschädigung** wird die Entwendung von Vermögensgegenständen des Unternehmens bezeichnet. Hierzu zählen z.B. **486**
- Unterschlagung von Zahlungseingängen,
- Entwendung von Vorräten oder Betriebs- und Geschäftsausstattung zum persönlichen Gebrauch oder Verkauf,
- Zahlungen an fiktive Lieferanten für nicht empfangene Güter und Dienstleistungen,
- *privater Gebrauch von Vermögensgegenständen,*
- Geltendmachung von privaten Kosten in Dienstreiseabrechnungen,
- Wirtschaftsspionagedelikte, wie etwa der Diebstahl von Know-how oder von Daten, die für die Geschäftstätigkeit wesentlich sind[542],

---

540 Vgl. *IDW PS 210*, Tz. 7.
541 Vgl. *IDW PS 210*, Tz. 7.
542 Vgl. dazu ausf. *KPMG*, e-Crime Studie 2017.

- nicht genehmigte spekulative Wertpapiergeschäfte.

Oft werden Vermögensschädigungen von Mitarbeitern in Form von relativ kleinen und unwesentlichen Beträgen begangen. Größere Vermögensschädigungen entstehen eher durch Mitarbeiter in Schlüsselpositionen, z.B. einem Leiter der Buchhaltung, Abteilungsleiter Vertrieb o.ä. Teilw. sind daran auch die gesetzlichen Vertreter und andere Führungskräfte beteiligt, die in der Lage sind, solche Vermögensschädigungen in der Rechnungslegung zu verschleiern. Im Zusammenhang mit Vermögensschädigungen kommt es zumeist auch zur Fälschung von Aufzeichnungen oder Dokumenten mit dem Ziel, die Entwendung zu vertuschen.

487 Die Verantwortlichkeit des APr. für die Aufdeckung und Vermeidung von **Korruption** ist nicht zuletzt durch medienwirksame Korruptionsfälle zunehmend in die Diskussion geraten. Obwohl *IDW PS 210* nicht unmittelbar auf Korruption Bezug nimmt, lässt sich Korruption als Verstoß gegen gesetzliche und/oder Rechnungslegungsvorschriften einordnen. Korruption enthält regelmäßig sowohl eine Manipulation der Rechnungslegung (z.B. durch die Verwendung falscher Angaben bei Auszahlungen) als auch eine Vermögensschädigung, wenn Vermögen aus der Buchhaltung zur Erlangung ungerechtfertigter Vorteile entwendet wird. Korruptionsdelikte werden gemäß dem Strafgesetzbuch nach ihrem Grad der Einbeziehung von Amtsträgern unterschieden. Eine Bestechung im Amt begeht, wer „einen Vorteil für diesen oder einen Dritten als Gegenleistung dafür anbietet, verspricht oder gewährt, dass er eine Diensthandlung vorgenommen hat oder künftig vornehme und dadurch seine Dienstpflichten verletzt hat oder verletzen würde" (§ 334 StGB). Bei der Vorteilsgewährung geht es gleichfalls um die Vornahme einer Diensthandlung. Dabei muss es allerdings nicht zu einer Pflichtverletzung des Amtsträgers kommen. Ein Vorteil kann also auch in einer schnelleren Durchführung einer erlaubten Amtshandlung liegen (§ 333 StGB). Analog hierzu erfolgt die passive Korruption (Bestechlichkeit, § 332 StGB) und Vorteilsannahme (§ 331 StGB). Die Bestechung eines Amtsträgers ist nach deutschem Recht ebenso strafbar wie die Vorteilsannahme und -gewährung. Im Unterschied dazu wird bei Bestechung und Bestechlichkeit im geschäftlichen Verkehr (§ 299 StGB) ein Vorteil als Gegenleistung für eine unlautere Bevorzugung im in- oder ausländischen Wettbewerb angeboten oder angenommen. Eine Amtsträgereigenschaft ist dabei nicht erforderlich.

> **Beispiel 42:**
> Der Leiter Einkauf wird mit seiner Ehefrau vom Vertriebsleiter des Lieferanten zu einem Wochenende in ein Luxushotel eingeladen, damit er im Gegenzug künftig die Waren ausschließlich bei diesem Unternehmen bestellt[543].

488 Ebenso wie bei anderen Verstößen liegt die Verantwortung für die Prävention und Aufdeckung von Korruption bei den gesetzlichen Vertretern. Den AR trifft dabei eine Pflicht zur Überwachung. Auch wird der APr. bei der Prüfung die Möglichkeit von Verstößen in Form von Korruption in Erwägung ziehen müssen. Auswirkungen auf den BestV ergeben sich nur dann, wenn die Korruption Auswirkungen auf den zu prüfenden

---

543 Der Vertrieb ist der am meisten von Wirtschaftskriminalität betroffene Bereich im Unternehmen; vgl. *KPMG*, Tatort Deutschland, Wirtschaftskriminalität in Deutschland 2016, S. 16.

Abschluss hat. Dies wird bspw. dann der Fall sein, wenn aus der Korruption **Folgewirkungen** resultieren wie

- Steuernachzahlungen aufgrund der steuerlichen Nichtabzugsfähigkeit solcher Zahlungen,
- Strafzahlungen oder
- Schadensersatzforderungen.

Korruptionstatbestände stehen häufig mit anderen Verstößen, wie Vermögensschädigungen, Steuerbetrug, falschen Angaben von Rechnungslegungsinformationen, Geldwäschedelikten und Verletzung von Betriebs- und Geschäftsgeheimnissen in Zusammenhang und sind bereits aus diesen Gründen vom APr. zu berücksichtigen. 489

Sehr häufig liegen bei einem Verstoß begünstigende Faktoren vor. Das sog. Fraud Triangle identifiziert hierfür die äußeren Faktoren **Motivation** und **Gelegenheit** sowie den inneren Faktor **Rechtfertigung**. Erst bei der Ausprägung aller drei Aspekte wird ein normalerweise integer Mitarbeiter einen Verstoß begehen. 490

Gelegenheit
fehlende oder ineffiziente Kontrollen

Organisationsebene
- - - - - - - - - - - - - - - - - - - -
Personenebene

Motivation
persönlich, finanziell, tätigkeitsbezogen

Rechtfertigung
persönlich, unternehmenskulturell

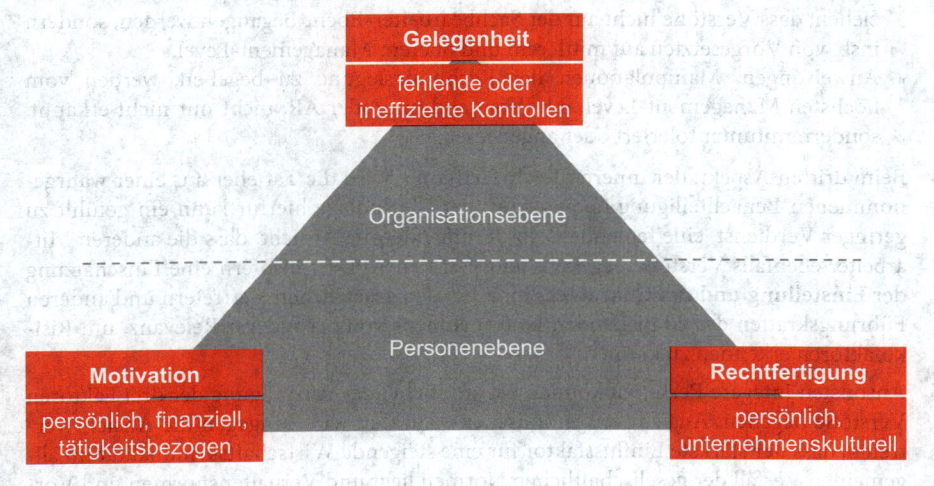

Abb. 13: Fraud Triangle[544]

Ein **Anreiz** für Vermögensschädigungen kann bspw. darin liegen, dass Personen über ihre Verhältnisse leben oder unvermittelt wirtschaftlich unter Druck geraten (z.B. i.Z.m. einer Not- oder Prestigesituation wie Krankheit oder Scheidung, Hauskauf, oder Spielsucht). Interner oder externer Druck auf die gesetzlichen Vertreter oder andere Führungskräfte, eine erwartete – ggf. unrealistische – Ergebnisvorgabe zu erreichen, kann zu Manipulationen der Rechnungslegung führen[545]. 491

Anreize auf der persönlichen Ebene von Mitarbeitern sind naturgemäß durch das Unternehmen schwer zu beeinflussen, jedoch können auch durch gängige Instrumente der Unternehmensführung, wie kennzahlengestützte Vertriebssteuerung in korruptions- 492

---

544 *Marten/Quick/Ruhnke*, Wirtschaftsprüfung[5], S. 468 im Anschluss an *Cressey*.
545 Vgl. *Hlavica/Hülsberg/Klapproth*[2], S. 64; siehe auch *KPMG*, Licht ins Dunkel bringen, 2018, S. 18.

anfälligen Märkten oder leistungsorientierte Vergütungssysteme sowohl positive als auch negative Impulse in der Unternehmenskultur gesetzt werden.

493 Eine günstige **Gelegenheit** sowohl für Manipulationen der Rechnungslegung als auch für Vermögensschädigungen besteht dann, wenn das IKS umgangen werden kann[546]. Folgende Konstellationen begünstigen dies:

- Ein Mitarbeiter genießt großes Vertrauen und kann aus diesem Grund Kontrollen allein durchführen, die grundsätzlich dem Vier-Augen-Prinzip unterliegen.
- Unter Zeitdruck besteht Akzeptanz für das Überspringen von Kontrollstufen (z.B. zweite Unterschrift).
- Es besteht insgesamt eine Kultur, in der kleine Verstöße nicht geahndet werden.
- Anweisungen von Vorgesetzten werden stets ohne Rückfrage ausgeführt – dies schafft eine Gelegenheit zur Manipulation und Vermögensschädigungen. Fehlende und ineffektive Kontrollen bieten in diesen Fällen Gelegenheiten für Täter.
- Mitarbeiter aus niedrigeren Positionen benötigen Vertraute, mit denen sie gemeinsam einen Verstoß begehen können. Der APr. muss daher die Möglichkeit in Betracht ziehen, dass Verstöße nicht auf der Sachbearbeiter-Ebene begangen werden, sondern insb. von Vorgesetzten auf mittlerem und oberem Management-Level.
- Anweisungen, Manipulationen der Rechnungslegung zu begehen, werden vom höchsten Management-Level, d.h. Vorstand und/oder AR, nicht nur nicht erkannt, sondern mitunter toleriert oder angewiesen.

494 Beim dritten Aspekt, der inneren **Rechtfertigung**, wird die Tat eher aus einer wahrgenommenen Benachteiligung heraus begangen. Grundlage hierfür kann ein gefühlt zu geringer Verdienst, eine fehlende Beförderung oder die Ansicht, dass die anderen Mitarbeiter ebenfalls Verstöße begehen, sein. Für den APr. ist insofern eine Einschätzung der **Einstellung und des Charakters** insb. bei den gesetzlichen Vertretern und anderen Führungskräften des zu prüfenden Unternehmens von besonderer Relevanz, um Risikofaktoren erkennen zu können.

495 Ansonsten integere Personen können bei ausreichender Ausprägung der drei Faktoren Verstöße begehen. Aus sozioökonomischen Aspekten wird hingegen die Ansicht vertreten, dass der stärkste Einflussfaktor für eine steigende Wirtschaftskriminalität im allgemeinen Verfall der gesellschaftlichen Normen liegt und Verhaltensnormen und Vorschriften oftmals nicht mehr befolgt werden[547]. Da sich Umstände im Zeitablauf ändern können, muss der APr. deshalb – unabhängig von seinen bisherigen Erfahrungen über die Ehrlichkeit und Integrität der zu beurteilenden Personen – stets die Möglichkeit von Verstößen in Betracht ziehen[548].

8.2 Verantwortung der gesetzlichen Vertreter für die Aufdeckung von Verstößen und kritische Grundhaltung des Abschlussprüfers

496 Die Verantwortung für die Verhinderung und die Aufdeckung von Verstößen obliegt den **gesetzlichen Vertretern** des Unternehmens sowie dem sie überwachenden **Aufsichtsorgan**. Dazu gehört auch die Sicherstellung der Einhaltung der für das Unternehmen einschlägigen gesetzlichen Vorschriften und sonstiger Regelungen (Com-

---

[546] Vgl. *IDW PS 210*, Tz. 7.
[547] Vgl. *Hlavica/Hülsberg/Klapproth*,[2] S. 69 f.
[548] Vgl. ISA 240.12; *IDW PS 210*, Tz. 14.

pliance)⁵⁴⁹. Die **gesetzlichen Vertreter** müssen organisatorische Maßnahmen zur Verhinderung und Aufdeckung von Verstößen einführen⁵⁵⁰. Dies umfasst einerseits das Schaffen einer Kultur der Ehrlichkeit und des ethischen Verhaltens (bspw. durch einen entsprechenden Führungsstil und die Schaffung eines positiven Arbeitsumfelds), aber auch die Festlegung von Grundsätzen zum Umgang mit tatsächlichen, vermuteten oder behaupteten Verstößen (z.B. in einem Verhaltenskodex oder Unternehmenshandbuch). Andererseits gehört dazu die Einrichtung eines geeigneten IKS⁵⁵¹.

Die Sicherstellung eines rechtmäßigen Verhaltens **(Compliance)** im Allgemeinen sowie die Verhinderung und Aufdeckung von Verstößen im Besonderen ist in der jüngeren Vergangenheit zunehmend in den Fokus gerückt. Insb. börsennotierte Unternehmen haben ihre Risikomanagementsysteme um ein Teilsystem Compliance Management System (CMS) erweitert, dessen Schwerpunkt auf der Identifikation, Analyse, Bewertung und Steuerung der Risikodimension „Gesetzes- oder Regelverstoß" liegt⁵⁵². In der Literatur und Rechtsprechung setzt sich zunehmend die Ansicht durch, dass ein der Unternehmensgröße und -struktur angemessenes CMS zwingender Bestandteil einer zeitgemäßen und risikoadäquaten Corporate Governance ist⁵⁵³.

Das **Aufsichtsorgan** trifft dabei die Pflicht zur Überwachung der Geschäftsführung. Diese Überwachungspflicht ergibt sich für den AR einer AG aus § 111 Abs. 1 AktG. Die Pflicht zur Überprüfung der Wirksamkeit des IKS und des RMS wurde durch das BilMoG in § 107 Abs. 3 S. 2 AktG klargestellt. Bei einer Beteiligung der gesetzlichen Vertreter an Verstößen ist für deren Verhinderung und Aufdeckung unmittelbar das Aufsichtsorgan verantwortlich, denn die Verantwortung für die Überwachung einer Leitungsebene kann grundsätzlich immer nur von der nächsthöheren Ebene im Unternehmen wahrgenommen werden⁵⁵⁴.

Die **Abschlussprüfung** ist nach § 317 Abs. 1 S. 3 HGB so anzulegen, dass Unrichtigkeiten und Verstöße gegen gesetzliche Vorschriften und sie ergänzende Bestimmungen des Gesellschaftsvertrags oder der Satzung, die sich auf die Darstellung des sich nach § 264 Abs. 2 HGB ergebenden Bildes der Vermögens-, Finanz- und Ertragslage des Unternehmens wesentlich auswirken, bei **gewissenhafter Berufsausübung** erkannt werden⁵⁵⁵. Der APr. erlangt im Rahmen seiner Prüfungshandlungen sowohl durch das Testen von Kontrollen, durch Stichproben und Befragungen als auch der pflichtgemäßen Würdigung von Schätzungen eine **hinreichende Sicherheit** darüber, dass Abschluss und LB als Ganzes frei von wesentlichen falschen Angaben aufgrund von Verstößen oder Unrichtigkeiten sind. Eine **absolute Sicherheit** hierüber zu erlangen, ist dem APr. nicht möglich⁵⁵⁶. Darüber hinaus sind in vielen Fällen Prüfungsnachweise eher überzeugend als zwingend, legen also Schlussfolgerungen nahe, ohne aber einen endgültigen Beweis zu liefern.

497

498

499

---

549 Vgl. *IDW PS 210*, Tz. 8 f.; vgl. *Berndt/Jeker*, BB 2007, S. 2618.
550 Vgl. ISA 240.4 und ISA 240.20; *IDW PS 210*, Tz. 8; *Schindler*, in: FS Schneeloch, S. 90.
551 Vgl. Kap. L Tz. 225 ff.; *IDW PS 261 n.F.*, Tz. 19 ff.
552 Umfassend *KPMG*, Compliance-Management-System².
553 Vgl. *Schindler/Haußer*, WPg 2012, S. 235; dazu auch LG München I v. 10.12.2013, 5 HK O 1387/10) (2), BB 2014, S. 850.
554 vgl. ISA 240.40 und ISA 240.A59; *IDW PS 210*, Tz. 60. Siehe auch *Schruff*, WPg 2003, S. 902.
555 Vgl. hierzu auch *Schindler/Haußer*, WPg 2014, S. 979.
556 Vgl. ISA 240.5; *IDW PS 200*, Tz. 25; *IDW PS 210*, Tz. 19.

L Die Durchführung der Abschlussprüfung

500 Der APr. führt die Prüfung mit einer **kritischen Grundhaltung** durch und berücksichtigt dabei insb. das Risiko, dass Kontrollmaßnahmen durch die gesetzlichen Vertreter und andere Führungskräfte umgangen werden können. Die kritische Grundhaltung des APr. erfordert ein ständiges Hinterfragen, ob die erlangten Informationen und Prüfungsnachweise Hinweise auf Verstöße enthalten. Hat der APr. Zweifel an der Echtheit vorgelegter Dokumente, so muss er seine Prüfungshandlungen ausweiten und etwaige Widersprüche, die sich in der Nachverfolgung ergeben, aufklären[557]. Der APr. muss, ungeachtet seiner bisherigen Erfahrungen im Hinblick auf die Ehrlichkeit und die Integrität der gesetzlichen Vertreter und anderer Führungskräfte sowie der Mitglieder des Aufsichtsorgans des Unternehmens, jederzeit die Möglichkeit in Betracht ziehen, dass Verstöße begangen werden können, er also getäuscht werden kann[558]. Insbesondere bei der langjährigen Betreuung von Mandaten ist die ständige Erneuerung dieses kritischen Blicks gefragt. Die kritische Grundhaltung bedingt auch, dass der APr. seine Prüfungshandlungen im Hinblick auf ihre Eignung nicht nur zur Aufdeckung von Unrichtigkeiten, sondern insb. auch von Verstößen würdigt[559]. Auch ist zu berücksichtigen, dass das Wissen der Täter über Umgehungen der Kontrollsysteme und das Vorgehen der APr. ständig vervollkommnet wird und damit Prüfungshandlungen, die in der Vergangenheit zu einer Aufdeckung geführt haben, nicht ohne Weiteres auch in der Zukunft zielführend sein müssen.

> **Praxistipp 19:**
>
> Die Wahrscheinlichkeit der Aufdeckung kann erhöht werden, indem der APr. Überraschungselemente in die Prüfung einbaut. Datenextrakte sollten in Anwesenheit des APr. erstellt werden und einzelne Konten gezielt mittels Postenabfrage in die Prüfung einbezogen werden. Auch eine konkrete Auswertung von Kreditoren mit bestimmten Merkmalen, z.B. Anlage durch den Leiter Buchhaltung kurz vor dem Jahresende, erhöht die Prüfungssicherheit. Übliche Prüfungshandlungen, wie die Prüfung von Kreditoren ohne Adresse, Buchungen mit glatten Beträgen und Buchungen knapp unterhalb einer Freigabegrenze sollten regelmäßig abgeändert werden, um die Vorhersehbarkeit dieser Prüfungshandlungen zu reduzieren.

501 Bei der Abschlussprüfung handelt es sich nicht um eine **Unterschlagungsprüfung** oder eine anlassbezogene **Deliktprüfung. Bei solchen Prüfungen muss** der APr. davon ausgehen, dass Informationen und Dokumente gefälscht wurden[560] und daher bestimmte Prüffelder im Rahmen einer Vollprüfung und mit detektivisch ausgerichteten methodischen Ansätzen abgedeckt werden müssen. Anders als bei anlassbezogenen Prüfungen darf der APr. grundsätzlich von der Echtheit von Dokumenten und Buchungsunterlagen sowie der Korrektheit von Informationen ausgehen, sofern die pflichtgemäß und mit kritischer Grundhaltung durchgeführte Prüfung keine gegenteiligen Hinweise ergibt. Auch wenn sich später herausstellt, dass Unterlagen gefälscht waren, ändert dies nichts an der Ordnungsmäßigkeit der Prüfung[561]. Ergibt die nach den berufsüblichen Grund-

---

[557] Vgl. *Schindler/Haußer*, WPg 2014, S. 979.
[558] Vgl. ISA 240.A8; *IDW PS 210*, Tz. 14.
[559] Vgl. *IDW PS 210*, Tz. 14.
[560] Vgl. *Schruff*, WPg 2003, S. 903.
[561] Vgl. *IDW PS 210*, Tz. 50.

sätzen (vgl. § 317 Abs. 1 S. 3 HGB) zur Planung und Durchführung von Abschlussprüfungen mit der verlangten **kritischen Grundhaltung** durchgeführte Prüfung keine Hinweise auf wesentliche Unrichtigkeiten und Verstöße, dann kann der APr. die Buchführung und den Abschluss sowie ggf. den LB als ordnungsgemäß akzeptieren und bestätigen[562].

Aufgrund der **inhärenten Grenzen** einer Abschlussprüfung besteht ein unvermeidbares Risiko, dass wesentliche falsche Angaben im Abschluss möglicherweise nicht aufgedeckt werden, obwohl die Prüfung in Übereinstimmung mit den GoA ordnungsgemäß geplant und durchgeführt worden ist. Im Zusammenhang mit Verstößen gegen Gesetze und Verordnungen wirken sich die inhärenten Grenzen für die Fähigkeit des APr., wesentliche falsche Angaben aufzudecken, noch stärker aus[563], insb. dann, wenn die gesetzlichen Vertreter in die Unregelmäßigkeiten involviert sind. Das ist u.a. auf folgende Gründe zurückzuführen: 502

- Manche Gesetze und Verordnungen beziehen sich in erster Linie auf betriebliche Aspekte eines Unternehmens und haben keine unmittelbaren Auswirkungen auf die Rechnungslegung, so dass sie daher nicht von den rechnungslegungsbezogenen Informationssystemen des Unternehmens erfasst werden. Darunter fallen z.B. Lärmschutzvorschriften oder Immissionsschutzbestimmungen.
- Verstöße können mit einem Verhalten zu deren Verschleierung einhergehen (z.B. betrügerische Absprachen, Fälschungen, vorsätzliche Nichtaufzeichnungen von Geschäftsvorfällen, Außerkraftsetzen von Kontrollen durch das Management oder absichtlich falsche Darstellung gegenüber dem APr.).

Ob ein Verstoß vorliegt, kann regelmäßig nur nach abschließender juristischer Würdigung oder gerichtlicher Entscheidung bestimmt werden. Daher kann es für den APr. im Einzelfall ratsam sein, **juristischen Sachverstand hinzuzuziehen**.

8.3 Vorgehensweise zur Berücksichtigung von Verstößen

8.3.1 Erörterungen im Prüfungsteam

Im Rahmen der Prüfungsplanung hat das **Prüfungsteam** auf der Grundlage der vorliegenden Erkenntnisse mögliche Risikofaktoren des Unternehmens für Verstöße zu erörtern[564]. Erfahrenere Mitglieder des Prüfungsteams sollen ihre Erkenntnisse anderen Teammitgliedern mitteilen. Die Erörterung sollte einen offenen Austausch von Einschätzungen auf der Basis einer **kritischen Grundhaltung** darstellen, wobei diese von allen Mitgliedern des Prüfungsteams während der gesamten Abschlussprüfung aufrecht zu erhalten ist[565]. In der Diskussion sollten bspw. die folgenden Überlegungen angestellt werden[566]: 503

- Befindet sich das Unternehmen in einer schwierigen Marktlage, besteht ein besonderer Umsatzdruck oder steht ein Börsengang bevor? Dies könnte die Führungskräfte evtl. zu Manipulationen der Rechnungslegung veranlassen.

---

562 Vgl. *IDW PS 210*, Tz. 17.
563 Vgl. ISA 250.5; *IDW PS 210*, Tz. 19.
564 Vgl. dazu ISA 240.15.
565 Vgl. dazu *Deckers/Hermann*, DB 2013, S. 2315.
566 Vgl. ISA 240.A10 f; *IDW PS 210*, Tz. 24.

- Welche Möglichkeiten haben die gesetzlichen Vertreter und andere Führungskräfte, gegen gesetzliche Vorschriften zu verstoßen und Manipulationen der Rechnungslegung zu verschleiern, und wie könnten Vermögensgegenstände des Unternehmens unterschlagen werden?
- Welche Umstände weisen auf eine mögliche Beeinflussung von Ergebnissen hin und welche daraus resultierenden Handlungen der gesetzlichen Vertreter oder anderer Führungskräfte können zu Manipulationen der Rechnungslegung führen?
- Welche Faktoren könnten innerhalb und außerhalb des Unternehmens vorliegen, die eine Motivation oder Gelegenheit für Verstöße darstellen oder die auf entsprechende Einstellungen der gesetzlichen Vertreter, anderer Führungskräfte oder weiterer Personen hinweisen?
- Welche ungewöhnlichen oder ungeklärten Veränderungen sind im Verhalten oder im Lebensstil von gesetzlichen Vertretern, anderen Führungskräften oder Mitarbeitern bekannt geworden, die auf eine finanzielle oder persönliche Notsituation oder auf die Möglichkeit von Verstößen hinweisen könnten?
- Welche Überwachungsmaßnahmen werden von den gesetzlichen Vertretern und anderen Führungskräften im Hinblick auf Mitarbeiter in Bereichen vorgenommen, die besonders anfällig für Unterschlagungen sind (z.B. bei Barmitteln oder Gegenständen des Vorratsvermögens von geringer Größe, hohem Wert oder mit starker Nachfrage)?
- Welche Hinweise hat der APr. bereits erhalten, die auf ein Vorliegen von Verstößen hinweisen?
- Auf welche Art und Weise, Zeitpunkt und Umfang könnten Prüfungshandlungen mit Überraschungselementen versehen werden? Überraschungselemente können z.B. die Veränderung der Stichprobe in ihrer Zusammensetzung als auch ein Interview oder die vertiefte Beleganalyse von einem Teilbereich beinhalten.
- Welche Prüfungshandlungen könnten als Reaktion auf die Anfälligkeit des Abschlusses und LB für wesentliche falsche Angaben aufgrund von Verstößen durchgeführt werden?
- Wie schätzt der APr. das Risiko ein, dass interne Kontrollen durch die gesetzlichen Vertreter und andere Führungskräfte außer Kraft gesetzt werden?

Im Rahmen dieser Erörterungen sollen die Teammitglieder für mögliche Verstöße sensibilisiert und in ihrer kritischen Grundhaltung bestärkt werden. Die Berücksichtigung von bekannten und branchentypischen Handlungsmustern in einzelnen Transaktionsbereichen (z.B. übliche Muster von Vertriebskorruption in bestimmten Branchen, z.B. Großanlagenbau, typische Korruptionssachverhalte im Einkauf) steigert die Qualität der Diskussion im Prüfungsteam.

504 Im Verlauf der Diskussion sollte auch festgelegt werden, welche Mitglieder des **Prüfungsteams** für welche Prüfungshandlungen oder besonderen Befragungen zuständig sind. Ggf. sollten auch Spezialisten (z.B. Spezialisten für forensische Prüfungen, Mitarbeiter der Steuerabteilung oder IT-Experten) in die Diskussion eingebunden werden. An der Diskussion müssen nicht zwingend sämtliche Mitglieder des Prüfungsteams teilnehmen. Die interne Durchführung der Risikoeinschätzung sollte unter Hinzuziehung forensischer Spezialisten erfolgen, um die Wahrscheinlichkeit entfernter Risiken zu erörtern und das mögliche Vorhandensein von krimineller Energie ausreichend in der Diskussion im Prüfungsteam zu berücksichtigen[567]. Ist dies nicht möglich, empfiehlt sich die Einbindung eines erfahrenen mandatsfremden Mitarbeiters innerhalb der WP-Praxis.

Die Mitglieder des **Prüfungsteams** sollten nach der ersten Besprechung während der Prüfungsplanung und in bestimmten Abständen auch im weiteren Verlauf der Abschlussprüfung ihre Kommunikation über die Anfälligkeit des Abschlusses und LB für Verstöße fortsetzen und jeweils anschl. die nicht beteiligten Teammitglieder informieren. Die Erörterung muss unabhängig davon geführt werden, ob das Management und die Mitglieder des Aufsichtsorgans für ehrlich und integer gehalten werden[568].

505

> **Hinweis 26:**
>
> Folgende Sachverhalte können **Anzeichen** für Verstöße gegen Gesetze und Verordnungen sein[569]:
> - Untersuchungen durch Aufsichtsorganisationen (z.B. BaFin), Enforcement-Stellen (z.B. Deutsche Prüfstelle für Rechnungslegung – DPR), Behörden, (z.B. Finanzbehörden oder das BAFA)
> - Zahlungen von Geldbußen oder –strafen
> - hohe Kumulation von Berechtigungen bei einzelnen Mitarbeitern für verschiedene Bearbeitungsstufen wie Durchführung der Bestellanforderung, Genehmigung der Bestellung, Auslösung der Bestellung sowie Bestätigung des Wareneingangs und Auslösung der Zahlung
> - hohes Volumen von Stornobuchungen, Buchungen in fremde Perioden oder Buchungen, die im Soll und im Haben den gleichen Kreditor oder das gleiche Sachkonto ansprechen
> - Zahlungen für nicht näher bezeichnete Dienstleistungen oder Darlehen an Berater, nahe stehende Personen, Mitarbeiter oder staatlich Bedienstete
> - Zahlungen für Waren oder Dienstleistungen in Länder, aus denen die Waren oder Dienstleistungen nicht bezogen wurden
> - Zahlungen an Geschäftspartner in Ländern, die gemäß Transparency International als korruptionsanfällig gelten oder internationalen Sanktionen unterliegen[570]
> - Zahlungen ohne angemessene Dokumentation über Devisenkontrollen
> - Verkaufsprovisionen oder Vertreterhonorare, die im Vergleich zu den üblicherweise von dem Unternehmen oder in der betreffenden Branche gezahlten oder im Vergleich zu den tatsächlich erhaltenen Dienstleistungen überhöht erscheinen
> - Einkäufe zu Preisen, die erheblich über oder unter dem Marktpreis liegen
> - unübliche Barzahlungen, per Barscheck bezahlte Einkäufe oder Überweisungen auf Nummernkonten
> - Spenden, Sponsoring-Zahlungen und Geschenke mit hohen Beträgen
> - unübliche Transaktionen mit in Steueroasen ansässigen Unternehmen
> - nachträgliche Aufteilung von vertraglich vereinbarten Zahlungen an unterschiedliche Empfänger
> - Informationssysteme, die zufällig oder aufgrund ihrer Konzeption keine angemessene Überprüfung oder keine ausreichenden Nachweise zulassen
> - nicht autorisierte oder nicht korrekt aufgezeichnete Geschäftsvorfälle
> - negative Medienberichterstattung.

---

567 Vgl. *Schindler/Haußer*, WPg 2014, S. 979 (980).
568 Vgl. ISA 240.15; *IDW PS 210*, Tz. 25.
569 Vgl. ISA 250.A18; *IDW PS 210*, Tz. 25.
570 Die Berichte von Transparency International können unter https://www.transparency.org/research/cpi/overview (zit. 30.08.2018) abgerufen werden.

Bedeutende Entscheidungen, die im Rahmen dieser Besprechungen im **Prüfungsteam** getroffen werden, sind in den **Arbeitspapieren** zu dokumentieren[571].

8.3.2 Prüfungshandlungen zur Erkennung und Beurteilung von Risiken

506 Um ein Verständnis des zu prüfenden Unternehmens und dessen Umfelds einschl. des IKS zu erlangen, führt der APr. Prüfungshandlungen zur **Risikoerfassung** durch. Dazu gehören folgende Maßnahmen, mit deren Hilfe Risiken wesentlicher falscher Angaben aufgrund von Verstößen identifiziert werden sollen[572]:

- Befragungen der gesetzlichen Vertreter, anderer Führungskräfte, der Mitglieder des Aufsichtsorgans und weiterer Personen innerhalb des Unternehmens
- Einschätzung, ob Risikofaktoren für Verstöße vorliegen
- Berücksichtigung von Erkenntnissen aus dem Risikomanagement, der Internen Revision und dem CMS des Unternehmens bzgl. möglicher Schwachstellen oder bereits bekannter Vorfälle (z.B. Meldungen von Mitarbeitern über eine eingerichtete Whistleblower-Hotline[573])
- Berücksichtigung von ungewöhnlichen oder unerwarteten Erkenntnissen aus der Anwendung von analytischen Prüfungshandlungen
- Berücksichtigung weiterer Informationen, die bei der Identifizierung von Risiken wesentlicher falscher Angaben aufgrund von Verstößen nützlich sein können

Ein Teil der o.g. Maßnahmen, insb. die Identifizierung von **Risikofaktoren** und die Durchführung von **analytischen Prüfungshandlungen**, sollte bereits vor der Erörterung im Prüfungsteam vorgenommen werden. Die dabei erzielten Ergebnisse, wie etwa die Risikoeinschätzung bestimmter Bereiche oder die Auswertung auffälliger Kontobewegungen können dann für die Diskussion der Anfälligkeit des Unternehmens für Verstöße herangezogen werden.

507 Durch die aufgeführten Maßnahmen gewinnt der APr. ein besseres Verständnis über die vorhandenen Risiken, so dass er das Risiko von Verstößen besser einschätzen kann.

8.3.2.1 Befragungen der gesetzlichen Vertreter und anderer Führungskräfte sowie weiterer geeigneter Personen im geprüften Unternehmen

508 Der APr. muss die **gesetzlichen Vertreter** und andere Führungskräfte darüber befragen,

- wie sie das Risiko von wesentlichen falschen Angaben im Abschluss und LB aufgrund von Verstößen einschätzen,
- wie der von ihnen eingerichtete Prozess zur Identifizierung der Risiken von Verstößen und des Umgangs mit solchen Risiken im Unternehmen ausgestaltet ist,
- wie sie ggf. das Aufsichtsorgan über diesen Prozess informieren,
- wie sie den Mitarbeitern ihr Verständnis von einer verantwortungsvollen Geschäftsführung und von Verhaltensnormen vermitteln (bspw. über ein Unternehmenshandbuch, Verhaltenskodex, Schulungen oder einen Compliance-Beauftragten),

---

[571] Vgl. ISA 240.44; *IDW PS 210*, Tz. 68.
[572] Vgl. ISA 240.16.*IDW PS 210*, Tz. 30.
[573] Siehe auch Kap. L Tz. 240.

- welche Kenntnisse oder Vermutungen sie über bestehende, vermutete oder behauptete Verstöße im Unternehmen haben und welche Maßnahmen ggf. bereits ergriffen wurden[574].

Bei der **Befragung** der gesetzlichen Vertreter und anderer Führungskräfte über den Prozess zur Erkennung von und zum Umgang mit Risiken von Verstößen wird der APr. auch Informationen darüber erlangen, wie mit Anhaltspunkten oder Behauptungen von Mitarbeitern oder Dritten über Verstöße umgegangen wird. Dies kann bspw. durch die Einrichtung der Stelle eines Ombudsmannes – z.B. einen externen RA – oder einer sog. Whistleblower-Hotline erfolgen. Beim **Whistleblowing** können Hinweisgeber (z.B. derzeitige oder ehemalige Mitarbeiter) Informationen über Verstöße – meist anonym – an Ansprechpartner melden (z.B. Compliance-Officer oder Interne Revision), die den entsprechenden Vorgang untersuchen und ggf. Konsequenzen einleiten können[575]. Das Verständnis über den Umgang mit Risiken von Verstößen kann dem APr. Erkenntnisse über die Angemessenheit der internen Kontrollmaßnahmen und die Kompetenz und Integrität des Managements vermitteln.

509

> **Praxistipp 20:**
> Der APr. sollte sich sorgfältig auf das Gespräch mit den gesetzlichen Vertretern vorbereiten und Fragen im Vorfeld überlegen. Auch wenn Fragebögen bzw. Checklisten sich als hilfreich erwiesen haben, sollten sie nicht einfach nur abgearbeitet werden, sondern durch weiterführende, mandatsspezifische Fragen ergänzt werden. Empirische Studien haben gezeigt, dass Prüfer bei Verwendung von Fragebögen in signifikant geringerem Umfang Normverstöße, die auf Verstöße hindeuten, aufdecken[576].

> **Beispiel 43:**
> Bedeutsam ist für den APr. die Frage, wie gut die Berichtswege für die Meldung von Compliance-Vorfällen im Unternehmen verankert sind und bei einer Untersuchung von vermuteten Vorfällen vorgegangen wird. Dabei sollte auch auf die Möglichkeit von Hacker-Angriffen und den Diebstahl von Betriebs- und Geschäftsgeheimnissen eingegangen werden. Außerdem sollte erfragt werden, wie bekannt gewordene Fälle tatsächlich bearbeitet wurden und welche Vorkehrungen gegen ein erneutes Auftreten des gleichen Vorfalls getroffen wurden.

Die genannten Befragungen dienen vorrangig der Aufdeckung von Verstößen auf nachgelagerten Mitarbeiterebenen und sind i.d.R. dann wenig hilfreich, wenn es zu Verstößen unter Beteiligung der gesetzlichen Vertreter und anderer Führungskräfte (Management Fraud) kommt[577]. In solchen Fällen ist die zusätzliche Befragung **anderer Mitarbeiter des Unternehmens** zielführender, da diese dem APr. eine andere Sichtweise als die der gesetzlichen Vertreter und der anderen Führungskräfte vermitteln. Meist gibt erst die direkte Befragung den angesprochenen Personen Gelegenheit, dem APr. Infor-

510

---

574 Vgl. ISA 240.18; *IDW PS 210*, Tz. 26.
575 Vgl. *Boecker*, S. 112.
576 Vgl. *Ruhnke/Michel*, BB 2010, S. 3074.
577 Vgl. *Schruff*, WPg 2003, S. 902 (907).

mationen anzuvertrauen, die ansonsten nicht kommuniziert würden[578]. Daher sind auch Mitarbeiter der Internen Revision sowie andere geeignete Mitarbeiter danach zu befragen, ob sie Kenntnisse über bestehende, vermutete oder behauptete Verstöße in dem zu prüfenden Unternehmen haben[579]. Solche Befragungen stellen eine äußerst effektive Prüfungstechnik dar[580]. In der Praxis zeigt sich, dass viele Personen bereit sind, ihr Wissen oder ihre Vermutungen weiterzugeben, wenn sie nur gefragt werden. Um mögliche Widerstände bei den Befragten zu vermeiden, ist es allerdings wichtig, zunächst den Hintergrund der Befragung zu erläutern und Anonymität zuzusichern. Bei einer möglichen eigenen Strafbarkeit der auskunftsbereiten Mitarbeiter empfiehlt sich die Einschaltung eines RA. Ebenfalls hilfreich ist es, Fragen zu Verstößen im Anschluss an andere i.R.d. Prüfungsdurchführung zu diskutierende Themen zu stellen[581].

511 Die Auswahl der zu befragenden anderen Mitarbeiter erfolgt nach pflichtgemäßem Ermessen. Dabei können bspw. Vermutungen des APr. über Bereiche mit einem besonders hohen Risiko für Verstöße, wie z.B. dem Vertrieb oder der Entwicklung, eine Rolle spielen, oder aber auch seine Erfahrungen und Kenntnisse über Mitarbeiter, die dem APr. gegenüber eine offene Kommunikation pflegen. Oft wird sich die Gelegenheit zu entsprechenden Fragen schon im Verlauf von ohnehin bei der Durchführung der Prüfungshandlungen zu führenden Gesprächen, z.B. mit dem Leiter des Rechnungswesens, ergeben.

512 Verfügt das geprüfte Unternehmen über eine **Interne Revision**, so sind deren Mitarbeiter darüber zu befragen, welche Prüfungshandlungen von ihnen zur Aufdeckung von Verstößen durchgeführt wurden, ob die gesetzlichen Vertreter und andere Führungskräfte angemessen auf die Prüfungsergebnisse reagiert haben und ob Kenntnisse über bestehende, vermutete oder behauptete Verstöße vorliegen[582]. Darüber hinaus können zusätzliche Befragungen über das Vorliegen von Verstößen oder entsprechende Vermutungen bzw. Behauptungen bspw. mit folgenden Personen durchführt werden:

- Mitarbeiter, die nicht unmittelbar in den Rechnungslegungsprozess eingebunden sind (z.B. Mitarbeiter aus dem Vertriebs- und Einkaufsbereich)
- Mitarbeiter der Controllingabteilung
- Mitarbeiter, die für die Untersuchung von Verstößen zuständig sind (z.B. Compliance-Beauftragte)
- Mitarbeiter des Unternehmens, die mit der Auslösung, Verarbeitung oder Aufzeichnung ungewöhnlicher oder komplexer Geschäftsvorfälle betraut sind oder deren Vorgesetzte (z.B. Kaufpreisallokation bei Unternehmenserwerben)
- Mitarbeiter der Rechtsabteilung
- Mitarbeiter der Personalabteilung
- Mitarbeiter des IT-Bereichs
- Mitarbeiter der Treasuryabteilung
- Mitarbeiter der Presseabteilung und Öffentlichkeitsarbeit.

---

578 Vgl. *Bantleon/Thomann/Bühner*, DStR 2007, S. 1980, auch ISA 240.A15 und *IDW PS 210*, Tz. 28.
579 Vgl. ISA 240.A16, ISA 240.A18; *IDW PS 210*, Tz. 29.
580 Vgl. *Schindler/Gärtner*, WPg 2004, S. 1238 (1241).
581 Vgl. *Berndt/Jeker*, BB 2007, S. 2618 (2620).
582 Vgl. ISA 240.19; *IDW PS 210*, Tz. 29.

8.3.2.2 Befragungen des Aufsichtsorgans

Neben der Befragung der gesetzlichen Vertreter und anderer Führungskräfte sowie weiterer Mitarbeiter des geprüften Unternehmens muss der APr. auch das Gespräch mit dem **Aufsichtsorgan**, also z.B. dem AR oder dem PrA, suchen[583]. Durch diese Befragung erfährt der APr. zum einen wie der AR das Unternehmen überwacht und zum anderen, ob dieser selbst Kenntnisse über Verstöße hat. Hierzu befragt der APr. den AR, wie er die von den gesetzlichen Vertretern und anderen Führungskräften zur Erkennung und Verringerung von Risiken von Verstößen eingerichteten Prozesse und Bestandteile des IKS überwacht. Dieses Verständnis ist wichtig, um beurteilen zu können, ob der AR die vorhandenen internen Kontrollmaßnahmen des IKS als angemessen einschätzt und wie hoch die Wahrscheinlichkeit für Verstöße von Führungskräften durch den AR angesehen wird. Andererseits muss der APr. die Mitglieder des Aufsichtsorgans nach vorhandenen Kenntnissen über bestehende, vermutete oder behauptete Verstöße befragen, wodurch nicht zuletzt auch die Ergebnisse der Befragungen der gesetzlichen Vertreter und anderer Führungskräfte vervollständigt werden sollen[584].

Die Befragungen müssen nicht zwingend mit sämtlichen Mitgliedern des **Aufsichtsorgans** durchgeführt werden. Es sollte aber zumindest der Vorsitzende des AR bzw. des PrA befragt werden. Es empfiehlt sich, die Gespräche mit dem Aufsichtsorgan – wie auch alle anderen Befragungen – bereits i.R.d. Prüfungsplanung zu führen, da sie der Identifizierung von Risikofaktoren für Verstöße und so der Einschätzung der entsprechenden Risiken dienen sollen.

8.3.2.3 Einschätzung von Risikofaktoren für Verstöße

Damit der APr. ein umfassendes Verständnis über das zu prüfende Unternehmen und dessen Umfeld erhält, muss er auch prüfen, ob diese Informationen auf **Risiken von Verstößen** hindeuten. Dabei handelt es sich um Sachverhalte oder Bedingungen, die entweder auf einen Anreiz oder einen unangemessenen Druck schließen lassen, Verstöße zu begehen, oder die eine Gelegenheit zum Begehen von Verstößen bieten. So kann bspw. ein **Anreiz** zu Manipulationen der Rechnungslegung daraus resultieren, dass die gesetzlichen Vertreter und andere Führungskräfte unter einem starken Druck stehen, die Erwartungen von Analysten, institutionellen Anlegern oder bedeutenden Gläubigern bzgl. des Ergebnisses oder der Ergebnisentwicklung zu erfüllen, die z.B. durch übermäßig optimistische Pressemitteilungen, Aussagen in Geschäftsberichten oder in Börsenprospekten geweckt wurden. Das Risiko von Verstößen kann sich auch erhöhen, wenn Unternehmen aufgrund sich verschlechternder Marktbedingungen finanziell unter Druck geraten und das Risiko von Insolvenz oder Übernahme droht. **Gelegenheiten** zu Manipulationen der Rechnungslegung können sich neben Schwachstellen bei Ausgestaltung und/oder Wirksamkeit des IKS (z.B. unzureichender Aufgaben- und Funktionstrennung, Schwächen im IT-Berechtigungskonzept) aus dem Fehlen einer wirksamen Überwachung des Rechnungslegungsprozesses und des IKS durch die Mitglieder des Aufsichtsorgans oder der gesetzlichen Vertreter ergeben. Eine **Rechtfertigung** wird in der Praxis oftmals damit begründet, dass ohne unlautere Mittel Aufträge in bestimmten Ländern überhaupt nicht zu erhalten seien, diese Tatsache nicht nur allgemein

---

583 Vgl. *IDW PS 210*, Tz. 30.
584 Vgl. ISA 240.21; *IDW PS 210*, Tz. 30.

bekannt sei, sondern dies in der Branche üblich sei. Hat der APr. Erkenntnisse, die dies nahelegen, muss er seine Prüfungshandlungen ausweiten.

8.3.2.4 Berücksichtigung ungewöhnlicher oder unerwarteter Verhältnisse sowie anderer Informationen

516 Hinweise auf mögliche Verstöße ergeben sich nicht nur aus den vorstehend genannten Risikofaktoren. Unerwartete bzw. ungewöhnliche Ergebnisse von **analytischen Prüfungshandlungen** können auf wesentliche falsche Angaben infolge von Manipulationen der Rechnungslegung hinweisen (z.B. fingierte Umsatzerlöse)[585]. Rückschlüsse auf das Risiko von Verstößen können sich darüber hinaus aus **weiteren Informationen** über das zu prüfende Unternehmen und sein Umfeld ergeben, bspw. aus der Prozessaufnahme der Auftragsbearbeitung oder aus der prüferischen Durchsicht von Zwischenabschlüssen, aus der Prüfung des rechnungslegungsbezogenen IKS oder Prüfungshandlungen, die nahe stehende Personen zum Gegenstand haben.

8.3.3 Erkennung und Beurteilung der Risiken von Verstößen

517 Der APr. muss diejenigen Risiken erkennen und beurteilen, die zu wesentlichen falschen Angaben im Abschluss und LB aufgrund von Verstößen führen könnten. Solche Risiken stellen „**bedeutsame**" Risiken i.S.v. ISA 240 bzw. *IDW PS 210* dar[586]. Für deren Beurteilung wird der APr. zunächst nach pflichtgemäßem Ermessen Risiken für Verstöße identifizieren[587]. Dazu zieht er die aus der Durchführung von Prüfungshandlungen zur Risikoerkennung und -beurteilung[588] erlangten Informationen heran und schätzt ein, welche Abschlussaussagen im Hinblick auf bestimmte Arten von Geschäftsvorfällen, Kontensalden und Abschlussangaben durch die identifizierten Risiken betroffen sein könnten. Schließlich sind die Wahrscheinlichkeit des Auftretens der einzelnen Risiken und das Ausmaß der möglichen falschen Angaben einzuschätzen, wobei zu beachten ist, dass ein bestimmtes Risiko auch zu mehreren falschen Angaben führen kann (so kann z.B. das Risiko von Manipulationen im Bereich der Umsatzrealisierung sowohl zu fingierten Umsatzerlösen als auch zu fingierten Forderungen führen).

518 Bei **bedeutsamen Risiken** wesentlicher falscher Angaben muss der APr. einerseits den Aufbau entsprechender Kontrollmaßnahmen einschl. der damit verbundenen Kontrollaktivitäten beurteilen und andererseits feststellen, ob diese Kontrollmaßnahmen tatsächlich eingerichtet und aufrechterhalten wurden[589]. Das hieraus erlangte Verständnis ist für den APr. wichtig, weil er auf dieser Grundlage beurteilen kann, ob bestimmte Risiken (z.B. eine fehlende Funktionstrennung) bewusst hingenommen werden, was wiederum Rückschlüsse auf Risikofaktoren für Verstöße zulässt.

519 Wesentlicher Bestandteil einer pflichtgemäßen Prüfungsdurchführung ist eine konsequente **Risikobeurteilung** im Hinblick auf mögliche (wesentliche) Falschangaben in der Rechnungslegung aufgrund von Unrichtigkeiten und Verstößen in allen Phasen der Prüfung. Die i.R.d. Prüfungsplanung vorgenommene Risikoeinschätzung ist während

---

[585] Vgl. ISA 240.26; *IDW PS 210*, Tz. 32.
[586] Vgl. ISA 240.27; *IDW PS 210*, Tz. 38.
[587] Vgl. ISA 240.A31 und A32; *IDW PS 210*, Tz. 22 ff.
[588] Vgl. Kap. L Tz. 45 und Kap. L Tz. 245.
[589] Vgl. ISA 240.27, ISA 240.A32; *IDW PS 210*, Tz. 78.

der gesamten Prüfungsplanung kontinuierlich zu überprüfen und bei neuen Erkenntnissen anzupassen[590].

8.3.4 Risiken von Verstößen im Zusammenhang mit der Umsatzrealisierung

Viele Unternehmen unterliegen aufgrund der Kapitalmarktorientierung einem erheblichen Druck zur Erreichung kurzfristiger Erfolgsziele[591]. Bei der Beurteilung der Risiken für Verstöße muss der APr. daher von der Annahme ausgehen, dass solche Risiken i.Z.m. der Umsatzrealisierung bestehen (z.B. Manipulationen der Rechnungslegung, etwa eine vorgezogene Umsatzrealisierung, die Buchung fingierter Umsatzerlöse oder das unzulässige Verschieben von Umsatzerlösen in eine spätere Berichtsperiode)[592]. Als **Prüfungshandlungen** zur Reaktion auf diese Risiken kommen bspw. in Frage[593]:

520

- aussagebezogene analytische Prüfungshandlungen unter Verwendung von disaggregierten Daten, wie z.B. Vergleich der monatlichen Umsätze je Produktlinie oder Geschäftssegment mit den entsprechenden Umsätzen in Vorperioden ggf. unter Zuhilfenahme IT-gestützter Prüfungstechniken
- Kontaktaufnahme mit Kunden, um sich bestimmte relevante Vertragsbedingungen sowie das Nichtvorhandensein mündlicher Nebenabreden (z.B. über Abnahmekriterien, Liefer- und Zahlungsbedingungen oder Rückgaberechte) bestätigen zu lassen (u.U. ist eine Entbindung von der Verschwiegenheitspflicht erforderlich)
- Befragungen der Vertriebs- und Marketingmitarbeiter oder der Rechtsabteilung zu Verkäufen oder Lieferungen, die in zeitlicher Nähe zum Abschlussstichtag erfolgt sind sowie diesbezüglich ungewöhnlicher Geschäftsbedingungen
- Durchführung von Prüfungshandlungen hinsichtlich sachgerechter Umsatz- und Vorratsabgrenzungen.

Schätzt der APr. die Umsatzrealisierung **ausnahmsweise** nicht als einen solchen Risikobereich ein, so hat er die Gründe für diese Schlussfolgerung zu dokumentieren[594].

521

8.3.5 Reaktionen auf Risiken wesentlicher falscher Angaben aufgrund von Verstößen

Risiken wesentlicher falscher Angaben aufgrund von Verstößen sind einzuteilen in

522

- Risiken übergeordneter Art, die sich auf den Abschluss und LB insgesamt auswirken und sich bspw. aus Veränderungen des Unternehmensumfelds oder aus Schwächen in der Unternehmensüberwachung ergeben können (**Risiken auf Abschlussebene**), sowie
- besondere Risiken, die i.Z.m. einzelnen Abschlussaussagen (im Hinblick auf bestimmte Arten von Geschäftsvorfällen, Kontensalden und Abschlussangaben) auftreten (**Risiken auf Aussageebene**)[595].

---

590 Vgl. *IDW PS 210*, Tz. 22.
591 Vgl. *Schruff*, WPg 2003, S. 902 (906).
592 Vgl. ISA 240.A28; *IDW PS 210*, Tz. 39.
593 Vgl. beispielhafte Aufzählung in ISA 240, Anlage 2.
594 Vgl. ISA 240.47; *IDW PS 210*, Prolog, *IDW PS 210*, Tz. 39, *IDW PS 210*, Tz. 68.
595 Vgl. ISA 240.25; *IDW PS 210*, Tz. 38.

> **Beispiel 44:**
>
> Beispiele für Risiken auf **Abschlussebene** sind eine Gefährdung der Profitabilität des Unternehmens durch einen starken Wettbewerb oder eine Abhängigkeit der Vergütungen von gesetzlichen Vertretern und anderen Führungskräften von der Erreichung aggressiver Zielvorgaben. Risiken auf **Aussageebene** sind bspw. das Risiko von Manipulationen bei der Umsatzrealisierung, wodurch Umsatzerlöse fingiert werden sollen, oder das Risiko von Manipulationen bei Wertberichtigungen, was bspw. zur Überbewertung bei Forderungen, Vorräten oder AV führt.

523 Große Bedeutung bei der **Reaktion** auf diese Risiken kommt der **kritischen Grundhaltung** des APr. zu[596]. Diese kann bspw. eine erhöhte Sorgfalt im Hinblick auf die bei wesentlichen Geschäftsvorfällen einzuholenden Prüfungsnachweise oder eine erhöhte Sensibilität hinsichtlich erforderlicher zusätzlicher Nachweise für die Gültigkeit von Erläuterungen oder Erklärungen der gesetzlichen Vertreter und anderer Führungskräfte erfordern[597].

524 Auf festgestellte Risiken wesentlicher falscher Angaben aufgrund von Verstößen auf der Abschlussebene muss der APr. angemessen reagieren[598]. Im Einzelnen muss er

- die eingesetzten Mitarbeiter zuordnen und entsprechend überwachen, so dass erkannte Risiken entsprechend nachverfolgt werden. Z.B. müssen die Mitarbeiter, die mit der Prüfung der Risiken wesentlicher falscher Angaben betraut sind, über die erforderlichen Kenntnisse, Fähigkeiten und Erfahrungen verfügen. Ggf. sind dabei Spezialisten, z.B. für forensische Prüfungen oder IT-Spezialisten, hinzuzuziehen;
- die von dem Unternehmen angewandten Rechnungslegungsgrundsätze einschätzen, insb. bei Bewertungen (z.B. Ermittlung des Abschreibungsbedarfs auf einen Geschäfts- oder Firmenwert) und komplexen Geschäftsvorfällen (z.B. Kaufpreisallokationen bei Unternehmenserwerben). Dabei ist abzuwägen, ob Hinweise auf Manipulationen der Rechnungslegung vorliegen (z.B. Auswahl von für bestimmte Geschäftsvorfälle unzulässigen Rechnungslegungsgrundsätze);
- die von dem Unternehmen angewandten Schätzmethoden z.B. für Rückstellungen validieren als auch die Bewertung für Vorräte sowie Abschreibungen auf Maschinen nachvollziehen;
- Überraschungselemente bei der Auswahl von Art, Zeitpunkt und Umfang von Prüfungshandlungen vorsehen (z.B. durch Veränderungen bei den Verfahren zur Auswahl von Stichproben oder die Durchführung von Prüfungshandlungen an vorher nicht bekanntgegebenen Standorten). Dies ist entscheidend, weil Personen im Unternehmen, die mit den üblicherweise durchgeführten Prüfungshandlungen vertraut sind, ansonsten Täuschungen eher verdecken können;
- zeitnah nach pflichtgemäßem Ermessen die entsprechende Management-Ebene des Unternehmens informieren[599].

---

596 Vgl. Kap. L Tz. 500.
597 Vgl. ISA 240.A33; *IDW PS 210*, Tz. 23.
598 Vgl. ISA 240.28 f; *IDW PS 210*, Tz. 42 f.
599 Vgl. *Hlavica/Hülsberg/Klapproth*², S. 215.

Bei besonderen Risiken wesentlicher falscher Angaben auf **Aussageebene** können die 525
Prüfungshandlungen bspw. wie folgt **modifiziert** werden[600]:

- **Art der Prüfungshandlungen**: z.B. verstärkte Prüfung durch Beobachtung oder körperliche Inaugenscheinnahme, Einsatz IT-gestützter Prüfungstechniken (z.B. die Verwendung der Prüfsoftware IDEA oder anderer digitaler Datenanalysen in Verbindung mit Benford's Law[601] zur Prüfung von großen Datenbeständen auf Auffälligkeiten), zusätzliche Bestätigungsanfragen an bestimmte Mitarbeiter des Unternehmens oder Dritte, Einsichtnahme in die Kommunikation mit Behörden
- **Zeitpunkt der Prüfungshandlungen**: z.B. Durchführung bestimmter aussagebezogener Prüfungshandlungen am oder in zeitlicher Nähe zum Abschlussstichtag sowie Vertiefung von Prüfungshandlungen für einen ausgewählten Zeitraum
- **Umfang der Prüfungshandlungen**: z.B. Erhöhung des Stichprobenumfangs, zusätzliche analytische Prüfungshandlungen auf der Grundlage von disaggregierten Daten (z.B. Untersuchungen auf Posten- oder Kontenebene sowie Buchungen vor und nach relevanten Stichtagen sowie Stornobuchen) oder umfassendere Prüfung von in elektronischer Form gespeicherten Geschäftsvorfällen oder Konten mit Hilfe von IT-gestützten Prüfungstechniken[602].

8.3.6 Berücksichtigung des Risikos von Management Override

Die Reaktionen des APr. auf erkannte Risiken wesentlicher falscher Angaben aufgrund 526
von Verstößen müssen auch Prüfungshandlungen im Hinblick auf das Risiko der Ausschaltung bestehender interner Kontrollen durch die gesetzlichen Vertreter und andere Führungskräfte (**Management Override**) einschließen[603]. Dabei muss er die Möglichkeit kollusiven Verhaltens unter Beteiligung von anderen Mitarbeitern oder Dritten berücksichtigen. Es soll insb. dem Risiko Rechnung getragen werden, dass Verstöße durch gesetzliche Vertreter und andere Führungskräfte mit wesentlichen Auswirkungen auf den Abschluss und LB (**Management Fraud**) begangen werden. Im Zusammenhang mit dem Risiko des Management Override können IT-gestützte Datenanalysen einen wertvollen Beitrag leisten, da auf diese Weise große Datenmengen, wie z.B. das Hauptbuchjournal des Berichtsjahres, effizient untersucht werden können. Als sinnvolle Prüfungshandlungen haben sich in der Praxis etwa folgende Auswertungen gezeigt:

- Buchungen zu ungewöhnlichen Zeiten
- manuelle Buchungen auf nur für maschinelle Buchungen vorgesehenen Konten
- Buchungen mit glatten Beträgen oder knapp unterhalb von Autorisierungsgrenzen
- Buchungen in frühere Buchungsperioden bzw. mit größeren zeitlichen Abweichungen zwischen Belegdatum und Buchungsdatum[604]

---

600 Vgl. zu Beispielen für entsprechende Prüfungshandlungen vgl. ISA 240, Anlage 2 sowie *Schindler/Haußer*, WPg 2014, S. 979 (981).
601 Vgl. z.B. *Bantleon/Thomann/Bühner*, DStR 2007, S. 1981 und S. 1983.
602 Vgl. *Schindler/Haußer*, WPg 2014, S. 979 (982).
603 Vgl. ISA 240.31 und ISA 240.33; *IDW PS 210*, Tz. 43, *IDW PS 210*, Tz. 59, *IDW PS 210*, Tz. 68.
604 Vgl. *Schindler/Haußer*, WPg 2014, S. 979 (982).

527 Im **Einzelnen** muss der APr. Prüfungshandlungen durchführen im Hinblick auf[605]

- die Angemessenheit und die Autorisierung von Journalbuchungen und anderen Anpassungen i.R.d. Abschlusserstellungsprozesses, die sich nicht im Hauptbuch niederschlagen,
- eine zielgerichtete und einseitige Einflussnahme bei geschätzten Werten in der Rechnungslegung,
- die Erlangung eines Verständnisses des wirtschaftlichen Hintergrunds bedeutsamer Geschäftsvorfälle, die außerhalb der gewöhnlichen Geschäftstätigkeit durchgeführt wurden oder die für den APr. vor dem Hintergrund seiner Kenntnisse über das zu prüfende Unternehmen und sein Umfeld außergewöhnlich erscheinen[606].

8.3.7 Mitteilungspflichten bei vermuteten oder aufgedeckten Verstößen

528 Hat der APr. Verstöße aufgedeckt oder Informationen erhalten, die auf die Existenz von Verstößen hinweisen, so muss er diese Feststellungen zeitnah – sobald dies praktisch möglich ist[607] – der **angemessenen Führungsebene** in dem geprüften Unternehmen mitteilen. Die angemessene Führungsebene liegt gewöhnlich zumindest eine Ebene über derjenigen, der die mit den mutmaßlichen Verstößen in Zusammenhang stehenden Personen zugeordnet sind[608]. Werden Verstöße aufgedeckt, bei denen die beteiligten Personen gesetzliche Vertreter und andere Führungskräfte oder aber Personen, mit Funktionen i.R.d. IKS oder bei denen der Verstoß zu wesentlichen falschen Angaben im Abschluss und LB führt, dann hat der APr. hierüber sobald wie möglich das **Aufsichtsorgan** zu informieren[609]. Vorbehaltlich einer abw. getroffenen Vereinbarung ist es sachgerecht und ausreichend, solche Informationen dem Vorsitzenden des AR zukommen zu lassen, der sie dann an die übrigen AR-Mitglieder weiterleitet[610]. Auch wenn der APr. einen Verstoß unter Mitwirkung der gesetzlichen Vertreter und anderer Führungskräfte vermutet, teilt er diese Vermutung dem Aufsichtsorgan mit und erörtert mit ihm außerdem Art, Zeitpunkt und Umfang der erforderlichen Prüfungshandlungen, um der Vermutung nachzugehen[611]. Eine abschließende rechtliche Wertung nimmt er dabei nicht vor.

> **Praxistipp 21:**
>
> In Ausübung ihrer Sorgfaltspflicht nehmen die gesetzlichen Vertreter bzw. die Aufsichtsorgane Hinweise, die auf das Vorliegen von Verstößen deuten, zum Anlass, eigene Ermittlungen anzustellen. Dabei schalten sie häufig Externe (z.B. Rechtsanwaltskanzleien oder WPG) zur Aufklärung ein. In vielen Fällen werden diese von der Internen Revision des Unternehmens unterstützt[612].

---

605 Vgl. ISA 240.32; *IDW PS 210*, Tz. 43.
606 Vgl. *IDW PS 210*, Prolog.
607 Vgl. ISA 250.24; *IDW PS 210*, Tz. 60.
608 Vgl. ISA 240.40 und ISA 240.A59; *IDW PS 210*, Tz. 60.
609 *Vgl. ISA 240.41; IDW PS 210*, Tz. 62.
610 Vgl. *IDW PS 345*, Tz. 59.
611 Vgl. ISA 240.41; *IDW PS 210*, Tz. 59.
612 Vgl. dazu ausf. *Schindler/Haußer*, WPg 2012, S. 235 (236 ff.). Siehe auch *Fehn-Claus*, IDW Life 2017 S. 1014.

Der APr. muss **festgestellte** oder **vermutete** Verstöße gegen Gesetze und Verordnungen sowie die Ergebnisse von Gesprächen mit dem Management und erforderlichenfalls mit den für die Überwachung Verantwortlichen und Dritten außerhalb des Unternehmens angemessen **dokumentieren** (z.B. Gesprächsprotokolle und Kopien von Aufzeichnungen und Dokumenten)[613]. 529

Sofern keine gegenteiligen Anhaltspunkte vorliegen, ist davon auszugehen, dass die vermutete Unregelmäßigkeit **kein einmaliger Vorgang** ist[614]. Soweit ein möglicher Einfluss auf die Ordnungsmäßigkeit des Abschlusses vermutet werden muss, ergeben sich erweiterte Prüfungspflichten, die insb. die Erwägung möglicher Konsequenzen für andere Gebiete der Abschlussprüfung beinhalten (z.B. Glaubhaftigkeit der vom Management erteilten Auskünfte und Erklärungen, Risikobeurteilungen). Darüber hinaus kann die Einholung rechtlichen Rats erforderlich sein[615]. 530

Mitglieder des Aufsichtsorgans können durch den APr. entweder **schriftlich** oder **mündlich** informiert werden[616]. Dieses Ermessen ist allerdings bei Abschlussprüfungen nach den §§ 316 ff. HGB insoweit eingeschränkt, als hierbei zwingend die Vorschriften des § 321 HGB zur schriftlichen Berichterstattung im PrB und des § 171 AktG zur mündlichen Berichterstattung in der Bilanzsitzung des AR zu beachten sind[617]. 531

In jedem Fall ist das **Aufsichtsorgan** über die nicht korrigierten falschen Angaben zu informieren, die der APr. im Verlauf der Prüfung aufgedeckt hat, die auch aus Sicht der gesetzlichen Vertreter einzeln und in ihrer Summe als unwesentlich beurteilt wurden und die nicht zur Modifizierung des BestV geführt haben, soweit diese für die Überwachung der Geschäftsführung und des geprüften Unternehmens von Bedeutung sind. Die Gesamtauswirkung dieser falschen Angaben auf die Rechnungslegung ist ebenfalls darzulegen[618]. 532

Das **Aufsichtsorgan** sowie die **gesetzlichen Vertreter** sind ebenfalls unverzüglich zu informieren, wenn wesentliche Schwachstellen im IKS zur Verhinderung und zur Aufdeckung von Verstößen bekannt werden[619]. Außerdem muss der APr. abwägen, ob auch andere Sachverhalte i.Z.m. Verstößen mit den Mitgliedern des Aufsichtsorgans erörtert werden sollten, wie z.B.[620] 533

- Bedenken an der Beurteilung von Kontrollmaßnahmen zur Verhinderung und zur Aufdeckung von Verstößen durch die gesetzlichen Vertreter und andere Führungskräfte,
- das Versäumnis der gesetzlichen Vertreter und anderer Führungskräfte, festgestellte Schwächen im IKS zu beheben oder angemessen auf festgestellte Verstöße zu reagieren,
- die Beurteilung des Kontrollumfeldes des geprüften Unternehmens durch den APr., einschl. Fragen hinsichtlich der Kompetenz und Integrität der gesetzlichen Vertreter und anderer Führungskräfte,

---

613 Vgl. ISA 240.46; ISA 250.29; *IDW PS 210*, Tz. 68.
614 Vgl. *IDW PS 210*, Tz. 59.
615 Vgl. ISA 250.20; *IDW PS 210*, Tz. 59.
616 Vgl. ISA 240.A60.
617 Vgl. auch *IDW PS 450 n.F.*, Tz. 48; *IDW PS 450 n.F.*, Tz. A52.
618 Vgl. *IDW PS 210*, Tz. 63.
619 Vgl. *IDW PS 210*, Tz. 62.
620 Vgl. ISA 240.A63.

- Handlungen der gesetzlichen Vertreter und anderer Führungskräfte, die auf Manipulation der Rechnungslegung hinweisen könnten,
- Bedenken hinsichtlich der Angemessenheit und Vollständigkeit von Autorisierungen bei ungewöhnlichen Geschäftsvorfällen.

534 Eine Mitteilung von Erkenntnissen über Verstöße an **Dritte** (z.B. einzelne Gesellschafter, Gläubiger, Staatsanwaltschaft) ist aufgrund der gesetzlichen Verschwiegenheitspflicht des APr. (§ 43 Abs. 1 WPO, § 323 HGB, § 203 StGB) nicht zulässig[621]. Ausnahmen hiervon sind aufgrund gesetzlicher Regelungen für bestimmte Bereiche (z.B. Meldepflicht bei Verdacht auf Geldwäsche gem. § 11 GwG) oder für bestimmte Prüfungen (z.B. Abschlussprüfungen von Kreditinstituten nach § 29 Abs. 2 KWG oder von Versicherungsunternehmen nach § 57 Abs. 1 VAG, bei denen an die BaFin zu berichten ist) vorgesehen[622].

8.3.8 Pflicht zur Berichterstattung im PrB und Bestätigungsvermerk

535 Über wesentliche Unrichtigkeiten und Verstöße im Abschluss oder LB und ihre Auswirkungen auf die Rechnungslegung ist im PrB (Feststellungen zur Gesetzmäßigkeit von Buchführung, JA und LB oder Konzernabschluss und KLB) zu **berichten**. Hat der APr. während der Prüfung weitere Anhaltspunkte für Unrichtigkeiten oder Verstöße erkannt, die zusätzliche Prüfungshandlungen erforderlich machen, so sind auch diese Anhaltspunkte und die hierauf getroffenen Maßnahmen des APr. im PrB zu dokumentieren[623].

536 Ferner ist eine Berichterstattung im PrB **geboten**[624],
- wenn Beanstandungen nicht zur Modifizierung des BestV geführt haben, aber für eine angemessene Information des Berichtsempfängers, insb. für die Überwachung der Unternehmensführung und des geprüften Unternehmens von Bedeutung sind,
- soweit diese Tatsachen auch bei inzwischen behobenen Fehlern auf Schwächen im IKS hindeuten,
- falls der APr. trotz der Auskunftsbereitschaft im zu prüfenden Unternehmen aufgrund der gegebenen Umstände nicht abschließend feststellen kann, ob eine Täuschung, Vermögensschädigung oder ein Gesetzesverstoß vorliegt.

537 Der BestV ist nur **einzuschränken** oder zu **versagen**, wenn sich die Unrichtigkeit oder der Verstoß wesentlich auf den Abschluss auswirkt und der Mangel im Zeitpunkt des Abschlusses der Prüfung noch vorliegt und nicht zutreffend im Abschluss dargestellt ist[625].

538 Sofern das Unternehmen den APr. daran **hindert**, Untersuchungen zur Aufdeckung von möglicherweise für den Abschluss wesentlichen Unrichtigkeiten und Verstößen anzustellen, hat der APr. den BestV einzuschränken oder zu versagen und dies auch im BestV zu begründen. Konsequenzen für den BestV können auch erforderlich sein, wenn der APr. durch Umstände, die das Unternehmen nicht zu vertreten hat, daran **gehindert** ist festzustellen, ob eine Unrichtigkeit oder ein Verstoß vorliegt[626].

---

[621] Vgl. *IDW PS 210*, Tz. 66 und *IDW PS 210*, Tz. 75 sowie *Schindler/Haußer*, WPg 2014, S. 979 (984).
[622] Vgl. ISA 250.28; *IDW PS 210*, Tz. 66.
[623] Vgl. *IDW PS 210*, Tz. 69.
[624] Vgl. *IDW PS 450 n.F.*, Tz. 45 ff.
[625] Vgl. ISA 250.25; *IDW PS 210*, Tz. 71.
[626] Vgl. ISA 250.27 und .28; *IDW PS 405*, Tz. 9.

539 Für die sonstigen Gesetzesverstöße ist die **Redepflicht** nach § 321 Abs. 1 S. 3 HGB zu beachten[627].

540 Selbst wenn die aufgedeckten Sachverhalte keinen wesentlichen Einfluss auf die Ordnungsmäßigkeit des Abschlusses haben, können die Voraussetzungen für eine **Kündigung** des Prüfungsauftrags aus **wichtigem Grund** nach § 318 Abs. 6 HGB (z.B. Täuschung, Wegfall der Vertrauensgrundlage) gegeben sein[628], insb. bei gravierendem Management Fraud. Gemäß § 320 Abs. 4 HGB hat der kündigende APr. dem nachfolgenden APr. auf dessen schriftliche Anfrage über das Ergebnis der bisherigen Prüfung zu berichten. Der bisherige APr. kann seine Informationspflicht i.d.R. dadurch erfüllen, dass er den nach § 318 Abs. 6 S. 4 HGB zu erstellenden Bericht an den nachfolgenden APr. weiterleitet[629]. Die Mandatsniederlegung muss **angemessen** und **gesetzlich zulässig** sein sowie unter Maßgabe der im Einzelfall zu beachtenden berufsständischen und rechtlichen Pflichten erfolgen[630].

541 Der APr. hat von den gesetzlichen Vertretern des geprüften Unternehmens eine schriftliche **Erklärung** einzuholen, in der diese bestätigen[631], dass sie

- die Ergebnisse ihrer Beurteilung von Risiken, dass der Abschluss und der LB wesentlich falsche Angaben aufgrund von Verstößen enthalten könnten, dem APr. mitgeteilt haben,
- den APr. über alle ihnen bekannten oder von ihnen vermuteten das zu prüfende Unternehmen betreffenden Verstöße informiert haben, insb. solche des Managements, von Mitarbeitern, denen eine bedeutende Rolle im IKS zukommt und von anderen Personen, deren Verstöße eine wesentliche Auswirkung auf den Abschluss und LB haben könnten,
- dem APr. ihre Kenntnis jeglicher ihnen von Mitarbeitern, ehemaligen Mitarbeitern, Analysten, Aufsichtsbehörden oder anderen Personen zugetragenen Behauptungen über begangene oder vermutete Verstöße mitgeteilt haben, die eine wesentliche Auswirkung auf den Abschluss und den LB des zu prüfenden Unternehmens haben könnten[632].

9. Abschlussprüfung bei teilweiser Auslagerung der Rechnungslegung auf Dienstleistungsunternehmen

9.1 Einführung

542 Durch die stark arbeitsteilige Wirtschaftswelt und zur Sicherung von Wettbewerbsvorteilen lagern Unternehmen zunehmend **Teile des Rechnungslegungssystems**[633] – ein-

---

627 Vgl. *IDW PS 450 n.F.*, Tz. 42 ff.
628 Vgl. *Schmidt/Heinz*, in: BeBiKo[11], § 318, Rn. 132.
629 Vgl. *Schmidt/Heinz*, in: BeBiKo[11], § 318, Rn. 137.
630 Vgl. dazu ISA 240.38.
631 Vgl. *IDW PS 210*, Tz. 67.
632 Vgl. zur VollstE insgesamt *IDW PS 303 n.F.*, Tz. 23 ff.
633 Das Rechnungslegungssystem wird im ISA Glossary of Terms (December 2016, Informationssystem relevant to financial reporting) als Teil des rechnungslegungsbezogenen Informationssystems angesehen. Es besteht aus den Verfahren und Aufzeichnungen, die konzipiert wurden, um Geschäftsvorfälle des Unternehmens (sowie Ereignisse und Umstände) auszulösen, aufzuzeichnen, zu verarbeiten und darüber zu berichten sowie Rechenschaft über die damit verbundenen Vermögenswerte und Schulden sowie das EK ablegen zu können.

schließl. der damit verbundenen Geschäftsprozesse – auf dafür spezialisierte externe Dienstleistungsunternehmen aus[634]. Die Dienstleistung umfasst regelmäßig neben einer standardisierten Abwicklung von Prozessen auch die Bereitstellung und den Betrieb des dafür notwendigen IT-Systems. Das hängt nicht zuletzt mit der mittlerweile sehr komplexen IT-Infrastruktur zusammen. Der Grad der Auslagerung kann je nach Größe des Unternehmens und der Branche stark variieren. Allgemein lassen sich die Arten von Auslagerungen, die für die Abschlussprüfung relevant sein können, in die folgenden Bereiche einordnen[635]:

Dienstleistungsorientiert:

- **Rechenzentrumsbetreiber:** Das externe Dienstleistungsunternehmen stellt die zur Verarbeitung von Daten über Geschäftsvorfälle oder sonstige betriebliche Aktivitäten[636] notwendige Hardware und erforderlichen Programme zur Verfügung und ist verantwortlich für deren physischen Schutz[637], z.B. durch bauliche Maßnahmen, Zugangskontrollen, oder Feuerschutzmaßnahmen. Der externe Dienstleister beschränkt sich dabei auf die Erbringungen von IT-Dienstleistungen.
- **Shared Service Center:** Betriebliche Funktionen, z.B. Debitoren-/Kreditorenbuchhaltung oder Personalverwaltung, werden in Konzernen oftmals den Konzernunternehmen in einer dafür gegründeten und zum Konzern gehörenden eigenständigen Unternehmenseinheit oder Gesellschaft zentral zur Verfügung gestellt.
- **Business Process Outsourcing:** Das zu prüfende Unternehmen lagert Unternehmensprozesse und administrative Routinetätigkeiten, z.B. die Lohn- und Gehaltsabrechnung, an ein Dienstleistungsunternehmen aus, welches sich auf die Bereitstellung solcher Funktionen spezialisiert hat. Im Unterschied zum Shared Service Center werden die Dienstleistungen nicht von einer Unternehmenseinheit innerhalb eines Konzernverbunds erbracht, sondern von einem externen – außerhalb des Konzernverbunds liegenden – Unternehmen. Die den betrieblichen Funktionen zugrunde liegenden IT-Systeme werden i.d.R. auch vom externen Dienstleistungsunternehmen betreut.

Technologie-/Internetorientiert:

- **Cloud Computing Services:** Hierzu gehören die Zurverfügungstellung von IT-Ressourcen (z.B. IT-Anwendungen, IT-Infrastruktur) über Internet- oder andere Breitbandtechnologien als Dienstleistung auf Abruf, ggf. unter Einbeziehung von Subdienstleistungsunternehmen[638].

543 Die Auslagerung von betrieblichen Funktionen innerhalb eines Unternehmensverbunds auf ein Shared Service Center hat eine besondere Relevanz, insb. bei der Zusammenarbeit zwischen Konzernprüfungsteam und Teilbereichsprüfern. Zwar stellt die Nutzung interner Shared Service Center keine Auslagerung im eigentlichen Sinn dar, gleichwohl kann eine Anwendung der nachfolgenden Vorgehensweise für das Prüfungsteam ebenso sinnvoll sein, z.B. wenn ein Shared Service Center neben internen Leistungen auch

---

634 *Köppe/Pöhlmann*, WPg 2014, S. 7.
635 Vgl. ISA 402.8 und ISA 402.A4; *IDW PS 331 n.F.*, Tz. A6; *IDW PS 951 n.F.*, Tz. 19.
636 Vgl. *IDW RS FAIT 1*, Tz. 14.
637 Vgl. *IDW RS FAIT 1*, Tz. 83.
638 Vgl. *IDW RS FAIT 5*, Tz. 7.

Dienstleistungen an Drittunternehmen erbringt, oder unterschiedliche APr. als Teilbereichsprüfer an einer Konzernabschlussprüfung beteiligt sind.[639]

Das folgende Schaubild stellt die Auslagerung von betrieblichen Funktionen auf ein Dienstleistungsunternehmen dar: **544**

```
auslagerndes Unternehmen        Dienstleistungsunternehmen
         IKS
    ausgelagerte                    ausgelagerte
    betriebliche                    betriebliche
     Funktion                        Funktion

  IDW PS 261 n.F.   IDW PS 331 n.F.   IDW PS 951 n.F.
```

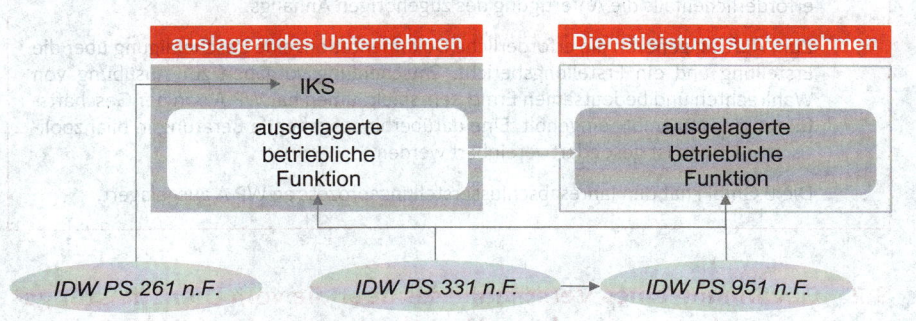

Abb. 14: Auslagerung von betrieblichen Funktionen auf ein Dienstleistungsunternehmen

Die Verantwortung für das mit den ausgelagerten Funktionen im Zusammenhang stehende IKS (**dienstleistungsbezogenes IKS**) einschl. der Einhaltung der damit verbundenen GoB verbleibt bei den gesetzlichen Vertretern des auslagernden Unternehmens[640]. Die Auslagerung der betrieblichen Funktionen sollte **schriftlich** zwischen dem zu prüfenden Unternehmen und dem Dienstleister vereinbart werden und ein Prüfungs- und Kontrollrecht für das auslagernde Unternehmen sowie dessen APr. enthalten[641]. **545**

> **Praxistipp 22:**
>
> Die nachfolgende Aufzählung enthält praxisrelevante Bereiche von ausgelagerten Funktionen, die für die Abschlussprüfung relevant sein können:
> - **Auslagerung** von rechnungslegungsrelevanten **Geschäftsprozessen** an ein Dienstleistungsunternehmen (z.B. Personalabrechnung)
> - **Verarbeitung** von rechnungslegungsrelevanten **Geschäftsvorfällen** durch ein Dienstleistungsunternehmen (z.B. Berechnung und Buchung der USt-Voranmeldung)
> - **Bereitstellung** rechnungslegungsrelevanter **Unterlagen** für den Abschluss des auslagernden Unternehmens (z.B. Buchungsdaten oder Buchungsbelege sowie die Bereitstellung ergänzender Informationen, bspw. für die Lageberichterstattung)
> - **Vornahme** von **Abschlusserstellungsarbeiten** für das auslagernde Unternehmen einschließl. der Verfahren zur Ermittlung geschätzter Werte (z.B. Erstellung von JA nach *IDW S 7*).

---

639 Vgl. *IDW PS 331 n.F.*, Tz. 8, *IDW PS 331 n.F.*, Tz. A1. Nach ISA 402.8(e) werden nur Drittunternehmen verstanden, so dass Shared Service Center nicht unter „Service Organization" fallen.
640 Vgl. ISA 402.9(d); *IDW PS 331 n.F.*, Tz. 4.
641 Vgl. ISA 402.9(d); *IDW PS 331 n.F.*, Tz. 11 (d).

> **Beispiel 45:**
>
> WP A erhält den Auftrag zur Erstellung des Jahresabschlusses der B GmbH. Der Auftrag umfasst die Entwicklung der Bilanz sowie der GuV aus der Buchführung sowie erforderlichenfalls die Anfertigung des zugehörigen Anhangs.
>
> Zum Auftrag gehören die erforderliche Dokumentation, eine Bescheinigung über die Erstellung und ein Erstellungsbericht. Entscheidungsvorgaben zur Ausübung von Wahlrechten und bedeutsamen Ermessensspielräumen hat WP A von der Geschäftsführung der B GmbH eingeholt. Eine darüberhinausgehende Beratung in bilanzpolitischen Fragen ist gesondert vereinbart werden.
>
> Die B GmbH hat den Jahresabschlusserstellungsprozess an WP A ausgelagert.

9.2 Gewinnung eines Verständnisses über die vom Dienstleistungsunternehmen erbrachten Dienstleistungen einschließlich der Feststellung und Beurteilung von Fehlerrisiken

546 Im Falle einer Auslagerung von Prozessen bzw. Dienstleistungen sollte der APr. frühzeitig das prüferische Vorgehen festlegen. Im Rahmen der Prüfungsplanung[642] muss sich der APr. ein **Verständnis vom rechnungslegungsbezogenen IKS** (einschl. des Rechnungslegungssystems) des zu prüfenden Unternehmens verschaffen, um die Risiken wesentlicher falscher Angaben in der Rechnungslegung festzustellen und zu beurteilen. Im Falle einer teilweisen oder vollständigen Auslagerung der Rechnungslegung wird er beim zu prüfenden Unternehmen Schwierigkeiten haben, ein ausreichendes Verständnis des rechnungslegungsbezogenen IKS zu erlangen. Als Ausgangspunkt wird der APr. die Art der erbrachten Dienstleistungen näher untersuchen und dabei als Informationsquellen u. a. den Dienstleistungsvertrag, Verfahrensdokumentationen, Berichte der Internen Revision oder Berichte eines WP über die Prüfung beim Dienstleistungsunternehmen[643] (sog. Berichterstattungen vom Typ 1 oder Typ 2)[644] heranziehen.

547 Der APr. muss in einem ersten Schritt einschätzen, wie stark das rechnungslegungsbezogene IKS des zu prüfenden Unternehmens durch die Auslagerung beeinflusst wird und welche **Bedeutung** die Auslagerung für das zu prüfende Unternehmen und die Abschlussprüfung hat. Die folgenden Aspekte sollte der APr. bei seiner Einschätzung berücksichtigen[645]:

- Art der vom Dienstleistungsunternehmen durchgeführten Tätigkeiten und deren Bedeutung für das auslagernde Unternehmen, z.B.
  - Routinetätigkeiten mit hoher Standardisierung (bspw. Lohnabrechnungen) vs. spezialisierte Dienstleistungen (bspw. Bewertung von Anlagevermögen oder Pensionsrückstellungen)
  - Auswirkungen auf das rechnungslegungsrelevante IKS und die wesentlichen Aussagen im JA/KA und LB/KLB

---

642 Vgl. ISA 315.12; *IDW PS 240*, Tz. 12, *IDW PS 240*, Tz. 17.
643 Vgl. ISA 402.13 ff.; *IDW PS 951 n.F.*
644 Vgl. *IDW PS 331 n.F.*, Tz. A4. Zur Erläuterung der Definitionen vgl. Kap. L Tz. 552 ff.
645 Vgl. ISA 402.9; *IDW PS 331 n.F.*, Tz. 11.

- Art und Wesentlichkeit der vom Dienstleistungsunternehmen verarbeiteten Geschäftsvorfälle oder der betroffenen Konten bzw. Rechnungslegungsprozesse, z.B.
  - Verarbeitung von standardisierten Massengeschäftsvorfällen vs. Verarbeitung von einzelnen, wertmäßig hohen Geschäftsvorfällen
- Grad der Wechselwirkung zwischen den Prozessen des Dienstleistungsunternehmens und denen des auslagernden Unternehmens, z.B.
  - Ausmaß der beim auslagernden Unternehmen eingerichteten Kontrollen über die vom Dienstleistungsunternehmen erbrachten Dienstleistungen
- Art der rechtlichen Beziehung zwischen dem auslagernden Unternehmen und dem Dienstleistungsunternehmen, z.B.
  - detaillierte vertragliche Regelungen zur Erbringung der Dienstleistung,
  - Informations- und Auskunftspflichten,
  - regelmäßige Berichterstattung über den Grad der erbrachten Dienstleistung aufgrund von vereinbarten Service Levels.

548 Kann sich der APr. unter Berücksichtigung der o.g. Aspekte und der ihm beim zu prüfenden Unternehmen zur Verfügung stehenden Informationen kein ausreichendes Verständnis über die Bedeutung der Auslagerung für das rechnungslegungsbezogene IKS verschaffen, um die Risiken wesentlicher falscher Angaben in der Rechnungslegung festzustellen und zu beurteilen, hat er mindestens eine der folgenden Prüfungshandlungen durchführen, welche in der nachfolgenden Textziffer weiter erläutert werden[646]. Dazu kann der APr. auch eine Berichterstattung vom Typ 1 oder Typ 2 verwenden.

549 Sofern der APr. kein ausreichendes Verständnis anhand der beim zu prüfenden Unternehmen vorliegenden Informationen erlangt, kann er fehlende **Informationen beim Dienstleistungsunternehmen über das auslagernde Unternehmen** einholen. Dies setzt voraus, dass das auslagernde Unternehmen entsprechende Informations- und Auskunftspflichten mit dem Dienstleistungsunternehmen vertraglich vereinbart hat.

> **Beispiel 46:**
> Unternehmen A hat die IT an einen Dienstleister ausgelagert. Das Unternehmen hat mit dem Dienstleister vertraglich ein Auskunftsrecht vereinbart. APr. B fordert über Unternehmen A die Softwarebescheinigungen und Prozessdokumentationen an.

550 Erhält der APr. auf Basis der eingeholten Informationen beim Dienstleistungsunternehmen keine hinreichende Prüfungssicherheit (weil z.B. ein bedeutsamer Geschäftsprozess mit umfangreichen Kontrollhandlungen durch das Dienstleistungsunternehmen an ein Subdienstleistungsunternehmen ausgelagert wurde), kann er die **Durchführung von eigenen Prüfungshandlungen beim Dienstleistungsunternehmen** in Erwägung ziehen. Auch hier ist Voraussetzung, dass das auslagernde Unternehmen eine entsprechende Prüfungspflicht mit dem Dienstleistungsunternehmen vertraglich vereinbart hat. Die Prüfungshandlungen sollten bereits frühzeitig geplant werden, da sie regelmäßig einen erhöhten logistischen (z.B. bei einem ausländischen Dienstleistungs-

---

646 Vgl. ISA 402.12; *IDW PS 331 n.F.*, Tz. 14.

unternehmen) und organisatorischen Aufwand (z.B. Suche nach geeigneten Ansprechpartnern im Dienstleistungsunternehmen) verursachen.

> **Beispiel 47:**
>
> Personaldienstleister A hat die IT an Unternehmen B ausgelagert. Es wurde vereinbart, dass die IT-Prüfung für den Personaldienstleister A durch den WP C bei B vor Ort durchgeführt wird.

551 Schließlich kann der APr. auch die **Hinzuziehung eines anderen Prüfers zur Durchführung von Prüfungshandlungen bei dem Dienstleistungsunternehmen** beauftragen. Der andere Prüfer ist in diesem Fall häufig der APr. des Dienstleistungsunternehmens oder der Prüfer eines Berichts vom Typ 1 oder Typ 2 mit einem umfangreichen Verständnis über die Prozesse und Kontrollen beim Dienstleistungsunternehmen. Die Beauftragung eines anderen Prüfers kann erfolgen, wenn z.B. das zu prüfende Unternehmen keine Prüfungspflicht mit dem Dienstleistungsunternehmen vereinbart hat oder der logistische und organisatorische Aufwand zur Vornahme eigener Prüfungshandlungen beim Dienstleistungsunternehmen zu hoch ist. Sofern der APr. einen anderen Prüfer beauftragt und dessen Ergebnisse verwendet, muss er sich ein Verständnis über diesen Prüfer verschaffen, einschließl. dessen Unabhängigkeit und beruflichen Kompetenz[647].

9.2.1 Verwendung einer Berichterstattung vom Typ 1 oder Typ 2

552 Dienstleistungsunternehmen, die standardisierte Dienstleistungen für die betrieblichen Funktionen einer Vielzahl von Unternehmen (Kunden) anbieten, stehen vor der Herausforderung, dass die APr. ihrer Kunden häufig eigene Prüfungshandlungen beim Dienstleistungsunternehmen durchführen müssen. Damit nun nicht für jeden einzelnen APr. entsprechende Prüfungsnachweise aufbereitet und Mitarbeiter für Fragen zur Verfügung gestellt werden müssen, wurde die separate Prüfung des IKS bei Dienstleistungsunternehmen entwickelt.

In der Berichterstattung über eine solche Prüfung werden zwei Varianten unterschieden: Typ 1 und Typ 2. Hierbei lassen die Dienstleistungsunternehmen ihr IKS durch einen WP prüfen, soweit es die Ausführung der ausgelagerten Funktionen oder Prozesse betrifft (dienstleistungsbezogenes IKS).

553 Eine Berichterstattung vom Typ 1 oder Typ 2 beinhaltet die folgenden Bestandteile[648]:
- Auftrag und Auftragsdurchführung
- Prüfungsurteil über die Prüfung des dienstleistungsbezogenen IKS
- Anhang 1: Bescheinigung
- Anhang 2: Beschreibung des dienstleistungsbezogenen IKS durch die gesetzlichen Vertreter des Dienstleistungsunternehmens
- Anhang 3: Darstellung der durchgeführten Prüfungshandlungen einschl. der Kontrollziele und geprüften Kontrollen
- Anhang 4: schriftliche Erklärung der gesetzlichen Vertreter des Dienstleistungs-*unternehmens*

---
647 Hinweise zur Verwendung von Prüfungsergebnissen anderer Prüfer enthält *IDW PS 320 n.F.*, Tz. 3.
648 Vgl. *IDW PS 951 n.F.*, Tz. 104.

- Anhang 5: Sonstige Informationen durch die gesetzlichen Vertreter des Dienstleistungsunternehmens
- Zusätzlich kann als weiterer Anhang eine VollstE beigefügt werden.

Bei einer **Berichterstattung vom Typ 1** hat der APr. zu beurteilen, ob die Beschreibung der gesetzlichen Vertreter des Dienstleistungsunternehmens die tatsächliche Ausgestaltung und Einrichtung des dienstleistungsbezogenen IKS zu dem zu prüfenden Zeitpunkt sachgerecht darstellt und die beschriebenen Kontrollen angemessen ausgestaltet sind. Eine **Berichterstattung vom Typ 2** beinhaltet darüber hinaus zusätzliche Prüfungen zur Wirksamkeit der Kontrollen[649]. 554

Um einen Bericht vom Typ 1 oder Typ 2 verwenden zu können, muss sich der APr. von der fachlichen Kompetenz und den Fähigkeiten des Prüfers und dessen Unabhängigkeit vom Dienstleistungsunternehmen überzeugen sowie beurteilen, ob der Bericht ausreichende und angemessene Prüfungsnachweise liefert[650]. Wurde der Bericht ausnahmsweise nicht von einem WP bzw. einer WPG erstellt, enthält ISA 620 und *IDW PS 322 n.F.* weitere Hinweise zur Verwertung der Arbeit eines Sachverständigen. 555

International werden diese Vorgaben von Berichten erfüllt, die nach den Standards ISAE 3402[651] oder SSAE 16[652] erstellt wurden. Derzeit erfüllen auf nationaler Ebene nur Berichte, die unter vollständiger Beachtung der Vorgaben des *IDW PS 951 n.F.* erstellt wurden, die o.g. Vorgaben an eine Berichterstattung vom Typ 1 oder 2. Bei einer Berichterstattung nicht nach den zuvor genannten Standards oder einer nicht vollständigen Beachtung muss der APr. feststellen, inwieweit neben den o.g. Vorgaben auch gesetzliche (z.B. GoB – einschl. der Anforderungen an die Ordnungsmäßigkeit und Sicherheit der rechnungslegungsrelevanten Systeme und Daten) oder aufsichtsrechtliche Anforderungen (z.B. MaRisk) berücksichtigt wurden und ggf. weiterführende Prüfungshandlungen beim auslagernden Unternehmen oder Dienstleistungsunternehmen durchführen[653]. 556

9.2.2 Besonderheit Subdienstleistungsunternehmen

Dienstleistungsunternehmen lagern ihrerseits gleichermaßen vermehrt Dienstleistungen an sog. Subdienstleistungsunternehmen aus. 557

> **Beispiel 48: Subdienstleistungsunternehmen**
> Ein Dienstleistungsunternehmen führt die Personalabrechnung für eine Vielzahl von Kunden durch. Den IT-Betrieb seiner Personalabrechnungs-Software hat es an einen dafür spezialisierten IT-Dienstleister ausgelagert.

---

649 Vgl. *IDW PS 951 n.F.*, Tz. 15 f.
650 Vgl. *IDW PS 331 n.F.*, Tz. 15 f. Weitere Hinweise zur Verwendung von Prüfungsergebnissen anderer Prüfer enthält *IDW PS 320 n.F.*, Tz. 3.
651 International Standard on Assurance Engagements (ISAE) 3402 „Assurance Reports on Controls at a Service Organization; IFAC, Handbook of International Quality Control, Auditing, Review, Other Assurance, and Related Services Pronouncements, New York 2016-2017 Edition, Volume II.
652 American Institute of Certified Public Accountants (AICPA): Reporting on Controls at a Service Organization – SSAE No. 16 (Statement on Standards for Attestation Engagements), 2016.
653 Vgl. ISA 402.9 ff.; *IDW PS 331 n.F.*, Tz. 15, *IDW PS 331 n.F.*, Tz. 17.

558 Ist aus Sicht des APr. des auslagernden Unternehmens die Tätigkeit des Subdienstleistungsunternehmens relevant für die Abschlussprüfung, muss er auch für diese Tätigkeiten ausreichende und angemessene Prüfungsnachweise einholen. Lässt er sich vom Dienstleistungsunternehmen Berichte vom Typ 1 oder Typ 2 vorlegen, muss er darauf achten, dass darin auch die Tätigkeiten des Subdienstleistungsunternehmens enthalten sind (sog. Inclusive Method[654])[655].

9.3 Festlegung und Durchführung von Prüfungshandlungen als Reaktion auf die beurteilten Risiken wesentlicher falscher Angaben in der Rechnungslegung

559 Der APr. hat seine Prüfungshandlungen auf die von ihm beurteilten Risiken wesentlicher falscher Angaben in der Rechnungslegung auszurichten. Dabei kann er Funktionsprüfungen oder aussagebezogene Prüfungshandlungen vornehmen[656]. Bei der Festlegung und Durchführung seiner Prüfungshandlungen muss er berücksichtigen, ob

- ausreichende und angemessene Prüfungsnachweise zu den relevanten Aussagen auf Abschlussebene bereits aus den bei dem auslagernden Unternehmen vorhandenen Aufzeichnungen erlangt werden können (z.B. wenn das auslagernde Unternehmen die Tätigkeiten des Dienstleistungsunternehmens insoweit überwacht, dass wesentliche falsche Angaben durch das Dienstleistungsunternehmen verhindert oder aufgedeckt werden), oder
- weitere Prüfungshandlungen beim Dienstleistungsunternehmen durchzuführen oder ein anderer Prüfer hinzuzuziehen ist.

560 Der APr. des auslagernden Unternehmens führt **Funktionsprüfungen** durch, wenn er bei seiner Risikoeinschätzung im Hinblick auf wesentliche falsche Angaben in der Rechnungslegung von der Erwartung ausgeht, dass die Kontrollen bei dem Dienstleistungsunternehmen wirksam sind, oder aussagebezogene Prüfungshandlungen alleine oder in Kombination mit Prüfungen der Wirksamkeit der Kontrollen im auslagernden Unternehmen keine ausreichenden und angemessenen Prüfungsnachweise auf Aussageebene erbringen können. Mögliche Prüfungshandlungen sind die Verwendung eines Berichts des Typs 2, die Durchführung eigener Funktionsprüfungen beim Dienstleistungsunternehmen oder das Hinzuziehen eines anderen Prüfers zur Durchführung der Funktionsprüfungen beim Dienstleistungsunternehmen.

561 Bei der Verwendung einer **Berichterstattung des Typs 2** muss der APr. neben den allgemeinen Grundsätzen insb. beurteilen, ob

- sich die im Bericht aufgeführten Funktionsprüfungen auf einen Zeitraum beziehen, der für seine Zwecke angemessen ist, und
- die im Bericht aufgeführten Funktionsprüfungen und deren Ergebnisse für die Aussagen im Abschluss des auslagernden Unternehmens relevant sind und ausreichende und angemessene Prüfungsnachweise liefern.

---

[654] Für weitere Erläuterungen zu Subdienstleistungsunternehmen und der „Inclusive Method", vgl. *IDW PS 951 n.F.*, Tz. 25 ff.
[655] Vgl. ISA 402.18; *IDW PS 331 n.F.*, Tz. 21.
[656] Vgl. ISA 402.15 f.; *IDW PS 261 n.F.*, Tz. 70, *IDW PS 261 n.F.*, Tz. 72.

562 Liegt der vom Bericht Typ 2 abgedeckte **Zeitraum** vollständig außerhalb des Rechnungslegungszeitraums des auslagernden Unternehmens, muss der APr. weitergehende Prüfungshandlungen durchführen. Grundsätzlich gilt: Je kürzer der vom Bericht abgedeckte Zeitraum ist, desto weitergehende Prüfungshandlungen muss der APr. durchführen. Bei einer hohen Überschneidung der Zeiträume kann sich der APr. von den gesetzlichen Vertretern des Dienstleistungsunternehmens für den nicht abgedeckten Zeitraum eine Erklärung zur Wirksamkeit des dienstleistungsbezogenen IKS einholen. Darin bestätigen sie, ob und wie sich Art, Umfang oder Wirksamkeit der Kontrollen im nicht abgedeckten Zeitraum verändert haben. Um die Verlässlichkeit der gemachten Erklärung zu prüfen, kann der APr. für einzelne ausgewählte Kontrollen Funktionsprüfungen im nicht abgedeckten Zeitraum durchführen bzw. von einem anderen Prüfer durchführen lassen[657].

563 Die **Relevanz** der im Bericht Typ 2 angegebenen Nachweise und Prüfungshandlungen sind vom APr. des auslagernden Unternehmens kritisch zu würdigen, da dieser Bericht regelmäßig für eine Vielzahl von auslagernden Unternehmen und deren APr. erstellt wird[658]. Insbesondere muss er beurteilen, ob die ausgelagerten Funktionen und die darin enthaltenen Kontrollen vollständig vom Bericht abgedeckt werden und welche Konsequenzen sich aus Feststellungen im Bericht auf sein weiteres Prüfungsvorgehen ergeben[659].

9.4 Festgestellte Unregelmäßigkeiten im Zusammenhang mit Tätigkeiten beim Dienstleistungsunternehmen

564 Der APr. hat die gesetzlichen Vertreter des auslagernden Unternehmens dahingehend zu befragen, ob das Dienstleistungsunternehmen sie über einen oder mehrere der nachfolgend aufgeführten Sachverhalte informiert hat oder ob diese den gesetzlichen Vertreter anderweitig bekannt geworden sind[660]:

- Verstöße (absichtliche Handlungen durch eine oder mehrere Personen beim Dienstleistungsunternehmen, um einen ungerechtfertigten oder rechtswidrigen Vorteil zu erlangen, z.B. Buchungen ohne tatsächliches Vorliegen von Geschäftsvorfällen, Diebstahl)
- Nichteinhaltung von Gesetzen und regulatorischen Anforderungen (absichtliches oder unabsichtliches Tun oder Unterlassen durch das Dienstleistungsunternehmen, welches gegen die geltenden Gesetze oder andere Rechtsvorschriften verstößt, z.B. kartellrechtliche Vergehen)
- nicht korrigierte falsche Angaben (falsche Angaben, die vom APr. des Dienstleistungsunternehmens aufgedeckt, aber nicht korrigiert wurden).

565 Wurden einer oder mehrere der o.g. Sachverhalte beim Dienstleistungsunternehmen identifiziert, muss der APr. des auslagernden Unternehmens beurteilen, wie sie sich auf Art, Zeitpunkt und Umfang seiner weiteren Prüfungshandlungen sowie auf seine Berichterstattung und Kommunikation mit dem Aufsichtsorgan auswirken. Reichen die

---

657 Vgl. ISA 402.A23; *IDW PS 331 n.F.*, Tz. A27 f.
658 *Köppe/Pöhlmann*, WPg 2014, S. 7 (10).
659 Vgl. ISA 402.31; *IDW PS 331 n.F.*, Tz. A32.
660 Vgl. ISA 402.19; *IDW PS 331 n.F.*, Tz. 22.

über das auslagernde Unternehmen zur Verfügung gestellten Informationen dazu nicht aus, muss er zusätzliche Informationen beim Dienstleistungsunternehmen anfordern[661].

9.5 Auswirkungen auf den Prüfungsbericht und Bestätigungsvermerk

566 Die Verwendung von wesentlichen Arbeiten eines anderen Prüfers beim Dienstleistungsunternehmen sind im PrB darzustellen[662]. Dies ist insb. der Fall, wenn nach Einschätzung des APr. das ausgelagerte IKS für die Abschlussprüfung von Bedeutung ist.

567 Der APr. trägt die Gesamtverantwortung für die Abschlussprüfung beim zu prüfenden Unternehmen. Verweisende Angaben im BestV auf die Verwendung von Arbeiten eines anderen Prüfers beim Dienstleistungsunternehmen sind daher bei einem uneingeschränkten BestV nicht sachgerecht[663]. Ausnahmsweise darf ein Verweis auf einen anderen Prüfer im BestV erfolgen, wenn seine Tätigkeiten i.Z.m. einer Modifizierung stehen und dies zur weiteren Erläuterung nötig ist. In diesem Fall muss der APr. klarstellen, dass seine Gesamtverantwortung für das Prüfungsurteil durch die Bezugnahme auf den anderen Prüfer nicht verringert wird[664].

568 Ist der APr. nach Ausschöpfung aller Möglichkeiten nicht in der Lage, ausreichende und angemessene Prüfungsnachweise zu den von dem Dienstleistungsunternehmen erbrachten und von ihm als relevant für die Abschlussprüfung eingestuften Dienstleistungen zu erhalten, muss er das Prüfungsurteil modifizieren[665].

10. IT in der Prüfung

10.1 Grundlagen

569 Durch die maschinelle Erzeugung von Daten innerhalb der Unternehmen, insb. in den integrierten Unternehmensplanungs-, -steuerungs- und -überwachungssystemen, sowie außerhalb der Unternehmen, z.B. Web-Zugriffe, soziale Medien, nimmt das Datenvolumen sowie die Zahl an Datenstrukturen und -formaten stark zu[666]. Eine manuelle Prüfung der Mandantendaten i.R.d. Abschlussprüfung ist bei dieser Entwicklung nicht möglich.

570 Die Abschlussprüfung unterliegt dem Grundsatz der **Wirtschaftlichkeit**[667]. „Die Verwendung IT-gestützter Prüfungstechniken kann die Wirksamkeit und Wirtschaftlichkeit der Prüfung wesentlich erhöhen"[668]. So ist der Einsatz der IT in der Abschlussprüfung häufig unumgänglich, um große Datenmengen zu verarbeiten. Er ist nahezu immer geboten, um wirtschaftlich prüfen zu können. Der zusätzliche Nutzen, der durch einen IT-Einsatz entsteht, kann zu einer Steigerung von Effektivität und Effizienz in sämtlichen Phasen der Abschlussprüfung führen[669].

---

661 Vgl. ISA 402.A41; *IDW PS 331 n.F.*, Tz. 14.
662 Vgl. *IDW PS 331 n.F.*, Tz. 23; *IDW PS 450 n.F.*, Tz. 57.
663 Vgl. ISA 402.20 ff.; *IDW PS 331 n.F.*, Tz. 25.
664 Vgl. *IDW PS 331 n.F.*, Tz. 26.
665 Vgl. ISA 402.20; ISA 700 (rev.); *IDW PS 331 n.F.*, Tz. 23 ff.; *IDW PS 400* n.F. Tz. 23 f.; *IDW PS 405*, Tz. 10 ff.
666 *Feld/Kreisel/Baum*, WPg 2013, S. 565 (575).
667 Vgl. ISA 300.2; *IDW PS 200*, Tz. 21.
668 *IDW PS 330*, Tz. 94.
669 *Feld/Kreisel/Baum*, WPg 2013, S. 565 (577).

Schließlich sollte die **Erwartungshaltung** der zu prüfenden Unternehmen an den APr. nicht unterschätzt werden. Mandanten und die Öffentlichkeit erwarten von den WP profunde Kenntnisse auf dem Gebiet der IT[670]. 571

10.1.1 Rahmenbedingungen des IT-Einsatzes

a) Technische Plattformen

Als Plattformen für den IT-Einsatz kommen grundsätzlich die Systeme des APr. und die des zu prüfenden Unternehmens in Betracht[671]. Diese können sowohl Inhouse (z.B. eigenes Rechenzentrum) als auch Extern (z.B. Cloud Computing) betrieben werden. In beiden Fällen ist die Nutzung von Standardtools/-auswertungen oder APr.-spezifischer Lösungen denkbar. 572

Bei der Nutzung der **Systeme des zu prüfenden Unternehmens** kann der APr. die Anwendungen des Unternehmens mitnutzen. Es können z.B. Standardreports aus dem ERP-System des zu prüfenden Unternehmens genutzt werden, um damit bestimmte Prüfungshandlungen durchzuführen. Der APr. kann auch eigene Anwendungen auf den IT-Systemen des Unternehmens installieren (lassen). Die Installation ist allerdings aufwändig, da sie die Einhaltung umfangreicher technischer Voraussetzungen und die Zusicherung, dass Veränderungen durch das Unternehmen ausgeschlossen sind, verlangt[672]. Beim Einsatz von automatisierten Datenanalysen hat sich insb. im SAP-Umfeld die Installation von eigenentwickelten Systemen auf dem SAP-System des Unternehmens durch den APr. etabliert, welche die Durchführung der automatisierten Datenanalysen unterstützen. Dadurch kann der Download (aus den Systemen des zu prüfenden Unternehmens), Transport und Upload (in die Systeme des APr.) von großen Datenmengen vermieden werden. IT-Anwendungen des Mandanten können vom APr. nur dann verwendet werden, wenn zuvor deren Verlässlichkeit festgestellt wurde. Ferner muss berücksichtigt werden, dass durch den IT-Einsatz das Laufzeitverhalten des IT-Systems des Mandanten beeinflusst werden kann[673]. Unter Umständen sind die zuvor genannten Voraussetzungen und Prüfungshandlungen i.d.R. unternehmensspezifisch und können bei anderen Mandanten in deren Systemen nicht ohne Anpassungen verwendet werden. 573

Die Nutzung der (eigenen) **Systeme des APr.** hat den Vorteil eines routinierten, sachverständigen Umgangs mit den immer gleichen Instrumenten bei den oftmals gleichen Systemen der Mandanten. Ein wesentlicher Vorteil liegt zudem in der hohen inhaltlichen und zeitlichen Flexibilität. Dies setzt indes eine kritische Grundhaltung des APr. voraus, d.h. die bisher anderweitig (z.B. manuell) geprüften Prozesse im Unternehmen sollten bewusst in Frage gestellt werden und von außen mit den Systemen des APr. beurteilt werden. 574

Die in der Vergangenheit oftmals mangelnde Verfügbarkeit und Extraktion der Daten aus dem IT-System des Mandanten hat sich seit der Einführung der „Grundsätze zum Datenzugriff und zur Prüfbarkeit digitaler Unterlagen (**GDPdU**)"[674] durch die Finanz- 575

---

[670] Feld, WPg 2013, S. 1029.
[671] Vgl. IDW PS 330, Tz. 102.
[672] Vgl. die einzelnen Voraussetzungen in IDW PS 330, Tz. 104.
[673] IDW PH 9.330.3, Tz. 22.
[674] BMF v. 16.07.2001, BStBl. I 2001, S. 415. Die GDPdU wurden durch die GoBD zum 01.01.2015 abgelöst.

behörden 2001 stark verbessert. Diese steuerrechtlichen Vorschriften verpflichten Unternehmen, deren Buchhaltung über ein IT-gestütztes Rechnungslegungssystem geführt wird, zur Aufbewahrung der Unterlagen in elektronisch auswertbarem Format. Die Mehrzahl der Softwareanbieter stellt dazu eine sog. GDPdU-Schnittstelle zur Verfügung, über die die für einen IT-Einsatz benötigten Daten zur Verfügung gestellt werden können. Dabei ist allerdings zu beachten, dass es keine Standarddatenanforderungen für die GDPdU-Schnittstelle gibt. Mit dem Datenformat ist dann eine einfache Weitergabe in Standardtools, wie etwa IDEA, möglich.

576 Für die Nutzung APr.-spezifischer Lösungen können die Datenanforderungen durch den Einsatz spezifischer Extraktionsprograme effizienter umgesetzt werden und ermöglichen damit eine (teil-)automatisierte Weiterverarbeitung der Daten.

b) Dokumentation des IT-Einsatzes

577 Die Pflicht des APr., Planung und Durchführung der Prüfung sowie die Prüfungsergebnisse zu dokumentieren[675], umfasst auch den Einsatz und die Verwendung der IT i.R.d. Abschlussprüfung. Die Dokumentation beinhaltet Art und Umfang der eingesetzten IT[676] und kann sowohl auf physischen Dokumenten als auch in elektronischer Form erfolgen[677].

578 Der Inhalt der Dokumentation legt dar, welche **Art** von IT-gestützter Prüfungstechnik (Computer Assisted Audit Techniques, CAAT) durch den APr. genutzt wird, z.B. IDEA[678] oder ACL[679]. Weiterhin wird der **Umfang** der Nutzung IT-gestützter Prüfungstechnik dokumentiert, da diese zur Unterstützung des gesamten Prüfungsprozesses verwendet werden können[680].

579 Regelmäßig erfolgt auch die Dokumentation der Prüfungshandlungen in **elektronischer Form** in der jeweiligen Prüfungssoftware; die entsprechenden Dateien sind Teil der Arbeitspapiere des APr. und mit diesen aufzubewahren. Es gelten die generellen Regeln zur **Archivierung**[681]. Die elektronische Speicherung der Dokumentation hat den Vorteil, dass sich Algorithmen und Verarbeitungsprozeduren, je nach eingesetzter Software, anhand der Dateien zumeist schrittweise nachvollziehen lassen und die Dateien für Folgeprüfungen zur Verfügung stehen[682].

580 Besonders zu beachten sind die gesetzliche Aufbewahrungsfrist für Handakten, d.h. für vom Mandanten überlassene Unterlagen, von zehn Jahren[683], ggf. mit dem Mandanten vertraglich vereinbarte Aufbewahrungsfristen und die praxisinternen Regelungen für die Aufbewahrung für vom APr. selbst erstellte Arbeitspapiere. Insb. bei elektronischer Dokumentation ist für den gesamten Aufbewahrungszeitraum die jederzeitige **Lesbarkeit**[684] sicherzustellen. Dies erfordert in Anbetracht der Entwicklungsgeschwindigkeit

---

675 Vgl. ISA 230.2; *IDW PS 460 n.F.*, Tz. 7.
676 Vgl. ISA 230.8; *IDW PS 460 n.F.*, Tz. 12.
677 Vgl. § 51b Abs. 7 i.V.m. Abs. 5 WPO; ISA 230.A3; *IDW PS 460 n.F.*, Tz. 23.
678 IDEA (Interactive Data Extraction and Analysis) ist eine eingetragene Marke der CaseWare IDEA Inc.
679 ACL ist eine eingetragene Marke der ACL Services Ltd.
680 Vgl. *IDW PS 330*, Tz. 96.
681 Vgl. ISA 230.A23; *IDW PS 460 n.F.*, Tz. 32.
682 Vgl. *IDW PS 330*, Tz. 101.
683 Vgl. § 51b Abs. 2 S. 1 WPO.
684 Vgl. § 257 Abs. 3 S. 1 HGB; ISA 230.A23; *IDW PS 460 n.F.*, Tz. 32.

der IT und des schnellen Wandels von Dateitypen organisatorische Maßnahmen, z.B. die Aufbewahrung nicht mehr eingesetzter IT-Anwendungen.

c) Verschwiegenheit im Rahmen des IT-Einsatzes

WP sind in besonderem Maße zur Verschwiegenheit verpflichtet[685]. Sie haben Vorkehrungen zu treffen und dafür Sorge zu tragen, dass Tatsachen und Umstände Unbefugten nicht bekannt werden[686]. Das gilt auch für die Sicherheit elektronischer Daten. Diese Verpflichtung besteht auch gegenüber Mitarbeitern, die mit dem Mandat nicht befasst sind[687]. **581**

Die Einhaltung der Verschwiegenheitspflicht führt mit dem zunehmenden Einsatz von IT zu einer nicht zu unterschätzenden (technischen) Herausforderung für den APr. Das **Risiko des unbefugten Zugriffs** Dritter auf der Verschwiegenheitspflicht unterliegenden Informationen ist durch den IT-Einsatz wesentlich gestiegen. Dies ist insb. auf zwei Gründe zurückzuführen: Zum einen besteht im Regelfall eine **physische Verbindung** zwischen der Informationsverwaltung und -archivierung des APr. einerseits und den – unbefugten – Dritten andererseits (z.B. Administratoren von IT-Dienstleistern, Speicherung von Daten in der Dropbox). Zum anderen ist sowohl über Speichermedien als auch über Informationskanäle, wie z.B. das Internet, der **schnelle Transfer großer Mengen an Informationen** möglich. **582**

d) Qualitätssicherung bei und durch den IT-Einsatz

Eine Qualitätssicherung stützt sich meist auf den **qualitativ hochwertigen IT-Einsatz**. Das verlangt **zusätzliche Maßnahmen** zur Qualitätssicherung durch den APr. Gegenstand der Qualitätssicherung sind in diesem Zusammenhang die eingesetzten IT-Anwendungen selbst sowie deren Verwendung durch den APr. und dessen Mitarbeiter. **583**

Die **Qualitätssicherung der IT-Anwendung** ist bei Eigenentwicklungen durch den APr. (z.B. selbsterstellte Makros in Excel-Dateien) besonders wichtig. Bereits in den Phasen der Definition der Anforderungen und der Entwicklung, d.h. vor der eigentlichen Testphase, müssen qualitätssichernde Maßnahmen einsetzen. Das Fehlerrisiko ist bei Standardanwendungen tendenziell niedriger. Gleichwohl zeigt die Praxis auch bei diesen immer wieder Fehler[688]. **584**

Die **Qualitätssicherung der Nutzung von IT-Anwendungen** bleibt solange unabdingbar, wie deren Nutzung nicht frei ist von jeder Benutzerinteraktion (z.B. beim Einsatz von künstlicher Intelligenz). Davon ist derzeit noch nicht auszugehen. Die erforderlichen qualitätssichernden Maßnahmen in diesem Zusammenhang entsprechen im Wesentlichen denen im *IDW QS 1*, d.h. insb. **585**

- kontinuierliche Fortbildung der Mitarbeiter in der Nutzung der verwendeten IT-Anwendungen,
- Planung des IT-Einsatzes und Formulierung von Prüfungsanweisungen,
- Überwachung des IT-Einsatzes, d.h. z.B. die durch Befragen und Beobachten zu treffende Feststellung, ob die vorzunehmenden Prüfungshandlungen verstanden wurden,

---

685 Vgl. § 43 Abs. 1 S. 1 WPO, § 10 BS WP/vBP.
686 Weiterführend Kap. A Tz. 170 ff.
687 Vgl. *IDW QS 1*, Tz. 58.
688 Töller/Herde, WPg 2012, S. 598.

- Durchsicht der Prüfungsergebnisse, z.B. hinsichtlich der für Datenverarbeitungsprozesse angewandten Parameter oder manuellen Berechnungsformeln.

10.1.2 Erforderliche Infrastruktur für den IT-Einsatz

586 Der Einsatz der IT durch den APr. unterliegt allgemeinen, branchenunabhängigen Grundsätzen. Der APr. hat deshalb auch die allgemeinen Regeln zur Sicherheit und Ordnungsmäßigkeit bei IT-gestützten Geschäftsprozessen[689] zu beachten. Der IT-Einsatz ist sowohl für den Mandanten als auch den APr. mit besonderen IT-Risiken verbunden.

587 Um den o.g. Rahmenbedingungen Rechnung zu tragen und die angestrebten Effizienzgewinne bei gleichzeitiger Minimierung der IT-Risiken zu erreichen, ist es erforderlich, für eine angemessene Infrastruktur zu sorgen. Hierbei sind zusammenfassend folgende Bereiche zu unterscheiden:

- Technik,
- Organisation und
- Mentalität.

588 Der moderne IT-Einsatz durch den APr. setzt eine leistungsfähige **technische Infrastruktur** voraus. Neben den für die Prüfungsunterstützung unmittelbar eingesetzten Anwendungen und der dafür erforderlichen Hardware umfasst dies insb.

- leistungsfähige Netzwerke (Local, Wide, Global Area Networks; Intranets, Internetzugang; Cloud Computing),
- allgemeine Software zum Betrieb der Hardware und zur Verwaltung der Daten (Betriebssystem, Dokumenten-Management-System etc.),
- Soft- und/oder Hardware zum Schutz der Daten vor unbefugtem Zugriff.

589 Zu schützen sind sowohl die im Regelfall nicht physisch von der Außenwelt getrennten Netze als auch jede einzelne Arbeitsstation. Diese können einzeln verschlüsselt werden oder in Gänze über sog. Firewalls vor dem unbefugten Zugriff Dritter geschützt werden. Durch Verschlüsselung sollte auch die Kommunikation, insb. die mit Dritten, geschützt werden. Hierfür steht Software zur Verfügung, deren Verwendung regelmäßig einen nicht unbeträchtlichen organisatorischen Aufwand hervorruft (Austausch und Verwaltung der Schlüssel). Die Verwaltung der Schlüssel kann auf Dritte, wie z.B. Trust Center, verlagert werden. Grundsätzlich ergibt sich das erforderliche Sicherheitsniveau aus einer Abwägung zwischen Sicherheitsanforderungen und Kosten der Sicherheit sowie aus den Anforderungen der Mandanten.

590 Ein besonderes Problem kann die immer noch anzutreffende **Offline-Arbeit** des APr. beim Mandanten darstellen. Der APr. ist dadurch physisch von den eigenen Netzen und von der Nutzung der IT-gestützten Kommunikations- und Informationskanäle sowie der Prüfungssoftware getrennt. Für die Mitglieder des Prüfungsteams ergibt sich das Problem der Synchronisation der Daten bei regelmäßiger Offline-Arbeit. Die umfassende Anbindung an die Netze des Mandanten und die Nutzung allgemein zugänglicher Datenkanäle (z.B. Internet) scheitern vielfach (noch) entweder an Problemen der Datensicherheit oder der mangelnden Bereitschaft der Mandanten, diese Kanäle dem APr. in vollem Umfang zur Verfügung zu stellen.

---

[689] Vgl. *IDW RS FAIT 1*, Tz. 106 ff.

IT-Risiken, wie z.B. lückenhafter und instabiler Verfügbarkeit, können beim APr. insb. durch **organisatorische** Maßnahmen wirkungsvoll begegnet werden. Dies beinhaltet einen geordneten IT-Betrieb zur Wartung der Systeme, aber auch Strukturen zur unabdingbaren regelmäßigen Fortbildung und für den laufenden Support der Anwender. In größeren Wirtschaftsprüferpraxen kann dies den Aufbau umfangreicher organisatorischer Einheiten erforderlich machen. 591

Besonders hervorzuheben ist die Bedeutung der **Kompetenz** der Anwender. Durch gezielte Aus- und Fortbildungsmaßnahmen (theoretische und praktische Ausbildung) können die IT-Kenntnisse verbessert werden[690]. Ein unsachgemäßer Umgang mit Software führt zur fehlerhaften Nutzung von IT-Anwendungen und kann zu Falschaussagen in der Würdigung von Ergebnissen aus Prüfungshandlungen oder zu Effizienzverlusten i.R.d. Prüfungsabwicklung führen. 592

Alle Bereiche der Infrastruktur (insb. die IT-Anwendungen, Netzwerke und Betriebssysteme des APr.) müssen angesichts der kurzen Produktlebens- und Entwicklungszyklen in der IT **innovativ** sein, um mit technischen Entwicklungen (auch hinsichtlich der von den zu prüfenden Unternehmen eingesetzten Systeme) Schritt halten zu können. 593

Außerdem besteht die Möglichkeit zur **elektronischen Zusammenarbeit mit dem Mandanten**. Sie bedeutet i.d.R. nicht nur eine Zeitersparnis, sondern erleichtert insb. die Verarbeitung der Informationen bzw. Daten und trägt damit zur Steigerung der Effizienz bei. Dies erfolgt durch die Einrichtung von virtuellen, allen Mandanten zugänglichen Marktplätzen, von virtuellen, gegenüber Dritten abgeschotteten Räumen für den Daten- und Informationsaustausch mit einzelnen Mandanten und eröffnet für den APr. neue Möglichkeiten der Mandantenbetreuung[691]. So können z.B. über sog. eRooms[692] Daten zwischen den Mitgliedern des Prüfungsteams, aber auch mit den Mandanten, ausgetauscht und Informationen hinterlegt werden. Eine Zugriffsteuerung ermöglicht den personalisierten und eingeschränkten Zugriff auf die entsprechenden Daten und Informationen. 594

10.1.3 Datenanalysen i.R.d. Abschlussprüfung

Datenanalysen können grundsätzlich in allen Phasen der Abschlussprüfung – von der Prüfungsplanung bis zu den abschließenden Prüfungshandlungen – eingesetzt werden[693]. Voraussetzung für einen effizienten Einsatz von Datenanalysen in den einzelnen Phasen der Abschlussprüfung ist eine methodische Vorgehensweise, insb. eine strukturierte und koordinierte Planung, um zu vermeiden, dass Datenanalysen zusätzlich zu bereits erzielten Prüfungsfeststellungen eingesetzt werden[694]. Nachfolgend werden die Einsatzmöglichkeiten der Datenanalyse in den einzelnen Prüfungsphasen kurz erläutert. 595

a) Feststellung von Risiken wesentlicher falscher Angaben in der Rechnungslegung

Zur Feststellung von Risiken wesentlicher falscher Angaben in der Rechnungslegung *verschafft sich der* APr. Informationen zu den gesamtwirtschaftlichen Rahmenbedingungen und den Entwicklungen in der Branche des Unternehmens (z.B. kon- 596

---

690 Lieder/Goldshteyn, WPg 2013, S. 586 (594).
691 Vgl. *IDW RS FAIT 2*, Tz. 1.
692 eRoom ist ein Produkt der EMC Corporation.
693 *IDW PH 9.330.3*, Tz. 9.
694 Feld/Kreisel/Baum, WPg 2013, S. 565 (575); *IDW PH 9.330.3*, Tz. 27.

junkturelle Situation, Wettbewerbs- und Marktverhältnisse) sowie zu den unternehmensspezifischen Merkmalen (z.B. Planungs- und Budgetzahlen).

597 Informationen zu den gesamtwirtschaftlichen Rahmenbedingungen und den Entwicklungen in der Branche des Unternehmens sind regelmäßig unternehmensfremde Daten, die nur bedingt für Datenanalysen geeignet sind. Hier bieten sich eher konventionelle Prüfungstechniken wie die Durchführung von Interviews oder die Sichtung von rechtlichen Dokumenten an[695].

598 Zur Vertiefung von Kenntnissen über die unternehmensspezifischen Merkmale eignen sich z.B. Zeitreihenvergleiche, Trend- und Abweichungsanalysen mittels der Datenanalyse[696]. Damit können erste Hinweise auf den Verlauf von Unternehmensdaten wie die Umsatzerlöse und eine damit verbundene Einschätzung der Umsetzung der Unternehmensstrategie gewonnen werden. Die so erlangten Kenntnisse können anschließend zur Identifikation von folgenden bedeutsamen Fehlerrisiken eingesetzt werden:

- Geschäftsvorfälle, die nicht routinemäßig verarbeitet werden
- Beurteilungsspielräume bei Ansatz und Bewertung von Vermögensgegenständen und Schulden
- ungewöhnliche Geschäftsvorfälle und solche außerhalb des gewöhnlichen Geschäftsbetriebs[697].
- Hierbei können mit Hilfe von Datenanalysen aus der Fülle des Buchungsstoffes die o.g. Geschäftsvorfälle herausgefiltert und weiter analysiert werden[698]. Eine typisierte Darstellung von möglichen Datenanalysen zur Feststellung von Risiken wesentlicher falscher Angaben in der Rechnungslegung enthält *IDW PH 9.330.3*, Anhang 2, Teil 1.

b) Beurteilung des internen Kontrollsystems

599 Die Prüfung von Kontrollen mittels Datenanalyse setzt voraus, dass der APr. ausreichende Kenntnisse über die Art der Kontrolle (generelle Kontrollen, prozessintegrierte Kontrollen) und deren Datenstruktur (welche Daten werden wie in welcher Form erfasst und in welcher Beziehung stehen diese zueinander) besitzt[699]. Generelle Kontrollen wirken sich unabhängig vom jeweiligen IT-gestützten Geschäftsprozess auf das gesamte IT-System aus, z.B. logische Zugriffskontrollen (insb. Passwörter und Benutzer-/Berechtigungsvergabe) und Kontrollen zur Datensicherheit. Prozessintegrierte Kontrollen sind im jeweiligen IT-gestützten Geschäftsprozess implementiert. Als bedeutsame Kontrollen können sie auch prozessübergreifend implementiert sein[700].

600 Bei der Prüfung von Kontrollen mittels Datenanalyse können zwei Methoden unterschieden werden: (1) die Prüfung der bei der Verarbeitung eines Geschäftsvorfalls produzierten Daten, oder (2) die Prüfung von Änderungen an der Kontrolle.

---

[695] *Lieder/Goldshteyn*, WPg 2013, S. 586 (589).
[696] *IDW PH 9.330.3*, Tz. 35.
[697] *IDW PH 9.330.3*, Tz. 37.
[698] *Lieder/Goldshteyn*, WPg 2013, S. 586 (589).
[699] *IDW PH 9.330.3*, Tz. 45.
[700] *IDW PH 9.330.2*, Tz. 44.

> **Beispiel 49:**
> Prüfung der bei der Verarbeitung eines Geschäftsvorfalls produzierten Daten:
> Bei einer Kontrolle, die für Bestellungen ab 100.000 € eine IT-gestützte Freigabe verlangt, kann anhand der Protokollierung analysiert werden, ob diese Freigaben ausschließlich von hierzu berechtigten Mitarbeitern erfolgten.
>
> Prüfung von Änderungen an der Kontrolle:
> Bei der o.g. Kontrolle kann der APr. anhand von Änderungsprotokollen analysieren, ob die Berechtigung zur Freigabe im Prüfungszeitraum an hierzu berechtigte Mitarbeiter vergeben wurde[701].

Eine typisierte Darstellung von möglichen Datenanalysen zur Beurteilung des IKS enthält *IDW PH 9.330.3*, Anhang 2, Teil 2.

c) Aussagebezogene Prüfungshandlungen

601 Datenanalysen können sowohl für Einzelfallprüfungen zu einzelnen Arten von Geschäftsvorfällen, Kontensalden und Abschlussinformationen als auch für aussagebezogene analytische Prüfungshandlungen eingesetzt werden.

602 Im Rahmen der Einzelfallprüfungen erfolgen Datenanalysen häufig als Soll-Ist-Vergleich einzelner Geschäftsvorfälle und Bestände. Dazu eignen sich insb. die folgenden Prüfungshandlungen:
- Berechnung und Nachvollziehen von automatisierten Bewertungsalgorithmen und Buchungen bzw. Abschreibungs- und Abgrenzungsberechnungen,
- Verifizierung von Aussagen in der Rechnungslegung durch die Aufbereitung und Auswertung der i.Z.m. der Verarbeitung von Geschäftsvorfällen erfassten Daten.

603 Auswertungen von auffälligen Abweichungen in der Verarbeitung von Geschäftsvorfällen erfolgen meist in Form eines sog. **Journal Entry Testing** (JET). Dabei wird der Buchungsstoff nach möglichen Anzeichen für Verstöße (z.B. Buchungen an Wochenenden oder zur Nachtzeit, Buchungen mit ungewöhnlichen Buchungstexten, Buchung von glatten Beträgen über der Wesentlichkeit) oder Unrichtigkeiten (z.B. doppelt erfasste Rechnungsnummern) hin untersucht. Bei festgestellten Auffälligkeiten sind weitere Prüfungshandlungen zur Klärung der Ursache notwendig[702].

604 Zur Durchführung von aussagebezogenen analytischen Prüfungshandlungen sind insb. Zeitreihenvergleiche, Abweichungs- und Abhängigkeitsanalysen (Strukturanalysen) der i.Z.m. der Verarbeitung von Geschäftsvorfällen erfassten Daten geeignet[703]. Häufige Einsatzgebiete sind das Anlagevermögen (z.B. Entwicklung von Abschreibungen und Nachvollzug der Nutzungsdauern), das Vorratsvermögen (z.B. Abgleich aktueller Bewertungspreise gegenüber VJ-Bewertungspreis, negative Bestände) und die Forderungen/Verbindlichkeiten aus Lieferungen und Leistungen (z.B. Schichtung der offenen Posten nach Alter)[704]. Eine typisierte Darstellung von möglichen Datenanalysen i.Z.m. aussagebezogenen Prüfungshandlungen enthält *IDW PH 9.330.3*, Anhang 2, Teil 3.

---

[701] *IDW PH 9.330.3*, Tz. 44.
[702] *IDW PH 9.330.3*, Tz. 72.
[703] *IDW PH 9.330.3*, Tz. 67.
[704] *Lieder/Goldshteyn*, WPg 2013, S. 586 (592).

10.1.4 XBRL

605 Neue Dimensionen der Verfügbarkeit und Nutzung von externen Finanzinformationen i.R.d. Abschlussprüfung sind durch den weltweit anerkannten Schnittstellenstandard XBRL (eXtensible Business Reporting Language) für den Austausch von Finanzinformationen möglich. XBRL basiert auf der lizenzfreien und international anerkannten Auszeichnungssprache XML (**eXtensible Markup Language**) und soll die Erstellung, Analyse und Kommunikation von Finanzinformationen fördern und verbessern. Dabei können Finanzinformationen, ausgehend von der unternehmensinternen Darstellung, in das XBRL-Standardsystem überführt werden. Im XBRL-Standard sind sog. Taxonomien sowohl für IFRS und US-GAAP als auch für HGB und E-Bilanz[705] angelegt. Eine Taxonomie ist ein vordefiniertes Schema, das die folgenden Elemente enthalten kann:

- Definition der Begriffe für die einzelnen Posten der Bilanz und der GuV
- Darstellung der Beziehungen zwischen den einzelnen Begriffen, z.B. der Begriff „Umlaufvermögen" steht in Beziehung zu den Begriffen „Vorräte" und „Forderungen und sonstige Vermögensgegenstände"
- Geschäftsregeln (business rules) für einzelne Begriffe, z.B. kann für Bilanzposten die Regel aufgestellt werden, dass sich der Endbestand aus dem Anfangsbestand, erhöht um die Zugänge und vermindert um die Abgänge des GJ, ergibt.

606 Finanzinformationen, die über XBRL ausgetauscht werden, sind keine zusätzlichen Informationen, die von Unternehmen zusammen mit dem JA veröffentlicht werden[706] und daher nicht Bestandteil der Abschlussprüfung[707]. Sie stellen lediglich die maschinenlesbare Wiedergabe von Jahresabschlussdaten dar.

10.2 Rechnungslegungsrelevantes IT-System und Prüfungshandlungen des Abschlussprüfers

10.2.1 Einleitung

607 Unternehmensorganisationen, Geschäftsprozesse und Rechnungslegung sind dadurch gekennzeichnet, dass IT als ein wesentlicher und untrennbar mit der Aufbau- und Ablauforganisation verbundener Faktor eingesetzt wird. Ordnungsgemäße und sichere IT-gestützte Geschäftsprozesse und Buchführungssysteme ermöglichen unter Einbeziehung aller manuellen und maschinellen Verfahren bzw. Kontrollen eine vollständige, richtige, zeitgerechte, geordnete, unveränderliche sowie für einen sachverständigen Dritten nachvollziehbare Rechnungslegung. Unter Berücksichtigung der potenziellen IT-Risiken sind die Ordnungsmäßigkeit und Sicherheit der IT-Systeme sowie die Effektivität der IT-gestützten internen Kontrollen zu prüfen.

608 Der Einsatz von IT im Unternehmen erfolgt in Form eines **IT-Systems**, das zur Verarbeitung von rechnungslegungsrelevanten Daten folgende **Elemente** beinhaltet[708]:

- IT-Umfeld,

---

705 Vgl. dazu die weiterführenden Hinweise der XBRL Deutschland e.V.
706 Vgl. ISA 720 (rev.) bzw. ISA 720 (rev.) (E-DE); IDW PS 202.
707 Vgl. die Antwort des IAASB zu Frage 5 in der Publikation „XBRL: The Emerging Landscape" vom Januar 2010 (https://www.ifac.org/system/files/publications/files/xbrl-the-emerging-landscape.pdf – zit. 30.08.2018).
708 Vgl. dazu und zu den nachfolgenden Ausführungen insb. die Grundsätze in *IDW RS FAIT 1*.

- IT-Organisation,
- IT-Infrastruktur,
- IT-Anwendungen und
- IT-gestützte Geschäftsprozesse.

In Abhängigkeit von der Unternehmensorganisation kann das IT-System zentral oder dezentral organisiert, national oder international (grenzüberschreitend) ausgerichtet, über Schnittstellen mit der IT von Geschäftspartnern (Lieferanten, Kunden, Kreditinstitute, Behörden) verbunden sein oder von Dritten betrieben werden (Outsourcing).

Das Zusammenwirken der Geschäftsprozesse, der in sie integrierten (Software-)Anwendungen und der zugrunde liegenden IT-Infrastruktur wird maßgebend durch das **IT-Kontrollsystem** bestimmt. Das IT-Kontrollsystem ist Bestandteil des IKS des Unternehmens und beinhaltet Grundsätze, Maßnahmen (Regelungen) und Verfahren, die zur Bewältigung von IT-Risiken festgelegt und eingeführt werden. Zugleich sollte es einen effektiven, effizienten, ordnungsgemäßen, verlässlichen und sicheren Betrieb der IT-Systeme gewährleisten sowie zur Sicherung von Vermögenswerten beitragen. Das IT-Kontrollsystem sollte zudem im Einklang mit maßgeblichen rechtlichen Vorschriften und organisatorischen Regelungen stehen. Es wird durch die IT-Kontrollen selbst, die IT-Organisation und das IT-Umfeld geprägt. 609

Zu den IT-Kontrollen als Bestandteil des internen Überwachungssystems zählen die in den Geschäftsprozessen vorgesehenen prozessintegrierten Kontrollen, die darüber hinaus in IT-Anwendungen enthaltenen Eingabe-, Verarbeitungs- und Ausgabekontrollen, organisatorische Sicherungsmaßnahmen auf Ebene der IT-Infrastruktur (z.B. Zugriffskontrollen) und solche Maßnahmen, die sich als generelle Kontrollen auf das gesamte IT-System auswirken (z.B. Qualitätssicherung bei der Entwicklung, Änderung und Einführung von IT-Anwendungen). 610

Durch die **IT-Organisation** werden die übergreifenden Verantwortungen und Kompetenzen im Hinblick auf die Planung, Steuerung und Durchführung des IT-Einsatzes im Unternehmen geregelt. 611

Das **IT-Umfeld** ist durch die Einstellungen, das Problembewusstsein und Verhalten der Mitarbeiter, insb. der Unternehmensleitung, im Hinblick auf den IT-Einsatz geprägt. 612

Die **IT-Infrastruktur** umfasst alle technischen Einrichtungen und Ressourcen sowie organisatorischen Maßnahmen, die für die Durchführung, Aufrechterhaltung und Sicherheit der Datenverarbeitung erforderlich sind. Hierzu zählen neben baulichen und räumlichen Einrichtungen des IT-Bereichs die Hardware, die Betriebssystemsoftware, die Kommunikationseinrichtungen sowie eine Vielzahl von technischen Lösungen für die Abwicklung und Unterstützung des IT-Betriebs. 613

IT-Anwendungen betreffen sowohl von Dritten bezogene Standardsoftware als auch eigen erstellte Software, die eigenständig, über Schnittstellen verbunden oder weitgehend automatisiert/integriert eingesetzt werden, um die Abwicklung von Geschäftsprozessen und der in sie integrierten internen Kontrollen zu unterstützen. 614

IT-gestützte Geschäftsprozesse umfassen alle betriebswirtschaftlich-technischen (wertschöpfenden) Tätigkeiten, die zur Erreichung des Unternehmenszwecks und zur Verarbeitung rechnungslegungsrelevanter Geschäftsvorfälle erforderlich sind, und zu deren Abwicklung IT eingesetzt wird. 615

616 Die **Buchführung** umfasst in diesem Zusammenhang sowohl das Hauptbuch als auch die Nebenbücher oder **vor- und nachgelagerte rechnungslegungsrelevante Systeme** (z.B. Debitoren- und Kreditorenbuchhaltung, Materialwirtschaft, Anlagenbuchhaltung, Personalabrechnung, Auftragsabrechnung, Fakturierung, Spreadsheet-Modelle) des Unternehmens, die zur Erfassung und Verarbeitung rechnungslegungsrelevanter Geschäftsvorfälle, zur Erstellung des JA und KA und der jeweiligen LB sowie der sonstigen Berichterstattung dienen.

10.2.2 Bestimmung des Prüfungsgegenstands

617 Im Rahmen der Abschlussprüfung hat der APr. zu beurteilen, ob das IT-gestützte Rechnungslegungssystem den gesetzlichen Anforderungen an die **Ordnungsmäßigkeit der Buchführung** entspricht.[709]

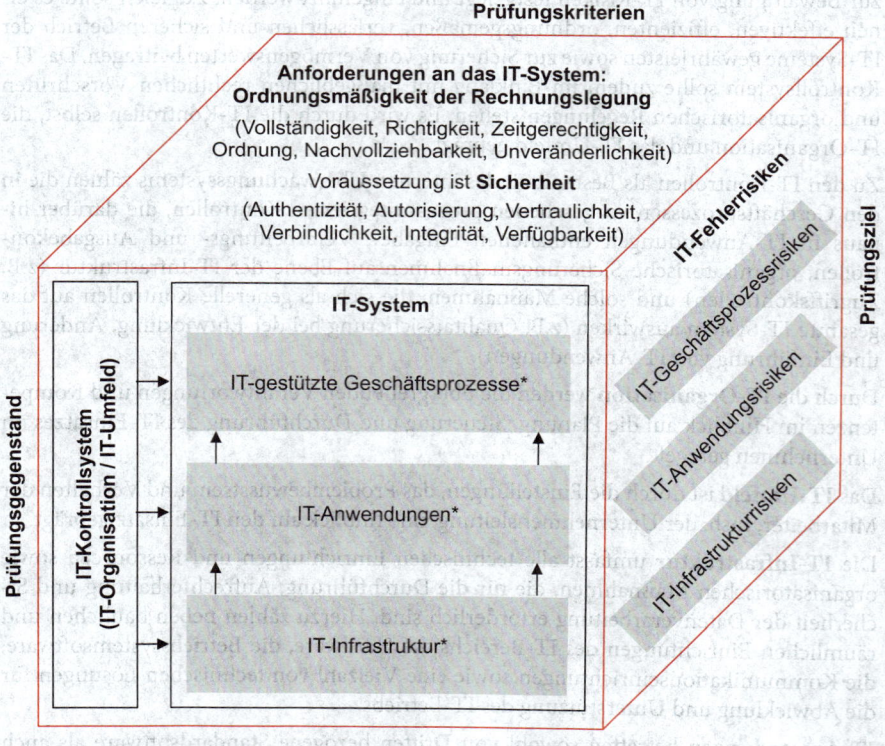

Prüfungskriterien

Anforderungen an das IT-System:
Ordnungsmäßigkeit der Rechnungslegung
(Vollständigkeit, Richtigkeit, Zeitgerechtigkeit, Ordnung, Nachvollziehbarkeit, Unveränderlichkeit)

Voraussetzung ist **Sicherheit**
(Authentizität, Autorisierung, Vertraulichkeit, Verbindlichkeit, Integrität, Verfügbarkeit)

IT-System
- IT-gestützte Geschäftsprozesse*
- IT-Anwendungen*
- IT-Infrastruktur*

IT-Kontrollsystem (IT-Organisation / IT-Umfeld)

Prüfungsgegenstand

IT-Fehlerrisiken: IT-Geschäftsprozessrisiken, IT-Anwendungsrisiken, IT-Infrastrukturrisiken

Prüfungsziel

* soweit rechnungslegungsrelevant

Abb. 15: IT-Systemprüfung[710]

618 Dabei beschränkt sich die Prüfung auf die Elemente des IT-Systems, die dazu dienen, Daten über Geschäftsvorfälle oder betriebliche Aktivitäten zu verarbeiten, die entweder

---

709 Zu den spezifischen Anforderungen bei IT-gestützten Rechnungslegungssystemen vgl. Kap. L Tz. 625 ff.
710 Vgl. *IDW PS 330*, Tz. 8.

direkt in die IT-gestützte Rechnungslegung einfließen oder als Grundlage für Buchungen dienen[711]. Die Prüfung beschränkt sich nicht auf das Hauptbuch, sondern schließt auch die Nebenbücher (z.B. Debitoren-/Kreditorenbuchhaltung, Anlagenbuchhaltung) und Subsysteme (z.B. Warenwirtschaft) mit ein, sofern über diese wesentlichen Geschäftsvorfälle (meist über Schnittstellen) in das Hauptbuch übertragen werden.

> **Hinweis 27:**
>
> Ebenfalls rechnungslegungsrelevant können IT-Systeme sein, die zur Durchführung von Kontrollhandlungen eingesetzt werden. Dies können z.B. Workflowsysteme zur Abbildung von Freigaben sein oder Business Intelligence (BI)-Systeme, welche den gesetzlichen Vertretern wesentliche Key Performance Indicators (KPI) als Grundlage für sog. Higher Level Controls[712] zur Verfügung stellen.

Neben der reinen Rechnungslegungsrelevanz beurteilt der APr. auch die **Wesentlichkeit** eines IT-Systems für die Rechnungslegung bzw. für die Beurteilung der Ordnungsmäßigkeit der Rechnungslegung. Maßstäbe für diese Beurteilung können u.a. die Wesentlichkeit der über das IT-System verarbeiteten Geschäftsvorfälle sowie die Wesentlichkeit der in dem IT-System enthaltenen Kontrollen für das IKS des Unternehmens sein. 619

Nachdem der APr. die wesentlichen rechnungslegungsrelevanten IT-Systeme identifiziert hat, verschafft er sich ein Verständnis über deren **Komplexität**, um Art und Umfang der Prüfungshandlungen bestimmen zu können. Die nachfolgende Tabelle stellt mögliche Kriterien zur Bestimmung des Komplexitätsgrads sowie Beispiele für eine geringe/hohe Komplexität dar[713]: 620

Kriterium	geringe Komplexität	hohe Komplexität
Struktur des IT-Systems und der durch das IT-System abgebildeten Prozesse	• nicht modifizierbare Standardsoftware • Anpassungen (Customizing) sind nur sehr beschränkt möglich • es erfolgt keine automatisierte Kommunikation mit Kunden und Lieferanten	• Software muss umfangreich an die individuellen Anwenderverhältnisse angepasst werden • Software wurde eigenentwickelt • Geschäftsvorfälle mit Kunden und Lieferanten erfolgen automatisiert, z.B. EDI, Online-Handel

---

711 Vgl. *IDW RS FAIT 1*, Tz. 14.
712 Vgl. ISA 315.A60 ff.; *IDW PS 261 n.F.*, Tz. 20.
713 Vgl. *IDW PH 9.100.1*, Tz. 41.

Kriterium	geringe Komplexität	hohe Komplexität
Abbildung umfangreicher und unübersichtlicher Transaktionen	• Erfassung von Standard-Geschäftsvorfällen, z.B. Buchung von Forderungen LuL für Warenlieferungen • Transaktionen können manuell nachvolzogen werden	• Erfassung von Massentransaktionen, z.B. viele kleine Forderungen bei Telekommunikationsunternehmen • Transaktionen können nicht oder nur mit hohem Aufwand manuell nachvolzogen werden
Integration unterschiedlicher IT-Anwendungen (Schnittstellen)	wenige rechnungslegungsrelevante IT-Anwendungen	viele unterschiedliche rechnungslegungsrelevante IT-Anwendungen sind über Schnittstellen miteinander verbunden
Automatisierungsgrad der Geschäftsprozesse	viele manuelle Prozesse ohne IT-Unterstützung	• wesentliche Geschäftsprozesse sind automatisiert und miteinander verbunden, z.B. ERP-Systeme • es erfolgen nur sehr wenige oder keine manuellen Eingriffe durch Mitarbeiter
IT-Systemänderungen im Berichtsjahr	keine oder nur sehr wenige Änderungen am IT-System	viele Änderungen sowie Neueinführungen von IT-Anwendungen
Einbindung des IT-Systems in ein konzerneinheitliches System	IT-System wird durch das Unternehmen selbst betrieben	IT-System wird von einem anderen Unternehmen innerhalb des Konzernverbunds oder von einem externen Dienstleister betrieben

Tabelle 1: Kriterien zum Komplexitätsgrad eines IT-Systems

Die Kriterien sind – unter Berücksichtigung des pflichtgemäßen Ermessens des APr. – im Gesamtzusammenhang zu würdigen. Die Einschätzung des APr. zur Komplexität ist laufend an die bei der Prüfung gewonnen Erkenntnisse anzupassen[714]. Sie sollte vom APr. ggf. in Zusammenarbeit mit einem Spezialisten getroffen werden.

621 Große ERP-Systeme von SAP, Microsoft Dynamics NAV/AX oder Infor weisen regelmäßig eine **hohe Komplexität** aus, da zur Lauffähigkeit der Programme umfangreiche Anpassungen an die individuellen Anwenderverhältnisse erfolgen (Customizing) und umfangreiche Transaktionen über mehrere Geschäftsprozesse hinweg automatisiert in das *Hauptbuch* übertragen werden.

---

[714] Vgl. ISA 300.10; *IDW PS 240*, Tz. 21.

a) Wenig komplexes IT-System

Kommt der APr. zu dem vorläufigen Ergebnis, dass ein wenig komplexes IT-System vorliegt, kann zunächst davon ausgegangen werden, dass eine umfassende IT-Prüfung nicht erforderlich ist[715]. Der APr. kann seine IT-Prüfung auf ausgewählte **Funktionalitäten** der einzelnen Elemente des IT-Systems beschränken, wenn er durch aussagebezogene Prüfungshandlungen eine hinreichende Sicherheit der Prüfungsaussagen erhalten kann[716]. Dabei hat er zur Beurteilung der Ordnungsmäßigkeit und Sicherheit der IT-gestützten Rechnungslegung die folgenden Funktionen in der Software zu untersuchen: 622

- hinreichende Kontrollen zur Gewährleistung der Sicherheit der rechnungslegungsrelevanten Daten (z.B. angemessenes Benutzer-Berechtigungskonzept)
- richtige Bedienung der Programme (z.B. angemessenes Fachwissen bei den IT-Mitarbeitern und den Anwendern)
- zutreffende Einstellungen der Software-Steuerungsparameter (z.B. Plausibilitätskontrollen zur Validierung der eingegebenen Daten, Fehlerhinweise/-nachrichten bei Falscheingaben, Protokollierung von Löschungen).

Bei seiner Prüfung sollte er – sofern vorliegend – auch das Ergebnis der Prüfung eines **Softwareprodukts** (*IDW PS 880*) verwenden, sofern der vollständige PrB vorliegt, die Softwarebescheinigung keine wesentlichen Einschränkungen in Bezug auf die rechnungslegungsrelevanten Funktionen beinhaltet und die im Unternehmen eingesetzte und das bescheinigte Softwareprodukt bezüglich des Versionsstands identisch sind[717]. 623

b) Komplexes IT-System

Falls beim zu prüfenden Unternehmen in hohem Ausmaß IT eingesetzt wird, wird sich die IT-Umgebung aller Wahrscheinlichkeit nach als komplex darstellen. Bei komplexen IT-Systemen ist eine **umfassende IT-Systemprüfung** stets erforderlich, weil eine Beurteilung der Ordnungsmäßigkeit und Sicherheit der IT-gestützten Rechnungslegung ohne Berücksichtigung der programmierten rechnungslegungsrelevanten Abläufe nicht möglich ist[718]. 624

10.2.3 Überblick zu den Prüfungskriterien des rechnungslegungsbezogenen IT-Systems

Die handelsrechtlichen Anforderungen an die Ordnungsmäßigkeit sind auch bei der Gestaltung der IT-gestützten Rechnungslegung zu beachten (GoB, Nachvollziehbarkeit, Einhaltung der Aufbewahrungsvorschriften). **Voraussetzung** hierfür ist, dass IT-Systeme bestimmte **Sicherheitsanforderungen** insb. im Hinblick auf die verarbeiteten rechnungslegungsrelevanten Daten erfüllen. 625

10.2.3.1 IT-Sicherheitsanforderungen

IT-Systeme, insb. spezifische IT-Anwendungen und Datenbestände, stellen für die Unternehmen wichtige Vermögensgegenstände dar und dienen der Aufrechterhaltung des Geschäftsbetriebs. Für Zwecke der Rechnungslegung ist zu beachten, dass nur bei Vor- 626

---

715 Vgl. *IDW PH 9.100.1*, Tz. 44.
716 Vgl. *IDW PS 330*, Tz. 12.
717 Vgl. *IDW PS 880*, Tz. 101.
718 Vgl. *IDW PS 330*, Tz. 12.

liegen sicherer IT-Systeme und Daten die Verlässlichkeit der in Buchführung, JA und LB enthaltenen Informationen gewährleistet werden kann. Die gesetzlichen Vertreter des Unternehmens haben daher dafür Sorge zu tragen, dass IT-Systeme folgende Sicherheitsanforderungen erfüllen:

Sicherheits-anforderung	Beschreibung
Vertraulichkeit	Von Dritten erlangte oder zur Verfügung gestellte Daten müssen davor geschützt werden, dass sie nicht unberechtigt genutzt, weitergegeben oder veröffentlicht werden (z.B. durch Verschlüsselungstechniken, die eindeutige Identifizierung/Verifizierung des Empfängers oder die Einhaltung von Verarbeitungsregeln und Löschfristen).
Integrität	IT-Systeme müssen so gestaltet und durch organisatorische Verfahren überwacht und geschützt werden, dass IT-Anwendungen, Daten und die IT-Infrastruktur in vorgesehenem Umfang vollständig und richtig zur Verfügung stehen und nur autorisierte Veränderungen zugelassen werden (z.B. durch Test- und Freigabeverfahren zur Qualitätssicherung).
Verfügbarkeit	Das Unternehmen muss zur Aufrechterhaltung des Geschäftsbetriebs die ständige Betriebsbereitschaft und Funktionsfähigkeit der IT-Anwendungen, Daten, Infrastruktur sowie personelle Ressourcen gewährleisten und muss im Falle einer Störung (Notfall) in der Lage sein, diese innerhalb einer bestimmten Zeit, am richtigen Ort und für die vorgesehenen Adressaten (wieder) bereitzustellen (z.B. durch Notfallkonzepte, Wiederanlaufroutinen, Back-Up-Verfahren).
Authentizität	Ein Geschäftsvorfall muss einem Verursacher eindeutig zuzuordnen sein (z.B. über Berechtigungsprüfungen oder die Identifizierung des Partners durch ein Signaturverfahren im Rahmen eines elektronischen Datenaustausches).
Autorisierung	Nur berechtigte, d.h. im Voraus festgelegte Personen dürfen nach intern festgelegten, organisatorischen Regeln oder auf Basis vertraglicher Vereinbarungen Zugriff auf Programme und Daten haben bzw. für das IT-System definierte Rechte wahrnehmen. Hierdurch soll insb. die ausschließlich genehmigte Abbildung von Geschäftsvorfällen im IT-System gewährleistet werden (z.B. durch physische und logische, passwortgesteuerte Zugriffsschutzverfahren).
Verbindlichkeit	Die Funktionalitäten eines IT-Systems müssen gewährleisten, dass beabsichtigte Rechtsfolgen bindend herbeigeführt werden (z.B. durch Verfahrensprotokolle und sonstige elektronische Dokumentationen).

Um den erforderlichen Grad an Informationssicherheit zu gewährleisten, ist für das Unternehmen ein geeignetes, umfassendes Sicherheitskonzept zu entwickeln, einzuführen und aufrechtzuerhalten. **627**

Die Entwicklung eines **IT-Sicherheitskonzeptes** setzt voraus, dass das Unternehmen die Sicherheitsrisiken aus dem Einsatz von IT regelmäßig identifiziert, aus Sicht der Unternehmensleitung bewertet und priorisiert. Auf dieser Grundlage sind organisatorische und technische Maßnahmen festzulegen, die eine angemessene IT-Infrastruktur für die IT-Anwendungen bereitstellen und eine ordnungsmäßige und sichere Abwicklung der IT-gestützten Geschäftsprozesse gewährleisten. **628**

Das IT-Sicherheitskonzept basiert zum einen auf Erkenntnissen des Risikofrüherkennungssystems bzw. Risikomanagementsystems im IT-Bereich. Zum anderen stellt die Umsetzung eines IT-Sicherheitskonzeptes einen wesentlichen Bestandteil des IKS für IT-Systeme dar. **629**

10.2.3.2 Spezifische Anforderungen an die Ordnungsmäßigkeit

Die Geschäftsvorfälle müssen sich in ihrer Entstehung und Abwicklung auch bei IT-gestützten Systemen verfolgen lassen. Hierzu sind die Nachvollziehbarkeit der Geschäftsvorfälle von ihrem Ursprung bis zur endgültigen Verarbeitung, die Nachvollziehbarkeit des Verarbeitungsverfahrens anhand einer Verfahrensdokumentation sowie der Nachweis erforderlich, dass das Verfahren entsprechend der Dokumentation zu jedem Zeitpunkt durchgeführt worden ist. **630**

Die GoB bei IT-gestützter Rechnungslegung sind dann erfüllt, wenn das zugrunde liegende Rechnungslegungssystem die **Einhaltung der handelsrechtlichen Anforderungen an die Ordnungsmäßigkeit** bei der Erfassung, Verarbeitung, Ausgabe und Aufbewahrung der rechnungslegungsrelevanten Daten über die Geschäftsvorfälle sicherstellt[719]: **631**

---

719 Zur Vollständigkeit, Richtigkeit, Zeitgerechtheit, zeitlichen Reihenfolge, sachlichen Ordnung und zur Unveränderlichkeit (§ 239 Abs. 1-3 HGB) sowie zum Kriterium der Nachvollziehbarkeit bzw. Prüfbarkeit (§ 238 Abs. 1 HGB).

L Die Durchführung der Abschlussprüfung

Ordnungsmäßigkeitskriterium	Beschreibung	mögliche Fragestellungen
Vollständigkeit	Sämtliche Geschäftsvorfälle sind lückenlos zu erfassen. Jeder Geschäftsvorfall ist zudem grundsätzlich einzeln zu erfassen, wobei zusammengefasste Buchungen möglich sind, sofern diese in ihre Einzelpositionen aufgegliedert werden können. Daten zu buchungspflichtigen Geschäftsvorfällen bzw. Belegbestandteile werden in IT-Systemen häufig in mehreren Arbeitsschritten erfasst, über vorgelagerte IT-Systeme (auch externe z.B. E-Commerce) zur Verfügung gestellt oder für die weitere Verarbeitung/Buchung zu einem späteren Zeitpunkt bereitgestellt. Die Anforderungen an die Erfassungs- und Verarbeitungskontrollen und die Qualitätssicherung der eingesetzten IT-Systeme sind entsprechend zu gestalten.	Erfolgt für Geschäftsvorfälle eine automatische Belegnummernvergabe? Erfolgt eine Fehlermeldung bei der Vergabe von doppelten Belegnummern? Gibt es Lücken in der Belegnummernvergabe? Was sind die Gründe dafür?
Richtigkeit	Belege und Bücher müssen die Geschäftsvorfälle inhaltlich zutreffend und in Übereinstimmung mit den tatsächlichen Verhältnissen sowie im Einklang mit den rechtlichen Vorschriften abbilden. Daten zu Geschäftsvorfällen werden in den Belegen und Büchern nach Maßgabe der zugrunde liegenden IT-Systeme oft unstrukturiert in der Datenbank abgespeichert und nur für die Bildschirmdarstellung lesbar aufbereitet und berechnet (z.B. wird der Rechnungsbetrag einer Ausgangsrechnung als Multiplikation von Menge und Preis eines Artikels dargestellt). Die Richtigkeit der Belegbestandteile und der Berechnung muss in diesen Fällen durch das angewandte IT-Verfahren erbracht werden. An die Archivierung dieser Daten und der genutzten Verfahren sind aus diesem Grund erhöhte Dokumentations- und Nachweispflichten zu knüpfen.	Verfügt die IT-Anwendung über Eingabekontrollen (ist z.B. eine Eingabe des Datums 30.02. möglich)? Sind in der IT-Anwendung Verarbeitungskontrollen hinterlegt (z.B. können bei einer Buchung der Soll- und Habenbetrag voneinander abweichen)?

Die Durchführung der Abschlussprüfung L

Ordnungsmäßig-keitskriterium	Beschreibung	mögliche Fragestellungen
Zeitgerechtheit	Geschäftsvorfälle sind unmittelbar nach ihrer Entstehung zu erfassen und der Buchungsperiode zuzuordnen, in der sie angefallen sind. IT-Systeme bieten die Möglichkeit, Buchungen in unterschiedlichen Perioden (auch z.B. Vormonate, VJ oder spätere Perioden) vorzunehmen. Die Einrichtung und Zuordnung von Buchungsperioden ist sorgfältig zu gestalten. Darüber hinaus ist die zeitgerechte Erfassung von Geschäftsvorfällen durch die Anwender insb. in dezentral organisierten oder verteilten Systemen in besonderem Maße zu überwachen.	Zeichnet die IT-Anwendung ein Buchungsdatum auf? Sind zurückliegende GJ mit festgestellten JA für Buchungen gesperrt?
Zeitliche Reihenfolge (Journalfunktion) und sachliche Ordnung (Kontenfunktion)	Das Buchführungsverfahren muss gewährleisten, dass Buchungen nach zeitlichen und sachlichen Kriterien geordnet dargestellt werden können. Die Darstellung der Buchungen im Journal bzw. Konto erfolgt durch Auswertungsroutinen, die die in den Datenbanken hinterlegten Beleginformationen entsprechend aufbereiten. Der Datenbankorganisation und der Logik der Auswertungsroutinen (Berichte) im IT-System kommt dadurch eine entsprechende Bedeutung zu.	Können die Buchungen des GJ in zeitlicher Reihenfolge (z.B. anhand einer fortlaufenden Nummer oder anhand des Belegdatums) dargestellt werden? Können die Buchungen des GJ in sachlicher Ordnung (z.B. getrennt nach Sach- und Personenkonten) dargestellt werden?

L Die Durchführung der Abschlussprüfung

Ordnungsmäßigkeitskriterium	Beschreibung	mögliche Fragestellungen
Nachvollziehbarkeit	Ein sachverständiger Dritter muss in der Lage sein, sich in angemessener Zeit einen Überblick über die Geschäftsvorfälle und die Lage des Unternehmens zu machen. Die Abwicklung des einzelnen Geschäftsvorfalls sowie die angewandten Buchführungs- und Rechnungslegungsverfahren müssen nachvollziehbar sein. Die Prüfbarkeit muss über die Dauer der Aufbewahrungsfrist gegeben sein. Dies umfasst insb. die zum Verständnis der Buchführung erforderlichen Dokumentationen der eingesetzten IT-Systeme und der hierin eingesetzten Regeln und Verfahren. Da moderne IT-gestützte Rechnungslegungssysteme häufig weitgehend integriert eingesetzt werden, d.h. Geschäftsvorfälle ab ihrer Erfassung automatisiert (weiter)verarbeitet und gebucht werden, sind an den Nachweis der IT-Verfahren, insb. der Softwareanwendungen, sehr hohe Anforderungen zu stellen. Dies gilt umso mehr, als die IT-Verfahren regelmäßig fortentwickelt und aktualisiert, d.h. geändert werden (z.B. durch Software-Releasewechsel) und der Nachweis über lange Aufbewahrungsfristen zu erbringen ist (i.d.R. erfordert dies umfassende Aufbewahrungs- und Archivierungskonzepte für einen Zeitraum von bis zu zehn Jahren).	Liegt für das IT-System eine Verfahrensdokumentation vor (Anwenderdokumentation, technische Systemdokumentation und Betriebsdokumentation)? Werden Buchungsschlüssel hinreichend erläutert (z.B. Zuordnung von Steuerkennzeichen zu Steuersätzen)?

Ordnungsmäßig-keitskriterium	Beschreibung	mögliche Fragestellungen
Unveränderlichkeit	Ab dem Buchungszeitpunkt sind Veränderungen der Eintragungen und Aufzeichnungen (Buchungen) nur zulässig, wenn sowohl der ursprüngliche Inhalt als auch die Tatsache, dass Veränderungen vorgenommen wurden, erkennbar bleiben. Dies gilt ebenso für Änderungen am IT-gestützten Rechnungslegungsverfahren. Bei programmgenerierten bzw. -gesteuerten Buchungen (automatisierte bzw. Dauerbelege) sind Änderungen an den der Buchung zugrunde liegenden Generierungs- und Steuerungsdaten ebenfalls aufzuzeichnen und betreffen grundsätzlich die Parametrisierung der Softwareanwendung, insb. die Protokollierung von Änderungen in rechnungslegungsrelevanten Einstellungen, Tabellen und Stammdaten.	Erfolgt eine regelmäßige (z.B. monatliche) Journalisierung[720] der im IT-System erfassten Geschäftsvorfälle? Werden Änderungen in rechnungslegungs-relevanten Einstellungen, Tabellen und Stammdaten protokolliert?

10.2.3.3 Beleg-, Journal- und Kontenfunktion

632 Jede Buchung und ihre Berechtigung sind durch einen Beleg nachzuweisen (**Belegfunktion**). Bezüglich der Belegfunktion in IT-Systemen, die in ihrer Ausprägung deutlich von herkömmlichen Buchungsverfahren abweichen kann, ist Folgendes zu beachten:

- Bei IT-gestützten Prozessen wird der beleghafte Nachweis oft nicht durch konventionelle Belege erbracht werden. Die Belegfunktion ist deshalb auf IT-gestützte Prozesse anzupassen. Sie erfordert bei IT-gestützten automatisierten Buchungsverfahren keinen Einzelbeleg für jede Buchung, sondern den **verfahrensmäßigen Nachweis** des Zusammenhangs zwischen dem einzelnen Geschäftsvorfall und seiner Buchung. Dies erfolgt regelmäßig durch die Dokumentation der programminternen Verarbeitungsvorschriften, der tatsächlichen Durchführung des Verfahrens und der Qualitätssicherungs- und Schutzmaßnahmen (Zugriffsschutz, Test- und Freigabeverfahren).
- Geschäftsvorfälle können bereits dann als gebucht gelten, wenn sie in den der Finanzbuchführung vorgelagerten IT-Anwendungen mit allen erforderlichen Angaben erfasst und gespeichert werden und in ihrer Bearbeitung keinen weiteren Kontrollen mehr unterliegen.
- In automatisierten Verfahren können Buchungstexte durch verschlüsselte Belegtexte ersetzt werden, wenn anhand eines Schlüsselverzeichnisses in angemessener Zeit ein nachvollziehbarer Nachweis möglich ist.

---

[720] Erst durch die Journalisierung werden die Geschäftsvorfälle in der IT-Anwendung „festgeschrieben" und Änderungen/Löschungen sind danach nur noch mittels der Stornofunktion und entsprechender Protokollierung möglich.

- Die **Autorisierung (Freigabe) der Buchung** ist abhängig vom Einsatz der unterschiedlichen automatisierten Verfahren: Automatisch mit der Erfassung erstellte Belege werden durch die Benutzeridentifikation des Sachbearbeiters in Verbindung mit einem entsprechend ausgestalteten Zugriffsschutzverfahren autorisiert. Dies gilt entsprechend für automatisch mit der Erfassung durch den Kunden gespeicherte Daten (Signaturverfahren). Bei per Datenfernübertragung gesendeten oder empfangenen Belegen ist ebenfalls ein entsprechendes Signaturverfahren festzulegen. Neben weltweit standardisierten Verfahren (S.W.I.F.T., EDI, EDIFACT) sind auch einzelvertragliche Festlegungen zwischen Vertragspartnern möglich. Sofern Buchungen programmintern generiert werden, erfolgt die Autorisierung der Buchung, zumindest indirekt, durch die IT-Anwendung selbst, sofern aus der Verfahrensdokumentation die Regeln für die Generierung der Buchungen eindeutig erkennbar und die freigegebenen Programme gegen undokumentierte Änderungen geschützt sind. Bei der Betriebsdatenerfassung werden Daten automatisch erfasst und an das Rechnungswesen weitergegeben. Die Belegfunktion wird hierbei ebenfalls durch die Dokumentation des zugrunde liegenden Verfahrens erfüllt.

633 Sämtliche buchungspflichtigen Geschäftsvorfälle sind zeitnah nach ihrer Entstehung vollständig und verständlich in zeitlicher Reihenfolge aufzuzeichnen. Hinsichtlich der **Journalfunktion** in IT-Systemen gelten folgende Besonderheiten:

- Die Auflistung der Buchungen in der zeitlichen Reihenfolge der Erfassung (Journal bzw. Grundbuch) kann in verschiedenen Stufen des Verarbeitungsprozesses erfolgen. Neben der Protokollierung der Buchungen bei der Erfassung und Verarbeitung der Geschäftsvorfälle kommt auch die **auswertbare Speicherung** (Einzelnachweis) der Buchungen in vorgelagerten IT-Anwendungen mit Übertragung von Summenbuchungen in Betracht. Voraussetzung ist neben der Dokumentation des Verfahrens die Existenz eines Kontroll- und Abstimmverfahrens, mit dem die Identität von Hauptbuch und Nebenbüchern gewährleistet und nachgewiesen werden kann.
- Die Journalfunktion ist nur dann erfüllt, wenn die gespeicherten Aufzeichnungen gegen **Veränderung oder Löschung** geschützt sind. Sofern Belege in Zwischendateien erfasst werden, um nach einer Kontrolle Erfassungskorrekturen vornehmen zu können, sind die erstellten Listen als Erfassungsprotokolle und nicht als Journale einzustufen, da die abschließende Autorisierung der Geschäftsvorfälle noch aussteht.

634 Bei IT-gestützten Rechnungslegungsverfahren lassen sich die Journalfunktion und die Kontenfunktion i.d.R. nicht trennen, weil bereits bei der erstmaligen Erfassung des Geschäftsvorfalls alle auch für die sachliche Zuordnung notwendigen Angaben erfasst werden. Darüber hinaus ist für die **Kontenfunktion** von IT-Systemen noch Folgendes zu beachten:

- Die Kontenfunktion bzw. die Verarbeitung hierfür notwendiger Angaben (z.B. Kontobezeichnung, Gegenkonto, Buchungstext) wird bei integrierten Softwareanwendungen häufig durch aufeinander abgestimmte Funktionen in unterschiedlichen Software-Modulen und durch maschinelle **Kontenfindungsverfahren** unterstützt. So werden z.B. entsprechende Angaben teilw. schon bei der Initiierung einer Bestellung *erzeugt und beim späteren* Waren-/Rechnungseingang für die Buchung über entsprechende Konfigurationseinstellungen dem Benutzer bereitgestellt.
- Die Kontenfunktion kann auch durch **Führung von Haupt- und Nebenbüchern** in verschiedenen IT-Anwendungen erfüllt werden. Sofern IT-Anwendungen Neben-

bücher enthalten, müssen sie Funktionen zur ordnungsgemäßen Kontenpflege beinhalten (z.B. Kennzeichnung von offenen und ausgeglichenen Posten /Ausziffierungsverfahren, Auswertung von nicht ausgeglichenen Posten in Offene-Posten-Listen).
- Bei der Buchung verdichteter Zahlen müssen die darin enthaltenen **Einzelposten** nachvollziehbar sein.
- In der Hauptbuchführung wird bei der Führung von Nebenbüchern regelmäßig nur der Saldo über alle Konten des vorgelagerten Kontokorrentsystems geführt. Durch **Kontroll- und Abstimmverfahren** i.V.m. einer entsprechenden Verfahrensdokumentation muss der Nachweis der richtigen Übertragung der fortgeschriebenen Salden vom Nebenbuch in das Hauptbuch erbracht werden.
- Bezüglich des Ausdrucks oder der Auswertung von Konten ist zu beachten, das für unterschiedliche Rechnungslegungsordnungen (z.B. HGB oder IFRS) auch abweichende Verfahren und Strukturen eingesetzt werden (die auf spezifischen Kontenplänen, Positionsnummern usw. beruhen).

10.2.3.4 Dokumentation und Nachvollziehbarkeit des Rechnungslegungsverfahrens

Voraussetzung für die Nachvollziehbarkeit des IT-gestützten Buchführungs- und Rechnungslegungsverfahrens ist eine **ordnungsgemäße Verfahrensdokumentation**, die die Beschreibung aller zum Verständnis der Rechnungslegung erforderlichen Verfahrensbestandteile, insb. der eingesetzten IT-Systeme, enthalten muss. Die Beurteilung der Ordnungsmäßigkeit komplexer IT-Verfahren ist für einen sachverständigen Dritten nur dann möglich, wenn ihm neben den Eingabedaten und Verarbeitungsergebnissen auch eine ausführliche IT-Dokumentation zur Verfügung steht. **635**

Die Verfahrensdokumentation besteht in einer IT-gestützten Rechnungslegung aus der Anwenderdokumentation und der technischen Systemdokumentation. Die **Anwenderdokumentation** muss alle Informationen enthalten, die für eine sachgerechte Bedienung einer IT-Anwendung erforderlich sind. Neben einer allgemeinen Beschreibung der durch die IT-Anwendung abgedeckten Aufgabenbereiche sowie einer Erläuterung der Beziehungen zwischen einzelnen Modulen sind Art und Bedeutung der verwendeten Eingabefelder, die programminterne Verarbeitung (z.B. programmierte Buchungsroutinen, Verarbeitungsformeln), die Bildungsvorschriften für Auswertungen sowie die angewendeten Kontroll- und Abstimmmaßnahmen anzugeben. Bei Einsatz von Standard-Software ist die vom Produkthersteller gelieferte Dokumentation um die anwendungsspezifischen Anpassungen (z.B. Parametrisierungen, Verwendung der Eingabefelder, Schlüsselsystematiken) zu ergänzen. **636**

Art und Umfang der **technischen Systemdokumentation** sind abhängig von der Komplexität der IT-Anwendung und können somit nur im jeweiligen Einzelfall bestimmt werden. Die Technik und formale Gestaltung der Dokumentation liegen im Ermessen des Programmherstellers. Angesichts der Vielzahl von Programmiersprachen und Programmgeneratoren ist eine nur auf den Quellcode gestützte Dokumentation zur Sicherung der Nachvollziehbarkeit des Buchführungsverfahrens nicht ausreichend. Die Dokumentation muss in einer Weise zur Verfügung gestellt werden, die einem sachverständigen Dritten ohne Kenntnis der Programmiersprache bzw. des verwendeten Programmgenerators die Nachvollziehung der programminternen Verarbeitung, insb. der Verarbeitungsfunktionen und –regeln erlaubt. Die technische Systemdokumentation **637** muss ergänzt werden um die Dokumentation der ordnungsgemäßen Programmanwendung (u.a. Datensicherungsverfahren, Verarbeitungsnachweise, Programmfreigabeverfahren und Programmversionsverwaltung).

638 Auch die **zum Verständnis der Buchführung erforderlichen Unterlagen** sind für einen Zeitraum von zehn Jahren aufzubewahren[721]. Hierzu zählen i.Z.m. der IT-gestützten Rechnungslegung insb. folgende Unterlagen:

- Bei Einsatz von Individualsoftware handelt es sich um die Anwenderdokumentation, den **Programm-Quellcode** (in maschinenlesbarer Form) und die technische Systemdokumentation, soweit die entsprechenden Programme rechnungslegungsrelevant sind.
- Bei Einsatz von Standardsoftware müssen die Anwenderdokumentation und die mit der Software ausgelieferten Programmbeschreibungen aufbewahrt werden. Ferner sollte mit dem Softwarelieferanten vereinbart werden, dass für die Dauer der Aufbewahrungsfrist im Bedarfsfall ein Zugriff auf den Programm-Quellcode und die technische Systemdokumentation ermöglicht wird.
- **Unternehmensspezifische Einstellungen**, Anpassungen und Änderungen von rechnungslegungsrelevanten Steuerparametern, Tabellen und Stammdaten.

10.2.3.5 GoBD

639 In den Grundsätzen zur ordnungsmäßigen Führung und Aufbewahrung von Büchern, Aufzeichnungen und Unterlagen in elektronischer Form sowie zum Datenzugriff (GoBD)[722] wird die aktuelle Auffassung der Finanzverwaltung zur Erfüllung der GoB beim Einsatz von IT wiedergegeben. Neben den allgemeinen Anforderungen an die Ordnungsmäßigkeit elektronischer Bücher gehen die GoBD detailliert auf die Bereiche Belegwesen, Aufzeichnung von Geschäftsvorfällen in zeitlicher Reihenfolge und in sachlicher Ordnung, IKS, Datensicherheit, Unveränderbarkeit und Protokollierung von Veränderungen, Aufbewahrung, Nachvollziehbarkeit und Nachprüfbarkeit, Datenzugriff sowie die Zertifizierung und Software-Testate ein. Die GoBD fassen die bisherigen Verwaltungsanweisungen GoBS[723] und GDPdU[724] zusammen und ersetzen diese.

640 Die GoBD konkretisieren die steuerlichen Buchführungs- und Aufzeichnungspflichten. Sie stellen – anders als *IDW RS FAIT 1* – keine Interpretation der handelsrechtlichen Anforderungen an die Ordnungsmäßigkeit und Sicherheit der Buchführung dar[725]. Die Abschlussprüfung erstreckt sich daher nicht darauf festzustellen, ob von dem Unternehmen alle Anforderungen der GoBD (und der damit verbundenen Vorschriften des Steuerrechts) eingehalten wurden[726]; zumal die GoBD in einigen Bereichen (z.B. Auswertbarkeit von Daten) über die handelsrechtlichen Anforderungen an die GoB beim Einsatz von IT hinausgehen.

641 Werden dem APr. im Rahmen seiner Prüfungshandlungen Tatsachen bekannt, die auf eine Nichteinhaltung einer GoBD-Voraussetzung durch das Unternehmen hinweisen, stellt sich die Frage, welche Konsequenzen dies für die Berichterstattung in der Ab-

---

721 Vgl. *IDW RS FAIT 1*, Tz. 60 ff.
722 BMF v. 14.11.2014, BStBl. I 2014, S. 1450.
723 BMF v. 07.11.1995, BStBl. I 1995, S. 738.
724 BMF v. 16.07.2001, BStBl. I 2001, S. 415.
725 *Goldshteyn/Jacob*, WPg 2015, S. 992 (997).
726 Vgl. ISA 200.A1; *IDW PS 201*, Tz. 9.

schlussprüfung hat. Das folgende Schaubild zeigt den möglichen Ablauf einer solchen Beurteilung für die in den GoBD enthaltenen Vorgaben an die Grundsätze ordnungsmäßiger Buchführung (GoB) und den Datenzugriff:

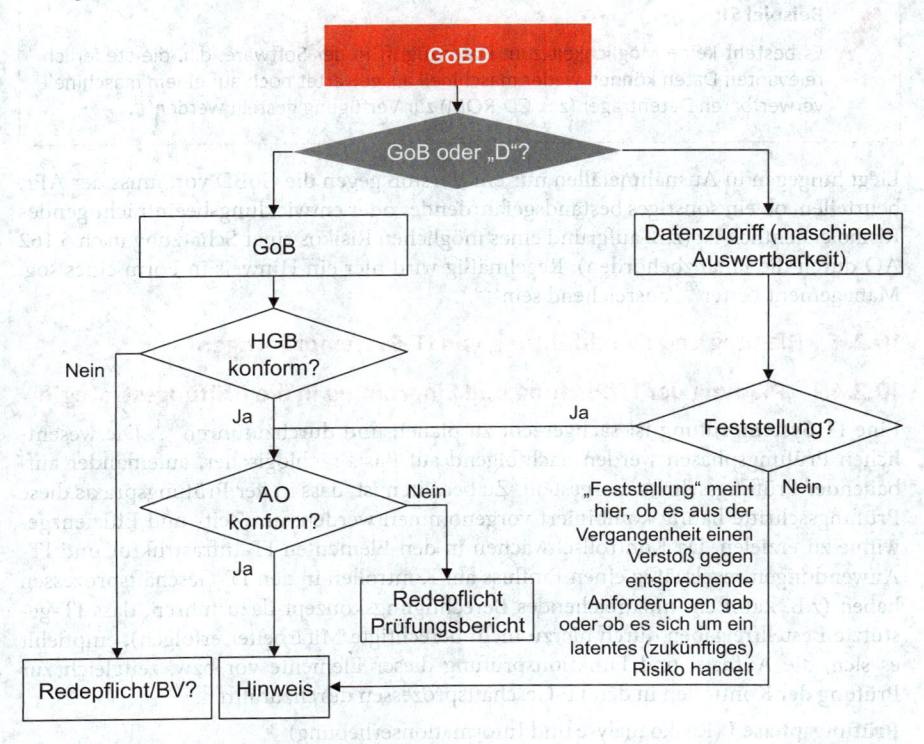

```
                            GoBD
                              │
                        GoB oder „D"?
                         /          \
                       GoB          Datenzugriff (maschinelle
                        │           Auswertbarkeit)
                    HGB konform?              │
              Nein /      \ Ja          Feststellung?
                           │            /          \
                       AO konform?    Ja          Nein
                      /      \ Nein
                    Ja        Redepflicht
                              Prüfungsbericht
             Redepflicht/BV?   Hinweis
```

"Feststellung" meint hier, ob es aus der Vergangenheit einen Verstoß gegen entsprechende Anforderungen gab oder ob es sich um ein latentes (zukünftiges) Risiko handelt

Abb. 16: Arbeitshilfe zu den Konsequenzen der GoBD für die Berichterstattung in der Abschlussprüfung[727]

Wird durch die Nichteinhaltung einer GoBD-Voraussetzung gleichzeitig auch gegen eine handelsrechtliche Anforderung verstoßen, gelten die allgemeinen Grundsätze über die Pflicht zur Berichterstattung bei Unrichtigkeiten oder Verstößen[728].

642

> **Beispiel 50:**
> Es erfolgt keine Protokollierung von Änderungen in den rechnungslegungsrelevanten Einstellungen des IT-Systems[729].

Sofern die Nichteinhaltung einer GoBD-Voraussetzung zwar den handelsrechtlichen Anforderungen entspricht, nicht jedoch den steuerrechtlichen Anforderungen der AO,

---

727 Visualisierung der Berichterstattung von *Goldshteyn/Jacob*, WPg 2015, S. 992 (998).
728 Vgl. ISA 240.35 ff.; *IDW PS 210*, Tz. 69 ff.
729 *IDW RS FAIT 1*, Tz. 32 und BMF v. 14.11.2014, BStBl. I 2014, S. 1450, Rn. 111.

gelten die allgemeinen Grundsätze über die Pflicht zur Berichterstattung bei sonstigen Unregelmäßigkeiten[730].

> **Beispiel 51:**
> Es besteht keine Möglichkeit zum Datenzugriff in der Software, d.h. die steuerlich relevanten Daten können weder maschinell ausgewertet noch auf einem maschinell verwertbaren Datenträger (z.B. CD-ROM) zur Verfügung gestellt werden[731].

Liegt hingegen in Ausnahmefällen nur ein Verstoß gegen die GoBD vor, muss der APr. beurteilen, ob ein sonstiges bestandsgefährdendes oder entwicklungsbeeinträchtigendes Risiko ersichtlich ist (z.B. aufgrund eines möglichen Risikos einer Schätzung nach § 162 AO durch die Finanzbehörden). Regelmäßig wird hier ein Hinweis in Form eines sog. Management Letter[732] ausreichend sein[733].

10.2.4 Planung und Durchführung von IT-Systemprüfungen

10.2.4.1 Planung der IT-Prüfung und Einordnung in die Prüfungsstrategie

643 Eine IT-Systemprüfung ist sachgerecht zu planen und durchzuführen[734]. Die wesentlichen Prüfungsphasen werden nachfolgend auf Basis sachlogischer, aufeinander aufbauender Prüfungsschritte dargestellt. Zu beachten ist, dass in der Prüfungspraxis diese Prüfungsschritte häufig kombiniert vorgenommen werden, um Zeit- und Effizienzgewinne zu erzielen. Da Kontrollschwächen in den Elementen IT-Infrastruktur und IT-Anwendungen regelmäßig einen Einfluss auf Kontrollen in den IT-Geschäftsprozessen haben (z.B. kann ein unzureichendes Berechtigungskonzept dazu führen, dass IT-gestützte Bestellfreigaben durch hierzu nicht berechtigte Mitarbeiter erfolgen), empfiehlt es sich, die Aufbau- und Funktionsprüfung dieser Elemente vor bzw. zeitgleich zur Prüfung der Kontrollen in den IT-Geschäftsprozessen durchzuführen.

Prüfungsphase I (Risikoanalyse und Informationserhebung)[735]

- Im Rahmen der **Analyse der Unternehmensstrategie und der Geschäftsrisiken** als Ausgangspunkt einer risikoorientierten Abschlussprüfung ist frühzeitig eine vorläufige Identifikation und Bewertung auch der IT-Risiken vorzunehmen[736].
- In engem Zusammenhang hierzu stehen alle relevanten **Informationen zum IT-System.** Damit sind die Bereiche IT-Umfeld, IT-Organisation, IT-Infrastruktur, IT-Anwendungen und IT-Geschäftsprozesse[737] aufzunehmen bzw. auf Basis von VJ-Arbeiten zu aktualisieren. Obwohl bei der Informationserhebung i.d.R. noch keine umfassende Beurteilung und Prüfung durchgeführt wird, kann ein erfahrener Prüfer häufig schon weitere potentielle IT-Risiken erkennen. Der APr. sollte auf der Basis dieser Informationen seine Risikoanalyse aktualisieren.

---

730 Vgl. ISA 240.40 ff.; *IDW PS 210*, Tz. 73 ff.
731 BMF v. 14.11.2014, BStBl. I 2014, S. 1450, Rn. 158 ff. und § 147 Abs. 6 AO.
732 Kap. M Tz. 130 und Kap. M Tz. 149.
733 *Goldshteyn/Jacob*, WPg 2015, S. 992 (999).
734 Vgl. dazu und zu den nachfolgenden Ausführungen insb. die Grundsätze in ISA 315; ISA 330 und *IDW PS 330*.
735 Vgl. Kap. L Tz. 645 .
736 Vgl. hierzu Kap. L Tz. 210 ff.
737 Zu den Einzelheiten dieser Bereiche vgl. Kap. L Tz. 646 ff.

- Unter Berücksichtigung der gewonnenen Erkenntnisse sind die Prüfungsbereiche und Prüfungsschwerpunkte im IT-Bereich sowie die Einbindung von Spezialisten festzulegen.

Prüfungsphase II (Aufbauprüfung, d.h. Beurteilung der potentiellen Wirksamkeit des vorgesehenen bzw. eingerichteten IT-Kontrollsystems)
- Die durch die Aufnahme des IT-Systems erlangten Informationen, Erkenntnisse und vorläufigen Einschätzungen über das IT-System bilden die Grundlage für die Aufbau- und Funktionsprüfung. Mittels der Aufbauprüfung soll eine vorläufige Beurteilung der potentiellen Wirksamkeit des vom Unternehmen eingerichteten IKS vorgenommen werden.
- Die Aufbauprüfung richtet sich damit auf den von der Unternehmensleitung über Anweisungen, Richtlinien usw. **vorgegebenen Stand des IKS**, der weisungsgemäß umgesetzt sein soll (Soll-Zustand bzw. Konzept). Dabei unterstellt der APr. zunächst, dass die vorgesehenen Kontrollen wie geplant durchgeführt und eingehalten werden.
- Prüfungshandlungen i.R.d. Aufbauprüfung beinhalten im Wesentlichen eine Durchsicht von Unterlagen, Befragungen sowie die Beobachtung von Aktivitäten und Arbeitsabläufen.

Prüfungsphase III (Funktionsprüfung, d.h. Prüfung der effektiven Wirksamkeit des eingerichteten IT-Kontrollsystems)
- Nach Vorliegen der Ergebnisse aus den Prüfungsphasen I und II sollte der APr. die Funktionsprüfungen von internen Kontrollen planen, insb. von prozessintegrierten IT-Kontrollen. Funktionsprüfungen werden nur in den Bereichen der IT-Systeme durchgeführt, die i.R.d. Aufbauprüfung als angemessen (d.h. grundsätzlich funktionsfähig) beurteilt wurden.
- Ziel der Funktionsprüfungen ist es zu beurteilen, ob die als angemessen identifizierten Kontrollen **tatsächlich durchgeführt** werden und **wirksam** sind und damit zu einer Begrenzung der IT-Fehlerrisiken beitragen.
- Prüfungshandlungen i.R.d. Funktionsprüfung umfassen darüber hinaus im Wesentlichen den Nachvollzug von Kontrollen in Form von Wiederholungen oder eigenen Kontrolltests. Hierzu können IT-gestützte Prüfungsmethoden (z.B. Analysen mit Hilfe von Prüfsoftware des APr.) sowie durch den APr. angeforderte IT-Systemauswertungen wirkungsvoll eingesetzt werden. Insb. im Bereich der generellen IT-Kontrollen, die in vielen Fällen durch Verfahrensnachweise erbracht werden, ist zudem eine tiefgehende Analyse von Dokumentationen mit Plausibilitätsbeurteilungen notwendig. Auch Unterlagen bzw. Prüfungsergebnisse Dritter, z.B. im Hinblick auf Softwarebescheinigungen[738] oder Rechenzentrumsprüfungen[739], sowie der Internen Revision können unter Berücksichtigung der berufsüblichen Kriterien verwendet werden[740].

Sofern i.R.d. Aufbau- oder Funktionsprüfung wesentliche Schwachstellen festgestellt werden, so dass die Wirksamkeit von IT-Kontrollen nicht gewährleistet ist und die Restrisiken unvertretbar hoch erscheinen, sind alternative Prüfungshandlungen durch-

---

738 Vgl. ISAE 3000; *IDW PS 880*.
739 Vgl. ISAE 3402, *IDW PS 951 n.F.*
740 Zur Anwendbarkeit der Ergebnisse Dritter i.R.d. Abschlussprüfung vgl. ISA 600, 610 (rev.), 620; *IDW PS 320 n.F.* Tz. 3, *IDW PS 321 und IDW PS 322 n.F.*

zuführen oder der Umfang ergebnisorientierter Prüfungshandlungen (Einzelfallprüfungen) auszudehnen. Ebenso sind die damit verbundenen Kommunikations- und Berichtspflichten zu beachten[741].

10.2.4.2 Risikoanalyse und Informationserhebung

645 Der APr. muss zur Risikoanalyse[742] wesentliche und aktuelle Informationen zum IT-Umfeld und der IT-Organisation einerseits und zum eingesetzten IT-System (Infrastruktur, Anwendungen, Geschäftsprozesse) andererseits einholen und prüfen. Die Prüfung sollte sich dabei von Beginn an auf die **rechnungslegungsrelevanten IT-Systemelemente** konzentrieren. Damit hat eine vorläufige Risikoeinschätzung nach Prüfungszielen bzw. -gebieten zu erfolgen, um mögliche weitere **Prüfungsschwerpunkte** frühzeitig identifizieren und die **Effizienz** der Prüfung erhöhen zu können.

646 Typischerweise sind Informationen aus folgenden Bereichen einzuholen:
- **IT-Umfeld:** Aus der Unternehmensstrategie abgeleitete IT-Strategie, Planungen und Leitlinien; IT-Sicherheitskonzepte; sonstige Dokumentationen, die die Einstellung des Unternehmens zum Einsatz von IT-Systemen wiederspiegeln.
- **IT-Organisation:** Organigramme und Ablaufpläne; Verantwortlichkeiten und Kompetenzen; Regelungen und Richtlinien zur Steuerung des IT-Betriebs sowie zur Entwicklung, Einführung und Änderung von IT-Systemen; Arbeitsbeschreibungen.
- **IT-Infrastruktur:** Eingesetzte Hardware, Betriebssysteme, Netzwerke, Kommunikationseinrichtungen; Datensicherungs- und Archivierungsverfahren; Back-Up-Einrichtungen; physische und logische Sicherungsmaßnahmen.
- **IT-Anwendungen:** Beschreibung der Software und ihrer Einsatzgebiete bzw. Aufgabenstellungen; weitere, spezifische Informationen zur eingesetzten Software (Individual-Software, Standard-Software/Hersteller, eingesetzte Versionen, zugrunde liegende Hardware, Betriebssysteme, Datenbank- bzw. Dateiorganisation).
- **IT-gestützte Geschäftsprozesse:** Rechnungslegungsrelevante Abläufe und Teilprozesse, die im wesentlichen Umfang auf IT-Anwendungen beruhen; Schnittstellen zwischen den Anwendungen und zur Buchhaltung; Datenflüsse in den Anwendungen.

10.2.4.3 Durchführung der IT-Systemprüfung

647 Nachdem sich der APr. ein Verständnis über das rechnungslegungsrelevante IT-System und das darin enthaltene IT-Kontrollsystem verschafft hat[743], führt er basierend auf diesen Erkenntnissen Aufbau- und Funktionsprüfungen durch. Die Aufbau- und Funktionsprüfungen des IT-Kontrollsystems werden meist zusammengefasst, da aufgrund der immer stärkeren Durchdringung der IT in die Prozesse des Unternehmens Feststellungen im IT-Kontrollsystem Auswirkungen auf die Wirksamkeit anderer Bestandteile des IKS des Unternehmens haben können.

a) Prüfung des IT-Umfeldes und der IT-Organisation

648 In der Aufbauprüfung des IT-Umfeldes und der IT-Organisation wird der APr. auf Basis der vorgelegten Unterlagen (z.B. Strategiepapiere, Sicherheitskonzepte, Regelungen zur

---

741 Siehe auch Kap. L Tz. 677 ff.
742 Vgl. Kap. L Tz. 210 ff.
743 Vgl. Kap. L Tz. 609; Kap. L Tz. 643 f.

Aufbau- und Ablauforganisation, Prozess- und Funktionsbeschreibungen) die Angemessenheit der Richtlinien und Verfahren im Hinblick auf Vollständigkeit, Aktualität und die hinreichende **Beachtung von Organisationsprinzipien** beurteilen. Hierbei wird er seine Beurteilung insb. auf folgende Aspekte ausrichten:

- Einbindung der **IT als „strategische Ressource"** in die Unternehmensorganisation
- **Sensibilisierung** der Unternehmensleitung und der sonstigen Anwender für die Bedeutung von IT im Hinblick auf die Risikofrüherkennung, die Unterstützung und Verlässlichkeit von Prozessen sowie **die IT-Sicherheit** und den Datenschutz („IT Awareness")
- professionelle **Organisation** der IT-Unterstützungsfunktion
- klare Beschreibung von Zielen und Aufgaben im IT-Bereich
- sinnvolle Trennung von Aufgaben und Kompetenzen im IT-Bereich
- ordnungsgemäße Organisation von wichtigen Teilprozessen im IT-Bereich.

Die Prüfung der Wirksamkeit insb. von Organisationsmaßnahmen wird der APr. in Stichproben durchführen, indem er die Einhaltung von Organisationsrichtlinien oder vorgeschriebenen Abläufen beobachtet bzw. nachvollzieht. Prüfungshandlungen können z.B. umfassen **649**

- die Untersuchung der Einhaltung der vorgesehenen Funktionstrennung (von unvereinbaren Aufgaben) durch Einsichtnahme von abgewickelten Aufträgen, Freigaben, Projektprotokollen, Entwicklungsergebnissen und ähnlichen Bearbeitungsvermerken,
- die Prüfung der Umsetzung von Arbeitsplatz-, Stellen- und Funktionsbeschreibungen sowie
- den Abgleich von im Sicherheits- oder Berechtigungskonzept festgelegten Richtlinien zum Zugriffsschutz mit den tatsächlich eingerichteten Systemparametern.

b) Prüfung der IT-Infrastruktur

Die Prüfung der IT-Infrastruktur richtet sich auf die organisatorisch-technischen Maßnahmen und die Verfahren, die einen sicheren und geordneten IT-Betrieb sicherstellen und damit insb. die Integrität und Verfügbarkeit der IT gewährleisten sollen. Hierzu zählen insb. **650**

- physische Sicherungsmaßnahmen und Zugriffskontrollsysteme,
- Datensicherungs- und Auslagerungsverfahren,
- Verfahren für einen sicheren und geordneten Regelbetrieb sowie
- Maßnahmen zur Sicherung der Betriebsbereitschaft und Verfahren für den Notbetrieb.

Physische Sicherungsmaßnahmen dienen dem Schutz der Hardware sowie der Programme und Daten vor Verlust, Zerstörung und unberechtigter Veränderung. Hierzu zählen u.a. bauliche Maßnahmen, Zugangskontrollen, Feuerschutzmaßnahmen oder Maßnahmen zur Sicherstellung der Stromversorgung, die zur Sicherung der Funktionsfähigkeit der IT, unter Würdigung des Gefährdungsgrades von Programmen und Daten sowie aus datenschutzrechtlichen Aspekten erforderlich sind. **651**

Die Aufbauprüfung zu physischen Sicherungsmaßnahmen zielt auf die Beurteilung der Angemessenheit der vorgesehenen Maßnahmen und Kontrollen. Hierbei sollte im Hinblick auf die **Risikoeinschätzung** und den gewünschten **Schutzzweck** eine realistische **652**

Beurteilung der eingesetzten bzw. verfügbaren Technik erfolgen. Bei der Beurteilung der vom Unternehmen hierzu durchgeführten Risikoeinschätzung sollte insb. die Abhängigkeit des Unternehmens von der ständigen Verfügbarkeit der IT bzw. das Gefährdungspotenzial durch Systemausfälle in die Betrachtung einbezogen werden. Gleichermaßen ist zu berücksichtigen, dass ein stetig zunehmender Anteil der Unternehmenswerte in Software und Daten „gebunden" ist (überwiegend immaterielle Werte) und entsprechend auch physisch geschützt werden sollte.

653 Zur Funktionsprüfung von physischen Sicherungsmaßnahmen wird sich der Prüfer durch Begehung von Rechenzentren, Inaugenscheinnahme von technischen Sicherungsmaßnahmen und durch Stichproben (z.B. Abgleich von Zutrittsberechtigungen zum Rechenzentrum mit Organisationsanweisungen und Mitarbeiter-/Funktionsverzeichnissen; Einsicht in Verträge und Wartungsprotokolle für Klima-, Brandschutz-, und Energieversorgungssysteme) von der Wirksamkeit der Maßnahmen überzeugen. Im Hinblick auf die zunehmende Komplexität dieser physischen Sicherungsmaßnahmen wird es in Einzelfällen auch erforderlich sein, weitere Spezialisten hinzuzuziehen bzw. Prüfungsergebnisse Dritter zu berücksichtigen. Sofern der IT-Betrieb von einem Dienstleistungsunternehmen durchgeführt wird (Outsourcing) ist im Regelfall, je nach Ausgestaltung der eingesetzten Technik/Verfahren (eigenes Rechenzentrum; Übernahme der Infrastruktur des Kunden), das Dienstleistungsunternehmen in die Prüfungen einzubeziehen. Ergänzend oder alternativ können auch Prüfungsergebnisse Dritter beim Dienstleistungsunternehmen herangezogen werden[744].

654 Zum Schutz von IT-Anwendungen und Daten sind **Zugriffskontrollsysteme** (Benutzerberechtigungskonzepte) auf Anwendungs-, Betriebssystem- und Datenbankebene erforderlich. Diese sollen die organisatorischen Zuweisungen von Aufgaben in Form von Menü- und Transaktionsberechtigungen im IT-System umsetzen und somit das in der Aufbau- und Ablauforganisation vorgesehene IKS durch differenzierte Zugriffsberechtigungen ermöglichen bzw. unterstützen. Hierbei gilt, dass nach den Prinzipien der Funktionstrennung und minimalen Rechtevergabe die Anwender nur über die Berechtigungen verfügen sollten, die miteinander vereinbar sind und die zur Abwicklung ihrer Aufgaben erforderlich sind. Wesentlich für den sicheren und ordnungsgemäßen Betrieb ist zudem, dass der Zugriff auf IT-Anwendungen im Produktionsbetrieb strikt von IT-Anwendungen im Testbetrieb (z.B. aufgrund von Neueinführungen oder Änderungen der Software) getrennt wird. Die Verfahren und Techniken zur Realisierung angemessener und wirksamer Zugriffskontrollen hängen von den eingesetzten Betriebssystemen und IT-Anwendungen ab.

> **Hinweis 28:**
>
> Die Ausgestaltung eines angemessenen Zugriffskontrollsystems liegt auch dann in der Verantwortung des zu prüfenden Unternehmens, wenn der IT-Betrieb von einem Dienstleistungsunternehmen durchgeführt wird (Outsourcing).

655 Daneben ist auch ein System zum Schutz von IT-Anwendungen und Daten vor Angriffen von innerhalb und außerhalb des Unternehmens (Cyber Crime) zu installieren. In einem Sicherheitskonzept sind Maßnahmen zum Schutz des Netzwerks inkl. ver-

---

744 Vgl. ISAE 3402; *IDW PS 951 n.F.* Siehe auch Kap. L Tz. 542 ff.

netzter Maschinen, mobiler Geräte und ggf. Cloud-Infrastrukturen vor Risiken wie Malware zu formulieren. Neben den rein technischen Schutzmaßnahmen sind insb. auch Aufklärungen und Schulungen der Mitarbeiter notwendig.

Ebenso hat sich der APr. davon zu überzeugen, dass das Unternehmen für seine wesentlichen Anwendungen die aktuellen Softwareversionen einsetzt und sowohl Virenscanner als auch Firewalls auf einem aktuellen Stand sind. 656

Als Teil der Aufbauprüfung sollte sich der Prüfer zunächst ein Bild von den durch die Unternehmensleitung festgelegten **Sicherheitsgrundsätzen und** den **generellen Zugriffsschutzverfahren** machen. Hierzu zählen Regelungen über die Einrichtung, Änderung und Entziehung von Berechtigungen, die Protokollierung aller Aktivitäten im Bereich der Berechtigungsverwaltung, die Gestaltung der Passwörter, z.B. hinsichtlich Mindestlänge und Ablaufdatum, die Festlegung von stellenbezogenen Berechtigungsprofilen, regelmäßige Software-Updates und die Einrichtung und regelmäßige Pflege von Virenscannern und Firewalls. 657

In einem zweiten Schritt muss sich der APr. durch **Aufnahme der Abläufe** zur Berechtigungsverwaltung und Einsichtnahme in die implementierten Zugriffsrechte von der Wirksamkeit der Zugriffskontrollen und der hierauf basierenden Funktionstrennung überzeugen. Hierzu können in Abhängigkeit von der Ausgestaltung der Anwendungssoftware Systemauswertungen genutzt, jedoch auch eigene Prüfsoftwareprodukte eingesetzt werden, um die Funktionsprüfung effizient zu unterstützen oder faktisch erst zu ermöglichen. 658

Bei der Prüfung sind insb. die folgenden Punkte stichprobenartig zu untersuchen:

- Angemessene Vergabe von spezifischen Berechtigungen und stellenbezogenen Berechtigungsprofilen in den einzelnen Geschäftsprozessen sowie in den IT-Prozessen der IT-Anwendungen
- Die in der Anwendung hinterlegten Benutzer können tatsächlichen Mitarbeitern zugeordnet werden, d.h. ausgeschiedene Mitarbeiter verfügen über keine gültige Benutzer-ID mehr
- Vergabe von umfassenden Berechtigungen („Superuser") erfolgt nur im Rahmen eines Notfallkonzepts mit einem dokumentierten Notfallverfahren
- Die Nutzung von nichtpersonalisierten Benutzern (z.B. Nutzung von nur einem Benutzer „Produktion" durch alle Mitarbeiter in der Produktion) wird regelmäßig überwacht

Die Berechtigungsvergabe soll an folgendem Beispiel dargestellt werden. 659

Beispiel 52:

Beim Geschäftsprozess „Einkauf" ist zu prüfen, ob das Recht zur Bestellgenehmigung an einen Einkäufer, das Recht für die Wareneingangsbuchung (nach Qualitätsprüfung) an einen Lagerdisponenten, das Recht für die Freigabe der Eingangsrechnung (nach Prüfung) an einen Mitarbeiter der Rechnungsprüfung und das Recht zur Zahlungsfreigabe an einen leitenden Mitarbeiter in der Kreditorenabteilung vergeben wurde. Zur Wahrung der Funktionstrennung sollten diese Rechte nur einzeln, nicht jedoch kumuliert, an die Mitarbeiter vergeben werden. Bei der Prüfung der Be-

> rechtigungsvergabe im IT-Prozess hat sich der APr. davon zu überzeugen, dass das Recht zur Entwicklung und Änderung von IT-Anwendungen nur in einer Entwicklungsumgebung vergeben wurde, dieses Recht jedoch nicht in der Produktivumgebung besteht.

660 **Datensicherungs- und Auslagerungsverfahren** müssen so ausgestaltet sein, dass die jederzeitige Verfügbarkeit und Lesbarkeit der Daten sichergestellt ist. Geeignete Verfahren sind hinreichend gestaffelte Tages-, Monats- und Jahressicherungen, die Inventarisierung aller Sicherungsmedien einschl. der Führung von Datenträgerverzeichnissen sowie die Auslagerung wichtiger Sicherungsbestände außerhalb des Rechnerbereichs. Im Rahmen des Datensicherungskonzeptes für die Wiederherstellbarkeit der Systemumgebung sind die Zahl bzw. Periodizität der Sicherungen (Generationenkonzept), die verwendeten Sicherungsmedien und die Art der Aufbewahrung der Sicherungen festzulegen. Diese Verfahren stellen nicht nur einen wichtigen Beitrag zur Sicherung der Betriebsbereitschaft und zur Unterstützung von Maßnahmen im Notfall dar, sondern sind auch zunehmend wichtig, um den gesetzlichen Aufbewahrungsvorschriften nach § 257 Abs. 2 HGB gerecht werden zu können.

661 Der APr. muss i.R.d. Aufbau- und Funktionsprüfung insb. beurteilen,
- ob das Unternehmen angemessene Sicherungsverfahren eingeführt und z.B. durch Tests der Datenrücksicherung die Wiederherstellbarkeit von Programmen und Daten aus den Sicherungsmedien nachgewiesen hat,
- dass das Unternehmen über diese Verfahren und/oder zusätzliche Archivierungsverfahren den Ordnungsmäßigkeitsvorschriften (Nachvollziehbarkeit, Einhaltung der Aufbewahrungsvorschriften über den gesetzlich vorgeschriebenen Zeitraum von zehn Jahren) nachkommen kann,
- ob eine regelmäßige Auslagerung der Sicherungsmedien erfolgt (d.h. ob die Sicherungsmedien getrennt vom Serverraum aufbewahrt werden) und
- dass im Rahmen eines Operating-Verfahren eine regelmäßige Überwachung der Sicherungen der Daten durchgeführt wird (System-Monitoring, Fehlerprotokolle).

662 Die **Verfahren für einen sicheren und geordneten Regelbetrieb** sollen die Integrität und jederzeitige Verfügbarkeit der IT-Systeme gewährleisten. Sie umfassen daher insb. IT-Maßnahmen, die den geordneten Einsatz von IT-Anwendungen und Daten (richtige Programmversion zur richtigen Zeit mit den richtigen Daten) sicherstellen, aber auch die Sicherung der Betriebsbereitschaft sowie die Verfahren für einen Notbetrieb gewährleisten.

663 Im Hinblick auf den geordneten Einsatz von IT-Anwendungen und Daten muss der APr. i.R.d. Aufbauprüfung beurteilen, ob adäquate Operating-Verfahren zur Arbeitsvorbereitung, Programmeinsatzplanung und Arbeitsnachbereitung bestehen, die den Einsatz der Programmversion und Jobfolge sowie den Zugriff auf Dateien und Datenbanken regeln. Die angewendeten Verfahren sind hierbei stark von den eingesetzten Softwareanwendungen und Datenbankkonzepten abhängig. Die Beurteilungen sind durch spezifische Funktionstests zu verifizieren, indem z.B. in konkrete Operating-Planungen und *Job-Protokolle* Einsicht genommen wird. Über konkrete Befragungen und weitere Untersuchungen ist insb. in Stichproben zu analysieren, ob und inwieweit Unterbrechungen und Fehler in den Abläufen und Prozeduren vom Unternehmen erkannt

(System-Monitoring, Fehlerprotokolle), gemeldet bzw. eskaliert und zeitnah bearbeitet werden. Sofern der IT-Betrieb von einem Dienstleistungsunternehmen durchgeführt wird (Outsourcing), ist ergänzend zu prüfen, ob diese Maßnahmen z.B. in Service Level Agreements geregelt sind und Fehler/Probleme in eindeutigen Melde- und Eskalationsverfahren kommuniziert und bei Bedarf zusammen mit dem Kunden behoben werden.

Der APr. muss darüber hinaus in der Aufbauprüfung beurteilen, ob das Unternehmen angemessene Maßnahmen ergriffen hat, um auf einen vollständigen oder teilw. **Ausfall der IT-Systeme** vorbereitet zu sein bzw. über vorbeugende Kontroll- und Sicherungsmaßnahmen verfügt, die die Eintrittswahrscheinlichkeit eines derartigen Notfalls reduzieren. Die Maßnahmen zur **Sicherung der Betriebsbereitschaft** lassen sich unterscheiden in Maßnahmen, die sich auf den kurzfristigen Ersatz einzelner Hardware-Komponenten richten und sog. Katastrophenfall-Szenarien, die bei einem vollständigen Ausfall der gesamten IT eines Unternehmens zum Tragen kommen. Der Prüfer hat daher zu untersuchen, ob das Unternehmen eine effektive Eventualplanung erstellt und die Wirksamkeit dieser Planung getestet hat, die sowohl die unternehmensspezifischen Risiken als auch die Abhängigkeit des Unternehmens von der Funktionsfähigkeit der IT berücksichtigt. Für die Wiederanlauf- und Vorsorgemaßnahmen müssen insb. die Zeiträume definiert sein, innerhalb derer die Unternehmensleitung beim Eintritt der unterschiedlichen Schadensfälle die Wiederherstellung der Datenverarbeitung für unabdingbar erachtet, um den Bestand des Unternehmens nicht zu gefährden. Bei Unternehmen mit sehr hoher Abhängigkeit von IT-Systemen (z.B. Finanzdienstleistungs- oder Telekommunikationsunternehmen) wird der Prüfer im Regelfall erhöhte Anforderungen an Art und Umfang der Risikovorsorge und den Detaillierungsgrad einer Notfallplanung stellen müssen. Zudem ist i.R.d. Outsourcings zu prüfen, ob ausreichende Maßnahmen für den Notbetrieb und die Wiederherstellung der Betriebsbereitschaft spezifisch zwischen den Parteien vereinbart wurden.

c) Prüfung von IT-Anwendungen

Die Prüfung von **IT-Anwendungen** stellt einen Kernbereich der Prozessprüfung dar, mit der festgestellt werden soll, ob

- eine angemessene Organisation der Softwareauswahl (für Standardsoftware) sowie des Entwicklungs- und Änderungsprozesses für IT-Anwendungen (für Individual- und Standardsoftware) vorliegt (Qualitätssicherung, Change Management),
- die spezifische IT-Anwendung den relevanten Ordnungsmäßigkeits- und Sicherheitsanforderungen entspricht,
- ausreichend wirksame Kontrollen für eine vollständige und richtige Informationsverarbeitung vorgesehen sind und
- die der IT-Anwendung vor- und nachgelagerten Prozesskontrollen in dem vorgesehenen Umfang ausgeführt werden.

Die vom Unternehmen durchzuführende **Qualitätssicherung** von IT-Anwendungen soll die ordnungsgemäße, d.h. insb. vollständige und richtige Verarbeitung von Geschäftsvorfällen im Rahmen von Geschäftsprozessen gewährleisten. Der Prüfer hat daher i.R.d. Aufbauprüfung zu beurteilen, ob angemessene Verfahren zur Qualitätssicherung im Unternehmen implementiert sind. Diese umfassen sowohl für Standardsoftware als auch Individualsoftware insb. die Erstellung von fachlichen Feinkonzepten, die Verfahren der Programmierung und Softwareauswahl, die Programmtest-, -freigabe- und

-übergabeverfahren sowie die Verfahren zu Datenübernahme (Migration)[745]. In diesem Zusammenhang sollte der Prüfer beachten, dass sich die Anwender im zu prüfenden Unternehmen i.d.R. auf die Wirksamkeit der in den IT-Anwendungen enthaltenen automatisierten Kontrollen/Abstimmungen verlassen, da sie von einer qualitätsgesicherten Einführung ausgehen. Die dargestellten Grundsätze gelten nicht nur für die Neueinführung, sondern auch für Änderungen von IT-Anwendungen während des GJ.

667 Die Wirksamkeit dieser generellen Kontrollen ist im Regelfall durch detaillierte Funktionstests zu prüfen. Diese beinhalten z.B. die Beurteilung und stichprobenhafte Prüfung,

- ob und inwieweit **Pflichten- und Lastenhefte** für IT-Anwendungen erstellt wurden, diese an die Anforderungen der Fachbereiche/Anwender angepasst wurden und der Softwareauswahl oder Eigenentwicklung tatsächlich zugrunde gelegt wurden,
- der Angemessenheit des **Softwareauswahlprozesses** (z.B. Lieferantenauswahl und -bewertung; Machbarkeitsstudien; Deckungsgradanalysen; Demonstrationen und Testläufe; Vertragsgestaltung),
- der angewendeten **Testverfahren** (Einzel- und Integrationstests), der Fehlerfeststellung und -bereinigung,
- der angewendeten **Freigabeverfahren** (Abnahme durch Fachbereiche/Anwender) und
- der Verfahren zur Übernahme (**Migration**) von Stamm- und Bewegungsdaten.

668 Für die anschließende Funktionsprüfung von spezifischen IT-Anwendungen stützt sich der Prüfer auf die vorgelagerten Prüfungshandlungen zu den generellen Kontrollen, da die Feststellungen zu diesen Bereichen i.d.R. unmittelbare Auswirkungen auf die Anwendungsprüfung haben. In einem ersten Schritt ist daher insb. zu beurteilen, ob und inwieweit die grundlegenden Feststellungen zu den Qualitätssicherungsverfahren auch für die ausgewählte, zu prüfende IT-Anwendung gelten. Bei vollständig integrierten einheitlichen Standardsoftwareanwendungen ist dies überwiegend der Fall bzw. über zusätzliche begrenzte Prüfungsschritte zu verifizieren. Sofern das Unternehmen jedoch im Prozess individuelle Anwendungen einsetzt, die nicht den generellen IT-Kontrollen unterliegen, sind weitere vergleichbare Prüfungshandlungen erforderlich.

669 Eine **Softwarebescheinigung** bestätigt die Ordnungsmäßigkeit der Programmfunktionen einer Software[746]. Dabei ist zu beachten, dass diese Funktionen in einer definierten Testumgebung beim Software-Hersteller getestet wurden. Unter Beachtung einer sachgerechten Handhabung durch den Anwender kann der APr. das Ergebnis der Softwareprüfung (Softwarebescheinigung und PrB) i.R.d. Abschlussprüfung verwenden[747]. Auch bei Vorliegen einer Softwarebescheinigung muss der Prüfer jedoch die unternehmensspezifische Parametrisierung der Standardsoftware (Prüfung der Implementierung) sowie die Einbettung der IT-Anwendung in das IKS beurteilen.

670 IT-Anwendungsprüfungen, speziell i.Z.m. der Neueinführung von IT-Systemen, können aus zeitlichen Gründen i.d.R. nicht im Rahmen von Abschlussprüfungen durchge-

---

745 Zu den Kriterien und zur Prüfung vgl. auch *IDW PS 850*.
746 Vgl. *IDW PS 880*, Tz. 9.
747 Zu den Grundsätzen der Verwertung der Arbeit eines anderen externen Prüfers vgl. *ISA 620*; *IDW PS 320 n.F.*, Tz. 3; zur Möglichkeit der Verwendung des PrB einer Softwareprüfung vgl. *IDW PS 880*, Tz. 100 ff.

führt werden. Die Neueinführungen erfolgen regelmäßig unterjährig und je nach Größe des Projekts über einen längeren Zeitraum. In diesen Fällen sollte daher eine **projektbegleitende Prüfung** durchgeführt werden, die frühzeitig schon in der Phase der Softwareauswahl bzw. des Designs (Pflichtenhefte, Fachkonzepte) beginnen und den Einführungsprozess bis zur Produktivstellung der Software begleiten sollte[748]. Projektbegleitende Prüfungen werden meist außerhalb der Abschlussprüfung beauftragt. Die wesentlichen Ergebnisse dieser Prüfung fließen in den Prüfungsbericht über die Abschlussprüfung ein[749].

671 Die mögliche Effektivität von Prozesskontrollen sollte schon i.R.d. Prozessaufnahme nach Prioritäten gewichtet werden. Der Prüfer wird hierbei zuerst die Kontrollen betrachten, die von übergeordneter Natur und geeignet sind, die vollständige und richtige Verarbeitung in mehreren Prozessschritten bzw. Verarbeitungsabläufen abzudecken. Diese Kontrollen sind typischerweise vom Anwender gestaltete Abstimmungen und Analysen, die zwar häufig auf IT-Auswertungen beruhen (z.B. im Controlling des Unternehmens), jedoch keine maschinellen oder automatisierten IT-Kontrollen darstellen. Sofern diese Kontrollen (auch **Higher Level Controls**) aufgrund von Funktionstests als wirksam eingestuft werden, kann der Prüfer häufig auf untergeordnete Detailprüfungen von IT-Anwendungen verzichten.

d) Prüfung von IT-gestützten Geschäftsprozessen

672 Geschäftsprozesse sind für Zwecke der Rechnungslegung und aus Sicht der Prüfung darauf ausgerichtet, rechnungslegungsrelevante Geschäftsvorfälle bzw. Daten zu erfassen, zu verarbeiten und in die Buchführung sowie Abschlusserstellung überzuleiten. Interne Kontrollen haben in diesem Zusammenhang sicherzustellen, dass die Geschäftsvorfälle/Daten unter Beachtung der Ordnungsmäßigkeitsanforderungen vollständig, richtig, zeitnah und geordnet erfasst und verarbeitet werden.

673 **IT-gestützte Geschäftsprozesse** sind demgemäß dadurch gekennzeichnet, dass wesentliche oder sogar sämtliche Teilprozessschritte sowie interne Kontrollen durch eine oder mehrere IT-Anwendungen abgebildet oder unterstützt werden. Im Ergebnis sind folgende Grundkonstellationen denkbar:

- **Vollständig integrierte/automatisierte Geschäftsprozesse:** Geschäftsvorfälle werden nach ihrer erstmaligen Erfassung vollständig durch IT-Anwendungen in der Buchführung (weiter)verarbeitet. Das erfordert eine ordnungsmäßige Verarbeitung durch die in den IT-Anwendungen integrierten Kontrollen oder generellen IT-Kontrollen.
- **Teilweise integrierte/automatisierte Geschäftsprozesse:** Abweichend davon werden in derartigen Geschäftsprozessen die Geschäftsvorfälle teilweise manuell, teilweise durch IT-Anwendungen verarbeitet. Die Verarbeitung ist damit wesentlich durch Schnittstellen zwischen verschiedenen Anwendungen oder manuellen Bearbeitungsschritten gekennzeichnet. Zusätzlich zu IT-Kontrollen müssen insb. manuelle Anwender- sowie Prozesskontrollen die ordnungsmäßige Verarbeitung gewährleisten.

---

748 Vgl. *IDW PS 850*.
749 Vgl. *IDW PS 850*, Tz. 92.

L Die Durchführung der Abschlussprüfung

674 Die Aufbauprüfung erfordert eine **Prozessaufnahme** und ist insgesamt an den Prüfungszielen für den ausgewählten Geschäftsprozess sowie für die zugrunde liegenden Prüffelder des Abschlusses auszurichten. Hierbei hat der APr. zu dokumentieren und zu beurteilen,

- ob der Geschäftsprozess das von der Unternehmensleitung vorgesehene **Geschäftsmodell** des Unternehmens angemessen abbildet,
- in welchen Prozessschritten **IT-Anwendungen integriert** sind und/oder manuelle Tätigkeiten durchgeführt werden,
- wie rechnungslegungsrelevante Informationen aus dem Geschäftsprozess in die **Buchführung übergeleitet** werden (Daten- und Belegfluss, Schnittstellen) und
- welche **prozess- und anwendungsbezogenen Kontrollen** bei der Erfassung und Verarbeitung der Geschäftsvorfälle bestehen.

675 Hierauf aufbauend sind in jedem Fall die folgenden **spezifischen anwendungsbezogenen Kontrollen** zu prüfen, die überwiegend in der Verantwortung der Fachbereiche liegen:

- zutreffende Einstellung der Steuerungsparameter
- richtige Belegaufbereitung
- verlässliche Plausibilitätskontrollen bei der Belegerfassung am System
- wirksame vor- und nachgelagerte Kontroll- und Abstimmverfahren
- zeitnahe Bearbeitung von Fehlermeldungen und -protokollen.

Im Zusammenhang mit der Prozessaufnahme und Prüfung der anwendungsbezogenen Kontrollen hat der Prüfer auch die Einhaltung der Grundsätze der Sicherheit und Ordnungsmäßigkeit zu beurteilen, d.h. insb. die Frage, wie die Beleg-, Journal- und Kontenfunktion in der untersuchten Anwendung eingehalten wird[750].

676 Die zur Prüfung der Wirksamkeit der internen Kontrollen durchzuführenden Funktionstests müssen je nach Ausgestaltung der Kontrollen zum einen verfahrensorientierte, zum anderen geschäftsvorfallorientierte Tests beinhalten. Der Umfang und die Intensität der Prüfungshandlungen sind im Einzelfall festzulegen.

10.2.5 Berichterstattung

677 Bedeutsame Schwächen des IT-Kontrollsystems, welches Bestandteil des IKS des Unternehmens ist, sind dem Aufsichtsorgan sowie den gesetzlichen Vertretern in angemessener Zeit schriftlich mitzuteilen[751].

> **! Hinweis 29:**
> Bedeutsame Schwächen des rechnungslegungsbezogenen IT-Kontrollsystems sind Schwächen, die nach dem pflichtgemäßen Ermessen des APr. für die Überwachungsfunktion des Aufsichtsorgans relevant sind (z.B. umfangreiche Vergabe von Superuser-Berechtigungen an Mitarbeiter der IT und der Buchhaltung).

678 Der APr. hat im PrB zur Ordnungsmäßigkeit der Buchführung und zur Sicherheit der verarbeiteten rechnungslegungsrelevanten Daten Stellung zu nehmen. Vom APr. festgestellte Mängel hinsichtlich der Sicherheit der rechnungslegungsrelevanten Daten sind

---

750 Vgl. Kap. L Tz. 625.
751 Vgl. ISA 265.9; *IDW PS 261 n.F.*, Tz. 89.

im PrB darzustellen. Ebenso ist auf bestehende und zwischenzeitlich behobene wesentliche Mängel in der Buchführung im PrB hinzuweisen. Zusätzlich sind deren Auswirkungen auf die Rechnungslegung und ihr Einfluss auf das Prüfungsergebnis darzustellen[752].

Im PrB ist auch auf bestehende Mängel des IT-Kontrollsystems einzugehen und wie den daraus festgestellten IT-Fehlerrisiken durch entsprechende aussagebezogene Prüfungshandlungen begegnet wurde[753]. Über wesentliche zwischenzeitlich behobene Mängel des IT-Kontrollsystems ist dann zu berichten, wenn dies für die Wahrnehmung der Überwachungsfunktion der Berichtsadressaten bedeutsam ist[754]. **679**

Der APr. hat auch über festgestellte bedeutsame Schwächen in den nicht auf den JA oder LB bezogenen Bereichen des IT-Kontrollsystems zu berichten (z.B. Verlagerung der Buchführung ins Ausland ohne Zustimmung der Finanzbehörden nach § 146 Abs. 2a AO). Er sollte darauf hinweisen, dass diese Schwächen zwar als Ergebnis der Prüfungshandlungen festgestellt wurden, die Prüfung aber nicht darauf ausgerichtet ist, das IKS (sowie das IT-Kontrollsystem als Teil des IKS) unbeschadet einer Erweiterung des Prüfungsauftrags weitergehend zu beurteilen, als dies für die Beurteilung von JA und LB erforderlich ist[755]. **680**

Führen die festgestellten Schwächen des IT-Kontrollsystems zu wesentlichen falschen Angaben in der Rechnungslegung, ist der BestV einzuschränken oder zu versagen. Wurde die festgestellte Schwäche zwischenzeitlich behoben, führt dies nicht zu Konsequenzen für den BestV[756]. **681**

11. Aufbauprüfung

11.1 Durchführung der Aufbauprüfung

Für die Abschlussprüfung als relevant erachtete Kontrollen unterliegen einer Aufbauprüfung. Eine Aufbauprüfung zielt auf die Beurteilung der Angemessenheit eines IKS sowie die Beurteilung der Implementierung der entsprechenden Kontrollen ab. Dazu muss zuvor die Prüfungsstrategie festgelegt und ein Prüfungsprogramm ausgearbeitet werden[757]. **682**

Um einen ausreichenden Prüfungsnachweis zu erhalten, ob die i.R.d. IKS implementierten Kontrollen angemessen sind, müssen nachfolgende Komponenten betrachtet werden: **683**

- Kontrollumfeld
- Risikobeurteilung
- Kontrollaktivitäten
- Information und Kommunikation
- Überwachung des IKS[758]

---

752 Vgl. *IDW PS 330*, Tz. 112; *IDW PS 450 n.F.*, Tz. 64 f.
753 Vgl. *IDW PS 330*, Tz. 112.
754 Vgl. *IDW PS 261 n.F.*, Tz. 91; *IDW PS 450 n.F.*, Tz. 47 i.V.m. *IDW PS 450 n.F.*, Tz. 62.
755 Vgl. *IDW PS 330*, Tz. 113; *IDW PS 261 n.F.*, Tz. 93; *IDW PS 450 n.F.*, Tz. 66.
756 Vgl. *ISA 705.6 ff. (rev.)*; *IDW PS 330*, Tz. 110; *IDW PS 261 n.F.*, Tz. 91; *IDW PS 405*, Tz. 27 ff. und *IDW PS 405*, Tz. 33 ff.
757 Vgl. *Busse von Colbe/Crasselt/Pellens*, S. 631.
758 Vgl. *ISA 315.A59 (rev.)*; *IDW PS 261 n.F.*, Tz. 34.

L Die Durchführung der Abschlussprüfung

684 Eine Beurteilung des **Kontrollumfeldes** durch den APr. findet statt, um sowohl Einstellungen und Problembewusstsein als auch das Verhalten der Unternehmensführung und der leitenden Mitarbeiter in Hinblick auf das IKS feststellen zu können. Ggf. ergeben sich aus dem Verhalten und der Einstellung Hinweise auf die Funktionsfähigkeit des IKS. Das Kontrollumfeld wird durch verschiedene Aspekte im Unternehmen bestimmt. Dazu zählen etwa:

- Integrität der Mitarbeiter und des Managements,
- ethische Werte, Bedeutung der fachlichen Kompetenz,
- Unternehmenskultur,
- Unternehmensphilosophie und das dadurch vermittelte Werteverständnis von Mitarbeitern,
- Führungsstil der Unternehmensführung sowie
- Weisungsrechte und Verantwortung.

Ein günstiges Kontrollumfeld wirkt sich positiv auf die Wirksamkeit eines IKS aus. Dieses günstige Kontrollumfeld ist eine notwendige, aber keine hinreichende Bedingung für die Wirksamkeit eines IKS[759]. Um das Kontrollumfeld im Unternehmen beurteilen zu können, kann der APr. folgende Prüfungshandlungen vornehmen:

- Führen von Interviews mit Mitarbeitern und/oder dem Management
- Beobachtung von Arbeitsabläufen, Nachvollziehen der Geschäftsvorfälle, einschl. IT-gestützter Prozesse
- Durchsicht von Unterlagen, Handbüchern o.Ä.
- Durchsicht der durch das IKS generierten Unterlagen, (z.B. Richtlinien oder Arbeitsanweisungen)
- Beurteilung von Kontrollaktivitäten auf Angemessenheit zur Aufdeckung bzw. Verhinderung von Fehlern und/oder doloser Handlungen[760].

685 Unternehmen sind täglich verschiedensten Risiken ausgesetzt, die einen negativen Einfluss auf die Erreichung der Unternehmensziele haben können. Im Rahmen der **Risikobeurteilung** durch das Unternehmen sollen derartige Risiken sowohl identifiziert als auch analysiert werden. Diese Beurteilung ist die Basis für die Entscheidung über den weiteren Umgang mit Risiken[761]. Deshalb hat der APr. zu beurteilen, ob und wie das Management des Unternehmens eine angemessene Risikobeurteilung vornimmt[762]. Durch das Unternehmen ist sicherzustellen, dass

- Geschäftsrisiken erkannt wurden, die einen Einfluss auf die Ordnungsmäßigkeit und Verlässlichkeit der Rechnungslegung haben können,
- die Bedeutung der erkannten Risiken eingeschätzt,
- deren Eintrittswahrscheinlichkeit beurteilt wurde,
- und über Maßnahmen des Risikomanagements entschieden wird[763].

686 **Kontrollaktivitäten** sollen die tatsächliche Umsetzung der Entscheidungen der Unternehmensleitung sicherstellen und dazu beitragen, dass Maßnahmen zur Reaktion auf

---

759 Vgl. *Marten/Quick/Ruhnke*, Wirtschaftsprüfung[5], S. 273 f.
760 Vgl. *Bungartz*, S. 473.
761 Vgl. *Marten/Quick/Ruhnke*, Wirtschaftsprüfung[5], S. 273.
762 Vgl. ISA 315.A79 (rev.); *IDW PS 261 n.F.*, Tz. 46.
763 Vgl. ISA 315.15 (rev.), *IDW PS 261 n.F.*, Tz. 13, *IDW PS 261 n.F.*, Tz. 37.

Unternehmensrisiken ergriffen werden⁷⁶⁴. Die für die Abschlussprüfung relevanten Kontrollaktivitäten des Unternehmens beurteilt der APr. in Hinblick darauf, ob sie geeignet sind, wesentliche Fehler in der Rechnungslegung sowohl zu verhindern als auch aufzudecken und zu korrigieren. Für die Abschlussprüfung relevant sind insb. Kontrollen, die sich auf Risiken beziehen,

- die als bedeutsam eingestuft wurden und
- für die aussagebezogene Prüfungshandlungen nicht allein zur Erzielung von Sicherheit ausreichen.

687 Die Analyse von Sachverhalten und Entwicklungen sowie die Kontrolle der Korrektheit, Vollständigkeit und Genehmigung von Vorgängen haben für das Prinzip der Ordnungsmäßigkeit und Verlässlichkeit eine große Bedeutung. Ebenfalls wichtig sind die Kontrolle zur Sicherung von Vermögenswerten sowie die Funktionstrennung⁷⁶⁵.

688 **Information und Kommunikation** unterstützen die geeignete und zeitgerechte Weiterleitung relevanter Informationen an die zuständigen Stellen, die für die Entscheidung der Unternehmensführung notwendig sind. Dazu gehören die für die Risikobeurteilung notwendigen Informationen sowie Informationen der Mitarbeiter über die Aufgaben und Verantwortlichkeiten i.R.d. IKS. Der APr. analysiert das betriebliche Informationssystem, um eine Beurteilung über die Erfassung und korrekte Verarbeitung rechnungslegungsrelevanter Informationen zu geben. Anhand dessen trifft der APr. eine Aussage darüber, welche Geschäftsvorfälle im Unternehmen vorkommen, wie eine Auslösung dieser stattfindet, welche Buchführungsunterlagen und Konten geführt werden und würdigt die Organisation des Rechnungslegungsprozesses. Des Weiteren verschafft sich der APr. einen Überblick über den Kommunikationsprozess, um Erkenntnisse darüber zu erlangen, wie Mitarbeitern ein Verständnis für Aufgaben und Verantwortlichkeiten bezüglich der Erfassung und Verarbeitung von Geschäftsvorfällen in der Rechnungslegung vermittelt wird⁷⁶⁶. Nur wenn ein angemessenes Informationssystem vorliegt, kann ein ordnungsmäßiger Abschluss und LB erstellt werden, denn nur bei Vorhandensein eines angemessenen betrieblichen Informationssystems kann sichergestellt werden, dass alle rechnungslegungsrelevanten Informationen vollständig und korrekt erfasst und verarbeitet werden⁷⁶⁷.

689 Die Geschäftsleitung hat i.R.d. **Überwachung des IKS** dafür zu sorgen, dass festgestellte Mängel im IKS schnellstmöglich beseitigt werden. Es gibt verschiedene Überwachungsmaßnahmen. Diese können entweder in Unternehmensprozesse eingebettet sein oder durch die Interne Revision durchgeführt werden. Der APr. hat sich mit wesentlichen und auf die Überwachung des IKS bezogenen Maßnahmen zu beschäftigen⁷⁶⁸. Dazu gehören

- die Prüfung des IKS durch die Interne Revision,
- die Prüfung des IKS durch einen externen Prüfer oder
- die Prüfung der einzelnen Regelungen des IKS z. B durch die gesetzlichen Vertreter⁷⁶⁹.

---

764 Vgl. ISA 315.A99 (rev.) sowie *Marten/Quick/Ruhnke*, Wirtschaftsprüfung⁵, S. 274.
765 Vgl. *IDW PS 261 n.F.*, Tz. 49 ff.
766 Vgl. *Marten/Quick/Ruhnke*, Wirtschaftsprüfung⁵, S. 275
767 Vgl. ISA 315.A97 (rev.); *IDW PS 261 n.F.*, Tz. 56.
768 Vgl. ISA 315.A110 (rev.); *Marten/Quick/Ruhnke*, Wirtschaftsprüfung⁵, S. 275.
769 Vgl. *IDW PS 261 n.F.*, Tz. 59 f.

11.2 Systemerfassung und -beurteilung

690 Die Systemerfassung und Systembeurteilung erfolgt durch die **Erfassung, Beurteilung der Angemessenheit und Prüfung der Implementierung der Kontrollmaßnahmen**. Prüfungsnachweise kann der APr. durch Beobachtungen von Aktivitäten und Arbeitsabläufen erhalten. Sollte dies nicht möglich sein, können Interviews mit der Unternehmensführung, leitenden Angestellten oder sonstigen Mitarbeitern geführt werden. Des Weiteren können Dokumente (z.B. Dienstanweisungen, Funktionsdiagramme, Stellenbeschreibungen etc.) ausgewertet oder Dokumente, die durch das IKS generiert werden, gesichtet werden. Die Systemerfassung erfolgt häufig mit Hilfe der Fragebogentechnik, wobei der Fragebogen einer Checkliste gleicht[770].

691 Im Rahmen der Unternehmensanalyse, des Unternehmensumfelds sowie des durch den APr. festgestellten IKS, sind Fehlermöglichkeiten und die damit verbundenen Auswirkungen auf die Rechnungslegung zu identifizieren. Falls die Einschätzung der Fehlerrisiken auf der Annahme niedriger Kontrollrisiken beruht, ist eine Aufbau- und Funktionsprüfung des IKS erforderlich.

692 In der Beurteilung der Fehlerrisiken inbegriffen ist die Feststellung der Größenordnung sowie Eintrittswahrscheinlichkeit möglicher falscher Angaben in der Rechnungslegung. Handelt es sich bei Fehlerrisiken um bedeutsame Risiken, erfasst der APr. diese gesondert in seinen Arbeitspapieren. Unter bedeutsamen Risiken werden Fehlerrisiken verstanden, die aufgrund der Art oder des mit ihnen verbundenen Umfangs potenzieller Fehlerrisiken in der Rechnungslegung i.R.d. Abschlussprüfung besondere Aufmerksamkeit erfordern[771]. Dazu gehören

- Hinweise auf Verstöße,
- komplexe Geschäftsvorfälle,
- Transaktionen mit nahe stehenden Personen,
- hohes Ausmaß der Subjektivität bei der Ausübung von Ermessensspielräumen sowie
- ungewöhnliche Geschäftsvorfälle und Geschäftsvorfälle außerhalb des gewöhnlichen Geschäftsbetriebs[772].

693 Der APr. beurteilt nach seinem Ermessen und zunächst ohne Berücksichtigung der vom Unternehmen eingesetzten Kontrollmaßnahmen, ob es sich bei einem Fehlerrisiko um ein bedeutsames Risiko handelt[773].

694 Um mit hinreichender Sicherheit eine Aussage über das Vorliegen falscher Angaben in den betreffenden Prüffeldern treffen zu können, muss der APr. Fehlerrisiken, bei denen die Durchführung aussagebezogener Prüfungshandlungen nicht ausreichend ist, gesondert erfassen. Vor allem Routinetransaktionen, die IT-gestützt erfasst und verarbeitet werden, sind davon betroffen[774].

---

770 Vgl. *Marten/Quick/Ruhnke*, Wirtschaftsprüfung[5], S. 275.
771 Vgl. dazu Kap. L Tz. 392 f.
772 Vgl. ISA 315.28 (rev.).
773 Vgl. ISA 315.27 (rev.); *IDW PS 261 n.F.*, Tz. 64 ff.
774 Vgl. ISA 315.30 (rev.); *IDW PS 261 n.F.*, Tz. 68.

11.2.1 Prüfung des Aufbaus des IT-Kontrollsystems

a) Prüfung des IT-Umfeldes und der IT-Organisation

In der Aufbauprüfung des IT-Umfeldes und der IT-Organisation wird der APr. auf Basis der vorgelegten Unterlagen (z.B. Strategiepapiere, Sicherheitskonzepte, Regelungen zur Aufbau- und Ablauforganisation, Prozess- und Funktionsbeschreibungen) die Angemessenheit der Richtlinien und Verfahren im Hinblick auf Vollständigkeit, Aktualität und die hinreichende **Beachtung von Organisationsprinzipien** beurteilen.

Seine Beurteilung wird sich insb. auf folgende Aspekte ausrichten:

- Einbindung der **IT als „strategische Ressource"** in die Unternehmensorganisation
- **Sensibilisierung** der Unternehmensleitung und der sonstigen Anwender für die Bedeutung von IT im Hinblick auf die Risikofrüherkennung, die Unterstützung und Verlässlichkeit von Prozessen sowie **die IT-Sicherheit** und den Datenschutz („IT Awareness")
- professionelle **Organisation** der IT-Unterstützungsfunktion
- klare Beschreibung von strategischen Zielsetzungen sowie der Aufgabenverteilung im IT-Bereich
- sinnvolle Trennung von Aufgaben und Kompetenzen im IT-Bereich
- ordnungsgemäße Organisation von wichtigen Teilprozessen im IT-Bereich.

Die Prüfung der Wirksamkeit insb. von Organisationsmaßnahmen wird der APr. in Stichproben durchführen, indem er die Einhaltung von Organisationsrichtlinien oder vorgeschriebenen Abläufen beobachtet bzw. nachvollzieht. Prüfungshandlungen können z.B. umfassen

- die Untersuchung der Einhaltung der vorgesehenen Funktionstrennung (von unvereinbaren Aufgaben) durch Einsichtnahme von abgewickelten Aufträgen, Freigaben, Projektprotokollen, Entwicklungsergebnissen und ähnlichen Bearbeitungsvermerken,
- die Prüfung der Umsetzung von Arbeitsplatz-, Stellen- und Funktionsbeschreibungen sowie
- den Abgleich von im Sicherheits- oder Berechtigungskonzept festgelegten Richtlinien zum Zugriffsschutz mit den tatsächlich eingerichteten Systemparametern.

b) Prüfung der IT-Infrastruktur

Die Prüfung der IT-Infrastruktur richtet sich auf die organisatorisch-technischen Maßnahmen und die Verfahren, die einen sicheren und geordneten IT-Betrieb sicherstellen und damit insb. die Integrität und Verfügbarkeit der IT gewährleisten sollen. Hierzu zählen insb.

- physische Sicherungsmaßnahmen und Zugriffskontrollsysteme,
- Datensicherungs- und Auslagerungsverfahren,
- Verfahren für einen sicheren und geordneten Regelbetrieb sowie
- Maßnahmen zur Sicherung der Betriebsbereitschaft und Verfahren für den Notbetrieb.

Physische Sicherungsmaßnahmen dienen dem Schutz der Hardware sowie der Programme und Daten vor Verlust, Zerstörung und unberechtigter Veränderung. Hierzu zählen u.a. bauliche Maßnahmen, Zugangskontrollen, Feuerschutzmaßnahmen oder Maßnahmen zur Sicherstellung der Stromversorgung, die zur Sicherung der Funktionsfähigkeit der IT, unter Würdigung des Gefährdungsgrades von Programmen und Daten sowie aus datenschutzrechtlichen Aspekten erforderlich sind.

700 Die Aufbauprüfung zu physischen Sicherungsmaßnahmen zielt auf die Beurteilung der Angemessenheit der vorgesehenen Maßnahmen und Kontrollen. Hierbei sollte im Hinblick auf die **Risikoeinschätzung** und den gewünschten **Schutzzweck** eine realistische Beurteilung der eingesetzten bzw. verfügbaren Technik erfolgen. Bei der Beurteilung der vom Unternehmen hierzu durchgeführten Risikoeinschätzung sollte insb. die Abhängigkeit des Unternehmens von der ständigen Verfügbarkeit der IT bzw. das Gefährdungspotenzial durch Systemausfälle in die Betrachtung einbezogen werden. Gleichermaßen ist zu berücksichtigen, dass ein stetig zunehmender Anteil der Unternehmenswerte in Software und Daten „gebunden" ist (überwiegend immaterielle Werte) und entsprechend auch physisch geschützt werden sollte.

701 Zur Funktionsprüfung von physischen Sicherungsmaßnahmen wird sich der Prüfer durch Begehung von Rechenzentren, Inaugenscheinnahme von technischen Sicherungsmaßnahmen und durch Stichproben (z.B. Abgleich von Zutrittsberechtigungen zum Rechenzentrum mit Organisationsanweisungen und Mitarbeiter-/Funktionsverzeichnissen; Einsicht in Verträge und Wartungsprotokolle für Klima-, Brandschutz-, und Energieversorgungssysteme) von der Wirksamkeit der Maßnahmen überzeugen. Im Hinblick auf die zunehmende Komplexität dieser physischen Sicherungsmaßnahmen wird es in Einzelfällen auch erforderlich sein, weitere Spezialisten hinzuzuziehen bzw. Prüfungsergebnisse Dritter zu berücksichtigen. Sofern der IT-Betrieb von einem Dienstleistungsunternehmen durchgeführt wird (Outsourcing) ist im Regelfall, je nach Ausgestaltung der eingesetzten Technik/Verfahren (eigenes Rechenzentrum; Übernahme der Infrastruktur des Kunden), das Dienstleistungsunternehmen in die Prüfungen einzubeziehen. Ergänzend oder alternativ können auch Prüfungsergebnisse Dritter beim Dienstleistungsunternehmen herangezogen werden[775].

702 Zum Schutz von IT-Anwendungen und Daten sind **Zugriffskontrollsysteme** (Benutzerberechtigungskonzepte) auf Anwendungs-, Betriebssystem- und Datenbankebene erforderlich. Diese sollen die organisatorischen Zuweisungen von Aufgaben in Form von Menü- und Transaktionsberechtigungen im IT-System umsetzen und somit das in der Aufbau- und Ablauforganisation vorgesehene IKS durch differenzierte Zugriffsberechtigungen ermöglichen bzw. unterstützen. Hierbei gilt, dass nach den Prinzipien der Funktionstrennung und minimalen Rechtevergabe die Anwender nur über die Berechtigungen verfügen sollten, die miteinander vereinbar sind und die zur Abwicklung ihrer Aufgaben erforderlich sind. Wesentlich für den sicheren und ordnungsgemäßen Betrieb ist zudem, dass der Zugriff auf IT-Anwendungen im Produktionsbetrieb strikt von IT-Anwendungen im Testbetrieb (z.B. aufgrund von Neueinführungen oder Änderungen der Software) getrennt wird. Die Verfahren und Techniken zur Realisierung angemessener und wirksamer Zugriffskontrollen hängen von den eingesetzten Betriebssystemen und IT-Anwendungen ab. Die Ausgestaltung eines angemessenen Zugriffskontrollsystems liegt auch dann in der Verantwortung des zu prüfenden Unternehmens, wenn der IT-Betrieb von einem Dienstleistungsunternehmen durchgeführt wird (Outsourcing).

---

775 Vgl. ISAE 3402; *IDW PS 951 n.F.*; siehe auch Kap. L Tz. 524 ff.

Als Teil der Aufbauprüfung sollte sich der Prüfer zunächst ein Bild von den durch die Unternehmensleitung festgelegten **Sicherheitsgrundsätzen und** den **generellen Zugriffsschutzverfahren** machen. Hierzu zählen Regelungen über die Einrichtung, Änderung und Entziehung von Berechtigungen, die Protokollierung aller Aktivitäten im Bereich der Berechtigungsverwaltung, die Gestaltung der Passwörter, z.B. hinsichtlich Mindestlänge und Ablaufdatum, und die Festlegung von stellenbezogenen Berechtigungsprofilen. 703

In einem zweiten Schritt muss sich der APr. durch **Aufnahme der Abläufe** zur Berechtigungsverwaltung und Einsichtnahme in die vergebenen Zugriffsrechte von der Wirksamkeit der Zugriffskontrollen und der darauf basierenden Funktionstrennung überzeugen. Hierzu kann er in Abhängigkeit von der Ausgestaltung der Anwendungssoftware Systemauswertungen des Unternehmens nutzen oder eigene Prüfsoftwareprodukte einsetzen. Diese Vorgehensweise ermöglicht häufig erst die Funktionsprüfung. 704

> **Hinweis 30:**
> Bei größeren Unternehmen mit mehreren tausend Anwendern oder komplexeren, verteilten IT-Systemen kann eine Auswertung der Berechtigungen häufig nur noch über eine Prüfsoftware erfolgen.

Bei der Prüfung sind insb. die folgenden Punkte stichprobenartig zu untersuchen: 705

- Angemessene Vergabe von spezifischen Berechtigungen und stellenbezogenen Berechtigungsprofilen in den einzelnen Geschäftsprozessen sowie in den IT-Prozessen der IT-Anwendungen
- Die in der Anwendung hinterlegten Benutzer können tatsächlichen Mitarbeitern zugeordnet werden, d.h. ausgeschiedene Mitarbeiter verfügen über keine gültige Benutzer-ID mehr
- Vergabe von umfassenden Berechtigungen („Superuser") erfolgt nur im Rahmen eines Notfallkonzepts mit einem dokumentierten Notfallverfahren
- Die Nutzung von nichtpersonalisierten Benutzern (z.B. Nutzung von nur einem Benutzer „Einkauf" durch alle Mitarbeiter im Einkauf) wird regelmäßig überwacht.

Die Berechtigungsvergabe soll an zwei Beispielen dargestellt werden. 706

> **Beispiel 53:**
> Beim Geschäftsprozess „Einkauf" ist zu prüfen, ob das einem Einkaufsmitarbeiter eingeräumte Recht zur Genehmigung der Bestellung auch das Recht für die Wareneingangsbuchung (nach Qualitätsprüfung), das Recht für die Freigabe der Eingangsrechnung (nach Prüfung der Rechnung) und das Recht zur Zahlungsfreigabe umfasst. Zur Wahrung der Funktionstrennung sollten diese Rechte jeweils nur einzeln an die *Mitarbeiter vergeben werden.*
>
> Bei der Prüfung der Berechtigungsvergabe im IT-Prozess hat sich der APr. davon zu überzeugen, dass das Recht zur Entwicklung und Änderung von IT-Anwendungen nur in einer Entwicklungsumgebung vergeben wurde, dieses Recht jedoch nicht in der Produktivumgebung besteht.

707 Datensicherungs- und Auslagerungsverfahren müssen so ausgestaltet sein, dass die jederzeitige Verfügbarkeit und Lesbarkeit der Daten sichergestellt ist. Geeignete Verfahren sind hinreichend gestaffelte Tages-, Monats- und Jahressicherungen, die Inventarisierung aller Sicherungsmedien einschließl. der Führung von Datenträgerverzeichnissen sowie die Auslagerung wichtiger Sicherungsbestände außerhalb des Rechnerbereichs. Im Rahmen des Datensicherungskonzeptes für die Wiederherstellbarkeit der Systemumgebung sind die Zahl bzw. Periodizität der Sicherungen (Generationenkonzept), die verwendeten Sicherungsmedien und die Art der Aufbewahrung der Sicherungen festzulegen. Diese Verfahren stellen nicht nur einen wichtigen Beitrag zur Sicherung der Betriebsbereitschaft und zur Unterstützung von Maßnahmen im Notfall dar, sondern sind auch zunehmend wichtig, um den gesetzlichen Aufbewahrungsvorschriften nach § 257 Abs. 2 HGB gerecht werden zu können.

708 Der APr. muss i.R.d. Aufbau- und Funktionsprüfung insb. beurteilen,
- ob das Unternehmen angemessene Sicherungsverfahren eingeführt und z.B. durch Tests der Datenrücksicherung, die Wiederherstellbarkeit von Programmen und Daten aus den Sicherungsmedien nachgewiesen hat,
- dass das Unternehmen über diese Verfahren und/oder zusätzliche Archivierungsverfahren den Ordnungsmäßigkeitsvorschriften (Nachvollziehbarkeit, Einhaltung der Aufbewahrungsvorschriften über den gesetzlich vorgeschriebenen Zeitraum von zehn Jahren) nachkommen kann,
- ob eine regelmäßige Auslagerung der Sicherungsmedien erfolgt (d.h. ob die Sicherungsmedien getrennt vom Serverraum aufbewahrt werden) und
- dass im Rahmen eines Operating-Verfahrens eine regelmäßige Überwachung der Sicherungen der Daten durchgeführt wird (System-Monitoring, Fehlerprotokolle).

709 Die **Verfahren für einen sicheren und geordneten Regelbetrieb** sollen die Integrität und jederzeitige Verfügbarkeit der IT-Systeme gewährleisten. Sie umfassen daher insb. IT-Maßnahmen, die den geordneten Einsatz von IT-Anwendungen und Daten (richtige Programmversion zur richtigen Zeit mit den richtigen Daten) sicherstellen, aber auch die Sicherung der Betriebsbereitschaft sowie die Verfahren für einen Notbetrieb gewährleisten.

710 Im Hinblick auf den geordneten Einsatz von IT-Anwendungen und Daten muss der APr. i.R.d. Aufbauprüfung beurteilen, ob adäquate Operating-Verfahren zur Arbeitsvorbereitung, Programmeinsatzplanung und Arbeitsnachbereitung bestehen, die den Einsatz der Programmversion und der Abarbeitung der Arbeitsaufträge („Jobfolge") sowie den Zugriff auf Dateien und Datenbanken regeln.

711 Die angewendeten Verfahren sind hierbei stark von den eingesetzten Softwareanwendungen und Datenbankkonzepten abhängig. Die Beurteilungen sind durch spezifische Funktionstests zu verifizieren, indem z.B. in konkrete Operating-Planungen und Job-Protokolle Einsicht genommen wird. Über konkrete Befragungen und weitere Untersuchungen ist insb. in Stichproben zu analysieren, ob und inwieweit Unterbrechungen und Fehler in den Abläufen und Prozeduren vom Unternehmen erkannt (System-Monitoring, Fehlerprotokolle), gemeldet bzw. eskaliert und zeitnah bearbeitet werden. Sofern der IT-Betrieb von einem Dienstleistungsunternehmen durchgeführt wird (Outsourcing), ist ergänzend zu prüfen, ob diese Maßnahmen z.B. in Service Level

Agreements geregelt sind und Fehler/Probleme in eindeutigen Melde- und Eskalationsverfahren kommuniziert und bei Bedarf zusammen mit dem Kunden behoben werden.

c) Prüfung von IT-Anwendungen

Die Prüfung von **IT-Anwendungen** stellt einen Kernbereich der Prozessprüfung dar, mit der festgestellt werden soll, ob

- eine angemessene Organisation der Softwareauswahl (für Standardsoftware) sowie des Entwicklungs- und Änderungsprozesses für IT-Anwendungen (für Individual- und Standardsoftware) vorliegt (Qualitätssicherung, Change Management),
- die spezifische IT-Anwendung den relevanten Ordnungsmäßigkeits- und Sicherheitsanforderungen entspricht,
- ausreichend wirksame Kontrollen für eine vollständige und richtige Informationsverarbeitung vorgesehen sind und
- die der IT-Anwendung vor- und nachgelagerten Prozesskontrollen in dem vorgesehenen Umfang ausgeführt werden.

712

Die vom Unternehmen durchzuführende **Qualitätssicherung** von IT-Anwendungen soll die ordnungsgemäße, d.h. insb. vollständige und richtige Verarbeitung von Geschäftsvorfällen im Rahmen von Geschäftsprozessen gewährleisten. Der Prüfer hat daher i.R.d. Aufbauprüfung zu beurteilen, ob angemessene Verfahren zur Qualitätssicherung im Unternehmen implementiert sind. Diese umfassen sowohl für Standardsoftware als auch Individualsoftware insb. die Erstellung von fachlichen Feinkonzepten, die Verfahren der Programmierung und Softwareauswahl, die Programmtest-, -freigabe- und -übergabeverfahren sowie die Verfahren zu Datenübernahme (Migration)[776]. In diesem Zusammenhang sollte der Prüfer beachten, dass sich die Anwender im zu prüfenden Unternehmen i.d.R. auf die Wirksamkeit der in den IT-Anwendungen enthaltenen automatisierten Kontrollen/Abstimmungen verlassen, da sie von einer qualitätsgesicherten Einführung ausgehen. Die dargestellten Grundsätze gelten nicht nur für die Neueinführung, sondern auch für Änderungen von IT-Anwendungen während des GJ.

713

Die Wirksamkeit dieser generellen Kontrollen ist im Regelfall durch detaillierte Funktionstests zu prüfen. Diese beinhalten z.B. die Beurteilung und stichprobenhafte Prüfung,

- ob und inwieweit **Pflichten- und Lastenhefte** für IT-Anwendungen erstellt wurden, diese an die Anforderungen der Fachbereiche/Anwender angepasst wurden und der Softwareauswahl oder Eigenentwicklung tatsächlich zugrunde gelegt wurden,
- der Angemessenheit des **Softwareauswahlprozesses** (z.B. Lieferantenauswahl und -bewertung; Machbarkeitsstudien; Deckungsgradanalysen; Demonstrationen und Testläufe; Vertragsgestaltung),
- der angewendeten **Testverfahren** (Einzel- und Integrationstests), der Fehlerfeststellung und -bereinigung,
- der angewendeten **Freigabeverfahren** (Abnahme durch Fachbereiche/Anwender) und
- der Verfahren zur Übernahme (**Migration**) von Stamm- und Bewegungsdaten.

714

Für die anschließende Funktionsprüfung von spezifischen IT-Anwendungen stützt sich der Prüfer auf die vorgelagerten Prüfungshandlungen zu den generellen Kontrollen, da

715

---

776 Vgl. zu den Kriterien und zur Prüfung auch *IDW PS 850*.

die Feststellungen zu diesen Bereichen i.d.R. unmittelbare Auswirkungen auf die Anwendungsprüfung haben. In einem ersten Schritt ist daher insb. zu beurteilen, ob und inwieweit die grundlegenden Feststellungen zu den Qualitätssicherungsverfahren auch für die ausgewählte, zu prüfende IT-Anwendung gelten. Bei vollständig integrierten einheitlichen Standardsoftwareanwendungen ist dies überwiegend der Fall bzw. über zusätzliche begrenzte Prüfungsschritte zu verifizieren. Sofern das Unternehmen jedoch im Prozess individuelle Anwendungen einsetzt, die nicht den generellen IT-Kontrollen unterliegen, sind weitere vergleichbare Prüfungshandlungen erforderlich.

716 Eine **Softwarebescheinigung** bestätigt die Ordnungsmäßigkeit der Programmfunktionen einer Software[777], wobei diese Funktionen in einer definierten Testumgebung beim Software-Hersteller getestet wurden. Unter Beachtung einer sachgerechten Handhabung durch den Anwender kann der APr. das Ergebnis der Softwareprüfung (Softwarebescheinigung und PrB) i.R.d. Abschlussprüfung verwenden[778]. Auch bei Vorliegen einer Softwarebescheinigung muss der Prüfer jedoch die unternehmensspezifische Parametrisierung der Standardsoftware (Prüfung der Implementierung) sowie die Einbettung der IT-Anwendung in das IKS beurteilen.

717 IT-Anwendungsprüfungen, speziell i.Z.m. der Neueinführung von IT-Systemen, können aus zeitlichen Gründen i.d.R. nicht im Rahmen von Abschlussprüfungen durchgeführt werden. Die Neueinführungen erfolgen regelmäßig unterjährig und je nach Größe des Projekts über einen längeren Zeitraum. In diesen Fällen sollte daher eine **projektbegleitende Prüfung** durchgeführt werden, die frühzeitig schon in der Phase der Softwareauswahl bzw. des Designs (Pflichtenhefte, Fachkonzepte) beginnen und den Einführungsprozess bis zur Produktivstellung der Software begleiten sollte[779].

718 Die mögliche Effektivität von Prozesskontrollen sollte schon i.R.d. Prozessaufnahme nach Prioritäten gewichtet werden. Der Prüfer wird hierbei zuerst die Kontrollen betrachten, die von übergeordneter Natur und geeignet sind, die vollständige und richtige Verarbeitung in mehreren Prozessschritten bzw. Verarbeitungsabläufen abzudecken. Diese Kontrollen sind typischerweise vom Anwender gestaltete Abstimmungen und Analysen, die zwar häufig auf IT-Auswertungen beruhen (z.B. im Controlling des Unternehmens), jedoch keine maschinellen oder automatisierten IT-Kontrollen darstellen. Sofern diese Kontrollen (auch **Higher Level Controls**) aufgrund von Funktionstests als wirksam eingestuft werden, kann der Prüfer häufig auf untergeordnete Detailprüfungen von IT-Anwendungen verzichten.

d) Prüfung von IT-gestützten Geschäftsprozessen

719 Geschäftsprozesse sind für Zwecke der Rechnungslegung und aus Sicht der Prüfung darauf ausgerichtet, rechnungslegungsrelevante Geschäftsvorfälle bzw. Daten zu erfassen, zu verarbeiten und in die Buchführung sowie Abschlusserstellung überzuleiten. Interne Kontrollen haben in diesem Zusammenhang sicherzustellen, dass die Geschäftsvorfälle/Daten unter Beachtung der Ordnungsmäßigkeitsanforderungen vollständig, richtig, zeitnah und geordnet erfasst und verarbeitet werden.

---

777 Vgl. *IDW PS 880*, Tz. 9.
778 Zu den Grundsätzen der Verwertung der Arbeit eines anderen externen Prüfers vgl. *IDW PS 320 n.F.*, Tz. 3; zur Möglichkeit der Verwendung des PrB einer Softwareprüfung vgl. *IDW PS 880*, Tz. 100 ff.
779 Vgl. *IDW PS 850*.

IT-gestützte Geschäftsprozesse sind demgemäß dadurch gekennzeichnet, dass wesentliche oder sogar sämtliche Teilprozessschritte sowie interne Kontrollen durch eine oder mehrere IT-Anwendungen abgebildet oder unterstützt werden. Im Ergebnis sind folgende Grundkonstellationen denkbar: 720

- **Vollständig integrierte/automatisierte Geschäftsprozesse:** Geschäftsvorfälle werden nach ihrer erstmaligen Erfassung vollständig durch IT-Anwendungen in der Buchführung (weiter)verarbeitet. Das erfordert eine ordnungsmäßige Verarbeitung durch die in den IT-Anwendungen integrierten Kontrollen oder generellen IT-Kontrollen.
- **Teilw. integrierte/automatisierte Geschäftsprozesse:** Abweichend davon werden in derartigen Geschäftsprozessen die Geschäftsvorfälle teilweise manuell, teilweise durch IT-Anwendungen verarbeitet. Die Verarbeitung ist damit wesentlich durch Schnittstellen zwischen verschiedenen Anwendungen oder manuellen Bearbeitungsschritten gekennzeichnet. Zusätzlich zu IT-Kontrollen müssen insb. manuelle Anwender- sowie Prozesskontrollen die ordnungsmäßige Verarbeitung gewährleisten.

Die Aufbauprüfung erfordert eine **Prozessaufnahme** und ist insgesamt an den Prüfungszielen für den ausgewählten Geschäftsprozess sowie für die zugrunde liegenden Prüffelder des Abschlusses auszurichten. Hierbei hat der APr. zu dokumentieren und zu beurteilen, 721

- ob der Geschäftsprozess das von der Unternehmensleitung vorgesehene **Geschäftsmodell** des Unternehmens angemessen abbildet,
- in welchen Prozessschritten **IT-Anwendungen integriert** sind und/oder manuelle Tätigkeiten durchgeführt werden,
- wie rechnungslegungsrelevante Informationen aus dem Geschäftsprozess in die **Buchführung übergeleitet** werden (Daten- und Belegfluss, Schnittstellen) und
- welche **prozess- und anwendungsbezogenen Kontrollen** bei der Erfassung und Verarbeitung der Geschäftsvorfälle bestehen.

Hierauf aufbauend sind in jedem Fall die folgenden **spezifischen anwendungsbezogenen Kontrollen** zu prüfen, die überwiegend in der Verantwortung der Fachbereiche liegen: 722

- zutreffende Einstellung der Steuerungsparameter (z.B. Zolltarif oder Umsatzsteuerschlüssel)
- richtige Belegaufbereitung
- verlässliche Plausibilitätskontrollen bei der Belegerfassung am System
- wirksame vor- und nachgelagerte Kontroll- und Abstimmverfahren
- zeitnahe Bearbeitung von Fehlermeldungen und -protokollen.

Im Zusammenhang mit der Prozessaufnahme und Prüfung der anwendungsbezogenen Kontrollen hat der Prüfer auch die Einhaltung der Grundsätze der Sicherheit und Ordnungsmäßigkeit zu beurteilen, d.h. insb. die Frage, wie die Beleg-, Journal- und Kontenfunktion in der untersuchten Anwendung eingehalten wird[780]. 723

---

780 Vgl. Kap. L Tz. 625 ff.

11.2.2 Berichterstattung

724 Hinsichtlich der Berichterstattung über festgestellte bedeutsame Schwächen wird auf die Ausführungen in Kap. L Tz. 677 ff. verwiesen.

11.3 Erfassen der relevanten Kontrollmaßnahmen

725 Die detaillierte Erfassung des IKS dient dazu, die **Soll-Vorstellungen mit den Ist-Anforderungen** des Unternehmens hinsichtlich der relevanten Kontrollmaßnahmen abzugleichen. Dabei kann der APr. von folgenden Grundsätzen ausgehen, deren Beachtung für die Wirksamkeit des IKS unabdingbar ist:

11.3.1 Organisation des Arbeitsablaufs

726 Die Wirksamkeit des IKS ist in erster Linie von der betrieblichen Organisation abhängig. Gleiche Vorgänge, die täglich in anderer Form, von anderen Personen und mit anderen Hilfsmitteln erledigt werden, enthalten ein wesentlich höheres Fehlerrisiko als gleiche Vorgänge in standardisierten Prozessen und mit standardisierten Verfahren.

727 Durch Richtlinien, Arbeitsanweisungen und die Vorgabe von Formularen sind die organisatorischen Voraussetzungen für eine richtige Sachbearbeitung für die manuell zu bearbeitenden Vorgänge mit Bedeutung für die Rechnungslegung zu schaffen.

728 Sowohl bei der maschinellen als auch der manuellen Vorgangsbearbeitung sollte eine Abweichung von der vorgegebenen Arbeitsfolge zu einer „Störmeldung" führen, die sodann im Zuge eines festgelegten Verfahrens von einer Kontrollinstanz zu bearbeiten ist.

11.3.2 Funktionstrennung

729 Das Prinzip der Funktionstrennung besagt, dass Funktionen, die i.S.d. Aufgabenstellung des IKS nicht miteinander vereinbar sind, nicht durch ein und dieselbe Person (Abteilung) wahrgenommen werden dürfen. Aus diesem Grund sollten vollziehende Funktionen (z.B. Einkauf, Verkauf), buchende Funktionen (z.B. Finanz- und Betriebsbuchhaltung einschl. Nebenbuchhaltungen) und verwaltende Funktionen (z.B. Lagerverwaltung, Kassenführung) voneinander getrennt werden. In jedem Fall sollten z.B. Kassenführung und Buchführung sowie Lagerverwaltung und Lagerbuchführung funktionstechnisch voneinander getrennt sein.

> **Beispiel 54:**
>
> Ein Beispiel für eine Funktionstrennung im Unternehmen ist die Trennung von Bedarfsträger und bestellender Einheit. So wird sichergestellt, dass entstehende Bedarfe angezeigt und durch eine unabhängige Einheit (dem Einkauf) zu wirtschaftlichen Konditionen und in angemessener Qualität beschafft werden.

730 Mittelständische Unternehmen, oft inhaber- oder familiengeführt, setzen häufig auf das **Vertrauensprinzip**, weil eine **Funktionstrennung** aufgrund einer geringen Mitarbeiteranzahl nicht oder nur eingeschränkt möglich ist (z.B. Durchführung von Buchführungsarbeiten von wenigen Personen, die zudem häufig auch operative Aufgaben als *Überwachungsfunktion* erfüllen bzw. Einkäufer, die z.B. sowohl Preise verhandeln und Waren bestellen, als auch die Zahlungen freigeben). Existieren keine zusätzlichen Zugriffsbeschränkungen der Mitarbeiter auf die verschiedenen IT-Anwendungen, können

Mitarbeiter Zugriff auf einen großen Teil der Daten des Unternehmens haben, so dass implementierte Funktionstrennungen unterlaufen werden können.

11.3.3 Kontrolle

In einem gut funktionierenden System sollte keine Tätigkeit ohne Kontrolle bleiben. Kontrollen erfolgen durch Maßnahmen, die in den Arbeitsablauf integriert sind. Kontrollen können einzelfallweise und manuell vorgenommen werden, sie können aber auch systematisiert sein und sollten dann nach Möglichkeit programmiert und damit im Voraus festgelegt und zwingend ablaufen. Die richtige Durchführung einer manuellen Arbeit kann, ohne sie zu wiederholen, dadurch geprüft werden, dass ihre Ergebnisse mit den Ergebnissen einer anderen unabhängig erstellten Arbeit abgestimmt werden. 731

11.3.4 Kontrollzeitpunkt

Im Wesentlichen werden zwei Kontrollzeitpunkte unterschieden: 732

a) Die Kontrolle ist dem eigentlichen Arbeitsgang vorgeschaltet (**fehlervermeidende oder vorbeugende Kontrolle**). Diese Kontrolle dient der Vermeidung von Fehlern. So werden z.B. Gutschriften in der Debitorenbuchhaltung von der Abteilungsleiterin erst nach einer Kontrolle auf inhaltliche Korrektheit per Unterschrift freigeben.

b) Die Kontrolle ist dem Arbeitsgang nachgeschaltet (**fehleraufdeckende Kontrolle**). Die Art von Kontrolle dient der Aufdeckung von Fehlern nach ihrem Auftreten und ermöglicht ggf. die Bereinigung von Fehlern bzw. die Ergreifung von Gegenmaßnahmen für die Zukunft. Eine solche Kontrolle könnte z.B. in der Finanzbuchhaltung darin bestehen, dass am Ende der Periode der Gesamtbetrag aller Gutschriften hinsichtlich signifikanter Veränderungen zur Vorperiode analysiert und kontrolliert wird.

11.3.5 Manuelle und maschinelle Kontrollen

Durch die in den manuellen und maschinellen Arbeitsabläufen vorgesehenen Kontrollen können Fehler verhindert bzw. Fehler aufgedeckt werden. 733

Manuelle Kontrollen sind alle **von Personen durchzuführende Kontrollen**, wie z.B. Vergleichen, Nachrechnen, Abstimmen, Anfertigung von nummerierten Belegsätzen, Abzeichnen und Gegenzeichnen von Belegen, Belegentwertung, Ablage von Büchern und Belegen unter Verschluss und Belegausgabe gegen Quittung. Bezüglich der Wirksamkeit ist dabei zu beachten, dass es von der Arbeitsdisziplin des Sachbearbeiters abhängt, ob und mit welcher Sorgfalt er die angewiesene Kontrolle durchführt oder nicht. 734

Maschinelle Kontrollen sind alle **von Maschinen auszuführenden Kontrollen**, wie z.B. Mess- und Rechengeräte aller Art, Fahrtenschreiber, Stechuhren, Wiegekarten, Registrierkassen sowie insb. **programmierte Kontrollen** i.R.d. IT. 735

Da die Wahrscheinlichkeit der Kontrolldurchführung bei den maschinellen Kontrollen ggü. den manuellen Kontrollen sehr groß ist – und damit auch die Wirksamkeit der Kontrollen –, sollten soweit wie möglich manuelle Kontrollen durch maschinelle Kontrollen ersetzt werden. 736

11.3.6 Organisationsplan und Stellenbeschreibungen

Mit Hilfe des Organisationsplans in Verbindung mit Stellenbeschreibungen werden die Weisungsverhältnisse sowie die Aufgabenzuständigkeiten und Kompetenzen der Mit- 737 arbeiter im Unternehmen geregelt (Aufbauorganisation bzw. Organisationsstruktur des Unternehmens).

Anhand des Organisationsplans gewinnt der APr. einen ersten Überblick darüber, wie weit der Grundsatz der Funktionstrennung in allen für die Rechnungslegung relevanten Unternehmensbereichen beachtet wurde. Ferner macht ein Organisationsplan deutlich, wo infolge von unklaren oder unzweckmäßigen Weisungsverhältnissen die Überwachung einzelner Abteilungen unzureichend sein kann.

738 Anhand der Stellenbeschreibungen kann der APr. u.a. feststellen, ob der Grundsatz der Funktionstrennung auch bei der Festlegung der Aufgabenzuständigkeit der einzelnen Stellen beachtet wurde und die erforderliche Funktionstrennung auch im Falle der Stellvertretung gegeben ist.

11.3.7 Verfahrens- und Prozessbeschreibungen

739 Verfahrens- und Prozessbeschreibungen regeln den Inhalt und die **Abfolge eines Arbeitsprozesses**, z.B. das Verfahren der Kundenauftragsabwicklung oder das Verfahren zur Bearbeitung der Kreditorenrechnungen vom Rechnungseingang bis zur Bezahlung. Es müssen aussagekräftige Verfahrensbeschreibungen vorliegen. Nur mit Hilfe einer solchen Verfahrensbeschreibung kann sich ein fachkundiger Dritter in zumutbarer Zeit einen Überblick über den Zusammenhang und das Zusammenwirken der manuellen und maschinellen Aufgabenbearbeitung verschaffen sowie das in dem Verfahren enthaltene Kontrollsystem – die maschinellen und manuellen Kontrollen – erfassen.

11.3.8 Richtlinien und Arbeitsanweisungen

740 Um eine ordnungsgemäße Bearbeitung der Geschäftsvorfälle i.R.d. durch den Organisationsplan, die Stellenbeschreibung und die Verfahrensbeschreibung vorgegebenen Aufbau- und Ablauforganisation zu unterstützen und sicherzustellen, bedarf es Richtlinien und Arbeitsanweisungen.

741 Richtlinien beinhalten die bei der Sachbearbeitung verbindlichen **Vorgaben und Anforderungen**. Sie müssen die manuell zu bearbeitenden Aufgaben erfassen, die entweder mit wesentlichen Entscheidungen verbunden sind (z.B. Veranlassen von Zahlungen) oder durch eine hohe Komplexität gekennzeichnet sind (z.B. Berücksichtigung von verschiedenen Einflussfaktoren).

> **Beispiel 55:**
>
> Richtlinie aus dem Bereich „Buchführung"
> Die Kontierungs- und Bilanzierungsrichtlinie legt die Kontierung in der Buchführung zu einem buchungspflichtigen Vorgang fest. Fehler, die beim Kontieren gemacht werden, wirken sich im JA aus und können von der Gesellschaft nur durch eine systematische Kontenpflege bereinigt werden. Um diese zeitraubende Arbeit soweit wie möglich zu vermeiden, sollten Kontierungsrichtlinien angefertigt werden, welche die bei der Kontierung auftretenden Zweifelsfragen klären und helfen, die Kontinuität der Buchung gleichartiger Geschäftsvorfälle sicherzustellen.

742 In **Arbeitsanweisungen** wird i.d.R. neben der genauen Bezeichnung der Arbeiten festgelegt, wer diese Arbeiten auszuführen hat und auf welche Weise sie zu erledigen sind. Daneben sollten die Arbeitsanweisungen auch Termine für regelmäßig wiederkehrende

Arbeiten (z.B. Mahnwesen, Erstellung von Saldenlisten, Aufstellen von Monats-, Quartals- und JA) enthalten. Ferner sollte bestimmt werden, wie die Arbeiten im Einzelnen zu kontrollieren sind, wobei zur Erleichterung der Abstimmungsarbeiten auf die Bildung möglichst begrenzter und überschaubarer Fehlerfelder zu achten ist. Für Richtlinien und Arbeitsanweisungen gilt gleichermaßen, dass ihre Inhalte ständig an die sich ändernden Bedingungen angepasst werden müssen.

11.3.9 Formulare

Auch in Zeiten fortschreitender Digitalisierung dienen Formulare der Sicherung der Arbeitsabläufe, da sie den Bearbeiter zur Einhaltung einer bestimmten Arbeitsabfolge und zu einzelnen Arbeitsschritten anleiten. Häufig sind sie in ERP-Systemen der Unternehmen als IT-gestützte Datenmasken verfügbar. **743**

Bei der **Formulargestaltung** sollten die folgenden Punkte beachtet werden: **744**

- Für unterschiedliche Arbeitsabläufe sollten erkennbar unterschiedliche Formulare benutzt werden (eindeutige Überschrift).
- Die einzelnen Stationen eines Arbeitsablaufs bzw. der Belegfluss sollten auf dem Formular bzw. dem Beleg angegeben werden.
- Die Bearbeitung sollte durch ein Namenszeichen, Kennziffer oder Stempel der einzelnen Sachbearbeiter sichtbar gemacht werden.
- Der zeitliche Ablauf der Bearbeitung sollte durch eine entsprechende Datierung des Formulars deutlich gemacht werden. Lange Bearbeitungszeiten sind Anlass für eine Überprüfung der Organisation bzw. des Prozesses.
- Zur Sicherung gegen ein Überspringen/Auslassen von Arbeitsschritten im Arbeitsablauf sollten alle Sachbearbeiter einer Ablaufkette ein Formular nur dann bearbeiten, wenn der Vorgänger einen Bearbeitungsvermerk angebracht hat.

Einzelne Arbeitsabläufe bis hin zu gesamten Geschäftsprozessen werden heute mit Unterstützung von Software automatisiert dargestellt (sog. Workflow-Management). Die einzelnen Aktivitäten im Workflow stehen häufig in einer Abhängigkeit zueinander, d.h. eine nachfolgende Aktivität kann erst nach Erledigung der vorhergehenden Aktivität gestartet werden. Um eine ordnungsmäßige Abwicklung der Aktivitäten in einem Workflow zu gewährleisten, enthält dieser insb. die nachfolgend aufgeführten automatischen Kontrollen (Art und Umfang der Kontrollen sind abhängig von der jeweiligen Software): **745**

- Verwendung von Steuerungsparametern (z.B. 19% Umsatzsteuer),
- Plausibilitätskontrollen bei der Belegerfassung (z.B. Datumsangaben),
- Genehmigungen für die Buchung von Geschäftsvorfällen (z.B. Genehmigung von Bestellungen über 10 T€),
- systemseitige Vorgaben (z.B. Verwendung von Beleg- und Buchungsarten, von Buchungsschlüsseln sowie die automatische Kontenfindung).

11.3.10 Interne Revision

Verfügt ein Unternehmen über eine Interne Revision, besteht deren Aufgabe vornehmlich darin, die Funktionsfähigkeit der internen Führungs- und Überwachungsprozesse und der darin enthaltenen internen Kontrollen zu überwachen. Der APr. kann die Ergebnisse der Internen Revision bei seiner Prüfungstätigkeit berücksichtigen, ihre Ar- **746** beitsergebnisse können sein eigenes Urteil allerdings nicht ersetzen. Auch ein Outsourcing der Internen Revision ist möglich[781].

11.3.11 IKS in kleinen und mittelgroßen Unternehmen (KMU)

747 Die gesetzlichen Vertreter von KMU sind i.R.d. Sorgfaltspflicht eines ordentlichen Kaufmanns verpflichtet, Maßnahmen zu treffen, die dazu geeignet sind, das Unternehmen bedrohende Risiken frühzeitig zu erkennen (Ausstrahlungswirkung des § 91 Abs. 2 AktG auf andere Rechtsformen – je nach Größe und Komplexität des Unternehmens)[782]. Im Rahmen der Prüfung von KMU sind vor allem Kontrollaktivitäten relevant, die sich auf die wichtigsten Geschäftsvorfälle beziehen, z.B. Umsatzerlöse, Beschaffungsvorgänge und Personalaufwand. Mit sinkender Anzahl an Mitarbeitern wird auch der Bedarf nach schriftlichen Richtlinien oder Arbeitsanweisungen reduziert. Aufgrund einer geringeren Mitarbeiterzahl werden viele dieser Kontrollen allerdings durch den Sachbearbeiter in Form einer Selbstkontrolle durchgeführt. Das bedeutet, dass das **Management** die Aufgabe hat, die Einhaltung von Anweisungen und die Durchführung dieser Selbstkontrollen zu überwachen. Ist diese Überwachung aufgrund eines steigenden Geschäftsumfangs nicht mehr möglich, bedarf es der **Anpassung des IKS**[783].

748 Eine Interne Revision besteht i.d.R. nicht. Oftmals wird diese Funktion durch die Unternehmensleitung selbst wahrgenommen. Gleichwohl können selbst in kleinen Unternehmen maschinelle Kontrollen eingeführt werden, da der Einsatz von IT bei allen Unternehmen, unabhängig von der Größe, mittlerweile selbstverständlich ist.

749 Ein erhöhtes Risiko besteht in folgenden Fällen und bedarf der gesonderten Berücksichtigung:

- Möglichkeit und Motivation der Unternehmensleitung, Abschlüsse zu manipulieren,
- die Unternehmensleitung unterscheidet nicht zwischen persönlichen und unternehmensbezogenen Transaktionen,
- der Eigentümer-Unternehmer lebt über seinem Einkommensniveau,
- Berater werden häufig gewechselt,
- der Prüfungsbeginn wird häufig verschoben,
- unerklärliche Forderungen, die Prüfung in einer unangemessen kurzen Zeit abzuschließen,
- Einflussnahme auf das Ergebnis durch ungewöhnliche Transaktionen kurz vor und/ oder kurz nach dem Abschlussstichtag,
- Auftreten ungewöhnlicher Transaktionen mit nahe stehenden Personen[784].

750 Infolge **flacher Hierarchien** werden Arbeitsabläufe oft nur durch eine weitere Person, i.d.R. die Geschäftsleitung, kontrolliert. Wird einem Vorgang geringere Bedeutung beigemessen, erfolgt ggf. aufgrund begrenzter personeller Kapazitäten keine Kontrolle. Des Weiteren besteht die Möglichkeit, dass eine Dokumentation der Regelungen zum IKS

---

781 Vgl. ISA 610 (rev.) bzw. IDW PS 321 für eine detailliertere Ausführung des Zusammenhangs zwischen der Internen Revision und der Abschlussprüfung.
782 Vgl. *IDW PS 340*, Tz. 1.
783 Vgl. *IDW PH 9.100.1*, Tz. 20 ff.
784 Vgl. ISA 315.A32 i.V.m. ISA 315.A57 (rev.); *PH 9.100.1*, Tz. 25.

oder Vorgaben des Unternehmens in Richtlinien oder Bestimmungen nicht bzw. nur partiell vorhanden sind.

Der APr. sollte auch bei KMU auf den Gesamteinfluss gesetzlicher Vertreter und anderer Führungskräfte achten. Dazu gehören u.a. die Beurteilung, ob ein positives **Kontrollbewusstsein** vorhanden ist und inwiefern die Geschäftsleitung in das Tagesgeschäft eingebunden wird. Oftmals nimmt bei inhabergeführten Unternehmen der Eigentümer die Kontrollen selbst vor, ohne sie zu dokumentieren, z.B. in dem er regelmäßig die Zahlungseingänge und die Zahlungsausgänge durch Einsichtnahme in die Kontoauszüge prüft. Bei mangelndem schriftlich fixierten Verhaltenskodex kann ein positives Kontrollumfeld durch **ethisches Verhalten** und **Integrität** gegenüber Mitarbeitern mündlich kommuniziert und von der Unternehmensleitung vorgelebt werden. Die Einstellung gegenüber Kontrollangelegenheiten kann zur Beeinflussung des Prüfungsansatzes führen. 751

Die Überwachung des IKS kann bei KMU z.B. mit Hilfe einer Durchsicht der betrieblichen Statistiken und deren Beurteilung auf Plausibilität durch leitende Angestellte erfolgen. Werden diese Kontrollen nur durch einen Mitarbeiter durchgeführt, steigt das Risiko, dass Fehler unentdeckt bleiben, keine Gegenmaßnahmen eingeleitet und Verstöße nicht aufgedeckt werden. In solchen Fällen sind Kontrollen, die durch die Unternehmensleitung durchgeführt werden, von besonderer Bedeutung. 752

Existiert keine umfassende Dokumentation über die Durchführung von Kontrollmaßnahmen im Unternehmen, ist die Prüfung auf Basis von Nachweisen des Unternehmens durch den APr. nur eingeschränkt möglich. Fehlende oder unzureichende Dokumentationen sind häufig die Folge einer engen Bindung zwischen den gesetzlichen Vertretern und dem Unternehmen (bspw. Eigentümer-Unternehmen). Die Anwendung von **Checklisten/Fragebögen**, die an das Unternehmen angepasst werden, ist an solcher Stelle für eine ordnungsgemäße und effiziente Dokumentation des IKS empfehlenswert. Vor allem die Befragung von Mitarbeitern und gesetzlichen Vertretern, die Beobachtung der Durchführung von Maßnahmen und das Nachvollziehen der Kontrollaktivitäten von Mitarbeitern durch den APr. kommen in solchen Fällen in Betracht. 753

Ist ein Teilsystem des IKS nicht vollständig dokumentiert, wird der APr. Nachweise suchen, ob Teilsysteme im KMU zur Kontrolle der vollständigen Abbildung der Geschäftsvorfälle im JA existieren. Ein solches Teilsystem kann etwa ein System zur Kontrolle des Warenversands oder zur Kontrolle der Erbringung von Dienstleistungen (Stundenzettel, Tätigkeitsnachweise) sein. Beim Wareneinsatz besteht die Möglichkeit eines Abgleichs zwischen Wareneingang und tatsächlich gebuchten Eingangsrechnungen im Kreditorenbereich. 754

In Fällen einer nicht oder nur eingeschränkt vorhandenen Dokumentation des IKS greift der APr. verstärkt auf aussagebezogene Prüfungshandlungen zurück. Bei Fehlen sämtlicher interner Kontrollmaßnahmen und Abstimmungen im Unternehmen kann darin ein Prüfungshemmnis liegen. Dies verhindert insb. die Prüfung der Vollständigkeit des JA und führt dann zu einem Versagen des BestV[785]. 755

---

785 Vgl. *IDW PH 9.100.1*, Tz. 20 ff.

11.3.12 Information zum IKS im Überblick

756 Bei der erstmaligen Erfassung des IKS in einem Unternehmen durch den APr. empfiehlt es sich – vor dem Lesen von Unterlagen und vor einem detaillierten Befragen von Mitarbeitern –, sich von einem ausgewählten Mitarbeiter des Mandanten einen **Überblick über die relevanten Prozesse und das IKS** des Unternehmens bzw. des spezifischen Unternehmensbereiches geben zu lassen. Dieser Walkthrough erleichtert den Zugang zum IKS und kann erste Hinweise auf mögliche Schwachstellen geben.

11.3.13 Sammlung von Unterlagen

757 Der APr. erbittet relevante **Organisationsunterlagen,** wie z.B. Organigramm, Unternehmenshandbuch, Qualitätsmanagementhandbuch, Stellenbeschreibungen, Anweisungs- und Zeichnungsberechtigungen, Kontierungs- und Bilanzierungsrichtlinien zum Unternehmen insgesamt bzw. zu dem jeweils zu prüfenden Unternehmensbereich. Durch Auswertung dieser Unterlagen vertieft er seine aus der „Information im Überblick" gewonnene Kenntnis über Prozesse und Kontrollen im Unternehmen. Seine vorläufigen Einschätzungen dokumentiert der APr. in seinen Arbeitspapieren.

11.3.14 Arbeiten mit Fragebögen

758 Eine Möglichkeit zur Aufnahme des IKS ist die Verwendung von Fragebögen (sog. Control-Self-Assessment). Diese Fragebögen fungieren als Checkliste und sollen den APr. dabei unterstützen, sich einen Einblick in die Ausgestaltung des IKS zu verschaffen[786].

759 Die Fragebögen können so ausgestaltet werden, dass die Bejahung einer Frage eine funktionierende Kontrolle signalisiert, während eine Verneinung auf eine Systemschwäche hinweist. Bei dieser Art handelt es sich um eine **geschlossene Form** des Fragebogens. Die **offene Form** des Fragebogens ermöglicht eine flexiblere Erfassung von Antworten, so dass der Sachverhalt durch Mitarbeiter des Unternehmens erläutert werden kann. Die offene Form ist individuell auf das Unternehmen angepasst, während die geschlossene Form einem standardisierten und eine einheitliche Prüfungsdurchführung gewährleistenden Fragebogen gleicht. Beide Frageformen können miteinander kombiniert werden, so dass die Ja- oder Nein-Antworten durch Darlegung des Sachverhalts zusätzlich erläutert werden können. Suggestivfragen gilt es zu vermeiden.

760 Der Vorteil des Arbeitens mit einem Fragebogen liegt darin, dass die Aufnahme des IKS mit einem relativ geringen Zeitaufwand erfolgen kann. Allerdings ist die erstmalige Erstellung des Fragebogens mit einem erheblichen Zeitaufwand verbunden. Insbesondere für wenig erfahrene Mitarbeiter bietet diese Methode eine Richtlinie, um sich in die unternehmensspezifischen Gegebenheiten einzuarbeiten, ohne dabei Gefahr zu laufen, relevante Sachverhalte zu übersehen[787].

11.3.15 Dokumentation mit Hilfe von Ablaufschaubildern und -beschreibungen

761 Zur Aufnahme des IKS werden regelmäßig sog. Ablaufdiagramme verwendet, die eine bildhafte Darstellung des Systemablaufs sind. Die zu verwendenden Symbole sind zur

---

786 Vgl. *IDW*, Praxishandbuch[11], Arbeitshilfe B-4.1.
787 Vgl. *Marten/Quick/Ruhnke*, Wirtschaftsprüfung[5], S. 276 f.

Gewährleistung eines einheitlichen Verständnisses genormt. Mit Hilfe eines Ablaufdiagramms können Tätigkeiten sowohl in logischer, als auch in zeitlicher Reihenfolge übersichtlich dargestellt werden, so dass eine Aussage über Funktionstrennung und Kontrollen getroffen werden kann. Die bildliche Darstellung wird normalerweise durch verbale Erläuterungen ergänzt.

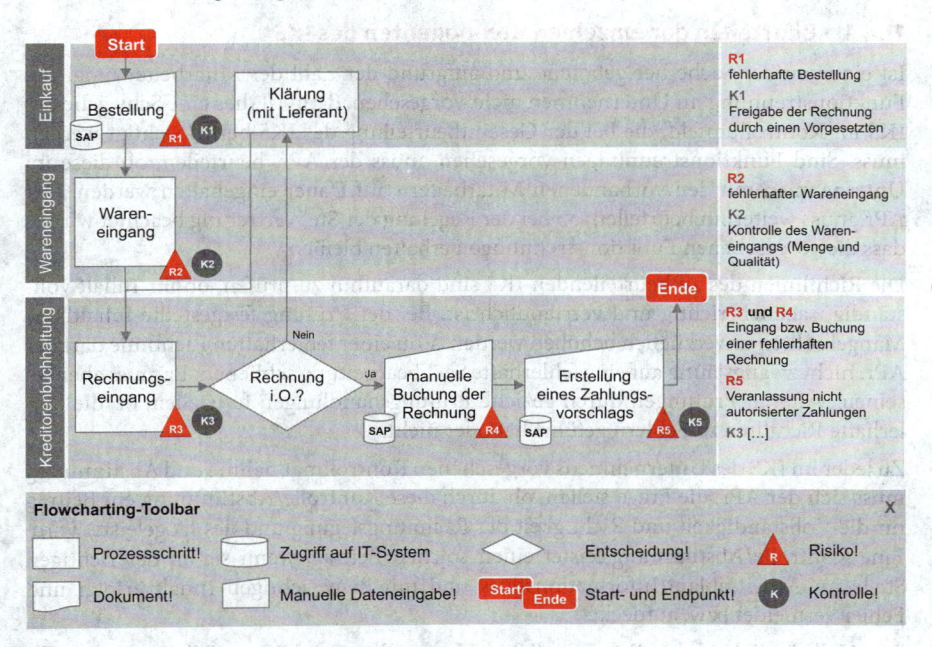

Abb. 17: Beispielhaftes Ablaufdiagramm einer Warenbestellung

Die Erstellung eines Ablaufdiagramms bedarf allerdings einiger Zeit und Erfahrung. Unabhängig von der Darstellungsform kann das **Ablaufdiagramm** für die Aufnahme des IKS nicht ausreichend sein. Aus diesem Grund wird es häufig als Ergänzung zur Fragebogentechnik eingesetzt. Insgesamt bietet die Verwendung von Diagrammen viele Vorteile. Bei einer Folgeprüfung können die VJ-Diagramme herangezogen werden. Die zeitaufwendige Erstellung der Diagramme führt zu einer vertieften Befassung mit dem IKS. Außerdem können sich im Vergleich zur Fragebogentechnik komplexe Zusammenhänge klar und übersichtlich darstellen lassen. Kontrollen können leichter identifiziert und die Vollständigkeit der Systemerfassung leichter überprüft werden[788].

762

11.4 Beurteilen der Angemessenheit des internen Kontrollsystems

Hat sich der APr. ein umfassendes Bild über das im Unternehmen zu prüfende IKS verschafft, kennt er die Soll-Anforderungen. Anhand dessen muss er nun beurteilen, ob das IKS für das Unternehmen angemessen und leistungsfähig ist. Unter der Annahme, dass das Kontrollsystem so funktioniert, wie es funktionieren soll (d.h. manuelle und maschinelle Kontrollen werden vorgenommen, es existiert Funktionstrennung, Richtlinien

763

---

788 Vgl. *Marten/Quick/Ruhnke*, Wirtschaftsprüfung[5], S. 277.

liegen vor), wird die Angemessenheit überprüft. Die Prüfung der Wirksamkeit zu einem Zeitpunkt erfolgt i.R.d. Prüfung der Implementierung der Kontrollmaßnahmen, während die Prüfung der Wirksamkeit über einen Zeitraum i.R.d. Funktionsprüfung erfolgt. Die Ergebnisse der Angemessenheits- sowie der Wirksamkeitsprüfung wirken sich auf den Umfang der nachfolgenden Prüfungshandlungen aus[789].

11.4.1 Beurteilen der einzelnen Komponenten des IKS

764 Ist eine von der Sache her gebotene und aufgrund der Zahl der Mitarbeiter mögliche Funktionstrennung im Unternehmen nicht vorgesehen, dann ist dies eine Schwäche des IKS im Kontrollumfeld, die bei der Gesamtbeurteilung des IKS berücksichtigt werden muss. Sind Funktionstrennungen vorgesehen, muss der APr. beurteilen, ob diese im Unternehmen mit den vorhandenen Mitarbeitern auf Dauer eingehalten werden. Der APr. muss weiterhin beurteilen, ob bei der Regelung der Stellvertretung beachtet wurde, dass die vorgesehenen Funktionstrennungen erhalten bleiben.

765 Die Richtlinien des zu beurteilenden IKS sind daraufhin zu prüfen, ob ihr Inhalt vollständig, sachlich richtig und verständlich ist. Bei der Prüfung festgestellte inhaltliche Mängel sollten unverzüglich behoben werden. Von einer fehlerhaften Richtlinie darf der APr. nicht zwangsläufig auf eine fehlerhafte Sachbearbeitung schließen. Er muss aber bei seinen weiteren Prüfungen durch gezielte Prüfungshandlungen feststellen, ob die fehlerhafte Richtlinie zu Fehlern geführt hat oder nicht.

766 Zu jeder im IKS des Unternehmens vorgesehenen Kontrollmaßnahme und Abstimmung muss sich der APr. die Frage stellen, ob durch diese Kontrolle/Abstimmung ein Beitrag für die Vollständigkeit und Richtigkeit der Rechnungslegung und des JA geleistet wird. Eine Kontrolle/Abstimmung leistet einen solchen Beitrag, wenn sie an der richtigen Stelle im Arbeitsablauf/Informationsfluss und mit dem richtigen Inhalt erfolgt und Fehler vermeidet bzw. aufdeckt.

767 Die Vollständigkeit der Erfassung/Übernahme aller Geschäftsvorfälle in die Rechnungslegung des Unternehmens muss durch eine Abstimmung der zu erfassenden/übernehmenden Daten ab dem Eingang eines Vorgangs beim Unternehmen bzw. ab dem Entstehen eines internen Vorgangs mit den erfassten/übernommenen Daten an der „Unternehmensgrenze" sichergestellt werden. Je weiter diese Abstimmung von der „Unternehmensgrenze" entfernt ist, desto geringer ist ihr Beitrag zur Sicherung der Vollständigkeit.

> **Beispiel 56:**
>
> Beispielsweise sollten bei einem Reisebüro die monatlichen Gutschriften der Reiseveranstalter hinsichtlich Vollständigkeit (Anzahl der Buchungen) und Richtigkeit (Wert der gebuchten Reise sowie Provisionssatz des Reiseveranstalters) bereits an der „Unternehmensgrenze" zu den intern vorliegenden Buchungsstatistiken abgestimmt werden. Wird die Vollständigkeit der Erfassung/Übernahme von Geschäftsvorfällen nicht an der „Unternehmensgrenze" sichergestellt, kann auch durch im Verfahren nachgelagerte Abstimmungen dieser Mangel nicht mehr beseitigt werden.

---

789 Vgl. *IDW PS 261 n.F.*, Tz. 7, *IDW PS 261 n.F.*, Tz. 10; siehe auch *IDW PS 450 n.F.*, Tz. 32.

11.4.2 Beurteilung des Zusammenwirkens der einzelnen Komponenten des IKS

Um die einzelnen Komponenten in ihrer Gesamtheit beurteilen zu können, empfiehlt es sich, das Zusammenwirken der Komponenten entlang der Prozesskette zu beurteilen. Bei diesem Vorgehen geht der APr. von der Vorstellung aus, dass ein Risiko bezüglich Vollständigkeit und Richtigkeit, das durch die erste Kontrolle noch nicht ausreichend begrenzt ist, durch eine nachfolgende Kontrolle weiter begrenzt werden muss. Die am Ende dieses Vorgehens noch **bestehenden Restrisiken** sind die Grundlage für die Beurteilung des Zusammenwirkens der einzelnen Komponenten des IKS.

> **Beispiel 57: Vorratsvermögen**
>
> Unternehmen, die Materialien und Handelswaren für ihre Wertschöpfung beziehen, stehen vor der Herausforderung, das Vorratsvermögen in ihrer Bilanz korrekt darzustellen. Nach der Bestellung der Waren werden diese am Wareneingang in Empfang genommen. An dieser Stelle erfolgt die erste Kontrolle nach Überschreiten der Unternehmensgrenze. Die Lieferung wird auf Beschädigungen kontrolliert und die Menge mit der Bestellung abgeglichen, bevor der Wareneingang gebucht wird. Dem verbleibenden Restrisiko eines fehlerhaften Ausweises in der Bilanz, das bspw. aufgrund von Bruch im Lager oder Diebstahl besteht, begegnet das Unternehmen mit einer jährlichen körperlichen Inventur. Das Zusammenwirken der einzelnen Komponenten des IKS bewirken in diesem Beispiel, dass das **bestehende Risiko** auf ein Minimum reduziert wird (zumindest sofern beide Kontrollen ordnungsgemäß durchgeführt werden).

Während nach der erstmaligen Erfassung des IKS seine Angemessenheit umfassend beurteilt werden muss, ist in den Folgejahren eine Beurteilung der Angemessenheit nur in dem Umfang erforderlich, in dem sich das IKS verändert hat.

11.5 Prüfung der Implementierung der Kontrollmaßnahmen

Mit der Prüfung der Implementierung der Kontrollmaßnahmen verschafft sich der APr. ein Verständnis darüber, ob die vorgesehenen Kontrollmaßnahmen auch tatsächlich im Unternehmen eingerichtet sind und angewendet werden.

Der Unterschied der Funktionsprüfung von Kontrollmaßnahmen und der Prüfung der Implementierung von Kontrollen besteht darin, dass der APr. bei der Implementierungsprüfung die Funktionsweise von Kontrollmaßnahmen nur zeitpunktbezogen und einmalig anerkennt. Die Prüfung der Implementierung von Kontrollmaßnahmen dient der Beurteilung des Fehlerrisikos.

11.6 Prüfungshandlungen im Rahmen der Aufbau- und Implementierungsprüfung

Zur Erlangung von Prüfungsnachweisen über Aufbau, Implementierung und Funktion des IKS können nachfolgende Prüfungstechniken eingesetzt werden:

- **Befragung** des Managements und von Mitarbeitern
- **Beobachtung der Anwendung** von Kontrollmaßnahmen
- **Einsichtnahme in Dokumente** und Berichte und

- **Nachverfolgung von Geschäftsvorfällen** im rechnungslegungsbezogenen Informationssystem (Walkthrough).

773 Befragungen allein sind aufgrund möglicher unbewusster oder bewusster Fehlaussagen keine ausreichenden Prüfungsnachweise, um den Aufbau, die Implementierung und die Funktionsfähigkeit des IKS zu beurteilen[790].

774 Art, Umfang und Zeitpunkt der Prüfungshandlungen bestimmen sich nach den bisherigen Erfahrungen des APr. mit dem Unternehmen, der Beurteilung der inhärenten Risiken, der Ausgestaltung des IKS und von seinen Wesentlichkeitsüberlegungen[791].

11.7 Prüfungshandlungen in ausgewählten Teilbereichen des Unternehmens

775 Aufgabe von Systemprüfungen ist es, festzustellen, ob Massenvorgänge, sog. Routinetransaktionen, vollständig, richtig sowie zeitgerecht erfasst und bearbeitet werden. Dazu werden Transaktionskreise (Transaction Cycles) abgegrenzt, „denen sich logisch zusammengehörige Geschäftsvorfälle sowie die damit verbundenen Verarbeitungs- und Kontrollsysteme zuordnen lassen"[792].

> **Hinweis 31:**
>
> Typische Transaktionskreise sind:
> - Beschaffung/Einkauf
> - Produktions- und Lagermanagement
> - Personalmanagement
> - Beteiligungsmanagement
> - Finanzmanagement
> - Investitions- und Instandhaltungsmanagement
> - Rechnungswesen/Jahresabschlusserstellung.

776 Das allgemeine Vorgehen zur Prüfung der Transaktionskreise umfasst fünf Schritte:

a) Analyse eines Transaktionskreises
b) Feststellung des inhärenten Risikos
c) Abschätzung des Kontrollrisikos
d) Durchführung aussagebezogener Prüfungshandlungen
e) Evaluation und Aggregation der Prüfungsnachweise[793]

Diese Schritte stehen in Wechselwirkung und sind nicht isoliert zu betrachten[794].

11.7.1 Beschaffung/Einkauf

777 Analog der fünf zuvor genannten Schritte, findet die Prüfung des Transaktionskreises „Beschaffung/Einkauf" statt. Im **ersten Schritt** wird der Beschaffungsvorgang von der Festlegung des Beschaffungsmarktes, der Auswahl von Lieferanten bis hin zur Bestellung und Lieferung sowie Bezahlung der Ware betrachtet. Dieser Vorgang wiederum besteht aus Buchungen auf unterschiedlichen Konten, die durch verschiedene Dokumente be-

---

[790] Vgl. ISA 330.10 sowie IDW PS 300 n.F., Tz. A21 ff.
[791] Vgl. ISA 330.6 sowie IDW PS 261 n.F., Tz. 61.
[792] Freidank/Lachnit/Tesch, S. 1343.
[793] Vgl. Marten/Quick/Ruhnke, Wirtschaftsprüfung[5], S. 352, 354 ff.
[794] Vgl. IDW PS 261 n.F., Tz. 7.

legt werden. Insgesamt bestehen die wichtigsten Tätigkeiten im Transaktionskreis „Beschaffung" im Einkauf von Waren und Dienstleistungen, der Begleichung daraus entstandener Verbindlichkeiten, der Rückgabe von Waren infolge von Mängeln und der Behandlung von Rabatten und Skonti. Die zentralen Abläufe bestehen also aus folgenden Vorgängen:

- Verarbeitung von Bestellungen
- Entgegennahme von Vorleistungen
- Entstehung von Verbindlichkeiten
- Veranlassen und Dokumentieren der Auszahlungen.

Der **zweite Schritt** liegt in der Festlegung des inhärenten Risikos; dieses wird bestimmt durch die Häufigkeit der erwarteten Fehler. Dabei gilt: „Je höher die erwartete Fehlerhäufigkeit, desto höher das inhärente Risiko"[795]. Risiken bestehen auf monopolisierten Zulieferermärkten z.B. in Lieferausfällen oder unerwarteten und unausweichlichen Preissteigerungen von Roh, Hilfs- und Betriebsstoffen, die einen Einfluss auf die Ertragssituation des Unternehmens haben können. Außerdem weist der Transaktionskreis „Beschaffung/Einkauf" ein hohes inhärentes Fraud-Risiko auf, das sich auf potenzielle Unterschlagungs- sowie Korruptionsrisiken zurückführen lässt.   778

Im **dritten Schritt** kommt es zu einer tätigkeitsorientierten Untersuchung und Festlegung der Höhe des Kontrollrisikos. Führt der APr. Funktionsprüfungen durch, identifiziert er tätigkeitsspezifische Kontrollen und Kontrollmaßnahmen und überprüft diese auf ihre Funktionsfähigkeit. Um die Wirksamkeit beurteilen zu können, nimmt er schließlich Funktionstests vor. Kontrollziele für die Tätigkeit Auszahlungen im Transaktionskreis „Beschaffung" sind die folgenden: 779

- Auszahlungen erfolgen nur für tatsächlich erhaltene Waren und Dienstleistungen
- Auszahlungen erfolgen an den richtigen Lieferanten
- Auszahlungen wurden richtig berechnet und gebucht
- Auszahlungen wurden in der richtigen Periode gebucht
- alle Auszahlungen wurden gebucht.

Bei allen Kontrollzielen wird die Vollständigkeit und das Vorhandensein des Geschäftsvorfalls sowie die Erfassung und Abgrenzung zugrunde gelegt[796].

Im **vierten Schritt** wird der Umfang der Prüfungshandlungen bestimmt. Der APr. führt für die Konten, die einen Bezug zum Transaktionskreis „Beschaffung" haben, eine Prüfung der Bestände durch. Das Konto „Verbindlichkeiten aus Lieferungen und Leistungen" kann z.B. anhand folgender Prüfungsschritte kontrolliert werden: 780

- Abstimmung der Summe der Kreditorensalden mit dem Hauptbuchkonto
- stichprobenartige Abstimmung des Kreditorenbuchs mit den Warenrechnungen
- Saldenbestätigungen (ohne Angabe des Saldos) für einzelne Verbindlichkeiten einholen, *insb.* für große oder unübliche Beträge (z.B. anhand von Jahresverkehrszahlen)
- stichprobenartige rechnerische Überprüfung der Beträge der Warenrechnungen.

Der APr. stützt sich bei seiner Beurteilung auf die mündlichen Aussagen der Mitarbeiter und die schriftliche Dokumentation des Unternehmens über Kontrollziele und -maßnahmen. Der Prüfer entwickelt eine Hypothese über den Aufbau des IKS, die es in der   781

---

795 *Marten/Quick/Ruhnke*, Wirtschaftsprüfung[5], S. 358.
796 Vgl. *Marten/Quick/Ruhnke*, Wirtschaftsprüfung[5], S. 358 f.

Folge mit Hilfe von Prüfungshandlungen und -nachweisen zu bestätigen oder zu widerlegen gilt.

782 Im letzten und **fünften Schritt** kommt es zu einer Evaluierung der erlangten Prüfungsnachweise durch den APr. Er bildet sich unter Berücksichtigung der Verlässlichkeit von Nachweisen Teilurteile, die zu einem Würdigung des untersuchten Transaktionskreises führen. Das prüferische Vorgehen ist darauf ausgerichtet, zu einer Beurteilung der mit der Beschaffung in Verbindung stehenden Abschlussposten und den dazugehörigen Aussagen zu kommen. Im Beschaffungsbereich handelt es sich bei flüssigen Mitteln, Verbindlichkeiten aus Lieferungen und Leistungen, Vorräten und dem Materialaufwand um typische Abschlussposten[797].

783 Bei der Prüfung des Transaktionskreises „Beschaffung/Einkauf" könnte der APr. die folgenden Fragen in Bezug auf die zuvor genannten fünf Schritte stellen:

Einkaufsorganisation
a) Wie ist der Einkauf organisatorisch aufgebaut?
b) Welche Funktionen innerhalb des Einkaufs deckt die Einkaufsabteilung ab?

Bedarfsanforderung
a) Wer ist für die Bedarfsermittlung verantwortlich?
b) Wie werden Bedarfs- und Bestellmengenermittlungen durchgeführt?
c) Wie ist sichergestellt, dass nur für diejenigen Vorräte ein Bedarf gemeldet wird, die nach der Auftrags-/Produktions- bzw. Absatzplanung benötigt werden (Verhinderung von Materialengpässen/Überbeständen)?
d) Wie ist sichergestellt, dass die Bedarfsanforderungen zeitnah bearbeitet werden?
e) Wer gibt die Bedarfsmeldung frei? Werden die Grundsätze der Funktionstrennung eingehalten (d.h. wird sichergestellt, dass nicht derjenige, der den Bedarf anmeldet, diesen auch genehmigt)?

Lieferantenauswahl und Bestellung
a) Wie ist sichergestellt, dass Bestellungen nur nach freigegebenen Bedarfsanforderungen ausgelöst werden?
b) Werden Angebote von unterschiedlichen Lieferanten eingeholt?
c) Wie und durch wen erfolgt die Angebotsüberprüfung?
d) Welche Kriterien werden bei der Entscheidung für ein Angebot herangezogen?
e) Besteht ein Genehmigungsverfahren (Vier-Augen-Prinzip) für Bestellungen?
f) Sind Kompetenzrahmen (Preisobergrenzen, bestimmte Güter/Dienstleistungen) geregelt, innerhalb derer Mitarbeiter eigenverantwortlich Waren oder Dienstleistungen bestellen können?
g) Wenn ja: Wie ist sichergestellt, dass diese Grenzen eingehalten und nicht umgangen werden (z.B. durch gestückelte Bestellungen zur Umgehung von Preisgrenzen)?
h) Werden die Bestellungen fortlaufend nummeriert in das System eingepflegt (notwendig für die Wareneingangs- und Rechnungsprüfung)?
i) Wie werden Bestellungen überwacht (z.B. Kontrolle der Liefertermine)?
j) Wird eine Lieferantendatenbank geführt?

---

[797] Vgl. *Marten/Quick/Ruhnke*, Wirtschaftsprüfung[5], S. 360 f.

k) Bestehen Rahmenverträge mit den Lieferanten? Wer ist berechtigt, diese abzuschließen? Werden diese regelmäßig durch Angebote/Konditionsvergleiche aktualisiert?
l) Werden die Daten der Rahmenverträge (Material, Einkaufspreis, Rabatte, Gewährleistung) regelmäßig in den Materialstammdatensatz des Warenwirtschaftssystems eingepflegt?
m) Wer ist für die Pflege der Materialstammdaten verantwortlich? Wie ist sichergestellt, dass die Datensätze nur von autorisierten Personen angelegt, geändert oder gelöscht werden können?

Wareneingang und Einlagerung

a) Ist die Wareneingangskontrolle vom Einkauf organisatorisch unabhängig?
b) Werden die Wareneingänge betreffend Materialart, Menge, ggf. Preis u. a. mit der Bestellung verglichen (Abgleich Wareneingang mit Lieferschein und Lieferschein mit Bestellung)? Von wem?
c) Findet eine Qualitätsprüfung des Wareneingangs statt? Von wem?
d) Wie wird sichergestellt, dass Wareneingänge ohne Bestellung zurückgewiesen werden? Sind zur Vermeidung von Unterschlagungen bei Gratislieferungen, Nachlieferungen oder Lieferungen ohne Bestellung entsprechende Kontrollmaßnahmen installiert?
e) Wie werden Warenbeschädigungen, Falschlieferungen (Art und/oder Menge) und deren Rücklieferungen behandelt? Erfolgt eine Rückmeldung an die Einkaufsabteilung/Buchhaltung?
f) Wie wird die zeitnahe und vollständige Erfassung der Wareneingänge gewährleistet? Werden Lieferscheine umgehend im System erfasst und/oder an das Rechnungswesen weitergeleitet?
g) Wird bei Erfassung der Wareneingänge eine entsprechende Verbindlichkeit gebucht (i.d.R. auf dem Wareneingangsverrechnungskonto)?
h) Wie erfolgt die Einlagerung der Wareneingänge? Gibt es eine Lagerplatzorganisation?
i) Existieren ausreichende Sicherheitsmaßnahmen zur Vermeidung von Unterschlagungen und Diebstählen?
j) Von wem werden die auswärts eingelagerten Waren verwaltet und wie werden sie vor unautorisierten Entnahmen geschützt?
k) Ist sichergestellt, dass eine ausreichende körperliche und buchmäßige Kontrolle über Dritten gehörende Waren besteht?

Rechnungseingang und Rechnungsprüfung

a) Wie wird die vollständige, zeitnahe und periodengerechte Erfassung der eingehenden Rechnungen gewährleistet?
b) Erfolgt eine Rechnungsprüfung (Preis-, Konditions- und rechnerische Prüfung) und wie werden die einzelnen Prüfungsschritte dokumentiert?
c) Wird die Rechnung mit der jeweiligen Bestellung/Auftragsbestätigung/Lieferschein abgestimmt? Wird Abweichungen nachgegangen und ist dies dokumentiert?
d) Wird das Wareneingangsverrechnungskonto regelmäßig bearbeitet, d.h. erfolgt regelmäßig bei Rechnungseingang eine Zuordnung der jeweiligen Verbindlichkeit zum betreffenden Kreditor, werden offene Posten (Wareneingänge, für die noch keine

Rechnung vorliegt) geklärt bzw. in die Rückstellung für ausstehende Rechnungen übernommen?
e) Ist sichergestellt, dass ein vollständiges Verzeichnis aller Kreditoren (einschl. Angaben über Zahlungsziele, Kreditgrenzen, evtl. Sicherheiten und sonstige Vereinbarungen) geführt wird?
f) Ist sichergestellt, dass Fracht- und andere Nebenrechnungen mit den Hauptrechnungen abgestimmt werden?
g) Werden Nachlässe oder Gutschriften für Retouren unmittelbar beim Rücksenden der Retouren oder beim Geltendmachen der Minderung periodengerecht erfasst?
h) Werden vereinbarte Rückvergütungen und Treue-/Umsatzprämien usw. in geeigneter Weise überwacht und ggf. angemahnt?

Zahlungsausgänge

a) Wie werden Fälligkeiten überwacht?
b) Wie ist sichergestellt, dass der korrekte Rechnungsbetrag an den richtigen Kreditor gezahlt wird und keine Doppelzahlung erfolgt?
c) Besteht eine Funktionstrennung zwischen der Person, die die Buchung vornimmt, und derjenigen Person, die die Zahlung veranlasst?
d) Wie ist sichergestellt, dass Zahlungen nur auf Basis geprüfter und durch autorisierte Personen zur Zahlung freigegebener Rechnungen erfolgen (Kompetenzverteilung, Vier-Augen-Prinzip)?
e) Werden die Bankkontoauszüge regelmäßig mit den Konten der Finanzbuchhaltung und der Zahlungsvorschlagsliste abgestimmt?
f) Wird auf die Ausnutzung der eingeräumten Zahlungsziele geachtet?
g) Wird nach Bezahlung der Lieferantenrechnungen eine ordnungsgemäße Entwertung der Belege („Bezahlt-Vermerk") durchgeführt?
h) Erhält die Geschäftsführung einen lfd. Überblick über den zu erwartenden Geldabfluss (z.B. Finanzplanung, Zahlungsvorschlagsliste)?
i) Wie wird der Bestand an Scheck- und Wechselformularen überwacht?
j) Wird der Verrechnungsverkehr mit verbundenen Unternehmen nach Lieferungen von Finanz- und Sachanlagen sowie sonstigen Lieferungen getrennt?
k) Ist sichergestellt, dass für Retouren entsprechende Gutschriften von den Lieferanten erstellt werden?

Geleistete Anzahlungen auf Vorräte

a) Wird für geleistete Anzahlungen eine Saldenliste geführt? Werden die geleisteten Anzahlungen mit den zugrunde liegenden vertraglichen Bestimmungen abgestimmt?
b) Ist sichergestellt, dass beim Eingang von Rechnungen die geleisteten Anzahlungen zutreffend verrechnet werden?

11.7.2 Produktions- und Lagermanagement

784 Bei der Systemprüfung des Transaktionskreises „Produktions- und Lagermanagement" könnte der APr. die folgenden Fragen stellen, um Kontrollen zu identifizieren, die eine richtige Erfassung und Bearbeitung der Geschäftsvorfälle ermöglichen:

Wareneingang

a) Welches Warenwirtschaftssystem wird verwendet?

b) Handelt es sich um eine Standardsoftware oder um eine mandantenspezifische Software?
c) Sind die Zugriffsrechte zur Änderung von Systemdaten sowie die Zugriffsrechte zur Nutzung des Systems auf die notwendigen Mitarbeiter begrenzt?
d) Entsprechen die Zugriffsrechte den aktuellen Aufgabenbereichen der Mitarbeiter? Werden diese regelmäßig aktualisiert und überwacht? Wer ist mit der Überwachung und Aktualisierung beauftragt?
e) Ist die Wareneingangskontrolle unabhängig vom *Einkauf*?
f) Wie ist die vollständige Erfassung der Wareneingänge gewährleistet?
g) Werden die Wareneingänge mit der Bestellung verglichen? Von wem?
h) Wie ist sichergestellt, dass Wareneingänge ohne Bestellung/Lieferschein zurückgewiesen werden?
i) Findet eine Mengen- und Qualitätsprüfung der Wareneingänge statt?
j) Durch wen darf der Wareneingang erfasst werden? Sind hierzu ausschl. Lager- und/ oder Produktionsmitarbeiter autorisiert?
k) Wie ist sichergestellt, dass Falschlieferungen oder beschädigte Lieferungen zurückgesendet oder ausgebessert werden und ein Schadenersatzanspruch geltend gemacht wird?
l) Ist sichergestellt, dass Warenrücksendungen autorisiert erfolgen und buchmäßig getrennt erfasst werden?
m) Wie ist die zeitnahe und vollständige Erfassung der Wareneingänge geregelt (z.B. vollständige Weiterleitung der Lieferscheine an das Rechnungswesen, Schließen von Bestellungen im IT-System)?
n) Wird das Wareneingangsverrechnungskonto regelmäßig durchgesehen und werden offene Posten – d.h. Wareneingänge, für die noch keine Rechnung vorliegt – zeitnah geklärt bzw. in entsprechender Höhe in die Rückstellung für ausstehende Rechnungen übernommen?
o) Sind zur Vermeidung von Unterschlagungen bei Gratislieferungen, Nachlieferungen oder Lieferungen, denen keine Bestellung zugrunde liegt, Kontrollen vorgesehen?
p) Wird die Lebensführung von Lager- und Produktionsmitarbeitern im Hinblick auf möglichen Diebstahl und Untreue kontrolliert?

Lagerverwaltung
a) Welche Bruttowertansätze gehen in die bewertete Inventurliste ein (z.B. Durchschnittspreise, Festpreise, Verrechnungspreise, Standardpreise)?
b) Existieren Anweisungen über das Verfahren der Ermittlung des Mengengerüstes und der Bewertung, insb. zur Ermittlung des Mengengerüsts für die Bilanzierung (Inventuren) oder dem angewandten Bewertungsverfahren für die Bilanzierung? Entsprechen diese Anweisungen den handelsrechtlichen Vorschriften?
c) Werden die monatlichen Lagerbewegungen lt. Lagerbuchführung mit den Zu- und Abgängen der Konten „Unfertige Erzeugnisse, Roh-, Hilfs- und Betriebsstoffe und Waren" mit der Hauptbuchhaltung abgestimmt?
d) Wie erfolgt die Einlagerung der eingehenden Waren? Gibt es vorherbestimmte Lagerplätze oder erfolgt die Lagerung dort, wo gerade Platz ist?
e) Von wem werden die auswärts lagernden Waren verwaltet und wie werden sie vor unautorisierten Entnahmen geschützt?
f) Wie wird Fremdware gelagert? Ist diese gesondert gekennzeichnet?

g) Besteht für Lagerhüter, wenig gängiges oder nicht mehr uneingeschränkt verwertbares Material und für Nebenprodukte eine ausreichende körperliche und buchmäßige Kontrolle? Werden diese gesondert gekennzeichnet? Wie gelangen diese Informationen in die Finanzbuchhaltung?
h) Erfolgt eine Listung von Lagerhütern und beschädigten Materialien und wird diese der Geschäftsleitung vorgelegt?
i) Existieren Richtlinien für die Bewertung von Überbeständen, Lagerhütern und beschädigten Materialien, die die außerplanmäßigen Abwertungssätze festlegen und wie sind die Genehmigungsverfahren für außerplanmäßige Abschreibungen?
j) Wird Material nur gegen Entnahmeschein ausgegeben?
k) Wie werden Rücknahmen unverbrauchter oder überschüssiger Ware behandelt? Gibt es dazu Anweisungen?
l) Gibt es Lagerbestandskontrollen? Werden z.B. unterjährig stichprobenweise Inventuren durchgeführt?
m) Wer veranlasst die Berichtigung der auftretenden Differenzen? Wie werden die Differenzen buchhalterisch erfasst?
n) Wie wird sichergestellt, dass regelmäßig ein evtl. bestehender Abschreibungsbedarf auf Vorräte aufgrund von Beschädigungen, Überalterungen oder Überbeständen festgestellt wird?
o) Wie häufig werden Warenbeschädigungen, Überalterungen und zu hohe/zu geringe Lagerbestände festgestellt? Wie erfolgt die Rückmeldung zur Einkaufsabteilung/Buchhaltung?
p) Ist gewährleistet, dass die Beschädigung, Zerstörung oder Diebstahl und Unterschlagung von Vorräten verhindert wird? Welche Kontrollen werden eingerichtet?
q) Nimmt die Geschäftsleitung Lagerveränderungsanalysen vor? In welchem zeitlichen Rhythmus? Erfolgt die Analyse durchgängig für das ganze Jahr?
r) Wie werden Sicherungsübereignungen und Eigentumsvorbehalte berücksichtigt? Sind die Vorräte im Buchhaltungssystem entsprechend gekennzeichnet?
s) Erfolgt die Bewertung der Vorräte zu AHK? Welche Verfahren für die Ermittlung der AHK werden angewandt (tatsächliche AK, Durchschnittswerte, Lifo, Fifo)?

11.7.3 Personalmanagement

785 Bei der Systemprüfung des Transaktionskreises „Personalmanagement" könnte der APr. die folgenden Fragen stellen, um Kontrollen zu identifizieren, die eine richtige Erfassung und Bearbeitung der Geschäftsvorfälle ermöglichen:

Grundlagen und allgemeine Fragestellungen

a) Wurde im abgelaufenen GJ eine Krankenkassen-, Sozialversicherungs- oder Lohnsteueraußenprüfung durchgeführt? Wie wurden die Ergebnisse und Anmerkungen aus den Prüfungen bei der Gesellschaft berücksichtigt?
b) Hat im abgelaufenen GJ eine Überprüfung des Personalmanagements durch die Interne Revision des Mandanten oder einen Dritten stattgefunden? Welche Schlussfolgerungen wurden gezogen?
c) Ist die Gesellschaft tarifgebunden oder an einen Tarifvertrag angelehnt? Wie sind die aktuellen gesetzlichen Regelungen, Sozialversicherungssätze, Tarifverträge, Betriebsvereinbarungen und Personalordnungen (Reisekostenordnung, Urlaubsordnung u.a.)?

d) Gewährt die Gesellschaft Ausleihungen an Mitarbeiter und Geschäftsleitung? Sind diese genehmigungsbedürftig? Sind die Ausleihungen verzinslich? Wird die regelmäßige Rückzahlung durch die Gesellschaft überwacht? Wie erfolgt die Rückzahlung? Gibt es sonstige Bonusprogramme für Mitarbeiter und Geschäftsleitung, die für das Personalmanagement relevant sind (z.B. Firmenwagen, Aktienoptionsprogramme u.a.)?
e) Verfügt der Mandant über einen Betriebsrat?
f) Welche Unterschriftenregelungen existieren im Unternehmen bzgl. Einstellung, Kündigung, Zahlung von Entgelten u.a.?

Bedarfsermittlung und Einstellung neuer Mitarbeiter
a) Wie erhält die Geschäftsführung einen laufenden Überblick über die Entwicklung des Mitarbeiterbestandes? Wie hoch ist er derzeit?
b) Gibt es Standardarbeitsverträge je Mitarbeitergruppe oder werden die Arbeitsverträge individuell für jeden Mitarbeiter erstellt? Werden die Arbeitsverträge in Hinblick auf Übereinstimmung mit den gesetzlichen und tarifvertraglichen Bestimmungen hin überprüft?
c) Sofern die Lohn- und Gehaltsbuchhaltung sowie Personalabteilung nicht bereits in den Einstellungsprozess involviert ist, wie wird sichergestellt, dass eine zeitnahe Information an die Lohn- und Gehaltsabteilung/Personalabteilung über die erfolgte Einstellung eines neuen Mitarbeiters erfolgt?
d) Wie werden der Personalabteilung sowie der Lohn- und Gehaltsbuchhaltung (sofern getrennt) die Zu- und Abgänge mitgeteilt (Personalstammdateien, sonstige Formblätter, Kopie des Vertrages u.a.)?

Stammdatenanlage und -pflege
a) Wie ist die vollständige Erfassung der Mitarbeiter in der Personalabteilung gewährleistet?
b) Wie ist sichergestellt, dass auf der Lohn- und Gehaltsliste keine Mitarbeiter geführt werden, die ausgeschieden sind oder aus anderen Gründen keinen Anspruch auf Entgelt haben?
c) Existiert für jeden Mitarbeiter eine Personalakte? Sind die Personalakten jedes Mitarbeiters vollständig und enthalten sie die aktuellen Unterlagen und Informationen:
   – Arbeitsvertrag sowie Unterlagen zur letzten Lohn-/Gehaltserhöhung
   – Bescheinigung der Krankenkasse
   – Personalstammblatt
   – Einstellungsbogen/Bewerbungsunterlagen u.a.?
d) Wie wird sichergestellt, dass der Lohn- und Gehaltsabrechnung stets die aktuellen Sozialversicherungssätze zugrunde liegen? Wie werden die neuen Sozialversicherungssätze jeweils in das Lohn-/Gehaltsabrechnungssystem eingepflegt und von wem?
e) Bedürfen sämtliche Lohn- und Gehaltsveränderungen einer schriftlichen Autorisierung? Wer kann diese Änderungen autorisieren?
f) Wer kann Personalstammdaten im EDV-System anlegen und ändern? Führen dieselben Mitarbeiter, die Personalstammdaten im System erfassen, auch Lohn- und Gehaltsabrechnungen durch?
g) Wie ist das Personalstammdatensystem vor unberechtigtem Zugriff geschützt?

L Die Durchführung der Abschlussprüfung

h) Wie wird gewährleistet, dass nur berechtigte Stammdatenänderungen vorgenommen werden und die Änderungen korrekt erfolgen bzw. gibt es Stammdatenänderungsprotokolle?
i) Wie wird sichergestellt, dass die Stammdaten ausscheidender Mitarbeiter zeitnah gekennzeichnet werden, so dass keine unberechtigten Auszahlungen erfolgen?

Lohn- und Gehaltsabrechnung

a) Wer erfasst die Bewegungsdaten (Stunden, Kostenstellen, Auftragsnummern, Zuschläge, u. a.) und wie werden die Eingaben kontrolliert: z.B.
  – Erfassung der Arbeitsstunden durch die Mitarbeiter oder durch die Lohn- und Gehaltsbuchhaltung,
  – Überprüfung der erfassten Daten auf Plausibilität, bevor die tatsächliche Lohn-/Gehaltsabrechnung durchgeführt wird,
  – Überprüfung der Lohn- und Gehaltsabrechnungen und –journale auf ungewöhnliche Posten,
  – Analyse aller Aufwendungen, die um einen definierten Prozentsatz zum Vormonat abweichen?
b) Ist eine Funktionstrennung gewährleistet, insb. durch Trennung von Gehalts-/Lohnabrechnung und Ermittlung der Arbeitszeiten und Erstellung der hierzu erforderlichen Belege,
  – Autorisierung von Lohn- und Gehaltsveränderungen und Lohnbuchhaltung,
  – Auszahlungsstelle und sonstiges Personalwesen?
c) Wie werden die Bemessungsgrundlagen vor Ort erfasst?
d) Werden Anwesenheitskontrollen zur Lohnermittlung durchgeführt? Wie werden die tatsächlichen Arbeitszeiten überprüft?
e) Wie wird die rechnerische Richtigkeit der Lohn-/Gehaltsabrechnung sichergestellt?
f) Erfolgt die Lohnabrechnung zeitnah? In welchem Rhythmus? Wie werden rückständige Lohn- und Gehaltsbestandteile abgegrenzt?
g) Werden die Lohnnachweise entsprechend der steuerlichen Vorschriften geführt?
h) Wie werden Rückflüsse von ausgezahlten Entgelten/Sozialversicherungsbeiträgen behandelt?

Übernahme der komprimierten Daten in die Finanzbuchhaltung und Zahlung

a) Wie wird sichergestellt, dass die aus Lohnsteuer und Sozialversicherung resultierenden Verbindlichkeiten sowie der Personalaufwand aus den Lohn-/Gehaltsabrechnungen ordnungsgemäß in die Finanzbuchhaltung übernommen werden?
b) Wie und wie regelmäßig werden die Lohnjournale mit den übernommenen und gebuchten Werten in der Finanzbuchhaltung abgestimmt? Wie wird diese Abstimmung dokumentiert?
c) Welche Genehmigungsverfahren bestehen für die Ausbuchung von Differenzen?
d) Wie werden die Lohn- und Gehaltszahlungen vorgenommen? Gibt es noch Barauszahlungen? Falls ja, in welchem Umfang? Wie werden sie erfasst, autorisiert und gebucht?
e) Besteht eine sinnvolle Abgrenzung der Verantwortlichkeiten (Funktionstrennung) *zwischen der Erstellung der Abrechnung und der Erstellung der Zahlungslisten sowie der Freigabe der Zahlungsläufe?*
f) Werden die Zahlungsvorschlagslisten (Lohn-/Gehalt, Sozialabgaben, Steuern u.a.) vor Freigabe überprüft? Wenn ja, von wem?

g) Erfolgt eine regelmäßige Durchsicht und Abstimmung der Konten „Sonstige Verbindlichkeiten gegenüber Mitarbeitern, Finanzamt und Sozialversicherungsträgern" mit den Beitragsmeldungen, Darlehensverträgen, Steueranmeldungen u. a.?

Bildung personalbezogener Rückstellungen

a) Wie wird durch die Ablauforganisation sichergestellt, dass sämtliche Informationen über eine eventuell erforderliche Rückstellungsbildung dem Rechnungswesen zur Kenntnis gelangen?
b) Wer ist verantwortlich für die Ermittlung der Personal- und Pensionsrückstellungen sowie ähnlichen Verpflichtungen?
c) Werden die Rückstellungen vor Buchung in der Finanzbuchhaltung auf Plausibilität und Ansatzmöglichkeit geprüft? Wer überprüft die Übereinstimmung der Rückstellungen mit gesetzlichen Regelungen?
d) Wie wird sichergestellt (durch Buchungsanweisungen, Bilanzierungsrichtlinien oder Kenntnis der verantwortlichen Personen in der Buchhaltung), dass alle rückstellungspflichtigen Sachverhalte korrekt und vollständig berücksichtigt werden?
e) Wie ist sichergestellt, dass die für die Personalrückstellungen benötigten Mengengerüste vollständig sind und laufend fortgeschrieben werden?
f) Wer meldet die jeweils notwendigen Daten für die Ermittlung von Pensions- und ähnlichen Rückstellungen an den Versicherungsmathematiker? Wie werden die Daten dem Versicherungsmathematiker gemeldet? Erfolgt zuvor eine Überprüfung der Meldedaten durch die Gesellschaft? Wie wird sichergestellt, dass alle relevanten Daten gemeldet werden und alle berechtigten Mitarbeiter berücksichtigt werden?
g) Wie stellt die Gesellschaft sicher, dass der beauftragte Versicherungsmathematiker ausreichend kompetent ist? Handelt es sich um einen internen oder externen Sachverständigen?

Kostenstellenzuordnung/Personalcontrolling

a) Wie wird die Kostenstelle einem Kostenträger zugerechnet?
b) Wie erhält die Geschäftsführung einen Überblick über die lfd. Aufwandsentwicklung? Welche Personalbereiche und -statistiken gibt es?
c) In welche anderen Prozesse laufen die Daten aus der Personal-/Lohn-/Gehaltsbuchhaltung ein?

Kündigungen/Austritt von Mitarbeitern

a) Gibt es derzeit Hinweise oder Vereinbarungen zu Mitarbeiterreduzierungen bzw. betriebsbedingten Kündigungen/Restrukturierungen?
b) Wurden im abgelaufenen GJ Aufhebungsvereinbarungen mit Mitarbeitern getroffen? Welche Konditionen wurden in diesen Aufhebungsverträgen vereinbart?
c) Wie wird sichergestellt, dass die Personalabteilung bzw. Lohn- und Gehaltsbuchhaltung zeitnah vom Ausscheiden des Mitarbeiters erfährt und rechtzeitig alle Entgeltzahlungen einstellt?
d) Gibt es einen Prozessablauf über die Behandlung von noch zu erfolgenden Zahlungen nach Ausscheiden des Mitarbeiters?
e) Sind Austrittsprozeduren schriftlich fixiert? Gibt es dafür Checklisten u. a.? Wie wird sichergestellt, dass alle bei Austritt aus der Gesellschaft notwendigen Prozeduren durchgeführt werden?

11.7.4 Beteiligungsmanagement

786 Bei der Systemprüfung des Transaktionskreises „Beteiligungsmanagement" könnte der APr. die folgenden Fragen stellen, um Kontrollen zu identifizieren, die eine richtige Erfassung und Bearbeitung der Geschäftsvorfälle ermöglichen:

Beteiligungscontrolling

a) Wer ist zuständig für das Beteiligungscontrolling? Wie erfolgt die Abgrenzung zum Rechnungswesen?
b) Gibt es eine Richtlinie zum Beteiligungscontrolling, in dem die Zuständigkeiten, die Abläufe, die Berichtspflichten der Tochterunternehmen und der Umfang der Berichterstattung festgelegt werden? Ist die Richtlinie aktuell? Wird sie eingehalten?
c) Gibt es „Gesellschaftsakten" pro Beteiligung, in der alle wichtigen Verträge, Gesellschafterbeschlüsse etc. gesammelt werden?
d) Wie häufig und in welchem Umfang müssen die TU und Beteiligungen Bericht erstatten:
   – Monatsabschlüsse/Quartalsabschlüsse/zum Abschlussstichtag
   – Risikoberichterstattung
   – Planzahlen/aktualisierte Planzahlen (sog. Forecast)?
e) Gibt es eine Ad hoc-Berichterstattung für Ereignisse ab einer bestimmten Größenordnung?
f) Wie erfolgt die Berichterstattung bzw. mit welchem System erfolgt die Berichterstattung? Werden die Ist-Zahlen der TU automatisch aus der Finanzbuchhaltung übernommen oder müssen sie manuell eingegeben werden?
g) Wie werden die gemeldeten Zahlen ausgewertet und Abweichungen verfolgt? Erfolgt ein regelmäßiger Kontakt (wie häufig?) mit den Verantwortlichen der TU bzw. der Teilkonzerne, um Abweichungen von den Planzahlen und aktuelle Probleme zu erörtern? Welche Maßnahmen werden bspw. getroffen?
h) Wird die Liquidität der TU und Beteiligungen regelmäßig überprüft?
i) In welcher Form erfolgt eine Auswertung der Risikoberichterstattung? Welche Maßnahmen werden getroffen?
j) Wie häufig und in welchem Umfang erfolgt eine Berichterstattung an den Vorstand/die Geschäftsführung/den AR (Controllerbericht, Risikobericht)?
k) Stellen die Planzahlen realistische Vorgaben dar (tatsächlich erwartete Leistung oder Zielvorgaben der Unternehmensleitung des MU)?
l) Wird das Controlling (oder die Rechtsabteilung) über lfd. Rechtsstreitigkeiten bei den TU informiert?

Erwerb und Veräußerung von Beteiligungen

a) Gibt es eine Richtlinie, in der die Zuständigkeiten und der Prozess des Beteiligungserwerbs und der Veräußerung von Beteiligungen geregelt sind (Investment Policies)? Wird diese Richtlinie eingehalten?
b) Ist sichergestellt, dass bei jedem Vorgang die Rechtsabteilung einbezogen wird?
c) Wer genehmigt den Beteiligungserwerb und die Veräußerung von Beteiligungen? Wird die Genehmigung dokumentiert?
d) *Gibt es eine Checkliste*, in der die wesentlichen Punkte, die bei dem Erwerb bzw. der Veräußerung von Beteiligungen zu beachten sind, zusammengestellt sind (z.B. Prüfung des Business Plans, Einschaltung der Rechtsabteilung etc.)? Wird regelmäßig

eine Due Diligence durchgeführt und gibt es hierfür eine Checkliste? Wer führt die Due Diligence durch (Berater oder M&A-Abteilung im Unternehmen)?

e) Nach welcher Methode erfolgt die Bewertung der Unternehmen, die erworben oder veräußert werden sollen? Werden für die Unternehmensbewertung Spezialisten hinzugezogen?

f) Werden die wertvernichtenden Beteiligungen – unter Berücksichtigung der Strategie des Unternehmens – möglichst schnell veräußert?

Beteiligungsbewertung

a) Wie wird die Werthaltigkeit der Beteiligungen zum Abschlussstichtag überprüft? Wer ist hierfür zuständig bzw. wer genehmigt die abschließende Bewertung?

b) Wird auch überprüft, ob Zuschreibungen erforderlich sind?

c) Welche Methode zur Ermittlung der Ertragskraft der Beteiligung wird bei der Beteiligungsbewertung angewandt (z.B. DCF-Verfahren)? Werden dabei alle möglichen Einflüsse wie z.B. das wirtschaftliches Umfeld oder politische Risiken berücksichtigt?

d) Wird bei der Bewertung das Gesamtengagement berücksichtigt (Beteiligungsbuchwert, Ausleihungen, Forderungen etc.)?

e) Wird überprüft, ob der endgültige Kaufpreis von Beteiligungen von bestimmten Faktoren abhängig ist, wie z.B. zukünftigen Erträgen des Unternehmens? Wenn ja, wie? Werden Änderungen der Anschaffungskosten der Buchhaltung mitgeteilt und wie wird die korrespondierende Buchung kontrolliert?

Gewährung von Darlehen an Beteiligungsunternehmen

a) Mit welchen verbundenen Unternehmen und Beteiligungen bestehen Darlehensverträge (Übersicht und Verträge)?

b) Wer ist für die Vergabe der Darlehen zuständig? Wer genehmigt die Darlehensvergabe?

c) Werden die Darlehen zu marktüblichen Konditionen abgewickelt? Wie werden die Konditionen festgelegt bzw. ermittelt?

d) Werden die Darlehen planmäßig getilgt?

e) Wer ist für die Überprüfung der Werthaltigkeit der Darlehen zuständig? Wird bei der Bewertung das Gesamtengagement berücksichtigt?

11.7.5 Finanzmanagement

Bei der Systemprüfung des Transaktionskreises „Finanzmanagement" könnte der APr. die folgenden Fragen stellen, um Kontrollen zu identifizieren, die eine richtige Erfassung und Bearbeitung der Geschäftsvorfälle ermöglichen:

Zahlungsausgänge

a) Gibt es eine Übersicht über alle Bankverbindungen mit Angabe der Bankkonten bzw. der Art der Geschäftsbeziehungen z.B. Darlehen, Girokonto, Aval, gegebene Sicherheiten, Zeichnungsbefugnis (Kopie für die Arbeitspapiere)?

b) Wer ist berechtigt, Bankkonten zu eröffnen (Geschäftsführer, Prokurist)?

c) Welche Unterschriftenregelungen (Verfügungsberechtigungen) bestehen für die Bankkonten bzgl. Zahlungstransaktionen, Aufnahme von Kreditlinien?

d) Wie werden Fälligkeiten der Verbindlichkeiten überwacht?

e) Wird systemseitig eine Zahlungsvorschlagsliste generiert? Ist sichergestellt, dass die Positionen hinsichtlich der Fälligkeit und der Zahlungswürdigkeit überprüft werden?

f) Wie ist sichergestellt, dass Zahlungen nur auf Basis geprüfter und zur Zahlung freigegebener Rechnungen erfolgen?
g) Wer darf Zahlungsläufe anstoßen (systemseitiges Benutzerprofil, Vier-Augen-Prinzip) und wie erfolgen sie (z.B. täglich, wöchentlich)? Welche Vertretungsregelungen bestehen?
h) Dürfen Zahlungen grundsätzlich erst nach Freigabe autorisierter Personen erfolgen (Kompetenzverteilungen, Vier-Augen-Prinzip)?
i) Ist sichergestellt, dass die Erfassung und Pflege der Stammdaten der Kreditoren erfolgt (z.B. IBAN-Nummer, BIC-Nummer)?
j) Wie ist sichergestellt, dass keine Doppelzahlungen erfolgen und Anzahlungen verrechnet werden? Erfolgt ein zeitnahes Clearing des Zahlungsverrechnungskontos?
k) Findet ein Abgleich der Kontoauszüge (erfolgte Zahlungen) mit den Zahllauflisten statt?
l) Werden die Bankkontoauszüge regelmäßig mit den Konten der Finanzbuchhaltung abgestimmt?
m) Wird die Möglichkeit des Skontoabzugs genutzt? Wie wird er überwacht?
n) Wird auf die Ausnutzung der eingeräumten Zahlungsziele geachtet?
o) Besteht eine Funktionstrennung zwischen
   – Bankvollmacht und Buchhaltung (Ausstellung und Anweisung/Unterzeichnung von Zahlungsbelegen)
   – Buchhaltung und Ausstellung von Rechnungen?
p) Wie wird der Bestand an Scheck- und Wechselformularen überwacht?
q) Wird der Verrechnungsverkehr mit verbundenen Unternehmen nach Cash Pool sowie sonstigen Lieferungen und Leistungen getrennt?
r) Wie erfolgt der Zahlungsverkehr in Fremdwährung? Unterhält die Gesellschaft Fremdwährungskonten?

Zahlungseingänge

a) Wie werden in den einzelnen Debitorenkonten die Zahlungseingänge und Gutschriften den Rechnungen zugeordnet?
b) Wie ist die vollständige Erfassung aller Zahlungseingänge im Debitorensystem gewährleistet?
c) Wie werden strittige Posten und Zahlungsdifferenzen mit dem Kunden geklärt und in welcher Zeit?
d) Welche Genehmigungsverfahren bestehen für die Ausbuchung von strittigen Posten und Zahlungsdifferenzen?
e) Wie werden Scheckzahlungen erfasst? Wie ist die vollständige Erfassung gewährleistet?
f) Wie ist die Funktionstrennung zwischen der Erfassung von Schecks und der Buchung von Zahlungseingängen sichergestellt?
g) Gibt es Bareinzahlungen? In welchem Umfang? Wie werden sie erfasst und gebucht?
h) Erfolgen regelmäßige Mahnungen überfälliger Forderungen? In welchem Rhythmus?
i) Erfolgen Analysen des durchschnittlichen Zahlungsziels der Debitoren? Wird regelmäßig ein Altersaufbau der Forderungen erstellt?
j) Werden *Zinsen und Kosten* bei Zielüberschreitungen und Mahnungen berechnet?
k) Wie ist die Zuständigkeit für Beitreibungsmaßnahmen geregelt?

Cash-Pooling/Cash-Clearing

a) Welche Gesellschaften nehmen am Cash-Pooling teil?
b) Wie sind die vertraglichen Regelungen des Cash-Pool-Verfahrens in steuerlicher und gesellschaftlicher Hinsicht zu würdigen (z.B. Anfechtung im Insolvenzverfahren)?
c) Wer ist für die Erfassung und Pflege der Stammdaten (z.B. Bankkonten) für alle am Cash-Pooling teilnehmenden Gesellschaften zuständig?
d) Werden die Guthaben/negativen Salden auf den Bankkonten der am Cash-Pooling teilnehmenden Gesellschaften täglich umgebucht bzw. ausgeglichen?
e) Werden die Liquiditätsspitzen (Nettoüberschuss-, -finanzbedarf) täglich am Finanzmarkt angelegt bzw. finanziert? Wer ist für den Geldhandel verantwortlich?
f) Wie erfolgt die Abschätzung der Tagesendsalden der Bankkonten (Berücksichtigung der täglichen erwarteten Zahlungseingänge, -ausgänge)?

Fremdwährungsmanagement/Finanzinstrumente

a) Wie wird sichergestellt, dass die richtigen Fremdwährungskurse im System hinterlegt sind?
b) Besteht ein Fremdwährungsmanagement? Ist es z.B. Bestandteil des Risikomanagements?
c) Werden zur Risikobegrenzung und Liquiditätssicherung Fremdwährungspositionen durch Kurssicherungsgeschäfte abgesichert?
d) Welche Kurssicherungsinstrumente werden eingesetzt (z.B. Options- oder Termingeschäfte)? Erfolgt eine grundsätzliche Genehmigung einzelner Arten von Finanzinstrumenten, bevor sie eingesetzt werden, um eine Risikobeurteilung sicherzustellen?
e) Hat das Unternehmen Erfahrung und das notwendige Know-how für den Einsatz von Finanzinstrumenten? Werden ähnliche Finanzinstrumente wie in der Vergangenheit eingesetzt? Wenn nicht – warum werden andere Finanzinstrumente eingesetzt?
f) Wie ist sichergestellt, dass keine unautorisierten Geschäfte durchgeführt werden können?
g) Wie werden die Finanzinstrumente in der Finanzbuchhaltung erfasst? Wie wird sichergestellt, dass alle Finanzinstrumente in der Finanzbuchhaltung erfasst werden?
h) Erfolgt die Erfassung und Abwicklung von Finanzinstrumenten systemgestützt?
i) Wie ist die Zuständigkeit (wer/welche Abteilung) der Risikobeurteilung von Fremdwährungsgeschäften geregelt?
j) Wird der Einsatz von Finanzinstrumenten von einer unabhängigen Person überwacht?
k) Wie werden Finanzinstrumente bilanziert und bewertet? Jeweils nach relevanter Rechnungslegung (z.B. HGB, IFRS)?
l) Werden Finanzinstrumente ausschl. als Sicherungsinstrument eingesetzt?
m) Welche externen Faktoren beeinflussen die Bilanzierung von Finanzinstrumenten (z.B. Währungskursveränderungen)? Haben sich diese Faktoren in der letzten Zeit wesentlich verändert?
n) Gibt es betragsmäßige Beschränkungen für den Handel mit Derivaten? Wer darf Überschreitungen genehmigen, und wie wird die Genehmigung dokumentiert?
o) Wie häufig werden Limits und andere interne Kontrollmaßnahmen durch das Management auf ihre Angemessenheit überprüft?

p) Werden die Finanzinstrumente vom Risikomanagementsystem erfasst? Wenn ja, wie? Wenn nicht – wie werden die Risiken aus Finanzinstrumenten überwacht?

Liquiditätsplanung

a) Gibt es einen aktuellen Liquiditätsplan? Wie häufig wird dieser aktualisiert?
b) Wer ist zuständig für die Liquiditätsplanung?
c) Wie häufig wird die Liquiditätsplanung mit der Geschäftsführung besprochen?
d) Werden für Unwägbarkeiten Liquiditätsreserven gebildet?
e) Wie finanziert sich das Unternehmen hauptsächlich?
f) Wann sind Kreditlinien bzw. Darlehen fällig? Wie werden diese Fälligkeiten überwacht?
g) Wie sind die Kündigungsbedingungen in den Kreditverträgen ausgestaltet? Werden diese Bedingungen fortlaufend überwacht?

Kauf/Verkauf von Wertpapieren

a) Wer ist zuständig für den Erwerb und die Veräußerung von Wertpapieren bzw. die Anlagestrategie? Welche Genehmigungsverfahren gibt es? Werden diese eingehalten?
b) Wo sind die Wertpapiere hinterlegt? Werden hierüber Bestätigungen zum Abschlussstichtag eingeholt?
c) In welcher Form werden die Informationen zu den gehaltenen Anteilen geführt (z.B. Wertpapierinventar)?
d) Werden diese Informationen regelmäßig mit der Finanzbuchhaltung abgestimmt?
e) Ist Funktionstrennung gewährleistet durch Trennung von buchhalterischen und verwaltenden/bearbeitenden Funktionen?
f) Hat die Gesellschaft eine Ermächtigung zum Erwerb eigener Anteile (z.B. bei AG: § 71 Nr. 8 AktG) bzw. ist geplant, eigene Anteile zu erwerben? Wie ist sichergestellt, dass dabei die gesellschaftsrechtlichen Vorschriften beachtet werden?

Sonstige finanzielle Verpflichtungen

a) Wer oder welche Abteilung verwaltet vom Unternehmen übernommene Bürgschaften/Garantien/Avale/Patronatserklärungen?
b) Wie wird die vollständige Erfassung der Bürgschaften/Garantien/Avale/Patronatserklärungen sichergestellt?
c) Wer darf Bürgschaften ausreichen oder Avalkreditverträge abschließen? Gibt es ein Genehmigungsverfahren?
d) Wie erfolgt die Überwachung der Bürgschaften/Garantien in Hinblick auf Fristigkeiten, Verlängerungen, Inanspruchnahmen?
e) Wie ist sichergestellt, dass die Geschäftsführung über die bestehenden sonstigen Verpflichtungen informiert ist und in das Genehmigungsverfahren einbezogen wird?

11.7.6 Investitions- und Instandhaltungsmanagement

788 Bei der Systemprüfung des Transaktionskreises „Investitions- und Instandhaltungsmanagement" könnte der APr. die folgenden Fragen stellen, um Kontrollen zu identifizieren, die eine richtige Erfassung und Bearbeitung der Geschäftsvorfälle ermöglichen:

Allgemeine Fragestellungen

a) Verfügt die Gesellschaft über schriftliche Bilanzierungsrichtlinien (Bilanzierungshandbuch)? Haben sich Änderungen in den Bilanzierungsrichtlinien in den Bereichen „Immaterielle Vermögensgegenstände, Sachanlagen und Rückstellungen für unterlassene Instandhaltung" ergeben (z.B. Aktivierung selbsterstellter immaterieller Vermögensgegenstände nach HGB)?
b) Über welche schriftliche Prozessdokumentation/Verfahrensanweisungen für das Investitionsmanagement und die Anlagenbuchhaltung verfügt die Gesellschaft? Gibt es Änderungen im Vergleich zum VJ?
c) Hat im abgelaufenen GJ eine Überprüfung des Investitions- und Instandhaltungsmanagements durch die Interne Revision des Mandanten oder einen Dritten stattgefunden (wenn ja, Bericht über die Prüfung einholen und auswerten)?
d) Gibt es ein (sinnvolles) Investitionsgenehmigungsverfahren? Welche Unterschriftenregelungen existieren im Unternehmen? Sind alle Investitionen – unabhängig von Investitionsplan – individuell zu genehmigen oder reicht der Verweis auf den genehmigten Investitionsplan aus?
e) Sind alle Anlagengegenstände des Mandanten in eine Anlagenvermögensübersicht (Inventar) aufgenommen und einzeln durch eine Anlagen-Identifikationsnummer identifizierbar? Sind die Gegenstände selbst z.B. durch einen Aufkleber mit der Anlagennummer gekennzeichnet?
f) Werden Vertragsunterlagen und Belege über den Erwerb von Anlagevermögen, insb. über den Erwerb von Immobilien, systematisch und übersichtlich gesammelt?

Investitions- und Instandhaltungsplanung

a) Wird ein Budgetplan für Investitionen, Reparaturen und Instandhaltungsaufwendungen erstellt? Gibt es ein getrenntes Budget für Investitionen und für Instandhaltung? Wie ist sichergestellt, dass die Investitionen nur aus dem dafür vorgesehenen Budget finanziert wird? Wer genehmigt die Budgets?
b) Sofern die Gesellschaft einen Investitionsplan und Instandhaltungsplan erstellt, wie häufig wird dieser aktualisiert?
c) Wie detailliert erfolgt die Investitionsplanung? Über welchen Zeitraum wird ein Investitions- und Instandhaltungsplan/-budget erstellt? Wer kontrolliert die Einhaltung des Budgets?
d) Wer entscheidet, ob es sich bei Ausgaben um Instandhaltungsaufwand oder Investitionen handelt, d.h. ob sie aktiviert werden können bzw. aktiviert werden?
e) Wird vor der Investitionsentscheidung eine Investitionsrechnung durchgeführt und diese dokumentiert?
f) Welche Konsequenzen ergeben sich bei Überschreiten des Investitionsbudgets?

Zugänge

a) Wer führt *Bestellungen* durch? Ist die Einkaufsabteilung auch für den Einkauf von Investitionsgütern verantwortlich? Inwieweit erfolgt hier eine Zusammenarbeit mit den anfordernden Stellen? Wer ist autorisiert, eine Bedarfsmeldung auszustellen, und wer darf Bestellungen vornehmen?
b) Sind Bestellungen von einer weiteren Person zu genehmigen?
c) Wie stellt die Geschäftsleitung die Einhaltung des Genehmigungsverfahrens und des Budgets sicher?

d) Werden Zugangsrechnungen vor der Buchung und Bezahlung sachlich und rechnerisch überprüft?
e) Wie ist die Funktionstrennung zwischen der Anlagenbuchhaltung, der Anlagenverwaltung und der Bezahlung der Anlagegüter sichergestellt?
f) Wie ist sichergestellt, dass die Anlagen im Bau zu AHK aktiviert werden?
g) Wie ist sichergestellt, dass die Fertigmeldung und somit Umgliederung aus den Anlagen im Bau bzw. der Zugang an die Anlagenbuchhaltung zeitnah erfolgt?
h) Wie ist sichergestellt, dass Nacharbeiten erfasst und der Anlagenbuchhaltung übermittelt werden?
i) Wer ist berechtigt, Stammsätze für Anlagegüter zu erstellen? Wer prüft die Hinterlegung der Informationen im Stammsatz?
j) Wie ist sichergestellt, dass die Stammdaten aktuell und korrekt sind: AHK, Anschaffungsnebenkosten, Nutzungsdauer, Abschreibungsmethode, Kostenstelle, Zugangsdaten/Datum der Inbetriebnahme, Sicherungsübereignung für die finanzierende Bank, Kennzeichnung für erhaltene Investitionszuschüsse?
k) Wie ist sichergestellt, dass Sondersachverhalte (z.B. Leasing, Mietkauf, Sale-and-Lease-Back) nach der relevanten Rechnungslegung (z.B. HGB oder IFRS) korrekt entsprechend der Beurteilung des wirtschaftlichen Eigentums bilanziert werden? Wer führt die Beurteilung der Sondersachverhalte auf ihre Aktivierungsfähigkeit durch? Welche Beurteilungsverfahren liegen dem zugrunde?
l) Wie ist sichergestellt, dass bei Inanspruchnahme des Wahlrechts zur Aktivierung selbsterstellter immaterieller Vermögensgegenstände des AV keine Forschungsaufwendungen aktiviert werden?
m) Wie sieht das IT-Zugriffsberechtigungskonzept für das AV aus?
n) Wie und wo werden die Zugriffsrechte verwaltet und kontrolliert?
o) Wie ist sichergestellt, dass sämtliche Daten von der Anlagenbuchhaltung korrekt in die Finanzbuchhaltung übertragen werden? Wie erfolgt die Übernahme (manuell oder per IT-Schnittstelle)?
p) Werden Investitionszulagen bzw. -zuschüsse geltend gemacht? Wird in diesem Zusammenhang jährlich geprüft, ob die Voraussetzungen für deren Inanspruchnahme noch bestehen?
q) Werden erhaltene Investitionszulagen als Anschaffungskostenminderung bilanziert oder wird ein Sonderposten gebildet? Nach welcher Methode wird ein gebildeter Sonderposten aufgelöst?
r) Wird in regelmäßigen Abständen eine Anlageninventur durchgeführt? Wie werden die Ergebnisse der Anlageninventur in der Buchführung behandelt?
s) Werden notwendige Instandhaltungen durchgeführt?
t) Wie ist sichergestellt, dass Herstellungs- und Erhaltungsaufwand bei Gebäuden bilanziell korrekt aktiviert bzw. als Aufwand gebucht wird? Werden größere Reparaturen und Instandhaltungsmaßnahmen regelmäßig auf ihre Aktivierbarkeit hin überprüft?
u) Wie ist sichergestellt, dass alle zu aktivierenden Ausgaben auch tatsächlich aktiviert werden und nicht als Reparatur- oder Instandhaltungsaufwand gebucht werden?

Abgänge

a) Wie *werden Abgänge autorisiert?* Wer entscheidet, ob Anlagengegenstände verkauft, verschrottet oder ggf. verschenkt/gespendet werden? Gibt es Standarderfassungen für Veräußerungen/Verschrottungen?

b) Wie ist sichergestellt, dass die Anlagenbuchhaltung zeitnah von Anlagenabgängen unterrichtet wird und die Abgangserlöse – sofern vorhanden – korrekt mitgeteilt werden?
c) Wie ist sichergestellt, dass Anlagenabgänge vollständig und korrekt in der Anlagenbuchhaltung erfasst werden?
d) Wie ist sichergestellt, dass die sonstigen betrieblichen Erträge/sonstigen betrieblichen Aufwendungen aus Anlagenabgang korrekt erfasst sind?
e) Kommt es häufig vor, dass Anlagengegenstände im Unternehmen des Mandanten nicht mehr auffindbar sind?

Grundstücke

a) Wie ist sichergestellt, dass die AHK einschl. der Anschaffungsnebenkosten und nachträglicher/herstellungsnaher Aufwand korrekt und vollständig aktiviert werden?
b) Gibt es eine Übersicht aller im Eigentum der Gesellschaft befindlichen Grundstücke?
c) Werden Eintragungen in die Grundbücher zeitnah initiiert und verfolgt?
d) Wie werden die mit den Grundstücken zusammenhängenden Grundschulden gebucht und überwacht?

Abschreibungen

a) Wer überprüft die Werthaltigkeit der Vermögensgegenstände des AV im Hinblick auf notwendige außerplanmäßige Abschreibungen? Wie wird die Werthaltigkeit der Grundstücksbuchwerte überprüft?
b) Werden Informationen über notwendige außerplanmäßige Abschreibungen zeitnah übermittelt und gebucht?
c) Überprüft das Unternehmen die Zuschreibungspflicht bei im VJ außerplanmäßig abgeschriebenen Anlagegegenständen?
d) Werden die im VJ außerplanmäßig abgeschriebenen Anlagengegenstände gegebenenfalls im Anlagenstammsatz oder in der Anlagenbuchhaltung gekennzeichnet und die Gründe dafür in gesonderten Aufzeichnungen festgehalten?
e) Werden steuerliche Sonderabschreibungen geltend gemacht? Werden die steuerlichen Möglichkeiten der Sonderabschreibungen genutzt?
f) Ist das AV in Anlagenklassen eingeteilt? Wer legt die Abschreibungsmethode und -sätze fest? Gab es im Vergleich zum VJ Änderungen bei den Abschreibungsmethoden und -sätzen?
g) Wie werden die Abschreibungsmethoden und -sätze für Zugänge des GJ festgelegt?
h) Wie ist sichergestellt, dass die Abschreibungen auf Anlagenabgänge korrekt ermittelt werden?
i) Gibt es Richtlinien zur Behandlung geringwertiger Anlagengüter, Abschreibung auf einen Erinnerungswert, Abschreibungsmethode, außerplanmäßige Abschreibungen etc.?

Sonstiges

a) Werden vom Unternehmen Eigenleistungen erbracht, die aktiviert werden (selbsterstellte Anlagen, aktivierte Großreparaturen)?
b) Wie ist sichergestellt, dass die anderen aktivierten Eigenleistungen vollständig erfasst werden?
c) Welche Kostenbestandteile werden in die anderen aktivierten Eigenleistungen einbezogen?

d) Wie ist die Vorgehensweise zur Erfassung und Buchung der anderen aktivierten Eigenleistungen?
e) Gibt es Festwerte im AV? Könnte man aus Vereinfachungsgründen für bestimmte Gegenstände Festwerte bilden?
f) Werden ggf. die gesetzlichen Voraussetzungen für die Bildung und Beibehaltung von Festwerten berücksichtigt und regelmäßig überprüft?
g) Wird für „festbewertete" Vermögensgegenstände alle drei Jahre eine körperliche Bestandsaufnahme durchgeführt und werden hieraus entsprechende Konsequenzen gezogen (ggf. Aufstockung des Festwerts)?
h) Wie ist sichergestellt, dass geleistete Anzahlungen für AV korrekt von den geleisteten Anzahlungen für UV abgegrenzt werden?
i) Wie ist sichergestellt, dass gebildete Rückstellungen für Instandhaltungsmaßnahmen/Abraumbeseitigung den gesetzlichen Vorgaben insb. an die Nachholfrist gerecht werden? Wer überprüft die Einhaltung der Nachholfrist?

11.7.7 Rechnungswesen/Jahresabschlusserstellung

789 Bei der Systemprüfung des Transaktionskreises „Rechnungswesen/Jahresabschlusserstellung" könnte der APr. die folgenden Fragen stellen, um Kontrollen zu identifizieren, die eine richtige Erfassung und Bearbeitung der Geschäftsvorfälle ermöglichen:

Organisation des Rechnungswesens
a) Sind die im Rechnungswesen eingesetzten Mitarbeiter ausreichend qualifiziert, befähigt und motiviert? Ist ausreichend Personal vorhanden? In welchen Bereichen gibt es Schwachstellen?
b) Wie ist die Fluktuation im Rechnungswesen?
c) Sind Teile der Rechnungslegung auf einen externen Dienstleister ausgelagert?
d) Gibt es eine Dokumentation der Aufbau- und Ablauforganisation des Rechnungswesens sowie Stellenbeschreibungen? Ist die Dokumentation aktuell, d.h. entspricht die Aufbau- und Ablauforganisation der Dokumentation? Wie ist das Rechnungswesen aufgebaut? Wem untersteht es (z.B. Finanzvorstand)?
e) Gibt es Unterschriftenregelungen (z.B. wer genehmigt bis zu welcher Höhe Rechnungen, Überweisungen, Buchungen)? Sind die Unterschriftenregelungen angemessen?
f) Wie sind die Abläufe in der Finanzbuchhaltung (wer initiiert Buchungen, wer genehmigt und kontrolliert, insb. bei der Abschlusserstellung)? Welche Kontrollen (insb. übergeordnete Kontrollmaßnahmen) gibt es? Wie werden die Kontrollen dokumentiert? Welche automatischen Kontrollen gibt es?
g) Hat es Veränderungen bei den Abläufen in der Finanzbuchhaltung gegeben?
h) Ist eine angemessene Funktionstrennung gewährleistet (z.B. zwischen Buchhaltung und Zugang zu Geld und Schecks, zwischen Buchung und Rechnungsstellung)? Ist das Vier-Augen-Prinzip gewährleistet?
i) Wie ist sichergestellt, dass alle Geschäftsvorfälle zeitnah erfasst werden?
j) Wie wird eine korrekte Periodenabgrenzung sichergestellt?
k) Wie ist sichergestellt, dass keine Buchung ohne Beleg vorgenommen wird?
l) *Wie/wo erfolgt die elektronische Ablage der Belege?*
m) Erfolgt regelmäßig eine Abstimmung der Nebenbücher mit den Hauptbüchern? Wie häufig wird eine solche Abstimmung durchgeführt? Wer überprüft die Abstimmung?

n) Wie häufig werden die Konten der Finanzbuchhaltung (z.B. auch Zwischenkonten) auf Fehler und Plausibilität überprüft bzw. bereinigt?
o) Bestehen eine Vertragsdatenbank und ein Vertragscontrolling zur Erfassung und Überwachung wesentlicher Verträge?

Rechnungslegung

a) Nach welchen Rechnungslegungsgrundsätzen bilanziert das Unternehmen (JA, EA, KA, internes Berichtswesen)?
b) Verfügt die Gesellschaft über eine Bilanzierungsrichtlinie (Bilanzierungshandbuch)? Wird diese regelmäßig aktualisiert? Wer ist für die Aktualisierung zuständig? Sind die Änderungen durch das Management zu genehmigen?
c) Werden die Bilanzierungsgrundsätze stetig angewendet?
d) Wie werden Änderungen der Bilanzierungsrichtlinie kommuniziert? Werden bei wesentlichen Änderungen Schulungen der Mitarbeiter durchgeführt?
e) Ist durch Buchungsanweisungen, die Bilanzierungsrichtlinien, Kenntnis der verantwortlichen Person und entsprechende Kontrollmaßnahmen (Management Review) sichergestellt, dass die Bilanzierungsgrundsätze einheitlich (z.B. über verschiedene Standorte) angewendet werden?
f) Hat es im Berichtsjahr Änderungen der Bilanzierungsgrundsätze gegeben? Welche?
g) Welche Gründe gibt es für die Änderungen (z.B. Bilanzpolitik, neue Rechnungslegungsvorschriften, neue Interpretationen von bestehenden Rechnungslegungsgrundsätzen)? Sind die Änderungen angemessen und nach den Rechnungslegungsvorschriften zulässig?
h) Zur Risikoeinschätzung: Verfolgt das Unternehmen tendenziell eine eher konservative oder progressive Bilanzpolitik? Worin äußert sich diese Bilanzpolitik?

IT

a) Gibt es Schnittstellen zwischen Haupt- und Nebenbüchern, so dass die Daten automatisch übernommen werden?
b) Gibt es ein gesondertes Berichtssystem für den KA und das Controlling? Werden die Daten des JA automatisch in das Berichtssystem übernommen (Schnittstelle)?
c) Wie sind die Zugriffsberechtigungen geregelt? Wer ist für die Verwaltung zuständig?

Jahresabschlusserstellung

a) Wie häufig erstellt die Gesellschaft einen Abschluss? Welche Abschlussbuchungen werden auch bei unterjährigen Abschlüssen durchgeführt?
b) Welche Kontrollmaßnahmen gibt es i.R.d. Abschlusserstellung? Wie sind die Abläufe? Welche übergeordneten Kontrollmaßnahmen gibt es bei der Abschlusserstellung?
c) Welche wesentlichen Abschlussbuchungen und Buchungen nach dem Stichtag gibt es, die vom Management initiiert werden? In welchem Umfang ist das Management in Bewertungsfragen involviert? Wie erfolgt die Dokumentation und Genehmigung von Buchungen, die vom Management veranlasst werden?
d) Wird nach Erstellung des JA eine detaillierte Abweichungsanalyse durchgeführt (Vergleich mit Planzahlen)? Wer ist hierfür zuständig?
e) Erfolgt regelmäßig eine Abstimmung zwischen der Rechtsabteilung und dem Rechnungswesen, um sicherzustellen, dass alle Verträge vollständig und zutreffend bilanziell berücksichtigt wurden?

L   Die Durchführung der Abschlussprüfung

f) In welchen Bereichen werden Spezialisten hinzugezogen (z.B. Steuerrückstellungen, Pensionsrückstellungen, Bewertung von Finanzderivaten, Unternehmensbewertungen)?

790 Wer ist verantwortlich für die Erstellung der einzelnen Bestandteile des JA? Wer kontrolliert die Erstellung (Vier-Augen-Prinzip)?

11.7.8 IT (IT-Umfeld, IT-Organisation, IT-Infrastruktur, IT-Anwendungen, IT-gestützte Geschäftsprozesse)

791 Bei der Systemprüfung des Transaktionskreises „IT" könnte der APr. die folgenden Fragen stellen, um Kontrollen zu identifizieren, die eine richtige Erfassung und Bearbeitung der Geschäftsvorfälle ermöglichen:

a) Welche IT-Systeme werden eingesetzt?
b) Werden die gesetzlichen Vorgaben (z.B. BDSG) berücksichtigt?
c) Sind die Grundsätze ordnungsmäßiger Buchführung (GoB), ebenso wie die Grundsätze zur ordnungsmäßigen Führung und Aufbewahrung von Büchern, Aufzeichnungen und Unterlagen in elektronischer Form sowie zum Datenzugriff (GoBD) gewährleistet?
d) Sind die Vertraulichkeit, die Integrität, die Verfügbarkeit, die Autorisierung, die Authentizität sowie die Verbindlichkeit der IT gegeben?
e) Welche Systemschnittstellen gibt es?
f) Welche IT-gestützten Geschäftsprozesse gibt es?
g) Wie sind die Zugriffsberechtigungen geregelt?
h) Wer ist für die Verwaltung der Systeme zuständig?
i) Wie werden Änderungen an den IT-Systemen durchgeführt?
j) Erfolgen regelmäßige Datensicherungen?

11.7.9 Verkauf

792 Bei der Systemprüfung des Transaktionskreises „Verkauf" könnte der APr. die folgenden Fragen stellen, um Kontrollen zu identifizieren, die eine richtige Erfassung und Bearbeitung der Geschäftsvorfälle ermöglichen:

Verkaufsorganisation

a) Wie sind die systemseitigen Zugriffsberechtigungen geregelt?
b) Gibt es ein Handbuch, das alle wesentlichen Regelungen des Verkaufs zusammenfasst, das u.a. besteht aus
   – Organisationsanweisungen,
   – Organigrammen,
   – Prozessdiagrammen,
   – Richtlinien und
   – Unterschriftenvollmachten?
c) Welches Verkaufsvolumen wird durchschnittlich pro Jahr (pro Abteilung) abgewickelt?
d) Gibt es Rahmenverträge, falls ja, wie sieht die Ausgestaltung aus?
e) Wer sind die Hauptabnehmer?

Stammdatenpflege

a) Sind alle relevanten Debitoren-Stammdaten hinterlegt?

b) Gibt es ein dokumentiertes Berechtigungskonzept zur Anlage und Änderung von Debitoren-Stammdaten?
c) Werden Stammdatenänderungen protokolliert? Werden diese nach dem Vier-Augen-Prinzip überwacht?

Auftragsbearbeitung
a) Ist das Vorgehen zur Auftragsbearbeitung geregelt?
b) Werden Anfragen systemseitig erfasst (standardisierter Vorgang)? Gibt es für manuell zu bearbeitende Vorgänge vorgefertigte Belege o.Ä.?
c) Gibt es eine Bonitätsprüfung?
d) Gibt es eine fortlaufende Nummerierung von Aufträgen?
e) Wird sichergestellt, dass Auftragsnummern nicht doppelt vergeben werden?
f) Wie erfolgen Auftragsbestätigungen?

Warenausgang
a) Wie ist die Lagerverwaltung organisiert?
b) Wie werden nicht berechnete Lieferungen, z.B. Ersatzlieferungen, Mustersendungen, Geschenkesendungen o.Ä., behandelt?

Fakturierung
a) Welche Kennzahlen gibt es zur Überwachung der Erlöse?
b) Gibt es eine regelmäßige Abstimmung der Konten mit den Kunden?
c) Wie wird sichergestellt, dass Fakturierung und Warenlieferung übereinstimmen?
d) Wie ist das Vorgehen in Bezug auf unberechnete Lieferungen bzw. wie wird sichergestellt, dass die richtige Menge und der richtige Preis berechnet werden?

Zahlungseingang/Mahnung
a) Wie wird sichergestellt, dass der ordnungsgemäße Betrag im Zahlungseingang gebucht wird?
b) Wie wird die korrekte Zahlungszuordnung von Verkäufen und Kunden oder Rechnungen sichergestellt?
c) Ist eine Funktionstrennung zwischen der Verarbeitung von Zahlungseingängen und der Verbuchung von Debitorenkonten sichergestellt?
d) Werden Kunden im Zahlungsverzug systematisch gemahnt?
e) Wie wird verhindert, dass säumige Kunden ab einer festgelegten Größenordnung ausstehender Zahlungen nicht weiter beliefert werden?
f) Werden der Verkaufsabteilung/Geschäftsleitung kontinuierlich Offene-Posten-Listen zur Verfügung gestellt?

11.8 Kommunikation mit Management und den für die Überwachung Verantwortlichen

Wurden i.R.d. Prüfung Schwächen im Aufbau oder in der Wirksamkeit des rechnungslegungsbezogenen IKS festgestellt, ist zu beurteilen, ob die Schwächen einzeln oder gemeinsam bedeutsam sind. **Schwächen im IKS** liegen vor, wenn

- eine Kontrollmaßnahme so ausgestaltet oder eingerichtet ist oder so angewendet wird, dass – auch unter Berücksichtigung weiterer Kontrollmaßnahmen – mit ihr falsche Angaben in der Rechnungslegung weder verhindert noch in angemessener Zeit aufgedeckt und korrigiert werden können (z.B. unzureichende Funktionstrennung), oder

- eine Kontrollmaßnahme fehlt, die notwendig ist, um falsche Angaben in der Rechnungslegung zu verhindern oder in angemessener Zeit aufzudecken und zu korrigieren (z.B. fehlende Kontrolle des Wareneingangs)[798].

794 Bei bedeutsamen Schwächen des IKS müssen die für die Überwachung Verantwortlichen (Aufsichtsorgan) sowie die gesetzlichen Vertreter und ggf. andere Führungskräfte auf entsprechender Zuständigkeitsebene in angemessener Zeit auf schriftlichem Wege informiert werden[799]. Bei sonstigen Schwächen im IKS sind die gesetzlichen Vertreter und ggf. andere Führungskräfte in angemessener Zeit und in geeigneter Form zu informieren, sofern sie für diese relevant und nicht bereits bekannt sind[800].

795 Resultieren die festgestellten Schwächen des IKS aus wesentlichen falschen Angaben in der Rechnungslegung, ist der BestV einzuschränken oder zu versagen.

796 Auch wenn wesentliche Mängel des IKS mit Auswirkungen auf die Buchführung bereits behoben wurden, ist im PrB zwingend auf diese einzugehen[801]. Ferner ist über Beanstandungen zu berichten, die für die Überwachungsfunktion der Berichtsadressaten bedeutsam sind[802].

12. Funktionsprüfungen

12.1 Grundlagen

797 Die i.R.d. Aufbauprüfung durchgeführten Prüfungshandlungen reichen zur Beurteilung des IKS und damit der Kontrollrisiken nicht aus. Auch ein wirksam konzipiertes System sichert noch keine zuverlässigen Arbeitsabläufe, denn die Konzeption gewährleistet noch nicht die tatsächliche Umsetzung[803]. Die Beurteilung der Funktionsweise des IKS auf die erfassten und beurteilten Fehlerrisiken hat auf der Grundlage eines Funktionstests bzw. Funktionsprüfungen ("test of operating effectiveness") zu erfolgen. **Funktionsprüfungen** beziehen sich auf die Art der Anwendung organisatorischer Regelungen, die Kontinuität der Anwendung im abgelaufenen GJ und die Frage, welche Personen bestimmte Maßnahmen durchgeführt haben, d.h. ob das IKS in der Realität tatsächlich so funktioniert, wie es gemäß der Soll-Vorstellungen angedacht ist[804].

798 Funktionsprüfungen sind immer dann durchzuführen,
- wenn bei einer Aussage in der Rechnungslegung von der Wirksamkeit der Kontrollmaßnahmen ausgegangen wird und daher ein Teil der benötigten Prüfungssicherheit auf Basis eines wirksamen IKS gewonnen wird oder
- wenn aussagebezogene Prüfungshandlungen allein nicht ausreichend sind, um hinreichende Prüfungssicherheit auf Aussageebene zu gewinnen[805].

---

798 Vgl. ISA 265.6; *IDW PS 261 n.F.*, Tz. 89; IDW, Praxishandbuch[11], Arbeitshilfe B-4.6.2.
799 *IDW PS 470 n.F.*, Tz. 5, *IDW PS 470 n.F.*, Tz. 31.
800 Vgl. IAS 265.9; *IDW PS 261 n.F.*, Tz. 89.
801 Vgl. *IDW PS 450 n.F.*, Tz. 65.
802 Vgl. *IDW PS 450 n.F.*, Tz. 62 sowie bei aufgedeckten oder vermuteten Unregelmäßigkeiten *IDW PS 210*, Tz. 60.
803 Vgl. *Marten/Quick/Ruhnke*, Wirtschaftsprüfung[5], S. 280.
804 Vgl. *IDW PS 261 n.F.*, Tz. 73.
805 Vgl. ISA 330.8; *IDW PS 261 n.F.*, Tz. 74.

Ein **Funktionstest** dient dazu, Nachweise zu erhalten, wie Kontrollmaßnahmen angewendet wurden, ob diese während des gesamten Prüfzeitraums wirksam waren und ob es eine Konsistenz in der Anwendung gab. Zur Beurteilung der Wirksamkeit dieser Kontrollmaßnahmen bedarf es der Durchführung angemessener und ausreichender Prüfungshandlungen durch den APr. Die Funktionsfähigkeit interner Kontrollmaßnahmen braucht dann nicht geprüft zu werden, wenn diese nicht angemessen aufgebaut oder wirksam implementiert sind[806]. 799

Einige der bereits während der Aufbauprüfung durchgeführten Prüfungshandlungen können als Nachweise für die Funktionsprüfung interner Kontrollmaßnahmen genutzt werden. So bietet es sich bereits während der Aufbauprüfung an, bestimmte Prüfungshandlungen der Funktionsprüfung mit vorzunehmen. 800

> **Beispiel 58:**
>
> Der APr. kann z.B. „bei der Gewinnung von Kenntnissen über das Kontrollumfeld das Management zur Qualität der Finanzplanung befragen, den Abgleich zwischen budgetierten und tatsächlichen Werten beobachten und die als Ergebnis von Abweichungsanalysen vorliegenden Berichte auswerten". Im Rahmen dessen können Prüfungsnachweise, die die Wirksamkeit von Regelungen zur Vermeidung oder Aufdeckung von Fehlern bei der Klassifizierung von Aufwendungen aufdecken, eingeholt werden.

Folgende **Prüfungshandlungen** können angewandt werden, um Prüfungsnachweise zu erhalten: 801

- Befragung von Mitgliedern des Managements, von Personen in Überwachungsfunktionen und von sonstigen Mitarbeitern auf unterschiedlichen organisatorischen Ebenen
- Einsichtnahme in Dokumente, z.B. Organisationshandbücher, Arbeitsplatzbeschreibungen oder Ablaufdiagramme
- Durchsicht von Unterlagen, insb. der Durchführung von Maßnahmen i.R.d. IKS[807]
- Beobachtung von Arbeitsabläufen im Unternehmen, einschl. der IT-gestützten Verfahren und der Art und Weise der Verarbeitung von Geschäftsvorfällen
- Nachvollzug von Kontrollaktivitäten durch den APr.
- Auswertung von Checklisten oder Fragebögen
- IT-gestützte Prüfungshandlungen
- Einsichtnahme in Berichte der Internen Revision[808].

Aus Gründen der Wirtschaftlichkeit kann der APr. auch auf Ergebnisse von VJ-Prüfungen zurückgreifen. Es gilt, **Prüfungsnachweise i.Z.m. Veränderungen von Art und Umfang des IKS** einzuholen sowie die Auswirkungen auf die Kontrollrisiken zu beurteilen. Sind im lfd. GJ Veränderungen in einem Prüffeld des IKS aufgetreten, sind sowohl die ursprünglichen als auch die veränderten Regelungen zu berücksichtigen. Auch wenn Kontrollmaßnahmen für bedeutsame Risiken unverändert geblieben sind, bedarf es in jedem GJ einer Funktionsprüfung. Handelt es sich bei stetigen Kontrollmaßnahmen 802

---

806 Vgl. *IDW PS 261 n.F.*, Tz. 74.
807 Vgl. *Bungartz*, S. 474 ff.
808 Vgl. ISA 330.A5; *IDW PS 261 n.F.*, Tz. 73.

hingegen um nicht bedeutsame Risiken, ist eine Funktionsprüfung im Rahmen jeder dritten aufeinander folgenden Abschlussprüfung ausreichend. Beabsichtigt der APr. allerdings Prüfungsnachweise aus früheren Abschlussprüfungen für mehrere Kontrollmaßnahmen benutzen, so bedarf es mindestens der Prüfung einiger Maßnahmen i.R.d. laufenden Abschlussprüfung[809].

> **Beispiel 59:**
>
> Im Rahmen der Buchung von Pensionsrückstellungen wurden die im Pensionsgutachten verwendeten Angaben auf Vollständigkeit und Richtigkeit kontrolliert, bevor die Rückstellung gebucht wurde. In einem zweiten Schritt wurde die gebuchte Rückstellung auf Übereinstimmung zum Wert laut Pensionsgutachten kontrolliert. Der APr. sollte in der darauffolgenden Prüfung sicherstellen, ob die Abstimmung zwischen gebuchten Werten und Pensionsgutachten vorgenommen wurde.

803 Die Prüfung der Wirksamkeit des IKS erfordert zudem auch angemessene und geeignete Prüfungshandlungen, um beurteilen zu können, ob die Funktionsfähigkeit des IKS während des gesamten zu prüfenden Zeitraums gegeben war[810]. Da das Ziel der Funktionsprüfung ist, einen Rückschluss auf die Wirksamkeit sämtlicher Kontrollaktivitäten im zu prüfenden Zeitraum zu ziehen, sind entweder sämtliche Kontrollen zu prüfen oder eine Stichprobe[811] zu ziehen. Eine bewusste Auswahl scheidet hierbei aus, da diese Methode keinen repräsentativen Rückschluss auf die Grundgesamtheit ermöglicht.

804 In der Prüfungspraxis werden oft Stichprobenumfänge auf Basis von Tabellen in **Abhängigkeit von der Häufigkeit bzw. Frequenz der Kontrollaktivität** und der Einschätzung des **Risk of Failures** bestimmt.[812] Das Risk of Failure bezeichnet das Risiko, dass eine Kontrolle nicht wirksam durchgeführt wird und dadurch ein wesentlicher Fehler entsteht. Kriterien für ein hohes bzw. niedriges Risk of Failure sind etwa die Komplexität der Kontrolle oder der Grad der Ermessensausübung bei der Durchführung der Kontrolle. Die Tabellen basieren auf statistischen Überlegungen, sodass die abgeleiteten Stichprobenumfänge zu ähnlichen Stichprobenumfängen führen, die sich bei der Verwendung eines statistischen Ansatzes ergäben. Da bei Funktionsprüfungen oftmals Stichproben zum Einsatz gelangen, sind die zu testenden Kontrollaktivitäten stets so auszuwählen, dass sie repräsentativ für die Grundgesamtheit sind. Folgende vier Auswahlmethoden können grundsätzlich für eine Stichprobe angewendet werden[813]:

a) echte Zufallsauswahl (z.B. durch Zufallszahlen)
b) systematische Auswahl (z.B. anhand eines Stichprobenintervalls)
c) wertproportionale Auswahl (z.B. Dollar Unit Sampling)
d) zufallsimitierende Auswahl (z.B. Auswahl einzelner Elemente aus einer Liste, ohne hinzuschauen).

---

809 Vgl. ISA 330.A39; *IDW PS 261 n.F.*, Tz. 77 f.
810 Vgl. ISA 330.11; *IDW PS 261 n.F.*, Tz. 76.
811 Eine Stichprobenprüfung liegt vor, wenn die Durchführung der Prüfungshandlungen für weniger als 100% *der Elemente* einer Grundgesamtheit erfolgt und sämtliche Elemente eine Chance haben, ausgewählt zu werden. Vgl. ISA 530.5; *IDW PS 310*, Tz. 7.
812 Vgl. ISA 530.6-8.
813 Vgl. ISA 530.A13 sowie ISA 530, Anlage 4.

Lieferantenrechnungen werden bspw. mit der jeweiligen Bestellung und dem Wareneingang abgeglichen. Der APr. stellt durch die Prüfung einer Stichprobe, deren Grundgesamtheit das gesamte GJ umfasst, sicher, dass die Funktionsfähigkeit der Kontrolle während des gesamten Jahres gegeben war. 805

Werden Prüfungsnachweise zur Funktionsfähigkeit des IKS im Rahmen einer Vorprüfung erlangt, hat der APr. festzulegen, welche Prüfungshandlungen für die verbliebene Periode bis zum Abschlussstichtag durchzuführen sind (**Roll-forward der Funktionsprüfung**)[814]. 806

In Abhängigkeit zu den Kontrollmaßnahmen des Unternehmens und den Ergebnissen der Funktionsprüfung hat der APr. zu entscheiden, auf welche Art, in welchem Umfang und wann **aussagebezogene Prüfungshandlungen** (Substantive Testing) durchzuführen sind. 807

12.2 Ergebnisse der Funktionsprüfung

Die Erkenntnisse aus der Funktionsprüfung stellen die Grundlage für die abschließende Beurteilung der Kontrollrisiken durch den APr. dar. 808

Der APr. muss unabhängig von der Höhe der Fehlerrisiken mindestens in **wesentlichen Prüffeldern**, d.h. für wesentliche Arten von Geschäftsvorfällen, Kontosalden und Abschlussinformationen, aussagebezogene Prüfungshandlungen durchführen. Sein Prüfungsurteil darf sich nicht nur auf die Ergebnisse der Beurteilung der inhärenten Risiken und der Prüfung des IKS stützen[815]. Diese Anforderungen beruhen auf dem Gedanken, dass jedes IKS inhärenten Grenzen und Fehlermöglichkeiten ausgesetzt ist sowie die Einschätzung des APr. hinsichtlich der Fehlerrisiken stets ermessensbehaftet ist. 809

Hat die Funktionsprüfung ergeben, dass vorgesehene einzelne Kontrollmaßnahmen nicht entsprechend durchgeführt wurden, muss der APr. die Hintergründe und ihre möglichen Konsequenzen verstehen und feststellen, ob 810

- er sich weiterhin auf diese Kontrollen verlassen kann (z.B. im Fall von Anomalien in der Stichprobe),
- zusätzliche Funktionsprüfungen durchgeführt werden können oder
- er seine aussagebezogenen Prüfungshandlungen ausweitet[816].

Kann mittels dieser Maßnahmen das Entdeckungsrisiko des wesentlichen Prüffelds nicht in ausreichendem Maße reduziert werden, gilt es zu prüfen, ob ggf. ein Prüfungshemmnis vorliegt und der BestV daher einzuschränken oder zu versagen ist oder ob die Erklärung der Nichtabgabe eines Prüfungsurteils vorliegt[817]. 811

---

[814] Vgl. ISA 330.12; *IDW PS 261 n.F.*, Tz. 79.
[815] Vgl. ISA 330.18; *IDW PS 261 n.F.*, Tz. 83.
[816] Vgl. ISA 330.17.
[817] Vgl. *IDW PS 261 n.F.*, Tz. 84; zur Definition vgl. *IDW PS 405*, Tz. 9b, *IDW PS 405*, Tz. A9 ff. Zu den Auswirkungen auf den BestV vgl. *IDW PS 405*, Tz. 13 f.

12.3 Kommunikation mit Management und den für die Überwachung Verantwortlichen

812 Wurden i.R.d. Funktionsprüfung Schwächen im Aufbau oder in der Wirksamkeit des rechnungslegungsbezogenen IKS festgestellt, ist zu beurteilen, ob die Schwächen einzeln oder gemeinsam bedeutsam sind.

813 Bedeutsame Schwächen des IKS sind dem Aufsichtsorgan sowie den gesetzlichen Vertretern und ggf. anderen Führungskräften auf entsprechender Zuständigkeitsebene in angemessener Zeit schriftlich mitzuteilen (vgl. dazu Kap. L Tz. 793 ff.).

13. Aussagebezogene Prüfungshandlungen

814 Die Erkenntnisse aus der Funktionsprüfung stellen die Grundlage für die abschließende Beurteilung der Kontrollrisiken durch den APr. dar. In wesentlichen Prüffeldern, d.h. für wesentliche Arten von Geschäftsvorfällen, Kontosalden und Abschlussinformationen, muss der APr. unabhängig von der Höhe der Fehlerrisiken aussagebezogene Prüfungshandlungen durchführen. In diesen Fällen kann der APr. sein Prüfungsurteil somit nicht alleine auf die Ergebnisse der Beurteilung der inhärenten Risiken und der Prüfung des IKS stützen.

815 Aussagebezogene Prüfungshandlungen umfassen aussagebezogene analytische Prüfungshandlungen, Einzelfallprüfungen oder eine Kombination von beiden für alle relevanten Abschlussaussagen. Für die Entscheidung über Art, Umfang und zeitliche Einteilung von aussagebezogenen Prüfungshandlungen sind zu berücksichtigen:

- die Beurteilung von Fehlerrisiken einschl. der Einschätzung des Risikos von Verstößen i.R.d. Risikobeurteilung sowie
- das Risiko einer wesentlichen falschen Darstellung

816 Der APr. hat bezüglich der Art der Prüfungshandlungen zu entscheiden,

- ob er eine Bestätigung Dritter für bestimmte Sachverhalte anfordert (z.B. eine Fremdlager- oder eine Rechtsanwaltsbestätigung) oder sich bei der Beurteilung ausschließlich auf Aussagen des Unternehmens verlassen will (etwa Befragung des Leiters der Rechtsabteilung zu einem Rechtsstreit),
- ob Einzelfallprüfungen als Ergänzungen zu den analytischen Prüfungshandlungen vorzunehmen sind[818].

817 Der APr. muss sich nicht nur mit der Art der anzuwendenden Prüfungshandlung befassen. Er muss zudem i.R.d. Prüfungsplanung entscheiden, wann er diese vornimmt. So kann es in bestimmten Fällen sachgerecht sein, aussagebezogene Prüfungshandlungen in zeitlicher Nähe des Abschlussstichtages vorzunehmen und nicht auf in der Vorprüfung gewonnene Erkenntnisse zurückzugreifen[819].

13.1 Analytische Prüfungshandlungen

818 Die Durchführung einer Abschlussprüfung verlangt nicht nur die Sicherstellung des vorgegebenen Qualitätsniveaus, sondern auch die Beachtung des Grundsatzes der Wirtschaftlichkeit. Analytische Prüfungshandlungen spielen für die Effektivität, aber

---

[818] *IDW PS 261*, Tz. 81.
[819] ISA 330.7 und .11.

auch für die Wirtschaftlichkeit einer Abschlussprüfung eine bedeutende Rolle, da durch sie die aussagebezogenen Einzelfallprüfungen und damit der Prüfungsumfang insgesamt zur Gewinnung eines hinreichend sicheren Prüfungsurteils reduziert werden können[820].

Analytische Prüfungshandlungen sind sowohl bei der Prüfungsplanung (insb. bei den Prüfungshandlungen zur Risikobeurteilung) und der Prüfungsdurchführung (aussagebezogene analytische Prüfungshandlungen) als auch als abschließende prüferische Durchsicht vor Beendigung der Prüfung vorzunehmen[821]. Zu Beginn der Prüfung können mit Hilfe dieser Prüfungsmethode zeitnah kritische Prüfungsgebiete identifiziert und damit Prüfungsschwerpunkte festgelegt werden. Während der Abschlussprüfung ergänzen die Plausibilitätsüberlegungen die Einzelfallprüfungen und können den Umfang aufwändiger Belegprüfungen einschränken. Abschließend wird die Methode noch einmal bei der kritischen Durchsicht der Prüfungsergebnisse angewendet. Analytische Prüfungshandlungen eignen sich zudem als Prüfungshandlungen zur Aufdeckung von Verstößen[822].

> **Beispiel 60:**
> Der APr. kann bspw. eine Analyse der Umsatzerlöse vor dem Hintergrund der Zahlungseingänge der Periode sowie der Veränderungen der Forderungen aus Lieferung und Leistung durchführen und auf diese Weise Hinweise auf mögliche Verstöße im Bereich der Umsatzlegung erlangen. Dies könnte bspw. der Fall sein, wenn die gebuchten Umsatzerlöse der Periode höher als die Summe der kundenbezogenen Zahlungseingänge und der Veränderung der Forderungen aus Lieferung und Leistung unter Berücksichtigung der Umsatzsteuer sind und sich diese Differenz nicht durch alternative Zahlungsmethoden (z.B. Kreditkarten- oder Scheckzahlungen) oder Sondereffekte (z.B. Verrechnungen, Tausch etc.) erklären lässt.

Durch den Einsatz analytischer Prüfungshandlungen ergibt sich für den APr. darüber hinaus eine Gelegenheit sowohl in der Planungsphase als auch i.R.d. Prüfungsdurchführung auf bisher unbekannte Aspekte der Geschäftstätigkeit aufmerksam zu werden sowie i.R.d. abschließenden Durchsicht Bereiche zu identifizieren, in welchen noch weitere Prüfungshandlungen durchzuführen sind.

> **Beispiel 61:**
> Der APr. könnte bspw. auf Basis einer Analyse von ausgewählten Aufwandskonten oder Aufwandsquoten Hinweise auf nicht in der Bilanz enthaltene Geschäfte (bspw. Leasingtransaktionen oder Finanzderivate) erlangen. Relevant könnten hier bspw. Veränderungen im Bereich der Mietaufwendungen oder Veränderungen im Bereich der Zinsaufwendungen sein.

13.1.1 Begriff und Komponenten der analytischen Prüfungshandlungen

Analytische Prüfungshandlungen beinhalten Beurteilungen von Finanzinformationen durch die Analyse plausibler Beziehungen zwischen sowohl finanziellen als auch nicht-

---

820 Vgl. *IDW PS 312*, Tz. 10.
821 Vgl. ISA 520.5/6; *IDW PS 312*, Tz. 16.
822 Vgl. *Rohardt/Meyer-Hollatz/Davids*, WPg 2013, S. 935. Siehe ausf. Kap. L Tz. 475 ff.

finanziellen Daten. Außerdem nimmt der APr. aussagebezogene analytische Prüfungshandlungen vor, wenn er Schwankungen oder Beziehungen feststellt, die nicht mit anderen relevanten Informationen in Einklang stehen oder die um einen erheblichen Betrag von den erwarteten Werten abweichen[823]. Bei einer Plausibilitätsbeurteilung handelt es sich somit um eine indirekte Prüfungsmethode, die i.R.d. Soll-Ist-Vergleichs nicht eine exakte Gleichheit zwischen Soll-Objekt und Ist-Objekt, sondern eine sachlogische Übereinstimmung (Plausibilität) feststellt. Es werden nur Gruppenergebnisse d.h. verdichtete Abschlussinformationen und nicht einzelne Geschäftsvorfälle oder Bestandselemente miteinander verglichen[824].

Verschiedene Arten von aussagebezogenen analytischen Prüfungshandlungen liefern unterschiedliche Grade an Prüfungssicherheit. Die Festlegung wird beeinflusst durch[825]

- die Art der Abschlussaussage,
- die Einschätzung des Fehlerrisikos,
- die Gefahr eines Management Override und
- der Genauigkeit, mit der sich die erwarteten Ergebnisse von aussagebezogenen analytischen Prüfungshandlungen vorhersagen lassen.

822 Aussagebezogene analytische Prüfungshandlungen eignen sich im Allgemeine in den Fällen, in denen[826]

- eine sinnvolle Disaggregation der Daten möglich ist,
- eine Vielzahl von Geschäftsvorfällen vorliegt, aus dem sich im Zeitablauf Tendenzen ableiten lassen,
- plausible Beziehungen zwischen den Daten bestehen und fortdauern oder
- aussagebezogene analytische Prüfungshandlungen in früheren Perioden bereits erfolgreich durchgeführt wurden.

13.1.2 Planung und Durchführung analytischer Prüfungshandlungen

823 Bei der Planung und Durchführung von aussagebezogenen analytischen Prüfungshandlungen empfiehlt sich folgende Vorgehensweise:

- Festlegung der Eignung bestimmter aussagebezogener analytischer Prüfungshandlungen,
- Entwicklung einer Erwartung zu erfassender Beträge oder Kennzahlen,
- Beurteilung, ob die Erwartung ausreichend genau für die Feststellung einer falschen Darstellung ist,
- Festlegung des Betrags etwaiger Unterschiede zwischen den erfassten Beträgen und den erwarteten Werten, der ohne weitere Untersuchungen vertretbar ist,
- Beurteilung der Verlässlichkeit der Daten,
- Vergleich der erwarteten Werte mit den erfassten Beträgen sowie
- Untersuchung einer nicht vertretbaren Abweichung bzw. unerwarteten Beziehung, die nicht mit anderen Informationen im Einklang steht.

---

823 Vgl. ISA 520.4.
824 Vgl. hierzu und zum folgenden *Marten/Quick/Ruhnke*, Wirtschaftsprüfung[5], S. 330; vgl. auch *Gärtner*, DB 1994, S. 949; *Hömberg*, DB 1989, S. 1781 (1783); *Müller/Kropp*, DB 1992, S. 149.
825 Vgl. ISA 520.A9.
826 Vgl. ISA 520.5.(c).

Eine analytische Prüfungshandlung besteht grundsätzlich aus drei Komponenten: 824
- Prognose (des Soll-Objektes),
- Vergleich (des Ist-Objektes mit dem Soll-Objekt) und
- Beurteilung (der Soll-Ist-Differenz).

Nach der Entscheidung für einen zu prüfenden Sachverhalt ist bei der Durchführung 825
von analytischen Prüfungshandlungen vom APr. ein **Prognosewert** zu entwickeln und
zu dokumentieren, der dann als Vergleichsmaßstab für das Ist-Objekt dient. Dazu gehört
insb. die Faktoren, die der APr. zu Bildung des Erwartungswertes verwendet hat. Wird
auf die Entwicklung eines Prognosewertes zu Beginn der analytischen Prüfungshandlung verzichtet, besteht die Gefahr von Fehleinschätzungen[827]. So könnte bei einem
einfachen Vergleich mit VJ-Werten übersehen werden, dass es z.B. wegen eines starken
Anstiegs des Preisniveaus in bestimmten Branchen zwingend zu wesentlichen Veränderungen kommen muss.

Der Erfolg einer analytischen Prüfungshandlung hängt entscheidend von der Qualität
dieses Prognosewertes ab.

> **Hinweis 32:**
>
> Einflussgrößen hierfür sind
> - die Art des Kontos oder der Abschlussaussage,
> - die Genauigkeit, mit der sich die erwarteten Ereignisse von aussagebezogenen analytischen Prüfungshandlungen vorhersagen lassen,
> - der Grad, in dem Informationen aufgegliedert werden können und
> - die Verfügbarkeit und Verlässlichkeit von finanziellen als auch nichtfinanziellen Informationen[828].

Ziel von analytischen Prüfungshandlungen ist nicht die Überprüfung der exakten 826
Übereinstimmung des Ist-Wertes mit der Soll-Größe (Prognosewert), sondern vielmehr
die Aussage, ob der vorhandene Ist-Wert innerhalb einer zuvor festgelegten Bandbreite
liegt, bei der er ohne weitere Untersuchung vertretbar ist.

> **Hinweis 33:**
>
> Die Höhe der vertretbaren Abweichung ist eine **Ermessensentscheidung** und wird durch folgende Faktoren beeinflusst[829]:
> - Wesentlichkeit (vertretbare Abweichung erhöht sich mit steigender Wesentlichkeit)
> - Grad der erlangten Prüfungssicherheit (vertretbare Abweichung sinkt mit steigender zu erlangender Prüfungssicherheit),
> - Risiko einer wesentlichen Fehlaussage (vertretbare Abweichung sinkt mit steigendem Risiko einer wesentlichen Fehlaussagen),
> - aus anderen Prüfungshandlungen erlangte Prüfungsnachweise (vertretbare Abweichung steigt mit weiteren Prüfungsnachweisen aus anderen Prüfungshandlungen über die gleiche Abschlussaussage).

---

827 Vgl. *Blocher/Patterson*, JoA 1996, Feb. S. 53.
828 Vgl. ISA 520.A15.
829 Vgl. ISA 520.A16.

827 Analytische Prüfungshandlungen erfordern ein fundiertes **Verständnis** der Zusammenhänge zwischen den zugrunde gelegten Daten (Finanz- oder Betriebsdaten). Maßgeblich ist dabei ein umfassendes Verständnis des Geschäftsmodells des Unternehmens. Darauf aufbauend bedarf es der Kenntnis aktueller wirtschaftlicher Entwicklungen des Unternehmens und seines Umfeldes.

828 Dabei sind insb. folgende Anforderungen zu berücksichtigen:

- Bestehen eines Zusammenhangs

> **Beispiel 62:**
> Eine Formulierung einer Prognose für den Provisionsaufwand anhand der Entwicklung der Umsatzzahlen ist dann ungenau, wenn für die Zahlung der Provisionen nicht nur die Umsätze berücksichtigt werden, sondern auch der Zahlungseingang bei den entsprechenden Forderungen.

- Relevanz des Zusammenhangs

> **Beispiel 63:**
> Bei der Beschäftigung von tariflichen und außertariflichen Angestellten sowie gewerblichen Arbeitnehmern reicht es nicht aus, bei der Formulierung einer Prognose für den Personalaufwand nur Tariflohnsteigerungen zu berücksichtigen, sondern es sind ggf. weitere Lohn- oder Gehaltsbestandteile mit einzubeziehen.

- Stetigkeit des Zusammenhangs

> **Beispiel 64:**
> Bei der Formulierung einer Prognose für den Personalaufwand kann zu berücksichtigen sein, dass sich eine bisher relativ konstante Beschäftigtenstruktur durch Umstrukturierungen stark verändert hat.

- Beobachtungshäufigkeit eines Zusammenhangs

> **Beispiel 65:**
> Saisonale Schwankungen, z.B. bei Bauunternehmen, können bei der Formulierung der Prognose für den Personalaufwand besser berücksichtigt werden, wenn monatliche Betrachtungen der Lohn- und Gehaltskosten vorgenommen und dann zusammengefasst werden.

- Zuverlässigkeit des zugrunde liegenden Datenmaterials

> **Beispiel 66:**
> Die Prognose von Lohn- und Gehaltsaufwendungen sollte nicht auf der Grundlage von Daten der Lohn- und Gehaltsbuchhaltung, sondern anhand von anderen internen

> oder externen Unterlagen, z.B. Mitarbeiterstatistiken der Personalabteilung oder Tarifverträge, vorgenommen werden.

Die **Genauigkeit** der Prognose ist ein Maß für die Verlässlichkeit der analytischen Prüfungshandlung[830]. Die erforderliche Genauigkeit hängt von dem Grad an Prüfungssicherheit ab, der von der Anwendung einer analytischen Prüfungshandlung erwartet wird[831]. Analytische Prüfungshandlungen, die in der Phase der Prüfungsdurchführung eingesetzt werden, erfordern einen höheren Grad an Prüfungssicherheit als analytische Prüfungshandlungen, die i.R.d. Prüfungsplanung oder der abschließenden kritischen Durchsicht durchgeführt werden. Bei stark vereinfachten Modellen zur Ermittlung von Prognosewerten besteht eine hohe Wahrscheinlichkeit, dass die analytische Prüfungshandlung nur begrenzt aussagefähige Prüfungsnachweise liefert. Modelle mit mehreren relevanten unabhängigen Variablen (z.B. multiple Regressionsanalysen) sind zwar kostenaufwändiger, führen aber zu genaueren Prognosen und damit zu einem erhöhten Maß an Prüfungssicherheit[832]. 829

Einflussfaktoren für die Genauigkeit von analytischen Prüfungshandlungen sind somit die Verfahren zur Ermittlung von Prognosewerten. Darüber hinaus spielt die Zuverlässigkeit des Datenmaterials, dessen Aggregationsgrad (Untersuchungen auf der Ebene von Konten führen zu einer höheren Genauigkeit als Untersuchungen auf der Ebene des gesamten Unternehmens) und die Prognostizierbarkeit des untersuchten Zusammenhangs eine entscheidende Rolle (z.B. ist in einem stabilen Umfeld die Prognostizierbarkeit von Zusammenhängen i.d.R. höher als in einem instabilen oder dynamischen Umfeld). 830

> **Hinweis 34:**
>
> Die Verlässlichkeit von Daten wird durch Art und Quelle beeinflusst und hängt von den Umständen ab, unter denen sie erlangt werden:
> - Quelle der verfügbaren Informationen (z.B. können Informationen verlässlicher sein, wenn sie aus unabhängigen Quellen außerhalb des geprüften Unternehmens erlangt werden),
> - Vergleichbarkeit der verfügbaren Informationen (z.B. müssen allgemeine Branchendaten ggfls. ergänzt werden, damit sie mit den Daten des geprüften Unternehmens vergleichbar sind),
> - Art und Relevanz der verfügbaren Informationen (z.B. ob Budgets in Form zu erwartender Ergebnisse und nicht als Zielvorgaben erstellt werden),
> - Kontrollen über die Erstellung der Informationen, die daraus ausgerichtet sind, dass die Vollständigkeit, Richtigkeit und Gültigkeit der Informationen sichergestellt werden (z.B. Kontrollen über die Erstellung, Überwachung und Pflege von Budgets).

---

830 Vgl. *IDW PS 312*, Tz. 24.
831 Vgl. *Blocher/Patterson*, JoA 1996, Feb. S. 54.
832 Vgl. ausführlich in Bezug auf den Einsatz von Datenanalysen i.R.d. Abschlussprüfung sowie die Auswahl der Analysemethoden *IDW PH 9.330.3*, Tz. 30, *IDW PH 9.330.3*, Tz. 38.

> **Beispiel 67:**
>
> Der APr. kann einen Prognosewert für die Personalaufwendungen eines Unternehmens auf Basis der Entwicklung der Anzahl der Beschäftigten unter Berücksichtigung etwaiger (ggf. tariflichen) Lohn- und Gehaltssteigerungen sowie weiterer Einmaleffekte (wie z.B. Sonderzahlungen, Kurzarbeit oder restrukturierungsbedingter Abfindungen) bilden. Je präziser hierbei die Eingrenzung der Mitarbeiter vorgenommen wird (bspw. nach direkten oder indirekten Mitarbeitern, nach Unternehmensbereichen oder nach Standorten), desto höher sind Genauigkeit der Prüfungshandlung und erzielte Prüfungssicherheit.

13.1.3 Vergleich

831 Durch Vergleich des Prognosewertes mit dem Ist-Wert wird die **Soll-Ist-Abweichung** ermittelt. Wenn der erfasste Betrag innerhalb der vertretbaren Bandbreite liegt, ist die Prüfungshandlung vollständig und die mit dieser Prüfungshandlung geplante Prüfungssicherheit erlangt.

832 Auftretende Abweichungen können verschiedene Ursachen haben:
- Es liegen falsche Angaben in der Rechnungslegung vor (aufgrund von Unrichtigkeiten oder Verstößen) oder
- der Prognosewert ist zu ungenau.

833 Der APr. hat einen **Differenzbetrag** festzulegen, welcher ohne weitere Untersuchungen als vertretbar angesehen werden kann[833]. Werden i.R.d. Soll-Ist-Vergleiches diesen Betrag übersteigende Abweichungen festgestellt, sind weitergehende Untersuchungen erforderlich:[834]
- Befragungen des Managements und Einholung von Prüfungsnachweisen, welche die Antworten des Managements stützen.
- Andere Prüfungshandlungen, soweit notwendig (insb. wenn das Management keine Erläuterungen geben kann oder diese Erläuterungen nicht ausreichend sind).[835]

834 Die **akzeptable Abweichung** wird beeinflusst durch die Wesentlichkeitsgrenzen (insb. die Toleranzwesentlichkeit[836]) und den gewünschten Grad an Prüfungssicherheit[837]. Grundsätzlich muss der APr. umso überzeugendere Prüfungsnachweise einholen, je höher das von ihm beurteilte Prüfungsrisiko ist. Folglich nimmt die akzeptable Abweichung bei zunehmendem Risiko ab. Können Abweichungen durch das Unternehmen nicht zufriedenstellend geklärt werden, müssen ggf. die bei der Ermittlung der Prognosewerte zugrunde gelegten Daten und getroffenen Annahmen noch einmal überprüft oder ein modifiziertes Verfahren zur Formulierung der Prognose verwendet werden. Bleiben danach noch wesentliche Prüfungsdifferenzen bestehen sind zusätzliche Prüfungshandlungen erforderlich, um festzustellen, ob der JA wesentliche Falschaussagen enthält[838].

---

833 Vgl. *Rohardt/Meyer-Hollatz/Davids*, WPg 2013, S. 935 (937).
834 Vgl. ISA 520.7(a) und (b).
835 *Vgl. wegen eines möglichen Fraud-Risikos auch ISA 520.A21.*
836 Zur Festlegung der Wesentlichkeit vgl. Kap. L Tz. 294 ff.
837 Vgl. dazu ISA 520.A16.
838 Vgl. ISA 520.7; *IDW PS 312*, Tz. 27; *IDW PS 300 n.F.*, Tz. A20.

13.1.4 Arten analytischer Prüfungshandlungen

Die analytischen Prüfungshandlungen unterscheiden sich hinsichtlich der Verfahren zur Prognosewertermittlung und lassen sich im Wesentlichen in **drei Arten** einteilen:

- Trendanalysen,
- Kennzahlenanalysen oder
- Plausibilitätsprüfungen.

Der APr. kann diese Verfahren kombinieren, indem er etwa die Trends einer Kennzahl ermittelt (z.B. Vergleich der Umsatzrendite oder Materialaufwandsquote eines Unternehmens im Zeitablauf). Neben diesen Ansätzen finden zunehmend mathematisch-statistische Verfahren (z.B. Regressionsanalysen, Zeitreihenanalysen) aufgrund der damit verbundenen höheren Genauigkeit Anwendung.

13.1.4.1 Trend- und Kennzahlenanalysen

Bei der Ermittlung von Prognosewerten im Rahmen von **Trendanalysen** werden Veränderungen eines bestimmten Abschlusspostens oder einer bestimmten Art von Geschäftsvorfällen über die Zeit hinweg untersucht und ein Richtungsverlauf ermittelt. Der APr. muss dabei die Ursachen für die Trendentwicklung der betrachteten Größe ermitteln. Bei der Anwendung von Trendanalysen ist es von entscheidender Bedeutung, die auf die Entwicklung des geprüften Postens wirkenden sonstigen Einflussfaktoren zu erkennen, da der Zeitverlauf als alleiniger Einflussfaktor für die Trendentwicklung keinen Erklärungswert für die zu prognostizierende Größe hat. Das Verständnis dieser Ursachen ist wichtig, um zu vermeiden, dass Verknüpfungen zwischen bestimmten Posten angenommen werden, die in keinem ursächlichen Zusammenhang zueinander stehen, z.B. zwischen den Rechtsberatungskosten des abgelaufenen GJ und den Rechtsberatungskosten des folgenden GJ. Unter Berücksichtigung der gewonnenen Erkenntnisse und auf der Grundlage der Kenntnisse über die lfd. Geschäftstätigkeit des geprüften Unternehmens wird ein Prognosewert ermittelt und mit dem gebuchten Betrag verglichen.

> **Beispiel 68:**
>
> Die Jahresumsätze vergangener Rechnungsperioden können extrapoliert werden und den im lfd. GJ gebuchten Umsätzen gegenübergestellt werden, um eine Aussage über die Vollständigkeit und die Genauigkeit der gebuchten Umsätze zu erhalten.
>
> Beispielsweise sei in einem Handelsunternehmen für zwei Produkte die folgende Entwicklung der Umsatzerlöse gegeben (Angabe in Mio. €):
>
> | Jahr | t1 | t2 | t3 | t4 |
> |---|---|---|---|---|
> | Umsatz Produkt A | 10 | 20 | 30 | 40 |
> | Umsatz Produkt B | 10 | 15 | 25 | 55 |
>
> Die Umsatzerlöse des **Produktes A** steigen jährlich konstant um 10 Mio. € an. Entsprechend dieses Trends wären für das Jahr t5 Umsatzerlöse in Höhe von 50 Mio. € zu erwarten, sofern keine sonstigen Einflussfaktoren ersichtlich sind.
>
> Die Umsatzerlöse des Produktes B entwickeln sich mit ansteigenden Änderungsbeträgen (Änderung von t1 zu t2: 5 Mio. €, Änderung von t2 zu t3: 10 Mio. €, Änderung von t3 zu t4: 30 Mio. €). Wird die Prognose auf Basis der durchschnittlichen Änderungen ((5+10+30)/3 = 15 Mio. €) ermittelt, ergibt sich ein Soll-Objekt in Höhe von 70 Mio. €. Wird bspw. davon ausgegangen, dass die Änderungen in der jüngeren Vergangenheit eine höhere Relevanz in Bezug auf die Prognose haben, wäre zusätz-

lich eine Gewichtung der Änderung denkbar. Beispielsweise könnten die Änderungen mit vom APr. nach eigenem Ermessen ermittelten aufsteigenden Gewichten (Gewichtungsfaktor) berücksichtigt werden:

Vergleichszeitraum	t1 zu t2	t2 zu t3	t3 zu t4
Änderung Umsatz Produkt B	5	10	30
Gewichtungsfaktor	1	2	10
Gewichtete Änderung	5/13	20/13	300/13

In diesem Fall ergäbe sich eine prognostizierte Änderung von t4 zu t5 von 25 Mio. € und damit ein Soll-Objekt in Höhe von 80 Mio. € (prognostizierte Änderung von t4 zu t5: (5+20+300)/13 = 25 Mio. €).

Soweit festgestellte Abweichungen nicht durch eine Änderung der wirtschaftlichen Verhältnisse oder durch eine Umstrukturierung bestimmter betrieblicher Verhältnisse bedingt sind, können sie Hinweise auf Risikobereiche bzw. Mängel der Rechnungslegung geben.

837 Bei der Prüfung mit Hilfe von **Kennzahlen** werden Verhältniszahlen untersucht. Die Verwendung von Verhältniszahlen im Rahmen von analytischen Prüfungshandlungen ist sinnvoller als die Untersuchung von absoluten Zahlen, weil störende Einflüsse auf die Entwicklung der betrachteten Größe auf diese Weise weitgehend eliminierbar sind.

838 Die Kennzahlen lassen sich in Index-, Gliederungs- und Beziehungszahlen unterteilen[839]. **Indexzahlen** geben die zeitliche Veränderung einer Größe im Verhältnis zu einem Basiszeitpunkt bzw. Basiszeitraum an. Im Unterschied zur Trendanalyse handelt es sich bei den Indexzahlen um die Darstellung von relativen Veränderungen. Bei den **Gliederungszahlen** werden Teilgrößen zu Gesamtgrößen in Relation gesetzt, um die Struktur der Gesamtgröße aufzuzeigen. Alle übrigen Kennzahlen, die das innere Verhältnis einzelner Zahlen zueinander beschreiben, werden unter den **Beziehungszahlen** zusammengefasst.

Beispiel 69:

Indexzahlen	• Umsatzindex (Veränderung der Umsatzerlöse) • Beschäftigungsindex (Veränderung der Mitarbeiterzahlen)
Gliederungszahlen	• Fremdkapitalquote (Fremdkapital/Bilanzsumme) • Anlagenintensität (AV/Bilanzsumme)
Beziehungszahlen	• Materialaufwandsquote (Materialaufwand/Umsatz) • Umsatzrendite (Jahresüberschuss/Umsatz) • Abschreibungsquote (Abschreibungen/Umsatz) • Umschlaghäufigkeit der Vorräte (Umsatz/Vorräte)

839 Im Rahmen von Kennzahlenanalysen können unterschiedliche Relationen untersucht werden, wie z.B. zwischen

---

839 Vgl. *Küting/Weber*, Bilanzanalyse[11], S. 52.

a) zwei verschiedenen Abschlussposten,

> **Beispiel 70:**
>
> Untersuchung des Verhältnisses der Umsatzerlöse zu den durchschnittlichen Nettoforderungen i.R.d. Prüfung von Forderungen (Umschlaghäufigkeit der Forderungen)
> oder
> Relation zwischen Materialaufwand und durchschnittlichem Vorratsbestand bei der Prüfung der Vorräte (Umschlaghäufigkeit der Vorräte).

b) einer Art von Geschäftsvorfällen und einem Abschlussposten sowie

Untersuchung des Verhältnisses von Rücksendungen von Waren (Retouren) zum Gesamtumsatz (Retourenquote), wobei steigende Relationen auf Produktmängel hindeuten und sich damit Fragen der Werthaltigkeit der ausgewiesenen Forderungen und Vorräte, des Bestandes der Umsatzerlöse und ggf. der Bildung von Gewährleistungsrückstellungen aufwerfen.

> **Beispiel 71:**
>
> Im Rahmen der Analyse der Verkaufsstatistik eines Online-Versandhandelsunternehmen ist bspw. in Bezug auf einen seit Jahren im Programm befindlichen Artikel ein Anstieg in der Retourenquote gegenüber dem VJ von 15% auf 30% zu beobachten. Im Rahmen von Befragungen stellt sich heraus, dass der Lieferant für diesen Artikel gewechselt wurde und seither immer wieder Qualitätsprobleme auftraten. Die Bewertung der noch auf Lager befindlichen Restbestände des Artikels ist zum Stichtag vor diesem Hintergrund zu überprüfen und die Risikovorsorge für Retouren bereits zum Jahresende ausgelieferter Artikel ist entsprechend zu hinterfragen.

c) Finanz- und Betriebsdaten

> **Beispiel 72:**
>
> Eine Verschlechterung des Verhältnisses der Umsatzerlöse zu verkauften Stückzahlen kann für eine einzelne Produktlinie über einen bestimmten Zeitraum auf sinkende Absatzpreise einzelner Artikel hindeuten. Dies wiederum kann eine Überprüfung der Bewertung der auf Lager befindlichen Artikel dieser Produktlinie erforderlich machen, um sicherzustellen, dass eine verlustfreie Bewertung derselben gewährleistet ist.

Bei Kennzahlenanalysen können einerseits die mittel- und längerfristigen Veränderungen der Kennzahlen eines Unternehmens, andererseits aber auch Kennzahlen vergleichbarer Unternehmen, verschiedener Unternehmenssegmente oder Branchenkennzahlen untersucht werden (sog. **Benchmarking**). Bspw. kann eine Margenanalyse Hinweise auf die Profitabilität von Produkten, die Notwendigkeit der Abwertung von Vorräten bzw. der Bildung von Drohverlustrückstellungen, aber auch Aufschluss auf die korrekte Erfassung von Umsatzerlösen und Materialaufwand geben. Eine Analyse der Kennzahl „durchschnittliches Kundenziel" ermöglicht Aussagen über das Alter der Forderungen am Abschlussstichtag bzw. mögliche Kreditrisiken durch sich verschlechternde Bonität der Kunden. Als Informationsquellen für solche Analysen kommen

Veröffentlichungen über Unternehmen oder Branchen (z.B. öffentliche Statistiken, Branchenberichte der Unternehmensverbände, von Banken und Finanzanalysten veröffentlichte Berichte, Mitteilungen von IHK sowie Unternehmerverbänden und Wirtschaftsvereinigungen, Finanzzeitungen, Internetrecherche) oder auch die Konsultation von Branchenspezialisten innerhalb der WP-Praxis in Frage[840].

841 Die Aussagefähigkeit dieser beiden analytischen Verfahren ist entscheidend von dem inneren Zusammenhang der einzelnen Daten abhängig. Die Jahresabschlussdaten werden überwiegend durch einen Hauptfaktor und verschiedene Nebenfaktoren beeinflusst. Die Ermittlung dieser Faktoren ist eine Voraussetzung für die Anwendung von Vergleichs- und Kennzahlen.

> **Beispiel 73:**
>
> Die Höhe der Umsatzerlöse eines Supermarktes wird bspw. entscheidend durch die Größe der Verkaufsfläche beeinflusst. Dieses Verhältnis wird durch die Kennzahl „Umsatz je Quadratmeter" ausgedrückt. Die Umsatzerlöse werden jedoch durch weitere Faktoren (z.B. Lage des Supermarktes, angebotenes Produktsortiment, Kaufgewohnheiten der Kundschaft usw.) beeinflusst, so dass durch die alleinige Analyse dieser Kennzahl eine verlässliche Beurteilung der Umsatzentwicklung nicht möglich ist.

13.1.4.2 Plausibilitätsprüfungen

842 Plausibilitätsprüfungen dienen dazu, die Daten der Finanzbuchhaltung durch Vergleich mit davon unabhängigen Aufzeichnungen auf ihre inhaltliche Richtigkeit hin zu überprüfen. Ziel dieser Kontrollrechnungen ist es festzustellen, ob die Höhe des Ist-Objektes im Vergleich zur Sollgröße plausibel erscheint[841]. Solche Analysemethoden werden in der Praxis häufig bei der Prüfung der GuV-Posten angewendet.

> **Praxistipp 23:**
>
> In der Prüfungspraxis werden häufig Plausibilisierungen der Umsatzerlöse anhand der verkauften Stückzahlen und der Durchschnittserlöse je Produktgruppe, Plausibilisierungen des Zinsaufwands anhand der jeweiligen Zinssätze und des durchschnittlichen Saldos der Verbindlichkeiten und Plausibilisierungen der Absatzmenge mit der Produktionskapazität und den Lagerabgängen vorgenommen.

843 Die Ergebnisse einer Plausibilitätsprüfung sind nur dann verwertbar, wenn ein richtiges Soll-Objekt entwickelt werden kann. Das verlangt vom APr. ein vertieftes Verständnis der Branche sowie der Betriebs- und Geschäftsabläufe des Mandanten. Dieses Wissen ist erforderlich, um entsprechende Variablen für die Kontrollrechnungen ermitteln zu können. Im Rahmen der risikoorientierten Abschlussprüfung sollten solche Variablen bspw. während der Erlangung eines Verständnisses über die Geschäftstätigkeit sowie das Umfeld des geprüften Unternehmens identifiziert werden. Die spezifischen Branchenkenntnisse des APr. können sowohl aus früheren Prüfungen des Unternehmens oder aus *der Prüfung anderer Unternehmen der gleichen Branche* stammen.

---

840 Vgl. *IDW PS 230*, Tz. 14; *Marten/Quick/Ruhnke*, Wirtschaftsprüfung[5], S. 337.
841 Vgl. *Müller/Kropp*, DB 1992, S. 149 (154).

Das Verfahren soll an folgenden Beispielen verdeutlicht werden: 844

> **Beispiel 74:**
>
> Bei einem Fertigungsbetrieb kann von den zugekauften Rohstoffen und Waren auf die Menge der hergestellten Erzeugnisse geschlossen werden, sofern diese in einem Verhältnis zueinanderstehen.
>
> Die Umsatzerlöse eines Speditionsunternehmens lassen sich anhand von konstanten bzw. nur geringfügig gestiegenen Treibstoffkosten überschlägig plausibilisieren.
>
> Auf der Grundlage von Mitarbeiterzahlen auf Vollzeitbasis, durchschnittlichen Lohn- und Gehaltstarifsteigerungen und durchschnittlichen Arbeitsstunden kann der Personalaufwand geschätzt werden.
>
> Die Temperaturentwicklung kann Aufschluss über die von einem Versorgungsunternehmen abgesetzten Energiemengen liefern.
>
> Die Umsatzerlöse eines Hotels können aus der Belegungsquote des lfd. Jahres und den durchschnittlichen Zimmerpreisen hergeleitet werden.

Bei Plausibilitätsprüfungen ist wie bei Trend- und Kennzahlenanalysen darauf zu achten, aus welchen Quellen die Informationen stammen und welche Unsicherheiten in dem Datenmaterial enthalten sind. Hier kann der APr. zudem Erkenntnisse aus VJ-Vergleichen einfließen lassen. Es muss bei dieser Analysemethode gleichfalls geprüft werden, ob die Relationen zwischen den einzelnen Daten gerechtfertigt sind. Solche Relationen können sich durch außergewöhnliche Ereignisse verändern (z.B. Erweiterung des Produktsortiments, Einführung einer neuen ERP-Software im Rechnungswesen usw.). 845

13.1.5 Anwendungsbereich analytischer Prüfungshandlungen

Der Einsatz analytischer Prüfungshandlungen begleitet den APr. durch den gesamten Prüfungsprozess. Im Sinne einer skalierten und damit stärker an die unternehmensspezifische Situation angepassten Prüfungsplanung[842] kann eine Arbeitserleichterung durch einen erhöhten Einsatz analytischer Prüfungshandlungen erzielt werden. Art und Umfang der Prüfungsdurchführung hängt dabei von der Größe, Komplexität und dem Risiko des Prüfungsgegenstandes ab[843]. 846

13.1.5.1 Prüfungsplanung

Die Prüfungsplanung für die Abschlussprüfung umfasst zunächst die Entwicklung einer Prüfungsstrategie, die Grundlage für die Erstellung des Prüfungsprogramms ist. Dabei hat der APr. Prüfungshandlungen zur Risikobeurteilung durchzuführen, um Anhaltspunkte dafür zu gewinnen, in welchen Prüfungsgebieten mit wesentlichen Unrichtigkeiten oder Verstößen gegen Rechnungslegungsvorschriften zu rechnen ist[844]. In dieser Phase unterstützen analytische Prüfungshandlungen den APr. bei der Erlangung eines Verständnisses der Geschäftstätigkeit des geprüften Unternehmens und der Identifizie- 847

---

842 Vgl. *Marten/Quick/Ruhnke*, Wirtschaftsprüfung⁵, S. 538.
843 Vgl. *WPK*, Vorstand der WPK, Hinweis zur skalierten Prüfungsdurchführung auf Grundlage der ISA, S. 4 (18).
844 Vgl. ISA 300.9(a) i.V.m. ISA 315; *IDW PS 240*, Tz. 11, *IDW PS 240*, Tz. 15; s. auch Kap. L Tz. 475 ff.

rung kritischer Prüfungsgebiete[845]. Mit ihrer Hilfe können ungewöhnliche Geschäftsvorfälle, Ereignisse, Beträge, Verhältniszahlen oder Trends erkannt werden, die Hinweise auf Risiken wesentlicher falscher Angaben in Abschluss und LB geben[846]. Im Unterschied zu den späteren Phasen des Prüfungsverlaufs führen die analytischen Prüfungshandlungen i.R.d. Risikobeurteilung allein zu keiner ausreichenden Prüfungssicherheit in Bezug auf die Erteilung eines BestV[847].

13.1.5.2 Prüfungsdurchführung

848 Im Rahmen der Prüfungsdurchführung tragen aussagebezogene analytische Prüfungshandlungen zur Erlangung verlässlicher Prüfungsnachweise bei. Bei deren Planung und Durchführung muss der APr.[848]

- die **Eignung** bestimmter aussagebezogener analytischer Prüfungshandlungen für gegebene Abschlussaussagen unter Berücksichtigung des Fehlerrisikos und ggf. von Einzelfallprüfungen bestimmen,
- die **Verlässlichkeit der Daten** beurteilen (unter Berücksichtigung von Quellen, Vergleichbarkeit, Art und Relevanz der verfügbaren Informationen sowie der Kontrolle über deren Erstellung),
- eine **Erwartung (Prognosewert)** von den erfassten Beträgen oder Kennzahlen entwickeln und beurteilen, ob diese Erwartung ausreichend genau für die Feststellung einer falschen Darstellung ist, die einzeln oder in Summe mit anderen falschen Darstellungen dazu führen kann, dass der Abschluss wesentlich falsch ist, sowie
- den **Betrag einer akzeptablen Abweichung** zwischen den erfassten und erwarteten Beträgen bestimmen, der ohne weitere Untersuchung vertretbar ist.

849 Der APr. kann durch aussagebezogene analytische Prüfungshandlungen, Einzelfallprüfungen oder durch eine Kombination beider Prüfungshandlungen das Risiko, wesentliche falsche Aussagen im JA und im LB nicht aufzudecken, verringern. Auf der Grundlage von aussagebezogenen analytischen Prüfungshandlungen können ausreichende und angemessene Prüfungsfeststellungen für die abschließende Prüfungsaussage getroffen und der Umfang notwendiger weiterer Einzelfallprüfungen reduziert bzw. Einzelfallprüfungen ganz unterlassen werden[849]. Im letzteren Fall sind jedoch Faktoren, wie das mit dem Abschlussposten verbundene Prüfungsrisiko, dessen Wesentlichkeit und die Genauigkeit des bei der aussagebezogenen analytischen Prüfungshandlung verwendeten Verfahrens, zu berücksichtigen.

> **Beispiel 75:**
> Bei der Prüfung des Postens „Forderungen aus Lieferungen und Leistungen" kann ein Vergleich des Prozentsatzes der Pauschalwertberichtigung auf Forderungen mit den tatsächlichen Forderungsausfällen der Vergangenheit eine ausreichende Prüfungshandlung im Hinblick auf das Prüfungsziel „Bewertung der Forderungen" sein, sofern keine weiteren Risiken zu berücksichtigen sind.

---

845 Vgl. *IDW PS 312*, Tz. 17.
846 Vgl. ISA 315.A14 (rev.).
847 Vgl. ISA 315.5 (rev.).
848 Vgl. ISA 520.5; *IDW PS 312*, Tz. 11, 20 f. u. 24 ff.
849 Vgl. ISA 330.A43; *IDW PS 312*, Tz. 11.

Bei wesentlichen Posten darf der APr. jedoch sein Prüfungsurteil nicht ausschl. auf die Ergebnisse aussagebezogener analytischer Prüfungshandlungen stützen, wobei sich der Begriff der Wesentlichkeit nicht nur auf quantitative, sondern auch auf qualitative Merkmale (Sachverhalte, die auf kritische Prüfungsgebiete hinweisen) bezieht[850]. 850

> **Hinweis 35:**
>
> Sofern der APr. ein Risiko wesentlicher falscher Angaben auf Aussageebene als bedeutsames Risiko eingeschätzt hat und diesem Risiko ausschl. mit aussagebezogenen Prüfungshandlungen begegnet werden soll, so müssen diese Prüfungshandlungen auch Einzelfallprüfungen umfassen[851]. Ausschließlich analytische Prüfungshandlungen sind hierfür nicht ausreichend.

Die GuV ist aufgrund ihres Charakters als Zeitraumrechnung für den Einsatz von aussagebezogenen analytischen Prüfungshandlungen besonders geeignet. Daher ist es zweckmäßig und wirtschaftlich, die mit der Bilanz korrespondierenden Posten der GuV (z.B. Abschreibungen) vorrangig mit Hilfe von aussagebezogenen analytischen Prüfungshandlungen zu prüfen, soweit die entsprechenden Bilanzposten bereits einer Einzelfallprüfung unterzogen worden sind[852]. 851

Der Einsatz von analytischen Prüfungshandlungen kann auch bei der Prüfung des LB sinnvoll sein. Im Rahmen der zukunftsorientierten Prüfung des LB beurteilt der APr. prognostische und wertende Angaben hinsichtlich deren Plausibilität und Übereinstimmung mit den während der Abschlussprüfung gewonnenen Erkenntnissen[853]. 852

> **Beispiel 76:**
>
> Im Rahmen der Beurteilung der den zukunftsorientierten Angaben zugrunde liegenden Annahmen könnte eine Plausibilitätsprüfung dieser Größen auf der Basis von verfügbaren unabhängigen Marktinformationen vorgenommen werden (bspw. Würdigung der Annahmen in Bezug auf die Erwartungen der Faktoreinsatzpreise vor dem Hintergrund der beobachtbaren Rohstoffpreisentwicklung).

Welche Prüfungsmethode (aussagebezogene analytische Prüfungshandlungen, Einzelfallprüfungen) angewandt wird, entscheidet der APr. eigenverantwortlich[854]. Seine Entscheidung richtet sich nach der erwarteten Wirtschaftlichkeit und Wirksamkeit der verfügbaren Prüfungshandlungen. I.d.R. wählt der APr. eine Kombination aus beiden Prüfungshandlungen. 853

Fällt eine aussagebezogene analytische Prüfungshandlung positiv aus, d.h. existieren keine oder nur plausible Abweichungen zwischen dem erwarteten und dem tatsächlichen Ergebnis, so verringert sich der erforderliche Stichprobenumfang der Einzelfallprüfungen. Werden die Abweichungen jedoch als wesentlich angesehen, hat der APr. das Management zu befragen und weitere Prüfungshandlungen durchzuführen. 854

---

850 Vgl. *IDW PS 312*, Tz. 12.
851 Vgl. ISA 330.21; *IDW PS 312*, Tz. 12.
852 Vgl. *Boynton/Johnson*, Modern Auditing⁸, S. 348.
853 Vgl. *IDW PS 350 n.F.*, Tz. 66.
854 Vgl. ISA 330.A43; ISA 520.A4; *IDW PS 312*, Tz. 20.

13.1.5.3 Abschließende Gesamtdurchsicht

855 Analytische Verfahren werden als eine abschließende Prüfungshandlung vorgenommen, um die im Verlauf der Prüfung gezogenen Schlussfolgerungen auf ihre Berechtigung hin zu überprüfen und damit das Gesamturteil über den JA zu erleichtern[855]. Sie bieten eine zusätzliche Sicherheit, dass der JA nicht durch nicht entdeckte Unrichtigkeiten oder Verstöße[856] wesentliche falsche Angaben aufweist. Treten Unplausibilitäten bei dieser abschließenden Prüfungshandlung auf, sind zusätzliche Untersuchungen erforderlich und die Risikobeurteilung ist ggf. zu ändern[857]. Die durchzuführenden analytischen Prüfungshandlungen können denjenigen ähneln, die als Prüfungshandlungen zur Risikobeurteilung angewendet werden könnten[858].

13.1.5.4 Besonderheiten bei der Prüfung von KMU

856 Bei der Auswahl analytischer Prüfungshandlungen berücksichtigt der APr. auch **Größe und Komplexität** des jeweiligen Unternehmens. Bei KMU kommen insb. Kennzahlen- und Abweichungsanalysen, Branchen- und VJ-Vergleiche (z.B. Vergleich des Standes einer Saldenliste zu einem bestimmten Zeitpunkt mit dem Stand einer Saldenliste des VJ) sowie einfache Prognosemodelle in Betracht[859]. Dabei können IT-gestützte Prüfungstechniken analytische Prüfungshandlungen z.B. in den folgenden Bereichen unterstützen[860]:

- bei der Ermittlung und Analyse von Verhältniszahlen und Trends, durch die die Beziehungen von maschinell verfügbaren prüfungsrelevanten Daten eines KMU zu anderen Daten aufgezeigt werden oder
- bei der Ermittlung und Analyse auffälliger Abweichungen durch Vergleich gespeicherter Soll-Werte mit der korrespondierenden Entwicklung von Ist-Daten.

13.1.6 Grenzen und Probleme analytischer Prüfungshandlungen

857 Die Qualität analytischer Prüfungshandlungen hängt entscheidend von der **Zuverlässigkeit** des zur Verfügung gestellten Datenmaterials ab. Es besteht die Gefahr, dass die zu Vergleichszwecken herangezogenen Größen fehlerhaft sind. Gerade manipulierte Daten zeichnen sich häufig dadurch aus, dass die aus ihnen abgeleiteten allgemein üblichen Kenn- und Verhältniszahlen keine Abweichung von der Norm erkennen lassen. Aus diesem Grunde ist der APr. verpflichtet, die Qualität der Daten kritisch zu prüfen. Dabei ist das erforderliche Maß an Verlässlichkeit solcher Daten abhängig von dem Grad an Sicherheit, den der APr. mittels der analytischen Prüfungshandlungen gewinnen will. Wird vom geprüften Unternehmen zusammengestelltes Datenmaterial verwendet, muss sich der APr. davon überzeugen, dass es in sachgerechter Weise erstellt wurde[861].

---

855 Vgl. ISA 520.6; *IDW PS 312*, Tz. 23.
856 Vgl. ISA 240.34; *IDW PS 210*, Tz. 47.
857 Vgl. ISA 520.A18; *IDW PS 312*, Tz. 23.
858 Vgl. Kap. L Tz. 254; Kap. L Tz. 437.
859 Vgl. *IDW PH 9.100.1*, Tz. 71.
860 Vgl. *IDW PH 9.100.1*, Tz. 69; *IDW PS 330*, Tz. 99.
861 Vgl. ISA 520.A12; *IDW PS 312*, Tz. 15.

> **Hinweis 36:**
>
> Die Verwendung von Planungsrechnungen des Mandanten im Rahmen von analytischen Prüfungshandlungen kann zusätzliche Prüfungshandlungen erforderlich machen. Insbesondere ist die Angemessenheit der dieser Planungsrechnung zugrundeliegenden Annahmen zu prüfen.

Wichtig für die Anwendung analytischer Prüfungshandlungen ist, ob die Annahme eines Zusammenhangs zwischen den einzelnen Daten gerechtfertigt ist. Diese Relationen können aber unter Umständen von der Geschäftsleitung beeinflusst sein. Die Beziehungen zwischen den Daten können durch Bilanzierungswahlrechte (z.B. Aktivierungswahlrecht bei selbsterstellen Vermögensgegenständen des AV) oder Ermessensspielräume (z.B. Bewertung von Rückstellungen) verändert werden. Der APr. muss deshalb solche **Zusammenhänge erkennen**, um keine falschen Schlussfolgerungen zu ziehen[862]. Wird bspw. die Abschreibungsmethode von degressiv auf linear geändert, muss der APr. diese Änderung bei der Ermittlung des Erwartungswertes für die Abschreibungen erkennen und berücksichtigen. **858**

Analytische Prüfungshandlungen hängen häufig von verschiedenen Einflussfaktoren ab. Deshalb ist es für die Qualität dieser Analysen entscheidend, wie sorgfältig der APr. die einzelnen **Erwartungsgrößen** untersucht. Häufig sind in den einzelnen Faktoren Unsicherheiten enthalten, die der APr. bei seiner Interpretation berücksichtigen muss und die sich i.d.R. negativ auf die Aussagefähigkeit der analytischen Prüfungshandlung und damit die erzielbare Prüfungssicherheit auswirken. **859**

Ein weiteres Problem liegt in der **Datenstruktur**. Je stärker die Daten aggregiert sind, desto eher besteht die Möglichkeit, dass wesentliche Unrichtigkeiten durch gegenläufige Faktoren ausgeglichen und verdeckt werden. Wenn die Analyse auf aggregierten Zahlen beruht, nimmt die Aussagekraft der Ergebnisse mit der Größe, Diversifizierung und Komplexität des Geschäfts des Mandanten ab. Der APr. sollte daher bei seinen Analysen auf Detailgrößen zurückgreifen. **860**

Die Verwendung von **Vergleichszahlen** eines anderen Unternehmens oder einer bestimmten Branche ist häufig nicht uneingeschränkt möglich, da die Daten ggf. aufgrund von betrieblichen Besonderheiten nicht vergleichbar sind und auch die Heranziehung von Branchenvergleichszahlen häufig problematisch ist, weil sich das Unternehmen von anderen Unternehmen der Branche etwa beim Geschäftsmodell deutlich unterscheidet. **861**

Die Grenzen und Probleme der analytischen Prüfungshandlungen machen deutlich, dass zur abschließenden Beurteilung kritischer Prüfungsgebiete die analytischen Untersuchungen allein nicht ausreichen[863]. I.d.R. werden daher die Systemprüfungen, die analytischen Prüfungshandlungen und die Einzelfallprüfungen miteinander kombiniert, um einen optimalen Wirkungsgrad im Hinblick auf das Prüfungsziel zu erreichen. **862**

---

862 Vgl. ISA 520.A6; *IDW PS 312*, Tz. 14.
863 Vgl. ISA 330.21; *IDW PS 312*, Tz. 12.

13.2 Einzelfallprüfungen[864]

13.2.1 Einführung

863 Auf **Ebene des Abschlusses** oder einzelner **Aussagen** können Risiken wesentlicher falscher Darstellungen entstehen. Von der Unterscheidung, ob es sich um die Ebene des Abschlusses oder einzelner Aussagen handelt, hängt die Reaktion des APr. ab. Auf Risiken auf Aussageebene kann der APr. bspw. durch eine Ausdehnung der Einzelfallprüfungen reagieren. Einzelfallprüfungen sind Prüfungshandlungen auf Basis einzelner Posten oder Geschäftsvorfälle, welche einen Kontensaldo oder eine Abschlussinformation bilden. Einzelfallprüfungen werden hierbei durch einen Soll-Ist-Vergleich von Geschäftsvorfällen und Beständen durchgeführt, die einzelne Angaben in der Rechnungslegung stützen.

864 Durch die Auswahl ausreichender und geeigneter aussagebezogener Prüfungshandlungen kann der APr. auf Fehlerrisiken auf Aussageebene reagieren[865]. Bei der Einschätzung des Fehlerrisikos auf Aussageebene muss der APr. überlegen, welche Fehlermöglichkeiten im Hinblick aus Ansatz, Bewertung und Darstellung der verschiedenen Abschlussbestandteile sowie der dazugehörigen Angaben bestehen[866].

865 Einzelfallprüfungen können zusätzlich zu einer Befragung insb. folgende Arten von Prüfungshandlungen umfassen[867]:

- Einsichtnahme/Inaugenscheinnahme
- Beobachtung
- externe Bestätigung
- Nachrechnen und
- Nachvollziehen.

866 Bei der Planung und Durchführung von Einzelfallprüfungen geht der APr. wie folgt vor:

---

[864] Zur Prüfung der einzelnen Bilanz- und GuV-Posten vgl. *Krommes*, Hdb. JAPr[4], S. 313 ff.; *Selchert*, Jahresabschlussprüfung[2], S. 281 sowie die Einzelbeiträge in HWRP[3] und die dort angegebene Literatur.
[865] Vgl. *F&A zu ISA 315 bzw. IDW PS 261 n.F.*; zu den Reaktionen auf Fehlerrisiken aus Aussageebene vgl. ISA 330.6 ff.
[866] Vgl. *F&A zu ISA 315 bzw. IDW PS 261 n.F.*, zu den Aussagen siehe ISA 315.A124 (rev.); *IDW PS 300 n.F.*, Tz. A8 ff.
[867] Zu den Definitionen vgl. *IDW PS 300 n.F.*, Tz. A13-A23.

Festlegung der Grundgesamtheit	Der APr. definiert die Grundgesamtheit und legt damit die zu testenden Elemente zum Zwecke der Einzelfallprüfung fest. Die Grundgesamtheit umfasst den gesamten Satz der Daten, aus denen die zu testenden Elemente ausgewählt werden. Die exakte Bestimmung dieser Grundgesamtheit ist entscheidend, weil Schlussfolgerungen auf der Grundlage einer repräsentativen Stichprobe im Rahmen von Stichprobenverfahren nicht über die Grundgesamtheit ausgedehnt werden können, aus der die Stichprobe ausgewählt wurde. Beispiel: Die erfassten Vorräte setzen sich aus RHB, unfertigen Erzeugnissen und aus fertigen Erzeugnissen zusammen. Sofern die Grundgesamtheit, die für die Stichprobenauswahl herangezogen wird, nur die Fertigerzeugnisse umfasst, können keine Schlussfolgerungen auf die RHB sowie unfertigen Erzeugnissen gezogen werden
Definition einer falschen Darstellung	Typische Gründe für eine falsche Darstellung können sein: • zeitliche Abweichungen, z.B. falsche Periodenerfassung von Geschäftsvorfällen • Abweichungen in der Klassifizierung, z.B. Aktivierung von Instandhaltungsaufwendungen, und • betragsmäßige Abweichungen, z.B. fehlerhafte Erfassung des Rechnungsbetrages bei Rechnungen. Es gibt auch Fälle, in denen keine falsche Darstellung vorliegt: a) Zum Zwecke der Prüfung des Bestehens von Forderungen aus Lieferung und Leistung führt der APr. eine Saldenbestätigung durch. Hat der Kunde die Forderung des Unternehmers bereits beglichen, wird er dem APr. bestätigen, dass keine Forderung (mehr) besteht. Die Abweichung zwischen dem offenen Forderungssaldo des Unternehmens zum Zeitpunkt der Saldenbestätigung und dem bestätigten Nullsaldo des Kunden ist keine falsche Darstellung. b) Ebenso beeinflusst eine falsche Zuordnung von Zahlungen zwischen Kundenkonten nicht den Gesamtsaldo der Forderungen. Daher ist es möglicherweise nicht angemessen, dies bei der Auswertung der Ergebnisse für diese betreffende Prüfungshandlung als falsche Darstellung anzusehen, auch wenn es möglicherweise bedeutende Auswirkungen auf andere Bereiche der Prüfung hat (z.B. die Beurteilung des Fraud Risk oder der Angemessenheit der Wertberichtigung zu zweifelhaften Forderungen).

Bestimmung der Auswahlmethode der zu prüfenden Elemente	Zur Auswahl der Prüfelemente bestehen die folgenden Möglichkeiten: • Auswahl aller Elemente, • Auswahl bestimmter Elemente und • repräsentative Auswahl durch den Einsatz von z.B. eines Monetary Unit Sampling (MUS) oder einer anderen Stichprobentechnik. Ebenso ist eine Kombination von diesen Auswahlmethoden möglich.

867   Im Rahmen einer **risikoorientierten Abschlussprüfung** wird der JA in den Gesamtzusammenhang mit dem Unternehmen und seinem Umfeld gestellt. Den im Hinblick auf die Jahresabschlussposten durchgeführten Prüfungshandlungen liegt ein generelles Verständnis des Umfeldes und der Geschäftstätigkeit des geprüften Unternehmens sowie eine Beurteilung der Geschäftsrisiken zugrunde[868]. Die dabei identifizierten Kontrollen führen bei ihrer Wirksamkeit zu einer Einschränkung des Umfangs der noch erforderlichen aussagebezogenen Prüfungshandlungen (analytische Prüfungshandlungen und Einzelfallprüfungen)[869]. Einzelfallprüfungen werden insb. für solche Prüfungsziele durchgeführt, bei denen die Prüfung von internen Kontrollen und aussagebezogene analytische Prüfungshandlungen nicht zu ausreichenden Prüfungsnachweisen führen. Einzelfallprüfungen müssen nicht durchgeführt werden, sofern andere Prüfungshandlungen (Funktionsprüfungen und/oder aussagebezogene analytische Prüfungshandlungen) zu ausreichenden und angemessenen Prüfungsnachweisen führen, die begründete Schlussfolgerungen (Prüfungsfeststellungen) zur Bildung des Prüfungsurteils erlauben. Die im Folgenden dargestellten Prüfungshandlungen sind daher im Rahmen eines risikoorientierten Prüfungsansatzes als eine Auswahl ggf. in Frage kommender Einzelfallprüfungen anzusehen.

868   Hinsichtlich der Prüfung von KA wird auf Kap. L Tz. 1261 ff. verwiesen. Die Ausführungen zu den Einzelfallprüfungen beziehen sich im Wesentlichen auf einen handelsrechtlichen JA; die Prüfungshandlungen für andere Rechnungslegungsnormen sind analog zu sehen.

13.2.2 Prüfung der Gliederungsgrundsätze

869   Bei der Beurteilung der von **KapGes.** und **Personenhandelsgesellschaften i.S.v. § 264a HGB** angewendeten Gliederung sind vom APr., unbeschadet der speziellen Anforderungen für den zutreffenden Ausweis von Einzelposten, folgende allgemeinen Überlegungen anzustellen (§ 265 HGB):

- Wurde die im VJ gewählte Gliederung der Bilanz und der GuV im abgelaufenen GJ beibehalten? Soweit von der Gliederung des VJ abgewichen wurde, war dies aufgrund besonderer Umstände gerechtfertigt? Wurde die Abweichung im Anh. angegeben und begründet?
- Wird zu jedem Posten der Bilanz und der GuV der entsprechende Betrag des vorhergehenden GJ angegeben? Stimmt dieser mit dem entsprechenden Betrag des VJ-Ab-

---

868   Vgl. allg. Kap. L Tz. 175 ff.
869   Vgl. Kap. L Tz. 807.

schlusses überein? Soweit die Vergleichbarkeit aufgrund besonderer Vorgänge (Ausweis- oder Bewertungsänderungen, Änderungen der Berichtsperiode, Ausgliederung von Teilbetrieben etc.) beeinträchtigt ist, wurde dies im Anhang angegeben und erläutert? Wenn die Beeinträchtigung der Vergleichbarkeit durch Anpassung der VJ-Zahlen beseitigt wurde, ist deren Ermittlung durch Einsichtnahme in die entsprechenden Überleitungsrechnungen des Unternehmens zu überprüfen. Auch in diesem Fall ist darauf zu achten, ob die erforderliche Angabe und Erläuterung im Anh. erfolgt ist.
- Soweit ein Vermögensgegenstand oder eine Schuld unter mehrere Bilanzposten fällt, wurde die Mitzugehörigkeit bei dem entsprechenden Posten vermerkt bzw. im Anh. angegeben?
- Sind mehrere Geschäftszweige vorhanden und bedingt dies die Gliederung des JA nach verschiedenen Gliederungsvorschriften? Wurde in diesem Fall der JA nach der für einen Geschäftszweig vorgeschriebenen Gliederung aufgestellt und nach der für den anderen Geschäftszweig vorgeschriebenen Gliederung ergänzt? Wurde die Ergänzung im Anh. angegeben und begründet?
- Wurde bei einer weitergehenden Untergliederung von Posten das vorgeschriebene Gliederungsschema beachtet und wurden neue Posten nur dann hinzugefügt, wenn ihr Inhalt nicht von vorgeschriebenen Posten gedeckt wird?
- Soweit Gliederung und/oder Bezeichnung von mit arabischen Zahlen versehenen Posten der Bilanz und GuV geändert wurden, war dies wegen der Besonderheiten der Gesellschaft zur Aufstellung eines klaren und übersichtlichen JA erforderlich?
- Sind bei einer Zusammenfassung der mit arabischen Zahlen versehenen Posten die gesetzlichen Voraussetzungen (nicht wesentliche Beträge oder Vergrößerung der Klarheit der Darstellung) erfüllt und sind – im letztgenannten Fall – die zusammengefassten Posten im Anhang zutreffend ausgewiesen worden? Es muss dann ein entsprechendes Verweissystem (Fußnoten oder eine sonstige systematische Ordnung) vorhanden sein, aus dem sich ohne Schwierigkeiten ein Bezug zwischen Bilanzposten und entsprechenden Aufgliederungen im Anh. herstellen lässt. Anderenfalls ist das für die Zulässigkeit der Zusammenfassung maßgebliche Kriterium der Verbesserung der Darstellung nicht erfüllt.

870 Während § 265 HGB Grundsätze für die Gliederung des JA von **KapGes.** und **Personenhandelsgesellschaften i.S.v. § 264a HGB** normiert, enthalten die für alle **Kaufleute** geltenden Vorschriften diesbezüglich keine detaillierten Regelungen. Der APr. hat sich deshalb bei der Prüfung des JA von **Nicht-KapGes.**, die auch nicht unter § 264a HGB fallen, davon zu überzeugen, dass die im Einzelfall gewählte Gliederung unter Berücksichtigung von Art und Umfang des Geschäftsbetriebs sachgerecht ist.

871 Soweit das Unternehmen von dem Wahlrecht Gebrauch macht, Posten der GuV zusammenzufassen, hat sich der APr. überdies davon zu überzeugen, dass die für die entsprechenden Postengruppen gewählten Bezeichnungen sinnvoll und eindeutig sind. Hierbei ist für Kleinkapitalgesellschaften insb. § 275 Abs 5 HGB und für kleine und mittelgroße Kapitalgesellschaften § 276 HGB zu berücksichtigen.

13.2.3 Prüfung der Bilanz

13.2.3.1 Grundsätzliches zur Prüfungstechnik bei der Prüfung der Bilanz

872 Der APr. muss Prüfungsfeststellungen zu folgenden in der Rechnungslegung enthaltenen Aussagen treffen:
- Aussagen zu Arten von Geschäftsvorfällen und Ereignissen für den zu prüfenden Zeitraum:
  - **Eintritt**: Erfasste Geschäftsvorfälle und Ereignisse haben stattgefunden und sind dem Unternehmen zuzurechnen.
  - **Vollständigkeit**: Alle Geschäftsvorfälle und Ereignisse, die erfasst werden mussten, wurden aufgezeichnet.
  - **Genauigkeit**: Beträge und andere Daten zu aufgezeichneten Geschäftsvorfällen und Ereignissen wurden angemessen erfasst.
  - **Periodenabgrenzung**: Geschäftsvorfälle und Ereignisse wurden in der richtigen Berichtsperiode erfasst.
  - **Kontenzuordnung**: Geschäftsvorfälle und Ereignisse wurden auf den richtigen Konten erfasst.
- Aussagen zu Kontensalden am Abschlussstichtag:
  - **Vorhandensein**: Vermögensgegenstände und Schulden sowie das Eigenkapital sind vorhanden.
  - **Rechte und Verpflichtungen**: Das Unternehmen hält die Rechte an den Vermögensgegenständen bzw. hat die Kontrolle darüber, Schulden stellen Verpflichtungen des Unternehmens dar.
  - **Vollständigkeit**: Alle Vermögensgegenstände und Schulden und EK-Posten, die zu erfassen sind, wurden erfasst.
  - **Bewertung und Zuordnung**: Vermögensgegenstände, Schulden und EK-Posten sind mit angemessenen Beträgen im Abschluss enthalten, Anpassungen bei Bewertungen oder Zuordnungen wurden in angemessener Weise erfasst.
- Aussagen zur Darstellung im Abschluss und zu den Abschlussangaben:
  - **Eintritt sowie Rechte und Verpflichtungen**: Im Abschluss angegebene Ereignisse, Geschäftsvorfälle und andere Sachverhalte haben stattgefunden und sind dem Unternehmen zuzurechnen.
  - **Vollständigkeit**: Alle Angaben, die im Abschluss enthalten sein müssen, sind enthalten.
  - **Ausweis und Verständlichkeit**: Finanzinformationen sind in angemessener Weise dargestellt und erläutert, die Angaben sind deutlich formuliert.
  - **Genauigkeit und Bewertung**: Finanzinformationen und andere Informationen sind angemessen und mit zutreffenden Beträgen angegeben.

Der APr. kann auch bestimmte Aussagen kombinieren.

13.2.3.2 Prüfung der immateriellen Vermögensgegenstände

873 Die Prüfung beginnt mit einer Abstimmung des Vortrags mit dem Endbestand der letzten Schlussbilanz. Ist der mengenmäßige Umfang der immateriellen Vermögensgegenstände wesentlich, so sollte der APr. sich eine Aufstellung über die Zusammensetzung des Bestandes zum Stichtag geben lassen, aus der die Art des Vermögensgegenstandes, die Kennzeichnung des Rechts, seine zeitliche und regionale Gültigkeit sowie

seine wirtschaftliche Bedeutung ersichtlich sind. Als Unterlagen für das tatsächliche Vorhandensein der Rechte kommen Eintragungen bei öffentlichen Stellen (z.B. Patentregister und Patentnummern) und original unterschriebene privatrechtliche Verträge (z.B. Konzessions- und Lizenzverträge) in Frage. Bei **Geschäfts- oder Firmenwerten** wird sich der APr. in erster Linie auf Kaufverträge, Bewertungsgutachten[870], JA o.ä. Unterlagen stützen. Bei Anzahlungen dienen als Unterlagen i.d.R. Vertragsunterlagen sowie die entsprechenden Belege und Finanzkonten. Bei Erstprüfungen sind diese Nachweise für den gesamten Bestand zu erbringen; bei Wiederholungsprüfungen kann sich der Nachweis auf die Zu- und Abgänge beschränken. Auch ist zu beurteilen ob weitere Fachkenntnisse relevant sind und die Arbeit eines für den APr. tätigen Sachverständigen notwendig ist[871].

Die Schwerpunkte der Prüfung liegen i.d.R. in folgenden Bereichen: **874**

- Abgrenzung von Anschaffung (Ansatzgebot nach HGB bzw. IFRS) und Herstellung (handelsrechtliches Ansatzwahlrecht)
- Erfüllung der Ansatzkriterien selbst geschaffener immaterieller Vermögensgegenstände
- Bewertung immaterieller Vermögensgegenstände.

Bei der Abgrenzung von Anschaffung und Herstellung ist insb. die Beurteilung der Übernahme des Herstellungsrisikos maßgeblich[872]. Zur Prüfung dieser Abgrenzung sind Vertragsunterlagen einzusehen und in Zweifelsfragen Stellungnahmen des Managements anzufordern. Bei komplexen Verträgen sind ggf. rechtliche Experten hinzuzuziehen. **875**

Die Erfüllung der Ansatzkriterien selbst geschaffener immaterieller Vermögensgegenstände des AV ist durch das Management zu dokumentieren[873]. Diese Dokumentation sollte insb. umfassen: **876**

- allgemeine Unternehmens- oder produktspezifische Ansatzregeln:
  - vom Unternehmen definierte Kriterien für den Übergang von der Forschungs- in die Entwicklungsphase
  - vom Unternehmen definierte Kriterien für den Eintritt einer hohen Wahrscheinlichkeit für das Entstehen eines immateriellen Vermögensgegenstandes und dessen Einzelveräußerbarkeit
- Dokumentation zum jeweiligen Forschungs- oder Entwicklungsprojekt:
  - Gründe für die zu erwartende Einzelverwertbarkeit
  - Eintrittszeitpunkt der hohen Wahrscheinlichkeit für das Entstehen eines immateriellen Vermögensgegenstandes
  - Zeitpunkt des Übergangs aus der Forschungs- in die Entwicklungsphase.

Die Prüfung der **Bewertung** zielt i.R.d. Zugangsbewertung auf den Umfang der AHK nach § 255 Abs. 1-2a HGB und i.R.d. Folgebewertung insb. auf planmäßige sowie außerplanmäßige Abschreibungen nach den allgemeinen Vorschriften des § 253 HGB. Bei **877**

---

870 Zu den Anforderungen an die Verwertung der Arbeit von Sachverständigen vgl. Kap. L Tz. 463 ff.
871 Vgl. dazu *IDW PS 322 n.F.*
872 Vgl. *IDW RS HFA 11 n.F.*
873 Für Zwecke der Abschlussprüfung ist eine Dokumentation erforderlich, aus der sich entnehmen lässt, aus welchen Gründen von der künftigen Entstehung eines selbst geschaffenen immateriellen Vermögensgegenstandes ausgegangen wird; vgl. Begr. RegE BilMoG, BT-Drs. 16/10067, S. 70.

der Zugangsbewertung sind auch Anschaffungsnebenkosten bzw. eine sachgerechte Zuordnung der HK zu den Projekten zu prüfen. Neben Bilanzierungsrichtlinien des Unternehmens kommen für die Prüfung vor allem Auswertungen aus dem Kostenrechnungssystem bzw. dem Projektcontrolling, Prognosen für die voraussichtliche Nutzungsdauer und Cashflow- oder Ertragswertermittlungen in Betracht. Wird eine mehrjährige Nutzungsdauer (Zeitraum) für einen entgeltlich erworbenen Geschäfts- oder Firmenwert angesetzt, ist die erforderliche Anhangangabe gem. § 285 Nr. 13 HGB durch den APr. zu prüfen. Anhaltspunkte dafür können sein: Art und voraussichtliche Bestandsdauer, Stabilität und Bestandsdauer der Branche, Lebenszyklus der Produkte etc. Bestehende Schätzunsicherheiten sind nach dem allgemeinen Vorsichtsprinzip bei der Bemessung der Abschreibungen zu berücksichtigen[874]. Eine Wertaufholung von in VJ außerplanmäßig abgeschriebenen Geschäfts- oder Firmenwerten ist gem. § 253 Abs. 4 HGB nicht zulässig.

878 Grundsätzlich sind die Ansatz- und Bewertungsmethoden stetig beizubehalten (§§ 246 Abs. 3, 252 HGB). Das gilt auch für die Ansatzkriterien selbst geschaffener immaterieller Vermögensgegenstände. Im Hinblick auf die Berichterstattung über Abweichungen von Bilanzierungs- und Bewertungsmethoden im Anh. (§ 284 Abs. 2 Nr. 3 HGB) muss der APr. feststellen, ob die Aktivierungs- und Abschreibungsmethoden gegenüber dem VJ geändert worden sind.

879 In Höhe der Beträge aus der Aktivierung selbst geschaffener immaterieller Vermögensgegenstände abzüglich der zu bildenden passiven latenten Steuern (§ 274 Abs. 1 HGB) ist die **Ausschüttungssperre** gem. § 268 Abs. 8 HGB und ggf. die Abführungssperre gem. § 301 AktG zu berücksichtigen. Für Kommanditgesellschaften ist eine Regelung zur Außenhaftung des Kommanditisten vorgesehen (§ 172 Abs. 4 S. 3 HGB). Zusätzlich sind ergänzende Erläuterungen zu selbst geschaffenen immateriellen Vermögensgegenständen und Forschungs- und Entwicklungsaufwendungen im Anh. nach § 285 Nr. 22 HGB zu prüfen. Bezüglich der Prüfung des Abgangs von immateriellen Vermögensgegenständen wird auf die Ausführungen zum Abgang von Sachanlagen verwiesen.

13.2.3.3 Prüfung der Sachanlagen

a) Prüfung der Bestandsführung[875]

880 Der Bestand des in der Bilanz auszuweisenden AV wird durch Fortschreibung ermittelt, die vom Anfangsbestand ausgeht und die Zu- und Abgänge, die Zu- und Abschreibungen auf die einzelnen Anlagegegenstände sowie die Umbuchungen berücksichtigt. Die sich aus § 240 HGB ergebende Aufzeichnungspflicht kann grundsätzlich als erfüllt angesehen werden, wenn der Wertansatz des einzelnen Anlagegegenstands aus den Aufzeichnungen festgestellt werden kann (Anlagenbuchhaltung). Eine jährliche Kontrolle durch Vergleich mit den Ist-Beständen ist nicht erforderlich, wenn das Investitionsmanagement (z.B. Bedarfsermittlung, Genehmigungsverfahren, Beschaffungsvorgang, Regelungen für Zu-/Abgangsmeldungen etc.) ordnungsgemäß geregelt ist. Ist die erforderliche Bestandszuverlässigkeit der Anlagekartei nicht gegeben, so ist eine jährliche Bestandsaufnahme notwendig.

---

874 Vgl. *Schubert/Andrejewski*, in: BeBiKo[11], § 253, Rn. 673; zur Prüfung von geschätzten Werten vgl. ISA 540, *IDW PS 314 n.F.* und Kap. L Tz. 1099 ff.
875 Vgl. *IDW St/HFA 1/1990*, Abschn. A II.

Aus der Anlagenbuchhaltung muss mindestens ersichtlich sein[876] 881
- die genaue Bezeichnung des Gegenstands,
- der Tag der Anschaffung oder Herstellung des Gegenstands,
- die Höhe der AHK,
- die Abschreibungsmethode und die Nutzungsdauer,
- der Bilanzwert am Abschlussstichtag,
- der Tag des Abgangs und
- Zuschreibungen und außerplanmäßige Abschreibungen.

b) Prüfung der AHK

Die Prüfung der AHK gem. Anlagespiegel/Anlagengitter beschränkt sich i.d.R. auf eine **rechnerische Abstimmung** mit dem entsprechenden Betrag des VJ zzgl./abzgl. im GJ eingetretener Veränderungen aufgrund von Zugängen, Abgängen und Umbuchungen. 882

c) Prüfung der Zugänge

Grundstücke

Bei der Prüfung der Zugänge von **Grundstücken** sollte sich der APr. – zumindest für die wesentlichen Zugänge – zum Nachweis des tatsächlichen Vorhandenseins die Grundbuchauszüge vorlegen lassen, da für die Feststellung der Rechtsverhältnisse an Grundstücken der Inhalt des **Grundbuchs** von wesentlicher Bedeutung ist. Das Grundbuch gibt Auskunft nicht nur über den Eigentümer, sondern auch über das Bestehen und den Inhalt anderer dinglicher Rechte, etwa Hypotheken und Grundschulden. Häufig wird zur näheren Bezeichnung des Inhalts des Rechts auf die Eintragungsbewilligung (§ 874 BGB) Bezug genommen, so dass diese dann zur Ergänzung herangezogen werden muss. Jede rechtsgeschäftliche Veränderung bei Grundstücksrechten bedarf zu ihrer Wirksamkeit grundsätzlich der Eintragung in das Grundbuch. Da für den Bilanzierungszeitpunkt von Grundstücken der wirtschaftliche Eigentumsübergang maßgeblich ist, ist die Einsichtnahme in das Grundbuch zu ergänzen durch die Einsichtnahme in die notariell beurkundeten Kaufverträge, in denen der wirtschaftliche Eigentumsübergang festgehalten ist. 883

Für die Feststellung der **tatsächlichen Rechtsverhältnisse** ist ferner zu berücksichtigen, dass außerhalb des Grundbuchs Rechtsänderungen eingetreten sein können, die kraft Gesetzes auch ohne Eintragung wirksam werden (z.B. Erwerb kraft Gesetzes durch Erbfolge nach § 1922 BGB oder Nacherbfolge nach § 2139 BGB, andere Fälle der Gesamtrechtsnachfolge wie Verschmelzung und Umwandlung von KapGes. oder Änderung der persönlichen Beteiligung an Gesamthandsverhältnissen, bspw. durch Eintritt oder Austritt von Gesellschaftern einer Personenhandelsgesellschaft). Zwar können auch solche Vorgänge durch Berichtigung des Grundbuchs berücksichtigt werden (§ 894 BGB), wegen des fehlenden Berichtigungszwangs und der von der Eintragung unabhängigen Wirksamkeit wird dies jedoch häufig nicht der Fall sein. Das Grundbuch vermittelt daher nicht immer ein vollständiges Bild der Vermögenslage. 884

Zur Prüfung der Frage, inwieweit der **Wert** eines Grundstücks durch Baulasten beeinflusst ist, kann es insb. bei Erstprüfungen ratsam sein, einen Auszug aus dem Baulastenverzeichnis anzufordern[877]. Das Baulastenverzeichnis enthält öffentlich-rechtliche 885

---

876   Vgl. *IDW St/HFA 1/1990*, Abschn. A II.b).
877   Vgl. *Metzger/Neubacher*, BB 1995, S. 867.

Verpflichtungen eines Grundstückeigentümers ggü. der Baubehörde (z.B. Zufahrtsbaulast, Abstandsflächenbaulast). Das Verzeichnis wird bei der zuständigen Baubehörde geführt. Rechtsgrundlage sind die jeweiligen Bauordnungen (LBO) der Bundesländer.

Andere Gegenstände des Sachanlagevermögens

886 Von der tatsächlichen **Anlieferung** der Gegenstände muss sich der APr. – i.d.R. in Stichproben – meist anhand der Lieferscheine und Wareneingangsmeldungen überzeugen. Dabei empfiehlt es sich, gleichzeitig das Eingangsdatum der angelieferten Gegenstände mit zu prüfen, da davon die Höhe der Abschreibungen im Jahr der Anschaffung maßgeblich beeinflusst wird. Die Angaben des Lieferscheins sind mit den Eintragungen in der Anlagendatei zu vergleichen. Dabei überzeugt sich der APr. gleichzeitig davon, ob der Zugang entsprechend seiner Art und seinem Verwendungszweck unter dem dafür im Gliederungsschema der Bilanz vorgesehenen Posten ausgewiesen ist. Bei selbst erstellten Anlagen oder größeren Anlagenzugängen, die ggf. größere Montagearbeiten erfordern, ist der Termin der Fertigstellung gesondert zu prüfen.

887 Unterlagen für die Prüfung der **Anschaffungskosten (AK)** sind bei erworbenen Gegenständen die Eingangsrechnungen. Der APr. sollte dabei darauf achten, dass sämtliche Anschaffungsnebenkosten, wie zum Beispiel Versand- oder Frachtkosten, aktiviert sind. Grundlage für die Prüfung der **Herstellungskosten (HK)** selbst erstellter Anlagen sind die Kalkulationsunterlagen des Unternehmens. Die Berücksichtigung von Investitionszulagen bzw. -zuschüssen ist anhand der entsprechenden Investitionsbescheide bzw. Anträge sowie der Zahlungseingänge zu würdigen. Bei geringwertigen Anlagegütern muss sich der APr. anhand der Eingangsrechnungen davon überzeugen, ob die Voraussetzungen für die Klassifizierung in diese Anlageart gegeben sind.

888 Für die Bilanzierung von Vermögensgegenständen kommt es auf das **wirtschaftliche Eigentum** bzw. die wirtschaftliche Zurechnung gem. § 246 Abs. 1 HGB an. Der APr. hat i.d.R. anhand von Vertragsunterlagen zu beurteilen, ob die Kriterien für das wirtschaftliche Eigentum erfüllt sind. Es ist derjenige als wirtschaftlicher Eigentümer anzusehen, dem dauerhaft, also für die wirtschaftliche Nutzungsdauer, Besitz, Gefahr, Nutzungen und Lasten zustehen und der über das Verwertungsrecht verfügt sowie die Chancen und Risiken von Wertveränderungen innehat[878].

889 Die Zugänge während des GJ laut Anlagendatei sind mit den Zugängen auf den Hauptbuchkonten und in der Bilanz abzustimmen.

890 Schwerpunkt bei der Prüfung der **geleisteten Anzahlungen** auf Sachanlagen ist die Feststellung, ob sie zutreffend von den Anzahlungen auf immaterielle Vermögensgegenstände und den Anzahlungen auf Vorräte abgegrenzt wurden. Unterlagen für die Prüfung der zugrunde liegenden Geschäfte und besonders ihrer Abwicklung sind die Verträge über die Leistung und Verrechnung der Anzahlungen. Weitere Einblicke kann eine Durchsicht der Korrespondenz geben. Ggf. muss der APr. feststellen, ob und inwieweit der Ausweis der Anzahlung noch gerechtfertigt bzw. eine Verrechnung mit der Rechnung des Lieferanten inzwischen notwendig geworden ist, da der angezahlte Gegenstand inzwischen geliefert wurde. Bestehen Zweifel daran, ob der Empfänger der Anzahlung die zugesagte Leistung erbringen kann, so muss eine Werthaltigkeitsprüfung vorgenommen werden.

---

878 Vgl. *Kühne/Melcher*, DB 2009, Beil. 5, S. 15; *IDW ERS HFA 13 n.F.*; ADS[6], § 246, Tz. 263 m.w.N.

d) Prüfung der Abgänge

Der Abgang von Anlagegegenständen, die verkauft oder verschrottet werden, wird durch besondere Belege nachgewiesen, welche die Funktion der **Versandanzeige** bei regulären Warenverkäufen haben. Wesentliche Abgänge sind daher mit Verkaufsrechnungen, Lieferscheinen, Verträgen, Abgangsmeldungen, Verschrottungsanzeigen etc. abzustimmen. 891

Durch einen Vergleich der Restbuchwerte mit den Verkaufserlösen wird gleichzeitig die zutreffende Erfassung der Buchgewinne/-verluste unter den Posten „Sonstige betriebliche Erträge" bzw. „Sonstige betriebliche Aufwendungen" in der GuV geprüft. 892

Beim Verkauf von Anlagegegenständen an Betriebsangehörige besteht das Risiko eines nicht angemessenen **Verkaufserlöses**. Das trifft insb. dann zu, wenn der Verkaufserlös den Restbuchwert unterschreitet. In derartigen Fällen sollte sich der APr. davon überzeugen, dass der Verkauf durch eine vorgesetzte Stelle genehmigt worden ist. Die Abgänge laut Anlagendatei sind mit den Abgängen, die im Hauptbuch und in der Bilanz ausgewiesen werden, abzustimmen. 893

e) Prüfung der Zuschreibungen

Es ist zu prüfen, ob bei allen Anlagegegenständen, bei denen eine Zuschreibungspflicht besteht (vgl. § 253 Abs. 5 HGB), Zuschreibungen tatsächlich vorgenommen worden sind. Der APr. muss daher regelmäßig prüfen, ob die Gründe, die in VJ zu außerplanmäßigen Abschreibungen geführt haben, noch bestehen. Das Unternehmen sollte daher Gegenstände, auf die in VJ außerplanmäßige Abschreibungen vorgenommen wurden, in der Anlagendatei bzw. -buchführung kennzeichnen und die Gründe für die seinerzeitige Abschreibung in den Buchungsbelegen oder sonstigen Aufzeichnungen festhalten. Die Summe der einzelnen Zuschreibungsbeträge laut Anlagendatei ist mit den Hauptbuchkonten und dem Anlagespiegel abzustimmen. 894

f) Prüfung der Abschreibungen

Bei der Prüfung der **planmäßigen Abschreibungen** hat der APr. ein besonderes Augenmerk auf das Vorliegen eines Abschreibungsplans zu richten. Ein Vermerk der angewandten Abschreibungsmethoden in den Arbeitspapieren erleichtert dem APr. die spätere Prüfung der Berichterstattung gem. § 284 Abs. 2 Nr. 1 HGB zu den angewandten Bilanzierungs- und Bewertungsmethoden. 895

Die Prüfung der Abschreibungen geht von der Anlagendatei und einer i.d.R. vorhandenen Abschreibungsliste aus. Die Richtigkeit der Abschreibungsgrundlage ist i.d.R. im Jahr des Zugangs zu prüfen[879]. Bei komponentenweiser planmäßiger Abschreibung von Sachanlagen hat der APr. zu prüfen, ob die Komponenten physisch separierbar sind (entsprechend können bspw. Großreparaturen keine Komponente sein)[880]. Eine erneute Prüfung ist dann nur bei Werterhöhungen durch Erweiterungen des Anlagegegenstandes, bei werterhöhenden Reparaturen oder Zuschreibungen oder bei außergewöhnlichen Wertminderungen durch Teilabgang oder außerplanmäßige Abschreibungen notwendig. Der APr. muss sich ferner ein Urteil über die Angemessenheit der 896

---

879 Vgl. Kap. L Tz. 894.
880 Vgl. *IDW RH HFA 1.016*.

geplanten Abschreibungsdauer bilden[881]. Im Einzelfall kann eine Hinzuziehung technischer Sachverständiger erforderlich sein[882].

897 Bei der Prüfung der Abschreibungen ist auch auf Änderungen des Abschreibungsplans zu achten. Planänderungen sind zu dokumentieren und ggf. bei der Prüfung der Anhangangaben gem. § 284 Abs. 2 Nr. 3 HGB zu berücksichtigen.

898 Der APr. sollte sich durch Betriebsbesichtigungen oder durch Befragungen einen Eindruck darüber verschaffen, welche Anlagen infolge technischer Mängel, wirtschaftlicher Überholung oder bevorstehender Änderungen im Fertigungsverfahren und Fertigungsprogramm nicht mehr vollumfänglich oder demnächst nicht mehr verwendet werden, so dass ggf. **außerplanmäßige Abschreibungen** vorzunehmen sind[883]. Bei der Prüfung der außerplanmäßigen Abschreibungen hat der APr. die Zulässigkeit sowie **Angemessenheit** zu beurteilen. Die Prüfung ist darauf auszurichten, dass beim AV keine unzulässigen stillen Reserven gebildet wurden, aber auch keine Überbewertung vorliegt. Dabei verdient die Angemessenheit des Wertansatzes von Festwerten (vgl. § 240 Abs. 3 HGB) besondere Beachtung. Ggf. kann es erforderlich sein, dass der APr. ohne Rücksicht auf die Höhe des Festwerts die Werte der Anlagen statistisch ermittelt. Liegt der errechnete Gesamtwert wesentlich unter dem Festwert, so wird eine außerplanmäßige Abschreibung des Festwerts notwendig sein. Der APr. sollte sich gleichzeitig vom Vorliegen der gesetzlichen Voraussetzungen für den Ansatz des Festwertes überzeugen.

13.2.3.4 Prüfung der Finanzanlagen

a) Prüfung der Anteile an verbundenen Unternehmen

899 Der APr. hat sich eine Liste der verbundenen Unternehmen vorlegen zu lassen. Zur Prüfung der **Vollständigkeit** wird der APr. einerseits auf an anderer Stelle i.R.d. Prüfung gewonnene Erkenntnisse zurückgreifen (etwa aus der Durchsicht von Verträgen oder Protokollen) und andererseits sich die Vollständigkeit von den gesetzlichen Vertretern in der VollstE bestätigen lassen. Dabei kommt es nicht darauf an, ob die Unternehmen in den KA einbezogen werden. Der Nachweis sämtlicher Unternehmen, mit denen eine Unternehmensverbindung i.S.v. § 271 Abs. 2 HGB besteht, kann von einem Unternehmen, das nicht selbst als oberstes MU an der Spitze eines Konzerns steht, häufig nicht selbst erbracht werden. Zweckmäßigerweise sollte deshalb ein Verzeichnis vorliegen, das von dem obersten MU aufgestellt und allen betroffenen Unternehmen zur Verfügung gestellt wurde.

> **Praxistipp 24:**
>
> In der Praxis sind i.d.R. Übersichten der verbundenen Unternehmen in den Anweisungen des KAPr. an die APr. der Teileinheiten (sog. Audit Instructions) enthalten.

900 Der APr. kann die erforderlichen Aufklärungen und Nachweise auch unmittelbar von dem MU verlangen (§ 320 Abs. 2 S.3 HGB). Das Verzeichnis sollte für alle verbundenen Unternehmen Angaben über die Rechtsform, die Höhe der Beteiligung (prozentual und nominal), die AK und den Buchwert zum Abschlussstichtag enthalten. Die Angaben

---

881 Vgl. auch ISA 540; *IDW PS 314 n.F.*
882 Zur Verwertung der Arbeit von Sachverständigen vgl. Kap. L Tz. 463 ff.
883 Vgl. auch ISA 540; *IDW PS 314 n.F.*

dieses Verzeichnisses sind mit internen oder externen Unterlagen (z.B. HR-Auszüge, Gesellschaftsverträge, Kaufverträge, PrB über die Beteiligungsunternehmen) abzustimmen. Bei Folgeprüfungen kann sich der Bestandsnachweis auf die Zu- und Abgänge im GJ beschränken. Die Prüfung der Vollständigkeit der Zu- und Abgänge kann für den APr. u.U. problematisch sein. Wichtige Aufschlüsse können bspw. die Durchsicht von Protokollen über Vorstandssitzungen, AR-Sitzungen oder Gesellschafterversammlungen, Befragungen von Mitarbeitern der Rechtsabteilung, aber auch die Prüfung der korrespondierenden GuV-Posten liefern.

Sind die Anteile verbrieft, so werden sie, insb. soweit es sich um börsengängige Wertpapiere handelt, gewöhnlich von KI verwahrt, deren Depotauszüge als Bestandsnachweis gelten. Verwahrt die Gesellschaft ihre Wertpapiere selbst, so ist der Wertpapierbestand ähnlich wie der Kassenbestand aufzunehmen[884]. Gleiches gilt für die Beteiligungen und die anderen Wertpapiere des AV, wobei darauf zu achten ist, dass Zins- und Erneuerungsscheine vollständig vorhanden sind. Bei größeren Wertpapierbeständen empfiehlt sich eine Prüfung des Bestandes in der Vorprüfung. Für die Prüfung am Abschlussstichtag brauchen dann nur noch die Veränderungen geprüft zu werden. 901

Die Prüfung der **Bewertung** der Anteile erfolgt – soweit es sich nicht um börsennotierte Wertpapiere handelt – anhand von vorgelegten JA dieser Unternehmen und entsprechenden PrB, von Auskünften der APr. von TU, von Ertragswertberechnungen[885], z.B. DCF-Verfahren, Finanzplänen, Planzahlen oder anderen Nachweisen für die zukünftige Entwicklung oder von Protokollen über Vorstandssitzungen, AR-Sitzungen oder Gesellschafterversammlungen, sowie durch Auskünfte der geprüften Gesellschaft. Bei Unternehmensbewertungen sind ggf. Sachverständige hinzuzuziehen. Ergeben sich aus diesen Unterlagen und den erteilten Auskünften keine Anhaltspunkte für eine nachhaltige Wertminderung, so bestehen gegen die Weiterführung der AK oder der niedrigeren Buchwerte keine Bedenken. Hat der APr. dagegen Zweifel an der Angemessenheit des Wertansatzes für ein verbundenes Unternehmen, so muss er die Situation mit der Gesellschaft diskutieren und ggf. auf eine außerplanmäßige Abschreibung drängen. Liegt aus Sicht des Unternehmens lediglich eine vorübergehende Wertminderung vor, dann muss der APr. die Vertretbarkeit dieser Annahme sowie die erforderliche Anhangangabe gem. § 285 Nr. 18 HGB prüfen. Wie bei den immateriellen Vermögensgegenständen und den Gegenständen des Sachanlagevermögens ist auch bei der Bewertung der Finanzanlagen ein besonderes Risiko von **Verstößen** (z.B. beabsichtigte Überbewertung von Anteilen an verbundenen Unternehmen) zu berücksichtigen. Hat die Gesellschaft eine außerplanmäßige Abschreibung vorgenommen, so muss sie dem APr. die Gründe und die Angemessenheit darlegen. Als Nachweise kommen z.B. Gutachten von Sachverständigen in Betracht[886]. 902

Bestehen die Anteile aus börsennotierten Wertpapieren, so können – wie auch bei den anderen Wertpapieren des AV – die amtl. Kurse am Abschlussstichtag sowie deren Entwicklung bis zum Prüfungsstichtag gewisse Anhaltspunkte für mögliche oder notwendige außerplanmäßige Abschreibungen geben. 903

---

884 Vgl. Kap. L Tz. 978.
885 Dabei ist *IDW RS HFA 10* zu berücksichtigen.
886 Zur Verwertung der Arbeit von Sachverständigen vgl. Kap. L Tz. 463 ff.

904 Im Zusammenhang mit der Prüfung der Anteile an verbundenen Unternehmen, Beteiligungen und anderen Wertpapiere des AV wird der APr. gleichzeitig die entsprechenden Posten der GuV untersuchen. Hierzu gehören die Erträge aus Beteiligungen, Erträge aus Gewinngemeinschaften, GAV und Teil-GAV, die Erträge aus anderen Wertpapieren und Ausleihungen des Finanzanlagevermögens, die sonstigen betrieblichen Aufwendungen und Erträge, die Abschreibungen auf Finanzanlagen sowie die Aufwendungen aus Verlustübernahme. Dazu sind u.a. Gesellschafterbeschlüsse und Unternehmensverträge einzusehen.

905 Dabei sollte sich der APr. gleichzeitig davon überzeugen, dass die **Erträge aus Anteilen an verbundenen Unternehmen** jeweils gesondert ausgewiesen werden und dass die Erträge oder Verluste aus dem Abgang von Gegenständen des Finanzanlagevermögens zutreffend unter den Posten „Sonstige betriebliche Erträge" bzw. „Sonstige betriebliche Aufwendungen" erfasst wurden.

906 Bei der Prüfung der Anteile an verbundenen Unternehmen sollte der APr. sich gleichzeitig einen umfassenden Überblick über die **Art der Unternehmensverbindung** und die sich daraus für die Rechnungslegung ergebenden Konsequenzen verschaffen. Dabei ist zu beachten, dass die materiellen Inhalte des Begriffs verbundene Unternehmen nach § 271 Abs. 2 HGB und § 15 AktG nicht deckungsgleich sind und dass sich daraus unterschiedliche Konsequenzen ergeben, z.B. MU, TU und assoziierte Unternehmen nach HGB (KA) oder herrschende und abhängige Unternehmen sowie Bestandteile eines Unternehmensvertrages gem. AktG (Abhängigkeitsbericht, Gewinnabführung, Verlustübernahme, Ausgleichszahlung)[887]. Es empfiehlt sich, in diesem Zusammenhang auch die Konsequenzen zu prüfen, die sich aus der Qualifizierung eines Unternehmens als verbundenes Unternehmen für Sonderausweise in der Bilanz (z.B. Ausleihungen, Forderungen, Verbindlichkeiten, Wertpapiere) und GuV (z.B. Erträge aus Beteiligungen und anderen Wertpapieren, Zinsaufwendungen, Zinserträge) sowie für Zusatzangaben im Anh. (z.B. sonstige finanzielle Verpflichtungen, wechselseitige Beteiligung) ergeben. Der APr. hat bzgl. des richtigen Ausweises die Abgrenzung zu den Posten „Beteiligungen" und „Wertpapiere des AV" zu prüfen[888].

b) Prüfung der Beteiligungen

907 Für die Prüfung der Beteiligungen gelten die vorstehend für die Prüfung der Anteile an verbundenen Unternehmen aufgestellten Grundsätze entsprechend.

c) Prüfung der Ausleihungen

908 Die Ausleihungen müssen – wie andere Forderungen – durch eine Saldenliste nachgewiesen werden. Der APr. sollte sich zur Prüfung der **Werthaltigkeit** neben einer Analyse der Bonität der Schuldner zusätzlich von der Sicherung der Ausleihungen überzeugen. Unterlagen dafür sind u.a. Grundbuchauszüge neuesten Datums, notarielle Urkunden, Hypotheken- und Grundschuldbriefe sowie Darlehensverträge. Eine Einsichtnahme in die Darlehensverträge ist schon deswegen erforderlich, weil aus ihnen die Zins- und Tilgungsbedingungen ersichtlich sind, anhand derer die im Abschluss erfassten Zins- und Tilgungsleistungen zu prüfen sind. In einer geordneten Darlehensübersicht sind die notwendigen Daten zur Überwachung der Forderungen – insb. Sicherheiten, Ver-

---

[887] Vgl. *Grottel/Kreher*, in: BeBiKo[11], § 271, Rn. 2.
[888] Vgl. *Selchert*, Jahresabschlussprüfung[2], S. 346.

zinsung und Rückzahlungsbedingungen – enthalten. Der APr. sollte die richtige Übernahme dieser Angaben aus den Darlehensverträgen für wesentliche Neuzugänge lückenlos prüfen. Ferner sind nachträgliche Änderungen sowie Abweichungen zwischen den vertraglichen Vereinbarungen und der tatsächlichen Abwicklung zu prüfen.

Bei Ausleihungen an nahe stehende Personen[889] und Organmitglieder ist zu prüfen, ob die Ausleihungen zu marktüblichen Konditionen vergeben wurden und planmäßig getilgt werden, sowie, ob die gesellschaftsrechtlichen und/oder satzungsmäßigen Vorschriften eingehalten werden. Werden Ausleihungen an Mitarbeiter vergeben, muss sich der APr. auch davon überzeugen, ob entsprechende Genehmigungen vorliegen.

Die richtige Buchung der Eingänge von Tilgungen und Zinsen ist stichprobenweise zu überprüfen. Bei Darlehen an Betriebsangehörige ist häufig eine Aufrechnung dieser Beträge mit Lohn- und Gehaltsforderungen vereinbart, deren tatsächliche Umsetzung dann zu überprüfen ist. **909**

Hinsichtlich des **Ausweises** hat sich der APr. davon zu überzeugen, dass die Zuordnung der Ausleihungen zum AV aufgrund ihrer Zweckbestimmung sachgerecht ist. Außerdem ist zu prüfen, ob der gesonderte Ausweis der Ausleihungen an verbundene Unternehmen sowie an Unternehmen, mit denen ein Beteiligungsverhältnis besteht, beachtet wurde. **910**

d) Prüfung der Wertpapiere des AV

Für die Prüfung der Wertpapiere des AV gelten im Wesentlichen die gleichen Grundsätze wie für die Wertpapiere des Umlaufvermögens, so dass auf die dortigen Ausführungen verwiesen werden kann[890]. Für zu den Finanzanlagen gehörende Finanzinstrumente ist die Anhangangabe des § 285 Nr. 18 HGB zu prüfen. **911**

13.2.3.5 Prüfung der Vorräte

a) Prüfung der Roh-, Hilfs- und Betriebsstoffe

Wenn die Vorratsbestände wesentlich für den JA sind, muss der APr. die Vorratsinventur prüfen, um sich vom tatsächlichen **Vorhandensein**, der **Vollständigkeit** und der **Genauigkeit** der im JA ausgewiesenen Vorräte zu überzeugen[891]. Die Prüfung der Roh-, Hilfs- und Betriebsstoffe ist eine Prüfung des Mengen- und des Preisgerüsts. **912**

Die Prüfung der Vorratsinventur ist sorgfältig zu planen. Sie umfasst zunächst Aufbau- und Funktionsprüfung des vorratsbezogenen IKS sowie analytische Prüfungshandlungen. Analysen können sich bspw. auf Gewicht, Volumen oder Wert der Gegenstände beziehen. In Abhängigkeit von den dabei gewonnenen Prüfungsfeststellungen wird der erforderliche Umfang an Einzelfallprüfungen festgelegt. Einzelfallprüfungen können bspw. die Überprüfung der vollständigen und ordnungsgemäßen Eintragung der Ergebnisse der Bestandsaufnahme in die Aufnahmeformulare, die Inaugenscheinnahme der in den Inventuraufzeichnungen aufgeführten Ist-Bestände oder die Überprüfung der körperlichen Bestandsaufnahme in Stichproben sein. **913**

Sind die Vorräte des Unternehmens von wesentlicher Bedeutung, muss der APr. bei der körperlichen Bestandsaufnahme anwesend sein und i.R.d. Prüfung des IKS die Ange- **914**

---

889 Vgl. dazu Kap. L Tz. 1082 ff.
890 Vgl. Kap. L Tz. 969 ff.
891 Vgl. ISA 501; *IDW PS 301*, Tz. 1.

messenheit (Aufbauprüfung) und die Wirksamkeit (Funktionsprüfung) der angewandten Inventurverfahren prüfen sowie aussagebezogene Prüfungshandlungen durchführen[892]. Bei der Prüfung des vorratsbezogenen IKS muss sich der APr. auf der Grundlage der **Inventurrichtlinien** des Unternehmens von der Einhaltung der Inventurgrundsätze (Vollständigkeit und Richtigkeit der Bestandsaufnahme, Einzelerfassung der Bestände und Nachprüfbarkeit der Bestandsaufnahme)[893] überzeugen und die sachgerechte Umsetzung der Inventurrichtlinien prüfen. Zusätzlich muss er aussagebezogene Prüfungshandlungen hinsichtlich der Menge und der Beschaffenheit der Vorräte durchführen (Inaugenscheinnahme der in den Inventuraufzeichnungen aufgeführten Ist-Bestände sowie Nachprüfung des Ergebnisses der körperlichen Bestandsaufnahme durch Stichprobenzählungen).

> **Beispiel 77:**
>
> Beispiel eines Inhaltsverzeichnisses einer Inventurrichtlinie:
> 1. Zweck/Zielsetzung
> 2. Geltungsbereich
> 3. Begriffe
> 4. Verantwortlichkeiten
> 5. Ablaufbeschreibung/Systematik
>   5.1 Allgemeines
>   5.2 Besonderheiten bei der Inventur
>   5.3 Arbeiten im Vorwege der Inventur
>   5.4 Inventurablauf
>   5.5 Zählanweisung
>   5.6 Zählteam
>   5.7 Zähllisten
>   5.8 Außenläger
>   5.9 Buchung und Steuerung
>   5.10 Dokumentation und Analyse
> 6. Anlagen

Bezüglich der Prüfung bei besonderen Inventurverfahren, insb. der **permanenten Inventur** und der **automatisierten Inventur** wird auf die Ausführungen von *IDW PS 301*, Tz. 24 ff. verwiesen.

915 Die Inventur dient in erster Linie der Feststellung des Mengengerüstes der Vorräte. Werterhebliche Merkmale der Bestände werden i.R.d. Inventur lediglich aufgenommen, die Bewertung selbst erfolgt in einem nachgelagerten Schritt. Insofern zielt die Inventurbeobachtung vorrangig auf **Vollständigkeit**, **Vorhandensein** und **Genauigkeit** der Vorräte.

916 Der APr. muss bei der Prüfung der Inventur außerdem folgende Punkte besonders beachten:

---

892 Vgl. ISA 501.4; *IDW PS 301*, Tz. 7.
893 Vgl. *IDW St/HFA 1/1990*, Abschn. B.

Für die Bestandsaufnahme gilt der Grundsatz der **wirtschaftlichen Zugehörigkeit**. Unter Eigentumsvorbehalt gelieferte und sicherungsübereignete Waren sind folglich mit in das Inventar aufzunehmen. Bestände in Konsignations- und sonstigen Außenlägern müssen ebenfalls aufgenommen werden. Andererseits dürfen Fremdbestände, wie z.B. Kommissionswaren, nicht inventarisiert werden; sie sollten aber unter besonderer Kennzeichnung mit aufgenommen werden, damit Bestätigungsanfragen der Eigentümer aufgrund des Ergebnisses der Aufnahme beantwortet werden können.

Von Dritten verwahrte Vermögensgegenstände müssen, sofern sie nicht durch das Unternehmen selbst körperlich aufgenommen worden sind, durch Bestätigungen der Verwahrer nachgewiesen werden[894]. Eine Einholung dieser Bestätigungen auf vom Abschlussstichtag abweichende Stichtage ist vertretbar, wenn das innerbetriebliche Rechnungswesen eine ordnungsmäßige Fortschreibung bzw. Rückrechnung der Bestände auf den Abschlussstichtag und eine ordnungsmäßige Bewertung sicherstellt. Ggf. muss der APr. – unabhängig von den Bestätigungen der Verwahrer – zusätzliche Feststellungen (Inaugenscheinnahme, Auskünfte usw.) selbst treffen oder durch andere Berufsangehörige treffen lassen.

Besondere Aufmerksamkeit hat der APr. – auch im Hinblick auf mögliche **Verstöße** – der Periodengleichheit der Erfassung der Vorräte sowie der Forderungen und Verbindlichkeiten zu schenken. Eine fehlerhafte **Periodenabgrenzung** hat zur Folge, dass das Jahresergebnis falsch ausgewiesen wird und darüber hinaus ggf. Forderungen und Verbindlichkeiten unvollständig erfasst sind. Diese Gefahr ist umso größer, je dezentralisierter Lagerbuchhaltung, Ein- und Verkauf sowie Buchhaltung sind.

Die Prüfung der **Periodenabgrenzung (Cut-off-Prüfung)** erfolgt durch Abstimmung der Wareneingangs- bzw. -ausgangsscheine sowie der Lieferscheine mit den entsprechenden Ein- bzw. Ausgangsrechnungen. Zur Prüfung herangezogen werden sollten jeweils die letzten Lieferscheine und Rechnungen vor dem Inventurstichtag sowie die ersten Lieferscheine und Rechnungen nach dem Inventurstichtag. Es empfiehlt sich jedoch, die Prüfung nicht nur auf den letzten Tag vor und nach dem Inventurstichtag zu beschränken, sondern einen Zeitraum von mehreren Wochen um den Bilanzstichtag in die Betrachtung mit einzubeziehen, da Lieferung und Rechnungsstellung in der Praxis zeitlich nicht unwesentlich auseinanderfallen können. In dem ausgewählten Zeitraum sollten insb. größere Warenein- und -ausgänge auf die richtige Abgrenzung hin untersucht werden.

Zur Prüfung der periodengleichen Erfassung der Vorräte und Forderungen (Verkaufsprozess) sollte der APr. zum einen von den Rechnungen ausgehen und in Stichproben eine Abstimmung mit den zugehörigen Lieferscheinen vornehmen, zum anderen sollte er eine Stichprobe bei den Warenausgangsmeldungen ziehen und mit den entsprechenden Rechnungen vergleichen. Durch Abstimmung der letzten vor dem Stichtag erstellten Rechnungen mit den Lieferscheinen wird festgestellt, ob der Warenausgang ebenfalls vor dem Stichtag erfolgt ist, oder ob eine Vorfakturierung und somit eine Doppelerfassung von Vermögensgegenständen vorgenommen wurde. Auch die Durchsicht der ersten Warenausgangsmeldungen nach dem Stichtag und ein anschließender Abgleich mit den zugehörigen Rechnungen dient der Aufdeckung von Doppelerfassungen. Die nicht vollständige Erfassung der Vermögensgegenstände kann festge-

---

894 Vgl. ISA 501.8; *IDW PS 301*, Tz. 32; *IDW PS 302 n.F.*, Tz. 19.

stellt werden, indem der APr. die letzten Warenausgangsmeldungen vor dem Stichtag mit den Rechnungen abstimmt bzw. ausgehend von den ersten Rechnungen nach dem Stichtag das Datum der Warenausgänge überprüft. Wegen des Risikos von **Verstößen** empfiehlt sich auch die Einholung von zusätzlichen Prüfungsnachweisen aus unternehmensexternen Quellen, wie z.B. Versandnachweise, Lieferbestätigungen, Kundenbestellungen, Empfangsbestätigungen für erhaltene Waren etc.

921 Bei der Prüfung der periodengleichen Erfassung der Vorräte und Verbindlichkeiten (Einkaufsprozess) ist entsprechend vorzugehen.

922 Die Prüfungshandlungen sind zum Inventurstichtag durchzuführen. Im Falle der Stichtagsinventur ergeben sich keine weiteren Erfordernisse. Bei vor- oder nachverlegten Inventuren wird i.d.R. – insb. abhängig von der Einschätzung des Fehlerrisikos – die Notwendigkeit einer Cut-off-Prüfung zum Abschlussstichtag geboten sein.

923 Als **Stichtagsinventur** gilt auch die auf einige Tage[895] vor oder nach dem Abschlussstichtag ausgeweitete Bestandsaufnahme. Für etwaige Bestandsveränderungen zwischen Aufnahmetag und Abschlussstichtag, die sich in überschaubaren Grenzen halten müssen, ist ein eindeutiger Buch- oder Belegnachweis erforderlich, den der APr. zumindest stichprobenweise nachvollziehen muss. Durch Fortschreibung bzw. Rückrechnung wird der Stichtagswert des Vorratsvermögens ermittelt.

924 Bei **vor- oder nachverleger Stichtagsinventur** (§ 241 Abs. 3 HGB) kann die Prüfung sich nicht auf die Bestandsaufnahme selbst beschränken. Der APr. muss zusätzlich die Zulässigkeit dieses Verfahrens im speziellen Falle sowie die Ordnungsmäßigkeit der Wertfortschreibung bzw. -rückrechnung beurteilen[896].

925 Für die Bestandsaufnahme selbst, insb. hinsichtlich der Anwesenheit des APr. bei der Aufnahme, gelten die zur Inventur am Abschlussstichtag entwickelten Grundsätze.

926 Wenn Vorräte durch **permanente Inventur** erfasst werden, muss sich der APr. davon überzeugen, dass die Voraussetzungen für die Anwendung der permanenten Inventur gegeben sind und die Grundsätze ihrer Durchführung beachtet werden[897]. Neben der Prüfung, ob diese Voraussetzungen erfüllt sind, hat der APr. insb. die Ordnungsmäßigkeit der jeweiligen Lager- und Bestandsbuchführung festzustellen. Außerdem muss der APr. bei den mindestens einmal im Jahr erforderlichen Bestandsaufnahmen der Ist-Bestände zeitweise anwesend sein und die Inventuraufnahmen anhand von Kontrollzählungen prüfen[898].

927 Bei der sog. **Einlagerungsinventur** im Rahmen vollautomatischer Lagersysteme ist bei der Prüfung der Voraussetzungen insb. die Wirksamkeit der Prozesskontrollen (z.B. automatisierte Kontrollen, die Ein- und Auslagerungen nur bei gleichzeitiger Erfassung der körperlichen Bewegungen in der Bestandsfortschreibung zulassen, Ausschluss von Zugriffsmöglichkeiten zwischen Lagereingang und Lagerplatz) zu berücksichtigen[899]. Die Prüfung der **systemgestützten Werkstattinventur** richtet sich v.a. darauf, ob das

---

[895] Vgl. ADS⁶, § 240, Tz. 38.
[896] Vgl. ISA 501.5, *IDW PS 301*, Tz. 25; *IDW St/HFA 1/1990*, Abschn. C. II.
[897] Vgl. *IDW PS 301*, Tz. 26; *IDW St/HFA 1/1990*, Abschn. C. III.
[898] Vgl. *IDW PS 301*, Tz. 26.
[899] Vgl. *IDW PS 301*, Tz. 27; *IDW St/HFA 1/1990*, Abschn. D. II.

zugrunde liegende Produktionsplanungs- und Steuerungssystem den Bestand zuverlässig darstellt und die erforderlichen Inventurdaten zur Verfügung stellen kann[900].

Nimmt das Unternehmen bei der Inventur die Vorratsgegenstände **stichprobenweise**[901] auf, kann der APr. sämtliche oder nur ein Teil der Stichproben prüfen. Im letztgenannten Fall zieht er eine Unterstichprobe und schließt aus ihr auf die Genauigkeit des Ergebnisses der Unternehmensinventur. Voraussetzung für die wirksame materielle Prüfung einer vom Unternehmen durchgeführten Inventur mit Hilfe von Stichproben ist die Überprüfung von Planung, Vorbereitung, Durchführung und Auswertung der Inventurstichproben durch den APr. einschl. der Prüfung der Überleitung zum Bilanzansatz[902]. Besonderes Augenmerk hat der APr. dabei auf die Zuverlässigkeit der Bestandsführung und des IKS, die Beurteilung der Angemessenheit und Richtigkeit des Stichprobenverfahrens und die sachliche und rechnerische Prüfung der Auswertung der Stichprobenaufnahme zu richten[903].

928

Eine andere Prüfungstechnik ist erforderlich, wenn zwischen Bestandsaufnahme und Prüfungsstichtag einige Wochen oder Monate liegen und sich die Bestände inzwischen mehr oder weniger stark verändert haben. In diesem Falle kann sich der APr. nur noch **retrograd** anhand der verwendeten Inventuranweisungen ein Urteil über die Ordnungsmäßigkeit der Bestandsaufnahme bilden. Werden sämtliche Bewegungen der Vorräte in einer Lagerbuchführung erfasst, so kann der APr. durch eine körperliche Aufnahme des Bestandes am Prüfungsstichtag sowie Addition der Abgänge und Subtraktion der Zugänge retrograd die Richtigkeit der Aufnahme am Abschlussstichtag feststellen. Der Aussagewert dieser Rückrechnung wird jedoch umso problematischer, je länger der Zeitraum zwischen Bestandsaufnahme und Prüfung ist. Ist eine Inventurbeobachtung nicht möglich (z.B. weil die Erteilung des Prüfungsauftrags erst nach der Durchführung der Inventur erfolgt), sind alternative Prüfungshandlungen, wie z.B. der Nachweis eines späteren Verkaufs von vor dem Inventurstichtag erworbenen Vorräten, durchzuführen[904]. Sind alternative Prüfungshandlungen nicht möglich, liegt ein Prüfungshemmnis vor[905].

929

Im Hinblick auf Risiken von **Verstößen** im Vorratsbereich kommen folgende Prüfungshandlungen in Betracht[906]:

930

- Durchsicht der Bestandsaufzeichnungen, um bestimmte Lagerorte oder Posten festzustellen, die bei oder nach der körperlichen Bestandsaufnahme besonders beachtet werden sollten
- unangemeldete Inventurbeobachtungen an bestimmten Standorten (Überraschungselement) oder zeitgleiche Durchführung von Inventurbeobachtungen an allen Standorten

---

900 Vgl. *IDW PS 301*, Tz. 28; *IDW St/HFA 1/1990*, Abschn. D. III.
901 Vgl. *IDW St/HFA 1/1981 i.d.F. 1990*; *IDW St/HFA 1/1990*.
902 Vgl. *Elmendorff*, S. 57; vgl. u.a. *Scherrer/Obermeier*; *v. Wysocki*, WPg 1980, S. 28; *Köhle/Sturm*, WPg 1980, S. 126; *de Vries*, DB 1981, S. 1245; *Uhlig*, WPg 1981, S. 461; *Köhle/Sturm*, WPg 1983, S. 369; *Ibert*, WPg 1986, S. 467.
903 Vgl. *IDW PS 301*, Tz. 29.
904 Vgl. ISA 501.7; *IDW PS 301*, Tz. 21.
905 Vgl. ISA 501.7; *IDW PS 301*, Tz. 23.
906 Vgl. ISA 240, Anhang 2; *IDW PS 210*, Tz. 42 ff.

- zusätzliche Prüfungshandlungen während der Inventurbeobachtung, z.B. genauere Prüfung von Verpackungsinhalten, der Verfahrensweise bei der Stapelung (z.B. im Hinblick auf leere Zwischenräume) oder der Etikettierung sowie der Qualität flüssiger Substanzen (z.B. Parfüm, Spezialchemikalien)[907]
- Verwendung von IT-gestützten Prüfungstechniken zur weiteren Prüfung der körperlichen Bestandsaufnahmen (z.B. Sortierung nach laufender Artikelnummer zur Überprüfung der Möglichkeit der Nichterfassung oder doppelten Zählung von Artikeln)[908].

931 Von der Ordnungsmäßigkeit der **Bewertung** der Roh-, Hilfs- und Betriebsstoffe muss sich der APr. in Stichproben überzeugen. In jedem Falle sollte er sich mit den Bewertungsrichtlinien des Unternehmens befassen, die den Mitarbeitern, die die Bewertung durchführen, ausgehändigt worden sind, und sich durch Gespräche mit ihnen davon vergewissern, dass sie die erhaltenen Richtlinien auch zu handhaben wissen. Ferner sollte sich der APr. bei der Auswahl seiner Stichproben von der Größenordnung der Einzelposten und ihrer Bedeutung für den JA leiten lassen. Eine lückenlose Prüfung bestimmter Bereiche kann für die Beurteilung der Zuverlässigkeit der Bewertung angebracht sein, etwa bei Vermögensgegenständen, deren Wert beträchtlichen Ermessensspielräumen unterliegt.

932 Unterlagen für die Prüfung der Bewertung werden i.d.R. Eingangsrechnungen, Preislisten, Auftragsbestätigungen und dergleichen sein. Zumindest bei hochwertigen oder für die Branche bedeutenden Materialien, von denen bekannt ist, dass sie starken Preisschwankungen unterliegen (z.B. NE-Metalle, Kautschuk, Baumwolle, Hopfen), wird der APr. sich, soweit ihm nicht die Preisentwicklung durch regelmäßige Prüfungen auch in anderen Unternehmen der gleichen Branche geläufig ist, durch Informationen von Dritten (z.B. Produktbörsen, Branchenverbänden, IHK) von der Angemessenheit des Wertansatzes überzeugen müssen. Erfasst das Unternehmen die Einstandspreise der Zukäufe, lassen sich durch einen Zeitvergleich der Einstandspreise häufig gewisse Preisentwicklungstendenzen erkennen.

933 Soweit wie möglich sollte der APr. die eingesetzten Werte mit den VJ-Inventurwerten vergleichen. Weitere Anhaltspunkte für eingehendere Prüfungen kann bei der Prüfung mehrerer gleichartiger Zweigniederlassungen die Gegenüberstellung der Preise für gleiche Materialien bieten, die von den einzelnen Niederlassungen eingesetzt werden.

934 Schwierig ist die Beurteilung der Angemessenheit der **Wertabschläge**, die bei nicht mehr uneingeschränkt verwertbaren Materialien wegen Überalterung oder sonstigen Wertminderungen vorzunehmen sind[909]. Sind dazu produktionstechnische Kenntnisse erforderlich, wird der APr. im Wesentlichen auf Auskünfte von Fachleuten innerhalb oder außerhalb des Unternehmens zurückgreifen müssen. Dabei ist es wichtig, die allgemeine Vorgehensweise des Unternehmens bei der Bilanzierung und Bewertung zu kennen.

935 Bei Anwendung der **Gruppenbewertung** (§ 240 Abs. 4 HGB) ist zu prüfen, ob die verwendeten Durchschnitts- oder Festpreise richtig errechnet sind und ob die summarische

---

907 Dabei kann die Hinzuziehung eines Sachverständigen hilfreich sein. Zur Verwertung der Arbeit von Sachverständigen vgl. Kap. L Tz. 463 ff.
908 Vgl. Kap. L Tz. 643.
909 Vgl. dazu auch *IDW PS 314 n.F.*

Bewertung zu einem den gesetzlichen Vorschriften entsprechenden Wertansatz geführt hat.

Für die **Festbewertung** (§ 240 Abs. 3 HGB) gilt das für das AV Gesagte[910] analog. Im Bereich der Roh-, Hilfs- und Betriebsstoffe findet diese Bewertungsmethode nur bei solchen Beständen Anwendung, die weitgehend Anlagencharakter haben. 936

Wendet das Unternehmen ein zulässiges **Bewertungsvereinfachungsverfahren** nach § 256 HGB an (Fifo- oder Lifo-Verfahren), so hat sich der APr. davon zu überzeugen, dass dessen Voraussetzungen vorliegen. Dabei hat er die Übereinstimmung des angewandten Verfahrens mit den GoB zu prüfen. Diese ist bspw. dann nicht gegeben, wenn die Bewertungsmethode wegen der Eigenart des Betriebsablaufs in keinem Fall dem tatsächlichen Verbrauch entsprechen kann oder unterschiedliche Bewertungsmethoden ohne sachliche Begründung bei einzelnen Gruppen gleichartiger Gegenstände angewendet worden sind[911]. 937

Sowohl bei Gruppenbewertung als auch bei Bewertungsvereinfachungsverfahren nach § 256 HGB hat sich der APr. davon zu überzeugen, dass die im Anh. nach § 284 Abs. 2 Nr. 4 HGB anzugebenden Unterschiedsbeträge im Rahmen einer Vergleichsrechnung zutreffend ermittelt wurden. Dabei kann er sich zur Prüfung der zugrunde gelegten letzten zum Abschlussstichtag bekannten Börsen- oder Marktpreise auf die gleichen Unterlagen stützen, die er bereits bei der Prüfung der Bewertung herangezogen hat. 938

Anhand der Bestandskonten lässt sich auch der Verbrauch der einzelnen Roh-, Hilfs- und Betriebsstoffe nach folgender Formel feststellen: 939

	Anfangsbestand
+	Zugänge im GJ
./.	Endbestand
=	Verbrauch im GJ

Der errechnete Betrag muss sich mit dem Wert decken, der bei Anwendung des GKV als Aufwand für Roh-, Hilfs- und Betriebsstoffe in der GuV ausgewiesen ist. Wenn keine Lagerbuchführung besteht, ist die dargestellte Art der Verbrauchserfassung die einzig mögliche. Der APr. muss sich darüber im Klaren sein, dass der so ermittelte Materialeinsatz nicht nur den bestimmungsgemäßen Verbrauch, sondern auch sämtliche anderen Mengen- und Bewertungsdifferenzen enthält. 940

b) Prüfung der unfertigen Erzeugnisse und Leistungen, der fertigen Erzeugnisse sowie der Waren

Für die Prüfung des **Vorhandenseins**, der **Vollständigkeit** und der **Genauigkeit** der unfertigen Erzeugnisse und Leistungen, der fertigen Erzeugnisse sowie der Waren gelten die gleichen Grundsätze wie die für die Prüfung der Roh-, Hilfs- und Betriebsstoffe. Bei unfertigen Erzeugnissen kann jedoch die Schätzung des Fertigungsgrades, der für die Bewertung bedeutsam ist, zusätzliche Schwierigkeiten bereiten. 941

I.d.R. wird der APr. bei **Einzelfertigung** nach der Prüfung des IKS in Stichproben die ordnungsmäßige Erfassung und Verrechnung der Einzelkosten prüfen. Als Unterlagen 942

---

910 Vgl. Kap. L Tz. 880.
911 Vgl. *Selchert*, Jahresabschlussprüfung², S. 434; s. a. *Grottel/F. Huber*, in: BeBiKo¹¹, § 256, Rn. 56 ff.

stehen ihm dafür insb. Materialentnahmedaten, Akkordmitteilungen, Stücklisten sowie die Vor- und Nachkalkulationen zur Verfügung. Daneben wird er auch die Höhe und Verrechnung der Gemeinkostenzuschläge kritisch würdigen und zu diesem Zweck Teile des Betriebsabrechnungsbogens bzw. Kostenrechnungssystems prüfen. Dabei ist insb. darauf zu achten, dass Leerkosten und kalkulatorische Kosten, soweit ihnen keine tatsächlichen Aufwendungen gegenüberstehen, z.B. Zinsen, Wagniskosten, Mieten, Abschreibungen, handelsrechtlich nicht aktivierungsfähig sind[912]. Soweit Fremdkapitalzinsen in die HK einbezogen wurden, sollte sich der APr. gleichzeitig davon überzeugen, dass darüber im Anhang gem. § 284 Abs. 2 Nr. 4 HGB berichtet wird. Ferner muss der APr. auf die Aussonderung etwaiger Kostenüber- und Kostenunterdeckungen und aller jener Kosten achten, die nicht Bestandteile der HK sind (z.B. Vertriebskosten). Für die Prüfung der in **Massenfertigung** hergestellten unfertigen und fertigen Erzeugnisse gelten sinngemäß die gleichen Grundsätze.

943 Hat sich der APr. von der richtigen Ermittlung der HK überzeugt, so ist im Anschluss daran festzustellen, ob das **Niederstwertprinzip** beachtet worden ist. Dazu sind die HK mit dem voraussichtlichen Verkaufserlös nach Abzug der noch anfallenden Kosten zu vergleichen. Das ist insb. bei Bauleistungen bedeutsam. Liegt der errechnete Wert unter den aktivierten HK, so sind diese um die Differenz abzuwerten (verlustfreie Bewertung). Bei schwebenden Geschäften ist zu prüfen, ob drohende Verluste aus diesen Geschäften berücksichtigt wurden[913], wobei jedoch zunächst aktivierte Vorräte abzuschreiben sind. Sind fertige Erzeugnisse bereits abgerechnet worden und ist das Ergebnis realisiert[914], so ist insb. bei Einzelfertigung zu prüfen, ob und ggf. in welchem Umfang eine Rückstellung für nachlaufende Kosten zu bilden ist, die nicht durch eine ggf. vorhandene Garantierückstellung gedeckt ist. Wenn keine oder keine aussagefähige Kostenrechnung vorhanden ist, liefert die retrograde Rechnung die einzigen Anhaltspunkte für die Bewertung der Erzeugnisse.

> **Beispiel 78:**
> Beispiel einer verlustfreien Bewertung:
> Verkaufserlös: 100
> bereits aktivierte HK: 80
> noch anfallende Kosten: 25
> Abwertung: 5

944 Der Bestand der unfertigen und fertigen Erzeugnisse am Abschlussstichtag ist dem VJ-Bestand gegenüberzustellen. Der Unterschiedsbetrag ist bei Anwendung des GKV mit dem Posten „Bestandsveränderungen" in der GuV abzustimmen.

c) Prüfung der geleisteten Anzahlungen

945 Für die Prüfung der geleisteten Anzahlungen gelten die allgemeinen Grundsätze über die Prüfung der Forderungen. Dies gilt insb. für den Nachweis des tatsächlichen **Vorhandenseins** der Anzahlungen durch eine Saldenliste. Darüber hinaus ist die sachge-

---

[912] Zum Umfang der HK vgl. auch *IDW RS HFA 31 n.F.*
[913] Zum Ansatz und zur Bewertung von Drohverlustrückstellungen vgl. *IDW RS HFA 4*.
[914] Zur Gewinnrealisierung bei langfristiger Fertigung vgl. ADS[6], § 252, Tz. 86; vgl. zur Aktivierung der HK *IDW RS HFA 31 n.F.*

rechte **Abgrenzung** der Anzahlungen des AV und des Umlaufvermögens zu prüfen. Zu prüfen ist ferner, ob die Anzahlungen noch zu Recht ausgewiesen sind, oder ob aufgrund zwischenzeitlicher Lieferung oder Leistungserbringung nicht eine Verrechnung mit der passivierten Verbindlichkeit erforderlich ist. Für die **Bewertung** gelten die allgemeinen Grundsätze einer Bonitätsprüfung. Bestehen Zweifel, ob der Empfänger der Anzahlung die Lieferung/Leistung erbringen kann, so muss die Anzahlung ggf. abgeschrieben werden.

13.2.3.6 Prüfung der Forderungen

a) Prüfung der Forderungen aus Lieferungen und Leistungen

Forderungen aus Lieferungen und Leistungen sind i.d.R. das Ergebnis von Routinetransaktionen. Deshalb kommt der Prüfung des rechnungslegungsbezogenen IKS eine besondere Bedeutung zu. Die Ergebnisse der Prüfung des IKS und von aussagebezogenen analytischen Prüfungshandlungen bestimmen den danach noch erforderlichen Umfang der Einzelfallprüfungen, insb. der Einholung von Saldenbestätigungen. **946**

Bei Saldenbestätigungen handelt es sich um Bestätigungen aus externen Quellen (Bestätigungen Dritter, die der APr. unmittelbar als schriftliche Antwort eines Dritten in Papierform oder mittels eines elektronischen oder anderen Mediums erlangt[915]). Deshalb ist ihnen eine höhere Aussagekraft beizumessen als den schriftlichen oder mündlichen Auskünften von gesetzlichen Vertretern oder anderen Führungskräften bzw. Mitarbeitern des zu prüfenden Unternehmens. Der APr. hat abzuwägen, ob Bestätigungen Dritter als aussagebezogene Prüfungshandlungen einzuholen sind[916]. Dabei sind insb. die Beurteilungen der Fehlerrisiken für die Rechnungslegung insgesamt und für einzelne Aussagen in der Rechnungslegung zu berücksichtigen. Diese beruhen auf der Grundlage des Verständnisses vom Unternehmen und dessen rechtlichem und wirtschaftlichem Umfeld sowie der Beurteilung des rechnungslegungsbezogenen IKS. Darüber hinaus ist zu beachten, ob ausreichende und angemessene Prüfungsnachweise auch bei Nichteinholung von Bestätigungen Dritter erlangt werden können[917]. **947**

Fälle, in denen keine Bestätigungen Dritter eingeholt zu werden brauchen sind insb.: **948**

- wenn die Forderungen von untergeordneter Bedeutung für den JA sind,
- der Rücklauf oder die Qualität des Rücklaufs (z.B. bei Automobilherstellern) erfahrungsgemäß gering ist.

Bei Verzicht auf die Einholung von Saldenbestätigungen ist in jedem Fall sicherzustellen, dass die Prüfungsnachweise aus der Prüfung des IKS und den aussagebezogenen Prüfungshandlungen eine hinreichende Prüfungssicherheit für die Vollständigkeit, das Bestehen und die Genauigkeit der Forderungen liefern.

---

915 Vgl. *IDW PS 302 n.F.*, Tz. 6; ISA 505.6; beispielhaft seien E-Mail, Fax, Web-Portale genannt. Siehe auch Kap. L Tz. 92, Kap. L Tz. 951.
916 Vgl. ISA 505; *IDW PS 302 n.F.*, Tz. 7.
917 Vgl. ISA 505; *IDW PS 302 n.F.*, Tz. A1.

> **Beispiel 79:**
>
> Eine hinreichende Prüfungssicherheit kann erlangt werden z.B. durch aussagekräftige Funktionstests interner Kontrollen und Abgrenzungsprüfungen sowie die Prüfung von Zahlungseingängen nach dem Abschlussstichtag, die auch dem Risiko von Verstößen Rechnung tragen.

949 Bei der Einholung von Saldenbestätigungen kann zwischen folgenden **Methoden** unterschieden werden[918]:

- **Positive Methode:** Der Adressat wird gebeten,
  - den Informationen in der Anfrage zuzustimmen (geschlossene Anfrage) oder
  - die angeforderten Informationen mitzuteilen (offene Anfrage).
- **Negative Methode**: Der Adressat wird gebeten, nur bei Nichtübereinstimmung mit dem mitgeteilten Saldo zu antworten.

Die positive Methode liefert grundsätzlich verlässlichere Prüfungsnachweise als die negative Methode und ist daher zu bevorzugen. Der Nachteil der negativen Methode liegt darin, dass ein ausbleibender Rücklauf keinen expliziten Prüfungsnachweis für den mitgeteilten Saldo darstellt[919].

> **Praxistipp 25:**
>
> Die Versendung von Saldenbestätigungen sollte rechtzeitig geplant werden. Wesentlich sind die Festlegung des Zeitpunkts der Abfrage und der Roll-forward (Vorrollen) bei vorgezogenen Prüfungshandlungen zu berücksichtigen.

950 Zur Erlangung verlässlicher Prüfungsnachweise **müssen** die Angaben der benötigten Informationen, Auswahl, Ausgestaltung der Bestätigungsfragen, Versendung und Rücklauf der Saldenbestätigungsanfragen unter der Kontrolle des APr. stehen[920]. Damit soll das Risiko minimiert werden, dass die Bestätigungen durch Abfangen oder Veränderung der Bestätigungsanfragen bzw. ihrer Antworten manipuliert werden. Außerdem ist darauf zu achten, dass die Bestätigungsanfragen von den dafür vorgesehenen Empfängern beantwortet wurden. Falls eine Saldenbestätigung nicht eingeht oder auch eine erneute Bestätigungsanfrage unbeantwortet bleibt, hat sich der APr. durch alternative Prüfungshandlungen ein Urteil über diesen Posten zu bilden (z.B. durch Prüfung des Zahlungseingangs, Abstimmung mit Lieferscheinen, Rechnungen, Kundenaufträgen oder eventuellen Lieferbestätigungen, Prüfung der Periodenabgrenzung, bei wesentlichen Umsätzen mit einem Kunden durch Überprüfung seiner Existenz z.B. durch Einholung eines HR-Auszuges). Erheben die gesetzlichen Vertreter des zu prüfenden Unternehmens Einwendungen gegen das Einholen von Saldenbestätigungen von bestimmten Personen, dann ist das Management zu den Gründen zu befragen und die Begründung durch den APr. zu beurteilen[921]. Ggf. liegt ein Verstoß gegen die Mitwir-

---

[918] Vgl. ISA 505.6; *IDW PS 302 n.F.*, Tz. 6.
[919] Vgl. ISA 505.A5; *IDW PS 302 n.F.*, Tz. A3 ff.
[920] Vgl. ISA 505.7; *IDW PS 302 n.F.*, Tz. 8; F&A zu ISA 505 bzw. *IDW PS 302 n.F.*, Fragenkomplex 7.
[921] Vgl. ISA 505.8; *DW PS 302 n.F.*, Tz. 11.

kungspflichten der gesetzlichen Vertreter gem. § 320 Abs. 2 HGB vor[922] und dem APr. obliegt die Redepflicht[923]. Der APr. muss zudem abwägen, ob hierin ein Indiz für **Verstöße** zu sehen ist[924].

Externe Bestätigungen werden mittlerweile häufig per E-Mail versendet. Für die Einholung von elektronischen Bestätigungen gelten die allgemeinen Grundsätze des ISA 505 bzw. *IDW PS 302 n.F.*, die keine besonderen oder zusätzlichen Anforderungen für elektronische Bestätigungen im Vergleich zu Bestätigungen in Papierform enthalten. Angesichts der ggf. leichteren Veränderbarkeit von Bestätigungen Dritter in elektronischer Form ist bei deren Einholung darauf zu achten, dass der APr. die Kontrolle über das Bestätigungsverfahren behält. Zur Veranschaulichung ist eine Debitorenanfrage des APr. beispielhaft abgedruckt: 951

---

[922] Vgl. *IDW PS 302 n.F.*, Tz. 13.
[923] Vgl. ISA 505.9; *IDW PS 302 n.F.*, Tz. 13.
[924] Vgl. ISA 505.8; *IDW PS 302 n.F.*, Tz. 12.

> Sehr geehrte Damen und Herren,
>
> wir (Name und Sitz der Wirtschaftsprüfungsgesellschaft) sind Abschlussprüfer der XY GmbH, Musterstraße 12, 12345 Musterstadt.
>
> Für die Zwecke der Prüfung des Jahresabschlusses dieser Gesellschaft zum 31.12.01 bitten wir Sie im Namen unseres Mandanten, uns eine Saldenbestätigung über die in der beigefügten Anlage aufgeführten Rechnungen zum Stichtag zuzusenden. Eine von unserem Mandanten erstellte und unterzeichnete Bestätigungsanfrage, die direkt an Sie adressiert ist, ist dieser E-Mail als Anlage beigefügt.
>
> Das Verfahren zur Einholung der Saldenbestätigung wird vollständig auf elektronischem Wege erfolgen. Unser Mandant und wir erhoffen uns von dieser Vorgehensweise, Ihnen die Beantwortung dieser Anfrage zu erleichtern und zugleich eine Beschleunigung des Bestätigungsverfahrens zu erreichen.
>
> Wir möchten Sie daher bitten, die beigefügte Bestätigungsanfrage zu prüfen und uns Ihre Antwort ebenfalls per E-Mail unmittelbar an folgende E-Mail Adresse zu senden
>
> *E-Mail-Anschrift des APr.*
>
> Falls Sie die angefragte(n) Rechnung(en) bestätigen können, so reicht eine entsprechende formlose Antwort per E-Mail an uns aus.
>
> Falls Sie eine Abweichung feststellen, so erläutern Sie diese bitte ebenfalls in Ihrer Antwort-E-Mail an uns. Ergänzende Unterlagen oder Aufstellungen können Sie Ihrer Antwort dann gerne beifügen.
>
> Um uns von der Authentizität der per E-Mail erhaltenen Saldenbestätigungen zu vergewissern, werden wir uns in einigen, zufällig ausgewählten Fällen den Versand sowie den Inhalt der Bestätigungs-E-Mail telefonisch bestätigen lassen. Um uns diese Vorgehensweise zu erleichtern möchten wir Sie bitten, Ihrer Antwort auch Ihre Signatur (Name, Telefonnummer) beizufügen.
>
> Falls Sie zum dargestellten Verfahren Fragen haben, wenden Sie sich bitte an den Absender dieser Nachricht.
>
> Vielen Dank für Ihre Kooperation.
>
> Mit freundlichen Grüßen

Abb. 18: Debitorenanfrage

952 Aus dem Muster geht hervor, dass der Debitor auch dann eine Antwort an den APr. senden soll, wenn er mit dem in der Anfrage enthaltenen Saldo übereinstimmt. Diese sog. **positive Bestätigungsanfrage** stellt einen besseren Prüfungsnachweis dar als eine *sog.* **negative Bestätigungsanfrage**, bei der die bestätigende Partei sich nur im Falle eines Abweichens vom mitgeteilten Saldo melden muss. Im Unterschied zu oben verwendetem Muster wird häufig kein Saldo genannt, sondern die bestätigende Partei aufgefordert, den Betrag anzugeben. Diese sog. offene Abfrage hat den Vorteil, dass das Risiko reduziert wird, dass der Dritte einen Saldo ohne Überprüfung bestätigt. Freilich führt diese Abfrageform in der Praxis häufig zu einer geringeren Beantwortungsquote.

Erhält der APr. keine Antworten auf seine Bestätigungsabfragen, muss er **alternative Prüfungshandlungen** durchführten, um relevante und verlässliche Prüfungsnachweise zu erlangen. Diese kann etwa bei Forderungssalden darin bestehen, dass der APr. verfolgt, ob sie durch Zahlungen nach dem Bilanzstichtag beglichen wurden. Dabei muss er sich auch mit dem zugrunde liegenden Liefervorgang befassen und etwa Versanddokumente einsehen. Die Verfolgung des Zahlungsvorgangs alleine genügt hingegen alleine regelmäßig nicht als ausreichender Prüfungsnachweis für die Existenz der Forderung. 953

Die Salden der Kontokorrentkonten und die entsprechenden Zusammenstellungen in Saldenlisten werden mit den Saldenbestätigungen abgeglichen. Dabei auftretende Differenzen müssen geklärt werden[925]. Für den Umfang und die Auswahl der Saldenbestätigungen gelten die Ausführungen zum Stichprobenverfahren bei der Prüfung[926]. Forderungskonten, die am Abschlussstichtag eine Verbindlichkeit aufweisen (kreditorische Debitoren), sollten insb. bei wesentlichen Beträgen in Stichproben geprüft werden, um das Zustandekommen der Verbindlichkeit zu klären. Die Konten mit Null-Saldo sollte der APr. in Stichproben kritisch darauf durchsehen, auf welche Weise der Ausgleich erzielt worden ist. Bei **ausgebuchten Forderungen** ist die Anweisung zur Ausbuchung zu prüfen. Die Summe der Forderungen laut Saldenliste ist mit dem entsprechenden Sachkonto abzustimmen. Falls das Buchführungssystem bei den Kontokorrentkonten und bei dem Debitorensammelkonto (Hauptbuchkonto) die Soll- und Habenumsätze fortschreibt, sollte auch diese Gesamtabstimmung durchgeführt werden. Dadurch gewinnt der APr. die Gewissheit, dass ihm sämtliche Konten, die während des Jahres bewegt worden sind, auch vorgelegen haben. 954

Bei der Abstimmung der Saldenliste mit den Salden der Kontokorrentkonten sollte der APr. auch die **Abwicklung** des Saldos auf dem Kontokorrentkonto im **neuen GJ** stichprobenartig prüfen und die Beträge vermerken, die am Prüfungsstichtag noch nicht ausgeglichen waren. Diese Prüfungshandlung dient – wie auch die Analyse einer Altersstrukturliste – der Vorbereitung der Bonitätsprüfung. Dabei wird er auch in Stichproben die Zusammensetzung des ausgewiesenen Saldos aus Einzelbelastungen prüfen. Diese Prüfungshandlung dient gleichfalls der Vorbereitung der Bonitätsprüfung, da sie den Altersaufbau des Forderungsbestandes offenlegt; sie liefert außerdem eine Reihe wertvoller weiterer Ergebnisse. So könnte z.B. zutage treten, dass im Saldo noch Spitzenbeträge aus Skontoabzügen oder Mängelrügen enthalten sind oder dass der Saldo lediglich durch die Rückbelastung eines nicht eingelösten Wechsels entstanden ist. Additionsfehler oder bewusste Unkorrektheiten auf dem Konto können dadurch aufgedeckt werden, dass die Summe der noch nicht ausgeglichenen Einzelbelastungen nicht mit der Höhe des Saldos übereinstimmt. Zeigt sich weiter, dass Forderungen ganz oder teilw. aufgrund von Mängelrügen storniert worden sind, so ist zu prüfen, ob sich in dem 955

---

925 Grundsätzlich können anstelle von Salden auch Einzelposten angefragt werden, um die Abstimmung von Saldenbestätigung mit der Buchhaltung zu vereinfachen. Die Abstimmung beschränkt sich in diesen Fällen lediglich auf eine Einzelrechnung (bestätigt/nicht bestätigt), so dass eine ggf. aufwendige Überleitung des bestätigten Saldos zum gebuchten Saldo entfällt.
926 Vgl. Kap. L Tz. 87 ff., Kap. L Tz. 345 ff., Kap. L Tz. 928.

aktivierten Bestand der unfertigen und fertigen Erzeugnisse nicht Erzeugnisse ähnlicher Art befinden, deren Wertansatz ggf. durch Wertabschläge korrigiert werden muss.

956 Zumindest ein Teil der Konten, insb. solche mit hohen Jahresverkehrszahlen, sollten auf auffällige Buchungen und die Einhaltung der allgemeinen Ordnungsprinzipien (keine Buchung ohne Beleg) durchgesehen werden. Dadurch wird sichergestellt, dass der APr. auch solche Konten berücksichtigt, die unterjährig hohe Umsätze aufweisen, zum Abschlussstichtag aber nur einen geringen Saldo haben und somit von einer Stichprobe, die von der Höhe des Saldos bestimmt wird, nicht erfasst werden. Das ist insb. dann erforderlich, wenn systematische Waren- und Zahlungsverkehrsprüfungen nicht durchgeführt werden. Es kann in diesen Fällen auch sinnvoll sein, für eine Reihe von Konten die Soll- und Habenbuchungen systematisch mit den Belegen abzustimmen. Dabei sollten wiederum die Buchungen um den Abschlussstichtag von besonderem Interesse sein. Die gebuchten Rechnungen kurz vor Jahresende sollte der APr. in Stichproben mit den Lieferscheinen und mit von Dritten erstellten Dokumenten wie z.B. Kundenbestellungen oder Empfangsbestätigungen abstimmen, um festzustellen, ob **Vorfakturierungen** vorgenommen worden sind[927]. Bei Gutschriften und Retouren zu Beginn des neuen GJ sind die Belege zu prüfen, um festzustellen, ob es sich um eine nachträgliche Korrektur des VJ-Ergebnisses handelt, für die in der Schlussbilanz eine Rückstellung zu bilden ist. Darüber hinaus sollte bei Retouren generell in Stichproben anhand von Wareneingangsscheinen geprüft werden, ob die beanstandete Ware auch tatsächlich eingegangen ist.

957 Bei Konten mit Bezeichnungen „Pro diverse", „Verschiedene Debitoren" oder „Sonstige Debitoren" ist zu prüfen, welche Geschäftsvorfälle damit erfasst wurden, da hier ein besonderes Risiko besteht, dass es sich um ungeklärte Sachverhalte handelt, die möglicherweise nicht zutreffend gebucht wurden. Wenn die Prüfung der Abwicklung der auf diesen Konten gebuchten Vorgänge große Schwierigkeiten macht – das kann insb. der Fall sein, wenn auf diesen Konten Forderungen und Verbindlichkeiten vermischt werden –, muss der APr. eine weitere Aufteilung der Konten und eine Aufstellung über die Einzelsalden verlangen.

958 Die Aufgabe des APr. bei der Prüfung der **Bewertung** der Forderungen besteht darin festzustellen, inwiefern Forderungen noch mit ihrem Nennwert angesetzt werden können und in welchem Umfang Abschreibungen zur Berücksichtigung eines speziellen Risikos (z.B. Zahlungsausfall) sowie für das allgemeine Kreditrisiko zu bilden sind[928]. Die Prüfung der Angemessenheit von Wertberichtigungen spielt auch im Hinblick auf mögliche **Verstöße** (z.B. beabsichtigte Über- oder Unterdotierung von Wertberichtigungen) eine wichtige Rolle. Die Prüfung sollte sich dabei auf die Forderungen konzentrieren, die bis zum Zeitpunkt der Vornahme der Prüfungshandlungen noch nicht abgewickelt sind.

959 Die **Bonitätsanalyse** muss von einer kritischen Durchsicht der Konten ausgehen. Abgesehen von der aus der Erfahrung bekannten Bonität (bspw. öffentliche Hand) des Schuldners können folgende Anhaltspunkte für die Bewertung der Forderungen herangezogen werden:

- Höhe der Salden

---

927 Vgl. zur Cut-off-Prüfung Kap. L Tz. 919.
928 Vgl. auch ISA 540; *IDW PS 314 n.F.*

- größeres Ausfallrisiko bei wenigen großen Salden als bei vielen kleinen und mittleren Salden
- Altersaufbau der Forderungen (dazu sollte eine detaillierte Aufstellung über den Altersaufbau der Forderungen angefertigt werden; zusätzliche Aufschlüsse gibt die Saldenanalyse)
- Umfang der zum Zeitpunkt der Vornahme der Prüfungshandlungen noch nicht ausgeglichenen Forderungen
- starkes Anwachsen eines Saldos gegenüber dem VJ (erstellt das Unternehmen monatliche Saldenlisten, lassen sich die Schwankungen des Saldos anhand dieser Unterlagen einfach nachvollziehen)
- Art der Zahlung (z.B. Ratenzahlung)
- regelmäßige Verlängerung von Akzepten
- regelmäßige Überschreitungen des Zahlungsziels
- Anzahl von Mahnungen und Reaktionen des Schuldners darauf
- Art der Auskünfte (bspw. Creditreform) und Sicherheiten
- Rechtsstreitigkeiten oder sonstige Meinungsverschiedenheiten über Forderungen
- Eröffnung von Vergleichs- und Insolvenzverfahren
- Kursentwicklung bei Forderungen in fremder Währung.

Für die Bewertung der einzelnen Debitoren ist jeweils das **Gesamtengagement** des betreffenden Schuldners maßgebend, das sich teilw. – z.B. bei Brauereien – aus Warenforderungen, Darlehensforderungen und Bürgschaften zusammensetzt. Diesem Gesamtengagement müssen zur Beurteilung des darin liegenden Risikos die vorhandenen Sicherheiten gegenübergestellt werden. Zur Würdigung des allgemeinen Kreditrisikos können vom APr. die tatsächlichen Forderungsverluste der letzten Jahre, die Eingänge auf abgeschriebene Forderungen sowie die Veränderung des durchschnittlichen Zahlungsziels – insb. bei gegenläufiger Entwicklung von Umsatz- und Forderungsbestand – als Indizien herangezogen werden.

Für die Bonitätsanalyse von **Währungsforderungen** gelten die gleichen Grundsätze. Zusätzlich ist zu prüfen, ob Bewertungen gem. § 256a HGB aufgrund veränderter Umrechnungskurse erforderlich sind. Im Allgemeinen gehen Währungsforderungen mit dem Euro-Betrag in die Buchführung ein, der für den Tag ihrer Entstehung gilt. Es ist dann zu prüfen, ob wegen einer Veränderung des Kurses zuungunsten des Euro zwischen dem Zeitpunkt der Entstehung der Forderung und dem Abschlussstichtag eine Abwertung erforderlich ist (Niederstwertprinzip). Bei kurzfristigen Forderungen ist gem. § 256a S. 2 HGB auch eine Realisierung von Kursgewinnen zulässig. Die Kursgewinne bzw. -verluste sind in der GuV gem. § 277 Abs. 5 HGB gesondert unter den Posten „Sonstige betriebliche Erträge" bzw. „Sonstige betriebliche Aufwendungen" auszuweisen (z.B. als Davon-Vermerk). Werden bei kurzfristigen Forderungen die AK ex post durch Näherungsrechnungen errechnet, so muss der APr. auch die Plausibilität solcher Vereinfachungsrechnungen prüfen. Außerdem ist bei der Prüfung der Bewertung von Währungsforderungen zu berücksichtigen, in welchem Umfang das Währungsrisiko durch Kurssicherungsklauseln und Deckungsgeschäfte ausgeschaltet ist und ob darüber hinaus das Ausfallrisiko durch Ausfuhrgarantien oder Ausfuhrbürgschaften des Bundes (Hermesgarantie) abgedeckt ist[929].

---

929 Vgl. zur Problematik der Bewertungseinheit Kap. L Tz. 1042.

b) Prüfung der Forderungen gegen verbundene Unternehmen

962 Sofern Forderungen gegen verbundene Unternehmen, die aus dem Waren-, Leistungs- und Finanzverkehr, aus Dividenden und sonstigen Gewinnausschüttungen sowie aus Betriebsüberlassungs-, Pacht- und Interessengemeinschaftsverträgen entstanden sein können, innerhalb der Bilanz einen wesentlichen Posten ausmachen, sollte der APr. die einzelnen Forderungen analysieren, ihre Entstehungsursachen ermitteln und die Ergebnisse in seinen Arbeitspapieren dokumentieren. Zusätzlich ist zu prüfen, ob es sich tatsächlich um verbundene Unternehmen handelt. Dabei sollte der APr. auch die rechtliche Entstehung der Forderungen anhand von Verträgen bzw. durch Einsichtnahme in die Korrespondenz prüfen[930].

963 Forderungen gegen verbundene Unternehmen sind durch eine **Saldenliste** nachzuweisen. Für die rechnerischen Prüfungshandlungen und die erforderlichen Abstimmungen gelten die gleichen Grundsätze wie bei der Prüfung der Forderungen aus Lieferungen und Leistungen[931]. Der APr. hat eine von dem zu prüfenden Unternehmen vorgenommene Abstimmung von Forderungen und Verbindlichkeiten im Konzernverbund (sog. Intercompany Clearing) im Hinblick auf Methoden, Umfang und Behandlung von Differenzen zu prüfen und ggf. zusätzliche Saldenbestätigungen einzuholen bzw. alternative Prüfungshandlungen durchzuführen.

964 Für die Beurteilung der **Bonität** gelten bei Forderungen gegen verbundene Unternehmen die gleichen Grundsätze wie bei den Forderungen gegenüber Dritten. Im Normalfall wird der APr. jedoch über einen besseren Informationsstand über die verbundenen Unternehmen verfügen (z.B. interne Informationen des Mandanten, Kenntnisse des APr. aus einer Prüfung des verbundenen Unternehmens, Informationen von dem KAPr. etc.)[932].

c) Prüfung der Forderungen gegen Unternehmen, mit denen ein Beteiligungsverhältnis besteht

965 Für die Prüfung der Forderungen gegen Unternehmen, mit denen ein Beteiligungsverhältnis besteht, gelten die gleichen Grundsätze wie bei der Prüfung der Forderungen gegen verbundene Unternehmen[933].

d) Prüfung der sonstigen Vermögensgegenstände

966 Bei der Prüfung der sonstigen Vermögensgegenstände ist wie bei der Prüfung der Forderungen aus Lieferung und Leistung vorzugehen. Es handelt sich hier um einen sehr heterogenen Posten, der i.d.R. mehrere Prüffelder und keine Routinetransaktionen umfasst. Die materielle Beurteilung der Salden erfordert daher eine kritische Durchsicht der einzelnen Konten unter Beachtung der Grundsätze der Wesentlichkeit und der Wirtschaftlichkeit der Prüfung. Dabei ist insb. auch festzustellen, ob unter den „Sonstigen Vermögensgegenständen" Posten ausgewiesen werden, die unter andere Bilanzposten gehören.

---

930 Zur Abgrenzung des Kreises der verbundenen Unternehmen vgl. Kap. L Tz. 906.
931 Vgl. Kap. L Tz. 946 ff.
932 Vgl. zur Prüfung von Transaktionen mit nahe stehenden Personen auch ISA 550; *IDW PS 255*.
933 Vgl. Kap. L Tz. 962 ff.

Bei der Prüfung der Forderungen aus **Krediten gem. § 89 und § 115 AktG**, die, sofern sie nicht zu den Ausleihungen[934] gehören, ebenfalls hier auszuweisen sind, sind folgende Besonderheiten zu beachten:

- Anhand einer Liste der Vorstandsmitglieder und der in Frage kommenden Angestellten ist zu prüfen, welche Personen dem in § 89 AktG genannten Kreis im konkreten Fall angehören. Sodann ist festzustellen, wer von diesen Personen Darlehen erhalten hat, die die **Höhe eines Monatsgehaltes** zzgl. eines Zwölftels der garantierten festen Tantieme und der Sachleistungen übersteigen. Dazu bedarf es einer Einsichtnahme in die Anstellungsverträge oder andere Unterlagen, aus denen die Gehaltsfestsetzung hervorgeht. In einem weiteren Schritt muss der APr. darauf achten, ob der erforderliche **Beschluss** bzw. die **Einwilligung** durch eine besondere schriftliche Bestätigung des AR erteilt worden oder aus dem Protokoll einer AR-Sitzung zu ersehen ist. Mit dem Beschluss über Kredite nach § 89 AktG muss der AR gleichzeitig die Zins- und Tilgungsbedingungen festlegen. Der APr. hat die Einhaltung dieser Bedingungen wie bei anderen Darlehen zu prüfen. Ein fehlender Beschluss oder eine fehlende Einwilligung des AR ist im PrB zu vermerken. Der APr. sollte ferner auf mögliche Umgehungen achten, die z.B. dann vorliegen, wenn im Laufe des GJ gewährte Darlehen, die beschluss- bzw. einwilligungspflichtig sind, kurz vor dem Abschlussstichtag zurückgezahlt und wenige Tage später neu gewährt werden. Derartige Fälle lassen sich durch kritische Durchsicht der Buchungen vor und nach dem Abschlussstichtag feststellen. Auch hierüber hat der APr. im PrB zu berichten.
- Ähnlich werden die Forderungen aus Krediten geprüft, die unter § 115 AktG fallen. Auch hier wird der APr. von einem Namensverzeichnis der AR-Mitglieder ausgehen und dann prüfen, ob sich diese Namen in den Saldenlisten wiederfinden. Weiter ist zu klären, ob es sich nicht um Forderungen aus Krediten handelt, die für die Bezahlung von Waren oder an ein verbundenes Unternehmen gewährt wurden, da insoweit statt eines Ausweises unter den „Sonstigen Vermögensgegenständen" ein Ausweis unter den jeweiligen Posten (Forderungen aus Lieferungen und Leistungen, Forderungen gegen verbundene Unternehmen) zu erfolgen hat.
- Bei der Prüfung der Forderungen aus Krediten gem. § 89 und § 115 AktG sollte sich der APr. gleichzeitig davon überzeugen, dass die Vorschriften der §§ 286 Abs. 2 S.4 AktG, 42 Abs. 3 GmbHG über den gesonderten Ausweis der Forderungen an Gesellschafter beachtet wurden und dass im Anh. die geforderten Angaben über die Vorschüsse und Kredite für die dort genannten Personengruppen enthalten sind.

e) Prüfung der Restlaufzeit

Bei allen Forderungen muss der Betrag der jeweiligen Forderungsgruppe mit einer Restlaufzeit von **mehr als einem Jahr** vermerkt werden (§ 268 Abs. 4 S. 1 HGB). Der APr. sollte zumindest in Stichproben diese Vermerke prüfen. Normalerweise sollte ihm für diese Prüfung eine Aufstellung zur Verfügung stehen, wenn die Beträge nicht bereits in der Saldenliste kenntlich gemacht worden sind. Wenn die Restlaufzeit nicht vertraglich vereinbart ist, ist der APr. weitgehend auf Auskünfte des Unternehmens angewiesen. Nicht vereinbarte Restlaufzeiten von mehr als einem Jahr können Hinweise für ggf. vorzunehmende Abschreibungen sein.

---

934 Vgl. dazu Kap. L Tz. 908.

13.2.3.7 Prüfung der Wertpapiere

969 Zu den Wertpapieren gehören die Anteile an verbundenen Unternehmen, soweit nicht ein Ausweis im AV in Betracht kommt, und die sonstigen Wertpapiere. Sie können im Unternehmen selbst oder außerhalb des Unternehmens – i.d.R. im Depot einer Bank – aufbewahrt werden.

970 Die in der Praxis überwiegende **Aufbewahrung im Depot einer Bank** verursacht den geringsten Prüfungsaufwand. Die Angaben auf der Depotbescheinigung der Bank, die zum Abschlussstichtag eingeholt werden muss, sind zur Prüfung des **Vorhandenseins** mit den Eintragungen im Wertpapierbuch (falls vorhanden) oder einem von der Gesellschaft aufgestellten Inventar abzustimmen. Dabei ist es erforderlich, dass jedes einzelne Papier bzw. bei mehreren Papieren der gleichen Art, die Art genau gekennzeichnet ist, da sonst eine Einzelbewertung unmöglich ist. Dasselbe gilt bei Aufbewahrung der Wertpapiere an anderen Hinterlegungsstellen. Depotbescheinigungen und Inventare sollten auch Angaben über mögliche Belastungen der Papiere enthalten (z.B. Sicherungsübereignung, Verpfändung).

971 Werden Wertpapiere im zu prüfenden Unternehmen **selbst aufbewahrt**, hat der APr. zunächst zu prüfen, ob das Wertpapierabwicklungssystem mit ausreichenden internen Kontrollen ausgestattet ist[935].

972 Die Depotbescheinigung wird bei Selbstaufbewahrung der Papiere durch ein Protokoll über die Aufnahme des Bestandes am Abschlussstichtag ersetzt, an das die gleichen Anforderungen zu stellen ist wie an die Depotbescheinigung einer Bank. Das Protokoll ist zu unterzeichnen. I.d.R. wird der APr. am Prüfungsstichtag den Wertpapierbestand aufnehmen. Für die Aufnahmetechnik gelten entsprechend die Grundsätze für die Kassenbestandsaufnahme[936]. Im Rahmen der Aufnahme des Bestandes ist auch auf die Vollständigkeit der Zins-, Dividenden- und Erneuerungsscheine zu achten. Unter Berücksichtigung der Zu- und Abgänge zwischen Abschlussstichtag und Prüfungsstichtag ist eine Rückrechnung auf den Bestand am Abschlussstichtag möglich (aufgenommener Bestand ./. Zugänge + Abgänge = Bestand zum Bilanzstichtag). Soweit für die Bewertung der Bestände Rechenoperationen erforderlich waren – Nennwert x Kurs, Addition der Kurs- und Anschaffungswerte –, kann eine Prüfung der rechnerischen Richtigkeit in Stichproben geboten sein.

973 Anhand des Wertpapierbuches oder -kontos muss sich der APr. vergewissern, dass die **Zu- und Abgänge** während des GJ ordnungsgemäß gebucht worden sind. Bei umfangreichem Wertpapierbestand sowie starken Bewegungen während des GJ sollte er diese Prüfung auf eine Wertpapierverkehrsprüfung ausdehnen und zumindest für einen ausgewählten Zeitraum die Buchungen mit den Belegen (z.B. Kaufabrechnungen, Kaufverträge) abstimmen.

974 Da für die **Bewertung** der Wertpapiere des Umlaufvermögens das strenge **Niederstwertprinzip** gilt, hat sich der APr. von dessen Einhaltung zu überzeugen. In diesem Zusammenhang hat der APr. die Ermittlung des beizulegenden Zeitwerts der Wertpapiere anhand von Marktpreisen oder Berechnungen nach anerkannten Bewertungsmethoden[937] (ggf. unter Hinziehung von Sachverständigen) zu prüfen. Er hat ferner

---

[935] Vgl. *Kuhner/Schilling*, in: HWRP³, Sp. 2684.
[936] Vgl. Kap. L Tz. 978.
[937] Zur Bemessung des beizulegenden Zeitwertes vgl. IFRS 13.

im Hinblick auf die Angabepflicht im **Anh.** (§ 284 Abs. 2 Nr. 3 HGB) zu prüfen, ob die Bewertungsmethode gegenüber dem VJ unverändert geblieben ist. Darüber hinaus hat sich der APr. davon zu überzeugen, ob ein im VJ gewählter niedrigerer Wert beibehalten werden kann oder ob ggf. eine Zuschreibungspflicht besteht.

I.d.R. wird es zweckmäßig sein, mit dem Bestand zugleich die Wertpapiererträge zu prüfen, da nur der Bestand unter Berücksichtigung der unterjährigen Zu- und Abgänge die Errechnung der Sollerträge gestattet. Die Sollerträge sollten mit den tatsächlichen Eingängen abgestimmt werden. Außerdem empfiehlt es sich, an dieser Stelle die ordnungsmäßige Abgrenzung der Erträge für das GJ zu prüfen. 975

Bei der Prüfung der Anteile an verbundenen Unternehmen[938] hat sich der APr. darüber hinaus davon zu überzeugen, dass der **Ausweis** unter den Wertpapieren des Umlaufvermögens zutreffend ist. Dabei ist er im Wesentlichen auf die Erklärungen und Nachweise der Geschäftsführung angewiesen. 976

13.2.3.8 Prüfung der flüssigen Mittel

a) Prüfung des Scheckbestandes

Der Bestand der Schecks ist am Abschlussstichtag durch Inventur zu ermitteln. Über das Ergebnis der Inventur muss dem APr. ein ordnungsgemäß unterzeichnetes Aufnahmeprotokoll vorgelegt werden. Schecks, die am Abschlussstichtag der Bank zur Einlösung eingereicht waren, dem Konto jedoch noch nicht gutgeschrieben worden sind, sind durch Scheckeinreichungsquittungen der Bank nachzuweisen. 977

b) Prüfung des Kassenbestandes

Unterlage für das tatsächliche Vorhandensein des Kassenbestandes am Abschlussstichtag ist das Kassenaufnahmeprotokoll, das auch für alle Nebenkassen einschl. der Markenbestände und des Freistemplers anzufertigen ist. Das Aufnahmeprotokoll muss vom Verwalter der Kasse sowie dem Aufnehmenden, der mit der Kassenführung nichts zu tun haben sollte, unterzeichnet werden. Der Bestand laut Aufnahmeprotokoll muss mit dem Saldo des Kassenbuchs und des Hauptbuchkontos Kasse am Abschlussstichtag übereinstimmen. Bei Sortenbeständen, die mit dem Kurs am Abschlussstichtag in Euro umgerechnet werden müssen, muss der APr. sich von der rechnerischen Richtigkeit der Umrechnungen überzeugen. 978

c) Prüfung des Bundesbankguthabens sowie der Guthaben bei Kreditinstituten

Die Unterlagen, die den Bestand am Abschlussstichtag nachweisen, sind mit Bankbestätigungen zum Abschlussstichtag abzustimmen. Bei Abweichungen, die durch zeitliche Buchungsunterschiede entstehen können, ist eine Übergangsrechnung anzufertigen, durch die die Übereinstimmung von Auszug und Konto hergestellt wird. 979

Der APr. muss darauf achten, dass die Zinsen und Spesen, die das abgelaufene GJ betreffen, *periodengerecht* gebucht werden. 980

Im Zusammenhang mit der Prüfung der Guthaben bei KI hat sich der APr. gleichzeitig einen Überblick über die sonstigen geschäftlichen Beziehungen des Unternehmens zu den KI zu verschaffen. Dazu sind **Bankbestätigungen** für alle Arten der geschäftlichen Beziehungen des zu prüfenden Unternehmens mit Kredit- und Finanzdienstleistungs- 981

---

938 Zur Abgrenzung des Kreises der verbundenen Unternehmen vgl. Kap. L Tz. 906.

instituten sowie für alle Geschäftsbeziehungen zu Finanzunternehmen i.S.v. § 1 Abs. 3 KWG einzuholen[939].

982 Zu den durch Bankbestätigungen festzustellenden Angaben gehören somit insb.[940]
- bestehende Konten und deren Kontostände
- bestehende Kreditlinien
- gestellte Sicherheiten
- Avale, Gewährleistungen, Indossamentverpflichtungen und sonstige Gewährleistungen
- Geschäfte über Finanzderivate (z.B. Termingeschäfte)
- Unterschriftsberechtigungen.

Obwohl die durch Bankbestätigungen festzustellenden Angaben regelmäßig auch in den dem Unternehmen vorliegenden Unterlagen enthalten sein werden, kann der APr. nicht mit hinreichender Sicherheit davon ausgehen, dass ihm sämtliche relevanten Unterlagen auch vorgelegt werden. Auf der Grundlage vorgelegter Kontoauszüge oder älterer Kreditzusagen ist bspw. keine Aussage darüber möglich, ob ggf. weitere Forderungen oder Verbindlichkeiten ggü. dem KI bestehen bzw. ob eine in der Vergangenheit zugesagte Kreditlinie fortbesteht. Insofern ist die Einholung von Bankbestätigungen eine notwendige und im Allgemeinen geeignete Maßnahme, um zu beurteilen, ob Geschäftsbeziehungen des Unternehmens zu KI vollständig erfasst werden[941].

d) Prüfung der aktiven Rechnungsabgrenzung

983 Anhand des Kontos „Rechnungsabgrenzung" sollte der APr. unter Hinzuziehung der entsprechenden Gegenkonten den **Vortrag** und die **Abwicklung** der Abgrenzungsposten des VJ prüfen. Diese Prüfung gibt gleichzeitig Hinweise für die Abgrenzungen des **lfd. Jahres**. Über diese Abgrenzungen sollte sich der APr. eine Aufstellung anfertigen lassen, deren Summe mit dem Saldo des Rechnungsabgrenzungskontos übereinstimmen muss. Aus der Aufstellung sollte gleichzeitig die Errechnung der Abgrenzungsbeträge hervorgehen, die der APr. – bei umfangreichen Abgrenzungen wenigstens in Stichproben – prüfen muss. Insb. ist zu prüfen, ob die Abgrenzung sog. antizipative Posten enthält.

984 Der APr. muss sich davon überzeugen, dass ein in die RAP aufgenommenes **Disagio** in der Bilanz oder im Anh. gesondert angegeben wurde.

13.2.3.9 Prüfung der aktiven latenten Steuern

985 Die vom Unternehmen angefertigten Berechnungsunterlagen werden i.d.R. die Grundlage für die weiteren Prüfungshandlungen bilden. Dabei muss sich der APr. als erstes davon überzeugen, dass nur solche Abweichungen zwischen Handels- und Steuerbilanz in die Berechnung einbezogen wurden, die sich in späteren Jahren voraussichtlich ausgleichen werden (**zeitliche Abweichungen**) und insgesamt zu einer künftigen Steuerbe- bzw. -entlastung führen, nicht hingegen permanente Abweichungen. Gleichzeitig ist zu prüfen, ob alle berücksichtigungsfähigen Abweichungen **vollständig** in die Berechnung einbezogen wurden, da ansonsten die Gefahr besteht, dass durch Nichtberücksichtigung

---

[939] Vgl. *IDW PS 302 n.F.*, Tz. 20; zur Voraussetzung für eine Nichteinholung von Bankbestätigungen s. *IDW PS 302 n.F.*, Tz. 23.
[940] Vgl. *IDW PS 302 n.F.*, Tz. 21.
[941] Vgl. *IDW PS 302 n.F.*, Tz. A26.

einzelner Maßnahmen, die zu einem niedrigeren handelsrechtlichen Aufwand geführt haben, i.R.d. Gesamtberechnung ein zu hoher aktivischer Posten ermittelt wurde bzw. eine aktivische anstelle einer ansonsten auszuweisenden passivischen Abgrenzung vorgenommen wurde. Es empfiehlt sich daher, die Steuerabgrenzung erst zum Ende der Prüfung zu prüfen, da die bei den anderen Bilanzposten getroffenen Feststellungen die Prüfung der Vollständigkeit wesentlich erleichtern. Dabei sollte der APr. sein besonderes Augenmerk auf die Posten richten, bei denen typischerweise Sachverhalte auftreten, die zu zeitlichen Differenzen führen[942]. Der APr. hat zu berücksichtigen, dass das Unternehmen grundsätzlich eine Gesamtdifferenzenbetrachtung vorzunehmen hat. Soweit passive latente Steuern vorliegen, sind bis zur Höhe der passiven latenten Steuern zunächst aktive latente Steuern anzusetzen (Pflicht). Hierbei sind auch verpflichtend aktive latente Steuern auf Verlustvorträge bzw. Zinsvorträge, deren Verrechnung innerhalb der nächsten fünf Jahre zu erwarten ist, mit einzubeziehen. Ein Ansatzwahlrecht besteht demnach nur für einen Aktivüberhang latenter Steuern[943]. Für passive latente Steuern besteht eine Ansatzpflicht[944].

Anschließend sollte sich der APr. von der **rechnerischen Richtigkeit** der Ermittlung überzeugen, wobei er gleichzeitig die Plausibilität des zugrunde gelegten Steuersatzes zu beurteilen hat. Grundsätzlich sind die unternehmensindividuellen Steuersätze im Zeitpunkt des Abbaus der Differenzen zu verwenden. Da die Steuersätze der Zukunft i.d.R. nicht bekannt sind, sind die am Abschlussstichtag gültigen individuellen Steuersätze zu verwenden. Ebenso erfolgt keine Abzinsung der entsprechenden Steuerbe- bzw. -entlastungen. Schließlich wird er sich noch mit der Frage befassen müssen, ob mit den für die Zukunft zu erwartenden steuerlichen Entlastungen tatsächlich gerechnet werden kann, oder ob Erkenntnisse bzw. Tatsachen vorliegen, die dies zweifelhaft erscheinen lassen. Als solche kommen insb. zu erwartende künftige steuerliche Verluste in Betracht. Soweit dem APr. dabei keine aussagefähigen Unterlagen zur Steuerplanung des Unternehmens vorgelegt werden können, wird er im Wesentlichen auf der Unternehmensplanung (Business Plan) ergänzt um Auskünfte der Geschäftsleitung und der zuständigen Mitarbeiter angewiesen sein. Zumindest hat der Nachweis hinreichender steuerpflichtiger Gewinne durch eine Unternehmensplanung zu erfolgen. **986**

Der Ausweis der latenten Steuern kann gem. § 274 Abs. 1 S. 3 HGB unverrechnet erfolgen, so dass diesbezüglich ein Ausweiswahlrecht besteht. Dieses Wahlrecht unterliegt allerdings dem Gebot der Ausweisstetigkeit gem. § 265 Abs. 1 S. 1 HGB, wobei ein Wechsel von der Netto- zur Bruttomethode aufgrund eines verbesserten Einblicks in die Vermögenslage i.d.R. zulässig sein wird. Im Rahmen der von der Gesellschaft vorgelegten Entwicklung des Bilanzpostens vom Vortrag über die Auflösungen/Zuführungen bis zum Stand am Abschlussstichtag sollte sich der APr. gleichzeitig von der zutreffenden Erfassung der Zuführungs-/Auflösungsbeträge unter den jeweiligen Posten der GuV überzeugen (gesonderter Ausweis unter den Steuern vom Einkommen und vom Ertrag). **987**

Gleichzeitig sollte er darauf achten, dass die erforderlichen Erläuterungen im **Anh.** (§ 285 Nr. 29 HGB) gegeben wurden und dass die mit der Bildung dieses Postens ver- **988**

---

942 Vgl. dazu die Beispiele in *Winkeljohann/Buchholz*, in: BeBiKo[11], § 274, Rn. 191-230.
943 Vgl. *Wendholt/Wesemann*, DB 2009, Beil. 5, S. 67.
944 Vgl. zu Detailfragen auch DRS 18 und *IDW RS HFA 7 n.F.*

sehene **Ausschüttungssperre** (§ 268 Abs. 8 HGB) bei der Gewinnverteilung bzw. der Abfassung des Gewinnverwendungsvorschlags beachtet wurde.

989 Kleine KapGes. und kleine haftungsbeschränkte Personenhandelsgesellschaften können gem. § 274a Nr. 4 HGB auf die Anwendung von § 274 HGB verzichten. Dabei ist jedoch zu berücksichtigen, dass bei Inanspruchnahme dieser Erleichterung unter den Voraussetzungen des § 249 Abs. 1 S. 1 HGB ggf. Rückstellungen für latente Steuern anzusetzen sind[945].

13.2.3.10 Prüfung des aktiven Unterschiedsbetrags aus der Vermögensverrechnung

990 Vgl. hierzu Kap. L Tz. 1012.

13.2.3.11 Prüfung des Eigenkapitals

991 Bei Erstprüfungen sollte der APr. die Höhe des ausgewiesenen Betrages des gezeichneten Kapitals, Stammkapitals oder Kommanditkapitals mit den Angaben im HR abstimmen. Bei Ausgaben von Namensaktien sollte er auch darauf achten, dass das in § 67 AktG vorgeschriebene Aktienregister ordnungsgemäß geführt wird. Sind bei AG mehrere Aktiengattungen vorhanden, so ist darauf zu achten, dass der auf jede Aktiengattung entfallende Betrag des Grundkapitals gesondert angegeben wird (§ 152 Abs. 1 S. 2 AktG). Bei der KGaA ist § 286 Abs. 2 AktG zu beachten.

992 Für die Prüfung der **ausstehenden Einlagen** gelten ähnliche Grundsätze wie für die Prüfung von Forderungen. Bei der Prüfung des ersten JA nach der Gründung bzw. einer Kapitalerhöhung sollte sich der APr. eine Aufstellung der Gesellschafter mit Angabe der von diesen übernommenen Aktien oder Stammeinlagen sowie der darauf geleisteten Einzahlungen vorlegen lassen und sich anhand der Belege und Konten von der Leistung der vereinbarten Einzahlungen überzeugen. Darüber hinaus ist der Gesamtbetrag des Grund- oder Stammkapitals mit dem HR-Auszug abzustimmen. Soweit **Sacheinlagen** oder **Sachübernahmen** erfolgt sind, ist gleichzeitig durch Einsichtnahme in Satzung oder Gesellschaftsvertrag zu prüfen, ob die § 27 AktG, § 5 GmbHG beachtet wurden, da bei fehlender Deklaration der Sacheinlagen bzw. -übernahmen die stattdessen zu erbringende Bareinlage als noch ausstehend auszuweisen ist. Dies gilt entsprechend, wenn bei einer Bareinlageverpflichtung der eingezahlte Betrag nicht zur freien Verfügung des Vorstands steht (sog. verschleierte Sacheinlage)[946].

993 Die Prüfung sollte sich auch darauf erstrecken, ob bei der ersten Einzahlung die gesetzlich vorgeschriebenen **Mindestbeträge** (§ 36a AktG, § 7 Abs. 2 GmbHG) geleistet worden sind und ob die (satzungsmäßig festgesetzten) Termine für weitere Zahlungen eingehalten wurden. Im Übrigen wird sich der APr. in den Folgejahren i.d.R. darauf beschränken können, Veränderungen in der Höhe der ausstehenden Einlagen mit den entsprechenden Finanzkonten und Belegen abzustimmen.

994 Für die Prüfung der **Bewertung** gelten die allgemeinen Grundsätze der Bonitätsprüfung, bei der die Zahlungsfähigkeit der Gesellschafter bzw. der Ersatzverpflichteten (§ 65 AktG, §§ 22, 24 GmbHG) zu berücksichtigen ist.

---

945 *Wendholt/Wesemann*, DB 2009, Beil. 5, S. 72.
946 Vgl. mit weiteren Nachweisen *Hüffer/Koch*, AktG[12], § 27 Rn. 23 ff.

Für den **Ausweis** ist darauf zu achten, dass ausstehende, nicht eingeforderte Einlagen zwingend auf der Passivseite von dem Posten „Gezeichnetes Kapital" offen abzusetzen sind und der Differenzbetrag in der Hauptspalte als „Eingefordertes Kapital" auszuweisen ist (§ 272 Abs. 1 S. 2 HGB). Eingeforderte, aber noch nicht eingezahlte Beträge sind unter den Forderungen gesondert auszuweisen und entsprechend zu bezeichnen. Der Nachweis über die Einforderung muss vom Unternehmen erbracht werden. 995

Sämtlichen Buchungen auf dem Kapitalkonto während des zu prüfenden GJ muss der APr. nachgehen. Bei **Kapitalerhöhungen** und **Kapitalherabsetzungen** muss er sich davon überzeugen, ob die gesetzlichen Vorschriften sowie die Beschlüsse des AR und der HV bzw. Gesellschafterversammlung eingehalten worden sind. Die Protokolle der HV bzw. Gesellschafterversammlung und der AR-Sitzungen sind ferner darauf durchzusehen, ob Beschlüsse gefasst worden sind, die eine zukünftige Änderung des Kapitals vorbereiten (bedingtes Kapital, genehmigtes Kapital) und es ist darauf zu achten, ob die entsprechenden Berichterstattungspflichten (z.B. § 160 Abs. 1 Nr. 4 AktG) beachtet wurden. Hat die Gesellschaft eigene Aktien nach § 71 Abs. 1 Nr. 6 oder 8 AktG erworben, ist die Einhaltung der Regelungen des § 272 Abs. 2 S. 4 HGB zu überprüfen. 996

Aufgrund der Regelungen in § 272 Abs. 1a und 1b HGB zur Bilanzierung **eigener Anteile**[947] ist ein Bruttoausweis nicht zulässig. Die Prüfung der eigenen Anteile hat sich neben der bilanziellen Behandlung der Erwerbs- und Veräußerungsvorgänge anhand der Kauf- bzw. Verkaufsunterlagen auch darauf zu erstrecken, ob die gesetzlichen Beschränkungen (§§ 71, 71a-e AktG, § 33 GmbHG) eingehalten worden sind. Auch die Einhaltung der Voraussetzungen für die Einziehung eigener Anteile gem. § 237 AktG sind zu prüfen, sofern Aktien eingezogen werden. 997

Bei der Prüfung des Kapitals von **Personenhandelsgesellschaften**[948] stehen der Ausweis und die Besitzverhältnisse im Vordergrund. Anhand des Gesellschaftsvertrages oder der Gesellschafterbeschlüsse muss sich der APr. davon überzeugen, ob der Ausweis auf den verschiedenen Kapitalkonten den gesellschaftsvertraglichen Vereinbarungen entspricht. Gesellschaftsvertrag und Gesellschafterbeschlüsse sind i.d.R. auch Unterlagen für weitere das Kapital betreffende Prüfungshandlungen, z.B. Aufteilung der einzelnen Kapitalkonten in Kapitalkonten I und II, die unterschiedlich zu behandeln sind, Zuschreibung der Gewinne und Abschreibung etwaiger Verluste, zulässige Höhe der Entnahmen, Verzinsung der Kapitalkonten, Übertragung von Gesellschaftsanteilen. Bei Personenhandelsgesellschaften i.S.v. § 264a HGB ist die Einhaltung von § 264c Abs. 2 HGB zu prüfen[949]. 998

> **! Hinweis 37:**
> Nach IFRS ist die möglicherweise unterschiedliche Zuordnung von Eigenkapital und Fremdkapital zu berücksichtigen.

13.2.3.12 Prüfung der Rücklagen

Aus den gesetzlichen bzw. satzungsmäßigen Bestimmungen über die Bildung und Verwendung von Rücklagen ergeben sich zugleich die wesentlichen Prüfungshandlungen. 999

---

947 Vgl. Art. 66 EGHGB; *IDW RS HFA 28*.
948 Vgl. *IDW RS HFA 7*, Tz. 13 ff., *IDW RS HFA 7*, Tz. 42 ff.
949 Vgl. auch *IDW RS HFA 7*, Tz. 44.

1000 Danach hat der APr. bei der Prüfung der **Kapitalrücklage** neben dem Ausweis insb. die Einhaltung der gesetzlichen Vorschriften über Zuweisungen bzw. Entnahmen zu prüfen[950]. Gleichzeitig muss er darauf achten, dass – soweit es sich um eine AG/KGaA handelt – die Vorschriften über die Offenlegung der Rücklagenbewegungen im GJ (§§ 152 Abs. 2, 158 Abs. 1 AktG) beachtet werden.

1001 Bei der Prüfung der **Gewinnrücklagen** sollte der APr. insb. folgende Sachverhalte beachten:

- Bei der Prüfung der **gesetzlichen Rücklage** ist darauf zu achten, dass im GJ keine höheren als die in § 150 Abs. 2 AktG vorgeschriebenen Beträge zugeführt oder Beträge entgegen den gesetzlichen Bestimmungen aus der Rücklage entnommen wurden. Beide Fälle führen zur Nichtigkeit des JA (§ 256 Abs. 1 Nr. 4 AktG).
- Ebenfalls unter den Gewinnrücklagen ist die nach § 272 Abs. 4 HGB zu bildende **Rücklage für Anteile eines herrschenden oder mit Mehrheit beteiligten Unternehmens** auszuweisen. Die Prüfung hat sich im Wesentlichen darauf zu erstrecken, ob die Rücklagen aus freien Mitteln (freie Rücklagen, Jahresüberschuss, Gewinnvortrag) oder ggf. zu Lasten des Bilanzverlusts[951] gebildet wurden und ob sie nur entsprechend der Veräußerung, Ausgabe, Einziehung oder i.Z.m. einer niedrigeren Bewertung der Anteile gem. § 253 HGB aufgelöst wurden.
- Die Bildung der **satzungsmäßigen Rücklagen** sowie der **anderen Gewinnrücklagen** ergibt sich aus den jeweiligen Satzungsbestimmungen sowie – für die anderen Gewinnrücklagen – aus den Vorschriften der § 58 AktG, § 29 GmbHG. Der APr. hat deshalb insb. festzustellen, ob die gesetzlichen Vorschriften und Satzungsbestimmungen beachtet wurden. Soweit das Unternehmen von dem Wahlrecht der § 58 Abs. 2a AktG, § 29 Abs. 4 GmbHG Gebrauch macht, hat der APr. sich gleichzeitig davon zu überzeugen, dass die Dotierung auf den Eigenkapitalanteil der Wertaufholung bzw. des Sonderpostens beschränkt ist. Ferner hat er zu prüfen, ob die Formvorschriften über die Rücklagenbewegungen in Bilanz bzw. Anhang und GuV (§§ 152 Abs. 3, 158 Abs. 1 AktG) eingehalten wurden.

13.2.3.13 Prüfung der Rückstellungen

a) Allgemeine Prüfungshandlungen

1002 Bei der Prüfung der Rückstellungen ist v.a. festzustellen, ob für passivierungspflichtige ungewisse Verbindlichkeiten und für drohende Verluste Rückstellungen gebildet worden sind und ob die gebildeten Rückstellungen zutreffend dotiert sind. Dies setzt besondere Sachkenntnis und Prüfungserfahrung voraus, zumal hier Ermessensentscheidungen[952] einen regelmäßig breiten Raum einnehmen. Auch hinsichtlich der Dotierung von Rückstellungen besteht ein besonderes Risiko von **Verstößen** (bspw. die beabsichtigte Unterbewertung von Rückstellungen, die ungerechtfertigte Auflösung von Rückstellungen oder der Ansatz fiktiver Rückstellungen).

1003 Zu Beginn der Prüfung muss sich der APr. einen Überblick über die buchmäßige Behandlung der bisher gebildeten Rückstellungen verschaffen:

---

[950] Vgl. hierzu Kap. F Tz. 474 ff.; siehe auch *Winkeljohann/Hoffmann* in: BeBiKo[11], § 272, Rn. 160 ff.
[951] Vgl. z.B. ADS[6], § 272, Tz. 197 m.w.N.
[952] Zur Prüfung von geschätzten Werten vgl. ISA 540; *IDW PS 314 n.F.*

Vortrag zu Beginn des GJ
./. Inanspruchnahme während des GJ
./. Auflösung der nicht benötigten Rückstellung
 +   Neuzuführung für das GJ
 =   Stand zum Ende des GJ

Der Vortrag ist mit dem in der Schlussbilanz des VJ ausgewiesenen Bestand bzw. mit dem Abschlusssaldo des entsprechenden Rückstellungskontos abzustimmen. **1004**

Die gebuchte Inanspruchnahme der Rückstellung ist anhand der Dokumentation zu den Buchungsbelegen zu prüfen. In Stichproben sind auch die Buchungen auf den Gegenkonten zu prüfen. Sind Rückstellungen während des Jahres nicht verändert worden, so ist zu prüfen, ob der Rückstellungsgrund unverändert besteht und nur die Inanspruchnahme noch aussteht, ob der Rückstellungsgrund weggefallen ist, so dass die Rückstellung aufgelöst werden muss, oder ob es inzwischen neue Erkenntnisse gibt oder Ereignisse eingetreten sind, die die ursprünglich gebildete Rückstellung als zu niedrig erscheinen lassen, so dass eine weitere Dotierung notwendig ist. **1005**

Rückstellungen sind grundsätzlich gem. § 253 Abs. 1 HGB zum **Erfüllungsbetrag** zu bewerten und gem. § 253 Abs. 2 HGB laufzeitadäquat **abzuzinsen**, falls sie eine Restlaufzeit von mehr als einem Jahr haben. Entsprechend hat der APr. die angemessene Berücksichtigung von Preis- und Kostensteigerungen sowie die Anwendung der Zinssätze, die von der Deutschen Bundesbank veröffentlicht werden, zu prüfen. **1006**

Hinsichtlich des Ausweises muss sich der APr. davon überzeugen, dass neben der im gesetzlichen Gliederungsschema vorgesehenen Unterteilung in „Rückstellungen für Pensionen und ähnliche Verpflichtungen", „Steuerrückstellungen" und „Sonstige Rückstellungen" die gesonderten Angabe- bzw. Erläuterungspflichten des § 285 Nr. 12, 24 und 25 HGB beachtet wurden. Ebenso ist der gesonderte Ausweis gem. § 277 Abs. 5 HGB der Aufwendungen und Erträge aus der Ab- bzw. Aufzinsung unter „Zinsen und ähnliche Aufwendungen" bzw. „Sonstige Zinsen und ähnliche Erträge" zu prüfen. **1007**

b) Prüfung der Pensionsrückstellungen

Ist für die Berechnung der **Pensionsrückstellungen** ein versicherungsmathematisches Gutachten erstellt worden, so ist zu berücksichtigen, dass der Gutachter regelmäßig nur die Pensionsverpflichtungen anhand der ihm vom Unternehmen vorgelegten Daten ermittelt. Der APr. muss sich deshalb v.a. davon überzeugen, dass dem Gutachter alle erforderlichen Unterlagen vollständig zur Verfügung gestellt wurden und dass alle Daten und personellen Veränderungen zutreffend berücksichtigt wurden. Ausgangspunkt für die Prüfung des **Mengengerüsts** der Pensionsrückstellungen bildet dabei ein Bestandsnachweis, aus dem für jede Verpflichtung die für die Berechnung maßgeblichen Daten ersichtlich sind. Zu diesen Daten, die in Stichproben anhand der Personalakten und der Unterlagen der Lohn- und Gehaltsbuchhaltung abzustimmen sind, zählen im Wesentlichen Personalnummer, Geschlecht, Geburts-, Eintritts- und Zusagedatum, Versorgungsstatus, Pensionierungsalter, Familienstand und ruhegehaltsfähige Bezüge. Besondere Aufmerksamkeit ist dann angebracht, wenn in Einzelfällen Sondervereinbarungen getroffen worden sind, wie etwa die Anerkennung von Vordienstzeiten oder die Anrechnung von Leistungen Dritter. Wurde der Bestand aufgrund einer vor- oder **1008** nachverlegten Inventur ermittelt, so ist zu prüfen, ob die Voraussetzungen für die Anwendung dieser Erleichterungsregelung gegeben sind und ob i.R.d. erforderlichen Fortschreibung bzw. Rückrechnung auf den Abschlussstichtag wesentliche Veränderungen im Hinblick auf den Bestand oder die Höhe der Verpflichtungen berücksichtigt worden sind. Bei der Prüfung der vollständigen Erfassung und Zuordnung der Mitarbeiter zu den einzelnen Pensionsgruppen ist auch auf eventuelle Sonderfälle zu achten, wie z.B. die Berücksichtigung von zu anderen Konzernunternehmen entsandten Mitarbeitern oder die Erfassung von Mitarbeitern, die bspw. wegen Mutterschaftsurlaub, Erziehungsurlaub Auszeit (sog. sabbaticals) vorübergehend keine Bezüge erhalten.

1009 Inwieweit sich der APr. bei der Prüfung der **Bewertung** der Pensionsrückstellungen auf das Gutachten des versicherungsmathematischen Sachverständigen stützen kann, ist nach den Grundsätzen für die Verwertung der Arbeit von Sachverständigen[953] zu entscheiden. Hat sich der APr. in hinreichendem Maß von der beruflichen Qualifikation und fachlichen Kompetenz des versicherungsmathematischen Sachverständigen sowie von dessen Unparteilichkeit und Unbefangenheit überzeugt, muss er auch die Arbeitsergebnisse des Sachverständigen beurteilen[954]. Beide Prüfungshandlungen hat der APr. in seinen Arbeitspapieren zu dokumentieren. Dafür kommt nach der Prüfung der zugrunde liegenden Ausgangsdaten ein Nachvollziehen der versicherungsmathematischen Berechnung in Stichproben in Betracht. Diese sind bspw. durch überschlägige Berechnung der Rückstellungshöhe einzelner Pensionsverpflichtungen an Hand der „Richttafeln" von Klaus Heubeck und Vergleich der VJ-Werte möglich. Zumindest muss sich der APr. aber darüber informieren, nach welchen Bewertungsmethoden der Gutachter vorgegangen ist, welche Sterbetafeln, welcher Rechnungszinsfuß und welche sonstigen Annahmen (z.B. unterstellter Lohn- und Gehaltstrend sowie Fluktuation) und Formeln zum Ansatz kamen. Dies ist nicht nur im Hinblick auf die Einschätzung der sachlichen Vertrauenswürdigkeit des Urteils notwendig, sondern dient gleichzeitig der Prüfung der Anhangangaben nach § 284 Abs. 2 Nr. 1 und – bei Abweichungen gegenüber dem VJ – Nr. 3 HGB sowie § 285 Nr. 24 HGB. Im Rahmen der Bewertungsprüfung hat der APr. auch festzustellen, ob das zu prüfende Unternehmen die durch § 16 BetrAVG alle drei Jahre geforderte Anpassungsprüfung vorgenommen hat. Bzgl. der Frage, ob eine Anpassungspflicht besteht, hat der APr. die Einschätzung der Geschäftsführung über die wirtschaftliche Lage auf Plausibilität, Nachvollziehbarkeit und Vollständigkeit zu überprüfen. Unbegründet unterlassene Anpassungen hat der APr. mit der Unternehmensleitung zu erörtern, ggf. in seinem Bericht zu vermerken und u.U. beim BestV zu berücksichtigen[955].

1010 Bei **wertpapiergebundenen Altersversorgungsverpflichtungen** richtet sich die Bewertung nach § 253 Abs. 1 S. 3 HGB. In diesem Zusammenhang hat der APr. die Ermittlung des beizulegenden Zeitwerts der Wertpapiere anhand von Marktpreisen oder Berechnungen nach anerkannten Bewertungsmethoden (ggf. unter Hinzuziehung von Sachverständigen) zu prüfen. Bei einer Zusage mit einem garantierten Mindestbetrag erfordert die Bewertung einen Vergleich mit dem beizulegenden Zeitwert des Referenzobjekts. Entsprechend ist eine Ermittlung des garantierten Mindestbetrags nach den

---

953 Vgl. auch ISA 500.8; *IDW PS 322 n.F.*, Tz. 7; siehe auch Kap. L Tz. 463 ff.
954 Vgl. ISA 500.8; *IDW PS 322 n.F.*, Tz. 10 ff.
955 Vgl. im Einzelnen *IDW St/HFA 3/1993*.

Bewertungsmaßstäben für Rückstellungen, dem Erfüllungsbetrag, durch das Unternehmen vorzunehmen.

Gem. § 246 Abs. 2 HGB sind Vermögensgegenstände, die dem Zugriff aller übrigen Gläubiger entzogen sind und ausschl. der Erfüllung von Schulden aus Altersversorgungsverpflichtungen oder vergleichbaren langfristig fälligen Verpflichtungen dienen, mit diesen Schulden zu verrechnen[956]. Darunter fallen insb. Pensionszusagen, Lebensarbeitszeitkontenvereinbarungen und Altersteilzeitverträge. In diesem Zusammenhang hat der APr. anhand der Vertragsgestaltungen zu prüfen, ob die Vermögensgegenstände vor dem Zugriff der Gläubiger geschützt und zweckexklusiv sind. Ein Schutz vor dem Zugriff der Gläubiger ist grundsätzlich möglich bei 1011

- insolvenzfesten Treuhandvereinbarungen,
- verpfändeten Rückdeckungsversicherungsansprüchen,
- sicherungshalber abgetretenen Rückdeckungsversicherungsansprüchen und
- anderen verpfändeten oder sicherungsabgetretenen Rechten.

Im Hinblick auf „Zweckexklusivität" muss der APr. prüfen, dass es sich um nichtbetriebsnotwendige Vermögensgegenstände handelt, da nur diese – von Ausnahmefällen abgesehen – für eine Verrechnung in Frage kommen[957].

Nach § 253 Abs. 1 S. 4 HGB sind diese Vermögensgegenstände stets mit dem beizulegenden Zeitwert zu bewerten und können damit die AK übersteigen. Der APr. hat den beizulegenden Zeitwert und die nach § 246 Abs. 2 S. 3 HGB gesondert unter dem Posten „Aktiver Unterschiedsbetrag aus der Vermögensverrechnung"[958] auszuweisende Überhänge zu prüfen, die abzüglich passiver latenter Steuern in der Ausschüttungssperre gem. § 268 Abs. 8 HGB zu berücksichtigen sind. Gleiches gilt für die Angabepflichten gem. § 285 Nr. 25 HGB. 1012

Zusätzlich finden sich in *IDW RS HFA 30 n.F.* weitere Informationen, die bei der Bilanzierung von Altersversorgungsverpflichtungen zu berücksichtigen sind. 1013

Sind die Pensionsverpflichtungen in Anwendung der Übergangsvorschriften des Art. 28 Abs. 1 EGHGB nur teilw. passiviert worden, so ist zu prüfen, ob die Abgrenzung zwischen passivierungspflichtigen und nicht passivierungspflichtigen Zusagen zutreffend erfolgt. Dabei sollte sich der APr. gleichzeitig davon überzeugen, dass der Fehlbetrag der nicht gebildeten Pensionsrückstellungen im Anh. richtig angegeben worden ist. Gleiches gilt für die nicht oder nicht in voller Höhe passivierten Verpflichtungen gegenüber rechtsfähigen Versorgungseinrichtungen des Trägerunternehmens. Soweit das Unternehmen bestimmte steuerliche Erleichterungsmöglichkeiten (z.B. § 6a Abs. 4 EStG) auch in der Handelsbilanz anwenden möchte, ist zu prüfen, ob dies handelsrechtlich zu vertretbaren Ergebnissen führt[959]. 1014

c) Prüfung der anderen Rückstellungen

Bei den **anderen Rückstellungen** wird der Schwerpunkt der Abschlussprüfung häufig auf der Vollständigkeit der gebildeten Rückstellungen und auf der Bewertung liegen. Die **Vollständigkeit** stellt eine besondere Herausforderung dar, weil Rückstellungsbedarf 1015

---

956 Vgl. zu den Übergangsregelungen Art. 66/67 EGHGB; *IDW RS HFA 28*.
957 Vgl. *Hasenburg/Hausen*, DB 2009, Beil. 5, S. 43.
958 Vgl. § 266 Abs. 2 E. HGB.
959 Vgl. *IDW RS HFA 30 n.F.*, Tz. 63 ff.

auch aus solchen Sachverhalten resultieren kann, mit denen der APr. i.R.d. Abschlussprüfung nicht unmittelbar konfrontiert wird (bspw. Bereiche, die nicht unmittelbar dem Rechnungswesen zugeordnet sind wie bspw. Vertriebsabteilung; technische Bereiche; Rechtsabteilung). Zur Prüfung der Vollständigkeit kommen folgende Maßnahmen in Betracht:

- Beurteilung des Prozesses, wie in dem Unternehmen rückstellungsrelevante Sachverhalte erfasst werden
- Auswertung von Erkenntnissen aus anderen Prüfungsgebieten (z.B. Verlustgeschäfte in der lfd. Periode als mögliches Indiz für Drohverlustrückstellungen)
- Einholung von Auskünften der Rechtsabteilung sowie von RA-Bestätigungen[960]
- Bearbeitung von Checklisten zu potentiell rückstellungspflichtigen Sachverhalten
- Einholung einer VollstE, mit der die gesetzlichen Vertreter des zu prüfenden Unternehmens eine umfassende Versicherung über die Vollständigkeit der erteilten Erklärungen und Nachweise abgeben[961].

1016 Rückstellungen sind dadurch gekennzeichnet, dass die dadurch abgebildeten Verpflichtungen hinsichtlich ihres Eintritts und/oder ihrer Höhe ungewiss sind. Deshalb wird die Prüfung der **Bewertung** einen zweiten Schwerpunkt darstellen. Regelmäßig liegen den Rückstellungen aufgrund der Unsicherheit Schätzungen zugrunde. Bei diesen geschätzten Werten muss der APr. beurteilen, ob die Werte plausibel sind und in angemessener Weise erläutert wurden. Folgende Prüfungshandlungen können zur Erlangung der erforderlichen Prüfungssicherheit in Hinblick auf die zutreffende Bewertung beitragen:

- Bestätigungen externer Sachverständiger (z.B. Gutachten zu Umweltrisiken, RA-Bestätigungen zur Höhe möglicher Prozessrisiken)

> **Praxistipp 26:**
> Die Dokumentation über die Sachkunde und die Unparteilichkeit des externen Sachverständigen ist erforderlich.

- Rückgriff auf Vergangenheitserfahrungen bei wiederkehrenden Sachverhalten (z.B. Gewährleistungsrisiken unter Berücksichtigung von Inanspruchnahmen in der Vergangenheit)
- Berücksichtigung von Ereignissen nach dem Abschlussstichtag mit wertaufhellendem Charakter (z.B. zwischenzeitlich eingegangene Rechnungen für vor dem Abschlussstichtag bezogene Dienstleistungen)
- Würdigung der zugrunde liegenden Annahmen (z.B. zu den noch anfallenden Aufwendungen bei Drohverlustrückstellungen für langfristige Aufträge)
- Beurteilung von wertbestimmenden Faktoren (z.B. erwartete Preissteigerungen).

1017 Der APr. hat darauf zu achten, ob eine Rückstellung für Risiken aus derivativen Finanzinstrumenten zu bilden ist[962]. Aufgrund der Komplexität geht häufig auch ein erhöhtes Risiko der nicht sachgerechten Abbildung im Abschluss einher. Hierzu ist zunächst zu

---

[960] Vgl. ISA 501.10; *IDW PS 302 n.F.*, Tz. 25 f.
[961] Vgl. *IDW PS 303 n.F.*
[962] Vgl. *IDW RS BFA 5*; ADS⁶, § 253, Tz. 269.

klären, in welchem Umfang diese Instrumente eingesetzt werden. Das Schwergewicht der Prüfung liegt auf der Prüfung der Organisationsstruktur, der Abwicklung und der Kontrolle dieser Geschäfte. Bei der Abschlussprüfung ist zu klären, inwieweit die Voraussetzungen zur Bildung von Bewertungseinheiten (Hedging) gegeben sind[963].

1018 I.d.R. steht bei der Bildung der Rückstellungen die Aufwandsart, die durch die spätere Inanspruchnahme entsteht, eindeutig fest (Ausnahme z.B. Garantierückstellungen), so dass die Bildung der Rückstellung zu Lasten dieser Aufwandsart möglich ist. Der APr. sollte grundsätzlich die Belastungen auf den Aufwandskonten mit der Dotierung der Rückstellungen abstimmen.

13.2.3.14 Prüfung der Verbindlichkeiten

a) Prüfung der Anleihen

1019 Unterlagen für den Nachweis des **Bestehens** der Anleihen sind Beschlüsse des AR und der HV bzw. der entsprechenden Gremien bei Unternehmen anderer Rechtsform, Börsenprospekte und Abrechnungen der Emissionsbank. Daraus wird auch eine eventuell eingeräumte Konvertibilität ersichtlich. Durch Einsichtnahme in die Tilgungspläne und Auslosungsprotokolle ist die Einhaltung der **Zins- und Tilgungsbedingungen** zu prüfen. Damit wird zweckmäßigerweise gleichzeitig die Prüfung der entsprechenden Aufwandskonten verbunden, wobei die vereinbarten Zinsen den tatsächlich gezahlten Zinsen gegenüberzustellen sind. Aus dieser Gegenüberstellung ergibt sich auch ein evtl. abzugrenzender Zinsaufwand. Alle Abweichungen von den ursprünglichen Vereinbarungen müssen aufgeklärt werden. Die zur Durchführung dieser Prüfungen erforderlichen Daten und etwaige Änderungen der ursprünglichen Vereinbarungen sollte der APr. in seinen Arbeitspapieren festhalten, damit er nicht jedes Jahr die Verträge erneut einsehen muss.

b) Prüfung der Verbindlichkeiten gegenüber Kreditinstituten

1020 Der tatsächlich in Anspruch genommene Kredit wird für den Abschlussstichtag durch Bankbestätigungen nachgewiesen, die mit den Salden der Bankkonten abzustimmen sind[964]. Dabei können sich Differenzen aufgrund zeitlicher Buchungsunterschiede ergeben, die aufgeklärt werden müssen.

1021 Darüber hinaus muss der APr. die Kreditunterlagen einsehen, aus denen die Art, Begrenzung und **Sicherung** des Kredits sowie seine **Verzinsung** zu ersehen sind. Bei der Prüfung der Einhaltung der Kreditbedingungen – zu denen auch Covenants zählen – wird der APr., sofern es sich nicht um einen Kontokorrentkredit handelt, die Soll-Verzinsung dem gebuchten Zinsaufwand gegenüberstellen. Diese Gegenüberstellung macht deutlich, ob ggf. noch Zinsen – dasselbe gilt für evtl. Spesen und Provisionen – abzugrenzen sind.

c) Prüfung der erhaltenen Anzahlungen auf Bestellungen

1022 Für die Prüfung der erhaltenen Anzahlungen auf Bestellungen gelten die gleichen Grundsätze wie für die Prüfung der Lieferungs- und Leistungsverbindlichkeiten[965].

---

963 Vgl. zur Problematik der Bewertungseinheiten Kap. L Tz. 1042.
964 Zur Einholung von Bankbestätigungen vgl. Kap. L Tz. 91, Kap. L Tz. 981.
965 Vgl. Kap. L Tz. 1023 ff.

Darüber hinaus ist zu prüfen, ob die Anzahlungen noch zu Recht ausgewiesen werden oder ob ihre Aufrechnung versehentlich unterblieben ist, obgleich die Lieferung/Leistung bereits ausgeführt ist.

d) Prüfung der Verbindlichkeiten aus Lieferungen und Leistungen

1023 Wie bei den Forderungen aus Lieferungen und Leistungen handelt es sich bei einem großen Teil der Verbindlichkeiten aus Lieferungen und Leistungen um das Ergebnis von Routinetransaktionen. Das Ergebnis der Analyse der Geschäftsprozesse und der Geschäftsdurchführung bestimmt den Umfang der noch erforderlichen Detailprüfungen. Für den Nachweis des **Bestehens** der Verbindlichkeiten hat der APr. abzuwägen, ob Bestätigungen Dritter als aussagebezogene Prüfungshandlungen einzuholen sind[966]. Die Bestätigungen müssen mit den Salden laut Saldenliste und diese wiederum mit den Salden auf den Kontokorrentkonten abgestimmt werden, sofern Haupt- und Nebenbuch nicht auf dem identischen Datenbestand beruhen. Debitorische Kreditoren[967] sollten abgestimmt und ihre Entstehungsursache geprüft werden. Für Zwecke des Bilanzausweises sind die Kreditoren um die debitorischen Kreditoren zu bereinigen, die ihrerseits unter den sonstigen Vermögensgegenständen auszuweisen sind.

1024 Bei der **Abwicklung** des Saldos in neuer Rechnung ist es teilweise üblich, die Beträge in den Arbeitspapieren zu vermerken, die im Saldo am Abschlussstichtag enthalten und zum Zeitpunkt der Prüfung noch nicht beglichen waren. Auffälligen Zahlungsverzögerungen muss nachgegangen werden. Als weiteres Ergebnis könnte sich bei dieser Prüfungshandlung herausstellen, dass ein Kreditor seine Rechnung nachträglich vermindert oder erhöht hat. Insb. im letzten Fall ist eine ggf. erforderliche Korrektur am Abschlussstichtag zu prüfen.

1025 Schließlich liefert die Prüfung der Abwicklung des Saldos in neuer Rechnung wichtige Hinweise dafür, ob die Abgrenzung zwischen Vorräten und in Anspruch genommenen Leistungen mit den Verbindlichkeiten zum Abschlussstichtag ordnungsgemäß durchgeführt worden ist[968]. Die Gefahr der Nichtpassivierung von Verbindlichkeiten ist besonders groß bei Rechnungen für Dienstleistungen, da die Inanspruchnahme der Leistung nicht wie die Warenlieferung durch einen Eingangsschein belegt ist und die Rechnungserstellung erst längere Zeit nach der Leistungserstellung erfolgt. Daher sollte sich der APr. zusätzlich zur Prüfung des relevanten IKS von den zuständigen Abteilungen des Unternehmens eine Aufstellung anfertigen lassen über alle Arbeiten, die vor dem Abschlussstichtag begonnen oder abgeschlossen wurden und bis zum Abschlussstichtag noch nicht abgerechnet worden sind. Ggf. ist für noch ausstehende Leistungsrechnungen, deren Höhe sich nur schätzen lässt, eine Rückstellung zu bilden.

1026 Konten, die als „Diverse", „Verschiedene" oder „Sonstige Kreditoren" bezeichnet sind, beinhalten häufig ungeklärte oder außerhalb der üblichen Prozesse verarbeitete Geschäftsvorfälle, so dass der APr. insb. bei einem größeren Umfang und unübersichtlicher Abwicklung zusätzliche Aufbereitungen/Auswertungen durch das Unternehmen benötigt.

---

966 Vgl. *IDW PS 302 n.F*, Tz. 7.
967 Vgl. die Ausführungen zu den kreditorischen Debitoren (Kap. L Tz. 954), die sinngemäß gelten.
968 Vgl. zur Cut-off-Prüfung Kap. L Tz. 919.

e) Prüfung der Wechselverbindlichkeiten

Schuldwechsel werden regelmäßig in einem Wechselkopierbuch erfasst. Deshalb ist der Saldo, der sich aus dem Wechselkopierbuch ergibt, mit dem Hauptbuchkonto abzustimmen. Befinden sich unter den umlaufenden Wechseln solche über besonders hohe Beträge, sollte der APr. sich vergewissern, ob die ordnungsmäßige **Einlösung** zu erwarten ist. Er sollte ferner feststellen, in welchem Umfang und aus welchen Gründen Wechsel **prolongiert** wurden, ob Wechsel zu **Protest** gegangen sind und ob ggf. die Rechtsabteilung oder der RA des Unternehmens eingebunden ist. **1027**

f) Prüfung der Verbindlichkeiten gegenüber verbundenen Unternehmen und der Verbindlichkeiten gegenüber Unternehmen, mit denen ein Beteiligungsverhältnis besteht

Die Prüfung dieser Verbindlichkeiten bietet gegenüber den gleichartigen Forderungen keine Besonderheiten, so dass hier darauf verwiesen werden kann[969]. **1028**

g) Prüfung der sonstigen Verbindlichkeiten

Bei der Prüfung der sonstigen Verbindlichkeiten sind die Salden der Kontokorrentkonten mit Saldenbestätigungen sowie mit dem Hauptbuchkonto, falls ein solches geführt wird, abzustimmen. Daneben sind evtl. Besonderheiten der einzelnen Posten sowie gegebene Sicherheiten und vereinbarte Zinsen zu prüfen. Häufig sind in den sonstigen Verbindlichkeiten auch die nicht abgerufenen Dividenden sowie bei Anleihen nicht abgehobene ausgeloste Beträge enthalten. Diese Verbindlichkeiten sollten anhand eines Nummernverzeichnisses bis zum Verfall oder Ablauf der Verjährungsfrist sorgfältig kontrolliert werden. Bei Fortfall der Verbindlichkeit ist darauf zu achten, wer die Ausbuchung veranlasst hat und ob der Ertrag ordnungsmäßig gebucht ist. **1029**

Die in einem „Davon"-Vermerk gesondert auszuweisenden Verbindlichkeiten aus Steuern und die Verbindlichkeiten i.R.d. sozialen Sicherheit können i.d.R. unmittelbar mit den entsprechenden Aufwandskonten abgestimmt werden. **1030**

h) Prüfung der Angabe der Restlaufzeiten und der pfandrechtlichen Sicherungen

Für jeden Posten der Verbindlichkeiten sind **1031**
- der Gesamtbetrag der Verbindlichkeiten mit einer Restlaufzeit von mehr als fünf Jahren,
- der Gesamtbetrag der Verbindlichkeiten, die durch Pfandrechte oder ähnliche Rechte gesichert sind, unter Angabe von Art und Form der Sicherheiten,

im Anh. anzugeben (§ 285 S. 1 Nr. 1 HGB). Außerdem ist in der Bilanz bei jedem Posten der Betrag der Verbindlichkeiten mit einer Restlaufzeit bis zu einem Jahr gesondert anzugeben (§ 268 Abs. 5 S. 1 HGB).

Bei der Prüfung der Vermerksangaben über die **Restlaufzeiten** wird sich der APr. i.d.R. auf *entsprechende* Aufstellungen der Gesellschaft stützen können. Diese sollte er in Stichproben mit den entsprechenden Vertragsunterlagen abstimmen. Seitens des Unternehmens nicht eingehaltene Zahlungsvereinbarungen können wesentliche Hinweise für die Beurteilung seiner Finanz- und Ertragslage sein. **1032**

---

969 Vgl. Kap. L Tz. 962 ff.

1033 Vom zutreffenden Ausweis der durch **Pfandrechte** oder **ähnliche Rechte** gesicherten Verbindlichkeiten muss sich der APr. durch Einsichtnahme in Grundbücher bzw. Grundbuchauszüge, notarielle Urkunden und Verträge überzeugen. Dabei muss er auch darauf achten, dass die Angabepflicht auch für erhaltene Anzahlungen gilt, die nicht unter den Verbindlichkeiten ausgewiesen werden, sondern entsprechend § 268 Abs. 5 S. 2 HGB offen von den Vorräten abgesetzt wurden.

1034 Wenngleich **vereinbarte Kreditsicherungen** nur hinsichtlich des Ausweises der Anteile, die durch Grundpfandrechte oder ähnliche Rechte gesichert sind, der Prüfungspflicht unterliegen, müssen im Interesse einer zutreffenden Beurteilung der Vermögenslage im LB jedoch erhebliche anderweitige Beschränkungen der Verfügungsmacht über Vermögensgegenstände durch vereinbarte Kreditsicherungen erwähnt und somit auch geprüft werden, wenn die Vermögenslage ohne die Kenntnis dieser Belastungen zu günstig erscheint. Das trifft insb. bei Unternehmen zu, die sich in wirtschaftlichen Schwierigkeiten befinden. Stellt der APr. fest, dass vereinbarte Kreditsicherungen nicht eingehalten werden, sollte er daher ggf. einen entsprechenden Vermerk in den PrB aufnehmen.

13.2.3.15 Prüfung der passiven Rechnungsabgrenzung

1035 Die Ausführungen zur Prüfung der aktiven Rechnungsabgrenzung gelten sinngemäß[970].

13.2.3.16 Prüfung der passiven latenten Steuern

1036 Zu den entsprechenden Ausführungen bei den aktiven latenten Steuern Kap. L Tz. 985 ff.

13.2.3.17 Prüfung der vermerkpflichtigen Haftungsverhältnisse

1037 Unterlagen für die Prüfung vermerkpflichtiger Haftungsverhältnisse (vgl. §§ 251, 268 Abs. 7, 285 Nr. 27 HGB) sind Wechsel- und Scheckkopierbücher, Verträge sowie die allgemeine Korrespondenz. Die Prüfung wird erleichtert, wenn grundsätzlich sämtliche Haftungsverhältnisse an einer Stelle statistisch erfasst werden. Darüber hinaus ist der APr. im Wesentlichen auf Auskünfte angewiesen (VollstE)[971]. Der APr. muss feststellen, ob sämtliche Haftungsverhältnisse unter der Bilanz bzw. im Anhang angegeben worden sind und ob die Abgrenzung zu den gem. § 285 Nr. 3a HGB zu erläuternden sonstigen finanziellen Verpflichtungen entsprechend den gesetzlichen Vorschriften vorgenommen wurde[972].

13.2.3.18 Prüfung von off-balance sheet-Geschäften

1038 Unter off-balance sheet-Geschäften sind solche Geschäfte zu verstehen, die nicht oder nur in geringem Umfang (z.B. in Form von erhaltenen/geleisteten Optionsprämien oder Margin-Zahlungen) in der Bilanz enthalten sind. Hierunter fallen insb. **derivative Finanzinstrumente,** deren Entstehen und zunehmender Einsatz auf die zunehmenden Schwankungen an den internationalen Geld- und Kapitalmärkten und dem daraus resultierenden Bedürfnis der Marktteilnehmer nach geeigneten Absicherungsinstrumenten zurückzuführen ist. Dabei kann zwischen bedingten (Optionen, Zinsoptionen, Zinsbegrenzungsvereinbarungen) und unbedingten Geschäften (Zinsswaps, Wäh-

---

[970] Vgl. Kap. L Tz. 983 f.
[971] Vgl. auch Kap. L Tz. 1251 ff.
[972] Zu Patronatserklärungen vgl. *IDW RH HFA 1.013.*

rungsswaps, Finanzterminkontrakte wie Financial Futures oder Devisentermingeschäfte) unterschieden werden. Bei den bedingten Geschäften kann ein Vertragspartner von der Gegenpartei entweder Erfüllung verlangen oder auch auf diese verzichten, bei unbedingten Geschäften sind beide Vertragspartner zur Erfüllung verpflichtet. Für den APr. sind v.a. die Bonitäts-, Zinsänderungs- und Währungsrisiken von Bedeutung.

Die Planung und die Durchführung der Prüfung von off-balance sheet-Geschäften weisen folgende prüfungstechnischen Besonderheiten auf: **1039**

- Da beim Einsatz derivativer Finanzinstrumente kein bzw. kein vollständiger unmittelbarer Liquiditätsfluss stattfindet (schwebende Geschäfte) und die Geschäfte oft nur fernmündlich abgeschlossen werden, kommen der ordnungsmäßigen Erfassung und Bearbeitung der Geschäftsvorfälle und damit der Prüfung des IKS eine erhebliche Bedeutung zu. Dieses sollte die Dokumentation der Absicherung, die Erfassung von Risikopositionen, die Vorgabe von Limits für die Schließung offener Positionen und für pro Handelstag nicht zu überschreitende Verlustrisiken sicherstellen. Darüber hinaus ist eine strenge Funktionstrennung zwischen den Bereichen Handel, Abwicklung, Kontrolle und Buchhaltung erforderlich[973].
- Erhebliche Fehlerrisiken liegen insb. bei der Erfassung, Kontrolle und Buchung der Geschäftsvorfälle.
- Die eindeutige Einordnung von derivativen Finanzinstrumenten als Handels- oder Sicherungsgeschäfte und damit die Beurteilung der Risikolage des geprüften Unternehmens gestalten sich für den APr. häufig sehr schwierig und erfordert wegen der Komplexität der Geschäfte den Einsatz erfahrener APr. und Spezialisten.

Von wesentlicher Bedeutung ist die Prüfung der **vollständigen,** richtigen und zeitgerechten Erfassung von derivativen Finanzinstrumenten. Als Informationsquellen kommen Protokolle von Vorstandssitzungen, Unterlagen von Rechts- und Finanzabteilungen, Verträge, allgemeiner Schriftverkehr und Saldenbestätigungen in Betracht. Die Geschäfte sind auch in die vom APr. einzuholende VollstE einzubeziehen. **1040**

Im Rahmen der OTC-Geschäfte (OverTheCounter-Geschäfte) sollte darüber hinaus durch eine neutrale Stelle geprüft werden, ob die Kontrahentenabstimmung erfolgt ist. Wesentlich hierbei ist, ob die Gegenleistung durch eine Geschäftsbestätigung des Kontrahenten vorhanden ist.

Hinsichtlich der Prüfung der **Bewertung** ist zu beachten, dass für derivative Finanzinstrumente grundsätzlich die gleichen Bewertungsregeln wie für andere schwebende Geschäfte gelten, mit der Besonderheit, dass unter bestimmten Voraussetzungen die Bildung von Bewertungseinheiten zulässig ist. Aufgrund der Komplexität empfiehlt sich die Einschaltung von Spezialisten. **1041**

Bewertungseinheiten[974] i.S.d. § 254 HGB sollen dazu beitragen, dass der JA ein den tatsächlichen Verhältnissen entsprechendes Bild der Lage des Unternehmens vermittelt. Bei der handelsrechtlich gebotenen wirtschaftlichen Betrachtungsweise ist es nicht sachgerecht, Ergebnisse – z.B. aufgrund der Anwendung des Einzelbewertungsgrundsatzes – zu erfassen, die wegen einer Sicherungsbeziehung nicht zu einer Vermögensmehrung oder -minderung führen werden. Der APr. hat sich davon zu über- **1042**

---

973 Vgl. auch *Krumnow*, KI², § 340e HGB, Rn. 303 ff.
974 Vgl. zur Problematik der Bewertungseinheit *Gelhausen/Fey/Kämpfer*, BilMoG, S. 125 ff.; *Schmidt/Usinger*, in: BeBiKo¹¹, § 254; *IDW RS BFA 5*.

zeugen, dass im Rahmen von Bewertungseinheiten die folgenden Voraussetzungen kumulativ erfüllt werden:
- Vermögensgegenstände, Schulden, schwebende Geschäfte oder mit hoher Wahrscheinlichkeit erwartete Transaktionen als Grundgeschäft,
- Finanzinstrument als Sicherungsinstrument,
- Sicherungsabsicht (einschl. Durchhalteabsicht),
- Wirksamkeit der Sicherungsbeziehung (einschl. Vergleichbarkeit der Risiken und Gegenläufigkeit der Wert- oder Zahlungsstromänderungen),
- Betragsidentität,
- Fristenidentität und
- Designation (Zusammenfassung von Grundgeschäft und Sicherungsinstrument).

Dazu wird der APr. vom Management entsprechende Dokumentationen sowie Nachweise und Erläuterungen zu den Sicherungsinstrumenten bzw. Sicherungsbeziehungen anfordern und prüfen. Zusätzlich sind die Anhangangaben gem. § 285 Nr. 23 HGB zu prüfen.

1043 Bei der Prüfung des **Ausweises** hat der APr. zu untersuchen, ob ggf. zu bildende Drohverlustrückstellungen unter den „Sonstigen Rückstellungen" ausgewiesen sind. Erträge und Aufwendungen i.Z.m. derivativen Finanzinstrumenten sind grundsätzlich unter den „Sonstigen betrieblichen Erträgen/Aufwendungen" zu erfassen. Bei Zinsen aus Zinsswaps, Zinsbegrenzungsvereinbarungen oder Zinstermingeschäften erfolgt i.d.R. ein Ausweis im Finanzergebnis[975].

1044 Ferner sind die zusätzlichen Anhanganforderungen in § 285 Nr. 19 HGB zu beachten und zu prüfen. Im Anhang sind für jede Kategorie nicht zum beizulegenden Zeitwert bilanzierter derivativer Finanzinstrumente die folgenden Angaben vorzunehmen[976]:
- Art und Umfang der Finanzinstrumente,
- deren beizulegender Zeitwert, soweit er sich nach § 255 Abs. 4 HGB verlässlich ermitteln lässt, unter der Angabe der angewandten Bewertungsmethode,
- deren Buchwert und der zugehörige Bilanzposten, in welchem der Buchwert erfasst ist, sowie
- die Gründe weshalb der beizulegende Zeitwert nicht bestimmt werden kann.

Der beizulegende Zeitwert[977] nach § 255 Abs. 4 HGB entspricht dem Marktpreis, sofern dieser verlässlich feststellbar ist, d.h. ein aktiver Markt[978] besteht. Soweit kein aktiver Markt besteht, dann ist der beizulegende Zeitwert – soweit möglich – nach anerkannten Bewertungsmethoden zu bestimmen (z.B. Black-Scholes-Optionspreismodell, Binomialmodell)[979].

1045 Zusätzlich sind die Anhangangaben für Geschäfte nach § 285 Nr. 3 HGB zu prüfen. Beispiele hierfür sind Factoring-Geschäfte, ABS-Transaktionen, Pensionsgeschäfte, Leasingverträge und die Nutzung von Zweckgesellschaften. Für die Prüfung dieser Angaben wird der APr. Vertragsunterlagen und seine Kenntnisse aus dem Verständnis der

---

975 Vgl. *Schmidt/Peun*, in: BeBiKo[11], § 275 HGB, Rn. 108, 168, 194. Zur Bilanzierung und Bewertung ausgewählter derivativer Finanzinstrumente auf Zinsbasis vgl. *Krumnow*, KI[2], § 340e HGB, Rn. 359-451.
976 *IDW RH HFA 1.005*, Tz. 22.
977 Vgl. zur Prüfung von Zeitwerten auch ISA 540; *IDW PS 314 n.F.*
978 Zu den Kriterien für das Vorliegen eines aktiven Marktes vgl. *Grottel*, in: BeBiKo[11], § 285, Rn. 571.
979 Vgl. *Gelhausen/Fey/Kämpfer*, BilMoG, S. 382.

Geschäftstätigkeit des Unternehmens heranziehen. Dabei sind alle Risiken und Vorteile aus nicht in der Bilanz enthaltenen Geschäften zu würdigen, die sich auf die Finanzlage des Unternehmens auswirken können[980].

13.2.4 Prüfung der Gewinn- und Verlustrechnung

13.2.4.1 Grundsätzliches zur Prüfungstechnik bei der Prüfung der Gewinn- und Verlustrechnung

Bei der Prüfung der GuV muss der APr. jeweils zwei Feststellungen treffen: **1046**
- Sind sämtliche Aufwendungen und Erträge vollständig und periodengerecht ausgewiesen?
- Sind die Aufwendungen und Erträge richtig ausgewiesen?

Bewertungsfragen, soweit sie i.Z.m. Aufwendungen und Erträgen auftreten, werden i.d.R. Prüfung der entsprechenden Bilanzposten gelöst. **1047**

Die **Vollständigkeit** der ausgewiesenen Aufwendungen und Erträge kann auf verschiedene Weise festgestellt werden. Dabei sollten vorrangig analytische Prüfungshandlungen vorgenommen werden[981]. Am zuverlässigsten ist die Prüfung der Vollständigkeit von Aufwendungen und Erträgen dann, wenn sich aufgrund der Bilanzprüfung Soll-Aufwendungen und Soll-Erträge berechnen lassen. **1048**

> **Beispiel 80:**
> Die Durchsicht der Unterlagen für Darlehensforderungen und -verbindlichkeiten, Festgeldbankguthaben und mittel- und langfristige Bankverbindlichkeiten gestattet die Berechnung von Soll-Zinserträgen, die angefallen sein müssen, wenn man vereinbarungsgemäß verfahren ist. In ähnlicher Weise lassen sich anhand der Versicherungspolicen die zu zahlenden Prämien oder anhand der Verträge Mietaufwendungen und Mieterträge berechnen.

Die Prüfung von wiederkehrenden Buchungen (wöchentlich, monatlich, quartalsweise) lässt ein weit weniger sicheres Urteil über die Vollständigkeit der Aufwendungen und Erträge zu, gibt aber wertvolle Hinweise, da sie für die Anzahl der Buchungen eine Sollgröße vorgibt. So müssen z.B. bei Fremdbezug von Strom, Gas und Wasser die Aufwandskonten (monatliche Abrechnung unterstellt) zwölf Belastungen ausweisen. Ähnliche Regelmäßigkeiten werden sich bei Mieten, Pachten, Bezugsgebühren für regelmäßige Lieferungen und Leistungen, Abrechnungen von Betriebsabteilungen (z.B. Kantine) und Außenstellen und bei vielen anderen Aufwandsarten und Erträgen feststellen lassen. Eine Durchsicht der Konten lässt im Allgemeinen erkennen, ob die Regelmäßigkeit an einer Stelle unterbrochen – es fehlt z.B. die zwölfte (letzte) Buchung – und damit für weitere Prüfungen ein Hinweis gegeben ist. **1049**

Weitere Anhaltspunkte lassen sich durch analytische Prüfungshandlungen wie z.B. den **Vergleich** von Werten gewinnen, zwischen denen ein sachlicher Zusammenhang besteht, z.B. USt und Umsätze, Materialverbrauch und hergestellte Einheiten. In ähnlicher Weise kann man Aufwendungen untereinander oder mit Erträgen vergleichen, zwischen **1050**

---
980 Vgl. hierzu auch *IDW RS HFA 32*.
981 Vgl. auch Kap. L Tz. 814 ff.

denen zwar kein Kausalzusammenhang besteht, die aber eine annähernd gleiche Entwicklung zeigen müssen. Wertvolle Hinweise vermitteln Gegenüberstellungen des Aufwandes der lfd. Periode mit dem VJ-Verbrauch. Bei den letztgenannten Methoden ist zwar nur eine beschränkte Aussage über die Vollständigkeit des Ausweises von Aufwendungen und Erträgen möglich, sie können jedoch helfen, Fehler festzustellen.

> **Beispiel 81:**
> Analytische Prüfungshandlungen bezogen auf den Personalaufwand können sich bspw. beziehen auf
> - Personalaufwand je Mitarbeiter
> - Sozialabgaben im Verhältnis zu Löhnen und Gehälter
> - Personalaufwand im Verhältnis zur Wertschöpfung.

1051 Für die Prüfung des richtigen **Ausweises** der einzelnen Aufwands- und Ertragsposten wird eine kritische Durchsicht der Buchungen auf den Konten bereits eine Reihe von Anhaltspunkten bieten, sofern der Buchungstext so klar und vollständig ist, dass sich der APr. ein Bild von dem zugrunde liegenden Geschäftsvorfall machen kann. Ggf. ist der Buchungsbeleg heranzuziehen. Neben dem richtigen Ausweis innerhalb des Gliederungsschemas ist auch die Ausweiskontinuität zu prüfen, da bei Aufwendungen oder Erträgen, die (zulässigerweise – vgl. § 265 Abs. 1 HGB) unter einem anderen Posten ausgewiesen werden, als gleichartige Aufwendungen oder Erträge in der GuV des VJ, die VJ-Zahlen anzupassen sind, soweit sich das Unternehmen nicht auf eine verbale Erläuterung für die fehlende Vergleichbarkeit im Anh. beschränkt.

13.2.4.2 Zusammenhang zwischen Bilanzprüfung und Prüfung der Gewinn- und Verlustrechnung

1052 Im Rahmen der Prüfung des IKS und den noch erforderlichen aussagebezogenen bilanzbezogenen Prüfungshandlungen sind die Aufwendungen und Erträge der GuV meist gleichfalls geprüft, bspw. die Prüfung des Materialaufwandes i.R.d. Prüfung der Vorräte.

1053 Die Aufwendungen und Erträge, die bei der Prüfung der Bilanz nicht oder nicht vollständig abgedeckt worden sind, werden sich im Wesentlichen auf die **„Sonstigen betrieblichen Aufwendungen"** und die **„Sonstigen betrieblichen Erträge"** beschränken. Diese Konten sind ihrer Natur nach Sammelkonten für alle nicht gesondert ausweispflichtigen Aufwendungen und Erträge. Der APr. sollte prüfen, ob in diesen Konten Erfolgsposten enthalten sind, die gesondert auszuweisen sind, oder Aufwendungen z.B. als Reparatur- oder Instandhaltungsaufwendungen erfasst wurden, obwohl es sich um aktivierungspflichtigen Herstellungsaufwand handelt. Darüber hinaus sollte der APr. v.a. bei unüblichen Buchungsvorgängen (etwa auffällige Buchungen vor oder kurz nach dem Abschlussstichtag oder Stornobuchungen) die zugrunde liegenden Belege einsehen, um möglicherweise unzutreffend behandelte Vorgänge zu identifizieren. Eine intensive Prüfung der sonstigen betrieblichen Aufwendungen und Erträge liefert daher häufig wertvolle Hinweise für Prüfungshandlungen in anderen Bereichen.

1054 Für einen ordnungsmäßigen **Ausweis** muss sich der APr. davon überzeugen, dass neben dem im gesetzlichen Gliederungsschema vorgesehenen Vermerk bestimmter Aufwendungen und Erträge aus verbundenen Unternehmen folgende Zusatzangaben erfolgt sind:

- Angabe latenter Steueraufwendungen und -erträge (§ 274 Abs. 2 S. 3 HGB)
- Angabe der außerplanmäßigen Abschreibungen (§ 277 Abs. 3 S. 1 HGB)
- Angabe der Erträge und Aufwendungen aus Verlustübernahme und der aufgrund einer Gewinngemeinschaft, eines GAV oder eines Teil-GAV erhaltenen oder abgeführten Gewinne (§ 277 Abs. 3 S. 2 HGB)
- gesonderte Angabe der Aufwendungen und Erträge aus der Ab-/Aufzinsung bzw. aus der Währungsumrechnung (§ 277 Abs. 5 HGB)
- Aufgliederung der Umsatzerlöse nach Tätigkeitsbereichen und geographischen Märkten, soweit sich diese untereinander erheblich unterscheiden (§ 285 S. 1 Nr. 4 HGB)
- Angabe des – entsprechend untergliederten – Material- und Personalaufwands des GJ bei Anwendung des UKV (§ 285 S. 1 Nr. 8 HGB)
- Gesamthonorar des APr. (§ 285 Nr. 17 HGB)
- Gesamtbetrag der F&E-Kosten (§ 285 Nr. 22 HGB)
- verrechnete Aufwendungen und Erträge aus § 246 Abs. 2 HGB (§ 285 Nr. 25 HGB).

13.2.4.3 Prüfung der Umsatzerlöse

Bei der Prüfung der Umsatzerlöse sind die Vollständigkeit (Umsatzrealisierung) und die periodengerechte Zuordnung von besonderer Bedeutung. Viele Prüfungshandlungen zu den Umsatzerlösen erfolgen bereits bei der Prüfung der Forderungen, s.a. Kap. L Tz. 946 ff. Darüber hinaus sind Cut-off-Prüfungen durchzuführen, um sicherzustellen, dass weder eine verfrühte Umsatzrealisierung noch ein unzulässiges Verschieben von Erlösen in eine spätere Berichtsperiode erfolgten.

Weiterhin ist die Abgrenzung der Umsatzerlöse zu anderen GuV-Positionen zu prüfen.

13.2.5 Prüfung des Anhangs

13.2.5.1 Grundsätzliches zur Prüfung des Anhangs

Die Prüfung des Anh. erfordert wegen der Vielzahl von Zusatzangaben sowie der Möglichkeit, bestimmte Angaben wahlweise in Bilanz/GuV oder Anh. zu machen, ein besonderes Vorgehen in der Prüfung. Dabei geht es im Wesentlichen um folgende Fragen:

- Erfüllt der Anhang die allgemeinen Grundsätze der Berichterstattung?
- Enthält der Anhang sämtliche erforderlichen Angaben[982]?
- Sind die gemachten Angaben richtig?

Besondere **Grundsätze für die Berichterstattung** im Anh. sind im Gesetz nicht enthalten, insb. ist eine bestimmte Form des Anh. nicht vorgeschrieben. Maßgebend sind daher die allgemeinen Grundsätze, wonach der Anh. klar und übersichtlich sein muss und – i.V.m. der Bilanz und der GuV – ein den tatsächlichen Verhältnissen entsprechendes Bild der Vermögens-, Finanz- und Ertragslage der Gesellschaft zu vermitteln hat (§ 264 Abs. 2 HGB).

Der APr. hat sich deshalb davon zu überzeugen, dass trotz der grundsätzlich bestehenden äußeren **Gestaltungsfreiheit** für den Anh. die Ausführungen überschaubar,

---

[982] Dazu ist die Verwendung einer Checkliste hilfreich; siehe hierzu IDW, Praxishandbuch[11], Arbeitshilfe B-8.1.-JA bzw. B-8.1.-KA.

klar und übersichtlich gegliedert sind und in sich eine gewisse **Strukturierung** aufweisen.

1059 Die Anhangangaben lassen sich im Wesentlichen in drei Gruppen einteilen:
- Angaben zu einzelnen Posten der Bilanz/GuV,
- Angaben zu den angewandten Bilanzierungs- und Bewertungsmethoden und
- sonstige Angaben.

1060 Die Angaben zu einzelnen **Posten der Bilanz/GuV** werden sinnvollerweise zusammen mit den jeweiligen Posten geprüft. Soweit der Anh. zum Zeitpunkt der Prüfung der entsprechenden Posten noch nicht vorliegt, dürfte es zweckmäßig sein, die damit zusammenhängenden angabepflichtigen Sachverhalte in den Arbeitspapieren festzuhalten, damit später eine Prüfung der Anhangangaben ohne eine erneute Befassung mit den zugrunde liegenden Sachverhalten möglich ist.

1061 Ähnliches gilt für die Prüfung der angewandten **Bilanzierungs- und Bewertungsmethoden.** Darüber hinaus sollte sich der APr. nach Beendigung der Prüfung aller Einzelposten noch einmal einen Gesamtüberblick über sämtliche angewandten Methoden und ggf. ihre Veränderung gegenüber dem VJ verschaffen und danach mit der Prüfung der entsprechenden Angaben im Anh. beginnen.

1062 Bei der Prüfung der **sonstigen Anhangangaben** dürfte sich i.d.R. eine Kombination der vorstehend genannten Vorgehensweisen anbieten, da teilw. bestimmte, für die Beurteilung relevante Informationen bei der Prüfung von Posten der Bilanz und der GuV anfallen (z.B. finanzielle Verpflichtungen aus Miet- und Leasingverträgen bei der Prüfung der korrespondierenden GuV-Posten), teilw. weitergehende Prüfungshandlungen erforderlich sind (z.B. Angaben zu den Organen oder Angaben zur Anzahl der beschäftigten Arbeitnehmer). Insb. in den Fällen, in denen das Gesetz keine Zahlenangaben, sondern qualitative Erläuterungen verlangt (z.B. Grundlagen der Währungsumrechnung), muss der APr. kritisch untersuchen, ob die vom Unternehmen gewählten Formulierungen die Sachverhalte angemessen widerspiegeln.

13.2.5.2 Prüfung der Angaben zu Einzelposten der Bilanz und der Gewinn- und Verlustrechnung

1063 Die erforderlichen Prüfungshandlungen wurden bereits bei der Darstellung der Prüfungstechnik für die einzelnen Posten der Bilanz und der GuV angesprochen, so dass darauf verwiesen werden kann.

13.2.5.3 Prüfung der Angaben zu den angewandten Bilanzierungs- und Bewertungsmethoden

1064 Der APr. muss sich bei der Prüfung dieser Angaben v.a. davon überzeugen, dass die vom Unternehmen angewandten Bilanzierungs- und Bewertungsmethoden (einschl. der Abschreibungsmethoden) so **vollständig** und **verständlich** zum Ausdruck gebracht worden sind, wie es zur Vermittlung eines den tatsächlichen Verhältnissen entsprechenden Bildes der Vermögens-, Finanz- und Ertragslage erforderlich ist. Der Leser muss sich aufgrund dieser Angaben über die Grundsätze der Bilanzierung und Bewertung ein zutreffendes eigenes Urteil bilden können. Ferner hat sich der APr. davon zu überzeugen, ob (zulässige) Abweichungen von Bilanzierungs- und Bewertungsmethoden angegeben und begründet wurden und ihr Einfluss auf die Vermögens-, Finanz- und Ertragslage gesondert dargestellt wurde.

Da die Bilanzierungs- und Bewertungsmethoden im Einzelnen bereits Gegenstand der Bilanzprüfung und der Prüfung der GuV waren, wird der APr. schon dort im Hinblick auf die Angabepflicht im Anh. die folgenden Fragen zu beantworten versuchen: **1065**
- Liegt ein angabepflichtiger Vorgang vor?
- Ist der Vorgang für die Vermittlung eines den tatsächlichen Verhältnissen entsprechenden Bildes wesentlich (Grundsatz der Wesentlichkeit[983])?
- Welchen Einfluss hat die Abweichung auf die Vermögens-, Finanz- und Ertragslage?

Unabhängig von der Beantwortung dieser Fragen bei Einzelposten sollte sich der APr. i.Z.m. der Prüfung des Anh. noch einmal fragen, ob die gewählten Bilanzierungs- und Bewertungsmethoden in ihrer Gesamtheit das vom Gesetz geforderte (§ 264 Abs. 2 HGB), den tatsächlichen Verhältnissen entsprechende Bild der Vermögens-, Finanz- und Ertragslage des Unternehmens wiedergeben oder ob im Anh. zusätzliche Angaben zu machen sind. Sind Bilanzierungs- und Bewertungsmethoden gegenüber dem VJ geändert worden, so ist in diese abschließende Analyse auch die Frage einzubeziehen, ob die Abweichungen hinreichend begründet sind und ob ihr Einfluss auf die Vermögens-, Finanz- und Ertragslage zutreffend dargestellt und ausreichend erläutert ist. Dabei ist insb. kritisch zu prüfen, ob verbale Angaben ausreichen oder ob, je nach Auswirkung der Abweichungen, zahlenmäßige Angaben geboten erscheinen. **1066**

13.2.5.4 Prüfung der sonstigen Angaben

Der Umfang der Prüfung der sonstigen Angaben hängt weitgehend von den vorausgegangenen Prüfungshandlungen ab, da selbst ohne unmittelbaren Bezug zu einzelnen Posten der Bilanz oder GuV dort Prüfungsnachweise auch zur Prüfung der sonstigen Anhangangaben üblicherweise erlangt werden (z.B. Besicherung von Darlehen, die aus Bankbestätigungen ersichtlich sind). **1067**

Wird bei der Aufstellung der Beteiligungsliste von der **Schutzklausel** Gebrauch gemacht (§ 286 Abs. 3 HGB), so muss der APr. darauf achten, dass die Inanspruchnahme durch einen eindeutigen Hinweis kenntlich gemacht ist. Wird im Übrigen bei der Berichterstattung – weil es das Wohl der Bundesrepublik Deutschland oder eines ihrer Länder erfordert oder weil für das berichtende oder ein Beteiligungsunternehmen ein Nachteil zu befürchten ist – von der Schutzklausel Gebrauch gemacht (§ 286 Abs. 1 HGB), so ist ein Hinweis auf die Inanspruchnahme nicht erforderlich. In jedem Fall sollte der APr. eine schriftliche Begründung der gesetzlichen Vertreter zu seinen Arbeitspapieren nehmen. **1068**

Der Anh. ist auch darauf zu prüfen, ob für alle Mitglieder des Geschäftsführungsorgans und des AR sämtliche Angaben des § 285 Nr. 10 HGB gemacht worden sind. Als Prüfungsunterlagen hierfür können i.d.R. Protokolle über AR-, HV- oder Gesellschafterversammlungen sowie HR-Eintragungen herangezogen werden. Bei börsennotierten Gesellschaften kann es zur Prüfung der Vollständigkeit der Angaben über die Mitgliedschaft der Organmitglieder in AR und anderen Kontrollgremien erforderlich sein, diese Information unmittelbar von den betroffenen Personen einzuholen. **1069**

---

983 Vgl. ISA 320; *IDW PS 250 n.F.*

1070 Der APr. hat die nach § 285 Nr. 17 HGB erforderlichen Angaben zu den APr.-Honoraren zu prüfen, falls die Angabe nicht aufgrund größenabhängiger Erleichterungen gem. § 288 HGB unterlassen wird[984].

1071 Bei börsennotierten AG sind zudem die nach § 285 Nr. 16 HGB geforderten Angaben zur **Entsprechenserklärung** zu prüfen. Vorstand und AR einer börsennotierten AG haben gem. § 161 AktG jährlich zu erklären, dass den Verhaltensempfehlungen der Regierungskommission „Deutscher Corporate Governance Kodex" entsprochen wurde oder wird oder welche Empfehlungen nicht angewendet wurden oder werden. Abweichungen von den Empfehlungen des Kodex sind zu begründen. Die Erklärung ist der Öffentlichkeit dauerhaft zugänglich zu machen. Nach der Konzeption des Gesetzgebers ist eine unmittelbare Aufnahme der Entsprechenserklärung selbst in den Anh. (oder in den LB) allerdings nicht vorgesehen. Im Anh. ist nach § 285 Nr. 16 HGB lediglich anzugeben, dass die Erklärung abgegeben und wo sie dauerhaft öffentlich zugänglich gemacht worden ist. Die Entsprechenserklärung ist Bestandteil der Erklärung zur Unternehmensführung (§ 289f Abs. 2 Nr. 1 HGB), wobei diese Angaben nicht in die Prüfung einzubeziehen sind[985]. Nach § 317 Abs. 2 S. 6. HGB ist die Prüfung der Angabe nach § 289f Abs. 2 und 5 HGB vielmehr darauf zu beschränken, ob die Angaben gemacht wurden. Des Weiteren wurde nunmehr das Diversitätskonzept in § 289 Abs. 2 i.V.m. Abs. 5 HGB kodifiziert. Verfolgt die Gesellschaft kein Diversitätskonzept, ist dies in der Erklärung zur Unternehmensfortführung zu erläutern.

1072 Der APr. hat zu prüfen, ob der Angabepflicht des § 285 Nr. 16 HGB entsprochen wurde und ob die Angabe vollständig ist und zutrifft[986]. Die Anhangangabe ist **vollständig**, wenn der Anh. sowohl die Aussage zur Abgabe der Entsprechenserklärung als auch dazu enthält, wo diese der Öffentlichkeit dauerhaft zugänglich gemacht wurde (z.B. über die Internetseite des Unternehmens unter Angabe des Links). Hierzu hat sich der APr. zu vergewissern, dass das Unternehmen Vorkehrungen getroffen hat, die eine solche dauerhafte Verfügbarkeit der Entsprechenserklärung ermöglichen. Die Anhangangabe ist **zutreffend**, wenn eine Entsprechenserklärung vorliegt, die die formellen Anforderungen des § 161 AktG an den Inhalt und die jährliche Abgabe der Erklärung erfüllt. Das ist der Fall, wenn erkennbar ist, dass die Entsprechenserklärung von Vorstand **und** AR abgegeben wurde, die Erklärung sowohl eine vergangenheitsbezogene als auch eine zukunftsorientierte Aussage zur Einhaltung der Empfehlungen des Kodex enthält und die Abweichungen vom Kodex **im Einzelnen** aufgeführt und begründet sind. Außerdem ist zu überprüfen, ob die Entsprechenserklärung rechtzeitig, d.h. innerhalb von zwölf Monaten, abgegeben wurde.

1073 Für die Beurteilung der Ordnungsmäßigkeit der Anhangangabe ist nicht relevant, ob die Entsprechenserklärung **inhaltlich** zutreffend ist. Es ist nicht Aufgabe des APr. zu prüfen, ob und inwieweit den Verhaltensempfehlungen des DCGK tatsächlich entsprochen wurde und ob Abweichungen von diesen Empfehlungen zutreffend in der Entspre-

---

[984] Zu den Detailfragen vgl. *IDW RS HFA 36 n.F.*
[985] § 317 Abs. 2 S. 3 HGB.
[986] Vgl. *IDW PS 345*, Tz. 21 ff.

chenserklärung dargestellt sind[987]. Eine Prüfungspflicht für die Entsprechenserklärung selbst besteht auch dann nicht, wenn diese in den Anh. oder LB aufgenommen wurde[988].

13.2.6 Prüfung der Kapitalflussrechnung

Der APr. hat bei der Prüfung der KFR zunächst zu untersuchen, welche Rechnungslegungsnorm angewendet wurde[989]. Als wesentliche Prüfungsziele muss der APr. das Vorhandensein und die Vollständigkeit der Zahlungsmittelbestände und Zahlungsmitteläquivalente am Abschlussstichtag, die Vollständigkeit, das Vorhandensein sowie die periodengerechte Abgrenzung der Zahlungsströme sowie die Einhaltung der relevanten Darstellungs- und Berichterstattungsvorschriften feststellen[990]. Die vom APr. durchzuführenden Prüfungshandlungen hängen maßgeblich von der gewählten Methode (direkte vs. indirekte) zur Herleitung der KFR ab[991].

1074

Bei der in praxi fast ausnahmslos angewandten **indirekten Methode** hat der APr. zunächst die vom Mandanten implementierte Methode zur Erstellung der Überleitungsrechnung durch eine Systemprüfung nachzuvollziehen[992]. Von der Ordnungsmäßigkeit der KFR kann sich der APr. durch Einsichtnahme in die Unterlagen zur Herleitung der KFR und Organisationsanweisungen sowie in die Überleitungsrechnung der Daten aus dem JA überzeugen. Anhand analytischer Prüfungshandlungen, wie z.B. dem Vergleich relevanter Kennzahlen im Jahresverlauf oder dem Vergleich mit VJ-Zahlen, kann die Plausibilität der KFR beurteilt werden. Um die normenkonforme Berücksichtigung aller Beträge (z.B. Abgrenzung des Finanzmittelfonds) zu prüfen sind aussagebezogene Prüfungshandlungen durchzuführen. Aus Gründen der Effizienz sind einzelfallbezogene Prüfungshandlungen in die übrige Jahresabschlussprüfung zu integrieren. Nahezu jede Position der KFR kann mit den Positionen der Bilanz und der GuV abgestimmt werden. Durch einen direkten Zahlenvergleich können sämtliche Positionen der KFR überprüft werden, die durch die indirekte Methode in die KFR eingegangen sind (z.B. Jahresergebnis, Abschreibungen). Weiterhin ist sicherzustellen, dass der Stetigkeitsgrundsatz eingehalten wurde.

Wird i.R.d. **direkten Methode** beim Mandanten bereits auf Buchungsebene über Zusatzkontierungen jeder einzelne Geschäftsvorfall nach zahlungswirksamen und zahlungsunwirksamen Buchungen differenziert erfasst, kann sich die Prüfung weitgehend auf eine Systemprüfung beschränken. Vor dem Hintergrund des ermittelten inhärenten Risikos sind notwendige Prüfungshandlungen auf ausgewählte komplexe und wesentliche Zahlungsvorgänge (z.B. Erwerb und Verkauf von zu konsolidierenden Unternehmen und sonstigen Geschäftseinheiten) sowie auf ermessensabhängige Ausweisfragen (z.B. Ausweis von aktivierten Zinsen) zu beschränken.

---

[987] Zur Redepflicht des APr. vgl. *IDW PS 345*, Tz. 33 f.
[988] Vgl. *IDW PS 345*, Tz. 22. Zum kritischen Lesen der Entsprechenserklärung durch den APr. bei Veröffentlichung im Geschäftsbericht vgl. *IDW PS 202*. Allgemein zur Befassung mit anderen Informationen vgl. ISA 720 (rev.) bzw. ISA 720 (rev.) (E-DE).
[989] Vgl. *Marten/Quick/Ruhnke*, Wirtschaftsprüfung[5], S. 630.
[990] Vgl. *Marten/Quick/Ruhnke*, Wirtschaftsprüfung[5], S. 630.
[991] Vgl. *Marten/Quick/Ruhnke*, Wirtschaftsprüfung[5], S. 630.
[992] Vgl. dazu und zum Folgenden: *Marten/Quick/Ruhnke*, Wirtschaftsprüfung[5], S. 632 ff.

13.2.7 Prüfung der Eigenkapitalveränderungsrechnung

1075 Die Prüfungshandlungen zur EK-Veränderungsrechnung, auch EK-Spiegel genannt, haben das Ziel, ausreichende und angemessene Prüfungsnachweise der Veränderungen des EK zu erlangen. Dabei muss der APr. Anzahl und Komplexität der eigenkapitalrelevanten Transaktionen (z.B. Kapitalerhöhungen, -herabsetzungen, Ausschüttungen), aber auch das Wissen und die Erfahrung der damit befassten Mitarbeiter einschätzen. Im Rahmen der Prüfung der Vollständigkeit und Verständlichkeit muss der APr. sicherstellen, dass sämtliche Angaben ausreichend verständlich in der EK-Veränderungsrechnung vorgenommen wurden. Die Prüfung der Richtigkeit umfasst die Nachvollziehung der ausgewiesenen Beträge. Schließlich richtet sich die Prüfung der Bewertung auf die Ordnungsmäßigkeit der Angaben. So muss der APr. prüfen, ob eine Kapitalerhöhung durch die entsprechenden Organbeschlüsse gedeckt ist. Hierbei wird er seine Erkenntnisse aus der Prüfung der EK-Posten berücksichtigen, etwa beim Abgleich des gezeichneten Kapitals mit dem aktuellen Auszug aus dem HR[993].

13.2.8 Prüfung der Segmentberichterstattung

1076 Der APr. muss bei der Prüfung der Segmentberichterstattung die Vollständigkeit der berichtspflichtigen Segmente, die zutreffende Abgrenzung der jeweiligen Segmente und die Richtigkeit der gemachten Angaben sicherstellen. Die Berichterstattung über die Segmente folgt der internen Organisations- und Berichtsstruktur des Unternehmens[994]. Daher befasst sich der APr. im Rahmen seiner Prüfungshandlungen auch mit den Berichtsprozessen. Wichtig ist zudem, dass die Informationen der Segmentberichterstattung mit den Erkenntnissen des APr. aus anderen Prüfungsfeldern übereinstimmt, bspw. den Aussagen im LB. Damit der Jahresabschlussadressat mit den Segmentinformationen einen besseren Einblick in das Unternehmen erhält, muss die Disaggregation der Jahresabschlusszahlen in einer verständlichen Darstellung erfolgen, die gleichfalls vom APr. zu würdigen ist.

14. Beziehungen zu nahe stehenden Personen

14.1 Allgemeines

1077 Die Rechnungslegungsgrundsätze nach HGB und IFRS enthalten jeweils besondere Anforderungen an Ausweis und Angabe von Beziehungen zu, Geschäftsvorfällen mit und Salden gegenüber nahe stehenden Personen. Die **Angabepflichten** sollen den Nutzer des Abschlusses in die Lage versetzen, deren Art sowie deren tatsächliche und mögliche Auswirkungen der Geschäftsvorfälle auf den Abschluss verstehen zu können.

1078 Bei Geschäftsvorfällen mit nahe stehenden Personen besteht ein **hohes Kontrollrisiko**, diese Geschäftsvorfälle vollständig zu erfassen. Es ist häufig schwierig, den Willen an der tatsächlichen Durchführung der Geschäfte sowie ihrer Konditionen festzustellen. Das IKS einschl. des Rechnungslegungssystems muss daher in Bezug auf Geschäftsvorfälle mit nahe stehenden Personen angemessen und wirksam ausgestaltet sein[995].

---

993 Vgl. Kap. L Tz. 991 f.
994 Vgl. DRS 3.10.
995 Vgl. *IDW PS 255*, Tz. 7.

1079 Der APr. ist verpflichtet Prüfungshandlungen durchzuführen, um die Risiken wesentlicher falscher Darstellungen, die sich daraus ergeben, dass das Unternehmen Geschäftsvorfälle mit nahe stehenden Personen nicht in Übereinstimmung mit den Anforderungen der Rechnungslegung angemessen ausgewiesen oder angegeben hat, festzustellen, einzuschätzen und darauf zu reagieren[996]. Er muss in der Lage sein, Ereignisse, Geschäftsvorfälle und Gepflogenheiten festzustellen, die sich **wesentlich auf die Rechnungslegung auswirken** können. Hierzu muss er über ausreichende Kenntnisse der Geschäftstätigkeit sowie des rechtlichen und wirtschaftlichen Umfelds des zu prüfenden Unternehmens verfügen. Beziehungen zu und Geschäftsvorfälle mit nahe stehenden Personen sind zwar als normaler Bestandteil wirtschaftlicher Tätigkeit anzusehen, der APr. muss jedoch solche Beziehungen und Geschäftsvorfälle besonders berücksichtigen, da

- sich hieraus Auswirkungen auf die Rechnungslegung ergeben können,
- die Zuverlässigkeit von Prüfungsnachweisen höher ist, wenn diese nicht von nahe stehenden Personen beigebracht oder erstellt wurden und
- Geschäftsvorfälle mit nahe stehenden Personen möglicherweise nicht auf kaufmännischen Erwägungen, sondern auf ausschließlich persönlichen Motiven beruhen, was zu Verstößen[997] führen kann[998].

1080 Darüber hinaus muss der APr. prüfen, ob die Geschäftsvorfälle mit nahe stehenden Personen ordnungsgemäß in der Rechnungslegung erfasst und ausgewiesen werden. Entsprechend zu beachtende Vorschriften beziehen sich bspw. auf den Ausweis von Forderungen und Verbindlichkeiten gegen verbundene Unternehmen (§ 266 HGB), den Ausweis der Organbezüge (§ 285 Nr. 9 HGB), die Angaben zu nicht marktüblichen Geschäften (§ 285 Nr. 21 HGB)[999] oder den Ausweis der Ausleihungen, Forderungen und Verbindlichkeiten gegenüber GmbH-Gesellschaftern (§ 42 Abs. 3 GmbHG). Eine Beurteilung der sich aus Geschäftsvorfällen mit nahe stehenden Personen ergebenden Risiken und somit die Feststellung der Beziehungen zu nahe stehenden Personen sowie der entsprechenden Geschäftsvorfälle ist auch dann erforderlich, wenn keine solchen Ausweisverpflichtungen bestehen[1000].

1081 Liegen Anzeichen dafür vor, dass i.Z.m. Beziehungen mit nahe stehenden Personen ein bedeutsames Risiko für Unrichtigkeiten oder Verstöße vorliegt, sind die Prüfungshandlungen des APr. auszudehnen bzw. zusätzliche Prüfungshandlungen durchzuführen[1001].

14.2 Prüfung der Beziehungen mit nahe stehenden Personen

1082 Die Prüfung von Beziehungen zu nahe stehenden Personen erfolgt mit dem Ziel:

- ein ausreichendes Verständnis von Beziehungen zu und Geschäftsvorfällen mit nahestehenden Personen zu gewinnen, um in der Lage zu sein

---

996 Vgl. ISA 550.3.
997 Vgl. Kap. L Tz. 475 ff.
998 Vgl. ISA 550.2, *IDW PS 255*, Tz. 10.; ISA 550.2.
999 Vgl. hierzu auch *IDW RS HFA 33*.
1000 Vgl. ISA 550.4, *IDW PS 255*, Tz. 1.
1001 Vgl. *IDW PS 255*, Tz. 13; *IDW PS 210*, Tz. 35, *IDW PS 210*, Tz. 37.

- vorhandene Risikofaktoren für Unrichtigkeiten oder Verstöße zu erkennen, die aus Beziehungen zu und aus Geschäftsvorfällen mit nahe stehenden Personen resultieren und die für die Feststellung und Beurteilung von Risiken wesentlicher falscher Darstellungen relevant sind und
- auf der Grundlage der erlangten Prüfungsnachweise den Schluss zu ziehen, ob der Abschluss, soweit er von diesen Beziehungen und aus Geschäftsvorfällen mit nahe stehenden Personen beeinflusst wird, eine sachgerechte Gesamtdarstellung vermittelt.
• ausreichende geeignete Prüfungsnachweise darüber zu erlangen, ob Beziehungen zu und aus Geschäftsvorfällen mit nahe stehenden Personen in Übereinstimmung mit den relevanten Rechnungslegungsgrundsätzen zutreffend identifiziert und im Abschluss ausgewiesen sowie angegeben wurden.

1083 Viele Geschäfte mit nahe stehenden Personen gehören zur gewöhnlichen Geschäftstätigkeit des Unternehmens. In diesen Fällen ist mit ihnen kein höheres Risiko einer wesentlichen falschen Darstellung im Abschluss verbunden als dies bei ähnlichen Geschäften mit Dritten der Fall ist.

> **! Hinweis 38:**
> Die Grundhaltung des APr. ist bei der Durchführung von Prüfungshandlungen zu nahe stehenden Personen besonders wichtig, weil sich die Informationen dazu meist nicht aus dem Abschluss ergeben[1002].

1084 Die gesetzlichen Vertreter eines Unternehmens müssen ein IKS einrichten, das die **ordnungsgemäße Erfassung** von Geschäftsvorfällen mit nahe stehenden Personen und deren Darstellung entsprechend der anzuwendenden Rechnungslegungsgrundsätzen sicherstellt. Der APr. seinerseits muss angemessene und ausreichende Prüfungsnachweise darüber erlangen, ob das IKS des zu prüfenden Unternehmens in Bezug auf Geschäftsvorfälle mit nahe stehenden Personen angemessen ist und wirksam ausgestaltet wurde[1003]. Im Rahmen der Prüfungshandlungen zur Risikobeurteilung muss der APr.[1004]

• die Beziehungen und Geschäftsvorfälle des Unternehmens mit nahe stehenden Personen verstehen (z.B. durch Befragung, Diskussion möglicher Risiken in den erforderlichen Besprechungen im Prüfungsteam, Prüfungshandlungen zum IKS etc.),
• bei der Durchsicht von Aufzeichnungen oder Dokumenten eine kritische Grundhaltung in Bezug auf Geschäftsvorfälle mit nahe stehenden Personen bewahren sowie
• Informationen über nahe stehende Personen mit dem Prüfungsteam austauschen.

1085 Zur Feststellung der Beziehungen des geprüften Unternehmens zu nahe stehenden Personen und der korrespondierenden Geschäftsvorfälle hat der APr. die gesetzlichen Vertreter und andere Führungskräfte **zu befragen**. Um die Vollständigkeit dieser Informationen zu prüfen, führt er folgende Prüfungshandlungen durch[1005]:

1002 Vgl. ISA 55.07.
1003 Vgl. ISA 550.14, *IDW PS 255*, Tz. 7.
1004 Vgl. ISA 550.11-17, *IDW PS 255*, Tz. 10-13.
1005 Vgl. ISA 550.13-14, *IDW PS 255*, Tz. 15-20.

- Befragung der gesetzlichen Vertreter zur Identität nahe stehender Personen, der Art der Beziehung sowie Umfang, Art und Zweck von Geschäften
- Befragung der gesetzlichen Vertreter und anderer Personen innerhalb des Unternehmens zum IKS sowie die Durchführung anderer Prüfungshandlungen zur Risikobeurteilung in Bezug auf Geschäften mit nahe stehenden Personen (z.B. Identifikation nahe stehender Personen; Genehmigungsverfahren zu bedeutsamen Geschäftsvorfällen mit nahe stehenden Personen und Geschäftsvorfällen außerhalb der gewöhnlichen Geschäftstätigkeit, etc.)
- Würdigung eingeholter Bank- und RA-Bestätigungen
- Auswertung der Arbeitspapiere des VJ im Hinblick auf bereits bekannte nahe stehende Personen
- Auswertung der Maßnahmen des zu prüfenden Unternehmens zur Identifizierung von nahe stehenden Personen
- Befragungen nach Verbindungen der Mitglieder von Aufsichtsgremien, der gesetzlichen Vertreter und der leitenden Angestellten zu anderen Unternehmen
- Auswertung der Liste der Anteilseigner, um wesentliche Anteilseigner festzustellen
- Auswertung der Protokolle von HV/Gesellschafterversammlungen oder von Sitzungen der Aufsichtsgremien sowie sonstiger geeigneter Unterlagen
- Befragung von VJ-Prüfern und anderen externen Prüfern, deren Arbeit verwendet oder übernommen werden soll, nach Kenntnissen über nahe stehende Personen
- Auswertung von Steuererklärungen des zu prüfenden Unternehmens und anderen für Behörden erstellten Informationen
- Berücksichtigung der Prüfungsergebnisse zu den Berichten der Vorstände von abhängigen AG über die Beziehungen zu verbundenen Unternehmen.

1086 Der APr. hat während der Abschlussprüfung auf **ungewöhnlich erscheinende Geschäftsvorfälle** zu achten, die auf zuvor nicht festgestellte Beziehungen zu nahe stehenden Personen hinweisen können. Beispiele hierfür sind Geschäftsvorfälle zu ungewöhnlichen Konditionen (z.B. unübliche Preise, Zinsen, Garantievereinbarungen oder Rückzahlungskonditionen), Geschäftsvorfälle mit vergleichsweise hohem Geschäftsvolumen, Geschäftsvorfälle, bei denen rechtliche Gestaltung und wirtschaftlicher Gehalt nicht übereinstimmen oder die in ungewöhnlicher Weise abgewickelt wurden, Geschäftsvorfälle ohne nachvollziehbaren wirtschaftlichen Hintergrund oder nicht gebuchte Geschäftsvorfälle (z.B. unentgeltliche Nutzungsüberlassung). Entsprechende Hinweise können bspw. Einzelfallprüfungen bei ausgewählten Geschäftsvorfällen, die Würdigung von Bankbestätigungen oder Bestätigungen Dritter über gewährte bzw. aufgenommene Darlehen oder Prüfungshandlungen zur Feststellung von Bürgschafts- oder anderen Haftungsverhältnissen und von Erwerben oder Verkäufen von Beteiligungen geben[1006].

1087 Der APr. hat nach pflichtgemäßem Ermessen die identifizierten Risiken, zu denen auch Risiken für Verstöße gehören, zu beurteilen und festzustellen, ob es sich bei den Risiken um bedeutsame Risiken handelt. Der APr. hat entsprechende Prüfungshandlungen als Reaktion auf die identifizierten Risiken durchzuführen, um ausreichende und geeignete Prüfungsnachweise zu erlangen.

1006 Vgl. ISA 550, Anwendungshinweise und Erläuterungen; *IDW PS 255*, Tz. 19.

1088 Diese Prüfungshandlungen müssen folgende Bereiche erfassen[1007]:

- Bei **Identifizierung von bislang** von den gesetzlichen Vertretern **nicht erkannten oder nicht angegebenen nahe stehende Personen** oder Geschäftsvorfällen mit diesen, muss der APr.
  – das Prüfungsteam informieren, damit die Mitglieder des Teams dies bei den Schlussfolgerungen aus anderen Prüfungshandlungen berücksichtigen können,
  – das Management zur Identifizierung aller relevanten Geschäftsvorfälle und nahe stehenden Personen auffordern,
  – das Management befragen, warum diese nicht durch das IKS erkannt wurden,
  – geeignete aussagebezogene Prüfungshandlungen durchführen,
  – erneut das Risiko weiterer unentdeckter Geschäftsvorfälle in Betracht ziehen und
  – die Folgen für die Prüfung abwägen, wenn das Management absichtlich auf die Angabe verzichtet.
- Bei identifizierten bedeutsamen Geschäftsvorfällen mit nahe stehenden Personen **außerhalb des gewöhnlichen Geschäftsverlaufs** muss der APr.
  – Einsicht in die zugrunde liegenden Verträge oder Vereinbarungen nehmen; dabei sind insb. der wirtschaftliche Hintergrund und die zutreffende Abbildung nach den maßgeblichen Rechnungslegungsvorschriften zu würdigen. Der APr. wird Bank- und Rechtsanwalts-Bestätigungen, die als Teil der Prüfungshandlungen eingeholt wurden, Protokolle von Sitzungen der Gesellschafter und der für die Überwachung Verantwortlichen sowie sonstige Aufzeichnungen oder Dokumente, die nach den Gegebenheiten der Einheit als notwendig erachtet werden, untersuchen[1008] und
  – Prüfungsnachweise darüber erlangen, dass die Geschäfte genehmigt wurden.
- **Aussagen des Managements** im JA über Geschäftsvorfälle mit nahe stehenden Personen unter marktüblichen Bedingungen sind vom APr. bspw. durch Vergleich mit ähnlichen Rechtsgeschäften, die mit Dritten abgeschlossen wurden, oder durch die Heranziehung von Marktpreisen (etwa bei Beschaffungsgeschäften), zu prüfen.

1089 Über die **Vollständigkeit** der von den gesetzlichen Vertretern des geprüften Unternehmens gegebenen Informationen über nahe stehende Personen und über die angemessene Berücksichtigung der Beziehungen zu diesen in der Rechnungslegung ist vom APr. eine schriftliche Erklärung der gesetzlichen Vertreter und – soweit angemessen – von den für die Überwachung Verantwortlichen einzuholen[1009]. Der APr. hat sich mit dem Aufsichtsorgan über bedeutsame Sachverhalte i.Z.m. nahe stehenden Personen auszutauschen.

1090 Stellt der APr. bei der Durchführung dieser Prüfungshandlungen oder durch andere Prüfungshandlungen bedeutsame Geschäftsvorfälle außerhalb des gewöhnlichen Geschäftsverlaufs des Unternehmens fest, muss er die gesetzlichen Vertreter

- zur Art dieser Geschäftsvorfälle und
- ob nahe stehenden Personen daran beteiligt sind

befragen[1010].

1007 Vgl. ISA 550.20-24; *IDW PS 255*, Tz. 21-23c.
1008 Vgl. ISA 550.15.
1009 Vgl. ISA 550.26; *IDW PS 255*, Tz. 24.
1010 Vgl. ISA 550.16.

1091 Es besteht eine nicht widerlegbare Vermutung eines bedeutsamen Risikos bei bedeutsamen Geschäftsvorfällen mit nahe stehenden Personen außerhalb der gewöhnlichen Geschäftstätigkeit[1011].

1092 Stellt der APr. bei der Durchführung von Prüfungshandlungen zur Risikobeurteilung und damit zusammenhängenden Tätigkeiten i.Z.m. nahe stehende Personen **Risikofaktoren** für Unrichtigkeiten oder Verstöße fest, muss er diese bei der Identifizierung und Beurteilung von Risiken für Unrichtigkeiten oder Verstöße berücksichtigen[1012].

14.3 Reaktionen auf festgestellte bedeutsame Risiken

1093 Nachfolgende Übersicht zeigt auf, wie der APr. auf festgestellte bedeutsame Risiken reagieren kann, die in Verbindung mit Beziehungen oder Geschäftsvorfällen zu nahe stehende Personen stehen:

Hinweis 39:

Aufdeckung von bislang nicht erkannten oder nicht angegebenen Geschäftsvorfällen mit nahe stehenden Personen	Identifiziert der APr. nahe stehende Personen oder bedeutsame Geschäftsvorfälle mit nahe stehenden Personen, welche die gesetzlichen Vertreter bislang nicht erkannt oder dem APr. gegenüber nicht angegeben haben, muss der APr.[1013] • die relevanten Informationen unverzüglich anderen Mitgliedern des Prüfungsteams mitteilen, • die gesetzlichen Vertreter auffordern, alle Geschäftsvorfälle mit den neu identifizierten nahe stehende Personen zur weiteren Beurteilung zu identifizieren und • erfragen, warum die Kontrollen des Unternehmens über die Beziehungen zu nahe stehenden Personen die Identifikation oder die Angabe der Beziehungen zu nahe stehenden Personen nicht vollständig ermöglicht haben, • geeignete aussagebezogene Prüfungshandlungen zu jenen neu identifizierten nahe stehenden Personen oder bedeutsamen Geschäftsvorfällen mit nahe stehenden Personen durchführen, • Prüfungshandlungen zur Überprüfung der Vollständigkeit von bedeutsamen Geschäftsvorfällen mit nahe stehenden Personen durchführen und • wenn die Nichtangabe durch gesetzlichen Vertreter absichtlich erscheint (und daher auf ein Risiko wesentlicher beabsichtigter falscher Darstellungen hinzudeuten scheint), die Folgen für die Prüfung abwägen.

1011 Vgl. ISA 550.18.
1012 Vgl. ISA 550.19.
1013 Vgl. ISA 550.22.

identifizierte bedeutsame Geschäftsvorfälle mit nahe stehenden Personen außerhalb der gewöhnlichen Geschäftstätigkeit	Bei identifizierten bedeutsamen Geschäftsvorfällen mit nahe stehenden Personen außerhalb des gewöhnlichen Geschäftsverlaufs[1014] muss der APr.
	• Einsicht in die ggf. zugrunde liegenden Verträge oder Vereinbarungen nehmen und beurteilen,
	   – ob der wirtschaftliche Hintergrund der Geschäftsvorfälle (bzw. das Fehlen desselben) die Vermutung nahe legt, dass diese möglicherweise eingegangen worden sind, um die Rechnungslegung zu manipulieren oder Vermögensschädigungen zu verschleiern,
	   – ob die Inhalte der Geschäftsvorfälle mit den Erklärungen der gesetzlichen Vertreter in Einklang stehen,
	   – ob die Geschäftsvorfälle in Übereinstimmung mit dem maßgebenden Regelwerk der Rechnungslegung zutreffend ausgewiesen und angegeben wurden und
	• Prüfungsnachweise darüber erlangen, dass die Geschäftsvorfälle in angemessener Weise autorisiert und genehmigt wurden.

[1014] Vgl. ISA 550.23.

Aussagen im Abschluss, dass Geschäftsvorfälle mit nahe stehenden Personen unter marktüblichen Bedingungen durchgeführt wurden	Falls die gesetzlichen Vertreter im Abschluss eine Aussage dahingehend getroffen haben, dass ein Geschäftsvorfall mit nahe stehenden Personen unter marktüblichen Bedingungen durchgeführt wurde, muss der APr. ausreichende geeignete Prüfungsnachweise zu dieser Aussage erlangen[1015]. Die Aufstellung des Abschlusses verlangt von den gesetzlichen Vertretern, die Aussage zu belegen, dass ein Geschäftsvorfall mit nahe stehenden Personen unter marktüblichen Bedingungen durchgeführt wurde. Zu den Belegen der gesetzlichen Vertreter für die Aussage können gehören[1016]: • Vergleich der Bedingungen des Geschäftsvorfalls mit nahe stehenden Personen mit denjenigen eines identischen oder ähnlichen Geschäftsvorfalles mit einer oder mehreren nicht nahe stehenden Personen, • Hinzuziehung eines externen Sachverständigen zur Festlegung eines Marktwerts und zur Bestätigung der Marktbedingungen für den Geschäftsvorfall • Vergleich der Bedingungen des Geschäftsvorfalls mit bekannten Marktbedingungen für weitgehend ähnliche Geschäfte auf einem freien Markt. Zur Beurteilung der Belege der gesetzlichen Vertreter für diese Aussage kann eine oder können mehrere der folgenden Prüfungshandlungen gehören[1017]: • Einschätzung der Angemessenheit des Prozesses, mit dem die gesetzlichen Vertreter die Aussage belegen, • Überprüfung der internen oder externen Quelle sowie Prüfung der Daten, um deren Richtigkeit, Vollständigkeit und Relevanz festzustellen und • Beurteilung der Vertretbarkeit der bedeutsamen Annahmen, auf denen die Aussage beruht. Nach manchen Regelwerken der Rechnungslegung müssen Geschäftsvorfälle mit nahe stehenden Personen, die nicht zu marktüblichen Bedingungen durchgeführt wurden, im Abschluss explizit angegeben werden. (z.B. nach IAS 24). Sofern die gesetzlichen Vertreter im Abschluss keine Geschäftsvorfälle mit nahe stehenden Personen angegeben haben, kann implizit davon ausgegangen werden, dass alle Geschäfte zu marktüblichen Bedingungen durchgeführt wurden.

1015 Vgl. ISA 550.24.
1016 Vgl. ISA 550.A43.
1017 Vgl. ISA 550.A44.

14.4 Prüfungsbericht und Bestätigungsvermerk

1094 Ist der APr. nicht in der Lage, ausreichend und angemessene Prüfungsnachweise i.Z.m. Beziehungen zu und Geschäftsvorfällen mit nahe stehenden Personen zu erlangen oder sind die Angaben hierzu in der Rechnungslegung nicht ordnungsgemäß, hat der APr.[1018]

- dies im PrB darzustellen und
- ggf. Konsequenzen für den BestV vorzusehen.

1095 Über sich während der Abschlussprüfung ergebende bedeutsame Sachverhalte i.Z.m. nahe stehenden Personen hat sich der APr. mit dem Aufsichtsorgan auszutauschen[1019].

14.5 Dokumentation

1096 Der APr. muss Folgendes in die Prüfungsdokumentation aufnehmen[1020]:

- die Namen der identifizierten nahe stehenden Personen und
- die Art der Beziehungen mit den nahe stehenden Personen.

15. Besonderheiten von geschätzten Werten einschließlich von Zeitwerten

15.1 Geschätzte Werte und Zeitwerte in der Rechnungslegung

1097 Große Teile der Rechnungslegung basieren auf **geschätzten Werten**, die sowohl vergangene als auch künftig erwartete Entwicklungen berücksichtigen. Schätzungen beinhalten Ermessensentscheidungen[1021] und Unsicherheiten bei der Bewertung bereits eingetretener oder erst in der Zukunft wahrscheinlich eintretender Ereignisse. Bei geschätzten Werten besteht deshalb ein erhöhtes Risiko falscher Angaben (fehlerhafte oder vorschriftswidrig unterlassene Angaben) in der Rechnungslegung[1022]. Dies stellt den APr. vor große Herausforderungen, da bei der Abbildung von Geschäftsvorfällen in der Rechnungslegung die exakte Ermittlung eines Wertes häufig nicht möglich ist, sodass geschätzte Werte (Näherungswerte) an deren Stelle berücksichtigt werden müssen[1023]. Die Schwierigkeit bei geschätzten Werten besteht i.d.R. darin, dass nicht nur ein normenkonformer Wert existiert, sondern eine Bandbreite plausibler Werte[1024].

1018 Vgl. *IDW PS 255*, Tz. 25.
1019 Vgl. *IDW PS 255*, Tz. 23d.
1020 Vgl. ISA 550.28; *IDW PS 255*, Tz. 25a.
1021 Siehe zu Ermessensspielräumen *IDW PS 450 n.F.*, Tz. 81 ff.
1022 Vgl. ISA 540.2; *IDW PS 314 n.F.*, Tz. 10.
1023 Vgl. ISA 540.2; *IDW PS 314 n.F.*, Tz. 1.
1024 Vgl. *Marten/Quick/Ruhnke*, Wirtschaftsprüfung[5], S. 444 f.

> **Beispiel 82:**
>
> Geschätzte Werte finden sich bspw.[1025]
> - in der Rechnungslegung bei der Bestimmung der voraussichtlichen Nutzungsdauer zur Festlegung der planmäßigen Abschreibung eines abnutzbaren Vermögensgegenstandes des Anlagevermögens[1026],
> - bei der Bestimmung der außerplanmäßigen Abschreibungen des Anlage- und Umlaufvermögens[1027],
> - bei der Bestimmung der künftigen Auslastung des Unternehmens
> - bei der Prognose künftiger Zahlungsein- oder -ausgänge i.R.d. Beteiligungsbewertung
> - im Prognosebericht des LB oder
> - bei der Bewertung von Rückstellungen[1028], z.B. für Prozessrisiken, Gewährleistungsverpflichtungen, Altersversorgungsverpflichtungen oder drohende Verluste aus schwebenden Geschäften[1029] oder bei der Bestimmung von Abbruchkosten, Fluktuationsraten, Gehaltsentwicklung oder Inflationsraten[1030].

Schätzungen können insb. dadurch erschwert werden, dass in erheblichem Umfang Spezialkenntnisse und Beurteilungen (z.B. die Bewertung von Rohstoffreserven in rohstoffgewinnenden Industrien) erforderlich sein können[1031]. Da Schätzungen neben Unsicherheiten (z.B. Länge des Prognosezeitraums oder Annahmen über bestehende Gesetzmäßigkeiten sowie zugehörige Rahmenbedingungen[1032]) auch Ermessensentscheidungen beinhalten, besteht bei ihnen ein erhöhtes Risiko falscher Angaben in der Rechnungslegung[1033].

1098 Durch **ausreichende und angemessene Prüfungsnachweise** ist zu belegen, dass mit **hinreichender Sicherheit** die geschätzten Werte in Übereinstimmung mit den zugrunde gelegten Rechnungslegungsgrundsätzen ermittelt und in der Rechnungslegung zutreffend berücksichtigt wurden[1034]. Die geschätzten Werte müssen im Einklang mit sonstigen Angaben in der Rechnungslegung stehen und mit sonstigen getroffenen Feststellungen stimmig sein[1035]. Dabei müssen die zugrundeliegenden **Prognosen** und deren Zeithorizont angemessen sein[1036]. Bspw. ist bei der Ermittlung zukunftsbezogener Zahlungsströme darauf zu achten, dass eine verschlechterte Geschäftsentwicklung ausreichend berücksichtigt wird. Bei der Verwendung eines **Bewertungsmodells** zur Ermittlung des geschätzten Wertes ist zu beurteilen, ob das Bewertungsmodell angemessen ist und die zugrundeliegenden Annahmen vertretbar sind[1037].

1025 Siehe hierzu auch ISA 540.A3-A6; *Marten/Quick/Ruhnke*, Wirtschaftsprüfung⁵, S. 443 f.
1026 Vgl. § 253 Abs. 3 S. 1 und 2 HGB.
1027 Vgl. § 253 Abs. 3 S. 3 und 4 sowie Abs. 4 HGB.
1028 Vgl. § 253 Abs. 1 S. 2 HGB
1029 Vgl. *IDW PS 314 n.F.*, Tz. 11.
1030 Vgl. *IDW PS 450 n.F.*, Tz. 83.
1031 Vgl. ISA 540.A29; *IDW PS 314 n.F.*, Tz. 12.
1032 Vgl. *IDW PS 314 n.F.*, Tz. 14.
1033 Vgl. ISA 540.A83; *IDW PS 314 n.F.*, Tz. 10.
1034 Vgl. ISA 540.6; ISA 540.12 sowie *IDW PS 314 n.F.*, Tz. 20.
1035 Vgl. ISA 540.13; *IDW PS 314 n.F.*, Tz. 23.
1036 Vgl. ISA 540.A79; *IDW PS 314 n.F.*, Tz. 23.
1037 Vgl. ISA 540.A71 ff.; *IDW PS 314 n.F.*, Tz. 25.

15.2 Prüfungshandlungen bei geschätzten Werten

1099 Die Angemessenheit der erforderlichen organisatorischen Vorkehrungen zur Ermittlung von geschätzten Werten sowie der internen Kontrollen ist i.R.d. risikoorientierten Prüfungsansatzes durch Aufbauprüfungen zu beurteilen und ggf. auf die Wirksamkeit zu prüfen (Funktionsprüfung)[1038]. Zumindest in wesentlichen Prüffeldern sind darüber hinaus aussagebezogene Prüfungshandlungen durchzuführen[1039], die analytische Prüfungshandlungen sowie Einzelfallprüfungen umfassen[1040].

15.2.1 Prüfungshandlungen zur Beurteilung von Fehlerrisiken im Zusammenhang mit geschätzten Werten

1100 Die **Aufbauprüfung** zur Beurteilung der eingerichteten organisatorischen Vorkehrungen zur Ermittlung von geschätzten Werten umfasst[1041]

- die Erlangung eines Verständnisses der **organisatorischen Ausgestaltung** des Prozesses[1042],
- die Beurteilung der Angemessenheit der angewandten **Bewertungsverfahren**[1043],
- die Beurteilung der zugrundeliegenden wesentlichen **Annahmen**[1044] und Informationen anhand der Kriterien Relevanz, Zuverlässigkeit, Neutralität, Verständlichkeit und Vollständigkeit[1045],
- die Prüfung der mathematischen Richtigkeit von **Berechnungen** einschl. der Berücksichtigung aller relevanten Informationen bei Berechnungen[1046] sowie
- den Vergleich der in vorhergehenden GJ vorgenommenen Schätzungen mit den späteren tatsächlich **eingetretenen Ergebnissen**[1047]. Dabei ist insb. die „Schätztreue" (Prognosegenauigkeit) wichtig; dies ist bspw. für die Percentage of Completion-Methode sowie die Budgetplanung i.R.d. Impairment-Tests relevant.

1101 Ohne das Fachwissen von Sachverständigen können häufig nicht alle Annahmen und Verfahren abschließend beurteilt werden[1048]. So werden bei **komplexen Schätzprozessen** oder **speziellen Ermittlungsverfahren** Sachverständige hinzuzuziehen sein. Bei der Prüfung von Pensionsverpflichtungen wird i.d.R. der Einsatz eines Aktuars geboten sein, etwa bei der Festlegung von Sterberaten oder des Rechnungszinssatzes. Um auf der Grundlage der Kenntnisse über das Unternehmen und der Ergebnisse aus anderen Prüfungshandlungen abschätzen zu können, ob geschätzte Werte sachgerecht und schlüssig

---

[1038] Vgl. ISA 540.8; ISA 315.5 f.; *IDW PS 314 n.F.*, Tz. 26; *IDW PS 261 n.F.*, Tz. 10 und *IDW PS 261 n.F.*, Tz. 73 ff.
[1039] Vgl. ISA 540.8; ISA 315.5 f.; ISA 330.18; *IDW PS 261 n.F.*, Tz. 83.
[1040] Vgl. ISA 330.4.; *IDW PS 300 n.F.*, Tz. A10.
[1041] Vgl. ISA 540.8; *IDW PS 314 n.F.*, Tz. 29; zur Vertiefung s. ISA 540.A12-A38.
[1042] Näher dazu ISA 540.8(c); *IDW PS 314 n.F.*, Tz. 31 ff.
[1043] Näher dazu ISA 540.A24 ff.; *IDW PS 314 n.F.*, Tz. 35 ff.
[1044] Die Annahmen müssen in Einklang stehen mit der Lage des Unternehmens und seinem wirtschaftlichen Umfeld, mit der Planung des Managements, mit Annahmen aus vorhergehenden GJ, mit vergangenheitsbezogenen Erfahrungen, mit Annahmen des Managements, die in anderem Zusammenhang, z.B. für Prognosen, verwendet werden und mit dem Risiko bzw. der Schwankungsbreite des Zahlungsstromes; vgl. *IDW PS 314 n.F.*, Tz. 46.
[1045] Vgl. ISA 540.A31 ff.; *IDW PS 314 n.F.*, Tz. 40 ff.
[1046] Näher dazu *IDW PS 314 n.F.*, Tz. 52 ff.
[1047] Näher dazu ISA 540.9 und ISA 540.A39 ff. sowie *IDW PS 314 n.F.*, Tz. 55 f.
[1048] Vgl. ISA 540.14 und ISA 540.A96 ff. sowie *IDW PS 314 n.F.*, Tz. 30.

sind, muss der APr. ein ausreichendes Verständnis von den Annahmen und Verfahren – ggf. nach Hinzuziehung von Sachverständigen – haben[1049].

1102 Der Grad der **Schätzunsicherheit**, der mit einem geschätzten Wert verbunden ist, muss bei der Feststellung und Beurteilung von Fehlerrisiken berücksichtigt und es muss festgestellt werden, ob bedeutsame Risiken vorliegen[1050]. Dabei kann zwischen geschätzten Werten mit niedriger (z.B. Pauschalwertberichtigungen auf Forderungen aus Lieferungen und Leistungen) und hoher Schätzunsicherheit (z.B. Rückstellungen für einzelne wesentliche Rechtsstreitigkeiten) unterschieden werden[1051]. Eine niedrige Schätzunsicherheit geht i.d.R. mit einem niedrigeren Fehlerrisiko einher.

1103 Bestehen bedeutende **Ermessensspielräume**[1052] bei der Ermittlung der geschätzten Werte durch das Unternehmen, ist zu beurteilen, ob die Ermessensentscheidungen i.R.d. zulässigen Bandbreite möglicher Werte einseitig getroffen wurden[1053]. Über die Ausübung von wesentlichen Ermessensspielräumen ist im PrB gemäß § 321 Abs. 2 S. 4 HGB Bericht zu erstatten[1054].

15.2.2 Prüfungshandlungen als Reaktion auf die beurteilten Fehlerrisiken im Zusammenhang mit geschätzten Werten

1104 Basierend auf der Aufbauprüfung ist das Fehlerrisiko einzuschätzen und sind weitere Prüfungshandlungen in Bezug auf die Ermittlung von geschätzten Werten und ihrer Darstellung im Abschluss durchzuführen, wobei Art, Umfang und zeitliche Einteilung der weiteren Prüfungshandlungen auch von der Komplexität der Ermittlung der Werte abhängen[1055].

1105 **Funktionsprüfungen** sind durchzuführen,

- wenn i.R.d. Aufbauprüfung festgestellt wurde, dass die vom Unternehmen eingerichteten organisatorischen Vorkehrungen zur Ermittlung von geschätzten Werten angemessen sind und sich der APr. bei einer Aussage in der Rechnungslegung auf deren Wirksamkeit verlassen will oder
- wenn aussagebezogene Prüfungshandlungen allein zur Gewinnung hinreichender Prüfungssicherheit auf Aussageebene nicht ausreichend sind[1056].

1106 **Aussagebezogene Prüfungshandlungen** können sich neben der Beurteilung der zugrundeliegenden wesentlichen Annahmen und Informationen sowie dem Nachvollziehen der vorgelegten Berechnungen der im Abschluss berücksichtigten geschätzten Werte bspw. beziehen auf[1057]

- den Vergleich der vom Management ermittelten Werte mit Werten aus einer unabhängigen – auch von einem unabhängigen Dritten durchgeführten – Schätzung,
- die Einhaltung des Grundsatzes der Bewertungsstetigkeit,
- die Reaktion des Managements auf bedeutsame Risiken,

[1049] Vgl. *IDW PS 314 n.F.*, Tz. 30; *IDW PS 322 n.F.*, Tz. 15.
[1050] Vgl. ISA 540.10 f.; *IDW PS 314 n.F.*, Tz. 34; auch ISA 540.A45 ff.
[1051] Vgl. ISA 540.A2 ff.; *IDW PS 314 n.F.*, Prolog.
[1052] Siehe hierzu auch ISA 540.A9 f. sowie *IDW PS 314 n.F.*, Tz. 39.
[1053] Vgl. ISA 540.21; *IDW PS 314 n.F.*, Tz. 39; näher dazu ISA 540.A124 f.
[1054] Vgl. *IDW PS 450 n.F.*, Tz. 84 ff.
[1055] Vgl. ISA 330.5 ff.; *IDW PS 314 n.F.*, Tz. 57.
[1056] Vgl. ISA 330.8; *IDW PS 314 n.F.*, Tz. 59; *IDW PS 261 n.F.*, Tz. 74.
[1057] Vgl. ISA 540.13; *IDW PS 314 n.F.*, Tz. 60 ff.

- die Beurteilung von Ereignissen nach dem Abschlussstichtag, die sich auf die Ermittlung des geschätzten Werts auswirken (unter Berücksichtigung der Unterscheidung zwischen wertaufhellenden und wertbegründenden Ereignissen) und
- die Prüfung der Angaben im Anh. und LB.

1107 Die Prüfung der **stetigen Anwendung** der Ermittlungsverfahren beinhaltet die Beurteilung, ob die Anwendung desselben Verfahrens unter Berücksichtigung möglicher Veränderungen noch angemessen ist[1058]. Bspw. könnte ein geschätzter Wert in der Vergangenheit aus vergleichbaren Geschäftsvorgängen an einem aktiven Markt abgeleitet worden sein. Durch fehlende Markttransaktionen könnten derartige Schätzungen nun nicht mehr angemessen sein.

1108 Bei geschätzten Werten, die mit **bedeutsamen Risiken** verbunden sind, müssen ausreichende und angemessene Prüfungsnachweise erlangt werden, um sicherzustellen, dass die im Abschluss berücksichtigten geschätzten Werte im Einklang mit den Anforderungen der maßgeblichen Rechnungslegungsgrundsätze stehen[1059]. Wurde bedeutsamen Risiken durch das Management nicht angemessen Rechnung getragen, muss – wenn dies als notwendig erachtet wird – eine Bandbreite vertretbarer Werte entwickelt werden, anhand derer die Vertretbarkeit der geschätzten Werte beurteilt werden kann[1060].

> **Beispiel 83:**
>
> Ein Unternehmen, das eine Müllverbrennungsanlage betreibt, hat die Verpflichtung, nach Beendigung der Tätigkeit die Anlage zurückzubauen. Dem APr. liegen Hinweise auf Verstöße vor, die darauf hindeuten, dass die Rückstellung für die Rückbauverpflichtung zu niedrig angesetzt werden soll. Die Geschäftsführung nutzt dazu als wesentlichen Schätzparameter die Kosten des Rückbaus. Der APr. hat eine Bandbreite vertretbarer Werte zu entwickeln, anhand derer die Vertretbarkeit der von der Geschäftsführung ermittelten geschätzten Werte beurteilt werden kann.

1109 Über bedeutende Annahmen sind **schriftliche Erklärungen der gesetzlichen Vertreter** einzuholen, die eine Aussage enthalten müssen, ob die Annahmen vertretbar sind und ob die Absicht sowie die Möglichkeit bestehen, die vorgesehenen Handlungen durchzuführen[1061]. Darüber hinaus können schriftliche Erklärungen eingeholt werden, die folgende Aussagen enthalten können[1062]:

- Angemessenheit der zugrunde gelegten Annahmen sowie Bewertungsmethoden und deren stetige Anwendung,
- ob und aus welchen Gründen in bestimmten Ausnahmefällen entsprechend der angewandten Rechnungslegungsgrundsätze geschätzte Werte nicht angesetzt wurden,
- Vollständigkeit und Richtigkeit der Angaben zu geschätzten Werten im Anh. und/oder LB,
- Berücksichtigung von Ereignissen, die nach dem Abschlussstichtag eingetreten sind.

1058 Vgl. ISA 540.A57; *IDW PS 314 n.F.*, Tz. 64.
1059 Vgl. ISA 540.A53; *IDW PS 314 n.F.*, Tz. 69.
1060 Vgl. ISA 540.A116; *IDW PS 314 n.F.*, Tz. 68.
1061 Vgl. ISA 540.22; s.a. *IDW PS 303*; *IDW PS 314 n.F.*, Tz. 77.
1062 Vgl. ISA 540.A126 f.; *IDW PS 314 n.F.*, Tz. 78.

15.3 Abschließende Beurteilung und Berichterstattung

Auf Grundlage der Prüfungsnachweise ist zu beurteilen, ob die geschätzten Werte **1110**
- in Übereinstimmung mit den jeweiligen Rechnungslegungsgrundsätzen ermittelt sind,
- im Abschluss unter Berücksichtigung der entsprechenden Bewertungsvorschriften angesetzt sind,
- und Angaben dazu im Anh. und/oder LB enthalten und richtig sind sowie
- in Einklang mit anderen während der Prüfung erlangten Prüfungsnachweisen stehen[1063].

Zwischen den sich aus den Prüfungsnachweisen ergebenden Wertansätzen und den in der Rechnungslegung berücksichtigten Wertansätzen können sich **Abweichungen** ergeben. Eine Abweichung muss nur dann zu einer **Änderung** führen, wenn der im Abschluss berücksichtigte Wert außerhalb einer Bandbreite zu akzeptierender Wertansätze liegt[1064]. Ist eine Änderung notwendig und wird diese nicht durchgeführt, ist zu beurteilen, ob dies eine Auswirkung auf das Prüfungsurteil hat[1065]. **1111**

Um eine insgesamt einseitige Ermessensausübung der gesetzlichen Vertreter festzustellen, hat der APr. neben der Vertretbarkeit einzelner geschätzter Werte auch abschließend die Vertretbarkeit für Gruppen von geschätzten Werten sowie für alle geschätzten Werte zu beurteilen[1066]. **1112**

> **Praxistipp 27:**
> Um die Gesamtwürdigung der geschätzten Werte zum Abschluss der Prüfung zu erleichtern, bietet es sich in der Praxis an, eine Liste sämtlicher (wesentlicher) geschätzter Werte als separates Arbeitspapier zu führen und nach Abschluss der Prüfungshandlungen zur Beurteilung der Fehlerrisiken, der Funktionsprüfungen sowie der aussagebezogenen Prüfungshandlungen für jeden Wert einzeln festzuhalten, ob die gesetzlichen Vertreter aus Sicht des APr. eine optimistische, pessimistische oder neutrale Beurteilung vorgenommen haben. So können bilanzpolitische Muster strukturierter festgestellt werden.

In den **Arbeitspapieren** sind die Grundlagen für die Schlussfolgerungen zur Vertretbarkeit von geschätzten Werten sowie zur Vertretbarkeit der Angaben im Anh. und LB zu dokumentieren, soweit hiermit bedeutsame Risiken verbunden sind und Anzeichen für die Einseitigkeit des Managements bei der Ermittlung von geschätzten Werten bestehen[1067]. **1113**

Sofern **keine ausreichenden Prüfungsnachweise** für die Beurteilung eines geschätzten Wertes vorliegen, ist zu entscheiden, ob ein Prüfungshemmnis vorliegt und ob der BestV in Abhängigkeit von der Wesentlichkeit der zu schätzenden Werte einzuschränken oder zu versagen ist[1068]. Zu bedeutenden **Unsicherheiten** i.Z.m. der Ermittlung und Dar- **1114**

1063 Vgl. *IDW PS 314 n.F.*, Tz. 79.
1064 Vgl. ISA 540.A116; *IDW PS 314 n.F.*, Tz. 81.
1065 Vgl. *IDW PS 314 n.F.*; Tz. 81; *IDW PS 450 n.F.*, Tz. 91 f.
1066 Vgl. ISA 540.A125; *IDW PS 314 n.F.*, Tz. 82.
1067 Vgl. ISA 540.23; *IDW PS 314 n.F.*, Tz. 86.
1068 Vgl. *IDW PS 314 n.F.*, Tz. 24; *IDW PS 314 n.F.*, Tz. 84; *IDW PS 400 n.F.*, Tz. 24 i.V.m. *IDW PS 405*.

stellung von geschätzten Werten ist im PrB Stellung zu nehmen[1069]. U.U. kann die Notwendigkeit bestehen, einen Hinweis in den BestV aufzunehmen[1070]. Liegt aufgrund der mit der Ermittlung des geschätzten Wertes verbundenen Unsicherheit ein Prüfungshemmnis vor, ist zu entscheiden, ob der BestV in Abhängigkeit von der Wesentlichkeit der zu schätzenden Werte einzuschränken oder zu versagen ist[1071].

15.4 Prüfung von Zeitwerten

1115 Bei **Zeitwerten** handelt es sich regelmäßig um geschätzte Werte[1072]. Zeitwerte gewinnen besonders für internationale Abschlüsse zunehmend an Bedeutung. Handelsrechtlich entspricht der beizulegende Zeitwert dem Marktpreis[1073]. Die IFRS definieren den beizulegenden Zeitwert als den Preis, der in einem geordneten Geschäftsvorfall zwischen Marktteilnehmern am Bemessungsstichtag für den Verkauf eines Vermögenswerts eingenommen bzw. für die Übertragung einer Schuld gezahlt würde[1074]. Deshalb entspricht auch in den IFRS der beizulegende Zeitwert einem Marktpreis[1075].

> **Beispiel 84:**
> In der Rechnungslegung finden sich Zeitwerte bspw.
> - bei der Ermittlung des niedrigeren beizulegenden Werts nach § 253 Abs. 4 HGB
> - als Wertansatz bei Tauschgeschäften[1076],
> - i.R.d. Erstkonsolidierung nach IFRS 3 oder gemäß § 301 Abs. 1 S. 2 HGB[1077],
> - als Bewertungsobergrenze bei Sacheinlagen,
> - als Höchstgrenze der (fiktiven) AK bei unentgeltlichem Erwerb von materiellen Vermögensgegenständen,
> - bei der Ermittlung des beizulegenden Zeitwerts von Vermögensgegenständen i.S.d. § 246 Abs. 2 S. 2 HGB (sog. Deckungsvermögen) gem. §§ 253 Abs. 1 S. 4 i.V.m. 255 Abs. 4 HGB,
> - als Barwert für bestimmte Schulden (z.B. Rentenverpflichtungen, für die eine Gegenleistung nicht mehr zu erwarten ist)[1078].

1116 Hinsichtlich der **Ermittlung** des beizulegenden Zeitwerts ist bedeutsam, ob ein aktiver Markt vorliegt. Existiert ein aktiver Markt, ist der Wert, der an diesem Markt bestimmt wurde, der beizulegende Zeitwert. Existiert kein aktiver Markt, ist der beizulegende Zeitwert mit Hilfe allgemein anerkannter Bewertungsmethoden[1079], z.B. bei Beteiligungen mittels des Ertragswertverfahrens oder des DCF-Verfahrens[1080] zu ermitteln[1081]. Insb. ist darauf zu achten, dass die Einschätzung des Vorliegens eines inaktiven Marktes

---

1069 Vgl. *IDW PS 314 n.F.*, Tz. 85; *IDW PS 450 n.F.*, Tz. 33 und *IDW PS 450 n.F.*, Tz. 89 ff.
1070 Vgl. *IDW PS 314 n.F.*, Tz. 83; *IDW PS 400 n.F.*, Tz. 31, *IDW PS 400 n.F.*, Tz. 33.
1071 Vgl. *IDW PS 314 n.F.*, Tz. 84; *IDW PS 400 n.F.*, Tz. 9, *IDW PS 400 n.F.*, Tz. 37 f.
1072 Vgl. ISA 540.3 und ISA540.7; *IDW PS 314 n.F.*, Tz. 2.
1073 Vgl. § 255 Abs. 4 S. 1 HGB.
1074 Vgl. IFRS 13.9.
1075 Vgl. *Schubert/Hutzler*, in: BeBiKo[11], § 255, Rn. 513; IFRS 13.2.
1076 Vgl. IAS 16.24.
1077 Vgl. *IDW PS 314 n.F.*, Tz. 16.
1078 Vgl. *IDW PS 314 n.F.*, Tz. 16.
1079 Vgl. *Schubert/Hutzler*, in: BeBiKo[10], § 255, Rn. 519.
1080 Vgl. *IDW PS 314 n.F.*, Tz. 14; *IDW RS HFA 10*.
1081 Vgl. § 255 Abs. 4 S. 2 HGB.

nicht vorschnell erfolgt. Die Bestimmung des Zeitwerts kann in vielen Fällen verhältnismäßig einfach sein, in anderen Fällen werden umfassende Analysen, Prognosen und Sachkenntnisse erforderlich sein[1082]. Nach IFRS 13 ist stets das Bewertungsverfahren zu wählen, welches die Verwendung maßgeblicher (am Markt) beobachtbarer Inputfaktoren auf ein Höchstmaß erhöht[1083]. Insofern sind Marktpreisverfahren ertragsorientierten bzw. kostenorientierten Verfahren i.d.R. vorzuziehen. Zu Einzelfragen zur Ermittlung des beizulegenden Zeitwertes nach IFRS 13 wird auf *IDW RS HFA 47* verwiesen[1084].

An die Prüfung von Zeitwerten sind dieselben **Anforderungen** wie an die Prüfung von **geschätzten Werten** zu stellen, insofern ist die Prüfung nach **gleichen Grundsätzen** durchzuführen[1085]. 1117

Die **Sensitivität** der Zeitwerte gegenüber der Veränderung bedeutender Annahmen (bspw. künftige Inflationsraten, Zinssätze) einschl. künftiger Marktbedingungen, die den Zeitwert beeinflussen können, ist auf Basis von Sensitivitätsanalysen des Managements oder durch eigene Analysen des APr. zu beurteilen[1086]. Weiterhin ist zu prüfen, ob sich **Annahmen** nicht widersprechen[1087]. Werden zur Festlegung von Annahmen vergangenheitsbezogene Informationen herangezogen, ist zu beurteilen, ob dies gerechtfertigt ist, da vergangenheitsbezogene Informationen aufgrund veränderter Umstände ggf. nicht mehr repräsentativ für künftige Ereignisse sein können[1088]. 1118

Die Prüfung von **derivativen Finanzinstrumenten** stellt einen wesentlichen Anwendungsfall i.R.d. Prüfung der Zeitwerte dar. Mit IAPN 1000 „Special Considerations in Auditing Financial Instruments" liegt eine internationale Prüfungsnorm für die Prüfung von Finanzinstrumenten vor, die bisher nicht in eine deutsche Prüfnorm transformiert wurde. 1119

> **Beispiel 85:**
>
> Im Rahmen der Aufbauprüfung bei der Prüfung von Finanzinstrumenten untersucht der APr. bspw.:
> - welche Arten von Finanzinstrumenten sich in welchem Umfang auf das Unternehmen auswirken und zu welchem Zweck sie eingesetzt werden,
> - die Qualifikation der Mitarbeiter in den Bereichen Abschluss, Handel, Disposition, Abwicklung und Kontrolle sowie Rechnungslegung und deren Erfahrung mit den eingesetzten Finanzinstrumenten,
> - auf Basis der Verträge die Ausstattungsmerkmale, damit ihre Auswirkungen vollumfänglich verstanden werden können,
> - welche Rolle die Finanzinstrumente in der Gesamtrisikomanagementstrategie spielen[1089].

1082 Vgl. ISA 540.A5; *IDW PS 314 n.F.*, Tz. 18.
1083 Vgl. IFRS 13.67.
1084 Bezüglich der Ermittlung des beizulegenden Zeitwertes von Derivaten wird auf *IDW RS HFA 47*, Tz. 93 ff. verwiesen.
1085 Vgl. ISA 540.1; *IDW PS 314 n.F.*, Tz. 2.
1086 Vgl. ISA 540.A38 und ISA 540.A103 ff.; *IDW PS 314 n.F.*, Tz. 44.
1087 Vgl. ISA 540.A78; *IDW PS 314 n.F.*, Tz. 45.
1088 Vgl. ISA 540.A79; *IDW PS 314 n.F.*, Tz. 47.
1089 *Kuhn/Skirk*, WPg 2012, S. 1304; IAPN 1000.6.

Befragungen von Mitarbeitern der Treasury- bzw. Handelsabteilung, der Internen Revision sowie des Risikomanagementbereichs und Gespräche mit der Unternehmensleitung können zum Verständnis beitragen[1090].

Beispiel 86:

Im Rahmen der Beurteilung, ob die von einem Unternehmen verwendeten Bewertungsverfahren für Finanzinstrumente angemessen sind und ob Kontrollen für diese Bewertungsverfahren bestehen, bezieht der APr. folgende Faktoren ein:
- ob die Bewertungsverfahren üblicherweise auch von anderen Marktteilnehmern verwendet werden,
- ob die Bewertungsverfahren wie beabsichtigt funktionieren und keine Fehler in ihrer Gestaltung vorliegen und ob sie objektiv validiert worden sind,
- ob die Bewertungsverfahren die Risiken berücksichtigen, die jeweils mit dem bewerteten Finanzinstrument verbunden sind, einschl. des Kreditrisikos des Kontrahenten und des eigenen Kreditrisikos,
- inwiefern die Bewertungsverfahren auf den Markt abgestimmt sind, v.a. wie stark sie auf Änderungen der Bewertungsparameter reagieren,
- ob die Marktvariablen und Annahmen konsistent verwendet werden,
- ob Sensitivitätsanalysen darauf hindeuten, dass sich die Bewertungen bereits bei kleinen oder mittelgroßen Änderungen der Annahmen signifikant ändern würden,
- die Organisationsstruktur,
- die Fachkompetenz, Objektivität und Erfahrung der für die Entwicklung und Anwendung der Bewertungsverfahren verantwortlichen Mitarbeiter[1091].

1120 Der APr. muss über ausreichende Kenntnisse und Fähigkeiten i.Z.m. der Planung und Durchführung der Prüfung von derivativen Finanzinstrumenten verfügen[1092]. Insbesondere vor dem Hintergrund der teilweise komplexen Ermittlung von Zeitwerten von derivativen Finanzinstrumenten ist der Einsatz von Spezialisten anzuraten.

16. Prüfung des Lageberichts

16.1 Vorwort

1121 Der HFA hat am 12.12.2017 den *IDW PS 350 n.F.* verabschiedet. Die in den letzten Jahren deutlich zugenommenen Berichtsinhalte des LB, etwa i.R.d. Nachhaltigkeitsberichterstattung, machten eine umfassende Novellierung erforderlich. In der überarbeiteten Fassung wurde zudem Nachfolgendes berücksichtigt:
- Das BilRUG[1093] fordert explizit, dass sich das Prüfungsurteil im BestV auch darauf zu erstrecken hat, ob die gesetzlichen Vorschriften zur Aufstellung des LB beachtet worden sind. Diese Regelung ist erstmals anzuwenden für die Prüfung von LB von GJ, die nach dem 31.12.2015 beginnen. Die Abschlussprüfung muss demnach darauf ausgerichtet sein, dieses Prüfungsurteil mit hinreichender Sicherheit abgeben zu können.

[1090] *Kuhn/Skirk*, WPg 2012, S. 1304.
[1091] *Kuhn/Skirk*: WPg 2012, S. 1304 (1306 f.); vgl. IAPN 109.
[1092] Vgl. IAPS 1012.14 ff.
[1093] Vgl. RegBegr. zum Gesetzentwurf BilRuG, BT-Drs. 18/4050, S. 81.

- Das DRSC hat die Grundsätze für eine ordnungsmäßige Konzernrechnungslegung mit dem Deutschen Rechnungslegungs Standard Nr. 20: Konzernlagebericht (DRS 20) umfassend überarbeitet. Die Anforderungen an die Aufstellung von KLB wurden hierdurch konkretisiert und erweitert.

Der *IDW Prüfungsstandard* gilt für die Prüfung von LB und KLB für Berichtszeiträume am oder nach dem **15.12.2018** beginnen mit Ausnahme von Rumpf-GJ, die vor dem 31.12.2019 enden[1094].

Die Prüfung des LB bzw. KLB[1095] ist gesetzlich vorgesehen u.a. für: **1122**

- KapGes. und Personenhandelsgesellschaften i.S.d. § 264a HGB, die nicht kleine Gesellschaften i.S.d. § 267 HGB sowie Kleinstkapitalgesellschaften (§ 267a Abs. 2 HGB) sind,
- bestimmte unter das PublG fallenden Unternehmen,
- KI und FDLI (unabhängig von ihrer Größe und Rechtsform),
- VU größenunabhängig sowie
- MU, die zur Aufstellung eines KA verpflichtet sind.

Der LB ist ein eigenständiges Instrument der handelsrechtlichen Rechnungslegung, der neben dem JA bzw. KA steht und diesen um zusätzliche, vor allem qualitative und prognostische Angaben ergänzt[1096]. **1123**

16.2 Verantwortung der gesetzlichen Vertreter

Die gesetzlichen Vertreter sind dafür verantwortlich, dass die im LB enthaltenen Aussagen durch ausreichende geeignet Nachweise belegt sind. Der LB ist dem APr. von den gesetzlichen Vertretern zur Prüfung vorzulegen. Dabei sind alle erbetenen Aufklärungen und Nachweise sind vollständig und nach bestem Wissen und Gewissen zu erbringen.[1097] **1124**

> **! Hinweis 40:**
>
> In Abhängigkeit von Größe und Komplexität eines Unternehmens können die unternehmensinternen Prozesse und Systeme, die für die Aufstellung eines ordnungsgemäßen LB erforderlich sind, unterschiedlich stark formalisiert sein. Bei mittelständischen Unternehmen mit wenig komplexen Prozessen können die gesetzlichen Vertreter bspw. auf interne Informationen zurückgreifen (z.B. Vertriebs-, Produktions-, Personalstatistiken) und externe Informationsquellen nutzen (z.B. Markt- und Wettbewerbsstudien von Branchenverbänden)[1098]. In größeren, komplexeren Einheiten mit internationalem Bezug sind hierfür Prozesse erforderlich, die sicherstellen, dass die Informationen insb. aus den ausländischen Einheiten zur Verfügung gestellt werden.

1094 Vgl. *IDW PS 350 n.F.*, Tz. 18. Für eine frühere Anwendung vgl. IDW PS 201, Tz. 31a S. 2.
1095 Im Folgenden wird für LB und KLB einheitlich die Abkürzung „LB" verwendet.
1096 *IDW PS 350 n.F.*, Tz. 3; Die gesetzlichen Anforderungen an den Inhalt des LB sind in den §§ 315-315d HGB geregelt. DRS 20 konkretisiert diese gesetzlichen Anforderungen an die Berichterstattung im KLB. In DRS 20.2 empfiehlt das DRSC eine entsprechende Anwendung von DRS 20 auf den LB nach § 289 HGB. Werden gesetzliche Anforderungen an den LB nach § 289-289f HGB durch DRS 20 konkretisiert und handelt es sich dabei um Auslegung der allgemeinen gesetzlichen Grundsätze zur Berichterstattung in LB, haben diese auch Bedeutung für den LB.
1097 Vgl. *IDW PS 350 n.F.*, Tz. 10.
1098 Vgl. *IDW PS 350 n.F.*, Tz. A4.

1125 Der LB hat eine ausgewogene und umfassende, dem Umfang und der Komplexität der Geschäftstätigkeit entsprechende Analyse des Geschäftsverlaufs und der Lage der Gesellschaft zu enthalten[1099]. Ausführlichkeit und Detaillierungsgrad der Ausführungen im LB hängen daher von den spezifischen Gegebenheiten des Unternehmens, wie insb. von der Art seiner Geschäftstätigkeit, seiner Größe und der Inanspruchnahme des Kapitalmarktes ab. Der Grundsatz der Informationsabstufung rechtfertigt es allerdings nicht, die Berichterstattung zu einzelnen Berichtspunkten gänzlich zu unterlassen. Vielmehr fordert der Grundsatz, dass an die Ausführlichkeit und den Detaillierungsgrad der Berichterstattung bei diversifizierten, größeren oder kapitalmarktorientierten Unternehmen höhere Anforderungen zu stellen sind als bei wenig diversifizierten, kleineren oder nicht kapitalmarktorientierten Unternehmen.

16.3 Verantwortung des Abschlussprüfers

1126 Der APr. ist verpflichtet, einen aufgrund von **gesetzlichen** Vorschriften aufzustellenden LB i.R.d. Abschlussprüfung zu prüfen. Im Falle eines **freiwillig aufgestellten** LB ist er zu dessen Prüfung nur dann verpflichtet, wenn er hierzu beauftragt wird[1100].

1127 Die Prüfung des LB ist gemäß **§ 317 Abs. 2 HGB** so zu planen und durchzuführen, dass hinreichende Sicherheit darüber erlangt wird, ob der LB

 a) in allen **wesentlichen Belangen** mit dem Abschluss und ggf. mit dem Einzelabschluss nach § 325 Abs. 2a HGB sowie den bei der Abschlussprüfung gewonnenen Erkenntnissen **in Einklang** steht,
 b) den **deutschen gesetzlichen Vorschriften** in allen wesentlichen Belangen entspricht,
 c) insgesamt ein **zutreffendes Bild** von der Lage des Unternehmens vermittelt sowie
 d) die **Chancen und Risiken der zukünftigen Entwicklung** in allen wesentlichen Belangen zutreffend darstellt.

1128 Die Prüfung des LB ist ein **Bestandteil der Abschlussprüfung**. Demnach müssen die Erkenntnisse aus der Prüfung des Abschlusses bei der Prüfung des LB berücksichtigt.[1101]

1129 Die inhaltliche Prüfung des LB erstreckt sich **nicht** auf die nichtfinanzielle Berichterstattung nach §§ 289b bis 289e, 315b bis 315c HGB und die (Konzern-)Erklärung zur Unternehmensführung nach §§ 289f, 315d HGB. Der APr. ist aber verpflichtet, i.R.d. Prüfung festzustellen, ob die nichtfinanzielle Berichterstattung vorgelegt wurde bzw. die Angaben zu der (Konzern-)Erklärung zur Unternehmensführung **gemacht wurden** (vgl. § 317 Abs. 2 S. 4 und 6 HGB)[1102].

1130 Die **Pflichtangaben des LB** ergeben sich aus §§ 289 bis 289f und 315 bis 315d HGB. Anforderungen zu lageberichtstypischen Angaben resultieren darüber hinaus aus DRS 20. Darüber hinaus können im LB auch lageberichtsfremde Angaben enthalten sein. **Lageberichtsfremde Angaben**[1103] sind solche, die weder nach §§ 289-289f, 315-315d HGB vorgeschrieben, noch von DRS 20 gefordert sind. Angaben, die vom Gesetz oder von DRS 20 nur für Unternehmen bestimmter Größenklassen oder nur für kapitalmarktorientierte Unternehmen vorgesehen sind und in entsprechender Anwendung

---

[1099] Vgl. §§ 289 Abs. 1 S. 2, 315 Abs. 1 S. 2 HGB.
[1100] Vgl. *IDW PS 350 n.F.*, Tz. 11.
[1101] Vgl. *IDW PS 350 n.F.*, Tz. 12.
[1102] Vgl. *IDW PS 350 n.F.*, Tz. 13.
[1103] Vgl. *IDW PS 350 n.F.*, Tz. 20k.

solcher Regelungen freiwillig in den LB aufgenommen werden, zählen nicht zu den lageberichtsfremden Angaben.

> **Beispiel 87:**
> Beispiele für lageberichtsfremde Angaben[1104]:
> - Aussagen zur Angemessenheit bzw. Wirksamkeit des Steuerungssystems, des Risikomanagementsystems oder des rechnungslegungsbezogenen IKS
> - nichtfinanzielle Informationen in Form von Nachhaltigkeitsberichten (Sustainability-Reports)
> - Informationen über soziales oder kulturelles Engagement, soweit diese für das Verständnis des Geschäftsverlaufs oder der Lage nicht wesentlich sind (wie bspw. bei Stiftungen)
> - Versicherung der gesetzlichen Vertreter nach §§ 264 Abs. 2 S. 3 und 289 Abs. 1 S. 5 HGB.

Im LB enthaltene lageberichtsfremde Angaben können einzelne Angaben, bspw. zu bestimmten Nachhaltigkeitsaspekten, aber auch vollständige Nachhaltigkeitsberichte umfassen. Auch einzelne lageberichtsfremde Angaben können von großer Tragweite für die Rechnungslegungsadressaten sein, bspw. die Aussage, dass das Steuerungssystem des Unternehmens im Berichtszeitraum wirksam war. Lageberichtsfremde Angaben von großem Umfang bzw. von großer Tragweite können den damit verbundenen Prüfungsaufwand deutlich erhöhen. Das muss der APr. bei seiner Entscheidung, diese in die Prüfung einzubeziehen, berücksichtigen[1105]. **1131**

Im LB enthaltene lageberichtsfremde Angaben sind **nicht** Pflichtbestandteil der Abschlussprüfung nach § 317 HGB, wenn das Unternehmen die lageberichtsfremde Angaben **eindeutig von den inhaltlich geprüften** lageberichtsfremde abgrenzt. Der APr. kann sich entscheiden, die lageberichtsfremde Angaben nicht in die Prüfung einzubeziehen, wenn das Unternehmen sie nicht eindeutig abgegrenzt hat. Maßgeblich für diese Entscheidung sind: **1132**

- eine ggf. mit dem Unternehmen abgeschlossene **Auftragsvereinbarung** zum Umgang mit lageberichtsfremde Angaben in der Abschlussprüfung und
- der **Umfang** der lageberichtsfremde Angaben und die **Tragweite** der in diesen Angaben enthaltenen Aussagen[1106].

Sofern das Unternehmen lageberichtsfremde Angaben **nicht eindeutig** von den inhaltlich geprüften LB-Angaben abgrenzt und sich der APr. entscheidet, diese LB-fremden Angaben nicht inhaltlich zu prüfen, ist er verpflichtet, diese lageberichtsfremde Angaben in der Beschreibung des LB als Prüfungsgegenstand im Abschnitt mit der Überschrift „Prüfungsurteile" des BestV zu benennen und darzustellen, dass sie nicht inhaltlich geprüft wurden. Ferner ist der APr. verpflichtet, im Prüfungsurteil unter Nennung dieser nicht inhaltlich geprüften lageberichtsfremde Angaben darzustellen, dass sich das Prüfungsurteil zum LB nicht auf deren Inhalt erstreckt. Der APr. darf diese Angaben in eine **1133**

1104 *IDW PS 350 n.F.*, Tz. A16.
1105 Vgl. *IDW PS 350 n.F.*, A26.
1106 Vgl. *IDW PS 350 n.F.*, Tz. 15.

Anlage zum BestV aufnehmen, sofern er bei der Beschreibung des Prüfungsgegenstands und im Prüfungsurteil auf die Anlage verweist[1107].

Entsprechendes gilt für **nicht eindeutig abgegrenzte** lageberichtstypische Angaben, für die keine gesetzliche Pflicht zur inhaltlichen Prüfung besteht (nichtfinanzielle Berichterstattung und (Konzern)Erklärung zur Unternehmensführung).

Auch wenn nicht inhaltlich geprüfte (prüfbare und nicht prüfbare) Angaben im LB eindeutig von den inhaltlich geprüften Angaben im LB abgegrenzt sind, kann es der APr., um Missverständnisse zu vermeiden, für notwendig erachten, die genannten Angaben in den BestV aufzunehmen[1108].

1134 Der LB ist ein in sich **geschlossenes Berichtsinstrument** der gesetzlichen Vertreter. Soweit vom Gesetz nicht ausdrücklich vorgesehen, sind Angaben außerhalb des Abschlusses und LB, auch wenn sie lageberichtstypisch sind, nicht Bestandteil des LB. Dies gilt auch für Angaben des Unternehmens außerhalb des Abschlusses und LB, auf die durch einen Querverweis im LB hingewiesen wird. Enthält der LB nicht vom Gesetz vorgesehene Querverweise auf Angaben des Unternehmens, kann der APr. darauf hinwirken, dass die gesetzlichen Vertreter solche Querverweise im LB unterlassen. Enthält der LB dennoch solche Querverweise, benennt der APr. diese Querverweise in der Beschreibung des LB als Prüfungsgegenstand im Abschnitt mit der Überschrift „Prüfungsurteile" des BestV und stellt dar, dass die Informationen, auf die sich die Querverweise beziehen, nicht geprüft wurden und sich daher das Prüfungsurteil zum LB nicht darauf erstreckt. Im Prüfungsurteil ist auf diese Beschränkung des Prüfungsgegenstands hinzuweisen[1109].

> **Beispiel 88:**
> Beispiele für Querverweise, die nicht vom Gesetz vorgesehen sind, sind Verweise auf Internetseiten oder auf gesonderte Unternehmenspublikationen (z.B. Nachhaltigkeitsberichte, Studien oder Analystenpräsentationen). Hingegen stellen bloße Verweise auf externe Quellen, wie bspw. der Verweis auf die Darstellung der konjunkturellen Entwicklung einer Branche in einem Bericht eines Branchenverbandes, keine Querverweise in diesem Sinne dar[1110].

> **Praxistipp 28:**
> **Gesetzlich vorgesehene Querverweise** sind die gem. §§ 289f Abs. 1 S. 3, 315d HGB bzw. §§ 289b Abs. 3 S. 1 Nr. 2 Buchst. b, 315b Abs. 3 S. 1 Nr. 2 Buchst. b HGB zulässigen Bezugnahmen auf die Internetseite der Gesellschaft, auf der die (Konzern)Erklärung zur Unternehmensführung bzw. der gesonderte nichtfinanzielle (Konzern)Bericht öffentlich zugänglich gemacht wird[1111].

1107 Vgl. *IDW PS 350 n.F.*, Tz. 16; zur Verantwortung des APr. i.Z.m. sonstigen Informationen vgl. ISA 720 (rev.) (E-DE).
1108 Vgl. *IDW PS 350 n.F.*, Tz. 16.
1109 Vgl. *IDW PS 350 n.F.*, Tz. 17.
1110 Vgl. *IDW PS 350 n.F.*, Tz. A8.
1111 Vgl. *IDW PS 350 n.F.*, Tz. A9.

16.4 Planung der Prüfung des LB

1135 Der APr. hat die Prüfung des LB so zu planen, dass sie wirksam durchgeführt werden kann. Zu diesem Zweck hat er die Planungsaktivitäten zur Prüfung des LB in die Gesamtplanung der Abschlussprüfung zu integrieren[1112].

> **! Hinweis 41:**
> Die Prüfung des LB steht in einem engen Zusammenhang mit der Prüfung des Abschlusses. Prüfungsnachweise, die der APr. i.R.d. Abschlussprüfung zur Beurteilung der wirtschaftlichen Lage eines Unternehmens hinzuzieht, sind zugleich unmittelbare Grundlage für die Prüfung des LB[1113].

1136 Entscheidet sich der APr., im LB enthaltene lageberichtsfremde Angaben inhaltlich zu prüfen, hat er dies in der Prüfungsplanung zu berücksichtigen und die Angaben in die weitere Prüfungsdurchführung einzubeziehen[1114].

1137 Im Rahmen der Prüfungsplanung hat der APr. festzustellen, ob der LB nicht prüfbare Angaben enthält. Enthält der LB nicht prüfbare Angaben, hat der APr. die gesetzlichen Vertreter auf die möglichen Konsequenzen für den BestV hinzuweisen[1115].

> **! Hinweis 42:**
> Bei lageberichtstypischen Angaben, die nicht prüfbar sind[1116], kann ein Prüfungshemmnis abgewendet werden, indem die gesetzlichen Vertreter die Angaben so umformulieren, dass sie prüfbar sind. Andernfalls kann das Prüfungshemmnis Auswirkungen auf das Prüfungsurteil des APr. zum LB haben[1117].

16.5 Wesentlichkeit bei der Planung und Durchführung der Prüfung des Lageberichts

1138 Falsche Darstellungen im LB, einschl. fehlender Darstellungen, hat der APr. als wesentlich anzusehen, wenn vernünftigerweise erwartet werden kann, dass sie **einzeln oder insgesamt** auf der Grundlage des LB als Ganzes getroffene wirtschaftliche Entscheidungen von Adressaten beeinflussen[1118].

> **! Hinweis 43:**
> Grundsätzlich werden Beurteilungen i.Z.m. der Wesentlichkeit vor dem Hintergrund der Begleitumstände getroffen und durch das Ausmaß oder die Art einer falschen Darstellung oder durch eine Kombination von beidem beeinflusst. Die Beurteilungen von Sachverhalten, die für Adressaten des LB wesentlich sind, basieren auf einer Einschätzung der gemeinsamen Informationsbedürfnisse der Adressaten als Gruppe. Die mögliche Auswirkung von falschen Darstellungen auf bestimmte einzelne Ad-

---

1112 Vgl. *IDW PS 240*.
1113 Vgl. *IDW PS 350 n.F.*, Tz. A25.
1114 Vgl. *IDW PS 350 n.F.*, Tz. 25. Für nicht inhaltlich geprüfte lageberichtsfremde Angaben vgl. auch ISA 720 (rev.) (E-DE).
1115 Vgl. *IDW PS 350 n.F.*, Tz. 27.
1116 Zu Einzelheiten vgl. *IDW PS 350 n.F.*, Tz. A18-A22.
1117 Vgl. *IDW PS 350 n.F.*, Tz. A28.
1118 Vgl. *IDW PS 350 n.F.*, Tz. 28.

ressaten, deren Bedürfnisse sich stark unterscheiden können, wird nicht berücksichtigt[1119].

Die Festlegung der Wesentlichkeit durch den APr. liegt in dessen pflichtgemäßem Ermessen und wird von dessen Wahrnehmung der Informationsbedürfnisse der Adressaten des LB beeinflusst. In diesem Zusammenhang ist es vertretbar, wenn der APr. annimmt, dass Adressaten

a) hinreichende Kenntnisse von geschäftlichen und wirtschaftlichen Aktivitäten sowie der Rechnungslegung haben und bereit sind, sich mit den Informationen im LB mit dem erforderlichen Maß an Sorgfalt zu befassen,
b) verstehen, dass der LB unter Berücksichtigung von Wesentlichkeitsgrenzen aufgestellt, dargestellt und geprüft wird,
c) die Unsicherheiten anerkennen, die der Bemessung von Beträgen auf der Grundlage von Schätzungen, Prognosen, Beurteilungen und der Einschätzung zukünftiger Ereignisse eigen sind, und
d) auf der Grundlage der Informationen im LB vertretbare wirtschaftliche Entscheidungen treffen.[1120]

Eine Festlegung von Wesentlichkeitsgrenzen für qualitative Angaben i.R.d. Prüfungsplanung ist naturgemäß nicht möglich. Jedoch wird der APr. bei der Durchführung von Prüfungshandlungen zur Risikobeurteilung das Risiko wesentlicher falscher qualitativer Darstellungen berücksichtigen. Des Weiteren wird der APr. die qualitativen Aspekte von Angaben bei der Risikobeurteilung berücksichtigen.

1139 Der APr. hat für die Festlegung und Anwendung der Wesentlichkeit bei der Planung und Durchführung der Prüfung der im LB dargestellten quantitativen vergangenheitsorientierten Finanzinformationen zur Vermögens-, Finanz- und Ertragslage die **Wesentlichkeiten**[1121] **für den Abschluss** zugrunde zu legen[1122].

> **! Hinweis 44:**
>
> Soweit der LB quantitative vergangenheitsorientierte Finanzinformationen zu der im Abschluss dargestellten Vermögens-, Finanz- und Ertragslage enthält, dienen diese Informationen den Adressaten bei der Gewinnung eines Einblicks in das durch den Abschluss vermittelte Bild der Vermögens-, Finanz- und Ertragslage. Aus diesem Grund sind die Wesentlichkeitsgrenzen, die der Prüfung des Abschlusses zugrunde gelegt werden (die Wesentlichkeit für den Abschluss als Ganzes und etwaige spezifische Wesentlichkeiten), bei der Prüfung dieser Informationen zugrunde zu legen[1123].

1140 Ansonsten sind die Wesentlichkeitsüberlegungen bei der Planung und Durchführung der Prüfung des LB zumindest auf **Ebene der Informationskategorien** vorzunehmen[1124].

[1119] Vgl. *IDW PS 350 n.F.*, Tz. A29.
[1120] Vgl. *IDW PS 350 n.F.*, Tz. A30.
[1121] Vgl. *IDW PS 250 n.F.*, Tz. 5 ff.
[1122] Vgl. *IDW PS 350 n.F.*, Tz. 29.
[1123] Vgl. *IDW PS 350 n.F.*, Tz. A31.
[1124] Vgl. *IDW PS 350 n.F.*, Tz. 30.

> **Hinweis 45:**
>
> Der APr. gibt im BestV folgendes Prüfungsurteil zum LB ab[1125]:
> - ob der LB insgesamt ein zutreffendes Bild von der Lage des Unternehmens vermittelt sowie
> - ob der LB in allen wesentlichen Belangen insb. mit dem Abschluss in Einklang steht, den gesetzlichen Vorschriften entspricht und die Chancen und Risiken der zukünftigen Entwicklung zutreffend darstellt.
>
> Zum LB wird ein Prüfungsurteil **insgesamt** und daher kein Prüfungsurteil zu den einzelnen Angaben im LB abgegeben[1126]. Die der Planung und Durchführung der Prüfung zugrundeliegenden Wesentlichkeitsüberlegungen beziehen sich daher auf den LB insgesamt.
>
> Da der Gesetzgeber eine Entscheidungsrelevanz **sämtlicher** gesetzlich vorgeschriebenen quantitativen und qualitativen Angabepflichten im LB für die Rechnungslegungsadressaten unterstellt, können solche Angaben grundsätzlich nicht unterlassen werden, sondern sind wesentlich für den LB insgesamt. Die vom Gesetz geforderten Angaben für den LB, die das Bild von der Lage der Gesellschaft betreffen, haben sich in den **Informationskategorien** des DRS 20 (Steuerungssystem, Chancen- und Risikobericht, Ausblick) niedergeschlagen. Aus diesem Grund sind die Wesentlichkeitsüberlegungen bei der Planung und Durchführung der Prüfung des LB zumindest auf Ebene der Informationskategorien vorzunehmen. In Einzelfällen kann es notwendig sein, die Wesentlichkeitsüberlegungen für bestimmte Angabegruppen (bspw. Angaben zur Liquidität i.R.d. Darstellung der Finanzlage) bzw. für einzelne Angaben (insb. wenn sie einzeln wesentlich sind bspw. die bedeutsamsten nichtfinanziellen Leistungsindikatoren) innerhalb einer Informationskategorie aufgrund der Entscheidungsrelevanz der Angabe für die Adressaten vorzunehmen[1127].
>
> Die Anforderung, dass der APr. Wesentlichkeitsüberlegungen vorzunehmen hat, bedeutet nicht, dass er Wesentlichkeitsgrenzen auf der betreffenden Ebene der jeweiligen Informationskategorie festlegen muss. Grund hierfür ist, dass Wesentlichkeitsgrenzen für qualitative Angaben i.R.d. Planung der Prüfung nicht festgelegt werden können. Sofern es sich bei einer wesentlichen Angabegruppe um einen kumulierten Betrag bzw. bei einer wesentlichen Einzelangabe um einen Betrag handelt, kann der APr. es für erforderlich halten, hierfür eine eigene Wesentlichkeitsgrenze festzulegen. Eine mögliche Grundlage für die Entscheidung darüber, ob in Einzelfällen Wesentlichkeitsüberlegungen auf Ebene bestimmter Angabegruppen bzw. auf Ebene einzelner Angaben erforderlich sind, ist die Homogenität bzw. Inhomogenität von Angaben innerhalb einer Informationskategorie[1128].

1141 Für die Prüfung, ob der LB die Chancen und Risiken der zukünftigen Entwicklung in allen wesentlichen Belangen zutreffend darstellt sowie ob in diesem Zusammenhang die gesetzlichen Vorschriften zur Aufstellung des LB **in allen wesentlichen Belangen** beachtet worden sind, muss der APr. im Fall von gravierenden Unterschieden zwischen der Planungsrechnung und dem geprüften Abschluss feststellen, ob die Wesentlichkeitsüberlegungen unter Berücksichtigung der Planungsrechnung anzupassen sind[1129].

[1125] Vgl. *IDW PS 400 n.F.*, Tz. 19.
[1126] Vgl. *IDW PS 400 n.F.*, Tz. 19 a).
[1127] Vgl. *IDW PS 350 n.F.*, Tz. A34.
[1128] *IDW PS 350 n.F.*, Tz. A35.
[1129] Vgl. *IDW PS 350 n.F.*, Tz. 31.

> **Beispiel 89:**
>
> Eine Planungsrechnung ist bspw. erforderlich um ein Verständnis der Chancen und Risiken eines Unternehmens zu erlangen. Die Ausgestaltung einer Planungsrechnung hängt dabei von der Größe und Komplexität eines Unternehmens ab. Eine Planungsrechnung wird regelmäßig aus einer Erfolgs- und Liquiditätsplanung für den Prognosezeitraum sowie zumindest einer Vorstellung bestehen, wie sich Vermögens- und Kapitalstruktur im Prognosezeitraum verändern[1130]. Eine Planungsrechnung kann bei einem schnell wachsenden Startup-Unternehmen gravierend von dem geprüften Abschluss abweichen. In diesem Fall kann die Zugrundelegung der für die Prüfung des Abschlusses festgelegten Wesentlichkeitsgrenzen für die Prüfung der im LB enthaltenen zukunftsgerichteten Informationen nicht sachgerecht sein.

16.6 Risiken wesentlicher falscher Darstellungen im Lagebericht

16.6.1 Prüfungshandlungen zur Risikobeurteilung

1142 Der APr. hat Prüfungshandlungen zur Risikobeurteilung durchzuführen[1131], um die Risiken wesentlicher falscher Darstellungen auf **Ebene des LB** insgesamt und auf **Aussageebene** zu identifizieren und zu beurteilen. Dabei hat der APr. auch das Risiko wesentlicher falscher qualitativer Darstellungen zu berücksichtigen[1132].

> **Hinweis 46:**
>
> Risiken wesentlicher falscher Darstellungen auf Ebene des LB insgesamt betreffen Risiken, die sich umfassend auf den LB als Ganzes auswirken und damit viele Aussagen betreffen. Diese Risiken stellen Umstände dar, die allgemein die Risiken wesentlicher falscher Darstellungen auf Aussageebene erhöhen können, bspw. Risiken wesentlicher falscher Darstellungen aufgrund von Verstößen oder durch die Außerkraftsetzung des rechnungslegungsbezogenen IKS durch die gesetzlichen Vertreter. Solche Risiken können auch aus einem unzureichenden Kontrollumfeld stammen[1133]. Es ist für Risiken wesentlicher falscher Darstellungen bezüglich bestimmter Aussagearten, deren Risiko ein vertretbar niedriges Maß offensichtlich nicht übersteigt, nicht notwendig, eine explizite Beurteilung dieser Risiken vorzunehmen[1134].

1143 Die Beurteilung der Risiken wesentlicher falscher Darstellungen auf Aussageebene ist zumindest auf Ebene der Informationskategorien vorzunehmen. Sofern der APr. im Einzelfall die Wesentlichkeitsüberlegungen auf Ebene bestimmter Angabegruppen bzw. auf Ebene einzelner Angaben innerhalb einer Informationskategorie vorgenommen hat, muss er die auf Aussageebene vorzunehmende Beurteilung der Risiken wesentlicher falscher Darstellungen auf Ebene bestimmter Angabegruppen bzw. auf Ebene einzelner Angaben innerhalb einer Informationskategorie vornehmen[1135].

1130 Vgl. *IDW PS 350 n.F.*, Tz. A38 und A39.
1131 Vgl. *IDW PS 300 n.F.*, Tz. 7 i.V.m. *IDW PS 300 n.F.*, Tz. A10 ff.
1132 Vgl. *IDW PS 350 n.F.*, Tz. 32.
1133 Vgl. *IDW PS 350 n.F.*, Tz. A40.
1134 Vgl. *IDW PS 350 n.F.*, Tz. A41.
1135 Vgl. *IDW PS 350 n.F.*, Tz. 33.

1144 Insoweit sich die Risiken wesentlicher falscher Darstellungen im Abschluss und LB überschneiden, hat der APr. die Ergebnisse aus der Risikobeurteilung des Abschlusses bei der Prüfung des LB zu berücksichtigen.

> **! Hinweis 47:**
>
> Wenn es sich bei Angaben im LB um Angaben handelt, die im Abschluss enthalten sind, ist eine gesonderte Risikobeurteilung für diese Angaben im LB nicht erforderlich. Insbesondere Einsichtnahmen und Beobachtungen, die i.R.d. Prüfung des Abschlusses vorgenommen werden, um Informationen über das Unternehmen und sein Umfeld einzuholen, sind gleichzeitig Prüfungshandlungen für Zwecke der Prüfung des LB[1136].

1145 Diese Prüfungshandlungen zur Risikobeurteilung müssen umfassen:

a) Befragung der gesetzlichen Vertreter sowie weiterer Personen innerhalb des Unternehmens, die nach Beurteilung des APr. möglicherweise über Informationen verfügen, die wahrscheinlich bei der Identifizierung von Risiken wesentlicher falscher Darstellungen hilfreich sein können
b) Inaugenscheinnahmen/Einsichtnahmen
c) analytische Prüfungshandlungen und Beobachtungen[1137].

> **! Hinweis 48:**
>
> Die i.R.d. Risikobeurteilung des LB durchzuführenden analytischen Prüfungshandlungen betreffen nicht die zur Prüfung des Abschlusses durchgeführten analytischen Prüfungshandlungen, sondern z.B. die Beurteilung der Planungstreue durch Vergleiche mit Angaben im LB des VJ. Analytische Prüfungshandlungen sind i.d.R. bei der Prüfung des LB weniger relevant als bei der Prüfung des Abschlusses, da es sich bei den Angaben im LB häufig um qualitative Angaben handelt.
>
> Der APr. muss abwägen, ob die i.R.d. Auftragsannahme erlangten Informationen für die Identifizierung von Risiken wesentlicher falscher Darstellungen relevant sind. Haben die Mitglieder des Prüfungsteams andere Aufträge für das Unternehmen durchgeführt, muss der APr. dabei erlangte, für die Identifizierung von Risiken wesentlicher falscher Darstellungen relevante Informationen berücksichtigen[1138].

1146 Der APr. kann auf Kenntnisse und Erfahrungen aus VJ-Prüfungen zurückgreifen und seinen Kenntnisstand aktualisieren. Im Rahmen der Besprechung des Prüfungsteams[1139] ist die Anfälligkeit des LB für wesentliche falsche Darstellungen zu erörtern. Der verantwortliche WP muss festlegen, welche Sachverhalte den an der Besprechung nicht beteiligten Mitgliedern des Prüfungsteams mitzuteilen sind[1140].

1136 Vgl. *IDW PS 350 n.F.*, Tz. A42.
1137 Vgl. *IDW PS 350 n.F.*, Tz. A34.
1138 *IDW PS 350 n.F.*, Tz. A43.
1139 Vgl. *IDW PS 261 n.F.*, Tz. 17.
1140 Vgl. *IDW PS 350 n.F.*, Tz. 36.

16.6.2 Gewinnung eines Verständnisses vom Unternehmen und von dessen Umfeld

1147 Das bei der Prüfung des Abschlusses zu erlangende Verständnis von dem Unternehmen sowie dessen rechtlichem und wirtschaftlichem Umfeld hat der APr. auch bei der Prüfung des LB zugrunde zu legen.

1148 Sofern das erlangte Verständnis für die Prüfung des LB nicht ausreicht, hat sich der APr. das erforderliche Verständnis von dem Unternehmen sowie dessen rechtlichem und wirtschaftlichem Umfeld zu verschaffen[1141].

> **Hinweis 49:**
> Der APr. muss sich ein eingehenderes Verständnis verschaffen, wenn das bei der Prüfung des Abschlusses erlangte Verständnis von dem Unternehmen und dessen Umfeld nicht ausreichend für die Prüfung des LB ist. So kann es bspw. vorkommen, dass die bisherige Auseinandersetzung mit den Chancen der künftigen Geschäftstätigkeit für die Prüfung der Chancenberichterstattung im LB nicht ausreichend ist. In diesem Fall kann eine intensivere Auseinandersetzung mit der Branchenentwicklung und deren möglichen Einfluss auf das Unternehmen erforderlich sein[1142].

16.6.3 Erlangung eines Verständnisses von den relevanten Systemen zur Aufstellung des Lageberichts und zur Ermittlung prognostischer Angaben

1149 Der APr. hat sich mit dem **Prozess zur Aufstellung des LB** zu befassen und dabei ein Verständnis von den für die Aufstellung des LB verwendeten **Systemen und Prozessen** zu erlangen. Dieses Verständnis soll ihn in die Lage versetzen, **Risiken** wesentlicher falscher Darstellungen im LB zu identifizieren und zu beurteilen.

Dieses Verständnis bezieht sich auch auf die Systeme des Unternehmens zur Erfassung und Bewertung der Chancen bzw. Risiken der künftigen Entwicklung sowie, soweit der LB Aussagen über Maßnahmen zur Wahrnehmung von Chancen bzw. Bewältigung von Risiken der künftigen Entwicklung enthält, zum Umgang mit diesen Chancen bzw. Risiken[1143].

> **Hinweis 50:**
> Ergebnisse von Prüfungshandlungen zur Erlangung eines Verständnisses von dem rechnungslegungsbezogenen IKS, die i.R.d. Prüfung des Abschlusses erzielt wurden, wird der APr. bei der Prüfung des LB regelmäßig berücksichtigen, um Doppelarbeiten zu vermeiden. Dies kann bspw. bei prognostischen Angaben der Fall sein, die sowohl zur Ermittlung von Fair Values i.R.d. Niederstwerttests als auch i.R.d. Erstellung des Prognoseberichts verwendet werden.[1144]
>
> Der Umfang der Prüfungshandlungen zur Gewinnung eines Verständnisses von den bei der Aufstellung des LB verwendeten Systemen hängt von der Größe und Komplexität des Unternehmens ab. Bei kleineren Unternehmen mit überschaubarem Geschäftsbetrieb können die Prozesse sehr einfach ausgestaltet sein. Demgegen-

---

1141 *IDW PS 350 n.F.*, Tz. 37 f.
1142 Vgl. *IDW PS 350 n.F.*, Tz. A44.
1143 Vgl. *IDW PS 350 n.F.*, Tz. 39.
1144 Vgl. *IDW PS 350 n.F.*, Tz. A45.

> über werden für große und komplexe, international agierende Unternehmen die Prozesse entsprechend komplex ausgestaltet sein. Zur Aufstellung des LB verwendete einfach ausgestaltete Systeme sind tendenziell manueller Art, während in komplexen Systemen die Aufstellung des LB häufig automatisiert abläuft[1145].
>
> Enthält der LB bspw. Aussagen über Maßnahmen zur Wahrnehmung von Chancen bzw. zur Bewältigung von Risiken der künftigen Entwicklung, beschränkt sich das Verständnis darauf, ob die diesbezüglich angewandten Systemen eine geeignete Grundlage für die Chancen- und Risikoberichterstattung im LB darstellen.

1150 Das Verständnis von den Systemen zur Aufstellung des LB umfasst die Beurteilung von deren Angemessenheit[1146]. Der APr. hat für wesentliche prognostische Angaben ein Verständnis zu erlangen von den Systemen einschl. des Prozesses, den die gesetzlichen Vertreter zur Identifizierung und bei der Ermittlung von prognostischen Angaben zugrunde legen. Das umfasst die folgenden Bereiche:

a) der bei der Ermittlung von prognostischen Angaben angewandten Methode einschl. der Datenerfassung und -aufbereitung sowie, soweit vorhanden, des angewandten Prognosemodells
b) der Annahmen, die den prognostischen Angaben zugrunde liegen
c) der Frage, ob die gesetzlichen Vertreter einen Sachverständigen hinzugezogen haben
d) der Frage, ob gegenüber dem unmittelbar vorangegangenen Zeitraum die Methoden zur Ermittlung der prognostischen Angaben geändert wurden oder hätten geändert werden sollen und die Begründung dafür
e) der Frage, ob und – soweit zutreffend – wie die gesetzlichen Vertreter die Auswirkung einer Prognoseunsicherheit beurteilt haben
f) der Frage ob und wie die gesetzlichen Vertreter die Auswirkungen einer Prognoseunsicherheit beurteilt haben[1147].

1151 Der APr. sollte die für vorhergehende GJ berichteten Prognosen mit den tatsächlichen Ergebnissen zu vergleichen. Der Vergleich der für vorhergehende GJ berichteten Prognosen mit den tatsächlichen Ergebnissen erfolgt, um Nachweise über die allgemeine Verlässlichkeit der vom Unternehmen verwendeten Methoden zur Ermittlung von Prognosen zu erlangen, und nicht um die Einschätzungen der Prüfung der VJ auf Basis der damals vorhandenen Informationen in Frage zu stellen[1148].

16.6.4 Identifizierung und Beurteilung der Risiken wesentlicher falscher Darstellungen im Lagebericht

1152 Der APr. muss die Risiken wesentlicher falscher Darstellungen auf LB- und Aussageebene identifizieren und beurteilen (einschl. der quantitativen bzw. qualitativen Aspekte dieser Angaben), um eine Grundlage für die Gestaltung und Durchführung weitere Prüfungshandlungen vornehmen zu können[1149].

1145 Vgl. *IDW PS 350 n.F.*, Tz. A46.
1146 Vgl. *IDW PS 350 n.F.*, Tz. 40.
1147 Vgl. *IDW PS 350 n.F.*, Tz. 41.
1148 Vgl. *IDW PS 350 n.F.*, Tz. 42.
1149 Vgl. *IDW PS 350 n.F.*, Tz. 43.

Praxistipp 29:

Die Beurteilung der Wesentlichkeit falscher Darstellungen im LB kann durch folgende qualitative Faktoren beeinflusst werden[1150]:

a) Faktoren, die sich aus der **Ausgestaltung der falschen Darstellung** ergeben, z.B.:
   - die Wortwahl in qualitativen Angaben (z.B. unzureichende oder nicht geeignete Beschreibungen, die zur Irreführung der Adressaten führen können)
   - die Form der Darstellung im LB (z.B. narrative Darstellungen oder Darstellung in Form von Tabellen bzw. Diagrammen, die unverständlich oder missverständlich sind)

b) Faktoren, die Rückschlüsse auf die **Ursache der falschen Darstellung** zulassen bzw. Auslöser der falschen Darstellung sind, z.B.
   - ob eine falsche Darstellung beabsichtigt oder unbeabsichtigt ist
   - ob es sich bei einer falschen Darstellung um einen Gesetzesverstoß bzw. einen Verstoß gegen vertragliche Vereinbarungen handelt
   - ob eine falsche Darstellung ein Indiz für Schwächen im IKS ist
   - die Wechselwirkung zwischen Angaben in unterschiedlichen Teilen des LB und deren relative Bedeutung, z.B. quantitative und qualitative Leistungsindikatoren
   - wenn ein Schwellenwert oder ein Vergleichswert verwendet wird und das im LB angegebene Ergebnis von diesem Wert abweicht
   - bedeutsame Bestimmungsfaktoren für Prognosen, einschl. der Annahmen über die Zukunft bzw. deren mögliche Auswirkungen auf Trends
   - Sensitivitätsanalysen für Prognosen
   - bedeutsame Unternehmenskäufe und -verkäufe
   - Vereinbarungen über variable Vergütungssysteme, z.B. anteilsbasierte oder gewinnbasierte Vergütungen
   - Ereignisse oder Umstände, die zu einer außerplanmäßigen Abschreibung geführt haben
   - Änderungen in den Rechnungslegungsgrundsätzen, bspw. neue Anforderungen für qualitative Angaben im LB, die für das Unternehmen von Bedeutung sind

c) Faktoren, die auf eine **besondere Tragweite der falschen Darstellung** schließen lassen
   - Branchenspezifika (bspw. können Angaben über Liquiditätsrisiken besonders wichtig für Adressaten von Abschlüssen einer Bank sein)
   - das Ausmaß der Nichteinhaltung von Liquiditäts- oder Schuldenvereinbarungen eines Unternehmens in finanziell angespannter Lage
   - wie gravierend die Folgen eines Gesetzesverstoßes oder eines Verstoßes gegen vertragliche Vereinbarungen sind
   - ob die Darstellung Auswirkungen auf Berichterstattungen in der Vergangenheit oder Zukunft hat
   - ob sich die falsche Darstellung auf Angaben in sonstigen Informationen i.S. von ISA 720 (rev.) (E-DE)[1151] auswirkt

---

1150 Vgl. *IDW PS 350 n.F.*, Tz. A49.
1151 Vgl. ISA 720 (rev.) (E-DE). Gilt in Deutschland für Abschlüsse für Berichtszeiträume, die am oder nach dem 15.12.2017 beginnen mit Ausnahme der Rumpf-GJ, die vor dem 31.12.2018 enden.

> – ob die falsche Darstellung bedeutsam ist aufgrund vorhergehender Kommunikation mit Adressaten, bspw. über erwartete Ergebnisse
> – ob sich die falsche Darstellung auf Beziehungen zu nahe stehenden Personen[1152] zwischen dem Unternehmen und anderen Parteien auswirkt.

Bei der Identifizierung und Beurteilung hat der APr. die mit prognostischen Angaben verbundene Prognoseunsicherheit zu berücksichtigen. 1153

16.7 Reaktionen auf die beurteilten Risiken wesentlicher falscher Darstellungen im Lagebericht

16.7.1 Allgemeine Reaktionen auf Ebene des Lageberichts als Ganzes

Der APr. hat allgemeine Reaktionen zu planen und umzusetzen, um den beurteilten Risiken wesentlicher falscher Darstellungen auf Ebene des LB zu begegnen[1153]. Dabei kann es sich um folgende Maßnahmen handeln: 1154

- Betonung gegenüber dem Prüfungsteam, dass die Beibehaltung einer kritischen Grundhaltung notwendig ist
- Einsatz von erfahreneren Mitarbeitern oder von solchen mit besonderen Fähigkeiten bzw. die Hinzuziehung von Sachverständigen
- stärkere Überwachung der Auftragsabwicklung
- allgemeine Änderung von Art, Zeitpunkt oder Umfang von Prüfungshandlungen (z.B. Veränderung der Art der Prüfungshandlungen, um überzeugendere Prüfungsnachweise zu erlangen)[1154].

16.7.2 Reaktionen auf Aussageebene

16.7.2.1 Reaktionen auf Aussageebene in Bezug auf sämtliche Informationskategorien

Der APr. hat weitere Prüfungshandlungen zu planen und durchzuführen, deren Art, Umfang und Zeitpunkt auf den beurteilten Risiken wesentlicher falscher Darstellungen auf Aussageebene basieren und auf diese ausgerichtet sind. Es ist nicht notwendig, Reaktionen auf beurteilte Risiken wesentlicher falscher Darstellungen auf Aussageebene durchzuführen, wenn diese beurteilten Risiken ein vertretbar niedriges Maß nicht übersteigen. Dies gilt auch für die besonderen Reaktionen auf Aussageebene für ausgewählte Informationskategorien des LB. Bei der Planung und Durchführung dieser weiteren Prüfungshandlungen für bestimmte Informationskategorien und im Einzelfall für bestimmte Angabengruppen oder einzelne Angaben gelten die allgemeinen Grundsätze und damit auch die Regeln des *IDW PS 300 n.F.*, Tz. 11 ff. zur Auswahl der zu prüfenden Elemente[1155]. 1155

1152 Einzelheiten vgl. *IDW PS 255*.
1153 Vgl. *IDW PS 350 n.F.*, Tz. 45.
1154 Vgl. *IDW PS 350 n.F.*, Tz. A50.
1155 Vgl. *IDW PS 350 n.F.*, Tz. 46.

> **Hinweis 51:**
>
> Die Reaktionen auf die beurteilten Risiken wesentlicher falscher Darstellungen auf Aussageebene gelten für alle Informationskategorien, die der LB umfasst. Die besonderen Reaktionen auf die beurteilten Risiken wesentlicher falscher Darstellungen auf Aussageebene konkretisieren für ausgewählte Informationskategorien die Anforderung, Prüfungshandlungen als Reaktion auf die beurteilten Risiken wesentlicher falscher Darstellungen auf Aussageebene zu planen und durchzuführen. Die betrifft aber nur die jeweils genannte Informationskategorie. In Fällen, in denen die Wesentlichkeitsüberlegungen auf Ebene der Informationskategorie bzw. in Einzelfällen auf Ebene von Angabengruppen vorgenommen wurde, können einzelne Angaben im LB bei der Planung und Durchführung der Prüfungshandlungen ausgewählt werden[1156].

1156 Der APr. hat die **Wirksamkeit** der für die Aufstellung des LB relevanten Systeme zu beurteilen, wenn er auf Grundlage der Risikobeurteilung

a) zu dem Ergebnis gelangt, dass durch aussagebezogene Prüfungshandlungen allein keine ausreichenden geeigneten Prüfungsnachweise erlangt werden können oder

b) bei der Festlegung von Art, Umfang und Zeitpunkt der aussagebezogenen Prüfungshandlungen von der Wirksamkeit der Systeme ausgeht[1157]

1157 Der APr. hat im Einzelfall abzuwägen, ob die Einholung von Bestätigungen Dritter als aussagebezogene Prüfungshandlung notwendig ist[1158].

1158 Die aussagebezogenen Prüfungshandlungen müssen auch den Abgleich oder die Abstimmung von Angaben im LB mit den ihnen zugrunde liegenden Unterlagen des Unternehmens zu umfassen[1159].

Der APr. hat aussagebezogene Prüfungshandlungen durchzuführen, um festzustellen, ob Angaben im LB mit denen im Abschluss und ggf. mit denen im Einzelabschluss nach § 325 Abs. 2a HGB in allen wesentlichen Belangen übereinstimmen[1160].

Der APr. hat für vergangenheitsorientierte Angaben anhand ausreichender geeigneter Nachweise zu beurteilen, ob diese Angaben den tatsächlichen Gegebenheiten entsprechen[1161].

1159 Der APr. hat zu beurteilen, ob die im LB enthaltenen Angaben entsprechend dem **Grundsatz der Informationsabstufung** für das Verständnis der Adressaten ausreichend und geeignet sind und mit den bei der Abschlussprüfung gewonnenen Erkenntnissen, insb. dem bei der Prüfung erlangten Verständnis von der Geschäftstätigkeit sowie dem rechtlichen und wirtschaftlichen Umfeld, in Einklang stehen.

1156 Vgl. *IDW PS 350 n.F.*, Tz. A51.
1157 Vgl. *IDW PS 350 n.F.*, Tz. 47.
1158 Vgl. *IDW PS 350 n.F.*, Tz. 48. Werden Bestätigungen Dritter eingeholt, sind die Grundsätze des *IDW PS 302 n.F.*, Tz. 21 zu beachten.
1159 Vgl. *IDW PS 350 n.F.*, Tz. 49.
1160 Vgl. *IDW PS 350 n.F.*, Tz. 50.
1161 Vgl. *IDW PS 350 n.F.*, Tz. 51.

16.7.2.2 Besondere Reaktionen auf Aussageebene für ausgewählte Informationskategorien des Lageberichts

16.7.2.2.1 Ziele und Strategien

Enthält der LB Ausführungen zu den Zielen und Strategien des Unternehmens, hat der APr. diese Angaben auf Basis interner Berichterstattungen, Protokolle und Gremienbeschlüsse sowie gesetzlicher und gesellschaftsvertraglicher Regelungen nachzuvollziehen. Der APr. hat ferner die Angemessenheit der Berichterstattung über das Ausmaß, den Zeitbezug und die Umsetzung der Ziele und Strategien anhand konkret im Unternehmen getroffener Maßnahmen zur Umsetzung zu beurteilen[1162].

1160

> **Beispiel 90:**
> Im Unternehmen getroffene Maßnahmen können sich z.B. auf Veränderungen der Organisationsstruktur oder den Aufbau und Inhalt des internen Reportings beziehen[1163].

16.7.2.2.2 Steuerungssystem

Enthält der LB eine Darstellung des im Unternehmen eingesetzten Steuerungssystems, hat der APr. festzustellen, ob die im Unternehmen für die Unternehmenssteuerung verwendeten Kennzahlen (d.h. die bedeutsamsten finanziellen und nichtfinanziellen Leistungsindikatoren) an dieser Stelle angegeben wurden. Des Weiteren hat er zu beurteilen, ob ihre Berechnungsweise – soweit nicht für den verständigen Adressaten offensichtlich – angemessen dargestellt ist. Darüber hinaus hat der APr. festzustellen, ob die in die Darstellung des Steuerungssystems einbezogenen bedeutsamsten finanziellen und nichtfinanziellen Leistungsindikatoren mit denen im Wirtschaftsbericht und im Prognosebericht konsistent sind[1164].

1161

> **Praxistipp 30:**
> Um festzustellen, ob die zur Steuerung des Unternehmens herangezogenen Kennzahlen auch angegeben wurden bzw. ob die angegebenen Kennzahlen auch tatsächlich für die Unternehmenssteuerung herangezogen werden, kann der APr. bspw. folgende Unterlagen hinzuziehen[1165]:
> - Controllingberichte
> - Unternehmensplanung nebst Abweichungsanalyse
> - Nachhaltigkeitsberichte
> - Vorstandspräsentationen und -sitzungsprotokolle
> - Aufsichtsratspräsentationen und -sitzungsprotokolle.
>
> Sofern sich die zur Steuerung des Unternehmens herangezogenen Kennzahlen im Vergleich zum VJ verändert haben, kann es sinnvoll sein, sich in Gesprächen mit den gesetzlichen Vertretern die Hintergründe hierfür erläutern zu lassen sowie der

---

1162 Vgl. *IDW PS 350 n.F.*, Tz. 53.
1163 Vgl. *IDW PS 350 n.F.*, Tz. A54.
1164 Vgl. *IDW PS 350 n.F.*, Tz. 54.
1165 Vgl. *IDW PS 350 n.F.*, Tz. A56.

oben dargestellten Unterlagen festzustellen, ob die Darstellung im LB angepasst wurde[1166].

Bei der Beurteilung, ob die Berechnungsweise der Kennzahlen – soweit nicht für den verständigen Adressaten offensichtlich – angemessen dargestellt ist, kann es wichtig sein festzustellen, ob diese Kennzahlen nach bekannten, im Gesetz oder in Standards oder durch Institutionen festgelegten Definitionen ermittelt werden und ob sich die in die jeweilige Kennzahl eingehenden Parameter direkt aus dem Abschluss ergeben bzw. etwa in einem Glossar zum Abschluss erläutert werden[1167].

16.7.2.2.3 Gesamtwirtschaftliche und branchenbezogene Rahmenbedingungen

1162 Der APr. hat zu würdigen, ob die Angaben zu den gesamtwirtschaftlichen und branchenbezogenen Rahmenbedingungen für das Verständnis der Analyse des Geschäftsverlaufs und der wirtschaftlichen Lage erforderlich sind[1168].

1163 Des Weiteren hat er die Angaben zu den gesamtwirtschaftlichen und branchenbezogenen Rahmenbedingungen anhand konkreter Quellen **nachzuvollziehen** und zu beurteilen, ob diese Quellen **einschlägig und verlässlich** sind[1169].

> **Hinweis 52:**
>
> Eine Quelle kann als einschlägig qualifiziert werden, wenn die Angaben in der Quelle die Geschäftstätigkeit und den Geschäftsverlauf des Unternehmens nachweisbar beeinflussen. Verlässlichkeit kann bei Veröffentlichungen öffentlicher Institutionen und unabhängiger Ein-richtungen mit entsprechender Expertise grundsätzlich angenommen werden.
>
> Quellen können u.U. nicht einschlägig oder verlässlich sein, wenn es sich um Minder- oder Einzelmeinungen (z.B. Parteigutachten) handelt oder sie von befangenen (z.B. nahe stehenden oder abhängigen) Personen oder Institutionen stammen[1170].

> **Beispiel 91:**
>
> Angaben zu den gesamtwirtschaftlichen und branchenbezogenen Rahmenbedingungen, wie z.B. Inflationsraten, Zinssätze, Beschäftigungsquoten und Marktwachstum, können bspw. auch aus folgenden als einschlägig und verlässlich zu qualifizierenden Quellen abgeleitet werden:
> - öffentliche Statistiken
> - Branchenreporte/-statistiken
> - von Kreditinstituten und Finanzanalysten veröffentlichte Berichte
> - Finanzzeitungen
> - amtliche Informationen.
>
> In anderen Fällen kann die Grundlage unternehmensspezifisch sein und auf intern erhobenen Daten beruhen. Beispielhaft anzuführen sind hier Personalstatistiken,

---

1166 Vgl. *IDW PS 350 n.F.*, Tz. A57.
1167 Vgl. *IDW PS 350 n.F.*, Tz. A59.
1168 Vgl. *IDW PS 350 n.F.*, Tz. 55.
1169 Vgl. *IDW PS 350 n.F.*, Tz. 56.
1170 Vgl. *IDW PS 350 n.F.*, Tz. A60.

> Planungs- und Budgetierungsunterlagen, Umsatzstatistiken, Statistiken über Auftragsbestände sowie Kreditlinien[1171].
>
> Diese Angaben können neben den Angaben zum Geschäftsmodell die zentrale Ausgangslage für die weitere Darstellung des Geschäftsverlaufs und die weiteren Berichtsgegenstände des LB bilden.
>
> Die bei den Rahmenbedingungen des GJ angegebenen Größen (z.B. das Marktwachstum) können auch zentrale Annahmen für Prognosen sein, die gem. § 289 Abs. 1 S. 4 Hs. 2 HGB bzw. § 315 Abs. 1 S. 4 Hs. 2 HGB im Prognosebericht zu erläutern sind[1172].

16.7.2.2.4 Geschäftsverlauf

Der APr. hat zu beurteilen, ob die Darstellung und die Analyse des Geschäftsverlaufs mit der im Abschluss dargestellten Finanz- und Ertragslage **in Einklang** stehen. Ferner hat er zu beurteilen, ob die Analyse des Geschäftsverlaufs **ausgewogen und umfassend ist** sowie dem **Umfang und der Komplexität** der Geschäftstätigkeit entspricht[1173]. **1164**

> **! Hinweis 53:**
>
> Ausführlichkeit und Detaillierungsgrad der Ausführungen im LB hängen von den spezifischen Gegebenheiten des Unternehmens sowie insb. von der Art seiner Geschäftstätigkeit und seiner Größe ab. Die Berichterstattung bei einem kleineren, regional tätigen, nicht kapitalmarktorientierten Unternehmen dürfte sich deutlich weniger aufwendig gestalten als bei einem großen, hochkomplexen Unternehmen mit hohem Diversifizierungsgrad und internationalen Aktivitäten, das sich zudem in einer bestandsgefährdenden oder entwicklungsbeeinträchtigenden Situation befindet[1174].

16.7.2.2.5 Vermögens-, Finanz- und Ertragslage mit finanziellen und nichtfinanziellen Leistungsindikatoren

Der APr. hat die Angaben zur Vermögens-, Finanz- und Ertragslage **anhand konkreter Quellen nachzuvollziehen** und zu beurteilen, ob diese Quellen einschlägig und verlässlich sind. Des Weiteren hat er festzustellen, ob die Angaben für die Darstellung der Vermögens-, Finanz- und Ertragslage **relevant** sind[1175]. **1165**

> **! Hinweis 54:**
>
> Die meisten Angaben zur Vermögens-, Finanz- und Ertragslage können mit Buchführung und Abschluss abgestimmt werden. Für die übrigen Angaben können regelmäßig weitere vom Unternehmen bereitgestellte Nachweise (z.B. Kreditverträge für angegebene Kreditlinien; Mengenstatistiken für Absatzmengenentwicklungen) herangezogen werden[1176].

1171 Vgl. *IDW PS 350 n.F.*, Tz. A61.
1172 Vgl. *IDW PS 350 n.F.*, Tz. A62.
1173 Vgl. *IDW PS 350 n.F.*, Tz. 57.
1174 Vgl. *IDW PS 350 n.F.*, Tz. A63.
1175 Vgl. *IDW PS 350 n.F.*, Tz. 58.
1176 Vgl. *IDW PS 350 n.F.*, Tz. A64.

1166 Bezüglich der in die Analyse einbezogenen und erläuterten **finanziellen und nichtfinanziellen Leistungsindikatoren** hat der APr. zu beurteilen, ob es sich um **die bedeutsamsten für die interne Steuerung herangezogenen Größen** handelt und sie für den verständigen Adressaten erkennbar, **nachvollziehbar und aus dem Abschluss überleitbar** sind, sofern eine solche Überleitung sinnvoll möglich ist[1177].

> **Praxistipp 31:**
> Stellt der APr. bspw. fest, dass die im LB genannten bedeutsamsten Leistungsindikatoren nicht mit denjenigen aus der internen Berichterstattung übereinstimmen und der LB daher eine falsche Darstellung enthält, hat der APr. diese Feststellung der zuständigen Ebene des Managements sowie erforderlichenfalls den für die Überwachung Verantwortlichen mitzuteilen[1178]. Die Beurteilung, ob dieser Sachverhalt den für die Überwachung Verantwortlichen mitzuteilen ist, hängt vom pflichtgemäßen Ermessen des APr. ab.
>
> Bei nichtfinanziellen Leistungsindikatoren, wie z.B. Kundenzufriedenheit oder Marktanteil, kann es schwieriger sein, eine Verknüpfung zur Vermögens-, Finanz- und Ertragslage darzustellen. Oftmals spiegelt sich die Entwicklung solcher Leistungsindikatoren aber auch in finanziellen Größen, wie den Umsatzerlösen oder dem Unternehmenswert, wider[1179].

1167 Der APr. hat festzustellen, ob die in den **Wirtschaftsbericht** einbezogenen bedeutsamsten finanziellen und nichtfinanziellen Leistungsindikatoren mit denen im Prognosebericht und ggf. in der Darstellung des Steuerungssystems **konsistent** sind[1180].

1168 Bei den **bedeutsamsten finanziellen und nichtfinanziellen Leistungsindikatoren** handelt es sich um die für die Unternehmenssteuerung verwendeten Größen, die regelmäßig in der internen Berichterstattung an das Management und ggf. die für die Überwachung Verantwortlichen kommuniziert werden. Die internen Kommunikationsunterlagen (z.B. dem AR präsentierte Planungsrechnungen, vom AR genehmigtes Budget für das Folgejahr, Dokumentation zu den im Vergütungssystem des Managements verwendeten Leistungsindikatoren) können ein angemessener Prüfungsnachweis zur Prüfung der Richtigkeit und Vollständigkeit der im LB als Leistungsindikator bezeichneten Steuerungsgrößen sein. Die Leistungsindikatoren sind nach DRS 20 im LB innerhalb der Ausführungen zum Steuerungssystem darzustellen, im Wirtschaftsbericht zu analysieren und im Prognosebericht zu prognostizieren[1181].

1169 Zur Beurteilung der Relevanz und Vollständigkeit der bedeutsamsten Leistungsindikatoren ist die **unternehmensinterne Berichterstattung als Nachweis** heranzuziehen[1182].

1177 Vgl. *IDW PS 350 n.F.*, Tz. 60.
1178 Vgl. *IDW PS 210*, Tz. 64.
1179 Vgl. *IDW PS 350 n.F.*, Tz. A65 f.
1180 Vgl. *IDW PS 350 n.F.*, Tz. 60.
1181 Vgl. *IDW PS 350 n.F.*, Tz. A67.
1182 Vgl. *IDW PS 350 n.F.*, Tz. 61.

> **Hinweis 55:**
>
> Eine Abweichung zwischen den Leistungsindikatoren aus der internen Steuerung und denen der Berichterstattung kann i.S. einer Aggregation akzeptabel sein[1183]. Bspw. können die intern quantifizierten Leistungsindikatoren Fluktuation, Krankheitstage und Dauer der Betriebszugehörigkeit zu einem qualifiziert berichteten Leistungsindikator (z.B. „hohe Mitarbeiterzufriedenheit") zusammengefasst werden. Dies kann entsprechend bei finanziellen Leistungsindikatoren sachgerecht sein. Bspw. kann es zulässig sein, dass – bei Abschlüssen ohne eigenständige Segmentberichterstattung – intern berichtete Umsatzzahlen für verschiedene Geschäftssegmente für größere Bereiche zusammengefasst werden[1184].

1170 Der APr. hat zu beurteilen, ob **wesentliche Veränderungen** der finanziellen und nichtfinanziellen Leistungsindikatoren gegenüber dem VJ in angemessener Weise **dargestellt und erläutert** werden[1185].

16.7.2.2.6 Prognosebericht

1171 Der APr. muss feststellen, ob der LB für den **erforderlichen Prognosezeitraum** prognostische Angaben zu den für die Steuerung des Unternehmens bedeutsamsten finanziellen und nichtfinanziellen Leistungsindikatoren enthält.

1172 Der APr. muss sich die den prognostischen Angaben zugrunde liegenden Annahmen vom Unternehmen darlegen lassen. Dies umfasst auch Informationen darüber, warum ggf. alternative Annahmen verworfen wurden oder wie auf andere Weise mit Prognoseunsicherheiten umgegangen worden ist[1186].

> **Beispiel 92:**
>
> Den prognostischen Angaben im LB liegen Annahmen des Unternehmens zugrunde, z.B. bezüglich der künftigen Entwicklung des Gesamtmarktes, der Material- und Personalaufwendungen sowie von Zinssätzen und Wechselkursen. Oftmals wird das Unternehmen zur Darlegung dieser Annahmen dem APr. schriftliche Nachweise vorlegen können[1187].

1173 Der APr. hat zu beurteilen, welche der der jeweiligen Prognose zugrunde liegenden Annahmen bedeutsam sind und ob die wesentlichen Annahmen im LB in angemessener Weise sowie vollständig dargestellt sind[1188].

> **Hinweis 56:**
>
> Eine Annahme, die bei der Ermittlung eines prognostizierten Werts im LB getroffen wird, kann dann als bedeutsam erachtet werden, wenn eine begründete Änderung der Annahme einen wesentlichen Einfluss auf den prognostizierten Wert im LB hat. Die Änderung einer Annahme ist dann begründet, wenn sie innerhalb der als ver-

---

1183 Vgl. DRS 20.109 für die nichtfinanziellen Leistungsindikatoren.
1184 Vgl. *IDW PS 350 n.F.*, Tz. A68.
1185 Vgl. *IDW PS 350 n.F.*, Tz. 62.
1186 Vgl. *IDW PS 350 n.F.*, Tz. 64.
1187 Vgl. *IDW PS 350 n.F.*, Tz. A69.
1188 Vgl. *IDW PS 350 n.F.*, Tz. 65.

> tretbar eingeschätzten Ausprägungen liegt, die überwiegend wahrscheinlich, d.h. eher wahrscheinlich als unwahrscheinlich ist[1189].

1174 Der APr. hat die bedeutsamen Annahmen auf Basis von ausreichenden geeigneten Prüfungsnachweisen nachzuvollziehen und die Vertretbarkeit dieser Annahmen zu beurteilen. Ferner hat der APr. festzustellen, ob diese Annahmen mit seinen **während der Abschlussprüfung gewonnenen Erkenntnissen in Einklang** stehen. Sind für die Beurteilung dieser Annahmen besondere Fachkenntnisse notwendig, um ausreichende geeignete Prüfungsnachweise zu erlangen, hat der APr. zu bestimmen, ob die Arbeit eines Sachverständigen zu berücksichtigen ist. Bei der Beurteilung der bedeutsamen Annahmen hat der APr. zu würdigen, ob die gesetzlichen Vertreter konkrete Pläne haben und in der Lage sind, die in den Annahmen implizit enthaltenen Maßnahmen umzusetzen, und dass den Annahmen insgesamt keine einseitige Ermessensausübung zugrunde liegt, die dazu führt, dass prognostische Angaben wesentlich falsch dargestellt werden. Sofern der Eintritt bedeutsamer Annahmen nicht mit überwiegender Wahrscheinlichkeit erwartet wird, hat der APr. festzustellen, ob der LB alternative Darstellungen und ihre Auswirkungen enthält, um die Schwankungsbreite der vom Unternehmen erwarteten Entwicklungen ausreichend darzustellen und zu erläutern[1190].

> **! Hinweis 57:**
>
> Bei der Beurteilung der Vertretbarkeit von bedeutsamen Annahmen wird der APr. oft intersubjektiv nachvollziehbare Ausprägungen der Annahmen berücksichtigen und beurteilen, ob die bedeutsamen Annahmen des Unternehmens innerhalb dieser Ausprägungen liegen (z.B. Entwicklung des Gesamtmarktes für eine Produktgruppe, Kosteneinsparungen aus Einkaufsverhandlungen, Zinssätze u.ä.). Dabei kann es u.a. auf die intersubjektive Nachvollziehbarkeit von Ursache-Wirkungs-Beziehungen ankommen. So ist z.B. eine Trendextrapolation nur dann als sinnvoll anzusehen, wenn von einer relativen Konstanz der vom Unternehmen angenommenen Ursache-Wirkungs-Beziehung aus-gegangen werden kann und sich die wesentlichen Einflussgrößen nicht grundlegend geändert haben (etwa das Produktprogramm bei der Prognose der Umsatzentwicklung).
>
> Um zu beurteilen, ob die Annahmen des Unternehmens, die der Unternehmensplanung zugrunde liegen, vertretbar sind, kann der APr. Brancheninformationen oder andere unternehmensexterne Quellen einbeziehen. Weichen der Unternehmensplanung zugrunde liegenden Annahmen deutlich von Branchen- oder Markttrends ab, kommt der Untersuchung, ob das Unternehmen diese Abweichung intersubjektiv nachvollziehbar begründen kann, eine erhöhte Bedeutung zu. In diesem Zusammenhang kann der APr. bspw. die Umsetzbarkeit von Maßnahmen beurteilen, mit denen das Unternehmen seine Planung unterlegt hat, um die prognostizierte Entwicklung zu erreichen.
>
> Eine einseitige Ermessensausübung kann dann vorliegen, wenn mehrere vom Unternehmen verwendete Annahmen bei deren isolierter Betrachtung z.B. gerade noch am vertretbaren Rand jeweils intersubjektiv nachvollziehbarer Ausprägungen liegen, es dagegen in der Gesamtschau als unwahrscheinlich erscheint, dass diese Annahmen gleichzeitig eine sehr positive Ausprägung annehmen.

1189 Vgl. *IDW PS 350 n.F.*, Tz. A70.
1190 Vgl. *IDW PS 350 n.F.*, Tz. 66.

> Der Eintritt bedeutsamer Annahmen ist auch dann nicht mit überwiegender Wahrscheinlichkeit zu erwarten, wenn keines von mehreren Szenarien eine überwiegende Eintrittswahrscheinlichkeit aufweist. Wenn z.B. für eine Annahme drei Szenarien vorliegen, deren Eintrittswahrscheinlichkeiten mit 25%, 35% und 40% eingeschätzt werden, kann für kein Szenario eine überwiegende Wahrscheinlichkeit angenommen werden.
>
> Bei der Beurteilung alternativer Darstellungen und ihrer Auswirkungen kann der APr. ggf. selbst intersubjektiv nachvollziehbare Ausprägungen der Annahmen ermitteln (z.B. mittels Szenariorechnungen)[1191].

1175 Der APr. muss beurteilen, ob die prognostischen Angaben aus den ihnen **zugrunde liegenden Annahmen** sachgerecht abgeleitet wurden. Sofern den prognostischen Angaben eine integrierte Planungsrechnung zugrunde liegt, hat der APr. auch deren logische Konsistenz und deren Berechnung nachzuvollziehen[1192].

> **Hinweis 58:**
>
> Prognostische Angaben sind aus den ihnen zugrunde liegenden Annahmen dann sachgerecht abgeleitet, wenn die Ableitung sachlogisch und rechnerisch nachvollziehbar ist sowie die Annahmen und die aus ihnen abgeleiteten Prognosen widerspruchsfrei sind.
>
> Unter einer integrierten Unternehmensplanung werden insb. aufeinander abgestimmte Plan-Bilanzen, Plan-Gewinn-und-Verlustrechnungen sowie Plan-Kapitalflussrechnungen verstanden[1193].

1176 Zur Einschätzung der Prognosesicherheit der Planungen des Unternehmens ist ein Vergleich der Unternehmensplanungen der VJ oder der LB der VJ mit der tatsächlich eingetretenen Entwicklung vorzunehmen. Soweit sich die Prognosen des Unternehmens in der Vergangenheit deutlich von der tatsächlich eingetretenen Entwicklung unterscheiden, hat sich der APr. ein Verständnis für die Ursachen der Abweichungen zu verschaffen und zu beurteilen, ob aktuelle Prognosen des Unternehmens vor diesem Hintergrund vertretbar sind[1194].

> **Hinweis 59:**
>
> Auch wenn prognostische Angaben sachgerecht aus den ihnen zugrunde liegenden Annahmen abgeleitet sind, können im Nachhinein die tatsächlichen Entwicklungen von den Prognosen abweichen. In diesem Zusammenhang hat der APr. zu untersuchen, ob sich bis zum Prüfungszeitpunkt Anhaltspunkte dafür ergeben haben, inwieweit die nach dem Abschlussstichtag tatsächlich eingetretene Entwicklung die Unternehmensplanung bestätigt oder infrage stellt[1195].

1191 Vgl. *IDW PS 350 n.F.*, Tz. A71-A75.
1192 Vgl. *IDW PS 350 n.F.*, Tz. 67.
1193 Vgl. *IDW PS 350 n.F.*, Tz. A76 f.
1194 Vgl. *IDW PS 350 n.F.*, Tz. 68.
1195 Vgl. *IDW PS 350 n.F.*, Tz. A78.

1177 Der APr. hat festzustellen, ob die Prognosen im LB von internen Erwartungen des Unternehmens oder von Planungsrechnungen abweichen, die für Bewertungsentscheidungen i.R.d. Bilanzierung verwendet wurden[1196].

1178 Der APr. hat zusätzlich festzustellen, ob Prognosen vom Unternehmen unmissverständlich als solche gekennzeichnet sind, und zu würdigen, inwieweit insb. bei wertenden Aussagen des Unternehmens durch Darstellungsform und Wortwahl möglicherweise ein falsches Bild der tatsächlich vom Unternehmen erwarteten Verhältnisse vermittelt wird[1197].

> **Hinweis 60:**
>
> Ein eigenständiges Prüfungsurteil zu den zukunftsorientierten Angaben sowie zu den zugrunde liegenden Annahmen wird vom APr. nicht abgegeben. Es besteht ein erhebliches unvermeidbares Risiko, dass künftige Ereignisse wesentlich von den zukunftsorientierten Angaben abweichen. Dies ist insb. darauf zurückzuführen, dass die mit Annahmen verbundene Unsicherheit erheblich zunimmt, je weiter die den Annahmen zugrundeliegenden Ereignisse in der Zukunft liegen[1198].

16.7.2.2.7 Chancen- und Risikobericht

1179 Der APr. hat die Wirksamkeit der Systeme zur Erfassung und Bewertung der wesentlichen Chancen und Risiken der künftigen Entwicklung zu beurteilen, wenn er auf Grundlage der Risikobeurteilung

a) zu dem Ergebnis gelangt, dass durch aussagebezogene Prüfungshandlungen **allein** eine ausreichenden geeigneten Prüfungsnachweise für die Beurteilung der wesentlichen Chancen und Risiken der künftigen Entwicklung erlangt werden können, oder

b) von der Wirksamkeit der Systeme ausgeht und daher Art, Umfang und Zeitpunkt der aussagebezogenen Prüfungshandlungen anpassen möchte.

Der APr. hat die im LB dargestellten Chancen und Risiken mit den durch die Systeme erfassten und bewerteten Risiken abzugleichen[1199].

> **Hinweis 61:**
>
> Die Beurteilung der Wirksamkeit der Systeme zur Erfassung und Bewertung der wesentlichen Chancen und Risiken der künftigen Entwicklung stellt eine Konkretisierung der Anforderung zur etwaigen Beurteilung der für die Aufstellung des LB relevanten Systemen gemäß dar. In Abhängigkeit von Größe und Komplexität eines Unternehmens kann die Erfassung und Bewertung der wesentlichen Chancen und Risiken der künftigen Entwicklung unterschiedlich stark formalisiert sein. Bei kleineren, wenig komplexen Unternehmen kann eine ad hoc-Erfassung der Chancen und Risiken ausreichend sein. So kann bspw. die Erfassung und Bewertung der Chancen und Risiken durch eine Abfrage bei Abteilungsleitern erfolgen, sodass der APr. in diesem Fall nicht ausschließlich aussagebezogene Prüfungshandlungen durchführen wird, sondern eine Beurteilung der Kontrolle des vollständigen Rücklaufs der Antworten auf die Abfrage vornehmen wird. Mit steigender Größe und Komplexität des

---

[1196] Vgl. *IDW PS 350 n.F.*, Tz. 69.
[1197] Vgl. *IDW PS 350 n.F.*, Tz. 70.
[1198] Vgl. *IDW PS 350 n.F.*, Tz. A79.
[1199] Vgl. *IDW PS 350 n.F.*, Tz. 72.

Unternehmens nimmt dieses Erfordernis eines formalisierten Systems zur Erfassung der Chancen und Risiken zu. Teilweise verlangt der Gesetzgeber etwa die Einrichtung derartiger Systeme (z.B. Einrichtung eines Risikofrüherkennungssystems nach § 91 Abs. 2 AktG).

Wenn die Systeme zur Erfassung und Bewertung der wesentlichen Chancen und Risiken nicht hinreichend wirksam sind, kann dies Auswirkungen auf das Urteil zum LB haben, sofern der APr. nicht in der Lage ist, allein durch aussagebezogene Prüfungshandlungen ausreichende geeignete Prüfungsnachweise für die Beurteilung der wesentlichen Chancen und Risiken der künftigen Entwicklung zu erlangen.

Der APr. kann sich auch aus Gründen der Wirtschaftlichkeit auf Systeme zur Erfassung und Bewertung der wesentlichen Chancen und Risiken der künftigen Entwicklung verlassen. Dies kann etwa der Fall sein, wenn aussagebezogene Prüfungshandlungen alleine aufwendiger sind als eine Kombination aus der Prüfung der Wirksamkeit der Systeme zur Erfassung und Bewertung der wesentlichen Chancen und Risiken sowie in Art, Umfang und Zeitpunkt angepassten aussagebezogenen Prüfungshandlungen.

Sofern die Prüfung des Risikofrüherkennungssystems bereits aufgrund von § 317 Abs. 4 HGB oder einer vertraglichen Erweiterung des Prüfungsauftrags Gegenstand der Abschlussprüfung war, kann der APr. auf seine hierbei gewonnenen Erkenntnisse zurückgreifen. Art und Umfang der Prüfungshandlungen zur Beurteilung der Wirksamkeit der Vorkehrungen und Maßnahmen zur Erfassung und Bewertung der wesentlichen Chancen und Risiken der künftigen Entwicklung können sich jedoch von denjenigen unterscheiden, die bei einer Prüfung des Risikofrüherkennungssystems aufgrund von § 317 Abs. 4 HGB oder einer vertraglichen Erweiterung des Prüfungsauftrags notwendig sind, da der APr. bei der Prüfung des LB kein gesondertes Urteil zu der Wirksamkeit dieser Vorkehrungen und Maßnahmen abzugeben hat. So können bspw. Mängel der Systeme, die bei einer gesonderten Prüfung des Risikofrüherkennungssystems zu Einwendungen führen würden, i.R.d. Prüfung des LB dann keinen Einfluss auf das Urteil des APr. haben, wenn durch zusätzliche aussagebezogene Prüfungshandlungen zusätzliche Prüfungssicherheit erlangt werden kann.

Selbst wenn die Systeme als nicht angemessen oder nicht wirksam beurteilt wurden, kann ein Abgleich der im LB angegebenen Chancen und Risiken der künftigen Entwicklung mit den durch die Vorkehrungen und Maßnahmen erfassten und bewerteten Chancen und Risiken hilfreich sein, da solche Systeme zwar nicht die vollständige Erfassung insgesamt gewährleisten kann, gleichwohl bspw. für bestimmte Unternehmensbereiche relevante Informationen liefern können[1200].

1180 Im Rahmen der Beurteilung, ob die wesentlichen Chancen und Risiken der künftigen Entwicklung vollständig im LB angegeben sind, hat der APr. zu würdigen, ob die dargestellten Chancen und Risiken mit anderen ihm zur Kenntnis gelangten relevanten Informationen in Einklang stehen.

1200 Vgl. *IDW PS 350 n.F.*, Tz. A81-A 85.

> **Hinweis 62:**
>
> Andere dem APr. zur Kenntnis gelangte relevante Informationen zu den dargestellten Chancen und Risiken können bspw. sein:
> a) Informationen aus Vorstands-/Geschäftsführungs- und Aufsichtsratssitzungsprotokollen
> b) Veröffentlichungen über gesamtwirtschaftliche und branchenspezifische Risiken
> c) Analystenberichte
> d) Wertpapierprospekte[1201]

1181 Der APr. hat die **Tragweite** (Eintrittswahrscheinlichkeit und potenzielle Auswirkungen) der ihm bekannten Chancen und Risiken der künftigen Entwicklung anhand geeigneter Informationen nachzuvollziehen. Unter Berücksichtigung der Tragweite hat er zu beurteilen, ob die wesentlichen Chancen und Risiken der künftigen Entwicklung zutreffend im LB dargestellt und beurteilt sind. Hierzu hat er zu würdigen, ob diese Chancen und Risiken im LB durch die Verdeutlichung ihrer Tragweite ausreichend analysiert und beurteilt werden[1202].

1182 Die Wesentlichkeit eines Risikos wird sich regelmäßig aus der gemeinsamen Berücksichtigung von Eintrittswahrscheinlichkeit und potenziellen Auswirkungen (Tragweite) ergeben. So wird bspw. ein Risiko mit einer niedrigen Eintrittswahrscheinlichkeit und geringen Auswirkungen grundsätzlich kein wesentliches Risiko für Zwecke der LB-Erstattung darstellen. Demgegenüber werden Risiken mit hoher Eintrittswahrscheinlichkeit und schwerwiegenden Auswirkungen grundsätzlich als wesentlich anzusehen sein. In den Bereichen zwischen diesen Extremfällen wird die Qualifizierung als wesentliches Risiko einzelfallabhängig erfolgen. So kann bspw. ein Risiko mit einer bestandsgefährdenden Auswirkung auch bei einer nur geringen Eintrittswahrscheinlichkeit als wesentlich zu qualifizieren sein.

1183 Bei der Beurteilung, ob die wesentlichen Chancen und Risiken zutreffend im LB dargestellt und beurteilt sind, muss der APr. würdigen, ob eine für die Berichterstattung im LB vorgenommene Aggregation von Einzelrisiken oder der Verzicht auf eine Angabe von Risiken unterhalb eines vom Unternehmen festgelegten Schwellenwerts zulässig erfolgte. Dies ist bspw. der Fall, wenn ein vom Unternehmen festgelegter Schwellenwert bei Berücksichtigung des Kumulationsrisikos von Einzelrisiken unangemessen hoch angesetzt wurde[1203].

1184 **Unwesentliche** Chancen und Risiken müssen nicht in den LB aufgenommen werden. **Bestandsgefährdende Risiken** bilden eine Teilmenge der wesentlichen und damit berichtspflichtigen Risiken. In Bezug auf **wesentliche Risiken der künftigen Entwicklung** hat der APr. auf Basis der Grundsätze zur Prüfung des Abschlusses auch zu beurteilen, ob eine wesentliche Unsicherheit (bestandsgefährdendes Risiko) vorliegt, sowie festzustellen, ob diese im LB angemessen angegeben und als solche bezeichnet wird[1204]. Ist die Annahme der Fortführung der Unternehmenstätigkeit angemessen, besteht aber

---

1201 Vgl. *IDW PS 350 n.F.*, Tz. A86.
1202 Vgl. *IDW PS 350 n.F.*, Tz. 74.
1203 Vgl. *IDW PS 350 n.F.*, Tz. A87 f.
1204 Vgl. DRS 20.148

gleichwohl eine wesentliche Unsicherheit über die Fortführung der Unternehmenstätigkeit, so hat der APr. zu beurteilen, ob im LB

a) die wichtigsten Ereignisse oder Gegebenheiten, die bedeutsame Zweifel an der Fähigkeit des Unternehmens zur Fortführung der Unternehmenstätigkeit aufwerfen können, und die Pläne der gesetzlichen Vertreter zum Umgang mit diesen Ereignissen oder Gegebenheiten angemessen angegeben sind, und

b) eindeutig angegeben ist, dass eine wesentliche Unsicherheit i.Z.m. Ereignissen oder Gegebenheiten besteht, die bedeutsame Zweifel an der Fähigkeit des Unternehmens zur Fortführung der Unternehmenstätigkeit aufwerfen können, und das Unternehmen daher möglicherweise nicht in der Lage ist, im gewöhnlichen Geschäftsverlauf seine Vermögensgegenstände zu realisieren sowie seine Schulden zu begleichen

oder

c) unter eindeutiger Bezugnahme auf das Vorliegen einer wesentlichen Unsicherheit auf die Angaben gemäß a) und b) im Abschluss verwiesen wird[1205].

Wenn der LB Aussagen über Maßnahmen zur Wahrnehmung von Chancen bzw. zur Bewältigung von Risiken der künftigen Entwicklung enthält[1206], hat der APr. zu prüfen, ob

a) die gesetzlichen Vertreter voraussichtlich in der Lage sind, die Maßnahmen umzusetzen,

b) die Maßnahmen voraussichtlich geeignet sind, die entsprechenden Chancen wahrzunehmen bzw. den entsprechenden Risiken zu begegnen, und

c) die Maßnahmen und deren erwartete Auswirkung sachgerecht im LB dargestellt sind[1207].

1185

Der APr. hat weiterhin zu würdigen, ob die Darstellung der Chancen und Risiken der künftigen Entwicklung ausgewogen ist und der LB die Chancen- und Risikosituation angemessen widerspiegelt.

1186

> **Praxistipp 32:**
> Aufgrund des überwiegend qualitativen Charakters der Chancen- und Risikoberichterstattung kann ein erhöhtes Risiko einer einseitigen Darstellung bestehen, die zu einer wesentlichen falschen Darstellung im LB führen kann. Wenn bspw. die Darstellung der einzelnen Risiken noch vertretbar ist, kann die Risikoberichterstattung in der Gesamtschau dennoch unausgewogen sein[1208].

16.7.2.2.8 Grundzüge des Vergütungssystems

Der APr. hat bei der Prüfung des LB von **börsennotierten AG** die Beschreibung der *Grundzüge des Vergütungssystems* daraufhin zu beurteilen, ob diese Beschreibung mit

1187

1205 Vgl. *IDW PS 270 n.F.*, Tz. A28.
1206 Vgl. DRS 20.157.
1207 Vgl. *IDW PS 350 n.F.*, Tz. 76.
1208 Vgl. *IDW PS 350 n.F.*, Tz. A89.

der im Unternehmen vorhandenen Dokumentation des Vergütungssystems übereinstimmt und den tatsächlich angewandten Vergütungsgrundsätzen entspricht[1209].

16.7.2.2.9 Übernahmerelevante Angaben und Angaben zu eigenen Aktien

1188 Bei der Prüfung **übernahmerelevanter Angaben**, die sich aus Bestimmungen der Satzung oder aus Beschlüssen der HV ergeben[1210] bzw. auf Mitteilungen an die Gesellschaft beruhen[1211], hat der APr. zu beurteilen, ob die einschlägigen satzungsmäßigen Bestimmungen oder HV-Beschlüsse bzw. die vorliegenden Mitteilungen im LB vollständig und zutreffend angegeben sind. Bei der Prüfung von Angaben nach §§ 289a Abs. 1 S. 1 Nr. 6, 315a Abs. 1 S. 1 Nr. 6 HGB hat der APr. zu beurteilen, ob die einschlägigen satzungsmäßigen Bestimmungen im LB vollständig und zutreffend wiedergegeben sind, oder festzustellen, ob im LB auf die gesetzlichen Regelungen zur Ernennung und Abberufung des Vorstands (§§ 84, 85 AktG) sowie zur Änderung der Satzung (§§ 133, 179 AktG) verwiesen wurde[1212].

1189 Hinsichtlich der übernahmerelevanten Angaben zu wesentlichen Vereinbarungen unter der Bedingung eines Kontrollwechsels infolge eines Übernahmeangebots[1213] und Entschädigungsvereinbarungen für den Fall eines Übernahmeangebots[1214] hat der APr. festzustellen, ob entsprechende Vereinbarungen vorliegen, und zu beurteilen, ob sie vollständig und zutreffend im LB wiedergegeben sind. Im Falle einer Inanspruchnahme der Schutzklausel in Bezug auf die Angaben nach §§ 289a Abs. 1 S. 1 Nr. 8 i.V.m. S. 4, 315a Abs. 1 S. 1 Nr. 8 i.V.m. S. 4 HGB hat der APr. zu würdigen, ob die vorliegenden Gründe die Inanspruchnahme der Befreiung zutreffend erfolgte[1215].

1190 Soweit Angaben nach §§ 289a Abs. 2 S. 2, 315a Abs. 2 S. 2 HGB bzw. §§ 289a Abs. 1 S. 1 Nr. 1, 3 und 9, 315a Abs. 1 S. 1 Nr. 1, 3 und 9 HGB im (Konzern-)Anhang zu machen sind, hat der APr. festzustellen, ob im LB der notwendige Verweis auf die Angaben im (Konzern-)Anhang vorhanden ist[1216].

16.7.3 Nichtfinanzielle Berichterstattung und (Konzern-)Erklärung zur Unternehmensführung

16.7.3.1 Nichtfinanzielle Berichterstattung[1217]

1191 Im Hinblick auf die Vorgaben nach den §§ 289b bis 289e, 315b bis 315c HGB hat der APr. gemäß § 317 Abs. 2 S. 4 HGB nur zu prüfen, ob die nichtfinanzielle (Konzern-)Erklärung oder der gesonderte nichtfinanzielle (Konzern-)Bericht vorgelegt wurde. Der Gesetzgeber hat bewusst von einer inhaltlichen Prüfung der Angaben i.R.d. gesetzlichen Jahres- bzw. Konzernabschlussprüfung abgesehen.

1209 Vgl. *IDW PS 350 n.F.*, Tz. 78.
1210 Vgl. §§ 289a Abs. 1 S. 1 Nr. 1, 4 und 7, 315a Abs. 1 S. 1 Nr. 1, 4 und 7 HGB.
1211 Vgl. §§ 289a Abs. 1 S. 1 Nr. 2 und 3, 315a Abs. 1 S. 1 Nr. 2 und 3 HGB.
1212 *IDW PS 350 n.F.*, Tz. 79.
1213 Vgl. §§ 289a Abs. 1 S. 1 Nr. 8, 315a Abs. 1 S. 1 Nr. 8 HGB.
1214 Vgl. §§ 289a Abs. 1 S. 1 Nr. 9, 315a Abs. 1 S. 1 Nr. 9 HGB.
1215 Vgl. *IDW PS 350 n.F.*, Tz. 80.
1216 *IDW PS 350 n.F.*, Tz. 80.
1217 Vgl. §§ 289b-289e, 315b-315c HGB.

Erstellt die Gesellschaft einen **gesonderten nichtfinanziellen (Konzern-)Bericht** und macht diesen durch Veröffentlichung auf der Internetseite öffentlich zugänglich[1218], hat der APr.[1219]

1192

a) festzustellen, ob der LB auf diese Veröffentlichung unter Angabe der Internetseite Bezug nimmt und
b) vier Monate nach dem Abschlussstichtag eine ergänzende Prüfung durchzuführen, ob der gesonderte nichtfinanzielle (Konzern-)Bericht vorgelegt wurde[1220]. § 316 Abs. 3 S. 2 HGB, wonach über das Ergebnis der Prüfung zu berichten ist und der BestV entsprechend zu ergänzen ist, gilt entsprechend mit der Maßgabe, dass der BestV nur zu ergänzen ist, wenn der gesonderte nichtfinanzielle (Konzern-)Bericht nicht innerhalb von vier Monaten nach dem Abschlussstichtag vorgelegt worden ist[1221].

16.7.3.2 (Konzern-)Erklärung zur Unternehmensführung (§§ 289f, 315d HGB)

Der APr. hat festzustellen, ob der LB die **(Konzern-)Erklärung zur Unternehmensführung** nach §§ 289f, 315d HGB oder eine Bezugnahme auf die betreffende Internetseite enthält. Bei Aufnahme der (Konzern-)Erklärung zur Unternehmensführung in den LB hat der APr. festzustellen, ob die (Konzern-)Erklärung in einem gesonderten Abschnitt abgegeben wurde und die Prüfung der Angaben nach §§ 289f Abs. 2 und 5, 315d HGB gem. § 317 Abs. 2 S. 6 HGB darauf zu beschränken, ob die Angaben gemacht wurden. Wird im LB angegeben, dass die Erklärung auf der Internetseite der Gesellschaft veröffentlicht wird, hat der APr. festzustellen, ob die Internetseite existiert und öffentlich zugänglich ist sowie die Prüfung der Angaben nach §§ 289f Abs. 2 und 5, 315d HGB gemäß § 317 Abs. 2 S. 6 HGB darauf zu beschränken, ob die Angaben gemacht wurden[1222].

1193

> **Praxistipp 33:**
>
> Unabhängig davon, ob die (Konzern-)Erklärung zur Unternehmensführung in einem gesonderten Abschnitt des LB abgegeben wurde oder ob im LB angegeben wird, dass die (Konzern-)Erklärung auf der Internetseite der Gesellschaft öffentlich zugänglich gemacht wurde, beschränkt sich die Prüfung auf das Vorhandensein der Angaben und umfasst keine inhaltliche Prüfung der Angaben[1223].

Der APr. hat weiterhin festzustellen, ob die (Konzern-)Erklärung zur Unternehmensführung die Angaben zur Frauenquote nach §§ 289f Abs. 4, 315d HGB enthält. Hinsichtlich des Prüfungsumfangs gilt das für die (Konzern-)Erklärung Erläuterte entsprechend[1224].

1194

1218 Vgl. §§ 289b Abs. 3 S. 1 Nr. 2 Buchst. b, 315b Abs. 3 S. 1 Nr. 2 Buchst. b HGB.
1219 Vgl. *IDW PS 350 n.F.*, Tz. 83.
1220 Vgl. § 317 Abs. 2 S. 5 Hs. 1 HGB.
1221 Vgl. § 317 Abs. 2 S. 5 Hs. 2 HGB.
1222 *IDW PS 350 n.F.*, Tz. 84.
1223 Vgl. *IDW PS 350 n.F.*, Tz. A90.
1224 *IDW PS 350 n.F.*, Tz. 80. Siehe auch *IDW PH 9.350.1*, Tz. 5.

16.7.3.3 Behandlung der Angaben nach §§ 289b bis 289f, 315b bis 315d HGB im Rahmen der Abschlussprüfung

1195 Die Anforderungen an die Prüfung der Angaben zur nichtfinanziellen Berichterstattung und der (Konzern-)Erklärung zur Unternehmensführung ist dem künftigen *IDW EPS 351*[1225] vorbehalten[1226].

16.7.3.4 Inhaltliche Prüfung der Angaben zur nichtfinanziellen Berichterstattung oder der (Konzern-)Erklärung zur Unternehmensführung[1227]

1196 Sofern i.R.d. Abschlussprüfung über die gesetzliche Anforderung hinaus eine inhaltliche Prüfung von Angaben zur nichtfinanziellen Berichterstattung oder der (Konzern-)Erklärung zur Unternehmensführung vorgenommen werden, ist grundsätzlich *IDW EPS 352* einschlägig, der derzeit noch erarbeitet wird[1228].

16.7.4 Bericht zur Gleichstellung und Entgeltgleichheit

1197 Der von bestimmten Gesellschaften gemäß § 22 Abs. 4 EntgTranspG dem LB nach § 289 HGB als Anlage beizufügende Bericht zur Gleichstellung und Entgeltgleichheit ist **nicht Gegenstand der Abschlussprüfung**[1229]. Hinsichtlich des Prüfungsumfangs gilt das für die inhaltliche Prüfung der Angaben zur nichtfinanziellen Berichterstattung oder der (Konzern-)Erklärung zur Unternehmensführung Erläuterte entsprechend.

16.7.5 Besonderheiten bei der Prüfung des Konzernlageberichts

1198 Bei der Anwendung der Anforderungen des *IDW PS 320 n.F.* bei Konzernabschlussprüfungen hat der APr. zu berücksichtigen, dass im KLB Angaben enthalten sein können, die aus Teilbereichen i.S.v. *IDW PS 320 n.F.* stammen[1230]:

a) Werden der KLB und der LB des MU zusammengefasst[1231], so hat der APr. auch zu beurteilen, ob dieser zusammengefasste LB alle wesentlichen Informationen enthält, die notwendig sind, um ein insgesamt zutreffendes Bild sowohl von der Lage des MU als auch von der Lage des Konzerns zu vermitteln. Dabei hat der APr. zu würdigen, ob durch die Zusammenfassung ein wesentlicher Informationsverlust eingetreten ist.

b) Angaben aus Teilbereichen können für den KBL relevant sein, wenn bspw. in einem dezentral organisierten Konzern die für die Risikoberichterstattung relevanten Risiken in erheblichem Umfang durch die Risikolage der Teilbereiche bestimmt sind. In diesem Fall kann es angebracht sein, dass der KAPr. die Teilbereichsprüfer auffordert, die in diese Angaben einfließenden Informationen auf Ebene der Teilbereiche in die Prüfung einzubeziehen. Ferner kann es angebracht sein, dass der KAPr. bei der er-

---

[1225] Der *Entwurf eines IDW Prüfungsstandards: Die Behandlung der Angaben zur nichtfinanziellen Berichterstattung und der (Konzern-)Erklärung zur Unternehmensführung durch den Abschlussprüfer (IDW EPS 351)* wird derzeit entwickelt.
[1226] Vgl. *IDW PS 350 n.F.*, Tz. A62.
[1227] Vgl. §§ 289b–289f, 315b–315d HGB.
[1228] *Entwurf eines IDW Prüfungsstandards: Inhaltliche Prüfung der Angaben zur nichtfinanziellen Berichterstattung, der (Konzern-)Erklärung zur Unternehmensführung und des Entgeltberichts im Rahmen der Abschlussprüfung (IDW EPS 352)* wird derzeit entwickelt.
[1229] Vgl. Begründung zum Regierungsentwurf eines Gesetzes zur Förderung der Transparenz von Entgeltstrukturen, BT-Drs. 18/11133, S. 74. Die Ausführungen unter Kap. L Tz. 1071 f. gelten entsprechend.
[1230] Vgl. *IDW PS 350 n.F.*, Tz. 90.
[1231] Vgl. § 315 Abs. 5 i.V.m. § 298 Abs. 2 HGB.

forderlichen Würdigung, ob die dargestellten Chancen und Risiken mit anderen ihm zur Kenntnis gelangten relevanten Informationen in Einklang stehen, auch den Kenntnisstand von Teilbereichsprüfern abfragt, sofern er davon relevante Informationen für die Prüfung des KLB erwartet[1232].

c) Sofern Informationen aus Teilbereichen für Angaben im KLB relevant sind, werden diese häufig bereits durch die Prüfung der Rechnungslegungsinformationen der bedeutsamen Teilbereiche erfasst sein. Bspw. können die Erläuterungen zur Vermögens-, Finanz- und Ertragslage auf den Zahlen von Teilbereichen basieren, die bereits bei der Abschlussprüfung Gegenstand von Prüfungshandlungen bzw. Maßnahmen einer prüferischen Durchsicht waren. In Abhängigkeit der Umstände des Einzelfalls kann sich die Notwendigkeit von zusätzlichen Prüfungshandlungen aus den Anforderungen des *IDW PS 320 n.F.*[1233] ergeben[1234].

d) Bei der Zusammenfassung von LB und KLB kann ein erhöhtes Risiko bestehen, dass durch die zusammengefasste Darstellung nicht alle relevanten Angaben bezogen auf die Lage des MU und die des Konzerns im zusammengefassten LB enthalten sind. Dies kann insb. der Fall sein bei der Anwendung von unterschiedlichen Rechnungslegungsgrundsätzen im KA und im JA des MU oder bei stark unterschiedlichen wirtschaftlichen Verhältnissen auf Ebene des MU und des Konzerns[1235].

16.7.6 Gesamtwürdigung des Lageberichts

1199 Der APr. hat zu würdigen, ob der LB insgesamt **ein zutreffendes Bild von der Lage des Unternehmens** vermittelt sowie die **Chancen und Risiken der künftigen Entwicklung zutreffend darstellt**[1236].

1200 Die **Gesamtwürdigung**, ob der LB insgesamt ein zutreffendes Bild von der Lage des Unternehmens vermittelt sowie die Chancen und Risiken der künftigen Entwicklung zutreffend darstellt, wird neben der Erfüllung der Einzelanforderungen insb. auch durch das durch den LB vermittelte Gesamtbild bestimmt. Auch bei Vorhandensein aller Einzelangaben kann durch ein unangemessenes und unausgewogenes Verhältnis der Angaben im LB oder durch die gewählte Darstellungsform bzw. die Wortwahl ein irreführender Eindruck vermittelt werden[1237].

1201 Im Rahmen der Gesamtwürdigung des LB hat der APr. zu beurteilen, ob die Angaben im LB in einem angemessenen und ausgewogenen Verhältnis zueinanderstehen. Wertende Aussagen hat der APr. dahingehend zu würdigen, ob durch die gewählte Darstellungsform und Wortwahl trotz sachlich zutreffender Einzelangaben insgesamt ein irreführender Eindruck vermittelt wird[1238].

1232 Vgl. *IDW PS 350 n.F.*, Tz. A91.
1233 Vgl. *IDW PS 320 n.F.*, Tz. 22 f., Tz. 33 S. 1, Tz. 35 S. 2, Tz. 36, Tz. 37 S. 2 und 3, 1. Bullet, Tz. 39–41, Tz. 46 S. 1 a) Hs. 1, Tz. 46 S. 1 b)–d), Tz. 46 S. 2 und Tz. 47.
1234 Vgl. *IDW PS 350 n.F.*, Tz. A92.
1235 Vgl. *IDW PS 350 n.F.*, Tz. A93.
1236 Vgl. *IDW PS 350 n.F.*, Tz. 95.
1237 Vgl. *IDW PS 350 n.F.*, Tz. A98.
1238 Vgl. *IDW PS 350 n.F.*, Tz. 92.

> **Beispiel 93:**
>
> Beispiele für Kriterien zur Beurteilung des angemessenen und ausgewogenen Verhältnisses der Angaben im LB können sein[1239]:
> - Verhältnis der Ausführungen zum wirtschaftlichen Umfeld zu unternehmensbezogenen Angaben
> - Verhältnis der steuerungsrelevanten Angaben zu finanziellen und nichtfinanziellen Leistungsindikatoren
> - Verhältnis der Chancenberichterstattung zur Risikoberichterstattung
> - Bewertung von positiven und negativen Entwicklungen.

> **Hinweis 63:**
>
> Ein irreführender Eindruck kann bspw. entstehen durch Weglassen bestimmter Informationen, durch eine unzutreffende Gewichtung von wesentlichen und unwesentlichen Informationen, durch das Hervorheben von Chancen ohne angemessene Erwähnung der korrespondierenden Risiken oder durch das Herstellen von irreführenden Zusammenhängen.
>
> Auch Meinungsäußerungen der gesetzlichen Vertreter können wertende Aussagen darstellen. Dabei kann es sich ggf. um nicht prüfbare Angaben handeln, wenn sich die Meinungsäußerungen einer objektiven Beurteilung durch einen Dritten entziehen[1240].

1202 Der APr. hat darüber hinaus zu würdigen, ob der **LB in allen wesentlichen Belangen** mit dem Abschluss und ggf. mit dem Einzelabschluss nach § 325 Abs. 2a HGB sowie den **bei der Abschlussprüfung gewonnenen Erkenntnissen** in Einklang steht[1241].

1203 Darüber hinaus hat der APr. auf Grundlage der durchgeführten Prüfungshandlungen abschließend zu würdigen, ob der LB sämtliche gesetzlich geforderten Angaben enthält, die wesentlich sind. Des Weiteren hat er zu würdigen, ob der LB dem Umfang und der Komplexität der Geschäftstätigkeit entspricht.

> **Hinweis 64:**
>
> Bei der Würdigung, ob der LB dem Umfang und der Komplexität der Geschäftstätigkeit entspricht, kann die Ausführlichkeit bestimmter Angaben einen wichtigen Anhaltspunkt darstellen. Demnach kann diese Würdigung durch die Produktpalette (Ein-Produkt-Unternehmen vs. diversifiziertes Mehr-Produkt-Unternehmen) und die geografische Ausrichtung des Unternehmens (global agierendes Unternehmen vs. lokal begrenztes Unternehmen) beeinflusst werden[1242].

16.7.7 Beurteilung, ob die erlangten Prüfungsnachweise ausreichend und geeignet sind

1204 Auf der Grundlage der durchgeführten Prüfungshandlungen und der erlangten Prüfungsnachweise muss der APr. **vor Beendigung der Prüfung** beurteilen, ob die i.R.d.

1239 Vgl. *IDW PS 350 n.F.*, Tz. A94.
1240 Vgl. *IDW PS 350 n.F.*, Tz. A95 f.
1241 Vgl. *IDW PS 350 n.F.*, Tz. 93.
1242 Vgl. *IDW PS 350 n.F.*, Tz. A97.

Prüfungsplanung vorgenommene Beurteilung der Risiken wesentlicher falscher Darstellungen auf Aussageebene weiterhin angemessen ist[1243].

Der APr. muss abschließend beurteilen, ob **ausreichende geeignete Prüfungsnachweise** erlangt wurden. Bei der Bildung des Prüfungsurteils muss er alle relevanten Prüfungsnachweise berücksichtigen, unabhängig davon, ob sie dem Anschein nach die Aussagen im LB bestätigen oder ihnen widersprechen[1244]. 1205

Wenn der APr. für die i.R.d. Prüfung adressierten Risiken wesentlicher falscher Darstellungen im LB **keine ausreichenden geeigneten Prüfungsnachweise** erlangt hat, muss er versuchen, weitere Prüfungsnachweise zu erhalten. Falls es nicht möglich ist, ausreichende geeignete Prüfungsnachweise zu erhalten, liegt ein Prüfungshemmnis vor, das der APr. im BestV unter Anwendung von *IDW PS 405* zu berücksichtigen hat[1245]. 1206

16.8 Beurteilung der festgestellten, nicht korrigierten falschen Darstellungen im Lagebericht

Der APr. hat die während der Prüfung festgestellten **falschen Darstellungen** im LB und ihre Auswirkungen auf die Prüfungsdurchführung, den LB und ggf. den Abschluss sowie die diesbezüglichen Prüfungsurteile zu beurteilen. Der APr. hat das Unternehmen aufzufordern, die festgestellten falschen Darstellungen zu korrigieren[1246]. 1207

Zur Beurteilung der festgestellten, nicht korrigierten falschen Darstellungen im LB hat der APr. auch die nachfolgenden Grundsätze zu beachten[1247]: 1208

a) Die **Beurteilung der Wesentlichkeit** festgestellter falscher Darstellungen ist zumindest auf Ebene der Informationskategorien vorzunehmen.
b) Sofern der APr. im Einzelfall die Wesentlichkeitsüberlegungen **auf Ebene bestimmter Angabegruppen** bzw. auf **Ebene einzelner Angaben** innerhalb einer Informationskategorie vorgenommen hat, hat er die Beurteilung der Wesentlichkeit festgestellter falscher Darstellungen auf Ebene der entsprechenden Angabegruppen bzw. auf Ebene der entsprechenden einzelnen Angaben innerhalb einer Informationskategorie vorzunehmen.
c) Bei der **Unterlassung von Angaben** bzw. bei **fehlerhaften Darstellungen** in einer Informationskategorie, die Einblick in die Lage der Gesellschaft vermittelt oder die Chancen und Risiken der zukünftigen Entwicklung betrifft, ist die Wesentlichkeit unter Berücksichtigung der Entscheidungsrelevanz für die Adressaten zu beurteilen.

> **! Hinweis 65:**
> Bei dem Unterlassen von Angaben im LB zum Bereich Forschung und Entwicklung kann es sich bspw. dann nicht um eine wesentliche falsche Darstellung handeln, wenn bei einem Unternehmen der Bereich Forschung und Entwicklung von untergeordneter Bedeutung ist und dieses Unternehmen in einer Branche mit nur geringen Forschungs- und Entwicklungsaktivitäten agiert[1248].

1243 Vgl. *IDW PS 350 n.F.*, Tz. 96.
1244 Vgl. *IDW PS 350 n.F.*, Tz. 97.
1245 Vgl. *IDW PS 350 n.F.*, Tz. 98.
1246 Vgl. *IDW PS 350 n.F.*, Tz. 101.
1247 Vgl. *IDW PS 350 n.F.*, Tz. 100.
1248 Vgl. *IDW PS 350 n.F.*, Tz. A99.

d) Eine **Unterlassung von gesetzlich vorgeschriebenen Angaben**, die anderen Einblickszielen dienen, ist grundsätzlich wesentlich, es sei denn, dass der APr. im Einzelfall zu dem Schluss kommt, dass eine vom Gesetzgeber vorgeschriebene Anlage im LB für die Entscheidungen der Rechnungslegungsadressaten nicht relevant ist. Bei fehlerhaften Darstellungen von gesetzlich vorgeschriebenen Angaben ist die Wesentlichkeit unter Berücksichtigung der Entscheidungsrelevanz für die Adressaten zu beurteilen.

1209 Eine **wesentliche falsche Prognose** im LB liegt vor, wenn

a) eine oder mehrere der der Prognose zugrunde liegenden Annahmen außerhalb der vom APr. als vertretbar eingeschätzten Ausprägungen der Annahmen liegen und diese Abweichungen dazu führen, dass die Prognose wesentlich außerhalb der vom APr. ermittelten Bandbreite der Prognose liegt, oder

b) nach Einschätzung des APr. die Prognose aus den ihr zugrunde liegen-den Annahmen nicht sachgerecht abgeleitet wurde und die Prognose wesentlich von einer sachgerecht abgeleiteten Prognose abweicht.

> **Hinweis 66:**
>
> Kriterien zur Ermittlung von nachvollziehbaren Ausprägungen der Annahmen:
>
> a) Zur Beurteilung, ob eine im LB enthaltene Schätzung oder Prognose eine wesentliche falsche Darstellung enthält, ermittelt der APr. zunächst intersubjektiv nachvollziehbare Ausprägungen der der Schätzung bzw. Prognose zugrunde liegenden Annahmen, innerhalb derer der APr. eine von den gesetzlichen Vertretern getroffene Annahme als vertretbar einschätzt. Bei einer Punktschätzung oder -prognose ist die Ausprägung auf einen einzigen Wert beschränkt. Darüber hinaus ermittelt der APr. eine Bandbreite vertretbarer Werte, innerhalb derer er die Prognose oder Schätzung selbst als vertretbar erachtet. Bei einer Punktschätzung oder -prognose kann diese Bandbreite ebenfalls einwertig sein[1249].
>
> b) Liegt die einer Prognose oder Schätzung zugrunde gelegte Annahme außerhalb der hierfür vom APr. als vertretbar eingeschätzten Ausprägungen, führt die Abweichung nur dann zu einer wesentlichen falschen Angabe im LB, wenn die Prognose oder Schätzung selbst wesentlich außerhalb der vom APr. festgelegten Bandbreite vertretbarer Prognose- bzw. Schätzwerte liegt[1250].
>
> c) Weichen die von den gesetzlichen Vertretern und dem APr. ermittelten wahrscheinlichsten Werte einer Schätzung oder Prognose voneinander ab und liegen beide Werte innerhalb der vom APr. ermittelten Bandbreite vertretbarer Schätzungen bzw. Prognosen, liegt keine wesentliche falsche Darstellung im LB vor: Das gilt auch dann nicht, wenn die Spanne zwischen diesen beiden Werten größer ist als die Wesentlichkeit[1251].
>
> d) Bei der Ermittlung der Bandbreite vertretbarer Schätz- oder Prognosewerte sind die zugrunde liegenden Annahmen nicht einzeln, sondern in ihrem Zusammenwirken zu betrachten. Bedingen sich Annahmen gegenseitig, ist dies bei der Ermittlung vertretbarer Schätz- oder Prognosewerte zu berücksichtigen. Basiert bspw. die Prognose steigender Umsatzerlöse auf der Annahme einer Maximierung der Absatzmenge, ist zu berücksichtigen, ob diese Annahme mit einer Senkung des künftigen Absatzpreises einhergeht[1252].

1249 Vgl. *IDW PS 350 n.F.*, Tz. A100.
1250 Vgl. *IDW PS 350 n.F.*, Tz. A101.
1251 Vgl. *IDW PS 350 n.F.*, Tz. A102.
1252 Vgl. *IDW PS 350 n.F.*, Tz. A103.

Der APr. hat zu würdigen, ob die Klarheit und Übersichtlichkeit des LB durch lageberichtsfremde Angaben wesentlich beeinträchtigt ist[1253]. **1210**

> **! Hinweis 67:**
> Die Klarheit und Übersichtlichkeit der Darstellung im LB kann bspw. durch eine Vielzahl von lageberichtsfremde Angaben wesentlich beeinträchtigt sein. Dies kann der Fall sein, wenn z.B. die Berichterstattung über lageberichtsfremde Angaben zur Nachhaltigkeit unverhältnismäßig umfassend im Vergleich zu der Darstellung und Analyse der Vermögens-, Finanz- und Ertragslage ist. Ebenso ist es denkbar, dass der LB unübersichtlich wird, weil eine Vielzahl von lageberichtsfremde Angaben nicht deutlich getrennt von den erforderlichen Angaben im LB enthalten ist oder die erforderlichen Angaben nicht in einer sachlogischen Reihenfolge dargestellt werden[1254].

Die im LB enthaltenen Angaben, insb. die qualitativen Angaben, hat der APr. abschließend danach zu beurteilen, ob die festgestellten, nicht korrigierten falschen Darstellungen **insgesamt wesentlich** sind[1255]. **1211**

16.9 Ereignisse nach dem Abschlussstichtag

Der APr. hat bei der Berücksichtigung der Auswirkungen von Ereignissen nach dem Abschlussstichtag auf den LB die die Prüfung des LB betreffenden Grundsätze des *IDW PS 203 n.F.* zu beachten. Dabei ist zu unterscheiden zwischen Ereignissen nach dem Abschlussstichtag, die **1212**

a) bis zum Datum des BestV eintreten, das den Abschluss der Aufstellung des JA und des LB und den für den APr. maßgeblichen Beurteilungszeitpunkt kennzeichnet,

und solchen Ereignissen, die

b) nach dem Datum des BestV eintreten[1256].

16.10 Schriftliche Erklärungen

Der APr. hat festzustellen, ob die gemäß *IDW PS 303 n.F.* i.R.d. Abschlussprüfung von den gesetzlichen Vertretern einzuholende VollstE und der Nachweis der Gesamtverantwortung für die Rechnungslegung auch die Angaben im LB umfassen. Hat der APr. erhebliche Zweifel an der Integrität der gesetzlichen Vertreter und gelangt er deshalb zu dem Schluss, dass die VollstE oder der Nachweis der Gesamtverantwortung für die Rechnungslegung nicht verlässlich ist, oder geben die gesetzlichen Vertreter diese Erklärungen nicht ab, ist der BestV zu versagen[1257]. **1213**

Der APr. hat weitere weitere Erklärungen anzufordern, wenn er feststellt, dass dies über die VollstE hinaus notwendig ist, zur Unterstützung der für bestimmte Angaben im LB erlangten Prüfungsnachweise. Der APr. hat sodann zu beurteilen, ob diese Erklärungen inhaltlich vertretbar sind und in Einklang mit anderen erlangten Prüfungsnachweisen (einschl. sonstiger mündlicher oder schriftlicher Erklärungen) stehen. Er hat zudem zu **1214**

1253 Vgl. *IDW PS 350 n.F.*, Tz. 102.
1254 Vgl. *IDW PS 350 n.F.*, Tz. A104.
1255 Vgl. *IDW PS 350 n.F.*, Tz. 103.
1256 Vgl. *IDW PS 203 n.F.*, Tz. 2; *IDW PS 350 n.F.*, Tz. 104.
1257 Vgl. *IDW PS 303 n.F.*, Tz. 27; *IDW PS 350 n.F.*, Tz. 105.

würdigen, ob erwartet werden kann, dass die Erklärenden entsprechende Kenntnisse bezüglich der entsprechenden Sachverhalte haben. Die schriftlichen Erklärungen sind zeitnah zum Datum des BestV, jedoch nicht danach, zu datieren[1258].

> **! Hinweis 68:**
> Der APr. kann auf die i.R.d. Prüfung des Abschlusses vom Mandanten eingeholten Erklärungen Rückgriff nehmen. Wenn z.B. für die Bestimmung niedrigerer beizulegender Werte im Anlagevermögen oder für die Bilanzierung einer Rückstellung für eine bedeutende Rechtsstreitigkeit schriftliche Nachweise über geplante Maßnahmen eingeholt wurden, können diese auch für die Prüfung prognostischer Angaben im LB herangezogen werden[1259].

1215 Wenn eine der angeforderten schriftlichen Erklärungen nicht abgegeben wurde oder der APr. zu der Auffassung gelangt, dass substantiierte Zweifel an der Kompetenz und Integrität sowie den ethischen Werten der Erklärenden oder anderer Sorgfalt bei der Abgabe der Erklärungen bestehen, oder dass die schriftlichen Erklärungen in anderer Weise nicht verlässlich sind, hat er

a) den Sachverhalt mit der geeigneten Hierarchieebene im Unternehmen oder ggf. mit den für die Überwachung Verantwortlichen zu erörtern,

b) die Integrität der Erklärenden neu zu beurteilen und die möglichen Auswirkungen auf die Verlässlichkeit von (mündlichen oder schriftlichen) Erklärungen und Prüfungsnachweisen insgesamt zu beurteilen sowie

c) geeignete Maßnahmen zu ergreifen und zu entscheiden, ob sich Auswirkungen auf den Prüfungsbericht und den BestV ergeben[1260].

16.11 Dokumentation

1216 Zur Erfüllung der Dokumentationspflichten hat der APr. die Dokumentation so zu erstellen, dass sie ausreicht, einen erfahrenen, zuvor nicht mit der Prüfung des LB befassten Prüfer, in die Lage zu versetzen, sich ein Bild von der Abschlussprüfung zu machen[1261].

1217 Form, Inhalt und Umfang der Dokumentation zur Prüfung des LB können bspw. von folgenden Faktoren abhängen[1262]:

- Größe und Komplexität des Unternehmens
- Art der durchzuführenden Prüfungshandlungen
- die festgestellten Risiken wesentlicher falscher Darstellungen
- die Bedeutung der erlangten Prüfungsnachweise
- Art und Umfang der erkannten Auffälligkeiten[1263].

1258 Vgl. *IDW PS 350 n.F.*, Tz. 106.
1259 Vgl. *IDW PS 350 n.F.*, Tz. A105.
1260 Vgl. *IDW PS 350 n.F.*, Tz. 107.
1261 Vgl. auch *IDW PS 350 n.F.*, Tz. 108.
1262 Die Dokumentation für die Prüfung des LB eines kleineren Unternehmens ist im Allgemeinen weniger umfangreich als die Dokumentation für die Prüfung des LB eines größeren Unternehmens (vgl. IDW PS 350 n.F., Tz. A108).
1263 Vgl. *IDW PS 350 n.F.*, Tz. A107.

Daher wird die Dokumentation für die Prüfung eines kleineren Unternehmens im Allgemeinen weniger umfangreich als die Dokumentation für die Prüfung des LB eines größeren Unternehmens sein[1264].

1218 Wenn der APr. Informationen erlangt, die im **Widerspruch** zu einer von ihm getroffenen endgültigen Feststellung zu einem bedeutsamen Sachverhalt stehen, hat er zu dokumentieren, wie mit dieser Unstimmigkeit umgegangen wurde[1265].

1219 Die Prüfungsakte ist bei gesetzlichen Abschlussprüfungen nach § 316 HGB spätestens 60 Tage nach dem Datum des BestV abzuschließen.[1266] Die **Prüfungsakte** hat auch die Auftragsdokumentation zur Prüfung des LB zu umfassen. Entsprechendes gilt bei nach diesem *IDW Prüfungsstandard* durchgeführten freiwilligen Abschlussprüfungen. Nach dem Abschluss der Auftragsdokumentation darf der APr. während der Aufbewahrungsfrist Bestandteile der Dokumentation zur Prüfung des LB nicht entfernen oder löschen. Hält der APr. es in Ausnahmefällen für erforderlich, nach dem Abschluss der Auftragsdokumentation die Dokumentation zur Prüfung des LB zu ändern oder zu ergänzen, hat er unabhängig von der Art der Änderung oder Ergänzung, Folgendes zu dokumentieren:

a) von wem und an welchem Datum die Änderung oder Ergänzung vorgenommen und durchgesehen wurde sowie
b) den Grund für die Änderung oder Ergänzung[1267].

1220 Sofern es sich um eine Konzernabschlussprüfung handelt und der KLB Angaben enthält, die auf Informationen beruhen, die aus Teilbereichen stammen, und der KAPr. diesbezüglich Tätigkeiten von Teilbereichsprüfern verwertet, hat er auch die Überprüfung der Arbeit von Teilbereichsprüfern zu dokumentieren[1268].

16.12 Bildung eins Prüfungsurteils

1221 Der APr. muss sich unter Beachtung des *IDW PS 350 n.F.* ein Prüfungsurteil darüber bilden, ob der LB in allen wesentlichen Belangen in Übereinstimmung mit den maßgebenden Rechnungslegungsgrundsätzen aufgestellt ist; d.h., ob

a) der LB insgesamt ein zutreffendes Bild von der Lage des Unternehmens vermittelt sowie
b) der LB in allen wesentlichen Belangen:
   – mit dem Abschluss und ggf. mit dem Einzelabschluss nach § 325 Abs. 2a HGB in Einklang steht
   – den deutschen gesetzlichen Vorschriften entspricht und
   – die Chancen und Risiken der zukünftigen Entwicklung zutreffend darstellt[1269].

17. Abschließende Prüfungshandlungen

1222 Vor der Bildung des prüferischen Gesamturteils hat der APr. nochmals abschließend folgende Prüfungshandlungen durchzuführen:

1264 Vgl. *IDW PS 350 n.F.*, Tz. A108.
1265 Vgl. *IDW PS 350 n.F.*, Tz. 109.
1266 Vgl. § 51b Abs. 5 WPO.
1267 Vgl. *IDW PS 350 n.F.*, Tz. 110.
1268 *IDW PS 350 n.F.*, Tz. 111.
1269 Vgl. *IDW PS 350 n.F.*, Tz. 112.

- Neueinschätzung der Wesentlichkeit
- Aktualisierung der Risikoeinschätzung
- abschließende Durchsicht der relevanten Unterlagen
- Durchführung analytischer Prüfungshandlungen in zeitlicher Nähe zum Ende der Abschlussprüfung
- abschließende Prüfungshandlungen
- abschließende Beurteilung der Auswirkungen von festgestellten falschen Angaben
- Einholung einer Vollständigkeitserklärung sowie
- Prüfung von Ereignissen nach dem Bilanzstichtag.

17.1 Neueinschätzung der Wesentlichkeit

1223 Der APr. hat i.R.d. Entwicklung der Prüfungsstrategie die Wesentlichkeitsgrenzen festzulegen, die er bei seinen Prüfungshandlungen zugrunde legt und anhand derer er die Auswirkungen festgestellter falscher Darstellungen würdigt[1270]. Als Teil des Abschlusses seiner Prüfungshandlungen ermittelt er den **aktuellen Betrag** der ausgewählten Bezugsgröße und bestimmt, ob die Wesentlichkeit, die Toleranzwesentlichkeit und/oder Nichtaufgriffsgrenze anzupassen ist. Dazu hat der APr. die Wesentlichkeit für den Abschluss als Ganzes sowie die Wesentlichkeit für bestimmte Arten von Geschäftsvorfällen (spezifische Wesentlichkeiten) anzupassen, sofern während der Abschlussprüfung Tatsachen und Informationen bekannt werden, die dazu geführt hätten, dass der APr. ursprünglich einen oder mehrere andere Beträge festgelegt hätte[1271]. Dabei entscheidet der APr. nach den Umständen des Einzelfalls und im Rahmen seines pflichtgemäßen Ermessens, ob eine Anpassung der Wesentlichkeitsgrenzen notwendig ist. Er hat darüber hinaus die dabei berücksichtigten Faktoren und vorgenommenen Anpassungen[1272] sowie seine Schlussfolgerung, ob nicht korrigierte falsche Angaben einzeln oder gesamt als wesentlich zu erachten sind, in seinen Arbeitspapieren zu dokumentieren und zu begründen[1273].

> **Hinweis 69:**
>
> Die Wesentlichkeit **kann** angepasst werden aufgrund[1274]:
> - einer während der Abschlussprüfung eingetretenen Änderung der Umstände (z.B. aufgrund einer Entscheidung der Geschäftsführung des Unternehmens, einen größeren Teil des Geschäfts der Einheit zu veräußern),
> - neuer Informationen oder
> - eines geänderten Verständnisses des Unternehmens und von dessen Geschäftstätigkeit nach Durchführung weiterer Prüfungshandlungen.

1224 Wenn der APr. zu dem Schluss kommt, dass eine niedrigere als die ursprünglich festgelegte Wesentlichkeit angemessen ist, wird er entscheiden, ob damit auch die Toleranzwesentlichkeit angepasst werden muss und ob Art, zeitliche Einteilung und Umfang der weiteren Prüfungshandlungen weiterhin angemessen sind. Eine Anpassung der Toleranzwesentlichkeit anlässlich einer Senkung der Wesentlichkeit für den Abschluss als

---
1270 Vgl. Kap. L Tz. 39 und Kap. L Tz. 292 ff.
1271 Vgl. ISA 320.12/ISA 320.A14.
1272 Vgl. ISA 320.12/ISA 320.A14; *IDW PS 250 n.F.*, Tz. 34.
1273 Vgl. *IDW PS 250 n.F.*, Tz. 26, *IDW PS 250 n.F.*, Tz.35.
1274 Vgl. ISA 320.A14.

Ganzes ist davon abhängig, ob sich die Einschätzung des **Aggregationsrisikos**[1275] durch den APr. geändert hat.

> **! Hinweis 70:**
> Nur wenn das Aggregationsrisiko zu der ursprünglichen Festlegung unverändert eingeschätzt wird, wird der i.R.d. Risikoeinschätzung ursprünglich festgelegte Prozentsatz auf die angepasste Wesentlichkeitsgrenze angewendet. Ist das Aggregationsrisiko geringer als ursprünglich eingeschätzt, dann steigt der Prozentsatz der Toleranzwesentlichkeit in Bezug auf die Wesentlichkeit für den Abschluss als Ganzes. Auch kann eine vergleichbare bzw. unveränderte Toleranzwesentlichkeit beibehalten werden, obwohl die Wesentlichkeit für den Abschluss als Ganzes gesenkt wurde[1276].

1225 Eine Verringerung der Wesentlichkeit für den Abschluss als Ganzes kann auch zu einer Verringerung der Nichtaufgriffsgrenze[1277] führen, unterhalb derer falsche Angaben als zweifelsfrei unbeachtlich gelten. Insoweit kann der APr. die Notwendigkeit der Anpassung der Nichtaufgriffsgrenze prüfen.

17.2 Aktualisierung der Risikoeinschätzung

1226 Eine Abschlussprüfung ist ein kumulativer und iterativer Prozess. Erlangte Prüfungsnachweise können den APr. dazu veranlassen, Art, zeitliche Einteilung oder Umfang der Prüfungshandlungen zu modifizieren. Vor Abschluss seiner Meinungsbildung über das Prüfungsurteil hat der APr. seine ursprüngliche **Risikoeinschätzung erneut** zu **überprüfen**, ob diese im Einklang mit den i.R.d. Prüfung gewonnenen Erkenntnissen steht. Hierbei kann der APr. auch zu weiteren Erkenntnissen hinsichtlich der Fraud-Risiken gelangen. Dann muss er entscheiden, ob er ggf. weitere Prüfungshandlungen durchzuführen hat[1278].

1227 Der APr. hat bei der Würdigung einer **falschen Darstellung** zu beurteilen, ob diese möglicherweise auf dolose Handlungen hindeutet. Ist dies der Fall, muss er die Verlässlichkeit der Erklärungen des Managements insgesamt überprüfen, da eine dolose Handlung häufig kein isoliertes Ereignis darstellt[1279]. Er wird dann seine vorgenommene Einschätzung von Fraud-Risiken und die daraus resultierenden Auswirkungen auf Art und Umfang der Prüfungshandlungen als Reaktion hierauf neu beurteilen[1280].

1228 Im Zusammenhang mit der Prüfung von geschätzten Werten auf **Einseitigkeit** hat der APr. – sofern vorliegend – zu beurteilen, ob die Umstände, die zu einer einseitigen Ermessensausübung führten, ein Fraud-Risiko darstellen[1281]. Weiterhin hat der APr. abschließend zu beurteilen, ob die ausgewählten und angewendeten Rechnungslegungsgrundsätze insb. bei Bewertungen mit hohem Ermessensspielraum und bei komplexen

---

1275 Das Aggregationsrisiko ist die Wahrscheinlichkeit, dass die Summe aus den nicht korrigierten Prüfungsdifferenzen und den nicht aufgedeckten falschen Darstellungen die Wesentlichkeit für den Abschluss als Ganzes übersteigt (siehe dazu ISA 320.9/ISA 320.A13).
1276 Vgl. *IDW PS 250 n.F.*, Tz. 18.
1277 Zur Wesentlichkeit vgl. *IDW PS 250 n.F.*; ausführlich s. Kap. L Tz. 293 ff.
1278 Vgl. ISA 330.A60; *IDW PS 210*, Tz. 58 f.
1279 Vgl. *IDW PS 210*, Tz. 59.
1280 Vgl. *Schindler/Haußer*, WPg 2014, S. 979.
1281 Vgl. ISA 240.32(b), *IDW PS 210*, Tz. 43.

Geschäftsvorfällen möglicherweise auf eine gezielte Beeinflussung der Vermögens-, Finanz- und Ertragslage durch die gesetzlichen Vertreter hindeuten[1282]. Schlussfolgerungen aus den Ergebnissen abschließender analytischer Prüfungshandlungen sollen dazu dienen, festzustellen, ob die bisherigen Erkenntnisse des APr. mit diesen im Einklang stehen und bestätigt werden können.

1229 Der APr. hat bis zum Abschluss der Prüfung sicherzustellen, dass eine **angemessene Kommunikation** zwischen den Mitgliedern des Prüfungsteams und eingebundenen Spezialisten hinsichtlich Informationen, die auf Fraud-Risiken hindeuten, stattgefunden hat und dies zu dokumentieren.

1230 Falls es i.R.d. Genehmigung des Abschlusses durch die gesetzlichen Vertreter oder durch die für die Überwachung Verantwortlichen nach dem Abschlussstichtag zu einer erheblichen Verzögerung kommt und der APr. davon ausgeht, dass die Verzögerung mit Ereignissen oder Gegebenheiten zusammenhängen könnte, welche die Einschätzung der Fortführung der Unternehmenstätigkeit betreffen, muss er zusätzliche Prüfungshandlungen durchführen und die Auswirkungen zum Bestehen einer solchen wesentlichen Unsicherheit abwägen[1283].

17.3 Abschließende Durchsicht der relevanten Unterlagen

1231 Der APr. hat im Rahmen seiner abschließenden Prüfungshandlungen sicherzustellen, dass er den aktuellen Stand der geschäftlichen Entwicklung des Unternehmens nach dem Bilanzstichtag kennt. Daher muss er angemessene Unterlagen, wie etwa ggf. vorhandene Protokolle von Besprechungen der Eigentümer, der gesetzlichen Vertreter oder der für die Überwachung Verantwortlichen, die nach dem Abschlussstichtag stattgefunden haben, einholen und würdigen. Auch wird der APr. für Besprechungen, zu denen bis zum Datum des BestV oder in zeitlicher Nähe zu diesem Datum, noch keine Protokolle vorliegen, ergänzend Befragungen vornehmen[1284]. Hierbei hat er insb. auf Folgendes zu achten[1285]:

- Vereinbarungen und andere Informationen, die auf Beziehungen zu nahe stehenden Personen oder Transaktionen mit nahe stehenden Personen hindeuten und dem APr. noch nicht angezeigt wurden
- Rechtstreitigkeiten und Ansprüche, die noch nicht im JA berücksichtigt wurden
- Umstände, die auf Fraud und Verstöße gegen Gesetze und andere Vorschriften hindeuten
- Pläne und Absichten des Managements, die insb. im Rahmen von geschätzten Werten und Zeitwerten Eingang in die Rechnungslegung hätten finden müssen
- Ereignisse und Bedingungen, die erhebliche Zweifel an der Fähigkeit der Fortführung der Unternehmenstätigkeit aufkommen lassen.

1232 Unternehmen veröffentlichen häufig i.Z.m. dem JA **weitere Informationen**. Dabei kann es sich um finanzielle Informationen, wie etwa Übersichten wichtiger Finanzkennzahlen (z.B. net income) oder um nichtfinanzielle Informationen, z.B. eine Darstellung der

---

1282 Vgl. ISA 240.29(b), *IDW PS 210*, Tz. 42.
1283 Vgl. ISA 570.24 (rev.); *IDW PS 270 n.F.* Vgl auch Kap. L Tz. 426 ff.
1284 Vgl. ISA 560.7 (c), *IDW PS 203 n.F.*, Tz. 13.
1285 Vgl. ISA 550.15(b); ISA 501.9, *IDW PS 203 n.F.*, Tz. 14.

Unternehmensstrategie oder der Änderungen im regulatorischen Umfeld aber auch um eine Beschreibung von Rohstoffpreisen handeln[1286].

> **Hinweis 71:**
>
> Sonstige Informationen sind im Geschäftsbericht eines Unternehmens enthaltene Finanzinformationen oder nichtfinanzielle Informationen (außer dem Abschluss und dem dazugehörigen Vermerk des APr. (ISA 720.12 (c) (rev.) (E-DE)).
>
> Ein Geschäftsbericht unterscheidet sich in Art, Zweck und Inhalt von anderen Berichten, etwa von einem zur Erfüllung der Informationsbedürfnisse einer bestimmten Interessengruppe aufgestellten Bericht. Zu Beispielen für Berichte, die als eigenständige Dokumente herausgegeben, typischerweise kein Bestandteil eines Geschäftsberichts sind und daher keine sonstigen Informationen i.S.d. ISA 720 (rev.) sind, gehören bspw. separate Branchenberichte, Nachhaltigkeitsberichte oder Berichte über Arbeitnehmerbelange (ISA 720.A5 (rev.) (E-DE)).

In diesen Fällen ist der APr. gehalten, sich mit diesen **sog. sonstigen Informationen** zu befassen und zu prüfen, ob es eine wesentliche Inkonsistenz zwischen diesen sonstigen Informationen und dem JA bzw. den im Zuge der Abschlussprüfung gewonnenen Erkenntnissen des APr. gibt[1287]. Sofern sich die wesentliche Abweichung aus einem Fehler in den sonstigen Informationen ergibt, soll der APr. auf eine Korrektur drängen. Sofern das Management dies unterlässt, sollen die für die Unternehmensüberwachung Verantwortlichen informiert werden[1288]. Sofern der wesentliche Fehler den JA betrifft, muss der APr. die Auswirkungen auf den BestV prüfen[1289]. Dabei ist auch zu prüfen, ob die wesentliche falsche Darstellung einen schwerwiegenden Verstoß gegen gesetzliche Berichterstattungspflichten der gesetzlichen Vertreter darstellt, über die im PrB zu berichten ist (§ 321 Abs. 1 S. 3 HGB)[1290]. Schließlich kann es auch dazu kommen, dass das Verständnis des APr. von der Einheit oder seinem wirtschaftlichen oder rechtlichen Umfeld zu aktualisieren ist, etwa weil sich die Unternehmensstrategie geändert hat[1291]. Im Vermerk des APr. muss der APr. die Befassung mit den sonstigen Informationen aufnehmen, wenn er sonstige Informationen erlangt hat. Dies hat in einem gesonderten Abschnitt des Vermerks zu erfolgen, der mit einer geeigneten Überschrift (z.B. Sonstige Informationen) zu versehen ist. Bei der Prüfung des Abschlusses einer kapitalmarktorientierten Gesellschaft muss er auch dann einen eigenen Abschnitt aufnehmen, wenn er die sonstigen Informationen zumindest erwartet[1292]. Der gesonderte Abschnitt muss u.a. eine Erklärung des Managements zu dessen Verantwortlichkeit und den vom APr. erhaltenen bzw. erwarteten sonstigen Informationen enthalten. Bedeutsam ist, dass der APr. seine Verantwortlichkeit erläutert, die er i.Z.m. dem Lesen und der Würdigung sonstiger Informationen hat. Dabei weist er auch darauf hin, dass sich sein Prüfungsurteil nicht auf die sonstigen Informationen erstreckt und insoweit auch keine Prüfungsschlussfolgerung zum Ausdruck bringt. Sofern der APr. davon ausgeht, dass eine nicht

1233

1286 Eine beispielhafte Zusammenstellung findet sich in ISA 720 (rev.), App. 1; siehe auch ISA 720 (rev.) (E-DE), Anlage 1.
1287 ISA 720.11 und .14 (rev.); ISA 720.11 und .14 (rev.) (E-DE).
1288 ISA 720.17 (rev.); ISA 720.17 (rev.) (E-DE).
1289 ISA 720.20 (rev.); ISA 720.20 (rev.) (E-DE).
1290 Vgl. ISA 720.D18.1 (rev.) (E-DE).
1291 Vgl. auch Kap. L Tz. 27.
1292 Vgl. ISA 720.21 (rev.) (E-DE).

korrigierte wesentliche falsche Darstellung der sonstigen Informationen vorliegt, muss der Vermerk diese nicht korrigierte wesentliche falsche Darstellung der sonstigen Informationen erläutern. Ansonsten muss der APr. zumindest erklären, dass nichts zu berichten ist[1293].

1234 Der **auftragsverantwortliche WP** muss die Prüfungsdokumentation für bedeutsame Risiken und der prüferischen Reaktion auf diese Risiken durchsehen. Dabei dokumentiert er die Gespräche mit den gesetzlichen Vertretern, den für die Überwachung Verantwortlichen sowie mit anderen Personen über bedeutsame Sachverhalte. Aus der Dokumentation muss sich die besprochene Thematik, das Datum und die Gesprächspartner ergeben[1294].

1235 Der APr. wird seine Prüfungshandlungen zu **Rechtsstreitigkeiten und Ansprüchen** aktualisieren. Sofern Anfragen für externe RA versandt wurden, sind die Antworten zu würdigen. Ferner hat er seine Schlussfolgerungen aus der Beurteilung der Schätzung von Verbindlichkeiten aus Rechtsstreitigkeiten durch die gesetzlichen Vertreter zu dokumentieren[1295].

> **! Hinweis 72:**
> Der APr. hat Art und Umfang sowie die Schlussfolgerungen von im Laufe der Abschlussprüfung durchgeführten **Konsultationen** (z.B. Besprechungen und Rückfragen mit internen Fachabteilungen) in die Prüfungsdokumentation aufzunehmen[1296].

1236 Der APr. hat die **Prüfungsdokumentation** so zu erstellen, dass es einem erfahrenen und nicht mit der Prüfung betrauten Prüfer möglich ist, sich in angemessener Zeit über Art, Umfang und Zeitpunkt der Prüfungshandlungen, den Schlussfolgerungen der durchgeführten Prüfungshandlungen sowie über die erlangten Prüfungsnachweise ein Bild zu machen. Aus der Dokumentation zu bedeutsamen Sachverhalten müssen die gezogenen Schlussfolgerungen sowie die bedeutsamen Ermessensentscheidungen, die hierzu zugrunde liegen, hervorgehen[1297]. Der Abschluss der Auftragsdokumentation hat zeitnah nach Erteilung des BestV zu erfolgen[1298].

1237 Vor diesem Hintergrund hat der APr. u.a. die Prüfungsdokumentation über festgestellte Risiken und seine prüferische Reaktion auf diese Risiken, festgestellte Kontrollmängel, während der Prüfung festgestellte falsche Darstellungen und die Reaktion hierauf sowie sonstige Themen, die für die Urteilsbildung von Bedeutung sind, vor Bildung des Prüfungsurteils **final zu würdigen**. Er hat eine fortlaufende Kommunikation mit dem Aufsichtsorgan sicherzustellen; Gespräche mit den gesetzlichen Vertretern, dem Aufsichtsorgan und anderen Personen über bedeutsame Sachverhalte sind zu dokumentieren.

1293 Vgl. ISA 720.22 (rev.) (E-DE). Diesen gemäß ISA 720.22 (e) (rev.) zu erfüllenden Verpflichtungen des APr. kann jedoch nur entsprochen werden, wenn er APr. von seiner Verschwiegenheitspflicht wirksam entbunden wurde (vgl. ISA 720.D22.1 (rev.).(E-DE)).
1294 Vgl. ISA 230.10.
1295 Vgl. ISA 501.11, *IDW PS 203 n.F.*, Tz. 12.
1296 Vgl. ISA 220.24(d).
1297 Vgl. ISA 230.8(a-c), *IDW PS 261 n.F.*, Tz. 86.
1298 Vgl. § 51b Abs. 5 WPO, wonach die Prüfungsakte für jede gesetzliche Abschlussprüfung nach § 316 HGB anzulegen und spätestens 60 Tage nach Unterzeichnung des BestV zu schließen ist; ISA 230.A21 i.V.m. ISQC 1.45; *IDW QS 1*, Tz. 189; *IDW PS 460 n.F.*, Tz. 27.

17.4 Analytische Prüfungshandlungen in zeitlicher Nähe zum Ende der Abschlussprüfung

Analytische Prüfungshandlungen in zeitlicher Nähe zum Ende der Abschlussprüfung unterstützen den APr. bei der Bildung seines Gesamturteils[1299]. Das umfasst die Fragen,

- ob der Abschluss mit dem Verständnis des APr. über das Unternehmen in Einklang steht,
- ob die richtigen Schlussfolgerungen bezogen auf wesentliche Kontensalden und Angaben gezogen wurden,
- ob der Abschluss als Ganzes frei von wesentlichen falschen Darstellungen ist und
- ob die abschließenden analytischen Prüfungshandlungen auf ein früher nicht entdecktes Fraud Risiko hinweisen.

1238

Wenn der APr. bei analytischen Prüfungshandlungen Schwankungen oder Beziehungen feststellt, die nicht mit anderen relevanten Informationen in Einklang stehen oder die um einen erheblichen Betrag von den erwarteten Werten abweichen, muss er diese Abweichungen untersuchen, indem er

- die gesetzlichen Vertreter befragt und geeignete, für die Antworten der gesetzlichen Vertreter relevante Prüfungsnachweise einholt sowie
- andere erforderliche Prüfungshandlungen durchführt.

1239

> **Beispiel 94:**
>
> Bei Unternehmen, die unter einem besonderen Performance-Druck stehen, wird der APr. analytische Prüfungshandlungen durchführen, um Situationen, die auf Druck oder Anreize für eine bewusst falsche Darstellung der Vermögens-, Finanz- und Ertragslage hindeuten, zu identifizieren.

Kommt der APr. zu dem Schluss, dass ein Konto oder eine Angabe, die ursprünglich als nicht bedeutsam eingestuft wurde, zum Periodenende wesentlich ist, muss er dazu ausreichend angemessene Prüfungsnachweise erlangen.

1240

> **Hinweis 73:**
>
> Die Schlussfolgerungen, die der APr. aus den Ergebnissen der abschließenden analytischen Prüfungshandlungen zieht, sollten die Erkenntnisse, die der APr. während der Prüfung für einzelne Komponenten oder Elemente des Abschlusses gezogen haben, erhärten und eine Gesamteinschätzung der Angemessenheit des Abschlusses ermöglichen.

17.5 Abschließende Prüfungshandlungen des Prozesses der Abschlussbuchungen

Ziele der Prüfung des Prozesses der Abschlussbuchungen (sog. Journal Entries Testing) und der Abschlusserstellung sind in jeder Abschlussprüfung:

1241

[1299] Vgl. ISA 520.6/ISA 520.A17–A19.

a) Erlangung eines Verständnisses der internen Kontrollen über die Abschlussbuchungen (Journal Entries)
b) Erlangung von ausreichenden angemessenen Prüfungsnachweisen über die folgenden Risiken wesentlicher Fehler:
   – Risiko doloser Handlungen durch das Außerkraftsetzen von Kontrollen über Journaleinträge und andere Anpassungen durch die den gesetzlichen Vertreter
   – Risiko wesentlicher falscher Darstellungen aus Umgliederungen und Anpassungen aufgrund doloser Handlungen oder unbeabsichtigter Fehler.

1242 Zur Erreichung der vorgegebenen Ziele sind in jeder Abschlussprüfung mindestens folgende Prüfungshandlungen zu berücksichtigen:
- Journal Entries Testing in Bezug auf wesentliche Umgliederungen und Anpassungen im Laufe der Abschlussaufstellung (sog. bedeutsame Post-closing Entries).
- Durchführung von aussagebezogenen Prüfungshandlungen i.R.d. Prozesses der Abschlussbuchungen:
  – Abgleich oder Abstimmung des Abschlusses mit den zugrunde liegenden Rechnungslegungsunterlagen sowie
  – Untersuchung wesentlicher Journaleinträge und anderer im Laufe der Abschlussaufstellung vorgenommenen Anpassungen.
- Journal Entries Testing als Reaktion auf Fraud Risiken i.Z.m. einer Außerkraftsetzung von Kontrollen (override of controls) durch die gesetzlichen Vertreter (sog. High-risk Journal Entries).

1243 Um das (Fraud-)Risiko eines **override of controls** durch die gesetzlichen Vertreter zu adressieren, sind Kriterien zu bestimmen, anhand derer sich High-risk-Journalbuchungen identifizieren lassen. Das sind Merkmale von Buchungen, die darauf hindeuten, dass diese Buchungen unangemessen oder unautorisiert sind und dass mit deren Hilfe der Abschlusserstellungsprozess manipuliert und ein wesentlicher Fehler im Abschluss erzeugt wurde.

> **Praxistipp 34:**
> Soweit die identifizierten High-risk Journal Entries und wesentlichen Post-closing Entries nicht bereits durch anderweitig durchgeführte aussagebezogene Prüfungshandlungen hinreichend geprüft wurden, können Prüfungshandlungen zur Beurteilung ihrer Angemessenheit bspw. sein:
> - Befragungen, um ein Verständnis für den wirtschaftlichen Hintergrund des Geschäftsvorfalls zu gewinnen,
> - Einsichtnahme in Autorisierungs- und/oder Genehmigungsverfahren oder
> - Belegeinsicht, um sicher zu stellen, dass die Journaleinträge und andere Anpassungen den Rechnungslegungsvorschriften entsprechen, auf den richtigen Sachkonten sowie in der richtigen Buchungsperiode erfasst wurden und die zu Grunde liegenden Geschäftsvorfälle widerspiegeln.

1244 Der APr. hat den Abschluss und ggf. weitere Bestandteile, wie bspw. Segmentinformationen und KFR zu lesen, die angewandten Rechnungslegungsgrundsätze (z.B. HGB oder IFRS) einschl. der Gründe für vorgenommene Änderungen **mit den gesetzlichen Vertretern zu diskutieren**. Er hat zudem abschließend zu würdigen, ob die Rechnungslegungsgrundsätze dem maßgeblichen Regelwerk entsprechen und zur Geschäftstätigkeit des Unternehmens passen.

17.6 Abschließende Beurteilung der Auswirkungen von festgestellten falschen Angaben

Der APr. hat in den nachfolgenden Fällen zu beurteilen, ob er seine Prüfungsstrategie und das Prüfungsprogramm überarbeiten muss, um ausreichende und angemessene Prüfungsnachweise zu erlangen: **1245**

- wenn sich die Summe der vom APr. zusammengestellten falschen Angaben der festgelegten Wesentlichkeit nähert oder
- wenn die Art der zusammengestellten falschen Angaben und die Umstände, unter denen sie aufgetreten sind, darauf hindeuten, dass weitere falsche Angaben vorhanden sein können, die zusammen mit den zusammengestellten falschen Angaben wesentlich sein könnten.

Während der Abschlussprüfung vorgenommene bedeutsame Änderungen an Prüfungsstrategie oder Prüfungsprogramm und die Gründe für diese Änderungen sind in den Arbeitspapieren des APr. zu dokumentieren.

Der APr. hat alle während der Prüfung kumulierten falschen Darstellungen in angemessener Zeit mit den verantwortlichen Mitarbeitern der Gesellschaft zu erörtern und die gesetzlichen Vertreter zur Korrektur aufzufordern. Verweigern die gesetzlichen Vertreter die Korrektur, hat der APr. ein Verständnis der Gründe zu erlangen, aus denen die Korrektur unterlassen wird und diese in die Beurteilung der Frage einzubeziehen, ob der Abschluss als Ganzes frei von wesentlichen Fehlern ist[1300]. **Nicht korrigierte Prüfungsdifferenzen** hat er in einer Übersicht zusammenzustellen und in jedem Fall den für die Überwachung Verantwortlichen (Aufsichtsorgan) mitzuteilen[1301]. **1246**

Bei einer falschen Darstellung kann es sich handeln um[1302] **1247**

- tatsächliche falsche Darstellungen,
- ermessensfehlerbehaftete falsche Darstellungen oder um
- hochgerechnete falsche Darstellungen.

Bei der Würdigung von Fehlern sind auch die Effekte von nicht korrigierten falschen Angaben aus VJ zu berücksichtigen[1303]. **1248**

In der Praxis haben sich drei Methoden entwickelt, um die Effekte von nicht korrigierten falschen Angaben aus VJ zu würdigen[1304]: **1249**

- Bei der GuV-orientierten Methode (**„Income Statement Method"**) wird der Betrag aus Effekten nicht korrigierter falscher Darstellungen aus VJ ermittelt, der in der lfd. Periode zu falschen Darstellungen in der GuV führt. Effekte nicht korrigierter falscher Darstellungen aus früheren Perioden, die sich in der lfd. Periode umkehren oder von der Geschäftsführung in der lfd. Periode korrigiert wurden, werden bei der Beurteilung des Effektes auf das Jahresergebnis der lfd. Periode berücksichtigt.

1300 Vgl. ISA 450.9.
1301 Vgl. *IDW PS 210*, Tz. 63; *IDW PS 470 n.F.*, Tz. 21.
1302 Vgl. ISA 540.A118.
1303 Vgl. *IDW PS 250 n.F.*, Tz. 25.
1304 Vgl. *F&A zu ISA 450 bzw. IDW PS 250 n.F.*, Frage 6.14.

- Bei der bilanzorientierten Methode („**Balance-Sheet Method**") wird der Betrag aus Effekten nicht korrigierter falscher Darstellungen ermittelt, die zur Korrektur der Bilanz zum Stichtag zu erfassen wären. Nicht korrigierte falsche Darstellungen aus früheren Perioden, die eine umkehrende Wirkung haben oder von der Geschäftsführung in der lfd. Periode korrigiert wurden, sind bei der Beurteilung des Effektes auf den Abschluss der lfd. Periode nicht zu berücksichtigen. Damit beinhalten die nicht korrigierten falschen Darstellungen alle Anpassungen, die erforderlich sind, um die Vermögenslage zum Abschlussstichtag zutreffend abzubilden.
- Die sog. **Dual Method** berücksichtigt die Effekte sowohl nach der GuV-orientierten als auch nach der bilanzorientierten Methode.

> **Beispiel 95:**
>
> Die Geschäftsleitung des Unternehmens unterlässt im Jahr 01 die Bildung einer Rückstellung in Höhe von 700 T€. Damit ist das Periodenergebnis um 700 T€ zu hoch ausgewiesen (GuV-Betrachtung), während die Rückstellungen um diesen Betrag zu niedrig angesetzt sind (Bilanzbetrachtung).
>
> Bei einer unterstellten Wesentlichkeit von 1.000 T€ ist der Betrag nach der GuV-orientierten Methode, der bilanzorientierten Methode und der Dualen Methode unwesentlich.
>
> Im Jahr 02 wurde nun eine weitere Rückstellung in Höhe 400 T€ nicht gebildet. Der Anlass für die im Jahr 01 gebildete Rückstellung besteht fort. In diesem Fall ist der Aufwand der ersten Rücktellung mit der Erfassung der nicht gebuchten Prüfungsdifferenz im Jahr 01 erfasst. Es verbleibt aus Sicht der GuV ein weiterer Aufwand von 400 T€. Dieser Effekt der nicht gebuchten Prüfungsdifferenz ist nach der GuV-orientierten Methode daher unwesentlich. Nicht so bei der bilanzorientierten Methode und der dualen Methode: Dabei enthalten die aggregierten nicht korrigierten Prüfungsdifferenzen der lfd. Periode auch die nicht korrigierten falschen Darstellungen der VJ. Die Vermögenslage wird nämlich nur durch die Bildung der beiden Rückstellungen zum Bilanzstichtag 02 zutreffend wiedergegeben. Daher ist in der Aufstellung nicht gebuchter Prüfungsdifferenzen ein Betrag von 1.100 T€ auszuweisen, der die Wesentlichkeit überschreitet.

1250 Die Erklärung der gesetzlichen Vertreter, dass nach ihrer Auffassung die Auswirkungen der nicht gebuchten Prüfungsdifferenzen sowohl im JA/KA als auch im LB/KLB als nicht wesentlich erachtet werden, sind i.Z.m. der VollstE einzuholen[1305]. Die Übersicht der nicht gebuchten Prüfungsdifferenzen ist beizufügen, von den gesetzlichen Vertretern in vertretungsberechtigter Zahl zu unterzeichnen und zu datieren.

> **Praxistipp 35:**
>
> Das Datum der Erklärung der gesetzlichen Vertreter zu den nicht gebuchten Prüfungsdifferenzen sollte dabei mit dem Datum der VollstE zusammenfallen (vgl. auch Kap. L Tz. 1252).

[1305] Vgl. *IDW PS 303 n.F.*, Tz. 28.

17.7 Vollständigkeitserklärung

Der APr. hat von dem geprüften Unternehmen eine VollstE einzuholen[1306]. Im Fall des **KA** ist die VollstE von den gesetzlichen Vertretern des MU einzuholen. Die VollstE ist kein Ersatz für eigene Prüfungshandlungen, sondern eine sachgerechte Ergänzung der Abschlussprüfung[1307]. Sie stellt eine umfassende Versicherung des geprüften Unternehmens über die Vollständigkeit der erteilten Auskünfte und Nachweise dar und wird üblicherweise von den gesetzlichen Vertretern des Unternehmens abgegeben, die damit auch ihre Verantwortlichkeit für die Buchführung und die Aufstellung von JA und LB zum Ausdruck bringen[1308]. Es reicht aus, wenn die gesetzlichen Vertreter in vertretungsberechtigter Zahl die VollstE unterzeichnen[1309], wobei es international üblich ist, dass die VollstE von dem Vorsitzenden des Geschäftsleitungsorgans und dem für Finanzen Verantwortlichen unterzeichnet wird[1310]. In besonderen Fällen kann die Einholung einer zusätzlichen Erklärung von einem ressortverantwortlichen gesetzlichen Vertreter angebracht sein, wenn in dessen Verantwortungsbereich fallende abschlussrelevante Sachverhalte von besonderer Bedeutung sind.

1251

> **Beispiel 96:**
>
> Im Fall einer wesentlichen Rechtsstreitigkeit kann die Einholung einer gesonderten VollstE vom verantwortlichen Geschäftsführungs-/Vorstandsmitglied Recht angebracht sein.

Die VollstE soll Lücken schließen, die erfahrungsgemäß auch bei fachgerechter Prüfung und kritischer Untersuchung des JA offen bleiben. Dies gilt insb. für Vorgänge, die in den Büchern gewöhnlich nicht ihren Niederschlag finden, sondern sich aus den übrigen Unterlagen und Schriften der Gesellschaft ergeben, die der APr. i.R.d. Pflichtprüfung nicht von sich aus systematisch durcharbeiten kann[1311]. Gleiches gilt für Sachverhalte, deren Abbildung im JA von den Absichten der gesetzlichen Vertreter abhängt, wie etwa die Aufgabe von Geschäftsbereichen oder die Halteabsicht bei Finanzanlagen. Die VollstE wird zweckmäßigerweise am Ende der Prüfung, zeitnah zum BestV eingeholt. Im PrB sollte auf die Einholung hingewiesen werden[1312]. Auch bei der Datierung des BestV ist darauf zu achten, dass am Tag des Datums des BestV die Prüfung materiell abgeschlossen ist und zeitnah eine VollstE vorliegt[1313]. Das Datum der VollstE darf dabei nicht nach dem Datum des BestV liegen[1314].

1252

Die VollstE ist an den APr. zu adressieren, zu datieren und zu unterzeichnen. Liegt zwischen dem Datum des BestV und seiner Auslieferung ein längerer Zeitraum oder ist in diesem Zeitraum das Eintreten wesentlicher Ereignisse zu erwarten, hat der APr. ergän-

1253

1306 Vgl. *IDW PS 303 n.F.*, Tz. 23; *Schmidt/Heinz*, in: BeBiKo[11], § 320, Rn. 13: Einholung einer VollstE als Grundsatz ordnungsmäßiger Abschlussprüfung.
1307 Vgl. *IDW PS 303 n.F.*, Tz. 23; *Schmidt/Heinz*, in: BeBiKo[11], § 320, Rn. 13 m.N.; ADS[6], § 320, Tz. 33.
1308 Vgl. *IDW PS 303 n.F.*, Tz. 27; *Schmidt*, in: BeBiKo[11], § 317, Rn. 178.
1309 Vgl. *IDW PS 303 n.F.*, Tz. 32; *Schmidt/Heinz*, in: BeBiKo[11], § 320, Rn. 13
1310 Allg. ISA 580.A4; *IDW PS 303 n.F.* Tz. 8.
1311 Zur Bedeutung von Vollständigkeitserklärungen bei off-balance sheet-Geschäften vgl. Kap. L Tz. 1040.
1312 Vgl. *IDW PS 450 n.F.*, Tz. 55.
1313 Vgl. *IDW PS 400 n.F.*, Tz. 74.
1314 Vgl. *IDW PS 303 n.F.*, Tz. 29; *IDW PS 400 n.F.*, Tz. 74.

1254 Die Erteilung einer VollstE durch die gesetzlichen Vertreter kann vom APr. nicht erzwungen werden. Der APr. hat die Weigerung zur Abgabe einer VollstE im Einzelfall zu beurteilen. Ergeben sich daraus Unsicherheiten, sind weitere Prüfungshandlungen zu ergreifen. Die Weigerung der Abgabe einer angeforderten schriftlichen Erklärung führt dazu, dass der APr. die Integrität der gesetzlichen Vertreter neu beurteilen, die Verlässlichkeit anderer von den gesetzlichen Vertretern abgegebener Erklärungen überdenken sowie über Auswirkungen dieser Weigerung auf das Prüfungsurteil im BestV entscheiden muss[1316]. Ggf. kann eine weitergehende Auskunftsverweigerung der gesetzlichen Vertreter zur Erklärung der Nichtabgabe eines Prüfungsurteils führen (§ 322 Abs. 5 HGB)[1317].

1255 Die vom IDW herausgegebenen AAB sehen in Nr. 3 Abs. 2 einen Anspruch des APr. auf eine schriftliche Bestätigung der Vollständigkeit der vorgelegten Unterlagen und der gegebenen Auskünfte vor. Unrichtige Angaben, die im Widerspruch zur VollstE stehen, können den Tatbestand einer unrichtigen Darstellung i.S.v. § 331 Nr. 4 HGB erfüllen und strafrechtlich geahndet werden.

1256 Bei **Nachtragsprüfungen** (§ 316 Abs. 3 HGB) hat der APr. ergänzend eine Erklärung über die Vollständigkeit der dem APr. gegebenen Informationen in Bezug auf die Posten und Sachverhalte einzuholen, auf die sich die Änderungen beziehen[1318].

1257 Von der IDW Verlag GmbH können Muster und Module für VollstE für die Prüfung von Unternehmen unterschiedlicher Rechtsformen und Branchen bezogen werden. Sie sind auf die in der Praxis am häufigsten anzutreffenden Vorgänge abgestellt und müssen im Einzelfall, soweit erforderlich, geändert oder ergänzt werden[1319].

17.8 Ereignisse nach dem Abschlussstichtag

1258 Der APr. muss ausreichende und angemessene Prüfungshandlungen darüber erlangen, ob Ereignisse zwischen Bilanzstichtag und Datum des BestV Auswirkungen auf die Rechnungslegung und seine Berichterstattung haben. Ereignisse, die bis zum Abschlussstichtag eingetreten sind, aber erst danach bekannt werden, sind als wertaufhellende Ereignisse in der Rechnungslegung zu berücksichtigen. Ereignisse, die hingegen neue, wertverändernde Verhältnisse nach dem Abschlussstichtag begründen (wertbegründende Ereignisse), dürfen sich nicht im JA niederschlagen. Diese sind im Anhang aufzunehmen (§ 285 Nr. 33 HGB).

[1315] Vgl. *IDW PS 203 n.F.*, Tz. 19; *IDW PS 303 n.F.*, Tz. 30.
[1316] Vgl. *IDW PS 303 n.F.*, Tz. 21, *IDW PS 303 n.F.*, Tz. 27.
[1317] Vgl. *Schmidt/Küster*, in: BeBiKo[11], § 322, Rn. 199; Kap. M Tz. 1094.
[1318] Vgl. *IDW PS 303 n.F.*, Tz. 34.
[1319] Vgl. *IDW PS 303 n.F.*, Tz. 28.

> **Praxistipp 36:**
>
> Mögliche Prüfungshandlungen sind
> - Erlangen eines Verständnisses der Prozesse, die die gesetzlichen Vertreter eingerichtet haben, um sicherzustellen, dass nach dem Abschlussstichtag eintretende Ereignisse festgestellt werden,
> - Befragungen der gesetzlichen Vertreter und – soweit angebracht – der für die Überwachung Verantwortlichen, ob Ereignisse nach dem Abschlussstichtag eingetreten sind, die sich auf den Abschluss auswirken könnten,
> - Lesen ggf. vorhandener Protokolle von Besprechungen der Eigentümer des Unternehmens, der gesetzlichen Vertreter und der für die Überwachung Verantwortlichen, die nach dem Abschlussstichtag stattgefunden haben
> - Befragungen zu den Inhalten von Besprechungen, zu denen noch keine Protokolle vorliegen, sowie
> - Lesen des ggf. vorhandenen aktuellen Zwischenabschlusses des Unternehmens.

17.9 Ereignisse nach der Erteilung des Bestätigungsvermerks[1320]

1259 Der APr. ist nach der Erteilung des BestV grundsätzlich nicht verpflichtet, weitere Prüfungshandlungen zur Feststellung und Würdigung von Ereignissen, die sich auf den JA und den LB auswirken können, vorzunehmen bzw. weitere Nachforschungen anzustellen. Stattdessen liegt es in der Verantwortung der gesetzlichen Vertreter des zu prüfenden Unternehmens, den APr. über den Eintritt solcher Ereignisse zwischen der Erteilung des BestV und der Veröffentlichung des geprüften Abschlusses zu informieren[1321].

1260 Wenn zwischen dem Datum des BestV und dessen Auslieferung ein nicht unbeachtlicher Zeitraum liegt oder wenn in diesem Zeitraum das Eintreten wesentlicher Ereignisse erwartet wird, muss der APr. vor der Auslieferung des BestV mit den gesetzlichen Vertretern des geprüften Unternehmens klären, ob sich zwischenzeitliche Ereignisse oder Entwicklungen auf die Aussage des BestV auswirken[1322]. Werden entsprechende Tatsachen festgestellt, muss der APr. beurteilen, ob der bereits geprüfte JA und/oder der LB geändert werden müssen. Dies gilt auch dann, wenn dem APr. nach der Erteilung und Auslieferung des BestV wertaufhellende Ereignisse bekannt werden, die bereits vor dem Zeitpunkt der Erteilung des BestV eingetreten sind und bei Kenntnis des APr. zu einem abweichenden Prüfungsurteil hätten führen können[1323]. Ein geänderter JA und/oder LB sind im Rahmen einer Nachtragsprüfung gem. § 316 Abs. 3 HGB zu prüfen. Erfolgt keine erforderliche Änderung von JA und/oder LB, muss der APr. prüfen, ob die Voraussetzungen für einen Widerruf vorliegen[1324].

1320 Zu den Pflichten nach Erteilung des BestV vgl. Kap. N.
1321 Vgl. *IDW PS 400 n.F.*, Tz. A71 i.V.m. *IDW PS 203 n.F.*, Tz. 18 ff.
1322 Vgl. ISA 560.10; *IDW PS 203 n.F.*, Tz. 19.
1323 Vgl. *IDW PS 203 n.F.*, Tz. 21.
1324 Vgl. *IDW PS 203 n.F.*, Tz. 28; *IDW PS 400 n.F.*, Tz. 92; Kap. N Tz. 58 ff. (Widerruf).

18. Besonderheiten der Konzernabschlussprüfung

18.1 Prüfungspflicht und Prüfungsberechtigte

1261 Der nach § 290 HGB aufzustellende KA und der KLB eines MU in der Rechtsform einer KapGes. oder KapCoGes. sind durch einen APr. nach Maßgabe der §§ 316 ff. HGB zu prüfen (§ 316 Abs. 2 S. 1 HGB).

1262 Zur **Prüfung** des KA und des KLB eines MU in der Rechtsform einer KapGes. oder KapCoGes. sind nur WP und WPG berechtigt (§ 316 Abs. 2 S. 1 i.V.m. § 319 Abs. 1 HGB). Dies gilt uneingeschränkt auch dann, wenn KA und KLB von einer mittelgroßen GmbH (§ 267 Abs. 2 HGB) aufgestellt werden, deren JA von einem vBP oder einer BPG geprüft wird.

1263 Der KAPr. muss als gesetzlicher APr. in das Berufsregister (§ 38 WPO) eingetragen sein (§ 319 Abs. 5 i.V.m. Abs. 1 S. 3 HGB)[1325].

1264 Der Vorbehalt für WP und WPG gilt darüber hinaus für die Prüfung von KA und KLB, die von MU anderer Rechtsformen mit Sitz im Inland aufgrund einer gesetzlichen Verpflichtung (z.B. KA nach PublG) oder freiwillig aufgestellt werden, wenn sie i.S.v. § 291 HGB befreiend sind[1326]. Es kommt ferner nicht darauf an, ob es sich um Gesamt- oder Teilkonzernabschlüsse handelt.

1265 Sollen ein KA und KLB, die von einem **MU mit Sitz in einem Mitgliedstaat der EU/Vertragsstaat des EWR** aufgestellt worden sind, befreiende Wirkung i.S.v. § 291 HGB haben, so müssen sie von den nach jeweiligem nationalen Recht des befreienden MU für die Prüfung von KA zugelassenen APr. geprüft sein. Die Qualifikation dieser Prüfer muss den Erfordernissen der RL 2014/56/EU entsprechen[1327].

1266 Sollen ein KA und KLB, die von einem **MU mit Sitz außerhalb der EU** aufgestellt werden, befreiende Wirkung haben, so ist dies gem. § 292 Abs. 3 HGB nur möglich, wenn der KA/KLB von einem Prüfer gleichwertiger Qualifikation in einer den Grundsätzen der §§ 316 ff. HGB entsprechenden Weise[1328] geprüft worden ist.

1267 Nicht in Übereinstimmung mit der RL 2014/56/EU zugelassene APr. von übergeordneten MU aus einem Drittstaat i.S.v. § 3 Abs. 1 S. 1 WPO (weder Mitgliedstaat der EU noch Vertragsstaat des EWR oder die Schweiz), deren Wertpapiere i.S.v. § 2 Abs. 1 S. 1 WpHG an einer inländischen Börse zum Handel am regulierten Markt zugelassen sind, gelten nur als gleichwertig, wenn sie nach § 134 Abs. 1 WPO registriert sind oder die Gleichwertigkeit nach § 134 Abs. 4 WPO anerkannt ist[1329].

18.2 Auftragsannahme

1268 Die Person in der WP-Praxis, die für die Auftragsannahme zur KAP, dessen Durchführung und den im Namen der Praxis erteilten BestV verantwortlich ist („der für die Konzernabschlussprüfung Verantwortliche"[1330]), hat entsprechend der Regelungen des

---

[1325] Vgl. Kap. A Tz. 277 i.V.m. Kap. A Tz. 557.
[1326] Vgl. auch die weiteren Befreiungsvorschriften nach §§ 264 Abs. 3, 264b HGB.
[1327] Vgl. Grottel/Kreher, in: BeBiKo[11], § 291, Rn. 25.
[1328] Die Gleichwertigkeit bezieht sich auf die Anforderungen der RL 2014/56/EU.
[1329] Ausnahmen siehe § 134 Abs. 1 WPO.
[1330] ISA 600.9h; IDW PS 320 n.F., Tz. 9i).

ISA 210 bzw. *IDW PS 220* die Auftragsbedingungen mit dem Auftraggeber zu vereinbaren.

> **! Hinweis 74:**
>
> Das Prüfungsmandat ist abzulehnen, sofern absehbar ist, dass es dem Prüfungsteam aufgrund von Einschränkungen des s durch das Konzernmanagement nicht möglich sein wird, ausreichende und angemessene Prüfungsnachweise zu erlangen und mit einer Versagung des BV zu rechnen ist[1331].
>
> Dies könnte bspw. der Fall sein, wenn das Konzernprüfungsteam in Bezug auf einen bedeutsamen Teilbereich, der nach der Equity-Methode in den KA einbezogen wird, keinen Zugang zu den Unternehmensorganen oder dessen APr. hat[1332].

Im Vorfeld der Auftragsannahme hat sich das Konzernprüfungsteam bereits ein Verständnis von dem Konzern, seinen Teilbereichen sowie seines Umfelds zu verschaffen, welches den für die Konzernabschlussprüfung Verantwortlichen zumindest in die Lage versetzt, im ersten Schritt die voraussichtlich bedeutsamen Teilbereiche des Konzerns zu identifizieren. Sofern wesentliche Teilbereiche von Teilbereichsprüfern geprüft werden, hat der für die Konzernabschlussprüfung Verantwortliche zusätzlich zu beurteilen, ob das Konzernprüfungsteam in die Prüfungshandlungen der Teilbereichsprüfer bedeutsamer Teilbereiche ausreichend eingebunden werden kann, um angemessene und ausreichende Prüfungsnachweise zu erhalten[1333]. **1269**

> **Praxistipp 37:**
>
> Im Falle einer **Erstprüfung** kann sich das Konzernprüfungsteam die erforderlichen Erkenntnisse durch Gespräche mit den vorherigen KAPr. bzw. Teilbereichsprüfern sowie der Durchsicht von Informationen des Konzern- bzw. Teilbereichsmanagements verschaffen. Bei **Folgebeauftragungen** stehen insb. Veränderungen der Konzernstruktur, der Geschäftstätigkeit sowie Änderungen bei den Organen des MU bzw. der Teilbereiche oder bei konzernweiten Prozessen und Kontrollen im Vordergrund der Betrachtung[1334].

Dem KAPr. steht gem. § 320 Abs. 3 S. 2 Hs. 2 i.V.m. Abs. 2 HGB ein Auskunftsrecht ggü. dem APr. des MU sowie inländischer TU zu. In Bezug auf andere Teilbereiche muss der KAPr. das Konzernmanagement auffordern darauf hinzuwirken, dass vergleichbare Auskunftsrechte eingeräumt werden[1335]. Die Einräumung dieser Auskunftsrechte sollte bereits i.R.d. Auftragsannahme vereinbart werden. **1270**

18.3 Bestellung des Konzernabschlussprüfers

Zum KAPr. ist grds. der **APr. des MU** bestellt, der für die Prüfung des in den KA einbezogenen JA des MU bestellt worden ist (§ 318 Abs. 2 S. 1 HGB). Dem APr. des MU **1271**

[1331] Vgl. ISA 600.13; *IDW PS 320 n.F.*, Tz. 13.
[1332] Vgl. ISA 600.A15; *IDW PS 320 n.F.*, Tz. A12.
[1333] Vgl. ISA 600.12; *IDW PS 320 n.F.*, Tz. 12. Zur Einbindung in die Tätigkeit der Teilbereichsprüfer vgl. ausführlich: Kap. L Tz. 1304 ff.
[1334] Vgl. ISA 600.A10 ff.; *IDW PS 320 n.F.*, Tz. A11.
[1335] Vgl. ISA 600.A14 ff.; *IDW PS 320 n.F.*, Tz. 18.

wird eine Vorrangstellung eingeräumt, weil dieser am besten in der Lage sein wird, die Verhältnisse des MU und seiner TU zu überblicken. Diese Automatik greift allerdings nicht, wenn für die Prüfung des JA ein vBP oder eine BPG bestellt ist, da diese keine KAPr. sein dürfen.

1272 Für die Prüfung des KA kann auch ein **anderer** APr. **gewählt** werden. In diesem Fall wird der APr. grds. von den Gesellschaftern des MU gewählt (§ 318 Abs. 1 S. 1 Halbsatz 2 HGB). Bei Gesellschaften in der Rechtsform der GmbH oder von KapCoGes. kann der Gesellschaftsvertrag etwas anderes bestimmen (§ 318 Abs. 1 S. 2 HGB). Bei der Auswahl des KAPr. sind die Restriktionen des § 319 Abs. 2 bis 4 HGB zu beachten (§ 319 Abs. 5 HGB). Zusätzlich sind bei der Prüfung des KA von MU, die kapitalmarktorientiert i.S.d. § 264d HGB sind, die Regelungen des § 319a Abs. 1 HGB zu beachten (§ 319a Abs. 2 HGB). Durch § 319b HGB werden die wesentlichen Ausschlusstatbestände der §§ 319, 319a HGB auf Netzwerkmitglieder des KAPr. ausgedehnt mit der Folge, dass ein WP oder eine WPG auch dann von der Prüfung des KA ausgeschlossen ist, wenn die Gründe nicht bei ihm/ihr selbst, einem Sozietätspartner oder einem verbundenen Unternehmen, sondern bei einem Netzwerkmitglied, ggfs. auch bei Sitz im Ausland liegen.

1273 Ist für den JA des MU kein APr. bestellt und mangels Prüfungspflicht nicht zu bestellen, so müssen die **Organe** des MU unter Beachtung des § 319 Abs. 2 bis 4 HGB, des § 319a Abs. 1 HGB sowie des § 319b Abs. 1 HGB einen KAPr. bestellen[1336].

18.4 Prüfung der Konzernrechnungslegung

1274 Prüfungsgegenstand ist der aus Konzernbilanz, Konzern-GuV bzw. Konzern-Gesamtergebnisrechnung, KAnh., Konzern-KFR sowie Konzern-EK-Spiegel bzw. Konzern-EK-Veränderungsrechnung und u.U. einer Segmentberichterstattung bestehende und nach deutschen handelsrechtlichen Vorschriften oder den von der EU übernommenen IFRS aufzustellende KA[1337].

1275 Die Prüfung des KA hat sich darauf zu erstrecken, ob die gesetzlichen Vorschriften und sie ergänzende Bestimmungen des Gesellschaftsvertrags oder der Satzung beachtet worden sind (§ 317 Abs. 1 S. 2 HGB). Zu prüfen ist demnach in erster Linie, ob die Vorschriften der §§ 290 bis 314 HGB bzw. der IFRS (§ 315a HGB) eingehalten sind.

1276 Die Konzernabschlussprüfung hat sich auch auf die Prüfung der in dem KA **zusammengefassten JA des MU sowie der TU** zu erstrecken[1338]. Die „konsolidierungsbedingten Anpassungen" (§ 317 Abs. 3 S. 1 HGB) sind nach den Vorstellungen des Gesetzgebers neben den Konsolidierungsmaßnahmen auch die in der HB II wegen der einheitlichen Bilanzierung vorgenommenen Anpassungen[1339]; dazu gehören Vereinheitlichungen von Bilanzgliederung und -ansatz, Bewertung und Recheneinheit (Währungsumrechnung). Sinngemäß sind die in §§ 238, 239 HGB enthaltenen Anforderungen an eine ordnungsmäßige Buchführung auf die konsolidierungsbedingten Anpassungen zu übertragen. Die Buchführung über die konsolidierungsbedingten Anpas-

---

1336 Vgl. bereits Kap. L Tz. 155 ff. Zu den übrigen Vorschriften über die Auswahl, Bestellung und Abberufung der APr. vgl. §§ 318, 319 HGB sowie Kap. A und Kap. B.
1337 Vgl. *Schmidt/Almeling*, in: BeBiKo[11], § 317, Rn. 30; vgl. ausführlich *Marten/Quick/Ruhnke*, Wirtschaftsprüfung[5], S. 680; zur Konzernrechnungslegung im Einzelnen vgl. Kap. G.
1338 Vgl. *Schmidt/Almeling*, in: BeBiKo[11], § 317, Rn. 33.
1339 Vgl. ADS[6], § 317, Tz. 204.

sungen ist auf ihre Ordnungsmäßigkeit zu prüfen (§ 317 Abs. 3 S. 1 i.V.m. Abs. 1 S. 1 HGB)[1340]. Die Prüfung schließt auch die Prüfung der Einhaltung der DRS ein[1341].

Sofern in dem KA zusammengefasste JA nicht durch den KAPr. selbst, sondern durch einen anderen APr. geprüft werden, hat der KAPr. dessen Arbeit gem. § 317 Abs. 3 S. 2 HGB zu überprüfen und dies zu dokumentieren.

Der KLB ist gem. § 317 Abs. 2 S. 1 und 2 HGB darauf zu prüfen, ob er mit dem KA sowie den bei der Prüfung gewonnenen Erkenntnissen im Einklang steht, ob er insgesamt eine zutreffende Vorstellung von der Lage des Konzerns vermittelt und ob die Chancen und Risiken der künftigen Entwicklung zutreffend dargestellt sind[1342]. **1277**

Ein wesentlicher weiterer Gegenstand der Konzernabschlussprüfung ist die Prüfung der unter Berücksichtigung etwaiger Einbeziehungswahlrechte zu treffenden und im Zeitablauf stetigen Abgrenzung des Konsolidierungskreises. **1278**

Der Wortlaut von § 316 Abs. 2 HGB bzw. § 317 HGB stellt nur auf KapGes. ab. Beide Regelungen gelten jedoch auch für den befreienden KA und KLB, die von einer **Nichtkapitalgesellschaft** mit Sitz im Inland aufgestellt werden[1343]. Sie sind zudem von KapCoGes. zu beachten, die gem. § 264a Abs. 1 HGB die Vorschriften des Ersten bis Fünften Unterabschnittes des Zweiten Abschn. des Dritten Buches des HGB anzuwenden haben. **1279**

18.4.1 Prüfungsrisiko der Konzernabschlussprüfung

Der KAPr. hat ausreichende und angemessene Prüfungsnachweise hinsichtlich der Finanzinformationen der TU und anderer Teilbereiche sowie über den Konsolidierungsprozess einzuholen, um nach Durchführung der Prüfung ein Urteil darüber abgeben zu können, dass der KA in allen wesentlichen Aspekten in Übereinstimmung mit den relevanten Rechnungslegungsnormen aufgestellt wurde[1344]. Die Prüfung des KA ist daher so zu planen und durchzuführen, dass die erforderlichen Prüfungsaussagen mit hinreichender Sicherheit gefällt werden können. Zu diesem Zweck ist das Risiko der Abgabe eines fehlerhaften Prüfungsurteils für den KA auf ein akzeptables Maß zu begrenzen (**Prüfungsrisiko**)[1345]. **1280**

> **Hinweis 75:**
>
> Das Prüfungsrisiko für den KA setzt sich aus dem Risiko wesentlicher falscher Angaben des KA (Fehlerrisiko) und dem Risiko, dass der APr. derartige falsche Angaben nicht entdeckt (Entdeckungsrisiko), zusammen[1346].

Risiken wesentlicher falscher Angaben im KA können insb. in Finanzinformationen des MU, der TU und anderer Teilbereiche enthalten sein oder aus dem Konsolidierungsprozess resultieren. Entspr. verhält es sich mit dem Entdeckungsrisiko bei der KAP, das sowohl das **Entdeckungsrisiko** des KAPr. als auch das **Entdeckungsrisiko** der APr. des **1281**

1340 Vgl. ADS[6], § 317, Tz. 205.
1341 Vgl. ADS[6], § 317, Tz. 133.
1342 Die Vorschriften über die Prüfung des LB und KLB stimmen wörtlich überein.
1343 Vgl. *Schmidt/Küster*, in: BeBiKo[11], § 316, Rn. 20.
1344 Vgl. ISA 600.8b; *IDW PS 320 n.F.*, Tz. 8.
1345 Vgl. ISA 315.3 (rev.); *IDW PS 261 n.F.*, Tz. 5.
1346 Vgl. u.a. ISA 600.6; *IDW PS 320 n.F.*, Tz. 12, 15; Allgemein Kap. L Tz. 45 ff., Kap. L Tz. 402 ff.

JA des MU/der TU und anderer Teilbereichsprüfer umfasst[1347]. Vor dem Hintergrund der Gesamtverantwortung des KAPr. folgt daraus, dass sich der KAPr. auch mit den Fehlerrisiken und daraufhin ergriffenen prüferischen Reaktionen auf der Ebene der Teilbereiche sowie mit den Teilbereichsprüfern auseinandersetzen muss. Das verlangt eine Befassung mit der Prüfungsstrategie einschl. der vom Teilbereichsprüfer festgelegten Prüfungsschwerpunkte sowie mit den Ergebnissen seiner Prüfungshandlungen.

1282 Bei der Feststellung der Risiken ist somit zu berücksichtigen, wenn Teilbereiche nicht durch den KAPr. selbst geprüft werden.

18.4.2 Feststellung von Risiken

18.4.2.1 Verstehen des Konzerns, seiner Teilbereiche und des jeweiligen Umfelds

1283 Der KAPr. hat bereits während der Auftragsannahme bzw. -fortführung explizit ein Verständnis von dem Konzern, seiner TU und übrigen Teilbereiche und des jeweiligen Umfelds (einschl. der konzernweiten Kontrollen) zu erlangen, das es ihm ermöglicht, die **bedeutsamen Teilbereiche** des Konzerns zu **identifizieren**[1348].

> **Hinweis 76:**
>
> Ein Teilbereich ist definiert als eine Einheit oder Geschäftstätigkeit, für die das Konzern- oder Teilbereichsmanagement Rechnungslegungsinformationen erstellt, die in den KA einzubeziehen sind[1349]. Entscheidend ist die Einbindung in die Konzernstruktur i.R.d Konzernberichtswesens. Die Berichterstattung orientiert sich häufig an der rechtlichen Struktur der Einheiten. Ebenso können Funktionsbereiche (z.B. Forschung und Entwicklung, Produktion, Vertrieb), Produktbereiche (z.B. Automobil, Luft- und Raumfahrt, Marine) oder geographische Standorte Finanzberichte i.R.d. konzerninternen Berichtswesens erstellen[1350].

1284 Das bei der Auftragsannahme gewonnene Verständnis ist im Laufe der Prüfung zu vertiefen, um die ursprüngliche Einschätzung der bedeutsamen Teilbereiche zu bestätigen oder zu revidieren sowie die Risiken wesentlicher falscher Angaben im KA zu beurteilen[1351]. Zur **Identifizierung dieser Fehlerrisiken** muss der KAPr. in der Lage sein, sich ein Bild von den finanziellen Kennzahlen desselben zu machen und sich zu diesem Zweck auch einen Überblick über die Ausgestaltung und Qualität des konzerninternen Berichtswesens zu verschaffen[1352].

> **Beispiel 97:**
>
> Die folgenden Aspekte können auf Risiken wesentlicher falscher Angaben im KA hindeuten[1353]:

1347 Vgl. *Noodt*, WPg 2006, S. 894 (897).
1348 Vgl. ISA 600.12; *IDW PS 320 n.F.*, Tz. 12.
1349 Vgl. ISA 600.9a; *IDW PS 320 n.F.*, Tz. 9a).
1350 Vgl. ISA 600.A2; *IDW PS 320 n.F.*, Tz. A3.
1351 Vgl. ISA 600.18 (a); *IDW PS 320 n.F.*, Tz. 15. Anl. 2 zu ISA 600 sowie Anh. 1 zu *IDW PS 320 n.F.* enthalten beispielhafte Aufzählungen von Sachverhalten, zu denen sich der KAPr. ein erforderliches Verständnis verschafft.
1352 Vgl. *Niemann/Bruckner*, DStR 2010, S. 345 f.
1353 Vgl. Anl. 3 zu ISA 600; Anh. 2 zu *IDW PS 320 n.F.*

> - komplexe Konzernstruktur
> - intransparente Entscheidungsprozesse
> - schwache Ausgestaltung des konzernweiten Kontrollsystems
> - Geschäftstätigkeit von Teilbereichen mit hohen Risiken (z.B. Handel mit komplexen Finanzinstrumenten)
> - Unsicherheiten in Bezug auf die Abgrenzung des Konsolidierungskreises (z.B. aufgrund des Vorhandenseins von strukturierten Finanzinstrumenten)
> - Abstimmungsprobleme im Bereich der verbundenen Unternehmen
> - ungewöhnliche Transaktionen zwischen verbundenen Unternehmen
> - Teilbereichsübergreifenden Transaktionen
> - unvollständige Konsolidierungsbuchungen
> - häufiger Wechsel des KAPr.

Zu den bedeutsamen Teilbereichen zählen MU, TU sowie andere Teilbereiche, die für sich genommen – der Größe nach – **von wirtschaftlicher Bedeutung für den Konzern** sind oder bei denen der KAPr. aufgrund spezifischer Merkmale oder Umstände – etwa Länderrisiken – davon ausgeht, dass sie (wahrscheinlich) **bedeutsame Risiken wesentlicher falscher Angaben im KA** beinhalten[1354]. Ab wann ein Teilbereich als wirtschaftlich bedeutend für den Konzern beurteilt wird, obliegt letztlich dem pflichtgemäßen Ermessen des KAPr. **1285**

> **Praxistipp 38:**
>
> In der Praxis werden häufig prozentuale Grenzwerte für eine oder mehrere geeignete Bezugsgrößen (z.B. Vermögensposten, Schulden, Cashflow, Gewinn oder Umsatz) festgelegt, ab deren Überschreiten ein Teilbereich als bedeutsam gilt. Einen Anhaltspunkt für solche Grenzwerte wird in ISA 600.A5 bzw. *IDW PS 320 n.F.*, Tz. A5 genannt, wonach Teilbereiche, die 15% der jeweiligen Bezugsgröße überschreiten, als bedeutsame Teilbereiche einzuordnen sind. In Abhängigkeit von den jeweiligen Merkmalen und Umständen des Konzerns kann auch ein höherer oder niedrigerer Prozentsatz angemessen sein[1355].
>
> Ein höherer Prozentsatz könnte z.B. in Betracht kommen, wenn geeignete und wirksame konzernweite Kontrollen implementiert wurden und diese präzise genug sind, wesentliche falsche Angaben im KA zu verhindern bzw. aufzudecken und zu korrigieren. Ebenfalls denkbar ist, bei gleichzeitiger Verwendung mehrerer Bezugsgrößen jeweils verschiedene Prozentsätze zu wählen.

Weder ISA 600 noch *IDW PS 320 n.F.* enthalten Ausführungen, ob sich die **Bezugsgröße zur Ermittlung wirtschaftlich bedeutsamer Teilbereiche auf konsolidierte oder nichtkonsolidierte Werte** zu beziehen hat. Da auf der Basis der Bezugsgröße eine Aussage über die relative finanzielle Größe des Teilbereichs im Verhältnis zum Gesamtkonzern ermittelt werden soll, empfiehlt es sich – um wertmäßige Verzerrungen zu vermeiden –, sowohl bei den Konzerngrößen als auch bei den Größen der Teilbereiche auf gleiche Bezugsgrößen abzustellen. Der Vorteil einer konsolidierten Bezugsgröße ist, dass sich dadurch die Größenverhältnisse widerspiegeln, wie sie auch im KA abgebildet sind. Be- **1286**

1354 Vgl. ISA 600.9 (m); *IDW PS 320 n.F.*, Tz. 9b).
1355 Vgl. ISA 600.A5; *IDW PS 320 n.F.*, Tz. A5.

trachtet der KAPr. demgegenüber z.B. die Umsatzerlöse eines Teilbereichs als primären Indikator für dessen Größe und das damit verbundene Fehlerpotenzial, so kann die Verwendung nichtkonsolidierter Werte vorzuziehen sein. Schließlich wird der KAPr. oft aus rein praktischen Erwägungen auf nichtkonsolidierte Werte zurückgreifen, solange keine konsolidierten Werte vorliegen, wobei bekannte wesentliche Veränderungen der Größenverhältnisse durch den Konsolidierungsprozess ergänzend beurteilt und ggf. berücksichtigt werden können.

1287 Neben einer quantitativen Betrachtung kann ein Teilbereich aufgrund seiner spezifischen Merkmale oder Umstände als bedeutsam sein, wenn von ihm **wahrscheinlich bedeutsame Risiken** im Hinblick auf den KA ausgehen, die bei der Prüfung des KA besonders zu berücksichtigen sind[1356].

> **Beispiel 98:**
>
> Ein Teilbereich kann, auch wenn dieser vom Umfang seiner Geschäftstätigkeit her nicht von wesentlicher Bedeutung ist, bspw. in den folgenden Fällen bedeutsame Risiken für den KA haben:
> - Teilbereich, der für den Devisenhandel oder das Cash-Management des Konzerns verantwortlich ist
> - Teilbereich, der über einen hohen Bestand potenziell überalterter Vorräte verfügt
> - Teilbereich, in dem die gesamte IT des Konzerns gebündelt ist.

In Ausnahmefällen kann die Risikobetrachtung dazu führen, dass keine bedeutsamen Teilbereiche identifiziert werden[1357].

18.4.2.2 Verstehen der Abschlussprüfer der TU und andere Teilbereichsprüfer

1288 Der KAPr. trägt die Gesamtverantwortung für die Prüfung des KA und damit der konsolidierten Finanzinformationen des MU, der TU und der anderen Teilbereiche. Werden TU und andere Teilbereiche nicht durch den KAPr. geprüft und verwertet der KAPr. die Arbeit von APr. der TU und anderer Teilbereichsprüfer, hat er gem. § 317 Abs. 3 S. 2 HGB die Arbeit der APr. der TU und andere Teilbereichsprüfer zu überprüfen und diese Überprüfung zu dokumentieren.

1289 Ein wesentlicher Aspekt der Konzernabschlussprüfung liegt in der Zusammenarbeit des KAPr. mit den APr. der TU und anderen Teilbereichsprüfern. Der KAPr. muss sich ein **ausreichendes Verständnis** von allen Teilbereichsprüfern verschaffen, die nach Aufforderung des KAPr. Prüfungs- bzw. Reviewhandlungen der Finanzinformationen von TU oder anderen Teilbereichen durchführen. Der KAPr. hat sich ein Verständnis darüber zu verschaffen[1358], ob:

a) der Teilbereichsprüfer die für die Prüfung des KA relevanten berufsständischen Anforderungen beachten wird und insb. unabhängig ist,
b) der Teilbereichsprüfer über ausreichende fachliche Kompetenzen verfügt,

---
1356 Vgl. ISA 600.A6; *IDW PS 320 n.F.*, Tz. A6.
1357 Vgl. *F&A zu ISA 600 bzw. IDW PS 320 n.F.*, Frage 4.2. In Bezug auf die durchzuführenden Prüfungshandlungen sei verwiesen auf Kap. L Tz. 41 ff.
1358 Vgl. ISA 600.19; *IDW PS 320 n.F.*, Tz. 16.

c) der KAPr. in dem Umfang in die Tätigkeit des Teilbereichsprüfers einbezogen werden kann, der zum Erlangen ausreichender geeigneter Prüfungsnachweise erforderlich ist, und
d) der Teilbereichsprüfer als APr. grundsätzlich einer aktiven Berufsaufsicht unterliegt.

> **Hinweis 77:**
> Sofern schwerwiegende Zweifel in Bezug auf eine der in Kap. L Tz. 1289 aufgeführten Anforderungen bestehen, kommt eine Verwertung der Arbeit des entsprechenden Teilbereichsprüfers grundsätzlich nicht in Betracht[1359].

Mögliche Prüfungshandlungen zur Erlangung des erforderlichen Verständnisses über Teilbereichsprüfer reichen von einer persönlichen Diskussion aller relevanten Themenbereiche mit dem Teilbereichsprüfer im Rahmen eines Besuchs über die Verwendung entsprechender Fragebögen oder die Anforderung schriftlicher Bestätigungen bis hin zur Einholung ergänzender Informationen und Auskünfte von Berufsverbänden oder anderen zuverlässigen dritten Personen[1360]. Art, Umfang und Zeitpunkte diesbezüglicher Prüfungshandlungen hängen dabei u.a. von folgenden Faktoren ab[1361]: 1290

- bereits vorhandenen Erfahrungen mit dem oder Kenntnisse über den Teilbereichsprüfer,
- Gemeinsamkeiten des KAPr. und des Teilbereichsprüfers hinsichtlich der Prüfungsmethodik, Grundsätzen und Verfahren der Qualitätssicherung sowie deren Überwachung (z.B. Zusammenarbeit in einem Praxisnetzwerk),
- Übereinstimmung oder Ähnlichkeit des Rechtssystems, des Systems der Berufsaufsicht und der Qualitätskontrolle, der Aus- und Fortbildung, der Berufsverbände und der relevanten Prüfungsstandards, der Sprache und Kultur.

Das Konzernprüfungsteam hat die Teilbereichsprüfer frühzeitig über die Anforderungen i.R.d. Einbindung in die Konzernabschlussprüfung zu informieren. Wesentliches Instrument in diesem Zusammenhang sind die **Konzern-Prüfungsanweisungen (Audit Instructions)**[1362]. Neben der Kommunikation über Umfang[1363], Zeitraum und Berichtsformaten[1364] kommen in den Anweisungen auch der Vereinbarung eindeutiger Fristen für das Reporting große Bedeutung zu[1365]. 1291

> **Praxistipp 39:**
> Beispielsweise könnte eine Gliederung der Prüfungsanweisungen wie folgt aussehen[1366]:
> - Zweck und Zielsetzung der KAP

1359 Vgl. ISA 600.20; *IDW PS 320 n.F.*, Tz. 17.
1360 Vgl. ISA 600.A35; *IDW PS 320 n.F.*, Tz. A22.
1361 Vgl. ISA 600.A33; *IDW PS 320 n.F.*, Tz. A17 sowie ausf. *Noodt*, WPg 2006, S. 894 (899).
1362 Vgl. ISA 600.40; *IDW PS 320 n.F.*, Tz. 37; vgl. F&A zu ISA 600 bzw. IDW PS 320 n.F., Frage 8.1. Für Mindestanforderungen vgl. *IDW PS 320 n.F.*, Tz. 38.
1363 Im Einzelnen vgl. ISA 600.40 f.; *IDW PS 320 n.F.*, Tz. 37 f.
1364 Vgl. ISA 600.8 (b) (i); *IDW PS 320 n.F.*, Tz. 8.
1365 Vgl. auch *Niehues*, IRZ 2006, S. 249 (253).
1366 In Bezug auf die Mindestanforderungen an den Inhalt der Prüfungsanweisungen vgl. ISA 600.40 sowie *IDW PS 320 n.F.*, Tz. 37.

- Übersicht der durchzuführenden Tätigkeiten („Scope") und Umfang der geplanten Verwertung der Tätigkeit des Teilbereichsprüfers
- Zeitpunkt und Form der notwendigen Berichterstattung des Teilbereichsprüfers
- Ansprechpartner auf Konzernebene (Konzernprüfungsteam sowie Konzernmanagement)
- Aufforderung zur Abgabe einer Bestätigung, dass der Teilbereichsprüfer mit dem Konzernprüfungsteam zusammenarbeiten wird
- Zu beachtende Berufspflichten, einschl. der Unabhängigkeitsanforderungen
- Überblick der Anforderungen an die Teilbereichsprüfer[1367]
- Überblick über das gewonnene Verständnis des Konzerns (Organisation, konzernweite Kontrollen, interne Berichterstattung und Konsolidierungsprozess, festgestellte Risiken wesentlicher falscher Angaben auf Konzernebene, Übersicht der verbundenen Unternehmen)
- Vorgabe relevanter Wesentlichkeitsgrößen sowie einer etwaigen Nichtaufgriffsgrenze
- Besondere Anforderungen auf Grund berufsrechtlicher Besonderheiten (z.B. Anforderung in Bezug auf die Einholung von Drittbestätigungen)
- Anforderung in Bezug auf Ereignisse nach dem Stichtag
- Umfang der Einbindung in die Tätigkeit des Teilbereichsprüfers
- Dokumentationsanforderungen
- Sonstiges (z.B. Anforderungen i.Z.m. Rechtsstreitigkeiten, Verstößen und sonstige gesetzlichen Anforderungen. Informationen zur Auftragsannahme, Honorarvereinbarungen)
- Musterdokumente in Bezug auf die vom Teilbereichsprüfer zu erteilende Berichterstattung.

Im Rahmen der Prüfungsanweisungen werden vom Teilbereichsprüfer üblicherweise schriftliche Bestätigungen gefordert, dass
- der Teilbereichsprüfer in Kenntnis des Zusammenhangs, in dem das Konzernprüfungsteam die Arbeit verwerten will, mit dem Konzernprüfungsteam zusammenarbeiten wird,
- die für die Konzernabschlussprüfung relevanten Berufspflichten (einschl. der Unabhängigkeitsanforderungen und der Anforderungen an die fachliche Kompetenz) eingehalten wurden,
- die in den Prüfungsanweisungen enthaltenen Anforderungen des Konzernprüfungsteams eingehalten werden (einschl. Umfang der Tätigkeit und der Berichterstattung sowie der zeitlichen Anforderungen an die Berichterstattung).

18.4.3 Festlegung der Wesentlichkeitsgrenzen

1292 ISA 600 und *IDW PS 320 n.F.* konkretisieren den Grundsatz der Wesentlichkeit für die Prüfung des KA, indem erstmals Vorgaben hinsichtlich der Verantwortlichkeiten für die Ermittlung der Wesentlichkeitsgrenzen sowie deren Ausgestaltung vorgeschrieben werden. Im Einzelnen ist der KAPr. verpflichtet, nach pflichtgemäßem Ermessen folgende **verschiedene Wesentlichkeitsgrenzen** festzulegen[1368]:

[1367] Vgl. Kap. L Tz. 1290.
[1368] Vgl. ISA 600.21; *IDW PS 320 n.F.*, Tz. 19, sieht auch die Festlegung einer Toleranzwesentlichkeit für den KA als Ganzes vor.

- die Wesentlichkeitsgrenze für den KA als Ganzes (**Konzernwesentlichkeit**) zur Festlegung der Konzernprüfungsstrategie,
- (ggf.) unter der Konzernwesentlichkeit liegende **spezifische Wesentlichkeitsgrenzen** für bestimmte Arten von Geschäftsvorfällen, Kontensalden oder Abschlussangaben,
- die **Teilbereichswesentlichkeiten**, für die für Zwecke der Prüfung des KA eine Prüfung oder prüferische Durchsicht durchgeführt wird,
- eine Schwelle, oberhalb derer falsche Angaben nicht als zweifelsfrei unbeachtlich („clearly trivial") für den KA anzusehen sind (**Nichtaufgriffsgrenze**).

Sofern das Konzernprüfungsteam eigenständig aussagebezogene Prüfungshandlungen durchführt, kann es darüber hinaus sinnvoll oder notwendig sein, auch für den KA als Ganzes eine Toleranzwesentlichkeit festzulegen[1369].   **1293**

Sofern **Finanzinformationen eines Teilbereichs** zum Zwecke der Prüfung des KA zu prüfen sind, hat der KAPr. zudem entweder die Toleranzwesentlichkeit auf Ebene des Teilbereichs selbst festzulegen und diese dem Teilbereichsprüfer mitzuteilen, oder er hat die durch den Teilbereichsprüfer auf Teilbereichsebene festgelegte(n) Toleranzwesentlichkeit(en) hinsichtlich ihrer Angemessenheit zu würdigen[1370].   **1294**

Teilbereichswesentlichkeiten müssen jeweils **niedriger sein als die Wesentlichkeitsgrenze für den KA** als Ganzes[1371]. Die Teilbereichswesentlichkeit lässt sich jedoch nicht arithmetisch aus der Wesentlichkeitsgrenze für den KA als Ganzes ableiten. Die Summe aus den einzelnen Teilbereichswesentlichkeiten kann größer als die Wesentlichkeitsgrenze für den KA als Ganzes sein[1372]. Diese Aussage kann durch folgende Aspekte begründet werden: **1295**

- Teilbereichen können geringere Fehler als die maximal zulässige (Fehler-)Abweichung enthalten.
- Fehler in verschiedenen Teilbereichen können zumindest teilweise gegenläufig sein und sich insoweit kompensieren.

> **Praxistipp 40:**
> Im Rahmen der Berichterstattung des Teilbereichsprüfers an den KAPr. wird der KAPr. wertmäßige Berichtsgrenzen für das Reporting festlegen. Diese sollte sich an der Konzernnichtaufgriffsgrenze orientieren. Hierdurch wird verhindert, dass Fehler unterhalb der Toleranzwesentlichkeit des Teilbereichs, dem KAPr. unbekannt sind. Der KAPr. kann so erkennen, ob auf Konzernebene wesentliche Fehler vorliegen könnten.

Die **Teilbereichswesentlichkeiten** bilden die Basis für die Festlegung der Prüfungsstrategie und die Ableitung der Toleranzwesentlichkeit, die der Planung von Art, zeitlicher Einteilung und Umfang der Prüfungshandlungen bei den einzelnen Aussagen in den Finanzinformationen eines Teilbereichs zugrunde zu legen ist, soweit dies für die Prüfung des KA erforderlich ist[1373]. Ferner ist die Teilbereichswesentlichkeit von Be-   **1296**

[1369] Vgl. ISA 320.11; *IDW PS 320 n.F.*, Tz. A24; *F&A zu ISA 600 bzw. IDW PS 320 n.F.*, Frage 6.9.
[1370] Vgl. ISA 600.22; *IDW PS 320 n.F.*, Tz. 20; *F&A zu ISA 600 bzw. IDW PS 320 n.F.*, Frage 6.8.
[1371] Vgl. ISA 600.21 (c); *IDW PS 320 n.F.*, Tz. 18 c) i.V.m. *IDW PS 320 n.F.*, Tz. A23.
[1372] Vgl. ISA 600.A43; *IDW PS 320 n.F.*, Tz. A23.
[1373] Vgl. *Marten/Quick/Ruhnke*, Wirtschaftsprüfung⁵, S. 689.

deutung für das für die Prüfung des KA abzugebende Urteil des Teilbereichsprüfers, ob die festgestellten und nicht korrigierten Fehler auf der Ebene des jeweiligen Teilbereichs einzeln oder insgesamt wesentlich sind[1374].

1297 Für verschiedene Teilbereiche können **unterschiedliche Teilbereichswesentlichkeiten** festgelegt werden. Aufgrund ihrer Bedeutung für die weitere Prüfungsplanung auf Teilbereichsebene ist es regelmäßig sinnvoll, eine Teilbereichswesentlichkeit festzulegen, welche die spezifischen Gegebenheiten der einzelnen Teilbereiche berücksichtigt. Dies kann durch die Festlegung einer individuellen Teilbereichswesentlichkeit je Teilbereich geschehen. Bei Prüfungen von Konzernen, die eine große Zahl von Teilbereichen umfassen, ist eine individuelle Beurteilung jedes Teilbereichs oftmals wenig praktikabel. In diesen Fällen können z.B. basierend auf quantitativen Benchmarks oder qualitativen Kriterien Gruppen von Teilbereichen gebildet werden, für die jeweils eine Teilbereichswesentlichkeit festgelegt wird.

> **Praxistipp 41:**
> Der KAPr. kann bei der Ermittlung der Teilbereichswesentlichkeit wie folgt vorgehen[1375]:
> - Ermittlung auf Basis eines ein- oder mehrstufigen Abschlags der Konzernwesentlichkeit: Die Ermittlung des Abschlags erfolgt durch das Konzernprüfungsteam nach eigenem Ermessen. Es kann auf dieser Basis eine einheitliche Teilbereichswesentlichkeit für sämtliche Teilbereiche definiert oder Teilbereichswesentlichkeiten je Teilbereich bzw. für bestimmte Gruppen von Teilbereichen bestimmt werden.
> - Berechnung auf Basis der Finanzinformationen des jeweiligen Teilbereichs: Hierbei handelt es sich um eine Berechnung in Anlehnung an die Berechnung der Wesentlichkeit i.R.d. Prüfung des EA (Ermittlung bspw. als Prozentsatz der Umsatzerlöse oder des Ergebnisses vor Steuern)[1376].
> - Verteilung einer im Vorfeld ermittelten Summe der Teilbereichswesentlichkeiten auf die Teilbereiche (bspw. auf Basis der relativen Bedeutung des Teilbereichs oder der Risikoklasse desselben)[1377]: Im Rahmen der Verteilung auf die Teilbereiche kann bspw. eine Gruppierung der Teilbereiche auf Basis der erwirtschafteten Umsatzerlöse erfolgen (z.B. Teilbereiche mit Umsatzerlösen von unter 50 Mio. €; Teilbereiche mit Umsatzerlösen zwischen 50 Mio. € und 100 Mio. € und Teilbereiche mit Umsatzerlösen > 100 Mio. €).

1298 Sind die Abschlüsse eines TU oder anderen Teilbereichs aufgrund von Gesetz, Satzung oder aus anderen Gründen prüfungspflichtig, können die in diesem Zusammenhang vom APr. des TU oder des anderen Teilbereichs ermittelten Wesentlichkeitsgrenzen auch für die Prüfung der Finanzinformationen des betreffenden Teilbereichs für Konzernzwecke zugrunde gelegt werden. Voraussetzung ist jedoch, dass der KAPr. sich vergewissert, dass die gewählte Wesentlichkeitsgrenze für den Teilbereichsabschluss als Ganzes sowie die niedrigere(n) Toleranzwesentlichkeitsgrenze(n) zur Risikobeurteilung und Festlegung weiterer Prüfungshandlungen auf der Ebene des Teilbereichs ange-

---

[1374] Vgl. ISA 600.A46; *IDW PS 320 n.F.*, Tz. A23.
[1375] Vgl. *F&A zu ISA 600 bzw. IDW PS 320 n.F.*, Frage 6.3.
[1376] Vgl. hierzu ausführlich *F&A zu ISA 320 bzw. IDW PS 250 n.F.*
[1377] Vgl. hierzu ausführlich: *Marten/Quick/Ruhnke*, Wirtschaftsprüfung[5], S. 689 ff.

messen ist¹³⁷⁸. Hat der APr. eines TU für Zwecke der gesetzlichen Abschlussprüfung des JA eine Wesentlichkeitsgrenze bestimmt, die unter der vom KAPr. mitgeteilten Teilbereichswesentlichkeit liegt, so wird in der Praxis aus Gründen der Prüfungseffizienz i.d.R. diese niedrigere Grenze entscheidend für die Festlegung der Prüfungshandlungen sein.

18.4.4 Reaktion auf festgestellte Risiken

18.4.4.1 Festlegung der Art der Untersuchungen, die zu den Finanzinformationen von Teilbereichen durchzuführen sind

1299 Für TU und andere Teilbereiche, die aufgrund ihres **wirtschaftlichen Gewichts bedeutsam** für den Konzern sind, muss der KAPr. die Finanzinformationen des Teilbereichs unter Berücksichtigung der relevanten Teilbereichswesentlichkeit prüfen oder für Zwecke der Verwertung durch einen Teilbereichsprüfer unter Berücksichtigung der vom Konzernprüfungsteam festgelegten Teilbereichswesentlichkeit prüfen lassen¹³⁷⁹.

1300 Bei TU oder anderen Teilbereichen, die nicht aufgrund ihrer finanziellen Größe, sondern wegen ihrer besonderen **Merkmale oder der gegebenen Umstände** (z.B. großer Bestand an möglicherweise veralteten Vorräten, wesentlicher Bestand an zweifelhaften Forderungen oder TU mit spezifischem Länderrisiko) bedeutsame Fehlerrisiken wesentlicher falscher Angaben im KA beinhalten können, hat der KAPr. beziehungsweise ein Teilbereichsprüfer in Abhängigkeit von den identifizierten Risiken für diesen Teilbereich einen oder mehrere der nachfolgenden **Untersuchungshandlungen** durchzuführen¹³⁸⁰:

- **Prüfung** der vollständigen Finanzinformationen des Teilbereichs (z.B. wenn das bedeutsame Risiko nicht auf bestimmte Bereiche der Finanzinformationen des Teilbereichs begrenzt ist),
- **Prüfung von einzelnen Kontensalden, Arten von Geschäftsvorfällen oder Abschlussangaben**, die i.Z.m. den wahrscheinlich bedeutsamen Risiken wesentlicher falscher Angaben im KA stehen (z.B. wenn das bedeutsame Risiko auf einen oder wenige Kontensalden begrenzt ist (z.B. immaterielle Vermögensgegenstände, Vorräte oder Forderungen) und der Teilbereich ansonsten nicht bedeutsam ist),
- Vornahme definierter **Prüfungshandlungen**, die i.Z.m. den bedeutsamen Risiken wesentlicher falscher Angaben im KA stehen (z.B. wenn das Verständnis des KAPr. über einen Teilbereich und ein bestimmtes bedeutsames Risiko so konkret ist, dass er in Reaktion darauf geeignete Untersuchungshandlungen festlegen kann).

> **Beispiel 99:**
> Wurde bspw. ein Teilbereich aufgrund eines großen Bestands an möglicherweise unbrauchbaren Vorratsbeständen als bedeutsam eingestuft und hat sich der KAPr. ein *ausreichendes Verständnis* über die konkreten Gegebenheiten verschafft, kann er selbst Prüfungshandlungen im Bereich der Bewertung der Vorräte festlegen¹³⁸¹.

1378 Vgl. ISA 600.23; *IDW PS 320 n.F.*, Tz. 21.
1379 Vgl. ISA 600.26; *IDW PS 320 n.F.*, Tz. 24.
1380 Vgl. ISA 600.27; *IDW PS 320 n.F.*, Tz. 25; *Hayes/Wallage/Görtemaker*, Principles of Auditing³, S. 515.
1381 Vgl. *IDW PS 320 n.F.*, Tz. A27.

> Dies könnte bspw. eine Analyse von nicht gängigen Artikeln aufgrund der ermittelten Lagerreichweite (zur Identifizierung von Ladenhütern), eine Analyse der Altersstruktur der Vorräte oder eine Analyse der Buchwerte vor dem Hintergrund der aktuellen Verkaufspreise (verlustfreie Bewertung) sein.

1301 Für TU und andere Teilbereiche, die auf der Basis der bisherigen Risikoeinschätzung als **nicht bedeutsam** angesehen werden, ist in ISA 600 sowie in *IDW PS 320 n.F.* ein mehrstufiges Vorgehen vorgesehen:[1382]

Zunächst sind durch das Konzernprüfungsteam **analytische Prüfungshandlungen auf Konzernebene** durchzuführen[1383]. Damit soll überprüft werden, ob die ursprüngliche Risikoeinschätzung hinsichtlich der nicht bedeutsamen Teilbereiche angemessen war und keine Anzeichen für bedeutsame Risiken wesentlicher falscher Angaben im KA bestehen[1384].

1302 Im zweiten Schritt beurteilt der KAPr., ob die **Prüfungsnachweise** aus den Tätigkeiten i.Z.m. den Finanzinformationen der bedeutsamen Teilbereiche, der Prüfung der konzernweiten internen Kontrollen und des Konsolidierungsprozesses sowie der analytischen Prüfungshandlungen auf Konzernebene **ausreichen**, um mit hinreichender Sicherheit ein Prüfungsurteil für den KA treffen zu können.

1303 Ist dies nicht der Fall, hat der KAPr. im dritten Schritt auch für **ausgewählte nicht bedeutsame Teilbereiche** Untersuchungshandlungen oder eine **prüferische Durchsicht** der Finanzinformationen dieser Teilbereiche festzulegen[1385]. Die Auswahl der Untersuchungshandlungen sollte dabei im Zeitablauf variiert werden, um ein Überraschungsmoment (element of unpredictability) bei der Auswahl nicht bedeutsamer Teilbereiche zu schaffen[1386].

18.4.4.2 Einbindung in die Tätigkeit der APr. von TU und anderen Teilbereichsprüfern

1304 Entspr. der Gesamtverantwortung für die Prüfung des KA hat der KAPr. sich mit den Risiken wesentlicher falscher Angaben bei den TU und anderen Teilbereichen auseinanderzusetzen. Demnach muss der KAPr. bei **bedeutsamen Teilbereichen** in die Risikobeurteilungen der APr. von TU und anderer Teilbereichsprüfer **eingebunden** sein. Hierdurch wird sichergestellt, dass Risiken wesentlicher falscher Angaben im KA, deren Tragweite ein Teilbereichsprüfer nicht vollständig absehen kann und die erst in Gesamtbetrachtung mehrerer Teilbereiche als bedeutsam zu beurteilen sind, erkannt werden[1387]. Eine Einbindung in die Risikobeurteilungen der Prüfer nicht bedeutsamer Teilbereiche ist hingegen nicht erforderlich[1388].

1382 Vgl. ISA 600.28 f; *IDW PS 320 n.F.*, Tz. 26 f.
1383 Vgl. ISA 600.28; *IDW PS 320 n.F.*, Tz. 26.
1384 Vgl. ISA 600.A50; *IDW PS 320 n.F.*, Tz. A28.
1385 Vgl. ISA 600.29; *IDW PS 320 n.F.*, Tz. 27.
1386 Vgl. dazu allgemein ISA 240.29(c); *IDW PS 210*, Tz. 42.
1387 Vgl. *Link/Giese/Kunellis*, BB 2008, S. 378 (380).
1388 Sie kann aber z.B. in Abhängigkeit des Verständnisses vom Teilbereichsprüfer geboten sein, vgl. ISA 600. A54; *IDW PS 320 n.F.*, Tz. A32.

Art, zeitliche Einteilung und Umfang der Einbeziehung des KAPr. hängen vom Einzelfall ab. Die berufsständischen Verlautbarungen sehen folgende Maßnahmen vor[1389]: **1305**
- Erörterung der für den Konzern bedeutsamen Geschäftstätigkeiten des Teilbereichs mit dem Teilbereichsprüfer oder dem Teilbereichsmanagement,
- Erörterung der Anfälligkeit des Teilbereichs für wesentliche falsche Angaben in den Finanzinformationen aufgrund von Verstößen oder Irrtümern mit dem Teilbereichsprüfer,
- Durchsicht der Dokumentation des Teilbereichsprüfers über festgestellte bedeutsame Risiken wesentlicher falscher Angaben. Diese Durchsicht kann auf der Grundlage einer Stellungnahme (Memorandums) des Teilbereichsprüfers erfolgen, das die wesentlichen Erkenntnisse des Teilbereichsprüfers zu den festgestellten bedeutsamen Risiken widerspiegelt.

> **Praxistipp 42:**
> Eine effektive und effiziente Form der Einbindung in die Risikobeurteilungen der Teilbereichsprüfer besteht darin, dass Mitglieder des Konzernprüfungsteams bei bedeutsamen Teilbereichen an den bei jeder Abschlussprüfung im Prüfungsteam durchzuführenden Diskussionen über wesentliche Fehlerrisiken teilnehmen[1390].

Bei **bedeutsamen Risiken** wesentlicher falscher Angaben eines Teilbereichs für den KA, hat der KAPr. ferner zu beurteilen, ob die vom Teilbereichsprüfer gezogenen Konsequenzen für die Prüfung angemessen sind und ob eine weitergehende Einbindung in die Durchführung der vom Teilbereichsprüfer festgelegten Prüfungshandlungen erforderlich ist[1391]. **1306**

18.4.4.3 Prüfung des Konsolidierungsprozesses

Der KAPr. muss ein Verständnis über den Konsolidierungsprozess erlangen, um die damit verbundenen **Risiken** wesentlicher falscher Angaben in Bezug auf den KA zu identifizieren und zu beurteilen[1392]. Wenn der KAPr. bei der Planung seiner Prüfungshandlungen zum Konsolidierungsprozess von einem wirksamen konzernweiten IKS ausgeht, sind auch Funktionsprüfungen durchzuführen. Dies ist auch der Fall, sofern aussagebezogene Prüfungshandlungen allein nicht zu ausreichenden und geeigneten Prüfungsnachweisen hinsichtlich der Konsolidierung führen können[1393]. **1307**

> **Hinweis 78:**
> Um ein detailliertes Verständnis des Konsolidierungsprozesses zu erlangen, analysiert der KAPr. die konzernweiten Rechnungslegungsrichtlinien. Wesentliche Regelungsbereiche umfassen üblicherweise neben den Vorgaben in Bezug auf die Bilanzierungs- und Bewertungsmethoden, die zu berücksichtigenden statutorischen

---
1389 ISA 600.30; IDW PS 320 n.F., Tz. 29. Für weitere Beispiele vgl. ISA 600.A55 und *IDW PS 320 n.F.*, Tz. A33.
1390 Vgl. *Link/Giese/Kunellis*, BB 2008, S. 378 (380).
1391 Vgl. ISA 600.31; *IDW PS 320 n.F.*, Tz. 230.
1392 Vgl. ISA 600.17 (b), ISA 600.18 (b) und ISA 600.A30; *IDW PS 320 n.F.*, Tz. 15; ISA 600 Anl. 2 und 3 sowie *IDW PS 320 n.F.*, Anh. 1 und 2 enthalten beispielhafte Aufzählungen von Aspekten zur Erlangung eines Verständnisses vom Konsolidierungsprozess.
1393 Vgl. ISA 600.25 und ISA 600.32; *IDW PS 320 n.F.*, Tz. 23 und *IDW PS 320 n.F.*, Tz. 31.

> Anforderungen in Bezug auf Anhangangaben (z.B. Identifizierung und unternehmensinterne Berichterstattung von Segmentinformationen, Beziehung zu und Transaktionen mit verbundenen Unternehmen) sowie einen Zeitplan in Bezug auf das Konzernberichtswesen.

Der KAPr. prüft, inwieweit die Rechnungslegungsrichtlinien und sonstigen Bilanzierungsanweisungen mit den maßgeblichen Rechnungslegungsnormen übereinstimmen[1394].

1308 Im Hinblick auf den Konsolidierungsprozess muss der KAPr. beurteilen, ob[1395]

- alle relevanten TU und anderen Teilbereiche in den KA einbezogen wurden,
- die in der Berichterstattung der APr. von TU und anderer Teilbereichsprüfer an den KAPr. enthaltenen Finanzinformationen identisch mit den in den KA einbezogenen Finanzinformationen sind,
- (ggf.) die Finanzinformationen der Teilbereiche (zusammengefasste JA) an die konzerneinheitlichen Bilanzierungs- und Bewertungsvorgaben – einschl. der Währungsumrechnung – angepasst wurden (konsolidierungsbedingte Anpassungen),
- (ggf.) abweichende Abschlussstichtage innerhalb des Konzerns vorliegen und ob Anpassungen auf den Konzernabschlussstag erfolgten,
- die vorgenommenen Konsolidierungsanpassungen und Umgliederungen angemessen, vollständig und richtig sind,
- mögliche Risikofaktoren für Verstöße oder eine zielgerichtete einseitige Einflussnahme des Managements bestehen, die wesentliche falsche Angaben im KA verursachen können.

1309 Die Aufstellung des KA sowie die Durchführung der Konsolidierungsbuchungen erfolgt i.d.R. mit Hilfe einer Konsolidierungssoftware[1396]. Der Einsatz der Konsolidierungssoftware kann dabei als von dem Buchhaltungssystem des MU separierte Lösung eingesetzt werden oder als integrierte Lösung der Buchführung auf Einzel- und Konzernebene implementiert sein[1397]. Die sich aus §§ 290 – 315a HGB ergebenden Anforderung an IT-gestützte Konsolidierungsprozesse sowie die Anforderungen des *IDW RS FAIT 1* in Bezug auf die Ordnungsmäßigkeit und Sicherheit der Konzernabschlusserstellung werden in *IDW RS FAIT 4* konkretisiert. Regelmäßig wurden gängige Softwarelösungen bereits geprüft und eine Softwarebescheinigung erteilt. Der KAPr. hat dann abzuwägen, ob und inwieweit er diese Bescheinigung als Prüfungsnachweis verarbeitet[1398].

18.4.4.3.1 Prüfung der Abgrenzung des Konsolidierungskreises

1310 Zunächst hat der KAPr. zu prüfen, ob sämtliche TU als solche identifiziert wurden.

Der KAPr. muss sich dabei mit der Frage beschäftigen, wie das MU sicherstellt, dass i.R.d. Aufstellung des KA sämtliche TU, Gemeinschaftsunternehmen und assoziierte Unternehmen vollständig identifiziert, klassifiziert und zutreffend im KA abgebildet werden. Im Rahmen der Prüfung der konzernweiten Kontrollen sind insb. diejenigen Kontrollen,

---

1394 Vgl. *Link/Giese/Kunellis*, BB 2008, S. 378 (379).
1395 Vgl. ISA 600.33-37; IDW PS 320 n.F., Tz. 32-34.
1396 Vgl. *IDW RS FAIT 4*, Tz. 1.
1397 Vgl. *Marten/Quick/Ruhnke*, Wirtschaftsprüfung[5], S. 683.
1398 Vgl. *Marten/Quick/Ruhnke*, Wirtschaftsprüfung[5], S. 684.

welche die Vollständigkeit des Konsolidierungskreises sicherstellen sollen, auch auf ihre Funktion zu überprüfen[1399].

> **Hinweis 79:**
> Beispiele für Kontrollen in Bezug auf die Vollständigkeit des Konsolidierungskreises könnten sein:
> - Melde- und Genehmigungspflichten in Bezug auf Änderungen (Erwerb/Veräußerung) von Unternehmensanteilen oder den Erwerb von strukturierten Finanzinstrumenten
> - regelmäßige Überprüfung der Beteiligungsübersicht sowie der Übersicht von Finanztransaktionen ohne Kapitalbeteiligung (z.B. in Bezug auf strukturierte Finanzprodukte)
> - Unterschriftenregelungen in Bezug auf den Abschluss von Unternehmensverträgen (z.B. zum Erwerb von Unternehmensanteilen oder strukturierten Finanzinstrumenten), welche eine Einbeziehung des Konzernmanagements gewährleisten.

Im Rahmen der Prüfung des Konsolidierungsprozesses hat der KAPr. auf Basis seiner Risikobeurteilung zu würdigen, ob sämtliche in den KA einzubeziehenden TU und andere Teilbereiche tatsächlich einbezogen wurden[1400]. **1311**

Gem. § 294 Abs. 1 HGB sind das MU sowie sämtliche TU in den KA einzubeziehen, sofern nicht von einem Einbeziehungswahlrecht gem. § 296 HGB Gebrauch gemacht wird[1401]. Der KAPr. hat zu würdigen, ob im Einzelfall die Voraussetzungen zur Inanspruchnahme des Einbeziehungswahlrechts vorliegen und mithin das TU zulässigerweise nicht im Wege der Vollkonsolidierung in den KA einbezogen wird. Die Ausübung des Einbeziehungswahlrechts hat im Zeitablauf grds. stetig zu erfolgen (§ 297 Abs. 3 S. 2 und 3 HGB). Ausnahmen sind nur insoweit zulässig bzw. notwendig, als die Voraussetzungen für die Inanspruchnahme entfallen sind, eine geänderte Ausübung die Aussagekraft des KA verbessert oder die Auswirkungen unwesentlich sind[1402]. **1312**

Änderungen des Konsolidierungskreises, bspw. aufgrund von Erst- und Entkonsolidierungen, sind i.R.d. Konzernabschlussprüfung gesondert zu würdigen. Bei wesentlichen Veränderungen des Konsolidierungskreises ist zudem sicherzustellen, dass die entsprechenden Angaben im KAnh. in angemessener und ausreichender Form dargestellt sind[1403]. **1313**

18.4.4.3.2 Prüfung der Finanzinformationen der Teilbereiche/JA der TU

Einen Schwerpunkt der Konzernabschlussprüfung bildet gem. § 317 Abs. 3 S. 1 HGB die Prüfung der JA des MU sowie der im KA zusammengefassten Teilbereiche (JA der TU). Unter den JA im Sinne des § 317 Abs. 3 S. 1 HGB sind Finanzinformationen des MU oder der TU bzw. sonstiger Teilbereiche zu verstehen, bestehend aus Vermögen, Schulden, **1314**

[1399] Vgl. ISA 600.33; *IDW PS 320 n.F.*, Tz. 31 f.
[1400] Vgl. ISA 600.36; *IDW PS 320 n.F.*, Tz. 32.
[1401] In Bezug auf die Anforderungen an die Abgrenzung des Konsolidierungskreises sei verwiesen auf die ausführlichen Ausführungen in Kap. G Tz. 172 ff.
[1402] Vgl. DRS 19.80.
[1403] Es sei verwiesen auf *IDW RS HFA 44*.

EK (und ggf. RAP) sowie Aufwendungen, Erträgen und weiteren erläuternde Angaben, welche in den KA einbezogen werden[1404].

1315 Die Prüfung der Finanzinformationen kann entsprechend der vorhergehenden Ausführungen entweder durch das Konzernprüfungsteam oder durch Verwertung der Arbeit von Teilbereichsprüfern erfolgen. Sofern durch einen Teilbereichsprüfer ausschl. die HB I eines Teilbereichs geprüft wird, hat der KAPr. zusätzlich die Überleitung auf die HB II zu beurteilen.

1316 Auch die quotenkonsolidierten Gemeinschaftsunternehmen sind durch den KAPr. zu prüfen. Anders dagegen sind die Abschlüsse von Unternehmen, die mit der Equity-Methode im KA abgebildet werden, nicht vollumfänglich zu prüfen[1405]. Dies ist dadurch begründet, dass die Equity-Methode eine Bewertungsmethode ist, dagegen § 317 Abs. 3 S. 1 HGB ausschl. auf konsolidierte Unternehmen (Voll- oder Quotenkonsolidierung) anzuwenden ist[1406].

18.4.4.3.3 Prüfung der konsolidierungsbedingten Anpassungen

1317 Gem. § 317 Abs. 3 S. 1 i.V.m. Abs. 1 S. 1 HGB ist die Buchführung über die konsolidierungsbedingten Anpassungen auf ihre Ordnungsmäßigkeit zu prüfen[1407]. Die konsolidierungsbedingten Anpassungen setzen sich zusammen aus den

- Anpassungen an die konzerneinheitlichen Rechnungslegungsgrundsätze und -methoden sowie den
- Konsolidierungsmaßnahmen.

1318 Vor dem Hintergrund der im Konzern geltenden **Einheitstheorie** sind gem. § 308 Abs. 1 S. 1 HGB die Vermögensgegenstände und Schulden in der Konzernbilanz einheitlich (nach den auf den JA des MU anwendbaren Bewertungsmethoden) zu bewerten[1408].

> **Praxistipp 43:**
>
> In der Praxis hat sich zur Einhaltung dieser Anforderung i.R.d. Aufstellung des KA der Einsatz von Konzernbilanzierungsanweisungen („Accounting Guidelines") bewährt. Diese sichern eine konzernweit einheitliche Bilanzierung und Bewertung. Ferner wird durch das MU oftmals ein standardisierter und auf den Konzernbilanzierungsanweisungen basierender Formularsatz (Reporting Package) erstellt, welcher durch die Teilbereiche für Zwecke der Berichterstattung an das MU zu verwenden ist.

1319 Der KAPr. prüft in einem ersten Schritt die Übereinstimmung dieser Konzernbilanzierungsanweisungen mit den jeweils anzuwendenden gültigen Rechnungslegungsgrund-

---

1404 Vgl. *Schmidt/Almeling*, in: BeBiKo[11], § 317, Rn. 35. Demnach kann es sich bei JA um reguläre JA gem. § 242 Abs. 3 HGB, Zwischenabschlüsse (§ 299 Abs. 2 HGB bzw. IFRS 10.B92), EA (§ 325 Abs. 2a HGB), (Teil-)KA oder nach speziellen Rechnungslegungsgrundsätzen aufgestellte Finanzinformationen (Formularblätter, Reporting Packages) handeln.
1405 Insofern besteht ein Unterschied zur Vorgehensweise nach ISA 600, da dieser Standard At-Equity-Beteiligungen anderen Teilbereichen grds. gleichstellt. Vgl. ISA 600.A2.
1406 Vgl. ADS[6], § 317, Tz. 182 und ADS[6], § 317, Tz. 196.
1407 Vgl. ADS[6], § 317, Tz. 205.
1408 Vgl. auch *IDW RH HFA 1.018* zur „Einheitlichen Bilanzierung und Bewertung im handelsrechtlichen Konzernabschluss". Analog für internationale Rechnungslegungsstandards IFRS 10.19.

sätzen. Im Rahmen der Prüfung der Finanzinformationen des MU sowie der Teilbereiche ist sodann die Einhaltung der einheitlichen Bilanzierungs- und Bewertungsgrundsätze zu beurteilen.

Zu den **Konsolidierungsmaßnahmen** zählen insb. die Kapitalkonsolidierung (§ 301 HGB, DRS 4, DRS 23 IFRS 3, IFRS 10), Schuldenkonsolidierung (§ 303 HGB, IFRS 10), Zwischenergebniseliminierung (§ 304 HGB, IFRS 10), Aufwands- und Ertragskonsolidierung (§ 305 HGB, IFRS 10), Steuerabgrenzung (§ 306 HGB, DRS 18, IAS 12) und Währungsumrechnung (§ 308a HGB, IAS 21). Im weiteren Sinne zählen hierzu auch die At-Equity-Bewertung der assoziierten Unternehmen (§§ 311, 312 HGB, IAS 28), die Aufstellung der Konzern-KFR, der Konzern-Segmentberichterstattung sowie des EK-Spiegels/Veränderungsrechnung (§ 297 HGB, DRS 21, DRS 22, DRS 7, IAS 7, IFRS 8, IAS 1). Auch die Aufstellung des KAnh. kann als Konsolidierungsvorgang verstanden werden[1409]. Dies kann z.B. bei der Angabe der sonstigen finanziellen Verpflichtungen oder der Angabe der Anzahl der Mitarbeiter der Fall sein. **1320**

Die Gesamtheit der Unterlagen zur Konsolidierung stellt die Konzernbuchführung dar, auf deren Ordnungsmäßigkeit und sachliche Richtigkeit der KAPr. auch in seinem PrB einzugehen hat[1410]. **1321**

18.4.4.4 Ereignisse nach dem Abschlussstichtag

Hinsichtlich von Ereignissen nach dem Abschlussstichtag wird zwischen Teilbereichen unterschieden, bei denen eine Prüfung der Finanzinformationen durchgeführt wurde und Teilbereichen, bei denen eine andere Art von Untersuchungen festgelegt wurde[1411]. Im Falle einer **Prüfung der Finanzinformationen** eines Teilbereichs sind spezifische Prüfungshandlungen durchzuführen, um Ereignisse zu identifizieren, die zwischen dem Datum der Finanzinformationen des Teilbereichs und dem Datum des BestV des KA eingetreten sind und eine Korrektur oder zusätzliche Angaben in der Rechnungslegung erfordern. Entsprechende Prüfungshandlungen werden i.d.R. sowohl von dem KAPr. als auch von den APr. der TU bzw. den Prüfern anderer Teilbereiche durchgeführt, je nachdem auf welcher Ebene die Ereignisse stattgefunden haben. Werden **andere Untersuchungshandlungen** als eine Prüfung der Finanzinformationen durchgeführt, so muss der KAPr. die Teilbereichsprüfer lediglich dazu auffordern diese mitzuteilen, wenn relevante Ereignisse nach dem Abschlussstichtag bekannt werden[1412]. **1322**

18.4.5 Würdigung der erlangten Prüfungsnachweise

Dem KAPr. obliegt die Entscheidung, ob ausreichende und geeignete Prüfungsnachweise als Grundlage für sein Prüfungsurteil zum KA vorliegen. Dazu wertet der KAPr. die **Berichterstattung der APr. von TU und anderer Teilbereichsprüfer** aus[1413]. **1323**

Bedeutsame Sachverhalte erörtert der KAPr. nach den Umständen mit dem Teilbereichsprüfer, dem Teilbereichsmanagement oder dem Konzernmanagement und

---

1409 Vgl. ADS[6], § 317, Tz. 188.
1410 Vgl. ADS[6], § 317, Tz. 204.
1411 Vgl. ISA 600.38; *IDW PS 320 n.F.*, Tz. 35. *IDW PS 320 n.F.* versteht unter Prüfung sowohl die durch einen Teilbereichsprüfer durchgeführte Prüfung eines Abschlusses als auch eine Prüfung von bestimmten Kontensalden, Arten von Geschäftsvorfällen oder Abschlussangaben, die i.Z.m. bedeutsamen Risiken stehen.
1412 Vgl. ISA 600.38 f.; *IDW PS 320 n.F.*, Tz. 35 f. Siehe auch *Hayes/Wallage/Görtemaker*, Principles of Accounting[3], S. 519.
1413 Vgl. ISA 600.42; *IDW PS 320 n.F.*, Tz. 39.

entscheidet, ob eine Durchsicht anderer relevanter Teile der Prüfungsdokumentation erforderlich ist (z.B. Arbeitspapiere bestimmter bedeutsamer Risiken)[1414].

1324 Sind weitere Prüfungshandlungen erforderlich, muss der KAPr. entscheiden, ob diese von dem Teilbereichsprüfer oder dem KAPr. durchzuführen sind[1415].

1325 Wenn der BestV zum JA eines in den KA einzubeziehenden TU **modifiziert** worden ist, muss der KAPr. sich durch eigene Prüfungsfeststellungen davon überzeugen, ob und ggf. wie weit die Gründe, die zu einer Modifizierung des BestV geführt haben, auch die Gesetzmäßigkeit des KA berühren. Ist das der Fall, und werden die Gründe nicht beseitigt und wirken sich auf den KA wesentlich aus, so ist auch der BestV zum KA zu modifizieren[1416].

1326 Der KAPr. hat bei der **Ableitung des Prüfungsurteils** die Auswirkungen aller nicht korrigierten falschen Angaben, die entweder vom KAPr. identifiziert oder von Teilbereichsprüfern kommuniziert wurden, sowie ggf. auf Konzern- oder Teilbereichsebene aufgetretene Prüfungshemmnisse zu berücksichtigen[1417].

> **Hinweis 80:**
> Auch bei Vorliegen eines Prüfungshemmnisses ist eine Kündigung des Auftrags nach § 318 Abs. 6 HGB nicht zulässig. Ist es dem KAPr. aufgrund der Bedeutung des Prüfungshemmnisses nicht möglich, zu einem Prüfungsurteil mit positiver Gesamtaussage zu gelangen, ist das Prüfungsurteil zum KA zu versagen[1418].

1327 Bei der Beurteilung möglicher Auswirkungen nicht korrigierter falscher Angaben auf das Prüfungsurteil wird zunächst zu überprüfen sein, ob die Wesentlichkeit für den KA als Ganzes unverändert angemessen ist oder angepasst werden muss, um dann feststellen zu können, ob die nicht korrigierten falschen Angaben im KA einzeln oder insgesamt wesentlich sind.

18.4.6 Kommunikation mit dem APr. von TU und anderen Teilbereichsprüfern und mit den Unternehmensorganen

18.4.6.1 Kommunikation mit dem APr. von TU und anderen Teilbereichsprüfern

1328 KAPr. und Teilbereichsprüfer haben sich im Sinne einer wirksamen wechselseitigen Kommunikation (Zwei-Wege-Kommunikation) eng abzustimmen. Gelingt es dem KAPr. nicht, eine wirksame Zwei-Wege-Kommunikation mit den Teilbereichsprüfern zu etablieren, besteht das Risiko, dass für das Konzernprüfungsurteil keine ausreichenden und angemessenen Prüfungsnachweise erlangt werden können. Eine wirksame wechselseitige Kommunikation ist in jeder Phase der Prüfung erforderlich und als fortlaufender Dialog zu verstehen[1419].

1414 Vgl. ISA 600.42; *IDW PS 320 n.F.*, Tz. 25, *IDW PS 320 n.F.*, Tz. 29 f.
1415 Vgl. ISA 600.43; *IDW PS 320 n.F.*, Tz. 40.
1416 Vgl. ISA 600.45; *IDW PS 320 n.F.*, Tz. 50.
1417 Vgl. ISA 600.44 f.; *IDW PS 320 n.F.*, Tz. 41 f.
1418 Vgl. *IDW PS 320 n.F.*, Tz. 43.
1419 Vgl. *F&A zu ISA 600 bzw. IDW PS 320 n.F.*, Frage 8.1.

Die Durchführung der Abschlussprüfung **L**

Bei der Zusammenarbeit zwischen Konzernprüfungsteam und Teilbereichsprüfern ist die Auslagerung von betrieblichen Funktionen innerhalb eines Unternehmensverbunds auf ein Shared Service Center von besonderer Relevanz. Die Nutzung interner Shared Service Center stellt zwar Auslagerung im eigentlichen Sinn dar, gleichwohl kann eine Anwendung von ISA 402 bzw. IDW PS 331 für das Prüfungsteam sinnvoll sein, z.B. wenn unterschiedliche APr. als Teilbereichsprüfer an einer Konzernabschlussprüfung beteiligt sind[1420]. **1329**

> **Beispiel 100:**
>
> Die Muttergesellschaft des A-Konzerns betreibt ein Shared Service Center in dem das IT-System des gesamten Konzerns betrieben wird. Der Konzernabschluss wird von KAPr. A geprüft. Teilbereich B wird von APr. C geprüft.
>
> Im Rahmen der Prüfungsplanung[1421] muss sich der APr. C ein Verständnis vom rechnungslegungsbezogenen IKS (einschl. des Rechnungslegungssystems) des zu prüfenden Unternehmens verschaffen, um die Risiken wesentlicher falscher Angaben in der Rechnungslegung festzustellen und zu beurteilen. Da das IT-System vollständig bei der Muttergesellschaft ausgelagert ist, kann er bei der Prüfung des Teilbereichs B meist kein ausreichendes Verständnis des rechnungslegungsbezogenen IKS erlangen.
>
> Im Rahmen einer wirksamen wechselseitigen Kommunikation stellt der KAPr. A die erforderlichen Informationen zum IT-System, wie etwa die Prüfung allgemeiner IT-Kontrollen, den Teilbereichsprüfern zur Verfügung.

18.4.6.2 Kommunikation mit den Unternehmensorganen

ISA 600 und *IDW PS 320 n.F.* ergänzen die allgemeinen Grundsätze des KAPr. zur Kommunikation mit Management und Aufsichtsorgan des MU um konzernspezifische Sachverhalte[1422]. **1330**

Das **Konzernmanagement** ist hinsichtlich festgestellter **Schwachstellen bei den internen Kontrollen zu informieren.** Dabei wird klargestellt, dass es in der Verantwortung des KAPr. steht, zu entscheiden, welche der identifizierten Schwachstellen bei den internen Kontrollen mitzuteilen sind. Er wird bei dieser Entscheidung sowohl Feststellungen bei den konzernweiten Kontrollen als auch bei den Kontrollen in den Teilbereichen berücksichtigen. Dabei ist unbedeutend, ob die Schwachstellen bei den internen Kontrollen durch den KAPr. aufgedeckt oder von dem Teilbereichsprüfer identifiziert wurden[1423]. **1331**

Darüber hinaus sind **Verstöße**, die vom KAPr. festgestellt oder ihm vom Teilbereichsprüfer mitgeteilt wurden, stets an das Konzernmanagement zu kommunizieren[1424]. **1332**

1420 Vgl. *IDW PS 331 n.F.*, Tz. 8, *IDW PS 331 n.F.*, Tz. A1; In ISA 402 werden Shared Service Center nicht explizit behandelt; jedoch ergibt sich aus der Definition der Service Organization, dass diese ausgenommen sind, da es sich bei Service Organizations um Drittunternehmen handelt (ISA 402.8(e)).
1421 Vgl. ISA 315.12; *IDW PS 240*, Tz. 12, *IDW PS 240*, Tz. 17.
1422 Somit gelten weiterhin ISA 260 (rev.) bzw. ISA 265 bzw. *IDW PS 470* und *IDW PS 261 n.F.* sowie die spezifischen Kommunikations- und Berichtspflichten anderer ISA bzw. *IDW PS.*
1423 Vgl. ISA 600.46; *IDW PS 320 n.F.*, Tz. 44.
1424 Vgl. ISA 600.47; *IDW PS 320 n.F.*, Tz. 45.

1333 Im Rahmen der Prüfung eines KA kann es vorkommen, dass dem KAPr. **Informationen** oder Sachverhalte bekannt werden, die für die **Prüfung des JA eines** (einbezogenen) **Konzernunternehmens bedeutsam** sein könnten, dem Teilbereichsmanagement sowie dem Teilbereichsprüfer jedoch nicht bekannt sind.

> **Beispiel 101:**
>
> Um solche Informationen bzw. Sachverhalte kann es sich bspw. bei (potenziellen) Rechtsstreitigkeiten, Stilllegung von Betriebsteilen, Restrukturierungen, Unternehmenstransaktionen, Ereignisse nach dem Stichtag oder bedeutsame rechtliche Vereinbarungen handeln.

1334 In diesen Fällen hat der KAPr. das Konzernmanagement aufzufordern, entsprechende Informationen an das Teilbereichsmanagement weiterzugeben. Falls sich das Konzernmanagement weigert (z.B. aus Gründen der Geheimhaltung), ist dies mit dem Aufsichtsorgan des MU zu erörtern. Führt auch dies nicht zur Klärung, ist im Einzelfall unter Berücksichtigung der beruflichen Verschwiegenheitspflicht vom KAPr. zu erwägen, ob er dem APr. des JA des Konzernunternehmens empfehlen soll, den BestV nicht zu erteilen, bis der Sachverhalt geklärt ist[1425].

1335 Der KAPr. erörtert mit den für die Überwachung Verantwortlichen (**Aufsichtsorgan**) **des MU** insb. folgende Sachverhalte[1426]:
- Art der Tätigkeiten, die zu den Finanzinformationen der Teilbereiche durchgeführt wurden
- Art der Einbindung des KAPr. in die Tätigkeiten, die von den Teilbereichsprüfern durchgeführt wurden

> **Praxistipp 44:**
>
> In der Praxis erfolgt die Kommunikation häufig zwischen KAPr. und PrA des AR. Üblicherweise werden die die Planung betreffenden Themen vor der Durchführung der Prüfung (Planungsphase) und die Erkenntnisse aus der Prüfung nach Abschluss der Prüfung kommuniziert.

- Fälle, in denen sich aus der Beurteilung der Arbeitsergebnisse eines Teilbereichsprüfers durch den KAPr. Bedenken an der Qualität der Tätigkeit dieses Prüfers ergeben haben (festgestellt z.B. im Rahmen eines Arbeitspapier-Reviews oder auf Basis der Qualität der Berichterstattung des Teilbereichsprüfers)
- jegliche Beschränkungen der KAP, z.B. Fälle, in denen der Zugang des KAPr. zu Informationen u.U. beschränkt wurde
- Verstöße oder vermutete Verstöße, an denen das Konzernmanagement, das Teilbereichsmanagement oder Mitarbeiter mit bedeutsamen Funktionen bei konzernweiten Kontrollen beteiligt waren. Dies gilt ebenso für Verstöße anderer Personengruppen, die zu einer wesentlichen falschen Angabe im KA oder im KLB geführt haben[1427]

1425 Vgl. ISA 600.48, ISA 600.A65; *IDW PS 320 n.F.*, Tz. 47, *IDW PS 320 n.F.*, Tz. A48.
1426 Vgl. ISA 600.49, ISA 600.A66; *IDW PS 320 n.F.*, Tz. 46.
1427 Vgl. ISA 600.49 (e); *IDW PS 320 n.F.*, Tz. 46 d).

- wesentliche Schwächen des konzernweiten IKS oder des rechnungslegungsbezogenen IKS von bedeutsamen Teilbereichen[1428].

18.4.7 Prüfung des Konzernlageberichts[1429]

Der KAPr. muss ausreichende und angemessene Prüfungsnachweise für die Prüfung des KLB erlangen. Die einzelnen LB der in den KA einbezogenen Unternehmen unterliegen selbst nicht der Prüfung durch den KAPr. Dies liegt daran, dass der KLB nicht als Zusammenfassung der einzelnen LB zu verstehen ist, sondern einen Überblick über den Geschäftsverlauf und die Lage des Konzerns als wirtschaftliche Einheit gibt[1430]. **1336**

> **Praxistipp 45:**
>
> Im Rahmen der Prüfung des KLB können die LB und PrB auf Ebene der TU sowie ggf. Abschlüsse, die für Zwecke des KA eines MU erstellt werden (bspw. in Form von „Reporting Packages") dennoch als Informationsquelle dienen. Der KAPr. hat diese sowie ggf. weitergehende Informationen (insb. in Bezug auf die TU, welche gem. § 264 Abs. 3 bzw. § 264b HGB keine LB aufstellen müssen) von den TU anzufordern und durchzusehen[1431].

Im Falle eines nach § 315 Abs. 3 i.V.m. § 298 Abs. 3 HGB zusammengefassten KLB und LB des MU hat der KAPr. insb. zu prüfen, dass nach der Zusammenfassung alle notwendigen Informationen vorhanden sind, um die Lage des MU sowie die Lage des Konzerns zutreffend darzustellen. Insbesondere im Falle unterschiedlicher Rechnungslegungsgrundsätze zwischen KA und JA des MU besteht die Gefahr von Informationsverlusten[1432]. **1337**

18.4.8 Dokumentation

Stützt sich der KAPr. im Hinblick auf einbezogene TU auf die Ergebnisse von APr. aus Drittstaaten[1433] und sind diese APr. nicht nach § 134 Abs. 1 WPO registriert bzw. nicht von einer Vereinbarung über berufsaufsichtsrechtliche Zusammenarbeit mit der WPK gem. § 57 Abs. 9 S. 5 Nr. 3 WPO erfasst, so hat der KAPr. auf schriftliche oder elektronische Aufforderung der WPK Unterlagen über die Arbeit der anderen APr. vorzulegen (§ 51b Abs. 6 S. 1 WPO). Hierbei handelt es sich insb. um die Arbeitspapiere von Drittstaatenprüfer, welche TU prüfen, die in den KA einbezogen werden. Der KAPr. wird hierzu i.d.R. zu Beginn der Prüfung eine Vereinbarung mit dem Drittstaatenprüfer treffen, die ihm Zugang zu den Unterlagen in angemessener Zeit sichert[1434]. **1338**

Sofern der KAPr. aus rechtlichen oder anderen Gründen keinen Zugang zu den Unterlagen über die Arbeit der APr. aus Drittstatten erhält, sind der **Versuch** der Erlangung **1339**

[1428] Vgl. ISA 265.9; *IDW PS 320 n.F.*, Tz. 46 e).
[1429] Hier werden ausschl. Besonderheiten in Bezug auf die Prüfung des KLB thematisiert. In Bezug auf die Prüfung des LB im Allgemeinen sei verwiesen auf Kap. L Tz. 1121 ff.
[1430] Vgl. ADS⁶, § 317, Tz. 188.
[1431] Vgl. *IDW PS 350*, Tz. 38; *IDW PS 350 n.F.*, Tz. 78, *IDW PS 350 n.F.*, Tz. A76 f.
[1432] Vgl. *IDW PS 350*, Tz. 39; *IDW PS 350 n.F.*, Tz. 79, *IDW PS 350 n.F.*, Tz. A78.
[1433] Drittstaat i.S.d. § 3 Abs. 1 WPO ist ein Staat, der nicht Mitgliedstaat der EU und nicht EWR-Vertragsstaat ist.
[1434] Vgl. BT-DRs. 16/10067, S. 110; siehe auch *IDW PS 320 n.F.*, Tz. A49. Ausführlich *Hense/Ulrich*, WPO³, § 51b, Rn. 103.

dieser Unterlagen und die bestehenden Hindernisse zu **dokumentieren**. Nach schriftlicher oder elektronischer Aufforderung durch die WPK hat der KAPr. die Gründe für die Nichterlangung der Unterlagen der WPK gegenüber mitzuteilen (§ 51b Abs. 6 S. 2 WPO).

1340 Ergänzend zu den allgemeinen Dokumentationspflichten[1435] hat der KAPr. eine Analyse der Teilbereiche in die Arbeitspapiere aufzunehmen, aus der hervorgeht, welche Teilbereiche als bedeutsam angesehen werden und welche Art der Untersuchungen zu den Finanzinformationen der einzelnen Teilbereiche durchgeführt wurden[1436]. Zur **Dokumentation** dieser Analyse bietet es sich z.B. an, aufzuzeichnen, welche Prozentsätze und Bezugsgrößen zur Identifizierung von Teilbereichen verwendet werden, die für sich genommen von wirtschaftlicher Bedeutung für den Konzern sind, oder welche bedeutsamen Risiken wesentlicher falscher Angaben im KA festgestellt wurden und von welchen Teilbereichen diese Risiken ausgehen.

1341 Ferner zu dokumentieren sind Art, Zeitpunkt und Umfang der Einbindung des KAPr. in die Tätigkeiten, die von den APr. der TU und anderen Teilbereichsprüfern zu den Finanzinformationen bedeutsamer Teilbereiche durchgeführt wurden. Soweit durchgeführt, ist auch die **Durchsicht der Arbeitspapiere** der Teilbereichsprüfer durch das Konzernprüfungsteam sowie die hieraus gezogenen Schlussfolgerungen des KAPr. zu dokumentieren. Den Arbeitspapieren beizufügen ist schließlich auch der schriftliche Informationsaustausch zwischen dem KAPr. und den APr. der TU und anderen Teilbereichsprüfern über die Anforderungen des KAPr.

18.4.9 Berichterstattung

1342 Sofern im KA ein gesetzliches Wahlrecht abweichend von einer durch das BMJV bekannt gemachten Bestimmung des DRSC ausgeübt wird, begründet dies gem. *IDW PS 450 n.F.*, Tz. 134 keine Einwendungen des APr. gegen die Ordnungsmäßigkeit der Rechnungslegung, sondern nur eine Berichterstattung im **PrB** (Abschn. „Ordnungsmäßigkeit der Konzernrechnungslegung")[1437]. Werden dagegen die in den DRS enthaltenen Konkretisierungen der Einzelregelungen der §§ 290 ff. HGB nicht beachtet, so ist der BestV ggf. einzuschränken oder zu versagen, es sei denn, dass im Einzelfall die GoB-Vermutung des § 342 Abs. 2 HGB widerlegt werden kann. Werden die in den DRS zusätzlich geforderten Angaben, die über gesetzliche Regelungen hinausgehen, nicht gemacht, so kann dies Auswirkungen auf den **BestV** haben, wenn durch das Unterlassen der Angabe gleichzeitig gegen die Generalnorm des § 297 Abs. 2 S. 2 HGB verstoßen wird[1438].

1343 Sofern der KAPr. i.R.d. Konzernabschlussprüfung die Arbeit von Teilbereichsprüfern verwertet hat, ist ein entsprechender Verweis hierauf i.R.d. BestV vor dem Hintergrund des Grundsatzes der Gesamtverantwortung des KAPr. nicht zulässig[1439]. Sofern der BestV eines Teilbereichsprüfers in Bezug auf die Prüfung des Abschlusses eines Teilbereichs modifiziert (oder dies beabsichtigt) wird, ist die Auswirkung auf den BestV des KA durch das Konzernprüfungsteam zu würdigen. Sofern der Grund, der zu dem Man-

---

[1435] Vgl. hierzu ISA 230; *IDW PS 460 n.F.*
[1436] Vgl. ISA 600.50; *IDW PS 320 n.F.*, Tz. 48.
[1437] Zum KPrB vgl. im Übrigen Kap. M Tz. 538 ff.
[1438] Zum BestV zur Konzernabschlussprüfung vgl. im Übrigen Kap. M Tz. 1123 ff.
[1439] Vgl. *IDW PS 320 n.F.*, Tz. 49 f. i.V.m. *IDW PS 400 n.F.*, Tz. A43.

gel geführt hat, auch auf Konzernebene weiter besteht und sich auf den KA wesentlich auswirkt, ist auch eine Modifizierung auf Konzernebene zu erwägen[1440].

Wird der KA zusammen mit dem JA des MU oder ein von diesem aufgestellten EA nach § 325 Abs 2a HGB bekannt gemacht, so können die Vermerke des APr. nach § 322 HGB zu beiden Abschlüssen zusammengefasst werden; in diesem Fall können auch die beiden Prüfungsberichte zusammengefasst werden (§ 325 Abs. 3a S. 2 HGB)[1441]. **1344**

19. Besonderheiten von Gemeinschaftsprüfungen

Die Gemeinschaftsprüfung hat in einigen Ländern, etwa in Frankreich, eine längere Tradition. Das ist in Deutschland nicht der Fall; daher ist es nicht verwunderlich, dass eine entsprechende gesetzliche Regelung fehlt. Gemeinschaftsprüfungen können aber auch in Deutschland infolge der EU-Rotationsregelungen an Bedeutung gewinnen, da durch eine Gemeinschaftsprüfung die Höchstlaufzeit eines Prüfungsmandats nach einem im Einklang mit Art. 16 Abs. 2 bis 5 der VO (EU) Nr. 537/2014 durchgeführten Auswahl- und Vorschlagsverfahren von 20 auf 24 Jahre verlängert werden kann (§ 318 Abs. 1a HGB). IDW PS 208 befasst sich mit den Besonderheiten der Bestellung von mehr als einem WP und/oder einer WPG zum gesetzlichen APr. für den Einzel- oder Konzernabschluss. Darüber hinaus geht es um die Konsequenzen einer solchen Bestellung für die Planung und Durchführung der Prüfung und das Prüfungsergebnis. Einen vergleichbaren Standard nach ISA existiert nicht. Gleichwohl kennen die ISA den Begriff des „Joint Auditor", regeln aber weder deren Verhältnis zueinander noch die Zusammenarbeit miteinander[1442]. **1345**

Nach § 318 Abs. 1 S. 1 HGB wird der APr. des Jahresabschlusses von den Gesellschaftern gewählt. Die Bezugnahme auf „den" APr. schließt die Wahl **mehrerer APr.** nicht aus[1443]. Werden mehrere Personen zum APr. bestellt, führen diese ihre Prüfungen jeweils eigenverantwortlich durch. Sie sind jedoch gemeinsam APr. i.S.d. gesetzlichen Vorschriften (Gemeinschaftsprüfung). Bei der Wahl mehrerer APr. ist Folgendes zu beachten[1444]: **1346**

- Durch die Wahl mehrerer APr. kann der Gesellschafterversammlung/HV nicht das Recht eingeräumt werden, zu einem späteren Zeitpunkt einen der ursprünglich gewählten Prüfer zum alleinigen APr. zu bestimmen. Ebenso wenig kann der Geschäftsleitung oder dem AR die Möglichkeit eröffnet werden, nur einem der gewählten APr. den Prüfungsauftrag zu erteilen[1445].
- Ist zunächst nur ein Prüfer zum APr. gewählt worden, kann nicht durch einen späteren Wahlbeschluss ein weiterer gesetzlicher APr. gewählt werden, um nunmehr eine Gemeinschaftsprüfung durchzuführen[1446]. Ein später gewählter Prüfer kann daher allenfalls eine zusätzliche freiwillige Abschlussprüfung durchführen.

1440 Vgl. *IDW PS 320 n.F.*, Tz. 50.
1441 Vgl. *IDW PS PS 450 n.F.*, Tz. 138.
1442 Vgl. ISA 600.9 (h).
1443 Vgl. *IDW PS 208*, Tz. 4; ferner *Schmidt/Küster*, in: BeBiKo[11], § 316, Rn. 2; *Schmidt/Heinz*, in: BeBiKo[11], § 318 HGB Rn. 26; ADS[6], § 318, Tz. 65 m.w.N.
1444 Zu den Besonderheiten bei der Wahl einer Sozietät zum APr. vgl. *IDW PS 208*, Tz. 7; ADS[6], § 318, Tz. 76.
1445 Vgl. *IDW PS 208*, Tz. 5; ADS[6], § 318, Tz. 89; *Schmidt/Heinz*, in: BeBiKo[11], § 318, Rn. 26.
1446 Vgl. ADS[6], § 318, Tz. 87; *Schmidt/Heinz*, in: BeBiKo[11], § 318, Rn. 26; dort wird von der Möglichkeit der „Hinzuwahl" eines weiteren APr. in einer späteren HV/Gesellschafterversammlung ausgegangen.

- Es ist zudem nicht zulässig, im Beschluss zur Wahl des APr. die Aufgabenverteilung zwischen den beteiligten Prüfern in der Form festzuschreiben, dass die beteiligten Prüfer jeweils nur für bestimmte Teilgebiete der Prüfung zuständig sein sollen[1447]. Dies ist schon deshalb ausgeschlossen, weil jeder der beteiligten Prüfer die Verantwortung für das Ergebnis der gesamten Anschlussprüfung trägt.

1347 Von einer Gemeinschaftsprüfung zu unterscheiden sind die Verwertung von Prüfungsergebnissen anderer Prüfer[1448]. Da in diesem Fall die anderen Prüfer nicht zum APr. des betreffenden Unternehmens bestellt wurden, handelt es sich um keine Gemeinschaftsprüfung. Eine Gemeinschaftsprüfung liegt auch dann nicht vor, wenn der Wahlbeschluss einen Ersatzprüfer für den Fall vorsieht, dass der ursprünglich gewählte APr. ausfällt. Eine derartige Wahl unter einer aufschiebenden Bedingung zieht im Ergebnis nur die Beauftragung eines Prüfers als APr. nach sich[1449]. Schließlich stellt auch die Bestellung mehrerer Prüfer, die nicht gemeinsam, sondern nebeneinander tätig werden sollen, keine Gemeinschaftsprüfung i.e.S. dar[1450].

19.1 Auftragsannahme

1348 Der Prüfungsauftrag wird den zu bestellenden Gemeinschaftsprüfern entsprechend der gesetzlichen Regelungen des § 318 Abs. 1 S. 4 HGB durch die gesetzlichen Vertreter oder den AR erteilt, wobei jeder Gemeinschaftsprüfer separat zu beauftragen ist, da jeder über die Annahme des Prüfungsauftrags eigenverantwortlich entscheiden muss[1451].

1349 Die Ausgestaltung des Prüfungsauftrags und das Prüfungsergebnis unterliegen der Eigenverantwortlichkeit jedes Gemeinschaftsprüfers. Es ist ratsam, sich im Vorfeld auf einheitliche Auftragsbedingungen zu verständigen. Insbesondere sollte i.R.d. Auftragsbestätigungsschreibens unter Darstellungen der Besonderheiten der Gemeinschaftsprüfung auf den anderen Gemeinschaftsprüfer Bezug genommen werden[1452].

19.2 Durchführung von Gemeinschaftsprüfungen

1350 Die Bestellung mehrerer APr. schränkt den Grundsatz der Eigenverantwortlichkeit nicht ein; jeder der beteiligten Prüfer bildet sich vielmehr ein **eigenes Prüfungsurteil** und übernimmt die **Gesamtverantwortung** für das Prüfungsergebnis. Daraus folgt zwingend, dass ein Zusammenwirken der Prüfer in allen Phasen der Prüfung erfolgen muss.[1453] Dies schließt eine Aufteilung der Prüfungsgebiete nicht aus, erfordert jedoch einen Austausch von wesentlichen Informationen und Teilergebnissen sowie die Einsicht und Beurteilung der Arbeitspapiere des anderen Gemeinschaftsprüfers. Sollte es einer der Gemeinschaftsprüfer für notwendig erachten, führt er eigene Prüfungshandlungen auch in Prüfungsfeldern durch, die der andere Prüfer federführend betreut[1454].

1447 Vgl. *IDW PS 208*, Tz. 5; ADS⁶, § 318, Tz. 67.
1448 Vgl. *IDW PS 208*, Tz. 2; ADS⁶, § 318, Tz. 90. Das ist etwa der Fall, wenn ein KAPr. bestellt wird, während Teilbereiche von anderen APr. geprüft werden.
1449 Vgl. ADS⁶, § 318, Tz. 91; *IDW PS 208*, Tz. 2.
1450 Zur Ausgestaltung einer solchen Abschlussprüfung durch mehrere APr. nebeneinander vgl. ADS⁶, § 318, Tz. 83.
1451 Vgl. *IDW PS 208*, Tz. 13.
1452 Vgl. *IDW PS 208*, Tz. 14.
1453 Vgl. ISA 600.9 (h).
1454 Vgl. *IDW PS 208*, Tz. 15, *IDW PS 208*, Tz. 18.

1351 Risikobeurteilung und Prüfungsplanungen sind gemeinsam vorzunehmen[1455]. Bei der Prüfungsplanung wird es angeraten sein, die Prüfungsgebiete zwischen den Gemeinschaftsprüfern aufzuteilen. Die **Zuständigkeit** für die jeweiligen Prüfungsgebiete ist **eindeutig abzugrenzen**. Zur Reduzierung des Prüfungsrisikos für den einzelnen Gemeinschaftsprüfer empfiehlt sich eine mehrjährige Prüfungsplanung mit wechselnder Zuordnung der Prüfungsgebiete[1456].

1352 Für die **Berichterstattung** im PrB ergeben sich im Fall einer Gemeinschaftsprüfung grundsätzlich keine Besonderheiten, soweit die beteiligten APr. nicht zu abweichenden Prüfungsfeststellungen gelangen. Dabei ist ein gemeinsamer PrB insb. vor dem Hintergrund einer klaren und verständlichen Information der Berichtsadressaten gegenüber einer getrennten Berichterstattung zu bevorzugen[1457]. Auf die gemeinsame Bestellung mehrerer Personen zum APr. ist im PrB unter den Ausführungen zum Prüfungsauftrag hinzuweisen[1458]. Entsprechend dem Charakter der gemeinsamen Prüfung und der Gesamtverantwortung jedes Gemeinschaftsprüfers für das Prüfungsergebnis ist im PrB nicht auf die (interne) Aufteilung der Prüfungsgebiete zwischen den Prüfern einzugehen[1459]. Können sich die beteiligten Prüfer nicht auf ein gemeinsames Prüfungsergebnis verständigen, sind die abweichenden Prüfungsfeststellungen in geeigneter Weise in den PrB aufzunehmen. Über Beanstandungen ist im Abschnitt zu den grundsätzlichen Feststellungen auch dann zu berichten, wenn sie nur von einem der beteiligten Prüfer erhoben werden.

1353 Als Ergebnis der Gemeinschaftsprüfung ist ein gemeinsamer **BestV** zu erteilen. Darin kommt die Gesamtverantwortung jedes Gemeinschaftsprüfers für das Prüfungsergebnis zum Ausdruck. Die Beurteilung des Prüfungsergebnisses soll in diesem BestV einheitlich erfolgen. Ist eine einheitliche Beurteilung ausnahmsweise nicht möglich, sind die Gründe hierfür darzulegen; die unterschiedlichen Prüfungsurteile sind dann gemäß § 322 Abs. 6a HGB jeweils in einem besonderen Absatz des gemeinsamen BestV zu formulieren[1460].

1354 **Meinungsverschiedenheiten** zwischen den Gemeinschaftsprüfern, die im Vorfeld der Berichterstattung nicht ausgeräumt werden können, stellen keinen wichtigen Grund zur Kündigung des Prüfungsauftrags gem. § 318 Abs. 6 HGB dar[1461].

19.3 Besonderheiten im Rahmen von Konzernabschlussprüfungen

1355 Abzugrenzen von der Gemeinschaftsprüfung ist die Beauftragung weiterer APr. bspw. mit der Durchführung von Abschlussprüfungen von in den KA einzubeziehenden TU oder der Prüfung von sog. **Reporting Packages** für Zwecke der KAP. Unabhängig von der Prüfung der JA durch einen anderen APr. trägt der KAPr. die volle Verantwortung für die Aussagen zur Ordnungsmäßigkeit des KA. Es gelten daher die Regeln für die Verwertung von Ergebnissen der Tätigkeiten von Teilbereichsprüfern[1462].

1455 Vgl. IDW PS 208, Tz. 16.
1456 Vgl. IDW PS 208, Tz. 17.
1457 Vgl. IDW PS 208, Tz. 21; Schmidt/Deicke, in: BeBiKo[11], § 321, Rn. 264.
1458 Vgl. IDW PS 208, Tz. 22.
1459 Vgl. IDW PS 208, Tz. 23.
1460 IDW PS 400 n.F., Tz. 101.
1461 Vgl. IDW PS 208, Tz. 24.
1462 Vgl. ISA 600; IDW PS 320 n.F.

1356 Hinsichtlich der Besonderheiten von Gemeinschaftsprüfungen im Rahmen von Konzernabschlussprüfungen gelten die vorgenannten Grundsätze zur Jahresabschlussprüfung analog. Im Vergleich hierzu kann eine Aufteilung der Prüfungsgebiete sowohl nach KA-prüfungsspezifischen Prüffeldern, nach Geschäftssegmenten oder auch geografischen Gebieten zu empfehlen sein.

> **Beispiel 102:**
>
> Bei der Konzernabschlussprüfung eines großen Handelsunternehmens kann bspw. WP A das Segment „Großhandel", WP B hingegen das Segment „Einzelhandel" prüfen. Möglich wäre auch die Aufteilung der Prüfung nach den Regionen „Europa" und „Amerika" für die WPG C und die Region „Asien und Afrika" für die WPG D.

1357 Bei Konzernabschlussprüfungen im Wege der Gemeinschaftsprüfung kann eine Aufteilung der Prüfung auf JA-Ebene der TU sinnvoll sein.

20. Ausblick

1358 Der risikoorientierte Prüfungsansatz heutiger Prägung resultiert aus der Tatsache, dass mit den bislang verfügbaren Mitteln eine **absolute Prüfungssicherheit** unter wirtschaftlichen Gesichtspunkten nicht erreicht werden kann. Die daraus entwickelten Konzepte der hinreichenden Sicherheit, der Wesentlichkeit, der Risikobeurteilung mit Bildung unterschiedlicher Risikokategorien und differenzierten prüferischen Reaktionen, der Systemprüfung des IKS und der Stichprobenprüfung spiegeln letztlich die bisherigen Grenzen der Abschlussprüfung wieder.

1359 Mit zunehmender **Digitalisierung** relevanter Geschäftsprozesse und der damit steigenden Verfügbarkeit qualitativ hochwertiger und gut strukturierter Daten auf Seiten der Mandaten ergeben sich auch für den APr. neue Möglichkeiten und Methoden, um Risiken einzuschätzen und Prüfungsnachweise digital zu erlangen. Unter gegebenen Voraussetzungen setzen APr. schon heute Datenanalysen, Robotics-Lösungen oder Methoden der künstlichen Intelligenz ein, um die Qualität und Relevanz ihrer Arbeit weiter zu verbessern. Eine vollständige Automatisierung der Abschlussprüfung ist nicht zu erwarten, da der APr. mit seinem Wissen und seinen Erfahrungen gerade auch beim Einsatz digitaler Lösungen gefragt ist, um diese zu planen, vorzubereiten, deren Qualität zu sichern und vor allem, um die Ergebnisse der Analysen zu interpretieren, in die Abschlussprüfung einzubinden und dem Mandanten zu erläutern.[1463]

1360 Ein wesentliches Werkzeug bei der Digitalisierung der Abschlussprüfung stellt der Einsatz von **Massendatenanalysen** dar. Diese Analysen erhöhen einerseits den Nutzen der Abschlussprüfung für das geprüfte Unternehmen und die weiteren Stakeholder der Abschlussprüfung. Andererseits ermöglichen sie dem APr. eine Verbesserung der Kenntnisse über das geprüfte Unternehmen sowie die Sicherstellung der Prüfungsqualität mit der Aussicht, diese noch weiter ausbauen zu können.

1361 Die Datenanalysen heutiger Prägung gehen weit über tradierte Verfahren wie das sog. Journal Entry Testing auf der Ebene des Hauptbuchs hinaus. Sie reichen bis in die Vorsysteme (Nebenbücher) und bis zur Transaktionsebene und können so Geschäfts-

---

[1463] Vgl. *Rega*, IDW Life 2018, S. 197 ff.

prozesse in ihrer Gesamtheit analysieren. So wird es erst mit Datenanalysen möglich sein, die Gesamtheit aller Transaktionen einer Periode in einem bestimmten Prozess auf Aussagen wie das Vorhandensein oder die Richtigkeit zu untersuchen. Dadurch kann in der Prüfung ein schrittweiser Perspektivwechsel von einem hypothesen- zu einem evidenzbasierten Ansatz („what could go wrong?" versus „what did go wrong?") erreicht werden.

> **Beispiel 103:**
>
> Mit einer Datenanalyse – ergänzt um Prüfungshandlungen zur Vollständigkeit und Richtigkeit der Datenerfassung – kann die Gesamtheit aller Einkaufstransaktionen einer Periode auf das gleichzeitige Vorhandensein und die betragliche Identität von Bestellung, Wareneingang und Eingangsrechnung (sog. Three Way Match) untersucht werden.
>
> Über eine Datenanalyse kann die mögliche Personenidentität für die Erstellung der Bestellung, der Buchung des Wareneingangs, der Buchung der Eingangsrechnung und der Freigabe der Zahlung für eine bestimmte Einkaufstransaktion untersucht werden.

1362 Für die Mandanten können über die Datenanalysen betriebswirtschaftlich interessante Einsichten in ihre eigene Prozesslandschaft gewonnen werden (z.B. Art und Umfang der Abweichungen von einem definierten Soll-Prozess).

1363 Neben den dargestellten vielschichtigen Vorteilen der Digitalisierung, sollten APr., Mandanten und Öffentlichkeit aber auch immer deren Grenzen berücksichtigen. Abweichungen der rechnungslegungsrelevanten Unternehmensdaten von den in den Datenanalysen hinterlegten angenommen Verteilungsmustern können neben unbewussten oder bewussten Verstößen gegen Rechnungslegungsvorschriften, **auch nachvollziehbare Gründe** haben[1464].

> **Beispiel 104:**
>
> Eine nach Benford's Law festgestellte Überrepräsentanz hoher Ziffern (z.B. Ziffer „9") in den einzelnen Umsatzpositionen muss nicht immer mit einer fehlerhaften Verarbeitung der Transaktionsdaten oder deren Manipulation zusammenhängen. Sie kann ihre Ursache genauso gut im individuellen Preismodell eines Handelsunternehmens haben, bei dem die Verkaufspreise vieler Artikel mit der Zahl „9" enden.

1364 Eine unverzichtbare Voraussetzung für den zielführenden Einsatz von Datenanalysen stellt die **Kenntnis über die Geschäftstätigkeit** des Mandanten dar. Erst durch die Berücksichtigung von Branchenspezifika, regulatorischen Anforderungen oder unternehmensindividuellen Besonderheiten des Geschäftsmodells und der Aufbau- und Ablauforganisation können die Analysen zielgerichtet aufbereitet und ausgewertet werden.

1365 Die zunehmende Digitalisierung seitens der Mandanten kann und sollte durch eine zunehmende **Digitalisierung auch auf Seiten der Abschlussprüfung** dazu genutzt werden, die Qualität und Relevanz der Abschlussprüfung weiter zu steigern. Dazu muss der

---

[1464] Zu den diversen denkbaren Ursachen, die für Abweichungen der Unternehmensdaten von angenommenen Verteilungsmustern verantwortlich sein können, vgl. *Odenthal*, WPg 2017, S. 546.

APr. sein Wissen und seine Erfahrung mit den neuen Möglichkeiten verbinden, die die zunehmend verfügbaren Daten und Methoden zu deren Auswertung ihm bieten. Die Digitalisierung im Allgemeinen und die Datenanalysen im Speziellen bedeuten für den APr. aber auch erhebliche Investitionen in finanzielle und personelle Mittel mit einem starken Fixkostencharakter. Dies gilt es in das bisher vorherrschende Modell der Abrechnung von Stunden- oder Tagessätzen pro Prüfungsmitarbeiter mit zu berücksichtigen. Hiermit verknüpft ist die Erwartung der Mandanten, dass es über Standardisierung in Verbindung mit Automatisierung langfristig zu einer Senkung der Kosten einer Abschlussprüfung kommt. Jedoch ist zu berücksichtigen, dass es aufgrund von Branchenbesonderheiten und den Unterschieden in den Geschäfts- und Organisationsmodellen der Unternehmen (einschl. der eingesetzten ERP-Systeme) regelmäßig zu geringen bis sehr großen Anpassungen der standardisierten Datenanalysen an den Einzelfall kommen wird. Und auch nach einer erstmaligen Konfiguration werden in den Folgejahren aufgrund von Veränderungen in den Transaktionen, Prozessen und Datenstrukturen der zu prüfenden Unternehmen regelmäßig weitere Anpassungen notwendig sein.

1366 Die Digitalisierung der Abschlussprüfung und insb. der Einsatz von Datenanalysen kann nicht schneller und weiter gehen als die Digitalisierung von Prozessen bei den Mandanten. Die „digitale Reife" der Mandanten stellt daher eine wesentliche Voraussetzung für die erfolgreiche Durchführung einer digitalen Abschlussprüfung dar. So ist zwar ein Wachstum der Unternehmen mit weitgehend integrierten und homogenen IT-Landschaften zu beobachten, jedoch stehen dem immer noch viele Unternehmen ohne nennenswerte IT-Unterstützung in den Wertschöpfungs- und Unterstützungsprozessen oder mit Insellösungen in den IT-Systemen gegenüber. In den letztgenannten Szenarien sind die für Datenanalysen notwendigen Daten entweder gar nicht oder nur unzureichend vorhanden oder müssen aufwendig aus den Einzelsystemen extrahiert werden.

Kapitel M

Berichterstattung über die Abschlussprüfung

Verfasser:
WP StB Prof. Dr. Martin Plendl, München

Mitarbeit:
WP StB Dipl.-Kfm. Andreas Kling, München

M Berichterstattung über die Abschlussprüfung

Inhalt	Tz.
1. Einleitung	1
2. Berichterstattungspflichten des Abschlussprüfers	12
2.1 Prüfungsbericht	19
2.1.1 Rechtliche Bedeutung des Prüfungsberichts	19
2.1.2 Funktion des Prüfungsberichts	42
2.2 Bestätigungsvermerk	60
2.2.1 Rechtliche Bedeutung des Bestätigungsvermerks	60
2.2.2 Funktion des Bestätigungsvermerks	84
2.3 Kommunikation mit dem Aufsichtsgremium und weiteren Berichtsempfängern	98
3. Prüfungsbericht	135
3.1 Allgemeine Grundsätze	135
3.2 Aufbau, Gliederung und Inhalt	162
3.2.1 Prüfungsauftrag	179
3.2.2 Grundsätzliche Feststellungen	186
3.2.2.1 Stellungnahme zur Lagebeurteilung der gesetzlichen Vertreter	197
3.2.2.2 Entwicklungsbeeinträchtigende oder bestandsgefährdende Tatsachen	222
3.2.2.3 Unregelmäßigkeiten	238
3.2.2.3.1 Unregelmäßigkeiten in der Rechnungslegung	245
3.2.2.3.2 Sonstige Unregelmäßigkeiten	253
3.2.2.4 Umfang und Grenzen der Berichterstattung über Entwicklungsbeeinträchtigungen oder Bestandsgefährdungen sowie über Unregelmäßigkeiten	268
3.2.3 Gegenstand, Art und Umfang der Prüfung	279
3.2.3.1 Gegenstand der Prüfung	282
3.2.3.2 Art und Umfang der Prüfung	296
3.2.3.3 Aufklärungs- und Nachweispflichten der gesetzlichen Vertreter	324
3.2.4 Feststellungen und Erläuterungen zur Rechnungslegung	329
3.2.4.1 Ordnungsmäßigkeit der Rechnungslegung	332
3.2.4.1.1 Buchführung und weitere geprüfte Unterlagen	332
3.2.4.1.2 Jahresabschluss	344
3.2.4.1.3 Lagebericht	359
3.2.4.2 Gesamtaussage des Jahresabschlusses	369
3.2.4.2.1 Feststellungen zur Gesamtaussage des Jahresabschlusses	369
3.2.4.2.2 Wesentliche Bewertungsgrundlagen und deren Änderungen	381
3.2.4.2.3 Sachverhaltsgestaltende Maßnahmen	398
3.2.4.2.4 Aufgliederungen und Erläuterungen	404
3.2.4.2.5 Erbrachte Steuerberatungs- bzw. Bewertungsleistungen	444
3.2.5 Feststellungen aus Erweiterungen des Prüfungsauftrags	449
3.2.5.1 Feststellungen zum Risikofrüherkennungssystem	449
3.2.5.2 Feststellungen aus sonstigen Erweiterungen des Prüfungsauftrags	465
3.2.6 Wiedergabe des Bestätigungsvermerks	496
3.2.7 Unterzeichnung des Prüfungsberichts	501

3.2.8	Anlagen zum Prüfungsbericht	511
	3.2.8.1 Obligatorische Anlagen	511
	3.2.8.2 Fakultative Anlagen	512
3.3	Vorlage des Prüfungsberichts	527
3.4	Konzernprüfungsbericht – Aufbau, Gliederung und Inhalt	538
3.4.1	Prüfungsauftrag	554
3.4.2	Grundsätzliche Feststellungen	559
	3.4.2.1 Stellungnahme zur Lagebeurteilung der gesetzlichen Vertreter	560
	3.4.2.2 Entwicklungsbeeinträchtigende oder bestandsgefährdende Tatsachen	564
	3.4.2.3 Unregelmäßigkeiten	566
3.4.3	Gegenstand, Art und Umfang der Prüfung	572
	3.4.3.1 Gegenstand der Prüfung	573
	3.4.3.2 Art und Umfang der Prüfung	581
	3.4.3.3 Aufklärungs- und Nachweispflichten der gesetzlichen Vertreter	593
3.4.4	Feststellungen und Erläuterungen zur Konzernrechnungslegung	599
	3.4.4.1 Ordnungsmäßigkeit der Konzernrechnungslegung	599
	3.4.4.1.1 Konsolidierungskreis	600
	3.4.4.1.2 Konzernabschlussstichtag	603
	3.4.4.1.3 Prüfung der in den Konzernabschluss einbezogenen Abschlüsse	605
	3.4.4.1.4 Konzernabschluss	609
	3.4.4.1.5 Konzernlagebericht	617
	3.4.4.2 Gesamtaussage des Konzernabschlusses	620
	3.4.4.2.1 Feststellungen zur Gesamtaussage des Konzernabschlusses	620
	3.4.4.2.2 Wesentliche Bewertungsgrundlagen	621
	3.4.4.2.3 Sachverhaltsgestaltende Maßnahmen	624
	3.4.4.2.4 Aufgliederungen und Erläuterungen	626
	3.4.4.2.5 Erbrachte Steuerberatungs- bzw. Bewertungsleistungen	629
3.4.5	Feststellungen aus Erweiterungen des Prüfungsauftrags	631
3.4.6	Wiedergabe des Bestätigungsvermerks	635
3.4.7	Unterzeichnung des Konzernprüfungsberichts	637
3.4.8	Anlagen zum Konzernprüfungsbericht	639
	3.4.8.1 Obligatorische Anlagen	639
	3.4.8.2 Fakultative Anlagen	640
3.5	Besonderheiten des Prüfungsberichts bei Rechnungslegung nach dem PublG	643
3.5.1	Berichterstattung zum Jahresabschluss nach PublG	647
3.5.2	Berichterstattung zum Konzernabschluss nach PublG	662
3.6	Sonderfragen bei der Prüfungsberichterstattung	667
3.6.1	Berichterstattung über die Prüfung von nach internationalen Rechnungslegungsstandards aufgestellten Einzel- bzw. Konzernabschlüssen	667
3.6.2	Zusammengefasster Prüfungsbericht	672
3.6.3	Berichterstattung bei erstmaliger Prüfung	678
3.6.4	Berichterstattung bei Gemeinschaftsprüfungen (Joint Audits)	684

- 3.6.5 Berichterstattung über freiwillig beauftragte Abschlussprüfungen.. 692
  - 3.6.5.1 Prüfungsbericht bei freiwilligen Prüfungen, zu denen ein BestV i.S.v. § 322 HGB erteilt werden soll 698
  - 3.6.5.2 Prüfungsbericht bei freiwilligen Prüfungen, zu denen eine Bescheinigung bzw. ein Prüfungsvermerk erteilt werden soll .. 715
- 3.6.6 Berichterstattung bei Kündigung von Prüfungsaufträgen oder Prüferwechsel.. 720
- 3.6.7 Mängel des Prüfungsberichts 732
4. Bestätigungsvermerk 735
  - 4.1 Allgemeine Grundsätze 737
  - 4.2 Aufbau, Gliederung und Inhalt 755
    - 4.2.1 Überschrift... 781
    - 4.2.2 Adressierung 786
    - 4.2.3 Vermerk über die Prüfung des Jahresabschlusses und des Lageberichts.. 787
    - 4.2.4 Prüfungsurteile (zu Jahresabschluss und Lagebericht) 789
      - 4.2.4.1 Prüfungsgegenstand Jahresabschluss 792
      - 4.2.4.2 Prüfungsgegenstand Lagebericht................. 807
      - 4.2.4.3 Erklärung nach § 322 Abs. 3 S. 1 HGB.............. 815
    - 4.2.5 Grundlage für die Prüfungsurteile (zu Jahresabschluss und Lagebericht)... 822
    - 4.2.6 Wesentliche Unsicherheit im Zusammenhang mit der Fortführung der Unternehmenstätigkeit............................. 832
    - 4.2.7 Hinweise auf besondere Umstände oder Sachverhalte......... 848
      - 4.2.7.1 Hinweis zur Hervorhebung eines Sachverhalts 856
      - 4.2.7.2 Hinweis auf einen sonstigen Sachverhalt.......... 860
    - 4.2.8 Besonders wichtige Prüfungssachverhalte 865
    - 4.2.9 Sonstige Informationen 889
    - 4.2.10 Verantwortung der gesetzlichen Vertreter und der für die Überwachung Verantwortlichen............................ 899
    - 4.2.11 Verantwortung des Abschlussprüfers 906
    - 4.2.12 Sonstige gesetzliche und andere rechtliche Anforderungen 914
    - 4.2.13 Vermerk über die Prüfung eines sonstigen Prüfungsgegenstands . 921
    - 4.2.14 Übrige Angaben gemäß Artikel 10 EU-APrVO................ 927
    - 4.2.15 Hinweis zur Nachtragsprüfung 937
  - 4.3 Erteilung des Bestätigungsvermerks 940
  - 4.4 Bildung eines Prüfungsurteils durch den Abschlussprüfer 961
    - 4.4.1 Uneingeschränkter Bestätigungsvermerk 974
    - 4.4.2 Modifizierung von Prüfungsurteilen 1014
    - 4.4.3 Versagungsvermerk..................................... 1069
    - 4.4.4 Gründe für die Modifizierung des Prüfungsurteils............ 1088
  - 4.5 Bestätigungsvermerk zur Konzernabschlussprüfung............... 1123
  - 4.6 Bestätigungsvermerk bei Rechnungslegung nach dem PublG...... 1142
    - 4.6.1 Bestätigungsvermerk zum Jahresabschluss nach PublG 1145
    - 4.6.2 *Bestätigungsvermerk zum Konzernabschluss nach PublG*..... 1164
  - 4.7 Sonderfragen beim Bestätigungsvermerk 1173

4.7.1 Bestätigungsvermerke über die Prüfung von nach internationalen Rechnungslegungsstandards aufgestellten Einzel- bzw. Konzernabschlüssen 1174
4.7.2 Bestätigungsvermerk bei zusammengefasstem Anhang (§ 298 Abs. 2 HGB) und/oder zusammengefasstem Lagebericht (§ 315 Abs. 5 HGB). . . . 1181
4.7.3 Bestätigungsvermerk bei erstmaliger Prüfung . . . 1189
4.7.4 Bestätigungsvermerk bei Gemeinschaftsprüfungen (Joint Audits). 1195
4.7.5 Bestätigungsvermerk bei freiwillig beauftragten Abschlussprüfungen. . . . 1201
4.7.6 Bestätigungsvermerk bei Kündigung des Prüfungsauftrags . . . 1218
4.7.7 Bestätigungsvermerk bei Inanspruchnahme von Aufstellungs- bzw. von Offenlegungserleichterungen . . . 1220
4.7.8 Aufschiebende Bedingung . . . 1225
4.7.9 Ankündigung eines Bestätigungsvermerks . . . 1237
4.7.10 Behandlung von zusätzlichen Informationen im Bestätigungsvermerk . . . 1241
4.7.11 Mängel des Bestätigungsvermerks . . . 1248
4.8 Bestätigungsvermerk unter Beachtung der International Standards on Auditing (ISA). . . . 1254
4.8.1 Bestätigungsvermerk bei gesetzlichen Abschlussprüfungen, die unter ergänzender Beachtung der ISA durchgeführt wurden 1256
4.8.2 Bestätigungsvermerk bei freiwilligen Abschlussprüfungen, die unter ergänzender Beachtung der ISA durchgeführt wurden 1264
4.8.3 Bestätigungsvermerk bei Abschlussprüfungen, die ausschließlich nach den ISA durchgeführt wurden . . . 1268
5. Ausblick . . . 1283

1. Einleitung

Die **Berichterstattung** über eine nach den Vorschriften der §§ 316 ff. HGB durchgeführte handelsrechtliche Abschlussprüfung erfolgt schriftlich in ausführlicher wie auch in zusammengefasster Form. Die ausführliche Berichterstattung erfolgt im **Prüfungsbericht**[1] (PrB); das zusammengefasste Ergebnis der Prüfung der Rechnungslegung beinhaltet der **Bestätigungsvermerk** (BestV)[2]. Ergänzend hierzu erfolgt noch eine, i.d.R. sowohl schriftliche als auch mündliche, Berichterstattung an den bzw. die Auftraggeber der Prüfung, i.d.R. an das **Aufsichtsgremium**[3] des geprüften Unternehmens. Damit richten sich sowohl der PrB als auch die mündliche Berichterstattung primär nach innen

---

[1] Vgl. *IDW PS 450 n.F.*
[2] Vgl. *IDW PS 400 n.F.*; *IDW PS 401*; *IDW PS 405*; *IDW PS 406*; sowie daneben *IDW PS 270 n.F.* und *ISA 720 (Rev.) (Entwurf-DE)*: Verantwortlichkeiten des Abschlussprüfers im Zusammenhang mit sonstigen Informationen.
[3] Vgl. *IDW PS 470 n.F.* Die entsprechende ISA-Formulierung lautet „Those Charged with Governance"; vgl. insb. ISA 260 (Rev.).A1-A8. Nachfolgend wird bedeutungsäquivalent regelmäßig der Begriff „Aufsichtsgremium" verwendet, sofern nicht im Einzelfall die Verwendung der vollständigen Formulierung oder einer konkreten Bezeichnung (z.B. „Aufsichtsrat") erforderlich ist.

(d.h. an die Unternehmensorgane, ggf. die Gesellschafter), während der BestV darüber hinaus auch für die Öffentlichkeit bestimmt ist.

2   Im Zuge der 2014 erfolgten **EU-Regulierung der Abschlussprüfung** durch die VO (EU) Nr. 537/2014 (auch: EU-APrVO)[4] (mit allgemeiner und unmittelbar verbindlicher rechtlicher Geltung[5]) und die geänderte RL 2006/43/EG[6] (umgesetzt in deutsches Recht insb. durch das **BilRUG**, das **APAReG** sowie das **AReG**) wurden diesbezüglich – gesetzliche Abschlussprüfungen nach § 316 ff. HGB betreffend[7] – EU-weit neue Maßstäbe gesetzt.

3   Die Berichterstattung des Abschlussprüfers (APr.) in Form eines ausführlichen schriftlichen **PrB** war international bislang nicht üblich. Hierbei handelte es sich um eine Besonderheit des deutschen Rechts (insb. § 321 HGB)[8]. Im Zuge der EU-Regulierung der Abschlussprüfung wurde durch Art. 11 der VO (EU) Nr. 537/2014 für die Prüfung von Unternehmen von öffentlichem Interesse ein (zusätzlicher) **Bericht an den Prüfungsausschuss (PrA)** eingeführt, der infolge der direkten Geltung der VO (EU) Nr. 537/2014 für GJ, die nach dem 16.06.2016 beginnen[9], bei Abschlussprüfungen von Unternehmen von öffentlichem Interesse (PIE)[10] verpflichtend zu erstatten ist. Dabei sieht der deutsche Gesetzgeber im Prinzip vor, diese zusätzlichen Pflichtangaben in den PrB nach § 321 HGB zu integrieren[11], wodurch „der PrB" bei Abschlussprüfungen von PIE inhaltlich entsprechend ausgeweitet wird[12].

---

4   Verordnung (EU) Nr. 537/2014 des Europäischen Parlaments und des Rates vom 16.04.2014 über spezifische Anforderungen an die Abschlussprüfung bei Unternehmen von öffentlichem Interesse und zur Aufhebung des Beschlusses 2005/909/EG der Kommission, ABl.EU v. 27.05.2014, L 158, S. 77 ff. und Abl. EU v. 11.06.2014, L 170, S. 66 (im Folgenden: VO (EU) Nr. 537/2014 bzw. EU-APrVO). In den *IDW PS* wird die VO (EU) Nr. 537/2014 grds. als „EU-Abschlussprüferverordnung" bezeichnet und als „**EU-APrVO**" abgekürzt.

5   Vgl. Art. 288 Abs. 2 des Vertrags über die Arbeitsweise der Europäischen Union (AEUV), ABl.EU v. 26.10.2012, C 326/47. Siehe auch: RegBegr. APAReG, BT-Drs. 18/6262 v. 08.10.2015, S. 55 m.w.N. Für deutsche Rechtsanwender bedeutet dies, dass die VO-Vorschriften direkt zu beachten und daher im Ergebnis „neben dem HGB" zu legen sind, wobei die VO-Vorschriften den HGB-Vorschriften vorgehen. Vgl. *IDW*, Positionspapier zur EU-Regulierung der Abschlussprüfung[4], S. 4; *Schmidt/Heinz*, in: BeBiKo[11], Vor § 316, Rn. 1.

6   Richtlinie 2006/43/EG des Europäischen Parlaments und des Rates vom 17.05.2006 über Abschlussprüfungen von Jahresabschlüssen und konsolidierten Abschlüssen, zur Änderung der Richtlinien 78/660/ EWG und 83/349/EWG und zur Aufhebung der Richtlinie 84/253/EWG, zuletzt geändert durch Richtlinie 2014/56/EU des Europäischen Parlaments und des Rates vom 16.04.2014 (im Folgenden: RL 2006/43/EG).

7   Nicht betroffen von der VO (EU) Nr. 537/2014 sind dagegen Prüfungen, bei denen im Gesetzestext (z.B. § 17 Abs. 2 UmwG) auf die deutschen handelsrechtlichen Vorschriften über die (Jahres-)Bilanz bzw. den JA und über die Abschlussprüfung verwiesen wird.

8   Vgl. zur historischen Entwicklung bspw. *Ebke*, in: MünchKomm. HGB[3], § 321, Rn. 6 ff. Ausnahmen sind Österreich (§ 273 UGB) sowie die Schweiz (Art. 728b Abs. 1 u. 3 OR), die den schriftlichen PrB (analog § 321 HGB) ebenfalls bereits kennen bzw. kannten.

9   Vgl. Art. 44 Satz 2 VO (EU) Nr. 537/2014 (vgl. dazu: *Europäische Kommission (Directorate General Internal Market and Services)*, Q&A – Implementation of the New Statutory Audit Framework, Brüssel 03.09.2014, S. 1); Art. 79 Abs. 1 S. 1 EGHGB.

10 Dem in der englischen Fassung der VO (EU) Nr. 537/2014 verwendeten Begriff „Public Interest Entity" entsprechend werden Unternehmen von öffentlichem Interesse i.S.v. Art. 2 Nr. 13 RL 2006/43/EG nachfolgend grds. als „PIE" bezeichnet.

11 Vgl. RegBegr. AReG, BT-Drs. 18/7219 v. 11.01.2016, S. 42 f.; *Blöink/Kumm*, BB 2015, S. 1070; *Schmidt/ Deicke*, in: BeBiKo[11], § 321, Rn. 4; *Schüppen*, NZG 2016, S. 247 (250).

12 Vgl. *IDW PS 450 n.F.*, Tz. P3/2. Siehe dazu ausführlich Kap. M Tz. 41, und zum Inhalt die Übersicht bei *Velte*, DStR 2014, S. 1688 (1692 f.). Dem folgend wird nachfolgend grds. von PrB gesprochen, es sei denn, der „zusätzliche Bericht an den Prüfungsausschuss" i.S.v. Art. 11 VO (EU) Nr. 537/2014 bedarf besonderer Betonung.

Erweiterungen erfährt die Berichterstattung nach § 321 HGB durch **Art. 11 VO (EU) Nr. 537/2014** insb. in Bezug auf die Beschreibung von Art, Häufigkeit und Umfang der Kommunikation mit dem PrA, dem Unternehmensleitungsorgan und dem Aufsichtsgremium, einschl. der Zusammenkünfte mit diesen Gremien bzw. Organen, die Beschreibung der verwendeten Prüfungsmethode(n) in Bezug auf die „Kategorien der Bilanz" sowie die Darlegung der quantitativen Wesentlichkeitsgrenze nebst der qualitativen Faktoren, die bei deren Festlegung berücksichtigt wurden.

4

Die **Grundsätze des deutschen Berufsstands zur Berichterstattung im PrB** sind in dem am 15.09.2017 vom HFA verabschiedeten überarbeiteten *IDW Prüfungsstandard: Grundsätze ordnungsmäßiger Erstellung von Prüfungsberichten (IDW PS 450 n.F.)* niedergelegt, welcher auch die für PIE einschlägigen Regelungen des Art. 11 VO (EU) Nr. 537/2014 berücksichtigt. Daneben bestehen weitere – z.T. in Überarbeitung befindliche – spezifische *IDW Prüfungsstandards* und *IDW Prüfungshinweise*, in welchen auch Besonderheiten in Bezug auf branchen- oder rechtsformspezifische Berichterstattungserfordernisse dargestellt und erläutert werden.

5

Die Berichterstattung über das Prüfungsergebnis erfolgt nach internationalen Standards primär durch den schriftlichen „**Vermerk des unabhängigen Abschlussprüfers**". Dem entspricht nach deutschem Recht der **BestV** gem. § 322 HGB[13] und (für PIE zusätzlich) gem. Art. 10 VO (EU) Nr. 537/2014. Die Vorschriften des Art. 10 VO (EU) Nr. 537/2014 gelten dabei für Abschlussprüfungen von PIE für GJ, die nach dem 16.06.2016 beginnen[14]. Auch hier erweitern im Ergebnis die Vorschriften des Art. 10 VO (EU) Nr. 537/2014 den bereits nach § 322 HGB vorgeschriebenen Inhalt des BestV um zusätzliche Angaben[15].

6

Die wesentlichen inhaltlichen Erweiterungen nach Art. 10 VO (EU) Nr. 537/2014 betreffen Angaben i.Z.m. der Verantwortung und der Unabhängigkeit des APr. sowie insb. ein explizites Eingehen auf die **bedeutsamsten beurteilten Risiken wesentlicher falscher Darstellungen**[16] im Abschluss. Dabei ist in Bezug auf letztere, trotz des unterschiedlichen Wortlauts, davon auszugehen, dass die Berichterstattung nach Art. 10 Abs. 2 Buchst. c) VO (EU) Nr. 537/2017 und die Darstellung der **Key Audit Matters (KAM)**[17] nach ISA 701 als äquivalent zu qualifizieren sind[18]. Das heißt, dass APr. nach beiden Normenwerken grundsätzlich zu denselben besonders wichtigen Prüfungssachverhalten bzw. KAM und zugehörigen Darlegungen kommen werden[19]. Da die VO (EU) Nr. 537/2014 keine Auslegungshilfe gibt, wie sich der Verordnungsgeber die Auswahl und die Berichterstattung diesbezüglich vorstellt, hat dies den positiven Nebeneffekt, dass hierzu in der Praxis auf ISA 701 zurückgegriffen werden kann.

7

---

13   Vgl. zur historischen Entwicklung bspw. *Ebke*, in: MünchKomm. HGB³, § 322, Rn. 5 ff.
14   Vgl. Art. 44 S. 2 VO (EU) Nr. 537/2014; Art. 79 Abs. 1 S. 1 EGHGB.
15   Vgl. hierzu die Übersicht bei *Velte*, DStR 2014, S. 1688 (1694 f.).
16   Art. 10 Abs. 2 Buchst. c) VO (EU) Nr. 537/2014; im Wortlaut der englischen Fassung der VO „the most significant assessed risks of material misstatement".
17   Vgl. ISA 701.8. Das IDW verwendet i.R. von *IDW Prüfungsstandards* äquivalent die Formulierung „**besonders wichtige Prüfungssachverhalte**" (*IDW PS 401*, Tz. 9). Dem zwischenzeitlich üblichen Sprachgebrauch entsprechend wird nachfolgend zumeist das Kürzel „KAM" verwendet.
18   Vgl. *Pföhler/Kunellis/Knappe*, WP Praxis 2016, S. 58; *Schüppen*, NZG 2016, S. 250; auch *F&A zu ISA 701 bzw. IDW EPS 401* (Stand 04.10.2017), Frage 2.3; ferner *FEE*, Briefing Paper 2/2015, S. 7.
19   Vgl. *Pföhler/Kunellis/Knappe*, WP Praxis 2016, S. 59.

M Berichterstattung über die Abschlussprüfung

8 Die **Grundsätze des deutschen Berufsstands zur Erteilung von BestV** sind insb. in den am 30.11.2017 vom HFA verabschiedeten *IDW Prüfungsstandards: Bildung eines Prüfungsurteils und Erteilung eines Bestätigungsvermerks (IDW PS 400 n.F.), Mitteilung besonders wichtiger Prüfungssachverhalte im Bestätigungsvermerk (IDW PS 401), Modifizierungen des Prüfungsurteils im Bestätigungsvermerk (IDW PS 405)* sowie *Hinweise im Bestätigungsvermerk (IDW PS 406)* niedergelegt. Diese *IDW Prüfungsstandards* der sog. **IDW PS 400er-Reihe** ersetzen *IDW PS 400 a.F.* (Stand 28.11.2014) und berücksichtigen neben § 322 HGB und Art. 10 VO (EU) Nr. 537/2014 auch ISA 700, 705, 706 (Rev. 2015) sowie ISA 701[20]. Zudem wurde der *IDW Prüfungsstandard: Die Beurteilung der Fortführung der Unternehmenstätigkeit im Rahmen der Abschlussprüfung (IDW PS 270 n.F.)* überarbeitet, da der Rechnungslegungsgrundsatz der Fortführung der Unternehmenstätigkeit (Going Concern) i.R. von ISA 570 (Rev. 2015) eine gesonderte Behandlung erfährt[21]. Insgesamt haben sich dabei der Aufbau sowie die inhaltliche Ausführlichkeit des „neuen" BestV durch die notwendigen Anpassungen an die o.g. ISA beträchtlich verändert[22].

9 Die Berichterstattung über die Abschlussprüfung gem. § 316 ff. HGB im **Prüfungsbericht** ist primär zur Unterrichtung eines begrenzten Adressatenkreises bestimmt und besitzt grds. vertraulichen Charakter. Dabei unterrichtet der APr. mit dem PrB die Organe der geprüften Gesellschaft (Aufsichtsgremium und/oder Ausschüsse desselben, gesetzliche Vertreter, ggf. die Gesellschafter). Weitere Empfänger des PrB, z.B. Aufsichts- oder Regulierungsbehörden, liegen i.d.R. außerhalb des Einflussbereichs des APr. Nachfolgend werden entsprechend den allgemeinen Grundsätzen die Berichterstattung gem. **§ 321 HGB** über die Abschlussprüfung von prüfungspflichtigen KapGes. und diesen gleichgestellten Gesellschaften[23] nebst den für PIE gem. **Art. 11 VO (EU) Nr. 537/2014** zusätzlich zu beachtenden Berichterstattungspflichten dargestellt (Kap. M Tz. 135 ff.).

10 Der **Bestätigungsvermerk** beinhaltet in zusammengefasster Form die Ergebnisse der Abschlussprüfung gem. § 316 ff. HGB nach der Beurteilung des APr. Der BestV hat dabei grds. die Funktion, über den Kreis der gesetzlichen oder vertraglichen Berichtsadressaten hinaus der Öffentlichkeit oder einem interessierten Personenkreis – sofern der

---

20 Eine Gegenüberstellung von Art. 28 RL 2006/43/EG sowie Art. 10 VO (EU) Nr. 537/2014 und den einschlägigen ISA (Rev. 2015) enthält das *FEE* Briefing Paper 2/2015 ab S. 12 ff. ISA 700, 705, 706 und 570 (Rev. 2015) sowie der neue ISA 701 sind auf Abschlussprüfungen für GJ, die am oder nach dem 15.12.2016 enden, anzuwenden. Voraussetzung für eine Anwendungspflicht der ISA auf gesetzliche Abschlussprüfungen in der EU ist die Durchführung eines Komitologieverfahrens durch die EU-Kommission (analog zu den IFRS). Aktuell sind jedoch unverändert weder der Beginn dieses Verfahrens noch der Umfang der Übernahme der ISA in EU-Recht abzusehen. Allerdings kann bereits jetzt ggf. einzelvertraglich eine ergänzende Beachtung der ISA auch i.R. von Abschlussprüfungen nach § 316 ff. HGB vereinbart werden (siehe dazu Kap. M Tz. 1256 ff.).
21 Vgl. *IDW PS 400 n.F.*, Tz. 2.
22 Zu der vom IDW Vorstand Ende 2017 beschlossenen künftigen **Integration** der ISA in die deutschen Grundsätze ordnungsmäßiger Abschlussprüfung (GoA) siehe *Gewehr/Moser*, WPg 2018, S. 193 ff.
23 Gem. § 264a HGB sind die Vorschriften der §§ 321, 322 HGB auch auf die KapGes. gleichgestellten Gesellschaften (insb. KapCoGes.) vollinhaltlich anzuwenden. Die in *IDW PS 450 n.F.* sowie in der sog. **IDW PS 400er-Reihe**, nebst *IDW PS 270 n.F.*, niedergelegten Grundsätze für die ordnungsmäßige Berichterstattung bzw. Erteilung von BestV bei Abschlussprüfungen gelten daher für diese Gesellschaften gleichfalls.

BestV, z.B. gem. §§ 325 ff. HGB, offenzulegen ist oder anderweitig veröffentlicht wird – diese Ergebnisse in prägnanter Form mitzuteilen.

§ 322 HGB sieht dabei grds. einen „Bestätigungsbericht" vor[24], dessen Bestandteile und Formulierungen nur in ihrem Inhalt, jedoch nicht in ihrem Wortlaut vorgeschrieben sind. **Art. 10 VO (EU) Nr. 537/2014** erweitert den „Bestätigungsbericht" des § 322 HGB für PIE um zusätzliche Angaben, namentlich das erwähnte explizite Eingehen auf die „bedeutsamsten beurteilten Risiken wesentlicher falscher Darstellungen" im Abschluss (Kap. M Tz. 7). Allerdings erfordert die – auch vom deutschen Gesetzgeber[25] als geboten erachtete – ISA-Konformität die Beachtung diverser Formalia in Bezug auf Aufbau, Inhalt und Wortlaut des BestV, welche die 2017 verabschiedete *IDW PS 400er*-Reihe, nebst *IDW PS 270 n.F.*, entsprechend berücksichtigt (Kap. M Tz. 755 ff.).

Besonderheiten in Bezug auf Konzernabschlussprüfungen werden in Kap. M Tz. 538 ff. (betr. den PrB) bzw. Kap. M Tz. 1123 ff. (betr. den BestV) angesprochen. Auf Abschlussprüfungen nach dem PublG wird in Kap. M Tz. 643 ff. bzw. Kap. M Tz. 1142 ff. näher eingegangen. Sonderfragen, z.B. bei gesetzlich nicht vorgeschriebenen Abschlussprüfungen, behandeln Kap. M Tz. 667 ff. bzw. Kap. M Tz. 1173 ff. Die Pflichten des APr. nach Erteilung des BestV werden in Kap. N dargestellt. **11**

Bei der Berichterstattung über andere Formen oder Gegenstände der Prüfung (z.B. Kreditwürdigkeitsprüfung, Unterschlagungsprüfung, Organisationsprüfung, Investitionsprüfung, Preisprüfung o.Ä.) ist die Übertragbarkeit der allgemeinen Grundsätze auf den jeweiligen Einzelfall zu prüfen. Diese Grundsätze können ggf. auch die Basis für sonstige Berichterstattungen über Ergebnisse von durch WP durchgeführte prüferische Tätigkeiten anderen Inhalts (z.B. Prüfung von Abschlüssen für einen speziellen Zweck oder von Abschlussbestandteilen nach *IDW PS 480/490*[26], EDV-Systemprüfung, Prüfungen gem. § 44 KWG) oder anderer Art (z.B. prüferische Durchsicht i.S.v. *IDW PS 900*) sein[27].

2. Berichterstattungspflichten des Abschlussprüfers

Die **Pflichten des APr. zur Berichterstattung** über seine Tätigkeit sowie die in diesem Zusammenhang von ihm zu beachtenden Anforderungen ergeben sich aus **12**

- EU-Verordnungen[28],
- EU-Richtlinien und deren Umsetzung in deutsches Recht bzw. originärem deutschen Recht (insb. §§ 321, 322 HGB, §§ 111 Abs. 2 S. 3, 171 Abs. 1 S. 2 AktG),
- von der Ministerialbürokratie oder von Aufsichts- oder Regulierungsbehörden (z.B. BaFin) ausgeübten Rechtsverordnungskompetenzen[29],

---

24 So bereits RegBegr. KonTraG, BT-Drs. 13/9712 v. 28.01.1998, S. 29; darauf ausdrücklich Bezug nehmend *RegBegr. AReG*, BT-Drs. 18/7219 v. 11.01.2016, S. 44.
25 Vgl. RegBegr. AReG, BT-Drs. 18/7219 v. 11.01.2016, S. 39.
26 Siehe hierzu *Gewehr et al.*, WPg 2016, S. 429 ff., S. 481 ff.
27 Siehe hierzu Kap. P.
28 EU-VO entfalten gem. Art. 288 Abs. 2 AEUV unmittelbare Rechtswirkung ggü. allen Betroffenen; demgegenüber sind EU-RL in jeweiliges nationales Recht umzusetzen. EU-VO dürfen nach ständiger Rechtsprechung des EuGH auch nicht in nationale Rechtsvorschriften transformiert werden, um die Normadressaten nicht im Unklaren über diese Unmittelbarkeit und ihren Gemeinschaftscharakter zu lassen.
29 Auf wirtschaftszweigspezifische o.ä. Sonderregelungen wird nachfolgend grds. nicht eingegangen, sondern lediglich im Einzelfall auf deren Existenz ergänzend hingewiesen.

- dem, ggf. auf EU-Richtlinien basierenden, Berufsrecht (insb. WPO, BS WP/vBP) bzw. den einschlägigen berufsständischen Verlautbarungen (insb. *IDW QS 1*, *IDW PS*),
- für Berichterstattungsadressaten relevanten Verlautbarungen anerkannter Standardsetter (z.B. DCGK) sowie
- ggf. einzelvertraglichen Vereinbarungen (z.B. bei gesetzlich nicht vorgeschriebenen Abschlussprüfungen).

13 Unabhängig von den im Einzelfall zu beachtenden Normen setzt sich die Berichterstattung über die Abschlussprüfung aus folgenden **Berichterstattungsbausteinen** zusammen:

a) dem schriftlichen PrB,
b) dem schriftlichen BestV sowie
c) der zusätzlichen (schriftlichen und mündlichen) Berichterstattung an das Aufsichtsgremium bzw. weitere Berichtsadressaten.

14 Dabei hat im Zuge der EU-Regulierung der Abschlussprüfung weniger die Gewichtung dieser drei Bausteine Änderungen erfahren als vielmehr die Betonung der grundlegenden Bedeutung der **Kommunikation des Abschlussprüfers**, insb. mit dem Aufsichtsgremium des geprüften Unternehmens[30]. Bei **PIE** sind dabei folgende Aspekte hervorzuheben:

- Art. 7 Unterabs. 1 VO (EU) Nr. 537/2014 konstituiert für den APr. eine **Mitteilungspflicht** ggü. dem geprüften Unternehmen, falls er i.R.d. Abschlussprüfung **Unregelmäßigkeiten** identifiziert.
- Die nach Art. 10 Abs. 2 Buchst. c) VO (EU) Nr. 537/2014 vorgeschriebene Beschreibung der „**bedeutsamsten beurteilten Risiken wesentlicher falscher Darstellungen**" dürfte wegen ihrer Öffentlichkeitswirksamkeit infolge der Aufnahme in den gem. § 325 HGB offenzulegenden BestV von den Mitgliedern des Aufsichtsgremiums, insb. des PrA, besonders sensibel gelesen und diskutiert werden.
- Art. 11 Abs. 2 VO (EU) Nr. 537/2014 fordert in Bezug auf den PrB ein **vertiefendes Eingehen auf das prüferische Vorgehen i.R.d. Abschlussprüfung** (Buchst. e) bis g)), einschl. einer Darlegung der quantitativen Wesentlichkeitsgrenze (Buchst. h), sowie Angaben zu Art, Häufigkeit und Umfang der Kommunikation mit den Unternehmensorganen nebst Nennung der Zeitpunkte von Zusammenkünften mit den Organen (Buchst. d).
- Durch Art. 11 Abs. 2 Unterabs. 3 VO (EU) Nr. 537/2014 wurde zudem ein **Initiativrecht** sowohl für die Mitglieder des PrA als auch für den APr. eingeführt, eine Beratung auf Gremienebene über die im PrB genannten „wichtigsten sich aus der Abschlussprüfung ergebenden Sachverhalte" verlangen zu können. Hierbei hat der Verordnungsgeber insb. Mängel im rechnungslegungsbezogenen Internen Kontrollsystem (IKS) i.S.v. Art. 11 Abs. 2 Buchst. j) VO (EU) Nr. 537/2014 im Blick.

15 Ergänzend zur o.g. Mitteilungspflicht ggü. dem geprüften Unternehmen (Art. 7 Unterabs. 1 VO (EU) Nr. 537/2014) besteht für den APr. nach Art. 7 Unterabs. 2 VO (EU) Nr. 537/2014 für den Fall, dass i.R.d. Abschlussprüfung von PIE identifizierte Unregel-

---

[30] Vgl. bspw. Erwägungsgrund (14) zur VO (EU) Nr. 537/2014; *Hommelhoff*, DB 2012, S. 389, S. 445; *IDW*, Positionspapier zur Zusammenarbeit zwischen Aufsichtsrat und Abschlussprüfer, FN-IDW 2012, S. 339 ff.; *Lanfermann/Maul*, BB 2012, S. 627 (630 f.); sowie allgemein: *Hopt*, ZHR 2011, S. 510.

mäßigkeiten vom geprüften Unternehmen nicht untersucht werden[31], eine unmittelbare **Unterrichtungspflicht** gegenüber der für die Untersuchung solcher Verstöße **verantwortlichen Behörde**[32].

Wichtig ist es für APr. und Organe von PIE außerdem, Art. 12 Abs. 1 VO (EU) Nr. 537/2014 zu berücksichtigen, wonach die **zuständige Aufsichtsbehörde**[33] durch den APr. umgehend und unmittelbar darüber zu **unterrichten** ist, wenn **16**

a) i.R.d. Abschlussprüfung wesentliche Verstöße gegen – für die Zulassung oder Betätigung des Unternehmens relevante – Rechts- oder Verwaltungsvorschriften festgestellt,
b) wesentliche Probleme hinsichtlich der Fortführung der Unternehmenstätigkeit identifiziert werden, oder
c) als Ergebnis der Abschlussprüfung ein modifiziertes Prüfungsurteil zum Abschluss abzugeben wäre bzw. abgegeben wird.

Dabei sind insb. auch i.Z.m. Buchst. a) Überschneidungen mit der Unterrichtungspflicht der für die Untersuchung solcher Verstöße **verantwortlichen Behörde** nach Art. 7 Unterabs. 2 VO (EU) Nr. 537/2014 möglich.

Solche Pflichten zur unverzüglichen Unterrichtung einer Aufsichtsbehörde sind für APr. von Kreditinstituten (KI) oder Versicherungsunternehmen (VU) grds. nichts Neues[34]. Neu ist aber auch für KI und VU, dass diese **Unterrichtungspflicht für APr. von PIE** gem. Art. 12 Abs. 1 Unterabs. 2 VO (EU) Nr. 537/2014 dem Grunde nach bereits dann entsteht, wenn sie von derartigen Informationen bei Durchführung einer Abschlussprüfung bei Unternehmen Kenntnis erhalten, die zu dem von ihnen geprüften PIE eine „enge Verbindung" i.S.v. Art. 4 Abs. 1 Nr. 38 VO (EU) Nr. 575/2013[35] haben. In diesem Zusammenhang entbindet Art. 12 Abs. 3 VO (EU) Nr. 537/2014 den APr. insoweit von allen – vertraglichen und gesetzlichen – Verschwiegenheitsverpflichtungen. **17**

---

31 Der Fall, dass kein Unternehmensorgan willens ist, solche Angelegenheiten angemessen zu untersuchen, dürfte allerdings angesichts möglicher persönlicher Haftung der Organmitglieder (z.B. §§ 333a, 334 HGB, §§ 19a, 20 PublG, §§ 404a, 405 AktG, §§ 86, 87 GmbHG, §§ 151a, 152 GenG) kaum zu erwarten sein. Vgl. dazu auch *Lanfermann/Maul*, BB 2016, S. 363.

32 In Deutschland ist hierfür noch keine zentrale Behörde benannt. Bis zu deren Benennung ist unklar, wen der APr. eines PIE ggf. nach Art. 7 VO (EU) Nr. 537/2014 zu unterrichten hat. Zur Bestimmung der in einem solchen Fall konkret „verantwortlichen Behörde" empfiehlt es sich im Hinblick auf die Verschwiegenheitspflicht (insb. § 323 Abs. 1 Satz 1 HGB bzw. § 43 Abs. 1 Satz 1 WPO), rechtlichen Rat, z.B. bei WPK oder APAS, einzuholen. Soweit Überschneidungen mit Unterrichtungspflichten nach Art. 12 VO (EU) Nr. 537/2014 an die „zuständige Aufsichtsbehörde" bestehen, ist jedenfalls für (CRR-)KI und VU die BaFin der angemessene Ansprechpartner für den APr. Vgl. hierzu auch *IDW*, Positionspapier zur EU-Regulierung der Abschlussprüfung[4], S. 68 ff.

33 Für die Beaufsichtigung von PIE ist in Deutschland bis dato keine zentrale Behörde benannt. Für (CRR-)KI und VU ist „zuständige Aufsichtsbehörde" i.Z.m. Art. 12 VO (EU) Nr. 537/2014 die BaFin. Da für die übrigen PIE vom Gesetzgeber noch keine „zuständige Aufsichtsbehörde" benannt worden ist, wird es bei solchen PIE i.Z.m. Art. 12 VO (EU) Nr. 537/2014 ebenfalls sinnvoll sein, im konkreten Fall rechtlichen Rat einzuholen. Vgl. auch *IDW*, Die fachliche Frage, IDW Life 2018, S. 217; *IDW*, Positionspapier zur EU-Regulierung der Abschlussprüfung[4], S. 70 f.

34 Für KI und VU bestehen ähnliche Unterrichtungsvorschriften bereits, z.B. in § 29 Abs. 3 KWG, § 18 Abs. 2 ZAG, § 341k Abs. 3 HGB und § 35 Abs. 4 VAG. „Zuständige Aufsichtsbehörde" i.S. dieser Vorschriften ist die BaFin; z.T. ist ergänzend die Deutsche Bundesbank zu informieren.

35 Verordnung (EU) Nr. 575/2013 des Europäischen Parlaments und des Rates vom 26. Juni 2013 über Aufsichtsanforderungen an Kreditinstitute und Wertpapierfirmen und zur Änderung der Verordnung (EU) Nr. 646/2012, ABl.EU v. 27.06.2013, L 176/1.

18 Zwar werden bei schwerwiegenden Prüfungsfeststellungen grds. die Organe des geprüften Unternehmens vom APr. informiert (zur **Redepflicht** siehe Kap. M Tz. 124 ff.), sofern dem nicht ein gesetzliches Verbot entgegensteht[36], die umgehende Unterrichtung der **zuständigen Aufsichtsbehörde** entfällt dadurch jedoch nicht, soweit dies gesetzlich vorgeschrieben ist.

2.1 Prüfungsbericht

2.1.1 Rechtliche Bedeutung des Prüfungsberichts

19 Die Erstattung eines fachlich einwandfreien PrB gehört bei der Pflichtprüfung zu den nicht abdingbaren Pflichten des APr. Der APr. hat über Art und Umfang sowie das Ergebnis der handelsrechtlichen Pflichtprüfung **schriftlich** und mit der gebotenen Klarheit zu berichten (§ 321 Abs. 1 S. 2 HGB; ggf. Art. 11 Abs. 2 Unterabs. 1 S 1 VO (EU) Nr. 537/2014) und den unterzeichneten PrB den gesetzlichen Vertretern bzw. dem AR und – sofern vorhanden – gleichzeitig dem PrA oder dem diesen vergleichbaren Gremium vorzulegen (§ 321 Abs. 5 HGB; ggf. Art. 11 Abs. 1 VO (EU) Nr. 537/2014). Eine mündliche Berichterstattung gilt nicht als rechtsgültiger PrB[37]. Im Übrigen sehen die den Abschlussprüfungsaufträgen zugrunde gelegten Allgemeinen Auftragsbedingungen i.d.R. vor, dass mündliche Äußerungen ohne rechtliche Bindung sind[38].

20 Solange der schriftliche (und unterschriebene) PrB den gesetzlichen Vertretern bzw. dem Aufsichtsgremium der Gesellschaft nicht **vorliegt**, ist die Prüfung noch nicht beendet[39]; sie hat im Rechtssinne noch nicht „stattgefunden"[40]. Unterliegt die Gesellschaft der gesetzlichen Prüfungspflicht, so kann der JA folglich nicht festgestellt werden (§ 316 Abs. 1 S. 2 HGB). Ein dennoch festgestellter JA ist nach § 256 Abs. 1 Nr. 2 AktG (unheilbar) nichtig[41]. Für die GmbH besteht hierzu keine ausdrückliche gesetzliche Regelung; höchstrichterliche Rspr. und h.M. vertreten die analoge Anwendung der aktienrechtlichen Vorschriften[42].

21 Liegt dagegen ein schriftlicher, eigenhändig vom APr. unterzeichneter Bericht im Zeitpunkt der Feststellung vor, so kann aus rein formellen Mängeln des PrB die Nichtigkeit des JA nicht abgeleitet werden. Maßgebend für die Frage, ob ein PrB vorliegt, sind nicht die äußere Form und die Bezeichnung eines Schriftstücks, sondern dessen materieller

---

36 Ein solcher Ausnahmefall ist bspw. das Verbot des § 47 Abs. 1 GwG, den Auftraggeber (oder Dritte) zu informieren, falls der APr. eine Meldung nach § 43 Abs. 1 GwG an die von der WPK gem. § 53 GwG i.V.m. § 57 Abs. 2 Nr. 17 WPO eingerichtete zentrale „Hinweisgeberstelle GwG" abgibt. Vgl. auch Art. 7 Unterabs. 1 VO (EU) Nr. 537/2014: „... unbeschadet der Richtlinie 2005/60/EG ...".
37 Vgl. *Schmidt/Deicke*, in: BeBiKo[11], § 321, Rn. 14; *Koch*, in: MünchKomm. AktG[4], § 256, Rn. 21.
38 Vgl. IDW-AAB (Stand: 01.01.2017), Nr. 5.
39 Vgl. *Rölike*, in: Spindler/Stilz, AktG[3], § 256, Rn. 31; *Schüppen*, in: Heidel/Schall, HGB[2], § 321, Rn. 2, 20; ADS[6], § 316, Tz. 48, § 321, Tz. 30, § 256 AktG, Tz. 17; *Schmidt/Deicke*, in: BeBiKo[11], § 321, Rn. 10, 254; *Haarmann/Hennig*, in: Hense/Ulrich, WPO[3], § 43, Rn. 136.
40 Vgl. RG v. 16.06.1944 (Z II 142/43), in: WPg 1970, S. 421 ff., S. 423 ff.
41 Vgl. *Plendl*, in: HWRP[3], Sp. 1779; *Weilep*, S. 59 f.; ADS[6], § 316 HGB, Tz. 47, § 256 AktG, Tz. 14 ff.; *Schmidt/Küster*, in: BeBiKo[11], § 316, Rn. 11; Kap. B Tz. 302 ff.; für unter das PublG fallende Unternehmen enthält § 10 *S. 1 Nr. 1 PublG die entsprechende Nichtigkeitsnorm, vgl. Kap. B Tz. 290.
42 Vgl. bspw. BGH v. 02.07.2013 (II ZR 293/11), in: BB 2013, S. 2030 ff. (mit Komm. von Schmid) – mit Verweis auf Bericht und Beschlussvorlage des Rechtsausschusses zum BiRiLiG, BT-Drs. 10/4268 v. 18.11.1985, S. 130 f.; *Liebscher*, in: MünchKomm. GmbHG[2], § 46, Rn. 36 m.w.N.; ADS[6], § 316, Tz. 47, § 256 AktG, Tz. 96 ff.; *Schmidt/Küster*, in: BeBiKo[11], § 316, Rn. 11.

Inhalt. Um die Feststellung des JA zu ermöglichen, muss der PrB bestimmte **Mindestbestandteile** beinhalten, d.h. den Anforderungen des § 321 HGB sowie ggf. des Art. 11 VO (EU) Nr. 537/2014 genügen[43].

Der PrB erfüllt diese **Anforderungen des § 321 HGB**, wenn er Erläuterungen zu Gegenstand, Art und Umfang der Prüfung enthält (§ 321 Abs. 3 HGB) und das Ergebnis der Prüfung wiedergibt. Das Ergebnis der Prüfung besteht aus den grundsätzlichen Feststellungen i.R.d. „vorangestellten Berichterstattung"[44] nach § 321 Abs. 1 S. 2 und 3 HGB und darüber hinaus aus den Pflichtfeststellungen und -erläuterungen nach § 321 Abs. 2 und 3 HGB. Im Rahmen der vorangestellten Berichterstattung ist dementsprechend im PrB zur Lagebeurteilung durch die gesetzlichen Vertreter Stellung zu nehmen – soweit die geprüften Unterlagen und der LB eine solche Beurteilung erlauben – und es ist über festgestellte Unregelmäßigkeiten und entwicklungsbeeinträchtigende oder bestandsgefährdende Tatsachen zu berichten. Der PrB muss zwingend eine Feststellung enthalten, ob die Prüfungsgegenstände (Buchführung, JA, LB[45]) den gesetzlichen Anforderungen entsprechen, und hat darauf einzugehen, ob der Abschluss insgesamt unter Beachtung der GoB oder sonstiger maßgebender Rechnungslegungsgrundsätze ein den tatsächlichen Verhältnissen entsprechendes Bild der Vermögens-, Finanz- und Ertragslage vermittelt. Dazu sind Erläuterungen zu wesentlichen Bewertungsgrundlagen sowie sachverhaltsgestaltenden Maßnahmen zu geben (§ 321 Abs. 2 S. 4 HGB). Eine Aufgliederung und Erläuterung der Posten des JA ist nur unter bestimmten Bedingungen erforderlich (§ 321 Abs. 2 S. 5 HGB). Explizit darzustellen ist, ob die gesetzlichen Vertreter die verlangten Aufklärungen und Nachweise erbracht haben (§ 321 Abs. 2 S. 6 HGB). Bei börsennotierten AG umfasst der PrB auch das Ergebnis aus der nach § 317 Abs. 4 HGB erforderlichen Beurteilung des Risikofrüherkennungssystems (§ 321 Abs. 4 HGB). Zudem hat der APr. ausdrücklich seine Unabhängigkeit zu bestätigen (§ 321 Abs. 4a HGB). Nach § 322 Abs. 7 S. 2 HGB ist der BestV bzw. der Vermerk über seine Versagung (d.h. der Versagungsvermerk) zwingend auch im PrB wiederzugeben[46].

Bei PIE sind darüber hinaus die **inhaltlichen Vorgaben des Art. 11 Abs. 2 VO (EU) Nr. 537/2014** zu berücksichtigen. Diese erfordern zusätzliche Ausführungen insb. zur Unabhängigkeit (Buchst. a) und c) – darunter auch die Abgabe der Erklärung nach Art. 6 Abs. 2 Buchst. a) VO (EU) Nr. 537/2014) –, zur Kommunikation mit den Unternehmensorganen (Buchst. d), zu Art, Umfang, Organisation und zeitlichem Ablauf der Prüfung (Buchst. e) bis g), zur Wesentlichkeitsgrenze (Buchst. h), zu festgestellten bedeutsamen Mängeln und Verstößen (Buchst. j) und k) und zur Beurteilung von wesentlichen Bewertungsgrundlagen (Buchst. l). Darüber hinaus sind Angaben zu machen über bedeutsame Schwierigkeiten, die während der Prüfung aufgetreten sind, über be-

---

[43] Ebenso ADS[6], § 321, Tz. 38, 53 ff.; *Schmidt/Deicke*, in: BeBiKo[11], § 321, Rn. 10 ff. In der Beschränkung auf geringeren Mindestumfang zu weit gehend: *Bezzenberger*, in: Großkomm. AktG[4], § 256 AktG, Rn. 56; *Koch*, in: MünchKomm. AktG[4], § 256, Rn. 22; *Schwab*, in: Schmidt/Lutter, AktG[3], § 256, Rn. 23.

[44] Z.T. auch als „Vorweg-Stellungnahme", „Vorwegberichterstattung" o.ä. bezeichnet. Nachfolgend wird durchgängig die Formulierung **„vorangestellte Berichterstattung"** verwendet.

[45] Da § 256 AktG ausschl. von „Jahresabschluss" spricht, stellt ein Fehlen des LB – egal, ob im PrB zu Unrecht nicht erwähnt oder gesetzwidrig nicht aufgestellt – in diesem Zusammenhang keinen Nichtigkeitsgrund dar. Vgl. *Weilep*, S. 60; *Rölike*, in: Spindler/Stilz, AktG[3], § 256, Rn. 13; ADS[6], § 256 AktG, Tz. 17 Abs. 1.

[46] Vgl. *IDW PH 9.450.2*, Tz. 2, 4.

deutsame Sachverhalte, über die mit dem Management[47] (mündlich oder schriftlich) kommuniziert wurde, und über sonstige für die Tätigkeit des Aufsichtsgremiums bedeutsame Sachverhalte in Bezug auf den Rechnungslegungsprozess (Buchst. p).

24 **Berichterstattungsadressat** ist grds. der Auftraggeber, d.h. das Aufsichtsgremium bzw. rechtsformabhängig die Gesellschafter oder (insb. bei freiwillig beauftragten Abschlussprüfungen) die gesetzlichen Vertreter. In bestimmten Branchen sind daneben auch Aufsichts- oder Regulierungsbehörden Berichterstattungsadressaten, die zudem meist gesetzlich berechtigt sind, Vorgaben in Bezug auf Prüfungsgegenstand und -berichterstattung zu machen[48].

25 **Empfänger** des PrB sind die gesetzlichen Vertreter (Vorstand, Geschäftsführer, persönlich haftende Gesellschafter etc.; § 321 Abs. 5 S. 1 HGB), der AR, ggf. einschl. PrA, (§ 321 Abs. 5 S. 2 HGB i.V.m. § 111 Abs. 2 S. 3 AktG bzw. Art. 11 Abs. 1 VO (EU) Nr. 537/2014) oder die Gesellschafter (z.B. § 42a Abs. 1 S. 2 GmbHG). Wenn der AR den Prüfungsauftrag erteilt hat, ist der PrB ihm und gleichzeitig dem ggf. eingerichteten PrA direkt vorzulegen; den gesetzlichen Vertretern der Gesellschaft ist Gelegenheit zur Stellungnahme dazu zu geben[49]. Bei GmbH ohne gesellschaftsvertraglich (§ 52 GmbHG) oder anderweitig (z.B. nach MitbestG oder DrittelbG) vorgeschriebenen AR ist der PrB von der Geschäftsführung den Gesellschaftern vorzulegen, sofern er diesen nicht vom APr. vereinbarungsgemäß direkt übersandt wird.

Nach Rechtsformen differenziert sind bei KapGes. folgende gesetzliche Empfänger für den PrB vorgesehen:

- bei AG: AR und Vorstand
- bei SE: AR und Vorstand bzw. VR und geschäftsführende Direktoren
- bei KGaA: AR und persönlich haftende Gesellschafter
- bei GmbH: Geschäftsführer, Gesellschafter und ggf. AR

Dabei ist der ggf. eingerichtete PrA rechtlich zwar grds. Teil des AR (§ 107 Abs. 3 S. 2 AktG; Ausnahme: § 324 HGB), wird in HGB und VO indes stets noch zusätzlich erwähnt.

26 Wenn der AR den Prüfungsauftrag erteilt hat, wie es § 111 Abs. 2 S. 3 AktG für AG, SE und KGaA vorschreibt[50], ist der **PrB dem AR vorzulegen** (§ 321 Abs. 5 S. 2 HGB), sowie einem ggf. eingerichteten PrA. Nach Art. 11 Abs. 1 VO (EU) Nr. 537/2014 ist der PrB bei PIE stets dem PrA bzw. dem diesem äquivalenten Unternehmensgremium vorzulegen. Die Vorlage des PrB hat zeitgleich mit der Vorlage des BestV zu erfolgen[51]. Diese ge-

---

47 Der in Art. 11 Abs. 2 Buchst. p) VO (EU) Nr. 537/2014 verwendete Begriff „Management" geht inhaltlich über „Geschäftsführungsorgan" bzw. „gesetzliche Vertreter" hinaus (vgl. *IDW PS 450 n.F.*, Tz. P58/2). Zu einer Definition des Begriffs „Management" vgl. *IDW PS 470 n.F.*, Tz. 14 Buchst. b).
48 Z.B. die BaFin oder die BNetzA. Auf sich daraus ergebende Besonderheiten wird im Weiteren grds. nicht näher eingegangen.
49 Die Vorgabe, dem Vorstand vor Zuleitung des PrB an den AR Gelegenheit zur Stellungnahme zu geben (§ 321 Abs. 5 S. 2 HGB a.F.), ist im Zuge des AReG gestrichen worden. Siehe Kap. M Tz. 28.
50 Nach h.M. kann die Erteilung des Prüfungsauftrags auch durch einen Ausschuss, namentlich dem PrA i.S.v. § 107 Abs. 3 S. 2 AktG, erfolgen. Vgl. *Koch*, in: Hüffer/Koch, AktG[12], § 107, Rn. 27, § 111, Rn. 27 m.w.N.
51 Vgl. *IDW PS 450 n.F.*, Tz. 117. Diese Zeitgleichheit schreibt Art. 11 Abs. 1 Unterabs. 1 S. 1 VO (EU) Nr. 537/2014 bei PIE explizit vor.

setzliche Regelung hebt die Unabhängigkeit des APr. von den gesetzlichen Vertretern hervor und betont, dass der AR der primäre Adressat des PrB ist[52]. Der APr. genügt seiner Vorlagepflicht mit der Zuleitung des PrB an den AR-Vorsitzenden, der diesen an die übrigen AR-Mitglieder bzw. an die Mitglieder des PrA weiterleitet[53]. Auf ausdrückliche Weisung des AR-Vorsitzenden kann die Aushändigung der Exemplare des PrB unmittelbar an die gesetzlichen Vertreter erfolgen, wenn diese die technische Abwicklung des Versands an die Mitglieder des AR bzw. des PrA übernehmen sollen[54]. Auch in diesem Fall hat der APr. jedoch zumindest ein Exemplar des PrB dem AR-Vorsitzenden direkt zuzuleiten. Alle Berichtsexemplare sind zeitgleich zuzuleiten bzw. zu versenden[55].

Jedes AR-Mitglied hat gem. § 170 Abs. 3 AktG nicht nur das Recht auf Kenntnisnahme, sondern grds. auch auf Aushändigung des PrB[56]. Eine Ausnahme besteht für den Fall, dass ein PrA eingerichtet ist und der AR ausdrücklich beschließt, dass nur die Mitglieder dieses Ausschusses den PrB ausgehändigt bekommen sollen (§ 170 Abs. 3 S. 2 AktG). Die nicht dem PrA angehörenden Mitglieder des AR müssen sich im Fall eines solchen Beschlusses auf die Kenntnisnahme des PrB beschränken. Da ohne Kenntnis des PrB eine ordnungsgemäße Überwachung der gesetzlichen Vertreter kaum möglich ist[57] und jedes einzelne AR-Mitglied unabhängig von der Delegation ausgewählter Aufgaben an einen Ausschuss seine gesetzliche Überwachungsverpflichtung zu erfüllen hat, muss ungeachtet der jeweiligen Beschlusslage für alle AR-Mitglieder die Möglichkeit zur uneingeschränkten und störungsfreien Kenntnisnahme des PrB (ggf. in den Geschäftsräumen der Gesellschaft) gewährleistet sein[58]. Um ausreichend Gelegenheit zur Durcharbeitung des PrB zu haben, sollte jedes AR-Mitglied auf die Aushändigung des PrB bestehen[59]. 27

Den **Mitgliedern des Geschäftsführungsorgans**, d.h. den gesetzlichen Vertretern, ist der endgültige (unterschriebene) PrB im Anschluss an die Vorlage beim AR bzw. beim PrA unverzüglich zuzuleiten, um ihnen Gelegenheit zur Stellungnahme diesen ggü. zu geben (§ 321 Abs. 5 S. 3 HGB)[60]. Diese Stellungnahme kann schriftlich oder mündlich erfolgen; eine gesetzliche Vorgabe besteht nicht. Aufgrund der nunmehr klaren Adressierung an den AR bzw. PrA ist allerdings Schriftform zu präferieren[61]. 28

Trotz der Änderung der Zuleitungsregelung in § 321 Abs. 5 S. 3 HGB („nach Vorlage") wird es unverändert zulässig sein, von Seiten des APr. den gesetzlichen Vertretern vorab ein „**Vorwegexemplar**" des PrB als Grundlage für die sog. Schlussbesprechung zuzulei- 29

---

52 So bereits *Gelhausen*, BFuP 1999, S. 401; ADS[6], § 321, Tz. 171. Ebenso *Koch*, in: Hüffer/Koch, AktG[12], § 170, Rn. 2.
53 Vgl. *IDW PS 450 n.F.*, Tz. 117; *Burg/Müller*, in: Kölner Komm. Rechnungslegungsrecht, § 321, Rn. 139; *Schmidt/Deicke*, in: BeBiKo[11], § 321, Rn. 245.
54 Vgl. ADS[6], § 321, Tz. 172.
55 Vgl. RegBegr. AReG, BT-Drs. 18/7219 v. 16.01.2016, S. 43.
56 Vgl. RegBegr. KonTraG, BT-Drs. 13/9712 v. 28.01.1998, S. 22; *Euler/Klein*, in: Spindler/Stilz, AktG[3], § 170, Rn. 45 ff.; ADS[6], § 170 AktG, Tz. 51 ff.; *Schmidt/Deicke*, in: BeBiKo[11], § 321, Rn. 247.
57 Vgl. RegBegr. KonTraG, BT-Drs. 13/9712 v. 28.01.1998, S. 22.
58 Vgl. *Euler/Klein*, in: Spindler/Stilz, AktG[3], § 170, Rn. 45 m.w.N.; *Koch*, in: Hüffer/Koch, AktG[12], § 170, Rn. 12; ADS[6], § 170 AktG, Tz. 58.
59 Ebenso *Schmidt/Deicke*, in: BeBiKo[11], § 321, Rn. 247.
60 Vgl. *IDW PS 450 n.F.*, Tz. 117; ADS[6], § 321, Tz. 23. Ein faktisches Erfordernis ergibt sich zudem aus anderen rechtlichen Verpflichtungen zur Weitergabe des PrB (z.B. § 42a Abs. 1 S. 2 GmbHG, § 150 Abs. 4 AO i.V.m. § 60 Abs. 3 S. 1 EStDV, § 53 Abs. 1 Nr. 3 HGrG oder § 321a HGB).
61 Ebenso *Schmidt/Deicke*, in: BeBiKo[11], § 321, Rn. 248.

ten⁶². Solange der APr. einen solchen Berichtsentwurf den gesetzlichen Vertretern gleichsam als finales Auskunftsersuchen i.R.d. noch nicht abgeschlossenen Abschlussprüfung vorlegt, ist auch aus Sicht des Gesetzgebers eine Änderung der bewährten Praxis infolge der gesetzlichen Neuregelung nicht erforderlich⁶³.

30 Entsprechendes gilt für die **GmbH**, wenn sie bspw. nach MitbestG oder DrittelbG einen gesetzlichen AR gebildet hat⁶⁴. In diesem Fall hat der AR den Prüfungsauftrag zu erteilen (§ 25 Abs. 1 Nr. 2 MitbestG; § 1 Abs. 1 Nr. 3 S. 2 DrittelbG) und ist damit nach § 321 Abs. 5 S. 2 HGB auch Empfänger des PrB. Der PrB ist dem AR der GmbH vom APr. auch dann unmittelbar vorzulegen, wenn es sich um einen nur aufgrund des Gesellschaftsvertrags gebildeten, d.h. fakultativen, AR⁶⁵ handelt, die Anwendung des § 111 Abs. 2 S. 3 AktG aber im Gesellschaftsvertrag nicht abbedungen ist (§ 52 Abs. 1 GmbHG).

Ist dagegen bei einer GmbH mit fakultativem AR die Anwendung des § 111 Abs. 2 S. 3 AktG abbedungen oder handelt es sich um eine GmbH ohne AR, wird der Prüfungsauftrag durch die Geschäftsführer erteilt. In diesem Fall bekommen sie als gesetzliche Vertreter auch den PrB vorgelegt. Die Weitergabe an den fakultativen AR bzw. die Gesellschafter ist dann Aufgabe der Geschäftsführer⁶⁶.

31 Die Aushändigung des endgültigen PrB an die Geschäftsführer der GmbH ist schon allein deswegen erforderlich, weil diese nach § 42a Abs. 1 S. 2 GmbHG den PrB unverzüglich nach dessen Eingang gemeinsam mit dem JA und dem LB den **GmbH-Gesellschaftern** zum Zwecke der Feststellung des JA vorzulegen haben, und zwar auch bei freiwilligen Prüfungen. Als „unverzüglich" in diesem Zusammenhang dürfte – vorbehaltlich etwaiger Bestimmungen im Gesellschaftsvertrag – ein Zeitraum von zwei Wochen anzusehen sein⁶⁷. Empfänger des PrB ist formal die Gesellschaftergesamtheit. Jeder GmbH-Gesellschafter hat jedoch grds. das Recht, den PrB des APr. zur Kenntnis zu nehmen. Die Modalitäten der Kenntnisnahme, insb. die Frage, ob die Vorlagen jedem Gesellschafter auf Verlangen auszuhändigen sind, sind gesetzlich nicht geregelt. Ein Anspruch ggü. der Geschäftsführung auf Aushändigung des PrB auf ausdrückliches Verlangen hin dürfte aber zu bejahen sein⁶⁸.

Ist nach dem Gesellschaftsvertrag nicht die Gesellschafterversammlung, sondern ein anderes Organ (z.B. ein Beirat oder Gesellschafterausschuss) für die Feststellung des JA zuständig, so haben die Geschäftsführer den PrB diesem Organ vorzulegen. Ob es bei einer solchen abweichend von § 46 Nr. 1 GmbHG geregelten **Feststellungsbefugnis** zu-

---

62   Vgl. ADS⁶, § 321, Tz. 156; *Burg/Müller*, in: Kölner Komm. Rechnungslegungsrecht, § 321, Rn. 16; *Schmidt/Deicke*, in: BeBiKo¹¹, § 321, Rn. 261.
63   So ausdrücklich RegBegr. AReG, BT-Drs. 18/7219 v. 11.01.2016, S. 43 (mit Verweis auf *Ebke*, in: MünchKomm. HGB³, § 321, Rn. 93 m.w.N.). Vgl. auch *Hennig/Precht*, in: Hense/Ulrich, WPO³, § 43, Rn. 442; *Schmidt/Heinz*, in: BeBiKo¹¹, § 320, Rn. 13.
64   Weitgehend analoge Regelungen bestehen bspw. nach § 18 Abs. 2 KAGB für externe Kapitalverwaltungsgesellschaften in der Rechtsform der GmbH bzw. der GmbH & Co. KG.
65   Ein aufgrund gesellschaftsvertraglicher Bestimmungen gebildetes Organ kann auch dann als „Aufsichtsrat" anzusehen sein, wenn es nicht diese Bezeichnung trägt. Gehört zu den Aufgaben eines Beirats, Verwaltungsrats oder Gesellschafterausschusses auch die Überwachung der Geschäftsleitung, hat dieser den Prüfungsauftrag zu erteilen und ist auch Empfänger des PrB. Vgl. *Crezelius*, in: Scholz, GmbHG¹¹, § 42a, Rn. 26; ADS⁶, *§ 42a GmbHG*, Tz. 11.
66   Vgl. *Schmidt/Deicke*, in: BeBiKo¹¹, § 321, Rn. 252.
67   Vgl. *Kleindiek*, in: Lutter/Hommelhoff, GmbHG¹⁹, § 42a, Rn. 13; ADS⁶, § 42a GmbHG, Tz. 13.
68   Vgl. *Crezelius*, in: Scholz, GmbHG¹¹, § 42a, Rn. 23 ff.; *Kleindiek*, in: Lutter/Hommelhoff, GmbHG¹⁹, § 42a, Rn. 17 ff.

lässig ist, von einer Vorlage des PrB an die nicht an der Feststellung des JA beteiligten Gesellschafter abzusehen, ist nicht unstrittig[69]. Unberührt davon bleiben dagegen jedenfalls die individuellen Informationsrechte der Gesellschafter nach § 51a GmbHG.

Bei **AG, SE und KGaA** besteht **kein Vorlage- oder Einsichtsrecht** für die HV oder für einzelne Aktionäre hinsichtlich des PrB[70]. Für diesen Personenkreis sind der BestV sowie die Stellungnahme des AR zum Prüfungsergebnis des APr. in seinem (schriftlichen) Bericht an die HV (§ 171 Abs. 2 S. 3 AktG) als Informationsinstrumente neben der Rechnungslegung vorgesehen. Die HV kann Einsicht in den PrB auch dann nicht verlangen, wenn sie den JA feststellt (§§ 173, 286 Abs. 1 AktG)[71]. Auch in der Satzung kann weder der HV noch einem einzelnen Aktionär ein Recht auf Vorlage des PrB oder auf Einsichtnahme in selbigen eingeräumt werden. 32

Die gesetzliche **Beschränkung des Empfängerkreises** ist darin begründet, dass der PrB vertrauliche Daten und Informationen enthält, die nicht für Dritte bestimmt sind. Es ist primär Aufgabe des beauftragenden Aufsichtsorgans, ggf. der Gesellschafter(versammlung) bzw. der gesetzlichen Vertreter, erforderlichenfalls Konsequenzen aus der Berichterstattung des APr. zu ziehen. 33

Dagegen bestehen **gesetzliche Vorlagepflichten** hinsichtlich des PrB v.a. in folgenden Fällen: 34

- Den **Finanzbehörden** ist der PrB vom Erklärenden mit Abgabe der Steuererklärung einzureichen (§ 150 Abs. 4 AO i.V.m. § 60 Abs. 3 S. 1 EStDV).
- **Gebietskörperschaften** können von Unternehmen, an denen sie entsprechend beteiligt sind, die Übersendung des PrB verlangen (§ 53 Abs. 1 Nr. 3 HGrG).
- **TU** haben dem MU ihren PrB einzureichen, unabhängig davon, ob eine Einbeziehung in den KA erfolgt (§ 294 Abs. 3 S. 1 HGB). Dabei hat der AR des MU über § 111 Abs. 2 AktG auch das Recht zur Einsichtnahme in die PrB über die Abschlussprüfung bei den TU.
- Weitere gesetzliche Vorlagepflichten, denen z.T. direkt durch den APr. nachzukommen ist, bestehen ggü. branchenbezogenen **Aufsichtsbehörden** wie etwa der BaFin (z.B. bei KI nach § 26 Abs. 1 KWG, bei Zahlungsdienstleistern nach § 17 Abs. 1 ZAG oder bei VU nach § 37 Abs. 5 VAG) und **Regulierungsbehörden** (z.B. nach § 6b Abs. 7 S. 1 EnWG oder §§ 28 Abs. 1 Nr. 5 GasNEV bzw. StromNEV).
- **Bei PIE** hat der APr. gem. Art. 11 Abs. 5 VO (EU) Nr. 537/2014 den „zusätzlichen Bericht an den Prüfungsausschuss" (d.h. **den PrB**[72]) der **zuständigen Behörde** i.S.d. Art. 20 Abs. 1 VO (EU) Nr. 537/2014 auf Verlangen zur Verfügung zu stellen. Zuständige Behörde i.S. dieser Vorschrift ist gem. § 66a Abs. 2 WPO die APAS beim Bundesamt für Wirtschaft und Ausfuhrkontrolle[73].

---

69 Vgl. *Crezelius*, in: Scholz, GmbHG[11], § 42a, Rn. 7 ff.; *Kleindiek*, in: Lutter/Hommelhoff, GmbHG[19], § 42a, Rn. 8, 15 ff.; ADS[6], § 42a GmbHG, Tz. 17.
70 Diese Vertraulichkeit unterscheidet den PrB von Berichten über die Gründungsprüfung (§ 34 Abs. 3 S. 2 AktG), Sonderprüfungen nach § 145 Abs. 4 AktG oder die Sonderprüfung wegen unzulässiger Unterbewertung (§ 259 Abs. 1 AktG). Zu diesen gesellschaftsrechtlichen Sonderprüfungen siehe *IDW*, WPH Edition, Assurance, Kap. J.
71 Vgl. ADS[6], § 321, Tz. 23.
72 Vgl. *IDW PS 450 n.F.*, Tz. P3/2; Kap. M Tz. 41.
73 Vgl. *IDW PS 450 n.F.*, Tz. P117/4.

- Außerdem ist der PrB den Mitgliedern eines **Wirtschaftsausschusses** als erforderliche Unterlage i.S.v. § 106 Abs. 2 BetrVG vorzulegen, wenn die gesetzlichen Vertreter aufgrund einer Einigung oder eines wirksamen Beschlusses der Einigungsstelle (§ 109 S. 2 BetrVG) hierzu verpflichtet werden[74]. Ohne erneuten Beschluss der Einigungsstelle besteht jedoch keine Verpflichtung, dem Wirtschaftsausschuss in den Folgejahren den PrB wiederum bei der Erläuterung des JA vorzulegen.

35 Nach § 320 Abs. 4 HGB ist bei einem **Wechsel des APr.** der bisherige APr. verpflichtet, dem neuen APr. auf dessen schriftliche Anfrage hin über das Ergebnis der bisherigen Prüfung zu berichten[75]. Diese Vorschrift betrifft sowohl den regulären Prüferwechsel als auch vorzeitige Prüferwechsel infolge einer Kündigung aus wichtigem Grund (§ 318 Abs. 6 HGB) oder im Fall des Widerrufs des Prüfungsauftrags durch das zu prüfende Unternehmen (§ 318 Abs. 1 S. 5 HGB). Der Berichtspflicht ist nach § 42 BS WP/vBP durch das Zurverfügungstellen des schriftlichen PrB nachzukommen.

Die Weitergabe des PrB i.R. von **Konzernabschlussprüfungen** ist dagegen indirekt geregelt. Der Anspruch des KAPr. auf Aushändigung des PrB eines Teilbereichsprüfers stützt sich auf § 320 Abs. 3 S. 1 HGB und besteht gegenüber den gesetzlichen Vertretern des MU. Diese haben ihrerseits sicherzustellen, dass sie diesen Vorlagerechten des KAPr. nachkommen können. Bei einer freiwilligen Konzernabschlussprüfung muss sich der KAPr. entsprechende Rechte i.R.d. schriftlichen Beauftragung einräumen lassen[76].

36 Nach § 321a HGB entstehen im **Insolvenzfall** (§ 11 InsO) sowie im Fall der Abweisung der Verfahrenseröffnung mangels Masse (§ 26 InsO) **Einsichtsrechte** in die PrB der letzten drei GJ[77]. Dadurch soll auch außerhalb des AR nachvollziehbar werden, ob der APr. seiner gesetzlichen Berichtspflicht (insb. nach § 321 Abs. 1 S. 2 u. 3 HGB) nachgekommen ist. Umgekehrt soll durch diese Verpflichtung die klare Darstellung des APr. im PrB gerade bei kritischen Unternehmenssituationen unterstützt werden[78]. Nicht umfasst von diesem gesetzlichen Einsichtsrecht sind PrB zu freiwilligen Abschlussprüfungen[79].

Einsichtsberechtigte Personen sind in solchen Fällen Gesellschafter[80] und Gläubiger des geprüften Unternehmens (§ 321a Abs. 1 S. 1 HGB); diese können ihre Einsichtsrechte aber auf WP oder ggf. vBP delegieren. Der Anspruch richtet sich gegen denjenigen, der die PrB in seinem Besitz hat. Dies wird im Falle der Eröffnung des Insolvenzverfahrens der Insolvenzverwalter sein (§ 36 Abs. 2 Nr. 1 InsO)[81]. Der Umfang der Einsichtsrechte in die PrB ist auf die Berichtsteile und -inhalte beschränkt, die nach § 321

---

74 Vgl. BAG v. 08.08.1989 (1 ABR 61/88), NZA 1990, S. 150.
75 Vgl. auch *IDW PS 205*, Tz. 12.
76 Zum Sonderfall einer Konzernabschlussprüfung ausschließlich nach ISA vgl. *Ruhnke/Schmidt*, in: Baetge/Kirsch/Thiele, Bilanzrecht, § 320, Rn. 522.
77 Die Regelungen zur Offenlegung des PrB in besonderen Fällen gelten gem. § 321a Abs. 4 HGB entsprechend für den PrB zum KA und KLB des Schuldners. Damit ist aber keine Einsichtnahme in die PrB der einbezogenen TU verbunden. Vgl. *Forster/Gelhausen/Möller*, WPg 2007, S. 191; *IDW PS 450 n.F.*, Tz. 152i.
78 Vgl. RegBegr. BilReG, BT-Drs. 15/3419 v. 24.06.2004, S. 43; *IDW PS 450 n.F.*, Tz. 152a.
79 Vgl. *IDW PS 450 n.F.*, Tz. 152c; *Schmidt/Deicke*, in: BeBiKo[11], § 321a, Rn. 9 m.w.N.
80 Bei AG, SE oder KGaA stehen diese Einsichtsrechte mit Rücksicht auf die ggf. erhebliche Zahl von Aktionären mit nur geringfügigen Anteilen und auf die Praktikabilität des Verfahrens nur solchen Aktionären zu, die zusammen mindestens den einhundertsten Teil des Grundkapitals oder einen Börsenwert von 100.000 € erreichen (§ 321a Abs. 2 S. 1 HGB). Vgl. *IDW PS 450 n.F.*, Tz. 152e.
81 Vgl. *Forster/Gelhausen/Möller*, WPg 2007, S. 193.

HGB vorgeschrieben sind[82]. Im Bedarfsfall ist die fachkundige **Erläuterung** des PrB durch den APr. ggü. den Einsicht nehmenden Personen gestattet[83].

Der PrB gehört **nicht** zu den Unterlagen, die nach § 325 ff. HGB **beim Betreiber des (elektronischen) Bundesanzeigers einzureichen bzw. zu hinterlegen** sind. Die Vertraulichkeit des PrB besteht somit auch ggü. dem Betreiber des BAnz. Der Betreiber des BAnz kann die Vorlage des PrB selbst für die Ausübung seiner Prüfungspflicht nach § 329 HGB nicht verlangen[84]. **37**

Der Empfängerkreis des PrB ist indes nicht generell auf die im Gesetz genannten Empfänger beschränkt. Es bleibt den gesetzlichen Vertretern des geprüften Unternehmens grds. unbenommen, – sofern dem keine vertraglichen Vereinbarungen mit dem APr.[85] entgegenstehen – den **PrB an Dritte** außerhalb des gesetzlich vorgesehenen Empfängerkreises weiterzugeben (z.B. an KI i.Z.m. der Offenlegung der wirtschaftlichen Verhältnisse nach § 18 KWG oder an stille Gesellschafter) oder Dritten in den PrB Einsicht zu gewähren (z.B. i.R. einer Due Diligence bei Unternehmensakquisitionen). **38**

Die gesetzlichen Vertreter und die AR-Mitglieder einer AG, SE, KGaA oder einer GmbH können sich allerdings strafbar machen, wenn sie Geheimnisse der Gesellschaft, die ihnen durch den PrB bekannt geworden sind, unbefugt offenbaren (§ 404 Abs. 1 Nr. 1 AktG, § 85 GmbHG). Die Gesellschafter von GmbH bzw. KapCoGes. haben ebenfalls eine aus ihrer Treuepflicht abzuleitende **Verschwiegenheitspflicht** über schutzwürdige Inhalte des PrB[86]. **39**

Die vertrauliche Behandlung des PrB durch den APr. ist durch dessen gesetzliche (§ 323 Abs. 1 S. 1 HGB; §§ 43 Abs. 1 S. 1, 50 WPO) sowie berufsrechtliche (§§ 10, 11 BS WP/vBP) Verpflichtung zur Verschwiegenheit und entsprechende Strafvorschriften (insb. § 333 HGB, § 404 Abs. 1 Nr. 2 AktG) besonders geschützt. Auch in Aufsichts- und Beschwerdesachen der WPK darf der APr. den PrB weder ganz noch teilweise vorlegen oder daraus zitieren, sofern er dadurch seine Verpflichtung zur Verschwiegenheit verletzen würde (§ 62 Abs. 2 S. 1 WPO)[87].

Die oben dargestellten Grundsätze gelten i.Z.m. der nach Art. 11 VO (EU) Nr. 537/2014 bei Abschlussprüfungen von **PIE** für nach dem 16.06.2016 beginnende GJ vorgeschriebenen **Berichterstattung** im Wesentlichen gleichermaßen. **40**

Auch hier ist **Schriftlichkeit** vorgeschrieben (Art. 11 Abs. 2 Unterabs. 1 S. 1). Auch hier ist, da die Berichterstattung zeitgleich mit dem BestV vorzulegen ist (Art. 11 Abs. 1 Unterabs. 1 S. 1), die Prüfung ohne **Vorlage** an den PrA formalrechtlich noch nicht beendet. Den **Mindestinhalt** für die Berichterstattung über die Ergebnisse der Abschlussprüfung

---

82 Zur Abgrenzung vgl. *Ebke*, in: MünchKomm. HGB³, § 321a, Rn. 9.
83 Hierzu und zu haftungsrechtlichen Aspekten vgl. *Ebke*, in: MünchKomm. HGB³, § 321a, Rn. 11; *Schmidt/Deicke*, in: BeBiKo¹¹, § 321a, Rn. 11.
84 Vgl. *Fehrenbacher*, in: MünchKomm. HGB³, § 329, Rn. 15; ebenso bereits ADS⁶, § 321, Tz. 26.
85 Vgl. bspw. IDW AAB (Stand: 01.01.2017), Nr. 6 Abs. 1: „Die Weitergabe beruflicher Äußerungen des Wirtschaftsprüfers (Arbeitsergebnisse oder Auszüge von Arbeitsergebnissen – sei es im Entwurf oder in der Endfassung) oder die Information über das Tätigwerden des Wirtschaftsprüfers für den Auftraggeber an einen Dritten bedarf der schriftlichen Zustimmung des Wirtschaftsprüfers, es sei denn, der Auftraggeber ist zur Weitergabe oder Information aufgrund eines Gesetzes oder einer behördlichen Anordnung verpflichtet".
86 Vgl. *Kleindiek*, in: Lutter/Hommelhoff, GmbHG¹⁹, § 42a, Rn. 21.
87 Zur Verschwiegenheitspflicht des WP siehe allg. *Maxl*, in: Hense/Ulrich, WPO³, § 43, Rn. 226 ff.

gibt Art. 11 Abs. 2 VO (EU) Nr. 537/2014 vor[88] (in Ausnahmefällen ergänzend Abs. 3). In Ausübung des Mitgliedstaatenwahlrechts nach Art. 11 Abs. 2 Unterabs. 2 gilt zudem allgemein § 321 Abs. 1 S. 1 HGB, wodurch dann i.R.d. Berichterstattung auch den deutschen Besonderheiten z.B. in Bezug auf die Buchführung (einschließl. der GoB) sowie die Beachtung gesellschaftsvertraglicher bzw. satzungsmäßiger Bestimmungen Rechnung zu tragen ist[89]. Adressat und **Empfänger** der Berichterstattung ist der PrA, mangels Existenz der AR bzw. ein diesem vergleichbares Gremium (Art. 11 Abs. 1 Unterabs. 2 S. 1). Die Stellungnahmemöglichkeit durch das Geschäftsführungsorgan ist durch § 321 Abs. 5 S. 3 i.V.m. § 317 Abs. 3a HGB sichergestellt[90]. Die Vorschriften zur Informationsweitergabe bei einem **Wechsel des APr.** (Art. 18 VO (EU) Nr. 537/2014) sehen ein Zugangsrecht auch hinsichtlich der Berichterstattung früherer Jahre vor (nach Art. 18 Unterabs. 2 i.V.m. Art. 15 bis zu fünf Jahre) und dehnen dieses Zugangsrecht zudem auf alle Informationen aus, die den zuständigen Aufsichtsbehörden gem. Art. 12 Abs. 1 (Unterrichtungspflicht) bzw. Art. 13 (Transparenzbericht) übermittelt werden; sie gehen insofern über die HGB-Regelungen hinaus. Unter das Einsichtsrecht des **§ 321a HGB** fällt auch die Berichterstattung nach Art. 11 VO (EU) Nr. 537/2014[91]. Die **Verschwiegenheitspflichten** gelten für sämtliche Beteiligten in gleicher Form, da sie allgemeingültig außerhalb der VO (EU) Nr. 537/2014 geregelt sind[92].

41 Entsprechend sieht auch der deutsche Gesetzgeber vor, dass die **Berichterstattung nach Art. 11 VO (EU) Nr. 537/2014 in den PrB nach § 321 HGB integriert** wird[93].

Rechtstechnisch wurde dies dadurch erreicht, dass § 321 Abs. 1 S. 1 Hs. 1 HGB für alle gesetzlichen Abschlussprüfungen Geltung besitzt. Aus Sicht des § 321 HGB resultiert aus Art. 11 VO (EU) Nr. 537/2014 kein „zusätzlicher" Bericht, sondern vielmehr eine Erweiterung des etablierten PrB um „zusätzliche" **Inhalte**. So fordert Art. 11 VO (EU) Nr. 537/2014 auch nicht, wie dies auf den ersten Blick erscheinen mag, eine Berichterstattung über enumerativ genannte Einzelaspekte, sondern vielmehr eine **„Erläuterung der Ergebnisse der durchgeführten Abschlussprüfung und ferner zumindest folgendes ..."** (Art. 11 Abs. 2 Unterabs. 1 S. 2). Ein „zusätzlicher" Bericht ergibt sich nach dem Verständnis der VO lediglich im Verhältnis zum sog. [Independent] Auditor's Report (d.h. BestV i.S.v. § 322 HGB bzw. Art. 28 RL 2006/43/EG), dem einzigen schriftlichen Berichterstattungsinstrument des APr., für das international anerkannte Standards existieren[94]. So regelt § 317 Abs. 3a HGB (für KI § 340k Abs. 1 S. 4, für VU § 341k Abs. 1 S. 4 HGB) für den gesamten Unterabschnitt (d.s. §§ 316 bis 324a HGB), dass dieser nur insoweit anzuwenden ist, als nicht die VO (EU) Nr. 537/2014 anzuwenden ist. Damit gehen die Vorschriften der VO für PIE stets vor; soweit die VO jedoch keine Vor-

---

88 Vgl. hierzu auch die Zusammenstellung bei *Schmidt/Poullie*, in: BeBiKo[10], § 321, Rn. 149.
89 Vgl. RegBegr. AReG, BT-Drs. 18/7219 v. 11.01.2016, S. 42 f.
90 Vgl. RegBegr. AReG, BT-Drs. 18/7219 v. 11.01.2016, S. 43.
91 Vgl. *IDW PS 450 n.F.*, Tz. 152c; *Schmidt/Deicke*, in: BeBiKo[11], § 321a, Rn. 9. Siehe hierzu auch RegBegr. BilReG, BT-Drs. 15/3419 v. 24.06.2004, insb. S. 43.
92 Vgl. Art. 23 RL 2006/43/EG (für APr.); §§ 93, 116 AktG, §§ 43, 52 GmbHG (für PrA bzw. AR).
93 Vgl. RegBegr. AReG, BT-Drs. 18/7219 v. 11.01.2016, S. 30 (vierter Spiegelstrich), S. 43. Ebenso *Blöink/Kumm*, BB 2015, S. 1070; *Schüppen*, NZG 2016, S. 250. Vgl. auch den Wortlaut des § 319a Abs. 1 S. 3 zweiter Satzteil HGB: „(...) **im Prüfungsbericht** darzustellen und zu erläutern" [Hervorhebung des Verf.].
94 Vgl. hierzu ISA 700 ff. (Rev. 2015). I.Z.m. der Kommunikation mit dem Aufsichtsorgan (nach dem Wortlaut von ISA 260.10 (a) (Rev. 2015) „those charged with governance") ist Schriftlichkeit nur dann und insoweit notwendig, als eine mündliche Kommunikation nach dem pflichtgemäßen Ermessen des APr. nicht angemessen erscheint (vgl. ISA 260.19 (Rev. 2015), A46-48).

schriften enthält, werden Leerstellen auch für PIE durch §§ 316 bis 324a HGB ausgefüllt. Infolgedessen wird durch die Ausübung des Mitgliedstaatenwahlrechts nach Art. 11 Abs. 2 Unterabs. 2 VO (EU) Nr. 537/2014 in § 321 Abs. 1 S. 1 HGB der obligate Umfang der Berichterstattung des APr. für PIE über den bislang üblichen ausgedehnt[95]. D.h. im Ergebnis ist **der nach Art. 11 VO (EU) Nr. 537/2014 vorgeschriebene (zusätzliche) Bericht an den PrA, der um die Angaben nach § 321 HGB erweitert wird,** *„der Prüfungsbericht"*[96]. Dies unterstreicht auch die Tatsache, dass ein einheitlicher BestV erteilt wird, und zwar unter Beachtung sowohl von § 322 HGB als auch von Art. 10 VO (EU) Nr. 537/2014. Ergänzend dazu stellt der Gesetzgeber zudem durch das Zusammenspiel zwischen § 321 Abs. 1 S. 1 und Abs. 5 HGB die Gleichbehandlung von PrA sowie AR als Gesamtgremium mit Informationen über die Abschlussprüfung sicher[97].

2.1.2 Funktion des Prüfungsberichts

Aufgabe des APr. i.R.d. Prüfungsberichterstattung nach § 321 HGB ist es, den Auftraggeber sachverständig über Art, Umfang und Ergebnis der Prüfung der vorgelegten Rechnungslegung zu unterrichten. Inhalt und Umfang der Berichterstattung sind dabei an den spezifischen Anforderungen der Berichtsadressaten auszurichten. Anders als der nach § 325 ff. HGB offenzulegende BestV ist der PrB primär ein internes, als vertraulich zu behandelndes, Kommunikationsinstrument zwischen APr. und Berichtsadressat und nicht für die (weitere) Öffentlichkeit bestimmt. 42

Gleiches gilt für Berichte i.Z.m. freiwilligen Abschlussprüfungen und anderen prüferischen Tätigkeiten, sofern diesbezüglich eine analoge Berichterstattung vereinbart ist[98].

Der PrB besitzt in diesem Zusammenhang drei **Hauptfunktionen**[99]: 43

a) Informationsfunktion
b) Unterstützungsfunktion
c) Nachweisfunktion.

Zu a) Informationsfunktion

Kern der **Informationsfunktion** ist die unabhängige, sachverständige und problemorientierte[100] Unterrichtung der Adressaten über die Prüfungsgegenstände, die Prüfungsdurchführung und insb. über die Ergebnisse der Prüfung durch den APr. (§ 321 Abs. 1 S. 1 HGB; Art. 11 Abs. 2 Unterabs. 1 S. 2 VO (EU) Nr. 537/2014). Nach der Gesetzeskonzeption ist Hauptadressat des PrB das jeweilige Aufsichtsgremium. Inhalt, Umfang und Schwerpunkte des PrB sind auf diese Aufgabe auszurichten. Der PrB ist kurz gesagt **„aufsichtsratgerecht"** – bei GmbH stets auch gesellschaftergerecht (vgl. § 42a Abs. 1 S. 2 GmbHG) – abzufassen[101]. Dementsprechend ist eine frühzeitige und 44

---

95 Ebenso *Blöink/Kumm*, BB 2015, S. 1070; *Farr*, WPg 2017, S. 865 (866); *Schüppen*, NZG 2016, S. 250.
96 Vgl. *IDW PS 450 n.F.*, Tz. P3/2.
97 Vgl. RegBegr. AReG, BT-Drs. 18/7219 v. 11.01.2016, S. 43.
98 Vgl. *IDW PS 450 n.F.*, Tz. 20; auch *IDW PS 480*, Tz. 24; *IDW PS 490*, Tz. 22.
99 Vgl. *Plendl*, in: HWRP³, Sp. 1779.
100 Vgl. RegBegr. KonTraG, BT-Drs. 13/9712 v. 28.01.1998, S. 9, 28.
101 Dabei kann grds. davon ausgegangen werden, dass die Adressaten ein Grundverständnis für die wirtschaftlichen Gegebenheiten des geprüften Unternehmens bzw. Konzerns und für die Grundlagen der Rechnungslegung besitzen. Vgl. *IDW PS 450 n.F.*, Tz. 15; ADS⁶, § 321, Tz. 41; *Kuhner/Päßler*, in: HdR⁵, § 321, Rn. 11 m.w.N.; *Schmidt/Deicke*, in: BeBiKo¹¹, § 321, Rn. 21.

intensive Kommunikation mit dem Aufsichtsgremium, ggf. auch mit dem von diesem gebildeten PrA, gerade in puncto Schwerpunktsetzung anzuraten[102].

Zu b) Unterstützungsfunktion

45 Korrespondierend dazu erfüllt der PrB ggü. dem Aufsichtsgremium eine **Unterstützungsfunktion**, indem er die Grundlage dafür bildet, dass das Aufsichtsgremium – nach sorgfältiger Durchsicht des PrB und ggf. aufgrund ergänzender Auskünfte des APr. (§ 171 Abs. 1 S. 2 AktG) – entscheiden kann, wie weit es sich i.R.d. ihm obliegenden eigenständigen Prüfungspflicht von JA, LB und Vorschlag für die Verwendung des Bilanzgewinns sowie (bei MU) von KA und KLB (§ 171 Abs. 1 S. 1 AktG bzw. § 52 Abs. 1 GmbHG) auf die Ergebnisse der Prüfung durch den APr. stützen kann und inwieweit es u.U. eigene Prüfungshandlungen durchführen oder durch weitere Sachverständige durchführen lassen muss[103]. Der PrB unterstützt das Aufsichtsgremium außerdem bei der Erledigung seines allgemeinen Überwachungsauftrags (§ 111 Abs. 1 AktG), der neben der Kontrolle der Rechnungslegung insb. auch auf die Geschäftsstrategie des Unternehmens und auf die Überwachung etwaiger Risiken der zukünftigen Entwicklung ausgerichtet ist[104].

46 Besondere Bedeutung für die Informations- und Unterstützungsfunktion des PrB kommt dabei der Stellungnahme des APr. zur Lagebeurteilung der gesetzlichen Vertreter und den Ausführungen zu möglichen Bestandsgefährdungen oder Entwicklungsbeeinträchtigungen nach § 321 Abs. 1 S. 2 HGB zu[105]. Diese Informationen werden zusammen mit den weiteren Berichtselementen nach § 321 Abs. 1 S. 3 HGB i.R.d. **vorangestellten Berichterstattung** an den Anfang des PrB gerückt. Damit soll das Aufsichtsgremium schon auf den ersten Berichtsseiten über die wesentlichen Aussagen zur wirtschaftlichen Lage, zur zukünftigen Entwicklung und zu bestehenden Risiken in Kenntnis gesetzt werden. Zur Unterstützung bei der Erfüllung seiner erweiterten Überwachungspflichten wird der AR von börsennotierten AG bzw. SE in einem eigenständigen Berichtsteil zur Prüfung des Risikofrüherkennungssystems nach § 317 Abs. 4 HGB über wesentliche Fehlerquellen und Schwachstellen in der Unternehmensorganisation informiert[106].

47 Der Aufgabenstellung entsprechend sind Prüfungsgegenstand und -inhalte so aufzubereiten, dass dem PrB alle **wichtigen Gesichtspunkte** für die Beurteilung der Rechtmäßigkeit der Rechnungslegung entnommen werden können. Aus dem PrB muss zu ersehen sein, ob die gesetzlichen Vorschriften über die Rechnungslegung eingehalten sind, welchen wesentlichen Informationsinhalt die Posten des JA besitzen, in welcher Weise Ansatz- und Bewertungswahlrechte genutzt werden und welche Auswirkungen sich daraus ergeben. Dabei muss aus dem PrB auch hervorgehen, ob die Ausführungen der gesetzlichen Vertreter im LB zur Entwicklung der Vermögens-, Finanz- und Ertragslage, mitsamt der dafür maßgebenden Einflussfaktoren, sowie die Einschätzungen

---

102 Vgl. *IDW PS 470 n.F.*, Tz. 20, A19.
103 Vgl. ADS[6], § 171 AktG, Tz. 17; *Plendl*, in: HWRP[3], Sp. 1779 f.
104 Zum Inhalt dieses allgemeinen Überwachungsauftrags vgl. *Habersack*, in: MünchKomm. AktG[4], § 111, Rn. 29 ff; *Spindler*, in: Spindler/Stilz, AktG[3], § 111, Rn. 6 ff. Zu den AR-Pflichten im Fall von Unternehmenskrisen siehe bspw. *Hasselbach*, NZG 2012, S. 41 ff. Zum Aspekt eigenständiger interner Untersuchungen durch den AR vgl. *Fett/Habbe*, AG 2018, S. 257 ff.
105 Vgl. RegBegr. KonTraG, BT-Drs. 13/9712 v. 28.01.1998, S. 28.
106 Vgl. RegBegr. KonTraG, BT-Drs. 13/9712 v. 28.01.1998, S. 29.

der gesetzlichen Vertreter über die Chancen und Risiken nachvollziehbar sind. Daneben ist auf i.R.d. Prüfung ggf. festgestellte schwerwiegende Unregelmäßigkeiten einzugehen.

Der PrB sollte außerdem die **rechnungslegungsrelevanten Informationen** enthalten, welche das Aufsichtsgremium zur Erfüllung seiner über die Prüfung der Rechtmäßigkeit des JA hinausgehenden Prüfung der Rechnungslegung auf Zweckmäßigkeit[107] benötigt. Das Aufsichtsgremium hat dabei – unter Zuhilfenahme des PrB – zu beurteilen, ob die gesetzlichen Vertreter bei der Aufstellung des JA die Ansatz-, Bewertungs- und Ausweiswahlrechte sowie die Ermessensentscheidungen dem Unternehmensinteresse entsprechend ausgeübt bzw. getroffen haben. 48

Bei AG ist der APr. daher zur **Teilnahme an der Bilanzsitzung** des AR bzw. des PrA verpflichtet (§ 171 Abs. 1 S. 2 AktG; vgl. Kap. M Tz. 101 ff.), soweit der AR nicht ausdrücklich anders entscheidet[108]. Allerdings verstößt ein AR, der den APr. nicht zur Bilanzsitzung lädt, nach h.M. gegen seine allgemeinen Sorgfaltspflichten nach § 116 i.V.m. § 93 AktG[109]. So legt auch der DCGK in Nr. 7.2.4 ausdrücklich fest: „Der Abschlussprüfer nimmt an den Beratungen des AR über den Jahres- und Konzernabschluss teil und berichtet über die wesentlichen Ergebnisse seiner Prüfung." Es ist zwar grds. ausreichend, wenn der APr. nur zu der Bilanzsitzung des PrA und nicht auch des Gesamtgremiums (das Plenum[110]) geladen wird; nichtsdestotrotz ist die Teilnahme an beiden Sitzungen zweifellos sinnvoll[111]. 49

Für den APr. besteht, wenn er ordnungsgemäß zu einer Bilanzsitzung eingeladen wurde, **Teilnahmepflicht**[112]. Er unterstützt mit seinen Informationen den AR im Hinblick auf dessen Verpflichtung, an die HV über das Ergebnis seiner Prüfung zu berichten und dabei auch zu dem Ergebnis der Prüfung durch den APr. Stellung zu nehmen (§ 171 Abs. 2 AktG). 50

Erhält der APr. keine Einladung, ist er nach dem AktG nicht verpflichtet, auf seine Teilnahme hinzuwirken. Er sollte die Mitglieder des AR bzw. des PrA aber auf den damit verbundenen Sorgfaltspflichtverstoß (schriftlich) aufmerksam machen. 51

Abweichend hiervon dürfte bei **Abschlussprüfungen von PIE** davon auszugehen sein, dass mit dem **Initiativrecht** nach Art. 11 Abs. 2 Unterabs. 3 VO (EU) Nr. 537/2014 auch ein (ggf. gerichtlich erzwingbares) Teilnahmerecht des APr. verbunden ist – jedenfalls soweit Punkte i.S.v. Art. 11 Abs. 2 Buchst. i) bis k) und p) VO (EU) Nr. 537/2014 zu behandeln sind[113]. Angesichts der klaren Regelung auch des DCGK[114] und des zu unterstellenden Wissens der Mitglieder der betroffenen Aufsichtsgremien um den mit der Nichteinladung des APr. verbundenen Sorgfaltspflichtverstoß sollte dieser Fall indes kaum praxisrelevant werden.

---

107 Vgl. *Euler/Klein*, in: Spindler/Stilz, AktG³, § 171, Rn. 43 ff.; ADS⁶, § 171 AktG, Tz. 21.
108 Vgl. *Euler/Klein*, in: Spindler/Stilz, AktG³, § 171, Rn. 26; RegBegr. KonTraG, BT-Drs. 13/9712 v. 28.01.1998, S. 22; *IDW PS 470 n.F.*, Tz. 22.
109 Vgl. *Koch*, in: Hüffer/Koch, AktG¹², § 171, Rn. 14 m.w.N.; *Euler/Klein*, in: Spindler/Stilz, AktG³, § 171, Rn. 27 m.w.N.
110 Vgl. RegBegr. KonTraG, BT-Drs. 13/9712 v. 28.01.1998, S. 22.
111 Vgl. *Hennrichs/Pöschke*, in: MünchKomm. AktG³, § 171, Rn. 133; *Vetter*, in: Marsch-Barner/Schäfer, Hdb. AG⁴, Rn. 26.68.
112 Ein Verstoß gegen die Teilnahmepflicht tangiert die Gültigkeit des JA jedoch nicht. Vgl. *Drygala*, in: Schmidt/Lutter, AktG³, § 171, Rn. 10; ADS⁶ ErgBd., § 171 AktG n.F., Tz. 21.
113 Art. 11 Abs. 2 Unterabs. 3 VO (EU) Nr. 537/2014 hebt dabei Buchst. j) ausdrücklich hervor.
114 Vgl. *Bachmann*, in: Kremer et al., DCGK⁷, Rn. 1759 ff.

52 Ebenso bildet der PrB für **GmbH-Gesellschafter** sowohl eine wichtige Informationsbasis für die Überwachung der Geschäftsführung als auch eine wesentliche Entscheidungsgrundlage bei der Feststellung des JA. Diese Aufgabe des PrB wird durch die Vorschrift des § 42a Abs. 3 GmbHG ergänzt, wonach der APr. auf Verlangen eines Gesellschafters an den Verhandlungen über die Feststellung des JA teilzunehmen hat. Es handelt sich dabei um ein Individualrecht jedes Gesellschafters, welches auch bei Existenz eines (freiwilligen) AR grds. nicht entfällt, sofern dieser nicht zugleich feststellungsberechtigtes Organ für den JA ist[115].

53 Für die **gesetzlichen Vertreter** des geprüften Unternehmens stellt der PrB eine sachliche Information von unabhängiger Seite im Sinne einer kritischen Selbstvergewisserung dar und kann zugleich der Weiterentwicklung und Verbesserung des Rechnungslegungssystems sowie ggf. des Risikofrüherkennungssystems[116] dienen. Dies gilt vor allem dann, wenn der APr. im PrB auf **festgestellte Mängel und Schwachpunkte** im Rechnungswesen bzw. im Risikofrüherkennungssystem hinweist.

54 Der PrB hat Bedeutung auch für diejenigen gesetzlichen Vertreter, in deren Ressort nicht die Buchführung und die Erstellung von JA und LB sowie die Einrichtung des Risikofrüherkennungssystems fällt (geteilte Zuständigkeiten), die gleichwohl aber als Mitglieder des **Kollegialorgans Geschäftsführung** für die Buchführung und die Rechnungslegung des Unternehmens sowie das Risikofrüherkennungssystem mit verantwortlich sind[117]. Diese gesetzlichen Vertreter können sich mit Hilfe des PrB ein sachdienliches Bild der Rechnungslegung verschaffen und werden ggf. über die Funktionsfähigkeit und einen eventuellen Verbesserungsbedarf des im Unternehmen eingerichteten Systems zur Früherkennung bestandsgefährdender Risiken und dessen Überwachung informiert. Dies gilt ebenfalls für die **Konzernleitung**, die durch die PrB der TU (§ 294 Abs. 3 S. 1 HGB) sowie die Beurteilung des grds. konzernweit auszurichtenden Risikofrüherkennungssystems durch den APr.[118] zusätzliche Informationen zur Beurteilung und Kontrolle der TU erhält.

55 Der PrB ist vielfach auch eine wesentliche Informationsgrundlage bei Verhandlungen mit Kreditgebern etc. Inhalt und Umfang der Berichterstattung sind nach der Gesetzesintention jedoch nicht an solchen Empfängerkreisen bzw. Verwendungszwecken auszurichten. Da der PrB grds. nur für das Aufsichtsgremium bzw. die GmbH-Gesellschafter und die gesetzlichen Vertreter bestimmt ist (zu gesetzlich geregelten Ausnahmen siehe Kap. M Tz. 34 ff.), können **Dritte**, denen der PrB ggf. vorgelegt wird, aus Mängeln des PrB grds. **keine Ansprüche** gegen den APr. herleiten[119].

---

115 Vgl. *Haas*, in: Baumbach/Hueck, GmbHG[21], § 42a, Rn. 43 i.V.m. Rn. 16.
116 Im GmbHG hat der Gesetzgeber eine § 91 Abs. 2 AktG entsprechende Regelung nicht getroffen. Ausweislich der Gesetzesbegründung (RegBegr. KonTraG, BT-Drs. 13/9712 v. 28.01.1998, S. 15) wird allerdings davon ausgegangen, dass für GmbH vergleichbarer Größe und Komplexität nichts anderes gilt und § 91 Abs. 2 AktG damit Ausstrahlungswirkung auf den Pflichtenrahmen von Geschäftsführern auch anderer Gesellschaftsformen hat. Vgl. allgemein *IDW PS 450 n.F.*, Tz. 107, *IDW PS 340*, Tz. 1 und für Unternehmen im Anteilsbesitz von Gebietskörperschaften *IDW PS 720*, Tz. 8 i.V.m. Fragenkreis 4.
117 Zur Kollegialverantwortung vgl. *Fleischer*, in: Spindler/Stilz, AktG[3], § 76, Rn. 8, 63 f. m.w.N.; *Spindler*, in: MünchKomm. AktG[4], § 77, Rn. 55 ff.; *Kleindiek*, in: Lutter/Hommelhoff, GmbHG[19], § 41, Rn. 2 ff.
118 Vgl. *IDW PS 340*, Tz. 34 ff. Dies basiert auf dem Erfordernis, von TU ausgehende Risiken, die den Fortbestand des MU gefährden können, rechtzeitig erkennen zu können. Vgl. RegBegr. KonTraG, BT-Drs. 13/9712 v. 28.01.1998, S. 15.
119 Vgl. ADS[6], § 321, Tz. 36.

Zu c) Nachweisfunktion

Die dritte wesentliche Funktion des PrB besteht in seiner **Nachweisfunktion**[120]. Dies gilt auch i.Z.m. der als integraler Teil des PrB erfolgenden Berichterstattung nach Art. 11 VO (EU) Nr. 537/2014 für PIE[121]. 56

Für das Aufsichtsgremium bzw. die Gesellschafterversammlung dokumentiert das Vorliegen des PrB (nebst BestV) urkundlich die gesetzeskonforme Beendigung der Abschlussprüfung und erlaubt damit formalrechtlich die Feststellung des JA (§ 316 Abs. 1 S. 2 HGB). 57

Für die gesetzlichen Vertreter des geprüften Unternehmens stellt der PrB einen schriftlichen Nachweis darüber dar, dass bzw. inwieweit sie – nach Beurteilung des APr. aufgrund seiner pflichtgemäß durchgeführten Prüfung – in allen wesentlichen Belangen ihre Pflicht, Bücher ordnungsgemäß zu führen (§ 91 Abs. 1 AktG, § 41 GmbHG) und entsprechend den gesetzlichen Vorschriften Rechnung zu legen, erfüllt haben und ggf. ihrer Verpflichtung, ein funktionsfähiges System zur Früherkennung bestandsgefährdender Risiken einzurichten (§ 91 Abs. 2 AktG, ggf. analog), nachgekommen sind. 58

Auch für den APr. hat der PrB wesentliche Bedeutung: Er enthält eine ausführliche Niederlegung und Begründung des Prüfungsergebnisses und erbringt – begleitet von den Arbeitspapieren – den Nachweis, dass er, abgesehen von der Berichterstattung an den AR nach § 171 Abs. 1 S. 2 AktG, seine Pflichten erfüllt hat[122]. Die Nachweisfunktion des PrB ist auch im Regressfall von Bedeutung. Den detaillierten Nachweis, wie er den gesetzlichen Pflichten nachgekommen ist, führt der APr. indes grds. anhand der Arbeitspapiere, da der PrB aus Gründen der Klarheit und Übersichtlichkeit (§ 321 Abs. 1 S. 2 HGB) Art und Umfang der im Einzelnen vorgenommenen Prüfungshandlungen nicht zu enthalten hat[123]. Darüber hinaus dient bei einem Wechsel des APr. der PrB für das VJ als wichtige Prüfungsgrundlage für die nachfolgende Abschlussprüfung durch den neuen APr.[124] 59

2.2 Bestätigungsvermerk

2.2.1 Rechtliche Bedeutung des Bestätigungsvermerks

Gemäß § 2 Abs. 1 WPO gehört es zu den **Kernaufgaben** von WP, BestV über die Vornahme und das Ergebnis von Jahresabschlussprüfungen wirtschaftlicher Unternehmen zu erteilen[125]. Damit wird zugleich die zentrale Funktion des BestV, nämlich auf ge- 60

---

[120] Vgl. *Plendl*, in: HWRP³, Sp. 1780.
[121] Vgl. dazu auch *EU-Kommission*, Grünbuch – Weiteres Vorgehen im Bereich der Abschlussprüfung: Lehren aus der Krise, KOM(2010) 561 v. 13.10.2010, S. 9 f. sowie Erwägungsgrund (14) zur VO (EU) Nr. 537/2014.
[122] Vgl. ADS⁶, § 321, Tz. 35; *Kuhner/Päßler*, in: HdR⁵, § 321, Rn. 7.
[123] Vgl. *IDW PS 450 n.F.*, Tz. 51; *IDW PS 460 n.F.*, Tz. 7, 10.
[124] Vgl. § 320 Abs. 4 HGB; § 42 Abs. 2 BS WP/vBP; *IDW PS 205*, Tz. 12.
[125] Zu den Grundlagen vgl. Kap. A; *Geithner*, in: Hense/Ulrich, WPO³, § 2, Rn. 3 ff. Das IDW legt in der **IDW PS 400er-Reihe** die Berufsauffassung dar, nach der WP als APr. unbeschadet ihrer Eigenverantwortlichkeit Prüfungsurteile zu den im BestV anzusprechenden Gegenständen einer Abschlussprüfung bilden, und behandelt Form und Inhalt des BestV bzw. Versagungsvermerks, der als Ergebnis einer Abschlussprüfung erteilt wird. Weitere *IDW PS* (z.B. *IDW PS 270 n.F.*) enthalten ebenfalls Anforderungen, die bei der Erteilung eines BestV zu beachten sind.

setzlicher Grundlage oder aufgrund von vertraglichen Vereinbarungen mit dem Auftraggeber das Ergebnis einer Abschlussprüfung zusammenzufassen, charakterisiert.

61 Der BestV selbst bildet den **Rahmen**, innerhalb dessen die Prüfungsurteile des APr. zu den im BestV zu behandelnden Prüfungsgegenständen dargestellt und begründet werden. Der Inhalt der pflichtgemäßen Prüfung ist bestimmt durch die gesetzlichen Anforderungen, bei freiwilligen Prüfungen ggf. auch durch vertragliche Vereinbarungen, sowie die einschlägigen beruflichen und fachlichen Grundsätze[126]. Zu beachten ist dabei, dass nicht jeder Prüfungsgegenstand auch im BestV anzusprechen ist (z.B. § 317 Abs. 4 HGB). Im Rahmen des BestV zu behandelnde Prüfungsgegenstände sind nach den deutschen und europarechtlichen Vorschriften neben JA bzw. KA regelmäßig LB bzw. KLB und bestimmte Branchenspezifika wie bspw. § 6b EnWG. Sehen gesetzliche Vorschriften eine Erweiterung des Prüfungsgegenstands, nicht aber die Aufnahme eines Prüfungsurteils darüber in den BestV vor, trifft der APr. seine Prüfungsaussagen dazu ausschließlich im PrB[127].

62 Die **Begriffe** Prüfungsurteil einerseits und BestV andererseits lassen sich dabei im Grundsatz wie folgt einander **zuordnen**[128]:

Prüfungsurteil (nach ISA 700 ff. (Rev.))	Prüfungsurteil (nach Art. 28 RL 2006/43/EG)	Bestätigungsvermerk (nach § 322 HGB)
Nicht modifiziertes Urteil Unmodified Opinion (ISA 700.7 (c))	uneingeschränktes Prüfungsurteil (Art. 28 Abs. 2 Buchst. c) S. 1 Alt. 1 RL 2006/43/EG)	uneingeschränkter Bestätigungsvermerk (§ 322 Abs. 2 S. 1 Nr. 1 HGB)
Modifizierte Urteile Qualified Opinion (ISA 705.7)	eingeschränktes Prüfungsurteil (Art. 28 Abs. 2 Buchst. c) S. 1 Alt. 2 RL 2006/43/EG)	eingeschränkter Bestätigungsvermerk (§ 322 Abs. 2 S. 1 Nr. 2 HGB)
Adverse Opinion (ISA 705.8)	negatives Prüfungsurteil (Art. 28 Abs. 2 Buchst. c) S. 1 Alt. 3 RL 2006/43/EG)	Versagungsvermerk wegen Einwendung(en) (§ 322 Abs. 2 S. 1 Nr. 3 HGB)
Disclaimer of Opinion (ISA 705.9)	[Erklärung der] Nichtabgabe des Prüfungsurteils (Art. 28 Abs. 2 Buchst. c) S. 2 RL 2006/43/EG)	Versagungsvermerk wegen Prüfungshemmnis(sen) (§ 322 Abs. 2 S. 1 Nr. 4 HGB)

---

126 Vgl. insb. *IDW PS 200, IDW PS 201.*
127 Vgl. *IDW PS 400 n.F.*, Tz. 22, A19, Tz. 66, A63, A64.
128 Vgl. auch *Plendl/Kling*, WPg 2013, S. 1127.

Hierbei ist allerdings zu berücksichtigen, dass **Prüfungsurteile**, die nicht den JA, KA bzw. EA betreffen, sondern andere Prüfungsgegenstände (d.h. LB, KLB oder einen sonstigen Prüfungsgegenstand), qua Konvention des *IDW PS 405* keine Auswirkung auf die Bezeichnung des BestV haben, d.h. keinen „Versagungsvermerk" i.S.v. § 322 Abs. 2 S. 1 Nr. 3 oder Nr. 4 HGB nach sich ziehen (vgl. Kap. M Tz. 70)[129].

Sind vom APr. aufgrund der bei Prüfung gewonnenen Erkenntnisse keine bzw. lediglich unwesentliche Beanstandungen zu erheben (vgl. auch § 321 Abs. 2 S. 2 HGB), resultiert daraus ein nicht modifiziertes (d.h. uneingeschränktes) Prüfungsurteil in Bezug auf den jeweiligen Prüfungsgegenstand[130]. Sind dagegen **Einwendungen** zu erheben, ist das Prüfungsurteil zu diesem Prüfungsgegenstand zu modifizieren, d.h. es ist je nach Bedeutung der Einwendungen einzuschränken oder ein negatives Prüfungsurteil (in der Diktion der *IDW PS 400er-Reihe* ein „versagtes Prüfungsurteil"[131]) abzugeben. Bei **Prüfungshemmnissen** ist entsprechend entweder ein eingeschränktes Prüfungsurteil abzugeben oder die Nichtabgabe eines Prüfungsurteils zu diesem Prüfungsgegenstand zu erklären. Die jeweilige **Modifizierung eines Prüfungsurteils** ist stets zu begründen (§ 322 Abs. 4 S. 3 HGB bzw. Art. 10 Abs. 2 VO (EU) Nr. 537/2014 i.V.m. Art. 28 Abs. 2 Buchst. c) RL 2006/43/EG) – vgl. Kap. M Tz. 1044 ff.

63

Wird ein **Prüfungsurteil** aufgrund der bei der Prüfung gewonnenen Erkenntnisse **modifiziert**, wirken sich die Art des mangelbehafteten Sachverhalts, der zu dieser Modifizierung führt (d.h. Einwendung oder Prüfungshemmnis), und die Beurteilung des APr. über den Umfang der tatsächlichen oder möglichen Auswirkungen auf den betroffenen Prüfungsgegenstand auf die **Art des modifizierten Prüfungsurteils** folgendermaßen aus[132]:

64

Art des Sachverhalts, der zu der Modifizierung führt	Beurteilung des APr. über den *Umfang* der tatsächlichen oder möglichen Auswirkungen auf den Prüfungsgegenstand	
	wesentlich, jedoch nicht umfassend	*wesentlich und umfassend*
Einwendung	eingeschränktes Prüfungsurteil	versagtes Prüfungsurteil
Prüfungshemmnis	eingeschränktes Prüfungsurteil	[Erklärung der] Nichtabgabe des Prüfungsurteils

Als umfassend sind Auswirkungen dabei dann einzustufen, wenn sie[133]

- nicht abgrenzbar sind auf einzelne Bestandteile, Angaben oder Teilbereiche des Prüfungsgegenstands,

---

129 Vgl. *IDW PS 405*, Tz. 21, A17.
130 Die Bezeichnung des nicht modifizierten Prüfungsurteils als „uneingeschränktes Prüfungsurteil" o.Ä. ist nach dem Begriffsgebrauch der *IDW PS 400er-Reihe* nicht vorgesehen.
131 Vgl. *IDW PS 405*, Tz. 12. In den *IDW PS* wird für das negative Prüfungsurteil i.S.v. Art. 28 Abs. 2 Buchst. c) S. 1 Alt. 3 RL 2006/43/EG die Formulierung „versagtes Prüfungsurteil" verwendet. Um Differenzen zu den *IDW PS* zu vermeiden, wird nachfolgend stets die IDW Formulierung verwendet.
132 Vgl. *IDW PS 405*, Tz. A1.
133 Vgl. *IDW PS 405*, Tz. 7 Buchst. g) Punkte i. bis iii.

- zwar abgrenzbar sind, aber einen erheblichen Teil des Prüfungsgegenstands betreffen oder betreffen könnten, oder
- in Bezug auf Angaben grundlegend für das Verständnis des Prüfungsgegenstands durch die Adressaten sind.

65 Der **Inhalt des BestV** hat den Anforderungen des § 322 HGB und (bei PIE) zusätzlich des Art. 10 VO (EU) Nr. 537/2014 i.V.m. Art. 28 RL 2006/43/EG zu genügen[134]. Dabei sind auch die gesetzlichen sowie die aus den einschlägigen fachlichen Grundsätzen, insb. *IDW Prüfungsstandards*, resultierenden Formalvorgaben zu beachten. Danach sind im – nach den Umständen des Einzelfalls zu bezeichnenden und zu adressierenden – BestV alle Prüfungsgegenstände zu nennen und die jeweils zugehörigen Prüfungsurteile nebst Begründung abzugeben, es ist auf die Verantwortung der gesetzlichen Vertreter und ggf. der für die Überwachung Verantwortlichen für die Rechnungslegung hinzuweisen, und die Verantwortung und das prüferische Vorgehen des APr. sind darzustellen. Darüber hinaus sind – sofern einschlägig – gesonderte Ausführungen zur Unternehmensfortführung („Going Concern") zu machen[135] und ergänzend besondere Sachverhalte hervorzuheben bzw. auf solche hinzuweisen[136]. Bei PIE ist zudem nach Art. 10 Abs. 2 VO (EU) Nr. 537/2014 i.R.d. BestV verschiedenen weiteren Angabe- bzw. Erklärungspflichten nachzukommen sowie insb. auf die „bedeutsamsten beurteilten Risiken wesentlicher falscher Darstellungen im Abschluss" einzugehen[137].

66 Infolge der im Zuge der Erarbeitung der neuen *IDW PS 400er*-Reihe erfolgten Anpassung des **Aufbaus des BestV** an die Anforderungen der vom IAASB 2015 i.R.d. „Auditor Reporting Project" verabschiedeten überarbeiteten bzw. neuen ISA[138] ergeben sich ggü. *IDW PS 400 a.F.* eine Reihe von **Neuerungen**, um alle vorgeschriebenen Inhalte stringent und sachgerecht zu berücksichtigen[139].

67 Ebenso wie es nur einen PrB geben kann (vgl. Kap. M Tz. 41), kann es **nur einen BestV** geben. Teilvermerke o.ä. sind rechtlich unmöglich. Der BestV ist entweder ausschl. nach § 322 HGB oder (bei PIE) nach § 322 HGB unter expliziter Berücksichtigung aller nach Art. 10 VO (EU) Nr. 537/2014 zusätzlich geforderten Angaben bzw. Erklärungen zu erstellen und zu erteilen.

68 Nach § 325 Abs. 3a HGB können die BestV zum JA und zum KA des MU **zusammengefasst** werden (in solchen Fällen ebenso die PrB). Voraussetzung ist die gemeinsame Offenlegung des JA und des KA des MU[140]. Bei der Formulierung eines zusammenge-

---

134 Art. 28 RL 2006/43/EG ist, da EU-Richtlinie, i.R.d. AReG auch in das deutsche Handelsrecht (§ 322 HGB) umgesetzt worden. Vgl. RegBegr. AReG, BT-Drs. 18/7219 v. 11.01.2016, S. 44.
135 Vgl. hierzu Kap. M Tz. 832 ff.
136 Vgl. hierzu Kap. M Tz. 848 ff.
137 Vgl. hierzu Kap. M Tz. 742 sowie Kap. M Tz. 865 ff.
138 Dies sind ISA 700 (Rev.) „Forming an Opinion and Reporting on Financial Statements", New ISA 701 „Communicating Key Audit Matters in the Independent Auditor's Report", ISA 705 (Rev.) „Modifications to the Opinion in the Independent Auditor's Report", ISA 706 (Rev.) „Emphasis of Matter Paragraphs and Other Matter Paragraphs in the Independent Auditor's Report", ISA 570 (Rev.) „Going Concern" und ISA 260 (Rev.) „Communication with Those Charged with Governance", nebst Folgeänderungen in anderen ISA, sowie – zusätzlich – ISA 720 (Rev.) „The Auditor's Responsibilities Relating to Other Information"; vgl. *IAASB*, The New Auditor's Report, S. 4.
139 Vgl. hierzu Kap. M Tz. 755 ff. Vgl. auch *Skirk/Kuhn*, WPg 2018, S. 63 (67).
140 Vgl. hierzu Kap. M Tz. 1181 ff.

fassten BestV ist auf die Vollständigkeit der erforderlichen Aussagen insb. zu JA und KA sowie zu LB und KLB zu achten[141].

Die im BestV enthaltenen Prüfungsurteile determinieren die **Überschrift des BestV** (§ 322 Abs. 4 S. 4 HGB). Bspw. haben sowohl ein versagtes Prüfungsurteil als auch die erklärte Nichtabgabe des Prüfungsurteils zum Prüfungsgegenstand JA bzw. KA zwingend einen Versagungsvermerk zur Folge, unabhängig von den Prüfungsurteilen zu den ggf. sonstigen Prüfungsgegenständen. Wird entgegen der gesetzlichen Vorschrift kein LB aufgestellt, dann resultiert aus der diesbezüglich zu erklärenden Nichtabgabe eines Prüfungsurteils[142] allein jedoch lediglich ein eingeschränkter BestV (vgl. auch Kap. M Tz. 1026). 69

Prüfungsurteile und die **Überschrift des BestV** stehen in folgender Beziehung zueinander[143]: 70

Prüfungsurteil			Überschrift des BestV
zum JA/KA/EA	zum LB/KLB	zu sonstigen Prüfungsgegenständen	
nicht modifiziert/ eingeschränkt	nicht modifiziert/ eingeschränkt/ versagt/ Nichtabgabe erklärt	nicht modifiziert/ eingeschränkt/ versagt/ Nichtabgabe erklärt	**Bestätigungsvermerk** des unabhängigen Abschlussprüfers
versagt/ Nichtabgabe erklärt	nicht modifiziert/ eingeschränkt/ versagt/ Nichtabgabe erklärt	nicht modifiziert/ eingeschränkt/ versagt/ Nichtabgabe erklärt	**Versagungsvermerk** des unabhängigen Abschlussprüfers

Die Erteilung des BestV muss **zeitgleich** mit der Berichterstattung über die Abschlussprüfung erfolgen[144]. Damit wird zugleich dokumentiert, dass die Abschlussprüfung materiell abgeschlossen ist. 71

Zu einem **früheren Zeitpunkt**, wenn bspw. nur Buchführung, Bilanz und GuV, nicht jedoch Anh. und LB bereits abschließend geprüft sind, kann der APr. lediglich Aufschluss über das bisherige (Zwischen-)Ergebnis seiner Arbeiten geben (vgl. hierzu Kap. M Tz. 1237 ff.). Dementsprechend stellt ein Zwischenbescheid über den Stand der Prüfungsarbeiten ebenso wie eine vorherige Mitteilung über die Absicht, einen BestV zu erteilen, keine Erteilung eines BestV und auch kein verbindliches Inaussichtstellen eines solchen dar[145]. 72

---

141 Vgl. *IDW PS 400 n.F.*, Tz. 99 f.
142 Vgl. hierzu *IDW PS 405*, Tz. 15.
143 Vgl. *IDW PS 405*, Tz. A17, wo indes noch die bislang übliche Diktion „uneingeschränkt" verwendet wird.
144 Vgl. *IDW PS 400 n.F.*, Tz. 72; *IDW PS 450 n.F.*, Tz. 117, P117/1; *Ebke*, in: MünchKomm. HGB³, § 322, Rn. 53; *Hopt/Merkt*, in: Baumbach/Hopt, HGB³⁷, § 322, Rn. 18; die A.A. in ADS⁶, § 322, Tz. 78 ist infolge der zwischenzeitlich geänderten Rechtslage obsolet. Zur Thematik (voll-)elektronischer PrB und BestV vgl. *F&A zum Digitalen Prüfungsbericht und Bestätigungsvermerk* (Stand 02.05.2018) (abrufbar im Mitgliederbereich der IDW Website).
145 Vgl. ADS⁶, § 322, Tz. 73 ff.; *IDW PS 400 n.F.*, Tz. A72; *IDW PS 400 a.F.*, Tz. 14.

73 Die **Erteilung** des BestV hat getrennt vom PrB **in Schriftform** zu erfolgen. Dies gilt, da in Art. 28 Abs. 2 RL 2006/43/EG geregelt, unabhängig davon, ob der BestV ausschl. nach § 322 HGB oder (bei PIE) nach § 322 HGB i.V.m. Art. 10 VO (EU) Nr. 537/2014 zu erteilen ist. § 322 Abs. 7 S. 1 HGB legt hierzu fest, dass der BestV vom APr. höchstpersönlich unter Angabe von Ort und Tag zu unterzeichnen ist[146]. Der BestV bzw. der Versagungsvermerk sind auf dem JA anzubringen oder mit diesem und ggf. dem LB fest zu verbinden[147]. Der BestV bzw. der Versagungsvermerk ist außerdem im PrB wiederzugeben (§ 322 Abs. 7 S. 2 HGB). Bei gesetzlichen Abschlussprüfungen besteht die Pflicht zur Verwendung des Berufssiegels (§ 48 Abs. 1 S. 1 WPO), i.Z.m. freiwilligen Abschlussprüfungen ist die Siegelverwendung fakultativ (§ 48 Abs. 1 S. 2 WPO)[148].

74 Die zentrale **rechtliche Bedeutung des BestV** steht i.Z.m. der nach deutschem Recht bestehenden gesetzlichen **Feststellungssperre**, wonach der JA bei prüfungspflichtigen KapGes. erst festgestellt werden kann, wenn die Jahresabschlussprüfung stattgefunden hat und der PrB vorliegt, in den der BestV bzw. der Versagungsvermerk aufzunehmen ist (§§ 316 Abs. 1 S. 2, 322 Abs. 7 S. 2 HGB). Auch ein Versagungsvermerk i.S.v. § 322 Abs. 2 Nr. 4 HGB aufgrund der Erklärung der Nichtabgabe des Prüfungsurteils (sog. Disclaimer of Opinion) belegt in diesem Zusammenhang grds. die ordnungsmäßige Durchführung und Beendigung einer Abschlussprüfung[149]. Hat keine Prüfung stattgefunden oder ist diese noch nicht beendet, kann hingegen kein BestV bzw. Versagungsvermerk erteilt werden[150]. Bei gesetzlich prüfungspflichtigen KapGes. ist ein dennoch festgestellter JA gemäß bzw. analog § 256 Abs. 1 Nr. 2 AktG – unheilbar[151] – nichtig, d.h. rechtsunwirksam[152].

75 Die **rechtliche Tragweite des BestV** beschränkt sich auf die Dokumentation der Beendigung einer Abschlussprüfung einschl. der darin enthaltenen, zusammenfassenden Aussagen des APr. über die Ergebnisse seiner ordnungsgemäß durchgeführten Abschlussprüfung. Die Art des erteilten BestV, d.h. uneingeschränkter BestV, eingeschränkter BestV oder Versagungsvermerk aufgrund von Einwendungen oder aufgrund von Prüfungshemmnissen (§ 322 Abs. 2 S. 1 Nrn. 1-4 HGB), ist insofern nicht von Belang[153]. Allerdings hat die Tatsache, dass kein uneingeschränkter BestV erteilt wurde, ggf. Auswirkungen gesellschaftsrechtlicher Art.

---

146 Vgl. *IDW PS 400 n.F.*, Tz. 30, A22.
147 Vgl. *IDW PS 400 n.F.*, Tz. 72; *IDW PH 9.450.2*, Tz. 3.
148 Vgl. *IDW PS 400 n.F.*, Tz. 77, A75; *Gelhausen*, in: HWRP[3], Sp. 303 (311 f.). Zu der auf Grundlage von § 20 Abs. 2 S. 2 BS WP/vBP nunmehr grds. bestehenden Möglichkeit der elektronischen Siegelerteilung vgl. *Bruckner*, in: WPK Magazin 1/2017, S. 17 f. bzw. *Petersen*, in: WPK Magazin 3/2017, S. 27 ff.
149 Eine rechtlich gesondert zu behandelnde Ausnahme dürfte allerdings der Fall sein, dass aufgrund der Nichtvorlage von JA (und ggf. LB) vom APr. die Nichtabgabe des Prüfungsurteils (vgl. *IDW PS 405*, Tz. 18) erklärt wird. Die Feststellung eines – wie im Versagungsvermerk explizit dokumentiert – nicht geprüften, da mangels Vorlage nicht prüfbaren, JA dürfte rechtlich zweifellos rechtsunwirksam sein.
150 Vgl. ADS[6], § 322, Tz. 34.
151 Infolge der Nichtnennung von Abs. 1 Nr. 2 in § 256 Abs. 6 S. 1 AktG. Vgl. *Koch*, in: Hüffer/Koch, AktG[12], § 256, Rn. 29; *Schwab*, in: Schmidt/Lutter, AktG[3], § 256, Rn. 35; *Pentz*, in: Rowedder/Schmidt-Leithoff, GmbHG[6], § 29, Rn. 73.
152 Zu den Rechtsfolgen siehe bspw. *Kropff*, in: FS Budde, S. 341 ff.; *Weilep*, S. 171 ff.
153 Vgl. *Hell/Küster*, in: HdR[5], § 322, Rn. 41; *Schmidt/Küster*, in: BeBiKo[11], § 322, Rn. 13; *Schüppen*, in: Heidel/Schall, HGB[2], § 322, Rn. 18.

In folgenden Fällen hat die Erteilung eines **uneingeschränkten BestV** (§ 322 Abs. 2 S. 1 **76** Nr. 1 HGB) unmittelbar Bedeutung für die Wirksamkeit von Beschlüssen der Gesellschaftsorgane:

- **Änderung des Jahresabschlusses bei AG, SE oder KGaA:** Ändert die HV den JA, so werden ihre vor Beendigung der dadurch erforderlichen Nachtragsprüfung gem. § 316 Abs. 3 HGB gefassten Beschlüsse über die Feststellung dieses JA und die Gewinnverwendung erst wirksam, wenn der APr. binnen zwei Wochen seit der Beschlussfassung einen – hinsichtlich dieser Änderungen – uneingeschränkten BestV erteilt hat, anderenfalls werden sie nichtig (§ 173 Abs. 3 AktG)[154]. Keine Änderung in diesem Sinne ist indes die vom Gewinnverwendungsvorschlag abweichende Beschlussfassung über die Verwendung des Bilanzgewinns (§ 174 Abs. 3 AktG).
- **Kapitalerhöhung aus Gesellschaftsmitteln:** Die dem Kapitalerhöhungsbeschluss der HV zugrunde gelegte Jahresbilanz (§ 209 Abs. 1 AktG) bzw. gesonderte Erhöhungsbilanz (§ 209 Abs. 2 AktG) muss von einem APr. geprüft und mit einem uneingeschränkten BestV versehen sein (§ 209 Abs. 3 S. 2 AktG). Nach § 57e Abs. 1 bzw. § 57f Abs. 2 GmbHG ist bei einer Kapitalerhöhung aus Gesellschaftsmitteln einer GmbH ebenfalls die Vorlage einer mit einem uneingeschränkten BestV versehenen Jahresbilanz bzw. gesonderten Erhöhungsbilanz erforderlich. Anderenfalls hat das Registergericht die Eintragung der Kapitalerhöhung abzulehnen[155].
- **Ausgabe von Belegschaftsaktien aus genehmigtem Kapital:** Besteht ein genehmigtes Kapital und sieht die Satzung vor, dass die neuen Aktien an Arbeitnehmer der Gesellschaft ausgegeben werden können (§ 202 Abs. 4 AktG), so kann – wenn der betreffende JA mit dem uneingeschränkten BestV des APr. versehen ist – die auf diese Aktien zu leistende Einlage auch aus dem Teil des Jahresüberschusses gedeckt werden, den Vorstand und AR nach § 58 Abs. 2 AktG in andere Gewinnrücklagen einstellen können (§ 204 Abs. 3 AktG).

Wird ein **eingeschränkter BestV** oder ein **Versagungsvermerk** erteilt, muss der AR **77** aufgrund seiner Sorgfaltspflicht den Feststellungen des APr. nachgehen[156] und in seinem Bericht an die HV bzw. die Gesellschafterversammlung dazu Stellung nehmen (§ 171 Abs. 2 S. 3 AktG, ggf. qua § 52 Abs. 1 GmbHG). Zwar ist der AR auch bei Einschränkung oder Versagung nicht gehindert, den JA zu billigen und damit seine Feststellung herbeizuführen, oder der HV vorzuschlagen, den JA in der geprüften, mit Beanstandungen des APr. behafteten Form festzustellen[157]. Der AR muss jedoch begründen, weshalb er im Gegensatz zum APr. zu der Beurteilung gelangt ist, seinerseits keine Beanstandungen erheben zu müssen, und deshalb keine Änderung des JA (und/oder ggf. auch des LB) für erforderlich hält (§ 171 Abs. 2 S. 4 AktG)[158].

---

[154] Vgl. Kap. B Tz. 330.
[155] Vgl. *Koch*, in: Hüffer/Koch, AktG[12], § 209, Rn. 14; *Zöllner/Fastrich*, in: Baumbach/Hueck, GmbHG[21], § 57e, Rn. 5, § 57f, Rn. 14. Modifizierend für den Fall eines eingeschränkten BestV, dessen Einschränkung sich nicht auf die Jahresbilanz bezieht: ADS[6], § 322 HGB, Tz. 39.
[156] Vgl. ADS[6], § 171 AktG, Tz. 20, 25 ff.; *Drygala*, in: Schmidt/Lutter, AktG[3], § 171, Rn. 8; *Hennrichs/Pöschke*, in: MünchKomm. AktG[3], § 171, Rn. 108, 112.
[157] Vgl. ADS[6], § 322, Tz. 34, 36. Bei Vorliegen eines Versagungsvermerks muss im Hinblick auf die Feststellungsmöglichkeiten jedoch nach den Gründen der Versagung differenziert werden; vgl. ADS[6], § 322, Tz. 37.
[158] Vgl. ADS[6], § 171 AktG, Tz. 72, § 322 HGB, Tz. 37; *Hennrichs/Pöschke*, in: MünchKomm. AktG[3], § 171, Rn. 207.

78 Auch die **HV/Gesellschafterversammlung** ist grds. nicht gehindert, einen JA, zu dem der APr. einen eingeschränkten BestV oder einen Versagungsvermerk erteilt hat, nach § 173 Abs. 1 AktG bzw. § 46 Nr. 1 GmbHG festzustellen; sie kann einen solchen JA auch ihrem Gewinnverwendungsbeschluss zugrunde legen[159]. Ist der festgestellte JA indes nichtig (bei AG nach § 256 AktG, bei GmbH in analoger Anwendung der aktienrechtlichen Vorschriften), so ist auch der entsprechende Gewinnverwendungsbeschluss nichtig (bei AG nach § 253 AktG, bei GmbH analog[160]).

79 Für die **gesetzlichen Vertreter** – und unter Umständen auch für den AR – kann die Erteilung eines eingeschränkten BestV oder Versagungsvermerks negative Folgen für ihre Entlastung (§§ 119 Abs. 1 Nr. 3, 120 AktG, § 46 Nr. 5 GmbHG) nach sich ziehen[161]. Jedoch steht es der HV/Gesellschafterversammlung grds. frei, welche Folgerungen sie für die Entlastung der betreffenden Unternehmensorgane aus der Einschränkung oder Versagung zieht[162]. Beruht die Einschränkung oder Versagung auf einer unzulässigen Unterbewertung von Posten des JA oder auf einer Unvollständigkeit des Anh., so kann dies bei einer AG für die Aktionäre Anlass sein, gemäß § 258 AktG eine Sonderprüfung zu beantragen.

80 Bei der **Offenlegung** des JA nach § 325 HGB durch elektronische Einreichung beim Betreiber des BAnz und bei der Veröffentlichung oder Vervielfältigung in anderer Form aufgrund von Gesellschaftsvertrag/Satzung ist jeweils der vollständige Wortlaut des BestV bzw. Versagungsvermerks wiederzugeben (§ 328 Abs. 1a S. 2 HGB). Der BestV bzw. Versagungsvermerk ist (unter Nennung der zeichnenden Personen) in elektronischer Form einzureichen und somit nicht vom APr. zu unterzeichnen[163].

81 Nach § 329 Abs. 1 HGB hat der **Betreiber des BAnz** zu prüfen, ob die einzureichenden Unterlagen fristgemäß und vollzählig eingereicht worden sind. Als in § 325 Abs. 1 S. 1 Nr. 1 HGB aufgeführte Unterlage wird auch der BestV bzw. Versagungsvermerk von dieser Prüfung umfasst. Dabei handelt es sich um eine rein formale Prüfung, nicht um eine inhaltliche Kontrolle der eingereichten Unterlagen; dazu ist der Betreiber des BAnz weder berechtigt noch verpflichtet[164]. Ein eingeschränkter BestV oder Versagungsvermerk ist somit kein Grund für den Betreiber des BAnz, den zugehörigen eingereichten JA auf Nichtigkeit zu prüfen.

82 § 322 HGB begründet nach h.M. einen **Rechtsanspruch** des geprüften Unternehmens **auf Erteilung des BestV** bzw. Versagungsvermerks, der von den gesetzlichen Vertretern im Wege der Leistungsklage gerichtlich verfolgt werden kann[165]. Der APr. ist der Gesellschaft zum Schadenersatz verpflichtet, wenn er die Erteilung des BestV schuldhaft verzögert oder diesen unberechtigt einschränkt oder versagt. Die Erteilung eines inhaltlich unrichtigen BestV (vgl. Kap. M Tz. 1248 ff.) ist strafbar (§ 332 HGB).

---

[159] Vgl. ADS[6], § 322, Tz. 34; *Schmidt/Küster*, in: BeBiKo[11], § 322, Rn. 13.
[160] Vgl. *Zöllner/Noack*, in: Baumbach/Hueck, GmbHG[21], Anh. nach § 47, Rn. 62; *Ganzer*, in: Rowedder/Schmidt-Leithoff, GmbHG[6], § 47, Rn. 16 m.w.N.; Kap. B Tz. 6.
[161] Ebenso *Schmidt/Küster*, in: BeBiKo[11], § 322, Rn. 16.
[162] Zur deutlich strenger gewordenen Rspr. vgl. *Kubis*, in: MünchKomm. AktG[3], § 120, Rn. 16, 55.
[163] Vgl. *Kersting* in: Großkomm. HGB[5], § 325, Rn. 35; Kap. B Tz. 204 ff.
[164] Vgl. *Fehrenbacher*, in: MünchKomm. HGB[3], § 325, Rn. 8; *Grottel*, in: BeBiKo[11], § 329, Rn. 5.
[165] Vgl. *Ebke*, in: MünchKomm. HGB[3], § 322, Rn. 4; *Förster*, in: Hense/Ulrich, WPO[3], § 43, Rn. 499, 524; *Orth/Schaefer*, in: Baetge/Kirsch/Thiele, Bilanzrecht, § 322, Rn. 28; *Schmidt/Küster*, in: BeBiKo[11], § 322, Rn. 17; *Schüppen*, in: Heidel/Schall, HGB[2], § 322, Rn. 20.

Keine unmittelbaren Rechtsfolgen ergeben sich aus einer **rechtswidrigen Erteilung des** 83
BestV durch den APr. § 334 Abs. 2 HGB sieht allein vor, dass derjenige, der einen BestV nach § 322 HGB erteilt, ordnungswidrig handelt, wenn er oder die WPG, für die er tätig ist, aufgrund der Ausschlussgründe der §§ 319 Abs. 2 ff., 319a oder 319b HGB nicht APr. sein darf. § 256 Abs. 1 Nr. 3 AktG stellt durch das enumerative Aufführen klar, dass Verstöße des APr. gegen die in § 334 Abs. 2 HGB genannten Vorschriften nicht zur Nichtigkeit des JA führen[166]. Verstöße gegen § 334 Abs. 2 HGB stellen Ordnungswidrigkeiten dar; die Sanktion richtet sich ausschl. gegen den WP. Lediglich eine fehlende „Prüferbefähigung" i.S.v. § 319 Abs. 1 HGB oder Art. 25 EGHGB bzw. (bei PIE) aufgrund von Verstößen beim Auswahl- und Bestellungsverfahren nach Art. 16 und 17 VO (EU) Nr. 537/2014[167] zieht die Nichtigkeit des – dann definitionsgemäß nicht ordnungsgemäß geprüften – JA nach sich (§ 256 Abs. 1 Nr. 3 Buchst. a) bis d) AktG). Dieser Gesetzesverstoß wird umgekehrt aber nicht von § 334 Abs. 2 HGB sanktioniert; denn der BestV gilt in einem solchen Fall rechtlich als überhaupt nicht erteilt[168].

2.2.2 Funktion des Bestätigungsvermerks

Durch den BestV werden vom APr. auch diejenigen **Adressaten der Rechnungslegung**, 84
die kein Recht zur unmittelbaren Einsichtnahme in den PrB haben, namentlich Gesellschafter, potenzielle Investoren, Gläubiger, Marktpartner, Arbeitnehmer sowie die interessierte Öffentlichkeit, in zusammengefasster Form über das Ergebnis der Abschlussprüfung unterrichtet[169].

Der APr. bringt i.R.d. **BestV als Informationsquelle** insb. zum Ausdruck, 85

- zu welchen Prüfungsurteilen er in Bezug auf die einzelnen Prüfungsgegenstände der Rechnungslegung gelangt ist,
- wieso er zu diesen Prüfungsurteilen gekommen ist und welchen Maßstab er seiner Beurteilung zugrunde gelegt hat,
- dass die gesetzlichen Vertreter die Rechnungslegung, d.h. insb. die Aufstellung von JA und LB (bzw. KA und KLB), zu verantworten haben,
- dass das Aufsichtsgremium („die für die Überwachung Verantwortlichen") für die Überwachung des Rechnungslegungsprozesses verantwortlich sind,
- dass er die Abschlussprüfung nach den gesetzlichen Vorschriften sowie den berufsständischen Grundsätzen und Standards durchgeführt hat,
- wie er die Abschlussprüfung pflichtgemäß geplant und durchgeführt hat.

Bei **PIE** kommen obligatorisch noch Aussagen hinzu in Bezug auf 86

- die „bedeutsamsten beurteilten Risiken wesentlicher falscher Darstellungen" im geprüften Abschluss (KAM) sowie
- weitere Pflichtangaben gem. Art. 10 VO (EU) Nr. 537/2014.

ISA 720 (Rev.) (Entwurf-DE) fordert zusätzlich noch, im BestV darauf einzugehen, in- 87
wieweit im Geschäftsbericht enthaltene **„Sonstige Informationen"** finanzieller oder nichtfinanzieller Art in den Verantwortungsbereich des APr. fallen.

---

[166] Vgl. *Grottel/Hoffmann*, in: BeBiKo[11], § 334, Rn. 43; *Koch*, in: MünchKomm. AktG[4], § 256, Rn. 30.
[167] Vgl. RegBegr. AReG, BT-Drs. 18/7219 v. 11.01.2016, S. 57; *Koch*, in: Hüffer/Koch, AktG[12], § 256, Rn. 13.
[168] Zu den damit verbundenen Haftungsfolgen für den WP vgl. Kap. A Tz. 313.
[169] Vgl. ADS[6], § 322, Rn. 17; *Gelhausen*, in: HWRP[3], Sp. 303. Siehe auch Erwägungsgrund (13) zur VO (EU) Nr. 537/2014.

88 Zur **Aussagefähigkeit der geprüften Rechnungslegung** selbst ist jedoch zu beachten, dass JA und LB nur den Aussagewert haben können, der ihnen vom Gesetzgeber, nicht zuletzt unter dem Aspekt des Interessenausgleichs zwischen Gesellschaftern und Gläubigern, zugedacht wurde. Da der JA und zum Teil auch der LB vergangenheitsorientiert und stichtagsbezogen sind, wird die Eignung der Rechnungslegung, über die künftige wirtschaftliche Entwicklung Auskunft zu geben, zwangsläufig wesentlich eingeschränkt. Diese systemimmanenten Grenzen der Rechnungslegung durch JA und LB stellen ihrerseits wiederum für die Aussagen des APr. i.R. seines BestV eine vorgegebene Beschränkung dar.

89 Der BestV verkörpert seinerseits einen **Positivbefund** in Bezug auf die Gesetz- und Ordnungsmäßigkeit, d.h. **Normkonformität**, der geprüften Rechnungslegung[170]. Bei Mängeln in der Rechnungslegung oder Verstößen gegen Rechnungslegungspflichten ist die Erteilung eines eingeschränkten BestV möglich, wenn der APr. lediglich auf Teilgebieten Einwendungen erhebt oder Prüfungshemmnisse identifiziert, aber insgesamt noch ein Positivbefund sachgerecht ist. Ein eingeschränkter BestV muss sich unmissverständlich von einem uneingeschränkten BestV unterscheiden (§ 322 Abs. 2 S. 1 HGB bzw. Art. 28 Abs. 2 Buchst. c) RL 2006/43/EG). Ist aufgrund der Bedeutung oder des Umfangs der modifizierten Prüfungsurteile insgesamt kein Positivbefund in Bezug auf die geprüfte Rechnungslegung mehr möglich, ist ein Versagungsvermerk zu erteilen (§ 322 Abs. 4 S. 4 HGB)[171].

90 Aus dem Maßstab der **Normkonformität** resultiert, dass der APr. den BestV auch dann grds. uneingeschränkt zu erteilen hat, wenn die Lage des Unternehmens zu ernsten Besorgnissen Anlass gibt, sofern der JA in zutreffender Weise unter Berücksichtigung der Annahme der Unternehmensfortführung (§ 252 Abs. 1 Nr. 2 HGB) ordnungsgemäß erstellt ist und im JA sowie im LB in dem gesetzlich gebotenen Umfang (§ 289 Abs. 1 HGB) auf die Lage des Unternehmens, insb. die Bestandsrisiken, eingegangen wird. Auf in der Rechnungslegung ordnungsgemäß abgebildete Risiken, die den Fortbestand des Unternehmens gefährden, hat der APr. die Adressaten der Rechnungslegung allerdings ggf. durch einen entsprechenden Hinweis im BestV zu informieren (§ 322 Abs. 2 S. 3 HGB).

91 Ebensowenig sind vom APr. – die **Ordnungsmäßigkeit** der geprüften Rechnungslegung vorausgesetzt – Folgerungen für den BestV zu ziehen, wenn bspw. schwerwiegende Verstöße der gesetzlichen Vertreter oder von Arbeitnehmern gegen Gesetz oder Gesellschaftsvertrag/Satzung (§ 321 Abs. 1 S. 3 HGB) festgestellt wurden. Auf solche Verstöße ist nur im PrB (dort i.R.d. vorangestellten Berichterstattung) einzugehen[172]. Auch zur Bilanzpolitik der gesetzlichen Vertreter bezieht der APr. im BestV nicht Stellung: Steht diese in Einklang mit Gesetz und Gesellschaftsvertrag/Satzung, so ist der BestV ohne Rücksicht darauf zu erteilen, ob etwa die Ausübung von Bilanzierungs- und Bewertungswahlrechten oder die Ergebnisverwendung nach Ansicht des APr. zweckmäßig ist.

---

170 Vgl. *Gelhausen*, in: HWRP³, Sp. 304; ADS⁶, § 322, Tz. 23; *Orth/Schaefer*, in: Baetge/Kirsch/Thiele, Bilanzrecht, § 322, Rn. 22.

171 Diese Abgrenzung gilt trotz der insofern ungenauen Formulierung in § 322 Abs. 4 S. 4 HGB („... ein den *tatsächlichen* Verhältnissen im Wesentlichen entsprechendes Bild...") auch für den Fall, dass die geprüfte Abschluss nur nach den für alle Kaufleute geltenden Vorschriften (d.h. den Vorschriften des Ersten Abschnitts des Dritten Buches) des HGB aufgestellt worden ist.

172 Vgl. *IDW PS 450 n.F.*, Tz. 44.

Es ist ausschl. Aufgabe der für die Auf- und Feststellung des Abschlusses zuständigen Unternehmensorgane, über die **Zweckmäßigkeit** der Bilanzpolitik zu entscheiden[173].

Dementsprechend stellt der BestV auch **kein Gütesiegel**[174] dar, insb. nicht in Bezug auf die wirtschaftlichen Verhältnisse, nicht in Bezug auf den Fortbestand und nicht in Bezug auf die Qualität der Geschäftsführung des geprüften Unternehmens (vgl. § 317 Abs. 4a HGB)[175]. Demgemäß beinhaltet der BestV auch keine Beurteilung der wirtschaftlichen Lage des geprüften Unternehmens durch den APr. Die Rechnungslegung – d.h. die gesetzeskonforme und ordnungsgemäße Aufstellung von JA und LB – stehen in der alleinigen Verantwortung der gesetzlichen Vertreter des geprüften Unternehmens. Die angemessene Beurteilung der wirtschaftlichen Lage anhand von JA und LB bzw. KA und KLB ist auch und nicht zuletzt von der persönlichen Fachkenntnis der Rechnungslegungsadressaten („Bilanzleser") abhängig. 92

Andererseits besitzt der BestV unzweifelhaft **Signalwirkung**[176] in der Öffentlichkeit. Dementsprechend bemühen sich die Unternehmensorgane, namentlich die gesetzlichen Vertreter, in aller Regel, mit Rücksicht auf das Image des Unternehmens wie auch die eigene Reputation, einen uneingeschränkten BestV zur Bestätigung der Gesetz- und Ordnungsmäßigkeit der von ihnen zu verantwortenden Rechnungslegung zu erhalten. Insofern ist nicht zu verkennen, dass der BestV – trotz der Grenzen in rechtlicher Hinsicht und in seiner Aussagefähigkeit – als einziges öffentliches Urteil über die Rechnungslegung in der Praxis erhebliche Bedeutung besitzt und die gesetzliche Abschlussprüfung damit eine „Reglerfunktion" in der Wirtschaft ausfüllt[177]. 93

Seit Einführung der gesetzlichen Pflichtprüfung wird eine aus diesem Spannungsfeld resultierende **„Erwartungslücke"** zwischen den Vorstellungen der Informationsempfänger einerseits sowie dem gesetzlich normierten Gegenstand, Umfang und Zweck der Abschlussprüfung andererseits diskutiert[178]. Die Problematik Erwartungslücke beschränkt sich dabei nicht auf den deutschen Rechtsraum, sondern stellt als „expectations gap" ein weltweites Thema dar[179]. 94

Kern aller Bemühungen zur Schließung der Erwartungslücke war und ist die Verbesserung der **Aussagefähigkeit des BestV**. Ausgehend vom sog. Formeltestat nach § 322 HGB i.d.F. des BiRiLiG wurde durch das KonTraG die Wortlautvorgabe für den BestV aufgegeben und durch die Vorgabe eines Mindestinhalts, wovon die Beurteilung 95

---

173 Vgl. ADS[6], § 171 AktG, Tz. 21; *Drygala*, in: Schmidt/Lutter, AktG[3], § 171, Rn. 4; *Hennrichs/Pöschke*, in: MünchKomm. AktG[3], § 171, Rn. 7, 36 ff.; *Wolff*, in: Hdb. AktR[8], Abschn. 8, Rn. 6; *Schneider*, in: Scholz, GmbHG[11], § 52, Rn. 99. Jedoch befürwortet *IDW PS 470 n.F.*, Tz. 21 Buchst. a), Tz. A25 eine Unterstützung des Aufsichtsgremiums dadurch, dass der APr. – außerhalb des BestV – kommuniziert, wieso er eine grds. vertretbare Rechnungslegungspraxis ggf. nicht für die am besten geeignete hält.
174 Vgl. ADS[6], § 322, Tz. 24 m.w.N.; *Schmidt/Küster*, in: BeBiKo[11], § 322, Rn. 11.
175 Vgl. *IDW PS 200*, Tz. 15; ebenso RegBegr. AReG, BT-Drs. 18/7219 v. 11.01.2016, S. 40.
176 Vgl. *Schüppen*, in: Heidel/Schall, HGB[2], § 322, Rn. 18.
177 Vgl. auch *Ebke*, in: MünchKomm. HGB[3], § 316, Rn. 40; *Orth/Schaefer*, in: Baetge/Kirsch/Thiele, Bilanzrecht, § 322, Rn. 27.
178 Vgl. pars pro toto *Clemm*, WPg 1977, S. 145 ff.; *Hakelmacher*, WPg 1997, S. 85 ff.; *Hopt*, ZHR 2011, S. 444 (510 f.); *Marten/Köhler*, in: HWRP[3], Sp. 703 ff.
179 Vgl. bspw. *EU-Kommission*, Grünbuch – Weiteres Vorgehen im Bereich der Abschlussprüfung: Lehren aus der Krise, KOM(2010) 561 v. 13.10.2010, insb. S. 8 ff.; Erwägungsgrund (11) zur VO (EU) Nr. 537/2014; *IAASB (Staff)*, Reporting on Audited Financial Statements – Basis for Conclusions, par. 2, 13; ISA 700 (Rev.) par. 4.

(nur) einen obligaten Teil darstellt, ersetzt[180]. Im Zuge der Harmonisierung auf europäischer Ebene wurde durch das BilReG in Deutschland u.a. die Erklärung der Nichtabgabe des Prüfungsurteils (sog. Disclaimer of Opinion) eingeführt (§ 322 Abs. 2 Nr. 4 HGB)[181]. Durch das AReG ist 2016 die Anpassung des BestV nach § 322 HGB an die i.R.d. **EU-Regulierung der Abschlussprüfung** geänderten europäischen Richtlinienvorgaben erfolgt. Im Zuge dieser Regulierung hat darüber hinaus die VO (EU) Nr. 537/2014 mit Wirkung für nach dem 16.06.2016 beginnende GJ für PIE weitere Vorschriften zum Inhalt des BestV mit sich gebracht. Hervorzuheben ist dabei das Gebot, im BestV explizit auf die „bedeutsamsten beurteilten Risiken wesentlicher falscher Darstellungen" im geprüften Abschluss einzugehen (Art. 10 Abs. 2 Buchst. c) VO (EU) Nr. 537/2014).

96 Diesen Ansprüchen folgend hat der deutsche Berufsstand bis Ende 2017 alle wesentlichen BestV-relevanten *IDW Prüfungsstandards* – unter Berücksichtigung der europarechtlichen und deutschen handelsrechtlichen Vorschriften – an die neuen bzw. überarbeiteten **ISA (Rev. 2015)** angepasst[182], wodurch sich nicht unerhebliche Änderungen im Aufbau, in der Form und i.Z.m. bestimmten Inhalten und Formulierungen im BestV ergeben[183].

97 Ziel all dieser Änderungen ist die **Optimierung der Adressatenorientierung des BestV**, soweit dies i.R.d. geltenden rechtlichen Rahmenbedingungen für Abschlussrechnungslegung und Abschlussprüfung möglich ist[184]. Durch die gesetzliche Pflicht zur Wiedergabe des BestV im PrB und zur Gleichzeitigkeit von Erteilung und Vorlage wird die Konnexität beider schriftlicher Berichterstattungsinstrumente des APr. gewahrt[185].

2.3 Kommunikation mit dem Aufsichtsgremium und weiteren Berichtsempfängern

98 Zentrale **Aufgabe eines Aufsichtsgremiums** i.S.v. § 125 Abs. 1 S. 5 AktG[186] ist es, die Geschäftsführung durch das Exekutivorgan zu überwachen (vgl. § 111 Abs. 1 AktG). Das Aufsichtsgremium ist bei Wahrnehmung seiner Aufgabe – als grds. gesamtverantwortliches Kollegialorgan[187] – primär dem Unternehmensinteresse verpflichtet[188].

---

180 Vgl. dazu RegBegr. KonTraG, BT-Drs. 13/9712 v. 28.01.1998, S. 29.
181 Vgl. RegBegr. BilReG, BT-Drs. 15/3419 v. 24.06.2004, S. 44.
182 Zwar sind die ISA bislang noch nicht in dem vorgesehenen Komitologieverfahren von der EU übernommen worden. Jedoch werden bereits in nahezu allen EU-Mitgliedstaaten für Aufbau, Form etc. der vom Berufsstand erteilten BestV die einschlägigen ISA verwendet. Und auch der deutsche Gesetzgeber hat bereits klar zum Ausdruck gebracht, dass er es für erforderlich erachtet, die ISA bereits vor ihrer formalen Übernahme in EU-Recht auf nationaler Ebene zu berücksichtigen (so z.B. RegBegr. AReG, BT-Drs. 18/7219 v. 11.01.2016, S. 39).
183 Vgl. *Skirk/Kuhn*, WPg 2018, S. 63 (66 ff.).
184 Vgl. auch *Köhler*, WPg 2015, S. 109.
185 Vgl. § 322 Abs. 7 S. 2 HGB. Nach der VO (EU) Nr. 537/2014 wird dies durch die Verpflichtung zur zeitgleichen Vorlage von BestV und Bericht an den PrA gem. Art. 11 Abs. 1 S. 1, ergänzt um die Konformitätserklärung nach Art. 10 Abs. 2 Buchst. e) im BestV, sichergestellt.
186 Einem AR i.S.d. AktG gleichzusetzende Aufsichtsgremien können sein: Verwaltungsrat, Beirat, Gesellschafterausschuss u.a.m.; vgl. ADS[6], § 285, Tz. 165; *Grottel*, in: BeBiKo[11], § 285, Rn. 236 f.; *Poelzig*, in: MünchKomm. HGB[3], § 285, Rn. 232.
187 Vgl. *Koch*, in: Hüffer/Koch, AktG[12], § 111, Rn. 17; *Schnorbus*, in: Rowedder/Schmidt-Leithoff, GmbHG[6], § 52, Rn. 41.
188 Vgl. *Habersack*, in: MünchKomm. AktG[4], Vor § 95, Rn. 4, 14, § 111, Rn. 17; *Lutter/Hommelhoff*, in: Lutter/Hommelhoff, GmbHG[19], § 52, Rn. 66 ff.; *Schneider*, in: Scholz, GmbHG[11], § 52, Rn. 80, 87.

Wesentliche **Mittel**, um dieser Aufgabe nachzukommen, sind (nach den aktienrechtlichen Vorschriften)[189]

- der Erlass einer Geschäftsordnung für den Vorstand (§ 77 Abs. 2 S. 1 AktG),
- die evtl. satzungsmäßigen Zustimmungsvorbehalte zu bestimmten Geschäften (§ 111 Abs. 4 S. 2 AktG),
- Auskunfts- sowie Einsichts- und Prüfungsrechte (§§ 90, 111 Abs. 2 S. 1 AktG), inkl. der Beauftragung von besonderen Sachverständigen (§ 111 Abs. 2 S. 2 AktG),
- die Erteilung des Prüfungsauftrags an den APr. (§ 111 Abs. 2 S. 3 AktG),
- die Einberufung einer Hauptversammlung (§ 111 Abs. 3 AktG) sowie
- die Prüfung und die Billigung von JA und LB und ggf. auch von KA und KLB (§§ 171, 172 AktG)[190].

Infolge des Rechts (und der damit umgekehrt verbundenen Verpflichtung) zur Erteilung des Prüfungsauftrags an den APr. ist der **Aufsichtsrat primärer Adressat des Prüfungsberichts** (inkl. des darin wiederzugebenden BestV), der nach § 321 HGB, ggf. i.V.m. Art. 11 VO (EU) Nr. 537/2014, über die Abschlussprüfung zu erstellen ist. Dies gilt auch für den Fall, dass die Beauftragung des APr. ausnahmsweise an einen AR-Ausschuss, namentlich den PrA[191], delegiert wird. Dementsprechend hat der APr. den PrB auch direkt dem AR, ggf. zugleich dem PrA i.S.v. § 107 Abs. 3 S. 2 AktG, vorzulegen (§ 321 Abs. 5 S. 2 HGB, ggf. i.V.m. Art. 11 Abs. 1 VO (EU) Nr. 537/2014)[192].

Ergänzend zur schriftlichen Berichterstattung mittels PrB ist der APr. nach § 171 Abs. 1 S. 2 AktG verpflichtet, an den Verhandlungen des AR und/oder des PrA[193] über den JA und den LB sowie ggf. den KA und den KLB (sog. **Bilanzsitzung**) teilzunehmen und dort über die wesentlichen Ergebnisse seiner Prüfung zu berichten[194]. Hierbei ist insb. auf wesentliche Schwächen des IKS und des Risikomanagementsystems, bezogen auf den Rechnungslegungsprozess, einzugehen. Des Weiteren ist vom APr. über Umstände, die seine Befangenheit besorgen lassen, und über Leistungen, die von ihm zusätzlich zu den Abschlussprüfungsleistungen erbracht wurden, zu informieren (§ 171 Abs. 1 S. 3 AktG)[195]. Teilnahmepflichtig ist regelmäßig (zumindest) der „verantwortliche Wirtschaftsprüfer" i.S.d. *IDW QS 1*, Tz. 12[196], bei Gemeinschaftsprüfungen (Joint Audits) damit stets mehrere WP.

---

189 Vgl. *Wolff*, in: Hdb. AktR[8], Abschn. 8, Rn. 3.
190 Bei i.S.v. § 17 AktG „abhängigen" AG kommt noch die Prüfung des Abhängigkeitsberichts durch den AR hinzu (§ 314 AktG).
191 Vgl. *Koch*, in: Hüffer/Koch, AktG[12], § 111, Rn. 27.
192 Der APr. genügt dabei seiner Vorlagepflicht durch Zuleitung des PrB an den AR-Vorsitzenden. Vgl. *IDW PS 450 n.F.*, Tz. 117; *Schmidt/Deicke*, in: BeBiKo[11], § 321, Rn. 245.
193 Zu den Aufgaben eines PrA vgl. *Plendl/Kompenhans/Buhleier*, Prüfungsausschuss[2], S. 9, 13 ff.
194 In dem seltenen Fall, dass der JA von der HV festgestellt wird (§ 173 AktG), besteht für den APr. Teilnahmepflicht an der HV (§ 176 Abs. 2 S. 1 AktG); er ist jedoch nicht zu Auskünften an einzelne Aktionäre verpflichtet (§ 176 Abs. 2 S. 3 AktG), sondern hat vielmehr ausschl. auf Fragen des Vorstands bzw. des Leiters der HV (i.d.R. der AR-Vorsitzende) und damit an die gesamte HV zu antworten, soweit es um die Prüfung von JA und LB bzw. KA und KLB geht. Vgl. Kap. B Tz. 138; *Drygala*, in: Schmidt/Lutter, AktG[3], § 176, Rn. 15 ff.; *Koch*, in: Hüffer/Koch, AktG[12], § 176, Rn. 9.
195 Vgl. *IDW PS 470 n.F.*, Tz. 22.
196 Vgl. *Koch*, in: Hüffer/Koch, AktG[12], § 171, Rn. 14. Grds. ebenso ADS[6], § 171 AktG, Tz. 55.

M Berichterstattung über die Abschlussprüfung

102 Die **Berichterstattung des APr. in der Bilanzsitzung** des AR und/oder des PrA dient der den PrB vertiefenden Erläuterung von prüfungsbezogenen Sachverhalten[197]. Sie vermag den schriftlichen PrB als zentrales Element der Berichterstattung an das Aufsichtsgremium jedoch nicht zu ersetzen[198].

> **Praxistipp 1:**
>
> In der Praxis wird dabei technisch meist so verfahren, dass eine Präsentation gefertigt wird, die zu Beginn der Sitzung ausgedruckt verteilt und vom APr. mündlich erläutert wird[199]. Dies hat den Vorteil, dass die Präsentation dem Sitzungsprotokoll beigefügt werden kann. Zudem kann eine solche Präsentation den Gremienmitgliedern zur Vorbereitung auf die Sitzung ggf. auch vorab auf elektronischem Wege zur Verfügung gestellt werden.

103 Inhaltlich sollte diese Berichterstattung zumindest folgende **Themenbereiche** umfassen[200]:

- Unabhängigkeit des Abschlussprüfers
- Darstellung des risikoorientierten Prüfungsansatzes
- Darlegung des Umfangs und des zeitlichen Ablaufs der Prüfung sowie der Prüfungsschwerpunkte (bei PIE dabei auch der KAM)
- bedeutsame Feststellungen aus der Abschlussprüfung
- Darstellung rechtlicher und wirtschaftlicher Besonderheiten des GJ
- Erläuterung des Einflusses von bedeutsamen Geschäftsvorfällen, wesentlichen Bewertungsgrundlagen und deren Änderungen, die Ausübung von Bilanzierungs- und Bewertungswahlrechten, die Ausnutzung von Ermessensspielräumen sowie sachverhaltsgestaltende Maßnahmen auf die Darstellung der Vermögens-, Finanz- und Ertragslage
- Feststellungen zur Ordnungsmäßigkeit der Rechnungslegung und ggf. zum rechnungslegungsbezogenen IKS
- ggf. Feststellungen zum Risikofrüherkennungssystem
- Zusammenfassung des Prüfungsergebnisses und BestV.

104 **Art und Umfang**, einschließlich Reihenfolge und Schwerpunktsetzung, der Berichterstattung sind abhängig vom konkreten Einzelfall. Der APr. hat daher zu beurteilen, ob und inwieweit Themen, auch wenn sie ggf. bereits durch die gesetzlichen Vertreter erläutert wurden, für den AR bedeutsam und deswegen in die mündliche Berichterstattung aufzunehmen sind. Sind mit dem AR besondere Schwerpunkte für die Prüfungsdurchführung oder besondere Berichtspflichten vereinbart worden, sollte hierauf stets eingegangen werden, es sei denn, die Ausführungen dazu im PrB sind unzweifelhaft ausreichend[201]. Besonderes Augenmerk ist darauf zu legen, dass die Erläuterungen i.R.d. mündlichen Berichterstattung mit den Aussagen im PrB bzw. im BestV aufeinander

---

197 Vgl. auch *IDW PS 470 n.F.*, Tz. 8.
198 Vgl. *IDW PS 470 n.F.*, Tz. 30; *IDW PS 450 n.F.*, Tz. 10a.
199 Zum Teil wird zusätzlich zu dieser Präsentation noch ein „Executive Summary" mitgeliefert, in welchem die wichtigsten Punkte übersichts- und/oder stichwortartig zusammengefasst sind.
200 Vgl. *IDW PS 470 n.F.*, Tz. 19 ff.; ISA 260 (Rev.).14 ff.; ISA 265.7 ff.
201 Vgl. *IDW PS 470 n.F.*, Tz. A58.

abgestimmt sind[202]. Mündlich gegebene Informationen können die erforderliche schriftliche Berichterstattung dabei nicht ersetzen[203].

Auch für die mündliche Berichterstattung kann grds. von einem Verständnis der einzelnen Gremienmitglieder für die wirtschaftlichen Gegebenheiten des Unternehmens bzw. des Konzerns und für die Grundlagen der Rechnungslegung ausgegangen werden[204]. Nimmt der APr. sowohl an der Bilanzsitzung des PrA als auch an der des Plenums teil, kann es gleichwohl geboten sein, den **Detaillierungsgrad** der Präsentation und der Ausführungen jeweils anzupassen[205]. Bedeutsame Informationen dürfen dabei keinesfalls ausgelassen werden. In Anbetracht des naturgemäß beschränkten Zeitrahmens hat sich die Darstellung des APr. auf **wesentliche Aspekte** zu beschränken; vielfach wird ergänzend auf den PrB verwiesen werden können[206]. Zudem muss genügend Raum für die Beantwortung von (Nach-)Fragen aus dem Kreis der Sitzungsteilnehmer und etwaige Diskussion bleiben[207].

105

Ausführungen zur **Unabhängigkeit des APr.** (§ 171 Abs. 1 S. 3 AktG) sind dann von erhöhter Bedeutung, wenn im Einzelfall Schutzmaßnahmen i.S.v. § 30 BS WP/vBP ergriffen werden mussten[208]. Außerdem sind generell Angaben in Bezug auf zusätzlich zu den Abschlussprüfungsleistungen erbrachte weitere Leistungen des APr. zu machen (§ 171 Abs. 1 S. 3 AktG). Namentlich i.Z.m. bestimmten Steuerberatungsleistungen oder Bewertungsleistungen, über die bei PIE nach § 319a Abs. 1 S. 3 HGB bereits im PrB zu berichten ist, dürften ohnehin regelmäßig Fragen der Sitzungsteilnehmer zu erwarten sein.

106

Im Rahmen der Darstellung des **risikoorientierten Prüfungsansatzes** ist auch auf die jeder Abschlussprüfung immanente Begrenzung der Erkenntnismöglichkeiten und der Sicherheit der Prüfungsaussagen[209] sowie auf die unterschiedlichen Verantwortungsbereiche der zur Rechnungslegung Verpflichteten einerseits und des APr. andererseits einzugehen[210]. Bei PIE sind ggf. Fragen zur Festlegung der Wesentlichkeitsgrenze (Art. 11 Abs. 2 Buchst. h) VO (EU) Nr. 537/2014) zu erwarten.

107

Im Mittelpunkt der Darlegungen zum **prüferischen Vorgehen** steht das Eingehen auf die vom APr. gesetzten Prüfungsschwerpunkte und identifizierten bedeutsamen Risiken, bei PIE auch auf die „bedeutsamsten beurteilten Risiken wesentlicher falscher Darstellungen" i.S.v. Art. 10 Abs. 2 Buchst. c) VO (EU) Nr. 537/2014 (KAM)[211], deren Berücksichtigung i.R.d. Prüfung sowie diesbezügliche wichtige Feststellungen bzw. Erkenntnisse. Dabei ist auch der zeitliche Ablauf zu erläutern, insb. wenn Planung und

108

---

202 Vgl. *IDW PS 470 n.F.*, Tz. 30; *IDW PS 450 n.F.*, Tz. 10a.
203 Vgl. *Pfitzer/Orth*, in: Dörner/Menold/Pfitzer/Oser, S. 893.
204 Vgl. *IDW PS 470 a.F.*, Tz. 10; *IDW PS 450 n.F.*, Tz. 15. *IDW PS 470 n.F.*, Tz. 16 bringt dies indirekt zum Ausdruck, indem auf die „Eignung" der für die Überwachung verantwortlichen Ansprechpartner des APr. abgestellt wird.
205 Ebenso *Vetter*, in: Marsch-Barner/Schäfer, Hdb. AG⁴, Rn. 26.68.
206 Vgl. *Koch*, in: Hüffer/Koch, AktG¹², § 171, Rn. 15.
207 Vgl. *Drygala*, in: Schmidt/Lutter, AktG³, § 171, Rn. 11; RegBegr. KonTraG, BT-Drs. 13/9712 v. 28.01.1998, S. 22.
208 Bei PIE ist gem. Art. 6 Abs. 2 Buchst. b) VO (EU) Nr. 537/2014 eine ausführliche Erörterung eventueller Gefahren für die Unabhängigkeit des APr. sowie der von diesem zur Verminderung dieser Gefahren angewendeten Schutzmaßnahmen ausdrücklich vorgeschrieben.
209 Vgl. *IDW PS 200*, Tz. 24 ff.
210 Vgl. *IDW PS 470 n.F.*, Tz. 19.
211 Vgl. hierzu insb. Kap. M Tz. 865 ff.

tatsächlicher Ablauf größere Diskrepanzen aufweisen. Im Rahmen der Prüfung aufgetretene bedeutsame Probleme und als für die Tätigkeit des Aufsichtsgremiums als bedeutsam zu erachtende Sachverhalte, die sich i.R.d. Prüfung ergeben haben, sind entsprechend darzustellen[212].

109 Zu den für das Aufsichtsgremium **bedeutsamen Feststellungen** zählen alle berichtspflichtigen Tatsachen i.S.v. § 321 Abs. 1 S. 3 HGB, d.h. neben Unregelmäßigkeiten i.S.v. *IDW PS 210*, Tz. 7 insb. der Aspekt der Unternehmensfortführung („Going Concern")[213]. Sofern über solche Tatsachen bereits vorab berichtet worden ist[214], ist darauf hinzuweisen. Bei PIE sind die i.Z.m. Unregelmäßigkeiten bestehenden besonderen Informationspflichten des APr. nach Art. 7 Unterabs. 1 VO (EU) Nr. 537/2014 zu beachten. Bei bis zu diesem Zeitpunkt nicht erfolgter Untersuchung solcher Angelegenheiten durch das Unternehmen sind bei PIE die weiteren Pflichten des APr. nach Art. 7 Unterabs. 2 VO (EU) Nr. 537/2014 (Information der für die Untersuchung solcher Verstöße **verantwortlichen Behörden**) explizit anzusprechen. Sofern der APr. dazu beauftragt wurde, ist ferner auf etwaige Feststellungen i.S.v. Nr. 7.2.3 des DCGK einzugehen[215].

110 Erwähnenswerte **rechtliche und wirtschaftliche Besonderheiten des GJ** sind bspw. bedeutende Akquisitionen, Unternehmensverkäufe, Um-/Restrukturierungsmaßnahmen, Transaktionen i.S.d. UmwG, Unternehmensverträge etc. Auf nach dem Abschlussstichtag eingetretene Vorgänge von besonderer Bedeutung i.S.v. § 285 Nr. 33 HGB wird regelmäßig einzugehen sein, auch wenn diese Gegenstand der Berichterstattung der gesetzlichen Vertreter im Anh. sind[216].

111 In Zusammenhang mit der Erläuterung der Auswirkungen **bedeutsamer Geschäftsvorfälle** kann es sinnvoll sein, ein um deren Einflüsse bereinigtes Jahresergebnis darzustellen. Darüber hinaus können ggf. Besonderheiten im Konzern von Relevanz sein[217]. Ebenso können Kennzahlendarstellungen hilfreich sein, um z.B. Tendenzverläufe zu visualisieren. Erforderlichenfalls sind besonders risikobehaftete Einzeltransaktionen eigens hervorzuheben. Regelmäßig wird damit ein fließender Übergang zur **Erläuterung der qualitativen Aspekte der Rechnungslegungspraxis** des geprüften Unternehmens verbunden sein. Anzusprechen sind insb. wesentliche Schätzunsicherheiten, subjektive oder komplexe Ermessensentscheidungen i.Z.m. der Ausübung von Bilanzierungs- und Bewertungswahlrechten sowie sachverhaltsgestaltende Maßnahmen[218], nicht zuletzt unter dem Blickwinkel von deren Auswirkungen auf die im Abschluss dargestellte Vermögens-, Finanz- und Ertragslage.

---

212 Vgl. *Martens/Oldewurtel/Kümpel*, WPg 2014, S. 1025 ff. (1027 f.); *IDW PS 470 n.F.*, Tz. 21. Bei PIE ist diesbezüglich Art. 11 Abs. 2 Buchst. p) VO (EU) Nr. 537/2014 von Relevanz.
213 Vgl. *IDW PS 270 n.F.*, Tz. 34.
214 Vgl. *IDW PS 470 n.F.*, Tz. 28, A58; *IDW PS 450 n.F.*, Tz. 18, 41.
215 Vgl. *IDW PS 470 n.F.*, Tz. A44 i.V.m. *IDW PS 345*, Tz. 33 ff.
216 DRS 20.114 empfiehlt, in den LB zumindest einen entsprechenden Verweis auf die Nachtragsberichterstattung im Anh. aufzunehmen.
217 Bspw. Änderungen des Konsolidierungskreises oder konzerninterne Transaktionen mit dem Ziel, auf Ebene des MU formal Dividendenfähigkeit herzustellen.
218 Vgl. *IDW PS 470 n.F.*, Tz. A23-A25 nebst Anlage 2. Nach *IDW PS 470 n.F.*, Tz. 21 a) kann es u.U. geboten sein, dass der APr. ferner erläutert, warum er eine bedeutsame und nach den maßgebenden Rechnungslegungsgrundsätzen vertretbare Rechnungslegungspraxis unter den jeweiligen Gegebenheiten des Unternehmens nicht für die am besten geeignete hält.

In Zusammenhang mit den **Feststellungen zur Ordnungsmäßigkeit der Rechnungslegung** ist das Aufsichtsgremium auch über die nicht korrigierten falschen Angaben zu informieren, die der APr. im Verlaufe der Prüfung identifiziert hat, selbst wenn diese nach Auffassung der gesetzlichen Vertreter[219] einzeln und in ihrer Summe unwesentlich waren und daher auch nach der Beurteilung des APr. nicht zur Modifikation des Prüfungsurteils im BestV geführt haben[220]. In diesem Rahmen sollte außerdem ggf. auf bedeutsame künftige Änderungen einschlägiger Rechnungslegungsnormen hingewiesen werden. **112**

In Bezug auf das **rechnungslegungsbezogene IKS** ist jedenfalls auf i.R.d. Prüfung festgestellte bedeutsame Schwächen oder Mängel einzugehen[221]. Bei kapitalmarktorientierten KapGes. sollte dabei grds. auf die diesbezüglichen Erläuterungen der gesetzlichen Vertreter im LB (§ 289 Abs. 4 HGB) Bezug genommen werden. Auch wenn Mängel zwischenzeitlich behoben worden sind, sind diese grds. darzustellen[222]. **113**

Festgestellte Schwächen im nicht rechnungslegungsbezogenen IKS des Unternehmens sind dann anzusprechen, wenn sie Bedeutung für die Überwachungstätigkeit des Aufsichtsgremiums haben[223]. Dabei sollte der APr. darauf hinweisen, dass diese Feststellungen zwar i.R.d. Abschlussprüfung erlangt wurden, die Prüfung aber grds. nicht auf deren Identifizierung ausgerichtet ist[224].

Auf das **Risikofrüherkennungssystem** ist grds. nur dann einzugehen, wenn es gesetzlich nach § 317 Abs. 4 HGB oder durch vertragliche Erweiterung Prüfungsgegenstand gewesen ist[225]. Ansonsten gilt das vorstehend zu Schwächen im nicht rechnungslegungsbezogenen IKS Ausgeführte entsprechend[226]. **114**

Darüber hinaus ist generell zum **BestV** Stellung zu nehmen; namentlich bei einem eingeschränkten BestV oder der Erteilung eines Versagungsvermerks sind die Gründe für die Modifizierung des Prüfungsurteils nochmals darzustellen und zu erläutern[227]. **115**

§ 171 Abs. 1 S. 2 AktG gilt explizit auch für die **Konzernabschlussprüfung**, so dass der KAPr. auch an den Verhandlungen des AR und/oder des PrA über den KA und den KLB teilzunehmen und dabei über die wesentlichen Ergebnisse seiner Prüfung zu berichten hat (vgl. Nr. 7.2.4 DCGK), um den AR insoweit bei seiner Überwachungsaufgabe auch auf Konzernebene zu unterstützen[228]. **116**

Im Rahmen der mündlichen Berichterstattung des KAPr. zur Konzernabschlussprüfung ist neben den oben erwähnten Themen auf **Besonderheiten im Konzern** einzugehen, **117**

---

219 Vgl. die „Erklärung der gesetzlichen Vertreter über nicht korrigierte Prüfungsdifferenzen" i.S.v. *IDW PS 303 n.F.*, Tz. 28.
220 Vgl. *IDW PS 210*, Tz. 63.
221 Vgl. *Martens/Oldewurtel/Kümpel*, WPg 2014, S. 1025 ff. (1029 f.). Dieser Themenbereich wird i.Z.m. dem in Art. 11 Abs. 2 Unterabs. 3 VO (EU) Nr. 537/2014 bei PIE normierten Initiativrecht für APr. und PrA ausdrücklich genannt.
222 Vgl. *IDW PS 450 n.F.*, Tz. 65. Für PIE wird dies in Art. 11 Abs. 2 Buchst. j) VO (EU) Nr. 537/2014 explizit gefordert.
223 Vgl. *IDW PS 470 n.F.*, Tz. 6, A41.
224 Vgl. *IDW PS 261 n.F.*, Tz. 93; *IDW PS 450 n.F.*, Tz. 50a.
225 Vgl. *Burg/Müller*, in: Kölner Komm. Rechnungslegungsrecht, § 321, Rn. 113.
226 Vgl. *IDW PS 450 n.F.*, Tz. 107.
227 Vgl. *IDW PS 470 n.F.*, Tz. 21 d), A28.
228 Vgl. *Vetter*, in: Marsch-Barner/Schäfer, Hdb. AG⁴, Rn. 26.68.

bspw. die Involvierung von Teilbereichsprüfern, Kriterien für die Abgrenzung und erfolgte Änderungen des Konsolidierungskreises, die Behandlung von Geschäfts- oder Firmenwerten etc.[229]. Außerdem sollte grds. auf die Entwicklung wesentlicher Konzerngesellschaften eingegangen werden; sofern existent, sollte dabei auf der Segmentberichterstattung aufgesetzt werden. Daneben empfiehlt es sich, über wesentliche Abweichungen von den Empfehlungen des DRSC zu informieren[230].

118 Darüber hinaus sollten **wesentliche Konzernunternehmen** betreffende Prüfungsfeststellungen des KAPr., die nach § 321 Abs. 1 S. 3 HGB grds. auch auf Ebene des JA des betroffenen Konzernunternehmens berichtspflichtig sind, i.R.d. Berichterstattung an den AR angesprochen werden. Dies gilt namentlich für den Fall, dass sich daraus Schlüsse auf Schwächen des konzernweit auszurichtenden Risikofrüherkennungssystems ziehen lassen. Auch werden, wenn zum JA eines wesentlichen Konzernunternehmens das Prüfungsurteil im BestV eingeschränkt oder ein Versagungsvermerk erteilt wird bzw. werden soll, Tatsache und Hintergrund vom KAPr. regelmäßig zu erwähnen sein.

119 Falls der KA nach den **IFRS**, wie sie in der EU anzuwenden sind, (§ 315e HGB) aufgestellt ist, während dem JA des MU die deutschen handelsrechtlichen Vorschriften zugrunde liegen (**HGB**), kann es sich empfehlen, die unterschiedlichen Rechenschaftsprinzipien anzusprechen und auf die daraus resultierenden Unterschiede in der Bilanzierung und Bewertung einzugehen, soweit in beiden inhaltsgleiche Sachverhalte abgebildet werden.

120 Unabhängig von der gesetzlich vorgeschriebenen Teilnahme an der Bilanzsitzung (s.o.) hat sich der APr. nach den Berufsgrundsätzen und weiteren Normen (für PIE insb. DCGK sowie VO (EU) Nr. 537/2014) mit dem Aufsichtsgremium bereits **im Vorfeld** über Form, Zeitpunkt und Inhalt der **wechselseitigen Kommunikation** zu verständigen[231].
Schwerpunkte sind dabei[232]:
- Unabhängigkeit des APr.[233]
- Erwartungen des Aufsichtsgremiums (z.B. in Bezug auf Prüfungsschwerpunkte[234])
- zeitliche Aspekte, insb. der Prüfungsdurchführung und der Berichterstattung.

121 Nach den Berufsgrundsätzen ist der APr. gehalten, im Zuge dieses Austauschs seinerseits auch das **Selbstverständnis des Aufsichtsgremiums** in Bezug auf die diesem obliegenden Überwachungsaufgaben, sowie die **Einschätzungen des Aufsichtsgremiums** in Bezug auf das Geschäftsführungsorgan und ggf. weitere Managementebenen, auf das

---

229 Vgl. auch *IDW PS 320 n.F.*, Tz. 46 f. sowie für PIE Art. 11 Abs. 2 Buchst. m) und n) VO (EU) Nr. 537/2014.
230 Vgl. *IDW PS 201*, Tz. 12; *IDW PS 450 n.F.*, Tz. 134.
231 Vgl. *IDW PS 470 n.F.*, Tz. 28, A54. Siehe auch Kap. B Tz. 41.
232 Vgl. *IDW PS 470 n.F.*, Tz. 19 ff.; *Martens/Oldewurtel/Kümpel*, WPg 2014, S. 1025 ff. (1026). Siehe hierzu auch Abschnitt 7.2 des DCGK.
233 Hierzu gehört bei börsennotierten Gesellschaften insb. die Abgabe der Erklärung nach Nr. 7.2.1 des DCGK sowie bei allen PIE die Erörterung des Themas Unabhängigkeit gem. Art. 6 Abs. 2 Buchst. b) VO (EU) Nr. 537/2014. Die Erklärung gem. Art. 6 Abs. 2 Buchst. a) VO (EU) Nr. 537/2014 ist gem. Art. 11 Abs. 2 Buchst. a) VO (EU) Nr. 537/2014 in den prB aufzunehmen (vgl. *IDW PS 345*, Tz. 37, Anhang 2; *IDW PS 450 n.F.*, Tz. P23a/1), kann aber auch bereits vorab ggü. dem Aufsichtsgremium schriftlich erklärt werden (vgl. *IDW PS 470 n.F.*, Tz. A35).
234 Vgl. auch RegBegr. KonTraG, BT-Drs. 13/9712 v. 28.01.1998, S. 16 f.

Kontrollumfeld und ggf. auf den Aspekt der Unternehmensfortführung (Going Concern) zu eruieren[235].

Wesentliche inhaltliche Aspekte der **wechselseitigen Kommunikation während der Prüfung** sind regelmäßig[236]: **122**

- während der Prüfung auftretende mögliche Ausschluss- oder Befangenheitsgründe
- bedeutsame Feststellungen zur Rechnungslegungspraxis des Unternehmens
- während der Prüfung aufgetretene bedeutsame Probleme (ggf. auch Feststellungen nach Nr. 7.2.3 des DCGK)
- Umstände, die sich auf Form oder Inhalt des BestV auswirken (können)
- bedeutsame Sachverhalte, die mit den gesetzlichen Vertretern besprochen wurden bzw. Gegenstand des Schriftverkehrs zwischen dem APr. und den gesetzlichen Vertretern waren (einschließl. ggf. vom APr. angeforderten schriftlichen Erklärungen)
- sonstige bedeutsame Sachverhalte, die der APr. als für die Überwachungsaufgaben des Aufsichtsgremiums in Bezug auf den Rechnungslegungsprozess bzw. das rechnungslegungsbezogene IKS[237] relevant erachtet.

Hierzu zählen auch bestandsgefährdende Risiken; diese sind jedoch keinem der o.g. Kommunikationsaspekte eineindeutig zuordenbar.

Während der Prüfung erfolgt diese Kommunikation, schon aus Gründen der Prozessökonomik, im Wesentlichen zwischen dem APr. und dem Vorsitzenden des Aufsichtsgremiums bzw. des PrA[238]. Ausschuss- oder Plenumssitzungen können routinemäßig vorgesehen oder bei Erfordernis einzeln anberaumt werden[239]. **123**

Den APr. verpflichtete auch bislang schon die sog. **Redepflicht** zu ggf. weiterer, aktiver Kommunikation[240]. Diese Redepflicht ist Ausfluss einer aus dem Auftragsverhältnis resultierenden besonderen Treuepflicht[241] und gebietet es dem APr., in dringenden Fällen bereits vorab, ggf. auch ad hoc, über wichtige Feststellungen aus seiner Prüfungstätigkeit zu unterrichten[242]. Betroffen davon sind inhaltlich grds. dieselben Themen, die nach § 321 Abs. 1 S. 3 HGB im PrB schriftlich darzustellen sind. Die Redepflicht ist der Berichterstattung im PrB jedoch zeitlich vorgelagert, da damit eine **(Früh-)Warnfunktion**[243] verbunden sein soll. Die Redepflicht erstreckt sich dabei grds. auch auf Tatsachen, die dem APr. auf andere, nicht der gesetzlichen Verschwiegenheitspflicht unterliegende Weise bekannt geworden oder die erst nach dem Abschlussstichtag begründet worden sind. Ferner ist bereits beim Vorliegen von Anhaltspunkten zu informieren, nicht erst bzw. lediglich bei vollendeten und vollständig aufgeklärten Sachver- **124**

---

235 Vgl. *IDW PS 470 n.F.*, Tz. A19; *IDW PS 210*, Tz. 30 f.; *IDW PS 270 n.F.*, Tz. 34.
236 Vgl. *IDW PS 470 n.F.*, Tz. 21, A21 ff.; *Martens/Oldewurtel/Kümpel*, WPg 2014, S. 1025 ff. (1026); Nrn. 7.2.1 und 7.2.3 des DCGK.
237 Vgl. *IDW PS 261 n.F.*, Tz. 89.
238 Vgl. Nr. 7.2.1 Abs. 2 DCGK.
239 Vgl. auch *IDW PS 470 n.F.*, Tz. 17, A10-A12.
240 Vgl. hierzu ausführlich *Grewe/Plendl*, in: HWRP³, Sp. 2006 ff.
241 Vgl. BGH v. 15.12.1954 (II ZR 322/53), NJW 1955, S. 499 f.
242 Vgl. *Schüppen*, in: Heidel/Schall, HGB², § 321, Rn. 26; *Seidler*, BB 2015, S. 1451.
243 Vgl. BGH v. 15.12.1954 (II ZR 322/53), NJW 1955, S. 500: „seine Stimme warnend zu erheben" resp. „Zurückhaltung ist hier nicht am Platze".

halten²⁴⁴. Im Interesse des geprüften Unternehmens wird vom APr. im Zweifelsfalle vorab entsprechend Bericht zu erstatten sein.

125 Für APr. von PIE normiert Art. 7 Unterabs. 1 VO (EU) Nr. 537/2014 nunmehr eine **gesetzliche Redepflicht**, die neben die aus der besonderen Treuepflicht resultierende Redepflicht tritt. Danach sind APr. von PIE verpflichtet, das geprüfte Unternehmen zu informieren, sobald sie hinreichend konkret vermuten, dass Unregelmäßigkeiten²⁴⁵, insb. i.Z.m. dem geprüften Abschluss, möglicherweise eintreten oder bereits eingetreten sind. In diesem Zusammenhang hat der APr. gem. VO die Adressaten seiner Redepflicht zudem explizit aufzufordern, die Angelegenheit zu untersuchen sowie geeignete Maßnahmen zu treffen, um derartige Unregelmäßigkeiten aufzugreifen und einer Wiederholung dieser Unregelmäßigkeiten in der Zukunft vorzubeugen.

126 Beide Redepflichten stehen indes unter dem Vorbehalt, dass ihnen kein **gesetzliches Redeverbot** entgegensteht. Ein solcher Fall ist bspw. das Verbot nach § 47 Abs. 1 GwG, den Auftraggeber (oder Dritte) zu informieren, wenn der APr. eine Meldung nach § 43 Abs. 1 GwG an die von der WPK gem. § 53 GwG i.V.m. § 57 Abs. 2 Nr. 17 WPO eingerichtete zentrale Hinweisgeberstelle GwG abgibt.

127 Die **Adressaten der Redepflicht** sind grds. identisch mit den unmittelbaren Empfängern des PrB, d.h. das Aufsichtsgremium, ggf. Ausschüsse desselben, das Geschäftsführungsorgan bzw. die Gesellschafter(versammlung)²⁴⁶. Der APr. hat nach den Umständen des Einzelfalles zu entscheiden, wen er wann, wie und in welchem Umfang informiert. So dürfte es bspw. bei (vermuteten) Unregelmäßigkeiten durch Mitglieder des Geschäftsführungsorgans (Management Fraud) angeraten sein, zunächst ausschl. das Aufsichtsgremium zu informieren. Demgegenüber sind bestandsgefährdende Tatsachen gewiss für sämtliche Unternehmensorgane von Relevanz. Im Allgemeinen wird es genügen, die Redepflicht dem jeweiligen Gremien- bzw. Organvorsitzenden ggü. auszuüben, sowie ggf. auch ggü. besonders sachverständigen Gremienmitgliedern i.S.v. § 100 Abs. 5 AktG²⁴⁷.

Bei GmbH ohne AR ergibt sich die Besonderheit, dass ein Vorabbericht grds. auch allen zum Empfang des PrB berechtigten Gesellschaftern unmittelbar zuzuleiten ist²⁴⁸.

128 In zeitlicher Hinsicht gilt der Grundsatz der **Unverzüglichkeit**; d.h. sobald dem APr. ein festgestellter Sachverhalt nach pflichtgemäßem Ermessen hinreichend konkretisiert erscheint, hat er seiner Redepflicht ohne weiteres Zögern nachzukommen. Informationstiefe und Detaillierungsgrad müssen dem Sachverhalt und den Adressaten angemessen gewählt werden. Dabei wird es vielfach empfehlenswert sein, rechtlichen Rat einzuholen. Die für die Kommunikation zu fordernde **Schriftlichkeit**²⁴⁹ kann auch unter Zuhilfenahme elektronischer Kommunikationsmittel gewährleistet werden. Falls im Einzelfall aufgrund der Eilbedürftigkeit (fern)mündlich informiert wird, hat dem im Nachgang eine schriftliche Berichterstattung zu folgen.

---

244 Vgl. *Grewe/Plendl*, in: HWRP³, Sp. 2009; *Burg/Müller*, in: Kölner Komm. Rechnungslegungsrecht, § 321, Rn. 52.
245 Vgl. hierzu *IDW PS 210*, Tz. 7. Art. 7 Unterabs. 1 VO (EU) Nr. 537/2014 nennt als Beispiel ausdrücklich Betrug (in der englischen Fassung „fraud") i.Z.m. dem Abschluss des geprüften Unternehmens.
246 Vgl. ADS⁶, § 321, Tz. 89 f.; *Grewe/Plendl*, in: HWRP³, Sp. 2012.
247 Vgl. *Schmidt/Deicke*, in: BeBiKo¹¹, § 321, Rn. 70.
248 Vgl. ADS⁶, § 321, Tz. 90.
249 Vgl. *Schmidt/Deicke*, in: BeBiKo¹¹, § 321, Rn. 68.

Die Ausübung der Redepflicht hat stets **Rückwirkungen** auf die sonstige Berichterstattung des APr. Insbesondere wird der APr. dadurch nicht von der Berichterstattung im PrB entbunden[250], ebensowenig davon, Auswirkungen auf den BestV zu prüfen[251]. Darüber hinaus ist ein Sachverhalt, der Gegenstand der ausgeübten Redepflicht war, nahezu zwangsläufig als Punkt der Berichterstattung des APr. i.R.d. Bilanzsitzung des AR vorzusehen. Selbstverständlich kann ein von der Redepflicht betroffener Sachverhalt im Einzelfall auch i.Z.m. einem der „bedeutsamsten beurteilten Risiken wesentlicher falscher Darstellungen" i.S.v. Art. 10 Abs. 2 Buchst. c) VO (EU) Nr. 537/2014 (KAM) stehen. 129

Nicht als Ausfluss der Redepflicht ist der sog. **Management Letter**[252] anzusehen (vgl. Kap. M Tz. 149). Hierdurch sollen vielmehr Hinweise, Anregungen und Empfehlungen gegeben werden, die nach der Beurteilung des APr. eben nicht Redepflicht- bzw. Prüfungsberichtsniveau erreichen. Zudem zeugt bereits die Bezeichnung davon, dass das Geschäftsführungsorgan Adressat dieses Informationsinstruments des APr. ist[253]. 130

Generell sollte das Instrument Management Letter besonnen verwendet werden[254], da eine Abgrenzung zur Berichterstattungspflicht im PrB naturgemäß fließend und deswegen vielfach schwierig ist[255]. Dementsprechend ist im Zweifelsfall stets der Berichterstattung im PrB der Vorzug zu geben, da die Verantwortung für jede Zuvielverlagerung in einen Management Letter grds. allein beim APr. verbleibt (§ 332 Abs. 1 HGB)[256].

Zeitpunkt und Inhalt der Kommunikation – sowohl mit dem Aufsichtsgremium als auch mit dem Geschäftsführungsorgan und ggf. dem weiteren Management – sind vom APr. in den Arbeitspapieren zu **dokumentieren**; über mündlichen Informationsaustausch sind schriftliche Notizen zu fertigen und diese zu den Arbeitspapieren zu nehmen[257]. 131

Im Rahmen all dessen ist der APr. gehalten zu beurteilen, ob die Kommunikation (ggf. sogar eine offenkundige Nicht-Kommunikation) **Auswirkungen** auf die Abschlussprüfung als solche und das Prüfungsergebnis hat bzw. haben kann[258]. 132

Gesetzlich normierte Anzeige- bzw. Mitteilungspflichten für den APr. enthalten z.B. § 29 Abs. 3 S. 1 KWG, § 341k Abs. 3 HGB und § 35 Abs. 4 VAG, wonach die zuständigen Aufsichtsbehörden vom APr. über bestimmte i.R.d. Prüfung identifizierte Gesetzesverstöße, die Verletzung aufsichtsrechtlicher Vorgaben, Probleme i.Z.m. der Unter- 133

---

250 Vgl. ADS[6], § 321, Tz. 88; *IDW PS 470 n.F.*, Tz. 30.
251 Bspw. die Aufnahme eines „Hinweises" nach § 322 Abs. 2 S. 3 bzw. Abs. 3 S. 2 HGB.
252 Vgl. *IDW PS 450 n.F.*, Tz. 17 Abs. 2; *Kämpfer*, in: HWRP[3], Sp. 1515 ff.; *Müller*, S. 215 ff.
253 Vgl. *IDW PS 450 n.F.*, Tz. P60/3. Unabhängig davon sollte ein Management Letter jedoch grundsätzlich auch dem Aufsichtsgremium zur Kenntnis gebracht werden. Ein nach AktG gebildeter AR könnte diesbezüglich ohnehin sein Einsichtsrecht geltend machen (§ 111 Abs. 2 S. 1 AktG). Vgl. auch *Kämpfer*, in: HWRP[3], Sp. 1517; *Müller*, S. 220; *Orth*, in: Baetge/Kirsch/Thiele, Bilanzrecht, § 321, Rn. 513.
254 Z.B. in Bezug auf Verbesserungspotentiale bei geprüften IT-Systemen; vgl. *IDW PS 330*, Tz. 115. Ebenso dürfte ein – auch dem Aufsichtsgremium zur Kenntnis gegebener – Management Letter i.Z.m. weitergehenden Ausführungen aufgrund der Prüfung des Risikofrüherkennungssystems i.S.v. § 91 Abs. 2 AktG vertretbar sein; vgl. *Schmidt/Deicke*, in: BeBiKo[11], § 321, Rn. 137.
255 Konsequenterweise sollte die evtl. Erstellung eines Management Letters stets bereits i.R.d. Beauftragung vereinbart werden. Ebenso *Schüppen*, in: Heidel/Schall, HGB[2], § 321, Rn. 4.
256 Vgl. auch *Grottel/Hoffmann*, in: BeBiKo[11], § 332, Rn. 22; *Quedenfeld*, in: MünchKomm. HGB[3], § 332, Rn. 25.
257 Vgl. *IDW PS 460 n.F.*, Tz. 15; *IDW PS 470 n.F.*, Tz. 32, A59.
258 Vgl. auch *IDW PS 470 n.F.*, Tz. 8 b).

nehmensfortführung sowie über evtl. Modifikationen des Prüfungsurteils im BestV unverzüglich und damit grds. vorab zu informieren sind. Branchenübergreifend dehnt Art. 12 Abs. 1 VO (EU) Nr. 537/2014 diese Unterrichtungspflichten ggü. den zuständigen Aufsichtsbehörden auf alle APr. von **PIE** aus. Dabei wird durch Art. 12 Abs. 1 Unterabs. 2 VO (EU) Nr. 537/2014 außerdem der Aufgriffsbereich erheblich erweitert: Die Meldepflicht entsteht für den APr. dem Grunde nach nämlich bereits dann, wenn er bei Durchführung einer Abschlussprüfung bei Unternehmen, die zu dem (ebenfalls) von ihm geprüften **PIE** eine „enge Verbindung" i.S.v. Art. 4 Abs. 1 Nr. 38 VO (EU) Nr. 575/2013[259] haben, von einer derartigen Tatsache Kenntnis erhält[260]. Darüber hinaus schreibt Art. 7 Unterabs. 2 VO (EU) Nr. 537/2014 den APr. von **PIE** auch vor, die Tatsache, dass das geprüfte Unternehmen Unregelmäßigkeiten, die der APr. dem Unternehmen mitgeteilt hat, nicht untersucht, an diejenigen Behörden zu melden, die für die Untersuchung solcher Unregelmäßigkeiten verantwortlich sind[261]. Ergänzend dazu bestehen regelmäßig **Erläuterungspflichten**, wenn die jeweilige zuständige Aufsichtsbehörde aufgrund einer erhaltenen Anzeige bzw. Mitteilung oder eines ihr pflichtgemäß vorgelegten PrB nachfragt[262]. Inhaltlich korrespondieren die die o.g. gesetzlichen Informationspflichten auslösenden Sachverhalte grds. mit den auch der Redepflicht bzw. der besonderen Berichterstattungspflicht nach § 321 Abs. 1 S. 3 HGB unterliegenden Sachverhalten[263].

Im Gegensatz dazu begründet die Regelung des § 321a Abs. 2 S. 2 HGB keinen Anspruch der Gläubiger oder Gesellschafter auf Erläuterung des im Insolvenzfall ggf. vorgelegten PrB durch den APr.[264]

134 Zur Kommunikation mit dem **KAPr.** gem. § 320 Abs. 3 S. 2 HGB wird auf Kap. L Tz. 1270 verwiesen. Die Kommunikation zwischen dem bisherigen APr. und dem neuen APr. gem. § 320 Abs. 4 HGB im Fall des **Prüferwechsels** erfolgt entsprechend § 42 BS WP/vBP grundsätzlich auf Basis des schriftlichen PrB (siehe Kap. M Tz. 35 sowie Kap. M Tz. 720 ff.).

3. Prüfungsbericht

3.1 Allgemeine Grundsätze

135 Durch den PrB sind die Berichtsadressaten über Art und Umfang sowie über das Ergebnis der Prüfung schriftlich und mit der gebotenen Klarheit zu informieren. Der APr. hat seine Prüfungsdurchführung, die dabei getroffenen Feststellungen in Bezug auf die einzelnen Prüfungsgegenstände und die Herleitung der jeweiligen Prüfungsurteile, die sich im BestV widerspiegeln müssen und diesen in ihrer Gesamtheit tragen, darzustellen.

---

259 Verordnung (EU) Nr. 575/2013 des Europäischen Parlaments und des Rates vom 26.06.2013 über Aufsichtanforderungen an Kreditinstitute und Wertpapierfirmen und zur Änderung der Verordnung (EU) Nr. 648/2012, ABl.EU v. 27.06.2013, L 176, S. 1 ff.
260 Bisher gab es solche (Neben-)Verpflichtungen zwar schon (§ 29 Abs. 3 S. 3 KWG bzw. § 35 Abs. 4 S. 2 VAG), allerdings nur (vom KI aus gesehen) nach unten, nicht wie nun nach der VO stets auch in umgekehrter Richtung, bzw. nur (bei VU), sofern die „enge Verbindung" aus einem Kontrollverhältnis resultiert.
261 Zur Problematik der Identifizierung der „zuständigen Aufsichtsbehörde" nach Art. 12 VO (EU) Nr. 537/2014 bzw. der „verantwortlichen Behörde" nach Art. 7 VO (EU) Nr. 537/2014 vgl. Kap. M Tz. 15 ff.
262 Z.B. § 29 Abs. 3 S. 2 KWG; § 37 Abs. 5 S. 2 VAG.
263 § 341k Abs. 3 HGB (betr. VU) nimmt ausdrücklich auf § 321 Abs. 1 S. 3 HGB Bezug.
264 Vgl. *Schüppen*, in: Heidel/Schall, HGB[2], § 321a, Rn. 18; *Schmidt/Deicke*, in: BeBiKo[11], § 321a, Rn. 11.

Das Gesetz (§ 321 HGB, ggf. i.V.m. Art. 11 Abs. 2 VO (EU) Nr. 537/2014) enthält Grundvorgaben zum Aufbau des PrB und schreibt diverse Pflichtangaben, -erklärungen bzw. -erläuterungen vor. Inhalt und Umfang des PrB sind durch diese Mindestvorgaben jedoch nicht abschließend geregelt, sondern stehen im pflichtgemäßen Ermessen des APr., welches in Übereinstimmung insb. mit der **Informationsfunktion des PrB** auszuüben ist. Damit hat die Prüfungsberichterstattung einer Reihe allgemeiner Grundanforderungen zu genügen, die sich aus den allgemeinen Berufspflichten des APr. und aus der Adressatenorientierung des PrB ableiten[265].

Das IDW legt im *IDW Prüfungsstandard: Grundsätze ordnungsmäßiger Erstellung von Prüfungsberichten (IDW PS 450 n.F.)* die Berufsauffassung dar, nach der WP als APr. unbeschadet ihrer Eigenverantwortlichkeit Berichte über von ihnen durchgeführte Abschlussprüfungen erstatten. *IDW PS 450 n.F.* enthält die von WP zu beachtenden Grundsätze zu Form und Inhalt des PrB und verdeutlicht ggü. Öffentlichkeit und Berichtsadressaten die Anforderungen an den Inhalt solcher Berichte. vBP und BPG als Mitglieder des DBV haben gem. DBV-Satzung[266] i.R. ihrer beruflichen Eigenverantwortlichkeit die fachlichen Verlautbarungen des IDW zu beachten.

136

Der APr. hat seinen PrB **gewissenhaft und unparteiisch** zu erstatten (§ 43 Abs. 1 WPO[267]). Über Gegenstand, Art und Umfang sowie über die Ergebnisse der Prüfung ist somit unter Beachtung der **Grundsätze** der

137

- Wahrheit,
- Vollständigkeit,
- Unparteilichkeit und
- Klarheit

schriftlich zu berichten[268]. Dies gilt gleichermaßen in Bezug auf das Abgeben bestimmter vom APr. geforderter Erklärungen, bspw. zur Unabhängigkeit, im PrB. Insofern besteht kein Unterschied in den **Grundanforderungen an einen ordnungsgemäßen PrB** nach HGB und (für PIE) nach VO (EU) Nr. 537/2014.

Dabei stehen die einzelnen Grundsätze nicht nebeneinander, sondern sind vielmehr sämtlich miteinander verknüpft. Der **Stellenwert dieser Grundsätze** ergibt sich auch aus § 332 HGB und § 403 AktG, welche sowohl die unrichtige Berichterstattung als auch das Verschweigen erheblicher Umstände im PrB unter Strafe stellen[269].

138

Grundsatz der Wahrheit

Eine gewissenhafte Berichterstattung muss insb. wahrheitsgetreu sein. Gemäß dem **Grundsatz der Wahrheit** hat der Inhalt des PrB nach der Überzeugung des APr. den tatsächlichen Gegebenheiten zu entsprechen[270]. Der APr. muss von der Richtigkeit seiner Feststellungen und seiner daraus abgeleiteten Schlussfolgerungen überzeugt sein. Der PrB darf nicht den Eindruck erwecken, dass ein Sachverhalt geprüft wurde, obwohl *seine* Prüfung (noch) nicht möglich war. Es muss klar erkennbar sein, welche Angaben auf geprüften und welche auf ungeprüften Grundlagen beruhen. Ist es dem APr. nicht

139

---

265 Vgl. ADS[6], § 321, Tz. 37; *Plendl*, in: HWRP[3], Sp. 1780.
266 Vgl. § 5 Ziff. 5 der Satzung des DBV-Deutscher Buchprüferverband e.V. (Stand: 30.08.2017).
267 Vgl. auch den Wortlaut der Eidesformel in § 17 Abs. 1 S. 2 WPO.
268 Vgl. *IDW PS 450 n.F.*, Tz. 8 ff.
269 Vgl. dazu allg. *Grottel/Hoffmann*, in: BeBiKo[11], § 332; *Oetker*, in: Schmidt/Lutter, AktG[3], § 403.
270 Vgl. *IDW PS 450 n.F.*, Tz. 9; ADS[6], § 321, Tz. 48; *Schmidt/Deicke*, in: BeBiKo[11], § 321, Rn. 22.

gelungen, die tatsächlichen Verhältnisse soweit zu ergründen, dass er eine gesicherte Beurteilung des Sachverhalts vornehmen kann, so ist dies im PrB anzugeben. Außerdem muss aus den Ausführungen ersichtlich sein, ob bzw. inwieweit sich die Beurteilungen des APr. auf nicht selbst durchgeführte Prüfungshandlungen, sondern Tätigkeiten Dritter (z.B. Teilbereichsprüfer, Gutachten von Versicherungsmathematikern oder anderen Sachverständigen, Prüfungen durch die Interne Revision), Auskünfte Dritter (z.B. Stellungnahmen von Rechtsanwälten) oder Erklärungen der gesetzlichen Vertreter stützen[271]. Sind mehrere Personen nebeneinander zum APr. bestellt und ergeben sich zwischen ihnen Meinungsverschiedenheiten über die Würdigung eines Sachverhaltes, so ist dies i.R.d. (gemeinsamen) PrB zum Ausdruck zu bringen[272].

140 Im Rahmen der Berichterstattung hat sich der APr. seine **kritische Grundhaltung** (§ 43 Abs. 4 WPO) zu bewahren[273]. Der Grundsatz der Wahrheit wird namentlich dann verletzt, wenn wesentliche Tatsachen weggelassen werden, wodurch indes zugleich gegen den Grundsatz der Vollständigkeit verstoßen würde[274].

Grundsatz der Vollständigkeit

141 Für eine gewissenhafte Berichterstattung ist es damit ebenfalls erforderlich, dass der PrB vollständig ist. Der **Grundsatz der Vollständigkeit** verlangt, dass im PrB alle in den jeweiligen gesetzlichen Vorschriften oder den vertraglichen Vereinbarungen geforderten Feststellungen zu treffen sind und dass darüber berichtet wird, welche wesentlichen Feststellungen und Ergebnisse die Prüfung erbracht hat. Wesentlich sind dabei alle Tatsachen, die für eine ausreichende Information der Berichtsadressaten für die Vermittlung eines klaren Bildes über die Prüfungsergebnisse von Bedeutung sind[275].

142 Wie weit die Berichterstattung im Einzelnen zu gehen hat, ist vom APr. nach eigenem, pflichtgemäßem Ermessen zu entscheiden. Vollständigkeit bedeutet nicht, dass der APr. schlichtweg alles in seinen Bericht aufnehmen muss, was er festgestellt hat. Insb. dürfen Informationen über wesentliche Tatsachen nicht durch die Vermischung mit einer Vielzahl von Informationen, die einzeln und auch kumulativ von untergeordneter Bedeutung sind, in ihrer Informationswirkung eingeschränkt werden. Die Berichterstattung im PrB hat sich **auf das Wesentliche zu konzentrieren**[276]. Im Bericht sind in knapper, klar verständlicher und gut lesbarer Form die Informationen zu geben, die gesetzlich gefordert werden und die die Berichtsadressaten für die Überwachung des Unternehmens benötigen. Als allgemeiner Grundsatz kann gelten, dass im PrB stets all das zum Ausdruck kommen muss, was zum Ergebnis der Prüfung der Buchführung, des JA und des LB gehört, und zwar insoweit, als es zur Vermittlung eines klaren Bildes über das prüferische Vorgehen und über die Prüfungsergebnisse notwendig ist.

143 Der **Umfang der Berichterstattung** hat sich dementsprechend daran zu orientieren, dass sich ein Berichtsadressat, der über die zum Verständnis der Rechnungslegung erforderlichen Kenntnisse verfügt[277], aufgrund des PrB ein eigenes Urteil über die Ord-

---

[271] Vgl. *IDW PS 450 n.F.*, Tz. 16, 57; auch *IDW PS 303 n.F.*, Tz. 18.
[272] Zu Gemeinschaftsprüfungen (Joint Audits) siehe Kap. M Tz. 684 ff.
[273] Vgl. dazu allg. RegBegr. APAReG, BT-Drs. 18/6282 v. 08.10.2015, S. 73; *Köhler*, WPK Magazin 1/2017, S. 31 ff.; *Farr*, WPg 2018, S. 397 ff.
[274] Vgl. ADS[6], § 321, Tz. 48.
[275] Vgl. *IDW PS 450 n.F.*, Tz. 10; ADS[6], § 321, Tz. 42; *Schmidt/Deicke*, in: BeBiKo[11], § 321, Rn. 23.
[276] Vgl. *IDW PS 450 n.F.*, Tz. 13.
[277] Vgl. *IDW PS 450 n.F.*, Tz. 15.

nungsmäßigkeit von Buchführung, JA und ggf. LB sowie über die in der geprüften Rechnungslegung dargestellte wirtschaftliche Lage des Unternehmens bilden und die notwendigen Schlussfolgerungen daraus ziehen kann. Bei der Abfassung des PrB und bei der Festlegung des Umfangs der Berichterstattung ist es demzufolge auch erforderlich, den jeweiligen Empfängerkreis des PrB zu berücksichtigen (**Adressatenbezug**). Im Übrigen liegt es im Wesen der Prüfungsberichterstattung, dass über Sachverhalte, deren Ordnungsmäßigkeit festgestellt wird, nur knapp berichtet wird, während problematische oder zu beanstandende Sachverhalte entsprechend ausführlicher darzulegen sind[278].

144 Der APr. darf den Wunsch des Auftraggebers nach Beschränkung der Berichterstattung nur insoweit berücksichtigen, als dadurch der Grundsatz der Vollständigkeit nicht verletzt wird[279]. § 321 HGB kennt, ebenso wie Art. 11 VO (EU) Nr. 537/2014, **keine Schutzklausel** im Sinne eines Schweigerechts oder gar einer Schweigepflicht i.Z.m. dem PrB über eine gesetzliche Abschlussprüfung. Selbst wenn die gesetzlichen Vertreter ihrerseits von einer Schutzklausel (z.B. nach § 286 HGB, § 160 Abs. 2 AktG oder – i.R.d. HV – § 131 Abs. 3 AktG[280]) Gebrauch machen, so ist im PrB auf den entsprechenden Sachverhalt einzugehen und festzustellen, ob die Voraussetzungen für die Inanspruchnahme der Schutzklausel nach der Einschätzung des APr. gegeben sind[281].

145 Daher sind auch **vertrauliche Angaben** in den PrB aufzunehmen, sofern diese für eine ausreichende Information der Berichtsadressaten erforderlich sind. Der APr. darf nicht zwischen ihrem Wert für die Information des Aufsichtsorgans und einer Gefährdung ihrer Vertraulichkeit abwägen, sondern muss vielmehr davon ausgehen, dass die Mitglieder des Aufsichtsgremiums ihre Verschwiegenheitspflichten beachten[282]. Ebenso ist es grds. nicht zulässig, den Berichtsinhalt deswegen zu beschränken, weil Konkurrenten, Vertreter der Arbeitnehmer, von KI oder von Kleinaktionären dem Aufsichtsorgan angehören[283]. Allerdings kann es, wenn der PrB der Allgemeinheit zugänglich ist, im Einzelfall vertretbar sein (z.B. § 145 Abs. 4 AktG), zwischen dem Interesse des geprüften Unternehmens an der Wahrung von Geschäfts- und Betriebsgeheimnissen einerseits und der Notwendigkeit, die für die Urteilsbildung der Berichtsempfänger erforderlichen Angaben in den PrB aufzunehmen, andererseits abzuwägen[284].

146 Der Grundsatz der Vollständigkeit umfasst auch den **Grundsatz der Einheitlichkeit** der Berichterstattung. Der PrB ist als einheitliches Ganzes anzusehen und muss ohne Heranziehung anderer Dokumente für sich lesbar und verständlich sein[285]. Der Verpflichtung zur Einheitlichkeit der Berichterstattung unterliegen die Berichte, die sich auf denselben Prüfungszeitraum beziehen und Bestandteil einer Abschlussprüfung sind. Unter diesen Gesichtspunkten bilden der Bericht über die Abschlussprüfung sowie bspw. der Bericht über eine Zwischenprüfung, Vorab- bzw. Sonderberichte über ent-

---

278 Vgl. ADS[6], § 321, Tz. 42; *Kuhner/Päßler*, in: HdR[5], § 321, Rn. 11.
279 Vgl. ADS[6], § 321, Tz. 44.
280 Vgl. hierzu bspw. *Marsch-Barner*, in: Marsch-Barner/Schäfer, Hdb. AG[4], Rn. 34.56 ff.
281 Vgl. *IDW PS 450 n.F.*, Tz. 69; ADS[6], § 321, Tz. 43, 98.
282 Vgl. ADS[6], § 321, Tz. 43; *Bertram*, in: Haufe HGB Kommentar[8], § 321, Rn. 37 f.; *Schmidt/Deicke*, in: BeBiKo[11], § 321, Rn. 24.
283 Vgl. *Forster*, AG 1995, S. 1 (3); *Kuhner/Päßler*, in: HdR[5], § 321, Rn. 12.
284 Vgl. ADS[6], § 321, Tz. 43; *Kuhner/Päßler*, in: HdR[5], § 321, Rn. 10. Weitergehend: *Schmidt/Deicke*, in: BeBiKo[11], § 321, Rn. 24.
285 Vgl. *IDW PS 450 n.F.*, Tz. 17; *Plendl*, in: HWRP[3], Sp. 1781.

wicklungsbeeinträchtigende oder bestandsgefährdende Tatsachen, über die Prüfung nach § 53 HGrG[286], über die Prüfung des Risikofrüherkennungssystems oder – bspw. bei KI – über die Prüfung des Kreditgeschäfts[287] eine Einheit. Die Erstellung von Teilberichten ist zulässig, wenn dies durch besondere Umstände zeitlich oder sachlich geboten ist[288].

147 Alle **Teilberichte** sind als solche zu kennzeichnen und müssen einen Hinweis auf den PrB enthalten. Bei Teilberichten in Form von Vorabberichten[289] ist auf den noch zu erstellenden PrB zu verweisen. Umgekehrt ist im PrB auf alle vom APr. erstatteten Teilberichte und deren Gegenstand hinzuweisen, und zwar in Form einer geschlossenen Übersicht[290]. Um eine vollständige Kenntnisnahme der für die Berichtsadressaten bestimmten Informationen sicherzustellen, sind auch die wesentlichen Ergebnisse dieser Teilberichte im PrB darzustellen[291]. Eine Ausnahme gilt dabei für Vorabberichte, die vom APr. festgestellte entwicklungsbeeinträchtigende oder bestandsgefährdende Tatsachen betreffen. Wegen der Bedeutung solcher Informationen für die Beurteilung der wirtschaftlichen Lage des Unternehmens durch die Berichtsadressaten sind solche Teilberichte vollinhaltlich in den PrB aufzunehmen[292].

148 In Zusammenhang mit der Erstattung von Teilberichten ist zu beachten, dass der APr. ggf. **wesentliche Änderungen der Ergebnisse** eines Teilberichts, die bis zum Zeitpunkt der Erteilung des BestV festgestellt werden, im PrB darzustellen und zu berichten hat. Dies ist jedenfalls dann erforderlich, wenn der Teilbericht im Zuge des zeitlichen Entzerrens der Prüfungsdurchführung angefertigt worden ist, und entspricht im Ergebnis dem Vorgehen i.Z.m. einer sog. Vorprüfung[293]. Dabei sind grds. Tatsache und Ausmaß der Änderung anzugeben und darzustellen.

149 Es ist z.T. noch üblich, zusätzlich zum PrB einen sog. **Management Letter**[294] zu erstellen. Ein Management Letter enthält ergänzende Informationen, mit denen der APr. außerhalb des PrB organisatorische oder sonstige Hinweise aus Anlass der Prüfung gibt. Angaben in einem Management Letter können und dürfen jedoch keinesfalls notwendige Angaben im PrB einschließl. solcher Angaben ersetzen, die zum Verständnis der Prüfungsergebnisse notwendig sind[295]. Da Informationen in einem Management Letter definitionsgemäß kein Prüfungsberichtsniveau besitzen (dürfen), besteht grds. keine Pflicht, im PrB auf die Existenz eines Management Letters hinzuweisen[296]. Dennoch er-

---

286 Vgl. *IDW PS 720*, Tz. 15 Abs. 2. Zur Zulässigkeit einer Zusammenfassung auf Konzernebene vgl. *IDW PS 720*, Tz. 12 ff.
287 Vgl. § 4 Abs. 6 PrüfbV.
288 Vgl. *IDW PS 450 n.F.*, Tz. 17; ADS[6], § 321, Tz. 158.
289 Vgl. auch ADS[6], § 321, Tz. 88 ff.
290 Diese Übersicht ist dann Bestandteil des Abschnitts „Gegenstand, Art und Umfang der Prüfung"; vgl. *IDW PS 450 n.F.*, Tz. 60 sowie P60/1.
291 Vgl. *IDW PS 450 n.F.*, Tz. 17.
292 Vgl. *IDW PS 450 n.F.*, Tz. 41; *Schmidt/Deicke*, in: BeBiKo[11], § 321, Rn. 25.
293 Vgl. bspw. *IDW PS 261 n.F.*, Tz. 79; Kap. L Tz. 377 ff.
294 Vgl. *Kämpfer*, in: HWRP[3], Sp. 1515 ff.; *Orth*, in: Baetge/Kirsch/Thiele, Bilanzrecht, § 321, Rn. 511 ff. Vgl. auch RegBegr. KonTraG, BT-Drs. 13/9712 v. 28.01.1998, S. 29.
295 Vgl. *IDW PS 450 n.F.*, Tz. 17; *Orth*, in: Baetge/Kirsch/Thiele, Bilanzrecht, § 321, Rn. 513 f.
296 Vgl. *IDW PS 450 n.F.*, Tz. 17; ADS[6], § 321, Tz. 47.

scheint dies sinnvoll²⁹⁷, zumal bei PIE Management Letter unter die Berichterstattungspflicht nach Art. 11 Abs. 2 Buchst. d) VO (EU) Nr. 537/2014 über die Kommunikation mit dem Unternehmensleitungsorgan fallen²⁹⁸. Auch sind Management Letter der zuständigen Aufsichts- oder Regulierungsbehörde im Regelfall zugänglich zu machen bzw. diesen obligatorisch zuzusenden. Aus Sicht der Corporate Governance sind Management Letter in Deutschland jedenfalls nicht erforderlich²⁹⁹.

150 Im PrB ist auch über Gegenstand, Art und Umfang sowie über das Ergebnis von Prüfungen aufgrund von **Erweiterungen des Prüfungsauftrags** zu berichten, die gesetzlich vorgesehen sind oder i.R.d. Abschlussprüfung beauftragt werden und die Buchführung, den JA oder den LB betreffen³⁰⁰. Auf den JA oder den LB bezogene Erweiterungen ergeben sich in der Praxis häufig aus der Beauftragung durch das Aufsichtsgremium oder die gesetzlichen Vertreter, die Prüfung über den gesetzlich nach § 317 HGB vorgesehenen Prüfungsumfang hinaus zu intensivieren oder auf bestimmte Sachverhalte auszudehnen³⁰¹. Der Prüfungsauftrag kann dabei nur durch den Auftraggeber der Abschlussprüfung erweitert werden³⁰².

151 Von solchen intensitätsmäßigen oder sachverhaltsspezifischen Erweiterungen der Prüfung sind **gegenständliche Erweiterungen** der Abschlussprüfung zu unterscheiden, bei denen der Prüfungsgegenstand über die Rechnungslegung, d.h. über Buchführung, JA und LB, hinausgeht. Gegenständliche Erweiterungen der Abschlussprüfung können in Form von größenabhängigen, rechtsform- und branchenspezifischen Regelungen gesetzlich vorgesehen sein oder vom Auftraggeber freiwillig beauftragt werden. Gesetzliche Erweiterungen sind z.B. die Prüfung der Geschäftsführung nach § 53 HGrG sowie die branchenspezifischen Regelungen für KI und VU, bei denen die zuständigen Aufsichtsbehörden auf Grundlage von erlassenen Verordnungen besondere Berichtsfeststellungen verlangen³⁰³. Erweiterungen der Abschlussprüfung auf vertraglicher Grundlage können z.B. die freiwillige Prüfung der Ordnungsmäßigkeit der Geschäftsführung oder von Zweckzuwendungen oder die freiwillige Prüfung des Risikofrüherkennungssystems bei nicht börsennotierten AG und anderen Gesellschaften sein. Derartige gegenständliche Erweiterungen der Abschlussprüfung sind auch auf Grundlage gesellschaftsvertraglicher oder satzungsmäßiger Bestimmungen möglich.

152 Wird der Gegenstand der Abschlussprüfung erweitert, ist die **Berichterstattung über das Ergebnis der Erweiterung der Abschlussprüfung** mit derjenigen über die Abschlussprüfung nach § 316 ff. HGB im selben PrB zusammenzufassen, auch wenn über das Ergebnis dieser Erweiterung der Abschlussprüfung nicht im BestV berichtet werden darf³⁰⁴. Über die Ergebnisse aus nicht rechnungslegungsbezogenen Erweiterungen des

---

297 Ebenso *Schmidt/Deicke*, in: BeBiKo¹¹, § 321, Rn. 77. *Schüppen*, in: Heidel/Schall, HGB², § 321, Rn. 4 sieht eine Pflicht zur Information des Aufsichtsgremiums, geht jedoch von einer Vereinbarung zur evtl. Erstellung des Management Letters i.R.d. Auftragserteilung aus.
298 Vgl. *IDW PS 450 n.F.*, Tz. P60/3.
299 Ebenso *Pfitzer/Orth*, in: Dörner/Menold/Pfitzer/Oser, S. 889; *Orth*, in: Baetge/Kirsch/Thiele, Bilanzrecht, § 321, Rn. 515.
300 Zu Erweiterungen des Prüfungsauftrags siehe auch Kap. O.
301 Vgl. ADS⁶, § 317, Tz. 23; *Schmidt/Almeling*, in: BeBiKo¹¹, § 317, Rn. 14.
302 Vgl. *IDW PS 450 n.F.*, Tz. 19.
303 Vgl. *Schmidt/Almeling*, in: BeBiKo¹¹, § 317, Rn. 6.
304 Vgl. *IDW PS 450 n.F.*, Tz. 19 i.V.m. *IDW PS 400 n.F.*, Tz. 22, A19.

Prüfungsauftrags ist dabei in einem gesonderten Abschnitt des PrB zu berichten[305]. Dagegen erfolgt die Berichterstattung über das Ergebnis der Prüfungen von rechnungslegungsbezogenen Erweiterungen der Abschlussprüfung nicht in einem gesonderten Abschnitt, sondern wird dem Gegenstand der Erweiterung folgend jeweils in den entsprechenden Berichtsabschnitt integriert[306].

153 Auch die Prüfung des **Abhängigkeitsberichts** nach § 313 Abs. 1 AktG[307] stellt eine über die Rechnungslegung hinausgehende gesetzliche Erweiterung der Abschlussprüfung dar, die dem Grundsatz der Einheitlichkeit der Berichterstattung unterliegt. Die Berichterstattung über die Prüfung des Abhängigkeitsberichts ist nach § 313 Abs. 2 AktG so ausgestaltet, dass sie zu einem eigenen, in sich geschlossenen PrB führt. Daraus folgt eine Hinweispflicht auf die durchgeführte Prüfung des Abhängigkeitsberichts und den dazu erstellten gesonderten Bericht sowie grds. das Erfordernis zur Aufnahme des Ergebnisses dieser Prüfung in den PrB über die Abschlussprüfung[308]. In Fällen ohne Besonderheiten beschränkt sich letzteres i.W. auf die Aufnahme des Vermerks nach § 313 Abs. 3 AktG in den o.g. gesonderten Abschnitt des PrB[309]. Bei einem eingeschränkten oder versagten Vermerk zum Abhängigkeitsbericht (§ 313 Abs. 4 S. 1 AktG). Im Fall der Erklärung des Vorstands, dass die AG benachteiligt worden ist, ohne einen Nachteilsausgleich erhalten zu haben, (§ 313 Abs. 4 S. 2 AktG) kommt es zu Ausführungen auch nach § 321 Abs. 1 S. 3 HGB[310].

154 Der Grundsatz der Einheitlichkeit erstreckt sich indes nicht auf die Berichterstattung über **unterschiedliche Prüfungsaufträge**. Wird neben dem Auftrag zu einer (ggf. erweiterten) Abschlussprüfung ein zusätzlicher Prüfungsauftrag (**Zusatzauftrag**) erteilt (z.B. Prüfung des KA, projektbegleitende Prüfung von IT-Systemen, Unterschlagungsprüfung), sind die Ergebnisse aus dieser zusätzlichen Prüfung nicht in den PrB zur Jahresabschlussprüfung aufzunehmen, sondern jeweils in einem gesonderten Bericht darzustellen[311]. Entsprechend braucht auf Berichte über derartige Zusatzaufträge im PrB über die Abschlussprüfung grds. nicht hingewiesen zu werden[312]. Betreffen die unterschiedlichen Prüfungsaufträge jedoch die Prüfung von JA und KA und erfolgt nicht ausnahmsweise eine zusammengefasste Berichterstattung über beide Prüfungen (§ 325 Abs. 3a HGB), sollte in den PrB über die Jahresabschlussprüfung ein Hinweis auf die Prüfung des KA und die gesonderte Berichterstattung darüber aufgenommen werden[313], et vice versa.

---

305 Vgl. *IDW PS 450 n.F.*, Tz. 19, 104 ff.
306 Vgl. *IDW PS 450 n.F.*, Tz. 19, 67.
307 Siehe hierzu *IDW St/HFA 3/1991: Zur Aufstellung und Prüfung des Berichts über Beziehungen zu verbundenen Unternehmen (Abhängigkeitsbericht nach § 312 AktG)*; Kap. O Tz. 74 ff.
308 Vgl. *IDW St/HFA 3/1991*, Abschn. III, Ziff. 9 S. 2.
309 Nach ADS[6], § 321, Tz. 46 kann in solchen Fällen auf die Aufnahme des Schlussergebnisses in den PrB auch ganz verzichtet werden.
310 Alle drei Fälle begründen eine Sonderprüfung nach § 315 AktG. Vgl. Koch, in: Hüffer/Koch, AktG[12], § 313, Rn. 19 ff. m.w.N.
311 Vgl. *IDW PS 450 n.F.*, Tz. 19. I.Z.m. projektbegleitenden Prüfungen von rechnungslegungsbezogenen IT-Systemen kann es sachdienlich sein, darüber in Form eines Teilberichts zum PrB über die Abschlussprüfung zu berichten; vgl. auch *IDW PS 850*, Tz. 98.
312 Vgl. ADS[6], § 321, Tz. 160.
313 Ebenso ADS[6], § 321, Tz. 46; Schmidt/Deicke, in: BeBiKo[11], § 321, Rn. 25.

Für die Abgrenzung zwischen erweiterter Jahresabschlussprüfung (vgl. Kap. M Tz. 150) und zusätzlicher Beauftragung (vgl. Kap. M Tz. 154) ist die konkrete Vereinbarung mit dem Auftraggeber maßgebend[314]. **155**

Grundsatz der Unparteilichkeit

§ 43 Abs. 1 S. 2 WPO und § 323 Abs. 1 S. 1 HGB verpflichten den APr. zu unparteiischem Verhalten und somit zu objektiver Berichterstattung. Der **Grundsatz der Unparteilichkeit** verlangt, dass die Sachverhalte unter Berücksichtigung aller verfügbaren Informationen vollständig erfasst, fachlich beurteilt und objektiv dargestellt werden. Der APr. hat daher alle für die Beurteilung wesentlichen Tatbestände zu erfassen und sie allein aus der Sache heraus wiederzugeben und ggf. zu werten[315]. Kritische Aspekte dürfen dabei nicht unterschlagen werden. **156**

Im Rahmen der Erfüllung der Berichtspflichten sind des Öfteren (insb. i.Z.m. § 321 Abs. 1 S. 3 HGB, Art. 11 Abs. 2 Buchst. j), k) oder p) VO (EU) Nr. 537/2014, ggf. auch i.V.m. Art. 7 VO (EU) Nr. 537/2014) Beurteilungen positiver oder negativer Art, Pro und Contra, zulässig bzw. erforderlich. Eine Durchbrechung des Grundprinzips der **objektiven Berichterstattung** liegt insoweit nicht vor. Der APr. hat sich aber jeder einseitigen oder persönlich wirkenden Kritik zu enthalten. Die Beurteilung von Geschäftsführungsmaßnahmen ist grds. nicht Aufgabe des APr.[316] Die Berichterstattung darf auch nicht angesichts von Befindlichkeiten der gesetzlichen Vertreter des geprüften Unternehmens oder möglicher Interessengegensätze zwischen Exekutivorgan und Aufsichtsorgan unangemessen modifiziert oder verkürzt werden. Der Grundsatz der Unparteilichkeit gebietet es dem APr. vielmehr, seiner gesetzlichen Berichtspflicht uneingeschränkt nachzukommen, wobei bei unterschiedlichen Auffassungen beide Auffassungen und die hierzu gegebenen Begründungen bzw. alle dafür oder dagegen sprechenden Umstände im PrB darzustellen sind[317]. **157**

Grundsatz der Klarheit

Der **Grundsatz der Klarheit** der Berichterstattung ist in § 321 Abs. 1 S. 2 HGB gesetzlich kodifiziert. Dieser Grundsatz gebietet eine verständliche, eindeutige und problemorientierte Darlegung der berichtspflichtigen Sachverhalte sowie eine übersichtliche Gliederung des PrB[318]. Zu den Merkmalen einer klaren, problemorientierten Berichterstattung gehören ein verständlicher und sachlicher Sprachstil sowie die Beschränkung auf das Wesentliche, d.h. auf solche Feststellungen und Sachverhalte, die geeignet sind, die Berichtsadressaten bei der Überwachung des Unternehmens und der von ihnen zu treffenden Schlussfolgerungen und Entscheidungen zu unterstützen. Zur Verbesserung der Übersichtlichkeit und Lesbarkeit des PrB empfiehlt es sich daher, über die gesetzlichen Pflichtbestandteile hinausgehende Darstellungen in Anlagen zum PrB zu verlagern. Falls solche Darstellungen trotzdem in den PrB aufgenommen werden, dürfen sie die gesetz- **158**

---

314 Vgl. *IDW PS 450 n.F.*, Tz. 19.
315 Vgl. *IDW PS 450 n.F.*, Tz. 11; ADS⁶, § 321, Tz. 50; §§ 28, 29 BS WP/vBP nebst Erläuterungen; *Hennig/Precht*, in: Hense/Ulrich, WPO³, § 43, Rn. 426 ff.
316 Zum Grenzfall Berichterstattung über die Erweiterung der Abschlussprüfung nach § 53 HGrG vgl. *IDW PS 720*.
317 Vgl. *IDW PS 450 n.F.*, Tz. 11; ADS⁶, § 321, Tz. 50; *Schmidt/Deicke*, in: BeBiKo¹¹, § 321, Rn. 26. Entsprechendes gilt auch bei Uneinigkeit zwischen Gemeinschaftsprüfern; vgl. *IDW PS 208*, Tz. 25 bzw. – für PIE explizit – Art. 11 Abs. 3 VO (EU) Nr. 537/2014.
318 Vgl. *IDW PS 450 n.F.*, Tz. 12; *Plendl*, in: HWRP³, Sp. 1781.

lich verlangten wesentlichen Feststellungen und Sachverhalte keinesfalls überlagern[319]. Ebenso sollten Wiederholungen grds. vermieden werden, sofern dafür nicht ein inhaltliches oder (berufs-)rechtliches Erfordernis besteht.

159 Die Anforderungen an die Verständlichkeit des PrB haben sich einzelfallbezogen an den **Berichtsadressaten** zu orientieren. Der PrB ist so abzufassen, dass er von den jeweiligen Adressaten verstanden werden kann. Der APr. kann dabei von einem Grundverständnis für die wirtschaftlichen Gegebenheiten des Unternehmens und für die Grundlagen der Rechnungslegung ausgehen[320]. Für besonders komplexe betriebswirtschaftliche und rechtliche Sachverhalte besteht die Gelegenheit, diese in der Bilanzsitzung des AR bzw. des PrB oder ggf. in der Gesellschafterversammlung weiter zu erörtern[321].

160 Eine **klare Berichterstattung** im PrB erfordert Formulierungen, die Fehldeutungen und Fehlinterpretationen durch den Berichtsleser ausschließen. Die Berichterstattung darf nicht offenlassen, zu welchen Ergebnissen die Prüfung der Buchführung, des JA sowie des LB im Einzelnen geführt hat, auch wenn insgesamt ein uneingeschränkter BestV erteilt wird. Entsprechendes gilt auch in Bezug auf evtl. Erweiterungen des Prüfungsauftrags, über die nur im PrB berichtet wird. Wesentliche Sachverhalte sind angemessen hervorzuheben und dürfen nicht im Kontext verschwinden. Ein Verstoß gegen den Grundsatz der Klarheit des PrB liegt auch dann vor, wenn Aussagen nur verschlüsselt, versteckt oder beschönigend gemacht werden. Der APr. kann sich im Regressfall nicht auf versteckte Vorbehalte berufen, wenn er im PrB ein insgesamt beanstandungsfreies Bild von der Rechnungslegung zeichnet[322].

Zu einem verständlichen Bericht gehören auch ein klarer Satzbau und die Abfassung in verständlicher Sprache[323]. Nicht allgemein geläufige Fachausdrücke, wenig gebräuchliche Fremdworte oder Abkürzungen sollten vermieden bzw. zumindest an geeigneter Stelle erläutert werden.

161 Zu den Anforderungen an eine klare Berichterstattung gehört zuguterletzt auch die Beachtung der **Stetigkeit in der Berichterstattung**. Dies bedeutet, dass die Gliederung sowie die Form der Berichterstattung im PrB und in dessen Anlagen im Zeitablauf grds. beizubehalten sind, soweit nicht sachliche Gründe ein Abweichen gebieten. Wesentliche Abweichungen sind unter Angabe der VJ-Bezugsstelle kenntlich zu machen[324].

3.2 Aufbau, Gliederung und Inhalt

162 § 321 HGB regelt im Einzelnen den **Aufbau** und den Inhalt des PrB[325]. § 321 HGB enthält jedoch keine Ausschließlichkeitsregelung, sondern gibt dem APr. innerhalb des gesetzlich gesteckten Rahmens die Möglichkeit zu einer den Verhältnissen des Einzelfalls angepassten problem- und adressatenorientierten Berichterstattung[326]. Noch mehr gilt

---

[319] Vgl. *IDW PS 450 n.F.,* Tz. 13. Zu den fakultativen Berichtsanlagen siehe Kap. M Tz. 512 ff.
[320] Vgl. *IDW PS 450 n.F.,* Tz. 15; ADS[6], § 321, Tz. 41; *Schmidt/Deicke,* in: BeBiKo[11], § 321, Rn. 21.
[321] Vgl. *IDW PS 450 n.F.,* Tz. 15; *IDW PS 470 n.F.,* Tz. 30, 31, A58.
[322] Vgl. *Grewe,* in: BoHdR[2], § 321, Rn. 27.
[323] Vgl. RegBegr. KonTraG, BT-Drs. 13/9712 v. 28.01.1998, S. 28.
[324] Vgl. *IDW PS 450 n.F.,* Tz. 14. Dies gilt grds. nicht für Abweichungen, die aus der erstmaligen Anwendung gesetzlicher Vorgaben resultieren.
[325] Vgl. RegBegr. KonTraG, BT-Drs. 13/9712 v. 28.01.1998, S. 28.
[326] Vgl. ADS[6], § 321, Tz. 141, 150; *Grewe/Plendl,* in: HWRP[3], Sp. 1781, 1788; *Schmidt/Deicke,* in: BeBiKo[11], § 321, Rn. 13 Abs. 2; Rn. 6.

dies i.Z.m. Art. 11 VO (EU) Nr. 537/2014, der in Abs. 2 außer der Grundvorgabe „Erläuterung der Ergebnisse der durchgeführten Abschlussprüfung" lediglich Mindestinhalte („... und ferner zumindest Folgendes") i.R.d. Buchst. a) bis p) vorgibt.

Der APr. hat nach § 321 Abs. 1 S. 1 HGB über Art und Umfang sowie über das Ergebnis der Prüfung zu berichten. Diese **Grundvorgabe** wird durch die in § 321 Abs. 1 S. 2 und 3 und Abs. 2 bis 4 HGB aufgeführten weiteren Berichtspflichten konkretisiert[327], ohne indes abschließend zu sein. Die Funktion des PrB[328] erfordert es, über die explizit geregelten Berichtspflichten hinaus ggf. weitere Angaben zur Abschlussprüfung und zum geprüften Unternehmen aufzunehmen.

163

Unter Berücksichtigung der gesetzlichen Vorgaben bedarf es damit zumindest folgender **Grundgliederung** des Prüfungsberichts[329]:

164

- Prüfungsauftrag
- Grundsätzliche Feststellungen
- Gegenstand, Art und Umfang der Prüfung
- Feststellungen und Erläuterungen zur Rechnungslegung
- Feststellungen zum Risikofrüherkennungssystem
- Feststellungen aus Erweiterungen des Prüfungsauftrags
- Wiedergabe des BestV.

Eine weitergehende Untergliederung ist auch aufgrund von Art. 11 VO (EU) Nr. 537/2014 für PrB bei PIE nicht erforderlich, weil alle danach zusätzlich geforderten Angaben grundsätzlich i.R.d. obigen Grundgliederung berücksichtigt werden können, ohne dass dabei gegen den Grundsatz der Klarheit verstoßen wird.

Der vom Gesetz nicht explizit geforderte, zweckmäßigerweise aber an erster Stelle des PrB aufgenommene Abschnitt mit Ausführungen zum **Prüfungsauftrag**[330] sollte sinnvollerweise auch die Angaben des APr. zu seiner Unabhängigkeit beinhalten. Die Abschnitte Feststellungen zum Risikofrüherkennungssystem sowie Feststellungen aus Erweiterungen des Prüfungsauftrags entfallen, wenn § 317 Abs. 4 HGB nicht (auch nicht freiwillig) zur Anwendung kommt bzw. wenn mit dem Auftraggeber keine sonstigen Erweiterungen des Prüfungsauftrags vereinbart sind[331].

165

In Umsetzung der gesetzlichen Vorgaben für Aufbau und Inhalt des PrB empfiehlt sich eine **Gliederung des PrB über eine Jahresabschlussprüfung** mit folgenden Untergliederungen und Abschnittsbezeichnungen[332]:

166

Prüfungsbericht

1. Prüfungsauftrag

2. Grundsätzliche Feststellungen[333]

2.1 Lage des Unternehmens

---

327 Vgl. auch *IDW PS 200*, Tz. 10.
328 Vgl. Kap. M Tz. 42 ff.
329 Vgl. *IDW PS 450 n.F.*, Tz. 12; *Plendl*, in: HWRP³, Sp. 1788.
330 Die sog. Deckblattlösung (vgl. *IDW PS 450 n.F.*, Tz. 25) hat in der Praxis keine Verbreitung gefunden und wird daher nachfolgend nicht berücksichtigt.
331 Vgl. *IDW PS 450 n.F.*, Tz. 12.
332 Vgl. *IDW PS 450 n.F.*, Abschnitt 3; *Schmidt/Deicke*, in: BeBiKo¹¹, § 321, Rn. 153.
333 **Vorangestellte Berichterstattung** i.S.v. § 321 Abs. 1 S. 2 und 3 HGB.

2.1.1 Stellungnahme zur Lagebeurteilung der gesetzlichen Vertreter

2.1.2 Entwicklungsbeeinträchtigende oder bestandsgefährdende Tatsachen[334]

2.2 Unregelmäßigkeiten

2.2.1 Unregelmäßigkeiten in der Rechnungslegung

2.2.2 Sonstige Unregelmäßigkeiten

3. Gegenstand, Art und Umfang der Prüfung[335]

4. Feststellungen und Erläuterungen zur Rechnungslegung[336]

4.1 Ordnungsmäßigkeit der Rechnungslegung

4.1.1 Buchführung und weitere geprüfte Unterlagen

4.1.2 Jahresabschluss

4.1.3 Lagebericht

4.2 Gesamtaussage des Jahresabschlusses

4.2.1 Feststellungen zur Gesamtaussage des Jahresabschlusses

4.2.2 Wesentliche Bewertungsgrundlagen[337]

4.2.3 Sachverhaltsgestaltende Maßnahmen

4.2.4 Aufgliederungen und Erläuterungen

5. Feststellungen aus Erweiterungen des Prüfungsauftrags

5.1 Feststellungen zum Risikofrüherkennungssystem[338]

5.2 Feststellungen aus sonstigen Erweiterungen des Prüfungsauftrags

6. Wiedergabe des Bestätigungsvermerks[339]

Anlagen zum Prüfungsbericht

Obligatorische Anlagen
- Bilanz
- Gewinn- und Verlustrechnung
- Anhang sowie evtl. weitere Abschlussbestandteile[340]
- Lagebericht
- ggf. Unterlagen/Teilberichte i.Z.m. Erweiterungen des Prüfungsauftrags[341]
- Auftragsbedingungen

---

334 Um Inhalt und Aussage deutlich erkennen zu lassen, sollte im konkreten Einzelfall entweder „Entwicklungsbeeinträchtigende Tatsachen" oder aber „Bestandsgefährdende Tatsachen" als Abschnittsüberschrift gewählt werden.
335 „Besonderer Abschnitt" i.S.v. § 321 Abs. 3 HGB.
336 „Hauptteil" i.S.v. § 321 Abs. 2 HGB.
337 Einschl. deren Änderungen (§ 321 Abs. 2 S. 4 HGB).
338 „Besonderer Teil" i.S.v. § 321 Abs. 4 HGB.
339 Vgl. § 322 Abs. 7 S. 2 HGB.
340 Z.B. EK-Spiegel und/oder KFR (§ 264 Abs. 1 S. 2 HGB).
341 Z.B. Fragenkatalog zur Prüfung nach § 53 HGrG gem. *IDW PS 720*, Tz. 19 ff.

Fakultative Anlagen, z.B.
- Rechtliche Verhältnisse
- Wirtschaftliche Grundlagen
- Sonstige Aufgliederungen und Erläuterungen der Posten des Jahresabschlusses

Diese **Gliederungsempfehlung** ermöglicht es, die gesetzlichen Pflichtbestandteile des PrB und die berufsüblichen Darstellungen in einer sachlich sinnvollen und für den Berichtsleser übersichtlichen Form stetig zusammenzustellen. Andere Untergliederungen, eine ggf. erforderliche Erweiterung der Gliederung, die Zusammenfassung von Abschnitten sowie die Verwendung anderer Abschnittsbezeichnungen u.a.m. sind möglich und können nach den Gegebenheiten des Einzelfalls angezeigt sein, soweit dadurch die Klarheit der Berichterstattung und somit die **Problem- und Adressatenorientierung** gefördert wird. 167

Die durch die Art. 11 Abs. 2 VO (EU) Nr. 537/2014 mit Wirkung für nach dem 16.06.2016 beginnende GJ geforderten weiteren Angaben für PrB von **JA von PIE** lassen sich i.R.d. obigen Gliederung wie folgt berücksichtigen[342]: 168

Prüfungsbericht	Art. 11 Abs. 2 Buchst. ... VO (EU) Nr. 537/2014
1. Prüfungsauftrag	a) Unabhängigkeit
2. Grundsätzliche Feststellungen	
2.1 Lage des Unternehmens	
2.1.1 Stellungnahme zur Lagebeurteilung der gesetzlichen Vertreter	
2.1.2 Entwicklungsbeeinträchtigende oder bestandsgefährdende Tatsachen	i) Tatsachen i.Z.m. der Unternehmensfortführung
2.2 Unregelmäßigkeiten	
2.2.1 Unregelmäßigkeiten in der Rechnungslegung	j) Mängel im rechnungslegungsbezogenen IKS[343]
2.2.2 Sonstige Unregelmäßigkeiten	k) Gesetzesverstöße etc.
3. Gegenstand, Art und Umfang der Prüfung	b) Angabe der Prüfungspartner c) Verwertung der Arbeiten Dritter nebst Erhalt von Bestätigungen zur Unabhängigkeit d) Angaben zur Kommunikation e) Prüfungsumfang und -zeitplan f) Aufgabenverteilung bei Joint Audits g) Prüfungsmethodik h) Darlegung der Wesentlichkeitsgrenze o) Erläuterungen und Unterlagen

---

342 Vgl. auch die Gegenüberstellung von *IDW EPS 450 n.F.* und VO (EU) Nr. 537/2014 bei *Farr*, WPg 2017, S. 865 (870 f.). Zu Art. 11 Abs. 3 VO (EU) Nr. 537/2014 (Dissens bei Joint Audits) siehe Kap. M Tz. 688 ff.
343 Analog *IDW PS 450 n.F.*, Tz. 47 nur bei bedeutsamen Schwächen.

4. Feststellungen und Erläuterungen zur Rechnungslegung

4.1 Ordnungsmäßigkeit der Rechnungslegung

4.1.1 Buchführung und weitere geprüfte Unterlagen

4.1.2 JA

4.1.3 LB

4.2 Gesamtaussage des JA

4.2.1 Feststellungen zur Gesamtaussage des JA

4.2.2 Wesentliche Bewertungsgrundlagen

4.2.3 Sachverhaltsgestaltende Maßnahmen

4.2.4 Aufgliederungen und Erläuterungen

5. Feststellungen aus Erweiterungen des Prüfungsauftrags

5.1 Feststellungen zum Risikofrüherkennungssystem

5.2 Feststellungen aus sonstigen Erweiterungen des Prüfungsauftrags

6. Wiedergabe des BestV

j) Mängel im rechnungslegungsbezogenen IKS[344]

l) Bewertungsmethoden

169 Nicht einzelnen Gliederungspunkten direkt zuordenbar sind die Vorgaben des Art. 11 Abs. 2 Buchst. p) VO (EU) Nr. 537/2014, wonach im PrB Angaben zu machen sind über

- etwaige **bedeutsame Schwierigkeiten**, die während der Abschlussprüfung aufgetreten sind (Punkt i);
- etwaige sich aus der Abschlussprüfung ergebende **bedeutsame Sachverhalte**, die besprochen wurden oder Gegenstand des Schriftverkehrs mit dem Management waren (Punkt ii);
- etwaige sonstige sich aus der Abschlussprüfung ergebende **Sachverhalte**, die nach dem fachkundigen Urteil des Prüfers für die Aufsicht über den Rechnungslegungsprozess **bedeutsam** sind (Punkt iii).

170 **Bedeutsame Angelegenheiten** i.d.S. gehören immer schon zum Pflichtenkanon für eine problemorientierte ordnungsmäßige Berichterstattung bei Abschlussprüfungen nach § 316 ff. HGB und finden sich insb. in § 321 Abs. 1 S. 2 und 3 sowie Abs. 2 S. 2 HGB bzw.

---

344 Vgl. *IDW PS 450 n.F.*, Tz. P65/1-2.

in *IDW PS 450 n.F.*³⁴⁵. Dementsprechend sind die nach Art. 11 Abs. 2 Buchst. p) VO (EU) Nr. 537/2014 geforderten Berichtsaspekte im PrB in verschiedenen Gliederungspunkten enthalten (z.B. unter 2.1.2, 2.2, 3., 4.1.1 und 4.2 sowie ggf. unter 5.). Es kann sich allerdings empfehlen, bei damit in Zusammenhang stehender Berichterstattung zwecks Verdeutlichung jeweils auch auf diese VO-Vorschrift hinzuweisen³⁴⁶.

Sind im Einzelfall über § 317 Abs. 4 HGB hinaus sonstige Erweiterungen des Prüfungsauftrags über JA und LB hinaus gesetzlich vorgeschrieben oder vereinbart, so ist analog § 321 Abs. 4 S. 1 HGB, ein zusätzlicher Abschnitt „**Feststellungen aus sonstigen Erweiterungen des Prüfungsauftrags**" einzufügen, ggf. mit mehreren Unterabschnitten³⁴⁷. Ist der Prüfungsgegenstand, gesetzlich oder freiwillig, ausschl. um den Aspekt Risikofrüherkennungssystem (§ 317 Abs. 4 HGB) erweitert, bleibt es bei der eindeutigen Abschnittsbenennung. **171**

§ 322 Abs. 7 S. 2 HGB schreibt nicht vor, wo der BestV im PrB wiederzugeben ist. Daher ist es ebenso vertretbar, den Abschn. „**Wiedergabe des BestV**" auch als letzten Unterpunkt im Abschn. 2. „Grundsätzliche Feststellungen" (d.h. als Abschn. 2.4) oder direkt nach dem Abschn. 2. (d.h. dann als Abschn. 3.) in den PrB einzuordnen³⁴⁸. Diese Einordnung hat v.a. den Vorteil, dadurch die Ergebnisse der Abschlussprüfung, die der BestV nach § 322 Abs. 1 S. 1 HGB bzw. Art. 10 Abs. 1 VO (EU) Nr. 537/2014 beinhaltet, im PrB in engem Zusammenspiel mit der vorangestellten Berichterstattung wiederzugeben. Und angesichts des Umfangs der nach Art. 10 VO (EU) Nr. 537/2014 im BestV geforderten zusätzlichen Angaben bei Abschlussprüfungen von PIE, namentlich zu den KAM, ist ein solches Einordnen der Wiedergabe des BestV am Schluss von oder direkt hinter den Abschn. 2. „Grundsätzliche Feststellungen" zum Zwecke der Klarheit der Berichterstattung, jedenfalls bei PIE, sachlich zweifellos begründet³⁴⁹. **172**

Eine **Aufgliederung und Erläuterung** von Posten des JA im PrB ist gem. § 321 Abs. 2 S. 5 HGB lediglich insoweit erforderlich, als dies für das Verständnis der Berichtsempfänger über die Gesamtaussage des JA erforderlich ist und als diese Angaben nicht bereits im Anh. enthalten sind. Postenaufgliederungen und -erläuterungen sind daher im PrB nur i.R.d. nach § 321 Abs. 2 S. 3 HGB geforderten Eingehens auf das vom JA vermittelte Bild der Vermögens-, Finanz- und Ertragslage bzw. i.Z.m. den wesentlichen Bewertungsgrundlagen und deren Änderungen sowie den sachverhaltsgestaltenden Maßnahmen nach § 321 Abs. 2 S. 4 HGB vorgeschrieben³⁵⁰. Im Sinne einer klaren und problemorientierten Berichterstattung sind weitergehende, fakultative Postendarstellungen daher in einen gesonderten Abschnitt des PrB aufzunehmen (Kap. M Tz. 166 ff – Unterabschn. 4.2.4) oder dem PrB in Form von Anlagen beizufügen³⁵¹. **173**

Der Bedarf für die Erstellung ergänzender Aufgliederungen und Erläuterungen hängt von den **Gegebenheiten des Einzelfalles** ab, wie z.B. Umfang und Detaillierungsgrad **174**

---

345 Vgl. namentlich *IDW PS 450 n.F.*, Tz. 26, 47, 56-58, 61-62.
346 Vgl. *IDW PS 450 n.F.*, Tz. P58/1-5; *Schmidt/Deicke*, in: BeBiKo¹¹, § 321, Rn. 128.
347 Bspw. i.Z.m. § 313 AktG (Stn. HFA 3/1991, III. 9.), § 53 HGrG (*IDW PS 720*, Tz. 15) oder § 6b EnWG (*IDW PS 610*, Tz. 16).
348 Vgl. ADS⁶, § 321, Tz. 148; *Schmidt/Deicke*, in: BeBiKo¹¹, § 321, Rn. 154, 168.
349 Vgl. auch *IDW PS 450 n.F.*, Fn. 17 zu Tz. 12.
350 Vgl. *IDW PS 450 n.F.*, Tz. 75, 97; *Orth*, in: Baetge/Kirsch/Thiele, Bilanzrecht, § 321, Rn. 93; *Schmidt/Deicke*, in: BeBiKo¹¹, § 321, Rn. 161 f.
351 Vgl. *IDW PS 450 n.F.*, Tz. 13, 102.

entsprechender Angaben in Anh. oder LB, Komplexität des JA, Informationsstand der Berichtsadressaten, Detaillierungsgrad des Berichtswesens an die Aufsichtsorgane bzw. Gesellschafter. Gerade bei Unternehmen mit weniger ausgeprägtem Berichtswesen für die Berichtsadressaten stellen analysierende Darstellungen zur Vermögens-, Finanz- und Ertragslage ein wichtiges Informations- und Kontrollinstrument und somit eine wesentliche Unterstützung durch die Abschlussprüfung dar[352]. Ob und in welchem Umfang ein derartiger **Erläuterungsteil** erstellt wird, hängt insb. von der diesbezüglich zwischen Auftraggeber und APr. zu treffenden Vereinbarung ab. Die Aufnahme solcher Postenaufgliederungen und -erläuterungen in eine Anlage zum PrB (falls vom Mandanten gewünscht auch in einen gesonderten Anlagenband) ist dabei der Vorzug zu geben, um die gesetzlich verlangten Feststellungen nicht zu überlagern und die Klarheit und Übersichtlichkeit des PrB nicht zu gefährden.

175 Dem PrB sind als **obligatorische Anlagen** der geprüfte JA (Bilanz, GuV, Anh., ggf. auch KFR, EK-Spiegel etc.[353]) und der LB beizufügen. Dies empfiehlt sich ebenfalls für die dem Prüfungsauftrag i.R.d. Auftragsbestätigung zugrunde gelegten Auftragsbedingungen[354].

176 Darüber hinaus können dem PrB aufgrund einer entsprechend ergänzten Beauftragung des APr. oder aufgrund bisheriger Übung bzw. Erwartungen der Auftraggeber auch **fakultative Anlagen** beigefügt werden. Derartige gesetzlich nicht vorgeschriebene, aber praxisübliche Inhalte der Prüfungsberichterstattung sind z.B. Darstellungen zu den **rechtlichen und steuerlichen Verhältnissen** und zu den **wirtschaftlichen Grundlagen** des geprüften Unternehmens und deren Veränderungen sowie weitergehende, **sonstige Aufgliederungen und Erläuterungen** der Posten des JA[355]. Insb. um eine Vermischung dieser ergänzenden, sonstigen Darstellungen mit den pflichtmäßigen Angaben, Aufgliederungen und Erläuterungen nach § 321 Abs. 2 S. 3 bis S. 5 HGB zu vermeiden, sollte deren Beifügung zum PrB ausschließlich in Form von Anlagen erfolgen.

177 Das Vorliegen einer Abschlussprüfung sollte sich bereits aus der äußeren Form des PrB ergeben. Jedem PrB ist dementsprechend ein **Deckblatt** voranzustellen, aus welchem sich Firma und Sitz des geprüften Unternehmens, der Gegenstand der Abschlussprüfung, der Abschlussstichtag bzw. Rechnungslegungszeitraum und der Name bzw. die Firma des APr. ergeben[356]. Zu internen Zwecken wird z.T. auch eine Berichtsnummer vermerkt, ebenso (teils auf Wunsch des Auftraggebers) Paginiernummern o.Ä., um die Verteilung der Berichtsexemplare nachhalten zu können.

Eine Adressierung des PrB auf dem Deckblatt ist nicht üblich. Gleichwohl steht eine Adressierung im Ermessen des APr.

178 Der besseren Übersichtlichkeit wegen ist ein **Inhaltsverzeichnis** unter Nennung auch der Anlagen zum PrB voranzustellen. Im Einzelfall kann es zweckmäßig sein, den PrB mit Textziffern, Randnummern o.Ä. zu versehen; auch **optische Hervorhebungen** wie

---

352 Vgl. *IDW PS 450 n.F.*, Tz. 99 f.; *Orth*, in: Baetge/Kirsch/Thiele, Bilanzrecht, § 321, Rn. 98.1.
353 Vgl. § 264 Abs. 1 S. 2 HGB.
354 Vgl. *IDW PS 450 n.F.*, Tz. 110. Nach h.M. **sind** die AAB beizufügen; vgl. ADS[6], § 321, Tz. 153; *Orth*, in: Baetge/Kirsch/Thiele, Bilanzrecht, § 321, Rn. 28; *Schmidt/Deicke*, in: BeBiKo[11], § 321, Rn. 169.
355 Vgl. *IDW PS 450 n.F.*, Tz. 111.
356 Vgl. auch *IDW PS 450 n.F.*, Tz. 22.

bspw. Unterstreichungen erhöhen die Lesbarkeit[357]. Die Gestaltung des PrB obliegt aber dem Ermessen des APr.

3.2.1 Prüfungsauftrag

Im PrB sind berufsüblicherweise einleitend **Angaben zum Prüfungsauftrag** zu machen. Ausführungen zur Prüfungsdurchführung, insb. zu Gegenstand, Art und Umfang der Prüfung, sind nicht in diesen einleitenden Abschnitt aufzunehmen, sondern in dem der vorangestellten Berichterstattung folgenden Abschnitt (Kap. M Tz. 166 – Abschn. 3.) zu machen.

179

Die Angaben zum Prüfungsauftrag umfassen insb.[358]

- die Firma nebst Sitz des geprüften Unternehmens,
- den Abschlussstichtag bzw. den geprüften Rechnungslegungszeitraum,
- den Gegenstand der durchgeführten Abschlussprüfung, d.h. JA nach HGB oder EA i.S.v. § 325 Abs. 2a HGB nach IFRS,
- einen Hinweis darauf, dass es sich um eine Abschlussprüfung nach § 316 ff. HGB handelt,
- Angaben zur Bestellung des APr.,
- Erklärungen in Bezug auf die Unabhängigkeit des APr.,
- einen Hinweis auf die Erstellung des PrB nach den Grundsätzen ordnungsmäßiger Berichterstattung bei Abschlussprüfungen (*IDW PS 450 n.F.*),
- einen Hinweis auf die dem Prüfungsauftrag zugrunde gelegten Auftragsbedingungen sowie
- eine Klarstellung, dass der PrB an das geprüfte Unternehmen gerichtet ist.

Im Rahmen der Angaben zur **Bestellung des Abschlussprüfers** ist auf die Wahl des APr. durch die Gesellschafter (§ 318 Abs. 1 S. 1 HGB) oder das sonst zuständige Organ (§ 318 Abs. 1 S. 2 HGB) sowie auf die Erteilung des Prüfungsauftrags durch die gesetzlichen Vertreter bzw. durch das Aufsichtsgremium (§ 318 Abs. 1 S. 4 HGB) einzugehen[359]. Dabei sollte auch das Datum der Auftragserteilung in den PrB aufgenommen werden[360]. Erfolgt eine gerichtliche Bestellung des APr. (§ 318 Abs. 3 und 4 HGB), so ist dies ausdrücklich darzulegen. Wenn der Prüfungsauftrag erst durch die Annahme des von den gesetzlichen Vertretern bzw. vom Aufsichtsgremium abgegebenen Angebots zustande kommt, ist ein Hinweis auf die formale Annahme des Auftrags grds. nicht erforderlich.

180

Der APr. hat im PrB ausdrücklich seine **Unabhängigkeit** zu bestätigen. Für alle gesetzlichen Abschlussprüfungen resultiert diese Pflicht aus § 321 Abs. 4a HGB. APr. von PIE haben nach Art. 11 Abs. 2 Buchst. a) VO (EU) Nr. 537/2014 ferner eine zusätzliche Erklärung über die Unabhängigkeit nach Art. 6 Abs. 2 Buchst. a) der VO im PrB abzugeben.

181

Die Bestätigung nach § 321 Abs. 4a HGB kann dabei wie folgt lauten[361]:

---

357 Vgl. *Plendl*, in: HWRP³, Sp. 1788.
358 Vgl. *IDW PS 450 n.F.*, Tz. 21 ff.
359 Vgl. *IDW PS 450 n.F.*, Tz. 23. Vgl. dazu allg. *IDW PS 220*, Tz. 4 ff.
360 Vgl. auch ADS⁶, § 321, Tz. 142.
361 Vgl. *IDW PS 450 n.F.*, Tz. 23a.

> **Beispiel 1**[362]**:**
>
> „Wir bestätigen gemäß § 321 Abs. 4a HGB, dass wir bei unserer Abschlussprüfung die anwendbaren Vorschriften zur Unabhängigkeit beachtet haben."

Die Erklärung nach Art. 6 Abs. 2 Buchst. a) VO (EU) Nr. 537/2014 kann, dem deutschen Wortlaut der VO folgend, wie folgt formuliert werden[363]:

> **Beispiel 2:**
>
> „Des Weiteren erklären wir gemäß Artikel 6 Abs. 2 Buchst. a) der Verordnung (EU) Nr. 537/2014, dass die Prüfungsgesellschaft, Prüfungspartner und Mitglieder der höheren Führungsebene und das Leitungspersonal, die die Abschlussprüfung durchführen, unabhängig vom geprüften Unternehmen sind."

182 Inhaltlich geht Art. 6 Abs. 2 Buchst. a) VO (EU) Nr. 537/2014 nicht über die gemäß § 321 Abs. 4a HGB abgegebene Bestätigung hinaus, da sich die Bestätigung nach HGB inhaltlich auf alle von WP als APr. zu beachtenden gesetzlichen und berufsrechtlichen Vorschriften zur Unabhängigkeit erstreckt und dabei auf alle Abschlussprüfungen Anwendung findet[364]. Die Erklärung ist aber nichtsdestotrotz **nicht verzichtbar**, da sie von der VO ausdrücklich vorgeschrieben ist.

183 Auch wenn i.R.d. Kommunikation mit dem Aufsichtsgremium auf u.U. temporär aufgetretene Unabhängigkeitsprobleme und deren Lösung (z.B. das Ergreifen von Schutzmaßnahmen i.S.v. § 30 BS WP/vBP) eingegangen wird (bei PIE ist nach Art. 6 Abs. 2 Buchst. b) VO (EU) Nr. 537/2014 eine Erörterung der Gefahren für die Unabhängigkeit sowie die seitens des APr. zur Verminderung dieser Gefahren angewendeten Schutzmaßnahmen mit dem PrA explizit vorgeschrieben)[365], ist darüber im PrB (vorbehaltlich einer Erwähnung i.Z.m. Art. 11 Abs. 2 Buchst. d) VO (EU) Nr. 537/2014) nicht zu berichten. Im PrB ist ausschl. die **Tatsache der Unabhängigkeit** des APr. formal zu bekräftigen[366].

Ebenso braucht i.R.d. PrB nicht auf die nach Nr. 7.2.1 des DCGK (bereits vor Unterbreitung des Wahlvorschlags) geforderte Unabhängigkeitserklärung des (vorgesehenen) APr.[367] eingegangen zu werden. Wird indes freiwillig auf die aktuelle ggü. dem AR bzw. dem PrA schriftlich abgegebene Erklärung hingewiesen, sollte es an dieser Stelle im PrB geschehen.

---

362 Zur Verbesserung der Lesbarkeit werden Formulierungsbeispiele regelmäßig im Plural gehalten. Nur in Ausnahmefällen wird bewusst (auch) der Singular verwendet.
363 Vgl. *IDW PS 450 n.F.*, Tz. P23a/1.
364 Vgl. RegBegr. BilMoG, BT-Drs. 16/10067 v. 30.07.2008, S. 91; *Schüppen*, in: Heidel/Schall, HGB², § 321, Rn. 19.
365 Vgl. auch *IDW PS 470 n.F.*, Tz. 23 f. Vgl. auch *IDW*, Positionspapier zur EU-Regulierung der Abschlussprüfung⁴, S. 48 f.
366 Wäre diese Unabhängigkeit nicht (mehr) gegeben, könnte auch kein rechtskräftiger PrB erstellt und kein BestV erteilt werden. Siehe hierzu auch Kap. A Tz. 217; Kap. L Tz. 24, 113 ff.
367 Vgl. dazu ausführlich *IDW PS 345*, Tz. 36 ff. nebst Formulierungsempfehlung in Anhang 2.

184 Im Rahmen des Hinweises auf die der Auftragsbestätigung zur Abschlussprüfung zugrunde gelegten **Auftragsbedingungen** sollte ausdrücklich vermerkt werden, dass deren Geltung auch im Verhältnis zu Dritten vereinbart ist[368].

Der diesbezügliche Hinweis kann wie folgt lauten:

> **Beispiel 3:**
>
> „Für die Durchführung des Auftrags und unsere Verantwortlichkeit, auch im Verhältnis zu Dritten, liegen die diesem Bericht als Anlage ... beigefügten Allgemeinen Auftragsbedingungen für Wirtschaftsprüfer und Wirtschaftsprüfungsgesellschaften in der Fassung vom ... [Datum][369] zugrunde."

Falls einzelvertraglich besondere Auftragsbedingungen vereinbart wurden, sollten diese im Hinweis ebenfalls erwähnt werden.

185 Weitere Angaben in diesem Berichtsabschnitt sind grds. möglich (z.B. in Bezug auf erfolgte Auftragserweiterungen), jedoch nicht allgemein praxisüblich.

Insofern kann bspw. die **bei PIE** nach Art. 11 Abs. 2 Buchst. b) VO (EU) Nr. 537/2014 vorgeschriebene Angabe der verantwortlichen Prüfungspartner einer beauftragten WPG auch hier erfolgen (ansonsten im Abschn. „Gegenstand, Art und Umfang der Prüfung)[370].

3.2.2 Grundsätzliche Feststellungen

186 Um die Aufmerksamkeit der Berichtsadressaten auf wichtige Sachverhalte zu lenken, sind die grundlegenden Feststellungen und Tatsachen entsprechend der gesetzlichen Forderung nach einer **vorangestellten Berichterstattung** (§ 321 Abs. 1 S. 2 und 3 HGB) in Form einer in sich geschlossenen, problemorientierten Darstellung an den Beginn des PrB zu stellen. Umgekehrt stellt § 321 Abs. 1 S. 2 und 3 HGB im Interesse der gebotenen Klarheit der Berichterstattung auch eine Begrenzung für die in diesen Abschnitt aufzunehmenden Sachverhalte dar[371].

187 Nach § 321 Abs. 1 S. 2 HGB hat der APr. im PrB zunächst zur **Beurteilung der Lage des Unternehmens durch die gesetzlichen Vertreter** Stellung zu nehmen. Dabei ist insb. auf die Beurteilung des Fortbestands und der künftigen Entwicklung des Unternehmens unter Berücksichtigung des LB einzugehen, soweit die geprüften Unterlagen und der LB eine solche Beurteilung erlauben.

188 Nach § 321 Abs. 1 S. 3 HGB ist in diesem Berichtsabschnitt vom APr. – in Ausübung einer ihm gesetzlich zugeordneten **Frühwarnfunktion** – des Weiteren ausdrücklich zu berichten über bei Durchführung der Abschlussprüfung

---

[368] Vgl. *IDW PS 450 n.F.*, Tz. 24.
[369] Die vom IDW hrsg. „Allgemeinen Auftragsbedingungen für Wirtschaftsprüfer und Wirtschaftsprüfungsgesellschaften" weisen aktuell den Stand 01.01.2017 auf.
[370] Ebenso *Schmidt/Deicke*, in: BeBiKo[11], § 321, Rn. 155. Zur Abgrenzung des Kreises der zu nennenden Personen vgl. *IDW PS 450 n.F.*, Tz. P56/1-2.
[371] Vgl. *IDW PS 450 n.F.*, Tz. 26.

- festgestellte Unrichtigkeiten oder Verstöße gegen gesetzliche Vorschriften (d.h. **Unregelmäßigkeiten**[372]),
- festgestellte **Tatsachen**, welche den Bestand des geprüften Unternehmens gefährden oder die Entwicklung des geprüften Unternehmens wesentlich beeinträchtigen können,
- festgestellte **Tatsachen**, die schwerwiegende Verstöße der gesetzlichen Vertreter oder von Arbeitnehmern gegen Gesetz, Gesellschaftsvertrag oder die Satzung erkennen lassen.

189 In diesem Zusammenhang sind für den APr. zwei Aspekte von wesentlicher Bedeutung:

a) Zum einen ist nur dann zu berichten, wenn bei ordnungsmäßiger, problemorientierter[373] Durchführung der Abschlussprüfung derartige Unregelmäßigkeiten oder Tatsachen festgestellt werden („**Positivberichterstattung**"). Eine systematische Ausrichtung der Abschlussprüfung auf die Aufdeckung von Unregelmäßigkeiten oder Tatsachen i.S.v. § 321 Abs. 1 S. 3 HGB ist damit nicht verbunden. Werden keine derartigen berichtspflichtigen Sachverhalte festgestellt, so ist umgekehrt keine Negativerklärung abzugeben[374].

b) Zum anderen ist aber bereits beim **Erkennen** von Unregelmäßigkeiten oder Tatsachen zu berichten, nicht erst bei deren konkretem Vorliegen[375]. Für die Berichtspflicht reicht es, dass sich Unregelmäßigkeiten oder Tatsachen i.S.v. § 321 Abs. 1 S. 3 HGB „**erkennen lassen**"[376]. Es ist freilich Aufgabe der Berichtsadressaten, ggf. weitere Schritte zu veranlassen[377].

190 Im Zusammenhang mit **Unregelmäßigkeiten** ist grds. auch über Sachverhalte zu berichten, die keine unmittelbare Auswirkung auf die wirtschaftliche Lage des Unternehmens in dem der Prüfung unterworfenen GJ haben, z.B. wenn es sich um reine Formalverstöße handelt.

191 In Bezug auf **bestandsgefährdende oder entwicklungsbeeinträchtigende Tatsachen** wird bezweckt, die Berichtsempfänger über eine ernsthaft negative Unternehmensentwicklung möglichst **frühzeitig** auch durch den APr. zu informieren und ggf. zu veranlassen, dass rechtzeitig Anpassungsmaßnahmen zur Abwendung einer Unternehmenskrise eingeleitet werden[378].

192 Nach dem Gesetz hat der APr. nur solche Erkenntnisse zu verwerten, die sich i.R. seiner Abschlussprüfung ergeben[379]. Aus der Treuepflicht des APr. folgt jedoch, dass dieser bei der Berichterstattung **auch Informationen zu verwerten hat, die ihm** – vorbehaltlich gesetzlicher Verschwiegenheitspflichten – **außerhalb der Abschlussprüfung bekannt**

---

372 Zu den Begriffen „Unregelmäßigkeiten", „Unrichtigkeiten" und „Verstöße" siehe *IDW PS 210*, Tz. 7 sowie *IDW PS 210*, Abb. 1.
373 Vgl. RegBegr. KonTraG, BT-Drs. 13/9712 v. 28.01.1998, S. 28.
374 Vgl. RegBegr. TransPuG, BT-Drs. 14/8769 v. 06.02.2002, S. 71; *IDW PS 450 n.F.*, Tz. 43.
375 Vgl. RegBegr. TransPuG, BT-Drs. 14/8769 v. 06.02.2002, S. 72; *IDW PS 450 n.F.*, Tz. 42.
376 Vgl. *Schmidt/Deicke*, in: BeBiKo[11], § 321, Rn. 34. Zur Problematik der erforderlichen rechtlichen Subsumtion vgl. *Rabenhorst*, DStR 2003, S. 436; *Ebke*, in: MünchKomm. HGB³, § 321, Rn. 44.
377 Vgl. ADS⁶, § 321, Tz. 87.
378 Vgl. *Schmidt/Deicke*, in: BeBiKo[11], § 321, Rn. 55. Im Fall einer drohenden Bestandsgefährdung besteht zudem nach § 322 Abs. 2 S. 3 HGB die gesetzliche Pflicht, auf diese Risiken im BestV hinzuweisen. Vgl. dazu *IDW PS 400 n.F.*, Tz. 49, A45; *IDW PS 406*, Tz. 10 b), A2 i.V.m. *IDW PS 270 n.F.*, Tz. 29-30; ferner Kap. M Tz. 832 ff.
379 Vgl. RegBegr. KonTraG, BT-Drs. 13/9712 v. 28.01.1998, S. 28.

geworden sind (z.B. durch Presseartikel)³⁸⁰. Berichtspflicht besteht demgegenüber nicht, soweit der APr. die Kenntnisse über berichtspflichtige Tatsachen bei seiner beruflichen Tätigkeit für fremde Dritte gewonnen hat. Hier geht die strikte Verschwiegenheitspflicht nach § 323 Abs. 1 HGB der Berichtspflicht nach § 321 Abs. 1 S. 3 HGB vor, soweit der APr. diese Tatsachen nicht anderweitig in Erfahrung bringt³⁸¹. Falls der APr. zugleich KAPr. ist, durchbricht indes § 320 Abs. 3 S. 2 HGB diese Verschwiegenheitspflicht, so dass i.R.d. Konzernabschlussprüfung bei TU festgestellte Verstöße des bzw. beim MU im PrB zum JA des MU grds. zu berichten sind.

Dahingegen ist der APr. **bei Abschlussprüfungen von PIE** nach **Art. 12 Abs. 1 Unterabs. 2 VO (EU) Nr. 537/2014** ausdrücklich dazu verpflichtet, auch i.R. einer Abschlussprüfung bei bestimmten Dritten³⁸² gewonnene Erkenntnisse in Bezug auf das geprüfte PIE zu verwerten. Die Berichtspflicht nach dieser VO-Vorschrift – Art. 12 Abs. 3 VO (EU) Nr. 537/2014 hebt etwaige gesetzliche oder vertragliche Verschwiegenheitspflichten insofern auf – besteht nur direkt ggü. der zuständigen Aufsichtsbehörde (vgl. Kap. M Tz. 16 ff.). Dementsprechend wird die Berücksichtigung solcher Erkenntnisse i.R.d. PrB einzelfallbezogen rechtlicher Abwägung bedürfen. Falls der APr. zugleich KAPr. ist, bedeutet diese Vorschrift auch, dass der Kreis der zu berücksichtigenden Dritten, aus denen ggf. derartige Erkenntnisse in Bezug auf das geprüfte PIE zu ziehen sind, ggf. über den Konsolidierungskreis hinausgeht, der i.R. einer Konzernabschlussprüfung zu berücksichtigen ist. **193**

Die Pflicht zur Berichterstattung besteht unabhängig davon, ob die **Unregelmäßigkeiten oder Tatsachen** den Berichtsadressaten (d.h. Aufsichtsgremium, Gesellschafter oder gesetzliche Vertreter) bereits **bekannt** sind oder nicht, ob auf sie im Anh. oder LB hingewiesen worden ist, oder ob eine nicht angemessene Berücksichtigung bzw. Darstellung selbiger im JA oder LB zu einer Modifizierung des Prüfungsurteils im BestV geführt haben³⁸³. Die Berichterstattung im PrB kann auch dann nicht unterbleiben, wenn die Information den Interessen des Unternehmens entgegensteht, z.B. weil auch KI oder Finanz-, Aufsichts- oder Regulierungsbehörden zum Empfängerkreis des PrB gehören³⁸⁴. **194**

Die Berichtspflicht erstreckt sich in zeitlicher Hinsicht auch auf **nach dem Abschlussstichtag** begründete Tatsachen³⁸⁵. Somit sind auch Tatsachen zu berücksichtigen, die bspw. im alten oder neuen GJ noch keine buchungspflichtigen Geschäftsvorfälle ausgelöst haben oder deren Auswirkungen zum Berichtszeitpunkt ggf. noch nicht vollständig eingetreten sind, aufgrund derer aber mit einer Entwicklungsbeeinträchtigung oder Bestandsgefährdung (zu Indikatoren Kap. M Tz. 226 und Kap. M Tz. 228) ernsthaft ge- **195**

---

380 Vgl. *IDW PS 450 n.F.*, Tz. 37; ADS⁶, § 321, Tz. 70; *Bertram*, in: Haufe HGB Kommentar⁸, § 321, Rn. 64; *Burg/Müller*, in: Kölner Komm. Rechnungslegungsrecht, § 321, Rn. 52; *Grewe/Plendl*, in: HWRP³, Sp. 2009; *Orth*, in: Baetge/Kirsch/Thiele, Bilanzrecht, § 321, Rn. 54; *Schmidt/Deicke*, in: BeBiKo¹¹, § 321, Rn. 42. Weitergehend *Grewe*, in: BoHdR², § 321, Rn. 76.
381 Vgl. *Grewe*, in: BoHdR², § 321, Rn. 77; *Schmidt/Deicke*, in: BeBiKo¹¹, § 321, Rn. 42.
382 Dies betrifft Unternehmen, zu denen das PIE in einer „engen Verbindung" i.S.v. Art. 4 Abs. 1 Nr. 38 VO (EU) Nr. 575/2013 steht.
383 Vgl. *IDW PS 450 n.F.*, Tz. 38; *IDW PS 470 n.F.*, Tz. 9; ADS⁶, § 321, Tz. 71; *Schmidt/Deicke*, in: BeBiKo¹¹, § 321, Rn. 44.
384 Vgl. *Schmidt/Deicke*, in: BeBiKo¹¹, § 321, Rn. 67.
385 Vgl. *IDW PS 450 n.F.*, Tz. 38; ADS⁶, § 321, Tz. 71; *Grewe/Plendl*, in: HWRP³, Sp. 2009; *Schmidt/Deicke*, in: BeBiKo¹¹, § 321, Rn. 43.

196 Für **APr. von PIE** beinhalten Art. 11 Abs. 2 Buchst. i) bis k) VO (EU) Nr. 537/2014 im Prinzip mit § 321 Abs. 1 S. 3 HGB gleichlaufende Berichterstattungspflichten[388]. Darüber hinausgehend sind APr. von PIE jedoch nach **Art. 7 VO (EU) Nr. 537/2014** verpflichtet, bei **Unregelmäßigkeiten** auch nachzuhalten, ob den Unternehmensorganen vom APr. mitgeteilte Angelegenheiten solcher Art untersucht wurden bzw. werden. Untersucht das geprüfte Unternehmen derartige mitgeteilte Angelegenheiten – trotz der nach Unterabs. 1 damit notwendigerweise verbundenen Aufforderung von Seiten des APr. – nicht, so hat der APr. gemäß Unterabs. 2 die für die Untersuchung solcher Unregelmäßigkeiten verantwortlichen Behörden (vgl. Kap. M Tz. 15) seinerseits zu informieren. Es wird für den involvierten APr. angezeigt sein, in Fällen dieser Art stets rechtlichen Rat einzuholen.

3.2.2.1 Stellungnahme zur Lagebeurteilung der gesetzlichen Vertreter

197 Nach **Sinn und Zweck** der Gesetzesregelung soll der APr. die i.R.d. geprüften Rechnungslegung, d.h. JA und LB, von den gesetzlichen Vertretern zum Ausdruck gebrachte Beurteilung der Lage des Unternehmens selbständig beurteilen und zu der Beurteilung durch die gesetzlichen Vertreter seinerseits Stellung nehmen. Dabei hat der APr. Einschätzungen, Prämissen oder Prognosen der gesetzlichen Vertreter nicht durch eigene zu ersetzen, er hat diese aber – soweit ihm der LB und die sonstigen geprüften Unterlagen dies erlauben[389] – kritisch zu bewerten[390].

198 Der APr. kommt seiner gesetzlichen Berichtspflicht nach durch[391]

- **Hervorheben** derjenigen Angaben der gesetzlichen Vertreter in JA und LB, die für die Berichtsadressaten zur Beurteilung der Lage des geprüften Unternehmens wesentlich sind,
- u.U. Ergänzung hervorgehobener Angaben um **analysierende Darstellungen** (d.h. Erläuterung bzw. kritische Würdigung) wesentlicher Aspekte der wirtschaftlichen Lage,
- **Stellungnahme** zur Lagebeurteilung der gesetzlichen Vertreter aufgrund seiner eigenen Beurteilung der Lage des geprüften Unternehmens.

199 **Hervorheben** bedeutet Auswahl und Wiedergabe solcher Angaben in JA und LB, die wichtige Veränderungen und Entwicklungen aufzeigen, d.h. die **Kernaussagen**. Von Bedeutung sind dabei vor allem solche Veränderungen bzw. Entwicklungen, die die Lage des Unternehmens im abgelaufenen Rechnungslegungszeitraum beeinflusst haben und deren Einfluss voraussichtlich noch fortbestehen wird. Allerdings können ggf. nach dem

---

386 Ebenso *Orth*, in: Baetge/Kirsch/Thiele, Bilanzrecht, § 321, Rn. 51.1; *Schmidt/Deicke*, in: BeBiKo[11], § 321, Rn. 43, 53 f.
387 Vgl. *IDW PS 203 n.F.*, Tz. 2, 11.
388 Insb. resultiert aus dem unterschiedlichen Wortgebrauch in § 321 HGB („erkennen lassen") und in Art. 11 Abs. 2 Buchst. k) VO (EU) Nr. 537/2014 („vermuten") keine unterschiedliche Berichtspflicht für PIE und Nicht-PIE. Vgl. *IDW PS 450 n.F.*, Tz. P50/2.
389 Vgl. *IDW PS 450 n.F.*, Tz. 32 S. 1.
390 Vgl. RegBegr. KonTraG, BT-Drs. 13/9712 v. 28.01.1998, S. 28; *Ebke*, in: MünchKomm. HGB[3], § 321, Rn. 35 f.; *Schmidt/Deicke*, in: BeBiKo[11], § 321, Rn. 29.
391 Vgl. *IDW PS 450 n.F.*, Tz. 29; *Plendl*, in: HWRP[3], Sp. 1782.

Abschlussstichtag eingetretene Ereignisse, namentlich Aspekte der sog. Nachtragsberichterstattung (§§ 285 Nr. 33, 314 Abs. 1 Nr. 25 HGB bzw. § 315e Abs. 1 HGB i.V.m. IAS 10), dabei nicht außer Acht gelassen werden, sondern sind ebenfalls zu berücksichtigen[392].

Analysierende Darstellungen umfassen – sofern sie nach den Umständen des Einzelfalles angezeigt sind – insb. vertiefende Erläuterungen wesentlicher Angaben, die Beschreibung von Ursachen sowie die kritische Würdigung von Annahmen. Auch das Ausüben von Wahlrechten und das Ausnutzen von Ermessensspielräumen sind regelmäßig wichtige Darstellungsaspekte. Wesentliche Angaben der gesetzlichen Vertreter sind unabhängig davon hervorzuheben und zu analysieren, ob diese Angaben eine positive oder negative Entwicklung des geprüften Unternehmens betreffen[393]. Wertende Aussagen der gesetzlichen Vertreter sind auch darauf hin zu hinterfragen, ob nicht durch die gewählte Darstellung (z.B. Weglassen bestimmter Aspekte oder Herausstellen eher unwesentlicher Informationen) ein falscher Eindruck vermittelt wird[394]. **200**

Die Hervorhebungspflicht des APr. umfasst die konzise **Darstellung der Kernaussagen** der gesetzlichen Vertreter zur wirtschaftlichen Lage und zum Geschäftsverlauf, soweit dies der LB und die sonstigen geprüften Unterlagen erlauben[395]. Anknüpfungspunkte für wesentliche Angaben zur wirtschaftlichen Lage und zum Geschäftsverlauf können bspw. sein[396]: **201**

- gesamtwirtschaftliche Rahmenbedingungen (z.B. konjunkturelle Situation, Inflation, Zinsniveau, Wechselkursentwicklung);
- Branchenentwicklung und Entwicklung des Unternehmens im Vergleich zur Branche (z.B. Wettbewerbsverhältnisse, Marktanteile, Nachfrageentwicklung);
- Umsatz- und Auftragsentwicklung (z.B. Absatzpreisentwicklung, Änderungen der Absatzpolitik, einzelne wesentliche Aufträge oder wichtige Kunden);
- Produktion (z.B. Änderungen des Produktsortiments, Rationalisierungsmaßnahmen);
- Beschaffung (z.B. Preisrisiken, Beschaffungsengpässe);
- Investitionen (z.B. Kapazitätsausweitung, Ersatzinvestitionen, wichtige Beteiligungen);
- Finanzierung (z.B. Kapitalmaßnahmen, Kreditlinien, Platzierungsvorhaben für Aktien, Anleihen, Genussrechte, Mezzanine-Finanzierungen, vereinbarte Finanzkennzahlen usw.);
- Personalbereich (z.B. besondere Vergütungsregelungen, tarifliche Vereinbarungen, Ein-/Austritt wichtiger Mitarbeiter);
- bedeutsame Kennziffern, deren Entwicklung im Zeitablauf sowie Abweichungen von branchenüblichen Werten (z.B. Kennzahlen zur VFE-Lage, Produktionskennziffern);
- Umorganisations- oder Um-/Restrukturierungsmaßnahmen;
- wesentliche Änderungen der gesellschaftsrechtlichen Verhältnisse.

---

392 Vgl. *IDW PS 450 n.F.*, Tz. 38; *Orth*, in: Baetge/Kirsch/Thiele, Bilanzrecht, § 321, Rn. 56; *Schmidt/Deicke*, in: BeBiKo[11], § 321, Rn. 43. Siehe auch *IDW PS 203 n.F.*, Tz. 8 ff.
393 Vgl. *IDW PS 450 n.F.*, Tz. 31.
394 Vgl. *IDW PS 450 n.F.*, Tz. 20 S. 3; *IDW PS 350 n.F.*, Tz. 92, A95-A96; *IDW PS 350 a.F.*, Tz. 21.
395 Vgl. *IDW PS 450 n.F.*, Tz. 32; *Schmidt/Deicke*, in: BeBiKo[11], § 321, Rn. 27 f.
396 Vgl. *IDW PS 230*, Anhang: Relevante Aspekte i.Z.m. den Kenntnissen über die Geschäftstätigkeit sowie das wirtschaftliche und rechtliche Umfeld des Unternehmens; *Bertram*, in: Haufe HGB Kommentar[8], § 321, Rn. 51; *Schmidt/Almeling*, in: BeBiKo[11], § 317, Rn. 138.

202 Grds. sind analysierende Darstellungen in Form von beschreibenden Ausführungen ausreichend. **Ergänzende zahlenmäßige Darstellungen** (z.B. in Form prozentualer Auswirkung auf die Umsatzerlöse des Unternehmens) sind im Einzelfall zweckmäßig oder sogar geboten, wenn quantitative Angaben für die Beurteilung durch die Berichtsadressaten von besonderer Bedeutung sind. Knapp gehaltene zahlenmäßige Aufbereitungen eignen sich außerdem zur Veranschaulichung von Entwicklungstendenzen und deren Zusammensetzung. Dabei dürfte eine Darstellung in Form von graphisch aufbereiteten Übersichten (Diagramme o.Ä.) das Verständnis im Einzelfall erleichtern. Die Urteilsbildung der Berichtsadressaten wird ferner durch eine kritische Würdigung der den Einschätzungen der gesetzlichen Vertreter zugrunde liegenden Annahmen unterstützt[397]. Bei seinen Erläuterungen hat sich der APr. auf objektive und nachprüfbare Fakten zu beschränken.

203 Die **Stellungnahme des APr.** zur Lagebeurteilung der gesetzlichen Vertreter muss so abgefasst sein, dass sie den Berichtsadressaten als Grundlage für ihre eigene Einschätzung dieser Lagebeurteilung dienen kann. In Abhängigkeit von Art und Umfang der von den gesetzlichen Vertretern getroffenen und ggf. durch den APr. hervorgehobenen Aussagen zur Lage des Unternehmens kann eine vertiefende Erläuterung einzelner Aspekte erforderlich sein. Eine informative Erläuterung erfordert regelmäßig, dass auf die Zusammensetzung und die wesentlichen Ursachen der festgestellten Veränderungen und hervorgehobenen Entwicklungstendenzen eingegangen wird[398]. In diesem Zusammenhang kommt eine Darstellung wesentlicher Einflussfaktoren auf die wirtschaftliche Lage in Betracht, z.B. eine veränderte Konkurrenzsituation als Ursache für gefallene und ggf. künftig weiter fallende Absatzpreise oder Anpassungen der Produktpalette oder von Produktionsstandorten als Reaktion auf gesetzliche Veränderungen im Umwelt- oder Verbraucherschutzrecht u.a.m.[399] Eine detaillierte Ursachenanalyse ist jedoch nicht Aufgabe des APr.; eine solche könnte i.R. einer Abschlussprüfung auch nicht erbracht werden[400].

204 Die Forderung des Gesetzgebers nach einer Stellungnahme des APr. zur Lagebeurteilung **durch die gesetzlichen Vertreter** zielt darauf ab, die subjektive Einschätzung der gesetzlichen Vertreter durch den Blickwinkel eines sachkundigen Dritten objektiviert darstellen zu lassen[401]. Dementsprechend hat der APr. i.R. seiner Stellungnahme auf **deren Beurteilung** der Unternehmensfortführung und **deren Einschätzung** der künftigen Entwicklung des Unternehmens einzugehen. Die Stellungnahme des APr. zur Lagebeurteilung der gesetzlichen Vertreter ist aufgrund seiner eigenen Beurteilung der wirtschaftlichen Lage des Unternehmens abzugeben, die i.R.d. pflichtgemäßen Prüfung des JA und des LB gewonnen wurde[402]. Eine Bewertung von Geschäftsführungsmaßnahmen im Hinblick auf deren Zweckmäßigkeit o.Ä. ist dabei nicht Aufgabe des APr.[403]

---

397 Vgl. *IDW PS 450 n.F.*, Tz. 29; ADS[6], § 321, Tz. 57 f.
398 Vgl. *IDW PS 450 n.F.*, Tz. 29; ADS[6], § 321, Tz. 57.
399 Vgl. auch ADS[6], § 321, Tz. 57.
400 Vgl. auch *IDW PS 200*, Tz. 8, 12, 15.
401 Vgl. RegBegr. KonTraG, BT-Drs. 13/9712 v. 28.01.1998, S. 28; *Hommelhoff*, BB 1998, S. 2567 (2571).
402 Vgl. *IDW PS 450 n.F.*, Tz. 29.
403 Vgl. ADS[6], § 321, Tz. 57. Vgl. auch den Wortlaut von § 317 Abs. 4a HGB.

Der APr. hat i.R. seiner Ausführungen zur Beurteilung der Lage eigene Akzente zu setzen und auf ihm **wesentlich erscheinende Punkte** ggf. ausführlicher einzugehen, als dies für den zu veröffentlichenden LB gefordert werden muss[404]. Beispiele hierfür können etwa Transaktionen mit nahe stehenden Personen oder Unternehmen sein. **205**

Gelangt der APr. i.R. seiner Prüfung der **Beurteilung des Fortbestands und der künftigen Entwicklung des Unternehmens durch die gesetzlichen Vertreter** zu keiner anderen Einschätzung als diese, sind bei unsicherer oder negativer Fortbestehensprognose der gesetzlichen Vertreter ausführlichere Darstellungen des APr. mit expliziter Bezugnahme auf die diesbezüglichen Angaben und Ausführungen der gesetzlichen Vertreter im Anh. und LB erforderlich[405]. **206**

Bei bestehender **Unsicherheit in Bezug auf die Fortführung der Unternehmenstätigkeit** sind für die Berichterstattung im PrB und ggf. im BestV folgende vier Fälle zu unterscheiden[406]: **207**

- Die Annahme über die Fortführung der Unternehmenstätigkeit ist angemessen; es besteht hierüber aber eine wesentliche Unsicherheit:
  - Neben der Stellungnahme zur Lagebeurteilung hat der APr. im PrB auch i.R. seiner Berichterstattung über entwicklungsbeeinträchtigende oder bestandsgefährdende Tatsachen auf diese Situation einzugehen; außerdem ist gem. § 322 Abs. 2 S. 3 HGB im BestV auf diese Tatsache hinzuweisen[407].
- Die Annahme über die Fortführung der Unternehmenstätigkeit ist nicht angemessen:
  - Sofern das Unternehmen nach der Einschätzung des APr. nicht in der Lage sein wird, seine Unternehmenstätigkeit fortzuführen, und der JA gleichwohl unter der Annahme der Fortführung der Unternehmenstätigkeit aufgestellt ist, hat der APr. seine Auffassung im PrB darzulegen, grds. einen Versagungsvermerk (diesen nach § 322 Abs. 2 S. 1 Nr. 3 HGB) zu erteilen und diesen im PrB zu erläutern[408].
- Weigerung der gesetzlichen Vertreter, eine Einschätzung vorzunehmen oder diese auf den erforderlichen Zeitraum zu erstrecken:
  - Der APr. hat im PrB in angemessenem Umfang und mit der gebotenen Klarheit auf diesen Umstand einzugehen und das daraus abgeleitete Prüfungsurteil, ggf. resultierend in einem Versagungsvermerk (hier § 322 Abs. 2 S. 1 Nr. 4 HGB), detailliert zu erläutern[409].
- Bedeutsame Verzögerung der Aufstellung des JA durch die gesetzlichen Vertreter:
  - Liegen die Gründe für die Verzögerung in der Existenz bestandsgefährdender Tatsachen, so ist hierauf ebenfalls im PrB und ggf. im BestV einzugehen[410].

---

404 Vgl. *IDW PS 350 a.F.*, Tz. 33.
405 Vgl. *Kuhner/Päßler*, in: HdR[5], § 321, Rn. 26. Nach ADS[6], § 321, Tz. 59 ist die Feststellung der voraussichtlich nicht mehr möglichen Unternehmensfortführung und die Darlegung der Ursachen ausreichend.
406 Vgl. auch *Groß*, WPg 2010, S. 119 ff. sowie Kap. L Tz. 444 ff., Kap. L Tz. 1184.
407 Vgl. auch *IDW PS 270 n.F.*, Tz. 35 f.; Tz. 29-30, A35-A38; ferner Kap. M Tz. 832 ff.
408 Vgl. auch *IDW PS 270 n.F.*, Tz. 35 f.; Tz. 28, A32-A34. Zum Ausnahmefall der Einschränkung des Prüfungsurteils im BestV bei unzulässiger Zugrundelegung der Unternehmungsfortführungsprämisse siehe ADS[6], § 322, Tz. 289.
409 Vgl. auch *IDW PS 270 n.F.*, Tz. 35 f.; Tz. 33, A43. Siehe ferner *IDW PS 450 n.F.*, Tz. 59 in Bezug auf die Aufklärungs- und Nachweispflichten der gesetzlichen Vertreter nach § 320 HGB.
410 Vgl. auch *IDW PS 270 n.F.*, Tz. 35 f.; Tz. 37, A44.

208 In allen vier Fällen kommt es im PrB dabei zu einer **Berichterstattung** in zwei getrennten Berichtsabschnitten, und zwar sowohl i.R.d. vorangestellten Berichterstattung nach § 321 Abs. 1 S. 2 HGB als auch i.R.d. Berichterstattung nach § 321 Abs. 1 S. 3 HGB[411] bzw. nach Art. 11 Abs. 2 Buchst. i) VO (EU) Nr. 537/2014. Dies erfordert indes keine vollumfängliche Doppelberichterstattung; vielmehr sollte die per se herausgehobene Berichterstattung nach § 321 Abs. 1 S. 3 HGB bzw. Art. 11 Abs. 2 Buchst. i) VO (EU) Nr. 537/2014 sinnvollerweise den Darstellungsschwerpunkt bilden[412]. Es wäre aber unzureichend, aus der vorangestellten Berichterstattung nach § 321 Abs. 1 S. 2 HGB heraus lapidar auf die Berichterstattung nach § 321 Abs. 1 S. 3 HGB zu verweisen, weil dadurch die gem. S. 2 vom APr. gesetzlich geforderte **Stellungnahme** unvollständig bliebe.

209 Infolge von **Beurteilungsspielräumen** können sich unterschiedliche Lageeinschätzungen ergeben. D.h. auch bei einer grds. vertretbaren Lageeinschätzung der gesetzlichen Vertreter kann auf die mit dieser Beurteilung verbundenen Chancen und Risiken bzw. auf die mit Beurteilungsspielräumen verbundenen alternativen Einschätzungen einzugehen sein[413]. Dementsprechend kann im Einzelfall darauf einzugehen sein, welche Informationen die gesetzlichen Vertreter bei ihrer Lagedarstellung verwertet haben, wie die grundlegenden Annahmen abgeleitet wurden und welche Prognoseverfahren verwendet wurden[414].

Solche Beurteilungsspielräume können sich insb. ergeben i.Z.m. geplanten Maßnahmen zur Sicherstellung der Unternehmensfortführung. So kann die Fortführung der Unternehmenstätigkeit etwa davon abhängen, dass sich Gesellschafter mit ausreichender Bonität verpflichten, das Unternehmen finanziell zu unterstützen. Um i.R.d. Bildung der Prüfungsurteile durch den APr. berücksichtigt werden zu können, müssen derartige Maßnahmen zum Zeitpunkt der Erteilung des BestV als unter den gegebenen Umständen durchführbar einzuschätzen sein bzw. dokumentiert vorliegen[415].

210 Wird die Lagebeurteilung der gesetzlichen Vertreter vom APr. als **nicht vertretbar** beurteilt, so ist dies im PrB zu erläutern und das diesbezügliche Prüfungsurteil im BestV entsprechend zu modifizieren. Soweit dies möglich ist, ist das Informationsdefizit der Berichtsadressaten durch die Berichterstattung des APr. auszugleichen, indem er die Modifizierung des Prüfungsurteils angemessen begründet und im PrB die Angaben der gesetzlichen Vertreter zur Lage des Unternehmens seiner Einschätzung entsprechend relativiert, ergänzt und kommentiert[416]. Es ist jedoch nicht Aufgabe des APr., anstelle der gesetzlichen Vertreter die im Einzelnen erforderlichen Angaben zur Lage des Unternehmens im PrB zu machen[417].

---

411 Vgl. ADS[6], § 321, Tz. 64; *Schmidt/Deicke*, in: BeBiKo[11], § 321, Rn. 36.
412 Ebenso *Schmidt/Deicke*, in: BeBiKo[11], § 321, Rn. 68. Wird im Ausnahmefall die Berichterstattung über entwicklungsbeeinträchtigende oder bestandsgefährdende Tatsachen vollumfänglich in die Stellungnahme zur Lageberichterstattung der gesetzlichen Vertreter einbezogen, ist in diesem Zusammenhang ausdrücklich darauf hinzuweisen, dass es sich dabei zugleich um nach § 321 Abs. 1 S. 3 HGB berichtspflichtige Tatsachen handelt. Vgl. *IDW PS 450 n.F.*, Tz. 40; *Kuhner/Päßler*, in: HdR[5], § 321, Rn. 26.
413 Vgl. *IDW PS 450 n.F.*, Tz. 33.
414 Vgl. auch *IDW PS 350 a.F.*, Tz. 21.
415 Vgl. *IDW PS 270 n.F.*, Tz. 21 Buchst. b), A9, A19.
416 Vgl. *IDW PS 450 n.F.*, Tz. 33; RegBegr. KonTraG, BT-Drs. 13/9712 v. 28.01.1998, S. 28; *Pfitzer*, in: Dörner/Menold/Pfitzer, S. 660; *Schmidt/Deicke*, in: BeBiKo[11], § 321, Rn. 32.
417 Vgl. *IDW PS 450 n.F.*, Tz. 33.

Eine Nicht-Vertretbarkeit der Lagebeurteilung kann sich auch aus der Tatsache ergeben, dass der JA **Unregelmäßigkeiten** aufweist, die sich auf die Vermittlung eines den tatsächlichen Verhältnissen entsprechenden Bildes der Vermögens-, Finanz- und Ertragslage wesentlich auswirken. Dies ist z.B. dann der Fall, wenn diese Unregelmäßigkeiten die Grundlage für Angaben oder Aussagen im LB bilden und der LB dadurch nicht (mehr) mit einem den gesetzlichen Vorschriften entsprechenden JA in Einklang steht[418]. **211**

Die **Berichtpflicht** besteht, soweit die geprüften Unterlagen eine solche Beurteilung erlauben. Die geprüften Unterlagen umfassen jene Unterlagen, die unmittelbar Gegenstand der Abschlussprüfung sind, also die Buchführung, den JA, ggf. den LB und alle weiteren Unterlagen, die der APr. i.R.d. Prüfung herangezogen hat (z.B. Kostenrechnung zur Ermittlung der Herstellungskosten, Planungsrechnungen, Verträge, Protokolle von Sitzungen der Gesellschaftsorgane, Berichterstattungen an Aufsichtsgremien bzw. Gesellschafter)[419]. **212**

Die **Beschränkung auf die geprüften Unterlagen** betont die Verantwortlichkeit der gesetzlichen Vertreter. Der APr. hat die Beurteilung der gesetzlichen Vertreter kritisch zu überprüfen und eine eigenständige Stellungnahme abzugeben. Es ist jedoch nicht Aufgabe des APr., eigene Prognoserechnungen anzustellen, sondern lediglich, die Prognosen und die diesen ggf. zugrunde liegenden Einschätzungen, Prämissen und Entscheidungen der gesetzlichen Vertreter zu bewerten und zu hinterfragen[420]. **213**

Wird **zulässigerweise kein LB aufgestellt**[421], kann der APr. – mangels Existenz eines Beurteilungsobjekts – nicht nach § 321 Abs. 1 S. 2 HGB zur Lagebeurteilung durch die gesetzlichen Vertreter, wie sie ansonsten im LB zum Ausdruck käme, Stellung nehmen[422]. Eine Pflicht des APr. zu einer Stellungnahme auf Grundlage der und beschränkt auf die Lagedarstellung durch die gesetzlichen Vertreter, wie sie sich aus dem aufgestellten JA ergibt, kann dem Gesetzeswortlaut nicht entnommen werden. Es ist auch nicht Aufgabe des APr., in diesem Fall Angaben zur Lage anstelle der gesetzlichen Vertreter zu machen. Demzufolge entfällt dann im Grundsatz die vorangestellte Berichterstattung nach § 321 Abs. 1 S. 2 HGB. **214**

Gleichwohl muss sich der APr. mit der Lage des Unternehmens, insb. mit wesentlichen Veränderungen der Vermögens-, Finanz- und Ertragslage ggü. dem VJ und mit der Berechtigung der Bilanzierung unter der Annahme der Fortführung der Unternehmenstätigkeit, auseinandersetzen und darüber ggf. nach § 321 Abs. 1 S. 3 oder Abs. 2 S. 3 HGB berichten[423]. Das Vorliegen besonderer Umstände kann daher auch bei nicht existentem LB eine **vorangestellte Berichterstattung** in Bezug auf die Lage des Unternehmens begründen, weil in diesem Fall Ausführungen des APr. ebenso grundlegend für die Urteilsbildung der Berichtsadressaten sind wie eine Stellungnahme zur Lagebeurteilung der gesetzlichen Vertreter im LB[424]. **215**

---

418 Vgl. auch *IDW PS 405*, Tz. 4 a) ii. ba. sowie Anlage: Bsp. 2.
419 Vgl. *IDW PS 450 n.F.*, Tz. 32; *Orth*, in: Baetge/Kirsch/Thiele, Bilanzrecht, § 321, Rn. 49; *Schmidt/Deicke*, in: BeBiKo[11], § 321, Rn. 28.
420 Vgl. *IDW PS 450 n.F.*, Tz. 29; RegBegr. KonTraG, BT-Drs. 13/9712 v. 28.01.1998, S. 28.
421 Z.B. nach §§ 264 Abs. 1 S. 4, 264 Abs. 3 oder 264b HGB.
422 Vgl. *IDW PS 450 n.F.*, Tz. 34; ADS[6], § 321, Tz. 63.
423 Vgl. ADS[6], § 321, Tz. 63.
424 Vgl. *IDW PS 450 n.F.*, Tz. 34; *Plendl*, in: HWRP[3], Sp. 1782.

216 **Besondere Umstände,** die eine solche Berichterstattung zur Lagedarstellung im JA und den weiteren geprüften Unterlagen begründen können, liegen bspw. vor, wenn die gesetzlichen Vertreter bei der Bilanzierung und Bewertung von der **Unternehmensfortführung** ausgehen und für den APr. an dieser Voraussetzung aufgrund bestandsgefährdender Risiken **Zweifel** bestehen. In diesem Fall ist im PrB darauf einzugehen, ob der Bilanzierung zulässigerweise die Annahme der Fortführung der Unternehmenstätigkeit zugrunde gelegt worden ist[425].

217 Hierbei ist zu beachten, dass *IDW PS 270 n.F.* nunmehr für die gesetzlichen Vertreter die Pflicht statuiert, bei wesentlicher Unsicherheit in Bezug auf die Fähigkeit des Unternehmens zur Fortführung der Unternehmenstätigkeit darauf jedenfalls im JA einzugehen[426]. In solchen Fällen sind entsprechende Angaben im Anh. gefordert, mangels Anh. (d.h. bei einem nach § 242 Abs. 3 HGB nur aus Bilanz und GuV bestehenden JA) unter der Bilanz. Letzteres gilt auch bei Inanspruchnahme von § 264 Abs. 3 bzw. § 264b HGB. Auch wenn diese Angaben bzgl. der wesentlichen Unsicherheit im LB gemacht werden, muss im JA – unter eindeutiger Bezugnahme auf das Vorliegen eines **bestandsgefährdenden Risikos** – zumindest ein entsprechender Verweis auf diese LB-Angaben enthalten sein[427].

218 **Vertiefende Erläuterungen durch den APr.** und die Angabe von Ursachen sind in diesem Zusammenhang für eine eigenständige Lageeinschätzung durch die Berichtsadressaten dennoch besonders bedeutsam. Werden dabei die bestandsgefährdenden Tatsachen dargestellt und ausnahmsweise auf den gesonderten Berichtsabschnitt dafür verzichtet, ist ausdrücklich darauf hinzuweisen, dass es sich dabei um nach § 321 Abs. 1 S. 3 HGB berichtspflichtige Tatsachen handelt[428]. Es ist jedoch generell zu empfehlen, die Darstellung der bestandsgefährdenden Tatsachen in dem dafür vorgesehenen, gesonderten Berichtsabschnitt vorzunehmen und aus der Stellungnahme zur Lagebeurteilung entsprechend zu verweisen (Kap. M Tz. 166 – Unterabschn. 2.1.1 und 2.1.2)[429].

219 **Besondere Umstände,** die Ausführungen in der vorangestellten Berichterstattung erfordern, sind auch dann gegeben, wenn durch **sachverhaltsgestaltende Maßnahmen** (z.B. Sale-and-lease-back), das gezielte Ausüben von zulässigen Bilanzierungs- und Bewertungsmethoden (z.B. Teilgewinnrealisierung bei langfristiger Fertigung) oder das einseitige Ausnutzen von **Ermessensspielräumen** der JA ohne zusätzliche Anhangangaben nach § 264 Abs. 2 S. 2 HGB kein den tatsächlichen Verhältnissen entsprechendes Bild der Vermögens-, Finanz- und Ertragslage (§ 264 Abs. 2 S. 1 HGB) vermitteln würde. Im PrB ist in diesem Fall darauf einzugehen, ob die notwendigen Angaben im Anh. gemacht sind[430]. Inhaltlich weitergehende Erläuterungen zu solchen Sachverhalten erfol-

---

425 Vgl. *IDW PS 450 n.F.*, Tz. 34.
426 Vgl. *IDW PS 270 n.F.*, Tz. 9. Vgl. auch die Folgeänderung in *IDW RS HFA 17*, Tz. 2. Zur bisher h.M. siehe z.B. ADS[6], § 264, Rn. 118; *Claussen*, in: Kölner Komm. Rechnungslegungsrecht, § 264, Rn. 65; *Graf/Bisle*, in: MüKo BilR[3], § 264, Rn. 73; *Merkt*, in: Baumbach/Hopt, HGB[37], § 264, Rn. 23; *IDW*, WPH Edition, Wirtschaftsprüfung & Rechnungslegung[15], Kap. F Tz. 962; andererseits *Böcking/Gros*, in: Ebenroth et al., HGB[3], § 264, Rn. 33; *Hinz*, in: BHdR[55], B 106, Rn. 42; *Reiner*, in: MünchKomm. HGB[3], § 264, Rn. 85; *Winkeljohann/Schellhorn*, in: BeBiKo[11], § 264, Rn. 50.
427 Vgl. *IDW PS 270 n.F.*, Tz. 9.
428 Vgl. *IDW PS 450 n.F.*, Tz. 40.
429 Ebenso *Schmidt/Deicke*, in: BeBiKo[11], § 321, Rn. 68.
430 Vgl. *IDW PS 450 n.F.*, Tz. 34 Abs. 4.

gen grds. i.R.d. Berichterstattung nach § 321 Abs. 2 S. 4 HGB (Kap. M Tz. 166 – Unterabschn. 4.2.2 und 4.2.3).

In Bezug auf Anhangangaben nach § 264 Abs. 2 S. 2 HGB ist zu beachten, dass diese auch dann zu machen sind, wenn ein LB existiert. Somit ist an dieser Stelle im PrB in jedem Fall darauf einzugehen, ob der Anh. diese ggf. notwendigen Angaben enthält. Dies bedeutet aber zugleich auch, dass dann, wenn im Ausnahmefall Angaben nach § 264 Abs. 2 S. 2 HGB im Anh. notwendig sind, eine Berichterstattung des APr. zur Lage des Unternehmens insoweit grds. nicht entfallen kann. 220

Die gleichen Grundsätze gelten auch für den Fall, dass der **LB unzulässigerweise fehlt**[431]. Bei pflichtwidrigem Fehlen des LB muss zu Beginn der vorangestellten Berichterstattung festgestellt werden, dass die gesetzlichen Vertreter unzulässigerweise keinen LB aufgestellt haben und dass dem APr. deswegen eine Stellungnahme zur Beurteilung der Lage durch die gesetzlichen Vertreter nach § 321 Abs. 1 S. 2 HGB nicht möglich war[432]. 221

Falls der APr. aufgrund von Prüfungshemmnissen mit wesentlichen und umfassenden Auswirkungen auf den LB die **Nichtabgabe eines Prüfungsurteils zum LB** erklärt, kann aufgrund der damit verbundenen Nichtbeurteilbarkeit der Lagebeurteilung der gesetzlichen Vertreter durch den APr. anhand der sonstigen geprüften Unterlagen[433] auch ein Verzichten auf die vorangestellte Berichterstattung angemessen sein. Dies wäre unter ausdrücklicher Bezugnahme auf das modifizierte Prüfungsurteil zu begründen. Bei Abgabe eines versagten Prüfungsurteils zum LB aufgrund von Einwendungen mit wesentlichen und umfassenden Auswirkungen auf den LB kann ein solches Vorgehen ebenfalls vertretbar sein[434].

3.2.2.2 Entwicklungsbeeinträchtigende oder bestandsgefährdende Tatsachen

Nach § 321 Abs. 1 S. 3 HGB hat der APr. über bei Durchführung der Abschlussprüfung **festgestellte Tatsachen** zu berichten, welche die Entwicklung des geprüften Unternehmens wesentlich beeinträchtigen oder seinen Bestand gefährden können. Für PIE sieht Art. 11 Abs. 2 Buchst. i) VO (EU) Nr. 537/2014 im Fall „erheblicher Zweifel an der Fähigkeit des Unternehmens zur Fortführung der Unternehmenstätigkeit" eine entsprechende Berichterstattungspflicht vor. 222

Die Berichterstattungspflicht bezieht sich auf wesentliche Entwicklungsbeeinträchtigungen bzw. Bestandsgefährdungen, so dass nur in **schwerwiegenden Fällen** und nicht bereits dann zu berichten ist, wenn die Lage des geprüften Unternehmens lediglich angespannt ist[435]. 223

Aus der **vorbeugenden Zielsetzung** und dem Wortlaut von § 321 Abs. 1 S. 3 HGB bzw. Art. 11 Abs. 2 Buchst. i) VO (EU) Nr. 537/2014 ergibt sich jedoch, dass die Berichtspflicht bereits dann ent- bzw. besteht, wenn festgestellte Tatsachen eine wesentliche 224

---

[431] Zu den Auswirkungen eines unzulässigerweise fehlenden LB auf den BestV vgl. *IDW PS 405*, Tz. 15, 18, 24 ff., 38, 51 ff. sowie Anlage: Bsp. 4.
[432] Vgl. *IDW PS 450 n.F.*, Tz. 34 Abs. 3.
[433] Vgl. *IDW PS 450 n.F.*, Tz. 32 S. 1.
[434] Vgl. auch *IDW PS 450 n.F.*, Tz. 33 Abs. 2.
[435] Entwicklungsbeeinträchtigende Tatsachen gehen über eine lediglich „angespannte" wirtschaftliche Lage hinaus. Vgl. ADS[6], § 321, Tz. 77; *Grewe/Plendl*, in: HWRP[3], Sp. 2008.

Entwicklungsbeeinträchtigung oder Bestandsgefährdung ernsthaft zur Folge haben **können**, und nicht erst dann, wenn die Entwicklung des geprüften Unternehmens bereits wesentlich beeinträchtigt oder sein Bestand schon konkret gefährdet ist[436].

225 Eine genaue **Abgrenzung** zwischen bestandsgefährdenden Tatsachen einerseits und entwicklungsbeeinträchtigenden Tatsachen andererseits ist nicht möglich; der Übergang ist vielmehr fließend[437]. Für die Entwicklungsbeeinträchtigung kommen grds. die gleichen Tatbestände wie für die Bestandsgefährdung in Betracht, jedoch genügen hierfür schon weniger folgenreiche Auswirkungen, die indes eine mehr als nur angespannte Lage des Unternehmens zur Folge haben müssen[438]. Dabei ist davon auszugehen, dass die Entwicklungsbeeinträchtigung der Bestandsgefährdung regelmäßig zeitlich vorgelagert ist[439].

226 Indikatoren für **entwicklungsbeeinträchtigende Tatsachen** können z.B. sein[440]
- länger anhaltende Dividendenlosigkeit,
- stark rückläufige Auftragseingänge und -bestände,
- Verlust wesentlicher Marktanteile,
- Verkauf von Teilbetrieben oder Beteiligungen zur Deckung von Liquiditätslücken,
- erhebliche Verluste bei Zweigniederlassungen, Betriebsstätten oder Teilbetrieben,
- notwendige Schließung von Teilbetrieben o.Ä.,
- negative wirtschaftliche Entwicklung von bedeutenden Beteiligungsunternehmen,
- gesetzliche Vorgaben oder behördliche Auflagen mit gravierenden Auswirkungen auf die Geschäftstätigkeit oder die Rentabilität,
- Bruch eines wichtigen, bislang positiven Trends.

227 Eine **Bestandsgefährdung** liegt vor, wenn ernsthaft damit zu rechnen ist, dass das Unternehmen in absehbarer Zeit[441] seinen Geschäftsbetrieb nicht weiter fortführen kann und ggf. Insolvenz anmelden oder in Liquidation gehen muss[442] (drohende Zahlungsunfähigkeit, Überschuldung[443], Notwendigkeit der Einstellung des Geschäftsbetriebs). Die Gefährdung muss sich auf den (rechtlichen) Bestand des Unternehmens als Ganzes beziehen, nicht lediglich auf Zweigniederlassungen, Betriebsstätten oder andere Unternehmensteile[444].

---

436 Vgl. *IDW PS 450 n.F.*, Tz. 36; ADS[6], § 321, Tz. 76; *Schmidt/Deicke*, in: BeBiKo[11], § 321, Rn. 56; *Ebke*, in: MünchKomm. HGB[3], § 321, Rn. 44.
437 Vgl. *Grewe/Plendl*, in: HWRP[3], Sp. 2008; *Seidler*, BB 2015, S. 1451 (1455).
438 Vgl. ADS[6], § 321, Tz. 77; *Grewe*, in: BoHdR[2], § 321, Rn. 83.
439 Vgl. *Schmidt/Deicke*, in: BeBiKo[11], § 321, Rn. 54 f.
440 Vgl. ADS[6], § 321, Tz. 77; *Grewe/Plendl*, in: HWRP[3], Sp. 2008; *Kuhner/Päßler*, in: HdR[5], § 321, Rn. 36; *Pfitzer*, in: Dörner/Menold/Pfitzer, S. 662; *Schmidt/Deicke*, in: BeBiKo[11], § 321, Rn. 54. Vgl. auch *IDW PS 270 n.F.*, Tz. A5.
441 Nach h.M. ist dabei ein Zeitraum von grds. 12 Monaten maßgeblich. Vgl. *IDW PS 270 n.F.*, Tz. 18, A10; DRS 20.156. Denselben Zeitraum bestimmt auch IAS 1.26. *IDW S 6*, Tz. 13 und *IDW S 11*, Tz. 61 nennen als Prognosezeitraum für die insolvenzrechtliche Fortbestehensprognose das laufende sowie das folgende GJ.
442 Vgl. ADS[6], § 321, Tz. 75; *Ebke*, in: MünchKomm. HGB[3], § 321, Rn. 41.
443 § 19 Abs. 2 S. 1 InsO relativiert den absoluten Insolvenzantragsgrund Überschuldung insofern, als dieser nicht wirkt, sofern die Fortführung des Unternehmens „nach den Umständen überwiegend wahrscheinlich" ist, d.h. wenn eine positive Fortbestehensprognose vorliegt. Vgl. *IDW S 11*, Tz. 52 sowie *IDW S 11*, Tz. 1 Abb. 1.
444 Vgl. auch *IDW S 11*, Tz. 66.

Indikatoren für berichtspflichtige **bestandsgefährdende Tatsachen** können z.B. sein[445]   228
- erhebliche laufende Verluste, deren Ende nicht abzusehen ist,
- die Fertigung kann nicht kostendeckend fortgeführt werden,
- laufende Liquiditätsengpässe,
- drohende Zahlungsunfähigkeit,
- drohender Fremdkapitalentzug[446] ohne Möglichkeit, neue Kredite aufzunehmen,
- nachhaltig zurückgehender Absatz wegen mangelnder Marktanpassung,
- tiefgreifende Preisänderungen auf den Beschaffungs- und Absatzmärkten, die vom Unternehmen nicht aufgefangen werden können,
- extrem nachteilige langfristige Verträge,
- gravierende Haftungsrisiken,
- Fehlmaßnahmen i.Z.m. größeren Investitionsprojekten.

Ein Verlust in Höhe der Hälfte des Grund- oder Stammkapitals (§ 92 Abs. 1 AktG, § 49 Abs. 3 GmbHG) sowie ein negatives Eigenkapital („Unterbilanz") sind stets als **Indizien** für eine Bestandsgefährdung anzusehen[447].   229

Der Berichterstattungspflicht nach § 321 Abs. 1 S. 3 HGB unterliegen grds. nicht politische oder wirtschaftliche **Gefahren und Ereignisse allgemeiner Art**[448]. Eine Berichterstattung wird jedoch dann angezeigt sein, wenn sich bestimmte Gefahren oder Ereignisse bezogen auf das geprüfte Unternehmen dem Grunde und der Auswirkung nach soweit konkretisiert haben, dass sich daraus faktisch eine (wesentliche) Entwicklungsbeeinträchtigung oder Bestandsgefährdung ergeben kann[449]. Gesellschaftsrechtliche Entscheidungen oder Maßnahmen bei dem geprüften Unternehmen, z.B. die beabsichtigte Verschmelzung oder Liquidation oder das Vorliegen eines Übernahmeangebots für das Unternehmen, sind grds. nicht Gegenstand der Redepflicht des APr. nach § 321 Abs. 1 S. 3 HGB, da derartige Tatbestände nicht an sich die Vermögens- oder Finanzlage des Unternehmens (negativ) beeinflussen[450]. Allerdings wird es regelmäßig der Fall sein, dass die gesetzlichen Vertreter über solche Tatsachen selbst im LB berichten, so dass ein Hinweis durch den APr. i.R.d. vorangestellten Berichterstattung zur ausreichenden Information der Berichtsadressaten ausreichen sollte.   230

Für das Auslösen der Berichterstattungspflicht ist bereits die **konkrete Möglichkeit** der Entwicklungsbeeinträchtigung bzw. Bestandsgefährdung **ausreichend**[451]. Bei der Wertung der einzelnen Tatsachen ist allerdings auch zu berücksichtigen, dass häufig erst aus dem **Zusammenwirken mehrerer Tatsachen** eine wesentliche Entwicklungsbeeinträchtigung oder Bestandsgefährdung resultiert[452]. Die Ausübung der Berichtspflicht   231

---

445 Vgl. ADS[6], § 321, Tz. 75; *Grewe/Plendl*, in: HWRP[3], Sp. 2008; *Kuhner/Päßler*, in: HdR[5], § 321, Rn. 33; *Schmidt/Deicke*, in: BeBiKo[11], § 321, Rn. 53. Vgl. auch *IDW PS 270 n.F.*, Tz. A5.
446 Ein Indiz bzw. rechtlicher Grund hierfür ist bspw. das Verfehlen („Reißen") von in Kreditverträgen festgelegten Finanzkennzahlen (sog. Financial Covenants).
447 Ebenso ADS[6], § 321, Tz. 75; *Schmidt/Deicke*, in: BeBiKo[11], § 321, Rn. 53.
448 Vgl. ADS[6], § 321, Tz. 79; *Pfitzer*, in: Dörner/Meinold/Pfitzer, S. 665; *Schmidt/Deicke*, in: BeBiKo[11], § 321, Rn. 56.
449 Ebenso *Kuhner/Päßler*, in: HdR[5], § 321, Rn. 37; *Orth*, in: Baetge/Kirsch/Thiele, Bilanzrecht, § 321, Rn. 66 mit Verweis auf den Normzweck der Frühwarnung der Gesellschaftsorgane.
450 Vgl. ADS[6], § 321, Tz. 80.
451 Ebenso *Orth*, in: Baetge/Kirsch/Thiele, Bilanzrecht, § 321, Rn. 64; *Schmidt/Deicke*, in: BeBiKo[11], § 321, Rn. 56.
452 Vgl. ADS[6], § 321, Tz. 78; *Schmidt/Deicke*, in: BeBiKo[11], § 321, Rn. 56.

setzt deswegen ein Gesamturteil des APr. über das Risikopotential einzelner Tatsachen sowie deren eventuelles Zusammenwirken in Bezug auf die Aspekte Entwicklungsbeeinträchtigung oder Bestandsgefährdung voraus[453]. Die in der Fachliteratur zu findenden Sachverhaltskataloge und die in Kap. M Tz. 226 und Kap. M Tz. 228 aufgeführten Indikatoren für die Redepflicht können dementsprechend im Einzelfall lediglich als Anhaltspunkte dienen.

232 Der **Grundsatz der Klarheit** der Berichterstattung bedingt, dass alle festgestellten Tatsachen dargestellt und ggf. bestehende Zusammenhänge erläutert werden. Dabei ist es nicht von Belang, ob die identifizierten entwicklungsbeeinträchtigenden oder bestandsgefährdenden Tatsachen bereits bekannt und im LB dargestellt sind[454]. Dieser Grundsatz gebietet es auch, diesem Berichtsabschnitt eine eindeutige Überschrift zu geben, d.h. **entweder** „Entwicklungsbeeinträchtigende Tatsachen" **oder** aber „Bestandsgefährdende Tatsachen". Bestandsgefährdung schließt dabei Entwicklungsbeeinträchtigung immer mit ein.

233 Selbst wenn vom geprüften Unternehmen bereits **Gegenmaßnahmen eingeleitet** worden sind, wird der APr. allenfalls dann von einer Berichterstattung absehen können, wenn er davon überzeugt ist, dass durch die ergriffenen Maßnahmen die Gefahr von dem Unternehmen wirksam abgewendet ist und diesbezüglich keine weiteren Maßnahmen zu treffen sind[455]. Gleichwohl bleiben die gesetzlichen Vertreter auch in solch einem Fall zu entsprechender Lageberichterstattung (§ 289 Abs. 1 HGB) verpflichtet.

234 Bei **PIE** wird allerdings in keinem Fall auf eine Berichterstattung verzichtet werden können. Dies ergibt sich aus der ausdrücklichen Vorgabe des Art. 11 Abs. 2 Buchst. i) VO (EU) Nr. 537/2014, wonach bei im Laufe der Prüfung festgestellten Ereignissen oder Gegebenheiten, die Zweifel an der Fähigkeit des Unternehmens zur Fortführung der Unternehmenstätigkeit aufwerfen können, vom APr. **stets eine Zusammenfassung** aller Garantien, Patronatserklärungen u.Ä.[456], Hilfszusagen der öffentlichen Hand und anderer unterstützender Maßnahmen[457], die bei der Beurteilung der Fähigkeit des Unternehmens zur Fortführung seiner Tätigkeit berücksichtigt wurden, in den Bericht aufzunehmen ist[458]. Darüber hinaus fordert Art. 11 Abs. 2 Buchst. i) VO (EU) Nr. 537/2014 vom APr. explizit, **eine Einschätzung** abzugeben, „ob diese Ereignisse oder Gegebenheiten eine wesentliche Unsicherheit [in Bezug auf die Fähigkeit des Unternehmens zur Fortführung der Unternehmenstätigkeit] darstellen".

---

453 Vgl. auch *Groß*, WPg 2010, S. 137.
454 Vgl. *IDW PS 450 n.F.*, Tz. 38; *Kuhner/Päßler*, in: HdR[5], § 321, Rn. 39.
455 Vgl. ADS[6], § 321, Tz. 82; *Orth*, in: Baetge/Kirsch/Thiele, Bilanzrecht, § 321, Rn. 66; differenzierend nach dem Fortschritt der ergriffenen Sanierungsmaßnahmen *Seidler*, BB 2015, S. 1453 f.
456 Der in der VO (EU) Nr. 537/2014 (sowohl in der deutschen als auch in der englischen Fassung) an dieser Stelle zu findende Begriff „Comfort Letter" ist schlicht unrichtig verwendet worden. Sachlich korrekt und daher de facto auch gemeint ist vielmehr der „Letter of Comfort". Ebenso *IDW PS 450 n.F.*, Tz. P35/1.
457 Andere unterstützende Maßnahmen können bspw. sein: Forderungsverzichte (auch gegen Besserungsschein), qualifizierte Rangrücktrittserklärungen, verbindliche Kreditzusagen u.a.m. Generell sollte dabei auf Schriftlichkeit gedrungen werden, nicht zuletzt im Eigeninteresse der gesetzlichen Vertreter, die in der Unternehmenskrise einer erhöhten Gefahr persönlicher Haftung unterliegen (z.B. nach §§ 92, 401 AktG, § 64 GmbHG oder § 15a InsO).
458 Zur Eignung von Patronatserklärungen als Sanierungsinstrument vgl. *Pagels/Lüder*, WPg 2017, S. 230 ff. Ansonsten zu Patronatserklärungen auch *IDW RH HFA 1.013*; in der Insolvenz *IDW*, WPH Edition, Sanierung und Insolvenz, Kap. C.

Falls der APr. aufgrund der erlangten Prüfungsnachweise zu dem Ergebnis kommt, dass keine wesentliche Unsicherheit in Bezug auf die Fortführung der Unternehmenstätigkeit (mehr) besteht, d.h. bei erfolgreicher Sanierung des Unternehmens, kann den o.g. Berichterstattungspflichten insgesamt auch i.R.d. Abschnitts „Stellungnahme zur Lagebeurteilung der gesetzlichen Vertreter" nachgekommen werden[459]. In einem solchen Fall entfiele dann der Abschnitt „Entwicklungsbeeinträchtigende oder bestandsgefährdende Tatsachen".

Es ist so **frühzeitig zu berichten**, dass den Berichtsadressaten hinreichend Zeit verbleibt, Maßnahmen, die den Fortbestand des Unternehmens sichern können, zu initiieren. Der APr. darf daher nicht abwarten, bis die Lage des Unternehmens so bedrohlich geworden ist, dass bereits ein allgemeiner Vertrauensschwund in das Unternehmen einsetzt. Die besondere Verantwortung, die dem APr. mit dieser Berichtspflicht auferlegt ist, spricht in Zweifelsfällen für eine Berichterstattung[460]. Erforderlichenfalls hat der APr. seiner Redepflicht (vgl. Kap. M Tz. 124 ff.) auch vorab und ggf. (ad hoc) mündlich nachzukommen[461]. **235**

Es besteht nur dann Berichtspflicht, wenn der APr. bei Wahrnehmung seiner Aufgaben berichtspflichtige Tatsachen festgestellt hat. Hat der APr. keine berichtspflichtigen Tatsachen festgestellt, so ist im PrB **keine Negativerklärung** erforderlich[462]. Eine positive Bestätigung, dass keine berichtspflichtigen Tatsachen vorliegen, vermag ein APr. nicht abzugeben[463]. In Übereinstimmung damit konstatiert § 317 Abs. 4a HGB ausdrücklich, dass sich eine Abschlussprüfung nicht darauf erstreckt, „ob der Fortbestand des geprüften Unternehmens (...) zugesichert werden kann" (ebenso Art. 25a RL 2006/43/EG)[464], worauf im PrB auch im Abschnitt „Gegenstand, Art und Umfang der Prüfung" hingewiesen werden sollte[465]. **236**

Unabhängig hiervon ist vom APr. stets das Zusammenspiel zwischen § 321 Abs. 1 S. 3 HGB und § 322 Abs. 2 S. 3 HGB (bzw. zwischen Art. 11 Abs. 2 Buchst. i) VO (EU) Nr. 537/2014 und Art. 10 Abs. 2 VO (EU) Nr. 537/2014 i.V.m. Art. 28 Abs. 2 Buchst. f) RL 2006/43/EG) zu beachten: Falls Risiken, die den Fortbestand des geprüften Unternehmens gefährden, festgestellt werden, ist auf diese Risiken i.R.d. **BestV obligatorisch** gesondert einzugehen (vgl. hierzu Kap. M Tz. 832 ff.)[466]. **237**

3.2.2.3 Unregelmäßigkeiten

Der APr. hat gemäß § 321 Abs. 1 S. 3 HGB außerdem zu berichten über bei Durchführung der Abschlussprüfung festgestellte **Unregelmäßigkeiten**[467], d.h. **238**

- **Unrichtigkeiten oder Verstöße gegen gesetzliche Vorschriften** sowie

---

459 Vgl. *IDW PS 450 n.F.*, Tz. P35/2.
460 Vgl. ADS[6], § 321, Tz. 81; *Müller*, S. 254 f.; *Schmidt/Deicke*, in: BeBiKo[11], § 321, Rn. 55.
461 Vgl. ADS[6], § 321, Tz. 88; *Bertram*, in: Haufe HGB Kommentar[8], § 321, Rn. 60.
462 Vgl. *IDW PS 450 n.F.*, Tz. 39; *Burg/Müller*, in: Kölner Komm. Rechnungslegungsrecht, § 321, Rn. 53; *Kuhner/Päßler*, in: HdR[5], § 321, Rn. 31.
463 Vgl. *IDW PS 450 n.F.*, Tz. 39.
464 Vgl. auch RegBegr. AReG, BT-Drs. 18/7219 v. 11.01.2016, S. 38; *IDW PS 200*, Tz. 15.
465 Vgl. *IDW PS 450 n.F.*, Tz. 56 Abs. 2.
466 Vgl. auch *IDW PS 400 n.F.*, Tz. 49, A45 i.V.m. *IDW PS 270 n.F.*, Tz. 28 ff.; *IDW PS 406*, Tz. 10 b), A2.
467 Zur Differenzierung zwischen Unregelmäßigkeiten, Unrichtigkeiten und Verstößen siehe *IDW PS 210*, Tz. 7 sowie Abb. 1.

- Tatsachen, die **schwerwiegende Verstöße von gesetzlichen Vertretern oder von Arbeitnehmern** gegen Gesetz, Gesellschaftsvertrag oder die Satzung erkennen lassen.

239 Berichtspflicht besteht auch diesbezüglich nur, wenn und soweit der APr. bei Durchführung der Abschlussprüfung nach § 321 Abs. 1 S. 3 HGB berichtspflichtige Unregelmäßigkeiten feststellt. Hat der APr. bei ordnungsmäßiger Durchführung der Prüfung keine derartigen Unregelmäßigkeiten festgestellt, wird ebenfalls **keine Negativerklärung** abgegeben[468].

240 Die **für PIE** vorrangige Regelung des **Art. 11 Abs. 2 Buchst. k) VO (EU) Nr. 537/2014** ist im Ergebnis grds. deckungsgleich mit § 321 Abs. 1 S. 3 HGB; die Formulierungen in der VO („vermuten") und im HGB („erkennen lassen") sind inhaltlich als äquivalent anzusehen[469].

Allerdings geht Art. 11 Abs. 1 Buchst. k) VO (EU) Nr. 537/2014 insofern über § 321 Abs. 1 S. 3 HGB hinaus, als im Verordnungstext keine Beschränkung auf „gesetzliche Vertreter" und „Arbeitnehmer" erfolgt. Dementsprechend sind nach der VO bspw. auch Verstöße von Mitgliedern des Aufsichtsgremiums oder der Gesellschafterversammlung berichtspflichtig, sofern die Berichterstattung für den PrA zur Wahrnehmung seiner Aufgaben relevant ist[470]. Im Regelfall dürfte es sich dabei um Fälle der Nichteinhaltung von Rechtsvorschriften, die nicht die Rechnungslegung betreffen, handeln[471].

241 Grundsätzlich sind die subjektiven Absichten des Handelnden ohne Bedeutung[472]. Entscheidend ist allein, ob objektiv gesehen eine Abweichung von den relevanten gesetzlichen Vorschriften oder den Bestimmungen von Gesellschaftsvertrag/Satzung vorliegt. Somit sind auch für das Unternehmen vorteilhafte Verstöße grds. berichtspflichtig[473]. Nach dem Wortlaut von § 321 Abs. 1 S. 3 HGB besteht eine Berichtspflicht für **sämtliche** Unrichtigkeiten und Verstöße gegen rechnungslegungsbezogene gesetzliche Vorschriften und ferner eine Berichtspflicht über Tatsachen, die **schwerwiegende** Verstöße der gesetzlichen Vertreter oder von Arbeitnehmern gegen Gesetz, Gesellschaftsvertrag oder die Satzung erkennen lassen[474].

242 Der APr. hat nicht nur über Tatsachen zu berichten, die schwerwiegende Verstöße der gesetzlichen Vertreter oder Arbeitnehmer gegen Gesetz, Gesellschaftsvertrag oder Satzung „darstellen", sondern bereits über solche Tatsachen, die derartige Verstöße „**erkennen lassen**"[475].

243 Stellt der APr. berichtspflichtige Unregelmäßigkeiten fest, sind diese im PrB **differenziert nach Vorschriften zur Rechnungslegung sowie nach sonstigen Vorschriften**

---

468 Vgl. *IDW PS 450 n.F.*, Tz. 43.
469 Vgl. *IDW PS 450 n.F.*, Tz. P50/2.
470 Vgl. *IDW PS 450 n.F.*, Tz. P50/1.
471 Denkbare Fälle sind bspw.: Nichtanfertigung von Niederschriften über AR-Sitzungen (§ 107 Abs. 2 AktG), ungenügende Sitzungshäufigkeit des AR (§ 110 Abs. 3 AktG), Nichtbeachtung der sog. Frauenquote für den AR (§ 111 Abs. 5 AktG, ggf. qua § 52 GmbHG), Nichtbeschlussfassung der Gesellschafterversammlung in Sachen der sog. Frauenquote (§ 52 Abs. 2 S. 1 GmbHG i.V.m. DrittelbG). Zu Letzteren siehe insb. *IDW PH 9.350.1*.
472 Vgl. ADS[6], § 321, Tz. 72.
473 Vgl. *Orth*, in: Baetge/Kirsch/Thiele, Bilanzrecht, § 321, Rn. 69.
474 Vgl. *IDW PS 210*, Tz. 69 ff.; *IDW PS 450 n.F.*, Tz. 42 ff.; ADS[6], § 321, Tz. 73; *Schmidt/Deicke*, in: BeBiKo[11], § 321, Rn. 48, 60 ff.
475 Vgl. RegBegr. TransPuG, BT-Drs. 14/8769 v. 06.02.2002, S. 72. In der – inhaltlich äquivalenten – Diktion des Art. 11 Abs. 2 Buchst. k) VO (EU) Nr. 537/2014: „vermuten".

darzustellen. Außerdem sind sich daraus ggf. ergebende Konsequenzen für den BestV zu erläutern[476].

Bei der **Prüfung von PIE** ist i.Z.m. etwaigen Unregelmäßigkeiten **zusätzlich Art. 7 VO (EU) Nr. 537/2014** zu beachten, woraus sich für den APr. – aufbauend auf seiner Mitteilungspflicht nach Unterabs. 1 an das geprüfte Unternehmen – nach Unterabs. 2 ggf. zusätzliche Unterrichtungspflichten ggü. den für die Untersuchung solcher Unregelmäßigkeiten verantwortlichen Behörden ergeben können[477]. 244

3.2.2.3.1 Unregelmäßigkeiten in der Rechnungslegung

Die Berichterstattungspflicht über **Unrichtigkeiten oder Verstöße gegen gesetzliche Vorschriften** bezieht sich auf rechnungslegungsbezogene Normen. Unter gesetzlichen Vorschriften i.S.d. § 321 Abs. 1 S. 3 Alt. 1 HGB sind damit die für die Aufstellung des JA oder LB geltenden Rechnungslegungsgrundsätze i.S.d. § 317 Abs. 1 S. 2 HGB zu verstehen. Zu diesen Rechnungslegungsgrundsätzen gehören alle für die Rechnungslegung geltenden Vorschriften einschl. der GoB und ggf. einschlägiger Bestimmungen des Gesellschaftsvertrags oder der Satzung[478]. 245

Verstöße sind falsche Angaben im JA und LB, die auf einer beabsichtigten Missachtung (bewusster Fehler) der gesetzlichen Vorschriften oder Rechnungslegungsnormen beruhen; **Unrichtigkeiten** sind unbeabsichtigte falsche Angaben (unbewusste Fehler) in JA oder LB[479]. 246

Im Hinblick auf eine **klare, problem- und adressatenorientierte Berichterstattung** wird man unwesentliche Unrichtigkeiten und unbedeutende Abweichungen von Bilanzierungs- und Bewertungsvorschriften – soweit nicht in ihrem Zusammenwirken wesentlich – als nicht berichtspflichtig i.S.v. § 321 Abs. 1 S. 3 HGB ansehen können. Es ist nicht der Zweck des PrB, den Berichtsadressaten über jeden einzelnen Buchungs-, Bilanzierungs- oder Bewertungsfehler zu unterrichten. Die Kenntnis der subjektiven Absicht des Handelnden – d.h. bewusster oder unbewusster Fehler – kann jedoch für die Überwachungstätigkeit der Berichtsadressaten von Bedeutung sein. Sie ist deshalb bei der Entscheidung des APr. über die Aufnahme von Tatbeständen in den PrB, namentlich i.Z.m. im Verlaufe der Prüfung behobenen Unrichtigkeiten oder Verstößen, zu berücksichtigen[480]. 247

Berichtspflicht besteht deswegen grds. für alle solchen Unregelmäßigkeiten in der Rechnungslegung, die **für die Überwachung** der Geschäftsführung und des geprüften Unternehmens **von Bedeutung** sind. Hierzu zählen primär alle Unregelmäßigkeiten, die bis zur Beendigung der Abschlussprüfung nicht behoben wurden[481]. 248

Grds. nicht berichtspflichtig sind dagegen Unregelmäßigkeiten im JA bzw. im LB, die im Verlaufe der Prüfung behoben worden sind. Gelangt der APr. jedoch im Einzelfall zu der Einschätzung, dass die Information über behobene Unrichtigkeiten und Verstöße für die Wahrnehmung der Überwachungsaufgabe des Aufsichtsgremiums wesentlich ist, ist 249

---

476 Vgl. *IDW PS 450 n.F.*, Tz. 44.
477 Vgl. auch Kap. M Tz. 15.
478 Vgl. *IDW PS 450 n.F.*, Tz. 45; RegBegr. KonTraG, BT-Drs. 13/9712 v. 28.01.1998, S. 28. Ausführlich zu den Rechnungslegungsgrundsätzen *IDW PS 201*, Tz. 5 ff.
479 Vgl. *IDW PS 450 n.F.*, Tz. 46; *IDW PS 210*, Tz. 7 sowie Abb. 1.
480 Vgl. auch *IDW PS 210*, Tz. 70.
481 Vgl. *IDW PS 450 n.F.*, Tz. 47, *IDW PS 450 n.F.*, Tz. 62, *IDW PS 450 n.F.*, Tz. 65.

eine Berichterstattung wiederum geboten[482]. Dies wird v.a. dann der Fall sein, wenn mit der ursprünglichen Bilanzierung eine **Täuschungsabsicht** verbunden war, wenn sie auf gegen die Ordnungsmäßigkeit des Rechnungswesens verstoßenden **Mängeln der Buchführung** beruhte oder wenn sie **mangelnde Sorgfalt** der gesetzlichen Vertreter erkennen lässt[483].

250 Betrifft ein nach der Einschätzung des APr. berichtspflichtiger Mangel (auch) das **rechnungslegungsbezogene IKS**, so ist **bei PIE** nach Art. 11 Abs. 2 Buchst. j) VO (EU) Nr. 537/2014 für jeden einzelnen solchen Mangel im PrB festzustellen, ob dieser Mangel vom Unternehmen beseitigt wurde oder nicht[484]. Der APr. hat in diesem Zusammenhang zudem Art. 7 VO (EU) Nr. 537/2014 zu beachten.

251 Im Ergebnis führt die **vorangestellte Berichterstattung** dazu, dass die Berichtsadressaten über alle bedeutsamen Mängel, die Buchführung, JA und LB betreffen, nicht in verteilter Form und nicht erst in den gesonderten Abschnitten des PrB informiert werden, sondern darüber bereits am Beginn des PrB in zusammengefasster Form in Kenntnis gesetzt werden. Für die sachbezogenen Abschnitte des PrB zu den einzelnen Feststellungen und Erläuterungen der Rechnungslegung verbleiben in Bezug auf die vorweg festgestellten Mängel i.W. die ausdrückliche Darlegung der fehlenden Gesetzmäßigkeit mit Verweis auf die Aussagen i.R.d. „Grundsätzlichen Feststellungen" sowie ggf. ergänzende Ausführungen[485].

252 Über **berichtspflichtige Mängel des LB** (z.B. fehlende Ausführungen zu Risiken der zukünftigen Entwicklung) oder die Tatsache, dass ein LB unzulässigerweise nicht aufgestellt ist, werden die Adressaten des PrB bereits i.R.d. Stellungnahme des APr. zur Lagebeurteilung der gesetzlichen Vertreter informiert. In diesem Fall ist im Berichtsabschnitt über Unregelmäßigkeiten in der Rechnungslegung die fehlende Gesetzeskonformität des LB ausdrücklich zu konstatieren; ansonsten wird regelmäßig auf die Darstellung dieser Mängel i.R.d. vorhergehenden Stellungnahme verwiesen werden können.

3.2.2.3.2 Sonstige Unregelmäßigkeiten

253 Berichterstattungspflichtige Verstöße der gesetzlichen Vertreter oder von Arbeitnehmern gegen Gesetz, Gesellschaftsvertrag oder Satzung i.S.v. § 321 Abs. 1 S. 3 Alt. 2 HGB betreffen solche gesetzliche Vorschriften, die sich **nicht unmittelbar auf die Rechnungslegung beziehen**[486]. Berichtspflichtig sind bereits solche Tatsachen, die einen substanziellen Hinweis auf schwerwiegende Verstöße enthalten, ohne dass der APr. eine abschließende rechtliche Würdigung zu treffen hat. Eine rechtliche Subsumtion ist

---

[482] Vgl. *IDW PS 450 n.F.*, Tz. 47.
[483] Vgl. ADS[6], § 321, Tz. 73.
[484] Vgl. auch *IDW PS 450 n.F.*, Tz. P65/1-2. Die in der Diktion der VO „bedeutsamen Mängel im internen Finanzkontrollsystem oder im Rechnungslegungssystem" sind dabei als inhaltlich äquivalent mit „bedeutsamen Schwächen im rechnungslegungsbezogenen internen Kontrollsystem" i.S.v. *IDW PS 261 n.F.*, Tz. 89 zu qualifizieren.
[485] Vgl. ADS[6], § 321, Tz. 94 f. (Buchführung), Tz. 100 (JA), Tz. 103 (LB), wobei es nicht in jedem Fall zu einer parallelen Berichterstattung nach § 321 Abs. 1 S. 3 HGB einerseits und § 321 Abs. 2 S. 1 bzw. Abs. 2 S. 3 HGB andererseits kommt. Ebenso *Schmidt/Deicke*, in: BeBiKo[11], § 321, Rn. 74, 100.
[486] Vgl. *IDW PS 450 n.F.*, Tz. 48; ADS[6], § 321, Tz. 83; *Orth*, in: *Baetge/Kirsch/Thiele*, Bilanzrecht, § 321, Rn. 67. Vgl. auch *IDW PS 210*, Tz. 7 sowie Abb. 1.

(zugunsten einer zeitlich früheren Auslösung der Berichterstattungspflicht) grds. nicht erforderlich[487].

Die Verstöße müssen dabei **Gesetze** betreffen, die das Unternehmen als solches oder die Unternehmensorgane verpflichten oder i.R.d. Tätigkeit der gesetzlichen Vertreter oder der Arbeitnehmer für die Gesellschaft von Relevanz sind. Dementsprechend fallen Verstöße der gesetzlichen Vertreter oder von Arbeitnehmern, die in ihrer jeweiligen Privatsphäre liegen und die Unternehmenssphäre nicht berühren, nicht unter § 321 Abs. 1 S. 3 HGB[488]. Bei für diese Berichtpflicht relevanten Gesetzen handelt es sich z.B. um AktG, GmbHG, WpHG, InsO, das Geldwäschegesetz[489], Steuergesetze, Strafgesetze, BetrVG, MitbestG, DrittelbG, GWB, UWG, Ordnungswidrigkeitenrecht u.a.m. Je nach Unternehmensgegenstand können weitere Normen bedeutsam sein (z.B. Verbraucherschutzvorschriften, EnWG); des Weiteren sind hier ggf. auch nicht unmittelbar auf die Rechnungslegung bezogene Vorschriften des HGB von Relevanz (z.B. § 48 ff. HGB). 254

Gesetzlicher Vertreter kann im Ausnahmefall auch das Aufsichtsgremium sein, z.B. wenn bei einer AG der AR die Gesellschaft ggü. dem Vorstand vertritt (bei GmbH u.U. ebenfalls). 255

Die Berichterstattungspflicht nach Art. 11 Abs. 2 Buchst. k) VO (EU) Nr. 537/2014 bei der **Prüfung von PIE** beschränkt sich dem Wortlaut nach nicht auf Unregelmäßigkeiten des im HGB genannten Personenkreises gesetzliche Vertreter und Arbeitnehmer. Entscheidend für die Berichterstattungspflicht ist ausschl., ob die Kenntnis der Unregelmäßigkeit für den PrA für die Wahrnehmung seiner Aufgaben relevant ist[490]. 256

Eine nach Art. 11 Abs. 2 Buchst. k) VO (EU) Nr. 537/2014 berichtspflichtige Unregelmäßigkeit des Aufsichtsgremiums bzw. der Gesellschafterversammlung wäre daher bspw. die Besetzung des PrA unter Missachtung von § 107 Abs. 4 i.V.m. § 100 Abs. 5 AktG, weil dadurch die Arbeit des PrA beeinträchtigt würde[491].

Eine abschließende Aufzählung der in Betracht kommenden gesetzlichen Vorschriften ist nicht möglich. Maßgeblich ist, dass die gesetzlichen Vertreter bzw. die Arbeitnehmer des Unternehmens i.Z.m. dem Verstoß eine **persönliche Verantwortung** trifft[492]. 257

Verstöße, die lediglich **auf schuldrechtlichem Gebiet** liegen, z.B. eine mangelhafte Erfüllung von Vertragspflichten durch das Unternehmen, sind grds. nicht als Verstoßtatbestände i.S.v. § 321 Abs. 1 S. 3 Alt. 2 HGB zu qualifizieren[493]. In einem solchen Fall ist es jedoch erforderlich, die möglichen Folgen derartiger Verstöße in Bezug auf die anderen nach § 321 Abs. 1 S. 3 HGB berichtspflichtigen Tatbestände, d.h. Unregel- 258

---

487 Vgl. RegBegr. TransPuG, BT-Drs. 14/8769 v. 06.02.2002, S. 72.
488 Vgl. ADS[6], § 321, Tz. 84; *Kuhner/Päßler*, in: HdR[5], § 321, Rn. 42; *Schmidt/Deicke*, in: BeBiKo[11], § 321, Rn. 60.
489 Vgl. hierzu auch *WPK*, Auslegungs- und Anwendungshinweise der WPK zum Geldwäschegesetz (GwG v. 23.06.2017, BGBl. I 2017, S. 1822); beschlossen vom Vorstand der WPK am 29.01.2018; https://www.wpk.de/neu-auf-wpkde/alle/2018/sv/bekaempfung-der-geldwaesche-auslegungs-und-anwendungshinweise-der-wpk-zum-geldwaeschegesetz/ (abgerufen am 11.10.2018).
490 Vgl. *IDW PS 450 n.F.*, Tz. P50/1.
491 Nach h.M. wäre ein solcher Beschluss über die Besetzung des PrA nichtig. Vgl. *Habersack*, in: MünchKomm. AktG[4], § 107, Rn. 120 m.w.N.; *Koch*, in: Hüffer/Koch, AktG[12], § 107, Rn. 26.
492 Vgl. ADS[6], § 321, Tz. 85; *Orth*, in: Baetge/Kirsch/Thiele, Bilanzrecht, § 321, Rn. 70.
493 Vgl. ADS[6], § 321, Tz. 85; *Kuhner/Päßler*, in: HdR[5], § 321, Rn. 43.

mäßigkeiten in der Rechnungslegung, Entwicklungsbeeinträchtigung oder Bestandsgefährdung, zu prüfen.

259 Als berichtspflichtige Verstöße gegen das **AktG** bzw. das **GmbHG** kommen z.B. in Betracht: Verstöße gegen Vorschriften, die die Aufbringung des Grund- bzw. Stammkapitals oder die Erhaltung eines dem Grund- bzw. Stammkapital entsprechenden Gesellschaftsvermögens sichern sollen (z.B. §§ 56, 57 AktG; §§ 30, 31, 43a GmbHG), schwerwiegende Verletzungen der Berichtspflichten ggü. dem AR (§ 90 AktG), Verstöße betreffs Einberufung einer HV resp. Gesellschafterversammlung bei Verlust der Hälfte des Grund- bzw. Stammkapitals (§ 92 AktG; § 49 GmbHG) sowie Sorgfaltspflichtverstöße (§ 93 AktG; § 43 GmbHG)[494]. Ein berichtspflichtiger Verstoß gegen § 91 Abs. 2 AktG liegt vor, wenn der Vorstand einer AG kein oder nur ein mangelhaftes Risikofrüherkennungssystem eingerichtet hat[495]. Aufgrund der Ausstrahlungswirkung der aktienrechtlichen Regelung auf den Pflichtenrahmen der Geschäftsführer von Gesellschaften anderer Rechtsform kommen auch bei solchen Gesellschaften Berichtspflichten i.Z.m. dem Risikofrüherkennungssystem in Betracht[496].

260 Ein schwerwiegender Verstoß liegt ebenfalls vor bei **Nichteinrichtung eines AR** bei einer hierzu verpflichteten GmbH[497]. Unterlassen es die Geschäftsführer in einem solchen Fall, eine öffentliche Bekanntmachung vorzunehmen (§ 27 EGAktG i.V.m. § 97 AktG) bzw. ein sog. Statusverfahren einzuleiten (§ 27 EGAktG i.V.m. §§ 98, 99 AktG)[498], ist darüber vom APr. nach § 321 Abs. 1 S. 3 HGB im PrB zu berichten; denn das Fehlen eines gesetzlich vorgeschriebenen AR ist stets als schwerwiegender Gesetzesverstoß zu beurteilen[499]. Ebenso wird für den Fall, dass ein bestehender AR fehlerhaft besetzt ist, z.B. weil ihm entgegen DrittelbG, MitbestG o.Ä. keine Arbeitnehmervertreter angehören, eine Berichtspflicht konkret zu prüfen sein[500].

In diesem Zusammenhang ist auch zu beachten, dass bei Nichterfüllung der für bestimmte Unternehmen gesetzlich vorgeschriebenen **Geschlechtermindestquoten** im AR die quotenwidrige Wahl von AR-Mitgliedern bzw. deren Entsendung in den AR nichtig ist. D.h. die für das unterrepräsentierte Geschlecht vorgesehenen Plätze bleiben unbesetzt. Der quoteninkonform Gewählte bzw. Entsandte wird nicht AR-Mitglied; die Wahl bzw. die Entsendung ist von Anfang an ohne Rechtswirkung[501]. Dadurch kann u.U. wiederum die Beschlussfähigkeit des AR als Organ beeinträchtigt werden.

261 Bei börsennotierten AG sind nach § 321 Abs. 1 S. 3 HGB auch Tatsachen berichtspflichtig, die erkennen lassen, dass die **Erklärung nach § 161 AktG zum DCGK** (sog. Entsprechenserklärung) inhaltlich unzutreffend ist. Dies gilt ebenso, wenn von einzel-

---

494 Vgl. auch *Pfitzer*, in: Dörner/Menold/Pfitzer, S. 672.
495 Vgl. *IDW PS 450 n.F.*, Tz. 106; *IDW PS 340*, Tz. 32; *Grewe/Plendl*, in: HWRP³, Sp. 2009.
496 Vgl. RegBegr. KonTraG, BT-Drs. 13/9712 v. 28.01.1998, S. 15; *IDW PS 450 n.F.*, Tz. 107; *IDW PS 340*, Tz. 1; *IDW PS 720*, Tz. 8.
497 Neben etwaigen gesellschaftsvertraglichen Bestimmungen (vgl. § 52 GmbHG) schreiben insb. das DrittelbG und das MitbestG die Einrichtung eines AR bei bestimmten GmbH zwingend vor.
498 Vgl. auch BAG v. 16.04.2008 – 7 ABR 6/07, NZA 2008, S. 1025 ff.
499 Vgl. *Schüppen/Walz*, WPg 2015, S. 1155 (1158).
500 Die Berichtspflicht bejahend: *Schüppen/Walz*, WPg 2015, S. 1155 (1158).
501 Vgl. *BMFSFJ/BMJV*, Fragen und Antworten zu dem Gesetz für die gleichberechtigte Teilhabe von Frauen und Männern an Führungspositionen in der Privatwirtschaft und im öffentlichen Dienst; https://www.bmjv.de/SharedDocs/Downloads/DE/PDF/FAQ_Frauenquote.pdf;jsessionid=D71293CFF341038E-B33453A13E9A78B9.1_cid334?__blob=publicationFile&v=3 (abgerufen am 11.10.2018), S. 5.

nen Verhaltensempfehlungen abgewichen wurde, ohne dass dies in der Erklärung zum Ausdruck kommt, weil darin ein Verstoß gegen § 161 AktG liegt. Die Berichtspflicht besteht unabhängig von der Art der nicht beachteten Verhaltensempfehlung des DCGK. Maßgebend ist allein, dass es sich um einen Verstoß von Vorstand oder AR gegen § 161 AktG handelt. Aufgrund der Bedeutung des § 161 AktG für die Verbindlichkeitswirkung des DCGK ist ein solcher Verstoß stets als schwerwiegend i.S.v. § 321 Abs. 1 S. 3 HGB zu werten[502]. Darüber hinaus sind in diesem Zusammenhang grds. noch Auswirkungen auf den BestV zu prüfen[503].

Berichterstattungspflichten können sich außerdem i.Z.m. **Angaben zur sog. Frauenquote** ergeben. Infolge der 2015 in Kraft getretenen Gesetzesänderungen durch das FührposGleichbergG[504] haben börsennotierte und/oder mitbestimmte AG, KGaA, SE, GmbH, Genossenschaften und VVaG Zielgrößen für den Frauenanteil in ihren AR und Geschäftsführungsorganen sowie den beiden Führungsebenen unterhalb des Geschäftsführungsorgans festzulegen und über diese Festlegungen sowie deren Umsetzung in die Realität i.R.d. Erklärung zur Unternehmensführung nach § 289f HGB zu berichten. Fehlende, unzutreffende oder unvollständige Angaben zur Frauenquote sind stets als berichtspflichtig zu qualifizieren. Darüber hinaus sind grds. noch eventuelle Auswirkungen auf den BestV zu prüfen[505]. **262**

Berichtet der APr. nach **§ 321 Abs. 1 S. 3 HGB** über festgestellte wesentliche Mängel (bedeutsame Schwächen[506]) in den nicht auf den JA oder LB bezogenen Bereichen des **IKS**, empfiehlt es sich, dabei darauf hinzuweisen, dass diese Systemmängel zwar als Ergebnis der Prüfungshandlungen festgestellt wurden, dass die Abschlussprüfung als solche aber nicht darauf ausgerichtet ist, das IKS unbeschadet einer Erweiterung des Prüfungsauftrags weitergehend zu beurteilen, als dies für die Beurteilung von JA und LB erforderlich ist[507]. **263**

Als **Verstöße gegen den Gesellschaftsvertrag** oder **die Satzung** sind v.a. Geschäfte oder Maßnahmen der gesetzlichen Vertreter zu qualifizieren, die einer Zustimmung seitens des Aufsichtsgremiums oder der Gesellschafterversammlung bedürfen, außerdem die Überschreitung des Unternehmensgegenstands und das Vornehmen von Geschäften ohne erforderliche Genehmigung einer zuständigen Behörde (z.B. der BaFin oder des Gewerbeaufsichtsamts). Nach dem Regelungszweck verlangt § 321 Abs. 1 S. 3 HGB grundsätzlich auch eine Berichterstattung bei schwerwiegenden Verstößen gegen die Geschäftsordnung[508]. **264**

Berichterstattungspflichtig sind Verstöße nach dem Gesetzeswortlaut dann, wenn sie schwerwiegend sind. **Kriterien für schwerwiegende Verstöße** sind vor allem das für die Gesellschaft damit verbundene Risiko, die Bedeutung der verletzten Rechtsnorm sowie der Grad des Vertrauensbruchs, dessen Kenntnis beim Aufsichtsgremium oder bei den **265**

---

502 Vgl. *IDW PS 345*, Tz. 33; *Bertram*, in: Haufe HGB Kommentar[8], § 321, Rn. 78.
503 Vgl. *IDW PS 345*, Tz. 31.
504 Gesetz für die gleichberechtigte Teilhabe von Frauen und Männern an Führungspositionen in der Privatwirtschaft und im öffentlichen Dienst, BGBl. I 2015, S. 642 ff.
505 Vgl. *IDW PH 9.350.1*; *Schüppen/Walz*, WPg 2015, S. 1155 (1158).
506 Zur Definition siehe *IDW PS 261 n.F.*, Tz. 89.
507 Vgl. *IDW PS 450 n.F.*, Tz. 50a; *IDW PS 261 n.F.*, Tz. 93.
508 Ebenso *Orth*, in: Baetge/Kirsch/Thiele, Bilanzrecht, § 321, Rn. 67; *Schmidt/Deicke*, in: BeBiKo[11], § 321, Rn. 62. Enger dagegen ADS[6], § 321, Tz. 85.

Gesellschaftern Bedenken gegen die Eignung der gesetzlichen Vertreter oder der Arbeitnehmer begründen könnte[509]. Die Berichtspflicht setzt nicht voraus, dass dem Unternehmen ein Nachteil zugefügt wurde. So ist z.B. bei fehlender Zustimmung des AR zu einem zustimmungspflichtigen Geschäft eine Berichterstattung selbst dann grds. erforderlich, wenn das Geschäft im Interesse und zum Vorteil des Unternehmens abgewickelt wurde[510].

266 Berichtspflichtige Verstöße der gesetzlichen Vertreter sind auch wesentliche Verletzungen von **Aufstellungs- und Publizitätspflichten** i.Z.m. KA oder VJ-Abschlüssen. Schwerwiegende Verstöße sind bspw. die unzulässige Nicht-Offenlegung des JA[511] sowie das pflichtwidrige Unterlassen der Aufstellung eines KA und/oder KLB, obwohl das MU dazu gem. § 290 ff. HGB verpflichtet ist[512]. Die Abschlussprüfung ist zwar nicht auf die Feststellung von Verstößen gegen die Geschäftsführungspflichten zur fristgemäßen Aufstellung und Offenlegung des JA ausgerichtet; i.d.R. werden dem APr. derartige Verstöße aber bekannt, so dass er darüber nach § 321 Abs. 1 S. 3 HGB im PrB zu berichten hat[513].

267 Berichtspflichtig ist auch das gesetzwidrige oder gesellschaftsvertrags-/satzungsinkonforme Unterlassen der Beauftragung eines APr. im bzw. in VJ[514]. Auf die aus einer **unterlassenen Pflichtprüfung** resultierende Nichtigkeit des VJ-Abschlusses sollte ausdrücklich hingewiesen werden.

3.2.2.4 Umfang und Grenzen der Berichterstattung über Entwicklungsbeeinträchtigungen oder Bestandsgefährdungen sowie über Unregelmäßigkeiten

268 Die Berichtspflicht über Entwicklungsbeeinträchtigungen, Bestandsgefährdungen bzw. Unregelmäßigkeiten ist nach dem Gesetzeswortlaut (§ 321 Abs. 1 S. 3 HGB, Art. 11 Abs. 2 Unterabs. 1 S. 2 VO (EU) Nr. 537/2014) an die Voraussetzung geknüpft, dass die möglicherweise berichtspflichtigen Tatsachen vom APr. **bei Durchführung der Prüfung festgestellt** werden. Die Berichtspflicht beschränkt sich daher auf Tatsachen, die bei ordnungsmäßiger Durchführung der Abschlussprüfung dem APr. bekannt geworden sind[515].

269 Aus der Berichtspflicht ergibt sich grds. **keine Erweiterung der** hinsichtlich Gegenstand und Umfang abschließend in § 317 HGB geregelten **Abschlussprüfung**[516]. Nach der

---

509 Vgl. *IDW PS 450 n.F.*, Tz. 49; *Orth*, in: Baetge/Kirsch/Thiele, Bilanzrecht, § 321, Rn. 68 f. So bereits *Pfitzer*, in: Dörner/Menold/Pfitzer, S. 673 m.w.N.
510 Vgl. ADS[6], § 321, Tz. 86; *Kuhner/Päßer*, in: HdR[5], § 321, Rn. 45.
511 Vgl. auch *IDW PH 9.200.1*, Tz. 13 sowie LG Bonn v. 08.11.2010 (31 T 1103/09), Rn. 11: „Die Offenlegungspflicht wird nicht schon mit der Absendung, sondern erst mit dem Eingang der Daten beim Bundesanzeiger-Verlag erfüllt."
512 Vgl. *IDW PS 450 n.F.*, Tz. 50.
513 Vgl. *IDW PS 201*, Tz. 10; *IDW PS 450 n.F.*, Tz. 50.
514 Die Berichterstattungspflicht besteht auch, wenn der AR den Prüfungsauftrag zu erteilen hat, weil er dann insoweit als gesetzlicher Vertreter der zu prüfenden Gesellschaft fungiert. Zu den Konsequenzen unterlassener Pflichtprüfungen für die Prüfung des Folgeabschlusses siehe *IDW*, Die fachliche Frage, IDW Life 2015, S. 597 f. sowie Kap. N Tz. 81 ff.
515 Vgl. *IDW PS 450 n.F.*, Tz. 43.
516 § 317 HGB setzt die Vorgaben insb. von Art. 1, 25a, 27 RL 2006/43/EG und Art. 34 RL 2013/34/EU um. Die Vorschriften der VO (EU) Nr. 537/2014 (insb. Art. 10 und 11) beziehen sich lediglich auf die Berichterstattung über die durchgeführte Abschlussprüfung, nicht auf Gegenstand, Art und Umfang dieser Prüfung

Intention des Gesetzgebers können die Berichtspflichten im PrB aufgrund der Prüfungspflichten des § 317 HGB grds. ohne zusätzliche Prüfungshandlungen erfüllt werden. Aus § 321 Abs. 1 S. 3 HGB bzw. Art. 10 und 11 VO (EU) Nr. 537/2014 resultieren dementsprechend keine originären Prüfungspflichten, sondern lediglich zusätzliche Berichtspflichten[517].

Stößt der APr. allerdings bei ordnungsmäßiger Durchführung der Prüfung auf konkrete Anhaltspunkte für berichtspflichtige Tatsachen i.S.v. § 321 Abs. 1 S. 3 HGB, so ist er grds. gehalten, **Prüfungsschwerpunkte und -intensitäten zu verändern** und dem Sachverhalt entsprechend nachzugehen. Insofern kann aus der Redepflicht im konkreten Fall eine Änderung des prüferischen Vorgehens folgen[518]. Voraussetzung für pflichtgemäß ausgeweitete Prüfungshandlungen ist dabei, dass das Vorliegen berichtspflichtiger Tatbestände als wahrscheinlich erscheint und nicht nur eine gewisse Möglichkeit dafür spricht[519]. Über die im Zuge einer solchen Veränderung der Prüfungsschwerpunkte und -intensitäten festgestellten Tatsachen ist zu berichten, auch wenn sie ohne die Vertiefung der Prüfung nicht erkannt worden wären. **270**

Die Verpflichtung zur **Ausweitung der Prüfungshandlungen** ist dabei insb. abhängig vom Ausmaß des Risikos einer Bestandsgefährdung oder Entwicklungsbeeinträchtigung bzw. von der vermuteten Schwere einer Unregelmäßigkeit[520]. Der APr. genügt indes seiner Pflicht, wenn er dem identifizierten Sachverhalt so weit nachgeht, dass er problemadäquat darüber berichten kann[521]; den APr. trifft nur die Feststellungs-, nicht aber eine Nachweispflicht[522]. Die konkrete Beurteilung, weitergehende Untersuchungen und ggf. Maßnahmen liegen im Verantwortungsbereich der gesetzlichen Vertreter bzw. des Aufsichtsgremiums des geprüften Unternehmens[523]. **271**

Allerdings hat der APr. **bei PIE** aufgrund von Art. 7 Unterabs. 1 VO (EU) Nr. 537/2014 seinerseits nachzuhalten, ob das geprüfte Unternehmen die Angelegenheit untersucht. Ist dies nicht der Fall, hat der APr. nach Art. 7 Unterabs. 2 VO (EU) Nr. 537/2014 die für die Untersuchung solcher Unregelmäßigkeiten verantwortliche Behörde darüber zu unterrichten.

Abschlussprüfer sind weder nach § 317 HGB noch nach der VO (EU) Nr. 537/2014 verpflichtet zu prüfen, ob **zusätzliche Informationen**, die nicht integrale oder obligatorische Bestandteile der für das Unternehmen vorgeschriebenen Rechnungslegung sind, zusammen mit dem geprüften JA, LB und dem BestV veröffentlicht werden sollen, zutreffend sind[524]. Allerdings sind APr. nach den GoA gehalten, **sonstige Informationen** i. S.v. *ISA 720 (Rev.) (Entwurf-DE)* zu lesen und ggf. Unstimmigkeiten ggü. dem JA und/ **272**

---

    als solches. Demzufolge besteht insofern kein Unterschied zwischen PIE und den sonstigen prüfungspflichtigen Unternehmen.
517 Vgl. *Schmidt/Deicke*, in: BeBiKo[11], § 321, Rn. 39.
518 Vgl. *IDW PS 200*, Tz. 22; *IDW PS 210*, Tz. 58 f.; *IDW PS 240*, Tz. 21; *Grewe/Plendl*, in: HWRP[3], Sp. 2009; *Schmidt/Deicke*, in: BeBiKo[11], § 321, Rn. 40 f. Zur Aufdeckung „doloser Handlungen" i.R.d. Abschlussprüfung vgl. IDW Life 2016, S. 131 ff.
519 Vgl. ADS[6], § 321, Tz. 69.
520 Vgl. *Orth*, in: Baetge/Kirsch/Thiele, Bilanzrecht, § 321, Rn. 53.2.
521 Vgl. *IDW PS 450 n.F.*, Tz. 40; *Müller*, S. 257 f.
522 Vgl. *Ebke*, in: MünchKomm. HGB[3], § 321, Rn. 45; *Kuhner/Päßler*, in: HdR[5], § 321, Rn. 46.
523 Vgl. RegBegr. KonTraG, BT-Drs. 13/9712 v. 20.01.1998, S. 28; *Orth*, in: Baetge/Kirsch/Thiele, Bilanzrecht, § 321, Rn. 53.2, 54; *Schmidt/Almeling*, in: BeBiKo[11], § 317, Rn. 18.
524 Vgl. hierzu *IDW PS 400 n.F.*, Tz. 10 Buchst. j), A7-A10, A83.

oder dem LB zu identifizieren[525]. Verweigert das Unternehmen bei wesentlichen identifizierten Unstimmigkeiten eine Beseitigung der Fehler durch Änderung der sonstigen Informationen bzw. durch Änderung von JA oder LB, hat der APr. über die fortbestehenden Unregelmäßigkeiten im PrB zu berichten[526]. U.U. können sich auch Auswirkungen auf den BestV ergeben.

Sonstige Informationen in diesem Sinne[527] sind bspw. der sog. Geschäftsbericht[528], Personalberichte, die nichtfinanzielle Erklärung nach §§ 289b bis 289e HGB[529], die Erklärung zur Unternehmensführung nach § 289f HGB, der Zahlungsbericht nach § 341s ff. HGB[530], ggf. der Bericht zur Gleichstellung und Entgeltgleichheit nach § 21 EntgTranspG[531] u.a.m. Ebenso im LB enthaltene sog. lageberichtsfremde Angaben i.S.v. *IDW PS 350 n.F.*[532], sofern sich der APr. nicht entscheidet, diese im Einzelfall doch inhaltlich zu prüfen[533]. Dagegen sieht *ISA 720 (Rev.) (Entwurf-DE)* eigenständige Berichte wie z.B. Nachhaltigkeitsberichte[534] und Corporate Social Responsibility Reports – vorbehaltlich gesetzlicher bzw. anderer Rechtsvorschriften oder Handelsbräuche – grds. nicht als „sonstige Informationen" an[535].

273 Zur ggf. notwendigen Verwertung anderweitig bekannt gewordener Informationen sowie zum zeitlichen Erkenntnishorizont siehe Kap. M Tz. 192 ff.

274 Im Rahmen der vom Gesetz geforderten schriftlichen Berichterstattung im PrB müssen alle **berichtspflichtigen Tatsachen eindeutig zu erkennen** sein. Versteckte oder verklausulierte Hinweise reichen nicht aus. Liegen bestandsgefährdende oder die Entwicklung wesentlich beeinträchtigende Tatsachen vor, müssen die Ausführungen klar als **warnende Stimme** zu erkennen sein[536].

275 Der APr. genügt seiner Berichtspflicht, indem er zu den festgestellten berichtspflichtigen Tatsachen die betreffenden **Sachverhalte schildert** und die sich daraus aus seiner Sicht ergebenden wesentlichen **Konsequenzen aufzeigt**. Sofern die Berichterstattung zukünftige Sachverhalte oder Entwicklungen betrifft, ist auf ggf. bestehende Beurteilungsrisiken einzugehen[537]. Bei abweichender Auffassung zwischen den gesetzlichen Vertretern und dem APr. über dargestellte Tatsachen und deren Beurteilung hat der APr.

---

525 Vgl. *ISA 720 (Rev.) (Entwurf-DE)*, Tz. 3. Vgl. auch *IDW PS 202*, Tz. 7. Zur Differenzierung zwischen „zusätzlichen Informationen" und „sonstigen Informationen" siehe *IDW PS 400 n.F.*, Tz. A83.
526 Vgl. *ISA 720 (Rev.) (Entwurf-DE)*, Tz. D.18.1; *IDW PS 202*, Tz. 15, 20. Wird eine Änderung von **JA oder LB** verweigert, sind die in diesem Fall fortbestehenden Unrichtigkeiten oder Verstöße gegen die maßgebenden Rechnungslegungsgrundsätze darzustellen und mit ihren Auswirkungen auf den BestV zu erläutern. Liegt dagegen eine falsche oder unvollständige **sonstige Information** vor, kann ein nach § 321 Abs. 1 S. 3 HGB berichtspflichtiger Verstoß der gesetzlichen Vertreter gegen gesetzliche Vorschriften vorliegen.
527 Vgl. *ISA 720 (Rev.) (Entwurf-DE)*, Tz. 12 Buchst. c), A8-A10, aber: Tz. A5, D.A5.1. Vgl. auch *IDW PS 202*, Tz. 1, 10a; *Stute*, in: Müller/Stute/Withus, S. 500.
528 Vgl. hierzu auch *Klein/Voss*, in: HWRP³, Sp. 899 ff.
529 Vgl. hierzu ausführlich *Rimmelspacher/Schäfer/Schönberger*, KoR 2017, S. 225 ff.
530 Vgl. hierzu *Havers/Siegel*, WPg 2016, S. 341 ff.; *Trepte/Siegel*, WPg 2017, S. 317 ff.; *IDW Praxishinweis 1/2017: Erstellung von (Konzern-)Zahlungsberichten*.
531 Vgl. hierzu insb. die Berichterstattung über die 251. HFA-Sitzung nebst Ergänzungen (abrufbar im Mitgliederbereich der IDW Website).
532 Zur Definition siehe *IDW PS 350 n.F.*, Tz. 20 Buchst. k), A16.
533 Vgl. *ISA 720 (Rev.) (Entwurf-DE)*, Tz. D.A5.1; *IDW PS 350 n.F.*, Tz. 24 f., A26.
534 Vgl. hierzu *IDW PS 821*; *Wulf/Sackbrook*, in: Müller/Stute/Withus, S. 389 ff.
535 Vgl. *ISA 720 (Rev.) (Entwurf-DE)*, Tz. A5.
536 Vgl. BGH v. 15.12.1954 (II ZR 322/53), NJW 1955, S. 500.
537 Vgl. *IDW PS 450 n.F.*, Tz. 40; *Kuhner/Päßler*, in: HdR⁵, § 321, Rn. 39.

gemäß dem Grundsatz der Unparteilichkeit darauf hinzuweisen[538]. Dies gilt namentlich dann, wenn die gesetzlichen Vertreter eine zwar abweichende, aber vertretbare, Rechtsauffassung haben[539].

276 Die Berichterstattung hat grds. in **gesonderten Unterabschnitten** des PrB zu erfolgen, da nur so über Sachverhalte unterschiedlicher Kategorie erkennbar differenziert voneinander berichtet wird[540]. Bestandsgefährdungen und Entwicklungsbeeinträchtigungen kennzeichnen jedoch als Risiken der zukünftigen Entwicklung zugleich die Lage des Unternehmens, so dass sich Überschneidungen zwischen den Berichterstattungspflichten nach § 321 Abs. 1 S. 2 HGB und nach § 321 Abs. 1 S. 3 HGB bzw. Art. 11 Abs. 2 Buchst. i) VO (EU) Nr. 537/2014 ergeben[541]. Dies erfordert aber keine Doppelberichterstattung; vielmehr sollte sinnvollerweise die per se herausgehobene Berichterstattung nach § 321 Abs. 1 S. 3 HGB den Darstellungsschwerpunkt bilden[542].

277 Bei Vorliegen bestandsgefährdender oder entwicklungsbeeinträchtigender Tatsachen sowie im Fall von schwerwiegenden Verstößen der gesetzlichen Vertreter kann es wegen der Eilbedürftigkeit erforderlicher Gegenmaßnahmen erforderlich sein, bereits vor Beendigung der Abschlussprüfung einen gesonderten Teilbericht – ggf. auch in Briefform – zu erstatten. Eine solche **Berichterstattung vorab** entbindet den APr. jedoch nicht davon, entsprechende Darlegungen in den endgültigen PrB aufzunehmen. Aufgrund der Bedeutung der Kenntnis über Entwicklungsbeeinträchtigungen und Bestandsgefährdungen für die Beurteilung der Lage des Unternehmens durch die Berichtsadressaten ist ein solcher Teilbericht – entgegen der sonst üblichen Handhabung i.Z.m. Teilberichten (vgl. Kap. M Tz. 147) – vollinhaltlich in den PrB aufzunehmen[543].

278 Die **Empfänger solch einer zeitlich vorgezogenen Berichterstattung** stimmen grds. mit den unmittelbaren Empfängern des PrB überein[544]. Abhängig von der Art der vorab berichteten Tatsachen und von den Möglichkeiten des Empfängers, ggf. erforderliche Gegenmaßnahmen zu treffen, können sich jedoch Abweichungen ergeben. Haben die gesetzlichen Vertreter den Prüfungsauftrag erteilt, ist der Vorabbericht grds. diesen vorzulegen. Bei festgestellten Verstößen und bei krisenhaften wirtschaftlichen Entwicklungen kann es jedoch erforderlich sein, neben oder anstelle der gesetzlichen Vertreter das ggf. bestehende Aufsichtsgremium unmittelbar zu informieren. Ist der AR als Auftraggeber unmittelbarer Empfänger des PrB, ist der Vorabbericht dem AR-Vorsitzenden zuzuleiten, der diesen ggf. an die übrigen AR-Mitglieder weiterleitet. Erfüllt ein AR-Mitglied die Voraussetzungen des § 100 Abs. 5 AktG, ist der Vorabbericht grds. auch dieser Person direkt zuzuleiten[545]. Es ist sachgerecht, gleichzeitig auch die gesetz-

---

538 Vgl. *IDW PS 450 n.F.*, Tz. 11; *Schmidt/Deicke*, in: BeBiKo[11], § 321, Rn. 69.
539 Zur Berücksichtigung von Mindermeinungen in der Rechtsauslegung vgl. ADS[6], § 322, Tz. 225. Wird dabei von *IDW Stellungnahmen zur Rechnungslegung* abgewichen, ist dies gem. *IDW PS 201*, Tz. 13 besonders darzustellen, und zwar auch dann, wenn als Begründung für die Abweichung auf höchstrichterliche Rechtsprechung Bezug genommen wird.
540 Vgl. auch *IDW PS 450 n.F.*, Tz. 40, 44.
541 Vgl. ADS[6], § 321, Tz. 64; *Schmidt/Deicke*, in: BeBiKo[11], § 321, Rn. 36.
542 Ebenso *Schmidt/Deicke*, in: BeBiKo[11], § 321, Rn. 65.
543 Vgl. *IDW PS 450 n.F.*, Tz. 41; ADS[6], § 321, Tz. 88; *Kuhner/Päßler*, in: HdR[5], § 321, Rn. 41; *Schmidt/Deicke*, in: BeBiKo[11], § 321, Rn. 67.
544 Vgl. ADS[6], § 321, Tz. 89 f.; *Grewe/Plendl*, in: HWRP[3], Sp. 2012.
545 Vgl. *Schmidt/Deicke*, in: BeBiKo[11], § 321, Rn. 70.

lichen Vertreter zu informieren, wenn zu erwarten ist, dass Gegenmaßnahmen von diesen zu veranlassen sind.

Bei GmbH ohne AR ergibt sich die Besonderheit, dass Vorabberichte grds. auch allen zum Empfang des PrB berechtigten Gesellschaftern unmittelbar zuzuleiten sind[546].

3.2.3 Gegenstand, Art und Umfang der Prüfung

279 § 321 Abs. 3 S. 1 HGB verpflichtet den APr. ausdrücklich, Gegenstand, Art und Umfang der Prüfung in einem **besonderen Abschnitt des PrB** zu erläutern. Dabei ist nach § 321 Abs. 3 S. 2 HGB im PrB auch auf die angewandten Rechnungslegungs- und Prüfungsgrundsätze einzugehen. Ziel der gesetzlichen Regelung ist die Schaffung eines **Überblicks zur besseren Beurteilung der Tätigkeit des APr.** durch die Berichtsadressaten[547]. Durch die Erläuterungen soll das Aufsichtsgremium die zur Erfüllung seiner Überwachungsaufgaben notwendigen Erkenntnisse gewinnen. Insbsondere soll das Aufsichtsgremium, ggf. auch der PrA, einschätzen können, welche, u.U. von ihm selbst gewünschten und einvernehmlich vereinbarten, Prüfungsschwerpunkte gesetzt worden sind und wie in Bezug darauf i.R.d. Prüfung vorgegangen wurde, ob und welche Prüfungen ggf. von ihm vorzunehmen sind und ob eine Beauftragung mit anderen oder weiteren Prüfungsschwerpunkten zweckmäßig oder veranlasst erscheint[548].

280 Die nach § 322 Abs. 1 S. 2 HGB notwendige Beschreibung von Gegenstand, Art und Umfang der Prüfung im BestV dient der **Information der Öffentlichkeit** und zielt darauf ab, das Prüfungsvorgehen klarzustellen, um einer zu weit gehenden oder unzutreffenden Erwartungshaltung dieses erweiterten Adressatenkreises an den Inhalt und die Tragweite der Abschlussprüfung zu begegnen[549]. Im Zuge der Anpassung des *IDW PS 400 n.F.* an die neuen ISA, namentlich ISA 700 (Rev.), hat diese Beschreibung textlich eine erhebliche Ausweitung erfahren. Zwecks Vermeidung von Wiederholungen kann daher diesbezüglich aus dem PrB z.T. auf Aussagen in dem im PrB wiedergegebenen BestV verwiesen werden.

281 Die Ausführungen im PrB zu Gegenstand, Art und Umfang der Prüfung dienen **nicht als Nachweis** der durchgeführten Prüfungshandlungen; dieser Nachweis ist grds. durch die Arbeitspapiere zu erbringen[550].

3.2.3.1 Gegenstand der Prüfung

282 Auf den **Gegenstand** der Abschlussprüfung ist in angemessener Form einzugehen. Als Gegenstand der Prüfung sind bei gesetzlichen Abschlussprüfungen nach § 316 ff. HGB grds. zu nennen

- die Buchführung[551],
- der JA (Bilanz, GuV, Anh., ggf. auch KFR und EK-Spiegel[552]),

---

546 Vgl. ADS[6], § 321, Tz. 90.
547 Vgl. RegBegr. KonTraG, BT-Drs. 13/9712 v. 28.01.1998, S. 29.
548 Vgl. *IDW PS 450 n.F.*, Tz. 51, 56; ADS[6], § 322, Tz. 118; *Burg/Müller*, in: Kölner Komm. Rechnungslegungsrecht, § 321, Rn. 107; *Kuhner/Päßler*, in: HdR[5], § 321, Rn. 70; *Müller*, S. 273 f.
549 Vgl. ADS[6], § 322, Tz. 118; *Orth*, in: Baetge/Kirsch/Thiele, Bilanzrecht, § 321, Rn. 101.
550 Vgl. *IDW PS 450 n.F.*, Tz. 51; *IDW PS 460 n.F.*, Tz. 7.
551 Über die Buchführung als Bestandteil der prüfungspflichtigen Rechnungslegung ist ausschließlich im PrB zu berichten. Vgl. *IDW PS 400 n.F.*, Tz. A26.
552 Im Fall von § 264 Abs. 1 S. 2 HGB sind zusätzlich KFR und EK-Spiegel Pflicht; außerdem kann freiwillig eine Segmentberichterstattung ergänzt werden.

- der LB,
- ggf. die nach § 91 Abs. 2 AktG dem Vorstand obliegenden Maßnahmen einschl. der Einrichtung eines Überwachungssystems (Risikofrüherkennungssystem).

Dabei ist auch anzugeben, nach welchen maßgebenden **Rechnungslegungsgrundsätzen** der JA aufgestellt wurde[553]. Dies können außer das HGB ergänzende Rechtsnormen (z.B. in AktG, GmbHG oder PublG, KHBV, PBV o.Ä.) insb. ergänzende rechnungslegungsbezogene Bestimmungen des Gesellschaftsvertrags oder der Satzung sein[554]. **283**

Bei KapGes. und Personenhandelsgesellschaften i.S.v. § 264a HGB (KapCoGes.), die als TU unter **Inanspruchnahme von § 264 Abs. 3 HGB** bzw. **§ 264b HGB** lediglich die für alle Kaufleute geltenden Vorschriften beachten, aber die Befreiung von der Abschlussprüfung nicht in Anspruch nehmen[555], sollte darauf hingewiesen werden, dass der JA nach „den deutschen, für alle Kaufleute geltenden handelsrechtlichen Vorschriften" (d.h. die Vorschriften des Ersten Abschnitts des Dritten Buches des HGB) aufgestellt wurde.

Im Übrigen müssen korrespondierend zu diesen Angaben im PrB **entsprechende Angaben** zu den maßgebenden Rechnungslegungsgrundsätzen **auch im geprüften Abschluss** enthalten sein, da *IDW PS 400 n.F.* deren Benennung bzw. Beschreibung im Abschluss – ISA 700.15 folgend – nunmehr ausdrücklich als Aspekt für die Bildung des Prüfungsurteils des APr. zum Abschluss anführt[556].

Ist aufgrund größenabhängiger, rechtsform- oder branchenspezifischer gesetzlicher Vorschriften (z.B. § 6b Abs. 5 EnWG, § 8 Abs. 3 UBGG, § 30 KHGG NRW, § 20 SHKG oder § 53 i.V.m. § 58 GenG, § 29 Abs. 1 bis 2 KWG, § 35 Abs. 1 VAG) oder aufgrund einer freiwilligen Beauftragung (z.B. nach Nr. 7.2.3 DCGK) der Gegenstand der Abschlussprüfung ggü. § 317 HGB erweitert worden[557], so ist auf die **Erweiterungen des Prüfungsgegenstands** im PrB einzugehen. Berichtspflicht im PrB über Auftragserweiterungen besteht dabei unabhängig davon, ob über das Ergebnis des erweiterten Prüfungsgegenstands auch im BestV zu berichten ist oder nicht[558]. **284**

Ist eine Erweiterung durch eine Aufsichts-, Regulierungs- oder Genehmigungsbehörde verfügt worden, so sollte auf diesen Umstand hingewiesen werden, sinnvollerweise durch Verweis auf das diesbezügliche Schreiben der Behörde, z.B.:

> **Beispiel 4:**
> „Gemäß Schreiben/Verfügung der ... [Bezeichnung der Behörde], ... [Ort, Bundesland o.Ä.] vom ... (Az. ...) [Datum und Aktenzeichen o.Ä.] ist der Prüfungsgegenstand um ... erweitert worden."

---

[553] Vgl. *IDW PS 450 n.F.*, Tz. 51 f.; *IDW PS 201*, Tz. 5 ff. Die GoB zählen i.R.d. HGB stets dazu; vgl. RegBegr. KonTraG, BT-Drs. 13/9712 v. 28.01.1998, S. 28; *IDW PS 201*, Tz. 7.
[554] Zum Sonderfall IFRS-EA i.S.v. § 325 Abs. 2a HGB vgl. *Bertram*, in: Haufe HGB Kommentar[8], § 321, Rn. 149.
[555] Nach *IDW PH 9.200.1*, Tz. 4 sind solche Abschlussprüfungen als Pflichtprüfungen zu behandeln.
[556] Vgl. *IDW PS 400 n.F.*, Tz. 18, A17-A18; ISA 700.15, A10-A15. Vgl. auch *Skirk/Kuhn*, WPg 2018, S. 68.
[557] Die Prüfungstätigkeit nach § 53 HGrG ist dagegen nach Auffassung des IDW Fachausschusses Recht (FAR) als Teil der gesetzlich vorgeschriebenen Abschlussprüfung zu werten, da sie jährlich und i.R.d. Pflichtprüfung nach § 316 ff. HGB zu erfolgen hat.
[558] Vgl. *IDW PS 450 n.F.*, Tz. 54; ADS[6], § 321, Tz. 131. Vgl. hierzu auch Kap. M Tz. 743 ff.

285 Angaben sollten auch erfolgen, wenn das Unternehmen **größenabhängige Erleichterungen** des HGB in Anspruch genommen hat (z.B. §§ 266 Abs. 1 S. 3, 274a, 276, 288 HGB) und der Gegenstand der Abschlussprüfung deshalb entsprechend reduziert ist[559].

286 Bei KleinstKapGes. i.S.v. § 267a HGB, die die **Erleichterung nach § 264 Abs. 1 S. 5 HGB** in Anspruch nehmen, sich aber prüfen lassen, sollte darauf hingewiesen werden, dass sie in Inanspruchnahme dieser Vorschrift nicht zur Aufstellung eines Anhangs verpflichtet sind.

287 Bei börsennotierten AG und mitbestimmten anderen KapGes., die nach **§ 289f HGB** in einem gesonderten Abschnitt des LB eine **Erklärung zur Unternehmensführung** bzw. die Angabe der Internetseite aufzunehmen haben, auf der diese Erklärung dauerhaft öffentlich zugänglich gemacht wird, ist – um keine falsche Vorstellung vom Prüfungsgegenstand zu erwecken – darauf hinzuweisen, dass die **Prüfung** der Angaben nach § 289f Abs. 2 und 5 HGB gemäß § 317 Abs. 2 S. 6 HGB darauf **beschränkt** ist, festzustellen, ob diese Angaben gemacht worden sind[560].

288 Ebenso sollte in Bezug auf die von bestimmten großen kapitalmarktorientierten KapGes. abzugebende **nichtfinanzielle Erklärung nach §§ 289b bis 289e HGB** darauf hingewiesen werden, dass der APr. nach § 317 Abs. 2 S. 4 HGB **nur zu prüfen** hat, ob die nichtfinanzielle Erklärung oder der gesonderte nichtfinanzielle Bericht vorgelegt wurde[561].

289 Hinsichtlich des von bestimmten Unternehmen mit i.d.R. mehr als 500 Beschäftigten zu erstellenden Berichts zur Gleichstellung und Entgeltgleichheit nach § 21 EntgTranspG (sog. **Entgelttransparenzbericht**) sollte darauf hingewiesen werden, dass dieser Bericht **nicht** Gegenstand der Abschlussprüfung ist[562].

290 Enthält der geprüfte **Lagebericht** sog. lageberichtsfremde Angaben[563] oder nicht gesetzlich vorgesehene Querverweise auf Angaben des Unternehmens außerhalb des JA und des LB, so sind nach der Konzeption des *IDW PS 350 n.F.* – um eine falsche Vorstellung vom Prüfungsgegenstand LB zu vermeiden – diese Angaben und Querverweise im PrB grds. zu benennen, und es ist darauf hinzuweisen, dass sie nicht geprüft wurden und dass sich das Prüfungsurteil zum LB daher auch nicht auf sie erstreckt[564]. Eine aus-

---

559 Vgl. *IDW PS 450 n.F.*, Tz. 54; *Orth*, in: Baetge/Kirsch/Thiele, Bilanzrecht, § 321, Rn. 104.
560 Vgl. *IDW PS 450 n.F.*, Tz. 52a. Zur Obliegenheit des APr. nach den GoA, diese Erklärung zu lesen und zu würdigen, und zur evtl. Berücksichtigung im BestV siehe *IDW PS 202* bzw. *ISA 720 (Rev.) (Entwurf-DE)* sowie Kap. M Tz. 891 und Kap. M Tz. 896 ff.
561 Vgl. *IDW PS 450 n.F.*, Tz. 52b.
562 Vgl. RegBegr. EntgTranspG, BT-Drs. 18/11133 v. 13.02.2017, S. 74; *IDW PS 450 n.F.*, Tz. 52c. Der Entgelttransparenzbericht ist **nicht** Gegenstand der Abschlussprüfung und daher dem PrB **nicht**, auch nicht als fakultative Anlage beizufügen. Die – höchst missverständliche – Formulierung in § 22 Abs. 4 EntgTranspG „als Anlage [zum Lagebericht]" zielt rein auf den Zeitpunkt der Veröffentlichung im BAnz (d.h. „gleichzeitig" mit dem LB). Falls der Entgelttransparenzbericht – entgegen der Konzeption des Gesetzes – in den LB integriert wurde, ist er dort entsprechend deutliche als „nicht geprüft" zu kennzeichnen. Vgl. ansonsten *IDW PS 350 n.F.*, Tz. 119 ff., A116-A117.
563 Vgl. *IDW PS 350 n.F.*, Tz. 20 Buchst. k), Tz. A16.
564 Vgl. *Schmidt/Deicke*, in: BeBiKo[11], § 321, Rn. 124. Dieser Hinweis im PrB erfolgt zwecks Verdeutlichung zusätzlich zu dem diesbezüglichen Hinweis im BestV nach *IDW PS 350 n.F.*, Tz. 120 ff. Solche nicht geprüften lageberichtsfremden Angaben sind nichtsdestotrotz vom APr. nach den GoA (konkret: *IDW PS 202* bzw. *ISA 720 (Rev.) (Entwurf-DE)*) zu lesen und zu würdigen.

drückliche Nennung im PrB ist verzichtbar, wenn diese Angaben bzw. Querverweise unzweideutig als „ungeprüft" erkennbar sind.

Das Verzichten auf die Aufstellung eines **LB** (§ 264 Abs. 1 S. 4 HGB) sollte ebenfalls hier erwähnt werden, auch wenn sich dies im PrB i.d.R. bereits i.Z.m. der vorangestellten Berichterstattung ausgewirkt hat. **291**

Ist **unzulässigerweise kein LB** aufgestellt worden, ist diese Tatsache hier ebenfalls nochmals explizit anzusprechen.

Die Berichtsadressaten sollten im PrB klar auf die unterschiedlichen **Verantwortlichkeiten** und Aufgaben der gesetzlichen Vertreter des geprüften Unternehmens einerseits und des APr. andererseits aufmerksam gemacht werden[565]. Dementsprechend ist im PrB ausdrücklich darauf hinzuweisen, dass **292**

- sich die **Verantwortung der gesetzlichen Vertreter** auf die Buchführung, die Aufstellung von JA und LB, das rechnungslegungsbezogene IKS sowie die dem APr. vorgelegten sonstigen Unterlagen und gemachten Angaben (§ 320 Abs. 1 u. 2 HGB) erstreckt. Gleiches gilt für die Beurteilung der Fähigkeit des Unternehmens zur Fortführung seiner Tätigkeit und für die daraus ggf. zu ziehenden Konsequenzen in Bezug auf die Rechnungslegung[566]. Auch ein erforderlichenfalls nach § 91 Abs. 2 AktG einzurichtendes Risikofrüherkennungssystem liegt ausschl. in der Verantwortung des Exekutivorgans Vorstand bzw. Geschäftsführung[567].
- die **Aufgabe des APr.** demgegenüber darin besteht, diese Unterlagen (unter Einbeziehung der Buchführung) und die gemachten Angaben sowie die Anwendung des Rechnungslegungsgrundsatzes der Fortführung der Unternehmenstätigkeit i.R. seiner pflichtgemäßen Prüfung zu beurteilen[568].

Da der APr. nach *IDW PS 400 n.F.* hierzu im BestV in zwei eigenständigen Abschnitten ausführliche Angaben zu machen hat (vgl. Kap. M Tz. 899 ff. bzw. Kap. M Tz. 906 ff.), dürfte es zweckmäßig und zulässig sein, sich im PrB insoweit relativ knapp zu fassen und ergänzend auf diese umfangreichen Ausführungen im (im PrB obligatorisch wiederzugebenden) BestV zu **verweisen**[569].

Falls ein **Aufsichtsgremium** existiert, sollte auch dessen Verantwortung für die Überwachung des Rechnungslegungsprozesses erwähnt werden[570]. **293**

Ist der APr. zugleich als KAPr. bestellt, so sollte ein Hinweis auf die **Prüfung des KA** in den PrB aufgenommen werden[571]. In gleicher Weise sollten die Berichtsadressaten über die Durchführung der Prüfung des **Abhängigkeitsberichts** durch den APr. informiert werden[572]. **294**

---

565 Vgl. *IDW PS 450 n.F.*, Tz. 53; *Ebke*, in: MünchKomm. HGB³, § 321, Rn. 62.
566 Vgl. *IDW PS 200*, Tz. 31; *IDW PS 400 n.F.*, Tz. 54, 57, A48-A51; ISA 700.33 ff., A44 ff.
567 Vgl. *IDW PS 340*, Tz. 1.
568 Vgl. *IDW PS 200*, Tz. 29; *IDW PS 400 n.F.*, Tz. 58 ff.; ISA 700.37 ff., A50 ff.
569 Solange *IDW PS 400 n.F.* zulässigerweise noch nicht angewandt wird (vgl. hierzu *IDW PS 400 n.F.*, Tz. 8 und 8a), ist ein derartiger Verweis sachlogischerweise nicht möglich.
570 Vgl. *IDW PS 200*, Tz. 30; *IDW PS 400 n.F.*, Tz. 55, 57, A52-A53; ISA 700.35, A49.
571 Nach § 325 Abs. 3a HGB kann im Fall der Zusammenfassung von Anh. und KAnh. (§ 298 Abs. 2 HGB) sowie von LB und KLB (§ 315 Abs. 3 HGB) des MU auch ein zusammengefasster PrB erstattet und außerdem der BestV zusammengefasst erteilt werden.
572 Ebenso ADS⁶, § 321, Tz. 46; *Schmidt/Deicke*, in: BeBiKo¹¹, § 321, Rn. 124.

295 Von Erweiterungen der Abschlussprüfung sind **zusätzliche Prüfungsaufträge** (vgl. Kap. M Tz. 154) zu unterscheiden. Über die Durchführung und die Ergebnisse einer zusätzlichen Prüfung ist gesondert zu berichten[573]. Hatte der APr. ausschl. aufgrund eines **Sonder- oder Zusatzauftrags** der gesetzlichen Vertreter, des Aufsichtsgremiums, ggf. des PrA, oder der Gesellschafter bestimmte zusätzliche Feststellungen zu treffen, so ist ein Hinweisen darauf im PrB grds. nicht notwendig[574].

3.2.3.2 Art und Umfang der Prüfung

296 Der APr. hat zur Erläuterung von Art und Umfang der Prüfung die Grundsätze zu nennen, nach denen er seine Prüfung durchgeführt hat. Hierzu ist namentlich auf § 316 ff. HGB und auf die **vom IDW festgestellten deutschen GoA**[575] Bezug zu nehmen. Ergänzend kann im Einzelfall, sofern dies i.R.d. Beauftragung festgelegt wurde, auf die ISA[576] oder andere, nach dem Urteil des APr. mit den vom IDW festgestellten GoA vereinbare Prüfungsgrundsätze verwiesen werden[577].

Weicht der APr. in sachlich begründeten Einzelfällen von den vom IDW festgestellten deutschen GoA ab (z.B. keine Teilnahme an der Vorratsinventur[578] oder keine Einholung von Bestätigungen Dritter[579]), so hat er die Gründe dafür im PrB anzugeben[580]. Hat ein solches Abweichen auch Auswirkungen auf Prüfungsurteile im BestV[581], ist dies jeweils ergänzend zu erläutern.

297 Die **Beschreibung des Prüfungsumfangs** muss so ausführlich sein, dass es insb. dem Aufsichtsgremium möglich ist, sich nicht nur ein Urteil über die **Qualität** der Durchführung der Abschlussprüfung zu bilden, sondern auch die **Grenzen** der Abschlussprüfung zu erkennen und **Konsequenzen** für die eigene Überwachungsaufgabe zu ziehen. Der APr. hat daher die Grundzüge seines jeweiligen Prüfungsvorgehens entsprechend ausführlich darzustellen[582]. Eine **Begründung** des Prüfungsvorgehens im Einzelnen ist jedoch grds. **nicht erforderlich**; ebenso kommt eine Erwähnung einzelner Prüfungshandlungen nur in Ausnahmefällen in Betracht[583].

298 Außerdem sollte stets darauf hingewiesen werden, dass sich eine Abschlussprüfung allgemein **nicht darauf zu erstrecken hat**, ob der Fortbestand des geprüften Unternehmens oder die Wirksamkeit und Wirtschaftlichkeit der Geschäftsführung zugesichert werden kann (§ 317 Abs. 4a HGB bzw. Art. 25a RL 2006/43/EG)[584]. Darüber hinaus empfiehlt sich der Hinweis, dass die Prüfung der Einhaltung anderer gesetzlicher Vorschriften nur insoweit Aufgabe der Abschlussprüfung ist, als sich aus diesen anderen

---

573 Vgl. *IDW PS 450 n.F.*, Tz. 19.
574 Vgl. ADS[6], § 321, Tz. 131.
575 Vgl. *IDW PS 201*, Tz. 20, 22.
576 Der IDW-Vorstand hat Ende 2017 beschlossen, die ISA in die deutschen (GoA) zu **integrieren**. Dadurch kommt es indes **nicht** zu einer „Prüfung nach ISA", da die ISA nicht übernommen werden. Die (ergänzende) Beachtung der ISA i.R. einer Abschlussprüfung ist deshalb unverändert zusätzlich und einzelvertraglich zu beauftragen. Vgl. hierzu allg. auch *Gewehr/Moser*, WPg 2018, S. 193 ff.
577 Vgl. *IDW PS 450 n.F.*, Tz. 55; *IDW PS 201*, Tz. 23.
578 Vgl. hierzu *IDW PS 301*, insb. Tz. 20 ff.
579 Vgl. hierzu *IDW PS 302 n.F.*, insb. Tz. 7, 11, A1, A12.
580 Vgl. *IDW PS 450 n.F.*, Tz. 55.
581 Vgl. zu Prüfungshemmnissen *IDW PS 405*, insb. Tz. 9 b), A9 ff.
582 Vgl. *IDW PS 450 n.F.*, Tz. 56.
583 Vgl. *IDW PS 450 n.F.*, Tz. 57; ADS[6], § 321, Tz. 134; *Kuhner/Päßler*, in: HdR[5], § 321, Rn. 75.
584 Vgl. *IDW PS 450 n.F.*, Tz. 56. Siehe auch RegBegr. AReG, BT-Drs. 18/7219 v. 11.01.2016, S. 38.

Vorschriften üblicherweise Rückwirkungen auf den geprüften JA ergeben oder als die Nichtbeachtung solcher Gesetze erfahrungsgemäß Risiken zur Folge hat, denen im LB Rechnung zu tragen ist[585].

Um sicherzustellen, dass den Berichtsadressaten alle für sie bestimmten Informationen zur Kenntnis gelangen, hat der APr. in diesem Abschnitt des PrB außerdem eine geschlossene **Übersicht** über alle von ihm erstatteten **Teilberichte** und deren Gegenstand zu geben[586]. **299**

Bei PIE empfiehlt es sich, an dieser Stelle auch die nach Art. 11 Abs. 2 Buchst. d) VO (EU) Nr. 537/2014 vorgeschriebene **Beschreibung der Art, der Häufigkeit und des Umfangs der Kommunikation** mit dem PrA, dem Aufsichtsgremium und dem Exekutivorgan des geprüften Unternehmens abzugeben[587]. Dabei ist zum einen zu beachten, dass diese Angabepflicht unabhängig davon gilt, ob im Einzelfall mit dem Gesamtgremium bzw. -organ oder nur mit einzelnen Mitgliedern kommuniziert wurde, sofern diese Person(en) insoweit die jeweiligen Gremien bzw. Organe ggü. dem APr. vertreten hat bzw. haben (namentlich als Vorsitzende), und zum anderen, dass aufgrund der inhaltlich weiten Formulierung der Vorschrift in diesem Zusammenhang bspw. auch sog. Management Letter anzugeben sind[588]. Aufzuführen sind jeweils die Teilnehmer, die Themengebiete sowie die Zeitpunkte der Kommunikation; bei Zusammenkünften sollte grds. auch der Ort genannt werden. **300**

Angesichts der Tatsache, dass Art und Umfang des prüferischen Vorgehens auch von der Verlässlichkeit des VJ-Abschlusses beeinflusst werden[589], wird es zweckmäßig sein, einleitend den **VJ-Abschluss** als Ausgangspunkt der Prüfung zu erwähnen und anzugeben, ob und mit welchem Ergebnis dieser geprüft und ob er rechtswirksam festgestellt worden ist[590]. **301**

Bei PIE sind (von WPG) sinnvollerweise anschließend die **verantwortlichen Prüfungspartner** zu nennen (Art. 11 Abs. 2 Buchst. b) VO (EU) Nr. 537/2014). Der Begriff „verantwortlicher Prüfungspartner" wird in Art. 2 Nr. 16 RL 2006/43/EG definiert. Dies ist der in § 319a Abs. 1 S. 4 HGB genannte Personenkreis, primär der bzw. die Unterzeichner des BestV[591]. **302**

Sind mehrere verantwortliche Prüfungspartner i.S.d. VO anzugeben, empfiehlt es sich, zusätzlich anzugeben, welcher davon zugleich der auch im BestV extra zu nennende „verantwortliche Wirtschaftsprüfer" i.S.v. *IDW QS 1* ist.

Im Anschluss daran ist kurz der **zeitliche Umfang** der Prüfung darzustellen, damit erkennbar wird, in welchem Zeitraum der APr. seine Arbeiten durchgeführt hat[592]. **303**

Dabei sollte auch auf die Vornahme einer Zwischenprüfung und deren Zeitraum oder auf eine (turnusmäßige) Prüfung von Zweigniederlassungen bzw. Werken hingewiesen

---

585 Vgl. *IDW PS 201*, Tz. 9 ff.
586 Vgl. *IDW PS 450 n.F.*, Tz. 60.
587 Vgl. *IDW PS 450 n.F.*, Tz. P60/1. Alternativ kann diese Beschreibung i.R. eines gesonderten (Unter-)Abschnitts des PrB erfolgen.
588 Vgl. *IDW PS 450 n.F.*, Tz. P60/2-3.
589 Vgl. *IDW PS 230*, Tz. 12, 14; *IDW PS 261 n.F.*, Tz. 64; *IDW PS 205*, Tz. 11.
590 Zu ggf. weitergehenden Ausführungen i.Z.m. Erstprüfungen siehe Kap. M Tz. 678 ff.
591 Vgl. *IDW PS 450 n.F.*, P56/1-2.
592 Das Datum des BestV darf nicht vor dem Abschluss der Prüfung liegen. Vgl. *IDW PS 400 n.F.*, Tz. 74; *IDW PS 450 n.F.*, Tz. 116 f.

werden. Es kann außerdem erforderlich sein, auf später getroffene Feststellungen, z.B. anlässlich von Besprechungen nach Abschluss der örtlichen Prüfung, hinzuweisen. Gleiches gilt für **besondere Umstände**, die zu einer Verlängerung der Prüfungszeit geführt haben, sowie für längere Unterbrechungen der Prüfung, wie z.B. wegen mangelnder Prüfungsbereitschaft des Unternehmens[593].

304 Die **bei PIE** nach Art. 11 Abs. 2 Buchst. e) VO (EU) Nr. 537/2014 ausdrücklich geforderte Beschreibung des Umfangs und des **Zeitplans** der Prüfung umfasst zumindest eine Übersicht über den tatsächlichen zeitlichen Ablauf der Prüfung. Im Einzelfall kann es sinnvoll sein, eine Gegenüberstellung von ursprünglichem Plan und tatsächlichem Prüfungsablauf vorzunehmen[594].

> **Praxistipp 2:**
> Dabei kann die Verwendung von grafischen Schaubildern (z.B. in Form einer Matrix mit Zeilen für die Prüfungsschwerpunkte sowie ggf. weitere wesentliche Prüfungsinhalte und in den Spalten die Wochen oder Monate, in denen diese geprüft wurden) die Verständlichkeit unterstützen.

305 Zu den **berichtspflichtigen Prüfungsinhalten** über das jeweilige Prüfungsvorgehen gehören die zugrunde gelegte Prüfungsstrategie[595] sowie je nach den individuellen Verhältnissen der durchgeführten Prüfung insb.[596]

- die festgelegten Prüfungsschwerpunkte (bei PIE einschl. KAM),
- ggf. wesentliche Änderungen ggü. dem VJ beim prüferischen Vorgehen,
- die Prüfung des rechnungslegungsbezogenen IKS und deren Auswirkungen auf den Umfang der aussagebezogenen Prüfungshandlungen[597],
- die Zielsetzung und Verwendung von Auswahlverfahren (Vollerhebung, bewusste oder repräsentative Auswahl),
- Besonderheiten der Prüfung des Inventars[598],
- die Vorgehensweise und Kriterien, nach denen Bestätigungen Dritter eingeholt wurden[599],
- die Verwertung und Einschätzung von für die Beurteilung wesentlichen Arbeiten, Prüfungsergebnissen oder Untersuchungen Dritter (z.B. Teilbereichsprüfer[600] oder Sachverständiges des APr.[601]),
- die Verwendung der Arbeiten von Sachverständigen der gesetzlichen Vertreter als Prüfungsnachweis[602],

---

593 Vgl. ADS[6], § 321, Tz. 135.
594 Vgl. *IDW PS 450 n.F.*, Tz. P56/4.
595 Vgl. hierzu allg. *IDW PS 240*.
596 Vgl. *IDW PS 450 n.F.*, Tz. 57; ADS[6], § 321, Tz. 133; *Bertram*, in: Haufe HGB Kommentar[8], § 321, Rn. 89; *Ebke*, in: MünchKomm. HGB[3], § 321, Rn. 65; *Kuhner/Päßler*, in: HdR[5], § 321, Rn. 73; *Schmidt/Deicke*, in: BeBiKo[11], § 321, Rn. 126, 129 ff. Vgl. ferner § 41 BS WP/vBP.
597 Vgl. hierzu *IDW PS 330, IDW PS 331 n.F.*
598 Vgl. hierzu *IDW PS 301*.
599 Vgl. hierzu *IDW PS 302*.
600 Vgl. hierzu *IDW PS 320*.
601 Vgl. hierzu *IDW PS 322 n.F.*
602 Vgl. hierzu *IDW PS 300*, Tz. 9.

- die Berücksichtigung der Arbeit der internen Revision[603],
- die Darstellung zusätzlicher Prüfungshandlungen, die aufgrund festgestellter Anhaltspunkte für Unregelmäßigkeiten, insb. Täuschungen und Vermögensschädigungen, erforderlich geworden sind[604],
- die Prüfung der Angaben im LB[605], insb. prognostischer Angaben,
- ggf. die Prüfung des Risikofrüherkennungssystems i.S.v. § 91 Abs. 2 AktG[606],
- Auswirkungen von (sonstigen) Erweiterungen des Prüfungsauftrags.

Die Darlegung der **Prüfungsstrategie** und der weiteren Prüfungsdurchführung soll den Berichtsadressaten die **problemorientierte Ausrichtung der Abschlussprüfung**[607] deutlich machen. Um der Anforderung, unter Beachtung des Grundsatzes der Wirtschaftlichkeit wesentliche Unrichtigkeiten und Verstöße gegen die Rechnungslegungsvorschriften bei gewissenhafter Prüfung mit hinreichender Sicherheit zu erkennen[608], gerecht zu werden, wird vielfach ein **risiko- und prozessorientierter Prüfungsansatz** angewendet, der kurz erläutert werden sollte. **306**

Bei PIE hat der APr. in diesem Zusammenhang gem. Art. 11 Abs. 2 Buchst. h) VO (EU) Nr. 537/2014 auch die von ihm festgelegte quantitative **Wesentlichkeitsgrenze**[609] für den geprüften Abschluss als Ganzes sowie die ggf. für einzelne Bereiche (z.B. Angaben im Anh.) niedriger festgelegten spezifischen Wesentlichkeiten anzugeben. Dabei sind auch die qualitativen Faktoren[610], die bei der Festlegung der Wesentlichkeitsgrenzen berücksichtigt wurden, darzulegen[611]. **307**

Die jeweiligen **Prüfungsschwerpunkte** sind darzustellen. Hierbei ist kenntlich zu machen, welche Prüfungsschwerpunkte vom APr. gesetzt worden sind und welche ggf. auf Wunsch des Aufsichtsorgans oder eines anderen Auftraggebers festgelegt worden sind[612]. U.U. von Aufsichts-, Regulierungs- oder Genehmigungsbehörden gesetzte Prüfungsschwerpunkte sind gesondert herauszustellen. Sofern bestimmte Prüfungsschwerpunkte i.R. eines (mehrjährigen) Rotationsplans geprüft werden, sollte darauf grds. hingewiesen werden. **308**

Die **bei PIE** nach Art. 10 Abs. 2 Buchst. c) VO (EU) Nr. 537/2014 im BestV explizit darzulegenden **„bedeutsamsten beurteilten Risiken wesentlicher falscher Darstellungen"** im Abschluss (KAM) haben ihrer Natur nach immer die Qualität von Prüfungsschwerpunkten[613]. Sie sind dementsprechend bei PIE an dieser Stelle im PrB ebenfalls ausdrücklich zu nennen. Angesichts der vorgeschriebenen ausführlichen Dar- **309**

---

603 Vgl. hierzu *IDW PS 321*.
604 Vgl. *IDW PS 210*, Tz. 69.
605 Vgl. *IDW PS 350* bzw. *IDW PS 350 n.F.*
606 Vgl. hierzu *IDW PS 340*.
607 Vgl. RegBegr. KonTraG, BT-Drs. 13/9712 v. 28.01.1998, S. 28.
608 Vgl. *IDW PS 200*, Tz. 9, 21, 24.
609 Vgl. *IDW PS 250 n.F.*, insb. Tz. 5, 11, 16.
610 Vgl. *IDW PS 250 n.F.*, Tz. 8-9. Zu qualitativen Faktoren vgl. auch *F&A zu ISA 320 bzw. IDW PS 250 n.F.* (Stand 25.07.2013), Fragen 3.2.2 und insb. 3.3.3.
611 Für eine grds. Angabe der Wesentlichkeitsgrenze im PrB vgl. *Ebke*, in: MünchKomm. HGB³, § 321, Rn. 65; *Kuhner/Päßler*, in: HdR⁵, § 321, Rn. 73.
612 Ein vollumfängliches Bestimmen von Prüfungsschwerpunkten durch das Aufsichtsgremium bzw. den PrA wäre insb. mit dem Prinzip der Unabhängigkeit des APr. (§ 43 Abs. 1 S. 1 WPO) nicht vereinbar. Vgl. *Henning/Precht*, in: Hense/Ulrich, WPO³, § 43, Rn. 9 f.
613 Vgl. *IDW PS 450 n.F.*, Tz. P57/1.

legungen im BestV[614] (gem. Art. 10 Abs. 2 Buchst. c) Punkt iii) VO (EU) Nr. 537/2014 ggf. einschl. wesentlicher Feststellungen in Bezug auf die einzelnen KAM[615]) wird insofern ein Verweisen auf den diesbezüglichen Abschnitt des im PrB wiedergegebenen BestV sachgerecht und hinreichend sein, falls nicht im Einzelfall wegen der Bedeutung für die Überwachungsaufgaben des Aufsichtsgremiums weitergehende Angaben im Berichtabschnitt „Gegenstand, Art und Umfang der Prüfung" angezeigt sind.

310 Falls der APr. bestandsgefährdende Tatsachen feststellt, wird der Aspekt der **Fortführung der Unternehmenstätigkeit** („Going Concern") zwangsläufig zu einem Prüfungsschwerpunkt, sofern er nicht bereits vorher als solcher vorgesehen war[616].

Nach Art. 11 Abs. 2 Buchst. i) VO (EU) Nr. 537/2014 ist **bei PIE** in solchen Fällen eine Übersicht über alle Bürgschaften, Garantien, Patronatserklärungen u.Ä.[617], Hilfszusagen der öffentlichen Hand sowie andere unterstützende Maßnahmen[618], die dem Unternehmen zur Sicherstellung der Unternehmensfortführung in Aussicht gestellt oder gewährt worden sind, zu geben. Ist diese Übersicht bereits i.R.d. vorangestellten Berichterstattung enthalten, kann darauf verwiesen werden.

Eine solche Zusammenstellung kann sich generell empfehlen. Weitere Ausführungen hängen von den Umständen des Einzelfalls ab.

311 Die Prüfung des **rechnungslegungsbezogenen IKS**[619] umfasst auch organisatorische Umstellungen im Rechnungslegungsprozess, die während des zu prüfenden GJ erfolgten. Falls die APr. in diesem Zusammenhang projektbegleitend prüferisch tätig war[620], ist darauf jedenfalls hinzuweisen. Hat das zu prüfende Unternehmen wesentliche Teile der Rechnungslegung auf ein Dienstleistungsunternehmen oder ein (konzerninternes) Shared Service Center[621] ausgelagert („Outsourcing"), so wird regelmäßig auf die sich daraus ergebenden Prüfungsanforderungen einzugehen sein[622].

Darstellungsbedarf ergibt sich außerdem dann, wenn der APr. im Zuge der Prüfung des rechnungslegungsbezogenen IKS zu dem Schluss gekommen ist, dass aufgrund **identifizierter IKS-Mängel** ausreichende und angemessene Prüfungsnachweise und damit ein hinreichend sicheres Prüfungsurteil abweichend von der ursprünglich geplanten Prüfungsstrategie nur durch verstärkte aussagebezogene Prüfungshandlungen[623], d.h. ana-

---

614 Vgl. *IDW PS 401*, Tz. 14 ff., A32 ff.; ISA 701.13, A34 ff.; *Pföhler/Kunellis/Knappe*, WP Praxis 2016, S. 57 ff. Siehe ferner Kap. M Tz. 865 ff.
615 Vgl. *IDW PS 401*, Tz. 16 b), A45, A50; ISA 701.A46, A51.
616 In diesem Zusammenhang ist zu beachten, dass „Going Concern" zwar naturgemäß KAM-Charakter besitzt (vgl. *IDW PS 270 n.F.*, Tz. A1; ISA 570.A1), aber nicht i.R.d. KAM dargestellt werden darf, sondern stets einen eigenständigen Prüfungs- und Berichterstattungsaspekt bildet (vgl. *IDW PS 401*, Tz. 18; ISA 701.4 (c)).
617 Die VO (EU) Nr. 537/2014 verwendet hier fälschlicherweise den Begriff „Comfort Letter". Sachlich korrekt und daher de facto auch gemeint ist vielmehr der „Letter of Comfort". Vgl. *IDW PS 450 n.F.*, Tz. P35/1.
618 Andere unterstützende Maßnahmen können bspw. sein: Forderungsverzichte (u.U. gegen Besserungsschein), qualifizierte Rangrücktrittserklärungen, verbindliche Kreditzusagen etc.
619 Vgl. hierzu insb. *IDW PS 261 n.F.*
620 Vgl. hierzu *IDW PS 850*. Bei PIE ist in Zusammenhang mit derartigen Dienstleistungen Art. 5 Abs. 1 Unterabs. 2 Buchst. e) VO (EU) Nr. 537/2014 zu berücksichtigen.
621 Zum Begriff vgl. F&A zu ISA 600 bzw. IDW PS 320 n.F. (Stand: 06.07.2015), Frage 9.1.1.
622 Vgl. hierzu *IDW PS 331 n.F.*
623 Vgl. hierzu *IDW PS 300 n.F.*

lytische Prüfungshandlungen oder Einzelfallprüfungen, gewährleistet werden konnten[624].

Bei PIE sollte sich hieran zweckmäßigerweise die nach Art. 11 Abs. 2 Buchst. g) VO (EU) Nr. 537/2014 geforderte **Methodenübersicht**[625] über die i.R.d. Prüfung verwendeten Aufbau- und Funktionsprüfungen und/oder aussagebezogenen Prüfungshandlungen anschließen[626]. Als „Kategorien der Bilanz" sind einzelne Bilanzposten bzw. die Zusammenfassung mehrerer Bilanzposten sowie, sofern sachgerecht, ggf. „Prüffelder" aufzufassen[627]. Für eine solche Übersicht kann bspw. die Darstellung in Form einer Matrix (z.B. Bilanzposten/Prüffelder in den Zeilen und Prüfungsmethoden in den Spalten) geeignet sein. 312

Jedenfalls dann, wenn beim diesbezüglichen prüferischen Vorgehen **wesentliche Veränderungen ggü. dem VJ** erfolgt sind, ist dies vom APr. nach Art. 11 Abs. 2 Buchst. g) VO (EU) Nr. 537/2014 im PrB entsprechend zu erläutern. Diese Erläuterungspflicht besteht im Übrigen auch dann, wenn der Abschluss im VJ von einem anderen WP oder von einer anderen WPG geprüft worden ist.

Sofern bei börsennotierten AG nach § 317 Abs. 4 HGB oder bei anderen Unternehmen aufgrund einer freiwilligen Beauftragung, das **Risikofrüherkennungssystem** geprüft wurde, sollte ausdrücklich darauf hingewiesen werden, dass es sich dabei charakteristischerweise um eine Systemprüfung[628] handelt und dass der Prüfung die Grundsätze des *IDW PS 340* zugrunde gelegt worden sind. 313

Die **Beschreibung des Prüfungsumfangs** muss es den Berichtsadressaten nicht nur ermöglichen, sich ein Urteil über die Qualität der durchgeführten Prüfung zu bilden, sondern auch die Grenzen der Prüfung zu erkennen, um daraus ggf. Konsequenzen für die eigene Überwachungsaufgabe ziehen zu können. Deshalb sollte auch darauf hingewiesen werden, dass die Reaktion des Vorstands und nachgeordneter Entscheidungsträger auf erkannte Risiken nicht Gegenstand dieser Prüfung ist[629]. Des Weiteren kommen Ausführungen zur Prüfungsstrategie und -durchführung sowie zu den i.R.d. Prüfung eingesehenen Unterlagen zur Systemdokumentation (z.B. Handbücher, Risikorichtlinien, Arbeitsplatzbeschreibungen, Arbeitsanweisungen, Ablaufdiagramme usw.) in Betracht[630].

Abschließend ist ein Querverweis auf die Berichterstattung über die dazu getroffenen Feststellungen im Berichtsabschnitt „Feststellungen zum Risikofrüherkennungssystem" (Kap. M Tz. 166 – Abschn. 5.1; vgl. dazu Kap. M Tz. 449 ff.) aufzunehmen[631].

---

624 Vgl. *IDW PS 450 n.F.*, Tz. 58; *Schmidt/Deicke*, in: BeBiKo[11], § 321, Rn. 129.
625 Die Begriffswahl „verwendete Methode" in der VO wird hierbei als gleichbedeutend mit dem „**Prüfungsansatz**" anzusehen sein.
626 Die VO (EU) Nr. 537/2014 verwendet die Formulierung „System- und Zuverlässigkeitsprüfungen" (im Wortlaut der englischen Fassung „system and compliance testing"). Diese Formulierung ist entsprechend dem Begriffsgebrauch in den *IDW PS* (vgl. insb. *IDW PS 300 n.F.*, Tz. A11 Abb. 1) zu verstehen.
627 Vgl. *IDW PS 450 n.F.*, Tz. P57/5. Siehe auch Berichterstattung über die 76. und 77. Sitzung des IDW Arbeitskreises „ISA-Implementierung", insb. Punkte 1. bis 6. (abrufbar im Mitgliederbereich der IDW Website).
628 Vgl. *IDW PS 340*, Tz. 19.
629 Vgl. *IDW PS 340*, Tz. 6.
630 Vgl. ADS[6], § 321, Tz. 139; *Kuhner/Päßler*, in: HdR[5], § 321, Rn. 79.
631 Falls der APr. die Berichterstattung i.Z.m. § 317 Abs. 4 HGB vollumfänglich in den gesonderten Abschnitt (§ 321 Abs. 4 HGB) aufnimmt, sollte hier jedenfalls ausdrücklich darauf verwiesen werden.

314 In Zusammenhang mit **Auswahlverfahren** kommen insb. Angaben zu den angewandten Verfahren (Vollerhebung, bewusste Auswahl oder repräsentative Auswahl) sowie zur konkreten Bestimmung der geprüften Elemente in Betracht[632].

315 Auf die **Prüfung des Inventars** ist bspw. bei nicht erfolgter Inventurbeobachtung durch den APr., weil der Prüfungsauftrag erst nach Durchführung der Inventur erteilt wurde, näher einzugehen[633]. Des Weiteren kann sich durch den Inventurzeitpunkt (z.B. vorverlegte Stichtagsinventur), den Inventurumfang (z.B. Stichprobeninventur) oder das Inventurverfahren (z.B. permanente Inventur, Einlagerungsinventur) Erläuterungsbedarf ergeben.

316 Je nach den Umständen des Einzelfalls kann es sich empfehlen, ausdrücklich auf wichtige **Bestandsnachweise** einzugehen (z.B. Grundbuchauszüge, RA-Bestätigungen, Nachweise über den Kreis der nahestehenden Personen u.a.m.)[634].

317 Soweit der APr. i.R.d. Prüfung die **Arbeit von Dritten** – d.h. Sachverständige[635], die interne Revision[636] bzw. Teilbereichsprüfer[637] (inkl. APr. von TU) – berücksichtigt bzw. verwertet, ist darauf im PrB grds. hinzuweisen[638]. Beispiele hierfür sind Bescheinigungen nach *IDW PS 951 n.F.*, Wertgutachten und versicherungsmathematische Gutachten von Sachverständigen oder (bei Bestandsgefährdung) Sanierungsgutachten nach *IDW S 6* u.a.m. Ein Hinweis auf die **Zusammenarbeit mit der Internen Revision** ist jedenfalls dann erforderlich, wenn diese Zusammenarbeit im Einzelfall über einen i.R.d. Prüfung des rechnungslegungsbezogenen IKS üblichen Rückgriff[639] auf Feststellungen der internen Revision hinausgeht.

Bei PIE hat der APr. darüber hinaus nach Art. 11 Abs. 2 Buchst. c) VO (EU) Nr. 537/2014 im PrB zu bestätigen, dass er von allen externen Sachverständigen, deren Arbeiten von ihm i.R.d. Prüfung verwertet wurden, und von Teilbereichsprüfern, die nicht demselben Netzwerk wie der APr. angehören, eine schriftliche Erklärung in Bezug auf deren jeweilige Unabhängigkeit eingeholt und erhalten hat[640]. Die Beurteilung, ob im Einzelfall Inhabilität eines externen Sachverständigen oder Teilbereichsprüfers vorlag, hat der APr. vor der Verwertung der jeweiligen Arbeitsergebnisse zu treffen.

318 Sind i.R.d. Abschlussprüfung **Unregelmäßigkeiten** identifiziert worden, so kann es erforderlich sein, i.R. dieses Berichtsabschnitts darauf einzugehen, welche zusätzlichen

---

632 Vgl. hierzu *IDW PS 300 n.F.*, *IDW PS 310* sowie *F&A zu ISA 530* bzw. *IDW EPS 310 oder ISA 500* bzw. *IDW EPS 300 n.F.* (Stand: 20.11.2015).
633 Vgl. *IDW PS 400 a.F.*, Tz. 33.
634 Vgl. *Küster/Bernhardt*, WPg 2015, S. 1220 f.; *Schmidt/Deicke*, in: BeBiKo[11], § 321, Rn. 130.
635 Vgl. hierzu *IDW PS 320 n.F.*, Tz. 9, A31 ff. (von den gesetzlichen Vertretern des geprüften Unternehmens beauftragte Sachverständige) bzw. *IDW PS 322 n.F.* (für den APr. tätige Sachverständige).
636 Vgl. hierzu *IDW PS 321*.
637 Vgl. hierzu *IDW PS 320 n.F.*, Tz. 9 c), A8-A9. Im Ausnahmefall (etwa i.Z.m. einer bedeutenden Auslandsniederlassung) können **bei PIE** nach Art. 11 Abs. 2 Buchst. n) VO (EU) Nr. 537/2014 noch die von einem Teilbereichsprüfer konkret durchgeführten Prüfungsarbeiten anzugeben sein. Vgl. *Schmidt/Deicke*, in: BeBiKo[11], § 321, Rn. 127.
638 Vgl. *IDW PS 450 n.F.*, Tz. 57, P57/2-3. Zur Einholung von fachlichem Rat (Konsultation) siehe *IDW QS 1*, Tz. 140 ff.
639 Vgl. *IDW PS 321*, Tz. 12.
640 Bei den Sachverständigen wird damit keine „Unabhängigkeitserklärung", sondern eine schriftliche Erklärung des externen Sachverständigen über zu dem Unternehmen bestehende Interessen oder Beziehungen, die dem Sachverständigen bekannt sind, gemeint sein. Vgl. *IDW PS 450 n.F.*, Tz. P57/4 sowie *IDW PS 322 n.F.*, Tz. 12, A14 letzter Satz.

Prüfungshandlungen deswegen erfolgt sind. Die Feststellungen als solche, die sich daraus ergeben haben, sind grds. Teil der vorangestellten Berichterstattung nach § 321 Abs. 1 S. 3 HGB. Gegebenenfalls sind sie auch i.R.d. Feststellungen zur Rechnungslegung und/oder der Feststellungen aus Erweiterungen des Prüfungsauftrags zu erwähnen[641].

Zur Beschreibung der durchgeführten Prüfung sind ergänzende Angaben erforderlich, wenn und soweit der APr. aufgrund besonderer Umstände geplante Prüfungshandlungen nicht durchführen konnte und sich die Nachweise zur Erreichung der notwendigen Urteilssicherheit durch **alternative Prüfungshandlungen** verschaffen musste. Falls sich der APr. in bestimmten Fällen ausschl. auf eine Erklärung der gesetzlichen Vertreter als Prüfungsnachweis stützen kann[642], kann es angebracht sein, ausdrücklich darauf hinzuweisen. Ist (ggf. trotz alternativer Prüfungshandlungen) eine Beurteilung wesentlicher Sachverhalte aufgrund von **Prüfungshemmnissen** nicht oder nicht mit hinreichender Sicherheit möglich, ist auch dies im PrB darzulegen[643]. **319**

In diesen Berichterstattungszusammenhang einzuordnen sind auch die gem. Art. 11 Abs. 2 Buchst. p) VO (EU) Nr. 537/2014 bei der **Prüfung von PIE** erforderlichenfalls anzusprechenden **320**

- **bedeutsamen Schwierigkeiten**, die sich während der Prüfung ergeben haben[644],
- **bedeutsamen Sachverhalte**, die mit dem Management[645] besprochen wurden oder Gegenstand des Schriftverkehrs mit dem Management waren, oder die vom APr. als wichtig für die Aufsicht über den Rechnungslegungsprozess eingestuft wurden.

Allerdings dürften aus dieser Vorschrift nur selten eigenständige Berichterstattungspflichten resultieren. Vielmehr werden die erwähnten Aspekte regelmäßig bereits i.Z.m. den Prüfungsschwerpunkten, mit KAM, mit Unregelmäßigkeiten i.s.v. § 321 Abs. 1 S. 3 HGB usw. angesprochen (vgl. Kap. M Tz. 169). Bedeutung dürfte Art. 11 Abs. 2 Buchst. p) VO (EU) Nr. 537/2014 daher lediglich dann erlangen, wenn der (zusätzliche) Bericht an den PrA in einem Teilband erstattet wird. Es kann sich empfehlen, bei damit in Zusammenhang stehender anderweitiger Berichterstattung zwecks Verdeutlichung auch auf diese VO-Vorschrift hinzuweisen[646]. **321**

Bei KapGes. und Personenhandelsgesellschaften i.S.v. § 264a HGB, die als TU unter **Inanspruchnahme von § 264 Abs. 3 HGB** bzw. **§ 264b HGB** ausschl. die für alle Kaufleute geltenden deutschen handelsrechtlichen Vorschriften beachten, sollte darauf hingewiesen werden, dass im Zeitpunkt der Beendigung der Abschlussprüfung die Erfüllung der Voraussetzungen des § 264 Abs. 3 HGB bzw. § 264b HGB insoweit nicht beurteilt werden konnte, als diese Voraussetzungen ihrer Art nach erst zu einem späteren Zeit- **322**

---

641 Vgl. *IDW PS 450 n.F.*, Tz. 47, 62, 106; *IDW PS 210*, Tz. 69 f.
642 Vgl. *IDW PS 303 n.F.*, Tz. 18.
643 Vgl. *IDW PS 450 n.F.*, Tz. 58; ADS[6], § 321, Tz. 133. Zu eventuellen Auswirkungen auf den BestV vgl. *IDW PS 405*, Tz. 9 b), 10 b), 13 ff., A9 ff.
644 Die hierunter zu subsummierenden Sachverhalte werden als inhaltsgleich mit den „bedeutsamen Problemen" i.S.v. *IDW PS 470 n.F.*, Tz. 21 b) aufzufassen sein, über die sich der APr. mit den für die Überwachung Verantwortlichen (i.d.R. das Aufsichtsgremium) auszutauschen hat. Vgl. *IDW PS 450 n.F.*, Tz. P58/1.
645 Der in der VO verwendete Begriff „Management" geht inhaltlich über die Begriffe „gesetzliche Vertreter" bzw. „Unternehmensleitungsorgan" hinaus und erstreckt sich grds. auch auf weitere Führungsebenen im geprüften Unternehmen. Um das Aufsichtsgremium ausreichend über „bedeutsame Sachverhalte" zu informieren, empfiehlt es sich daher, die Abgrenzung des Begriffs „Management" mit dem Aufsichtsgremium explizit abzustimmen. Vgl. *IDW PS 450 n.F.*, Tz. P58/2.
646 Vgl. *Schmidt/Deicke*, in: BeBiKo[11], § 321, Rn. 128.

punkt erfüllbar sind, und es sollten die noch ausstehenden Voraussetzungen genannt werden[647].

323 Für die i.R. von **Erstprüfungen** zusätzlich erforderlichen Prüfungshandlungen in Bezug auf die Eröffnungsbilanzwerte ist ein entsprechender Hinweis zum Umfang der Prüfung aufzunehmen[648]. Gleiches gilt in Bezug auf **Auswirkungen aus dem VJ-Abschluss** auf die Prüfungsdurchführung, z.B. wenn der VJ-Abschluss nicht geprüft oder festgestellt wurde oder zum VJ-Abschluss ein eingeschränkter BestV oder ein Versagungsvermerk erteilt worden ist[649].

3.2.3.3 Aufklärungs- und Nachweispflichten der gesetzlichen Vertreter

324 Zur Darstellung der Prüfungsdurchführung gehört obligatorisch auch die Aussage des APr., ob die gesetzlichen Vertreter die **verlangten Aufklärungen und Nachweise** erbracht haben, die der APr. nach seinem pflichtgemäßen Ermessen zur ordnungsmäßigen Durchführung der Prüfung benötigt (§ 321 Abs. 2 S. 6 HGB bzw. Art. 11 Abs. 2 Buchst. o) VO (EU) Nr. 537/2014)[650]. Die diesbezüglichen Pflichten der gesetzlichen Vertreter bestimmen sich nach § 320 Abs. 2 HGB. Sie umfassen alle dem APr. mündlich erteilten Auskünfte, Erläuterungen, Erklärungen, Hinweise und Begründungen sowie alle schriftlichen Unterlagen (einschl. schriftlicher Erklärungen der gesetzlichen Vertreter[651]), die nach Einschätzung des APr. für die ordnungsmäßige Durchführung der Abschlussprüfung notwendig sind[652].

325 Kommen die gesetzlichen Vertreter diesen Pflichten nach, genügt die **Feststellung**, dass alle erbetenen Aufklärungen und Nachweise erbracht worden sind[653]. Wurden im Einzelfall auch Aufklärungen und Nachweise von dem MU bzw. von TU eingeholt (§ 320 Abs. 2 S. 3 HGB), sollte hierauf grds. hingewiesen werden, da es sich dabei um Ausnahmefälle handelt[654].

326 Haben die gesetzlichen Vertreter oder die von diesen benannten Auskunftspersonen **Aufklärungen nicht, nicht ausreichend oder nicht rechtzeitig erteilt oder Nachweise nicht vorgelegt**, ist darauf im PrB dezidiert einzugehen. Entsprechendes gilt, wenn **ernsthafte Zweifel** des APr. an der Richtigkeit von Aufklärungen und Nachweisen verbleiben oder wenn solche nachweislich nicht ordnungsgemäß erbracht worden sind. Der APr. hat darzulegen, inwieweit sich dadurch Auswirkungen auf die Prüfungsdurchführung, die abschließende und verlässliche Beurteilung insb. des JA und des LB und damit auch auf das Prüfungsergebnis ergeben haben[655]. Gegebenenfalls erwachsen da-

---

[647] Ebenso *Bertram*, in: Haufe HGB Kommentar[8], § 321, Rn. 85; vgl. auch *IDW PH 9.200.1*, Tz. 9.
[648] Vgl. *IDW PS 205*, Tz. 18.
[649] Vgl. *IDW PS 205*, Tz. 11 ff.
[650] Vgl. *IDW PS 450 n.F.*, Tz. 59. Trotz des leicht unterschiedlichen Wortlauts deckt die Angabepflicht nach § 321 Abs. 2 S. 6 HGB die Anforderungen des Art. 11 Abs. 2 Buchst. o) VO (EU) Nr. 537/2014 mit ab. Vgl. *IDW PS 450 n.F.*, Tz. P59/1.
[651] Vgl. insb. *IDW PS 303 n.F.*, Tz. 13 ff.
[652] Vgl. ADS[6], § 320, Tz. 28 ff.; *Burg/Müller*, in: Kölner Komm. Rechnungslegungsrecht, § 320, Rn. 14; *Schmidt/Heinz*, in: BeBiKo[11], § 320, Rn. 11 f.
[653] Vgl. *IDW PS 450 n.F.*, Tz. 59; ADS[6], § 321, Tz. 105; *Kuhner/Päßler*, in: HdR[5], § 321, Rn. 74.
[654] Vgl. ADS[6], § 320, Tz. 53, § 321, Tz. 105; *Schmidt/Heinz*, in: BeBiKo[11], § 320, Rn. 16.
[655] Vgl. *IDW PS 450 n.F.*, Tz. 59; ADS[6], § 321, Tz. 106; *Kuhner/Päßler*, in: HdR[5], § 321, Rn. 74; *Schmidt/Poullie*, in: BeBiKo[11], § 321, Rn. 119.

raus außerdem Berichterstattungspflichten nach § 321 Abs. 1 S. 3 HGB bzw. Art. 11 Abs. 2 Buchst. p) VO (EU) Nr. 537/2014[656].

Zu den Aufklärungen und Nachweisen zählt auch die schriftliche **Vollständigkeitserklärung**, die berufsüblicherweise von den gesetzlichen Vertretern ggü. dem APr. abzugeben ist[657]. Hat der APr. erhebliche Zweifel an der Integrität der gesetzlichen Vertreter und gelangt er daher zu dem Schluss, dass die VollstE oder der Nachweis für die Gesamtverantwortung der gesetzlichen Vertreter für die Rechnungslegung[658] nicht verlässlich ist, so ist grds. ein Versagungsvermerk nach § 322 Abs. 2 S. 1 Nr. 4 HGB zu erteilen[659]. Gleiches gilt für den Fall, dass sich die gesetzlichen Vertreter weigern, eine VollstE abzugeben oder den Nachweis für ihre Gesamtverantwortung für die Rechnungslegung zu übernehmen. 327

Über den Hinweis hinaus, dass eine **VollstE** abgegeben wurde[660], bedarf es im PrB grds. keiner Angabe der Personen, die dem APr. von den gesetzlichen Vertretern als weitere Auskunftspersonen benannt wurden[661]. Die Beifügung der VollstE zum PrB ist nicht erforderlich und – mit Ausnahme von Berichten, die an die BaFin weiterzuleiten sind – auch nicht praxisüblich. 328

3.2.4 Feststellungen und Erläuterungen zur Rechnungslegung

Nach § 321 Abs. 2 S. 1 HGB hat der APr. im Hauptteil des PrB festzustellen, ob die Buchführung und die weiteren geprüften Unterlagen, der JA und der LB den gesetzlichen Vorschriften und den ergänzenden Bestimmungen des Gesellschaftsvertrags oder der Satzung entsprechen (**Ordnungsmäßigkeit der Rechnungslegung**). Dabei kann auf die Darstellung von unwesentlichen und unproblematischen Teilen des JA grds. verzichtet werden[662]. Allerdings fordert § 321 Abs. 2 S. 2 HGB ausdrücklich eine Berichterstattung auch über diejenigen Beanstandungen, die zwar im Ergebnis nicht zu einer Modifizierung eines Prüfungsurteils im BestV (bis hin zur Erteilung eines Versagungsvermerks) geführt haben, die aber für die Überwachung der Geschäftsführung und des geprüften Unternehmens von Bedeutung sind[663]. 329

Nach § 321 Abs. 2 S. 3 HGB ist auch darauf einzugehen, ob der Abschluss insgesamt unter Beachtung der GoB oder sonstiger maßgebender Rechnungslegungsgrundsätze ein den tatsächlichen Verhältnissen entsprechendes Bild der Vermögens-, Finanz- und Ertragslage der KapGes. vermittelt, d.h. ob die **Generalnorm** des § 264 Abs. 2 S. 1 HGB 330

---

656 Vgl. auch *Orth*, in: Baetge/Kirsch/Thiele, Bilanzrecht, § 321, Rn. 100.1. Die unzureichende Erfüllung von Auskunfts- und Nachweispflichten kann auch zur Modifizierung von Prüfungsurteilen im BestV, bis hin zur Erteilung eines Versagungsvermerks, führen. Vgl. IDW PS 405, Tz. 15 ff.; Kap. M Tz. 1094.
657 Vgl. *IDW PS 303 n.F.*, Tz. 23; ADS[6], § 320, Tz. 33. Die Abgabe der VollstE durch die gesetzlichen Vertreter des zu prüfenden Unternehmens sollte bereits i.R.d. schriftlichen Auftragsbestätigung eigens vereinbart werden, da aus § 320 HGB kein Rechtsanspruch darauf besteht. Vgl. IDW PS 220, Tz. 19; ADS[6], § 320, Tz. 34; *Schmidt/Heinz*, in: BeBiKo[11], § 320, Rn. 13.
658 Vgl. *IDW PS 303 n.F.*, Tz. 11 f. Nachgewiesen wird diese Übernahme der Gesamtverantwortung üblicherweise durch ein von den gesetzlichen Vertretern unterzeichnetes schriftliches Exemplar des aufgestellten Abschlusses.
659 Vgl. *IDW PS 303 n.F.*, Tz. 27; *IDW PS 405*, Tz. 9 Buchst. b), Tz. A10 Buchst. c).
660 Vgl. *IDW PS 450 n.F.*, Tz. 59. Zum Zeitpunkt der Einholung siehe *IDW PS 303 n.F.*, Tz. 29.
661 Vgl. ADS[6], § 321, Tz. 105; *Kuhner/Päßler*, in: HdR[5], § 321, Rn. 74.
662 Vgl. RegBegr. TransPuG, BT-Drs. 14/8769 v. 06.02.2002, S. 72.
663 Vgl. *IDW PS 450 n.F.*, Tz. 61 f.; *IDW PS 210*, Tz. 70.

beachtet worden ist⁶⁶⁴. Dabei ist auf das Bild abzustellen, das sich aus einer **Gesamtbetrachtung** sämtlicher Bestandteile des JA, ggf. unter Berücksichtigung zusätzlicher Angaben nach § 264 Abs. 2 S. 2 HGB, ergibt. Es ist aber nicht Gegenstand der geforderten Ausführungen zur Gesamtaussage des JA, die Vermögens-, Finanz- und Ertragslage des Unternehmens darzustellen⁶⁶⁵.

331 In Zusammenhang mit den Ausführungen zur **Gesamtaussage des Jahresabschlusses** ist gem. § 321 Abs. 2 S. 4 HGB auch auf wesentliche Bewertungsgrundlagen sowie darauf einzugehen, welchen Einfluss Änderungen in den Bewertungsgrundlagen einschl. der Ausübung von Bilanzierungs- und Bewertungswahlrechten und der Ausnutzung von Ermessensspielräumen sowie sachverhaltsgestaltende Maßnahmen insgesamt auf die Darstellung der Vermögens-, Finanz- und Ertragslage haben. Hierzu sind die Posten des JA aufzugliedern und ausreichend zu erläutern, soweit diese Angaben nicht im Anh. enthalten sind (§ 321 Abs. 2 S. 5 HGB).

3.2.4.1 Ordnungsmäßigkeit der Rechnungslegung

3.2.4.1.1 Buchführung und weitere geprüfte Unterlagen

332 Der APr. hat gem. § 321 Abs. 2 S. 1 HGB im PrB **festzustellen**, ob die Buchführung und die weiteren geprüften Unterlagen **den gesetzlichen Vorschriften (einschl. der GoB) und den ergänzenden Bestimmungen des Gesellschaftsvertrags oder der Satzung** entsprechen⁶⁶⁶.

333 Dabei wird vom APr. keine Feststellung zum gesamten Rechnungswesen verlangt, sondern lediglich zur Buchführung i.S.d. **Finanzbuchführung**, soweit der JA auf dieser aufbaut. Bestandteile der Finanzbuchführung sind die Hauptbuchhaltung, die diversen Nebenbuchhaltungen (z.B. Anlagenbuchhaltung, Debitoren- und Kreditorenbuchhaltung, Lohn- und Gehaltsbuchhaltung), das Belegwesen sowie Bestandsnachweise wie Inventare und Saldenlisten⁶⁶⁷.

334 Bei den **weiteren geprüften Unterlagen** handelt es sich um Dokumentationen, die der APr. i.R. seiner pflichtgemäßen Prüfung von Buchführung, JA und LB ergänzend heranzieht, bspw. die Kostenrechnung, Betriebsabrechnungen, Verträge, Planungsrechnungen (Erfolgs- und Finanzplanung), aber auch Verträge, Gutachten, AR-Protokolle u.a.m.⁶⁶⁸. Die weiteren geprüften Unterlagen sind danach zu beurteilen, ob die aus ihnen entnommenen Informationen in allen wesentlichen Belangen ordnungsgemäß in Buchführung, JA oder LB abgebildet worden sind. In Zweifelsfällen sind die Beurteilungsgrundlagen zu erörtern⁶⁶⁹.

---

664 Vgl. *Plendl*, in: HWRP³, Sp. 1784.
665 Vgl. *IDW PS 450 n.F.*, Tz. 72.
666 *IDW PS 450 n.F.*, Tz. 61 ergänzt darüber hinaus auch im PrB textlich ein „**in allen wesentlichen Belangen**". Eine materielle Änderung oder gar inhaltliche Reduzierung der Anforderungen an die Abschlussprüfung ist mit dieser aus den ISA stammenden, im Zweifel lediglich klarstellenden Formulierung (vgl. insb. ISA 200.3, ISA 700.12: „**in all material respects**") nicht verbunden. Sie stellt vielmehr den Einklang mit den, der ISA-Konformität geschuldeten, korrespondierenden *Formulierungen im BestV* her. Vgl. auch *Skirk/Kuhn*, WPg 2018, S. 63 (68).
667 Vgl. ADS⁶, § 321, Tz. 92; *Bertram*, in: Haufe HGB Kommentar⁸, § 321, Rn. 96.
668 Vgl. *IDW PS 450 n.F.*, Tz. 32.
669 Vgl. *IDW PS 450 n.F.*, Tz. 63. Beurteilt wird dabei auch, ob die zu entnehmenden Informationen zur Verwendung in JA und LB geeignet sind. Vgl. *Orth*, in: Baetge/Kirsch/Thiele, Bilanzrecht, § 321, Rn. 83.

Ob bzw. inwieweit es zweckmäßig ist, in diesem Zusammenhang im PrB auch auf die **Organisation der Finanzbuchführung**, auf das Belegwesen etc., einzugehen, hängt von den Verhältnissen des Einzelfalles ab. Im Regelfall werden derartige Ausführungen bei wesentlichen organisatorischen oder technischen Neuerungen und bei der Beschreibung festgestellter Mängel sachgerecht sein oder auf ausdrücklichen Wunsch des Auftraggebers erfolgen[670]. 335

Hat die Prüfung der Buchführung und der weiteren geprüften Unterlagen **keine Beanstandungen** ergeben, so ist dies im PrB ausdrücklich festzustellen. 336

Auf i.R. der Abschlussprüfung **identifizierte Mängel** in der Buchführung und den weiteren geprüften Unterlagen und auf deren Auswirkungen auf die Rechnungslegung sowie deren Einfluss auf das Prüfungsergebnis ist hinzuweisen[671]. 337

Identifizierte Mängel sind dabei dann berichtspflichtig, wenn sie für die Überwachung der Geschäftsführung **von Bedeutung** sind[672]. Dies können einerseits wesentliche Einzelmängel sein, andererseits aber auch eine Mehrzahl kleinerer Fehler, die auf einen Systemmangel hindeuten[673]. D.h. die Bedeutung bestimmt sich nach dem Informationsinteresse des Aufsichtsgremiums an einer sachgerechten Einschätzung der Ordnungsmäßigkeit der Buchführung[674]. 338

Ist die Kenntnis bestimmter festgestellter Mängel nach der Einschätzung des APr. für die Berichtsadressaten nicht von Bedeutung (**unwesentliche Mängel**), kann der APr. von einer Erwähnung im PrB absehen. So brauchen bspw. mögliche Verbesserungen der Buchhaltungsorganisation, die keine Bedeutung für die Ordnungsmäßigkeit haben, i.d.R. nicht erwähnt zu werden. Hierauf wird der APr. die gesetzlichen Vertreter mündlich oder ggf. i.R. eines Management Letters schriftlich hinweisen[675]. 339

Da die nach § 321 Abs. 2 S. 1 HGB geforderte Feststellung der Gesetzeskonformität der Buchführung die Aussage zur Ordnungsmäßigkeit der Buchführung während des gesamten geprüften GJ beinhaltet, ist im PrB auf zwischenzeitlich **behobene wesentliche Mängel** in der Buchführung immer einzugehen, selbst wenn nur solche Mängel in der Buchführung eine Auswirkung auf Prüfungsurteile im BestV haben können, die zum Abschluss der Prüfung noch bestehen[676]. 340

Über bis zur Beendigung der Prüfung **behobene wesentliche Mängel** wird insb. dann zu berichten sein, wenn sie auf organisatorische Schwächen im Rechnungswesen (z.B. mangelnde Funktionstrennung, mangelnde Sorgfalt, mangelnde Anweisung oder Ausbildung von Mitarbeitern, mangelnde Abstimmung der EDV-Systeme) hindeuten oder Feststellungen betreffen, die das Vertrauen in die gesetzlichen Vertreter oder in andere

---

670 Vgl. *Kuhner/Päßler*, in: HdR[5], § 321, Rn. 49; *Schmidt/Deicke*, in: BeBiKo[11], § 321, Rn. 75.
671 Vgl. *IDW PS 450 n.F.*, Tz. 65 i.V.m. Tz. 61 f.
672 Vgl. *IDW PS 450 n.F.*, Tz. 61 f.; *IDW PS 261 n.F.*, Tz. 89; *Schmidt/Deicke*, in: BeBiKo[11], § 321, Rn. 61, 77, 94 ff.
673 Vgl. *Burg/Müller*, in: Kölner Komm. Rechnungslegungsrecht, § 321, Rn. 65.
674 Vgl. *Kuhner/Päßler*, in: HdR[5], § 321, Rn. 49.
675 Vgl. ADS[6], § 321, Tz. 94; *Schmidt/Deicke*, in: BeBiKo[11], § 321, Rn. 77. Vgl. hierzu auch Kap. M Tz. 130.
676 Vgl. *IDW PS 450 n.F.*, Tz. 65; *IDW PS 261 n.F.*, Tz. 91; *Orth*, in: Baetge/Kirsch/Thiele, Bilanzrecht, § 321, Rn. 88.

wichtige Mitarbeiter (z.B. dolose Handlungen, sog. Management Fraud) berühren können[677].

Bei PIE ist dabei die Vorgabe des Art. 11 Abs. 2 Buchst. j) VO (EU) Nr. 537/2014 zu beachten, wonach im PrB für jeden einzelnen identifizierten **bedeutsamen Mangel** im rechnungslegungsbezogenen IKS[678] ausdrücklich festzustellen ist, ob dieser Mangel beseitigt wurde oder nicht.

341 Die Feststellung der Ordnungsmäßigkeit der Buchführung setzt auch eine Beurteilung der **Sicherheit** der rechnungslegungsrelevanten Daten und der hierfür eingesetzten IT-Systeme voraus. Hat der APr. mithin Mängel hinsichtlich der Sicherheit der für die Zwecke der Rechnungslegung verarbeiteten Daten festgestellt, sind diese Mängel im PrB darzustellen[679].

342 Aufgrund der Bedeutung des IKS für die Ordnungsmäßigkeit der Buchführung hat der APr. auch über festgestellte **wesentliche Mängel des IKS** wie z.B. fehlende Funktionstrennung oder fehlende Kontrollen zu berichten. Dies gilt grds. auch dann, wenn die festgestellten Mängel des Systems (noch) zu keinem Fehler in der Rechnungslegung geführt haben, aber zu einem Fehler führen können. Eine Berichtspflicht besteht in besonderem Maße dann, wenn identifizierte Mängel des IKS auf eine Verletzung der Sorgfaltspflichten der gesetzlichen Vertreter (z.B. § 93 AktG, § 43 GmbHG, § 34 GenG) schließen lassen[680].

343 Ist über festgestellte Mängel wegen des Vorliegens eines Gesetzesverstoßes oder einer Unrichtigkeit i.S.v. § 321 Abs. 1 S. 3 HGB bereits in der **vorangestellten Berichterstattung** des PrB zu berichten, kann der Abschnitt mit den Feststellungen zur Buchführung ggf. weitergehende Ausführungen zum Sachverhalt enthalten. Aus Gründen der Klarheit sollten entsprechende Querverweise vorgesehen werden.

3.2.4.1.2 Jahresabschluss

344 Nach § 321 Abs. 2 S. 1 HGB hat der APr. im PrB auch **festzustellen,** ob der JA **den gesetzlichen Vorschriften und den ergänzenden Bestimmungen des Gesellschaftsvertrags oder der Satzung entspricht**[681]. Diese Feststellung erstreckt sich auf sämtliche Bestandteile des JA, d.h. Bilanz, GuV und Anh., ggf. auch KFR und EK-Spiegel sowie – fakultativ – eine Segmentberichterstattung (§ 264 Abs. 1 S. 2 i.V.m. § 264d HGB). Zu den gesetzlichen Vorschriften zählen auch die GoB[682] sowie alle größenabhängigen, rechtsform- oder branchenspezifischen Regelungen. Bei einer den JA betreffenden Erweiterung der Abschlussprüfung aufgrund gesetzlicher Vorschriften oder aufgrund zu-

---

677 Vgl. *Burg/Müller*, in: Kölner Komm. Rechnungslegungsrecht, § 321, Rn. 65; *Schmidt/Deicke*, in: BeBiKo[11], § 321, Rn. 96.
678 Der in der VO in diesem Zusammenhang verwendete Begriff „internes Finanzkontrollsystem" ist als dem „rechnungslegungsbezogenen IKS" i.S.d. *IDW PS* inhaltlich äquivalent anzusehen. Ebenso *IDW PS 450 n.F.*, Tz. P65/1.
679 Vgl. *IDW PS 450 n.F.*, Tz. 64; *IDW PS 330*, Tz. 111.
680 Ebenso *Bertram*, in: Haufe HGB Kommentar[8], § 321, Rn. 99.
681 Der hier nach *IDW PS 450 n.F.*, Tz. 67 im PrB ebenfalls zu ergänzende, ISA-bedingte neue Einschub „in allen wesentlichen Belangen" bedeutet keine Änderung oder gar Verringerung ggü. den bisherigen Anforderungen an die Abschlussprüfung und die Bildung des Prüfungsurteils. Ebenso *Skirk/Kuhn*, WPg 2018, S. 63 (68).
682 Vgl. RegBegr. KonTraG, BT-Drs. 13/9712 v. 28.01.1998, S. 28.

sätzlicher Beauftragung hat der APr. auch über das Ergebnis dieser Prüfung zu berichten[683].

Die Ausführungen zur **Ordnungsmäßigkeit von Bilanz und GuV** beinhalten insb. die Feststellung, ob diese ordnungsmäßig aus der Buchführung und den weiteren geprüften Unterlagen abgeleitet und ob die Ansatz-, Ausweis- und Bewertungsvorschriften in allen wesentlichen Belangen beachtet worden sind[684]. Es ist regelmäßig nicht erforderlich, die Übereinstimmung mit Gesetz, Gesellschaftsvertrag oder Satzung im Einzelnen zu begründen; der APr. kann sich auf eine kurze aussagekräftige Feststellung beschränken[685]. 345

Bei der Prüfung der Eröffnungsbilanzwerte i.R. von **Erstprüfungen** hat der APr. im PrB gesondert festzustellen, ob diese ordnungsgemäß aus dem VJ-Abschluss übernommen worden sind[686]. 346

Zur **Ordnungsmäßigkeit** der im **Anhang** gemachten Angaben, über die nicht an anderer Stelle berichtet worden ist, sollte gesondert Stellung genommen werden[687]. Hat die Prüfung des Anh. keine Beanstandungen ergeben, so ist die Feststellung ausreichend, dass der Anh. alle nach den gesetzlichen Vorschriften (d.h. HGB, AktG etc.) erforderlichen Pflichtangaben enthält[688]. Zu den unter diese Beurteilung fallenden Angaben zählen bspw. auch Angaben zum Abweichen von bisher angewandten Bilanzierungs- und Bewertungsmethoden (§ 284 Abs. 2 Nr. 2 HGB)[689]. Über die Prüfung der Anhangangaben zur Erklärung nach § 161 AktG (sog. Entsprechenserklärung) ist nur dann zu berichten, wenn diese Angaben unzulässigerweise nicht vorhanden, unvollständig oder unzutreffend sind[690]. 347

Bei **Nicht-Kapitalgesellschaften**, die nicht § 264a HGB unterliegen, jedoch freiwillig einen **Anh.** aufstellen, ist darauf einzugehen, ob das Unternehmen – freiwillig oder nach den Bestimmungen des Gesellschaftsvertrags oder der Satzung – im Grundsatz die für KapGes. vergleichbarer Größe (§ 267 HGB) geltenden Anforderungen an den JA erfüllt und im Anh. jene Angaben macht, die unter Beachtung der GoB zur Vermittlung eines den tatsächlichen Verhältnissen entsprechenden Bildes der Vermögens-, Finanz- und Ertragslage notwendig sind[691]. 348

Verzichtet eine **KleinstKapGes.** nach § 264 Abs. 1 S. 5 HGB auf die Erstellung eines **Anh.**, ist festzustellen, ob alle erforderlichen Angaben unter der Bilanz gemacht sind, um der gesetzlichen Vermutung des § 264 Abs. 2 S. 5 HGB in Bezug auf die Erfüllung der Generalnorm zu genügen[692]. 349

Schränken die gesetzlichen Vertreter die Berichterstattung im Anh. unter Bezugnahme auf § 286 HGB oder § 160 Abs. 2 AktG ein, ist im PrB anzugeben, ob die **Inanspruch-** 350

---

683 Vgl. *IDW PS 450 n.F.*, Tz. 67.
684 Vgl. *IDW PS 450 n.F.*, Tz. 68.
685 Vgl. ADS[6], § 321, Tz. 97; *Kuhner/Päßler*, in: HdR[5], § 321, Rn. 50.
686 Vgl. *IDW PS 205*, Tz. 18.
687 Vgl. *IDW PS 450 n.F.*, Tz. 69.
688 Vgl. ADS[6], § 321, Tz. 98; *Schmidt/Deicke*, in: BeBiKo[11], § 321, Rn. 80.
689 Diese stehen zugleich i.Z.m. der Berichterstattung nach § 321 Abs. 2 S. 4 HGB.
690 Vgl. *IDW PS 345*, Tz. 32. Zur eventuellen Redepflicht i.Z.m. § 321 Abs. 1 S. 3 HGB bzw. Nr. 7.2.3 DCGK vgl. *IDW PS 345*, Tz. 33 ff.
691 Vgl. *IDW PS 450 n.F.*, Tz. 70.
692 Vgl. *IDW PS 450 n.F.*, Tz. 69a. Zu ggf. erforderlichen Angaben vgl. *Winkeljohann/Schellhorn*, in: BeBiKo[11], § 264, Rn. 62 f.

nahme der **Schutzklausel** zu Recht erfolgt ist[693]. Es ist sowohl auf die unterbliebene Berichterstattung als auch auf deren Gründe hinzuweisen. Aufgrund einer Schutzklausel unterbliebene, für das Aufsichtsgremium relevante Angaben sind in den PrB aufzunehmen, soweit sie für die Berichtsadressaten von Relevanz sind.

351 Bei einer Inanspruchnahme der **Befreiungsregelung** des § 285 Nr. 17 letzter Satzteil HGB hat der APr. darauf hinzuweisen, dass im Zeitpunkt der Beendigung der Abschlussprüfung nicht beurteilt werden konnte, ob die zur Inanspruchnahme der Befreiung erforderlichen Angaben in dem das Unternehmen einbeziehenden KA enthalten sein werden[694].

352 Werden bei der Aufstellung des Anh. größenabhängige Erleichterungen nach § 288 HGB in Anspruch genommen, kann es, neben einem Hinweis auf die Tatsache und ggf. den Umfang der Inanspruchnahme, im Einzelfall sinnvoll sein, diese nicht in den Anh. aufgenommenen Angaben zur Information der Berichtsadressaten in den PrB aufzunehmen.

353 **Abweichungen** von *IDW Stellungnahmen zur Rechnungslegung (IDW RS)* sind grds. im PrB darzustellen und zu begründen[695].

354 Eine Berichterstattung über die Einhaltung der **Aufstellungsfrist** ist grds. nicht erforderlich[696], kann allerdings Gegenstand der Berichtspflicht nach § 321 Abs. 1 S. 3 HGB sein.

355 **Festgestellte Mängel im JA und deren Auswirkungen** auf die Rechnungslegung, auf das Prüfungsergebnis sowie ggf. auf den BestV sind vom APr. angemessen **darzustellen**. Dies gilt grds. unabhängig davon, ob die (bis zur Erteilung des BestV nicht behobenen) Mängel von solcher Bedeutung sind, dass sie Auswirkungen auf den BestV haben[697]. Mängel dieser Art können auch unrechtmäßig in Anspruch genommene Schutzklauseln, Befreiungsregeln oder Erleichterungen sein[698].

Wird das Prüfungsurteil zum JA im BestV modifiziert (ggf. bis hin zur Erteilung eines Versagungsvermerks), werden i.d.R. auch Unregelmäßigkeiten vorliegen, über welche der APr. zugleich i.R.d. **vorangestellten Berichterstattung** nach § 321 Abs. 1 S. 3 HGB zu berichten hat[699]. Im Abschnitt zur Ordnungsmäßigkeit des JA ist in diesem Fall die mangelnde Gesetzeskonformität des JA festzustellen und auf die Ausführungen in der vorangestellten Berichterstattung zu verweisen. Weitergehende Darstellungen zu den festgestellten wesentlichen Mängeln der Rechnungslegung im JA können die Ausführungen in der vorangestellten Berichterstattung ergänzen, diese jedoch keinesfalls ersetzen. Über kleinere Mängel, die zum Zeitpunkt der Beendigung der Prüfung noch vorliegen, aber keine Auswirkungen auf den BestV haben, ist gem. § 321 Abs. 2 S. 2 HGB nur dann zu berichten, wenn deren Kenntnis für die Überwachung der Geschäftsführung und des geprüften Unternehmens von Bedeutung ist[700].

---

693 Vgl. *IDW PS 450 n.F.*, Tz. 69; ADS[6], § 321, Tz. 99; *Schmidt/Deicke*, in: BeBiKo[11], § 321, Rn. 82.
694 Vgl. *IDW PH 9.200.2*, Tz. 8.
695 Vgl. *IDW PS 201*, Tz. 13.
696 A.A. *Burg/Müller*, in: Kölner Komm. Rechnungslegungsrecht, § 321 HGB, Rn. 67.
697 Vgl. *IDW PS 450 n.F.*, Tz. 61 f.; *IDW PS 210*, Tz. 70; *Kuhner/Päßler*, in: HdR[5], § 321, Rn. 50.
698 Vgl. *Burg/Müller*, in: Kölner Komm. Rechnungslegungsrecht, § 321 HGB, Rn. 71.
699 Vgl. ADS[6], § 321, Tz. 100; *Schmidt/Deicke*, in: BeBiKo[11], § 321, Rn. 50, 74.
700 Vgl. *IDW PS 450 n.F.*, Tz. 62; ADS[6], § 321, Tz. 100.

Werden festgestellte **Mängel im JA** bis zur Beendigung der Abschlussprüfung **behoben**, sind diesbezüglich grds. keine Angaben im PrB erforderlich. Eine Berichterstattung ist indes dann stets in Betracht zu ziehen, wenn der APr. zu der Einschätzung gelangt, dass die Information über die behobenen Mängel für die Wahrnehmung der **Überwachungsfunktion des Aufsichtsgremiums** von Bedeutung ist[701]. 356

Bei PIE ist in diesem Zusammenhang die strikte Vorgabe des Art. 11 Abs. 2 Buchst. j) VO (EU) Nr. 537/2014 zu berücksichtigen, wonach für jeden einzelnen **bedeutsamen Mangel** im rechnungslegungsbezogenen IKS ausdrücklich festzustellen ist, ob dieser Mangel **beseitigt** wurde oder nicht[702].

Falls vom APr. **Einwendungen gegen den Anhang** zu erheben sind, z.B. weil im Anh. Angaben nicht, unvollständig oder unrichtig gemacht wurden, sind diese in gleicher Weise wie Einwendungen gegen Bilanz oder GuV darzustellen und zu begründen[703]. 357

Entsprechendes gilt auch in Bezug auf evtl. weitere Bestandteile des JA wie KFR, EK-Spiegel oder – im Ausnahmefall – eine Segmentberichterstattung. Dabei kann es mangels gesetzlicher Maßstabsdefinition in Bezug auf die vorgenannten Bestandteile u.U. sinnvoll sein, im PrB Abweichungen von Empfehlungen des DRSC zu kommentieren, wiewohl DRS nur in Bezug auf die Konzernrechnungslegung als GoB qualifizieren (§ 342 Abs. 2 HGB)[704].

Erforderliche Hinweise auf eine **nicht mögliche abschließende Beurteilung** wesentlicher Sachverhalte oder auf das Vorliegen von nur in eingeschränktem Umfang prüfbaren Unterlagen sowie die damit verbundenen Auswirkungen auf den BestV sind grds. i.R. der Ausführungen zu Art und Umfang der Prüfung vorzunehmen[705]. Soweit solche Hemmnisse die Beurteilung der Ordnungsmäßigkeit des JA beeinträchtigt oder verhindert haben, wird an dieser Stelle im PrB regelmäßig ein entsprechender Querverweis darauf obligat sein. 358

3.2.4.1.3 Lagebericht

Gemäß § 321 Abs. 2 S. 1 HGB ist im PrB außerdem **festzustellen**, ob der LB **den gesetzlichen Vorschriften und** (ggf.) **den ergänzenden Bestimmungen des Gesellschaftsvertrags oder der Satzung** des geprüften Unternehmens entspricht[706]. 359

Relevante gesetzliche Vorschriften i.Z.m. der Aufstellung des LB sind dabei § 289 Abs. 1 und 2 HGB sowie – je nach Größe[707] bzw. Rechtsform des geprüften Unter- 360

---

701 Vgl. *IDW PS 450 n.F.*, Tz. 47, 62; *Burg/Müller*, in: Kölner Komm. Rechnungslegungsrecht, § 321 HGB, Rn. 72; *Orth*, in: Baetge/Kirsch/Thiele, Bilanzrecht, § 321, Rn. 90.
702 Vgl. *Schmidt/Deicke*, in: BeBiKo[11], § 321, Rn. 97.
703 In diesem Zusammenhang sei darauf hingewiesen, dass die sog. Nachtragsberichterstattung im Zuge des BilRUG mit Wirkung für nach dem 31.12.2015 beginnende GJ vom LB in den Anh. verlagert worden ist (§ 285 Nr. 33 HGB).
704 Vgl. *IDW PS 201*, Tz. 12; *IDW PS 450 n.F.*, Tz. 134 analog.
705 Vgl. *IDW PS 450 n.F.*, Tz. 58; Kap. M Tz. 319.
706 Vgl. *IDW PS 450 n.F.*, Tz. 71. Auch hier ist bei der Textierung im PrB der ISA-bedingte Einschub „in allen wesentlichen Belangen" zu ergänzen, ohne dass dies eine Änderung oder gar Verringerung ggü. den bisherigen Anforderungen an die Abschlussprüfung und die Bildung des Prüfungsurteils bedeutet. Ebenso *Skirk/Kuhn*, WPg 2018, S. 63 (68).
707 Gem. § 267 Abs. 3 S. 2 HGB gelten KapGes. i.S.v. § 264d HGB stets als „groß".

nehmens – § 289 Abs. 3 und 4 HGB und § 289a HGB sowie u.U. weitere gesetzliche Vorschriften wie bspw. § 312 Abs. 3 S. 3 AktG[708].

Dagegen sind die Angaben nach § 289b bis 289e HGB (nichtfinanzielle Berichterstattung) und § 289f HGB (Erklärung zur Unternehmensführung) nicht inhaltlich zu prüfen. Insoweit ist der APr. lediglich verpflichtet, i.R.d. Prüfung festzustellen, ob die Berichterstattung vorgelegt wurde bzw. ob die Angaben gemacht wurden (§ 317 Abs. 2 S. 4 bzw. S. 6 HGB)[709]. Auch der dem LB nach § 22 Abs. 4 EntgTranspG i.R.d. Offenlegung als Anlage beizufügende Bericht zur Gleichstellung und Entgeltgleichheit ist nicht Gegenstand der Abschlussprüfung.

361 Genügt der LB nach der Beurteilung des APr. in allen wesentlichen Belangen diesen Vorschriften und ggf. ergänzenden Bestimmungen, so kann die diesbezügliche **Feststellung** kurz und knapp wie folgt formuliert werden:

> **Beispiel 5:**
>
> „Nach dem Ergebnis unserer Prüfung entspricht der Lagebericht in allen wesentlichen Belangen den deutschen gesetzlichen Vorschriften [und den ergänzenden Bestimmungen des Gesellschaftsvertrags/der Satzung]."

362 Die damit verbundene **Gesamtbeurteilung** zum LB umfasst folgende **Aspekte**; nämlich, ob – in allen wesentlichen Belangen –[710]

- der LB mit dem JA, ggf. auch mit dem EA nach § 325 Abs. 2a HGB, sowie mit den bei der Prüfung gewonnenen Erkenntnissen des APr. in Einklang steht (§ 317 Abs. 2 S. 1 Hs. 1 HGB),
- der LB insgesamt ein zutreffendes Bild von der Lage des Unternehmens vermittelt (§ 317 Abs. 2 S. 1 Hs. 2 HGB),
- im LB die Chancen und Risiken der zukünftigen Entwicklung zutreffend dargestellt sind (§ 317 Abs. 2 S. 2 HGB),
- die gesetzlichen Vorschriften zur Aufstellung des LB beachtet worden sind (§ 317 Abs. 2 S. 3 HGB).

363 Auf die ordnungsmäßige Aufnahme der sog. Schlusserklärung des Vorstands zum **Abhängigkeitsbericht** in den LB (§ 312 Abs. 3 S. 3 AktG) sollte im PrB stets ausdrücklich hingewiesen werden[711].

364 Zur Berechtigung der Inanspruchnahme der für den LB gesetzlich nicht vorgesehenen, aber im Schrifttum überwiegend bejahten **Schutzklausel** analog § 286 HGB[712] ist grds.

---

708 Zur Beachtung von Auslegungen der allgemeinen gesetzlichen Grundsätze für die Lageberichterstattung durch DRS 20 siehe *IDW PS 350 n.F.*, Tz. 5, A2; *IDW PS 201*, Tz. 12 Abs. 3.
709 Vgl. *IDW PS 350 n.F.*, Tz. 13, A90.
710 Vgl. auch *IDW PS 350 n.F.*, Tz. 12.
711 Vgl. ADS[6], § 321, Tz. 102; *Schmidt/Deicke*, in: BeBiKo[5], § 321, Rn. 90. Wird zulässigerweise kein LB erstellt, ist die Schlusserklärung *in den Anh.* aufzunehmen. Vgl. ADS[6], § 312 AktG, Tz. 88; Grottel, in: *BeBiKo[11]*, § 200.
712 Vgl. ADS[6], § 289, Tz. 54; *Böcking/Dutzl/Gros*, in: Baetge/Kirsch/Thiele, Bilanzrecht, § 289, Rn. 54; *Claussen*, in: Kölner Komm. Rechnungslegungsrecht, § 289 HGB, Rn. 14; *Grottel*, in: BeBiKo[11], § 289, Rn. 35; *Kajüter*, in: HdR[5], §§ 289, 289a, Rn. 57 ff.

Stellung zu nehmen⁷¹³. Deswegen im LB unterbliebene, für die Berichtsadressaten relevante Angaben sind in den PrB aufzunehmen⁷¹⁴.

Sog. **Fehlanzeigen** sind i.R.d. LB grds. nicht erforderlich⁷¹⁵. Fehlt bspw. im LB eine Berichterstattung zu Forschung und Entwicklung (§ 289 Abs. 2 Nr. 2 HGB), weil diese Tätigkeit nicht branchenüblich ist, so ist eine entsprechende Feststellung im PrB nicht erforderlich. Gleiches gilt, wenn Zweigniederlassungen, über die nach § 289 Abs. 2 Nr. 3 HGB zu berichten wäre, gar nicht bestehen. Demgegenüber dürfte eine Fehlanzeige im LB z.B. dann erforderlich sein, wenn Forschung und Entwicklung zwar nicht selbst betrieben wird, aber auf ein anderes Konzernunternehmen verlagert ist. **365**

Fehlen dagegen im LB Angaben zu den **Chancen und Risiken der zukünftigen Entwicklung**, weil solche Angaben nach Auffassung der gesetzlichen Vertreter nicht erforderlich sind, ist im PrB die insoweit mangelnde Gesetzeskonformität festzustellen. Denn aus der Bedeutung, die diese Verpflichtung im Gesetz einnimmt, kann auch dann nicht auf eine Berichterstattung über Chancen und Risiken der zukünftigen Entwicklung verzichtet werden, wenn sich daraus keine wesentlichen zusätzlichen Hinweise ergeben⁷¹⁶. **366**

Entspricht der LB nicht den gesetzlichen Vorschriften und/oder den Bestimmungen des Gesellschaftsvertrags bzw. der Satzung, hat der APr. seine **Einwendungen** klar und deutlich darzustellen und zu begründen. Auf Mängel des LB ist auch dann hinzuweisen, wenn diese Beanstandungen nicht zu einer Modifizierung des diesbezüglichen Prüfungsurteils im BestV geführt haben⁷¹⁷. Über bis zur Beendigung der Prüfung **behobene Mängel** ist lediglich dann zu berichten, wenn dies nach Einschätzung des APr. für das Aufsichtsorgan **von Bedeutung** ist⁷¹⁸. **367**

Soweit auf festgestellte Mängel im LB bereits i.R.d. vorangestellten Berichterstattung nach § 321 Abs. 1 S. 2 und 3 HGB eingegangen wurde (z.B. keine Ausführungen zu den Chancen und Risiken der zukünftigen Entwicklung, fehlende oder unzutreffende Angaben zu Leistungsindikatoren), genügt in diesem Berichtsabschnitt eine **Feststellung zur mangelnden Gesetzeskonformität** des LB und der Verweis auf die bereits erfolgte Darstellung⁷¹⁹. **368**

3.2.4.2 Gesamtaussage des Jahresabschlusses

3.2.4.2.1 Feststellungen zur Gesamtaussage des Jahresabschlusses

Nach § 321 Abs. 2 S. 3 HGB hat der APr. auch ausdrücklich **festzustellen**, ob § 264 Abs. 2 S. 1 HGB beachtet wurde, d.h. ob der Abschluss insgesamt unter Beachtung der GoB oder sonstiger maßgebender Rechnungslegungsgrundsätze⁷²⁰ ein den tatsächlichen **369**

---

713 Vgl. *Burg/Müller*, in: Kölner Komm. Rechnungslegungsrecht, § 321 HGB, Rn. 78; *Schmidt/Deicke*, in: BeBiKo¹¹, § 321, Rn. 90.
714 Vgl. *Kuhner/Päßler*, in: HdR⁵, § 321, Rn. 52; *Orth*, in: Baetge/Kirsch/Thiele, Bilanzrecht, § 321, Rn. 91.
715 Zu Fehlanzeigen i.Z.m. dem KLB siehe Kap. M Tz. 619.
716 Vgl. ADS⁶, Erg.Bd., § 289 HGB n.F., Tz. 28; RegBegr. KonTraG, BT-Drs. 13/9712 v. 28.01.1998, S. 26; IDW PS 350 a.F., Tz. 9.
717 Vgl. *IDW PS 450 n.F.*, Tz. 62.
718 Vgl. ADS⁶, § 321, Tz. 103; *Schmidt/Deicke*, in: BeBiKo¹¹, § 321, Rn. 89.
719 Vgl. *IDW PS 450 n.F.*, Tz. 47.
720 „Sonstige maßgebende Rechnungslegungsgrundsätze" i.S. dieser HGB-Norm sind die in der VO (EG) Nr. 1606/2002 bzw. in §§ 315e, 325 Abs. 2a HGB genannten IFRS, wie sie in der EU anzuwenden sind. Vgl. RegBegr. BilReG, BT-Drs. 15/3419 v. 24.06.2004, S. 43.

Verhältnissen entsprechendes Bild der Vermögens-, Finanz- und Ertragslage der KapGes. (sog. **Generalnorm**[721]) vermittelt.

370 Der APr. hat somit im PrB die Übereinstimmung oder Nichtübereinstimmung des JA mit der Generalnorm des § 264 Abs. 2 S. 1 HGB zu beurteilen[722]. Dabei ist auf das Bild abzustellen, wie es sich aus einer **Gesamtschau** der einzelnen Bestandteile des JA (d.h. Bilanz, GuV und Anh., ggf. auch KFR und EK-Spiegel sowie – fakultativ – Segmentberichterstattung) ergibt (**Gesamtaussage des JA**)[723]. Falls der JA nach den gesetzlichen Vorschriften und unter Beachtung der GoB oder sonstiger maßgebender Rechnungslegungsgrundsätze aufgestellt wurde, vermittelt er grds. ein den tatsächlichen Verhältnissen entsprechendes Bild der Vermögens-, Finanz- und Ertragslage der Gesellschaft. Ein „Override" (§ 264 Abs. 2 S. 2 HGB) ist nur bei besonderen Umständen vorgesehen[724]. Besonderheiten können sich auch bei KleinstKapGes. ergeben (§ 264 Abs. 2 S. 5 HGB).

371 Durch die eindeutige **Bezugnahme auf die GoB** ist sichergestellt, dass die Berichtspflicht des APr. nicht über die Pflichten der gesetzlichen Vertreter aus § 264 Abs. 2 HGB hinausgeht[725]. Der LB ist in diese Gesamtschau der durch die Rechnungslegungsgrundsätze bestimmten Darstellung der wirtschaftlichen Lage des Unternehmens nicht einzubeziehen. Feststellungen zum LB sind demzufolge nicht in diesem Berichtsabschnitt, sondern gesondert zu treffen[726].

372 Der APr. hat in diesem Berichtsabschnitt ausschl. darauf einzugehen, ob und inwieweit der JA insgesamt – unter Berücksichtigung der gewählten Bilanzierungs- und Bewertungsmethoden, der zugrunde gelegten Parameter und Annahmen, der Ausübung von Wahlrechten und Ermessensspielräumen sowie der sachverhaltsgestaltenden Maßnahmen – der Vorgabe des § 264 Abs. 2 S. 1 HGB entspricht. Es ist nicht Gegenstand der geforderten Feststellungen zur Gesamtaussage des JA, die Vermögens-, Finanz- und Ertragslage des Unternehmens darzustellen[727].

373 Wenn diese Beurteilung keine Besonderheiten ergibt, reicht im PrB die **Feststellung** aus, dass der JA insgesamt unter Beachtung der GoB ein den tatsächlichen Verhältnissen **entsprechendes Bild** der Vermögens-, Finanz- und Ertragslage der Gesellschaft vermittelt[728].

374 Vermittelt der geprüfte JA unter Beachtung der GoB dagegen **nicht** ein den tatsächlichen Verhältnissen **entsprechendes Bild** der Vermögens-, Finanz- und Ertragslage, hat der

---

721 Vgl. *Freidank*, in: HWRP³, Sp. 1252.
722 Vgl. ADS⁶, § 321, Tz. 109.
723 Vgl. *IDW PS 450 n.F.*, Tz. 72; *Schmidt/Deicke*, in: BeBiKo¹¹, § 321, Rn. 100.
724 § 264 Abs. 2 S. 2 HGB sieht einen sog. „Disclosure Override" i.S. zusätzlicher Angaben im Anh. vor (ebenso IAS 1.17). Ein „Departure Override" i.S.v. IAS 1.19 beinhaltete darüber hinaus ein Abweichen von den Einzelvorschriften für die Rechnungslegung. Ein solcher „Departure Override" ist nach HGB ausschl. für den Fall der Währungsumrechnung von Abschlüssen aus Hochinflationsländern akzeptabel. Vgl. RegBegr. BilMoG, BT-Drs. 16/10067 v. 30.07.2008, S. 84; *Gelhausen/Fey/Kämpfer*, BilMoG, Abschn. Q, Rn. 354 mit Verweis auf DRS 14.35-38. Zum Thema „Overriding Principle" siehe auch ADS⁶, § 264, Tz. 50 f., 92 ff.; *Ballwieser*, in: Baetge/Kirsch/Thiele, Bilanzrecht, § 264, Rn. 51 ff.; *Hinz*, in: BHdR⁵⁵, B 106, Rn. 45 ff.; *Reiner*, in: MünchKomm. HGB³, § 264, Rn. 51 ff.
725 Vgl. *Plendl*, in: HWRP³, Sp. 1784; *Schmidt/Deicke*, in: BeBiKo¹¹, § 321, Rn. 101.
726 Vgl. *IDW PS 450 n.F.*, Tz. 72 Abs. 3.
727 Vgl. *IDW PS 450 n.F.*, Tz. 72.
728 Vgl. *IDW PS 450 n.F.*, Tz. 73.

APr. dies ausdrücklich festzustellen, seine abweichende Ansicht darzulegen und zu begründen sowie die Folgen für den BestV aufzuzeigen[729]. Dabei ist auch das Zusammenspiel mit der vorangestellten Berichterstattung nach § 321 Abs. 1 S. 3 HGB zu beachten[730].

Ist der APr. zu der Beurteilung gekommen, dass ein **Versagungsvermerk**[731] erteilt werden muss, wird damit eine positive Beurteilung der Gesamtaussage des JA verneint. Über die Begründung für das versagte Prüfungsurteil bzw. für die (Erklärung der) Nichtabgabe des Prüfungsurteils zum JA hinaus sind im PrB weitere Erläuterungen zur Beurteilung der Gesamtaussage nach § 321 Abs. 2 S. 4 und 5 HGB nicht vorzunehmen[732]. **375**

Demgegenüber enthält ein **eingeschränktes Prüfungsurteil zum JA** im BestV eine positive Beurteilung zu den wesentlichen Teilen der Rechnungslegung[733], so dass in diesem Fall weitere Erläuterungen zur Beurteilung der Gesamtaussage nach § 321 Abs. 2 S. 4 und 5 HGB erforderlich sind[734]. Dabei ist vom APr. allerdings darauf zu achten, i.R. dieser Erläuterungen nicht den Eindruck zu erwecken, dass der von dem eingeschränkten Prüfungsurteil betroffene Teil des JA doch (uneingeschränkt) richtig gewesen sei.

In Zusammenhang mit der Feststellung über die Ordnungsmäßigkeit der Gesamtaussage des JA sind gem. § 321 Abs. 2 S. 4 und 5 HGB **weitere Erläuterungen** in den PrB aufzunehmen, die **zum Verständnis der Gesamtaussage des JA** erforderlich sind. Solche Erläuterungen sind deshalb notwendig, weil die Gesamtaussage des JA auch i.R.d. gesetzlich Zulässigen durch Bilanzierungs- und Bewertungsentscheidungen sowie Sachverhaltsgestaltungen beeinflusst sein kann. Den Berichtsadressaten soll durch diese weiteren Erläuterungen eine eigenständige Beurteilung solcher Entscheidungen ermöglicht sowie Hinweise gegeben werden, worauf sie ggf. ihre Prüfungs- und Überwachungstätigkeit ausrichten sollen[735]. **376**

In diesem Rahmen hat der APr. nach dem Gesetzeswortlaut einzugehen auf[736] **377**

- die **wesentlichen Bewertungsgrundlagen** (§ 321 Abs. 2 S. 4 Hs. 1 HGB) sowie
- den Einfluss von **Änderungen in den Bewertungsgrundlagen** einschl. der Ausübung von Bilanzierungs- und Bewertungswahlrechten und der Ausnutzung von Ermessensspielräumen sowie von **sachverhaltsgestaltenden Maßnahmen** insgesamt auf die Gesamtaussage des JA (§ 321 Abs. 2 S. 4 Hs. 2 HGB).

Für PIE nennt Art. 11 Abs. 2 Buchst. l) VO (EU) Nr. 537/2014 in diesem Zusammenhang lediglich die Angabe und Beurteilung[737] der **angewandten Bewertungsmethoden** einschl. etwaiger Auswirkungen von deren Änderungen, nicht jedoch sachverhaltsgestaltende Maßnahmen. Allerdings wird auch eine **Beurteilung** gefordert. Diese Beurteilung durch den APr. kann jedoch nicht die Form einer Bewertung von Angemessenheit und Zweckmäßigkeit der damit verbundenen Bilanzpolitik annehmen; eine **378**

---

729 Vgl. ADS⁶, § 321, Tz. 111.
730 Vgl. *Orth*, in: Baetge/Kirsch/Thiele, Bilanzrecht, § 321, Rn. 96.
731 Vgl. hierzu insb. *IDW PS 405*, Tz. A17.
732 Vgl. *IDW PS 450 n.F.*, Tz. 77; *Schmidt/Deicke*, in: BeBiKo¹¹, § 321, Rn. 102.
733 Vgl. *IDW PS 405*, Tz. 10 i.V.m. Tz. 7 Buchst. g).
734 Vgl. *IDW PS 450 n.F.*, Tz. 77.
735 Vgl. *IDW PS 450 n.F.*, Tz. 74.
736 Siehe hierzu auch die Übersicht in Abb. 1 zu *IDW PS 450 n.F.*, Tz. 74.
737 Im Wortlaut der englischen Fassung der VO (EU) Nr. 537/2014: „report and assess".

Beurteilung in diesem Sinne ist den zuständigen Unternehmensorganen, namentlich dem Aufsichtsgremium, vorbehalten[738].

Außer der geforderten Beurteilung („assess" im Wortlaut der englischen Fassung der VO (EU) Nr. 537/2014) kennt der VO-Wortlaut auch keine Beschränkung auf „wesentliche" Bewertungsgrundlagen. Demzufolge wird die Berichterstattung **bei PIE** in Bezug auf die angewandten Bewertungsmethoden i.d.R. tiefergehend sein als bei anderen Unternehmen[739].

379 Falls das zu prüfende Unternehmen **keinen Anhang** erstellt (z.B. nach § 5 Abs. 1 PublG oder KleinstKapGes. nach § 264 Abs. 1 S. 5 HGB) oder nicht der Generalnorm des § 264 Abs. 2 S. 1 HGB unterliegt, hat der APr. die Bewertungsgrundlagen, deren Änderungen, ggf. ausgeübte Ermessensspielräume sowie sachverhaltsgestaltende Maßnahmen im PrB **insoweit** darzustellen, als dies im Interesse einer realistischen Einschätzung der Aussage des JA durch die Berichtsadressaten erforderlich ist[740].

380 **Soweit** es für die Beurteilung der Gesamtaussage des JA durch die Berichtsadressaten **erforderlich** ist und diese Angaben nicht im Anh. enthalten sind, hat der APr. **in diesem Zusammenhang** auch die Posten des JA aufzugliedern und ausreichend zu erläutern (§ 321 Abs. 2 S. 5 HGB)[741].

3.2.4.2.2 Wesentliche Bewertungsgrundlagen und deren Änderungen

Wesentliche Bewertungsgrundlagen

381 Unter „Bewertungsgrundlagen" sind die **Bilanzierungs- und Bewertungsmethoden** sowie die für die Bewertung von Vermögensgegenständen, Schulden, Rechnungsabgrenzungsposten und Sonderposten **maßgeblichen Faktoren** (Parameter, Annahmen sowie die Ausübung von Ermessensspielräumen) zu verstehen[742].

382 Im Rahmen des Eingehens auf die Bilanzierungs- und Bewertungsmethoden ist insb. die Ausübung von Bilanzierungs- und Bewertungswahlrechten von Bedeutung, weil mit derartigen Entscheidungen auf die Gesamtaussage des JA Einfluss genommen werden kann[743]. **Bilanzierungs- und Bewertungswahlrechte** bestehen bspw. i.Z.m. folgenden Bilanzposten bzw. Sachverhalten[744]:

- Festwert bei Sachanlagen oder bestimmten Vorräten
- Gruppenbewertung
- Anwendung von Verbrauchsfolgeverfahren
- Aktivierung von Entwicklungskosten
- Aktivierung von selbst geschaffenen immateriellen Vermögensgegenständen
- Bildung bzw. Nicht-Bildung von Bewertungseinheiten (§ 254 HGB)

---

738 H.M. z.B. ADS[6], § 321 HGB, Tz. 51; *Drygala*, in: *Schmidt/Lutter*, AktG[3], § 171, Rn. 4; *Ebke*, in: MünchKomm. HGB[3], § 321, Rn. 54; *Hennrichs/Pöschke*, in: MünchKomm. AktG[3], § 171, Rn. 7, 36 ff.; *Wolff*, in: Hdb. AktR[8], Abschn. 8, Rn. 6; *Schneider*, in: Scholz, GmbHG[11], § 52, Rn. 99.
739 Vgl. IDW PS 450 n.F., Tz. P84/2; *Schmidt/Deicke*, in: BeBiKo[11], § 321, Rn. 108.
740 Vgl. IDW PS 450 n.F., Tz. 76.
741 Vgl. ausführlich *Kuhner/Päßler*, in: HdR[5], § 321, Rn. 61 ff.
742 Vgl. IDW PS 450 n.F., Tz. 78; *Orth*, in: Baetge/Kirsch/Thiele, Bilanzrecht, § 321, Rn. 96.2; *Schmidt/Deicke*, in: BeBiKo[11], § 321, Rn. 105.
743 Vgl. IDW PS 450 n.F., Tz. 78.
744 Vgl. IDW PS 450 n.F., Tz. 79; *Schildbach*, in: HWRP[3], Sp. 2613 ff.

- Vollkosten oder Teilkosten bei Vorräten und selbst geschaffenen immateriellen Vermögensgegenständen des Anlagevermögens
- gemildertes Niederstwertprinzip beim Anlagevermögen
- Behandlung von Disagien (§ 250 Abs. 3 HGB)
- aktive latente Steuern
- sog. Altzusagen für Altersversorgung (Art. 28 Abs. 1 EGHGB).

Parameter sind i.d.R. durch Marktpreise oder allgemein akzeptierte Standardwerte objektivierte Faktoren, während **Annahmen** über künftige Entwicklungen eher subjektive Faktoren der Wertbestimmung sind, deren Festlegung unter Berücksichtigung der Rechnungslegungsgrundsätze im Ermessen der gesetzlichen Vertreter liegt. Wertbestimmende **Parameter** sind z.B.[745]: 383

- Wechselkurse (§ 256a HGB)
- Börsenkurse
- Steuersätze
- Zinssätze
- biometrische Rechnungsgrundlagen
- Vertragslaufzeiten.

Ermessensspielräume beruhen auf unsicheren Erwartungen bei der Bestimmung von Schätzgrößen und den diesen zugrunde gelegten Annahmen. Daraus resultiert bei vielen Bilanzposten eine Bandbreite zulässiger Wertansätze. Wertbestimmende **Annahmen** der gesetzlichen Vertreter, aus denen sich Ermessensspielräume ergeben können, sind z.B.[746]: 384

- künftige Auslastung des Unternehmens
- Nutzungsdauern
- Restwerte und Abbruchkosten
- künftige Zahlungsein- oder -ausgänge
- Ertragsaussichten bei Beteiligungen
- Fluktuationsraten
- Gehaltsentwicklung
- erwartete Inflationsrate
- Wahrscheinlichkeit künftiger Inanspruchnahme (bspw. aus Bürgschaften, Garantien, Gewährleistungen oder i.Z.m. Prozessen).

Darzustellen sind grds. nur diejenigen Bewertungsgrundlagen, die einzeln oder im Zusammenwirken mit anderen Bewertungsgrundlagen, u.U. auch im Zusammenspiel mit sachverhaltsgestaltenden Maßnahmen, für die Information der Berichtsadressaten **von Bedeutung** sind, weil sie die Gesamtaussage des JA wesentlich beeinflussen. Abzustellen ist damit vor allem auf die **Gesamtwirkung**[747]. 385

Anmerkungen und Erläuterungen sind insb. beim **Vorliegen erheblicher Spielräume** (z.B. aufgrund von Wahlrechten oder Bandbreiten für Schätzungen[748]) sowie dann erforderlich, wenn festzustellen ist, dass die Bilanzierungsentscheidungen zwar innerhalb 386

---

[745] Vgl. *IDW PS 450 n.F.*, Tz. 80, 82.
[746] Vgl. *IDW PS 450 n.F.*, Tz. 81, 83; *Ebke*, in: MünchKomm. HGB³, § 321, Rn. 53.
[747] Vgl. *IDW PS 450 n.F.*, Tz. 84; *Orth*, in: Baetge/Kirsch/Thiele, Bilanzrecht, § 321, Rn. 96.3.
[748] Zu geschätzten Werten in der Rechnungslegung siehe insb. *IDW PS 314 n.F.*

der zulässigen Bandbreite, jedoch **zielgerichtet und einseitig** zur Beeinflussung der Gesamtaussage (z.B. Maßnahmen zur gezielten Verbesserung des Jahresergebnisses bei angespannter Unternehmenslage) getroffen worden sind[749].

387 Der APr. kann i.Z.m. der Darstellung der wesentlichen Bewertungsgrundlagen auf die diesbezüglichen **Angaben im Anhang** verweisen, wenn deren Aufnahme in den PrB lediglich zu einer Wiederholung führen würde. Auch in diesem Fall ist der Einfluss der wesentlichen Bewertungsgrundlagen auf die Gesamtaussage im PrB zu erläutern. Soweit die dazu notwendigen Informationen zur Verfügung stehen und solche Erläuterungen zur Beurteilung der Gesamtaussage des JA durch die Berichtsadressaten zweckmäßig sind, sollten auch zahlenmäßige Darstellungen vorgenommen werden, bspw. in Form von Kennziffern[750]. Allerdings wird der Anh. zumeist keine Angaben zu den Auswirkungen der Ausnutzung von Ermessensspielräumen auf die Gesamtaussage des JA enthalten. Auf die Erläuterung derartiger Sachverhalte im PrB wird somit regelmäßig nicht verzichtet werden können[751].

388 **Verweise** auf den Anh. dürfen in ihrer Art oder in ihrem Umfang nicht im Widerspruch zu der nach § 321 Abs. 1 S. 2 HGB gebotenen Klarheit der Berichterstattung stehen. Enthält der Anh. Angaben, die nach § 321 Abs. 2 S. 3 bis 5 HGB berichtspflichtig sind, ist im Einzelfall zu entscheiden, ob und inwieweit die Wiederholung oder eine Zusammenfassung dieser Angaben im PrB sachgerecht ist[752]. Ein quasi summarisches Verweisen wird aber auch bei umfangreichen Angaben im Anh. kaum sachgerecht sein, weil damit das **Hervorheben** der wesentlichen Bewertungsgrundlagen verloren geht.

389 **Bei PIE** sieht Art. 11 Abs. 2 Buchst. l) VO (EU) Nr. 537/2014, jedenfalls dem Wortlaut nach, dagegen keine Beschränkung auf die „wesentlichen" auf die bei den verschiedenen Posten des JA **angewandten Bewertungsmethoden** vor. Ferner verlangt die Vorschrift bei PIE eine Beurteilung der angegebenen Bewertungsmethoden.

Entsprechend dem Vorgehen nach § 321 Abs. 2 S. 3 bis 5 HGB wird es jedoch auch bei PIE sachgerecht sein, von der bloßen Wiederholung von Angaben abzusehen, die bereits vom Unternehmen ordnungsgemäß im Anh. enthalten sind. Angesichts der sowohl nach HGB (§ 284 HGB) als auch nach IFRS (IAS 1.117 ff.) geforderten umfangreichen Anhangangaben zu den Rechnungslegungsmethoden kann es nicht Intention des Verordnungsgebers gewesen sein, quasi einen zusätzlichen Anh. im PrB zu fordern. Daher dürfte davon auszugehen sein, dass eine um die nach der VO geforderten Beurteilungen ergänzte **Darstellung** der angewandten Bewertungsmethoden in dem nach § 321 Abs. 2 HGB für den PrB vorgeschriebenen Umfang, die hinsichtlich unwesentlicher Methoden um einen klaren Verweis auf den Anh. ergänzt ist, im Ergebnis auch für PIE angemessen ist. Die aus der VO resultierenden Berichterstattungspflichten werden jedoch nicht durch ein ausschließliches summarisches Verweisen auf den Anh. erfüllt werden können[753].

In Zusammenhang mit den nach der VO geforderten postenbezogenen **Beurteilungen**, ob die angewandten Rechnungslegungsmethoden im vorliegenden Fall die maßgeben-

---

749 Vgl. *IDW PS 450 n.F.*, Tz. 85; *Kuhner/Päßler*, in: HdR[5], § 321, Rn. 56.
750 Vgl. *Kuhner/Päßler*, in: HdR[5], § 321, Rn. 60.
751 Vgl. *IDW PS 450 n.F.*, Tz. 86; *Orth*, in: Baetge/Kirsch/Thiele, Bilanzrecht, § 321, Rn. 96.12.
752 Vgl. *IDW PS 450 n.F.*, Tz. 87; *Ebke*, in: MünchKomm. HGB[3], § 321, Rn. 57.
753 Vgl. *IDW PS 450 n.F.*, Tz. P84/3; *Schmidt/Deicke*, in: BeBiKo[11], § 321, Rn. 108.

den Rechnungslegungsgrundsätze erfüllen[754], dürfte es sachgerecht sein, sich auf objektivierende, sachverständige Einschätzungen[755] (z.B. „vertretbar" oder „am oberen/unteren Rande des branchenüblichen ..."), Kommentierungen (z.B. „in Ausnutzung des bestehenden/sich ergebenden Ermessensspielraumes") und Hervorhebungen (z.B. „eine besonders hohe Schätzunsicherheit besteht in Bezug auf...") zu beschränken. Dabei muss durch entsprechende Formulierung verdeutlicht werden, dass keine Teilurteile abgegeben werden[756]. Die Ausführungen können ggf. um quantitative Angaben zu den Auswirkungen einzelner Methodenentscheidungen auf den JA ergänzt werden bzw. zu ergänzen sein[757]. Auf abweichende Auffassungen der gesetzlichen Vertreter ist angemessen hinzuweisen[758].

Änderungen in den Bewertungsgrundlagen

Nach § 252 Abs. 1 Nr. 6 HGB sind die gewählten Bewertungsmethoden grds. beizubehalten. Für die gesamte Rechnungslegung einschl. der Ausübung von Ansatzwahlrechten und der Ausnutzung von Ermessensspielräumen gilt außerdem das **Willkürverbot**[759]. Nach § 284 Abs. 2 Nr. 2 HGB sind Durchbrechungen der Ansatz-, Ausweis- und Bewertungsstetigkeit im Anh. anzugeben und zu begründen, und deren Auswirkungen auf die Vermögens-, Finanz- und Ertragslage sind im Anh. zu erläutern[760]. **390**

Änderungen der Bewertungsgrundlagen umfassen sowohl Änderungen der Bilanzierungs- und Bewertungsmethoden als auch Änderungen der wertbestimmenden Faktoren. Auch innerhalb des gesetzlich zulässigen Rahmens vorgenommene Änderungen in den Bewertungsgrundlagen können, namentlich wenn diese zielgerichtet und einseitig erfolgen, wesentliche Auswirkungen auf die Vergleichbarkeit und die Gesamtaussage des JA haben[761]. Dies ist bspw. der Fall, wenn die gesetzlichen Vertreter, namentlich bei schlechter wirtschaftlicher Entwicklung des Unternehmens, Rückstellungen ggü. dem VJ tendenziell niedriger, an der Untergrenze der als akzeptabel zu qualifizierenden Bandbreite der Ermessensspielräume, ansetzen[762]. **391**

Im PrB ist auf Änderungen in den Bewertungsgrundlagen einzugehen, wenn diese einzeln oder insgesamt oder im Zusammenspiel mit sachverhaltsgestaltenden Maßnahmen einen **wesentlichen Einfluss** auf das durch den JA vermittelte Bild der Vermögens-, Finanz- und Ertragslage des Unternehmens haben. Wenn bspw. durch bilanzpolitische Maßnahmen tatsächliche Entwicklungen und Trends in der Vermögens-, Finanz- und Ertragslage des Unternehmens verdeckt oder überzeichnet oder dadurch üblicherweise betrachtete Bilanzrelationen oder bilanzanalytische Kennzahlen[763] wesentlich beeinflusst werden[764]. **392**

---

754 Vgl. *IDW PS 450 n.F.*, Tz. P84/2.
755 Vgl. den Wortlaut der englischen Fassung der VO (EU) Nr. 537/2014: „assess".
756 Vgl. *IDW PS 450 n.F.*, Tz. P84/2; *Schmidt/Deicke*, in: BeBiKo[11], § 321, Rn. 108.
757 Vgl. *IDW PS 450 n.F.*, Tz. 86 S. 3 ff.
758 Vgl. *Burg/Müller*, in: Kölner Komm. Rechnungslegungsrecht, § 321, Rn. 28.
759 Vgl. ADS[6], § 252, Tz. 126; *Winkeljohann/Büssow*, in: BeBiKo[11], § 252, Rn. 68 f.
760 Vgl. *IDW PS 450 n.F.*, Tz. 89; *Grottel*, in: BeBiKo[11], § 284, Rn. 170 ff.
761 Vgl. *IDW PS 450 n.F.*, Tz. 90; *Orth*, in: Baetge/Kirsch/Thiele, Bilanzrecht, Rn. 96.8.
762 Vgl. *IDW PS 450 n.F.*, Tz. 90.
763 Zu häufig benutzten Kennzahlen wie EK-Quote, dynamischer Verschuldungsgrad oder EK- bzw. Nettoumsatzrendite siehe bspw. *Schlienkamp*, AG 2018, S. R13 f.
764 Vgl. *IDW PS 450 n.F.*, Tz. 91; *Kuhner/Päßler*, in: HdR[5], § 321, Rn. 57; *Orth*, in: Baetge/Kirsch/Thiele, Bilanzrecht, Rn. 96.8.

393 **Wesentliche Änderungen** in den Bewertungsgrundlagen sind im Einzelnen anzusprechen. Um Wiederholungen zu vermeiden, kann hierbei ggf. aus dem PrB auf Angaben im Anh. verwiesen werden, sofern ein solches Verweisen nicht in Widerspruch zu der nach § 321 Abs. 1 S. 2 HGB gebotenen Klarheit der Berichterstattung steht. Je nach den Umständen des Einzelfalles kann es demnach erforderlich sein, solche Angaben im PrB dennoch zu wiederholen oder nochmals in zusammenfassender Form darzustellen.[765]

394 Zur **Verdeutlichung der Auswirkungen** von Änderungen in den Bewertungsgrundlagen sind vom APr. i.R. seiner Ausführungen grds. zahlenmäßige Angaben zu machen. In der Darstellung ist ggf. auch auf zukünftige Umkehreffekte einzugehen, die aus der Änderung der Bewertungsgrundlagen resultieren und sich wesentlich auf die Gesamtaussage des JA auswirken, indem auf die Ergebnisauswirkungen in künftigen Perioden hingewiesen wird. Erscheinen quantitative Angaben, bspw. wegen bestehender Unsicherheiten, nicht hinreichend aussagefähig, sind zumindest tendenzielle Aussagen zu den Auswirkungen auf die Gesamtaussage des JA zu treffen.[766]

395 Eine Wertung der von den gesetzlichen Vertretern vorgenommenen **zulässigen Bilanzierungs- und Bewertungsentscheidungen** ist vorbehaltlich eines Verstoßes gegen § 264 Abs. 2 S. 1 HGB nicht erforderlich.[767] Bilanzpolitische Maßnahmen, durch die wesentliche Entwicklungen der wirtschaftlichen Lage verdeckt werden, können jedoch auch eine Anhangangabe nach § 264 Abs. 2 S. 2 HGB erforderlich machen und sind dann im PrB zusätzlich i.R.d. Feststellungen zur Ordnungsmäßigkeit des JA anzusprechen und zu beurteilen.[768]

396 **Bei PIE** gelten i.Z.m. Änderungen der angewandten Bewertungsmethoden die Ausführungen unter Kap. M Tz. 389 entsprechend.[769]

397 Eine Beurteilung der wirtschaftlichen **Zweckmäßigkeit** der getroffenen Bilanzierungs- und Bewertungsentscheidungen der gesetzlichen Vertreter (einschl. der Änderung solcher Entscheidungen) ist **nicht Aufgabe des APr**. Sie sind als geschäftspolitische Entscheidungen der gesetzlichen Vertreter von den Berichtsadressaten, namentlich dem Aufsichtsgremium sowie ggf. der Gesellschafterversammlung, zu beurteilen.[770]

3.2.4.2.3 Sachverhaltsgestaltende Maßnahmen

398 Im Rahmen der Erläuterungen zur Gesamtaussage des JA ist im PrB auch auf **sachverhaltsgestaltende Maßnahmen** einzugehen. Darunter sind Maßnahmen zu verstehen, die sich auf den Ansatz, den Ausweis und/oder die Bewertung von Vermögensgegenständen, Schulden, RAP und Sonderposten auswirken, sofern

- sie von der üblichen Gestaltung abweichen, die nach Einschätzung des APr. den Erwartungen der Abschlussadressaten entspricht, und

---

765 Vgl. *IDW PS 450 n.F.*, Tz. 92 i.V.m. Tz. 87.
766 Vgl. *IDW PS 450 n.F.*, Tz. 92; *Bertram*, in: Haufe HGB Kommentar[8], § 321, Rn. 126 f.; *Orth*, in: Baetge/Kirsch/Thiele, Bilanzrecht, Rn. 96.8 f.
767 Vgl. *Ebke*, in: MünchKomm. HGB[3], § 321, Rn. 56.
768 Vgl. *IDW PS 450 n.F.*, Tz. 93.
769 Vgl. *IDW PS 450 n.F.*, Tz. P93/1 i.V.m. P84/1-3; *Schmidt/Deicke*, in: BeBiKo[11], § 321, Rn. 108.
770 Vgl. *IDW PS 450 n.F.*, Tz. 88; *Ebke*, in: MünchKomm. HGB[3], § 321, Rn. 54; *Kuhner/Päßler*, in: HdR[5], § 321, Rn. 59.

- sich die Abweichung von der üblichen Gestaltung auf die Gesamtaussage des JA wesentlich auswirkt[771].

Da Art. 11 Abs. 2 Buchst. l) VO (EU) Nr. 537/2014 „sachverhaltsgestaltende Maßnahmen" nicht nennt, sind die Berichterstattungsmaßstäbe dazu bei PIE und Nicht-PIE grds. gleich.

399 Zu berichten ist hiernach über **Sachverhaltsgestaltungen**, die dazu geeignet sind, die Darstellung der Vermögens-, Finanz- und Ertragslage der KapGes. im JA wesentlich zu beeinflussen. Bei einzelnen Maßnahmen (z.B. Forderungsverkäufe i.R. von Asset-backed-securities-Transaktionen oder Pensionsgeschäfte), kann dabei die Darstellung der Vermögenslage im Vordergrund stehen, bei anderen (z.B. Sale-and-lease-back-Transaktionen) dagegen die Darstellung der Finanz- und Ertragslage[772].

400 Als weitere **Beispiele** für sachverhaltsgestaltende Maßnahmen kommen in Betracht[773]:
- Gestaltungen mit dem Ergebnis der Aktivierung von Entwicklungskosten oder von anderen selbst erstellten immateriellen Vermögensgegenständen
- stichtagsbezogene Beeinflussung der Gesamtaussage des JA (Window dressing)
- der Übergang von Kauf zu Leasing i.Z.m. der Anschaffung von Vermögensgegenständen
- der Einsatz von Zweckgesellschaften (z.B. Leasingobjektgesellschaften)
- Tauschumsätze (sog. Barter-Transaktionen)
- die Ausgestaltung von Aktienoptionsplänen
- Factoring
- konzerninterne Transaktionen bzw. solche mit nahestehenden Personen.

401 **Wesentliche Sachverhaltsgestaltungen** sind im Einzelnen, grds. unter Nennung des Einflusses auf die Vermögens-, Finanz- und Ertragslage, anzugeben. Um Wiederholungen zu vermeiden, kann hierbei ggf. aus dem PrB auf Angaben im Anh. verwiesen werden. Dabei wird der APr. im Einzelfall zu entscheiden haben, ob ein Verweis auf diese Angaben im PrB im Widerspruch zu der nach § 321 HGB gebotenen Klarheit der Berichterstattung steht. Je nach den konkreten Verhältnissen kann es daher erforderlich sein, solche Angaben im PrB zu wiederholen oder nochmals zusammengefasst darzustellen[774].

402 Wenn Sachverhaltsgestaltungen bereits i.R.d. Stellungnahme zur Lagebeurteilung (§ 321 Abs. 1 S. 2 HGB) dargestellt worden sind, kann ggf. auf diese Darstellung rekurriert werden.

Falls Sachverhaltsgestaltungen im Einzelfall Auswirkungen auf den BestV haben, so ist auf die notwendigerweise bereits erfolgte Darstellung i.R.d. vorangestellten Berichterstattung nach § 321 Abs. 1 S. 3 HGB zu verweisen. Ein nochmaliges ausführliches Eingehen auf den Sachverhalt im Abschnitt zu den sachverhaltsgestaltenden Maßnahmen trägt grds. nicht zur Verbesserung der Information der Berichtsadressaten bei, sondern bedeutet lediglich eine Doppelung und könnte bei abweichender Wortwahl auch relativierend wirken und vielmehr irritieren.

---

771 Vgl. *IDW PS 450 n.F.*, Tz. 94.
772 Vgl. *IDW PS 450 n.F.*, Tz. 95.
773 Vgl. *IDW PS 450 n.F.*, Tz. 95; *Schmidt/Deicke*, in: BeBiKo[11], § 321, Rn. 107.
774 Vgl. *IDW PS 450 n.F.*, Tz. 96 i.V.m. Tz. 87, 90-92.

403 Im **Grenzbereich** zur Sachverhaltsgestaltung i.S.v. § 321 Abs. 2 S. 4 Hs. 2 HGB sind Geschäftsführungsmaßnahmen wie bspw. die Einbindung in ein konzerninternes Cash-Pooling anzusiedeln. Es kann im Einzelfall zweckmäßig sein, im PrB auch auf derartige Maßnahmen hinzuweisen.

3.2.4.2.4 Aufgliederungen und Erläuterungen

404 Nach § 321 Abs. 2 S. 5 HGB sind – i.Z.m. der Darstellung der Bewertungsgrundlagen und deren Änderungen sowie der sachverhaltsgestaltenden Maßnahmen – auch die Posten des JA aufzugliedern und ausreichend zu erläutern, **soweit** dies aufgrund des besonderen Informationsbedarfs der Berichtsadressaten **zum Verständnis der Gesamtaussage des JA erforderlich** ist[775].

405 Wenn infolgedessen bestimmte **Posten des JA aufgegliedert** werden, sind diese auch ausreichend zu erläutern. Dies erfordert im Allgemeinen das Eingehen darauf, welchen Einfluss bspw. die geänderte Ausübung eines Wahlrechts oder die geänderte Gestaltung eines Sachverhalts auf den Ansatz, die Bewertung oder die Zusammensetzung einzelner Abschlussposten hat. Im Rahmen solcher Aufgliederungen können auch im JA bereits enthaltene Angaben in einer abweichenden Darstellung in den PrB aufgenommen werden[776]. Insb. Überschneidungen mit Darstellungen nach § 321 Abs. 1 S. 2 HGB (Stellungnahme zur Lagebeurteilung) bedürfen grds. einer besonderen Erläuterung, et vice versa.

406 Neben diesen gesetzlich geforderten Postenaufgliederungen und -erläuterungen i.S.v. § 321 Abs. 2 S. 5 HGB können auf der Grundlage entsprechender zusätzlicher Beauftragung oder Erwartungen der Auftraggeber im Einzelfall weitere, **ergänzende Aufgliederungen und Erläuterungen**[777] ausgewählter oder auch aller Abschlussposten vorgenommen werden.

407 Solche ergänzenden Aufgliederungen und Erläuterungen von Posten des JA bieten die Möglichkeit, **analysierende Darstellungen** zur Veranschaulichung der Vermögens-, Finanz- und Ertragslage und deren Entwicklung in die Berichterstattung aufzunehmen[778]. Dabei bietet es sich an, die Postenaufgliederungen und -erläuterungen mit den analysierenden Darstellungen zur Vermögens-, Finanz- und Ertragslage zu verbinden bzw. in diese zu integrieren. Dabei sollte immer darauf geachtet werden, Mehrfachdarstellungen i.R.d. Prüfungsberichterstattung weitestgehend zu vermeiden[779].

408 Die Aufnahme dieser ergänzenden Aufgliederungen und Erläuterungen in einen eigenständigen Abschnitt des PrB ist möglich, sofern dadurch die Klarheit und Übersichtlichkeit der Berichterstattung nicht gefährdet wird[780]. Zu präferieren ist aber die Darstellung i.R. einer **Anlage zum PrB** oder in einem gesonderten **Anlagenband**[781],

---

[775] Vgl. *IDW PS 450 n.F.*, Tz. 97; *Ebke*, in: MünchKomm. HGB³, § 321, Rn. 58; *Kuhner/Päßler*, in: HdR⁵, § 321, Rn. 61; *Orth*, in: Baetge/Kirsch/Thiele, Bilanzrecht, § 321, Rn. 97; *Schmidt/Deicke*, in: BeBiKo¹¹, § 321, Rn. 111 (mit der ausdrücklichen Warnung vor „Zahlenfriedhöfen").
[776] Vgl. *IDW PS 450 n.F.*, Tz. 98.
[777] Vgl. *IDW PS 450 n.F.*, Tz. 99 ff.
[778] Vgl. *IDW PS 450 n.F.*, Tz. 100 f.
[779] Vgl. *Kuhner/Päßler*, in: HdR⁵, § 321, Rn. 67.
[780] Vgl. *IDW PS 450 n.F.*, Tz. 13, 102.
[781] Vgl. *Bertram*, in: Haufe HGB Kommentar⁸, § 321, Rn. 132; *Kuhner/Päßler*, in: HdR⁵, § 321, Rn. 67; *Orth*, in: Baetge/Kirsch/Thiele, Bilanzrecht, § 321, Rn. 98.1; *Schmidt/Deicke*, in: BeBiKo¹¹, § 321, Rn. 111.

insb. dann, wenn die Aufgliederungen und Erläuterungen über verdichtete analysierende Darstellungen hinausgehen.

Nicht angemessen wäre es jedenfalls, Darstellungen, die lediglich schematisch die Posten des JA aufgliedern und nicht auf Analysen der zugrunde gelegten Daten basieren, d.h. bloße Aufgliederungen, in den PrB aufzunehmen.

In den PrB oder in zugehörige Anlagen aufgenommene Aufgliederungen und Erläuterungen von Posten des JA (einschl. analysierender Darstellungen) unterliegen der **Prüfung nach den allgemeinen Grundsätzen** und dürfen daher nicht ungeprüft aus Aufstellungen des Unternehmens übernommen werden. Als Folge ergibt sich regelmäßig eine Ausweitung der notwendigen Prüfungshandlungen i.R.d. Abschlussprüfung[782].   **409**

Analysierende Darstellungen zur Vermögens-, Finanz- und Ertragslage können eine   **410** wesentliche **Unterstützung für die Berichtsadressaten** darstellen, um zu einer sachgerechten Einschätzung der wirtschaftlichen Lage des Unternehmens zu kommen, insb. bei kleinen und mittelgroßen Unternehmen[783].

Art und Umfang der Darstellungen werden maßgebend durch die wirtschaftliche Lage des geprüften Unternehmens und deren Entwicklung im Zeitablauf bestimmt. Dementsprechend müssen die Darstellungen einzelfallabhängig und **unternehmensindividuell** ausgestaltet sein. Die Darstellungstiefe ist dabei umso größer, je „schwieriger" die wirtschaftliche Situation des Unternehmens ist[784]. Eine angespannte wirtschaftliche Lage erfordert i.d.R. eine ausführlichere Berichterstattung. Der Umfang der Darstellungen wird darüber hinaus auch durch den Informationsstand der Berichtsempfänger bestimmt. Insofern können die Darstellungen hinsichtlich ihres Umfangs einzelfallabhängig erheblich variieren.

Werden keine analysierenden Darstellungen zur Vermögens-, Finanz- und Ertragslage in den PrB aufgenommen, braucht dies im PrB nicht begründet zu werden. Unabhängig davon sind durchgeführte Analysehandlungen stets in den Arbeitspapieren[785] zu dokumentieren.

Ein **Verzicht auf Darstellungen** zur Vermögens-, Finanz- und Ertragslage im PrB ist in   **411** Übereinstimmung mit den fachlichen Grundsätzen z.B. in folgenden Fällen denkbar[786]:
- bei aussagefähigen analysierenden Darstellungen, die bereits im Anh. und/oder im LB enthalten sind, so dass insoweit nur Wiederholungen erfolgen würden und diese daher entbehrlich sind
- bei ausreichenden analysierenden Darstellungen und Übersichten i.R.d. Stellungnahme zur Lagebeurteilung (§ 321 Abs. 1 S. 2 HGB) und/oder i.R.d. Erläuterungen nach § 321 Abs. 2 S. 4 HGB
- bei einem Bericht über die Prüfung eines TU, das in den KA des MU einbezogen wird und dessen wirtschaftliche Lage im Wesentlichen von den Verhältnissen des MU geprägt ist (dabei wird zusätzlich vorausgesetzt, dass im PrB zum KA des MU die wirtschaftliche Lage ausreichend dargestellt wird)

---

[782] Vgl. *IDW PS 450 n.F.*, Tz. 103; *IDW PH 9.100.1*, Tz. 87; *Schmidt/Deicke*, in: BeBiKo[11], § 321, Rn. 112.
[783] Vgl. *IDW PS 450 n.F.*, Tz. 99; *IDW PH 9.100.1*, Tz. 85.
[784] Vgl. *Plendl*, in: HWRP[3], Sp. 1785.
[785] Vgl. hierzu insb. *IDW PS 460 n.F.*, Tz. 21 f.
[786] Vgl. auch insb. *IDW PS 450 n.F.*, Tz. 72, 75, 87, 92. A.A. („unverzichtbar") wohl *Schmidt/Deicke*, in: BeBiKo[11], § 321, Rn. 161.

Ein solcher Verzicht dürfte allerdings dann grds. nicht möglich sein, wenn sich das geprüfte Unternehmen in einer wirtschaftlichen „Schieflage" befindet.

412 Als analysierende Darstellungen zur Verdeutlichung der Vermögens-, Finanz- und Ertragslage und deren Entwicklung sind v.a. **Bilanzstrukturübersichten** (zur Vermögens- und Finanzlage) sowie **Erfolgsquellenanalysen** der GuV (zur Ertragslage) geeignet.[787]

413 In Frage kommen **darüber hinaus** bspw.[788]
- die Gegenüberstellung betriebswirtschaftlich aussagefähiger Zahlen des GJ mit Zahlen aus VJ in Form einer Mehrjahresübersicht,
- die Ermittlung von unternehmensspezifischen Kennziffern (neben Abschluss- z.B. auch Produktionskennzahlen)[789],
- die Herleitung eines um außergewöhnliche[790] und um bilanzpolitische Einflüsse bereinigten Betriebsergebnisses,
- die Herausarbeitung von Vorgängen, die das Jahresergebnis wesentlich beeinflusst haben (z.B. bezogen auf Unternehmensbereiche und -sparten, abgegrenzte Teilmärkte, einzelne Ereignisse oder Transaktionen)[791],
- die Aufnahme einer KFR[792] und/oder einer Cashflow-Analyse,
- Übersichten über Kreditlinien und/oder Kreditfälligkeiten,
- Ausführungen zur Substanzerhaltung (z.B. bei einem sog. Investitionsstau).

414 Zur **Verdeutlichung der Entwicklung** der Vermögens-, Finanz- und Ertragslage ist eine Gegenüberstellung von zusammengefassten, betriebswirtschaftlich aussagefähigen Zahlen des GJ mit den inhaltlich korrespondierenden VJ-Zahlen zweckmäßig. Die Darstellungen sollten von den Zahlen des JA ausgehen. Einflüsse von Bilanzierungs- und Bewertungsmethoden und zusätzlich i.R.d. Abschlussprüfung gewonnene Daten und Informationen sind darüber hinaus zu berücksichtigen. Dies bedeutet, dass Unterlagen und Zahlen, die Gegenstand der Prüfung von Buchführung, JA und LB sind, sowie weitere für eine im Hinblick auf das Prüfungsergebnis erforderliche Urteilssicherheit des APr. benötigte unternehmensinterne Unterlagen, ggf. auch Planungsrechnungen, entsprechend auszuwerten sind[793]. Basis für die Aufgliederungen und Erläuterungen des APr. sollte eine unternehmensindividuelle **Ursache-Wirkungs-Analyse** sein[794]. Dabei sind Interdependenzen zwischen der Vermögens-, der Finanz- sowie der Ertragslage zu beachten[795].

415 Auswertungen und Analysen sind jedoch nicht auf eine wertende Beurteilung der Vermögens-, Finanz- und Ertragslage oder gar der wirtschaftlichen Gesamtsituation des Unternehmens auszurichten. Der vorgegebene Gegenstand der Abschlussprüfung und

---

[787] Vgl. ADS[6], § 321, Tz. 120 ff.; *Coenenberg/Haller/Schultze*, Jahresabschlussanalyse[24], insb. S. 1067 ff., S. 1107 ff.; *Küting/Weber*, Bilanzanalyse[11], insb. S. 54 ff., 119 ff., 171 ff.
[788] Vgl. IDW PS 450 n.F., Tz. 100; *Kuhner/Päßler*, in: HdR[5], § 321, Rn. 68; *Plendl*, in: HWRP[3], Sp. 1785; *Schmidt/Deicke*, in: BeBiKo[11], § 321, Rn. 163 ff.
[789] Insb. „finanzielle Leistungsindikatoren" i.S.v. § 289 Abs. 1 S. 3 HGB und „nichtfinanzielle Leistungsindikatoren" i.S.v. § 289 Abs. 3 HGB. Vgl. dazu auch DRS 20.101 ff.
[790] Vgl. hierzu auch § 285 Nr. 31 HGB. Das „außerordentlich" ist infolge der RL 2013/34/EU in diesem Zusammenhang nicht mehr verwendbar; vgl. RegBegr. BilRUG, BT-Drs. 18/4050 v. 20.02.2015, S. 63.
[791] Vgl. hierzu auch *IDW PS 720*, Fragenkreise 14 bis 16.
[792] Vgl. hierzu auch DRS 21.
[793] Vgl. *Schmidt/Deicke*, in: BeBiKo[11], § 321, Rn. 161, 165.
[794] Vgl. *Kuhner/Päßler*, in: HdR[5], § 321, Rn. 69.
[795] Vgl. *Baetge/Commandeur/Hippel*, in: HdR[5], § 264, Rn. 24.

die Intention der **Lageanalyse** verpflichten den APr. nicht zu einer betriebswirtschaftlichen Unternehmensanalyse, die zwangsläufig in erheblichem Umfang subjektive Beurteilungen beinhalten würde[796].

Zur besseren Übersichtlichkeit ist es zweckmäßig, die Vermögenslage, die Finanzlage und die Ertragslage getrennt und mittels **Zeitreihenvergleichs** zu analysieren und im PrB darzustellen[797]. Im Rahmen der Berichterstattung ist dabei auch anzugeben, woher die verwendeten Daten stammen und ob der APr. diese geprüft hat[798]. **416**

Als **Grundregeln** sollte dabei beachtet werden[799], dass
- eine einzige (Kenn-)Zahl alleine grds. nicht den Ausschlag für eine Beurteilung geben kann, d.h. es ist regelmäßig die Gesamtheit aller (Kenn-)Zahlen zu betrachten,
- die (Kenn-)Zahlen grds. im Zeitverlauf und nicht nur zu einem bestimmten Stichtag zu betrachten sind; Veränderungen im Zeitverlauf sagen außerdem vielfach mehr aus als Vergleiche mit anderen Unternehmen.

Darstellung der Vermögenslage

Zur Darstellung der Vermögenslage im PrB sind der Vermögens- und Kapitalaufbau sowie Struktur, Bindungsdauer und Fristigkeiten der Vermögens- und Schuldposten sowie deren wesentliche Veränderungen kenntlich zu machen. Die Erläuterungen zur Vermögenslage erfolgen zweckmäßigerweise aufbauend auf einer zusammengefassten **Bilanzübersicht** (Strukturbilanz) unter Gegenüberstellung der VJ-Zahlen[800]. **417**

Sofern es sachgerecht ist, sollten **Umgliederungen** ggü. der gesetzlich vorgeschriebenen Bilanzgliederung vorgenommen und Abschlussposten so zusammengefasst bzw. saldiert werden, dass aussagefähige und für Kennzahlenanalysen sinnvoll verwendbare Größen zur Verfügung stehen und die wirtschaftlich maßgebenden Aspekte klar erkennbar werden. Zur besseren Übersichtlichkeit einer derartigen Gegenüberstellung trägt bei, wenn sie in Tsd. € oder Mio. € wiedergegeben wird. Ferner sollten die **wesentlichen Veränderungen ggü. dem VJ** betragsmäßig und/oder prozentual gesondert angegeben werden. Für die Erstellung einer sog. Strukturbilanz existieren keine allgemeingültigen Aufbereitungsregeln. Im Regelfall ist es zweckdienlich, die Aktivseite in die beiden Kategorien Anlagevermögen und Umlaufvermögen sowie die Passivseite in Eigenkapital und Fremdkapital zu untergliedern. Inwiefern weitergehende Differenzierungen sinnvoll sind, ist im Einzelfall zu entscheiden. **418**

Zur Darstellung von Änderungen in der Bindungsdauer oder der **Fristigkeit** von Vermögensgegenständen und Schulden ist eine entsprechende Einordnung angebracht, die zugleich eine Basis für die Darstellung der Finanzlage bieten kann. Als Ordnungskriterien bieten sich die im HGB verwendeten Fristenklassen an[801]. Bedingt durch die beschränkte Analyseintensität i.R.d. Abschlussprüfung hat die Aufbereitung des Datenmaterials nicht derart detailliert zu erfolgen, dass sie allen theoretischen Analysemög- **419**

---

796 Vgl. ADS[6], § 321, Tz. 119.
797 Vgl. *Kuhner/Päßler*, in: HdR[5], § 321, Rn. 67.
798 Vgl. *IDW PS 450 n.F.*, Tz. 16, 103.
799 Vgl. *Schlienkamp*, AG 2018, S. R13.
800 Vgl. *Küting/Weber*, Bilanzanalyse[11], S. 85 ff.
801 Z.B. §§ 268 Abs. 4 und 5, 285 Nr. 1 Buchst. a) HGB: kurzfristig = Restlaufzeit oder Bindung bis zu 1 Jahr, mittelfristig = Restlaufzeit oder Bindung über 1 und bis zu 5 Jahren, langfristig = Restlaufzeit oder Bindung über 5 Jahre.

lichkeiten Rechnung trägt[802]. Grundlegende Umbewertungen und eigenständige Ermittlungen „realer" Werte statt bilanzieller Werte sind gemeinhin nicht gefordert.

420 Allerdings ist den Darstellungserfordernissen häufig nicht Genüge getan, wenn lediglich die in der Übersicht ausgewiesenen Veränderungen der bilanziellen Werte als alleinige Beurteilungsgrundlage herangezogen werden. Der APr. darf bei der Erläuterung einzelner Posten die i.R. seiner **Ursache-Wirkungs-Analyse** gewonnenen Erkenntnisse über bedeutende Veränderungen in der Zusammensetzung oder der Bewertung sowie i.Z.m. sachverhaltsgestaltenden Maßnahmen nicht unberücksichtigt lassen.

421 **Erläuterungsbedürftige Veränderungen der Vermögenslage** können bspw. resultieren aus[803]

- Strukturveränderungen im Vermögens- und Kapitalaufbau,
- starker Verringerung der Eigenkapitalquote,
- wesentlichen Eigenkapitalzuführungen,
- Auflösung von Rückstellungen in größerem Umfang,
- hohen außerplanmäßigen Abschreibungen oder umgekehrt deren Unterlassen,
- negativen Entwicklungen bei Beteiligungsunternehmen (Konzernverflechtungen),
- wesentlichen Veränderungen i.Z.m. nicht in der Bilanz abgebildeten Geschäften (insb. Leasing, Factoring oder Sale-and-lease-back).

422 Zur Verdichtung und Auswertung der im JA insgesamt enthaltenen Informationen über die Vermögenslage bietet sich die Verwendung von **Kennzahlen** an (z.B. Anlagenintensität, Wertberichtigungsquote der Sachanlagen, Eigenkapitalquote, Kapitalintensität, Vorrats- oder Forderungsumschlag). Kennzahlen sollten zur Darstellung eines Trendverlaufs möglichst in einem **Mehrjahresvergleich** betrachtet werden[804]. Sind die verwendeten Kennzahlen durch die Ausübung von Bilanzierungs- und Bewertungswahlrechten und unternehmenspolitischen Entscheidungen nach den Erkenntnissen des APr. in ihrer Aussagefähigkeit beeinflusst, ist dies bei der Darstellung und Erläuterung der Veränderungen sowie bei der Gesamtbetrachtung der Vermögenslage entsprechend zu berücksichtigen.

Darstellung der Finanzlage

423 Bestimmende Elemente der Finanzlage eines Unternehmens sind die **Finanzierung** und die **Liquidität**. Dementsprechend haben sich die Ausführungen zur Finanzlage vor allem auf diese Bereiche zu beziehen.

424 In Zusammenhang mit der Erläuterung von Veränderungen der **Finanzierungssituation** wird der APr. auch auf die Entwicklungen in der Finanzstruktur und den Deckungsverhältnissen (z.B. die sog. Goldene Bilanzregel) abzustellen haben. In der Praxis hat sich die Aufnahme einer **KFR** in den PrB als Instrument für die Darstellung der Entwicklung der Finanzlage ggü. dem VJ bewährt. Als Maßstab für eine KFR sollte stets **DRS 21** dienen. Die konkrete Ausgestaltung zwecks Darstellung und der Feststellung von Veränderungen der Finanzlage liegt im pflichtgemäßen Ermessen des APr. Falls der geprüfte JA oder der LB eine KFR von gleichwertiger Aussagekraft enthält, sollte auf

---

[802] Zur Aufbereitung der Datenbasis vgl. *Baetge/Zülch*, in: HWRP[3], Sp. 2523 ff.; *Coenenberg/Haller/Schultze*, Jahresabschlussanalyse[24], S. 1031 ff.
[803] Vgl. auch *Baetge/Commandeur/Hippel*, in: HdR[5], § 264, Rn. 33; *Korth*, S. 23; *Plendl*, S. 75.
[804] Zur Kennzahleninterpretation vgl. *Coenenberg/Haller/Schultze*, Jahresabschlussanalyse[24], S. 1067 ff.; *Küting/Weber*, Bilanzanalyse[11], S. 122 ff.

deren bloße Wiedergabe im PrB verzichtet werden. In jedem Fall kommt im PrB eine Darstellung und Erläuterung der Cashflows der einzelnen Teilbereiche in Betracht. Auch können Bewegungsbilanzen, **Cash-Flow-Analysen**[805] sowie Kennzahlen, in die der Cash Flow aus der lfd. Geschäftstätigkeit einbezogen wird (z.B. Innenfinanzierungsgrad, dynamischer Verschuldungsgrad, Cash-Flow-Rate), zur Darstellung der Entwicklung der Finanzlage herangezogen werden. Für Kennzahlen empfiehlt sich generell ein **Mehrjahresvergleich**.

Darüber hinaus wird auf Sachverhalte einzugehen sein, die im JA und den darauf aufbauenden Analysen nicht bzw. noch nicht berücksichtigt sind, z.b. **schwebende Geschäfte, Garantien, Bestellobligo** oder bereits konkretisierte Investitionen mit deren finanziellen Auswirkungen. Von Relevanz sind auch Informationen über Ausschöpfungsgrad, Verminderungen oder Erhöhungen von **Kreditlinien** sowie Informationen, in welchem Umfang weitere Finanzierungsspielräume (z.B. vereinbarte Lieferantenkredit- oder Factoringlinien) zur Verfügung stehen und ggf. in Anspruch genommen werden können[806]. **425**

Insbesondere in kritischen Fällen ist es angezeigt, auf die zu erwartende Entwicklung der Liquiditätslage in der näheren Zukunft einzugehen, v.a. wenn Rückzahlungen von Anleihen oder Genussrechten oder planmäßige Kredittilgungen anstehen. Wichtige Informationen hierzu sollte dabei der **Finanzplan** des geprüften Unternehmens enthalten[807]. **426**

Erläuterungsbedürftige Veränderungen der Finanzlage können bspw. folgenden Umständen geschuldet sein[808]: **427**

- Veränderungen in der Finanzstruktur (z.B. stark gestiegener Verschuldungsgrad)
- Veränderungen in den Deckungsverhältnissen (z.B. nicht fristenkongruente Finanzierung)
- Veränderungen von liquiditätsbindenden Faktoren (z.B. stark angestiegene Lagerbestände)
- Veränderungen von liquiditätsentziehenden Faktoren (z.B. erforderliche Kredittilgungen, Investitionsvorhaben, schwebende Bestellungen, Verpflichtungen aus langfristigen Verträgen, die Insolvenz von bedeutenden Kunden mit damit verbundenem Finanzmittelausfall und Liquiditätsengpass)
- Veränderungen bei der Liquiditätsbeschaffung (z.B. Verminderung der Finanzierungsspielräume, Ausschöpfung von Kreditlinien, Kürzung von Kreditlinien, Ausschöpfung der Sicherheiten für die Fremdkapitalbeschaffung, Änderungen in den Zahlungsbedingungen von Kunden und Lieferanten, sinkende Innenfinanzierungskraft des Unternehmens).

Sofern das Unternehmen i.R.d. Fremdkapitalbeschaffung mit den Kapitalgebern die Einhaltung bestimmter Finanzkennzahlen (sog. **Financial Covenants**) vereinbart hat, sollte stets darüber berichtet werden. Dabei ist, namentlich bei nicht untadeliger Finanzlage, auch auf die Folgen des Nichteinhaltens solcher Finanzkennzahlen einzugehen **428**

---

[805] Vgl. hierzu z.B. *Busse von Colbe et al.*³, Abschn. B „Cash Earnings nach DVFA/SG"; *Küting/Weber*, Bilanzanalyse¹¹, S. 171 ff.
[806] Vgl. ADS⁶, § 321, Tz. 124; *Schmidt/Deicke*, in: BeBiKo¹¹, § 321, Rn. 164.
[807] Vgl. *Kuhner/Päßler*, in: HdR⁵, § 321, Rn. 68.
[808] Vgl. *Baetge/Commandeur/Hippel*, in: HdR⁵, § 264, Rn. 36 f.; *Korth*, S. 23; *Plendl*, S. 77.

Darstellung der Ertragslage

429 Die Darstellung der Ertragslage im PrB hat die Funktion, die **Erfolgsquellen**, die Aufwands- und Ertrags**struktur** sowie die Auswirkungen von Sondereinflüssen (inkl. periodenfremder Aufwendungen und Erträge)[809] und steuerrechtlicher Einflüsse auf das Jahresergebnis ersichtlich zu machen.

430 Zur Erläuterung der Ertragslage sind die Posten der GuV zweckmäßigerweise in einer von den Umsatzerlösen ausgehenden, den spezifischen Gegebenheiten des geprüften Unternehmens Rechnung tragenden und nach betriebswirtschaftlichen Gesichtspunkten zusammengefassten **Ergebnisrechnung** darzustellen. Den Aufwands- und Ertragsposten bzw. -arten sollten die jeweils vergleichbaren VJ-Zahlen gegenübergestellt und die prozentualen Anteile sowie deren absolute und ggf. relative Veränderungen angegeben werden. U.U. kann es zweckmäßig sein, Vergleiche über einen **Mehrjahreszeitraum** vorzunehmen.

431 Sowohl bei der Gliederung der GuV nach dem Gesamtkosten- als auch nach dem Umsatzkostenverfahren unterbleiben konzeptionsbedingt (z.T. auch bewusst)[810] bestimmte Erfolgsspaltungen und -aufgliederungen, die für eine aussagefähige Beurteilung der Ertragslage von Bedeutung sein können. Zum Zweck der Erfolgsquellenanalyse wird deshalb regelmäßig nicht auf **aussagefähige Umgliederungen** von Zahlen der GuV verzichtet werden können. Dabei sollten jedoch keine so detaillierten Umgliederungen zwischen den Posten erfolgen, dass komplizierte Überleitungen zwischen der GuV und der Erfolgsübersicht erforderlich werden. Weitgehend homogene Posten sind grds. unverändert in die Erfolgsübersicht zu übernehmen.

432 Für die **Darstellung einer Erfolgsübersicht** dürfte im Allgemeinen folgende Strukturierung nach Ergebniskategorien sinnvoll sein[811]:

Betriebsergebnis

Finanzergebnis

neutrales Ergebnis

Ergebnis vor Ertragsteuern

Ertragsteuern

Jahresergebnis

Im Einzelfall kann zusätzlich eine Ausdifferenzierung des Finanzergebnisses in ein „Beteiligungsergebnis" und ein „sonstiges Finanzergebnis/Zinsergebnis" sinnvoll sein.

433 Der APr. hat durch die **Ergebnisanalyse** den Berichtsadressaten vor allem Veränderungen des Jahresergebnisses im „betrieblichen" Bereich und im „neutralen" Bereich erkennbar zu machen. Es ist deshalb besondere Sorgfalt auf eine genaue und vergleichbare

---

[809] Vgl. hierzu z.B. *Busse von Colbe et al.*[3], S. 27 ff.
[810] Vgl. bspw. § 276 S. 1 HGB, sowie (für KI) §§ 340c Abs. 1 und 2, 340f Abs. 4 HGB.
[811] Vgl. ADS[6], § 321, Tz. 128; *Schmidt/Deicke*, in: BeBiKo[11], § 321, Rn. 165. Zu primär auf die externe Abschlussanalyse ausgerichteten Schemata zur Erfolgsspaltung vgl. *Coenenberg/Haller/Schultze*, Jahresabschlussanalyse[24], S. 1125 ff.; *Küting/Weber*, Bilanzanalyse[11], S. 265 ff.

Abgrenzung des Betriebsergebnisses zu verwenden. Dabei ist jedoch zu berücksichtigen, dass es **das** „Betriebsergebnis" oder **das** „neutrale Ergebnis" im Sinne einer allgemein anerkannten Abgrenzung nicht gibt. Dementsprechend ist die sachgerechte Abgrenzung bezogen auf den jeweiligen Einzelfall zu ermitteln. Darüber hinaus ist darauf zu achten, Abgrenzungen, Zuordnungen usw. im Zeitreihenvergleich stetig beizubehalten.

Das **Betriebsergebnis** umfasst die Ertrags- und Aufwandskomponenten, die mit dem eigentlichen Betriebszweck in direktem Zusammenhang stehen, zeitlich in die Berichtsperiode fallen und nach Art und Größe typisch und nicht zufällig sind[812]. Bei Anwendung des Gesamtkostenverfahrens sind dies grds. die Posten Nr. 1 bis 8 gem. § 275 Abs. 2 HGB, bei Anwendung des Umsatzkostenverfahrens die Posten Nr. 1 bis 7 gem. § 275 Abs. 3 HGB, nach Ausgliederung betriebsfremder, periodenfremder und außergewöhnlicher Sondereinflüsse (vgl. § 285 Nrn. 31, 32 HGB). Die „sonstigen Steuern" (d.h. Posten Nr. 16 gem. § 275 Abs. 2 bzw. Nr. 15 gem. § 275 Abs. 3 HGB) werden i.d.R. als betriebsbezogene Steuern mit einbezogen. **434**

Das **Finanzergebnis** umfasst beim Gesamtkostenverfahren grds. die Posten 9 bis 13 und beim Umsatzkostenverfahren die Posten 8 bis 12. Wird nach „Beteiligungsergebnis" und „sonstigem Finanzergebnis/Zinsergebnis" differenziert, ist darauf zu achten, dass Abschreibungen auf Finanzanlagen und auf Wertpapiere des Umlaufvermögens analysiert und den beiden Finanzergebniskategorien sachgerecht differenziert zugeordnet werden. Außerplanmäßige Abschreibungen auf Anteile an verbundenen Unternehmen und Beteiligungen sowie auf Ausleihungen an solche Unternehmen sind grds. Teil des Beteiligungsergebnisses; im Einzelfall kann jedoch auch eine Zuordnung zum neutralen Ergebnis sachgerecht sein. **435**

Abgrenzung und Ermittlung des **neutralen Ergebnisses** sind allein aus der nach § 275 Abs. 2 bzw. Abs. 3 HGB vorgeschriebenen Gliederung der GuV heraus nicht möglich. Wichtige Anhaltspunkte sind die nach § 285 Nr. 31 HGB (wesentliche außergewöhnliche Beträge) und § 285 Nr. 32 HGB (wesentliche periodenfremde Beträge) vorgeschriebenen Angaben im Anh. Neben den außergewöhnlichen Aufwendungen und Erträgen, die unregelmäßig und außerhalb der „gewöhnlichen" Geschäftstätigkeit anfallen[813], sind bspw. periodenfremde Aufwendungen und Erträge[814], die Auswirkungen besonderer Bilanzierungs- und Bewertungsmaßnahmen sowie steuerlicher Gestaltungsmaßnahmen zu berücksichtigen. **436**

Die Verwendung aussagefähiger **Erfolgskennzahlen** erhöht die Qualität der Darstellung der Ertragslage bzw. von deren Entwicklung. Beispielhaft sind zu nennen[815]: Materialintensität, Personalintensität, Eigenkapitalrentabilität, Umsatzrentabilität, Ergebnis je Aktie sowie Herstellungskostenquote (bei Gliederung der GuV nach dem Umsatzkostenverfahren). **437**

---

[812] Zur Abgrenzung des Betriebsergebnisses nach den Vorschlägen des *Arbeitskreises DVFA/SG* zur Ermittlung prognosefähiger Ergebnisse vgl. *Arbeitskreis DVFA/SG*, DB 2003, S. 1913; *Busse von Colbe u. a.*[3], Abschn. A.
[813] Bsp. vgl. *Grottel*, in: BeBiKo[11], § 285, Rn. 890 f. m.w.N.
[814] Bsp. vgl. *Grottel*, in: BeBiKo[11], § 285, Rn. 915 ff.
[815] Vgl. *Coenenberg/Haller/Schultze*, Jahresabschlussanalyse[24], S. 1148 ff.; *Küting/Weber*, Bilanzanalyse[11], S. 295 ff.

438 Im Rahmen der Erläuterungen ist auf die **Ursachen von wesentlichen Veränderungen** ggü. dem VJ einzugehen[816]. Können – im Ausnahmefall – wesentliche Gründe für die Veränderung der Ertragslage nicht ohne größeren Zeitaufwand eruiert werden und würde deren Ermittlung den Rahmen einer Abschlussprüfung überschreiten, so ist im PrB explizit darauf hinzuweisen, dass eine weitergehende Analyse nur i.R. einer besonderen Prüfung möglich wäre[817]. In einem solchen Fall sind immer auch die ggf. aus § 321 Abs. 1 S. 2 und 3 HGB resultierenden Berichtspflichten des APr. zu beachten.

439 **Erläuterungsbedürftige Veränderungen der Ertragslage** kommen insb. bei folgenden, die Ertragslage verschlechternden Sachverhalten in Betracht[818]:
- wesentliche Verminderungen des Betriebsergebnisses und/oder der Rohertragsspanne
- Rückgang der Kapazitätsauslastung
- Verlagerung des Jahresergebnisses in den neutralen Bereich
- gesunkene Eigenkapital- oder Umsatzrentabilität
- erhebliche Verschlechterung des Finanzergebnisses
- erheblicher Ergebnisrückgang in einem bedeutenden Unternehmensbereich (auch ohne, dass dieser die Verlustzone erreicht).

440 Der APr. sollte i.R.d. Darstellungen zur Ertragslage auch **Verluste, die das Jahresergebnis wesentlich beeinflusst haben**, deutlich machen. Soweit diese Verlustquellen anhand betriebswirtschaftlicher Kriterien als Ergebnissegmente oder Bezugsgrößen abgrenzbar sind, ist dies bei der Berichterstattung zu berücksichtigen. Als Segmente bzw. Bezugsgrößen kommen dabei in Betracht[819]:
- Unternehmensbereiche und -sparten
- Betriebsstandorte und Werke
- regionale oder nach sonstigen Kriterien abgegrenzte Teilmärkte
- Produkte, Produktgruppen, Produktlinien
- einzelne wesentliche Aufträge
- einzelne Vermögenswerte, Verpflichtungen oder schwebende Geschäfte.

441 Liegen **Segmentinformationen** über einzelne Unternehmensbereiche und -sparten, regionale oder nach sonstigen Kriterien abgegrenzte Teilmärkte oder Produktlinien vor (vgl. auch § 264 Abs. 1 S. 2 HGB), so sollten diese i.R.d. Darstellung verwendet werden. Auf ihre Bedeutung für das Gesamtergebnis und ihre Entwicklung ggü. dem VJ sollte eingegangen werden.

442 Je **kritischer** die **wirtschaftliche Lage** des geprüften Unternehmens nach der Einschätzung des APr. ist, desto mehr sollte – im Hinblick auf die Informationsbedürfnisse der Berichtsadressaten – auf eine gründliche Analyse des Betriebsergebnisses Wert gelegt werden[820]. Allerdings ist es keinesfalls Aufgabe des APr., i.R. dessen eine Lagebeurteilung anstelle der gesetzlichen Vertreter abzugeben o.Ä.[821]. Dementsprechend können die analytischen Ausführungen nicht weiter gehen als die Ausführungen i.R.d. vorange-

---

816   Vgl. hierzu auch *IDW PS 720*, Fragenkreise 14 bis 16.
817   Vgl. *IDW PS 450 n.F.*, Tz. 66 analog.
818   Vgl. ADS[6], § 321, Tz. 126; *Baetge/Commandeur/Hippel*, in: HdR[5], § 264, Rn. 28; *Plendl*, S. 375.
819   Vgl. *Coenenberg/Haller/Schultze*, Jahresabschlussanalyse[24], S. 990; *Korth*, S. 25; *Plendl*, S. 98.
820   Vgl. auch *IDW PS 450 n.F.*, Tz. 29, 74.
821   Vgl. *IDW PS 450 n.F.*, Tz. 33 f., 40.

stellten Berichterstattung nach § 321 Abs. 1 S. 3 HGB. Gleiches gilt in Bezug auf Sachverhalte, die zu einer Modifizierung des Prüfungsurteils zum JA im BestV geführt haben. In Bezug auf solche Sachverhalte darf i.R.d. Analyse keinesfalls ein relativierender oder gar abweichender Eindruck erweckt werden[822]. Gegebenenfalls sind derartige Sachverhalte – mit Verweis auf die Berichterstattung nach § 321 Abs. 1 S. 3 HGB und das diesbezügliche Prüfungsurteil im BestV – aus der Analyse auszuklammern.

Abschließend sei darauf hingewiesen, dass auch dann, wenn der APr. (nach pflichtgemäßem Ermessen) darauf verzichtet, weitergehende Aufgliederungen und Erläuterungen zur Vermögens-, Finanz- und Ertragslage nach § 321 Abs. 2 S. 5 HGB in den PrB aufzunehmen (vgl. Kap. M Tz. 411), das vorstehend beschriebene analytische Vorgehen in Bezug auf die Zahlen des geprüften JA dem Grundsatz nach ein Teil des prüferischen Vorgehens i.R.d. Abschlussprüfung ist und immer auch die Basis für die Angaben nach § 321 Abs. 1 S. 2 und S. 3 HGB sowie nach § 321 Abs. 2 S. 4 HGB bildet[823]. **443**

3.2.4.2.5 Erbrachte Steuerberatungs- bzw. Bewertungsleistungen

APr. von **PIE** sind gem. § 319a Abs. 1 S. 3 zweiter Satzteil HGB verpflichtet, im PrB darauf einzugehen, wenn sie bei dem geprüften Unternehmen **444**

- **Steuerberatungsleistungen** i.S.d. Art. 5 Abs. 1 Unterabs. 2 Buchst. a) Ziff. i) und iv) bis vii) VO (EU) Nr. 537/2014 bzw.
- **Bewertungsleistungen** i.S.d. Art. 5 Abs. 1 Unterabs. 2 Buchst. f) VO (EU) Nr. 537/2014

erbracht haben.

Dabei ist vom APr. seine **Einschätzung** der Auswirkungen solcher Steuerberatungs- bzw. Bewertungsleistungen auf den geprüften JA „umfassend" **darzustellen und zu erläutern**. Es bietet sich an, hierfür einen eigenständigen Berichtsabschnitt mit entsprechender Titulierung vorzusehen[824]. Eine Angabe der einzelnen Leistungen im PrB schreibt der Gesetzeswortlaut nicht vor. **445**

Nach Art. 5 Abs. 3 Buchst. a) VO (EU) Nr. 537/2014 dürfen diese Leistungen einzeln oder kumuliert keine direkten oder nur unwesentliche Auswirkungen auf den geprüften Abschluss haben. Eine **nicht nur unwesentliche Auswirkung** liegt nach § 319a Abs. 1 S. 1 Nr. 2 HGB insb. dann vor, wenn die Erbringung der Steuerberatungsleistungen im zu prüfenden GJ den für steuerliche Zwecke zu ermittelnden Gewinn im Inland erheblich gekürzt hat oder ein erheblicher Teil des Gewinns ins Ausland verlagert worden ist, ohne dass eine über die steuerliche Vorteilserlangung hinausgehende wirtschaftliche Notwendigkeit für das Unternehmen besteht[825]. **446**

Wird der Bericht an den PrA als Teilband des PrB ausgestaltet, ist ferner zu beachten, dass aufgrund von Art. 5 Abs. 3 Buchst. b) VO (EU) Nr. 537/2014 die Berichterstattung über solche Leistungen auch in diesem Teilband enthalten sein muss. **447**

Sind vom APr. keine Steuerberatungs- bzw. Bewertungsleistungen in diesem Sinne erbracht worden, entfällt dieser Berichtsabschnitt ersatzlos. **448**

---

822 Vgl. auch *IDW PS 405*, Tz. 20, 56, A25.
823 Vgl. auch *Schmidt/Deicke*, in: BeBiKo[11], § 321, Rn. 28, 101, 161.
824 Vgl. *IDW PS 450 n.F.*, Tz. P103/1.
825 Vgl. *IDW PS 450 n.F.*, Tz. P103/2. Vgl. hierzu auch Erwägungsgrund (9) zur VO (EU) Nr. 537/2014.

3.2.5 Feststellungen aus Erweiterungen des Prüfungsauftrags
3.2.5.1 Feststellungen zum Risikofrüherkennungssystem

449 Gemäß § 321 Abs. 4 S. 1 HGB ist bei der Abschlussprüfung von **börsennotierten AG** (§ 3 Abs. 2 AktG) das Ergebnis der Prüfung nach § 317 Abs. 4 HGB im PrB darzustellen[826]. Der APr. hat dabei darauf einzugehen, ob der Vorstand die ihm nach § 91 Abs. 2 AktG obliegenden **Maßnahmen** in geeigneter Form getroffen hat, d.h. insb. ob ein Überwachungssystem eingerichtet ist und ob das **Überwachungssystem** seine Aufgaben erfüllen kann. Nach § 321 Abs. 4 S. 2 HGB ist im PrB ferner darauf einzugehen, ob nach der Einschätzung des APr. Maßnahmen erforderlich sind, um das Risikofrüherkennungssystem zu verbessern[827].

450 Bei MU i.S.v. § 290 HGB sind die aus § 91 Abs. 2 AktG resultierenden Überwachungs- und **Organisationspflichten** i.R.d. bestehenden gesellschaftsrechtlichen Möglichkeiten **konzernweit** zu verstehen, sofern von Tochtergesellschaften den Fortbestand des MU gefährdende Entwicklungen ausgehen können[828]. Die Berichterstattung über die konzernweiten Aspekte des Risikofrüherkennungssystems erfolgt dabei im PrB zum JA des MU, nicht im PrB zum KA des MU[829].

451 Die Ergebnisse der Prüfung sind nach § 321 Abs. 4 S. 1 HGB in einem **gesonderten Abschnitt** des PrB darzustellen. Erfolgt die Berichterstattung aus sachlichen oder zeitlichen Gründen in einem **Teilbericht**[830], so ist nach dem Grundsatz der Einheitlichkeit der Berichterstattung im PrB auf den Teilbericht zu verweisen und im PrB zusammenfassend das Ergebnis des Teilberichts darzustellen. Der Berichtsabschnitt als solcher kann aufgrund der klaren Gesetzesvorgabe auch in diesen Fällen nicht entfallen.

452 Eine **Darstellung** des Risikofrüherkennungssystems im PrB ist **nicht erforderlich**. Der APr. hat im PrB kein detailliertes Organisationsgutachten abzugeben[831].

453 Falls im Berichtsabschnitt „Gegenstand, Art und Umfang der Prüfung" (Kap. M Tz. 166 – Abschn. 3.) nur ein Hinweis auf die Prüfung nach § 317 Abs. 4 HGB erfolgt ist, sind Art und Umfang der vom APr. durchgeführten Prüfung des Risikofrüherkennungssystems – unter expliziter Bezugnahme auf *IDW PS 340* – stattdessen i.R.d. Feststellungen zum Risikofrüherkennungssystem zu beschreiben. Zur **Beschreibung des Prüfungsumfangs** vgl. Kap. M Tz. 313.

454 Wird im Einzelfall zusätzlich eine zusammenfassende **Beschreibung des Systems** beauftragt, so sollte dies stets i.R. eines Sonderberichts oder einer Anlage zum PrB erfolgen[832], auf welche aus dem PrB heraus zu verweisen ist.

---

[826] Vgl. hierzu ausführlich Kap. O Tz. 19 ff.
[827] Vgl. *IDW PS 450 n.F.*, Tz. 104.
[828] Vgl. RegBegr. KonTraG, BT-Drs. 13/9712 v. 28.01.1998, S. 15; *IDW PS 340*, Tz. 34.
[829] Vgl. ADS[6], § 321, Tz. 136; *Orth*, in: Baetge/Kirsch/Thiele, Bilanzrecht, § 321, Rn. 112. In der Praxis wird z.T. eine Aufnahme auch in den PrB zum KA ausdrücklich gewünscht und beauftragt. Gegen einen solchen Wunsch ist grds. nichts einzuwenden. Vgl. *Plendl*, in: HWRP[3], Sp. 1786.
[830] Vgl. *IDW PS 450 n.F.*, Tz. 104. Ein sachlicher Grund kann bspw. bei einem komplexen Risikofrüherkennungssystem gegeben sein, wenn auch die Berichterstattung entsprechend umfangreich ausfällt. War die Prüfung des Risikofrüherkennungssystems Gegenstand einer Vor- oder Zwischenprüfung kann ein zeitlicher Grund für einen Teilbericht sprechen. Vgl. ADS[6], § 321, Tz. 137; *Kuhner/Päßler*, in: HdR[5], § 321, Rn. 80.
[831] Vgl. *IDW PS 450 n.F.*, Tz. 104.
[832] Vgl. *Orth*, in: Baetge/Kirsch/Thiele, Bilanzrecht, § 321, Rn. 113.

455　Gelangt der APr. aufgrund der durchgeführten Prüfung zu der abschließenden Beurteilung, dass ein **funktionsfähiges Risikofrüherkennungssystem** eingerichtet ist, so genügt es, dies durch eine knappe Erklärung im PrB festzustellen. Hierzu ist bspw. folgende Formulierung geeignet[833]:

> **Beispiel 6:**
>
> „Unsere Prüfung hat ergeben, dass der Vorstand die nach § 91 Abs. 2 AktG geforderten Maßnahmen, insbesondere zur Einrichtung eines Überwachungssystems, in geeigneter Weise getroffen hat und dass das Überwachungssystem geeignet ist, Entwicklungen, die den Fortbestand der Gesellschaft gefährden, frühzeitig zu erkennen."

456　Ist das vom Vorstand eingerichtete Risikofrüherkennungssystem nach der Einschätzung des APr. **nicht geeignet** dazu, die Fortführung der Unternehmenstätigkeit gefährdende Entwicklungen frühzeitig zu erkennen, und sind Maßnahmen zu dessen Verbesserung erforderlich, hat der APr. dies ausdrücklich festzustellen und im PrB – unter Angabe der festgestellten Mängel – die Bereiche zu nennen, in denen nach seiner Beurteilung **Verbesserungsbedarf** besteht[834]. Konkrete Verbesserungsvorschläge sind dagegen nicht Gegenstand der Berichterstattungspflicht nach § 321 Abs. 4 HGB und müssen daher auch nicht in den PrB aufgenommen werden[835], zumal sie Untersuchungen erforderten, die über den Umfang einer Systemprüfung hinausgehen[836].

457　Eine **fehlende oder unvollständige Systemdokumentation** führt grds. zu Zweifeln an der dauerhaften Funktionsfähigkeit der zu treffenden Maßnahmen, so dass dadurch jedenfalls insoweit eine Berichtspflicht entsteht[837].

Ebenfalls berichterstattungspflichtig ist die Tatsache, dass das Risikofrüherkennungssystem **nicht während des gesamten zu prüfenden Zeitraums bestanden** hat[838].

458　Auch ein nach dem Gesamturteil des APr. insgesamt funktionsfähiges Risikofrüherkennungssystem kann **in Einzelbereichen Mängel oder Schwächen** aufweisen. Auch in diesem Fall besteht Verbesserungsbedarf, auf den der APr. im PrB hinzuweisen hat[839].

459　Hat der Vorstand **kein Risikofrüherkennungssystem** eingerichtet, ist hierauf ausdrücklich hinzuweisen[840]. Ein fehlendes Risikofrüherkennungssystem stellt außerdem eine Tatsache dar, bei der es sich um einen **schwerwiegenden Gesetzesverstoß** des Vorstands handelt. Deswegen ist in diesem Fall auch i.R.d. vorangestellten Berichterstattung nach § 321 Abs. 1 S. 3 HGB entsprechend auf diesen Verstoß gegen § 91 Abs. 2 AktG hinzuweisen[841].

---

[833]　Vgl. *IDW PS 450 n.F.*, Tz. 105.
[834]　Vgl. *IDW PS 450 n.F.*, Tz. 106; ADS[6], § 321, Tz. 140; *Kuhner/Päßler*, in: HdR[5], § 321, Rn. 78.
[835]　Vgl. *IDW PS 450 n.F.*, Tz. 106.
[836]　Insoweit würde es zu einer über die Prüfung hinausgehenden Beratungstätigkeit kommen. Vgl. ADS[6], § 321, Tz. 136; *Kuhner/Päßler*, in: HdR[5], § 321, Rn. 78; *Schmidt/Deicke*, in: BeBiKo[11], § 321, Rn. 138.
[837]　Vgl. *IDW PS 340*, Tz. 18, 32; *Schmidt/Almeling*, in: BeBiKo[11], § 317, Rn. 86, 89.
[838]　Vgl. RegBegr. KonTraG, BT-Drs. 13/9712 v. 28.01.1998, S. 27.
[839]　So bereits *Pfitzer*, in: Dörner/Menold/Pfitzer, S. 677.
[840]　Vgl. *IDW PS 450 n.F.*, Tz. 106; *IDW PS 340*, Tz. 32.
[841]　Vgl. *IDW PS 450 n.F.*, Tz. 106; *Schmidt/Deicke*, in: BeBiKo[11], § 321, Rn. 139; LG München I v. 05.04.2007 (5HK O 15964/06), BB 2007, S. 2170 ff. Es handelt sich dabei grds. um eine „sonstige" Unregelmäßigkeit (vgl. Kap. M Tz. 259).

Gleiches gilt für den Fall, dass die vom Vorstand getroffenen **Maßnahmen** als „offenkundig völlig unzureichend" zu qualifizieren sind[842].

460 Bei kapitalmarktorientierten AG ist in allen o.g. Fällen außerdem zu berücksichtigen, dass derartige Feststellungen des APr. auch in Bezug auf die Ausführungen des Vorstands im KLB zum konzernweiten Risikomanagementsystem (vgl. DRS 20.K137 ff.) relevant sein können[843].

461 Bei **nicht börsennotierten AG**, d.h. AG, auf die §§ 317 Abs. 4, 321 Abs. 4 HGB keine Anwendung finden, ist über wesentliche, bei der Durchführung der Abschlussprüfung festgestellte Tatsachen, die Verstöße der gesetzlichen Vertreter gegen die Vorschrift des § 91 Abs. 2 AktG erkennen lassen, nach § 321 Abs. 1 S. 3 HGB zu berichten, da § 91 Abs. 2 AktG insofern keine Differenzierung vornimmt[844].

462 Obwohl der Gesetzgeber im GmbHG keine § 91 Abs. 2 AktG vergleichbare Regelung getroffen hat, gilt nach der Gesetzesbegründung für **GmbH** vergleichbarer Größe und Komplexität nichts anderes, so dass die aktienrechtliche Regelung **Ausstrahlungswirkung** auf den Pflichtenrahmen der Geschäftsführer von Gesellschaften in anderer Rechtsform entfaltet[845]. In Ausübung der Redepflicht zu schwerwiegenden Gesetzesverstößen nach § 321 Abs. 1 S. 3 HGB kommen daher bei fehlendem Risikofrüherkennungssystem ebenso wie bei wesentlichen Mängeln auch bei diesen Gesellschaften entsprechende Angaben im PrB in Betracht[846].

463 Auch wenn die Prüfung des Risikofrüherkennungssystems nicht gesetzlich vorgeschrieben und eine solche auch nicht freiwillig beauftragt worden ist, so kann es doch vorkommen, dass i.R.d. pflichtmäßigen Prüfung von JA und LB Mängel oder Schwächen im Risikofrüherkennungssystem identifiziert werden. Solcherart „mittelbar" festgestellte Mängel oder Schwächen stellen noch keine Gesetzesverstöße i.S.v. § 321 Abs. 1 S. 3 HGB dar und führen daher grds. nicht zu einer Erwähnung i.R.d. vorangestellten Berichterstattung im PrB. Es kann sich empfehlen, die gesetzlichen Vertreter über solche Feststellungen i.R. eines Management Letters[847] schriftlich zu informieren.

464 Dieser Berichtsabschnitt entfällt vollständig, wenn § 317 Abs. 4 HGB für das geprüfte Unternehmen nicht einschlägig ist bzw. wenn mit dem Auftraggeber keine freiwillige Prüfung des Risikofrüherkennungssystems vereinbart wurde[848].

3.2.5.2 Feststellungen aus sonstigen Erweiterungen des Prüfungsauftrags

465 Über das **Ergebnis** aus sonstigen Erweiterungen des Auftrags zur Abschlussprüfung, die sich aus dem Gesellschaftsvertrag oder der Satzung des geprüften Unternehmens ergeben oder darüber hinaus mit dem Auftraggeber vereinbart werden und die sich nicht auf den JA oder LB beziehen (z.B. Prüfung der Geschäftsführung nach § 53 HGrG), ist in einem gesonderten Abschnitt des PrB zu **berichten**[849].

---

842 Vgl. *Kuhner/Päßler*, in: HdR[5], § 321, Rn. 78; *Schmidt/Deicke*, in: BeBiKo[11], § 321, Rn. 139.
843 Vgl. *Orth*, in: Baetge/Kirsch/Thiele, Bilanzrecht, § 321, Rn. 120.
844 Vgl. IDW PS 450 n.F., Tz. 107; *Bertram*, in: Haufe HGB Kommentar[8], § 321, Rn. 139.
845 Vgl. RegBegr. KonTraG, BT-Drs. 13/9712 v. 28.01.1998, S. 15; IDW PS 340, Tz. 1.
846 Vgl. IDW PS 450 n.F., Tz. 107; *Orth*, in: Baetge/Kirsch/Thiele, Bilanzrecht, § 321, Rn. 119.
847 Vgl. hierzu Kap. M Tz. 130, ferner Kap. O Tz. 67 ff.
848 Vgl. IDW PS 450 n.F., Tz. 12.
849 Vgl. IDW PS 450 n.F., Tz. 108.

Ebenso ist über das **Ergebnis** aus Erweiterungen des Auftrags zur Abschlussprüfung, die sich aus gesetzlichen Vorschriften ergeben (z.B. § 6b EnWG, § 8 Abs. 3 UBGG, § 30 KHGG NRW), im PrB gesondert zu **berichten**[850].

Im Rahmen der Berichterstattung ist darauf zu achten, dass die Feststellungen zu den ggf. verschiedenen Auftragserweiterungen **deutlich voneinander getrennt** erfolgen.

Auch dieser Berichtsabschnitt entfällt vollständig, wenn mit dem Auftraggeber keine über JA und LB hinausgehenden Erweiterungen des Prüfungsauftrags vereinbart wurden und ferner keine gesetzlichen Auftragserweiterungen vorliegen[851].

Nachfolgend wird **beispielhaft** auf die Berichterstattung über **Feststellungen** i.Z.m. in der Praxis häufigen Erweiterungen des Abschlussprüfungsauftrags eingegangen:
a) Prüfung der Geschäftsführung nach § 53 HGrG
b) Prüfung des Abhängigkeitsberichts (§§ 312, 313 AktG)
c) Prüfung nach Nr. 7.2.3 des DCGK
d) Prüfung der Entflechtung in der Rechnungslegung nach § 6b Abs. 3 EnWG.

a) Feststellungen gemäß § 53 HGrG[852]

Wird der APr. mit einer Erweiterung der Abschlussprüfung gem. § 53 HGrG beauftragt, sind i.R.d. Jahresabschlussprüfung auch die **Ordnungsmäßigkeit der Geschäftsführung** zu prüfen sowie die **wirtschaftlichen Verhältnisse** im PrB darzustellen[853].

Die Prüfung erfolgt dabei unter Zugrundelegung des vom ÖFA sowie Vertretern des BMF, des BRH und der LRH erarbeiteten **Fragenkatalogs zu IDW PS 720**[854]. Der vollständig bearbeitete Fragenkatalog ist dabei dem PrB als Anlage beizufügen, sofern nicht im Ausnahmefall ein Teilbericht erstattet wird, auf welchen aus dem PrB heraus zu verweisen wäre[855].

Hierbei ist zu berücksichtigen, dass bei der Beantwortung von Fragenkreis 4 des o.g. Fragenkatalogs – unabhängig von der Rechtsform und der Größe des geprüften Unternehmens – auch auf das, nach den Verhältnissen des Einzelfalles, eingerichtete **Risikofrüherkennungssystem** einzugehen ist[856]. Da dieser Prüfungsaspekt nicht auf § 317 Abs. 4 HGB beruht, ist er i.R.d. Berichterstattung gem. § 53 HGrG zu behandeln[857].

In den PrB selbst ist eine **zusammenfassende Darstellung aller wesentlichen Ergebnisse** aufzunehmen. Dabei sind die ggf. für das Berichtsjahr gesetzten Prüfungs-

---

850 Vgl. *IDW PS 400 n.F.*, Tz. 66, A63; *IDW PS 450 n.F.*, Tz. 19, sowie Kap. M Tz. 449 ff.
851 Vgl. *IDW PS 450 n.F.*, Tz. 12.
852 Zur Prüfung nach § 53 HGrG vgl. *IDW*, WPH Edition, Öffentliche Hand, besondere Branchen und Non-Profits, Kap. M.
853 Vgl. *IDW PS 720*, Tz. 1, 18. Zu den Auswirkungen des „**Public Corporate Governance Kodex**" (PCGK) auf die Prüfung der Ordnungsmäßigkeit der Geschäftsführung nach § 53 HGrG vgl. *Fleischer/Beyer*, WPg 2012, S. 370 ff. Anknüpfend an den PCGK des Bundes (offizieller Stand unverändert 30.06.2009) haben zwischenzeitlich auch noch einige Bundesländer eigene PCGK verabschiedet (zu finden bspw. unter https://publicgovernance.de/html/de/2382.htm).
854 Vgl. *IDW PS 720*, Tz. 19 ff. (Abschn. 3).
855 Vgl. *IDW PS 720*, Tz. 15; *IDW PH 9.450.1*, Tz. 6.
856 Vgl. *IDW PS 720*, Tz. 8.
857 Vgl. *Bertram*, in: Haufe HGB Kommentar[8], § 321, Rn. 144; *Schmidt/Deicke*, in: BeBiKo[11], § 321, Rn. 167. Sollte im Ausnahmefall auch § 317 Abs. 4 HGB einschlägig sein, so kommt es zu einer zweifachen Berichterstattung, und zwar erstens – ausführlich – in dem Berichtsabschnitt zum Risikofrüherkennungssystem und zweitens – in Kurzform (zzgl. Querverweis) – im Berichtsabschnitt zur Prüfung nach § 53 HGrG.

473 Auf alle nicht unwesentlichen **Beanstandungen** ist im PrB dezidiert einzugehen; ggf. kann für ausführliche Erläuterungen ergänzend auf die diesbezüglich jeweils relevante(n) Frage(n) im Fragenkatalog verwiesen werden.

In diesem Zusammenhang hat der APr. auch darzustellen, ob und inwieweit eventuellen **VJ-Beanstandungen** von den gesetzlichen Vertretern in der Zwischenzeit Rechnung getragen worden ist[860].

474 Ist dem APr. die **Beurteilung** eines bestimmten Sachverhalts **nicht möglich**, hat er dies im PrB unter Darstellung dieses Sachverhalts anzugeben. Wenn er dabei eine vertiefende Behandlung für notwendig erachtet, die den Rahmen einer Jahresabschlussprüfung übersteigt, hat er darauf entsprechend hinzuweisen[861].

475 Hat der APr. keine (Negativ-)Feststellungen getroffen, die nach seiner Beurteilung besonderer Erwähnung im PrB bedürfen, so sollte dies abschließend kurz konstatiert werden.

476 Im Rahmen der Berichterstattung über die Prüfung gem. § 53 HGrG sind auch die vielfältigen **Interdependenzen** mit weiteren Berichterstattungspflichten im PrB, insb. nach § 321 Abs. 1 S. 3 HGB, sowie mit dem LB des geprüften Unternehmens zu beachten[862].

b) Feststellungen nach § 313 Abs. 3 AktG[863]

477 Der Vorstand einer i.S.v. § 17 AktG abhängigen AG, SE oder KGaA[864] hat in den ersten drei Monaten des GJ einen Bericht über die Beziehungen der Gesellschaft zu verbundenen Unternehmen im vergangenen GJ (**Abhängigkeitsbericht**) aufzustellen (§ 312 Abs. 1 AktG)[865].

478 Sofern es sich um eine gem. § 316 HGB prüfungspflichtige AG handelt, stellt die Prüfung des Abhängigkeitsberichts gem. § 313 Abs. 1 S. 1 AktG eine **notwendige Ergänzung der Abschlussprüfung** dar[866]; eines gesonderten Prüfungsauftrags bedarf es insoweit nicht[867]. Der Abhängigkeitsbericht einer i.S.v. § 267 Abs. 1 HGB „kleinen" AG ist demgegenüber grds. nicht prüfungspflichtig, sofern nicht eine entsprechende Satzungsbestimmung besteht[868].

---

858 Vgl. *IDW PS 720*, Tz. 5.
859 Vgl. *IDW PS 720*, Tz. 15; *Schmidt/Deicke*, in: BeBiKo[11], § 321, Rn. 167.
860 Vgl. *IDW PS 720*, Tz. 18; *IDW PH 9.450.1*, Tz. 5.
861 Vgl. *IDW PS 720*, Tz. 10.
862 Vgl. *IDW PS 720*, Tz. 17.
863 Vgl. hierzu ausführlich Kap. O Tz. 74 ff.
864 § 312 Abs. 1 S. 1 AktG erfasst nach h.M. auch KGaA. Vgl. *Koch*, in: *Hüffer/Koch*, AktG[12], § 312, Rn. 5 m.w.N.
865 Die Pflicht zur Aufstellung eines Abhängigkeitsberichts besteht auch während der Liquidation, sofern keine gerichtliche Befreiung nach § 270 Abs. 3 AktG erfolgt. Vgl. *Koch*, in: *Hüffer/Koch*, AktG[12], § 313, Rn. 2; *Vetter*, in: Schmidt/Lutter, AktG[3], § 313, Rn. 5 m.w.N.; *Winkeljohann/Förschle/Deubert*, Sonderbilanzen[5], Kap. T, Rn. 386.
866 Vgl. *IDW St/HFA 3/1991*, Abschn. III. Ziff. 1.
867 Vgl. *IDW St/HFA 3/1991*, Abschn. III. Ziff. 2; ADS[6], § 313 AktG, Tz. 6; *Koch*, in: *Hüffer/Koch*, AktG[12], § 313, Rn. 4.
868 Vgl. ADS[6], § 313 AktG, Tz. 5; *Altmeppen*, in: MünchKomm. AktG[4], § 313, Rn. 10; *Koch*, in: *Hüffer/Koch*, AktG[12], § 313, Rn. 2; *Vetter*, in: Schmidt/Lutter, AktG[3], § 313, Rn. 4.

479 Wird dementsprechend vom APr. zugleich der Abhängigkeitsbericht geprüft, sollte im PrB darauf eingegangen werden[869]. Es ist dabei im Regelfall hinreichend, in dem gesonderten Abschnitt auf die Tatsache dieser Prüfung hinzuweisen[870] und ansonsten den Wortlaut des erteilten **Vermerks zum Abhängigkeitsbericht wiederzugeben**.

480 Sind nach dem abschließenden Ergebnis der Prüfung **keine Einwendungen** zu erheben, so ist ein Vermerk nach dem Wortlaut des § 313 Abs. 3 AktG zu erteilen[871].

481 Auch wenn **Einwendungen** zu erheben sind, wird es im Regelfall ausreichen, den Wortlaut des entsprechend § 313 Abs. 4 S. 1 AktG modifizierten Vermerks wiederzugeben, da die Begründungen für die Einwendungen in dem Vermerk enthalten sein müssen[872].

Gleiches gilt für den seltenen Fall, dass der Vorstand im Abhängigkeitsbericht selbst erklärt, dass die AG benachteiligt worden ist, ohne einen Nachteilsausgleich erhalten zu haben. In diesem Fall hat der APr. diesen Teil der Schlusserklärung in seinen Vermerk zu übernehmen und den Vermerk ansonsten auf die übrigen Rechtsgeschäfte und Maßnahmen zu beschränken (§ 313 Abs. 4 S. 2 AktG).

In den Fällen des § 313 Abs. 4 AktG ist auch die Berichterstattungspflicht nach § 321 Abs. 1 S. 3 HGB zu beachten (vgl. Kap. M Tz. 153)[873].

482 Ist die **Schlusserklärung** des Vorstands entgegen § 312 Abs. 3 S. 3 AktG nicht im LB enthalten, ist an dieser Stelle – ergänzend zu den weiteren Feststellungen hierzu im PrB gem. § 321 Abs. 1 S. 3 sowie Abs. 2 S. 1 HGB – gleichwohl nochmals darauf hinzuweisen. Darüber hinaus ist das Prüfungsurteil zum LB im BestV entsprechend zu modifizieren[874].

c) Feststellungen gemäß Nr. 7.2.3 des DCGK[875]

483 Gemäß Nr. 7.2.3 des DCGK soll der **AR einer börsennotierten AG bzw. SE**[876] mit dem APr. vereinbaren, dass dieser

- dem AR über alle für die Aufgaben des AR wesentlichen Feststellungen und Vorkommnisse unverzüglich berichtet, die sich bei der Durchführung der Abschlussprüfung ergeben,
- den AR informiert bzw. im PrB vermerkt, wenn der APr. bei der Durchführung der Abschlussprüfung Tatsachen feststellt, die eine Unrichtigkeit der von Vorstand und AR abgegebenen Erklärung zum DCGK darstellen.

484 **Berichtsaspekte** sind damit sowohl Tatsachen i.S.v. § 321 Abs. 1 S. 3 HGB als auch Unrichtigkeiten und Mängel der Entsprechenserklärung zum DCGK, soweit diese i.R.d. Abschlussprüfung festgestellt werden konnten. Da Unternehmen, für die der DCGK Geltung besitzt, stets zugleich auch als **PIE** qualifizieren sind, sind ggf. außerdem nach

---

869 Ebenso *Schmidt/Deicke*, in: BeBiKo[11], § 321, Rn. 167.
870 Vgl. *IDW St/HFA 3/1991*, Abschn. III. Ziff. 9.
871 Zum Wortlaut vgl. Kap. O Tz. 118.
872 Vgl. *Koch*, in: Hüffer/Koch, AktG[12], § 313, Rn. 19 ff.; *Vetter*, in: Schmidt/Lutter, AktG³, § 313, Rn. 44 f. m.w.N.
873 Zu beachten ist, dass alle drei in § 313 Abs. 4 AktG genannten Fälle eine Sonderprüfung nach § 315 AktG begründen. Vgl. *Koch*, in: Hüffer/Koch, AktG[12], § 313, Rn. 19 ff. m.w.N.
874 Vgl. *IDW PS 350 n.F.*, Tz. A111.
875 Vgl. auch *IDW PS 345*, Tz. 57 ff.
876 Vgl. DCGK, 1 Präambel.

Art. 7 VO (EU) Nr. 537/2014 sowie nach Art. 11 Abs. 2 VO (EU) Nr. 537/2014, insb. Buchst. i) bis k) und p) relevante Tatsachen zu berücksichtigen.

485 Prüfungsumfang und Prüfungsintensität sind dadurch grds. nicht tangiert. Vor allem ist der APr. nicht gehalten, die Abschlussprüfung deswegen in Form einer lückenlosen oder auf Unregelmäßigkeiten kaprizierten oder in Richtung einer Geschäftsführungsprüfung auszudehnen bzw. auf die Inhalte der Entsprechenserklärung zu erweitern[877]. Vielmehr wird für festgestellte Tatsachen i.S.v. § 321 Abs. 1 S. 3 HGB bzw. Art. 7 sowie Art. 11 Abs. 2 VO (EU) Nr. 537/2014 lediglich die **Berichterstattung** an den AR zeitlich vorgezogen[878] und in Bezug auf die Entsprechenserklärung zum DCGK eine Berichterstattung bereits im Fall der Identifizierung von Unrichtigkeiten und nicht erst bei Feststellung von Mängeln beauftragt.

486 Werden **keine berichtspflichtigen Tatsachen** festgestellt, so reicht im PrB die einfache Feststellung, dass sich keine Berichtspflichten aufgrund der Beauftragung ergeben haben.

487 Werden dagegen **berichtspflichtige Tatsachen** festgestellt, so sind diese kurz und deutlich darzustellen, und es ist auf die ggf. weitergehenden Ausführungen in den einschlägigen Abschnitten im PrB (z.B. Berichterstattung nach § 321 Abs. 1 S. 3 HGB, namentlich i.Z.m. Problemen bei der Fortführung der Unternehmenstätigkeit) sowie auf die regelmäßig bereits erfolgte diesbezügliche Kommunikation mit dem AR[879] zu verweisen.

488 Auch wenn die beauftragte Prüfungserweiterung nicht auf dem DCGK, sondern auf dem **Public Corporate Governance Kodex** (PCGK) des Bundes oder dem eines Bundeslandes beruht[880], gelten – i.d.R. mit Ausnahme von Art. 11 Abs. 2 VO (EU) Nr. 537/2014 – grds. dieselben Anforderungen an Prüfung bzw. Berichterstattung wie i.Z.m. dem DCGK, da alle PCGK diesbezüglich (nahezu) wortgleich mit Nr. 7.2.3 DCGK formuliert sind.

d) Feststellungen zur Entflechtung in der Rechnungslegung nach § 6b Abs. 3 EnWG[881]

489 Über die i.Z.m. der gesetzlichen Erweiterung des Prüfungsgegenstands um die Rechnungslegungsverpflichtungen nach § 6b Abs. 3 EnWG getroffenen **Feststellungen** ist ebenfalls i.R. eines gesonderten Abschnitts im PrB zu **berichten**[882].

490 In Bezug auf die Prüfungsdurchführung sollte allgemein darauf hingewiesen werden, dass der *IDW PS 610* Beachtung gefunden hat. Darüber hinaus sollten die dem PrB nach § 6b Abs. 7 S. 2 EnWG obligatorisch als Anlagen beizufügenden Tätigkeitsabschlüsse genannt werden.

491 Sind **keine Einwendungen** zu erheben, so ist dies entsprechend festzustellen.

---

877 Vgl. *IDW PS 345*, Tz. 3-4, 21 ff.; *Strieder*, S. 150. Im Ergebnis auch *Bachmann*, in: *Kremer et al.*, DCGK[7], Rn. 1751 f. (1758).
878 Vgl. *Bachmann*, in: *Kremer et al.*, DCGK[7], Rn. 1751, der indes i.Z.m. Fehlern in der Erklärung nach Nr. 7.2.3 DCGK auch eine Berichterstattung erst im PrB für vertretbar erachtet (Rn. 1757).
879 Vgl. *IDW PS 470 n.F.*, Tz. A44.
880 Neben dem Bund (PCGK des Bundes, Stand 30.06.2009) haben auch verschiedene Bundesländer eigene PCGK verabschiedet (zu finden bspw. unter https://publicgovernance.de/html/de/2382.htm).
881 Vgl. *IDW PS 610*, Tz. 16.
882 Vgl. *IDW PS 610*, Tz. 16; *Schmidt/Deicke*, in: BeBiKo[11], § 321, Rn. 181.

Beanstandungen gegen die vorgenommene Entflechtung in der Rechnungslegung nach § 6b Abs. 3 EnWG (einschl. der Beachtung des Grundsatzes der Stetigkeit) sind an dieser Stelle im PrB klar zum Ausdruck zu bringen. Bei wesentlichen Beanstandungen ist darüber hinaus nach § 321 Abs. 1 S. 3 HGB noch an anderer Stelle im PrB zu berichten und es ist das diesbezügliche Prüfungsurteil im BestV entsprechend zu modifizieren[883]. **492**

Hinsichtlich i.R.d. Abschlussprüfung insgesamt **i.Z.m. § 6b EnWG festgestellter Mängel** ist zu differenzieren zwischen **493**

- Einwendungen aufgrund fehlender Anhangangaben gemäß § 6b Abs. 2 EnWG,
- Einwendungen aufgrund mangelhafter Beachtung der speziellen Pflichten zur Entflechtung in der Rechnungslegung gemäß § 6b Abs. 3 EnWG,
- Einwendungen aufgrund fehlender Lageberichtangaben gemäß § 6b Abs. 7 Satz 4 EnWG.

In diesem Berichtsabschnitt beschränkt sich die Berichterstattung auf die Beachtung der speziellen Pflichten zur **Entflechtung in der Rechnungslegung** gem. § 6b Abs. 3 EnWG. Andere Beanstandungen i.Z.m. § 6b EnWG sind in den hierfür sachlich einschlägigen Berichtsabschnitten, insb. zur Ordnungsmäßigkeit des JA bzw. des LB, anzusprechen. **494**

Anders als i.Z.m. den anderen dargestellten Berichterstattungsbeispielen ist auf die Prüfung nach § 6b Abs. 3 EnWG **auch im BestV einzugehen**, und zwar i.R.d. (zweiten) Hauptabschnitts „Sonstige gesetzliche und andere rechtliche Anforderungen"[884]. Siehe hierzu Kap. M Tz. 914 ff. **495**

3.2.6 Wiedergabe des Bestätigungsvermerks

In diesen Berichtsabschnitt ist gem. § 322 Abs. 7 S. 2 HGB der nach § 322 Abs. 7 S. 1 HGB datierte – und formal an anderer Stelle erteilte – **BestV** zur Abschlussprüfung unter Angabe des Ortes der Niederlassung des APr., des Tages der Unterzeichnung sowie unter namentlicher Nennung aller unterzeichnenden WP **aufzunehmen**[885]. Um die Tatsache der formal rein **zitatweisen Wiedergabe** zu verdeutlichen, empfiehlt es sich, den vollständig aufnehmenden Wortlaut des BestV in Anführungszeichen zu setzen. **496**

Der im PrB wiedergegebene BestV ist **nicht gesondert zu unterzeichnen**[886]. Die Aufnahme des Berufssiegels in die Wiedergabe des BestV ist gleichfalls nicht erforderlich[887]. Ist der BestV von denselben Personen unterzeichnet worden, die auch den PrB unterzeichnen, kann bei der Wiedergabe des BestV im PrB auf die namentliche Nennung der den BestV unterzeichnenden Wirtschaftsprüfer verzichtet werden. Ebenso kann bei der Wiedergabe des BestV im PrB von der Angabe von Ort und Datum der Erteilung abgesehen werden, wenn diese Angaben – wie im Regelfall – mit jenen bei der nachfolgenden Unterzeichnung des PrB identisch sind[888].

Für Prüfungen von **PIE** gilt gem. Art. 10 Abs. 2 VO (EU) Nr. 537/2014 i.V.m. Art. 28 Abs. 2 RL 2006/43/EG sowie Art. 11 Abs. 1 Unterabs. 1 VO (EU) Nr. 537/2014 im Ergebnis nichts anderes. **497**

---

883 Vgl. *IDW PS 610*, Tz. 16; *IDW PS 400 n.F.*, Tz. A63 i.V.m. *IDW PS 405*.
884 Vgl. *IDW PS 400 n.F.*, Tz. 66, A63
885 Vgl. *IDW PS 450 n.F.*, Tz. 109; *IDW PH 9.450.2*; *IDW PS 400 n.F.*, Tz. 72.
886 Vgl. *IDW PS 450 n.F.*, Tz. 109; *IDW PH 9.450.2*, Tz. 2.
887 Vgl. *IDW PH 9.450.2*, Tz. 6.
888 Vgl. *IDW PH 9.450.2*, Tz. 7.

498 Die rechtswirksame **Erteilung**, und damit auch die Unterzeichnung **des BestV** selbst, hat zwingend **außerhalb des PrB** zu erfolgen. Die Erteilung des BestV zur Abschlussprüfung im PrB kommt keinesfalls in Betracht[889].

499 Bei der formalen Erteilung muss der BestV mit dem JA und – sofern dieser Gegenstand der Prüfung war – mit dem LB fest verbunden sein, da er auf beide Bezug nimmt[890]. Hierfür gibt es grds. folgende Alternativen: Zum einen ist es möglich, JA und LB zu einem sog. **Testatsexemplar** zusammenzubinden und den BestV entweder am Ende dieses Testatsexemplars oder auf gesonderten, fest mit eingebundenen Seiten anzubringen. Zum anderen kann der BestV auch dem, dem PrB obligatorisch als Anlagen beizufügenden, geprüften JA und LB hinzugefügt und an dieser Stelle rechtswirksam erteilt werden[891].

Allerdings dürfte aufgrund des Erfordernisses, PrB und BestV stets **zeitgleich vorzulegen**[892], die Variante Testatsexemplar in der Praxis aus abwicklungstechnischen Gründen nur noch auf besonderen Wunsch der Berichtsadressaten beibehalten werden.

500 § 322 Abs. 7 S. 2 HGB schreibt den Ort der Wiedergabe des BestV im PrB nicht vor. *IDW PS 450 n.F.* schlägt hierfür den letzten **Gliederungspunkt** des PrB vor, nennt aber zugleich auch Alternativen (vgl. Kap. M Tz. 172)[893].

So erfolgt die Wiedergabe in der Praxis zum Teil i.R.d. vorangestellten Berichterstattung („Grundsätzliche Feststellungen") als deren letzter Unterpunkt (d.h. als Abschn. 2.4), zum Teil aber auch in einem eigenständigen Abschnitt direkt im Anschluss an die vorangestellte Berichterstattung (d.h. dann als Abschn. 3.)[894]. Angesichts des Umfangs der nach Art. 10 VO (EU) Nr. 537/2014 im BestV geforderten zusätzlichen Angaben für PIE, vor allem i.Z.m. den „bedeutsamsten beurteilten Risiken wesentlicher falscher Darstellungen", dürfte das gliederungstechnisch engere Zusammenspiel mit der vorangestellten Berichterstattung die Klarheit des PrB, jedenfalls bei PIE, sicherlich verbessern[895].

3.2.7 Unterzeichnung des Prüfungsberichts

501 Abschließend ist der **schriftliche PrB**[896] von den für die durchgeführte Abschlussprüfung verantwortlichen WP zu **unterzeichnen** (§ 321 Abs. 5 HGB bzw. Art. 11 Abs. 4 VO (EU) Nr. 537/2014) und zu **siegeln** (§ 48 Abs. 1 S. 1 WPO; § 19 Abs. 1 BS WP/vBP)[897]. Fehlen die Unterschriften, so liegt ein PrB im Rechtssinne nicht vor[898]. Die Unterzeichnung des PrB erfolgt stets am Ende der Berichterstattung und vor den Anlagen zum

---

889 Vgl. *IDW PH 9.450.2*, Tz. 4.
890 Vgl. *IDW PH 9.450.2*, Tz. 3; RegBegr. AReG, BT-Drs. 18/7219 v. 11.01.2016, S. 44.
891 Vgl. *IDW PH 9.450.2*, Tz. 3; *IDW PS 400 n.F.*, Tz. 72; Kap. M Tz. 529 bzw. Kap. M Tz. 951.
892 Vgl. *IDW PS 450 n.F.*, Tz. 117; *IDW PS 400 n.F.*, Tz. 72. **Bei PIE** ist dies nach Art. 11 Abs. 1 Unterabs. 1 S. 1 VO (EU) Nr. 537/2014 vorgeschrieben.
893 Vgl. *IDW PS 450 n.F.*, Tz. 12.
894 Vgl. ADS[6], § 321, Tz. 148; *Schmidt/Deicke*, in: BeBiKo[11], § 321, Rn. 154, 168.
895 Vgl. auch *IDW PS 450 n.F.*, Fn. 17 zu Tz. 12.
896 Vgl. § 321 Abs. 1 S. 1 HGB; RegBegr. AReG, BT-Drs. 18/7219 v. 11.01.2016, S. 44. Für **PIE** schreibt dies Art. 11 Abs. 2 Unterabs. 1 VO (EU) Nr. 537/2014 ausdrücklich vor.
897 Vgl. *IDW PS 450 n.F.*, Tz. 114. Bei freiwilligen Abschlussprüfungen liegt die Verwendung des Berufssiegels im Ermessen des WP (§ 48 Abs. 1 S. 2 WPO; § 19 Abs. 2 BS WP/vBP).
898 Vgl. ADS[6], § 321, Tz. 161.

PrB[899]. Auch wenn der PrB unmittelbar nach der schriftlichen Wiedergabe des BestV unterzeichnet wird, bilden die Unterschriften unter den PrB gem. § 321 Abs. 5 HGB nicht die Unterschriften unter den BestV gem. § 322 Abs. 5 HGB[900].

Bei gesetzlichen Abschlussprüfungen dürfen ausschließlich WP, ggf. auch vBP (§ 319 Abs. 1 S. 2 HGB), unterzeichnen. Wer den PrB unterzeichnet, richtet sich danach, wem der Prüfungsauftrag erteilt wurde. Wird eine natürliche Person zum APr. bestellt, so hat sie den **PrB zu unterzeichnen**. Wurden mehrere Prüfer mit der Abschlussprüfung beauftragt (sog. Joint Audit[901]), so müssen sie den PrB gemeinsam unterzeichnen. Bei der Unterzeichnung haben WP ihre Berufsbezeichnung, d.h. „Wirtschaftsprüfer" bzw. „Wirtschaftsprüferin", ohne Hinzufügung anderer Berufsbezeichnungen zu führen (§ 18 WPO). Wird eine Wirtschaftsprüfungsgesellschaft beauftragt, kann im Fall der gesetzlichen Jahresabschlussprüfung die Unterschrift nur durch vertretungsberechtigte Personen erfolgen, die zugleich WP oder – bei der Prüfung von mittelgroßen GmbH oder KapCoGes. – vBP sind (§ 32 WPO)[902]. Bei WPG muss gem. § 321 Abs. 5 S. 1 zweiter Satzteil i.V.m. § 322 Abs. 7 S. 3 HGB sowie gem. § 44 Abs. 1 i.V.m. § 38 Abs. 2 BS WP/vBP einer der Unterzeichner zwingend der „**verantwortliche Wirtschaftsprüfer**" i.S.d. *IDW QS 1* sein[903].

502

Entsprechend gilt gem. § 130 WPO für BPG, dass von diesen erstellte PrB und erteilte BestV zu Pflichtprüfungen nur von vBP (oder WP) unterzeichnet werden dürfen. Ebenso sind auch vBP und BPG bei Pflichtprüfungen zur Siegelführung sowie (gem. § 128 Abs. 2 WPO) zur Führung ihrer Berufsbezeichnung verpflichtet, und der PrB ist vom „verantwortlichen vBP" zu unterzeichnen (§ 321 Abs. 5 S. 1 i.V.m. § 322 Abs. 7 S. 3 und 4 HGB).

Im Regelfall wird der PrB von denselben **Personen unterzeichnet**, die auch den BestV unterzeichnet haben[904]. Weichen – in seltenen Ausnahmefällen – die unter dem BestV und unter dem PrB unterzeichnenden Personen voneinander ab, so muss dies aus dem PrB ersichtlich werden, weil der BestV dann zusammen mit den Namen aller unterzeichnenden WP im PrB wiederzugeben ist[905]. Gem. § 321 Abs. 5 S. 1 zweiter Satzteil HGB i.V.m. § 322 Abs. 7 S. 3 HGB müssen jedoch bei gesetzlichen Abschlussprüfungen sowohl der PrB als auch der BestV zwingend vom „**verantwortlichen Wirtschaftsprüfer**" i.S.d. *IDW QS 1*[906] unterzeichnet werden.

503

Auch bei der Prüfung von **Unternehmen von öffentlichem Interesse (PIE)** werden im Regelfall alle Unterzeichner von PrB und BestV personenidentisch sein[907]. Dies gilt auch für den Fall, dass der (zusätzliche) Bericht an den PrA als Teilband ausgefertigt wird[908].

504

---

899   Vgl. *IDW PH 9.450.2*, Tz. 5; *Schmidt/Deicke*, in: BeBiKo[11], § 321, Rn. 240.
900   Vgl. *IDW PH 9.450.2*, Tz. 5; *Orth/Schaefer*, in: Baetge/Kirsch/Thiele, Bilanzrecht, § 322, Rn. 140.
901   Vgl. hierzu *IDW PS 208*.
902   Vgl. *IDW PS 450 n.F.*, Tz. 114; *IDW PS 400 n.F.*, Tz. A74.
903   Vgl. *IDW PS 450 n.F.*, Tz. 115. Art. 11 Abs. 4 VO (EU) Nr. 537/2014 verwendet in diesem Zusammenhang zwar den Plural („die die Abschlussprüfung im Auftrag der Prüfungsgesellschaft durchgeführt haben"), hieraus folgt aber im Ergebnis dieselbe Vorgabe.
904   Vgl. *IDW PS 450 n.F.*, Tz. 115; *IDW PH 9.450.2*, Tz. 7; *Orth*, in: Baetge/Kirsch/Thiele, Bilanzrecht, § 321, Rn. 122.
905   Vgl. *IDW PS 450 n.F.*, Tz. 109; *IDW PH 9.450.2*, Tz. 6.
906   Zur Definition von „verantwortlicher Wirtschaftsprüfer" siehe *IDW QS 1*, Tz. 12 Buchst. o).
907   Vgl. *IDW PS 450 n.F.*, Tz. P115/1.
908   Vgl. *IDW PS 450 n.F.*, Tz. P117/1.

505 Die Unterzeichnung des PrB muss durch **Namensunterschrift** erfolgen (§ 126 Abs. 1 BGB); die Verwendung eines Faksimilestempels o.Ä. ist nicht ausreichend[909]. Bei Ausfertigung des PrB in Form eines elektronischen Dokuments ist anstelle der Unterschrift die Verwendung einer qualifizierten elektronischen Signatur (§ 126a Abs. 1 BGB) möglich. Zumindest eines der ausgehändigten Berichtsexemplare muss dergestalt handschriftlich unterzeichnet bzw. elektronisch qualifiziert signiert sein[910]. Auf bzw. in den übrigen Exemplaren können die Unterschriften mechanisch vervielfältigt wiedergegeben werden[911]. Üblicherweise werden zumindest die für die gesetzlich vorgesehenen Berichtsempfänger bestimmten Exemplare handschriftlich unterzeichnet.

Wird die durch § 20 Abs. 2 S. 2 BS WP/vBP eröffnete Möglichkeit genutzt, PrB und BestV vollständig in elektronischer Form zu erteilen, so tritt anstelle der handschriftlichen Unterschrift eine qualifizierte elektronische Signatur nach der VO (EU) Nr. 910/2014[912] (§§ 126a, 126b BGB)[913] – ggf. ergänzt um eine Grafikdatei mit dem Berufssiegel (Kap. M Tz. 534).

506 Die Unterzeichnung des PrB hat, ebenso wie die Unterzeichnung des BestV nach § 322 Abs. 7 S. 1 HGB, unter Angabe des Ortes der Niederlassung des APr. und des Datums[914] der Unterschriftsleistung zu erfolgen. **Ort und Datum** müssen dabei mit den korrespondierenden Angaben unter dem BestV identisch sein[915]. Dies gilt auch, wenn in Ausnahmefällen zwischen diesem Datum und der Auslieferung des PrB ein nicht unbeachtlicher Zeitraum liegt[916]. Die Datierung von PrB und BestV dokumentiert damit den Zeitpunkt, zu dem die Prüfung des JA und ggf. des LB materiell abgeschlossen ist[917]. Das Datum deckt sich jedoch i.d.R. nicht mit dem Zeitpunkt der technischen Ausfertigung des schriftlichen Berichts.

507 **Bei PIE** ergibt sich aus Art. 11 VO (EU) Nr. 537/2014 keine abweichende Handhabung[918].

508 In der Praxis kommt es immer wieder einmal zur Verwechselung von Erstellung und Unterzeichnung des PrB einerseits und der davon rechtlich getrennten Erteilung und Unterzeichnung des BestV (§ 322 Abs. 7 S. 1 HGB bzw. Art. 10 VO (EU) Nr. 537/2014) andererseits sowie der Wiedergabe des BestV im PrB nach § 322 Abs. 7 S. 2 HGB[919].

---

909 Vgl. ADS⁶, § 321, Tz. 162 mit Verweis auf Mitteilungsblatt WPK Nr. 50 vom 05.02.1973, S. 12.
910 Vgl. RegBegr. AReG, BT-Drs. 18/7219 v. 11.01.2016. S. 44.
911 Vgl. ADS⁶, § 321, Tz. 162; *Burg/Müller*, in: Kölner Komm. Rechnungslegungsrecht, § 321, Rn. 129; *Schmidt/Deicke*, in: BeBiKo¹¹, § 321, Rn. 242.
912 Verordnung (EU) Nr. 910/2014 des Europäischen Parlaments und des Rates vom 23.07.2014 über elektronische Identifizierung und Vertrauensdienste für elektronische Transaktionen im Binnenmarkt und zur Aufhebung der Richtlinie 1999/93/EG, ABl.EU v. 28.08.2014, L 257, S. 73 ff. (im Folgenden: eIDAS-VO).
913 Vgl. hierzu ausführlich *Bruckner*, WPK Magazin 1/2017, S. 17 f. sowie *Petersen*, WPK Magazin 3/2017, S. 26 ff.
914 § 322 Abs. 7 S. 1 HGB verwendet „Tag" (der Unterzeichnung) anstatt des Begriffes „Datum".
915 Vgl. *IDW PS 450 n.F.*, Tz. 116; ADS⁶, § 321, Rn. 168; *Kuhner/Päßler*, in: HdR⁵, § 321, Rn. 85.
916 Vgl. *IDW PS 450 n.F.*, Tz. 116.
917 Vgl. *IDW PS 400 n.F.*, Tz. 74, A71. Zur zeitnahen Einholung der VollstE vgl. *IDW PS 303 n.F.*, Tz. 29.
918 Vgl. auch *Schmidt/Deicke*, in: BeBiKo¹¹, § 321, Rn. 241. Dies gilt ebenfalls, wenn der (zusätzliche) Bericht an den PrA als Teilband ausgefertigt wird. Vgl. *IDW PS 450 n.F.*, Tz. P117/1.
919 Vgl. auch *Schmidt/Deicke*, in: BeBiKo¹¹, § 321, Rn. 240; *IDW PH 9.450.2*, Tz. 5.

Um derartigen **Missverständnissen** bereits optisch zu begegnen, bieten sich, sofern die Wiedergabe des BestV im letzten Abschnitt des PrB erfolgt, verschiedene Vorgehensweisen an; z.B. kann

- der BestV farblich unterlegt oder in auffälliger Schrift(größe) wiedergegeben werden,
- ein kurzer Zwischentext eingefügt werden,
- ein (technischer) Abschnitt „Schlussbemerkung" eingefügt werden.

Als derartiger **Zwischentext** zwischen der Wiedergabe des BestV und der abschließenden Unterschriftsleistung dürfte bspw. folgender Satz geeignet sein: **509**

> **Beispiel 7:**
>
> „Wir erstatten diesen Prüfungsbericht in Übereinstimmung mit den gesetzlichen Vorschriften und unter Beachtung der deutschen Grundsätze ordnungsmäßiger Berichterstattung bei Abschlussprüfungen (*IDW PS 450 n.F.*)."

Ein Abschnitt **„Schlussbemerkung"** stellt gewissermaßen ein **technisches Anhängsel** dar und dient ebenfalls dazu, Datum und Unterschriften unter den PrB (§ 321 Abs. 5 S. 1 HGB sowie Art. 11 Abs. 4 VO (EU) Nr. 537/2014) deutlich von dem direkt davor wiedergegebenen BestV zu trennen. **510**

Inhaltlich umfasst eine solche Schlussbemerkung regelmäßig die nochmalige Nennung von Prüfungsgegenstand, geprüftem Unternehmen und Rechnungslegungszeitraum bzw. Abschlussstichtag sowie die Bestätigung der Beachtung der in *IDW PS 450 n.F.* niedergelegten Grundsätze ordnungsmäßiger Berichterstattung bei Abschlussprüfungen[920]. Zweckmäßigerweise wird ein Querverweis auf den konkreten Abschnitt „Wiedergabe des BestV" ergänzt. Eine zusammenfassende Darstellung aller wesentlichen Prüfungsergebnisse erfolgt in diesem Rahmen nicht, da dies im Hinblick auf die vorangestellte Berichterstattung und die Ausgestaltung des BestV als Bestätigungsbericht nicht sachgerecht wäre[921].

3.2.8 Anlagen zum Prüfungsbericht

3.2.8.1 Obligatorische Anlagen

Dem PrB sind der geprüfte **JA** und der **LB** als **obligatorische Berichtsanlagen** beizufügen, ebenso – sofern Prüfungsgegenstand – KFR, EK-Spiegel und Segmentberichterstattung. Begleitend dazu kann auch der BestV erteilt werden[922]. Eine Aufnahme in die Anlagen des PrB empfiehlt sich außerdem für die i.R.d. Auftragsbestätigung zur Abschlussprüfung zugrunde gelegten (allgemeinen) **Auftragsbedingungen**[923]. **511**

Ist die Abschlussprüfung erweitert worden, sind damit in Zusammenhang stehende Unterlagen ggf. dem PrB als weitere obligatorische Anlagen beizufügen. Dies gilt bspw. in Bezug auf den Fragenkatalog zu *IDW PS 720* im Fall der Prüfung der Ordnungs-

---

920 Vgl. *Schmidt/Deicke*, in: BeBiKo[11], § 321, Rn. 240.
921 Hiervon abweichende, branchenspezifische Regelungen beinhalten bspw. § 7 PrüfbV (für KI) und § 44 PrüfV (i.d.F. vom 19.07.2017) (für VU).
922 Vgl. *IDW PH 9.450.2*, Tz. 3; sowie Kap. M Tz. 529 bzw. Kap. M Tz. 951.
923 Vgl. *IDW PS 450 n.F.*, Tz. 24, 110; *Ebke*, in: MünchKomm. HGB[3], § 321, Rn. 85; *Schmidt/Deicke*, in: BeBiKo[11], § 321, Rn. 169.

mäßigkeit der Geschäftsführung und der wirtschaftlichen Verhältnisse nach § 53 HGrG[924].

3.2.8.2 Fakultative Anlagen

512 Das Erfordernis einer klaren, problemorientierten Berichterstattung im PrB schließt eine Beschränkung der Berichterstattung auf das Wesentliche ein. Zur Verbesserung der Übersichtlichkeit und Lesbarkeit des PrB empfiehlt es sich daher, nicht notwendigerweise in den PrB aufzunehmende Berichtsteile aufgrund eines entsprechend ergänzten Auftrags an den APr. oder infolge bisheriger Übung dem PrB als (fakultative) Anlagen beizufügen[925].

513 Als solch **fakultative Berichtsanlagen** kommen z.B. in Betracht
- eine Darstellung der **rechtlichen Verhältnisse** und der **wirtschaftlichen Grundlagen** bzw. deren Veränderungen,
- **sonstige Aufgliederungen und Erläuterungen der Posten des JA**, soweit diese über die gesetzlichen Anforderungen hinausgehen, oder
- eine **weitergehende Analyse der wirtschaftlichen Lage** durch den APr. auf der Grundlage der bei der Prüfung gewonnenen Erkenntnisse,

sofern diese Darstellungen unter Beachtung des Grundsatzes der Klarheit nicht bereits in den PrB aufzunehmen waren[926].

Ob und inwieweit noch andere Anlagen beigefügt werden, richtet sich nach den Verhältnissen des Einzelfalls und den zwischen Auftraggeber und APr. getroffenen Vereinbarungen.

514 Im Folgenden werden **Berichterstattungsaspekte** i.Z.m. den o.g. Beispielen angesprochen. Dabei ist vom APr. besonderes Augenmerk auf **Widerspruchsfreiheit** zur korrespondierenden Berichterstattung im PrB sowie zu den im JA und im LB sowie u.U. in sonstigen Informationen des Unternehmens, die zusammen mit dem JA veröffentlicht werden[927], enthaltenen Angaben zu legen.

Rechtliche Verhältnisse

515 Eine Berichterstattung über die rechtlichen Verhältnisse des geprüften Unternehmens gehört nicht zum gesetzlich bestimmten Pflichtinhalt des PrB. Eine Darstellung besonders wichtiger Sachverhalte und der Veränderungen in den rechtlichen Verhältnissen entspricht jedoch langjähriger **Berufsübung**[928]. Über die rechtlichen Verhältnisse ist so umfassend zu berichten, dass sich hierüber jeder Berichtsleser, auch ohne Heranziehung früherer PrB, ein zutreffendes Bild machen kann.

516 Eine umfassende Schilderung der Rechtsverhältnisse des geprüften Unternehmens ist insb. bei **Erstprüfungen** empfehlenswert[929]. Bei Folgeprüfungen wird der APr. den Umfang davon abhängig machen, welchen Informationswert die Angaben für die Berichtsadressaten haben und deshalb wegen der adressatenorientierten Ausrichtung der

---

924 Vgl. *IDW PS 720*, Tz. 15.
925 Vgl. *IDW PS 450 n.F.*, Tz. 13, 111.
926 Vgl. *IDW PS 450 n.F.*, Tz. 112; *Ebke*, in: MünchKomm. HGB³, § 321, Rn. 85; *Kuhner/Päßler*, in: HdR⁵, § 321, Rn. 84.
927 Vgl. hierzu ausführlich *ISA 720 (Rev.) (Entwurf-DE)* bzw. *IDW PS 202*.
928 Vgl. ADS⁶, § 321, Tz. 144.
929 Vgl. ADS⁶, § 321, Tz. 145; *Schmidt/Deicke*, in: BeBiKo¹¹, § 321, Rn. 171.

Berichterstattung i.d.R. eine Darstellung der wesentlichen rechtlichen Grundlagen in den PrB aufnehmen.

Es ist im Regelfall ausreichend, die Darstellung der rechtlichen Verhältnisse **kurz zu fassen** (ggf. in tabellarischer Form) und nur auf die **Veränderungen** im **Berichtsjahr** einzugehen. Wichtige Feststellungen sollten jedoch in jedem Berichtsjahr erneut aufgenommen werden. Darzustellen sind i.Z.m. den rechtlichen Verhältnissen bzw. deren Veränderungen z.B.:[930]

- Änderungen von Gesellschaftsvertrag bzw. Satzung,
- Kapitalverhältnisse (Höhe des Kapitals, Kapitalerhöhungen bzw. -herabsetzungen, Eintritt und Ausscheiden von Gesellschaftern mit bedeutender Beteiligung, etc.),
- Zusammensetzung der Unternehmensorgane (Aufsichtsgremium, gesetzliche Vertreter), ggf. ist auf die diesbezüglichen Angaben im Anh. zu verweisen,
- wichtige Beschlüsse von HV/Gesellschafterversammlungen (insb. Feststellung des VJ-Abschlusses, Ergebnisverwendung sowie Entlastung der Unternehmensorgane),
- Unternehmensverbindungen (z.B. das Bestehen von Konzernverhältnissen, Abhängigkeitsverhältnissen oder Unternehmensverträgen i.S.v. §§ 291, 292 AktG),
- wichtige Verträge (z.B. Erbbaurechts-, Pacht-, Miet-, Leasing-, Lizenz- oder Konzessionsverträge, Lieferrechte, Preisvereinbarungen, Garantieverträge, langfristige Abnahme- und Lieferverpflichtungen),
- schwebende Rechtsstreitigkeiten,
- bestehende Treuhandverhältnisse,
- steuerliche Verhältnisse (z.B. Veranlagungen, bestehende Organschaften, Stand bzw. Auswirkungen steuerlicher Außenprüfungen).

Soweit **Änderungen in den rechtlichen Verhältnissen** Auswirkungen auf den JA und den LB haben, sind sie grds. auch in den entsprechenden Abschnitten des PrB darzustellen[931].

Im PrB ist damit bspw. darzustellen, ob der **VJ-Abschluss** festgestellt und über eine **Gewinnverwendung** Beschluss gefasst worden ist. Diese Angabe ist von Bedeutung, weil im Falle noch nicht erfolgter Feststellung des VJ-Abschlusses ggf. Konsequenzen für den BestV zu ziehen sind[932] und bei einer abweichenden Feststellung auch die Saldenvorträge und damit der JA des neuen GJ tangiert würden.

In zeitlicher Hinsicht erstreckt sich die Berichterstattung über Änderungen in den rechtlichen Verhältnissen hinsichtlich wichtiger Sachverhalte auch auf den **Zeitraum** bis zur Beendigung der Abschlussprüfung, d.h. bis zur Erteilung des BestV[933].

Wirtschaftliche Grundlagen

Die Berichterstattung über die **wirtschaftlichen Grundlagen** des geprüften Unternehmens gehört nicht zum gesetzlichen Pflichtinhalt des PrB. Eine Darstellung der wirtschaftlichen Grundlagen wird indes im mittelständischen Bereich von den Berichtsempfängern vielfach erwartet. Unabhängig davon ist der APr. gefordert, sich damit

---

930 Vgl. ADS[6], § 321, Tz. 145; *Ebke*, in: MünchKomm.[3], § 321, Rn. 85; *Schmidt/Deicke*, in: BeBiKo[11], § 321, Rn. 171.
931 Vgl. *IDW PS 450 n.F.*, Tz. 113.
932 Vgl. hierzu bspw. *IDW PS 205*, Tz. 17; *IDW PS 400 n.F.*, Tz. A93.
933 Vgl. *IDW PS 203 n.F.*, Tz. 11 ff.

auseinanderzusetzen, welche Faktoren die wirtschaftliche Lage und die Entwicklung des Unternehmens beeinflussen[934].

521 Die Angaben zu den wirtschaftlichen Grundlagen des geprüften Unternehmens sollen einen **allgemeinen Überblick** über die wirtschaftliche Situation und über die Entwicklung des Unternehmens vermitteln. Der APr. hat dabei zu berücksichtigen, welche Informationen den Berichtsempfängern bereits zur Verfügung stehen, und daran den Umfang seiner Angaben auszurichten. Stehen allen Berichtsempfängern ausreichende und zutreffende Informationen zur Verfügung (z.B. in Anh. oder LB), kann bei ausdrücklichem Verweisen auf diese Quellen auf weitere Angaben verzichtet werden; ggf. kann erwähnt werden, dass sich der APr. dem Inhalt und dem Ergebnis dieser Information anschließt[935]. Bei einem Unternehmen mit einem weniger gut ausgebauten internen Informationssystem sind solche Angaben für das Aufsichtsorgan und ggf. die Gesellschafter regelmäßig von größerer Bedeutung als bei einem Unternehmen mit gut ausgebautem Berichtswesen[936].

522 In Bezug auf die **wirtschaftlichen Grundlagen** kommen insb. folgende Angaben (ggf. unter Angabe von Zahlen und Kennziffern) in Betracht[937]:
- Unternehmenstätigkeit
- Geschäftsbereiche
- Produktionsstätten
- Produktionsprogramm, neue Produkte, Marktentwicklung, Beschaffungs- und Absatzorganisation
- Umsatzzusammensetzung
- Auftragseingang und -bestand
- Um-/Restrukturierungsmaßnahmen
- größere Investitionsprojekte und deren Finanzierung
- Betriebserweiterungen oder -stilllegungen
- Personalentwicklung und soziale Belange (z.B. Tarifentwicklung, soziale Leistungen, Fluktuation)
- wirtschaftliche Verhältnisse von Beteiligungsgesellschaften nebst eventueller Veränderungen.

523 Es ist zweckmäßig, die maßgebenden Daten in Form einer **tabellarischen Gegenüberstellung** über einen Zeitraum von mehreren Jahren darzustellen, da dadurch der Informationswert dieser Angaben für die Berichtsempfänger wesentlich erhöht wird. Im Allgemeinen sind tabellarische Darstellungen ergänzt um knappe Erläuterungen zu wichtigen Punkten besser verständlich und damit sinnvoller als umfangreiche Prosaausführungen nebst dem Zitieren aus Verträgen o.Ä.

524 Im Rahmen der Darstellung der wirtschaftlichen Grundlagen wird sich der APr. vielfach auf **Unterlagen des Unternehmens** (z.B. statistisches Material) stützen[938]. Die Darstellung muss in diesen Fällen erkennen lassen, inwieweit es sich um Angaben und

---

[934] Vgl. insb. *IDW PS 230*, Tz. 5.
[935] So jedenfalls *Schmidt/Deicke*, in: BeBiKo[11], § 321, Rn. 172.
[936] Vgl. *IDW PS 450 n.F.*, Tz. 99; ADS[6], § 321, Tz. 144.
[937] Vgl. auch *IDW PS 230*, Anhang, Punkt C. 2.
[938] Vgl. auch *IDW PS 230*, Tz. 14.

Auskünfte des Unternehmens handelt[939]. Verwendet der APr. derartiges Datenmaterial, so kann er dieses nicht ungeprüft übernehmen[940].

Eine Prüfung des **Versicherungsschutzes** ist grds. nicht Bestandteil der Abschlussprüfung nach § 316 ff. HGB[941]. Nimmt der APr. auftragsgemäß Angaben zum Versicherungsschutz in seine Darstellungen auf, so ist ausdrücklich darauf hinzuweisen, dass die Angemessenheit der Versicherungssummen und die Vollständigkeit des Versicherungsschutzes nicht untersucht wurden. 525

Sonstige Aufgliederungen und Erläuterungen

Ergänzend zu den gesetzlich geforderten Angaben[942] können weitergehende, sonstige Aufgliederungen und Erläuterungen ausgewählter oder aller JA-Posten in eine **Anlage** zum PrB oder in einen zusätzlich erstellten **Anlagenband** aufgenommen werden[943]. Dies wird regelmäßig gesondert beauftragt. 526

Zu Aufbau, Inhalt und Darstellung wird auf die Ausführungen in Kap. M Tz. 404 ff. verwiesen.

3.3 Vorlage des Prüfungsberichts

Der APr. hat den schriftlich ausgefertigten und **unterzeichneten PrB** den gesetzlichen Vertretern des geprüften Unternehmens **vorzulegen** (§ 321 Abs. 5 S. 1 HGB), falls nicht der Prüfungsauftrag vom AR erteilt wurde. Hat der AR den Prüfungsauftrag erteilt, so ist der PrB ihm und gleichzeitig einem ggf. eingerichteten PrA vorzulegen (§ 321 Abs. 5 S. 2 HGB). Den gesetzlichen Vertretern ist der PrB in diesem Fall **unverzüglich nach Vorlage** an den AR zuzuleiten (§ 321 Abs. 5 S. 3 HGB), um ihnen so Gelegenheit zur Stellungnahme ggü. dem AR zu geben. Zur Vorlage des endgültigen PrB vgl. auch die Ausführungen unter Kap. M Tz. 26 ff. Erst mit dem Zugang des unterzeichneten PrB beim geprüften Unternehmen ist die Abschlussprüfung auch formal beendet; erst dann kann bei gesetzlich prüfungspflichtigen Unternehmen auch der JA festgestellt werden (§ 316 Abs. 1 S. 2 HGB)[944]. 527

Hierbei ist darauf zu achten, dass PrB und BestV **zeitgleich** vorzulegen sind[945]. 528

Bei PIE ergibt sich dies aus dem Zusammenspiel zwischen Art. 10 Abs. 2 Buchst. e) VO (EU) Nr. 537/2014 mit Art. 11 Abs. 1 Unterabs. 1 S. 1 VO (EU) Nr. 537/2014 und gilt auch dann, wenn der (zusätzliche) Bericht an den PrA als Teilband ausgefertigt wird[946].

Je nach vereinbarter Handhabung wird dabei der BestV entweder dem PrB in den (obligatorischen) Anlagen beigefügt und an dieser Stelle rechtwirksam erteilt, oder der BestV wird mit dem geprüften JA und LB zu einem sog. **Testatsexemplar** zusammengebunden und parallel zum PrB gesondert ausgeliefert[947]. 529

---

939 Vgl. *IDW PS 450 n.F.*, Tz. 16.
940 Vgl. *IDW PS 450 n.F.*, Tz. 103; *IDW PH 9.100.1*, Tz. 87; *Schmidt/Deicke*, in: BeBiKo[11], § 321, Rn. 112.
941 Vgl. *Schmidt/Almeling*, in: BeBiKo[11], § 317, Rn. 7. Dagegen bestehen bei Unternehmen der öffentlichen Hand z.T. besondere Berichterstattungserfordernisse.
942 Vgl. *IDW PS 450 n.F.*, Tz. 97 f.
943 Vgl. *IDW PS 450 n.F.*, Tz. 99 ff., 111; *IDW PH 9.100.1*, Zz. 85; ADS[6], § 321, Tz. 154.
944 Vgl. *Schmidt/Deicke*, in: BeBiKo[11], § 321, Rn. 254.
945 Vgl. *IDW PS 450 n.F.*, Tz. 117; *IDW PS 400 n.F.*, Tz. 72.
946 Vgl. *IDW PS 450 n.F.*, Tz. P117/1.
947 Vgl. *IDW PH 9.450.2*, Tz. 3; *IDW PS 400 n.F.*, Tz. 72; *IDW PS 450 n.F.*, Tz. 110; sowie Kap. M Tz. 499 bzw. Kap. M Tz. 951.

530 Es ist praxisüblich, den gesetzlichen Vertretern vor der endgültigen Ausfertigung und Auslieferung des PrB ein „**Vorwegexemplar**" als Grundlage für die sog. Schlussbesprechung zuzuleiten[948]. Mit diesem Vorwegexemplar soll – im Sinne eines letzten Auskunftsersuchens an die gesetzlichen Vertreter i.R.d. noch nicht abgeschlossenen Abschlussprüfung – die richtige und vollständige Erfassung der im PrB zu berücksichtigenden Sachverhalte sichergestellt werden. Obwohl die gesetzliche Regelung über die Zuleitung des PrB an die gesetzlichen Vertreter geändert worden ist (§ 321 Abs. 5 S. 3 HGB), ist eine Änderung der bewährten Praxis aus Sicht des Gesetzgebers nicht erforderlich, solange die tatsächliche Handhabung den Charakter als „letztes Auskunftsersuchen" nicht konterkariert[949]. Keinesfalls darf es dadurch allerdings zu einer „Vorzensur" der Berichtsinhalte kommen[950].

Vorwegexemplare sind als solche eindeutig zu **kennzeichnen**, z.B. durch den Aufdruck „Entwurf" oder „Leseexemplar", um eine missbräuchliche Verwendung zu verhindern[951].

531 Vor der Auslieferung des PrB an die Berichtsadressaten ist dieser i.R.d. auftragsbezogenen Qualitätssicherung grds. noch einer (i.d.R. Praxis-internen) **Berichtskritik** zu unterziehen[952].

532 Kommt es zu nicht unerheblichen **zeitlichen Verzögerungen** bei der Auslieferung des PrB, ist der APr. gehalten, von den gesetzlichen Vertretern ergänzende Erklärungen in Bezug auf die Vollständigkeit der erteilten Auskünfte und Nachweise für diesen Zeitraum einzuholen und zu klären, ob zwischenzeitliche Ereignisse oder Entwicklungen die Berichterstattung in PrB und BestV berühren[953].

533 Zwischenzeitlich wird von den geprüften Unternehmen vermehrt die Zurverfügungstellung von **Berichten in elektronischer Form**, d.h. als Datei (z.B. im PDF-Format), nachgefragt. Dies ist unter Haftungsaspekten nicht unproblematisch, u.a. weil dann nicht mehr nachvollzogen werden kann, wie viele Berichtsexemplare an welche Empfänger gegangen sind[954]. Um der Zurverfügungstellung von **elektronischen Berichtskopien** eine rechtliche Grundlage zu geben, sollte der APr. eine ausdrückliche Vereinbarung, möglichst i.R.d. schriftlichen Auftragsbestätigung, mit dem geprüften Unternehmen treffen[955]. Zum technischen Vorgehen empfiehlt der FAIT, solche Dateien mittels Passwortvergabe gegen Änderungen zu schützen. Darüber hinaus sollte ein Hinweis angebracht werden (z.B. mittels elektronischen Wasserzeichens oder des Hinweises „Ansichtsexemplar" auf der Deckblattseite), dass es sich bei der Berichtsdatei nicht um ein Original, sondern um eine elektronische Kopie handelt. Die technische Zurverfügungstellung dieser Dateien sollte unter Verwendung adäquater Verschlüsse-

---

[948] Vgl. ADS[6], § 321, Tz. 156; *Schmidt/Deicke*, in: BeBiKo[11], § 321, Rn. 261.
[949] So ausdrücklich RegBegr. AReG, BT-Drs. 18/7219 v. 11.01.2016, S. 43, mit Verweis auf *Ebke*, in: MünchKomm. HGB[3], § 321, Rn. 93 m.w.N.
[950] Vgl. *Kuhner/Päßler*, in: HdR[5], § 321, Rn. 87.
[951] Vgl. *Orth*, in: Baetge/Kirsch/Thiele, Bilanzrecht, Rn. 125; weitergehend ADS[6], § 321, Tz. 157.
[952] Vgl. § 48 Abs. 2 BS WP/vBP; *IDW QS 1*, Tz. 148 ff. Vgl. auch Art. 8 VO (EU) Nr. 537/2014.
[953] Vgl. *IDW PS 203 n.F.*, Tz. 19; *IDW PS 303 n.F.*, Tz. 30; auch *IDW PS 400 n.F.*, Tz. A71.
[954] Vgl. *Bertram*, in: Haufe HGB Kommentar[8], § 321, Rn. 27; Informationen für die Berufspraxis, WPK Magazin 4/2008, S. 27.
[955] Vgl. *IDW PS 220*, Tz. 13.

lungsverfahren erfolgen[956]. In Bezug auf die Wiedergabe von Unterschriften in solchen Dateien empfiehlt es sich, möglichst nur ein „gez. ... [Name]" zu verwenden.

> **! Hinweis 1:**
> Die BaFin besteht in Bezug auf die ihr in elektronischer Form zur Verfügung zu stellenden PDF-Berichtsdateien darauf, diese unverschlüsselt zu erhalten.
> Die DEHSt[957] (betr. allerdings Prüfungen i.Z.m. Strompreiskompensation) akzeptiert keine Dateien mit dem Hinweis „Ansichtsexemplar", weil damit formalrechtlich kein Original zur Verfügung gestellt wird.

Durch die Neufassung von § 20 Abs. 2 S. 2 BS WP/vBP ist nunmehr eine rein **elektronische Siegelführung** möglich[958]. 534

Infolgedessen ist es seitdem auch möglich, **PrB und BestV** rechtskonform vollumfänglich und ausschließlich **als „elektronische Originale"** auszufertigen (vgl. auch Kap. M Tz. 943). Hierfür ist es erforderlich, dass der APr. der PrB-Datei sowie der BestV-Datei außer dem elektronischen Siegel jeweils seinen Namen nebst einer qualifizierten elektronischen Signatur, die der eIDAS-VO genügt, hinzufügt, womit auch der Anforderung des § 126a BGB entsprochen wird. Nach § 18 Abs. 1 WPO muss außerdem die Berufsbezeichnung vermerkt werden; bei WPG/BPG ist zusätzlich deren Firma in die Datei aufzunehmen. Technisch ist es möglich, dass die Dateien auch von mehreren Berufsträgern signiert werden (wegen der (Gesamt-)Vertretungsregelungen ist dies bei WPG/vBP in der Praxis vielfach erforderlich). Rechtlich unzureichend wäre es dagegen, mit einer qualifiziert signierten E-Mail ansonsten unsignierte Berichtsdateien zu versenden[959].

Sachlogischerweise sollte mit einer solchen **Berichtsdatei in Form eines elektronischen Originals** mindestens ebenso sorgfältig umgegangen werden wie i.R.d. vorstehend beschriebenen Zurverfügungstellung von elektronischen „Berichtskopien". Von Wichtigkeit erscheint insb. die ausdrückliche Vereinbarung eines Vorbehalts des WP/vBP in Bezug auf die Weitergabe einer solchen elektronischen Original-Berichtsdatei an Dritte, um das Risiko einer möglichen Dritthaftung zu vermindern[960].

Auch **Übersetzungen in Fremdsprachen** (insb. ins Englische) werden mittlerweile von 535 Seiten der Berichtsempfänger immer häufiger nachgefragt. Die Übersetzung des JA, des LB und der ggf. sonstigen Abschlussbestandteile wird dabei zumeist vom geprüften Unternehmen selbst durchgeführt oder in Auftrag gegeben, z.T. werden Übersetzungsdienstleistungen seitens des APr. bereits i.R.d. Auftragserteilung vereinbart. In jedem Fall allerdings wird der APr. zumindest eine Plausibilitätskontrolle der Übersetzung aller Abschlussbestandteile vornehmen müssen, bevor die übersetzte Version dem PrB als

---

956 Vgl. *FAIT*, in: FN-IDW 2013, S. 500; *Informationen für die Berufspraxis*, WPK Magazin 4/2008, S. 37; *Petersen*, WPK Magazin 3/2017, S. 29.
957 Deutsche Emissionshandelsstelle (DEHSt) im Umweltbundesamt, Berlin (zuständige nationale Behörde zur Umsetzung der marktwirtschaftlichen Klimaschutzinstrumente des Kyoto-Protokolls).
958 Zur bisherigen Rechtslage (nach § 18a Abs. 2 BS WP/vBP a.F. waren ausschl. Prägesiegel, Siegelmarken und Farbdrucksiegel zulässig) vgl. *Bruckner*, WPK Magazin 1/2017, S. 17; *Förster*, in: Hense/Ulrich, WPO³, § 32, Rn. 4.
959 Vgl. *Bruckner*, WPK Magazin 1/2017, S. 17 f. sowie ausführlich *Petersen*, WPK Magazin 3/2017, S. 26 ff.
960 Vgl. *Petersen*, WPK Magazin 3/2017, S. 29. Selbstredend erfordert eine Weitergabe bzw. Vervielfältigung von elektronischen Dateien erheblich weniger Arbeitsaufwand als dieselben mit PrB bzw. BestV in Papierform – gerade auch, wenn dies nicht erwünscht ist.

Anlage beigefügt wird. Die Übersetzung des PrB obliegt naturgemäß dem APr. als dem auch für dessen Erstellung rechtlich Verantwortlichen.

536 Zwar impliziert § 321 HGB einen **PrB in deutscher Sprache**. Nach im Schrifttum vertretener Meinung dürfte es jedoch – anders als i.Z.m. dem BestV (vgl. Kap. M Tz. 955) – auch bei gesetzlichen Abschlussprüfungen möglich sein, den PrB direkt und ausschl. in einer (lebenden) fremden Sprache (z.B. Englisch) abzufassen, sofern dies vom Auftraggeber verlangt wird und kein Berichtsadressat dem widersprochen hat[961]. Dementsprechend wird eine originäre Erstellung des PrB in fremder Sprache bspw. für KI und VU ausgeschlossen sein, da deren PrB gem. § 26 Abs. 1 KWG bzw. § 37 Abs. 5 VAG der BaFin und damit einer deutschen Aufsichtsbehörde vorzulegen sind (vgl. Kap. M Tz. 34)[962]. Darüber hinaus ist zu berücksichtigen, dass die Finanzbehörden die nach § 60 Abs. 3 S. 1 EStDV einzureichende Abschrift des PrB in der Amtssprache, d.h. auf Deutsch, verlangen können (vgl. § 87 Abs. 2 S. 1 AO; Ziff. 1 AEAO zu § 87). Bei freiwilligen Abschlussprüfungen werden solche Formalaspekte die originäre Erstellung des PrB in fremder Sprache i.d.R. nicht hindern.

537 Üblicherweise erfolgt jedoch, schon unter Haftungsaspekten, eine **Übersetzung des** in deutscher Sprache verfassten **PrB**[963]. Wird der PrB in eine fremde Sprache übersetzt, empfiehlt es sich, auf diese Tatsache deutlich aufmerksam zu machen (z.B. mit dem ausdrücklichen Hinweis auf dem Deckblatt „German version prevails" nebst dem Hinweis „Translation" im Kopf- oder Fußzeilenbereich jeder Seite)[964].

Es empfiehlt sich außerdem, den übersetzten PrB weder zu siegeln noch zu unterzeichnen, um bei den Berichtsempfängern den irrtümlichen Eindruck zu vermeiden, es handele sich bei der übersetzten Fassung quasi doch um ein „Original", für welches der APr. alle übersetzten Aussagen und Formulierungen auch in dieser Fremdsprache bestätigt[965].

Ausschließlich fremdsprachige Mitglieder des Exekutiv- bzw. des Aufsichtsorgans sollten dabei berücksichtigen, dass Gegenstand der von ihnen rechtlich (mit) verantworteten Aufstellung bzw. Feststellung (nach eigenständiger Prüfung gem. § 171 Abs. 1 S. 1 AktG) des JA und ggf. LB rechtlich stets das **deutsche Original** des JA und ggf. des LB ist (§ 93 AktG bzw. § 116 i.V.m. § 93 AktG)[966].

3.4 Konzernprüfungsbericht – Aufbau, Gliederung und Inhalt

538 § 321 HGB gilt allgemein auch für den PrB über eine Konzernabschlussprüfung. Über die Konzernabschlussprüfung ist grundsätzlich unabhängig von der Berichterstattung

---

961 Vgl. dazu ADS⁶, § 321, Tz. 21; *Orth*, in: Baetge/Kirsch/Thiele, Bilanzrecht, § 321, Rn. 167; *Schmidt/Deicke*, in: BeBiKo¹¹, § 321, Rn. 14.
962 Vgl. *Schmidt/Deicke*, in: BeBiKo¹¹, § 321, Rn. 14, 253.
963 Vgl. auch *Bertram*, in: Haufe HGB Kommentar⁸, § 321, Rn. 225. Zur sprachlichen Behandlung der nach § 322 Abs. 7 S. 2 HGB vorgeschriebenen Wiedergabe des BestV im PrB vgl. *Orth*, in: Baetge/Kirsch/Thiele, Bilanzrecht, § 321, Rn. 168.
964 Vgl. auch *Orth*, in: Baetge/Kirsch/Thiele, Bilanzrecht, § 321, Rn. 166.
965 Vgl. *Orth*, in: Baetge/Kirsch/Thiele, Bilanzrecht, § 321, Rn. 166; ebenso *Bertram*, in: Haufe HGB Kommentar⁸, § 321, Rn. 223.
966 Dies gilt auch für den Fall, dass der APr. Übersetzungsdienstleistungen in Bezug auf JA und LB erbracht hat. Vgl. auch den Hinweis von *Orth* in Bezug auf evtl. gerichtliche Auseinandersetzungen, in: Baetge/Kirsch/Thiele, Bilanzrecht, § 321, Rn. 166.

über die Prüfung des JA des MU mittels eines **eigenständigen KPrB schriftlich** zu berichten[967].

Nach § 325 Abs. 3a HGB besteht die Möglichkeit, im Fall des Zusammenfassens von KAnh. und Anh. (§ 298 Abs. 2 HGB) bzw. KLB und LB (§ 315 Abs. 3 HGB) des MU auch den PrB zum JA des MU mit dem PrB zum KA zusammenzufassen[968].

539 Auch der KPrB erlangt seine **rechtliche Wirkung** erst mit der Unterzeichnung durch den KAPr. Für die Frage, ob ein KPrB vorliegt, sind wie beim Bericht über die Prüfung des JA nicht die äußere Form und die Bezeichnung des Schriftstücks, sondern dessen materieller Inhalt maßgebend. Die inhaltlichen Anforderungen an den KPrB sind durch § 321 HGB weitgehend spezifiziert. Darüber hinaus sind bei der Auslegung des § 321 HGB die sich aus den Prüfungsgegenständen KA (d.h. Bilanz, GuV, KAnh., KFR und EK-Spiegel sowie ggf. Segmentberichterstattung) und KLB ergebenden Besonderheiten zu berücksichtigen[969].

540 Der KPrB ist vom KAPr. dem **AR des MU vorzulegen**, wenn dieser Auftraggeber des KAPr. ist. Falls ein PrA existiert, ist der KPrB diesem gleichzeitig vorzulegen. Bei Auftragserteilung durch den AR einer GmbH ist der KPrB zusätzlich den **Geschäftsführern** auszuhändigen, damit diese ihrer Verpflichtung zur Vorlage des KPrB mit KA und KLB an die Gesellschafter nachkommen können (§ 42a Abs. 4 i.V.m. Abs. 1 GmbHG). Erfolgt die Beauftragung des KAPr. durch die Geschäftsführer als gesetzliche Vertreter des MU[970], ist der KPrB diesen vorzulegen. Die eventuell erforderliche Weitergabe des KPrB mit KA und KLB an die Gesellschafter bzw. an den fakultativen AR (§ 52 Abs. 1 GmbHG i.V.m. § 170 Abs. 3 AktG) ist Sache der gesetzlichen Vertreter des MU. Weitere Empfänger des KPrB (wie etwa gesetzliche Vertreter von TU oder deren Aufsichtsgremien) sieht das Gesetz nicht vor. Anderweitige Weitergabe- bzw. Vorlagepflichten bestehen bspw. nach § 53 Abs. 1 Nr. 3 HGrG sowie ggü. Aufsichtsbehörden (z.B. nach § 26 Abs. 3 KWG ggü. der BaFin).

541 Die **Funktionen des KPrB** sind weitgehend die gleichen wie die des Berichts über die Jahresabschlussprüfung bei KapGes. (vgl. Kap. M Tz. 42 ff.). Er dient primär der unabhängigen und **sachverständigen Information des Aufsichtsgremiums** bzw. der GmbH-Gesellschafter über die Konzernrechnungslegung und die wirtschaftliche Lage und Entwicklung des Konzerns. Außerdem hat der KPrB für das Aufsichtsgremium eine wichtige **Unterstützungsfunktion** zu erfüllen. Er bildet insb. die Grundlage für die nach § 171 Abs. 1 S. 1 AktG durch den AR in eigener Verantwortung[971] vorzunehmende Prüfung von KA und KLB. Den gesetzlichen Vertretern des MU dient der KPrB neben der Informationsvermittlung auch als **Nachweis**, dass sie ihrer Pflicht zur ordnungsmäßigen Konzernrechnungslegung nachgekommen sind.

542 Für die Gestaltung des KPrB gelten die **allgemeinen Grundsätze ordnungsmäßiger Berichterstattung**, d.h. Wahrheit, Vollständigkeit, Unparteilichkeit und Klarheit (vgl. dazu Kap. M Tz. 137 ff.). Die Grundsätze für die Berichterstattung über die Prüfung des

---

[967] Vgl. *IDW PS 450 n.F.*, Tz. 118.
[968] Vgl. *IDW PS 450 n.F.*, Tz. 138.
[969] Vgl. ADS⁶, § 321, Tz. 176.
[970] Bei MU in der Rechtsform der GmbH, bei der freiwillig ein AR gebildet wurde, aber die Anwendung des § 111 Abs. 2 S. 3 AktG im Gesellschaftsvertrag abbedungen ist, und bei einer GmbH ohne AR als MU, wird der KAPr. von den Geschäftsführern beauftragt.
[971] Vgl. *Drygala*, in: Schmidt/Lutter, AktG³, § 171, Rn. 3, 5 ff.; *Koch*, in: Hüffer/Koch, AktG¹², § 171, Rn. 1, 9 ff.

JA sind insofern auch für die Berichterstattung über die Konzernabschlussprüfung anzuwenden, soweit dem nicht Besonderheiten i.Z.m. der Konzernrechnungslegung entgegenstehen[972]. Soweit solche Besonderheiten keine abweichende Berichterstattung bedingen, wird mithin auf die entsprechenden Ausführungen zum PrB über den JA (vgl. Kap. M Tz. 179 ff.) verwiesen. Dementsprechend knapp fallen nachfolgend ggf. Ausführungen zum KPrB aus.

543 Der KPrB hat den Berichtsadressaten ein **eigenes Urteil** über die Konzernrechnungslegung und die wirtschaftliche Lage und Entwicklung des Konzerns zu ermöglichen. Es kommt dabei nicht darauf an, im KPrB eine Fülle von Einzelinformationen zu vermitteln; entscheidend ist vielmehr, dass die **wesentlichen Sachverhalte und Erkenntnisse**, welche die Prüfung erbracht hat, aus dem KPrB hervorgehen. Wesentlich sind dabei solche Tatsachen, die für eine ausreichende Information der Berichtsadressaten und für die Vermittlung eines klaren Bildes über das Prüfungsergebnis von Bedeutung sind[973]. Wesentlich können daher auch Informationen sein, die zwar für die Lage des Konzerns von untergeordneter Bedeutung sind, die jedoch die Ordnungsmäßigkeit der Konzernrechnungslegung oder das Vertrauen in das Geschäftsführungsorgan bzw. in Arbeitnehmer berühren[974].

544 Aufbau und Gliederung des KPrB folgen weitgehend der Gliederung des Berichts über die Jahresabschlussprüfung. Die Funktion des KPrB macht es aber erforderlich, dass über die gesetzlich geregelten Berichtspflichten des § 321 HGB hinaus weitere, konzernspezifische Angaben zur Konzernabschlussprüfung und zum geprüften Konzern aufgenommen werden. In Umsetzung dessen empfiehlt sich für den **Bericht über eine Konzernabschlussprüfung** folgende Untergliederung[975]:

Prüfungsbericht

1. Prüfungsauftrag

2. Grundsätzliche Feststellungen[976]

2.1 Lage des Konzerns

2.1.1 Stellungnahme zur Lagebeurteilung der gesetzlichen Vertreter

2.1.2 Entwicklungsbeeinträchtigende oder bestandsgefährdende Tatsachen[977]

2.2 Unregelmäßigkeiten

2.2.1 Unregelmäßigkeiten in der Konzernrechnungslegung

2.2.2 Sonstige Unregelmäßigkeiten

3. Gegenstand, Art und Umfang der Prüfung[978]

---

972 Vgl. *IDW PS 450 n.F.*, Tz. 118.
973 Vgl. *IDW PS 450 n.F.*, Tz. 10, 13.
974 Vgl. *IDW PS 450 n.F.*, Tz. 48 ff.
975 Vgl. *IDW PS 450 n.F.*, Tz. 118 ff.; *Schmidt/Deicke*, in: BeBiKo[11], § 321, Rn. 210.
976 **Vorangestellte Berichterstattung** i.S.v. § 321 Abs. 1 S. 2 und 3 HGB.
977 Um Inhalt und Aussage deutlich erkennen zu lassen, sollte im konkreten Einzelfall entweder „Entwicklungsbeeinträchtigende Tatsachen" oder aber „Bestandsgefährdende Tatsachen" als Abschnittsüberschrift gewählt werden.
978 „Besonderer Abschnitt" i.S.v. § 321 Abs. 3 HGB.

4. Feststellungen und Erläuterungen zur Konzernrechnungslegung[979]

4.1 Ordnungsmäßigkeit der Konzernrechnungslegung

4.1.1 Konsolidierungskreis

4.1.2 Konzernabschlussstichtag

4.1.3 Prüfung der in den Konzernabschluss einbezogenen Abschlüsse

4.1.4 Konzernabschluss

4.1.5 Konzernlagebericht

4.2 Gesamtaussage des Konzernabschlusses

4.2.1 Feststellungen zur Gesamtaussage des Konzernabschlusses

4.2.2 Wesentliche Bewertungsgrundlagen[980]

4.2.3 Sachverhaltsgestaltende Maßnahmen

4.2.4 Aufgliederungen und Erläuterungen

5. Feststellungen aus Erweiterungen des Prüfungsauftrags[981]

6. Wiedergabe des Bestätigungsvermerks[982]

Anlagen zum Prüfungsbericht

Obligatorische Anlagen
- Konzernbilanz[983]
- Konzern-Gewinn- und Verlustrechnung
- Konzernanhang
- Konzern-Kapitalflussrechnung
- Konzern-Eigenkapitalspiegel
- ggf. Konzern-Segmentberichterstattung
- Konzernlagebericht
- Auftragsbedingungen.

Fakultative Anlagen, z.B.
- Rechtliche Verhältnisse
- Wirtschaftliche Grundlagen
- Sonstige Aufgliederungen und Erläuterungen der Posten des Konzernabschlusses.

Diese **Gliederungsempfehlung** ermöglicht es, die gesetzlichen Pflichtbestandteile des KPrB und die berufsüblichen Darstellungen in einer sachlich sinnvollen und für den Berichtsleser übersichtlichen Form stetig zusammenzustellen. Andere Untergliederungen[984], eine ggf. erforderliche Erweiterung der Gliederung, die Zusammenfassung von Abschnitten sowie die Verwendung anderer Abschnittsbezeichnungen usw. sind

---

[979] „Hauptteil" i.S.v. § 321 Abs. 2 HGB.
[980] Einschl. deren Änderungen (§ 321 Abs. 2 S. 4 HGB).
[981] „Besonderer Teil" i.S.v. § 321 Abs. 4 HGB.
[982] Vgl. § 322 Abs. 7 S. 2 HGB.
[983] Bei IFRS-KA sind ggf. entsprechende andere Bezeichnungen zu wählen (vgl. IAS 1.10).
[984] Vgl. die Beispiele bei ADS[6], § 321, Tz. 224; *Schmidt/Poullie*, in: BeBiKo[10], § 321, Rn. 112.

möglich und können nach den Umständen des Einzelfalls angezeigt sein, soweit dadurch die Klarheit der Berichterstattung und somit die **Problem- und Adressatenorientierung** gefördert wird.

546 Die durch die Art. 11 Abs. 2 VO (EU) Nr. 537/2014 mit Wirkung für nach dem 16.06.2016 beginnende GJ geforderten weiteren Angaben für KPrB von KA von (Mutter-)**Unternehmen von öffentlichem Interesse (PIE)** lassen sich i.R. obiger Gliederung wie folgt berücksichtigen[985]:

Prüfungsbericht	**Art. 11 Abs. 2 Buchst. ... VO (EU) Nr. 537/2014**
1. Prüfungsauftrag	a) Unabhängigkeit
2. Grundsätzliche Feststellungen	
2.1 Lage des Konzerns	
2.1.1 Stellungnahme zur Lagebeurteilung der gesetzlichen Vertreter	
2.1.2 Entwicklungsbeeinträchtigende oder bestandsgefährdende Tatsachen	i) Tatsachen i.Z.m. der Unternehmensfortführung
2.2 Unregelmäßigkeiten	
2.2.1 Unregelmäßigkeiten in der Konzernrechnungslegung	j) Mängel im rechnungslegungsbezogenen IKS[986]
2.2.2 Sonstige Unregelmäßigkeiten	k) Gesetzesverstöße etc.
3. Gegenstand, Art und Umfang der Prüfung	b) Angabe der Prüfungspartner
	c) Verwertung der Arbeiten Dritter nebst Erhalt von Bestätigungen zur Unabhängigkeit
	d) Angaben zur Kommunikation
	e) Prüfungsumfang und -zeitplan
	f) Aufgabenverteilung bei Joint Audits
	g) Prüfungsmethodik
	h) Darlegung der Wesentlichkeitsgrenze
	n) Prüfungsarbeiten anderer Prüfer
	o) Erläuterungen und Unterlagen
4. Feststellungen und Erläuterungen zur Konzernrechnungslegung	
4.1 Ordnungsmäßigkeit der Konzernrechnungslegung	
4.1.1 Konsolidierungskreis	m) Konsolidierungskreis nebst Abgrenzungskriterien
4.1.2 *Konzernabschlussstichtag*	

---

985 Zu Art. 11 Abs. 3 VO (EU) Nr. 537/2014 (Dissens bei Joint Audits) siehe Kap. M Tz. 688 ff.
986 Analog *IDW PS 450 n.F.*, Tz. 47 nur bei bedeutsamen Schwächen.

4.1.3 Prüfung der in den KA einbezogenen Abschlüsse

4.1.4 KA

4.1.5 KLB

4.2 Gesamtaussage des KA

4.2.1 Feststellungen zur Gesamtaussage des KA

4.2.2 Wesentliche Bewertungsgrundlagen

4.2.3 Sachverhaltsgestaltende Maßnahmen

4.2.4 Aufgliederungen und Erläuterungen

5. Feststellungen aus Erweiterungen des Prüfungsauftrags

6. Wiedergabe des BestV

j) Mängel im rechnungslegungsbezogenen IKS[987]

l) Bewertungsmethoden

547 Nicht einzelnen Gliederungspunkten direkt zuordenbar sind die Vorgaben des Art. 11 Abs. 2 Buchst. p) VO (EU) Nr. 537/2014, wonach im KPrB Angaben zu machen sind über

- etwaige **bedeutsame Schwierigkeiten**, die während der Abschlussprüfung aufgetreten sind (Punkt i),
- etwaige sich aus der Abschlussprüfung ergebende **bedeutsame Sachverhalte**, die besprochen wurden oder Gegenstand des Schriftverkehrs mit dem Management waren (Punkt ii),
- etwaige sonstige sich aus der Abschlussprüfung ergebende **Sachverhalte**, die nach dem fachkundigen Urteil des Prüfers für die Aufsicht über den Rechnungslegungsprozess **bedeutsam** sind (Punkt iii).

548 **Bedeutsame Angelegenheiten** i.d.S. gehörten immer schon zum Pflichtenkanon für eine problemorientierte ordnungsmäßige Berichterstattung bei Abschlussprüfungen nach § 316 ff. HGB und finden sich insb. in § 321 Abs. 1 S. 2 und 3 sowie Abs. 2 S. 2 HGB bzw. in *IDW PS 450 n.F.*[988]. Dementsprechend sind die nach Art. 11 Abs. 2 Buchst. p) VO (EU) Nr. 537/2014 geforderten Berichtsaspekte im KPrB in verschiedenen Gliederungspunkten enthalten (z.B. unter den Abschn. 2.1.2, 2.2, 3., 4.1 und 4.2 sowie ggf. unter 5.). Es kann sich jedoch empfehlen, bei damit in Zusammenhang stehender Berichterstattung zwecks Verdeutlichung auf diese VO-Vorschrift hinzuweisen[989].

549 Ein Abschnitt „**Feststellungen zum Risikofrüherkennungssystem**" im KPrB börsennotierter MU ist grds. nicht erforderlich, da das Risikofrüherkennungssystem grds. nicht Bestandteil der Konzernabschlussprüfung, sondern Gegenstand der Jahresabschluss-

---

987 Vgl. *IDW PS 450 n.F.*, Tz. 118 i.V.m. Tz. P65/1-2.
988 Siehe namentlich *IDW PS 450 n.F.*, Tz. 118 i.V.m. 26, 47, 56-58, 61-62, Tz. 121.
989 Vgl. *IDW PS 450 n.F.*, Tz. 118 i.Vm. P58/1-5; *Schmidt/Deicke*, in: BeBiKo[11], § 321, Rn. 128.

prüfung ist[990]. Sollte mit dem Auftraggeber eine Darstellung des Ergebnisses der Prüfung des Risikofrüherkennungssystems auch i.R.d. KPrB vereinbart sein, kann das im PrB zum JA des MU dargestellte Ergebnis dieser Prüfung im KPrB wiederholt werden[991].

Wie beim PrB zum JA ist über **Feststellungen aus (sonstigen) Erweiterungen des Prüfungsauftrags**[992] zur Konzernabschlussprüfung in einem gesonderten Abschnitt des KPrB zu berichten. Für den KPrB von Relevanz ist im Regelfall lediglich die Beauftragung nach Nr. 7.2.3 DCGK. Liegen keine Erweiterungen des Prüfungsauftrags vor, entfällt dieser (Unter-)Abschnitt ersatzlos.

550 **Aufgliederungen und Erläuterungen** wesentlicher Posten des KA haben entsprechend § 321 Abs. 2 S. 5 HGB im KPrB nur dann zu erfolgen, soweit dies aufgrund des besonderen Informationsbedarfs der Berichtsadressaten zum Verständnis der Gesamtaussage des KA, insb. zur Erläuterung der Bewertungsgrundlagen und deren Änderungen sowie der sachverhaltsgestaltenden Maßnahmen nach § 321 Abs. 2 S. 4 HGB und der i.R.d. Konsolidierung ausgenutzten Wahlrechte, erforderlich ist und diese Angaben nicht bereits im KAnh. enthalten sind[993]. Bzgl. des Umfangs der Aufgliederungs- und Erläuterungspflichten besteht, vorbehaltlich der konzernbezogenen Anforderungen nach Art. 11 Abs. 2 VO (EU) Nr. 537/2014, kein Unterschied zum Bericht über die Jahresabschlussprüfung[994].

Weitergehende, sonstige Aufgliederungen und Erläuterungen von Posten des KA auf der Grundlage ergänzender Beauftragung oder Erwartungen der Auftraggeber[995] sind dem KPrB, wie beim PrB zum JA, primär in Form einer **Anlage** oder einem Anlagenband beizufügen.

551 Ebenso wie beim PrB zur Jahresabschlussprüfung sollten – zwecks Verbesserung der Übersichtlichkeit und Lesbarkeit des KPrB – **über die gesetzlichen Pflichtbestandteile hinausgehende Berichtselemente** (z.B. Darstellungen zu den rechtlichen Verhältnissen und wirtschaftlichen Grundlagen des Konzerns) dem KPrB als **Anlagen** beigefügt werden. Im Einzelfall können solche zusätzlichen Darstellungen auch in den KPrB integriert werden, soweit dadurch nicht die Klarheit und Übersichtlichkeit des KPrB gefährdet werden[996].

552 Zu den obligatorischen und fakultativen **Anlagen**, die dem KPrB beizufügen sind bzw. dafür in Betracht kommen, vgl. Kap. M Tz. 639 ff.

553 Zur Gestaltung des KPrB (insb. mit **Deckblatt** und **Inhaltsverzeichnis**) vgl. Kap. M Tz. 177 f. Eine Adressierung des KPrB ist auf dem Deckblatt nicht üblich. Eine Adressierung steht gleichwohl im Ermessen des KAPr.

3.4.1 Prüfungsauftrag

554 Im KPrB ist hinsichtlich des Prüfungsauftrags auf die **Bestellung** und **Auftragserteilung** zur Konzernabschlussprüfung einzugehen. Falls der KAPr. nicht ausdrücklich gewählt

---

990 Zur Berichterstattung über die Prüfung des Risikofrüherkennungssystems im PrB zum JA siehe Kap. M Tz. 449 ff.; Kap. O Tz. 64 ff.
991 Vgl. *Plendl*, in: HWRP³, Sp. 1786.
992 Siehe hierzu Kap. M Tz. 465 ff.
993 Vgl. *IDW PS 450 n.F.*, Tz. 118 i.V.m. Tz. 97 f.
994 Vgl. ADS⁶, § 321, Tz. 209.
995 Vgl. *IDW PS 450 n.F.*, Tz. 118 i.V.m. Tz. 99 ff.
996 Vgl. *IDW PS 450 n.F.*, Tz. 118 i.V.m. Tz. 13, 111; Kap. M Tz. 408.

wurde, sind Angaben zur **Fiktion der Bestellung** nach § 318 Abs. 2 HGB zu machen[997]. Ist keine gesonderte Wahl des KAPr. durch die Gesellschafter des MU erfolgt, so gilt nach § 318 Abs. 2 S. 1 HGB der APr. als bestellt, der für die Prüfung des in den KA einbezogenen JA des MU bestellt worden ist[998].

Als **Gegenstand** der Konzernabschlussprüfung kommen grds. in Frage: 555
- ein KA nach § 290 ff. HGB oder
- ein (IFRS-)KA nach § 315e HGB.

Beim Wortlaut der Erklärung nach Art. 6 Abs. 2 Buchst. a) VO (EU) Nr. 537/2014[999] ist zu berücksichtigen, dass der KAPr. „unabhängig von den geprüften Konzernunternehmen" zu sein hat und nicht lediglich vom MU. 556

Dies bedeutet, ebenso wie i.R.d. im Wortlaut indes unveränderten Bestätigung nach § 321 Abs. 4a HGB, insofern eine Ausweitung der möglichen Befangenheitsquellen für die in die Konzernabschlussprüfung involvierten Mitarbeiter des KAPr.[1000]

Es empfiehlt sich außerdem, auf die der Auftragsbestätigung zur Konzernabschlussprüfung zugrunde gelegten **Auftragsbedingungen** hinzuweisen und ausdrücklich zu vermerken, dass deren Geltung auch im Verhältnis zu Dritten vereinbart ist[1001]. 557

Ferner kann in diesem Abschnitt des KPrB bspw. auch die **bei PIE** nach Art. 11 Abs. 2 Buchst. b) VO (EU) Nr. 537/2014 vorgeschriebene Angabe der verantwortlichen Prüfungspartner der mit der Konzernabschlussprüfung beauftragten WPG erfolgen (ansonsten im Abschnitt „Gegenstand, Art und Umfang der Prüfung"); hierbei ist der nach § 319a Abs. 2 S. 2 HGB erweiterte Kreis der angabepflichtigen Personen zu beachten[1002]. 558

3.4.2 Grundsätzliche Feststellungen

Der Gesetzgeber hat auch für die wirtschaftliche Einheit „Konzern" eine **eigenständige Berichterstattungspflicht** des KAPr. ggü. den Berichtsadressaten in Bezug auf die Lage des Konzerns, hinsichtlich entwicklungsbeeinträchtigender oder bestandsgefährdender Tatsachen sowie betreffs Unregelmäßigkeiten vorgesehen. 559

3.4.2.1 Stellungnahme zur Lagebeurteilung der gesetzlichen Vertreter

Nach § 321 Abs. 1 S. 2 HGB hat der KAPr. im KPrB dementsprechend vorweg zur **Beurteilung der Lage des Konzerns durch die gesetzlichen Vertreter** des MU Stellung zu nehmen. Dabei ist insb. auf deren Beurteilung des Fortbestands und der künftigen Entwicklung des Konzerns unter Berücksichtigung des KLB einzugehen – soweit die geprüften Unterlagen und der KLB eine solche Beurteilung erlauben. 560

---

997 Vgl. *IDW PS 450 n.F.*, Tz. 119.
998 § 318 Abs. 2 S. 2 HGB ist zwischenzeitlich obsolet und darf nunmehr als Redaktionsversehen verstanden werden. Vgl. *Chekushina*, in: Baetge/Kirsch/Thiele, Bilanzrecht, § 318, Rn. 104.
999 Vgl. *IDW PS 450 n.F.*, Tz. 118 i.V.m. P23a/1.
1000 Vgl. hierzu auch *Schmidt/Nagel*, in: BeBiKo[11], § 319, Rn. 87 ff., § 319a, Rn. 42 sowie (zu den Unabhängigkeitsanforderungen der VO (EU) Nr. 537/2014) § 319a, Rn. 50 ff.
1001 Vgl. *IDW PS 450 n.F.*, Tz. 24.
1002 Ebenso *Schmidt/Deicke*, in: BeBiKo[11], § 321, Rn. 212. Zur Abgrenzung des Kreises der anzugebenden Personen vgl. *IDW PS 450 n.F.*, Tz. P56/1-2.

561 Die für die Stellungnahme zum JA im PrB geltenden Grundsätze sind dabei sinngemäß anzuwenden. Der Berichterstattung im KPrB ist aber sachlich eine **konzernorientierte Sichtweise** zugrunde zu legen[1003].

562 Der KAPr. hat die Angaben aus dem KA und KLB **hervorzuheben** und – ggf. ergänzt um analysierende Darstellungen – **zu erläutern**, die für die Berichtsadressaten zur Beurteilung der Lage des geprüften Konzerns von Bedeutung sind (vgl. Kap. M Tz. 197 ff.). Im Rahmen seiner Stellungnahme hat der KAPr. ausdrücklich auf die Beurteilung des Fortbestandes und der künftigen Entwicklung des Konzerns einzugehen.

563 Die für den Erkenntnishorizont des KAPr. maßgeblichen geprüften Unterlagen i.S.v. § 321 Abs. 1 S. 2 HGB umfassen dabei auch die nach § 317 Abs. 3 HGB zu prüfenden, im KA zusammengefassten JA[1004]. Dementsprechend sind die **Erkenntnisse aus den Prüfungen der einbezogenen Unternehmen** hinsichtlich ihrer Relevanz für die Stellungnahme im KPrB zu würdigen. Im Rahmen der Stellungnahme des KAPr. kann deswegen auch auf einzelne, für den Konzern bedeutsame Konzernunternehmen einzugehen sein[1005].

3.4.2.2 Entwicklungsbeeinträchtigende oder bestandsgefährdende Tatsachen

564 Im KPrB ist nach § 321 Abs. 1 S. 3 HGB über bei Durchführung der Prüfung **festgestellte Tatsachen** zu berichten, die den Bestand des Konzerns gefährden oder seine Entwicklung wesentlich beeinträchtigen können (vgl. Kap. M Tz. 222 ff.).

565 Diese Berichtspflicht bezieht sich neben dem Konzern als Gesamtheit auch auf bestandsgefährdende oder entwicklungsbeeinträchtigende Tatsachen, die anlässlich der Konzernabschlussprüfung **bei dem MU oder bei einbezogenen TU festgestellt** wurden[1006]. Im Einzelfall ist mithin darauf abzustellen, ob das betreffende TU aus Sicht des Konzerns von wesentlicher Bedeutung ist.

Unzweifelhaft wesentlich in diesem Sinne dürfte dabei ein TU jedenfalls dann sein, wenn es zugleich als „**bedeutendes TU**" i.S.v. § 319a Abs. 2 S. 2 HGB[1007] qualifiziert oder theoretisch qualifiziert würde.

3.4.2.3 Unregelmäßigkeiten

566 Im KPrB ist nach § 321 Abs. 1 S. 3 HGB außerdem über bei Durchführung der Prüfung festgestellte **Unrichtigkeiten oder Verstöße gegen gesetzliche Vorschriften** (inkl. der Konzernrechnungslegungsvorschriften der §§ 290 bis 315e HGB) sowie über Tatsachen zu berichten, die **schwerwiegende Verstöße der gesetzlichen Vertreter oder von Arbeitnehmern** gegen Gesetz, Gesellschaftsvertrag oder die Satzung erkennen lassen (vgl. Kap. M Tz. 238 ff.).

1003 Vgl. *IDW PS 450 n.F.*, Tz. 118, 120 f.; *Burg/Müller*, in: Kölner Komm. Rechnungslegungsrecht, § 321, Rn. 141.
1004 Vgl. *IDW PS 450 n.F.*, Tz. 120.
1005 Vgl. ADS⁶, § 321, Tz. 188; *Schmidt/Deicke*, in: BeBiKo¹¹, § 321, Rn. 190.
1006 Vgl. *IDW PS 450 n.F.*, Tz. 121; ADS⁶, § 321, Tz. 190; *Schmidt/Deicke*, in: BeBiKo¹¹, § 321, Rn. 191; ferner *Seidler*, BB 2017, S. 1134.
1007 Vgl. RegBegr. BilMoG, BT-Drs. 16/10067 v. 30.07.2008, S. 89: „Davon ist regelmäßig auszugehen, wenn das Tochterunternehmen mehr als 20 Prozent des Konzernvermögens hält oder mit mehr als 20 Prozent zum Konzernumsatz beiträgt."

In Bezug auf Unrichtigkeiten und Verstöße gegen Rechnungslegungsvorschriften (inkl. **567**
der §§ 290 bis 315e HGB) sowie schwerwiegende Verstöße der gesetzlichen Vertreter
und der Arbeitnehmer von **TU** gilt dies gleichermaßen. Dementsprechend ist ggf. über
Feststellungen der jeweiligen Teilbereichsprüfer[1008] bzw. des KAPr. selbst im KPrB zu
berichten[1009].

Ein **Verzichten auf die Berichterstattung** im KPrB ist – unter Aufnahme eines Hin- **568**
weises auf eine bereits im PrB zum JA des MU erfüllte Berichtspflicht – ausnahmsweise
dann zulässig, wenn der KAPr. zugleich APr. des JA des MU ist und im PrB zum JA über
den festgestellten Sachverhalt berichtet worden ist. Andernfalls ist im KPrB obligatorisch
über wesentliche Feststellungen des jeweiligen Teilbereichsprüfers bzw. des KAPr. selbst
in Bezug auf derartige Unregelmäßigkeiten beim TU zu berichten[1010].

Weitere vom KAPr. **zu berichtende Sachverhalte** i.S.v. § 321 Abs. 1 S. 3 HGB sind bspw.: **569**

- Erkennt der KAPr., dass die **Angabe nach § 264 Abs. 3 Nr. 4 HGB** in den KAnh. aufgenommen wurde, obwohl die zu diesem Zeitpunkt erfüllbaren Voraussetzungen nicht gegeben sind (z.B. mangels tatsächlicher Einbeziehung des TU in den KA), so hat der KAPr. im KPrB über diesen Gesetzesverstoß zu berichten und hierauf im BestV nach § 322 Abs. 3 S. 2 HGB hinzuweisen[1011].
- Erkennt der KAPr., dass die in den KAnh. übernommene **Erklärung nach § 161 AktG** (sog. Entsprechenserklärung zum DCGK) inhaltlich unzutreffend ist, so hat der KAPr. im KPrB über diesen Gesetzesverstoß zu berichten[1012].

Berichterstattungspflicht nach § 321 Abs. 1 S. 3 HGB im KPrB besteht ebenfalls dann, **570**
wenn i.R.d. Prüfung des JA des MU festgestellt worden ist, dass kein oder kein geeignetes
Risikofrüherkennungssystem auf Unternehmens- bzw. Konzernebene implementiert
ist[1013].

Bei PIE sind die Berichterstattungspflichten nach **Art. 7 VO (EU) Nr. 537/2014** in Be- **571**
zug auf festgestellte Mängel und deren Behebung zu beachten. Aufgrund des Konzernbezugs kann es hier im Einzelfall auch zu Ausführungen lediglich i.Z.m. Feststellungen
bei (wesentlichen) TU kommen.

Dass i.R.d. Konzernabschlussprüfung bei TU gewonnene Erkenntnisse stets auch in Bezug auf das MU auszuwerten sind, schreibt **Art. 12 Abs. 1 Unterabs. 2 VO (EU) Nr. 537/
2014** vor. Allerdings geht die Reichweite dieser VO-Vorschrift[1014] grds. über den Konsolidierungskreis hinaus, so dass die Berücksichtigung solcher Erkenntnisse im KPrB im
Einzelfall rechtlicher Abwägung bedürfen wird.

1008 Zum Begriff „Teilbereichsprüfer" vgl. *IDW PS 320 n.F.*, Tz. 9 Buchst. c) i.V.m. A8 f.
1009 Vgl. *IDW PS 450 n.F.*, Tz. 121; ADS[6], § 321, Tz. 190.
1010 Vgl. *IDW PS 450 n.F.*, Tz. 121; *Kuhner/Päßler*, in: HdR[5], § 321, Rn. 89.
1011 Vgl. *IDW PH 9.200.1*, Tz. 16. Hierbei handelt es sich um einen „Hinweis auf einen sonstigen Sachverhalt"
 i.S.v. *IDW PS 406*, Tz. 8 Buchst. b), der unter Beachtung von *IDW PS 406*, Tz. 13, A16 ff. in den BestV
 aufzunehmen ist.
1012 Vgl. *IDW PS 345*, Tz. 32 i.V.m. Tz. 31 letzter Satz.
1013 Vgl. *IDW PS 450 n.F.*, Tz. 118 i.V.m. 106; ADS[6], § 321, Tz. 190.
1014 D.h. „enge Verbindung" i.S.v. Art. 4 Abs. 1 Nr. 38 VO (EU) Nr. 575/2013.

3.4.3 Gegenstand, Art und Umfang der Prüfung

572 Die Vorschrift des § 321 Abs. 3 HGB, in einem besonderen Berichtsabschnitt „Gegenstand, Art und Umfang der Prüfung" zu erläutern (vgl. Kap. M Tz. 279 ff.), gilt auch für den KPrB, wobei hier zusätzlich auf konzernspezifische Regeln, Grundsätze bzw. Sachverhalte einzugehen ist.

3.4.3.1 Gegenstand der Prüfung

573 Als **Gegenstand der Konzernabschlussprüfung** sind grds. zu nennen[1015]:
- die Konzernbuchführung,
- der Konzernabschluss (Bilanz, GuV, KAnh., KFR, EK-Spiegel und ggf. Segmentberichterstattung[1016]),
- der Konzernlagebericht.

574 Zum Gegenstand der Konzernabschlussprüfung ist auch anzugeben, nach welchen **Rechnungslegungsgrundsätzen** die zu prüfende Konzernrechnungslegung aufgestellt wurde[1017]. Dies sind außer dem HGB (§ 290 ff. HGB) bspw. die IFRS, wenn der KA nach § 315e HGB aufgestellt wird, oder das PublG[1018].

575 Darüber hinaus ist anzugeben, dass sich die Konzernabschlussprüfung auch auf die Prüfung
- des Konsolidierungskreises,
- der in den KA einbezogenen JA sowie
- der getroffenen Konsolidierungsmaßnahmen

erstreckt[1019].

576 Falls im KA zusammengefasste JA bisher ungeprüft sind (z.B. aufgrund von § 264 Abs. 3 oder § 264b HGB), ist ferner darauf einzugehen, dass die Beachtung der gesetzlichen Vorschriften und der sie ggf. ergänzenden Bestimmungen des Gesellschaftsvertrags oder der Satzung des MU geprüft wurde (§ 317 Abs. 3 S. 1 i.V.m. Abs. 1 S. 2 HGB), und es ist anzugeben, dass der KAPr. auch die Überleitung der JA auf die für das MU geltenden Vorschriften (sog. HB II bzw. „Reporting Packages"[1020]; §§ 300 Abs. 2, 308 HGB), einschl. der konsolidierungsbedingten Anpassungen, geprüft hat[1021].

577 Nicht Gegenstand der Konzernabschlussprüfung ist die Prüfung des **konzernweiten Risikofrüherkennungssystems** nach § 317 Abs. 4 HGB. Diese Prüfung erfolgt i.R.d. Prüfung des JA des MU. Entsprechend ist die Berichterstattung nicht im KPrB, sondern im PrB zum JA des MU vorzunehmen[1022]. Ein diesbezüglicher Hinweis kann klarstellend in den KPrB aufgenommen werden.

1015 Vgl. ADS⁶, § 321, Tz. 213; *Orth*, in: Baetge/Kirsch/Thiele, Bilanzrecht, § 321, Rn. 137.
1016 Bei KA kapitalmarktorientierter MU ist die Segmentberichterstattung stets Muss-Bestandteil (§ 315a Abs. 1 HGB i.V.m. IFRS 8.2), ansonsten ist die Segmentberichterstattung ein Kann-Bestandteil (§ 297 Abs. 1 S. 2 HGB bzw. IAS 1.10 i.V.m. IFRS 8.2).
1017 Vgl. *IDW PS 450 n.F.*, Tz. 122.
1018 Zum PublG siehe Kap. M Tz. 643 ff.
1019 Vgl. *IDW PS 450 n.F.*, Tz. 123; *Orth*, in: Baetge/Kirsch/Thiele, Bilanzrecht, § 321, Rn. 134.
1020 Zu Art, Form und Zweck der sog. HB II vgl. *Winkeljohann/Kroner*, in: BeBiKo¹¹, § 300, Rn. 26 ff.; zu „Reporting Packages" vgl. *Schmidt/Almeling*, in: BeBiKo¹¹, § 317, Rn. 35.
1021 Vgl. *IDW PS 450*, Tz. 123; *Ebke*, in: MünchKomm. HGB³, § 321, Rn. 102.
1022 Zum Sonderfall der Berichterstattung nach § 321 Abs. 1 S. 3 HGB im KPrB siehe Kap. M Tz. 570.

Ein ausdrücklicher Hinweis ist indes dann als erforderlich anzusehen, wenn im Einzelfall die Aufnahme dieser Berichterstattung aus dem PrB zusätzlich in den KPrB beauftragt ist[1023].

Bei MU, die nach § 315d HGB zur Abgabe der **Konzernerklärung zur Unternehmensführung** verpflichtet sind, und diese daher im KLB in einen gesonderten Abschnitt aufnehmen oder die Internetseite angeben, auf der diese Erklärung dauerhaft öffentlich zugänglich gemacht wird, ist im KPrB darauf hinzuweisen, dass die Prüfung der Angaben nach § 315d i.V.m. § 289f HGB gem. § 317 Abs. 2 S. 6 HGB darauf beschränkt ist, ob diese Angaben gemacht wurden[1024]. 578

In Bezug auf die **nichtfinanzielle Berichterstattung** nach §§ 315b, 315c HGB ist darauf hinzuweisen, dass der KAPr. gem. § 317 Abs. 2 S. 4 HGB nur zu prüfen hat, ob die nichtfinanzielle Konzernerklärung oder der gesonderte nichtfinanzielle Konzernbericht vorgelegt wurde[1025].

Enthält der geprüfte KLB **sog. lageberichtsfremde Angaben**[1026] oder nicht gesetzlich vorgesehene Querverweise auf Angaben des Unternehmens außerhalb des KA und des KLB, so sind nach der Konzeption des *IDW PS 350 n.F.* – um eine falsche Vorstellung vom Prüfungsgegenstand KLB zu vermeiden – diese Angaben und Querverweise im KPrB grds. zu benennen, und es ist explizit darauf hinzuweisen, dass sie nicht geprüft wurden und dass sich das Prüfungsurteil zum KLB daher auch nicht auf sie erstreckt[1027]. Eine ausdrückliche Nennung im KPrB ist verzichtbar, wenn diese Angaben bzw. Querverweise unzweideutig als „ungeprüft" erkennbar sind. 579

Ist **unzulässigerweise kein KLB** aufgestellt worden, ist diese Tatsache hier nochmals explizit anzusprechen. 580

3.4.3.2 Art und Umfang der Prüfung

Die Erläuterung von Art und Umfang der Konzernabschlussprüfung umfasst grds. die gleichen berichtspflichtigen Prüfungsinhalte und Angaben wie die Erläuterungen zur Jahresabschlussprüfung (vgl. Kap. M Tz. 296 ff.). 581

Zu erläuternde **konzernspezifische Prüfungsaspekte** sind insb.[1028] 582

- die Prüfung des Konsolidierungskreises,
- die Prüfung der in den KA einbezogenen JA (einschl. Überleitungen und der konsolidierungsbedingten Anpassungen),
- die Prüfung der getroffenen Konsolidierungsmaßnahmen,
- die Verwertung von Prüfungsergebnissen Dritter, insb. von Teilbereichsprüfern i.S.v. *IDW PS 320 n.F.*

1023 Grds. ist gegen einen solchen Wunsch nichts einzuwenden; vgl. *Plendl*, in: HWRP³, Sp. 1786.
1024 Vgl. *IDW PS 450 n.F.*, Tz. 123a. Diese Angaben sind indes gem. *ISA 720 (Rev.) (Entwurf-DE)* vom KAPr. zu lesen und zu würdigen.
1025 Vgl. *IDW PS 450 n.F.*, Tz. 123b. Auch diese Angaben sind gem. *ISA 720 (Rev.) (Entwurf-DE)* vom KAPr. zu lesen und zu würdigen.
1026 Vgl. *IDW PS 350 n.F.*, Tz. 20 Buchst. k), Tz. A16.
1027 Dieser Hinweis im KPrB erfolgt zwecks Verdeutlichung zusätzlich zu dem diesbezüglichen Hinweis im BestV nach *IDW PS 350 n.F.*, Tz. 120-122. Solche nicht geprüften lageberichtsfremden Angaben sind vom APr. nach den GoA dennoch zu lesen und zu würdigen. Vgl. *IDW PS 202* bzw. *ISA 720 (Rev.) (Entwurf-DE).*
1028 Vgl. *IDW PS 450 n.F.*, Tz. 123; *Kuhner/Päßler*, in: HdR⁵, § 321, Rn. 92.

Für die in den KA einbezogenen JA, die bisher ungeprüft sind, sind außerdem Art und Umfang der vom KAPr. selbst durchgeführten Prüfungshandlungen kurz zu erläutern.

583 **Teilbereichsprüfer** sind Prüfer, die – **für Zwecke der Konzernabschlussprüfung** – bei einem TU, einem Gemeinschaftsunternehmen (Joint Venture), einem assoziierten Unternehmen oder bei einem rechtlich unselbständigen Teilbereich (z.B. Niederlassung oder Sparte) des geprüften Unternehmens eine Abschlussprüfung, eine prüferische Durchsicht (Review), bestimmte festgelegte Prüfungshandlungen oder vereinbarte Untersuchungshandlungen (Agreed-Upon Procedures[1029]) durchführen[1030].

Im KPrB ist anzugeben, dass sich der KAPr. von deren beruflicher Qualifikation, fachlicher Kompetenz und Unabhängigkeit überzeugt und die Teilbereichsprüfer angeleitet und überwacht hat[1031]. Wenn Teilbereichsprüfer zugleich APr. für im KA zusammengefasste JA gewesen sind, ist festzuhalten, dass der KAPr. deren Arbeit gem. § 317 Abs. 3 S. 2 HGB überprüft hat[1032]. Des Weiteren ist darzustellen, in welchem Umfang eine **Verwertung** der Arbeit von Teilbereichsprüfern durch den KAPr. stattgefunden hat[1033].

584 Nach Art. 11 Abs. 2 Buchst. n) VO (EU) Nr. 537/2014 ist bei Konzernabschlussprüfungen von **PIE** zusätzlich anzugeben, welche **Prüfungsarbeiten von Teilbereichsprüfern**

- aus Nicht-EU-Ländern, die auch nicht infolge einer Zulassung gem. Art. 3 und ggf. 44 RL 2006/43/EG in der EU registriert sind[1034], bzw.
- aus EU-Ländern, sofern diese Teilbereichsprüfer nicht dem Netzwerk[1035] des KAPr. angehören,

i.Z.m. der Konzernabschlussprüfung durchgeführt worden sind.

Sofern die Konzernabschlussprüfung auf Teilbereichsebene durch die Vorgaben des KAPr. nicht stark ausdifferenziert worden ist, dürfte eine textliche Erläuterung vielfach hinreichend sein. Z.B. durch die Angabe, wie viele solcher Teilbereichsprüfer insgesamt – untergliedert nach Tätigkeitsumfang (d.h. Prüfung, Review, festgelegte Prüfungshandlungen oder Agreed-Upon Procedures) – tätig geworden sind, wobei festgelegte Prüfungshandlungen und AUP ggf. näher zu spezifizieren wären. Alternativ bietet sich zur Darstellung eine Auflistung oder tabellarische Übersicht an, aus der die Aufteilung der Prüfungsarbeiten, bspw. sparten- oder länderbezogen, zu ersehen ist[1036].

585 Zu folgenden **aus Art. 11 Abs. 2 VO (EU) Nr. 537/2014 resultierenden Berichtspflichten** sind in diesem Unterabschnitt Angaben zu machen. Die Festlegung der konkreten Reihenfolge im KPrB liegt dabei im Ermessen des KAPr.

- Nennung der verantwortlichen Prüfungspartner
- Beschreibung des Umfangs und des Zeitplans der Prüfung

1029 Vgl. hierzu *International Standard on Related Services 4400: Engagements to perform Agreed-Upon Procedures regarding Financial Information (ISRS 4400)*; *IDW*, WPH Edition, Assurance, Kap. T.
1030 Vgl. *IDW PS 320 n.F.*, Tz. 9 Buchst. c) i.V.m. Tz. A8-A9.
1031 Vgl. *IDW PS 320 n.F.*, Tz. 11, 16 ff. i.V.m. A16 ff. I.Z.m. Audit Instructions vgl. auch *Rabenhorst*, in: *Marsch-Barner/Schäfer*, Hdb. AG⁴, Rn. 58.265.
1032 Vgl. *IDW PS 320 n.F.*, Tz. 39 f., A44 f.; *Schmidt/Almeling*, in: BeBiKo¹¹, § 317, Rn. 37.
1033 Vgl. *IDW PS 320 n.F.*, Tz. 46; *Ebke*, in: MünchKomm. HGB³, § 321, Rn. 104.
1034 Vgl. Art. 2 Nr. 4 („Prüfungsunternehmen aus einem Drittland") bzw. Nr. 5 („Prüfer aus einem Drittland") RL 2006/43/EG.
1035 Vgl. Art. 2 Nr. 7 („Netzwerk") RL 2006/43/EG.
1036 Vgl. *Schmidt/Deicke*, in: BeBiKo¹¹, § 321, Rn. 202.

- Angabe der Wesentlichkeitsgrenze, nebst zugehörigen Erläuterungen
- Nennung der Prüfungsschwerpunkte, einschl. der „bedeutsamsten beurteilten Risiken wesentlicher falscher Darstellungen" im KA
- Methodenübersicht i.Z.m. Aufbau- und Funktionsprüfungen und/oder aussagebezogenen Prüfungshandlungen i.R.d. Konzernabschlussprüfung
- Beschreibung von Art, Häufigkeit und Umfang der Kommunikation mit dem PrA, dem Aufsichtsgremium sowie dem Exekutivorgan des MU
- Angaben über bedeutsame Schwierigkeiten oder bedeutsame Sachverhalte
- ggf. Darstellung bestandsgefährdender Tatsachen, nebst Übersicht über evtl. Garantien u.Ä.
- Verwertung der Arbeiten Dritter, nebst Bestätigungen zur Unabhängigkeit
- Involvierung von Teilbereichsprüfern (s.o.).

In Bezug auf die von WPG namentlich zu nennenden **verantwortlichen Prüfungspartner** (key audit partner) ist zu beachten, dass bei Konzernabschlussprüfungen hierzu gem. § 319a Abs. 2 S. 2 HGB auch WP zählen, die bei bedeutenden TU „als für die Durchführung von deren Abschlussprüfung vorrangig verantwortlich bestimmt worden" sind, sofern sie Mitarbeiter der mit der Konzernabschlussprüfung beauftragten WPG sind[1037]. 586

Die Beschreibung von **Umfang und Zeitplan der Prüfung** muss auch konzernspezifische Aspekte wie etwa die Koordination der Zusammenarbeit und die Kommunikation mit den Teilbereichsprüfern berücksichtigen[1038]. 587

In Bezug auf die **Wesentlichkeitsgrenze** sind i.R. einer Konzernabschlussprüfung grds. mehr Festlegungen zu treffen als i.R. einer Jahresabschlussprüfung, bspw. das Vorgehen i.Z.m. der Festlegung von Teilbereichswesentlichkeiten[1039]. Vorgeschrieben ist die Angabe der quantitativen Wesentlichkeit für den **KA als Ganzes**[1040]. 588

Die nach Art. 11 Abs. 2 Buchst. g) VO (EU) Nr. 537/2014 vorgeschriebene **Methodenübersicht** wird sich, mehr noch als i.Z.m. der Prüfung des JA, auf **Prüffelder**[1041] beziehen, um das prüferische Vorgehen i.R. einer Konzernabschlussprüfung sachgerecht widerzuspiegeln. Wesentliche Prüffelder sind bspw. der Konsolidierungskreis, die Einheitlichkeit der Bilanzierungs- und Bewertungsmethoden im Konzern sowie die Kapitalkonsolidierung. 589

Hierzu wird grds. nicht verlangt sein, das Vorgehen auf Teilbereichsebene heruntergebrochen zu erläutern. Primär ist die **Vorgehensweise auf Ebene des KAPr.** nachvollziehbar darzustellen, da auch die Verwertung der Ergebnisse der Teilbereichsprüfer stets i.R. der **Gesamtverantwortung des KAPr.** (§ 317 Abs. 3 S. 2 HGB) liegt. Dabei sollte angegeben werden, welche Art von Tätigkeiten (z.B. Prüfung oder Review von Ab-

---

[1037] Vgl. *IDW PS 450 n.F.*, Tz. P56/1-2. „Bedeutend" bestimmt sich in diesem Kontext gem. RegBegr. BilMoG, BT-Drs. 16/10067 v. 30.07.2008, S. 89 wie folgt: „Davon ist regelmäßig auszugehen, wenn das Tochterunternehmen mehr als 20 Prozent des Konzernvermögens hält oder mit mehr als 20 Prozent zum Konzernumsatz beiträgt".
[1038] Vgl. hierzu *IDW PS 320 n.F.*, Tz. 37 f.; *F&A zu ISA 600 bzw. IDW PS 320 n.F.* (Stand: 06.07.2015), Fragenkreis 8.
[1039] Vgl. hierzu *IDW PS 320 n.F.*, Tz. 19 ff.; *F&A zu ISA 600 bzw. IDW PS 320 n.F.* (Stand: 06.07.2015), Fragenkreis 6. Vgl. auch *IDW PS 250 n.F.*, insb. Tz. 5, 11, 16.
[1040] Vgl. *IDW PS 450 n.F.*, Tz. P57/6-7.
[1041] Vgl. *IDW PS 450 n.F.*, Tz. P57/5.

schlüssen bzw. Reporting Packages, Prüfung oder Review von bestimmten Prüffeldern, Bilanzposten oder Kontosalden) vom Konzernprüfungsteam selbst und welche von Teilbereichsprüfern durchgeführt wurden[1042]. Auf die Tätigkeit einzelner Teilbereichsprüfer wird regelmäßig nur in Einzelfällen einzugehen sein, z.B. wenn der KA einer Holding von einem bedeutsamen operativen TU dominiert wird. Generell empfiehlt sich ein Hinweis auf die Tatsache, dass die Teilbereichsprüfer ihr prüferisches Vorgehen grds. eigenverantwortlich bestimmen[1043].

590 Die **Beschreibung von Art, Häufigkeit und Umfang der Kommunikation** mit dem PrA, dem Aufsichtsorgan sowie dem Exekutivorgan bezieht sich auf die genannten Gremien beim MU. Hierbei sind auch die umfänglichen Vorgaben von *IDW PS 320 n.F.* sowie *IDW PS 470 n.F.* zu beachten[1044].

591 Diese Beschreibung wird sinnvollerweise begleitet von den Angaben über **bedeutsame Schwierigkeiten oder bedeutsame Sachverhalte** aus der Konzernabschlussprüfung, da hierbei auch Aspekte anzuführen sind, die (nur) Gegenstand des Schriftverkehrs mit dem „Management" waren.

Um (nicht zuletzt auch berichterstattungsrelevante) Missverständnisse zwischen dem KAPr. und den Berichtsadressaten, namentlich PrA und Aufsichtsgremium, zu vermeiden, dürfte es sinnvoll sein, sich bereits frühzeitig beiderseits über eine einvernehmliche Abgrenzung des in der VO nicht definierten Begriffs „Management" zu verständigen[1045].

592 In Zusammenhang mit der Verwertung von Arbeiten Dritter und mit der Involvierung von Teilbereichsprüfern wird es nicht selten notwendig sein, detailliert zu prüfen, wie weit die **Unabhängigkeitsanforderungen** reichen, die an die Betroffenen im Einzelfall gestellt werden müssen[1046].

3.4.3.3 Aufklärungs- und Nachweispflichten der gesetzlichen Vertreter

593 Die nach § 321 Abs. 2 S. 6 HGB bzw. Art. 11 Abs. 2 Buchst. o) VO (EU) Nr. 537/2014 explizit geforderte Feststellung, ob die **verlangten Aufklärungen und Nachweise** erbracht wurden, bezieht sich auf die in § 320 Abs. 3 HGB geregelten Vorlage-, Duldungs- und Auskunftspflichten der gesetzlichen Vertreter des **MU**, der **TU** sowie der **APr.** dieser Unternehmen[1047].

594 Im Allgemeinen genügt die positive **Feststellung**, dass alle erbetenen Aufklärungen und Nachweise erbracht worden sind. Auf die Erfüllung der Aufklärungs- und Nachweispflichten der gesetzlichen Vertreter von TU und deren APr. sollte i.R. dieser Feststellung im KPrB auch hingewiesen werden.

1042 Vgl. Berichterstattung über die 76. und 77. Sitzung des IDW Arbeitskreises „ISA-Implementierung", Punkt 9. (abrufbar im Mitgliederbereich der IDW Website).
1043 Vgl. auch Berichterstattung über die 76. und 77. Sitzung des IDW Arbeitskreises „ISA-Implementierung", Punkt 9. (abrufbar im Mitgliederbereich der IDW Website).
1044 Vgl. *IDW PS 320 n.F.*, Tz. 44 ff.; *IDW PS 470 n.F.*, Tz. 21, A31.
1045 Vgl. *IDW PS 450 n.F.*, Tz. P58/2. Zu einer Definition des Begriffs „Management" vgl. *IDW PS 470 n.F.*, Tz. 14 Buchst. b).
1046 Vgl. auch *IDW PS 450 n.F.*, Tz. P57/4.
1047 Vgl. *IDW PS 450 n.F.*, Tz. 124, P124/1; *IDW PS 320 n.F.*, Tz. 18. Der Begriff „TU" inkludiert dabei auch „(Ur-)Enkelunternehmen" in beliebiger Stufe nach unten. Vgl. ADS[6], § 320, Tz. 43; *Schmidt/Heinz*, in: BeBiKo[11], § 320, Rn. 25 i.V.m. 16.

Wurden **Auskünfte nicht**, nicht ausreichend oder nicht rechtzeitig **erteilt,** oder wurden **Nachweise nicht vorgelegt,** so ist dies im KPrB entsprechend darzustellen. Gleiches gilt, wenn **ernsthafte Zweifel** an der Richtigkeit von Aufklärungen und Nachweisen verbleiben o.Ä. (vgl. Kap. M Tz. 326)[1048]. 595

Aufklärungen und Nachweise in diesem Sinne verkörpert auch die **Vollständigkeitserklärung.** VollstE sind i.R. von Konzernabschlussprüfungen grds. einzuholen 596
- von den gesetzlichen Vertretern des MU und
- von den gesetzlichen Vertretern von wesentlichen TU, unabhängig davon, ob die Finanzinformationen des betroffenen Teilbereichs[1049] dabei einer Prüfung oder nur einer prüferischen Durchsicht („Review") unterzogen wurden.

Die Einholung der VollstE erfolgt entweder durch das Konzernprüfungsteam oder durch den jeweiligen Teilbereichsprüfer[1050].

Im KPrB ist, sofern keine Besonderheiten vorliegen, lediglich auf die von den gesetzlichen Vertretern des MU abgegebene **VollstE** einzugehen. Hat der KAPr. erhebliche Zweifel an der Integrität der gesetzlichen Vertreter des MU und gelangt er daher zu dem Schluss, dass deren VollstE nicht verlässlich ist, so ist grds. ein Versagungsvermerk nach § 322 Abs. 2 S. 1 Nr. 4 HGB zu erteilen (vgl. auch Kap. M Tz. 327). Gleiches gilt für den Fall, dass sich die gesetzlichen Vertreter des MU weigern, eine VollstE abzugeben oder den Nachweis für ihre Gesamtverantwortung für die Konzernrechnungslegung zu übernehmen[1051]. Kommt solches bei wesentlichen TU vor, sind die Auswirkungen auf den BestV im Einzelfall zu prüfen. 597

Der KAPr. hat nach dem Wortlaut des § 320 Abs. 3 HGB ggü. **Gemeinschaftsunternehmen** sowie **assoziierten Unternehmen** keine der o.g. Informationsrechte. Gleichwohl kann es eine ordnungsmäßige Prüfungsdurchführung erfordern, dass der KAPr. die gesetzlichen Vertreter des MU veranlassen muss, entsprechende Auskünfte einzuholen oder ggf. eine unmittelbare Verbindung mit den gesetzlichen Vertretern bzw. dem APr. solcher Unternehmen herzustellen[1052]. Werden auf diesem Wege erbetene Aufklärungen und Nachweise von Bedeutung nicht oder nur teilweise erbracht, so ist dies unter Kenntlichmachung der Konsequenzen für den KA grds. im KPrB darzustellen[1053]. 598

Es ist daher grundsätzlich möglich, dass **unzureichende Prüfungsnachweise** auch in Bezug auf assoziierte Unternehmen oder Gemeinschaftsunternehmen eine Einschränkung des BestV nach sich ziehen können[1054].

1048 Vgl. *IDW PS 450*, Tz. 118 i.V.m. Tz. 59, P59/1; ADS⁶, § 321, Tz. 205.
1049 Vgl. *IDW PS 320 n.F.*, Tz. 9 Buchst. a), Tz. A3.
1050 Vgl. *IDW PS 303 n.F.*, Tz. 23; *F&A zu ISA 500 bzw. IDW PS 320 n.F.* (Stand: 06.07.2015), Frage 7.1.6.
1051 Vgl. *IDW PS 303 n.F.*, Tz. 27; *IDW PS 405*, Tz. 9 Buchst. b), Tz. A10 Buchst. c).
1052 Vgl. HdKonzernR², Abschn. II, Rn. 1542; *IDW PS 320 n.F.*, Tz. A3; *F&A zu ISA 500 bzw. IDW PS 320 n.F.* (Stand: 06.07.2015), Frage 7.2.3.
1053 Vgl. ADS⁶, § 321, Tz. 206; HdKonzernR², Abschn. II, Rn. 1547; *Schmidt/Deicke,* in: BeBiKo¹¹, § 321, Rn. 201.
1054 Vgl. *IDW PS 320 n.F.*, Tz. A12; *F&A zu ISA 500 bzw. IDW PS 320 n.F.* (Stand: 06.07.2015), Frage 7.2.3.

3.4.4 Feststellungen und Erläuterungen zur Konzernrechnungslegung[1055]

3.4.4.1 Ordnungsmäßigkeit der Konzernrechnungslegung

599 Nach § 321 Abs. 2 S. 1 HGB hat der KAPr. im KPrB festzustellen, ob die Konzernbuchführung und die weiteren geprüften Unterlagen, der KA und der KLB den **gesetzlichen Vorschriften** und den ergänzenden Bestimmungen des **Gesellschaftsvertrags** oder der **Satzung entsprechen**. Die Berichtempfänger sollen klar erkennen können, welches die abschließende Auffassung des KAPr. zu diesen Prüfungsaspekten ist[1056].

3.4.4.1.1 Konsolidierungskreis

600 Der Kreis der in den KA einbezogenen Unternehmen (§§ 294, 296 HGB) ist aufgrund der Angaben nach § 313 Abs. 2 HGB grds. aus dem KAnh. ersichtlich. Entsprechendes gilt nach IFRS 12 i.Z.m. einem (bspw. nach § 315e HGB aufgestellten) KA nach IFRS. Es ist daher i.d.R. nicht erforderlich, diese Angaben im KPrB zu wiederholen. Der KPrB kann sich vielmehr auf die **Feststellung** beschränken, dass die **Angaben zum Konsolidierungskreis** zutreffend sind. Enthalten die zu prüfenden Unterlagen keine ausreichende und vollständige Aufstellung zum Konsolidierungskreis, so ist dies – unabhängig von möglichen Konsequenzen für den BestV – zu beanstanden und zu erläutern[1057].

601 In Bezug auf die **Ermittlung und Abgrenzung des Konsolidierungskreises** ist im KPrB darauf näher **einzugehen**[1058], ob:

- die Angaben zum Konsolidierungskreis zutreffend sind,
- von der Nichteinbeziehung (§ 296 HGB bzw. IFRS 10) zu Recht Gebrauch gemacht wurde,
- von der anteilmäßigen Konsolidierung (§ 310 HGB)[1059] zu Recht Gebrauch gemacht wurde,
- von der Equity-Methode (§§ 311, 312 HGB bzw. IFRS 11, IAS 28) zu Recht Gebrauch gemacht wurde,
- ggf. die Equity-Methode hätte angewendet werden müssen,
- die Stetigkeit bei der Abgrenzung des Konsolidierungskreises beachtet wurde,
- ggf. Veränderungen im Konsolidierungskreis ggü. dem VJ erfolgt sind,
- und wie – bei wesentlichen Veränderungen – der Verpflichtung zur Herstellung der Vergleichbarkeit aufeinanderfolgender KA (§ 294 Abs. 2 HGB) Rechnung getragen wurde[1060].

602 Bei PIE muss indessen nach Art. 11 Abs. 2 Buchst. m) VO (EU) Nr. 537/2014 bei Konzernabschlussprüfungen **konkret** dargelegt werden, nach welchen **Einbeziehungs- und Ausschlusskriterien** der Konsolidierungskreis abgegrenzt worden ist. Zudem ist ausdrücklich festzustellen, dass diese Kriterien mit den maßgebenden Rechnungslegungsgrundsätzen[1061] in Einklang stehen[1062].

1055 Zur Konzernrechnungslegung siehe ausführlich Kap. G.
1056 Vgl. auch *Kuhner/Päßler*, in: HdR[5], § 321, Rn. 90.
1057 Vgl. *IDW PS 450 n.F.*, Tz. 125; ADS[6], § 321, Rn. 199; *Kuhner/Päßler*, in: HdR[5], § 321, Rn. 92.
1058 Vgl. *IDW PS 450 n.F.*, Tz. 125, 126; *Ebke*, in: MünchKomm. HGB[3], § 321, Rn. 103; *Schmidt/Deicke*, in: BeBiKo[11], § 321, Rn. 216.
1059 Die „Quotenkonsolidierung" ist seit Inkrafttreten der IFRS 11 i.R. von IFRS-KA nicht mehr erlaubt.
1060 Vgl. hierzu insb. *IDW RS HFA 44*.
1061 Vgl. Art. 28 Abs. 2 Buchst. c) Punkt i) RL 2006/43/EG.
1062 Vgl. *IDW PS 450 n.F.*, Tz. P125/1.

Sofern die Einbeziehungs- und Ausschlusskriterien im KAnh. ausführlich dargestellt und erläutert sind, dürfte die Darstellung im KPrB im Regelfall relativ knapp ausfallen können; ergänzend ist dann auf den einschlägigen Abschnitt des KAnh. zu verweisen. Unerlässlich ist jedoch das **ausdrückliche Feststellen** des Einklangs durch den KAPr.[1063]

3.4.4.1.2 Konzernabschlussstichtag

Der KA ist auf den **Stichtag** des JA des MU aufzustellen (§ 299 Abs. 1 HGB bzw. IFRS 10.19 i.V.m. IFRS 10.B92). **603**

Weichen die Stichtage der JA von einbezogenen TU vom Stichtag des KA ab (§ 299 Abs. 3 HGB) und wurde zur Einbeziehung in den KA **kein Zwischenabschluss** gemäß § 299 Abs. 2 S. 2 HGB (bzw. gem. IFRS 10.19 i.V.m. IFRS 10.B93) erstellt, ist festzustellen, ob die Voraussetzungen dafür vorgelegen haben und ob Vorgänge von besonderer Bedeutung für die Vermögens-, Finanz- und Ertragslage des/der betreffenden TU zwischen diesen Stichtagen vorgelegen haben. Bei Vorgängen von besonderer Bedeutung ist anzugeben, ob diese im KA berücksichtigt oder nur im KAnh. angegeben worden sind[1064]. Daneben ist darzustellen, inwieweit sich aus der Nichterstellung eines Zwischenabschlusses ggf. Unsicherheiten ergeben[1065]. **604**

3.4.4.1.3 Prüfung der in den Konzernabschluss einbezogenen Abschlüsse

Im KPrB ist auch auf die Ergebnisse der Prüfung nach § 317 Abs. 3 HGB der **einbezogenen JA** des MU und der TU einzugehen[1066]. **605**

Bei den einbezogenen JA handelt es sich i.d.R. um die bereits an die konzerneinheitlichen Rechnungslegungsgrundsätze und -methoden angepassten Rechnungslegungsinformationen (sog. HB II), die meist in Form von sog. **Reporting Packages** vorgelegt werden[1067].

Die Prüfung der einbezogenen JA nach § 317 Abs. 3 HGB entspricht vom Ansatz her einer Vollprüfung, mit dem Unterschied, dass abschließend keine gesonderten PrB erstellt und keine gesonderten BestV erteilt werden[1068]. Unter Berücksichtigung der Ausrichtung der Konzernabschlussprüfung wird der KAPr. diesbezüglich die Wesentlichkeitsgrenzen jedoch aus der Sicht des KA als Ganzes bestimmen können[1069]. Wesentliche Einwendungen gegen die Ordnungsmäßigkeit dieser JA sind in den KPrB aufzunehmen[1070]. **606**

Sind die JA von einem anderen APr. (sog. Teilbereichsprüfer) geprüft worden, hat der KAPr. gem. § 317 Abs. 3 S. 2 HGB dessen Arbeit zu überprüfen und dies zu dokumen-

---

1063 Ebenso *Schmidt/Deicke*, in: BeBiKo[11], § 321, Rn. 193.
1064 Eine solche Angabe lediglich im KAnh. ist nach IFRS nicht statthaft. Vgl. auch *Brune*, in: Beck-IFRS[5], § 32, Rn. 42.
1065 Vgl. *IDW PS 450 n.F.*, Tz. 127.
1066 Vgl. *IDW PS 450 n.F.*, Tz. 128.
1067 Vgl. *IDW PS 450 n.F.*, Fn. 68 zu Tz. 128; *Schmidt/Almeling*, in: BeBiKo[11], § 317, Rn. 35; *Winkeljohann/Kroner*, in: BeBiKo[11], § 300, Rn. 27 f.
1068 Vgl. ADS[6], § 321, Tz. 205; *Burg/Müller*, in: Kölner Komm. Rechnungslegungsrecht, § 317, Rn. 14.
1069 Vgl. ADS[6], § 321, Tz. 206; *Schmidt/Almeling*, in: BeBiKo[11], § 317, Rn. 36. Vgl. dazu auch *F&A zu ISA 600 bzw. IDW PS 320 n.F.* (Stand: 06.07.2015), Fragenkreis 6.
1070 Vgl. *Bertram*, in: Haufe HGB Kommentar[8], § 321, Rn. 181 f. nebst Bsp.

tieren[1071]. Für den KPrB ist es i.A. hinreichend, diese Tatsache festzuhalten (vgl. auch Kap. M Tz. 583 f.).

607 Darüber hinaus ist anzugeben, ob die **Anpassung der Rechnungslegungsinformationen** der einzubeziehenden Unternehmen an die konzerneinheitliche Bilanzierung und Bewertung im KA (sog. HB II bzw. „Reporting Packages"; §§ 300 Abs. 2, 308 HGB) ordnungsgemäß durchgeführt wurde[1072].

608 Bei Einbeziehung von Abschlüssen **ausländischer Unternehmen** in den KA ist auch über die sich hieraus ergebenden **Besonderheiten** bei der Beurteilung der einbezogenen Abschlüsse und deren Prüfung sowie über die ggf. erfolgten Anpassungen an die konzerneinheitliche Bilanzierung und Bewertung zu berichten[1073].

3.4.4.1.4 Konzernabschluss

609 Nach § 321 Abs. 2 S. 1 HGB hat der KAPr. im KPrB festzustellen, ob der **KA** den **gesetzlichen Vorschriften** und den ergänzenden Bestimmungen des Gesellschaftsvertrags bzw. der Satzung des MU entspricht. Diese Feststellung erstreckt sich auf die Bilanz, GuV, den KAnh., die KFR und den EK-Spiegel (§ 297 Abs. 1 S. 1 HGB) sowie ggf. die (freiwillige) Segmentberichterstattung (§ 297 Abs. 1 S. 2 HGB)[1074].

610 Es ist explizit festzustellen, ob der KA **ordnungsmäßig aus den einbezogenen Abschlüssen abgeleitet** wurde, d.h. ob die angewandten Konsolidierungsmethoden den gesetzlichen Vorschriften (bzw. den maßgebenden Rechnungslegungsgrundsätzen) entsprechen und somit deren Ordnungsmäßigkeit gegeben ist. Hierzu gehört auch die Feststellung, ob die Konsolidierungsbuchungen zutreffend fortgeführt wurden[1075].

611 Sofern im KA ein gesetzliches Wahlrecht abweichend von einer durch das BMJV bekannt gemachten **Empfehlung des DRSC** zur Anwendung der Grundsätze über die Konzernrechnungslegung ausgeübt wird, begründet dies keine Einwendung des KAPr. gegen die Ordnungsmäßigkeit der Konzernrechnungslegung. Der KAPr. hat aber im KPrB auf eine solche Abweichung hinzuweisen[1076].

612 Zum **KAnh.** ist festzustellen, ob die gesetzlich geforderten Angaben vollständig und zutreffend sind[1077]. Für den Fall, dass die Prüfung des KAnh. keine Beanstandungen ergibt, genügt i.d.R. die **Feststellung**, dass der KAnh. alle nach den gesetzlichen Vorschriften erforderlichen Angaben und Erläuterungen zutreffend enthält. Falls im KAnh. Angaben zur Erklärung nach § 161 AktG zum DCGK nicht vorhanden, unvollständig oder unzutreffend sind, ist darüber im KPrB zu berichten[1078].

In diesem Zusammenhang ist zu beachten, dass *IDW PS 270 n.F.* nunmehr explizit fordert, bei wesentlicher Unsicherheit in Bezug auf die Fähigkeit des Konzerns zur Fort-

---

1071 Vgl. *IDW PS 320 n.F.*, Tz. 48, A49; *IDW PS 460 n.F.*, Tz. 21; *Burg/Müller*, in: Kölner Komm. Rechnungslegungsrecht, § 317, Rn. 13.
1072 Vgl. *IDW PS 450 n.F.*, Tz. 130.
1073 Vgl. *IDW PS 450 n.F.*, Tz. 131.
1074 Vgl. *IDW PS 450 n.F.*, Tz. 132, 135. Die Bestandteile eines KA nach IFRS bestimmen sich gem. IAS 1.10 und ggf. IFRS 8 (Geschäftssegmente).
1075 Vgl. *IDW PS 450 n.F.*, Tz. 133; *Ebke*, in: MünchKomm. HGB³, § 321, Rn. 105.
1076 Vgl. *IDW PS 201*, Tz. 12; *IDW PS 450 n.F.*, Tz. 134; *Bertram*, in: Haufe HGB Kommentar⁸, § 321, Rn. 186; *Orth*, in: Baetge/Kirsch/Thiele, Bilanzrecht, § 321, Rn. 135.
1077 Vgl. *IDW PS 450 n.F.*, Tz. 135.
1078 Vgl. *IDW PS 345*, Tz. 32.

führung der Unternehmenstätigkeit darauf (auch) im KAnh. einzugehen[1079]. Zwar erfolgen die Angaben dazu prinzipiell im KLB (vgl. auch DRS 20.148, 20.156), dennoch muss hiernach im KAnh. unter eindeutiger Bezugnahme auf das Vorliegen eines **bestandsgefährdenden Risikos** ein entsprechender Verweis auf diese Angaben im KLB enthalten sein.

613 Zur **KFR**, zum **EK-Spiegel** sowie ggf. zur Segmentberichterstattung[1080] als weiteren KA-Bestandteilen ist festzustellen, ob sie ordnungsgemäß sind und damit den maßgebenden Rechnungslegungsgrundsätzen, die ihrer Erstellung zugrunde lagen, genügen.

614 In § 321 Abs. 2 S. 1 HGB werden der KA und der KLB explizit genannt, nicht dagegen eine **Konzernbuchführung**. Die Verpflichtung zur konzerneinheitlichen Bilanzierung (§ 300 HGB) und Bewertung (§ 308 HGB), die Verfolgung einer ggf. eigenständigen Konzernbilanzpolitik sowie generell die anzuwendenden Konsolidierungsmethoden[1081] erfordern aufgrund der damit verbundenen Anpassungen, Umbewertungen und der Fortschreibungen (Konsolidierungsbuchungen) eine Konzernbuchführung[1082], die somit automatisch Gegenstand der Konzernabschlussprüfung als Ganzes ist.

615 In diesem Zusammenhang kann es sinnvoll sein, die **organisatorischen Vorkehrungen** für die Erstellung des KA darzustellen, z.B. das Vorliegen interner Konzernabschlussrichtlinien, eines einheitlichen Kontenplans, das Formular- und Berichtswesen sowie das System der Überleitung und Anpassung der einzelnen Posten nach jeweiligem Landesrecht auf die einheitlichen Rechnungslegungsvorschriften des MU (HB II). Erläutert werden kann bspw. auch, ob die Erstellung der HB II, ggf. die Durchführung von Vorkonsolidierungen in mehrstufigen Konzernen sowie die Währungsumrechnung dezentral oder zentral vom MU durchgeführt werden und wie sich der Einsatz von EDV für Konsolidierungszwecke sowie das Ineinandergreifen von EDV-technischer und manueller Bearbeitung darstellen[1083].

616 Identifizierte **wesentliche Mängel im (konzern-)rechnungslegungsbezogenen IKS** lösen grds. die besonderen Berichtspflichten nach § 321 Abs. 1 S. 3 HGB aus. In solchen Fällen wird regelmäßig auf die vorangestellte Berichterstattung über „Unregelmäßigkeiten in der Konzernrechnungslegung"[1084] verwiesen werden können. Im Einzelfall kann es sinnvoll sein, den Sachverhalt an dieser Stelle im KPrB noch ausführlicher darzustellen und zu erläutern.

Bei PIE ist nach Art. 11 Abs. 2 Buchst. j) VO (EU) Nr. 537/2014 stets auch auf die Frage der Mangelbeseitigung einzugehen sowie zusätzlich Art. 7 VO (EU) Nr. 537/2014 zu beachten.

3.4.4.1.5 Konzernlagebericht

617 Nach § 321 Abs. 2 S. 1 HGB ist im KPrB des Weiteren **festzustellen**, ob der KLB in allen wesentlichen Belangen **den gesetzlichen Vorschriften und den ergänzenden Bestimmungen des Gesellschaftsvertrags oder der Satzung** des MU entspricht. Für die

---

1079 Vgl. *IDW PS 270 n.F.*, Tz. 9.
1080 Vgl. *IDW PS 450 n.F.*, Tz. 135.
1081 Vgl. *IDW PS 450 n.F.*, Tz. 133.
1082 Vgl. ADS[6], § 321, Tz. 193; *Orth*, in: Baetge/Kirsch/Thiele, Bilanzrecht, § 321, Rn. 137.
1083 Vgl. ADS[6], § 321, Tz. 194; *Bertram*, in: Haufe HGB Kommentar[8], § 321, Rn. 184; *Schmidt/Deicke*, in: BeBiKo[11], § 321, Rn. 215.
1084 Vgl. hierzu *IDW PS 450 n.F.*, Tz. 118 i.V.m. Tz. 65, P65/1-2.

Ausführungen zum KLB gelten die Grundsätze für die Berichterstattung über den LB entsprechend (vgl. Kap. M Tz. 359 ff.).

618 In Zusammenhang mit der Nichtbeachtung von Anforderungen des **DRS 20** i.Z.m. dem geprüften KLB ist zu differenzieren, ob sich die Abweichung auf die Konkretisierung einer Vorschrift des HGB, auf eine sonstige Anforderung oder auf eine Empfehlung des DRS 20 bezieht:

- Bezieht sich die Abweichung auf die **Konkretisierung einer Vorschrift des HGB**[1085], die als wesentlich anzusehen ist und i.R.d. KLB nicht anderweitig erfüllt wird, ist zum einen das Prüfungsurteil zum KLB im BestV entsprechend zu modifizieren und außerdem im KPrB über den Sachverhalt zu berichten (auch i.R.d. vorangestellten Berichterstattung nach § 321 Abs. 1 S. 3 HGB)[1086].
- Betrifft die Abweichung dagegen eine **sonstige Anforderung** des DRS 20 oder wird die betroffene HGB-Vorschrift anderweitig erfüllt, hat der KAPr. über die Nichtbeachtung des DRS 20, unter Würdigung der Begründung der gesetzlichen Vertreter für die Abweichung von DRS 20, ausschließlich an dieser Stelle im KPrB zu berichten[1087].
- Wird hingegen lediglich eine **Empfehlung** nicht beachtet, so ist eine Erwähnung im KPrB in jedem Fall ausreichend, indessen nicht zwingend notwendig[1088].

619 Sog. **Fehlanzeigen** sind auch i.R.d. KLB grds. nicht erforderlich. Sofern jedoch DRS 20 derartige Angaben fordert (z.B. in DRS 20.114 oder 20.K178), empfiehlt es sich, ggf. die gesetzlichen Vertreter des MU darauf hinzuweisen, entsprechende Fehlanzeigen im KLB abzugeben.

3.4.4.2 Gesamtaussage des Konzernabschlusses

3.4.4.2.1 Feststellungen zur Gesamtaussage des Konzernabschlusses

620 Der KAPr. hat nach § 321 Abs. 2 S. 3 HGB auch auf die im BestV abzugebende Erklärung einzugehen, ob der KA nach seiner Beurteilung unter Beachtung der GoB oder sonstiger maßgebender Rechnungslegungsgrundsätze[1089] ein den tatsächlichen Verhältnissen entsprechendes Bild der Vermögens-, Finanz- und Ertragslage des Konzerns vermittelt. Dementsprechend ist die Beachtung der **Generalnorm** des § 297 Abs. 2 S. 2 HGB ausdrücklich **festzustellen**.

Hierbei ist auf die **Gesamtaussage des KA** abzustellen, wie sie sich aus dem Zusammenwirken von Bilanz, GuV, KAnh., KFR und EK-Spiegel, sowie ggf. Segmentberichterstattung, insgesamt ergibt[1090].

1085 Zur Problematik der Identifizierung solcher Anforderungen von DRS 20 vgl. *Grottel*, in: BeBiKo[11], § 315, Rn. 25 f.
1086 Vgl. *IDW PS 450 n.F.*, Tz. 137a; *IDW PS 350 n.F.*, Tz. 116, A113-A114; *IDW PS 201*, Tz. 12. Zu erwähnen wäre daneben noch der Sonderfall nach *IDW PS 350 n.F.*, Tz. 117, A115.
1087 Vgl. *IDW PS 450 n.F.*, Tz. 137b; *IDW PS 350 n.F.*, Tz. 114, A110; *IDW PS 201*, Tz. 12.
1088 Vgl. z.B. *IDW PS 350 n.F.*, Tz. A110.
1089 „Sonstige maßgebende Rechnungslegungsgrundsätze" i.S. dieser HGB-Norm sind die in der VO (EG) Nr. 1606/2002 bzw. in §§ 315e, 325 Abs. 2a HGB genannten IFRS, wie sie in der EU anzuwenden sind. Vgl. RegBegr. BilReG, BT-Drs. 15/3419 v. 24.06.2004, S. 43.
1090 Vgl. *IDW PS 450 n.F.*, Tz. 136.

3.4.4.2.2 Wesentliche Bewertungsgrundlagen

In Zusammenhang mit der Beurteilung der Gesamtaussage ist gem. § 321 Abs. 2 S. 4 und 5 HGB auch darauf einzugehen, wie sich i.R.d. Konsolidierung ausgeübte **Wahlrechte** und ausgenutzte **Ermessensspielräume** sowie insb. deren Änderungen ggü. dem VJ auf die Darstellung der Vermögens-, Finanz- und Ertragslage des Konzerns auswirken. **621**

Bei PIE ist dabei ferner Art. 11 Abs. 2 Buchst. l) VO (EU) Nr. 537/2014 zu berücksichtigen (vgl. Kap. M Tz. 389).

Beispiele hierfür können sein[1091]: **622**
- die Ermittlung und Behandlung von Geschäfts- oder Firmenwerten (Kaufpreisallokation sowie Nutzungsdauerbestimmung)
- die Behandlung von Differenzen aus der Zwischenergebniseliminierung (auch bei assoziierten Unternehmen) und der Schuldenkonsolidierung
- die Behandlung aktiver latenter Steuern in der HB II
- der Ansatz aktiver latenter Steuern auf Verlustvorträge[1092].

Bei der Erläuterung ist auf **Zusammenhänge** zwischen den verschiedenen Wahlrechten und Ermessensspielräumen sowie eventuell **einseitig und zielgerichtet** getroffene Entscheidungen abzustellen. Darüber hinaus wird es grds. informativ sein, auf wesentliche Abweichungen im KA ggü. den Bilanzierungs- und Bewertungsmethoden in den einbezogenen JA hinzuweisen. **623**

3.4.4.2.3 Sachverhaltsgestaltende Maßnahmen

Beispiele für ggf. berichtspflichtige sachverhaltsgestaltende Maßnahmen im KA sind **624**
- die Abgrenzung des Konsolidierungskreises (einschl. der Änderungen ggü. dem VJ),
- die Verwendung von Objektgesellschaften, die nicht als „Zweckgesellschaften" i.S.v. § 290 Abs. 2 Nr. 4 HGB qualifizieren.

Falls im Einzelfall (etwa bei der Abgrenzung des Konsolidierungskreises) **Interdependenzen** mit wesentlichen Bewertungsgrundlagen bestehen sollten, ist darauf jedenfalls einzugehen. **625**

3.4.4.2.4 Aufgliederungen und Erläuterungen

Eine zusammenfassende Darstellung der Vermögens-, Finanz- und Ertragslage im KPrB ist – ebenso wie im PrB zum JA – nicht gesetzlich vorgeschrieben. **Analysierende Darstellungen** zur Vermögens-, Finanz- und Ertragslage des geprüften Konzerns können für die Adressaten des KPrB jedoch im Einzelfall eine wesentliche Unterstützung darstellen. **626**

Eine solche Darstellung ist tendenziell dann angezeigt, wenn der KA wesentlich vom JA des MU abweicht, insb. wenn das MU nur als (Finanzierungs-)Holding fungiert, den Konzern aus anderen Gründen nicht wirtschaftlich dominiert oder wenn sich der Konsolidierungskreis erheblich verändert hat[1093].

1091 Vgl. *IDW PS 450 n.F.*, Tz. 137; *Bertram*, in: Haufe HGB Kommentar[8], § 321, Rn. 187.
1092 Vgl. hierzu auch DRS 18.18 und 18.19.
1093 Vgl. auch *Schmidt/Deicke*, in: BeBiKo[11], § 321, Rn. 220.

627 Für eventuelle Darstellungen zur Vermögens-, Finanz- und Ertragslage im KPrB gelten die Ausführungen zum Bericht über die JA-Prüfung entsprechend (vgl. Kap. M Tz. 404 ff.).

Die Aufnahme einer KFR in den KPrB ist grds. unangebracht, da eine solche nach § 297 Abs. 1 S. 1 HGB Pflichtbestandteil des KA ist. Sofern der KA eine gemäß § 297 Abs. 1 S. 2 HGB freiwillig aufgestellte Segmentberichterstattung beinhaltet, sollten segmentbezogene Darstellungen generell darauf aufbauen[1094].

628 In der Praxis häufiger gesondert beauftragt wird dagegen eine **tabellarische Ableitung** der Konzernbilanz und der Konzern-GuV aus den JA der einbezogenen Konzernunternehmen, ergänzt um Konsolidierungsspalten. Diese Ableitung sollte dem KPrB in Form einer Anlage beigefügt werden.

3.4.4.2.5 Erbrachte Steuerberatungs- bzw. Bewertungsleistungen

629 Berichtspflichtig sind **bei PIE** gem. § 319a Abs. 2 i.V.m. Abs. 1 S. 3 zweiter Satzteil HGB außerdem stets

- **Steuerberatungsleistungen** im Sinne des Art. 5 Abs. 1 Unterabs. 2 Buchst. a) Ziff. i) und iv) bis vii) VO (EU) Nr. 537/2014 bzw.
- **Bewertungsleistungen** im Sinne des Art. 5 Abs. 1 Unterabs. 2 Buchst. f) VO (EU) Nr. 537/2014,

die vom KAPr. erbracht wurden (vgl. auch Kap. M Tz. 444 ff.). Berichtsrelevant sind dabei sowohl dem MU als auch TU ggü. erbrachte derartige Leistungen.

630 Sind vom KAPr. keine Steuerberatungs- bzw. Bewertungsleistungen solcher Art erbracht worden, entfällt dieser Berichtsabschnitt.

3.4.5 Feststellungen aus Erweiterungen des Prüfungsauftrags

631 Im Rahmen der Konzernabschlussprüfung besteht keine Verpflichtung zur Prüfung des Risikofrüherkennungssystems. Diese Prüfung nach § 317 Abs. 4 HGB ist Gegenstand der Jahresabschlussprüfung beim MU. Folglich hat die Berichterstattung nach § 321 Abs. 4 HGB über die Prüfung des **Risikofrüherkennungssystems von MU** nicht im KPrB, sondern im PrB zum JA des MU zu erfolgen[1095].

632 Aufgrund der zunehmenden Bedeutung der Konzernrechnungslegung und im Sinne einer umfassenden und in sich geschlossenen Berichterstattung durch den APr. wünschen, wie die Praxis zeigt, Auftraggeber z.T. auch im KPrB Ausführungen in Bezug auf die Prüfung des Risikofrüherkennungssystems. Bei ausdrücklicher Beauftragung spricht nichts dagegen, dass der KAPr., wenn er zugleich APr. des JA des MU ist, die im PrB zum JA des MU getroffenen Feststellungen und gemachten Ausführungen im KPrB wiederholt und entsprechend darauf hinweist[1096]. Die Berichterstattung im KPrB kann dabei im Inhalt und Umfang nicht über die Ausführungen im PrB zum JA des MU hinausgehen.

1094 Vgl. ADS⁶, § 321, Tz. 211.
1095 Zum Sonderfall einer Berichterstattung hierüber im KPrB gem. § 321 Abs. 1 S. 3 HGB aufgrund von Feststellungen i.R.d. Jahresabschlussprüfung des MU siehe Kap. M Tz. 570.
1096 Vgl. *Plendl*, in: HWRP³, Sp. 1786.

Eine bei börsennotierten AG, SE bzw. KGaA demgegenüber stets zu findende Erweiterung des Prüfungsauftrags betrifft **Nr. 7.2.3 des DCGK**. Berichterstattungsaspekte sind Tatsachen i.S.v. § 321 Abs. 1 S. 3 HGB und Mängel der Entsprechenserklärung zum DCGK, soweit diese i.R.d. Konzernabschlussprüfung festgestellt werden konnten (vgl. Kap. M Tz. 483 ff.). 633

Werden keine berichtspflichtigen Tatsachen festgestellt, so reicht im KPrB die einfache Feststellung, dass sich keine Berichtspflichten aufgrund der Beauftragung ergeben haben. 634

Werden dagegen **berichtspflichtige Tatsachen** festgestellt, so sind diese kurz und deutlich darzustellen, und es ist auf die ggf. weitergehenden Ausführungen in den einschlägigen Abschnitten im KPrB (z.B. Berichterstattung nach § 321 Abs. 1 S. 3 HGB) sowie auf die regelmäßig bereits erfolgte diesbezügliche Kommunikation zu verweisen.

3.4.6 Wiedergabe des Bestätigungsvermerks

Nach § 322 Abs. 7 S. 2 HGB ist der – formal an anderer Stelle erteilte – **BestV** zur Konzernabschlussprüfung (zitatweise) in den KPrB **aufzunehmen**. Insoweit wird auf die entsprechenden Ausführungen zum Bericht über die Prüfung des JA verwiesen (vgl. hierzu Kap. M Tz. 496 ff.). 635

Alternativ zur Wiedergabe an dieser Stelle im KPrB kann der BestV auch als letzter Unterpunkt i.R.d. vorangestellten Berichterstattung (d.h. als Abschn. 2.4) oder direkt im Anschluss daran (d.h. als Abschn. 3.) wiedergegeben werden (vgl. hierzu auch Kap. M Tz. 172)[1097]. Namentlich bei PIE dürfte eine solche Verlagerung regelmäßig zu empfehlen sein. 636

3.4.7 Unterzeichnung des Konzernprüfungsberichts

Der KPrB schließt mit der Angabe des Ortes der Niederlassung des KAPr., des Datums der **Unterschriftsleistung** und den Unterschriften sämtlicher für die Konzernabschlussprüfung verantwortlich zeichnenden WP (§ 321 Abs. 5 HGB bzw. Art. 11 Abs. 4 VO (EU) Nr. 537/2014) unter Angabe ihrer jeweiligen Berufsbezeichnung (§ 18 Abs. 1 WPO). Die Unterzeichner von KPrB und BestV sind i.d.R. personenidentisch; dabei muss zwingend der „verantwortliche Wirtschaftsprüfer" i.S.v. *IDW QS 1* unterzeichnen (vgl. Kap. M Tz. 501 ff.). 637

Ort und Datum müssen mit den korrespondierenden Angaben im BestV identisch sein[1098]. Zumindest ein Berichtsexemplar ist handschriftlich zu unterzeichnen[1099] bzw. (bei Ausfertigung des KPrB in Form eines elektronischen Dokuments) elektronisch qualifiziert zu signieren (vgl. auch Kap. M Tz. 534). Bei gesetzlichen Abschlussprüfungen ist noch das Berufssiegel zu ergänzen (§ 48 Abs. 1 S. 1 WPO), bei freiwilligen Abschlussprüfungen liegt dies im Ermessen des KAPr.

Die Handhabung der (technischen) Abtrennung der – falls im letzten Abschnitt des KPrB erfolgenden – Wiedergabe des BestV von der unter den KPrB zu leistenden Unterschriften usw. erfolgt in gleicher Weise wie beim PrB zur Jahresabschlussprüfung.

1097 Vgl. ADS[6], § 321, Tz. 148; *Schmidt/Deicke*, in: BeBiKo[11], § 321, Rn. 222 i.V.m. Rn. 154, 168.
1098 Vgl. *IDW PS 450 n.F.*, Tz. 118 i.V.m. Tz. 116; *Kuhner/Päßler*, in: HdR[5], § 321, Rn. 85.
1099 Vgl. RegBegr. AReG, BT-Drs. 18/7219 v. 11.01.2016, S. 44.

638 In Bezug auf die **Vorlage des KPrB** an die Berichtsadressaten gelten die Ausführungen in Kap. M Tz. 527 entsprechend.

Bei PIE ergibt sich aus Art. 11 VO (EU) Nr. 537/2014 keine abweichende Handhabung in Bezug auf Unterzeichnung oder Vorlage des KPrB[1100].

3.4.8 Anlagen zum Konzernprüfungsbericht
3.4.8.1 Obligatorische Anlagen

639 Die Anlagen des KPrB umfassen **obligatorisch** die geprüfte Konzernbilanz, Konzern-GuV, KAnh., KFR, EK-Spiegel, ggf. die Segmentberichterstattung, sowie den KLB. Je nach der konkreten Handhabung (vgl. Kap. M Tz. 499) kann auch der BestV in Form einer besonderen Anlage zum KPrB erteilt werden. Darüber hinaus empfiehlt sich generell die Beifügung der der Konzernabschlussprüfung zugrunde gelegten (allgemeinen) **Auftragsbedingungen**[1101].

Ob weitere Anlagen beizufügen sind, hängt von den Verhältnissen des Einzelfalles ab.

3.4.8.2 Fakultative Anlagen

640 Als gesetzlich nicht vorgeschriebene und damit **fakultative Berichtsanlagen** kommen z.B. in Betracht[1102]: Darstellung der rechtlichen Verhältnisse und der wirtschaftlichen Grundlagen des Konzerns bzw. deren Veränderungen, Übersicht über die Konzernstruktur, Ableitung der Konzernbilanz und Konzern-GuV aus den einbezogenen JA, Aufstellungen zur Kapital- und Schuldenkonsolidierung, Aufgliederungen von Posten des KA, Aufstellung über die APr. der einbezogenen Konzernunternehmen, Übersicht der JA von nach § 317 Abs. 3 S. 1 HGB vom KAPr. geprüften Unternehmen u.a.m.

641 Der **Umfang solcher Berichterstattung** hängt insb. davon ab, inwieweit die Lage des Konzerns vom MU geprägt wird, d.h. ob und inwieweit daraus zusätzliche Erkenntnisse für die Konzernbeurteilung gewonnen werden können. Zu berücksichtigen ist ferner, inwieweit derartige Informationen bereits durch die Berichterstattung im PrB zum JA des MU abgedeckt sind.

642 Die Darstellung der rechtlichen Verhältnisse und ggf. der wirtschaftlichen Grundlagen richtet sich nach dem **Informationswert für die Berichtsempfänger**. Bloße Wiederholungen von Angaben aus dem KAnh. und KLB sind jedenfalls entbehrlich. Eine über die von § 321 Abs. 2 S. 5 HGB geforderte Aufgliederung und Erläuterung von Posten des KA im KPrB hinausgehende Aufgliederung und Erläuterung der einzelnen Posten des KA ist regelmäßig nur bei entsprechend ergänzter Beauftragung des KAPr. sachgerecht.

Eine (tabellarische) Übersicht über die involvierten Teilbereichsprüfer und die von diesen geleisteten Prüfungsarbeiten kann i.Z.m. Art. 11 Abs. 2 Buchst. n) VO (EU) Nr. 537/2014 u.U. eine zweckmäßige Anlage darstellen (vgl. Kap. M Tz. 584).

1100 Dies gilt auch für den Fall, dass der (zusätzliche) Bericht an den PrA als Teilband ausgefertigt wird. Vgl. *IDW PS 450 n.F.*, Tz. 118 i.V.m. Tz. P117/1.
1101 Vgl. *IDW PS 450 n.F.*, Tz. 118 i.V.m. Tz. 24, 110; *Schmidt/Deicke*, in: BeBiKo[11], § 321, Rn. 223.
1102 Vgl. auch *Bertram*, in: Haufe HGB Kommentar[6], § 321, Rn. 171.

3.5 Besonderheiten des Prüfungsberichts bei Rechnungslegung nach dem PublG

Das **Publizitätsgesetz**[1103] regelt die Rechnungslegung von bestimmten Unternehmen und Konzernen[1104]. Pflichtprüfungen nach dem PublG betreffen Personenhandelsgesellschaften mit mind. einer natürlichen Person als Vollhafter (PersGes.), Einzelkaufleute, wirtschaftlich tätige Vereine, gewerblich tätige Stiftungen des BGB sowie – vorbehaltlich abweichender landesrechtlicher Vorschriften – als Kaufmann i.S.d. HGB qualifizierte Körperschaften, Stiftungen und Anstalten des öffentlichen Rechts (§ 3 Abs. 1 PublG). 643

JA und ggf. **LB** von Unternehmen, die unter das PublG fallen, sind nach § 6 Abs. 1 S. 1 PublG **gesetzlich prüfungspflichtig**. Gleiches gilt nach § 14 Abs. 1 S. 1 PublG in Bezug auf den KA und den KLB (ggf. auch bei Teilkonzernen). Die Prüfungsvorschriften entsprechen in allen wesentlichen Punkten denen der §§ 316 bis 323 HGB. Dementsprechend ist über die Prüfung jeweils zu berichten und ein BestV zu erteilen. Hat keine Prüfung stattgefunden, kann der JA nicht festgestellt werden[1105]. 644

Bei Unternehmen, die kapitalmarktorientiert i.S.v. § 264d HGB sind, sind dabei zusätzlich die – dem HGB insoweit vorgehenden – einschlägigen Vorschriften der VO (EU) Nr. 537/2014 zu beachten (§ 6 Abs. 1 S. 2 PublG).

Nach § 7 PublG gelten u.a. die §§ 170 Abs. 3, 171 Abs. 1 S. 2 und 3 AktG für dem PublG unterliegende Unternehmen **mit Aufsichtsrat** sinngemäß. Die aktiengesetzlichen Vorschriften bzgl. der Aushändigung des PrB an die Mitglieder des AR und zur Teilnahmepflicht des APr. an der Bilanzsitzung des AR finden demzufolge bei Existenz eines AR entsprechende Anwendung (vgl. Kap. M Tz. 527 ff.). Besteht kein AR, auch kein freiwilliger AR[1106], ist der PrB den gesetzlichen Vertretern des Unternehmens vorzulegen. 645

Die in *IDW PS 450 n.F.* und der *IDW PS 400er*-Reihe, nebst *IDW PS 270 n.F.*, dargelegten Grundsätze für die ordnungsmäßige Berichterstattung und für die ordnungsmäßige Erteilung von BestV bei Abschlussprüfungen nach § 316 ff. HGB sind demzufolge für Pflichtprüfungen von JA und KA von dem PublG unterliegenden Unternehmen **entsprechend anzuwenden**[1107]. 646

3.5.1 Berichterstattung zum Jahresabschluss nach PublG

Nach § 6 Abs. 1 S. 2 PublG gilt **§ 321 HGB** über den **Prüfungsbericht** für nach den Vorschriften des PublG aufgestellte JA und LB **sinngemäß** (vgl. Kap. M Tz. 135 ff.). Gegebenenfalls ist, dem vorgehend, auch Art. 11 VO (EU) Nr. 537/2014 zu beachten. 647

Der Berichterstattung über eine freiwillige Prüfung des JA vergleichbare Besonderheiten ergeben sich, wenn (z.B. nach § 5 Abs. 6 PublG i.V.m. § 264 Abs. 3 HGB) zulässigerweise auf die Aufstellung von Anh. und/oder LB verzichtet wird und die Generalnorm des

---

[1103] Gesetz über die Rechnungslegung von bestimmten Unternehmen und Konzernen (Publizitätsgesetz – PublG) v. 15.08.1969, BGBl. I, S. 1189, zuletzt geändert durch Gesetz v. 11.04.2017, BGBl. I, S. 802.
[1104] Zur Rechnungslegung nach PublG siehe Kap. F Tz. 1515 ff.; zu den Besonderheiten der Konzernrechnungslegung nach dem PublG siehe Kap. G Tz. 61 ff., Kap. G Tz. 168 ff. und Kap.G Tz. 277 ff.
[1105] Vgl. ADS⁶, § 6 PublG, Tz. 8; *Schäfer*, PublG², § 8, Rn. 4.
[1106] Die formale Bezeichnung ist dabei nicht von Belang; entscheidend sind allein die Kompetenzen des Aufsichtsgremiums. Vgl. *Schäfer*, PublG², § 7, Rn. 1.
[1107] Vgl. *IDW PS 450 n.F.*, Tz. 3, 20 i.V.m. *IDW PS 200*, Tz. 5; *IDW PS 400 n.F.*, Tz. 3.

§ 264 Abs. 2 S. 1 HGB nicht notwendigerweise zu erfüllen ist (vgl. Kap. M Tz. 283 und Tz. 379).

648 Je nach den Verhältnissen des Einzelfalles (z.B. zulässiger Verzicht auf die Aufstellung des Anh. und/oder des LB durch PersGes. und Einzelkaufleute gem. § 5 Abs. 2 PublG) ist bei PrB i.Z.m. dem PublG ggf. die **Berichtsgliederung anzupassen**.

So entfällt etwa, falls (zulässigerweise) kein LB aufgestellt wird, grds. die Stellungnahme zur Lagebeurteilung der gesetzlichen Vertreter[1108]. Auch ist ein Abschnitt „Feststellungen zum Risikofrüherkennungssystem" nur dann erforderlich, wenn vom Unternehmen die Prüfung des Risikofrüherkennungssystems freiwillig beauftragt worden ist[1109]. Umgekehrt werden ein freiwillig aufgestellter Anh. und/oder LB grds. Prüfungsgegenstände und sind damit in den BestV einzubeziehen[1110]; dies ist ggf. im PrB klarzustellen[1111].

649 Nach § 6 Abs. 1 S. 2 PublG i.V.m. **§ 321 Abs. 1 S. 2 HGB** hat der APr. im PrB i.R.d. vorangestellten Berichterstattung zur Beurteilung der **Lage des Unternehmens** durch die gesetzlichen Vertreter Stellung zu nehmen.

Wird **kein LB** aufgestellt, kann der APr. zur Lagebeurteilung durch die gesetzlichen Vertreter mangels Existenz eines Beurteilungsobjekts nicht Stellung nehmen. Darauf sollte im PrB ggf. klarstellend hingewiesen werden. Das Vorliegen **besonderer Umstände** kann indes auch bei fehlendem LB eine Pflicht zur Berichterstattung begründen (vgl. Kap. M Tz. 216 ff.). Zum Beispiel kann sich bei PersGes. und Einzelkaufleuten i.Z.m. dem Privatvermögen dieser Personen besonderer Berichtsbedarf ergeben, wenn der APr. erkennt, dass das betriebliche Vermögen durch private Schulden eines Gesellschafters gefährdet ist[1112].

650 Nach § 6 Abs. 1 S. 2 PublG i.V.m. **§ 321 Abs. 1 S. 3 HGB** besteht zudem Berichtpflicht über **Entwicklungsbeeinträchtigungen**, **Bestandsgefährdungen** und über **Unregelmäßigkeiten**, die der APr. bei Durchführung der Abschlussprüfung festgestellt hat.

651 Bei **Einzelkaufleuten** können entwicklungsbeeinträchtigende oder bestandsgefährdende Tatsachen aus der Möglichkeit der Vollstreckung privater Gläubiger des Einzelkaufmanns in dessen betriebliches Vermögen ergeben. Es ist nicht Aufgabe des APr., aus der privaten Vermögenssituation des Eigentümers resultierende Risiken für den Fortbestand der Unternehmung aufzudecken. Erkennt der APr. bei Durchführung der Abschlussprüfung jedoch, dass das betriebliche Vermögen des Einzelkaufmanns durch **private Schulden** erheblich gefährdet ist oder Privatgläubiger bereits in das Betriebsvermögen vollstreckt haben, ist grds. ein entsprechender Hinweis an dieser Stelle in den PrB und in den BestV aufzunehmen[1113] (vgl. Kap. M Tz. 1158).

Entsprechendes gilt bei **PersGes.** grds. auch in Bezug auf deren einzelne Gesellschafter.

1108 Vgl. *IDW PS 450 n.F.*, Tz. 34.
1109 Grund ist der fehlende Verweis auf § 317 Abs. 4 HGB in § 6 Abs. 1 S. 2 PublG. Vgl. ADS[6], ErgBd., § 6 PublG n.F., Tz. 11.
1110 Vgl. *IDW PS 400 n.F.*, Tz. 10 Buchst. j), Tz. A7-A10, A83. In Bezug auf einen freiwillig aufgestellten LB wird nach *IDW PS 350 n.F.*, Tz. 11 eine ausdrückliche Beauftragung zur Prüfung erwartet; ebenso ADS[6], ErgBd., *§ 6 PublG n.F.*, Tz. 14.
1111 Vgl. ADS[6], ErgBd., § 6 PublG n.F., Tz. 14.
1112 Vgl. *IDW St/HFA 1/1972 i.d.F. 1990*, Ziff. 2.
1113 H.M. Vgl. *IDW St/HFA 1/1972 i.d.F. 1990*, Ziff. 2; ADS[6], § 6 PublG, Tz. 17; *Schäfer*, PublG[2], § 5, Rn. 28; *Schmidt/Küster*, in: BeBiKo[11], § 322, Rn. 234; Kap. F Tz. 1555 ff.

Ist entgegen § 5 Abs. 4 PublG **Privatvermögen** von Gesellschaftern einer PersGes. oder des Inhabers einer Einzelunternehmung in den JA einbezogen worden, ist eine **Unregelmäßigkeit in der Rechnungslegung** gegeben, über die nach den allgemeinen Grundsätzen zu berichten ist. Gleiches gilt umgekehrt auch für berücksichtigte Privataufwendungen. Darüber hinaus ist in solchen Fällen grds. die Einschränkung des Prüfungsurteils zum JA im BestV geboten[1114]. **652**

Im Rahmen der Darstellung von **Gegenstand, Art und Umfang der Prüfung** hat der APr. insb. den Prüfungsgegenstand – unter Bezugnahme auf die ggf. in Anspruch genommenen rechtsformspezifischen Erleichterungen nach PublG – deutlich herauszuarbeiten. Zum einen sind dem PublG unterliegende Gesellschaften nicht verpflichtet, die Generalnorm des § 264 Abs. 2 S. 1 HGB zu beachten (§ 5 Abs. 1 S. 2 PublG). Zum anderen sind PersGes. und Einzelkaufleute nicht zur Aufstellung eines Anh. verpflichtet (§ 5 Abs. 2 S. 1 PublG), sofern sie nicht im Ausnahmefall kapitalmarktorientiert i.S.d. § 264d HGB sein sollten (§ 5 Abs. 2a PublG)[1115]; ein LB ist bei ihnen stets fakultativ. Im Übrigen haben dem PublG unterliegende Gesellschaften für den Anh. neben § 284 HGB nur ausgewählte Vorschriften des § 285 HGB zu beachten, während für den LB § 289 HGB (sinngemäß) vollumfänglich gilt (§ 5 Abs. 2 S. 2 PublG). Demgegenüber hat sich nach § 6 Abs. 2 PublG die Prüfung des JA von PersGes. und Einzelkaufleuten auch darauf zu erstrecken, ob deren Privatvermögen sowie die damit in Zusammenhang stehenden Aufwendungen und Erträge unter Beachtung von § 5 Abs. 4 PublG nicht in den JA aufgenommen worden sind[1116]. **653**

Dementsprechend ist im PrB auch darauf einzugehen, inwieweit das Unternehmen freiwillig oder aufgrund gesellschaftsvertraglicher bzw. satzungsmäßiger Vorgaben im Grundsatz die für „große" (§ 267 Abs. 3 HGB[1117]) KapGes. bzw. KapCoGes. geltenden Anforderungen an den JA erfüllt und damit auch im Anh. jene Angaben macht, die unter Beachtung der GoB oder sonstiger maßgebender Rechnungslegungsgrundsätze zur Vermittlung eines den tatsächlichen Verhältnissen entsprechenden **Bildes der Vermögens-, Finanz- und Ertragslage** notwendig sind[1118]. **654**

Ist dies der Fall, ist außerdem festzustellen, ob diese Beachtung nachhaltig geschieht[1119].

Die Nichteinbeziehung des Privatvermögens sowie der damit in Zusammenhang stehenden Aufwendungen und Erträge (§ 5 Abs. 4 PublG) in den JA beruht auf einem allgemeinen Bilanzierungsgrundsatz[1120], so dass die Einhaltung dieser Vorschrift in die Feststellung der Konformität des JA mit Gesetz und Gesellschaftsvertrag bzw. Satzung mit eingeschlossen ist und daher im Abschnitt zur **Ordnungsmäßigkeit des Jahresabschlusses** grds. nicht gesondert festgestellt zu werden braucht. **655**

1114 Vgl. ADS[6], § 6 PublG, Tz. 20.
1115 Vgl. auch die Übersicht bei *Schäfer*, PublG[2], § 5, Rn. 4. Dem PublG unterliegende Gesellschaften, die kapitalmarktorientiert i.S.d. § 264d HGB, jedoch nicht zur Aufstellung eines KA verpflichtet sind, haben ihren JA in sinngemäßer Anwendung von § 264 Abs. 1 S. 2 HGB um eine KFR und einen EK-Spiegel zu ergänzen (§ 5 Abs. 2a PublG).
1116 Vgl. *Schäfer*, PublG[2], § 6, Rn. 7.
1117 Die seit langem unveränderten Größenmerkmale des § 1 Abs. 1 PublG liegen immer noch weit über den korrespondierenden Zahlenwerten des § 267 Abs. 2 HGB.
1118 Vgl. *IDW PS 450 n.F.*, Tz. 70. Zu den Anforderungen i.Z.m. der handelsrechtlichen Rechnungslegung bei Personenhandelsgesellschaften siehe *IDW RS HFA 7 n.F.*
1119 Vgl. *Schmidt/Almeling*, in: BeBiKo[11], § 317, Rn. 221.
1120 Vgl. ADS[6], § 6 PublG, Tz. 17, § 246 HGB, Tz. 426.

656 PersGes. und Einzelkaufleute sind gem. § 5 Abs. 2 PublG nicht zur Aufstellung eines LB verpflichtet. An einen freiwillig erstellten und auftragsgemäß geprüften LB sind jedoch die gleichen Anforderungen wie an einen obligatorischen LB zu stellen. Daher ist in Bezug auf einen **freiwillig aufgestellten LB** entsprechend § 321 Abs. 2 S. 1 HGB im PrB festzustellen, ob er in allen wesentlichen Belangen den gesetzlichen Vorschriften und (ggf.) den ergänzenden Bestimmungen des Gesellschaftsvertrags oder der Satzung des geprüften Unternehmens entspricht (vgl. Kap. M Tz. 359). In Bezug auf einen solchen freiwillig aufgestellten LB ist dann auch ein entsprechendes Prüfungsurteil im BestV abzugeben[1121].

657 Die Verpflichtung aus *IDW PS 270 n.F.*[1122], beim Vorliegen von **bestandsgefährdenden Risiken** darauf (auch) im JA einzugehen, gilt auch i.Z.m. dem PublG. In solchen Fällen sind entsprechende Angaben im Anh. zu machen, mangels Anh. (d.h. bei einem nur aus Bilanz und GuV bestehenden JA) unter der Bilanz. Erfolgen diese Angaben im LB, muss im JA ein entsprechender Verweis auf diese LB-Angaben enthalten sein[1123] (vgl. Kap. M Tz. 217).

658 Werden die für große KapGes. bzw. KapCoGes. geltenden Vorschriften von dem geprüften Unternehmen nicht freiwillig angewendet, entfällt i.d.R. die Feststellung zur **Gesamtaussage des JA**. Eine erläuternde Aussage, dass das geprüfte Unternehmen weder gesetzlich noch gesellschaftsvertraglich zur Aufstellung eines Anh. verpflichtet ist, sollte zur Klarstellung in den Abschnitt zur Ordnungsmäßigkeit des JA mit aufgenommen werden.

659 Gem. § 321 Abs. 2 S. 3 HGB hat der APr. **festzustellen**, ob die **Generalnorm des § 264 Abs. 2 S. 1 HGB** beachtet wurde. Kommt der APr. zu der Beurteilung, dass der JA – unter Zugrundelegung des Maßstabs der für eine große KapGes. bzw. KapCoGes. geltenden Anforderungen – in gesetzeskonformer Weise kein den tatsächlichen Verhältnissen entsprechendes Bild der Vermögens-, Finanz- und Ertragslage der Gesellschaft vermittelt, namentlich wenn kein Anh. aufgestellt wird, so entfällt diese Feststellung und der darauf bezogene Unterabschnitt „Feststellungen zur Gesamtaussage des Jahresabschlusses".

Eine gesetzliche Pflicht, die Generalnorm zu beachten, besteht für nach dem PublG aufgestellte JA grds. nicht. Insoweit obliegt es der Entscheidung der gesetzlichen Vertreter, in Bezug auf den JA (auch) der Generalnorm zu genügen. Genereller Maßstab sind § 243 Abs. 1 und Abs. 2 HGB, d.h. die Beachtung der GoB sowie Klarheit und Übersichtlichkeit[1124].

660 Falls das zu prüfende Unternehmen (zulässigerweise) **keinen Anh.** aufstellt, hat der APr. in seinem PrB die wesentlichen Bewertungsgrundlagen und deren Änderungen (einschl. der Ausübung von Bilanzierungs- und Bewertungswahlrechten und der Ausnutzung von Ermessensspielräumen) sowie sachverhaltsgestaltende Maßnahmen **insoweit** darzustellen, als dies im Interesse einer realistischen Einschätzung der Aussage des JA durch

---

1121 Vgl. *IDW PS 400 n.F.*, Tz. 10 Buchst. j), Tz. A7-A10, A83. Vgl. auch *Schmidt/Küster*, in: BeBiKo[11], § 322, Rn. 231.
1122 Vgl. *IDW PS 270 n.F.*, Tz. 9. Vgl. auch die Folgeänderung in *IDW RS HFA 17*, Tz. 2.
1123 Vgl. *IDW PS 270 n.F.*, Tz. 9.
1124 Vgl. ADS[6], § 5 PublG, Tz. 26; *Winkeljohann/Deubert*, in: BeBiKo[11], § 264, Rn. 238.

die Berichtsadressaten, d.h. Gesellschafter bzw. Aufsichtsgremium, erforderlich ist[1125]. Mit diesen Angaben wird jedoch nicht bezweckt, den in gesetzeskonformer Weise nicht vorhandenen Anh. zu ersetzen.

Umfang und Detaillierungsgrad von in diesem Zusammenhang erfolgenden Aufgliederungen und Erläuterungen von Posten des JA sind von den **Gegebenheiten des Einzelfalls** abhängig (vgl. Kap. M Tz. 404 ff.)[1126]. **661**

3.5.2 Berichterstattung zum Konzernabschluss nach PublG

Nach § 14 Abs. 1 S. 2 PublG gilt **§ 321 HGB** über den KPrB für nach den Vorschriften des PublG aufgestellte KA und KLB **sinngemäß** (vgl. Kap. M Tz. 538 ff.). Gegebenenfalls ist, dem vorgehend, zudem Art. 11 VO (EU) Nr. 537/2014 zu beachten. **662**

Im Gegensatz zum JA nach PublG ist stets ein KLB aufzustellen und der KA beinhaltet immer einen KAnh. (§ 13 Abs. 2 PublG)[1127]. Allerdings ist es **PersGes. und Einzelkaufleuten**, die nicht kapitalmarktorientiert i.S.d. § 264d HGB sind, gestattet, auf die Erstellung von KFR und EK-Spiegel zu verzichten (§ 13 Abs. 3 S. 2 PublG). Die Vorschriften zur Nichtaufnahme des Privatvermögens und damit in Zusammenhang stehender Aufwendungen und Erträge gelten für den KA ausdrücklich ebenfalls (§ 13 Abs. 3 S. 2 PublG)[1128]. **663**

Die Neuerung aus *IDW PS 270 n.F.* i.Z.m. der Berichterstattung in KA und KLB bei evtl. **bestandsgefährdenden Risiken** (vgl. Kap. M Tz. 612) ist auch hier zu beachten.

Im Rahmen der Ausführungen zur **Gesamtaussage** ist auch auf die wesentlichen Bewertungsgrundlagen und deren Veränderungen (inkl. Ausübung von Bilanzierungs- und Bewertungswahlrechten und Ausnutzung von Ermessensspielräumen) sowie sachverhaltsgestaltende Maßnahmen einzugehen (§ 321 Abs. 2 S. 4 HGB). In diesem Zusammenhang sollten ggf. in Anspruch genommene und nach Art. 67 Abs. 4 EGHGB beibehaltene Bewertungserleichterungen bzw. steuerlich motivierte Bewertungen und Ansätze erläutert werden. **664**

Macht eine PersGes. oder ein Einzelkaufmann als „Mutterunternehmen" i.S.v. § 290 HGB von den **Erleichterungsvorschriften** des § 13 Abs. 3 S. 2 PublG Gebrauch (Nichtaufstellung von KFR und EK-Spiegel), so erübrigen sich diesbezügliche Feststellungen im KPrB. **665**

Nach § 11 Abs. 6 PublG sind §§ 291, 292 HGB sinngemäß anzuwenden und gelten damit auch für die **Befreiungswirkung** von nach PublG aufgestellten KA (§ 13 Abs. 3 S. 3 PublG i.V.m. §§ 291, 292 HGB)[1129]. In diesem Fall kann es ggf. erforderlich sein zu prüfen, ob der KA für ein TU das Berufen auf § 264 Abs. 3 HGB, § 264b HGB oder § 5 Abs. 6 PublG bzw. auf §§ 291, 292 HGB dann überhaupt noch erlaubt[1130]. **666**

1125 Vgl. *IDW PS 450 n.F.*, Tz. 76.
1126 Zu über die gesetzlichen Anforderungen hinausgehenden Aufgliederungen und Erläuterungen vgl. *IDW PS 450 n.F.*, Tz. 99 ff.
1127 Vgl. *Schmidt/Almeling*, in: BeBiKo[11], § 317, Rn. 226.
1128 Vgl. *Schäfer*, PublG[2], § 13, Rn. 15; *Winkeljohann/Deubert*, in: BeBiKo[11], § 298, Rn. 101.
1129 Vgl. *Grottel/Kreher*, in: BeBiKo[11], § 292, Rn. 40.
1130 Vgl. *Winkeljohann/Deubert*, in: BeBiKo[11], § 264, Rn. 215 ff., § 264b, Rn. 56; *Grottel/Kreher*, in: BeBiKo[11], § 292, Rn. 42; *Schäfer*, PublG[2], § 5, Rn. 37 ff., § 13, Rn. 12.

3.6 Sonderfragen bei der Prüfungsberichterstattung

3.6.1 Berichterstattung über die Prüfung von nach internationalen Rechnungslegungsstandards aufgestellten Einzel- bzw. Konzernabschlüssen

667 Stellt das zu prüfende Unternehmen einen Abschluss nach den **IFRS, wie sie in der EU anzuwenden sind**[1131], und den ergänzend nach § 315e Abs. 1 HGB anzuwendenden deutschen handelsrechtlichen Vorschriften auf, ist der PrB ebenfalls nach § 321 HGB zu erstellen. Bei der Berichterstattung über die Prüfung von nach Rechnungslegungsstandards i.S.v. § 315e Abs. 1 HGB aufgestellten

- **Einzelabschlüssen** (§ 325 Abs. 2a HGB) oder
- **Konzernabschlüssen**

sind abweichend von bzw. ergänzend zu den allgemeinen Grundsätzen der Berichterstattung zur Jahres- bzw. Konzernabschlussprüfung folgende Besonderheiten zu beachten[1132].

668 Als **Gegenstand der Prüfung** sind die nach den IFRS, wie sie in der EU anzuwenden sind, geforderten Unterlagen anzugeben[1133]. Dabei sind KFR und EK-Veränderungsrechnung stets (IAS 1.10), eine Segmentberichterstattung (IFRS 8) je nach den Umständen des Einzelfalles, gefordert.

Nach § 325 Abs. 2a HGB bzw. 315e Abs. 1 HGB besteht auch bei einem nach den IFRS aufgestellten EA bzw. KA die Verpflichtung zur Aufstellung eines LB nach § 289 HGB i.V.m. § 325 Abs. 2a S. 4 HGB bzw. eines KLB nach § 315 HGB.

669 Die Verpflichtung des APr. zur **Stellungnahme zur Beurteilung der Lage des Unternehmens bzw. des Konzerns** durch die gesetzlichen Vertreter gemäß § 321 Abs. 1 S. 2 HGB besteht soweit, wie die geprüften Unterlagen eine solche Beurteilung durch den APr. erlauben. Die geprüften Unterlagen i.d.S. umfassen die nach den in der EU anzuwendenden IFRS-Standards geforderten Abschlussunterlagen sowie den LB bzw. KLB[1134].

670 Im Rahmen der Berichterstattung nach § 321 Abs. 2 S. 1 HGB zur Ordnungsmäßigkeit des EA bzw. des KA ist festzustellen, ob die **geprüften Unterlagen** den IFRS, wie sie in der EU anzuwenden sind, entsprechen[1135].

671 Die Berichterstattung nach § 321 Abs. 2 S. 3 HGB ist darauf auszurichten, dass der EA bzw. der KA insgesamt **unter Beachtung der IFRS, wie sie in der EU anzuwenden sind**, ein den tatsächlichen Verhältnissen entsprechendes Bild der Vermögens-, Finanz- und Ertragslage der Gesellschaft bzw. des Konzerns vermittelt[1136]. Dabei ist zu berücksichti-

---

1131 Grundlage hierfür bildet die Verordnung (EG) Nr. 1606/2002 des Europäischen Parlaments und des Rates v. 19.07.2002 betreffend die Anwendung internationaler Rechnungslegungsstandards, Abl.EG v. 11.09.2002, L 243, S. 1 ff. Siehe hierzu Kap. J und Kap. K.
1132 Vgl. *IDW PS 450 n.F.*, Tz. 139.
1133 Vgl. *IDW PS 450 n.F.*, Tz. 140.
1134 Vgl. *IDW PS 450 n.F.*, Tz. 141.
1135 Vgl. *IDW PS 450 n.F.*, Tz. 142.
1136 Vgl. *IDW PS 450 n.F.*, Tz. 143.

gen, dass die IFRS die GoB als solche nicht kennen und daher auch deren Beachtung nicht fordern[1137].

3.6.2 Zusammengefasster Prüfungsbericht

672 § 325 Abs. 3a HGB sieht für den Fall, dass der KA zusammen mit dem JA des MU oder mit einem von diesem nach internationalen Rechnungslegungsstandards aufgestellten EA nach § 325 Abs. 2a HGB bekannt gemacht wird, die Möglichkeit vor, die Vermerke des APr. nach § 322 HGB zu den beiden Abschlüssen zusammenzufassen und in diesem Fall dann auch die jeweiligen PrB zusammenzufassen.

Die Zusammenfassung der BestV ist dabei **Voraussetzung** für eine Zusammenfassung der PrB (§ 325 Abs. 3a letzter Satzteil HGB).

673 Liegen die Voraussetzungen vor, so besteht für den APr. die Möglichkeit, nicht aber die Pflicht zur **Zusammenfassung der Berichte**[1138]. Der APr. entscheidet nach pflichtgemäßem Ermessen, ob er einen zusammengefassten PrB über seine Prüfung des JA bzw. EA des MU und des KA erstellt.

674 Werden JA und KA von **verschiedenen APr.** geprüft, kommt eine zusammengefasste Berichterstattung nicht in Betracht, weil kein Fall der gemeinsamen Abschlussprüfung vorliegt[1139].

Ebenfalls nicht zulässig ist eine zusammengefasste Berichterstattung über den JA eines TU und den KA des MU, auch wenn es sich bei dem MU um eine Holding handelt und das TU den KA insgesamt prägt[1140].

675 Aus Gründen der **Klarheit der Berichterstattung** sollte das Wahlrecht zur Zusammenfassung der PrB und der BestV einheitlich und stetig ausgeübt werden[1141]. Von der Möglichkeit zur Zusammenfassung von PrB und BestV sollte jedoch nur dann Gebrauch gemacht werden, wenn die Rechnungslegung wesentliche gemeinsame Teile aufweist, d.h. wenn z.B. nach § 298 Abs. 2 HGB der KAnh. und der Anh. des MU sowie nach § 315 Abs. 3 HGB der KLB und der LB des MU zusammengefasst werden[1142]. Für eine Zusammenfassung kommen somit Fälle infrage, in denen der KA im Wesentlichen durch den JA des MU geprägt wird und beide Abschlüsse nach denselben maßgebenden Rechnungslegungsgrundsätzen aufgestellt werden. Wird bspw. der KA nach IFRS und der JA des MU nach HGB aufgestellt, so muss im Einzelfall kritisch hinterfragt werden, ob durch eine Zusammenfassung der PrB überhaupt eine klare, übersichtliche und aussagefähige Berichterstattung gewährleistet werden kann.

676 Der zusammengefasste PrB muss dabei **allen Anforderungen genügen**, die für die getrennte Berichterstattung gelten. Das bedeutet bspw., dass insb. die Feststellungen nach § 321 Abs. 1 S. 2 und S. 3 sowie Abs. 2 HGB sowohl für den JA (bzw. EA) des MU als auch für den KA zu treffen sind[1143]. Dementsprechend stellen auch alle im zusammengefassten PrB berücksichtigten Abschlüsse und LB obligatorische Anlagen dar[1144].

1137 Vgl. *Schmidt/Deicke*, in: BeBiKo[11], § 321, Rn. 185.
1138 Vgl. ADS[6], § 321, Tz. 231; *Orth*, in: Baetge/Kirsch/Thiele, Bilanzrecht, § 321, Rn. 146.
1139 Vgl. ADS[6], § 322, Tz. 406; *Schmidt/Deicke*, in: BeBiKo[11], § 321, Rn. 226.
1140 Vgl. *Schmidt/Deicke*, in: BeBiKo[11], § 321, Rn. 226.
1141 Ebenso *Schmidt/Deicke*, in: BeBiKo[11], § 321, Rn. 262.
1142 Vgl. IDW PS 450 n.F., Tz. 138; *Burg/Müller*, in: Kölner Komm. Rechnungslegungsrecht, § 321, Rn. 154.
1143 Vgl. IDW PS 450 n.F., Tz. 138.
1144 Vgl. ADS[6], § 321, Tz. 233; *Orth*, in: Baetge/Kirsch/Thiele, Bilanzrecht, § 321, Rn. 149.

677 Die Möglichkeiten zur Verbindung der beiden PrB sind bei den einzelnen Abschnitten des Berichts unterschiedlich groß und hängen von den Gegebenheiten des Einzelfalles ab. Eine **Zusammenfassung der Berichtsinhalte** kommt z.B. bei der Darstellung des Prüfungsauftrags oder den Feststellungen zum zusammengefassten Anh. und zum zusammengefassten LB in Betracht. Bei spezifischen Sachverhalten zum JA und zum KA, namentlich bei den Angaben zur Abgrenzung des Konsolidierungskreises und zu den Konsolidierungsmethoden, sowie bei notwendigen Aufgliederungen und Erläuterungen der Posten des JA bzw. des KA, muss eine **getrennte Berichterstattung** erfolgen[1145]. Ebenso wird i.d.R. ein differenziertes Eingehen auf Sachverhaltsgestaltungen vonnöten sein, weil solche auf Konzernabschlussebene vielfach wieder „wegkonsolidiert" werden. Zur Gliederung und zum Aufbau des PrB wird im Übrigen auf Kap. M Tz. 544 bzw. Tz. 546 verwiesen, da der zusammengefasste Bericht jedenfalls alle konzernspezifischen Aspekte abdecken muss.

3.6.3 Berichterstattung bei erstmaliger Prüfung

678 **Erstprüfungen**[1146] sind Abschlussprüfungen, bei denen der JA oder KA des VJ ungeprüft oder durch einen anderen APr. geprüft worden ist. Erstprüfungen umfassen auch Prüfungen bei Unternehmen, die erstmals einen JA oder KA aufstellen[1147].

679 Erstprüfungen sind für den APr. naturgemäß mit einem latent **erhöhten Prüfungsrisiko** verbunden, weil der APr. über keine Erkenntnisse aus einer eigenen VJ-Prüfung verfügt[1148]. Demzufolge werden u.a. die Eröffnungsbilanzwerte einen Prüfungsschwerpunkt darstellen[1149].

680 Für bei Erstprüfungen zusätzlich erforderliche Prüfungshandlungen zur Feststellung der **Eröffnungsbilanzwerte** sind entsprechende Ausführungen über **Art und Umfang der Prüfungshandlungen** in den PrB aufzunehmen[1150]. Zu diesen Prüfungshandlungen gehört insb. zu überprüfen, ob[1151]

- die Eröffnungsbilanzwerte ordnungsgemäß aus dem VJ-Abschluss übernommen worden sind[1152],
- die Eröffnungsbilanz keine falschen Werte enthält, die den zu prüfenden Abschluss wesentlich beeinflussen,
- zulässige Ansatz-, Ausweis-, Bewertungs- und Konsolidierungsmethoden stetig im Zeitablauf angewendet werden,
- Änderungen dieser Methoden im zu prüfenden Abschluss – und damit eine Durchbrechung der Stetigkeit – nur im zulässigen Rahmen erfolgt sind,
- die zugehörigen Anhangangaben bei Methodenänderungen vorhanden sind.

681 Je nach den **Umständen des Einzelfalles** können die Ausführungen dazu im PrB länger oder kürzer ausfallen. Gegebenenfalls kann es erforderlich sein, auch auf Erläuterungen

---

1145 Vgl. *Schmidt/Deicke*, in: BeBiKo[11], § 321, Rn. 226.
1146 Vgl. hierzu *IDW PS 205*.
1147 Vgl. *IDW PS 205*, Tz. 1.
1148 Vgl. *IDW PS 205*, Tz. 8; *Kamping*, WPg 2016, S. 373.
1149 Vgl. *IDW PS 205*, Tz. 9; auch *IDW PS 450 n.F.*, Tz. 57.
1150 Vgl. *IDW PS 205*, Tz. 18; *Kamping*, WPg 2016, S. 377.
1151 Vgl. *IDW PS 205*, Tz. 9, 17.
1152 Im Fall von Unternehmensgründungen ergeben sich diese Eröffnungsbilanzwerte aus dem Gründungs- bzw. Umwandlungsvorgang; vgl. *IDW PS 205*, Tz. 7.

durch den Mandatsvorgänger (§ 320 Abs. 4 HGB; § 42 BS WP/vBP) einzugehen oder hinzuweisen. Falls im VJ ein eingeschränkter BestV oder ein Versagungsvermerk erteilt oder der BestV mit einem ergänzenden Hinweis versehen worden ist, sollte dies stets im PrB vermerkt und darauf eingegangen werden, ob und inwieweit sich der Grund dafür im geprüften JA ebenfalls ausgewirkt hat[1153]. Wurde der VJ-Abschluss trotz Prüfungspflicht nicht geprüft oder nicht festgestellt, sind die sich daraus ergebenden Konsequenzen in Bezug auf den geprüften JA darzustellen[1154].

682 Im Rahmen der Feststellungen zur **Ordnungsmäßigkeit** der Buchführung und der weiteren geprüften Unterlagen ist im PrB **festzustellen**, ob die Eröffnungsbilanzwerte ordnungsgemäß aus dem VJ-Abschluss übernommen worden sind[1155]. Sofern sich i.Z.m. der Prüfung der Eröffnungsbilanzwerte Prüfungshemmnisse ergeben haben, ist dies im PrB an den geeigneten Stellen darzustellen und Auswirkungen auf die Prüfungsurteile im BestV zu prüfen[1156].

683 **Bei PIE** ist i.Z.m. **Erstprüfungen** namentlich zu beachten, dass i.R.d. **Methodenübersicht** nach Art. 11 Abs. 2 Buchst. g) VO (EU) Nr. 537/2014 ausdrücklich zu erläutern ist, welche wesentlichen Veränderungen bei der Zuordnung und Gewichtung von Aufbau- und Funktionsprüfungen und/oder aussagebezogenen Prüfungshandlungen ggü. dem VJ erfolgt sind (vgl. Kap. M Tz. 312). Hierzu dürften u.U. umfangreichere Erkundigungen beim Mandatsvorgänger einzuholen sein, für die i.R.d. Prüfungsplanung rechtzeitig und ausreichend Zeit vorgesehen werden sollte.

3.6.4 Berichterstattung bei Gemeinschaftsprüfungen (Joint Audits)

684 Werden mehrere WP oder WPG gemeinsam zu APr. (**Gemeinschaftsprüfer** oder **Joint Auditors**)[1157] gewählt und bestellt, setzt sich das Gesamtergebnis der Abschlussprüfung aus den Prüfungsergebnissen aller dieser Gemeinschaftsprüfer zusammen. Die Gemeinschaftsprüfer sind – ungeachtet ihrer jeweiligen Eigenverantwortlichkeit nach § 43 Abs. 1 WPO – nur gemeinsam APr. i.S.d. Gesetzes. Dementsprechend ist es sachgerecht, einen **gemeinsamen PrB** vorzulegen[1158]. Dies gilt auch, wenn die Gemeinschaftsprüfer die Prüfung technisch dergestalt durchführen, dass sie die Prüfungsgebiete untereinander aufteilen.

685 In die Berichterstattung zum Prüfungsauftrag sind Angaben zu der **gemeinsamen Bestellung** mehrerer WP oder WPG zum APr. aufzunehmen[1159]. Entsprechendes gilt in Bezug auf die Bestätigung bzw. die (bei PIE) zusätzliche Erklärung zur Unabhängigkeit jedes Gemeinschaftsprüfers[1160].

1153 Vgl. *IDW PS 205*, Tz. 17.
1154 Vgl. *IDW PS 205*, Tz. 17. Zu den Konsequenzen unterlassener Pflichtprüfungen für die Prüfung des Folgeabschlusses siehe IDW Life 2015, S. 597 f. sowie Kap. N Tz. 80 ff.
1155 Vgl. *IDW PS 205*, Tz. 9.
1156 Vgl. auch *IDW PS 205*, Tz. 17.
1157 Vgl. hierzu *IDW PS 208*.
1158 Vgl. *IDW PS 208*, Tz. 21.
1159 Vgl. *IDW PS 208*, Tz. 22.
1160 Vgl. auch *IDW PS 208*, Tz. 12.

686 Trotz der Gesamtverantwortung aller Gemeinschaftsprüfer für das Prüfungsergebnis sollte im PrB die **Aufgabenverteilung zwischen den beteiligten Gemeinschaftsprüfern** beschrieben werden[1161].

Bei PIE sind gem. Art. 11 Abs. 2 Buchst. f) VO (EU) Nr. 537/2014 diesbezügliche Angaben jedenfalls ausdrücklich vorgeschrieben[1162].

687 Über **Beanstandungen** i.S.v. § 321 Abs. 1 S. 3 HGB (d.h. Unregelmäßigkeiten) ist wie üblich i.R.d. vorangestellten Berichterstattung an geeigneter Stelle zu berichten[1163]. Dies gilt auch, wenn der Sachverhalt nach Auffassung nur eines der Gemeinschaftsprüfer zu beanstanden ist[1164].

688 **Meinungsverschiedenheiten** zwischen den Gemeinschaftsprüfern bei der Würdigung einzelner Prüfungsnachweise bzw. Prüfungsfeststellungen oder über das Prüfungsergebnis sind, soweit möglich, im Vorfeld der Berichterstattung auszuräumen. Sie sind jedenfalls kein wichtiger Grund i.S.v. § 318 Abs. 6 HGB zur Kündigung des Prüfungsauftrags[1165].

689 **Abweichende Beurteilungen** der Gemeinschaftsprüfer, die im Vorfeld der Berichterstattung nicht ausgeräumt werden können, sind in dem gemeinsamen PrB in geeigneter Weise darzustellen[1166]. Sofern sich die unterschiedlichen Auffassungen auf einzelne, klar abgrenzbare Sachverhalte beziehen, ist eine Darstellung an der entsprechenden Stelle im PrB sinnvoll. Ansonsten sollten die strittigen Punkte zusammen mit den divergierenden Beurteilungen in einem Zusatzkapitel des PrB, ergänzt durch entsprechende Querverweise bzw. Bezugnahmen im übrigen PrB, dargestellt werden[1167]. Auf daraus ggf. resultierende voneinander abweichende Prüfungsurteile im BestV (§ 322 Abs. 6a S. 2 HGB) ist an der betreffenden Berichtsstelle bzw. i.R.d. Zusatzkapitels ausdrücklich hinzuweisen.

690 Auch bei gravierenden Differenzen zwischen den beteiligten Gemeinschaftsprüfern in der Würdigung von Prüfungsnachweisen bzw. Prüfungsfeststellungen oder in Bezug auf das Prüfungsergebnis ist eine **Berichterstattung in Form getrennter PrB nicht sachgerecht**[1168]. Getrennte PrB widersprächen erstens der klaren Vorgabe des Art. 11 Abs. 3 VO (EU) Nr. 537/2014, und zweitens harmonierten sie nicht mit der allgemeingültigen Vorgabe des § 322 Abs. 6a S. 2 HGB, wonach unterschiedliche Beurteilungen des Prüfungsergebnisses nicht in getrennten BestV, sondern in gesonderten Absätzen innerhalb eines gemeinsamen BestV darzulegen sind (vgl. hierzu Kap. M Tz. 1197).

691 Der gemeinsame PrB ist von allen Gemeinschaftsprüfern zu unterzeichnen. Dabei müssen jeweils zumindest die **„verantwortlichen WP"** i.S.d. *IDW QS 1* den PrB und den BestV unterzeichnen[1169]. Als Ortsangabe(n) sind die Niederlassungsorte der einzelnen

---

1161 Anders noch – jedoch zur Gesetzeslage vor VO (EU) Nr. 537/2014 und AReG – *IDW PS 208*, Tz. 23, wo die Nichtangabe explizit mit der Gesamtverantwortung begründet wird.
1162 Vgl. *IDW PS 450 n.F.*, Tz. P56/5.
1163 Vgl. *IDW PS 450 n.F.*, Tz. 26 sowie Kap. M Tz. 238 ff.
1164 Vgl. *IDW PS 208*, Tz. 26.
1165 Vgl. *IDW PS 208*, Tz. 24.
1166 Vgl. *IDW PS 208*, Tz. 25; *IDW PS 450 n.F.*, Tz. P56/6 i.Z.m. Art. 11 Abs. 3 VO (EU) Nr. 537/2014.
1167 Vgl. auch *Schmidt/Deicke*, in: BeBiKo[11], § 321, Rn. 264.
1168 Unklar dagegen *Schmidt/Deicke*, in: BeBiKo[11], § 321, Rn. 264.
1169 Aufgrund von Art. 28 Abs. 4 S. 3 RL 2006/43/EG (betr. den BestV) ist ein anderes Vorgehen nicht vertretbar. Vgl. auch *IDW PS 450 n.F.*, Tz. 114; *IDW PS 400 n.F.*, Tz. 75.

Gemeinschaftsprüfer zu nennen. Nach der RegBegr. AReG sind unterschiedliche Unterzeichnungsdaten ggf. möglich[1170]. Da das Unterzeichnungsdatum jedoch zugleich die materielle Beendigung der (gemeinschaftlichen) Abschlussprüfung dokumentiert, würde dies formalrechtlich bedeuten, dass die verschiedenen Gemeinschaftsprüfer divergierende **Beurteilungszeitpunkte** hätten. Vor Unterzeichnung mit auseinanderfallenden Daten sollte daher grds. rechtlicher Rat eingeholt werden. Die Siegelführung ist (bei freiwilligen Prüfungen) einheitlich zu handhaben; wird gesiegelt, hat jeder Gemeinschaftsprüfer sein Berufssiegel zu verwenden. Die **Vorlage an die Berichtsempfänger** ist zwischen den Gemeinschaftsprüfern abgestimmt zu organisieren.

3.6.5 Berichterstattung über freiwillig beauftragte Abschlussprüfungen

Die in *IDW PS 450 n.F.* und der *IDW PS 400er*-Reihe dargelegten Grundsätze für die ordnungsmäßige Berichterstattung und für die ordnungsmäßige Erteilung von BestV bei gesetzlichen Abschlussprüfungen gelten für **gesetzlich nicht vorgeschriebene**, somit freiwillige, **Abschlussprüfungen**, für die ein BestV i.S.v. § 322 HGB erteilt werden soll, **entsprechend**[1171]. **692**

Abschlussprüfungen bei Unternehmen, die keiner gesetzlichen Prüfungspflicht unterliegen (**freiwillige Abschlussprüfungen**), werden durchgeführt bspw. bei Einzelkaufleuten, nicht § 264a HGB unterfallenden Personenhandelsgesellschaften[1172], (unternehmerisch tätigen) Stiftungen[1173] oder Vereinen[1174], Körperschaften und Anstalten des öffentlichen Rechts, welche die Größenmerkmale des PublG nicht erfüllen[1175], bei kleinen KapGes. oder KapCoGes. i.S.v. § 267 Abs. 1 HGB, inkl. KleinstKapGes. i.S.v. § 267a HGB, (vgl. § 316 Abs. 1 S. 1 HGB) und bei nicht prüfungspflichtigen Konzernen und Teilkonzernen. Grundlage hierfür können bspw. der Gesellschaftsvertrag oder die Satzung, die Einbeziehung in einen KA oder Kreditbedingungen von Banken sein. **693**

Bei **TU**, welche die Prüfungsbefreiung für ihren JA nach § 264 Abs. 3, § 264b HGB oder § 5 Abs. 6 PublG nicht in Anspruch nehmen, ist die Prüfung ihres JA eine **Pflichtprüfung**. Das gilt auch, wenn für die Aufstellung und ggf. die Offenlegung des JA Erleichterungen anderer Art in Anspruch genommen werden[1176]. **694**

Besonderheiten des Prüfungsergebnisses bei freiwillig beauftragten Abschlussprüfungen resultieren bspw. aus Erweiterungen des Prüfungsgegenstands (z.B. Ordnungsmäßigkeit der Geschäftsführung, Erhaltung des Stiftungsvermögens), einem zulässigen Verzicht auf die Aufstellung von LB und/oder Anh. oder aus der Nichtanwendung der Generalnorm des § 264 Abs. 2 S. 1 HGB. **695**

Bei **Erweiterungen des Prüfungsgegenstands** ist nach den in *IDW PS 400 n.F.* dargelegten Grundsätzen[1177] im Einzelfall zu entscheiden, ob die Feststellungen dazu ausschl. **696**

1170 Vgl. RegBegr. AReG, BT-Drs. 18/7219 v. 11.01.2016, S. 45.
1171 Vgl. *IDW PS 450 n.F.*, Tz. 20; *IDW PS 400 n.F.*, Tz. 3.
1172 Zur handelsrechtlichen Rechnungslegung von Personenhandelsgesellschaften vgl. *IDW RS HFA 7 n.F.*
1173 Zur Prüfung von Stiftungen siehe *IDW PS 740*; zur handelsrechtlichen Rechnungslegung vgl. *IDW RS HFA 5*.
1174 Zur Prüfung von Vereinen siehe *IDW PS 750*; zur handelsrechtlichen Rechnungslegung vgl. *IDW RS HFA 14*.
1175 Zur Berichterstattung bei gesetzlichen Abschlussprüfungen nach PublG siehe Kap. M Tz. 643 ff.
1176 Vgl. *IDW PH 9.200.1*, Tz. 4. Fehlt es allerdings an einer Wahl und Beauftragung des APr. nach § 318 HGB, kommt gleichwohl nur eine freiwillige Abschlussprüfung in Betracht.
1177 Vgl. *IDW PS 400 n.F.*, Tz. 10 Buchst. i) und j), 20-22, A7-A9, A19.

im PrB zu treffen sind oder ob darüber außerdem eine Beurteilung im BestV vorzunehmen ist. Der zulässige Verzicht auf LB und/oder Anh. hat Auswirkungen auf die Stellungnahme des APr. zur Lagebeurteilung der gesetzlichen Vertreter im PrB und ggf. auf die durch den APr. im Interesse der Berichtsadressaten vorzunehmenden Aufgliederungen und Erläuterungen der Posten des JA. Auch die Nichtbeachtung oder die freiwillige Erfüllung der Generalnorm des § 264 Abs. 2 S. 1 HGB hat Auswirkungen auf Art und Umfang der Berichterstattung im PrB. Alle drei Aspekte wirken sich auch auf den BestV aus.

697 Inhalt und Umfang der Berichterstattung bei freiwilligen Abschlussprüfungen richten sich entsprechend der Art des Auftrags danach, ob die freiwillige Prüfung nach Art und Umfang einer Pflichtprüfung i.S.v. § 316 ff. HGB durchgeführt wird und ein **BestV i.S.v. § 322 HGB** erteilt werden soll, oder ob keine derartige Prüfung durchgeführt wird und deshalb lediglich ein **Prüfungsvermerk** bzw. eine **Bescheinigung** erteilt werden kann[1178].

3.6.5.1 Prüfungsbericht bei freiwilligen Prüfungen, zu denen ein BestV i.S.v. § 322 HGB erteilt werden soll

698 Bei gesetzlich nicht vorgeschriebenen Abschlussprüfungen, die z.B. aufgrund gesellschaftsvertraglicher Verpflichtung oder freiwillig in Auftrag gegeben werden, darf ein BestV i.S.v. § 322 HGB nur dann erteilt werden, wenn die Prüfung nach Art und Umfang der Pflichtprüfung gem. **§§ 316 ff. HGB** entspricht[1179]. Soll eine freiwillige Jahresabschluss- oder Konzernabschlussprüfung mit einem BestV abschließen, so **muss vom APr. ein PrB** nach den für Pflichtprüfungen geltenden Grundsätzen des *IDW PS 450 n.F.* **erstellt werden**[1180]. Bei Vorlage eines mit dem BestV eines WP oder vBP, einer WPG oder BPG versehenen JA oder KA ist demzufolge davon auszugehen, dass ein schriftlicher PrB erstellt wurde.

699 In diesen Fällen kann mit dem Auftraggeber **keine Berichterstattung in einem geringeren Umfang** vereinbart werden[1181]. Verlangt der Auftraggeber (z.B. aus Kostengründen) gleichwohl einen Verzicht auf die Erstellung eines PrB, kann der APr. allenfalls eine Bescheinigung oder einen Prüfungsvermerk nach *IDW PS 480* bzw. *IDW PS 490*[1182] erteilen, die in Form von Mindestangaben speziellen Anforderungen genügen müssen.

Entsprechend dürfen auch keine ggü. dem Maßstab des § 320 HGB verminderten **Aufklärungs- und Nachweispflichten der gesetzlichen Vertreter** vereinbart werden. Die Abgabe der berufsüblichen Vollständigkeitserklärung ist i.R.d. Beauftragung zu regeln.

700 Die Ausführungen zum Bericht über die Jahresabschlussprüfung von KapGes. oder KapCoGes. unter Kap. M Tz. 135 ff. gelten daher für freiwillige Prüfungen, zu denen ein BestV erteilt wird, entsprechend. **Besonderheiten** in der Berichterstattung über freiwillige Abschlussprüfungen im PrB ergeben sich insb., wenn zulässigerweise auf die Aufstellung von LB und/oder Anh. verzichtet wird (z.B. nach §§ 264 Abs. 1 S. 4, 264

1178 Vgl. *IDW PS 400 n.F.*, Tz. 3; *IDW PS 450 n.F.*, Tz. 20; *IDW PS 480*, Tz. 24; *IDW PS 490*, Tz. 22; *Schmidt/Küster*, in: BeBiKo[11], § 322, Rn. 241.
1179 Vgl. *IDW PS 400 n.F.*, Tz. 3; ADS[6], § 322, Tz. 11; *Hell/Küster*, in: HdR[5], § 322, Rn. 6.
1180 Vgl. *IDW PS 450 n.F.*, Tz. 20.
1181 Vgl. *IDW PS 450 n.F.*, Tz. 20; ADS[6], § 321, Tz. 228; *Schmidt/Deicke*, in: BeBiKo[11], § 321, Rn. 231.
1182 Vgl. hierzu ausführlich *Gewehr et al.*, WPg 2016, S. 429 ff., S. 481 ff.; *IDW*, WPH Edition, Assurance, Kap. D.

Abs. 3, 264d HGB oder nach § 264 Abs. 1 S. 5 HGB) oder nur die für alle Kaufleute geltenden Rechnungslegungsvorschriften des Ersten Abschnitts des Dritten Buches des HGB (§§ 238 bis 263 HGB) zur Anwendung kommen.

Generell soll im Abschnitt „Prüfungsauftrag" klargestellt werden, dass der PrB an das geprüfte Unternehmen gerichtet ist[1183]. **701**

Je nach beauftragtem Prüfungsumfang können bei freiwilligen Jahresabschlussprüfungen ggf. bestimmte **Berichtsabschnitte entfallen**[1184]. Neben dem Abschnitt zur Gesamtaussage des JA und dem Abschnitt zur Ordnungsmäßigkeit des LB (bei zulässigem Verzicht auf die Aufstellung eines LB) können auch die Feststellungen zum Risikofrüherkennungssystem entfallen, wenn auf das geprüfte Unternehmen § 317 Abs. 4 HGB nicht anzuwenden ist und die Prüfung des Risikofrüherkennungssystems auch nicht freiwillig beauftragt wird[1185]. **702**

Wird (zulässigerweise) **kein LB aufgestellt**, kann der APr. zur Lagebeurteilung durch die gesetzlichen Vertreter, wie sie ansonsten im LB zum Ausdruck kommt, mangels Existenz eines Beurteilungsobjekts nicht explizit nach § 321 Abs. 1 S. 2 HGB Stellung nehmen. Das Vorliegen **besonderer Umstände** kann jedoch auch bei fehlendem LB eine Berichterstattung begründen (vgl. Kap. M Tz. 215 ff.). **703**

Auf die Rede- bzw. **Warnpflichten des APr. nach § 321 Abs. 1 S. 3 HGB** kann keinesfalls verzichtet werden. Stellt der APr. bei Durchführung der Prüfung also Tatsachen fest, welche die Entwicklung des geprüften Unternehmens wesentlich beeinträchtigen, dessen Bestand gefährden können oder die schwerwiegende Verstöße der gesetzlichen Vertreter oder von Arbeitnehmern gegen Gesetz, Gesellschaftsvertrag oder die Satzung erkennen lassen, so hat er darüber entsprechend zu berichten[1186]. Hat der APr. keine berichtspflichtigen Tatsachen **festgestellt**, so ist umgekehrt keine Negativerklärung im PrB erforderlich. Auch kann der APr. i.R.d. Abschlussprüfung nicht positiv bestätigen, dass keine berichtspflichtigen Tatsachen vorliegen[1187]. **704**

An einen **freiwillig aufgestellten LB** sind die gleichen Anforderungen wie an einen obligatorischen LB zu stellen. Daher ist für einen freiwilligen LB entsprechend § 321 Abs. 2 S. 1 HGB im PrB festzustellen, ob er den gesetzlichen Vorschriften (§ 289 HGB) und den ggf. ergänzenden Bestimmungen des Gesellschaftsvertrags bzw. der Satzung des geprüften Unternehmens entspricht. **705**

Nach § 321 Abs. 2 S. 3 HGB hat der APr. im PrB darauf einzugehen, ob die **Generalnorm des § 264 Abs. 2 S. 1 HGB** beachtet wurde. Die Generalnorm gilt auch für kleine KapGes. bzw. KapCoGes. (inkl. KleinstKapGes. i.S.v. § 267a HGB), die Aufstellungserleichterungen für den JA (§§ 266 Abs. 1, 274a, 275 Abs. 5, 276, 288 Abs. 1 HGB) in Anspruch nehmen, so dass sich im Vergleich zur Berichterstattung über Pflichtprüfungen keine Besonderheiten ergeben, sofern der Umfang der in Anspruch genommenen Erleichte- **706**

1183 Vgl. *IDW PS 450 n.F.*, Tz. 21.
1184 Vgl. ADS[6], § 321, Tz. 228.
1185 Vgl. *Schmidt/Deicke*, in: BeBiKo[11], § 321, Rn. 231.
1186 Vgl. *IDW PS 450 n.F.*, Tz. 26 ff.; *Schmidt/Deicke*, in: BeBiKo[11], § 321, Rn. 232 i.V.m. Rn. 31.
1187 Vgl. *IDW PS 450 n.F.*, Tz. 39.

707 Bei Unternehmen anderer Rechtsform ist darauf einzugehen, inwieweit freiwillig oder aufgrund gesellschaftsvertraglicher Vorgaben im Grundsatz die für nicht befreite KapGes. vergleichbarer Größe (§ 267 HGB) geltenden **Anforderungen an den JA erfüllt** werden. Das bedeutet insb., dass der APr. festzustellen hat, ob das Unternehmen einen Anh. erstellt oder auf andere Weise jene Angaben macht, die unter Beachtung der GoB oder sonstiger maßgebender Rechnungslegungsgrundsätze zur Vermittlung eines den tatsächlichen Verhältnissen entsprechenden Bildes der Vermögens-, Finanz- und Ertragslage notwendig sind[1189].

In diesem Zusammenhang sind u.U. auch die Anforderungen aus *IDW PS 270 n.F.*, Tz. 9 bei bestandsgefährdenden Risiken von Relevanz.

708 Der Abschnitt zur Gesamtaussage des JA kann bei den Unternehmen anderer Rechtsform entfallen, wenn diese die für nicht befreite KapGes. vergleichbarer Größe geltenden **Vorschriften nicht freiwillig anwenden.** Zwecks Verdeutlichung kann eine entsprechende Feststellung, dass das geprüfte Unternehmen weder gesetzlich noch gesellschaftsvertraglich zur Aufstellung eines Anh. verpflichtet ist, in den Abschnitt zur Ordnungsmäßigkeit des JA mit aufgenommen werden.

709 Falls das zu prüfende Unternehmen keinen Anh. erstellen muss oder nicht der Generalnorm des § 264 Abs. 2 S. 1 HGB unterliegt, hat der APr. im PrB nach § 321 Abs. 2 S. 4 HGB die **Bewertungsgrundlagen** und deren Änderungen (einschl. der Ausübung von Bilanzierungs- und Bewertungswahlrechten und der Ausnutzung von Ermessensspielräumen) sowie sachverhaltsgestaltende Maßnahmen **insoweit** darzustellen, als dies im Interesse einer Einschätzung der Aussage des JA **erforderlich** ist[1190].

710 Eine **Aufgliederung und Erläuterung** von Posten des JA im PrB ist gem. § 321 Abs. 2 S. 5 HGB erforderlich, **soweit** dies aufgrund des besonderen Informationsbedarfs der Empfänger des PrB zum Verständnis der Gesamtaussage des JA, insb. i.Z.m. der Erläuterung der Bewertungsgrundlagen und deren Änderungen sowie der sachverhaltsgestaltenden Maßnahmen, **erforderlich** ist und diese Angaben nicht bereits im Anh. enthalten sind[1191].

Es empfiehlt sich in diesem Zusammenhang, bei Einzelkaufleuten und PersGes. ggf. das EK ergänzend aufzugliedern[1192], um zu verdeutlichen, in welchem Umfang (nach dem

---

1188 Vgl. *Schmidt/Küster*, in: BeBiKo[11], § 322, Rn. 236 ff. Dies gilt auch für TU, die § 264 Abs. 3 HGB, § 264b HGB bzw. § 5 Abs. 6 PublG in Anspruch nehmen, soweit es sich im Ausnahmefall (vgl. *IDW PH 9.200.1*, Tz. 4) um eine freiwillige Abschlussprüfung handelt. Zum Sonderfall KleinstKapGes. vgl. auch *Winkeljohann/Schellhorn*, in: BeBiKo[11], § 264, Rn. 62 f.
1189 Vgl. *IDW PS 450 n.F.*, Tz. 70. Zu den Anforderungen i.Z.m. der Anwendung von für KapGes. abweichenden Vorschriften, die die Erfüllung der Generalnorm berühren, vgl. ADS[6], § 264, Rn. 94 ff.; *Baetge/Commandeur/Hippel*, in: HdR[5], § 264, Rn. 45 f.; *Reiner*, in: MünchKomm. HGB[3], § 264, Rn. 82 ff.; *Winkeljohann/Schellhorn*, in: BeBiKo[11], § 264, Rn. 41 f.
1190 Vgl. *IDW PS 450 n.F.*, Tz. 76. Hierdurch sollen – dem Zweck des § 321 Abs. 2 HGB folgend – die Gesellschafter und ein eventuelles (freiwilliges) Aufsichtsgremium in die Lage versetzt werden, die erforderlichen Grundsatzentscheidungen zu treffen bzw. vorzubereiten.
1191 Vgl. *IDW PS 450 n.F.*, Tz. 75, 97 f.
1192 Vgl. hierzu *IDW RS HFA 7 n.F.*, Tz. 42 ff.

Gesellschaftsvertrag erlaubtes) Entnahmepotential der Gesellschafter besteht, sofern dies nicht aus dem JA hervorgeht[1193].

Neben den gesetzlich geforderten Aufgliederungen und Erläuterungen können im Einzelfall weitergehende **sonstige Aufgliederungen und Erläuterungen** auf der Grundlage ergänzender Beauftragung oder Erwartungen der Auftraggeber vorgenommen werden (grundsätzlich in Form einer **Anlage zum PrB**). 711

Der Bericht über eine gesetzlich nicht vorgeschriebene Abschlussprüfung kann von WP und/oder vBP **unterzeichnet** werden[1194]. Neben einem WP bzw. vBP kann, da es sich um keine Vorbehaltsaufgabe handelt, grds. auch ein Nicht-WP bzw. Nicht-vBP den PrB unterzeichnen. Wird das Berufssiegel geführt[1195], muss mindestens ein Berufsangehöriger zeichnen (§ 44 Abs. 2 BS WP/vBP). 712

Die obigen Ausführungen gelten sinngemäß auch i.Z.m. **KA**, die unter Anwendung von § 316 ff. HGB freiwillig geprüft werden sollten. Allerdings ist bei einem freiwilligen KA der Verzicht auf einen der in § 297 Abs. 1 S. 1 HGB genannten Pflichtbestandteile Bilanz, GuV, KAnh., KFR und EK-Spiegel jedenfalls nicht möglich, wenn ein uneingeschränkter BestV erteilbar sein soll. 713

Dahingegen ist es im Ausnahmefall möglich, für einen freiwillig aufgestellten KA einen uneingeschränkten BestV zu erteilen, wenn hierzu **kein (freiwilliger) KLB erstellt** worden ist und der Prüfungsauftrag diesen Sachverhalt berücksichtigt[1196]. In diesem Fall ist im KPrB auf diesen Sachverhalt ausdrücklich hinzuweisen, sinnvollerweise auch bei einem ausschließlich nach IFRS aufgestellten KA. Darüber hinaus entfallen im BestV alle auf den KLB bezogenen Aussagen[1197]. 714

Im Einzelfall kann es sich empfehlen, im BestV auf diesen sonstigen Sachverhalt nach *IDW PS 406* hinzuweisen und zu verdeutlichen, dass der geprüfte KA nicht die Voraussetzungen für einen nach § 325 HGB offenzulegenden (und ggf. befreiend i.S.v. §§ 291, 292 HGB wirkenden) KA erfüllt (vgl. Kap. M Tz. 862).

3.6.5.2 Prüfungsbericht bei freiwilligen Prüfungen, zu denen eine Bescheinigung bzw. ein Prüfungsvermerk erteilt werden soll

Bei Prüfungen von JA oder KA, die **nicht nach Art und Umfang einer Pflichtprüfung** für KapGes. durchgeführt werden, kann anstelle des BestV nur eine Bescheinigung bzw. (bspw. i.Z.m. *IDW PS 480* oder *IDW PS 490*) ein Prüfungsvermerk, erteilt werden[1198]. Art und Umfang der Tätigkeit des APr. müssen entweder aus dieser Bescheinigung bzw. diesem Prüfungsvermerk oder aus einem Bericht ersichtlich sein, in welchem die Bescheinigung bzw. der Prüfungsvermerk erteilt oder wiedergegeben wird[1199]. 715

Solche Prüfungen kommen z.B. als Prüfungen des JA oder ggf. der HB II für Zwecke der Konsolidierung gem. § 317 Abs. 3 S. 1 HGB hinsichtlich der Beachtung der gesetzlichen

---

1193 Vgl. *Kuhner/Päßler*, in: HdR[5], § 321, Rn. 94.
1194 Zu den Regularien bei einer Pflichtprüfung siehe Kap. M Tz. 502 ff.
1195 Vgl. *IDW PS 400 n.F.*, Tz. A75.
1196 Vgl. IDW Life 2015, S. 648 f.
1197 *IDW PS 400 n.F.*, Anlagen 7 und 8 beinhalten Beispiele für derartige, allerdings rein nach IFRS aufgestellte KA.
1198 Vgl. *Kuhner/Päßler*, in: HdR[5], § 322, Rn. 79; *Schmidt/Deicke*, in: BeBiKo[11], § 321, Rn. 233 ff.
1199 Vgl. *IDW PS 480*, Tz. 24; *Schmidt/Küster*, in: BeBiKo[11], § 322, Rn. 241 weisen diesbezüglich auf die Bedeutung der Angabe von Art und Umfang der Prüfung in Bezug auf die Haftung des WP hin.

und der für die Übernahme in den KA maßgeblichen Vorschriften, als eingeschränkte Prüfung eines freiwilligen KA oder als Prüfungen von Abschlüssen, Finanzaufstellungen oder deren Bestandteilen (für einen speziellen Zweck) vor[1200].

716 Für den **PrB** über Abschlussprüfungen in eingeschränktem Umfang oder von Teilen eines JA oder KA gelten die allgemeinen Grundsätze ordnungsmäßiger Berichterstattung des *IDW PS 450 n.F.* sinngemäß. Im PrB hat der APr. somit wahrheitsgetreu, vollständig, unparteiisch und mit der gebotenen Klarheit schriftlich zu berichten (§ 43 Abs. 1 WPO). In dem Bericht ist ferner klar darzustellen, inwieweit sich die durchgeführte Prüfung von Art und Umfang einer Pflichtprüfung nach den für KapGes. geltenden Vorschriften unterscheidet und warum zu dem geprüften JA oder KA kein BestV erteilt wurde[1201].

717 Die Erstellung eines PrB ist für Prüfungen, für die nur eine Bescheinigung erteilt werden soll, nicht zwingend geboten. **Bescheinigungen**, die ohne PrB erteilt werden, müssen zumindest grundlegenden Anforderungen an Aufbau und Inhalt genügen[1202].

718 Sowohl PrB als auch Bescheinigung sollten daher folgende **Mindestangaben** enthalten[1203]:

- Adressat
- Auftrag und Auftragsbedingungen
- Gegenstand, Art und Umfang der Tätigkeit
- Durchführungsgrundsätze
- zugrunde liegende Rechtsvorschriften und Unterlagen
- Feststellungen.

Weitergehende Angaben können im Einzelfall zweckmäßig sein, bspw. ein ausdrücklicher Verweis im Wortlaut der Bescheinigung auf den PrB.

719 Für **Prüfungsvermerke** nach *IDW PS 480* bzw. *IDW PS 490* sind die dort niedergelegten Vorgaben zu beachten[1204].

3.6.6 Berichterstattung bei Kündigung von Prüfungsaufträgen oder Prüferwechsel

720 Ein wirksam bestellter APr. kann einen angenommenen Pflichtprüfungsauftrag **nur aus wichtigem Grund kündigen** (§ 318 Abs. 6 S. 1 HGB).

721 In diesem Fall hat der APr. gem. § 318 Abs. 6 S. 4 HGB über das **Ergebnis seiner bisherigen Prüfung** in entsprechender Anwendung des § 321 HGB an das Organ des zu prüfenden Unternehmens zu berichten, das den Prüfungsauftrag erteilt hat[1205]. Diese Vorschrift soll sicherstellen, dass die Feststellungen des ausscheidenden APr. nicht unter den Tisch fallen, sondern den Gesellschaftsorganen sowie dem neuen Prüfer bekannt

---

1200 Siehe ferner die Beispiele in *IDW PS 480*, Tz. A2 und A3 sowie *IDW PS 490*, Anlagen 1 und 2.
1201 Vgl. *Kuhner/Päßler*, in: HdR[5], § 321, Rn. 95; *Schmidt/Deicke*, in: BeBiKo[7], § 321, Rn. 234.
1202 Vgl. dazu allgemein WP Handbuch Bd. I 2012, Kap. Q, Tz. 1352 ff.
1203 Vgl. auch *IDW PS 900*, Tz. 26; *IDW S 7*, Tz. 58; *Schmidt/Poullie*, in: BeBiKo[10], § 321, Rn. 128.
1204 Vgl. *IDW PS 480*, Tz. 19 ff. und Anlage 2; *IDW PS 490*, Tz. 19 ff. und Anlage 3; *IDW*, WPH Edition, Assurance, Kap. D. Nach *IDW PS 400 n.F.*, Tz. 3 gelten die Grundsätze der *IDW PS 400er*-Reihe auch für *IDW PS 480* und *IDW PS 490*. Bis zu deren Überarbeitung können die dort z.Zt. enthaltenen Formulierungsmuster weiter verwendet werden. Vgl. *Skirk/Kuhn*, WPg 2018, S. 63 (65).
1205 Vgl. *IDW PS 450 n.F.*, Tz. 150; *IDW PS 400 n.F.*, Tz. A84; ADS[6], § 318, Tz. 451; *Schmidt/Heinz*, in: BeBiKo[11], § 318, Rn. 137.

werden. Für diesen Bericht sind die Grundsätze des *IDW PS 450 n.F.* entsprechend anzuwenden[1206].

Diese Berichtspflicht gilt nur für Kündigungen nach § 318 Abs. 6 HGB, nicht jedoch für Kündigungen durch die zu prüfende Gesellschaft in den Fällen des § 318 Abs. 1 S. 5 i.V.m. Abs. 3 HGB nach gerichtlicher Ersetzung oder in den Sonderfällen der Kündigung bei nichtiger Prüferwahl und Wegfall des Prüfers[1207].

Die **Berichterstattung** über das Ergebnis der bisherigen Prüfung erstreckt sich auf alle nach § 321 HGB bzw. *IDW PS 450 n.F.* bestehenden Berichtsaspekte, **soweit** dies dem APr. auf der Grundlage seiner **bis zur Kündigung** des Prüfungsauftrags durchgeführten Prüfungshandlungen **möglich** ist. 722

Die **Angaben zum Prüfungsauftrag** müssen klar erkennen lassen, dass es sich um einen Bericht anlässlich der Kündigung des Prüfungsauftrags handelt. Deshalb sollte auch die nach § 318 Abs. 6 S. 3 HGB erforderliche schriftliche Begründung der Kündigung in den Bericht aufgenommen werden[1208]. 723

Der Bericht hat den **Stand der Prüfungsarbeiten** klar zu dokumentieren. Ob und inwieweit der APr. die geforderten Feststellungen treffen kann, ist nach den Verhältnissen des Einzelfalls zu entscheiden. Insbesondere die Berichterstattung nach § 321 Abs. 1 S. 3 und Abs. 2 S. 2 HGB wird er nur in Ausnahmefällen – bspw. wenn die Kündigung erst gegen Ende der Prüfung erfolgt – vornehmen können. Zwischenergebnisse sind als solche darzustellen. Der APr. hat darauf hinzuweisen, wenn er bestimmte Vorgänge bis zum Ende seiner Prüfungshandlungen noch nicht abschließend beurteilen konnte, diese sich nach seiner Einschätzung jedoch auf die Ordnungsmäßigkeit der Rechnungslegung auswirken können[1209]. 724

Eine Gesamtbeurteilung wird infolge der noch nicht beendeten Prüfung nicht in Betracht kommen[1210]. Dementsprechend ist auch **kein BestV** zu erteilen, ebensowenig eine andere Form der Gesamtbeurteilung i.R. eines Prüfungsvermerks oder einer Bescheinigung[1211]. 725

Der Bericht über das Ergebnis der bisherigen Prüfung ist **schriftlich** zu erstatten und vom bisherigen APr. zu **unterzeichnen**. Eine Siegelung erfolgt nicht. 726

Die **Vorlage** des **Berichts über das Ergebnis der bisherigen Prüfung** hat an die gesetzlichen Vertreter zu erfolgen, wenn diese den Prüfungsauftrag erteilt haben. Die gesetzlichen Vertreter des Unternehmens haben ihrerseits den Bericht unverzüglich dem AR vorzulegen (§ 318 Abs. 7 S. 2 HGB). Der Bericht ist jedem AR-Mitglied oder, bei entsprechendem Beschluss des AR, den Mitgliedern eines AR-Ausschusses auszuhändigen (§ 318 Abs. 7 S. 4 HGB). Bei einer GmbH ohne AR besteht diese Vorlagepflicht nach h.M. auch ggü. den Gesellschaftern[1212]. Ist der Prüfungsauftrag vom AR erteilt worden, ist der 727

1206 Vgl. *Müller*, in: Kölner Komm. Rechnungslegungsrecht, § 318, Rn. 64.
1207 Vgl. *IDW PS 450 n.F.*, Tz. 150; ADS⁶, § 318, Tz. 378, 450.
1208 Vgl. *IDW PS 450 n.F.*, Tz. 151.
1209 Vgl. *IDW PS 450 n.F.*, Tz. 152; ADS⁶, § 318, Tz. 452 ff.; *Kuhnert/Päßler*, in: HdR⁵, § 321, Rn. 100; *Orth*, in: Baetge/Kirsch/Tiele, Bilanzrecht, § 321, Rn. 163.
1210 Vgl. *Schmidt/Heinz*, in: BeBiKo¹¹, § 318, Rn. 137.
1211 Vgl. *IDW PS 400 n.F.*, Tz. 86; *Ebke*, in: MünchKomm. HGB³, § 318, Rn. 93; *Schmidt/Küster*, in: BeBiKo¹¹, § 322, Rn. 251.
1212 Vgl. z.B. ADS⁶, § 318, Tz. 461; *Chekushina*, in: Baetge/Kirsch/Thiele, Bilanzrecht, § 318, Rn. 224; *Müller*, in: Kölner Komm. Rechnungslegungsrecht, § 318, Rn. 70; *Schmidt/Heinz*, in: BeBiKo¹¹, § 318, Rn. 139.

728 Unbeschadet dessen ist der bisherige APr. (Mandatsvorgänger) nach § 320 Abs. 4 HGB bei einem **Prüferwechsel** verpflichtet, dem neuen APr. – auf schriftliche Anfrage hin – über das Ergebnis der bisherigen Prüfung zu berichten. Diese Berichterstattungspflicht gilt sowohl für gewöhnliche Prüferwechsel als auch für Kündigungen des Prüfungsauftrags durch den APr. aus wichtigem Grund (§ 318 Abs. 6 HGB) sowie im Fall des Widerrufs des Prüfungsauftrags durch das zu prüfende Unternehmen (§ 318 Abs. 1 S. 5 i.V.m. Abs. 3 HGB). Auch für diese Berichterstattung sind die Grundsätze des *IDW PS 450 n.F.* entsprechend anzuwenden[1214].

Im Rahmen von Prüferwechseln bei **PIE-Mandaten** hat der Mandatsvorgänger gem. Art. 18 VO (EU) Nr. 537/2014 grds. die Berichte sowie die sonstigen Informationen i.S.v. Art. 12 Abs. 1 und Art. 13 VO (EU) Nr. 537/2014 aus der gesamten Laufzeit des Prüfungsmandats zur Verfügung zu stellen. Analog zu § 320 Abs. 4 HGB bedarf es hierzu einer schriftlichen Anfrage[1215].

729 Umgekehrt hat der neue APr. (**Mandatsnachfolger**) die Pflicht, sich vor der Annahme des Auftrags seinerseits über den Grund der Kündigung bzw. des Widerrufs und über das Ergebnis der bisherigen Prüfung unterrichten zu lassen (§ 42 Abs. 1 BS WP/vBP)[1216]. Eine ordnungsgemäße Unterrichtung erfordert dabei die Vorlage folgender Unterlagen:

- schriftliche Begründung der Kündigung bzw. das Ersetzungsurteil
- Mitteilung(en) an die WPK gem. § 318 Abs. 8 HGB
- Bericht über das Ergebnis der bisherigen Prüfung.

Der Mandatsvorgänger ist verpflichtet, seinem Mandatsnachfolger – auf dessen schriftliche Anfrage hin – die o.g. Unterlagen zu erläutern (§ 42 Abs. 3 S. 1 BS WP/vBP).

730 Bei einem **gewöhnlichen Prüferwechsel**, d.h. ohne Widerruf oder Kündigung des Prüfungsauftrags aus wichtigem Grund, beschränken sich diese Vorlage- und ggf. Erläuterungspflichten auf den PrB (§ 42 Abs. 4 BS WP/vBP).

Bei PIE dürfte allerdings i.Z.m. der gem. Art. 11 Abs. 2 Buchst. g) VO (EU) Nr. 537/2014 geforderten **Methodenübersicht** ggf. eine entsprechend erweiterte Erläuterungspflicht des Mandatsvorgängers aufgrund der VO anzunehmen sein.

731 Gem. § 42 Abs. 5 BS WP/vBP gelten die o.g. Pflichten sinngemäß auch für gesetzlich nicht vorgeschriebene Abschlussprüfungen, bei denen ein dem gesetzlichen BestV i.S.v. § 322 HGB nachgebildeter BestV erteilt werden soll.

3.6.7 Mängel des Prüfungsberichts

732 Der APr. hat dem Auftraggeber einen fachlich einwandfreien PrB vorzulegen. Enthält der PrB Sachverhaltsfehler oder fachliche Mängel, so hat der Auftraggeber nach allgemeinem Vertragsrecht **Anspruch auf Beseitigung** der Mängel durch den APr. (§§ 633,

---

[1213] Dies betrifft namentlich die Information der nächsten HV bzw. der Gesellschafter sowie ggf. umgekehrt die Information der gesetzlichen Vertreter.
[1214] Vgl. *IDW PS 450 n.F.*, Tz. 150; *Ruhnke/Schmidt*, in: Baetge/Kirsch/Thiele, Bilanzrecht, § 320, Rn. 106; *Schmidt/Heinz*, in: BeBiKo[11], § 320, Rn. 42.
[1215] Vgl. *Ruhnke/Schmidt*, in: Baetge/Kirsch/Thiele, Bilanzrecht, § 320, Rn. 111; ferner *IDW*, Positionspapier zur EU-Regulierung der Abschlussprüfung[4], S. 65 ff.
[1216] Vgl. *Müller*, in: Kölner Komm. Rechnungslegungsrecht, § 318, Rn. 66 f.

634 BGB). Sämtliche Ausfertigungen des mängelbehafteten PrB sind vom APr. zurückzufordern und durch mangelfreie Berichtsexemplare zu ersetzen[1217]. Nr. 7 der IDW-AAB (Stand: 01.01.2017) modifiziert den Mangelbeseitigungsanspruch dahingehend, dass dieser **unverzüglich schriftlich geltend gemacht** werden muss; er verjährt mit Ablauf von zwölf Monaten ab dem gesetzlichen Verjährungsbeginn.

Kommt der APr. dem Verlangen nach **Mangelbeseitigung nicht** nach oder schlägt diese fehl, wären nach allgemeinem Werkvertragsrecht die Gewährleistungsansprüche der §§ 635 ff. BGB (insb. Nacherfüllung und Minderung) gegeben. Allerdings kann der Auftraggeber nach Nr. 7 Abs. 1 der IDW-AAB eine Herabsetzung der Vergütung nur bei fehlgeschlagener Nacherfüllung verlangen. Eine „Selbstvornahme" ist wegen der damit verbundenen Lösung vom Prüfungsvertrag auf Initiative des Auftraggebers, die nur im Fall des § 318 Abs. 1 S. 5 HGB zulässig ist, ausgeschlossen[1218]. 733

Für Schäden, die unmittelbar durch einen Mangel des PrB entstehen, und für Mangelfolgeschäden enthält **§ 323 HGB** eine abschließende Sonderregelung. 734

Ist der Mangel als „unrichtige Berichterstattung" oder „Verschweigen erheblicher Umstände im Prüfungsbericht" zu qualifizieren, enthält § 332 HGB eine klare Sanktionsvorschrift[1219].

4. Bestätigungsvermerk

Auf gesetzlicher Grundlage (§ 322 HGB bzw. – bei PIE – zusätzlich Art. 10 VO (EU) Nr. 537/2014) oder aufgrund entsprechender Vereinbarung mit dem Auftraggeber wird das Ergebnis einer Abschlussprüfung in einem BestV zusammengefasst[1220]. Durch den BestV werden vom APr. auch diejenigen **Adressaten der Rechnungslegung**, die kein Recht zur unmittelbaren Einsichtnahme in den PrB haben, nämlich Aktionäre, potenzielle Aktienerwerber, Gläubiger, andere Marktteilnehmer, Arbeitnehmer sowie die weitere interessierte Öffentlichkeit, über das Ergebnis der Abschlussprüfung unterrichtet[1221]. 735

Das IDW legt in den **IDW Prüfungsstandards** der **IDW PS 400er**-Reihe, begleitet von IDW PS 270 n.F. sowie ISA 720 (Rev.) (Entwurf-DE), die Berufsauffassung dar, nach der WP als APr. unbeschadet ihrer Eigenverantwortlichkeit BestV bzw. Versagungsvermerke über Abschlussprüfungen erteilen, und verdeutlicht zugleich ggü. der Öffentlichkeit Inhalt und Grenzen des BestV nach § 322 HGB bzw. Art. 10 VO (EU) Nr. 537/2014. Diese Grundsätze entsprechen dem deutschen und dem europäischen Recht und 736

1217 Vgl. *Schmidt/Deicke*, in: BeBiKo[11], § 321, Rn. 270. Grundsätzlich problematisch gestaltet sich dabei der Fall, wenn der PrB außer in Papierform auch in elektronischer Dateiform zur Verfügung gestellt worden ist, da zumeist nicht mehr nachvollzogen werden kann, ob und ggf. an welche (weiteren) Empfänger diese Datei vom Mandanten weitergeleitet worden ist. Vgl. *Bertram*, in: Haufe HGB Kommentar[8], § 321, Rn. 235.
1218 Vgl. ADS[6], § 318, Tz. 248; *Bertram*, in: Haufe HGB Kommentar[8], § 321, Rn. 236.
1219 § 403 AktG gilt nur in Bezug auf aktienrechtlich geregelte Prüfungen (d.h. Gründungsprüfungen, Sonderprüfungen, Prüfung des AbhB nach § 313 AktG). Vgl. *Grottel/Hoffmann*, in: BeBiKo[8], § 332, Rn. 2, 50; *Oetker*, in: Schmidt/Lutter, AktG[3], § 403, Rn. 1. A.A. zur Prüfung des AbhB: *Hefendehl*, in: Spindler/Stilz, AktG[3], § 403, Rn. 28.
1220 Vgl. auch § 2 Abs. 1 WPO.
1221 Vgl. ADS[6], § 322, Rn. 17; *Gelhausen*, in: HWRP[3], Sp. 303.

berücksichtigen ergänzende Anforderungen, die sich aus der deutschen Berufsübung ergeben[1222].

Die Ende 2017 vom HFA verabschiedete *IDW PS 400er*-Reihe orientiert sich dabei an den *New and Revised Auditor Reporting Standards and Related Conforming Amendments*[1223] des IAASB – unter Berücksichtigung der Besonderheiten des deutschen bzw. europäischen Rechts[1224].

4.1 Allgemeine Grundsätze

737 Der BestV, in welchem die Ergebnisse der Prüfung zusammengefasst für die Öffentlichkeit dargestellt werden, ist der gesetzlichen Konzeption nach ein **Bestätigungsbericht**[1225]. § 322 HGB gibt, ebenso wie Art. 10 VO (EU) Nr. 537/2014 i.V.m. Art. 28 RL 2006/43/EG, in Bezug auf den Inhalt des BestV im Grundsatz nur Mindestbestandteile vor, die ihrem Wesen nach, nicht jedoch in ihrem Wortlaut enthalten sein müssen. Ansonsten kann der APr. den BestV mit Ausnahme bestimmter Kernaussagen (§ 322 Abs. 3 S. 1 HGB bzw. Art. 10 Abs. 2 VO (EU) Nr. 537/2014) grds. frei formulieren[1226]. Diese Konzeption als Bestätigungsbericht ermöglicht zugleich die Berücksichtigung sowohl nationaler als ggf. auch internationaler Standards für den BestV[1227].

738 Bei der Abfassung des BestV hat sich der APr. an den **Grundsätzen** der

- Klarheit,
- Allgemeinverständlichkeit und
- Problemorientierung

zu orientieren[1228], namentlich i.Z.m. der Darstellung der Prüfungsurteile.

Die Erteilung eines inhaltlich unrichtigen BestV steht nach § 332 HGB unter Strafe.

739 Andererseits ist zu berücksichtigen, dass infolge eines nicht standardisierten Aufbaus des BestV und der Verwendung unterschiedlicher Formulierungen durchaus die Gefahr besteht, dass die „**Erwartungslücke**" nicht, wie eigentlich vom Gesetzgeber bezweckt[1229], verringert werden kann. Freie Formulierungen sind nicht nur tendenziell fehleranfälliger, sie führen außerdem dazu, dass von den verschiedenen Adressaten des BestV eine auf ihre jeweiligen individuellen Informationsbedürfnisse zugeschnittene

---

1222 Vgl. *IDW PS 400 n.F.*, Tz. 1 und 2.
1223 Bei diesen *New and Revised Auditor Reporting Standards* handelt es sich um ISA 700 (Rev. 2015) „Forming an Opinion and Reporting on Financial Statements", New ISA 701 „Communicating Key Audit Matters in the Independent Auditor's Report", ISA 705 (Rev. 2015) „Modifications to the Opinion in the Independent Auditor's Report", ISA 706 (Rev. 2015) „Emphasis of Matter Paragraphs and Other Matter Paragraphs in the Independent Auditor's Report", ISA 570 (Rev. 2015) „Going Concern" und ISA 260 (Rev. 2015) „Communication with Those Charged with Governance".
1224 Vgl. hierzu ausführlich *IDW PS 400 n.F.*, Tz. 6; *Skirk/Kuhn*, WPg 2018, S. 63 (64), *Skirk/Kuhn*, WPg 2018, S. 329 (330 ff.).
1225 Vgl. RegBegr. KonTraG, BT-Drs. 13/9712 v. 28.01.1998, S. 29. Hierauf ausdrücklich verweisend auch RegBegr. AReG, BT-Drs. 18/7219 v. 11.01.2016, S. 44.
1226 Vgl. ADS[6], § 322, Tz. 87; *Ebke*, in: MünchKomm. HGB[3], § 322, Rn. 7; *Hell/Küster*, in: HdR[5], § 322, Rn. 2, 21. Ebenso bereits *Ernst*, WPg 1998, S. 1029.
1227 Vgl. *Schmidt/Küster*, in: BeBiKo[11], § 322, Rn. 3.
1228 Vgl. Art. 10 Abs. 3 S. 2 VO (EU) Nr. 537/2014; § 322 Abs. 2 S. 2 HGB; *IDW PS 400 n.F.*, Tz. 9; ADS[6], § 322, Tz. 92 ff.; *Ebke*, in: MünchKomm. HGB[3], § 322, Rn. 13, 29.
1229 Vgl. RegBegr. KonTraG, BT-Drs. 13/9712 v. 28.01.1998, S. 29; *Krommes*, Hdb. JAPr[4], S. 675.

Unterrichtung durch den APr. erwartet wird, was angesichts der Vielzahl und z.T. inkongruenten Interessen der Adressaten aber unmöglich ist[1230].

Nach der in der *IDW PS 400er*-Reihe niedergelegten Auffassung des Berufsstandes sind deshalb Form und Inhalt der BestV so zu gestalten, dass diese einheitlich verstanden werden können und außergewöhnliche Umstände deutlich werden. Daraus leitet sich eine **Standardisierung** in Bezug auf den Aufbau und die Formulierung des BestV ab, einerseits um Missverständnissen über den Inhalt der zugrunde liegenden Rechnungslegungs- und Prüfungsnormen und damit über die Tragweite der Prüfungsaussagen zu begegnen[1231], und andererseits um die Vergleichbarkeit der Darstellungen und somit die **Verkehrsfähigkeit von BestV** zu erhöhen[1232]. **740**

Der Inhalt der pflichtgemäßen Prüfung ist bestimmt durch die gesetzlichen Anforderungen und die weiteren fachlichen Grundsätze[1233]. Der **Inhalt des BestV** entspricht dem Ziel der Abschlussprüfung, Feststellungen zur Übereinstimmung der Rechnungslegung mit den für das geprüfte Unternehmen maßgebenden Rechnungslegungsvorschriften zu treffen. Der APr. hat dabei nach § 322 HGB im BestV anzugeben und zu beschreiben[1234], **741**

- den Gegenstand der Prüfung,
- die maßgebenden Rechnungslegungsgrundsätze,
- die Verantwortung der gesetzlichen Vertreter für den Abschluss,
- Art und Umfang der vom APr. durchgeführten Prüfung,
- die angewandten Prüfungsgrundsätze,
- die Beurteilung des Prüfungsergebnisses zum Abschluss (einschl. GoB),
- ggf. die Beurteilung des Prüfungsergebnisses zum LB,
- die Charakterisierung der Prüfungsergebnisse in Form eines
  - uneingeschränkten BestV,
  - eingeschränkten BestV (aufgrund von Einwendungen oder aufgrund von Prüfungshemmnissen),
  - Versagungsvermerks aufgrund von Einwendungen oder
  - Versagungsvermerks aufgrund von Prüfungshemmnissen,
- ggf. gesondert Risiken, die den Fortbestand des Unternehmens gefährden,
- ggf. zusätzlich Hinweise auf Umstände, auf die der APr. in besonderer Weise aufmerksam machen will, ohne den BestV einzuschränken.

Sofern einschlägig, sind in die Beurteilung auch Bestimmungen des Gesellschaftsvertrags bzw. der Satzung einzubeziehen, welche die maßgebenden Rechnungslegungsgrundsätze (zulässigerweise) ergänzen[1235]. Auf derartige Bestimmungen wird indes im Text des BestV nicht Bezug genommen.

Für PIE schreibt Art. 10 VO (EU) Nr. 537/2014 mit Wirkung für nach dem 16.06.2016 beginnende GJ folgende **zusätzliche Inhalte** für den BestV vor: **742**

1230 Vgl. *Ebke*, in: MünchKomm. HGB³, § 322, Rn. 13; *Schmidt/Küster*, in: BeBiKo¹¹, § 322, Rn. 12.
1231 Vgl. *IDW PS 400 n.F.*, Tz. 5; ADS⁶, § 322, Tz. 22; *Schmidt/Küster*, in: BeBiKo¹¹, § 322, Rn. 25. Kritisch dagegen *Ernst*, WPg 1998, S. 1029.
1232 Vgl. ADS⁶, § 322, Tz. 88; *Ebke*, in: MünchKomm. HGB³, § 322, Rn. 13; *Gelhausen*, in: HWRP³, Sp. 305; *Schmidt/Küster*, in: BeBiKo¹¹, § 322, Rn. 24.
1233 Vgl. insb. *IDW PS 200* und *IDW PS 201*.
1234 Vgl. auch ADS⁶, § 322, Tz. 86; *Hell/Küster*, in: HdR⁵, § 322, Rn. 2.
1235 Vgl. *IDW PS 400 n.F.*, Tz. A64.

- Angaben zur Bestellung
- Angaben zur gesamten bisherigen Mandatsdauer
- Darlegungen zu den „bedeutsamsten beurteilten Risiken wesentlicher falscher Darstellungen" im Abschluss
- Darlegung in Bezug auf die Eignung der Abschlussprüfung zur Aufdeckung von Unregelmäßigkeiten, einschl. Betrug
- Bestätigung des Einklangs von BestV und Bericht an den PrA nach Art. 11 VO (EU) Nr. 537/2014
- Erklärung zur Nichterbringung verbotener Nichtprüfungsleistungen i.S.v. Art. 5 Abs. 1 VO (EU) Nr. 537/2014 sowie zur Unabhängigkeit des APr.
- ggf. Angabe bestimmter zusätzlich zur Abschlussprüfung erbrachter Dienstleistungen des APr.

Hierdurch wird jedoch kein „neuer" BestV für PIE konstituiert. Vielmehr erweitert sich der Inhalt des nach § 322 HGB abzugebenden BestV um die in Art. 10 VO (EU) Nr. 537/2014 genannten weiteren Punkte. Einen inhaltlich neuen, eigenständigen Punkt des BestV bilden bei Abschlussprüfungen von PIE die Darlegungen zu den bedeutsamsten beurteilten Risiken wesentlicher falscher Darstellungen[1236].

743 **Erweiterungen des Prüfungsgegenstands gem. § 317 HGB** können sich ergeben aus
- Gesetz,
- Gesellschaftsvertrag oder Satzung,
- vertraglichen Erweiterungen des Prüfungsauftrags.

744 Fordern **gesetzliche Vorschriften** die Beurteilung weiterer Prüfungsgegenstände i.R.d. Abschlussprüfung und schreiben sie dazu eine **Aussage im BestV** vor, so ist darüber im BestV pflichtgemäß zu berichten. Gleiches gilt, wenn zwar das anwendbare Landesrecht eine solche Aussage im BestV nicht vorsieht, diese aber durch Beauftragung analog zu den gesetzlichen Vorschriften in anderen Bundesländern zum Gegenstand der Berichterstattung im BestV gemacht wird[1237].

Die damit zusammenhängende Berichterstattung im BestV erfolgt grds. in dem gesonderten Hauptabschnitt „Sonstige gesetzliche und andere rechtliche Anforderungen"[1238]. Beispiele hierfür sind etwa § 30 KHGG NRW, § 16 HKHG, § 20 SKHG, § 8 Abs. 3 UBGG, § 25 VermAnlG oder § 6b Abs. 5 EnWG.

745 Keine Auswirkungen auf den BestV ergeben sich, falls gesetzliche Vorschriften zwar eine Erweiterung des Prüfungsgegenstands, aber **keine Beurteilung** darüber **im BestV** vorsehen. Auch in diesem Fall trifft der APr. die Prüfungsaussagen ausschließlich im PrB[1239].

746 Nach § 317 Abs. 1 S. 2 HGB hat sich die Abschlussprüfung auch darauf zu erstrecken, ob die gesetzlichen Vorschriften **ergänzende rechnungslegungsbezogene Bestimmungen des Gesellschaftsvertrags bzw. der Satzung** beachtet worden sind.

Wenn solche Bestimmungen existieren (z.B. i.Z.m. §§ 58 Abs. 1 und 2 oder 150 Abs. 3 und 4 AktG) und eingehalten worden sind, ist eine explizite Feststellung hierzu im

---

1236 Vgl. *Skirk/Kuhn*, WPg 2018, S. 331 ff.
1237 Vgl. *IDW PS 400 n.F.*, Tz. A63 Abs. 1.
1238 Vgl. *IDW PS 400 n.F.*, Tz. 66, A65.
1239 Vgl. *IDW PS 400 n.F.*, Tz. A63 Abs. 2.

Wortlaut des BestV nicht erforderlich, weil diese Aussage bereits durch die Bestätigung der Einhaltung der maßgebenden Rechnungslegungsgrundsätze abgedeckt ist. Nur dann, wenn solche Bestimmungen nicht eingehalten worden sind, ist hierauf – unter Beachtung von *IDW PS 405* – im BestV entsprechend einzugehen[1240].

Der BestV verkörpert seinem Charakter nach einen **Positivbefund**[1241]: **747**

Sind die maßgebenden Rechnungslegungsgrundsätze **in allen wesentlichen Belangen**[1242] beachtet worden, wird der BestV uneingeschränkt erteilt. Bei Verstößen gegen Rechnungslegungspflichten in begrenztem Umfang ist die Einschränkung des BestV möglich, wenn zwar auf abgrenzbaren Teilgebieten Einwendungen zu erheben sind, der geprüfte Abschluss unter Berücksichtigung dessen aber noch ein den tatsächlichen Verhältnissen im Wesentlichen entsprechendes Bild der Vermögens-, Finanz- und Ertragslage vermittelt und somit insgesamt noch ein **Positivbefund** möglich ist. Ein eingeschränkter BestV muss sich dabei unmissverständlich von einem uneingeschränkten BestV unterscheiden. Ist keine positive Gesamtaussage in Bezug auf die Rechnungslegung im Abschluss möglich, oder ist der APr. nach Ausschöpfung aller angemessenen Möglichkeiten zur Klärung eines wesentlichen Sachverhalts nicht in der Lage, ein Prüfungsurteil zum Abschluss abzugeben, ist ein Versagungsvermerk zu erteilen (§ 322 Abs. 4 und 5 HGB)[1243].

Sind vom APr. **keine Einwendungen** zu erheben[1244], so hat der APr. die in § 322 Abs. 1 **748** bis 3 und 6 HGB vorgeschriebenen Erklärungen im BestV abzugeben. Gegebenenfalls sind in den BestV weitere Prüfungsurteile aufzunehmen, die sich aus anderen gesetzlichen Vorschriften ergeben (vgl. Kap. M Tz. 1009)[1245]. Im Einzelfall kann auch die Aufnahme eines Hinweises auf bestandsgefährdende Risiken (§ 322 Abs. 2 S. 3 HGB; vgl. Kap. M Tz. 832 ff.)[1246] oder eines ergänzenden Hinweises auf i.R.d. Prüfung festgestellte Besonderheiten (§ 322 Abs. 3 S. 2, Abs. 4 S. 3 bzw. Abs. 5 S. 2 HGB; vgl. Kap. M Tz. 848 ff.)[1247] sachgerecht sein.

Sind **Einwendungen** zu erheben, so hat der APr. gem. § 322 Abs. 4 HGB seine Erklärung **749** nach Abs. 3 S. 1 einzuschränken oder zu versagen (zur Diktion der *IDW PS 400er*-Reihe siehe Kap. M Tz. 64); Einschränkung bzw. Versagung sind zu **begründen**. Einschränkungen des BestV sind so darzustellen, dass deren Tragweite deutlich erkennbar wird (§ 322 Abs. 4 S. 3 und S. 4 HGB)[1248]. Voraussetzung für eine Einschränkung ist jedoch, dass der geprüfte Abschluss unter Beachtung der in ihrer Tragweite erkennbaren Ein-

---

1240 Vgl. *IDW PS 400 n.F.*, Tz. A64.
1241 Vgl. *Orth/Schaefer*, in: Baetge/Kirsch/Thiele, Bilanzrecht, § 322, Rn. 22; *Schmidt/Küster*, in: BeBiKo[11], § 322, Rn. 10.
1242 Vgl. *IDW PS 400 n.F.*, Tz. 15, 19. Eine materielle Änderung oder gar inhaltliche Reduzierung der Anforderungen an die Abschlussprüfung ist mit dieser nunmehr im BestV zu findenden Formulierung nicht verbunden. Diese Formulierung stammt aus den ISA (vgl. insb. ISA 200.3, ISA 700.12: „in all material respects"), sie dient primär der ISA-Konformität und besitzt daher lediglich klarstellenden Charakter. Vgl. *Skirk/Kuhn*, WPg 2018, S. 63 (68).
1243 Vgl. *IDW PS 405*, Tz. 21, A17.
1244 Wenn der APr. lediglich „unwesentliche" Einwendungen zu erheben hat, kann der BestV grds. uneingeschränkt erteilt werden. H.M.; z.B. ADS[6], § 322, Tz. 212 m.w.N.; *Ebke*, in: MünchKomm. HGB[3], § 322, Rn. 30 m.w.N.
1245 Vgl. *IDW PS 400 n.F.*, Tz. A63.
1246 Vgl. *IDW PS 406*, Tz. 10 Buchst. b), A2 i.V.m. *IDW PS 270 n.F.*, Tz. 29, A35 ff.
1247 Vgl. *IDW PS 406*, Tz. 10, A7 ff., Tz. 12, A12 ff.
1248 Vgl. *IDW PS 405*, Tz. 40 ff.

schränkung(en) gleichwohl noch ein den tatsächlichen Verhältnissen im Wesentlichen entsprechendes Bild der Vermögens-, Finanz- und Ertragslage vermittelt (§ 322 Abs. 4 S. 4 HGB)[1249]. Im Fall einer Versagung des BestV nach § 322 Abs. 2 Nr. 3 oder Nr. 4 HGB ist der vom APr. erteilte Vermerk als „Versagungsvermerk" zu bezeichnen (§ 322 Abs. 4 S. 2 bzw. Abs. 5 S. 2 HGB).

750 **Bei PIE** gilt im Grunde nichts anderes; zusätzlich sind die in Art. 10 VO (EU) Nr. 537/2014 genannten zusätzlichen Angabe-, Darlegungs- und Erklärungspflichten zu beachten.

751 Für die **rechtswirksame Erteilung** des BestV bzw. des Versagungsvermerks sind folgende **Voraussetzungen** allgemein zu berücksichtigen:
- Der Prüfer muss zur Abgabe des BestV **berechtigt** sein; dazu muss er wirksam bestellt und beauftragt sein. Nicht zur Abgabe des BestV berechtigt sind Personen, die nicht die erforderliche Berufsqualifikation[1250] besitzen oder die den Berufsgrundsätzen der Unabhängigkeit und Unbefangenheit[1251] nicht (mehr) genügen.
- Der BestV darf erst erteilt werden, wenn die für die Beurteilung erforderliche Prüfung materiell **abgeschlossen** ist[1252]. Der zeitgleich zu erteilende PrB[1253] braucht zu diesem Zeitpunkt technisch jedoch noch nicht fertiggestellt zu sein.
- Die Erteilung hat **in Schriftform** zu erfolgen (§ 322 Abs. 1 S. 1 HGB bzw. Art. 10 Abs. 2 VO (EU) Nr. 537/2014 i.V.m. Art. 28 Abs. 2 RL 2006/43/EG)[1254].

752 Zu einem **früheren Zeitpunkt** kann der APr. nur freiwillig Auskunft über den bisherigen Stand seiner Arbeiten geben. Bei einem solchen Zwischenbescheid handelt es sich aber weder um die Erteilung des BestV, noch um ein verbindliches Inaussichtstellen desselben; ebenso ist eine vorherige Mitteilung über die Absicht, einen BestV zu erteilen, keine Erteilung des BestV[1255] (siehe hierzu Kap. M Tz. 1237 ff.).

753 Auch ein uneingeschränkter BestV ist **kein Gütesiegel** in Bezug auf die wirtschaftliche Lage des geprüften Unternehmens[1256], und ebensowenig beinhaltet der BestV ein Urteil in Bezug auf die Qualität der Geschäftsführung[1257] – so ausdrücklich auch § 317 Abs. 4a HGB. Die Vorstellung, dass ein vom APr. uneingeschränkt erteilter BestV Gewähr für

---

1249 Dies gilt ebenso i.Z.m. JA, die zulässigerweise nicht der Generalnorm des § 264 Abs. 2 S. 1 HGB genügen müssen (z.B. nach § 242 Abs. 3 HGB (d.h. EKfm. sowie nicht § 264a HGB unterfallende PersGes.) oder bei Inanspruchnahme von § 264 Abs. 3 bzw. § 264b HGB). Vgl. *Orth/Schaefer*, in: Baetge/Kirsch/Thiele, Bilanzrecht, § 322, Rn. 96.
1250 § 319 Abs. 1 HGB. Hierzu zählt auch das Erfordernis einer Eintragung nach § 38 Nr. 1 Buchst. h) bzw. Nr. 2 Buchst. f) WPO im Berufsregister (im Zuge des APAReG ist die bis dato erforderliche Bescheinigung über die Teilnahme an der Qualitätskontrolle nach § 57a WPO abgeschafft worden).
1251 §§ 319 Abs. 2 bis 5, 319a, 319b HGB; §§ 43 Abs. 1 und 2, 49 WPO. Im Übrigen ist es mit den Berufsgrundsätzen der Unabhängigkeit und Unbefangenheit nicht zu vereinbaren, einen BestV unter dem Vorbehalt der Bestellung zum APr. abzugeben. Zur denkbaren Ausnahme von diesem Grundsatz siehe ADS[6], § 322, Tz. 84.
1252 Vgl. *IDW PS 400 n.F.*, Tz. 74, A71.
1253 Vgl. *IDW PS 400 n.F.*, Tz. 72; *IDW PS 450 n.F.*, Tz. 117; *Ebke*, in: MünchKomm. HGB[3], § 322, Rn. 53; *Hopt/Merkt*, in: Baumbach/Hopt, HGB[37], § 322, Rn. 18.
1254 Hierzu ausdrücklich RegBegr. AReG, BT-Drs. 18/7219 v. 11.01.2016, S. 44.
1255 Vgl. *IDW PS 400 n.F.*, Tz. A72-A73; ADS[6], § 322, Tz. 75.
1256 Vgl. ADS[6], § 322, Tz. 24; *Gelhausen*, in: HWRP[3], Sp. 305; *Orth/Schaefer*, in: Baetge/Kirsch/Thiele, Bilanzrecht, § 322, Rn. 21; *Schmidt/Küster*, in: BeBiKo[11], § 322, Rn. 11.
1257 Vgl. *IDW PS 200*, Tz. 15; *Rabenhorst*, in: Marsch-Barner/Schäfer, Hdb. AG[4], Rn. 58.5. Siehe auch § 322 Abs. 2 S. 2 HGB.

die Gesundheit des Unternehmens bietet, ist unrealistisch, da der APr. nicht bestätigt, dass die wirtschaftlichen Verhältnisse in Ordnung sind, sondern allein feststellt, dass die Rechnungslegung der gesetzlichen Vertreter **normengerecht** ist.

Die Rechnungslegung – und damit die Aufstellung von JA und LB – stehen in der alleinigen Verantwortung der gesetzlichen Vertreter des geprüften Unternehmens[1258]. Demzufolge ist der **Aussagegehalt** eines geprüften Abschlusses begrenzt auf die Erkenntnismöglichkeiten, die aus einem unter Beachtung der maßgebenden Rechnungslegungsvorschriften ordnungsgemäß aufgestellten JA sowie LB zu gewinnen sind. Die richtige Beurteilung der wirtschaftlichen Lage anhand von JA und LB ist damit insb. von der persönlichen Kenntnis und Qualifikation der Bilanzleser abhängig. Auch eine Stellungnahme zur Bilanzpolitik der gesetzlichen Vertreter beinhaltet der BestV nicht. Es ist ausschl. Aufgabe der zuständigen Unternehmensorgane, über die Zweckmäßigkeit der Bilanzpolitik zu entscheiden (vgl. Kap. M Tz. 91).

754

4.2 Aufbau, Gliederung und Inhalt

Aus der in der *IDW PS 400er*-Reihe, nebst *IDW PS 270 n.F.*, niedergelegten Auffassung des Berufsstandes, Form und Inhalt von BestV so zu gestalten, dass diese einheitlich verstanden werden können und außergewöhnliche Umstände deutlich werden, leitet sich eine Standardisierung bei **Aufbau und Formulierung des BestV** ab, deren einheitliche Handhabung im Interesse des Verständnisses durch die Adressaten wie auch im Interesse des APr. zur Vermeidung von Missverständnissen über die Prüfungsaussagen **empfohlen** wird[1259].

755

Im Zuge der Erarbeitung der *IDW PS 400er*-Reihe hat der HFA nach intensiver Diskussion von der zunächst konzipierten Erteilung des Prüfungsurteils zum Abschluss und des Prüfungsurteils zum LB in getrennten Abschnitten des BestV (vgl. *IDW EPS 400 n.F.* (Stand 14.12.2016)) wieder abgesehen und – dem engen Zusammenhang, in dem Abschluss und LB nach dem deutschen Rechnungslegungsverständnis stehen und wie er auch von den Adressaten wahrgenommen wird, entsprechend – die Prüfungsurteile zum Abschluss und zum LB nunmehr in einem gemeinsamen Abschnitt des BestV zusammengefasst[1260].

756

Infolgedessen sind i.Z.m. der **Erstanwendung** der *IDW PS 400er*-Reihe besondere Übergangsregelungen notwendig geworden[1261]. Diese Besonderheiten werden nachfolgend nicht weiter berücksichtigt. Sämtliche Ausführungen beziehen sich auf die *IDW PS 400er*-Reihe (Stand 30.11.2017)[1262].

In Bezug auf Aufbau, Gliederung und Inhalt des BestV nach **IDW PS 400 a.F.** (d.h. Stand 28.11.2014) wird vollumfänglich auf die Darstellung in *IDW*, WPH Edition, Wirtschaftsprüfung & Rechnungslegung[15], Kap. M Tz. 702 ff. verwiesen, i.Z.m. *IDW EPS*

1258 Vgl. *IDW PS 200*, Tz. 31. Siehe auch § 322 Abs. 2 S. 2 HGB.
1259 Vgl. *IDW PS 400 n.F.*, Tz. 5 f.; ISA 700.4. Vgl. auch *Ebke*, in: MünchKomm. HGB³, § 322, Rn. 13; *Schmidt/Küster*, in: BeBiKo[11], § 322, Rn. 25.
1260 Vgl. *IDW PS 400 n.F.*, Tz. 6 zweiter Punkt, mit Bezugnahme auf ISA 700.51; ferner *IDW*, Mitgliederrundschreiben vom 27.07.2017 und 15.12.2017 (abrufbar im Mitgliederbereich der IDW Website) sowie *Schmidt*, Interview, in: IDW Life 2017, S. 1252.
1261 Vgl. hierzu *IDW PS 400 n.F.*, Tz. 8, 8a; *Schmidt/Küster*, in: BeBiKo[11], § 322, Rn. 28; *Skirk/Kuhn*, WPg 2018, S. 63 (65).
1262 Wortlaut veröffentlicht in IDW Life 1/2018, S. 29 ff.

400 n.F. et cetera (Stand 14.12.2016 bzw. 06.04.2017) auf die anderweitige einschlägige Fachliteratur[1263].

Im Ergebnis werden spätestens für Abschlüsse für Rechnungslegungszeiträume, die am **31.12.2018** oder später enden, die Grundsätze der *IDW PS 400er*-Reihe obligatorisch anzuwenden sein.

757 Auf Grundlage der *IDW PS 400er*-Reihe nebst *IDW PS 270 n.F.* und begleitet von *ISA 720 (Rev.) (Entwurf-DE)* setzt sich ein BestV unter Berücksichtigung der gesetzlichen Vorgaben des HGB sowie der VO (EU) Nr. 537/2014[1264] aus zwei **Hauptabschnitten** und folgenden **Grundkomponenten** – sinnvollerweise in grds. dieser Reihenfolge[1265] – zusammen[1266]:

a) Überschrift
b) Adressierung
c) **Vermerk über die Prüfung des Jahresabschlusses und des Lageberichts**
d) Prüfungsurteile
e) Grundlage für die Prüfungsurteile
f) ggf. Wesentliche Unsicherheit im Zusammenhang mit der Fortführung der Unternehmenstätigkeit
g) ggf. Hinweis zur Hervorhebung eines Sachverhalts
h) ggf. Hinweis auf einen sonstigen Sachverhalt[1267]
i) ggf. besonders wichtige Prüfungssachverhalte in der Prüfung des Jahresabschlusses
j) ggf. sonstige Informationen
k) Verantwortung der gesetzlichen Vertreter und der für die Überwachung Verantwortlichen für den Jahresabschluss und den Lagebericht
l) Verantwortung des Abschlussprüfers für die Prüfung des Jahresabschlusses und des Lageberichts
m) **ggf. sonstige gesetzliche und andere rechtliche Anforderungen**
n) ggf. Vermerk über die Prüfung eines sonstigen Prüfungsgegenstands
o) ggf. Übrige Angaben gemäß Artikel 10 EU-APrVO
p) ggf. Hinweis zur Nachtragsprüfung
q) ggf. Verantwortlicher Wirtschaftsprüfer
r) Datum, Ort, Unterschrift(en) sowie ggf. Siegel.

1263 Vgl. insb. *Schmidt/Küster*, in: BeBiKo[11], § 322, Rn. 40 ff.
1264 Vgl. *IDW PS 400 n.F.*, Tz. 6.
1265 Die Reihenfolge der Darstellung folgt den Beispielen in den verschiedenen Anlagen zu den *IDW PS* der *IDW PS 400er*-Reihe. Die einzelnen *IDW PS* schreiben allerdings nur z.T. fest zu beachtende Reihenfolgen vor (z.B. *IDW PS 400 n.F.*, Tz. 33 zur Reihenfolge der o.g. beiden *Hauptabschnitte* und *IDW PS 400 n.F.*, Tz. 42, 48 bzw. Tz. 35, 46 in Bezug auf die beiden Abschnitte „Prüfungsurteile" und „Grundlage für die Prüfungsurteile" innerhalb des (ersten) Hauptabschnitts).
1266 Nachfolgend wird beispielhaft die **Prüfung eines JA nebst LB nach den GoA** unterstellt. Soweit i.Z.m. anderweitigen Prüfungsgegenständen usw. textliche Modifikationen notwendig werden, wird darauf gesondert hingewiesen, falls sich diese nicht aus dem Sachzusammenhang selbst erklären.
1267 Für den Fall, dass sowohl ein Hinweis zur Hervorhebung eines Sachverhalts als auch ein Hinweis auf einen sonstigen Sachverhalt erfolgen und im BestV außerdem besonders wichtige Prüfungssachverhalte (KAM) mitzuteilen sind, dürfte es sich empfehlen, bei der Reihenfolge dieser drei Punkte dem Muster in ISA 706, Appendix 3 zu folgen, d.h. dann nach dem Hinweis zur Hervorhebung eines Sachverhalts (g) erst die Mitteilung der besonders wichtigen Prüfungssachverhalte (i) und danach der Hinweis auf einen sonstigen Sachverhalt (h).

Jede einzelne Komponente verkörpert dabei einen eigenständigen **Abschnitt** innerhalb der beiden **Hauptabschnitte**. Die einzelnen Abschnitte sind nicht miteinander kombinierbar o.Ä., sondern jeweils deutlich getrennt voneinander (hierzu dienen insb. die diversen, großteils vorgegebenen, Überschriften) im BestV zu platzieren. Querverweise sind grds. möglich, für bestimmte Sachzusammenhänge sogar dezidiert vorgeschrieben[1268]. 758

Je **nach den Verhältnissen des Einzelfalles** sind einzelne dieser Komponenten erforderlich oder nicht (ebenso können **Hauptabschnittsüberschriften** u.U. entfallen und Hinweise sind auch i.Z.m. einzelnen „Sonstigen gesetzlichen und anderen rechtlichen Anforderungen" möglich), ggf. sind zusätzliche Ausführungen, Ergänzungen oder auch Streichungen innerhalb einer erforderlichen Komponente notwendig usw. 759

Als **Kernkomponenten**, d.h. im Regelfall in jedem BestV unabdingbar, qualifizieren dabei die Abschn. **a), b), d), e), k)** und **l)** als Bestandteile des **Hauptabschnitts Vermerk über die Prüfung des JA und des LB,** sowie, den BestV abschließend, **r)**.

Für ein sachgerechtes Vorgehen im Einzelfall ist es dabei unabdingbar, sich durchgängig folgendes Zusammenspielen der zentralen *IDW PS* i.R. eines BestV nach der *IDW PS 400er*-Reihe vor Augen zu halten: 760

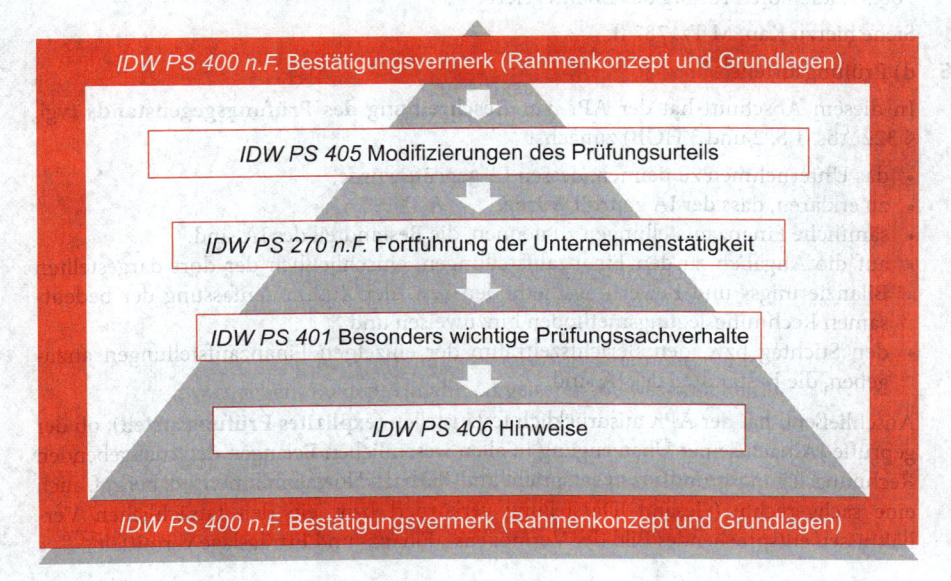

Abb. 1: Hierarchie der Berichterstattungserfordernisse im Bestätigungsvermerk[1269]

Zu den verschiedenen o.g. Komponenten bzw. Abschnitten ist vorab anzumerken: 761

a) Überschrift[1270] 762

1268 Z.B. dann, wenn ein besonders wichtiger Prüfungssachverhalt Gegenstand eines modifizierten Prüfungsurteils (*IDW PS 405*) ist oder im BestV zugleich ein Hinweis nach § 322 Abs. 2 S. 3 HGB (*IDW PS 270 n.F.*) erfolgt. Vgl. *IDW PS 401*, Tz. 18.
1269 Vgl. *IDW PS 400 n.F.*, Tz. 2.
1270 Vgl. *IDW PS 400 n.F.*, Tz. 31, A24; ferner ISA 700.21, A20.

Die Überschrift muss klar zum Ausdruck bringen, dass es sich um den BestV eines unabhängigen APr. handelt. Nach § 322 HGB lautet die Titulierung dabei entweder „Bestätigungsvermerk" oder „Versagungsvermerk".

Siehe hierzu Kap. M Tz. 781 ff.

763 b) Adressierung[1271]

Der BestV des APr. ist in Abhängigkeit von den Gegebenheiten des konkreten Falles zu adressieren. Bei gesetzlichen Abschlussprüfungen ist der BestV an den Auftraggeber als Empfänger zu adressieren.

Siehe hierzu Kap. M Tz. 786 ff.

764 **c) Vermerk über die Prüfung des Jahresabschlusses und des Lageberichts**[1272]

Hierbei handelt es sich um die Überschrift für den (ersten) **Hauptabschnitt** des BestV. Sie dient insb. der Abgrenzung ggü. der evtl. Berichterstattung über weitere Prüfungsgegenstände aufgrund sonstiger gesetzlicher oder anderer rechtlicher Anforderungen, auf die im BestV ebenfalls einzugehen ist.

Abweichend vom ISA-Standard wurde, um dem deutschen Rechnungslegungsverständnis gerecht zu werden, in diesen **Hauptabschnitt** (unter Anwendung von ISA 700.51) auch die Prüfung des LB integriert[1273].

Siehe hierzu Kap. M Tz. 787 ff.

765 d) Prüfungsurteile[1274]

In diesem Abschnitt hat der APr. zur **Beschreibung des Prüfungsgegenstands** (vgl. § 322 Abs. 1 S. 2 und 3 HGB) zunächst[1275]

- das Unternehmen zu nennen, dessen JA geprüft wurde,
- zu erklären, dass der JA geprüft wurde,
- sämtliche Finanzaufstellungen zu nennen, die Bestandteil des JA sind,
- auf die Angaben zu den Finanzaufstellungen, einschließlich der dort dargestellten Bilanzierungs- und Bewertungsmethoden bzw. der Zusammenfassung der bedeutsamen Rechnungslegungsmethoden hinzuweisen und
- den Stichtag bzw. den Berichtszeitraum der einzelnen Finanzaufstellungen anzugeben, die Bestandteil des JA sind.

Anschließend hat der APr. ausdrücklich festzustellen (**explizites Prüfungsurteil**), ob der geprüfte JA nach seiner Überzeugung in allen wesentlichen Belangen den maßgebenden Rechnungslegungsgrundsätzen entspricht und – je nach Normenrahmen – dabei ggf. auch eine sachgerechte (Gesamt-)Darstellung verkörpert bzw. ein den tatsächlichen Verhältnissen entsprechendes Bild der Vermögens-, Finanz- und Ertragslage vermittelt[1276].

1271 Vgl. *IDW PS 400 n.F.*, Tz. 32, A25; ferner ISA 700.22, A21.
1272 Vgl. *IDW PS 400 n.F.*, Tz. 33; ferner ISA 700.45, A60.
1273 Vgl. *IDW PS 400 n.F.*, Tz. 6 zweiter Punkt.
1274 Vgl. *IDW PS 400 n.F.*, Tz. 34 ff., A26 ff.; ferner auch ISA 700.23-27, A22-A31.
1275 Vgl. *IDW PS 400 n.F.*, Tz. 36; ferner ISA 700.24.
1276 Bei Anwendung der IFRS muss der JA „eine sachgerechte (Gesamt-)Darstellung" verkörpern (IAS 1.15: „shall present fairly"). Nach HGB hat der JA (unter Beachtung der GoB) „ein den tatsächlichen Verhältnissen entsprechendes Bild der Vermögens-, Finanz- und Ertragslage zu vermitteln" (§ 264 Abs. 2 S. 1 HGB). Die amtliche deutsche Übersetzung von IAS 1.15 stellt insofern eine inhaltliche Interpretation (in Einklang mit ISA 700.A24 bzw. *IDW PS 400 n.F.*, Tz. A4) dar.

Entsprechendes gilt, soweit sachlich anwendbar, i.Z.m. dem hier ebenfalls abzugebenden Prüfungsurteil zum LB und der zugehörigen Beschreibung dieses Prüfungsgegenstands[1277].

Siehe hierzu Kap. M Tz. 789 ff.

e) Grundlage für die Prüfungsurteile[1278]

766

In diesem Abschnitt (vgl. § 322 Abs. 1 S. 2 HGB) muss der APr. insb.

- angeben, nach welchen gesetzlichen Vorschriften und welchen Prüfungsstandards die Prüfung von ihm durchgeführt wurde,
- auf den Abschnitt „Verantwortung des Abschlussprüfers für die Prüfung des Jahresabschlusses und des Lageberichts" verweisen,
- seine Unabhängigkeit bestätigen und
- erklären, dass die von ihm erlangten Prüfungsnachweise ausreichend und geeignet sind, um als Grundlage für die Prüfungsurteile zum JA und zum LB zu dienen.

Dieser Abschnitt schließt **obligatorisch** an den Abschnitt mit den Prüfungsurteilen an. Kommt es zur Modifikation von Prüfungsurteilen sind die Gründe dafür in diesem Abschnitt jeweils darzulegen.

Siehe hierzu Kap. M Tz. 822 ff.

f) ggf. wesentliche Unsicherheit im Zusammenhang mit der Fortführung der Unternehmenstätigkeit[1279]

767

Falls i.R.d. Abschlussprüfung bestandsgefährdende Risiken festgestellt wurden (vgl. § 322 Abs. 2 S. 3 HGB), hat der APr. – unter Beachtung insb. der diesbezüglichen Vorgaben des *IDW PS 270 n.F.* – an dieser Stelle des BestV auf die **bestandsgefährdenden Risiken**[1280] für das Unternehmen, einschl. der Folgen im Hinblick auf den Rechnungslegungsgrundsatz der Fortführung der Unternehmenstätigkeit, einzugehen.

Siehe hierzu Kap. M Tz. 832 ff.

g) ggf. Hinweis zur Hervorhebung eines Sachverhalts[1281]

768

Falls der APr. auf einen **im geprüften JA bzw. LB enthaltenen** Sachverhalt, der angemessen dargestellt oder angegeben ist und daher nicht zur Modifizierung des Prüfungsurteils zum JA bzw. LB geführt hat, besonders aufmerksam machen möchte (z.B. Brand einer wichtigen Fabrikationsanlage), erfolgt dies sinnvollerweise hier[1282].

Die rechtliche Grundlage bildet § 322 Abs. 3 S. 2, Abs. 4 S. 3 bzw. Abs. 5 S. 2 HGB.

Siehe hierzu Kap. M Tz. 848 ff. bzw. Kap. M Tz. 856 ff.

1277 Vgl. *IDW PS 400 n.F.*, Tz. 41 f.
1278 Vgl. *IDW PS 400 n.F.*, Tz. 46 ff.; ferner auch ISA 700.28, A32-A39.
1279 Vgl. *IDW PS 400 n.F.*, Tz. 49, A45 i.V.m. *IDW PS 270 n.F.*; ferner ISA 700.29 i.V.m. ISA 570.
1280 Die von § 322 Abs. 2 S. 3 HGB und DRS 20 verwendeten Begrifflichkeiten „Risiken, die den Fortbestand des Unternehmens gefährden" bzw. „bestandsgefährdendes Risiko" entsprechen der in *IDW PS 270 n.F.* verwendeten Begrifflichkeit „wesentliche Unsicherheit im Zusammenhang mit Ereignissen oder Gegebenheiten, die einzeln oder insgesamt bedeutsame Zweifel an der Fähigkeit des Unternehmens zur Fortführung der Unternehmenstätigkeit aufwerfen können"; vgl. *IDW PS 270 n.F.*, Tz. A3.
1281 Vgl. *IDW PS 406*, Tz. 8 Buchst. a), 10 f., A6-A11; ferner ISA 706.7 (a), 8-9, A5-A17.
1282 Vgl. das Bsp. in *IDW PS 406*, Anlage 1; aber: *IDW PS 406*, Tz. A17-A20.

769 h) ggf. Hinweis auf einen sonstigen Sachverhalt[1283]

Dies betrifft den Fall, dass der APr. auf einen **nicht im geprüften JA bzw. LB enthaltenen** Sachverhalt aufmerksam machen möchte.

Rechtliche Grundlage ist auch hierfür § 322 Abs. 3 S. 2, Abs. 4 S. 3 bzw. Abs. 5 S. 2 HGB.

Siehe hierzu Kap. M Tz. 848 ff. bzw. Kap. M Tz. 860 ff.

770 i) ggf. besonders wichtige Prüfungssachverhalte in der Prüfung des Jahresabschlusses[1284]

Sofern es sich bei dem geprüften Unternehmen um ein **Unternehmen von öffentlichem Interesse i.S.v. § 319a Abs. 1 S. 1 HGB (PIE)** handelt, hat der APr. gem. Art. 10 Abs. 2 Buchst. c) VO (EU) Nr. 537/2014 – unter Beachtung der diesbezüglichen Vorgaben des *IDW PS 401* – an dieser Stelle des BestV auf die i.R.d. Prüfung des JA berücksichtigten besonders wichtigen Prüfungssachverhalte (KAM) einzugehen.

Aufgrund ausdrücklicher schriftlicher Beauftragung kann eine derartige Berichterstattung ggf. auch bei Nicht-PIE erfolgen[1285].

Siehe hierzu Kap. M Tz. 865 ff.

771 j) ggf. sonstige Informationen[1286]

Falls das geprüfte Unternehmen **finanzielle oder nichtfinanzielle Informationen**, die vom APr. i.R. seiner pflichtgemäßen Abschlussprüfung **nicht inhaltlich geprüft** worden sind und daher auch nicht mit unter den BestV fallen, zusammen mit dem geprüften JA, dem LB und/oder weiteren Prüfungsgegenständen veröffentlicht (z.B. im sog. Geschäftsbericht), ist hierauf im BestV ggf. hinzuweisen. Dabei ist ergänzend anzumerken, dass der APr. diese Informationen gleichwohl dahingehend zu lesen und zu würdigen hat, ob sie wesentliche Unstimmigkeiten zum JA oder zum LB aufweisen[1287].

Siehe hierzu Kap. M Tz. 889 ff.

772 k) Verantwortung der gesetzlichen Vertreter und der für die Überwachung Verantwortlichen für den Jahresabschluss und den Lagebericht[1288]

In diesem Abschnitt (vgl. § 322 Abs. 2 S. 2 HGB) ist darauf einzugehen, dass sich die Verantwortung der gesetzlichen Vertreter i.Z.m. JA und LB insb. auf folgende Bereiche bezieht:

- die Aufstellung des **Jahresabschlusses** in Übereinstimmung mit den maßgebenden Rechnungslegungsgrundsätzen,
- die notwendigen internen Kontrollen, die es ermöglichen, einen JA aufzustellen, der frei von wesentlichen falschen Darstellungen ist, ungeachtet dessen, ob diese beabsichtigt oder unbeabsichtigt sind,
- die sachgerechte Berücksichtigung des Rechnungslegungsgrundsatzes der Fortführung der Unternehmenstätigkeit[1289] sowie

---

1283 Vgl. *IDW PS 406*, Tz. 8 Buchst. b), 12 f., A12-A16; ferner ISA 706.7 (b), 10-11, A9-A17.
1284 Vgl. *IDW PS 400 n.F.*, Tz. 50 f., A46-A47; ferner ISA 700.30-31, A40-43 i.V.m. ISA 701.
1285 Vgl. *IDW PS 400 n.F.*, Tz. 51, A46-A47.
1286 Vgl. *IDW PS 400 n.F.*, Tz. 52 i.V.m. ISA 720 (Rev.) (Entwurf-DE); ferner ISA 700.32 i.V.m. ISA 720.
1287 Vgl. *ISA 720 (Rev.) (Entwurf-DE)*, Tz. 14, A23 ff. So in Bezug auf diese Lesepflicht auch bisher schon *IDW PS 202*, Tz. 7 ff.
1288 Vgl. *IDW PS 400 n.F.*, Tz. 53 ff., A48 ff.; ferner ISA 700.33-36, A44-A49; *IDW PS 200*, Tz. 31.
1289 Vgl. hierzu insb. auch *IDW PS 270 n.F.*, Tz. 9.

- die Aufstellung des **Lageberichts** in Übereinstimmung mit den anzuwendenden deutschen gesetzlichen Vorschriften,
- die Vorkehrungen und Maßnahmen, die es ermöglichen, einen LB aufzustellen, der diesen Vorschriften entspricht, und entsprechende Nachweise zu erbringen.

Neu ist außer dem insgesamt erheblich gestiegenen Umfang der ausdrückliche Hinweis am Ende auf die Verantwortung der für die Überwachung Verantwortlichen – sofern es sich bei diesen um ein gesetzliches oder einem solchen nachgebildetes Aufsichtsgremium handelt – in Bezug auf die **Überwachung des Rechnungslegungsprozesses**[1290].
Siehe hierzu Kap. M Tz. 899 ff.

l) Verantwortung des Abschlussprüfers für die Prüfung des Jahresabschlusses und des Lageberichts[1291] **773**

Direkt im Anschluss ist die Verantwortung des APr. von der Verantwortung der gesetzlichen Vertreter und des Aufsichtsgremiums abzugrenzen (vgl. § 322 Abs. 2 S. 2 HGB). Dabei ist vom APr. u.a. darauf einzugehen, dass

- der Erkenntnis aus einer Abschlussprüfung immanente Grenzen gesetzt sind (vgl. auch § 317 Abs. 4a HGB),
- er i.R.d. Prüfung pflichtgemäßes Ermessen ausübt und eine kritische Grundhaltung bewahrt (vgl. auch § 43 Abs. 4 WPO, §§ 37, 39 Abs. 1 BS WP/vBP)[1292],
- i.R.d. Prüfung das relevante (rechnungslegungsbezogenen) IKS berücksichtigt wird, dass jedoch kein Urteil dazu abgegeben wird,
- mit den für die Überwachung Verantwortlichen entsprechend kommuniziert wurde[1293].

Der Umfang der Darstellung ist ggü. dem bislang üblichen[1294] gravierend gewachsen. Dies ist nahezu vollumfänglich ISA-begründet, da die ISA eine Vielzahl ausdrücklicher Aussagen fordern, die nicht gekürzt werden können. Eine inhaltlich zusammenfassende Wiedergabe wäre vielmehr ISA-inkonform. Umgekehrt erlaubt dies jedoch, im PrB in gewissem Maße auf diese sehr umfangreichen Ausführungen im BestV zu verweisen (vgl. auch Kap. M Tz. 292).

Siehe im Weiteren Kap. M Tz. 906 ff.

m) ggf. sonstige gesetzliche und andere rechtliche Anforderungen[1295] **774**

Hierbei handelt es sich um die Überschrift für den ggf. zweiten **Hauptabschnitt** des BestV. Sie dient der Abgrenzung ggü. der Berichterstattung über die Prüfung von JA und LB.

Dieser (zweite) **Hauptabschnitt** ist nur dann erforderlich, wenn über JA und ggf. LB hinaus nach EU-, Bundes- oder Landesrecht **weitere gesetzliche Prüfungsgegenstände** existieren, auf die explizit im BestV und nicht lediglich im PrB einzugehen ist, oder wenn **gesetzlich weitere Pflichtangaben bzw. -aussagen im BestV gefordert** sind, die thematisch nicht direkt den Ausführungen zu JA bzw. LB zugeordnet werden können.

1290 Vgl. *IDW PS 400 n.F.*, Tz. 55, A52-A53; ferner *IDW PS 200*, Tz. 30.
1291 Vgl. *IDW PS 400 n.F.*, Tz. 58 ff., A54 ff.; ferner *ISA 700*.37-42, A50-A56; *IDW PS 200*, Tz. 29.
1292 Vgl. hierzu allg. auch *Farr*, WPg 2018, S. 397 ff.
1293 Zu den Anforderungen an diese Kommunikation siehe insb. auch *IDW PS 470 n.F.*
1294 Vgl. *IDW PS 400 a.F.*, Tz. 28 ff.
1295 Vgl. *IDW PS 400 n.F.*, Tz. 66 ff., A63 ff.; ferner *ISA 700*.43-45, A58-A60.

Es empfiehlt sich, die Verlautbarungen bzw. Informationen des IDW und seiner Fachgremien dazu regelmäßig zu verfolgen.

Bei PIE ist ein solcher (zweiter) **Hauptabschnitt** aufgrund bestimmter Anforderungen aus Art. 10 VO (EU) Nr. 537/2014 in jedem Fall erforderlich.

Siehe hierzu Kap. M Tz. 914 ff.

775 n) ggf. Vermerk über die Prüfung des/der ...

Beispiele für **sonstige gesetzliche Prüfungsgegenstände**, über die nicht lediglich im PrB zu berichten ist, sind § 6b EnWG und § 30 KHGG NRW[1296], außerdem die bei Stiftungen nach landesrechtlichen Vorschriften z.T. geforderten Aussagen zum Stiftungsvermögen[1297].

Grundsätzlich ist für jeden derartigen sonstigen Prüfungsgegenstand ein gesonderter Unterabschnitt vorzusehen und dabei der Mindestaufbau nach Überschrift, Prüfungsurteil, Begründung des Prüfungsurteils, ggf. ergänzende Hinweise, im Ausnahmefall auch sonstige Informationen, Verantwortung der gesetzlichen Vertreter und Verantwortung des APr. zu beachten.

Siehe hierzu Kap. M Tz. 921 ff.

776 o) ggf. **Übrige Angaben gemäß Artikel 10 EU-APrVO**[1298]

Dieser Abschnitt ist **bei PIE** in jedem Fall erforderlich. Hintergrund ist die Tatsache, dass Art. 10 VO (EU) Nr. 527/2014 vom APr. bestimmte Pflichtangaben bzw. -erklärungen im BestV fordert, die inhaltlich nicht direkt mit den Berichtspflichten i.Z.m. der Prüfung von JA und LB verknüpft sind und daher nicht als zusätzliche Erklärungen in den (ersten) **Hauptabschnitt „Vermerk über die Prüfung des Jahresabschlusses und des Lageberichts"** integriert werden können[1299].

Siehe hierzu Kap. M Tz. 927 ff.

777 p) ggf. Hinweis zur Nachtragsprüfung

Im Fall einer Nachtragsprüfung gem. § 316 Abs. 3 HGB ist auf diese Tatsache im BestV zwingend i.R. eines gesonderten Hinweises aufmerksam zu machen[1300]. Dabei sind aufgrund der speziellen Natur dieses Hinweises besondere Vorgaben in Bezug auf dessen Wortlaut und Stellung im BestV zu beachten[1301].

Siehe auch Kap. M Tz. 937 ff.

778 q) ggf. Verantwortlicher Wirtschaftsprüfer[1302]

Die Angabe des Namens des verantwortlichen Wirtschaftsprüfers (Engagement Partner) resultiert aus ISA 700 und ist nach *IDW PS 400 n.F.* **bei PIE** stets erforderlich[1303]. Zu nennen ist **der** „verantwortliche Wirtschaftsprüfer" i.S.v. *IDW QS 1*, Tz. 12 Buchst. o).

1296 Vgl. *IDW PS 400 n.F.*, Tz. A63.
1297 Vgl. *IDW PS 400 n.F.*, Tz. A65 Abs. 3 (z.B. nach § 16 Abs. 3 BayStG oder § 12 Abs. 3 HessStiftG).
1298 Vgl. *IDW PS 400 n.F.*, Tz. 69, A66 ff.
1299 Vgl. *IDW PS 400 n.F.*, Tz. A65 Abs. 2 mit Verweis auf Tz. 46 Buchst. c) und d).
1300 Vgl. *IDW PS 400 n.F.*, Tz. 7, 89.
1301 Vgl. *IDW PS 406*, Tz. 5, 14, A20.
1302 Vgl. *IDW PS 400 n.F.*, Tz. 70; ferner ISA 700.46, A61-A63.
1303 Der Kreis der betroffenen Unternehmen ist nach ISA 700.46 („listed entities") zwar enger definiert als nach Art. 2 Nr. 13 Buchst. a) bis d) RL 2006/43/EG (PIE), wäre andererseits aber weltweit und nicht auf die EU beschränkt zu beachten.

Außer bei einer Gemeinschaftsprüfung (vgl. Kap. M Tz. 1195 ff.) kann, auch wenn der BestV von mehreren WPs unterzeichnet wird, hier immer **nur eine Person** genannt werden[1304].

Die Nennung hat i.R. eines gesonderten Abschnitts mit der Überschrift „Verantwortlicher Wirtschaftsprüfer" zu erfolgen.

Es empfiehlt sich, parallel hierzu den „verantwortlichen Wirtschaftsprüfer" auch im PrB zu nennen (vgl. Kap. M Tz. 302).

r) Datum, Ort, Unterschrift(en) sowie ggf. Siegel[1305] **779**

Gem. § 322 Abs. 7 HGB sind Datum und Ort der Niederlassung des APr. anzugeben und der BestV zumindest (auch) vom verantwortlichen WP persönlich zu unterzeichnen.

Die Hinzufügung der Berufsbezeichnung „Wirtschaftsprüfer" bzw. „Wirtschaftsprüferin" (§ 18 WPO) sowie die Siegelverwendung (§ 48 WPO) stellen deutsche Besonderheiten dar[1306].

Siehe hierzu Kap. M Tz. 940 ff.

Für einen ordnungsgemäßen **BestV nach § 322 HGB** jedenfalls **unabdingbar** sind immer die **Kernkomponenten** a), b), d), e), k) und l) sowie r). **780**

Im Folgenden werden diese Kernkomponenten sowie die weiteren wesentlichen Inhalte des BestV ausführlich dargestellt und erläutert. Besonderheiten i.Z.m. der **VO (EU) Nr. 537/2014 (EU-APrVO)** werden i.R.d. Komponenten mitbesprochen, bei denen sie sich auswirken.

Besonderheiten i.Z.m. **Konzernabschlussprüfungen** werden in Kap. M Tz. 1123 ff. und i.Z.m. **Prüfungen nach dem PublG** in Kap. M Tz. 1142 ff. behandelt. **Sonderfragen** beim BestV werden in Kap. M Tz. 1173 ff. und besonders zu beachtende Aspekte i.Z.m. **Abschlussprüfungen unter ergänzender Beachtung der ISA** werden im Kap. M Tz. 1256 ff. angesprochen.

4.2.1 Überschrift

Zur Vermeidung einer Verwechslung mit anderen Erklärungen (z.B. Bescheinigungen oder Prüfungsvermerken) sind BestV i.S.v. § 322 HGB bzw. Art. 10 VO (EU) Nr. 537/2014 i.V.m. Art. 28 RL 2006/43/EG mit einer entsprechenden Überschrift zu versehen. **781**

§ 322 HGB sieht für Vermerke mit positiver und mit eingeschränkt positiver Gesamtaussage (d.h. § 322 Abs. 2 S. 1 Nr. 1 und Nr. 2 HGB) die Titulierung „**Bestätigungsvermerk**" vor. § 322 Abs. 4 S. 2 sowie Abs. 5 S. 2 HGB schreiben ergänzend vor, dass der zu erteilende BestV im Fall einer Versagung (d.h. § 322 Abs. 2 S. 1 Nr. 3 oder Nr. 4 HGB) nicht mehr als „Bestätigungsvermerk" zu bezeichnen ist, wodurch verdeutlicht werden soll, dass zu dem betreffenden JA bzw. KA eine (auch eingeschränkt) positive Gesamtaussage nicht mehr möglich ist. Dementsprechend lautet die Titulierung in diesen Fällen „**Versagungsvermerk**". **782**

Eine Bezugnahme auf den geprüften JA bzw. KA in der Überschrift ist nicht erforderlich, da der BestV nach deutschem Recht (insb. § 328 Abs. 1a S. 2 und Abs. 2 S. 2 HGB) nur

---

1304 Vgl. auch *Schmidt/Küster*, in: BeBiKo[11], § 322, Rn. 161.
1305 Vgl. *IDW PS 400 n.F.*, Tz. 71 ff., A71 ff.; ferner ISA 700.47-49, A64-A69.
1306 Vgl. *IDW PS 400 n.F.*, Tz. 76 sowie Tz. 77, A75.

zusammen mit dem Abschluss, zu dem er erteilt worden ist, verwendet wird und dadurch ein eindeutiger Bezug hergestellt wird[1307].

Gem. § 317 Abs. 3a HGB gelten die obigen Grundsätze **bei PIE ebenso**, da Art. 10 VO (EU) Nr. 537/2014 i.V.m. Art. 28 RL 2006/43/EG hierzu keine Regelung trifft.

783 Dementsprechend ist der BestV nach der *IDW PS 400er*-Reihe im konkreten Einzelfall entweder mit der Überschrift „**Bestätigungsvermerk des unabhängigen Abschlussprüfers**" oder „**Versagungsvermerk des unabhängigen Abschlussprüfers**" zu versehen[1308]. Dies verdeutlicht ggü. den Adressaten, dass der BestV durch einen gem. §§ 319 Abs. 2 bis 5, 319a, 319b HGB sowie § 43 WPO unabhängigen[1309], dem Berufseid verpflichteten Prüfer (WP/vBP) erteilt wurde, und schließt Verwechslungen mit Erklärungen aus, die von Organen des Unternehmens oder von Dritten gegeben werden.

784 Die **Überschrift des BestV** und die Prüfungsurteile (siehe Kap. M Tz. 964) stehen dabei – § 322 Abs. 2 und 4 HGB folgend – einander wie folgt gegenüber[1310]:

Überschrift des BestV	Prüfungsurteil		
	zum JA/KA/EA	zum LB/KLB	zu sonstigen Prüfungsgegenständen
Bestätigungsvermerk des unabhängigen Abschlussprüfers	nicht modifiziert/ eingeschränkt	nicht modifiziert/ eingeschränkt/ versagt/ Nichtabgabe erklärt	nicht modifiziert/ eingeschränkt/ versagt/ Nichtabgabe erklärt
Versagungsvermerk des unabhängigen Abschlussprüfers	versagt/ Nichtabgabe erklärt	nicht modifiziert/ eingeschränkt/ versagt/ Nichtabgabe erklärt	nicht modifiziert/ eingeschränkt/ versagt/ Nichtabgabe erklärt

785 Für BestV über **freiwillige Abschlussprüfungen**, die der gesetzlichen Abschlussprüfung nach Art und Umfang entsprechen, sind die gleichen Überschriften zu verwenden[1311].

4.2.2 Adressierung

786 Abweichend von der bisherigen Handhabung sind **BestV** nunmehr sowohl bei gesetzlichen als auch bei freiwilligen Abschlussprüfungen **stets zu adressieren**[1312].

1307 Vgl. ADS⁶, § 322, Tz. 97; *Müller*, in: Baetge/Kirsch/Thiele, Bilanzrecht, § 328, Rn. 34 ff., 55. Vgl. auch *IDW PS 400 n.F.*, Tz. A97.
1308 Vgl. *IDW PS 400 n.F.*, Tz. 31, A24; *IDW PS 405*, Tz. 21.
1309 Die Aufnahme und damit Hervorhebung des „unabhängig" in der Überschrift folgt ISA 700.21, A20. Vgl. auch Art. 1 VO (EU) Nr. 537/2014.
1310 Vgl. *IDW PS 405*, Tz. A17.
1311 Vgl. *IDW PS 400 n.F.*, Tz. 3.
1312 Vgl. *IDW PS 400 n.F.*, Tz. 32. Vgl. auch ISA 700.22, A21.

Im Regelfall ist der BestV an das geprüfte Unternehmen gerichtet[1313]. Demgemäß wird i.d.R. die Adressierung „**An die ...** [*Firma und Sitz des geprüften Unternehmens*]" sachgerecht sein.

Falls im Einzelfall Gesetze, andere Rechtsvorschriften oder (bei freiwilligen Prüfungen) die Auftragsbedingungen Anderweitiges festlegen, ist die Adressierung dem anzupassen. Bei gesetzlichen Abschlussprüfungen ist eine Adressierung an die Organe oder Anteilseigner des geprüften Unternehmens nicht sachgerecht[1314].

4.2.3 Vermerk über die Prüfung des Jahresabschlusses und des Lageberichts

Hierbei handelt es sich um die **Überschrift** für den (ersten) **Hauptabschnitt** des BestV, innerhalb dessen über die Prüfung von JA und LB zu berichten ist[1315]. Ist kein LB Prüfungsgegenstand, ist der Text dieser Überschrift entsprechend anzupassen. 787

Falls der BestV, mangels einschlägigen Prüfungsgegenstandes, keinen (zweiten) **Hauptabschnitt „Sonstige gesetzliche und andere rechtliche Anforderungen"** o.Ä. enthält (siehe Kap. M Tz. 914 ff.), kann auf die Überschrift für diesen dann alleinigen Hauptabschnitt des BestV verzichtet werden[1316]. Diesbezüglich sollte sich jede WP-Praxis, nicht zuletzt auch zur Verfahrensvereinheitlichung, feste Maßstäbe setzen, um eine möglichst einheitliche Darstellung des in seinem Aufbau durchaus gewöhnungsbedürftigen BestV nach *IDW PS 400 n.F.* zu erreichen.

Existiert indessen ein (zweiter) **Hauptabschnitt „Sonstige gesetzliche und andere rechtliche Anforderungen"**, ist die Überschrift **„Vermerk über die Prüfung des Jahresabschlusses und des Lageberichts"** für den (ersten) Hauptabschnitt obligatorisch[1317]. 788

Dies ist bspw. **bei PIE** infolge von Art. 10 VO (EU) Nr. 537/2014 **stets** der Fall.

4.2.4 Prüfungsurteile (zu Jahresabschluss und Lagebericht)

Anders als bislang üblich werden die Prüfungsurteile zum JA und zum LB nunmehr am Anfang des (ersten) Hauptabschnitts und nicht mehr am Ende des BestV vor den WP-Unterschriften abgegeben. Dieses Voranstellen soll primär der **Transparenz** dienen. 789

Im Unterschied zu ISA 700 beschränkt sich dieser Abschnitt nach *IDW PS 400 n.F.* nicht auf das Prüfungsurteil zum JA[1318]. Vielmehr werden aufgrund des engen Zusammenhangs, in dem JA und LB nach dem deutschen Rechnungslegungsverständnis stehen, **die beiden Prüfungsurteile zum JA und zum LB** in einem gemeinsamen Abschnitt des BestV erteilt[1319].

1313 Vgl. *IDW PS 400 n.F.*, Tz. A25.
1314 Vgl. *IDW PS 400 n.F.*, Tz. A25; *Schmidt/Küster*, in: BeBiKo[11], § 322, Rn. 45.
1315 Vgl. *IDW PS 400 n.F.*, Tz. 33.
1316 Vgl. *IDW PS 400 n.F.*, Tz. 33.
1317 Vgl. *IDW PS 400 n.F.*, Tz. 33, 66 ff., A65. Zwecks Unterscheidung von den übrigen Abschnitts- bzw. Zwischen-Überschriften empfiehlt es sich dabei, die *Hauptabschnittsüberschriften* vollständig in GROSSBUCHSTABEN zu halten.
1318 So noch *IDW EPS 400 n.F.* (Stand 14.12.2016).
1319 Vgl. *IDW PS 400 n.F.*, Tz. 6 zweiter Punkt; ferner *IDW*, Mitgliederrundschreiben vom 27.07.2017 und 15.12.2017 (abrufbar im Mitgliederbereich der IDW Website). Dieses Vorgehen erfolgt auf der Grundlage von ISA 700.51 und stellt daher keine unzulässige ISA-Abweichung dar; vgl. a.a.O.

790 Im Abschnitt „Prüfungsurteile" sind vom APr. demnach[1320]

- das **geprüfte Unternehmen** zu nennen,
- zu erklären, dass der **JA geprüft** wurde,
- die **Bezeichnungen der einzelnen Finanzaufstellungen** zu nennen, aus denen der JA besteht,
- auf den **Anhang, einschl. der dort dargestellten Bilanzierungs- und Bewertungsmethoden**, hinzuweisen,
- der **Stichtag bzw. der Berichtszeitraum** der einzelnen Finanzaufstellungen anzugeben, aus denen der JA besteht, und
- das **Prüfungsurteil zum JA** unter Nennung der maßgebenden Rechnungslegungsgrundsätze und Vorschriften abzugeben,
- zu erklären, dass der **LB geprüft** wurde,
- der **Berichtszeitraum des LB** anzugeben und
- das **Prüfungsurteil zum LB** sowie
- die **Erklärung nach § 322 Abs. 3 S. 1 HGB** abzugeben.

791 Im Abschnitt „Prüfungsurteile" ist obligatorisch das **geprüfte Unternehmen** zu nennen[1321]. Dabei sollte, wie bei der Adressierung, neben der **Firma** auch der **Sitz** des Unternehmens genannt werden[1322]. Die Verwendung eines Firmenkürzels ist im Ausnahmefall zulässig, wenn die abgekürzte Fassung im Geschäftsleben üblich ist und keinerlei Verwechslungsgefahr besteht[1323].

4.2.4.1 Prüfungsgegenstand Jahresabschluss

792 Die **Erklärung „Wir haben ... geprüft."**[1324] bildet die Satzklammer um die Nennung des geprüften JA als solchem, all seiner Bestandteile sowie der zugehörigen Daten bzw. des Zeitraums.

793 Im Rahmen dessen ist gem. § 322 Abs. 1 S. 2 und S. 3 HGB auch der **Gegenstand der Prüfung** zu beschreiben.

Anders als bislang wird dabei jedoch die in § 317 Abs. 1 S. 1 HGB als Prüfungsgegenstand genannte Buchführung nicht mehr im Text des BestV genannt, da der Wortlaut des § 322 HGB keine Aufnahme eines Prüfungsurteils zur Buchführung in den BestV fordert. Daher ist über die Prüfung der Buchführung als Bestandteil der Rechnungslegung nun ausschließlich im PrB (dort gem. § 321 Abs. 2 S. 1 HGB) zu berichten[1325]. Führen Buchführungsmängel zu Einwendungen gegen JA bzw. LB sind diese bei der Bildung der Prüfungsurteile zu JA bzw. LB zu berücksichtigen[1326] und ggf. im PrB (dort dann auch gem. § 321 Abs. 1 S. 3 HGB) zu berichten.

Gleichermaßen ist im Text des BestV keine Bezugnahme mehr auf die (ergänzenden) Bestimmungen des Gesellschaftsvertrags bzw. der Satzung erforderlich. Diese sind zwar

---

1320 Vgl. *IDW PS 400 n.F.*, Tz. 36 ff., A26 ff., Tz. 42 ff., A40.
1321 Vgl. *IDW PS 400 n.F.*, Tz. 36 Buchst. a), Tz. 42 Buchst. a).
1322 Vgl. *Orth/Schaefer*, in: Baetge/Kirsch/Thiele, Bilanzrecht, § 322, Rn. 40.
1323 Vgl. ADS[6], § 322, Tz. 105.
1324 Zur Verbesserung der Lesbarkeit sind alle nachstehenden Formulierungsbeispiele grds. im Plural gehalten. Nur in Ausnahmefällen wird eigens und bewusst (auch) der Singular verwendet.
1325 Vgl. *IDW PS 400 n.F.*, Tz. A26; *Schmidt/Küster*, in: BeBiKo[11], § 322, Rn. 41, 50. An der in *IDW PS 400 a.F.*, Tz. 24 vertretenen Auffassung wird vom *IDW* nicht mehr festgehalten.
1326 Vgl. *Skirk/Kuhn*, WPg 2018, S. 63 (68). Vgl. auch *IDW PS 405*, Tz. A4.

gem. § 317 Abs. 1 S. 2 HGB unverändert Prüfungsgegenstand[1327], werden aber nunmehr nicht mehr im BestV textiert[1328]. Auch hier gilt, dass Verstöße gegen diesbezügliche Bestimmungen (z.B. Rücklagendotierung nach § 58 Abs. 2 AktG oder Pflicht zur Erstellung des LB bei kleinen KapGes. oder KapCoGes.) ggf. im Zuge der Bildung der Prüfungsurteile zu JA bzw. LB zu berücksichtigen sind[1329]. Allgemein ist über alle wesentlichen Verstöße gegen Bestimmungen des Gesellschaftsvertrags bzw. der Satzung auch im PrB (dort gem. § 321 Abs. 1 S. 3 HGB) zu berichten.

Das **Nennen aller einzelnen Finanzaufstellungen**, aus denen sich der JA zusammensetzt, dient auch der inhaltlichen Verdeutlichung des Prüfungsgegenstands.

Anhang und LB stellen dabei – dem Verständnis der ISA folgend – keine „Finanzaufstellungen" in diesem Sinne dar[1330].

Generell sind hier **Bilanz** und **Gewinn- und Verlustrechnung** zu nennen. Für den JA einer nicht zur Aufstellung eines KA verpflichteten kapitalmarktorientierten KapGes. (§ 264 Abs. 1 S. 2 HGB) bzw. für einen nach IFRS aufgestellten EA (§ 325 Abs. 2a HGB) ergeben sich als zusätzlich zu nennende Finanzaufstellungen die **KFR** und der **EK-Spiegel**, sowie ggf. eine Segmentberichterstattung. Freiwillig erstellte Finanzaufstellungen, z.B. eine freiwillige KFR, sind – falls Prüfungsgegenstand – ebenfalls zu nennen. Anderenfalls kann es ggf. notwendig sein, im BestV ausdrücklich auf deren Nichtprüfung hinzuweisen[1331].

Als Bezeichnungen für die einzelnen Finanzaufstellungen können dabei, sofern sachgerecht, auch die von dem geprüften Unternehmen gewählten Begriffe verwendet werden[1332].

Den internationalen Gepflogenheiten folgend ist nicht nur der Rechnungslegungszeitraum insgesamt anzugeben[1333], sondern zu den einzelnen Finanzaufstellungen sind jeweils der **Stichtag** („zum ... [Datum]") bzw. der **Berichtszeitraum** („für das (Rumpf-)GJ vom ... [Datum] bis zum ... [Datum]") zu nennen[1334].

Im **Anhang** sind auch die auf diese Finanzaufstellungen **angewandten Bilanzierungs- und Bewertungsmethoden** darzustellen (vgl. §§ 284, 313 HGB bzw. IAS 1.10 (e)), was im Text des BestV durch den ergänzenden Einschub „einschließlich der Darstellung der Bilanzierungs- und Bewertungsmethoden" hervorgehoben wird. Bei Abschlüssen nach IFRS ist diese einzuschiebende Formulierung in ein „einschließlich einer Zusammenfassung bedeutsamer Rechnungslegungsmethoden" abzuändern.

1327 Vgl. *IDW PS 400 n.F.*, Tz. A3, A64.
1328 Zur Begründung siehe *IDW PS 400 n.F.*, Tz. A64; *Schmidt/Küster*, in: BeBiKo[11], § 322, Rn. 50.
1329 Vgl. *IDW PS 400 n.F.*, Tz. A64 Abs. 3; *IDW PS 405*, Tz. A5; *Skirk/Kuhn*, WPg 2018, S. 63 (68).
1330 Vgl. *IDW PS 400 n.F.*, Tz. A2.
1331 Vgl. *IDW PS 400 n.F.*, Tz. 20 analog. U.U. kann es dadurch auch erforderlich werden, im BestV einen Abschnitt „Sonstige Informationen" i.S.v. *ISA 720 (Rev.) (Entwurf-DE)* zu ergänzen, i.R. dessen dann die freiwillige, aber nicht geprüfte Finanzaufstellung als entsprechend zu behandelnde „sonstige Information" genannt wird.
1332 Vgl. *IDW PS 400 n.F.*, Tz. A27.
1333 Vgl. auch RegBegr. AReG, BT-Drs. 18/7219 v. 11.01.2016, S. 44.
1334 Vgl. *IDW PS 400 n.F.*, Tz. 36 Buchst. e), A28; ADS[6], § 322, Tz. 107 f.; *Orth/Schaefer*, in: Baetge/Kirsch/Thiele, Bilanzrecht, § 322, Rn. 41.

Ist (zulässigerweise) kein Anh. vorhanden[1335], entfällt dessen Nennung selbstverständlich.

798 Bei einem **JA gem. § 264 Abs. 1 S. 1 HGB** lautet der sich unter Beachtung der obigen Vorgaben ergebende Eingangssatz vollständig[1336]:

> **Beispiel 8:**
> „Wir haben den Jahresabschluss der ... [*Firma und Sitz des geprüften Unternehmens*] – bestehend aus der Bilanz zum ... [*Datum*] und der Gewinn- und Verlustrechnung für das Geschäftsjahr vom ... [*Datum*] bis zum ... [*Datum*] sowie dem Anhang, einschließlich der Darstellung der Bilanzierungs- und Bewertungsmethoden – geprüft."

799 Bei einem **JA gem. § 242 Abs. 3 HGB** ist dieser Satz wie folgt zu formulieren[1337]:

> **Beispiel 9:**
> „Wir haben den Jahresabschluss der ... [*Firma und Sitz des geprüften Unternehmens*] – bestehend aus der Bilanz zum ... [*Datum*] und der Gewinn- und Verlustrechnung für das Geschäftsjahr vom ... [*Datum*] bis zum ... [*Datum*] – geprüft."

Dieselbe Formulierung wäre auch für den Eingangssatz zu einem JA einer **KleinstKapGes.**, die die Erleichterung des **§ 264 Abs. 1 S. 5 HGB** in Anspruch nimmt, zu verwenden.

800 Nach § 322 Abs. 1 S. 1 und 2 HGB sind, um Unklarheiten zu vermeiden, ausdrücklich auch die **angewandten Rechnungslegungsgrundsätze** anzugeben, nach denen der JA aufgestellt worden ist.

Im Regelfall werden dies die **deutschen handelsrechtlichen Vorschriften** sein. Diese Formulierung schließt bspw. AktG, GmbHG, GenG und PublG, für die i.Z.m. gesetzlichen Abschlussprüfungen die Anwendung der handelsrechtlichen Vorschriften vorgeschrieben ist, grds. mit ein.

Anderes gilt z.B. in Bezug auf die KHBV, da durch diese die handelsrechtlichen Vorschriften in bestimmten Bereichen modifiziert werden bzw. die Beachtung einzelner handelsrechtlicher Vorschriften vollständig entfällt. Dies ist bei der Nennung der Rechnungslegungsgrundsätze im BestV entsprechend zu berücksichtigen (vgl. hierzu *IDW PH 9.400.1*[1338]).

Wird ein EA nach § 325 Abs. 2a HGB aufgestellt, ist auf die **IFRS, wie sie in der EU anzuwenden sind**, Bezug zu nehmen.

[1335] In einem solchen Fall müssen Rechnungslegungsgrundsätze zur Ordnungsmäßigkeit i.S.v. *IDW PS 400 n.F.*, Tz. 10 Buchst. e) Alt. b. den Beurteilungsmaßstab für den APr. bilden, sofern nicht der Ausnahmefall einer KleinstKapGes. i.S.v. § 267a HGB, die die Erleichterung nach § 264 Abs. 1 S. 5 HGB in Anspruch nimmt, vorliegt.
[1336] Vgl. auch *IDW PS 400 n.F.*, Anlage: Bsp. 1.
[1337] Vgl. auch *IDW PS 400 n.F.*, Anlage: Bsp. 5. Nach *IDW PH 9.200.1*, Tz. 4 Abs. 1 kann es sich in einem solchen Fall u.U. auch um eine gesetzliche Pflichtprüfung gem. § 316 ff. HGB handeln.
[1338] *IDW PH 9.400.1* wird aktuell von den zuständigen Fachgremien des IDW überarbeitet.

Andere Rechnungslegungsvorschriften (z.B. IFRS insgesamt oder US-GAAP) sind in entsprechender Weise klar zu beschreiben.

Diese klare Beschreibung dient nicht zuletzt auch der nach *IDW PS 400 n.F.* erforderlichen Differenzierung zwischen **801**

- **Rechnungslegungsgrundsätzen zur sachgerechten Gesamtdarstellung**[1339] und
- **Rechnungslegungsgrundsätzen zur Ordnungsmäßigkeit**[1340]

als den Maßstäben für die Normgerechtigkeit des geprüften JA und den sich daraus ergebenden, unterschiedlich zu formulierenden Prüfungsurteilen.

Dementsprechend ist innerhalb der deutschen handelsrechtlichen Vorschriften stets deutlich zu differenzieren zwischen **802**

- den deutschen, für KapGes. geltenden handelsrechtlichen Vorschriften (d.h. §§ 242 bis 256a, 264 bis 288 HGB) und
- den deutschen, für alle Kaufleute geltenden handelsrechtlichen Vorschriften (d.h. §§ 242 bis 256a HGB).

Erstere verkörpern aufgrund von § 264 Abs. 2 S. 1 HGB, ebenso wie IFRS[1341], IPSAS[1342] oder US-GAAP[1343], Rechnungslegungsgrundsätze zur sachgerechten Gesamtdarstellung, während letztere Rechnungslegungsgrundsätze zur Ordnungsmäßigkeit darstellen[1344].

Auf der Grundlage seiner Erkenntnisse aus der Abschlussprüfung muss sich der APr. ein **Prüfungsurteil zum JA bilden** (vgl. hierzu ausführlich Kap. M Tz. 961 ff.) und dieses unter Nennung der maßgebenden Rechnungslegungsgrundsätze und Vorschriften entsprechend ausformulieren. **803**

Paradebeispiel für **maßgebende Vorschriften** in diesem Sinne sind die i.Z.m. JA, die nach dem HGB aufgestellt werden, zu beachtenden deutschen Grundsätze ordnungsmäßiger Buchführung (GoB)[1345].

Bei einem **JA gem. § 264 Abs. 1 S. 1 HGB** lautet das nicht modifizierte Prüfungsurteil zum JA demzufolge[1346]: **804**

[1339] Vgl. *IDW PS 400 n.F.*, Tz. 10 Buchst. e) Alt. a., Tz. A4-A5. Beispiele hierfür sind JA nach den für KapGes. bzw. KapCoGes. geltenden Vorschriften der §§ 264 ff. HGB (d.h. Zweiter Abschnitt des Dritten Buches des HGB) sowie generell Abschlüsse nach IFRS.
[1340] Vgl. *IDW PS 400 n.F.*, Tz. 10 Buchst. e) Alt. b., Tz. A6. Beispiele hierfür sind JA nach den für alle Kaufleute geltenden handelsrechtlichen Vorschriften der §§ 238 ff. HGB (d.h. Erster Abschnitt des Dritten Buches des HGB), auch falls auf der Inanspruchnahme von § 264 Abs. 3, § 264b HGB oder § 5 Abs. 6 PublG beruhend, oder die Rechnungslegung einer politischen Partei nach den Vorschriften des Parteiengesetzes (vgl. hierzu *IDW RS HFA 12*).
[1341] International Financial Reporting Standards (IFRS). Siehe hierzu Framework.46, IAS 1.15.
[1342] International Public Sector Accounting Standards (IPSAS). Siehe hierzu IPSAS 1.27.
[1343] United States Generally Accepted Accounting Principles (US-GAAP). Vgl. *AICPA*, Section 508: *Reports on Audited Financial Statements*, Paragraphs .07, .08 h.; ferner *IDW PS 400 n.F.*, Tz. A4.
[1344] Vgl. *IDW PS 400 n.F.*, Tz. A4, A6. Aufgrund von § 3 Abs. 1 S. 1 KARBV qualifizieren bspw. auch die für die Aufstellung des Jahresberichts eines Investmentsondervermögens nach § 101 KAGB i.V.m. der Delegierten VO (EU) Nr. 231/2013 maßgebenden Rechnungslegungsgrundsätze als solche zur sachgerechten Gesamtdarstellung; vgl. *IDW PS 400 n.F.*, Tz. A5.
[1345] Vgl. *IDW PS 400 n.F.*, Tz. A30.
[1346] Vgl. *IDW PS 400 n.F.*, Tz. 37, 39; ferner Anlage: Bsp. 1.1. Vgl. auch RegBegr. KonTraG, BT-Drs. 13/7219 v. 28.01.1998, S. 28.

> **Beispiel 10:**
>
> „Nach unserer Beurteilung aufgrund der bei der Prüfung gewonnenen Erkenntnisse entspricht der beigefügte Jahresabschluss in allen wesentlichen Belangen den deutschen, für Kapitalgesellschaften geltenden handelsrechtlichen Vorschriften und vermittelt unter Beachtung der deutschen Grundsätze ordnungsmäßiger Buchführung ein den tatsächlichen Verhältnissen entsprechendes Bild der Vermögens- und Finanzlage der Gesellschaft zum ... [*Datum*] sowie ihrer Ertragslage für das Geschäftsjahr vom ... [*Datum*] bis zum ... [*Datum*].“

805 Bei einem **JA gem. § 242 Abs. 3 HGB** lautet das nicht modifizierte Prüfungsurteil zum JA[1347]:

> **Beispiel 11:**
>
> „Nach unserer Beurteilung aufgrund der bei der Prüfung gewonnenen Erkenntnisse entspricht der beigefügte Jahresabschluss in allen wesentlichen Belangen den deutschen, für alle Kaufleute geltenden handelsrechtlichen Vorschriften.“

806 Beim **JA einer KleinstKapGes.**, die die Erleichterung des **§ 264 Abs. 1 S. 5 HGB** in Anspruch nimmt, lautet das nicht modifizierte Prüfungsurteil zum JA dagegen[1348]:

> **Beispiel 12:**
>
> „Nach unserer Beurteilung aufgrund der bei der Prüfung gewonnenen Erkenntnisse entspricht der beigefügte Jahresabschluss in allen wesentlichen Belangen den deutschen, für Kapitalgesellschaften geltenden handelsrechtlichen Vorschriften und vermittelt unter Beachtung der deutschen Grundsätze ordnungsmäßiger Buchführung sowie der Inanspruchnahme der Erleichterung für Kleinstkapitalgesellschaften gemäß § 264 Abs. 1 Satz 5 HGB ein den tatsächlichen Verhältnissen entsprechendes Bild der Vermögens- und Finanzlage der Gesellschaft zum ... [*Datum*] sowie ihrer Ertragslage für das Geschäftsjahr vom ... [*Datum*] bis zum ... [*Datum*].“

4.2.4.2 Prüfungsgegenstand Lagebericht

807 Ist gem. § 264 Abs. 1 S. 1 HGB außerdem ein **Lagebericht** Prüfungsgegenstand, so erfolgen die diesbezüglichen Ausführungen jeweils direkt im Anschluss an die Ausführungen zum JA, wobei dies naturgemäß stets ein JA gem. § 264 Abs. 1 S. 1 HGB ist.

Wenn KapGes., KapCoGes. oder andere Gesellschaften zulässigerweise (z.B. nach § 264 Abs. 1 S. 4, § 264 Abs. 3, § 264b HGB oder § 5 Abs. 2 bzw. Abs. 6 PublG) **keinen LB** aufstellen, entfällt die Bezugnahme auf den LB im BestV vollständig.

Ein (ggf. aufgrund entsprechender Bestimmungen des Gesellschaftsvertrags bzw. der Satzung) **freiwillig aufgestellter LB** ist dagegen in den BestV einzubeziehen, falls der

---

1347 Vgl. *IDW PS 400 n.F.*, Tz. 38, 39; ferner Anlage: Bsp. 5.
1348 Vgl. *IDW PS 400 n.F.*, Tz. 38, 39; ferner Anlage: Bsp. 6.

APr. beauftragt wurde, diesen zu prüfen[1349]. Anderenfalls kann es ggf. notwendig sein, im BestV ausdrücklich auf dessen Nichtprüfung hinzuweisen[1350].

Entsprechend bildet auch hier die **Erklärung „... haben wir ... geprüft"** eine Satzklammer um den Prüfungsgegenstand, die nochmalige Nennung des geprüften Unternehmens sowie den diesbezüglichen Berichtszeitraum[1351]. 808

Eine Bezugnahme auf evtl. (ergänzende) Bestimmungen des Gesellschaftsvertrags bzw. der Satzung erfolgt hier ebenfalls nicht. Evtl. Verstöße können sich indes auf das Prüfungsurteil zum LB auswirken.

Die (sich direkt an die o.g. Eingangsformulierung zum JA anschließende und mit dieser einen gemeinsamen Absatz bildende) Eingangsformulierung zum **LB** lautet demnach[1352]: 809

> **Beispiel 13:**
>
> „Darüber hinaus haben wir den Lagebericht der ... [*Firma und Sitz des geprüften Unternehmens*] für das Geschäftsjahr vom ... [*Datum*] bis zum ... [*Datum*] geprüft."

Das **Prüfungsurteil zum LB** (vgl. hierzu im Weiteren Kap. M Tz. 993 ff.) wird (analog zur o.g. Einleitung) dann direkt im Anschluss an das Prüfungsurteil zum JA erteilt. 810

Ein nicht modifiziertes Prüfungsurteil zum LB stellt sich (i.Z.m. einem nicht modifizierten Prüfungsurteil zum JA) danach folgendermaßen dar[1353]:

> **Beispiel 14:**
>
> „Nach unserer Beurteilung aufgrund der bei der Prüfung gewonnenen Erkenntnisse
> - ... [*Prüfungsurteil zum JA*] und
> - vermittelt der beigefügte Lagebericht insgesamt ein zutreffendes Bild von der Lage der Gesellschaft. In allen wesentlichen Belangen steht dieser Lagebericht in Einklang mit dem Jahresabschluss, entspricht den deutschen gesetzlichen Vorschriften und stellt die Chancen und Risiken der zukünftigen Entwicklung zutreffend dar."

Anders als i.Z.m. dem Prüfungsurteil zum JA nach § 264 Abs. 1 S. 1 HGB erübrigt sich beim LB die nochmalige Nennung des Berichtszeitraums.

Nach *IDW PS 350 n.F.* ist im BestV ggf. auf **nicht (inhaltlich) geprüfte Angaben im LB** ausdrücklich hinzuweisen, da von den Adressaten des BestV sonst angenommen werden könnte, dass diese Angaben geprüft worden sind[1354]. Dies betrifft sog. lageberichtsfremde Angaben, gesetzlich nicht vorgesehene Querverweise und nicht prüfbare 811

1349 Vgl. *IDW PS 400 n.F.*, Tz. 20, A10, A40; *IDW PS 350 n.F.*, Tz. 11.
1350 Vgl. *IDW PS 400 n.F.*, Tz. 20. U.U. kann es dadurch auch erforderlich werden, im BestV einen Abschnitt „Sonstige Informationen" i.S.v. *ISA 720 (Rev.) (Entwurf-DE)* zu ergänzen, i.R. dessen dann der freiwillige, aber nicht geprüfte LB als entsprechend zu behandelnde „sonstige Information" genannt wird.
1351 Vgl. *IDW PS 400 n.F.*, Tz. 42, A40.
1352 Vgl. auch *IDW PS 400 n.F.*, Anlage: Bsp. 1.1.
1353 Vgl. *IDW PS 400 n.F.*, Tz. 43; ferner Anlage: Bsp. 1.1.
1354 Vgl. ADS[6], § 289, Tz. 13, § 317, Tz. 162; *Böcking/Dutzi/Gros*, in: Baetge/Kirsch/Thiele, Bilanzrecht, § 289, Rn. 47; außerdem *IDW PS 350 n.F.*, Tz. A26; *Schmidt/Küster*, in: BeBiKo[11], § 322, Rn. 91.

Angaben im LB sowie lageberichtstypische Angaben, für die keine gesetzliche Pflicht zu einer inhaltlichen Prüfung besteht[1355].

In solchen Fällen sind – sofern diese Angaben nicht eindeutig von den inhaltlich geprüften Angaben abgegrenzt sind[1356] – zum einen die Beschreibung des Prüfungsgegenstands LB und zum zweiten das Prüfungsurteil zum LB um dahingehende Ausführungen zu ergänzen, dass die betreffenden Angaben nicht geprüft worden sind und dass sich das Prüfungsurteil zum LB daher auch nicht auf diese erstreckt[1357].

812 Zwecks entsprechender Darstellung ist es diesbezüglich bspw. möglich, jeweils eine Ergänzung um einen Satz vorzunehmen, in welchem die betreffende(n) Angabe(n) genannt wird bzw. werden[1358]. Ebenso ist es (v.a. bei einer größeren Anzahl von nicht inhaltlich geprüften Bestandteilen bzw. Angaben) möglich, die inhaltlich nicht geprüften Bestandteile bzw. Angaben i.R. einer Anlage zum BestV zu nennen, auf welche verwiesen wird[1359].

813 Die o.g. Darstellungsalternativen sehen dabei wie folgt aus.

Dem Satz zum LB im einleitenden Absatz wird der folgende Satz hinzugefügt:

> **Beispiel 15:**
> „Die ... [z.B.: Erklärung zur Unternehmensführung nach § 289f Abs. 4 HGB (Angaben zur Frauenquote)] haben wir in Einklang mit den deutschen gesetzlichen Vorschriften nicht inhaltlich geprüft."
> bzw.
> „Die in der Anlage genannten Bestandteile des Lageberichts haben wir in Einklang mit den deutschen gesetzlichen Vorschriften nicht inhaltlich geprüft."

Und darüber hinaus wird das Prüfungsurteil zum LB um folgenden Hinweissatz ergänzt:

> **Beispiel 16:**
> „Unser Prüfungsurteil zum Lagebericht erstreckt sich nicht auf den Inhalt der oben genannten ... [z.B.: Erklärung zur Unternehmensführung]."
> bzw.
> „Unser Prüfungsurteil zum Lagebericht erstreckt sich nicht auf den Inhalt der in der Anlage genannten Bestandteile des Lageberichts."

1355 Vgl. *IDW PS 350 n.F.*, Tz. 120 ff., A116 ff., nebst Schaubildern in den Anhängen 2 und 3.
1356 Vgl. *IDW PS 350 n.F.*, Tz. 24 ff., A26. Zur eindeutigen Abgrenzung sind gem. *IDW PS 350 n.F.*, Tz. 20 Buchst. g) eine räumliche Trennung von den übrigen Lageberichtsangaben sowie insb. eine zweifelsfreie Kennzeichnung als „ungeprüft" vonnöten.
1357 Vgl. *IDW PS 400 n.F.*, Tz. 45 i.V.m. *IDW PS 350 n.F.*, Tz. 120 ff., A116 ff.; *Schmidt/Küster*, in: BeBiKo[11], § 322, Rn. 92; *Skirk/Kuhn*, WPg 2018, S. 63 (68 f.).
1358 Vgl. *IDW PS 350 n.F.*, Tz. 120, 122; *IDW PS 400 n.F.*, Anlage 1 (Bsp.: Angaben zur sog. Frauenquote i.Z.m. § 289f Abs. 4 HGB).
1359 Vgl. *IDW PS 350 n.F.*, Tz. A116, A122; *IDW PS 400 n.F.*, Anlagen 2 bis 4; *ISA 720 (Rev.) (Entwurf-DE)*, Anlage D.2, Bsp. 7.

> **Praxistipp 3:**
> Die für alle Beteiligten (rechts)sicherste Lösung dürfte unverändert sein, dass APr. und gesetzliche Vertreter im Vorhinein Einvernehmen darüber erzielen, was konkret Prüfungsgegenstand i.Z.m. dem LB ist und was nicht, und dass die nicht dazugehörigen und demzufolge nicht geprüften Informationen dann (möglichst auch optisch) klar getrennt von JA und LB im sog. „Geschäftsbericht" unter entsprechender Bezeichnung wiedergegeben werden.[1360]

Der APr. ist allerdings gem. *IDW PS 202* bzw. *ISA 720 (Rev.) (Entwurf-DE)* in jedem Fall verpflichtet, diese sonstigen Informationen zu lesen und entsprechend zu würdigen. **814**

4.2.4.3 Erklärung nach § 322 Abs. 3 S. 1 HGB

Das Erfordernis für diese **zusätzliche Erklärung** resultiert aus dem Wortlaut des **§ 322 Abs. 3 S. 1 HGB**, der eine derartige Erklärung vorschreibt. Sie stellt insofern eine Ergänzung der Prüfungsurteile dar und ist direkt im Anschluss an diese abzugeben. **815**

Der ausdrückliche Gesetzesverweis dient dabei der klaren Abgrenzung (vgl. ISA 700.44: „clearly differentiate") dieser über die ISA hinausgehenden Feststellung von den nach den ISA vorgesehenen Angaben[1361].

Wurde keines der o.g. Prüfungsurteile modifiziert, so lautet der Wortlaut dieser Erklärung wie folgt[1362]:

> **Beispiel 17:**
> „Gemäß § 322 Abs. 3 Satz 1 HGB erklären wir, dass unsere Prüfung zu keinen Einwendungen gegen die Ordnungsmäßigkeit des Jahresabschlusses und des Lageberichts geführt hat."

Die Erklärung ist unabhängig davon abzugeben, ob Rechnungslegungsgrundsätze zur sachgerechten Gesamtdarstellung oder Rechnungslegungsgrundsätze zur Ordnungsmäßigkeit (Kap. M Tz. 801 f.) den Prüfungsmaßstab bilden. Auch ändert sich ihr Wortlaut dadurch nicht. **816**

Außer dieser **expliziten Aussage**, dass keine Einwendungen gegen die Ordnungsmäßigkeit der genannten Prüfungsgegenstände als solche zu erheben sind, beinhaltet die Erklärung auch die **implizite Aussage**, dass keine Prüfungshemmnisse vorgelegen haben, die den APr. an der ausdrücklichen Bestätigung, dass keine Einwendungen zu erheben sind, gehindert hätten[1363]. **817**

Darüber hinaus werden durch diese Erklärung grds. auch ggf. in Abhängigkeit von *Größenklasse*, *Wirtschaftszweig* oder *Rechtsform* des jeweiligen Unternehmens gel- **818**

[1360] Vgl. ADS⁶, § 289, Tz. 15, Tz. 88 Ziff. (3); *Böcking/Dutzi/Gros*, in: Baetge/Kirsch/Thiele, Bilanzrecht, § 289, Rn. 47. Gesetzlich geregelte Sonderfälle sind dabei die nichtfinanzielle (Konzern-)Erklärung nach §§ 289b bis 289e bzw. §§ 315b und 315c HGB (§ 317 Abs. 2 S. 4 und 5 HGB) sowie die (Konzern-)Erklärung zur Unternehmensführung nach § 289f bzw. § 315d HGB (§ 317 Abs. 2 S. 6 HGB).
[1361] Vgl. *Skirk/Kuhn*, WPg 2018, S. 63 (68).
[1362] Vgl. *IDW PS 400 n.F.*, Tz. 40, 44.
[1363] Vgl. auch *IDW PS 405*, Tz. 7 Buchst. e).

tende **zusätzliche gesetzliche Vorschriften zur Rechnungslegung** (z.B. §§ 340 ff., 341 ff. HGB) mit abgedeckt, über deren Einhaltung nach § 321 Abs. 2 S. 1 HGB ausschließlich im PrB zu berichten ist[1364].

Dahingegen umfasst diese Erklärung bspw. nicht die Prüfungen nach § 317 Abs. 4 HGB (Risikofrüherkennungssystem i.S.v. § 91 Abs. 2 AktG)[1365], nach § 53 i.V.m. § 58 GenG (wirtschaftliche Verhältnisse und Ordnungsmäßigkeit der Geschäftsführung) bzw. (branchenspezifisch) nach § 29 Abs. 1 bis 2 KWG oder § 35 Abs. 1 VAG, da es sich hierbei nicht um rechnungslegungsbezogene Vorschriften in diesem Sinne handelt[1366]. Über solche Erweiterungen des Prüfungsgegenstands ist generell nur im PrB zu berichten (vgl. Kap. M Tz. 284); der BestV enthält hierzu somit weder i.R.d. Erklärung zur Einwendungsfreiheit noch an anderer Stelle eine Aussage[1367]. Sofern entsprechend beauftragt, kann jedoch i.R. einer gesonderten Bescheinigung berichtet werden.

819 **Zusätzliche gesetzliche Vorschriften**, in Bezug auf die auch im BestV Feststellungen zu treffen sind, sind, sofern sie nicht aufgrund ihres Charakters i.R. der Prüfungsurteile zum JA bzw. zum LB Berücksichtigung finden können, ansonsten im (zweiten) Hauptabschnitt „Sonstige gesetzliche und andere rechtliche Anforderungen" zu berücksichtigen[1368].

Beispiele für solche gesetzlich vorgeschriebenen Erweiterungen des BestV um zusätzliche Aussagen sind § 6b Abs. 5 EnWG, § 8 Abs. 3 UBGG, § 20 SKHG oder § 30 KHGG NRW[1369] (vgl. Kap. M Tz. 914 ff.).

820 Liegen **keine besonderen Umstände** vor, so ergibt sich für den **Abschnitt „Prüfungsurteile"** bei einem JA gem. § 264 Abs. 1 S. 1 HGB sowie einem LB gem. § 289 HGB der folgende **Gesamtwortlaut**[1370]:

> **Beispiel 18:**
>
> *„Prüfungsurteile*
> *Wir haben den Jahresabschluss der ... [Firma und Sitz des geprüften Unternehmens] – bestehend aus der Bilanz zum ... [Datum] und der Gewinn- und Verlustrechnung für das Geschäftsjahr vom ... [Datum] bis zum ... [Datum] sowie dem Anhang, einschließlich der Darstellung der Bilanzierungs- und Bewertungsmethoden – geprüft. Darüber hinaus haben wir den Lagebericht der ... [Firma und Sitz des geprüften Unternehmens] für das Geschäftsjahr vom ... [Datum] bis zum ... [Datum] geprüft.*
>
> *Nach unserer Beurteilung aufgrund der bei der Prüfung gewonnenen Erkenntnisse*
> *• entspricht der beigefügte Jahresabschluss in allen wesentlichen Belangen den deutschen, für Kapitalgesellschaften geltenden handelsrechtlichen Vorschriften und vermittelt unter Beachtung der deutschen Grundsätze ordnungsmäßiger*

[1364] Vgl. auch *IDW PS 400 n.F.*, Tz. 22, A29; ferner *IDW PS 450 n.F.*, Tz. 61, 67.
[1365] Vgl. *IDW PS 400 n.F.*, Tz. A19; *IDW PS 340*, Tz. 32; *IDW PS 450 n.F.*, Tz. 104 ff.
[1366] Vgl. *IDW PS 400 n.F.*, Tz. A63.
[1367] Falls dabei festgestellte Mängel jedoch die Darstellung in JA und/oder LB in Frage stellen, kann eine Berücksichtigung i.R.d. Bildung des Prüfungsurteils aus diesen Gründen erforderlich werden.
[1368] Vgl. hierzu *IDW PS 400 n.F.*, Tz. 66 ff., A65.
[1369] Vgl. *IDW PS 400 n.F.*, Tz. A63. Weitere Beispielsfälle sind Vorschriften des KAGB oder der KHBV (branchenspezifisch) und kommunalrechtliche Vorschriften nach Landesrecht wie etwa die GO NRW. Die hierfür einschlägigen *IDW Prüfungshinweise* werden derzeit von den zuständigen Fachgremien des *IDW* überarbeitet.
[1370] Vgl. auch *IDW PS 400 n.F.*, Anlage: Bsp. 1.1.

> Buchführung ein den tatsächlichen Verhältnissen entsprechendes Bild der Vermögens- und Finanzlage der Gesellschaft zum ... [Datum] sowie ihrer Ertragslage für das Geschäftsjahr vom ... [Datum] bis zum ... [Datum] und
> - vermittelt der beigefügte Lagebericht insgesamt ein zutreffendes Bild von der Lage der Gesellschaft. In allen wesentlichen Belangen steht dieser Lagebericht in Einklang mit dem Jahresabschluss, entspricht den deutschen gesetzlichen Vorschriften und stellt die Chancen und Risiken der zukünftigen Entwicklung zutreffend dar.
>
> Gemäß § 322 Abs. 3 Satz 1 HGB erklären wir, dass unsere Prüfung zu keinen Einwendungen gegen die Ordnungsmäßigkeit des Jahresabschlusses und des Lageberichts geführt hat."

821 Aus Art. 10 VO (EU) Nr. 537/2014, d.h. für PIE, ergeben sich keine besonders zu beachtenden Anforderungen an den Inhalt dieses BestV-Abschnitts.

Zum Wortlaut modifizierter Prüfungsurteile usw. siehe Kap. M Tz. 1014 ff.

4.2.5 Grundlage für die Prüfungsurteile (zu Jahresabschluss und Lagebericht)

822 Um den Konnex zu den Prüfungsurteilen zum JA und zum LB nicht zu verlieren, sind **im unmittelbar darauffolgenden Abschnitt** des BestV die **Grundlagen** für diese abgegebenen Prüfungsurteile darzulegen.

823 Im Abschnitt „Grundlage für die Prüfungsurteile" ist vom APr. dementsprechend[1371]

- zu erklären, dass die Prüfung von JA und LB in **Übereinstimmung mit § 317 HGB** und unter **Beachtung der GoA** durchgeführt wurde,
- auf den Abschnitt „**Verantwortung des Abschlussprüfers**" hinzuweisen, der die Verantwortung des APr. nach diesen Vorschriften und Grundsätzen weiter beschreibt,
- zu erklären, dass er in Übereinstimmung mit den deutschen handelsrechtlichen und berufsrechtlichen Vorschriften **unabhängig ist** und die sonstigen deutschen **Berufspflichten** in Übereinstimmung mit diesen Anforderungen **erfüllt**,
- zu erklären, dass er der Auffassung ist, dass die von ihm erlangten **Prüfungsnachweise ausreichend und geeignet** sind, um als Grundlage für die Prüfungsurteile zum JA und zum LB zu dienen.

824 **Bei PIE** werden aufgrund von Art. 10 Abs. 2 VO (EU) Nr. 537/2014 hierzu folgende weitere Aussagen gefordert[1372]:

- Ergänzung der ersten Erklärung dahingehend, dass die Prüfung auch in **Übereinstimmung mit der VO (EU) Nr. 537/2014** durchgeführt worden ist,
- Ergänzung der zweiten Erklärung dahingehend, dass **Unabhängigkeit auch nach den europarechtlichen Vorschriften** besteht,
- eine zusätzliche Erklärung gem. Art. 10 Abs. 2 Buchst. f) VO (EU) Nr. 537/2014, dass vom APr. **keine verbotenen Nichtprüfungsleistungen** nach Art. 5 Abs. 1 VO (EU) Nr. 537/2014 **erbracht** worden sind[1373].

1371 Vgl. *IDW PS 400 n.F.*, Tz. 46 ff., A41 ff.
1372 Vgl. *IDW PS 400 n.F.*, Tz. 46 ff., A41 ff.
1373 Vgl. *IDW PS 400 n.F.*, Tz. A65.

825 Liegen **keine besonderen Umstände** vor, so ergibt sich hiernach für ein Nicht-PIE bei einem JA gem. § 264 Abs. 1 S. 1 HGB sowie einem LB gem. § 289 HGB folgender Wortlaut[1374]:

> **Beispiel 19:**
>
> „*Grundlage für die Prüfungsurteile*
> Wir haben unsere Prüfung des Jahresabschlusses und des Lageberichts in Übereinstimmung mit § 317 HGB unter Beachtung der vom Institut der Wirtschaftsprüfer (IDW) festgestellten deutschen Grundsätze ordnungsmäßiger Abschlussprüfung durchgeführt. Unsere Verantwortung nach diesen Vorschriften und Grundsätzen ist im Abschnitt „Verantwortung des Abschlussprüfers für die Prüfung des Jahresabschlusses und des Lageberichts" unseres Bestätigungsvermerks weitergehend beschrieben. Wir sind von dem Unternehmen unabhängig in Übereinstimmung mit den deutschen handelsrechtlichen und berufsrechtlichen Vorschriften und haben unsere sonstigen deutschen Berufspflichten in Übereinstimmung mit diesen Anforderungen erfüllt. Wir sind der Auffassung, dass die von uns erlangten Prüfungsnachweise ausreichend und geeignet sind, um als Grundlage für unsere Prüfungsurteile zum Jahresabschluss und zum Lagebericht zu dienen."

826 Bei **PIE** sieht der in Bezug auf die VO (EU) Nr. 537/2014[1375] erweiterte Wortlaut i.Z.m. einem JA gem. § 264 Abs. 1 S. 1 HGB sowie einem LB gem. § 289 HGB wie folgt aus[1376]:

> **Beispiel 20:**
>
> „*Grundlage für die Prüfungsurteile*
> Wir haben unsere Prüfung des Jahresabschlusses und des Lageberichts in Übereinstimmung mit § 317 HGB und der EU-Abschlussprüferverordnung (Nr. 537/2014; im Folgenden „EU-AProVO") unter Beachtung der vom Institut der Wirtschaftsprüfer (IDW) festgestellten deutschen Grundsätze ordnungsmäßiger Abschlussprüfung durchgeführt. Unsere Verantwortung nach diesen Vorschriften und Grundsätzen ist im Abschnitt „Verantwortung des Abschlussprüfers für die Prüfung des Jahresabschlusses und des Lageberichts" unseres Bestätigungsvermerks weitergehend beschrieben. Wir sind von dem Unternehmen unabhängig in Übereinstimmung mit den europarechtlichen sowie den deutschen handelsrechtlichen und berufsrechtlichen Vorschriften und haben unsere sonstigen deutschen Berufspflichten in Übereinstimmung mit diesen Anforderungen erfüllt. Darüber hinaus erklären wir gemäß Artikel 10 Abs. 2 Buchst. f) EU-AProVO, dass wir keine verbotenen Nichtprüfungsleistungen nach Artikel 5 Abs. 1 EU-AProVO erbracht haben. Wir sind der Auffassung, dass die von uns erlangten Prüfungsnachweise ausreichend und geeignet sind, um als Grundlage für unsere Prüfungsurteile zum Jahresabschluss und zum Lagebericht zu dienen."

827 Falls von einem APr. (versehentlich) eine verbotene Nichtprüfungsleistung i.S.v. Art. 5 Abs. 1 VO (EU) Nr. 537/2014 erbracht worden sein sollte, wird vor dem Hintergrund der

---

[1374] Vgl. auch *IDW PS 400 n.F.*, Anlage: Bsp. 1.1.
[1375] In den *IDW PS* wird die VO (EU) Nr. 537/2014 grds. als „EU-Abschlussprüferverordnung" bezeichnet und als „EU-AProVO" abgekürzt.
[1376] Vgl. auch *IDW PS 400 n.F.*, Anlage: Bsp. 2.

Entscheidungsrelevanz des zugrunde liegenden Sachverhalts für die Adressaten des BestV zu entscheiden sein, ob eine Angabe im BestV nicht aufgrund des evtl. **Bagatellcharakters** dieses (versehentlichen) Verstoßes entbehrlich und eine entsprechende Berichterstattung an das Aufsichtsgremium des geprüften Unternehmens hinreichend sein kann[1377]. In einem solchen Fall dürfte das Einholen rechtlichen Rates generell zweckmäßig sein.

Im Fall eines **JA gem. § 242 Abs. 3 HGB** verkürzt sich dieser Absatz dagegen um sämtliche Bezugnahmen auf den LB sowie die VO (EU) Nr. 537/2014[1378]: **828**

> **Beispiel 21:**
>
> „Grundlage für das Prüfungsurteil
> Wir haben unsere Prüfung des Jahresabschlusses in Übereinstimmung mit § 317 HGB unter Beachtung der vom Institut der Wirtschaftsprüfer (IDW) festgestellten deutschen Grundsätze ordnungsmäßiger Abschlussprüfung durchgeführt. Unsere Verantwortung nach diesen Vorschriften und Grundsätzen ist im Abschnitt „Verantwortung des Abschlussprüfers für die Prüfung des Jahresabschlusses" unseres Bestätigungsvermerks weitergehend beschrieben. Wir sind von dem Unternehmen unabhängig in Übereinstimmung mit den deutschen handelsrechtlichen und berufsrechtlichen Vorschriften und haben unsere sonstigen deutschen Berufspflichten in Übereinstimmung mit diesen Anforderungen erfüllt. Wir sind der Auffassung, dass die von uns erlangten Prüfungsnachweise ausreichend und geeignet sind, um als Grundlage für unser Prüfungsurteil zum Jahresabschluss zu dienen."

Gleiches gilt für den **JA einer KleinstKapGes.**, die die Erleichterung des **§ 264 Abs. 1 S. 5 HGB** in Anspruch nimmt. Der Absatz ist demzufolge wortgleich mit dem vorstehenden[1379].

Ist der Prüfungsumfang im Einzelfall wegen **außergewöhnlicher Umstände** geändert worden und die Vornahme besonderer Prüfungshandlungen notwendig gewesen, sind ergänzende Hinweise hierzu nicht im BestV, sondern unverändert ausschl. im PrB zu geben[1380]. Dies gilt bspw., wenn infolge der Erteilung des Prüfungsauftrags zeitlich nach Durchführung der Inventur eine Beobachtung der Bestandsaufnahme bei wesentlichen Vorräten durch den APr. nicht stattfinden konnte, der APr. aber gleichwohl (auf der Grundlage alternativer Prüfungshandlungen) ein verlässliches Urteil über die Bestände gewinnen konnte. Auch, wenn der VJ-Abschluss nicht geprüft oder nicht festgestellt wurde, oder wenn zum VJ-Abschluss ein Versagungsvermerk erteilt wurde, erfolgt ein Hinweis auf die Durchführung besonderer Prüfungshandlungen **ausschließlich im PrB**[1381]. **829**

Ebenso ist, wenn die **Prüfbarkeit** von Angaben und Darstellungen in der Rechnungslegung **eingeschränkt**, eine abschließende Beurteilung durch den APr. gleichwohl noch **830**

1377 Vgl. insb. Hennrichs, WPg 2018, S. 1127 ff.; ferner Hennrichs, WPg 2018, S. 1057 ff.; Schmidt, WPg Sonderheft 2/2015, S. S41.
1378 Vgl. auch *IDW PS 400 n.F.*, Anlage: Bsp. 5.
1379 Vgl. auch *IDW PS 400 n.F.*, Anlage: Bsp. 6.
1380 Vgl. auch *Orth/Schaefer*, in: Baetge/Kirsch/Thiele, Bilanzrecht, § 322, Rn. 50; *Schmidt/Küster*, in: BeBiKo[10], § 322, Rn. 23.
1381 Vgl. *IDW PS 205*, Tz. 17; *IDW PS 450 n.F.*, Tz. 57.

möglich ist (z.B. i.Z.m. prognostischen Angaben im LB), darauf **ausschließlich im PrB** hinzuweisen. Kann der APr. dagegen seine Beurteilung über die Plausibilität von prognostischen Angaben im LB weitgehend nur auf Erklärungen der gesetzlichen Vertreter stützen, so kommt im Ausnahmefall ein Hinweis darauf in Form eines Hinweises auf einen sonstigen Sachverhalt nach *IDW PS 406* im BestV in Betracht (vgl. hierzu Kap. M Tz. 862) – vorausgesetzt, es ist diesbezüglich keine Modifizierung des Prüfungsurteils zum LB (dann i.d.R. aufgrund eines Prüfungshemmnisses) nach *IDW PS 405* notwendig[1382].

831 Besondere Bedeutung kommt dem Abschnitt immer dann zu, wenn das Prüfungsurteil zum JA und/oder zum LB modifiziert wird. Denn dann ist hier der die Modifizierung begründende mangelbehaftete Sachverhalt zu beschreiben, und es sind ggf. weitergehende Ausführungen zur Tragweite der Modifizierung (vgl. Kap. M Tz. 1014 ff.) bzw. – bei Prüfungshemmnissen – in Sachen ausreichende und geeignete Prüfungsnachweise aufzunehmen[1383].

4.2.6 Wesentliche Unsicherheit im Zusammenhang mit der Fortführung der Unternehmenstätigkeit

832 § 322 Abs. 2 S. 3 HGB verpflichtet den APr., im BestV auf **Risiken, die den Fortbestand des geprüften Unternehmens gefährden**, gesondert einzugehen.

833 **Bestandsgefährdende Risiken** sind – wie auch die evtl. sonstigen Risiken der zukünftigen Entwicklung – von den gesetzlichen Vertretern im LB darzustellen (§ 289 Abs. 1 HGB). Dies ist vom APr. nach § 317 Abs. 2 HGB pflichtgemäß zu prüfen.

Im **BestV** sind hierzu vom APr. obligatorisch **zwei Aspekte** zu berücksichtigen:

- i.R.d. Bildung der Prüfungsurteile ist festzustellen, ob die Risiken von den gesetzlichen Vertretern in JA und LB[1384] **zutreffend dargestellt** worden sind[1385];
- **gesondert** davon ist vom APr. i.R.d. BestV (nochmals) **auf die Risiken einzugehen**, die den Fortbestand des Unternehmens gefährden[1386].

834 Bei dieser Verpflichtung des APr., auf bestandsgefährdende Risiken im BestV **gesondert einzugehen**, handelt es sich um die **Hervorhebung** von für das Unternehmen besonders bedeutsamen Sachverhalten, ungeachtet dessen, dass diese Risiken von den gesetzlichen Vertretern bereits im JA und im LB zutreffend dargestellt sein müssen. Der Gesetzgeber[1387] will damit die Unterrichtung der Adressaten des BestV über eine eventuelle Bestandsgefährdung des geprüften Unternehmens sicherstellen, selbst wenn dieser Unterrichtungspflicht in der Rechnungslegung angemessen Rechnung getragen wurde und der BestV insofern kein modifiziertes Prüfungsurteil enthält. Daher soll der APr. die Adressaten des BestV auf die risikobegründenden Sachverhalte und deren evtl. Aus-

---

1382 Vgl. *IDW PS 400 n.F.*, Tz. 2; Kap. M Abb. 1: Hierarchie der Berichterstattungserfordernisse im BestV (siehe Kap. M Tz. 760).
1383 Vgl. *IDW PS 405*, Tz. 40 ff.; *Skirk/Kuhn*, WPg 2018, S. 63 (69).
1384 Vgl. *IDW PS 270 n.F.*, Tz. 9, A41.
1385 Vgl. *IDW PS 270 n.F.*, Tz. 17 ff., 24 f.
1386 Vgl. *IDW PS 400 n.F.*, Tz. 49 i.V.m. *IDW PS 270 n.F.*, Tz. 29 f.; ferner ISA 700.29 i.V.m. ISA 570.21-23. Vgl. auch *Skirk/Kuhn*, WPg 2018, S. 63 (69).
1387 Vgl. RegBegr. KonTraG, BT-Drs. 13/9712 v. 28.01.1998, S. 11, 29.

wirkungen auf den Fortbestand des geprüften Unternehmens (nochmals) **ausdrücklich aufmerksam machen**[1388].

Der APr. kommt seinen Pflichten gem. § 322 Abs. 2 S. 3 HGB nach, wenn er auf die **Tatsache des bestandsgefährdenden Risikos** und auf die diesbezüglichen Darlegungen und Erläuterungen der gesetzlichen Vertreter in JA und LB hinweist[1389]. Eine ausführliche Beschreibung der Risiken ist im Interesse der Verkehrsfähigkeit des BestV zu vermeiden; hierzu sind vielmehr die gesetzlichen Vertreter verpflichtet[1390]. I.R.d. BestV ist daher eine – unter Beachtung der Vorgaben des *IDW PS 270 n.F.*[1391] – i.W. **schlagwortartige Darstellung** nebst klaren Verweisen auf die Darstellungen im JA und im LB sachgerecht[1392]. 835

Da der gesonderte Hinweis nach § 322 Abs. 2 S. 3 HGB unabhängig davon zu erfolgen hat, ob der BestV – aus anderen Gründen – bereits eine Einschränkung erfahren hat oder als Versagungsvermerk ausgestaltet ist, ist ausdrücklich zu erklären, dass dieser Hinweis selbst keine Modifikation eines Prüfungsurteils verkörpert. Darüber hinaus muss deutlich auf die gesetzliche Verpflichtung aufmerksam gemacht werden[1393]. 836

Dieser pflichtgemäße Hinweis des APr. ist in den BestV im Anschluss an die Abschnitte „Prüfungsurteile" sowie „Grundlage für die Prüfungsurteile" in einem **gesonderten Abschnitt** mit der entsprechenden Titulierung aufzunehmen[1394]. 837

Hierfür bietet sich folgende Formulierung an[1395]:

> **Beispiel 22:**
> „*Wesentliche Unsicherheit im Zusammenhang mit der Fortführung der Unternehmenstätigkeit*
> Wir verweisen auf Angabe A im Anhang sowie die Angaben in Abschnitt B des Lageberichts, in denen die gesetzlichen Vertreter beschreiben, dass ... [z.B.: sich die Gesellschaft in einer angespannten Liquiditätssituation befindet]. Wie in Angabe A und Abschnitt B dargelegt, deuten diese Ereignisse und Gegebenheiten auf das Bestehen einer wesentlichen Unsicherheit hin, die bedeutsame Zweifel an der Fähigkeit der Gesellschaft zur Fortführung der Unternehmenstätigkeit aufwerfen kann und die ein bestandsgefährdendes Risiko im Sinne des § 322 Abs. 2 Satz 3 HGB darstellt. Unsere Prüfungsurteile sind bezüglich dieses Sachverhalts [/dieser Sachverhalte] nicht modifiziert."

1388 Vgl. auch *Bertram*, in: Haufe HGB Kommentar[8], § 322, Rn. 108.
1389 Vgl. *IDW PS 400 n.F.*, Tz. A45 i.V.m. *IDW PS 270 n.F.*
1390 Vgl. ADS[6], § 322, Tz. 188; *Orth/Schaefer*, in: Baetge/Kirsch/Thiele, Bilanzrecht, § 322, Rn. 61.
1391 Vgl. *IDW PS 270 n.F.*, Tz. 29-30, A35 ff.
1392 Zu in der Praxis erfolgten derartigen Hinweisen vgl. die jährliche „Zusammenstellung der eingeschränkten oder ergänzten Bestätigungsvermerke" – Anlage zum Bericht der WPK zur Berufsaufsicht, Teil Abschlussdurchsicht (abrufbar im frei zugänglichen Bereich der WPK Website).
1393 Vgl. *IDW PS 270 n.F.*, Tz. 29 Buchst. b).
1394 Vgl. *IDW PS 400 n.F.*, Tz. 49 i.V.m. *IDW PS 270 n.F.*, Tz. A36 ff. Der Plural „Unsicherheiten" sollte (nur) dann verwendet werden, wenn mehrere Unsicherheitssachverhalte nebeneinander vorliegen, die von den gesetzlichen Vertretern erläutert werden.
1395 Vgl. *IDW PS 270 n.F.*, Tz. 29, Anlage 1: Bsp. 1. Das z.T. gewöhnungsbedürftige Deutsch ist i.W. der Wortlautkonformität mit den ISA geschuldet.

Im Wortlaut des BestV sind hier gem. *IDW PS 270 n.F.* zwingend sowohl der Begriff der „wesentlichen Unsicherheit" als auch des „bestandsgefährdenden Risikos" zu verwenden[1396].

838 Dem APr. bleibt es unbenommen, i.R. seines pflichtgemäßen Hinweises konkreter auf den/die bestandsgefährdenden Sachverhalt(e) einzugehen[1397]. Es darf allerdings nicht sein, dass der APr. dabei Informationen vermittelt, die die gesetzlichen Vertreter selbst nicht geben. Fehlen nach der Beurteilung des APr. **wesentliche Informationen**, müssen – sofern dem die gesetzlichen Vertreter auf diesbezügliches Rügen durch den APr. hin nicht abhelfen – vielmehr die Prüfungsurteile zum JA und zum LB entsprechend modifiziert werden[1398] (siehe hierzu Kap. M Tz. 841 ff.).

839 Haben die gesetzlichen Vertreter der Gesellschaft **zulässigerweise keinen LB** aufgestellt (z.B. bei einer „kleinen" KapGes. nach § 264 Abs. 1 S. 4 HGB), fehlt ein wesentlicher Bezugspunkt für die Hervorhebung eines eventuellen Bestandsrisikos im BestV. Da die gesetzlichen Vertreter jedoch verpflichtet sind (so *IDW PS 270 n.F.*, Tz. 9), auf bestehende bestandsgefährdende Risiken auch im Anh. (bzw. mangels Anh. unter der Bilanz) einzugehen[1399], ist dem APr. gleichwohl eine entsprechende Bezugnahme aus dem BestV heraus möglich[1400].

840 **Bei PIE** ist, wenn ein solcher Abschnitt in den BestV aufgenommen wird, zusätzlich die **Doppelnatur** von bestandsgefährdenden Risiken zu beachten, wonach diese zwar einerseits immer als „besonders wichtige Prüfungssachverhalte" qualifizieren, andererseits aber im BestV aufgrund ihrer Bedeutung für die Fortführung der Unternehmenstätigkeit insgesamt gesondert zu behandeln sind[1401]. Deswegen ist im Fall eines Hinweises nach § 322 Abs. 2 S. 3 HGB im Abschnitt „Besonders wichtige Prüfungssachverhalte" im ersten Absatz ein entsprechender Hinweis zu ergänzen, der wie folgt formuliert werden sollte[1402]:

> **Beispiel 23:**
>
> „(...) Zusätzlich zu dem im Abschnitt „Wesentliche Unsicherheit im Zusammenhang mit der Fortführung der Unternehmenstätigkeit" beschriebenen Sachverhalt haben wir die unten beschriebenen Sachverhalte als die besonders wichtigen Prüfungssachverhalte bestimmt, die in unserem Bestätigungsvermerk mitzuteilen sind."

841 Besteht **wesentliche Unsicherheit** in Bezug auf die Fortführung der Unternehmenstätigkeit, hat der APr. i.Z.m. dem BestV grds. folgende Fälle zu unterscheiden (vgl. auch Kap. M Tz. 207):
- Sind die **Annahme** der Fortführung der Unternehmenstätigkeit **und** die **Berichterstattung** in JA und LB **angemessen**, kann ein BestV mit nicht modifizierten Prü-

---

1396 Vgl. *IDW PS 270 n.F.*, Tz. A4 S. 2.
1397 Vgl. *IDW PS 270 n.F.*, Tz. A37; ferner ISA 570.A30, nebst ISA 570.Illustration 1.
1398 Vgl. auch ADS⁶, § 322, Tz. 192 ff.
1399 Vgl. ferner zur Folgeänderung in *IDW RS HFA 17*, Tz. 2. Vgl. auch *Skirk/Kuhn*, WPg 2018, S. 63 (69).
1400 Vgl. auch *Skirk/Kuhn*, WPg 2018, S. 63 (69).
1401 Vgl. *IDW PS 270 n.F.*, Tz. A1 i.V.m. *IDW PS 401*, Tz. 18, A6; ferner ISA 570.A1 i.V.m. ISA 701.15, A41.
1402 Vgl. *IDW PS 401*, Tz. 18 Buchst. b) i.V.m. *IDW PS 270 n.F.*, Anlage 1: Bsp. 1; ferner ISA 570.Illustration 1.

fungsurteilen zu JA und LB erteilt werden, der um einen gesonderten Hinweis nach § 322 Abs. 2 S. 3 HGB wie in Beispiel 22 zu ergänzen ist[1403].
- Ist die **Annahme** über die Fortführung der Unternehmenstätigkeit nach Einschätzung des APr. **nicht angemessen**, ist der JA aber von den gesetzlichen Vertretern gleichwohl unter der Annahme der Unternehmensfortführung aufgestellt worden, ist – unabhängig von der Darstellung in JA und LB – vom APr. ein versagtes Prüfungsurteil zum JA abzugeben und somit ein Versagungsvermerk (hier nach § 322 Abs. 2 S. 1 Nr. 3 HGB) zu erteilen[1404].
- Wird in JA und LB **nicht angemessen** (d.h. überhaupt nicht, nicht deutlich, unzutreffend oder in durch die Darstellungsform oder Wortwahl irreführender Weise) über die Unsicherheit(en) in Bezug auf die Fortführung der Unternehmenstätigkeit **berichtet**, hat der APr. die Prüfungsurteile zu JA und LB entsprechend zu modifizieren und die identifizierten Risiken sowie deren mögliche Auswirkungen i.R.d. Begründungen für diese modifizierten Prüfungsurteile darzustellen[1405].
- **Weigern** sich die gesetzlichen Vertreter, eine Einschätzung vorzunehmen oder diese auf den erforderlichen Zeitraum zu erstrecken, hat der APr. die Prüfungsurteile zu JA und LB ggf. zu modifizieren und dies i.R.d. Begründung entsprechend darzustellen; je nach den Verhältnissen des Einzelfalles kann dabei ein Versagungsvermerk (dann nach § 322 Abs. 2 S. 1 Nr. 4 HGB) zu erteilen sein[1406].

Ist der JA unter **Abkehr von der Annahme der Fortführung der Unternehmenstätigkeit** aufgestellt worden (z.B. weil die Liquidation des Unternehmens beschlossen ist oder bereits erfolgt) und die Berichterstattung in JA und LB **angemessen**, so ist – nach dem pflichtgemäßen Ermessen des APr. – ggf. i.R. eines ergänzenden Hinweises nach § 322 Abs. 3 S. 2, Abs. 4 S. 3, Abs. 5 S. 2 HGB – unter Bezugnahme auf die Darstellung der gesetzlichen Vertreter im JA und im LB – darauf hinzuweisen, dass der JA unter Abkehr vom Rechnungslegungsgrundsatz der Fortführung der Unternehmenstätigkeit aufgestellt wurde[1407].

Eine **wesentliche Unsicherheit** mit der Folge einer Hinweispflicht im BestV ist anzunehmen, wenn nach der Beurteilung des APr. die mögliche Auswirkung von festgestellten Risiken in Bezug auf die Unternehmensfortführung und die Wahrscheinlichkeit ihres Eintretens so groß sind, dass eine angemessene Angabe von Art und Auswirkung der Bestandsgefährdung im JA erforderlich ist, damit der aufgestellte JA eine sachgerechte Gesamtdarstellung vermittelt bzw. nicht irreführend ist[1408]. Dementsprechend muss der Hinweis nach § 322 Abs. 2 S. 3 HGB im BestV auch mit der Berichterstattung des APr. im PrB in Bezug auf bestandsgefährdende Tatsachen (vgl. Kap. M Tz. 222 ff.) Hand in Hand gehen[1409].

Auch kann eine **wesentliche Verzögerung** der Aufstellung des JA und/oder des LB auf Ereignisse und Verhältnisse zurückzuführen sein, die Zweifel an der Fähigkeit der Ge-

---

1403 Vgl. *IDW PS 270 n.F.*, Tz. 29-30, A35-A38.
1404 Vgl. *IDW PS 270 n.F.*, Tz. 28, A32-A34.
1405 Vgl. *IDW PS 270 n.F.*, Tz. 31-32, A39-A41.
1406 Vgl. *IDW PS 270 n.F.*, Tz. 33, A43.
1407 Vgl. *IDW PS 270 n.F.*, Tz. A33, Anlage 1: Bsp. 5 i.V.m. *IDW PS 406*, Tz. A2. Zur bisherigen Handhabung vgl. z.B. ADS[6], § 322, Tz. 196; *Gelhausen*, in: HWRP[3], Sp. 310; *Orth/Schaefer*, in: Baetge/Kirsch/Thiele, Bilanzrecht, § 322, Rn. 60.
1408 Vgl. *IDW PS 270 n.F.*, Tz. 23, A23.
1409 Vgl. auch *Orth/Schaefer*, in: Baetge/Kirsch/Thiele, Bilanzrecht, § 322, Rn. 61.

845 Der Hinweis nach § 322 Abs. 2 S. 3 HGB selbst bedeutet **keine Einschränkung** des BestV; er ersetzt also auch nicht eine aufgrund einer unangemessenen Risikodarstellung im JA und im LB ggf. gebotene Modifizierung der Prüfungsurteile zu JA und LB im BestV[1411].

Umgekehrt erübrigt sich dieser Hinweis dann, wenn aufgrund einer unangemessenen Risikodarstellung im JA und im LB die diesbezüglichen Prüfungsurteile im BestV entsprechend modifiziert werden, ggf. bis hin zur Erteilung eines Versagungsvermerks[1412].

846 Voraussetzung für einen uneingeschränkten BestV mit (lediglich) gesondertem Hinweis ist insb., dass[1413]

- im JA und im LB sowohl die bestandsgefährdenden Tatsachen als auch die Pläne der gesetzlichen Vertreter, wie damit umgegangen werden soll, angemessen dargestellt sind, sowie
- aus der Darstellung in JA und LB klar hervorgeht, dass diese bestandsgefährdenden Tatsachen eine erhebliche Unsicherheit in Bezug auf die Fähigkeit des Unternehmens zur Fortführung der Unternehmenstätigkeit verkörpern.

Vor diesem Hintergrund bestehen die Konsequenzen für die Berichterstattung über die Abschlussprüfung insbesondere darin, dass der APr. zunächst klären muss, ob die Gesellschaft zur Fortführung der Unternehmenstätigkeit aufwerfen und eine Klärung erfordern, ob Konsequenzen für den BestV zu ziehen sind[1410].

847 Unabhängig davon, wie der APr. die diesbezügliche Berichterstattung der gesetzlichen Vertreter in JA und LB letztendlich beurteilt, muss er beachten, dass ihm verschiedene gesetzliche Vorschriften (z.B. Art. 12 Abs. 1 Unterabs. 1 Buchst. b) VO (EU) Nr. 537/2014; § 29 Abs. 3 S. 1 KWG, § 341k Abs. 3 HGB oder § 35 Abs. 4 Nr. 2 VAG) eine **unverzügliche Unterrichtung der zuständigen Aufsichtsbehörde** vorschreiben, wenn wesentliche Probleme hinsichtlich der Fortführung der Unternehmenstätigkeit identifiziert werden (vgl. auch Kap. M Tz. 16)[1414].

Daneben ist selbstverständlich auch dem Aufsichtsgremium und ggf. dem PrA über derartige Tatsachen zeitgerecht Bericht zu erstatten (vgl. Kap. M Tz. 122 ff.).

4.2.7 Hinweise auf besondere Umstände oder Sachverhalte

848 Außer dem obligatorischen Hinweis nach § 322 Abs. 2 S. 3 HGB auf Risiken, die den Fortbestand des geprüften Unternehmens gefährden (vgl. Kap. M Tz. 832 ff.), kennt § 322 HGB außerdem noch Hinweise auf i.R.d. Prüfung festgestellte **Umstände, auf die der APr. in besonderer Weise aufmerksam machen möchte** (§ 322 Abs. 3 S. 2, Abs. 4 S. 3 bzw. Abs. 5 S. 2 HGB)[1415].

849 Fachliche Grundlage für derartige **Hinweise im Bestätigungsvermerk** ist insb. **IDW PS 406**.

850 Hinweise dieser Art stellen keinen Teil eines Prüfungsurteils dar, ebensowenig modifizieren sie ein Prüfungsurteil als solches. Umgekehrt vermag deshalb ein derartiger Hinweis die ggf. erforderliche Modifikation eines Prüfungsurteils im BestV nicht zu er-

---

1410 Vgl. *IDW PS 270 n.F.*, Tz. 37.
1411 Vgl. *IDW PS 400 a.F.*, Tz. 77; *Schmidt/Küster*, in: BeBiKo¹¹, § 322, Rn. 52.
1412 Vgl. *Ebke*, in: MünchKomm. HGB³, § 322, Rn. 47.
1413 Vgl. *IDW PS 270 n.F.*, Tz. 24 f., A26-A29.
1414 Vgl. *IDW PS 270 n.F.*, Tz. A42.
1415 Vgl. hierzu ausdrücklich auch RegBegr. AReG, BT-Drs. 18/7219 v. 11.01.2016, S. 45.

setzen[1416]. Demzufolge ist es für die Entscheidung für oder gegen einen **sonstigen ergänzenden Hinweis** nach § 322 Abs. 3 S. 2, Abs. 4 S. 3 bzw. Abs. 5 S. 2 HGB grds. auch ohne Belang, wie der BestV selbst ausgestaltet ist, d.h. ob dieser uneingeschränkt, eingeschränkt oder in Form eines Versagungsvermerks erteilt wird[1417].

Darüber hinaus ist zu beachten, dass derartige Hinweise weder die Mitteilung besonders wichtiger Prüfungssachverhalte nach *IDW PS 401* (vgl. Kap. M Tz. 865 ff.) noch den gesonderten Hinweis nach § 322 Abs. 2 S. 3 HGB zu ersetzen vermögen[1418].

Kumulative **Voraussetzungen** für einen sonstigen ergänzenden Hinweis sind somit, dass[1419] **851**

- der APr. die Frage einer möglichen Modifizierung des Prüfungsurteils geprüft, also keine Bedenken gegen die betreffenden Wertansätze, Darstellungen, Angaben usw. hat,
- der APr. dabei die ihm zur Verfügung stehenden Erkenntnisquellen im angemessenen Umfang ausgeschöpft hat,
- die gesetzlichen Vertreter, ggf. auch die des MU oder eines TU, die ihnen obliegenden Aufklärungs- und Nachweispflichten nach § 320 HGB in vollem Umfang erfüllt haben,
- die gesetzlichen Vertreter im JA bzw. im LB auf die betreffenden Sachverhalte in dem ihnen gesetzlich gebotenen Umfang eingegangen sind, und
- inhaltlich keine vorrangigen Berichtspflichten im BestV nach § 322 Abs. 2 S. 3 HGB oder nach *IDW PS 401* bestehen.

Je nachdem, worauf der APr. i.R. solch eines **sonstigen ergänzenden Hinweises**[1420] aufmerksam machen möchte, differenziert *IDW PS 406* – darin ISA 706 folgend – zwischen dem **852**

- **Hinweis zur Hervorhebung eines Sachverhalts**[1421] und dem
- **Hinweis auf einen sonstigen Sachverhalt**[1422].

Jeder einzelne Hinweis ist obligatorisch mit einer **Überschrift** zu versehen, die, zu seinem jeweiligen Inhalt passend, entweder die Formulierung „Hervorhebung eines Sachverhalts" oder „Sonstiger Sachverhalt" enthalten muss[1423]. **853**

Jeder einzelne Hinweis verkörpert dabei einen eigenständigen (Unter-)Abschnitt im BestV. Eine Eingliederung in einen anderen (Unter-)Abschnitt (vgl. die Übersicht in Kap. M Tz. 757) oder eine Kombination mehrerer Hinweise sind nicht statthaft. Entscheidet sich der APr. im Einzelfall für mehrere ergänzende Hinweise im BestV, so sind

---

1416 Vgl. *IDW PS 400 n.F.*, Tz. 2; *IDW PS 406*, Tz. 10; ADS⁶, § 322, Tz. 198; *Müller*, in: Kölner Komm. Rechnungslegungsrecht, § 322, Rn. 44; *Orth/Schaefer*, in: Baetge/Kirsch/Thiele, Bilanzrecht, § 322, Rn. 76.3.
1417 Vgl. RegBegr. AReG, BT-Drs. 18/7219 v. 11.01.2016, S. 45.
1418 Vgl. *IDW PS 400 n.F.*, Tz. 2; *IDW PS 406*, Tz. 10, 12; *Skirk/Kuhn*, WPg 2018, S. 329 (337).
1419 Vgl. *IDW PS 406*, Tz. 7 i.V.m. *IDW PS 400 n.F.*, Tz. 13 ff.; ferner *IDW PS 400 n.F.*, Tz. 2; Kap. M Abb. 1: Hierarchie der Berichterstattungserfordernisse im BestV (siehe Kap. M Tz. 760); IDW, Die fachliche Frage, IDW Life 2018, S. 344 f.
1420 Vgl. RegBegr. AReG, BT-Drs. 18/7219 v. 11.01.2016, S. 45; *Schmidt/Küster*, in: BeBiKo¹¹, § 322, Rn. 210.
1421 Vgl. *IDW PS 406*, Tz. 10-11, A10-A11, A17 ff.; ferner ISA 706.8-9, A5 ff.
1422 Vgl. *IDW PS 406*, Tz. 12-13, A12 ff.; ferner ISA 706.10-11, A9 ff.
1423 Vgl. *IDW PS 406*, Tz. 11, 13, A17-A20.

die einzelnen Hinweise klar voneinander abzugrenzen, sinnvollerweise durch entsprechende Ausformulierung der – obligatorischen – jeweiligen Überschrift[1424].

854 Grundsätzlich – d.h. unter Beachtung des Primats der Abschnitte „Prüfungsurteile" sowie „Grundlage für die Prüfungsurteile" innerhalb des (ersten) Hauptabschnitts „Vermerk über die Prüfung des JA und des LB" des BestV[1425] – liegt die **Platzierung** eines ergänzenden Hinweises im pflichtgemäßen Ermessen des APr. und hat sich an Inhalt und Bedeutung der Information, die mit dem Hinweis vermittelt werden soll, zu orientieren[1426].

Einzige Ausnahme bildet – aufgrund seiner speziellen Natur und besonderen Bedeutung – der Hinweis zur Nachtragsprüfung (vgl. Kap. M Tz. 777)[1427].

Ansonsten ist jeder Hinweis grds. in dem Hauptabschnitt unterzubringen, zu welchem er thematisch gehört. D.h. Hinweise i.Z.m. „Sonstigen gesetzlichen und anderen rechtlichen Anforderungen" sind in diesem (zweiten) Hauptabschnitt zu platzieren, und zwar jeweils direkt im Anschluss an den (Unter-)Abschnitt, zu dem der sonstige ergänzende Hinweis konkret gegeben wird. Insb. bei Hinweisen auf sonstige Sachverhalte kann eine Platzierung am Ende des BestV sinnvoll sein[1428].

855 Die konkrete Ausformulierung eines ergänzenden Hinweises liegt – unter Beachtung des gesetzlichen Anspruchs nach **Allgemeinverständlichkeit und Problemorientierung** (§ 322 Abs. 2 S. 2 HGB)[1429] – im pflichtgemäßen Ermessen des APr.

Der APr. darf jedoch i.Z.m. einem Hinweis **keine Aussagen anstelle der gesetzlichen Vertreter** treffen, die in deren Verantwortung liegen[1430]. Insbesondere ist ein Nachholen von im JA oder im LB ggf. unterlassenen Angaben nicht statthaft.

4.2.7.1 Hinweis zur Hervorhebung eines Sachverhalts

856 Hinweise zur **Hervorhebung eines Sachverhalts** sind auf Sachverhalte beschränkt, auf die der APr. trotz normkonformer Darstellung durch die gesetzlichen Vertreter in JA und/oder LB bzw. i.R. eines sonstigen Prüfungsgegenstands[1431] aufmerksam machen möchte. Darüber hinaus muss der Sachverhalt nach der Beurteilung des APr. von **grundlegender Bedeutung** für das Verständnis des betroffenen Prüfungsgegenstands durch die Adressaten des BestV sein[1432].

857 Dementsprechend ist i.R. eines Hinweises zur Hervorhebung eines Sachverhalts auch stets auf diejenigen Ausführungen der gesetzlichen Vertreter in JA bzw. LB (bzw. zum sonstigen Prüfungsgegenstand) **Bezug zu nehmen**, die den betreffenden Sachverhalt beschreiben[1433]. Darüber hinaus muss ein solcher Hinweis stets auch die **ausdrückliche**

1424 Vgl. *IDW PS 406*, Tz. 11, 13; *Schmidt/Küster*, in: BeBiKo[11], § 322, Rn. 211 f.
1425 Vgl. *IDW PS 400 n.F.*, Tz. 35, 41, 46-47.
1426 Vgl. auch *Skirk/Kuhn*, WPg 2018, S. 329 (338 f.).
1427 Vgl. *IDW PS 406*, Tz. 14, Anlage 5.
1428 Vgl. auch *IDW PS 406*, Anlage 4, Fn. 27.
1429 Vgl. *Orth/Schaefer*, in: Baetge/Kirsch/Thiele, Bilanzrecht, § 322, Rn. 74.1.
1430 Vgl. *IDW PS 406*, Tz. A10 Buchst. b); *Schmidt/Küster*, in: BeBiKo[10], § 322, Rn. 37.
1431 Zur Definition siehe *IDW PS 406*, Tz. 8 Buchst. d).
1432 Vgl. *IDW PS 406*, Tz. 8 Buchst. a); ADS[6], § 322, Tz. 180; ferner ISA 706.7 (a).
1433 Vgl. *IDW PS 406*, Tz. 11 Buchst. b), Tz. A6.

Aussage enthalten, dass das Prüfungsurteil zu dem betroffenen Prüfungsgegenstand im Hinblick auf den hervorgehobenen Sachverhalt **nicht modifiziert** worden ist[1434].

Als **Beispiele** für hervorhebenswerte Sachverhalte kommen in Betracht[1435]:

858

- **bedeutsame Ereignisse**
  Sind zwischen dem Abschlussstichtag und der Erteilung des BestV bedeutsame Ereignisse eingetreten, so kann es sich empfehlen, auf diese – ungeachtet der notwendigen Darstellung durch die gesetzlichen Vertreter in JA bzw. LB – im BestV nochmals hinzuweisen.
  Gleiches gilt i.Z.m. bedeutsamen Ereignissen in der Vergangenheit, die gravierende Auswirkungen auf die Vermögens-, Finanz- und Ertragslage des Unternehmens hatten oder ggf. noch haben.

- **verbleibende wesentliche Unsicherheiten**
  Hierbei handelt es sich um Sachverhalte, die vom Ergebnis künftiger Vorgänge oder Ereignisse abhängen und vom Unternehmen nicht unmittelbar beeinflusst werden können (z.B. noch laufende Verhandlungen, schwebende Prozesse, Risiken aus langfristigen Aufträgen, steuerliche Risiken, geschätzte Werte)[1436]. Ebenso könnte die Tatsache, dass es sich bei dem geprüften Unternehmen um ein sog. Start-up handelt, Grundlage für einen Hinweis auf die somit immanent höheren (Planungs-)Risiken sein.

- **besondere Gegebenheiten**
  Weist die Bilanz einen nicht durch Eigenkapital gedeckten Fehlbetrag aus, steht diese „Unterbilanz" aber nicht i.Z.m. einer Gefährdung des Fortbestands des Unternehmens (z.B. wegen erheblicher stiller Reserven oder aufgrund zwischenzeitlich erfolgter Sanierungsmaßnahmen), kann ein Hinweis im BestV zur Verdeutlichung dieses Sachverhalts angezeigt sein[1437].

- **Abkehr vom Rechnungslegungsgrundsatz der Fortführung der Unternehmenstätigkeit**
  Wenn die gesetzlichen Vertreter den JA zurecht unter Abkehr von der Annahme der Fortführung der Unternehmenstätigkeit aufstellen (z.B. aufgrund des Ablaufs der im Gesellschaftsvertrag bestimmten Zeit (§ 60 Abs. 1 Nr. 1 GmbHG) oder bei einer von der Gesellschafterversammlung beschlossenen Liquidation der Gesellschaft) und hierüber im JA bzw. im LB angemessen berichten, kann es der APr. gleichwohl für sachgerecht erachten, auf diese Tatsache und die diesbezügliche Darstellung durch die gesetzlichen Vertreter im BestV ausdrücklich hinzuweisen[1438].

- **Bilanzierung nach Fortführungswerten bei Vorliegen eines Insolvenzgrundes**
  Da der Rechnungslegungsgrundsatz der Fortführung der Unternehmenstätigkeit an die Geschäftstätigkeit als solche anknüpft, kann im Einzelfall auch beim Vorliegen eines Involvenzgrundes eine Bilanzierung nach Fortführungswerten zulässig sein. Z.B. wenn hinreichend begründet und dokumentiert dargelegt wird, dass die Unternehmenstätigkeit auch nach Eröffnung des Insolvenzverfahrens jedenfalls innerhalb

---

1434 Vgl. *IDW PS 406*, Tz. 11 Buchst. c).
1435 Vgl. auch *IDW PS 406*, Tz. A8, Anlagen 1 bis 3; *Skirk/Kuhn*, WPg 2018, S. 329 (338).
1436 Vgl. *IDW PS 314 n.F.*, Tz. 83; ADS[6], § 322, Tz. 198.
1437 Vgl. ADS[6], § 322, Tz. 202. Siehe auch *IDW PS 270 n.F.*, Tz. A34 Abs. 2.
1438 Vgl. *IDW PS 270 n.F.*, Tz. A33, Anlage 1: Bsp. 5 i.V.m. *IDW PS 406*, Tz. A2.

des Prognosezeitraums fortgeführt werden wird[1439]. In einem solchen Fall kann ein Hinweis im BestV auf diesen besonderen Umstand sinnvoll sein.

859 Ein solcher hervorhebender Hinweis im BestV mit Bezugnahme auf einen im JA dargestellten Sachverhalt könnte textlich bspw. wie folgt aussehen[1440]:

> **Beispiel 24:**
>
> *„Hinweis zur Hervorhebung eines Sachverhalts*
> Wir machen auf die Ausführungen der gesetzlichen Vertreter in Abschnitt ... des Anhangs in Bezug auf die Nichtbildung einer Rückstellung in Zusammenhang mit einem vom Umweltbundesamt erlassenen Bußgeldbescheid aufmerksam. Die gesetzlichen Vertreter verweisen hierzu auf juristische und andere Sachverständigengutachten sowie weitere in den Verhandlungen gegen andere beschuldigte Unternehmen bekannt gewordene Tatsachen und haben außerdem Rechtsmittel gegen diesen Bescheid eingelegt. Unser Prüfungsurteil zum Jahresabschluss ist diesbezüglich nicht modifiziert."

4.2.7.2 Hinweis auf einen sonstigen Sachverhalt

860 Hinweise auf einen **sonstigen Sachverhalt** betreffen Sachverhalte, die (zulässigerweise) nicht in JA und/oder LB bzw. i.R. eines sonstigen Prüfungsgegenstands[1441] dargestellt sind, die jedoch nach der Beurteilung des APr. **für das Verständnis** der Adressaten des BestV von der Abschlussprüfung, von der Verantwortung des APr. oder vom BestV **von Relevanz** sind[1442].

861 Obwohl daher i.R. eines Hinweises auf einen sonstigen Sachverhalt nicht auf Ausführungen der gesetzlichen Vertreter in JA bzw. LB Bezug genommen werden kann, die den relevanten Sachverhalt beschreiben, kann es ggf. sinnvoll sein, ausdrücklich zu erklären, dass das Prüfungsurteil zu dem korrespondierenden Prüfungsgegenstand in Bezug auf den sonstigen Sachverhalt **nicht modifiziert** worden ist.

862 Als Hinweise auf sonstige Sachverhalte kommen bspw. in Betracht[1443]:

- **Beschränkung der Verwendung oder Weitergabe des BestV**
  Wenn ein – aufgrund einer freiwilligen Prüfung erteilter – BestV aus besonderen Gründen nur für spezifische Adressaten bestimmt ist, kann es sinnvoll sein, auf diesen Sachverhalt hinzuweisen, dass der BestV nur für die vorgesehenen Dritten bestimmt ist und nicht an Dritte weitergegeben oder von Dritten verwendet werden darf[1444].
- **(zulässige) Inanspruchnahme von § 264 Abs. 3 HGB**[1445] § 264 Abs. 3 HGB sieht für TU unter bestimmten Voraussetzungen Erleichterungen bzgl. der Aufstellung, Prüfung und Offenlegung von JA und LB vor. Gemäß *IDW PH 9.200.1* kann der APr. grds. auch dann davon ausgehen, dass § 264 Abs. 3 HGB zu Recht in Anspruch genommen wurde, wenn bei Beendigung der Abschlussprüfung ausschl. die Erfüllung der Vo-

---

1439 Vgl. *IDW PS 270 n.F.*, Tz. A34 Abs. 2 mit Verweis auf BGH v. 26.01.2017 (IX ZR 285/14), Rn. 27.
1440 Vgl. auch *IDW PS 406*, Anlage 3.
1441 Zur Definition siehe *IDW PS 406*, Tz. 8 Buchst. d).
1442 Vgl. *IDW PS 406*, Tz. 8 Buchst. b); ferner ISA 706.7 (b).
1443 Vgl. auch *IDW PS 406*, Tz. A12 ff., Anlagen 3 und 4; *Skirk/Kuhn*, WPg 2018, S. 329 (338 f.).
1444 Vgl. *IDW PS 406*, Tz. A15.
1445 Diese Ausführungen sind sinngemäß auch i.Z.m. der Inanspruchnahme von Erleichterungen nach § 264b HGB und § 5 Abs. 6 PublG anzuwenden. Vgl. *IDW PH 9.200.1*, Tz. 1.

raussetzungen des § 264 Abs. 3 Nr. 3 oder Nr. 4 HGB (und damit i.Z.m. Nr. 5 Buchst. c) bis e)) noch aussteht, aber keine Anhaltpunkte bestehen, dass diese Voraussetzungen voraussichtlich nicht erfüllt werden[1446]. In diesem Fall ist aber im BestV darauf hinzuweisen, dass zum Zeitpunkt der Beendigung der Abschlussprüfung die Erfüllung der Voraussetzungen des § 264 Abs. 3 HGB insoweit nicht beurteilt werden konnte, als diese Voraussetzungen ihrer Art nach erst zu einem späteren Zeitpunkt erfüllbar sind. Die noch ausstehenden Voraussetzungen sind zu nennen[1447].

- **Erklärungen der gesetzlichen Vertreter**
  Kann sich der APr. bei der Beurteilung bestimmter im Abschluss abgebildeter Sachverhalte im Wesentlichen nur auf Erklärungen der gesetzlichen Vertreter des geprüften Unternehmens stützen (z.B. Bestehen der Beteiligungsabsicht, Halten einer Finanzanlage in der Erwartung langfristiger Wertsteigerung[1448]), kann im Einzelfall ein Hinweis auf diese Tatsache vertretbar sein. Gleiches gilt für den Fall, dass der APr. seine Beurteilung von wesentlichen prognostischen Aussagen im LB weitgehend nur auf Erklärungen der gesetzlichen Vertreter des geprüften Unternehmens stützen kann[1449].

- **freiwillige Prüfung eines KA**
  Falls zu einem freiwillig aufgestellten und geprüften KA nicht auch ein freiwilliger KLB erstellt wird, kann es sinnvoll sein, ergänzend darauf hinzuweisen, dass der geprüfte KA nicht die Voraussetzungen für einen nach § 325 HGB offenzulegenden (und ggf. befreiend i.S.v. §§ 291, 292 HGB wirkenden) KA erfüllt.
  Entsprechendes gilt für den Fall, dass ein kapitalmarktorientiertes MU freiwillig einen KA nach HGB aufstellt und diesen nach § 317 HGB prüfen lässt[1450].

Für den ergänzenden Hinweis i.Z.m. einer (zulässigen) **Inanspruchnahme von Aufstellungserleichterungen nach § 264 Abs. 3 HGB** empfiehlt sich dabei folgende Formulierung[1451]:

> **Beispiel 25:**
> „Hinweis auf einen sonstigen Sachverhalt
> Unter Inanspruchnahme der Erleichterungsvorschrift des § 264 Abs. 3 HGB wurde kein Lagebericht [/wurden kein Anhang und kein Lagebericht] aufgestellt. Im Zeitpunkt der Beendigung unserer Abschlussprüfung konnte nicht abschließend beurteilt werden, ob die Befreiungsvorschrift des § 264 Abs. 3 HGB zu Recht in Anspruch genommen worden ist, weil die Voraussetzungen nach § 264 Abs. 3 ... [Satz 1 Nr. 3, Nr. 4 und Nr. 5 Buchst. c) bis e)] HGB ihrer Art nach erst zu einem späteren Zeitpunkt erfüllt werden können. Unser Prüfungsurteil zum Jahresabschluss ist diesbezüglich nicht modifiziert."

863

1446 Vgl. auch *IDW PH 9.200.1*, Tz. 7.
1447 Vgl. *IDW PH 9.200.1*, Tz. 9. Dagegen entfällt der Hinweis auf die ihrer Art nach erst künftig erfüllbaren Erleichterungsvoraussetzungen, wenn der APr. bei seiner Prüfung erkennt, dass die Erleichterungsvoraussetzungen bereits nicht erfüllt sind oder voraussichtlich nicht erfüllt werden (unzulässige Inanspruchnahme von § 264 Abs. 3 HGB). Vgl. *IDW PH 9.200.1*, Tz. 11. Im Übrigen besteht sachlich kein Hinweisbedarf, falls das Unternehmen Erleichterungen ausschließlich in Bezug auf die Offenlegung in Anspruch nimmt.
1448 Vgl. *IDW PS 303 n.F.*, Tz. 18.
1449 Vgl. auch *IDW PS 303 n.F.*, Tz. 18; *IDW PS 350 n.F.*, Tz. 106.
1450 Vgl. auch *HFA*, Ergebnisbericht-Online über die 200. Sitzung am 08.12.2005, S. 2 f.
1451 Vgl. *IDW PS 406*, Anlage 4. Im Fall des § 264b HGB sind die HGB-Bezugnahmen entsprechend anzupassen.

864 IDW PH 9.200.1 geht nicht auf das Ausstehen der Erfüllung der Voraussetzung des **§ 264 Abs. 3 Nr. 1 i.V.m. Nr. 5 Buchst. a) HGB** ein, wonach der Befreiung des TU für das jeweilige GJ von allen Gesellschaftern zugestimmt und der Beschluss nach § 325 HGB offengelegt worden sein muss. Diese Voraussetzung weicht insofern von den unter § 264 Abs. 3 Nr. 3 und 4 i.V.m. Nr. 5 Buchst. c) bis e) HGB genannten Voraussetzungen ab, als sie bei rechtzeitiger Einreichung vor Abschluss der Prüfung erfüllt sein könnte. Für die Wahrung der gesetzlichen Offenlegungspflicht ist auf den Zeitpunkt der Einreichung der Unterlagen beim BAnz-Betreiber und nicht auf den Zeitpunkt der Veröffentlichung im BAnz abzustellen[1452]. Bis zur nachgewiesenen Einreichung des Gesellschafterbeschlusses gem. § 264 Abs. 3 Nr. 1 HGB kann der BestV grds. nur aufschiebend bedingt (vgl. Kap. M Tz. 1225 ff.) erteilt werden[1453].

Entsprechendes gilt i.Z.m. der Erfüllung der Voraussetzung nach **§ 264 Abs. 3 Nr. 2 i.V.m. Nr. 5 Buchst. b) HGB** in Bezug auf die erforderliche Erklärung des MU, für die von dem TU bis zum Abschlussstichtag eingegangenen Verpflichtungen im folgenden GJ einzustehen.

4.2.8 Besonders wichtige Prüfungssachverhalte

865 Die Mitteilung besonders wichtiger Prüfungssachverhalte i.R.d. BestV **für PIE** stellt einen der **Kernaspekte** der EU-Regulierung der Abschlussprüfung durch die VO (EU) Nr. 537/2014 dar.

An APr. von **Unternehmen von öffentlichem Interesse i.S.v. § 319a Abs. 1 S. 1 HGB** („**PIE**") wird damit der Anspruch gestellt, die Adressaten des BestV

- **unternehmensindividuell** und
- grds. **frei formuliert**, aber
- **in prägnanter Form**,

über die aus seiner Sicht wichtigsten prüfungsbezogenen Sachverhalte in der jeweiligen Abschlussprüfung zu unterrichten[1454].

Für Nicht-PIE ist eine solche Berichterstattung im BestV gesetzlich nicht vorgeschrieben; sie kann jedoch erfolgen, sofern dies ausdrücklich schriftlich beauftragt wird[1455].

866 Fachliche Grundlage für die **Mitteilung besonders wichtiger Prüfungssachverhalte** durch den APr. im BestV bildet *IDW PS 401*.

867 Besonders wichtige Prüfungssachverhalte – in der Diktion des Art. 10 Abs. 2 Buchst. c) VO (EU) Nr. 537/2014 die „**bedeutsamsten beurteilten Risiken wesentlicher falscher**

1452 Vgl. *Grottel*, in: BeBiKo[11], § 325, Rn. 38, 103. Nach Beschluss des LG Bonn v. 08.11.2010 (31 T 1103/09) verkörpert der Eingang der Daten bei dem BAnz-Verlag den Zeitpunkt der Einreichung.
1453 Vgl. *IDW PS 400 n.F.*, Tz. 96, A91-A93.
1454 Vgl. auch *Reisch*, WPg Sonderheft 2/2015, S. S46 f.; *Skirk/Kuhn*, WPg 2018, S. 329 (330).
1455 Vgl. *IDW PS 401*, Tz. 5; IDW, Die fachliche Frage, IDW Life 2018, S. 345. Aufgrund der strengen Verschwiegenheitspflicht des APr. (§ 323 Abs. 1 S. 1 HGB, § 43 Abs. 1 S. 1 WPO) ist es notwendig, i.R. der schriftlichen Beauftragung zur Mitteilung besonders wichtiger Prüfungssachverhalte im BestV die Bedeutung und Tragweite dieser Mitteilung nochmals darzulegen; vgl. *IDW PS 401*, Tz. A9; *IDW PS 400 n.F.*, Tz. A46; ebenso *Schmidt/Küster*, in: BeBiKo[11], § 322, Rn. 142.

Darstellungen", die vom APr. zur Untermauerung des Prüfungsurteils im BestV zu beschreiben sind – sind danach[1456]
- Sachverhalte, die nach dem pflichtgemäßen Ermessen des APr. am bedeutsamsten in der Prüfung des Abschlusses für den aktuellen Berichtszeitraum waren.

Als im Ergebnis inhaltsgleich können außerdem die sog. **Key Audit Matters (KAM)** i.S.v. ISA 701 angesehen werden[1457].

Inhaltlich beziehen sich derartige besonders wichtige Prüfungssachverhalte (nachfolgend vereinfachend als **KAM** bezeichnet) ausschließlich auf[1458] 868
- den geprüften JA sowie
- den geprüften Berichtszeitraum.

Dementsprechend beziehen sich KAM nicht auf den LB oder sonstige Prüfungsgegenstände. Eine (gesetzlich zulässige) Verlagerung von Angaben aus dem JA in den LB hindert jedoch nicht die Qualifizierung des betreffenden Sachverhalts als KAM.

Demgegenüber verhindert eine erforderliche Modifizierung des Prüfungsurteils zu einem bestimmten Sachverhalt die Mitteilung dieses Sachverhalts als KAM in jedem Fall[1459]. Die Sachverhaltsdarstellung erfolgt dann obligatorisch, indessen auch nur insoweit (d.h. insb. ohne Beschreibung des prüferischen Vorgehens), i.R.d. Begründung für die Modifizierung dieses Prüfungsurteils.

Die – unternehmensindividuelle – **Identifizierung der im BestV mitzuteilenden KAM** 869 liegt im pflichtgemäßen Ermessen des APr.

Ausgangspunkt ist die Grundgesamtheit aller prüfungsrelevanten Sachverhalte, die nach den GoA (insb. *IDW PS 470 n.F.*) mit „den für die Überwachung Verantwortlichen", d.h. i.d.R. Aufsichtsgremium bzw. PrA, i.Z.m. der Abschlussprüfung für den aktuellen Berichtszeitraum erörtert wurden. In zwei weiteren Schritten werden hieraus diejenigen KAM bestimmt, die im Abschnitt „Besonders wichtige Prüfungssachverhalte" im BestV mitgeteilt werden[1460].

Das **grundsätzliche Vorgehen** zur Identifizierung der KAM stellt sich somit wie folgt 870 dar:

1456 Vgl. *IDW PS 401*, Tz. 9.
1457 Vgl. *Pföhler/Kunellis/Knappe*, WP Praxis 2016, S. 58 f.; ferner Kap. M Tz. 7 m.w.N.
1458 Vgl. *IDW PS 401*, Tz. 9. Vgl. auch *Schmidt/Küster*, in: BeBiKo[11], § 322, Rn. 135; *Skirk/Kuhn*, WPg 2018, S. 329 (331).
1459 Vgl. *IDW PS 401*, Tz. 15, A5; ferner *IDW PS 400 n.F.*, Tz. 2; Kap.M Abb. 1: Hierarchie der Berichterstattungserfordernisse im BestV (siehe Kap. M Tz. 760).
1460 Vgl. *IDW PS 401*, Tz. 12 f., A13 ff. Vgl. auch *Bravidor/Rupertus*, WPg 2018, S. 272 (274 f.).

Schritt 1: alle Sachverhalte, die mit den für die Überwachung Verantwortlichen erörtert wurden
(*IDW PS 401*, Tz. 12, Satz 1, Halbsatz 1)

Schritt 2: Bestimmung der Sachverhalte, die besondere Befassung bei der Prüfung des Abschlusses erforderten
(*IDW PS 401*, Tz. 12, Satz 1, Halbsatz 2 und Satz 2)

Schritt 3: Bestimmung der bedeutsamsten Sachverhalte
(*IDW PS 401*, Tz. 13)

▼ besonders wichtige Prüfungssachverhalte

Mitteilung im Bestätigungsvermerk

a) adressatenorientierte Beschreibung, warum der Sachverhalt als ein besonders wichtiger Prüfungssachverhalt bestimmt wurde

b) Hinweis auf ggf. zugehörige Angaben im Abschluss

c) Zusammenfassung der durchgeführten Prüfungshandlungen

d) ggf. wichtige Feststellungen (key observations) zur Untermauerung des Prüfungsurteils

Abb. 2: **Bestimmung und Mitteilung besonders wichtiger Prüfungssachverhalte**[1461]

871 Da KAM stets auch **mit den für die Überwachung Verantwortlichen zu erörtern** sind[1462], ist ferner das Zusammenspiel mit der Berichterstattung über die Kommunikation mit dem PrA, dem Aufsichtsgremium und dem Exekutivorgan des geprüften Unternehmens nach Art. 11 Abs. 2 Buchst. d) VO (EU) Nr. 537/2014 **im PrB** (vgl. Kap. M Tz. 300) sowie die Tatsache, dass KAM immer auch als Prüfungsschwerpunkte qualifizieren (vgl. Kap. M Tz. 309), zu berücksichtigen.

Die vorgeschriebene Erörterung mit den für die Überwachung Verantwortlichen darf jedoch nicht dazu führen, dass diese dem APr. die Mitteilung bestimmter KAM im BestV verbieten oder umgekehrt einzelne KAM diktieren[1463].

[1461] Vgl. *IDW PS 401*, Tz. 11 sowie Abb. 1; *Pföhler/Kunellis/Knappe*, WP Praxis 2016, S. 60. Die Schritte 2 und 3 bedürfen dabei entsprechender Dokumentation in den Arbeitspapieren; vgl. *IDW PS 401*, Tz. 21, A60 i.V.m. *IDW PS 460 n.F.*

[1462] Vgl. *IDW PS 401*, Tz. 20, A57-A59; *IDW PS 470 n.F.*, Tz. A14, A18, A22, A28, A54; *Pföhler/Kunellis/Knappe*, WP Praxis 2016, S. 63; ferner *Schneider*, Interview, WPg 2017, S. 747.

[1463] Vgl. *F&A zu ISA 701 bzw. IDW EPS 401* (Stand 04.10.2017), Fragen 4.8 und 4.9; *Skirk/Kuhn*, WPg 2018, S. 329 (331).

Auswahlrelevante Aspekte i.Z.m. der Identifizierung von KAM sind insb.[1464]: 872
- Bereiche, die aus prüferischer Sicht erhöhte Risiken aufweisen können oder in denen bedeutsame Risiken identifiziert worden sind
- Bereiche, auf die sich Ermessensentscheidungen der gesetzlichen Vertreter (einschl. geschätzter Werte in der Rechnungslegung) in besonderem Umfang auswirken
- bedeutsame Ereignisse oder Geschäftsvorfälle im aktuellen Berichtszeitraum.

Kriterien für die besondere Wichtigkeit eines Sachverhalts sind bspw.[1465]: 873
- Bedeutung für das Verständnis der Vermögens-, Finanz- und Ertragslage oder Wesentlichkeit für den JA insgesamt
- Komplexität der anzuwendenden Rechnungslegungsmethode(n)
- Umfang und Subjektivität von Schätzungen der gesetzlichen Vertreter
- Art und Umfang korrigierter oder (noch) nicht korrigierter falscher Darstellungen
- Art und Umfang des Prüfungsaufwands (z.B. Involvierung von Sachverständigen oder Experten).

Generell zu beachten ist in diesem Zusammenhang, dass der Aspekt **Fortführung der Unternehmenstätigkeit (Going Concern) niemals als KAM dargestellt** werden kann. Eine bestehende Going-Concern-Problematik besitzt als solche zwar insg. KAM-Natur[1466]; die Darstellung im BestV erfolgt jedoch ausschließlich i.R.d. gesonderten Hinweises darauf nach § 322 Abs. 2 S. 3 HGB (vgl. hierzu Kap. M Tz. 832 ff.). 874

Unter der Voraussetzung, dass keine solcherart im BestV anzusprechende Going-Concern-Problematik vorliegt (d.h. dass keine wesentliche Unsicherheit in Bezug auf die Fortführung der Unternehmenstätigkeit besteht), ist es jedoch grds. möglich, dass **einzelne Sachverhalte**, die i.R.d. Beurteilung des Aspekts „Going Concern" von Relevanz sind bzw. waren, (bspw. mit Financial Covenants verbundene Bankverbindlichkeiten) als KAM oder als Teilaspekte eines anderen KAM identifiziert und dargestellt werden[1467].

Entsprechendes gilt auch dann, wenn sich erst i.R.d. Prüfungsdurchführung herausgestellt hat, dass keine bedeutsamen Zweifel an der Fähigkeit des geprüften Unternehmens zur Fortführung der Unternehmenstätigkeit (mehr) bestehen – im Sprachgebrauch des IAASB ein sog. **Close Call**[1468]. Eine Close-Call-Situation als solche stellt keinen KAM dar[1469]. Der sachgerechte Ort für die diesbezügliche Berichterstattung des APr. ist in einem solchen Fall – § 321 Abs. 1 S. 3 HGB bzw. Art. 11 Abs. 2 Buchst. i) VO (EU) Nr. 537/2014 folgend – **der PrB** (vgl. hierzu Kap. M Tz. 222 ff.). Ein anderweitiges Vorgehen fände insb. auch im Wortlaut von Art. 10 Abs. 2 Buchst. c) VO (EU) Nr. 537/2014 keine Stütze[1470].

1464 Vgl. *IDW PS 401*, Tz. 12, A13 ff.
1465 Vgl. *IDW PS 401*, Tz. 13, A28 ff.; *Pföhler/Kunellis/Knappe*, WP Praxis 2016, S. 60.
1466 Vgl. insb. *IDW PS 401*, Tz. 18; ferner ISA 701.15.
1467 Vgl. insb. *IDW PS 401*, Tz. A40; ferner ISA 701.A41; daneben *IDW PS 270 n.F.*, Tz. A1; ISA 570.A1.
1468 Vgl. *IAASB (Staff)*, Auditor Reporting on Going Concern, New York 30.01.2015, S. 3.
1469 Vgl. *IAASB (Staff)*, Auditor Reporting on Going Concern, New York 30.01.2015, S. 4.
1470 Unter dem Regiment der IFRS könnte dies i.Z.m. den Angabepflichten der gesetzlichen Vertreter nach IAS 1.122 möglicherweise anders zu beurteilen sein. Vgl. auch *IDW PS 270 n.F.*, Tz. A30 mit Verweis auf *IFRS Interpretations Committee*, IFRIC Update July 2014, S. 6, TOP IAS 1 *Presentation of Financial Statements* – disclosure requirements relating to assessment of going concern.

875 **Welche und wieviele** prüfungsrelevante Sachverhalte der APr. letztlich als **KAM** zur Mitteilung im BestV bestimmt, liegt in seinem **pflichtgemäßen Ermessen**[1471]. Im Einzelfall kann er dabei auch zu der Entscheidung kommen, keinen KAM im BestV mitzuteilen[1472].

Dagegen ist die **bewusste Nichtaufnahme eines identifizierten KAM** in den BestV lediglich dann statthaft, wenn Gesetze oder andere Rechtsvorschriften die Öffentlichmachung des Sachverhalts ausschließen oder beschränken[1473]. Der nach ISA 701.14 (b) mögliche sog. public interest test ist auf Grundlage des Art. 10 Abs. 2 Buchst. c) VO (EU) Nr. 537/2014 hierbei nicht statthaft[1474].

Erste Erfahrungen mit der Berichterstattung über KAM in Deutschland zeigen, dass i.d.R. zwischen drei und fünf, im Mittel vier KAM im BestV beschrieben werden[1475]. Je größer die KAM-Zahl, desto eher dürfte jedoch ein Kollidieren mit dem in der VO formulierten Ziel der Beschreibung (nur) der „**bedeutsamsten**" Risikothemen (in der englischen Fassung „**most significant**") anzunehmen sein[1476].

876 Entscheidet sich der APr. für einen bestimmten KAM, ist dieser im BestV i.R.d. Abschnitts „Besonders wichtige Prüfungssachverhalte in der Prüfung des Jahresabschlusses" nach folgendem **Grundaufbau** zu beschreiben[1477]:

- Titulierung/Bezeichnung des jeweiligen KAM
- Begründung für die Bestimmung des Sachverhalts als KAM
- Verweis auf die diesbezüglichen Angaben der gesetzlichen Vertreter im JA (i.d.R. im Anh.)
- Beschreibung, wie der Sachverhalt i.R.d. Abschlussprüfung berücksichtigt worden ist (prüferisches Vorgehen des APr.)
- ggf. diesbezügliche wichtige Feststellungen („key observations") des APr.

Werden mehrere KAM im BestV beschrieben, sind diese (sinnvollerweise mithilfe der verschiedenen Titulierungen/Bezeichnungen) getrennt voneinander darzustellen, jeweils dem Grundaufbau folgend.

877 Aus der **Begründung** sollte zu erkennen sein, welche Maßstäbe der APr. bei der Bestimmung des jeweiligen KAM angelegt hat. Hierfür bietet sich eine Quantifizierung der ggf. relevanten Bilanz- oder GuV-Posten an. Sind für die Wertermittlung bspw. Schätzungen notwendig oder bestehen erhebliche Ermessensspielräume der gesetzlichen Vertreter, sollte hierauf explizit hingewiesen werden. Entsprechendes gilt, wenn die Bestimmung des KAM im Hinblick auf damit verbundene besondere Risiken prüferischer Art erfolgt ist.

878 Die **Beschreibung des prüferischen Vorgehens** soll verdeutlichen, wie der APr. den KAM i.R.d. Abschlussprüfung berücksichtigt hat[1478]. Dementsprechend wichtig ist es,

---

[1471] Vgl. *Schmidt/Küster*, in: BeBiKo[11], § 322, Rn. 139.
[1472] Vgl. *IDW PS 401*, Tz. 19, A54.
[1473] Vgl. *IDW PS 401*, Tz. 17, A51.
[1474] Vgl. *IDW PS 401*, Tz. 6 Abs. 2.
[1475] Vgl. *Knappstein*, DB 2017, S. 1794; *Scharr/Bernhardt/Koch*, ZCG 2017, S. 169 ff.; *Skoluda/Davids*, WPK Magazin 1/2018, S. 35 ff.
[1476] Vgl. *Schmidt/Küster*, in: BeBiKo[11], § 322, Rn. 139; F&A zu ISA 701 bzw. IDW EPS 401 (Stand 04.10.2017), Frage 4.4; ferner ISA 701.A9, A30.
[1477] Vgl. *IDW PS 401*, Tz. 11 sowie Abb. 1, Tz. 16, A35 ff.; ferner ISA 701.13, A34-A51.
[1478] Vgl. *IDW PS 401*, Tz. A47-A49.

die Verbindung zwischen dem KAM-Risiko einerseits und der Reaktion des APr. andererseits für die Leser des BestV nachvollziehbar darzustellen. So kann es ggf. sinnvoll sein, bestimmte Prüfungshandlungen genauer zu beschreiben. Auch sollte auf die evtl. Involvierung von (internen) Spezialisten oder (externen) Sachverständigen oder Experten, bspw. i.Z.m. der Prüfung von mit erheblichen Schätzunsicherheiten verbundenen geschätzten Werten im JA, grds. hingewiesen werden[1479]. Die diesbezügliche Kommunikation mit den gesetzlichen Vertretern sowie ggf. mit den für die Überwachung Verantwortlichen sollte ebenfalls erwähnt werden[1480].

Sofern der APr. i.Z.m. einem KAM **wichtige Feststellungen** (key observations) formuliert, hat er zu beachten, dabei in keinem Fall ein (Teil-)Urteil zu dem i.R.d. KAM beschriebenen Sachverhalt abzugeben[1481]. Dies erfordert entsprechende Sorgfalt beim sprachlichen Ausdruck. Grundsätzlich geeignete Formulierungen dürften z.B. ein „Wir konnten uns davon überzeugen, dass ..." oder ein „Wir konnten feststellen, dass ..." mit jeweils nachfolgender, wertungsfreier Sachverhaltsbeschreibung sein[1482]. Darüber hinaus wird hierbei z.T. der Begriff „Erkenntnisse" anstelle der im bisherigen Sprachgebrauch eher negativ konnotierten Formulierung „wichtige Feststellungen" (so jedoch der VO-Wortlaut) verwendet. 879

Eine Pflicht, derartige Feststellungen zu berichten, besteht nach Art. 10 Abs. 2 Buchst. c) Punkt iii) VO (EU) Nr. 537/2014 nicht, ebensowenig nach *IDW PS 401* oder ISA 701[1483]. In der Praxis erfolgt – bislang zumindest – zumeist eine diesbezügliche Darstellung[1484].

Um Missverständnisse auf Seiten der Adressaten des BestV in Bezug auf den Inhalt und die Bedeutung der mit den KAM mitgeteilten Informationen zu vermeiden, gibt *IDW PS 401* die folgende einheitliche Erklärung vor, mit welcher der **KAM-Abschnitt einzuleiten** ist[1485]: 880

> **Beispiel 26:**
>
> *„Besonders wichtige Prüfungssachverhalte in der Prüfung des Jahresabschlusses*
> Besonders wichtige Prüfungssachverhalte sind solche Sachverhalte, die nach unserem pflichtgemäßen Ermessen am bedeutsamsten in unserer Prüfung des Jahresabschlusses für das Geschäftsjahr vom ... [*Datum*] bis zum ... [*Datum*] waren. Diese Sachverhalte wurden im Zusammenhang mit unserer Prüfung des Jahresabschlusses als Ganzem und bei der Bildung unseres Prüfungsurteils hierzu berücksichtigt; wir geben kein gesondertes Prüfungsurteil zu diesen Sachverhalten ab."

Im Anschluss an diese **obligatorische Vorbemerkung** werden die einzelnen KAM getrennt voneinander durch die verschiedenen Titulierungen beschrieben. 881

1479 Vgl. *IDW PS 401*, Tz. A48. Hierbei ist auch die korrespondierende Berichterstattung im PrB (vgl. Kap. M Tz. 317) zu beachten.
1480 Zur Berichterstattung hierüber im PrB vgl. Kap. M Tz. 300.
1481 Vgl. *IDW PS 401*, Tz. A50; F&A zu ISA 701 bzw. IDW EPS 401 (Stand 04.10.2017), Frage 6.5.
1482 Vgl. auch *Schmidt/Küster*, in: BeBiKo[11], § 322, Rn. 141. Zu weiteren in der Praxis verwendeten Formulierungen vgl. ferner *Knappstein*, DB 2017, S. 1795 f.
1483 Vgl. *IDW PS 401*, Tz. 16 Buchst. b), A45, A50; ferner ISA 701.13, A46, A51.
1484 Vgl. *Skoluda/Davids*, WPK Magazin 1/2018, S. 39 f.; ferner *Schneider*, Interview, WPg 2017, S. 746 f.
1485 Vgl. *IDW PS 401*, Tz. 14, A32-A34 i.V.m. *IDW PS 400 n.F.*, Anlagen 2, 4 und 8.

> **Praxistipp 4:**
>
> Als Überleitung auf die Beschreibung der einzelnen KAM bietet sich dabei eine einleitende Formulierung wie folgt an.
>
> „Nachfolgend beschreiben wir die aus unserer Sicht besonders wichtigen Prüfungssachverhalte."
>
> In der Praxis wird z.T. noch vorab die Strukturierung dieser Beschreibungen dargestellt.
>
> „Unsere Darstellung dieser besonders wichtigen Prüfungssachverhalte haben wir dabei wie folgt strukturiert:
> 1. ...
> 2. ...
> ..."
>
> Teilweise wird die Strukturierung durch jeweils hervorgehobene Texteinschübe vermittelt.

882 Inhaltlich muss der **Grundaufbau** berücksichtigt sein. Dabei sind
- die **Begründung** für die Bestimmung des Sachverhalts als KAM sowie
- die **Beschreibung des prüferischen Vorgehens**

als Einzelpunkte unverzichtbar.

Demgegenüber kann der Verweis auf die diesbezüglichen Angaben der gesetzlichen Vertreter im JA in die Begründung integriert oder als gesonderter Punkt behandelt werden. Ob wichtige Feststellungen (key observations) mitgeteilt werden, dann als eigener Punkt am Schluss der jeweiligen KAM-Beschreibung, liegt im pflichtgemäßen Ermessen des APr.

883 Entscheidet sich der APr. dafür, **keinen KAM im BestV mitzuteilen**[1486], so verkürzt sich der KAM-Abschnitt auf den folgenden Satz[1487]:

> **Beispiel 27:**
>
> *„Besonders wichtige Prüfungssachverhalte in der Prüfung des Jahresabschlusses*
> Wir haben bestimmt, dass es keine besonders wichtigen Prüfungssachverhalte gibt, die in unserem Bestätigungsvermerk [/Versagungsvermerk] mitzuteilen sind."

884 Grund für eine solche Nichtmitteilung kann außer der Tatsache, dass de facto kein KAM zu identifizieren ist, im Ausnahmefall auch die Tatsache sein, dass gesetzliche oder andere Rechtsvorschriften die Bekanntgabe de jure ausschließen oder beschränken[1488]. Letzteres kann bspw. dann der Fall sein, wenn durch die (vorzeitige) Bekanntgabe (straf-)behördliche Untersuchungen eines tatsächlichen oder vermuteten Gesetzes-

---

1486 Vgl. auch *Schmidt/Küster*, in: BeBiKo[11], § 322, Rn. 147.
1487 Vgl. *IDW PS 401*, Tz. A55.
1488 Auf diese Möglichkeit wird im Abschnitt „Verantwortung des APr." ausdrücklich hingewiesen.

verstoßes beeinträchtigt würden. In solchen Fällen dürfte die Einholung rechtlichen Rates stets anzuraten sein[1489].

Entfällt die Mitteilung von KAM deswegen, weil identifizierte KAM oder Sachverhalte mit KAM-Natur dem vorgehend[1490] in anderen Abschnitten des BestV beschrieben werden (z.B. aufgrund der Modifizierung des Prüfungsurteils zum JA oder infolge eines gesonderten Hinweises nach § 322 Abs. 2 S. 3 HGB), so sieht der verbleibende KAM-Abschnitt, der einen Querverweis auf diesen anderen BestV-Abschnitt enthalten muss, wie folgt aus[1491]: **885**

> **Beispiel 28:**
> „*Besonders wichtige Prüfungssachverhalte in der Prüfung des Jahresabschlusses*
> Wir haben – mit Ausnahme des Sachverhalts, der im Abschnitt „Grundlage für das eingeschränkte/versagte Prüfungsurteil zum Jahresabschluss" [/im Abschnitt „Wesentliche Unsicherheit im Zusammenhang mit der Fortführung der Unternehmenstätigkeit"] beschrieben ist – bestimmt, dass es keine weiteren besonders wichtigen Prüfungssachverhalte gibt, die in unserem Bestätigungsvermerk [/Versagungsvermerk] mitzuteilen sind."

Als Besonderheit ist zu berücksichtigen, dass dann, wenn der APr. gem. *IDW PS 405* die **Nichtabgabe eines Prüfungsurteils zum JA** (aufgrund von wesentlichen und umfassenden Prüfungshemmnissen) erklärt, das Mitteilen besonders wichtiger Prüfungssachverhalte (KAM) im BestV nicht mehr statthaft ist[1492]. **886**

Dies bedeutet zugleich auch, dass KAM i.R. eines Versagungsvermerks nur dann mitgeteilt werden (können), wenn Grund für diesen Versagungsvermerk ein **versagtes Prüfungsurteil zum JA** (aufgrund von wesentlichen und umfassenden Einwendungen) ist[1493].

Zusammenfassend ist festzuhalten, dass KAM notwendige Darstellungen oder Angaben der gesetzlichen Vertreter nicht ersetzen können, keine gesonderten Prüfungsurteile verkörpern und umgekehrt auch keine Prüfungsurteile modifizieren oder ergänzen. **Sinn und Zweck von KAM** ist ausschließlich die Verbesserung der Information der Adressaten des BestV in Bezug auf das Verständnis der Prüfung und der Beurteilung des JA als Ganzes durch den APr.[1494]. **887**

Dementsprechend hat die Auswahl auch für jedes geprüfte GJ von neuem zu erfolgen. Aufgrund der klaren **Bezugnahme auf den aktuellen Berichtszeitraum** wird nicht Jahr für Jahr über dieselben KAM, sondern grds. über unterschiedliche KAM zu berichten

---

1489 Die Nichtangabe als KAM berührt indes nicht die ggf. bestehenden Unterrichtspflichten des APr. ggü. den zuständigen Aufsichtsbehörden bzw. den für die Untersuchung solcher Verstöße verantwortlichen Behörden; vgl. *IDW PS 401*, Tz. A52. Zur Identifizierung dieser Behörden vgl. Kap. M Tz. 15 ff.
1490 Vgl. *IDW PS 400 n.F.*, Tz. 2; Kap. M Abb. 1: Hierarchie der Berichterstattungserfordernisse im BestV (siehe Kap. M Tz. 760); *IDW*, Die fachliche Frage, IDW Life 2018, S. 344.
1491 Vgl. *IDW PS 401*, Tz. A55.
1492 Vgl. *IDW PS 405*, Tz. 56; *IDW PS 401*, Tz. 5. *IDW PS 405*, A25 begründet dies damit, dass die Mitteilung von KAM sonst nahelegen könnte, dass der Abschluss als Ganzes in Bezug auf die KAM-Sachverhalte verlässlicher sei, als dies nach den Umständen tatsächlich der Fall wäre.
1493 Vgl. hierzu auch die Übersichten in Kap. M Tz. 64 und Kap. M Tz. 70.
1494 Vgl. *IDW PS 401*, Tz. 2; *Bravidor/Rupertus*, WPg 2018, S. 273. Vgl. auch *Reisch*, WPg Sonderheft 2/2015, S. S47 f.

sein. Allerdings kann ein Sachverhalt, der i.R.d. VJ-Prüfung bereits als KAM bestimmt worden war, auch i.R.d. Prüfung des Abschlusses für den aktuellen Berichtszeitraum erneut einen besonders wichtigen Prüfungssachverhalt darstellen und dementsprechend im BestV als KAM zu beschreiben sein[1495].

888 Falls ein Abschnitt „Besonders wichtige Prüfungssachverhalte" im BestV enthalten ist, wird hierauf ferner noch durch einen dann zu ergänzenden Absatz im Abschnitt „Verantwortung des APr. für die Prüfung des JA und des LB" (vgl. Kap. M Tz. 906 ff.) besonders hingewiesen[1496].

4.2.9 Sonstige Informationen

889 Eine Berichterstattung über „Sonstige Informationen" im BestV verfolgt den **Zweck**, die Adressaten des BestV klar darüber zu informieren, welcher Art und welchen Umfangs ggf. sonstige – finanzielle und nichtfinanzielle – Informationen sind, die der APr. zwar nicht i.R.d. Abschlussprüfung geprüft hat, die jedoch begleitend zu den von ihm pflichtgemäß geprüften Prüfungsgegenständen im sog. Geschäftsbericht der gesetzlichen Vertreter mit enthalten sind und somit der Öffentlichkeit mitgeteilt werden. Hierdurch sollen Missverständnisse über die **inhaltliche Reichweite des BestV** vermieden werden.

890 Fachliche Basis für den verantwortlichen Umgang des APr. i.Z.m. **sonstigen Informationen**, einschl. deren sachgerechter Erwähnung im BestV, ist – damit zukünftig *IDW PS 202* ersetzend – ***ISA 720 (Rev.) (Entwurf-DE)***[1497].

891 „Sonstige Informationen" in diesem Sinne sind[1498]

- im Geschäftsbericht des geprüften Unternehmens enthaltene Finanzinformationen oder nichtfinanzielle Informationen – mit Ausnahme des darin (auch) enthaltenen JA/KA, des LB/KLB und des BestV.

Beispiele hierfür sind insb.[1499]:

- die Erklärung zur Unternehmensführung nach § 289f HGB[1500],
- die nichtfinanzielle Erklärung nach §§ 289b bis 289e HGB[1501],
- der Corporate Governance Bericht nach Nr. 3.10 des DCGK,
- der Zahlungsbericht nach § 341s bis 341u HGB,
- alle übrigen (nicht prüfungspflichtigen) Teile des Geschäftsberichts.

Ebenso zählen dazu – sofern im Geschäftsbericht enthalten[1502] – bspw. freiwillige Personalberichte oder nicht vom APr. geprüfte sog. lageberichtsfremde Angaben i.S.v.

1495 Vgl. *IDW PS 401*, Tz. A14-A15; *Pföhler/Kunellis/Knappe*, WP Praxis 2016, S. 61.
1496 Vgl. *IDW PS 400 n.F.*, Tz. 62 Buchst. c).
1497 Vgl. hierzu ausführlich *Stibi*, WPg 2018, S. 602 ff.
1498 Vgl. *ISA 720 (Rev.) (Entwurf-DE)*, Tz. 12 Buchst. c).
1499 Vgl. auch die Positiv- bzw. Negativbeispiele in ISA 720 (Rev.) (Entwurf-DE), Anlage 1 bzw. Tz. A5; ferner *Schmidt/Küster*, in: BeBiKo[11], § 322, Rn. 63; *Skirk/Kuhn*, WPg 2018, S. 63 (69 f.); *Stibi*, WPg 2018, S. 602 (603 f.).
1500 Gem. § 317 Abs. 2 S. 6 HGB ist die Prüfung der Angaben nach § 289f Abs. 2 und 5 HGB darauf beschränkt, ob die Angaben gemacht wurden.
1501 Gem. § 317 Abs. 2 S. 4 HGB hat der APr. die nichtfinanzielle Erklärung inhaltlich zu prüfen, sondern nur den Tatbestand, ob sie vorgelegt wurde. Zum Sonderfall des § 289b Abs. 3 S. 1 Nr. 2 Buchst. b) HGB siehe Kap. N Tz. 54 ff.
1502 Vgl. aber *ISA 720 (Rev.) (Entwurf-DE)*, Tz. A5, D.A5.1; ferner *Stibi*, WPg 2018, S. 602 (604).

IDW PS 350 n.F.[1503], ferner die Versicherung(en) der gesetzlichen Vertreter nach § 264 Abs. 2 S. 3 bzw. § 289 Abs. 1 S. 5 HGB[1504] und der Bericht des AR nach § 171 Abs. 2 AktG[1505] sowie ggf. der Bericht zur Gleichstellung und Entgeltgleichheit nach § 21 EntgTranspG[1506].

Um die Darstellung nicht ausufern zu lassen, können dabei weniger bedeutende sonstige Informationen grds. pauschal mit unter dem (sinnvollerweise stets abschließenden) Punkt „alle übrigen Teile des Geschäftsberichts" subsummiert werden, ohne dabei im Einzelnen genannt werden zu müssen.

Für den **Geschäftsbericht** existiert keine gesetzliche Definition[1507]. Die in *ISA 720 (Rev.) (Entwurf-DE)* erfolgte Charakterisierung[1508] steht aber mit der bislang üblichen praktischen Handhabung in Form einer freiwilligen Publizierung von rechnungslegungsbezogenen und weiteren unternehmensrelevanten Informationen des Unternehmens[1509] grds. in Einklang. Angesichts der nunmehrigen technischen Möglichkeiten und Gegebenheiten ist indes auch ein ausschließlicher Website-Auftritt als Geschäftsbericht in diesem Sinne zu qualifizieren. **892**

Ist dem APr. bekannt[1510], dass die gesetzlichen Vertreter des geprüften Unternehmens einen derartigen Geschäftsbericht veröffentlichen werden, so ist er gehalten, in den BestV einen entsprechenden Abschnitt „Sonstige Informationen" aufzunehmen[1511].

In diesem BestV-Abschnitt sind alle sonstigen Informationen aufzuführen, die der APr. bis zum Zeitpunkt der Erteilung des BestV erlangt hat (Vergangenheitsbezug). Bei der Prüfung von kapitalmarktnotierten Unternehmen[1512] sind i.R. dieser **Aufzählung** außerdem auch alle sonstigen Informationen aufzuführen, deren Erlangung der APr. erwartet (Zukunftsbezug)[1513]. **893**

Um die Adressaten des BestV angemessen über Hintergrund, Inhalte und Zusammenhänge zu informieren, sollte grds. folgender **Wortlaut für den Abschnitt „Sonstige Informationen"** (mit ebendieser Abschnittsüberschrift) Verwendung finden[1514]: **894**

1503 Zur Definition siehe *IDW PS 350 n.F.*, Tz. 20 Buchst. k), A16.
1504 Zum empfohlenen Wortlaut bei zusammengefasster Formulierung beider Versicherungen siehe DRS 20. K309.
1505 Darüber hinaus kann ggf. zu untersuchen sein, ob Querverweise aus sonstigen Informationen heraus auf andere (externe) Informationen selbige wiederum zu (weiteren) „sonstigen Informationen" machen. Vgl. *Schmidt/Küster*, in: BeBiKo[11], § 322, Rn. 64.
1506 Vgl. hierzu insb. die *Berichterstattung über die 251. HFA-Sitzung* nebst Ergänzungen (abrufbar im Mitgliederbereich der IDW Website).
1507 Der „Geschäftsbericht" i.S.v. § 160 AktG (1965) ist im LB (§ 289 HGB) bzw. im Anh. (§§ 284, 285 HGB) aufgegangen. Vgl. *Klein/Voss*, in: HWRP³, Sp. 899.
1508 Vgl. *ISA 720 (Rev.) (Entwurf-DE)*, Tz. 12 Buchst. a).
1509 Vgl. *Klein/Voss*, in: HWRP³, Sp. 900, 902.
1510 Zur Informationserlangung siehe *ISA 720 (Rev.) (Entwurf-DE)*, Tz. 13, A11-A22.
1511 Vgl. *ISA 720 (Rev.) (Entwurf-DE)*, Tz. 21.
1512 Vgl. *ISA 720 (Rev.) (Entwurf-DE)*, Tz. 21 Buchst. a), Tz. 22 Buchst. b) Punkt (ii); d.h. „listed entities" i.S.v. ISA 220.7 (g). Betroffen sind hiervon somit auch Unternehmen, deren Eigen- bzw. Fremdkapitaltitel lediglich im Freiverkehr gehandelt werden – und zwar unabhängig davon, in welchem Land dieses Listing erfolgt, d.h. weltweit.
1513 Vgl. *Schmidt/Küster*, in: BeBiKo[11], § 322, Rn. 72; *Skirk/Kuhn*, WPg 2018, S. 63 (69).
1514 Vgl. *ISA 720 (Rev.) (Entwurf-DE)*, Tz. 22, Anlage D.2: Bsp. 1.

> **Beispiel 29:**
>
> *"Sonstige Informationen*
> Die gesetzlichen Vertreter sind für die sonstigen Informationen verantwortlich. Die sonstigen Informationen umfassen
> - ... [*Aufzählung der einschlägigen sonstigen Informationen*][1515],
> - alle übrigen Teile des Geschäftsberichts, mit Ausnahme des geprüften Jahresabschlusses und Lageberichts sowie unseres Bestätigungsvermerks.
>
> Unsere Prüfungsurteile zum Jahresabschluss und zum Lagebericht erstrecken sich nicht auf die sonstigen Informationen, und dementsprechend geben wir weder ein Prüfungsurteil noch irgendeine andere Form von Prüfungsschlussfolgerung hierzu ab.
>
> Im Zusammenhang mit unserer Abschlussprüfung haben wir die Verantwortung, die sonstigen Informationen zu lesen und dabei zu würdigen, ob die sonstigen Informationen
> - wesentliche Unstimmigkeiten zum Jahresabschluss, Lagebericht oder unseren bei der Prüfung erlangten Kenntnissen aufweisen oder
> - anderweitig wesentlich falsch dargestellt erscheinen."

895 Die Verantwortung für die **redaktionelle Zusammenstellung des Geschäftsberichts** liegt ausschließlich bei den gesetzlichen Vertretern des Unternehmens. Dies gilt auch für Informationen, die von Dritten kommen und von diesen inhaltlich verantwortet werden (z.B. der Bericht des AR). Dementsprechend ist auf anderweitige inhaltliche Verantwortlichkeiten für einzelne Teile des Geschäftsberichts im BestV grds. nicht hinzuweisen, da sich hieraus kein Erkenntnisgewinn in Bezug auf die inhaltliche Reichweite des BestV des APr. ergibt.

896 Dem APr. obliegt es nach *ISA 720 (Rev.) (Entwurf-DE)*, die sonstigen Informationen zu **lesen** und sie dabei dahingehend zu **würdigen**, ob[1516]
- eine wesentliche Unstimmigkeit zwischen den sonstigen Informationen und dem geprüften JA bzw. LB oder
- eine wesentliche Unstimmigkeit zwischen den sonstigen Informationen und den bei der Abschlussprüfung erlangten Erkenntnissen des APr. vorliegt.

Eine prüferische Tätigkeit zur Erlangung von Prüfungssicherheit in Bezug auf die sonstigen Informationen ist mit der Verpflichtung des APr. zum **Lesen und Würdigen des Gelesenen** nicht verbunden[1517].

Werden **wesentliche Unstimmigkeiten** festgestellt, hat der APr. die gesetzlichen Vertreter sowie ggf. die für die Überwachung Verantwortlichen darauf anzusprechen und auf Korrektur der Unstimmigkeit(en) zu dringen[1518].

897 Eine (nach ISA 720.22 (e) vorgeschriebene) Erklärung des APr., dass er in Bezug auf die genannten sonstigen Informationen nichts zu berichten habe, bzw. eine Beschreibung

---

1515 Die einzelnen „sonstigen Informationen" sind konkret zu bezeichnen. Kürzel, reine Schlagworte oder bloße Paragraphenangaben sind grds. nicht sachgerecht. Vgl. auch *ISA 720 (Rev.) (Entwurf-DE)*, Tz. 22 Buchst. (b), Anlage D.2; *Schmidt/Küster*, in: BeBiKo[11], § 322, Rn. 63.
1516 Vgl. *ISA 720 (Rev.) (Entwurf-DE)*, Tz. 11 Buchst. a) und b), Tz. 14, A23 ff.
1517 Vgl. *ISA 720 (Rev.) (Entwurf-DE)*, Tz. 8.
1518 Vgl. *ISA 720 (Rev.) (Entwurf-DE)*, Tz. 17 ff., A44-A50. Vgl. auch *IDW PS 470 n.F.*, Tz. A30.

evtl. festgestellter, nicht korrigierter wesentlicher Falschdarstellungen innerhalb der sonstigen Informationen ist dem APr. nach deutschem Recht nur dann erlaubt, wenn er zuvor **wirksam von seiner Verschwiegenheitspflicht** (insb. § 323 Abs. 1 S. 1 HGB, § 43 Abs. 1 S. 1 WPO) **entbunden** worden ist[1519].

Bei wirksamer Entbindung von der Verschwiegenheitspflicht hat der APr. (im Anschluss an die in Beispiel 29 genannten Ausführungen) eine entsprechende **Erklärung** abzugeben, die – falls keine nicht korrigierten wesentlichen Falschdarstellungen festgestellt wurden – wie folgt formuliert werden sollte[1520]:

> **Beispiel 30:**
> „Falls wir auf Grundlage der von uns durchgeführten Arbeiten den Schluss ziehen, dass eine wesentliche falsche Darstellung dieser sonstigen Informationen vorliegt, sind wir verpflichtet, über diese Tatsache zu berichten. Wir haben in diesem Zusammenhang nichts zu berichten."

Ebenso wie i.Z.m. KAM (vgl. Kap. M Tz. 886) ist auch i.Z.m. sonstigen Informationen zu beachten, dass dann, wenn der APr. gem. *IDW PS 405* die **Nichtabgabe eines Prüfungsurteils zum JA** (aufgrund von wesentlichen und umfassenden Prüfungshemmnissen) erklärt, die Aufnahme eines Abschnitts „Sonstige Informationen" in den BestV untersagt ist[1521]. 898

Demgegenüber tangiert die evtl. Nichtabgabe eines Prüfungsurteils zum LB die Aufnahme eines Abschnitts „Sonstige Informationen" in den BestV nicht[1522].

4.2.10 Verantwortung der gesetzlichen Vertreter und der für die Überwachung Verantwortlichen

Nach der gesetzlichen Regelung ist die **Verantwortung** des APr. von derjenigen der gesetzlichen Vertreter abzugrenzen[1523]. 899

Der bislang nach *IDW PS 400 a.F.* im sog. einleitenden Abschnitt des BestV enthaltene knappe Hinweis auf die **Verantwortung der gesetzlichen Vertreter** für den Abschluss (§ 322 Abs. 2 S. 2 HGB) hat i.R. von *IDW PS 400 n.F.* eine erhebliche Erweiterung seines Umfangs erfahren[1524]. Die umfassenden Ausführungen und z.T. explizit geforderten Aussagen basieren wesentlich auf detaillierten Vorgaben aus ISA 700, ergänzt um Beschreibungen i.Z.m. der Aufstellung des LB[1525]. 900

Hervorzuheben ist dabei das deutliche Eingehen auf die Verantwortung der gesetzlichen Vertreter i.Z.m. der Fortführung der Unternehmenstätigkeit.

1519 Vgl. *ISA 720 (Rev.) (Entwurf-DE)*, Tz. D.22.1.
1520 Vgl. *ISA 720 (Rev.) (Entwurf-DE)*, Tz. 22 Buchst. e), Anlage D.2: Bsp. 1. Falls im BestV ein Prüfungsurteil modifiziert wird, kann sich dies u.U. auch auf die Ausformulierung dieser Erklärung auswirken; vgl. *ISA 720 (Rev.) (Entwurf-DE)*, Tz. 23, A54, nebst Anlage D.2: Bsp. 5 und 6.
1521 Vgl. *IDW PS 405*, Tz. 56; *ISA 720 (Rev.) (Entwurf-DE)*, Tz. D.11.1. Nach *IDW PS 405*, Tz. A25 soll auch hiermit evtl. Missverständnissen in Bezug auf die (insg. nicht beurteilbare) Verlässlichkeit des Abschlusses als Ganzes vorgebeugt werden.
1522 Vgl. *IDW PS 405*, Tz. A26.
1523 Vgl. RegBegr. KonTraG, BT-Drs. 13/9712 v. 28.01.1998, S. 29.
1524 Vgl. *IDW PS 400 n.F.*, Tz. 53 ff., A48 ff.
1525 Vgl. *IDW PS 400 n.F.*, Tz. 57.

901 Eine wirkliche Neuerung ist das ausdrückliche Erwähnen der **Verantwortung der für die Überwachung Verantwortlichen** für die Überwachung des Rechnungslegungsprozesses, sofern es sich bei diesen um ein gesetzliches Aufsichtsgremium oder ein einem solchen nachgebildetes Aufsichtsgremium handelt[1526].

Hauptanwendungsfälle sind **Aufsichts- und Verwaltungsräte** (z.B. § 95 ff. AktG, § 52 GmbH, § 22 ff. SEAG). Deren konkrete Bezeichnungen sind dann auch in der Abschnittsüberschrift sowie im letzten Absatz dieses Abschnitts zu verwenden[1527].

Sind die für die Überwachung Verantwortlichen i.S.d. IDW PS 470 n.F.[1528] zwar berechtigt, aber nicht verpflichtet, diese Aufsicht über den Rechnungslegungsprozess auszuüben – dies ist bspw. bei ausschließlicher Zuständigkeit einer Gesellschafterversammlung die Regel –, kann die Erwähnung dagegen entfallen[1529]. Die Überschrift nennt dann nur die gesetzlichen Vertreter, und der letzte (d.h. vierte) Absatz des nachfolgenden Bsp. erübrigt sich[1530].

902 Für diesen Abschnitt – eine Kernkomponente des BestV (Kap. M Tz. 759) – sieht *IDW PS 400 n.F.* bei der Prüfung von JA und LB eines Unternehmens mit einem AR folgende **Musterformulierung** vor[1531]:

> **Beispiel 31:**
> *"Verantwortung der gesetzlichen Vertreter und des Aufsichtsrats für den Jahresabschluss und den Lagebericht*
> Die gesetzlichen Vertreter sind verantwortlich für die Aufstellung des Jahresabschlusses, der den deutschen, für Kapitalgesellschaften geltenden handelsrechtlichen Vorschriften in allen wesentlichen Belangen entspricht, und dafür, dass der Jahresabschluss unter Beachtung der deutschen Grundsätze ordnungsmäßiger Buchführung ein den tatsächlichen Verhältnissen entsprechendes Bild der Vermögens-, Finanz- und Ertragslage der Gesellschaft vermittelt. Ferner sind die gesetzlichen Vertreter verantwortlich für die internen Kontrollen, die sie in Übereinstimmung mit den deutschen Grundsätzen ordnungsmäßiger Buchführung als notwendig bestimmt haben, um die Aufstellung eines Jahresabschlusses zu ermöglichen, der frei von wesentlichen – beabsichtigten oder unbeabsichtigten – falschen Darstellungen ist.
>
> Bei der Aufstellung des Jahresabschlusses sind die gesetzlichen Vertreter dafür verantwortlich, die Fähigkeit der Gesellschaft zur Fortführung der Unternehmenstätigkeit zu beurteilen. Des Weiteren haben sie die Verantwortung, Sachverhalte in Zusammenhang mit der Fortführung der Unternehmenstätigkeit, sofern einschlägig, anzugeben. Darüber hinaus sind sie dafür verantwortlich, auf der Grundlage des Rechnungslegungsgrundsatzes der Fortführung der Unternehmenstätigkeit zu bilanzieren, sofern dem nicht tatsächliche oder rechtliche Gegebenheiten entgegenstehen.

1526 Vgl. *IDW PS 400 n.F.*, Tz. 55, A52-A53.
1527 Vgl. *IDW PS 400 n.F.*, Tz. A53.
1528 Siehe hierzu insb. *IDW PS 470 n.F.*, Tz. 14 Buchst. b), Tz. 16 i.V.m. A4-A9.
1529 Vgl. *Schmidt/Küster*, in: BeBiKo[11], § 322, Rn. 77; *Skirk/Kuhn*, WPg 2018, S. 63 (70).
1530 Zu beachten ist, dass davon die nach *IDW PS 400 n.F.*, Tz. 62 Buchst. a) obligatorische Bezugnahme auf „die für die Überwachung Verantwortlichen" im nachfolgenden Abschnitt „Verantwortung des APr." nicht tangiert wird.
1531 Vgl. *IDW PS 400 n.F.*, Anlage: Bsp. 1.1.

> Außerdem sind die gesetzlichen Vertreter verantwortlich für die Aufstellung des Lageberichts, der insgesamt ein zutreffendes Bild von der Lage der Gesellschaft vermittelt sowie in allen wesentlichen Belangen mit dem Jahresabschluss in Einklang steht, den deutschen gesetzlichen Vorschriften entspricht und die Chancen und Risiken der zukünftigen Entwicklung zutreffend darstellt. Ferner sind die gesetzlichen Vertreter verantwortlich für die Vorkehrungen und Maßnahmen (Systeme), die sie als notwendig erachtet haben, um die Aufstellung eines Lageberichts in Übereinstimmung mit den anzuwendenden deutschen gesetzlichen Vorschriften zu ermöglichen, und um ausreichende geeignete Nachweise für die Aussagen im Lagebericht erbringen zu können.
>
> Der Aufsichtsrat ist verantwortlich für die Überwachung des Rechnungslegungsprozesses der Gesellschaft zur Aufstellung des Jahresabschlusses und des Lageberichts."

Ist (zulässigerweise) **kein LB** Prüfungsgegenstand, so entfällt jedwede Bezugnahme darauf (d.h. der dritte Absatz vollständig sowie die Erwähnung des LB im letzten Absatz). **903**

Im Fall eines **JA gem. § 242 Abs. 3 HGB** ist zudem nicht mehr auf ein den tatsächlichen Verhältnissen entsprechendes Bild der Vermögens-, Finanz- und Ertragslage abzustellen. Danach ergibt sich für den ersten Absatz folgender Wortlaut[1532]: **904**

> **Beispiel 32:**
>
> „Die gesetzlichen Vertreter sind verantwortlich für die Aufstellung des Jahresabschlusses, der den deutschen, für alle Kaufleute geltenden handelsrechtlichen Vorschriften in allen wesentlichen Belangen entspricht. Ferner sind die gesetzlichen Vertreter verantwortlich für die internen Kontrollen, die sie in Übereinstimmung mit den deutschen Grundsätzen ordnungsmäßiger Buchführung als notwendig bestimmt haben, um die Aufstellung eines Jahresabschlusses zu ermöglichen, der frei von wesentlichen – beabsichtigten oder unbeabsichtigten – falschen Darstellungen ist."

Demgegenüber sind beim **JA einer KleinstKapGes.**, die die Erleichterung des **§ 264 Abs. 1 S. 5 HGB** in Anspruch nimmt, diesbezüglich zusätzliche Ausführungen erforderlich[1533]: **905**

> **Beispiel 33:**
>
> „Die gesetzlichen Vertreter sind verantwortlich für die Aufstellung des Jahresabschlusses, der den deutschen, für Kapitalgesellschaften geltenden handelsrechtlichen Vorschriften in allen wesentlichen Belangen entspricht, und dafür, dass der Jahresabschluss unter Beachtung der deutschen Grundsätze ordnungsmäßiger Buchführung sowie der Inanspruchnahme der Erleichterung für Kleinstkapitalgesellschaften gemäß § 264 Abs. 1 Satz 5 HGB ein den tatsächlichen Verhältnissen entsprechendes Bild der Vermögens-, Finanz- und Ertragslage der Gesellschaft vermittelt. Ferner sind die gesetzlichen Vertreter verantwortlich für die internen Kontrollen, die sie in Übereinstimmung mit den deutschen Grundsätzen ordnungsmäßiger Buchführung als notwendig bestimmt haben, um die Aufstellung eines Jah-

---

1532 Vgl. auch *IDW PS 400 n.F.*, Anlage: Bsp. 5.
1533 Vgl. auch *IDW PS 400 n.F.*, Anlage: Bsp. 6.

> resabschlusses zu ermöglichen, der frei von wesentlichen – beabsichtigten oder unbeabsichtigten – falschen Darstellungen ist."

4.2.11 Verantwortung des Abschlussprüfers

906 Nach § 322 Abs. 1 S. 2 HGB muss der BestV eine **Beschreibung** von Art und Umfang der Prüfung enthalten, um bei den Adressaten des BestV keinen falschen Eindruck über die Art und Weise der Prüfungsdurchführung zu erwecken.

Dabei hat die Beschreibung im BestV das **grundsätzliche Prüfungsvorgehen** darzustellen, um hierdurch weitergehenden oder unzutreffenden **Erwartungen der Öffentlichkeit** an die Tragweite der Abschlussprüfung und damit auch des BestV zu begegnen. Demgegenüber hat die Darstellung im PrB (§ 321 Abs. 3 S. 1 HGB) so detailliert zu sein, dass es dem Aufsichtsgremium möglich ist, Konsequenzen für die eigene Überwachungsaufgabe zu ziehen[1534] (vgl. hierzu Kap. M Tz. 297 ff.).

907 Die erhebliche Ausweitung der Beschreibung der **Verantwortung des Abschlussprüfers i.R.d. Prüfung von JA und LB** ist dementsprechend ebenfalls primär dem Ziel der Verringerung der sog. Erwartungslücke geschuldet[1535].

Gegenüber den bisherigen Ausführungen im sog. beschreibenden Abschnitt des BestV nach *IDW PS 400 a.F.* wurden – namentlich den ISA folgend – **Ausführungen ergänzt** insb.[1536]

- zur allgemeinen Zielsetzung der Abschlussprüfung,
- zur Konzeption der hinreichenden (Prüfungs-)Sicherheit,
- zur Problematik falscher Darstellungen aufgrund von Unrichtigkeiten bzw. von Verstößen ("Fraud").

Darüber hinaus werden die **kritische Grundhaltung**[1537] sowie das **pflichtgemäßes Ermessen** an hervorgehobener Stelle genannt. Außerdem wird ausführlich der Aspekt der Fortführung der Unternehmenstätigkeit aus dem Blickwinkel des APr. dargestellt.

908 Unverändert nicht sachgerecht sind Verweise im BestV für den Fall, dass sich der APr. i.R.d. Abschlussprüfung auf die **Prüfungsergebnisse Dritter**, d.h. von Teilbereichsprüfern, externen Sachverständigen oder der Internen Revision[1538], gestützt hat. Auf diese Tatsache ist, da die Gesamtverantwortung für die Jahresabschlussprüfung vollumfänglich beim APr. verbleibt[1539], ausschl. im PrB einzugehen[1540]. Dies gilt auch dann, wenn der APr. ein Prüfungsurteil im BestV aufgrund eines Sachverhalts, bei dem das Prüfungsurteil auf die Ergebnisse der Arbeit eines Teilbereichsprüfers oder eines Sachverständigen gestützt wird, modifiziert[1541].

[1534] Vgl. ADS⁶, § 322, Tz. 118.
[1535] Vgl. bspw. auch Erwägungsgrund (13) zur VO (EU) Nr. 537/2014 sowie ISA 700.4.
[1536] Vgl. auch *Skirk/Kuhn*, WPg 2018, S. 63 (70).
[1537] Vgl. hierzu allg. *Farr*, WPg 2018, S. 397 ff.
[1538] Vgl. hierzu *IDW PS 320 n.F.* (Teilbereichsprüfer), *IDW PS 300 n.F.*, Tz. 9, A31 ff. sowie *IDW PS 322 n.F.* (Sachverständige) sowie *IDW PS 321* (Interne Revision).
[1539] Vgl. *IDW PS 320 n.F.*, Tz. 49; *IDW PS 322 n.F.*, Tz. 7, 18 f.; *IDW PS 321*, Tz. 13.
[1540] Vgl. *IDW PS 450 n.F.*, Tz. 57; *IDW PS 322 n.F.*, Tz. 17.
[1541] Vgl. *IDW PS 320 n.F.*, Tz. 50; *IDW PS 322 n.F.*, Tz. 19.

Für diesen Abschnitt – ebenfalls eine Kernkomponente des BestV (Kap. M Tz. 759) – macht *IDW PS 400 n.F.* umfangreiche Vorgaben[1542], so dass bei der Prüfung eines JA sowie eines LB generell folgende **Musterformulierung** verwendet werden sollte[1543]: **909**

> **Beispiel 34:**
>
> „*Verantwortung des Abschlussprüfers für die Prüfung des Jahresabschlusses und des Lageberichts*
>
> Unsere Zielsetzung ist, hinreichende Sicherheit darüber zu erlangen, ob der Jahresabschluss als Ganzes frei von wesentlichen – beabsichtigten oder unbeabsichtigten – falschen Darstellungen ist, und ob der Lagebericht insgesamt ein zutreffendes Bild von der Lage der Gesellschaft vermittelt sowie in allen wesentlichen Belangen mit dem Jahresabschluss sowie mit den bei der Prüfung gewonnenen Erkenntnissen in Einklang steht, den deutschen gesetzlichen Vorschriften entspricht und die Chancen und Risiken der zukünftigen Entwicklung zutreffend darstellt, sowie einen Bestätigungsvermerk zu erteilen, der unsere Prüfungsurteile zum Jahresabschluss und zum Lagebericht beinhaltet.
>
> Hinreichende Sicherheit ist ein hohes Maß an Sicherheit, aber keine Garantie dafür, dass eine in Übereinstimmung mit § 317 HGB unter Beachtung der vom Institut der Wirtschaftsprüfer (IDW) festgestellten deutschen Grundsätze ordnungsmäßiger Abschlussprüfung durchgeführte Prüfung eine wesentliche falsche Darstellung stets aufdeckt. Falsche Darstellungen können aus Verstößen oder Unrichtigkeiten resultieren und werden als wesentlich angesehen, wenn vernünftigerweise erwartet werden könnte, dass sie einzeln oder insgesamt die auf der Grundlage dieses Jahresabschlusses und Lageberichts getroffenen wirtschaftlichen Entscheidungen von Adressaten beeinflussen.
>
> Während der Prüfung üben wir pflichtgemäßes Ermessen aus und bewahren eine kritische Grundhaltung. Darüber hinaus
>
> - identifizieren und beurteilen wir die Risiken wesentlicher – beabsichtigter oder unbeabsichtigter – falscher Darstellungen im Jahresabschluss und im Lagebericht, planen und führen Prüfungshandlungen als Reaktion auf diese Risiken durch sowie erlangen Prüfungsnachweise, die ausreichend und geeignet sind, um als Grundlage für unsere Prüfungsurteile zu dienen. Das Risiko, dass wesentliche falsche Darstellungen nicht aufgedeckt werden, ist bei Verstößen höher als bei Unrichtigkeiten, da Verstöße betrügerisches Zusammenwirken, Fälschungen, beabsichtigte Unvollständigkeiten, irreführende Darstellungen bzw. das Außerkraftsetzen interner Kontrollen beinhalten können.
> - gewinnen wir ein Verständnis von dem für die Prüfung des Jahresabschlusses relevanten internen Kontrollsystem und den für die Prüfung des Lageberichts relevanten Vorkehrungen und Maßnahmen, um Prüfungshandlungen zu planen, die unter den gegebenen Umständen angemessen sind, jedoch nicht mit dem Ziel, ein Prüfungsurteil zur Wirksamkeit dieser Systeme der Gesellschaft abzugeben.
> - *beurteilen wir die Angemessenheit* der von den gesetzlichen Vertretern angewandten Rechnungslegungsmethoden sowie die Vertretbarkeit der von den gesetzlichen Vertretern dargestellten geschätzten Werte und damit zusammenhängenden Angaben.

1542 Vgl. *IDW PS 400 n.F.*, Tz. 58 ff., A54 ff.
1543 Vgl. *IDW PS 400 n.F.*, Anlage: Bsp. 1.1.

- ziehen wir Schlussfolgerungen über die Angemessenheit des von den gesetzlichen Vertretern angewandten Rechnungslegungsgrundsatzes der Fortführung der Unternehmenstätigkeit sowie, auf der Grundlage der erlangten Prüfungsnachweise, ob eine wesentliche Unsicherheit im Zusammenhang mit Ereignissen oder Gegebenheiten besteht, die bedeutsame Zweifel an der Fähigkeit der Gesellschaft zur Fortführung der Unternehmenstätigkeit aufwerfen können. Falls wir zu dem Schluss kommen, dass eine wesentliche Unsicherheit besteht, sind wir verpflichtet, im Bestätigungsvermerk auf die dazugehörigen Angaben im Jahresabschluss und im Lagebericht aufmerksam zu machen oder, falls diese Angaben unangemessen sind, unser jeweiliges Prüfungsurteil zu modifizieren. Wir ziehen unsere Schlussfolgerungen auf der Grundlage der bis zum Datum unseres Bestätigungsvermerks erlangten Prüfungsnachweise. Zukünftige Ereignisse oder Gegebenheiten können jedoch dazu führen, dass die Gesellschaft ihre Unternehmenstätigkeit nicht mehr fortführen kann.
- beurteilen wir die Gesamtdarstellung, den Aufbau und den Inhalt des Jahresabschlusses einschließlich der Angaben sowie ob der Jahresabschluss die zugrunde liegenden Geschäftsvorfälle und Ereignisse so darstellt, dass der Jahresabschluss unter Beachtung der deutschen Grundsätze ordnungsmäßiger Buchführung ein den tatsächlichen Verhältnissen entsprechendes Bild der Vermögens-, Finanz- und Ertragslage der Gesellschaft vermittelt.
- beurteilen wir den Einklang des Lageberichts mit dem Jahresabschluss, seine Gesetzesentsprechung und das von ihm vermittelte Bild von der Lage des Unternehmens.
- führen wir Prüfungshandlungen zu den von den gesetzlichen Vertretern dargestellten zukunftsorientierten Angaben im Lagebericht durch. Auf Basis ausreichender geeigneter Prüfungsnachweise vollziehen wir dabei insbesondere die den zukunftsorientierten Angaben von den gesetzlichen Vertretern zugrunde gelegten bedeutsamen Annahmen nach und beurteilen die sachgerechte Ableitung der zukunftsorientierten Angaben aus diesen Annahmen. Ein eigenständiges Prüfungsurteil zu den zukunftsorientierten Angaben sowie zu den zugrunde liegenden Annahmen geben wir nicht ab. Es besteht ein erhebliches unvermeidbares Risiko, dass künftige Ereignisse wesentlich von den zukunftsorientierten Angaben abweichen.

Wir erörtern mit den für die Überwachung Verantwortlichen unter anderem den geplanten Umfang und die Zeitplanung der Prüfung sowie bedeutsame Prüfungsfeststellungen, einschließlich etwaiger Mängel im internen Kontrollsystem, die wir während unserer Prüfung feststellen."

910 Bei PIE hat der APr. in diesem Abschnitt **zusätzlich**[1544]

- i.R.d. Erklärung im zweiten Absatz auf die **VO (EU) Nr. 537/2014** Bezug zu nehmen,
- zu erklären, dass und wie er mit den für die Überwachung Verantwortlichen in Bezug auf seine **Unabhängigkeit** kommuniziert, und
- darzustellen, dass und wie er **besonders wichtige Prüfungssachverhalte (KAM)** bestimmt und diese im BestV ggf. mitteilt.

[1544] Vgl. *IDW PS 400 n.F.*, Tz. 61, 62 Buchst. b) und c).

Dementsprechend ist der Abschnitt zur Verantwortung des APr. **bei PIE** außer um die o.g. Ergänzung „und der EU-APrVO" insg. um die folgenden beiden letzten Absätze länger[1545]: 911

> **Beispiel 35:**
>
> „*Verantwortung des Abschlussprüfers für die Prüfung des Jahresabschlusses und des Lageberichts*
> (...)
> Wir erörtern (...).
>
> Wir geben gegenüber den für die Überwachung Verantwortlichen eine Erklärung ab, dass wir die relevanten Unabhängigkeitsanforderungen eingehalten haben, und erörtern mit ihnen alle Beziehungen und sonstigen Sachverhalte, von denen vernünftigerweise angenommen werden kann, dass sie sich auf unsere Unabhängigkeit auswirken, und die hierzu getroffenen Schutzmaßnahmen.
>
> Wir bestimmen von den Sachverhalten, die wir mit den für die Überwachung Verantwortlichen erörtert haben, diejenigen Sachverhalte, die in der Prüfung des Jahresabschlusses für den aktuellen Berichtszeitraum am bedeutsamsten waren und daher die besonders wichtigen Prüfungssachverhalte sind. Wir beschreiben diese Sachverhalte im Bestätigungsvermerk, es sei denn, Gesetze oder andere Rechtsvorschriften schließen die öffentliche Angabe des Sachverhalts aus."

Aufgrund der Länge der obligatorischen Beschreibung der Verantwortung des APr. eröffnet *IDW PS 400 n.F.* die Möglichkeit, diesen Abschnitt teilweise auch in eine **Anlage zum BestV** auszulagern[1546]. 912

Ebenfalls möglich ist die (Teil-)Auslagerung mithilfe eines **Verweises auf die IDW Website** unter Angabe der konkreten Webadresse, auf welcher die weitergehende Beschreibung der Verantwortung des APr. zu finden ist[1547]. Hierzu stehen im Mitgliederbereich der IDW Website auslagerungsfähige Texte nebst Webadressen für derzeit sechs BestV-Varianten zur Verfügung[1548]. 913

4.2.12 Sonstige gesetzliche und andere rechtliche Anforderungen

Der BestV nach *IDW PS 400 n.F.* darf – über die o.g. Prüfungsurteile zu JA und LB hinaus – **nur** dann um zusätzliche Prüfungsurteile bzw. Aussagen erweitert werden, wenn **gesetzliche Vorschriften** eine solche Erweiterung ausdrücklich verlangen[1549]. 914

Ist dies der Fall, so müssen die danach vorgeschriebenen sonstigen Pflichtangaben des APr. in einem **gesonderten (zweiten) Hauptabschnitt des BestV** erfolgen, falls diese Pflichtangaben nicht ausnahmsweise thematisch den zuvor i.Z.m. JA und LB behandel- 915

1545 Vgl. *IDW PS 400 n.F.*, Anlage: Bsp. 2.
1546 Vgl. *IDW PS 400 n.F.*, Tz. 64 Buchst. b), A59, Anlage: Bsp.1.2.
1547 Vgl. *IDW PS 400 n.F.*, Tz. 64 Buchst. c), 65, A60, Anlage: Bsp.1.3.
1548 Stand 19.07.2018. Dabei trägt der diese Verweistechnik nutzende WP die alleinige Verantwortung für die Sachgerechtigkeit und die Vollständigkeit der Beschreibung, auf die er im konkreten Einzelfall (z.B. JA ohne LB, KleinstKapGes. oder KA) verweist; vgl. *IDW PS 400 n.F.*, Tz. 65, A60.
1549 Vgl. *IDW PS 400 n.F.*, Tz. 66, A63-A64.

ten Themen direkt zugeordnet und daher mit unter diesen abgehandelt werden können[1550].

916 Dieser (zweite) Hauptabschnitt ist grds. mit der Überschrift „**Sonstige gesetzliche und andere rechtliche Anforderungen**" zu versehen und muss auf den (ersten) Hauptabschnitt „Vermerk über die Prüfung des JA und des LB" folgen[1551].

917 **Beispiele** für sonstige (gesetzliche) Prüfungsgegenstände, zu denen **kein Prüfungsurteil im BestV** abgegeben werden darf und über die daher ausschließlich im PrB zu berichten ist, sind die Prüfung des Risikofrüherkennungssystems einer börsennotierten AG nach § 317 Abs. 4 HGB (§ 321 Abs. 4 HGB) und die Prüfung der wirtschaftlichen Verhältnisse und der Ordnungsmäßigkeit der Geschäftsführung nach § 53 Abs. 1 S. 1 GenG (§ 58 GenG)[1552].

918 **Beispiele** für sonstige Prüfungsgegenstände, in Bezug auf die eine Gesetzesvorschrift eine **explizite Aussage im BestV** fordert, sind etwa[1553]

- § 6b Abs. 5 EnWG (betr. die Einhaltung der Rechnungslegungspflichten nach § 6b Abs. 3 EnWG)[1554],
- § 20 SKHG (betr. die wirtschaftlichen Verhältnisse, die zweckentsprechende, sparsame und wirtschaftliche Verwendung der Fördermittel nach § 31 SKHG sowie die Anzahl der voll- und teilstationär behandelten Patientinnen und Patienten, der Pflegetage und der Geburten).
- § 30 KHGG NRW (betr. die zweckentsprechende, sparsame und wirtschaftliche Verwendung der Fördergelder nach § 18 Abs. 1 KHGG NRW)[1555],
- § 16 Abs. 3 BayStG, § 12 Abs. 3 Hess StiftG u.Ä. (betr. die Erhaltung des Stiftungsvermögens nebst satzungsgemäßer Mittelverwendung)[1556].

919 Gleichermaßen kann – ggf. unter Beachtung anderer *IDW Prüfungsstandards* – verfahren werden, wenn zwar das jeweils anzuwendende Landesrecht keine explizite Aussage im BestV fordert, eine solche aber durch Beauftragung analog zu anderen landesrechtlichen Vorschriften, die eine Aussage vorschreiben, zum Gegenstand der Berichterstattung im BestV gemacht wird[1557].

920 Die **bei PIE** zusätzlich zu berücksichtigenden Vorschriften des **Art. 10 VO (EU) Nr. 537/2014** präsentieren sich in diesem Zusammenhang janusköpfig[1558]: sie lassen sich teilweise in die Ausführungen i.Z.m. dem JA im ersten Hauptabschnitt integrieren, z.T. machen sie einen eigenständigen Abschnitt „Übrige Angaben gemäß Artikel 10 EU-APrVO" (Kap. M Tz. 927 ff.) innerhalb des (dadurch bei PIE immer notwendigen) zweiten Hauptabschnitts „Sonstige gesetzliche und andere rechtliche Anforderungen" erforderlich.

1550 Vgl. *IDW PS 400 n.F.*, Tz. 66-67, A65.
1551 Vgl. *IDW PS 400 n.F.*, Tz. 67-68, A65.
1552 Vgl. *IDW PS 400 n.F.*, Tz. A63.
1553 Vgl. hierzu insb. auch *IDW*, WPH Edition, Öffentliche Hand, besondere Branchen und Non-Profits, Kap. Q.
1554 Vgl. hierzu auch *IDW PS 610* (derzeit in Überarbeitung durch die zuständigen Fachgremien des IDW).
1555 Vgl. hierzu auch *IDW PH 9.400.1* (derzeit in Überarbeitung durch die zuständigen Fachgremien des IDW).
1556 Vgl. hierzu auch *IDW PS 740* (derzeit in Überarbeitung durch die zuständigen Fachgremien des IDW).
1557 Vgl. *IDW PS 400 n.F.*, Tz. A63.
1558 Vgl. hierzu *IDW PS 400 n.F.*, Tz. 69, A66-A70.

4.2.13 Vermerk über die Prüfung eines sonstigen Prüfungsgegenstands

Die ggf. verschiedenen i.R. dieses zweiten Hauptabschnitts abzuhandelnden sonstigen **Prüfungsgegenstände** sollten grds. durch aussagekräftige (Zwischen-)Überschriften voneinander abgegrenzt werden[1559]. 921

Des Weiteren ist es i.Z.m. der **Darstellung solcher Angaben** in diesem Hauptabschnitt des BestV sachgerecht, für jeden einzelnen dieser sonstigen Prüfungsgegenstände, sofern nicht lediglich eine spezifische Erklärung gefordert ist, die allgemeinen Grundsätze für den ersten Hauptabschnitt zu beachten[1560]. D.h. namentlich die Kernkomponenten (vgl. Kap. M Tz. 759) sollten in analoger Form enthalten sein[1561]: 922

- Titulierung/(Unter-)Abschnittsüberschrift,
- Prüfungsurteil (nebst Prüfungsgegenstand und Stichtags-/Zeitraumangaben),
- Grundlage für das Prüfungsurteil,
- Verantwortung der gesetzlichen Vertreter sowie
- Verantwortung des Abschlussprüfers.

Dagegen wird bspw. bei der Darstellung der Verantwortung der gesetzlichen Vertreter und des APr. eine ebensolche Ausführlichkeit zumeist nicht notwendig sein, da es sich i.d.R. um eng abgegrenzte Prüfungsgebiete handelt. Außerdem wird auf inhaltsgleiche Ausführungen, die bereits im ersten Hauptabschnitt erfolgt sind, grds. verwiesen werden können. 923

Im Einzelfall mögen i.Z.m. sonstigen gesetzlichen und anderen rechtlichen Anforderungen ansonsten auch ergänzende Hinweise nach *IDW PS 406* oder eine Berichterstattung zu sonstigen Informationen nach *ISA 720 (Rev.) (Entwurf-DE)* in Betracht kommen. 924

In Bezug auf die **Modifizierung des Prüfungsurteils** zu einem sonstigen Prüfungsgegenstand sind die allgemeinen Grundsätze (vgl. Kap. M Tz. 961 ff.) entsprechend bzw. sinngemäß zu beachten. 925

Die zuständigen Fachgremien des IDW sind derzeit mit der Erarbeitung entsprechender Musterformulierungen befasst[1562]. Es empfiehlt sich, die diesbezüglichen Verlautbarungen bzw. Informationen des IDW und seiner Fachgremien regelmäßig zu verfolgen. 926

4.2.14 Übrige Angaben gemäß Artikel 10 EU-APrVO

Die nach **Art. 10 Abs. 2 VO (EU) Nr. 537/2014** bei PIE zusätzlich geforderten Darstellungen, Angaben bzw. Erklärungen im BestV verteilen sich wie folgt auf die einzelnen Abschnitte des BestV (zur gewählten beispielhaften Reihenfolge vgl. Kap. M Tz. 757)[1563]: 927

1559 Vgl. auch *Schmidt/Küster*, in: BeBiKo[11], § 322, Rn. 108.
1560 Vgl. auch ISA 700.45 i.V.m. ISA 700.21-40.
1561 Dabei können bei der Darstellung jedes einzelnen sonstigen Prüfungsgegenstands grds. zusätzlich noch Zwischenüberschriften – „Prüfungsurteil", „Grundlage für das Prüfungsurteil", „Verantwortung der gesetzlichen Vertreter für ..." und „Verantwortung des Abschlussprüfers für die Prüfung ..." – eingefügt werden.
1562 Vgl. hierzu und zu anderen Beispielen außerdem *IDW*, WPH Edition, Öffentliche Hand, besondere Branchen und Non-Profits, Kap. Q.
1563 Vgl. auch *Schmidt/Küster*, in: BeBiKo[11], § 322, Rn. 130; *Skirk/Kuhn*, WPg 2018, S. 329 (330 f.).

Bestätigungsvermerk	Art. 10 Abs. 2 Buchst. ... VO (EU) Nr. 537/2014
Überschrift	
Adressierung	
Vermerk über die Prüfung des Jahresabschlusses und des Lageberichts	
Prüfungsurteile	
Grundlage für die Prüfungsurteile	f)
ggf. Wesentliche Unsicherheit(en) im Zusammenhang mit der Fortführung der Unternehmenstätigkeit	
ggf. Hinweis zur Hervorhebung eines Sachverhalts	
ggf. Hinweis auf einen sonstigen Sachverhalt	
Besonders wichtige Prüfungssachverhalte	c)
Sonstige Informationen	
Verantwortung der gesetzlichen Vertreter und der für die Überwachung Verantwortlichen für den Jahresabschluss und den Lagebericht	
Verantwortung des Abschlussprüfers für die Prüfung des Jahresabschlusses und des Lageberichts	d)
Sonstige gesetzliche und andere rechtliche Anforderungen	
ggf. Vermerk über die Prüfung des/der ...	
übrige Angaben gemäß Artikel 10 EU-APrVO	a), b), e) und ggf. g)
ggf. Hinweis zur Nachtragsprüfung	
Verantwortlicher Wirtschaftsprüfer	
Datum, Ort, Unterschrift(en) sowie Siegel	

928 Bei PIE führt dies zwangsläufig dazu, dass im BestV nach *IDW PS 400 n.F.* ein (zweiter) Hauptabschnitt „Sonstige gesetzliche und andere rechtliche Anforderungen" notwendig wird, innerhalb dessen auf die Angabepflichten nach Art. 10 Abs. 2 Buchst. a), b), e) sowie ggf. g) VO (EU) Nr. 537/2014 einzugehen ist. Die Angaben nach Buchst. c), d) und f) sind bereits im (ersten) Hauptabschnitt „Vermerk über die Prüfung des JA und des LB" berücksichtigt (vgl. Kap. M Tz. 824 ff.) und daher nicht auch noch in den hier besprochenen Abschnitt aufzunehmen[1564].

929 Grds. umfasst dieser gesonderte Abschnitt (der Reihenfolge der Buchst. in Art. 10 Abs. 2 getreu) danach die folgenden **Aussagen**[1565]:

1564 Vgl. *IDW PS 400 n.F.*, Tz. 69, A70.
1565 Vgl. *IDW PS 400 n.F.*, Tz. 69, A66-A69, Anlage: Bsp. 2.

> **Beispiel 38:**
>
> „Übrige Angaben gemäß Artikel 10 EU-APrVO
> Wir wurden von der Hauptversammlung am ... [Datum] als Abschlussprüfer gewählt. Wir wurden am ... [Datum] vom Aufsichtsrat beauftragt. Wir sind ununterbrochen seit dem Geschäftsjahr ... als Abschlussprüfer der ... [Firma und Sitz des geprüften Unternehmens] tätig.
>
> Wir erklären, dass die in diesem Bestätigungsvermerk enthaltenen Prüfungsurteile mit dem zusätzlichen Bericht an den Prüfungsausschuss nach Artikel 11 EU-APrVO (Prüfungsbericht) in Einklang stehen.
>
> [Wir haben folgende Leistungen, die nicht im Jahresabschluss oder im Lagebericht des geprüften Unternehmens angegeben wurden, zusätzlich zur Abschlussprüfung für das geprüfte Unternehmen bzw. für die von diesem beherrschten Unternehmen erbracht:
> ...]"

Im zweiten Satz des ersten Absatzes ist der Begriff „**Aufsichtsrat**" ggf. durch das tatsächlich beauftragende Unternehmensorgan zu ersetzen. Bei VU, die als PIE qualifizieren, entfällt dagegen grds. der erste Satz, weil hier der APr. nach dem Gesetz vom AR bestimmt wird (§ 341k Abs. 2 S. 1 HGB). **930**

Die anzugebende **ununterbrochene Mandatsdauer** umfasst auch erfolgte Verlängerungen und erneute Bestellungen; ggf. sind auch Vorgängergesellschaften zu berücksichtigen[1566]. Obwohl diese Angabepflicht letztlich auf die externe Rotationspflicht des APr. zielt, sind im BestV aufgrund des Wortlauts der Vorschrift ggf. auch Jahre, in denen das geprüfte Unternehmen (noch oder temporär) nicht PIE war, mitzuzählen und anzugeben, wenngleich diese Jahre für die Ermittlung der externen Rotationspflicht gar nicht relevant sind[1567]. **931**

Die ausdrückliche **Erklärung zur Widerspruchsfreiheit von BestV und PrB**[1568] gem. Art 10 Abs. 2 Buchst. e) VO (EU) Nr. 537/2014 sollte – bei pflichtgemäßer Beachtung der GoA – eine reine Formalie darstellen. **932**

Die Klammerergänzung „**(Prüfungsbericht)**" verdeutlicht, dass der „zusätzliche Bericht an den PrA" i.S.v. Art. 11 VO (EU) Nr. 537/2014 nach deutschem Recht integraler Bestandteil des PrB i.S.v. § 321 HGB ist (vgl. Kap. M Tz. 41)[1569].

Aufgrund von Art. 10 Abs. 3 S. 1 VO (EU) Nr. 537/2014 darf der BestV **keinerlei sonstige Verweise auf den PrB** enthalten[1570].

Die ggf. notwendige **Berichterstattung über Leistungen des APr.** im BestV resultiert daraus, dass Art. 10 Abs. 2 Buchst. g) VO (EU) Nr. 537/2014 einerseits sowie § 285 Nr. 17 HGB bzw. § 314 Abs. 1 Nr. 9 HGB andererseits inhaltlich nicht ganz kompatibel sind. So spricht die VO von Leistungen „für das geprüfte Unternehmen oder das bzw. die von **933**

1566 Vgl. IDW PS 400 n.F., Tz. 69; Schmidt/Küster, in: BeBiKo[11], § 322, Rn. 152.
1567 Vgl. auch IDW, Positionspapier zur EU-Regulierung der Abschlussprüfung[4], S. 19 ff., insb. Fragen 3.3.4 und 3.3.8.
1568 Vgl. IDW PS 400 n.F., Tz. A67; Schmidt/Küster, in: BeBiKo[11], § 322, Rn. 157.
1569 Vgl. IDW PS 450 n.F., Tz. P3/2.
1570 Vgl. IDW PS 400 n.F., Tz. 69.

diesem beherrschte(n) Unternehmen", d.h. – über § 285 Nr. 17 HGB hinausgehend – vom (ggf. Teil-)Konzern des PIE, und ferner von Leistungen „zusätzlich zur Abschlussprüfung"[1571]. Kongruent sind HGB und VO allerdings insofern, als dass allein die vom bestellten APr. selbst erbrachten Leistungen relevant sind. D.h. bei Leistungserbringung durch Mitglieder des Netzwerks i.S.v. § 319b HGB des APr. ist keine Angabe erforderlich[1572]; gleichermaßen erfolgen evtl. zusätzliche Angaben zu von mit dem APr. verbundenen Unternehmen erbrachten Leistungen stets freiwillig[1573].

934 Im Ergebnis bedeutet dies, dass auf eine (zusätzliche) Berichterstattung über Leistungen des APr. im BestV grds. nur dann verzichtet werden kann, wenn die diesbezüglichen **Angaben im Anh.**[1574] (freiwillig) zumindest

- den Angaben nach § 314 Abs. 1 Nr. 9 HGB (ggf. ermittelt für einen fiktiven Teilkonzern des betroffenen PIE) genügen und außerdem
- angemessene Angaben zu den wesentlichen Leistungsarten i.Z.m. den „anderen Bestätigungsleistungen" i.S.v. Nr. 9 Buchst. b)[1575] sowie den „sonstigen Leistungen" i.S.v. Nr. 9 Buchst. d)[1576] enthalten[1577].

Dabei sind quantitative Angaben nicht erforderlich; es reicht aus, die erbrachten Leistungen zu benennen[1578].

935 Falls ein PIE, auch als TU, die **Erleichterung des § 285 Nr. 17 letzter Satzteil HGB** in Anspruch nimmt, ist es zur Erfüllung der Anforderungen nach Art. 10 Abs. 2 Buchst. g) VO (EU) Nr. 537/2014 demzufolge unumgänglich, dass der APr. alle nach der VO geforderten Angaben zu den Leistungen des APr. im BestV macht. Ein Verweis aus dem BestV zur Jahresabschlussprüfung auf den KAnh. genügt insofern nicht[1579].

936 Folgerichtig empfiehlt es sich, mit den gesetzlichen Vertretern des geprüften PIE vorab Art und Umfang der Angaben im Anh. (§ 285 Nr. 17 HGB) bzw. im KAnh. (§ 314 Abs. 1 Nr. 9 HGB) abzuklären, um Angaben des APr. im BestV möglichst vermeiden zu können[1580].

4.2.15 Hinweis zur Nachtragsprüfung

937 Falls der BestV aufgrund einer Nachtragsprüfung nach § 316 Abs. 3 HGB erteilt wird, ist darauf im BestV besonders hinzuweisen. Hintergrund ist, dass dieser Hinweis inhaltlich und formal sowohl ein „Hinweis zur Hervorhebung eines Sachverhalts" als auch ein „Hinweis auf einen sonstigen Sachverhalt" ist[1581].

1571 Vgl. auch *IDW*, Positionspapier zur EU-Regulierung der Abschlussprüfung[4], S. 53 f.; *Giese/Seidler*, BB 2017, S. 2795 ff.
1572 Vgl. *IDW RS HFA 36 n.F.*, Tz. 6; *Giese/Seidler*, BB 2017, S. 2797.
1573 Vgl. *IDW RS HFA 36 n.F.*, Tz. 7; *Giese/Seidler*, BB 2017, S. 2798.
1574 Nach dem Wortlaut der VO würden auch entsprechende Angaben im LB genügen, damit keine Berichterstattungspflicht im BestV entsteht.
1575 Vgl. hierzu *IDW RS HFA 36 n.F.*, Tz. 13, Anlage: Bsp. zu Kategorie b).
1576 Vgl. hierzu *IDW RS HFA 36 n.F.*, Tz. 15, Anlage: Bsp. zu Kategorie d).
1577 Vgl. *IDW PS 400 n.F.*, Tz. A69; *IDW*, Positionspapier zur EU-Regulierung der Abschlussprüfung[4], S. 53. Wohl z.T. weitergehend *Giese/Seidler*, BB 2017, S. 2797 f., 2799.
1578 Vgl. *IDW PS 400 n.F.*, Tz. A69; *IDW*, Positionspapier zur EU-Regulierung der Abschlussprüfung[4], S. 53.
1579 Vgl. *IDW PS 400 n.F.*, Tz. A68.
1580 Vgl. auch *Schmidt/Küster*, in: BeBiKo[11], § 322, Rn. 158.
1581 Vgl. *IDW PS 406*, Tz. 14.

Für diesen Hinweis, der als eigenständiger Abschnitt „Hinweis zur Nachtragsprüfung" unmittelbar vor Ort und dem (Doppel-)Datum der Unterzeichnung[1582] bzw. bei erforderlicher Angabe des verantwortlichen WP (vgl. Kap. M Tz. 778) unmittelbar davor in den BestV einzuordnen ist[1583], schlägt *IDW PS 400 n.F.* i.V.m. *IDW PS 406* folgenden Wortlaut vor[1584]: **938**

> **Beispiel 39:**
>
> „*Hinweis zur Nachtragsprüfung*
> Diesen Bestätigungsvermerk erteilen wir zu dem geänderten Jahresabschluss und geänderten Lagebericht aufgrund unserer pflichtgemäßen, am ... [*Datum1*] abgeschlossenen Prüfung und unserer am ... [*Datum2*] abgeschlossenen Nachtragsprüfung, die sich auf die Änderung(en) des/der ... [*geänderte Posten bzw. Angaben*] bezog. Auf die Darstellung der Änderung(en) durch die gesetzlichen Vertreter im geänderten Anhang, Abschnitt ... sowie im geänderten Lagebericht, Abschnitt ... wird verwiesen."

War kein LB Prüfungsgegenstand, so entfällt selbstverständlich die Bezugnahme darauf. **939**

4.3 Erteilung des Bestätigungsvermerks

Der Bestätigungsvermerk des unabhängigen Abschlussprüfers[1585] ist unabhängig vom PrB, aber **zeitgleich** mit diesem zu erteilen[1586]. Die **Datierung des BestV** dokumentiert dabei zugleich den Zeitpunkt, zu dem die Abschlussprüfung als materiell abgeschlossen gilt (Beurteilungszeitpunkt)[1587]. Nach den berufsständischen Grundsätzen ist zeitnah zu diesem Zeitpunkt auch die VollstE der gesetzlichen Vertreter einzuholen[1588]. Da der APr. den von den gesetzlichen Vertretern aufgestellten JA und ggf. LB in deren endgültiger Fassung zu beurteilen hat, kann das Datum des BestV keinesfalls vor dem Zeitpunkt liegen, an dem die Aufstellungsphase des JA und ggf. des LB beendet ist[1589]. **940**

Der APr. hat den **schriftlichen BestV** (§ 322 Abs. 1 S. 1 HGB)[1590] unter **Angabe von Ort und Tag** zu **unterzeichnen** (§ 322 Abs. 7 S. 1 HGB) und zu **siegeln** (§ 48 Abs. 1 S. 1 WPO; § 19 Abs. 1 BS WP/vBP)[1591]. Dabei haben Ort und Tag[1592] mit den gleichen Angaben im **941**

1582 Vgl. *IDW PS 400 n.F.*, Tz. 90.
1583 Vgl. *IDW PS 406*, Tz. 14.
1584 Vgl. *IDW PS 400 n.F.*, Tz. 89 i.V.m. *IDW PS 406*, Tz. 14, A20 sowie Anlage 5.
1585 Die Grundsätze für die Erteilung von BestV gelten auch für den Fall, dass er gem. § 322 Abs. 4 S. 2 HGB nicht mehr als „Bestätigungsvermerk" bezeichnet werden darf, sondern die Titulierung „Versagungsvermerk" lauten muss. Im Weiteren wird daher der „Versagungsvermerk" nur dann als solcher genannt, falls daraus eine Besonderheit resultiert.
1586 *Vgl. IDW PS 400 n.F.*, Tz. 72; *IDW PS 450 n.F.*, Tz. 117 bzw. (bei PIE) Tz. P117/1.
1587 Vgl. *IDW PS 400 n.F.*, Tz. 74, A71; *Orth/Schaefer*, in: Baetge/Kirsch/Thiele, Bilanzrecht, § 322, Rn. 133; *Schmidt/Küster*, in: BeBiKo¹¹, § 322, Rn. 110.
1588 Vgl. *IDW PS 400 n.F.*, Tz. 74; *IDW PS 303 n.F.*, Tz. 23, 29. Das Datum der VollstE darf dabei nicht nach dem Datum des BestV liegen.
1589 In diesem Zusammenhang ist auch *IDW PS 203 n.F.*, Tz. 10 zu beachten.
1590 Vgl. auch RegBegr. AReG, BT-Drs. 18/7219 v. 11.01.2016, S. 44; ferner *Blöink/Kumm*, BB 2015, S. 1070.
1591 Vgl. *IDW PS 400 n.F.*, Tz. 73, 77. Bei freiwilligen Abschlussprüfungen liegt die Verwendung des Berufssiegels im Ermessen des WP (§ 48 Abs. 1 S. 2 WPO; § 19 Abs. 2 BS WP/vBP; *IDW PS 400 n.F.*, Tz. A75).
1592 § 321 Abs. 5 S. 1 HGB verwendet anstatt „Tag" (der Unterzeichnung) den Begriff „Datum".

PrB übereinzustimmen[1593]. Die Angabe von Ort und Tag erfolgt üblicherweise unter dem Text des BestV, aber über den Unterschriften und dem Siegel.

942 Als Ort ist der **Ort der beruflichen Niederlassung** des APr. zu nennen (§ 322 Abs. 7 S. 1 HGB), von dem aus er seine berufliche Tätigkeit ausübt bzw. bei einer WPG der Sitz der Gesellschaft bzw. der Sitz der Niederlassung der WPG, die die Verantwortung für den Prüfungsauftrag hat[1594]. Dies gilt auch dann, wenn der APr. die Unterzeichnung des BestV formal in den Geschäftsräumen des geprüften Unternehmens vornimmt[1595]. Als Tag ist gem. § 322 Abs. 7 S. 1 HGB der **Tag der Unterzeichnung** anzugeben.

943 Der bestellte APr. hat den **BestV zu unterzeichnen** (§ 126 Abs. 1 BGB). Mechanische, faksimilierte oder gescannte Unterschriften sind hierzu nicht ausreichend[1596].

Allerdings ist nach § 20 Abs. 2 S. 2 BS WP/vBP nunmehr grds. auch eine elektronische Siegelung eines BestV i.S.v. § 322 HGB rechtswirksam möglich (vgl. Kap. M Tz. 534).

Wird diese Möglichkeit genutzt, kann der BestV vollständig in elektronischer Form erteilt werden. In einem solchen Fall wird die handschriftliche Unterschrift durch eine qualifizierte elektronische Signatur nach der eIDAS-VO (wodurch auch § 126a BGB entsprochen wird), ergänzt um eine Grafikdatei mit dem Berufssiegel, ersetzt[1597].

944 Der bestellte APr. kann sich **nicht durch eine andere Person vertreten** lassen. Ist der APr. verhindert, den BestV rechtzeitig zu unterzeichnen (z.B. infolge schwerer Krankheit) und ist kein neuer APr. gewählt, so muss ein anderer WP auf Antrag vom Gericht zum APr. bestellt werden (§ 318 Abs. 4 HGB).

945 APr. und Unterzeichner können ausschl. **WP** sein (§ 319 Abs. 1 HGB). Ist eine **WPG** zum APr. bestellt, so kann die Unterschrift nur durch vertretungsberechtigte Personen erfolgen, die zugleich WP oder – bei der Prüfung von mittelgroßen GmbH oder KapCoGes. – vBP sind (§ 32 WPO)[1598]. Bei WPG muss zwingend einer der Unterzeichner der „verantwortliche Wirtschaftsprüfer" i.S.d. *IDW QS 1* sein (§ 322 Abs. 7 S. 3 HGB, § 44 Abs. 1 i.V.m. § 38 Abs. 2 BS WP/vBP).

946 Sind mehrere WP oder WPG zum gesetzlichen APr. bestellt (**Gemeinschaftsprüfer**), haben diese zwingend einen gemeinsamen BestV zu erteilen (§ 322 Abs. 6a HGB) und ihn daher auch **gemeinsam** zu unterzeichnen[1599].

947 Ist eine **Sozietät** zum APr. bestellt, so haben alle WP, die zum Zeitpunkt der Wahl der Sozietät als Sozien angehören, den BestV zu unterzeichnen, es sei denn, im Wahlbeschluss ist ein bestimmter WP-Sozius als APr. festgelegt[1600]. Es empfiehlt sich deswegen, ggf. nur einen der Partner einer Sozietät zu wählen und zu bestellen.

1593 Vgl. *Kuhner/Päßler*, in: HdR[5], § 321, Rn. 85; *Orth/Schaefer*, in: Baetge/Kirsch/Thiele, Bilanzrecht, § 322, Rn. 133.
1594 Vgl. *IDW PS 400 n.F.*, Tz. 71.
1595 Vgl. ADS[6], § 322, Tz. 344; *Orth/Schaefer*, in: Baetge/Kirsch/Thiele, Bilanzrecht, § 322, Rn. 132.
1596 Vgl. ADS[6], § 322, Tz. 335; *Hell/Küster*, in: HdR[5], § 322, Rn. 52; *Orth/Schaefer*, in: Baetge/Kirsch/Thiele, Bilanzrecht, § 322, Rn. 136.
1597 Vgl. hierzu ausführlich *Bruckner*, WPK Magazin 1/2017, S. 17 f. sowie Petersen, WPK Magazin 3/2017, S. 26 ff.
1598 Vgl. auch *IDW PS 400 n.F.*, Tz. A74.
1599 Vgl. *IDW PS 400 n.F.*, Tz. 75. *IDW PS 208*, Tz. 29 ist dadurch obsolet geworden.
1600 Vgl. *IDW PS 208*, Tz. 7.

Nach § 18 Abs. 1 WPO haben WP im beruflichen Verkehr die **Berufsbezeichnung** 948
„Wirtschaftsprüfer" zu führen (Frauen können die Berufsbezeichnung „Wirtschaftsprüferin" führen). Alle unterzeichnenden WP haben daher ihrem Namen bzw. Namenszug diese Berufsbezeichnung hinzuzufügen[1601].

Sind nach § 319 Abs. 1 S. 2 HGB zum APr. für den JA einer mittelgroßen GmbH oder 949
KapCoGes. ein **vBP** oder eine **BPG** bestellt, so ist der BestV durch diesen vBP bzw. von einem zur Vertretung der BPG berechtigten vBP zu unterzeichnen. Dies gilt nach § 32 WPO auch, wenn ein vBP vertretungsberechtigt bei einer zum APr. einer mittelgroßen GmbH bestellten WPG ist. Die Berufsbezeichnung „vereidigter Buchprüfer" (bzw. „vereidigte Buchprüferin") ist bei der Erteilung des BestV jeweils dem Namen des Unterzeichnenden beizufügen (§ 128 Abs. 2 WPO). In Bezug auf die Siegelführung gilt ebenfalls das Gleiche wie für WP bzw. WPG.

Bei PIE ergibt sich aus Art. 10 VO (EU) Nr. 537/2014 kein abweichendes Vorgehen i.Z.m. 950
der (technischen) Erteilung des BestV. Insb. werden auch bei PIE die Unterzeichner von BestV und PrB regelmäßig identisch sein[1602].

Da der BestV nur zusammen mit dem geprüften JA und ggf. LB, zu denen er erteilt 951
wurde, Bedeutung erlangt, ist er mit diesen fest zu verbinden. Hierfür gibt es grds. zwei technische Alternativen: Zum einen kann man den geprüften JA und LB mit dem BestV zu einem sog. **Testatsexemplar** zusammenbinden; der unterzeichnete BestV wird am Ende dieses Testatsexemplares oder auf gesonderten Seiten fest mit eingebunden. Alternativ kann der BestV auch, den geprüften JA und LB begleitend, dem PrB als besondere Anlage beigefügt und an dieser Stelle rechtswirksam erteilt werden[1603].

Aufgrund des Erfordernisses, PrB und BestV nunmehr stets **zeitgleich vorzulegen**[1604], dürften Testatsexemplare jedoch in der Praxis aus abwicklungstechnischen Gründen künftig nur noch auf besonderen Wunsch der Berichtsadressaten Verwendung finden.

Der BestV ist gem. § 322 Abs. 7 S. 2 HGB auch **im PrB wiederzugeben** (vgl. hierzu 952
Kap. M Tz. 496 ff.)[1605].

Werden BestV oder PrB erst nach der Datierung des BestV ausgeliefert, berührt dies 953
nicht das Datum des BestV. Liegt allerdings zwischen dem Datum des BestV und dessen **Auslieferung** ein längerer Zeitraum oder war, auch bei einem kürzeren Zeitraum, das Eintreten wesentlicher Ereignisse zu erwarten, so hat der APr. vor der endgültigen Auslieferung mit den gesetzlichen Vertretern des geprüften Unternehmens zu klären, ob **zwischenzeitliche Ereignisse und Entwicklungen** die Prüfungsurteile bzw. Aussagen im BestV berühren[1606].

Entsprechendes gilt auch für den Fall, dass der zu prüfende Abschluss zeitlich vor dem Ende der Abschlussprüfung aufgestellt und datiert wird. Ein vor dem Datum des BestV liegender Aufstellungszeitpunkt des Abschlusses ändert nichts an der Pflicht des APr.,

---

1601 Vgl. *IDW PS 400 n.F.*, Tz. 76.
1602 Vgl. *IDW PS 450 n.F.*, Tz. P115/1.
1603 Vgl. *IDW PS 400 n.F.*, Tz. 72; *IDW PH 9.450.2*, Tz. 3; sowie Kap. M Tz. 499 und Kap. M Tz. 529.
1604 Vgl. *IDW PS 400 n.F.*, Tz. 72; *IDW PS 450 n.F.*, Tz. 117. **Für PIE** schreibt dies Art. 11 Abs. 1 Unterabs. 1 S. 1 VO (EU) Nr. 537/2014 vor.
1605 Vgl. *IDW PS 450 n.F.*, Tz. 109; *IDW PH 9.450.2*.
1606 Vgl. *IDW PS 400 n.F.*, Tz. A71 i.V.m. *IDW PS 203 n.F.*, Tz. 18 ff.

954 nach dem Aufstellungsdatum und bis zur Erteilung des BestV erlangte Erkenntnisse in die Beurteilung seiner Prüfungsergebnisse einfließen zu lassen[1607].

954 Der APr. ist nicht verpflichtet zu prüfen, ob der geprüfte JA/KA, der LB/KLB und der BestV richtig **offengelegt oder anderweitig publiziert** werden. Er hat jedoch bei unzulässiger oder unzutreffender Publizierung einen zivilrechtlichen Anspruch auf Unterlassung sowie auf Richtigstellung. Es ist darauf zu achten, dass das Vertrauen in den BestV nicht leidet. Wenn der APr. daher von einer mit dem BestV versehenen unvollständigen oder abweichenden Publizierung erfährt, die nicht in Einklang mit den §§ 325 bis 328 HGB steht, hat er den Auftraggeber (§ 318 Abs. 1 S. 4 HGB) aufzufordern, eine Richtigstellung zu veranlassen[1608].
Zu weitergehenden Ausführungen wird auf Kap. N verwiesen.

955 Der JA ist nach § 244 HGB zwingend in deutscher Sprache aufzustellen; ebenso ggf. EA und KA. Ebenso sind die Offenlegung sowie gesetzlich vorgeschriebene Veröffentlichungen und Vervielfältigungen von JA in deutscher Sprache vorzunehmen[1609]. Da auch der BestV an die Öffentlichkeit gerichtet und daher offenzulegen ist, ist der **BestV** zu einem gesetzlich prüfungspflichtigen JA obligatorisch ebenfalls **in deutscher Sprache** zu erteilen und dem JA bei dessen Offenlegung oder gesetzlich vorgeschriebener anderweitiger Veröffentlichung in deutscher Sprache mit vollständigem Wortlaut beizufügen (§ 328 Abs. 1a S. 2 HGB i.V.m. § 244 HGB)[1610]. Auch die Wiedergabe des BestV im PrB (§ 322 Abs. 7 S. 2 HGB) hat demzufolge in deutscher Sprache zu erfolgen[1611].

956 Bei **Übersetzungen** von JA/KA, LB/KLB und ggf. des zugehörigen BestV handelt es sich nicht um eine „Erteilung" oder um „Wiedergaben", wie sie von den o.g. Vorschriften erfasst werden[1612]. Wenn also, zur Information der Unternehmensorgane, von Investoren oder auch der Öffentlichkeit, Übersetzungen der Rechnungslegungsunterlagen angefertigt werden, ist die zusätzliche Beifügung auch eines übersetzten BestV unbestritten, sofern der BestV nicht lediglich „ausgewählten" Rechnungslegungsbestandteilen, sondern sämtlichen Unterlagen insgesamt beigefügt wird (vgl. § 328 Abs. 2 S. 2 HGB analog).

957 In Zusammenhang mit der Verwendung von Übersetzungen des BestV empfiehlt es sich, zur Vermeidung von Missverständnissen einen Hinweis auf die maßgebliche deutsche Fassung des BestV zu geben. Dieser Hinweis seitens des APr. könnte bspw. wie folgt lauten[1613]:

> **Beispiel 40:**
>
> „Zu dem vollständigen Jahresabschluss und Lagebericht haben wir gemäß § 322 HGB einen uneingeschränkten Bestätigungsvermerk erteilt. Die Übersetzung des Bestätigungsvermerks lautet wie folgt:
> …"

1607 Vgl. *Schmidt/Küster*, in: BeBiKo[11], § 322, Rn. 111.
1608 Vgl. *IDW PS 400 n.F.*, Tz. 102; *Ebke*, in: MünchKomm. HGB[3], § 322, Rn. 55.
1609 So ausdrücklich § 325 Abs. 1 S. 1 HGB. Vgl. auch ADS[6], § 328, Tz. 46.
1610 Vgl. *Bertram*, in: Haufe HGB Kommentar[8], § 322, Rn. 203; *Orth/Schaefer*, in: Baetge/Kirsch/Thiele, Bilanzrecht, § 322, Rn. 221, 223.
1611 Vgl. *Orth/Schaefer*, in: Baetge/Kirsch/Thiele, Bilanzrecht, § 322, Rn. 222.
1612 Vgl. ADS[6], § 328, Tz. 46.
1613 Vgl. *Bertram*, in: Haufe HGB Kommentar[8], § 322, Rn. 204; *Orth/Schaefer*, in: Baetge/Kirsch/Thiele, Bilanzrecht, § 322, Rn. 233.

Ergänzend könnte (im Fall einer Übersetzung ins Englische) z.B. das Deckblatt mit dem ausdrücklichen Hinweis „German version prevails" versehen und daneben im Kopf- oder Fußzeilenbereich jeder Seite der Hinweis „Translation" vermerkt werden.

In Zusammenhang mit **freiwilligen Abschlussprüfungen** wird der BestV, bei entsprechender Beauftragung, grds. auch direkt in fremder Sprache erteilt werden können[1614]. Als weitere zu erfüllende Voraussetzungen dürften unstrittig sein: die Beherrschung dieser Fremdsprache durch die unterzeichnenden WPs sowie die Aufstellung der dem BestV zugrunde liegenden geprüften Rechnungslegungsunterlagen in derselben Sprache[1615]. 958

Es kann sich empfehlen, in solchen Fällen dem in fremder Sprache erteilten BestV einen ergänzenden Hinweis darauf beizufügen, dass der BestV und die zugehörigen geprüften Rechnungslegungsunterlagen nicht zur Erfüllung der handelsrechtlichen Verpflichtungen (z.B. Offenlegung) verwendet werden können (vgl. hierzu Kap. M Tz. 860 ff.)[1616].

Zur Verfahrensvereinheitlichung könnte die WP-Praxis bspw. auch intern festlegen, BestV in allen Fällen ausschließlich in deutscher Sprache zu erteilen und davon ggf. angefertigte Übersetzungen deutlich als solche – d.h. als „**Übersetzungen**" (s.o.) – zu kennzeichnen[1617]. 959

Das IDW hat im Interesse einer einheitlichen Ausdrucksweise Übersetzungen von einzelnen in *IDW PS 400 n.F.* enthaltenen BestV-Mustern erarbeitet, deren Anwendung allgemein empfohlen wird. 960

4.4 Bildung eines Prüfungsurteils durch den Abschlussprüfer

Wesentliche **Aufgabe des APr.** ist es, über die Vornahme und das Ergebnis der Abschlussprüfung einen Bestätigungsvermerk zu erteilen (§ 2 Abs. 1 WPO). Der BestV enthält dabei – ungeachtet der endgültigen Titulierung als „Bestätigungsvermerk" oder als „Versagungsvermerk" – zu jedem Prüfungsgegenstand (d.h. JA, ggf. LB sowie ggf. weitere aufgrund von sonstigen gesetzlichen und anderen rechtlichen Anforderungen) jeweils ein Prüfungsurteil. 961

Der APr. hat die **Prüfungsurteile** zu den einzelnen Prüfungsgegenständen auf Grundlage der Erkenntnisse aus seiner pflichtgemäß durchgeführten Abschlussprüfung sowie unter Berücksichtigung der erlangten Prüfungsnachweise zu bilden und i.R.d. BestV klar zum Ausdruck zu bringen[1618]. 962

Die Anwendung und Auslegung der dabei zu beachtenden Gesetze und Rechtsprechung sowie der im Berufsstand entwickelten und vom *IDW* festgestellten deutschen GoA[1619] unterliegt Ermessensspielräumen, die der APr. unter Berücksichtigung objektiver Befunde nach persönlicher Wertung pflichtgemäß auszuüben hat[1620]. Maßstab für das 963

1614 Zu dabei infrage kommenden Konstellationen sowie Haftungsüberlegungen vgl. *Orth/Schaefer*, in: Baetge/Kirsch/Thiele, Bilanzrecht, § 322, Rn. 224.
1615 Vgl. ADS[6], § 328, Tz. 47; *Bertram*, in: Haufe HGB Kommentar[8], § 322, Rn. 205; *Orth/Schaefer*, in: Baetge/Kirsch/Thiele, Bilanzrecht, § 322, Rn. 224.
1616 Vgl. auch *Orth/Schaefer*, in: Baetge/Kirsch/Thiele, Bilanzrecht, § 322, Rn. 234.
1617 Vgl. auch *Bertram*, in: Haufe HGB Kommentar[8], § 322, Rn. 205.
1618 Vgl. *IDW PS 400 n.F.*, Tz. 9.
1619 Vgl. *IDW PS 200*, Tz. 2; *IDW PS 201*, Tz. 1, 22.
1620 Vgl. ADS[6], § 322, Tz. 131 ff.

pflichtgemäße Ermessen ist der gesetzlich normierte Zweck des BestV, die Adressaten **klar und eindeutig**, d.h. **zweifelsfrei, allgemeinverständlich und problemorientiert**, (§ 322 Abs. 2 S. 1 und 2 HGB bzw. Art. 10 Abs. 3 S. 2 VO (EU) Nr. 537/2014) über die Prüfungsergebnisse und deren Beurteilung durch den APr. zu informieren.

964 Die *IDW PS 400er-Reihe* unterscheidet hierzu folgende **Prüfungsurteile**[1621]:

- das **nicht modifizierte Prüfungsurteil**[1622],
- das aufgrund von Einwendungen oder aufgrund von Prüfungshemmnissen **eingeschränkte Prüfungsurteil**,
- das aufgrund von Einwendungen **versagte Prüfungsurteil** sowie
- die aufgrund von Prüfungshemmnissen erfolgende **Erklärung der Nichtabgabe des Prüfungsurteils**.

Mit Ausnahme des erstgenannten stellen die übrigen Prüfungsurteile begrifflich jeweils „modifizierte" Prüfungsurteile dar[1623].

965 Ein **Prüfungsurteil** bezieht sich stets auf einen einzelnen Prüfungsgegenstand, d.h. auf den JA bzw. KA (oder ggf. EA nach § 325 Abs. 2a HGB), auf den LB bzw. KLB oder auf einen bestimmten sonstigen Prüfungsgegenstand. Alle diese Prüfungsurteile gehen dann in den BestV ein.

966 Für den **BestV** selbst schreibt § 322 Abs. 2 S. 1 HGB vor, dass folgende **Differenzierungen** zweifelsfrei erkennbar sein müssen:

- uneingeschränkter BestV (§ 322 Abs. 2 S. 1 Nr. 1 HGB),
- eingeschränkter BestV (§ 322 Abs. 2 S. 1 Nr. 2 HGB),
- Versagungsvermerk aufgrund von Einwendungen (§ 322 Abs. 2 S. 1 Nr. 3 HGB) und
- Versagungsvermerk aufgrund von Prüfungshemmnissen (§ 322 Abs. 2 S. 1 Nr. 4 HGB).

Dies erfolgt erstens durch entsprechende Wahl bzw. Anpassung der Abschnittsüberschriften für die Abschnitte „Prüfungsurteil(e)" und „Grundlage für das/die Prüfungsurteil(e)"[1624], die in diesen Abschnitten enthaltene Formulierung und Begründung (§ 322 Abs. 4 S. 3 HGB) des jeweiligen Prüfungsurteils[1625] sowie die Anpassung der Beschreibungen im Abschnitt „Verantwortung des APr."[1626], und zweitens, sofern notwendig, durch die eindeutige Kennzeichnung des BestV schon in der Überschrift als „Versagungsvermerk"[1627].

967 Gemäß § 322 Abs. 5 S. 1 HGB ist ein **Versagungsvermerk** auch dann zu erteilen, wenn der APr. nach Ausschöpfung aller angemessenen Möglichkeiten zur Klärung des Sachverhalts nicht in der Lage ist, ein Prüfungsurteil abzugeben. Dies entspricht dem sog. „Disclaimer of Opinion" i.S.v. ISA 705.9; jedoch sieht das HGB vor, dass dieser „Nicht-

---

[1621] Vgl. *IDW PS 400 n.F.*, Tz. 2, 10 Buchst. f); *IDW PS 405*, Tz. 4; ferner ISA 700.16, ISA 705.7 ff.
[1622] In der bislang üblichen Diktion: „uneingeschränkt".
[1623] Vgl. *IDW PS 405*, Tz. 7 Buchst. d).
[1624] Vgl. *IDW PS 400 n.F.*, Tz. 33 ff.; *IDW PS 405*, Tz. 23 ff., A18.
[1625] Vgl. *IDW PS 405*, Tz. 27 ff., A19-A20, Tz. 40 ff., A21-A23.
[1626] Vgl. *IDW PS 405*, Tz. 54 f., A24.
[1627] Vgl. *IDW PS 405*, Tz. 21, A17.

erteilungsvermerk" in Form eines Versagungsvermerks (§ 322 Abs. 2 S. 1 Nr. 4 HGB) erteilt wird[1628].

Die o.g. möglichen **Prüfungsurteile** in Bezug auf die verschiedenen Prüfungsgegenstände und die nach § 322 Abs. 2 S. 1 i.V.m. Abs. 4 S. 2 HGB notwendige eindeutige **Überschrift des BestV** sind in bestimmter Weise miteinander verknüpft. Dabei determiniert allein das Prüfungsurteil zum Abschluss (JA, KA bzw. EA), ob ein „Versagungsvermerk" erteilt wird (vgl. Kap. M Tz. 784). **968**

Um den APr. bei der Bildung seiner Prüfungsurteile zu unterstützen, aber auch, um die Transparenz in Bezug auf die in diesem Zusammenhang gestellten Anforderungen zu erhöhen, enthält *IDW PS 400 n.F.*, Tz. 13 ff. eine (nicht zuletzt den ISA geschuldete) umfangreiche Auflistung von bei der Urteilsbildung zu berücksichtigenden Aspekten und Teilaspekten. **969**

Im Ergebnis gehen diese ausführlichen Regelungen – mit einer Ausnahme – nicht über die bisher schon nach *IDW PS 400 a.F.* grds. zu beachtenden Anforderungen hinaus[1629].

Einzige, allerdings bemerkenswerte, Ausnahme, ist die (ISA 700.15 geschuldete) Vorgabe, dass der APr. explizit beurteilen muss, ob die maßgebenden Rechnungslegungsgrundsätze im Abschluss angemessen benannt oder beschrieben sind[1630]. Aus dieser Vorgabe an den APr. resultiert umgekehrt das Gebot an die gesetzlichen Vertreter, die **angewandten maßgebenden Rechnungslegungsgrundsätze** im Abschluss ausdrücklich zu nennen[1631]. Anderenfalls könnte sich sonst ein Grund für die Modifizierung des Prüfungsurteils zum Abschluss ergeben.

Kurz gefasst lautet der **Anspruch an den APr.**, **970**

- auf der Grundlage **ausreichender geeigneter Prüfungsnachweise** zu beurteilen,
- ob bei der Rechnungslegung die für das geprüfte Unternehmen **maßgebenden Rechnungslegungsgrundsätze bzw. gesetzlichen Vorschriften beachtet** worden sind[1632].

Maßgeblich sind dabei alle unmittelbar und mittelbar für die Rechnungslegung des geprüften Unternehmens geltenden gesetzlichen Vorschriften (i.Z.m. dem HGB einschl. der GoB[1633]) sowie ggf. einschlägige Bestimmungen des Gesellschaftsvertrags oder der Satzung (inkl. entsprechender Beschlüsse von HV/Gesellschafterversammlungen). Des Weiteren sind bei der Auslegung der maßgebenden Rechnungslegungsgrundsätze und Gesetzesvorschriften bedeutsame höchstrichterliche Entscheidungen, ggf. die Standards des DRSC sowie grds. die *IDW Stellungnahmen zur Rechnungslegung* zu berücksichtigen[1634].

1628 Dies ist auf die besonderen Regelungen des deutschen Gesellschaftsrechts zurückzuführen: Die Nichterteilung eines BestV bzw. Versagungsvermerks hätte, da die Prüfung dann rechtlich als nicht abgeschlossen bzw. als nicht stattgefunden gälte, eine Feststellungssperre zur Folge (§ 316 Abs. 1 S. 2 HGB). Die Feststellung des (noch) nicht geprüften JA wäre demzufolge nichtig (§ 256 Abs. 1 Nr. 2 AktG). Vgl. ADS[6], § 322 HGB, Tz. 216; § 256 AktG, Tz. 16; *Koch*, in: Hüffer/Koch, AktG[12], § 256, Rn. 9.
1629 Ebenso *Skirk/Kuhn*, WPg 2018, S. 63 (67 f.); vgl. auch *Philipps*, WP Praxis 2017, S. 86.
1630 Vgl. *IDW PS 400 n.F.*, Tz. 18, A17-A18.
1631 Bei Abschlüssen ohne Anh., d.h. JA nach § 242 Abs. 3 HGB oder JA von KleinstKapGes. unter Inanspruchnahme der Erleichterung des § 264 Abs. 1 S. 5 HGB, müssen entsprechende Angaben unter der Bilanz (alternativ in der Überschrift) gemacht werden. Vgl. *Skirk/Kuhn*, WPg 2018, S. 63 (68).
1632 Vgl. *IDW PS 400 n.F.*, Tz. 14; *IDW PS 405*, Tz. 7 Buchst. b).
1633 Vgl. RegBegr. KonTraG, BT-Drs. 13/7219 v. 28.01.1998, S. 28; *IDW PS 400 n.F.*, Tz. 37.
1634 Vgl. *IDW PS 201*, Tz. 8, 12 f.; ferner – in Bezug auf DRS 20 – *IDW PS 350 n.F.*, Tz. 4 f., A2, A110, A116 f., A113 ff.

971 Die i.Z.m. dem Urteilstenor im BestV in der *IDW PS 400er*-Reihe[1635] nunmehr zu findende Formulierung „**in allen wesentlichen Belangen**" resultiert aus den ISA (dort: „in all material respects")[1636]. Aus der Verwendung dieser (nach dem Verständnis der ISA klarstellenden) Begrifflichkeit ergibt sich jedoch keine Änderung oder gar Verringerung ggü. den bisherigen Anforderungen an die Abschlussprüfung und die Bildung von Prüfungsurteilen[1637].

972 Die gem. § 322 Abs. 1 S. 1 und S. 2 HGB erforderliche zweifelsfreie, allgemeinverständliche und problemorientierte **Beurteilung des Prüfungsergebnisses** wird im Allgemeinen durch die Entscheidung für eine der – unter Beachtung der *IDW PS 400er*-Reihe ausformulierten – o.g. vier Formen des BestV abgegeben.

Hat sich der APr. für den uneingeschränkten BestV entschieden, so bedarf es grds. keiner weiteren Erläuterung. Wird der BestV nach § 322 HGB dagegen eingeschränkt oder wird ein Versagungsvermerk erteilt, besteht die vom Gesetz verlangte **Beurteilung des Prüfungsergebnisses** darin, die wesentlichen Feststellungen in Bezug auf die identifizierten mangelbehafteten Sachverhalte in die gem. § 322 Abs. 4 S. 3 HGB geforderte – ebenfalls zweifelsfreie, allgemeinverständliche und problemorientierte – Begründung der Modifizierung des Prüfungsurteils aufzunehmen.

973 Unabhängig davon kann eine Beurteilung des Prüfungsergebnisses unter Berücksichtigung des Umstandes, dass die gesetzlichen Vertreter den Abschluss zu verantworten haben (§ 322 Abs. 2 S. 2 HGB), im Einzelfall jedoch einen ergänzenden **Hinweis auf besondere Umstände oder Sachverhalte** erfordern[1638]. Falls derartige Hinweise angezeigt erscheinen (§ 322 Abs. 3 S. 2, Abs. 4 S. 3 bzw. Abs. 5 S. 2 HGB)[1639], ist dabei *IDW PS 406* zu beachten (vgl. dazu Kap. M Tz. 848 ff.).

In Bezug auf den nach § 322 Abs. 2 S. 3 HGB ggf. erforderlichen gesonderten **Hinweis auf wesentliche Unsicherheiten i.Z.m. der Fortführung der Unternehmenstätigkeit** ist insb. *IDW PS 270 n.F.* zu beachten (vgl. auch Kap. M Tz. 832 ff.). In einem solchen Fall ist zudem die Verknüpfung mit der vorangestellten Berichterstattung nach § 321 Abs. 1 S. 2 und S. 3 HGB im PrB zu berücksichtigen (vgl. insb. Kap. M Tz. 222 ff.).

4.4.1 Uneingeschränkter Bestätigungsvermerk

974 Hat der APr. nach dem abschließenden Ergebnis seiner Prüfung **keine Einwendungen** gegen die Gesetzes- bzw. Ordnungsmäßigkeit von JA und LB sowie der ggf. sonstigen Prüfungsgegenstände zu erheben und liegen diesbezüglich auch **keine Prüfungshemmnisse** vor, ist der BestV in uneingeschränkter Form (§ 322 Abs. 2 S. 1 Nr. 1 HGB) zu erteilen.

1635 Vgl. insb. *IDW PS 400 n.F.*, Tz. 15, 19.
1636 Vgl. insb. *ISA 200.3*; ferner ISA 700.12, nebst 700.26.
1637 Ebenso *Skirk/Kuhn*, WPg 2018, S. 63 (68). Parallel hierzu findet diese Formulierung nun übrigens auch im PrB Verwendung; vgl. *IDW PS 450 n.F.*, Tz. 61, 63, 67, 68, 71, 135.
1638 Vgl. ADS⁶, § 322, Tz. 197.
1639 Vgl. hierzu ausdrücklich auch RegBegr. AReG, BT-Drs. 18/7219 v. 11.01.2016, S. 45.

Mit dem uneingeschränkten BestV bringt der APr. zusammenfassend den **Positivbefund**[1640] zum Ausdruck, dass – in allen wesentlichen Belangen – 975

- die von ihm durchgeführte **Prüfung** von JA und LB zu keinen Einwendungen gegen deren Ordnungsmäßigkeit geführt hat[1641],
- der **JA** den deutschen[1642] gesetzlichen Vorschriften entspricht,
- der **JA** unter Beachtung der maßgebenden Rechnungslegungsgrundsätze (i.Z.m. dem HGB gehören dazu auch die GoB) ein den tatsächlichen Verhältnissen entsprechendes Bild der Vermögens-, Finanz- und Ertragslage des Unternehmens vermittelt[1643], und
- der **LB** mit dem **JA** in Einklang steht,
- der **LB** den deutschen gesetzlichen Vorschriften entspricht,
- der **LB** insgesamt ein zutreffendes Bild von der Lage des Unternehmens vermittelt,
- im **LB** die Chancen und Risiken der zukünftigen Entwicklung zutreffend dargestellt sind[1644], sowie evtl.
- **sonstige Prüfungsgegenstände**, für die explizit Aussagen im BestV gefordert sind und die nicht aufgrund ihres Charakters i.R. der Prüfungsurteile zum JA bzw. zum LB Berücksichtigung finden können, den in Bezug auf sie geltenden maßgebenden gesetzlichen Vorschriften entsprechen[1645].

Dieser Gesamtbefund bezieht sich nach der gesetzlichen Ausgestaltung des BestV ausschließlich darauf, ob die Prüfungsgegenstände in **Übereinstimmung mit den maßgebenden Rechnungslegungsgrundsätzen bzw. gesetzlichen Vorschriften** stehen. Weiteres sagt der BestV nicht aus. Dementsprechend verkörpert der uneingeschränkte BestV insb. auch kein „Gesundheitsattest" in Bezug auf den Fortbestand des geprüften Unternehmens oder die Wirksamkeit und Wirtschaftlichkeit der Geschäftsführung (§ 317 Abs. 4a HGB)[1646]. 976

Nach § 322 Abs. 3 S. 1 HGB hat der APr. zu erklären, dass die **Prüfung zu keinen Einwendungen geführt** hat[1647]. 977

Diese ausdrückliche Bestätigung bezieht sich neben dem **JA** (sie überschneidet sich mit der Aussage, dass der JA den deutschen gesetzlichen Vorschriften entspricht) auch auf den **LB** und beinhaltet dabei die Aussage, dass der LB alle vom Gesetz (§ 289 HGB) und ggf. von Gesellschaftsvertrag oder Satzung vorgeschriebenen Bestandteile enthält[1648] (sie überschneidet sich im Ergebnis mit der durch das BilRUG eingeführten Aussage, dass die „gesetzlichen Vorschriften zur Aufstellung des LB beachtet worden sind"). Die nach

---

1640 Vgl. ADS[6], § 322, Tz. 16; *Orth/Schaefer*, in: Baetge/Kirsch/Thiele, Bilanzrecht, § 322, Rn. 22; *Schmidt/Küster*, in: BeBiKo[11], § 322, Rn. 10.
1641 Vgl. *IDW PS 400 n.F.*, Tz. 14.
1642 Diese zusätzliche Angabe nach *IDW PS 400 n.F.*, Tz. 39 resultiert aus den ISA 700.27.
1643 Vgl. *IDW PS 400 n.F.*, Tz. 15-17. Die Anforderung des *IDW PS 400 n.F.*, Tz. 17 in Bezug auf die Beurteilung der sachgerechten Gesamtdarstellung spiegelt im Ergebnis § 264 Abs. 2 S. 2 HGB wider. Hierzu gehört auch die o.g. neue Forderung des *IDW PS 400 n.F.*, Tz. 18, dass der APr. zu beurteilen hat, ob die maßgebenden Rechnungslegungsgrundsätze im JA angemessen benannt oder beschrieben sind.
1644 Vgl. *IDW PS 400 n.F.*, Tz. 19; *IDW PS 350 n.F.*, Tz. 12, 112.
1645 Vgl. *IDW PS 400 n.F.*, Tz. 21.
1646 Vgl. *Orth/Schaefer*, in: Baetge/Kirsch/Thiele, Bilanzrecht, § 322, Rn. 22; *Schmidt/Küster*, in: BeBiKo[11], § 322, Rn. 11. Vgl. auch *IDW PS 450 n.F.*, Tz. 56 Abs. 2.
1647 Vgl. auch *IDW PS 400 n.F.*, Tz. 40, 44.
1648 Vgl. ADS[6], § 322, Tz. 139 mit ausführlicher Begründung.

§ 322 Abs. 6 S. 1 und 2 HGB geforderten weiteren Aussagen zum LB (Einklang mit dem JA, Vermittlung eines zutreffenden Bildes von der Lage des Unternehmens sowie zutreffende Darstellung der Chancen und Risiken der zukünftigen Entwicklung) werden durch diese Aussage zur Gesetzeskonformität inkludiert, so dass die Erklärung, dass die Prüfung zu keinen Einwendungen geführt hat, nur dann abgegeben werden kann, wenn auch alle Aussagen nach § 322 Abs. 6 HGB zum LB einwendungsfrei sind.

978 Die Erklärung zur Einwendungsfreiheit erstreckt sich ausschl. auf die **Rechnungslegung** in Form von JA und LB[1649]. Die Beachtung anderer gesetzlicher Vorschriften, durch die der Prüfungsgegenstand über die Rechnungslegung mittels JA und LB hinaus erweitert wurde, ist dadurch nicht abgedeckt (vgl. Kap. M Tz. 817).

Demgegenüber sind zusätzliche Vorschriften zur Rechnungslegung in JA und LB, die in Abhängigkeit von Größenklasse, Wirtschaftszweig oder Rechtsform des geprüften Unternehmens anzuwenden sind (z.B. §§ 340 ff., 341 ff. HGB) von der Erklärung mit erfasst, so dass es hierzu im BestV keiner gesonderten Aussage bedarf. Gleiches gilt in Bezug auf gesellschaftsvertragliche oder satzungsmäßige Bestimmungen, soweit sie zusätzliche Normen für die Rechnungslegung in JA und LB betreffen[1650].

979 Neben der Bejahung der Gesetzeskonformität des geprüften JA hat der APr. einer KapGes. oder KapCoGes. gem. § 322 Abs. 3 S. 1 HGB des Weiteren noch zu bestätigen, dass der JA unter Beachtung der GoB (oder sonstiger maßgeblicher Rechnungslegungsgrundsätze[1651]) ein den tatsächlichen Verhältnissen entsprechendes Bild der Vermögens-, Finanz- und Ertragslage der Gesellschaft vermittelt. Durch diese ausdrückliche Bestätigung im BestV wird die **besondere Bedeutung der Generalnorm** des § 264 Abs. 2 S. 1 HGB herausgestellt[1652], deren Einhaltung für einen uneingeschränkten BestV zwingend erfüllt sein muss.

980 Die Bestätigung steht der Anforderung der Generalnorm gemäß ausdrücklich unter dem **Einblicksvorbehalt der GoB** (oder sonstiger maßgebender Rechnungslegungsgrundsätze). Damit sollen die Adressaten des BestV besonders darauf hingewiesen werden, innerhalb welcher **Grenzen** der JA ein den tatsächlichen Verhältnissen entsprechendes Bild der Vermögens-, Finanz- und Ertragslage vermittelt. Ohne diesen Vorbehalt würde dem APr. inhaltlich eine Erklärung abverlangt, die über die Berichtspflichten der gesetzlichen Vertreter i.R.d. Rechnungslegung hinausginge[1653].

981 Die per se begrenzten Möglichkeiten der Abschlussprüfung erkennt auch der Gesetzgeber an, indem er dem APr. die Erklärungsvorbehalte „**aufgrund der bei der Prüfung gewonnenen Erkenntnisse**" und „**nach seiner Beurteilung**" zugesteht. Aus dieser Begrenzung der Aussage des APr. wird deutlich, dass der BestV auch insofern nicht über die Vorgabe des § 317 Abs. 1 S. 3 HGB hinausgeht, wonach die Prüfung so anzulegen ist,

---

1649 Die Buchführung findet dabei implizit Berücksichtigung; vgl. *IDW PS 400 n.F.*, Tz. A26.
1650 Die Beachtung solch ergänzender Rechnungslegungsvorschriften wird gem. § 321 Abs. 2 S. 1 HGB im PrB bestätigt; vgl. *IDW PS 450 n.F.*, Tz. 61.
1651 Gemeint sind damit die nach der VO (EG) Nr. 1606/2002 bzw. §§ 315e, 325 Abs. 2a HGB ggf. relevanten IFRS, inkl. IAS; vgl. RegBegr. BilReG, BT-Drs. 15/3419 v. 24.06.2004, S. 44.
1652 Vgl. RegBegr. *BiRiLiG*, BT-Drs. 10/317 v. 26.08.1983, S. 76; *Orth/Schaefer*, in: Baetge/Kirsch/Thiele, Bilanzrecht, § 322, Rn. 73 ff.; *Schmidt/Küster*, in: BeBiKo[11], § 322, Rn. 51.
1653 Vgl. *IDW*, Stellungnahme zum Referentenentwurf eines KonTraG, FN-IDW 1997, S. 11; *Baetge/Commandeur/Hippel*, in: HdR[5], § 264, Rn. 42; *Plendl*, in: HWRP[3], Sp. 1784; *Schmidt/Deicke*, in: BeBiKo[11], § 321, Rn. 101.

dass Unrichtigkeiten und Verstöße, die sich auf die Darstellung des sich nach § 264 Abs. 2 HGB ergebenden Bildes der Vermögens-, Finanz- und Ertragslage wesentlich auswirken, bei gewissenhafter Berufsausübung erkannt werden[1654].

Die geforderte gesonderte Feststellung zur Generalnorm im BestV kann in bestimmten Konstellationen zu Konflikten im Hinblick auf das Verhältnis zwischen der Generalnorm und einzelnen Rechnungslegungsvorschriften führen. Sie verlangt dann vom APr. Überlegungen zur **materiellen Bedeutung der Generalnorm**[1655]. **982**

- So kann der APr. einen Verstoß gegen eine Einzelvorschrift feststellen und daraus Einwendungen erheben, gleichwohl aber zu der Auffassung gelangen, dass der JA insgesamt ein den tatsächlichen Verhältnissen entsprechendes Bild vermittelt. Dies ist bspw. dann der Fall, wenn gegen besondere, nicht in unmittelbarem Zusammenhang mit Bilanz und GuV stehende Angabepflichten im Anh. verstoßen wird und diesen Angabepflichten ein solches Gewicht zukommt, dass eine uneingeschränkte Bestätigung der Einwendungsfreiheit nicht mehr möglich ist. Ein Beispiel hierfür wäre etwa die unzulässige Nichtangabe der Gesamtbezüge des Geschäftsführungsorgans nach § 285 Nr. 9 Buchst. a) HGB im Anh., sofern hieraus nicht im Einzelfall zusätzlich auch eine Beeinträchtigung der Darstellung der Vermögens-, Finanz- und Ertragslage resultiert[1656].
- Die Alternative, dass der APr. die Einwendungsfreiheit, nicht aber die Erfüllung der Generalnorm bestätigt, scheidet aus sachlogischen Gründen aus: Da die Generalnorm selbst eine zwingende Gesetzesvorschrift ist, kann bei einem Verstoß hiergegen die Aussage, dass die Prüfung zu keinen Einwendungen geführt hat, nicht sachgerecht und daher nicht zulässig sein.

Der Bereich möglicher **Zielkonflikte** zwischen einzelnen Rechnungslegungsvorschriften und der Generalnorm wird allerdings dadurch begrenzt, **983**

- dass jede einzelne Rechnungslegungsvorschrift zugleich auch Ausprägung und Präzisierung der Generalnorm darstellt; sie ergänzen sich somit gegenseitig[1657]. Demzufolge besteht zwischen Generalnorm und Einzelvorschrift dem Grundsatz nach Übereinstimmung, nicht Widerspruch. Enthält eine Einzelvorschrift eine eindeutige Regelung, wird mit deren Anwendung im Prinzip auch immer der Generalnorm entsprochen. Ein möglicher Zielkonflikt mit der Generalnorm beschränkt sich damit gemeinhin auf Einzelvorschriften, die Wahlrechte oder Ermessensspielräume enthalten[1658];

1654 Vgl. auch ADS[6], § 322, Tz. 147.
1655 Vgl. hierzu z.B. ADS[6], § 264, Tz. 52 ff.; *Ballwieser*, in: Baetge/Kirsch/Thiele, Bilanzrecht, § 264, Rn. 51 ff.; *Reiner*, in: MünchKomm. HGB[3], § 264, Rn. 51 ff.; *Winkeljohann/Schellhorn*, in: BeBiKo[11], § 264, Rn. 39 ff.
1656 Dies wäre z.B. dann denkbar, wenn der Personalaufwand von den Gesamtbezügen dominiert wird und diese zusätzlich noch von hohen Sonderzahlungen geprägt wären.
1657 H.M., z.B. ADS[6], § 264, Tz. 92 ff.; *Ballwieser*, in: Baetge/Kirsch/Thiele, Bilanzrecht, § 264, Rn. 65; *Reiner*, in: MünchKomm. HGB[3], § 264, Rn. 53 f. m.w.N.; *Winkeljohann/Schellhorn*, in: BeBiKo[11], § 264, Rn. 25 ff. m.w.N. Ebenso RegBegr. BiRiLiG, BT-Drs. 10/317 v. 26.08.1983, S. 76.
1658 Vgl. *Baetge/Commandeur/Hippel*, in: HdR[5], § 264, Rn. 44 ff.; *Ballwieser*, in: **Baetge/Kirsch/Thiele**, Bilanzrecht, § 264, Rn. 60.

- dass bei Konflikten zwischen der Einhaltung der Generalnorm und der Ausübung von Wahlrechten oder Ermessensspielräumen gemäß § 264 Abs. 2 S. 2 HGB[1659] eine umfassende Angabepflicht im Anh. besteht.

984 Bei der **Beurteilung** der Einhaltung der Generalnorm ist grundsätzlich zu beachten:
- Die Generalnorm ist keine unmittelbar anwendbare Zielvorschrift für Einzel- und Detailfragen, sondern soll vielmehr sicherstellen, dass die **Gesamtdarstellung der wirtschaftlichen Lage** der Gesellschaft aus dem JA deutlich erkennbar ist.
- Die Generalnorm des § 264 Abs. 2 S. 1 HGB verkörpert im Verhältnis zu den Einzelvorschriften **keine Vorrangnorm**; sie besitzt vielmehr die Aufgabe, Lücken zu schließen und Zweifelsfragen zu klären, die die Einzelvorschriften (einschl. der GoB) u.U. offen lassen[1660].
- Die Generalnorm hat nicht den Charakter eines Optimalitätskriteriums, wonach das bestmögliche Bild der Vermögens-, Finanz- und Ertragslage darzustellen ist. Eine solche Forderung ließe außer Acht, dass die Vermögens-, Finanz- und Ertragslage eines Unternehmens keine eindeutigen, exakt messbaren Tatbestände beinhaltet, sondern dass es sich um komplexe Größen handelt, deren Beurteilung zusätzlich durch die subjektive Sicht des jeweiligen Adressaten beeinflusst wird. Es ist daher lediglich ein **relatives Bild** der tatsächlichen Verhältnisse vermittelbar[1661].
- Die Generalnorm kann auch nicht die **immanente Begrenztheit** einer in wesentlichen Teilen vergangenheitsbezogenen und stichtagsorientierten Rechnungslegung, die zudem durch (zulässiges) subjektives Ermessen des Rechnungslegenden beeinflusst wird, beseitigen. Dabei ist zugleich zu berücksichtigen, dass die Generalnorm im HGB durch die verpflichtende Beachtung der GoB eine bewusste **Relativierung** erfahren hat.

985 Eine **Beeinträchtigung** der Erfüllung der Generalnorm mit etwaiger Relevanz für das Prüfungsurteil zum JA im BestV kann trotz Einhaltung aller Einzelvorschriften bspw. in folgenden Fällen vorliegen[1662]:
- Sachverhalte, die nach den Rechnungslegungsvorschriften (inkl. der GoB) nur begrenzt (z.B. Legung und Verbrauch stiller Reserven) oder lediglich eingeschränkt zutreffend (z.B. langfristige Fertigung[1663]) abgebildet werden;
- Sachverhaltsgestaltungen mit überwiegend bilanzpolitischen Zielen (z.B. Sale-and-lease-back-Transaktionen, Ausgliederung des Forschungsbereichs o.Ä.);
- gleichgerichtete Ausübung von Bilanzierungs- und Bewertungswahlrechten oder Ausnutzung von Ermessensspielräumen, insb. wenn damit eine nicht unerhebliche Ergebnisbeeinflussung verbunden ist[1664];

1659 § 264 Abs. 2 S. 2 HGB sieht einen sog. „Disclosure Override" i.S. zusätzlicher Angaben im Anh. vor (ebenso IAS 1.15 Satz 3, 1.17 (c)). Ein „Departure Override" i.S.v. IAS 1.19 beinhaltet darüber hinaus ein Abweichen von den Einzelvorschriften für die Rechnungslegung. Ein solcher „Departure Override" ist nach HGB ausschl. für den Fall der Währungsumrechnung von Abschlüssen aus Hochinflationsländern akzeptabel. Vgl. RegBegr. BilMoG, BT-Drs. 16/10067 v. 30.07.2008, S. 84; *Gelhausen/Fey/Kämpfer*, BilMoG, Abschn. Q, Rn. 354; *Grottel/Koeplin*, in: BeBiKo[11], § 308a, Rn. 115.
1660 Vgl. ADS[6], § 264, Tz. 94; *Ballwieser*, in: Baetge/Kirsch/Thiele, Bilanzrecht, § 264, Rn. 65; *Reiner*, in: MünchKomm. HGB[3], § 264, Rn. 54; *Winkeljohann/Schellhorn*, in: BeBiKo[11], § 264, Rn. 31.
1661 Vgl. *Schmidt/Küster*, in: BeBiKo[11], § 322, Rn. 11, 51.
1662 Vgl. auch *Ballwieser*, in: Baetge/Kirsch/Thiele, Bilanzrecht, § 264, Rn. 67 ff.
1663 Vgl. hierzu ausführlich ADS[6], § 252, Tz. 86 ff.
1664 Vgl. *IDW PS 400 n.F.*, Tz. 15, A13-A15.

- Unsicherheiten i.Z.m. der Ermittlung von geschätzten Werten (z.B. bei Rechtsrisiken oder i.Z.m. dem gemilderten Niederstwertprinzip)[1665].

Als **Maßstab** für die Beantwortung der Frage nach Einhaltung der Generalnorm muss im Einzelfall gelten, ob 986
- ein hinreichend sachkundiger Adressat der Rechnungslegung
- mit dem gleichen Kenntnisstand wie der APr.
- in angemessener Zeit,
- unter Berücksichtigung der dem Rechnungslegungsinstrument JA immanenten Restriktionen, die den Einblick in die wirtschaftliche Lage zwangsläufig beschränken,
- dem JA ein den tatsächlichen Verhältnissen entsprechendes Bild der Vermögens-, Finanz- und Ertragslage zu entnehmen vermag.

Bedeutung und Ausmaß eines möglichen Verstoßes gegen die Generalnorm trotz Einhaltung aller Einzelvorschriften hängen davon ab, ob bzw. in welchem Umfang eine ausreichende und den Sachverhalt klarstellende Berichterstattung gemäß § 264 Abs. 2 S. 2 HGB im Anh. erfolgt. 987

Wenn jedoch die Generalnorm **nicht eingehalten** wird oder deren Einhaltung **nicht beurteilt** werden kann, ist – sofern die Tragweite erkennbar vermittelbar ist (§ 322 Abs. 4 S. 4 HGB) – eine Einschränkung des Prüfungsurteils zum JA im BestV geboten; ansonsten ist ein entsprechender Versagungsvermerk zu erteilen. 988

Für die Vermittlung eines den tatsächlichen Verhältnissen entsprechenden Bildes der Vermögens-, Finanz- und Ertragslage ist nach der Gesetzeskonzeption (§ 264 Abs. 1 S. 1 HGB) die Existenz eines Anhangs Voraussetzung. Gleichwohl ist die Beurteilung immer aus einer **Gesamtbetrachtung aller Bestandteile des JA** (d.h. Bilanz, GuV und Anh., evtl. KFR, EK-Spiegel und ggf. Segmentberichterstattung) und deren Zusammenwirkens zu treffen[1666]. 989

Bei Gesellschaften, die aufgrund ihrer Rechtsform oder wegen der Inanspruchnahme von Erleichterungsvorschriften (z.B. § 264 Abs. 3 oder § 264b HGB) **nicht verpflichtet** sind, für den JA **die deutschen, für Kapitalgesellschaften geltenden handelsrechtlichen Vorschriften anzuwenden**, deren Beachtung zur Vermittlung eines den tatsächlichen Verhältnissen entsprechenden Bildes der VFE-Lage führt, kann die Beachtung der Generalnorm nur dann bestätigt werden, wenn deren JA gleichwohl diesen Anforderungen genügt. Ansonsten kann sich das Prüfungsurteil zum JA nur auf die Einhaltung der für diese Gesellschaften geltenden gesetzlichen Vorschriften erstrecken[1667]. 990

Bei Gesellschaften außerhalb des Regelungsbereichs der §§ 264 ff. HGB kann deshalb die Einhaltung der Generalnorm nur bestätigt werden, wenn sie im Grundsatz die für **KapGes. bzw. KapCoGes. vergleichbarer Größe** (§ 267 HGB) geltenden Anforderungen an die Rechnungslegung erfüllen. Wird kein Anh. erstellt, sind die ggf. erforderlichen Angaben unter der Bilanz zu machen[1668]. 991

Die Einhaltung der Generalnorm kann auch bei i.S.v. § 267 Abs. 1 HGB **kleinen KapGes. bzw. KapCoGes.** bestätigt werden, die zulässigerweise gesetzliche Erleichterungen bei 992

[1665] Vgl. *IDW PS 314 n.F.*, Tz. 83 f.
[1666] Vgl. ADS[6], § 264, Tz. 63.
[1667] Vgl. *IDW PS 400 n.F.*, Tz. A34, ferner Anlage: Bsp. 5; ADS[6], § 322, Tz. 149.
[1668] Vgl. *IDW PS 400 n.F.*, Tz. A35.

der Aufstellung des JA in Anspruch nehmen, da § 264 Abs. 2 HGB auch auf diese Gesellschaften Anwendung findet[1669].

Bei **KleinstKapGes.** i.S.v. § 267a HGB, die auf die Aufstellung eines Anh. verzichten, ist die Erfüllung der Anforderungen des § 264 Abs. 1 S. 5 HGB unabdingbare Voraussetzung, um der Vermutung des § 264 Abs. 2 S. 5 HGB nach Konformität mit der Generalnorm genügen zu können[1670].

993 Im Rahmen der Beurteilung des Prüfungsergebnisses hat der APr. nach § 322 Abs. 6 HGB ausdrücklich auch auf den **Lagebericht** Bezug zu nehmen. Dabei ist darauf einzugehen, ob der LB mit dem JA in Einklang steht, ob die gesetzlichen Vorschriften zur Aufstellung des LB beachtet worden sind, ob der LB insgesamt ein zutreffendes Bild von der Lage des Unternehmens vermittelt und ob die Chancen und Risiken der zukünftigen Entwicklung zutreffend dargestellt sind[1671].

994 Die Beurteilung des APr., ob der LB mit dem JA (und ggf. mit dem EA nach § 325 Abs. 2a HGB) **in Einklang** steht, erfordert im Wesentlichen ein kritisches Vergleichen der Angaben und Aussagen im LB mit den Zahlen und Angaben im JA[1672]. Schwerpunkt ist dabei grds. die Widerspruchsfreiheit dieser beiden Instrumente der deutschen handelsrechtlichen Rechnungslegung.

Zentraler Prüfungsaspekt ist die Darstellung der Vermögens-, Finanz- und Ertragslage sowohl im JA als auch im LB. So darf bspw. eine im JA dargestellte angespannte Lage des Unternehmens nicht durch optimistische Aussagen im LB vollkommen relativiert werden[1673]. Andererseits müssen auch die i.R.d. Prüfung des JA gewonnenen Erkenntnisse in Einklang mit dem LB stehen. Dies betrifft insb. Aussagen im LB, die (noch) nicht Eingang in den JA gefunden haben, z.B. die Prognoseberichterstattung[1674].

995 Die durch das BilRUG neu eingeführte Bestätigung des APr., dass die **gesetzlichen Vorschriften zur Aufstellung des LB beachtet** worden sind, zielt primär auf den Aspekt der Vollständigkeit des LB gem. § 289 HGB ab[1675]. Soweit es sich um Auslegungen der allgemeinen gesetzlichen Grundsätze der Lageberichterstattung handelt, ist dabei als Maßstab grds. auch DRS 20 zu berücksichtigen[1676].

Die hierzu abzugebende Erklärung des APr. lässt sich indes nicht von der o.g. Erklärung zum Einklang trennen, ebensowenig von den beiden nachstehenden weiteren Erklärungen.

996 Zwar erscheint es durchaus möglich, dass zwischen JA und LB Einklang festgestellt werden kann, während die **gesetzlichen Vorschriften** zur Aufstellung des LB nicht vollumfänglich beachtet worden sind, etwa wenn Angaben nach § 289 Abs. 2 HGB nur in

---

[1669] Vgl. *IDW PS 400 n.F.*, Tz. A32.
[1670] Vgl. *IDW PS 400 n.F.*, Tz. A33, ferner Anhang: Bsp. 6. Kritisch in Bezug auf diese gesetzliche Vermutung z.B. *Ballwieser*, in: Baetge/Kirsch/Thiele, Bilanzrecht, § 264, Rn. 120; *Winkeljohann/Schellhorn*, in: BeBiKo[11], § 264, Rn. 62 f. m.w.N.
[1671] Vgl. *IDW PS 350 n.F.*, Tz. 93-95, A97-A98.
[1672] Vgl. *IDW PS 350 n.F.*, Tz. 31, Tz. A53; *Schmidt/Almeling*, in: BeBiKo[11], § 317, Rn. 56.
[1673] Vgl. auch *IDW PS 350 n.F.*, Tz. 43, A49, Tz. 58 f.
[1674] Vgl. *ADS*[6], § 164, Tz. 164 f.; *Marten/Köhler/Neubeck*, in: Baetge/Kirsch/Thiele, Bilanzrecht, § 317, Rn. 100 f.
[1675] § 289a HGB betrifft ergänzend nur einen bestimmten Kreis von Unternehmen, §§ 289b bis 289e bzw. § 289f HGB sind gem. § 317 Abs. 2 S. 4 bzw. S. 6 HGB lediglich partiell relevant i.R.d. BestV.
[1676] Vgl. *IDW PS 350 n.F.*, Tz. 5, A114.

unzureichendem Umfang erfolgen. Umgekehrt ist es jedoch sachlogisch nicht möglich, dass die gesetzlichen Vorschriften vollumfänglich beachtet worden sind, wenn dem Einklangerfordernis nicht entsprochen wird. In einem solchen Fall läge jedenfalls auch ein Verstoß gegen § 289 Abs. 1 HGB vor. Gleiches gilt auch in Bezug auf die Vermittlung eines zutreffenden Bildes von der Lage des Unternehmens sowie die Darstellung der Chancen und Risiken der zukünftigen Entwicklung. Werden diese Verpflichtungen nicht erfüllt, liegen jedenfalls auch Verstöße gegen § 289 Abs. 1 HGB, d.h. die gesetzlichen Vorschriften zur Aufstellung des LB, vor.

Nach § 322 Abs. 6 S. 1 HGB hat der APr. in einem uneingeschränkten BestV außerdem zu bestätigen, dass nach seiner Beurteilung der LB insgesamt ein **zutreffendes Bild von der Lage des Unternehmens** vermittelt. **997**

Der BestV selbst beinhaltet keine unmittelbare Beurteilung der wirtschaftlichen Lage und der Geschäftsführung des geprüften Unternehmens. Vielmehr beurteilt der APr. die von den dafür verantwortlichen gesetzlichen Vertretern im LB gegebene Darstellung der Lage des Unternehmens. Diese Darstellung im LB ist indessen durch die subjektive Auffassung der gesetzlichen Vertreter beeinflusst. **998**

Der APr. hat dementsprechend – unabhängig von seiner eigenen Einschätzung – im BestV zu beurteilen, ob sich die im LB widerspiegelnde Einschätzung der gesetzlichen Vertreter in **vertretbarem Rahmen** hält[1677]. Der im Gesetz vorgegebene Prüfungsmaßstab „zutreffendes Bild von der Lage" trägt der von der Sache her gegebenen Unschärfe des Prüfungsobjekts Rechnung. **999**

Der APr. bestätigt, dass der LB ein **zutreffendes Bild** von der Lage des Unternehmens vermittelt, wenn die Darstellung die gemäß § 289 Abs. 1 HGB geforderte ausgewogene und umfassende, dem Umfang und der Komplexität der Geschäftstätigkeit entsprechende Analyse des Geschäftsverlaufs und der Lage sowie insb. die wesentlichen Faktoren und bedeutsamsten (finanziellen) Leistungsindikatoren für die Unternehmenslage einschl. der zukünftigen Entwicklung erkennen lässt und dabei nach den bei der Abschlussprüfung gewonnenen Erkenntnissen alle verfügbaren relevanten Informationen berücksichtigt[1678]. **1000**

Aussagen des LB, die sich auf die Zukunft erstrecken, können vom APr. von der Sache her nicht auf ihre Richtigkeit beurteilt werden. Ein uneingeschränkter BestV bedeutet daher in Bezug auf **prognostische Angaben** im LB lediglich, dass die von den gesetzlichen Vertretern zugrunde gelegten bedeutsamen Annahmen vertretbar erscheinen, dass die prognostischen Angaben aus diesen Annahmen sachgerecht abgeleitet worden sind und dass Annahmen und die aus ihnen abgeleiteten Prognosen nicht in Widerspruch zueinander stehen[1679]. **1001**

Die Bestätigung, dass der LB ein zutreffendes Bild von der Lage der Gesellschaft vermittelt, ist nur dann zulässig, wenn der LB die diesbezüglichen Anforderungen von § 289 HGB erfüllt. Einer Positivaussage zu diesem Aspekt der Lagedarstellung stünde nicht entgegen, wenn sonstige nicht zur Lagedarstellung erforderliche gesetzliche Angaben im LB fehlten (z.B. Angaben gem. § 289 Abs. 2 oder u.U. § 289a HGB). In diesem Fall wären **1002**

1677 Vgl. ADS[6], § 322, Tz. 160.
1678 Vgl. *Burg/Müller*, in: Kölner Komm. Rechnungslegungsrecht, § 317, Rn. 76.
1679 Vgl. *IDW PS 350 n.F.*, Tz. 66 ff., A71 ff.; *Ebke*, in: MünchKomm. HGB[3], § 317, Rn. 73; *Schmidt/Almeling*, in: BeBiKo[11], § 317, Rn. 55.

allerdings aufgrund der Unvollständigkeit gesetzlicher **Pflichtangaben** Einwendungen zu erheben (vgl. Kap. M Tz. 995)[1680].

1003 Gem. § 322 Abs. 6 S. 2 HGB ist im BestV auch darauf einzugehen, ob im LB die **Chancen und Risiken der zukünftigen Entwicklung zutreffend dargestellt** sind. Diese Aussage im BestV und die entsprechende Prüfungspflicht (§ 317 Abs. 2 S. 2 HGB) knüpfen unmittelbar an die Vorschrift des § 289 Abs. 1 HGB an, nach der die gesetzlichen Vertreter im LB die voraussichtliche Entwicklung mit ihren Chancen und Risiken zu beurteilen und zu erläutern haben.

1004 Bei den Darstellungen der **Chancen und Risiken der zukünftigen Entwicklung** im LB handelt es sich ebenfalls im Wesentlichen um prognostische Angaben der gesetzlichen Vertreter. Die Prüfung bereitet indes Schwierigkeiten, da kein Sollobjekt vorliegt und sich der APr. ein solches, mit dem er die Angaben im LB abgleicht, auch nicht schaffen kann[1681]. Die Beurteilung der Darstellung der Chancen und Risiken der zukünftigen Entwicklung ist deshalb wie bei anderen prognostischen und wertenden Angaben darauf auszurichten, ob die Angaben der gesetzlichen Vertreter – vor dem Hintergrund der i.R.d. Abschlussprüfung gewonnenen Erkenntnisse – vollständig, ausgewogen und widerspruchsfrei erscheinen[1682].

1005 **Risiken i.S.v. § 289 Abs. 1 S. 4 HGB**, deren zutreffende Darstellung im LB der APr. im BestV zu beurteilen hat, sind solche Risiken, die für die zutreffende Darstellung der Lage des Unternehmens unter dem Gesichtspunkt der Wesentlichkeit von Bedeutung sind. Dabei handelt es sich um Risiken, die die Unternehmensfortführung bedrohen (Bestandsrisiken), und Risiken, die wesentlichen Einfluss auf die Vermögens-, Finanz- und Ertragslage des Unternehmens haben können, d.h. zwar der Unternehmensfortführung aktuell nicht entgegenstehen, sich aber im Fall ihres Eintretens in wesentlichem Umfang nachteilig auf den Geschäftsverlauf bzw. die Lage auswirken und somit die zukünftige Entwicklung des Unternehmens beeinträchtigen können.

1006 Der APr. kann eine zutreffende Darstellung der Risiken der zukünftigen Entwicklung nur bestätigen, wenn die **wesentlichen Risiken** von den gesetzlichen Vertretern im LB vollständig und zutreffend dargestellt worden sind[1683]. Entwicklungsbeeinträchtigende und bestandsgefährdende Risiken müssen in der Lageberichterstattung deutlich und unter Nennung der Gründe bzw. Anhaltspunkte dargestellt worden sein.

In diesem Kontext hat der APr. auch zu beachten, dass er gem. § 322 Abs. 2 S. 3 HGB verpflichtet ist, auf **Risiken, die den Fortbestand des Unternehmens gefährden**, von sich aus gesondert im BestV einzugehen. Neben der Bejahung der zutreffenden Darstellung im LB werden daher derartige Risiken durch einen entsprechenden gesonderten Hinweis des APr. im BestV selbst hervorgehoben (vgl. hierzu Kap. M Tz. 832 ff.).

1007 Werden wesentliche Risiken der zukünftigen Entwicklung im LB nicht dargestellt, ist im Regelfall auch die Voraussetzung für eine positive Bestätigung der Lagedarstellung (§ 322 Abs. 6 S. 1 HGB) nicht gegeben und das Prüfungsurteil zum LB im BestV entsprechend zu modifizieren. Gleiche Schlussfolgerungen können unter Umständen zu

---

1680 Vgl. auch *Orth/Schaefer*, in: Baetge/Kirsch/Thiele, Bilanzrecht, § 322 HGB, Rn. 118.
1681 Vgl. *Kirsch/Hömberg/Fischer*, in: FS Baetge, S. 971.
1682 Vgl. *IDW PS 350 n.F.*, Tz. 73, A86; *Ebke*, in: MünchKomm. HGB³, § 317, Rn. 75; *Marten/Köhler/Neubeck*, in: Baetge/Kirsch/Thiele, Bilanzrecht, § 317, Rn. 112.1.
1683 Vgl. ADS⁶, § 322, Tz. 169.

ziehen sein, wenn für die Entwicklung des Unternehmens wesentliche Chancen im LB nicht beurteilt und erläutert worden sind.

Dabei ist stets zu beachten, dass von solch einer Einwendung zwangsläufig auch die Erklärung zur Einwendungsfreiheit (vgl. Kap. M Tz. 977) tangiert wird.

Sofern von dem Unternehmen **zulässigerweise kein LB** aufgestellt wird, entfallen im BestV sämtliche ausschl. auf den LB bezogenen Aussagen nach § 322 Abs. 6 HGB, wie auch in den übrigen Abschnitten des (ersten) Hauptabschnitts mit der dann verbleibenden Titulierung „Vermerk über die Prüfung des JA". **1008**

Wird ein LB freiwillig erstellt und der APr. beauftragt, diesen zu prüfen[1684], kommt es für die Bestätigungen nach § 322 Abs. 6 HGB darauf an, ob den o.g. Anforderungen an einen LB nach § 289 HGB genügt wird, weil ansonsten die Beachtung der gesetzlichen Vorschriften zur Aufstellung des LB nicht positiv bestätigt werden kann[1685].

Erweiterungen des Prüfungsgegenstands aufgrund gesetzlicher Vorschriften oder aus vertraglicher Beauftragung, auch aufgrund gesellschaftsvertraglicher oder satzungsmäßiger Bestimmungen, sind nur in bestimmten Fällen im BestV zu berücksichtigen (vgl. hierzu insb. Kap. M Tz. 914 ff.). **1009**

Ist der Prüfungsgegenstand erweitert worden und ist darauf im BestV einzugehen (z.B. § 6b Abs. 5 EnWG), muss das diesbezügliche **Prüfungsurteil im BestV gesondert getroffen** werden, und zwar grds. in dem (dann zweiten) *Hauptabschnitt „Sonstige gesetzliche und andere rechtliche Anforderungen"*[1686]. Sind diesbezügliche Pflichtaussagen ausnahmsweise thematisch JA oder LB zuordenbar, können sie auch im (ersten) *Hauptabschnitt* „Vermerk über die Prüfung des JA und des LB" erfolgen, jedoch deutlich getrennt von den Angaben zu JA und LB[1687].

Zu gesetzlichen Erweiterungen der Jahresabschlussprüfung (z.B. § 317 Abs. 4 HGB) oder Erweiterungen der Jahresabschlussprüfung durch ergänzende Beauftragung durch den Auftraggeber (z.B. § 53 HGrG), über deren Ergebnis nicht im BestV, sondern ausschl. im PrB eingegangen wird, siehe Kap. M Tz. 449 ff. **1010**

Soll – ergänzend zur Jahresabschlussprüfung – auch die zutreffende Inanspruchnahme von Offenlegungserleichterungen im zur Offenlegung bestimmten, verkürzten JA geprüft werden, ist das Ergebnis dieser Prüfung getrennt vom BestV i.R. eines gesonderten Vermerks zu bestätigen[1688] (vgl. Kap. M Tz. 1224). Gleiches gilt für eine zur Hinterlegung bestimmte Bilanz einer KleinstKapGes. (§ 326 Abs. 2 S. 1 HGB). **1011**

Auf Grundlage einer nach den GoA durchgeführten Prüfung eines nach den deutschen, für Kapitalgesellschaften geltenden handelsrechtlichen Vorschriften aufgestellten JA nebst LB ergibt sich für den **BestV nach *IDW PS 400 n.F.*** bei einem Unternehmen von öffentlichem Interesse (hier unterstellt: eine AG) die folgende **Gesamttexturierung**[1689]. Dabei sind die sich ggü. dem BestV für ein Nicht-PIE ergebenden Besonderheiten durch Grauunterlegung hervorgehoben, grds. fakultative, einzelfallbezogene Ergänzungen **1012**

1684 Vgl. *IDW PS 400 n.F.*, Tz. 20, A10, A40; *IDW PS 350 n.F.*, Tz. 11.
1685 Vgl. ADS[6], § 322, Tz. 164; *Hell/Küster*, in: HdR[5], § 322, Rn. 48.
1686 Vgl. *IDW PS 400 n.F.*, Tz. 66-67, A65.
1687 Vgl. *IDW PS 400 n.F.*, Tz. 66-67, A65.
1688 Vgl. *IDW PS 400 n.F.*, Tz. 104, A99.
1689 Vgl. auch *IDW PS 400 n.F.*, Anlage: Bsp. 1.1 und Bsp. 2.

wurden – [in eckige Klammern] gesetzt – zur Vervollständigung dieses **Gesamtbeispiels** ergänzt.

> **Beispiel 41:**
>
> „**Bestätigungsvermerk des unabhängigen Abschlussprüfers**
>
> An die ... [*Firma und Sitz des geprüften Unternehmens*]
>
> VERMERK ÜBER DIE PRÜFUNG DES JAHRESABSCHLUSSES UND DES LAGEBERICHTS[1690]
>
> *Prüfungsurteile*
>
> Wir haben den Jahresabschluss der ... [*Firma und Sitz des geprüften Unternehmens*] – bestehend aus der Bilanz zum ... [*Datum*] und der Gewinn- und Verlustrechnung für das Geschäftsjahr vom ... [*Datum*] bis zum ... [*Datum*] sowie dem Anhang, einschließlich der Darstellung der Bilanzierungs- und Bewertungsmethoden – geprüft. Darüber hinaus haben wir den Lagebericht der ... [*Firma und Sitz des geprüften Unternehmens*] für das Geschäftsjahr vom ... [*Datum*] bis zum ... [*Datum*] geprüft. [Die ... [*z.B.*: Erklärung zur Unternehmensführung nach § 289f Abs. 4 HGB (Angaben zur Frauenquote)] [/in der Anlage genannten Bestandteile des Lageberichts] haben wir in Einklang mit den deutschen gesetzlichen Vorschriften nicht inhaltlich geprüft.]
>
> Nach unserer Beurteilung aufgrund der bei der Prüfung gewonnenen Erkenntnisse
> - entspricht der beigefügte Jahresabschluss in allen wesentlichen Belangen den deutschen, für Kapitalgesellschaften geltenden handelsrechtlichen Vorschriften und vermittelt unter Beachtung der deutschen Grundsätze ordnungsmäßiger Buchführung ein den tatsächlichen Verhältnissen entsprechendes Bild der Vermögens- und Finanzlage der Gesellschaft zum ... [*Datum*] sowie ihrer Ertragslage für das Geschäftsjahr vom ... [*Datum*] bis zum ... [*Datum*] und
> - vermittelt der beigefügte Lagebericht insgesamt ein zutreffendes Bild von der Lage der Gesellschaft. In allen wesentlichen Belangen steht dieser Lagebericht in Einklang mit dem Jahresabschluss, entspricht den deutschen gesetzlichen Vorschriften und stellt die Chancen und Risiken der zukünftigen Entwicklung zutreffend dar. [Unser Prüfungsurteil zum Lagebericht erstreckt sich nicht auf den Inhalt der ... [*z.B.*: oben genannten Erklärung zur Unternehmensführung] [/in der Anlage genannten Bestandteile des Lageberichts].]
>
> Gemäß § 322 Abs. 3 Satz 1 HGB erklären wir, dass unsere Prüfung zu keinen Einwendungen gegen die Ordnungsmäßigkeit des Jahresabschlusses und des Lageberichts geführt hat.
>
> *Grundlage für die Prüfungsurteile*
>
> Wir haben unsere Prüfung des Jahresabschlusses und des Lageberichts in Übereinstimmung mit § 317 HGB und der EU-Abschlussprüferverordnung (Nr. 537/2014; im Folgenden: „EU-APrVO") unter Beachtung der vom Institut der Wirtschaftsprüfer (IDW) festgestellten deutschen Grundsätze ordnungsmäßiger Abschlussprüfung durchgeführt. Unsere Verantwortung nach diesen Vorschriften und Grundsätzen ist im Abschnitt „Verantwortung des Abschlussprüfers für die Prüfung des Jahresab-

---

1690 Die Aufnahme dieser *Hauptabschnittsüberschrift* ist, sofern kein (zweiter) *Hauptabschnitt „Sonstige gesetzliche und andere rechtliche Anforderungen"* existiert, nicht erforderlich; vgl. *IDW PS 400 n.F.*, Tz. 33; Kap. M Tz. 787). Es empfiehlt sich, hierzu einheitliche Vorgaben in der WP-Praxis zu machen. Im konkreten Beispielsfall ist diese Überschrift **Pflicht**.

schlusses und des Lageberichts" unseres Bestätigungsvermerks weitergehend beschrieben. Wir sind von dem Unternehmen unabhängig in Übereinstimmung mit den deutschen handelsrechtlichen und berufsrechtlichen Vorschriften und haben unsere sonstigen deutschen Berufspflichten in Übereinstimmung mit diesen Anforderungen erfüllt. Darüber hinaus erklären wir gemäß Artikel 10 Abs. 2 Buchst. f) EU-APrVO, dass wir keine verbotenen Nichtprüfungsleistungen nach Artikel 5 Abs. 1 EU-APrVO erbracht haben. Wir sind der Auffassung, dass die von uns erlangten Prüfungsnachweise ausreichend und geeignet sind, um als Grundlage für unsere Prüfungsurteile zum Jahresabschluss und zum Lagebericht zu dienen.

[Wesentliche Unsicherheit im Zusammenhang mit der Fortführung der Unternehmenstätigkeit

Wir weisen gemäß § 322 Abs. 2 Satz 3 HGB .... Unsere Prüfungsurteile sind bezüglich dieses Sachverhalts/dieser Sachverhalte nicht modifiziert.]
[Hinweis zur Hervorhebung eines Sachverhalts
Wir ... Unser Prüfungsurteil zum Jahresabschluss ist diesbezüglich nicht modifiziert.]

[Hinweis auf einen sonstigen Sachverhalt

[Wir] ... Unser Prüfungsurteil zum Jahresabschluss ist diesbezüglich nicht modifiziert.]

Besonders wichtige Prüfungssachverhalte in der Prüfung des Jahresabschlusses[1691]

Besonders wichtige Prüfungssachverhalte sind solche Sachverhalte, die nach unserem pflichtgemäßen Ermessen am bedeutsamsten in unserer Prüfung des Jahresabschlusses für das Geschäftsjahr vom ... [Datum] bis zum ... [Datum] waren. Diese Sachverhalte wurden im Zusammenhang mit unserer Prüfung des Jahresabschlusses als Ganzem und bei der Bildung unseres Prüfungsurteils hierzu berücksichtigt; wir geben kein gesondertes Prüfungsurteil zu diesen Sachverhalten ab.

... *[Darstellung jedes einzelnen KAM]*
...

Sonstige Informationen[1692]

Die gesetzlichen Vertreter sind für die sonstigen Informationen verantwortlich. Die sonstigen Informationen umfassen[1693]
- ... *[Aufzählung der einschlägigen sonstigen Informationen]*,
- alle übrigen Teile des Geschäftsberichts, mit Ausnahme des geprüften Jahresabschlusses und Lageberichts sowie unseres Bestätigungsvermerks.

Unsere Prüfungsurteile zum Jahresabschluss und zum Lagebericht erstrecken sich nicht auf die sonstigen Informationen, und dementsprechend geben wir weder ein Prüfungsurteil noch irgendeine andere Form von Prüfungsschlussfolgerung hierzu ab.

Im Zusammenhang mit unserer Prüfung haben wir die Verantwortung, die sonstigen Informationen zu lesen und dabei zu würdigen, ob die sonstigen Informationen

---

1691 Vgl. Kap. M Tz. 865 ff.
1692 Vgl. Kap. M Tz. 889 ff.
1693 Wird in Bezug auf inhaltlich nicht geprüfte Bestandteile des LB auf den Abschnitt „Sonstige Informationen" verwiesen (vgl. Kap. M Tz. 812 f.), so sind diese inhaltlich nicht geprüften Bestandteile hier ausdrücklich als solche zu benennen. Falls noch auf weitere sonstige Informationen (insb. die „übrigen Teile des Geschäftsberichts") hinzuweisen ist, kann dies bspw. mit einem Überleitungssatz wie „Die sonstigen Informationen umfassen zudem ..." geschehen.

- wesentliche Unstimmigkeiten zum Jahresabschluss, Lagebericht oder unseren bei der Prüfung erlangten Kenntnissen aufweisen oder
- anderweitig wesentlich falsch dargestellt erscheinen[1694].

Verantwortung der gesetzlichen Vertreter und des Aufsichtsrats für den Jahresabschluss und den Lagebericht

Die gesetzlichen Vertreter sind verantwortlich für die Aufstellung des Jahresabschlusses, der den deutschen, für Kapitalgesellschaften geltenden handelsrechtlichen Vorschriften in allen wesentlichen Belangen entspricht, und dafür, dass der Jahresabschluss unter Beachtung der deutschen Grundsätze ordnungsmäßiger Buchführung ein den tatsächlichen Verhältnissen entsprechendes Bild der Vermögens-, Finanz- und Ertragslage der Gesellschaft vermittelt. Ferner sind die gesetzlichen Vertreter verantwortlich für die internen Kontrollen, die sie in Übereinstimmung mit den deutschen Grundsätzen ordnungsmäßiger Buchführung als notwendig bestimmt haben, um die Aufstellung eines Jahresabschlusses zu ermöglichen, der frei von wesentlichen – beabsichtigten oder unbeabsichtigten – falschen Darstellungen ist.

Bei der Aufstellung des Jahresabschlusses sind die gesetzlichen Vertreter dafür verantwortlich, die Fähigkeit der Gesellschaft zur Fortführung der Unternehmenstätigkeit zu beurteilen. Des Weiteren haben sie die Verantwortung, Sachverhalte in Zusammenhang mit der Fortführung der Unternehmenstätigkeit, sofern einschlägig, anzugeben. Darüber hinaus sind sie dafür verantwortlich, auf der Grundlage des Rechnungslegungsgrundsatzes der Fortführung der Unternehmenstätigkeit zu bilanzieren, sofern dem nicht tatsächliche oder rechtliche Gegebenheiten entgegenstehen.

Außerdem sind die gesetzlichen Vertreter verantwortlich für die Aufstellung des Lageberichts, der insgesamt ein zutreffendes Bild von der Lage der Gesellschaft vermittelt sowie in allen wesentlichen Belangen mit dem Jahresabschluss in Einklang steht, den deutschen gesetzlichen Vorschriften entspricht und die Chancen und Risiken der zukünftigen Entwicklung zutreffend darstellt. Ferner sind die gesetzlichen Vertreter verantwortlich für die Vorkehrungen und Maßnahmen (Systeme), die sie als notwendig erachtet haben, um die Aufstellung eines Lageberichts in Übereinstimmung mit den anzuwendenden deutschen gesetzlichen Vorschriften zu ermöglichen, und um ausreichende geeignete Nachweise für die Aussagen im Lagebericht erbringen zu können.

Der Aufsichtsrat ist verantwortlich für die Überwachung des Rechnungslegungsprozesses der Gesellschaft zur Aufstellung des Jahresabschlusses und des Lageberichts.

Verantwortung des Abschlussprüfers für die Prüfung des Jahresabschlusses und des Lageberichts

Unsere Zielsetzung ist, hinreichende Sicherheit darüber zu erlangen, ob der Jahresabschluss als Ganzes frei von wesentlichen – beabsichtigten oder unbeabsichtigten – falschen Darstellungen ist, und ob der Lagebericht insgesamt ein zutreffendes Bild von der Lage der Gesellschaft vermittelt sowie in allen wesentlichen Belangen mit dem Jahresabschluss sowie mit den bei der Prüfung gewonnenen Erkenntnissen in Einklang steht, den deutschen gesetzlichen Vorschriften entspricht und die Chancen und Risiken der zukünftigen Entwicklung zutreffend darstellt, sowie einen Be-

---

1694 Im Fall der vorherigen Entbindung des APr. von der Verschwiegenheit ist im Anschluss hieran noch der in Kap. M Tz. 897 wiedergegebene Absatz zu ergänzen.

stätigungsvermerk zu erteilen, der unsere Prüfungsurteile zum Jahresabschluss und zum Lagebericht beinhaltet.

Hinreichende Sicherheit ist ein hohes Maß an Sicherheit, aber keine Garantie dafür, dass eine in Übereinstimmung mit § 317 HGB und der EU-APrVO unter Beachtung der vom Institut der Wirtschaftsprüfer (IDW) festgestellten deutschen Grundsätze ordnungsmäßiger Abschlussprüfung durchgeführte Prüfung eine wesentliche falsche Darstellung stets aufdeckt. Falsche Darstellungen können aus Verstößen oder Unrichtigkeiten resultieren und werden als wesentlich angesehen, wenn vernünftigerweise erwartet werden könnte, dass sie einzeln oder insgesamt die auf der Grundlage dieses Jahresabschlusses und Lageberichts getroffenen wirtschaftlichen Entscheidungen von Adressaten beeinflussen.

Während der Prüfung üben wir pflichtgemäßes Ermessen aus und bewahren eine kritische Grundhaltung. Darüber hinaus

- identifizieren und beurteilen wir die Risiken wesentlicher – beabsichtigter oder unbeabsichtigter – falscher Darstellungen im Jahresabschluss und im Lagebericht, planen und führen Prüfungshandlungen als Reaktion auf diese Risiken durch sowie erlangen Prüfungsnachweise, die ausreichend und geeignet sind, um als Grundlage für unsere Prüfungsurteile zu dienen. Das Risiko, dass wesentliche falsche Darstellungen nicht aufgedeckt werden, ist bei Verstößen höher als bei Unrichtigkeiten, da Verstöße betrügerisches Zusammenwirken, Fälschungen, beabsichtigte Unvollständigkeiten, irreführende Darstellungen bzw. das Außerkraftsetzen interner Kontrollen beinhalten können.
- gewinnen wir ein Verständnis von dem für die Prüfung des Jahresabschlusses relevanten internen Kontrollsystem und den für die Prüfung des Lageberichts relevanten Vorkehrungen und Maßnahmen, um Prüfungshandlungen zu planen, die unter den gegebenen Umständen angemessen sind, jedoch nicht mit dem Ziel, ein Prüfungsurteil zur Wirksamkeit dieser Systeme der Gesellschaft abzugeben.
- beurteilen wir die Angemessenheit der von den gesetzlichen Vertretern angewandten Rechnungslegungsmethoden sowie die Vertretbarkeit der von den gesetzlichen Vertretern dargestellten geschätzten Werte und damit zusammenhängenden Angaben.
- ziehen wir Schlussfolgerungen über die Angemessenheit des von den gesetzlichen Vertretern angewandten Rechnungslegungsgrundsatzes der Fortführung der Unternehmenstätigkeit sowie, auf der Grundlage der erlangten Prüfungsnachweise, ob eine wesentliche Unsicherheit im Zusammenhang mit Ereignissen oder Gegebenheiten besteht, die bedeutsame Zweifel an der Fähigkeit der Gesellschaft zur Fortführung der Unternehmenstätigkeit aufwerfen können. Falls wir zu dem Schluss kommen, dass eine wesentliche Unsicherheit besteht, sind wir verpflichtet, im Bestätigungsvermerk auf die dazugehörigen Angaben im Jahresabschluss und im Lagebericht aufmerksam zu machen oder, falls diese Angaben unangemessen sind, unser jeweiliges Prüfungsurteil zu modifizieren. Wir ziehen unsere Schlussfolgerungen auf der Grundlage der bis zum Datum unseres Bestätigungsvermerks erlangten Prüfungsnachweise. Zukünftige Ereignisse oder Gegebenheiten können jedoch dazu führen, dass die Gesellschaft ihre Unternehmenstätigkeit nicht mehr fortführen kann.
- beurteilen wir die Gesamtdarstellung, den Aufbau und den Inhalt des Jahresabschlusses einschließlich der Angaben sowie ob der Jahresabschluss die zugrunde liegenden Geschäftsvorfälle und Ereignisse so darstellt, dass der Jahresabschluss unter Beachtung der deutschen Grundsätze ordnungsmäßiger Buchführung ein den tatsächlichen Verhältnissen entsprechendes Bild der Vermögens-, Finanz- und Ertragslage der Gesellschaft vermittelt.

- beurteilen wir den Einklang des Lageberichts mit dem Jahresabschluss, seine Gesetzesentsprechung und das von ihm vermittelte Bild von der Lage des Unternehmens.
- führen wir Prüfungshandlungen zu den von den gesetzlichen Vertretern dargestellten zukunftsorientierten Angaben im Lagebericht durch. Auf Basis ausreichender geeigneter Prüfungsnachweise vollziehen wir dabei insbesondere die den zukunftsorientierten Angaben von den gesetzlichen Vertretern zugrunde gelegten bedeutsamen Annahmen nach und beurteilen die sachgerechte Ableitung der zukunftsorientierten Angaben aus diesen Annahmen. Ein eigenständiges Prüfungsurteil zu den zukunftsorientierten Angaben sowie zu den zugrunde liegenden Annahmen geben wir nicht ab. Es besteht ein erhebliches unvermeidbares Risiko, dass künftige Ereignisse wesentlich von den zukunftsorientierten Angaben abweichen.

Wir erörtern mit den für die Überwachung Verantwortlichen unter anderem den geplanten Umfang und die Zeitplanung der Prüfung sowie bedeutsame Prüfungsfeststellungen, einschließlich etwaiger Mängel im internen Kontrollsystem, die wir während unserer Prüfung feststellen.

Wir geben gegenüber den für die Überwachung Verantwortlichen eine Erklärung ab, dass wir die relevanten Unabhängigkeitsanforderungen eingehalten haben, und erörtern mit ihnen alle Beziehungen und sonstigen Sachverhalte, von denen vernünftigerweise angenommen werden kann, dass sie sich auf unsere Unabhängigkeit auswirken, und die hierzu getroffenen Schutzmaßnahmen.

Wir bestimmen von den Sachverhalten, die wir mit den für die Überwachung Verantwortlichen erörtert haben, diejenigen Sachverhalte, die in der Prüfung des Jahresabschlusses für den aktuellen Berichtszeitraum am bedeutsamsten waren und daher die besonders wichtigen Prüfungssachverhalte sind. Wir beschreiben diese Sachverhalte im Bestätigungsvermerk, es sei denn, Gesetze oder andere Rechtsvorschriften schließen die öffentliche Angabe des Sachverhalts aus.

SONSTIGE GESETZLICHE UND ANDERE RECHTLICHE ANFORDERUNGEN

[Vermerk über die Prüfung der/des ... [Nennung des sonstigen Prüfungsgegenstands]
Wir haben ... geprüft.
Nach unserer Beurteilung ...
...]

[Hinweis zur Hervorhebung eines Sachverhalts
Wir ... Unser Prüfungsurteil zum ... [sonstiger Prüfungsgegenstand] ist diesbezüglich nicht modifiziert.]

[Hinweis auf einen sonstigen Sachverhalt
Wir ... Unser Prüfungsurteil zum ... [sonstiger Prüfungsgegenstand] ist diesbezüglich nicht modifiziert.]

Übrige Angaben gemäß Artikel 10 EU-APrVO

Wir wurden von der Hauptversammlung am ... [Datum] als Abschlussprüfer gewählt. Wir wurden am ... [Datum] vom Aufsichtsrat beauftragt. Wir sind ununterbrochen seit dem Geschäftsjahr ... als Abschlussprüfer der ... [Firma und Sitz des geprüften Unternehmens] tätig.

Wir erklären, dass die in diesem Bestätigungsvermerk enthaltenen Prüfungsurteile mit dem zusätzlichen Bericht an den Prüfungsausschuss nach Artikel 11 EU-APrVO (Prüfungsbericht) in Einklang stehen.

> [Wir haben folgende Leistungen, die nicht im Jahresabschluss oder im Lagebericht des geprüften Unternehmens angegeben wurden, zusätzlich zur Abschlussprüfung für das geprüfte Unternehmen bzw. für die von diesem beherrschten Unternehmen erbracht:
> ...]
>
> *[Hinweis zur Nachtragsprüfung]*
> Diesen Bestätigungsvermerk erteilen wir zu dem geänderten Jahresabschluss und geänderten Lagebericht aufgrund unserer pflichtgemäßen, am ... *[Datum1]* abgeschlossenen Prüfung und unserer am ... *[Datum2]* abgeschlossenen Nachtragsprüfung, die sich auf die Änderung(en) des/der ... *[geänderte Posten bzw. Angaben]* bezog. Auf die Darstellung der Änderung(en) durch die gesetzlichen Vertreter im geänderten Anhang, Abschnitt ... sowie im geänderten Lagebericht, Abschnitt ... wird verwiesen.]
>
> **VERANTWORTLICHER WIRTSCHAFTSPRÜFER**
> Der für die Prüfung verantwortliche Wirtschaftsprüfer ist ... *[Name]*.
>
> ... *[Ort der Niederlassung des APr.]*, ... *[Datum]*
>
> ....
> *[Name1]* *[Name2]*
> (Wirtschaftsprüfer/in) (Wirtschaftsprüfer/in)"

Hiervon abweichende Grundannahmen sowie einzelfallspezifische Besonderheiten sind entsprechend den unter Kap. M Tz. 755 ff. dargestellten Grundsätzen und Beispielen zu berücksichtigen. **1013**

4.4.2 Modifizierung von Prüfungsurteilen

Falls – aufgrund der bei der Prüfung gewonnenen Erkenntnisse – Einwendungen zu erheben sind, hat der APr. nach § 322 Abs. 4 S. 1 HGB seine **Erklärung nach § 322 Abs. 3 S. 1 HGB einzuschränken oder zu versagen**. Eine solche Einschränkung ist, ebenso wie eine evtl. Versagung, zu begründen und im BestV so darzustellen, dass deren Tragweite erkennbar wird (§ 322 Abs. 4 S. 3 und 4 HGB). **1014**

Die darzustellenden **Gründe für eine derartige Modifizierung der Erklärung nach § 322 Abs. 3 S. 1 HGB** i.Z.m. aufgrund der Prüfung festgestellten mangelbehafteten Sachverhalten lassen sich wie folgt kategorisieren[1695]:

- **Einwendungen** infolge von wesentlichen falschen Darstellungen im JA, aufgrund von Abweichungen des LB in wesentlichen Belangen von den maßgebenden Rechnungslegungsgrundsätzen bzw. wegen unzureichender Gesetzeskonformität sonstiger Prüfungsgegenstände[1696] sowie
- **Prüfungshemmnisse**, d.h. Umstände, aufgrund derer der APr. nach Ausschöpfung aller angemessenen Möglichkeiten zur Klärung des Sachverhalts nicht in der Lage ist, ausreichende geeignete Prüfungsnachweise zu erlangen, um festzustellen, ob eine Einwendung zu erheben ist[1697].

1695 Vgl. auch *IDW PS 405*, Tz. 9 Buchst. a) und b).
1696 Vgl. *IDW PS 405*, Tz. 7 Buchst. a).
1697 Vgl. *IDW PS 405*, Tz. 7 Buchst. e). Vgl. auch ADS[6], § 322, Tz. 312.

1015 **Falsche Darstellungen** sind nach *IDW PS 405* alle **Abweichungen** zwischen dem nach den maßgebenden Rechnungslegungsgrundsätzen bzw. gesetzlichen Vorschriften erforderlichen SOLL im Vergleich zum IST in Bezug auf einen Betrag, eine Darstellung oder eine Angabe zu einem im JA, LB bzw. sonstigen Prüfungsgegenstand abgebildeten Sachverhalt. Eine falsche Darstellung in diesem Sinne ist demzufolge auch das **Unterlassen von Angaben**[1698]. Falsche Darstellungen können grds. sowohl aus Unrichtigkeiten als auch aus Verstößen resultieren[1699].

1016 Ein **Prüfungshemmnis** liegt nur vor, wenn sich der APr. auch nicht durch alternative Prüfungshandlungen die erforderlichen Prüfungsnachweise verschaffen kann, um zu einer abschließenden Beurteilung des Sachverhalts mit hinreichender Sicherheit zu gelangen[1700]. Kann der APr. durch derartige Prüfungshandlungen zwar Indizien für oder gegen die Ordnungsmäßigkeit abgrenzbarer Teile der Rechnungslegung gewinnen, stellen diese aber insg. keine ausreichenden geeigneten Nachweise für ein mit hinreichender Sicherheit zu treffendes Prüfungsurteil dar, so hat er aus diesem Prüfungshemmnis die entsprechende Folgerung für sein Prüfungsurteil zu ziehen[1701].

1017 **Einschränkung und Versagung** sind nach der Konzeption des Gesetzes dadurch voneinander abgegrenzt, als Voraussetzung für eine Einschränkung ist, dass der geprüfte Abschluss unter Beachtung der vom APr. vorgenommenen, in ihrer Tragweite erkennbaren Einschränkung noch ein den tatsächlichen Verhältnissen im Wesentlichen entsprechendes Bild der Vermögens-, Finanz- und Ertragslage vermitteln muss (§ 322 Abs. 4 S. 4 HGB)[1702].

Dies gilt – trotz des insofern unvollständigen Gesetzeswortlauts – auch für Abschlüsse, die nach Rechnungslegungsgrundsätzen zur Ordnungsmäßigkeit (z.B. den deutschen, für alle Kaufleute geltenden handelsrechtlichen Vorschriften, d.h. des Ersten Abschnitts des Dritten Buches des HGB) aufzustellen sind[1703] und demzufolge kein den tatsächlichen Verhältnissen entsprechendes Bild vermitteln müssen[1704].

1018 Gelangt der APr. also aufgrund seiner Prüfung zu der Beurteilung, dass Einwendungen gegen **abgrenzbare Teile** des von den gesetzlichen Vertretern aufgestellten JA, des LB oder der ggf. sonstigen Prüfungsgegenstände zu erheben sind, oder kann der APr. abgrenzbare Teile der Rechnungslegung aufgrund besonderer Umstände nicht mit hinreichender Sicherheit beurteilen (Prüfungshemmnis) und ist gleichwohl zu den wesentlichen Teilen der geprüften Rechnungslegung **insgesamt noch ein Positivbefund** möglich, hat der APr. einen insoweit **eingeschränkten Bestätigungsvermerk** zu erteilen[1705].

1019 Sind die wesentlichen Einwendungen oder die aufgrund von Prüfungshemmnissen nicht beurteilbaren Teilbereiche der geprüften Rechnungslegung aber so bedeutend und/oder so zahlreich, dass nur noch eine **negative Gesamtaussage in Bezug auf den Abschluss**

1698 Vgl. *IDW PS 405*, Tz. 7 Buchst. b).
1699 Zur Differenzierung zwischen Unrichtigkeiten (unbeabsichtigt) und Verstößen (beabsichtigt), die zu falschen Angaben in der Rechnungslegung führen, vgl. insb. *IDW PS 210*, Tz. 7.
1700 Vgl. ADS⁶, § 322, Tz. 312.
1701 Vgl. *IDW PS 405*, Tz. 9 Buchst. b), 10 Buchst. b), 11, 13 f., A9-A14.
1702 Zur Abgrenzung vgl. bspw. ADS⁶, § 322, Tz. 227; *Orth/Schaefer*, in: Baetge/Kirsch/Thiele, Bilanzrecht, § 322, Rn. 82 ff.; *Schmidt/Küster*, in: BeBiKo¹¹, § 322, Rn. 171, 173.
1703 Auch bei Inanspruchnahme bspw. von § 264 Abs. 3, § 264b HGB oder § 5 Abs. 6 PublG.
1704 Vgl. *Orth/Schaefer*, in: Baetge/Kirsch/Thiele, Bilanzrecht, § 322, Rn. 96.
1705 Vgl. ADS⁶, § 322, Tz. 227; *Schmidt/Küster*, in: BeBiKo¹¹, § 322, Rn. 173.

möglich ist, hat der APr. dies in Form eines **Versagungsvermerks** nach § 322 Abs. 2 S. 1 Nr. 3 HGB bzw. § 322 Abs. 2 S. 1 Nr. 4 HGB zum Ausdruck zu bringen[1706].
Dies gilt auch, wenn es dem APr. nicht möglich ist, dem Nutzer des BestV die Tragweite der vom APr. vorgenommenen Einschränkung erkennbar zu machen[1707], bspw. wenn der von Prüfungshemmnissen betroffene (Teil-)Bereich nicht abgrenzbar ist.

Ausschlaggebendes Unterscheidungskriterium zwischen der Einschränkung des BestV und der Erteilung eines Versagungsvermerks ist nach dem Gesetz, ob nach dem pflichtgemäßen Ermessen des APr. trotz der Einwendung(en) insgesamt noch eine positive Gesamtaussage zum geprüften Abschluss möglich ist. Denn auch ein eingeschränkter BestV drückt de jure stets noch einen **Positivbefund in Bezug auf den geprüften Abschluss** aus[1708]. Dies ergibt sich aus § 322 Abs. 4 S. 4 HGB, wonach ein eingeschränkter BestV (nur) so lange erteilt werden kann (aber umgekehrt nach h.M. dann auch zu erteilen ist[1709]), wie der geprüfte Abschluss unter Beachtung der vom APr. vorgenommenen, in ihrer Tragweite erkennbaren Einschränkung ein den tatsächlichen Verhältnissen im Wesentlichen entsprechendes Bild der Vermögens-, Finanz- und Ertragslage vermittelt. **1020**

Diese gesetzlich vorgegebenen Maßstäbe greift *IDW PS 405* auf, stellt dabei jedoch primär auf die im BestV enthaltenen **Prüfungsurteile** zu den einzelnen Prüfungsgegenständen ab und regelt, wann diese Prüfungsurteile **ggf. zu modifizieren** sind, wie eine solche Modifizierung konkret auszusehen hat und in welcher Form dies dann in welchen Abschnitten und an welchen Stellen innerhalb des BestV darzustellen ist[1710]. **1021**

Darüber hinaus normiert *IDW PS 405* Anforderungen an die Kommunikation des APr. mit den für die Überwachung Verantwortlichen (m.a.W. dem Aufsichtsgremium) für den Fall, dass dem APr. die Modifizierung eines Prüfungsurteils geboten erscheint[1711].

Die durch *IDW PS 405* neu eingeführte Begrifflichkeit „**Modifizierung**" hat ihren Ursprung in ISA 705 („Modifications to the Opinion in the Independent Auditor's Report") und dient als Oberbegriff und zugleich der Differenzierung aller „modifizierten" Prüfungsurteile ggü. dem „nicht modifizierten" (vulgo „uneingeschränkten") Prüfungsurteil im Regelungsbereich des *IDW PS 400 n.F.*[1712] **1022**

IDW PS 405 unterscheidet hierbei, insoweit analog zu § 322 Abs. 2 S. 1 HGB, **drei Arten von modifizierten Prüfungsurteilen**[1713]: **1023**

- das **eingeschränkte Prüfungsurteil**,
- das **versagte Prüfungsurteil** sowie
- die **Erklärung der Nichtabgabe eines Prüfungsurteils**.

Die Bezeichnung des nicht modifizierten Prüfungsurteils als „uneingeschränktes Prüfungsurteil" o.Ä. ist nach den Grundsätzen der *IDW PS 400er*-Reihe nicht vorgesehen.

1706 Vgl. auch *Orth/Schaefer*, in: Baetge/Kirsch/Thiele, Bilanzrecht, § 322, Rn. 86.
1707 Vgl. RegBegr. BilReG, BT-Drs. 15/3419 v. 24.06.2004, S. 45.
1708 Vgl. ADS[6], § 322, Tz. 227; *Schmidt/Küster*, in: BeBiKo[11], § 322, Rn. 10.
1709 Vgl. ADS[6], § 322, Tz. 227, 230; *Orth/Schaefer*, in: Baetge/Kirsch/Thiele, Bilanzrecht, § 322, Rn. 86, 109.
1710 Vgl. auch *IDW PS 405*, Tz. 1; *Skirk/Kuhn*, WPg 2018, S. 329 (333).
1711 Vgl. *IDW PS 405*, Tz. 16, 19, 45-47, 57, A27.
1712 Vgl. *IDW PS 400 n.F.*, Tz. 2; *IDW PS 405*, Tz. 1.
1713 Vgl. *IDW PS 405*, Tz. 4, 7 Buchst. d).

1024 Es ist unverändert h.M. und berufsständische Auffassung, dass nur **wesentliche**, nicht aber lediglich geringfügige **Beanstandungen des APr.** (§ 321 Abs. 2 S. 2 HGB) die Modifizierung eines Prüfungsurteils begründen[1714]. Zur Differenzierung zwischen Einschränkung einerseits und Versagung (d.h. versagtes Prüfungsurteil oder Erklärung der Nichtabgabe eines Prüfungsurteils) andererseits führt *IDW PS 405* dabei den Begriff „**umfassend**" („pervasive" im Wortlaut der ISA) ein[1715].

1025 Umfassende – tatsächliche oder mögliche – **Auswirkungen** auf den JA, den LB oder ggf. sonstige Prüfungsgegenstände hat ein aufgrund der Prüfung festgestellter wesentlicher mangelbehafteter Sachverhalt danach dann, wenn dieser[1716]

- **nicht** auf bestimmte Bestandteile, Konten oder Posten der Finanzaufstellungen bzw. nicht auf bestimmte Informationskategorien, ggf. Angaben oder Angabegruppen des LB bzw. Teilbereiche der sonstigen Prüfungsgegenstände **abgrenzbar ist**, oder
- trotz Abgrenzbarkeit in Bezug auf die o.g. Bestandteile, Informationen, Angaben bzw. sonstigen Prüfungsgegenstände einen **erheblichen Teil** des Abschlusses, des LB bzw. der sonstigen Prüfungsgegenstände betrifft oder betreffen könnte, oder
- in Bezug auf Angaben **grundlegend für das Verständnis** des Abschlusses, des LB bzw. der sonstigen Prüfungsgegenstände durch die Adressaten ist.

In Bezug auf den Anh. kommt, da dieser definitionsgemäß keine „Finanzaufstellung" darstellt[1717], nur der letztgenannte Punkt infrage.

1026 Dabei wirken sich die Art des mangelbehafteten Sachverhalts, der die Modifizierung des Prüfungsurteils begründet (d.h. Einwendung oder Prüfungshemmnis), und die Beurteilung des APr. über den Umfang der tatsächlichen oder möglichen Auswirkungen auf den betroffenen Prüfungsgegenstand wie folgt auf die **Art des modifizierten Prüfungsurteils** aus[1718]:

Art des Sachverhalts, der zu der Modifizierung führt	Beurteilung des APr. über den Umfang der tatsächlichen oder möglichen Auswirkungen auf den Prüfungsgegenstand	
	wesentlich, jedoch nicht umfassend	*wesentlich und umfassend*
Einwendung	eingeschränktes Prüfungsurteil	**versagtes Prüfungsurteil**
Prüfungshemmnis	eingeschränktes Prüfungsurteil	[Erklärung der] **Nichtabgabe des Prüfungsurteils**

1027 Sowohl das „wesentlich" als auch das „umfassend" i.Z.m. den Auswirkungen eines mangelbehafteten Sachverhalts auf den Prüfungsgegenstand besitzen dabei einerseits eine **quantitative Komponente** und andererseits eine **qualitative Komponente**.

[1714] Vgl. *IDW PS 405*, Tz. 10; ADS[6], § 322, Tz. 212; *Müller*, in: Kölner Komm. Rechnungslegungsrecht, § 322, Rn. 46; *Orth/Schaefer*, in: Baetge/Kirsch/Thiele, Bilanzrecht, § 322, Rn. 82; *Schmidt/Küster*, in: BeBiKo[11], § 322, Rn. 170.
[1715] Vgl. auch *Schmidt/Küster*, in: BeBiKo[11], § 322, Rn. 174; *Skirk/Kuhn*, WPg 2018, S. 329 (333).
[1716] Vgl. *IDW PS 405*, Tz. 7 Buchst. g).
[1717] Vgl. *IDW PS 400 n.F.*, Tz. A2.
[1718] Vgl. *IDW PS 405*, Tz. A1.

D.h. ein einzelner Mangel kann zwar quantitativ unwesentlich sein, aber ggf. als qualitativ wesentlich einzustufen sein. Auch kann eine Vielzahl jeweils für sich quantitativ unwesentlicher Mängel in der Addition als quantitativ wesentlich oder u.U. auch als qualitativ wesentlich beurteilt werden[1719]. Und ebenso ist es möglich, dass der APr. einer Mehrzahl von – quantitativ oder qualitativ wesentlichen – mangelbehafteten Einzelsachverhalten ohne jeweils umfassende Auswirkung in ihrem Zusammenwirken umfassende Auswirkungen beimisst.

1028 Unabhängig davon, zu welchem Prüfungsurteil der APr. schlussendlich zu einem einzelnen Prüfungsgegenstand kommt, muss dieses Prüfungsurteil stets auf einer **Gesamtbetrachtung** aller aufgrund der Prüfung gewonnenen Erkenntnisse in Bezug auf den jeweiligen Prüfungsgegenstand beruhen. Das (insofern unveränderte) Erfordernis einer solchen Gesamtbetrachtung wird auch aus den in *IDW PS 405* i.Z.m. der Definition des Begriffs „Einwendung"[1720] verwendeten Formulierungen „Abschluss als Ganzes", „Lagebericht insgesamt" bzw. „in allen wesentlichen Belangen" deutlich[1721].

1029 Die Würdigung, ob die **Auswirkungen von festgestellten falschen Darstellungen oder anderen Normabweichungen oder von Prüfungshemmnissen** auf die Beurteilung von JA, von LB bzw. evtl. sonstiger Prüfungsgegenstände wesentlich sind und somit Prüfungsurteile im BestV modifiziert werden müssen und, falls ja, in welchem Umfang, liegt im **pflichtgemäßen Ermessen des APr.**, d.h. der persönlichen, pflichtgemäßen Beurteilung des APr. aufgrund der Ergebnisse der von ihm durchgeführten Abschlussprüfung. Dieses Ermessen wird auf der Grundlage der Gesetze und der Rechtsprechung von den im Berufsstand entwickelten Grundsätzen umschrieben[1722].

1030 Die Modifizierung des Prüfungsurteils setzt voraus, dass die nicht bereinigten Unrichtigkeiten oder Verstöße (**Einwendungen**) oder die nicht beurteilbaren Teilbereiche (**Prüfungshemmnis**) **wesentlich** sind[1723]. Dementsprechend führen bedeutungslose Mängel grds. nicht zu modifizierten Prüfungsurteilen[1724]. Allerdings kann es erforderlich sein, gem. § 321 Abs. 2 S. 2 HGB über unwesentliche Mängel („Beanstandungen" im Wortlaut des § 321 HGB), die nicht zur Modifizierung des Prüfungsurteils geführt haben, im PrB zu berichten (vgl. Kap. M Tz. 329).

1031 Von **Wesentlichkeit** ist dann auszugehen, wenn damit zu rechnen ist, dass der festgestellte mangelbehaftete Sachverhalt oder die nicht hinreichend sichere Beurteilbarkeit abgrenzbarer Teile der Rechnungslegung wegen ihrer quantitativen oder qualitativen Bedeutung zu einer **unzutreffenden Beurteilung der Rechnungslegung** (einschl. sonstiger Prüfungsgegenstände) führen können[1725].

1032 Zur Feststellung der **relativen Bedeutung** einer falschen Darstellung bzw. eines nicht beurteilbaren Teilbereichs ist die Relation zu geeigneten Größen (**quantitative Komponente**) heranzuziehen, und es ist eine Würdigung in Bezug auf die Auswirkung auf die

---

1719 Vgl. auch *Ebke*, in: MünchKomm. HGB³, § 322, Rn. 36.
1720 Vgl. *IDW PS 405*, Tz. 7 Buchst. a); ferner *IDW PS 400 n.F.*, Tz. 14 f., 19.
1721 Vgl. *Schmidt/Küster*, in: BeBiKo¹¹, § 322, Rn. 171; ferner *Skirk/Kuhn*, WPg 2018, S. 329 (334).
1722 Vgl. *IDW PS 400 n.F.*, Tz. 1 f.; *IDW PS 405*, Tz. 1; ADS⁶, § 322, Tz. 224; *Schmidt/Küster*, in: BeBiKo¹¹, § 322, Rn. 173.
1723 Vgl. *IDW PS 405*, Tz. 9.
1724 Vgl. ADS⁶, § 322, Tz. 220; *Hell/Küster*, in: HdR⁵, § 322, Rn. 33; *Schmidt/Küster*, in: BeBiKo¹¹, § 322, Rn. 170; ferner ISA 700.17; ISA 705.6, A2-A7, A8-A12.
1725 Vgl. *IDW PS 400 a.F.*, Tz. 51; *Orth/Schaefer*, in: Baetge/Kirsch/Thiele, Bilanzrecht, § 322, Rn. 83.

Beurteilung der Vermögens-, Finanz- und Ertragslage des geprüften Unternehmens vorzunehmen. Als Bezugsgrößen kommen – je nach den Umständen des einzelnen Sachverhalts – bspw. in Betracht: der Betrag des betroffenen Abschlusspostens, das EK, das Jahresergebnis, die Bilanzsumme oder gesellschaftsrechtliche Grenzen wie etwa § 30 GmbHG[1726].

1033 Verstöße gegen gesetzliche Einzelnormen sind, auch wenn ihre Auswirkung auf die Gesamtbeurteilung gering ist, als wesentlicher Mangel einzustufen, wenn den Vorschriften nach ihrem Sinn und Zweck **besondere Bedeutung** beizumessen ist und der Verstoß nicht nur geringfügig ist (**qualitative Komponente**). In Betracht kommen bspw. Einzelangaben im Anh. (insb. die Angaben nach § 285 Nr. 9 Buchst. a) und b) HGB zu den Organbezügen[1727]) oder im LB (z.B. die Angabepflicht nach § 312 Abs. 3 S. 3 AktG)[1728].

1034 Eine Verletzung von Vorschriften, die sich nicht auf die Rechnungslegung beziehen, kann nur dann Einwendungen begründen, wenn **wesentliche Rückwirkungen**, die sich aus der Verletzung dieser Vorschriften **auf den geprüften JA oder LB** oder einen sonstigen Prüfungsgegenstand ergeben (z.B. hinsichtlich der Bemessung von Rückstellungen im JA oder der Darstellung der Risiken im LB), bei der Rechnungslegung nicht berücksichtigt wurden[1729]. Dies gilt auch für den Fall, dass der APr. einen Verstoß gegen das Verbot der Rückgewähr oder Verzinsung von Einlagen (§ 57 AktG) oder gegen das Auszahlungsverbot (§ 30 GmbHG) feststellt: Sind in diesem Fall die entsprechenden Rückgewähr- (§ 62 AktG) bzw. Erstattungsansprüche (§ 31 GmbHG) nicht aktiviert, so kann jedenfalls in Fällen von Bedeutung die Modifizierung des Prüfungsurteils nicht vermieden werden[1730]. Sinngemäß das Gleiche gilt bei einer Unterpari-Emission von Aktien (§ 9 AktG), sowie bei Verstößen gegen die Vorschriften über eigene Aktien (§ 71 ff. AktG)[1731]. Auch ein Abweichen von den Bestimmungen eines Unternehmensvertrags i.R.d. Rechnungslegung kann eine Einwendung begründen.

1035 Keine Einwendungen begründen dagegen Verstöße gegen nicht auf die Rechnungslegung bezogene Normen, soweit sich daraus **keine Rückwirkungen** auf den geprüften JA oder LB oder einen sonstigen Prüfungsgegenstand ergeben, bzw. – im Fall von Rückwirkungen – wenn diese in der Rechnungslegung ordnungsgemäß berücksichtigt wurden[1732].

In diesem Zusammenhang hat der APr. jedoch stets seine evtl. Berichtspflichten nach § 321 Abs. 1 S. 3 HGB im **PrB** zu beachten.

1036 Eine Zwischenstellung können hier **Bestimmungen des Gesellschaftsvertrags/der Satzung** des geprüften Unternehmens einnehmen.
Soweit solche Bestimmungen **ergänzenden rechnungslegungsbezogenen Charakter** besitzen, fallen sie inhaltlich mit unter die „maßgebenden Rechnungslegungs-

---

1726 Vgl. hierzu auch *IDW PS 250 n.F.*, Tz. 25 f., 28 nebst *F&A zu ISA 450 und IDW PS 250 n.F.*, Abschn. 6 (Stand: 25.07.2013); ferner Kap. L Tz. 43 f., 296 ff.
1727 Vgl. *IDW PS 405*, Anlage: Bsp. 1; *Schmidt/Küster*, in: BeBiKo[11], § 322, Rn. 171.
1728 Vgl. hierzu auch *IDW PS 250 n.F.*, Tz. 28 nebst *F&A zu ISA 450 und IDW PS 250 n.F.*, Abschn. 6 (Stand: 25.07.2013).
1729 Vgl. *IDW PS 201*, Tz. 9.
1730 Vgl. *Bayer*, in: MünchKomm. AktG[4], § 62, Rn. 122.
1731 Vgl. auch *Schmidt/Küster*, in: BeBiKo[11], § 322, Rn. 171.
1732 Vgl. *IDW PS 201*, Tz. 9.

grundsätze", ohne dass sie als solche im Text des BestV erwähnt werden müssen[1733]. Verstöße gegen derartige Bestimmungen (z.B. Rücklagendotierung nach § 58 Abs. 2 AktG oder die Pflicht zur Erstellung des LB bei kleinen KapGes. oder KapCoGes.) sind im Zuge der Bildung der Prüfungsurteile zu JA bzw. LB zu berücksichtigen[1734]. Nicht möglich wäre es demzufolge, einen BestV mit nicht modifiziertem Prüfungsurteil zu JA bzw. LB zu erteilen, wenn bspw. bei einer „kleinen" KapGes. zwar sämtliche gesetzlichen Rechnungslegungsvorschriften für „kleine" KapGes. beachtet worden sind, aber in Gesellschaftsvertrag bzw. Satzung vorgeschrieben ist, dass die Gesellschaft „wie eine große" KapGes. Rechnung zu legen und sich prüfen zu lassen habe. Es kann immer nur einen normkonformen JA, ggf. nebst LB, geben[1735]. Im erwähnten Bsp. wären daher **im BestV nach § 322 HGB** das Prüfungsurteil zum JA entsprechend einzuschränken und in Bezug auf den (infolge der Inanspruchnahme des § 264 Abs. 1 S. 4 HGB) bestimmungswidrig nicht aufgestellten LB die Nichtabgabe eines Prüfungsurteils zu erklären.

Falls Bestimmungen des Gesellschaftsvertrags bzw. der Satzung **anderweitigen Charakter** besitzen (z.B. die Besetzung von Gesellschaftsorganen regeln), wäre über evtl. Verstöße allenfalls **im PrB** gem. § 321 Abs. 1 S. 3 HGB zu berichten. Im Einzelfall kann es erforderlich sein, dass der APr. dabei eine Abwägung zwischen „JA- bzw. LB-typischen" und „JA- bzw. LB-fremden" Bestimmungen treffen muss, um diese im BestV angemessen zu behandeln[1736].

Die Modifikation des Prüfungsurteils ist auch dann erforderlich, wenn **Prüfungshemmnisse** vorliegen.

1037

Bei **Verstößen gegen § 320 HGB** ist das Prüfungsurteil demzufolge dann zu modifizieren, wenn die nicht gegebenen Aufklärungen oder Nachweise Sachverhalte betreffen, die für die Urteilsbildung des APr. **wesentlich** sind, d.h. wenn sich der APr. ohne sie (auch bei Durchführung alternativer Prüfungshandlungen[1737]) kein sicheres abschließendes Urteil über wesentliche Teile der Rechnungslegung zu bilden vermag (z.B. bei unzureichender oder fehlender Einschätzung der Fortführung der Unternehmenstätigkeit durch die gesetzlichen Vertreter[1738]). Betreffen verweigerte Aufklärungen oder Nachweise dagegen Sachverhalte, die für die Urteilsbildung des APr. nur von untergeordneter Bedeutung sind, so wird das Prüfungsurteil nicht zu modifizieren sein; es besteht grds. nur Berichtspflicht im PrB gem. § 321 Abs. 2 S. 2 HGB[1739]. Allerdings wäre in einem solchen Fall selbstverständlich die Integrität der gesetzlichen Vertreter zu hinterfragen[1740].

Das Prüfungsurteil zu einem Prüfungsgegenstand ist nur dann zu modifizieren, wenn **zum Zeitpunkt der Beendigung der Prüfung** (d.h. bei Erteilung des BestV) der die

1038

1733 Vgl. *IDW PS 400 n.F.*, Tz. A3, A64.
1734 Vgl. *IDW PS 400 n.F.*, Tz. A64 Abs. 3; *IDW PS 405*, Tz. A5.
1735 Es ist insofern wichtig, dass sich der APr. bereits vor Auftragsannahme über ggf. bestehende ergänzende rechnungslegungsbezogene Bestimmungen in Gesellschaftsvertrag bzw. Satzung informiert, um eine sachlich korrekte Beauftragung sicherzustellen. Zum Thema bestimmungswidrig fehlender LB vgl. auch IDW, WPH Edition, Assurance, Kap. D Tz. 42, Bsp. 20.
1736 Vgl. hierzu *IDW PS 350 n.F.*, insb. Tz. 15 ff., A16 f., Tz. 119 ff., A116 ff. (ggf. analog). Vgl. auch *IDW PS 400 n.F.*, Tz. A65.
1737 Vgl. *IDW PS 405*, Tz. 16, A11.
1738 Vgl. *IDW PS 270 n.F.*, Tz. 31 ff., A39 ff.
1739 Vgl. *IDW PS 450 n.F.*, Tz. 62.
1740 Vgl. *IDW PS 303 n.F.*, Tz. 17, 19; ferner *IDW PS 230*, Tz. 7; *IDW PS 240*, Tz. 17.

Modifizierung begründende Sachverhalt **noch vorliegt** oder **noch fortbesteht**[1741]. Werden dagegen fehlerhafte Ansatz-, Gliederungs- oder Bewertungsentscheidungen, Anhang- oder Lageberichtsangaben bzw. Fehler i.Z.m. sonstigen Prüfungsgegenständen von den gesetzlichen Vertretern bis zur Beendigung der Prüfung korrigiert, führt dies nicht zu einer Modifizierung des Prüfungsurteils hierzu, da für die Beurteilung das abschließende Ergebnis der Prüfung maßgebend ist. Eventuelle Prüfungshemmnisse müssen dementsprechend bis zur Erteilung des BestV ausgeräumt sein[1742]. VJ-Mängel führen im Folgejahr nur dann zu einer Modifizierung des Prüfungsurteils, wenn die Mängel im Folgejahr fortbestehen oder die Durchführung der Korrektur zu beanstanden ist oder dies durch den APr. nicht beurteilt werden kann[1743].

Der APr. hat indes auch in solchen Fällen seine u.U. bestehenden Berichtspflichten **im PrB** (vgl. Kap. M Tz. 249 f.) zu beachten[1744].

1039 Neben der wirtschaftlichen oder rechtlichen Beurteilung eines Sachverhaltes kann auch die Würdigung einer Rechtsauffassung der gesetzlichen Vertreter des Unternehmens, die einer nicht unwesentlichen Frage der Rechnungslegung zugrunde liegt, oder die Einschätzung der Verwertbarkeit von Prüfungsergebnissen oder der Wesentlichkeit von Fehlerfeststellungen Dritter[1745] Ermessensspielräumen unterliegen. Gelangt der APr. bspw. zu dem Ergebnis, dass die für den JA bedeutende **Rechtsauffassung der gesetzlichen Vertreter** des Unternehmens nicht vertretbar ist, muss das diesbezügliche Prüfungsurteil entsprechend modifiziert werden[1746]. Hält der APr. die Auffassung der gesetzlichen Vertreter dagegen für zumindest vertretbar[1747], so sind Einwendungen im BestV grds. nicht zu erheben; jedoch ist hierüber im PrB zu berichten (vgl. Kap. M Tz. 275).

1040 Liegt eine Einwendung oder ein Prüfungshemmnis vor, so darf von einer notwendigen Modifikation des Prüfungsurteils keinesfalls im Hinblick darauf abgesehen werden, dass der festgestellte Sachverhalt im PrB dargelegt wird, da sich PrB und BestV jeweils an unterschiedliche **Adressatenkreise** richten[1748].

1041 Ob sich der APr. im Einzelfall darauf beschränken kann, das konkrete **Prüfungsurteil noch einzuschränken**, oder ob er ein **versagtes Prüfungsurteil** abgeben oder die **Nichtabgabe eines Prüfungsurteils** erklären muss, unterliegt seinem pflichtgemäßen Ermessen[1749].

1042 Die bloße Einschränkung hindernde **umfassende Auswirkungen** liegen nach *IDW PS 405* dann vor, wenn die mangelbehafteten Sachverhalte nach der Beurteilung des APr.[1750]

1741 Vgl. *IDW PS 400 a.F.*, Tz. 52. Vgl. auch *IDW PS 400 n.F.*, Tz. 74, A71; *IDW PS 302 n.F.*, Tz. 29.
1742 Der APr. hat dabei die gesetzlichen Vertreter ausdrücklich zur Beseitigung des mangelhaften Sachverhalts aufzufordern; vgl. *Orth/Schaefer*, in: Baetge/Kirsch/Thiele, Bilanzrecht, § 322, Rn. 85.
1743 Vgl. *IDW PS 405*, Tz. A7.
1744 Vgl. *IDW PS 450 n.F.*, Tz. 47, 65.
1745 Zu den Auswirkungen von Fehlerfeststellungen durch die DPR bzw. die BaFin auf den Bestätigungsvermerk siehe *IDW PH 9.400.11*.
1746 Vgl. ADS[6], § 322, Tz. 225.
1747 *Zur Berücksichtigung von Mindermeinungen bei der Rechtsauslegung vgl. ADS[6], § 322, Tz. 225. Wird dabei von IDW RS abgewichen, ist IDW PS 201, Tz. 13 zu beachten.*
1748 Vgl. auch *Schmidt/Küster*, in: BeBiKo[11], § 322, Rn. 190.
1749 Vgl. ADS[6], § 322, Tz. 224; *Schmidt/Küster*, in: BeBiKo[11], § 322, Rn. 173 f.
1750 Vgl. *IDW PS 405*, Tz. 7 Buchst. g) Punkte i. bis iii.

- nicht abgrenzbar sind auf bestimmte Bestandteile, Konten oder Posten der Finanzaufstellungen bzw. nicht auf bestimmte Informationskategorien, ggf. Angabegruppen oder Angaben des LB bzw. Teilbereiche der sonstigen Prüfungsgegenstände,
- zwar abgrenzbar sind, aber einen erheblichen Teil des JA, des LB bzw. der sonstigen Prüfungsgegenstände betreffen oder betreffen könnten, oder
- in Bezug auf Angaben grundlegend für das Verständnis des JA, des LB bzw. der sonstigen Prüfungsgegenstände durch die Adressaten sind.

In Bezug auf den JA bedeutet dies, dass dann nach Beurteilung des APr. insgesamt kein Positivbefund i.S.v. § 322 Abs. 4 S. 4 HGB zum JA mehr möglich ist[1751].

Entsprechendes gilt in Bezug auf den LB bzw. sonstige Prüfungsgegenstände, sowie ebenfalls dann, wenn eine Mehrzahl von (i.R.d. notwendigen Gesamtbetrachtung entsprechend zu gewichtenden) mangelbehafteten Sachverhalten identifiziert wurde[1752].

IDW PS 405 führt i.Z.m. der Operationalisierung des Begriffs „**umfassend**" ausdrücklich das bisher bereits gelebte Kriterium[1753], dass – mögliche oder tatsächliche – Auswirkungen zwar (noch) abgrenzbar sind, aber einen **erheblichen Teil** des JA, LB bzw. der sonstigen Prüfungsgegenstände betreffen oder betreffen könnten, ein[1754]. Dementsprechend können im Einzelfall auch mangelbehaftete Sachverhalte in Bezug auf einen quantitativ besonders bedeutenden Bilanz- oder GuV-Posten die Abgabe eines versagten Prüfungsurteils (bei Einwendung) bzw. die Erklärung der Nichtabgabe eines Prüfungsurteils (bei Prüfungshemmnis) aufgrund der **insofern umfassenden Auswirkungen** nach sich ziehen.

1043

Gemäß § 322 Abs. 4 S. 3 und 4 HGB hat der APr. die Modifizierung des Prüfungsurteils[1755]

1044

- zu **begründen** und
- so darzustellen, dass ihre **Tragweite erkennbar** wird.

Aus der Formulierung des Prüfungsurteils sowie den Angaben zur Grundlage für das modifizierte Prüfungsurteil (nebst angepassten Abschnittsüberschriften[1756]) muss der **Grund für die Modifizierung** klar und eindeutig hervorgehen[1757]. Es gehört nach § 322 Abs. 2 und 4 HGB bzw. Art. 10 Abs. 3 S. 2 VO (EU) Nr. 537/2014 zum Wesen des BestV, dass klar dargelegt wird, welcher Teil der Rechnungslegung nicht Gesetz bzw. Gesellschaftsvertrag oder Satzung entspricht und daher bei der Einschätzung von JA und LB durch den Leser des BestV ggf. nicht ohne Weiteres herangezogen werden kann. Die Abgrenzung der beanstandeten von den nicht beanstandeten Teilen der Rechnungslegung muss aus dem BestV selbst hervorgehen; die Darstellung hat daher klar und ein-

1045

1751 Vgl. *Schmidt/Küster*, in: BeBiKo[11], § 322, Rn. 174.
1752 Vgl. *Schmidt/Küster*, in: BeBiKo[11], § 322, Rn. 194.
1753 Vgl. *IDW PS 400 a.F.*, Tz. 68a, 69, Anh. 14. Vgl. ferner RegBegr. BilReG, BT-Drs. 15/3419 v. 24.06.2004, S. 45.
1754 Vgl. *IDW PS 405*, Tz. 7 Buchst. g) Punkt ii. Siehe dazu auch die Ausführungen bei *Skirk/Kuhn*, WPg 2018, S. 329 (334). *Skirk/Kuhn* nennen als Bsp. eine Beanstandung in Bezug auf die Existenz eines Bilanzpostens, der 60 % der Bilanzsumme ausmacht.
1755 In der Diktion des § 322 Abs. 4 HGB die „Einschränkung" (i.S.v. § 322 Abs. 2 S. 1 Nr. 2 HGB) bzw. „Versagung" (i.S.v. § 322 Abs. 2 S. 1 Nrn. 3 und 4 HGB).
1756 Vgl. *IDW PS 405*, Tz. 23 ff., A18.
1757 Vgl. *IDW PS 405*, Tz. 27 ff., 40 ff.; *Schmidt/Küster*, in: BeBiKo[11], § 322, Rn. 189, 204; *Skirk/Kuhn*, WPg 2018, S. 329 (334 ff.); ferner *Orth/Schaefer*, in: Baetge/Kirsch/Thiele, Bilanzrecht, § 322, Rn. 87 ff.

deutig den betreffenden mangelbehafteten Sachverhalt zu beschreiben sowie Art und Umfang der verletzten Gesetzesnorm zu enthalten. Das bloße Zitieren der verletzten Gesetzesvorschrift(en) erfüllt dies nicht und würde dem Verlangen des Gesetzes nach einer allgemeinverständlichen Beurteilung (§ 322 Abs. 2 S. 2 HGB) nicht genügen[1758].

1046 Darüber hinaus ist i.R.d. Abschnitts „Grundlage für das (modifizierte) Prüfungsurteil" die **Tragweite der Modifizierung** erkennbar zum Ausdruck zu bringen, und zwar durch die **Beschreibung des mangelbehafteten Sachverhalts** sowie die **Darstellung der relativen Bedeutung** der Einwendung bzw. des Prüfungshemmnisses[1759]. Soweit praktisch durchführbar, ist dazu die **Größenordnung** durch die Aufnahme von absoluten und ggf. relativen Zahlenangaben zu verdeutlichen (z.B. Höhe der überbewerteten Vorräte sowie die Auswirkungen auf die Ertragsteuern, das Jahresergebnis und das Eigenkapital des Unternehmens)[1760]. Damit sollen die Adressaten des BestV die Bedeutung der Einwendung des APr. erkennen können und über die möglichen oder tatsächlichen **Auswirkungen** des Fehlers **auf die Vermögens-, Finanz- oder Ertragslage** des Unternehmens informiert werden. Stehen mit dem die Modifizierung des Prüfungsurteils begründenden mangelbehafteten Sachverhalt keine oder lediglich unbedeutende Auswirkungen auf die Vermögens-, Finanz- und Ertragslage des Unternehmens in Zusammenhang, so sind Zahlenangaben grds. entbehrlich[1761].

1047 Bei wesentlichen **falschen qualitativen Darstellungen** ist deren Fehlerhaftigkeit in gleicher Weise i.R.d. Abschnitts „Grundlage für das modifizierte Prüfungsurteil" zu erläutern[1762].

1048 Im Fall von wesentlichen **unterlassenen Angaben** ist in dem genannten Abschnitt die Art der unterlassenen Informationen zu beschreiben; darüber hinaus sind solche Unterlassungen mit den für die Überwachung Verantwortlichen zu erörtern[1763]. Fraglich ist dagegen, ob derart (bewusst[1764]) unterlassene Angaben dann vom APr. in den BestV aufzunehmen sind. Dies wird jedenfalls dann nicht möglich sein, wenn dem gesetzliche Vorschriften (insb. § 323 Abs. 1 HGB, § 43 Abs. 1 WPO) entgegenstehen[1765], ebensowenig, wenn dies mangels ausreichender geeigneter Prüfungsnachweise praktisch nicht durchführbar ist. Desgleichen wird ein Aufnehmen in den BestV nicht geboten sein, wenn die unterlassenen Angaben im Ergebnis nicht für die sachgerechte Gesamtdarstellung und zur Verdeutlichung der Tragweite der Modifizierung des Prüfungsurteils von Relevanz sind[1766].

1758 Vgl. *Grewe*, in: BoHdR², § 322, Rn. 61; *Schmidt/Küster*, in: BeBiKo¹¹, § 322, Rn. 190.
1759 Vgl. *IDW PS 405*, Tz. 40 ff.; *Schmidt/Küster*, in: BeBiKo¹¹, § 322, Rn. 171, 189; ferner *Orth/Schaefer*, in: Baetge/Kirsch/Thiele, Bilanzrecht, § 322, Rn. 93 ff. Siehe hierzu auch *Skirk/Kuhn*, WPg 2018, S. 336, Übersicht 5.
1760 Vgl. *IDW PS 405*, Tz. 41, A21, Tz. 42; *Schmidt/Küster*, in: BeBiKo¹¹, § 322, Rn. 189; *Skirk/Kuhn*, WPg 2018, S. 329 (336); ferner ADS⁶, § 322, Tz. 253; *Bertram*, in: Haufe HGB Kommentar⁸, § 322, Rn. 72.
1761 Vgl. *IDW PS 405*, Tz. 41 Abs. 2.
1762 Vgl. *IDW PS 405*, Tz. 43.
1763 Vgl. *IDW PS 405*, Tz. 45 f.
1764 Hierbei kommt es ausschließlich auf den kundgegebenen bzw. mutmaßlichen Willen der gesetzlichen *Vertreter des geprüften* Unternehmens an. Vgl. ADS⁶, § 323, Tz. 30 f. m.w.N.; *Grewe*, in: BoHdR², § 323, Rn. 18; *Kuhner/Päßler*, in: HdR⁵, § 323, Rn. 19; *Müller*, in: Kölner Komm. Rechnungslegungsrecht, § 323, Rn. 37; *Schmidt/Feldmüller*, in: BeBiKo¹¹, § 323, Rn. 33.
1765 Vgl. *Plendl/Kling*, WPg 2013, S. 1129.
1766 Vgl. auch *IDW PS 405*, Tz. 45, 46, A22.

Dementsprechend wird bspw. i.Z.m. im Anh. fehlenden Angaben zu den Organbezügen, ohne dass dafür die Voraussetzung des § 286 Abs. 4 HGB vorliegt, in aller Regel lediglich auf die Tatsache als solche hinzuweisen sein[1767].

1049 Bei JA nach Rechnungslegungsgrundsätzen zur sachgerechten Gesamtdarstellung (z.B. nach § 264 ff. HGB) ist außerdem im BestV klar zum Ausdruck zu bringen, ob sich die beschriebene Einwendung bzw. das Prüfungshemmnis lediglich auf die **Ordnungsmäßigkeit** des JA **oder auch** auf das durch den JA vermittelte **Bild der Vermögens-, Finanz- und Ertragslage** bezieht[1768].

1050 Wird das Prüfungsurteil zum JA und/oder zum LB modifiziert, so wird davon auch die **Erklärung nach § 322 Abs. 3 S. 1 HGB** betroffen. Die Erklärung zur Einwendungsfreiheit bedarf im Fall der Abgabe eines eingeschränkten oder eines versagten Prüfungsurteils entsprechender Umformulierung[1769]. Im Fall der Erklärung der Nichtabgabe eines Prüfungsurteils zum JA und/oder LB entfällt die Erklärung nach § 322 Abs. 3 S. 1 HGB dagegen vollständig[1770].

1051 Die (pflichtwidrige) Nichtvorlage eines Prüfungsgegenstands – d.h. des JA, des LB bzw. eines sonstigen Prüfungsgegenstands – durch die gesetzlichen Vertreter des geprüften Unternehmens zieht qua Konvention[1771] zwingend die **Erklärung der Nichtabgabe eines Prüfungsurteils** in Bezug auf diesen Prüfungsgegenstand nach sich.

I.Z.m. der Nichtvorlage des LB erscheint dies zunächst eine Änderung ggü. dem bisherigen Vorgehen zu sein, da Folge hiervon nach *IDW PS 400 a.F.* eine „Einschränkung" war[1772]. Betrachtet man allerdings die Konzeption des *IDW PS 405*, der auf die Prüfungsurteile zu den einzelnen Prüfungsgegenständen abstellt, so resultiert aus dieser Fallkonstellation in unveränderter Weise ein „eingeschränkter" BestV i.S.v. § 322 Abs. 2 S. 1 Nr. 2 HGB[1773] (vgl. unten Fallbeispiel d).

1052 Auch dann, wenn der APr. zum JA und/oder zum LB ein **versagtes Prüfungsurteil** abgibt oder die **Nichtabgabe eines Prüfungsurteils erklärt**, sind im Abschnitt „Grundlage für das (modifizierte) Prüfungsurteil" (zusätzlich) sämtliche anderen i.R.d. Prüfung identifizierten mangelbehafteten Sachverhalte zu beschreiben, die anderenfalls als solche oder kumuliert eine Modifizierung des Prüfungsurteils zum JA und/oder LB erfordert hätten[1774].

Umgekehrt wäre es nicht sachgerecht und ist infolgedessen auch nicht statthaft, dann, wenn der APr. zum JA und/oder zum LB ein **versagtes Prüfungsurteil** abgibt oder die **Nichtabgabe eines Prüfungsurteils erklärt**, mit Bezug auf dieselben Rechnungslegungsgrundsätze auch ein nicht modifiziertes Prüfungsurteil zu einer einzelnen Finanzaufstellung, zu einzelnen oder mehreren bestimmten Bestandteilen, Konten oder Posten einer Finanzaufstellung oder zu Angaben im JA und/oder LB im selben BestV/Versagungsvermerk abzugeben. Denn unter diesen Umständen widerspräche die Einbeziehung eines solchen nicht modifizierten Prüfungsurteils in denselben BestV/Ver-

---

1767 So bereits ADS[6], § 322, Tz. 253. Vgl. auch *IDW PS 405*, Anlage: Bsp. 1.
1768 Vgl. *IDW PS 405*, Tz. 11, 27-28.
1769 Vgl. *IDW PS 405*, Tz. 32, 36.
1770 Vgl. *IDW PS 405*, Tz. A20.
1771 Vgl. *IDW PS 405*, Tz. 18, 52.
1772 Vgl. *IDW PS 400 a.F.*, Tz. 64.
1773 Vgl. *IDW PS 405*, Tz. A17.
1774 Vgl. *IDW PS 405*, Tz. 53, A23.

sagungsvermerk dem versagten Prüfungsurteil oder der Erklärung der Nichtabgabe eines Prüfungsurteils zum JA und/oder LB als Ganzes[1775].

Gleiches gilt i.Z.m. derartigen Prüfungsurteilen in Bezug auf sonstige Prüfungsgegenstände.

1053 **Unzulässig** ist es, Modifizierungen durch das **Weglassen** von Teilen **des Prüfungsurteils** vorzunehmen; ebensowenig vertretbar ist es, im BestV zur Darstellung und Begründung auf den **PrB** zu verweisen[1776].

Art. 10 Abs. 3 S. 1 VO (EU) Nr. 537/2014 verbietet letzteres sogar ausdrücklich.

1054 Bestehen auch **bestandsgefährdende Risiken** für das Unternehmen, sind diese aber nicht zugleich Grund für die Modifizierung des Prüfungsurteils[1777], hat der APr. im BestV auf diese Risiken i.R. eines gesonderten Hinweises nach § 322 Abs. 2 S. 3 HGB (vgl. Kap. M Tz. 832 ff.) einzugehen.

1055 Zur Darstellung der Tragweite gehört es grds. **nicht**, auf die **Rechtsfolgen** einzugehen, die sich aus dem Mangel oder dem Verstoß ergeben. Eine solche Würdigung ist nicht Aufgabe des APr.[1778]

Infolgedessen ist ein lediglich eingeschränktes Prüfungsurteil bspw. auch dann zulässig, wenn sich diese Einschränkung auf falsche Darstellungen (einschl. unterlassener Angaben) bezieht, die die Nichtigkeit des geprüften JA zur Folge haben können[1779]. Im Fall der Nichtigkeit des JA wird sich allerdings ein Hinweisen auf diese Tatsache i.R.d. Begründung der Modifizierung des Prüfungsurteils zum JA im Abschnitt „Grundlage für das (modifizierte) Prüfungsurteil" empfehlen (vgl. Kap. M Tz. 1122)[1780].

1056 Aufgrund der gesetzlichen Ausgestaltung des BestV als „**Bestätigungsbericht**" ist die Art und Weise der Darstellung von modifizierten Prüfungsurteilen in § 322 HGB bzw. Art. 10 VO (EU) Nr. 537/2014 nicht geregelt. Neben den allgemeinen Grundsätzen der *IDW PS 400er*-Reihe für Aufbau und Formulierung des BestV (vgl. Kap. M Tz. 755 ff.) gelten die im Folgenden dargestellten Besonderheiten.

Zwar berührt eine Modifizierung nur den den jeweiligen Prüfungsgegenstand betreffenden Teil aller im Grundsatz positiven Prüfungsurteile im BestV. Da ein Prüfungsurteil jedoch mit weiteren obligatorischen (Teil-)Aussagen im BestV verknüpft ist und im BestV vielfach noch Prüfungsurteile zu anderen Prüfungsgegenständen enthalten sind, werden von der Modifizierung eines Prüfungsurteils u.U. noch andere Abschnitte des BestV betroffen. Hier sind bei der Darstellung und Formulierung die, im Einzelfall durchaus komplexen, **Zusammenhänge** nach *IDW PS 400 n.F.* sowie *IDW PS 405* genau zu beachten.

1775 Vgl. *IDW PS 405*, Tz. 20.
1776 Vgl. ADS[6], § 322, Tz. 236; *Schmidt/Küster*, in: BeBiKo[11], § 322, Rn. 190; ferner *IDW PS 405*, Tz. A19.
1777 Zur Hierarchie der Berichterstattungserfordernisse im BestV siehe *IDW PS 400 n.F.*, Tz. 2; Kap. M Abb. 1 sowie Kap. M Tz. 760.
1778 Vgl. *IDW PS 400 a.F.*, Tz. 58; ADS[6], § 322, Tz. 254; *Bertram*, in: Haufe HGB Kommentar[8], § 322, Rn. 73; *Schmidt/Küster*, in: BeBiKo[11], § 322, Rn. 179.
1779 Vgl. *IDW PS 405*, Tz. A8. Vgl. auch *Koch*, in: MünchKomm. AktG[4], § 256, Rn. 81.
1780 Vgl. auch *Schmidt/Küster*, in: BeBiKo[11], § 322, Rn. 180.

Bei Modifizierungen des Prüfungsurteils zum JA und/oder zum LB kommt es grds. zu folgenden **Auswirkungen auf die einzelnen Abschnitte bzw. die Titulierung/Überschrift des BestV**[1781]:

Umfang der Auswirkungen	Art des Sachverhalts, der zu der Modifizierung führt	Auswirkungen auf folgende Abschnitte des BestV	Besonderheiten/ Anmerkungen
	Einwendung/ Prüfungshemmnis		
wesentliche, jedoch nicht umfassende Auswirkungen	**eingeschränktes Prüfungsurteil**	Prüfungsurteil Grundlage für das Prüfungsurteil	
wesentliche, jedoch nicht umfassende Auswirkungen	**eingeschränktes Prüfungsurteil**	Prüfungsurteil Grundlage für das Prüfungsurteil	
wesentliche und umfassende Auswirkungen	**Versagtes Prüfungsurteil**	Prüfungsurteil Grundlage für das Prüfungsurteil	*falls Prüfungsurteil JA betr.:* VERSAGUNGS-VERMERK
wesentliche und umfassende Auswirkungen	[Erklärung der] **Nichtabgabe des Prüfungsurteils**	Prüfungsurteil Grundlage für das Prüfungsurteil Verantwortung des APr.	VERBOT der Abgabe nicht modifizierter (Teil-)Urteile in Bezug auf einzelne Aspekte oder Bestandteile des Prüfungsgegenstands *falls Prüfungsurteil JA betr.:* VERSAGUNGS-VERMERK sowie KEINE Abschnitte „Besonders wichtige Prüfungssachverhalte" und „Sonstige Informationen"

1781 Vgl. *IDW PS 405*, insb. Tz. 20 (Verbot der Abgabe nicht modifizierter (Teil-)Urteile), Tz. 54-55 (Auswirkungen auch auf den Abschnitt „Verantwortung des APr."), Tz. 56 (Nichtaufnahme der Abschnitte „Besonders wichtige Prüfungssachverhalte" und „Sonstige Informationen", Tz. A17 (Titulierung „Versagungsvermerk des unabhängigen Abschlussprüfers"). Siehe auch *Skirk/Kuhn*, WPg 2018, S. 329 (336), Übersicht 5.

Dabei sind i.Z.m. Modifizierungen der Prüfungsurteile zu JA und/oder LB immer auch die Überschriften der Abschnitte „Prüfungsurteil" sowie „Grundlage für das Prüfungsurteil" anzupassen.

Prüfungshemmnisse wirken sich nur dann (auch) auf den Abschnitt „Verantwortung des APr." aus, wenn sie umfassende Auswirkungen haben, d.h. lediglich i.Z.m. der Erklärung der Nichtabgabe eines Prüfungsurteils zum JA und/oder zum LB[1782].

1058 I.Z.m. **sonstigen Prüfungsgegenständen**[1783] gelten die vorstehenden Ausführungen im Grundsatz ebenso[1784]. Allerdings ist eine **sinngemäße Übertragung** notwendig, da in Bezug darauf stets die für den jeweiligen sonstigen Prüfungsgegenstand geltenden maßgebenden speziellen, vielfach rein formalen, Gesetzesvorschriften zu beachten sind und ggf. Vorrang haben.

1059 Nachfolgend werden **Formulierungsbeispiele** gegeben für die Fälle:
a) Einschränkung des Prüfungsurteils zum JA aufgrund einer **Einwendung**, die sich ausschl. auf die Ordnungsmäßigkeit des JA bezieht;
b) Einschränkung der Prüfungsurteile zum JA und zum LB aufgrund einer **Einwendung**, die sich außer auf die Ordnungsmäßigkeit des JA auch auf die Generalnorm bezieht sowie sich den LB auswirkt;
c) Einschränkung des Prüfungsurteils zum LB aufgrund einer **Einwendung**, die sich ausschl. auf den LB bezieht;
d) Erklärung der Nichtabgabe eines Prüfungsurteils zum LB aufgrund eines **unzulässigerweise fehlenden LB**;
e) Einschränkung der Prüfungsurteile zum JA und zum LB aufgrund eines **Prüfungshemmnisses** mit Auswirkungen auf JA und LB.

Die Grauunterlegungen heben dabei diejenigen Formulierungen und Passagen hervor, die sich infolge der Modifizierung des Prüfungsurteils ggü. der Grundversion nach *IDW PS 400 n.F.* geändert haben.

Die textlichen Auslassungen „(...)" bedeuten, dass an diesen Stellen die Standardtexte aus *IDW PS 400 n.F.* (dort Anlage: Bsp. 1) unmodifiziert Verwendung finden.

1060 Beruht die Einschränkung des Prüfungsurteils zum JA auf einer wesentlichen **Einwendung**, die sich nur auf die Ordnungsmäßigkeit des JA, nicht jedoch auf die weiteren Aspekte dieses Prüfungsurteils auswirkt (**Fall a**), wird eine Formulierung entsprechend nachfolgendem Beispiel empfohlen[1785]:

1782 Vgl. *IDW PS 405*, Tz. 54, 55.
1783 Zur Definition siehe *IDW PS 400 n.F.*, Tz. 10 Buchst. h); *IDW PS 405*, Tz. 7 Buchst. f).
1784 Vgl. *IDW PS 405*, Tz. 10, 12, 14, 18, 20 Abs. 2.
1785 Vgl. *IDW PS 405*, Tz. 21, 22, 24 Buchst. a), 27, 32 Buchst. b), 40, 45, 49; ferner Anlage: Bsp. 1; *Skirk/Kuhn*, WPg 2018, S. 329 (334).

Beispiel 42:

„Bestätigungsvermerk des unabhängigen Abschlussprüfers"

An die ... [Firma und Sitz des geprüften Unternehmens]

[VERMERK ÜBER DIE PRÜFUNG DES JAHRESABSCHLUSSES UND DES LAGEBERICHTS][1786]

Eingeschränktes Prüfungsurteil zum Jahresabschluss und Prüfungsurteil zum Lagebericht

Wir haben den Jahresabschluss der ... [Firma und Sitz des geprüften Unternehmens] – bestehend aus der Bilanz zum ... [Datum] und der Gewinn- und Verlustrechnung für das Geschäftsjahr vom ... [Datum] bis zum ... [Datum] sowie dem Anhang, einschließlich der Darstellung der Bilanzierungs- und Bewertungsmethoden – geprüft. Darüber hinaus haben wir den Lagebericht der ... [Firma und Sitz des geprüften Unternehmens] für das Geschäftsjahr vom ... [Datum] bis zum ... [Datum] geprüft.

Nach unserer Beurteilung aufgrund der bei der Prüfung gewonnenen Erkenntnisse

- entspricht der beigefügte Jahresabschluss mit Ausnahme der Auswirkungen des im Abschnitt „Grundlage für das eingeschränkte Prüfungsurteil zum Jahresabschluss und für das Prüfungsurteil zum Lagebericht" beschriebenen Sachverhalts in allen wesentlichen Belangen den deutschen, für Kapitalgesellschaften geltenden handelsrechtlichen Vorschriften. Der Jahresabschluss vermittelt unter Beachtung der deutschen Grundsätze ordnungsmäßiger Buchführung ein den tatsächlichen Verhältnissen entsprechendes Bild der Vermögens- und Finanzlage der Gesellschaft zum ... [Datum] sowie ihrer Ertragslage für das Geschäftsjahr vom ... [Datum] bis zum ... [Datum] und
- vermittelt der beigefügte Lagebericht insgesamt ein zutreffendes Bild von der Lage der Gesellschaft. In allen wesentlichen Belangen steht dieser Lagebericht in Einklang mit einem den deutschen gesetzlichen Vorschriften entsprechenden Jahresabschluss, entspricht den deutschen gesetzlichen Vorschriften und stellt die Chancen und Risiken der zukünftigen Entwicklung zutreffend dar.

Gemäß § 322 Abs. 3 Satz 1 HGB erklären wir, dass unsere Prüfung mit Ausnahme der genannten Einschränkung des Prüfungsurteils zum Jahresabschluss zu keinen Einwendungen gegen die Ordnungsmäßigkeit des Jahresabschlusses und des Lageberichts geführt hat.

Grundlage für das eingeschränkte Prüfungsurteil zum Jahresabschluss und für das Prüfungsurteil zum Lagebericht

Entgegen § 285 Nr. 9 Buchst. a) HGB wurden im Anhang die Gesamtbezüge der Mitglieder des Geschäftsführungsorgans nicht angegeben.

Wir haben unsere Prüfung des Jahresabschlusses und des Lageberichts in Übereinstimmung mit § 317 HGB unter Beachtung der vom Institut der Wirtschaftsprüfer (IDW) festgestellten deutschen Grundsätze ordnungsmäßiger Abschlussprüfung durchgeführt. Unsere Verantwortung nach diesen Vorschriften und Grundsätzen ist im Abschnitt „Verantwortung des Abschlussprüfers für die Prüfung des Jahresabschlusses und des Lageberichts" unseres Bestätigungsvermerks weitergehend beschrieben. Wir sind von dem Unternehmen unabhängig in Übereinstimmung mit den

---

[1786] Die Aufnahme dieser *Hauptabschnittsüberschrift* ist, sofern kein (zweiter) *Hauptabschnitt „Sonstige gesetzliche und andere rechtliche Anforderungen"* existiert, nicht erforderlich; vgl. *IDW PS 400 n.F.*, Tz. 33 (Kap. M Tz. 787). In den folgenden Bsp. b) bis e) wird daher darauf verzichtet.

deutschen handelsrechtlichen und berufsrechtlichen Vorschriften und haben unsere sonstigen deutschen Berufspflichten in Übereinstimmung mit diesen Anforderungen erfüllt. Wir sind der Auffassung, dass die von uns erlangten Prüfungsnachweise ausreichend und geeignet sind, um als Grundlage für unser eingeschränktes Prüfungsurteil zum Jahresabschluss und unser Prüfungsurteil zum Lagebericht zu dienen.

Verantwortung der gesetzlichen Vertreter für den Jahresabschluss und den Lagebericht
(...)

Verantwortung des Abschlussprüfers für die Prüfung des Jahresabschlusses und des Lageberichts
(...)

... [Ort der Niederlassung des APr.], ... [Datum]

....
[Name1]   [Name2]
(Wirtschaftsprüfer/in)   (Wirtschaftsprüfer/in)"

Modifizierungen erfolgen hier lediglich in den Abschnitten „Prüfungsurteile" und „Grundlage für die Prüfungsurteile", einschl. deren Überschriften. Wechselbeziehungen mit weiteren Abschnitten des BestV haben sich im Beispielsfall a) nicht ergeben.

1061 Beeinträchtigt die der Einschränkung des Prüfungsurteils zum JA zugrunde liegende **Einwendung** auch die Aussagefähigkeit des LB (insb. Darstellung der Unternehmenslage und/oder der Chancen und Risiken der zukünftigen Entwicklung – **Fall b**), so dass demzufolge auch das Prüfungsurteil zum LB einzuschränken ist, wird empfohlen, dies wie folgt zum Ausdruck zu bringen[1787]:

Beispiel 43:

„Bestätigungsvermerk des unabhängigen Abschlussprüfers

An die ... [Firma und Sitz des geprüften Unternehmens]

Eingeschränkte Prüfungsurteile

Wir haben den Jahresabschluss der ... [Firma und Sitz des geprüften Unternehmens] – bestehend aus der Bilanz zum ... [Datum] und der Gewinn- und Verlustrechnung für das Geschäftsjahr vom ... [Datum] bis zum ... [Datum] sowie dem Anhang, einschließlich der Darstellung der Bilanzierungs- und Bewertungsmethoden – geprüft. Darüber hinaus haben wir den Lagebericht der ... [Firma und Sitz des geprüften Unternehmens] für das Geschäftsjahr vom ... [Datum] bis zum ... [Datum] geprüft.

Nach unserer Beurteilung aufgrund der bei der Prüfung gewonnenen Erkenntnisse
- entspricht der beigefügte Jahresabschluss mit Ausnahme der Auswirkungen des im Abschnitt „Grundlage für die eingeschränkten Prüfungsurteile" beschriebenen Sachverhalts in allen wesentlichen Belangen den deutschen, für Kapitalgesellschaften geltenden handelsrechtlichen Vorschriften und vermittelt mit Ausnahme dieser Auswirkungen unter Beachtung der deutschen Grundsätze ordnungsmäßiger Buchführung ein den tatsächlichen Verhältnissen entsprechendes Bild

---

1787 Vgl. *IDW PS 405*, Tz. 21, 22, 26 Buchst. a), 28, 32 Buchst. d), 40, 41, 49; ferner Anlage: Bsp. 2.

der Vermögens- und Finanzlage der Gesellschaft zum ... [Datum] sowie ihrer Ertragslage für das Geschäftsjahr vom ... [Datum] bis zum ... [Datum] und
- vermittelt der beigefügte Lagebericht mit Ausnahme der Auswirkungen des im Abschnitt „Grundlage für die eingeschränkten Prüfungsurteile" beschriebenen Sachverhalts insgesamt ein zutreffendes Bild von der Lage der Gesellschaft. In allen wesentlichen Belangen, mit Ausnahme der Auswirkungen dieses Sachverhalts, steht dieser Lagebericht in Einklang mit einem den deutschen gesetzlichen Vorschriften entsprechenden Jahresabschluss, entspricht den deutschen gesetzlichen Vorschriften und stellt die Chancen und Risiken der zukünftigen Entwicklung zutreffend dar.

Gemäß § 322 Abs. 3 Satz 1 HGB erklären wir, dass unsere Prüfung mit Ausnahme der genannten Einschränkungen der Prüfungsurteile zum Jahresabschluss und zum Lagebericht zu keinen Einwendungen gegen die Ordnungsmäßigkeit des Jahresabschlusses und des Lageberichts geführt hat.

Grundlage für die eingeschränkten Prüfungsurteile

In einer Größenordnung von ... TEUR werden Umsatzerlöse ausgewiesen, obwohl sie am Abschlussstichtag nicht i.S.v. § 252 Abs. 1 Nr. 4 HGB realisiert waren. Demzufolge sind insbesondere die Forderungen aus Lieferungen und Leistungen um rund ... TEUR sowie das Eigenkapital und der Jahresüberschuss um ca. ... TEUR zu hoch ausgewiesen.

Dieser Sachverhalt beeinträchtigt auch die im Lagebericht erfolgte Darstellung des Geschäftsverlaufs einschließlich des Geschäftsergebnisses und der Lage der Gesellschaft sowie die Darstellung der Chancen und Risiken der zukünftigen Entwicklung.

Wir haben unsere Prüfung des Jahresabschlusses und des Lageberichts in Übereinstimmung mit § 317 HGB unter Beachtung der vom Institut der Wirtschaftsprüfer (IDW) festgestellten deutschen Grundsätze ordnungsmäßiger Abschlussprüfung durchgeführt. Unsere Verantwortung nach diesen Vorschriften und Grundsätzen ist im Abschnitt „Verantwortung des Abschlussprüfers für die Prüfung des Jahresabschlusses und des Lageberichts" unseres Bestätigungsvermerks weitergehend beschrieben. Wir sind von dem Unternehmen unabhängig in Übereinstimmung mit den deutschen handelsrechtlichen und berufsrechtlichen Vorschriften und haben unsere sonstigen deutschen Berufspflichten in Übereinstimmung mit diesen Anforderungen erfüllt. Wir sind der Auffassung, dass die von uns erlangten Prüfungsnachweise ausreichend und geeignet sind, um als Grundlage für unsere eingeschränkten Prüfungsurteile zum Jahresabschluss und zum Lagebericht zu dienen.

Verantwortung der gesetzlichen Vertreter für den Jahresabschluss und den Lagebericht
(...)

Verantwortung des Abschlussprüfers für die Prüfung des Jahresabschlusses und des Lageberichts
(...)

... [Ort der Niederlassung des APr.], ... [Datum]

....
[Name1]   [Name2]
(Wirtschaftsprüfer/in)   (Wirtschaftsprüfer/in)"

Im Beispielsfall b) sind Wechselbeziehungen mit weiteren Abschnitten des BestV ebenfalls nicht zu berücksichtigen gewesen.

1062 Wurden **bei der Aufstellung des LB nicht alle gesetzlichen Vorschriften beachtet (Fall c)**, so ergibt sich folgender Formulierungsvorschlag für die Einschränkung des Prüfungsurteils zum LB[1788]:

Beispiel 44:

„Bestätigungsvermerk des unabhängigen Abschlussprüfers"

An die ... [*Firma und Sitz des geprüften Unternehmens*]

Prüfungsurteil zum Jahresabschluss und eingeschränktes Prüfungsurteil zum Lagebericht

Wir haben den Jahresabschluss der ... [*Firma und Sitz des geprüften Unternehmens*] – bestehend aus der Bilanz zum ... [*Datum*] und der Gewinn- und Verlustrechnung für das Geschäftsjahr vom ... [*Datum*] bis zum ... [*Datum*] sowie dem Anhang, einschließlich der Darstellung der Bilanzierungs- und Bewertungsmethoden – geprüft. Darüber hinaus haben wir den Lagebericht der ... [*Firma und Sitz des geprüften Unternehmens*] für das Geschäftsjahr vom ... [*Datum*] bis zum ... [*Datum*] geprüft.

Nach unserer Beurteilung aufgrund der bei der Prüfung gewonnenen Erkenntnisse
- entspricht der beigefügte Jahresabschluss in allen wesentlichen Belangen den deutschen, für Kapitalgesellschaften geltenden handelsrechtlichen Vorschriften und vermittelt unter Beachtung der deutschen Grundsätze ordnungsmäßiger Buchführung ein den tatsächlichen Verhältnissen entsprechendes Bild der Vermögens- und Finanzlage der Gesellschaft zum ... [*Datum*] sowie ihrer Ertragslage für das Geschäftsjahr vom ... [*Datum*] bis zum ... [*Datum*] und
- vermittelt der beigefügte Lagebericht mit Ausnahme der Auswirkungen des im Abschnitt „Grundlage für das Prüfungsurteil zum Jahresabschluss und für das eingeschränkte Prüfungsurteil zum Lagebericht" beschriebenen Sachverhalts insgesamt ein zutreffendes Bild von der Lage der Gesellschaft. In allen wesentlichen Belangen, mit Ausnahme der Auswirkungen dieses Sachverhalts, steht der Lagebericht in Einklang mit dem Jahresabschluss, entspricht den deutschen gesetzlichen Vorschriften und stellt die Chancen und Risiken der zukünftigen Entwicklung zutreffend dar.

Gemäß § 322 Abs. 3 Satz 1 HGB erklären wir, dass unsere Prüfung mit Ausnahme der genannten Einschränkung des Prüfungsurteils zum Lagebericht zu keinen Einwendungen gegen die Ordnungsmäßigkeit des Jahresabschlusses und des Lageberichts geführt hat.

Grundlage für das Prüfungsurteil zum Jahresabschluss und für das eingeschränkte Prüfungsurteil zum Lagebericht

Entgegen § 289 Abs. 2 Nr. 1 Buchst. b) HGB sind die Preisänderungsrisiken aus Devisentermingeschäften im Lagebericht nicht dargestellt.

Wir haben unsere Prüfung des Jahresabschlusses und des Lageberichts in Übereinstimmung mit § 317 HGB unter Beachtung der vom Institut der Wirtschaftsprüfer (IDW) festgestellten deutschen Grundsätze ordnungsmäßiger Abschlussprüfung durchgeführt. Unsere Verantwortung nach diesen Vorschriften und Grundsätzen ist im Abschnitt „Verantwortung des Abschlussprüfers für die Prüfung des Jahresab-

---

[1788] Vgl. *IDW PS 405*, Tz. 21, 22, 25 Buchst. a), 30, 32 Buchst. c), 40, 47, 49; ferner Anlage: Bsp. 3.

schlusses und des Lageberichts" unseres Bestätigungsvermerks weitergehend beschrieben. Wir sind von dem Unternehmen unabhängig in Übereinstimmung mit den deutschen handelsrechtlichen und berufsrechtlichen Vorschriften und haben unsere sonstigen deutschen Berufspflichten in Übereinstimmung mit diesen Anforderungen erfüllt. Wir sind der Auffassung, dass die von uns erlangten Prüfungsnachweise ausreichend und geeignet sind, um als Grundlage für unser Prüfungsurteil zum Jahresabschluss und unser eingeschränktes Prüfungsurteil zum Lagebericht zu dienen.

Verantwortung der gesetzlichen Vertreter für den Jahresabschluss und den Lagebericht
(...)

Verantwortung des Abschlussprüfers für die Prüfung des Jahresabschlusses und des Lageberichts
(...)

... [Ort der Niederlassung des APr.], ... [Datum]

....	....
[Name1]	[Name2]
(Wirtschaftsprüfer/in)	(Wirtschaftsprüfer/in)"

Auch im Beispielsfall c) waren keine Wechselbeziehungen mit weiteren Abschnitten des BestV zu beachten.

Wurde **entgegen der gesetzlichen Verpflichtung kein LB aufgestellt (Fall d)**, zieht dies obligatorisch die Erklärung der Nichtabgabe eines Prüfungsurteils zum LB nach sich, aufgrund derer sich folgender Wortlaut für den BestV ergibt[1789]: **1063**

> **Beispiel 45:**
>
> „**Bestätigungsvermerk des unabhängigen Abschlussprüfers**
>
> An die ... [*Firma und Sitz des geprüften Unternehmens*]
>
> *Prüfungsurteil zum Jahresabschluss und Erklärung der Nichtabgabe eines Prüfungsurteils zum Lagebericht*
>
> Wir haben den Jahresabschluss der ... [*Firma und Sitz des geprüften Unternehmens*] – bestehend aus der Bilanz zum ... [*Datum*] und der Gewinn- und Verlustrechnung für das Geschäftsjahr vom ... [*Datum*] bis zum ... [*Datum*] sowie dem Anhang, einschließlich der Darstellung der Bilanzierungs- und Bewertungsmethoden – geprüft. Darüber hinaus waren wir beauftragt, den Lagebericht der ... [*Firma und Sitz des geprüften Unternehmens*] für das Geschäftsjahr vom ... [*Datum*] bis zum ... [*Datum*] zu prüfen.
>
> Nach unserer Beurteilung aufgrund der bei der Prüfung gewonnenen Erkenntnisse entspricht der beigefügte Jahresabschluss in allen wesentlichen Belangen den deutschen, für Kapitalgesellschaften geltenden handelsrechtlichen Vorschriften und vermittelt unter Beachtung der deutschen Grundsätze ordnungsmäßiger Buchführung ein den tatsächlichen Verhältnissen entsprechendes Bild der Vermögens- und Finanzlage der Gesellschaft zum ... [*Datum*] sowie ihrer Ertragslage für das Geschäftsjahr vom ... [*Datum*] bis zum ... [*Datum*].

[1789] Vgl. *IDW PS 405*, Tz. 21, 22, 25 Buchst. b), 38, 40, 51, 52, 55; ferner Anlage: Bsp. 4.

Wir geben kein Prüfungsurteil zum Lagebericht ab. Aufgrund der Bedeutung des im Abschnitt „Grundlage für das Prüfungsurteil zum Jahresabschluss und für die Erklärung der Nichtabgabe eines Prüfungsurteils zum Lagebericht" beschriebenen Sachverhalts sind wir nicht in der Lage gewesen, ausreichende geeignete Prüfungsnachweise als Grundlage für ein Prüfungsurteil zum Lagebericht zu erlangen.

Gemäß § 322 Abs. 3 Satz 1 HGB erklären wir, dass unsere Prüfung zu keinen Einwendungen gegen die Ordnungsmäßigkeit des Jahresabschlusses geführt hat.

Grundlage für das Prüfungsurteil zum Jahresabschluss und für die Erklärung der Nichtabgabe eines Prüfungsurteils zum Lagebericht

Da uns von den gesetzlichen Vertretern pflichtwidrig kein Lagebericht zur Prüfung vorgelegt wurde, geben wir kein Prüfungsurteil zum Lagebericht ab.

Wir haben unsere Prüfung des Jahresabschlusses in Übereinstimmung mit § 317 HGB unter Beachtung der vom Institut der Wirtschaftsprüfer (IDW) festgestellten deutschen Grundsätze ordnungsmäßiger Abschlussprüfung durchgeführt. Unsere Verantwortung nach diesen Vorschriften und Grundsätzen ist im Abschnitt „Verantwortung des Abschlussprüfers für die Prüfung des Jahresabschlusses" unseres Bestätigungsvermerks weitergehend beschrieben. Wir sind von dem Unternehmen unabhängig in Übereinstimmung mit den deutschen handelsrechtlichen und berufsrechtlichen Vorschriften und haben unsere sonstigen deutschen Berufspflichten in Übereinstimmung mit diesen Anforderungen erfüllt. Wir sind der Auffassung, dass die von uns erlangten Prüfungsnachweise ausreichend und geeignet sind, um als Grundlage für unser Prüfungsurteil zum Jahresabschluss zu dienen.

Verantwortung der gesetzlichen Vertreter für den Jahresabschluss und den Lagebericht
(...)

Verantwortung des Abschlussprüfers für die Prüfung des Jahresabschlusses
(...)

Verantwortung des Abschlussprüfers für die Prüfung des Lageberichts
Es liegt in unserer Verantwortung, eine Prüfung des Lageberichts in Übereinstimmung mit § 317 HGB unter Beachtung der vom Institut der Wirtschaftsprüfer (IDW) festgestellten deutschen Grundsätze ordnungsmäßiger Abschlussprüfung durchzuführen sowie einen Bestätigungsvermerk zu erteilen. Aufgrund des im Abschnitt „Grundlage für das Prüfungsurteil zum Jahresabschluss und für die Erklärung der Nichtabgabe eines Prüfungsurteils zum Lagebericht" beschriebenen Sachverhalts sind wir nicht in der Lage gewesen, ausreichende geeignete Prüfungsnachweise als Grundlage für ein Prüfungsurteil zum Lagebericht zu erlangen.

... [Ort der Niederlassung des APr.], ... [Datum]

....	....
[Name1]	[Name2]
(Wirtschaftsprüfer/in)	(Wirtschaftsprüfer/in)"

1064 Die Tatsache, dass **unzulässigerweise kein Lagebericht aufgestellt** worden ist, hat *Auswirkungen auch auf die Darstellung der „Verantwortung des APr."* im BestV, da dem APr. ein Prüfungshemmnis mit umfassenden Auswirkungen die Erlangung ausreichender geeigneter Prüfungsnachweise unmöglich gemacht hat. Dieser Abschnitt zerfällt demzufolge in zwei getrennte (Unter-)Abschnitte, einen (inhaltlich unveränderten) zum JA und einen (inhaltlich dem der Modifizierung des Prüfungsurteils zugrunde liegenden Sachverhalt angepassten) zum LB[1790].

Die „Verantwortung der gesetzlichen Vertreter" ändert sich durch diesen Gesetzesverstoß indes nicht, so dass dieser Abschnitt unverändert bleibt.

Folge der erklärten „Nichtabgabe eines Prüfungsurteils" zum nicht existenten LB ist, dass der **BestV** dadurch formal als „**eingeschränkt**" i.S.v. § 322 Abs. 2 S. 1 Nr. 2 HGB gilt (vgl. Kap. M Tz. 968). Da sich das in Bezug auf den Prüfungsgegenstand LB modifizierte Prüfungsurteil inhaltlich nicht auch auf das Prüfungsurteil zum JA auswirkt, kann hieraus qua Konvention des *IDW PS 405* kein „Versagungsvermerk" resultieren[1791].

1065

Beruht die Einschränkung des Prüfungsurteils auf einem **Prüfungshemmnis**, so ist im BestV zu verdeutlichen, dass eine ordnungsmäßige Durchführung der Abschlussprüfung in dem von dem Prüfungshemmnis betroffenen Bereich nicht möglich war und folglich für diesen Bereich ein hinreichend sicheres Prüfungsurteil ausgeschlossen ist (**Fall e**). Wirkt sich ein Prüfungshemmnis sowohl auf den JA als auch den LB aus, wird folgende Formulierung für den BestV empfohlen[1792]:

1066

> **Beispiel 46:**
>
> „**Bestätigungsvermerk des unabhängigen Abschlussprüfers**
>
> An die ... [*Firma und Sitz des geprüften Unternehmens*]
>
> *Eingeschränkte Prüfungsurteile*
>
> Wir haben den Jahresabschluss der ... [*Firma und Sitz des geprüften Unternehmens*] – bestehend aus der Bilanz zum ... [*Datum*] und der Gewinn- und Verlustrechnung für das Geschäftsjahr vom ... [*Datum*] bis zum ... [*Datum*] sowie dem Anhang, einschließlich der Darstellung der Bilanzierungs- und Bewertungsmethoden – geprüft. Darüber hinaus haben wir den Lagebericht der ... [*Firma und Sitz des geprüften Unternehmens*] für das Geschäftsjahr vom ... [*Datum*] bis zum ... [*Datum*] geprüft.
>
> Nach unserer Beurteilung aufgrund der bei der Prüfung gewonnenen Erkenntnisse
> - entspricht der beigefügte Jahresabschluss mit Ausnahme der möglichen Auswirkungen des im Abschnitt „Grundlage für die eingeschränkten Prüfungsurteile" beschriebenen Sachverhalts in allen wesentlichen Belangen den deutschen, für Kapitalgesellschaften geltenden handelsrechtlichen Vorschriften und vermittelt mit Ausnahme dieser möglichen Auswirkungen unter Beachtung der deutschen Grundsätze ordnungsmäßiger Buchführung ein den tatsächlichen Verhältnissen entsprechendes Bild der Vermögens- und Finanzlage der Gesellschaft zum ... [*Datum*] sowie ihrer Ertragslage für das Geschäftsjahr vom ... [*Datum*] bis zum ... [*Datum*] und
> - vermittelt der beigefügte Lagebericht mit Ausnahme der möglichen Auswirkungen des im Abschnitt „Grundlage für die eingeschränkten Prüfungsurteile" beschriebenen Sachverhalts insgesamt ein zutreffendes Bild von der Lage der Gesellschaft. In allen wesentlichen Belangen, mit Ausnahme dieser möglichen Auswirkungen, steht der Lagebericht in Einklang mit einem den deutschen gesetzlichen Vorschriften entsprechenden Jahresabschluss, entspricht den deutschen

---

1790 Vgl. *IDW PS 405*, Tz. 55.
1791 Vgl. *IDW PS 405*, Tz. 21, A17.
1792 Vgl. *IDW PS 405*, Tz. 21, 22, 26 Buchst. a), 28, 30, 31, 32 Buchst. d), 40, 41, 48; ferner Anlage: Bsp. 5.

> gesetzlichen Vorschriften und stellt die Chancen und Risiken der zukünftigen Entwicklung zutreffend dar.
>
> Gemäß § 322 Abs. 3 Satz 1 HGB erklären wir, dass unsere Prüfung mit Ausnahme der genannten Einschränkungen der Prüfungsurteile zum Jahresabschluss und zum Lagebericht zu keinen Einwendungen gegen die Ordnungsmäßigkeit des Jahresabschlusses und des Lageberichts geführt hat.
>
> *Grundlage für die eingeschränkten Prüfungsurteile*
>
> Das Vorhandensein der Vorräte in Höhe von ... TEUR ist nicht hinreichend nachgewiesen, weil wir die Inventur nicht beobachten und durch alternative Prüfungshandlungen keine hinreichende Sicherheit über deren Bestand gewinnen konnten. Wir können daher nicht ausschließen, dass Änderungen insbesondere am Ausweis der Vorräte, des Jahresergebnisses sowie des Eigenkapitals hätten vorgenommen werden müssen. Dieser Sachverhalt beeinträchtigt möglicherweise auch die Darstellung des Geschäftsverlaufs im Lagebericht einschließlich des Geschäftsergebnisses und der Lage der Gesellschaft sowie die Darstellung der Chancen und Risiken der zukünftigen Entwicklung.
>
> Wir haben unsere Prüfung des Jahresabschlusses und des Lageberichts in Übereinstimmung mit § 317 HGB unter Beachtung der vom Institut der Wirtschaftsprüfer (IDW) festgestellten deutschen Grundsätze ordnungsmäßiger Abschlussprüfung durchgeführt. Unsere Verantwortung nach diesen Vorschriften und Grundsätzen ist im Abschnitt „Verantwortung des Abschlussprüfers für die Prüfung des Jahresabschlusses und des Lageberichts" unseres Bestätigungsvermerks weitergehend beschrieben. Wir sind von dem Unternehmen unabhängig in Übereinstimmung mit den deutschen handelsrechtlichen und berufsrechtlichen Vorschriften und haben unsere sonstigen deutschen Berufspflichten in Übereinstimmung mit diesen Anforderungen erfüllt. Wir sind der Auffassung, dass die von uns erlangten Prüfungsnachweise ausreichend und geeignet sind, um als Grundlage für unsere eingeschränkten Prüfungsurteile zum Jahresabschluss und zum Lagebericht zu dienen.
>
> *Verantwortung der gesetzlichen Vertreter für den Jahresabschluss und den Lagebericht*
>
> (...)
>
> *Verantwortung des Abschlussprüfers für die Prüfung des Jahresabschlusses und des Lageberichts*
>
> (...)
>
> ... [Ort der Niederlassung des APr.], ... [Datum]
>
> ....
> [Name1] [Name2]
> (Wirtschaftsprüfer/in) (Wirtschaftsprüfer/in)"

1067 Anders als im Fall der „Erklärung der Nichtabgabe eines Prüfungsurteils" (s.o. Fall d) bedingt ein Prüfungshemmnis, welches keine umfassenden Auswirkungen hat und daher lediglich zur Einschränkung des Prüfungsurteils führt, keine Folgeänderungen im Abschnitt „Verantwortung des APr.".

1068 Unabhängig davon, welcher Art der ggf. zur Modifizierung führende mangelbehaftete Sachverhalt ist und welcher Umfang dessen Auswirkungen beizumessen ist, ist der APr. stets gehalten, **die gesetzlichen Vertreter bzw. das Aufsichtsgremium frühzeitig zu**

kontaktieren, um die i.R.d. Prüfung festgestellten Probleme zu besprechen, damit diese möglichst noch vor der Erteilung des BestV abgestellt werden können[1793].

Bei PIE ist außerdem noch die Informationspflicht nach Art. 12 Abs. 1 Buchst. c) VO (EU) Nr. 537/2014 zu beachten.

4.4.3 Versagungsvermerk

Sind die aufgrund der Prüfung identifizierten **mangelbehafteten Sachverhalte** i.Z.m. der Rechnungslegung **so bedeutend und/oder so zahlreich**, dass nach der Beurteilung des APr. insgesamt kein Positivbefund in Bezug auf die geprüfte Rechnungslegung mehr infrage kommt, ist diese **negative Gesamtaussage** gem. § 322 Abs. 4 S. 1 und 2 HGB in Form eines Versagungsvermerks zu treffen[1794]. **1069**

In diesem Zusammenhang legt *IDW PS 405* fest, dass ausschlaggebend für das Befinden über diese Gesamtaussage und damit für die Überschriftwahl für den BestV (§ 322 Abs. 4 S. 2 HGB) stets allein das **Prüfungsurteil zum Abschluss** ist[1795]. Modifizierte Prüfungsurteile zu anderen Prüfungsgegenständen wirken sich dagegen nicht auf die Titulierung/Überschrift des BestV aus (vgl. hierzu die Übersicht in Kap. M Tz. 968). **1070**

Gründe für einen **Versagungsvermerk** können demnach sein[1796] **1071**

- **Einwendungen mit umfassenden Auswirkungen** auf den Abschluss als Ganzes (§ 322 Abs. 2 S. 1 Nr. 3 HGB),
- **Prüfungshemmnisse mit umfassenden Auswirkungen**, d.h. Umstände, aufgrund derer der APr. essentielle oder nicht abgrenzbare Teile der Rechnungslegung im Abschluss nicht mit hinreichender Sicherheit beurteilen kann (§ 322 Abs. 2 S. 1 Nr. 4 HGB).

Nach der Gesetzesbegründung kann Grund für einen Versagungsvermerk ferner der Umstand sein, dass es dem APr. nicht möglich ist, dem Nutzer des BestV die Tragweite der vom APr. vorgenommenen Einschränkung erkennbar zu machen[1797].

Im Gegensatz zu einem Abschluss, zu dem ein eingeschränktes Prüfungsurteil erteilt wird, ist der geprüfte **Abschluss** im Fall eines Versagungsvermerks aufgrund der Abgabe eines **versagten Prüfungsurteils** nach der Beurteilung des APr. **auch nicht eingeschränkt dazu geeignet**, noch ein den tatsächlichen Verhältnissen im Wesentlichen entsprechendes Bild der Vermögens-, Finanz- und Ertragslage zu vermitteln (§ 322 Abs. 4 S. 4 HGB). **1072**

Ein Versagungsvermerk ist ebenfalls zu erteilen, wenn der APr. – nach Ausschöpfung aller angemessenen, d.h. rechtlich zulässigen und wirtschaftlich vertretbaren, Möglichkeiten zur Klärung des Sachverhalts (§ 322 Abs. 5 S. 1 HGB) – **nicht in der Lage ist, ein Prüfungsurteil zum Abschluss abzugeben.** **1073**

1793 Vgl. *IDW PS 405*, Tz. 15-16, 57, A27; ferner *IDW PS 210*, Tz. 66; *IDW PS 261 n.F.*, Tz. 89; *IDW PS 270 n.F.*, Tz. 21, 34; *IDW PS 450 n.F.*, Tz. 18; *IDW PS 470 n.F.*, Tz. 21, 28.

1794 Vgl. ADS[6], § 322, Tz. 227; *Orth/Schaefer*, in: Baetge/Kirsch/Thiele, Bilanzrecht, § 322, Rn. 86; *Schmidt/Küster*, in: BeBiKo[11], § 322, Rn. 10, 193 f.

1795 Vgl. *IDW PS 405*, Tz. 21. Im Ergebnis stellt dies keine Änderung ggü. dem bisherigen Vorgehen nach *IDW PS 400 a.F.* dar.

1796 Vgl. *IDW PS 405*, Tz. A1 i.V.m. A17.

1797 Vgl. RegBegr. BilReG, BT-Drs. 15/3419 v. 24.06.2004, S. 45.

Die dabei erfolgende **Erklärung der Nichtabgabe eines Prüfungsurteils** entspricht im Ergebnis dem sog. „Disclaimer of Opinion" i.S.v. ISA 705[1798]. Dieser „Nichterteilungsvermerk" ist nach dem HGB formal als Versagungsvermerk ausgestaltet, wodurch die rechtliche Folgewirkung der Feststellungssperre (vgl. Kap. M Tz. 74) beseitigt wird.

1074 IDW PS 405 setzt vor die Erteilung des Versagungsvermerks nach § 322 Abs. 2 S. 1 Nr. 4 HGB – insofern ISA 705 folgend – noch die Frage nach der Möglichkeit der Kündigung des Prüfungsauftrags (**Auftragsniederlegung**)[1799]. Solches ist jedoch nach HGB bei gesetzlichen Abschlussprüfungen nur in besonderen Ausnahmefällen möglich (vgl. Kap. M Tz. 1218 f.)[1800].

1075 Ebenso wie bei sonstigen Modifizierungen von Prüfungsurteilen im BestV ist auch die Erteilung des Versagungsvermerks zu begründen (§ 322 Abs. 4 S. 3 HGB). Dazu sind in dem Versagungsvermerk i.R.d. Abschnitts „Begründung für das versagte Prüfungsurteil" bzw. „Begründung für die Nichtabgabe des Prüfungsurteils" **alle wesentlichen Gründe für die Versagung** zu beschreiben und zu erläutern[1801].

1076 Anders als bei einer Einschränkung wird nach dem Gesetzeswortlaut (§ 322 Abs. 4 und 5 HGB) für die „Versagung des BestV" eine **Darstellung der Tragweite** nicht verlangt. Auch wenn die Erteilung eines Versagungsvermerks die äußerste Stufe der Kritik des APr. darstellt und die Tragweite von daher aus sich heraus erkennbar und abschätzbar erscheint, werden jedoch quantitative Angaben i.Z.m. den mangelbehafteten Sachverhalten, die zu diesem Prüfungsurteil geführt haben, für den Adressaten des BestV regelmäßig von Interesse und demzufolge kaum verzichtbar sein. Dies legt auch die allgemeine Anforderung des § 322 Abs. 2 S. 2 HGB nach einer klaren, problemorientierten und allgemeinverständlichen Formulierung des Prüfungsergebnisses nahe. Auch im Hinblick auf die trotz der Erteilung eines Versagungsvermerks formal gegebene Möglichkeit zur rechtswirksamen Feststellung des JA erscheint es sachgerecht und daher grds. erforderlich, dass der APr. – sofern dies praktisch durchführbar ist – eine Quantifizierung vornimmt[1802].

I.Z.m. wesentlichen unterlassenen Angaben[1803] wird auf Kap. M Tz. 1048 verwiesen.

1077 Der Vermerk über die Versagung ist nach der gesetzlichen Vorgabe nicht mehr als BestV zu bezeichnen (§ 322 Abs. 4 S. 2 HGB). Als **Überschrift** ist deswegen „**Versagungsvermerk des unabhängigen Abschlussprüfers**" zu verwenden[1804].

Form und Wortlaut sind im Gesetz im Übrigen nicht gesondert geregelt. Neben den allgemeinen Grundsätzen für Aufbau, Gliederung und Formulierung des BestV gelten die nachstehend dargestellten Besonderheiten.

1078 Durch die Tatsache der Versagung werden **alle Teilaussagen des Prüfungsurteils** des APr. zum Abschluss erfasst. Einzelne Positivaussagen dürfen daher – selbst wenn sie in Bezug auf abgrenzbare (andere) Teile der geprüften Rechnungslegung theoretisch mög-

---

1798 Vgl. RegBegr. BilReG, BT-Drs. 15/3419 v. 24.06.2004, S. 45; Orth/*Schafer*, in: Baetge/Kirsch/Thiele, Bilanzrecht, § 322, Rn. 58; Plendl/*Kling*, WPg 2013, S. 1127.
1799 Vgl. *IDW PS 405*, Tz. 17 Buchst. b); ferner ISA 705.13 (b) (i), A13.
1800 Vgl. *IDW PS 405*, Tz. A15. Zu freiwilligen Abschlussprüfungen vgl. *IDW PS 405*, Tz. A16.
1801 Vgl. *IDW PS 405*, Tz. 40 ff.
1802 Ebenso ADS⁶, § 322, Tz. 256; Orth/*Schaefer*, in: Baetge/Kirsch/Thiele, Bilanzrecht, § 322, Rn. 104. Vgl. auch *IDW PS 405*, Tz. 41, A21.
1803 Vgl. insb. *IDW PS 405*, Tz. 45 und 46.
1804 Vgl. *IDW PS 405*, Tz. 21.

lich wären – zur Vermeidung von Missverständnissen nicht getroffen werden[1805]. Die Einbeziehung eines solchen nicht modifizierten Prüfungsurteils in denselben Versagungsvermerk unter diesen Umständen würde dem „versagten Prüfungsurteil" (§ 322 Abs. 2 S. 1 Nr. 3 HGB) bzw. der „Erklärung der Nichtabgabe des Prüfungsurteils" (§ 322 Abs. 2 S. 1 Nr. 4 HGB) zum **Abschluss als Ganzes** widersprechen[1806].

Dahingegen sind i.R.d. der Erteilung eines Versagungsvermerks und dessen Begründung vom APr. eventuelle **weitere Einwendungen oder Prüfungshemmnisse**, die als solche auch eine Modifizierung des Prüfungsurteils zum JA nach sich gezogen hätten, ebenfalls zu beschreiben[1807]. Ebenso sind Prüfungsurteile zu anderen Prüfungsgegenständen unabhängig vom Prüfungsurteil zum JA unter Beachtung von *IDW PS 400 n.F.* abzugeben und auszuformulieren sowie ggf. nach *IDW PS 405* zu modifizieren. **1079**

Inhaltlich ist überdies zu beachten, dass bei Erteilung eines **Versagungsvermerks aufgrund der Nichtabgabe eines Prüfungsurteils zum JA 1080**

- kein Abschnitt „Besonders wichtige Prüfungssachverhalte" (vgl. *IDW PS 401*)
- und
- kein Abschnitt „Sonstige Informationen" (vgl. *ISA 720 (Rev.) (Entwurf-DE)*)

in diesen Versagungsvermerk aufgenommen werden dürfen[1808].

Nachfolgend werden **Formulierungsbeispiele** gegeben für die Fälle **1081**

a) Versagungsvermerk aufgrund von Einwendungen mit umfassenden Auswirkungen (d.h. „**versagtes Prüfungsurteil**"),
b) Versagungsvermerk aufgrund von Prüfungshemmnissen mit umfassenden Auswirkungen (d.h. „**Erklärung der Nichtabgabe des Prüfungsurteils**").

Die Grauunterlegungen heben dabei diejenigen Formulierungen und Passagen hervor, die sich infolge der Modifizierung des Prüfungsurteils ggü. der Grundversion nach *IDW PS 400 n.F.* geändert haben. Textlichen Auslassungen „(...)" bedeuten, dass an diesen Stellen die Standardtexte aus *IDW PS 400 n.F.* (dort Anlage: Bsp. 1) unmodifiziert Verwendung finden.

Für ein Prüfungsurteil mit negativer Gesamtaussage in Bezug auf den JA aufgrund von **Einwendungen mit umfassenden Auswirkungen** (§ 322 Abs. 2 S. 1 Nr. 3 HGB – **Fall a**) wird folgende Formulierung empfohlen[1809]. **1082**

1805 Vgl. ADS[6], § 322, Tz. 260; *Müller*, in: Kölner Komm. Rechnungslegungsrecht, § 322, Rn. 52.
1806 Vgl. *IDW PS 405*, Tz. 20.
1807 Vgl. *IDW PS 405*, Tz. 53, A23.
1808 Vgl. *IDW PS 405*, Tz. 56, A25-A26.
1809 Vgl. *IDW PS 405*, Tz. 21, 22, 26 Buchst. a), 33, 35, 36 Buchst. b), 40 ff., 49; *IDW PS 270 n.F.*, Tz. 28, A32; ferner Anlage 1: Bsp. 3. Außerdem ist *IDW PS 405*, Tz. 20 zu beachten.

> **Beispiel 47:**
>
> **„Versagungsvermerk des unabhängigen Abschlussprüfers**
>
> An die … [Firma und Sitz des geprüften Unternehmens]
>
> VERMERK ÜBER DIE PRÜFUNG DES JAHRESABSCHLUSSES UND DES LAGEBERICHTS[1810]
>
> *Versagte Prüfungsurteile*
>
> Wir haben den Jahresabschluss der … [Firma und Sitz des geprüften Unternehmens] – bestehend aus der Bilanz zum … [Datum] und der Gewinn- und Verlustrechnung für das Geschäftsjahr vom … [Datum] bis zum … [Datum] sowie dem Anhang, einschließlich der Darstellung der Bilanzierungs- und Bewertungsmethoden – geprüft. Darüber hinaus haben wir den Lagebericht der … [Firma und Sitz des geprüften Unternehmens] für das Geschäftsjahr vom … [Datum] bis zum … [Datum] geprüft.
>
> Nach unserer Beurteilung aufgrund der bei der Prüfung gewonnenen Erkenntnisse
> - entspricht der beigefügte Jahresabschluss wegen der Bedeutung des im Abschnitt „Grundlage für die versagten Prüfungsurteile" beschriebenen Sachverhalts nicht den deutschen, für Kapitalgesellschaften geltenden handelsrechtlichen Vorschriften und vermittelt kein unter Beachtung der deutschen Grundsätze ordnungsmäßiger Buchführung den tatsächlichen Verhältnissen entsprechendes Bild der Vermögens- und Finanzlage der Gesellschaft zum … [Datum] sowie ihrer Ertragslage für das Geschäftsjahr vom … [Datum] bis zum … [Datum] und
> - vermittelt der beigefügte Lagebericht wegen der Bedeutung des im Abschnitt „Grundlage für die versagten Prüfungsurteile" beschriebenen Sachverhalts insgesamt kein zutreffendes Bild von der Lage der Gesellschaft, steht nicht in Einklang mit einem den deutschen gesetzlichen Vorschriften entsprechenden Jahresabschluss, entspricht nicht den deutschen gesetzlichen Vorschriften und stellt die Chancen und Risiken der zukünftigen Entwicklung nicht zutreffend dar.
>
> Gemäß § 322 Abs. 3 Satz 1 HGB erklären wir, dass unsere Prüfung zu den genannten Einwendungen gegen die Ordnungsmäßigkeit des Jahresabschlusses und des Lageberichts geführt hat, und versagen daher den Bestätigungsvermerk.
>
> *Grundlage für die versagten Prüfungsurteile*
>
> Wie in Angabe A des Anhangs und in Abschnitt B des Lageberichts dargelegt, sind die Finanzierungsvereinbarungen der Gesellschaft ausgelaufen und der ausstehende Betrag war am … [Datum] fällig. Das Unternehmen war bislang nicht in der Lage, eine Prolongation zu erzielen oder eine Ersatzfinanzierung zu erhalten. Die gesetzlichen Vertreter haben den Jahresabschluss unter der Annahme der Fortführung der Unternehmenstätigkeit aufgestellt und berufen sich hierbei auf die finanzielle Unterstützung durch das Mutterunternehmen, die … [Gesellschaft], haben uns jedoch bis zum Datum dieses Versagungsvermerks eine entsprechende Zusage nicht vorgelegt. Dementsprechend ist die Anwendung des Rechnungslegungsgrundsatzes der Fortführung der Unternehmenstätigkeit nicht angemessen.
>
> Dieser Sachverhalt hat umfassende Bedeutung auch für die im Lagebericht erfolgte Darstellung des Geschäftsverlaufs einschließlich des Geschäftsergebnisses und der

---

[1810] Die Aufnahme dieser *Hauptabschnittsüberschrift* ist, sofern kein (zweiter) *Hauptabschnitt „Sonstige gesetzliche und andere rechtliche Anforderungen"* existiert, nicht erforderlich; vgl. IDW PS 400 n.F., Tz. 33 (Kap. M Tz. 787). Im folgenden Bsp. b) wird daher darauf verzichtet.

> Lage der Gesellschaft sowie die Darstellung der Chancen und Risiken der zukünftigen Entwicklung.
>
> Wir haben unsere Prüfung des Jahresabschlusses und des Lageberichts in Übereinstimmung mit § 317 HGB unter Beachtung der vom Institut der Wirtschaftsprüfer (IDW) festgestellten deutschen Grundsätze ordnungsmäßiger Abschlussprüfung durchgeführt. Unsere Verantwortung nach diesen Vorschriften und Grundsätzen ist im Abschnitt „Verantwortung des Abschlussprüfers für die Prüfung des Jahresabschlusses und des Lageberichts" unseres Versagungsvermerks weitergehend beschrieben. Wir sind von dem Unternehmen unabhängig in Übereinstimmung mit den deutschen handelsrechtlichen und berufsrechtlichen Vorschriften und haben unsere sonstigen deutschen Berufspflichten in Übereinstimmung mit diesen Anforderungen erfüllt. Wir sind der Auffassung, dass die von uns erlangten Prüfungsnachweise ausreichend und geeignet sind, um als Grundlage für unsere versagten Prüfungsurteile zum Jahresabschluss und zum Lagebericht zu dienen.
>
> *Verantwortung der gesetzlichen Vertreter für den Jahresabschluss und den Lagebericht*
> (...)
>
> *Verantwortung des Abschlussprüfers für die Prüfung des Jahresabschlusses und des Lageberichts*
> (...)
>
> ... [Ort der Niederlassung des APr.], ... [Datum]
>
> ....
> [Name1]   [Name2]
> (Wirtschaftsprüfer/in)   (Wirtschaftsprüfer/in)"

1083 Im Beispielsfall wirken sich die **Einwendungen** in Bezug auf den JA obendrein (**umfassend**) auf das Prüfungsurteil zum LB aus[1811].

Die „Verantwortung der gesetzlichen Vertreter" sowie die „Verantwortung des APr." werden hiervon jedoch nicht tangiert, so dass die diesbezüglichen Abschnitte im Versagungsvermerk unverändert bleiben. Ebenso werden von solch einem Versagungsvermerk die Abschnitte „Besonders wichtige Prüfungssachverhalte" und „Sonstige Informationen" nicht beeinflusst; diese Abschnitte sind – sofern einschlägig – unverändert in den BestV aufzunehmen[1812].

1084 Wird demgegenüber ein Versagungsvermerk erteilt, weil der APr. nach Ausschöpfung aller angemessenen Möglichkeiten der Sachverhaltsaufklärung **nicht in der Lage ist, ein Prüfungsurteil zum JA abzugeben** (§ 322 Abs. 2 S. 1 Nr. 4 HGB – **Fall b**), so ist im Versagungsvermerk zu verdeutlichen, dass der APr. keine ausreichenden geeigneten Prüfungsnachweise für sein Prüfungsurteil zum JA erlangen konnten[1813].

1085 Für die Erteilung eines Versagungsvermerks aufgrund von **Prüfungshemmnissen** wird hiernach folgende Formulierung empfohlen[1814]:

1811 Zu möglichen weiteren Kombinationen vgl. *Skirk/Kuhn,* WPg 2018, S. 329 (335), Übersicht 4.
1812 Vgl. *IDW PS 405,* Tz. 56, A25-A26 im Umkehrschluss.
1813 Vgl. *IDW PS 405,* Tz. 48, 54; *Schmidt/Küster,* in: BeBiKo[11], § 322, Rn. 200.
1814 Vgl. *IDW PS 405,* Tz. 21, 22, 26 Buchst. a), 37, 38, 40 ff., 48, 50, 54; ferner Anlage: Bsp. 7. Außerdem ist *IDW PS 405,* Tz. 20 zu beachten.

Beispiel 48:

„Versagungsvermerk des unabhängigen Abschlussprüfers"

An die ... [Firma und Sitz des geprüften Unternehmens]

Erklärung der Nichtabgabe von Prüfungsurteilen

Wir waren beauftragt, den Jahresabschluss der ... [Firma und Sitz des geprüften Unternehmens] – bestehend aus der Bilanz zum ... [Datum] und der Gewinn- und Verlustrechnung für das Geschäftsjahr vom ... [Datum] bis zum ... [Datum] sowie dem Anhang, einschließlich der Darstellung der Bilanzierungs- und Bewertungsmethoden – zu prüfen. Darüber hinaus waren wir beauftragt, den Lagebericht der ... [Firma und Sitz des geprüften Unternehmens] für das Geschäftsjahr vom ... [Datum] bis zum ... [Datum] zu prüfen.

Wir geben keine Prüfungsurteile zu dem beigefügten Jahresabschluss und dem beigefügten Lagebericht ab. Aufgrund der Bedeutung des im Abschnitt „Grundlage für die Erklärung der Nichtabgabe von Prüfungsurteilen" beschriebenen Sachverhalts sind wir nicht in der Lage gewesen, ausreichende und geeignete Prüfungsnachweise als Grundlage für Prüfungsurteile zum Jahresabschluss und zum Lagebericht zu erlangen, und versagen daher den Bestätigungsvermerk.

Grundlage für die Erklärung der Nichtabgabe von Prüfungsurteilen

Die Beteiligungen der Gesellschaft an der ABC Gesellschaft und an der XYZ Gesellschaft sind in der Bilanz mit einem Betrag von insgesamt ... TEUR erfasst, der mehr als 80 % der Bilanzsumme ausmacht. Die gesetzlichen Vertreter haben entgegen § 320 HGB die für die Prüfung der Bewertung dieser Beteiligungen erforderlichen Aufklärungen und Nachweise nicht erbracht. Daher waren wir nicht in der Lage zu beurteilen, ob Anpassungen notwendig waren in Bezug auf die Bilanzierung dieser Beteiligungen im Jahresabschluss, einschließlich der zugehörigen Angaben.

Dieser Sachverhalt hat umfassende Bedeutung auch für die Beurteilbarkeit der im Lagebericht erfolgten Darstellung des Geschäftsverlaufs einschließlich des Geschäftsergebnisses und der Lage der Gesellschaft sowie der Darstellung der Chancen und Risiken der zukünftigen Entwicklung.

Verantwortung der gesetzlichen Vertreter für den Jahresabschluss und den Lagebericht

(...)

Verantwortung des Abschlussprüfers für die Prüfung des Jahresabschlusses und des Lageberichts

Es liegt in unserer Verantwortung, eine Prüfung des Jahresabschlusses und des Lageberichts in Übereinstimmung mit § 317 HGB unter Beachtung der vom Institut der Wirtschaftsprüfer (IDW) festgestellten deutschen Grundsätze ordnungsmäßiger Abschlussprüfung durchzuführen. Des Weiteren liegt es in unserer Verantwortung, einen Bestätigungsvermerk zu erteilen. Aufgrund des im Abschnitt „Grundlage für die Erklärung der Nichtabgabe von Prüfungsurteilen" beschriebenen Sachverhalts sind wir nicht in der Lage gewesen, ausreichende geeignete Prüfungsnachweise als Grundlage für Prüfungsurteile zu diesem Jahresabschluss und diesem Lagebericht zu erlangen.

Wir sind von dem Unternehmen unabhängig in Übereinstimmung mit den deutschen handelsrechtlichen und berufsrechtlichen Vorschriften und haben unsere sonstigen deutschen Berufspflichten in Übereinstimmung mit diesen Anforderungen erfüllt.

> ... [Ort der Niederlassung des APr.], ... [Datum]
>
> ....
> [Name1]   [Name2]
> (Wirtschaftsprüfer/in)   (Wirtschaftsprüfer/in)"

Die Tatsache, dass keine ausreichenden geeigneten Prüfungsnachweise erlangt werden konnten, verhindert eine ausdrückliche Erklärung nach § 322 Abs. 3 Satz 1 HGB. Darüber hinaus kann der Abschnitt „Verantwortung des APr." nur noch **Mindestangaben** enthalten. **1086**

Auch in diesem Beispielsfall haben sich die Feststellungen des APr. in Bezug auf den JA (hier: **Prüfungshemmnisse**) dazu (**umfassend**) auf das Prüfungsurteil zum LB ausgewirkt. **1087**

Zu betonen wäre abschließend noch, dass ein **derartiger Versagungsvermerk** weder einen Abschnitt „Besonders wichtige Prüfungssachverhalte" (*IDW PS 401*), noch einen Abschnitt „Sonstige Informationen" (*ISA 720 (Rev.) (Entwurf-DE)*) enthalten darf[1815].

4.4.4 Gründe für die Modifizierung des Prüfungsurteils

Voraussetzungen für die Modifizierung eines Prüfungsurteils im BestV, bis hin zur dadurch ggf. erforderlichen Erteilung eines Versagungsvermerks, sind stets, dass die der Beurteilung zugrunde liegende **Einwendung wesentlich** ist bzw. diesbezüglich ein **Prüfungshemmnis** vorliegt[1816], und dass der mangelbehaftete Sachverhalt bei Beendigung der Prüfung, d.h. zum Zeitpunkt der Erteilung des BestV, noch besteht[1817]. **1088**

Die Frage, **1089**
- ob nach der Art der festgestellten Sachverhalte insgesamt noch eine (**eingeschränkt**) **positive Gesamtaussage zum Prüfungsgegenstand** möglich ist und daher eine Modifikation des Prüfungsurteils in Form der Einschränkung ausreicht[1818], oder
- ob aufgrund der umfassenden Auswirkungen dieser Sachverhalte nur eine **negative Gesamtaussage zum Prüfungsgegenstand** getroffen werden kann und daher ein versagtes Prüfungsurteil abgegeben oder die Nichtabgabe eines Prüfungsurteils erklärt werden muss[1819],

kann nur nach den jeweiligen **Verhältnissen des Einzelfalles** beantwortet werden.

Einige allgemeine **Rahmengrundsätze** lassen sich jedoch aufstellen. **1090**

Ausschlaggebendes **Unterscheidungskriterium** ist hierbei stets die Einschätzung des APr., ob nach seinem pflichtgemäßen Ermessen trotz der Einwendungen bzw. Prüfungshemmnisse insgesamt noch eine positive Gesamtaussage zu dem jeweiligen Prüfungsgegenstand möglich ist, oder ob eine solche Aussage aufgrund der umfassenden Auswirkungen der Modifizierungsgründe nicht mehr möglich erscheint.

1815 Vgl. *IDW PS 405*, Tz. 56, A25.
1816 Vgl. *IDW PS 405*, Tz. 10; ADS[6], § 322, Tz. 212; *Ebke*, in: MünchKomm. HGB[3], § 322, Rn. 36; *Orth/Schaefer*, in: Baetge/Kirsch/Thiele, Bilanzrecht, § 322, Rn. 82; *Schmidt/Küster*, in: BeBiKo[11], § 322, Rn. 170.
1817 Vgl. *IDW PS 400 a.F.*, Tz. 52; *Orth/Schaefer*, in: Baetge/Kirsch/Thiele, Bilanzrecht, § 322, Rn. 85.
1818 Vgl. *IDW PS 405*, Tz. 4 Buchst. a).
1819 Vgl. *IDW PS 405*, Tz. 4 Buchst. b).

1091 **Gründe für die Modifizierung des Prüfungsurteils** in Bezug auf JA, LB bzw. sonstige Prüfungsgegenstände können sich ergeben aus festgestellten Verstößen gegen die maßgebenden Rechnungslegungsgrundsätze, Gesetze und sonstige Rechtsvorschriften, Gesellschaftsvertrag, Satzung oder Gesellschafterbeschlüsse, soweit sich diese auf die Rechnungslegung bzw. spezifisch auf den sonstigen Prüfungsgegenstand beziehen[1820].

1092 Gründe für **Einwendungen** können bspw. sein[1821]:

- **Buchführungsmängel**:
  Diese können auf dem Fehlen erforderlicher Handelsbücher oder auf dem nicht ordnungsgemäßen Führen der Handelsbücher (z.B. Differenzen zwischen Haupt- und Nebenbüchern oder unvollständige Erfassung von wichtigen Geschäftsvorfällen) sowie auf Verstößen gegen Inventarvorschriften beruhen. Buchführungsmängel sind dann von Relevanz für ein Prüfungsurteil, wenn sie sich negativ auf die Ordnungsmäßigkeit des JA, des LB oder eines sonstigen Prüfungsgegenstands auswirken.

- Verstöße gegen **Ansatz-, Bewertungs- oder Ausweisvorschriften** für den JA:
  Zu solchen Vorschriften zählen neben den Vorschriften über den Inhalt, die Gliederung, den Ausweis (z.B. eigene Anteile bei KapGes., Kapitalrücklage, Genussrechte) und die Wertansätze (z.B. Unterdotierung von Rückstellungen) auch die Vorschriften über die Bildung bzw. Auflösung von Kapital- oder Gewinnrücklagen.

- Nichtbeachtung von (ergänzenden) rechnungslegungsbezogenen **Bestimmungen des Gesellschaftsvertrags oder der Satzung** zum JA:
  Dies sind z.B. Bestimmungen über die Gliederung des EK oder die Gewinnverwendung (insb. zur Bildung von Gewinnrücklagen); ebenso hierzu zu zählen sind Beschlüsse der HV/Gesellschafterversammlung, die sich auf den JA auswirken (z.B. Vorabdividenden).
  Umgekehrt wird die Beachtung gesetzwidriger und daher nichtiger Bestimmungen des Gesellschaftsvertrags oder der Satzung bei der Aufstellung des JA eine Modifizierung des Prüfungsurteils i.d.R. nach sich ziehen[1822].

- Nichtbeachtung von **Angabe- und Erläuterungspflichten im Anhang**:
  Das Unterlassen von zwingenden Anhangangaben, für die kein Beurteilungsspielraum besteht, stellt grds. einen Einschränkungsgrund dar. Besteht ein Beurteilungsspielraum (z.B. § 284 Abs. 2 Nr. 2 HGB bei Methodenänderungen), führt das Unterlassen der Angabe bzw. Erläuterung zur Einschränkung, wenn der zugrunde liegende Sachverhalt wesentlich ist[1823].

- Nichteinhaltung der **Generalnorm** des § 264 Abs. 2 S. 1 HGB bei einem JA, der nach Rechnungslegungsgrundsätzen zur sachgerechten Gesamtdarstellung aufzustellen ist[1824].

- Mängel des **Lageberichts**[1825]:
  Solche liegen vor bspw., wenn wesentliche erforderliche Angaben (z.B. Angaben zu den Chancen und Risiken der zukünftigen Entwicklung, Angaben nach §§ 289 Abs. 2,

---

1820 Vgl. *IDW PS 405*, Tz. 4 Buchst. a).
1821 Vgl. *IDW PS 405*, Tz. A4-A7; ADS⁶, § 322, Tz. 270 ff.; *Bertram*, in: Haufe HGB Kommentar⁸, § 322, Rn. 71, 93; *Hell/Küster*, in: HdR⁵, § 322, Rn. 34; *Schmidt/Küster*, in: BeBiKo¹¹, § 322, Rn. 171, 183, 194.
1822 Vgl. *IDW PS 400 a.F.*, Tz. 70; ADS⁶, § 322, Tz. 308.
1823 Vgl. auch *IDW PS 250 n.F.*, Tz. 28.
1824 Vgl. *IDW PS 400 n.F.*, Tz. 17; *IDW PS 405*, Tz. 11, 28.
1825 Vgl. *IDW PS 350 a.F.*, Tz. 36; *IDW PS 350 n.F.*, Tz. 115 ff., A111 f.

289a HGB oder die Erklärung zur Unternehmensführung nach § 289f HGB bzw. der Hinweis auf die Veröffentlichung dieser Erklärung im Internet) im LB fehlen, wenn im LB enthaltene prüfungspflichtige Informationen falsch sind oder in Widerspruch zu den geprüften Unterlagen stehen[1826] oder wenn der APr. eine wesentliche prognostische Aussage nicht für plausibel hält. Ferner kann die Nichtbeachtung von Vorschriften des DRS 20 u.U. Einwendungen begründen[1827].

- **Wesentliche Unsicherheit i.Z.m. der Fortführung der Unternehmenstätigkeit:** Wird dem JA – nach der Beurteilung des APr. – der Rechnungslegungsgrundsatz der Fortführung der Unternehmenstätigkeit zu Unrecht zugrunde gelegt, oder enthalten JA bzw. LB unangemessene Angaben der gesetzlichen Vertreter in Bezug auf wesentliche Unsicherheiten i.Z.m. der Unternehmensfortführung, bedingen die diesbezüglichen Einwendungen entsprechende Modifizierungen der Prüfungsurteile zu JA bzw. LB[1828].
- **Verstöße gegen** gesetzliche, gesellschaftsvertragliche oder satzungsmäßige **Einzelnormen** mit relativ geringer Auswirkung auf die Gesamtaussage, wenn diesen Regelungen nach ihrem Sinn und Zweck **besondere Bedeutung** zuzumessen ist und der Verstoß nicht nur unwesentlich ist (z.B. im LB fehlende Schlusserklärung zum Abhängigkeitsbericht nach § 312 Abs. 3 AktG[1829], Nichtangabe der Organbezüge gem. § 285 Nr. 9 Buchst. a) HGB[1830], Mängel i.Z.m. der gem. § 161 AktG abzugebenden Erklärung zum DCGK[1831], des Weiteren Verstöße gegen die Vorschriften über eigene Aktien (§ 71 ff. AktG)[1832] oder gesellschaftsrechtliche Gläubigerschutzvorschriften wie § 57 AktG und § 30 GmbHG[1833], sofern diese Verstöße unzutreffend im JA abgebildet sind).
- *IDW PS 400 n.F.* konstatiert außerdem noch als ggf. eine Einwendung begründenden Mangel die nicht angemessene Benennung oder **Beschreibung der maßgebenden Rechnungslegungsgrundsätze** im JA[1834].

Einwendungen können sich u.U. auch aufgrund von **Fehlerfeststellungen durch Dritte**, z.B. die DPR, ergeben. Zu den Auswirkungen solcher Fehlerfeststellungen durch die DPR bzw. die BaFin auf den BestV siehe *IDW PH 9.400.11* (Stand 06.09.2006)[1835].

Modifizierungen von Prüfungsurteilen aufgrund von **Prüfungshemmnissen** können sich bspw. aus folgenden Sachverhalten ergeben[1836]:

- **Buchführungsmängel:**
Buchführungsmängel, aus welchen Prüfungshemmnisse mit Auswirkungen auf die Prüfungsurteile zu JA, LB bzw. sonstigen Prüfungsgegenständen resultieren, sind zu-

---

1826 Vgl. *IDW PS 350 a.F.*, Tz. 26; *IDW PS 350 n.F.*, Tz. A111.
1827 Vgl. *IDW PS 350 n.F.*, Tz. 116, Tz. 117 i.V.m. A115.
1828 Vgl. *IDW PS 270 n.F.*, Tz. 28, 31 f.
1829 Vgl. *IDW PS 350 n.F.*, Tz. A111; *IDW St/HFA 3/1991*, Abschn. III. Ziff. 3.
1830 Vgl. *IDW PS 405*, Anlage: Bsp. 1; *Ebke*, in: MünchKomm. HGB³, § 322, Rn. 37.
1831 Vgl. *IDW PS 345*, Tz. 31.
1832 Vgl. *Schmidt/Küster*, in: BeBiKo¹¹, § 322, Rn. 171.
1833 Vgl. *Schmidt/Küster*, in: BeBiKo¹¹, § 322, Rn. 183.
1834 Vgl. *IDW PS 400 n.F.*, Tz. 18, A17-A18.
1835 Vgl. auch *IDW RS HFA 6*, Tz. 20.
1836 Vgl. *IDW PS 400 a.F.*, Tz. 56; *IDW PS 405*, Tz. A10-A14; ADS⁶, § 322, Tz. 310 ff.; *Bertram*, in: Haufe HGB Kommentar⁸, § 322, Rn. 85; *Schmidt/Küster*, in: BeBiKo¹¹, § 322, Rn. 183, 194.

meist die unzureichende oder Nichtbeachtung der Dokumentationsgrundsätze (Belegprinzip und Aufbewahrungspflichten).

- **Verweigerte direkte Kontaktaufnahme mit wichtigen Auskunftspersonen** außerhalb des zu prüfenden Unternehmens:
Dies betrifft insb. den Fall, dass eine solche Person (z.B. ein Anwalt) nicht von ihrer berufsrechtlichen Verschwiegenheitspflicht entbunden wird[1837].
- **Beschränkungen beim Einholen von Saldenbestätigungen**:
In Betracht kommen z.B. die Weigerung der gesetzlichen Vertreter, die Versendung der Bestätigungsanfragen zu gestatten, sowie Beschränkungen bei der Zurverfügungstellung notwendiger Daten und Informationen durch das geprüfte Unternehmen[1838].
- **Mangelnde Nachprüfbarkeit von Geschäftsvorfällen mit nahestehenden Personen und Unternehmen:**
Dies betrifft insb. die unzureichende Erfassung des Kreises der nahestehenden Personen und Unternehmen sowie der Geschäftsvorfälle mit diesen oder unzureichende Nachweise dazu, aber auch den Fall, dass nahestehende Personen u.U. ihre Mitwirkung verweigern[1839].
- **Unzureichende Erfüllung der Vorlage- und Auskunftspflichten nach § 320 HGB**:
Verletzungen von Nachweis- und Auskunftspflichten durch die gesetzlichen Vertreter des geprüften Unternehmens können z.B. resultieren aus dem Verlangen des APr., ihm die Bücher und Schriften der Gesellschaft zugänglich zu machen, ihn das körperliche Vorhandensein und den Zustand bestimmter Vermögensgegenstände prüfen zu lassen sowie ihm alle für eine sorgfältige Prüfung notwendigen Aufklärungen zu erteilen und Nachweise zu erbringen. Auch die Verweigerung von Auskünften oder Nachweisen durch MU oder TU (§ 320 Abs. 2 S. 3 HGB) kann ein Prüfungshemmnis sein. Probleme können sich ferner bei das Ausland betreffenden Geschäftsvorfällen ergeben, wenn ausreichende geeignete Prüfungsnachweise z.B. wegen politischer Restriktionen nicht eingeholt werden können oder weil der Geschäftspartner im Ausland seine Mitwirkung verweigert[1840].
- **Mängel des Lageberichts**[1841]:
Prüfungshemmnisse in Bezug auf den LB liegen vor, wenn der APr. im LB dargestellte Sachverhalte, u.U. auch prognostische Angaben, nicht abschließend beurteilen kann. Gleichermaßen ist es als Prüfungshemmnis zu qualifizieren, wenn der LB unzulässigerweise nicht aufgestellt oder nicht vorgelegt wurde[1842].
- **Wesentliche Unsicherheit i.Z.m. der Fortführung der Unternehmenstätigkeit:**
Die Weigerung der gesetzlichen Vertreter zur Vornahme oder zeitlichen Ausdehnung ihrer Einschätzung in Bezug auf die Fähigkeit des Unternehmens zur Fortführung der Unternehmenstätigkeit wird regelmäßig als Prüfungshemmnis einzustufen sein[1843]. Und natürlich können Verstöße gegen § 320 HGB auch die Beurteilung von Unsicherheiten i.Z.m. der Fortführung der Unternehmenstätigkeit durch den APr. betreffen.

[1837] Vgl. *IDW PS 302 n.F.*, Tz. 26; ADS⁶, § 322, Tz. 317.
[1838] Vgl. *IDW PS 302 n.F.*, Tz. 11, A12.
[1839] Vgl. hierzu *IDW PS 255*.
[1840] Vgl. ADS⁶, § 322, Tz. 317.
[1841] Vgl. *IDW PS 350 a.F.*, Tz. 36.
[1842] Vgl. *IDW PS 405*, Tz. 15, 18.
[1843] Vgl. *IDW PS 270 n.F.*, Tz. 33, A43.

- **Fehlende Verwertbarkeit** der **Ergebnisse anderer Prüfer** oder der **Arbeitsergebnisse von Sachverständigen**:
  Beides kann ein Prüfungshemmnis darstellen, sofern es dem APr. nicht möglich ist, durch alternative Prüfungshandlungen zu einer hinreichend sicheren Beurteilung in Bezug auf den jeweiligen Sachverhalt zu kommen[1844].
- **Mangelnde Prüfungssicherheit aufgrund eines hohen Entdeckungsrisikos**:
  Dies könnte z.B. der Fall sein, wenn bei einem Prüffeld mit Massendaten infolge eines mangelhaften IKS des geprüften Unternehmens durch aussagebezogene Prüfungshandlungen keine hinreichende Prüfungssicherheit erreichbar ist[1845].
- Bei Erstprüfungen ggf. das **Fehlen ausreichender und angemessener Prüfungsnachweise zu den Eröffnungsbilanzwerten**[1846].
- Die pflichtwidrige **Nichtvorlage eines Prüfungsgegenstands** stellt ein Prüfungshemmnis dar, welches generell mit der Erklärung der Nichtabgabe eines Prüfungsurteils zu dem betreffenden Prüfungsgegenstand zu beantworten ist[1847].

Wesentliche Mängel in Bezug auf einen Prüfungsgegenstand bedingen grds. die Einschränkung des Prüfungsurteils. Falls solche wesentlichen Mängel darüber hinaus **umfassende Auswirkungen** auf den Prüfungsgegenstand haben bzw. haben können, ist je nach der Art des Sachverhalts, der zu der Modifizierung führt, ein versagtes Prüfungsurteil abzugeben (bei Einwendungen) oder die Nichtabgabe eines Prüfungsurteils zu erklären (bei Prüfungshemmnissen)[1848]. **1095**

Voraussetzung für die Modifizierung von Prüfungsurteilen aufgrund von Prüfungshemmnissen ist dabei stets, dass der APr. nicht in der Lage war, ausreichende geeignete Prüfungsnachweise durch alternative Prüfungshandlungen zu erlangen (§ 322 Abs. 5 S. 1 HGB)[1849].

Schwerwiegende **Mängel der Buchführung** begründen i.d.R. eine Einschränkung des Prüfungsurteils zu dem davon betroffenen Prüfungsgegenstand[1850]. Ist dem APr. jedoch aufgrund solcher, bis zum Zeitpunkt der Erteilung des BestV nicht beseitigter, Mängel, z.B. wegen der insgesamt oder in erheblichen Teilen fehlenden Beweiskraft, eine hinreichend sichere Beurteilung des JA nicht möglich, so ist – angesichts der demnach umfassenden Auswirkungen – ein Versagungsvermerk nach § 322 Abs. 2 S. 1 Nr. 4 HGB zu erteilen[1851]. **1096**

Mängel in diesem Zusammenhang können bspw. die unvollständige Verbuchung (§ 239 Abs. 2 HGB), das Fehlen erforderlicher Handelsbücher sowie fehlende oder mangelhafte Bestandsnachweise (§§ 239 Abs. 2, 240 Abs. 1 HGB) sein[1852].

Führen festgestellte bedeutsame **Schwächen des IKS** zu wesentlichen falschen Angaben in der Rechnungslegung, ist das Prüfungsurteil zu dem betroffenen Prüfungsgegenstand entsprechend zu modifizieren[1853]. **1097**

1844 Vgl. *IDW PS 320*, Tz. 35; *IDW PS 322*, Tz. 25 sowie *IDW PS 300 n.F.*, Tz. 9, A31 ff.
1845 Vgl. *IDW PS 261 n.F.*, Tz. 84; *Bertram*, in: Haufe HGB Kommentar[8], § 322, Rn. 85.
1846 Vgl. *IDW PS 205*, Tz. 17.
1847 Vgl. *IDW PS 405*, Tz. 15, 18.
1848 Vgl. hierzu *IDW PS 405*, Tz. A1.
1849 Vgl. *IDW PS 405*, insb. Tz. 7 Buchst. e), 38 Buchst. b) A9, A11.
1850 Vgl. *IDW PS 400 a.F.*, Tz. 54; ADS[6], § 322, Tz. 271.
1851 Vgl. *IDW PS 400 a.F.*, Tz. 68a.
1852 Vgl. *Schmidt/Küster*, in: BeBiKo[11], § 322, Rn. 183.
1853 Vgl. *IDW PS 261 n.F.*, Tz. 91; *IDW PS 330*, Tz. 110.

Insb. bei kleinen und mittelgroßen Unternehmen kann eine schwache Ausprägung des IKS die Prüfbarkeit der Vollständigkeit des JA berühren. Ergeben sich daraus unzureichende Prüfungsnachweise in Bezug auf die Rechnungslegung, so liegt ein Prüfungshemmnis vor[1854]. Jedoch dürfte ein Versagungsvermerk nur in Ausnahmefällen erforderlich sein.

1098 Bei Verstößen gegen **Gliederungsvorschriften** wird i.d.R. eine Einschränkung des Prüfungsurteils ausreichend sein, weil trotz des Verstoßes eine positive Gesamtaussage zum Abschluss noch möglich ist. Stellt bspw. eine große KapGes. nur eine verkürzte Bilanz analog § 266 Abs. 1 S. 3 HGB auf, so ist trotz der fehlenden Aufgliederungen die Vermögens-, Finanz- und Ertragslage in ihren Grundzügen noch erkennbar und eine positive Gesamtaussage i.R. eines eingeschränkten BestV zu treffen[1855]. Umfang und Bedeutung des Verstoßes sind i.R.d. Einschränkung klar und eindeutig darzustellen. Sofern praktisch durchführbar, sollte zur Beurteilung der Tragweite auch bei reinen Gliederungsverstößen eine Quantifizierung vorgenommen werden[1856].

Gliederungsmängel können nach § 256 Abs. 4 AktG u.U. zur **Nichtigkeit** des JA führen[1857]. Auch in solchen Fällen ist jedoch ein eingeschränktes Prüfungsurteil grds. möglich[1858].

1099 Einschränkungsgründe können sich auch i.Z.m. unrichtigen **VJ-Beträgen**, aus einer fehlerhaften Übertragung oder Anpassung von VJ-Beträgen sowie aus der unzureichenden Erfüllung der Angabe- oder Erläuterungspflichten des § 265 Abs. 2 HGB für VJ-Zahlen ergeben[1859].

1100 Bei der Wahl der **Bewertungsmethode** haben die gesetzlichen Vertreter von KapGes. auch unter dem Grundsatz der Bewertungsstetigkeit einen z.T. erheblichen Ermessensspielraum. Ein Bewertungsverstoß liegt erst dann vor, wenn der Ermessensspielraum überschritten ist oder wenn von einem Missbrauch bestehender Bewertungswahlrechte gesprochen werden muss[1860]. Sowohl bei einzelnen wesentlichen Über- als auch Unterbewertungen muss der APr. stets Konsequenzen für das Prüfungsurteil zum JA ziehen, da die Vermögens-, Finanz- und Ertragslage der Gesellschaft hierdurch unrichtig wiedergegeben und die Interessen der Gesellschafter beeinträchtigt werden. Allerdings wird es i.d.R. ausreichen, wenn der APr. das Prüfungsurteil einschränkt und den Fehler quantifiziert[1861].

Verstöße gegen Bewertungsvorschriften können nach § 256 Abs. 5 AktG im Einzelfall zur **Nichtigkeit** des JA führen[1862]. Darüber hinaus ermöglicht § 258 Abs. 1 S. 1 Nr. 1 AktG im Fall einer nicht unwesentlichen Unterbewertung die gerichtliche Bestellung

---

1854 Vgl. *IDW PH 9.100.1*, Tz. 88.
1855 Vgl. ADS[6], § 322, Tz. 280. Gleiches gilt, wenn die vorgeschriebene Reihenfolge der Posten nicht eingehalten wird. Auch bei Fehlern i.Z.m. der Inanspruchnahme von Aufstellungserleichterungen wird i.d.R. eine Einschränkung hinreichend sein; vgl. *Erle*, S. 149.
1856 Vgl. auch *IDW PS 405*, Tz. 41 f., A21.
1857 Vgl. *Schwab*, in: Schmidt/Lutter, AktG[3], § 256, Rn. 11 ff.
1858 Vgl. *IDW PS 405*, Tz. A8.
1859 Vgl. *IDW PS 318*, Tz. 20; *IDW PS 405*, Tz. A7.
1860 Vgl. ADS[6], § 322, Tz. 282.
1861 Vgl. ADS[6], § 322, Tz. 281, 283; ferner *IDW PS 405*, Tz. 41, A5, A21.
1862 Vgl. *Schwab*, in: Schmidt/Lutter, AktG[3], § 256, Rn. 14 ff.

von Sonderprüfern. Gleichwohl ist auch in solchen Fällen ein eingeschränktes Prüfungsurteil grds. zulässig[1863].

Wurde bei der Bewertung unzulässigerweise vom **Rechnungslegungsgrundsatz der Fortführung der Unternehmenstätigkeit** ausgegangen, so ist die Abgabe eines versagten Prüfungsurteils zum JA und somit die Erteilung eines Versagungsvermerks nach § 322 Abs. 2 S. 1 Nr. 3 HGB geboten, um die missverständliche oder unvollständige Darstellung im JA zu verdeutlichen[1864]. Dies gilt auch dann, wenn die Bestandsgefährdung im JA und im LB[1865] angemessen dargestellt ist[1866]. In diesem Zusammenhang ist zum LB grds. ebenfalls ein versagtes Prüfungsurteil abzugeben[1867].

1101

Wenn die Angemessenheit der Anwendung des Rechnungslegungsgrundsatzes der Fortführung der Unternehmenstätigkeit darauf beruht, dass sich bspw. Gesellschafter mit ausreichender Bonität verpflichten, das Unternehmen finanziell zu unterstützen (z.B. durch Rangrücktrittserklärungen, Forderungsverzichte (ggf. mit Besserungsschein) oder „harte" Patronatserklärungen[1868]), müssen solche Verpflichtungen bis zum Zeitpunkt der Erteilung des BestV dokumentiert vorliegen, um i.R.d. Bildung der Prüfungsurteile durch den APr. berücksichtigt werden zu können[1869].

Da den Gesetzesvorschriften und den Bestimmungen des Gesellschaftsvertrags/der Satzung zum **Eigenkapital** nach ihrem Sinn und Zweck besondere Bedeutung zuzumessen ist, führen Verstöße dagegen i.d.R. auch dann zur Einschränkung des Prüfungsurteils zum JA, wenn die Auswirkungen im Einzelfall eher gering sind[1870]. Dies gilt bspw., wenn das Unternehmen gebundene Rücklagen (§ 272 Abs. 2 Nr. 1 bis 3 HGB) aufgelöst hat, obwohl dies nach den einschlägigen aktienrechtlichen Vorschriften (§ 150 Abs. 3 und 4 AktG) oder ergänzenden Satzungsbestimmungen nicht zulässig war, oder wenn die Thesaurierungsgrenze des § 58 Abs. 2 AktG durch die Gesellschaftsorgane überschritten worden ist. Ebenso ist eine Einschränkung erforderlich, wenn eigene Anteile nicht gesetzeskonform erworben oder ausgewiesen werden[1871].

1102

Unvollständige, unrichtige oder unterlassene Angaben im Anh. führen, soweit der Verstoß im Einzelfall nicht als unwesentlich zu qualifizieren ist, zur Einschränkung des Prüfungsurteils zum JA[1872]. Des Weiteren können solche falschen oder unterlassenen Anhangangaben die gerichtliche Bestellung von Sonderprüfern gem. § 258 Abs. 1 S. 1 Nr. 2 AktG begründen.

1103

Wenn der JA nach Rechnungslegungsgrundsätzen zur sachgerechten Gesamtdarstellung aufzustellen ist, hat der APr. dabei i.R. der Bildung seines Prüfungsurteils stets zu wür-

---

1863 Vgl. *IDW PS 405*, Tz. A8.
1864 Vgl. *IDW PS 270 n.F.*, Tz. 28, A32. Zu dem denkbaren Ausnahmefall, dass sich die eigentlich erforderlichen Bewertungsanpassungen nur auf wenige Bilanz- und GuV-Posten beschränken und außerdem quantifizieren lassen, vgl. ADS⁶, § 322, Tz. 289.
1865 Vgl. hierzu *IDW PS 270 n.F.*, Tz. 9.
1866 Vgl. *IDW PS 270 n.F.*, Tz. A32; *Schmidt/Küster*, in: BeBiKo¹¹, § 322, Rn. 52, 194.
1867 Vgl. *IDW PS 350 n.F.*, Tz. 118.
1868 Vgl. hierzu *IDW RH HFA 1.013*, insb. Tz. 10, 18 ff.
1869 Vgl. *IDW PS 270 n.F.*, Tz. A34 Abs. 3.
1870 Vgl. ADS⁶, § 322, Tz. 296.
1871 Vgl. ADS⁶, § 322, Tz. 296 ff.; *Schmidt/Küster*, in: BeBiKo¹¹, § 322, Rn. 171, 183.
1872 Vgl. *IDW PS 400 a.F.*, Tz. 54; *IDW PS 400 n.F.*, Tz. A5; *Schmidt/Küster*, in: BeBiKo¹¹, § 322, Rn. 183. Zur Beurteilung siehe auch *IDW PS 250 n.F.*, Tz. 28 sowie F&A zu ISA 450 bzw. *IDW PS 250 n.F.* (Stand 25.07.2013), insb. Fragen 6.2 bis 6.10.

digen, ob der mangelbehaftete Sachverhalt ausschließlich die Ordnungsmäßigkeit des geprüften JA betrifft oder auch das durch den JA vermittelte Bild der Vermögens-, Finanz- und Ertragslage (d.h. die Generalnorm) berührt[1873].

1104 Ohne Rücksicht auf die Höhe der betroffenen Nicht- oder Falschangabe ist die Verletzung der folgenden Angabepflichten, denen nach ihrem Sinn und Zweck besondere Bedeutung zuzumessen ist, regelmäßig als wesentlicher Mangel mit der Folge der Einschränkung des Prüfungsurteils zum JA zu qualifizieren[1874]:

- Angaben zu Organbezügen (§ 285 Nr. 9 Buchst. a) und b) HGB),
- Angaben zum Honorar des APr. (§ 285 Nr. 17 HGB)[1875],
- Angaben zu Finanzinstrumenten (§ 285 Nr. 18 bzw. 20 HGB),
- Angaben zu derivativen Finanzinstrumenten (§ 285 Nr. 19 HGB),
- Angaben zu Vorgängen von besonderer Bedeutung nach dem Schluss des GJ (§ 285 Nr. 33 HGB)[1876].

1105 Aufgrund der Bedeutung, die den §§ 285 Nr. 16, 314 Abs. 1 Nr. 8 HGB für die Verbindlichkeitswirkung des DCGK zukommt, ist das Prüfungsurteil zum JA gem. *IDW PS 345* auch in folgenden Fällen einzuschränken[1877]:

- Entgegen § 161 AktG wurde keine Entsprechenserklärung abgegeben und die vorgesehene Anhangangabe fehlt daher.
- Im Anh. wird wahrheitsgemäß über die gesetzwidrige Nichtabgabe der Entsprechenserklärung berichtet.
- Die Anhangangabe ist unzutreffend, da die formellen Anforderungen des § 161 AktG nicht erfüllt sind[1878].

1106 Bei fehlenden, falschen oder unvollständigen Angaben im Anh. nach § 284 HGB oder § 285 HGB oder sonstigen Einzelangaben (z.B. nach §§ 268, 277 HGB) ist die Einschränkung des Prüfungsurteils zum JA dann nicht mehr ausreichend, wenn die identifizierten Mängel, je nach der Bedeutung der geforderten Angaben i.R.d. gesamten Rechnungslegung, als insgesamt so schwerwiegend zu qualifizieren sind, dass ein **Positivbefund zum JA als Ganzes nicht mehr möglich** ist. In solch einem Fall umfassender Auswirkungen ist dann ein Versagungsvermerk nach § 322 Abs. 2 S. 1 Nr. 3 HGB infolge des versagten Prüfungsurteils zum JA angezeigt[1879].

1107 Eine Modifizierung des Prüfungsurteils zum JA ist insb. auch dann geboten, wenn der JA von KapGes. bzw. KapCoGes. oder anderen Ges., die (ggf. freiwillig) nach den für diese geltenden Rechnungslegungsgrundsätzen zur sachgerechten Gesamtdarstellung Rech-

---

1873 Vgl. *IDW PS 400 n.F.*, Tz. 11; zur entsprechenden Formulierung des Prüfungsurteils: Tz. 27-28.
1874 Vgl. *IDW PS 400 a.F.*, Tz. 55; ADS[6], § 322, Tz. 293; *Pfitzer/Oser/Orth*, DB 2004, S. 2595; ferner *Schmidt/Küster*, in: BeBiKo[11], § 322, Rn. 171.
1875 Vgl. *IDW PH 9.200.2*, Tz. 9.
1876 Diese Berichterstattungspflicht ist im Zuge des BilRUG aus dem LB (§ 289 Abs. 2 Nr. 1 HGB a.F.) in den Anh. verlagert worden. DRS 20.114 empfiehlt diesbezüglich einen Verweis aus dem KLB auf die entsprechenden Angaben im KAnh., ferner ggf. eine Fehlanzeige.
1877 Vgl. *IDW PS 345*, Tz. 31.
1878 Keine Auswirkungen auf den BestV ergeben sich dagegen, wenn unzutreffende Aussagen in der sog. Entsprechenserklärung festgestellt wurden; vgl. *IDW PS 345*, Tz. 31. Hieraus erwächst dem APr. i.d.R. eine Berichtspflicht nach § 321 Abs. 1 S. 3 HGB oder aufgrund von Nr. 7.2.3 DCGK im PrB; vgl. *IDW PS 345*, Tz. 33.
1879 Vgl. *Schmidt/Küster*, in: BeBiKo[11], § 322, Rn. 194.

nung legen, die **Generalnorm des § 264 Abs. 2 S. 1 HGB nicht erfüllt**, oder wenn der APr. dies aufgrund von Prüfungshemmnissen nicht abschließend beurteilen kann[1880]. Falls im konkreten Einzelfall die Tragweite dieser Einschränkung nicht mehr erkennbar gemacht werden kann, ist gem. § 322 Abs. 4 S. 4 HGB ein Versagungsvermerk zu erteilen[1881].

In seltenen Ausnahmefällen kann es **beim Vorliegen mehrerer Unsicherheiten** sachgerecht sein, dass der APr. die Nichtabgabe eines Prüfungsurteils erklärt, wenn er zu dem Schluss gelangt, dass es ihm – obwohl ausreichende geeignete Prüfungsnachweise zu jeder einzelnen Unsicherheit erlangt werden konnten – aufgrund möglicher Wechselwirkungen zwischen diesen Unsicherheiten und deren möglicher kumulativer Auswirkung auf den JA, den LB bzw. die sonstigen Prüfungsgegenstände nicht möglich ist, ein Prüfungsurteil zum JA, zum LB bzw. zu den sonstigen Prüfungsgegenständen zu bilden[1882]. Denkbar erschiene der Fall, dass der APr. i.Z.m. mehreren wesentlichen Unsicherheiten Prüfungsnachweise ausschließlich in Form von Erklärungen der gesetzlichen Vertreter erlangen kann[1883], die jedoch das Jahresergebnis einheitlich positiv beeinflussen und dies in ihrer Gesamtheit in ganz erheblichem Umfang tun[1884].

1108

Bei **unzulässigerweise fehlendem LB** ist vom APr. die Nichtabgabe eines Prüfungsurteils in Bezug auf den (fehlenden) LB zu erklären[1885]. Im Ergebnis resultiert hieraus (unverändert ggü. der bisherigen Handhabung) ein eingeschränkter BestV i.S.v. § 322 Abs. 2 S. 1 Nr. 2 HGB[1886]. Ein Eingehen auf die Tatsache, dass durch das Fehlen des LB kein zutreffendes Bild von der Lage der Gesellschaft vermittelt wird und eine Darstellung der Chancen und Risiken der zukünftigen Entwicklung fehlt[1887], erfolgt im BestV nicht.

1109

Ist der **LB unvollständig oder fehlerhaft**, ist ebenfalls die Notwendigkeit einer Modifizierung des Prüfungsurteils zu untersuchen. Eine Modifizierung ist insb. dann geboten, wenn der Geschäftsverlauf und die Lage der Gesellschaft nicht so dargestellt und analysiert werden, dass (unter Einbeziehung der Chancen und Risiken der zukünftigen Entwicklung) ein den tatsächlichen Verhältnissen entsprechendes Bild (§ 289 Abs. 1 S. 1 HGB) vermittelt wird. Hiervon ist grds. auszugehen, wenn wesentliche Informationselemente (z.B. Einbeziehung der bedeutsamsten finanziellen Leistungsindikatoren nach § 289 Abs. 1 S. 3 HGB in die Analyse des Geschäftsverlaufs und der Lage der Gesellschaft oder Angaben zur voraussichtlichen Entwicklung nach § 289 Abs. 1 S. 4 HGB) fehlen oder in Widerspruch zu den geprüften Unterlagen stehen[1888]. Auch eine fehlende Schlusserklärung zum AbhB (§ 312 Abs. 3 S. 3 AktG) macht eine Einschränkung erfor-

1110

1880 Vgl. *IDW PS 400 a.F.*, Tz. 53; ADS⁶, § 322, Tz. 294; *Schmidt/Küster*, in: BeBiKo¹¹, § 322, Rn. 183; ferner *IDW PS 405*, Tz. 7 Buchst. b).
1881 Vgl. RegBegr. BilReG, BT-Drs. 15/3419 v. 24.06.2004, S. 45.
1882 Vgl. *IDW PS 405*, Tz. 14.
1883 Vgl. *IDW PS 303 n.F.*, Tz. 18.
1884 Vgl. hierzu auch *IDW PS 303 n.F.*, Tz. 19.
1885 Vgl. *IDW PS 405*, Tz. 15, 18.
1886 Vgl. *IDW PS 405*, Tz. A17 bzw. *IDW PS 400 a.F.*, Tz. 64.
1887 So noch *IDW PS 400 a.F.*, Tz. 64.
1888 Vgl. *IDW PS 400 a.F.*, Tz. 54; *IDW PS 350 a.F.*, Tz. 36; *IDW PS 350 n.F.*, Tz. 109.

derlich[1889]. Desgleichen ist, wenn die Gefährdung des Fortbestands der Gesellschaft im LB nicht angemessen dargestellt wird, das Prüfungsurteil zum LB zu modifizieren[1890].

1111 In Zusammenhang mit wesentlichen Unsicherheiten im Zusammenhang mit der Fortführung der Unternehmenstätigkeit, d.h. **bestandsgefährdenden Risiken**, hat der APr. regelmäßig umfangreiche Prüfungshandlungen durchzuführen sowie sich intensiv mit der Beurteilung der Fähigkeit des geprüften Unternehmens zur Fortführung der Unternehmenstätigkeit auseinanderzusetzen[1891]. Sofern die bestandsgefährdenden Risiken bis zur Beendigung der Abschlussprüfung nicht beseitigt sind, reichen die möglichen Auswirkungen auf den BestV dabei von einem gesonderten Hinweis nach § 322 Abs. 2 S. 3 HGB (vgl. Kap. M Tz. 832 ff.) über die grds. denkbare Einschränkung[1892] (infolge Einschränkung des Prüfungsurteils zum JA bzw. Abgabe eines eingeschränkten oder versagten Prüfungsurteils zum LB) bis hin zur Erteilung eines Versagungsvermerks infolge der ggf. notwendigen Abgabe eines versagten Prüfungsurteils (aufgrund von Einwendungen) bzw. der Erklärung der Nichtabgabe eines Prüfungsurteils (aufgrund von Prüfungshemmnissen) zum JA[1893].

1112 **Verstöße gegen gesetzliche oder zulässige gesellschaftsvertragliche Einzelbestimmungen** zum JA oder LB führen ohne Rücksicht auf die Gesamtbeurteilung der Rechnungslegung zur Modifizierung des Prüfungsurteils, wenn ihnen besondere Bedeutung zuzumessen und der Verstoß nicht geringfügig ist (z.B. §§ 57, 58, 150 AktG)[1894]. Wurde bei der Aufstellung des JA eine gesetzwidrige Bestimmung des Gesellschaftsvertrags/der Satzung angewandt, ist bei Wesentlichkeit des damit verbundenen Gesetzesverstoßes das Prüfungsurteil zum JA entsprechend zu modifizieren[1895].

1113 Berücksichtigt der JA unzulässigerweise **Auswirkungen zukünftiger Ereignisse**, die auch nach ihrem Eintritt nicht auf den zu prüfenden JA zurückwirken, ist bei nicht unwesentlicher betraglicher Höhe und Auswirkung der Maßnahme eine entsprechende Modifizierung des Prüfungsurteils zum JA geboten. Dies gilt, wenn z.B. die Passivierung einer Verbindlichkeit unterlassen wurde, für die erst nach dem Abschlussstichtag ein wirksamer Forderungsverzicht erklärt wurde[1896].

1114 Ein **Überschreiten** der gesetzlichen **Aufstellungsfristen** hat keine Auswirkungen auf das bzw. die Prüfungsurteile zur Rechnungslegung[1897]. Der APr. hat aber ggf. gem. § 321 Abs. 1 S. 3 HGB im PrB zu berichten. Abgesehen davon werden bei wesentlicher Zeitüberschreitung umfangreichere Prüfungshandlungen in Bezug auf Ereignisse nach dem

---

1889 Vgl. *IDW St/HFA 3/1991*, Abschn. III. Ziff. 3; ADS[6], § 322, Tz. 302.
1890 Vgl. *IDW PS 270 n.F.*, Tz. 31 f. Wurde bei der Bewertung im JA unzulässigerweise vom Grundsatz der Unternehmensfortführung ausgegangen, ist – unabhängig von der evtl. Richtigkeit der Darstellung im JA bzw. im LB – stets ein Versagungsvermerk zu erteilen; vgl. *IDW PS 270 n.F.*, Tz. 28. Siehe das Formulierungsbeispiel in Kap. M Tz. 1082.
1891 Vgl. *IDW PS 270*, Tz. 21 ff., A18 ff. Vgl. hierzu auch *IDW*, Positionspapier zum Zusammenwirken von handelsrechtlicher Fortführungsannahme und insolvenzrechtlicher Fortführungsprognose, FN-IDW 2012, S. 463 ff.
1892 Vgl. *IDW PS 270 n.F.*, Tz. 31 Buchst. a), 32, A41; *IDW PS 400 a.F.*, Tz. 103; ADS[6], § 322, Tz. 289.
1893 Vgl. *IDW PS 270 n.F.*, Tz. 28, 31 Buchst. a), A41; *IDW PS 400 a.F.*, Tz. 65, 68a, 103.
1894 Vgl. *IDW PS 405*, Tz. A5; *IDW PS 400 a.F.*, Tz. 55.
1895 Vgl. *IDW PS 400 a.F.*, Tz. 70; ADS[6], § 322, Tz. 308.
1896 Vgl. *IDW PS 400 n.F.*, Tz. A94; *IDW PS 400 a.F.*, Tz. 102. Zu denkbaren Ausnahmen bei Sanierungsfällen vgl. ADS[6], § 252, Tz. 47.
1897 Vgl. *Elkart/Naumann*, WPg 1995, S. 407.

Abschlussstichtag und in Bezug auf Angabepflichten nach § 285 Nr. 33 HGB im Anh. notwendig[1898].

Stellt ein MU unter Verstoß gegen § 290 ff. HGB keinen **KA** und keinen **KLB** auf, so ergeben sich aus der **Nichtaufstellung** allein keine Einwendungen gegen JA bzw. LB, da diese nicht dadurch mangelhaft werden, dass die Vorschriften über die Rechnungslegung im Konzern nicht beachtet werden[1899]. Einwendungen in Bezug auf JA und ggf. LB des MU können sich allenfalls ergeben, soweit mit der Nichtaufstellung des KA eine unzutreffende Sachbehandlung im JA und Berichterstattung im LB verbunden ist (z.B. unrichtiger Ausweis von Forderungen gegen bzw. Verbindlichkeiten ggü. verbundenen Unternehmen)[1900]. Jedoch ist der APr. verpflichtet, im PrB gem. § 321 Abs. 1 S. 3 HGB auf diesen Verstoß einzugehen[1901].

Durch § 317 Abs. 4 HGB wird der Prüfungsumfang für börsennotierte AG, KGaA und SE um eine Prüfung der Maßnahmen nach § 91 Abs. 2 AktG (**Risikofrüherkennungssystem**) erweitert. Festgestellte Mängel des Risikofrüherkennungssystems haben als solche keine Auswirkung auf den BestV, da über das Ergebnis dieser Prüfung ausschl. im PrB zu berichten ist (§ 321 Abs. 4 HGB)[1902]. Berühren vom APr. identifizierte Mängel des Risikofrüherkennungssystems allerdings zugleich die Ordnungsmäßigkeit des JA bzw. der Buchführung, sind diesbezüglich Auswirkungen auf das Prüfungsurteil zum JA zu prüfen. Entsprechendes gilt, wenn die unzureichende Erfüllung der Maßnahmen nach § 91 Abs. 2 AktG Einfluss auf Darstellungen im LB hat[1903]. **1115**

Bei einer **Verletzung von Aufklärungs- und Nachweispflichten** gem. § 320 HGB (**Prüfungshemmnisse**) durch die gesetzlichen Vertreter, ggf. auch durch das MU oder ein TU (§ 320 Abs. 2 S. 3 HGB), kann ebenfalls eine Modifizierung von Prüfungsurteilen in Betracht kommen[1904]. Prüfungshemmnisse können sich dabei aus vom APr. nicht überwindbaren Schwierigkeiten i.Z.m. den zu prüfenden Unterlagen, aus unberechtigt verweigerten bzw. unzureichenden Auskünften oder aus der Unmöglichkeit oder Beschränkung der Durchführung erforderlicher Prüfungshandlungen ergeben[1905]. Maßgebend ist das Ausmaß der Auswirkungen auf die Möglichkeit des APr., sich ein Urteil über den Prüfungsgegenstand zu bilden. Ausschlaggebend für die Entscheidung zwischen Einschränkung und Erklärung der Nichtabgabe eines Prüfungsurteils ist deshalb, ob angesichts der verbleibenden Unsicherheit(en) bei der Beurteilung des Prüfungsgegenstands zu diesem insgesamt noch ein **eingeschränkter Positivbefund** möglich ist oder nicht. I.d.R. wird der APr. nur bestimmte Sachverhalte bzw. abgrenzbare Teile der Rechnungslegung nicht abschließend beurteilen können, so dass es zu einer Einschränkung des Prüfungsurteils kommt. Die Erklärung der Nichtabgabe eines Prüfungsurteils (und, falls als Prüfungsgegenstand der JA betroffen ist, somit die Erteilung eines Versagungsvermerks) ist indessen geboten, wenn sich der APr. infolge der Verletzung von Aufklärungs- und Nachweispflichten der gesetzlichen Vertreter zu wesentlichen Teilen der Rechnungslegung kein bzw. kein positives Urteil bilden kann, d.h. **1116**

1898 Vgl. *IDW PS 202 n.F.*, Tz. 12 ff.
1899 Ebenso ADS[6], § 322, Tz. 304.
1900 Vgl. auch ADS[6], § 322, Tz. 304.
1901 Vgl. *IDW PS 450 n.F.*, Tz. 50.
1902 Vgl. *IDW PS 400 a.F.*, Tz. 11.
1903 Vgl. *IDW PS 340*, Tz. 33 i.V.m. *IDW PS 400 a.F.*, Tz. 72.
1904 Vgl. *IDW PS 405*, Tz. 15 ff.; *IDW PS 400 a.F.*, Tz. 56, 68a; ADS[6], § 322, Tz. 310.
1905 Vgl. ADS[6], § 322, Tz. 313.

wenn den betreffenden Sachverhalten vom APr. **umfassende Auswirkungen** beizumessen sind.

1117 Ein Sonderfall ist die Weigerung der gesetzlichen Vertreter, die berufsübliche **Vollständigkeitserklärung** abzugeben. Nach den berufsständischen Grundsätzen ist in diesem Fall (wegen der damit definitionsgemäß verbundenen umfassenden Auswirkungen) ein Versagungsvermerk nach § 322 Abs. 2 S. 1 Nr. 4 HGB zu erteilen[1906]. Gleiches gilt für den Fall, dass zwar eine VollstE abgegeben worden ist, der APr. aber aufgrund erheblicher Zweifel an der Integrität der gesetzlichen Vertreter zu dem Schluss gelangt, dass die eingeholte Erklärung nicht verlässlich ist.

1118 Entsprechendes dürfte vielfach auch dann gelten, wenn i.R.d. Abschlussprüfung ein Fall von sog. **Management Fraud**, d.h. schwerwiegende Gesetzesverstöße durch gesetzliche Vertreter, aufgedeckt wird[1907]. In einem solchen Fall ist es für den APr. äußerst schwierig zu beurteilen, inwieweit die (übrigen) gesetzlichen Vertreter noch als glaubwürdig angesehen werden können und deren Aufklärungen und Nachweisen noch Vertrauen geschenkt werden kann.

1119 Erkennt der APr. vor Erteilung des BestV, dass **wesentliche Unstimmigkeiten** zwischen dem zu prüfenden JA bzw. LB und **sonstigen Informationen**, die vom Unternehmen zusammen mit dem JA und LB veröffentlicht werden, vorliegen, so hat er die gesetzlichen Vertreter aufzufordern, entsprechende Korrekturen vorzunehmen[1908]. Verweigern die gesetzlichen Vertreter angemessene Korrekturen, ist das Aufsichtsgremium (d.h. die für die Überwachung Verantwortlichen) darauf anzusprechen und zur Veranlassung der erforderlichen Korrekturen aufzufordern[1909]. Betreffen die verweigerten Korrekturen den zu prüfenden JA bzw. LB, sind ggf. die diesbezüglichen Prüfungsurteile im BestV entsprechend zu modifizieren[1910]. In aller Regel wird sich ein festgestellter Korrekturbedarf jedoch nicht auf den JA oder LB, sondern auf die (über JA, LB und BestV hinausgehenden) sonstigen Informationen in den übrigen Abschnitten des sog. Geschäftsberichts beziehen[1911]. Verweigern die gesetzlichen Vertreter die erforderliche Korrektur der sonstigen Informationen, hat dies grds. keine Konsequenz für die Prüfungsurteile zu JA bzw. LB im BestV[1912]. Enthält der BestV in Übereinstimmung mit *ISA 720 (Rev.) (Entwurf-DE)* einen Abschnitt „Sonstige Informationen"[1913], so dürfen in diesem Abschnitt nach geltendem deutschen Recht die Unstimmigkeiten nur dann erwähnt werden, wenn der APr. zuvor von seiner **Verschwiegenheitspflicht** (insb. § 323 Abs. 1 S. 1 HGB, § 43 Abs. 1 WPO) wirksam entbunden worden ist[1914].

1906 Vgl. *IDW PS 303 n.F.*, Tz. 27.
1907 Vgl. *IDW PS 210*, Tz. 43, 69 ff.; *IDW PS 303 n.F.*, Tz. 27.
1908 Vgl. *ISA 720 (Rev.) (Entwurf-DE)*, Tz. 17; *IDW PS 202*, Tz. 14-15.
1909 Vgl. *ISA 720 (Rev.) (Entwurf-DE)*, Tz. 17 f., D.18.1, A44; *IDW PS 202*, Tz. 15.
1910 Vgl. *ISA 720 (Rev.) (Entwurf-DE)*, Tz. 20 i.V.m. *IDW PS 405*; *IDW PS 202*, Tz. 14. Zu evtl. Auswirkungen auf den PrB siehe Kap. M Tz. 272. Außerdem hat der APr. gem. *ISA 720 (Rev.) (Entwurf-DE)*, Tz. 20, A51 auch sein bisheriges prüferisches Vorgehen zu hinterfragen.
1911 Vgl. *ISA 720 (Rev.) (Entwurf-DE)*, Tz. 17 ff.; Böcking/Orth/Brinkmann, WPg 2000, S. 316 (231).
1912 In solchen Fällen kann eine Berichterstattung im PrB gem. § 321 Abs. 1 S. 3 HGB geboten sein. Je nach Art und Gewichtigkeit der festgestellten Unstimmigkeiten kann es sachgerecht sein, den BestV nicht herauszugeben, bis die Unstimmigkeiten geklärt sind; dabei kann sich das Einholen rechtlichen Rates empfehlen. Vgl. *ISA 720 (Rev.) (Entwurf-DE)*, Tz. D.18.1; *IDW PS 202*, Tz. 15.
1913 Zu den Voraussetzungen vgl. *ISA 720 (Rev.) (Entwurf-DE)*, Tz. 21, A52.
1914 Vgl. *ISA 720 (Rev.) (Entwurf-DE)*, Tz. D.22.1.

Wenn der APr. bei wesentlichen Unstimmigkeiten zwischen JA und LB einerseits sowie den sonstigen Informationen andererseits auch durch erweiterte Prüfungshandlungen nicht in der Lage ist festzustellen, ob der JA bzw. der LB oder die sonstigen Informationen zutreffend sind, liegt darin ein **Prüfungshemmnis**, aufgrund dessen nach den allgemeinen Grundsätzen die Prüfungsurteile zu JA bzw. LB im BestV ggf. zu modifizieren sind[1915].

Weder aus dem Wortlaut noch aus dem Regelungszusammenhang der gesetzlichen Vorschriften ergibt sich eine unmittelbare Verknüpfung zwischen einer Modifizierung des Prüfungsurteils zum JA im BestV einerseits und der **Nichtigkeit des mangelhaften JA** als gesellschaftsrechtliche Folge von Unrichtigkeiten und Verstößen andererseits[1916]. Eine Modifizierung des Prüfungsurteils zum JA und dessen evtl. Nichtigkeit sind unterschiedliche Konsequenzen, die sich zwar aus dem gleichen Sachverhalt heraus ergeben können; der Grund für die Modifizierung des Prüfungsurteils ist jedoch nicht die (mögliche) Nichtigkeit, sondern ein entsprechender Mangel in der geprüften Rechnungslegung[1917]. **1120**

Daher ist bei einem festgestellten Mangel, der nach § 256 AktG (ggf. analog) zur **Nichtigkeit des JA** führen kann, sowohl ein eingeschränktes als auch ein versagtes Prüfungsurteil wie auch eine Erklärung der Nichtabgabe eines Prüfungsurteils zum Prüfungsgegenstand JA möglich[1918]. Da die Abschlussprüfung auf die Einhaltung der Rechnungslegungsvorschriften in ihrer Gesamtheit gerichtet ist, hat der APr. die **Auswirkungen eines solchen Mangels** auf sein Prüfungsurteil ausschl. nach dessen Einfluss auf den JA insgesamt zu beurteilen[1919]. **1121**

Kann der JA aus den Gründen, die zu einer Modifizierung des Prüfungsurteils zum JA geführt haben, nichtig sein, ist es grds. nicht erforderlich, im BestV auf diese Rechtsfolge hinzuweisen[1920]. Dies ist sachgerecht, da der APr. u.U. nicht eindeutig beurteilen kann, ob ein bestimmter Einschränkungsgrund zur Nichtigkeit des JA gem. § 256 AktG (ggf. analog) führt oder nicht, und von ihm auch nicht verlangt werden kann, sich anstelle der Adressaten der Rechnungslegung mit oft schwierig zu beurteilenden Rechtsfolgen zu befassen, deren abschließende Beurteilung den Gerichten vorbehalten ist[1921]. **In eindeutigen Fällen einer Nichtigkeit des JA** ist jedoch i.R.d. Begründung der Modifizierung des Prüfungsurteils zum JA im Abschnitt „Grundlage für das (modifizierte) Prüfungsurteil" im BestV ein entsprechender Hinweis auf die Nichtigkeitsfolge möglich und dürfte auch regelmäßig zu empfehlen sein[1922]. **1122**

4.5 Bestätigungsvermerk zur Konzernabschlussprüfung

§ 322 HGB bzw. Art. 10 VO (EU) Nr. 537/2014 gelten sowohl für Jahres- wie auch für Konzernabschlussprüfungen. Die dargestellten Grundsätze zum BestV für den JA gelten **1123**

1915 Vgl. *ISA 720 (Rev.) (Entwurf-DE)*, Tz. A43-A45; *IDW PS 202*, Tz. 16.
1916 Vgl. ADS[6], § 322, Tz. 328; *Schmidt/Küster*, in: BeBiKo[11], § 322, Rn. 179.
1917 Vgl. *Erle*, S. 171.
1918 Vgl. *IDW PS 405*, Tz. A8.
1919 Vgl. ausführlich ADS[6], § 322, Tz. 328.
1920 Vgl. *IDW PS 400 a.F.*, Tz. 58.
1921 So bereits WP Handbuch Bd. I 1996, Kap. O, Tz. 398; ADS[6], § 322, Tz. 332; *Elkart/Naumann*, WPg 1995, S. 402 (403); *Erle*, S. 172; ferner *Schmidt/Küster*, in: BeBiKo[11], § 322, Rn. 179.
1922 Vgl. ADS[6], § 322, Tz. 333; *Schmidt/Küster*, in: BeBiKo[11], § 322, Rn. 180.

entsprechend für die Erteilung von BestV bei Konzernabschlussprüfungen[1923]. Dies gilt insb. für Aufbau, Gliederung und Inhalt (einschließlich Hinweisen) (vgl. Kap. M Tz. 755 ff.) und für die Erteilung des BestV selbst (vgl. Kap. M Tz. 940 ff.). Inhaltlich deckt der BestV zum Konzernabschluss die Ordnungsmäßigkeit des KA, einschl. der diesem zugrunde liegenden Konsolidierung und der bei KA obligatorischen sachgerechten Gesamtdarstellung, sowie den KLB ab[1924].

1124 Darüber hinaus sind folgende **Besonderheiten** zu beachten[1925]:

1125 Als **geprüftes Unternehmen** gilt das Mutterunternehmen, das den KA aufgestellt hat. Demzufolge richtet sich die **Adressierung** auch an das MU („An die ... [*Firma und Sitz des Mutterunternehmens*]").

1126 Im BestV ist neben der selbstredend allgemeinen Begriffsanpassung hinsichtlich „Konzern" zu berücksichtigen, dass ein KA gem. § 297 Abs. 1 HGB neben Konzernbilanz, Konzern-GuV und KAnh. obligatorisch auch eine KFR und einen EK-Spiegel enthalten muss; er kann freiwillig noch um eine Segmentberichterstattung erweitert werden (bei KA nach § 315e HGB ggf. ein Muss[1926]). Diese weiteren **eigenständigen Bestandteile** der Konzernrechnungslegung sind im Abschnitt „Prüfungsurteile" ausdrücklich zu nennen (§ 322 Abs. 1 S. 2 HGB).

1127 Wird ein KA geprüft, der zugleich als Teilkonzernabschluss in den KA des übergeordneten MU eingeht, kann der Begriff „**Teilkonzernabschluss**" auch im BestV verwendet werden[1927].

1128 Falls **Gesellschaftsvertrag bzw. Satzung** des MU ergänzende rechnungslegungsbezogene Bestimmungen über den KA bzw. den KLB enthalten, ist dies i.Z.m. der Bildung der Prüfungsurteile zu KA bzw. KLB zu berücksichtigen[1928]. Entsprechendes gilt in Bezug auf die, als solche gleichermaßen im BestV nicht zu erwähnende, „Konzernbuchführung"[1929].

1129 Da dem KA generell **Rechnungslegungsgrundsätze zur sachgerechten Gesamtdarstellung** zugrunde liegen, muss er auch stets ein (ggf. unter Beachtung der GoB) den tatsächlichen Verhältnissen entsprechendes Bild der Vermögens-, Finanz- und Ertragslage vermitteln, d.h. der Generalnorm (§ 297 Abs. 2 S. 2 HGB) genügen.

Dementsprechend bezieht sich die **Erklärung zur Einwendungsfreiheit** nach § 322 Abs. 3 S. 1 HGB außer auf die Ordnungsmäßigkeit von KA und KLB inhaltlich stets auch auf die sachgerechte Gesamtdarstellung durch den KA.

1130 Neben den bereits i.Z.m. JA und LB dargestellten Fällen (vgl. Kap. M Tz. 1088 ff.) können sich zusätzliche **Einwendungen** aus Verstößen gegen Vorschriften und Grundsätze für den KA, insb. in Bezug auf die Abgrenzung des Konsolidierungskreises und die durchgeführten Konsolidierungsmaßnahmen, sowie für den KLB, nicht zuletzt i.Z.m. der Beachtung von DRS 20[1930], ergeben.

1923 Vgl. *IDW PS 400 n.F.*, Tz. 11.
1924 Vgl. auch ADS⁶, § 322, Tz. 380.
1925 Besonderheiten des BestV zum KA nach § 315e HGB sind unter Kap. M Tz. 1174 ff. dargestellt.
1926 Vgl. IFRS 8.2.
1927 Vgl. *Bertram*, in: Haufe HGB Kommentar⁸, § 322, Rn. 126.
1928 Vgl. *IDW PS 400 n.F.*, Tz. A64.
1929 Vgl. ADS⁶, § 322, Tz. 384.
1930 Vgl. insb. auch *IDW PS 350 n.F.*, Tz. 116 f., A113 ff.

Bei der Beurteilung der **Wesentlichkeit** von Einwendungen oder Prüfungshemmnissen sind in quantitativer Hinsicht für die Konzernabschlussprüfung relevante Bezugsgrößen als Maßstab heranzuziehen.

1131 Auf **bestandsgefährdende Risiken** ist gem. § 322 Abs. 2 S. 3 HGB auch im BestV zum KA gesondert einzugehen (vgl. hierzu Kap. M Tz. 832 ff.). Da der Konzern als solcher aber kein tatsächliches Rechtssubjekt ist (§ 297 Abs. 3 S. 1 HGB konstruiert, ebenso wie IFRS 10[1931], eine fiktive Rechnungslegungseinheit „als ob"), das aus rechtlichen oder tatsächlichen Gründen in seiner Existenz als solches gefährdet sein könnte, ist unter dem Aspekt Bestandsgefährdung auf entsprechende Risiken für das MU und/oder für TU einzugehen[1932].

Auf Risiken, die den Fortbestand eines TU gefährden, braucht der KAPr. gem. § 322 Abs. 2 S. 4 HGB im BestV nicht gesondert einzugehen, wenn dieses TU für die Vermittlung eines den tatsächlichen Verhältnissen entsprechenden Bildes der Vermögens-, Finanz- und Ertragslage des Konzerns nur **von untergeordneter Bedeutung** ist. Dies entspricht dem Maßstab des § 296 Abs. 2 HGB[1933].

1132 Für **ergänzende Hinweise** (vgl. Kap. M Tz. 848 ff.) kommen als konzernspezifische Besonderheiten bspw. in Frage:

- Unsicherheiten, die sich ggf. daraus ergeben, dass ein Zwischenabschluss für ein in den KA einbezogenes Unternehmen mit abweichendem Abschlussstichtag nicht erstellt wurde (§ 299 Abs. 2 HGB)[1934].
- Der KAPr. erkennt, dass eine in den KAnh. übernommene Erklärung über die Befreiung eines TU nach §§ 264 Abs. 3, 264b HGB abgegeben wurde, obwohl die zu diesem Zeitpunkt erfüllbaren Voraussetzungen nicht erfüllt sind[1935].

1133 Bei der Prüfung der in den KA einbezogenen JA (inkl. Reporting Packages) verwertet der KAPr. häufig die Prüfungsergebnisse anderer Prüfer (Teilbereichsprüfer i.S.v. *IDW PS 320 n.F.*). Hinweise auf diesen Umstand i.R.d. BestV sind aufgrund der gesetzlich normierten **Gesamtverantwortung des KAPr.** (§ 317 Abs. 3 S. 2 HGB)[1936] unverändert nicht statthaft[1937]. Vielmehr ist im Abschnitt „Verantwortung des APr." i.R.d. der Aufführung der zusätzlichen konzernspezifischen Pflichten und Aufgaben des KAPr.[1938] ausdrücklich auf dessen alleinige Verantwortung für die Prüfungsurteile zu KA und KLB hinzuweisen[1939].

Anders als bislang[1940] werden dabei die konzernspezifischen Erfordernisse der Prüfung der Abgrenzung des Konsolidierungskreises, der angewandten Konsolidierungs-

---

[1931] Vgl. IFRS 10, Anhang: Definitionen – **Konzernabschluss**: „Der Abschluss eines Konzerns, in welchem die Vermögenswerte, die Schulden, das Eigenkapital, die Erträge, Aufwendungen und Zahlungsströme des Mutterunternehmens und seiner Tochterunternehmen so dargestellt werden, als gehörten sie zu einer einzigen wirtschaftlichen Einheit."
[1932] Vgl. ADS[6], § 322, Tz. 394; *Seidler*, BB 2017, S. 1131 f.
[1933] So ausdrücklich RegBegr. BilReG, BT-Drs. 15/3419 v. 20.06.2004, S. 44; ferner *Seidler*, BB 2017, S. 1132 f.
[1934] Vgl. *IDW PS 400 a.F.*, Tz. 92; *Schmidt/Küster*, in: BeBiKo[10], § 322, Rn. 118.
[1935] Vgl. *IDW PH 9.200.1*, Tz. 16; *Bertram*, in: Haufe HGB Kommentar[8], § 322, Rn. 133.
[1936] Vgl. RegBegr. BilMoG, BT-Drs.16/10067 v. 30.07.2008, S. 87.
[1937] Vgl. *IDW PS 320 n.F.*, Tz. 49.
[1938] Vgl. *IDW PS 400 n.F.*, Tz. 60 Buchst. c), Tz. 63 Buchst. f).
[1939] Vgl. *IDW PS 400 n.F.*, Tz. 60 Buchst. c) Punkt iii., Tz. 63 Buchst. f) Punkt ii.
[1940] Vgl. *IDW PS 400 a.F.*, Tz. 91.

grundsätze und der in den KA einbezogenen JA in dem einschlägigen jetzigen Abschnitt „Verantwortung des APr." nicht mehr gesondert erwähnt.

1134 Bei einem **KA gem. § 297 HGB nebst KLB nach § 315 HGB** ergibt sich für den BestV ohne modifizierte Prüfungsurteile und sonstige Besonderheiten nach *IDW PS 400 n.F.* folgender Wortlaut[1941]:

Beispiel 49:

„Bestätigungsvermerk des unabhängigen Abschlussprüfers

An die ... [*Firma und Sitz des Mutterunternehmens*]

[*VERMERK ÜBER DIE PRÜFUNG DES KONZERNABSCHLUSSES UND DES KONZERNLAGEBERICHTS*][1942]

Prüfungsurteile

Wir haben den Konzernabschluss der ... [*Firma und Sitz des Mutterunternehmens*] und ihrer Tochtergesellschaften (der Konzern) – bestehend aus der Konzernbilanz zum ... [*Datum*], der Konzern-Gewinn- und Verlustrechnung, dem Konzern-Eigenkapitalspiegel und der Konzernkapitalflussrechnung [ggf.: sowie der Konzernsegmentberichterstattung] für das Geschäftsjahr vom ... [*Datum*] bis zum ... [*Datum*] sowie dem Konzernanhang, einschließlich der Darstellung der Bilanzierungs- und Bewertungsmethoden – geprüft. Darüber hinaus haben wir den Konzernlagebericht der ... [*Firma und Sitz des Mutterunternehmens*] für das Geschäftsjahr vom ... [*Datum*] bis zum ... [*Datum*] geprüft.

Nach unserer Beurteilung aufgrund der bei der Prüfung gewonnenen Erkenntnisse
- entspricht der beigefügte Konzernabschluss in allen wesentlichen Belangen den deutschen handelsrechtlichen Vorschriften und vermittelt unter Beachtung der deutschen Grundsätze ordnungsmäßiger Buchführung ein den tatsächlichen Verhältnissen entsprechendes Bild der Vermögens- und Finanzlage des Konzerns zum ... [*Datum*] sowie seiner Ertragslage für das Geschäftsjahr vom ... [*Datum*] bis zum ... [*Datum*] und
- vermittelt der beigefügte Konzernlagebericht insgesamt ein zutreffendes Bild von der Lage des Konzerns. In allen wesentlichen Belangen steht dieser Konzernlagebericht in Einklang mit dem Konzernabschluss, entspricht den deutschen gesetzlichen Vorschriften und stellt die Chancen und Risiken der zukünftigen Entwicklung zutreffend dar.

Gemäß § 322 Abs. 3 Satz 1 HGB erklären wir, dass unsere Prüfung zu keinen Einwendungen gegen die Ordnungsmäßigkeit des Konzernabschlusses und des Konzernlageberichts geführt hat.

Grundlage für die Prüfungsurteile

Wir haben unsere Prüfung des Konzernabschlusses und des Konzernlageberichts in Übereinstimmung mit § 317 HGB unter Beachtung der vom Institut der Wirtschaftsprüfer (IDW) festgestellten deutschen Grundsätze ordnungsmäßiger Abschlussprüfung durchgeführt. Unsere Verantwortung nach diesen Vorschriften und Grund-

---

[1941] Vgl. auch *IDW PS 400 n.F.*, Anlage: Bsp. 3.
[1942] Die Aufnahme dieser *Hauptabschnittsüberschrift* ist, sofern kein (zweiter) *Hauptabschnitt* „Sonstige gesetzliche und andere rechtliche Anforderungen" existiert, nicht erforderlich; vgl. *IDW PS 400 n.F.*, Tz. 33 (Kap. M Tz. 787). Es empfiehlt sich, hierzu einheitliche Vorgaben in der WP-Praxis zu machen.

sätzen ist im Abschnitt „Verantwortung des Abschlussprüfers für die Prüfung des Konzernabschlusses und des Konzernlageberichts" unseres Bestätigungsvermerks weitergehend beschrieben. Wir sind von den Konzernunternehmen unabhängig in Übereinstimmung mit den deutschen handelsrechtlichen und berufsrechtlichen Vorschriften und haben unsere sonstigen deutschen Berufspflichten in Übereinstimmung mit diesen Anforderungen erfüllt. Wir sind der Auffassung, dass die von uns erlangten Prüfungsnachweise ausreichend und geeignet sind, um als Grundlage für unsere Prüfungsurteile zum Konzernabschluss und zum Konzernlagebericht zu dienen.

Verantwortung der gesetzlichen Vertreter und der für die Überwachung Verantwortlichen für den Konzernabschluss und den Konzernlagebericht

Die gesetzlichen Vertreter sind verantwortlich für die Aufstellung des Konzernabschlusses, der den deutschen handelsrechtlichen Vorschriften in allen wesentlichen Belangen entspricht, und dafür, dass der Konzernabschluss unter Beachtung der deutschen Grundsätze ordnungsmäßiger Buchführung ein den tatsächlichen Verhältnissen entsprechendes Bild der Vermögens-, Finanz- und Ertragslage des Konzerns vermittelt. Ferner sind die gesetzlichen Vertreter verantwortlich für die internen Kontrollen, die sie in Übereinstimmung mit den deutschen Grundsätzen ordnungsmäßiger Buchführung als notwendig bestimmt haben, um die Aufstellung eines Konzernabschlusses zu ermöglichen, der frei von wesentlichen – beabsichtigten oder unbeabsichtigten – falschen Darstellungen ist.

Bei der Aufstellung des Konzernabschlusses sind die gesetzlichen Vertreter dafür verantwortlich, die Fähigkeit des Konzerns zur Fortführung der Unternehmenstätigkeit zu beurteilen. Des Weiteren haben sie die Verantwortung, Sachverhalte in Zusammenhang mit der Fortführung der Unternehmenstätigkeit, sofern einschlägig, anzugeben. Darüber hinaus sind sie dafür verantwortlich, auf der Grundlage des Rechnungslegungsgrundsatzes der Fortführung der Unternehmenstätigkeit zu bilanzieren, sofern dem nicht tatsächliche oder rechtliche Gegebenheiten entgegenstehen.

Außerdem sind die gesetzlichen Vertreter verantwortlich für die Aufstellung des Konzernlageberichts, der insgesamt ein zutreffendes Bild von der Lage des Konzerns vermittelt sowie in allen wesentlichen Belangen mit dem Konzernabschluss in Einklang steht, den deutschen gesetzlichen Vorschriften entspricht und die Chancen und Risiken der zukünftigen Entwicklung zutreffend darstellt. Ferner sind die gesetzlichen Vertreter verantwortlich für die Vorkehrungen und Maßnahmen (Systeme), die sie als notwendig erachtet haben, um die Aufstellung eines Konzernlageberichts in Übereinstimmung mit den anzuwendenden deutschen gesetzlichen Vorschriften zu ermöglichen, und um ausreichende geeignete Nachweise für die Aussagen im Konzernlagebericht erbringen zu können.

Die für die Überwachung Verantwortlichen sind verantwortlich für die Überwachung des Rechnungslegungsprozesses des Konzerns zur Aufstellung des Konzernabschlusses und des Konzernlageberichts.

Verantwortung des Abschlussprüfers für die Prüfung des Konzernabschlusses und des Konzernlageberichts

Unsere Zielsetzung ist, hinreichende Sicherheit darüber zu erlangen, ob der Konzernabschluss als Ganzes frei von wesentlichen – beabsichtigten oder unbeabsichtigten – falschen Darstellungen ist, und ob der Konzernlagebericht insgesamt ein zutreffendes Bild von der Lage des Konzerns vermittelt sowie in allen wesentlichen Belangen mit dem Konzernabschluss sowie mit den bei der Prüfung gewonnenen Erkenntnissen in Einklang steht, den deutschen gesetzlichen Vorschriften entspricht und die Chancen und Risiken der zukünftigen Entwicklung zutreffend darstellt, sowie einen Bestätigungsvermerk zu erteilen, der unsere Prüfungsurteile zum Konzernabschluss und zum Konzernlagebericht beinhaltet.

Hinreichende Sicherheit ist ein hohes Maß an Sicherheit, aber keine Garantie dafür, dass eine in Übereinstimmung mit § 317 HGB unter Beachtung der vom Institut der Wirtschaftsprüfer (IDW) festgestellten deutschen Grundsätze ordnungsmäßiger Abschlussprüfung durchgeführte Prüfung eine wesentliche falsche Darstellung stets aufdeckt. Falsche Darstellungen können aus Verstößen oder Unrichtigkeiten resultieren und werden als wesentlich angesehen, wenn vernünftigerweise erwartet werden könnte, dass sie einzeln oder insgesamt die auf der Grundlage dieses Konzernabschlusses und Konzernlageberichts getroffenen wirtschaftlichen Entscheidungen von Adressaten beeinflussen.

Während der Prüfung üben wir pflichtgemäßes Ermessen aus und bewahren eine kritische Grundhaltung. Darüber hinaus

- identifizieren und beurteilen wir die Risiken wesentlicher – beabsichtigter oder unbeabsichtigter – falscher Darstellungen im Konzernabschluss und im Konzernlagebericht, planen und führen Prüfungshandlungen als Reaktion auf diese Risiken durch sowie erlangen Prüfungsnachweise, die ausreichend und geeignet sind, um als Grundlage für unsere Prüfungsurteile zu dienen. Das Risiko, dass wesentliche falsche Darstellungen nicht aufgedeckt werden, ist bei Verstößen höher als bei Unrichtigkeiten, da Verstöße betrügerisches Zusammenwirken, Fälschungen, beabsichtigte Unvollständigkeiten, irreführende Darstellungen bzw. das Außerkraftsetzen interner Kontrollen beinhalten können.

- gewinnen wir ein Verständnis von dem für die Prüfung des Konzernabschlusses relevanten internen Kontrollsystem und den für die Prüfung des Konzernlageberichts relevanten Vorkehrungen und Maßnahmen, um Prüfungshandlungen zu planen, die unter den gegebenen Umständen angemessen sind, jedoch nicht mit dem Ziel, ein Prüfungsurteil zur Wirksamkeit dieser Systeme abzugeben.

- beurteilen wir die Angemessenheit der von den gesetzlichen Vertretern angewandten Rechnungslegungsmethoden sowie die Vertretbarkeit der von den gesetzlichen Vertretern dargestellten geschätzten Werte und damit zusammenhängenden Angaben.

- ziehen wir Schlussfolgerungen über die Angemessenheit des von den gesetzlichen Vertretern angewandten Rechnungslegungsgrundsatzes der Fortführung der Unternehmenstätigkeit sowie, auf der Grundlage der erlangten Prüfungsnachweise, ob eine wesentliche Unsicherheit im Zusammenhang mit Ereignissen oder Gegebenheiten besteht, die bedeutsame Zweifel an der Fähigkeit des Konzerns zur Fortführung der Unternehmenstätigkeit aufwerfen können. Falls wir zu dem Schluss kommen, dass eine wesentliche Unsicherheit besteht, sind wir verpflichtet, im Bestätigungsvermerk auf die dazugehörigen Angaben im Konzernabschluss und im Konzernlagebericht aufmerksam zu machen oder, falls diese Angaben unangemessen sind, unser jeweiliges Prüfungsurteil zu modifizieren. Wir ziehen unsere Schlussfolgerungen auf der Grundlage der bis zum Datum unseres Bestätigungsvermerks erlangten Prüfungsnachweise. Zukünftige Ereignisse oder Gegebenheiten können jedoch dazu führen, dass der Konzern seine Unternehmenstätigkeit nicht mehr fortführen kann.

- beurteilen wir die Gesamtdarstellung, den Aufbau und den Inhalt des Konzernabschlusses einschließlich der Angaben sowie ob der Konzernabschluss die zugrunde liegenden Geschäftsvorfälle und Ereignisse so darstellt, dass der Konzernabschluss

unter Beachtung der deutschen Grundsätze ordnungsmäßiger Buchführung ein den tatsächlichen Verhältnissen entsprechendes Bild der Vermögens-, Finanz- und Ertragslage des Konzerns vermittelt.
- holen wir ausreichende geeignete Prüfungsnachweise für die Rechnungslegungsinformationen der Unternehmen oder Geschäftstätigkeiten innerhalb des Konzerns ein, um Prüfungsurteile zum Konzernabschluss und zum Konzernlagebericht abzugeben. Wir sind verantwortlich für die Anleitung, Überwachung und Durchführung der Konzernabschlussprüfung. Wir tragen die alleinige Verantwortung für unsere Prüfungsurteile.
- beurteilen wir den Einklang des Konzernlageberichts mit dem Konzernabschluss, seine Gesetzesentsprechung und das von ihm vermittelte Bild von der Lage des Konzerns.
- führen wir Prüfungshandlungen zu den von den gesetzlichen Vertretern dargestellten zukunftsorientierten Angaben im Konzernlagebericht durch. Auf Basis ausreichender geeigneter Prüfungsnachweise vollziehen wir dabei insbesondere die den zukunftsorientierten Angaben von den gesetzlichen Vertretern zugrunde gelegten bedeutsamen Annahmen nach und beurteilen die sachgerechte Ableitung der zukunftsorientierten Angaben aus diesen Annahmen. Ein eigenständiges Prüfungsurteil zu den zukunftsorientierten Angaben sowie zu den zugrunde liegenden Annahmen geben wir nicht ab. Es besteht ein erhebliches unvermeidbares Risiko, dass künftige Ereignisse wesentlich von den zukunftsorientierten Angaben abweichen.

Wir erörtern mit den für die Überwachung Verantwortlichen unter anderem den geplanten Umfang und die Zeitplanung der Prüfung sowie bedeutsame Prüfungsfeststellungen, einschließlich etwaiger Mängel im internen Kontrollsystem, die wir während unserer Prüfung feststellen.

... [Ort der Niederlassung des KAPr.], ... [Datum]

....
[Name1] [Name2]
(Wirtschaftsprüfer/in) (Wirtschaftsprüfer/in)"

Einwendungen des KAPr., aufgrund derer das Prüfungsurteil zum KA bzw. zum KLB im BestV zu modifizieren ist, können sich neben den in Kap. M Tz. 1092 aufgeführten Gründen bspw. beziehen auf[1943]: **1135**
- die Nichtbeachtung oder unzutreffende Anwendung der Vorschriften über die Abgrenzung des Konsolidierungskreises, einschl. Wahlrechtsausübung (§ 294 Abs. 1, § 296 HGB),
- die mangelhafte Aufbereitung der konsolidierten JA und mangelhafte Dokumentation der Konsolidierung und der sie vorbereitenden Maßnahmen,
- *Verstöße gegen die Gliederungs-* und Bewertungsgrundsätze für den KA sowie die Vorschriften für die Kapital-, Schulden-, Zwischenergebnis- und Erfolgskonsolidierung, einschl. der Behandlung sich daraus ergebender Beträge und Steuerabgrenzungen,

---

1943 Vgl. auch *IDW PS 400 a.F.*, Tz. 94; *Bertram*, in: Haufe HGB Kommentar[8], § 322, Rn. 135; *Schmidt/Küster*, in: BeBiKo[10], § 322, Rn. 125.

- Mängel der KFR, des EK-Spiegels oder ggf. der (freiwilligen) Segmentberichterstattung[1944],
- Mängel des KAnh. (insb. §§ 313, 314 HGB),
- Verstöße gegen die Vorschriften i.Z.m. der (Nicht-)Aufstellung von Zwischenabschlüssen (§ 299 Abs. 2 und 3 HGB),
- Verstöße gegen den Grundsatz der Vollständigkeit der Konzernbilanz (§ 300 Abs. 2 HGB) unter Berücksichtigung der für das MU geltenden Bilanzierungsgebote, -wahlrechte und -verbote (§ 300 Abs. 1 HGB),
- Verstöße gegen den Grundsatz der konzerneinheitlichen Bewertung (§ 308 HGB), einschl. unzulässiger oder willkürlicher Inanspruchnahmen der Ausnahmeregelungen (§ 308 Abs. 2 S. 3 und 4 HGB),
- die Währungsumrechnung bei der Einbeziehung ausländischer Unternehmen in den KA (§ 308a HGB),
- die Behandlung aktiver und passiver Unterschiedsbeträge aus der Kapitalkonsolidierung (§ 309 i.V.m. § 301 Abs. 3 HGB),
- Verstöße gegen die Vorschriften über die anteilmäßige Konsolidierung (§ 310 HGB), die Identifikation und den Wertansatz der Beteiligungen an assoziierten Unternehmen (§§ 311, 312 HGB), einschl. der Behandlung dabei entstehender Unterschiedsbeträge,
- die Nichtbeachtung der Generalnorm des § 297 Abs. 2 S. 2 HGB,
- die mangelnde Vergleichbarkeit aufeinanderfolgender KA infolge wesentlicher Veränderungen im Konsolidierungskreis (§ 294 Abs. 2 HGB, § 315 HGB),
- Mängel des KLB:
Solche liegen insb. vor, wenn wesentliche erforderliche Angaben (z.B. Angaben zu den Chancen und Risiken der zukünftigen Entwicklung, Angaben nach §§ 315 Abs. 2, 315a HGB oder die Konzernerklärung zur Unternehmensführung nach § 315d HGB bzw. der Hinweis auf die Veröffentlichung dieser Erklärung im Internet) im KLB fehlen, wenn im KLB enthaltene prüfungspflichtige Informationen falsch sind oder in Widerspruch zu den geprüften Unterlagen stehen[1945] oder wenn der KAPr. eine wesentliche prognostische Aussage nicht für plausibel hält. Ferner wird die Nichtbeachtung von Vorschriften des DRS 20 grds. Einwendungen begründen[1946].

1136 **Prüfungshemmnisse** i.Z.m. dem KA bzw. dem KLB können sich über die in Kap. M Tz. 1094 genannten hinaus bspw. ergeben hinsichtlich[1947]:
- einer mangelhaften Aufbereitung der konsolidierten JA und nicht ausreichend geeigneten Dokumentation der Konsolidierung und der sie vorbereitenden Maßnahmen,
- Verstößen der gesetzlichen Vertreter des MU und/oder von TU, einschl. deren APr., gegen ihre Pflichten, dem KAPr. die für die Durchführung der Prüfung erforderlichen Unterlagen zur Verfügung zu stellen und alle notwendigen Aufklärungen zu erteilen (§ 320 Abs. 3 HGB).

1944 Vgl. hierzu auch DRS 21 (Kapitalflussrechnung), DRS 22 (Konzerneigenkapital) bzw. DRS 3 (Segmentberichterstattung).
1945 Vgl. *IDW PS 350 a.F.*, Tz. 26; *IDW PS 350 n.F.*, Tz. A111.
1946 Vgl. *IDW PS 350 n.F.*, Tz. 116, Tz. 117 i.V.m. A115.
1947 Vgl. auch *IDW PS 400 a.F.*, Tz. 94; *Schmidt/Küster*, in: BeBiKo[10], § 322, Rn. 125.

1137 Ist die Arbeit eines **Teilbereichsprüfers** i.S.v. *IDW PS 320 n.F.* nur unzureichend oder gar nicht verwertbar, ist der KAPr. verpflichtet, durch eigene, unmittelbar auf diese Teileinheit bzw. diesen Teilbereich bezogene Prüfungshandlungen zu einer hinreichend sicheren Beurteilung über die Teileinheit bzw. den Teilbereich zu gelangen[1948]. Ist ihm dies nicht möglich, so liegt ebenfalls ein Prüfungshemmnis vor[1949].

1138 Einwendungen gegen **in den KA einbezogene JA** führen – auch wenn deren Prüfung zu einer Modifizierung des Prüfungsurteils im BestV oder Versagungsvermerk zu dem betroffenen JA geführt hat – nur dann zu Einwendungen gegen den KA, wenn die festgestellten Mängel dieser JA nicht i.R.d. Konsolidierung behoben worden sind und sich, einzeln oder in ihrem Zusammenwirken, auf den KA wesentlich auswirken[1950].

Entsprechendes gilt, wenn der BestV zum JA eines wesentlichen Konzernunternehmens vor der Beendigung der Konzernabschlussprüfung widerrufen wird.

1139 Für die **Formulierung eines modifizierten Prüfungsurteils zum KA bzw. KLB** gelten die gleichen Grundsätze wie i.Z.m. dem JA bzw. dem LB (vgl. Kap. M Tz. 1044 ff.).

Danach hat der KAPr. die **Einschränkung** des Prüfungsurteils zu **begründen** und so darzustellen, dass deren **Tragweite** erkennbar wird (§ 322 Abs. 4 S. 3 und 4 HGB). Dies schließt neben der **Beschreibung des Sachverhalts** auch die **Darstellung der relativen Bedeutung** des Mangels bzw. des nicht beurteilbaren Bereichs unter jedenfalls quantitativen, ggf. auch qualitativen Aspekten mit ein.

1140 Gibt der KAPr. zum **KA** ein versagtes Prüfungsurteil ab oder erklärt er die Nichtabgabe des Prüfungsurteils zum KA, so hat er dies in den auch so zu titulierenden „**Versagungsvermerk**" aufzunehmen (§ 322 Abs. 4 S. 2 HGB). Diese sog. Versagung des BestV ist zu **begründen** (§ 322 Abs. 4 S. 3 HGB). Eine Darstellung der Tragweite der Versagung verlangt das Gesetz nicht ausdrücklich; sofern dies im Einzelfall möglich ist, sollte allerdings i.R.d. Begründung grds. auch eine Quantifizierung erfolgen.

1141 Es gilt aber auch hier die Konvention, dass ein versagtes Prüfungsurteil oder die Erklärung der Nichtabgabe des Prüfungsurteils zum **KLB** alleine nicht zu einem „Versagungsvermerk" führen[1951].

4.6 Bestätigungsvermerk bei Rechnungslegung nach dem PublG

1142 Gem. § 6 Abs. 1 S. 2 PublG gilt **§ 322 HGB** über den BestV zum JA nach PublG **sinngemäß**. Dies gilt gem. § 14 Abs. 1 S. 2 PublG für den BestV zum KA nach PublG gleichermaßen.

Ergänzend zur ohnehin direkten Geltung der VO (EU) Nr. 537/2014 enthält § 6 PublG noch einen klarstellenden Hinweis zur Geltung dieser dem PublG vorgehenden Verordnung für kapitalmarktorientierte Unternehmen i.S.d. § 264d HGB[1952].

1143 Die o.g. Grundsätze zum BestV sind somit auch auf Pflichtprüfungen von Unternehmen, die dem PublG unterliegen, anzuwenden. Soweit jedoch nach den **Vorschriften des PublG** inhaltlich geringere oder abweichende Anforderungen an die Rechnungslegung

---

[1948] Vgl. *IDW PS 320 n.F.*, Tz. 39 f.
[1949] Vgl. *IDW PS 320 n.F.*, Tz. 43.
[1950] Vgl. *IDW PS 320 n.F.*, Tz. 50; *Ebke*, in: MünchKomm. HGB³, § 322, Rn. 58.
[1951] Vgl. *IDW PS 405*, Tz. 21, A17.
[1952] Vgl. RegBegr. AReG, BT-Drs. 18/7219 v. 11.01.2016, S. 54.

gestellt werden, sind entsprechende Anpassungen der Darstellungen und Aussagen im BestV erforderlich. Diese betreffen im Wesentlichen den Prüfungsgegenstand (Anh. und LB sowie ggf. KFR, EK-Spiegel und das Privatvermögen) sowie – i.Z.m. dem JA – die Einhaltung der Generalnorm (§ 264 Abs. 2 S. 1 HGB).

Zu den in diesem Zusammenhang zulässigen Abweichungen siehe Kap. M Tz. 647 ff. sowie Kap. F Tz. 1541 ff. (betr. den JA) bzw. Kap. M Tz. 662 ff. sowie Kap. G Tz. 61 ff., 168 ff., 277 ff., 300 ff. (betr. den KA).

1144 Falls ein dem PublG unterliegendes Unternehmen nicht freiwillig in vollem Umfang nach den für „große" KapGes. bzw. KapCoGes. i.S.v. § 267 Abs. 3 HGB (nur solche kommen nach den Größenmerkmalen des § 1 Abs. 1 PublG in Betracht) geltenden Vorschriften des HGB Rechnung legt[1953], ergeben sich die nachfolgend dargestellten **Besonderheiten für den BestV**.

4.6.1 Bestätigungsvermerk zum Jahresabschluss nach PublG

1145 Die vom Recht der KapGes. abweichenden Anforderungen an die Rechnungslegung durch das PublG können grds. alle Teile des BestV berühren; ggf. erforderliche Anpassungen ergeben sich insb. aus einem möglichen Verzicht auf die Aufstellung von Anh. und/oder LB bei PersGes. oder Einzelkaufleuten.

1146 Verzichten PersGes. oder Einzelkaufleute im Hinblick auf § 5 Abs. 2 S. 1 PublG darauf, einen Anh. und/oder einen LB aufzustellen, entfallen die jeweiligen Bezugnahmen in allen Abschnitten des BestV[1954].

Werden zulässigerweise weder Anh. noch LB aufgestellt, lautet der Abschnitt „Prüfungsurteil zum JA" (bei einem nicht modifizierten Prüfungsurteil) demgemäß wie folgt[1955]:

> **Beispiel 50:**
>
> „Wir haben den Jahresabschluss der ... [*Firma und Sitz des geprüften Unternehmens*] – bestehend aus der Bilanz zum ... [*Datum*] und der Gewinn- und Verlustrechnung für das Geschäftsjahr vom ... [*Datum*] bis zum ... [*Datum*] – geprüft.
>
> Nach unserer Beurteilung aufgrund der bei der Prüfung gewonnenen Erkenntnisse entspricht der beigefügte Jahresabschluss in allen wesentlichen Belangen den nach § 5 PublG anzuwendenden deutschen handelsrechtlichen Vorschriften.
>
> Gemäß § 322 Abs. 3 S. 1 HGB erklären wir, dass unsere Prüfung zu keinen Einwendungen gegen die Ordnungsmäßigkeit des Jahresabschlusses geführt hat."

1147 Bei der Benennung der angewandten **Rechnungslegungsvorschriften** ist eine Bezugnahme auf das PublG erforderlich, weil § 5 PublG die (z.T. „sinngemäße") Anwendung bestimmter Normen vorschreibt, die über den deutschen, für alle Kaufleute geltenden handelsrechtlichen Vorschriften hinausgehen bzw. in solche eingreifen.

[1953] Alternativ zum JA kommt auch ein EA nach § 325 Abs. 2a HGB (unter Beachtung der IFRS, wie sie in der EU anzuwenden sind) in Betracht.
[1954] Vgl. zum sich dann ergebenden Wortlaut auch *IDW PS 400 n.F.*, Anlage: Bsp. 5.
[1955] Vgl. *IDW PS 400 n.F.*, Tz. 38 f., Anlage: Bsp. 5 analog.

Demgegenüber ist, wenn **Gesellschaftsvertrag oder Satzung** Bestimmungen enthalten, die die Rechnungslegungsvorschriften des PublG in zulässiger Weise ergänzen, darauf im Text des BestV grds. nicht hinzuweisen[1956].

1148

Als gesellschaftsvertragliche Bestimmungen, die die Rechnungslegung betreffen, kommen bei **Personenhandelsgesellschaften** insb. in Frage[1957]:

- Zuordnung zu und Ausweis von Kapital- und Privatkonten
- Regelungen zur Bildung und Auflösung von Rücklagen
- Entnahmeregelungen
- Behandlung von Aufwendungen und Erträgen, die die Gesellschafter betreffen (z.B. Gehalt, Zinsen auf Forderungen oder Verbindlichkeiten), in der GuV.

Mit der Erklärung, dass die Prüfung zu **keinen Einwendungen** geführt hat (§ 322 Abs. 3 S. 1 HGB), bringt der APr. zum Ausdruck, dass die für das geprüfte Unternehmen maßgebenden Rechnungslegungsgrundsätze beachtet worden sind. Zwar werden nach den Vorschriften des PublG zumindest in Teilbereichen der Rechnungslegung geringere Anforderungen als an KapGes. bzw. KapCoGes. gleicher Größe gestellt, doch handelt es sich um eine für das Unternehmen gesetzlich zulässige Rechnungslegung, so dass insoweit keine Gründe gegen die Bestätigung der Einwendungsfreiheit und der Gesetzeskonformität bestehen.

1149

Nach § 5 Abs. 4 PublG dürfen das „sonstige Vermögen" (**Privatvermögen**) und die damit in Zusammenhang stehenden Aufwendungen und Erträge eines Einzelkaufmanns oder der Gesellschafter einer PersGes. nicht in den JA aufgenommen werden. § 6 Abs. 2 PublG stellt ausdrücklich klar, dass sich die Prüfung auch auf die Beachtung dieses Ansatzverbotes zu erstrecken hat[1958]. Die Erteilung eines nicht modifizierten Prüfungsurteils zum JA im BestV setzt daher voraus, dass § 5 Abs. 4 PublG beachtet worden ist. Durch die Bestätigung der Einwendungsfreiheit gem. § 322 Abs. 3 S. 1 HGB wird die Einhaltung des § 5 Abs. 4 PublG als ergänzende gesetzliche, auf die Rechnungslegung bezogene Vorschrift mit abgedeckt, so dass es insoweit keiner gesonderten Erwähnung bedarf.

1150

Andererseits kann die Bestätigung der **Einhaltung der Generalnorm** (§ 264 Abs. 2 S. 1 HGB) bei unter das PublG fallenden Unternehmen, die aufgrund ihrer Rechtsform nicht verpflichtet sind, die Generalnorm zu erfüllen, nur dann erfolgen, wenn deren JA diesen Anforderungen genügt[1959]. Dies setzt voraus, dass die handelsrechtlichen Anforderungen, die für große KapGes. bzw. KapCoGes. (§ 267 Abs. 3 HGB) gelten, in allen wesentlichen Belangen eingehalten werden. Dies bedeutet namentlich, dass ein **Anh.** zu erstellen ist und dass die **Ansatz-, Bewertungs- und Gliederungsvorschriften** der §§ 264 ff. HGB beachtet werden, damit der JA insgesamt unter Beachtung der GoB ein den tatsächlichen Verhältnissen entsprechendes Bild der Vermögens-, Finanz- und Ertragslage der Gesellschaft vermitteln kann[1960].

1151

1956 Vgl. *Schmidt/Küster*, in: BeBiKo[11], § 322, Rn. 233.
1957 Vgl. auch *Schmidt/Küster*, in: BeBiKo[11], § 322, Rn. 233.
1958 Vgl. *Schäfer*, PublG[2], § 6, Rn. 7.
1959 Vgl. *IDW PS 400 n.F.*, Tz. A35; *Schmidt/Küster*, in: BeBiKo[11], § 322, Rn. 230.
1960 Vgl. *IDW PS 400 n.F.*, Tz. A35; *Schmidt/Küster*, in: BeBiKo[11], § 322, Rn. 231.

1152 Weicht demgegenüber der JA **zulässigerweise** wesentlich von dem einer großen KapGes. bzw. KapCoGes. ab und werden im Anh., u.U. auch unter der Bilanz oder mittels Fußnoten, keine Angaben gemacht, die diese **Abweichungen** kompensieren, kann sich das Prüfungsurteil nur auf die Bestätigung der Übereinstimmung mit den gesetzlichen Vorschriften (in der Diktion des *IDW PS 400 n.F.* „Rechnungslegungsgrundsätze zur Ordnungsmäßigkeit"[1961]) sowie der Einwendungsfreiheit erstrecken. Eine Bezugnahme auf die Generalnorm muss entfallen[1962]; eines Hinweises darauf bedarf es nicht[1963].

In einem solchen Ausnahmefall ergibt sich für den Abschnitt „Prüfungsurteil zum JA" (bei nicht modifiziertem Prüfungsurteil) folgender Wortlaut:

> **Beispiel 51:**
>
> „Wir haben den Jahresabschluss der ... [*Firma und Sitz des geprüften Unternehmens*] – bestehend aus der Bilanz zum ... [*Datum*] und der Gewinn- und Verlustrechnung für das Geschäftsjahr vom ... [*Datum*] bis zum ... [*Datum*] sowie einem Anhang, einschließlich der Darstellung der Bilanzierungs- und Bewertungsmethoden – geprüft.
>
> Nach unserer Beurteilung aufgrund der bei der Prüfung gewonnenen Erkenntnisse entspricht der beigefügte Jahresabschluss in allen wesentlichen Belangen den nach § 5 PublG anzuwendenden deutschen handelsrechtlichen Vorschriften.
>
> Gemäß § 322 Abs. 3 S. 1 HGB erklären wir, dass unsere Prüfung zu keinen Einwendungen gegen die Ordnungsmäßigkeit des Jahresabschlusses geführt hat."

1153 Eine Bestätigung der Einhaltung der Generalnorm ist bei (zulässigen) **Abweichungen** von der für große KapGes. bzw. KapCoGes. vorgeschriebenen Rechnungslegung indessen nicht ausgeschlossen, wenn die **Rechnungslegung insgesamt** den Anforderungen entspricht[1964]. Wurden im JA bspw. in nicht nur unwesentlichem Umfang Abschreibungen nach § 253 Abs. 4 HGB a.F. i.V.m. Art. 67 Abs. 4 EGHGB fortgeführt[1965], sind im Anh., u.U. auch unter der Bilanz oder in Form von Fußnoten, entsprechende Angaben zu diesem Sachverhalt zu machen, um der Generalnorm zu genügen[1966].

In einem solchen Fall kann im Sinne der Allgemeinverständlichkeit des BestV und zur Vermeidung von Missverständnissen über dessen Tragweite ein Hinweis zur Hervorhebung dieser (abweichenden) Art und Weise der Vermittlung des geforderten Bildes sinnvoll sein.

1961 Vgl. *IDW PS 400 n.F.*, Tz. 10 Buchst. e) Alt. b.
1962 Die früher (vgl. ADS⁶, § 6 PublG, Tz. 17) gesehene Möglichkeit der „modifizierten" Bestätigung der Einhaltung der Generalnorm – d.h. unter der klarstellenden Erweiterung, dass der JA unter Beachtung der GoB „und der speziellen Ausweis-, Bewertungs- und Berichterstattungsvorschriften des PublG" ein den tatsächlichen Verhältnissen entsprechendes Bild der Vermögens-, Finanz- und Ertragslage des Unternehmens vermittelt – ist als nicht mehr zulässig anzusehen. Vgl. *IDW PS 400 n.F.*, Tz. A18, A36.
1963 Vgl. ADS⁶, § 322, Tz. 150.
1964 Vgl. *IDW PS 400 n.F.*, Tz. A35.
1965 Der bisherige Anwendungsbereich steuerlich motivierter Wertansätze ist durch das BilMoG weitgehend entfallen bzw. wirkt nur noch nach (Art. 67 Abs. 4 EGHGB).
1966 Anzugeben wären in diesem Fall neben den betroffenen Posten und den ausmachenden Beträgen zumindest auch die Veränderungen dieser Abschreibungen ggü. der Vorperiode.

Nach § 5 Abs. 2 PublG haben die unter das PublG fallenden Unternehmen, mit Ausnahme der PersGes. und Einzelkaufleute, unter sinngemäßer Anwendung von § 289 HGB einen **Lagebericht** aufzustellen, der nach § 6 Abs. 1 PublG in die Abschlussprüfung einzubeziehen ist. Wenn PersGes. oder Einzelkaufleute zulässigerweise (§ 5 Abs. 2 S. 1 PublG) keinen LB aufstellen, entfallen alle auf den LB bezogenen Aussagen im BestV. 1154

Falls PersGes. oder Einzelkaufleute **freiwillig einen LB aufstellen**, der auftragsgemäß[1967] in die Abschlussprüfung einzubeziehen ist, gelten in Bezug auf den Inhalt des LB sowie dessen Prüfung und Beurteilung durch den APr. die allgemeinen Grundsätze und Maßstäbe. Evtl. Erleichterungen existieren insoweit keine. Werden gesetzliche Angabepflichten nach § 289 HGB nicht erfüllt, hat dies daher zwingend die Modifizierung des Prüfungsurteils zum LB im BestV zur Folge. 1155

Nach § 322 Abs. 2 S. 3 HGB hat der APr. im BestV auf **Risiken, die den Fortbestand des Unternehmens gefährden**, gesondert hinzuweisen. Es handelt sich hierbei um die Pflicht, einen Sachverhalt hervorzuheben, der von den gesetzlichen Vertretern bereits im JA bzw. LB darzustellen ist. Soweit nach PublG die Pflicht zur Aufstellung eines LB besteht oder ein solcher freiwillig aufgestellt und geprüft wird, ergeben sich für den BestV i. Z.m. dem PublG keine Besonderheiten. 1156

Stellt eine PersGes. oder ein Einzelkaufmann **zulässigerweise keinen LB** auf, fehlt ein wesentlicher Bezugspunkt für die Hervorhebung eines eventuellen Bestandsrisikos im BestV. Da die gesetzlichen Vertreter bzw. der Einzelkaufmann jedoch verpflichtet sind (so *IDW PS 270 n.F.*, Tz. 9), auf bestehende bestandsgefährdende Risiken auch im Anh. (bzw. mangels Anh. unter der Bilanz) einzugehen[1968], ist dem APr. gleichwohl eine entsprechende Bezugnahme aus dem BestV heraus möglich. 1157

Der früher insofern als Möglichkeit angesprochene bzw. empfohlene Hinweis nach § 322 Abs. 2 S. 3 HGB[1969] ist damit zudem einer **Hinweispflicht** (vgl. hierzu Kap. M Tz. 832 ff.) gewichen.

Erkennt der APr., dass das betriebliche Vermögen eines Einzelkaufmanns durch **private Schulden des Einzelkaufmanns**, die gem. § 5 Abs. 4 PublG nicht in der Bilanz ausgewiesen werden dürfen[1970], erheblich gefährdet ist, sollte der APr. – nach pflichtgemäßem Ermessen – darauf durch einen entsprechenden Hinweis im BestV aufmerksam machen[1971]. Es handelt sich um einen Hinweis zur Vermeidung eines falschen Eindrucks über den Inhalt der Prüfung und die Tragweite des BestV, der jedoch keine Modifizierung des Prüfungsurteils zum JA im BestV bedeutet. Einer Angabe der Höhe der betreffenden Verbindlichkeiten im Hinweis steht die strikte Verschwiegenheitspflicht des APr. entgegen. 1158

1967 Vgl. *IDW PS 400 n.F.*, Tz. 20, A10, A40; *IDW PS 350 n.F.*, Tz. 11.
1968 Vgl. ferner die Folgeänderung in *IDW RS HFA 17*, Tz. 2. Vgl. auch *Skirk/Kuhn*, WPg 2018, S. 63 (69).
1969 Vgl. bspw. ADS[6], § 264, Tz. 95, 118.
1970 Dabei ist zu beachten, dass „privat" aufgenommene Kredite, mit denen EK-Einlagen des EKfm. finanziert werden, grds. als **betriebliche Schulden** zu qualifizieren und dementsprechend im JA als solche auszuweisen sind. Vgl. ADS[6], § 5 PublG, Tz. 62.
1971 Ebenso *Schäfer*, PublG[2], § 5, Rn. 28; *Hell/Küster*, in: HdR[5], § 322, Rn. 73; *Schmidt/Küster*, in: BeBiKo[11], § 322, Rn. 234. Allerdings präferieren *Hell/Küster* bzw. *Schmidt/Küster* in diesem Zusammenhang einen gesonderten Hinweis nach § 322 Abs. 2 S. 3 HGB.

1159 Für einen solchen Hinweis bietet sich die folgende Formulierung an[1972]:

> **Beispiel 52:**
>
> „*Hinweis auf einen sonstigen Sachverhalt*
> Wir weisen darauf hin, dass Verbindlichkeiten, die der Inhaber nicht unter seiner Firma eingegangen ist, gemäß § 5 Abs. 4 PublG nicht in der Jahresbilanz passiviert sind. Unser Prüfungsurteil zum Jahresabschluss ist diesbezüglich nicht modifiziert."

Dieser Hinweis ist im (ersten) *Hauptabschnitt „Vermerk über die Prüfung des JA [und des LB]"* sinnvollerweise direkt nach dem Abschnitt „Grundlage für das Prüfungsurteil" bzw. „Grundlage für die Prüfungsurteile" zu platzieren (vgl. Kap. M Tz. 757 Buchst. h) bzw. Kap. M Tz. 854).

1160 Ein weiterer Fall eines ergänzenden Hinweises ist die **Inanspruchnahme des § 5 Abs. 6 PublG**, wonach TU von der Anwendung der Vorschriften des PublG für den JA, dessen Prüfung und Offenlegung befreit sind, wenn sie in den KA eines inländischen MU nach § 290 ff. HGB oder § 11 ff. PublG einbezogen sind und im Übrigen die entsprechend geltenden Voraussetzungen des § 264 Abs. 3 HGB erfüllen.

Im Fall der Prüfung eines solchen JA ist zu beachten[1973]: Stellt das TU seinen JA zulässigerweise nur unter Beachtung der deutschen, für alle Kaufleute geltenden handelsrechtlichen Vorschriften (d.h. der Vorschriften des Ersten Abschnitts des Dritten Buchs des HGB) auf, ist dies im gesamten BestV entsprechend zu berücksichtigen[1974]. Ferner ist i.R. eines gesonderten Hinweises darauf **hinzuweisen**, dass im Zeitpunkt der Beendigung der Abschlussprüfung die Erfüllung der Voraussetzungen des § 264 Abs. 3 HGB insoweit noch nicht beurteilt werden konnte, als diese Voraussetzungen ihrer Art nach erst zu einem späteren Zeitpunkt erfüllbar sind; noch ausstehende Voraussetzungen sind dabei zu nennen[1975]. Zum Wortlaut dieses Hinweises siehe Kap. M Tz. 863.

1161 Nach § 9 Abs. 2 PublG dürfen PersGes. und Einzelkaufleute von einer **Offenlegung** der im JA enthaltenen GuV absehen, wenn sie stattdessen in einer Anlage zur Bilanz die in § 5 Abs. 5 S. 3 PublG genannten Angaben machen. Nach § 6 PublG ist der aufgestellte JA einschl. GuV zu prüfen; die Anlage zur Bilanz ist dagegen nicht Gegenstand der gesetzlichen Abschlussprüfung[1976].

1162 Macht also das Unternehmen von den **Offenlegungserleichterungen** des § 9 Abs. 2 PublG Gebrauch, ist zu beachten, dass sich der BestV auf den aufgestellten JA bezieht. Der BestV kann deswegen nur dann mit dem offenzulegenden JA offengelegt werden, wenn von dem Unternehmen gleichzeitig darauf hingewiesen wird, dass sich der beigefügte BestV auf den vollständigen JA bezieht (§ 328 Abs. 1a S. 2 HGB)[1977].

1972 Vgl. *IDW PS 406*, Tz. 12 f. i.V.m. *IDW St/HFA 1/1972 i.d.F. 1990*, Ziff. 2.
1973 Bei Verzicht auf die Prüfungsbefreiung handelt es sich nach *IDW PH 9.200.1*, Tz. 4 um eine Pflichtprüfung, auch wenn andere Erleichterungen des § 264 Abs. 3 HGB in Anspruch genommen werden.
1974 Vgl. *IDW PH 9.200.1*, Tz. 1.
1975 Vgl. *IDW PH 9.200.1*, Tz. 9.
1976 Vgl. ADS[6], § 6 PublG, Tz. 9.
1977 Vgl. *IDW PS 400 n.F.*, Tz. 103.

Soll ergänzend zur Abschlussprüfung auch die zutreffende **Inanspruchnahme der Offenlegungserleichterungen** (Anlage zur Bilanz) im zur Offenlegung bestimmten JA geprüft werden, bedarf es hierzu einer gesonderten Beauftragung. Der APr. hat über das Ergebnis dieser zusätzlichen Prüfung – getrennt vom BestV – in einem gesonderten Vermerk zu berichten[1978].

1163

Für solch einen **gesonderten Vermerk** des APr. empfiehlt sich folgende Formulierung[1979]:

> **Beispiel 53:**
>
> „Die beigefügte, zur Offenlegung bestimmte Jahresbilanz nebst Anlage entspricht nach unserer Beurteilung aufgrund der bei der Prüfung gewonnenen Erkenntnisse den gesetzlichen Vorschriften. Zu dem vollständigen Jahresabschluss haben wir den folgenden Bestätigungsvermerk erteilt:
>
> Bestätigungsvermerk des unabhängigen Abschlussprüfers
>
> ... [vollständiger Wortlaut des BestV]"

4.6.2 Bestätigungsvermerk zum Konzernabschluss nach PublG

Anpassungen des BestV zum KA in Bezug auf den Prüfungsgegenstand ergeben sich für MU in der Rechtsform der **PersGes.** oder des **Einzelkaufmanns**, die gemäß § 13 Abs. 3 S. 2 PublG nicht zur Aufstellung von KFR und EK-Spiegel verpflichtet sind und diese Rechnungslegungsbestandteile auch nicht freiwillig erstellen.

1164

Kapitalmarktorientierte Unternehmen i.S.d. § 264d HGB, die unter das PublG fallen, haben in sinngemäßer Anwendung des § 315e HGB ihren KA nach den von der EU übernommenen internationalen Rechnungslegungsstandards aufzustellen (§ 11 Abs. 6 PublG). Dabei sind die im PublG vorgesehenen Erleichterungen hinsichtlich der Gliederung und der Bewertung in der Konzernbilanz sowie der Konzern-GuV und der Angaben im KAnh. (§ 13 Abs. 2 S. 1 und 2, Abs. 3 S. 1 und 2 i.V.m. § 5 Abs. 5 PublG) nicht anwendbar, da sie in Widerspruch zu den „IFRS, wie sie in der EU anzuwenden sind", stünden[1980]. In diesen Fällen sind daher die Grundsätze für BestV über die Prüfung von nach internationalen Rechnungslegungsstandards aufgestellten KA (vgl. Kap. M Tz. 1174 ff.) nebst den weiteren Vorschriften für **PIE** nach Art. 10 VO (EU) Nr. 537/2014 vollumfänglich zu beachten.

1165

Bei **nicht kapitalmarktorientierten Unternehmen**, die unter das PublG fallen, besteht der KA aus Konzernbilanz, Konzern-GuV, KAnh., KFR und EK-Spiegel, sowie ggf. der freiwilligen Segmentberichterstattung (§ 13 Abs. 2 PublG i.V.m. § 297 Abs. 1 HGB). Diese Pflichtbestandteile des KA sind i.Z.m. dem **Prüfungsgegenstand** im BestV entsprechend zu berücksichtigen. Die Tatsache, dass § 314 Abs. 1 Nr. 6 HGB nicht angewendet zu werden braucht (§ 13 Abs. 3 S. 1 PublG), ist insoweit nicht von Relevanz. Daneben ist aber – im Gegensatz zum JA nach PublG – auch von PersGes. und Einzel-

1166

1978 Vgl. *IDW PS 400 n.F.*, Tz. 104.
1979 Vgl. *IDW PS 400 n.F.*, Tz. A99 i.V.m. *IDW St/HFA 1/1972 i.d.F. 1990*, Ziff. 1.
1980 Vgl. auch RegBegr. BilReG, BT-Drs. 15/3419 v. 24.06.2004, S. 53.

kaufleuten als MU ein KLB aufzustellen, der somit in jedem Fall als Prüfungsgegenstand mit aufzuführen ist.

1167 Bei einem KA, der von einer inländischen **Teilkonzernmutter** gemäß § 11 Abs. 3 PublG aufgestellt wird, weil das ausländische MU nach deutschem Recht nicht zur Aufstellung eines KA verpflichtet ist, sind die Worte „Konzernabschluss" und „Konzernlagebericht" zur Verdeutlichung durch „Teilkonzernabschluss" und „Teilkonzernlagebericht" zu ersetzen[1981].

1168 Eine Bestätigung der Einhaltung der **Generalnorm** (§ 297 Abs. 2 S. 2 HGB) ist nur möglich, wenn der KA eine KFR und einen EK-Spiegel enthält. Dies setzt voraus, dass auf die für MU in der Rechtsform des Einzelkaufmanns bzw. der PersGes. mögliche Inanspruchnahme der Erleichterungsvorschrift des § 13 Abs. 3 S. 2 zweiter Satzteil PublG verzichtet wird. Ebenso ist auf eine Anwendung der Erleichterung nach § 5 Abs. 5 PublG (betr. die Modifikation der GuV) i.R.d. KA zu verzichten, um der Generalnorm zu genügen[1982]. Dagegen dürfte sich die zulässige Nichtbeachtung der Angabepflichten nach § 314 Abs. 1 Nr. 6 HGB (§ 13 Abs. 3 S. 1 PublG) nur in Ausnahmefällen auf die Beurteilung der Einhaltung der Generalnorm auswirken, zumal § 314 Abs. 3 S. 2 HGB auch für den KAnh. nach PublG gilt.

1169 Wenn infolge der **zulässigen Inanspruchnahme von Erleichterungen nach PublG** die materiellen Abweichungen vom KA nach § 290 ff. HGB dazu führen, dass die Einhaltung der **Generalnorm nicht positiv bestätigt** werden kann, können lediglich die Übereinstimmung mit den gesetzlichen Vorschriften, welche in diesem Fall „Rechnungslegungsgrundsätze zur Ordnungsmäßigkeit"[1983] verkörpern, sowie die Einwendungsfreiheit als solche bestätigt werden.

In einem solchen Ausnahmefall ergibt sich für den Abschnitt „Prüfungsurteile" (bei nicht modifiziertem Prüfungsurteil) folgender Wortlaut in Bezug auf den KA:

Beispiel 54:

„Wir haben den Konzernabschluss der ... [*Firma und Sitz des Mutterunternehmens*] und ihrer Tochtergesellschaften (der Konzern) – bestehend aus der Konzernbilanz zum ... [*Datum*], der Konzern-Gewinn- und Verlustrechnung für das Geschäftsjahr vom ... [*Datum*] bis zum ... [*Datum*] sowie dem Konzernanhang, einschließlich der Darstellung der Bilanzierungs- und Bewertungsmethoden – geprüft. Darüber hinaus haben wir den Konzernlagebericht der ... [*Firma und Sitz des Mutterunternehmens*] für das Geschäftsjahr vom ... [*Datum*] bis zum ... [*Datum*] geprüft.

Nach unserer Beurteilung aufgrund der bei der Prüfung gewonnenen Erkenntnisse
- entspricht der beigefügte Konzernabschluss in allen wesentlichen Belangen den nach § 13 PublG anzuwendenden deutschen handelsrechtlichen Vorschriften und
- ... [*Prüfungsurteil zum KLB*].

Gemäß § 322 Abs. 3 S. 1 HGB erklären wir, dass unsere Prüfung zu keinen Einwendungen gegen die Ordnungsmäßigkeit des Konzernabschlusses und des Konzernlageberichts geführt hat."

[1981] Vgl. *IDW PS 400 a.F.*, Tz. 89 sowie den Wortlaut von § 13 Abs. 2 PublG.
[1982] Vgl. auch *Schmidt/Küster*, in: BeBiKo[11], § 322, Rn. 230 ff. Im Ausnahmefall kann es vertretbar sein, den Informationsverlust, der durch die Inanspruchnahme der Erleichterung des § 5 Abs. 5 PublG entsteht, durch entsprechende Angaben im KAnh. zu kompensieren. Vgl. auch Kap. M Tz. 1153.
[1983] Vgl. *IDW PS 400 n.F.*, Tz. 10 Buchst. e) Alt. b.

Aufgrund der engen sachlichen Verknüpfung wird dann auch das Prüfungsurteil zum KLB anzupassen sein. Das diesbezügliche Prüfungsurteil wird sich dementsprechend auf die Feststellungen zum Einklang des KLB mit dem KA sowie zur Gesetzmäßigkeit des KLB beschränken, während die (Teil-)Aussage(n) zum zutreffenden Bild von der Lage des Konzerns, und grds. wohl auch zur zutreffenden Darstellung der Chancen und Risiken der zukünftigen Entwicklung, entfallen muss bzw. müssen.

Ist das MU ein Einzelkaufmann oder eine PersGes., so darf deren „sonstiges Vermögen" (**Privatvermögen**) gem. § 13 Abs. 3 S. 2 i.V.m. § 5 Abs. 4 PublG nicht in die Konzernbilanz und die auf dieses Privatvermögen entfallenden Aufwendungen und Erträge nicht in die Konzern-GuV aufgenommen werden. Korrespondierend dazu dürfen auch private Schulden in der Konzernbilanz nicht berücksichtigt werden. **1170**

Dieser Aspekt ist gesetzlicher Prüfungsgegenstand. Die Erteilung eines nicht modifizierten Prüfungsurteils zum KA im BestV setzt daher voraus, dass § 13 Abs. 3 S. 2 i.V.m. § 5 Abs. 4 PublG beachtet worden ist. Durch die Bestätigung der Einwendungsfreiheit gem. § 322 Abs. 3 S. 1 HGB wird diese ergänzende rechnungslegungsbezogene Gesetzesvorschrift mit abgedeckt, so dass es insoweit keiner gesonderten Erwähnung bedarf.

Erkennt der KAPr., dass das betriebliche Vermögen des MU durch **private Schulden des Inhabers oder** (bei PersGes.) **wesentlicher Gesellschafter**, die gem. § 13 Abs. 3 S. 2 i.V.m. § 5 Abs. 4 PublG nicht in der Konzernbilanz ausgewiesen werden dürfen, erheblich gefährdet ist, so hat der KAPr. – nach pflichtgemäßem Ermessen und unbeschadet einer etwaigen Darstellung im KLB – darauf durch einen entsprechenden Hinweis im BestV aufmerksam machen (s.o. Kap. M Tz. 1158 f.)[1984]. Einer Angabe der Höhe der Verbindlichkeiten in diesem Hinweis steht die Verschwiegenheitspflicht des KAPr. entgegen. **1171**

Wird von einem Einzelkaufmann oder einer PersGes. als MU anstelle der Konzern-GuV eine Anlage zur Konzernbilanz (§ 13 Abs. 3 S. 2 i.V.m. § 5 Abs. 5 S. 3 PublG) **offengelegt**, die – bezogen auf den Konzern – die Angaben gem. § 5 Abs. 5 S. 3 PublG enthält, so kann (wie beim JA) der BestV nur dann mit dem offenzulegenden KA zusammen offengelegt werden, wenn von dem Unternehmen gleichzeitig darauf hingewiesen wird, dass sich der beigefügte BestV auf den vollständigen KA bezieht (§ 328 Abs. 1a S. 2 HGB i.V.m. § 15 Abs. 2 PublG). Soll ergänzend auch die zutreffende Inanspruchnahme von Offenlegungserleichterungen geprüft werden, ist – bei entsprechender Beauftragung – getrennt vom BestV ein gesonderter Vermerk hierzu zu erteilen (s.o. Kap. M Tz. 1163). **1172**

4.7 Sonderfragen beim Bestätigungsvermerk

Sonderfragen in Bezug auf den BestV, die sich i.Z.m. **1173**

- **Tatsachen nach Erteilung des BestV**,
- **Nachtragsprüfungen** (§ 316 Abs. 3 HGB)[1985],

[1984] Ebenso *Schäfer*, PublG², § 5, Rn. 28; *Hell/Küster*, in: HdR⁵, § 322, Rn. 73; *Schmidt/Küster*, in: BeBiKo¹¹, § 322, Rn. 234. Allerdings präferieren *Hell/Küster* bzw. *Schmidt/Küster* in diesem Zusammenhang einen gesonderten Hinweis nach § 322 Abs. 2 S. 3 HGB.

[1985] Vgl. *IDW PS 400 n.F.*, Tz. 87 ff., A85.

- der **ergänzenden Prüfung** i.Z.m. besonderen Veröffentlichung eines nichtfinanziellen (Konzern-)Berichts nach § 289b Abs. 3 S. 1 Nr. 2 Buchst. b) bzw. § 315b Abs. 3 S. 1 Nr. 2 Buchst. b) HGB (§ 317 Abs. 2 S. 5 HGB)[1986],
- dem eventuellen **Widerruf** des BestV[1987],
- der **Offenlegung** oder anderweitigen Publizierung des BestV (§ 325 ff. HGB)

ergeben, werden in Kap. N bzw. Kap. B (Offenlegung) behandelt.

Zum Wortlaut des obligatorischen Hinweises im BestV auf eine erfolgte Nachtragsprüfung wird auf Kap. M Tz. 937 verwiesen.

4.7.1 Bestätigungsvermerke über die Prüfung von nach internationalen Rechnungslegungsstandards aufgestellten Einzel- bzw. Konzernabschlüssen

1174 Für den BestV gem. § 322 HGB ergeben sich i.Z.m. IFRS-Einzelabschlüssen nach § 325 Abs. 2a HGB bzw. IFRS-Konzernabschlüssen nach § 315e HGB folgende **Besonderheiten**:

- I.Z.m. dem **Prüfungsgegenstand** ist im gesamten BestV auf die von der EU i.R.d. IAS-Verordnung[1988] übernommenen Rechnungslegungsstandards, d.h. die „IFRS, wie sie in der EU anzuwenden sind", und die „ergänzend nach § 315e Abs. 1 HGB anzuwendenden deutschen gesetzlichen Vorschriften" zu rekurrieren[1989].
- Eine Bezugnahme auf die **GoB** ist nicht mehr statthaft; demgemäß entfällt diese sowohl im Abschnitt „Prüfungsurteil" als auch im Abschnitt „Verantwortung der gesetzlichen Vertreter"[1990].
- Im Abschnitt „Prüfungsurteil" ist i.Z.m. dem **Anh. bzw. KAnh.** ein leicht anders formulierter Einschub zu ergänzen, nämlich „einschließlich einer Zusammenfassung bedeutsamer Rechnungslegungsmethoden"[1991].

1175 Dahingegen gelten für den LB bzw. den KLB die Vorschriften der §§ 289, 315 HGB unverändert.

1176 Die Durchführung von gesetzlichen Abschlussprüfungen hat nach den **deutschen Prüfungsgrundsätzen** zu erfolgen. Dies gilt auch, wenn ein der Prüfung zugrunde liegender Abschluss nicht nach den §§ 290 ff. HGB aufgestellt wurde[1992]. Bei Nennung der vom APr. bzw. KAPr. beachteten Grundsätze ist daher auch im Fall von § 315e HGB zwingend auf die vom *IDW* festgestellten deutschen GoA Bezug zu nehmen[1993]. Die Beachtung der ISA ist – jedenfalls bei gesetzlichen Abschlussprüfungen – in der EU derzeit nur ergänzend möglich.

1986 Vgl. *IDW PS 400 n.F.*, Tz. 91. Vgl. hierzu auch die Berichterstattung über eine Telephonkonferenz des HFA am 12.04.2018 (abrufbar im Mitgliederbereich der IDW Website).
1987 Vgl. *IDW PS 400 n.F.*, Tz. 92 ff., A86 ff.
1988 Verordnung (EG) Nr. 1606/2002 des Europäischen Parlaments und des Rates v. 19.07.2002 betreffend die Anwendung internationaler Rechnungslegungsstandards, Abl.EG v. 11.09.2002, L 243, S. 1 ff.
1989 Vgl. *IDW PS 400 n.F.*, Tz. A31, A39.
1990 Vgl. *IDW PS 400 n.F.*, Tz. 54 Buchst. a), A30.
1991 Vgl. *IDW PS 400 n.F.*, Tz. 36 Buchst. d).
1992 Vgl. *IDW PS 201*, Tz. 20.
1993 Vgl. *IDW PS 400 n.F.*, Tz. 46 Buchst. a).

Für das **nicht modifizierte Prüfungsurteil** zu einem unter Berücksichtigung der „IFRS, wie sie in der EU anzuwenden sind," aufgestellten KA nach § 315e HGB nebst KLB sollte grds. die folgende Formulierung verwendet werden[1994]: **1177**

> **Beispiel 55:**
>
> „*Prüfungsurteile*
> Wir haben den Konzernabschluss der ... [*Firma und Sitz des Mutterunternehmens*] und ihrer Tochtergesellschaften (der Konzern) – bestehend aus der Konzernbilanz zum ... [*Datum*], der Konzerngesamtergebnisrechnung, der Konzerneigenkapitalveränderungsrechnung und der Konzernkapitalflussrechnung für das Geschäftsjahr vom ... [*Datum*] bis zum ... [*Datum*] sowie dem Konzernanhang, einschließlich einer Zusammenfassung bedeutsamer Rechnungslegungsmethoden – geprüft. Darüber hinaus haben wir den Konzernlagebericht der ... [*Firma und Sitz des Mutterunternehmens*] für das Geschäftsjahr vom ... [*Datum*] bis zum ... [*Datum*] geprüft. Die ... [*z.B.:* Konzernerklärung zur Unternehmensführung nach § 315d HGB] [/in der Anlage genannten Bestandteile des Konzernlageberichts] haben wir in Einklang mit den deutschen gesetzlichen Vorschriften nicht inhaltlich geprüft.
>
> Nach unserer Beurteilung aufgrund der bei der Prüfung gewonnenen Erkenntnisse
> - entspricht der beigefügte Konzernabschluss in allen wesentlichen Belangen den IFRS, wie sie in der EU anzuwenden sind, und den ergänzend nach § 315e Abs. 1 HGB anzuwendenden deutschen gesetzlichen Vorschriften und vermittelt unter Beachtung dieser Vorschriften ein den tatsächlichen Verhältnissen entsprechendes Bild der Vermögens- und Finanzlage des Konzerns zum ... [*Datum*] sowie seiner Ertragslage für das Geschäftsjahr vom ... [*Datum*] bis zum ... [*Datum*] und
> - vermittelt der beigefügte Konzernlagebericht insgesamt ein zutreffendes Bild von der Lage des Konzerns. In allen wesentlichen Belangen steht dieser Konzernlagebericht in Einklang mit dem Konzernabschluss, entspricht den deutschen gesetzlichen Vorschriften und stellt die Chancen und Risiken der zukünftigen Entwicklung zutreffend dar. Unser Prüfungsurteil zum Konzernlagebericht erstreckt sich nicht auf den Inhalt der ... [*z.B.:* oben genannten Konzernerklärung zur Unternehmensführung] [/in der Anlage genannten Bestandteile des Konzernlageberichts].
>
> Gemäß § 322 Abs. 3 Satz 1 HGB erklären wir, dass unsere Prüfung zu keinen Einwendungen gegen die Ordnungsmäßigkeit des Konzernabschlusses und des Konzernlageberichts geführt hat."

Im **Abschnitt „Verantwortung der gesetzlichen Vertreter"** ist dementsprechend der einleitende Absatz anzupassen[1995]: **1178**

> **Beispiel 56:**
>
> „*Verantwortung der gesetzlichen Vertreter und des Aufsichtsrats für den Konzernabschluss und den Konzernlagebericht*
> Die gesetzlichen Vertreter sind verantwortlich für die Aufstellung des Konzernabschlusses, der den IFRS, wie sie in der EU anzuwenden sind, und den ergänzend nach § 315e Abs. 1 HGB anzuwendenden deutschen gesetzlichen Vorschriften in allen we-

---

1994 Vgl. *IDW PS 400 n.F.*, Anlage: Bsp. 4.
1995 Vgl. *IDW PS 400 n.F.*, Anlage: Bsp. 4.

sentlichen Belangen entspricht, und dafür, dass der Konzernabschluss unter Beachtung dieser Vorschriften ein den tatsächlichen Verhältnissen entsprechendes Bild der Vermögens-, Finanz- und Ertragslage des Konzerns vermittelt. Ferner sind die gesetzlichen Vertreter verantwortlich für die internen Kontrollen, die sie als notwendig bestimmt haben, um die Aufstellung eines Konzernabschlusses zu ermöglichen, der frei von wesentlichen – beabsichtigten oder unbeabsichtigten – falschen Darstellungen ist."

1179 Und im **Abschnitt „Verantwortung des APr."** ist im dritten Absatz beim fünften Punkt auf die IFRS, wie sie in der EU anzuwenden sind, und auf die nach § 315e Abs. 1 HGB ergänzend anzuwendenden deutschen gesetzlichen Vorschriften Bezug zu nehmen[1996]:

> **Beispiel 57:**
>
> *„Verantwortung des Abschlussprüfers für die Prüfung des Konzernabschlusses und des Konzernlageberichts*
> (...)
> Während der Prüfung üben wir pflichtgemäßes Ermessen aus und bewahren eine kritische Grundhaltung. Darüber hinaus
> - (...)
> - beurteilen wir die Gesamtdarstellung, den Aufbau und den Inhalt des Konzernabschlusses einschließlich der Angaben sowie ob der Konzernabschluss die zugrunde liegenden Geschäftsvorfälle und Ereignisse so darstellt, dass der Konzernabschluss unter Beachtung der IFRS, wie sie in der EU anzuwenden sind, und der ergänzend nach § 315e Abs. 1 HGB anzuwendenden deutschen gesetzlichen Vorschriften ein den tatsächlichen Verhältnissen entsprechendes Bild der Vermögens-, Finanz- und Ertragslage des Konzerns vermittelt.
> - (...)."

1180 Weitere Besonderheiten könnten sich im Einzelfall dann ergeben, wenn ein KA nach § 315e HGB zwar den von der EU aufgrund der IAS-Verordnung übernommenen IFRS, nicht jedoch (auch) den originären IFRS entspricht[1997].

4.7.2 Bestätigungsvermerk bei zusammengefasstem Anhang (§ 298 Abs. 2 HGB) und/oder zusammengefasstem Lagebericht (§ 315 Abs. 5 HGB)

1181 Nach § 325 Abs. 3a HGB ist es möglich, die BestV zum JA (oder EA nach § 325 Abs. 2a HGB) und zum KA des MU **zusammenzufassen**. Unabdingbare Voraussetzung dafür ist die gemeinsame Offenlegung von JA und KA des MU[1998]. Nur dann, wenn die BestV tatsächlich zusammengefasst werden, ist auch die Erstellung eines zusammengefassten PrB statthaft (§ 325 Abs. 3a letzter Satzteil HGB)[1999].

1996 Vgl. *IDW PS 400 n.F.*, Anlage: Bsp. 4.
1997 Vgl. auch *HFA*, in: IDW Life 2016, S. 585.
1998 Vgl. *IDW PS 400 n.F.*, Tz. 99, A96.
1999 Vgl. hierzu Kap. M Tz. 672 ff.

1182 Voraussetzung für den zusammengefassten BestV ist ferner, dass der bestellte APr. für JA bzw. EA nach § 325 Abs. 2a HGB und der KAPr. personenidentisch sind[2000]; dies ist u.U. auch bei einer Gemeinschaftsprüfung möglich[2001].

Sind unterschiedliche APr. und KAPr. bestellt, können deren BestV keinesfalls zusammengefasst werden[2002].

1183 Obwohl das Gesetz diesbezüglich keine Einschränkungen vorsieht, empfiehlt es sich aber, von dem **Wahlrecht** zur Zusammenfassung lediglich dann Gebrauch zu machen, wenn die Rechnungslegung auf identischen Rechnungslegungsgrundsätzen basiert[2003].

D.h. wenn bspw. der JA des MU nach HGB und der KA nach den IFRS, wie sie in der EU anzuwenden sind, (§ 315e HGB) aufgestellt wurden, sollte auf eine Zusammenfassung der BestV (und damit auch der PrB) grds. verzichtet werden, da es zweifelhaft erscheint, ob bei einer Zusammenfassung der BestV der gesetzlichen Forderung nach einer klaren, allgemeinverständlichen und übersichtlichen Darstellung entsprochen werden kann.

1184 Bei der **Formulierung des zusammengefassten BestV** ist auf Vollständigkeit der Darstellung der einzelnen Bestandteile des BestV für den JA bzw. EA nach § 325 Abs. 2a HGB und den LB sowie für den KA und den KLB zu achten.

Die **(Mindest-)Gliederung des BestV** muss danach folgende beiden Vermerke umfassen[2004]:

- *Vermerk über die Prüfung des Jahresabschlusses [/Einzelabschlusses] und des Lageberichts des Mutterunternehmens*

  sowie
- *Vermerk über die Prüfung des Konzernabschlusses und des Konzernlageberichts.*

1185 Werden der LB und der KLB nach § 315 Abs. 5 HGB zusammengefasst, sind die beiden Vermerke wie folgt zu bezeichnen[2005]:

- *Vermerk über die Prüfung des Jahresabschlusses [/Einzelabschlusses] und des mit dem Lagebericht des Mutterunternehmens zusammengefassten Konzernlageberichts*

  sowie
- *Vermerk über die Prüfung des Konzernabschlusses und des mit dem Lagebericht des Mutterunternehmens zusammengefassten Konzernlageberichts.*

Die Langformulierung „mit dem Lagebericht des Mutterunternehmens zusammengefasster Konzernlagebericht" könnte dabei – DRS 20, Tz. 24 folgend – in der Praxis z.B. auch durch ein knappes „zusammengefasster Lagebericht" ersetzt werden.

1186 Da jeder einzelne dieser beiden Vermerke nach *IDW PS 400 n.F.* einen eigenständigen *Hauptabschnitt* bildet, ergäben sich **bei PIE** in solchen Fällen insgesamt **drei Hauptabschnitte** im BestV. Da außerdem sämtliche (Unter-)Abschnitte sowohl für den JA als auch den KA zumindest inhaltlich zu berücksichtigen sind, dürfte mit Fug und Recht zu

---

2000 Vgl. *Orth/Schaefer*, in: Baetge/Kirsch/Thiele, Bilanzrecht, § 322, Rn. 163.
2001 Vgl. ADS⁶, § 322, Tz. 406.
2002 Vgl. ADS⁶, § 322, Tz. 406.
2003 Ebenso *Schmidt/Küster*, in: BeBiKo¹¹, § 322, Rn. 275.
2004 Vgl. *IDW PS 400 n.F.*, Tz. 99.
2005 Vgl. *IDW PS 400 n.F.*, Tz. 100.

hinterfragen sein, ob ein dergestalt zusammengefasster BestV dem Primat der Klarheit[2006] noch genügt.

1187 Nach dem Gesetz erstreckt sich die Möglichkeit der Zusammenfassung auf „die Vermerke des Abschlussprüfers nach § 322 HGB" (§ 325 Abs. 3a HGB). Diese Formulierung schließt neben dem uneingeschränkten BestV grds. auch den eingeschränkten BestV sowie den Versagungsvermerk ein. Eine Zusammenfassung der BestV kommt somit auch dann in Frage, wenn der APr. das **Prüfungsurteil** zum JA bzw. EA nach § 325 Abs. 2a HGB des MU und/oder zum KA **modifiziert** hat; eine Zusammenfassung ist in einem solchen Fall dann möglich, wenn Gegenstand, Begründung und Darstellung der Tragweite der Einschränkung vom APr. eindeutig und zweifelsfrei darstellbar sind[2007].

1188 Eine Zusammenfassung der BestV kommt dagegen nicht in Betracht, wenn zu einem der Abschlüsse ein versagtes Prüfungsurteil erteilt oder die Nichtabgabe des Prüfungsurteils erklärt wird, zu dem anderen jedoch ein nicht modifiziertes oder lediglich eingeschränktes Prüfungsurteil erteilt wird, da § 322 Abs. 4 S. 2 HGB ausdrücklich bestimmt, dass der **Vermerk über die Versagung** nicht (mehr) als BestV bezeichnet werden darf[2008].

4.7.3 Bestätigungsvermerk bei erstmaliger Prüfung

1189 Ist der JA oder KA des VJ ungeprüft oder durch einen anderen APr. geprüft worden oder wird ein erstmals aufgestellter JA oder KA geprüft (**Erstprüfungen**), so hat der APr. durch Ausweitung seiner Prüfungshandlungen auf vorhergehende GJ zu gewährleisten, dass Prüfungsaussagen mit hinreichender Sicherheit getroffen werden können[2009].

In Bezug auf die Verpflichtungen des APr. als **Mandatsnachfolger** zur Einholung von Informationen beim Mandatsvorgänger wird auf Kap. M Tz. 728 ff. verwiesen.

1190 Die Prüfung von Eröffnungsbilanzwerten ist im BestV nicht gesondert zu bestätigen. Auch sind Hinweise auf die Vornahme besonderer Prüfungshandlungen nicht im BestV, sondern ausschl. **im PrB** zu geben[2010].

1191 Nach den allgemeinen Grundsätzen können sich **Auswirkungen auf den BestV** jedoch z.B. in folgenden Fällen ergeben[2011]:

- Werden die Auswirkungen festgestellter **falscher Angaben** in der Eröffnungsbilanz, die den zu prüfenden Abschluss wesentlich beeinflussen, nicht behoben[2012], hat der APr. in Abhängigkeit von deren Auswirkungen das Prüfungsurteil zum geprüften Abschluss im BestV entsprechend zu modifizieren[2013].
- Hat der Mandatsvorgänger das **Prüfungsurteil zum VJ-Abschluss modifiziert** oder hat er i.R. eines ergänzenden Hinweises auf Besonderheiten aufmerksam gemacht, hat der APr. festzustellen, ob der Grund für die Einwendung bzw. das Prüfungshemmnis oder den Hinweis auch für den zu prüfenden Abschluss noch relevant und wesentlich

---

2006 Vgl. § 322 Abs. 2 S. 1 und 2 HGB sowie Art. 10 Abs. 3 S. 2 VO (EU) Nr. 537/2014.
2007 Vgl. *Hell/Küster*, in: HdR[5], § 322, Rn. 81; *Schmidt/Küster*, in: BeBiKo[11], § 322, Rn. 276.
2008 Vgl. ADS[6], § 322, Tz. 405; *Orth/Schaefer*, in: Baetge/Kirsch/Thiele, Bilanzrecht, § 322, Rn. 166.
2009 Vgl. *IDW PS 205*, Tz. 8; *Hell/Küster*, in: HdR[5], § 322, Rn. 84 f.
2010 Vgl. *IDW PS 205*, Tz. 18; *IDW PS 450 n.F.*, Tz. 57 f.
2011 Vgl. *IDW PS 205*, insb. Tz. 17.
2012 Zur Korrektur in laufender Rechnung siehe auch *IDW RS HFA 6*, insb. Tz. 15 ff.
2013 Vgl. *IDW PS 205*, Tz. 13.

ist. Ist dies der Fall, ist auch das Prüfungsurteil zum aktuellen Abschluss entsprechend zu modifizieren oder ggf. im BestV auf diese Besonderheiten ergänzend hinzuweisen.
- Eine Modifizierung des Prüfungsurteils zum Abschluss ist auch dann geboten, wenn das **Stetigkeitsgebot** (§§ 246 Abs. 3, 252 Abs. 1 Nr. 6 HGB) im zu prüfenden GJ in unzulässiger Weise durchbrochen wurde. Das gilt auch für den Fall, dass das Stetigkeitsgebot zwar zulässigerweise durchbrochen wurde, eine angemessene Angabe und Erläuterung im Anh. (§ 284 Abs. 2 Nr. 2 HGB) dazu jedoch fehlt.
- Das Prüfungsurteil zum Abschluss ist gleichfalls zu modifizieren, wenn es dem APr. nicht möglich ist, zu den Eröffnungsbilanzwerten ausreichende und angemessene Prüfungsnachweise zu erlangen. In diesem Fall liegt ein **Prüfungshemmnis** vor. Sind die Auswirkungen von Prüfungshemmnissen so umfassend, dass der APr. nicht in der Lage ist, zu einem eingeschränkten Prüfungsurteil zu kommen, ist die Nichtabgabe des Prüfungsurteils zu erklären und somit ein Versagungsvermerk zu erteilen.

Dahingegen braucht der APr. das Prüfungsurteil zu dem geprüften Abschluss grds. nicht zu modifizieren, wenn es dem **Mandatsvorgänger** bspw. nicht möglich war, die Inventurangaben für die Eröffnungsbilanz des vorhergehenden GJ nachzuprüfen[2014]. **1192**

Wurde der **VJ-Abschluss** trotz gesetzlicher Prüfungspflicht **nicht geprüft oder nicht festgestellt**, schließt dies die Erteilung eines uneingeschränkten BestV nicht aus, sofern die Voraussetzungen hierfür (d.h. materielle Richtigkeit des geprüften JA) vorliegen[2015]. **1193**

Sofern der **nichtige VJ-Abschluss** (infolgedessen zwangsläufig unwirksam) festgestellt und ein (ebenfalls zwangsläufig unwirksamer) Ergebnisverwendungsbeschluss gefasst wurde, ist die Ordnungsmäßigkeit des Folgeabschlusses danach zu beurteilen, ob die Rechtsfolgen aus der Nichtigkeit des VJ-Abschlusses im Folgeabschluss zutreffend berücksichtigt worden sind (z.B. Stornierung einer auf einem unwirksamen Ergebnisverwendungsbeschluss beruhenden Rücklagendotierung, Rückforderung unberechtigter Gewinnausschüttungen). **1194**

4.7.4 Bestätigungsvermerk bei Gemeinschaftsprüfungen (Joint Audits)

Ebenso wie bei der Berichterstattung sollten Gemeinschaftsprüfer – unbeschadet ihrer Eigenverantwortlichkeit (§ 43 Abs. 1 S. 1 WPO) – auch über das im BestV zum Ausdruck kommende Prüfungsergebnis **Einvernehmen** erzielen. Hierzu hat jeder beteiligte Gemeinschaftsprüfer jeweils die Prüfungsfeststellungen der anderen Gemeinschaftsprüfer zu würdigen und nach seinem pflichtgemäßen Ermessen zu gewichten[2016]. **1195**

Verständigen sich alle Gemeinschaftsprüfer auf eine **einheitliche Beurteilung** des Prüfungsergebnisses, wird der **gemeinsame BestV** nach den allgemeinen Grundsätzen erteilt und im PrB wiedergegeben[2017]. **1196**

Ist den Gemeinschaftsprüfern ausnahmsweise **keine einheitliche Beurteilung** möglich, sind die Gründe dafür im gemeinsamen BestV darzulegen; jeder Gemeinschaftsprüfer hat dann seine individuelle Beurteilung in einem gesonderten Absatz des BestV vorzunehmen (§ 322 Abs. 6a S. 2 HGB). D.h. bezogen auf den infrage stehenden Prüfungsge- **1197**

2014 Vgl. *IDW PS 205*, Tz. 17.
2015 Zu den Konsequenzen unterlassener Pflichtprüfungen für die Prüfung des Folgeabschlusses siehe IDW Life 2015, S. 597 f. sowie Kap. N, Tz. 81 ff.
2016 Vgl. *IDW PS 208*, Tz. 27.
2017 Vgl. *IDW PS 400 n.F.*, Tz. 101; *IDW PS 208*, Tz. 28.

genstand hat jeder Gemeinschaftsprüfer ein eigenständiges Prüfungsurteil nebst eigenständiger Begründung abzugeben, welche in dem gemeinsamen BestV enthalten sein müssen. Die Erteilung individueller BestV mit entsprechenden Hinweisen auf die abweichende Beurteilung durch den bzw. die anderen Gemeinschaftsprüfer ist gesetzlich nicht (mehr) zulässig[2018]. Die unterschiedlichen Beurteilungen müssen nach der Gesetzesvorgabe dem gemeinsamen BestV zu entnehmen sein[2019].

1198 In diesem Zusammenhang ist zu beachten, dass die **Modifizierung des Prüfungsurteils** durch einen Gemeinschaftsprüfer in Bezug auf den betroffenen Prüfungsgegenstand zugleich auch das diesbezügliche Prüfungsurteil und damit den BestV für die Gemeinschaftsprüfung **insgesamt determiniert**, und zwar selbst dann, wenn alle übrigen Gemeinschaftsprüfer ihr Prüfungsurteil nicht modifizieren sollten[2020].

1199 Auch divergierende Beurteilungen des Prüfungsergebnisses ändern indes nichts an den Formalia, die bei der Erteilung des BestV zu beachten sind.

1200 Der **gemeinsame BestV** (§ 322 Abs. 6a HGB) ist von jedem beteiligten Gemeinschaftsprüfer handschriftlich zu unterzeichnen (§ 322 Abs. 7 S. 1 HGB). Dabei muss jedenfalls jeder der jeweils „verantwortlichen Wirtschaftsprüfer" i.S.v. *IDW QS 1* unterzeichnen[2021]. Zur Datierung siehe Kap. M Tz. 691.

Die Siegelführung ist (bei freiwilligen Prüfungen) einheitlich zu handhaben; ggf. ist von jedem Gemeinschaftsprüfer zu siegeln.

4.7.5 Bestätigungsvermerk bei freiwillig beauftragten Abschlussprüfungen

1201 Bei freiwilligen Abschlussprüfungen darf ein dem **§ 322 HGB entsprechender BestV** nur erteilt werden, wenn die durchgeführte Prüfung nach Art und Umfang einer Pflichtprüfung nach den Vorschriften der §§ 316 ff. HGB entspricht[2022]. Weitere Voraussetzung ist, dass ein PrB nach den in *IDW PS 450 n.F.* niedergelegten Grundsätzen erstellt wird[2023]. Außerdem sollte i.Z.m. einer freiwilligen Abschlussprüfung grds. eine entsprechende Anwendung der §§ 316 ff. HGB ausdrücklich vereinbart werden[2024].

1202 Für Prüfungen mit einem abweichenden Prüfungsgegenstand oder einem geringeren Umfang, oder wenn mit dem Auftraggeber die Erstellung keines oder eines nicht den in *IDW PS 450 n.F.* niedergelegten Grundsätzen entsprechenden PrB vereinbart wird, darf kein „Bestätigungsvermerk" erteilt werden[2025]. Entsprechendes gilt, wenn dem APr. vom Auftraggeber i.R.d. Beauftragung Prüfungshemmnisse auferlegt werden[2026]. In diesen

---

2018 *IDW PS 208*, Tz. 29 ist insofern obsolet.
2019 Vgl. *IDW PS 400 n.F.*, Tz. 101; *Schmidt/Küster*, in: BeBiKo[11], § 322, Rn. 280.
2020 Vgl. *IDW PS 208*, Tz. 29.
2021 Vgl. Art. 28 Abs. 4 S. 3 RL 2006/43/EG.
2022 Vgl. *IDW PS 400 n.F.*, Tz. 3; *IDW PS 220*, Tz. 3.
2023 Vgl. *IDW PS 450 n.F.*, Tz. 20.
2024 Vgl. *IDW PS 220*, Tz. 9, 18; ADS[6], § 322 HGB, Tz. 421.
2025 Vgl. *IDW PS 400 n.F.*, Tz. 3; *Orth/Schaefer*, in: Baetge/Kirsch/Thiele, Bilanzrecht, § 322, Rn. 171; *Schmidt/Küster*, in: BeBiKo[11], § 322, Rn. 44, 235.
2026 Vgl. *IDW PS 400 a.F.*, Tz. 57; *IDW PS 220*, Tz. 3, 30. Prüfungshemmnisse, die dem APr. nach der Auftragsannahme auferlegt werden, sind nach *IDW PS 405*, Tz. 15 ff. beim Prüfungsurteil im BestV zu berücksichtigen. Eine Reduzierung des Prüfungsumfangs einer freiwilligen Abschlussprüfung, für die aufgrund der bei der Prüfung gewonnenen Erkenntnisse ein modifiziertes Prüfungsurteil im BestV abgegeben werden müsste, dergestalt, dass nur noch ein Prüfungsvermerk oder eine Bescheinigung ohne Modifizierung des Prüfungsurteils erteilt wird, wird dagegen nur in Ausnahmefällen statthaft sein; vgl. *IDW PS 220*, Tz. 31 f.

Fällen liegt keine Beauftragung zur Durchführung einer Abschlussprüfung i.S.d. §§ 316 ff. HGB vor, so dass demzufolge auch kein BestV über eine Abschlussprüfung, sondern lediglich ein **Prüfungsvermerk** oder eine **Bescheinigung** über die durchgeführten (prüferischen) Tätigkeiten erteilt werden kann[2027].

In Bezug auf einen **§ 322 HGB entsprechenden BestV zu freiwilligen Abschlussprüfungen** gelten die allgemeinen Grundsätze zu Form und Inhalt des BestV (vgl. Kap. M Tz. 737 ff.) sowie ggf. die Besonderheiten, die zum BestV bei Unternehmen, die unter das PublG fallen, erläutert sind (vgl. Kap. M Tz. 1142 ff.); desgleichen für Erstprüfungen[2028], für den Fall des Widerrufs[2029] usw. **1203**

Bei der *IDW PS 400 n.F.* folgenden Ausformulierung des BestV sind dabei hinsichtlich der einzelnen Komponenten folgende **Aspekte zu beachten**:

Überschrift

Für BestV über freiwillige Abschlussprüfungen, die nach Art und Umfang der gesetzlichen Abschlussprüfung entsprechen, gelten die allgemeinen Grundsätze (vgl. Kap. M Tz. 781 ff.); d.h. sie sind mit der **Überschrift** „Bestätigungsvermerk des unabhängigen Abschlussprüfers" bzw. „Versagungsvermerk des unabhängigen Abschlussprüfers" zu versehen[2030]. **1204**

Adressierung

BestV sind auch bei freiwilligen Abschlussprüfungen **stets zu adressieren**[2031]. **1205**

Dabei wird i.d.R. die Adressierung „**An die ... [Firma und Sitz des geprüften Unternehmens]**" angemessen sein[2032]. Nicht sachgerecht ist im Regelfall eine Adressierung an die Organe oder an die Anteilseigner des Unternehmens[2033].

Prüfungsurteile zum JA und ggf. zum LB

Wird von Unternehmen, die rechtlich nicht dazu verpflichtet sind, (z.B. PersGes., die nicht unter § 264a HGB fallen, und Einzelkaufleute) **freiwillig ein Anhang aufgestellt**, so ist dieser grds. in die Prüfung mit einzubeziehen. Für die Beurteilung dieses JA gelten dann dieselben Maßstäbe wie für KapGes. vergleichbarer Größe. **1206**

Zur **Einhaltung der Generalnorm** wird auf die Ausführungen in Kap. M Tz. 979 ff. verwiesen. Bei kleinen KapGes. und KapCoGes. (§ 267 Abs. 1 HGB) ist die Einhaltung der Generalnorm grds. auch dann zu bestätigen, wenn sie gesetzliche Erleichterungen für die Aufstellung des JA wahrnehmen, da § 264 Abs. 2 HGB auch für diese Gesellschaften Anwendung findet[2034]. **1207**

Bei **freiwilligen Jahresabschlussprüfungen von KleinstKapGes.**, die die Erleichterungen für KleinstKapGes. in Anspruch nehmen, kann ein BestV i.S.v. § 322 HGB ohne Modifizierung des Prüfungsurteils zum JA nur erteilt werden, wenn der geprüfte JA sämtliche gesetzlichen Anforderungen erfüllt. Wenn die Erfüllung der Generalnorm, d.h. **1208**

2027 Auf der Grundlage von Prüfungen nach *IDW PS 480* oder *IDW PS 490* kann ein „Prüfungsvermerk" erteilt werden, ansonsten ist eine „Bescheinigung" zu erteilen.
2028 Vgl. hierzu Kap. M Tz. 1189 ff.
2029 Vgl. hierzu Kap. N Tz. 58 ff.
2030 Vgl. *IDW PS 400 n.F.*, Tz. 31, A24; *Hell/Küster*, in: HdR[5], § 322, Rn. 75.
2031 Vgl. *IDW PS 400 n.F.*, Tz. 32; ferner ISA 700.22, A21.
2032 Vgl. *IDW PS 400 n.F.*, Tz. A25.
2033 Vgl. ADS[6], § 322, Tz. 98; *Orth/Schaefer*, in: Baetge/Kirsch/Thiele, Bilanzrecht, § 322, Rn. 171.
2034 Vgl. *IDW PS 400 n.F.*, Tz. A32; kritisch *Schmidt/Küster*, in: BeBiKo[11], § 322, Rn. 236 ff.

die Vermittlung eines den tatsächlichen Verhältnissen entsprechenden Bildes der Vermögens-, Finanz- und Ertragslage bestätigt werden soll, ist im BestV i.R.d. Prüfungsurteils die Inanspruchnahme der Erleichterung gemäß § 264 Abs. 1 S. 5 HGB ausdrücklich zu erwähnen[2035].

Demgemäß ergibt sich für den einschlägigen Satz im (nicht modifizierten) Prüfungsurteil dann folgende Formulierung[2036]:

> **Beispiel 58:**
> „Nach unserer Beurteilung aufgrund der bei der Prüfung gewonnenen Erkenntnisse entspricht der beigefügte Jahresabschluss in allen wesentlichen Belangen den deutschen, für Kapitalgesellschaften geltenden handelsrechtlichen Vorschriften und vermittelt unter Beachtung der deutschen Grundsätze ordnungsmäßiger Buchführung sowie der Inanspruchnahme der Erleichterung für Kleinstkapitalgesellschaften gemäß § 264 Abs. 1 Satz 5 HGB ein den tatsächlichen Verhältnissen entsprechendes Bild der Vermögens- und Finanzlage der Gesellschaft zum ... [Datum] sowie ihrer Ertragslage für das Geschäftsjahr vom ... [Datum] bis zum ... [Datum]."

1209 Sofern solche Unternehmen bei der Aufstellung des JA nur die für alle Kaufleute geltenden Vorschriften des HGB (§§ 238 bis 256a HGB) und nicht auch die ergänzenden Vorschriften für KapGes. (§§ 264 ff. HGB) beachten, ist eine entsprechende Präzisierung bzgl. der im Prüfungsurteil zu nennenden **maßgebenden Rechnungslegungsgrundsätze** erforderlich[2037].

Dementsprechend hat in solchen Fällen der einschlägige Satz im (nicht modifizierten) Prüfungsurteil wie folgt zu lauten:

> **Beispiel 59:**
> „Nach unserer Beurteilung aufgrund der bei der Prüfung gewonnenen Erkenntnisse entspricht der beigefügte Jahresabschluss in allen wesentlichen Belangen den deutschen, für alle Kaufleute geltenden handelsrechtlichen Vorschriften[2038]."

1210 Gleiches gilt, wenn ein Tochterunternehmen bei der Inanspruchnahme von Erleichterungen nach § 264 Abs. 3 HGB, § 264b HGB oder § 5 Abs. 6 PublG bei der Aufstellung des JA zulässigerweise auf die Anwendung der ergänzenden Vorschriften für KapGes. verzichtet.

Darüber hinaus ist in solchen Fällen jedoch die Aufnahme eines entsprechenden Hinweises auf einen sonstigen Sachverhalt geboten, wenn vom APr. bis zum Zeitpunkt der Beendigung der Abschlussprüfung nicht abschließend beurteilt werden kann, ob die Befreiungsvorschrift zu Recht in Anspruch genommen worden ist[2039].

2035 Vgl. *IDW PS 400 n.F.*, Tz. 37.
2036 Vgl. *IDW PS 400 n.F.*, Tz. A33; ferner Anlage: Bsp. 6.
2037 Vgl. *IDW PS 400 n.F.*, Tz. 38, 39; ferner Anlage 5.
2038 Die Formulierung „deutsche, für alle Kaufleute geltenden handelsrechtlichen Vorschriften" ersetzt die bisherige Formulierung „Vorschriften des Ersten Abschnitts des Dritten Buches des HGB" (so z.B. *IDW PH 9.200.1* (Stand 19.06.2013), Tz. 8).
2039 Vgl. *IDW PS 406*, Tz. A13; ferner Anlage 4.

1211 Hinsichtlich der **Aussage zur Einwendungsfreiheit** in Bezug auf die Ordnungsmäßigkeit der Rechnungslegung (**§ 322 Abs. 3 S. 1 HGB**) werden sich i.A. keine Schwierigkeiten ergeben. Bei Unternehmen, die nur die für alle Kaufleute geltenden Rechnungslegungsvorschriften des Ersten Abschnitts des Dritten Buches des HGB zu beachten haben, steht dieser Aussage nicht entgegen, dass sie nicht den strengeren Rechnungslegungsvorschriften für KapGes. unterliegen. Die Aussage zur Einwendungsfreiheit bezieht sich auf die jeweils für das geprüfte Unternehmen maßgeblichen gesetzlichen Vorschriften.

1212 Wird von Unternehmen, die rechtlich nicht dazu verpflichtet sind, ein **freiwilliger Lagebericht** aufgestellt, ist dieser LB nur dann in die Prüfung mit einzubeziehen, wenn dies ausdrücklich beauftragt wird[2040]. Bei derartiger Beauftragung gelten die Maßstäbe des § 289 HGB.

Wird zwar freiwillig ein LB aufgestellt, jedoch dessen Prüfung i.R.d. Abschlussprüfung nicht beauftragt, so kann es u.U. erforderlich sein, i.R.d. Beschreibung des Prüfungsgegenstands im BestV-Abschnitt „Prüfungsurteil zum JA" ausdrücklich zu erklären, dass dieser freiwillige LB nicht Gegenstand des Abschlussprüfung war und dementsprechend kein Prüfungsurteil dazu abgegeben wird[2041].

Falls kein freiwilliger LB aufgestellt wird, entfallen sämtliche Bezugnahmen darauf im BestV.

Hinweise auf besondere Umstände oder Sachverhalte

1213 Ein ergänzender Hinweis im BestV, dass es sich um eine freiwillige Abschlussprüfung handelt, ist – da Prüfungsgegenstand, Prüfungsdurchführung und Beurteilungsmaßstab den §§ 316 ff. HGB genügen müssen – grds. nicht erforderlich[2042]; im Einzelfall kann sich ein solcher Hinweis (in der Diktion des *IDW PS 406* „auf einen sonstigen Sachverhalt") jedoch empfehlen.

Datum, Ort, Unterschrift(en) sowie ggf. Siegel

1214 Gesetzlich vorgeschriebene BestV dürfen nur von WP **unterzeichnet** werden, bei mittelgroßen GmbH und KapCoGes. auch von vBP (§ 32 WPO i.V.m. § 319 Abs. 1 S. 2 HGB). Bei WP/vBP gesetzlich nicht vorbehaltenen, freiwilligen Abschlussprüfungen kann neben einem WP bzw. vBP grds. auch ein Nicht-WP den BestV unterzeichnen; wird das Berufssiegel geführt, muss jedoch mindestens ein Berufsangehöriger zeichnen (§ 44 Abs. 2 BS WP/vBP).

1215 In Zusammenhang mit **freiwilligen Prüfungen von Konzernabschlüssen** sind in der Praxis insb. folgende Punkte von Relevanz:

- Bei der freiwilligen Prüfung eines KA kann ein **BestV i.S.v. § 322 HGB** erteilt werden, wenn die in Kap. M Tz. 1201 genannten Voraussetzungen i.Z.m. der freiwilligen *Prüfung des JA* erfüllt sind.
- Für einen **uneingeschränkten BestV** ist generell Voraussetzung, dass der KA – d.h. Bilanz, GuV, EK-Spiegel, KFR (und ggf. Segmentberichterstattung) sowie KAnh. – den Grundsätzen der §§ 290 ff. HGB, § 13 PublG bzw. des § 315e Abs. 1 HGB ent-

---

[2040] Vgl. *IDW PS 350 n.F.*, Tz. 11; *IDW PS 400 n.F.*, Tz. 20.
[2041] Vgl. *IDW PS 400 n.F.*, Tz. 20.
[2042] A.A. ADS⁶, § 322, Tz. 419.

spricht. Dementsprechend müssen in Bezug auf einen freiwillig aufgestellten KA grds. dieselben Maßstäbe Anwendung finden, wie sie bei einem Pflichtkonzernabschluss nach §§ 290 ff. HGB, § 13 PublG bzw. § 315e Abs. 1 HGB anzulegen sind. Dies schließt die Beachtung des § 297 Abs. 1 HGB bzw. IAS 1, die die obligatorischen Bestandteile eines Konzernabschlusses zum Inhalt haben, mit ein[2043]. Bei Nicht-Beachtung sind Konsequenzen für den BestV zu ziehen (Ausnahmefall: § 13 Abs. 3 PublG).
- Eine Bestätigung der Einhaltung der **Generalnorm** (§ 297 Abs. 2 S. 2 HGB) kann nur abgegeben werden, wenn der KA bezüglich Gliederung, Bewertung und Angaben im KAnh. den für MU in der Rechtsform der KapGes. geltenden Anforderungen genügt sowie KFR und EK-Spiegel enthält. Diesbezüglich kann es i.Z.m. § 13 Abs. 3 PublG zur Kollision kommen.
- Wird i.Z.m. einem freiwillig aufgestellten KA nicht auch ein **freiwilliger KLB** aufgestellt, steht dies der Erteilung eines uneingeschränkten BestV zum KA nicht entgegen; im BestV entfallen jedoch alle auf den KLB bezogenen Aussagen[2044]. Es kann indes im Einzelfall sinnvoll sein, auf die (in diesem Ausnahmefall zulässige) Nichtexistenz des KLB i.R. eines „Hinweises auf einen sonstigen Sachverhalt" (vgl. Kap. M Tz. 860 ff.) ausdrücklich hinzuweisen.

1216 Nach Literaturmeinung[2045] kann bei Wahl eines von den maßgebenden Konzernrechnungslegungsgrundsätzen für allgemeine Zwecke **abweichenden Konsolidierungskreises** (z.B. bei der Aufstellung eines sog. Gruppen- oder Spartenabschlusses) ausnahmsweise dann von der Modifizierung des Prüfungsurteils zum Abschluss im BestV abgesehen werden, wenn die angewendeten Abgrenzungsgrundsätze und der daraus resultierende Konsolidierungskreis im KAnh. ausdrücklich angegeben werden und die abweichende Abgrenzung durch entsprechende Bezeichnung des Abschlusses (z.B. „Gruppenabschluss" oder „Spartenabschluss") und durch klarstellende Hinweise an geeigneten Stellen im BestV zum Ausdruck kommen.

Derartige Gruppen- oder Spartenabschlüsse sind jedenfalls **nach IFRS** als generell zulässig anzusehen (sog. „combined financial statements")[2046]. In Bezug auf solcherart modifizierte KA **nach HGB** erscheint dies dagegen nicht unzweifelhaft[2047].

1217 Im Gegensatz zu Pflichtprüfungen (vgl. Kap. M Tz. 1256) können freiwillige Abschlussprüfungen aufgrund entsprechender Beauftragung auch ausschließlich unter Anwendung der **International Standards on Auditing (ISA)** durchgeführt und bestätigt werden, da diese inhaltlich grds. mit den deutschen GoA übereinstimmen, soweit dem nicht deutsche gesetzliche Vorschriften entgegenstehen[2048]. In diesen Fällen wird auf die Anwendung deutscher Prüfungsgrundsätze dort verzichtet, wo diese über die ISA hinausgehen (z.B. PrB). Die Erstellung eines PrB nach *IDW PS 450 n.F.* ist deshalb bei einer freiwilligen Abschlussprüfung ausschließlich nach ISA nicht Voraussetzung für die Erteilung des BestV analog § 322 HGB.

2043 Vgl. *Winkeljohann/Rimmelspacher*, in: BeBiKo[11], § 297, Rn. 10 ff.
2044 So bereits IDW Life 2015, S. 649 i.Z.m. *IDW PS 400 a.F.*
2045 Vgl. ADS[6], § 322, Rn. 106, 420 m.w.N.
2046 Vgl. IFRS Conceptual Framework (March 2018), para. 3.10 ff.; *Gewehr et al.*, WPg 2016, S. 483; *Winkeljohann/Förschle/Deubert*, Sonderbilanzen[5], Kap. F, Rn. 30; *IDW*, WPH Edition, Assurance, Kap. D Tz. 31.
2047 Grds. bejahend wohl *Winkeljohann/Förschle/Deubert*, Sonderbilanzen[5], Kap. F, Rn. 31; zweifelnd dagegen *Gewehr et al.*, WPg 2016, S. 483, die für solche Fälle einen Prüfungsvermerk nach *IDW PS 480* als sachgerecht ansehen. Vgl. auch *IDW PS 400 n.F.*, Tz. 3.
2048 Vgl. *IDW PS 201*, Tz. 23.

Wie sich im Zuge der Erarbeitung der *IDW PS 400er*-Reihe gezeigt hat, ist jedoch die dann unabdingbare Zweiteilung des BestV nach ISA 700, d.h. die Trennung der Prüfungsurteile zu JA/KA und zu LB/KLB[2049], umstritten, insb. in Sachen Adressatenorientierung. Außerdem muss beachtet werden, dass ISA 700.31 i.V.m. ISA 210.A25 bei ISA-Prüfungen **vorschreibt, dass der APr. stets das Recht haben muss, KAM im BestV mitzuteilen**, und zwar auch dann, wenn deren Mitteilung weder nach den ISA noch nach nationalem Recht gefordert wird[2050]. Angesichts der strengen Verschwiegenheitsvorschriften des deutschen Rechts für den APr. bzw. KAPr. ein schwerwiegender normativer Gegensatz.

4.7.6 Bestätigungsvermerk bei Kündigung des Prüfungsauftrags

Ein ordnungsgemäß bestellter und beauftragter APr. kann die Erteilung des BestV nur bei einer Kündigung des Prüfungsauftrags aus wichtigem Grund (§ 318 Abs. 6 HGB) rechtlich begründet verweigern[2051]. Besteht für den APr. – in einem **Ausnahmefall** – keine Möglichkeit, ein Gesamturteil i.R. seiner Abschlussprüfung zu erlangen (z.B. wegen massiver Behinderung bei der Vornahme von Prüfungshandlungen[2052]), ist zu klären, ob dies einen wichtigen Grund zur Kündigung des Prüfungsauftrags i.S.v. § 318 Abs. 6 HGB darstellt. Auch wenn aufgedeckte Unregelmäßigkeiten keinen wesentlichen Einfluss auf die Ordnungsmäßigkeit des Abschlusses haben, können ausnahmsweise die Voraussetzungen für eine Kündigung des Prüfungsauftrags aus wichtigem Grund gegeben sein (z.B. bei Täuschung oder fehlender Vertrauensgrundlage[2053]). Nach h.M. berechtigt dagegen eine Verletzung der Auskunftspflichten nach § 320 HGB nicht zu einer Kündigung des Prüfungsauftrags[2054]. **1218**

Wird der **Prüfungsauftrag vom APr. aus wichtigem Grund gekündigt** (§ 318 Abs. 6 S. 1 HGB), so darf (mangels möglicher Gesamtbeurteilung) **kein BestV** erteilt werden. Ebensowenig darf ein Prüfungsurteil anderweitig (z.B. i.R. eines Prüfungsvermerks oder einer Bescheinigung) abgegeben werden[2055]. **1219**

Die Berichterstattung des APr. erfolgt gem. § 318 Abs. 6 S. 4 HGB ausschließlich in dem Bericht über das Ergebnis seiner bisherigen Prüfung[2056] (vgl. hierzu Kap. M Tz. 721 ff.).

4.7.7 Bestätigungsvermerk bei Inanspruchnahme von Aufstellungs- bzw. von Offenlegungserleichterungen

Die rechtmäßige Inanspruchnahme von größenabhängigen **Aufstellungserleichterungen** der §§ 266, 274a, 276, 288 HGB i.V.m. § 267 Abs. 1 und 2 HGB bzw. der für **1220**

2049 So noch *IDW EPS 400 n.F.* (Stand 14.12.2016).
2050 Vgl. *IDW PS 400 n.F.*, Tz. 6 erster Punkt erster Spiegelstrich.
2051 Vgl. *IDW PS 405*, Tz. A15; ADS[6], § 318, Tz. 446. Bei freiwilligen Abschlussprüfungen kann der Auftrag grds. nach den allgemeinen zivilrechtlichen Vorschriften gekündigt bzw. aufgehoben werden. Vgl. *Schmidt/Heinz*, in: BeBiKo[11], § 318, Rn. 134; ferner *Haarmann/Hennig*, in: Hense/Ulrich, WPO[3], § 43, Rn. 101, 139 ff.
2052 Vgl. *Schmidt/Heinz*, in: BeBiKo[11], § 318, Rn. 132.
2053 Vgl. *IDW PS 210*, Tz. 76; ADS[4], § 318, Tz. 440.
2054 Vgl. *IDW PS 405*, Tz. A15; ADS[6], § 318, Tz. 439, § 322, Tz. 310 ff.; *Baetge/Thiele*, in: HdR[5], § 318, Rn. 152; *Müller*, in: Kölner Komm. Rechnungslegungsrecht, § 318, Rn. 58; *Schmidt/Heinz*, in: BeBiKo[11], § 318, Rn. 131.
2055 Vgl. *IDW PS 400 n.F.*, Tz. 86; *Ebke*, in: MünchKomm. HGB[3], § 318, Rn. 93; *Schmidt/Küster*, in: BeBiKo[11], § 322, Rn. 251.
2056 Vgl. *IDW PS 450 n.F.*, Tz. 150; *IDW PS 400 n.F.*, Tz. A84.

KleinstKapGes. i.S.v. § 267a HGB zusätzlich geltenden besonderen Vorschriften der §§ 264 Abs. 1 S. 5, 266 Abs. 1 S. 4, 275 Abs. 5 HGB (unter Berücksichtigung von § 253 Abs. 1 S. 5 HGB) ist i.R.d. pflichtgemäßen Erteilung des BestV zu berücksichtigen. Das Prüfungsurteil im BestV bezieht sich – unabhängig davon, ob Aufstellungserleichterungen in Anspruch genommen worden sind oder nicht – obligatorisch auf den aufgestellten JA[2057].

1221 Wird der sich auf den aufgestellten – und festgestellten – JA beziehende BestV zusammen mit einem JA, für den **Offenlegungserleichterungen** der §§ 326, 327 HGB in Anspruch genommen wurden, offengelegt, veröffentlicht oder vervielfältigt, so hat das Unternehmen gleichzeitig darauf hinzuweisen, dass sich dieser BestV auf den vollständigen JA bezieht (§ 328 Abs. 1a S. 2 HGB)[2058]. Gleiches gilt für den Fall der Hinterlegung der Bilanz einer KleinstKapGes. gem. § 326 Abs. 2 S. 1 HGB.

1222 Für diesen **Hinweis** seitens des offenlegenden Unternehmens empfiehlt sich folgender Wortlaut (Bsp. zu § 327 HGB)[2059]:

> **Beispiel 60:**
>
> „In dem beigefügten, zur Offenlegung bestimmten verkürzten Jahresabschluss wurden die größenabhängigen Erleichterungen nach § 327 HGB in Anspruch genommen. Zu dem vollständigen Jahresabschluss und dem Lagebericht wurde folgender Bestätigungsvermerk erteilt:
>
> Bestätigungsvermerk des unabhängigen Abschlussprüfers
> … [vollständiger Wortlaut des BestV]"

1223 Wird der JA in Veröffentlichungen oder Vervielfältigungen, die nicht durch Gesetz, Gesellschaftsvertrag oder Satzung vorgeschrieben sind, nicht in einer der gesetzlichen Veröffentlichungsform entsprechenden Form wiedergegeben (d.h. **andersartig publiziert**), darf ein BestV nicht beigefügt werden (§ 328 Abs. 2 S. 2 HGB)[2060]. In diesem Fall ist jedoch anzugeben, zu welcher der in § 322 Abs. 2 S. 1 HGB genannten Formen des BestV bzw. Versagungsvermerks der APr. in Bezug auf den in gesetzlicher Form aufgestellten JA gelangt ist und ob dieser BestV einen Hinweis nach § 322 Abs. 3 S. 2 HGB enthält (§ 328 Abs. 2 S. 3 HGB).

Erfährt der APr. von einer von seinem BestV begleiteten unvollständigen oder abweichenden Veröffentlichung, die nicht in Einklang mit den §§ 325 bis 328 HGB steht, hat er den Auftraggeber (§ 318 Abs. 1 S. 4 HGB) aufzufordern, eine Richtigstellung zu veranlassen[2061].

1224 Soll ergänzend zur Abschlussprüfung auch die zutreffende **Inanspruchnahme von Offenlegungserleichterungen** im zur Offenlegung bestimmten JA geprüft werden, bedarf es hierzu einer gesonderten Beauftragung. Der APr. hat über das Ergebnis dieser zu-

---

2057 Vgl. IDW PS 400 n.F., Tz. 14 ff.
2058 Vgl. IDW PS 400 n.F., Tz. 103.
2059 Vgl. auch IDW PS 400 n.F., Tz. A98.
2060 Vgl. IDW PS 400 n.F., Tz. A97.
2061 Vgl. IDW PS 400 n.F., Tz. 102.

sätzlichen Prüfung – getrennt vom BestV – in einem gesonderten Vermerk zu berichten[2062].

Für solch einen **gesonderten Vermerk** seitens des beauftragten APr. wird die folgende Formulierung empfohlen (Bsp. zu § 327 HGB)[2063]:

> **Beispiel 61:**
>
> „In dem beigefügten, zur Offenlegung bestimmten verkürzten Jahresabschluss wurden nach unserer Beurteilung aufgrund der bei der Prüfung gewonnenen Erkenntnisse die größenabhängigen Erleichterungen nach § 327 HGB zutreffend in Anspruch genommen. Zu dem vollständigen Jahresabschluss und dem Lagebericht haben wir den folgenden Bestätigungsvermerk erteilt:
>
> Bestätigungsvermerk des unabhängigen Abschlussprüfers
> ... [*vollständiger Wortlaut des BestV*]"

Entsprechend ist zu verfahren für den Fall der Prüfung einer gem. § 326 Abs. 2 S. 1 HGB zu hinterlegenden Bilanz einer KleinstKapGes.

4.7.8 Aufschiebende Bedingung

Ein BestV kann ausnahmsweise unter einer **aufschiebenden Bedingung**[2064] erteilt werden, wenn in dem geprüften Abschluss bereits ein Sachverhalt berücksichtigt wurde, der rechtlich erst nach Abschluss der Prüfung wirksam wird, aber nach dem Eintreten der Voraussetzung für seine Wirksamkeit nach den Grundsätzen des Stichtagsprinzips (§ 252 Abs. 1 Nr. 4 HGB) auf den geprüften Abschluss zurückwirkt[2065].

1225

Nicht statthaft ist es dagegen, den BestV unter einer aufschiebenden Bedingung zu erteilen, wenn der JA **unzulässigerweise** Auswirkungen zukünftiger Ereignisse berücksichtigt, die auch nach ihrem Eintritt nicht auf den geprüften Abschluss zurückwirken (z.B. wenn die Passivierung einer Verbindlichkeit unterlassen wurde, für die erst im neuen GJ ein wirksamer Forderungsverzicht erklärt wurde). Da in diesem Fall durch den Eintritt des Ereignisses im neuen GJ infolge seines wertbegründenden Charakters ein Mangel des geprüften Abschlusses nicht beseitigt wird, ist das Prüfungsurteil zum JA nach den allgemeinen Grundsätzen zu modifizieren[2066].

1226

2062 Vgl. *IDW PS 400 n.F.*, Tz. 104.
2063 Vgl. *IDW PS 400 n.F.*, Tz. A99.
2064 Die Erteilung unter einer *auflösenden* Bedingung (d.h. nachträglicher Wegfall der Wirksamkeit) ist aufgrund der Rechtsfolgewirkung des erteilten BestV für die Feststellung des JA und im Hinblick auf das öffentliche Interesse an der Verlässlichkeit des BestV als nicht zulässig anzusehen. Vgl. *Förster*, in: Hense/Ulrich, WPO³, § 43, Rn. 515; ADS⁶, § 322, Tz. 50; *Bertram*, in: Haufe HGB Kommentar⁸, § 322, Rn. 142; *Orth/Schaefer*, in: Baetge/Kirsch/Thiele, Bilanzrecht, § 322, Rn. 81.
2065 Vgl. *IDW PS 400 n.F.*, Tz. 96 Buchst. a); *Förster*, in: Hense/Ulrich, WPO³, § 43, Rn. 515; *Orth/Schaefer*, in: Baetge/Kirsch/Thiele, Bilanzrecht, § 322, Rn. 77; *Schmidt/Küster*, in: BeBiKo¹¹, § 322, Rn. 265. Die Erteilung eines BestV unter einer aufschiebenden Bedingung steht nicht in Widerspruch zu ISA 700 ff., denn es handelt sich dabei ausschließlich um einen Aspekt des deutschen Zivilrechts in Bezug auf den Zeitpunkt der Wirksamkeit einer Willenserklärung (§ 158 Abs. 1 BGB) und insb. nicht um eine „Modifizierung" i.S. v. ISA 705.5 (b) eines im BestV enthaltenen Prüfungsurteils. Ebenso handelt es sich nicht um einen Fall von ISA 700.A25, da die Bedingung nicht im BestV selbst formuliert und damit auch nicht in dessen Wortlaut enthalten ist, sondern dem BestV als Ganzem vorangestellt wird.
2066 Vgl. *IDW PS 400 n.F.*, Tz. A94; *Förster*, in: Hense/Ulrich, WPO³, § 43, Rn. 550; ADS⁶, § 322, Tz. 68; *Schmidt/Küster*, in: BeBiKo¹¹, § 322, Rn. 270.

1227 Die Erteilung des BestV unter einer aufschiebenden Bedingung kann jedoch nicht unterschiedslos auf alle Ereignisse mit wertaufhellendem Charakter oder nur auf ausgewählte, insb. günstige, Umstände und damit unter selektiver Verlängerung des Wertaufhellungszeitraums angewendet werden[2067]. Ein BestV kann daher nur dann unter aufschiebender Bedingung erteilt werden, wenn folgende **Voraussetzungen** kumulativ erfüllt sind:[2068]
- die zum Abschluss der Prüfung noch nicht erfüllte Bedingung ist in einem formgebundenen Verfahren inhaltlich bereits festgelegt,
- zur rechtlichen Verwirklichung bedarf es lediglich noch rein formeller Akte (z.B. einer registergerichtlichen Eintragung) oder – von der Feststellung des JA unabhängiger – Beschlussfassungen von Gesellschaftsorganen und
- die anstehende Erfüllung der Bedingung kann mit an Sicherheit grenzender Wahrscheinlichkeit erwartet werden.

1228 Die aufschiebende Bedingung ist dabei dem BestV jeweils **unmittelbar voranzustellen**[2069].

1229 Die Erteilung eines BestV unter einer aufschiebenden Bedingung bewirkt, dass der BestV rechtlich als noch nicht erteilt (d.h. „schwebend unwirksam") und damit auch der zugehörige JA als noch nicht geprüft gilt[2070]. Erst mit dem **Eintritt der Bedingung** wird der BestV wirksam, was bei anstehenden Beschlussfassungen, insb. über die Feststellung des JA, zu beachten ist[2071].

1230 Den **Nachweis** für den Eintritt der Bedingung hat das geprüfte Unternehmen zu führen. Der APr. ist nicht verpflichtet, den Eintritt der Bedingung zu prüfen und zu bestätigen; umgekehrt sollte nach Eintritt der Bedingung die Verwendung des BestV ohne die Bedingung von Seiten der gesetzlichen Vertreter mit dem APr. abgestimmt werden. Erkennt dieser, dass die Voraussetzungen für die Verwendung des BestV ohne die Bedingung noch nicht vorliegen, hat er der Verwendung des BestV ohne die Bedingung zu widersprechen[2072].

1231 **Anwendungsfälle** für aufschiebende Bedingungen sind in der Praxis insb.
- Kapitaländerungen i.Z.m. Sanierungsmaßnahmen und
- die ausstehende Feststellung des VJ-Abschlusses.

Auch aktienrechtliche Nachgründungstatbestände können u.U. solche Fälle sein[2073].

1232 Aufschiebende Bedingungen sind bei Sanierungen von AG bzw. GmbH dann **erforderlich**, wenn die im JA berücksichtigten **Sanierungsmaßnahmen** (z.B. rückwirkende vereinfachte Kapitalherabsetzung nach § 234 Abs. 1 AktG bzw. § 58e Abs. 1 GmbHG und gleichzeitige Kapitalerhöhung nach § 235 Abs. 1 S. 1 AktG bzw. § 58f Abs. 1 S. 1

[2067] Vgl. ADS⁶, § 322, Tz. 55.
[2068] Vgl. *IDW PS 400 n.F.*, Tz. 96 Buchst. b) und c), Tz. A91.
[2069] Vgl. *IDW PS 400 n.F.*, Tz. 98; *Förster*, in: Hense/Ulrich, WPO³, § 43, Rn. 550; *Schmidt/Küster*, in: BeBiKo¹¹, § 322, Rn. 269.
[2070] Vgl. *IDW PS 400 n.F.*, Tz. A90; ADS⁶, § 322, Tz. 51; *Orth/Schaefer*, in: Baetge/Kirsch/Thiele, Bilanzrecht, § 322, Rn. 79; *Förster*, in: Hense/Ulrich, WPO³, § 43, Rn. 515.
[2071] Vgl. *Gelhausen*, in: HWRP³, Sp. 313. Vgl. auch *IDW PS 400 n.F.*, Tz. A91.
[2072] Vgl. *IDW PS 400 n.F.*, Tz. 97, A90.
[2073] Vgl. *Schmidt/Küster*, in: BeBiKo¹¹, § 322, Rn. 267.

GmbHG[2074]) noch der Beschlussfassung durch die HV bzw. die Gesellschafterversammlung und der fristgemäßen Eintragung ins HR sowie der Einhaltung bestimmter Fristen bedürfen[2075].

Wird der BestV in einem solchen Fall unter einer aufschiebenden Bedingung erteilt, empfiehlt sich folgende Formulierung[2076].

> **Beispiel 62:**
>
> „Unter der Bedingung, dass die beschlossene, im Jahresabschluss berücksichtigte, vereinfachte Kapitalherabsetzung mit anschließender Kapitalerhöhung im Handelsregister eingetragen wird, erteilen wir den nachstehenden Bestätigungsvermerk:
>
> **Bestätigungsvermerk des unabhängigen Abschlussprüfers**
>
> …"

Wurde der **VJ-Abschluss noch nicht festgestellt,** steht die Feststellung jedoch an, **kann** der BestV ggf. unter einer aufschiebenden Bedingung erteilt werden[2077]. Es besteht dann nämlich rechtliche Unsicherheit über Bestand oder Änderung der im VJ-Abschluss enthaltenen Zahlen mit der Folge einer evtl. Änderung nach dem Grundsatz der Bilanzidentität durch Anpassung der Eröffnungsbilanzzahlen für den geprüften JA[2078]. Dieser Unsicherheit kann durch eine aufschiebende Bedingung zum BestV des laufenden JA nach folgendem Beispiel Rechnung getragen werden. **1233**

> **Beispiel 63:**
>
> „Unter der Bedingung, dass der Jahresabschluss für das Geschäftsjahr vom … [*Datum*] bis zum … [*Datum*] in der Fassung festgestellt wird, die diesem Jahresabschluss zugrunde gelegt worden ist, erteilen wir den nachstehenden Bestätigungsvermerk:
>
> **Bestätigungsvermerk des unabhängigen Abschlussprüfers**
>
> …"

Eine aufschiebende Bedingung ist dann nicht erforderlich, wenn der APr. mit **hinreichender Sicherheit** davon ausgehen kann, dass der noch nicht festgestellte VJ-Abschluss beibehalten werden soll. Die Unsicherheit, dass ein Abschluss geändert wird, besteht zwar nach dessen Feststellung grds. weiterhin, jedoch ist die Wahrscheinlichkeit dann höher, dass keine Änderung mehr erfolgt. Wenn keine Anzeichen dafür bestehen, dass der noch nicht festgestellte VJ-Abschluss (ggf. auch ohne Feststellung) nicht beibehalten werden soll, ist es sachgerecht, den BestV ohne Bedingung zu erteilen[2079]. Nach h.M. erfolgt durch die Feststellung des aktuellen JA konkludent auch die Feststellung des VJ-Abschlusses; es besteht danach Rechtssicherheit ebenso für den VJ-Abschluss[2080]. **1234**

2074 Vgl. *Förschle/Heinz,* in: Winkeljohann/Förschle/Deubert, Sonderbilanzen[5], Kap. Q, Rn. 173 ff.
2075 Vgl. *IDW PS 400 n.F.,* Tz. A91-A92.
2076 Vgl. *IDW PS 400 n.F.,* Tz. A95.
2077 Vgl. *IDW PS 400 n.F.,* Tz. A93.
2078 Vgl. ADS[6], § 322, Tz. 57.
2079 Vgl. *IDW PS 400 n.F.,* Tz. A93; ADS[6], § 322, Tz. 58.
2080 Vgl. ADS[6], § 322, Tz. 58. Zu den Konsequenzen unterlassener Pflichtprüfungen für die Prüfung des Folgeabschlusses siehe IDW Life 2015, S. 597 f. sowie Kap. N Tz. 81 ff.

1235 Werden **mehrere JA in Folge geändert**[2081], die bereits in der bisherigen Fassung wirksam festgestellt worden waren, hängt die Richtigkeit der geänderten Folgeabschlüsse davon ab, dass die Änderung des jeweiligen VJ-Abschlusses rechtswirksam durchgeführt wird. Uneingeschränkte BestV können hier nur unter aufschiebender Bedingung erteilt werden.

1236 Wie in Kap. M Tz. 1225 f. ausgeführt, ermöglicht es die Erteilung des BestV unter einer aufschiebenden Bedingung nicht, **wertbegründende Vorgänge** (z.B. Forderungsverzichte) in das alte GJ zurückzubeziehen. Davon zu unterscheiden sind jedoch Sanierungsmaßnahmen im neuen GJ, die nicht unmittelbar in den geprüften JA eingehen, sondern Voraussetzung für das Zugrundelegen des Rechnungslegungsgrundsatzes der Fortführung der Unternehmenstätigkeit (§ 252 Abs. 1 Nr. 2 HGB) sind[2082]. Ist die Unternehmensfortführung nur bei Durchführung bestimmter Maßnahmen im neuen GJ als gesichert anzusehen, so ist vom APr. zu beurteilen, ob infolgedessen die Prüfungsurteile zum JA und zum LB im BestV zu modifizieren sind, ggf. bis hin zur Erteilung eines Versagungsvermerks[2083]. Grds. sind solche Modifizierungen nicht erforderlich, wenn diese Maßnahmen bis zur Erteilung des BestV durchgeführt worden sind. Die Erteilung eines BestV unter einer aufschiebenden Bedingung ist in solchen Fällen ausnahmsweise dann möglich, wenn der Inhalt der Sanierungsmaßnahme feststeht und deren Rechtswirksamkeit nur noch von der Erfüllung rein formeller Voraussetzungen abhängt. Ansonsten kommt, wenn der Zeitpunkt, bis zu dem die Maßnahme zustande kommt, konkret abzusehen ist, u.U. auch eine **Ankündigung des BestV** infrage.

4.7.9 Ankündigung eines Bestätigungsvermerks

1237 Insbesondere i.Z.m. Bemühungen um die Sanierung wird von Seiten der gesetzlichen Vertreter des zu prüfenden Unternehmens gelegentlich der Wunsch geäußert, vorab eine **Mitteilung des APr. über die Absicht, den BestV zu erteilen**, zu erhalten.

1238 Eine solche Ankündigung stellt **keine Erteilung** des BestV dar[2084], auch nicht eine solche unter aufschiebender Bedingung. Vielmehr bringt der APr. i.R. einer solchen Mitteilung zum Ausdruck, dass die Abschlussprüfung materiell noch nicht abgeschlossen ist und dass er deswegen einen BestV zum aktuellen Zeitpunkt noch nicht erteilen kann. Er teilt lediglich mit, dass er die Prüfung ordnungsgemäß beenden, seine Prüfungsurteile bilden und einen BestV erteilen kann und wird, sofern bestimmte, seiner Einschätzung als APr. nach erforderliche Voraussetzungen erfüllt sind. Ungeachtet dessen ist i.R.d. Mitteilung ausdrücklich darauf hinzuweisen, dass mit dieser Mitteilung **keine Zusicherung** verbunden ist, weder in Bezug auf den Zeitpunkt der Erteilung noch auf den Urteilstenor im dann erteilten BestV[2085].

1239 Diese Mitteilung ist, sofern sie schriftlich erfolgt, in Briefform generell **an den Auftraggeber** der Abschlussprüfung, ggf. das Aufsichtsgremium, **zu richten**. Dabei ist es grds. möglich, den BestV näher zu charakterisieren, insb. ob – ceteris paribus – ein uneinge-

---

2081 Vgl. dazu ausführlich ADS⁶, § 322, Tz. 59.
2082 Vgl. ADS⁶, § 322, Tz. 64; *Schmidt/Küster*, in: BeBiKo¹¹, § 322, Rn. 268.
2083 Vgl. hierzu *IDW PS 270 n.F.*, insb. Tz. 22 ff., 28 ff.
2084 Vgl. *IDW PS 400 n.F.*, Tz. A72; ADS⁶, § 322, Rn. 75.
2085 Vgl. *IDW PS 400 n.F.*, Tz. A72-A73.

schränkter BestV, ein eingeschränkter BestV bzw. ein Versagungsvermerk erteilt oder ob ein Hinweis ergänzt werden wird.

Da in solchen Fällen stets zu vermuten steht, dass die Mitteilung Dritten, namentlich Kredit- oder Eigenkapitalgebern, zu Kenntnis gebracht wird, ist dem APr. in jedem Einzelfall die **Einholung rechtlichen Rats** zu empfehlen[2086]. **1240**

4.7.10 Behandlung von zusätzlichen Informationen im Bestätigungsvermerk

Eine **wesentliche Neuerung** gegenüber der bisherigen Handhabung bedeutet auch der nunmehr in *IDW PS 400 n.F.* geregelte Umgang mit sog. „zusätzlichen Informationen"[2087]. **1241**

Bisher war dieser Begriff von *IDW PS 202* belegt und bezeichnete insb. in einem sog. „Geschäftsbericht" enthaltene Informationen, die zwar nicht Bestandteil des JA und/oder des LB sind und daher selbst nicht der Abschlussprüfung unterliegen, die der APr. gleichwohl auf evtl. Unstimmigkeiten zwischen diesen zusätzlichen Informationen und dem geprüften JA bzw. LB hin kritisch zu lesen hat[2088].

ISA 720 (Rev.) (Entwurf-DE) verwendet für solche in einem „Geschäftsbericht" enthaltene Finanzinformationen oder nichtfinanzielle Informationen (mit Ausnahme von JA/KA, LB/KLB und BestV) nunmehr den Begriff „sonstige Informationen"[2089] und *IDW PS 400 n.F.* definiert diese wiederum als Teilmenge der „zusätzlichen Informationen"[2090], in Bezug auf die ggf. zu entscheiden ist, ob sie einen Prüfungsgegenstand bilden oder nicht.

Zusätzliche Informationen i.S.v. *IDW PS 400 n.F.* sind danach[2091]: **1242**

- nach den maßgeblichen Rechnungslegungsgrundsätzen für den Abschluss nicht erforderliche, aber zulässige Informationen, die im oder zusammen mit dem geprüften Abschluss dargestellt werden.

Beispiele hierfür sind etwa[2092]:

- ein Anlagengitter, das als zusätzlicher Bestandteil zu einem JA gem. § 242 Abs. 3 HGB erstellt wird,
- eine freiwillig erstellte KFR und/oder ein freiwillig erstellter EK-Spiegel als zusätzlicher Bestandteil zum JA eines nicht von § 264d HGB betroffenen Unternehmens,
- eine freiwillig erstellte Segmentberichterstattung zu einem JA oder KA nach HGB,
- eine Überleitungsrechnung von HGB- auf IFRS-Zahlen (oder auf US-GAAP) o.Ä.,
- andere, über den nach den maßgebenden Rechnungslegungsgrundsätzen geforderten Umfang hinausgehende Angaben, Erläuterungen oder Darstellungen zu Einzelposten oder -sachverhalten.

Bemerkenswert ist, dass zu den „zusätzlichen Informationen" – aufgrund der definitorischen Bezugnahme ausschließlich auf den Abschluss – **auch der Lagebericht** (unab- **1243**

[2086] Vgl. auch ADS[6], § 322, Tz. 77.
[2087] Vgl. *Skirk/Kuhn*, WPg 2018, S. 63 (66).
[2088] Vgl. *IDW PS 202*, Tz. 1, 6 ff.
[2089] Vgl. *ISA 720 (Rev.) (Entwurf-DE)*, Tz. 12 Buchst. c), A8-A10.
[2090] Vgl. *IDW PS 400 n.F.*, Tz. 82 ff., A78 ff.
[2091] Vgl. *IDW PS 400 n.F.*, Tz. 10 Buchst. j).
[2092] Vgl. *IDW PS 400 n.F.*, Tz. A9; *Skirk/Kuhn*, WPg 2018, S. 63 (71).

hängig davon, ob gesetzlich vorgeschrieben oder freiwillig erstellt) zählt, sowie alle **sonstigen Prüfungsgegenstände** i.S.v. *IDW PS 400 n.F.*, Tz. 10 Buchst. i)[2093].

1244 Je nach Einordnung der einzelnen **zusätzlichen Information** ist diese entweder i.R. eines Prüfungsurteils im BestV zu berücksichtigen, oder aber der APr. hat zu würdigen, ob die Information nach den Grundsätzen von *ISA 720 (Rev.) (Entwurf-DE)* als „**sonstige Information**" zu behandeln ist.

1245 Das **grundsätzliche Vorgehen** zur Kategorisierung zusätzlicher Informationen stellt sich hierbei wie folgt dar:

zusätzliche Informationen
[Definition: *IDW PS 400 n.F.*, Tz. 10 Buchst. j)]

Sind die Informationen aufgrund ihrer Art oder Darstellung integraler Bestandteil des Abschlusses?

Ja →

Nein → Handelt es sich um einen Lagebericht i.S.v. *IDW PS 400 n.F.*, Tz. 10 Buchst. d) oder um einen sonstigen Prüfungsgegenstand i.S. von *IDW PS 400 n.F.*, Tz. 10 Buchst. i)?

Ja: sonstiger Prüfungsgegenstand / Lagebericht: Wurde Prüfung gesetzlich gefordert bzw. freiwillig beauftragt?

Nein: Sind die Informationen so dargestellt, dass sie sich ausreichend vom geprüften Abschluss abgrenzen?

- Einbeziehung in das Prüfungsurteil zum Abschluss
- Abgabe eines Urteils zum Lagebericht bzw. zum sonstigen Prüfungsgegenstand nach *IDW PS 400 n.F.*
- Kennzeichnung des Lageberichts als ungeprüft oder Erklärung im Abschnitt "Prüfungsurteil" des BestV, dass der Lagebericht kein Prüfungsgegenstand war und daher kein Prüfungsurteil abgegeben wird
- Identifizierung und Erläuterung beim Prüfungsurteil zum Abschluss, dass diese Informationen nicht geprüft wurden

nach *ISA 720 (Revised) (Entwurf-DE)* würdigen, ob es sich um „sonstige Informationen" handelt

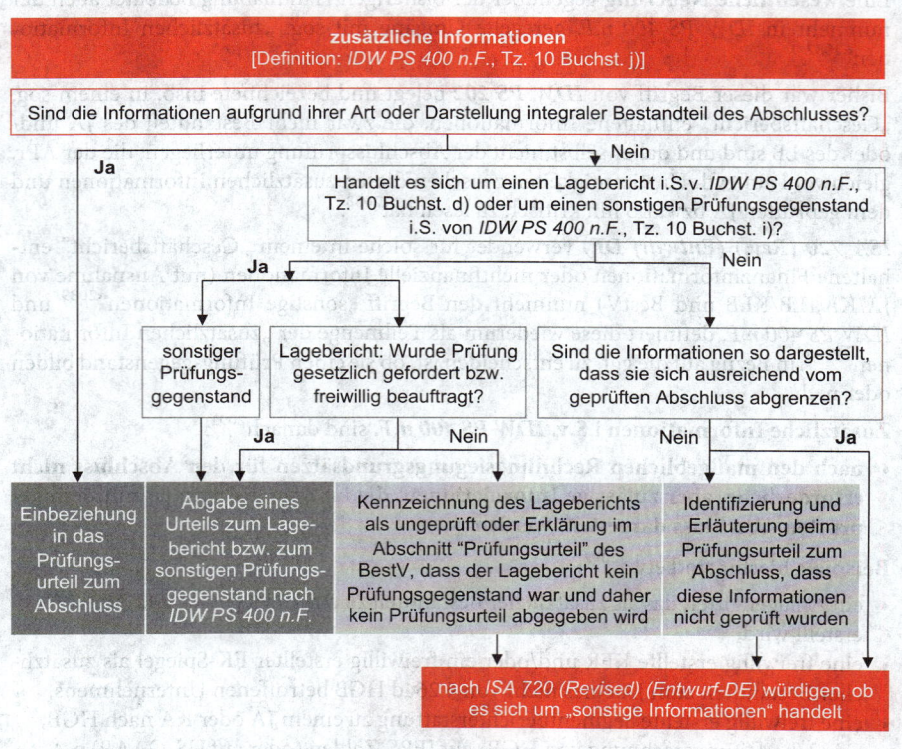

Abb. 3: Kategorisierung zusätzlicher Informationen[2094]

1246 Dargestellt am **Beispielsfall einer freiwillig erstellten KFR** zu einem JA gem. § 264 Abs. 1 S. 1 HGB kann dies für den APr. etwa bedeuten, dass[2095]

- die KFR in die Prüfung einzubeziehen und i.R.d. Bildung des Prüfungsurteils zum JA zu berücksichtigen ist, da sie – z.B. durch Aufnahme in den Anh. oder eine klare Bezugnahme im Anh. – als integraler Bestandteil des JA qualifiziert, oder dass

---

[2093] Vgl. *IDW PS 400 n.F.*, Tz. A10.
[2094] Vgl. *IDW PS 400 n.F.*, Tz. A83.
[2095] Siehe auch das Beispiel bei *Skirk/Kuhn*, WPg 2018, S. 63 (71).

- die KFR nicht in die Prüfung einzubeziehen, aber als „sonstige Information" zu behandeln ist, weil sie zusammen mit dem JA i.R. einer als „Jahresbericht" titulierten Unternehmensbroschüre der Öffentlichkeit zur Verfügung gestellt wird, oder dass
- die KFR nicht in die Prüfung einzubeziehen und auch nicht als „sonstige Information" zu behandeln ist, weil sie ausschließlich unternehmensintern Verwendung findet.

Die Kategorisierung und Behandlung liegt dabei im pflichtgemäßen Ermessen des APr.[2096]. Im Einzelfall wird die konkrete Einordnung regelmäßig von entsprechender Kommunikation mit den gesetzlichen Vertretern und ggf. den für die Überwachung Verantwortlichen begleitet sein[2097]. **1247**

4.7.11 Mängel des Bestätigungsvermerks

Der APr. erteilt den BestV nach § 322 HGB auf der Grundlage der von ihm pflichtgemäß durchgeführten Abschlussprüfung und der daraus gewonnenen Erkenntnisse. Der APr. ist in diesem Zusammenhang insb. zur **Gewissenhaftigkeit und Unparteilichkeit** verpflichtet. **1248**

Gründe für einen dennoch mangelhaften, d.h. inhaltlich unrichtigen, BestV können sein[2098]: **1249**

- Nichtkenntnis von für die Beurteilung relevanten und bis zur Erteilung des BestV verwirklichten Sachverhalten
- Beurteilungs- bzw. Subsumtionsfehler materieller Art.

In Bezug auf eine eventuelle **Nichtkenntnis** von Sachverhalten kommt es nicht darauf an, ob der APr. dies zu vertreten hat oder ob ihm Informationen vorenthalten worden sind. Auch ist der **Grund** für einen Beurteilungs- oder Subsumtionsfehler nur insoweit von Belang, als sich daraus ggf. ein (zuvor nicht erkanntes) Prüfungshemmnis ablesen lässt[2099]. **1250**

Sobald der APr. einen solchen **Mangel** erkennt oder darauf von anderer Seite hingewiesen wird (z.B. i.R.d. sog. Schlussbesprechung), ist er grds. verpflichtet, diesem Mangel – nach pflichtgemäßer Sachverhaltswürdigung – unverzüglich abzuhelfen, nämlich durch Erteilung eines mangelfreien BestV. Wird der Mangel erst nach rechtswirksamer Erteilung des BestV festgestellt, hat der APr. den Widerruf des erteilten BestV zu prüfen[2100] (vgl. hierzu Kap. N Tz. 58 ff.). **1251**

Inhaltliche **Schwächen** des BestV, z.B. ein missverständlicher Wortlaut oder unstrukturierter Aufbau, sollten sich bei Beachtung der Grundsätze der *IDW PS 400er*-Reihe grds. vermeiden lassen. Die Vollständigkeit und Klarheit einer Sachverhaltsdarstellung muss stets Vorrang vor der gewünschten Kürze der Darstellung insgesamt haben. **1252**

Ebenfalls als **Mangel** zu qualifizieren wäre indes das Abgeben eines nicht modifizierten Prüfungsurteils zu einem Prüfungsgegenstand, in dem der eigentlich als Einwendung zu

---

2096 Vgl. *IDW PS 400 n.F.*, Tz. A78 ff.
2097 Vgl. insb. *IDW PS 400 n.F.*, Tz. A80, A82.
2098 Vgl. *Müller*, in: Kölner Komm. Rechnungslegungsrecht, § 322, Rn. 74; *Grottel/Hoffmann*, in: BeBiKo[11], § 332, Rn. 26; *Orth/Schaefer*, in: Baetge/Kirsch/Thiele, Bilanzrecht, § 322, Rn. 192, 201 f. Vgl. auch *IDW PS 261 n.F.*, Tz. 6.
2099 Vgl. *Müller*, in: Kölner Komm. Rechnungslegungsrecht, § 322, Rn. 74.
2100 Vgl. *IDW PS 400 n.F.*, Tz. 92, A86 ff.

qualifizierende Sachverhalt i.R. eines Hinweises dargestellt wird[2101]. Gleiches gilt für Formulierungen wie „vorbehaltlich ...", „angesichts der vorstehenden Erläuterung(en) ..." o.Ä. i.Z.m. einem nicht modifizierten Prüfungsurteil[2102].

1253 Es wird regelmäßig im eigenen Interesse des APr. liegen, Mängeln des BestV unverzüglich abzuhelfen. Sanktionsvorschriften finden sich insb. in §§ 323, 332 HGB. Darüber hinaus ist in der Berufsaufsicht nach § 61a ff. WPO eine berufsrechtliche Sanktionsinstanz existent.

4.8 Bestätigungsvermerk unter Beachtung der International Standards on Auditing (ISA)

1254 Im Zuge des AReG wurde in § 322 Abs. 1a HGB die grundsätzliche Pflicht verankert, bei der Erstellung des BestV **internationale Prüfungsstandards** anzuwenden, soweit diese i.R. eines sog. Komitologieverfahrens[2103] nach Art. 26 Abs. 3 RL 2006/43/EG von der EU-Kommission angenommen worden sind.

Die EU zielt dabei ausdrücklich auf die **ISA**[2104], nebst dem International Standard on Quality Control 1 (ISQC 1), sowie die damit zusammenhängenden Stellungnahmen und Standards, soweit diese die Abschlussprüfung betreffen[2105].

1255 Die ISA finden – da eine Annahme durch die EU-Kommission bis dato noch nicht erfolgt ist – derzeit in Deutschland auf Abschlussprüfungen **Anwendung** entweder im Wege der Umsetzung in *IDW Prüfungsstandards*[2106] oder durch explizite vertragliche Vereinbarung zwischen Auftraggeber und APr.

4.8.1 Bestätigungsvermerk bei gesetzlichen Abschlussprüfungen, die unter ergänzender Beachtung der ISA durchgeführt wurden

1256 Auf die International Standards on Auditing (ISA) darf im Text des BestV ergänzend zu den vom IDW festgestellten deutschen Grundsätzen ordnungsmäßiger Abschlussprüfung (GoA) nur Bezug genommen werden, wenn der APr. **ausdrücklich beauftragt** worden ist, die Abschlussprüfung unter ergänzender Beachtung der ISA durchzuführen, und dies dann auch tatsächlich der Fall gewesen ist[2107].

2101 Vgl. *IDW PS 406*, Tz. A10.
2102 Vgl. *IDW PS 400 n.F.*, Tz. A36.
2103 Hierbei handelt es sich um ein Ausschussverfahren in Form eines Regelungsverfahrens mit Kontrolle, welches in grds. gleicher Form auch i.Z.m. der „Adoption" der IFRS Anwendung findet. Vgl. Art. 48 Abs. 2a RL 2006/43/EG i.V.m. dem Beschluss des Rates v. 28.06.1999 (1999/468/EG), Abl.EU v. 17.07.1999, L 184, S. 23 ff.
2104 Vgl. Art. 26 Abs. 2 RL 2006/43/EG; RegBegr. BilMoG, BT-Drs. 16/10067 v. 30.07.2008, S. 87.
2105 Zu den weiteren abschlussprüfungsrelevanten Stellungnahmen und Standards zählen z.B. die International Auditing Practice Notes (IAPN, früher IAPS), nicht dagegen die International Standards on Review Engagements (ISRE), die International Standards on Assurance Engagements (ISAE) bzw. die International Standards on Related Services (ISRS). Vgl. *Gelhausen/Fey/Kämpfer*, BilMoG Abschn. S, Rn. 17 ff.; *Schmidt/Almeling*, in: BeBiKo[11], § 317, Rn. 90.
2106 Vgl. RegBegr. BilMoG, BT-Drs. 16/10067 v. 30.07.2008, S. 88. Das IDW ist als Mitglied der International Federation of Accountants (IFAC) gem. IFAC Statement of Membership Obligations (Revised 20.11.2012), SMO 3, Para. 12 gehalten, die vom IAASB verabschiedeten ISA in die nationalen Prüfungsgrundsätze zu implementieren. Zu der vom IDW-Vorstand Ende 2017 beschlossenen zukünftigen **Integration** der ISA in die deutschen Grundsätze ordnungsmäßiger Abschlussprüfung (GoA) siehe *Gewehr/Moser*, WPg 2018, S. 193 ff.
2107 Vgl. *IDW PS 400 n.F.*, Tz. 81.

Da die Prüfung dann primär unter Beachtung der GoA durchgeführt wird und lediglich eine **ergänzende Beachtung der ISA** erfolgt, ist eine solche Beauftragung auch bei gesetzlichen Pflichtprüfungen nach § 316 ff. HGB grds. möglich[2108].

1257 Allerdings ist infolge der dann auftragsgemäß zwingenden Beachtung auch der ISA von APr. und Auftraggeber zu berücksichtigen, dass die in den *IDW Prüfungsstandards* der *IDW PS 400er-Reihe* **bewusst geregelten Ausnahmen** von den BestV-relevanten ISA nun grds. erfüllt werden müssen und daher als zulässige Ausnahmen **entfallen**. Deswegen ist der APr. auch i.Z.m. Key Audit Matters sowie Sonstigen Informationen von seiner Verschwiegenheitspflicht zu entbinden[2109].

1258 Dies betrifft namentlich die folgenden, dann obligatorisch zu beachtenden **ISA-Vorgaben**:

- **Key Audit Matters (KAM)** sind auch dann darzustellen, wenn das Unternehmen zwar nicht als PIE, aber als „listed entity" i.S.v. ISA 220.7 (g) qualifiziert[2110] – d.h. auch bei Unternehmen, deren Eigen- oder Fremdkapitaltitel lediglich im Freiverkehr gehandelt werden, und unabhängig davon, in welchem Land dieses „Listing" erfolgt, d.h. weltweit.
- Außerdem muss der **APr. das Recht haben, nach seinem pflichtgemäßen Ermessen KAM im BestV ggf. mitzuteilen**, d.h. die Mitteilung von KAM muss bspw. auch dann zulässig sein, wenn das Unternehmen weder PIE noch „listed entity" ist (ISA 700.31 i.V.m. ISA 210.A25)[2111].
- In Zusammenhang mit den „**Sonstigen Informationen**" hat der APr. in jedem Fall eine ausdrückliche Erklärung im BestV abzugeben, dass er entweder i) nichts zu berichten hat, oder dass ii) eine nicht korrigierte wesentliche falsche Darstellung der sonstigen Informationen vorliegt, welche obendrein i.R. dieser Erklärung zu beschreiben wäre (ISA 720.22 (e))[2112].
- Im Abschnitt „Verantwortung der gesetzlichen Vertreter und der für die Überwachung Verantwortlichen für den JA und den LB" sind – sofern sie nicht mit den gesetzlichen Vertretern identisch sind – **die für die Überwachung des Rechnungslegungsprozesses Verantwortlichen** stets zu nennen, d.h. nicht nur dann, wenn ein gesetzliches oder diesem nachgebildetes Aufsichtsgremium existiert[2113].

1259 Da die o.g. – in der *IDW PS 400er-Reihe* bewusst ausgeklammerten – Punkte nahezu durchgängig die Verschwiegenheitspflicht des APr. (insb. § 323 Abs. 1 S. 1 HGB; § 43 Abs. 1 S. 1 WPO) tangieren, ist die **Entbindung des APr. von der Verschwiegenheitspflicht** i.R.d. schriftlichen Beauftragung **unabdingbar**, um die gewünschte ergänzende Beachtung der ISA auch i.Z.m. dem BestV rechtssicher zu ermöglichen[2114].

2108 Vgl. auch *IDW PS 201*, Tz. 20. Einen Überblick über die (freiwillig beauftragte) Berücksichtigung der ISA i.R.d. Konzernabschlussprüfungen bei DAX- und MDAX-Unternehmen für das GJ 2016 bzw. 2015/2016 gibt *Knappstein*, DB 2017, S. 1793.
2109 Vgl. *IDW PS 401*, Tz. 5, A9 bzw. *ISA 720 (Rev.) (Entwurf-DE)*, Tz. D.22.1.
2110 Vgl. *IDW PS 400 n.F.*, Tz. 6 erster Punkt vierter Spiegelstrich; *Schmidt/Küster*, in: BeBiKo[11], § 322, Rn. 246.
2111 Vgl. auch *IDW PS 401*, Tz. 6 Abs. 3; *IDW PS 400 n.F.*, Tz. 6 erster Punkt erster Spiegelstrich.
2112 Vgl. *ISA 720 (Rev.) (Entwurf-DE)*, Tz. D.22.1; *Schmidt/Küster*, in: BeBiKo[11], § 322, Rn. 69.
2113 Vgl. *IDW PS 400 n.F.*, Tz. 6 erster Punkt dritter Spiegelstrich.
2114 Siehe auch die ausdrücklichen Hinweise insb. in *IDW PS 401*, Tz. 5-6, A9 sowie *ISA 720 (Rev.) (Entwurf-DE)*, Tz. D.22.1.

1260 Im eigentlichen Text des BestV ergeben sich aus der ergänzenden Beachtung der ISA somit insb. folgende zu beachtende **Besonderheiten**[2115]:

1261 Im **Abschnitt „Grundlage für die Prüfungsurteile"** ist nach dem ersten Satz ein weiterer Satz einzuschieben und der dann dritte Satz um den Begriff „Standards" zu ergänzen. Hiernach ergibt sich folgende (Eingangs-)Formulierung für diesen Abschnitt[2116]:

> **Beispiel 64:**
>
> „Wir haben unsere Prüfung des Jahresabschlusses und des Lageberichts in Übereinstimmung mit § 317 HGB unter Beachtung der vom Institut der Wirtschaftsprüfer (IDW) festgestellten deutschen Grundsätze ordnungsmäßiger Abschlussprüfung durchgeführt. Die Prüfung des Jahresabschlusses haben wir unter ergänzender Beachtung der International Standards on Auditing (ISA) durchgeführt. Unsere Verantwortung nach diesen Vorschriften, Grundsätzen und Standards ist im Abschnitt „Verantwortung des Abschlussprüfers für die Prüfung ..." unseres Bestätigungsvermerks weitergehend beschrieben. Wir sind ... [übriger Text dieses Abschnitts]"

Ist kein LB Prüfungsgegenstand, kann das zusätzliche Verweisen auf die ISA im ersten Satz erfolgen, so dass kein zweiter Satz erforderlich wird. Hintergrund für diese unterschiedliche Darstellung ist die Tatsache, dass – bislang zumindest – kein ISA zur Lageberichtsprüfung existiert.

1262 Im **Abschnitt „Sonstige Informationen"** ist, wenn keine wesentliche falsche Darstellung der sonstigen Informationen identifiziert wurde, abschließend folgender Absatz zu ergänzen[2117]:

> **Beispiel 65:**
>
> „Falls wir auf Grundlage der von uns durchgeführten Arbeiten den Schluss ziehen, dass eine wesentliche falsche Darstellung dieser sonstigen Informationen vorliegt, sind wir verpflichtet, über diese Tatsache zu berichten. Wir haben in diesem Zusammenhang nichts zu berichten."

Dahingegen ist, wenn eine wesentliche falsche Darstellung der sonstigen Informationen identifiziert wurde, neben dem entsprechend formulierten Absatz auch eine Beschreibung der identifizierten Falschdarstellung vorzunehmen[2118].

2115 Vgl. auch *IDW PS 400 n.F.*, Anlage: Bsp. 4, 7 und 8.
2116 Vgl. *IDW PS 400 n.F.*, Tz. 46 Buchst. a) und b).
2117 Vgl. *ISA 720 (Rev.) (Entwurf-DE)*, Tz. 22 Buchst. (e) Punkt (i), Tz. D.A53.1 i.V.m. Anlage D.2: Bsp. 1 bis 3.
2118 Vgl. *ISA 720 (Rev.) (Entwurf-DE)*, Tz. 22 Buchst. (e) Punkt (ii), Tz. D.A53.1 i.V.m. Anlage D.2: Bsp. 4.

> **Beispiel 66:**
>
> „Falls wir auf Grundlage der von uns durchgeführten Arbeiten den Schluss ziehen, dass eine wesentliche falsche Darstellung dieser sonstigen Informationen vorliegt, sind wir verpflichtet, über diese Tatsache zu berichten. Wie im Folgenden beschrieben, haben wir den Schluss gezogen, dass eine solche wesentliche falsche Darstellung dieser sonstigen Informationen vorliegt.
>
> ... [Beschreibung der wesentlichen falschen Darstellung der sonstigen Informationen]"

In letzterem Fall hat der APr. auch die diesbezüglichen **Kommunikationserfordernisse** mit den gesetzlichen Vertretern und den für die Überwachung Verantwortlichen zu beachten[2119].

Im **Abschnitt „Verantwortung des Abschlussprüfers"** ist im ersten Satz des zweiten Absatzes die ergänzende Beachtung der ISA zu erwähnen. Danach ergibt sich folgende Formulierung für diesen (zweiten) Absatz[2120]: **1263**

> **Beispiel 67:**
>
> „Hinreichende Sicherheit ist ein hohes Maß an Sicherheit, aber keine Garantie dafür, dass eine in Übereinstimmung mit § 317 HGB unter Beachtung der vom Institut der Wirtschaftsprüfer (IDW) festgestellten deutschen Grundsätze ordnungsmäßiger Abschlussprüfung sowie unter ergänzender Beachtung der ISA durchgeführte Prüfung eine wesentliche falsche Darstellung stets aufdeckt. Falsche Darstellungen können aus Verstößen oder Unrichtigkeiten resultieren und werden als wesentlich angesehen, wenn vernünftigerweise erwartet werden könnte, dass sie einzeln oder insgesamt die auf der Grundlage dieses Jahresabschlusses getroffenen wirtschaftlichen Entscheidungen von Adressaten beeinflussen."

4.8.2 Bestätigungsvermerk bei freiwilligen Abschlussprüfungen, die unter ergänzender Beachtung der ISA durchgeführt wurden

Wird bei rein **freiwilligen Abschlussprüfungen** die **ergänzende Beachtung der ISA** ausdrücklich beauftragt[2121], so ergeben sich über die in Kap. M Tz. 1258 genannten, ergänzend zu beachtenden ISA-Vorgaben hinaus noch folgende weitere Besonderheiten für den BestV: **1264**

- Der APr. kann **ausnahmsweise** bestimmen, dass ein **Key Audit Matter (KAM)** im BestV **nicht mitgeteilt** wird, wenn vernünftigerweise zu erwarten steht, dass die negativen Folgen einer solchen Mitteilung die Vorteile für das öffentliche Interesse übersteigen würden (ISA 701.14 (b)).

Hierauf ist im **Abschnitt „Verantwortung des Abschlussprüfers"** hinzuweisen. Demzufolge ergibt sich dann folgende Formulierung für den letzten Absatz dieses Abschnitts[2122]: **1265**

2119 Vgl. *ISA 720 (Rev.) (Entwurf-DE)*, Tz. 17; ferner *IDW PS 470 n.F.*, Tz. A30.
2120 Vgl. *IDW PS 400 n.F.*, Tz. 59 Buchst. b).
2121 Vgl. *IDW PS 201*, Tz. 23.
2122 Vgl. auch *IDW PS 400 n.F.*, Anlage: Bsp. 8.

> **Beispiel 68:**
>
> „Wir bestimmen von den Sachverhalten, die wir mit den für die Überwachung Verantwortlichen erörtert haben, diejenigen Sachverhalte, die in der Prüfung des Jahresabschlusses für den aktuellen Berichtszeitraum am bedeutsamsten waren und daher die besonders wichtigen Prüfungssachverhalte sind. Wir beschreiben diese Sachverhalte im Bestätigungsvermerk, es sei denn, Gesetze oder andere Rechtsvorschriften schließen die öffentliche Angabe des Sachverhalts aus oder wir bestimmen in äußerst seltenen Fällen, dass ein Sachverhalt nicht im Bestätigungsvermerk mitgeteilt werden soll, weil vernünftigerweise erwartet wird, dass die negativen Folgen einer solchen Mitteilung deren Vorteile für das öffentliche Interesse übersteigen würden."

1266 Die Folgenabwägung hat dabei einerseits den allgemeinen Anspruch der Öffentlichkeit auf Mitteilung dieses KAM, andererseits mögliche negative Auswirkungen auf die Marktstellung oder eine Verhandlungsposition des geprüften Unternehmens, ferner evtl. Wünsche oder Vorstellungen von Aufsichtsbehörden u.a.m. zu berücksichtigen. Dabei wird dem APr. grds. zu empfehlen sein, eine schriftliche Stellungnahme der gesetzlichen Vertreter, ggf. auch der für die Überwachung Verantwortlichen, zu der Angelegenheit einzuholen. Darüber hinaus dürfte es vielfach sinnvoll sein, sich i.R. der Entscheidungsfindung um rechtlichen Rat zu bemühen[2123].

Sofern das geprüfte Unternehmen den infrage stehenden Sachverhalt allerdings bereits selbst öffentlich gemacht hat, ist ein solcher Verzicht auf die Mitteilung als KAM nicht mehr statthaft (ISA 701.14 (b) Satz 2)[2124].

1267 **Formulierungsbeispiele** für BestV aufgrund von freiwilligen Konzernabschlussprüfungen, die auftragsgemäß unter ergänzender Beachtung der ISA durchgeführt worden sind, sind als Bsp. 7 und 8 in der Anlage zu *IDW PS 400 n.F.* zu finden.

4.8.3 Bestätigungsvermerk bei Abschlussprüfungen, die ausschließlich nach den ISA durchgeführt wurden

1268 Anders als bei gesetzlichen Pflichtprüfung nach § 316 ff. HGB ist bei rein **freiwilligen Abschlussprüfungen** die ausschließliche, d.h. nicht lediglich ergänzende, sondern die GoA vollständig ersetzende Anwendung der ISA statthaft, falls dies i.R.d. Beauftragung explizit vereinbart wird[2125].

1269 In einem solchen Fall sind jedoch die einschlägigen **ISA vollumfänglich zu beachten**.

1270 Insb. ist die i.Z.m. der *IDW PS 400er*-Reihe in Anspruch genommene Ausnahme des ISA 700.51 für BestV nach § 322 HGB nicht mehr zulässig, wonach den Angabepflichten i.Z.m. der Prüfung des Abschlusses und des Lageberichts in einem gemeinsamen Abschnitt des „Vermerks des unabhängigen Abschlussprüfers" nachgekommen werden darf[2126].

[2123] Vgl. ISA 701.A53-A56.
[2124] Vgl., wenn auch in anderem Zusammenhang, bereits ADS[6], § 323, Tz. 36.
[2125] Vgl. *IDW PS 201*, Tz. 20, 23.
[2126] Vgl. *IDW PS 400 n.F.*, Tz. 6 zweiter Punkt.

Nach **ISA 700** ist die strikte Trennung beider Prüfungsgegenstände unabdingbar[2127].

Weiters schreibt **ISA 705** dem APr. vor, bei wesentlichen quantitativen **Falschdarstellungen** im geprüften Abschluss im Abschnitt „Grundlage für das Prüfungsurteil" eine richtigstellende Quantifizierung dieser Falschangabe(n) vorzunehmen[2128].

Und **ISA 705** fordert des Weiteren bei einer **Nichtangabe von wesentlichen Informationen** grds. die Aufnahme der unterlassenen Angabe(n) durch den APr. in seinen Vermerk[2129].

Von den ISA sind i.Z.m. dem „**Vermerk des unabhängigen Abschlussprüfers**" (in der Diktion des HGB der „Bestätigungsvermerk") mit Wirkung für die Prüfung von Abschlüssen für Zeiträume, die am oder nach dem 15.12.2016 enden, primär die Standards

- **ISA 700**: Forming an Opinion and Reporting on Financial Statements
- **ISA 701**: Communicating Key Audit Matters in the Independent Auditor's Report
- **ISA 705**: Modifications to the Opinion in the Independent Auditor's Report
- **ISA 706**: Emphasis of Matter Paragraphs and Other Matter Paragraphs in the Independent Auditor's Report
- **ISA 570**: Going Concern
- sowie ergänzend
- **ISA 720**: The Auditor's Responsibilities Relating to Other Information und
- **ISA 260**: Communication with Those Charged with Governance

von Relevanz (Rev. bzw. New 2015).

ISA 700 (Rev. 2015) beinhaltet das **Rahmenkonzept** für die Urteilsfindung[2130] durch den APr. in Bezug auf die geprüfte Rechnungslegung und gibt die **Grundlagen** vor, nach denen APr. uneingeschränkte BestV – in der Diktion von ISA 700 „nicht modifizierte Vermerke des unabhängigen Abschlussprüfers" – formal aufzubauen und auszugestalten haben.

New ISA 701 betrifft die Identifizierung und Darstellung von **Key Audit Matters (KAM)**[2131] im BestV und deren eventuelle Auswirkungen auf eine Modifizierung des Prüfungsurteils und andere Abschnitte des BestV.

ISA 705 (Rev. 2015) erlangt dann Bedeutung, wenn der BestV eine **Modifizierung von Prüfungsurteilen** im Sinne einer Einschränkung, der Abgabe des versagten Prüfungsurteils oder der Erklärung der Nichtabgabe eines Prüfungsurteils erfährt.

Und **ISA 706** (Rev. 2015) betrifft zusätzliche **Hinweise** zum BestV in Form der Hervorhebung eines im geprüften Abschluss enthaltenen Sachverhalts („Emphasis of Matter Paragraph") und in Form des Hinweises auf einen nicht im geprüften Abschluss enthaltenen sonstigen Sachverhalt („Other Matter Paragraph").

2127 Im Ergebnis entsprechend dem Aufbau des BestV nach *IDW EPS 400 n.F.* (Stand 14.12.2016).
2128 Vgl. ISA 705.21 (Rev. 2015). Diese Quantifizierung ist nur bei praktischer Undurchführbarkeit nicht erforderlich; in einem solchen Fall ist dies aber im Vermerk ausdrücklich darzulegen.
2129 Vgl. ISA 705.23 (c) (Rev. 2015). Diese Pflicht zur Angabe durch den APr. steht allerdings unter dem Vorbehalt, dass dem nicht gesetzliche Vorschriften entgegenstehen.
2130 Der in ISA 700.10-15 (Rev. 2015) enthaltene Abschnitt „Forming an Opinion on the Financial Statements" verweist i.W. auf in anderen ISA (insb. ISA 330, ISA 450) enthaltene grundlegende Aspekte, die vom APr. bei der Bildung des Prüfungsurteils zu beachten und ggf. i.R. des Vermerks zum geprüften Abschluss anzusprechen sind.
2131 In der Diktion der *IDW PS 400er*-Reihe: „besonders wichtige Prüfungssachverhalte".

M Berichterstattung über die Abschlussprüfung

1277 ISA 570 (Rev. 2015) beschäftigt sich mit dem Aspekt des „Going Concern", und zwar sowohl mit der **Unternehmensfortführung** i.S.v. § 252 Abs. 1 Nr. 2 HGB („Going Concern Basis of Accounting") als auch mit der **Unternehmensfortführung** i.S.d. §§ 17 bis 19 InsO („The Entity's Ability to Continue as a Going Concern"). Darüber hinaus beinhaltet ISA 570 Vorgaben, wie Going-Concern-Aspekte ggf. im BestV darzustellen sind.

1278 Das grundsätzliche **Zusammenspiel** dieser fünf zentralen ISA stellt (zugleich Vorbild für die *IDW PS 400er*-Reihe) folgende Übersicht dar.

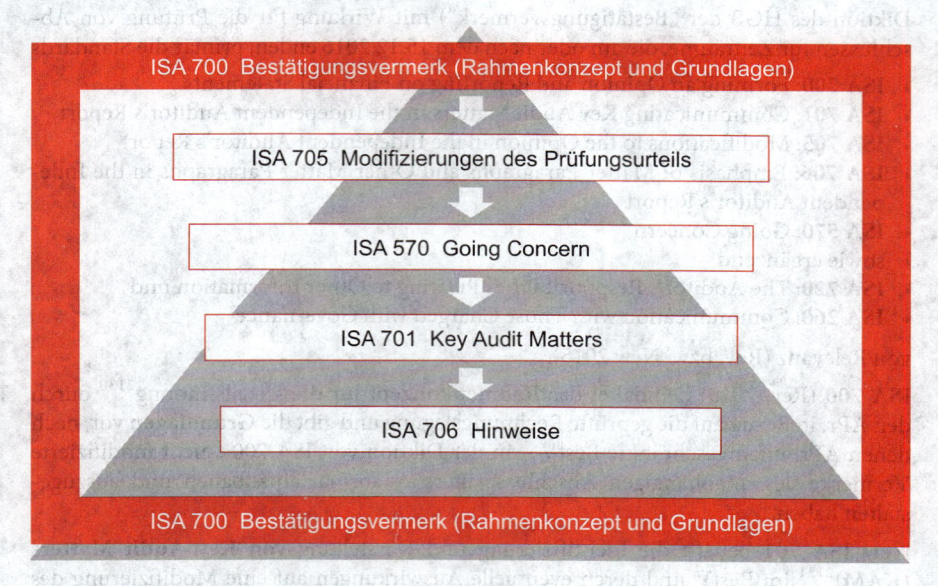

```
ISA 700  Bestätigungsvermerk (Rahmenkonzept und Grundlagen)
              ↓
   ISA 705  Modifizierungen des Prüfungsurteils
              ↓
   ISA 570  Going Concern
              ↓
   ISA 701  Key Audit Matters
              ↓
   ISA 706  Hinweise
              
ISA 700  Bestätigungsvermerk (Rahmenkonzept und Grundlagen)
```

Abb. 4: ISA 700 – Rahmenkonzept und Grundlagen

1279 Für den Fall, dass der BestV zu einer – freiwilligen – Abschlussprüfung i.S.v. §§ 316 ff. HGB für einen JA nebst LB nach HGB **entsprechend ISA 700** (Rev. 2015) ausgestaltet werden soll, lässt sich der **Vermerk des unabhängigen Abschlussprüfers** z.B. wie folgt **gliedern**[2132]:

- Überschrift[2133]
- Empfänger/Adressierung[2134]
- *Hauptabschnittsüberschrift* „Vermerk über die Prüfung des Jahresabschlusses"
- Prüfungsurteil zum Jahresabschluss[2135]
- Grundlage für das Prüfungsurteil zum Jahresabschluss[2136]
- ggf. „Going Concern" (Darstellung gem. ISA 570)[2137]

2132 Vgl. ISA 700.21 ff. (Rev. 2015) sowie ISA 706 (Rev. 2015), Appendix 3.
2133 Vgl. ISA 700.21, A20 (Rev. 2015).
2134 Vgl. ISA 700.22, A21 (Rev. 2015).
2135 Vgl. ISA 700.23-27, A22-A31 (Rev. 2015).
2136 Vgl. ISA 700.28, A32-A39 (Rev. 2015).
2137 Vgl. ISA 700.29 i.V.m. ISA 570 (Rev. 2015).

- ggf. Hervorhebung eines Sachverhalts („Emphasis of Matter")[2138]
- ggf. „KAM" (Darstellung gem. ISA 701)[2139]
- ggf. Hinweis auf einen sonstigen Sachverhalt („Other Matter")[2140]
- ggf. sonstige Informationen (gem. ISA 720)[2141]
- Verantwortung der gesetzlichen Vertreter und der für die Überwachung Verantwortlichen für den Jahresabschluss[2142]
- Verantwortung des Abschlussprüfers für die Prüfung des Jahresabschlusses[2143]
- *Hauptabschnittsüberschrift „Sonstige gesetzliche und andere rechtliche Anforderungen"*
- *Zwischenüberschrift „Vermerk über die Prüfung des Lageberichts"*[2144]
- Prüfungsurteil zum Lagebericht
- Grundlage für das Prüfungsurteil zum Lagebericht
- ggf. Hervorhebung eines Sachverhalts („Emphasis of Matter")
- ggf. Hinweis auf einen sonstigen Sachverhalt („Other Matter")
- ggf. sonstige Informationen (gem. ISA 720)
- Verantwortung der gesetzlichen Vertreter und der für die Überwachung Verantwortlichen für den Lagebericht
- Verantwortung des Abschlussprüfers für die Prüfung des Lageberichts
- Name des verantwortlichen Wirtschaftsprüfers („engagement partner")[2145]
- Datum des Vermerks sowie Ort der Niederlassung und Unterschrift des Abschlussprüfers[2146]

Die konkrete Gestaltung und Formulierung eines ISA-konformen Vermerks des APr. betreffend sind insb. folgende **Interdependenzen** zwischen den o.g. ISA zu beachten: **1280**

- Die **Modifizierung eines Prüfungsurteils** (ISA 705) hat stets zur Folge, dass damit ggf. am selben Sachverhalt anknüpfende andere ISA „übertrumpft" werden und insofern in Bezug auf diesen konkreten Sachverhalt nicht zu beachten sind.
  - Z.B. führt eine „Adverse Opinion" in Bezug auf Going Concern zum Wegfallen des ansonsten erforderlichen Vermerkabschnitts zu Going Concern.
  - Ebenso führt jede Modifizierung des Prüfungsurteils zum Abschluss (ob als „Qualified Opinion", „Adverse Opinion" oder „Disclaimer of Opinion") in Bezug auf einen ansonsten als KAM zu qualifizierenden Sachverhalt zum Entfallen dieses Sachverhalts als KAM im Vermerk über die Prüfung des Abschlusses[2147].
- Der Aspekt **Going Concern** (ISA 570) stellt seiner Natur nach einen KAM dar[2148]. Dennoch ist, sofern erforderlich, über Going Concern zwingend in dem dafür vorgesehenen Vermerksabschnitt zu berichten und nicht im Abschnitt zu KAM.
- Die Darstellung von **KAM** (ISA 701) ist nur bei Abschlussprüfungen von „listed entities" vorgeschrieben; sie können jedoch (grds. aufgrund entsprechender Beauf-

---

2138 Vgl. ISA 706.7 (a), 8-9, A5-A17 (Rev. 2015).
2139 Vgl. ISA 700.30-31, A40-43 i.V.m. ISA 701 (Rev. 2015).
2140 Vgl. ISA 706.7 (b), 10-11, A9-A17 (Rev. 2015).
2141 Vgl. ISA 700.32 i.V.m. ISA 720 (Rev. 2015).
2142 Vgl. ISA 700.33-36, A44-A49 (Rev. 2015).
2143 Vgl. ISA 700.37-42, A50-A56 (Rev. 2015).
2144 Vgl. ISA 700.43-45, A58-A60 (Rev. 2015).
2145 Vgl. ISA 700.46, A61-A63, 700.50 (l) (Rev. 2015).
2146 Vgl. ISA 700.47-49, A64-A69 (Rev. 2015).
2147 Vgl. ISA 701.4 (b) (Rev. 2015). Dabei fordert ISA 701.15 (b) einen Querverweis zum Abschnitt Grundlage für das Prüfungsurteil.
2148 Vgl. ISA 570.A1; ISA 701.4 (c) (Rev. 2015).

tragung) auch i.Z.m. anderen Prüfungen im Vermerk dargestellt werden²¹⁴⁹. Wird indes das Prüfungsurteil zum Abschluss dergestalt modifiziert, dass ein „Disclaimer of Opinion" erklärt wird²¹⁵⁰, hat dies zur Folge, dass im Vermerk keine KAM mehr dargestellt werden dürfen²¹⁵¹.

- **Hinweise**, d.h. „Emphasis of Matter Paragraphs" bzw. „Other Matter Paragraphs", (ISA 706) dürfen nur gegeben werden, wenn der betreffende Sachverhalt nicht anderweitig bereits im Vermerk behandelt worden ist. Sie dürfen auch nicht in Widerspruch zu Prüfungsurteilen stehen oder diese relativieren.

1281 Unter Berücksichtigung der Formalvorgaben der ISA 700 ff. (Rev. 2015) könnte ein (nach der Diktion des HGB „uneingeschränkter") **Bestätigungsvermerk zum Konzernabschluss nebst Konzernlagebericht** eines Unternehmens von **öffentlichem Interesse (PIE)** unter Berücksichtigung der Vorschriften des HGB sowie der VO (EU) Nr. 537/2014 inhaltlich wie folgt strukturiert werden²¹⁵²:

Bestätigungsvermerk des unabhängigen Abschlussprüfers
An die ... [*Firma und Sitz des Mutterunternehmens*]
VERMERK ÜBER DIE PRÜFUNG DES KONZERNABSCHLUSSES
Prüfungsurteil zum Konzernabschluss • Mutterunternehmen und Rechnungslegungszeitraum • Gegenstand der Prüfung (§ 322 Abs. 1 S. 2 und 3 HGB) • angewandte Rechnungslegungsgrundsätze (§ 322 Abs. 1 S. 2 und 3 HGB) • Erklärung der Einwendungsfreiheit (§ 322 Abs. 3 S. 1 HGB) • Beurteilung des Prüfungsergebnisses zum Abschluss (§ 322 Abs. 1 S. 2, Abs. 3 HGB)
Grundlage für das Prüfungsurteil zum Konzernabschluss • angewandte Prüfungsgrundsätze (§ 322 Abs. 1 S. 2 HGB) • Verweis auf den Abschnitt „Verantwortung des Abschlussprüfers" • Erklärung zur Nichterbringung verbotener Nichtprüfungsleistungen i.S.v. Art. 5 Abs. 1 VO (EU) Nr. 537/2014 und zur Unabhängigkeit (Art. 10 Abs. 2 Buchst. f) VO (EU) Nr. 537/2014)
ggf. *Wesentliche Unsicherheit i.Z.m. der Fortführung der Unternehmenstätigkeit* • ggf. Hinweis auf Risiken, die den Fortbestand des Unternehmens gefährden (§ 322 Abs. 2 S. 3 HGB)
ggf. *Hervorhebung eines Sachverhalts* • Hervorheben von Umständen, auf die der APr. in besonderer Weise aufmerksam machen will (§ 322 Abs. 3 S. 2, Abs. 4 S. 3 bzw. Abs. 5 S. 2 HGB)

2149 Bei einer reinen ISA-Prüfung gewährt ISA 701.5 („....and circumstances when the auditor otherwise decides to communicate key audit matters in the auditor's report") dem APr. insofern einen weiten Ermessensspielraum.
2150 Vgl. ISA 705.9-10 (Rev. 2015).
2151 Vgl. ISA 701.5, ISA 705.29, A26 (Rev. 2015). Außerdem dürfen in einem solchen Fall auch keine sonstigen Informationen nach ISA 720 mehr im Vermerk angesprochen werden.
2152 Vgl. auch ISA 706 (Rev. 2015), Appendix 3.

Besonders wichtige Prüfungssachverhalte
- Beschreibung der bedeutsamsten beurteilten Risiken wesentlicher falscher Darstellungen, Zusammenfassung der Reaktion des APr. auf diese Risiken und ggf. wichtige diesbezügliche Feststellungen („key observations") (Art. 10 Abs. 2 Buchst. c) VO (EU) Nr. 537/2014)

ggf. Hinweis auf einen sonstigen Sachverhalt
- Umstände, auf die der APr. in besonderer Weise aufmerksam machen will (§ 322 Abs. 3 S. 2, Abs. 4 S. 3 bzw. Abs. 5 S. 2 HGB)

ggf. Sonstige Informationen
- Nennung nicht geprüfter sonstiger Informationen, Beschreibung der Verantwortung und evtl. Feststellungen des APr. in diesem Zusammenhang [ISA 720]

Verantwortung der gesetzlichen Vertreter und der für die Überwachung Verantwortlichen für den Konzernabschluss
- Verantwortung der gesetzlichen Vertreter für den Abschluss (§ 322 Abs. 2 S. 2 HGB)
- Verantwortung der für die Überwachung Verantwortlichen [ISA 700.35, A49][2153]

Verantwortung des Abschlussprüfers für die Prüfung des Konzernabschlusses
- angewandte Prüfungsgrundsätze (§ 322 Abs. 1 S. 2 HGB)
- Art und Umfang der vom APr. durchgeführten Prüfung (§ 322 Abs. 1 S. 2 HGB)
- Darlegung in Bezug auf die Eignung der Abschlussprüfung zur Aufdeckung von Unregelmäßigkeiten, einschl. Betrug (Art. 10 Abs. 2 Buchst. d) VO (EU) Nr. 537/2014)

SONSTIGE GESETZLICHE UND ANDERE RECHTLICHE ANFORDERUNGEN

Vermerk über die Prüfung des Konzernlageberichts

Prüfungsurteil zum Konzernlagebericht
- Mutterunternehmen und Rechnungslegungszeitraum
- Gegenstand der Prüfung (§ 322 Abs. 1 S. 2 HGB)
- angewandte Rechnungslegungsgrundsätze (§ 322 Abs. 1 S. 2 HGB)
- Erklärung der Einwendungsfreiheit (§ 322 Abs. 3 S. 1 HGB)
- Beurteilung des Prüfungsergebnisses zum KLB (§ 322 Abs. 1 S. 2, Abs. 6 HGB)

Grundlage für das Prüfungsurteil zum Konzernlagebericht
- angewandte Prüfungsgrundsätze (§ 322 Abs. 1 S. 2 HGB)
- Verweis auf den Abschnitt „Verantwortung des Abschlussprüfers"
- Bestätigung des Einklangs von BestV und Bericht an den PrA (Art. 10 Abs. 2 Buchst. e) VO (EU) Nr. 537/2014)

Verantwortung der gesetzlichen Vertreter und der für die Überwachung Verantwortlichen für den Konzernlagebericht
- Verantwortung der gesetzlichen Vertreter (§ 322 Abs. 2 S. 2 HGB)
- Verantwortung der für die Überwachung Verantwortlichen [ISA 700.35, A49]

[2153] Vgl. hierzu auch *IDW PS 400 n.F.*, Tz. 55, A52-A53 i.V.m. *IDW PS 470 n.F.*

> *Verantwortung des Abschlussprüfers für die Prüfung des Konzernlageberichts*
> - angewandte Prüfungsgrundsätze (§ 322 Abs. 1 S. 2 HGB)
> - Art und Umfang der vom APr. durchgeführten Prüfung (§ 322 Abs. 1 S. 2 HGB)
> - Eignung der Abschlussprüfung zur Aufdeckung von Unregelmäßigkeiten (Art. 10 Abs. 2 Buchst. d) VO (EU) Nr. 537/2014)
>
> **Übrige Angaben gemäß Artikel 10 VO (EU) Nr. 537/2014**
> - Angaben zur Bestellung und zur gesamten bisherigen Mandatsdauer (Art. 10 Abs. 2 Buchst. a) und b) VO (EU) Nr. 537/2014)
> - Bestätigung des Einklangs von BestV und Bericht an den PrA (Art. 10 Abs. 2 Buchst. e) VO (EU) Nr. 537/2014)
> - ggf. Angabe bestimmter zusätzlich zur Abschlussprüfung erbrachter Leistungen des APr. (Art. 10 Abs. 2 Buchst. g) VO (EU) Nr. 537/2014)
>
> **VERANTWORTLICHER WIRTSCHAFTSPRÜFER**
>
> *Namentliche Nennung des verantwortlichen Wirtschaftsprüfers*
>
> (Ort der Niederlassung des Abschlussprüfers)
> (Datum des BestV des Abschlussprüfers)
> (Unterschrift des Abschlussprüfers)
> Wirtschaftsprüfer
> - Unterzeichnung nebst Berufsbezeichnung und Siegelung (§ 322 Abs. 7 S. 1 HGB, §§ 18, 48 WPO)

1282 Wie aus den beiden obigen Gliederungsbeispielen zu erkennen, unterscheidet sich ein **unter ausschließlicher Beachtung von ISA 700 ff.** (Rev. 2015) verfasster „Vermerk des unabhängigen Abschlussprüfers", wenn wohl in aller Regel wenig im Umfang, so doch im Aufbau durchaus bemerkbar und inhaltlich im Detail u.U. deutlich (vgl. insb. Kap. M Tz. 1271 und Kap. M Tz. 1280) von einem BestV nach *IDW PS 400 n.F.*

5. Ausblick

1283 Inwieweit sich das erklärte Ziel sowohl der VO (EU) Nr. 537/2014 als auch der ISA 700 ff. (Rev. 2015), die sog. **Erwartungslücke** zu schließen[2154], mit den neu konzipierten BestV nach der *IDW PS 400er*-Reihe bzw. ISA 700 ff. (Rev. 2015) tatsächlich erreichen lässt, wird die Zukunft zeigen. Die massive Ausweitung des Umfangs des BestV stellt als solche allemal noch keine die Erreichung dieses Ziels gewährleistende Errungenschaft dar[2155].

1284 Zu erwarten ist jedenfalls eine stärker als bislang erfolgte Individualisierung des Wortlauts des BestV im Sinne eines „**Bestätigungsberichts**" durch den APr. primär in den Abschnitten zu besonders wichtigen Prüfungssachverhalten („KAM") sowie ggf. i.Z.m. dem Aspekt bestandsgefährdende Risiken („Going Concern"). Außerdem werden die gesetzlichen Vertreter bei der Ausformulierung von Anhang- und Lageberichtsangaben,

---

[2154] Vgl. bspw. EU-Kommission, Grünbuch – Weiteres Vorgehen im Bereich der Abschlussprüfung: Lehren aus der Krise, KOM(2010) 561 v. 13.10.2010, insb. S. 8 ff.; Erwägungsgrund (11) zur VO (EU) Nr. 537/2014; RegBegr. AReG, BT-Drs. 18/7219 v. 11.01.2016, S. 44; *IAASB (Staff)*, Auditor Reporting Standards 2015 (BC), Para. 2, 13; ferner ISA 700.4.
[2155] Vgl. auch *Schmidt/Küster*, in: BeBiKo[11], § 322, Rn. 12.

auf die i.Z.m. besonders wichtigen Prüfungssachverhalten (KAM) Bezug genommen wird, sicherlich besondere Sorgfalt walten lassen[2156], während umgekehrt die BestV-Leser genau diesen Angaben sowie dem Abschnitt zu besonders wichtigen Prüfungssachverhalten (KAM) eine erhöhte Aufmerksamkeit schenken dürften[2157].

Ob die Ausführungen nach *ISA 720 (Rev.) (Entwurf-DE)* i.Z.m. „sonstigen Informationen" zur Schließung der Erwartungslücke beitragen, bleibt abzuwarten. Die Gefahr, dass dadurch fälschlicherweise der Eindruck erweckt werden könnte, dass diese sonstigen Informationen nicht nur (kritisch) gelesen, sondern auch geprüft werden, dürfte jedenfalls nicht ganz von der Hand zu weisen sein[2158].

1285 Dementsprechend ist der APr. gefordert, sowohl seine Prüfungsplanung sowie die Prüfungsdurchführung verstärkt auf diese Punkte auszurichten als auch diese Aspekte adäquat zu kommunizieren – unternehmensintern mündlich und mittels des PrB mit dem Aufsichtsgremium bzw. dem Prüfungsausschuss sowie den gesetzlichen Vertretern[2159], unternehmensextern mittels konziser Darstellung und verständlicher Wortwahl im BestV. Dabei ist vom APr. besonders zu beachten, dass der BestV grds. das einzige Mittel ist, mit welchem er selbstbestimmt mit der Öffentlichkeit kommuniziert[2160].

1286 Abzuwarten bleibt, ob bzw. inwieweit die neuen Bestimmungen zur Berichterstattung bei der Abschlussprüfung von PIE – sowohl im PrB als auch im BestV – **Auswirkungen auf Nicht-PIE** haben werden. Denkbar erscheint, dass die Finanzmärkte insb. von „großen" Nicht-PIE, und damit indirekt auch von deren APr., eine „freiwillige" Parallelanwendung fordern werden. Der deutsche Gesetzgeber hat jedenfalls schon erkennen lassen, dass er die Entwicklung, auch einer eventuellen Ausstrahlungswirkung auf Nicht-PIE, aufmerksam verfolgen wird[2161].

1287 Unabhängig davon dürfte infolge der durch die Neufassung von § 20 BS WP/vBP nunmehr eröffneten Möglichkeit, das Berufssiegel auch elektronisch zu führen, die Digitalisierung in die Berichterstattung über die Abschlussprüfung verstärkt Einzug nehmen, weil damit die Grundlage für eine rechtswirksame vollelektronische Ausfertigung von PrB und BestV besteht. Allerdings gilt es hier aufgrund der rechtlichen Bedeutung von PrB und BestV (vgl. insb. § 316 Abs. 1 S. 2 HGB), damit ggf. verbundene abwicklungstechnische Fragen[2162] rechtsnormfest zu beantworten, bevor das technisch Machbare auch wirklich realisierbar wird.

Demgegenüber wird der „Prüfungsbericht auf Knopfdruck" – zumindest unter inhaltlichen Aspekten – noch auf sich warten lassen, selbst wenn das Projekt „Bestätigungsvermerk-Generator" des IDW schon darauf hinzudeuten scheint.

2156 Vgl. auch *Pföhler/Kunellis/Knappe*, WP Praxis 2016, S. 63; zu ersten empirischen Ergebnissen vgl. *Günther/Pauen*, KoR 2018, S. 22 (25 f.).
2157 Vgl. *Günther/Pauen*, KoR 2018, S. 22 mit Verweis auf eine Eye-Tracking-Studie von *Sirois/Bédard/Bera*. Zur Bedeutung der KAM-Berichterstattung im BestV für den Bericht des AR an die HV nach § 171 Abs. 2 AktG vgl. *Engelshove/Lindner*, Der Aufsichtsrat 2017, S. 87 ff.
2158 Vgl. auch *Schmidt*, WPg Sonderheft 2/2015, S. S41; *Schmidt,* in: IDW Life 2017, S. 1253.
2159 Vgl. auch *IDW PS 470 n.F.,* Tz. 20, A16-A20, Tz. 21, A21-A31, Tz. 22, A32.
2160 Vgl. auch *IDW*, Eingabe zur Weiterentwicklung des Bestätigungsvermerks, WPg 2012, S. 1225; ferner *Schneider*, Interview, WPg 2017, S. 748.
2161 Vgl. RegBegr. AReG, BT-Drs. 18/7219 v. 11.01.2016, S. 45.
2162 Z.B. *F&A – Zum digitalen Prüfungsbericht und Bestätigungsvermerk* (Stand 02.05.2018) (abrufbar im Mitgliederbereich der IDW Website).

Kapitel N

Pflichten nach Erteilung des Bestätigungsvermerks

Verfasser:
WP StB Dipl.-Kfm. Heiner Kompenhans, Frankfurt am Main

Mitarbeit:
WP StB Dipl.-Ök. Steffen Kindler, Hannover

N Pflichten nach Erteilung des Bestätigungsvermerks

Inhalt	Tz.
1. Einleitung	1
2. Abschluss und Aufbewahrung der Auftragsdokumentation	3
2.1 Abschluss der Auftragsdokumentation	3
2.2 Aufbewahrung der Auftragsdokumentation	6
3. Tätigkeiten im Zusammenhang mit der Publikation von Abschlussunterlagen	14
4. Nachtragsprüfung	19
4.1 Notwendigkeit einer Nachtragsprüfung	19
4.2 Umfang der Nachtragsprüfung	26
4.3 Berichterstattung	31
4.3.1 Prüfungsbericht	31
4.3.2 Bestätigungsvermerk	41
4.3.3 Sonstige Berichterstattungspflichten	52
5. Ergänzende Prüfung	54
6. Widerruf des Bestätigungsvermerks	58
6.1 Voraussetzungen	58
6.2 Vornahme des Widerrufs	72
6.3 Exkurs: Folgen aus der Nichtigkeit eines Abschlusses für die Prüfung des Folgeabschlusses	77
6.3.1 Folgen für die Prüfungsplanung und -durchführung	77
6.3.2 Folgen für den Bestätigungsvermerk und den Prüfungsbericht	81
7. Auskunftspflichten	88
7.1 Auskunftspflichten gegenüber Regulatoren	88
7.2 Auskunftspflichten gegenüber dem nachfolgenden Abschlussprüfer	91
7.3 Sonstige Auskunftsersuchen	99
7.3.1 Auskünfte im Insolvenzfall	99
7.3.2 Weitere Auskunftsersuchen	109

1. Einleitung

1 Grundsätzlich ist der **Prüfungsauftrag beendet, wenn** der APr. den **Prüfungsbericht und** den **Bestätigungsvermerk ausgeliefert** hat[1].

2 Damit ist der APr. jedoch nicht sämtlicher Pflichten ledig, die sich mit dem Abschlussprüfungsauftrag ergeben haben. Zum einen unterliegt er Pflichten, die Gegenstand anderer Kapitel in diesem Werk sind. Dabei handelt es sich um **Berichtspflichten** gegenüber dem AR oder dem PrA (vgl. Kap. B Tz. 117 ff.) sowie um **Mitwirkungspflichten** gegenüber Personen und Institutionen, die den APr. überwachen, wie der WPK, der APAS und dem Prüfer für Qualitätskontrolle (vgl. Kap. E), aber auch gegenüber dem KAPr. (vgl. Kap. L Tz. 1270). Zum anderen sind Pflichten in Bezug auf die **Auftragsdokumentation**, die **Publikation von Abschlussunterlagen**, die **Prüfung von geänderten Abschlüssen oder Lageberichten/Konzernlageberichten**, die Prüfung der Vorlage eines gesonderten **nichtfinanziellen Berichts**, den **Widerruf** des BestV sowie

---

[1] Vgl. *Chekushina*, in: Baetge/Kirsch/Thiele, Bilanzrecht, § 318 HGB, Rn. 85.

die **Auskunftserteilung** zu beachten, die z.T. in einem Spannungsverhältnis zur Verschwiegenheitspflicht (vgl. Kap. A Tz. 170 ff.) stehen.

2. Abschluss und Aufbewahrung der Auftragsdokumentation

2.1 Abschluss der Auftragsdokumentation

Bis zum Datum des BestV sind die materiellen Prüfungshandlungen – einschl. der auftragsbezogenen qualitätssichernden Maßnahmen – durchzuführen[2]. Der Abschluss der Auftragsdokumentation umfasst daher nicht neue Prüfungshandlungen und Schlussfolgerungen, sondern die **Zusammenstellung der Arbeitspapiere** und damit verbundene **dokumentationstechnische Maßnahmen**. In diesem Rahmen ist es z.B. erlaubt[3], 3

- überholte Dokumentation zu löschen oder zu entfernen,
- Arbeitspapiere zu sortieren und zu ordnen sowie Querverweise einzufügen und
- schriftliche Ausführungen zu Prüfungsnachweisen, die bereits vor der Erteilung des BestV eingeholt und im Prüfungsteam diskutiert und abgestimmt wurden, anzufertigen.

> **Beispiel 1:**
>
> Kurz vor Erteilung des BestV hat das Prüfungsteam telefonisch einen Spezialisten zu einer Bilanzierungsfrage konsultiert. Das Konsultationsergebnis wird erst nach dem Datum des BestV schriftlich dokumentiert und zu den Arbeitspapieren genommen.

Die **Auftragsdokumentation** ist in angemessener Zeit nach diesem Datum abzuschließen[4]; i.d.R. sollte ein Zeitraum von 60 Tagen nicht überschritten werden[5]. Bei **gesetzlichen Abschlussprüfungen** nach § 316 HGB ist es Pflicht, die Prüfungsakte **spätestens 60 Tage** nach Unterzeichnung des BestV zu schließen (§ 51b Abs. 5 WPO). Bei Abschlussprüfungen, die in den Regelungsbereich des **Public Company Accounting Oversight Board (PCAOB)** fallen, ist die Auftragsdokumentation **45 Tage** nach dem Datum des Prüfungsurteils abzuschließen (PCAOB Auditing Standard 1215, Rn. 15). 4

Arbeitspapiere dürfen nach Abschluss der Auftragsdokumentation bis zum Ende der Aufbewahrungsfrist **nicht entfernt oder gelöscht** werden[6]. Ist es ausnahmsweise erforderlich, nach dem Abschluss der Auftragsdokumentation die Arbeitspapiere **zu ändern oder zu ergänzen**, hat der APr. zu dokumentieren[7], 5

- wer zu welchem Datum die Änderung oder Ergänzung vorgenommen und durchgesehen hat und
- aus welchem Grund die Änderung oder Ergänzung vorgenommen worden ist.

---

2 Vgl. *IDW PS 400 n.F.*, Tz. 74.
3 Vgl. *IDW PS 460 n.F.*, Tz. 26; ISA 230.22.
4 Vgl. *IDW QS 1*, Tz. 187.
5 Vgl. *IDW PS 460 n.F.*, Tz. 27; ISA 230.A21.
6 Vgl. *IDW PS 460 n.F.*, Tz. 28; ISA 230.15.
7 Vgl. *IDW PS 460 n.F.*, Tz. 29; ISA 230.16.

2.2 Aufbewahrung der Auftragsdokumentation

6 Der APr. bewahrt die **Handakten, die ihm der Auftraggeber zur Verfügung gestellt hat**, grds. mindestens zehn Jahre ab Auftragsbeendigung auf (§ 51b Abs. 2 WPO). Die vom APr. **selbst angefertigten Unterlagen** werden in der Praxis im Regelfall ebenfalls zehn Jahre aufbewahrt. Durch Vertrag mit dem Auftraggeber können die Aufbewahrungsfristen sowohl für Handakten, die vom Auftraggeber zur Verfügung gestellt worden sind, als auch für selbst angefertigte Unterlagen verkürzt werden[8]. Zur Vermeidung von Beweisnot – etwa bei gerichtlichen Auseinandersetzungen – kann es jedoch sachgerecht sein, die Dokumentation über die genannten Fristen hinaus aufzubewahren[9]. Zudem sind Arbeitspapiere aufzubewahren, wenn der APr. den Mitwirkungspflichten nach § 57d WPO i.R.d. externen Qualitätskontrolle nachkommen will, um die Einschränkung oder Versagung des Prüfungsurteils[10] und eine ggf. daraus folgende Löschung der Eintragung gem. § 38 Nr. 1 Buchst. h) bzw. Nr. 2 Buchst. f) WPO als APr. (§ 57a Abs. 6a WPO) zu vermeiden[11].

7 Abschlussprüfer von **Public Interest Entities (PIE)** sind gem. Art. 15 VO (EU) Nr. 537/2014 verpflichtet, bestimmte Unterlagen nach ihrer Erstellung mindestens fünf Jahre aufzubewahren. Zu diesen Unterlagen zählt die Prüfungsdokumentation (Art. 24b RL 2006/43/EG). Gesondert genannt sind ferner u.a.

- Dokumentationen
  - zur Unabhängigkeit des APr. (Art. 4 Abs. 3, Art. 6 VO (EU) Nr. 537/2014),
  - zur Information über Unregelmäßigkeiten (Art. 7 VO (EU) Nr. 537/2014),
  - zur auftragsbegleitenden Qualitätssicherung (Art. 8 VO (EU) Nr. 537/2014),
- der BestV (Art. 10 VO (EU) Nr. 537/2014),
- der Bericht an den PrA (Art. 11 VO (EU) Nr. 537/2014) und
- Berichte an die für die Beaufsichtigung von PIE zuständigen Behörden (Art. 12 VO (EU) Nr. 537/2014).

8 Die Auftragsdokumentation ist **vertraulich und sicher aufzubewahren**, sodass sie vor pflichtwidriger Veränderung bzw. Vernichtung, Verlust und Beschädigung sowie unbefugter Einsichtnahme geschützt ist[12]. Soweit die Auftragsdokumentation mittels elektronischer Medien aufbewahrt wird, sind die Sicherheit und die Lesbarkeit der Daten über den Zeitraum der Aufbewahrung zu gewährleisten[13]. Der APr. bleibt für die Erfüllung dieser Pflichten auch dann verantwortlich, wenn er externe Dienstleister in Anspruch nimmt.

9 Enthält die Auftragsdokumentation **personenbezogene Daten** – z.B. zum Prüffeld „Personalaufwand" – sind grds. auch die Vorschriften des **Bundesdatenschutzgesetzes (BDSG)**[14] und der **Datenschutz-Grundverordnung (DSGVO)** zu beachten.

---

8 Vgl. *Krauß*, in: Hense/Ulrich, WPO³, § 51b, Rn. 28, zur Verkürzung der Aufbewahrungsfrist nach § 51b WPO.
9 Vgl. *IDW PS 460 n.F.*, Tz. 32.
10 Vgl. § 57a Abs. 5 S. 4 WPO; *IDW PS 140*, Tz. 113 ff.
11 Vgl. *Krauß*, in: Hense/Ulrich, WPO³, § 51b, Rn. 112.
12 Vgl. *IDW PS 460 n.F.*, Tz. 32; *IDW QS 1*, Tz. 192.
13 Vgl. *IDW PS 460 n.F.*, Tz. 32.
14 Vgl. FN-IDW 2015, S. 401 (402 f.).

10 Die Auftragsdokumentation darf **innerhalb der Praxis des Abschlussprüfers** grds. nur den Personen zugänglich sein, die an der Auftragsbearbeitung beteiligt sind[15]. Den Mitarbeitern, die an der Prüfung eines KA, in den der Abschluss des betreffenden Unternehmens einbezogen ist, beteiligt sind, ist jedoch aufgrund des § 320 Abs. 2 S. 2 HGB der Zugang ebenfalls zu gewähren. Auch i.R.d. Nachschau i.S.d. § 49 BS WP/vBP dürfen den hiermit betrauten Mitarbeitern die Arbeitspapiere zur Verfügung gestellt werden[16], da ansonsten die Nachschau u.U. nicht sachgerecht durchgeführt werden kann.

11 Mitarbeiter der Praxis des APr. dürfen auf die Auftragsdokumentation zurückgreifen, um **Leistungen** für denselben Auftraggeber zu erbringen, die **unmittelbar durch die Abschlussprüfung veranlasst** sind. Hierzu zählen[17]:

- gesetzliche Erweiterungen der Abschlussprüfung (z.B. Prüfungen nach § 53 HGrG und nach § 317 Abs. 4 HGB),
- Leistungen, die mit dem AR oder dem PrA, z.B. als Prüfungsschwerpunkt, vereinbart wurden, wenn sie den Gegenstand der Abschlussprüfung betreffen, und
- im Zusammenhang mit Enforcement-Verfahren erbrachte Leistungen.

Bei diesen Leistungen ist ohne Weiteres davon auszugehen, dass das Interesse des Auftraggebers an einer effizienten Leistungserbringung sein Interesse an der Vertraulichkeit überwiegt.

12 Falls **Leistungen** für denselben Auftraggeber erbracht werden sollen, die **nicht unmittelbar durch die Abschlussprüfung veranlasst** sind, erscheint es sachgerecht, in der Auftragsbestätigung ausdrücklich zu vereinbaren, dass die Dokumentation der Abschlussprüfung verwendet werden darf[18].

13 Der APr. ist gem. §§ 666, 667 BGB sowie § 51b Abs. 2 WPO verpflichtet, Schriftstücke, die er vom Auftraggeber oder für ihn erhalten hat, **dem Auftraggeber herauszugeben**. Der Schriftverkehr des APr. mit dem Mandanten und Schriftstücke, die der Mandant in Urschrift oder Abschrift schon erhalten hat, müssen nicht herausgegeben werden[19]. Da es sich um eine Holschuld handelt, ist der APr. nicht verpflichtet, die herauszugebende Dokumentation an den Mandanten zu versenden. Er kommt seiner Pflicht nach, wenn er dem Mandanten die Dokumentation an seinem Berufssitz zur Verfügung stellt[20]. Der APr. hat ein **Zurückbehaltungsrecht**, bis er hinsichtlich seiner Vergütung und Auslagen befriedigt ist (§ 51b Abs. 3 WPO).

3. Tätigkeiten im Zusammenhang mit der Publikation von Abschlussunterlagen

14 Falls nicht anders vereinbart, ist der APr. grds. **nicht verpflichtet**, zu prüfen, ob die **Abschlussunterlagen ordnungsgemäß publiziert** worden sind[21].

---

15 Vgl. Erläuterung zu § 10 Abs. 2 BS WP/vBP.
16 Vgl. Haufe HGB Kommentar[8], § 323 HGB, Rn. 55.
17 Vgl. *IDW RS HFA 36 n.F.*, Tz. 12a.
18 Vgl. *IDW EPS 970 n.F.*, Tz. A25 zu Prüfungen und ähnlichen Leistungen i.Z.m. energierechtlichen Vorschriften.
19 Vgl. *Krauß*, in: Hense/Ulrich, WPO[3], § 51b, Rn. 34 ff. i.V.m. Rn. 21.
20 Vgl. *Krauß*, in: Hense/Ulrich, WPO[3], § 51b, Rn. 37.
21 Vgl. ADS[6], § 328 HGB, Tz. 140; *IDW PS 400 n.F.*, Tz. 102.

15 Informationen, die neben JA/KA, LB/KLB und BestV in einem Geschäftsbericht publiziert werden[22], hat der APr. aber auch dann zu lesen und zu würdigen, wenn er sie erst nach dem Datum des BestV erlangt[23].

16 Erhält der APr. Kenntnis über gravierende Fehler hinsichtlich der Wiedergabe des BestV, hat er einen **Anspruch auf Richtigstellung** gegenüber dem Unternehmen[24]. Dies gilt auch, wenn zwar der Wortlaut des BestV richtig wiedergegeben wird, aber im Zusammenhang mit einem Abschluss oder LB verwendet wird, der auf unzulässige Weise von der geprüften Version abweicht. In solchen Fällen ist der APr. verpflichtet, seinen Korrekturanspruch geltend zu machen, insb. wenn eine Irreführung Dritter zu befürchten ist[25]. Unterlässt das Unternehmen eine gebotene Korrektur, kann der APr. selbst für die Unterrichtung der Öffentlichkeit sorgen[26].

17 Über **wesentliche Verletzungen der Publizitätspflichten** hat der APr. nach § 321 Abs. 1 S. 3 HGB im PrB des folgenden Jahres zu berichten, da es sich um schwerwiegende Verstöße gegen gesetzliche Vorschriften handelt[27].

18 Der APr. ist durch gesetzliche Vorschriften zur Unabhängigkeit nicht daran gehindert, **Unternehmen bei der Publikation von Abschlussunterlagen zu unterstützen**. So kann er z.B. den Unternehmen technische Hilfe beim Hochladen von Abschlussunterlagen zum BAnz leisten[28]. Eine Beratung zur Wahrnehmung von Offenlegungserleichterungen (§§ 326 ff. HGB) oder die Verkürzung von Abschlüssen für Offenlegungszwecke[29] durch den APr. selbst sind ebenso zulässig wie die Übersetzung von Abschluss und BestV in eine andere Sprache. Aufgrund des Selbstprüfungsverbots[30] darf der APr. aber kein Urteil zur Ordnungsmäßigkeit des Ergebnisses solcher Leistungen abgeben.

> **Beispiel 2:**
>
> Der APr. hat den Abschluss einer mittelgroßen KapGes. geprüft und mit einem BestV versehen. Anschließend erstellt er auftragsgemäß eine zur Offenlegung bestimmte Version des Abschlusses, in der das volle Maß der von § 327 HGB eingeräumten Erleichterungsmöglichkeiten ausgeschöpft ist. Der Mandant bittet den APr., dieses Offenlegungsexemplar mit einem Vermerk zu versehen, wonach die Erleichterungen des § 327 HGB zutreffend in Anspruch genommen worden seien[31].
>
> Einen solchen Vermerk darf der APr. aufgrund des Selbstprüfungsverbots nicht ausfertigen.

---

22 Vgl. ISA 720.12 (Rev.) (E-DE).
23 Vgl. ISA 720.6 (Rev.) (E-DE); Kap. L Tz. 1232 f.
24 Vgl. ADS[6], § 328 HGB, Tz. 141.
25 Vgl. ADS[6], § 328 HGB, Tz. 141.
26 Vgl. ADS[6], § 328 HGB, Tz. 143; *Habersack/Schürnbrand*, in: Staub, HGB[5], § 322, Rn. 39.
27 Vgl. *IDW PS 450 n.F.*, Tz. 50.
28 *Der FAR*, FN-IDW 2007, S. 323 (324), rät jedoch dem APr. von einer Vereinbarung, die Offenlegungspflichten des Unternehmens durch Übermittlung an den BAnz zu erfüllen, ab.
29 Vgl. *Förster*, in: Hense/Ulrich, WPO[3], § 43, Rn. 556.
30 Vgl. § 33 BS WP/vBP.
31 Vgl. *IDW PS 400 n.F.*, Tz. 104.

> **Beispiel 3:**
>
> Der APr. erhält den Auftrag, den Abschluss des Mandanten in die englische Sprache zu übersetzen, die übersetzte Version zu prüfen und mit einem Prüfungsurteil zu versehen[32].
>
> Durch seine Übersetzungsleistung hat der APr. an der Aufstellung des Abschlusses in englischer Sprache mitgewirkt. Daher kann er zu dem übersetzten Abschluss kein Prüfungsurteil abgeben. Dagegen ist es zulässig, einen Abschluss, zu dem der APr. bereits einen BestV erteilt hat, samt BestV zu übersetzen, sofern klargestellt wird, dass es sich um die Übersetzung des zu einem in der Originalsprache aufgestellten Abschlusses erteilten BestV handelt[33].

4. Nachtragsprüfung

4.1 Notwendigkeit einer Nachtragsprüfung

Der APr. hat nach § 316 Abs. 3 HGB eine Nachtragsprüfung durchzuführen, **wenn der von ihm geprüfte Abschluss oder der Lagebericht/Konzernlagebericht nach Vorlage des Prüfungsberichtes geändert wird**[34]. Als Zeitpunkt der Vorlage gilt das Datum des PrB, nicht der tatsächliche Zugang[35]. Auch Änderungen eines Abschlusses, mit der zur Nichtigkeit führende Fehler des ursprünglichen Abschlusses beseitigt werden, sind Gegenstand einer Nachtragsprüfung; eine erneute Prüfung des gesamten Prüfungsgegenstands ist nicht geboten[36]. 19

Ein gesonderter Auftrag ist nicht erforderlich[37]; die Nachtragsprüfung ist eine Fortsetzung des Abschlussprüfungsauftrags. 20

Auch wenn zwischen der Änderung und dem Ursprungsabschluss erhebliche Zeit vergangen ist und zwischenzeitlich der Abschlussprüfer für Folgeabschlüsse gewechselt hat, hat grds. der APr. des Ursprungsabschlusses die Nachtragsprüfung durchzuführen[38]. 21

Selbst wenn mittlerweile der APr. einen großen Teil seiner Honorare von dem Unternehmen bezieht, kann der **Ausschlussgrund der Umsatzabhängigkeit i.S.d. § 319 Abs. 3 S. 1 Nr. 5 HGB** nicht erst für die Nachtragsprüfung relevant werden, da das Vorliegen dieses Ausschlussgrunds bereits bei Bestellung zum APr. zu beurteilen ist[39]. 22

---

32 Zu beachten ist, dass dieses Prüfungsurteil nicht die Wirkung eines BestV hat, da der von § 322 HGB geforderte BestV in deutscher Sprache abzufassen ist, vgl. Kap. M Tz. 955 ff.
33 Vgl. aber für Fälle, in denen Unterlagen zur SEC eingereicht werden sollen: Office of the Chief Accountant: Application of the Commission's Rules on Auditor Independence, Frequently Asked Questions, Question 8, https://www.sec.gov/info/accountants/ocafaqaudind080607.htm (abgerufen am 16.01.2018), wonach Übersetzungsleistungen durch APr. unzulässig sind.
34 Vgl. zu Einzelheiten der Abschlussänderung Kap. B Tz. 373 ff.
35 Vgl. ADS[6], § 316 HGB, Tz. 66; *Müller, W.*, in: Kölner Komm. Rechnungslegungsrecht, § 316 HGB, Rn. 36; IDW Life 2016, S. 27; a.A. *Grewe*, in: BoHdR[2], § 316 HGB, Rn. 46.
36 Vgl. ADS[6], § 316 HGB, Tz. 79; *Habersack/Schürnbrand*, in: Staub, HGB[5], § 316, Rn 20; a.A. *Bormann*, in: MünchKomm. BilR, § 316 HGB, Rn. 46; LG Dresden v. 26.02.2009 – 41 HK T 3/08, ZInsO 2009, S. 1921 ff.
37 Vgl. *IDW PS 220*, Tz. 17.
38 Wohl a.A. *Müller, W.*, in: Kölner Komm. Rechnungslegungsrecht, § 316 HGB, Rn. 43, der es für möglich hält, dass der neue APr. die Nachtragsprüfung durchführt.
39 Vgl. ADS[6], § 319 HGB, Tz. 156; *Schmidt/Nagel*, in: BeBiKo[11], § 319, Rn. 71: Zeitpunkt der Wahl; a.A. *Baetge/Thiele/Moser*, in: HdR[5], § 319, Rn. 133.

23 Liegen allerdings während der Nachtragsprüfung Gründe vor, nach denen **Besorgnis der Befangenheit** besteht (§ 319 Abs. 2 HGB), ist der APr. von der Nachtragsprüfung ausgeschlossen. Dies gilt auch, falls die in § 319 Abs. 3 S. 1 Nr. 1, 2 oder Nr. 4 i.V.m. Nr. 1 oder 2 HGB genannten Ausschlussgründe zwischenzeitlich eingetreten sind.

> **! Hinweis 1:**
>
> Sollte der APr. pflichtwidrig – also nicht z.B. aufgrund einer geschickten Manipulation seitens des Unternehmens – einen zur Nichtigkeit führenden Fehler im Abschluss übersehen haben, ist zu prüfen, ob der APr. durch seine Vorbefassung als befangen anzusehen ist, sodass er von der Durchführung der Nachtragsprüfung ausgeschlossen ist, obwohl das Gesetz grds. anstrebt, dass der APr. nicht wechselt[40].

24 Da die Nachtragsprüfung eine Fortsetzung des Abschlussprüfungsauftrags ist, ist der APr. bei **Public Interest Entities** auch dann nicht von der Durchführung der Nachtragsprüfung ausgeschlossen, wenn er aufgrund der Vorschriften zur **internen oder externen Rotation** (Art. 17 VO (EU) Nr. 537/2014) einen Folgeabschluss nicht prüfen dürfte. Der APr. von PIE hat zu beachten, dass sich das **Verbot im Hinblick auf bestimmte Nichtprüfungsleistungen** i.S.v. Art. 5 Abs. 1 VO (EU) Nr. 537/2014 grds. auf den Zeitraum bis zur Erteilung des BestV erstreckt. Damit wird auch der Zeitraum bis zur Abgabe eines BestV, der aufgrund der Nachtragsprüfung zu erteilen ist, umfasst. Bestimmte Steuerberatungs- und Bewertungsleistungen sind allerdings – unter Beachtung weiterer Bedingungen – von diesem Verbot ausgenommen, sofern sie keine oder nur unwesentliche Auswirkungen auf den zu prüfenden Abschluss haben (§ 319a Abs. 1 Nr. 2 und 3 HGB, vgl. Kap. A Tz. 129 ff.).

25 Bei einer **freiwilligen Abschlussprüfung** nach §§ 316 ff. HGB ist aufgrund der vereinbarten Geltung von § 316 Abs. 3 HGB ebenfalls keine gesonderte Beauftragung zur Nachtragsprüfung erforderlich. Grundsätzlich ist somit der APr., sofern die entsprechenden Voraussetzungen vorliegen, auch bei freiwilligen Abschlussprüfungen verpflichtet, eine Nachtragsprüfung vorzunehmen. Der Auftraggeber und der APr. können sich jedoch darauf einigen, dass eine Nachtragsprüfung unterbleibt, insb. da der Auftraggeber nicht auf einen BestV zur endgültigen Version des nicht prüfungspflichtigen Abschlusses angewiesen ist, um diesen feststellen zu können. Der BestV zu dem ursprünglichen Abschluss darf aber vom Mandanten nicht verwendet werden, da in dem BestV auf den JA bzw. KA Bezug genommen wird. Nach der Änderung handelt es sich jedoch nicht mehr um den JA bzw. KA der Gesellschaft, sondern nur um eine Vorversion eines solchen Abschlusses.

4.2 Umfang der Nachtragsprüfung

26 Der APr. hat nach § 316 Abs. 3 S. 1 HGB **die geänderten Unterlagen „zu prüfen, soweit es die Änderung erfordert"**. Somit hat er zu prüfen[41],
- ob die Änderung den gesetzlichen Vorschriften sowie den ergänzenden Bestimmungen des Gesellschaftsvertrags bzw. der Satzung entspricht,

---

40 Vgl. *Habersack/Schürnbrand*, in: Staub, HGB[5], § 316, Rn 20; a.A. ADS[6], § 318 HGB, Tz. 61.
41 Vgl. *Schmidt/Küster*, in: BeBiKo[11], § 316, Rn. 27.

- ob der Abschluss insgesamt, nachdem die Änderungen unter Beachtung der anzuwendenden Rechnungslegungsvorschriften vorgenommen wurden, ein den tatsächlichen Verhältnissen entsprechendes Bild der Vermögens-, Finanz- und Ertragslage des Unternehmens vermittelt (§§ 264 Abs. 2, 297 Abs. 2 HGB) und
- ob etwaige Folgen der Änderung vollständig und zutreffend berücksichtigt worden sind.

Beispiel 4:

Das Unternehmen hat sich nach Vorlage des PrB entschieden, selbst geschaffene immaterielle Vermögensgegenstände des AV zu aktivieren.

Der APr. hat zu prüfen, ob die Aktivierung zulässig war und unter Beachtung der einschlägigen Bewertungs- und Ausweisvorschriften vorgenommen worden ist. Ferner hat er sich zu vergewissern, dass alle gebotenen Konsequenzen aus der Aktivierung gezogen worden sind, insb.:
- Stehen die Änderungen in Bilanz, GuV und Anlagengitter miteinander in Einklang?
- Sind ggf. erforderliche Änderungen im Anhang zu den Bilanzierungs- und Bewertungsmethoden, zu den Auswirkungen aus der Änderung dieser Methoden und zur Ausschüttungssperre vorgenommen worden?
- Ist ein im Anhang enthaltener Gewinnverwendungsvorschlag angepasst worden?
- Ist die Analyse des Geschäftsverlaufs im LB an den geänderten Abschluss angepasst worden?
- Sind die Angaben zur Prognose anzupassen?

Hat der APr. **Anlass, weiteren Änderungsbedarf zu vermuten**, hat er zu prüfen, ob die entsprechenden Änderungen ordnungsgemäß vorgenommen wurden[42]. 27

Beispiel 5:

Während der Durchführung der Nachtragsprüfung erscheinen in den Medien Berichte, dass ein wichtiges Werk des Unternehmens durch ein Erdbeben zerstört worden ist.

Der APr. muss prüfen, ob sich das Ereignis tatsächlich zugetragen hat, ob dieses im LB zutreffend dargestellt ist und ob ggf. erforderliche Konsequenzen für die Fortführungsannahme gezogen worden sind.

Eine Abschlussänderung kann die Bezugsgröße mindern, die bei **Ermittlung der Wesentlichkeitsgrenze** zugrunde gelegt worden ist (vgl. Kap. L Tz. 1223 ff.). Im Rahmen der ursprünglichen Abschlussprüfung festgestellte Fehler, die damals als unwesentlich eingestuft worden sind, können aufgrund einer solchen Herabsetzung der Wesentlichkeitsgrenze nunmehr als wesentlich zu qualifizieren sein. Wenn sie nicht beseitigt werden, hat der APr. den BestV einzuschränken oder zu versagen. 28

Eine Absenkung der Wesentlichkeitsgrenze kann dazu führen, dass die tolerierbare falsche Angabe[43], die bei der **Ermittlung von Stichprobenumfängen** zugrunde zu legen ist, ebenfalls abzusenken wäre. Eine Neuvornahme von Prüfungshandlungen auf Basis erweiterter Stichprobenumfänge ist jedoch nicht i.S.d. § 316 Abs. 3 S. 1 HGB, der den 29

---

42 Vgl. ADS[6], § 316 HGB, Tz. 67.
43 Vgl. *IDW PS 310*, Tz. 7.

30 In Sonderfällen kommt es zu einem **Wechsel der Unterzeichner** des ursprünglichen BestV und der Unterzeichner des BestV i.R.d. Nachtragsprüfung. Das ist z.B. der Fall, wenn der ursprüngliche APr. aus dem Berufsstand ausgeschieden ist oder wenn zwischenzeitlich Ausschlussgründe (vgl. Kap. N Tz. 23 f.) aufgetreten sind. Zu einem Wechsel der Unterzeichner kommt es auch, wenn eine WPG als APr. bestellt ist, die ursprünglichen Unterzeichner aber mittlerweile die WPG verlassen haben. Auch in diesen Fällen beschränkt sich aufgrund des Wortlauts von § 316 Abs. 3 S. 1 HGB der Gegenstand der Nachtragsprüfung auf die Änderungen von Abschluss bzw. LB/KLB[44].

4.3 Berichterstattung

4.3.1 Prüfungsbericht

31 Über die Nachtragsprüfung ist nach § 316 Abs. 3 S. 2 i.V.m. § 321 Abs. 1 S. 1 HGB **schriftlich zu berichten**.

32 Auch in Fällen, in denen ein prüfungspflichtiger Abschluss einer AG i.R.d. **Feststellung durch die Hauptversammlung** geändert worden ist, ist ein PrB anzufertigen (§ 173 Abs. 3 AktG i.V.m. § 316 Abs. 3 HGB)[45].

33 Grundsätzlich erfolgt die Berichterstattung in Form eines **gesonderten Nachtragsprüfungsberichts**, der sich ausschließlich auf die vorgenommenen Änderungen bezieht und daher einen Hinweis enthalten muss, dass er nur mit dem ursprünglich erstatteten PrB verwendet werden darf[46].

34 Einleitend hat der Nachtragsprüfungsbericht **Angaben zum Prüfungsauftrag** zu enthalten[47], die sich regelmäßig auf den Auftrag zur ursprünglichen Prüfung beziehen werden, da ein gesonderter Nachtragsprüfungsauftrag nicht erforderlich ist (vgl. Kap. N Tz. 20).

35 Die vorgenommenen **Änderungen sind zu erläutern**. Ferner sind Art und Umfang der Nachtragsprüfung darzustellen, wobei sich ein Hinweis empfiehlt, dass die gesetzlichen Vertreter die Verantwortung für die Änderungen tragen, während die Aufgabe des APr. darin besteht, die Änderungen i.R. einer pflichtgemäßen Prüfung zu **beurteilen**.[48]

36 Im Nachtragsprüfungsbericht ist festzustellen, **ob die Änderungen** den gesetzlichen Vorschriften und den ergänzenden Bestimmungen des Gesellschaftsvertrags bzw. der Satzung **entsprechen** und ob der Abschluss nach den Änderungen insgesamt ein den tatsächlichen Verhältnissen entsprechendes Bild der Vermögens-, Finanz- und Ertragslage des Unternehmens vermittelt[49]. Wurde der LB/KLB geändert, gelten die Grundsätze der Berichterstattung zum LB/KLB entsprechend[50].

---

44 Vgl. *Orth/Schaefer*, in: Baetge/Kirsch/Thiele, Bilanzrecht, § 322 HGB, Rn. 198.2.
45 Vgl. *Burg/Müller, W.*, in: Kölner Komm. Rechnungslegungsrecht, § 321 HGB, Rn. 133; a.A., weil die Nachtragsprüfung nach § 173 Abs. 3 AktG gegenüber § 316 Abs. 3 HGB vereinfacht sei: *Waclavik*, in: Hölters, AktG³, § 173, Rn. 11; die Frage offenlassend: ADS⁶, § 173 AktG, Tz. 35.
46 *Vgl. IDW PS 450 n.F., Tz. 145.*
47 Vgl. *IDW PS 450 n.F.*, Tz. 146.
48 Vgl. *IDW PS 450 n.F.*, Tz. 147.
49 Vgl. *IDW PS 450 n.F.*, Tz. 148.
50 Vgl. *IDW PS 450 n.F.*, Tz. 148, 28 ff., 71.

> **Hinweis 2:**
>
> In der Stellungnahme zur Lagebeurteilung durch die gesetzlichen Vertreter[51] brauchen im Nachtragsprüfungsbericht nicht sämtliche Angaben in Abschluss und LB/KLB, die für die Berichtsadressaten für die Beurteilung der Lage des Unternehmens wesentlich sind, hervorgehoben zu werden. Da der Nachtragsprüfungsbericht nur zusammen mit dem ursprünglichen PrB zu verwenden ist, ist eine Beschränkung auf die Hervorhebung der wesentlichen geänderten Angaben zulässig.

Falls i.R.d. Nachtragsprüfung **Tatsachen** bekannt werden, welche die **Entwicklung des Unternehmens wesentlich beeinträchtigen** oder seinen **Bestand gefährden** können oder die **schwerwiegende Verstöße** der gesetzlichen Vertreter oder von Arbeitnehmern gegen Gesetz oder Satzung bzw. Gesellschaftsvertrag erkennen lassen, so ist darüber nach § 321 Abs. 1 Satz 3 HGB im Nachtragsprüfungsbericht gesondert zu berichten. **37**

Auswirkungen der Änderungen auf die **Berichterstattung zu Erweiterungen des Prüfungsauftrags** sind ggf. zu berücksichtigen. **38**

> **Beispiel 6:**
>
> Der Abschlussprüfungsauftrag ist um eine Prüfung nach § 53 HGrG erweitert worden. Nach Vorlage des PrB entscheidet sich das Unternehmen, Finanzanlagen, die voraussichtlich nicht dauernd im Wert gemindert sind, abzuschreiben. Aufgrund dieser Änderung sind insb. auch die Ausführungen zur Ertragslage[52] i.R.d. Berichterstattung über die Prüfung nach § 53 HGrG anzupassen.

Informationen, die sich auf Erweiterungen des Prüfungsauftrags beziehen und die der APr. **während der Nachtragsprüfung** erhält, sind bei der Berichterstattung aufgrund der Warnfunktion des APr. auch dann zu berücksichtigen, wenn sie nicht unmittelbar etwas mit den Änderungen von Abschluss bzw. LB/KLB zu tun haben, aber zu Schlussfolgerungen führen, die von der ursprünglichen Berichterstattung abweichen.

> **Beispiel 7:**
>
> Der Abschlussprüfungsauftrag ist um eine Prüfung nach § 53 HGrG erweitert worden. Während der Nachtragsprüfung wird dem APr. ein Bericht der internen Revision vorgelegt, die festgestellt hat, dass das Unternehmen im neuen GJ Verträge über spekulative derivative Finanzinstrumente abgeschlossen hat, ohne die gesellschaftsvertraglich notwendige Genehmigung des AR einzuholen. Der APr. hat im Nachtragsprüfungsbericht in einer geänderten Berichterstattung über die Prüfung nach § 53 HGrG auf diese Feststellung einzugehen. Zudem hat er nach § 321 Abs. 1 S. 3 HGB einen schwerwiegenden Verstoß der gesetzlichen Vertreter gegen Gesetz und Bestimmungen von Satzung/Gesellschaftsvertrag im Nachtragsprüfungsbericht darzustellen.

---

51 Vgl. Kap. M Tz. 197 ff. bzw. Kap. M Tz. 560 ff. (Konzern).
52 Vgl. *IDW PS 720*, Tz. 23.

39 Im Nachtragsprüfungsbericht ist der **ergänzte bzw. geänderte Bestätigungsvermerk** wiederzugeben; der **geänderte Abschluss** und der **Lagebericht/Konzernlagebericht** sind dem Bericht als Anlage beizufügen[53].

40 Anstelle einer Berichterstattung durch einen gesonderten Nachtragsprüfungsbericht kann auch eine **Ergänzung** des ursprünglichen PrB erfolgen. In diesem Fall ist sicherzustellen, dass der APr. alle Exemplare des ursprünglichen PrB zurückerhält[54]. Alternativ dürfte es vertretbar sein, sich von sämtlichen Berichtsempfängern die physische Vernichtung des ursprünglichen PrB bestätigen zu lassen.

4.3.2 Bestätigungsvermerk

41 Die Erteilung eines BestV oder Versagungsvermerks ist bei Nachtragsprüfungen **gesetzliche Voraussetzung** für die Feststellung des JA, sofern dieser der Prüfungspflicht unterliegt[55].

42 Sofern die Darstellung von **Key Audit Matters (KAM)**[56] im BestV erfolgt, ist zu erwägen, ob aufgrund der Änderung des JA/KA die Schilderung besonders wichtiger Prüfungssachverhalte anzupassen ist.

43 Ergibt die Nachtragsprüfung, dass die ursprünglich erteilten uneingeschränkten **Prüfungsurteile inhaltlich aufrechterhalten** bleiben können, ist der BestV **um einen Absatz zu ergänzen**, um zu verdeutlichen, dass sich der BestV auf einen geänderten Abschluss bzw. LB/KLB bezieht[57]. Der Absatz ist unmittelbar vor der Angabe von Ort und Datum der Unterzeichnung bzw. – sofern einschlägig – unmittelbar vor der Angabe des verantwortlichen Wirtschaftsprüfers zu platzieren[58]. In ihm ist auch – möglichst unter Hinweis auf die Berichterstattung des Unternehmens – der Gegenstand der Änderung zu nennen[59] und ggf. anzugeben, dass sich aus der Nachtragsprüfung keine Einwendungen ergeben haben. Für diesen Absatz wird folgende Formulierung empfohlen[60]:

„Hinweis zur Nachtragsprüfung

Diesen Bestätigungsvermerk erteilen wir zu dem geänderten Jahresabschluss und geänderten Lagebericht aufgrund unserer pflichtgemäßen, am ... [Datum] abgeschlossenen Prüfung und unserer am ... [Datum] abgeschlossenen Nachtragsprüfung, die sich auf die Änderung des / der ... [geänderte Posten bzw. Angaben] bezog. Auf die Darstellung der Änderung(en) durch die gesetzlichen Vertreter im geänderten Anhang, Abschnitt ... sowie im geänderten Lagebericht, Abschnitt ... wird verwiesen."

44 Ist nach den anzuwendenden Rechnungslegungsgrundsätzen der Grund für die Änderung im Abschluss anzugeben[61], muss der APr. im BestV auf die Angabe im Abschluss hinweisen, die den Grund für die Änderung erläutert[62]. Das **Prüfungsurteil ist neu zu**

---

53 Vgl. *IDW PS 450 n.F.*, Tz. 149.
54 Vgl. *IDW PS 450 n.F.*, Tz. 145.
55 Vgl. *Müller, W.*, in: Kölner Komm. Rechnungslegungsrecht, § 316 HGB, Rn. 44.
56 Vgl. Kap. M Tz. 865 ff.
57 Vgl. *IDW PS 400 n.F.*, Tz. 88 f.; *IDW PS 406*, Tz. 14.
58 Vgl. *IDW PS 406*, Tz. 14.
59 Vgl. *IDW PS 400 n.F.*, Tz. 89.
60 Vgl. *IDW PS 406*, Anlage, Beispiel 5. Der vorgeschlagene Text unterstellt u.a., dass sowohl JA als auch der LB geändert worden sind und die Änderungen im Anhang und LB dargestellt werden.
61 Nach den deutschen handelsrechtlichen Rechnungslegungsvorschriften besteht keine derartige Pflicht.
62 Vgl. *IDW PS 203 n.F.*, Tz. 25.

formulieren, wenn durch die Änderung von Abschluss bzw. LB/KLB **ursprüngliche Mängel** von Abschluss bzw. LB/KLB **beseitigt** oder **neue Mängel begründet wurden**[63]. Eine Neuformulierung des Prüfungsurteils erübrigt sich, soweit Mängel beseitigt werden, die nicht zu einer Einschränkung oder Versagung des ursprünglichen Prüfungsurteils geführt haben, z.B. weil der betreffende Mangel vom APr. übersehen worden war oder unwesentlich ist.

Ändert die Hauptversammlung einer Aktiengesellschaft i.R.d. Feststellung den der gesetzlichen Prüfungspflicht unterliegenden **Jahresabschluss**, sind gem. § 173 Abs. 3 AktG der Feststellungs- und der Gewinnverwendungsbeschluss ebenso wie der JA nichtig, wenn nicht **innerhalb von zwei Wochen** nach der Beschlussfassung ein hinsichtlich der Änderungen uneingeschränkter BestV erteilt wird. Weil es in diesem Zusammenhang darauf ankommt, ob sich Einwendungen gegen den ursprünglichen Abschluss oder gegen die Änderungen richten, erscheint es sachgerecht, dies im BestV bzw. Versagungsvermerk klarzustellen[64]. Die entsprechende Aussage sollte in den in Kap. N Tz. 43 dargestellten Absatz zur Nachtragsprüfung aufgenommen werden und könnte wie folgt lauten[65]: 45

> **Beispiel 8:**
>
> „Die Nachtragsprüfung hat zu keinen Einwendungen geführt."
> Oder:
> „Die Einschränkung des Prüfungsurteils/der Prüfungsurteile bezieht sich auf eine Änderung, die Gegenstand der Nachtragsprüfung war."

Auch falls i.R.d. Nachtragsprüfung **der Bestätigungsvermerk eingeschränkt** wird, weil der LB nicht mehr in Einklang mit dem geänderten Abschluss steht, handelt es sich um eine Einschränkung, die sich auf eine Änderung bezieht, die Gegenstand der Nachtragsprüfung war und die entsprechend im BestV bezeichnet werden sollte[66]. 46

Der APr. hat aufgrund der während der Nachtragsprüfung erlangten Informationen zu beurteilen, ob **ergänzende Hinweise**[67] **auf Risiken**, die den Bestand des Unternehmens – oder im Fall eines KA eines wesentlichen TU – gefährden, gegenüber dem ursprünglichen BestV beizubehalten oder hinzuzufügen sind oder ob sie entfallen. Das Gleiche gilt für andere Umstände, auf die der APr. in besonderer Weise im BestV aufmerksam machen möchte. 47

Die Regelungen des § 173 Abs. 3 AktG sind analog auf **Änderungen des prüfungspflichtigen JA einer GmbH i.R.d. Feststellung durch die Gesellschafterversammlung** anzuwenden[68]. 48

Ist gegenüber der ursprünglichen Abschlussprüfung ein **Wechsel in der Person des verantwortlichen Wirtschaftsprüfers** eingetreten, ist im BestV zum JA/KA eines PIE 49

---

63 Vgl. *IDW PS 400 n.F.*, Tz. 88.
64 Vgl. ADS[6], § 316 HGB, Tz. 73e; wohl für eine Angabepflicht NWB KommBilR[9], § 322 HGB, Rn. 85 f.
65 Vgl. ADS[6], § 316 HGB, Tz. 73e; NWB KommBilR[9], § 322 HGB, Rn. 85 f.
66 Zur Frage, ob § 172 Abs. 3 AktG auf Änderungen des LB anwendbar ist, vgl. *Hennrichs/Poeschke*, in: MünchKomm. AktG[4], § 173, Rn. 44, die dies bejahen.
67 Vgl. Kap. M Tz. 222 ff. bzw. Kap. M Tz. 564 ff. (Konzern).
68 Vgl. *Haas*, in: Baumbach/Hueck, GmbHG[21], § 42a, Rn. 26; *Bayer, F.*, in: Saenger/Inhester, GmbHG[3], § 42a, Rn. 31.

neben dem für die Abschlussprüfung verantwortlichen WP[69] auch der neue, für die Nachtragsprüfung verantwortliche WP zu nennen. In solchen Fällen sollte klargestellt werden, welcher WP für die Abschlussprüfung und welcher WP für die Nachtragsprüfung verantwortlich ist.

50 Der BestV ist unter Angabe der Daten der Beendigung der ursprünglichen Abschlussprüfung und der Beendigung der Nachtragsprüfung zu unterzeichnen, d.h. mit einem **Doppeldatum**[70]. Diskussionen, ob auf ein Doppeldatum verzichtet werden kann, wenn nur sprachliche Änderungen ohne materielle Bedeutung in Abschluss bzw. LB/KLB vorgenommen wurden, die vom bisherigen Wortlaut des BestV gedeckt sind[71], haben wenig praktische Relevanz, da derartige Änderungen keine Nachtragsprüfung erfordern.

Bei der zweiten Datumsangabe ist gem. *IDW PS 203 n.F.*, Tz. 24, darzustellen, auf welche Änderung des ursprünglichen Abschlusses es sich bezieht; der Zusatz „Begrenzt auf die im Hinweis zur Nachtragsprüfung genannte[n] Änderung[en]" ist ausreichend[72].

51 Wenn die Unterzeichner des ursprünglichen BestV und die Nachtragsprüfer nicht identisch sind (vgl. Kap. N Tz. 30), aber der zum APr. bestellten WPG angehören, ist es sachgerecht, dass ergänzend zur Doppeldatierung und den Unterschriften der Nachtragsprüfer auch die Namen der ursprünglichen Unterzeichner mit dem Zusatz „gez." angegeben werden.

Beispiel 9:

Für die Abschlussprüfung: Ort, Tag, Monat, Jahr (Ort und Datum des ursprünglichen BestV)

| gez. Name A | gez. Name B | (Namen der Unterzeichner |
| Wirtschaftsprüfer | Wirtschaftsprüferin | des ursprünglichen BestV) |

Begrenzt auf die im Hinweis zur Nachtragsprüfung genannte[n] Änderung[en]: Ort, Tag, Monat, Jahr (Ort und Datum des BestV aufgrund der Nachtragsprüfung)

| Unterschrift A | Unterschrift B | (Unterschriften der Nach- |
| Wirtschaftsprüferin | Wirtschaftsprüfer | tragsprüfer) |

Grundsätzlich ist ebenso zu verfahren, wenn nicht nur die für eine WPG unterzeichnenden Personen wechseln, sondern die Nachtragsprüfung durch einen anderen APr. als den, der die ursprüngliche Prüfung verantwortet, durchgeführt wird, z.B. weil zwischenzeitlich ein Ausschlussgrund aufgetreten ist. In diesem Fall ist außerdem im Text im ergänzenden Absatz (Kap. N Tz. 43) darauf hinzuweisen, dass die ursprüngliche Prüfung durch einen anderen APr. vorgenommen worden ist[73].

---

69 Vgl. *IDW PS 400 n.F.*, Tz. 70; Kap. M Tz. 778.
70 Vgl. *IDW PS 400 n.F.*, Tz. 90. Mit dem Datum der Beendigung der Nachtragsprüfung beginnt der Ablauf *einer neuen Frist, in der die Auftragsdokumentation abzuschließen ist*, vgl. Kap. N Tz. 4.
71 Vgl. ADS[6], § 316 HGB, Tz. 74, für die Zulässigkeit eines Verzichts auf das Doppeldatum; a.A. *Orth/Schaefer*, in: Baetge/Kirsch/Thiele, Bilanzrecht, § 322 HGB, Rn. 197.
72 Zu einem Beispiel vgl. *IDW PS 406*, Anlage, Beispiel 5.
73 Vgl. *Orth/Schaefer*, in: Baetge/Kirsch/Thiele, Bilanzrecht, § 322 HGB, Rn. 198.3.

4.3.3 Sonstige Berichterstattungspflichten

Weitere Berichterstattungspflichten des APr. können sich aus der Pflicht zur Teilnahme an **Bilanzsitzungen von Aufsichtsgremien** ergeben, falls diese im Hinblick auf einen geänderten Abschluss oder LB/KLB notwendig sind, vgl. Kap. B Tz. 5, Kap. B Tz. 41, Kap. B Tz. 109. **52**

In Bezug auf **Unregelmäßigkeiten**, die der APr. i.R.d. Nachtragsprüfung des Abschlusses **Public Interest Entities** aufdeckt, gelten gegenüber dem betreffenden Unternehmen die gleichen Berichtspflichten nach Art. 7 VO (EU) Nr. 537/2014 wie i.R.d. ursprünglichen Abschlussprüfung. Auch im Hinblick auf die Berichtspflichten nach Art. 12 VO (EU) Nr. 537/2014 gegenüber der für die Beaufsichtigung von PIE zuständigen Behörden ergeben sich i.R.d. Nachtragsprüfung keine Besonderheiten. Insoweit wird auf die entsprechenden Ausführungen in Kap. B und Kap. M verwiesen. **53**

5. Ergänzende Prüfung

Wenn ein Unternehmen seinen Pflichten nach §§ 289b, 315b HGB nachkommen will, indem es einen **nichtfinanziellen Bericht** auf der Internetseite des Unternehmens nach § 289b Abs. 3 S. 1 Nr. 2 Buchst. b) HGB veröffentlichen wird, hat der APr. eine **ergänzende Prüfung** durchzuführen (§ 317 Abs. 2 S. 5 Hs. 1 HGB). **54**

Zu prüfen ist nur, ob der nichtfinanzielle Bericht in der vorgeschriebenen **Frist und Form** vorgelegt wurde[74]. Eine inhaltliche Prüfung ist nicht vorgeschrieben. Hinsichtlich der Berichterstattung gelten die Vorschriften für die Nachtragsprüfung (vgl. Kap. N Tz. 31 ff.) entsprechend. Der BestV ist allerdings nur dann zu ergänzen, wenn der nichtfinanzielle (Konzern-)Bericht nicht innerhalb von vier Monaten nach dem Abschlussstichtag vorgelegt worden ist (vgl. §§ 317 Abs. 2 S. 5 Hs. 2 HGB i.V.m. 316 Abs. 3 S. 2 HGB). In diesem Fall ist der BestV im Rahmen der ergänzenden Prüfung einzuschränken[75]. Der Bericht des APr. wird sich i.d.R. auf Angaben zum Auftrag, einen Hinweis, dass eine inhaltliche Prüfung nicht erfolgt ist, die Feststellung, ob der nichtfinanzielle Bericht frist- und formgerecht vorgelegt wurde und den Hinweis, dass der Bericht über die ergänzende Prüfung nur zusammen mit dem PrB zu verwenden ist, beschränken. Ggf. ist der ergänzte BestV wiederzugeben. **55**

Die ergänzende Prüfung ist „**vier Monate nach dem Abschlussstichtag**" durchzuführen (§ 317 Abs. 2 S. 5 Hs. 1 HGB). Ein Verstoß gegen die Anforderung, den nichtfinanziellen Bericht vier Monate nach dem Abschlussstichtag vorzulegen, kann i.d.R. erst nach Ablauf dieser Frist festgestellt werden, sodass der Bericht über die ergänzende Prüfung und der ergänzte BestV erst nach Ablauf der vier Monate vorgelegt werden können. Sollte der nichtfinanzielle Bericht dagegen bereits vor Ablauf dieser Frist vorgelegt werden, kann die ergänzende Prüfung entgegen dem Gesetzeswortlaut bereits zum Zeitpunkt der Vorlage erfolgen. **56**

Eine ergänzende Prüfung ist **nicht vorgesehen**, wenn der gesonderte nichtfinanzielle Bericht **zusammen mit dem Konzernlagebericht/Lagebericht offengelegt wird** [§ 289b Abs. 3 S. 1 Nr. 2 Buchst. a) HGB]. Der APr. hat sich jedoch die Offenlegung nachweisen **57**

---

74 Vgl. *Schmidt/Almeling*, in: BeBiKo[11], § 317, Rn. 71.
75 Vgl. *Kolb/Niechcial*, StuB 2017, S. 1 (5).

zu lassen[76]. Wird sie ihm nicht nachgewiesen, gelten die Regeln für den Widerruf des BestV.

6. Widerruf des Bestätigungsvermerks

6.1 Voraussetzungen

58 Eine explizite gesetzliche Regelung hinsichtlich des Widerrufs eines BestV existiert nicht. **Aufgrund der Gewährleistungsfunktion**, die der APr. mit der Erteilung eines BestV übernommen hat, ergibt sich jedoch eine **Pflicht zum Widerruf** eines unzutreffenden BestV. Erkennt der APr., dass die Voraussetzungen für die Erteilung eines BestV nicht vorgelegen haben, muss er daher grds. den BestV widerrufen[77]. Die Interessen derjenigen sind zu schützen, die im Vertrauen auf den Abschluss und den BestV vermögenswirksame Entscheidungen treffen[78]. Daraus folgt, dass der Widerruf dann, aber auch nur dann, zu erfolgen hat, wenn er relevant für derartige Entscheidungen ist. Der APr. ist grds. nicht verpflichtet, nach dem Datum des BestV zu dem geprüften Abschluss und dem LB/KLB weitere Prüfungshandlungen vorzunehmen[79], um aktiv Widerrufsgründe zu suchen[80].

59 Die **Ursachen für einen Widerruf** können in

- dem geprüften Abschluss oder dem LB/KLB,
- der Formulierung des BestV,
- der Person des Prüfers oder
- der Prüfungsplanung bzw. -durchführung

liegen.

60 Der APr. hat i.d.R. einen erteilten BestV zu widerrufen, wenn er erkennt, dass der Abschluss bzw. der LB/KLB **Mängel** aufweist, die der APr. im BestV hätte berücksichtigen müssen, wenn ihm der entsprechende Sachverhalt im Zeitpunkt der Erteilung des BestV bekannt gewesen wäre und der APr. ihn zutreffend gewürdigt hätte.

61 Eine Widerrufspflicht **setzt nicht voraus**, dass dem APr. **neue Tatsachen bekannt werden**. Auch wenn der APr. zu dem Schluss kommt, dass er Tatsachen, die ihm bei Erteilung des BestV bereits bekannt waren, unzutreffend im BestV berücksichtigt hat, hat er grds. den BestV zu widerrufen[81]. Maßstab für die Beurteilung, ob Sachverhalte zutreffend berücksichtigt sind, sind die Rechnungslegungsnormen und ihre Auslegung

---

76 Vgl. § 317 Abs. 2 Satz 4 HGB; zu ähnlichen Pflichten im Fall der Inanspruchnahme von § 285 Nr. 17 Hs. 2 HGB vgl. *IDW PH 9.200.2*, Tz. 7.
77 Vgl. ADS⁶, § 322 HGB, Tz. 362; *Habersack/Schürnbrand*, in: Kölner Komm. Rechnungslegungsrecht, § 322 HGB, Rn. 36.
78 Vgl. KG Berlin v. 19.09.2000, WPg 2001, S. 617 (618).
79 Vgl. *IDW PS 203 n.F.*, Tz. 18.
80 Eine Ausnahme gilt hinsichtlich sonstiger Informationen i.S.v. ISA 720 (Rev.) (E-DE), die nach dem Datum des BestV erlangt werden, vgl. Kap. N Tz. 15. Bei in den sonstigen Informationen identifizierten wesentlichen falschen Darstellungen ist der APr. jedoch grds. nicht verpflichtet, den BestV zu widerrufen, da die sonstigen Informationen nicht seiner inhaltlichen Prüfung unterliegen, vgl. ISA 720.D.19.1. (Rev.) (E-DE).
81 Vgl. KG Berlin v. 19.09.2000, WPg 2001, S. 617 (619); *Habersack/Schürnbrand*, in: Kölner Komm. Rechnungslegungsrecht, § 322 HGB, Rn. 36; a.A. ADS⁶, § 322 HGB, Tz. 362.

im Zeitpunkt der Erteilung des BestV. Nach Erteilung des BestV geänderte Auffassungen zu strittigen Normen stellen keine Widerrufsgründe dar.[82]

Wertaufhellende Tatsachen, die erst nach der Erteilung des BestV bekannt werden, stellen **keinen Grund zum Widerruf** des BestV dar, da sie nicht dazu führen, dass der Abschluss im Zeitpunkt der BestV-Erteilung als unzutreffend zu beurteilen gewesen wäre[83]. 62

Wird nachträglich ein **Fehler der Rechnungslegung** entdeckt, der zur **Nichtigkeit** des Abschlusses führt, und ist die Frist zur Geltendmachung der Nichtigkeit noch nicht abgelaufen, ist dies ein Indikator dafür, dass ein BestV zu widerrufen ist[84]. Die Pflicht zum Widerruf setzt jedoch nicht notwendig voraus, dass aufgrund des nachträglich aufgedeckten Fehlers die Nichtigkeit des Abschlusses geltend gemacht werden kann. 63

> **Beispiel 10:**
>
> Der APr. erhält von einem Unternehmensinsider Unterlagen, die belegen, dass in einem JA, den der APr. bereits mit einem uneingeschränkten BestV versehen hat, die Bezüge der gesetzlichen Vertreter in zu geringer Höhe angegeben worden sind. Das Unternehmen befindet sich derzeit in Verhandlungen, um die Arbeitnehmer zu einem Gehaltsverzicht zu bewegen. Die gesetzlichen Vertreter weisen bei diesen Verhandlungen darauf hin, dass sie persönlich auch schon erhebliche Opfer erbracht hätten, wie aus dem publizierten und mit einem uneingeschränkten BestV versehenen Abschluss hervorgehe.
> Obwohl der Fehler nicht zur Nichtigkeit des Abschlusses nach § 256 AktG führt, ist der BestV zu widerrufen, da die Falschangabe und deren Nichtbeanstandung für Stakeholder entscheidungsrelevant sind.

Ein Widerruf ist nur dann erforderlich, wenn er für die Entscheidungen der Adressaten des BestV noch **relevant** ist[85]. Daher muss ein BestV nicht widerrufen werden, wenn die Vermeidung eines falschen Eindrucks über das Ergebnis der Abschlussprüfung aufgrund von Informationen der Adressaten des BestV bereits auf andere Weise sichergestellt ist[86]. 64

> **Beispiel 11:**
>
> Im Rahmen der Prüfung des Abschlusses zum 31.12.x2 stellt der APr. fest, dass im Abschluss zum 31.12.x1 AV ausgewiesen wurde, das der Gesellschaft wirtschaftlich nicht zuzurechnen ist. Die Gesellschaft will den Fehler in laufender Rechnung gem. *IDW RS HFA 6* offen korrigieren.

---

82 Laut BFH v. 31.03.2013, DStR 2013, S. 633, ist für die Steuerbilanz die objektive Rechtslage relevant, nicht aber die Rechtsauffassung, die aus der Sicht eines ordentlichen und gewissenhaften Kaufmanns im Zeitpunkt der Bilanzaufstellung vertretbar war. Der HFA hält zu Recht daran fest, dass es für die Richtigkeit des handelsrechtlichen Abschlusses auf die Vertretbarkeit der zugrunde gelegten Rechtsauffassung im Zeitpunkt der Abschlussfeststellung ankommt [vgl. *IDW-FN 2013*, S. 356 (358 f.)].
83 Vgl. ADS[6], § 322 HGB, Tz. 366.
84 Vgl. Haufe HGB Kommentar[8], § 322 HGB, Rn. 161; ADS[6], § 322 HGB, Tz. 365.
85 A.A. *Habersack/Schürnbrand*, in: Staub, HGB[5], § 322, Rn. 36.
86 Vgl. *IDW PS 400 n.F.*, Tz. 92.

> Wenn der geprüfte Abschluss zum 31.12.x2 die Adressaten nicht wesentlich später als ein korrigierter Abschluss zum 31.12.x1 erreichen wird, muss der BestV, der für den Abschluss zum 31.12.x1 erteilt wurde, nicht widerrufen werden.

65 Die Entdeckung von mittlerweile für die Rechnungslegung **irrelevant gewordenen Fehlern** führt nicht zu einer Widerrufspflicht[87].

> **Beispiel 12:**
> Der APr. erhält bei der Prüfung des Abschlusses für das Jahr x5 Informationen, dass das mittlerweile ausgeschiedene Management des Mandanten im Abschluss für das Jahr x1 fiktive Forderungen und Umsätze ausgewiesen hat. Im Abschluss x2 sind die Forderungen aufwandswirksam ausgebucht worden.

66 Ein **Widerruf** ist ferner **nicht erforderlich**, wenn die Gesellschaft den betreffenden Abschluss ändert und eine **Nachtragsprüfung** durchgeführt wird oder wenn ein von der DPR bzw. der BaFin aufgegriffener Fehler i.R.d. **Fehlerveröffentlichung** (§ 109 WpHG) **bekannt gemacht** wird[88].

67 Ein BestV ist grds. zu widerrufen, wenn er **unvollständig** ist, z.B. weil er keinen nach § 322 Abs. 2 S. 3 HGB gebotenen Hinweis auf bestandsgefährdende Risiken enthält[89]. Andererseits ist er i.d.R. auch dann zu widerrufen, wenn er unzulässigerweise einen **Hinweis auf bestandsgefährdende Risiken** enthält. Auch wenn der BestV **Ausführungen** enthält, die in einem BestV **deplatziert sind**, ist dieser regelmäßig zu widerrufen, bspw. wenn das Ergebnis der Prüfung des Risikofrüherkennungssystems (§ 317 Abs. 4 HGB) im BestV dargestellt wird.

68 Erkennt der APr., dass er die Prüfung durchgeführt hat, ohne i.S.d. §§ 319 ff. HGB oder der VO (EU) Nr. 537/2014 hinreichend **unabhängig vom Mandanten** zu sein, hat er den BestV zu widerrufen. Dies gilt auch, wenn der verwirklichte Ausschlussgrund nicht die Nichtigkeit des Abschlusses zur Folge hat. Ansonsten könnte z.B. der BestV eines APr., der Mehrheitsgesellschafter des rechnungslegenden Unternehmens ist, Bestand haben. Die Tatsache, dass eine solche Konstellation nach dem Willen des Gesetzgebers (§ 256 Abs. 1 Nr. 3 AktG i.V.m. § 319 Abs. 3 S. 1 Nr. 1 HGB) nicht zur Nichtigkeit des Abschlusses führt, schließt die Pflicht zum Widerruf des BestV nicht aus. Die Nutzer des BestV vertrauen bei ihren ökonomischen Entscheidungen darauf, dass der BestV von einem APr. erteilt wird, dessen Urteil nicht von Sonderinteressen, die nach §§ 319 ff. HGB oder der VO (EU) Nr. 537/2014 zum Ausschluss von der Prüfung führen, verzerrt sein könnte.

69 Kommt der APr. nach Erteilung des BestV zu dem Schluss, dass er die **Prüfung unzureichend geplant oder durchgeführt** hat, muss er sorgfältig erwägen, ob der BestV zu widerrufen ist, wenn er nicht mehr mit hinreichender Sicherheit davon ausgehen kann, dass sein Prüfungsurteil zutreffend ist. Er hat dabei die Gewährleistungsfunktion des

---

[87] Vgl. *IDW PS 400 n.F.*, Tz. 92.
[88] Vgl. *Müller, W.*, in: Kölner Komm. Rechnungslegungsrecht, § 323 HGB, Rn. 76.
[89] Vgl. ADS[6], § 322 HGB, Tz. 362.

BestV (vgl. Kap. N Tz. 58), das Risiko einer falschen Information für die Verwender des BestV und die Pflicht zur ordnungsmäßigen Prüfung in Betracht zu ziehen.

So wie das Unternehmen Gelegenheit hat, einen Fehler in der Rechnungslegung nachträglich zu korrigieren (vgl. Kap. N Tz. 66), um einen Widerruf zu verhindern, hat der APr. grds. die **Möglichkeit, ein Versäumnis hinsichtlich der Prüfung zu beheben**, indem er die versäumten Prüfungshandlungen nachholt. Ein Widerruf hat in diesem Fall nur dann zu erfolgen, 70

- wenn die Prüfung erst zu einem Zeitpunkt abgeschlossen sein wird, der wesentlich hinter dem Zeitpunkt liegt, zu dem ein Widerruf die Adressaten erreicht oder
- wenn sich i.R.d. nachgeholten Tätigkeiten ein Prüfungsurteil ergibt, das von dem ursprünglichen BestV abweicht.

Das Vertrauen des APr. in sein Prüfungsurteil kann auch durch **neue Erkenntnisse über das Unternehmen** erschüttert werden. 71

> **Beispiel 13:**
>
> Einige Wochen, nachdem der APr. den BestV ausgeliefert hat und der geprüfte Abschluss festgestellt worden ist, entnimmt der APr. Medienberichten, dass der Finanzvorstand des Unternehmens wegen des Verdachts auf Unterschlagungen das Unternehmen verlassen musste. Erkundigungen bei dem Unternehmen ergeben, dass diese Berichte zutreffend sind. Derzeit lägen aber noch keine Kenntnisse vor, dass auch der Abschluss oder der LB falsch seien. Insbesondere sei der Abfluss der unterschlagenen Mittel zutreffend als Aufwand erfasst worden; Ersatzansprüche gegen den Ex-Vorstand seien nicht bilanzierbar, da der Ex-Vorstand die Mittel zum Begleichen erheblicher Spielschulden verwendet habe. Die interne Revision untersuche allerdings, ob über die bislang bekannten Schäden hinaus weitere Sachverhalte vorlägen.
>
> Bei Kenntnis dieser Problematik hätte der APr. die Abschlussprüfung grds. anders angelegt. Angesichts des Mangels an Integrität einer Schlüsselperson der Rechnungslegung hätte er weitaus umfangreichere Prüfungshandlungen vorgenommen.

Aufgrund eines derartigen Sachverhalts ist der BestV nicht zu widerrufen. Die Abschlussprüfung ist ordnungsgemäß vorgenommen worden. So wie wertaufhellende Ereignisse spätestens nach Feststellung des Abschlusses nicht mehr zu berücksichtigen sind, sind auch Ereignisse, die Fehlerrisiken erhellen, nicht mehr zu berücksichtigen, wenn sie nach der Erteilung des BestV bekannt werden.

> **Hinweis 3:**
>
> Dieser Sachverhalt ist von dem Fall zu unterscheiden, in dem nach Erteilung des BestV bekannt wird, dass der Abschluss oder der LB/KLB aufgrund einer Manipulation von gesetzlichen Vertretern oder Mitarbeitern des Unternehmens einen wesentlichen Fehler enthält. Wenn die Manipulation von den gesetzlichen Vertretern begangen wurde oder diese im Zeitpunkt der Abschlussaufstellung von der Manipulation Kenntnis hatten oder hätten haben müssen, stellt das Bekanntwerden der Manipulation kein wertaufhellendes Ereignis dar. Die Nichtberücksichtigung der Folgen der Manipulation in der Rechnungslegung stellt eine Pflichtverletzung der für die Rechnungslegung Verantwortlichen – also der gesetzlichen Vertreter – dar. Ein daraus resultierender wesentlicher Fehler in der Rechnungslegung hätte im BestV

berücksichtigt werden müssen, wenn er dem APr. bekannt gewesen wäre. Der BestV ist daher zu widerrufen, sofern der Fehler für die Adressaten des Abschlusses noch relevant ist.

6.2 Vornahme des Widerrufs

72 Bevor der Widerruf erklärt wird, ist der **Sachverhalt mit den gesetzlichen Vertretern zu erörtern**, um Missverständnisse zu vermeiden und ihnen ggf. zu ermöglichen, den Widerrufsgrund zu beseitigen[90].

73 Der APr. muss den **Widerruf begründen** und **schriftlich** an den Auftraggeber richten[91], also an den AR, falls dieser den Prüfungsauftrag erteilt hat, ansonsten an die gesetzlichen Vertreter. Die Begründung muss so präzise sein, dass sich das Unternehmen ein Bild von den Ursachen des Widerrufs machen und den Widerruf auf seine Vertretbarkeit hin untersuchen und prüfen lassen kann[92].

74 **Ab dem Zeitpunkt des Widerrufs** dürfen BestV und PrB nicht mehr verwendet werden[93]. Eine Feststellung des Abschlusses, die vor dem Widerruf erfolgt ist, wird nicht aufgrund des Widerrufs unwirksam; allerdings kann der materielle Grund des Widerrufs zur Nichtigkeit des Abschlusses führen[94].

> **Beispiel 14:**
>
> Der JA zum 31.12.x1 ist am 12.02.x2 mit einem uneingeschränkten BestV versehen und am 28.02.x2 festgestellt worden. Am 01.04.x2 wird bekannt, dass die im Abschluss ausgewiesenen Forderungen in wesentlicher Höhe nicht existieren, da sie zwar durch umfangreiche, aber gefälschte Unterlagen belegt sind. Am 02.04.x2 widerruft der APr. den BestV.
>
> Der Abschluss wird trotz des nunmehr fehlenden BestV nicht wegen fehlender Abschlussprüfung nach § 256 Abs. 1 Nr. 2 AktG nichtig. Im Zeitpunkt der Feststellung war die Abschlussprüfung erfolgt; erst ab Widerruf gilt die Abschlussprüfung als nicht beendet.
>
> Der Abschluss ist jedoch nach § 256 Abs. 5 Nr. 1 AktG wegen Überbewertung der Forderungen nichtig.

75 Der APr. hat von dem Unternehmen die **Rückgabe oder Vernichtung** der ausgelieferten PrB und BestV zu verlangen, um Missbrauchsrisiken zu vermindern[95]. Darüber hinaus müssen alle Personen, die von dem BestV Kenntnis haben, **vom Widerruf informiert werden**[96]. Diese Pflicht trifft zunächst das Unternehmen[97]. Falls es dieser Pflicht nicht

---

90 Vgl. ADS[6], § 322 HGB, Tz. 362; *Hell/Küster*, in: HdR[5], § 322 HGB, Rn. 64.
91 Vgl. *IDW PS 400 n.F.*, Tz. 93.
92 Vgl. KG Berlin v. 19.09.2000, WPg 2001, S. 617 (619).
93 *Vgl.* ADS[6], *§ 322 HGB Tz. 372.*
94 Vgl. *Habersack/Schürnbrand*, in: Staub, HGB[5], § 322, Rn. 39.
95 Vgl. *Müller, W.*, in: Kölner Komm. Rechnungslegungsrecht, § 322 HGB, Rn. 79.
96 Vgl. *Schmidt/Küster*, in: BeBiKo[11], § 322, Rn. 262; *IDW PS 400 n.F.*, Tz. 93.
97 Vgl. ADS[6], § 322 HGB, Tz. 370.

nachkommt, ist der APr. berechtigt, den Widerruf den Empfängern des BestV unmittelbar mitzuteilen[98].

Ist der BestV bereits offengelegt worden, muss das Unternehmen auch den **Widerruf entsprechend § 325 Abs. 1 Satz 6 HGB offenlegen**[99]. Wenn das Unternehmen auch nach Aufforderung durch den APr. den Widerruf nicht offenlegt, kann der APr. den Widerruf selbst bekannt machen[100]; der APr. ist jedoch nicht dazu verpflichtet[101]. Angesichts der erheblichen Auswirkungen eines Widerrufs oder seiner Unterlassung sollte der APr. rechtlichen Rat einholen[102].

6.3 Exkurs: Folgen aus der Nichtigkeit eines Abschlusses für die Prüfung des Folgeabschlusses

6.3.1 Folgen für die Prüfungsplanung und -durchführung

Aus der Nichtigkeit resultieren besondere **Risiken im Hinblick auf die Richtigkeit des Folgeabschlusses**[103]. Der APr. hat insbes. zu untersuchen, ob die Nichtigkeit des Vorjahresabschlusses darauf beruht, dass die Verantwortlichen im Unternehmen relevante Vorschriften nicht kennen, nicht ernst nehmen oder aus anderen Gründen nicht in der Lage sind, die Beachtung solcher Vorschriften sicherzustellen. Falls der APr. derartige Inkompetenz oder Unwilligkeit feststellt, muss er von einem erhöhten Risiko von Fehlern auch im Abschluss oder LB/KLB des Folgejahres ausgehen und diesem durch eine entsprechende Ausweitung von Prüfungshandlungen begegnen.

Zu prüfen ist, ob die **Folgen aus der Nichtigkeit** des Vorjahresabschlusses auf Beschlüsse und Normen, die an die Wirksamkeit des Vorjahresabschlusses anknüpfen, zutreffend berücksichtigt sind. Insbesondere hat der APr. in Betracht zu ziehen, dass die Verwendung des Vorjahresergebnisses nicht zutreffend im Folgeabschluss dargestellt ist, da die Konsequenzen aus der Nichtigkeit der auf dem Vorjahresabschluss aufbauenden Ergebnisverwendungsbeschlüsse[104] nicht gezogen worden sind. Risiken für die Richtigkeit des Folgeabschlusses können sich aus weiteren gesetzlichen oder vertraglichen Regelungen ergeben, die an die **Wirksamkeit des Vorjahresabschlusses** anknüpfen.

> **Beispiel 15:**
>
> Das Unternehmen hat ein grds. langfristiges Darlehen von einer Bank erhalten. Mit der Bank ist vereinbart, dass diese das Recht hat, das Darlehen zu kündigen, wenn bis zu einem bestimmten Zeitpunkt kein wirksam festgestellter JA vorliegt.
>
> Der APr. hat sich zu vergewissern, ob die Restlaufzeitangabe nach § 268 Abs. 5 S. 1 HGB diese Kündigungsmöglichkeit berücksichtigt. Gegebenenfalls hat er die Going-Concern-Prämisse zu hinterfragen, falls die Darlehenskündigung den Bestand des Unternehmens gefährdet.

---

98 Vgl. ADS[6], § 322 HGB, Tz. 370; *Müller, W.*, in: Kölner Komm. Rechnungslegungsrecht, § 322 HGB, Rn. 78.
99 Vgl. *Drinhausen*, in: MünchKomm BilR, § 325 HGB, Rn. 38.
100 Vgl. Haufe HGB Kommentar[8], § 322 HGB, Rn. 168.
101 Vgl. *Müller, W.*, in: Kölner Komm. Rechnungslegungsrecht, § 322 HGB, Rn. 78.
102 Vgl. IDW PS 400 n.F., Tz. A89.
103 Zur Nichtigkeit von Abschlüssen vgl. Kap. B Tz. 285 ff.
104 Vgl. *FAR*, FN-IDW 2002, S. 214 (214).

79 Haben **Fehler in der Rechnungslegung** zur Nichtigkeit des Abschlusses geführt, hat der APr. zu prüfen, ob diese Fehler **im Folgeabschluss vermieden** worden sind und ob eine Korrektur auf zutreffende Weise unter Beachtung aller Angabevorschriften erfolgt ist.

> **Beispiel 16:**
>
> Der Abschluss für das Jahr x1 ist nichtig, weil die Bildung notwendiger Rückstellungen unterlassen worden ist. Materielle Folgewirkungen, z.B. in Form einer Beeinflussung der Höhe ergebnisabhängiger Verpflichtungen, haben sich nicht ergeben. Im Jahr x2 wird die Rückstellungsdotierung nachgeholt.
>
> Bei der Prüfung des Abschlusses für das Jahr x2 hat sich der APr. zu vergewissern, dass im Anhang die Angaben nach § 284 Abs. 2 Nr. 2 HGB zur Änderung der Bilanzierungs- und Bewertungsmethoden und zu ihrem Einfluss auf die Vermögens-, Finanz- und Ertragslage bzw. nach § 285 Nr. 32 HGB zu aperiodischen Aufwendungen enthalten sind. Darüber hinaus wird grds. zu prüfen sein, ob der LB i.R.d. Analyse des Geschäftsverlaufs (§ 289 Abs. 1 Satz 2 HGB) hinreichend auf den Ergebniseinfluss aus der Korrektur im laufenden Jahr eingeht.

80 Beruht die Nichtigkeit des Vorjahresabschlusses darauf, dass eine **Pflichtprüfung unterblieben** ist, hat der APr. seine Prüfungshandlungen auf die vorhergehenden GJ auszuweiten, um Prüfungsnachweise über die Ordnungsmäßigkeit der Eröffnungsbilanzwerte unter Beachtung von *IDW PS 205* zu erhalten[105]. Das Gleiche gilt grundsätzlich in den Fällen des § 256 Abs. 1 Nr. 3 AktG, in denen eine Prüfung des Vorjahresabschlusses von Personen durchgeführt worden ist, die nach § 319 Abs. 1 HGB oder nach Art. 25 EGHGB nicht APr. sind oder aus anderen Gründen als einem Verstoß gegen § 319 Abs. 2, 3 oder Abs. 4 oder § 319a Abs. 1, § 319b Abs. 1 HGB oder die VO (EU) Nr. 537/2014 nicht zum APr. bestellt sind. In diesen Fällen sind unter Berücksichtigung von fachlicher Kompetenz und beruflicher Qualifikation des Vorjahresprüfers ggf. dessen Feststellungen verwertbar.[106]

6.3.2 Folgen für den Bestätigungsvermerk und den Prüfungsbericht

81 Wenn der APr. hinreichende Sicherheit gewonnen hat, dass der **Folgeabschluss materiell richtig** ist, ist diesem Abschluss ungeachtet der Nichtigkeit des Vorjahresabschlusses ein uneingeschränkter BestV zu erteilen.[107]

82 In der Regel kommt im PrB-Abschnitt zu den „Grundsätzlichen Feststellungen" die **Darstellung der Unregelmäßigkeiten** (vgl. Kap. M Tz. 238 ff.), die zur Nichtigkeit des Vorjahresabschlusses geführt haben, in Betracht. Voraussetzung ist nach § 321 Abs. 1 S. 3 HGB im Falle von Abschlussprüfungen bei Non-PIE allerdings, dass die Unregelmäßigkeit den gesetzlichen Vertretern oder Arbeitnehmern zuzurechnen ist. Eine Redepflicht für den APr. bei Non-PIE besteht daher nicht, wenn die Nichtigkeit z.B. darauf beruht, dass eine durch die HV erfolgte Feststellung nicht nach § 130 Abs. 1 und 2 S. 1 sowie Abs. 4 AktG beurkundet ist. Das Unterlassen einer Pflichtprüfung führt dagegen

---

[105] Vgl. *FAR*, FN-IDW 2002, S. 214 (216); IDW Life 2015, S. 597 (598).
[106] Vgl. *IDW PS 205*, Tz. 12.
[107] Vgl. *FAR*, FN-IDW 2002, S. 214 (216); IDW Life 2015, S. 597 (598).

regelmäßig zur Redepflicht[108]. Wenn die HV oder die Gesellschafterversammlung es versäumt haben sollte, einen APr. zu wählen, würde ein berichtspflichtiger Gesetzesverstoß vorliegen, wenn die gesetzlichen Vertreter ihrer Pflicht nach § 318 Abs. 4 HGB, einen Antrag auf gerichtliche Bestellung eines APr. zu stellen, nicht nachgekommen wären. Hinsichtlich der Redepflicht bei PIE kommt es nicht darauf an, ob die Unregelmäßigkeit gesetzlichen Vertretern oder Arbeitnehmern zuzurechnen ist[109].

83 Eine zwischenzeitliche **Heilung der Nichtigkeit** nach § 256 Abs. 6 AktG schließt nicht aus, dass der APr. die **Redepflicht** im PrB auszuüben hat. Die zur Nichtigkeit des Vorjahresabschlusses führenden Unregelmäßigkeiten können für die Tätigkeit der Aufsichtsgremien insb. dann weiterhin relevant sein[110], sofern sie Straf- und Bußgeldfolgen nach §§ 331 ff. HGB nach sich ziehen können. Vor allem, wenn die Nichtigkeit auf einem bewussten Verstoß gegen Rechnungslegungsnormen beruht, ist dies berichtspflichtig, weil sich daraus Bedenken gegen die Eignung der gesetzlichen Vertreter oder Arbeitnehmer begründen[111]. Ist die betreffende Unregelmäßigkeit bereits im Vorjahresprüfungsbericht i.R.d. Ausübung der Redepflicht dargestellt worden, erübrigt sich eine erneute Darstellung im aktuellen PrB.

84 Sollte die **Korrektur von Bilanzierungsfehlern**, die die Nichtigkeit des Vorjahresabschlusses verursacht haben, **nicht ordnungsgemäß** erfolgt sein und resultieren daraus wesentliche Folgen für den aktuellen Abschluss, ist diese Unregelmäßigkeit vom APr. i.R. seiner Redepflicht im PrB im Abschnitt zu den „Grundsätzlichen Feststellungen" darzulegen.

85 Im PrB-Abschnitt zu **Art und Umfang der Prüfung** [vgl. Kap. M Tz. 279 ff. bzw. Kap. M Tz. 572 ff. (Konzern)] ist darzustellen, wie sich die **Nichtigkeit des Vorjahresabschlusses auf die Prüfung ausgewirkt** hat[112]. So ist bei einer Nichtigkeit aufgrund des Unterlassens einer Pflichtprüfung darzustellen, wie der APr. die Eröffnungsbilanzwerte geprüft hat[113]. Auch Schwerpunktbildungen in Prüffeldern, deren Fehlerhaftigkeit zur Nichtigkeit des Vorjahresabschlusses geführt hat, sind hier darzustellen. Entsprechende Folgen können sich für den BestV ergeben, wenn dort KAMs zu schildern sind.

86 Bei den PrB-Ausführungen zur **Ordnungsmäßigkeit der Rechnungslegung** (vgl. Kap. M Tz. 332 ff.) ist im Fall der unterlassenen Pflichtprüfung des Vorjahresabschlusses festzustellen, ob die Eröffnungsbilanzwerte ordnungsgemäß aus dem Vorjahresabschluss übernommen worden sind.[114] Falls eine Korrektur von Vorjahresfehlern in laufender Rechnung zu wesentlichen Unrichtigkeiten des aktuellen Abschlusses geführt hat – z.B. weil die Korrektur nicht angemessen im Anhang erläutert wird[115] –, ist dies in diesem Abschnitt festzustellen.

87 Eine Korrektur von Vorjahresfehlern in laufender Rechnung berührt den PrB-Abschnitt zur **Gesamtaussage des Abschlusses** [vgl. Kap. M Tz. 369 ff. bzw. Kap. M Tz. 620 ff. (Konzern)], wenn die Korrektur den Abschluss wesentlich beeinflusst hat.

---

108 Vgl. *FAR*, FN-IDW 2002, S. 214 (217); Kap. M Tz. 267.
109 Vgl. Art. 11 Abs. 2 Buchst. k) VO (EU) Nr. 537/2014; *IDW PS 450 n.F.*, Tz. P50/1.
110 Vgl. *IDW PS 450 n.F.*, Tz. 47.
111 Vgl. *IDW PS 450 n.F.*, Tz. 49.
112 Vgl. *IDW PS 450 n.F.*, Tz. 57.
113 Vgl. *IDW PS 205*, Tz. 18.
114 Vgl. *IDW PS 205*, Tz. 18.
115 Vgl. *IDW RS HFA 6*, Tz. 15.

7. Auskunftspflichten

7.1 Auskunftspflichten gegenüber Regulatoren

88 Die **Wirtschaftsprüferkammer** wendet sich an den APr., wenn sich bei der Durchsicht von **im Bundesanzeiger veröffentlichen Abschlüssen** Fragen ergeben. Der APr. ist nicht verpflichtet, außerhalb eines förmlichen Auskunftsersuchens nach § 62 WPO Angaben zur Sache zu machen. Regelmäßig wird jedoch der APr. zur Vermeidung eines förmlichen Verfahrens daran interessiert sein, Zweifelsfragen zu klären. Er hat dabei allerdings bei seinen Antworten an die WPK die Pflicht zur Verschwiegenheit zu wahren. Zu den Auskunftspflichten bei weiteren Maßnahmen der Berufsaufsicht, insb. auch im Hinblick auf Inspektionen durch die APAS, vgl. Kap. E.

89 Auskunftspflichten und ihre Grenzen im originär die Rechnungslegenden betreffenden **Enforcement-Verfahren** nach § 342b HGB, §§ 106 ff. WpHG werden in Kap. B Tz. 234 ff. dargestellt.

90 Auskunftspflichten des APr. **gegenüber der Bundesanstalt für Finanzdienstleistungsaufsicht** können sich aus § 26 Abs. 3 WpPG ergeben, wenn bei dieser ein **Prospekt** für Wertpapiere, die öffentlich angeboten oder zum Handel an einem organisierten Markt zugelassen werden sollen, zur Billigung eingereicht wird.

7.2 Auskunftspflichten gegenüber dem nachfolgenden Abschlussprüfer

91 Gemäß § 320 Abs. 4 HGB hat der bisherige APr. dem neuen APr. „auf schriftliche Anfrage **über das Ergebnis der bisherigen Prüfung** zu berichten". Diese Berichtspflicht besteht nicht nur bei einem vorzeitigen, sondern auch bei einem regulären APr.-Wechsel[116].

92 Die Auskunftspflicht besteht gem. § 42 Abs. 5 BS WP/vBP ebenfalls **bei nicht gesetzlich vorgeschriebenen Abschlussprüfungen**, bei denen ein BestV erteilt werden soll, der dem gesetzlichen BestV in § 322 HGB nachgebildet ist.

93 Der APr. ist daher erst recht gegenüber einem nachfolgenden APr., der einen nachfolgenden Abschluss des Unternehmens gemäß einer **Norm, die auf § 320 HGB verweist**, prüft oder einer prüferischen Durchsicht unterzieht, zur Auskunft verpflichtet. Insofern bestehen z.B. Informationspflichten gegenüber einem Prüfer, der

- eine prüferische Durchsicht von Zwischenabschlüssen und -LB gem. § 115 Abs. 5 oder Abs. 7 WpHG,
- die Prüfung einer Umwandlungsschlussbilanz gem. § 17 Abs. 2 S. 2 UmwG oder
- die Prüfung einer Liquidationseröffnungsbilanz gem. § 270 Abs. 2 S. 2 AktG bzw. § 71 Abs. 2 S. 2 GmbHG

durchführt.

---

[116] Vgl. RegE BilMoG, BT-Drs. 16/10067, S. 91; *Schmidt/Heinz*, in: BeBiKo[11], § 320, Rn. 40.

> **Hinweis 4:**
>
> Der Prüfer nach § 64 Abs. 5 S. 4 EEG von Bilanz sowie GuV eines selbstständigen Unternehmensteils ist kein neuer APr. i.S.d. § 320 Abs. 4 HGB, obwohl § 64 Abs. 5 S. 4 EEG auf §§ 317 bis 323 HGB Bezug nimmt. Die Zuverlässigkeit der Eröffnungsbilanzwerte des Unternehmensteils kann er nicht anhand des vorangehenden Abschlusses des gesamten Unternehmens beurteilen.

Die Berichtspflicht ist gem. § 320 Abs. 4 Hs. 2 HGB unter Beachtung des § 321 HGB zu erfüllen. Der bisherige APr. kommt ihr somit nach, wenn er seinem Nachfolger **den Prüfungsbericht zur Verfügung stellt**. Bei einem regulären Prüferwechsel hat die Auskunftspflicht daher sehr selten praktische Folgen, da der PrB dem Folgeprüfer regelmäßig von der Gesellschaft zur Verfügung gestellt wird[117]. Aus diesem Grund ist beim regulären Prüferwechsel der Hinweis in den Gesetzesmaterialien[118], wonach das allgemeine Recht auf Auskunftsverweigerung bei Gefahr der Selbstbelastung durch § 320 Abs. 4 HGB unberührt bleibe, irrelevant.   94

Der bisherige APr. muss den PrB nur **nach schriftlicher Aufforderung** durch den Folgeprüfer, dann aber unverzüglich, zur Verfügung stellen. Er ist nicht verpflichtet, seinen Nachfolger unaufgefordert über das Ergebnis seiner Prüfung zu informieren[119].   95

Da es sich um eine gesetzlich normierte Pflicht handelt, verstößt der bisherige APr. **nicht gegen das Verschwiegenheitsgebot**, wenn er dem Folgeprüfer den PrB nach Aufforderung zur Verfügung stellt[120].   96

Der bisherige APr. ist **nicht verpflichtet, den Prüfungsbericht zu erläutern**[121]. Die Regelung in § 42 Abs. 3 BS WP/vBP bezieht sich ausdrücklich nur auf den APr.-Wechsel bei Kündigung oder Widerruf des Prüfungsauftrags. Es besteht auch **keine Pflicht**, dem Folgeprüfer die **Arbeitspapiere zur Verfügung zu stellen** oder gar, sie ihm zu überlassen[122]. Freiwillig kann der bisherige APr. dem Folgeprüfer derartige Informationen nur erteilen, wenn das Unternehmen den bisherigen APr. von der Verschwiegenheitspflicht entbunden hat[123].   97

Weitergehende Informationspflichten gegenüber dem Folgeprüfer bestehen für APr. von **Public Interest Entities**. Gemäß Art. 18 VO (EU) Nr. 537/2014 i.V.m. Art. 23 Abs. 3 RL 2006/43/EG hat er dem Folgeprüfer **Zugang zu allen relevanten Informationen** über das geprüfte Unternehmen zu gewähren. Dazu zählen[124]:   98

- PrB vorbehaltlich der fünfjährigen Aufbewahrungsfrist nach Art. 15 VO (EU) Nr. 537/2014;

---

117 Vgl. Haufe HGB Kommentar[8], § 320 HGB, Rn. 60.
118 Vgl. RegE BilMoG, BT-Drs. 16/10067, S. 91.
119 Vgl. RegE BilMoG, BT-Drs. 16/10067, S. 91.
120 Vgl. *Schmidt/Heinz*, in: BeBiKo[11], § 320, Rn. 41.
121 Vgl. *Schmidt/Heinz*, in: BeBiKo[11], § 320, Rn. 42; a.A. *Ebke*, in: MünchKomm. HGB[3], § 320 HGB, Rn. 35; *Burg/Müller, W.*, in: Kölner Komm. Rechnungslegungsrecht, § 320 HGB, Rn. 40.
122 Vgl. RegE BilMoG, BT-Drs. 16/10067, S. 91.
123 Vgl. *Schmidt/Heinz*, in: BeBiKo[11], § 320, Rn. 43.
124 Vgl. *Schmidt/Heinz*, in: BeBiKo[11], § 320, Rn. 62; *IDW*, Positionspapier EU-Regulierung[4], Punkt 13.2.1 Weitergehend *Schüppen*, in: Heidel/Schall, HGB[2], Anhang zu § 320, Rn. 2, wonach auch Einblick in Arbeitspapiere zu gewähren sei.

- VollstE für die letzte vom APr. bei dem Unternehmen durchgeführte Abschlussprüfung,
- Aufstellung nicht korrigierter Prüfungsdifferenzen,
- Kommunikation des APr. an die für die Überwachung Verantwortlichen (z.B. i.R.d. Bilanzsitzung verwendete Präsentationen),
- Management Letter.

7.3 Sonstige Auskunftsersuchen

7.3.1 Auskünfte im Insolvenzfall

99 § 321a HGB gewährt **Gesellschaftern und Gläubigern eines insolventen Unternehmens** das Recht, Einblick in PrB zu nehmen.

100 Die Norm verpflichtet nur die Personen, die als Vertreter der Gesellschaft handeln oder die nach Erlöschen der Gesellschaft die PrB aufzubewahren haben[125]. Dies wird regelmäßig der Insolvenzverwalter[126] bzw. – wenn die Eröffnung des Insolvenzverfahrens abgelehnt wurde – der Liquidator[127] sein. **Dem Abschlussprüfer werden durch § 321a HGB keine Pflichten auferlegt**[128]. Im Gegenteil: Durch eine – allerdings sehr begrenzte – gesetzliche Entbindung von der Verschwiegenheitspflicht hat der APr. die Möglichkeit, sich gegen einen Teil der Vorwürfe zu wehren, die in der Folge von Unternehmenszusammenbrüchen gegen ihn erhoben werden könnten. Insbesondere die Behauptung, dass der APr. nicht auf eine Bestandsgefährdung hingewiesen habe, könnte ggf. widerlegt werden.

101 Wenn die primär zur Einsichtsgewährung Verpflichteten die PrB nicht zur Verfügung stellen, z.B. weil die Berichte vernichtet wurden, kann der APr. **Einsicht gewähren**[129]. Der APr. darf – falls er nicht von der Verschwiegenheitspflicht entbunden wird – aber nur in dem Umfang und gegenüber den Personen Einsicht gewähren, wie die Primärverpflichteten dies tun müssten. Im Folgenden wird daher ausgeführt, welche Grenzen trotz der partiellen Lockerung der Verschwiegenheitspflicht durch § 321a HGB vom APr. zu beachten sind.

102 Grundvoraussetzung ist, dass über das Vermögen der betroffenen Gesellschaft ein **Insolvenzverfahren eröffnet** oder der **Antrag auf Verfahrenseröffnung mangels Masse abgelehnt wurde** (§ 321a Abs. 1 S. 1 HGB). Darüber hinaus besteht ein Einsichtsrecht entsprechend § 321a HGB, wenn das **Insolvenzverfahren mangels Masse eingestellt** wurde[130].

103 Das Einsichtsrecht beschränkt sich auf **Berichte über gesetzliche Pflichtprüfungen** von JA oder KA (§ 321a Abs. 1, 4 HGB). Damit sind PrB zu den Abschlüssen von KapGes. und PersGes. i.S.d. § 264a HGB, die mindestens mittelgroß i.S.d. § 267 HGB sind, betroffen[131]. Falls die Abschlüsse aufgrund von Spezialgesetzen, z.B. § 8 UBGG, prü-

---

125 Vgl. *Orth*, in: Baetge/Kirsch/Thiele, Bilanzrecht, § 321a HGB, Rn. 52.
126 Vgl. *IDW PS 450 n.F.*, Tz. 152d.
127 Vgl. *Forster/Gelhausen/Möller*, WPg 2007, S. 191 (194).
128 Vgl. *Burg/Müller, W.*, in: Kölner Komm. Rechnungslegungsrecht, § 321a HGB, Rn. 20; *Kuhner*, in: HdR[5], § 321a HGB, Rn. 24.
129 Vgl. *Forster/Gelhausen/Möller*, WPg 2007, S. 191 (195).
130 Vgl. *Forster/Gelhausen/Möller*, WPg 2007, S. 191 (192).
131 Vgl. *Forster/Gelhausen/Möller*, WPg 2007, S. 191 (192).

fungspflichtig sind, fallen auch sie in den Regelungsbereich des § 321a HGB[132]. Personengesellschaften, bei denen eine natürliche Person Vollhafter ist, und Kaufleute als natürliche Personen sind nicht insolvenzfähig und PrB zu ihren Abschlüssen daher nicht Gegenstand des § 321a HGB[133]. Auch die PrB zu Abschlüssen von Genossenschaften sind von § 321a HGB nicht betroffen, da die Prüfungsvorschriften für diese Unternehmen keinen Verweis auf diese Norm enthalten[134]. Einzelabschlüsse i.S.d. § 325 Abs. 2a HGB unterliegen aufgrund des Verweises in § 324a Abs. 1 HGB dem Einsichtsrecht[135].

Das Einsichtsrecht besteht gem. § 321a Abs. 1 S. 1 HGB hinsichtlich der PrB zu den **Abschlüssen der letzten drei Geschäftsjahre**, soweit sie gesetzliche Pflichtprüfungen betreffen. Das (Rumpf-)GJ, das bei Insolvenzeröffnung endet, ist dabei nicht zu berücksichtigen.[136] **104**

> **Beispiel 17:**
>
> Die JA für den Zeitraum vom 01.06.x1 bis zum 31.05.x2, für das Rumpfgeschäftsjahr vom 01.06. bis zum 31.12.x2 sowie für das Kalenderjahr x3 wurden jeweils einer Pflichtprüfung unterzogen. Der JA x4 wurde freiwillig geprüft. Am 01.04.x5 wurde das Insolvenzverfahren eröffnet. Für den Zeitraum vom 01.01. bis zum 31.03.x5 wird daher ein Rumpfgeschäftsjahresabschluss aufgestellt.
>
> Der Rumpfgeschäftsjahresabschlusses x5 ist nicht in die Betrachtung einzubeziehen. Die Rückwärtszählung beginnt daher mit dem Abschluss x4. Hinsichtlich dieses PrB besteht kein Einsichtsrecht, da er keine gesetzliche Pflichtprüfung betrifft. Das Einsichtsrecht besteht dagegen hinsichtlich der PrB zu den Abschlüssen x3 und 01.06. bis 31.12.x2. Damit ist der maßgebliche Zeitraum der drei letzten GJ abgeschlossen. Der Abschluss 01.06.x1 bis 31.05.x2 liegt jenseits dieses Zeitraums; hinsichtlich des betreffenden PrB besteht daher kein Einsichtsrecht.

Der APr. darf nur Einsicht in den PrB hinsichtlich der von § 321 HGB geforderten **Berichterstattung einschließlich der obligatorischen Berichtsanlagen** gewähren (§ 321a Abs. 1 S. 1 HGB). Darüber hinausgehende Darstellungen im PrB sind von der Einsichtnahme auszuschließen, z.B. durch Schwärzung, Herausnahme oder Anfertigung von Teilkopien[137]. Betroffen hiervon sind PrB-Teile, die auf branchen- oder rechtsformspezifischen Vorschriften oder Auftragserweiterungen beruhen[138]. **105**

Die Einsicht kann zum einen **Gläubigern und Gesellschaftern** gewährt werden. Für die Gesellschafter einer AG, einer KGaA sowie einer SE[139] gilt dies gem. § 321a Abs. 2 S. 1 HGB nur, wenn ihre Anteile bei Geltendmachung des Anspruchs zusammen 1% des **106**

---

132 Vgl. *Bormann*, in: MünchKomm. BilR, § 321a HGB, Rn. 25; a.A. *Forster/Gelhausen/Möller*, WPg 2007, S. 191 (192).
133 Vgl. *Forster/Gelhausen/Möller*, WPg 2007, S. 191 (192).
134 Vgl. *Forster/Gelhausen/Möller*, WPg 2007, S. 191 (192); a.A. *Bormann*, in: MünchKomm. BilR, § 321a HGB, Rn. 25.
135 Vgl. *Schmidt/Deicke*, in: BeBiKo[11], § 321a, Rn. 6.
136 Vgl. *Forster/Gelhausen/Möller*, WPg 2007, S. 191 (195); *Bormann*, in: MünchKomm. BilR, § 321a HGB, Rn. 28; a.A. *Orth*, in: Baetge/Kirsch/Thiele, Bilanzen[13], § 321a HGB, Rn. 49.
137 Vgl. *Forster/Gelhausen/Möller*, WPg 2007, S. 191 (196).
138 Vgl. *IDW PS 450 n.F.*, Tz. 152c.; *Pfitzer/Oser/Orth*, DB 2004, S. 2593 (2601).
139 Vgl. *Habersack/Schürnbrand*, in: Staub, HGB[5], § 321a, Rn. 4.

Grundkapitals oder einen Börsenwert von 100.000 € erreichen. Zum anderen können diese Berechtigten **einen Wirtschaftsprüfer** bzw. eine **Wirtschaftsprüfungsgesellschaft** oder – falls es um ein mittelgroßes Unternehmen i.S.d. § 267 HGB geht – einen **vereidigten Buchprüfer** bzw. eine **Buchprüfungsgesellschaft** mit der Einsichtnahme betrauen. Entgegen dem Gesetzeswortlaut („oder") können auch Gläubiger und Gesellschafter einerseits und von ihnen bestimmte WP bzw. vBP andererseits gemeinsam oder nacheinander Einsicht nehmen[140].

107 Der APr. darf gem. § 321a Abs. 2 S. 2 HGB den PrB gegenüber denjenigen, die zulässigerweise das Einsichtsrecht geltend gemacht haben[141], **erläutern**. Die Erläuterung kann schriftlich oder mündlich erfolgen[142]. § 321a HGB berechtigt den APr. nicht, Einsicht in Berichtsentwürfe oder Arbeitspapiere zu gewähren.

108 Die Rechte des APr., den PrB zur Verfügung zu stellen und zu erläutern, sind durch das **Widerspruchsrecht des Insolvenzverwalters und der gesetzlichen Vertreter** beschränkt. Dieses Widerspruchsrecht kann gem. § 321a Abs. 3 S. 1 HGB ausgeübt werden, soweit eine Offenlegung von Geheimnissen – insbes. von Betriebs- oder Geschäftsgeheimnissen – geeignet ist, der Gesellschaft einen erheblichen Nachteil zuzufügen.

7.3.2 Weitere Auskunftsersuchen

109 Der APr. ist gegenüber anderen Prüfern, die die Erkenntnisse aus der Abschlussprüfung verwerten wollen, grds. zur Verschwiegenheit verpflichtet. Ausnahmen sind die Auskunftspflicht nach § 320 Abs. 3 S. 2 HGB gegenüber dem KAPr. (vgl. Kap. L Tz. 1270) und die Mitwirkungspflichten nach § 57d WPO gegenüber dem Prüfer für Qualitätskontrolle (vgl. Kap. E Tz. 73 ff.). Ferner bestehen **Auskunftspflichten** gem. § 258 Abs. 5 S. 2 i.V.m. § 145 Abs. 2 AktG **gegenüber dem Sonderprüfer** nach § 258 Abs. 1 AktG.

110 Dagegen ist der APr. **nicht zur Erteilung von Auskünften** an
- Sonderprüfer i.S.d. §§ 142 ff. oder § 315 AktG[143] und
- Prüfer nach energierechtlichen Vorschriften [z.B. § 30 Abs. 1 KWKG, § 64 Abs. 3 Nr. 1 Buchst. c) EEG]

berechtigt oder gar verpflichtet. Das gilt auch gegenüber Prüfern, die gesetzlich nicht normierte Aufträge durchführen, wie z.B. die Prüfung der ordnungsgemäßen Verwendung von Investitionszuschüssen, die Prüfung der Einhaltung von vereinbarten Finanzrelationen oder eine Due Diligence.

111 Übernimmt ein WP/vBP, der nicht als APr. bestellt ist, den Auftrag, zu der Behandlung eines konkreten Sachverhalts in der Rechnungslegung des Unternehmens ein **Gutachten** abzugeben, hat er gem. § 39 Abs. 5 S. 1 BS WP/vBP vor Erstellung des Gutachtens mit dem APr. des Unternehmens den Hintergrund und die Rahmenbedingungen sowie die für die Beurteilung wesentlichen Einzelheiten des Sachverhalts zu erörtern. Aus der Pflicht des betreffenden WP/vBP, Informationen einzuholen, resultiert aber weder das Recht noch die Pflicht des APr., diese Informationen zur Verfügung zu stellen. § 39

---

140 Vgl. *Haufe HGB Kommentar*[8], § 321a HGB, Rn. 9.
141 Vgl. *Forster/Gelhausen/Möller*, WPg 2007, S. 191 (199).
142 Vgl. *Ebke*, in: MünchKomm. HGB[3], § 321a, Rn. 10; a.A. Haufe HGB Kommentar[8], § 321a HGB, Rn. 38: nur mündlich.
143 Vgl. *Schroer*, in: MünchKomm. AktG[4], § 145, Rn. 15; *Altmeppen*, in: MünchKomm. AktG[4], § 315, Rn. 33.

Abs. 5 S. 2 BS WP/vBP sieht daher vor, dass der WP/vBP mit dem Auftraggeber vereinbaren muss, den APr. **von der Verschwiegenheitspflicht zu entbinden**.

Gegenüber den **Finanzbehörden** besteht ein **Auskunftsverweigerungsrecht** [§ 102 Abs. 3 Buchst. b) AO], das im Zusammenhang mit der Verschwiegenheitspflicht in Bezug auf Informationen, die der APr. i.R.d. Abschlussprüfung erlangt hat, zu einer Auskunftsverweigerungspflicht erstarkt[144]. Der APr. ist aber bei Durchführung einer steuerlichen Außenprüfung bei seinem Auftraggeber verpflichtet, für seinen Mandanten aufbewahrte Unterlagen herauszugeben (§§ 97, 104 AO)[145]. **112**

Der APr. kann **Organen des Unternehmens** auch nach Erteilung des BestV und Teilnahme an der Bilanzsitzung von AR oder PrA Auskünfte erteilen, soweit ihm dies vor diesem Zeitpunkt erlaubt war (vgl. dazu Kap. B Tz. 117). Eine rechtliche Verpflichtung, etwa aus dem Prüfungsvertrag, besteht grds. jedoch nicht. Das Gleiche gilt für die Informationsweitergabe an anderen Stellen des Unternehmens, etwa gegenüber Mitarbeitern des Rechnungswesens. **113**

---

144 Vgl. *Seer*, in: Tipke/Kruse, AO, § 102, Rn. 3.
145 Vgl. *Krauß*, in: Hense/Ulrich, WPO³, § 51b, Rn. 107.

Kapitel O

Erweiterungen des Prüfungsauftrags

Verfasser:
WP StB Dr. Christian Orth, Stuttgart

Mitarbeit:
WP Dr. Sabine Hellig, Stuttgart

O Erweiterungen des Prüfungsauftrags

Inhalt	Tz.
1. Allgemeine Grundsätze für Erweiterungen von Abschlussprüfungen	1
1.1 Möglichkeiten der Auftragserweiterung bei Abschlussprüfungen	1
1.2 Auftragsverhältnis bei Erweiterungen des Prüfungsauftrags	11
1.3 Berichterstattung über Erweiterungen des Prüfungsauftrags	15
2. Prüfung des Risikofrüherkennungssystems	18
2.1 Gesetzliche Prüfungspflicht und Auftragsverhältnis	18
2.2 Prüfungsgegenstand	25
2.2.1 Bestandsgefährdende Entwicklungen	26
2.2.2 Frühzeitige Erkennung bestandsgefährdender Risiken	28
2.2.2.1 Risikoidentifikation (Risikoinventur)	30
2.2.2.2 Risikoanalyse/-bewertung	33
2.2.2.3 Überwachung	37
2.2.2.4 Risikokommunikation	40
2.2.3 Besonderheiten bei Konzernen	43
2.2.4 Dokumentation des Risikofrüherkennungssystems	44
2.3 Prüfungsdurchführung	48
2.3.1 Relevante Prüfungsstandards	48
2.3.2 Prüfungsziel	50
2.3.3 Prüfungsplanung	53
2.3.4 Angemessenheitsprüfung	58
2.3.5 Wirksamkeits- bzw. Funktionsprüfung	61
2.4 Prüfungsdokumentation	64
2.5 Berichterstattung	67
2.6 Weiterentwicklung des IDW PS 340	71
3. Prüfung des Abhängigkeitsberichts	74
3.1 Gesetzliche Pflichtprüfung und andere Prüfungsanlässe	74
3.2 Prüfungsgegenstand	77
3.2.1 Rechtsgeschäfte mit verbundenen Unternehmen	78
3.2.2 Rechtsgeschäfte auf Veranlassung oder im Interesse von verbundenen Unternehmen	84
3.2.3 Getroffene oder unterlassene Maßnahmen auf Veranlassung oder im Interesse von verbundenen Unternehmen	86
3.2.4 Schlusserklärung des Vorstands	88
3.3 Prüfungsdurchführung	90
3.3.1 Relevante Prüfungsstandards	90
3.3.2 Prüfungsziel	92
3.3.3 Prüfungsplanung	94
3.3.4 Prüfung der tatsächlichen Angaben des Berichts	97
3.3.5 Angemessenheitsprüfung von Rechtsgeschäften und Maßnahmen	103
3.4 Prüfungsdokumentation	108
3.5 Berichterstattung	110
3.5.1 Bericht des Abschlussprüfers	110
3.5.2 Vermerk des Abschlussprüfers	117
4. Prüfung der nichtfinanziellen Erklärung/des nichtfinanziellen Berichts	119
4.1 Erstellung und Prüfung	119
4.2 Berichterstattung über die formelle Prüfung	128
4.3 Freiwillige inhaltliche Prüfung	131

1. Allgemeine Grundsätze für Erweiterungen von Abschlussprüfungen

1.1 Möglichkeiten der Auftragserweiterung bei Abschlussprüfungen

Das Prüfungsurteil einer Abschlussprüfung bezieht sich darauf, ob der Abschluss in allen wesentlichen Belangen in Übereinstimmung mit dem maßgebenden Regelwerk der Rechnungslegung aufgestellt wurde[1]. Ein **Abschluss** i.d.S. ist die strukturierte Darstellung vergangenheitsorientierter Finanzinformationen, welche hauptsächlich aus dem Buchführungssystem eines Unternehmens (bzw. einer Einheit) abgeleitet werden und wirtschaftliche Ereignisse in vergangenen Zeiträumen oder wirtschaftliche Gegebenheiten oder Umstände zu bestimmten Zeitpunkten der Vergangenheit betreffen[2]. 1

Aus welchen Bestandteilen ein **vollständiger Abschluss** besteht, legen jeweils die Anforderungen des maßgebenden Regelwerks der Rechnungslegung fest. Wird der Abschluss um Bestandteile erweitert, die im maßgebenden Regelwerk der Rechnungslegung nicht obligatorisch vorgesehen sind, handelt es sich um eine **Erweiterung des Abschlusses bzw. der Rechnungslegung**. Im Fall einer Erweiterung des Abschlusses um freiwillige Angaben unterliegen diese grds. ebenfalls der Prüfungspflicht; einer **Erweiterung des Prüfungsauftrags** bedarf es insoweit nicht. 2

Bestandteile eines **handelsrechtlichen JA** sind stets die Bilanz und die GuV (§ 242 Abs. 3 HGB). KapGes. haben den JA zudem um einen Anh. zu erweitern (§ 264 Abs. 1 S. 1 HGB). Kapitalmarktorientierte KapGes. i.S.d. § 264d HGB, die nicht zur Aufstellung eines KA verpflichtet sind, haben den JA ferner um eine KFR und einen Eigenkapitalspiegel zu erweitern; ferner besteht für sie ein Wahlrecht zur Segmentberichterstattung (§ 264 Abs. 1 S. 2 HGB)[3]. Grundsätzlich anerkannt ist die Zulässigkeit einer Erweiterung des Anh. um freiwillige Angaben (z.B. Wertschöpfungsrechnung, Substanzerhaltungsrechnung, Angaben zu Zeitwerten); der Umfang von freiwilligen Angaben im handelsrechtlichen Anh. findet jedoch dort eine Grenze, bei der die Klarheit und Übersichtlichkeit der Darstellung beeinträchtigt werden oder kein sachlicher Zusammenhang mit dem JA besteht. Entsprechendes gilt für einen **handelsrechtlichen KA**[4]. 3

Die zu einem **vollständigen IFRS-Abschluss** gehörenden Bestandteile werden abschließend in IAS 1.10 aufgezählt. Eine Erweiterung des Abschlusses um zusätzliche Bestandteile ist folglich nicht zulässig. Grundsätzlich zulässig ist hingegen die Erweiterung des Anh. um freiwillige Informationen (z.B. Angaben nach nationalem Recht, Angabe von Kennzahlen). Der Umfang von freiwilligen Angaben im Anh. findet seine Begrenzung, wenn die Systematik und Verständlichkeit des Abschlusses beeinträchtigt werden[5]. 4

---

1 Vgl. ISA 200.3.
2 Vgl. ISA 200.13 (f) und (g).
3 Darüber hinaus sehen §§ 289b bis e HGB für kapitalmarktorientierte Unternehmen sowie große KI und Versicherungen mit mehr als 500 Mitarbeitern die Abgabe einer nichtfinanziellen Erklärung im LB vor. Alternativ besteht auch die Möglichkeit einer Berichterstattung außerhalb des LB. Entsprechendes gilt für die Berichterstattung auf Konzernebene nach §§ 315b und c HGB.
4 Der handelsrechtliche KA besteht aus der Konzernbilanz, der Konzern-GuV, dem KAnh., der KFR und dem EK-Spiegel; er kann um eine Segmentberichterstattung erweitert werden (§ 297 Abs. 1 HGB).
5 Vgl. *Bischof* u.a., in: Baetge u.a., IFRS², IAS 1, Rn. 175.

5 Ein eigenständiges Instrument der handelsrechtlichen Rechnungslegung ist der LB, welcher neben dem handelsrechtlichen JA steht und diesen um zusätzliche Angaben ergänzt. Der APr. ist verpflichtet, einen aufgrund von gesetzlichen Vorschriften aufgestellten LB i.R.d. Abschlussprüfung zu prüfen. Im Fall eines freiwillig aufgestellten LB ist er zu dessen Prüfung nur dann verpflichtet, wenn er hierzu beauftragt wird[6]. Die Pflichtangaben des LB ergeben sich vor allem aus § 289 HGB. Im Fall der Konzernrechnungslegung sind insb. die Vorschriften des § 315 HGB einschlägig für die Konzernlageberichterstattung, der auch die Möglichkeit eines zusammengefassten LB einräumt (§ 315 Abs. 5 HGB). Anforderungen zu **lageberichtstypischen Angaben** resultieren auch aus DRS 20.

6 Im LB können auch lageberichtsfremde Angaben enthalten sein, die grds. in die Lageberichtsprüfung einzubeziehen sind. Sie sind jedoch nicht zwingend Pflichtbestandteil der Abschlussprüfung, wenn das Unternehmen die lageberichtsfremden Angaben eindeutig von den lageberichtstypischen Angaben abgrenzt und diese (ggü. dem APr.) als „Sonstige Informationen" i.S.d. ISA 720 (Rev.) bzw. ISA 720 (Rev.) E-DE klassifiziert[7]. In diesen Fällen sind die abgegrenzten Lageberichtsangaben vom APr. zu lesen und zu würdigen. Sofern die **lageberichtsfremden Angaben** nicht zweifelsfrei eindeutig abgegrenzt sind, obliegt es dem Ermessen des APr., diese nicht in seine Abschlussprüfung einzubeziehen. Wenn Lageberichtsangaben nicht in die Prüfung einbezogen werden, ist der APr. verpflichtet, die lageberichtsfremden Angaben im BestV zu benennen und darauf hinzuweisen, dass sie nicht geprüft wurden[8].

7 Im Rahmen der Lageberichterstattung besteht für das Unternehmen die Möglichkeit, aus dem LB (oder dem KLB) heraus auf eine an anderer Stelle verortete Berichterstattung zu verweisen. **Verweise aus dem Lagebericht** heraus führen dazu, dass diese Berichterstattung (z.B. die Erklärung zur Unternehmensführung i.S.d. §§ 289f, 315d HGB, die im Internet auf der Homepage des Unternehmens abrufbar ist) im Fall eines sog. „qualifizierten Verweises" der Lageberichterstattung zuzurechnen ist. In Fällen eines „unqualifizierten Verweises" zählt die Berichterstattung, auf die verwiesen wird, nicht zur Lageberichterstattung und kann unter bestimmten Bedingungen als „Sonstige Information" zu klassifizieren sein. Nicht zur Lageberichterstattung zählen **Anlagen zum Lagebericht** (z.B. Entgelttransparenzbericht nach § 22 Abs. 4 EntgTranspG), die lediglich zusammen mit dem LB offenzulegen sind. Diese unterliegen daher grds. keiner Prüfungspflicht durch den APr.

8 Sofern der APr. anlässlich der Abschlussprüfung auch Prüfungsurteile oder Feststellungen zu anderen Sachverhalten als dem Abschluss oder dem LB abzugeben hat, handelt es sich um eine **Erweiterung des Prüfungsauftrags**. Erweiterungen des Prüfungsauftrags können gesetzlich vorgegeben sein oder als freiwillige Erweiterung auch vertraglich vereinbart werden.

---

6 Vgl. *IDW PS 350 n.F.*, Tz. 11.
7 Hierzu hat das Unternehmen ggü. dem APr. i.R.d. Vollständigkeitserklärung eine diesbezügliche Aussage zu treffen.
8 Vgl. *IDW PS 350 n.F.*, Tz. 15 i.V.m. *IDW PS 400 n.F.*, Tz. 45 und *IDW PS 400 n.F.*, Tz. 85. Wenn nicht geprüfte Angaben im LB als ungeprüft gekennzeichnet sind, ist eine Angabe hierzu im BestV nicht zwingend.

> **Beispiel 1:**
>
> Beispiele für (gesetzliche) Erweiterungen des Prüfungsauftrags:
> - Prüfung des Risikofrüherkennungssystems bei börsennotierten AG (§ 317 Abs. 4 HGB)
> - Prüfung des Abhängigkeitsberichts (AbhB) bei abhängigen AG (§ 313 AktG)
> - Prüfung der Tätigkeitsabschlüsse bei integrierten Energieversorgungsunternehmen (§ 6b EnWG)
> - Prüfung der Ordnungsmäßigkeit der Geschäftsführung nach § 53 HGrG.

Erweiterungen des Prüfungsauftrags sind von **Ergänzungen** des Prüfungsauftrags um zusätzliche (eigenständige) Prüfungsaufträge abzugrenzen[9]. Maßgebend dafür, ob eine erweiterte Abschlussprüfung oder eine **zusätzliche Beauftragung** vorliegt, ist insb. die Vereinbarung mit dem Auftraggeber[10]. Die Abgrenzung zwischen einer Erweiterung des Prüfungsauftrags und einer zusätzlichen Beauftragung hat u.a. auch Auswirkungen auf die Berichterstattung: Während im Fall einer Erweiterung des Prüfungsauftrags die Berichterstattung grds. im PrB erfolgt[11], ist über eine zusätzliche Beauftragung außerhalb des PrB gesondert zu berichten[12].

Erweiterungen und Ergänzungen des Prüfungsauftrags sind zudem von vereinbarten **Prüfungsschwerpunkten** abzugrenzen[13]. Während Erweiterungen und Ergänzungen des Prüfungsauftrags den Prüfungsgegenstand betreffen, wirken sich vereinbarte Prüfungsschwerpunkte, welche insb. vom AR bzw. PrA ausgewählt worden sind, lediglich auf den Prüfungsumfang bzw. die Prüfungsintensität aus.

1.2 Auftragsverhältnis bei Erweiterungen des Prüfungsauftrags

Eine Erweiterung des Prüfungsauftrags ist aufgrund der Einbindung in die Prüfung des JA von den Gesellschaftsorganen zu beauftragen, die auch für die Erteilung des Prüfungsauftrags zuständig sind. Bei einer AG hat nach § 111 Abs. 2 S. 3 AktG der AR diese Aufgabe. Dies gilt grds. auch für GmbH, die über einen AR verfügen[14]. Die Beauftragung muss in diesen Fällen von einem Beschluss des Gesamtaufsichtsrats oder eines zuständigen Ausschusses gedeckt sein. Die für den Vertragsschluss notwendige Erklärung kann dann vom Vorsitzenden des AR abgegeben werden. Wenn der Auftrag zur Prüfung des JA von den Geschäftsführern erteilt wird, erstreckt sich deren Zuständigkeit auch auf eine Erweiterung des Prüfungsauftrags. Dies gilt selbst dann, wenn die zusätzliche Beauftragung von der Gesellschafterversammlung gewünscht wird.

Sofern für Abschlussprüfungen eine **gesetzliche Erweiterung des Prüfungsumfangs** angeordnet wird (z.B. Prüfung des Risikofrüherkennungssystems bei börsennotierten AG, § 317 Abs. 4 HGB), bedarf es keiner gesonderten Beauftragung. Zur Klarstellung

---

9 Vgl. *IDW PS 220*, Tz. 20.
10 Vgl. *IDW PS 450 n.F.*, Tz. 19.
11 Beim Abhängigkeitsbericht gibt es eine separate Berichterstattung.
12 Vgl. *IDW PS 450 n.F.*, Tz. 19. Zur Ausnahme s. *IDW PS 400 n.F.*, Tz. 22.
13 Vgl. *IDW PS 220*, Tz. 20.
14 Es kann sich um einen sog. mitbestimmten AR gem. §§ 25 Abs. 1 Nr. 2 MitbestG, 77 Abs. 1 S. 2 BetrVG 1952 i.V.m. 111 Abs. 2 AktG oder einen sog. fakultativen AR gem. § 52 Abs. 1 GmbHG i.V.m. § 111 Abs. 2 AktG (soweit die Anwendung von § 111 Abs. 2 AktG nicht im Gesellschaftsvertrag ausgeschlossen wurde) handeln.

bietet sich dennoch eine Erwähnung in der Auftragsvereinbarung an. Entsprechende Erweiterungen sind zudem von den Verantwortlichkeiten sowie der gesetzlichen Haftungsbegrenzung gem. § 323 Abs. 2 HGB umfasst[15].

13 Soll im Fall einer **gesetzlichen Pflichtprüfung bei Unternehmen** auch ohne Gesetzesbefehl eine **freiwillige Erweiterung** des Prüfungsauftrags erfolgen (z.B. Prüfung des Risikofrüherkennungssystems bei einer nicht-börsennotierten Gesellschaft), ist der Prüfungsauftrag entsprechend zu erweitern. Auch in diesem Fall ist davon auszugehen, dass die Erweiterung des Prüfungsauftrags bei zusätzlicher Beauftragung Bestandteil der Abschlussprüfung wird. Werden fakultative Berichts- und Auftragsinhalte ohne einen Sachzusammenhang zur Abschlussprüfung vereinbart, ist deren rechtliche Behandlung indes gesondert zu betrachten. Insbesondere können Haftungsfälle, die sich im Bereich der Auftragserweiterung ergeben, wg. § 323 Abs. 4 HGB den für die Ersatzpflicht im Pflichtprüfungsbereich gemäß der allgemeinen Haftungsbegrenzung nach § 323 Abs. 2 HGB zur Verfügung stehenden Betrag nicht mindern[16]. Wird für Auftragserweiterungen keine Haftungsbeschränkung – z.B. gem. Nr. 9 Abs. 2 der berufsüblichen Allgemeinen Auftragsbedingungen[17] – vereinbart, wird man bei Erweiterungen von gesetzlichen Pflichtprüfungen indes eine konkludente Bezugnahme auf eine betragsmäßige Haftungsbegrenzung entsprechend § 323 Abs. 2 HGB annehmen können.

14 Soll im Fall einer **freiwilligen Prüfung des JA** eine Erweiterung des Prüfungsauftrags erfolgen, so ist der Prüfungsauftrag entsprechend zu erweitern. Da die gesetzliche Haftungsbegrenzung gem. § 323 Abs. 2 HGB für freiwillige Abschlussprüfungen nicht einschlägig ist, muss eine Haftungsbeschränkung gesondert vereinbart werden. Die für den Auftrag insgesamt vereinbarte Haftungsbeschränkung – z.B. gem. Nr. 9 Abs. 2 der IDW AAB WP/WPG – umfasst in diesem Fall auch die Erweiterung des Prüfungsauftrags.

1.3 Berichterstattung über Erweiterungen des Prüfungsauftrags

15 Der **BestV (§ 322 HGB)** beinhaltet ausschließlich ein auf Abschluss und ggf. LB bezogenes Prüfungsurteil des APr., sofern der BestV nicht ausdrücklich durch gesetzliche Vorschriften zu erweitern ist[18]. Sehen gesetzliche Vorschriften i.R.d. Erweiterungen des Prüfungsgegenstandes eine explizite Aufnahme des Prüfungsergebnisses im BestV vor (z.B. die Prüfung der Tätigkeitsabschlüsse bei integrierten Energieversorgungsunternehmen nach § 6b EnWG), muss die Berichterstattung in einem gesonderten Abschnitt im BestV erfolgen. Der gesonderte Abschnitt im BestV ist mit der Überschrift „Sonstige gesetzliche u.a. rechtliche Anforderungen" oder einer anderen, dem Inhalt des Abschnitts entsprechender Überschrift, zu versehen[19].

16 Sehen gesetzliche Vorschriften zwar eine **Erweiterung des Prüfungsgegenstands**, nicht aber eine Beurteilung darüber im **BestV** vor, dürfen entsprechende Aussagen ausschließlich im **PrB (§ 321 HGB)** erfolgen[20]. Die Berichterstattung im PrB über Erweiterungen des Prüfungsauftrags, die sich nicht auf den JA oder LB beziehen (z.B. Prüfung

---

15 Vgl. ADS⁶, § 323, Tz. 128.
16 Vgl. ADS⁶, § 323, Tz. 152.
17 Allgemeine Auftragsbedingungen für Wirtschaftsprüfer und Wirtschaftsprüfungsgesellschaften vom 01.01.2017 (im Folgenden: IDW AAB WP/WPG); erhältlich im IDW Verlag.
18 Vgl. *IDW PS 400 n.F.*, Tz. 66 und Tz. A63.
19 Vgl. *IDW PS 400 n.F.*, Tz. 66.
20 Vgl. *IDW PS 400 n.F.*, Tz. A63.

der Ordnungsmäßigkeit der Geschäftsführung nach § 53 HGrG), sollte in einem gesonderten Abschnitt des PrB erfolgen[21].

Werden i.R. einer Erweiterung des Prüfungsgegenstandes, über den nicht aufgrund rechtlicher oder regulatorischer Vorgaben im BestV zu berichten ist, Mängel festgestellt, führen diese als solche nicht zur **Modifizierung der Prüfungsurteile** im BestV. Dies ist dadurch begründet, dass sich der BestV ausschließlich auf Abschluss und ggf. LB bezieht. Resultieren aus solchen Mängeln jedoch Unrichtigkeiten und Verstöße gegen Rechnungslegungsvorschriften (z.B. ein nicht funktionsfähiges Risikofrüherkennungssystem, durch das bestandsgefährdende Risiken nicht vollumfänglich erkannt werden und insofern die Risikoberichterstattung im LB unvollständig ist), so sind die Prüfungsurteile im BestV ggf. wegen Mängeln in der Rechnungslegung zu modifizieren (im o.g. Beispiel das Prüfungsurteil zum LB hinsichtlich des Risikoberichts). 17

2. Prüfung des Risikofrüherkennungssystems

2.1 Gesetzliche Prüfungspflicht und Auftragsverhältnis

Nach **§ 91 Abs. 2 AktG** hat der Vorstand einer AG geeignete Maßnahmen zu treffen, insb. ein Überwachungssystem einzurichten, damit den Fortbestand der Gesellschaft gefährdende Entwicklungen früh erkannt werden (kurz auch „**Risikofrüherkennungssystem**" genannt)[22]. Diese aktienrechtliche Regelung kann auch für den Pflichtenrahmen der Geschäftsführer von Gesellschaften anderer Rechtsformen (insb. GmbH) je nach Größe und Komplexität der Unternehmensstruktur eine Ausstrahlungswirkung haben (Teil der Leitungsaufgabe)[23]. 18

Flankiert wird § 91 Abs. 2 AktG durch **§ 317 Abs. 4 HGB**, wonach APr. **börsennotierter AG** (§ 3 Abs. 2 AktG) i.R.d. gesetzlichen Abschlussprüfung zu beurteilen haben, ob der Vorstand die ihm nach § 91 Abs. 2 AktG obliegenden Maßnahmen in einer geeigneten Form getroffen hat und ob das danach einzurichtende Überwachungssystem seine Aufgaben erfüllen kann. Hierbei handelt es sich folglich um eine **gesetzliche Erweiterung des Prüfungsauftrags**. 19

Die Prüfungspflicht nach § 317 Abs. 4 HGB ist nicht analogiefähig und entfaltet somit im Gegensatz zur Regelung des § 91 Abs. 2 AktG keine Ausstrahlungswirkung. AG und KGaA, deren Aktien nicht an der Börse oder lediglich im Freiverkehr (§ 48 BörsG) gehandelt werden, unterliegen somit nicht der gesetzlichen Prüfungspflicht[24]. Gleiches gilt auch bei allen anderen Rechtsformen, da keine gesetzliche Prüfungspflicht besteht. 20

Auch ohne gesetzliche Vorgabe kann durch vertragliche Vereinbarungen zwischen einem Unternehmen und seinem APr. die Abschlussprüfung um die Prüfung des Risikofrüherkennungssystems erweitert werden. Eine solche **freiwillige Erweiterung des** 21

---

21 Vgl. *IDW PS 450 n.F.*, Tz. 12; *IDW PS 450 n.F.*, Tz. 108.
22 Auch der DCGK, Rn. 4.1.4, weist dem Vorstand die Aufgabe zu, für ein angemessenes Risikomanagement und Risikocontrolling im Unternehmen zu sorgen. Für KI (§ 25a KWG) und Versicherungen (§ 26 VAG) bestehen Sonderregelungen, welche hier nicht thematisiert werden.
23 Vgl. Begr. RegE KonTraG, BT-Drucks. 13/9712, S. 15. Als Kriterien zur Konkretisierung der Ausstrahlungswirkung der Vorschrift auf Nicht-AG werden in der Literatur u.a. die Rechtsform, die Unternehmensgröße, Mitbestimmungspflichten oder eine Kapitalmarktorientierung genannt; vgl. *Weiss/Heiden*, in: HdR[5], AktG § 91 Rn. 75 ff. m.w.N.
24 Vgl. BR-Drs. 872/97, S. 28.

O Erweiterungen des Prüfungsauftrags

Prüfungsauftrags kann auch durch den Gesellschaftsvertrag oder die Satzung einer Gesellschaft vorgeschrieben sein.

22 Soll im Fall einer **gesetzlichen Abschlussprüfung** eine freiwillige Prüfung des Risikofrüherkennungssystems erfolgen, so ist der Prüfungsauftrag entsprechend zu erweitern. Es empfiehlt sich, im Auftragsbestätigungsschreiben[25] klarzustellen, dass sich in Erweiterung des Auftrags zur Durchführung der gesetzlichen Prüfung des JA in entsprechender Anwendung des § 317 Abs. 4 HGB die Prüfung auch auf das im Unternehmen vorhandene Überwachungssystem erstreckt, um zu beurteilen, ob der Vorstand seinen Pflichten gem. § 91 Abs. 2 AktG (bzw. die Geschäftsführung ihren Pflichten nach § 91 Abs. 2 AktG analog) nachgekommen ist. In diesem Fall handelt es sich bei der Prüfung des Risikofrüherkennungssystems (auch bei zusätzlicher Beauftragung) um eine Erweiterung der Abschlussprüfung. Da es sich jedoch um eine gesonderte Auftragsprüfung handelt, wird der nach § 323 Abs. 2 HGB im Pflichtprüfungsbereich zur Verfügung stehende Betrag nicht vermindert[26].

23 Soll im Fall einer **freiwilligen Abschlussprüfung des JA** eine Prüfung des Risikofrüherkennungssystems erfolgen, so ist der Prüfungsauftrag entsprechend zu erweitern. Die für die Abschlussprüfung gesondert vereinbarte Haftungsbeschränkung, z.B. gem. Nr. 9 Abs. 2 der IDW AAB WP/WPG, umfasst auch die Prüfung des Risikofrüherkennungssystems.

24 Diese Prüfung kann auch auf der Basis eines **Sonderauftrags** durch einen Wirtschaftsprüfer (WP) durchgeführt werden. Die Vergabe eines Sonderauftrags zur Prüfung der Maßnahmen nach § 91 Abs. 2 AktG sollte jedoch auf jene Fälle beschränkt bleiben, in denen dieser Auftrag – aus übergeordneten Gründen – nicht an den APr. erteilt werden soll oder vom Zeitablauf her eine Durchführung parallel zur Abschlussprüfung nicht möglich ist. Für die auf Basis eines Sonderauftrags durchgeführte Prüfung des Risikofrüherkennungssystems bedarf es einer gesonderten haftungsbeschränkenden Vereinbarung speziell für diesen Sonderauftrag. Sofern ein WP bei freiwilliger Beauftragung zur Prüfung der Maßnahmen nach § 91 Abs. 2 AktG analog § 317 Abs. 4 HGB nicht gleichzeitig mit der Prüfung des JA des Unternehmens beauftragt ist, hat er vor Auftragsannahme festzustellen, ob er für die Prüfung ein ausreichendes Verständnis des Unternehmens und seines Umfelds erlangen und die für die Prüfung erforderlichen Prüfungshandlungen durchführen kann. Eine Auftragsannahme setzt die Wahrung aller Berufspflichten voraus.

---

25 Entsprechende Muster für Auftragsbestätigungsschreiben enthält das IDW Praxishandbuch zur Qualitätssicherung 2017/2018, Kapitel A, Arbeitshilfe: A-4.2.3.(1) Auftragsbestätigungsschreiben –Abschlussprüfung Non-PIE.
26 Vgl. Kap. O Tz. 12.

> **Hinweis 1:**
>
> § 107 Abs. 3 S. 2 AktG definiert die Überwachung des Rechnungslegungsprozesses sowie der Wirksamkeit des **IKS**, des **Risikomanagementsystems (RMS)** und des **internen Revisionssystems (IRS)** als Aufgaben des PrA[27]. Entsprechendes gilt auch für das **Compliance Management System (CMS)**, dessen Überwachung nach DCGK, Ziffer 5.3.2, ebenfalls dem AR obliegt. Bei den genannten Systemen handelt es sich um zur Unternehmensführung und -überwachung eingesetzte (Teil-)Systeme. Auch wenn keine gesetzliche Prüfungspflicht für diese Systeme besteht, kann es aus Sicht der Aufsichtsorgane und des Vorstands von Interesse sein, die Angemessenheit und Wirksamkeit dieser Systeme i.R. eines Sonderauftrags prüfen zu lassen[28].

2.2 Prüfungsgegenstand

§ 91 Abs. 2 AktG enthält mit der Vorgabe des Ziels einer **frühzeitigen Erkennung von bestandsgefährdenden Entwicklungen** sowie der Forderung nach der **Implementierung geeigneter Maßnahmen** zur Zielerreichung, insb. der **Implementierung eines Überwachungssystems**, Bestandteile, die den Prüfungsgegenstand nach § 317 Abs. 4 HGB konkretisieren. Die Ausgestaltung der nach § 91 Abs. 2 AktG geforderten Maßnahmen obliegt dem Ermessensspielraum der gesetzlichen Vertreter, der auch in der in § 93 Abs. 1 S. 2 AktG verankerten Business Judgement Rule zum Ausdruck kommt.

2.2.1 Bestandsgefährdende Entwicklungen

Nach dem Wortlaut bezieht sich § 91 Abs. 2 AktG lediglich auf solche Entwicklungen, die auch zu einer **Bestandsgefährdung** führen, wobei eine abstrakte Möglichkeit der Bestandsgefährdung als ausreichend zu erachten ist. Sie erstreckt sich indes nicht auf sämtliche potentielle Risiken, die die Entwicklung eines Unternehmens beeinträchtigen können.

Um einer systematischen Erfassung bestandsgefährdender Entwicklungen gerecht zu werden, müssen die Maßnahmen auch für sich isoliert betrachtet unwesentliche Risiken erfassen, da sich diese Einzelrisiken kumuliert oder in Wechselwirkung mit anderen Risiken bestandsgefährdend auswirken können. Außerdem ist der Tatsache Rechnung zu tragen, dass sich bestimmte Risiken im Zeitablauf verändern und dadurch bestandsgefährdend werden können oder dass neue, bisher nicht absehbare Risiken zusätzlich auftreten. Die Identifikation dieser neuen, d.h. nicht vordefinierten Risikofelder muss durch eine entsprechende Ausgestaltung der geforderten Maßnahmen ebenfalls gewährleistet werden. Zudem muss aus Prüfungssicht eine Transparenz der unterhalb der Existenzgefährdung bewerteten Risiken im Hinblick auf eine Prüfung der Plausibilität der Risikobewertung und der vollständigen Risikodarstellung gewährleistet sein.

---

27 § 107 AktG normiert jedoch keine Pflicht zur Einrichtung entsprechender Systeme.

28 Von der gesetzlichen Prüfung gem. § 317 Abs. 4 HGB der Maßnahmen nach § 91 Abs. 2 AktG ist die freiwillige Prüfung von Corporate-Governance-Systemen abzugrenzen, insb. die Prüfung des CMS nach *IDW PS 980*, des Risikomanagementsystems nach *IDW PS 981*, des IKS des internen und externen Berichtswesens nach *IDW PS 982* sowie des Internen Revisionssystems nach *IDW PS 983*.

2.2.2 Frühzeitige Erkennung bestandsgefährdender Risiken

28 Die Maßnahmen nach § 91 Abs. 2 AktG sollen ausweislich der Erläuterungen in der Gesetzesbegründung so eingerichtet sein, dass bestandsgefährdende Entwicklungen frühzeitig erkannt und an die zuständigen Entscheidungsträger weitergeleitet werden, also zu einem Zeitpunkt, zu dem noch geeignete Maßnahmen zur Sicherung des Fortbestandes der Gesellschaft ergriffen werden können[29].

29 Die Pflicht nach § 91 Abs. 2 AktG zur Etablierung geeigneter Maßnahmen, insb. der Einrichtung eines Überwachungssystems, stellt eine abstrakte Organisationsanforderung dar, welche die Begründung von personellen Zuständigkeiten (Aufbauorganisation) und die Einrichtung von Informationsflüssen (Ablauforganisation mit Berichtswesen) erfordert. Die Elemente des einzurichtenden **Systems** sollten in Form eines **Regelkreislaufs** angeordnet sein, welcher im Unternehmen permanent durchlaufen wird. Die wesentlichen Elemente eines solchen Regelkreislaufs bilden die **Risikoidentifikation (Risikoinventur)**, die **Risikoanalyse/-bewertung**, die **Überwachung** des Systems und die **Risikokommunikation**[30].

2.2.2.1 Risikoidentifikation (Risikoinventur)

30 Entscheidend für die Risikofrüherkennung ist die frühzeitige Identifizierung von Gefährdungsfeldern und Einzelrisiken des Unternehmens. Dabei sind nicht nur bereits bekannte Risiken zu analysieren, sondern auch bislang unbekannte Risiken (d.h. Risiken, deren Erscheinungsbild nicht vordefiniert werden kann) in einem Erkenntnisprozess zu identifizieren. In Abhängigkeit von Größe und Komplexität eines Unternehmens kann die Risikoinventur unterschiedlich stark formalisiert sein. Die Notwendigkeit zur Einrichtung eines formalisierten Systems zur Erfassung der Risiken nimmt mit der Größe und Komplexität des Unternehmens zu und ist nach § 91 Abs. 2 AktG auch gesetzlich gefordert.

31 Für die Wirksamkeit eines Risikofrüherkennungssystems sind die im Unternehmen vorhandene **Risikokultur** und die **Risikopolitik** sowie das bei den Mitarbeitern vorhandene **Risikobewusstsein** (internes Umfeld) von herausragender Bedeutung. Entscheidend ist, wie Risikofrüherkennung im Unternehmen „gelebt" und von der Geschäftsleitung „vorgelebt" wird, d.h. ob ein Risikofrüherkennungssystem als „notwendiges Übel" oder als ein Beitrag zur Steigerung des Unternehmenswerts gesehen wird.

32 Die Risikoidentifikation stellt eine fortwährende Aufgabe dar, weshalb periodische Risikoinventuren erforderlich sind. Zur proaktiven Identifikation von Risiken können verschiedene Instrumente genutzt werden. Mögliche **Methoden** der Risikoidentifikation sind z.B. Befragungen/Interviews, Benchmarking, Beobachtungen/Betriebsbesichtigungen, Brainstorming, Dokumentenanalysen, indikatorgestützte Analyseverfahren (Frühwarnindikatoren), Risikofragebögen, Risikoworkshops sowie Wert- und Prozesskettenanalysen. Zur Identifizierung von Risikokonzentrationen können Portfolio- und Szenarioanalysen angewandt werden. Häufigkeit und Methodik der Risikoinventur sind in Abhängigkeit von Größe und Komplexität eines Unternehmens individuell festzulegen.

---

[29] Vgl. Begr. RegE KonTraG, BT-Drucks. 13/9712, S. 15. Vgl. auch *IDW PS 340*, Tz. 5.
[30] Vgl. stellvertretend *IDW PS 340*, Tz. 4; *IDW PS 981*, Tz. 31.

2.2.2.2 Risikoanalyse/-bewertung

Im Rahmen der Risikoanalyse erfolgt eine Bewertung aller erfassten Einzelrisiken im Hinblick auf ihre Eintrittswahrscheinlichkeit sowie ihre quantitativen Auswirkungen, auf deren Basis regelmäßig die Klassifizierung von Einzelrisiken innerhalb einer Risikomatrix erfolgt (Schadenskategorien). Um eine unternehmens- bzw. konzernweit einheitliche Vorgehensweise sicherzustellen, sollte das Bewertungsverfahren in verbindlichen Richtlinien von den gesetzlichen Vertretern der verpflichteten Gesellschaft vorgegeben werden. 33

Eine Unterteilung von Risiken in Risikoklassen setzt die Definition von Maßstäben für alle Unternehmensbereiche und Hierarchieebenen voraus, die als Grundlage für die Identifikation von wesentlichen und bestandsgefährdenden Risiken der jeweiligen Organisationseinheit dienen. Sofern mit Risikoklassen gearbeitet wird, können z.B. für Ergebnis-, Liquiditäts-, Compliance- oder Reputationsrisiken individuelle Schwellenwerte festgelegt werden. Neben qualitativen und quantitativen Risikoanalysen werden teilweise ergänzend auch Risikoberechnungsverfahren (z.B. Sensitivitätsanalysen, Szenarioanalysen und Simulationstechniken) angewandt. 34

Für die Beurteilung der einzelnen Risiken ist ein jeweils adäquater Zeitraum zugrunde zu legen. Der Prognosezeitraum für die Beurteilung, ob bestandsgefährdende Risiken vorliegen, beträgt mindestens ein Jahr[31], wenngleich sich bestandsgefährdende Risiken auch kurzfristig realisieren können oder sich ggf. auch über einen längeren Zeitraum materialisieren (z.B. durch strategische Fehlentscheidungen). 35

Bei der Risikobewertung ist zwischen dem Bruttorisiko und dem Nettorisiko zu unterscheiden. Während das Bruttorisiko das Risiko vor eventuellen risikomindernden Maßnahmen darstellt, bezeichnet das Nettorisiko das verbleibende Risiko nach Umsetzung sämtlicher risikomindernder Maßnahmen (erwarteter Fall). Die Bewertung der Risiken ist grds. zunächst **brutto** vorzunehmen. Es wird somit das potenzielle Risiko bewertet. Erst daran anschließend können die Risiken (zusätzlich) **netto** bewertet und eingeleitete oder geplante Maßnahmen berücksichtigt werden. 36

2.2.2.3 Überwachung

Nach § 91 Abs. 2 AktG hat der Vorstand ein Überwachungssystem[32] einzurichten. Die Überwachungsaufgabe bezieht sich zunächst auf die Identifizierung von bestandsgefährdenden Entwicklungen. Zudem bezieht sich die Überwachungsaufgabe aber auch auf die Überwachung der Wirksamkeit des im Unternehmen eingerichteten Risikofrüherkennungssystems. Ausweislich der Gesetzesbegründung soll durch § 91 Abs. 2 AktG die Verpflichtung des Vorstands verdeutlicht werden, für ein **angemessenes Risikomanagement und** für eine **angemessene interne Revision** (im Sinne eines internen Überwachungssystems) zu sorgen[33]. 37

Neben der Pflicht zur Risikofrüherkennung besteht folglich eine Pflicht zur regelmäßigen Überprüfung der Effizienz der Risikoorganisation. Eine solche Verpflichtung besteht insb. nach bekannt gewordenen Problemen. Die Überwachungsanforderungen steigen zudem in der wirtschaftlichen Krise einer Gesellschaft. 38

---

31 Nach DRS 20.156 ist der Beginn dieses Zeitraums auf den Abschlussstichtag zu beziehen.
32 In § 321 Abs. 4 HGB wird der Terminus „internes Überwachungssystem" verwendet.
33 Vgl. BT-Drs. 13/9712, S. 15; *IDW PS 340*, Tz. 34.

39 Sofern im Unternehmen eine Interne Revisionsabteilung besteht, wird diese regelmäßig mit der Überprüfung der Wirksamkeit des Risikofrüherkennungssystems beauftragt. Sofern im Unternehmen keine Interne Revisionsabteilung besteht, können auch andere Mitarbeiter und Stellen mit der Überwachung beauftragt werden.

2.2.2.4 Risikokommunikation

40 Entsprechend der Zielsetzung von Risikofrüherkennungssystemen sind identifizierte und nicht bewältigte Risiken, die allein oder im Zusammenwirken mit anderen Risiken bestandsgefährdend werden können, an die zuständigen Entscheidungsträger weiterzuleiten. Die lfd. Geschäftsberichterstattung ist dafür um eine regelmäßige und gesonderte zusammenfassende Berichterstattung über die Risikolage auf Basis eines aktuellen Risikoinventars zu ergänzen (formale Risikokommunikation).

41 Gem. § 107 Abs. 3 S. 2 AktG ist die Überwachung des **Risikomanagementsystems (RMS)** Aufgabe des PrA. Damit zählt neben dem Vorstand implizit auch der **AR** zu den Adressaten der Risikokommunikation.

42 Neben der internen Berichterstattung ist auch in der externen Rechnungslegung über bestandsgefährdende Risiken zu berichten. Nach § 289 Abs. 1 S. 4 HBG bzw. § 315 Abs. 1 S. 5 HGB ist im **LB/KLB** die voraussichtliche Entwicklung des Unternehmens/des Konzerns mit ihren wesentlichen Chancen und Risiken zu beurteilen und zu erläutern. Dabei sind bestandsgefährdende Risiken explizit als solche zu bezeichnen[34]. Zudem soll der LB/KLB auch auf die Risikomanagementziele und -methoden eingehen. Bestandsgefährdende Risiken stellen indes nur eine Teilmenge der nach §§ 289 bzw. 315 HGB im LB bzw. KLB berichtspflichtigen wesentlichen Risiken dar. Kapitalmarktorientierte Unternehmen haben nach DRS 20.K144 im KLB explizit auch die Strukturen und Prozesse des Risikomanagements darzustellen und dabei die Identifikation, Bewertung, Steuerung und Kontrolle von Risiken sowie die interne Überwachung dieser Abläufe zu erläutern.

2.2.3 Besonderheiten bei Konzernen

43 Sofern auch von TU den Fortbestand des MU gefährdende Entwicklungen ausgehen können, ist bei MU i.S.d. § 290 HGB die Überwachungs- und Organisationspflicht – i.R.d. bestehenden gesellschaftsrechtlichen Möglichkeiten – konzernweit zu verstehen[35]. Die Prüfung nach § 317 Abs. 4 HGB stellt indes keine Erweiterung der Konzernabschlussprüfung dar, sondern richtet sich an den APr. des JA des MU[36].

2.2.4 Dokumentation des Risikofrüherkennungssystems

44 Zur Sicherstellung der dauerhaften, personenunabhängigen Funktionsfähigkeit der getroffenen Maßnahmen und zum Nachweis der Erfüllung der Pflichten des Vorstands nach § 91 Abs. 2 AktG ist eine angemessene Dokumentation der Maßnahmen einschl. des Überwachungssystems erforderlich[37]. Fehlt eine angemessene Dokumentation, so hat der APr. auf deren Erstellung durch das Unternehmen hinzuwirken.

---

[34] Vgl. DRS 20.148.
[35] Vgl. BR-Drs. 872/97, S. 36 f.
[36] Vgl. ADS⁶, § 317, Tz. 228.
[37] *IDW PS 340*, Tz. 17.

Generell führt eine **fehlende oder unvollständige Dokumentation** der Maßnahmen nach § 91 Abs. 2 AktG zu Zweifeln an der dauerhaften Funktionsfähigkeit der Maßnahmen[38]. Eine fehlende Dokumentation allein berechtigt jedoch nicht zu der Feststellung, dass vom Unternehmen kein entsprechendes System eingerichtet worden ist. Wenn keine oder eine fehlerhafte Gesamtdokumentation des Systems vorliegt, muss das Vorhandensein eines Systems zur frühzeitigen Erkennung bestandsgefährdender Risiken auf andere Weise hinreichend vom Unternehmen belegt werden[39]. Bisher wurde die Auffassung vertreten, dass in diesen Fällen letztlich der APr. die Prozesse und Maßnahmen aufnehmen und über die fehlende bzw. unvollständige Dokumentation gem. § 321 Abs. 4[40] und Abs. 1 S. 3 HGB berichten muss. Der zwischenzeitlich ergangenen Rspr. lässt sich indes entnehmen, dass die fehlende Dokumentation einen Verstoß gegen § 91 Abs. 2 AktG darstellt[41].

45

In Anlehnung an § 257 Abs. 1 Nr. 1 HGB (i.V.m. § 257 Abs. 4 HGB) sollte die Systemdokumentation (sonst. Organisationsunterlagen) zehn Jahre durch das Unternehmen aufbewahrt werden. Auch die lfd. Unterlagen des Risikofrüherkennungssystems, wie z.B. Risikomeldungen und Risikoberichte o.ä. Unterlagen sollten – auch für Zwecke der Exkulpation der Geschäftsleitung – über einen ausreichend langen Zeitraum aufbewahrt werden[42].

46

Zur Systemdokumentation bietet sich die Erstellung eines Risikohandbuchs an, in das die organisatorischen Regelungen und Maßnahmen zur Einrichtung des Systems aufgenommen werden, z.B.

47

- Aussagen zur Bedeutung der frühzeitigen Erkennung von Risiken für das Unternehmen,
- Definition von Risikofeldern, die zu bestandsgefährdenden Entwicklungen führen können,
- Grundsätze für die Risikoerkennung und Risikoanalyse sowie Risikokommunikation, insb. auch über die Feststellung und die Reaktion auf Veränderungen im Zeitablauf,
- Festlegung von Verantwortlichkeiten und Aufgaben für Risikoerkennung, -analyse und -kommunikation,
- Regelungen zur Berichterstattung über erkannte Risiken an die zuständige Stelle (z.B. nächsthöhere Hierarchiestufe) sowie zur Risikoverfolgung,
- Zusammenstellung der wesentlichen integrierten Kontrollen und der Aufgaben der Internen Revision.

---

38 Vgl. *IDW PS 340*, Tz. 18.
39 Vgl. BeBiKo[11], § 317 HGB, Rn. 86.
40 Vgl. *IDW PS 340*, Tz. 25.
41 Nach Auffassung des LG München I v. 05.04.2007, 5 HK O 15964/06, ist ein Beschluss der HV, durch den dem Vorstand einer AG Entlastung gem. § 120 AktG erteilt wird, obwohl er nicht für eine ordentliche Dokumentation des Risikofrüherkennungssystems gem. § 91 Abs. 2 AktG Sorge getragen hat, gem. § 243 Abs. 1 AktG wg. schwerwiegender Verletzung des Gesetzes anfechtbar.
42 Für derartige Dokumente kommt eine Aufbewahrungsfrist von zehn Jahren (§ 257 Abs. 4 HGB i.V.m. § 257 Abs. 1 Nr. 4 HGB analog) in Betracht. Diese Unterlagen dienen auch dem Nachweis der kontinuierlichen Anwendung der getroffenen Maßnahmen.

2.3 Prüfungsdurchführung

2.3.1 Relevante Prüfungsstandards

48 Die Berufsauffassung, nach der WP unbeschadet ihrer Eigenverantwortlichkeit Prüfungen nach § 317 Abs. 4 HGB vornehmen, hat das IDW im *IDW PS 340* dargelegt.

> **Hinweis 2:**
>
> Neben *IDW PS 340* hat das IDW folgende Prüfungsstandards zur (freiwilligen) Prüfung von Corporate Governance Systemen verabschiedet:
> - IDW Prüfungsstandard: Grundsätze ordnungsmäßiger Prüfung von Compliance Managementsystemen (IDW PS 980),
> - IDW Prüfungsstandard: Grundsätze ordnungsmäßiger Prüfung von Risikomanagementsystemen (IDW PS 981),
> - IDW Prüfungsstandard: Grundsätze ordnungsmäßiger Prüfung des internen Kontrollsystems des internen und externen Berichtswesens (IDW PS 982)
> - IDW Prüfungsstandard: Grundsätze ordnungsmäßiger Prüfung von Internen Revisionssystemen (IDW PS 983).
>
> Im Lichte dieser neueren *IDW Prüfungsstandards* soll *IDW PS 340* überarbeitet werden (siehe Kap. O Tz. 71 ff.).

49 Während die Abschlussprüfung eine Prüfung von historischen Finanzinformationen ist, handelt es sich bei der Prüfung des Risikofrüherkennungssystems nach § 317 Abs. 4 HGB um eine **Systemprüfung**[43]. Prüfungen, die sich nicht auf historische Finanzinformationen beziehen, werden in den International Standard for Assurance Engagements (ISAE) behandelt. Als übergeordnete „Auffangnorm" für Systemprüfungen aller Art, für die kein spezifischer Standard vorliegt, findet ISAE 3000: Assurance Engagements Other than Audits or Reviews of Historical Financial Information (Rev.) Anwendung, welcher ergänzend bei der Prüfung von Risikofrüherkennungssystemen herangezogen werden kann.

2.3.2 Prüfungsziel

50 Ergebnis einer Prüfung nach § 317 Abs. 4 HGB ist die Beurteilung der Wirksamkeit des in einem Unternehmen eingerichteten Risikofrüherkennungssystems. Die Wirksamkeit des Systems ist dann gegeben, wenn die vorgesehenen Regeln und Maßnahmen von den hiervon Betroffenen nach Maßgabe ihrer Verantwortung zur Kenntnis genommen und bei der täglichen Arbeit beachtet werden. Zielsetzung der **Wirksamkeitsprüfung** ist es, dem APr. auf der Grundlage der im Unternehmen eingeführten Regelungen und Maßnahmen eine Aussage darüber zu ermöglichen,
- ob die vorgesehenen Regelungen und Maßnahmen in allen wesentlichen Belangen geeignet sind, mit hinreichender Sicherheit bestandsgefährdende Risiken frühzeitig zu erkennen (**Angemessenheitsprüfung**) und
- ob die eingeführten Regelungen und Maßnahmen im Prüfungszeitraum implementiert und wirksam waren (**Wirksamkeits- bzw. Funktionsprüfung**)[44].

---

[43] Vgl. *IDW PS 340*, Tz. 19.
[44] Vgl. *IDW PS 340*, Tz. 19.

> **! Hinweis 3:**
>
> Im Rahmen eines von der Prüfung des JA unabhängigen **Sonderauftrags** kann der Prüfungsgegenstand individuell bestimmt werden. Die Systemprüfung kann als umfassende Wirksamkeitsprüfung und ggf. auch nur als Angemessenheitsprüfung beauftragt werden. Anstelle einer vollumfänglichen Prüfung des Risikofrüherkennungssystems analog § 317 Abs. 4 HGB kann eine freiwillige Prüfung auch auf einzelne Elemente dieses Systems – z.B. die Risikoidentifikation – oder auf einzelne Unternehmensbereiche – z.B. Beschaffung oder Treasury – beschränkt werden.

51 Ziel der Prüfung ist es jedoch nicht, eine Aussage darüber zu treffen, ob einzelne vom Vorstand oder den nachgeordneten Entscheidungsträgern eingeleitete oder durchgeführte Maßnahmen als Reaktion auf erkannte und beurteilte Risiken geeignet oder wirtschaftlich sinnvoll sind. Es handelt sich bei der Prüfung nach § 317 Abs. 4 HGB entsprechend auch nicht um eine (umfassende) Geschäftsführungsprüfung.

52 Auch regelt § 317 Abs. 4a HGB hinsichtlich des Verantwortungsbereichs des APr. klarstellend, dass mit dem BestV weder der Fortbestand des geprüften Unternehmens noch die Effizienz oder die Wirksamkeit, mit der die Geschäfte des Unternehmens bisher geführt wurden oder zukünftig geführt werden, zugesichert werden[45].

2.3.3 Prüfungsplanung

53 Eine Prüfung des Risikofrüherkennungssystems nach § 317 Abs. 4 HGB bedarf insb. bei größeren und komplexen Unternehmen der Erstellung eines Prüfungsprogramms, in dem Art, Umfang und Zeitpunkt der Prüfungshandlungen im Einzelnen geplant werden. Der APr. muss die geplanten Prüfungshandlungen in einem Prüfungsprogramm zusammenfassen, das die Prüfungsanweisungen zur sachlichen und zeitlichen Auftragsabwicklung für die Mitglieder des Prüfungsteams enthält[46]. Bei der Auswahl der Mitglieder des Prüfungsteams ist auf ausreichende praktische Erfahrungen mit Systemprüfungen sowie die notwendigen Branchen- und Rechtskenntnisse zu achten[47].

54 Ob die eingerichteten Maßnahmen, insb. das System, wirksam sind, ist anhand eines Wesentlichkeitskonzepts zu beurteilen. Das Prüfungsprogramm ist auf die Erlangung einer hinreichenden Sicherheit über die Wirksamkeit des Risikofrüherkennungssystems auszurichten.

55 Das Risiko der Unwirksamkeit des Systems besteht aus dem inhärenten Risiko (d.h. der Anfälligkeit des Unternehmens für bestandsgefährdende Risiken) und dem Kontrollrisiko (d.h. dem Risiko einer nicht rechtzeitigen Aufdeckung von Bestandsgefährdungen durch das Risikofrüherkennungssystem).

56 Im Rahmen der Planung ist insb. eine vertiefte Auseinandersetzung mit der Anfälligkeit des Unternehmens für bestandsgefährdende Risiken (inhärentes Risiko) erforderlich. Dazu muss sich der APr. mit dem rechtlichen und wirtschaftlichen Umfeld, den Merkmalen des Unternehmens sowie den Unternehmenszielen und -strategien befassen. In diesem Zusammenhang kommt den bei der allgemeinen Planung der Abschlussprüfung

---

45 Vgl. BR-Drs. 635/15, S. 42.
46 *IDW PS 340*, Tz. 20, i.V.m. *IDW PS 240*.
47 Vgl. § 38 Abs. 3 BS WP/vBP.

gewonnen Erkenntnissen über die Geschäftstätigkeit und die wirtschaftliche Lage des Unternehmens eine wesentliche Bedeutung zu[48].

57 Im Hinblick auf das Kontrollrisiko hat sich der APr. zudem Detailinformationen über das Risikofrüherkennungssystem zu verschaffen, wie z.B. Informationen über die im Unternehmen verfolgte organisatorische Konzeption zur Risikofrüherkennung und die daraus resultierende Aufbauorganisation sowie die Ablauforganisation des Systems.

2.3.4 Angemessenheitsprüfung

58 Gegenstand der Angemessenheitsprüfung ist zunächst die Konzeption des eingerichteten Systems. Wenn dem APr. anlässlich der Prüfungshandlungen zur Beurteilung der Konzeption erhebliche Mängel bekannt werden, kann sich daraus ggf. bereits eine unangemessene Ausgestaltung des Risikofrüherkennungssystems ergeben.

59 Im Rahmen der Angemessenheitsprüfung erfolgt weiterhin die Beurteilung, ob die in der Konzeption des Risikofrüherkennungssystems entwickelten Regelungen und Maßnahmen geeignet sind, mit hinreichender Sicherheit bestandsgefährdende Risiken frühzeitig zu erkennen. Im Rahmen der Konzeption des Risikofrüherkennungssystems können allgemein anerkannte Rahmenkonzepte (z.B. COSO-Regelwerk) als Beurteilungsmaßstab herangezogen werden. Die Angemessenheit eines Risikofrüherkennungssystems wird auch durch die Risikokultur im zu prüfenden Unternehmen geprägt, welche im Wesentlichen durch den im Unternehmen gelebten Wertekanon sowie das Unternehmensumfeld bestimmt wird. Deutlich wird dieser Wertekanon u.a. am Risikoappetit des Unternehmens, bestehenden Anreizsystemen, der Art und dem Umfang der Überwachung sowie der Sanktionierung von Verstößen.

60 Als Prüfungshandlungen i.R.d. Angemessenheitsprüfung sind insb. Befragungen (u.a. der gesetzlichen Vertreter des Unternehmens) sowie die Durchsicht von Organisationsunterlagen (z.B. Risikohandbuch) und Verfahrensgrundsätzen (z.B. Prozessbeschreibungen und Organigramme) relevant. Im Einzelnen kommen folgende Prüfungshandlungen in Betracht[49]:

- Anhand der Dokumentation ist insb. zu prüfen, ob die Erfassung und Bewertung aller identifizierten Risiken bzw. Risikoarten, die für das Unternehmen eine Bestandsgefährdung darstellen können, durch eine verantwortliche Stelle geregelt ist.
- Darüber hinaus ist zu prüfen, ob in der Dokumentation alle wesentlichen Risikofelder abgedeckt sind.
- Anhand der Dokumentation des Risikofrüherkennungssystems ist das Risikobewusstsein der Mitarbeiter zu evaluieren. Zudem ist zu prüfen, ob den betroffenen Mitarbeitern die jeweiligen Risikobereiche, die einzuhaltenden Regelungen und die Verantwortlichkeiten kommuniziert wurden.
- Schließlich ist zu beurteilen, ob eine hinreichende Überwachung vorgesehen ist.

2.3.5 Wirksamkeits- bzw. Funktionsprüfung

61 Die Funktionsprüfung des Risikofrüherkennungssystems zielt auf die Beurteilung ab, ob die in der Beschreibung des Risikofrüherkennungssystems dargestellten Regelungen und *Maßnahmen innerhalb eines bestimmten Zeitraums* wirksam waren.

---

48 Vgl. *IDW PS 340*, Tz. 20.
49 Vgl. *IDW PS 340*, Tz. 27-29.

Folgende Prüfungshandlungen kommen i.R.d. Funktionsprüfung des Risikofrüherkennungssystems in Betracht[50]: **62**

- Befragungen von Personen, die für die Überwachung des Risikofrüherkennungssystems und die Koordination von Aktivitäten i.Z.m. dem Risikofrüherkennungssystem zuständig sind, um deren Aufgabenstellung, Kompetenz und Erfahrung, Stellung innerhalb der Unternehmenshierarchie und Kenntnisse über mögliche Schwachstellen des Systems und festgestellte Verstöße gegen die zu beachtenden Regeln in Erfahrung zu bringen (z.B. Risikobeauftragter oder Interne Revision)
- Befragungen der gesetzlichen Vertreter, anderen Mitgliedern des Managements und von Mitgliedern des Aufsichtsorgans (z.B. zur Durchsetzung und zu bekannten Schwachstellen des Risikofrüherkennungssystems)
- Durchsicht von Nachweisen über die Umsetzung von Maßnahmen (z.B. Kommunikation eines Verhaltenskodex oder Trainingsdokumentationen)
- Beobachtung von Aktivitäten und Arbeitsabläufen im Unternehmen, die mit dem Risikofrüherkennungssystem in Verbindung stehen
- Durchsicht der Unterlagen zur Risikokommunikation auf den verschiedenen hierarchischen Stufen und in unterschiedlichen Funktionsbereichen, um beurteilen zu können, ob die erkannten Risiken ordnungsgemäß analysiert und die Informationen an die zuständige Stelle weitergeleitet wurden
- Einsichtnahme in Berichte der Internen Revision.

Es empfiehlt sich vor Abschluss der Prüfung von den gesetzlichen Vertretern eine **Vollständigkeitserklärung** einzuholen. Im Einzelnen sollte sich der APr. die Einrichtung eines Risikofrüherkennungssystems, die vollständige Aushändigung der Dokumentation über das Risikofrüherkennungssystem und die Mitteilung sämtlicher vom Unternehmen identifizierten Risikofelder für Bestandsgefährdungen bestätigen lassen[51]. **63**

2.4 Prüfungsdokumentation

Form und Inhalt der Prüfungsdokumentation stehen im pflichtgemäßen Ermessen des APr. Die Arbeitspapiere sind jedoch so anzulegen, dass sich ein erfahrener WP, der nicht mit der Prüfung befasst war, in angemessener Zeit ein Bild über die Prüfungsabwicklung und die Prüfungsfeststellungen verschaffen kann. **64**

Da die Dokumentation dem Nachweis einer ordnungsgemäßen Prüfungsdurchführung dient, sollte diese insb. folgende Nachweise enthalten: **65**

- vertiefte Auseinandersetzung mit der Anfälligkeit des Unternehmens für bestandsgefährdende Risiken (inhärentes Risiko)
- Überprüfung, ob ein Risikofrüherkennungssystem eingerichtet ist
- Art, Umfang und Zeitpunkt der Prüfungshandlungen zur Angemessenheits- und Funktionsprüfung sowie die Ergebnisse und erhaltenen Prüfungsnachweise.

Bedeutsame Feststellungen sowie die bedeutsame Ausübung pflichtgemäßen Ermessens bei der Planung und Durchführung einer Prüfung müssen angemessen dokumentiert **66**

---

50 Zu in Betracht kommenden Funktionsprüfungen vgl. auch *IDW PS 340*, Tz. 31.
51 Entsprechende Fragestellungen sind bereits in die vom IDW hrsg. Vollständigkeitserklärung für Jahresabschlussprüfungen integriert.

werden⁵². Da die Ausübung von pflichtgemäßem Ermessen vielfach in Besprechungen und Diskussionen (entweder im Prüfungsteam oder mit dem Mandanten) erfolgt, kommt der angemessenen Dokumentation solcher (Team-)Besprechungen besondere Bedeutung zu. Zudem kann die Dokumentation von pflichtgemäßem Ermessen auch durch die Darlegung von angestellten Überlegungen bzw. die Darstellung von Denkprozessen erfolgen⁵³.

2.5 Berichterstattung

67 Ist i.R. einer Abschlussprüfung eine Prüfung nach § 317 Abs. 4 HGB erfolgt, so ist deren Ergebnis in einem gesonderten Teil des PrB darzustellen (§ 321 Abs. 4 S. 1 HGB). Eine Darstellung des Risikofrüherkennungssystems selbst muss im PrB nicht erfolgen⁵⁴.

> **Beispiel 2:**
>
> Formulierungsbeispiel gem. *IDW PS 450 n.F.*, Tz. 105:
>
> „Unsere Prüfung hat ergeben, dass der Vorstand die nach § 91 Abs. 2 AktG geforderten Maßnahmen, insbesondere zur Einrichtung eines Überwachungssystems, in geeigneter Weise getroffen hat und dass das Überwachungssystem geeignet ist, Entwicklungen, die den Fortbestand der Gesellschaft gefährden, frühzeitig zu erkennen".

68 Mängel im Risikofrüherkennungssystem führen als solche nicht zur Einschränkung des BestV. Resultieren aus Mängeln des Risikofrüherkennungssystems jedoch Unrichtigkeiten und Verstöße gegen Rechnungslegungsvorschriften, so ist der BestV ggf. wg. Mängeln der Rechnungslegung einzuschränken oder zu versagen.

69 Nach § 321 Abs. 4 S. 2 HGB ist im PrB darauf einzugehen, ob Maßnahmen erforderlich sind, um das interne Überwachungssystem zu verbessern. Die Berichtspflicht erfordert die Benennung jener Bereiche, in denen Verbesserungsbedarf besteht. Nach derzeit noch h.M. (s. Kap. O Tz. 71 ff.) sind konkrete Verbesserungsvorschläge hingegen nicht Gegenstand der Berichterstattungspflicht nach § 321 Abs. 4 HGB⁵⁵. Bereiche des Überwachungssystems, für welche Maßnahmen erforderlich sein können, sind:

- Identifikation und Analyse von Risiken
- Bewertung und Messung von Risiken
- Kommunikation identifizierter Risiken
- Dokumentation des Systems
- vorhandene IT-Systeme
- Organisation und Tätigkeit der Internen Revision.

---

52 Vgl. ISAE 3000.79 (Rev.); ISA 230.8.
53 *Dokumentationsbeispiel* für angestellte Überlegungen: „Wir haben erwogen, ob [Fragestellung]. Unter Berücksichtigung der folgenden Aspekte [Aufzählung] sind wir zu der Schlussfolgerung gelangt, dass [Fazit]."
54 Vgl. *IDW PS 450 n.F.*, Tz. 104; Kap. M Tz. 449 ff.
55 Vgl. *IDW PS 450 n.F.*, Tz. 106.

> **Beispiel 3:**
>
> Formulierungsbeispiel:
> „Unsere Prüfung hat ergeben, dass das vom Vorstand eingerichtete Überwachungssystem nicht in vollem Umfang geeignet ist, den Fortbestand der Gesellschaft gefährdende Entwicklungen frühzeitig zu erkennen. Verbesserungsbedarf besteht in folgenden Bereichen [...]".

Im Fall von (schwerwiegenden) Mängeln sind diese jedoch im PrB als solche zu benennen; eine bloße Aufzählung als Bereich, in dem ein Verbesserungsbedarf besteht, wäre hingegen nicht hinreichend[56]. Auch über eine fehlende oder unvollständige Dokumentation des Risikofrüherkennungssystems hat der APr. nach § 321 Abs. 4 HGB im PrB stets zu berichten. — 70

2.6 Weiterentwicklung des IDW PS 340

Eine Überarbeitung des *IDW PS 340* soll erfolgen, um der seit seiner erstmaligen Verabschiedung im Jahr 2000 stattgefundenen Fortentwicklung im Bereich der Einrichtung und Prüfung von Corporate Governance Systemen gerecht zu werden. Insbesondere haben sich auch die gesetzlichen Pflichten für die Vorstände und Aufsichtsräte weiterentwickelt, sodass nunmehr auch den AR die Pflicht zur Überwachung des Risikomanagementsystems explizit aufgetragen wurden (§ 107 Abs. 3 AktG). Hieraus ergibt sich zum einen das Erfordernis einer Abgrenzung zur Prüfung der Maßnahmen nach § 91 Abs. 2 AktG. Häufig besteht die irrige Annahme, dass der APr. bereits das Risikomanagementsystem i.R.d. Abschlussprüfung nach § 317 Abs. 4 HGB prüft. — 71

Die Maßnahmen nach § 91 Abs. 2 AktG werden indes i.d.R. nicht isoliert eingerichtet, sondern sind in zahlreichen Fällen in bestehende Systeme wie dem Risikomanagementsystem, aber auch dem IKS sowie dem CMS, integriert. Zu diesen Systemen gibt es eine Serie an *IDW Prüfungsstandards*[57], die die Fortentwicklungen im Bereich der Einrichtung und Prüfung von Corporate Governance Systemen berücksichtigen. Diesen Fortentwicklungen sollte bei einer Neufassung des *IDW PS 340* Rechnung getragen werden. — 72

Die Fortentwicklung sollte auch berücksichtigen, dass eine **fehlende Dokumentation** der ergriffenen Maßnahmen nach § 91 Abs. 2 AktG neben der Auslösung der Redepflicht nach § 321 Abs. 1 S. 3 HGB auch eine Berichterstattung über einen wesentlichen Mangel nach § 321 Abs. 4 HGB zur Folge hat. Auch sollte die Berichterstattung über die Prüfung nach § 317 Abs. 4 HGB in Bezug auf die Beurteilung der nach § 91 Abs. 1 AktG getroffenen Maßnahmen hinsichtlich einer **adressatenorientierten Berichterstattung** erweitert werden. Diesbezüglich könnte es sinnvoll sein, die Berichterstattung auch in Bezug auf Mängel, die nicht wesentlich sind, aber für den Berichtsadressaten von Bedeutung sein können, um Hinweise auf Verbesserungsmaßnahmen zu erweitern. — 73

---

56 Vgl. BeBiKo[11], § 321 HGB, Rn. 139.
57 Von der gesetzlichen Prüfung gem. § 317 Abs. 4 HGB der Maßnahmen nach § 91 Abs. 2 AktG ist die freiwillige Prüfung von Corporate-Governance-Systemen abzugrenzen, insb. die Prüfung des CMS nach *IDW PS 980*, des Risikomanagementsystems nach *IDW PS 981*, des IKS des internen und externen Berichtswesens nach *IDW PS 982*. Zu dieser Serie gehört auch die Prüfung des Internen Revisionssystems nach *IDW PS 983*.

3. Prüfung des Abhängigkeitsberichts

3.1 Gesetzliche Pflichtprüfung und andere Prüfungsanlässe

74 Sofern kein Beherrschungsvertrag (vgl. § 291 AktG) besteht, hat der Vorstand einer abhängigen AG nach **§ 312 Abs. 1 AktG** in den ersten drei Monaten des GJ einen Bericht über die Beziehungen der Gesellschaft zu verbundenen Unternehmen (kurz **Abhängigkeitsbericht**[58]) auf den Stichtag des JA aufzustellen. Durch die Berichterstattung soll im Interesse von außenstehenden Aktionären und Gläubigern ein Schutz der abhängigen Gesellschaften vor einer Benachteiligung durch das (be)herrschende Unternehmen – unbeachtlich jeder Rechtsform – erreicht werden.

75 Flankiert wird § 312 AktG durch **§ 313 AktG**, wonach bei abhängigen AG i.R.d. gesetzlichen Abschlussprüfung auch eine Prüfung des AbhB durch den APr. zu erfolgen hat[59]. Da bei **abhängigen AG** die Prüfung des AbhB nach § 313 Abs. 1 S. 1 AktG gleichzeitig mit der gesetzlichen Abschlussprüfung zu erfolgen hat, handelt es sich um eine **gesetzliche Erweiterung des Prüfungsauftrags**. Sofern die abhängige AG nicht der gesetzlichen Prüfungspflicht unterliegt (z.B. kleine KapGes. i.S.d. § 267 Abs. 1 HGB) oder von dieser nach § 264 Abs. 3 HGB befreit ist, entfällt auch die Prüfung des AbhB.

76 Bei abhängigen Unternehmen anderer Rechtsform, für welche keine unmittelbare gesetzliche Pflicht zur Prüfung eines AbhB existiert, können die Abschlussprüfungen auch ohne gesetzliche Verpflichtung durch vertragliche Vereinbarungen zwischen der Gesellschaft und dem APr. um die Prüfung eines AbhB erweitert werden. Eine solche **freiwillige Erweiterung des Prüfungsauftrags** kann auch im Gesellschaftsvertrag oder in der Satzung einer Gesellschaft vorgeschrieben sein. In diesen Fällen ist der Prüfungsauftrag entsprechend zu erweitern. Es empfiehlt sich im Auftragsbestätigungsschreiben klarzustellen, dass sich die Prüfung in Erweiterung des Auftrags zur Durchführung der gesetzlich vorgeschriebenen Prüfung des JA in entsprechender Anwendung des § 313 AktG auch auf die Prüfung eines nach § 312 AktG analog aufgestellten AbhB erstreckt. In diesem Fall stellt die Prüfung des AbhB auch bei zusätzlicher Beauftragung eine Erweiterung der Abschlussprüfung dar. Da es sich jedoch um eine gesonderte Auftragsprüfung handelt, wird der nach § 323 Abs. 2 HGB im Pflichtprüfungsbereich zur Verfügung stehende Betrag nicht vermindert[60].

3.2 Prüfungsgegenstand

77 Die Anforderungen an den AbhB ergeben sich aus § 312 AktG. Pflichtbestandteile eines AbhB sind:
- Aufzählung sämtlicher Rechtsgeschäfte mit dem herrschenden Unternehmen oder einem mit ihm verbundenen Unternehmen (§ 312 Abs. 1 S. 2 AktG).

---

58 Die im Gesetz verwendete Bezeichnung geht auf eine Änderung des Rechtsausschusses zurück, welcher eine Diskriminierung von abhängigen Unternehmen vermeiden wollte; vgl. Anl. zu BT-Drs. IV/3296, S. 49.
59 Flankiert wird § 312 AktG zudem durch § 314 AktG, wonach der Abhängigkeitsbericht auch durch den AR einer AG zu prüfen ist. Über das Ergebnis dieser Prüfung ist im Bericht des AR an die HV zu berichten; vgl. Kap. B Tz. 30, Kap. B Tz. 102 ff.
60 Vgl. Kap. O Tz. 12.

- Aufzählung sämtlicher Rechtsgeschäfte mit Dritten, wenn sie auf Veranlassung oder im Interesse des herrschenden Unternehmens oder einem mit ihm verbundenen Unternehmen eingegangen wurden (§ 312 Abs. 1 S. 2 AktG)
- Angaben zu Leistungen und Gegenleistungen bei Rechtsgeschäften (§ 312 Abs. 1 S. 3 AktG)
- Aufzählung aller nicht in Rechtsgeschäften bestehenden Maßnahmen, die die Gesellschaft auf Veranlassung oder im Interesse des herrschenden Unternehmens oder einem mit ihm verbundenen Unternehmen getroffen oder unterlassen hat (§ 312 Abs. 1 S. 2 AktG)
- Angabe der Gründe von Maßnahmen sowie deren Vorteile und Nachteile für die AG (§ 312 Abs. 1 S. 3 AktG)
- Angabe zu einem ggf. erfolgten Ausgleich von Benachteiligungen (§ 312 Abs. 1 S. 4 AktG)
- Schlusserklärung des Vorstands zum AbhB (§ 312 Abs. 3 AktG).

> **Hinweis 4:**
> Auch in den Fällen, in denen überhaupt keine Rechtsgeschäfte eingegangen oder keine Maßnahmen getroffen bzw. unterlassen wurden, ist infolge des Wortlautes von § 313 Abs. 3 S. 2 AktG gleichwohl ein AbhB aufzustellen (sog. Negativbericht). Zu beachten ist auch, dass im AbhB darauf hinzuweisen ist, wie sich in früheren Berichtsperioden vorgenommene Rechtsgeschäfte und Maßnahmen, über die in der Vergangenheit bereits berichtet wurde, im Berichtszeitraum nachteilig auswirken.

3.2.1 Rechtsgeschäfte mit verbundenen Unternehmen

78 Die Gesetzesbegründung zum AktG 1965 hebt hervor, dass der AbhB es ermöglichen soll, die Angemessenheit aller Geschäfte nachzuprüfen und daher ins Einzelne gehen müsse[61]. Folglich sind sämtliche Rechtsgeschäfte mit dem herrschenden Unternehmen unabhängig davon anzugeben, ob das abhängige Unternehmen durch diese benachteiligt wurde oder nicht.

79 Zum Kreis der berichtpflichtigen Beziehungen gehören auch Beziehungen mit sämtlichen Unternehmen, die mit dem herrschenden Unternehmen i.S.d. §§ 15 ff. AktG verbunden sind. Anzugeben sind somit auch Rechtsgeschäfte mit Unternehmen, die sowohl zum herrschenden Unternehmen wie auch zu der berichtspflichtigen Gesellschaft in einem Abhängigkeitsverhältnis stehen.

80 Durch den Wortlaut von § 313 Abs. 1 Nr. 2 AktG („im Zeitpunkt ihrer Vornahme") wird klargestellt, dass hinsichtlich des Zeitpunkts der Berichtspflicht grds. auf den Abschluss des Verpflichtungsgeschäfts abzustellen ist, während die Durchführung des nachfolgenden Erfüllungsgeschäfts regelmäßig nicht maßgeblich ist. Nicht maßgeblich für die Beurteilung ist folglich die spätere Entwicklung eines Rechtsgeschäfts[62].

81 Bei Abschluss von **langfristigen Rechtsgeschäften** ist der Grundsatz von der ausschließlichen Maßgeblichkeit des Verpflichtungsgeschäfts indes zu relativieren. Da bspw. im Fall einer ungünstigen Entwicklung eine unterlassene Kündigung eine be-

---

61 Vgl. BT-Drs. IV/171, S. 231.
62 Vgl. Bericht des Rechtsausschusses, Anl. zu BT-Drs. IV/3296, S. 49.

richtspflichtige Maßnahme darstellen würde, erfolgt in der Berichtspraxis auch eine laufende Berichterstattung über früher vorgenommene Rechtsgeschäfte[63].

82 Zu den einzelnen Rechtsgeschäften sind jeweils Leistung und Gegenleistung anzugeben (§ 312 Abs. 1 S. 3 AktG). Dabei ist die jeweilige Leistung grds. nach Art und Umfang zu beschreiben, wobei quantitative Zahlenangaben erforderlich sind. Eine Darlegung der Beurteilungsmaßstäbe für die Angemessenheit wird hingegen nicht verlangt.

83 Insbesondere bei wirtschaftlich gleichartigen Sachverhalten ist eine Zusammenfassung einzelner Rechtsgeschäfte vertretbar. Eine Gleichartigkeit i.d.S. ist gegeben, wenn Rechtsgeschäfte nach Gegenstand, Entgelt und Fristigkeit der Abwicklung gleichgelagert sind. Auch Bagatellfälle sind zwingend im AbhB anzugeben, können jedoch ebenfalls zusammenfassend dargestellt werden[64].

3.2.2 Rechtsgeschäfte auf Veranlassung oder im Interesse von verbundenen Unternehmen

84 Nach § 312 Abs. 1 S. 2 AktG sind auch sämtliche Rechtsgeschäfte mit Dritten anzugeben, wenn sie auf Veranlassung oder im Interesse des herrschenden Unternehmens oder einem mit ihm verbundenen Unternehmen eingegangen wurden.

85 Dabei ist unter „**Veranlassung**" (objektives Merkmal) jede Form einer Verlautbarung zu verstehen, welche etwas als wünschenswert erscheinen lässt. Hingegen erfolgt ein Rechtsgeschäft bereits dann „**im Interesse**" (subjektives Merkmal), wenn eine Begünstigungsabsicht vorliegt. Eine Begünstigungsabsicht ist insb. dann anzunehmen, wenn kein ausschließliches oder überwiegendes Eigeninteresse der abhängigen Gesellschaft an einem Rechtsgeschäft nachgewiesen werden kann.

3.2.3 Getroffene oder unterlassene Maßnahmen auf Veranlassung oder im Interesse von verbundenen Unternehmen

86 Der Begriff der Maßnahme ist gesetzlich nicht definiert. Ausweislich der Gesetzesbegründung zum AktG 1965 ist der Begriff der Maßnahme umfassend[65]. Unter den Begriff der Maßnahme fällt etwa die Einstellung einer bestimmten Erzeugung oder die Aufgabe eines Marktes. Weitere Anwendungsbeispiele sind u.a. Änderungen in der Produktion, Investitionen, Finanzierungsmaßnahmen, Stilllegung von Betriebsteilen, Abstimmungen im Ein- und Verkauf, Konzentration auf eine bestimmte Forschung sowie Kündigung oder Anpassung eines Vertrags[66]. Zu beachten ist, dass auch über unterlassene Maßnahmen zu berichten ist, worunter auch unterlassene Rechtsgeschäfte (z.B. die Kündigung von nachteiligen Verpflichtungsgeschäften) fallen.

87 Zu den einzelnen Maßnahmen sind jeweils ihre Vor- und Nachteile für die abhängige Gesellschaft sowie ihre Gründe anzugeben (§ 312 Abs. 1 S. 3 AktG). Dabei sind die jeweiligen Vor- und Nachteile unsaldiert zu beschreiben, wobei regelmäßig quantitative Zahlenangaben erforderlich sind, wenn dies zur Beurteilung der Angemessenheit von Leistung und Gegenleistung und des Ausgleichs von Vor- und Nachteilen zweckdienlich

---

[63] Eine lfd. Berichterstattung entspricht u.E. den Grundsätzen einer guten Berichterstattung, ist indes jedoch rechtlich nicht vorgegeben.
[64] Vgl. BT-Drs. IV/171, S. 231.
[65] Vgl. BT-Drs. IV/171, S. 231.
[66] Vgl. *IDW St/HFA 3/1991*, Abschn. II.6.

3.2.4 Schlusserklärung des Vorstands

Zum Schluss des AbhB hat der Vorstand nach § 312 Abs. 3 AktG zu erklären (sog. **Schlusserklärung**), ob die Gesellschaft bei jedem Rechtsgeschäft eine angemessene Gegenleistung erhielt und dadurch, dass eine Maßnahme getroffen oder unterlassen wurde, nicht benachteiligt wurde. Wurde die Gesellschaft benachteiligt, so hat der Vorstand außerdem zu erklären, ob die Nachteile ausgeglichen wurden. Nach § 312 Abs. 3 S. 3 AktG ist die Schlusserklärung des Vorstands in den LB aufzunehmen[67]. 88

Die Schlusserklärung ist entsprechend den tatsächlichen Verhältnissen im Einzelfall auszugestalten. In der Praxis hat sich indes der folgende Formulierungsvorschlag durchgesetzt, welcher im Hinblick auf die jeweiligen Verhältnisse anzupassen ist[68]. 89

> **Beispiel 4:**
>
> „Unsere Gesellschaft hat bei den im Bericht über Beziehungen zu verbundenen Unternehmen aufgeführten Rechtsgeschäften [und Maßnahmen] nach den Umständen, die uns im Zeitpunkt, in dem die Rechtsgeschäfte vorgenommen [oder die Maßnahmen getroffen oder unterlassen] wurden, bekannt waren, bei jedem Rechtsgeschäft eine angemessene Gegenleistung erhalten [und ist dadurch, dass Maßnahmen getroffen oder unterlassen wurden, nicht benachteiligt worden]".

3.3 Prüfungsdurchführung

3.3.1 Relevante Prüfungsstandards

Ist die abhängige AG prüfungspflichtig, so ist die Prüfung des AbhB ein notwendiger Bestandteil der Abschlussprüfung und insofern eine **Vorbehaltsaufgabe** für WP; anders hingegen die Sonderprüfung nach § 315 AktG. Die Berufsauffassung, nach der WP unbeschadet ihrer Eigenverantwortlichkeit Prüfungen nach § 313 AktG vornehmen, hat das IDW in der *IDW Stellungnahme HFA 3/1991: Zur Aufstellung und Prüfung des Berichts über Beziehungen zu verbundenen Unternehmen (Abhängigkeitsbericht nach § 312 AktG)* dargelegt. 90

Bei Abschlussprüfungen haben APr. auch ohne eine Erweiterung des Prüfungsauftrags die Beziehungen des geprüften Unternehmens zu nahestehenden Personen sowie von Geschäftsvorfällen mit diesen festzustellen. Die Berufsauffassung zu diesen Prüfungshandlungen ist in *IDW PS 255* bzw. *ISA 550*[69] dargelegt. 91

---

67 Sofern die abhängige Gesellschaft (z.B. als kleine KapGes. i.S.d. § 267 Abs. 1 HGB) keinen LB aufstellt, erfolgt die Publizität der Schlusserklärung durch Aufnahme der Erklärung in den Anh. Wird infolge einer Befreiung (z.B. nach § 264 Abs. 3 HGB) auch kein Anh. aufgestellt, so ist die Schlusserklärung unter den verbliebenen Abschlussbestandteilen (Bilanz und GuV) anzugeben.
68 Der Formulierungsvorschlag geht zurück auf ADS[6], § 312 AktG, Tz. 90-94.
69 *IDW PS 255* bzw. ISA 550: Related Parties.

3.3.2 Prüfungsziel

92 Über das Ergebnis der Prüfung eines AbhB ist nach § 313 Abs. 3 AktG i.R. eines im Wortlaut vorgegebenen Vermerks zu berichten. Durch das vorgegebene Formeltestat wird das Prüfungsziel inhaltlich umschrieben. Zielsetzung der Prüfung des AbhB ist es, dem APr. eine Aussage mit hinreichender Sicherheit darüber zu ermöglichen, ob

- die tatsächlichen Angaben des Berichts richtig (d.h. objektiv wahr) sind,
- bei aufgeführten Rechtsgeschäften, die im Zeitpunkt ihrer Vornahme bekannt waren, die Leistung der Gesellschaft nicht unangemessen hoch war (bzw. ob Nachteile ausgeglichen wurden) und
- bei aufgeführten Maßnahmen keine Umstände für eine wesentlich andere Beurteilung als die durch den Vorstand sprechen.

93 Ob in dem AbhB sämtliche berichtspflichtigen Rechtsgeschäfte und Maßnahmen enthalten sind, ist nicht Gegenstand der Prüfung. Soweit der APr. bei der Abschlussprüfung oder i.R.d. Prüfung des AbhB feststellt, dass der Bericht unvollständig ist, obliegt ihm indes eine Berichtspflicht[70]. Ergeben sich bei der Prüfung Anhaltspunkte für unvollständige Angaben, sind ergänzende Prüfungshandlungen vorzunehmen. Der APr. hat sich davon zu überzeugen, dass der Vorstand die erforderlichen organisatorischen und abrechnungstechnischen Voraussetzungen geschaffen hat, um eine vollständige und zutreffende Berichterstattung zu gewährleisten[71].

3.3.3 Prüfungsplanung

94 Der Prüfungsgegenstand ist auf die im AbhB aufgeführten Vorgänge beschränkt. Da die Prüfung folglich grds. vom AbhB ausgeht, ist ein retrograder Prüfungsansatz vorgegeben. Da es sich um eine Erweiterung der Abschlussprüfung handelt, empfiehlt sich ein integriertes Prüfungsvorgehen. Wenn z.B. zwischen Konzernunternehmen wiederkehrende Geschäfte zu stets gleichen Bedingungen abgewickelt werden, können wesentliche Prüfungshandlungen bereits unterjährig i.R. einer Vorprüfung durchgeführt werden.

95 Die Prüfung des AbhB kann nach dem risikoorientierten Ansatz konzipiert werden. Ein erhöhtes inhärentes Risiko ist insb. bei umfangreichen und wechselnden Geschäften zwischen Konzernunternehmen anzunehmen. Ein erhöhtes Kontrollrisiko ist insb. bei fehlenden organisatorischen und abrechnungstechnischen Voraussetzungen für eine vollständige und zutreffende Berichterstattung anzunehmen.

96 Bereits bei der Prüfungsplanung sind mit dem Prüfungsteam mögliche Anfälligkeiten für wesentliche beabsichtigte oder unbeabsichtigte falsche Angaben in der Rechnungslegung zu erörtern, die aus Beziehungen zu und Geschäftsvorfällen mit nahestehenden Personen resultieren können[72]. Bei Erweiterung der Abschlussprüfung um eine Prüfung des AbhB empfiehlt es sich, die Anfälligkeit für wesentliche falsche Angaben im AbhB in die Diskussion einzubeziehen.

---

70 Vgl. BT-Drs. IV/171, S. 232.
71 Vgl. *IDW St/HFA 3/1991*, Abschn. III.5. Eine Befassung des APr. mit organisatorischen und abrechnungstechnischen Voraussetzungen zur Gewährleistung einer vollständigen und zutreffenden Berichterstattung ist u.E. insb. in den Fällen geboten, in welchen keine vollständige Angemessenheitsprüfung sämtlicher angegebenen Rechtsgeschäfte oder Maßnahmen erfolgt.
72 *IDW PS 255*, Tz. 10a.

3.3.4 Prüfung der tatsächlichen Angaben des Berichts

Im Rahmen der Überprüfung der tatsächlichen Angaben des Berichts hat der APr. die Angaben zu Rechtsgeschäften und Maßnahmen auf ihre objektive Richtigkeit hin zu untersuchen. Hinsichtlich der objektiven Richtigkeit der Angaben des Berichts wird dem APr. grds. kein eigenes Ermessen eingeräumt. Eine Festlegung von Wesentlichkeitsgraden im Hinblick auf die Bildung des Prüfungsurteils erfolgt somit insoweit nicht. Da eine Prüfung in Stichproben indes ausreichend ist, wird dem APr. jedoch bei der Festlegung des Umfangs der Untersuchungshandlungen ein Ermessen eingeräumt. 97

Bei der Prüfung ist von den im Bericht aufgeführten Rechtsgeschäften und Maßnahmen auszugehen. Die Prüfung der Richtigkeit der tatsächlichen Angaben ist eine objektive Tatsachenermittlung, die im Allgemeinen auf der Grundlage der i.R.d. Abschlussprüfung gewonnenen Erkenntnisse vom APr. ohne besondere Schwierigkeiten durchgeführt werden kann. 98

Zur Prüfung der tatsächlichen Angaben des Berichts kann bspw. eine Prüfung der zugrundeliegenden Unterlagen (z.B. Rechnung, Vertrag, Versandpapiere) und ggf. ergänzend der Zahlungsein- und -ausgänge erfolgen. Sachgerecht kann zudem die Einholung einer Bestätigung oder die Erörterung von Informationen über die Geschäftsvorfälle mit Personen sein, die in diese Geschäfte involviert sind (z.B. Banken, RA, Versicherer und Vermittler). Insbes. im Hinblick auf wiederkehrende Rechtsgeschäfte kann auch die Einsichtnahme in steuerliche Verrechnungspreisdokumentationen Prüfungsnachweise liefern. Bei der Durchführung der Prüfungshandlungen ist zu beachten, dass externe Dokumente (z.B. Frachtpapiere, Zolldokumente, Speditionsrechnungen) i.d.R. verlässlicher sind als vom Mandanten intern erstellte Dokumente (z.B. Lieferscheine oder Rechnungen). Der alleinige Rückgriff auf Einträge im Buchführungssystem bzw. eines daraus generierten Reports ist hingegen regelmäßig nicht hinreichend. 99

Der APr. kann sich bei seiner Prüfung, ob die tatsächlichen Angaben des Berichts richtig sind, allerdings nach pflichtgemäßem Ermessen in gewissem Umfang auf Stichproben beschränken[73]. Quantitative Vorgaben zum Mindestumfang der Elemente der Grundgesamtheit, welche mindestens abzudecken sind (Mindestabdeckungsgrad) bestehen nicht. 100

Bereits i.R.d. Prüfung der tatsächlichen Angaben empfiehlt sich – im Vorgriff auf die nachgelagerte Angemessenheitsprüfung – die Analyse, ob angegebene Rechtsgeschäfte für das Unternehmen gewöhnliche Geschäfte darstellen und ob diese Geschäfte innerhalb der gewöhnlichen Abläufe genehmigt wurden[74]. 101

Die Vollständigkeit der tatsächlichen Angaben ist nicht unmittelbar Gegenstand der Prüfung[75]. Ergeben sich für den APr. bei Wahrnehmung seiner Aufgaben Anhaltspunkte für unvollständige Angaben, sind ergänzende Prüfungshandlungen vorzunehmen. Eine unmittelbare Prüfung der Vollständigkeit des Berichts ist nicht vorzunehmen . 102

---

73 Vgl. BT-Drs. IV/171, S. 232.
74 Vgl. ISA 550.23.
75 Vgl. BT-Drs. IV/171, S. 232.

O Erweiterungen des Prüfungsauftrags

3.3.5 Angemessenheitsprüfung von Rechtsgeschäften und Maßnahmen

103 Im Rahmen der Angemessenheitsprüfung von Rechtsgeschäften und Maßnahmen hat der APr. zu beurteilen, ob bei den im Bericht aufgeführten Rechtsgeschäften die Leistung der Gesellschaft nicht „unangemessen" hoch war und bei den im Bericht aufgeführten Maßnahmen keine Umstände für eine „wesentlich" andere Beurteilung als die durch den Vorstand sprechen. Mit der Bezugnahme auf die Attribute „unangemessen" sowie „wesentlich" wurde dem APr. bei der Beurteilung des subjektiven Merkmals der Angemessenheit ein pflichtgemäßes Ermessen eingeräumt, sodass unwesentlich abweichende Beurteilungen des APr. ggü. der Wertung des Vorstands nicht zu einer Beanstandung führen[76]. Nur wenn Grund zu wesentlichen Beanstandungen besteht, ist der APr. zur Berichterstattung verpflichtet. Die Prüfung der Angemessenheit beschränkt sich insofern auf die Feststellung, ob die Leistung der Gesellschaft bei vernünftiger kaufmännischer Beurteilung sachgerecht erscheint.

104 Allgemeiner Maßstab für die Angemessenheitsprüfung ist der sog. Fremdvergleichsgrundsatz (arm's length principle), welcher indes einer inhaltlichen Konkretisierung bedarf. Zur Überprüfung einer fremdüblichen Verrechnung kann auf die, auch für Zwecke der steuerlichen Verrechnungspreisdokumentation anerkannten, Verrechnungspreismethoden zurückgegriffen werden. Dabei kommen zunächst die drei anerkannten Standardmethoden in Betracht:

- Preisvergleichsmethode (comparable uncontrolled price method)
- Wiederverkaufspreismethode (resale price method)
- Kostenaufschlagsmethode (cost plus method).

Weiterhin können auch die sog. gewinnorientierten Verrechnungspreismethoden in Betracht kommen:

- Nettomargenmethode (transactional net margin method)
- Gewinnaufteilungsmethode (profit split method).

105 Nach § 312 AktG ist eine Darlegung der Beurteilungsmaßstäbe für die Angemessenheit im AbhB nicht vorgeschrieben. Nicht zuletzt im Hinblick auf steuerliche Anforderungen dürften in Konzernen jedoch regelmäßig Verrechnungspreisrichtlinien vorhanden sein, aus welchen auf die angewandten Beurteilungsmaßstäbe geschlossen werden kann. Als vorgelagerte Prüfungshandlung empfiehlt sich die Erlangung von Prüfungsnachweisen, ob das Unternehmen eine auch im Hinblick auf die aktienrechtlichen Anforderungen angemessene Verrechnungspreisrichtlinie eingeführt und wirksam umgesetzt hat.

106 Hinsichtlich einzelner Rechtsgeschäfte ist zu beurteilen, ob diese vom Anwendungsbereich einer ggf. bestehenden Verrechnungspreisrichtlinie umfasst sind und ob diese Regelungen Anwendung gefunden haben. Dabei sollte erwogen werden, ob Bandbreiten zur Bestimmung des Fremdvergleichspreises verwendet wurden und Veränderungen oder Korrekturen hinsichtlich der verwendeten Verrechnungspreise erfolgt sind.

107 Wenn zur Beurteilung der Angemessenheit Fachkenntnisse auf einem anderen Gebiet als dem der Rechnungslegung oder Prüfung notwendig sind, um ausreichende und angemessene Prüfungsnachweise zu erlangen, sind ggf. Sachverständige hinzuzuziehen[77].

---

[76] Vgl. *IDW St/HFA 3/1991*, Abschn. III.6; ADS[6], § 313 Tz. 22.
[77] Vgl. *IDW PS 322 n.F.*, Tz. 10.

3.4 Prüfungsdokumentation

Form und Inhalt der Prüfungsdokumentation stehen im pflichtgemäßen Ermessen des APr. Die Arbeitspapiere sind jedoch so anzulegen, dass sich ein erfahrener WP, der nicht mit der Prüfung befasst war, in angemessener Zeit ein Bild über die Prüfungsabwicklung und die Prüfungsfeststellungen verschaffen kann. **108**

Da die Dokumentation dem Nachweis einer ordnungsgemäßen Prüfungsdurchführung dient, sollte diese insb. folgende Nachweise enthalten: **109**

- vertiefte Auseinandersetzung mit dem Kreis der einzubeziehenden Unternehmen sowie den rechtlichen und tatsächlichen Beziehungen zu diesen Unternehmen (inhärentes Risiko)
- Dokumentation der organisatorischen und abrechnungstechnischen Voraussetzungen, um eine vollständige und zutreffende Berichterstattung zu gewährleisten (insb. bei umfangreichen Leistungsbeziehungen)
- Art, Umfang und Zeitpunkt der Prüfungshandlungen zur Prüfung der tatsächlichen Angaben des Berichts sowie die Ergebnisse und erhaltenen Prüfungsnachweise
- Dokumentation über bestehende Verrechnungspreisrichtlinien sowie die verwendeten Maßstäbe zur Angemessenheitsprüfung
- Art, Umfang und Zeitpunkt der Prüfungshandlungen zur Angemessenheitsprüfung sowie die Ergebnisse und erhaltenen Prüfungsnachweise

3.5 Berichterstattung

3.5.1 Bericht des Abschlussprüfers

Über das Ergebnis der Prüfung ist gem. § 313 Abs. 2 AktG in einem gesonderten Bericht schriftlich zu berichten. Der Bericht mit dem Vermerk ist vom APr. zu unterzeichnen. Bei Prüfungen des AbhB gem. § 313 AktG besteht zudem die Pflicht zur Siegelführung. **110**

Konkrete Vorgaben zur Ausgestaltung der Berichterstattung bestehen nicht. Zum Umfang des Berichts gilt, dass dieser umso detailliertere Erläuterungen erfordert, je knapper die Ausführungen im AbhB gefasst sind. Übliche Praxis ist es zudem, den AbhB dem Bericht als Anlage beizufügen[78]. **111**

Da es sich bei Prüfungen des AbhB gem. § 313 AktG um eine gesetzliche Erweiterung der Abschlussprüfung handelt, können die Ausführungen zum Auftragsverhältnis kurz gehalten werden. Sofern AAB vereinbart wurden, empfiehlt sich indes ein entsprechender Hinweis. **112**

Sofern der AbhB keine Auflistung des Kreises der einzubeziehenden Unternehmen enthält, ist im Bericht die Abgrenzung des Kreises der in die Berichterstattung einbezogenen Unternehmen darzustellen[79]. **113**

In formeller Hinsicht empfiehlt sich die explizite Feststellung, ob **114**

- der Vorstand alle verlangten Aufklärungen und Nachweise erbracht hat,
- der AbhB den Grundsätzen einer gewissenhaften und getreuen Rechenschaft entspricht und

---

78 Vgl. *IDW St/HFA 3/1991*, Abschn. III.9.
79 Vgl. *IDW St/HFA 3/1991*, Abschn. III.8

- die Schlusserklärung des AbhB gem. § 312 Abs. 3 S. 3 AktG in den LB (§ 289 HGB) aufgenommen worden bzw., wenn zulässigerweise kein LB aufgestellt wurde, ob die Schlusserklärung in den Anh. aufgenommen wurde.

115 Die materiellen Feststellungen sind in einem Vermerk zusammenfassend darzustellen, welcher auch in den Bericht aufzunehmen ist (§ 313 Abs. 5 S. 2 AktG). In Fällen von Beanstandungen hat der APr. diese im PrB zu begründen und zu erläutern. Sofern der APr. bei der Prüfung des JA, des LB oder des AbhB die Unvollständigkeit des AbhB feststellt, so hat er auch hierüber zu berichten (Redepflicht, § 313 Abs. 2 S. 2 AktG).

116 Insbesondere im Fall von Stichprobenprüfungen empfiehlt es sich, im Bericht auch Hinweise über Art und Umfang der Prüfungshandlungen sowie zu ggf. festgelegten Prüfungsschwerpunkten zu geben[80].

3.5.2 Vermerk des Abschlussprüfers

117 Nach § 313 Abs. 3 AktG hat der APr. über das Prüfungsergebnis einen Vermerk zu erteilen. Der Vermerk ist mit Angabe von Ort und Tag zu unterzeichnen und auch in den schriftlichen Bericht aufzunehmen (§ 313 Abs. 5 AktG).

118 Sind nach dem abschließenden Ergebnis der Prüfung keine Einwendungen zu erheben, ist dies anhand einer vorgegebenen Formulierung zu bestätigen (§ 313 Abs. 3 S. 1 AktG).

> **Hinweis 5:**
> „Nach meiner/unserer pflichtmäßigen Prüfung und Beurteilung bestätige ich/bestätigen wir, dass
> 1. die tatsächlichen Angaben des Berichts richtig sind,
> 2. bei den im Bericht aufgeführten Rechtsgeschäften die Leistung der Gesellschaft nicht unangemessen hoch war oder Nachteile ausgeglichen worden sind,
> 3. bei den im Bericht aufgeführten Maßnahmen keine Umstände für eine wesentlich andere Beurteilung als die durch den Vorstand sprechen".

Dieses Prüfungsurteil ist bei Einwendungen des APr. einzuschränken oder ggf. zu versagen. Sofern im AbhB keine Rechtsgeschäfte oder Maßnahmen aufgeführt werden, entfallen die entsprechenden Zusicherungen nach Nr. 2 oder 3.

Kommt der Vorstand einer Gesellschaft der ihm nach § 312 AktG obliegenden Pflicht zur Aufstellung eines AbhB nicht nach und enthält der LB in diesem Fall die erforderliche Schlusserklärung nach § 312 Abs. 3 S. 3 AktG nicht, ist der LB unvollständig. Dies führt zu einer Einschränkung des Prüfungsurteils zum LB im BestV, da die gesetzlichen Vorschriften zur Aufstellung des LB in diesem Fall nicht in allen wesentlichen Belangen beachtet worden sind. Es handelt sich hierbei um das Unterlassen von qualitativen Angaben, die sog. anderen Einblickszielen dienen[81].

---

80 Vgl. ADS[6], § 313 AktG, Tz. 68.
81 Vgl. *IDW PS 350 n.F.*, Tz. A99 sowie *IDW PS 250 n.F.*, Tz. 27 f.

4. Prüfung der nichtfinanziellen Erklärung/des nichtfinanziellen Berichts

4.1 Erstellung und Prüfung

Unter Anwendung der §§ 289b bis 289e HGB sowie §§ 315b und 315c HGB (für die Konzernrechnungslegung) müssen **große** (§ 267 Abs. 3 HGB) **kapitalmarktorientierte Gesellschaften** i.S.d. § 264d HGB sowie – unabhängig von ihrer Rechtsform und Kapitalmarktorientierung – **große Kreditinstitute und Versicherungen** eine sog. „nichtfinanzielle Erklärung" abgeben, sofern diese jeweils **mehr als 500 Mitarbeiter** zählen. **119**

Unabhängig von ihrer Rechtsform sind **kapitalmarktorientierte Mutterunternehmen** i.S.d. § 290 HGB sowie KI und Versicherungen, die MU i.S.d. § 290 HGB sind, verpflichtet, den KLB um eine nichtfinanzielle Konzernerklärung zu erweitern, wenn sie bestimmte Merkmale erfüllen (§§ 315b Abs. 1 S. 1, 340i Abs. 5 S. 1 sowie 341j Abs. 4 S. 1 HGB). Untergeordnete MU, die in einen nach Maßgabe des Rechts eines EU/EWR-Mitgliedstaats aufgestellten KLB eines übergeordneten MU einbezogen werden, der eine nichtfinanzielle Konzernerklärung enthält, sind von der **Pflicht** zur Aufstellung einer nichtfinanziellen Konzernerklärung **befreit**[82]. **120**

> **Praxistipp 1:**
> Von der Verpflichtung zur Erweiterung des LB um eine nichtfinanzielle Erklärung ist die KapGes. dann befreit, wenn sie in den KLB eines MU einbezogen ist und der KLB dieses MU eine nichtfinanzielle Konzernerklärung enthält.

Die **nichtfinanzielle Erklärung** soll nach § 289b Abs. 1 HGB in einem gesonderten Abschnitt des LB aufgenommen oder in diesen integriert werden. Alternativ besteht nach § 289b Abs. 3 HGB die Möglichkeit, einen gesonderten **nichtfinanziellen Bericht** offenzulegen, sofern dieser gesonderte Bericht zusammen mit dem LB veröffentlicht wird oder innerhalb einer Frist von maximal vier Monaten nach dem Abschlussstichtag im Internet auf der Homepage der Gesellschaft publiziert und im LB hierauf verwiesen wird. Somit bestehen vier verschiedene Möglichkeiten der Berichterstattung, die gleichermaßen für die Konzernberichterstattung existieren. **121**

Gemäß § 317 Abs. 2 S. 4 HGB ist die nichtfinanzielle (Konzern-)Erklärung im KLB/LB grds. nicht Gegenstand der Abschlussprüfung. Sie stellt zwar eine lageberichtstypische Angabe dar, für die jedoch keine gesetzliche Pflicht zur inhaltlichen Prüfung besteht. Die nichtfinanzielle (Konzern-)Erklärung wird indes zum inhaltlichen Gegenstand der Abschlussprüfung, wenn die Ges. diese in den LB/KLB integriert, d.h. i.S.d. *IDW PS 350 n.F.* nicht eindeutig abgrenzt[83], und an verschiedenen Stellen, die sich nicht klar und übersichtlich isolieren lassen, verortet (Fall einer klassischen Lageberichtsprüfung). Dagegen hat der APr. ein Wahlrecht zur Prüfung, wenn die Gesellschaft die nichtfinanzielle (Konzern-)Erklärung in den LB/KLB in einer Weise aufnimmt, dass diese räumlich getrennt und nicht als ungeprüft kennzeichnet ist. **122**

---

82 Vgl. *Holzmeier/Burth/Hachmeister*, IRZ 2017, S. 215 (216).
83 Eindeutig abgegrenzt bedeutet: räumlich getrennt und zweifelsfrei als ungeprüft gekennzeichnet oder deutlich als ungeprüft gekennzeichnet, ohne dass hierdurch Klarheit und Übersichtlichkeit des LB wesentlich beeinträchtigt ist (sog. Sternchen-„*"-Lösung). Vgl. *IDW PS 350 n.F.*, Tz. 16, 120 f. Anhang 2.

> **Hinweis 6:**
> Bei einer Aufnahme der nichtfinanziellen Erklärung in den LB können sich für den APr. Schwierigkeiten in der Praxis ergeben, da in diesem Fall im LB neben voll inhaltlich zu prüfenden Teilen nunmehr auch Angaben enthalten sind, die nur formell zu prüfen sind. Dieses Problem verschärft sich in den Fällen, in denen die Angaben verteilt im LB an den jeweils passenden Stellen eingefügt werden und somit nicht in einem zusammenhängenden besonderen Abschnitt des LB abgegrenzt sind. Aufgrund einer Vermengung von prüfungspflichtigen und nicht-prüfungspflichtigen Teilen im Lagebericht ist den Adressaten mittels des Bestätigungsvermerks zu verdeutlichen, welche Teile geprüft wurden und welche Teile lediglich einer kritischen Würdigung unterzogen wurden[84].

123 Nach § 317 Abs. 2 S. 4 HGB besteht jedoch stets eine Pflicht zu einer formellen Prüfung. Danach hat der APr. im Hinblick auf die Vorgaben nach den §§ 289 b bis 289 e HGB und den §§ 315 b und 315 c HGB zu prüfen, ob die Angaben zur nichtfinanziellen (Konzern-)Erklärung im LB/KLB gemacht wurden oder der gesonderte nichtfinanzielle (Konzern-)Bericht **rechtzeitig vorgelegt** wurde.

124 Sofern die Gesellschaft eine nichtfinanzielle (Konzern-)Erklärung abgibt, liegt dem APr. die Berichterstattung zum Zeitpunkt der Prüfung durch die Vorlage des LB/KLB als deren Bestandteil vor. Insofern fällt die formelle Prüfung in den Zeitraum vor Erteilung des BestV.

125 Nimmt die Gesellschaft die Befreiung von der Berichterstattung im LB/KLB gem. §§ 289b Abs. 3 bzw. 315b Abs. 3 HGB in Anspruch und erstellt einen **gesonderten nichtfinanziellen (Konzern-)Bericht**, dann sind zwei Fälle zu unterscheiden. Beabsichtigt die Gesellschaft den Bericht auf der **Internetseite** zu veröffentlichen und verweist im LB auf diese Veröffentlichung, dann muss der APr. gemäß § 317 Abs. 2 S. 5 Hs. 1 HGB spätestens vier Monate nach dem Abschlussstichtag eine **ergänzende Prüfung** durchführen[85]. Die Abschlussprüfung muss sich in diesem Fall darauf erstrecken[86], ob

a) der LB auf diese Veröffentlichung unter Angabe der Internetseite Bezug nimmt (bereits Gegenstand der Abschlussprüfung) und

b) der gesonderte nichtfinanzielle (Konzern-)Bericht (dem APr.) rechtzeitig vorgelegt wurde (**Gegenstand der ergänzenden Prüfung**).

Auf eine ergänzende Prüfung kann verzichtet werden, sofern der nichtfinanzielle (Konzern-)Bericht bereits vor dem oder zum Datum des BestV (dem APr.) vorgelegt wurde.

Beabsichtigt die Gesellschaft hingegen den gesonderten nichtfinanziellen (Konzern-)Bericht durch Offenlegung zusammen mit dem LB im BAnz „öffentlich zugänglich" zu machen, erstreckt sich die Abschlussprüfung grds. darauf, ob der nichtfinanzielle (Konzern-)Bericht i.R.d. Abschlussprüfung dem APr. vorgelegt wurde. Denn § 317 Abs. 2 S. 5 HGB stellt nicht auf die Offenlegung nach § 325 HGB als Prüfungsgegenstand ab, sondern auf die Vorlage des nichtfinanziellen (Konzern-)Berichts an den APr. Wird der BestV vor Ende der Aufstellungsfrist der Gesellschaft erteilt und liegt der nichtfinanzielle

---

84 Vgl. *Hennrichs*, NZG 2017, S. 841 (844), der eine Vermengung unterschiedlicher Prüfungsgegenstände, die unterschiedlicher Prüfungsintensität unterliegen, für die Adressaten als schwer nachvollziehbar erachtet.
85 Vgl. § 289b Abs. 3 S. 1 Nr. 2b HGB, § 315b Abs. 3 S. 1 Nr. 2b HGB sowie § 317 Abs. 2 S. 5 Hs. 1 HGB.
86 Vgl. *IDW PS 350 n.F.*, Tz. 83.

(Konzern-)Bericht zu diesem Zeitpunkt noch nicht vor, wird es als vertretbar angesehen, in diesem Fall analog zu der Vorgehensweise bei der Veröffentlichung auf der Internetseite eine ergänzende Prüfung nach § 317 Abs. 2 S. 5 Hs. 1 HGB durchzuführen.

Auch wenn die nichtfinanzielle (Konzern-)Erklärung bzw. der nichtfinanzielle (Konzern-)Bericht nicht inhaltlich geprüft wird, kann sie/er gleichwohl der Anwendung der **ISA 720 (Rev.) (E-DE)** unterliegen. Für die nichtfinanzielle (Konzern-)Erklärung gilt dies stets, da der LB/KLB notwendig Bestandteil eines Geschäftsberichts i.S.d. ISA 720 (Rev.) (E-DE) ist. Für den nichtfinanziellen (Konzern-)Bericht gilt dies nur, sofern der Mandant diesen als Bestandteil seines Geschäftsberichts i.S.d. ISA 720 (Rev.) (E-DE) definiert. Stellt der APr. hierbei wesentliche Unstimmigkeiten oder Widersprüche zwischen der nichtfinanziellen (Konzern-)Erklärung bzw. dem nichtfinanziellen (Konzern-)Bericht und dem geprüften Abschluss oder den bei der Abschlussprüfung erlangten Kenntnissen fest, sind diese entsprechend der Regelungen des ISA 720 (Rev.) (E-DE) zu behandeln. Darüber hinaus kann durch festgestellte wesentliche Unregelmäßigkeiten die Redepflicht im PrB gem. § 321 Abs. 1 S. 3 HGB ausgelöst werden. Inhaltlich fehlerhafte oder unvollständige Angaben haben keine Aus- oder Rückwirkungen auf den BestV, da keine inhaltliche Prüfungspflicht durch den APr. besteht.

126

Verantwortlich für die **inhaltliche Prüfung** der nichtfinanziellen (Konzern-)Erklärung bzw. des (Konzern-)Berichts ist der AR (§ 171 Abs. 1 S.1 und S. 4 AktG.), der nach § 111 AktG ermächtigt ist, eine externe Prüfung zu beauftragen. In diesem Fall ist die freiwillige Prüfung der nichtfinanziellen (Konzern-)Erklärung bzw. des (Konzern-)Berichts gesondert zu beauftragen. Führt der APr. eine freiwillige, inhaltliche Prüfung der nichtfinanziellen (Konzern-)Erklärung durch, liegt eine freiwillige Ergänzung der Prüfung vor, deren Ergebnis nach §§ 289b Abs. 4 und 315b Abs. 4 HGB ebenfalls offenzulegen sein wird.[87]

127

4.2 Berichterstattung über die formelle Prüfung

Form und Umfang der Berichterstattung im PrüfB und BestV über die Prüfung der nichtfinanziellen (Konzern-)Erklärung ist abhängig von der Verortung der Erklärung innerhalb oder außerhalb des LB/KLB. Bei eindeutiger Abgrenzung der nichtfinanziellen (Konzern-)Erklärung im LB/KLB kann der APr., sofern er es zur Vermeidung von Missverständnissen für notwendig erachtet, im BestV darstellen, dass diese Angaben des LB/KLB nicht inhaltlich geprüft wurden und sich daher das Prüfungsurteil zum LB/KLB insoweit hierauf nicht erstreckt[88]. Sofern die nichtfinanzielle (Konzern-)Erklärung im LB/KLB nicht eindeutig von den geprüften Angaben abgegrenzt wird, hat der APr. im BestV im Abschnitt mit der Überschrift „Prüfungsurteile" unter Nennung der nichtfinanziellen (Konzern-)Erklärung darzustellen, dass diese Angaben nicht inhaltlich geprüft wurden und sich daher das Prüfungsurteil zum LB/KLB hierauf nicht erstreckt[89]. Ebenso hat er eine entsprechende Beschreibung des Prüfungsgegenstands vorzunehmen. Alternativ kann der APr. in einer Anlage zum BestV die nichtfinanzielle (Konzern-)Erklärung als „Nicht inhaltlich geprüfte Bestandteile des (Konzern-)Lageberichts" aufnehmen, sofern er dies bei der Beschreibung des Prüfungsgegenstands im BestV ebenfalls aufnimmt.

128

---

[87] Vgl. § 289b Abs. 4 HGB sowie § 315b Abs. 4 HGB (Geltung ab dem 01.01.2019).
[88] Vgl. *IDW PS 350 n.F.*, Tz. A117 i.V.m. *IDW PS 400 n.F.*, Tz. 12.
[89] Vgl. *IDW PS 350 n.F.*, Tz. 121.

O Erweiterungen des Prüfungsauftrags

129 Umfasst der LB/KLB entgegen §§ 289b bzw. 315b HGB weder eine nichtfinanzielle (Konzern-)Erklärung noch einen Hinweis auf die Veröffentlichung des nichtfinanziellen (Konzern-)Berichts auf der Internetseite, so muss das Prüfungsurteil zum LB/KLB im **BestV eingeschränkt** und die Einschränkung begründet werden[90]. Eine Berichterstattungspflicht im BestV kann sich nach ISA 720 (Rev.) (E-DE) ergeben, wenn der APr. wesentliche Unstimmigkeiten zwischen der nichtfinanziellen (Konzern-)Erklärung bzw. dem nichtfinanziellen (Konzern-)Bericht und dem geprüften Abschluss oder den bei der Abschlussprüfung erlangten Kenntnissen feststellt. Auch kann nach ISA 720 (Rev.) (E-DE) eine Berichterstattung im BestV erforderlich sein, wenn der APr. feststellt, dass die nichtfinanzielle (Konzern-)Erklärung wesentliche falsche oder unvollständige Angaben enthält; dies aber nur, soweit der Abschlussprüfer in Bezug auf die Berichterstattung im BestV zu den „Sonstigen Informationen" auftragsgeberseitig von seiner Verschwiegenheitsverpflichtung befreit wurde.

130 Wird anstelle der Berichterstattung im LB/KLB ein nichtfinanzieller (Konzern-)Bericht erstellt, muss dieser entweder zusammen mit dem geprüften (Konzern-)Lagebericht nach § 325 HGB offengelegt (§§ 289b Abs. 3 S. 1 Nr. 2a, 315b Abs. 3 S. 1 Nr. 2a HGB) oder spätestens vier Monate nach dem Abschlussstichtag auf der Internetseite der KapGes. veröffentlicht werden. Im LB ist auf diese Veröffentlichung unter Angabe der Internetseite Bezug zu nehmen (§§ 289b Abs. 3 S. 1 Nr. 2b, 315b Abs. 3 S. 1 Nr. 2b HGB). Nur im Fall der Veröffentlichung auf der Internetseite schreibt § 317 Abs. 2 S. 5 HGB eine ergänzende Prüfung vor, wenn bis zum Zeitpunkt der Erteilung des BestV der nichtfinanzielle (Konzern-)Bericht nicht vorgelegt wurde. Die ergänzende Prüfung erstreckt sich lediglich auf die Erfüllung der Vorlage, da der erforderliche Verweis im Lagebericht bereits zum Zeitpunkt der Erteilung des BestV im LB enthalten sein muss. Wird die Vorlagefrist nicht eingehalten oder legt das Unternehmen keinen Bericht vor, dann hat der APr. nach § 317 Abs. 2 S. 5 HGB den BestV entsprechend der nachfolgenden Formulierungsempfehlung um einen Hinweis zu ergänzen, dass die Vorlage nicht oder nicht rechtzeitig erfolgt ist:

> **„Ergänzung des Bestätigungsvermerks gemäß § 317 Abs. 2 S. 5 Hs. 2 HGB**
>
> Wir haben eine ergänzende Prüfung durchgeführt, ob der gesonderte nichtfinanzielle ... [Bericht/Konzernbericht] der Gesellschaft zur Erfüllung der Befreiungsvoraussetzung nach ... [(§ 289b Abs. 3 S. 1 Nr. 2 Buchst. b HGB)/(§ 315b Abs. 3 S. 1 Nr. 2 Buchst. b HGB)], auf den im ... [Lagebericht/Konzernlagebericht] verwiesen wird, innerhalb der gesetzlichen Frist von vier Monaten nach dem Abschlussstichtag vorgelegt wurde.
>
> Wir berichten gemäß § 316 Abs. 3 S. 2 HGB, dass nach unserer Beurteilung, am ... [*Tag, an dem die Prüfung durchgeführt wurde*] der gesonderte nichtfinanzielle ... [Bericht/Konzernbericht] der Gesellschaft, auf den im ... [Lagebericht/Konzernlagebericht] verwiesen wird, nicht innerhalb der gesetzlichen Frist von vier Monaten vorgelegt wurde.

---

90 Vgl. *IDW PS 350 n.F.*, Tz. A112. Die Vollständigkeit der Angaben ist nicht zu prüfen, da das eine inhaltliche Prüfung wäre, die gesetzlich nicht vorgeschrieben ist.

Wir weisen darauf hin, dass gemäß ... [§ 289b Abs. 3 S. 1 Nr. 2 Buchst. b HGB/§315b Abs. 3 S. 1 Nr. 2 Buchst. b HGB] die Veröffentlichung des gesonderten nichtfinanziellen ... [Berichts/Konzernberichts] auf der Internetseite der Gesellschaft spätestens vier Monate nach dem Abschlussstichtag und mindestens für zehn Jahre, sofern der ... [Lagebericht/Konzernlagebericht] auf diese Veröffentlichung unter Angabe der Internetseite Bezug nimmt, Voraussetzung für die Befreiung von der Pflicht zur Erweiterung des ... [Lageberichts/Konzernlageberichts] um eine nichtfinanzielle ... [Erklärung/Konzernerklärung] ist. Des Weiteren weisen wir darauf hin, dass wegen der fehlenden Veröffentlichung, die Voraussetzung nicht erfüllt wurde und die Bezugnahme auf den auf der Internetseite der Gesellschaft veröffentlichten gesonderten nichtfinanziellen ... [Bericht /Konzernbericht] im ... [Lagebericht/Konzernlagebericht] zum Zeitpunkt unserer Prüfung somit nicht zutreffend ist.

Da zum ... [*Datum des ursprünglichen Bestätigungsvermerks*], dem ursprünglichen Datum des Bestätigungsvermerks, der auf der Internetseite der Gesellschaft zu veröffentlichende gesonderte nichtfinanzielle ... [Bericht/Konzernbericht] noch nicht vorlag, sind wir gemäß § 317 Abs. 2 S. 5 Hs. 2 HGB verpflichtet, diese ergänzende Prüfung durchzuführen. Im Einklang mit unseren Pflichten haben wir ausschließlich die Vorlage des gesonderten nichtfinanziellen ... [Berichts/Konzernberichts] geprüft und daher weder hinsichtlich des ... [Jahresabschlusses und Lageberichts/Konzernabschlusses und Konzernlageberichts] nach dem ... [*Datum des ursprünglichen Bestätigungsvermerks*] Prüfungshandlungen vorgenommen noch die Berichterstattung über sonstige Informationen im Zusammenhang mit dem ... [Jahresabschluss/Konzernabschluss] aktualisiert."

Im Fall der Inanspruchnahme der Befreiung von der Berichterstattung im LB/KLB durch eine gemeinsame Offenlegung des nichtfinanziellen (Konzern-)Berichts existiert keine § 317 Abs. 2 S. 5 Hs. 2 HGB entsprechende Regelung, sodass fraglich ist, ob einerseits eine nachgelagerte Prüfungspflicht besteht und andererseits eine nicht rechtzeitige oder fehlende Offenlegung zu einer Berichterstattung durch den APr. führt. Eine fehlende oder verspätete Offenlegung des nichtfinanziellen (Konzern-)Berichts dürfte jedoch zu einer Redepflicht nach § 321 Abs. 1 S. 3 HGB im PrB des Folgejahres führen, da ein Verstoß gegen § 325 HGB vorliegt.

4.3 Freiwillige inhaltliche Prüfung

131 Die inhaltliche Prüfung der nichtfinanziellen (Konzern-)Erklärung obliegt dem AR, der jedoch ermächtigt ist, Dritte mit der externen inhaltlichen Überprüfung der nichtfinanziellen (Konzern-)Erklärung bzw. des gesonderten nichtfinanziellen (Konzern-)Berichts zu beauftragen.

132 Sofern der AR einen WP mit der externen inhaltlichen Prüfung dieser Berichterstattung beauftragt, besteht die Möglichkeit einer umfänglichen Prüfung mit hinreichender Sicherheit oder eine im Prüfungsumfang reduzierte Prüfung mit gewisser Sicherheit. Hierbei besteht die Möglichkeit, für die Prüfung der nichtfinanziellen (Konzern-)Erklärung die fachlichen Grundsätze heranzuziehen, die für die Prüfung der Nachhaltigkeitsberichterstattung angewandt werden[91]. Der Grad der Prüfungsintensität und

---

91 Vgl. *Kirsch/Huter*, WPg 2017, S. 1017 (1021).

-sicherheit für die nichtfinanziellen Erklärungen bzw. Berichte obliegt der privatautonomen Vereinbarung zwischen dem AR und dem WP. Da die gesetzliche Haftungsbegrenzung gem. § 323 Abs. 2 HGB für freiwillige Prüfungen nicht einschlägig ist, muss auch die Haftungsbeschränkung gesondert vereinbart werden.

133 Im Fall einer gesondert beauftragten, freiwilligen inhaltlichen Prüfung der nichtfinanziellen (Konzern-)Erklärung bzw. des nichtfinanziellen (Konzern-)Berichts wird das Prüfungsergebnis in gleicher Weise wie die nichtfinanzielle Erklärung bzw. der gesonderte nichtfinanzielle Bericht öffentlich zugänglich zu machen sein[92]. Das Gesetz verwendet in § 289b Abs. 4 HGB sowie in § 315b Abs. 4 HGB den Terminus „Überprüfung", der deutlich macht, dass es sich bei der externen inhaltlichen Prüfung der nichtfinanziellen Erklärung bzw. des nichtfinanziellen Berichts nicht um die gleiche Prüfungsintensität handelt, die i.R. einer Abschlussprüfung erforderlich ist[93].

---

92 Vgl. § 289b Abs. 4 HGB sowie § 315b Abs. 4 HGB (Geltung ab dem 01.01.2019).
93 Vgl. *Kirsch/Huter*, WPg 2017, S. 1017 (1021). Eine Prüfung mit „positive assurance" (hinreichender Sicherheit) wird im Schrifttum nicht einheitlich befürwortet, da Zweifel bestehen, ob das Soll-Objekt für eine umfängliche Prüfung der CSR-Berichterstattung hinreichend bestimmt werden kann. Vgl. *Hennrichs*, NZG 2017, S. 841 (844). Gleichwohl erfordert die Abgabe eines Prüfungsurteils mit begrenzter Sicherheit ebenfalls ein geeignetes Soll-Objekt, sodass diese Argumentation nicht überzeugt.

Kapitel P

Prüferische Durchsicht von Abschlüssen, insb. von Zwischenberichten

Verfasser:
WP StB Dipl.-Kfm. Ronald Rulfs, Düsseldorf
WP StB Dipl.-Kfm. Hermann-Josef Schulze Osthoff, Düsseldorf

P Prüferische Durchsicht von Abschlüssen, insb. von Zwischenberichten

Inhalt Tz.
1. Einführung in die prüferische Durchsicht........................... 1
   1.1 Charakter, Nutzen und Vorteile einer prüferischen Durchsicht..... 1
      1.1.1 Kurzdarstellung einer prüferischen Durchsicht.............. 1
      1.1.2 Nutzen und Vorteile einer prüferischen Durchsicht.......... 5
   1.2 Praktische Anwendungsfälle.................................. 10
      1.2.1 Prüferische Durchsicht von Abschlüssen................... 10
      1.2.2 Prüferische Durchsicht sonstiger Informationen............ 18
   1.3 Gesetzliche und berufsständische Grundlagen der prüferischen Durchsicht.. 20
      1.3.1 Nationale Regelungen................................. 20
      1.3.2 Internationale Regelungen............................. 23
      1.3.3 Abgrenzung zu weiteren Dienstleistungen................ 28
2. Durchführung des Reviews...................................... 37
   2.1 Grundlagen für die Durchführung von prüferischen Durchsichten .. 37
   2.2 Auftragsverhältnis.. 44
      2.2.1 Wahl und Beauftragung............................... 44
      2.2.2 Vereinbarung der Auftragsbedingungen.................. 51
   2.3 Auftragsplanung.. 57
   2.4 Auftragsdurchführung..................................... 76
      2.4.1 Art und Umfang der Maßnahmen........................ 76
         2.4.1.1 Analytische Beurteilungen...................... 80
         2.4.1.2 Befragungen................................. 84
         2.4.1.3 Spezielle Maßnahmen und Einzelfragen........... 89
      2.4.2 Schriftliche Erklärungen des Managements............... 101
      2.4.3 Beurteilung der erlangten Nachweise.................... 104
      2.4.4 Dokumentation....................................... 112
3. Ergebnis der prüferischen Durchsicht und Berichterstattung........ 113
   3.1 Grundsätze für die Erteilung einer Bescheinigung............... 113
   3.2 Mindestbestandteile und Struktur der Bescheinigung............ 120
      3.2.1 Bescheinigung nach IDW PS 900 und ISRE................ 120
         3.2.1.1 Überschrift................................. 124
         3.2.1.2 Adressat................................... 125
         3.2.1.3 Einleitender Abschnitt inkl. Verantwortung der gesetzlichen Vertreter................................... 126
         3.2.1.4 Beschreibender Abschnitt inkl. Verantwortlichkeit des WP.... 130
         3.2.1.5 Urteil...................................... 137
            3.2.1.5.1 Review-Bescheinigungen ohne Einwendungen....... 139
            3.2.1.5.2 Review-Bescheinigungen mit Hinweisen........... 145
            3.2.1.5.3 Review-Bescheinigungen mit Modifizierungen....... 148
            3.2.1.5.4 Review-Bescheinigungen ohne Urteil............. 153
         3.2.1.6 Unterzeichnung der Bescheinigung............... 156
      3.2.2 Bescheinigung bei prüferischer Durchsicht eines Konzernzwischenabschlusses nach HGB.................. 157
      3.2.3 Bescheinigung bei prüferischer Durchsicht nach § 115 WpHG 160
      3.2.4 Bescheinigung bei prüferischer Durchsicht eines Abschlusses für einen speziellen Zweck............................... 164

	3.2.5 Bescheinigung nach prüferischer Durchsicht einer einzelnen Finanzaufstellung oder eines ihrer Bestandteile............	170
	3.3 Bericht über die prüferische Durchsicht...............	173
	3.4 Kommunikation mit dem Aufsichtsrat/den für die Überwachung Verantwortlichen.............................	179
	3.5 Nachträgliche prüferische Durchsicht...............	181
4.	Ausblick..	186
5.	Musterformulierungen.............................	191

1. Einführung in die prüferische Durchsicht

1.1 Charakter, Nutzen und Vorteile einer prüferischen Durchsicht

1.1.1 Kurzdarstellung einer prüferischen Durchsicht

Die prüferische Durchsicht ist eine Assurance-Leistung zur Erhöhung der Glaubhaftigkeit der zu beurteilenden historischen Finanzinformationen. Der **Terminus** der „prüferischen Durchsicht" ist synonym mit dem international gebräuchlichen Begriff „**Review**"[1].   **1**

Die prüferische Durchsicht stellt eine **betriebswirtschaftliche Prüfung** i.S.v. § 2 Abs. 1 WPO dar. Das Institut der Wirtschaftsprüfer in Deutschland e.V. (IDW) hat im *IDW Prüfungsstandard: Grundsätze für die prüferische Durchsicht von Abschlüssen (IDW PS 900)* umfassend die Berufsauffassung dargelegt, nach der prüferische Durchsichten vorgenommen werden[2].   **2**

Bei dieser Form der betriebswirtschaftlichen Prüfung handelt es sich um eine Tätigkeit mit relativ geringer Prüfungssicherheit. Die prüferische Durchsicht stellt eine kritische Würdigung auf der Grundlage von Plausibilitätsüberlegungen dar[3]. Die prüferische Durchsicht zielt nicht auf eine positive Gesamtaussage. Sie ermöglicht lediglich eine negativ formulierte Aussage, die der WP nicht wie im Falle einer Abschlussprüfung mit „hinreichender Sicherheit"[4], sondern nur mit einer „gewissen Sicherheit" trifft: „Eine gewisse Sicherheit ist gegeben, wenn der WP aufgrund von erhaltenen Nachweisen davon überzeugt ist, dass der Gegenstand der prüferischen Durchsicht im Rahmen der gegebenen Umstände **plausibel** ist" (eigene Hervorhebung)[5]. Da die Vorgehensweise und der daraus resultierende Sicherheitsgrad der zu treffenden Aussage von der einer Abschlussprüfung abweichen, stellt die prüferische Durchsicht auch keine in ihrem Umfang reduzierte Abschlussprüfung dar.   **3**

Im Rahmen seiner Tätigkeit untersucht der WP den Prozess der Aufstellung des Gegenstands der prüferischen Durchsicht durch die verantwortliche Partei in Form eines   **4**

---

1 Im Folgenden werden die Begriffe „prüferische Durchsicht" und „Review" synonym verwendet.
2 Vgl. Kap. P Tz. 20 ff.
3 Vgl. *IDW PS 900*, Tz. 6.
4 Vgl. *IDW PS 900*, Tz. 5 f.
5 Vgl. *IDW PS 900*, Tz. 7. Nach internationalen Standards wird der Begriff „Limited Assurance", d.h. „begrenzte Sicherheit" verwendet. Vgl. dazu Kap. P Tz. 105.

Soll-Ist-Vergleichs[6]. Der WP hat seine prüferische Durchsicht so zu planen und durchzuführen, dass er nach kritischer Würdigung durch analytische Beurteilungen und Befragungen mit einer gewissen Sicherheit ausschließen kann, dass der reviewte Abschluss und ggf. der LB in wesentlichen Belangen nicht in Übereinstimmung mit den angewandten Rechnungslegungsgrundsätzen aufgestellt worden ist (negativ formulierte Aussage)[7]. Über das **Ergebnis** erteilt der WP i.d.R. eine Bescheinigung.

1.1.2 Nutzen und Vorteile einer prüferischen Durchsicht

5 Die Erwartung einer anstehenden Assurance-Leistung zu historischen Finanzinformationen führt im Allgemeinen beim Aufstellungsprozess zu einer hohen Sorgfalt durch den Aufsteller und damit möglicherweise zu einer **verbesserten Datenbasis** ggü. Finanzinformationen, die erwartungsgemäß keiner externen Überprüfung unterliegen.

6 Die Analyse der Finanzinformationen im Rahmen einer prüferischen Durchsicht deckt Unplausibilitäten ggü. den erwarteten Werten und Informationen auf. Diese auffälligen Rechnungslegungsinformationen werden im Rahmen einer prüferischen Durchsicht zielgerichtet hinterfragt und die Antworten gewürdigt. Die kritische Diskussion und Würdigung durch einen unabhängigen WP erhöht die Verlässlichkeit der prüferisch durchgesehenen Informationen und führt zu einer **Steigerung des Vertrauens** in die Richtigkeit der historischen Finanzinformationen, bspw. von Abschlüssen.

7 Die damit verbundene erhöhte Verlässlichkeit der Finanzinformationen wird i.d.R. in Form einer Bescheinigung dokumentiert. Im Fall der vereinbarten Weitergabe des Abschlusses inkl. der Bescheinigung an Dritte kann die Steigerung des Vertrauens in die Richtigkeit der Daten auch in der **Außenwirkung** Vorteile entfalten. Dieses kann sich in verbesserten Konditionen bei Vereinbarungen mit Stakeholdern oder Shareholdern widerspiegeln.

8 Eine prüferische Durchsicht zeichnet sich ggü. einer Abschlussprüfung durch ihre relativ schnelle Durchführbarkeit aus. Diese **Schnelligkeit** wird durch die konsequente Fokussierung und Begrenzung der Assurance-Leistung auf risikobehaftete Abschlussbereiche bei relativ geringer Prüfungstiefe und Urteilssicherheit erreicht.

9 Der im Vergleich zu einer Abschlussprüfung geringere Arbeitsaufwand und die geringere Urteilssicherheit schlagen sich in einem deutlich geringeren Honorar einer prüferischen Durchsicht nieder. Die prüferische Durchsicht ist insofern eine **kostengünstige Alternative** zu einer freiwilligen Abschlussprüfung. Sie bietet aber auch vorbereitend für eine Abschlussprüfung bedeutsame Vorteile[8].

1.2 Praktische Anwendungsfälle

1.2.1 Prüferische Durchsicht von Abschlüssen

10 Eine prüferische Durchsicht wird in der Praxis üblicherweise in Fällen beauftragt, in denen ein Interesse an der Verlässlichkeit der historischen Finanzinformationen besteht, dabei aber der **Prüfungsgegenstand nicht hinreichend bedeutsam** genug ist, um einer gesetzlichen, vertraglichen oder faktischen Prüfungspflicht zu unterliegen.

---

6   Vgl. *Almeling*, WPg 2011, S. 607 (611).
7   Vgl. *IDW PS 900*, Tz. 6.
8   Siehe Kap. P Tz. 15.

Die **gesetzliche Prüfungspflicht** wurde zuletzt durch das BilRUG in Form einer Erhöhung der Schwellenwerte für die Bestimmung der Unternehmensgrößenklassen für KapGes. oder ihnen gleichgestellten Personenhandelsgesellschaften gelockert. Damit reduzierte sich der Kreis prüfungspflichtiger Unternehmen bzw. im Umkehrschluss erhöhte sich der Kreis von Unternehmen, die nicht-prüfungspflichtige JA aufstellen[9]. Angesichts dieser Entwicklung ist der Anwendungsbereich der prüferischen Durchsichten zur Steigerung des Vertrauens in die Informationen der JA und KA dieser Unternehmen vergrößert worden, soweit die deutlich geringere Assurance-Intensität den Belangen von Shareholdern und Stakeholdern gerecht wird. **11**

In der Praxis ist das Vertrauensbedürfnis von Shareholdern und Stakeholdern in die Richtigkeit von Abschlüssen häufig unabhängig von Schwellenwerten gegeben. Dementsprechend kann die **Prüfungspflicht über entsprechende vertragliche Klauseln** im Gesellschaftsvertrag oder im Kreditvertrag verankert sein. **12**

Eine **faktische Prüfungspflicht** kann sich bei Gesellschaften, die in einen KA einbezogen werden, aus der **berufsständischen Pflicht** ableiten, dass der KA-Prüfer die Richtigkeit der einbezogenen Daten insgesamt verantworten muss. Zu diesem Zweck legt der KA-Prüfer für die Prüfung bedeutsame Teilbereiche fest, die mit einer hinreichenden Sicherheit geprüft werden müssen, um den KA testieren zu können[10]. **13**

Die Würdigung nicht bedeutsamer Teilbereiche eines KA stellt hingegen einen häufigen **Anwendungsfall einer prüferischen Durchsicht** dar. Sofern keine Prüfungspflicht dieser Teilbereiche besteht und aus Sicht des KA-Prüfers auf eine Abschlussprüfung der Teilbereiche verzichtet werden kann, bietet die prüferische Durchsicht einen ergänzenden Beitrag zur Prüfungssicherheit des KA. **14**

Der **Hauptanwendungsfall** der prüferischen Durchsicht betrifft neben dem JA und ggf. dem LB nicht prüfungspflichtiger Gesellschaften insb. die Zwischenabschlüsse prüfungspflichtiger Gesellschaften zur Sicherung der unterjährigen Informationsqualität. Neben einem positiven Signal an Shareholder und Stakeholder unterziehen sich Unternehmen der prüferischen Durchsicht eines Zwischenabschlusses, um den Prozess der Aufstellung des JA zu beschleunigen und die Prüfungsfeststellungen zum Ende des GJ zu reduzieren[11]. **15**

Eine prüferische Durchsicht wird zudem häufig bei Unternehmen durchgeführt, die als Inlandsemittenten Aktien oder Schuldtitel i.S.v. § 2 Abs. 1 S. 1 WpHG begeben (§ 115 Abs. 1 S. 1 WpHG). Diese müssen gem. § 115 Abs. 2 WpHG einen **Halbjahresfinanzbericht** mindestens bestehend aus einem verkürzten (Konzern-)Zwischenabschluss, einem (Konzern-)Zwischenlagebericht und einem sog. Bilanzeid[12] aufstellen, der mit Ausnahme des Bilanzeids einer prüferischen Durchsicht unterzogen werden kann[13]. **16**

Die in *IDW PS 900* geregelte prüferische Durchsicht von Abschlüssen gilt insb. für Jahres-, Konzern- und Zwischenabschlüsse sowie **sonstige Abschlüsse**. Dabei kann es sich **17**

---

9   In der Gesetzesbegründung zum BilRUG wird von mehr als 7.000 Unternehmen ausgegangen, die durch die Erhöhung der Schwellenwerte von der Prüfungspflicht befreit werden.
10 IDW PS 320 n.F., Tz. 24.
11 Zu weiteren Motiven einer prüferischen Durchsicht vgl. *Häcker*, WPg 2011, S. 269 (274 f.).
12 Erklärung gem. § 264 Abs. 2 S. 3 HGB und § 289 Abs. 1 S. 5 HGB bzw. für KA gem. § 297 Abs. 2 S. 4 HGB und § 315 Abs. 1 S. 5 HGB.
13 Vgl. Kap. P Tz. 21.

auch um Abschlüsse handeln, die nach anderen nationalen Rechnungslegungsgrundsätzen, nach Rechnungslegungsgrundsätzen für einen speziellen Zweck oder nach internationalen Rechnungslegungsgrundsätzen aufgestellt worden sind.

1.2.2 Prüferische Durchsicht sonstiger Informationen

18 Die prüferische Durchsicht ist nicht nur auf Abschlüsse anwendbar, sondern auch auf einzelne Finanzaufstellungen (z.B. Bilanzen) oder deren Bestandteile oder auf **sonstige historische Finanzinformationen**, sofern ein solches Vorgehen für den Einzelfall geeignet ist[14]. In diesem Rahmen können einzelne Informationen und Angaben (bspw. statistische Informationen oder sog. Performance-Indikatoren) bei einer prüferischen Durchsicht gewürdigt werden. In der Praxis hat sich zuletzt zudem die Durchführung der prüferischen Durchsicht von Berichten im Bereich der Nachhaltigkeit[15] etabliert. Hierbei handelt es sich aber um eine Tätigkeit auf Basis des ISAE 3000 (Rev.), so dass die Ausführungen dieses Kapitels hierauf nicht anwendbar sind[16].

19 Die prüferische Durchsicht des LB oder KLB ist von *IDW PS 900* grds. gedeckt und damit ausdrücklich berufsrechtlich zugelassen[17]. Hierbei sind die Grundsätze für die Durchführung einer prüferischen Durchsicht zugrunde zu legen, da weder die deutsche noch die internationalen berufsrechtlichen Verlautbarungen weitergehende Hinweise zu Ablauf, Umfang und Maßnahmen der prüferischen Durchsicht des LB oder KLB bzw. Zwischenlageberichts vorgeben.

1.3 Gesetzliche und berufsständische Grundlagen der prüferischen Durchsicht

1.3.1 Nationale Regelungen

20 Das IDW hat im *IDW PS 900* die Berufsauffassung dargelegt, nach der prüferische Durchsichten vorgenommen werden. Bei einer Beauftragung nach *IDW PS 900* (Stand: 01.10.2002) kann es aufgrund der im Zeitablauf vom IAASB **fortentwickelten internationalen Standards** (ISRE 2400 (Rev.) und ISRE 2410)[18] sinnvoll sein, die in diesen internationalen Standards deutlich ausführlicher gehaltenen Vorgaben und ergänzenden Erläuterungen in der Auftragsbearbeitung freiwillig zu berücksichtigen. Eine diesbezügliche Pflicht besteht nicht.

21 Die Nutzung einer prüferischen Durchsicht zur Erhöhung der unterjährigen Informationssicherheit ist gesetzlich im WpHG kodifiziert. Der verkürzte Abschluss und der Zwischenlagebericht eines **Halbjahresfinanzberichts** von Unternehmen, die als Inlandsemittenten Aktien oder Schuldtitel i.S.v. § 2 Abs. 1 S. 1 WpHG begeben, kann gem. § 115 Abs. 5 S. 1 WpHG einer prüferischen Durchsicht durch einen APr. unterzogen werden. Alternativ ist auch eine Prüfung i.S.v. § 317 HGB zulässig. Sofern keiner dieser Assurance-Aufträge erteilt wird, ist dieses im Halbjahresfinanzbericht anzugeben (§ 115 Abs. 5 S. 6 WpHG).

---

[14] Vgl. *IDW PS 900*, Tz. 3.
[15] Siehe hierzu *IDW PS 821*.
[16] Vgl. Kap. P Tz. 31 ff. und *IDW*, WPH Edition, Assurance, Kap. C.
[17] Vgl. *IDW PS 900*, Tz. 6.
[18] International Standard on Review Engagements (ISRE) 2400 (Rev.): Engagements to Review Historical Financial Statements und International Standard on Review Engagements (ISRE) 2410: Review of Interim Financial Information performed by the Independent Auditor of the Entity.

Sofern ein Unternehmen im Regelungsbereich von § 115 Abs. 7 WpHG zu einem anderen Stichtag des GJ freiwillig **zusätzliche unterjährige Finanzinformationen** gem. den Vorgaben zum Halbjahresfinanzbericht aufstellt und veröffentlicht, gelten die Regelungen von § 115 Abs. 5 WpHG zur Prüfung oder prüferischen Durchsicht entsprechend. Anwendung findet diese Regelung i.d.R. bzgl. der Quartalsfinanzberichterstattung[19]. Die Anwendung zu einem abweichenden Zeitpunkt ist gleichwohl zugelassen. 22

1.3.2 Internationale Regelungen

Zur **internationalen Vergleichbarkeit** der prüferischen Durchsicht hat der IAASB ISRE 2400 und ISRE 2410 veröffentlicht. *IDW PS 900* entspricht gem. *IDW PS 900*, Tz. 4, dem damaligen Stand des ISRE 2400. Zuletzt hat der IAASB im September 2012 den überarbeiteten Standard ISRE 2400 (Rev.) veröffentlicht. Er ist anzuwenden auf Perioden, die am oder nach dem 31.12.2013 enden. Aus dieser im Strategie- und Arbeitsprogramm 2009–2011 des IAASB durchgeführten Überarbeitung in Form umfangreicher, detaillierter Vorgaben haben sich im Vergleich zu ISRE 2400 insb. klarstellende Anpassungen ergeben[20]. Die folgenden Ausführungen beziehen sich – sofern nicht anders beschrieben – regelmäßig auf den aktuellen ISRE 2400 (Rev.). Aus Vereinfachungsgründen wird im Folgenden auf den Zusatz „Rev." verzichtet. 23

Der **Anwendungsbereich** von ISRE 2400 ist im Gegensatz zu *IDW PS 900* auf einen Prüfer, der nicht der APr. der Gesellschaft ist, beschränkt[21]. Hierbei kann es sich bspw. um eine prüferische Durchsicht eines ungeprüften JA oder um einen vom Prüfer ungeprüften Teilbereich eines Konzerns handeln[22]. In Abgrenzung dazu unterliegt die prüferische Durchsicht eines Zwischenabschlusses eines zum Ende des GJ von ihm geprüften Unternehmens oder eines Teilbereiches eines Konzerns durch den APr. des JA bzw. des KA dem ISRE 2410. Die Unterteilung der internationalen berufsständischen Vorgaben in zwei unterschiedliche Standards trägt dem Kenntnisvorsprung eines zuvor mit der Abschlussprüfung betrauten WP insb. hinsichtlich der wirtschaftlichen und rechtlichen Verhältnisse der Gesellschaft sowie bzgl. des IKS Rechnung. ISRE 2410 wurde seit seinem Inkrafttreten im Jahr 2006 bisher nicht überarbeitet. Sein Detaillierungsgrad ist damit wie bei *IDW PS 900* deutlich geringer als der von ISRE 2400. 24

Im Fall eines **Prüferwechsels** liegen dem neuen APr. die Kenntnisse über das wirtschaftliche und rechtliche Umfeld der Gesellschaft sowie über das IKS des neuen Mandanten bis zur ersten Abschlussprüfung nicht tiefgehend vor. Gleichwohl ist für einen neu bestellten APr. bei einer Beauftragung nach (ergänzenden) internationalen Review-Standards bereits ISRE 2410 einschlägig. Gemäß ISRE 2410.17 f. wird von dem WP die Erlangung des Verständnisses der wirtschaftlichen und rechtlichen Verhältnisse der Gesellschaft sowie des Umfelds und des IKS gefordert. 25

Die Anwendbarkeit der internationalen Review-Standards bei einer prüferischen *Durchsicht kann über die maßgeblichen Grundsätze zur Abschlussprüfung analog hergeleitet werden. Gemäß IDW PS 201*, Tz. 20, haben Abschlussprüfungen nach den deutschen Prüfungsgrundsätzen zu erfolgen. Nach *IDW PS 201, Tz 23*, kann lediglich im 26

---

19 *Simons/Kallweit*, BB 2016, S. 332 (333).
20 Vgl. ISRE 2400 (Rev.), Basis for Conclusions.
21 Vgl. ISRE 2400.2.
22 Vgl. ISRE 2400.A2.

Fall freiwilliger Abschlussprüfungen aufgrund gesonderter Beauftragung eine Abschlussprüfung rein nach ISA durchgeführt werden. Übertragen auf eine prüferische Durchsicht ist damit **auch eine rein nach ISRE 2400/ISRE 2410 beauftragte prüferische Durchsicht zulässig**, da es sich hier regelmäßig um freiwillige Assurance-Leistungen handelt[23].

27 Zur Durchführung eines **Reviews von SME** hat das SME-Committee der IFAC im Dezember 2013 detaillierte Hilfestellungen nach ISRE 2400 zur Verfügung gestellt[24].

1.3.3 Abgrenzung zu weiteren Dienstleistungen

28 Aus der **Systematisierung** der Auftragsarten wird deutlich, dass eine prüferische Durchsicht (in Abb. 1 dargestellt als ISRE) als prüferische Tätigkeit in Bezug auf historische Finanzinformationen mit Zusicherung einer gewissen Prüfungssicherheit einzuordnen ist.

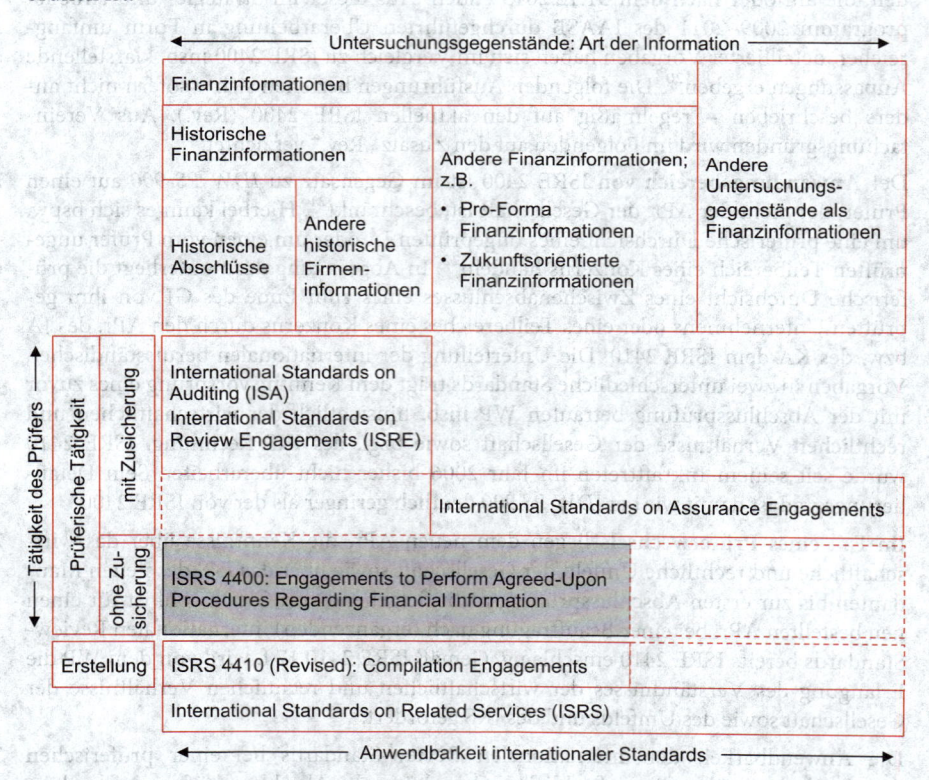

Abb. 1: Systematisierung der Auftragsarten[25]

---

23 Gilt nicht für prüferische Durchsichten nach § 115 Abs. 5 WpHG; vgl. Kap. P Tz. 160.
24 *Small and Medium Practices Committee der IFAC*, Guide to Review Engagements, Dezember 2013 (im Folgenden: *IFAC, Guide 2013*).
25 *Pföhler/Kamping*, WPg 2010, S. 582 (585).

29 Aus der Kategorisierung als prüferische Tätigkeit und damit als Assurance-Leistung ergibt sich eine Abgrenzung zu jeder Art von **Erstellungsaufträgen** (bspw. nach *IDW S 7* oder nach ISRS 4410). Dieses gilt unabhängig davon, dass bei Erstellungsaufträgen ebenfalls Plausibilitätsüberlegungen angestellt werden können[26].

30 Die Abgrenzung der Verwendung der Review-Standards (*IDW PS 900*/ISRE) zur Anwendung der ISAE (bspw. ISAE 3000 (Rev.)/ISAE 3400) wird durch den Untersuchungsgegenstand geprägt. Prüferische Durchsichten können sich ausschließlich auf **historische Finanzinformationen** beziehen. Historische oder vergangenheitsorientierte Finanzinformationen sind definiert als „in Begriffen des Rechnungswesens ausgedrückte Informationen über ein bestimmtes Unternehmen, die überwiegend aus der Buchführung des betreffenden Unternehmens abgeleitet werden, über wirtschaftliche Ereignisse in vergangenen Zeiträumen oder über wirtschaftliche Gegebenheiten oder Umstände zu bestimmten Zeitpunkten in der Vergangenheit. Finanzinformationen können Abschlüsse, Finanzaufstellungen oder Bestandteile einer Finanzaufstellung sein"[27].

31 Andere Untersuchungsgegenstände, die keine historischen Finanzinformationen sind, werden in Abgrenzung hierzu nach den **ISAE** überprüft. ISAE 3400 befasst sich mit der Prüfung **zukunftsorientierter Finanzinformationen**.

32 ISAE 3000 (Rev.) stellt den Rahmenstandard für **sonstige betriebswirtschaftliche Prüfungen** dar, die nicht Prüfungen oder prüferische Durchsichten von Abschlüssen bzw. sonstigen historischen Finanzinformationen sind. ISAE 3000 (Rev): Assurance Engagements other than Audits or Reviews of Historical Financial Information ermöglicht eine betriebswirtschaftliche Prüfung dieser Untersuchungsgegenstände sowohl mit hinreichender Sicherheit als auch mit begrenzter Sicherheit[28].

33 Die Abgrenzung einer prüferischen Durchsicht von historischen Finanzinformationen zu ISRS 4400: Engagements to perform Agreed-Upon Procedures regarding Financial Information wird insb. im Ergebnis der Prüfungsleistungen sichtbar. Während eine prüferische Durchsicht auf die Abgabe eines Urteils mit gewisser bzw. begrenzter Sicherheit abzielt, ist bei **vereinbarten Untersuchungshandlungen** (Agreed-Upon Procédures) ausdrücklich kein Urteil vorgesehen. Der WP hat lediglich einen Bericht über die bei den vereinbarten Untersuchungshandlungen festgestellten Tatsachen vorzulegen. Die Verantwortung, die durchgeführten Untersuchungshandlungen und die getroffenen Feststellungen zu beurteilen und daraus eigene Schlüsse zu ziehen, verbleibt bei den Nutzern der Berichterstattung[29].

34 Die Abgrenzung der prüferischen Durchsicht zur Abschlussprüfung sowie zur Prüfung nach *IDW PS 480/IDW PS 490* verdeutlicht Abb. 2.

---

26 Vgl. *IDW S 7*, Tz. 37 ff.
27 *IDW PS 480*, Tz. 12.
28 Vgl. *Almeling/Böhm*, S. 43 ff.
29 Vgl. ISRS 4400.5. sowie *IDW*, WPH Edition, Assurance, Kap. C Tz. 27 ff.

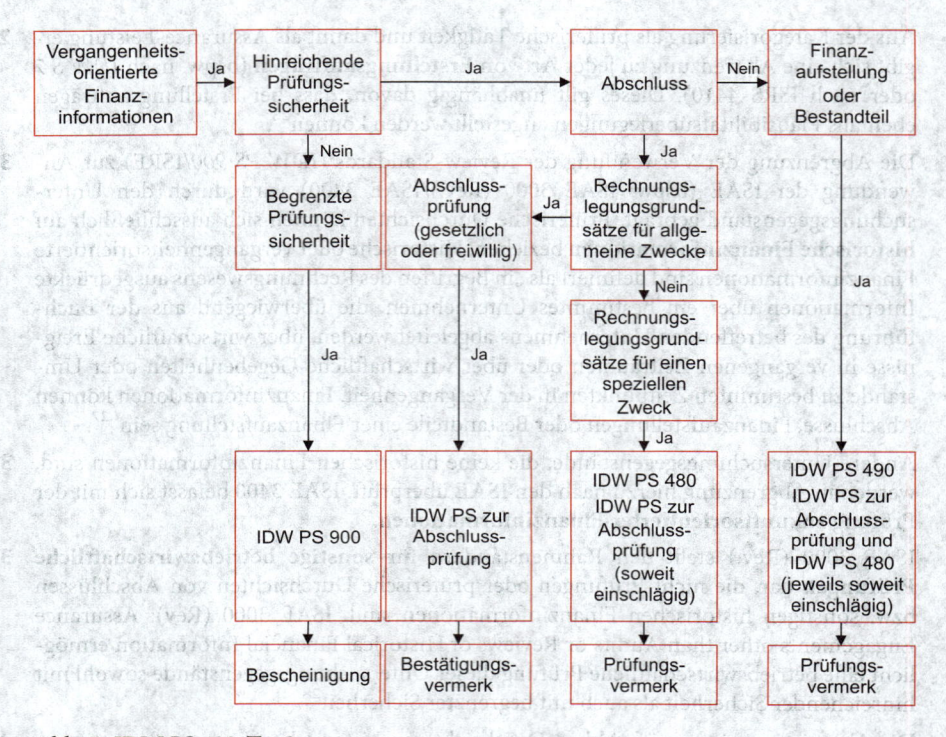

Abb. 2: *IDW PS 480*, Tz. 8

35 Die Abgrenzung einer prüferischen Durchsicht zu einer Jahresabschlussprüfung oder zu Prüfungen nach dem *IDW PS 480* oder nach dem *IDW PS 490* wird entscheidend durch die angestrebte Prüfungssicherheit getroffen. Während Prüfungen nach *IDW PS 480*/ *IDW PS 490* ebenso wie eine Jahresabschlussprüfung Prüfungsaussagen mit einer **hinreichenden Sicherheit** treffen, beschränkt sich eine prüferische Durchsicht auf eine begrenzte oder gewisse Prüfungssicherheit.

36 Um Erwartungslücken i.Z.m. der Durchführung einer prüferischen Durchsicht zu vermeiden, kommt es darauf an, diese genau und ausdrücklich von einer **Abschlussprüfung abzugrenzen**[30]. Art und Umfang der Prüfungshandlungen sind bei einer Abschlussprüfung umfassender als bei einer prüferischen Durchsicht. Wegen dieser immanenten Grenzen einer prüferischen Durchsicht besteht naturgemäß ein ggü. der Abschlussprüfung höheres Risiko, dass selbst wesentliche Fehler, rechtswidrige Handlungen oder andere Unregelmäßigkeiten nicht aufgedeckt werden[31]. Insofern kann die

---

30 *IDW PS 900*, Tz. 2: „Zur Kennzeichnung des abweichenden Ansatzes werden in *IDW PS 900* bewusst unterschiedliche Begriffe verwendet, wo inhaltlich Sachverhalte oder Maßnahmen bezeichnet werden, die *zwar denen der Abschlussprüfung ihrem Wesen nach entsprechen*, die aber mit einer anderen Zielsetzung verwendet werden und nicht unter die Anforderungen einer Abschlussprüfung gestellt sind (bspw. Prüfungshandlungen – Maßnahmen der prüferischen Durchsicht, Prüfungsnachweise – Nachweise, analytische Prüfungshandlungen – analytische Beurteilungen).".

31 Vgl. *IDW PS 900*, Tz. 14.

prüferische Durchsicht als betriebswirtschaftliche Prüfung eine Abschlussprüfung nicht ersetzen.

2. Durchführung des Reviews

2.1 Grundlagen für die Durchführung von prüferischen Durchsichten

Zur prüferischen Durchsicht ist ein WP berechtigt, da es sich um eine betriebswirtschaftliche Prüfung i.S.v. § 2 Abs. 1 WPO handelt. Soweit eine prüferische Durchsicht als solche gesetzlich nicht vorgeschrieben ist, handelt es sich grds. nicht um eine Vorbehaltsaufgabe des WP; eine Siegelführung ist damit nicht verpflichtend[32]. Erfolgt hingegen eine prüferische Durchsicht gem. § 115 WpHG, so hat dieses durch einen WP zu erfolgen. Es handelt sich damit um eine **Vorbehaltsaufgabe des WP**, die der Siegelungspflicht unterliegt. 37

Der WP hat bei einer prüferischen Durchsicht die in *IDW PS 201*, Tz. 24 ff. aufgeführten beruflichen Grundsätze zu berücksichtigen[33]. Der Verweis von ISRE 2400.21, .27, .A15 f. auf den IESBA Code of Ethics for Professional Accountants sowie von ISRE 2410.4 auf die Einhaltung der beruflichen Verhaltensanforderungen wie bei einer Jahresabschlussprüfung verdeutlicht, dass auch nach internationalen Review-Standards die grundsätzlichen **Berufspflichten** einzuhalten sind. Dieses gilt sowohl für die innere Unabhängigkeit in Form der Unbefangenheit als auch für die äußere Unabhängigkeit in Form der Besorgnis der Befangenheit durch einen Dritten. Der WP handelt bei einer prüferischen Durchsicht mit Integrität, Objektivität und einer kritischen Grundhaltung[34]. 38

Eine **kritische Grundhaltung** bedeutet in Bezug auf eine prüferische Durchsicht, dass Ungereimtheiten hinterfragt werden, die Zuverlässigkeit erhaltener Antworten in Frage gestellt wird und widersprüchliche Nachweise untersucht werden. Die kritische Grundhaltung kann durch positive Erfahrungen in der Vergangenheit nicht reduziert werden. 39

Die Kenntnis des **rechtlichen und wirtschaftlichen Umfelds** ist Voraussetzung und praktische Grundlage einer risikoadäquaten prüferischen Durchsicht. Diese Kenntnis umfasst grundlegendes Wissen über die Geschäftstätigkeit, über die wirtschaftliche Lage, über die bedeutsamen rechtlichen und wirtschaftlichen Rahmenbedingungen der Branche, über die Unternehmensstrategie, die Geschäftsrisiken und den Umgang mit den Geschäftsrisiken. 40

In diesem Zusammenhang sollte auch ein **Verständnis** über die Eigentümer- oder Konzernstruktur, über die Berichtserfordernisse der Gesellschaft, über die Komplexität der Rechnungslegung sowie über die Kontrollen auf Unternehmensebene und auf Prozessebene gewonnen werden[35]. 41

Sofern der WP für den Mandanten in der Vergangenheit nicht tätig war, hat er vorab zu entscheiden, ob sein Unternehmens- und Branchenverständnis ausreichend ist, um die 42

---

32 Nach § 48 Abs. 1 S. 1 WPO sind WP/vBP zur Siegelführung verpflichtet, wenn sie Erklärungen abgeben, die ihnen gesetzlich vorbehalten sind. § 19 Abs. 1 S. 1 BS WP/vBP wiederholt diesen Grundsatz. Auch § 19 Abs. 1 S. 2 BS WP/vBP ändert nichts daran, dass auch in den dort geregelten Fällen (Erklärung des WP/vBP beruht auf einer „nicht gesetzlich vorgeschriebenen Tätigkeit") nur dann eine Siegelungspflicht besteht, wenn die Abgabe der Erklärung dem WP/vBP gesetzlich vorbehalten ist.
33 Vgl. *IDW PS 900*, Tz. 9.
34 Vgl. ISRE 2400.A16.
35 Vgl. ISRE 2400.A78.

Aufgabe sachgerecht erfüllen zu können[36]. Bei Folgeaufträgen ist die Erlangung der Kenntnis des rechtlichen und wirtschaftlichen Umfelds in Form der **Aktualisierung** der Kenntnis über vertragliche Grundlagen und des Unternehmensumfelds ein kontinuierlicher dynamischer Prozess.

43 Prüferische Durchsichten sind einem angemessenen **Qualitätskontrollprozess** zu unterziehen[37]. Grundsätzlich ist die Einhaltung des gesamten für den Auftrag relevanten Review-Standards unter Berücksichtigung der Anwendungshinweise sicherzustellen. Bei einer Beauftragung nach *IDW PS 900* kann es aufgrund der zwischenzeitlich fortentwickelten internationalen Standards ISRE 2400/ISRE 2410 sinnvoll sein (aber nicht verpflichtend), die in diesen internationalen Standards zum Teil deutlich ausführlicher gehaltenen Vorgaben und ergänzenden Erläuterungen in der Auftragsbearbeitung zu berücksichtigen.

Eine in der Wirtschaftsprüfungspraxis verankerte auftragsbegleitende Qualitätssicherung unterliegt individuellen Regeln[38].

2.2 Auftragsverhältnis

2.2.1 Wahl und Beauftragung

44 Da der Anwendungsbereich der prüferischen Durchsichten gesetzlich nicht normiert und daher vielfältig ist, besteht für die Bestellung des WP **keine grundsätzliche gesetzliche Regelung**. Regelmäßig ist daher im Falle prüferischer Durchsichten die Wahl eines WP durch ein Organ nicht relevant, so dass die Unternehmensleitung, die über die Vornahme einer prüferischen Durchsicht entscheidet, direkt die Beauftragung des WP vornimmt.

45 Als **Ausnahme** sieht § 115 Abs. 5 S. 2 WpHG vor, dass im Falle einer freiwilligen Prüfung oder freiwilligen prüferischen Durchsicht eines verkürzten Abschlusses und eines Zwischenlageberichts im Rahmen eines **Halbjahresfinanzberichts** nach § 115 Abs. 2 WpHG die Vorschriften über die Bestellung des WP entsprechend anzuwenden sind und somit der WP nach § 318 Abs. 1 S. 1 HGB von den Gesellschaftern zu wählen ist[39]. Für AG, KGaA und SE ist demnach gem. § 119 Abs. 1 Nr. 4 AktG die HV das zuständige Organ, die über die Wahl per ausdrücklichen Beschluss entscheidet. Vor dem Hintergrund, dass der ebenfalls von der HV zu wählende JA-Prüfer und KA-Prüfer i.d.R. identisch mit dem Prüfer von verkürztem Abschluss und Zwischenlagebericht ist[40], erfolgt in praxi meistens eine Sammel- oder Blockabstimmung über beide Beschlussgegenstände[41]. Dies gilt

---

36 Vgl. ISRE 2400.A75 ff.
37 Vgl. hierzu § 55b Abs. 1 WPO
38 Vgl. *IDW QS 1*, Tz. 157.
39 Vereinfachend wird im Folgenden von der Prüfung bzw. prüferischen Durchsicht von Halbjahres- oder Quartalsfinanzberichten gesprochen, auch wenn sich die Prüfung bzw. prüferische Durchsicht ausschließlich auf den verkürzten Abschluss und Zwischenlagebericht nach § 115 Abs. 7 i.V.m. § 115 Abs. 5 WpHG bezieht und die übrigen Bestandteile von Halbjahres- und Quartalsfinanzberichten nicht Gegen*stand der Prüfung oder prüferischen Durchsicht* sind. Zudem wird der Vereinfachung halber nicht auf § 117 Nr. 2 WpHG eingegangen, der für konzernrechnungslegungspflichtige Mutterunternehmen gilt, die allein auf Konzernebene einen Halbjahresfinanzbericht aufzustellen haben.
40 Vgl. *Häcker*, WPg 2011, S. 269 (274).
41 Vgl. *Wagner*, BB 2007, S. 454 (456).

in sachlicher Hinsicht sowohl für eine prüferische Durchsicht als auch ggf. für eine unterjährige Prüfung in analoger Anwendung von § 317 HGB.

In Bezug auf Zwischenmitteilungen, die nicht die Anforderungen des § 115 Abs. 7 WpHG erfüllen, ist die Beauftragung des WP durch den Vorstand sachgerecht, sofern diese Mitteilung nach Art und Umfang überhaupt ein geeigneter Gegenstand einer prüferischen Durchsicht sein kann[42]. 46

§ 115 Abs. 7 WpHG sieht bei Aufstellung und Veröffentlichung zusätzlicher **unterjähriger Finanzinformationen**, die den Vorgaben des § 115 Abs. 2 Nr. 1 und Nr. 2 i.V.m. Abs. 3 und Abs. 4 WpHG entsprechen, vor, dass diese einer Prüfung oder prüferischen Durchsicht durch einen WP unterzogen werden können. Eine Verpflichtung zur Prüfung bzw. prüferischen Durchsicht besteht in keinem Fall. 47

> **Hinweis 1:**
> Der Vorstand entscheidet in seiner Leitungsfunktion gem. § 76 Abs. 1 AktG durch Beschluss, ob die nach § 115 Abs. 7 WpHG freiwillig aufgestellten Finanzinformationen einer Prüfung oder prüferischen Durchsicht unterzogen werden. Die Prüferbestellung ist für die Entscheidung zur Durchführung einer Prüfung bzw. prüferischen Durchsicht nicht präjudiziell[43].

Durch den Verweis von § 115 Abs. 7 WpHG auf die entsprechende Anwendung des § 115 Abs. 5 WpHG (Halbjahresfinanzbericht) ist das zuständige Organ für die Wahl des WP die HV, unabhängig davon, ob es sich um eine Prüfung oder eine prüferische Durchsicht handelt[44]. 48

Die **Wahl des Prüfers** für die Durchführung einer Prüfung oder prüferischen Durchsicht für das dritte Quartal erfolgt in praxi in einem gemeinsamen Beschluss mit der Bestellung des APr. und KA-Prüfers. Fraglich ist die Wahl des WP für das erste Quartal des Folgejahres, da zum Zeitpunkt der ordentlichen HV des Folgejahres dieses erste Quartal regelmäßig abgelaufen ist. Da nach § 318 Abs. 1 S. 3 HGB die Wahl des Prüfers vor Abschluss des GJ, auf das sich die Prüfungstätigkeit erstreckt, bzw. in analoger Anwendung vor Abschluss des Quartals stattfinden soll, muss die HV des VJ bereits darüber beschließen[45]. Der Einwand der Vorrats- bzw. mehrjährigen Bestellung ist nach h.M. nicht einschlägig, da er zum einen gesellschaftsrechtlich für Quartalsberichte nicht anwendbar ist und es sich zum anderen nach Auffassung des FAR des IDW um zwei voneinander unabhängige Assurance-Leistungen handelt[46]. Zudem wird die prüferische Durchsicht des ersten Quartals des Folgejahres vom Termin der HV des laufenden Jahres regelmäßig weniger als zwölf Monate entfernt liegen, weil ansonsten die Wahl des 49

---

42 Simons/Kallweit, BB 2016, S. 332 (334); Böckem/Rabenhorst, IRZ 2016, S. 89 (93).
43 Vgl. Simons/Kallweit, BB 2016, S. 332 (334).
44 Vgl. Simons/Kallweit, BB 2016, S. 332 (334).
45 Vgl. Böckem/Rabenhorst, IRZ 2016, S. 89 (92); Simons/Kallweit, BB 2016, S. 332 (335). Ansonsten käme evtl. eine gerichtliche Bestellung des Prüfers entsprechend § 318 Abs. 4 S. 1 HGB in Betracht; so Simons/Kallweit, BB 2016, S. 332 (335); im Ergebnis auch Wasmann/Harzenetter, NZG 2016, S. 97 (98). Ebenso wäre die entsprechende Anwendung des § 318 Abs. 2 S. 2 HGB (Bestellungsfiktion) in Betracht zu ziehen laut FAR des IDW, Ergebnisbericht über die 111. Sitzung des Fachausschusses Recht am 26.11.2015, S. 1 (7); vgl. auch Wasmann/Harzenetter, NZG 2016, S. 97 (98). Selbstverständlich kann die Prüfung oder prüferische Durchsicht wegen Freiwilligkeit auch unterbleiben bzw. deren Umfang sich an den Quartalsmitteilungen orientieren, für die der Vorstand den Prüfer ohne HV-Beschluss beauftragen kann.
46 Vgl. FAR, Ergebnisbericht über die 111. Sitzung am 26.11.2015, S. 1 (7).

Prüfers des ersten Quartalsberichts des Folgejahres durch die HV des Folgejahres erfolgen könnte[47]. Auch nach Ansicht des FAR bestehen keine Bedenken, in der HV den AP und den Prüfer für den Abschluss zum ersten Quartal des Folgejahres zu wählen. Allerdings sind demnach zwei separate Beschlüsse durch die HV erforderlich[48].

50 Die anschließende **Beauftragung** des WP erfolgt unverzüglich nach der Wahl durch die gesetzlichen Vertreter (§ 318 Abs. 1 S. 4 HGB), bei AG, KGaA und SE gem. § 111 Abs. 2 S. 3 AktG durch den AR. Auch außerhalb des Anwendungsbereichs des WpHG erscheint in den Fällen, in denen der AR für die Beauftragung der (Konzern-)Abschlussprüfung zuständig ist, eine Beauftragung für die prüferische Durchsicht durch dieses Organ sachgerecht[49]. Dabei gilt es zu bedenken, dass mit der Wahl eines Prüfers durch die HV für die Durchführung von unterjährigen Prüfungen bzw. prüferischen Durchsichten nicht gleichzeitig eine tatsächliche Entscheidung über deren Durchführung verbunden ist. Daher kann die Wahl in der HV rein vorsorglich erfolgen[50]. Das beauftragende Organ vereinbart mit dem WP Form und Inhalt des Auftrags.

2.2.2 Vereinbarung der Auftragsbedingungen

51 Im Rahmen der Beauftragung der prüferischen Durchsicht ist festzulegen, nach welchen Regelungen (*IDW PS 900*, ISRE 2400 oder ISRE 2410) diese vorgenommen werden soll. Grundsätzlich sind die nationalen berufsständischen Regelungen nach *IDW PS 900* maßgebend für die Durchführung einer prüferischen Durchsicht in Deutschland[51]. Das Auftragsverhältnis ist in Bezug auf Schadensersatz über eine § 54a WPO genügende **Individualabrede**[52] oder durch vorformulierte Vertragsbedingungen (AAB) zu begrenzen.

52 Prüferische Durchsichten von Halbjahres- oder Quartalsfinanzberichten nach *IDW PS 900* werden in der Praxis häufig unter **Berücksichtigung des ISRE 2410** vorgenommen. Die Berücksichtigung dieses internationalen Standards ist insb. bei Einsatz von internationalen Teilbereichsprüfern sinnvoll, um von einem einheitlichen Verständnis über die durchzuführenden Assurance-Leistungen ausgehen zu können. Wie in Kap. P Tz. 26 dargestellt, ist auch ein Auftragsverhältnis mit ausschließlichem Bezug auf die internationalen Review-Standards ISRE 2400/ISRE 2410 möglich. Im Auftragsbestätigungsschreiben sollte mit Blick auf die auszustellende Bescheinigung eine prüferische Durchsicht nach *IDW PS 900* oder nach ISRE 2400/ISRE 2410 (englischer Bescheinigungstext empfohlen – vgl. Kap. P Tz. 119) vereinbart werden. Eine Bezugnahme auf die – im prüferischen Ermessen liegende – Berücksichtigung der Anforderungen von ISRE 2400/ISRE 2410 bei der Durchführung des Reviews nach *IDW PS 900* ist im Auftragsbestätigungsschreiben nicht vorgeschrieben.

53 Hinsichtlich der Auftragsbedingungen i.R.d. Auftragsbestätigungsschreibens sind die Grundsätze von *IDW PS 220* entsprechend zu beachten. Demnach sollten in einem **Auftragsbestätigungsschreiben** neben der Haftungsvereinbarung regelmäßig folgende

---

[47] Vgl. *Böckem/Rabenhorst*, IRZ 2016, S. 89 (93).
[48] Vgl. *FAR, Ergebnisbericht über die 111. Sitzung am 26.11.2015*, S. 1 (7).
[49] Etwa bei einer AG, deren Aktien nicht an einem Markt gehandelt werden.
[50] Vgl. *Böckem/Rabenhorst*, IRZ 2016, S. 89 (93).
[51] Siehe dazu allgemein Kap. P Tz. 20 ff.
[52] Zu den Risiken und Voraussetzungen einer Individualabrede vgl. Kap. A Tz. 360 f.

Punkte angesprochen werden[53], sofern diese in Abhängigkeit vom Prüfungsstandard einschlägig sind[54]:

- Gegenstand und Zielsetzung[55] der prüferischen Durchsicht
- Verantwortung der gesetzlichen Vertreter für den Abschluss (diesbezüglich ist bei einer Durchführung des Reviews unter Berücksichtigung von ISRE 2400/ISRE 2410 auch die Verantwortung der gesetzlichen Vertreter für die Errichtung und Aufrechterhaltung eines wirksamen IKS zu vereinbaren)[56]
- Art und Umfang der prüferischen Durchsicht einschließlich einer Bezugnahme auf die Review-Norm[57] sowie mit dem besonderen Hinweis, dass eine prüferische Durchsicht im Wesentlichen aus Befragungen und analytischen Beurteilungen besteht
- das Erfordernis eines uneingeschränkten Zugangs zu den erforderlichen Aufzeichnungen, Schriftstücken und sonstigen Informationen und der Bereitschaft der gesetzlichen Vertreter, Auskünfte in dem erforderlichen Umfang (ggf. auch schriftlich[58]) vollständig zu erteilen
- die Tatsache, dass aufgrund von immanenten Grenzen einer prüferischen Durchsicht ein ggü. der Abschlussprüfung erhöhtes Risiko besteht, dass selbst wesentliche Fehler, rechtswidrige Handlungen oder andere Unregelmäßigkeiten nicht aufgedeckt werden
- eine Erklärung darüber, dass keine Abschlussprüfung durchgeführt und deshalb kein BestV bzw. Prüfungsvermerk erteilt wird
- Aussagen zu Form und Inhalt der Berichterstattung über die prüferische Durchsicht[59]
- ggf. Hinweis darauf, dass nach *IDW PS 900* von der Erteilung einer Bescheinigung oder insgesamt von einer schriftlichen Berichterstattung unter bestimmten Umständen[60] abzusehen ist. Es kann auch vereinbart werden, dass die Bescheinigung nicht an Dritte weitergegeben werden darf, es sei denn, dass dem zwingende Regelungen entgegenstehen
- Vereinbarung über die beabsichtigte Nutzung und Verteilung des Abschlusses (sowie deren Grenzen)[61]
- Vereinbarung darüber, dass (im Eigeninteresse des WP) im Falle nachträglicher Änderungen am Gegenstand der prüferischen Durchsicht nach Erteilung der Bescheinigung die Genehmigung dieser Änderungen durch den WP sowie ein nachträglicher Review analog zu § 316 Abs. 3 HGB eingeholt werden[62].

Auch prüferische Durchsichten i.S.v. § 115 WpHG unterliegen den **allgemeinen Anforderungen**, die in *IDW PS 900* formuliert sind. Besonders ist auf die entsprechende 54

---

53 Vgl. *IDW PS 900*, Tz. 14.
54 Ein Muster für das Auftragsbestätigungsschreiben bei einer prüferischen Durchsicht ist im IDW Praxishandbuch zur Qualitätssicherung (A-4.2.3.4) erhältlich.
55 Die Zielsetzung beinhaltet, dass die prüferische Durchsicht *nach IDW PS 900* so zu planen und durchzuführen ist, dass der WP nach kritischer Würdigung mit einer gewissen Sicherheit ausschließen kann, dass der Abschluss und ggf. der LB in wesentlichen Belangen nicht in Übereinstimmung mit den angewandten Rechnungslegungsgrundsätzen aufgestellt worden ist (negativ formulierte Aussage).
56 Vgl. ISRE 2410.11.
57 Siehe dazu allgemein Kap. P Tz. 20 ff. und bzgl. Aufträgen nach WpHG Kap. P Tz. 160.
58 ISRE 2410.11.
59 Vgl. hierzu auch Kap. P Tz. 113 ff.
60 Siehe hierzu Kap. P Tz. 115 f.
61 Vgl. ISRE 2400.37(a).
62 Vgl. Kap. P Tz. 181 ff.

Anwendung des Auskunftsrechts nach § 320 HGB hinzuweisen. Bezüglich der Verantwortung des WP ist auf § 323 HGB zu verweisen, da die gesetzliche Haftungsbegrenzung nach § 323 Abs. 2 HGB besteht[63]. Sowohl bei der prüferischen Durchsicht eines verkürzten Abschlusses und Zwischenlageberichts i.R.d. Halbjahresfinanzberichterstattung nach § 115 Abs. 5 WpHG als auch bei der Quartalsfinanzberichterstattung nach § 115 Abs. 7 WpHG ist die zu erteilende Bescheinigung zwingend mit dem Halbjahres- oder Quartalsfinanzbericht zu veröffentlichen (§ 115 Abs. 5 S. 4 WpHG). Diese Tatsache der gemeinsamen Veröffentlichung sollte in das Auftragsbestätigungsschreiben aufgenommen werden.

55 Da die verpflichtende Quartalsberichterstattung mit dem TranspRLÄndRL-UG aufgehoben wurde, können im Prime Standard gelistete Unternehmen auch ausschließlich die in § 53 BörsO FWB festgeschriebenen **Mindestinhalte** einer **Quartalsmitteilung** veröffentlichen:

- Entwicklung der Geschäftstätigkeit im Mitteilungszeitraum
- Erläuterung der wesentlichen Ereignisse und Geschäfte und ihre Auswirkungen auf die Finanzlage im Mitteilungszeitraum
- Beschreibung der Finanzlage und des Geschäftsergebnisses im Mitteilungszeitraum
- falls sich die im letzten (Zwischen-)LB abgegebenen Prognosen und sonstige Aussagen zur voraussichtlichen Entwicklung für das GJ wesentlich verändert haben, diesbezügliche Berichterstattung in der Quartalsmitteilung (Prognoseveränderungsbericht).

Diese (Mindest-)Inhalte sollten zur Klarstellung des Auftragsumfanges ggf. schriftlich festgehalten werden.

56 Werden prüferische Durchsichten außerhalb des Regelungsbereiches des § 115 WpHG beauftragt, gilt die gesetzliche **Haftungsbegrenzung** nicht. Daher wird der Prüfer einer Verwendung seiner Bescheinigung für öffentliche Zwecke oder einem Hinweis auf die Ergebnisse der Durchsicht in öffentlich zugänglichen Quellen nicht zustimmen können[64].

2.3 Auftragsplanung

57 Der WP hat zur ziel- und zeitgerechten Durchführung des Review die Maßnahmen der prüferischen Durchsicht zu planen. Die **Planung** erfolgt von der Auftragsannahme an und ist während der prüferischen Durchsicht fortlaufend an die neuesten Erkenntnisse anzupassen, denn „[d]er Wirtschaftsprüfer hat die Tätigkeit so zu planen, dass eine wirksame prüferische Durchsicht gewährleistet ist"[65]. Dies ist gegeben, wenn der WP im Rahmen seiner Eigenverantwortlichkeit nach kritischer Würdigung der erlangten Nachweise mit gewisser Sicherheit eine abschließende Aussage treffen kann.

58 Als Grundlage der prüferischen Durchsicht hat sich der WP Kenntnisse über die Geschäftstätigkeit und das **wirtschaftliche und rechtliche Umfeld** des Unternehmens zu verschaffen oder die diesbezüglichen Kenntnisse auf den neuesten Stand zu bringen[66]. „Dabei sind auch die Organisation, das Rechnungslegungssystem und unternehmens-

---

63 Vgl. Kap A Tz. 325 f.; BT-Drs. 16/2498, S. 45.
64 Vgl. *Böckem/Rabenhorst*, IRZ 2016, S. 89 (92).
65 *IDW PS 900*, Tz. 15.
66 Vgl. *IDW PS 900*, Tz. 16; ISRE 2410.12 f.; ISRE 2400.45; *IFAC*, Guide 2013, S. 41.

spezifische Merkmale sowie die Art der Aktiva, Passiva, Erträge und Aufwendungen zu berücksichtigen. Der Wirtschaftsprüfer muss auch mit anderen Sachverhalten vertraut sein, die für den Abschluss von Bedeutung sind. Beispielsweise muss der Wirtschaftsprüfer die Produktions- und Absatzmethoden, die Produktsortimente und Standorte des Unternehmens sowie die mit diesem verbundenen und nahe stehenden Personen und Unternehmen kennen"[67] und die Auswirkungen von Veränderungen hinterfragen. Der Erwerb dieser Kenntnisse ist ein wesentlicher Teil der Prüfungsplanung, da sie den WP erst in die Lage versetzen, sachdienliche Befragungen durchzuführen und geeignete Maßnahmen bei der prüferischen Durchsicht zu planen[68]. Auch die Gewinnung eines Verständnisses des Unternehmens ist ein dynamischer Prozess, der sich fortlaufend während der prüferischen Durchsicht vollzieht[69]. ISRE 2400 betont, dass das Verständnis des Unternehmens dem WP dazu dient, das Risiko wesentlicher falscher Angaben zu erkennen[70]. In den Anwendungshinweisen zu ISRE 2400 findet sich eine detaillierte Liste von Sachverhalten, die der WP dabei berücksichtigen kann[71].

59 Ist ein WP erstmalig mit der prüferischen Durchsicht einer Gesellschaft beauftragt, so ist die Durchsicht der Berichterstattung des VJ-Prüfers und die Befragung des **VJ-Prüfers** empfehlenswert. Dabei ist insb. auf wesentliche Bilanzierungssachverhalte, die Ursache früherer Bilanzierungsfehler sowie auf die wesentlichen Risiken und Schwächen des IKS einzugehen[72]. Soweit dies praktisch möglich ist, sollten die Arbeitspapiere des VJ-Prüfers zur Jahresabschlussprüfung oder zu der letzten vorgenommenen prüferischen Durchsicht des VJ eingesehen werden.

60 Auch wenn der WP über mehrere Jahre hinweg die prüferische Durchsicht bei einer Gesellschaft vornimmt, sollte er sein Verständnis über das Unternehmen erneuern. Tut er dies nicht, kann dies dazu führen, dass er die Bereiche, in denen wesentliche **falsche Angaben** vorliegen, nicht erkennt und somit nicht risikoorientiert vorgeht.

> **Beispiel 1:**
> Versäumt der WP, ein geeignetes Verständnis des Unternehmens zu erlangen, kann dies dazu führen, dass er wichtige Veränderungen und Ereignisse, die zu wesentlichen Fehlaussagen führen, nicht erkennt. Hat er bspw. keine Befragung zur aktuellen Kundenstruktur der Gesellschaft vorgenommen, kann er keine Aussagen zu folgenden Sachverhalten treffen:
> - zu ausfallgefährdeten Kunden – dies könnte Auswirkungen auf die Höhe der Einzelwertberichtigungen haben
> - zu neuen Großkunden, die bedeutende Preisnachlässe oder andere Vergünstigungen erhalten – dies könnte sich auf die Umsatzrealisation oder die Rückstellungsentwicklung auswirken
> - zu Kunden, die einen bedeutsamen Beitrag zum Bonus der Vertriebsmitarbeiter leisten – dies könnte dazu führen, dass Umsätze falsch periodisiert werden
> - zum Verlust von Kunden an Wettbewerber, die ein besseres Preis-Leistungs-Verhältnis bieten – dies könnte zu Überbeständen und Ungängigkeiten im Vorrats-

---

67   *IDW PS 900*, Tz. 16.
68   Vgl. *IDW PS 900*, Tz. 16.
69   Vgl. ISRE 2400.A76.
70   Vgl. ISRE 2400.45.
71   Vgl. ISRE 2400.A78.
72   Vgl. ISRE 2410.18.

> vermögen führen, die bei der Vorratsbewertung zu berücksichtigen wären, und zudem auf wirtschaftliche oder finanzielle Schwierigkeiten des Unternehmens hindeuten.

61 Die Untersuchung der **Organisation des Unternehmens** ist bei der Planung der prüferischen Durchsicht i.d.R. nur zu berücksichtigen, sofern dem WP Aufbau und Funktion des Kontrollsystems nicht aus der Abschlussprüfung bekannt sind. Eine Aufbau- und Funktionsprüfung, wie sie bei der Jahresabschlussprüfung durchgeführt wird, ist i.R.d. prüferischen Durchsicht hingegen nicht notwendig. Das Kontrollsystem ist dabei aber so weit nachzuvollziehen, wie dies zum Verständnis des WP erforderlich ist.

62 Bei Bekanntwerden wesentlicher **Veränderungen in der Organisation** seit der letzten Jahresabschlussprüfung ist dies ebenfalls in der Planung zu berücksichtigen. Gleiches gilt, wenn das IKS bei Zwischenabschlüssen anders ausgestaltet ist als zum Ende des GJ. Die Ausdehnung der prüferischen Durchsicht auf die Untersuchung der Organisation des Unternehmens ist in Abhängigkeit vom Einzelfall zu entscheiden.

63 Bei der Planung der geeigneten Maßnahmen der prüferischen Durchsicht sollte der WP in seine Überlegungen auch den Führungsstil des Unternehmens (tone at the top) und die Kontrollumgebung des Unternehmens einbeziehen, in der das Unternehmen seinen Risiken begegnet[73]. Besonders die aus früheren Prüfungen oder Reviews dokumentierten **Schwächen des IKS** und **Fehlerquellen** sind zu berücksichtigen. Zudem sollten der letzte JA und Zwischenabschluss durchgesehen und Ereignisse nach dem Abschlussstichtag hinterfragt werden. Die Ergebnisse interner Revisionen sollten gewürdigt und bei der Planung der Maßnahmen berücksichtigt werden[74]. Ebenso sollte der WP ermitteln, wie die Gesellschaft mit Risiken aus möglichen Betrugsszenarien (risk of fraud) umgeht.

> **! Hinweis 2: „Dual Purpose"-Befragungen**
>
> Bei den Befragungen i.Z.m. der Erlangung eines Verständnisses des Unternehmens erhält der WP häufig auch schon einen großen Teil der benötigten Nachweise, die er für die Beurteilung i.R.d. prüferischen Durchsicht heranziehen kann.

64 Die **Strategie** der prüferischen Durchsicht wird unter Berücksichtigung der Wirtschaftlichkeit und Wesentlichkeit geplant. Die Grundlage für das strategische Vorgehen stellt die analytische Beurteilung des vorgelegten Abschlusses unter Berücksichtigung der Kenntnisse über das Unternehmen und des rechtlichen und wirtschaftlichen Umfelds dar. In der Strategie wird in Abhängigkeit von den Risikofaktoren eine Beschreibung von Art und Umfang des Review bestimmt[75]. Die Festlegung einer Strategie gewährleistet **angemessene Maßnahmen der prüferischen Durchsicht** für alle Bereiche des Abschlusses. Ein strukturierter Prüfungsansatz kann die Wirtschaftlichkeit der prüferischen Durchsicht erhöhen[76].

---

[73] Vgl. ISRE 2400.A78.
[74] Vgl. ISRE 2410.15.
[75] Zur Entwicklung einer Prüfungsstrategie vgl. Kap. L Tz. 269 ff.
[76] *Schmitz*, Der Prozess der prüferischen Durchsicht, S. 189 (247).

Die **Planung** der Maßnahmen der prüferischen Durchsicht wird aus der Strategie abgeleitet. Hierbei handelt es sich darum, die Maßnahmen in sachlicher, personeller und zeitlicher Hinsicht festzulegen. 65

Aufgrund der Konzentration der prüferischen Durchsicht auf Befragungen und analytische Beurteilungen stellt sich die **sachliche Planung** einer prüferischen Durchsicht im Verhältnis zu der sachlichen Prüfungsplanung bei einer Abschlussprüfung eingeschränkt dar. Die personelle und zeitliche Planung hingegen ist in Art und Umfang mit der einer Abschlussprüfung vergleichbar. 66

Hinsichtlich der **personellen Einsatzplanung** bietet es sich an, dieselben Mitarbeiter mit der prüferischen Durchsicht zu betrauen, die auch für die Abschlussprüfung eingesetzt wurden[77]. Der WP sollte dabei ausreichende Qualitätssicherungsmaßnahmen implementieren[78]. Die Abstimmung der Einsatzplanung mit der Gesamtplanung aller Aufträge hat entsprechend *IDW QS 1* i.V.m. § 51 BS WP/vBP zu erfolgen. 67

Die **zeitliche Planung** kann im Interesse einer wirtschaftlicheren und stichtagsnah beendeten prüferischen Durchsicht eine Vorverlagerung der Maßnahmen der prüferischen Durchsicht vor den Stichtag bestimmen. Dieses ist im Hinblick auf eine zeitnahe Veröffentlichung des Abschlusses und damit verbundener enger Zeitvorgaben für die prüferische Durchsicht unter Beachtung des Einzelfalls zu empfehlen. 68

Bei der Planung der prüferischen Durchsicht eines KA unter Einbezug von **Teilbereichsprüfern** (z.B. bei einem Halbjahresfinanzbericht eines Konzerns) hat der WP sicherzustellen, dass die Teilbereichsprüfer auf der Basis identischer Bilanzierungs- und Bewertungsrichtlinien tätig werden. Der KA-Prüfer hat u.a. gem. ISRE 2410.16 die Wesentlichkeitsgrenze der jeweiligen Teilbereiche, die Risiken falscher Darstellungen, die Maßnahmen zum IKS (zentrale oder dezentrale Ausgestaltung), die Art der Maßnahmen der prüferischen Durchsicht, das Erfordernis einer Vollständigkeitserklärung sowie die Form der Bescheinigungen mit dem Teilbereichsprüfer abzustimmen. Dabei sind Art, Umfang und zeitliche Planung in Relation zum KA festzulegen[79]. 69

Bei der **Festlegung von Art, zeitlichem Ablauf und Umfang** der i.R.d. prüferischen Durchsicht durchzuführenden Maßnahmen hat der WP nach pflichtgemäßem Ermessen zu berücksichtigen[80]: 70

- die für den Unternehmenserfolg zentralen Einflussfaktoren sowie die diesen Erfolg gefährdenden Geschäftsrisiken. Sie bilden die wesentliche Grundlage für die Risikobeurteilung und die Identifikation möglicher Problemfelder. Dieses ist notwendig, um gezielte Befragungen durchzuführen und eine angemessene Würdigung der erlangten Antworten und anderer erhaltener Informationen durchzuführen
- Aussagen der Unternehmensleitung zu deren Einschätzung des Kontrollumfelds, ihrer Kenntnis über Unregelmäßigkeiten im Unternehmen sowie zu wesentlichen Änderungen des IKS
- Kenntnisse, die aus der Durchführung von Abschlussprüfungen oder prüferischen Durchsichten von Abschlüssen für frühere Zeiträume gewonnen worden sind. Dabei

---

77 Vgl. Kap. L Tz. 384.
78 Vgl. ISRE 2410.5.
79 Vgl. ISRE 2400.A80.
80 Vgl. *IDW PS 900*, Tz. 20.

ist zu beachten, dass ungeachtet der Erfahrungen eine kritische Grundhaltung beibehalten wird
- Kenntnisse über die Organisation des Unternehmens. Bei wesentlichen Veränderungen ggü. den vorherigen Gegebenheiten können sich ebenso Konsequenzen für Art und Umfang der prüferischen Durchsicht ergeben wie aus den erfahrungsgemäß bestehenden Fehlerquellen in der Rechnungslegung der den Abschluss aufstellenden Gesellschaft
- Kenntnisse über die Rechnungslegungsgrundsätze und Gepflogenheiten der Branche, in der das Unternehmen tätig ist, sowie über das übrige rechtliche und wirtschaftliche Umfeld
- das Ausmaß, in dem die Aussagen in der Rechnungslegung von Ermessensspielräumen der Unternehmensleitung beeinflusst werden
- die Wesentlichkeit von Geschäftsvorfällen und Kontensalden.

71 Weitere Auswirkungen auf die Festlegung von Art, zeitlichem Ablauf und Umfang der prüferischen Durchsicht ergeben sich aus dem Bekanntwerden von **außergewöhnlichen Geschäftsvorfällen**. Hierunter sind bspw. Restrukturierungsmaßnahmen sowie Veräußerungen und Erwerbe von Geschäftsanteilen ebenso zu erfassen wie wesentliche Veränderungen der vertraglichen Verhältnisse zu Kunden und Zulieferern.

72 Der WP hat bei der prüferischen Durchsicht den **Grundsatz der Wesentlichkeit** zu beachten[81]. Somit wird sich der WP bei der prüferischen Durchsicht auf entscheidungserhebliche Sachverhalte konzentrieren. Diese können sich in einer quantitativen oder in einer qualitativen Wesentlichkeit[82] äußern. Die Beurteilung, was als wesentlich gilt, obliegt dem pflichtgemäßen Ermessen des WP[83]. Für die prüferische Durchsicht gelten grds. die gleichen Wesentlichkeitsgrenzen wie bei der Abschlussprüfung[84], da sich die Wesentlichkeit unabhängig vom Grad der Aussagesicherheit auf dieselben Finanzdaten bezieht und diese an einen der Abschlussprüfung vergleichbaren Adressatenkreis gerichtet sind.

73 Zur **quantitativen Ermittlung** der Wesentlichkeit enthalten *IDW PS 900*, ISRE 2400 und ISRE 2410 keine Vorgaben. Hierzu kann das pflichtgemäße Ermessen angewendet werden[85].

74 Im Unterschied zu einer Prüfung ist bei einer prüferischen Durchsicht **keine Toleranzwesentlichkeit** zu ermitteln[86]. Der Leitfaden zur Anwendung von ISRE 2400 weist hierauf explizit hin, da die Toleranzwesentlichkeit bei einer Jahresabschlussprüfung dazu benutzt wird, um das Ausmaß der konkreten Prüfungshandlungen festzulegen[87].

75 Für eine prüferische Durchsicht von Rechnungslegungsinformationen eines Teilbereichs eines Konzerns sind **Teilbereichswesentlichkeiten** zu ermitteln[88]. Weiterhin

---

81 Vgl. *IDW PS 900*, Tz. 19; ISRE 2410.15; ISRE 2400.43, .A70–73.
82 Es handelt sich um den Einfluss auf den Aussagewert der Rechnungslegung für die Rechnungslegungsadressaten.
83 Vgl. *IDW PS 900*, Tz. 19.
84 Vgl. ISRE 2400.A73 sowie *IDW PS 900*, Tz. 19.
85 Vgl. *IDW PS 900*, Tz. 19; ISRE 2400.A72; *IFAC*, Guide 2013, S. 37.
86 Vgl. ISRE 2400.43; ISRE 2410.15.
87 Vgl. *IFAC*, Guide 2013, S. 10 und S. 36, wonach die Befragungen und analytischen Prüfungshandlungen des Reviews keine Bestimmung der Toleranzwesentlichkeit erfordern.
88 Vgl. ISRE 2410.16.

kann vom Prüfer eine Nichtaufgriffsgrenze festgelegt werden, unterhalb derer falsche Darstellungen zweifelsfrei unbeachtlich sind und einzeln und in ihrer Summe zweifelsfrei keine praktischen Folgen für den Abschluss als Ganzes haben[89].

> **! Hinweis 3: Wesentlichkeit**
>
> Die Wesentlichkeit für den Abschluss als Ganzes beruht auf den Bedürfnissen der Nutzer des Abschlusses. Sie beruht nicht auf dem Level der erlangten Prüfungssicherheit oder Wahrscheinlichkeit, dass der Abschluss wesentliche falsche Darstellungen enthält. Daher muss sie im Verlauf der prüferischen Durchsicht auch nicht angepasst werden, wenn sich nicht wesentliche Änderungen hinsichtlich der Umstände des Unternehmens oder der Informationen, die für die Bestimmung der Wesentlichkeit herangezogen wurden, ergeben haben[90].
>
> Die Wesentlichkeit ist anzupassen, wenn der Prüfer Informationen erhält, die zu einer anderen Bestimmung der Wesentlichkeitsgrenze geführt hätten, wenn diese ihm schon bei der erstmaligen Bestimmung der Wesentlichkeit bekannt gewesen wären. Dies könnten bspw. unerwartete operative Ergebnisse sein, die das antizipierte Geschäftsergebnis des GJ erheblich verändern.

2.4 Auftragsdurchführung

2.4.1 Art und Umfang der Maßnahmen

Die Durchführung eines Reviews und die damit verbundene Leistungserwartung werden durch die **Anforderungen in der zugrunde gelegten berufsständischen Verlautbarung** bestimmt. Sofern die prüferische Durchsicht nach *IDW PS 900* unter Berücksichtigung von ISRE 2400 oder ISRE 2410 erfolgen soll, ist aufgrund des zum Teil höheren Detaillierungsgrads dieser internationalen berufsständischen Verlautbarung ggü. *IDW PS 900* die vollständige Beachtung der hierin enthaltenen Anforderungen zur Durchführung des Reviews sicherzustellen. Der Großteil der Maßnahmen nach ISRE 2400/ISRE 2410 lässt sich unter die allgemeineren Ausführungen des *IDW PS 900* subsumieren, ist aber umgekehrt zur Erfüllung von *IDW PS 900* nicht immer zwingend vorgeschrieben. Aufgrund des Detaillierungsgrads von ISRE 2400 kann an dieser Stelle nur auf ausgewählte Unterschiede der Auftragsdurchführung eingegangen werden. 76

Eine prüferische Durchsicht basiert in erster Linie auf analytischen Beurteilungen und Befragungen. **Einzelfallbezogene Maßnahmen** i.S.v. *IDW PS 300 n.F.* wie Nachvollziehen, Beobachtungen, Nachrechnen, Einholen von Bestätigungen sowie Einsichtnahme in Unterlagen und Inaugenscheinnahme von materiellen Vermögensgegenständen[91] sind grds. gem. *IDW PS 900* und ISRE 2400/ISRE 2410 nur dann notwendig, wenn der WP Grund zu der Annahme hat, dass die zur prüferischen Durchsicht vorgelegten Informationen wesentliche falsche Aussagen enthalten, ein unzuverlässiges Datenmaterial vorliegt oder Hinweise auf falsche Auskünfte oder ähnliche Anhaltspunkte gegeben sind[92]. 77

---

89 Vgl. ISRE 2410.33.
90 Vgl. ISRE 2400.44, .A74.
91 Vgl. *IDW PS 300*, Tz. A11 ff.
92 Vgl. *IDW PS 900*, Tz. 18; ISRE 2400.47-49; ISRE 2410.12.

78 ISRE 2400 erlaubt es dem WP jedoch, soweit er es nach pflichtgemäßem Ermessen für **notwendig** erachtet oder es **einfacher oder effizienter** ist, direkt auch **andere Maßnahmen** zu ergreifen[93]. Diese Maßnahmen sind z.B. die Einholung von Saldenbestätigungen oder die Durchsicht der Bedingungen eines bedeutenden Vertrags der Gesellschaft. Solche Maßnahmen ändern indes nicht die Zielsetzung einer prüferischen Durchsicht.

79 Für die Abgabe einer Aussage des WP über die prüferische Durchsicht sind ausreichende und angemessene **Nachweise** mit einer kritischen Grundhaltung einzuholen und kritisch zu würdigen[94].

2.4.1.1 Analytische Beurteilungen

80 Bei **analytischen Beurteilungen** handelt es sich bspw. um Plausibilitätsbeurteilungen von Verhältniszahlen und Trends, durch die auffällige Abweichungen zwischen den erwarteten Werten, den VJ-Werten oder anderen Verhältniszahlen oder Bilanzkennzahlen aufgezeigt werden können[95]. Die Wirksamkeit dieser aussagebezogenen Maßnahme ist gegeben, solange die in Beziehung gesetzten Zusammenhänge vorhanden sind und stetig fortbestehen.

81 Analytische Beurteilungen helfen dem WP, seine **Kenntnis über das wirtschaftliche und rechtliche Umfeld** zu aktualisieren und Bereiche zu identifizieren, bei denen ein hohes Risiko besteht und denen eine hohe Bedeutung bei der prüferischen Durchsicht beizumessen ist. Vorab ist zu beurteilen, ob die verwendeten Daten verlässlich und für diese Zwecke geeignet sind[96]. Zudem hat die Abstimmung des Zwischenabschlusses mit den Geschäftsbüchern zu erfolgen. In ISRE 2400 wird zusätzlich ausgeführt, dass

- Daten aus einer unabhängigen externen Datenquelle verlässlicher sind als intern ermittelte Daten,
- die Daten vergleichbar sein müssen und daher z.B. umfangreiche Branchendaten evtl. auf die Bedürfnisse eines spezialisierten Unternehmens angepasst werden sollen,
- Art und Relevanz der Daten sichergestellt sein sollten,
- bei der Zusammenstellung des Datenmaterials Expertise angewandt werden sollte und Kontrollen die Vollständigkeit, Aktualität und Genauigkeit der Daten gewährleisten.

82 Als analytische Beurteilung kommt neben der Ermittlung von Kennzahlen und der Würdigung im VJ-Vergleich auch ein **Soll-Ist-Vergleich** mit vorliegenden Prognosen und Budgetierungen in Betracht[97]. Es kann auch ein Vergleich mit Branchenkennzahlen ratsam sein. Die Tiefe der analytischen Beurteilungen kann von einfachen Vergleichen bis zu komplexen Analysen auf der Basis von statistischen Methoden reichen[98].

---

93 Vgl. ISRE 2400.A81; *IFAC*, Guide 2013, S. 50.
94 Vgl. *IDW PS 900*, Tz. 10 f.
95 Vgl. ISRE 2400.A90; ISRE 2410.21; ISRE 2410.Appendix 2.
96 Vgl. ISRE 2400.A91.
97 Hinweise hierzu enthält ISRE 2410.Appendix 2; ISRE 2400.A90.
98 Vgl. auch ISRE 2410.21; ISRE 2400.A90.

> **Beispiel 2: Komplexe Analyse**
>
> Eine Regressionsanalyse kann z.B. eingesetzt werden, um die Umsatzkosten über einen bestimmten Zeitraum (z.B. drei Jahre) mithilfe der verschiedenen Komponenten der Umsatzkosten und Absatzzahlen der Produkte zu bestimmen. Die Umsatzkosten können dann anhand der Absatzzahlen pro Produkt und Periode durch die mathematische Relation zwischen den verschiedenen Variablen ermittelt werden.

Bei analytischen Beurteilungen ist auf rechnungslegungsbasierte Daten ebenso abzustellen wie auf sonstige Daten, z.B. die Mitarbeiterzahl. Bei **auffälligen Ergebnissen** kann eine Ausweitung der analytischen Beurteilungen bspw. auf Monatsbasis erfolgen. Die Ergebnisse der analytischen Beurteilungen sollten mit den Ergebnissen aus Befragungen abgeglichen werden.

2.4.1.2 Befragungen

Eine große Bedeutung bei der Erlangung von Nachweisen kommt der gezielten **Befragung**[99] zu. Die Gespräche sind mit den Mitarbeitern des Unternehmens, insb. mit leitenden Angestellten und den gesetzlichen Vertretern, über die Geschäftstätigkeit sowie die Geschäfts- und Branchenentwicklung zu führen. Ergänzend sind ggf. Gespräche mit anderen Prüfern oder sonstigen Fachleuten, die im Konzern oder in der Branche tätig sind, ratsam. Zudem sollte eine Befragung[100] von Mitarbeitern der Internen Revision erfolgen.

Folgende Befragungen sind bei einer **prüferischen Durchsicht** i.d.R. vorzunehmen:

- Befragungen zu den Abläufen im Unternehmen bei Aufzeichnung, Einordnung und Zusammenfassung von Geschäftsvorfällen, beim Zusammentragen von Informationen zur Darstellung in den Abschlüssen und bei der Abschlussaufstellung
- Befragung der Unternehmensleitung zu deren Einschätzung des Kontrollumfelds und ihrer Kenntnis über Unregelmäßigkeiten im Unternehmen sowie zu wesentlichen Änderungen des IKS und deren potenziellen Auswirkungen auf den Abschluss
- Befragungen zu den angewandten Rechnungslegungsgrundsätzen und Bilanzierungspraktiken des Unternehmens, insb. zu neuen Sachverhalten, Annahmen und Ermessensspielräumen in der Rechnungslegung
- Befragung der Mitarbeiter des Rechnungswesens, ob alle Transaktionen erfasst und die Rechnungslegungsnormen eingehalten wurden
- Befragung, ob Unregelmäßigkeiten in der Rechnungslegung bekannt sind oder vermutet werden
- Befragung zur Vertretbarkeit der Rechnungslegungsgrundsätze[101]
- Befragungen zu allen wesentlichen Aussagen in der Rechnungslegung und Erörterung der Ergebnisse aus den analytischen Beurteilungen

---

99 Vgl. *IDW PS 900*, Tz. 21. Befragungen werden bei sachkundigen unternehmensinternen und -externen Personen vorgenommen, die dem WP neue Informationen liefern oder bisherige Nachweise bestätigen oder widerlegen können. Als Formen der Befragungen kommen schriftliche Anfragen an Dritte bis hin zu mündlichen Anfragen an Mitarbeiter des Unternehmens in Betracht.
100 Vgl. Kap. P Tz. 63.
101 Anzuwenden bei der prüferischen Durchsicht von Abschlüssen für einen speziellen Zweck.

- Befragungen zu Maßnahmen, die bei Sitzungen der Gesellschafter, der Unternehmensleitung, des Aufsichtsgremiums oder in anderen Sitzungen beschlossen worden sind und die sich auf den Abschluss auswirken können, sowie Einsichtnahme in die entsprechenden Sitzungsprotokolle
- Befragungen zu drohenden, anhängigen oder laufenden Rechtsstreitigkeiten und zu Auseinandersetzungen mit Steuerbehörden[102]
- Befragungen zu (wertaufhellenden) Ereignissen nach dem Abschlussstichtag[103]
- Befragungen zu allen (nicht nur quantitativ) wesentlichen Posten sowie bei auffälligen Schwankungen[104].

86 Folgende Befragungen sind aufgrund des höheren Detaillierungsgrads von ISRE 2400 bei der Beauftragung **nach dem internationalen Standard zwingend zusätzlich zu berücksichtigen**; bei Beauftragung nach *IDW PS 900* können sie sinnvoll sein:
- Befragung zu signifikanten, unüblichen oder komplexen Geschäftsvorfällen (wesentliche Geschäftsvorfälle außerhalb der gewöhnlichen Geschäftstätigkeit sind dabei besonders zu hinterfragen)[105]
- Befragung zu wesentlichen Geschäftsvorfällen nahe dem Abschlussstichtag
- Befragung zu Geschäftsvorfällen mit nahe stehenden Personen und Unternehmen[106]
- Befragung der gesetzlichen Vertreter, ob Unsicherheiten in Bezug auf die Fortführung der Unternehmenstätigkeit aufgetreten sind und auf welcher Basis diese Einschätzung getroffen wurde; bei Vorliegen gefährdender Ereignisse oder Bedingungen sind die Fragen zu intensivieren[107]
- Befragung zu wesentlichen finanziellen Verpflichtungen oder Eventualverbindlichkeiten mit Einfluss auf den Abschluss oder LB[108]

87 Des Weiteren sind ausdrücklich Befragungen zur Einhaltung von sog. **Covenants** und zu wesentlichen Veränderungen von Vereinbarungen und Vertragsverpflichtungen vorzunehmen, um die internationalen Review-Standards[109] zu erfüllen.

88 Wenn der Wirtschaftsprüfer nach Durchführung der Maßnahmen der Auffassung ist, dass wesentliche Anpassungen im Abschluss notwendig sein können, hat er **weitergehende Befragungen oder andere Maßnahmen** vorzunehmen, um mit einer gewissen Sicherheit zu einem Review-Ergebnis kommen zu können[110].

2.4.1.3 Spezielle Maßnahmen und Einzelfragen

89 Neben den analytischen Beurteilungen und Befragungen gehören zu den bei einer prüferischen Durchsicht **regelmäßig durchzuführenden Maßnahmen** auch:
- Sichtung der Veröffentlichungen über das Unternehmen oder die Branche. Ist der WP mit dem Unternehmen nicht ausreichend vertraut, ist zudem eine Besichtigung des

---

102 Vgl. IDW Arbeitshilfe zur Qualitätssicherung, 4.16 (Beilage zu *FN-IDW 4/2002*).
103 Bei Anpassungsbedarf an der Finanzinformationen vgl. ISRE 2400.58 ff. und Kap. P Tz. 181 ff.
104 Vgl. *IDW PS 312*, Tz. 26 f.; *IDW PS 900*, Tz. 21; ISRE 2410.12.
105 Vgl. ISRE 2400.51.
106 Vgl. ISRE 2400.48(b).
107 Vgl. ISRE 2400.48(f) und (g), .54.
108 Vgl. ISRE 2400.48(h).
109 Vgl. ISRE 2400.48(c); ISRE 2410.21.
110 Vgl. ISRE 2400.57. und Kap. P Tz. 104 ff.

Unternehmens und seiner Produktionsanlagen bei einer prüferischen Durchsicht zu empfehlen;
- kritisches Lesen von Abschluss und LB, um aufgrund der vom WP insgesamt erlangten Informationen zu entscheiden, ob Anlass für die Annahme gegeben ist, dass Abschluss oder LB nicht den angewandten Rechnungslegungsgrundsätzen entsprechen[111].

Art und Umfang der prüferischen Durchsicht von **Anhang und LB** sind vom Berufsstand weder national noch international gesondert geregelt worden. Das Fehlerrisiko von Anhang und LB lässt sich insb. in Vollständigkeit, Darstellung und Richtigkeit untergliedern[112]. **90**

Hinsichtlich der **Vollständigkeit** ist zu berücksichtigen, dass unterlassene Angaben zunächst grds. wesentlich sind[113]. Die vom WP durchzuführenden Befragungen können sich vor diesem Hintergrund nicht auf den Einsatz und die vollständige Berücksichtigung von Checklisten durch den Ersteller begrenzen, sondern sollten auch die erforderlichen Mindestbestandteile des Abschlusses bzw. von Anhang und LB abdecken[114]. Hierzu kann als analytische Beurteilung der **Darstellung** dem prüferisch durchzusehenden Anhang bzw. der LB das vom WP erwartete thematische Soll-Konzept des Rechnungslegungswerkes gegenübergestellt werden. Angesichts der Verdeutlichung des Prüfungsumfangs durch das BilRUG hinsichtlich der Einhaltung der gesetzlichen Vorschriften zur Aufstellung des LB oder KLB[115] sollten auch i.R.d. prüferischen Durchsicht entsprechende Befragungen vorgenommen werden. **91**

Die prüferische Durchsicht auf **Richtigkeit** der Angaben in Anhang und LB sollte umgekehrt insb. in Form von analytischen Beurteilungen der angegebenen Werte im Vergleich zu den Daten früherer Abschlüsse und erwarteten Werten erfolgen. Die Befragungen beschränken sich regelmäßig auf identifizierte Abweichungen. **92**

Bei der prüferischen Durchsicht eines **Zwischenlageberichts** nach WpHG ist Folgendes zu beachten: Der WP muss beurteilen, ob der Zwischenlagebericht in wesentlichen Belangen nicht den Anforderungen des § 115 Abs. 4 WpHG entspricht. Demnach muss der Zwischenlagebericht die wichtigen Ereignisse der Periode und ihre Auswirkungen auf den Zwischenabschluss enthalten. Dies gelingt dem WP im Rahmen von Plausibilitätsbeurteilungen unter Berücksichtigung der bei der prüferischen Durchsicht gewonnenen Erkenntnisse[116]. Ferner sind im Zwischenlagebericht die wesentlichen Chancen und Risiken des restlichen Zeitraums bis zum Ende des GJ und die wesentlichen Geschäfte mit nahe stehenden Personen zu beschreiben. Dieses ist vom WP auf Plausibilität zu untersuchen. Bei Abgabe seines Review-Ergebnisses sollte der WP berücksichtigen, ob der Zwischenlagebericht alle berichtspflichtigen Sachverhalte berücksichtigt, die sich bei der prüferischen Durchsicht des Zwischenabschlusses ergeben haben. **93**

---

111 Vgl. *IDW PS 900*, Tz. 21.
112 Vgl. *IDW PS 350 n.F.*, Tz. A12.
113 Vgl. *IDW PS 250 n.F.*, Tz. 27.
114 Vgl. z.B. die Checklisten in: *Fischer/Neubeck*, basierend auf der IDW Arbeitshilfe zur Qualitätssicherung (Beilage zu FN-IDW 4/2002).
115 Vgl. § 317 Abs. 2 S. 3 HGB.
116 Vgl. *Winkeljohann/Küsters*, in: Winkeljohann/Förschle/Deubert, Sonderbilanzen[5], S. 415 (431).

94 Die Änderung von Bilanzierungs- und Bewertungsmethoden sowie die rechtliche oder wirtschaftliche Entwicklung von **geschätzten Werten**[117] erfordern eine besondere Beachtung bei der prüferischen Durchsicht. Hierzu zählt bspw. eine notwendige Neueinschätzung von drohenden, anhängigen oder laufenden Rechtsstreitigkeiten. Gleichwohl ist das Einholen einer schriftlichen RA-Auskunft für Zwecke einer prüferischen Durchsicht nicht erforderlich. In Zweifelsfällen ist eine direkte Befragung des RA ausreichend[118].

95 Bei der prüferischen Durchsicht von Zwischenabschlüssen sind besonders Buchungen mit Ausstrahlungswirkung auf den JA zu beachten.

> **Beispiel 3: Wertaufholungsverbote**
>
> Nach IFRIC 10 dürfen in einem früheren Berichtszeitraum erfasste Wertminderungsaufwendungen auf den Geschäfts- oder Firmenwert, auf finanzielle Vermögenswerte, die zu Anschaffungskosten bilanziert werden, sowie auf gehaltene Eigenkapitalinstrumente nicht rückgängig gemacht werden (IFRIC 10.8)[119]. Auch das HGB sieht in § 253 Abs. 5 HGB ein Wertaufholungsverbot für einen entgeltlich erworbenen Geschäfts- oder Firmenwert vor.

96 Vor diesem Hintergrund empfiehlt es sich, diese Bilanzposten bei Zwischenabschlüssen intensiver zu hinterfragen und bei in Zwischenabschlüssen durchgeführten außerplanmäßigen Abschreibungen (Impairments) die Qualität der Nachweise der einer Abschlussprüfung anzunähern, um das **Risiko eines abweichenden Prüfungsurteils** i.R.d. Abschlussprüfung gering zu halten.

97 Unter Berücksichtigung des Grundsatzes der Wesentlichkeit und Wirtschaftlichkeit sind ggf. folgende weitere einzelfallbezogene Maßnahmen durchzuführen[120]:

- Einholen von Informationen von **sachverständigen Dritten**[121], bspw. Gutachten zu Pensionsverpflichtungen des Unternehmens. Der WP hat sich zu vergewissern, dass die Informationen für Zwecke der prüferischen Durchsicht geeignet sind. In Abhängigkeit vom Einzelfall ist zu beurteilen, inwieweit hierzu die Verwertbarkeit der Arbeiten über die Nachvollziehbarkeit der Ausgangsdaten, Annahmen und Methoden sowie die Qualifikation des Sachverständigen und seine Objektivität und Unabhängigkeit zu würdigen sind.
- Bei der prüferischen Durchsicht von **KA** sind BestV oder Bescheinigungen vom WP oder von sachverständigen Dritten einzuholen, die den Auftrag zur Abschlussprüfung oder zur prüferischen Durchsicht der Abschlüsse von TU des Unternehmens erhalten haben[122]. Der WP hat sicherzustellen, dass diese Arbeiten zur Verwertung i.R.d. prüferischen Durchsicht geeignet sind. In Abhängigkeit vom Einzelfall ist zu beurteilen, inwieweit der WP das regulatorische Umfeld, die Einhaltung der maßgeblichen Berufspflichten und die fachliche Kompetenz des Teilbereichsprüfers zu würdigen hat

---

117 Zum Begriff des geschätzten Werts vgl. *IDW PS 314 n.F.*, Tz. 10.
118 Vgl. *ISRE 2410*.24.
119 Vgl. hierzu ausführlich *Kopatschek*, WPg 2006, S. 1504 (1504 ff.).
120 Vgl. *IDW PS 900*, Tz. 21.
121 Vgl. *IDW PS 900*, Tz. 23.
122 Vgl. *IDW PS 900*, Tz. 21.

und inwieweit eine Einbindung des Konzernprüfungsteams in die Tätigkeit von Teilbereichsprüfern erforderlich ist. Tätigkeit und Ergebnisse sind mit dem externen APr. aber grds. abschließend zu erörtern. In Abhängigkeit davon sind in Einzelfällen ergänzende Maßnahmen durchzuführen. Zu weiteren Maßnahmen i.R.d. prüferischen Durchsicht eines KA siehe Kap. P Tz. 157 ff.

98 Sofern der WP bei seinem Review Indizien für **Unregelmäßigkeiten** feststellt, hat er diesen Sachverhalt weiter zu hinterfragen. Dabei sind auch die Auswirkungen auf die Rechnungslegung zu hinterfragen und etwaige Mitteilungspflichten zu berücksichtigen. „Bei Durchführung der prüferischen Durchsicht festgestellte Tatsachen, die den Bestand des geprüften Unternehmens gefährden oder seine Entwicklung wesentlich beeinträchtigen können oder die schwerwiegende Verstöße der gesetzlichen Vertreter oder von Arbeitnehmern gegen Gesetz, Gesellschaftsvertrag oder die Satzung erkennen lassen, sind im Rahmen der Treuepflicht des Wirtschaftsprüfers dem Unternehmen bzw. dem Aufsichtsrat schriftlich mitzuteilen, soweit diese Tatsachen zu bedeutenden Nachteilen für das Unternehmen führen können"[123].

99 ISRE 2400/ISRE 2410 betonen im Gegensatz zu *IDW PS 900* die Notwendigkeit, sich mit der Annahme der gesetzlichen Vertreter zur Fortführung der Unternehmenstätigkeit zu befassen[124]. Schon bei der Erlangung eines Verständnisses über die Gesellschaft soll der WP Befragungen in Bezug auf Unsicherheiten über die Fähigkeit des Unternehmens zur Fortführung der Unternehmenstätigkeit durchführen. ISRE 2400 enthält eine Liste von finanziellen, operativen und anderen Sachverhalten und Bedingungen, die einzeln oder zusammen Zweifel an der Fähigkeit zur Fortführung der Unternehmenstätigkeit aufkommen lassen können[125]. Die Auswirkungen dieser Sachverhalte können meist durch andere Faktoren gemildert werden. Somit sollte das Management über die Einschätzung der gesetzlichen Vertreter zur Annahme der **Fortführung der Unternehmenstätigkeit**, damit zusammenhängende Pläne zum Umgang mit Unsicherheiten und deren Realisierbarkeit befragt werden[126]. Der WP hat unter Berücksichtigung des Gesamtbildes zu würdigen, ob die dem Abschluss zugrunde gelegte Annahme der Fortführung der Unternehmenstätigkeit sachgerecht ist[127].

100 Nach ISRE 2400 muss der WP während des Review aufmerksam sein für die Existenz weiterer **nahe stehender Personen**[128]. Sofern er bedeutsame Transaktionen außerhalb des normalen Geschäftsbetriebs identifiziert, hat er diesbezüglich Befragungen des Managements hinsichtlich der Art der Transaktion, der Beteiligung von nahe stehenden Personen und der betriebswirtschaftlichen Sinnhaftigkeit der Transaktion durchzuführen[129]. Nach ISRE 2410 hat der WP die Unternehmensleitung hingegen nur dazu zu befragen, ob die Beziehungen zu nahe stehenden Personen angemessen bilanziert und angegeben wurden[130].

---

123 *IDW PS 900*, Tz. 12.
124 Vgl. ISRE 2400.48(f).
125 Vgl. ISRE 2400.A93.
126 So auch ISRE 2410.27.
127 Vgl. ISRE 2400.54.
128 Vgl. ISRE 2400.50.
129 Vgl. ISRE 2400.51.
130 Vgl. ISRE 2410, Tz. 21.

2.4.2 Schriftliche Erklärungen des Managements

101 Im Rahmen einer prüferischen Durchsicht hat der WP wie bei einer Jahresabschlussprüfung eine schriftliche, berufsübliche **Vollständigkeitserklärung** einzuholen[131]. Die Vollständigkeitserklärung kann notwendige Maßnahmen der prüferischen Durchsicht nicht ersetzen. Sie ist aber eine umfassende Versicherung der gesetzlichen Vertreter des Unternehmens über die Vollständigkeit der erteilten Erklärungen und Nachweise. Die Vollständigkeitserklärung muss den gesamten Zeitraum abdecken, auf den sich der Gegenstand der prüferischen Durchsicht erstreckt[132]. Sie ist zeitnah vor dem Tag der Beendigung der prüferischen Durchsicht einzuholen. Die Vollständigkeitserklärung ist ggf. um eine Erklärung der gesetzlichen Vertreter über die Unwesentlichkeit nicht korrigierter Feststellungen zu erweitern[133]. Nimmt das Management Modifizierungen an der Vollständigkeitserklärung vor, sollte der WP in Betracht ziehen, dass diesbezüglich bedeutsame Sachverhalte vorliegen[134].

102 Der WP kann weitere schriftliche Erklärungen bspw. bzgl. **einzelner Sachverhalte** im Abschluss vom Management anfordern, sofern dies wichtig für sein Urteil ist[135].

103 Bei einer Beauftragung nach ISRE 2400 soll die Vollständigkeitserklärung auch die Aussage enthalten, dass die gesetzlichen Vertreter die Verantwortung zur Aufstellung des Jahresabschlusses in Übereinstimmung mit den anzuwendenden Rechnungslegungsstandards erfüllt haben[136].

2.4.3 Beurteilung der erlangten Nachweise

104 Nach *IDW PS 900*, ISRE 2400 und ISRE 2410 hat der WP zu beurteilen, ob die durch die prüferische Durchsicht erhaltenen Nachweise darauf hinweisen, dass der Abschluss den **angewandten Rechnungslegungsgrundsätzen in wesentlichen Belangen widerspricht**[137]. Hierzu sind die auf der Grundlage der gewonnenen Nachweise abgeleiteten Feststellungen in Form eines Vergleichs mit bestehenden Normen zu überprüfen und sowohl einzeln wie auch insgesamt zu würdigen[138].

105 Das Ergebnis der prüferischen Durchsicht trifft der WP mit einer „**gewissen Sicherheit**". „Eine gewisse Sicherheit ist gegeben, wenn der Wirtschaftsprüfer aufgrund von erhaltenen Nachweisen davon überzeugt ist, dass der Gegenstand der prüferischen Durchsicht im Rahmen der gegebenen Umstände plausibel ist"[139]. ISRE 2400 verwendet bzgl. der Sicherheit eine veränderte Begrifflichkeit. Demnach ist eine „Limited Assurance" zur Schlussfolgerung über das Ergebnis der prüferischen Durchsicht erforderlich: „Limited assurance provides a level of assurance between that of an audit (a reasonable assurance engagement) and a compilation engagement (an engagement providing no assurance)"[140]. Aufgrund der unterschiedlichen Definition kann somit ein Unterschied zwischen einer „gewissen Sicherheit" und einer „limited assurance" bestehen. Praktische

---

[131] Vgl. *IDW PS 900*, Tz. 21.
[132] Vgl. ISRE 2400.68.
[133] Vgl. ISRE 2410.34.
[134] Vgl. ISRE 2400.A100. Sofern keine Vollständigkeitserklärung erteilt wird, siehe ISRE 2400.63 f.
[135] Vgl. ISRE 2400.A101.
[136] Vgl. *ISRE 2400.61* auch zu weiteren Anforderungen.
[137] *IDW PS 900*, Tz. 25; ISRE 2400.73; ISRE 2410.30.
[138] ISRE 2410.30 ff.
[139] *IDW PS 900*, Tz. 7.
[140] Vgl. *IFAC*, Article for Member Bodies: The Standard for Limited Assurance Review Engagements, S. 1.

Unterschiede sollten in der deutschen berufsständischen Anwendung vermieden werden, da „limited assurance" im Sprachgebrauch üblicherweise mit „begrenzter Sicherheit" übersetzt wird und die **begrenzte Sicherheit** im deutschen berufsständischen Sprachgebrauch inhaltlich auch auf die Plausibilität des Gegenstands der prüferischen Durchsicht abzielt[141].

In ISRE 2400 wird zusätzlich darauf hingewiesen, dass der WP zu beurteilen hat, ob die angewandten Rechnungslegungsgrundsätze in den Informationen, die der prüferischen Durchsicht unterliegen, sachgerecht dargelegt wurden[142] und die nach den maßgeblichen Rechnungslegungsgrundsätzen erforderlichen **Anhangangaben zu** Auswirkungen aus **wesentlichen Transaktionen und Ereignissen** auf Bilanzposten, das Geschäftsergebnis und den Cashflow vorliegen[143]. **106**

Erzielt der WP **keine ausreichenden Nachweise** für seine Beurteilung, muss er nach ISRE 2400/ISRE 2410 auf der Grundlage seines prüferischen Ermessens weitere Nachweise einholen[144]. Der WP kann entweder seine schon vorgenommenen Maßnahmen ausweiten oder neue Maßnahmen vornehmen. Können bestimmte Maßnahmen nicht vorgenommen werden, bedeutet dies noch keine Beschränkung des Umfangs der prüferischen Durchsicht, wenn angemessene Nachweise durch andere Maßnahmen erzielt werden können[145]. **107**

Das Ergebnis der prüferischen Durchsicht ist unter dem Aspekt der **Wesentlichkeit** zu bewerten. Dabei ist die quantitative wie auch die qualitative Wesentlichkeit zu würdigen. Als weitere qualitative Kriterien sollte der WP die Würdigung geschätzter Werte sowie eine möglicherweise einseitige Auslegung der Bilanzpolitik berücksichtigen, die insgesamt einen falschen Eindruck von der wirtschaftlichen Lage der Gesellschaft vermitteln können[146]. Dabei sind auch die Angaben in Anhang und LB zu berücksichtigen. **108**

Bei in den Finanzinformationen **nicht korrigierten Feststellungen** ist zu beurteilen, ob sie einzeln oder kumuliert wesentlich für die Darstellung der Finanzinformationen sind[147]. Falsche Angaben, die aus unvollständigen oder ungenauen Anhangangaben oder aus Betrugssachverhalten (fraud) entstanden sind, können i.d.R. hinsichtlich ihres Einflusses auf den Abschluss nicht aggregiert betrachtet werden. Sie sollten daher im Gegensatz zu den meisten quantitativen falschen Angaben, die aggregiert betrachtet werden können, individuell beurteilt und dokumentiert werden[148]. **109**

Kommt der WP zu dem Ergebnis, dass wesentliche **Anpassungen** notwendig sind, um den Rechnungslegungsnormen zu entsprechen, hat er dieses den entsprechenden Verantwortlichen umgehend mitzuteilen. Werden diese Änderungen nicht in angemessener Zeit vorgenommen, ist das Ergebnis an die für die Überwachung Verantwortlichen zu berichten[149]. **110**

---

141 *IDW PS 570*, Tz. 21: „Eine begrenzte Sicherheit ist gegeben, wenn der Wirtschaftsprüfer aufgrund der durch Befragungen und Plausibilitätsbeurteilungen erlangten Nachweise davon überzeugt ist, dass der Gegenstand der prüferischen Durchsicht im Rahmen der gegebenen Umstände plausibel ist".
142 ISRE 2400.69(a).A106.
143 ISRE 2400.69(b)(vi).A108.
144 Vgl. ISRE 2400.66; ISRE 2410.29.
145 Vgl. ISRE 2400.A104.
146 ISRE 2400.70, .A111.
147 Vgl. ISRE 2410.31 ff.
148 Vgl. *IFAC*, Guide 2013, S. 83.
149 Vgl. ISRE 2400.42, .A66; ISRE 2410.39.

111 Erhält der WP abschließend **keine ausreichenden Nachweise** für seine Beurteilung, muss er nach ISRE 2400/ISRE 2410 mit den Verantwortlichen die daraus entstehenden Auswirkungen auf den Umfang der prüferischen Durchsicht diskutieren[150] und die Auswirkungen auf die Bescheinigung bestimmen[151]. Dabei ist es sinnvoll, die Gründe, warum keine ausreichenden Nachweise erlangt werden können, einzubeziehen[152]. Gleiches gilt, wenn der WP die prüferische Durchsicht nicht beenden kann, weil z.B. ein Ansprechpartner für die Befragung zu bedeutsamen Sachverhalten nicht zur Verfügung steht. Dies gilt v.a., wenn der WP davon ausgeht, dass die im Abschluss enthaltenen Informationen in wesentlichen Belangen nicht in Übereinstimmung mit den angewandten Rechnungslegungsgrundsätzen stehen[153].

2.4.4 Dokumentation

112 „Der Wirtschaftsprüfer hat die Sachverhalte zu dokumentieren, die wichtige Nachweise zur Unterstützung der Bescheinigung liefern, sowie Nachweise dafür festzuhalten, dass die prüferische Durchsicht unter Berücksichtigung des Prüfungsstandards durchgeführt wurde"[154]. Somit muss der WP ausgehend von der Planung des Reviews den Ansatz und die Durchführung der Plausibilitätsbeurteilungen sowie die Befragungen und Auskünfte dokumentieren. In Anbetracht dessen, dass dabei kaum auf Unterlagen und Aufzeichnungen des Mandanten zurückgegriffen wird, ist ein entsprechend höherer Anteil des Arbeitsaufwands aus der **Dokumentation** der umfangreichen Befragungen zu erwarten. Für die Dokumentation gilt der Grundsatz der Klarheit und Übersichtlichkeit. Sie muss einen erfahrenen Prüfer ohne vorherigen Bezug zum Auftrag in die Lage versetzen, Art, Umfang und Zeitpunkt der analytischen Beurteilungen, Befragungen und anderen Maßnahmen, der wesentlichen Informationen und Sachverhalte sowie deren Ergebnisse zu verstehen[155]. Dabei sollten Diskussionen mit der Unternehmensleitung sowie zwischenzeitliche Inkonsistenzen und deren Hinterfragung festgehalten werden[156].

3. Ergebnis der prüferischen Durchsicht und Berichterstattung

3.1 Grundsätze für die Erteilung einer Bescheinigung

113 Über das Ergebnis der prüferischen Durchsicht ist i.d.R. eine **schriftliche Bescheinigung** zu erteilen, die eine klare, negativ formulierte Aussage des WP enthält. Es handelt sich um das zusammengefasste Ergebnis der prüferischen Durchsicht.

114 Die Abgabe eines **negativ formulierten Urteils** bringt ggü. der Öffentlichkeit das höhere immanente Risiko einer prüferischen Durchsicht ggü. einer mit hinreichender Sicherheit durchgeführten und mit einem Positivurteil versehenen Abschlussprüfung zum Ausdruck[157].

---

150 Vgl. ISRE 2400.67; ISRE 2410.38.
151 Vgl. ISRE 2400.68.
152 Vgl. *IFAC*, Guide 2013, S. 83.
153 Vgl. ISRE 2400.A103.
154 *IDW PS 900*, Tz. 24.
155 Vgl. ISRE 2410.64.
156 Vgl. ISRE 2400.95 f.
157 Vgl. *IDW PS 900*, Tz. 5 ff.

115 In Einzelfällen kann es sinnvoll sein, **auf die Abgabe einer Bescheinigung zu verzichten.** So sieht IDW PS 900, Tz. 8, vor, dass insb. im Fall der prüferischen Durchsicht von zu veröffentlichenden Abschlüssen börsennotierter Gesellschaften aufgrund möglicher besonderer Risiken für den WP von der Erteilung einer Bescheinigung abgesehen werden könnte.

116 Andererseits schreibt § 115 Abs. 5 S. 4 WpHG i.V.m. § 115 Abs. 7 WpHG vor, dass die Bescheinigung bei einer prüferischen Durchsicht nach § 115 WpHG von der Gesellschaft zusammen mit dem Halbjahresfinanzbericht oder den zusätzlichen unterjährigen Finanzinformationen zu veröffentlichen ist. Angesichts der ausdrücklichen gesetzlichen Vorgabe über die Zusammenfassung des Ergebnisses der prüferischen Durchsicht in einer zusammen mit dem Halbjahresfinanzbericht oder den zusätzlichen unterjährigen Finanzinformationen **zu veröffentlichenden Bescheinigung** entfällt in diesem Fall die Anwendung von IDW PS 900, Tz. 8. Auch nach ISRE 2400/ISRE 2410 ist eine Befreiung von der Erteilung einer Bescheinigung nicht vorgesehen.

117 ISRE 2400/2410 sehen ebenso wie IDW PS 900 die grundsätzliche Erteilung einer Bescheinigung („written report") vor.

118 Bei einer **Bescheinigung nach ISRE 2400** ist hingegen zu beachten, dass es sich bei ISRE 2400 um einen jüngeren Review-Standard handelt. In dessen Vorgaben zur Bescheinigung sind die Verantwortlichkeiten und das Prüfungsurteil durch das Voranstellen von Zwischenüberschriften anders strukturiert und beschrieben als in einer Bescheinigung nach IDW PS 900. Allerdings ist in ISRE 2400 bislang noch keine Anpassung an die durch ISA 700 (Rev.) geänderte Struktur des Auditor's Report erfolgt, so dass das Ergebnis der prüferischen Durchsicht hier noch am Ende der Bescheinigung steht.

119 Aufgrund der dargestellten Sachlage zu den nationalen und internationalen Standards für prüferische Durchsichten, empfiehlt sich **grundsätzlich folgendes Vorgehen**:

Wird die prüferische Durchsicht nach IDW PS 900 durchgeführt, kann der WP die fortentwickelten Vorgaben der internationalen Standards ISRE 2400/ISRE 2410 bei der Durchführung der prüferischen Durchsicht ergänzend berücksichtigen. Da der deutsche Standardsetter bisher keine offizielle Übersetzung von Musterformulierungen aus diesen beiden Standards vorgelegt hat, empfiehlt das IDW, die Bescheinigung entsprechend der Beauftragung grundsätzlich nur unter Bezugnahme auf den IDW PS 900 zu erteilen. Dabei kann zurückgegriffen werden

- auf die Musterformulierung der Bescheinigung des IDW PS 900 (vgl. Kap. P Tz. 191, Tz. 192, Tz. 195, Tz. 196, Tz. 197) oder
- die hier fortentwickelte Bescheinigung des IDW PS 900, die bereits wesentliche Elemente der Bescheinigung nach ISRE 2400/ISRE 2410 enthält (vgl. Kap. P Tz. 193, Tz. 194, Tz. 198).

Für prüferische Durchsichten, die ausschließlich auf der Grundlage des ISRE 2400/ISRE 2410 durchgeführt werden, ist – den Berufsgrundsätzen folgend – eine Bescheinigung über eine prüferische Durchsicht nur auf der Basis der Musterformulierungen aus den ISRE 2400/ISRE 2410 abzugeben; es empfiehlt sich, dies in englischer Sprache zu tun.

3.2 Mindestbestandteile und Struktur der Bescheinigung

3.2.1 Bescheinigung nach IDW PS 900 und ISRE

120 Nach *IDW PS 900* soll die Bescheinigung über eine prüferische Durchsicht die folgenden **Grundbestandteile** üblicherweise in der folgenden Reihenfolge enthalten[158]:

- Überschrift
- Adressat
- einleitender Abschnitt mit Bezeichnung des Abschlusses, der Gegenstand der prüferischen Durchsicht war, der angewandten Rechnungslegungsgrundsätze und einer Erklärung über die Verantwortung der Unternehmensleitung und die des WP
- beschreibender Abschnitt, in dem
  - Art und Weise der prüferischen Durchsicht dargestellt werden,
  - Bezug genommen wird auf *IDW PS 900*,
  - erklärt wird, dass sich die prüferische Durchsicht in erster Linie auf Befragungen und analytische Beurteilungen beschränkt, und
  - klargestellt wird, dass keine Abschlussprüfung durchgeführt worden ist, so dass die durchgeführten Maßnahmen der prüferischen Durchsicht zu einer geringeren Sicherheit führen, als sie bei einer Abschlussprüfung erreichbar ist, und dass deshalb kein BestV erteilt wird
- Urteil: negativ formulierte Aussage des WP, die besagt, dass der WP aufgrund der prüferischen Durchsicht nicht auf Sachverhalte gestoßen ist, die zu der Annahme veranlassen, dass der Abschluss in wesentlichen Belangen nicht in Übereinstimmung mit den angewandten Rechnungslegungsgrundsätzen aufgestellt worden ist
- Ort, Datum und Unterschrift.

121 Die Bescheinigung nach ISRE 2400 weicht insoweit von der dargestellten Struktur ab, als ISRE 2400 statt den Gliederungspunkten „Einleitender Abschnitt" und „Beschreibender Abschnitt" die Gliederung in „Verantwortung der gesetzlichen Vertreter"[159] und „Verantwortung des Wirtschaftsprüfers"[160] in separaten und mit Überschriften versehenen Absätzen vorsieht. Übertragen auf die Struktur nach *IDW PS 900* wird somit nach ISRE 2400 ein verkürzter einleitender Abschnitt dargestellt; diesem folgt ein mit Überschrift versehener Absatz über die „Verantwortung der gesetzlichen Vertreter", der nach *IDW PS 900* grds. noch Teil des einleitenden Abschnitts ist. Anschließend wird versehen mit einer Überschrift die Verantwortung des WP dargestellt, in der auch die Inhalte des gem. *IDW PS 900* beschreibenden Abschnitts dargestellt werden. Abschließend wird das „Urteil"[161] als eigener Abschnitt mit einer Überschrift versehen.

Eine offizielle deutsche Übersetzung für die Bescheinigung nach ISRE 2400 existiert bisher nicht. Die im Folgenden als Praxistipps und im Kapitel „Musterformulierung" dargestellten Formulierungsempfehlungen sind lediglich als an ISRE 2400 angenäherte Weiterentwicklungen einer Bescheinigung nach *IDW PS 900* zu verstehen.

122 Die **Bescheinigungsstruktur** nach ISRE 2410 lässt nach dem Wortlaut von ISRE 2410.43 einen Aufbau passend zur Bescheinigungsstruktur nach *IDW PS 900* wie auch nach

---

[158] *IDW PS 900*, Tz. 26.
[159] In der Originalversion: „Management's Responsibility for the Financial Statements".
[160] In der Originalversion: „Practitioner's Responsibility".
[161] In der Originalversion: „Conclusion".

ISRE 2400 grds. möglich erscheinen. Die Beispiele zu ISRE 2410 verdeutlichen, dass auch bei dieser Bescheinigung Zwischenüberschriften verwendet werden. Die Überschriften „Introduction", „Scope of Review" und „Conclusion" sollten bei der deutschen Übersetzung mit den in *IDW PS 900* genannten Begriffen „Einleitender Abschnitt", „Beschreibender Abschnitt" und „Urteil" gleichgesetzt werden, da die Bescheinigung nach ISRE 2410 inhaltlich mit der nach *IDW PS 900* übereinstimmt. Bei Bescheinigungen nach *IDW PS 900* unter Berücksichtigung von ISRE 2410 werden in der Praxis keine Zwischenüberschriften verwendet.

Um strukturelle Abweichungen zwischen einer Bescheinigung nach dem neuen ISRE 2400 und dem aus dem Jahr 2006 stammenden ISRE 2410 zu vermeiden, ist in der internationalen Praxis zunehmend die Strukturierung einer Bescheinigung nach ISRE 2410 mit den Zwischenüberschriften „Verantwortung der gesetzlichen Vertreter", „Verantwortung des Wirtschaftsprüfers" und „Urteil" zu beobachten[162]. Diese Strukturierung wird zunehmend auch von internationalen Berufsständen in die nationalen Standards für die prüferische Durchsicht durch den WP der Gesellschaft übernommen[163]. Da diese Strukturierung keinen Widerspruch zu ISRE 2410.43 darstellt, ist diesbezüglich eine **Anlehnung der Bescheinigung nach ISRE 2410 an die Struktur nach ISRE 2400** vertretbar.

123

Eine offizielle deutsche Übersetzung für die Bescheinigung nach ISRE 2410 existiert bisher nicht. Die im Folgenden als Praxistipps und im Kapitel „Musterformulierung" dargestellten Formulierungsempfehlungen sind nur als an ISRE 2410 angenäherte Weiterentwicklungen einer Bescheinigung nach *IDW PS 900* zu verstehen.

3.2.1.1 Überschrift

Zur Abgrenzung ggü. anderen Bescheinigungen bzw. zum BestV sollte die Bescheinigung über die prüferische Durchsicht mit einer **Überschrift** versehen werden. Als Überschrift sieht *IDW PS 900* folgenden Text vor: „Bescheinigung nach prüferischer Durchsicht"[164]. Im Fall der Berücksichtigung von ISRE 2400 kann zur Verdeutlichung, dass die prüferische Durchsicht durch einen unabhängigen WP vorgenommen wurde, die Überschrift entsprechend erweitert werden[165].

124

3.2.1.2 Adressat

Ferner wird nach nationalen und internationalen Standards eine **Adressierung** vorgesehen, aus der hervorgeht, dass sich die Bescheinigung an das geprüfte Unternehmen richtet. Als Adressierung sieht *IDW PS 900* folgenden Text vor: „An die ... Gesellschaft"[166]. In dieser Weise sollte auch die Bescheinigung einer prüferischen Durchsicht nach § 115 Abs. 5 WpHG adressiert werden.

125

---

162 Entsprechend der Struktur einer Bescheinigung nach ISRE 2400.
163 Vgl. *AASB Australien*, ASRE 2010 vom Juli 2013; *AICPA*, Statement on Standards for Accounting and Review Services: Clarification and Redofication vom Oktober 2014, A.147.
164 *IDW PS 900*, Anhang 1.
165 ISRE 2400.86, .A119: „Independent Practitioner´s Review Report".
166 *IDW PS 900*, Anhang 1.

3.2.1.3 Einleitender Abschnitt inkl. Verantwortung der gesetzlichen Vertreter

126 Im einleitenden Abschnitt der Bescheinigung ist der **Gegenstand der prüferischen Durchsicht** unter Nennung der zugrunde liegenden Rechnungslegungsperiode zu benennen. Nach ISRE 2400/ISRE 2410 sind dabei explizit auch die einzelnen Abschlussbestandteile und der jeweilige Stichtag resp. die entsprechende Periode zu nennen. Den Gegenstand der prüferischen Durchsicht stellt meistens der Abschluss und ggf. der LB des explizit zu bezeichnenden Unternehmens dar. Hier sind meistens JA, KA, verkürzter (Konzern-)Abschluss i.S.v. § 115 Abs. 2 Nr. 1 WpHG und Zwischenabschluss zu unterscheiden. Der Gegenstand der prüferischen Durchsicht ergibt sich aus der Beauftragung. Zunehmend unterliegen auch Abschlüsse für einen speziellen Zweck oder einzelne Finanzaufstellungen einem Review[167]. Beim LB kann es sich auch um einen KLB und um einen (Konzern-)Zwischenlagebericht handeln.

127 Des Weiteren sollte nach *IDW PS 900* im einleitenden Abschnitt der Hinweis auf die angewandten **Rechnungslegungsgrundsätze** erfolgen[168]. Hierbei kann es sich um deutsche Rechnungslegungsgrundsätze, internationale Grundsätze (IFRS) oder um andere nationale Grundsätze (z.B. US-GAAP) handeln.

128 Zur Klarstellung der unterschiedlichen **Verantwortlichkeiten** zwischen den gesetzlichen Vertretern und dem WP sind entsprechende Passagen aufzunehmen.

> **Praxistipp 1: Formulierungsempfehlung nach IDW PS 900**
>
> „Ich habe/Wir haben den Jahresabschluss[169] und den Lagebericht der … Gesellschaft für das Geschäftsjahr vom … bis … einer prüferischen Durchsicht unterzogen. Die Aufstellung des Jahresabschlusses und des Lageberichts nach den deutschen handelsrechtlichen Vorschriften[170] liegen in der Verantwortung der gesetzlichen Vertreter der Gesellschaft. Meine/Unsere Aufgabe ist es, eine Bescheinigung zu dem Jahresabschluss und dem Lagebericht auf der Grundlage meiner/unserer prüferischen Durchsicht abzugeben"[171].

> **Praxistipp 2: Formulierungsempfehlung Halbjahresfinanzbericht nach § 115 Abs. 5 WpHG**
>
> „Ich habe/Wir haben den verkürzten Konzernzwischenabschluss – bestehend aus (verkürzter) Bilanz, (verkürzter) Gesamtergebnisrechnung, (verkürzter) Kapitalflussrechnung, (verkürzter) Eigenkapitalveränderungsrechnung sowie ausgewählten erläuternden Anhangangaben – und den Konzernzwischenlagebericht der … [Gesellschaft] für den Zeitraum vom … [Datum] bis … [Datum], die Bestandteile des Halbjahresfinanzberichts nach § 115 WpHG sind, einer prüferischen Durchsicht unterzogen. Die Aufstellung des verkürzten Konzernzwischenabschlusses nach den IFRS für Zwischenberichterstattung, wie sie in der EU anzuwenden sind, und des

---

167 Siehe Kap. P Tz. 164 ff.
168 Vgl. *IDW PS 900*, Tz. 26; ISRE 2400.86(d); ISRE 2410.43(d).
169 In der Bescheinigung ist ggf. auf andere Rechnungslegungsunterlagen zu verweisen, die Gegenstand der prüferischen Durchsicht waren.
170 In der Bescheinigung ist ggf. auf andere angewandte Rechnungslegungsgrundsätze zu verweisen.
171 *IDW PS 900*, Anhang 2.

> Konzernzwischenlageberichts nach den für Konzernzwischenlageberichte anwendbaren Vorschriften des WpHG liegt in der Verantwortung der gesetzlichen Vertreter der Gesellschaft. Meine/Unsere Aufgabe ist es, eine Bescheinigung zu dem verkürzten Konzernzwischenabschluss und dem Konzernzwischenlagebericht auf der Grundlage meiner/unserer prüferischen Durchsicht abzugeben."

Eine Bescheinigung nach *IDW PS 900* unter Berücksichtigung des ISRE 2400 soll ergänzend ausdrücklich auch die **Verantwortung der gesetzlichen Vertreter** für die zur Aufstellung des Gegenstands der prüferischen Durchsicht erforderlichen internen Kontrollen darlegen[172]. Dieses wird in einem eigens mit einer Überschrift versehenen Absatz hervorgehoben, der bereits zum Teil Inhalte des nach *IDW PS 900* beschreibenden Abschnitts mitumfasst[173]. 129

> 💡 **Praxistipp 3: An ISRE 2400 angenäherte Weiterentwicklung einer Bescheinigung nach IDW PS 900 bei Kapitalgesellschaften**
>
> „Ich habe/Wir haben den beigefügten Jahresabschluss[174] – bestehend aus Bilanz zum [Datum], Gewinn- und Verlustrechnung und Anhang – sowie den beigefügten Lagebericht der ... [Gesellschaft] für das Geschäftsjahr vom ... [Datum] bis ... [Datum] einer prüferischen Durchsicht unterzogen.
>
> **Verantwortung der gesetzlichen Vertreter**
> Die Aufstellung des Jahresabschlusses und des Lageberichts nach den deutschen handelsrechtlichen Vorschriften[175] liegt in der Verantwortung der gesetzlichen Vertreter der Gesellschaft. Die gesetzlichen Vertreter sind auch verantwortlich für die internen Kontrollen, die sie als notwendig erachten, um die Aufstellung eines Abschlusses und Lageberichts zu ermöglichen, die frei von wesentlichen – beabsichtigten oder unbeabsichtigten – falschen Angaben sind."

3.2.1.4 Beschreibender Abschnitt inkl. Verantwortlichkeit des WP

Vorab hat der WP die **Art und Weise** der prüferischen Durchsicht unter ausdrücklicher Bezugnahme auf den zugehörigen Standard zu beschreiben. Dazu hat er darzulegen, dass er auf der Grundlage der Planung und Durchführung einer prüferischen Durchsicht lediglich und auch nur mit einer gewissen Sicherheit ausschließen kann, dass der Gegenstand der prüferischen Durchsicht in wesentlichen Belangen nicht den angewandten Rechnungslegungsvorschriften entspricht. Die Aufnahme dieser Passagen in die Bescheinigung dient der Abgrenzung zur Abschlussprüfung und ist ein wichtiger Beitrag zur Reduzierung der Erwartungslücke i.Z.m. der prüferischen Durchsicht. 130

Im Folgenden hat der WP bezüglich des **Umfangs der prüferischen Durchsicht** darzulegen, dass sich die prüferische Durchsicht in erster Linie auf Befragungen und analytische *Beurteilungen* beschränkt. Auch für den Fall zusätzlicher anderer Arten der Einholung von Nachweisen sollte sich die Beschreibung der Tätigkeit auf dieses Grund- 131

---

172 ISRE 2400.86(d)(ii).
173 Vgl. Illustrations in Appendix 2 zu ISRE 2400.
174 In der Bescheinigung ist ggf. auf andere Rechnungslegungsunterlagen zu verweisen, die Gegenstand der prüferischen Durchsicht waren.
175 In der Bescheinigung ist ggf. auf andere angewandte Rechnungslegungsgrundsätze zu verweisen.

gerüst der prüferischen Durchsicht beschränken, um ggü. der Öffentlichkeit klarzustellen, dass die aus einer Abschlussprüfung erreichbare Sicherheit von einer prüferischen Durchsicht nicht abgedeckt werden kann. Ausdrücklich ist ferner darzustellen, dass mit der prüferischen Durchsicht keine Abschlussprüfung durchgeführt wurde und somit auch kein BestV oder Prüfungsvermerk erteilt werden kann.

132 Der **Gegenstand** der prüferischen Durchsicht ist im beschreibenden Abschnitt entsprechend der Formulierung im einleitenden Abschnitt zu bezeichnen. In Abhängigkeit vom Gegenstand zielt die prüferische Durchsicht auf unterschiedliche Aussagen. So bietet sich bei Personenhandelsgesellschaften die Formulierung in Praxistipp 5 an, bei KapGes. sollte Praxistipp 6 gefolgt werden. Dabei ist zu beachten, dass durch das BilRUG – insoweit über die ältere Formulierung in *IDW PS 900* hinausgehend – ergänzend zu würdigen ist, ob die gesetzlichen Vorschriften zur Aufstellung des LB oder KLB beachtet worden sind[176]. Bei Halbjahresfinanzberichten i.S.v. § 115 WpHG ist Praxistipp 7 anwendbar. Die Formulierung in Praxistipp 8 ist zur Abgrenzung von einer Abschlussprüfung unbedingt aufzunehmen.

> **Praxistipp 4: Formulierungsempfehlung nach IDW PS 900**
>
> „Ich habe/Wir haben die prüferische Durchsicht des Jahresabschlusses [und des Lageberichts][177] unter Beachtung der vom Institut der Wirtschaftsprüfer (IDW) festgestellten deutschen Grundsätze für die prüferische Durchsicht von Abschlüssen vorgenommen. Danach ist die prüferische Durchsicht so zu planen und durchzuführen, dass ich/wir bei kritischer Würdigung mit einer gewissen Sicherheit ausschließen kann/können, ..."

> **Praxistipp 5: Formulierungsempfehlung bei Personenhandelsgesellschaften**
>
> „... dass der Jahresabschluss in wesentlichen Belangen den deutschen handelsrechtlichen Vorschriften widerspricht"[178].

> **Praxistipp 6: Formulierungsempfehlung bei Kapitalgesellschaften**
>
> „... dass der Jahresabschluss in wesentlichen Belangen nicht in Übereinstimmung mit den deutschen handelsrechtlichen Vorschriften[179] aufgestellt worden ist oder ein unter Beachtung der Grundsätze ordnungsmäßiger Buchführung den tatsächlichen Verhältnissen entsprechendes Bild der Vermögens-, Finanz- und Ertragslage nicht vermittelt oder der Lagebericht nicht in Einklang mit dem Jahresabschluss steht oder den gesetzlichen Vorschriften nicht entspricht oder insgesamt ein zutreffendes Bild von der Lage der Gesellschaft nicht vermittelt oder die Chancen und Risiken der zukünftigen Entwicklung nicht zutreffend darstellt."

---

176 § 317 Abs. 2 S. 3 HGB.
177 Ggf. ist ein anderer Gegenstand der prüferischen Durchsicht einzusetzen.
178 *IDW PS 900*, Anhang 1, sowie *IDW PS 900*, Tz. 25.
179 In der Bescheinigung ist ggf. auf andere angewandte Rechnungslegungsgrundsätze zu verweisen.

> **Praxistipp 7: Formulierungsempfehlung bei Halbjahresfinanzberichten i.S.v. § 115 WpHG**
>
> „Ich habe/Wir haben die prüferische Durchsicht des verkürzten Konzernzwischenabschlusses und des Konzernzwischenlageberichts unter Beachtung der vom Institut der Wirtschaftsprüfer (IDW) festgestellten deutschen Grundsätze für die prüferische Durchsicht von Abschlüssen vorgenommen. Danach ist die prüferische Durchsicht so zu planen und durchzuführen, dass ich/wir bei kritischer Würdigung mit einer gewissen Sicherheit ausschließen kann/können, dass der verkürzte Konzernzwischenabschluss in wesentlichen Belangen nicht in Übereinstimmung mit den International Financial Reporting Standards (IFRS) für Zwischenberichterstattung, wie sie in der EU anzuwenden sind, und der Konzernzwischenlagebericht in wesentlichen Belangen nicht in Übereinstimmung mit den für Konzernzwischenlageberichte anwendbaren Vorschriften des WpHG aufgestellt worden sind."

> **Praxistipp 8: Formulierungsempfehlung zur Abgrenzung von einer Abschlussprüfung**
>
> „Eine prüferische Durchsicht beschränkt sich in erster Linie auf Befragungen von Mitarbeitern der Gesellschaft und auf analytische Beurteilungen und bietet deshalb nicht die durch eine Abschlussprüfung erreichbare Sicherheit. Da ich/wir auftragsgemäß keine Abschlussprüfung vorgenommen habe/haben, kann ich/können wir einen Bestätigungsvermerk[180] nicht erteilen."

133 Unabhängig davon, ob es sich um einen Auftrag nach *IDW PS 900* mit oder ohne Rechtsgrundlage im WpHG handelt oder ob die Durchführung des Reviews unter Berücksichtigung des ISRE 2410 erfolgt, ist der **beschreibende Abschnitt** im Übrigen in seiner inhaltlichen Aussage im Wesentlichen gleich.

134 Im Gegensatz dazu stellt sich ISRE 2400 strukturell anders dar[181]. Demnach ist anknüpfend an Praxistipp 3 eine durch Überschrift verdeutlichte Darstellung der **Verantwortlichkeit des WP**[182] zu beschreiben.

135 In diesem Abschnitt ist auch auf die Verpflichtung des WP zum Befolgen der relevanten beruflichen Verhaltensanforderungen (z.B. IESBA Code of Ethics) einzugehen[183]. Dieses wird in der Bescheinigung mit der Formulierung „unter Einhaltung der Berufspflichten" zum Ausdruck gebracht.

136 Nach dem Wortlaut von ISRE 2400 erfolgt die Assurance-Leistung entgegen *IDW PS 900* statt mit einer „gewissen Sicherheit" mit einer **„begrenzten Sicherheit"**[184].

---

180 Bei einem Abschluss für einen speziellen Zweck oder einer einzelnen Finanzaufstellung sollte auf den „Prüfungsvermerk" verwiesen werden.
181 Vgl. Illustrations in Appendix 2 zu ISRE 2400.
182 In der Originalversion: „Practitioner's Responsibility".
183 ISRE 2400.86(j).
184 Siehe Kap. P Tz. 105.

> **Praxistipp 9: Fortsetzung der Formulierungsempfehlung der an ISRE 2400 angenäherten Weiterentwicklung einer Bescheinigung nach IDW PS 900 bei Kapitalgesellschaften**
>
> **„Verantwortung des Wirtschaftsprüfers**
> Meine/Unsere Aufgabe ist es, ein Urteil zu dem beigefügten Jahresabschluss und dem beigefügten Lagebericht auf der Grundlage meiner/unserer prüferischen Durchsicht abzugeben. Ich habe/Wir haben die prüferische Durchsicht des Jahresabschlusses und des Lageberichts unter Beachtung der vom Institut der Wirtschaftsprüfer (IDW) festgestellten deutschen Grundsätze für die prüferische Durchsicht von Abschlüssen vorgenommen. Danach ist die prüferische Durchsicht unter Einhaltung der Berufspflichten so zu planen und durchzuführen, dass ich/wir bei kritischer Würdigung mit einer begrenzten Sicherheit ausschließen kann/können,
> - dass der Jahresabschluss nicht
>   - in allen wesentlichen Belangen in Übereinstimmung mit den deutschen handelsrechtlichen Vorschriften aufgestellt worden ist oder
>   - ein unter Beachtung der Grundsätze ordnungsmäßiger Buchführung den tatsächlichen Verhältnissen entsprechendes Bild der Vermögens-, Finanz- und Ertragslage vermittelt
> - oder dass der Lagebericht nicht in allen wesentlichen Belangen
>   - in Einklang mit dem Jahresabschluss steht oder
>   - den gesetzlichen Vorschriften entspricht oder
>   - insgesamt ein zutreffendes Bild von der Lage der Gesellschaft vermittelt oder
>   - die Chancen und Risiken der zukünftigen Entwicklung zutreffend darstellt.
>
> Die prüferische Durchsicht des Jahresabschlusses und des Lageberichts beschränkt sich in erster Linie auf Befragungen von Mitarbeitern der Gesellschaft und auf analytische Beurteilungen und bietet deshalb nicht die durch eine Abschlussprüfung erreichbare Sicherheit. Da ich/wir auftragsgemäß keine Abschlussprüfung vorgenommen habe/haben, kann ich/können wir einen Bestätigungsvermerk nicht erteilen.

3.2.1.5 Urteil

137 Das Urteil des WP wird bei einer prüferischen Durchsicht in Form einer **negativ formulierten Aussage** erteilt. Sie besagt, dass der WP aufgrund der prüferischen Durchsicht nicht auf Sachverhalte gestoßen ist, die zu der Annahme veranlassen, dass der Abschluss in wesentlichen Belangen nicht in Übereinstimmung mit den angewandten Rechnungslegungsgrundsätzen aufgestellt worden ist. Dabei sind dem WP Ermessensspielräume gegeben, die er unter Berücksichtigung objektiver Befunde in persönlicher Wertung pflichtgemäß auszuüben hat[185]. Maßstab für das Ermessen ist der Zweck des Urteils, die Adressaten in kurz gefasster, klarer und problemorientierter Form über das Ergebnis der prüferischen Durchsicht zu informieren.

138 Das Urteil des WP ist **sachverhaltsabhängig** in einer der drei Formen abzugeben:
- Review-Bescheinigung ohne Einwendungen (ggf. mit Hinweisen),
- Review-Bescheinigung mit Einwendungen/Modifizierungen,
- Review-Bescheinigung ohne Urteil zum Abschluss.

---

[185] Vgl. Kap. M Tz. 963 analog.

3.2.1.5.1 Review-Bescheinigungen ohne Einwendungen

Hat der WP nach dem abschließenden Ergebnis seiner prüferischen Durchsicht keine wesentlichen Einwendungen gegen den Gegenstand der prüferischen Durchsicht zu erheben und liegen keine Hemmnisse vor, so hat der WP eine **uneingeschränkt** negativ formulierte **Review-Bescheinigung** abzugeben[186].

139

Diese ist keineswegs mit einem uneingeschränkten BestV gleichwertig, da aufgrund des geringeren Umfangs der prüferischen Durchsicht ggü. einer Abschlussprüfung[187]

- keine positive Gesamtaussage getätigt werden kann, dass keine Einwendungen gegeben sind und der Abschluss den gesetzlichen Vorschriften entspricht,
- nicht bestätigt werden kann, dass unter Beachtung der GoB oder sonstiger maßgeblicher Rechnungslegungsgrundsätze ein den tatsächlichen Verhältnissen entsprechendes Bild der Vermögens-, Finanz- und Ertragslage vermittelt wird,
- nicht bestätigt werden kann, dass der LB mit dem Abschluss in Einklang steht
- nicht bestätigt werden kann, dass der LB den gesetzlichen Vorschriften entspricht,
- nicht bestätigt werden kann, dass der LB insgesamt ein zutreffendes Bild von der Lage der Gesellschaft vermittelt,
- nicht bestätigt werden kann, dass der LB die Chancen und Risiken der zukünftigen Entwicklung zutreffend darstellt.

Unabhängig von der Verwendung nationaler oder internationaler Standards ist die **Formulierung des Urteils** analog zur Formulierung der Verantwortung des Wirtschaftsprüfers vorzunehmen. Damit ist das Urteil in Abhängigkeit von der Anwendung nationaler oder internationaler Review-Standards unterschiedlich zu formulieren. So sollte beim Urteil nach *IDW PS 900* unter Berücksichtigung internationalen Review-Standards das Wort „nicht" vorgelagert verwendet werden, um die Aussagen in Form von Aufzählungen klar strukturieren zu können. Zudem sind die Überschrift „Urteil" sowie das Wort „allen" zu ergänzen.

140

> **Praxistipp 10:**
>
> Formulierungsempfehlung eines Urteils nach *IDW PS 900*
>
> „Auf der Grundlage meiner/unserer prüferischen Durchsicht sind mir/uns keine Sachverhalte bekannt geworden, die mich/uns zu der Annahme veranlassen, dass der Jahresabschluss[188] in wesentlichen Belangen nicht in Übereinstimmung mit den deutschen handelsrechtlichen Vorschriften[189] aufgestellt worden ist."[190]
>
> Formulierungsempfehlung eines Urteils nach *IDW PS 900* unter Berücksichtigung von ISRE 2400/ISRE 2410
>
> **Urteil**
>
> „Auf der Grundlage meiner/unserer prüferischen Durchsicht sind mir/uns keine Sachverhalte bekannt geworden, die mich/uns zu der Annahme veranlassen, dass
> *der Jahresabschluss nicht*
> - in allen wesentlichen Belangen in Übereinstimmung mit den deutschen handelsrechtlichen Vorschriften aufgestellt worden ist [oder]

---

186 Vgl. *IDW PS 900*, Tz. 26.
187 Vgl. Kap. M Tz. 975.
188 Ggf. ist ein anderer Gegenstand der prüferischen Durchsicht einzusetzen.
189 In der Bescheinigung ist ggf. auf andere angewandte Rechnungslegungsgrundsätze zu verweisen.
190 *IDW PS 900*, Anhang 1.

141 Sofern der Gesellschaftsvertrag oder die Satzung **ergänzende Vorschriften zur Rechnungslegung** enthalten, ist auf diese ergänzend zu verweisen.

> **Praxistipp 11:**
>
> Ergänzung zum Urteil nach *IDW PS 900* bei Regelungen in Gesellschaftsvertrag oder Satzung
>
> „... nicht in Übereinstimmung mit den angewandten Rechnungslegungsgrundsätzen oder den ergänzenden Regelungen im Gesellschaftsvertrag/in der Satzung aufgestellt worden ist ..."[191].
>
> Ergänzung zum Urteil nach *IDW PS 900* unter Berücksichtigung von ISRE 2400/ISRE 2410 bei Regelungen in Gesellschaftsvertrag oder Satzung
>
> - in Übereinstimmung mit den angewandten Rechnungslegungsgrundsätzen oder den ergänzenden Regelungen im Gesellschaftsvertrag/in der Satzung aufgestellt worden ist [oder]

142 Für Unternehmen, deren Abschluss unter Beachtung der **GoB** ein den tatsächlichen Verhältnissen entsprechendes Bild der Vermögens-, Finanz- und Ertragslage zu vermitteln hat, ist die Formulierung „in wesentlichen Belangen nicht in Übereinstimmung mit den angewandten Rechnungslegungsgrundsätzen aufgestellt worden ist" zu ergänzen.

> **Praxistipp 12:**
>
> Ergänzung zum handelsrechtlichen „true and fair view" nach *IDW PS 900*
>
> „... oder ein unter Beachtung der Grundsätze ordnungsmäßiger Buchführung den tatsächlichen Verhältnissen entsprechendes Bild der Vermögens-, Finanz- und Ertragslage nicht vermittelt"[192].
>
> Ergänzung zum handelsrechtlichen „true and fair view" nach *IDW PS 900* unter Berücksichtigung von ISRE 2400/ISRE 2410
>
> - ein unter Beachtung der Grundsätze ordnungsmäßiger Buchführung den tatsächlichen Verhältnissen entsprechendes Bild der Vermögens-, Finanz- und Ertragslage vermittelt.

143 Soweit das Unternehmen einen **Lagebericht** aufstellt, ist die Bescheinigung weiter entsprechend zu ergänzen.

---

191 *IDW PS 900*, Tz. 29.
192 *IDW PS 900*, Tz. 27.

> **Praxistipp 13:**
>
> Ergänzung bei Lagebericht (*IDW PS 900*)
>
> „.... oder der Lagebericht nicht in Einklang mit dem Jahresabschluss steht oder den gesetzlichen Vorschriften nicht entspricht oder insgesamt ein zutreffendes Bild von der Lage der Gesellschaft nicht vermittelt oder die Chancen und Risiken der zukünftigen Entwicklung nicht zutreffend darstellt."[193]
>
> Ergänzung bei Lagebericht (*IDW PS 900* unter Berücksichtigung von ISRE)
> - oder dass der Lagebericht nicht in allen wesentlichen Belangen
>   - in Einklang mit dem Jahresabschluss steht oder
>   - den gesetzlichen Vorschriften entspricht oder
>   - insgesamt ein zutreffendes Bild von der Lage der Gesellschaft vermittelt oder
>   - die Chancen und Risiken der zukünftigen Entwicklung zutreffend darstellt.

Sofern es sich um einen **verkürzten Konzernzwischenabschluss** und einen Konzernzwischenlagebericht handelt, kann folgende Formulierung verwendet werden: **144**

> **Praxistipp 14:**
>
> Urteil nach § 115 WpHG
>
> „Auf der Grundlage meiner/unserer prüferischen Durchsicht sind mir/uns keine Sachverhalte bekannt geworden, die mich/uns zu der Annahme veranlassen, dass der verkürzte Konzernzwischenabschluss in wesentlichen Belangen nicht in Übereinstimmung mit den IFRS für Zwischenberichterstattung, wie sie in der EU anzuwenden sind, oder dass der Konzernzwischenlagebericht in wesentlichen Belangen nicht in Übereinstimmung mit den für Konzernzwischenlageberichte anwendbaren Vorschriften des WpHG aufgestellt worden ist."

3.2.1.5.2 Review-Bescheinigungen mit Hinweisen

Entsprechend den Vorschriften zum BestV[194] kann es sachgerecht sein, die Review-Bescheinigung in einem gesonderten Absatz um einen Hinweis zu ergänzen, in dem der WP die Adressaten auf einen im Abschluss oder LB dargestellten oder angegebenen Sachverhalt aufmerksam macht, der nach seiner Beurteilung von grundlegender Bedeutung für das Verständnis des Abschlusses oder LB durch die Adressaten ist. Die **Ergänzung** beschränkt sich auf Sachverhalte, auf die der WP trotz ordnungsgemäßer Darstellung durch die gesetzlichen Vertreter aufmerksam machen möchte, z.B. Unsicherheit hinsichtlich des Ausgangs außergewöhnlicher Rechtsstreitigkeiten oder aufsichtsrechtlicher Maßnahmen. Die Hervorhebung kann nicht an die Stelle einer Einschränkung bzw. Modifizierung oder einer Versagung treten, falls eine solche aufgrund einer unzutreffenden Risikodarstellung im Abschluss oder LB geboten ist. **145**

---

[193] Analoge Erweiterung gem. *IDW PS 900*, Tz. 28 entsprechend der Ergänzung des Prüfungsurteils im BestV durch das BilRUG; vgl. 244. HFA-Sitzung.
[194] *IDW PS 406*.

146 ISRE 2400/ISRE 2410 sehen für den Verweis auf solche im Abschluss (bspw. im Anhang) dargestellten bedeutsamen Sachverhalte eine separate Überschrift (Emphasis of Matter) vor[195].

147 Die Ergänzung einer Bescheinigung bezieht sich häufig auf Hinweise auf **bestandsgefährdende Risiken** bzw. wesentliche Unsicherheiten i.Z.m. der Fortführung der Unternehmenstätigkeit. Liegen hingegen wesentliche Unsicherheiten i.Z.m. der Fortführung der Unternehmenstätigkeit vor, ohne dass diese angemessen im Abschluss berücksichtigt wurden[196], ist eine Review-Bescheinigung mit Modifizierungen oder eine Review-Bescheinigung ohne Urteil zu erteilen[197].

3.2.1.5.3 Review-Bescheinigungen mit Modifizierungen

148 Ist der WP auf Sachverhalte gestoßen, die dazu führen, dass in wesentlichen Belangen bei **abgrenzbaren Teilen** des Gegenstands der prüferischen Durchsicht keine Übereinstimmung mit den angewandten Rechnungslegungsgrundsätzen vorliegt, sind diese Sachverhalte in der Bescheinigung darzustellen und die Auswirkungen dieser Sachverhalte auf den Abschluss soweit möglich zu quantifizieren[198].

149 Sind die Auswirkungen auf den Abschluss nicht so wesentlich, dass nach Auffassung des WP eine Aussage zum Prüfungsgegenstand nicht mehr möglich ist, so ist die negativ formulierte Aussage des WP einzuschränken bzw. zu modifizieren. Hierzu ist sowohl der Grund der wesentlichen **Beanstandung** wie auch die relative Bedeutung des Mangels darzustellen. Zu diesem Zweck wird i.d.R. ein ergänzender Absatz eingefügt. Für den Formulierungsvorschlag einer solchen Bescheinigung wird auf Kap. P Tz. 195 verwiesen.

150 Die in diesem Fall von ISRE 2400/ISRE 2410 geforderte sog. „Qualified Conclusion" wird von dem Formulierungsvorschlag in Kap. P Tz. 195 inhaltlich abgedeckt[199]. Charakteristisch für Bescheinigungen nach ISRE 2400 und ISRE 2410 sind jedoch **Zwischenüberschriften** vor den jeweiligen Abschnitten einer Bescheinigung. So ist bei Review-Bescheinigungen mit Modifizierungen der Absatz zu Grund und Bedeutung der Einschränkung mit der Überschrift „Basis for Qualified Conclusion" und der Absatz über das abschließende Urteil mit der Überschrift „Qualified Conclusion" zu versehen.

151 Im Falle eines **Hemmnisses**[200] hat die Bescheinigung eine Beschreibung dieses Hemmnisses ebenfalls in einem separaten Absatz zu enthalten, sofern die erforderliche Sicherheit zu den Aussagen in der Rechnungslegung insgesamt weiterhin gewährleistet ist. In der Bescheinigung ist die negativ formulierte Aussage des WP dahingehend einzuschränken, dass sich möglicherweise die Notwendigkeit hätte herausstellen können, den Abschluss zu berichtigen, wenn das Hemmnis nicht bestanden hätte[201]. Ein Formulierungsvorschlag einer solchen Bescheinigung wird in Kap. P Tz. 196 gegeben.

---

195 ISRE 2400.87 ff.; ISRE 2410.55.
196 Vgl. *IDW PS 270 n.F.*, Tz. 9.
197 ISRE 2410.59.
198 Vgl. *IDW PS 900*, Tz. 30.
199 Vgl. ISRE 2400.78; ISRE 2410.46.
200 Vgl. *IDW PS 405*, Tz. 7 e).
201 Vgl. *IDW PS 900*, Tz. 31.

Bis auf die ergänzenden **Zwischenüberschriften** ergibt sich diesbezüglich keine grundsätzlich abweichende Vorgehensweise in Abhängigkeit von einer Beauftragung nach nationalem oder internationalem Review-Standard.

3.2.1.5.4 Review-Bescheinigungen ohne Urteil

Sind die möglichen Folgen eines **Hemmnisses** so **wesentlich**, dass der WP zu dem Schluss kommt, dass die erforderliche Sicherheit zu den Aussagen in der Rechnungslegung nicht gewährleistet ist, so ist keine Zusicherung jedweder Art zu geben[202].

Liegt in wesentlichen Belangen des Abschlusses **keine Übereinstimmung** mit den angewandten Rechnungslegungsgrundsätzen vor und sind die Auswirkungen so wesentlich, dass nach Auffassung des WP eine Einschränkung nicht ausreicht, um die irreführende oder unvollständige Beschaffenheit des Abschlusses offenzulegen, so hat der WP festzustellen, dass der Abschluss nicht den angewandten Rechnungslegungsgrundsätzen entspricht[203].

Eine beispielhafte Formulierung einer **Bescheinigung mit so bedeutsamen Mängeln**, dass der Abschluss nicht den angewandten Rechnungslegungsgrundsätzen entspricht, wird in Kap. P Tz. 197 gegeben. Nach internationalen Review-Standards sind die Absätze über die Begründung des Urteils sowie das Urteil jeweils mit den Überschriften „Grundlage für das versagte Urteil"[204] sowie „Versagtes Urteil"[205] zu versehen.

3.2.1.6 Unterzeichnung der Bescheinigung

„Die Bescheinigung ist unter Angabe von Ort und Datum vom Wirtschaftsprüfer eigenhändig zu unterzeichnen. Sie kann mit dem **Berufssiegel** versehen werden"[206]. Der WP hat die Bescheinigung über die prüferische Durchsicht von Abschlüssen auf den Tag der Beendigung der prüferischen Durchsicht zu datieren. Im Übrigen gelten die Grundsätze der Datierung von BestV[207] entsprechend. Die Bescheinigungen sind frühestens auf den Tag der Aufstellung der Rechnungslegungsunterlagen und den Erhalt ausreichender Nachweise zur Abgabe eines Urteils zu datieren[208].

3.2.2 Bescheinigung bei prüferischer Durchsicht eines Konzernzwischenabschlusses nach HGB

Eine prüferische Durchsicht kann sich auch auf einen KA oder auf einen **Konzernzwischenabschluss** beziehen. In diesem Fall ist nach deutschen Prüfungsstandards ebenfalls *IDW PS 900* anzuwenden[209]. ISRE 2400/ISRE 2410 nehmen keinen direkten Bezug auf die Anwendbarkeit auf KA. Aufgrund der umfassenden Bezugnahme auf Historical Fi-

---

[202] Vgl. *IDW PS 900*, Tz. 31; ISRE 2400.81(b).
[203] Vgl. *IDW PS 900*, Tz. 30.
[204] In der Originalversion: „Basis for Adverse Conclusion".
[205] In der Originalversion: „Adverse Conclusion".
[206] *IDW PS 900*, Tz. 32, mit Verweis auf § 48 Abs. 1 S. 2 WPO. Da die Bescheinigungen über die prüferische Durchsicht von Halbjahresfinanzberichten im Rahmen einer gesetzlichen Vorbehaltsaufgabe erteilt werden, ist bei diesen das Siegel zu verwenden.
[207] Vgl. *IDW PS 400 n.F.*, Tz. 74.
[208] *IDW PS 900*, Tz. 32.
[209] *IDW PS 900*, Tz. 3.

nancial Statements in ISRE 2400/ISRE 2410 ist jedoch die Anwendbarkeit auf Konzernzwischenabschlüsse gegeben[210].

158 Die **Durchführung** einer prüferischen Durchsicht nur auf Ebene des Konzern(zwischen)abschlusses führt häufig nicht zu einer gewissen/begrenzten Sicherheit, da die Daten der einbezogenen Gesellschaften im Summenabschluss untrennbar zusammengefasst und analytische Beurteilungen nur noch begrenzt aussagekräftig sind. Auch die Erlangung einer nur gewissen Sicherheit bedarf üblicherweise neben der Würdigung der im Konzernzwischenabschluss erfassten einzelnen bedeutsamen Teilbereiche zusätzlich einer Würdigung der Konsolidierungseffekte.

159 **Review-Gegenstand** von Konzernzwischenabschlüssen sollte auch die Würdigung der Abgrenzung des Konsolidierungskreises, der angewandten Bilanzierungs- und Konsolidierungsgrundsätze sowie der wesentlichen Einschätzungen der gesetzlichen Vertreter sein. Hinsichtlich der Bescheinigung über die prüferische Durchsicht eines Konzern(zwischen)abschlusses sollte aber zur Vermeidung von Erwartungslücken keine detaillierte Auflistung der Tätigkeit dargestellt werden. Der beschreibende Abschnitt über die prüferische Durchsicht eines Konzern(zwischen)abschlusses stellt sich somit folgendermaßen dar:

> **Praxistipp 15: Beschreibender Abschnitt einer Bescheinigung nach prüferischer Durchsicht gemäß IDW PS 900 eines Konzernzwischenabschlusses und Konzernzwischenlageberichts**
>
> „Ich habe/Wir haben die prüferische Durchsicht des Konzernzwischenabschlusses und des Konzernzwischenlageberichts unter Beachtung der vom Institut der Wirtschaftsprüfer (IDW) festgestellten deutschen Grundsätze für die prüferische Durchsicht von Abschlüssen vorgenommen. Danach ist die prüferische Durchsicht so zu planen und durchzuführen, dass ich/wir bei kritischer Würdigung mit einer gewissen Sicherheit ausschließen kann/können, dass der Konzernzwischenabschluss in wesentlichen Belangen nicht in Übereinstimmung mit den deutschen handelsrechtlichen Vorschriften aufgestellt worden ist oder ein unter Beachtung der Grundsätze ordnungsmäßiger Buchführung den tatsächlichen Verhältnissen entsprechendes Bild der Vermögens-, Finanz- und Ertragslage nicht vermittelt oder der Konzernzwischenlagebericht nicht in Einklang mit dem Konzernzwischenabschluss steht oder den gesetzlichen Vorschriften nicht entspricht oder insgesamt ein zutreffendes Bild von der Lage des Konzerns nicht vermittelt oder die Chancen und Risiken der zukünftigen Entwicklung nicht zutreffend darstellt. Eine prüferische Durchsicht beschränkt sich in erster Linie auf Befragungen von Mitarbeitern der Gesellschaft und auf analytische Beurteilungen und bietet deshalb nicht die durch eine Konzernabschlussprüfung erreichbare Sicherheit. Da ich/wir auftragsgemäß keine Konzernabschlussprüfung vorgenommen habe/haben, kann ich/können wir einen Bestätigungsvermerk nicht erteilen."

3.2.3 Bescheinigung bei prüferischer Durchsicht nach § 115 WpHG

160 Die prüferische Durchsicht eines „**Halbjahresfinanzberichts**" nach § 115 Abs. 5 WpHG ist eine gesetzlich verankerte Tätigkeit. Sie bezieht sich aber nur auf den verkürzten Ab-

---

[210] Vgl. ISRE 2400.A6: „Reviews of financial statements may be performed for a wide range of entities that vary by type or size, or by the level of complexity in their financial reporting".

schluss nach § 115 Abs. 3 WpHG sowie auf den Zwischenlagebericht nach § 115 Abs. 4 WpHG. Der Bilanzeid nach § 115 Abs. 2 Nr. 3 WpHG ist laut § 115 Abs. 5 WpHG nicht Gegenstand der gesetzlich geregelten prüferischen Durchsicht. Dementsprechend beziehen sich die prüferische Duchsicht und deren Bescheinigung ausdrücklich nicht auf den Halbjahresfinanzbericht, sondern immer nur auf den verkürzten Abschluss und auf den Zwischenlagebericht.

Die prüferische Durchsicht nach § 115 WpHG verlangt gesetzlich die gewissenhafte Berufsausübung der prüferischen Durchsicht. Hieraus lässt sich implizit der Bezug auf die deutschen Prüfungsstandards und damit auf die Anwendung von *IDW PS 900* herleiten. Angesichts der gesetzlichen Verankerung dieser Assurance-Leistung und angesichts des Haftungsrisikos sollte eine prüferische Durchsicht nach § 115 Abs. 5 WpHG unter **Beachtung von *IDW PS 900*** vorgenommen werden. Die Berücksichtigung des ISRE 2410 kann bei Bedarf erfolgen. 161

Dementsprechend unterliegt die **Struktur der Bescheinigung** im Fall von § 115 WpHG primär den Vorgaben von *IDW PS 900*. Strukturelle Auswirkungen auf die Bescheinigung ergeben sich aus der Berücksichtigung des ISRE 2410 nicht. 162

Dieses Vorgehen sowie die **Musterformulierung** sind bzgl. zusätzlicher unterjähriger Finanzinformationen i.S.v. § 115 Abs. 7 WpHG entsprechend anwendbar. 163

> **Praxistipp 16:**
> Bescheinigung einer prüferischen Durchsicht nach § 115 WpHG
>
> Die **Musterformulierung** über eine prüferische Durchsicht unter Berücksichtigung des ISRE 2410 von verkürzten Konzernzwischenabschlüssen nach den IFRS für Zwischenberichterstattung, wie sie in der EU anzuwenden sind, und Konzernzwischenlageberichten ohne Feststellung von Beanstandungen nach § 115 WpHG ist in Kap. P Tz. 193 dargestellt.

3.2.4 Bescheinigung bei prüferischer Durchsicht eines Abschlusses für einen speziellen Zweck

Als Abschlüsse für einen speziellen Zweck werden Abschlüsse bezeichnet, die nach Rechnungslegungsgrundsätzen für einen speziellen Zweck aufgestellt wurden[211]. Dieses geschieht i.d.R. **aus gesetzlichen, behördlichen oder vertraglichen Gründen**. Hierbei kann es sich bspw. um Abschlüsse gem. der Steuergesetzgebung, nach den Maßgaben einer Projektförderung, nach den Vereinbarungen eines Darlehensvertrags oder denen einer Unternehmenstransaktion handeln[212]. 164

Für Unternehmenszwecke werden oftmals unterjährig **nur einzelne Bestandteile** von Abschlüssen nach Rechnungslegungsnormen für allgemeine Zwecke aufgestellt (z.B. Bilanz, GuV i.R.d. Konzern-Reportings). Da in diesen Fällen nicht alle maßgebenden Rechnungslegungsvorschriften für allgemeine Zwecke erfüllt werden (ohne Anhang), handelt es sich auch hier um einen Abschluss für einen speziellen Zweck[213]. 165

---

211 *IDW PS 480*, Tz. 12 e).
212 *IDW PS 480*, Tz. A6.
213 *Gewehr/Böhm/Harrison/Schmitz-Herkendell*, WPg 2016, S. 481 (482).

166 Um die Verlässlichkeit der Richtigkeit der unterjährigen Daten zu erhöhen, werden WP häufig zur prüferischen Durchsicht dieser **historischen Finanzinformationen** beauftragt. Die Beauftragung kann sich entweder auf nationale oder auf internationale Prüfungsstandards beziehen. Es ist somit im Ergebnis nach prüferischer Durchsicht entweder eine Bescheinigung nach ISRE 2400/ISRE 2410 i.V.m. ISA 800 oder eine Bescheinigung nach *IDW PS 900* i.V.m. *IDW PS 480* zu erteilen.

167 Bei der Herleitung einer solchen Bescheinigung ist zu beachten, dass nach den internationalen Standards ISRE 2400/ISRE 2410[214] und ISA 800 folgende **Bescheinigungsstruktur** mit Zwischenüberschriften zu verwenden ist:

- Verantwortung der gesetzlichen Vertreter
- Verantwortung des WP
- Urteil.

Ergänzende gesonderte Absätze zur Hervorhebung eines bestimmten im Abschluss dargestellten Sachverhalts oder zu sonstigen Sachverhalten sind möglich[215]. Diese Struktur wird ebenfalls bereits nach *IDW PS 480* verwendet. Bei mehreren Aussagen im Urteil ist eine Aufzählungsstruktur zu empfehlen.

> **Praxistipp 17: An ISRE 2410 angenäherte Weiterentwicklung einer Bescheinigung nach IDW PS 900 über die prüferische Durchsicht eines Abschlusses für einen speziellen Zweck**
>
> Eine beispielhafte Bescheinigung über eine prüferische Durchsicht eines Abschlusses für einen speziellen Zweck durch den APr. der Gesellschaft ist in Kap. P Tz. 198 dargestellt.

168 Bei einer **prüferischen Durchsicht nach** *IDW PS 900* **i.V.m.** *IDW PS 480* ist die kombinierte Bescheinigung angesichts der abweichenden Aufbaustruktur zwischen *IDW PS 900* und *IDW PS 480* nicht eindeutig bestimmbar. Da eine Überarbeitung von *IDW PS 900* hin zu einer Bescheinigung in der Struktur von ISRE 2400 vorgesehen ist und eine prüferische Durchsicht nach nationalen wie nach internationalen Standards zur Verdeutlichung der Gleichwertigkeit in derselben Struktur bescheinigt werden sollte, empfiehlt es sich, bei einer prüferischen Durchsicht nach *IDW PS 900* i.V.m. *IDW PS 480* der Struktur und der Terminologie der in Kap. P Tz. 198 beispielhaft dargestellten Bescheinigung grundsätzlich zu folgen.

169 **Abweichend** zu Kap. P Tz. 198 muss für diesen Fall unter Bezugnahme auf *IDW PS 900* auf eine „gewisse" Sicherheit statt auf eine „begrenzte" Sicherheit verwiesen werden. Die abschließenden Hinweise einer solchen Bescheinigung gem. *IDW PS 480* auf die Rechnungslegungsgrundsätze, die Weitergabe- und Verwendungsbeschränkung sowie auf eine Abschlussprüfung zu einem früheren Stichtag sind auch bei einer Bescheinigung nach prüferischer Durchsicht zu übernehmen[216].

---

214 Zu der mit ISRE 2400 vereinbaren Bescheinigungsstruktur vgl. Kap. P Tz. ff.
215 ISRE 2400.87-90.
216 ISRE 2400.88.

3.2.5 Bescheinigung nach prüferischer Durchsicht einer einzelnen Finanzaufstellung oder eines ihrer Bestandteile

Zur Erfüllung vertraglicher Ermittlungs- oder Nachweispflichten wird in der Praxis häufig lediglich eine **einzelne vergangenheitsorientierte Finanzaufstellung** (z.B. eine Bilanz oder eine GuV) zur prüferischen Durchsicht beauftragt. Auch bestimmte Bestandteile, Konten oder Posten einer Finanzaufstellung einschließlich dazugehöriger Angaben können einer prüferischen Durchsicht unterzogen werden. Die vergangenheitsorientierte Finanzaufstellung oder deren Bestandteil kann auf Rechnungslegungsgrundsätzen für allgemeine Zwecke oder auf Rechnungslegungsgrundsätzen für einen speziellen Zweck basieren. 170

Die Prüfung einer solchen Finanzaufstellung oder ihrer Bestandteile erfolgt nach *IDW PS 490* oder ISA 805[217]. Bei einer prüferischen Durchsicht sind diese **Standards** mit *IDW PS 900* oder ISRE 2400/ISRE 2410 zu **verknüpfen**. 171

Eine Bescheinigung nach prüferischer Durchsicht einer einzelnen Finanzaufstellung oder eines ihrer Bestandteile ist in ISRE 2400, Illustration 7, als Beispielfall bzgl. der Zahlungsflüsse in englischer Sprache dargestellt. Zur Sicherstellung **gleichartiger Bescheinigungen** nach nationalen und internationalen Standards sollte bei der Überarbeitung von *IDW PS 900* diese Bescheinigungsstruktur auch bei Aufträgen nach *IDW PS 900* i.V.m. *IDW PS 490* und ggf. i.V.m. *IDW PS 480* angewendet werden. 172

> 💡 **Praxistipp 18: Musterformulierung einer Bescheinigung nach IDW PS 900 i.V.m. IDW PS 490**
>
> Die beispielhafte Formulierung einer Bescheinigung nach prüferischer Durchsicht einer Aufstellung der Umsatzerlöse des GJ gem. *IDW PS 900* i.V.m. *IDW PS 490* ist in Kap. P Tz. 199 dargestellt.

3.3 Bericht über die prüferische Durchsicht

Gesetzliche oder berufsständische Vorgaben zur Erstellung eines Berichts über die prüferische Durchsicht bestehen nicht. Weder *IDW PS 900* noch ISRE 2400/ISRE 2410 gehen hinsichtlich der Information über ein Prüfungsergebnis über die Bescheinigung hinaus. Die Frage, ob ein solcher Bericht erstellt wird, ist somit ausschließlich in Abhängigkeit vom vereinbarten **Auftragsverhältnis** mit entsprechender Vereinbarung zum Haftungsrisiko zu beantworten. 173

Sofern sich wesentliche Feststellungen aus der prüferischen Durchsicht ergeben haben, die nicht in der Bescheinigung enthalten sind, kann auch ohne entsprechende auftragsgemäße Vorgaben eine schriftliche Zusammenfassung zusätzlich zur Bescheinigung empfehlenswert sein. „Zu diesen wesentlichen Feststellungen gehören Erläuterungen zu den Gründen, die zu einer Einschränkung der negativ formulierten Aussage des Wirtschaftsprüfers geführt haben, sowie andere Informationen, die im Einzelfall für den Empfänger der Bescheinigung zum Verständnis der negativ formulierten Aussage des Wirtschaftsprüfers erforderlich sind. Diese anderen Informationen dürfen jedoch insgesamt nicht Anlass zu der Annahme geben, dass der Jahresabschluss und ggf. der La- 174

---

217 *Gewehr/Böhm/Harrison/Schmitz-Herkendell*, WPg 2016, S. 429 (431).

gebericht nicht in Übereinstimmung mit den angewandten Rechnungslegungsgrundsätzen erstellt worden sind"[218].

175 Eine Erstellung eines Review-Berichts ist zudem als **Dokumentation** der durchgeführten prüferischen Durchsicht denkbar. Hieraus ist eine Unterstützung bei der Beantwortung von Rückfragen zur prüferischen Durchsicht ebenso gegeben wie für die Vorbereitung künftiger prüferischer Durchsichten oder Abschlussprüfungen.

176 Sofern **auftragsgemäß ein Review-Bericht** erstellt wird, ist es hinsichtlich Art und Umfang weder erforderlich noch sachgerecht, einen Bericht zu erstatten, der in seinem Inhalt und Umfang einem PrB nach § 321 HGB entspricht. Angaben zur Lage des Unternehmens sollten sich auf entwicklungsbeeinträchtigende oder bestandsgefährdende Tatsachen beschränken. Über Unregelmäßigkeiten sollte der WP im Umfang seiner Kenntnis berichten. Über Gegenstand, Art und Umfang der prüferischen Durchsicht sowie über die Feststellungen und Erläuterungen zur Rechnungslegung sollte jeweils in einem dem Ausmaß der Tätigkeit angemessenen Umfang berichtet werden.

177 Es ist empfehlenswert, über wesentliche **Bewertungsgrundlagen und sachverhaltsgestaltende Maßnahmen** und insb. über deren Änderungen zu berichten. Hierbei ist mit ausdrücklichem Verweis auf die lediglich durch analytische Maßnahmen und durch Befragung erlangten Informationen und damit auf die nur mit einer gewissen Sicherheit festgestellte Ausnutzung von Ermessensspielräumen hinzuweisen. Da diese Themen wesentlicher Gegenstand einer prüferischen Durchsicht und für den Berichtsadressaten von großem Interesse für die Einschätzung des Abschlusses sind, sollten diese wichtigen Informationen und die nur gewisse Sicherheit für die Aussagen in einem Bericht betont werden.

178 Sofern sich aus der **Treuepflicht** des Prüfers eine Redepflicht entsprechend § 321 Abs. 1 S. 3 HGB ergibt, ist dieser Pflicht nachzukommen. Ferner sind ggf. die Gründe zur Einschränkung oder Versagung der Bescheinigung zu nennen. Es entspricht nicht der Aufgabenstellung der prüferischen Durchsicht, bei den Feststellungen die in § 321 Abs. 2 S. 5 HGB geforderten Aufgliederungen und Erläuterungen wesentlicher Abschlussposten zu erbringen. Eine verlässliche Darstellung der Auswirkungen auf die Vermögens-, Finanz- und Ertragslage ist dem WP bei einer prüferischen Durchsicht oftmals nicht möglich und insofern zu unterlassen. Der Bericht sollte mit einer zusammenfassenden Schlussbemerkung, die aber lediglich als Negativaussage formuliert sein kann, und der Wiedergabe der Bescheinigung abschließen. Zur eindeutigen Trennung von Bericht und reviewtem Abschluss zzgl. Bescheinigung sind die letztgenannten Dokumente dem Bericht lediglich als Anlage beizufügen.

3.4 Kommunikation mit dem Aufsichtsrat/den für die Überwachung Verantwortlichen

179 Eine unmittelbare Zusammenarbeit mit dem AR ergibt sich aus dem jeweiligen Auftragsverhältnis. Hat der AR den Auftrag zur prüferischen Durchsicht erteilt, so ist er unmittelbar **Empfänger des Ergebnisses**. Der WP hat deshalb aus seinem Aufgabenverständnis heraus den AR auch über wesentliche Feststellungen der prüferischen *Durchsicht von Zwischenberichten* in schriftlicher Form zu unterrichten. Hierbei kann

---

[218] IDW PS 900, Tz. 33.

es sich anbieten, dass der WP auch an der AR-Sitzung über die Verhandlungen des durchgesehenen Abschlusses teilnimmt und über die wesentlichen Ergebnisse seiner Durchsicht berichtet. Ausführliche Erläuterungen sind dann geboten, wenn die Rechnungslegung zu beanstanden ist.

Unabhängig davon sollte der WP Feststellungen, die für die **Überwachung der Geschäftsführung** von Bedeutung sind, sowie festgestellte Verstöße gegen gesetzliche Vorschriften und schwerwiegende Verstöße von gesetzlichen Vertretern oder von Arbeitnehmern gegen Gesetz, Gesellschaftsvertrag und Satzung an die für die Überwachung Verantwortlichen berichten. Zudem sind die für die Überwachung Verantwortlichen bei während der prüferischen Durchsicht auftretenden anhaltenden Hemmnissen zu informieren.

3.5 Nachträgliche prüferische Durchsicht

Wie bei einem geprüften Abschluss, so ist es auch bei einem einer prüferischen Durchsicht unterzogenen Abschluss denkbar, dass nach Erteilung der Bescheinigung durch den WP der Gegenstand der prüferischen Durchsicht geändert werden muss. Eine gesetzliche Pflicht zur Durchführung einer **nachträglichen prüferischen Durchsicht** in Anlehnung an § 316 Abs. 3 HGB besteht nicht[219].

Im Hinblick auf die **Außenwirkung** ist es hingegen unerheblich, dass sich die gesetzliche Normierung der **Nachtragsprüfung** in § 316 Abs. 3 HGB auf Pflichtprüfungen und damit auf festzustellende oder zu billigende Abschlüsse bezieht. Um auszuschließen, dass ein Urteil eines WP zu einem nicht mehr korrekten Abschluss vorliegt, sollte der WP zumindest bei offengelegten Abschlüssen auf eine nachträgliche prüferische Durchsicht hinwirken. Dieses gilt insb. bei der prüferischen Durchsicht eines gesetzlich geforderten Abschlusses nach § 115 WpHG.

Dementsprechend können auch ein freiwillig aufgestellter Zwischenabschlusses, ein Abschluss nach Rechnungslegungsgrundsätzen für einen speziellen Zweck oder eine einzelne Finanzaufstellung bzw. deren Bestandteile, die einer prüferischen Durchsicht unterzogen wurden und zu der der WP eine Bescheinigung erteilt hat, im Fall einer **Änderung** einer nachträglichen prüferischen Durchsicht unterzogen werden.

Sofern im Auftragsverhältnis nicht ausdrücklich geregelt[220], sollte als Rechtsgrundlage analog auf Nr. 10 der IDW AAB vom 01.01.2017 verwiesen werden, die Vertragsbestandteil für alle Prüfungsaufträge ist – und damit auch für freiwillige Abschlussprüfungen. Unter analoger Anwendung auf eine Assurance-Leistung mit gewisser Sicherheit bedarf demnach eine **nachträgliche Änderung oder Kürzung** des geprüften Abschlusses bzw. Gegenstands der prüferischen Durchsicht der **schriftlichen Einwilligung** des WP. Diese kann von ihm nur erteilt werden, wenn er soweit die Änderung reicht eine Nachtragsprüfung oder eine nachträgliche prüferische Durchsicht durchgeführt hat.

Die Bescheinigung einer prüferischen Durchsicht ist im Fall einer nachträglichen prüferischen Durchsicht analog zu § 316 Abs. 3 HGB entsprechend zu ergänzen. Sofern sich durch die nachträgliche prüferische Durchsicht die negativ formulierte positive Ge-

---

219 *Winkeljohann/Küsters*, in: Winkeljohann/Förschle/Deubert, Sonderbilanzen[5], S. 415 (431).
220 Vgl. Kap. P Tz. 51 ff.

samtaussage nicht geändert hat, bleibt das Urteil in seiner Formulierung gleich. Zur Verdeutlichung des **veränderten Gegenstands der prüferischen Durchsicht** ist die Bescheinigung um einen gesonderten Abschnitt am Ende der Bescheinigung (vor der Angabe von Ort und beiden Datumsangaben der prüferischen Durchsichten) zu ergänzen[221]. Folgende Formulierung wird dafür empfohlen:

> **Praxistipp 19: Bescheinigung nach nachträglicher prüferischer Durchsicht**
>
> „Diese Bescheinigung erteilen wir aufgrund unserer am ... [Datum] abgeschlossenen prüferischen Durchsicht und unserer nachträglichen prüferischen Durchsicht, die sich auf die Änderung des/der ... [geänderte Posten bzw. Angaben] bezog. Auf die Begründung der Änderung durch die Gesellschaft im geänderten Anhang, Abschnitt ..., wird verwiesen.
> Auf der Grundlage unserer nachträglichen prüferischen Durchsicht bezogen auf die Änderung sind uns keine Sachverhalte bekannt geworden, die uns zu der Annahme veranlassen, dass die Änderung in wesentlichen Belangen nicht in Übereinstimmung mit den deutschen handelsrechtlichen Vorschriften vorgenommen worden ist."

4. Ausblick

186 *IDW PS 900* (Stand: 01.10.2002) berücksichtigt ISRE 2400: Engagements to Review Financial Statements[222] auf dem Stand zum damaligen Zeitpunkt. Aus dessen zwischenzeitlicher Überarbeitung und Neufassung [ISRE 2400 (Rev.)] ergibt sich das **Erfordernis, IDW PS 900 an die internationale Entwicklung anzupassen**, um die internationale Vergleichbarkeit der Assurance-Leistung und ihrer Bescheinigung zu gewährleisten. Ein entsprechendes Projekt ist geplant.

187 Mit der Überarbeitung von ISRE 2400 ging insb. ein höherer **Detaillierungsgrad** der berufsrechtlichen internationalen Vorgaben[223] mit ergänzenden Anwendungs- und Erläuterungshinweisen einher. Nunmehr ausdrücklich genannte Anforderungen im überarbeiteten ISRE 2400 konnten bisher unter dem vergleichsweise allgemeingültigen Inhalt von ISRE 2400 (alt) bzw. *IDW PS 900* subsumiert werden.

188 Die vollständige **Umsetzung** der internationalen berufsrechtlichen Vorgaben in *IDW PS 900* erfordert zur Vermeidung von Interpretations- oder Erwartungslücken eine ebenfalls detailliertere Darstellung der deutschen berufsrechtlichen Vorgaben. Dabei werden auch die ergänzenden Regelungen von ISRE 2410 zu berücksichtigen sein, da *IDW PS 900* die Grundsätze für die prüferische Durchsicht von Abschlüssen ohne Unterscheidung der leistenden Person formuliert[224].

189 Im Rahmen der Überarbeitung steht des Weiteren eine **Vereinheitlichung der Begrifflichkeiten** „gewisse Sicherheit" oder „begrenzte Sicherheit" für alle prüferischen Durchsichten an.

---

221 Vgl. analog Kap. N Tz. 43 ff.
222 Vgl. *IDW PS 900*, Tz. 34.
223 Nach ISRE 2400 (Rev.), Tz. 19, sind alle Anforderungen dieses Standards einzuhalten, soweit sie bei der jeweiligen prüferischen Durchsicht relevant sind.
224 ISRE 2400 und ISRE 2410 unterscheiden sich danach, ob es sich um den APr. der zu prüfenden Gesellschaft handelt.

Die Überarbeitung von *IDW PS 900* wird sich voraussichtlich auch in der **Anpassung der Bescheinigungsstruktur** widerspiegeln. Zudem wird sich aus der Umsetzung der nach BilRUG ausdrücklich geforderten Beachtung der gesetzlichen Vorschriften zur Aufstellung des LB oder KLB eine **Erweiterung der Bescheinigung** nach prüferischer Durchsicht ergeben[225].

190

5. Musterformulierungen

Bescheinigung über die prüferische Durchsicht nach *IDW PS 900* von Jahresabschlüssen bei nicht haftungsbeschränkten Personenhandelsgesellschaften ohne Feststellung von Beanstandungen

191

Bescheinigung nach prüferischer Durchsicht

An die ... Gesellschaft

Ich habe/Wir haben den Jahresabschluss[226] der ... [Gesellschaft] für das Geschäftsjahr vom ... [Datum] bis ... [Datum] einer prüferischen Durchsicht unterzogen. Die Aufstellung des Jahresabschlusses nach den deutschen handelsrechtlichen Vorschriften[227] liegt in der Verantwortung der gesetzlichen Vertreter der Gesellschaft. Meine/Unsere Aufgabe ist es, eine Bescheinigung zu dem Jahresabschluss auf der Grundlage meiner/unserer prüferischen Durchsicht abzugeben.

Ich habe/Wir haben die prüferische Durchsicht des Jahresabschlusses unter Beachtung der vom Institut der Wirtschaftsprüfer (IDW) festgestellten deutschen Grundsätze für die prüferische Durchsicht von Abschlüssen vorgenommen. Danach ist die prüferische Durchsicht so zu planen und durchzuführen, dass ich/wir bei kritischer Würdigung mit einer gewissen Sicherheit ausschließen kann/können, dass der JA in wesentlichen Belangen den deutschen handelsrechtlichen Vorschriften widerspricht. Eine prüferische Durchsicht beschränkt sich in erster Linie auf Befragungen von Mitarbeitern der Gesellschaft und auf analytische Beurteilungen und bietet deshalb nicht die durch eine Abschlussprüfung erreichbare Sicherheit. Da ich/wir auftragsgemäß keine Abschlussprüfung vorgenommen habe/haben, kann ich/können wir einen Bestätigungsvermerk nicht erteilen.

Auf der Grundlage meiner/unserer prüferischen Durchsicht sind mir/uns keine Sachverhalte bekannt geworden, die mich/uns zu der Annahme veranlassen, dass der Jahresabschluss in wesentlichen Belangen nicht in Übereinstimmung mit den deutschen handelsrechtlichen Vorschriften aufgestellt worden ist.

(Ort)

(Datum)

(Unterschrift)

Wirtschaftsprüfer

---

225 § 322 Abs. 6 S. 1: „... die gesetzlichen Vorschriften zur Aufstellung des Lage- oder Konzernlageberichts beachtet worden sind ...".
226 In der Bescheinigung ist ggf. auf andere Rechnungslegungsunterlagen zu verweisen, die Gegenstand der prüferischen Durchsicht waren.
227 In der Bescheinigung ist ggf. auf andere angewandte Rechnungslegungsgrundsätze zu verweisen.

192 **Bescheinigung über die prüferische Durchsicht nach *IDW PS 900* von Jahresabschlüssen bei mittelgroßen Kapitalgesellschaften ohne Feststellung von Beanstandungen**

Bescheinigung nach prüferischer Durchsicht

An die ... Gesellschaft

Ich habe/Wir haben den Jahresabschluss und den Lagebericht der ... Gesellschaft für das Geschäftsjahr vom ... [Datum] bis ... [Datum] einer prüferischen Durchsicht unterzogen. Die Aufstellung des Jahresabschlusses und des Lageberichts nach den deutschen handelsrechtlichen Vorschriften[228] liegen in der Verantwortung der gesetzlichen Vertreter der Gesellschaft. Meine/Unsere Aufgabe ist es, eine Bescheinigung zu dem Jahresabschluss und dem Lagebericht auf der Grundlage meiner/unserer prüferischen Durchsicht abzugeben.

Ich habe/Wir haben die prüferische Durchsicht des Jahresabschlusses und des Lageberichts unter Beachtung der vom Institut der Wirtschaftsprüfer (IDW) festgestellten deutschen Grundsätze für die prüferische Durchsicht von Abschlüssen vorgenommen. Danach ist die prüferische Durchsicht so zu planen und durchzuführen, dass ich/wir bei kritischer Würdigung mit einer gewissen Sicherheit ausschließen kann/können, dass der Jahresabschluss in wesentlichen Belangen nicht in Übereinstimmung mit den deutschen handelsrechtlichen Vorschriften aufgestellt worden ist oder ein unter Beachtung der Grundsätze ordnungsmäßiger Buchführung den tatsächlichen Verhältnissen entsprechendes Bild der Vermögens-, Finanz- und Ertragslage nicht vermittelt oder der Lagebericht nicht in Einklang mit dem Jahresabschluss steht oder den gesetzlichen Vorschriften nicht entspricht oder insgesamt ein zutreffendes Bild von der Lage der Gesellschaft nicht vermittelt oder die Chancen und Risiken der zukünftigen Entwicklung nicht zutreffend darstellt. Eine prüferische Durchsicht beschränkt sich in erster Linie auf Befragungen von Mitarbeitern der Gesellschaft und auf analytische Beurteilungen und bietet deshalb nicht die durch eine Abschlussprüfung erreichbare Sicherheit. Da ich/wir auftragsgemäß keine Abschlussprüfung vorgenommen habe/haben, kann ich/können wir einen Bestätigungsvermerk nicht erteilen.

Auf der Grundlage meiner/unserer prüferischen Durchsicht sind mir/uns keine Sachverhalte bekannt geworden, die mich/uns zu der Annahme veranlassen, dass der Jahresabschluss in wesentlichen Belangen nicht in Übereinstimmung mit den deutschen handelsrechtlichen Vorschriften aufgestellt worden ist oder ein unter Beachtung der Grundsätze ordnungsmäßiger Buchführung den tatsächlichen Verhältnissen entsprechendes Bild der Vermögens-, Finanz- und Ertragslage nicht vermittelt oder der Lagebericht nicht in Einklang mit dem Jahresabschluss steht oder den gesetzlichen Vorschriften nicht entspricht oder insgesamt ein zutreffendes Bild von der Lage der Gesellschaft nicht vermittelt oder die Chancen und Risiken der zukünftigen Entwicklung nicht zutreffend darstellt.

(Ort)

(Datum)

(Unterschrift)

Wirtschaftsprüfer

---

[228] In der Bescheinigung ist ggf. auf andere angewandte Rechnungslegungsgrundsätze zu verweisen.

Bescheinigung über die prüferische Durchsicht nach *IDW PS 900* [unter Berücksichtigung des ISRE 2410] von verkürzten Konzernzwischenabschlüssen nach den IFRS für Zwischenberichterstattung, wie sie in der EU anzuwenden sind, und Konzernzwischenlageberichten ohne Feststellung von wesentlichen Beanstandungen

Bescheinigung nach prüferischer Durchsicht

An die ... Gesellschaft

Ich habe/Wir haben den verkürzten Konzernzwischenabschluss – bestehend aus (verkürzter) Bilanz, (verkürzter) Gesamtergebnisrechnung, (verkürzter) Kapitalflussrechnung, (verkürzter) Eigenkapitalveränderungsrechnung sowie ausgewählten erläuternden Anhangangaben – und den Konzernzwischenlagebericht der ... [Gesellschaft] für den Zeitraum vom ... [Datum] bis ... [Datum], die Bestandteile des Halbjahresfinanzberichts nach § 115 WpHG sind, einer prüferischen Durchsicht unterzogen. Die Aufstellung des verkürzten Konzernzwischenabschlusses nach den IFRS für Zwischenberichterstattung, wie sie in der EU anzuwenden sind, und des Konzernzwischenlageberichts nach den für Konzernzwischenlageberichte anwendbaren Vorschriften des WpHG liegt in der Verantwortung der gesetzlichen Vertreter der Gesellschaft. Meine/Unsere Aufgabe ist es, eine Bescheinigung zu dem verkürzten Konzernzwischenabschluss und dem Konzernzwischenlagebericht auf der Grundlage meiner/unserer prüferischen Durchsicht abzugeben.

Ich habe/Wir haben die prüferische Durchsicht des verkürzten Konzernzwischenabschlusses und des Konzernzwischenlageberichts unter Beachtung der vom Institut der Wirtschaftsprüfer (IDW) festgestellten deutschen Grundsätze für die prüferische Durchsicht von Abschlüssen vorgenommen. Danach ist die prüferische Durchsicht so zu planen und durchzuführen, dass ich/wir bei kritischer Würdigung mit einer gewissen Sicherheit ausschließen kann/können, dass der verkürzte Konzernzwischenabschluss in wesentlichen Belangen nicht in Übereinstimmung mit den IFRS für Zwischenberichterstattung, wie sie in der EU anzuwenden sind, und der Konzernzwischenlagebericht in wesentlichen Belangen nicht in Übereinstimmung mit den für Konzernzwischenlageberichte anwendbaren Vorschriften des WpHG aufgestellt worden sind. Eine prüferische Durchsicht beschränkt sich in erster Linie auf Befragungen von Mitarbeitern der Gesellschaft und auf analytische Beurteilungen und bietet deshalb nicht die durch eine Abschlussprüfung erreichbare Sicherheit. Da ich/wir auftragsgemäß keine Abschlussprüfung vorgenommen habe/haben, kann ich/können wir einen Bestätigungsvermerk nicht erteilen.

Auf der Grundlage meiner/unserer prüferischen Durchsicht sind mir/uns keine Sachverhalte bekannt geworden, die mich/uns zu der Annahme veranlassen, dass der verkürzte Konzernzwischenabschluss in wesentlichen Belangen nicht in Übereinstimmung mit den IFRS für Zwischenberichterstattung, wie sie in der EU anzuwenden sind, oder dass der Konzernzwischenlagebericht in wesentlichen Belangen nicht in Übereinstimmung mit den für Konzernzwischenlageberichte anwendbaren Vorschriften des WpHG aufgestellt worden ist.

(Ort)

(Datum)

(Unterschrift)

Wirtschaftsprüfer

194 An ISRE 2400 angenäherte Weiterentwicklung einer Bescheinigung nach IDW PS 900 bei mittelgroßen Kapitalgesellschaften ohne Feststellung von Beanstandungen

Bescheinigung nach prüferischer Durchsicht

An die ... Gesellschaft

Ich habe/Wir haben den beigefügten Jahresabschluss[229] – bestehend aus Bilanz zum [Datum], Gewinn- und Verlustrechnung und Anhang – sowie den beigefügten Lagebericht der ... [Gesellschaft] für das Geschäftsjahr vom ... [Datum] bis ... [Datum] einer prüferischen Durchsicht unterzogen.

Verantwortung der gesetzlichen Vertreter

Die Aufstellung des Jahresabschlusses und des Lageberichts nach den deutschen handelsrechtlichen Vorschriften[230] liegt in der Verantwortung der gesetzlichen Vertreter der Gesellschaft. Die gesetzlichen Vertreter sind auch verantwortlich für die internen Kontrollen, die sie als notwendig erachten, um die Aufstellung eines Abschlusses und Lageberichts zu ermöglichen, die frei von wesentlichen – beabsichtigten oder unbeabsichtigten – falschen Angaben sind.

Verantwortung des Wirtschaftsprüfers

Meine/Unsere Aufgabe ist es, ein Urteil zu dem beigefügten Jahresabschluss und dem beigefügten Lagebericht auf der Grundlage meiner/unserer prüferischen Durchsicht abzugeben. Ich habe/Wir haben die prüferische Durchsicht des Jahresabschlusses und des Lageberichts unter Beachtung der vom Institut der Wirtschaftsprüfer (IDW) festgestellten deutschen Grundsätze für die prüferische Durchsicht von Abschlüssen vorgenommen. Danach ist die prüferische Durchsicht unter Einhaltung der Berufspflichten so zu planen und durchzuführen, dass ich/wir bei kritischer Würdigung mit einer begrenzten Sicherheit ausschließen kann/können,

- dass der Jahresabschluss nicht
  - in allen wesentlichen Belangen in Übereinstimmung mit den deutschen handelsrechtlichen Vorschriften aufgestellt worden ist oder
  - ein unter Beachtung der Grundsätze ordnungsmäßiger Buchführung den tatsächlichen Verhältnissen entsprechendes Bild der Vermögens-, Finanz- und Ertragslage vermittelt
- oder dass der Lagebericht nicht in allen wesentlichen Belangen
  - in Einklang mit dem Jahresabschluss steht oder
  - den gesetzlichen Vorschriften entspricht oder
  - insgesamt ein zutreffendes Bild von der Lage der Gesellschaft vermittelt oder
  - die Chancen und Risiken der zukünftigen Entwicklung zutreffend darstellt.

Die prüferische Durchsicht des Jahresabschlusses und des Lageberichts beschränkt sich in erster Linie auf Befragungen von Mitarbeitern der Gesellschaft und auf analytische Beurteilungen und bietet deshalb nicht die durch eine Abschlussprüfung erreichbare

---

229 In der Bescheinigung ist ggf. auf andere Rechnungslegungsunterlagen zu verweisen, die Gegenstand der prüferischen Durchsicht waren.
230 In der Bescheinigung ist ggf. auf andere angewandte Rechnungslegungsgrundsätze zu verweisen.

Sicherheit. Da ich/wir auftragsgemäß keine Abschlussprüfung vorgenommen habe/haben, kann ich/können wir einen Bestätigungsvermerk nicht erteilen.

Urteil

Auf der Grundlage meiner/unserer prüferischen Durchsicht sind mir/uns keine Sachverhalte bekannt geworden, die mich/uns zu der Annahme veranlassen,

- dass der Jahresabschluss[231] nicht
  - in allen wesentlichen Belangen in Übereinstimmung mit den deutschen handelsrechtlichen Vorschriften[232] aufgestellt worden ist oder
  - ein unter Beachtung der Grundsätze ordnungsmäßiger Buchführung den tatsächlichen Verhältnissen entsprechendes Bild der Vermögens-, Finanz- und Ertragslage vermittelt
- oder dass der Lagebericht nicht in allen wesentlichen Belangen
  - in Einklang mit dem Jahresabschluss steht oder
  - den gesetzlichen Vorschriften entspricht oder
  - insgesamt ein zutreffendes Bild von der Lage der Gesellschaft vermittelt oder
  - die Chancen und Risiken der zukünftigen Entwicklung zutreffend darstellt.

(Ort)

(Datum)

(Unterschrift)

Wirtschaftsprüfer

Bescheinigung über die prüferische Durchsicht nach *IDW PS 900* von Jahresabschlüssen bei mittelgroßen Kapitalgesellschaften im Fall von Mängeln in der Rechnungslegung 195

Bescheinigung nach prüferischer Durchsicht

An die ... Gesellschaft

Ich habe/Wir haben den Jahresabschluss und den Lagebericht der ... [Gesellschaft] für das Geschäftsjahr vom ... [Datum] bis ... [Datum] einer prüferischen Durchsicht unterzogen. Die Aufstellung des Jahresabschlusses und des Lageberichts nach den deutschen handelsrechtlichen Vorschriften[233] liegen in der Verantwortung der gesetzlichen Vertreter der Gesellschaft. Meine/Unsere Aufgabe ist es, eine Bescheinigung zu dem Jahresabschluss und dem Lagebericht auf der Grundlage meiner/unserer prüferischen Durchsicht abzugeben.

Ich habe/Wir haben die prüferische Durchsicht des Jahresabschlusses und des Lageberichts unter Beachtung der vom Institut der Wirtschaftsprüfer (IDW) festgestellten deutschen Grundsätze für die prüferische Durchsicht von Abschlüssen vorgenommen. Danach ist die prüferische Durchsicht so zu planen und durchzuführen, dass ich/wir bei kritischer Würdigung mit einer gewissen Sicherheit ausschließen kann/können, dass der Jahresabschluss in wesentlichen Belangen nicht in Übereinstimmung mit den deutschen handelsrechtlichen Vorschriften aufgestellt worden ist oder ein unter Beachtung der Grundsätze ordnungsmäßiger Buchführung den tatsächlichen Verhältnissen ent-

---

231 Ggf. ist ein anderer Gegenstand der prüferischen Durchsicht einzusetzen.
232 In der Bescheinigung ist ggf. auf andere angewandte Rechnungslegungsgrundsätze zu verweisen.
233 In der Bescheinigung ist ggf. auf andere angewandte Rechnungslegungsgrundsätze zu verweisen.

sprechendes Bild der Vermögens-, Finanz- und Ertragslage nicht vermittelt oder der Lagebericht nicht in Einklang mit dem Jahresabschluss steht oder den gesetzlichen Vorschriften nicht entspricht oder insgesamt ein zutreffendes Bild von der Lage der Gesellschaft nicht vermittelt oder die Chancen und Risiken der zukünftigen Entwicklung nicht zutreffend darstellt. Eine prüferische Durchsicht beschränkt sich in erster Linie auf Befragungen von Mitarbeitern der Gesellschaft und auf analytische Beurteilungen und bietet deshalb nicht die durch eine Abschlussprüfung erreichbare Sicherheit. Da ich/wir auftragsgemäß keine Abschlussprüfung vorgenommen habe/haben, kann ich/können wir einen Bestätigungsvermerk nicht erteilen.

Für schwer verkäufliche Vorräte wurden die erforderlichen Abschreibungen nach § 253 Abs. 3 S. 2 HGB in Höhe von € ... auf den niedrigeren beizulegenden Wert nicht vorgenommen. Bei ordnungsgemäßer Abschreibung würde das Jahresergebnis um € ... sinken.

Auf der Grundlage meiner/unserer prüferischen Durchsicht sind mir/uns mit Ausnahme der im vorstehenden Absatz genannten Auswirkungen der zu hohen Bewertung der Vorräte keine Sachverhalte bekannt geworden, die mich/uns zu der Annahme veranlassen, dass der Jahresabschluss in wesentlichen Belangen nicht in Übereinstimmung mit den deutschen handelsrechtlichen Vorschriften aufgestellt worden ist oder ein unter Beachtung der Grundsätze ordnungsmäßiger Buchführung den tatsächlichen Verhältnissen entsprechendes Bild der Vermögens-, Finanz- und Ertragslage nicht vermittelt oder der Lagebericht nicht in Einklang mit dem Jahresabschluss steht oder den gesetzlichen Vorschriften nicht entspricht oder insgesamt ein zutreffendes Bild von der Lage der Gesellschaft nicht vermittelt oder die Chancen und Risiken der zukünftigen Entwicklung nicht zutreffend darstellt.

(Ort)

(Datum)

(Unterschrift)

Wirtschaftsprüfer

196 Bescheinigung über die prüferische Durchsicht nach *IDW PS 900* von Jahresabschlüssen bei mittelgroßen Kapitalgesellschaften im Fall von Hemmnissen

Bescheinigung nach prüferischer Durchsicht

An die ... Gesellschaft

Ich habe/Wir haben den Jahresabschluss und den Lagebericht der ... [Gesellschaft] für das Geschäftsjahr vom ... [Datum] bis ... [Datum] einer prüferischen Durchsicht unterzogen. Die Aufstellung des Jahresabschlusses und des Lageberichts nach den deutschen handelsrechtlichen Vorschriften[234] liegen in der Verantwortung der gesetzlichen Vertreter der Gesellschaft. Meine/Unsere Aufgabe ist es, eine Bescheinigung zu dem Jahresabschluss und dem Lagebericht auf der Grundlage meiner/unserer prüferischen Durchsicht abzugeben.

Mit Ausnahme des im nachfolgenden Absatz dargestellten Sachverhaltes habe ich/haben wir die prüferische Durchsicht des Jahresabschlusses und des Lageberichts unter Beachtung der vom Institut der Wirtschaftsprüfer (IDW) festgestellten deutschen Grund-

---

234 In der Bescheinigung ist ggf. auf andere angewandte Rechnungslegungsgrundsätze zu verweisen.

sätze für die prüferische Durchsicht von Abschlüssen vorgenommen. Danach ist die prüferische Durchsicht so zu planen und durchzuführen, dass ich/wir bei kritischer Würdigung mit einer gewissen Sicherheit ausschließen kann/können, dass der Jahresabschluss in wesentlichen Belangen nicht in Übereinstimmung mit den deutschen handelsrechtlichen Vorschriften aufgestellt worden ist oder ein unter Beachtung der Grundsätze ordnungsmäßiger Buchführung den tatsächlichen Verhältnissen entsprechendes Bild der Vermögens-, Finanz- und Ertragslage nicht vermittelt oder die gesetzlichen Vorschriften zur Aufstellung des Lageberichts nicht beachtet worden sind oder der Lagebericht nicht in Einklang mit dem Jahresabschluss steht oder den gesetzlichen Vorschriften nicht entspricht oder insgesamt ein zutreffendes Bild von der Lage der Gesellschaft nicht vermittelt oder die Chancen und Risiken der zukünftigen Entwicklung nicht zutreffend darstellt. Eine prüferische Durchsicht beschränkt sich in erster Linie auf Befragungen von Mitarbeitern der Gesellschaft und auf analytische Beurteilungen und bietet deshalb nicht die durch eine Abschlussprüfung erreichbare Sicherheit. Da ich/wir auftragsgemäß keine Abschlussprüfung vorgenommen habe/haben, kann ich/können wir einen Bestätigungsvermerk nicht erteilen.

Seitens der Unternehmensleitung und der Mitarbeiter der Gesellschaft wurden keine Informationen zu den langfristigen Vertragsbeziehungen mit dem ... Unternehmen erteilt. Daher konnte nicht festgestellt werden, ob die Forderungen gegenüber diesem Unternehmen in Höhe von € ..., das sind ... % der Gesamtforderungen der Gesellschaft, möglicherweise hätten anders bewertet werden müssen.

Auf der Grundlage meiner/unserer prüferischen Durchsicht sind mir/uns mit Ausnahme der vorstehend genannten möglichen Auswirkungen keine Sachverhalte bekannt geworden, die mich/uns zu der Annahme veranlassen, dass der Jahresabschluss in wesentlichen Belangen nicht in Übereinstimmung mit den deutschen handelsrechtlichen Vorschriften aufgestellt worden ist oder ein unter Beachtung der Grundsätze ordnungsmäßiger Buchführung den tatsächlichen Verhältnissen entsprechendes Bild der Vermögens-, Finanz- und Ertragslage nicht vermittelt oder der Lagebericht nicht in Einklang mit dem Jahresabschluss steht oder den gesetzlichen Vorschriften nicht entspricht oder insgesamt ein zutreffendes Bild von der Lage der Gesellschaft nicht vermittelt oder die Chancen und Risiken der zukünftigen Entwicklung nicht zutreffend darstellt.

(Ort)

(Datum)

(Unterschrift)

Wirtschaftsprüfer

Bescheinigung über die prüferische Durchsicht nach *IDW PS 900* von Jahresabschlüssen bei mittelgroßen Kapitalgesellschaften in Fällen, in denen der Wirtschaftsprüfer aufgrund nicht abgrenzbarer Mängel in der Rechnungslegung sein Urteil versagen muss **197**

Bescheinigung nach prüferischer Durchsicht

An die ... Gesellschaft

Ich habe/Wir haben den Jahresabschluss und den Lagebericht der ... [Gesellschaft] für das Geschäftsjahr vom ... [Datum] bis ... [Datum] einer prüferischen Durchsicht unterzogen. Die Aufstellung des Jahresabschlusses und des Lageberichts nach den deutschen handelsrechtlichen Vorschriften[235] liegen in der Verantwortung der gesetzlichen Vertreter der Gesellschaft. Meine/Unsere Aufgabe ist es, eine Bescheinigung zu dem Jahresabschluss und dem Lagebericht auf der Grundlage meiner/unserer prüferischen Durchsicht abzugeben.

Ich habe/Wir haben die prüferische Durchsicht des Jahresabschlusses und des Lageberichts unter Beachtung der vom Institut der Wirtschaftsprüfer (IDW) festgestellten deutschen Grundsätze für die prüferische Durchsicht von Abschlüssen vorgenommen. Danach ist die prüferische Durchsicht so zu planen und durchzuführen, dass ich/wir bei kritischer Würdigung mit einer gewissen Sicherheit ausschließen kann/können, dass der Jahresabschluss in wesentlichen Belangen nicht in Übereinstimmung mit den deutschen handelsrechtlichen Vorschriften aufgestellt worden ist oder ein unter Beachtung der Grundsätze ordnungsmäßiger Buchführung den tatsächlichen Verhältnissen entsprechendes Bild der Vermögens-, Finanz- und Ertragslage nicht vermittelt oder der Lagebericht nicht in Einklang mit dem Jahresabschluss steht oder den gesetzlichen Vorschriften nicht entspricht oder insgesamt ein zutreffendes Bild von der Lage der Gesellschaft nicht vermittelt oder die Chancen und Risiken der zukünftigen Entwicklung nicht zutreffend darstellt. Eine prüferische Durchsicht beschränkt sich in erster Linie auf Befragungen von Mitarbeitern der Gesellschaft und auf analytische Beurteilungen und bietet deshalb nicht die durch eine Abschlussprüfung erreichbare Sicherheit. Da ich/wir auftragsgemäß keine Abschlussprüfung vorgenommen habe/haben, kann ich/können wir einen Bestätigungsvermerk nicht erteilen.

Der Jahresabschluss und der Lagebericht wurden unzulässigerweise unter der Annahme des Fortbestands der Gesellschaft aufgestellt, obwohl wegen der ungenügenden Liquiditätsausstattung hiervon nicht ausgegangen werden kann.

Auf der Grundlage meiner/unserer prüferischen Durchsicht bescheinige ich/bescheinigen wir, dass aufgrund der im vorstehenden Absatz genannten Sachverhalte der JA nicht in Übereinstimmung mit den deutschen handelsrechtlichen Vorschriften aufgestellt worden ist und nicht ein unter Beachtung der Grundsätze ordnungsmäßiger Buchführung den tatsächlichen Verhältnissen entsprechendes Bild der Vermögens-, Finanz- und Ertragslage vermittelt und der Lagebericht nicht in Einklang mit dem Jahresabschluss steht und nicht den gesetzlichen Vorschriften entspricht und insgesamt nicht ein zutreffendes Bild von der Lage der Gesellschaft vermittelt und nicht die Chancen und Risiken der zukünftigen Entwicklung zutreffend darstellt.

(Ort)

(Datum)

(Unterschrift)

Wirtschaftsprüfer

---

235 In der Bescheinigung ist ggf. auf andere angewandte Rechnungslegungsgrundsätze zu verweisen.

An ISRE 2410 angenäherte Weiterentwicklung einer Bescheinigung nach IDW PS 900 über die prüferische Durchsicht von Konzernbilanz und Konzern-Gewinn- und Verlustrechnung ohne Feststellung von Beanstandungen (Abschluss für einen speziellen Zweck) 198

Bescheinigung nach prüferischer Durchsicht

An die ... Gesellschaft

Wir haben die beigefügte Konzernbilanz der ... [Gesellschaft] zum ... [Datum] und die beigefügte Konzern-Gewinn- und Verlustrechnung für das Geschäftsjahr vom ... [Datum] bis ... [Datum] einer prüferischen Durchsicht unterzogen.

Verantwortung der gesetzlichen Vertreter

Die gesetzlichen Vertreter der ... [Gesellschaft] sind verantwortlich für die Aufstellung von Konzernbilanz und Konzern-Gewinn- und Verlustrechnung nach den (in der Anlage unter Ziffer 1) dargestellten Rechnungslegungsgrundsätzen. Die gesetzlichen Vertreter sind auch verantwortlich für die Auswahl und Vertretbarkeit der (in der Anlage unter Ziffer 1) dargestellten Rechnungslegungsgrundsätze sowie für die internen Kontrollen, die sie als notwendig erachten, um die Aufstellung von Konzernbilanz und Konzern-Gewinn- und Verlustrechnung zu ermöglichen, die frei von wesentlichen – beabsichtigten oder unbeabsichtigten – falschen Angaben sind.

Verantwortung des Wirtschaftsprüfers

Meine/Unsere Aufgabe ist es, eine Bescheinigung zu Konzernbilanz und Konzern-Gewinn- und Verlustrechnung nach den (in der Anlage unter Ziffer 1) dargestellten Rechnungslegungsgrundsätzen auf der Grundlage meiner/unserer prüferischen Durchsicht abzugeben. Ich habe/Wir haben die prüferische Durchsicht der Konzernbilanz und der Konzern-Gewinn- und Verlustrechnung unter Beachtung der vom Institut der Wirtschaftsprüfer (IDW) festgestellten deutschen Grundsätze für die prüferische Durchsicht von Abschlüssen vorgenommen. Danach ist die prüferische Durchsicht so zu planen und durchzuführen, dass ich/wir bei kritischer Würdigung mit einer begrenzten Sicherheit ausschließen kann/können, dass Konzernbilanz und Konzern-Gewinn- und Verlustrechnung nicht in allen wesentlichen Belangen in Übereinstimmung mit den (in der Anlage unter Ziffer 1) dargestellten Rechnungslegungsgrundsätzen aufgestellt worden sind. Eine prüferische Durchsicht beschränkt sich in erster Linie auf Befragungen von Mitarbeitern der Gesellschaft und auf analytische Beurteilungen und bietet deshalb nicht die durch eine Prüfung erreichbare Sicherheit. Da ich/wir auftragsgemäß keine Prüfung vorgenommen habe/haben, kann ich/können wir einen Bestätigungs- oder Prüfungsvermerk nicht erteilen.

Urteil

Auf der Grundlage meiner/unserer prüferischen Durchsicht sind mir/uns keine Sachverhalte bekannt geworden, die mich/uns zu der Annahme veranlassen, dass Konzernbilanz und Konzern-Gewinn- und Verlustrechnung nicht in allen wesentlichen Belangen in Übereinstimmung mit den (in der Anlage unter Ziffer 1) dargestellten Rechnungslegungsgrundsätzen aufgestellt worden sind.

Rechnungslegungsgrundsätze

Ohne unser Urteil einzuschränken, weisen wir auf Ziffer 1 in der Anlage hin, in der die maßgebenden Rechnungslegungsgrundsätze beschrieben sind. Konzernbilanz und Konzern-Gewinn- und Verlustrechnung wurden ausschließlich unter Bezug auf diese Rechnungslegungsnormen aufgestellt, um ... [Zweck]. Folglich sind Konzernbilanz und Konzern-Gewinn- und Verlustrechnung möglicherweise für einen anderen als den vorgenannten Zweck nicht geeignet.

Durchführung der Konzernabschlussprüfung

Ohne unser Urteil einzuschränken, weisen wir darauf hin, dass ... [Gesellschaft] für das am ... [Datum] endende Geschäftsjahr einen Konzernabschluss nach den deutschen handelsrechtlichen Vorschriften aufgestellt hat, zu dem wir einen uneingeschränkten Bestätigungsvermerk mit Datum vom ... [Datum] erteilt haben.

Ort

Datum

(Unterschrift)

Wirtschaftsprüfer

199 Bescheinigung über die prüferische Durchsicht (nach *IDW PS 900*) der Aufstellung der Umsatzerlöse des GJ ... nach §§ ... ohne Feststellung von Beanstandungen

> **Beispiel 4:**
>
> Folgende Gegebenheiten:
>
> Prüferische Durchsicht der Aufstellung der Jahresumsätze (d.h. eines Postens einer Finanzaufstellung), um die Verpflichtungen aus einem Konzessionsvertrag zu erfüllen.
> - Die Finanzinformationen wurden vom Unternehmen in Übereinstimmung mit den in einem Konzessionsvertrag festgelegten Rechnungslegungsbestimmungen aufgestellt.
> - Der Konzessionsvertrag enthält hinreichend konkrete Vorgaben für die Aufstellung der Jahresumsätze und ist den Adressaten der Bescheinigung zugänglich.
> - Die maßgebenden Rechnungslegungsgrundsätze sind solche für einen speziellen Zweck zur Ordnungsmäßigkeit.
> - Die Weitergabe und Verwendung der Bescheinigung des WP sind beschränkt.

Bescheinigung nach prüferischer Durchsicht

An die ... Gesellschaft

Wir haben die beigefügte Aufstellung der Jahresumsätze einschließlich der dazugehörigen Angaben der ... [Gesellschaft] für das Geschäftsjahr vom ... [Datum] bis ... [Datum] einer prüferischen Durchsicht unterzogen.

Verantwortung der gesetzlichen Vertreter

Die gesetzlichen Vertreter der ... [Gesellschaft] sind verantwortlich für die Aufstellung *der Jahresumsätze* einschließlich der dazugehörigen Angaben nach den Rechnungslegungsbestimmungen in Abschnitt ... des Vertrags vom ... [Datum] zwischen ... [Gesellschaft] und ... [Vertragspartner] (nachfolgend: der Vertrag). Die gesetzlichen Vertreter sind auch verantwortlich für die internen Kontrollen, die sie als notwendig erachten, um die Aufstellung der Jahresumsätze einschließlich der dazugehörigen Angaben zu ermöglichen, die frei von wesentlichen – beabsichtigten oder unbeabsichtigten – falschen Angaben ist.

Verantwortung des Wirtschaftsprüfers

Meine/Unsere Aufgabe ist es, eine Bescheinigung zu der Aufstellung der Jahresumsätze einschließlich der dazugehörigen Angaben auf der Grundlage meiner/unserer prüferischen Durchsicht abzugeben. Wir haben die prüferische Durchsicht der Aufstellung der Jahresumsätze einschließlich der dazugehörigen Angaben unter Beachtung der vom Institut der Wirtschaftsprüfer (IDW) festgestellten deutschen Grundsätze für die prüferische Durchsicht von Abschlüssen vorgenommen. Danach ist die prüferische Durchsicht so zu planen und durchzuführen, dass ich/wir bei kritischer Würdigung mit einer gewissen Sicherheit ausschließen können, dass die Aufstellung der Jahresumsätze einschließlich der dazugehörigen Angaben in wesentlichen Belangen nicht in Übereinstimmung mit den Rechnungslegungsbestimmungen in Abschnitt ... des Vertrags aufgestellt worden ist. Eine prüferische Durchsicht beschränkt sich in erster Linie auf Befragungen von Mitarbeitern der Gesellschaft und auf analytische Beurteilungen und bietet deshalb nicht die durch eine Prüfung erreichbare Sicherheit. Da ich/wir auftragsgemäß keine Prüfung vorgenommen haben, können wir einen Prüfungsvermerk nicht erteilen.

Urteil

Auf der Grundlage meiner/unserer prüferischen Durchsicht sind mir/uns keine Sachverhalte bekannt geworden, die mich/uns zu der Annahme veranlassen, dass die Aufstellung der Jahresumsätze einschließlich der dazugehörigen Angaben in wesentlichen Belangen nicht in Übereinstimmung mit den Rechnungslegungsbestimmungen in Abschnitt ... des Vertrags aufgestellt worden ist.

Rechnungslegungsgrundsätze sowie Weitergabe- und Verwendungsbeschränkung

Ohne unser Urteil einzuschränken, weisen wir auf Abschnitt ... des Vertrags hin, in dem die maßgebenden Rechnungslegungsgrundsätze beschrieben werden. Diese Aufstellung wurde von der Gesellschaft zur Einhaltung der Rechnungslegungsbestimmungen des oben erwähnten Vertrags erstellt. Folglich ist diese Aufstellung möglicherweise für einen anderen als den vorgenannten Zweck nicht geeignet.

Unsere Bescheinigung über die prüferische Durchsicht ist ausschließlich für die ... [Gesellschaft] und die ...[Vertragspartner] bestimmt und darf nicht ohne unsere Zustimmung an Dritte weitergegeben und auch nicht von Dritten verwendet werden.

[ggf. Hinweis zur Haftungsbeschränkung]

(Ort)

(Datum)

(Unterschrift)

Wirtschaftsprüfer

Abkürzungsverzeichnis

Hinweis:

Aus Vereinfachungsgründen wurde in allen Kapiteln die Richtlinie 2014/56/EU des Europäischen Parlaments und des Rates vom 16.04.2014 zur Änderung der Richtlinie 2006/43/EG über Abschlussprüfungen von Jahresabschlüssen und konsolidierten Abschlüssen als **RL 2014/56/EU** zitiert, wohl wissend, dass es sich um die dritte Änderungsrichtlinie der Richtlinie 2006/43/EG des Europäischen Parlaments und des Rates vom 17.05.2006 über Abschlussprüfungen von Jahresabschlüssen und konsolidierten Abschlüssen handelt und beide Richtlinien ein Junktim bilden.

Die VO (EU) Nr. 537/2014 des Europäischen Parlaments und des Rates vom 16.04.2014 über spezifische Anforderungen an die Abschlussprüfung bei Unternehmen von öffentlichem Interesse und zur Aufhebung des Beschlusses 2005/909/EG der Kommission wurde in allen Kapiteln als **VO (EU) Nr. 537/ 2014** zitiert. In den Verlautbarungen des IDW wird auch die Abkürzung „EU-APrVO" verwandt.

Abkürzungsverzeichnis

A

a.A.	anderer Ansicht / anderer Auffassung
AAB	Allgemeine Auftragsbedingungen
AAF	Ausschuss für Aus- und Fortbildung des IDW
AbhB	Abhängigkeitsbericht
abl.	ablehnend
Abl.	Amtsblatt
Abl.EG	Amtsblatt der Europäischen Gemeinschaften
Abl.EU	Amtsblatt der Europäischen Union
Abs.	Absatz
Abschn.	Abschnitt
abw.	abweichend
abzgl.	abzüglich
ADSt	Allgemeine Sterbetafeln für die Bundesrepublik Deutschland
AE	Accountancy Europe
a.E.	am Ende
ÄndG	Änderungsgesetz
a.F.	alte Fassung
AfA	Absetzung für Abnutzung
AG	Aktiengesellschaft, auch Die Aktiengesellschaft (Zeitschrift), auch Amtsgericht, auch Ausführungsgesetz
aG	auf Gegenseitigkeit
AGB	Allgemeine Geschäftsbedingungen
AHK	Anschaffungs- und Herstellungskosten
AICPA	American Institute of Certified Public Accountants
AK	Arbeitskreis, auch Anschaffungskosten
AktG	Aktiengesetz
AktuarV	Aktuarverordnung
Alt.	Alternative
AltTZG	Altersteilzeitgesetz
amtl.	amtlich
Anh.	Anhang
Anm.	Anmerkung
AnwBl.	Anwaltsblatt (Zeitschrift)
AO	Abgabenordnung
a.o.	außerordentlich
APAG	Abschlussprüferaufsichtsgesetz
APAK	Abschlussprüferaufsichtskommission
APAReG	Abschlussprüferaufsichtsreformgesetz
APAS	Abschlussprüferaufsichtsstelle
APAstErG	Gesetz zur Einrichtung einer Abschlussprüferaufsichtsstelle beim Bundesamt für Wirtschaft und Ausfuhrkontrolle
APr.	Abschlussprüfer
AR	Aufsichtsrat
ArbG	Arbeitsgericht
AReG	Abschlussprüfungsreformgesetz
Art.	Artikel
AStG	Außensteuergesetz
AÜG	Arbeitnehmerüberlassungsgesetz
Aufl.	Auflage
AV	Anlagevermögen
Az.	Aktenzeichen

B

BAFA	Bundesamt für Wirtschaft und Ausfuhrkontrolle
BaFin	Bundesanstalt für Finanzdienstleistungsaufsicht
BAG	Bundesarbeitsgericht, auch Bundesaufsichtsgesetz
BAJ	Bundesamt für Justiz
BAK	Bundesaufsichtsamt für das Kreditwesen
BAnz	Bundesanzeiger
BARefG	Berufsaufsichtsreformgesetz
BB	Betriebs-Berater (Zeitschrift)
BBK	NWB Rechnungswesen (Zeitschrift)
BC	Zeitschrift für Bilanzierung, Rechnungswesen und Controlling
Bd.	Band
BdB	Bundesverband deutscher Banken
BDSG	Bundesdatenschutzgesetz

Beil.	Beilage	BVI-WVR	Wohlverhaltensregeln des BVI
ber.	berichtigt	bzgl.	bezüglich
BestV	Bestätigungsvermerk	BZSt	Bundeszentralamt für Steuern
betr.	betreffend	bzw.	beziehungsweise
BetrAV	Betriebliche Altersversorgung (Zeitschrift)		

C

BFA	Bankenfachausschuss des IDW	ca.	circa
BFH	Bundesfinanzhof	CA	Chartered Accountant
BfJ	Bundesamt für Justiz	CEO	Chief Executive Officer
BFuP	Betriebswirtschaftliche Forschung und Praxis (Zeitschrift)	CESR	The Committee of European Securities Regulators
BGB	Bürgerliches Gesetzbuch	CFO	Chief Financial Officer
BGBl.	Bundesgesetzblatt	c.i.c.	Culpa in contrahendo
BGH	Bundesgerichtshof	CMS	Compliance Management System
BilMoG	Bilanzrechtsmodernisierungsgesetz	COSO	Committee of Sponsoring Organizations of the Treadway Commission
BilReG	Bilanzrechtsreformgesetz		
BilRUG	Bilanzrichtlinie-Umsetzungsgesetz	CPA	Certified Public Accountant
BiRiLiG	Bilanzrichtlinien-Gesetz	CRR	Capital Requirements Regulation
BKR	Bank- und Kapitalmarktrecht (Zeitschrift)	CSR-RLUG	CSR-Richtlinie-Umsetzungsgesetz
BMF	Bundesminister/Bundesministerium der Finanzen		

D

BMJ	Bundesminister/Bundesministerium der Justiz	DAkkS	Deutsche Akkreditierungsstelle
BMWi	Bundesminister/Bundesministerium für Wirtschaft und Energie	DB	Der Betrieb (Zeitschrift)
		DBA	Doppelbesteuerungsabkommen
BörsG	Börsengesetz	DBB	Deutsche Bundesbank
BOStB	Berufsordnung Steuerberater	DBV	Deutscher Buchprüferverband e.V.
BPG	Buchprüfungsgesellschaft		
BR	Bundesrat, auch Bundesrepublik	DBW	Die Betriebswirtschaft (Zeitschrift)
BRAGO	Bundesgebührenordnung für Rechtsanwälte	DCF	Discounted Cash Flow
BRAK	Bundesrechtsanwaltskammer	DCGK	Deutscher Corporate Governance Kodex
BRAO	Bundesrechtsanwaltsordnung		
BR-Drs.	Bundesratsdrucksache	DeckRV	Deckungsrückstellungsverordnung
BRH	Bundesrechnungshof		
BSG	Bundessozialgericht	ders.	derselbe
bspw.	beispielsweise	dgl.	dergleichen, desgleichen
BStBl.	Bundessteuerblatt	d.h.	das heißt
BStBK	Bundessteuerberaterkammer	dies.	dieselbe
BS WP/ vBP	Berufssatzung für Wirtschaftsprüfer/vereidigte Buchprüfer	DIHT	Deutscher Industrie- und Handelskammertag
BT	Bundestag	Diss.	Dissertation
BT-Drs.	Bundestagsdrucksache	div.	diverse
Buchst.	Buchstabe	DPR	Deutsche Prüfstelle für Rechnungslegung
BVerfG	Bundesverfassungsgericht		
BVG	Bundesverwaltungsgericht		
BVI	Bundesverband Investment- und Asset Management e.V.		

DRÄS	Deutscher Rechnungslegungs Änderungsstandard	einschl.	einschließlich
DRS	Deutscher Rechnungslegungs Standard	EK	Eigenkapital
		entspr.	entsprechend
Drs.	Drucksache	Erg.	Ergänzung
DRSC	Deutsches Rechnungslegungs Standards Committee e.V.	ErgBd.	Ergänzungsband
		Erl.	Erlass, auch Erläuterung
d.s.	das sind	ESMA	European Securities and Markets Authority
DSG-VO	Datenschutzgrundverordnung		
DSR	Deutscher Standardisierungsrat	ESt	Einkommensteuer
DStR	Deutsches Steuerrecht (Zeitschrift)	EStG	Einkommensteuergesetz
		EStR	Einkommensteuer-Richtlinien
DVFA/SG	Deutsche Vereinigung für Finanzanalyse und und Asset Management e.V./Schmalenbach-Gesellschaft für Betriebswirtschaft e.V.	Et al.	Et alii
		etc.	et cetera
		EU	Europäische Union
		EU-APrVO	EU-Abschlussprüfungsverordnung
		EUGEN	Europäische Genossenschaft
DVO	Durchführungsverordnung	EuGH	Europäischer Gerichtshof
DZWiR	Deutsche Zeitschrift für Wirtschaftsrecht	EUREX	European Exchange
		EuroEG	Euro-Einführungsgesetz
		e.V.	eingetragener Verein
		evtl.	eventuell
E		EVU	Energieversorgungsunternehmen
EA	Einzelabschluss, Einzelabschlüsse	EWG	Europäische Wirtschaftsgemeinschaft
EAIG	European Audit Inspection Group		
		EWiR	Entscheidungen zum Wirtschaftsrecht (Zeitschrift)
EAV	Ergebnisabführungsvertrag		
eBanz	elektronischer Bundesanzeiger	EWIV	Europäische wirtschaftliche Interessenvereinigung
ebd.	ebendort, ebenda		
ED	Exposure Draft	EWR	Europäischer Wirtschaftsraum
E-DRS	Entwurf Deutscher Rechnungslegungs Standard	EWWU	Europäische Wirtschafts- und Währungsunion
EEG	Erneuerbare-Energien-Gesetz	EZB	Europäische Zentralbank
EFRAG	European Financial Reporting Advisory Group		
EG	Europäische Gemeinschaften, auch Einführungsgesetz	**F**	
		f.	folgende
eG	eingetragene Genossenschaft	FA	Finanzamt
EGAktG	Einführungsgesetz zum Aktiengesetz	FAIT	Fachausschuss für Informationstechnologie des IDW
EGH	Ehrengerichtshof	FAR	Fachausschuss Recht des IDW
EGHGB	Einführungsgesetz zum Handelsgesetzbuch	FAS	Fachausschuss für Sanierung und Insolvenz des IDW
EG-RL	Richtlinie der Europäischen Gemeinschaft	FASB	Financial Accounting Standards Board
ehem.	ehemalig(e)		
EHUG	Gesetz über elektronische Handelsregister und Genossenschaftsregister sowie das Unternehmensregister	FAUB	Fachausschuss für Unternehmensbewertung und Betriebswirtschaft des IDW
		FAZ	Frankfurter Allgemeine Zeitung

FDLI	Finanzdienstleistungsinstitute	gem.	gemäß
FEE	Fédération des Experts Comptables Européens	GenG	Genossenschaftsgesetz
		Ges.	Gesellschaft
f.e.R.	für eigene Rechnung	GewO	Gewerbeordnung
ff.	fortfolgende	GewSt	Gewerbesteuer
FG	Finanzgericht, auch Fachgutachten	GewStG	Gewerbesteuergesetz
		GewStR	Gewerbesteuer-Richtlinien
FGO	Finanzgerichtsordnung	GG	Grundgesetz für die Bundesrepublik Deutschland
Fifo	First in - first out		
FiMaNoG	Zweites Finanzmarktnovellierungsgesetz	ggf.	gegebenenfalls
		ggü.	gegenüber
FinDAG	Finanzdienstleistungsaufsichtsgesetz	GJ	Geschäftsjahr(e)
		GKV	Gesamtkostenverfahren
FinVerw	Finanzverwaltung	gl.A.	gleicher Ansicht
FK	Fremdkapital	GmbH	Gesellschaft mit beschränkter Haftung
FKRL-UmsG	Finanzkonglomerate-Richtlinie-Umsetzungsgesetz		
		GmbHG	Gesetz betreffend die Gesellschaften mit beschränkter Haftung
FMFG	Finanzmarktförderungsgesetz		
FMStG	Finanzmarktstabilisierungsgesetz		
Fn.	Fußnote	GmbHR	GmbH-Rundschau (Zeitschrift)
FN-IDW	Fachnachrichten des IDW	GoA	Grundsätze ordnungsmäßiger Abschlussprüfung
FoF	Forum of Firms		
FREP	Financial Reporting Enforcement Panel	GoB	Grundsätze ordnungsmäßiger Buchführung
FRUG	Finanzmarktrichtlinie-Umsetzungsgesetz	GoBD	Grundsätze zur ordnungsmäßigen Führung und Aufbewahrung von Büchern, Aufzeichnungen und Unterlagen in elektronischer Form sowie zum Datenzugriff
FS	Festschrift		
FSP	Financial Stability Board		
Führpos-GleichberG	Gesetz für die gleichberechtigte Teilhabe von Frauen und Männern in Führungspositionen in der Privatwirtschaft und im öffentlichen Dienst		
		GoF	Geschäfts- oder Firmenwert
		grds.	grundsätzlich
		GrESt	Grunderwerbsteuer
		GrS	Großer Senat
		GRUR-Prax	Gewerblicher Rechtsschutz und Urheberrecht (Zeitschrift)
FWB	Frankfurter Wertpapierbörse		
		GU	Gemeinschaftsunternehmen
		GuV	Gewinn- und Verlustrechnung
G		GVBl.	Gesetz- und Verordnungsblatt
GAA	Global Accounting Alliance	GVG	Gerichtsverfassungsgesetz
GAAP	Generally Accepted Accounting Principles	GWB	Gesetz gegen Wettbewerbsbeschränkungen
GAAS	Generally Accepted Auditing Standards	GwBek-ErgG	Geldwäschebekämpfungsergänzungsgesetz
GATS	General Agreement on Trade in Services	GwG	Geldwäschegesetz
		GWR	Gesellschafts- und Wirtschaftsrecht (Zeitschrift)
GAV	Gewinnabführungsvertrag		
GBl.	Gesetzblatt		
GbR	Gesellschaft bürgerlichen Rechts		
GebO	Gebührenordnung	**H**	
GEFIU	Gesellschaft für Finanzwirtschaft in der Unternehmensführung e.V.	h.A.	herrschende Auffassung

Abkürzungsverzeichnis

HB	Handelsbilanz	i.e.S.	im engeren Sinne
HBG	Hypothekenbankgesetz	IESBA	International Ethics Standards Board for Accountants
HFA	Hauptfachausschuss des IDW		
HGB	Handelsgesetzbuch	IFAC	International Federation of Accountants
HGB-FA	HGB-Fachausschuss beim DRSC		
HIFO	Highest in - first out	IFRIC	International Financial Reporting Interpretations Committee
HK	Herstellungskosten		
h.M.	herrschende Meinung	IFRS	International Financial Reporting Standards
HR	Handelsregister		
HRefG	Handelsrechtsreformgesetz	IHK	Industrie- und Handelskammer
Hrsg./hrsg.	Herausgeber/herausgegeben	IKS	Internes Kontrollsystem
Hs.	Halbsatz	insb.	insbesondere
HV	Hauptversammlung	InsO	Insolvenzordnung
		IOSCO	International Organisation of Securities Commissions

I

IAASB	International Auditing and Assurance Standards Board	IPSAS	International Public Sector Accounting Standards
IAESB	International Accounting Education Standards Board	IPSASB	International Public Sector Accounting Standards Board
		i.R.	im Rahmen
IAS	International Accounting Standard	i.R.d.	im Rahmen der/des
		IRZ	Zeitschrift für internationale Rechnungslegung
IASB	International Accounting Standards Board		
		ISA	International Standard on Auditing
IASC	International Accounting Standards Committee		
		ISAE	International Standard on Assurance Engagement
i.d.F.	in der Fassung		
i.d.R.	in der Regel	i.S.d.	im Sinne der, des, dieser
i.d.S.	in diesem Sinne	ISRE	International Standard on Review Engagements
IDW	Institut der Wirtschaftsprüfer in Deutschland e.V.		
		ISRS	International Standard on Related Services
IDW-AAB	Allgemeine Auftragsbedingungen für Wirtschaftsprüfer und Wirtschaftsprüfungsgesellschaften		
		i.S.v.	im Sinne von
		i.V.m.	in Verbindung mit
IDW EPS	Entwurf IDW Prüfungsstandard	i.w.S.	im weiteren Sinne
IDW EQS	Entwurd IDW Qualitätssicherungsstandard	i.Z.m.	im Zusammenhang mit
IDW ERS	Entwurf IDW Stellungnahme zur Rechnungslegung		

J

IDW ES	Entwurf IDW Standard	JA	Jahresabschluss/Jahresabschlüsse
IDW Life	Mitgliederzeitschrift des IDW	JfB	Journal für Betriebswirtschaft (Zeitschrift)
IDW PH	IDW Prüfungshinweis		
IDW PS	IDW Prüfungsstandard	Jg.	Jahrgang
IDW QS	IDW Qualitätssicherungsstandard	JoA	Journal of Accountancy (Zeitschrift)
IDW RH	IDW Rechnungslegungshinweis	JVEG	Justizvergütungs- und -entschädigungsgesetz
IDW RS	IDW Stellungnahme zur Rechnungslegung		
		JZ	Juristenzeitung (Zeitschrift)
IDW S	IDW Standard		

K

KA	Konzernabschluss/Konzernabschlüsse
KAG	Kapitalanlagegesellschaft
KAGG	Gesetz über Kapitalanlagegesellschaften
KalV	Kalkulationsverordnung
KAMs	Key Audit Matters
KAnh.	Konzern-Anhang
Kap.	Kapitel
KapAEG	Kapitalaufnahmeerleichterungsgesetz
KapCo-Ges.	Kapitalgesellschaft und Co.
KapCo-RiLiG	Kapitalgesellschaften- und Co-Richtlinie-Gesetz
KapErhStG	Kapitalerhöhungssteuergesetz
KapErtrSt	Kapitalertragsteuer
KapGes.	Kapitalgesellschaft
KAPr.	Konzernabschlussprüfer
KfQK	Kommission für Qualitätskontrolle
KFR	Kapitalflussrechnung
KfW	Kreditanstalt für Wiederaufbau
KG	Kommanditgesellschaft
KGaA	Kommanditgesellschaft auf Aktien
KHFA	Krankenhausfachausschuss des IDW
KI	Kreditinstitut
KJ	Kalenderjahr
KLB	Konzernlagebericht
Kleinst-KapGes.	Kleinstkapitalgesellschaft
Komm.	Kommentar
KonBefrV	Konzernabschlussbefreiungsverordnung
KonTraG	Gesetz zur Kontrolle und Transparenz im Unternehmensbereich
KoR	Kapitalmarktorientierte Rechnungslegung (Zeitschrift)
KPrB	Konzernprüfungsbericht
krit.	kritisch
KSt	Körperschaftsteuer
KStG	Körperschaftsteuergesetz
KStR	Körperschaftsteuer-Richtlinien
KWG	Kreditwesengesetz
KWKG	Kraft-Wärme-Kopplungs-Gesetz

L

LB	Lagebericht
Lfg.	Lieferung
LG	Landgericht
LHO	Landeshaushaltsordnung
LIFO	Last in - first out
LiqV	Liquiditätsverordnung
lit.	Littera
Lit.	Literatur
LO	Lizensierungsordnung
Losebl.	Loseblattsammlung
LRH	Landesrechnungshof
lt.	laut
LZB	Landeszentralbank

M

MaComp	Mindestanforderungen an die Compliance
MaIR	Mindestanforderungen an die Ausgestaltung der Internen Revision
MaRisk	Mindestanforderungen an das Risikomanagement
m.a.W.	mit anderen Worten
MBl.	Ministerialblatt
MBO	Management-Buy-Out
MG	Monitoring Group
MiFlD	Europäische Finanzmarktrichtlinie
Mio.	Million(en)
Mitt.	Mitteilung
MittBl.	Mitteilungsblatt
m.N.	mit Nachweisen
Mrd.	Milliarde(n)
MU	Mutterunternehmen
m.w.H.	mit weiteren Hinweisen
m.w.N.	mit weiteren Nachweisen
MwSt	Mehrwertsteuer

N

n.F.	neue Fassung
NJW	Neue Juristische Wochenschrift (Zeitschrift)
Non-PIE	Non Public Interest Entities
Nr.	Nummer/Nummern
nrkr.	nicht rechtskräftig
n.v.	nicht veröffentlicht

Abkürzungsverzeichnis

NZG	Neue Zeitschrift für Gesellschaftsrecht

O

o.ä.	oder ähnlich
ÖFA	Fachausschuss für öffentliche Unternehmen und Verwaltungen des IDW
öR	öffentliches Recht
ö.-r.	öffentlich-rechtlich
OFD	Oberfinanzdirektion
o.g.	oben genannte(n)
OHG	Offene Handelsgesellschaft
OLG	Oberlandesgericht
o.V.	ohne Verfasser

P

p.a.	per anno
Para.	Paragraph
PCAOB	Public Company Accounting Oversight Board
PersGes.	Personengesellschaft
PIC	Public Interest Committee
PIE	Public Interest Entities
PIOB	Public Interest Oversight Board
PR	Public Relations
PrA	Prüfungsausschuss
PrB	Prüfungsbericht
ProdHaftG	Produkthaftungsgesetz
PfQK	Prüfer für Qualitätskontrolle
PrüfbV	Prüfungsberichtsverordnung
PrüfO	Prüfungsordnung
PrüfV	Prüfungsberichteverordnung
P/StK	Pensions- und Sterbekasse(n)
PublG	Publizitätsgesetz

R

RA	Rechtsanwalt/Rechtsanwälte
RAP	Rechnungsabgrenzungsposten
rd.	rund
RdErl.	Runderlass
RDG	Rechtsdienstleistungsgesetz
RdSchr.	Rundschreiben
RdVfg.	Rundverfügung
RegBegr.	Regierungsbegründung
RegE	Regierungsentwurf
RIW	Recht der Internationalen Wirtschaft (Zeitschrift)
rkr.	rechtskräftig
RL	Richtlinie
RMS	Risikomanagementsystem
Rn.	Randnummer(n)
Rspr.	Rechtsprechung
RVO	Rechtsverordnung

S

S.	Seite, auch Satz/Sätze
s.	siehe
s.a.	siehe auch
SaQK	Satzung für Qualitätskontrolle
SCE	Societas Cooperativa Europaea
SCEAG	SCE-Ausführungsgesetz
s.d.	siehe dort
SE	Societas Europaea
SEAG	SE-Ausführungsgesetz
SEC	Securities and Exchange Commission
SegBE	Segmentberichterstattung
SG	Schmalenbach Gesellschaft für Betriebswirtschaft e.V.
SGB	Sozialgesetzbuch
SH	Sonderheft
Slg.	Sammlung
SME	Small and Medium-sized Entities
s.o.	siehe oben
sog.	sogenannt(e)/(en)
Sonderbeil.	Sonderbeilage
sonst.	sonstige
Sp.	Spalte
StB	Steuerberater, auch Steuerbilanz, auch Der Steuerberater (Zeitschrift)
StBerG	Steuerberatungsgesetz
StBG	Steuerberatungsgesellschaft
Stbg.	Die Steuerberatung (Zeitschrift)
StBGebV	Steuerberatergebührenverordnung
StBK	Steuerberaterkammer
StFA	Steuerfachausschuss des IDW
StGB	Strafgesetzbuch
St/IDW	IDW Stellungnahme
StPO	Strafprozessordnung
StR	Steuerrecht
st. Rspr.	ständige Rechtsprechung

s.u.	siehe unter	VG	Verwaltungsgericht
StuB	NWB Steuern und Bilanzen (Zeitschrift)	vGA	verdeckte Gewinnausschüttung
		VGH	Verwaltungsgerichtshof
StuW	Steuer und Wirtschaft (Zeitschrift)	vgl.	vergleiche
		v.H.	vom Hundert
		VJ	Vorjahr(e)
		VO	Verordnung
		VollstE	Vollständigkeitserklärung
T		Voraufl.	Vorauflage
teilw.	teilweise	Vorbem.	Vorbemerkung
TransPuG	Transparenz- und Publizitätsgesetz	VorstOG	Vorstandsvergütungs-Offenlegungsgesetz
TU	Tochterunternehmen	VR	Verwaltungsrat
Tz.	Textziffer	VU	Versicherungsunternehmen
		VZ	Veranlagungszeitraum

U		**W**	
u.a.	unter anderem, auch und andere		
u.ä.	und ähnliche(s)	wg.	wegen
u.a.m.	und andere(s) mehr	WiPrPrüfV	Wirtschaftsprüferprüfungsverordnung
Ubg	Die Unternehmensbesteuerung (Zeitschrift)	WiSt	Wirtschaftswissenschaftliches Studium (Zeitschrift)
u.dgl.	und dergleichen	wistra	Zeitschrift für Wirtschaft, Steuer, Strafrecht
u.E.	unseres Erachtens		
ÜbschV	Überschussverordnung	WJ	Wirtschaftsjahr
UmwG	Umwandlungsgesetz	WM	Wertpapier-Mitteilungen (Zeitschrift)
UmwStG	Umwandlungssteuergesetz		
Unterabs.	Unterabsatz	WP	Wirtschaftsprüfer
US-GAAP	United States - Generally Accepted Accounting Principles	WPAnrV	Wirtschaftsprüfungsexamens-Anrechnungsverordnung
		WPBHV	Wirtschaftsprüfer-Berufshaftpflichtversicherungsverordnung
USt	Umsatzsteuer		
usw.	und so weiter	WPG	Wirtschaftsprüfungsgesellschaft(en)
u.U.	unter Umständen		
UV	Umlaufvermögen	WPg	Die Wirtschaftsprüfung (Zeitschrift)
UWG	Gesetz gegen den unlauteren Wettbewerb		
		WPH	WP-Handbuch
		WpHG	Wertpapierhandelsgesetz
V		WPK	Wirtschaftsprüferkammer
v.	von, vom	WPK-Magazin	Mitteilungen der WPK (Zeitschrift)
v.a.	vor allem		
vBP	vereidigte(r) Buchprüfer	WPK-Mitt.	Wirtschaftsprüferkammer-Mitteilungen (Zeitschrift)
Verf.	Verfasser		
Verk-ProspG	Verkaufsprospektgesetz	WPO	Wirtschaftsprüferordnung
		WPOÄG	Wirtschaftsprüferordnungs-Änderungsgesetz
Verm-AnlG	Vermögensanlagegesetz		
VFA	Versicherungsfachausschuss des IDW	WpPG	Wertpapierprospektgesetz
		WPRefG	Wirtschaftsprüferexamens-Reformgesetz
Vfg.	Verfügung		

Abkürzungsverzeichnis

WpÜG	Wertpapiererwerbs- und Übernahmegesetz
WPV	Versorgungswerk der Wirtschaftsprüfer
WRP	Wettbewerb in Recht und Praxis (Zeitschrift)

X

XBRL	Extensible Business Reporting Language

Z

z.B.	zum Beispiel
ZBB	Zeitschrift für Bankrecht und Bankwirtschaft
ZCG	Zeitschrift für Corporate Governance
ZfB	Zeitschrift für Betriebswirtschaft
ZfbF	Zeitschrift für betriebswirtschaftliche Forschung
ZfCM	Zeitschrift für Controlling & Management
ZGR	Zeitschrift für Unternehmens- und Gesellschaftsrecht
ZHR	Zeitschrift für das gesamte Handelsrecht und Wirtschaftsrecht
ZIP	Zeitschrift für Wirtschaftsrecht
ZPO	Zivilprozessordnung
z.T.	zum Teil
zust.	zustimmend
z.Z.	zur Zeit
zzgl.	zuzüglich

Literaturverzeichnis

Das Literaturverzeichnis besteht aus vier Teilen: Zunächst werden Kommentare und betriebswirtschaftliche Standardliteratur in aktueller Auflage, die durch eine Hochzahl dargestellt wird, aufgelistet. Sofern Vorauflagen zitiert werden, sind diese an der abweichenden Hochzahl zu erkennen. Die Auflistung der Quellen erfolgt alphabetisch.

Monographien und Beiträgen in Sammelwerken (wie z.B. Festschriftenaufsätze) sind mit kompletter Titelangabe im zweiten Teil des Literaturverzeichnisses angegeben. Aufsätze in Fachzeitschriften mit genauem Titel sind Inhalt des dritten Teils. Die in Teil zwei und drei genannten Quellen sind in den Kapiteln in abgekürzter Form zitiert.

Im vierten Teil des Literaturverzeichnisses sind die nur in diesem Band zitierten IDW Verlautbarungen aufgeführt. Eine vollständige Auflistung finden Sie im Hauptband der WPH Edition „Wirschaftsprüfung & Rechnungslegung", 15. Aufl., Düsseldorf 2017 oder auf der Webseite des IDW (www.idw.de) unter der Rubrik Verlautbarungen.

Literaturverzeichnis

Inhalt | S.
1. Kommentare und Standardliteratur 2404
2. Monographien und Beiträge in Sammelwerken. 2410
3. Beiträge in Zeitschriften. 2419
4. IDW Verlautbarungen 2455

1. Kommentare und Standardliteratur

ADS[6]	Adler/Düring/Schmaltz, Rechnungslegung und Prüfung der Unternehmen, 6. Aufl., Stuttgart 1995–2000
ADS International	Adler/Düring/Schmaltz, Rechnungslegung nach internationalen Standards, Stuttgart 2002 ff. (Loseblattausgabe)
Assmann/Schneider, WpHG[6]	Assmann/Schneider (Hrsg.), Wertpapierhandelsgesetz, 6. Aufl., Köln 2012
Baetge/Kirsch/Thiele, Bilanzrecht	Baetge/Kirsch/Thiele (Hrsg.), Bilanzrecht: Handelsrecht mit Steuerrecht und den Regelungen des IASB, Kommentar, Bonn 2002 ff. (Loseblattausgabe)
Baetge/Kirsch/Thiele, Konzernbilanzen[11]	Baetge/Kirsch/Thiele, Konzernbilanzen, 11. Aufl., Düsseldorf 2015
Baetge u.a., IFRS[2]	Baetge u.a. (Hrsg.), Rechnungslegung nach IFRS, 2. Aufl., Stuttgart 2005 ff. (Loseblattausgabe)
Baumbach/Hopt, HGB[38]	Baumbach/Hopt, Handelsgesetzbuch, 38. Aufl., München 2018
Baumbach/Hueck, GmbHG[21]	Baumbach/Hueck, GmbH-Gesetz, 21. Aufl., München 2017
BeBiKo[11]	Grottel u.a. (Hrsg.), Beck'scher Bilanz-Kommentar, Handels- und Steuerbilanz, 11. Aufl., München 2018
Beck OK HGB	Häublein/Hoffmann-Theinert (Hrsg.), Beck'scher Online-Kommentar HGB, 15. Edition, München 2017
Beck-IFRS[5]	Bohl/Riese/Schlüter (Hrsg.), Beck'sches IFRS-Handbuch, 5. Aufl., München 2016
BHdR[51]	Böcking u.a. (Hrsg.), Beck'sches Handbuch der Rechnungslegung, HGB und IFRS, 51. Aufl., München 2016 ff. (Loseblattausgabe)
Biener/Berneke, BiRiLiG	Biener/Berneke, Bilanzrichtlinien-Gesetz, Düsseldorf 1986

Biener/Schatzmann, Konzernrechnungslegung	Biener/Schatzmann, Konzernrechnungslegung, Düsseldorf 1983
BilRUG-Komm.	Russ/Janßen/Götze, BilRUG – Auswirkungen auf das deutsche Bilanzrecht, Düsseldorf 2015
BoHdR[2]	Hofbauer u.a. (Hrsg.), Bonner Handbuch der Rechnungslegung, 2. Aufl., Bonn 1994 ff. (Loseblattausgabe)
Busse v. Colbe u.a., Konzernabschlüsse[9]	Busse v. Colbe u.a., Konzernabschlüsse, 9. Aufl., Wiesbaden 2009
Busse v. Colbe/Crasselt/Pellens	Busse v. Colbe/Crasselt/Pellens, Lexikon des Rechnungswesens: Handbuch der Bilanzierung und Prüfung, der Erlös-, Finanz-, Investitions- und Kostenrechnung, 5. Aufl., München 2011
DPM	Dötsch/Pung/Möhlenbrock, Die Körperschaftsteuer, Stuttgart (Loseblattausgabe)
Ebenroth/Boujong/Joost/Strohn, HGB[3]	Ebenroth/Boujong/Joost/Strohn (Hrsg.), Handelsgesetzbuch, 3. Aufl., München 2014
Emmerich/Habersack, Aktien- und GmbH-Konzernrecht[8]	Emmerich/Habersack, Aktien- und GmbH-Konzernrecht, 8. Aufl., München 2016
Emmerich/Sonnenschein/Habersack, Konzernrecht[10]	Emmerich/Sonnenschein/Habersack, Konzernrecht, 10. Aufl., München 2013
Fuchs, WpHG[2]	Fuchs (Hrsg.), Wertpapierhandelsgesetz (WpHG): Kommentar, 2. Aufl., München 2016
Gelhausen/Fey/Kämpfer, BilMoG	Gelhausen/Fey/Kämpfer, Rechnungslegung und Prüfung nach dem Bilanzrechtsmodernisierungsgesetz, Düsseldorf 2009
Geßler u.a., AktG	Geßler/Hefermehl/Eckardt/Kropff, Aktiengesetz, Kommentar, München 1973–1994
Grigoleit, AktG	Grigoleit, Aktiengesetz Kommentar, München 2013
Großkomm. AktG[5]	Hopt/Wiedemann (Hrsg.), Aktiengesetz, Großkommentar, 5. Aufl., Berlin 2015
Hachmeister u.a., Bilanzrecht	Hachmeister u.a., Bilanzrecht, Köln 2018
Haufe HGB Kommentar[8]	Bertram/Brinkmann/Kessler/Müller (Hrsg.), Haufe HGB BilanzKommentar, 8. Aufl., Freiburg 2017
Hayes/Wallage/Görtemaker, Principles of Auditing[3]	Hayes/Wallage/Görtemaker, Principles of Auditing, 3. Aufl., Boston 2014
Hdb. AktR[8]	Henn/Frodermann/Jannott (Hrsg.), Handbuch des Aktienrechts, 8. Aufl., Heidelberg 2009

HdJ	Schulze-Osterloh/Hennrichs/Wüstemann (Hrsg.), Handbuch des Jahresabschlusses, Bilanzrecht nach HGB, EStG und IFRS, Köln 1984 ff. (Loseblattausgabe)
HdKonzernR[2]	Küting/Weber (Hrsg.), Handbuch der Konzernrechnungslegung, Kommentar zur Bilanzierung und Prüfung, 2. Aufl., Stuttgart 1998
HdR[5]	Küting/Weber (Hrsg.), Handbuch der Rechnungslegung: Einzelabschluss, 5. Aufl., Stuttgart 2005 ff. (Loseblattausgabe)
Heidel/Schall, HGB[2]	Heidel/Schall (Hrsg.), HGB, Handkommentar, 2. Aufl., Baden-Baden 2015
Hense/Ulrich, WPO[3]	Gelhausen/Ziegler (Hrsg.), WPO Kommentar, 3. Aufl., Düsseldorf 2018
Henssler/Strohn, GesR[3]	Henssler/Strohn, Gesellschaftsrecht, 3. Aufl., München 2016
Heuser/Theile, IFRS[5]	Heuser/Theile, IFRS-Handbuch, 5. Aufl., Köln 2012
HK-AktG[4]	Bürger/Körber, Heidelberger Kommentar zum Aktiengesetz, 4. Aufl., Heidelberg 2017
HK-HGB[7]	Glanegger u.a. (Hrsg.), Heidelberger Kommentar zum Handelsgesetzbuch, 7. Aufl., Heidelberg 2007
Hölters, AktG[3]	Hölters (Hrsg.), Aktiengesetz, Kommentar, 3. Aufl. München 2017
Holding-Handbuch[5]	Lutter/Bayer (Hrsg.), Holding-Handbuch, 5. Aufl., Köln 2015
Hüffer/Koch, AktG[13]	Koch, Aktiengesetz, 13. Aufl., München 2018
HWB[5]	Wittmann (Hrsg.), Handwörterbuch der Betriebswirtschaft (HWB), 5. Aufl., Stuttgart 1993
HWF[3]	Gerke/Steiner (Hrsg.), Handwörterbuch des Bank- und Finanzwesens (HWF), 3. Aufl., Stuttgart 2001
HWÖ	Chmielewicz/Eichhorn (Hrsg.), Handwörterbuch der öffentlichen Betriebswirtschaft (HWÖ), Stuttgart 1989
HWR[3]	Chmielewicz (Hrsg.), Handwörterbuch des Rechnungswesens (HWR), 3. Aufl., Stuttgart 1993

HWRev[2]	v. Wysocki/Coenenberg (Hrsg.), Handwörterbuch der Revision (HWRev), 2. Aufl., Stuttgart 1993
HWRP[3]	Ballwieser/Coenenberg/v.Wysocki (Hrsg.), Handwörterbuch der Rechnungslegung und Prüfung (HWRP), 3. Aufl., Stuttgart 2002
IDW, Praxishandbuch[11]	IDW (Hrsg.), Praxishandbuch zur Qualitätssicherung 2017/2018, 11. Aufl., Düsseldorf 2017
IDW, WPH Edition, Wirtschaftsprüfung & Rechnungslegung[15]	IDW (Hrsg.), WPH Edition, Wirtschaftprüfung & Rechnungslegung, 15. Aufl., Düsseldorf 2017
IDW, WPH Edition, Assurance	IDW (Hrsg.), WPH Edition, Assurance, Vertrauensleistungen außerhalb der Abschlussprüfung, Düsseldorf 2017
IDW, WPH Edition, Sanierung und Insolvenz	IDW (Hrsg.), WPH Edition, Sanierung und Insolvenz, Rechnungslegung und Beratung in der Unternehmenskrise, Düsseldorf 2017
IDW, WPH Edition, Versicherungsunternehmen	IDW (Hrsg.), WPH Edition, Versicherungsunternehmen, Rechnungslegung und Prüfung in der Versicherungswirtschaft, Düsseldorf 2018
Kessler/Leinen/Strickmann, Handbuch BilMoG[2]	Kessler/Leinen/Strickmann (Hrsg.), Handbuch BilMoG, 2. Aufl., Freiburg 2010
Kirsch, Rechnungslegung	Kirsch (Hrsg.), Rechnungslegung Kommentar, Bonn 2011 ff. (Loseblattausgabe)
Klein, AO[13]	Klein, Abgabenordnung Kommentar, 13. Aufl., München 2016
Kölner Komm. AktG[3]	Zöllner/Noack (Hrsg.), Kölner Kommentar zum Aktiengesetz, 3. Aufl., Köln 2004 ff.
Kölner Komm. Rechnungslegungsrecht	Claussen/Scherrrer (Hrsg.), Kölner Kommentar zum Rechnungslegungsrecht, Köln 2010
Koslowski, StBerG[7]	Koslowski, Steuerberatungsgesetz, 7. Aufl., München 2015
KPMG, Compliance-Management-System[2]	KPMG (Hrsg.), Das wirksame Compliance-Management-System, 2. Aufl., Berlin/Düsseldorf/Frankfurt a.M. 2016
Kremer u.a., DCGK[7]	Kremer/Bachmann/Lutter/v. Werder, Deutscher Corporate Governance Kodex, Kodex-Kommentar, 7. Aufl., München 2018
Krommes, Hdb.JAPr[4]	Krommes, Handbuch der Jahresabschlussprüfung, 4. Aufl., Wiesbaden 2015
Kropff, AktG	Kropff, Aktiengesetz, Düsseldorf 1965

Krumnow, KI[2]	Krumnow (Hrsg.), Rechnungslegung von Kreditinstituten, 2. Aufl., Stuttgart 2004
Küting/Weber, Bilanzanalyse[11]	Küting/Weber, Die Bilanzanalyse, 11. Aufl., Stuttgart 2015
Küting/Pfitzer/Weber, Bilanzrecht[2]	Küting/Pfitzer/Weber, Das neue deutsche Bilanzrecht, 2. Aufl., Stuttgart 2009
Küting/Weber, Konzernabschluss[13]	Küting/Weber, Der Konzernabschluss, 13. Aufl., Stuttgart 2012
Lang/Weidmüller, GenG[38]	Lang/Weidmüller, Genossenschaftsgesetz, 38. Aufl., Berlin 2016
Kuhls/Meurers/Maxl, StBG[3]	Kuhls/Meurers/Maxl, Kommentar zum Steuerberatungsgesetz, 3. Aufl., Herne 2012
Leffson, GoB[7]	Leffson, Die Grundsätze ordnungsmäßiger Buchführung, 7. Aufl., Düsseldorf 1987
Leffson, HURB	Leffson (Hrsg.), Handwörterbuch unbestimmter Rechtsbegriffe im Bilanzrecht des HGB, Köln 1986
Leffson, Wirtschaftsprüfung[4]	Leffson, Wirtschaftsprüfung 4. Aufl., Wiesbaden 1995
Lüdenbach/Hoffmann, IFRS[15]	Lüdenbach/Hoffmann (Hrsg.), Haufe-IFRS-Kommentar, 15. Aufl., Freiburg 2017
Lutter/Hommelhoff, GmbHG[19]	Lutter/Hommelhoff, GmbH-Gesetz, 19. Aufl., Köln 2016
Marten/Quick/Ruhnke, Wirtschaftsprüfung[5]	Marten/Quick/Ruhnke, Wirtschaftsprüfung, 5. Aufl., Stuttgart 2015
MünchHdb. AG[4]	Hoffmann-Becking (Hrsg), Münchener Handbuch des Gesellschaftsrechts, Bd. 4, Aktiengesellschaft, 4. Aufl., München 2015
MünchKomm. AktG[4]	Goette/Habersack (Hrsg.), Münchener Kommentar zum Aktiengesetz, 4. Aufl., München 2015 ff.
MünchKomm. BGB[7]	Rixecker/Säcker/Oetker (Hrsg.), Münchener Kommentar zum BGB, 7. Aufl., München 2017 ff.
MünchKomm. BilR	Hennrichs/Kleindiek/Watrin (Hrsg.), Münchener Kommentar zum Bilanzrecht, München 2013
MünchKomm. HGB[3]	Schmidt, K. (Hrsg.), Münchener Kommentar zum HGB, 3. Aufl., München 2010 ff.
NWB Komm BilR[9]	Hoffmann/Lüdenbach, NWB Kommentar Bilanzierung, 9. Aufl., Herne 2018

Palandt, BGB[77]	Palandt, Bürgerliches Gesetzbuch, 77. Aufl., München 2018
Petersen/Zwirner/Brösel, Bilanzrecht[3]	Petersen/Zwirner/Brösel (Hrsg.), Systematischer Praxiskommentar Bilanzrecht, 3. Aufl., Köln 2016
Rowedder/Schmidt-Leithoff, GmbHG[6]	Rowedder/Schmidt-Leithoff (Hrsg.), Gesetz betreffend die Gesellschaften mit beschränkter Haftung (GmbHG), 6. Aufl., München 2017
Saenger/Inhester, GmbHG[3]	Saenger/Inhester (Hrsg.), GmbHG, Handkommentar, 3. Aufl., Baden-Baden 2016
Scharpf/Schaber	Scharpf/Schaber, Handbuch Bankbilanz, Düsseldorf 2018
Schmidt, L., EStG[37]	Weber-Grellet (Hrsg.), Einkommensteuergesetz, 37. Aufl., München 2018
Schmidt/Lutter, AktG[3]	Schmidt, K./Lutter (Hrsg.), Aktiengesetz, 3. Aufl., Köln 2015
Scholz, GmbHG[11]	Scholz, Kommentar zum GmbH-Gesetz: mit Anhang Konzernrecht, 11. Aufl., Köln 2012-2015
Selchert, Jahresabschlußprüfung[2]	Selchert, Jahresabschlußprüfung der Kapitalgesellschaften, 2. Aufl., Wiesbaden 1996
Spindler/Stilz, AktG[3]	Spindler/Stilz (Hrsg.), Kommentar zum Aktiengesetz, 3. Aufl., München 2015
Staub, HGB[5]	Staub, Großkommentar HGB / hrsg. v. Canaris/Schilling/Ulmer, 5. Aufl., Berlin 2008 ff.
Strieder, DCGK	Strieder, DCGK Deutscher Corporate Governance Kodex – Praxiskommentar, Berlin 2005
Tipke/Kruse, AO	Tipke/Kruse u.a. (Hrsg.), Abgabenordnung, Finanzgerichtsordnung, 16. Aufl., Köln 1996 ff. (Loseblattausgabe)
Ulmer, HGB	Ulmer (Hrsg.), HGB-Bilanzrecht, Großkommentar, Berlin 2002
Wiedmann/Böcking/Gros, Bilanzrecht[3]	Wiedmann/Böcking/Gros, Bilanzrecht, 3. Aufl., München 2014
Winkeljohann/Förschle/Deubert, Sonderbilanzen[5]	Winkeljohann/Förschle/Deubert (Hrsg.), Sonderbilanzen, 5. Aufl., München 2016
WP Handbuch 2012 Bd. I.	IDW (Hrsg.), WP Handbuch 2012 Wirtschaftsprüfung, Rechnungslegung, Beratung, Band I, 14. Aufl., Düsseldorf 2012

WP Handbuch 2014 Bd. II   IDW (Hrsg.), WP Handbuch 2014 Wirtschafts-
                             prüfung, Rechnungslegung, Beratung, Band II,
                             14. Aufl., Düsseldorf 2014

2. Monographien und Beiträgen in Sammelwerken

AICPA, Improving Business Reporting – A Customer Focus, New York 1994

AK „Externe Unternehmensrechnung" der Schmalenbach-Gesellschaft – Deutsche Gesellschaft für Betriebswirtschaft e.V., Aufstellung von Konzernabschlüssen, Grundsatz: Berücksichtigung latenter Steuern bei der erfolgswirksamen Schuldenkonsolidierung, hrsg. v. Busse v. Colbe/Müller/Reinhard, 2. Aufl., Düsseldorf 1989

Albach, Qualitätsmanagement in der Wirtschaftsprüfungsgesellschaft, in: Moxter (Hrsg.), Rechnungslegung: Entwicklungen bei der Bilanzierung und Prüfung von Kapitalgesellschaften, Düsseldorf 1992, S. 1

Baetge/Zülch, Vermögenslage, in: HWRP^3, Sp. 2518

Baumann, Die Segment-Berichterstattung im Rahmen der externen Finanzpublizität, in: Havermann (Hrsg.), Bilanz- und Konzernrecht, FS Goerdeler, Düsseldorf 1987, S. 22

Baums, Agio und sonstige Zuzahlungen im Aktienrecht, in: Erle u.a. (Hrsg.): Festschrift für Peter Hommelhoff zum 70. Geburtstag, Köln 2012, S. 61

Beusch, Rücklagenbildung im Konzern, in: Havermann (Hrsg.), Bilanz- und Konzernrecht, FS Goerdeler, Düsseldorf 1987, S. 25

Blenkers/Czisz/Gerl, Rückstellungen, Kissing 1994

Boecker, Accounting Fraud aufdecken und vorbeugen: Formen der Kooperation von Unternehmensführung und - überwachung, Berlin 2010

Böcking, Segmentberichterstattung – Ein Baustein zur Kontrolle und Transparenz im Unternehmensbereich!, in: Dörner/Menold/Pfitzer (Hrsg.), Reform des Aktienrechts, der Rechnungslegung und Prüfung, Stuttgart 1999, S. 509

Bores, Konsolidierte Erfolgsbilanzen und andere Bilanzierungsmethoden für Konzerne und Kontrollgesellschaften, Leipzig 1935

Boynton/Johnson, Modern Auditing, 8. Aufl., New York 2006

Brebeck/Herrmann, Überlegungen zur handelsbilanziellen Behandlung von Lizenzen für die Nutzung immaterieller Vermögensgegenstände, in: Kirsch/Thiele (Hrsg.), Rechnungslegung und Wirtschaftsprüfung, Festschrift zum 70. Geburtstag von Jörg Baetge, Düsseldorf 2007, S. 63

Brückner/Campbell/Scheibeler, Prozessorientiertes Qualitätsmanagement nach ISO 9001:2000, Kissing, 2007 ff. (Loseblattausgabe)

Budde/Forster, D-Markbilanzgesetz (DMBilG), München 1991

Bungartz, Handbuch Interne Kontrollsysteme (IKS): Steuerung und Überwachung von Unternehmen, 4. Aufl., Berlin 2014

Busse von Colbe u.a. (Hrsg.), Ergebnis je Aktie nach DVFA/SG, 3. Aufl., Stuttgart 2000

Clark/Fujimoto, Automobilentwicklung mit System, Frankfurt a.M./New York 1992

Clausen, Verbundene Unternehmen, Düsseldorf 1992

Clemm/Reittinger, Lagebericht, Prüfung, in: HWRev^2, Sp. 1190

Coenenberg/Haller/Schultze, Jahresabschluss und Jahresabschlussanalyse, 24. Aufl., Stuttgart 2016

Cressey, Other People's Money – A Study in the Social Psychology of Embezzlement, Montclair 1973

Crezelius, Steuerrechtsfragen der Sachwertabfindung, in: Carlé (Hrsg.), Gestaltung und Abwehr im Steuerrecht, FS Korn, Bonn 2005, S. 273

Decher, Das Business Combination Agreement – ein verdeckter Beherrschungsvertrag oder sonstiger strukturändernder Vertrag?, in: Kindler/Koch/Ulmer (Hrsg.), Festschrift für Uwe Hüffer zum 70. Geburtstag, München 2010, S. 145

Deilmann, Die Entstehung des qualifiziert faktischen Konzerns, Bonn 1990

DGRV Deutscher Genossenschafts- und Raiffeisenverband e.V. Berlin (Hrsg.), Jahresabschluss der Waren-, Dienstleistungs- und Agrargenossenschaften, 7. Aufl., Wiesbaden 2010 ff. (Loseblattausgabe)

Dierdorf, Herrschaft und Abhängigkeit einer AG auf schuldvertraglicher und tatsächlicher Grundlage, Köln 1978

Dörner, Prüfungsansatz, risikoorientiert, in: HWRP³, Sp. 1744

Dörner, Inwieweit schließen sich Erstellung, Beratung und Prüfung von Jahresabschlüssen gegenseitig aus?, in: Wagner (Hrsg.), Steuerberatung im Spannungsfeld von Betriebswirtschaft und Recht, FS Stehle, Stuttgart 1997, S. 81

Dörner/Menold/Pfitzer (Hrsg.), Reform des Aktienrechts, der Rechnungslegung und Prüfung: KonTraG – KapAEG – EuroEG – StückAG, Stuttgart 1999

Dörner/Menold/Pfitzer/Oser (Hrsg.), Reform des Aktienrechts, der Rechnungslegung und der Prüfung: KonTraG – Corporate Governance – TransPuG, 2. Aufl., Stuttgart 2003

Dreger, Der Konzernabschluss, Wiesbaden 1969

Ebke, Die Arbeitspapiere des Wirtschaftsprüfers und Steuerberaters im Zivilprozess, Köln 2003

Ebke, Die Besorgnis der Befangenheit des Abschlussprüfers und ihre Auswirkungen auf die Abschlussprüfung und den testierten Jahresabschluss, Köln 2005

Ebke, Wirtschaftsprüfer und Dritthaftung, Bielefeld 1983

Elmendorff, Anwendbarkeit von Zufallsstichproben bei der Jahresabschlußprüfung, Düsseldorf 1963

Emmerich, Über atypische und verdeckte Beherrschungsverträge, in: Kindler/Koch/Ulmer u.a. (Hrsg.), Festschrift für Uwe Hüffer zum 70. Geburtstag, München 2010, S. 179

Erle, Der Bestätigungsvermerk des Abschlussprüfers, Düsseldorf 1990

Ernst/Seibert/Stuckert, KonTraG, KapAEG, StückAG, EuroEG – Textausgabe, Düsseldorf 1998

EY, International GAAP 2018, o.O. 2018

Fey, Grundsätze ordnungsmäßiger Bilanzierung für Haftungsverhältnisse, Düsseldorf 1989

Fink/Kajüter/Winkeljohann, Lageberichterstattung, Stuttgart 2013

Flunker/Lotz, Die Bilanzierung von ABS-Transaktionen beim Veräußerer nach deutschem Handelsrecht, 4. Aufl., München 2012

Forster, Fragen der Prüfung des Jahresabschlusses durch den Aufsichtsrat, in: Forster (Hrsg.), Festschrift für Bruno Kropff, Aktien- und Bilanzrecht, Düsseldorf 1997, S. 71

Freiberg, Diskontierung in der internationalen Rechnungslegung, Anwendungsbereiche und Konzepte, Herne 2010

Freidank, Jahresabschluss, in: HWRP³, Sp. 1249

Freidank/Lachnit/Tesch, Vahlens Großes Auditing Lexikon, München 2007

Fricke, Rechnungslegung für Beteiligungen nach der Anschaffungskostenmethode und nach der Equity-Methode, Bochum 1983

Friederici, o.T., in: Leist (Hrsg.), Qualitätsmanagement. Methoden und Werkzeuge zur Planung und Sicherung der Qualität, Fach 2/3.3, S. 1

Funk, Die Bilanzierung nach neuem Recht aus der Sicht eines international tätigen Unternehmens, in: Baetge (Hrsg.), Das neue Bilanzrecht – Ein Kompromiß divergierender Interessen?, Düsseldorf 1985, S. 145

Geiger, Die Entstehung, Erstellung und Weiterentwicklung der DIN ISO 9000-Familie, in: Stauss (Hrsg.), Qualitätsmanagement und Zertifizierung, Wiesbaden 1994, S. 27

Gelhausen, Bestätigungsvermerk, in: HWRP³, Sp. 303

Gelhausen, Bilanzierung zur Einziehung erworbener Aktien und Kapitalschutz, in: Kirsch/Theile (Hrsg.), Rechnungslegung und Wirtschaftsprüfung, Festschrift zum 70. Geburtstag von Jörg Baetge, Düsseldorf 2007, S. 189

Gelhausen/Heinz, Vermögensentnahmen aus GmbH und AG, in: Krieger/Lutter/Schmidt (Hrsg.), Festschrift für Michael Hoffmann-Becking zum 70. Geburtstag, München 2013, S. 357

Geßler, Das „Unternehmen" im Aktiengesetz, in: Flume/Hamm (Hrsg.), Festschrift für Alexander Knur, München 1972, S. 145

Göbel, Interne Überwachung mit Hilfe von Auswahlverfahren, Berlin 1990

Goerdeler, Probleme des Publizitätsgesetzes, in: Bartholomeyczik u.a. (Hrsg.), Beiträge zum Wirtschaftsrecht, FS Kaufmann, Köln 1972, S. 169

Götz, Der Entherrschungsvertrag im Aktienrecht, Frankfurt a.M. 1991

Graebig, Qualitätsmanagement und Statistik, Berlin 1995 ff. (Loseblattausgabe)

Grewe/Plendl, Redepflicht des Abschlussprüfers, in: HWRP³, Sp. 2006

Großfeld, Recht der Unternehmensbewertung, 5. Aufl., Köln 2009

Habersack, Superdividenden, in: Bitter u.a. (Hrsg.), Festschrift für Karsten Schmidt zum 70. Geburtstag, Köln 2009, S. 523

Hagemann, Pensionsrückstellungen, 2. Aufl., Karlsruhe 2012

Haist/Fromm, Qualität im Unternehmen, Wien 1989

Harte-Bavendamm/Henning-Bodewig (Hrsg.), Gesetz gegen den unlauteren Wettbewerb *(UWG)*, 4. Aufl., München 2016

Havermann, Der Konzernabschluß nach neuem Recht – ein Fortschritt?, in: Havermann (Hrsg.), Bilanz- und Konzernrecht, FS Goerdeler, Düsseldorf 1987, S. 173

Havermann, Die Handelsbilanz II – Zweck, Inhalt und Einzelfragen ihrer Erstellung, in: Knobbe-Keuk (Hrsg.), Handelsrecht und Steuerrecht, FS Döllerer, Düsseldorf 1988, S. 185

Havermann, in: Helbling (Hrsg.), Revision und Rechnungslegung im Wandel, FS Zünd, Zürich 1988, S. 263

Havermann, o.T., in: UEC (Hrsg.), Bericht über den UEC-Kongress, Dublin 1978, S. 14

Havermann, Methoden der Bilanzierung von Beteiligungen (einschließlich der „Equity"-Methode), in: IDW (Hrsg.), Rechnungslegung und Prüfung in internationaler Sicht, Düsseldorf 1978, S. 405

Havermann, Offene Fragen der Konzernrechnungslegung, in: IDW (Hrsg.), Bericht über die Fachtagung 1986 des Instituts der Wirtschaftsprüfer, Düsseldorf 1986, S. 43

Havermann, Zweifelsfragen der Rechnungslegung im Konzern, in: IDW (Hrsg.), Wirtschaftsprüfung im neuen Aktienrecht : Bericht über die Fachtagung 1966, Düsseldorf 1966, S. 75

Heinhold, Begriff und Messung der Qualität von Steuerberatungsleistungen, in: Heinhold/Pasch (Hrsg.), Qualitätsmanagement in Steuerberatung und Wirtschaftsprüfung, München 1999, S. 1

Heinhold/Pasch, Qualitätsbegriff, Qualitätsmanagement und Qualitätsmanagement: Zertifizierung in Wirtschaftstreuhandkanzleien und -gesellschaften, in: Bertl/Mandl (Hrsg.), Rechnungswesen und Controlling, Festschrift für Anton Egger zum 65. Geburtstag, Wien 1997, S. 577

Hennrichs, Bilanz- und steuerrechtliche Aspekte der sog. Scheinauslandsgesellschaften – Am Beispiel der englischen Private Company Limited by Shares, in: Berger u.a. (Hrsg.), Zivil- und Wirtschaftsrecht im Europäischen und Globalen Kontext / Private and Commercial Law in a European and Global Context, FS Horn, Berlin 2006, S. 387

Hennrichs, Corporate Governance und Abschlussprüfung – Zuständigkeiten, Interaktionen und Sorgfaltsanforderungen, in: Erle/Goette/Kleindiek (Hrsg.), Festschrift für Peter Hommelhoff, Köln 2012, S. 383

Henze, Die Berücksichtigung des Börsenkurses bei der Bemessung von Abfindung und variablem Ausgleich im Unternehmensvertragsrecht, in: Schneider (Hrsg.), Deutsches und europäisches Gesellschafts-, Konzern- und Kapitalmarktrecht, FS Lutter, Köln 2000, S. 1101

Herzig/Fuhrmann, Handbuch latente Steuern im Einzelabschluss, München 2012

Heydkamp/Dyck, Qualitätsnormen international operierender Wirtschaftsprüfungsgesellschaften, in: Schitag, Ernst & Young-Gruppe (Hrsg.), Aktuelle Fachbeiträge aus Wirtschaftsprüfung und Beratung, Festschrift zum 65. Geburtstag von Professor Dr. Hans Luik, Stuttgart 1991, S. 217

Hlavica/Klapproth/Hülsberg (Hrsg.), Tax Fraud & Forensic Accounting: Umgang mit Wirtschaftskriminalität, 2. Aufl., Wiesbaden 2016

Hoffmann-Becking/Rellermeyer, Gemeinschaftsunternehmen im neuen Recht der Konzernrechnungslegung, in: Havermann (Hrsg.), Bilanz- und Konzernrecht, FS Goerdeler, Düsseldorf 1987, S. 199

Hommelhoff, Konzernleitungspflicht, Köln 1982

Hüffer, Zur Holzmüller-Problematik: Reduktion des Vorstandsermessens oder Grundlagenkompetenz der Hauptversammlung?, in: Habersack u.a. (Hrsg.), Festschrift für Peter Ulmer zum 70. Geburtstag am 2. Januar 2003, Berlin 2003, S. 279

Hull, Options, Futures and other Derivatives, 7. Aufl., New Jersey 2009

IDW, 75 Jahre Wirtschaftsprüfer im IDW, Gemeinsam denken. Gemeinsam gestalten. Gemeinsam verantworten, Düsseldorf 2007

IDW, Positionspapier zu Inhalten und Zweifelsfragen der EU-Verordnung und der Abschlussprüferrichtlinie, 4. Aufl., Düsseldorf 2018

IDW, Positionspapier zu Nichtprüfungsleistungen des Abschlussprüfers, 3. Aufl., Düsseldorf 2018

Immenga/Mestmäcker (Hrsg.), Wettbewerbsrecht, 5. Aufl., München 2012 ff.

Jackson/Ashton, ISO 9000 – Der Weg zur Zertifizierung, Landsberg 1995

Jöris, Probleme bei der Aufstellung und Prüfung des Konzernabschlusses, in: IDW (Hrsg.), Bericht über die Fachtagung 1985 des Instituts der Wirtschaftsprüfer, Düsseldorf 1985, S. 231

Kämpfer, Management Letter, in: HWRP³, Sp. 1515

Kessler/Suchan, Kapitalschutz bei Erwerb eigener Anteile nach BilMoG, in: Erle u.a. (Hrsg.): Festschrift für Peter Hommelhoff, Köln 2012, S. 509

Kirsch/Hömberg/Fischer, Erwartungslücke und Bestätigungsvermerk, in: Fischer (Hrsg.), Jahresabschluß und Jahresabschlußanalyse, FS Baetge, Düsseldorf 1997, S. 955

Klein/Voss, Geschäftsbericht, in: HWRP³, Sp. 899

Kleine-Cosack, Das Werberecht der rechts- und steuerberatenden Berufe, 2. Aufl., München 2004

Klöcker/Frowein, Spruchverfahrensgesetz, Köln 2004

Knorr, Fehlleistungen des Abschlussprüfers als Befangenheitsgrund, in: Crezelius u.a. (Hrsg.), Festschrift für Volker Röhricht zum 65. Geburtstag, Köln 2005, S. 935

Kolb/Neubeck, Der Lagebericht, Bonn 2013

Koppensteiner, Über wirtschaftliche Abhängigkeit, in: Lutter (Hrsg.), Festschrift für Walter Stimpel zum 68. Geburtstag am 29. November 1985, Berlin/New York 1985, S. 811

Korte, Die Information des Aufsichtsrats durch die Mitarbeiter : Whistleblowing und Mitarbeiterbefragung als Mittel zur Verbesserung der Informationsasymmetrien in der AG, Frankfurt a.M. 2009

Korth, Prüfungsbericht der GmbH – Der Bericht über die Jahresabschlussprüfung der GmbH nach § 321 HGB, München 1988

KPMG, e-Crime Computerkriminalität in der deutschen Wirtschaft, o.O. 2017

KPMG, Insights into IFRS 2017/2018, 14. Aufl., o.O. 2017

KPMG, Licht ins Dunkel bringen – Wirtschaftskriminalität in Deutschland, o.O. 2018

KPMG, Tatort Deutschland – Wirtschaftskriminalität in Deutschland, o.O. 2016

Kraft, Das Verwaltungsgesellschaftsrecht, Frankfurt a.M. 1982

Krämer, Nachvertragliche Wettbewerbsverbote im Spannungsfeld von Berufs- und Vertragsfreiheit, in: Crezelius u.a. (Hrsg.), Festschrift für Volker Röhricht zum 65. Geburtstag, Köln 2005, S. 335

Kraft, Die Mitwirkung der Gesellschafter bei der Befreiung nach § 264 Abs. 3 HGB, in: Hommelhoff u.a. (Hrsg.), Gesellschaftsrecht, Rechnungslegung, Steuerrecht, Festschrift für Welf Müller zum 65. Geburtstag, München 2001, S. 463

Krein, Die Haftung des Abschlussprüfers gegenüber der Gesellschaft wegen Nichtaufdeckung von „Unrichtigkeiten und Verstößen gegen gesetzliche Vorschriften" im Jahresabschluss, Köln 2000

Krieger, Der Abschluss eines Gewinnabführungsvertrags zwischen Mutter und Enkel im mehrstufigen faktischen Konzern, in: Bitter/Lutter/Priester (Hrsg.), Festschrift für Karsten Schmidt zum 70. Geburtstag, Köln 2009, S. 999

Krieger, Unternehmensvertrag und Insolvenz, in: Betteray/Delhaes (Hrsg.), Festschrift für Friedrich Wilhelm Metzeler zum 70. Geburtstag, Köln 2003, S. 139

Kropff, Auswirkungen der Nichtigkeit eines Jahresabschlusses auf die Folgeabschlüsse, in: Förschle (Hrsg.), Rechenschaftslegung im Wandel, FS Budde, München 1995, S. 341

Kropff, Informationsbeschaffungspflichten des Aufsichtsrats, in: Damm/Heermann/Veil (Hrsg.), Festschrift für Thomas Raiser zum 70. Geburtstag am 20.02.2005, Berlin 2005, S. 225

Kropff, Konzerneingangskontrolle bei der qualifiziert konzerngebundenen Aktiengesellschaft in: Havermann (Hrsg.), Bilanz- und Konzernrecht, FS Goerdeler, Düsseldorf 1987, S. 259

Kuhn/Hachmeister, Rechnungslegung und Prüfung von Finanzinstrumenten – Handbuch nach IFRS, HGB und EMIR, Stuttgart 2015

Kuhner/Schilling, Wertpapiere, in HWRP³, Sp. 2684

Lanfermann, Die Bilanzierung des Eigenkapitals der GmbH & Co. KG de lege ferenda – Überlegungen zur Transformation der GmbH & Co. Richtlinie, in: Baetge (Hrsg.), Rechnungslegung, Prüfung und Beratung, FS Ludewig, Düsseldorf 1996, S. 580

Leinekugel, Die Sachdividende im deutschen und europäischen Aktienrecht, Köln 2001

Lenz, Jahresabschluss, Ausweis und Bewertung, Stuttgart u.a. 1978

Liebscher, GmbH-Konzernrecht : die GmbH als Konzernbaustein, München 2006

Link, Abschlussprüfung und Geschäftsrisiko, Wiesbaden 2006

Ludewig, Das berufswürdige Verhalten des Wirtschaftsprüfers in Rechnungslegung und Wirtschaftsprüfung, in: Kirsch/Thiele (Hrsg.), Festschrift zum 70. Geburtstag von Jörg Baetge, Düsseldorf 2007, S. 985

Lück, Quality control, in: Lück (Hrsg.), Lexikon der Rechnungslegung und Abschlußprüfung, 4. Aufl., München 1998, S. 655

Lutter, Organzuständigkeiten im Konzern, in: Lutter (Hrsg.), Festschrift für Walter Stimpel zum 68. Geburtstag am 29. November 1985, Berlin/New York 1985, S. 825

Lutter, Rücklagenbildung im Konzern, in: Havermann (Hrsg.), Bilanz- und Konzernrecht, FS Goerdeler, Düsseldorf 1987, S. 327

Lutter, Vermögensveräußerungen einer abhängigen Aktiengesellschaft – Haftungsrisiken beim „asset-stripping", in: Baur (Hrsg.), Festschrift für Ernst Steindorff zum 70. Geburtstag am 13. März 1990, Berlin 1990, S. 125

Lutter, Zur Binnenstruktur des Konzerns, in: Hefermehl u.a. (Hrsg.), Festschrift für Harry Westermann zum 65. Geburtstag, Karlsruhe 1974, S. 347

Lutter, Zur Vorbereitung und Durchführung von Grundlagenbeschlüssen in Aktiengesellschaften, in: Goerdeler (Hrsg.), Festschrift für Hans-Joachim Fleck zum 70. Geburtstag am 30. Januar 1988 (Zeitschrift für Unternehmens- und Gesellschaftsrecht, Sonderheft 7), Berlin/New York 1988, S. 169

Lutter/Hommelhoff/Teichmann (Hrsg.), SE-Kommentar, 2. Aufl., Köln 2015

Maas/Schruff, Ausgliederungen aus dem Konsolidierungskreis, in: Lanfermann (Hrsg.), Internationale Wirtschaftsprüfung, FS Havermann, Düsseldorf 1995, S. 417

Maier-Reimer/Kolb, Abfindung und Börsenkurs – Verfassungsrecht vs. Aktienrecht?, in: Hommelhoff u.a. (Hrsg.), Gesellschaftsrecht, Rechnungslegung, Steuerrecht, Festschrift für Welf Müller zum 65. Geburtstag, München 2001, S. 93

Marsch-Barner/Schäfer, Handbuch börsennotierte AG, 4. Aufl., Köln 2018

Marten, Der Wechsel des Abschlußprüfers, Düsseldorf 1994

Marten, Erwartungen und Wahrnehmungen der Qualität von Wirtschaftsprüferleistungen durch die Vorstände deutscher Aktiengesellschaften, in: Möller (Hrsg.), Rechnungswesen als Instrument für Führungsentscheidungen, Festschrift für Professor Dr. Dr. h.c. Adolf Coenenberg zum 60. Geburtstag, Stuttgart 1998, S. 415

Marten, Qualität von Wirtschaftsprüferleistungen – Eine empirische Untersuchung des deutschen Marktes für Wirtschaftsprüferleistungen, Düsseldorf 1999

Marten/Köhler, Erwartungslücke, in: HWRP[3], Sp. 703

Marten/Weiser, Ansätze zur Messung und Steuerung der Qualität von Wirtschaftsprüferleistungen, in: von Werder (Hrsg.), Internationalisierung der Rechnungslegung und Corporate Governance, Festschrift für Prof. Dr. Klaus Pohle, Stuttgart 2003, S. 141

Martens, Die existenzielle Wirtschaftsabhängigkeit, Köln 1979

Moxter, Bilanzrechtsprechung, 6. Aufl., Tübingen 2007

Moxter, Grundsätze ordnungsmäßiger Rechnungslegung, Düsseldorf 2003

Mülbert, Aktiengesellschaft, 2. Aufl., München 1996

Müller, C., Entwicklung eines wissensbasierten Systems zur Unterstützung analytischer Prüfungshandlungen im Rahmen der Jahresabschlussprüfung, Frankfurt a.M. 1996

Müller, M., Der Prüfungsbericht des Abschlussprüfers als Instrument der Corporate Governance, Baden-Baden 2013

Müller, W., Bilanzierungsfragen bei der Beendigung von Unternehmensverträgen, in: Forster (Hrsg.), Festschrift für Bruno Kropff, Aktien- und Bilanzrecht, Düsseldorf 1997, S. 517

Müller/Stute/Withus (Hrsg.), Handbuch Lagebericht, Berlin 2013

Müller-Böling, Qualitätsmanagement, in: HWB[5], Sp. 3625

Niehus, Die Qualitätskontrolle der Abschlussprüfung, Düsseldorf 1993

Nonnenmacher, Corporate Governance und Abschlussprüfung, in: Dobler u.a. (Hrsg.), Rechnungslegung, Prüfung und Unternehmensbewertung, FS Ballwieser, Stuttgart 2014, S. 547

Nonnenmacher, Neue gemeinschaftsrechtliche Vorgaben für den Prüfungsausschuss, in: Blumenberg u.a. (Hrsg.), Festschrift für Wilhelm Haarmann, Düsseldorf 2015, S. 143

Orosdowski, Duden, Etymologie der deutschen Sprache, Mannheim 1997

Pasch, Das Normensystem der DIN EN ISO 9000 als Basis für ein QM-System, in: Heinhold/Pasch (Hrsg.), Qualitätsmanagement in Steuerberatung und Wirtschaftsprüfung, München 1999, S. 71

Pentz, Die Rechtsstellung der Enkel-AG in einer mehrstufigen Unternehmensverbindung, Frankfurt a.M. 1994

Pepels, Qualitätscontrolling bei Dienstleistungen, München 1996

Petersen/Zwirner (Hrsg.), Handbuch Bilanzrecht, 2. Aufl., Köln 2018

Petrick, Auditierung und Zertifizierung von Qualitätsmanagementssystemen gemäß den Normen DIN ISO 9000 bis 9004 mit Blick auf Europa, in: Stauss (Hrsg.), Qualitätsmanagement und Zertifizierung, Wiesbaden 1994, S. 93

Plendl, Die Berichterstattung des Abschlussprüfers über nachteilige Lageveränderungen und wesentliche Verluste nach § 321 Abs. 1 Satz 4 HGB, Düsseldorf 1990

Plendl, Prüfungsbericht, in: HWRP[3], Sp. 1777

Plendl/Kompenhans/Buhleier (Hrsg.), Der Prüfungsausschus des Aufsichtsrates, 2. Aufl., Stuttgart 2015

Priester, Aufstellung und Feststellung des Jahresabschlusses bei unterbesetztem Vorstand, in: Forster (Hrsg.), FS Kropff, Aktien- und Bilanzrecht, Düsseldorf 1997, S. 591

Prütting, Die Sozietät zwischen Anwaltsnotar und Wirtschaftsprüfer, in: Goltz/Maier-Reimer/Wurth (Hrsg.), Liber amicorum Michael Oppenhoff, Köln 2017, S. 259

PwC (Hrsg.), Derivative Finanzinstrumente in Industrieunternehmen, 4. Aufl., Frankfurt a.M. 2008

PwC (Hrsg.), Manual of Accounting – IFRS 2015, London 2015

Reuter, Der Partizipationsschein als Form der Mitarbeiterbeteiligung, in: Lutter (Hrsg.), Festschrift für Robert Fischer, Berlin 1979, S. 605

Ringswirth, Generische Methode zur standardisierten Geschäftsprozessmodellierung von Internen Kontrollsystemen (IKS): Systematische Darstellung als Orientierung für die praktische Anwendung, Hamburg 2013

Röhricht, Die GmbH im Spannungsfeld zwischen wirtschaftlicher Dispositionsfreiheit ihrer Gesellschafter und Gläubigerschutz, in: Geiß (Hrsg.), 50 Jahre Bundesgerichtshof, Festgabe aus der Wissenschaft, Köln 2000, S. 83

Roß/Baumunk, Wertsteigerungsrechte mit Dividendenkomponente, in: Kessler (Hrsg.), Handbuch Stock Option, München 2003, S. 238

Ruhnke, Konzernbuchführung, Düsseldorf 1995

Ruppert, Währungsumrechnung im Konzernabschluss, Düsseldorf 1993

Saenger u.a., Handels- und Gesellschaftsrecht, 2. Aufl., Baden-Baden 2011

Schaber u.a., Handbuch strukturierte Finanzinstrumente, 2. Aufl., Düsseldorf 2009

Schäfer, Bilanzierung von Beteiligungen an assoziierten Unternehmen nach der Equity-Methode, Thun/Frankfurt a.M. 1982

Schäfer, Kommentar zum Publizitätsgesetz, 2. Aufl., Baden-Baden 2016

Scheffler, Zur Problematik der Konzernleitung, in: Havermann (Hrsg.), Bilanz- und Konzernrecht, FS Goerdeler, Düsseldorf 1987, S. 469

Scherrer/Obermaier: Stichprobeninventur – Theoretische Grundlagen und praktische Anwendung, München 1981

Schildbach, Wahlrechte bei Ansatz und Bewertung, in: HWRP³, Sp. 2607

Schindler, Aktuelle Entwicklungen bei der Berücksichtigung von Verstößen (fraud) im Rahmen der Abschlussprüfung in Deutschland und ein Vergleich mit der Situation in den USA, in: Winkeljohann/Bareis/Volk (Hrsg.), Rechnungslegung, Eigenkapital und Besteuerung, Festschrift für Dieter Schneeloch zum 65. Geburtstag, München 2007, S. 83

Schmidt, K., Gesellschaftsrecht, 4. Aufl., Köln 2002

Schmidt. St., Externe Qualitätskontrollen zur Sicherung der Qualität der Abschlußprüfung, Düsseldorf 2000

Schüppen, Abschlussprüfung, Baden-Baden 2017

Schuhmann, Der Konzernabschluss, Wiesbaden 1962

Schulze-Osterloh, Ausweis der Sachdividende im Jahresabschluß und im Gewinnverwendungbeschluss, in: Hommelhoff/Rawert/Schmidt (Hrsg.), Festschrift für Hans-Joachim Priester zum 70. Geburtstag, Köln 2007, S. 749

Schulze-Osterloh, Rechtliche Verhältnisse, Prüfung, in: HWRev², Sp. 1620

Semler, Doppelmandats-Verbund im Konzern – Sachgerechte Organisationsform oder rechtlich unzulässige Verflechtung?, in: Lutter (Hrsg.), Festschrift für Ernst C. Stiefel zum 80. Geburtstag, München 1987, S. 719

Semler, Überwachungsaufgabe des Aufsichtsrats, Köln 1980

Siegler, Die Bilanzierung von Webdateien, Düsseldorf 2001

Sultana, Unterstützungskassen im Konzernabschluss, Wiesbaden 2018

Sutter/Hunziker/Grab, IKS-Leitfaden: Internes Kontrollsystem für Nonprofit-Organisationen, 2. Aufl., Bern 2014

Tettinger, Kammerrecht, München 1997

Theisen, Kostenstelle Aufsichtsrat, in: Jost/Oetker/Paschke (Hrsg.), Festschrift für Franz Jürgen Säcker zum 70. Geburtstag, München 2011, S. 487

Timm, Die Aktiengesellschaft als Konzernspitze, Köln 1980

Ulmer, Begriffsvielfalt im Recht der verbundenen Unternehmen als Folge des Bilanzrichtliniengesetzes, in: Havermann (Hrsg.), Bilanz- und Konzernrecht, FS Goerdeler, Düsseldorf 1987, S. 623

Vedder, Zum Begriff „für Rechnung" im AktG und im WpHG : eine Untersuchung der anteilsbezogenen Regelungen, Köln 1999

Literaturverzeichnis

Altenhain, Der strafbare falsche Bilanzeid, WM 2008, S. 1141

Althoff, Ausschüttungssperre für Steuerlatenzen auch ohne Aktivierung latenter Steuern?, DStR 2012, S. 868

Altmann, Publizitätspflicht des § 325 ist keine Marktverhaltensregelung, GRUR-Prax 2017, S. 364

Altmeppen, Cash Pooling und Kapitalerhaltung bei bestehendem Beherrschungs- oder Gewinnabführungsvertrag, NZG 2010, S. 361

Altmeppen, Haftung für Delikte „aus dem Unternehmen", dargestellt am Fall „Dieselgate", ZIP 2017, S. 1557

Altmeppen, Zum richtigen Verständnis der neuen §§ 2934a-2934g AktG zu Bericht und Prüfung beim Unternehmensvertrag, ZIP 1998, S. 1853

Altmeppen, Zur Entstehung, Fälligkeit und Höhe des Verlustausgleichsanspruchs nach § 302, DB 1999, S. 2453

Alvermann/Wollweber, Haftungsbegrenzungsvereinbarungen der Steuerberater, -sozietäten und steuerberatenden Partnergesellschaften, DStR 2008, S. 1707

Arbeitskreis DVFA/SG, Empfehlungen zur Ermittlung prognosefähiger Ergebnisse, DB 2003, S. 1913

Bär/Gollob, Das neue Wertminderungsmodell für finanzielle Vermögenswerte nach IFRS 9 – Darstellung und praktische Implikationen, WPg 2014, S. 1240

Baetge/Haenelt, Die Qualität der Halbjahresfinanzberichterstattung in Deutschland – Ergebnisse des Enforcement-Verfahrens und einer empirischen Untersuchung zu den Auswirkungen einer (freiwilligen) prüferischen Durchsicht auf die Qualität publizierter Zwischenberichte, IRZ 2009, S. 545

Baetge/Herrmann, Probleme der Endkonsolidierung im Konzernabschluß, WPg 1995, S. 225

Baier/Hackenbroich, Bilanzielle Auswirkungen von Leistungskürzungen externer Versorgungsträger, BetrAV 2014, S. 645

Baldamus, An wen ist beim Gewinnabführungsvertrag Ausgleich zu zahlen?, ZGR 2007, S. 819

Baldamus, Gestaltungsspielraum bei Art und Maß von Ausgleichszahlungen nach § 304 AktG, ÜbG 2010, S. 483

Balthasar, Zum Austrittsrecht nach § 305 AktG bei „faktischer Beherrschung", NZG 2008, S. 858

Bantleon/Thomann/Bühner, Die Neufassung des IDW Prüfungsstandards: „Zur Aufdeckung von Unregelmäßigkeiten im Rahmen der Abschlussprüfung (IDW PS 210)" und dessen Auswirkungen auf die Unternehmensorganisation, DStR 2007, S. 1980

Bareis/Siegel, Sachausschüttungen und ihre körperschaftsteuerliche Behandlung de lege lata und de lege ferenda, BB 2008, S. 479

Barth/Rahe/Rabenhorst, Ausgewählte Anwendungsfragen zur Konzernlageberichterstattung nach DRS 20, KoR 2014, S. 47

Bauer/Gallert, Die neue Leasingbilanzierung nach IFRS 16, WPg 2016, S. 321

3. Beiträge in Zeitschriften

Abendroth, Der Bilanzeid - sinnvolle Neuerung oder systematischer Fremdkörper?, WM 2008, S. 1147

AK „Bilanzrecht Hochschullehrer Rechtswissenschaft", Ausschüttungssperre bei phasengleicher Dividendenaktivierung nach BilRUG-RegE, BB 2015, S. 876

AK „Immaterielle Werte im Rechnungswesen der Schmalenbach-Gesellschaft", Leitlinien zur Bilanzierung selbstgeschaffener immaterieller Vermögensgegenstände des Anlagevermögens nach dem Regierungsentwurf des BilMoG, DB 2008, S. 1813

AK „Personengesellschaften", Berichterstattung über die 62. Sitzung, FN-IDW 2007, S. 442

Schenck, § 1 Die Kompetenzen des Aufsichtsrats, in: Semler/v. Schenck (Hrsg.), Arbeitshandbuch für Aufsichtsratsmitglieder, 4. Aufl. München 2013

v. *Wysocki*, Die Kapitalflußrechnung als Teil des Anhangs börsennotierter Mutterunternehmen nach § 297 Abs. 1 S. 2 HGB, in: Dörner/Menold/Pfitzer (Hrsg.), Reform des Aktienrechts, der Rechnungslegung und der Prüfung, Stuttgart 1999, S. 439

v. *Wysocki*, Die Konsolidierung der Innenumsatzerlöse nach § 305 Abs. 1 Nr. 1 HGB, in: Havermann (Hrsg.), Bilanz- und Konzernrecht, FS Goerdeler, Düsseldorf 1987, S. 723

v. *Wysocki*, Grundlagen des betrieblichen Prüfungswesens, München 1988

v. *Wysocki*, Grundlagen, nationale und internationale Stellungnahmen zur Kapitalflußrechnung, in: v. Wysocki (Hrsg.), Kapitalflußrechnung, Stuttgart 1998, S. 1

Wallmüller, Risiko- und Chancen-Management für IT- und Software-Projekte: Ein Leitfaden für die Umsetzung in der Praxis, 2. Aufl. München 2014

Weber, GoB für Beteiligungen, Düsseldorf 1980

Weber, Überlegungen zu einer Erweiterung der Ziele der Jahresabschlußprüfung, in: Fischer (Hrsg.), Jahresabschluß und Jahresabschlußprüfung, Probleme, Perspektiven, internationale Einflüsse, Festschrift zum 60. Geburtstag von Jörg Baetge, Düsseldorf 1997, S. 781

Weitep, Die Nichtigkeit des Jahresabschlusses, Frankfurt a.M. 2011

Wentland, Die Konzernbilanz als Bilanz der wirtschaftlichen Einheit Konzern, Frankfurt a.M./Bern/Las Vegas 1979

Wiedemann, Gesellschaftsrecht: Bd. I: Grundlagen, München 1980

Wiedmann, Bilanzrecht, 2. Aufl. München 2003

Zach, Entscheidungsunterstützung in der risikoorientierten Abschlußprüfung, Landsberg/Lech 1998

Zimmermann/Pentz, „Holzmüller" – Ansatzpunkt, Klagefristen, Klageantrag, in: Hommelhoff u.a. (Hrsg.), Gesellschaftsrecht, Rechnungslegung, Steuerrecht, Festschrift für Welf Müller zum 65. Geburtstag, München 2001, S. 151

Zöllner, Folgen der Nichtigkeit eines Jahresabschlusses für den nächsten Jahresabschluss und für Gewinnverwendungsbeschlüsse, in: Göbel/Heni (Hrsg.), Unternehmensrechnung: Festschrift zum 68. Geburtstag von Gerhard Scherrer, München 2004, S. 355

Bayer, Der an der Tochter beteiligte Mehrheitsgesellschafter der Mutter: herrschendes Unternehmen?, ZGR 2002, S. 933

Beckmann, Zur Relevanz des Börsenkurses bei der Ermittlung des Abfindungsanspruchs beim Ausschluss von Minderheitsaktionären gemäß §§ 327a ff. AktG, WPg 2004, S. 620

Behrendt-Geissler/Rimmelspacher, Änderungen bei Vermögensgegenständen mit nicht verlässlich schätzbarer Nutzungsdauer durch das BilRUG, DB 2015, Beil. 5, S. 8

Beiersdorf/Schubert, Überarbeitung des IFRS for SMEs – Beständigkeit steht im Vordergrund!, IRZ 2013, S. 401

Beine/Roß, Konzernrechnungslegung nach gesellschaftsrechtlichen Umstrukturierungen von Unternehmen unter gemeinsamer Beherrschung, BB 2012, S. 2743

Berger u.a., Praxisfragen des Hedge-Accounting-Modells in IFRS 9, WPg 2016, S. 964

Berndt/Jeker, Fraud Detection im Rahmen der Abschlussprüfung, BB 2007, S. 2618

Bertram u.a., Handelsrechtliche Bilanzierung von Altersversorgungsverpflichtungen nach IDW RS HFA 30, WPg 2011, S. 57

Biener, Die Konzernrechnungslegung nach der Siebenten Richtlinie des Rates der Europäischen Union übern den Konzernabschluß, DB 1983, Beil. 19, S. 8

Biener, Einzelne Fragen zum Publizitätsgesetz, WPg 1972, S. 90

Blocher/Patterson, The Use of Analytical Procedures: The importance of expectation and precision, JoA 1996, Feb. S. 53

Blöink/Halbleib, Umsetzung der sog. CSR-Richtlinie 2014/95/EU: Aktueller Überblick über die verabschiedeten Regelungen des CSR-Richtlinie-Umsetzungsgesetzes, Der Konzern 2017, S. 182

Blöink/Kumm, AReG-RefE – neue Pflichten zur Verbesserung der Qualität und Steigerung der Aussagekraft der Abschlussprüfung, BB 2015, S. 1067

Blöink/Kumm, Überblick über die Regelpublizität nach dem RegE eines Gesetzes zur Umsetzung der Transparenzrichtlinie-Änderungsrichtlinie, BB 2015, S. 1515

Blöink/Wolter, AReG-RegE – Überblick über die Änderungen gegenüber dem Referentenentwurf, BB 2016, S. 107

Blöink/Woodtli, Reform der Abschlussprüfung: Die Umsetzung der prüfungsbezogenen Vorgaben im RegE eines Abschlussprüfungsreformgesetzes (AReG), Der Konzern 2016, S. 75

Bode, Verfahren zur Auswahl des Abschlussprüfers nach Art. 16 EU-VO, BB 2016, S. 1707

Böckem, Aktuelle Praxisfälle zur Restrukturierungsrückstellungen in der Handelsbilanz, BC 2010, S. 398

Böcking/Althoff, Paradigmenwechsel in der (Konzern-)Lageberichterstattung über nicht-monetäre Erfolgsfaktoren, Der Konzern 2017, S. 246

Böcking/Benecke, Neue Vorschriften zur Segmentberichterstattung nach IAS und US-GAAP unter dem Aspekt des Business Reporting, WPg 1998, S. 92

Böcking/Eibelshäuser, Die Erklärung zur Unternehmensführung nach BilMoG (§ 289a HGB), Der Konzern 2009, S. 563

Böcking/Orth/Brinkmann, Die Anwendung der International Standards on Auditing (ISA) im Rahmen der handelsrechtlichen Konzernabschlussprüfung und deren Berücksichtigung im Bestätigungsvermerk, WPg 2000, S. 216

Bordewin, Bilanzierung von Zero-Bonds, WPg 1986, S. 263

Bork, Zurechnung im Konzern, ZGR 1994, S. 237

Bosse, Wesentliche Neuregelungen ab 2007 aufgrund des Transparenzrichtlinie-Umsetzungsgesetzes für börsennotierte Unternehmen, DB 2007, S. 39

Bravidor/Rupertus, Key Audit Matters im „neuen" Bestätigungsvermerk, WPg 2018, S. 272

Brete/Thomsen, Nichtigkeit und Heilung von Jahresabschlüssen der GmbH, GmbHR 2008, S. 176

Brinkmann/Reichardt, Konzernrechnungslegung nach dem Gesetz über die Rechnungslegung von bestimmten Unternehmen und Konzernen, DB 1971, S. 2417

Bruckner, Prüfungsvermerke und -berichte zukünftig elektronisch möglich, WPK Magazin 1/2017, S. 17

BStBK, Verlautbarung zum Ausweis passiver latenter Steuern als Rückstellungen in der Handelsbilanz, DStR 2012, S. 2296

Bünning, Handelsbilanzielle Abwicklung der unterjährigen Beendigung von Gewinnabführungsverträgen, BB 2015, S. 2795

Bünning/Stoll, Bildung und Auflösung von Kapitalrücklagen bei bestehenden Gewinnabführungsverträgen, BB 2016, S. 555

Buhleier/Krowas, Persönliche Pflicht zur Prüfung des Jahresabschlusses durch den Aufsichtsrat, DB 2010, S. 1165

Bungert, Ausgliederung durch Einzelrechtsübertragung und analoge Anwendung des Umwandlungsgesetzes, NZG 1998, S. 367

Bungert, Die Beendigung von Beherrschungs- und Gewinnabführungsverträgen im GmbH-Konzern, NJW 1995, S. 1118

Bungert, Festschreibung der ungeschriebenen „Holzmüller"-Hauptversammlungszuständigkeiten bei der Aktiengesellschaft, BB 2004, S. 1345

Bungert, Unternehmensvertragsbericht und Unternehmensvertragsprüfung gemäß §§ 293a ff. AktG (Teil 1), DB 1995, S. 1384

Bungert, Unternehmensvertragsbericht und Unternehmensvertragsprüfung gemäß §§ 293a ff. AktG (Teil 2), DB 1995, S. 1449

Bungert, Zur Frage der Wirksamkeit der Festsetzung eines Nullausgleichs in einem Gewinnabführungsvertrag bei dauerhaft negativer Ertragsprognose, BB 2006, S. 1129

Bungert/Eckert, Unternehmensbewertung nach Börsenwert: Zivilgerichtliche Umsetzung der BVerfG-Rechtsprechung, BB 2000, S. 1845

Burgard, Rechtsfragen der Konzernfinanzierung, AG 2006, S. 527

Busch, Der Zinsanspruch des Aktionärs bei unangemessenen Bar-Kompensationsansprüchen gem. §§ 304 Abs. 3 S. 3, 305 Abs. 5 S. 2 AktG, AG 1993, S. 1

Busse v. Colbe, Der Konzernabschluß im Rahmen des Bilanzrichtlinie-Gesetz, ZfbF 1985, S. 767

Busse, Zulässigkeit und Grenzen formularmäßiger Haftungshöchstsummenbeschränkungen im Steuerberatungsvertrag, DStR 1995, S. 660

Cahn, Die Holding als abhängiges Unternehmen?, AG 2002, S. 30

Cahn/Simon, Isolierte Gewinnabführungsverträge, Der Konzern 2003, S. 1

Canaris, Die Reform des Rechts der Leistungsstörungen, JZ 2001, S. 499

Chekushina/Loth, Die kritische Grundhaltung bei der Abschlussprüfung, NZG 2014, S. 85

Clemm, Die Bedeutung des Bestätigungsvermerks des Abschlußprüfers einer Aktiengesellschaft nach derzeitiger gesetzlicher Regelung und nach dem Verständnis der Allgemeinheit, WPg 1977, S. 145

Clemm, Die Grenzen der Weisungsfolgepflicht des Vorstands der beherrschten AG bei bestehendem Beherrschungsvertrag, ZHR 1977, S. 197

Crezelius, Aktienrechtliches Eigentum, DB 1983, S. 2019

Dahlke, Bilanzierung latenter Steuern bei Organschaften nach dem BilMoG, BB 2009, S. 878

Dahns, Verschwiegenheitspflicht des als Strafverteidiger tätigen Anwalts, NJW-Spezial 2011, S. 190

Dauner-Lieb, Die Existenzvernichtungshaftung als deliktische Innenhaftung gemäß § 826 BGB, ZGR 2008, S. 34

DeAngelo, Auditor Size and Audit Quality, Journal of Accounting and Economics 1981, S. 186

Decher, Die Zulässigkeit des qualifizierten, faktischen Aktienkonzerns, DB 1990, S. 2005

Decher, Information im Konzern und Auskunftsrecht der Aktionäre gem. § 131 Abs. 4 AktG, ZHR 1994, S. 473

Decher, Neues zum qualifizierten, faktischen GmbH-Konzern, DB 1989, S. 965

Deckers/Hermann, Die kritische Grundhaltung des Abschlussprüfers (professional scepticism) – Verhaltensanforderung und Charaktereigenschaft im Fokus aktueller Regulierungsbestrebungen, DB 2013, S. 2315

Deilmann, Die Beendigung des Beherrschungs- und/oder Gewinnabführungsvertrags in der M&A-Transaktion, NZG 2015, S. 460

Deubert, Erleichterungen für Tochterunternehmen nach §§ 264 Abs. 3 und 4, 264b HGB i.d.F. BilRUG, DB 2015, Beil. 5, S. 41

Deubert/Hoffmann, Vermögensauskehrungen von Beteiligungsunternehmen – Die ewige Frage: Erfolgswirksame oder erfolgsneutrale Erfassung im handelsrechtlichen Jahresabschluss des Gesellschafters, Der Konzern 2013, S. 154

Deubert/Lewe, Abwärtsabspaltungen mit und ohne Anteilsgewährung, BB 2017, S. 2603

Deubert/Lewe, Auswirkungen von Aufwärtsabspaltungen in den handelsrechtlichen Jahresabschlüssen der beteiligten Rechtsträger, BB 2015, S. 2347

Deubert/Lewe, Beurteilung der Gleichwertigkeit von Drittstaaten-Konzernabschlüssen nach § 292 HGB am Beispiel der Swiss GAAP FER, BB 2016, S. 1260

Deubert/Lewe, Wesentliche Änderungen im Bereich der handelsrechtlichen Konzernrechnungslegung durch das BilRUG, DB 2015, Beil. 5, S. 49

Deubert/Lewe, Zeitpunkt der Erlangung des wirtschaftlichen Eigentums beim Erwerb von GmbH-Anteilen, BB 2014, S. 1835

Deubert/Lewe/Roland, Aufteilung der Gesamtanschaffungskosten bei Umwandlungen mit gemischten Gegenleistungen, BB 2017, S. 554

Deubert/Meyer/Müller, DRS 25 „Währungsumrechnung im Konzernabschluss", Der Konzern 2018, S. 96

de Vries, Anwendungsmöglichkeiten mathematisch-statistischer Stichprobenmethoden für Inventurzwecke, DB 1981, S. 1245

Diehl, Risikoorientierte Abschlussprüfung, DStR 1993, S. 1115

Dielmann/König, Der Anspruch ausscheidender Minderheitsaktionäre auf angemessene Abfindung, AG 1984, S. 57

Disterer, WWW-Präsenz als Informationsangebot von Wirtschaftsprüfern und vereidigten Buchprüfern, WPK-Mitt. 1998, S. 22

Dötsch/Pung, Die Neuerungen bei der Körperschaftsteuer und bei der Gewerbesteuer durch das Steuergesetzgebungspaket vom Dezember 2003, Teil 2: Die Änderungen insbes. bei der Verlustnutzung und bei § 8b KStG, DB 2004, S. 151

Dohle/Peitscher, Das Zurückbehaltungs- und Leistungsverweigerungsrecht an der Handakte des Rechtsanwalts, Steuerberaters und Wirtschaftsprüfers, DStR 2000, S. 1265

Doralt, Die Haftung des gesetzlichen Abschlussprüfers – Mitverschulden, Ansprüche Dritter und Wege der Haftungsbegrenzung, ZGR 2015, S. 266

Dräger, Neuregelung bei Sofortabzug und Poolabschreibung, DB 2017, S. 1619

Duckstein/Dusemond, Aus der Währungsumrechnung resultierende Eigenkapitaldifferenzen in einem international tätigen Konzern, DB 1995, S. 1675

Ebenroth, Die qualifiziert faktische Konzernierung und ihre körperschaftsteuerrechtliche Auswirkung, AG 1990, S. 188

Ebke, Abschlußprüfer, Bestätigungsvermerk und Drittschutz, JZ 1998, S. 991

Ebke/Scheel, Die Haftung des Wirtschaftsprüfers für fahrlässig verursachte Vermögensschäden Dritter, WM 1991, S. 389

Eckl/Kirch/Piesbergen/Pilhofer, IFRS 16 „Leases": Bestandsaufnahme und erste kritische Würdigung der IFRS-Leasingreform (Teil 1), DB 2016, S. 661

Eckl/Kirch/Piesbergen/Pilhofer, IFRS 16 „Leases": Bestandsaufnahme und erste kritische Würdigung der IFRS-Leasingreform (Teil 2), DB 2016, S. 721

Ederle, Der verdeckte Beherrschungsvertrag als konzernrechtliches Haftungsinstrument, AG 2010, S. 273

Ehlke, Aufhebung von Beherrschungsverträgen – eine schlichte Geschäftsführungsmaßnahme?, ZIP 1995, S. 355

Eisenschmidt/Scheel, 10 Jahre Enforcement in Deutschland: Ein Überblick zur Arbeit der DPR und den wesentlichen Fehlerquellen, IRZ 2015, S. 405

Elkart/Naumann, Zur Fortentwicklung der Grundsätze für die Erteilung von BestV bei Abschlussprüfungen nach § 322 HGB (Teil 1), WPg 1995, S. 357

Elkart/Naumann, Zur Fortentwicklung der Grundsätze für die Erteilung von BestV bei Abschlussprüfungen nach § 322 HGB (Teil 2), WPg 1995, S. 402

Ellerbusch/Schlüter/Hofherr, Die Abgrenzung latenter Steuern im Organkreis nach BilMoG, DStR 2009, S. 2443

Emmerich, Der heutige Stand der Lehre vom GmbH-Konzernrecht, AG 1987, S. 1

Emmerich, Wechselseitige Beteiligungen bei AG und GmbH, NZG 1998, S. 622

Emmerich/Naumann, Zur Behandlung von Genußrechten im Jahresabschluß von Kapitalgesellschaften, WPg 1994, S. 677

Emmerich/Schaum, Auswirkungen des Sarbanes-Oxley Act auf deutsche Abschlussprüfer, WPg 2003, S. 677

Engelshove/Lindner, Die Bedeutung der „Key Audit Matters" für den Bericht des Aufsichtsrats, Der Aufsichtsrat 2017, S. 87

Ergün/Müller/Juchler, Prognoseberichterstattung nach DRS 20 – Verbesserung der Konzernlageberichterstattung?, StuB 2012, S. 897

Erle, Unterzeichnung und Datierung des Jahresabschlusses bei Kapitalgesellschaften, WPg 1987, S. 641

Ernst, KonTraG und KapAEG sowie aktuelle Entwicklungen zur Rechnungslegung und Prüfung in der EU, WPg 1998, S. 1025

Eschenfelder, Haftungstücken für Wirtschaftsprüfer und andere Experten bei unternehmensberatenden Tätigkeiten in Krisen- und Sanierungsfällen, BB 2015, S. 1963

FAIT, Auslieferung von Prüfungsberichten auf elektronischem Datenträger, FN-IDW 2013, S. 500

FAR, Hinweise und rechtliche Gestaltung von due-diligence-Auträgen, FN-IDW 1998, S. 287

Farr, APAReG: Neuerungen bei der internen Qualitätssicherung von WP-Praxen, WPg 2016, S. 251

Farr, Die kritische Grundhaltung als Berufspflicht des Wirtschaftsprüfers (§ 43 Abs. 4 WPO), WPg 2018, S. 397

Farr, Neuerungen beim Prüfungsbericht, WPg 2017, S. 865

Feddersen, Die Dritthaftung des Wirtschaftsprüfers nach § 323 HGB, WM 1999, S. 105

FEE, Briefing Paper: Recent Developments in Auditor Communication, Brüssel 2/2015, o.S.

Feige/Ruffert, Zur Bedeutung der Ausnahmeregelung des § 286 Abs. 4 HGB, DB 1995, S. 637

Feld, Die IT-Mittelstandsinitiative des IDW, WPg 2013, S. 1029

Feld/Kreisel/Baum, Bedeutung der IT für die Abschlussprüfung, WPg 2013, S. 565

Fett/Habbe, Interne Untersuchungen als Ausübung der Überwachungspflicht des Aufsichtsrats, AG 2018, S. 257

Fey u.a., Erleichterungen nach dem MicroBilG – Einzelfragen zur Anwendung der neuen Vorschriften, BB 2013, S. 107

Fey, Die Angabe bestehender Zweigniederlassungen im Lagebericht nach § 289 Abs. 2 Nr. 4 HGB, DB 1994, S. 485

Fey/Deubert, Bedingte Anschaffungskosten für Beteiligungen im handelsrechtlichen Jahresabschluss des Erwerbers, BB 2012, S. 1461

Fey/Deubert, Befreiender IFRS-Konzernabschluss nach § 325 Abs. 2a HGB für Zwecke der Offenlegung, KoR 2006, S. 92

Fey/Mujkanovic, Außerplanmäßige Abschreibung auf das Finanzanlagevermögen, WPg 2003, S. 212

Fey/Mujkanovic, Segmentberichterstattung im internationalen Umfeld, DBW 1999, S. 262

Fey/Ries/Lewe, Ansatzstetigkeit nach BilMoG für Pensionsverpflichtungen i.S.d. Art. 28 EGHGB, BB 2010, S. 1011

Fiala/v. Walter, Die Handakte des Steuerberaters, Wirtschaftsprüfers und Rechtsanwalts, DStR 1998, S. 694

Findeisen/Sabel/Klube, Reduktion des Konsolidierungskreises durch das BilMoG?, DB 2010, S. 965

Fink/Theile, Anhang und Lagebericht nach dem RegE zum Bilanzrichtlinie-Umsetzungsgesetz, DB 2015, S. 753

Fink/Ulbrich, IFRS 8: Paradigmenwechsel in der Segmentberichterstattung, DB 2007, S. 981

Fischer/Flick/Krakuhn, Möglichkeiten und Grenzen zur Übernahme der nach IFRS 9 berechneten Risikovorsorge in die handelsrechtliche Rechnungslegung, IRZ 2014, S. 435

Fleischer, Der deutsche „Bilanzeid" nach § 264 Abs. 2 Satz 3 HGB, ZIP 2007, S. 97

Fleischer, Die Barabfindung außenstehender Aktionäre nach den §§ 305 und 320b AktG – Stand-alone-Prinzip oder Verbundberücksichtigungsprinzip?, ZGR 1997, S. 368

Fleischer, Ehrbarer Kaufmann – Grundsätze der Geschäftsmoral – Reputationsmanagement: Zur „Moralisierung" des Vorstandsrechts und ihren Grenzen, DB 2017, S. 2015

Fleischer, Vorstandsverantwortlichkeit in Spartenorganisation und virtueller Holding, BB 2017, S. 2499

Fleischer/Beyer, Die Auswirkungen des Public Corporate Governance Kodex auf die Prüfung der Ordnungsmäßigkeit der Geschäftsführung nach § 53 HGrG, WPg 2012, S. 370

Fölsing, Entwarnung für Wirtschaftsprüfer bei der Mittelverwendungskontrolle – Das „Dubai-Fonds"-Urteil des LG Bielefeld, WP Praxis 2015, S. 8

Fölsing, Schärfere Dritthaftung des Wirtschaftsprüfers – Kritisches zum BGH-Urteil vom 24.4.2014, WP Praxis 2014, S. 195

Fölsing, Vertrauen in Wirtschaftsprüfertestate – Schadenersatzansprüche der Anleger?, ZCG 2013, S. 115

Fölsing, Wirtschaftsprüfer-Haftung im BGH-Fokus, ZCG 2010, S. 78

Forst/Suchanek/Klopsch, Handelsrechtliche Bilanzierungsfehler und ihre Auswirkungen auf die tatsächliche Durchführung eines Gewinnabführungsvertrags, GmbHR 2013, S. 914

Forster, MG, Schneider, Balsam und die Folgen – was können Aufsichtsräte und Abschlussprüfer gemeinsam tun?, AG 1995, S. 1

Forster/Gelhausen/Möller, Das Einsichtsrecht nach § 321a HGB in Prüfungsberichte des gesetzlichen Abschlussprüfers, WPg 2007, S. 191

Forster/Havermann, Zur Ermittlung der konzernfremden Gesellschaftern zustehenden Kapital- und Gewinnanteile, WPg 1969, S. 1

Freudenberg, Der Fortbestand des Beherrschungs- und Gewinnabführungsvertrages in der Insolvenz der Konzernobergesellschaft, ZIP 2009, S. 2037

Frey/Möller, Die handelsrechtliche Ausschüttungssperre gem. § 268 Abs. 8 HGB, WP Praxis 2014, S. 195

Frick/Spatscheck, Werden die Steuerberater gewerbesteuerpflichtig?, DB 1995, S. 239

Frings, Pflichtverletzungen des Abschlussprüfers – ein Grund zur Besorgnis der Befangenheit?, WPg 2006, S. 821

Fromholzer/Simons, Die Festlegung von Zielgrößen für den Aufsichtsrat, Geschäftsleitung und Führungspositionen, AG 2015, S. 457

Früh/Klar, Joint Ventures – Bilanzielle Behandlung und Berichterstattung: zur neuen HFA-Stellungnahme 1/1993, WPg 1993, S. 493

Gärtner, Die Anwendung von analytischen Prüfungshandlungen – Ein Grundsatz ordnungsmäßiger Abschlußprüfung im Spannungsfeld zwischen Wirtschaftlichkeit und Qualität der Jahresabschlußprüfung, DB 1994, S. 949

Ganssauge/Klockmann/Alymov, Definition eines Leasingsverhältnisses – Erste Praxiserfahrungen mit den neuen Vorschriften nach IFRS 16, WPg 2016, S. 735

Gebhardt, Empfehlungen zur Gestaltung informativer Kapitalflußrechnungen nach internationalen Grundsätzen, BB 1999, S. 1314

Gehringer, Die Prüfung befreiender Konzernabschlüsse nach § 292a HGB, WPg 2003, S. 849

Geisel/Berger, Geänderte Vorschriften zur Saldierung von finanziellen Vermögenswerten und finanziellen Verbindlichkeiten, WPg 2011, S. 1120

Gelhausen u.a., Absatzmarktorientierte Verlustantizipation im handelsrechtlichen Jahresabschluss, WPg 2012, S. 1235

Gelhausen, Aufsichtsrat und Abschlussprüfer – eine Zweckgemeinschaft, BFuP 1999, S. 390

Gelhausen, Reform der externen Rechnungslegung und ihrer Prüfung durch den Wirtschaftsprüfer, AG 1997, Sonderheft August, S. 73

Gelhausen/Althoff, Die Bilanzierung ausschüttungs- und abführungsgesperrter Beträge im handelsrechtlichen Jahresabschluss nach dem BilMoG (Teil 1), WPg, 2009, S. 584

Gelhausen/Althoff, Die Bilanzierung ausschüttungs- und abführungsgesperrter Beträge im handelsrechtlichen Jahresabschluss nach dem BilMoG (Teil 2), WPg, 2009, S. 629

Gelhausen/Buchenau, Besorgnis der Befangenheit bei Mitgliedschaft im Beirat der Komplementärgesellschaft der geprüften GmbH & Co. KG, WPK-Magazin 2/2010, S. 42

Gelhausen/Deubert/Klöcker, Zweckgesellschaften nach BilMoG: Mehrheit der Risiken und Chancen als Zurechnungskriterium, DB 2010, S. 2005

Gelhausen/Fey/Kirsch, Übergang auf die Rechnungslegungsvorschriften des Bilanzrechtsmodernisierungsgesetzes, WPg 2010, S. 24

Gelhausen/Heinz, Der befangene Abschlussprüfer, seine Ersetzung und sein Honoraranspruch, WPg 2005, S. 693

Gelhausen/Hönsch, Bilanzierung aktienkursabhängiger Entlohnungssysteme, WPg 2001, S. 69

Gelhausen/Kuss, Vereinbarkeit von Abschlussprüfung und Beratungsleistungen durch den Abschlussprüfer, NZG 2003, S. 424

Gelhausen/Rimmelspacher, Wandel- und Optionsanleihen in den handelsrechtlichen Jahresabschlüssen des Emittenten und des Inhabers, AG 2006, S. 729

Gerpott/Thomas, Die Bilanzierung von Marken nach HGB, DRS, IFRS und US-GAAP, DB 2004, S. 2485

Geßler, Probleme des neuen Konzernrechts, DB 1965, S. 1691

Gewehr/Böhm/Harrison/Schmitz-Herkendell, IDW PS 480 und IDW PS 490 (Teil 1), WPg 2016, S. 429

Gewehr/Böhm/Harrison/Schmitz-Herkendell, IDW PS 480 und IDW PS 490 (Teil 2), WPg 2016, S. 481

Gewehr/Moser, Zur künftigen Anwendung der ISA in Deutschland, WPg 2018, S. 193

Giese/Rabenhorst/Schindler, Erleichterungen bei der Rechnungslegung, Prüfung und Offenlegung von Konzerngesellschaften, BB 2001, S. 512

Giese/Seidler, Leistungen des Abschlussprüfers – Aufnahme in den Anhang oder in den Bestätigungsvermerk?, BB 2017, S. 2795

Gladys, Partner einer Partnerschaft ohne Anerkennung als Berufsgesellschaft (§ 43a Abs. 2 WPO), Stbg 2004, S. 336

Göb/Karrer, Die neue Aktualität der statistischen Stichprobenprüfung, WPg 2010, S. 593

Gödel, Unverzichtbarkeit der Prognoseberichterstattung im (Konzern-)Lagebericht, DB 2010, S. 431

Göllert, Auswirkungen des Bilanzrechtsmodernisierungsgesetzes (BilMoG) auf die Bilanzpolitik, DB 2008, S. 1165

Goerdeler, Rücklagenbildung nach § 58 Abs. 2 AktG 1965 im Konzern, WPg 1986, S. 229

Götz, Die Sicherung der Rechte der Aktionäre der Konzernobergesellschaft bei Konzernbildung und Konzernleitung, AG 1984, S. 85

Goldshteyn/Jacob, GoBD und Abschlussprüfung – Auswirkung auf die Berichterstattung, WPg 2015, S. 992

Gorgs/Conrad/Rohde, IDW PH 9.950.2 – Besonderheiten bei der Prüfung einer REIT-Aktiengesellschaft, WPg 2009, S. 1167

Goslar, Verdeckte Beherrschungsverträge, DB 2008, S. 800

Granobs, Erfassung der Abschlüsse von Arbeitsgemeinschaften in der konsolidierten Konzernbilanz?, DB 1966, S. 1363

Gratzel, Zur konzernrechtlichen Haftung der Gebietskörperschaften aus Ingerenz, BB 1998, S. 175

Greinert, Nutzungsdauer einer Marke im Konzernabschluss, BB 2004, S. 483

Groh, Der Fall Tomberger – Nachlese und Ausblick, DStR 1998, S. 813

Groß, Zur Beurteilung der „handelsrechtlichen Fortführungsprognose" durch den Abschlussprüfer, WPg 2010, S. 119

Groß/Amen, Die Fortbestehungsprognose – Rechtliche Anforderungen und ihre betriebswirtschaftlichen Grundlagen, WPg 2002, S. 225

Große, IFRS 13 „Fair Value Measurement" – Was sich (nicht) ändert, KoR 2011, S. 286

Großfeld, Börsenkurs und Unternehmenswert, BB 2000, S. 261

Grote/Hold/Pilhofer, IFRS 15: Die neuen Vorschriften zur Umsatz- und Gewinnrealisierung (Teil 1), KoR 2014, S. 405

Grote/Hold/Pilhofer, IFRS 15: Die neuen Vorschriften zur Umsatz- und Gewinnrealisierung (Teil 2), KoR 2014, S. 474

Grotherr, Übertragung von Konzernrechnungslegungsgrundsätzen ins Konzernsteuerrecht?, WPg 1995, S. 81

Grumann/Gillmann, Aktienrechtliche Hauptversammlungsniederschriften und Auswirkungen von formalen Mängeln, NZG 2004, S. 839

Grundel, Prüfung der CSR-Berichterstattung durch den Aufsichtsrat, WPg 2018, S. 108

Grunewald, Die Haftung des Abschlußprüfers gegenüber Dritten: Besprechung des Urteils des BGH (ZIP 1998, 826), ZGR 1999, S. 583

Günther/Pauen, Zur Wechselwirkung der Berichterstattung von Abschlussprüfer und Unternehmen – Eine empirische Analyse der Key Audit Matters, KoR 2018, S. 22

Gutman, Anspruch auf Herausgabe von Arbeitspapieren des Wirtschaftsprüfers, BB 2010, S. 173

Haaker, Warum die Ausschüttungssperre nach § 272 V HGB-E des BilRUG-RegE bei phasengleicher Dividendenrealisation ins Leere läuft, DB 2015, S. 510

Haase, Segmentpublizität, BFuP 1979, S. 455

Haase/Lanfermann, Grundlegende und aktuelle Probleme bei der Erstellung von Zwischenabschlüssen, WPg 1970, S. 209

Habersack/Zickgraf, Deliktsrechtliche Verkehrs- und Organisationspflichten im Konzern, ZHR 2018, S. 252

Habeta, Gesellschafterversammlung im Vertragskonzern, ZIP 2017, S. 652

Habighorst/Spoerr, Treuhandanstalt und Konzernrecht in der Diskussion, ZGR 1992, S. 499

Haeger/Zündorf, Abgrenzung des Konsolidierungskreises nach der wirtschaftlichen Zugehörigkeit, DB 1991, S. 1841

Häuselmann, Bewertungsalternativen für Wertpapiere in Folge der Finanzmarktkrise?, BB 2008, S. 2617

Häuselmann/Wiesenbart, Die Bilanzierung und Besteuerung von Wertpapier-Leihgeschäften, DB 1990, S. 2129

Hageböke/Hennrichs, Organschaft: Der Gesetzeszweck der Ausschüttungssperre in § 253 Abs. 6 Satz 2 HGB n.F. als Thesaurierungsgrund i.S.v. § 14 Abs. 1 Satz 1 Nr. 4 KStG, DB 2017, S. 18

Hahn, Der Bilanzeid - Neue Rechtsfigur im deutschen Kapitalmarktrecht, IRZ 2007, S. 375

Hahn, Vertragsfreiheit bei Unternehmensverträgen, DStR 2009, S. 589

Hakelmacher, Bekanntmachung zur Schließung der Erwartungslücke BSE, WPg 1997, S. 85

Haller/Park, Grundsätze ordnungsmäßiger Segmentberichterstattung, ZfbF 1994, S. 499

Hamann, Der Bilanzmeineid nach § 331 Nr. 3a HGB, Der Konzern 2008, S. 145

Hargarten/Rabenhorst/Schieler, Ausgewählte Anwendungsfragen bei der Veräußerung eines Teilkonzerns (§§ 264 Abs. 3 und 291 HGB), WPg 2016, S. 1340

Hargarten/Seidel, Praxisprobleme der Anwendung des § 264 Abs. 3 HGB, BB 2016, S. 2795

Harms, Ausweisfragen bei der Bewertung „at equity", BB 1987, S. 935

Harms/Küting, Konsolidierung bei unterschiedlichen Bilanzstichtagen nach künftigem Konzernrecht, BB 1985, S. 432

Hasenburg/Hausen, Zur Umsetzung der HGB-Modernisierung durch das BilMoG: Bilanzierung von Altersversorgungsverpflichtungen (insbesondere Pensionszusagen) und vergleichbaren langfristig fälligen Verpflichtungen unter Einbeziehung der Verrechnung mit Planvermögen, DB 2009, Beil. 5, S. 43

Hasselbach, Überwachungs- und Beratungspflichten des Aufsichtsrats in der Krise, NZG 2012, S. 41

Havermann, Die Equity-Bewertung von Beteiligungen, WPg 1987, S. 317

Havermann, Meinungsspiegel, BFuP 1976, S. 215

Havermann, Zur Bilanzierung von Beteiligungen an Kapitalgesellschaften in Einzel- und Konzernabschlüssen, WPg 1975, S. 234

Havers/Siegel, Aufstellung von Zahlungsberichten nach BilRuG, WPg 2016, S. 341

Hecker/Bröcker, Die CSR-Berichtspflicht in der Hauptversammlungssaison 2018, AG 2017, S. 761

Heckschen, Gelöste und ungelöste zivilrechtliche Fragen des GmbH-Konzernrechts, DB 1989, S. 29

Heese/Braatsch, Praktische Anwendung der ISA in Deutschland – Stichprobenprüfung (ISA 530), WPg 2013, S. 841

Heine, Vorbereitung und Aufstellung des Konzernabschlusses, WPg 1967, S. 116

Heine/Lechner, Die unentgeltliche Auskehrung von Sachwerten bei börsennotierten Aktiengesellschaften, AG 2005, S. 269

Heinsius, Organzuständigkeit bei Bildung, Erweiterung und Umorganisation des Konzerns, ZGR 1984, S. 383

Heintges/Erber, Hypothese: IAS 11 (Auftragsfertigung) = IFRS 15 (Umsatz über die Zeit) (Teil 1), WPg 2016, S. 1015

Heintges/Erber, Hypothese: IAS 11 (Auftragsfertigung) = IFRS 15 (Umsatz über die Zeit) (Teil 2), WPg 2016, S. 1067

Heisterkamp, Die Beendigung des GmbH-Vertragskonzerns, AnwBl. 1994, S. 487

Henckel/Freiberg, Neufassung der IDW Stellungnahme zur Rechnungslegung: Handelsrechtliche Bilanzierung von Altersversorgungsverpflichtungen (IDW RS HFA 30 n.F.), BetrAV 2017, S. 43

Henckel/Lüdke/Ludwig, Behandlung von Forschungs- und Entwicklungskosten nach HGB und IFRS unter Berücksichtigung der durch das BilMoG geplanten Änderungen, DB 2008, S. 196

Henckel/Meyer, Zweifelsfragen bei der Ermittlung latenter Steuern im Fall der Saldierung von Altersversorgungsverpflichtungen mit Deckungsvermögen, DStR 2015, S. 2459

Henckel/Rimmelspacher/Schäfer, Erfahrungen aus der erstmaligen Anwendung des DRS 20, Der Konzern 2014, S. 386

Heni, Zur Risikolage des Abschlußprüfers bei Mißachtung des Selbstprüfungsverbots, DStR 1997, S. 1210

Hennrichs, Abschlussprüferreform im Unionsrecht, ZGR 2015, S. 248

Hennrichs, CSR-Umsetzung – Neue Pflichten für Aufsichtsräte, NZG 2017, S. 841

Hennrichs, Der neue Prüfungsbericht 2018/2019 – Auswirkungen von IDW PS 450 n.F. und des neuen umfangreichen Bestätigungsvermerks, WPg 2018, S. 1127

Hennrichs, Fehlerhafte Bilanzen, Enforcement und Aktienrecht, ZHR 2004, S. 383

Hennrichs, Gefährden Steuerberatungsleistungen die Unabhängigkeit des Abschlussprüfers?, WPg 2018, S. 1065

Hennrichs, Gerichtliche Bestellung des Abschlussprüfers bei anhängiger Anfechtungsklage, WPg 2017, S. 482

Hennrichs, Gewinnabführung und Verlustausgleich im Vertragskonzern – Zur Bedeutung des Jahresabschlusses der Tochtergesellschaft für die Ergebnisermittlung nach §§ 291, 302 AktG, ZHR 2010, S. 683

Hennrichs, Kapitalschutz bei GmbH, UG (haftungsbeschränkt) und SPE, NZG 2009, S. 921

Hennrichs, Zum Fehlerbegriff im Bilanzrecht, NZG 2013, S. 681

Hennrichs/Bode, Zweifelsfragen zur Bedeutung und Reichweite des Verbots bestimmter Nichtprüfungsleistungen durch den Abschlussprüfer gem. Art. 5 AP-VO, NZG 2016, S. 1281

Hennrichs/Pöschke, Die Pflicht des Aufsichtsrats zur Prüfung des „CSR-Berichts", NZG 2017, S. 121

Hennrichs/Riedel, Blick ins Bilanz(steuer)recht, NZG 2016, S. 375

Hense, Rechtsfolgen nichtiger Jahresabschlüsse und Konsequenzen für die Folgeabschlüsse, WPg 1993, S. 716

Henssler/Glindemann, Keine Offenlegung des Aufsichtsratsberichts in der mitbestimmungspflichtigen, ZIP 2014, S. 2105

Hentzen, Atypische Risiken aus der Beendigung von Beherrschungs- und Gewinnabführungsverträgen, NZG 2008, S. 201

Hentzen, Der Entherrschungsvertrag im Aktienrecht, ZHR 1993, S. 65

Hermesmeier, Das neue Geheimnisschutzrecht, Berufsrechtliche Neuregelung der Mitwirkung Dritter an der Berufsausübung schweigepflichtiger Personen (§§ 50, 50a WPO), WPg 2018, S. 179

Hermesmeier/Heinz, Die neue Gewinnausschüttungssperre nach § 272 Abs. 5 HGB i.d.F. BilRUG, DB 2015, Beil. 5, S. 20

Herrmann, Zur Rechnungslegung der GmbH & Co. KG im Rahmen des KapCoRiLiG, WPg 2001, S. 278

Herzig, Steuerliche und bilanzielle Probleme bei Stock Options und Stock Appreciation Rights, DB 1999, S. 1

Herzig/Briesemeister, Unterschiede zwischen Handels- und Steuerbilanz nach BilMoG, WPg 2010, S. 63

Herzig/Liekenbrock/Vossel, Grundkonzept zur Bilanzierung von latenten Steuern im Organkreis nach BilMoG, Ubg 2010, S. 85

Herzig/Söffing, Bilanzierung und Abschreibung von Fernsehrechten, WPg 1994, S. 601

HFA, Anwendung der Effektivzinsmethode auf die Bewertung bestimmter Forderungen und Verbindlichkeiten in der Handelsbilanz, FN-IDW 2014, S. 595

HFA, Anwendungsfragen im Zusammenhang mit dem HGB i.d.F des Bilanzrichtlinie-Umsetzungsgesetz – BilRUG, IDW Life 2015, S. 670

HFA, Anwendungsfragen im Zusammenhang mit den Neuregelungen des § 253 HGB zur Bewertung von Altersversorgungsverpflichtungen, IDW Life 2016, S. 304

HFA, Anwendungsfragen zum HGB i.d.F. des Bilanzrichtlinie-Umsetzungsgesetzes, IDW Life 2016, S. 51

HFA, Aus der Facharbeit des IDW: Hauptfachausschuß – Geänderter Entwurf einer Vereinbarung zur Währungsumrechnung im Jahres- und Konzernabschluss, WPg 1986, S. 664

HFA, Auswirkungen der Finanzmarkt- und Konjunkturkrise auf die Vornahme planmäßiger und außerplanmäßiger Abschreibungen im Sachanlagevermögen, FN-IDW 2010, S. 355

HFA, Bilanzielle Konsequenzen des Tarifvertrags zum flexiblen Übergang in die Rente (TV Flex Ü), FN-IDW 2009, S. 62

HFA, Entwurf einer Stellungnahme: Zur Währungsumrechnung im Konzernabschluß, WPg 1998, S. 549

HFA, Gewinnrealisierung bei Abschlagszahlungen nach HOAI a.F. und HOAI n.F. bzw. Abschlagszahlungen nach § 632a BGB, IDW Life 2015, S. 616

HFA, Handelsrechtliche Bewertung von Roh-, Hilfs- und Betriebsstoffen sowie darauf bezogenen schwebenden Beschaffungsgeschäften, FN- IDW 2013, S. 500

HFA, Keine Pflicht zur Erläuterung von nicht angesetzten Aktivüberhängen latenter Steuern im Anhang nach § 285 Nr. 29, FN-IDW 2015, S. 172

HFA, Steuerliche Absetzbarkeit von Zertifizierungsaufwendungen nach ISO 9001-9003, WPg 1998, S. 891

HFA, Vereinnahmung von Erträgen aus Investmentfondsanteilen, FN-IDW 2006, S. 276

HFA, Verlautbarung des HFA: Zur phasengleichen Vereinnahmung von Erträgen aus Beteiligungen an Kapitalgesellschaften nach dem Urteil des BGH vom 12.01.1998, WPg 1998, S. 427

HFA, Weitere Anwendungsfragen zum HGB i.d.F. des BilRUG, IDW Life 2016, S. 303

Hirte, Genußrecht oder verbotener Gewinnabführungsvertrag?, ZBB 1992, S. 50

Hirte/Schall, Zum faktischen Beherrschungsvertrag, Der Konzern 2006, S. 243

Hömberg, Das IDW-Fachgutachten über die „Grundsätze ordnungsmäßiger Durchführung von Abschlussprüfungen" – Kritische Analyse wichtiger Prüfungsnormen und Vergleich mit amerikanischen Prüfungsansätzen, DB 1989, S. 1781

Hoffmann, Wann liegen „Verbundene Unternehmen" im Einzelabschluß von ausländisch beherrschten Konzernen vor?, BB 1987, S. 2192

Hoffmann/Rimmelspacher, Handelsrechtliche Bilanzierung von Kosten der Registrierung chemischer Stoffe nach der REACH-Verordnung, WPg 2012, S. 867

Hoffmann-Becking, Der Aufsichtsrat im Konzern, ZHR 1995, S. 325

Hoffmann-Becking, Der Einfluß schuldrechtlicher Gesellschaftervereinbarungen auf die Rechtsbeziehungen in der Kapitalgesellschaft, ZGR 1994, S. 442

Hoffmann-Becking, Vorstands-Doppelmandate im Konzern, ZHR 1986, S. 570

Hofmeister, Veräußerung und Erwerb von Beteiligungen bei der Aktiengesellschaft – Denkbare Anwendungsfälle der Gelatine-Rechtsprechung, NZG 2008, S. 47

Holzborn/Bunnemann, Gestaltung einer Sachausschüttung und Gewährleistung im Rahmen der Sachdividende, AG 2003, S. 671

Holzmeier/Burth/Hachmeister, Die nichtfinanzielle Konzernberichterstattung nach dem CSR-Richtlinie-Umsetzungsgesetz, IRZ 2017, S. 215

Hommel/Ummenhofer, Rückstellungen nach dem Realisationsprinzip – eine Analyse der jüngeren BFH-Rechtsprechung, BB 2017, S. 2219

Hommelhoff, CSR-Vorstands- und -Aufsichtsratspflichten, NZG 2017, S. 1361

Hommelhoff, Der Zusatzbericht des Abschlussprüfers und dessen Rollen im EU-Reformprozess zur Corporate Governance (Teil 1), DB 2012, S. 389

Hommelhoff, Der Zusatzbericht des Abschlussprüfers und dessen Rollen im EU-Reformprozess zur Corporate Governance (Teil 2), DB 2012, S. 445

Hommelhoff, Die neue Position des Abschlussprüfers im Kraftfeld der aktienrechtlichen Organisationsverfassung, BB 1998, S. 2567

Hommelhoff, Zum Konzernrecht in der Europäischen Aktiengesellschaft, AG 2003, S. 179

Hönsch, Der Bilanzeid - Versicherung zur Ordnungsmäßigkeit der Rechnungslegung, ZCG 2006, S. 117

Hopt, Die Haftung des Wirtschaftsprüfers, WPg 1986, S. 461

Hopt, Vergleichende Corporate Governance – Forschung und internationale Regulierung, ZHR 2011, S. 444

Huber, Betriebsführungsverträge zwischen konzernverbundenen Unternehmen, ZHR 1988, S. 123

Huber, Betriebsführungsverträge zwischen selbständigen Unternehmen, ZHR 1988, S. 1

Huber/Habersack, GmbH-Reform: Zwölf Thesen zu einer möglichen Reform des Rechts der kapitalersetzenden Gesellschafterdarlehen, BB 2006, S. 1

Hüttemann, Börsenkurs und Unternehmensbewertung, ZGR 2001, S. 454

Humbeck, Die Prüfung der Unternehmensverträge nach neuem Recht, BB 1995, S. 1893

Husmann, Segmentierung des Konzernabschlusses zur bilanzanalytischen Untersuchung der wirtschaftlichen Lage des Konzerns, WPg 1997, S. 349

Husmann, Würdigung der Segmentberichterstattung nach dem Management Approach auf der Basis der deutschen Bilanzierungspraxis, WPg 1998, S. 816

Hutter/Kaulamo, Transparenzrichtlinie-Umsetzungsgesetz: Änderungen der Regelpublizität und das neue Veröffentlichungsregime für Kapitalmarktinformationen, NJW 2007, S. 550

Ibert, Erfahrungen bei der Einführung und Überprüfung von Stichprobeninventurverfahren, WPg 1986, S. 467

IDW, 2. Stellungnahme zur Transformation der 7. EG-Richtlinie, WPg 1985, S. 191

IDW, Fragen und Antworten: Zur Berichterstattung über Key Audit Matters (KAM) nach ISA 701 bzw. IDW EPS 401 (Stand 04.10.2017), IDW Life 2017, S. 1311

IDW, Positionspapier zum Zusammenwirken von handelsrechtlicher Fortführungsannahme und insolvenzrechtlicher Fortführungsprognose, FN-IDW 2012, S. 463

IDW, Positionspapier zur Zusammenarbeit zwischen Aufsichtsrat und Abschlussprüfer, FN-IDW 2012, S. 339

IDW, Stellungnahme zum Referentenentwurf eines KonTraG, FN-IDW 1997, S. 4

Ihrig/Wagner, Die Reform geht weiter: Das Transparenz- und Publizitätsgesetzt kommt, BB 2002, S. 796

Immenga, Bestandsschutz der beherrschten Gesellschaft im Vertragskonzern?, ZHR 1976, S. 301

Jaecks/Schönborn, Die Europäische Aktiengesellschaft, das Internationale und das deutsche Konzernrecht, RIW 2003, S. 254

Jaeger, Die freien Berufe und die verfassungsrechtliche Berufsfreiheit, AnwBl. 2000, S. 475

Jäger, Der Entherrschungsvertrag, DStR 1995, S. 1113

Jonas/v. Woedtke, Haftung von Gesellschaftern für Verbindlichkeiten einer GmbH – Grenzen des existenzvernichtenden Eingriffs, BB 2012, S. 2255

Joost, „Holzmüller 2000" vor dem Hintergrund des Umwandlungsgesetzes, ZHR 1999, S. 164

Jungius/Schmidt, A., Nichtigkeit des Jahresabschlusses aufgrund von Bewertungsfehlern (Teil 1) – Tatbestandsvoraussetzungen unter besonderer Würdigung des Wesentlichkeitsaspekts, DB 2012, S. 1697

Jungius/Schmidt, A., Nichtigkeit des Jahresabschlusses aufgrund von Bewertungsfehlern (Teil 2) – Korrekturpflichten unter Berücksichtigung wertaufhellender Ereignisse, DB 2012, S. 1761

Junker/Weiler, Die Bilanzierung von Ökopunkten, StB 2010, S. 268

Kämpfer, Enforcementverfahren und Abschlussprüfer, BB 2005, Beil. 7, S. 13

Kajüter, Das CSR-Richtlinie-Umsetzungsgesetz – ein Kompromiss, IRZ 2017, S. 137

Kajüter, Nichtfinanzielle Berichterstattung nach dem CSR-Richtlinie-Umsetzungsgesetz, DB 2017, S. 617

Kamping, Eröffnungsbilanzwerte bei Erstprüfungsaufträgen (ISA 510), WPg 2016, S. 72

Kamprad, Ausgleichszahlungen nach § 304 AktG in einem mehrstufigen Konzern, AG 1986, S. 321

Kamps/Wollweber, Formen der Berufsausübung für Steuerberater, DStR 2009, S. 926

Kastrup/Middendorf, Latente Steuern bei Personengesellschaften im handelsrechtlichen Jahresabschluss nach BilMoG, BB 2010, S. 815

Kelm/Naumann, Neue (?) Anforderungen an den Prüfungsausschuss nach der EU-Abschlussprüfungsreform, WPg 2016, S. 653

Kelm/Schneiß/Schmitz-Herkendell, Abschlussprüferaufsichtsreformgesetz – Neuordnung der Berufsaufsicht, WPg 2016, S. 60

Kessler, Zur konsolidierungstechnischen Umsetzung der Equity-Methode im Konzernabschluß nach HGB, BB 1999, S. 1750

Kessler/Egelhof, Außerbilanzielle Ausschüttungssperren in der Organschaft, DStR 2017, S. 998

Kirsch, Ertragsteueraufwand bei Personenhandelsgesellschaften nach dem Bilanzrechtsmodernisierungsgesetz, DStR 2009, S. 1972

Kirsch/Huter, Die Prüfung der nicht-finanziellen Erklärung – Neue Pflichten für den Aufsichtsrat, WPg 2017, S. 1017

Klaas, Steuerberatung gegenüber Prüfungsmandanten, WPg 2014, S. 763

Klaholz/Stibi, Sukzessiver Anteilserwerb nach altem und neuem Handelsrecht, KoR 2009, S. 297

Kleine-Cosack, Freiberufliche Werbeverbote vor dem Aus, NJW 2010, S. 1921

Kleinmanns, ESMA veröffentlicht Leitlinien zu alternativen Leistungskennzahlen – ein Schritt in die richtige Richtung?, IRZ 2016, S. 131

Klemm, Insolvenzsicherung der Altersteilzeit durch eine doppelte Treuhandvereinbarung, DB 2013, S. 2395

Kliem/Herr/Kosma, DPR-Prüfungsschwerpunkte 2018 erhöhen Druck bei den neuen IFRS-Standards, KoR 2018, S. 78

Knappstein, Berichterstattung über key audit matters – Erste Einblicke in die Umsetzung der erweiterten Anforderungen an den Bestätigungsvermerk des Abschlussprüfers, DB 2017, S. 1792

Knepper, Bilanzierung im qualifiziert faktischen Konzern, DStR 1993, S. 1613

Knobloch/Anton, Das Fünf-Schritte-Modell zur Umsatzrealisation nach IFRS 15 (Teil 1), DStR 2015, S. 1519

Knobloch/Anton, Das Fünf-Schritte-Modell zur Umsatzrealisation nach IFRS 15 (Teil 2), DStR 2015, S. 1582

Knott/Rodewald, Beendigung der handels- und steuerrechtlichen Organschaften bei unterjähriger Anteilsveräußerung, BB 1996, S. 472

Koch/Worret, Die kritische Grundhaltung des Abschlussprüfers – Zur Notwendigkeit konkretisierender Anforderungen, Der Konzern 2013, S. 475

Köhle/Sturm, Methode der geschichteten Stichprobeninventur, WPg 1980, S. 126

Köhle/Sturm, Die permanente Stichprobeninventur mit Annahmetests, WPg 1983, S. 369

Köhler, Künftige Anforderungen an den Bestätigungsvermerk des Abschlussprüfers aus europäischer und internationaler Sicht, WPg 2015, S. 109

Köhler, Professional Skepticism – ein Konzept auf dem Prüfstand, WPK Magazin 1/2017, S. 31

Köppe/Pöhlmann, Praktische Anwendung der ISA in Deutschland – Überlegungen bei der Abschlussprüfung von Einheiten, die Dienstleister in Anspruch nehmen (ISA 402), WPg 2014, S. 7

Kohlstruck, Ertragsteuern im Konzernabschluß nach dem AktG 1965, DB 1966, S. 949

Kolb/Heinek, Entgelttransparenzgesetz: Auskunftspflichten und neue Anlage zum Lagebericht, WPg 2017, S. 1243

Kolb/Neubeck, Berichtspflichtige Leistungsindikatoren im Lagebericht - Abgrenzung und Auswahl, StuB 2016, S. 55

Kolb/Niechcial, Verwirrende Vielfalt der neuen CSR-Berichterstattung, StuB 2017, S. 1

Koos, Vergleichende Werbung und die Fesseln der Harmonisierung – Erweiterungen des Zulässigkeitsbereichs vergleichender Werbung im Lichte der Richtlinie 97/55/EG, WRP 2005, S. 1096

Koppensteiner, Zur Anwendung konzerngesellschaftlicher Normen auf die Bundesrepublik, ZGR 1979, S. 91

Korn, Probleme bei der ertragsteuerrechtlichen Abgrenzung zwischen freier Berufstätigkeit und Gewerbe, DStR 1995, S. 1249

Kort, Anwendung der Grundsätze der fehlerhaften Gesellschaft auf einen „verdeckten" Beherrschungsvertrag?, NZG 2009, S. 364

Kowalski, Der nichtige Jahresabschluss – was nun?, AG 1993, S. 502

Krause, Rechtsschutz im Enforcement-Verfahren, BB 2011, S. 299

Krawitz/Leukel, Qualitätssicherung in der Wirtschaftsprüferpraxis, DStR 1998, S. 1930

Krieger, Fehlerhafte Satzungsänderungen: Fallgruppen und Bestandskraft, ZHR 1994, S. 35

Krieger, Verlustausgleich und Jahresabschluss, NZG 2005, S. 787

Kröner/Bolik/Gageur, Stolpert die Organschaft über das BilMoG?, Ubg 2010, S. 237

Kropff, „Verbundene Unternehmen" im Aktiengesetz und im Bilanzrichtlinien-Gesetz, DB 1986, S. 364

Kropff, Außenseiterschutz in der faktisch abhängigen „kleinen Aktiengesellschaft", ZGR 1988, S. 558

Kropff, Das Konzernrecht des Aktiengesetzes 1965, BB 1965, S. 1281

Kropff, Nettoausweis des Gezeichneten Kapitals und Kapitalschutz, ZIP 2009, S. 1137

Kropff, Zur Konzernleitungspflicht, ZGR 1984, S. 112

Kropp, Aktienoptionen statt finanzieller Gewinnbeteiligung: Wann und in welcher Höhe werden sie aufwandswirksam? Zugleich Stellungnahme zum Standardentwurf E-DRS 11 des DRSC (Teil 2), DStR 2002, S. 1960

Kühne/Melcher, Wirtschaftliche Zurechnung von Vermögensgegenständen und Schulden sowie Erträgen und Aufwendungen, DB 2009, Beil. 5, S. 15

Kühne/Melcher/Wesemann, Latente Steuern nach BilMoG (Teil 1), WPg 2009, S. 1005

Kühne/Melcher/Wesemann, Latente Steuern nach BilMoG (Teil 2), WPg 2009, S. 1057

Küster/Bernhardt, Prüfungsnachweise (ISA 500) und besondere Überlegungen zu ausgewählten Sachverhalten (ISA 501), WPg 2015, S. 1212

Küting u.a., Die Ausschüttungssperre im neuen deutschen Bilanzrecht nach § 268 Abs. 8 HGB, GmbHR 2011, S. 1

Küting, Die Abgrenzung von vorübergehenden und dauernden Wertminderungen im nicht-abnutzbaren Anlagevermögen (§ 253 Abs. 2 Satz 3 HGB), DB 2005, S. 1121

Küting/Mojadadr, Währungsumrechnung im Einzel- und Konzernabschluss nach dem RegE zum BilMoG, DB 2008, S. 1869

Küting/Pilhofer, Die neuen Vorschriften zur Segmentberichterstattung nach US-GAAP – Schließung der Regelungslücke in § 279 HBG, Abs. 1 HGB durch Adaption internationaler Standards?, DStR 1999, S. 559

Küting/Ranker, Die buchhalterische Änderung handelsrechtlicher Jahresabschlüsse, WPg 2005, S. 1

Küting/Seel, Das neue deutsche Konzernbilanzrecht – Änderungen der Konzernrechnungslegung durch das Bilanzrechtsmodernisierungsgesetz (BilMoG), DStR 2009, Beiheft zu Heft 26, S. 37*

Kuhn/Skirk, Die Prüfung von Finanzinstrumenten und Derivaten – Unter Beachtung der International Auditing Practice Note (IAPN) 1000 „Special Considerations in Auditing Financial Instruments", WPg 2012, S. 1304

Kunellis, Praktische Anwendung der ISA in Deutschland – Das Konzept der Wesentlichkeit (ISA 320 und ISA 450), WPg 2013, S. 791

Kuntz, Grundlagen und Grenzen der aktienrechtlichen Leitungsautonomie, AG 2016, S. 101

Kupsch, Die bilanzielle Behandlung von Baumaßnahmen auf fremden Grundstücken, BB 1981, S. 212

Lackmann/Stich, Nicht-finanzielle Leistungsindikatoren und Aspekte der Nachhaltigkeit bei der Anwendung von DRS 20, KoR 2013, S. 236

Lanfermann, Prüferauswahl nach der EU-Abschlussprüferreform, BB 2014, S. 2348

Lanfermann, Prüfung der CSR-Berichterstattung durch den Aufsichtsrat, BB 2017, S. 747

Lanfermann/Maul, Audit Committees im Fokus des EU-Verordnungsvorschlags zur Abschlussprüfung, BB 2012, S. 627

Lanfermann/Maul, Auswirkungen des Sarbanes-Oxley Acts in Deutschland, DB 2002, S. 1725

Lanfermann/Maul, Sanktionierung von Verstößen gegen prüfungsbezogene Aufsichtsratspflichten nach dem AReG-RegE, BB 2016, S. 363

Lanfermann/Stolberg, Zur Kapital- und Gewinnkonsolidierung bei gegenseitigen Beteiligungen, WPg 1970, S. 353

Lang, Zur Dritthaftung der Wirtschaftsprüfer, WPg 1989, S. 57

Lange, Steuerbilanzielle Implikationen für die Ausgestaltung von Stock Option Plänen, StuW 2001, S. 137

Lange, Wenn die UG erwachsen werden soll – „Umwandlung" in die GmbH, NJW 2010, S. 3686

Leffson/Bönkhoff, Zu Materiality-Entscheidungen bei Jahresabschlussprüfungen, WPg 1982, S. 389

Lenz, Entwicklungstendenzen in der Wirtschaftsprüfung, WPg 1999, S. 540

Lettl, Einbeziehung Dritter in den Schutzbereich des Vertrags über eine Pflichtprüfung nach §§ 316 ff. HGB, NJW 2006, S. 2817

Lettl, Wirtschaftliche Betätigung und Umstrukturierung von Ideal-Vereinen, DB 2000, S. 1449

Lewe/Peun, Rückstellungen für Betriebsprüfungsrisiken nach BilMoG, DStR 2014, S. 1186

Lieder/Goldshteyn, Effizienzsteigerung der Abschlussprüfung durch Datenanalyse, WPg 2013, S. 586

Liekenbrock/Vossel, Latente Steuern im Organkreis nach DRS 18, DB 2012, S. 753

Lilienbecker/Link/Rabenhorst, Beurteilung der Going-Concern-Prämisse durch den Abschlussprüfer bei Unternehmen in der Krise, BB 2009, S. 262

Lindgens/Gelhausen, Berichtskritik bei typischen Konstellationen der Berufsausübung des WP/vBP, WPK Magazin 1/2007, S. 34

Lindgens-Strache, Peer Review, BFuP 1997, S. 266

Link/Giese/Kunellis, Geschäftsrisikoorientierte Prüfung des Konzernabschlusses: neue Anforderungen und Handlungsspielräume bei einer Prüfung nach ISA 600, BB 2008, S. 378

Loitz, DRS 18 – Bilanzierung latenter Steuern nach dem Bilanzrechtsmodernisierungsgesetz, DB 2010, S. 2177

Loitz, Latente Steuern für Outside Basis Differences nach IFRS, WPg 2008, S. 1110

Loitz, Latente Steuern nach dem Bilanzrechtsmodernisierungsgesetz (BilMoG), DB 2008, S. 1389

Loitz, Latente Steuern nach dem Bilanzrechtsmodernisierungsgesetz (BilMoG) – ein Wahlrecht als Mogelpackung?, DB 2009, S. 913

Ludewig, Zur Berufsethik der Wirtschaftsprüfer, WPg 2003, S. 1093

Lüdenbach, Ausschüttungssperre nach § 268 Abs. 8 HGB, StuB 2010, S. 588

Lüdenbach/Freiberg, Mutter-Tochter-Verhältnisse durch beherrschenden Einfluss nach dem BilMoG, BB 2009, S. 1230

Lüdenbach/Hoffmann, Gemildertes Fair-Value-Prinzip bei der Bilanzierung von Wertpapiervermögen, DB 2004, S. 85

Lüdenbach/Völkner, Abgrenzung des Kaufpreises von sonstigen Vergütungen bei der Erst- und Entkonsolidierung, BB 2006, S. 1435

Lutter, Der Anwendungsbereich des Mitbestimmungsgesetzes, ZGR 1977, S. 195

Lutter, Der Aufsichtsrat im Konzern, AG 2006, S. 517

Lutter, Der qualifizierte faktische Konzern, AG 1990, S. 179

Lutter, Materielle und förmliche Erfordernisse eines Bezugsrechtsausschlusses – Besprechung der Entscheidung BGHZ 71, 40 (Kali und Salz), ZGR 1979, S. 401

Lutter, Stand und Entwicklung des Konzernrechts in Europa, ZGR 1987, S. 324

Lutter, Zur Herrschaft mehrerer Unternehmen über eine Aktiengesellschaft, NJW 1973, S. 113

Lutter/Banerjea, Die Haftung wegen Existenzvernichtung, ZGR 2003, S. 402

Lutter/Leinekugel, Kompetenzen von Hauptversammlung und Gesellschafterversammlung beim Verkauf von Unternehmensanteilen, ZIP 1998, S. 225

Lutter/Leinekugel/Rödder, Die Sachdividende Gesellschaftsrecht und Steuerrecht, ZGR 2002, S. 204

Lutter/Schneider, Mitbestimmung im mehrstufigen Konzern, BB 1977, S. 553

Lutter/Timm, Zum VEBA/Gelsenberg-Urteil des Bundesgerichtshofes, BB 1978, S. 836

Luttermann, Zum Börsenkurs als gesellschaftsrechtliche Bewertungsgrundlage, ZIP 1999, S. 45

Maas/Schruff, Befreiende Konzernrechnungslegung von Mutterunternehmen mit Sitz außerhalb der EG, WPg 1991, S. 765

Maas/Schruff, Der Konzernabschluß nach neuem Recht, WPg 1986, S. 201

Maas/Schruff, Unterschiedliche Stichtage im künftigen Konzernabschluß?, WPg 1985, S. 1

Mader, Der Informationsfluss im Verbund als Vorfrage einer konzernweiten Legalitätskontrollpflicht, WM 2015, S. 2074

Mantey/Hinrichs, Der Phantom-Aufsichtsrat in Schwellenunternehmen, NZG 2014, S. 1096

Marks/Schmidt, Einführung einer externen Qualitätskontrolle im Berufsstand der deutschen Wirtschaftsprüfer, WPg 1998, S. 975

Marten/Köhler, 4. WPO-Novelle, Anstoß zu einer externen Qualitätskontrolle von Wirtschaftsprüfern in Deutschland, BB 2000, S. 867

Marten/Köhler, Durchführung externer Qualitätskontrollen in der Wirtschaftsprüferpraxis, WPg 2002, S. 241

Marten/Schmöller, Das Image der Wirtschaftsprüfer, ZfB 1999, S. 171

Martens, Die Unternehmensbewertung nach dem Grundsatz der Methodengleichheit oder dem Grundsatz der Meistbegünstigung, AG 2003, S. 593

Martens/Oldewurtel/Kümpel, Praktische Anwendung der ISA in Deutschland – (Wechselseitige) Kommunikation mit dem Aufsichtsorgan (ISA 260 und ISA 265), WPg 2014, S. 1025

Marx, Die Erfüllung ausstehender steuerlicher Verpflichtungen – Handels- und steuerbilanzielle Abbildungslösungen, StuB 2018, S. 197

Marx, Steuerliche Nebenleistungen im handelsrechtlichen Jahresabschluß, DB 1996, S. 1149

Mattheus/Schwab, Fehlerkorrektur nach dem Rechnungslegungs-Enforcement, BB 2004, S. 1099

Maul, Konzernrecht der deutschen SE – ausgewählte Fragen zum Vertragskonzern und den faktischen Unternehmensverbindungen, ZGR 2003, S. 743

Maxl, Ausgewählte Fragen zum Werberecht der Wirtschaftsprüfer und vereidigten Buchprüfer, WPK-Mitt. 1998, S. 114

Mayrhofer/Pirner, Meldepflichten wegen Stimmrechtszurechnung im Rahmen eines Treuhandverhältnisses – Meldepflicht des Treuhänders hinsichtlich der dem Treugeber zuzurechnenden Stimmrechte aus einem „acting in concert", DB 2009, S. 2312

Melcher/Murer, Bilanzierung von latenten Steuern bei Organschaften nach dem BilMoG im Fall von Steuerumlageverträgen, DB 2011, S. 2329

Melcher/Murer, Die Auswirkungen des BilMoG auf die Equity-Methode nach § 312 HGB, DB 2010, S. 1597

Mertin/Schmidt, Die Aufdeckung von Unregelmäßigkeiten im Rahmen der Abschlussprüfung nach dem überarbeiteten IAS 24, WPg 2001, S. 1305

Meyer/Mattheus, Das Abschlussprüfungsreformgesetz (AReG) – Neuerungen für Prüfungsausschüsse, DB 2016, S. 695

Meyer/Ruberg, Die Erstellung von Planungsrechnungen als Voraussetzung für die Bilanzierung latenter Steuern Anwendungsfelder, Anforderungen, Zweifelsfragen, DStR 2010, S. 1538

Michalski/Römermann, Wettbewerbsbeschränkungen zwischen Rechtsanwälten, ZIP 1994, S. 433

Milatz, Eintragungserfordernis bei der Verlängerung eines Unternehmensvertrags?, GmbHR 1995, S. 369

Mock, Billigung des Zwischenabschlusses gem. § 299 Abs. 2 HGB durch den Aufsichtsrat?, DB 1987, S. 2553

Moser/Siegel, Praxisfragen zur Aufstellung der Bilanz einer GmbH unter Berücksichtigung der Ergebnisverwendung, WPg 2017, S. 503

Moxter, Neue Ansatzkriterien für Verbindlichkeitsrückstellungen?, DStR 2004, S. 1057

Mückl/Theusinger, Sitz der Konzernmutter im Ausland und Anwendbarkeit des MitbestG – Welches Unternehmen „herrscht" im Inland?, BB 2018, S. 117

Mülbert, Unternehmensbegriff und Konzernorganisationsrecht, ZHR 1999, S. 1

Müller, E., Zum geänderten Entwurf einer 7. EG-Richtlinie über den Konzernabschluß, DB 1980, S. 265

Müller, H.-P., Anmerkungen zum Urteil des BGH vom 13.10.1977 über die aktienrechtliche Unternehmenseigenschaft von Gebietskörperschaften, WPg 1978, S. 61

Müller, H.-P., Bilanzrecht und materieller Konzernschutz, AG 1994, S. 410

Müller, K., Wirtschaftsprüfer und vereidigte Buchprüfer als Sachverständige und Gutachter, WPK-Mitt. 1991, Sonderheft Oktober, S. 1

Müller, W., Die Änderungen im HGB und die Neuregelung der Sachdividende durch das Transparenz- und Publizitätsgesetz, NZG 2002, S. 752

Müller, W., Prüfverfahren und Jahresabschlussnichtigkeit nach dem Bilanzkontrollgesetz, ZHR 2004, S. 414

Müller/Kropp, Die Überprüfung der Plausibilität von Jahresabschlüssen, DB 1992, S. 149

Müller/Rieker, Der Unternehmensbegriff des Aktiengesetzes, WPg 1967, S. 197

Mujkanovic, Aktualisierung der DRS durch E-DRÄS 6, StuB 2015, S. 891

Mujkanovic, Die Bewertung von Anteilen an nachhaltig ertragsschwachen Unternehmen im handelsrechtlichen Jahresabschluss, WPg 2010, S. 294

Mujkanovic, Die Bilanzierung des derivaten Geschäfts- oder Firmenwerts, StuB 2010, S. 167

Mujkanovic, Zweckgesellschaften nach dem BilMoG, StuB 2009, S. 374

Nartowska/Knierbein, Ausgewählte Aspekte des „Naming and Shaming" nach § 40c WpHG, NZG 2016, S. 256

Naumann, Standardentwurf zur Segmentberichterstattung, BB 1999, S. 2290

Naumann/Naumann, Folgebewertung von Beteiligungen im Jahresabschluss nach HGB und im Konzernabschluss nach IFRS, WPg 2004, Sonderheft, S. S130

Naumann/Siegel, Reichweite der Prüfungspflichten von Aufsichtsrat, Abschlussprüfer und DPR – Wer prüft eigentlich was in welchem Umfang?, WPg 2017, S. 1170

Neufang/Körner, Gebäude auf fremdem Grund und Boden versus Aufwand, BB 2010, S. 1503

Niehues, Konzernabschlussprüfung im Spanungsfeld zwischen internationaler Standardisierung und einzelstaatlicher Regulierung, IRZ 2006, S. 249

Niehus, Konzernrechnungslegungspflicht von Groß-Vereinen, DB 2003, S. 1125

Niehus, Neues Konzernrecht für die GmbH, DB 1984, S. 1792

Niemann, Grundsätze ordnungsmäßiger Durchführung von Abschlussprüfungen im Umbruch, DStR 2003, S. 1454

Niemann/Bruckner, Qualitätssicherung bei der Konzernabschlussprüfung, DStR 2010, S. 345

Niessen, Grundsatzfragen der 7. Richtlinie über den konsolidierten Abschluß, WPg 1983, S. 653

Nodoushani, Die Transparenz von Beteiligungsverhältnissen, WM 2008, S. 1671

Nonnenmacher, Bilanzierung von Forschung und Entwicklung, DStR 1993, S. 1231

Noodt, Konzernabschlussprüfung nach internationalen Prüfungsvorschriften – Wesentliche Änderungen des neuen ED ISA 600 gegenüber dem aktuell geltenden IDW PS 320, WPg 2006, S. 894

Odenthal, Big Data und Abschlussprüfung – Datenanalysen im Kontext prüferischer Urteilsbildung, WPg 2017, S. 546

ÖFA, Bilanzielle Behandlung von Kostenüberdeckungen und Kostenunterdeckungen gemäß § 6 Absatz 2 Satz 2 KAGNW, FN-IDW 2001, S. 240

Ordelheide, Anschaffungskostenprinzip im Rahmen der Erstkonsolidierung gem. § 301 HGB, DB 1986, S. 493

Ordelheide, Kapitalkonsolidierung nach der Erwerbsmethode, WPg 1984, S. 244

Ordelheide, Konzernkonsolidierung und Konzernerfolg, WPg 1987, S. 311

Orth, Sachdividenden – Zu deren Kodifizierung und den offen gebliebenen aktienrechtlichen, bilanzrechtlichen und steuerrechtlichen Fragen (Teil 1), WPg 2004, S. 777

Orth, Sachdividenden – Zu deren Kodifizierung und den offen gebliebenen aktienrechtlichen, bilanzrechtlichen und steuerrechtlichen Fragen (Teil 2), WPg 2004, S. 841

Oser, Änderung der Befreiungsvoraussetzungen für Tochter-Kapitalgesellschaften durch das BilRUG – Die neue Einstandspflicht nach § 264 Abs. 3 Satz 1 Nr. 2 HGB, WPg 2017, S. 691

Oser, Erfolgsneutral verrechnete Geschäfts- oder Firmenwerte aus der Kapitalkonsolidierung im Lichte der Entkonsolidierung, WPg 1995, S. 266

Oser, Wider eine Pflicht zur Neubewertung bei Gründung einer neuen Konzernholding – Plädoyer für eine Umsetzung von Art. 25 der neuen EU-Bilanzrichtlinie, BB 2014, S. 1387

Oser/Kropp, Eigene Anteile in Gesellschafts-, Bilanz- und Steuerrecht, Der Konzern 2012, S. 185

Oser/Mojadadr/Wirth, Kapitalkonsolidierung von Fremdwährungsabschlüssen, KoR 2008, S. 575

Oser/Ollinger, Zweifelsfragen der Anwendung handelsrechtlicher Befreiungsvorschriften von Rechnungslegungspflichten, DB 2017, S. 2045

Oser/Orth/Wirtz, Das Bilanzrichtlinie-Umsetzungsgesetz (BilRUG) – Wesentliche Änderungen und Hinweise zur praktischen Umsetzung, DB 2015, S. 1729

Oser/Roß, Rückstellungen aufgrund der Pflicht zur Rücknahme und Entsorgung von sog. Elektroschrott beim Hersteller, WPg 2005, S. 1069

Oser/Wirth, Keine Abführungssperre für Bewertungsgewinne aus der Anwendung des § 253 Abs. 2 HGB n.F., DB 2017, S. 261

Oser/Wirtz, Änderung der Abzinsung von Pensionsrückstellungen, DB 2016, S. 247

Paal, Zur Vorlagepflicht von Arbeitspapieren des Abschlussprüfers im Enforcementverfahren, BB 2007, S. 1775

Pagels/Lüder, Prüfungsrelevante Fragen beim Vorliegen von (ausländischen) Patronatserklärungen, WPg 2017, S. 231

Paschke, Die kommunalen Unternehmen im Lichte des GmbH-Konzernrechts, ZHR 1988, S. 263

Peemöller/Oehler, Referentenentwurf eines Bilanzrechtsreformgesetzes, BB 2004, S. 539

Pellens, Die neuen CSR-Berichtspflichten – Aufgaben für den Aufsichtsrat, ACI Quarterly Q3/2017, S. 28

Petersen, Anwendungsfragen der Steuerabgrenzung im Jahresabschluss, WPg 2011, S. 255

Petersen, Prüfungsvermerke und -berichte zukünftig elektronisch möglich (Teil 2), WPK Magazin 3/2017, S. 26

Petersen/Zwirner, Konzernrechnungslegungspflicht natürlicher Personen, BB 2008, S. 1777

Petersen/Zwirner, Unternehmensbegriff, Unternehmenseigenschaft und Unternehmensformen, DB 2008, S. 481

Petersen/Zwirner/Froschhammer, Funktionsweise und Problembereiche der im Rahmen des BilMoG neu eingeführten außerbilanziellen Ausschüttungssperre des § 268 Abs. 8 HGB, KoR 2010, S. 334

Peun/Rimmelspacher, Änderungen in der handelsrechtlichen GuV durch das BilRUG, DB 2015 Beil. 5, S. 12

Pfitzer, Aktuelles zur Qualitätssicherung und Qualitätskontrolle, WPg 2006, S. 186

Pfitzer/Orth/Wacker, Die Unabhängigkeitserklärung des Abschlussprüfers gegenüber dem Aufsichtsrat im Sinn des Deutschen Corporate Governance Kodex, DB 2002, S. 753

Pfitzer/Oser/Orth, Offene Fragen und Systemwidrigkeiten des Bilanzrechtsreformgesetzes (BilReG), DB 2004, S. 2593

Pföhler/Kunellis/Knappe, Die Berichterstattung über Key Audit Matters im Bestätigungsvermerk des Abschlussprüfers, WP Praxis 2016, S. 57

Philippi/Fickert, Verzinsung von Ansprüchen aus Ergebnisabführungsverträgen – Neues BMF-Schreiben, BB 2007, S. 2761

Philipps, Neuerungen beim Bestätigungsvermerk zum Jahresabschluss und Lagebericht bei Non-PIE (IDW EPS 400 n.F.), WP Praxis 2017, S. 84

Philipps, Prognose im Lagebericht nach DRS 20 – Bericht über die voraussichtliche Entwicklung des Konzerns oder Unternehmens, BBK 2013, S. 1054

Philippsen/Sultana, Ausgewählte Zweifelsfragen zur Erstellung und Offenlegung eines Entgeltberichts als Anlage zum Lagebericht, KoR 2018, S. 135

Piltz, Unternehmensbewertung und Börsenkurs im aktienrechtlichen Spruchstellenverfahren, ZGR 2001, S. 185

Plein, Die Eliminierung von Effekten aus Wechselkursänderungen bei indirekt erstellten Konzernkapitalflußrechnungen, WPg 1998, S. 14

Plendl/Kling, Praktische Anwendung der ISA in Deutschland – Der Vermerk des unabhängigen Abschlussprüfers (ISA 700, ISA 705 und ISA 706), WPg 2013, S. 1121

Plendl/Schneiß, Die Durchführung von Qualitätskontrollen nach der Neufassung des IDW PS 140, WPg 2005, S. 545

Pluskat, Endlich Klärung hinsichtlich der Lage des Referenzzeitraums bei Relevanz des Durchschnittsbörsenkurses für die Abfindungshöhe?, NZG 2008, S. 365

Pöschke, Wackelige Wirtschaftsprüfer – Gerichte können für Rechtssicherheit sorgen, FAZ v. 03.02.2016, S. 16

Popp, Fester Ausgleich bei Beherrschungs- und/oder Gewinnabführungsverträgen, WPg 2008, S. 23

Preißer/Bressler, Bilanzierungsfragen beim negativen Geschäftswert im Falle des Share Deal, BB 2011, S. 427

Priester, Bestimmungen zum Unternehmensvertrag in der Satzung der GmbH, DB 1989, S. 1013

Priester, Haftungsgefahren für Kommanditisten aus § 172 Abs. 4 HGB bei Abfindungen oberhalb des Buchwerts?, ZIP 2016, S. 949

Priester, Herrschaftswechsel beim Unternehmensvertrag, ZIP 1992, S. 293

Priester, Unterjährige Aufhebung des Unternehmensvertrags im GmbH-Konzern, NZG 2012, S. 641

Priester, Zeitpunkt der Rücklagendeckung beim Erwerb eigener GmbH-Anteile, GmbHR 2013, S. 1121

Prinz/Ruberg, Latente Steuern nach dem BilMoG – Grundkonzept, Bedeutungswandel, erste Anwendungsfragen, Der Konzern 2009, S. 343

Probst, Prüfungsausschüsse vor neuen Herausforderungen, Der Aufsichtsrat 2016, S. 10

Probst/Szondy, Überarbeitung von IDW PS 345 – nur ein (weiteres) Zwischenspiel? – Auswirkungen der EU-Abschlussprüferreform auf die Unabhängigkeitserklärung nach dem Deutschen Corporate Governance Kodex, WPg 2017, S. 176

Quick, Die Haftung des handelsrechtlichen Abschlußprüfers, BB 1992, S. 1675

Rabenhorst, Neue Anforderungen an die Berichterstattung des Abschlussprüfers durch das TransPuG, DStR 2003, S. 436

Rauch/Weigt, Risikoangaben im Rahmen der nichtfinanziellen Berichterstattung, KoR 2018, S. 119

Redeke, Zur Unternehmensmitbestimmung auf der Ebene von Konzernzwischengesellschaften, DB 2008, S. 2408

Rega, Künstliche Intelligenz – Eine Herausforderung für Wirtschaftsprüfer?, IDW-Life 2018, S. 197

Rega/Teipel, Digitalisierung in der Wirtschaft und im Berufsstand, WPg 2016, S. 39

Rehbinder, Buchbesprechung zu „Die Konzernleitungspflicht" von Peter Hommelhoff, ZHR 1983, S. 464

Rehbinder, Gesellschaftsrechtliche Probleme mehrstufiger Unternehmensverbindungen, ZGR 1977, S. 581

Reichert, „ARAG/Garmenbeck" im Praxistest – Entscheidungsgrundlagen über die Verfolgung von Organhaftungsansprüchen, ZIP 2016, S. 1189

Reichert/Harbarth, Stimmrechtsvollmacht, Legitimationszession und Stimmrechtsausschlußvertrag in der AG, AG 2001, S. 447

Reichert/Schlitt, Konkurrenzverbot für Aufsichtsratsmitglieder, AG 1995, S. 241

Reisch, Umfang und Tiefe der Berichterstattung über Key Audit Matters („KAM") im Bestätigungsvermerk bei der Prüfung von Unternehmen von öffentlichem Interesse („PIEs"), WPg 2015, Sonderheft 2, S. S45

Reitmeier/Henckel, Handelsrechtliche Bilanzierung von Verpflichtungen aus Altersteilzeitvereinbarungen, WP Praxis 2014, S. 309

Reitmeier/Peun/Schönberger, Anwendungsfragen zur handelsrechtlichen Bilanzierung von Altersversorgungsverpflichtungen: Mehr als nur Klarstellungen – Die Neufassung von IDW RS HFA 30, WPg 2017, S. 813

Renner/Engel, Gläubigerschutz bei Gewinnverlagerungen im Konzern, ZIP 2013, S. 2436

Reuter, Nationale und internationale Unternehmensbewertung mit CAPM und Steuer-CAPM im Spiegel der Rechtsprechung, AG 2007, S. 1

Richter, Anpassung der Umsatzerlösdefinition durch das BilRUG, DB 2015, S. 385

Richter/Johne/König, Umsetzung der CSR-Richtlinie in nationales Recht – Was sind die Implikationen für die Praxis?, WPg 2017, S. 566

Ries, Die Bilanzierung von Arbeitszeitkonten nach dem Bilanzrechtsmodernisierungsgesetz (BilMoG), WPg 2010, S. 811

Rimmelspacher/Fey, Anhangangaben zu nahe stehenden Unternehmen und Personen nach dem BilMoG, WPg 2010, S. 191

Rimmelspacher/Fey, Beendigung von Bewertungseinheiten im handelsrechtlichen Jahresabschluss, WPg 2013, S. 994

Rimmelspacher/Fey, Handelsrechtliche Bilanzierung antizipativer Bewertungseinheiten, WPg 2011, S. 805

Rimmelspacher/Hoffmann/Hesse, Factoring- und ABS-Transaktionen im handelsrechtlichen Jahresabschluss des Verkäufers, WPg 2014, S. 999

Rimmelspacher/Kliem, Der Entgeltbericht – die neue Anlage zum Lagebericht, DB 2018, S. 265

Rimmelspacher/Meyer, Änderungen im (Konzern-) Anhang, DB 2015, Beil. 5, S. 23

Rimmelspacher/Reitmeier, Anwendungsfragen zum (Konzern-) Anhang nach BilRUG, WPg 2015, S. 1003

Rimmelspacher/Schäfer/Schönberger, Das CSR-Richtlinie-Umsetzungsgesetz: Neue Anforderungen an die nichtfinanzielle Berichterstattung und darüber hinaus, KoR 2017, S. 225

Rittner, Die Beteiligung als Grund der Abhängigkeit einer Aktiengesellschaft, DB 1976, S. 1465

Rodewald/Pohl, Neuregelung des Erwerbs von eigenen Anteilen durch die GmbH im Bilanzrechtsmodernisierungsgesetz (BilMoG), GmbHR 2009, S. 32

Rodloff, Börsenkurs statt Unternehmensbewertung – Zur Ermittlung der Abfindung in Spruchstellenverfahren, DB 1999, S. 1149

Röder/Arnold, Zielvorgaben zur Förderung des Frauenanteils in Führungspositionen, NZA 2015, S. 1281

Röhm-Kottmann/Gundel, Frauenquote und Zielgrößen für den Frauenanteil, WPg 2015, S. 1110

Röhricht, Beratung und Abschlußprüfung, WPg 1998, S. 153

Rogler, Herstellungskosten beim Umsatzkostenverfahren, BB 1992, S. 1459

Rohardt/Meyer-Hollatz/Davids, Analytische Prüfungshandlungen (ISA 520), WPg 2013, S. 935

Roß/Beine, Handelsrechtliche Bilanzierung von Verpflichtungen aus Altersteilzeitvereinbarungen – Überblick zur Überarbeitung von IDW RS HFA 3 und Vergleich mit DRSC AH 1 (IFRS), WPg 2013, S. 894

Roß/Drögemüller, Keine Rückstellungen in der Handels- und Steuerbilanz für Registrierungskosten aufgrund der künftigen EU-Chemikalienverordnung („REACH"), BB 2006, S. 1044

Roß/Zilch, Handelsrechtliche Bilanzierung von Großmutterzuschüssen, BB 2014, S. 1579

Ruhnke, Business Risk Audits, JfB 2006, S. 193

Ruhnke/Deters, Die Erwartungslücke bei der Abschlußprüfung, ZfB 1997, S. 923

Ruhnke/Lubitzsch, Abschlussprüfung und das neue Aussagen-Konzept der IFAC, WPg 2006, S. 366

Ruhnke/Michel, Geschäftsrisikoorientierte Aufdeckung von Fraud nach internationalen Prüfungsnormen, BB 2010, S. 3074

Ruhnke/Schmiele/Schwind, Die Erwartungslücke als permanentes Phänomen der Abschlussprüfung, ZfbF 2010, S. 394

Ruhnke/von Torklus, Monetary Unit Sampling, WPg 2008, S. 1120

Ruwe, Die BGB-Gesellschaft als Unternehmen i.S.d. Aktienkonzernrechts, DB 1988, S. 2037

Säcker, Zur Problematik von Mehrfachfunktionen im Konzern, ZHR 1987, S. 59

Sahner/Häger, Zur Zwischenerfolgseliminierung beim Beteiligungsansatz „at equity", BB 1988, S. 1783

Sahner/Kammers, Die Abgrenzung des Konsolidierungskreises nach der 7. EG-Richtlinie im Vergleich zum Aktiengesetz 1965 – ein Fortschritt?, DB 1983, S. 2209

Sahner/Schulte-Groß/Clauß, Das System der Qualitätskontrolle im Berufsstand der Wirtschaftsprüfer und vereidigten Buchprüfer, WPK-Mitt. 2001, Sonderheft, S. 5

Schäfer, Mehrheitserfordernisse bei Stimmrechtskonsortien, ZGR 2009, S. 768

Schäfer, Schuldrechtliches Agio im Aktienrecht – Kapitalaufbringung ad libitum?, ZIP 2016, S. 953

Schäfer/Rimmelspacher, Änderungen im (Konzern-)Lagebericht inkl. der Erklärung zur Unternehmensführung durch das BilRUG, DB 2015, Beil. 5, S. 57

Scharr/Bernhardt/Koch, Der neue Bestätigungsvermerk bei Abschlussprüfungen, ZCG 2017, S. 169

Scheunemann/Bauersfeld, Organschaft bei Ausgleichszahlungen an außenstehende Gesellschafter, BB 2010, S. 1582

Schick/Nolte, Bilanzierung von Internetauftritten nach Handels- und Steuerrecht, DB 2002, S. 541

Schiessl, Abhängigkeitsbericht bei Beteiligungen der öffentlichen Hand, ZGR 1998, S. 871

Schiffers, Bilanzielle Folgen bei Erwerb einer Beteiligung gegen Zuzahlung des Veräußerers, WPg 2006, S. 1279

Schilha, Neues Anforderungsprofil, mehr Aufgaben und erweiterte Haftung für den Aufsichtsrat nach Inkrafttreten der Abschlussprüfungsreform, ZIP 2016, S. 1316

Schilha, Umsetzung der EU-Transparenzrichtlinie 2013, DB 2015, S. 1821

Schindler/Gärtner, Verantwortung des Abschlussprüfers zur Berücksichtigung von Verstößen (fraud) im Rahmen der Abschlussprüfung – Eine Einführung in ISA 240 (rev.), WPg 2004, S. 1238

Schindler/Haußer, Die Pflicht gesetzlicher Vertreter von Kapitalgesellschaften zur Aufdeckung von Unregelmäßigkeiten und die Reaktion des gesetzlichen Abschlussprüfers, WPg 2012, S. 235

Schindler/Haußer, Praktische Anwendung der ISA in Deutschland – Die Pflichten des Abschlussprüfers im Zusammenhang mit dolosen Handlungen und Verstößen gegen Gesetze und andere Rechtsvorschriften (ISA 240 und ISA 250), WPg 2014, S. 979

Schindler/Rabenhorst, Auswirkungen des KonTraG auf die Abschlußprüfung, BB 1998, S. 1886

Schlienkamp, Jahresabschlüsse – Erläuterungen zu den betriebswirtschaftlichen Kennzahlen, AG 2018, S. R13

Schlögell, Die Beendigung von Unternehmensverträgen im GmbH-Konzern, GmbHR 1995, S. 401

Schmidt, K., „Konzernhaftung" nach dem TBB-Urteil – Versuch einer Orientierung, ZIP 1993, S. 549

Schmidt, K., „Unternehmen" und „Abhängigkeit" – Begriffseinheit und Begriffsvielfalt im Kartell- und Konzernrecht, ZGR 1980, S. 277

Schmidt, K., Bemerkungen und Vorschläge zur Überarbeitung des Handelsgesetzbuchs, DB 1994, S. 515

Schmidt, K., Die konzernrechtliche Verlustübernahmepflicht als gesetzliches Dauerschuldverhältnis, ZGR 1983, S. 513

Schmidt, K., Die wundersame Karriere des Unternehmensbegriffs im Reich der Konzernhaftung, AG 1994, S. 189

Schmidt, K., Gleichordnung im Konzern: terra incognita?, ZHR 1991, S. 417

Schmidt, K., Konzernhaftung von freiberuflichen Mehrfachgesellschaftern?, ZIP 1994, S. 1741

Schmidt, K., Konzernrechtliche Wirksamkeitsvoraussetzungen für typische stille Beteiligungen an Kapitalgesellschaften?, ZGR 1984, S. 295

Schmidt, M., Enforcement-Schwerpunkte 2018, BB 2018, S. 107

Schmidt, St., Der neue Bestätigungsvermerk, WPg 2015, Sonderheft 2, S. S38

Schmidt, St., Geschäftsverständnis, Risikobeurteilungen und Prüfungshandlungen des Abschlussprüfers als Reaktion auf beurteilte Risiken, WPg 2005, S. 873

Schmidt, St., Risikomanagement und Qualitätssicherung in der Wirtschaftsprüferpraxis, WPg 2006, S. 265

Schmidt/Eibelshäuser, Praktische Anwendung der ISA in Deutschland – Das ISA-Risikomodell (ISA 300, ISA 315, ISA 330), WPg 2013, S. 696

Schmidt/Pfitzer/Lindgens, VO 1/2006: Überarbeitung des Standards zur Qualitätssicherung, WPg 2006, S. 1193

Schmidt/Schneiß/van den Eynden, Fortentwicklung der externen Qualitätskontrolle, Überarbeitung des IDW PS 140, IDW Life 2016, S. 596

Schmitt, Probleme des Zeugnisverweigerungsrechts (§ 53 I Nr. 3 StPO, § 383 I Nr. 6 ZPO) und des Beschlagnahmeverbots (§ 97 StPO) bei Beratern juristischer Personen, wistra 1993, S. 9

Schmotz/Schmidt, Nichtfinanzielle Berichtspflichten in der Finanzberichterstattung, DB 2017, S. 2877

Schneider, Die Personengesellschaft als Konzernunternehmen, BB 1980, S. 1057

Schneider, Mißbräuchliches Verhalten durch Privat Equity, NZG 2007, S. 888

Schneider, Neues zum qualifizierten faktischen GmbH-Konzern – Das „TBB"-Urteil, WM 1993, S. 782

Schnorbus, Die Sachdividende, ZIP 2003, S. 509

Schnorbus/Plassmann, Bilanzierung eines schuldrechtlichen Agios als andere Zuzahlung gem. § 272 Abs. 2 Nr. 4 HGB, ZIP 2016, S. 693

Schoepffer/Bartsch, Die neuen Regelungen zur Abzinsung von Pensionsrückstellungen, WP Praxis 2016, S. 127

Schruff, Die Behandlung von Zweckgesellschaften, Der Konzern 2009, S. 511

Schruff, Zur Aufdeckung von Top-Management-Fraud durch den Wirtschaftsprüfer im Rahmen der Jahresabschlussprüfung, WPg 2003, S. 902

Schubert/Ravenstein, Beschränkung der Stimmrechtsausübung und Abhängigkeit: Überlegungen zu § 328 AktG, DB 2006, S. 2219

Schüppen, Die europäische Abschlussprüfungsreform und ihre Implementierung in Deutschland – Vom Löwen zum Bettvorleger?, NZG 2016, S. 247

Schüppen, Die Haftung des Abschlussprüfers bei Prüfungserweiterungen gem. § 53 HGrG, ZIP 2015, S. 814

Schüppen, To comply or not to comply – that's the question! : Existenzfragen des Transparenz- und Publizitätsgesetzes im magischen Dreieck kapitalmarktorientierter Unternehmensführung, ZIP 2002, S. 1269

Schüppen/Walz, „Mitbestimmungslücke" und mangelhafte Berichterstattung über die „Frauenquote", WPg 2015, S. 1155

Schürnbrand, Rechtsfolgen von Verstößen gegen die EU-Verordnung zur Abschlussprüfung, AG 2016, S. 70

Schultheiß, Die Dritthaftung von Wirtschaftsprüfern nach dem KAGB, BKR 2015, S. 133

Schulze-Osterloh, Aktivierung, Ertragsausweis und Kapitalrücklage einer Kapitalgesellschaft beim kostenlosen oder verbilligten Erwerb von Vermögensgegenständen von ihrem Gesellschafter, NZG 2014, S. 1

Schulze-Osterloh, Das Ende des subjektiven Fehlerbegriffs bei Anwendung von Bilanzrecht, BB 2013, S. 1131

Schulze-Osterloh, Forderungsverzicht des Gesellschafters einer Kapitalgesellschaft in der Krise – Ausweis in der Handelsbilanz und in der Steuerbilanz, NZG 2017, S. 641

Schulze-Osterloh, Nichtigkeit des Jahresabschlusses einer AG wegen Überbewertung, ZIP 2008, S. 2241

Schulze-Osterloh, Rechnungslegung bei Ausscheiden eines Gesellschafters aus einer fortbestehenden Personenhandelsgesellschaft gegen Abfindung aus dem Gesellschaftsvermögen, NZG 2016, S. 161

Schulze-Osterloh, Sachdividenden und die Notwendigkeit des Zeitwertansatzes, WPg 2008, S. 562

Schurbohm-Ebneth/Zoeger, Zur Umsetzung der HGB-Modernisierung durch das BilMoG : Internationalisierung des handelsrechtlichen Konzernabschlusses, DB 2009, Beil. 5, S. 53

Schweda, Abhängigkeit im Sinne des § 17 Abs. 1 AktG von mehreren Unternehmen?, DB 1974, S. 1993

Segna, Publizitätspflicht eingetragener Vereine?, DB 2003, S. 1311

Seibt/Cziupka, Existenzgefährdende Weisungen im Vertragskonzern: Prognosepflichten und Haftungsgefahren für den Vorstand der abhängigen Gesellschaft, AG 2015, S. 721

Seibt/Wollenschläger, Dritthaftung des Abschlussprüfers kapitalmarktorientierter Unternehmen, DB 2011, S. 1378

Seidler, Fortbestandsgefährdung und Entwicklungsbeeinträchtigung von Unternehmen – Informationspflichten des Abschlussprüfers unter Berücksichtigung des neuen IDW S 11, BB 2015, S. 1451

Selchert, Die Aufgliederung der Umsatzerlöse im Konzernanhang, BB 1992, S. 2035

Selchert/Karsten, Inhalt und Gliederung des Konzernanhangs, BB 1986, S. 1258

Senger/Brune, DRS 20: neue und geänderte Anforderungen an den Konzernlagebericht, WPg 2012, S. 1285

Servatius, Verantwortung der Obergesellschaft nach Beendigung eines Unternehmensvertrages – Quo vadis Konzernausgangsschutz?, ZGR 2015, S. 754

Sester, Hybrid-Anleihen: Wirtschaftliches Eigenkapital für Aktiengesellschaften, ZBB 2006, S. 443

Siegel, Umweltschutzbedingte Aufwendungen – Zur Diskussion ihrer Berücksichtigung im Jahresabschluß, DB 1995, S. 537

Siegel/Schulze-Osterloh/Bareis, Zur Berücksichtigung von Sachdividenden im Jahresabschluss, WPg 2008, S. 553

Simon, Ausschüttungs- und Abführungssperre als gläubigerschützendes Institut der reformierten HGB-Bilanzierung, NZG 2009, S. 1081

Sina, Grenzen des Konzern-Weisungsrechts nach § 308 AktG, AG 1991, S. 1

Skirk/Kuhn, Neuerungen der Berichterstattung im Bestätigungsvermerk (IDW PS 400er-Reihe) – Der uneingeschränkte Bestätigungsvermerk bei Nicht-PIE, WPg 2018, S. 63

Skirk/Kuhn, Neuerungen der Berichterstattung im Bestätigungsvermerk (IDW PS 400er-Reihe) – Besonderheiten bei der Prüfung von PIE, Modifizierung von Prüfungsurteilen, Hinweise im Bestätigungsvermerk, WPg 2018, S. 329

Skirk/Wirtz, Praktische Anwendung der ISA in Deutschland – Verwertung der Arbeit interner Prüfer sowie der Arbeit eines Sachverständigen des Abschlussprüfers (ISA 610, ISA 620), WPg 2014, S. 769

Skoluda/Davids, Erste Erfahrungen mit der Berichterstattung über Key Audit Matters im deutschsprachigen Raum, WPK Magazin 1/2018, S. 35

Sontheimer, Die neuen Verjährungsfristen für die StB- und RA-Haftung und im Gesellschaftsrecht, DStR 2005, S. 834

Spindler, Zur Abgrenzung von Anschaffungskosten, Herstellungskosten und Erhaltungsaufwendungen bei grundlegenden Instandsetzungs- und Modernisierungsmaßnahmen an Gebäuden, insbesondere auch bei sog. Anschaffungsnahen Aufwendungen, BB 2002, S. 2041

Spindler/Klöhn, Ausgleich gem. § 304 AktG, Unternehmensbewertung und Art. 14 GG, Der Konzern 2003, S. 511

Spitze/Diekmann, Verbundene Unternehmen als Gegenstand des Interesses von Aktionären, ZHR 1994, S. 447

Staudt/Hinterwäller, Von der Qualitätssicherung zur Qualitätspolitik, ZfB 1982, S. 1000

Steinhauer, Der Börsenpreis als Bewertungsgrundlage für den Abfindungsanspruch von Aktionären, AG 1999, S. 299

Stenzel, Die Pflicht zur Bildung einer gesetzlichen Rücklage bei der UG (haftungsbeschränkt) und die Folgen für die Wirksamkeit des Gesellschaftsvertrags einer UG (haftungsbeschränkt) & Co. KG, NZG 2009, S. 168

Stibi, Die handelsrechtliche Konzernrechnungslegung nach dem Regierungsentwurf des BilMoG, KoR 2008, S. 517

Stibi, Die Verantwortlichkeiten des Abschlussprüfers im Zusammenhang mit sonstigen Informationen, WPg 2018, S. 602

Stibi/Klaholz, Kaufpreisverteilung im Rahmen der Kapitalkonsolidierung nach BilMoG, BB 2009, S. 2582

Strenger/Schmidt, Nachhaltigkeitsberichterstattung: Inverstorenererwartungen an die Rolle des Aufsichtsrats, ACI Quarterly Q3/2017, S. 32

Teichmann, Die grenzüberschreitende Unternehmensgruppe im Compliance-Zeitalter – Plädoyer für einen supranationalen Konzernbaustein, ZGR 2017, S. 485

Thaut, Die Bilanzierung von Aufstockungsleistungen bei Altersteilzeit nach HGB, DB 2013, S. 2693

Thaut, Die Neufassung des IDW RS HFA 30 zur handelsrechtlichen Bilanzierung von Altersversorgungsverpflichtungen, WP-Praxis 2017, S. 182

Thaut, Pensionsverpflichtungen und Rückdeckungsversicherungen im handelsrechtlichen Abschluss, DB 2011, S. 1645

Theisen, Ein Budget für den Aufsichtsrat, Der Aufsichtsrat 2011, S. 1

Thierer, Handelsrechtliche Bilanzierung von Rückdeckungsversicherungen beim Arbeitgeber, DB 2011, S. 189

Thomas, Rücklagenbildung im Konzern, ZGR 1985, S. 365

Thormann/Barth, Enforcement von Non-GAAP Measures durch die DPR, BB 2016, S. 2923

Timm, Rechtsfragen im Zusammenhang mit dem Beitritt zu einem Beherrschungsvertrag – Zum Auskunftsrecht des Aktionärs, EWiR 1990, S. 323

Timm, Zur Sachkontrolle von Mehrheitsentscheidungen im Kapitalgesellschaftsrecht, ZGR 1987, S. 403

Töller/Herde, Einsatz von Analysesoftware in der Prüfung – Kann meine Prüfungssoftware richtig addieren? Unerwartete Probleme bei Plausibilitätskontrollen, WPg 2012, S. 598

Trepte/Siegel, Erstellung von (Konzern)Zahlungsberichten, WPg 2017, S. 317

Ueberfeldt/Keller, Wer darf die Honorarabrechnung des Steuerberaters unterzeichnen?, DStR 2010, S. 1644

Uhlig, Zur Verabschiedung der Stellungnahme „Stichprobenverfahren für die Vorratsinventur im Jahresabschluss", WPg 1981, S. 461

Ulmer, Aktienrechtliche Beherrschung durch Leistungsaustauschbeziehungen?, ZGR 1978, S. 457

Ulmer, Fehlerhafte Unternehmensverträge im GmbH-Recht, BB 1989, S. 10

Ulmer, Haftung von GmbH-Gesellschaftern, JZ 2002, S. 1049

van Kann, Das neue Gesetz über die Offenlegung von Vorstandsvergütungen, DStR 2005, S. 1496

van Venrooy, Weisungen im Rahmen von Geschäftsführungs- und Gewinnabführungsverträgen, DB 1981, S. 675

v. Bülow/Petersen, Stimmrechtszurechnung zum Treuhänder?, NZG 2009, S. 1373

Veil, Aktuelle Probleme im Ausgliederungsrecht, ZIP 1998, S. 361

Veil, Das Konzernrecht der Europäischen Aktiengesellschaft, WM 2003, S. 2169

Veith/Schmid, Abschluss und Beendigung von Beherrschungs- und Gewinnabführungsverträgen im GmbH-Konzern, DB 2012, S. 728

Velte, Die Erwartungslücke im Rahmen der externen Abschlussprüfung, WiSt 2009, S. 481

Velte, (Un)geprüfte Nachhaltigkeitsinformationen im (Konzern-)Lagebericht nach der modifizierten EU-Rechnungslegungsrichtlinie?, NZG 2014, S. 1046

Velte, Handels- und steuerbilanzielle Qualifikation des derivativen Geschäfts- oder Firmenwerts, StuW 2010, S. 93

Velte, Reform der Abschlussprüfung nach der Richtlinie 2014/56/EU und der Verordnung (EU) Nr. 537/2014, DStR 2014, S. 1688

Verse, Compliance im Konzern, ZHR 2011, S. 425

Vetter, Die Entschädigung der Minderheitsaktionäre im Vertragskonzern erneut vor dem Bundesverfassungsgericht, ZIP 2000, S. 561

Vetter, Eintragung des Unternehmensvertrages im Handelsregister des herrschenden Unternehmens?, AG 1994, S. 110

Vetter, Zur Aufhebung eines Beherrschungs- und Gewinnabführungsvertrages im GmbH-Recht, ZIP 1995, S. 345

VFA, Zur Bewertung von Kapitalanlagen bei Versicherungsunternehmen, FN-IDW 2002, S. 667

v. Falkenhausen, Ausschüttungssperren für die Kapitalrücklage – Eine rechtspolitische Betrachtung von § 150 Abs. 3 und 4 AktG, NZG 2009, S. 1096

v. Hoyningen-Huene, Der Konzern im Konzern, ZGR 1978, S. 515

v. Kanitz, Bilanzierung von Anteilen an Personenhandelsgesellschaften, WPg 2007, S. 57

v. Kanitz, Rechnungslegung bei Personengesellschaften – Anmerkungen zu IDW RS HFA 7, WPg 2003, S. 324

von der Horst, Grundlagen und Umfang der Haftung des Steuerberaters und Möglichkeiten der Haftungsbeschränkung, DStR 1995, S. 2027

von der Laage, Die Ausschüttungssperre des § 268 VIII HGB nach dem Bilanzrechtsmodernisierungsgesetz, WM 2012, S. 1322

v. Werder, Vorstands-Doppelmandate im Konzern, DBW 1989, S. 37

v. Westfalen, Stellen vs. Aushandeln von AGB-Klauseln im unternehmerischen Geschäftsverkehr – der BGH weist die Lösung, ZIP 2010, S. 1110

v. Wysocki, Einzelfragen zur Verwendung gebundener Schätzverfahren bei der Stichprobeninventur, WPg 1980, S. 28

Waclawik, Die neue Sachdividende und die Kapitalertragsteuer – Realteilung mit dem Finanzamt?, BB 2003, S. 1408

Waclawik, Die neue Sachdividende: Was ist sie wert?, WM 2003, S. 2266

Wagner, Gründung, bzw. Kapitalerhöhung von Kapitalgesellschaften – Aufgeld auf satzungsmäßiger bzw. schuldrechtlicher Grundlage, DB 2004, S. 293

Walter, Abführungssperre für die Gewinnabführung wegen Anpassung der Abzinsung von Pensionsrückstellungen und Organschaft, GmbHR 2016, S. 354

Walter, Bilanzierung von Aktienoptionsplänen in Handels- und Steuerbilanz: einheitliche Behandlung unabhängig von der Art der Unterlegung, DStR 2006, S. 1101

Wastl/Wagner, Wechselseitige Beteiligungen im Aktienrecht, AG 1997, S. 241

Weber, Vormitgliedschaftliche Abhängigkeitsbegründung, ZIP 1994, S. 678

Weber/Lauer, Die Bewertungsperspektive im Kontext der Ermittlung des Fair Value von Schulden, DB 2014, S. 2357

Weber/Zündorf, Der Einfluß von Veränderungen des Beteiligungsbuchwerts auf die Kapitalkonsolidierung, BB 1989, S. 1852

Weigel, Praxisfragen zur Klassifizierung und Bewertung finanzieller Vermögenswerte bei Kreditinstituten, WPg 2016, S. 782

Weilep/Weilep, Nichtigkeit von Jahresabschlüssen: Tatbestandsvoraussetzungen sowie Konsequenzen für die Unternehmensleitung, BB 2006, S. 147

Weimar, Treuhandanstalt und Treuhandunternehmen – qualifizierte faktische Konzernverbindungen?, ZGR 1992, S. 477

Weimar, Überwindung der Haftungssperre des § 28a EGAktG?, DZWiR 1993, S. 441

Weimar/Bartscher, Treuhandanstalt und Konzernrecht, ZIP 1991, S. 69

Wendholt/Wesemann, Zur Umsetzung der HGB-Modernisierung durch das BilMoG: Bilanzierung von latenten Steuern im Einzel- und Konzernabschluss, DB 2009, Beil. 5, S. 64

Werner/Peters, Banken als herrschende Unternehmen?, AG 1978, S. 297

Werner/Peters, Zwei Probleme konzernrechtlicher Abhängigkeit am Beispiel der Deutschen Bank und Daimler Benz, BB 1976, S. 393

Westermann, Das TBB-Urteil – ein Neuansatz bei der Haftung wegen qualifizierter faktischer Konzernierung?, ZIP 1993, S. 554

Westermann, Organzuständigkeit bei Bildung, Erweiterung und Umorganisation des Konzerns, ZGR 1984, S. 352

Wicke, Praktische Verwendung und Kapitalbindung der Unternehmergesellschaft (haftungsbeschränkt), GWR 2010, S. 259

Widder/Kocher, Stimmrechtszurechnung vom Treugeber zum Treuhänder gem. § 22 Abs. 1 Satz 1 Nr. 2 WpHG analog?, ZIP 2010, S. 457

Wiedemann, Entwicklungen im Kapitalgesellschaftsrecht, DB 1993, S. 141

Wiedemann/Martens, Die Unternehmensqualifikation von Gebietskörperschaften im Recht der verbundenen Unternehmen, AG 1976, S. 197

Wiedmann, Ansätze zur Fortentwicklung der Abschlußprüfung, WPg 1998, S. 338

Wiedmann, Der risikoorientierte Prüfungsansatz, WPg 1993, S. 19

Wilm, Abfindung zum Börsenkurs – Konsequenzen der Entscheidung des BVerfG, NZG 2000, S. 234

Winter, Eigeninteresse und Treupflicht bei der Einmann-GmbH in der neueren BGH-Rechtsprechung, ZGR 1994, S. 570

Wirth, Keine Auskunftspflicht der Rechtsanwälte, Wirtschaftsprüfer und Steuerberater gegenüber der Wertpapieraufsicht, BB 1996, S. 1725

Witteler/Lewe, Abbruch- und Entsorgungskosten als Herstellungskosten von ortsgebundenen Folgeinvestitionen, DB 2009, S. 2445

Wittkowski, Verlustabzug bei Kapitalgesellschaften: Verfassungswidrigkeit des § 8c KStG, BC 2017, S. 485

Wolf, Haftungsbegrenzung durch Individualvereinbarungen, WPK-Mitt. 1998, S. 197

Wollmert, Zur Bilanzierung von Genußrechten, BB 1992, S. 2106

Wollmert/Oser/Skirk, Die Kapitalkonsolidierung nach BilMoG, ZfCM 2010, Sonderh. 3, S. 71

Wolsiffer u.a., Praxisfragen zur Klassifizierung und Bewertung finanzieller Vermögenswerte bei Kreditinstituten, WPg 2016, S. 726

WPK-Kommission für Qualitätskontrolle, Sitzungsbericht v. 12.12.2017, WPK-Magazin 1/2018, S 10

Wüstemann, BB-Rechtsprechungsreport Unternehmensbewertung 2009/10, BB 2010, S. 1715

Wüstemann/Brauchle, BB-Rechtsprechungsreport Unternehmensbewertung 2016/17, BB 2017, S. 1579

Wüstemann/Wüstemann, Grundsätze für die Erfassung von Umsatzerlösen aus Verträge mit Kunden, WPg 2014, S. 929

Wulff, Die Einheitlichkeit des Berufsvergehens, WPK-Mitt. 1/2007, S. 38

Zacher/Stöcker, Die Haftung von Wirtschaftsprüfern bei steuerorientierten Kapitalanlagen – Überblick und aktuelle Tendenzen (Teil 2), DStR 2004, S. 1537

Zenker/Schneider, Kein wettbewerbsrechtlicher Unterlassungsanspruch bei Verstoß gegen Publizitätspflicht, GWR 2017, S. 304

Zenner/Raapke, Sicherheitsleistungsverpflichtung der Konzernmutter gemäß § 303 AktG bei der Beendigung von Beherrschungs- und Gewinnabführungsverträgen für (gegenwärtige und zukünftige) Verlustausgleichsansprüche von Konzernunternehmen gemäß § 302 AktG, NZG 2018, S. 681

Zilias, Treuhandverhältnisse und Unternehmensverbindungen, WPg 1967, S. 465

Zilias, Zum Unternehmensbegriff im neuen Bilanzrecht (Drittes Buch HGB), DB 1986, S. 1110

Zilias/Lanfermann, Die Neuregelung des Erwerbs und Haltens eigener Aktien, WPg 1980, S. 89

Zimmermann, Zur Anwendung der Schutzklausel im Rahmen der Segmentberichterstattung im Einzel- und Konzernabschluß, DStR 1998, S. 1974

Zoeger/Möller, Konsolidierungspflicht für Zweckgesellschaften nach dem BilMoG, KoR 2009, S. 309

Zöllner, Die formellen Anforderungen an Beherrschungs- und Gewinnabführungsverträge bei der GmbH, DB 1989, S. 913

Zöllner, Zu Schranken und Wirkung von Stimmbindungsverträgen, insbesondere bei der GmbH, ZHR 1991, S. 168

Zöllner, Zum Unternehmensbegriff der §§ 15 ff. AktG, ZGR 1976, S. 1

Zülch/Höltken/Eber, Zehn Jahre DPR – Ist das zweistufige Enforcement-System effektiv?, WPg 2015, S. 656

Zugehör, Berufliche „Dritthaftung", NJW 2000, S. 1601

Zugehör, Die neue Rechtsprechung des Bundesgerichtshofs zur zivilrechtlichen Haftung der Rechtsanwälte und steuerlichen Berater, WM 2006, Sonderbeil. 3, S. 43

Zugehör, Schwerpunkte der zivilrechtlichen Steuerberaterhaftung, DStR 2001, S. 1663

Zugehör, Uneinheitliche Rechtsprechung des BGH zum (Rechtsberater-)Vertrag mit Schutzwirkung zu Gunsten Dritter, NJW 2008, S. 1105

Zutt, Einstweiliger Rechtsschutz bei Stimmbindungen, ZHR 1991, S. 190

Zwirner, Besonderheiten der Behandlung von Altersteilzeitvereinbarungen nach BilMoG, BB 2011, S. 619

Zwirner, Neuregelung zur handelsrechtlichen Bewertung von Pensionsrückstellungen – Überblick, Praxisauswirkungen und offene Fragen, DStR 2016, S. 929

Zwirner/Künkele, Währungsumrechnung nach HGB : Abgrenzung latenter Steuern, StuB 2009, S. 722

4. IDW Verlautbarungen

IDW PS 140 n.F.
IDW Prüfungsstandard: Die Durchführung von Qualitätskontrollen in der Wirtschaftsprüferpraxis (Stand: 09.06.2017), IDW Life 2017, S. 946

IDW PS 200
IDW Prüfungsstandard: Ziele und allgemeine Grundsätze der Durchführung von Abschlussprüfungen (Stand: 03.06.2015), WPg 2000, S. 706; FN-IDW 2000, S. 280; WPg Supplement 3/2015, S. 1; FN-IDW 2015, S. 438

IDW PS 201
IDW Prüfungsstandard: Rechnungslegungs- und Prüfungsgrundsätze für die Abschlussprüfung (Stand: 05.03.2015), WPg Supplement 2/2015, S. 1; FN-IDW 2015, S. 300

IDW PS 202
IDW Prüfungsstandard: Die Beurteilung von zusätzlichen Informationen, die von Unternehmen zusammen mit dem Jahresabschluss veröffentlicht werden (Stand: 09.09.2010), WPg 2001, S. 121; FN-IDW 2000, S. 634; WPg Supplement 4/2009, S. 1; FN-IDW 2009, S. 533; WPg Supplement 4/2010, S. 1; FN-IDW 2010, S. 423

IDW PS 203 n.F.
IDW Prüfungsstandard: Ereignisse nach dem Abschlussstichtag (Stand: 09.09.2009), WPg Supplement 4/2009, S. 14; FN-IDW 2009, S. 440

IDW PS 208
IDW Prüfungsstandard: Zur Durchführung von Gemeinschaftsprüfungen (Joint Audit) (Stand: 24.11.2010), WPg 1999, S. 707; FN-IDW 1999, S. 357; FN-IDW 2011, S. 113; WPg Supplement 1/2011, S. 1

IDW PS 210
IDW Prüfungsstandard: Zur Aufdeckung von Unregelmäßigkeiten im Rahmen der Abschlussprüfung (Stand: 09.09.2010), WPg 2006, S. 1422; FN-IDW 2006, S. 694; WPg Supplement 4/2010, S. 1; FN-IDW 2010, S. 423; WPg Supplement 1/2013, S. 7; FN-IDW 2013, S. 11

IDW PS 220
IDW Prüfungsstandard: Beauftragung des Abschlussprüfers (Stand: 09.09.2009), WPg 2001, S. 895; FN-IDW 2001, S. 316; WPg Supplement 4/2009, S. 1; FN-IDW 2009, S. 533

IDW PS 230
IDW Prüfungsstandard: Kenntnisse über die Geschäftstätigkeit sowie das wirtschaftliche und rechtliche Umfeld des zu prüfenden Unternehmens im Rahmen der Abschlussprüfung (Stand: 08.12.2005), WPg 2000, S. 842; FN-IDW 2000, S. 460; WPg 2006, S. 218; FN-IDW 2006, S. 1

IDW PS 240
IDW Prüfungsstandard: Grundsätze der Planung von Abschlussprüfungen (Stand: 09.09.2010), WPg 2000, S. 846; FN-IDW 2000, S. 464; WPg 2006, S. 218; FN-IDW 2006, S. 1; WPg Supplement 1/2011, S. 1; FN-IDW 2011, S. 113

IDW PS 250 n.F.
IDW Prüfungsstandard: Wesentlichkeit im Rahmen der Abschlussprüfung (Stand: 12.12.2012), WPg Supplement 1/2013, S. 1; FN-IDW 2013, S. 4.

IDW PS 255
IDW Prüfungsstandard: Beziehungen zu nahe stehenden Personen im Rahmen der Abschlussprüfung (Stand: 24.11.2010), WPg 2003, S. 1069; FN-IDW 2003, S. 476; WPg Supplement 1/2007, S. 1; FN-IDW 2007, S. 137; WPg Supplement 4/2010, S. 1; FN-IDW 2010, S. 423; FN-IDW 2011, S. 364

IDW PS 261 n.F.
IDW Prüfungsstandard: Feststellung und Beurteilung von Fehlerrisiken und Reaktionen des Abschlussprüfers auf die beurteilten Fehlerrisiken (Stand: 15.09.2017), WPg Supplement 2/2012, S. 3; FN-IDW 2012, S. 239; WPg Supplement 3/2013, S. 13; FN-IDW 2013, S. 402; IDW Life 2016, S. 635; IDW Life 2018, S. 172

IDW PS 270 n.F.
IDW Prüfungsstandard: Die Beurteilung der Fortführung der Unternehmenstätigkeit im Rahmen der Abschlussprüfung (Stand: 11.07.2018), IDW Life 2018, S. 752

IDW PS 300 n.F.
IDW Prüfungsstandard: Prüfungsnachweise im Rahmen der Abschlussprüfung (Stand: 14.06.2016), IDW Life 2016, S. 624 ff.

IDW PS 301
IDW Prüfungsstandard: Prüfung der Vorratsinventur (Stand: 24.11.2010), WPg 2003, S. 715; FN-IDW 2003, S. 323; FN-IDW 2011, S. 113; WPg Supplement 1/2011, S. 1

IDW PS 302 n.F.
IDW Prüfungsstandard: Bestätigungen Dritter (Stand: 10.07.2014), WPg Supplement 3/2014, S. 1 ff.; FN-IDW 2014, S. 504 ff.

IDW PS 303 n.F.
IDW Prüfungsstandard: Erklärungen der gesetzlichen Vertreter gegenüber dem Abschlussprüfer (Stand: 09.09.2009), WPg Supplement 4/2009, S. 19; FN-IDW 2009, S. 445

IDW PS 310
IDW Prüfungsstandard: Repräsentative Auswahlverfahren (Stichproben) in der Abschlussprüfung (Stand: 14.06.2016), IDW Life 2016, S. 636

IDW PS 314 n.F.
IDW Prüfungsstandard: Die Prüfung von geschätzten Werten in der Rechnungslegung einschließlich von Zeitwerten (Stand: 09.09.2009), WPg Supplement 4/2009, S. 23; FN-IDW 2009, S. 415

IDW PS 320 n.F.
IDW Prüfungsstandard: Besondere Grundsätze für die Durchführung von Konzernabschlussprüfungen (einschließlich der Verwertung der Tätigkeit von Teilbereichsprüfern) (Stand: 10.07.2014), WPg Supplement 2/2012, S. 29; FN-IDW 2012, S. 258; WPg Supplement 3/2014, S. 11; FN-IDW 2014, S. 515

IDW PS 321
IDW Prüfungsstandard: Interne Revision und Abschlussprüfung (Stand: 09.09.2010), WPg 2002, S. 686; FN-IDW 2002, S. 333; WPg Supplement 4/2010, S. 1; FN-IDW 2010, S. 423

IDW PS 322 n.F.
IDW Prüfungsstandard: Verwertung der Arbeit eines für den Abschlusspüfer tätigen Sachverständigen (Stand: 15.09.2017), WPg Supplement 3/2013, S. 17 ff.; FN-IDW 2013, S. 331 ff.; IDW Life 2018, S. 173

IDW PS 330
IDW Prüfungsstandard: Abschlussprüfung bei Einsatz von Informationstechnologie (Stand: 24.09.2002), WPg 2002, S. 1167; FN-IDW 2002, S. 604

IDW PS 331 n.F.
IDW Prüfungsstandard: Abschlussprüfung bei teilweiser Auslagerung der Rechnungslegung auf Dienstleistungsunternehmen (Stand: 11.09.2015), WPg Supplement 4/2015, S. 1 ff.; FN-IDW 2015, S. 522 ff.

IDW PS 340
IDW Prüfungsstandard: Die Prüfung des Risikofrüherkennungssystems nach § 317 Abs. 4 HGB (Stand: 11.09.2000), WPg 1999, S. 658; FN-IDW 1999, S. 350

IDW PS 345
IDW Prüfungsstandard: Auswirkungen des Deutschen Corporate Governance Kodex auf die Abschlussprüfung (Stand: 10.07.2017), IDW Life 2017, S. 1036

IDW PS 350 n.F.
IDW Prüfungsstandard: Prüfung des Lageberichts im Rahmen der Abschlussprüfung (Stand: 12.12.2017), IDW Life 2018, S. 225

IDW PS 400 n.F.
IDW Prüfungsstandard: Bildung eines Prüfungsurteils und Erteilung eines Bestätigungsvermerks (Stand: 30.11.2017), IDW Life 2018, S. 29

IDW PS 401
IDW Prüfungsstandard: Mitteilung besonders wichtiger Prüfungssachverhalte im Bestätigungsvermerk (Stand: 30.11.2017), IDW Life 2018, S. 87

Literaturverzeichnis

IDW PS 405
IDW Prüfungsstandard: Modifizierungen des Prüfungsurteils im Bestätigungsvermerk (Stand: 30.11.2017), IDW Life 2018, S. 101

IDW PS 406
IDW Prüfungsstandard: Hinweise im Bestätigungsvermerk (Stand: 30.11.2017), IDW Life 2018, S. 130

IDW PS 450 n.F.
IDW Prüfungsstandard: Grundsätze ordnungsmäßiger Erstellung von Prüfungsberichten (Stand: 15.09.2017), IDW Life 2018, S. 145

IDW PS 460 n.F.
IDW Prüfungsstandard: Arbeitspapiere des Abschlussprüfers (Stand: 09.09.2009), WPg Supplement 2/2008, S. 27; FN-IDW 2008, S. 178; WPg Supplement 4/2009, S. 1; FN-IDW 2009, S. 533

IDW PS 470 n.F.
IDW Prüfungsstandard: Grundsätze für die Kommunikation mit den für die Überwachung Verantwortlichen (Stand: 10.10.2017), IDW Life 2018, S. 173

IDW PS 480
IDW Prüfungsstandard: Prüfung von Abschlüssen, die nach Rechnungslegungsgrundsätzen für einen speziellen Zweck aufgestellt wurden (Stand: 28.11.2014), WPg Supplement 1/2015, S. 1; FN-IDW 2015, S. 6

IDW PS 490
IDW Prüfungsstandard: Prüfung von Finanzaufstellungen oder deren Bestandteilen (Stand: 28.11.2014), WPg Supplement 1/2015, S. 14; FN-IDW 2015, S. 19

IDW PS 610
IDW Prüfungsstandard: Prüfung nach § 6b Energiewirtschaftsgesetz (Stand: 29.11.2012), WPg Supplement 1/2013, S. 32; FN-IDW 2013, S. 82

IDW PS 650
IDW Prüfungsstandard: Zum erweiterten Umfang der Jahresabschlussprüfung von Krankenhäusern nach Landeskrankenhausrecht (Stand: 27.11.2009), WPg Supplement 1/2010, S. 14; FN-IDW 2009, S. 635

IDW PS 720
IDW Prüfungsstandard: Prüfung des Rechenschaftsberichts einer politischen Partei (Stand: 12.05.2005), WPg 2005, S. 724; FN-IDW 2005, S. 368

IDW PS 740
IDW Prüfungsstandard: Prüfung von Stiftungen (Stand: 25.02.2000), WPg 2000, S. 385; FN-IDW 2000, S. 142

IDW PS 750
IDW Prüfungsstandard: Prüfung von Vereinen (Stand: 09.09.2010), WPg 2006, S. 646; FN-IDW 2006, S. 351; WPg 2006, S. 1077; FN-IDW 2006, S. 580; WPg Supplement 1/2011, S. 1; FN-IDW 2011, S. 113

IDW PS 820
IDW Prüfungsstandard: Grundsätze ordnungsmäßiger Durchführung von Umweltberichtsprüfungen (Stand: 30.09.1999), WPg 1999, S. 884; FN-IDW 1999, S. 490

IDW PS 821
IDW Prüfungsstandard: Grundsätze ordnungsmäßiger Prüfung oder prüferischer Durchsicht von Berichten im Bereich der Nachhaltigkeit (Stand: 06.09.2006), WPg 2006, S. 854; FN-IDW 2006, S. 475; WPg 2006, S. 1518; FN-IDW 2006, S. 755

IDW PS 850
IDW Prüfungsstandard: Projektbegleitende Prüfung bei Einsatz von Informationstechnologie (Stand: 02.09.2008), WPg Supplement 2008, S. 12; FN-IDW 2008, S. 427

IDW PS 900
IDW Prüfungsstandard: Grundsätze für die prüferische Durchsicht von Abschlüssen (Stand: 01.10.2002), WPg 2001, S. 1078; FN-IDW 2001, S. 512

IDW PS 910
IDW Prüfungsstandard: Grundsätze für die Erteilung eines Comfort Letter (Stand: 04.03.2004), WPg 2004, S. 342; FN-IDW 2004, S. 208

IDW PS 980
IDW Prüfungsstandard: Grundsätze ordnungsmäßiger Prüfung von Compliance Management Systemen (Stand: 11.03.2011), WPg Supplement 2/2011, S. 78; FN-IDW 2011, S. 203

IDW PS 981
IDW Prüfungsstandard: Grundsätze ordnungsmäßiger Prüfung von Risikomanagementsystemen (Stand: 03.03.2017), IDW Life 2017, S. 380

IDW PS 982
IDW Prüfungsstandard: Grundsätze ordnungsmäßiger Prüfung des internen Kontrollsystems des internen und externen Berichtswesens (Stand: 03.03.2017), IDW Life 2017, S. 415

IDW PS 983
IDW Prüfungsstandard: Grundsätze ordnungsmäßiger Prüfung von Internen Revisionssystemen (Stand: 03.03.2017), IDW Life 2017, S. 448

ISA (E-DE) 720 (Revised)
International Standard on Auditing 720 (Revised): Verantwortlichkeit des Abschlussprüfers im Zusammenhang mit sonstigen Informationen (Stand: 28.11.2017), IDW Life 2017, S. 1272 ff.

IDW PH 9.200.1
IDW Prüfungshinweis: Pflichten des Abschlussprüfers des Tochterunternehmens und des Konzernabschlussprüfers im Zusammenhang mit § 264 Abs. 3 HGB (Stand: 19.06.2013), WPg Supplement 3/2013, S. 28; FN-IDW 2013, S. 402

IDW PH 9.314.1
IDW Prüfungshinweis: Prüfung der Jahresverbrauchsabgrenzung bei rollierender Jahresverbrauchsablesung bei Versorgungsunternehmen (Stand: 13.09.2005), WPg 2006, S. 135; FN-IDW 2005, S. 770

IDW PH 9.330.2
IDW Prüfungshinweis: Prüfung von IT-gestützten Geschäftsprozessen im Rahmen der Abschlussprüfung (Stand: 24.08.2010), WPg Supplement 1/2009, S. 27; FN-IDW 2009, S. 39; FN-IDW 2011, S. 113; WPg Supplement 1/2011, S. 1

IDW PH 9.330.3
IDW Prüfungshinweis: Einsatz von Datenanalysen im Rahmen der Abschlussprüfung (Stand: 15.10.2010), WPg Supplement 1/2011, S. 35; FN-IDW 1/2011, S. 59

IDW PH 9.350.1
IDW Prüfungshinweis: Auswirkungen der Angaben zur Frauenquote als Bestandteil der Erklärung zur Unternehmensführung auf Bestätigungsvermerk und Prüfungsbericht (Stand: 06.01.2017), IDW Life 2017, S. 249

IDW PH 9.400.1
IDW Prüfungshinweis: Zur Erteilung des Bestätigungsvermerks bei Krankenhäusern (Stand: 01.04.2008), WPg Supplement 2008, S. 33; FN-IDW 2008, S. 214

IDW PH 9.400.11
IDW Prüfungshinweis: Auswirkungen von Fehlerfeststellungen durch die DPR bzw. die BaFin auf den Bestätigungsvermerk (Stand: 06.09.2006), WPg 2006, S. 1314; FN-IDW 2006, S. 616

IDW PH 9.450.1
IDW Prüfungshinweis: Berichterstattung über die Prüfung öffentlicher Unternehmen (Stand: 10.04.2000), WPg 2000, S. 525; FN-IDW 2000, S. 197

IDW PH 9.450.2
IDW Prüfungshinweis: Zur Wiedergabe des Vermerks über die Abschlußprüfung im Prüfungsbericht (Stand: 08.03.2006), WPg 2000, S. 439; FN-IDW 2000, S. 155; WPg 2004, S. 433; FN-IDW 2004, S. 304

IDW PH 9.522.1
IDW Prüfungshinweis: Berücksichtigung von Immobiliensicherheiten bei der Prüfung der Werthaltigkeit von ausfallgefährdeten Forderungen bei Kreditinstituten (Stand: 07.07.2005), WPg 2005, S. 850; FN-IDW 2005, S. 543

IDW PH 9.970.11
IDW Prüfungshinweis: Besonderheiten der Prüfung nach § 75 Satz 1 EEG 2017 der zusammengefassten Endabrechnung eines Netzbetreibers für das Kalenderjahr 2017 (Stand: 19.02.2018), IDW Life 2018, S. 410

IDW QS 1
IDW Qualitätssicherungsstandard: Anforderungen an die Qualitätssicherung in der Wirtschaftsprüferpraxis (Stand: 09.06.2017), IDW Life 2017, S. 887

IDW RS HFA 2
IDW Stellungnahme zur Rechnungslegung: Einzelfragen zur Anwendung von IFRS (Stand: 29.06.2018), IDW Life 2017, S. 632; IDW Life 2018, S. 809

IDW RS HFA 3
IDW Stellungnahme zur Rechnungslegung: Handelsrechtliche Bilanzierung von Verpflichtungen aus Altersteilzeitregelungen (Stand: 19.06.2013), WPg Supplement 3/2013, S. 39; FN-IDW 2013, S. 309

IDW RS HFA 4
IDW Stellungnahme zur Rechnungslegung: Zweifelsfragen zum Ansatz und zur Bewertung von Drohverlustrückstellungen (Stand: 29.11.2012), WPg Supplement 3/2010, S. 51; FN-IDW 2010, S. 298; WPg Supplement 1/2013, S. 131; FN-IDW 2013, S. 61

IDW RS HFA 5
IDW Stellungnahme zur Rechnungslegung: Rechnungslegung von Stiftungen (Stand: 06.12.2013), WPg Supplement 1/2014, S. 117; FN-IDW 2014, S. 61

IDW RS HFA 6
IDW Stellungnahme zur Rechnungslegung: Änderung von Jahres- und Konzernabschlüssen (Stand: 12.04.2007), WPg Supplement 2/2007, S. 77; FN-IDW 2007, S. 265

IDW RS HFA 7
IDW Stellungnahme zur Rechnungslegung: Handelsrechtliche Rechnungslegung bei Personenhandelsgesellschaften (Stand: 06.02.2012), WPg Supplement 1/2012, S. 73; FN-IDW 2012, S. 189

IDW RS HFA 7 n.F.
IDW Stellungnahme zur Rechnungslegung: Handelsrechtliche Rechnungslegung bei Personenhandelsgesellschaften (Stand: 30.11.2017), IDW Life 2018, S. 258

IDW RS HFA 8
IDW Stellungnahme zur Rechnungslegung: Zweifelsfragen der Bilanzierung von asset backed securities-Gestaltungen und ähnlichen Transaktionen (Stand: 09.12.2003), WPg 2002, S. 1151; FN-IDW 2002, S. 640; WPg 2004, S. 138; FN-IDW 2004, S. 28

IDW RS HFA 9
IDW Stellungnahme zur Rechnungslegung: Einzelfragen zur Bilanzierung von Finanzinstrumenten nach IFRS (Stand: 13.05.2016), WPg Supplement 2/2007, S. 83; FN-IDW 2007, S. 326; WPg Supplement 2/2011, S. 143; FN-IDW 2011, S. 326; IDW Life 2016, S. 493

IDW RS HFA 10
IDW Stellungnahme zur Rechnungslegung: Anwendung der Grundsätze des IDW S 1 bei der Bewertung von Beteiligungen und sonstigen Unternehmensanteilen für die Zwecke eines handelsrechtlichen Jahresabschlusses (Stand: 29.11.2012), WPg 2005, S. 1322; FN-IDW 2005, S. 718; FN-IDW 2012, S. 24; WPg Supplement 1/2013, S. 132; FN-IDW 2013, S. 62

IDW RS HFA 11 n.F.
IDW Stellungnahme zur Rechnungslegung: Bilanzierung entgeltlich erworbener Software beim Anwender (Stand: 18.12.2017), IDW Life 2018, S. 268

IDW RS HFA 12
IDW Stellungnahme zur Rechnungslegung: Rechnungslegung von politischen Parteien (Stand: 24.11.2016), IDW Life 2017, S. 252

IDW ERS HFA 13 n.F.
Entwurf einer IDW Stellungnahme zur Rechnungslegung: Einzelfragen zum Übergang von wirtschaftlichem Eigentum und zur Gewinnrealisierung nach HGB (Stand: 29.11.2006), WPg Supplement 1/2007, S. 69; FN-IDW 2007, S. 83

IDW RS HFA 14
IDW Stellungnahme zur Rechnungslegung: Rechnungslegung von Vereinen (Stand: 06.12.2013), WPg Supplement 1/2014, S. 131; FN-IDW 2014, S. 75

IDW RS HFA 15
IDW Stellungnahme zur Rechnungslegung: Bilanzierung von Emissionsberechtigungen nach HGB (Stand: 01.03.2006), WPg 2006, S. 574; FN-IDW 2006, S. 273

IDW RS HFA 17
IDW Stellungnahme zur Rechnungslegung: Auswirkungen einer Abkehr von der Going Concern-Prämisse auf den handelsrechtlichen Jahresabschluss (Stand: 11.07.2018), IDW Life 2016, S. 1035; IDW Life 2018, S. 777

IDW RS HFA 18
IDW Stellungnahme zur Rechnungslegung: Bilanzierung von Anteilen an Personenhandelsgesellschaften im handelsrechtlichen Jahresabschluss (Stand: 04.06.2014), WPg Supplement 1/2012, S. 84; FN-IDW 2012, S. 24; WPg Supplement 3/2014, S. 42; FN-IDW 2014, S. 417

IDW RS HFA 23
IDW Stellungnahme zur Rechnungslegung: Bilanzierung und Bewertung von Pensionsverpflichtungen gegenüber Beamten und deren Hinterbliebenen (Stand: 03.03.2017), WPg Supplement 2/2009, S. 111; FN-IDW 2009, S. 316; IDW Life 2017, S. 525

IDW RS HFA 24
IDW Stellungnahme zur Rechnungslegung: Einzelfragen zu den Angabepflichten des IFRS 7 zu Finanzinstrumenten (Stand: 10.07.2017), IDW Life 2017, S. 1075

IDW RS HFA 28
IDW Stellungnahme zur Rechnungslegung: Übergangsregelungen des Bilanzrechtsmodernisierungsgesetzes (Stand: 09.09.2010), WPg Supplement 1/2010, S. 39; FN-IDW 2009, S. 642; WPg Supplement 4/2010, S. 54; FN-IDW 2010, S. 451

IDW RS HFA 30
IDW Stellungnahme zur Rechnungslegung: Handelsrechtliche Bilanzierung von Altersversorgungsverpflichtungen (Stand: 10.06.2011), WPg Supplement 3/2011, S. 44; FN-IDW 2011, S. 545

IDW RS HFA 30 n.F.
IDW Stellungnahme zur Rechnungslegung: Handelsrechtliche Bilanzierung von Altersversorgungsverpflichtungen (Stand: 16.12.2016), IDW Life 2017, S. 102

IDW RS HFA 31 n.F.
IDW Stellungnahme zur Rechnungslegung: Aktivierung von Herstellungskosten (Stand: 18.12.2017), IDW Life 2018, S. 273

IDW RS HFA 32
IDW Stellungnahme zur Rechnungslegung: Anhangangaben nach §§ 285 Nr. 3, 314 Abs. 1 Nr. 2 HGB zu nicht in der Bilanz enthaltenen Geschäften (Stand: 09.09.2010), WPg Supplement 4/2010, S. 68; FN-IDW 2010, S. 478

IDW RS HFA 33
IDW Stellungnahme zur Rechnungslegung: Anhangangaben nach §§ 285 Nr. 21, 314 Abs. 1 Nr. 13 HGB zu Geschäften mit nahe stehenden Unternehmen und Personen (Stand: 09.09.2010), WPg Supplement 4/2010, S. 72; FN-IDW 2010, S. 482

IDW RS HFA 34
IDW Stellungnahme zur Rechnungslegung: Einzelfragen zur handelsrechtlichen Bilanzierung von Verbindlichkeitsrückstellungen (Stand: 03.06.2015), WPg Supplement 1/2013, S. 123; FN-IDW 2013, S. 53; WPg Supplement 3/2015, S. 9; FN-IDW 2015, S. 380

IDW RS HFA 35
IDW Stellungnahme zur Rechnungslegung: Handelsrechtliche Bilanzierung von Bewertungseinheiten (Stand: 10.06.2011), WPg Supplement 3/2011, S. 59; FN-IDW 2011, S. 445

IDW RS HFA 36
IDW Stellungnahme zur Rechnungslegung: Anhangangaben nach §§ 285 Nr. 17, 314 Abs. 1 Nr. 9 HGB über das Abschlussprüferhonorar (Stand: 08.09.2016), WPg Supplement 2/2010, S. 59; FN-IDW 2010, S. 245

IDW RS HFA 37
IDW Stellungnahme zur Rechnungslegung: Einzelfragen zur Bilanzierung von Fremdkapitalkosten nach IAS 23 (Stand: 15.12.2016), WPg Supplement 4/2010, S. 80; FN-IDW 2010, S. 490

IDW RS HFA 38
IDW Stellungnahme zur Rechnungslegung: Ansatz- und Bewertungsstetigkeit im handelsrechtlichen Jahresabschluss (Stand: 10.06.2011), WPg Supplement 3/2011, S. 74; FN-IDW 2011, S. 560

IDW RS HFA 39
IDW Stellungnahme zur Rechnungslegung: Vorjahreszahlen im handelsrechtlichen Jahresabschluss (Stand: 25.11.2011), WPg Supplement 1/2012, S. 90; FN-IDW 1/2012, S. 31

IDW RS HFA 40
IDW Stellungnahme zur Rechnungslegung: Einzelfragen zu Wertminderungen von Vermögenswerten nach IAS 36 (Stand: 14.06.2016), WPg Supplement 2/2015, S. 77; FN-IDW 2015, S. 335; IDW Life 2016, S. 550

IDW RS HFA 41
IDW Stellungnahme zur Rechnungslegung: Auswirkungen eines Formwechsels auf den handelsrechtlichen Jahresabschluss (Stand: 06.09.2012), WPg Supplement 4/2012, S. 85; FN-IDW 2012, S. 539

IDW RS HFA 42
IDW Stellungnahme zur Rechnungslegung: Auswirkungen einer Verschmelzung auf den handelsrechtlichen Jahresabschluss (Stand: 29.10.2012), WPg Supplement 4/2012, S. 91; FN-IDW 2012, S. 701

IDW RS HFA 43
IDW Stellungnahme zur Rechnungslegung: Auswirkungen einer Spaltung auf den handelsrechtlichen Jahresabschluss (Stand: 06.09.2012), WPg Supplement 4/2012, S. 104; FN-IDW 2012, S. 714

IDW RS HFA 44
IDW Stellungnahme zur Rechnungslegung: Vorjahreszahlen im handelsrechtlichen Konzernabschluss und Konzernrechnungslegung bei Änderungen des Konsolidierungskreises (Stand: 30.11.2017), IDW Life 2012, S. 32; IDW Life 2018, S. 276

IDW RS HFA 45
IDW Stellungnahme zur Rechnungslegung: Einzelfragen zur Darstellung von Finanzinstrumenten nach IAS 32 (Stand: 11.03.2011), WPg Supplement 2/2011, S. 143; FN-IDW 2011, S. 326

IDW RS HFA 47
IDW Stellungnahme zur Rechnungslegung: Einzelfragen zur Ermittlung des Fair Value nach IFRS 13 (Stand: 06.12.2013), WPg Supplement 1/2014, S. 140; FN-IDW 2014, S. 84

IDW RS HFA 48
IDW Stellungnahme zur Rechnungslegung: Einzelfragen der Bilanzierung von Finanzinstrumenten nach IFRS 9 (Stand: 06.04.2017), IDW Life 2017, S. 646

IDW RS IFA 1
IDW Stellungnahme zur Rechnungslegung: Abgrenzung von Erhaltungsaufwand und Herstellungskosten bei Gebäuden in der Handelsbilanz (Stand: 25.11.2013), WPg Supplement 1/2014, S. 157; FN-IDW 2014, S. 246

IDW RS IFA 2
IDW Stellungnahme zur Rechnungslegung: Bewertung von Immobilien des Anlagevermögens in der Handelsbilanz (Stand: 27.04.2015), WPg Supplement 3/2015, S. 10; FN-IDW 2015, S. 381

IDW RS BFA 1
IDW Stellungnahme zur Rechnungslegung: Handelsrechtliche Behandlung von Kreditderivaten im Nichthandelsbestand (Stand: 18.02.2015), WPg Supplement 2/2015, S. 103; FN-IDW 2015, S. 279

IDW RS BFA 2
IDW Stellungnahme zur Rechnungslegung: Bilanzierung von Finanzinstrumenten des Handelsbestands bei Kreditinstituten (Stand: 03.03.2010), WPg Supplement 2/2010, S. 62; FN-IDW 2010, S. 154

IDW RS BFA 5
IDW Stellungnahme zur Rechnungslegung: Handelsrechtliche Bilanzierung von Financial Futures und Forward Rate Agreements bei Instituten (Stand: 18.08.2011), WPg Supplement 4/2011, S. 50; FN-IDW 2011, S. 653)

IDW RS BFA 6
IDW Stellungnahme zur Rechnungslegung: Handelsrechtliche Bilanzierung von Optionsgeschäften bei Instituten (Stand: 18.08.2011), WPg Supplement 4/2011, S. 52; FN-IDW 2011, S. 656

IDW RS ÖFA 3
IDW Stellungnahme zur Rechnungslegung: Besonderheiten der Bilanzierung von Energiebeschaffungs- und Energieabsatzverträgen in handelsrechtlichen Abschlüssen von Energieversorgungsunternehmen (Stand: 24.08.2015), WPg Supplement 4/2015, S. 38; FN-IDW 2015, S. 553

IDW RH HFA 1.005
IDW Rechnungslegungshinweis: Anhangangaben nach § 285 Nr. 18 und 19 HGB zu bestimmten Finanzinstrumenten (Stand: 08.06.2018), IDW Life 2018, S. 696

IDW RH HFA 1.1009
IDW Rechnungslegungshinweis: Rückstellungen für die Aufbewahrung von Geschäftsunterlagen sowie für die Aufstellung, Prüfung und Offenlegung von Abschlüssen und Lageberichten nach § 249 Abs. 1 HGB (Stand: 23.06.2010), WPg Supplement 3/2010, S. 108; FN-IDW 2010, S. 354

IDW RH HFA 1.1012
IDW Rechnungslegungshinweis: Externe (handelsrechtliche) Rechnungslegung im Insolvenzverfahren (Stand: 11.09.2015), WPg Supplement 4/2015, S. 48; IDW Life 2015, S. 610

IDW RH HFA 1.1013
IDW Rechnungslegungshinweis: Handelsrechtliche Vermerk- und Berichterstattungspflichten bei Patronatserklärungen (Stand: 22.02.2008), WPg Supplement 1/2008, S. 37; FN-IDW 2008, S. 116

IDW RH HFA 1.1014
IDW Rechnungslegungshinweis: Umwidmung und Bewertung von Forderungen und Wertpapieren nach HGB (Stand: 09.01.2009), WPg Supplement 1/2009, S. 56; FN-IDW 2009, S. 58

IDW RH HFA 1.1016
IDW Rechnungslegungshinweis: Handelsrechtliche Zulässigkeit einer komponentenweisen planmäßigen Abschreibung von Sachanlagen (Stand: 29.05.2009), WPg Supplement 3/2009, S. 39; FN-IDW 2009, S. 362

IDW RH HFA 1.1017
IDW Rechnungslegungshinweis: Einzelfragen zur Behandlung der Umsatzsteuer im handelsrechtlichen Jahresabschluss (Stand: 10.06.2011), WPg Supplement 3/2011, S. 95; FN-IDW 2011, S. 564

IDW RH HFA 1.1018
IDW Rechnungslegungshinweis: Einheitliche Bilanzierung und Bewertung im handelsrechtlichen Konzernabschluss (Stand: 13.03.2013), WPg Supplement 1/2013, S. 38; FN-IDW 2013, S. 214

IDW RH HFA 1.1019
IDW Rechnungslegungshinweis: Handelsrechtliche Konzernrechnungslegung bei unterschiedlichen Abschlussstichtagen (Stand: 13.03.2013), WPg Supplement 2/2013, S. 41; FN-IDW 2013, S. 217

IDW S 1 i.d.F. 2008
IDW Standard: Grundsätze zur Durchführung von Unternehmensbewertungen (Stand: 04.07.2016), WPg Supplement 3/2008, S. 68; FN-IDW 2008, S. 271; IDW Life 2016, S. 731

IDW S 4
IDW Standard: Grundsätze ordnungsmäßiger Begutachtung der gesetzlichen Verkaufsunterlagen von Alternativen Investmentfonds (Stand: 24.05.2016), IDW Life 2016, S. 813

IDW S 6
IDW Standard: Anforderungen an die Erstellung von Sanierungskonzepten (Stand: 16.05.2018), IDW Life 2018, S. 813

IDW S 7
IDW Standard: Grundsätze für die Erstellung von Jahresabschlüssen (Stand: 27.11.2009), WPg Supplement 1/2010, S. 100; FN-IDW 2009, S. 623

IDW S 8
IDW Standard: Grundsätze für die Erstellung von Fairness Opinions (Stand: 17.01.2011), WPg Supplement 1/2011, S. 85; FN-IDW 2011, S. 151

IDW S 11
IDW Standard: Beurteilung des Vorliegens von Insolvenzeröffnungsgründen (Stand: 22.08.2016), IDW Life 2017, S. 332

IDW St/HFA 1/1969
IDW Stellungnahme: Die Behandlung der gesetzlichen Arbeitgeberbeiträge zur Sozialversicherung bei der Angabe der Gesamtbezüge der Vorstandsmitglieder, WPg 1969, S. 180

IDW St/HFA 1/1972 i.d.F. 1990
IDW Stellungnahme: Zur Prüfung der Rechnungslegung von Personenhandelsgesellschaften und Einzelkaufleuten nach dem Publizitätsgesetz i.d.F. 1990, WPg 1972, S. 75; FN-IDW 1972, S. 15

IDW St/HFA 1/1984 i.d.F. 1990
IDW Stellungnahme: Bilanzierungsfragen bei Zuwendungen, dargestellt am Beispiel finanzieller Zuwendungen der öffentlichen Hand (red. Anpassungen 1990), WPg 1984, S. 612; FN-IDW 1984, S. 362

IDW St/HFA 1/1985
IDW Stellungnahme: Zur Behandlung der Umsatzsteuer im Jahresabschluss, WPg 1985, S. 257; FN-IDW 1985, S. 161

IDW St/HFA 1/1986
IDW Stellungnahme: Zur Bilanzierung von Zero-Bonds, WPg 1986, S. 248; FN-IDW 1986, S. 140

IDW St/HFA 1/1989
IDW Stellungnahme: Zur Bilanzierung beim Leasinggeber, WPg 1989, S. 625; FN-IDW 1989, S. 333

IDW St/HFA 1/1990
IDW Stellungnahme: Zur körperlichen Bestandsaufnahme im Rahmen von Inventurverfahren, WPg 1990, S. 143; FN-IDW 1990, S. 61

IDW St/HFA 1/1991
IDW Stellungnahme: Zur Bilanzierung von Anteilen an Personenhandelsgesellschaften im Jahresabschluß der Kapitalgesellschaft, WPg 1991, S. 334, FN-IDW 1991, S. 181

IDW St/HFA 3/1991
IDW Stellungnahme: Zur Aufstellung und Prüfung des Berichts über Beziehungen zu verbundenen Unternehmen (Abhängigkeitsbericht nach § 312 AktG), WPg 1992, S. 91; FN-IDW 1992, S. 36; WPg 1998, S. 927; FN-IDW 1998, S. 524

IDW St/HFA 1/1992
IDW Stellungnahme: Zur bilanziellen Behandlung von Güterfernverkehrskonzessionen (Ergänzung 1999), WPg 1992, S. 609; FN-IDW 1992, S. 377; WPg 1999, S. 713; FN-IDW 1999, S. 365

IDW St/HFA 1/1993
IDW Stellungnahme: Zur Bilanzierung von Joint Ventures, WPg 1993, S. 441; FN-IDW 1993, S. 277

IDW St/HFA 1/1994
IDW Stellungnahme: Zur Behandlung von Genussrechten im Jahresabschluss von Kapitalgesellschaften, WPg 1994, S. 419; FN-IDW 1994, S. 268; WPg 1998, S. 891; FN-IDW 1998, S. 523

IDW St/HFA 2/1996 i.d.F. 2010
IDW Stellungnahme: Zur Bilanzierung privater Zuschüsse, WPg 1996, S. 709, FN-IDW 1996, S. 453; FN-IDW 2010, S. 410

IDW St/HFA 2/1996 i.d.F. 2013
IDW Stellungnahme: Zur Bilanzierung privater Zuschüsse, FN-IDW 2013, S. 192

IDW St/SABI 3/1986
IDW Stellungnahme: Zur Darstellung der Finanzlage i.S.v. § 264 Abs. 22 HGB, WPg 1986, S. 670; FN-IDW 1986, S. 407

IDW St/SABI 1/1987
IDW Stellungnahme: Probleme des Umsatzsteuerkostenverfahrens, WPg 1987, S. 141; FN-IDW 1987, S. 70

IDW St/SABI 1/1988
IDW Stellungnahme: Zur Aufstellungspflicht für einen Konzernabschluß und zur Abgrenzung des Konsolidierungskreises, WPg 1988, S. 340; FN-IDW 1988, S. 70

IDW St/WFA 1/1975
IDW Stellungnahme: Zur Bewertung von nicht verkauften Eigentumswohnungen und Eigenheimen sowie von unbebauten Grundstücken in den Jahresabschlüssen von Wohnungsunternehmen (Ergänzung 1982), WPg 1975, S. 249; FN-IDW 1975, S. 61

VO 1/2006
IDW Stellungnahme: Gemeinsame Stellungnahme der WPK und des IDW: Anforderungen an die Qualitätssicherung in der Wirtschaftsprüferpraxis (Stand: 27.03.2006), WPg 2006, S. 1193; FN-IDW 2006, S. 317 und S. 401

Stichwortverzeichnis

Die Buchstaben verweisen auf das Kapitel,
die Zahlen auf die jeweilige(n) Textziffer(n).

A

Abbaugerechtigkeit
– Ausweis **F** 330

Abbruchabsicht
– bei Ermittlung der Herstellungskosten **F** 336

Abbruchkosten F 107
– Gebäude **F** 336 ff.
– Grundstücksbewertung **F** 336
– Rückstellungen **F** 636

Abfälle
– Erlöse aus **F** 76
– bei Ermittlung der Herstellungskosten **F** 133
– Rückstellungen für Beseitigung **F** 637

Abfindung
– ausscheidende Gesellschafter durch Personengesellschaft
– – Bilanzierung **F** 1507 ff.
– Arbeitnehmer **F** 818
– bei Ermittlung der Anschaffungskosten **F** 107
– Organmitglieder
– – an frühere im Anhang **F** 818, 949, 1068
– Rückstellungen **F** 638
– Verpflichtungen aus **F** 707, 1086
– Vorstandsmitglieder **F** 818, 949, 1068

Abfindungsanspruch
– außenstehende Aktionäre **C** 270, 286 ff.
– – Angemessenheit **C** 291
– – Arten **C** 286 ff.
– – Begriff **C** 286 ff.
– – Erhöhung **C** 296
– – Ermittlung **C** 291 ff., 295
– – gerichtliche Überprüfung **C** 297 f.

Abführungssperre
– Ermittlung **F** 547 ff.

Abgang
– im Anlagenspiegel **F** 1009, 1014
– Bilanzierung **F** 177, 1009, 1014
– konsolidierungspflichtige Anteile **G** 429 ff.
– Prüfung **L** 788 ff., 891 ff.

Abgeordneter
– Wirtschaftsprüfer als **A** 88

Abgrenzungsposten
– antizipative im Anhang **F** 949, 989 f.

Abhängigkeit
– Aktienübernahme bei **F** 949, 1266
– Begriff **C** 101 ff.
– bei je 50%-Beteiligung **C** 120
– beherrschender Einfluss **C** 103 ff.
– bei Gemeinschaftsunternehmen **C** 116 ff.
– mittelbare **C** 115 f.
– bei Treuhandverhältnis **C** 123 f.
– wirtschaftliche **A** 100
– *s. auch Unabhängigkeit*

Abhängigkeitsbericht O 74 ff.
– Berichterstattung über die Prüfung **O** 110 ff.
– Beschluss **B** 125
– Feststellungen **M** 477 ff.
– gesetzliche Prüfungspflicht **O** 74 ff.
– Nichtigkeit **B** 287
– Prüfung **A** 38
– – gem. § 313 AktG **M** 153
– Prüfungsbericht **M** 153, 294, 363, 477 ff.
– Prüfungsdurchführung **O** 90 ff.
– Prüfungsdokumentation **O** 108 ff.
– Prüfungsgegenstand **O** 77 ff.
– Schlusserklärung des Vorstands **M** 153, 363
– – Bestätigungsvermerk bei fehlender Wiedergabe im Lagebericht **M** 1092
– Verhältnis zum Jahresabschluss **B** 30, 125
– *s. auch Prüfungsbericht*

Abhängigkeitsvermutung
– nach AktG **C** 125 ff.
– Widerlegung **C** 126

Abladekosten
– bei Ermittlung der Anschaffungskosten **F** 107

Abnahmekosten
– Bilanzierung **F** 107, 352

Abraumbeseitigungsrückstellung
– in der Bilanz **F** 560, 634
– Voraussetzungen **F** 634

Abrechnungsverpflichtungen
– Rückstellung **F** 639

Absatzförderung
– Aufwendungen beim Umsatzkostenverfahren **F** 911, 913

Absatzgeschäfte
– Rückstellung **F** 630

Absatzmarkt
– bei Ermittlung der Anschaffungs- bzw. Herstellungskosten **F** 186 ff.
– geographische Aufgliederung im Anhang **F** 949, 1053 f.

Abschließende Beurteilung
– Bestätigungsvermerk **M** 830
– Nichtigkeit des Jahresabschlusses **M** 1122
– Prüfungsbericht **M** 358

– s. auch Bestätigungsvermerk, Prüfungsbericht, Prüfungshemmnisse,
Abschluss
– prüferische Durchsicht **P** 1 ff.
– für speziellen Zweck **A** 24
– s. auch Jahresabschluss, Konzernabschluss
Abschluss- und Aussageebene L 52, 197 f., 282 f., 419 ff., 522 ff.
Abschlussaussage L 55 ff., 63 ff., 271, 279, 423
Abschlusserläuterung F 943 ff.
– s. auch Anhang
Abschlusserstellung A 44
– ohne Beurteilung **A** 44
– mit Plausibilitätsbeurteilung **A** 44
– mit umfassenden Beurteilungen **A** 44
Abschlussprüfer
– abweichende/unterschiedliche Auffassung
– – Gemeinschaftsprüfer **M** 687 ff.
– – gesetzliche Vertreter **M** 157, 207, 275, 389, 1039
– Anfechtung der Bestellung **B** 82, 87, 314
– Auftragsbestätigung **L** 15, 163 ff.
– Auskunft über den Stand der Prüfung **M** 752, 1237 ff.
– Auskunftspflicht **B** 137
– Auskunftsrecht **M** 324 ff., 593 ff.
– – Prüfungshemmnis **M** 1116
– Ausschlussgründe **A** 92 ff.
– Auswahlverfahren **B** 41, 50, 52 ff., 62 f., 65 ff.
– Berichtspflicht **B** 117 ff.
– Bestellung **B** 3, 71 f., 83, 88 ff., 308, 311 ff.
– Ermessen
– – Berichterstattung **M** 128, 135, 142, 178, 424, 585
– – Bestätigungsvermerk **M** 1020, 1041, 1090, 1195
– – Key Audit Matters **M** 865 ff.
– – Prüfungsdurchführung **M** 324
– – Redepflicht **M** 128
– – Siegelverwendung **M** 73, 637, 941
– – sonstige Informationen **M** 1247
– – Unregelmäßigkeiten **M** 247
– Ersetzungsverfahren **B** 81 f.
– Gemeinschaftsprüfungen **L** 1345 ff.
– Haftung **A** 307 ff.
– – bei gemeinsamer Berufsausübung **A** 281
– – bei Mitverschulden des Auftraggebers **A** 367

– Honorar **B** 57, 83, 91, 315
– – Angabe im Konzernanhang **G** 755 f.
– Inhabilität **B** 76 ff.
– Initiativrecht **M** 14, 51, 113
– Inventurteilnahme **L** 914
– Kündigung des Prüfungsauftrags **A** 288 ff.; **M** 35, 688, 720 ff., 1074, 1218 ff.
– Nichtprüfungsleistungen **B** 47 ff., 77 ff., 85 f.
– Prüfungsauftrag **B** 3, 91 f.; **M** 179 ff.
– Qualität **B** 54 f.
– Rechtsfolgen von Wahlverstößen **B** 76 ff.
– *Redepflicht s. dort*
– Siegelführung **A** 522 ff.
– Sozietät als Auftragnehmer **A** 281 ff.
– Stellvertretung **A** 278
– Teilnahme an der Bilanzsitzung **M** 49, 101, 645
– Teilnahme an der Hauptversammlung **B** 136 ff.
– Unabhängigkeit **B** 47, 53, 56
– Unterstützungsfunktion **B** 1
– Unterzeichnung
– – Bestätigungsvermerk **M** 941 ff., 946
– – Prüfungsbericht **M** 501 ff., 637, 691
– Verantwortung
– – Berichterstattung **M** 12 ff., 235
– – Bestätigungsvermerk **M** 107, 773, 906 ff.
– – Gesamtverantwortung des Konzernabschlussprüfers **M** 589
– – Prüfungsdurchführung **M** 65, 292, 906 ff.
– Vergütung **A** 295 ff.
– Verhältnis zum Aufsichtsrat **B** 1, 5, 41, 93 ff., 109 f.
– Verschwiegenheitspflicht **M** 17, 39, 124, 192, 897, 1119, 1158, 1217, 1259
– *Verwertung der Prüfungsergebnisse Dritter s. dort*
– Vorlage des Prüfungsberichts **M** 26, 34 f., 527 ff.
– Wahl **B** 42 ff., 75 ff.
– – unter aufschiebender Bedingung **L** 1347 f.
– – keine Anfechtungsklage **B** 314
– – mehrerer **L** 1346
– – Nichtigkeit **B** 311
– Zusammenarbeit
– – mit der internen Revision **M** 139, 305, 317
– – mit Sachverständigen **M** 139, 305, 908
– – mit Teilbereichsprüfern **M** 35, 139, 305, 567, 908, 1133

Abschlussprüferaufsichtskommission A 563

Abschlussprüferaufsichtsstelle A 563 ff.;
E 100 ff.
- Aufgaben A 573 ff.; E 131 ff.
- Beschlusskammer A 571
- Fachbeirat A 572
- Letztverantwortung A 568
- Organisation A 569 ff.
- Verschwiegenheit A 582
- Wirtschaftsprüfer als Angestellter A 75

Abschlussprüfung
- Europäische Rechtsakte A 4
- fehlende/nicht ausreichende B 302 ff.
- *freiwillige s. dort*
- Funktionen A 16
- Gegenstand L 6 ff.
- Grundlagen B 3, 36
- Höchstlaufzeit B 61 ff.
- Nachtragsprüfung B 25
- Planung L 249 ff.
- Projektmanagement L 255 ff.
- Prüfungseffizienz L 41, 396, 454, 1298
- Prüfungsqualität L 19, 388
- Prüfungsschwerpunkte B 92, 96
- Rückstellung für Kosten F 661
- Qualität B 54 f.
- Umfang L 6 ff.
- Unternehmen von öffentlichem Interesse B 56, 59 ff.
- Vereinbarkeit
- – mit Beratung A 108
- – mit sonstigen Aufgaben A 109, 111
- Vorbereitung durch das zu prüfende Unternehmen L 170 ff.
- Ziele L 1 ff..
- *s. auch Jahresabschlussprüfung, Konzernabschlussprüfung, Prüfungsplanung*

Abschlussprüfungsleistungen
- im Anhang F 1133 f.

Abschlussstichtag
- Konzernabschluss G 205
- Wert am F 94, 185
- wertbegründende Ereignisse F 949, 1247 ff.

Abschreibungen F 167 ff., 185 ff.
- im Anhang F 949, 962, 1244
- – außerplanmäßige auf das Anlagevermögen F 949, 963
- Anlagegegenstände (einzelne) L 880
- im Anlagenspiegel F 1009, 1018 ff.
- außerplanmäßige F 97, 167, 180 f.
- – Anlagevermögen F 167, 180

- – bei überhöhten Anschaffungskosten F 121
- – *s. auch Wertminderung*
- begrenzte zeitliche Nutzung F 168 ff., 180 f.
- Berücksichtigung zukünftiger Wertschwankungen F 949, 965
- Beteiligungen F 838, 381 ff.
- – an assoziierten Unternehmen G 655
- direkte F 184
- Disagio F 442
- Ermittlung der Herstellungskosten F 129, 132, 141 f.
- Finanzanlagen L 904
- Gebäude F 169
- – auf fremden Grundstücken F 346
- Genossenschaft H **15**
- Geschäfts- oder Firmenwert F 169, 193, 319, 949, 1114 ff..
- Grundstücke F 169
- GuV F 827 ff., 920 f.
- immaterielle Vermögensgegenstände F 827 f.; K 82
- indirekte F 184
- Komponentenansatz F 175, 181
- konsolidierungspflichtige Anteile G 433 f.
- Korrektur zu hoher F 179, 1244
- Leasinggegenstände F 174, 1328; K 113 f.
- Maschinen L 524
- nach Steuerrecht
- – und Stetigkeitsgebot F 97
- planmäßige F 167 ff.
- Prüfung L 895 ff.
- Sachanlagen F 827 f.; K 90 ff.
- Umlaufvermögen F 185 ff., 829 f., 855 f.
- Umsatzkostenverfahren
- – nicht voll genutzte Anlagen F 904
- unbebaute Grundstücke F 344
- unübliche F 801, 829 f., 855, 921
- Wertpapiere F 427
- Wohngebäude F 345

Abschreibungsmethode
- im Anhang F 949, 962 ff.; L 1059
- – Prüfung L 1064
- in der Anlage nach PublG F 1561 f.
- Arten F 170 ff.
- Begriff F 97, 170
- immaterielle Vermögensgegenstände F 303, 310 ff.
- degressive F 172, 962
- digitale F 172
- lineare F 170, 962

– nach Inanspruchnahme **F** 170, 962
– progressive **F** 170, 962
– Wahl **F** 173
– Wechsel **F** 97, 178

Abschreibungsplan
– Prüfung **L** 895 ff.

Abschreibungsspiegel F 1018 ff.

Abschreibungsvereinfachungen
– im Veräußerungsjahr beim Anlagevermögen **F** 177

Abschreibungswahlrechte
– Probebilanzen nach PublG **F** 1523

Absetzung für Abnutzung
– digitale **F** 172

Absetzungen
– erhöhte
– – Planmäßigkeit **F** 179

Abstandszahlungen
– Grundstückserwerb **F** 339

Abwertungspflicht
– Anlagevermögen **F** 167, 180 f.
– Umlaufvermögen **F** 185

Abwertungswahlrecht F 167, 180, 189

Abwicklung
– Begriff **F** 1518
– Bewertung **F** 85
– Geltung des PublG **F** 1518
– Konzernrechnungslegung eines Mutterunternehmens in **G** 73

Abwicklungskosten
– Rückstellungen **F** 85
– bei Unternehmensfortführung **F** 84

Abzinsung
– bei Ermittlung der Umsatzerlöse **F** 799
– Finanzverpflichtungen **F** 1051
– Forderungen **F** 416
– bei langfristigen Ausleihungen **F** 856
– Rückstellungen **F** 576
– bei der Schuldenkonsolidierung **G** 488 f.
– Verbindlichkeiten **F** 158 ff.

Adressat
– Berichterstattung **M** 24
– Bestätigungsvermerk **M** 10, 84 ff.
– Prüfungsbericht **M** 9, 42 ff., 135, 186
– Redepflicht **M** 127
– *s. auch Empfänger*

Adressatenorientierung
– Berichterstattung **M** 42 ff., 135, 167, 545
– Bestätigungsvermerk **M** 97, 1217

Adressierung
– Bescheinigung **M** 718
– Bestätigungsvermerk **M** 763, 786, 1125, 1205, 1279
– Prüfungsbericht **M** 177, 553, 701

Änderung
– Jahres- und Konzernabschluss **B** 372 ff.
– – im Aufstellungsverfahren **B** 373 ff.
– – nach Erteilung des Bestätigungsvermerks **B** 374
– – fehlerfreie **B** 388, 390
– – fehlerhafte **B** 384 ff., 387
– – nach Feststellung/Billigung **B** 375 ff., 377
– – Korrektur in laufender Rechnung **B** 383, 387
– – nichtige **B** 378 ff.
– – wichtiger Grund **B** 388, 390
– – Rückwärtsberichtigung **B** 381 f.
– Lagebericht **B** 372, 386

AfA-Tabellen F 174

Agio
– Abgrenzung **F** 441
– Abschreibung **F** 857
– Ausweis **F** 435, 466, 478
– Berechnung **F** 478
– Erträge aus **F** 853, 857
– Konsolidierung **G** 473
– Sacheinlagen **F** 478
– Verschmelzungen **F** 478
– Vorratsaktien **F** 478

Agreed-Upon Procedures
– Konzernprüfungsbericht **M** 583

Akademische Grade
– Führung durch Wirtschaftsprüfer **A** 531

Akten
– Beschlagnahme **A** 186
– Vernichtung **A** 551
– Zurückbehaltungsrecht **A** 292 ff.

Akteneinsichtsrecht A 584

Aktien
– Abfindung durch **C** 286
– Angabe der Gesamtnennbeträge **F** 949, 1267, 1272
– Ausweis **F** 357, 361, 388

– – herrschende/mit Mehrheit beteiligte
  Gesellschaft **F** 358
– Befristung **C** 296
– Bewertung **F** 427
– Einziehung **F** 477
– Herabsetzung des Nennbetrags **F** 472

Aktienausgabe
– im Anhang der AG **F** 1267

Aktienbasierte Vergütung
– im Anhang **F** 1070, 1076 f.; **J** 14

Aktiengattungen F 452 ff., 949, 1272

Aktiengesellschaft
– Abhängigkeitsbericht **F** 1424
– börsennotierte **J** 8
– – zusätzliche Anhangangaben **F** 923
– rechtsformspezifische Vorschriften **F** 1437 f.
– zusätzliche Anhangangaben **F** 1264

Aktiennennbetrag
– über pari **F** 461
– unter pari **F** 457

Aktienoptionen
– an Arbeitnehmer und Geschäftsführungsmitglieder **F** 480
– Stock Appreciation Rights **F** 1303 ff.

Aktienoptionsprogramme
– in der Bilanz **F** 1289 ff.
– Erfüllungswahlrecht **F** 1309 ff.

Aktienübernahme
– im Anhang der AG **F** 949, 1266

Aktionäre
– außenstehende **C** 266 ff.
– bei Unternehmensvertrag **C** 232 ff.

Aktionärsrechte
– auf Auskunft **C** 235; **F** 769
– Zustimmung bei Unternehmensvertrag
  C 235 ff.

Aktiva F 302 ff.
– *s. auch Aktivposten*

Aktive latente Steuern
– Prüfung **L** 985

Aktive Rechnungsabgrenzung
– Prüfung **L** 983 f.

Aktivierungspflicht
– *bei Ermittlung der Herstellungskosten* **F** 125,
  132 ff.
– Geschäfts- oder Firmenwert **F** 317

– immaterielle Vermögensgegenstände **F** 53,
  302 ff.
– Rechnungsabgrenzungsposten **F** 435

Aktivierungsverbot
– bei Ermittlung der Herstellungskosten **F** 132
– immaterielle Vermögensgegenstände **F** 304,
  314 ff.

Aktivierungswahlrecht F 52, 73, 93, 129, 956
– Disagio **F** 441
– bei Ermittlung der Herstellungskosten
  F 132 ff.
– immaterielle Vermögensgegenstände **F** 304 f.
– Rückzahlungsagio **F** 441

Aktivposten
– Verrechnung mit Passivposten **F** 65 ff., 86,
  410

Akzepte
– öffentlicher Auftraggeber **F** 993
– an verbundene Unternehmen weitergegebene **F** 701

Alleinfunktionen
– Wirtschaftsprüfer **A** 496

Allgemeine Auftragsbedingungen
– Haftungsbeschränkung durch **A** 362 ff.
– Vereinbarung **A** 274

Allgemeine Verwaltungskosten
– Ausweis **F** 791, 914 f.
– Ermittlung der Herstellungskosten **F** 132, 142

Als Finanzinvestition gehaltene Immobilie
  K 121 ff.
– Angaben **K** 127
– Ansatz **K** 122
– Charakteristikum **K** 121
– Folgebewertung **K** 124 f.
– – Anschaffungskostenmodell **K** 124 ff.
– – Neubewertungsmodell **K** 124 ff.
– Werthaltigkeitsprüfung **K** 129
– Zugangsbewertung **K** 123

Alternative Prüfungshandlungen L 469, 644,
  929, 950 ff., 1172

Altersfreizeit
– Rückstellungen **F** 642

Altersteilzeit
– Aufstockungsbeträge **F** 640 f.
– Blockmodell **F** 640
– Rückstellungen **F** 640
– Verpflichtungen **F** 707

Altersversorgungsaufwand
- bei Ermittlung der Herstellungskosten **F** 132, 142, 1204 ff.
- in der GuV **F** 824 ff., 1063
- Verrechnung **F** 142

Altersversorgungsverpflichtungen F 562 f., 578 ff., 1003

Altersvorsorgeverpflichtungen F 66, 562
- im Anhang **F** 949, 1204 ff.
- Verrechnung **F** 762

Altgesellschaften
- Rücklagen **F** 497

Amtslöschungsverfahren
- Eintragungen im Berufsregister der Wirtschaftsprüfer **A** 555

Analytische Beurteilungen
- prüferische Durchsicht **P** 80 ff.

Analytische Prüfungshandlungen A 818 ff.
- abschließende Gesamtdurchsicht **L** 819, 855, 1238
- Abschlussbuchungen **A** 1241 ff.
- Anwendungsbereich **L** 846
- Arten **L** 821, 835
- auf Konzernebene **L** 1301
- aussagebezogene **L** 83 ff.
- Aussagefähigkeit **L** 841, 859
- Begriff **L** 825
- Beurteilung **L** 824 ff. 832 ff.
- Grenzen **L** 857 ff.
- Identifizierung kritischer Prüfungsgebiete **L** 819, 850
- Kennzahlenanalysen **L** 837 ff.
- Komponenten **L** 821
- Prognose **L** 824 ff.
- Prognosegenauigkeit **L** 829, 1100
- Prüfung der Bilanz **L** 851
- Prüfung der GuV **L** 851
- Prüfung des Lageberichts **L** 852
- Prüfungsdurchführung **L** 819 ff., 848 ff.
- Prüfungsplanung **L** 254, 334, 819 ff., 847 ff.
- Prüfungsprogramm **L** 309
- Plausibilitätsprüfung **L** 332 ff., 842 ff.
- Trendanalysen **L** 836
- Vergleich **L** 825, 831, 1050, 1074
- zeitnah zum Prüfungsende **L** 1238 ff.
- Ziel **L** 826

Andere Gewinnrücklagen
- Auflösung **F** 517 f.
- Ausweis **F** 514 f.

- Einstellungen **F** 513 ff. ,896
- Entnahmen **F** 888
- Nichtigkeit des Jahresabschlusses bei Verstoß gegen Vorschriften **B** 323
- Prüfung **L** 1001
- bei REIT-AG **F** 512
- Wertaufholung **F** 514, 519, 949
- zweckgebundene **F** 514

Anfangsverdacht A 575

Anfechtung
- Gewinnverwendungsbeschluss **B** 371
- Hauptversammlungsbeschlüsse **B** 277
- – bei Unternehmensvertrag **C** 289 f., 297
- Jahresabschluss
- – Feststellung durch die Hauptversammlung **B** 364 ff.

Anfechtungsklage
- Hauptversammlungsbeschluss **B** 277
- – Gewinnverwendungsbeschluss **B** 371
- bei Unternehmensvertrag **C** 237, 289, 297

Anfuhrkosten
- bei Ermittlung der Anschaffungskosten **F** 107

Angabeformen
- im Anhang **F** 941

Angaben
- freiwillige im Anhang **F** 943, 945 ff.

Angabepflichten
- im Anhang **F** 922 ff.; **J** 13 ff.
- im Lagebericht **F** 1354 ff.; **J** 58 ff.

Angehörige
- Kredite an
- – von persönlich haftenden Gesellschaftern der KGaA **F** 390, 408

Angemessenheitsprüfung L 60
- Qualitätskontrolle **E** 221 ff.

Anhang F 15, 922 ff.; **J** 13 ff.; **K** 25, 35 ff.
- Adressatenkreis **F** 928
- Änderung der Gliederung **F** 949, 984 f.
- aktienbasierte Vergütung **J** 14
- Anforderungen **F** 929 ff.
- Angaben nach § 264 Abs. 2 S. 2 HGB **M** 219 f., 330, 370, 395, 983, 987
- Aufstellungspflicht **F** 15, 922
- – nach PublG **F** 29, 1564 ff.
- Beteiligungen an großer Kapitalgesellschaft **J** 28 f.
- Bilanzierungs- und Bewertungsmethoden **F** 949, 952 ff.

- DCGK-Entsprechenserklärung **J** 30 ff.
- Derivate
  - - Bewertungseinheiten **F** 966
  - - Bilanzierungs- und Bewertungsmethoden **F** 966
- Erleichterungen **F** 922, 949, 1410
- Finanzinstrumente
  - - Lagebericht **F** 1406
- Formen der Angaben **F** 941
- freiwillige Aufstellung **M** 348
- Genossenschaft **H** 39 ff.
- Gliederung **F** 937 f.
  - - nach verschiedenen Vorschriften **F** 949, 987
- Grundsätze der Berichterstattung **F** 927 ff., 941
- Honorar des Abschlussprüfers bei PIE **M** 934 ff.
- individualisierte Vergütungsangaben **J** 13 ff.
- Inhalt **F** 923 f.
- und Lagebericht **F** 932
- latente Steuern **F** 949, 1227 ff.
- Mitgliedschaft in weiteren Aufsichtsräten **J** 27
- Nachtragsbericht **F** 1247
- Nichtaufstellung **M** 286, 648
- Ordnungsmäßigkeit **M** 347, 357
- Prüfung **L** 1056 ff.
  - - Bilanzierungsmethoden **L** 1061, 1064 ff.
  - - Entsprechenserklärung **L** 1071
  - - Honorarangaben **L** 1070
  - - Posten der GuV **L** 1060, 1063
  - - sonstige Angaben **L** 1062, 1067 ff.
- Prüfungsbericht **M** 344 ff.
- Sonderposten mit Rücklageanteil **F** 949, 1260
- tabellarische Übersicht
  - - Pflichtangaben **F** 949
- Unterlassen von Angaben **F** 1283 ff.
- Verstoß gegen Angabepflichten
  - - Bestätigungsvermerk **M** 790 ff., 1092, 1103
  - - Prüfungsbericht **M** 357 ff.
- Verweis auf das Vorjahr **F** 931
- Vorstandsvergütung **J** 13 ff.
- Wahlpflichtangaben **F** 915, 1564
- Wegfall von Posten **F** 949, 988
- zusätzliche Angaben **F** 932
  - - börsennotierte Kapitalgesellschaften **J** 12 ff.
  - - kapitalmarktorientierte Unternehmen **J** 10 ff.
- Zusammenfassung von Posten **F** 759, 949, 988
- zusammengefasster **F** 926; **M** 538, 675, 1181 ff.
- s. auch Konzernanhang

Ankündigung
- Bestätigungsvermerk **M** 752, 1237 ff.

Anlage nach PublG
- zur Bilanz **F** 1561 ff.

Anlagegitter s. *Anlagenspiegel*

Anlagen
- Abschreibungen bei Ermittlung der Herstellungskosten **F** 132, 141, 175
- Ausweis der technischen **F** 348 ff.
- Bilanzierung anderer **F** 348 ff.
- im Bau
  - - Abschreibungen **F** 169, 353 f.
  - - Bilanzierung **F** 353, 1015
- Konzernprüfungsbericht **M** 639 ff.
- Prüfungsbericht **M** 166, 511 ff.
- Rückstellungen für Instandhaltung und Reparaturen **F** 560, 632
- selbsterstellte **F** 126, 352, 804
  - - Bewertung **F** 126, 352

Anlagenabgänge
- Erträge **F** 807, 1244
  - - Prüfung **L** 892 f.
- Prüfung **F** 828, 831, 856, 1244; **L** 891 ff.
- Verluste
  - - Prüfung **L** 892

Anlagenband
- Prüfungsbericht **M** 174, 408, 526, 551

Anlagen-Contracting F 1340

Anlagenspiegel F 949, 1004 f.
- Abgänge **F** 1009, 1014
- Abschreibungen **F** 1009, 1018 ff.
- Anschaffungs-/Herstellungskosten **F** 1008 ff.
- Bruttodarstellung **F** 1009
- Fremdkapitalzinsen bei Einbeziehung in die Herstellungskosten **F** 1009, 1025
- Währungsumrechnungsdifferenzen **G** 713
- Zugänge **F** 1009, 1011
- Zuschreibungen **F** 1009, 1012, 1017

Anlagenzugänge
- Abschreibung **F** 177
- in der Bilanz **F** 177, 1011, 1021
- bei Festwerten **F** 198, 811

Anlagenzuschreibungen
- Prüfung **L** 894

Anlagevermögen
– Abschreibung F 167 ff.
– – außerplanmäßige im Anhang F 167 ff., 949, 963
– Anlagenspiegel F 949, 1004 f.
– – Abgänge F 1009, 1014
– – Zugänge F 1009, 1011
– Begriff F 248
– in der Bilanz F 302 ff.
– – Abschreibung F 167
– immaterielle Vermögensgegenstände F 126
– Prüfung L 886 ff.
– zugegangenes und Bewertungsstetigkeit F 98
– Zuschreibungen F 179, 1244
– Zwischenergebniseliminierung bei abnutzbarem G 510

Anleihen
– Bewertung F 694
– Bilanzierung F 388, 693 f.
– konvertible F 693
– Prüfung L 1019
– Rückkauf F 694

Anliegerbeiträge
– bei Ermittlung der Anschaffungskosten F 107

Anpassungsfrist
– Erbfall A 480
– Wirtschaftsprüfungsgesellschaft A 480

Anpassungsverpflichtungen
– Rückstellungen F 641
– aus Umweltschutzauflagen F 681

Ansatz
– Vermögen und Schulden F 32 ff.

Ansatz-, Bewertungs- oder Ausweisvorschriften
– Bestätigungsvermerk bei Verstoß M 1092
– Bilanzierung nach PublG F 1540 ff.

Ansatzmethode F 74, 949, 952

Ansatzstetigkeit
– aktive latente Steuern F 73
– Durchbrechung F 71
– in der Konzernbilanz G 261, 588
– Methoden F 71, 74

Ansatzwahlrecht
– im Anhang F 949, 956, 973
– und Bewertungsstetigkeit F 71
– latente Steuern F 443
– Neuausübung für die Konzernbilanz G 259 ff.

– s. auch Aktivierungswahlrecht, Passivierungswahlrecht, Wahlrecht

Anschaffungskosten F 106 ff.
– Abschreibung des Anlagevermögens F 106, 167 ff.
– andere Anlagen, Betriebs- und Geschäftsausstattung F 352
– im Anlagenspiegel F 1008 ff.
– Anlagevermögen
– – im Anhang F 960
– Aufteilung F 118
– Beteiligungen F 365
– Betriebs- und Geschäftsausstattung F 352
– Definition F 106
– Ermittlung F 80, 106 ff. 960
– – Provisionen F 107, 365
– – Prozesskosten F 107
– – Rabatt F 111
– – Rollgeld F 107
– – Skonti F 111
– Forderungen F 415 ff.
– in Fremdwährung F 117, 971
– Grundstücke F 333 ff.
– Maschinen und maschinelle Anlagen F 352
– nachträgliche F 114, 330, 357, 991
– Prüfung L 882, 887
– Roh-, Hilfs- und Betriebsstoffe F 124
– Sacheinlagen F 120, 365
– Sachübernahmen F 122, 172
– Spaltung F 123, 1013
– überhöhte F 121
– übernommene Schulden F 116
– Umlaufvermögen F 185
– Tauschgeschäfte F 122
– Umwandlung F 123
– unentgeltlicher Erwerb F 119
– Verpflichtungen (Sachleistung-) F 116
– Verschmelzung F 123, 1013
– Vorräte F 126, 352
– Waren F 124
– Zwangsversteigerung F 333

Anschaffungskostenmethode
– Übergang von der Equity-Methode G 667 f.

Anschaffungskostenminderung
– bei Bewertung des Umlaufvermögens F 188
– nachträgliche F 114

Anschaffungsnebenkosten F 107 f.
– Betriebs und Geschäftsausstattung F 352
– Fremdkapitalzinsen F 110
– Maschinen und maschinelle Anlagen F 352

– Roh-, Hilfs- und Betriebsstoffe **F** 124
– Steuern **F** 872
– Umlaufvermögen **F** 188
– – Wertpapiere **F** 427

Anschaffungspreisminderungen F 111

Anschaffungswertprinzip F 81, 89
– und Generalnorm **F** 26

Ansprüche
– Bilanzierung **F** 362, 420

Anstalt des öffentlichen Rechts
– Geltung des PublG **F** 1515
– Unternehmenseigenschaft **C** 52 ff.

Anstellungsverhältnis
– Wirtschaftsprüfer **A** 75 ff., 83 ff., 515 ff.
– – berufsfremdes **A** 83 f.
– – Siegelführung **A** 527
– – unzulässiges **A** 83 f.
– – – bei sozietätsfähigen Personen **A** 85
– – Verschwiegenheitspflicht **A** 171
– – Wettbewerbsbeschränkungen **A** 519
– – Zeichnungsberechtigung **A** 516
– – zulässiges **A** 75 ff.

Anteile
– anderer Gesellschafter
– – anteilmäßige Konsolidierung **G** 599
– – assoziierte Unternehmen **G** 661
– – Ausgleichsposten **G** 236, 346, 419 ff., 449
– – bei Ermittlung der Beteiligungsquote **G** 456
– – Gewinn/Verlust **G** 425 ff.
– – Kapital **G** 417 ff.
– – bei Rückbeteiligungen **G** 449
– – Quotenkonsolidierung **G** 599
– – Zwischenergebniseliminierung **G** 496
– Bewertung nicht voll eingezahlter **F** 385
– von Dritten gehaltene **C** 71, 75, 84
– – bei wechselseitiger Beteiligung **C** 316
– Einzahlungsverpflichtungen **F** 385
– GmbH **F** 361, 394, 420
– herrschende/mit Mehrheit beteiligte Gesellschaft **F** 369, 358, 361
– Investmentfonds **F** 388, 1147, 1209
– Komplementärgesellschaft **F** 358, 1489, 1550
– konsolidierungspflichtige **G** 358 ff.
– – Abschreibungen auf **G** 433
– – Veränderungen des Buchwerts **G** 429 ff.
– *offene Immobilienfonds* **F** 388
– verbundene Unternehmen **F** 354 ff., 424
– – Ausweis **F** 356, 424
– – Erträge **F** 844 ff.

– – Prüfung **L** 899 ff.
– Wirtschaftsprüfungsgesellschaft **A** 117
– – Übertragung **A** 454
– – Vinkulierung **A** 454
– *s. auch Beteiligungen*

Anteilsbasierte Vergütung K 227 ff.
– Angaben **K** 233
– Arten **K** 228 ff.

Anteilsbesitz
– im Anhang **F** 949, 1102; **J** 28 f.
– – Schutzklausel **F** 1104 f.
– *gesonderte Aufstellung s. Beteiligungsliste*
– im Konzernanhang **G** 677 ff.

Anteilsinhaber
– bei Mehrheitsbeteiligung **C** 78, 180

Anteilsquote
– bei Investmentvermögen **F** 949, 1209

Antizipative Posten
– im Anhang **F** 949, 989 f.
– in der Bilanz **F** 436

Anwaltsnotar
– Tätigkeit von Wirtschaftsprüfern als **A** 70

Anwartschaftsbarwertverfahren F 589

Anzahlungen
– Absetzung von den Vorräten **F** 403
– – Generalnorm **F** 403
– Bewertung **F** 322, 401
– erhaltene
– – auf Bestellungen **F** 402 ff.
– – Zuschussempfänger **F** 113
– geleistete **F** 322, 353, 394, 400, 439, 1015
– – Prüfung **L** 890
– – an verbundene Unternehmen **F** 400
– Konsolidierung **G** 468
– Pauschalwertberichtigungen **F** 322
– Roh-, Hilfs- und Betriebsstoffe **F** 401
– Umsatzsteuer **F** 322, 871

Anzeigepflicht
– ggü. Berufsregister **A** 555
– bestandsgefährdende Tatsachen **M** 16, 133
– entwicklungsbeeinträchtigende Tatsachen **M** 133
– Gesetzesverstöße **M** 16, 133
– Verdachtsfälle **M** 133
– zuständige/verantwortliche Behörde **M** 16, 133
– – für Untersuchung von Unregelmäßigkeiten **M** 15, 133, 244

– s. auch *Mitteilungspflicht, Redepflicht*
Arbeitgeberanteile
– in der Bilanz **F** 707
– in der GuV **F** 821
– für Organmitglieder **F** 1074
Arbeitnehmer
– Abfindung **F** 818
– Adressat des Bestätigungsvermerks **M** 84, 735
– im Anhang **F** 949, 1059 ff.
– im Aufsichtsrat **C** 118, 135, 149
– Belegschaftsaktien **M** 76
– Gesetzesverstöße **M** 91, 188, 238 ff., 253 ff., 543, 566, 704
– im Konzernanhang **G** 745 ff.
– Verdienstsicherung
– – Rückstellungen **F** 642
– Vertraulichkeit **M** 145
Arbeitnehmerbelange
– im Lagebericht **F** 1415 f.
Arbeitnehmerüberlassung
– unzulässige geschäftsmäßige durch Wirtschaftsprüfer **A** 81
Arbeitnehmerzahl
– als Größenmerkmal i.S.d. PublG **G** 77, 82
– als Kriterium für Konzernrechnungslegungspflicht **G** 161
– als Kriterium für die Rechnungslegungspflicht **F** 281, 285
– – nach PublG **F** 1515, 1529 f.
Arbeitsbühnen
– Ausweis **F** 348
Arbeitsgemeinschaft
– Konzernzugehörigkeit **C** 176
– Unternehmenseigenschaft **C** 51, 176
– s. auch *Joint Venture*
Arbeitsgeräte
– Ausweis **F** 348
Arbeitslosenversicherung
– Arbeitgeberanteil **F** 821
Arbeitspapiere M 59, 131, 281, 410
– Aufbewahrungsfrist **A** 548; **L** 580
– Dauerakte **L** 173, 263
– Handakten **A** 547
– Herausgabepflicht **A** 553
– Prüfungsakte **A** 550
– Vorlagepflicht **A** 577 ff.
– s. auch *Prüfungsakte*

Arbeitszeitguthaben
– Rückstellungen **F** 682
Architekt
– Tätigkeit eines Wirtschaftsprüfers als freiberuflicher **A** 71
Art und Umfang der Prüfung
– Beschreibung
– – in Bescheinigungen **M** 718
– – im Bestätigungsvermerk **M** 906 ff.
– Konzernprüfungsbericht **M** 581 ff.
– mündliche Berichterstattung durch den Abschlussprüfer **M** 104
– Prüfungsbericht **M** 59, 279 ff., 296 ff.
– – bei Erstprüfungen **M** 323
– – bei freiwilligen Abschlussprüfungen **M** 700
– – bei Prüfungen nach PublG **M** 653
– s. auch *Prüfungsgegenstand, Prüfungsumfang*
Asset Backed Securities F 11348
Assoziierte Unternehmen K 311 ff.
– abweichender Abschlussstichtag **G** 656 ff.
– Auskunftsrechte des Konzernabschlussprüfers ggü. **M** 598
– Begriff **G** 607
– Bestätigungsvermerk **M** 598, 1135
– Einzelabschluss **K** 316
– Erstkonsolidierung **G** 620 ff.
– Ergebnisübernahmen von **G** 637
– Konzernabschluss **K** 314
– – Equity-Methode **K** 314.
– Konzernanhang **G** 683 f.
– – aktiver Unterschiedsbetrag **G** 625 f.
– – Arbeitnehmerzahl **G** 746
– – finanzielle Verpflichtungen ggü. **F** 1052
– – passiver Unterschiedsbetrag **G** 625
– Konzernprüfungsbericht **M** 583, 598, 622
– maßgeblicher Einfluss **G** 609 ff.; **K** 3113
– – Indikatoren **K** 313
– – widerlegbare Vermutung **K** 312
– Teilbereichsprüfer **M** 583
– als verbundene Unternehmen **C** 353
– Währungsumrechnung **G** 629
Assoziierungsvermutung G 611
Assurance A 20 ff.
– Begriff **A** 20 ff.
Assurance-Leistung
– prüferische Durchsicht **P** 1 ff.
Atomanlagenrückstellung F 651

Aufbau
- Bescheinigung **M** 718
- Bestätigungsvermerk **M** 755 ff.
- Konzernprüfungsbericht **M** 538 ff.
- Prüfungsbericht **M** 162 ff.

Aufbauprüfung L 57 ff., 316 ff., 643 ff., 682 ff., 1099 ff.

Aufbewahrungsfrist
- Arbeitspapiere **A** 549
- Handakten **A** 548
- Unterlagen und Belege des Mandanten **A** 549

Aufbewahrungspflicht
- Handakten **A** 547 ff.
- Rückstellungen für **F** 643

Aufgegebener Geschäftsbereich K 148, 151 f.
- Angaben **K** 152
- Ausweis **K** 151 f.
- Gesamtergebnisrechnung Ausweis **K** 152

Aufgliederungen und Erläuterungen
- Prüfungsbericht **M** 174, 404 ff., 526, 550, 626 ff.

Aufklärungspflichten der gesetzlichen Vertreter s. *Auskunftspflicht*

Auflösung
- Bewertung bei der Gesellschaft **F** 85
- Wirtschaftsprüfungsgesellschaft **A** 467 f.

Aufrechnungsdifferenzen
- bei der Schuldenkonsolidierung **G** 333 ff.

Aufschiebende Bedingung
- Erteilung des Bestätigungsvermerks **M** 1225 ff.

Aufsichtsbehörde s. *Behörden*

Aufsichtsfunktion
- Wirtschaftsprüfer **A** 78

Aufsichtsgremium s. *Aufsichtsrat*

Aufsichtsorgan s. *Aufsichtsrat*

Aufsichtsrat
- Adressat des Prüfungsberichts **M** 1, 9, 24, 44 ff., 100, 159, 279, 541, 645
- Auswahl des Abschlussprüfers **B** 52 ff., 59 ff., 68
- Beauftragung des Abschlussprüfers **M** 26, 99, 180
- *Beauftragung zur prüferischen Durchsicht von Abschlüssen* **P** 50
- Bericht an die Hauptversammlung **B** 121 f.
- Bilanzsitzung **M** 49, 101, 116, 645
- Billigung des Abschlusses **B** 104, 123 ff.
- Billigung von Nichtprüfungsleistungen **B** 47 ff.
- Erweiterung des Prüfungsauftrags **L** 12; **M** 150 ff.
- Festlegung von Prüfungsschwerpunkten **M** 120, 279, 308
- Feststellung des Jahresabschlusses **M** 20, 57, 537
- Finanzexperte **B** 99 f., 324
- Fragerechte **B** 117 ff.
- Gesetzesverstöße von Mitgliedern **M** 240, 256
- als gesetzlicher Vertreter **M** 255
- Gewinnverwendungsvorschlag **B** 34 f.
- Kommunikation mit dem Abschlussprüfer **M** 4, 98 ff., 120 ff., 194, 278, 300, 1021, 1068
- – Bestimmung und Mitteilung besonders wichtiger Prüfungssachverhalte **M** 869 ff.
- Kommunikation bei prüferischer Durchsicht **P** 179 f.
- Kollegialorgan **M** 98, 537
- mündliche Berichterstattung durch den Abschlussprüfer **M** 103 ff.
- persönliche Anforderungen **B** 99 f.
- Prüfung der Rechnungslegung **B** 4 f., 37 ff., 96 ff., 102 ff.
- Prüfungsausschuss **M** 3, 40, 100
- Prüfungspflicht **M** 45
- – Empfänger **M** 9, 25, 278, 520 ff., 727
- Rechtmäßigkeitskontrolle **B** 5, 38, 107 ff., 114
- Sorgfaltspflicht **M** 49, 51
- Überwachungsaufgabe **M** 116, 121, 249, 279, 309, 356, 906, 1119
- Unabhängigkeit **B** 100
- Untersuchung von Unregelmäßigkeiten **M** 15, 109, 127
- Verantwortung für die Überwachung des Rechnungslegungsprozesses **M** 85, 293, 537, 772, 901, 1258
- Verhältnis zum Abschlussprüfer **B** 41, 93 ff., 109 f.
- Verschwiegenheit **M** 145
- Vorlage des Prüfungsberichts **M** 20, 57, 527
- Wirtschaftsprüfer als Mitglied **A** 78
- Zweckmäßigkeitskontrolle **B** 5, 106; **M** 48, 91, 204, 378, 397, 614, 754

Aufsichtsratsbeschlüsse
- keine Nichtigkeits- oder Anfechtungsklage **B** 278

Aufsichtsratsbezüge
- im Anhang F 937, 949, 1067 ff.
- – frühere Mitglieder F 949, 1085 ff.
- in der GuV F 820

Aufsichtsratsmandate
- Höchstzahl C 135

Aufsichtsratsmitglied
- Anhangangaben J 27

Aufsichtsratsprotokolle
- Bilanzsitzung M 102
- weitere geprüfte Unterlagen M 212, 334

Aufstellung
- Erleichterungen M 285, 352, 653, 665, 694, 799
- – Bestätigungsvermerk M 799, 806, 897, 1098, 1146, 1220
- – Prüfungsbericht M 706
- Jahresabschluss und Lagebericht
- – Erleichterungen F 1436
- Personenhandelsgesellschaft
- – – mit natürlichen Personen als Vollhafter F 1515 f.
- – – ohne natürliche Personen als Vollhafter F 1442 ff.
- – nach PublG F 29, 1540
- – – erstmalige/letztmalige F 1520 f.
- Konzernabschluss
- – Befreiung mangels nicht einbeziehungspflichtiger Tochterunternehmen G 105
- – nach HGB G 18 ff.
- – nach PublG G 168 ff.
- Pflicht
- – Prüfungsbericht bei Verletzung M 245, 266
- – Verantwortung M 65, 92, 292, 327, 477
- – Verzögerung bei – des Abschlusses M 207, 844
- s. auch Aufstellungsfrist, Aufstellungspflicht

Aufstellungsfrist
- Bestätigungsvermerk M 1114
- Jahresabschluss und Lagebericht F 17
- – nach PublG F 1540
- Konzernabschluss F 276
- – nach HGB G 229
- – Kapitalmarktorientierung J 49
- – nach PublG G 233
- – Versicherungsunternehmen G 230
- Konzernlagebericht
- – Kapitalmarktorientierung J 49
- Prüfungsbericht M 354

Aufstellungsgrundsätze
- Jahresabschluss
- – Prüfung der Beachtung L 872 ff.
- – nach PublG F 1540

Aufstellungspflicht
- Anhang
- – Kapitalgesellschaft & Co. F 922
- Bilanz F 9, 11
- Jahresabschluss C 322
- – Kapitalgesellschaft F 14, 1437 ff.
- – Kaufleute F 11
- – Personengesellschaft F 14, 1442 ff.
- – nach PublG F 2, 1515 ff.
- Konzernabschluss C 355 ff., 378
- Lagebericht
- – Kapitalgesellschaft & Co. F 1354 ff..

Aufstockung
- bei Altersteilzeit F 640 f.

Auftrag
- in Arbeit befindlicher F 803
- Bewertung des langfristigen F 1349 ff.
- prüferische Durchsicht von Abschlüssen P 44 ff.
- – Auftragsbedingungen P 51 ff.

Auftraggeber
- Haftung ggü. dem A 307 ff.

Auftragsannahme und -fortführung L 17 ff., 110 ff., 1268 ff.
- berufswürdiges Verhalten A 228 ff.
- Qualitätskontrolle E 207 ff.

Auftragsbedingungen M 19, 786
- Allgemeine für WP/WPG A 274, 362
- als Anlage zum Prüfungsbericht M 166, 175, 511, 544, 639
- Bescheinigungen M 718
- Konzernprüfungsbericht M 557
- Prüfungsbericht M 179, 184
- Prüfungshemmnis M 1202

Auftragsbeendigung
- Auftragsdatei A 546
- Wirtschaftsprüfer A 284 ff.

Auftragsbegleitende Qualitätssicherung M 531

Auftragsbestätigung L 15, 163 ff.

Auftragsdokumentation
- Abschluss N 3 ff.
- Aufbewahrung N 6 ff.
- – Auslagerung an externe Dienstleister N 8

– Herausgabe an Auftraggeber **N** 13
– Zugänglichkeit **N** 8 ff.
– – innerhalb der Praxis **N** 10 ff.

Auftragsdurchführung *s. Gegenstand, Art und Umfang der Prüfung*

Auftragserteilung
– Wirtschaftsprüfer **A** 280 ff.

Auftragserweiterung L 12, 313

Auftragsfinanzierung F 949, 1007

Auftragslage
– im Lagebericht **F** 1372

Auftragsrisiken L 21 ff., 117 f.

Aufwand K 43, 46

Aufwands- und Ertragskonsolidierung
– Gesamtkostenverfahren **G** 519 ff.
– – Ergebnisübernahmen **G** 529 ff.
– – Erträge aus dem Abgang von Anlagevermögen **G** 526
– – Innenumsatzerlöse **G** 519 ff.
– Umsatzkostenverfahren **G** 536 ff.
– – Ergebnisübernahmen **G** 540
– – Innenumsatzerlöse **G** 536 ff.

Aufwandsentschädigung
– an Organmitglieder
– – im Anhang **F** 949, 1068
– – in der GuV **F** 815

Aufwendungen
– Abschluss von Versicherungsverträgen **F** 63
– anschaffungsnahe **F** 342
– aufgrund Gewinnabführung **F** 774, 776
– außergewöhnliche/ periodenfremde **F** 787 f.
– – im Anhang **F** 949, 1234 ff.
– nachträgliche **F** 114, 330 ff.
– pagatorische **F** 127
– periodenfremde im Anhang **F** 949, 1242 ff.
– private in der GuV nach PublG **F** 1555 ff.
– Prüfung **L** 1046 ff.
– nach PublG bei Einzelkaufleuten **F** 1552 f.
– unterlassene
– – für Abraumbeseitigung **F** 560, 632
– – für Instandhaltung **F** 342, 560, 632
– aus Verlustübernahme **F** 774, 780
– verrechnete im Anhang **F** 1208
– zinsähnliche *s. dort*

Aufzinsung
– abgezinste Ausleihungen **F** 845
– Forderungen **F** 849

Aus- und Fortbildung
– Angebote des IDW **A** 629
– Aufgabe des IDW **A** 612

Ausbeuten
– Ausweis **F** 330

Ausbietungsgarantien
– Vermerk **F** 997

Ausbildung
– im Lagebericht **F** 1415
– Wirtschaftsprüfer (berufsbegleitende) **A** 630

Ausbildungskosten
– Ausweis **F** 826, 831

Ausbildungsverpflichtungen
– Rückstellungen **F** 647

Ausfallbürgschaften F 994

Ausfallhaftung
– im faktischen Konzern **C** 192 ff.
– bei Unternehmensvertrag **C** 265

Ausfallrisiken
– im Lagebericht **F** 1404 f.

Ausgabekosten
– in der Bilanz **F** 478 f.

Ausgangsfrachten
– Ausweis **F** 799, 831

Ausgleichsanspruch
– außenstehender Aktionäre **C** 272 ff.
– – Arten **C** 275 ff.
– – Ausgestaltung **C** 275 ff.
– – Begriff **C** 272
– – bei Beherrschungsvertrag **C** 264 f., 272
– – bei Gewinnabführungsvertrag **C** 264 f., 272 f.
– – Höhe **C** 278, 280
– – Schuldner **C** 274
– – unangemessener **C** 272
– Erträge **F** 807
– im faktischen Konzern **C** 192 ff.
– Handelsvertreter **F** 644
– *s. auch Abfindungsanspruch*

Ausgleichspflicht
– herrschendes Unternehmens **C** 260 ff., 272 ff.

Ausgleichsposten
– *für Anteile anderer Gesellschafter s. Anteile anderer Gesellschafter*
– für eigene Anteile bei Personenhandelsgesellschaft i.S.d. § 264a HGB **F** 886, 894, 1489, 1550

– bei Verzicht auf Zwischenabschlüsse **G** 226
Ausgleichszahlungen für außenstehende Gesellschafter/Aktionäre F 785
– Angemessenheit **C** 28492
– – Antrag auf Feststellung **C** 297
– – gerichtliche Entscheidung **C** 291, 297
– Überprüfung **C** 285
– feste **C** 275 ff.
– Form **C** 275
– Höhe **C** 276, 278
– in der Konzern-GuV **G** 428, 532 ff.
– latente Steuern **F** 744
– variable **C** 280 ff.
Aushandeln
– Haftungsbeschränkungen **A** 361
Auskunftspflicht N 88 ff.
– Bestätigungsvermerk bei Verstoß **M** 1037, 1094, 1116
– gesetzliche Vertreter
– – Konzernprüfungsbericht **M** 593 ff.
– – Prüfungsbericht **M** 324 ff.
– – s. auch *Vorlagepflichten*
– ggü. anderen Abschlussprüfern **N** 109 f.
– ggü. Berufsaufsicht **A** 577
– ggü. den Finanzbehörden **N** 112
– ggü. dem nachfolgenden Abschlussprüfer **N** 91 ff.
– ggü. Organen des Unternehmens **N** 113
– ggü. Regulatoren **N** 88 ff.
– im Insolvenzfall **N** 99 f.
– Prüferwechsel **M** 35, 134, 681, 728
– Qualitätskontrolle **E** 74
– bei Unternehmensvertrag **C** 233
– Verletzung **M** 326 f., 595, 597 f.
Auskunftsrecht
– Abschlussprüfer **M** 324 ff.
– Aktionär
– – Gebrauch von Erleichterungen **F** 769
– Aufsichtsgremium bzw. Gremiumsmitglied **M** 99
– Konzernabschlussprüfer **A** 189; **M** 35, 593 ff.
– Prüferwechsel **M** 35, 134, 681, 728
Auskunftsvertrag
– Wirtschaftsprüfer **A** 345 ff.
– – Haftung **A** 345
Auskunftsverweigerungsrecht
– Berufsaufsicht **A** 578 f.
Ausländische Berufsangehörige
– Sozietät mit **A** 500

Ausländische Betriebsstätte
– Scheingewinne
– – im Anhang **F** 982
Ausländische Prüferberufe
– als gesetzliche Vertreter von Wirtschaftsprüfungsgesellschaften **A** 436, 440
Ausländische Prüfungsgesellschaft
– Tätigkeit des Wirtschaftsprüfers bei **A** 86
Ausländische Unternehmen
– als Mutterunternehmen **C** 385 ff.
– – Konzernrechnungslegungspflicht **C** 385 ff., 408
– als verbundene Unternehmen **C** 63 f.
Auslagerungen
– Teile des Rechnungslegungssystems **L** 542
– auf den Wirtschaftsprüfer **A** 44
Auslandsbeteiligungen
– Bewertung **F** 386
Auslastungsgrad
– bei Ermittlung der Herstellungskosten **F** 141
Ausleihungen
– Abschreibungen **F** 360
– Ausweis
– – an GmbH Gesellschafter **F** 391
– – an Organmitglieder **F** 391
– – an verbundene Unternehmen **F** 359
– bei Beteiligungsverhältnis **F** 363
– Bewertung **F** 396
– Prüfung **L** 908 ff.
– sonstige bei der Kapitalgesellschaft **F** 390 ff.
– an verbundene Unternehmen **F** 354 ff.
Aussagebezogene Prüfungshandlungen L 80 ff., 332 ff.
– analytische Prüfungshandlungen **L** 83, 332 ff.
– s. auch *Einzelfallprüfungen*
Aussagefähigkeit
– Bestätigungsvermerk **M** 93
– Rechnungslegung **M** 88, 422, 1061
– Verbesserung **M** 95
Ausschließung
– aus dem WP-Beruf **A** 420, 489
– Wiederbestellung nach **A** 425
Ausschlussgründe
– Abschlussprüfung **A** 92 ff.
Ausschreibung
– Abschlussprüfung **L** 17 ff., 127 ff., 135 ff., 145 ff.

Ausschüttender Fonds F 372, 1214
Ausschüttungssperre F 541 ff., 554 ff., 606
- Abführungssperre **F** 538 ff., 547 ff.
- im Anhang **F** 539, 554, 949, 1220 ff.
- bei aktiver Steuerabgrenzung
- – Prüfung **L** 879, 988, 1012
- Ausweis **F** 546, 554
- Begriff **F** 538 ff..
- bei Befreiung nach § 264 Abs. 3 HGB **F** 258
- Deckungsvermögen **F** 541, 544
- Definition **F** 1222
- Ermittlung **F** 545 f., 554 ff.
- immaterielle Vermögensgegenständen **F** 541, 543
- Kapitalgesellschaft **F** 538 ff.
- latente Steuern **F** 541, 545, 557
- Personenhandelsgesellschaft **F** 540, 555
- Personengesellschaft **F** 540, 555

Außenlager
- Prüfung der Inventur **L** 458

Außenstehender Aktionär
- Eintritt bei Unternehmensvertrag **C** 230 ff., 241
- Rechte bei Unternehmensvertrag **C** 230 ff., 266 ff.
- – bei Änderung **C** 240
- – bei Kündigung **C** 247 f.
- – bei Verzicht auf oder Vergleich über Ausgleichsanspruch **C** 264
- s. auch Ausgleichszahlungen, Abfindungsanspruch, Barabfindung

Außenverpflichtung
- Rückstellungen **F** 565

Außerbilanzielle Geschäfte F 949, 1031 ff.
- im Anhang **F** 1031 ff.

Außerbuchhalterische Bereiche
- Prüfung **L** 7, 181 ff.
- Vollständigkeitserklärung **L** 190

Außergewöhnliche Aufwendungen
- in der GuV **F** 787
- im Anhang **F** 949, 1234 ff.

Außergewöhnliche Buchungen L 381

Außergewöhnliche Erträge
- in der GuV **F** 787
- im Anhang **F** 949, 1234 ff.

Außerordentliche Aufwendungen
- bei Ermittlung der Herstellungskosten **F** 145

Außerordentliche Posten
- in der GuV **F** 787

Außerordentliches Ergebnis
- in der GuV **F** 787

Außerplanmäßige Abschreibung
- auf eine Beteiligung
- – im Rahmen der Equity-Methode **G** 655.
- Geschäfts- oder Firmenwert **G** 406 ff.
- Prüfung **L** 895 ff.

Ausstehende Einlagen
- Kapitalgesellschaft **F** 446, 451
- Konsolidierung **G** 441
- Mutterunternehmen **G** 442 f.
- Personenhandelsgesellschaft
- – Hafteinlagen **F** 949, 1513 f.
- – Pflichteinlagen **F** 1467, 1486
- Tochterunternehmen **G** 444 f.

Ausstehende Rechnungen
- Rückstellungen **F** 645

Ausweis
- Anteile an verbundenen Unternehmen **F** 356

Ausweiswahlrecht
- erhaltene Anzahlungen auf Bestellungen **F** 403 f., 696
- Personengesellschaft/Einzelkaufleute nach PublG **F** 1565

Automatisierte Kontrollen L 72 f.

B

Badwill G 392, 414
Balance-Sheet Method L 1249
Bankbestätigungen L 91, 341, 979 ff.
Bankguthaben
- Bilanzierung **F** 434
- – Kapitalgesellschaft **F** 430
- bei verbundenen Unternehmen **F** 432
- Prüfung **L** 173, 979, 1048
- Zinsen **F** 430

Bankspesen
- in der GuV **F** 831, 857

Bankverbindlichkeiten
- Prüfung **L** 173, 979, 1048

Barabfindung
- Erhöhung **C** 298
- Ermittlung **C** 291 ff., 295

Barbestände
- Prüfung **L** 173

Barwert
- Pensionsrückstellungen F 589, 852
- Ratenkauf F 164
- Rentenverpflichtungen F 163

Bauaufträge
- Bewertung langfristiger F 113

Baukostenzuschüsse
- Bilanzierung F 113
- Rückstellungen F 686

Bauleistungen
- Ausweis F 399

Bausparguthaben
- Ausweis F 420

Bausparkasse
- Unternehmenseigenschaft der öffentlich-rechtlichen C 52
- Verbindlichkeiten ggü. F 695

Bauten
- auf fremden Grundstücken F 40, 331
- s. auch Gebäude

Bauzinsen
- Bilanzierung F 110

Beamtenverhältnis
- Wirtschaftsprüfer im A 87

Beanstandungen
- Bestätigungsvermerk M 63, 972, 1024
- – Einwendungen M 1014 ff., 1092
- – Prüfungshemmnisse M 1014 ff., 1094
- – Versagungsvermerk M 1069 ff.
- Gemeinschaftsprüfung M 687
- Jahresabschluss
- – Feststellung M 77
- prüferische Durchsicht P 148 ff.
- Prüfungsbericht M 160, 329, 332 ff., 468 ff., 1030

Beauftragung
- Prüfer für Qualitätskontrolle E 60 ff.

Bedeutsame Risiken
- nahe stehende Personen und Unternehmen L 1093 ff.

Bedeutsamste beurteilte Risiken wesentlicher falscher Darstellungen s. Key Audit Matters

Bedingte Kapitalerhöhung
- im Anhang der AG F 949, 1272
- in der Bilanz F 453

- bei Zuführung zur gesetzlichen Rücklage F 498

Bedingtes Kapital
- in der Bilanz F 453'
- Prüfung L 183, 996
- bei Zuführung zur gesetzlichen Rücklage F 497

Bedingung s. Aufschiebende Bedingung

Befangenheit
- Nachtragsprüfung N 23
- Widerruf des Bestätigungsvermerks N 68
- Wirtschaftsprüfer A 93, 97 ff.
- – Abschlussprüfung A 97 ff.
- – Anfechtungsausschluss B 314
- – Ausschlussgründe A 97
- – Ausschlussgründe bei Unternehmen von öffentlichem Interesse A 125 ff.
- – – Nichtprüfungsleistungen A 126 ff.
- – – Honorargrenze A 136 f.
- – – externe Rotation A 138 ff.
- – – interne Rotation A 143 f.
- – Beratungstätigkeit A 151 ff.
- – Eigeninteresse A 100 ff.
- – gemeinsame Berufsausübung A 155 f.
- – Interessenkollision A 152 f.
- – Interessenvertretung A 118 ff.
- – keine Nichtigkeit des Jahresabschlusses B 313
- – Rechtsfolgen A 162 ff.
- – Schutzmaßnahmen A 150 ff.
- – Selbstprüfung A 105 ff.
- – – Bewertungsleistungen A 115, 131
- – – interne Revision A 113, 133
- – sonstige Prüfungen A 154
- – Tätigkeitsverbot A 93
- – Vereinbarkeit von Prüfung und Beratung A 108 ff.
- – Vereinbarkeit von Prüfung und Nichtprüfungsleistung A 126 ff.
- – Vertrautheit A 123 f.
- s. auch Unbefangenheit

Befragungen
- prüferische Durchsicht P 84 ff.
- als Prüfungstechnik L 85, 341, 513, 772 ff.

Befreiender Konzernabschluss M 666, 1160
- im Anhang des Tochterunternehmens F 949, 1253 ff.
- Befreiung nach § 264 Abs. 3 HGB F 255
- EU-Bilanzrichtlinie F 273

– nach HGB **C** 371 ff.
– – ausländischer Unternehmen **C** 385 ff.
– – aufgrund gesetzlicher Verpflichtung **C** 378
– – Befugnis zur Aufstellung **C** 379 ff.
– – bei fehlender einheitlicher Leitung **C** 342
– – freiwilliger, der aufgestellt werden könnte **C** 379 ff.
– – bei größenbedingter Befreiung **C** 395 ff.
– – durch Nicht-Kapitalgesellschaften **C** 404 f.
– – Unternehmensverbindungen **C** 371 ff.
– Mitteilungspflicht **F** 275, 278, 280
– Mutterunternehmen mit Sitz in EU/EWR **G** 110 ff.
– – im Anhang des Tochterunternehmens **G** 122
– – Inhalt **G** 116 ff.
– – Einbeziehung **G** 113 ff.
– – Minderheitsvotum gegen den **G** 132 f.
– – Prüfung **G** 132
– Mutterunternehmen mit Sitz außerhalb EU/EWR **G** 134 ff.
– – im Anhang des Tochterunternehmens **G** 144
– – Gleichwertigkeit **G** 137 ff.
– – Inhalt **G** 134 ff.
– – Kapitalmarktorientierung **G** 147
– – Minderheitsvotum gegen den **G** 147
– – Prüfung **G** 140 ff.
– Offenlegung **F** 263 f., 275 ff., 1457 ff.
– Prüfung **F** 263, 1455
– Rechnungslegungspflicht
– – Einbeziehung bestimmter Unternehmen **F** 262, 264
– – nach PublG **F** 1531 ff.

Befreiung
– Abschlussprüfung **M** 283
– Entgeltbericht **F** 1429
– Inanspruchnahme von Befreiungsregelungen **M** 283, 351, 355, 1132
– – Hinweis zum Bestätigungsvermerk **M** 863, 1210
– Nichtinanspruchnahme von Befreiungsregelungen **M** 694
– Offenlegungspflicht
– – Personenhandelsgesellschaft i.S.d. § 264a HGB **F** 1446 ff..
– – nach PublG **F** 1532 ff.
– – Voraussetzungen **F** 263 ff., 275 ff., 943, 1532 ff.
– Prüfungspflicht **F** 256

– – Personenhandelsgesellschaft i.S.d. § 264a HGB **F** 1446 ff.
– – nach PublG **F** 1532 ff.
– – Voraussetzungen **F** 263 ff, 1532 ff.
– Rechnungslegungspflicht **F** 256, 1357, 1446 ff.
– – Personenhandelsgesellschaft i.S.d. § 264a HGB **F** 1446 ff.
– – nach PublG **F** 1532 ff.
– – Voraussetzungen **F** 263 ff., 275 ff., 1532 ff.
– nach § 264 Abs. 3 HGB
– – Ausschüttungs-/Abführungssperre **F** 258
– – Einschränkung **F** 259 ff.
– – Einstandspflicht **F** 267 ff.
– – Inanspruchnahme **F** 265, 267
– – Verlustübernahme **F** 270 f.

Beglaubigungsfunktion
– Jahresabschlussprüfung **L** 1
– Wirtschaftsprüfer **A** 525

Begründung
– Abweichungen von DRS **M** 357, 611, 618
– Abweichungen von *IDW RS* **M** 353
– Bestätigungsvermerk **M** 61, 65
– – Gemeinschaftsprüfung **M** 1197
– – Modifizierung von Prüfungsurteilen **M** 63, 374, 966, 1014
– Key Audit Matters **M** 876
– Kündigung des Prüfungsauftrags **M** 723
– Prüfungsergebnis **M** 59, 157
– – Gemeinschaftsprüfung **M** 689
– Prüfungsurteil **M** 749, 831
– Prüfungsvorgehen **M** 297

Beherrschender Einfluss G 18 ff.
– Abhängigkeit **C** 101 f.
– durch ausländische Unternehmen **C** 63, 193
– Beherrschungsvertrag **G** 33 ff.
– Besetzungsrecht für Leitungsorgane **G** 30ff.
– bei Bezugsrechtsausübung **C** 105
– Konzernvermutung bei **C** 99, 158
– Mehrheit der Stimmrechte **G** 26 ff.
– bei Mehrheitsbeteiligung **C** 66, 106
– bei mehrstufiger Beteiligung **C** 115, 116 f.
– Mittel **C** 106 f.
– mittelbarer **C** 115
– nachteilige Geschäfte bei **C** 187, 192
– potentielle Stimmrechte **G** 23
– Präsenzmehrheit bei Hauptversammlungen **G** 22 f.
– Rechtsnatur **C** 99 ff., 205
– Satzungsbestimmung **G** 33 ff.

- Sicherheitsleistung bei **C** 265
- bei Treuhandverhältnis **C** 115, 123 f.
- unwiderlegbare Beherrschungsvermutung **G** 24 ff.
- Verantwortlichkeit bei **C** 187, 192
- Verlustausgleich bei **C** 192, 260
- bei wechselseitiger Beteiligung **C** 306, 316
- Weisungsbefugnis **C** 208 f.

Beherrschung
- Transaktionen unter gemeinsamer **G** 58 ff.

Beherrschungsmittel
- Präsenzmehrheit in der Hauptversammlung **C** 114
- Verbotsrechte als **C** 112
- Verwaltungsverflechtung als **C** 113

Beherrschungsmöglichkeit
- Abhängigkeit bei **C** 103
- bei Minderheitsbeteiligung **C** 114

Beherrschungsvertrag
- Abfindungsanspruch **C** 286
- Abgrenzung **C** 199
- Abhängigkeit **C** 160, 205
- Anfechtung **C** 236
- Ausgleichsanspruch **C** 244, 272, 280
- mit ausländischen Unternehmen **C** 63
- einheitliche Leitung **C** 160, 205
- Erträge **F** 836
- Folgen **C** 207 ff.
- Gewinnabführung **C** 217 ff.
- gesetzliche Rücklage **C** 253; **F** 499 f.
- Inhalt **C** 205 ff.
- *Konzernrechnungslegungspflicht s. Beherrschender Einfluss*
- Konzernvermutung **C** 36 ff., 158
- Nichtigkeit **C** 216, 282, 286
- Rechtsform **C** 205
- Rückwirkung **C** 238
- Verantwortlichkeit der Organe **C** 215
- verdeckter **C** 229
- Verlustausgleich **C** 260 ff.
- Verpflichtung **F** 782
- – drohende **F** 683
- bei Widerlegung der Abhängigkeitsvermutung **C** 126 ff., 141, 160
- *s. auch Unternehmensvertrag*

Behörden
- Aufsichts– **M** 16 ff., 34, 133
- Erweiterung des Prüfungsgegenstands durch **M** 151, 284, 308

- für Untersuchung von Unregelmäßigkeiten verantwortliche **M** 15, 133, 244
- Finanz– **M** 34, 536
- Regulierungs– **M** 9, 12, 24, 34, 149, 194
- zuständige **M** 34
- Unterrichtungspflichten des Abschlussprüfer **M** 15 ff., 40, 109, 133, 196, 244, 571, 847, 1068
- Vorlagepflichten des Abschlussprüfers **M** 34, 540
- *s. auch Bundesanstalt für Finanzdienstleistungsaufsicht (BaFin)*

Beibehaltungspflicht
- Bewertung **F** 96 ff.
- – Wertpapiere **F** 427

Beibehaltungswahlrecht
- Nicht-Kapitalgesellschaft **F** 184

Beirat
- Wirtschaftsprüfer als Mitglied **A** 78
- Wirtschaftsprüferkammer **A** 635
- *s. auch Aufsichtsrat*

Beiratsbezüge
- im Anhang **F** 930, 938, 949, 1067 ff., 1081

Beiträge
- Ausweis **F** 831

Beitragsmarken
- Ausweis **F** 429

Beizulegender Wert F 160, 188, 311, 628
- Ermittlung **F** 147 ff., 185

Beizulegender Zeitwert K 48 ff.
- aktiver Markt **F** 149
- Bewertungsmethoden **F** 152, 154, 1146
- Bewertungsverfahren **K** 48 ff.
- Ermittlung **F** 147 ff.
- Fair-Value-Option **K** 159 f., 173
- fiktive Anschaffungs- oder Herstellungskosten **F** 153
- finanzielle Vermögenswerte **K** 160
- finanzielle Verbindlichkeiten **K** 160
- Neubewertungsmodell
- – als Finanzinvestition gehaltene Immobilie **K** 125
- – immaterieller Vermögenswert **K** 81 ff.
- – Sachanlagevermögen **K** 90
- organisierter Markt **F** 150
- Planvermögen nach IAS 19 **K** 200
- Portfolio **K** 55
- Preisnotierung **F** 151
- Verfahren (zweistufiges) **F** 148

2487

– Wertmaßstab F 146
– Wertminderungstest K 133

Bekanntmachung
– Jahresabschluss nach PublG F 29 f., 1520, 1561
– Konzernabschluss F 275, 280
– *s. auch Offenlegung*

Belegschaftsaktien M 76

Belehrung
– des Wirtschaftsprüfers A 636

Beleuchtungsanlagen
– Ausweis F 326, 350

Beobachtung
– als Prüfungstechnik L 85, 341, 525, 690, 772

Beratender Ingenieur
– Wirtschaftsprüfer als A 71

Beratung
– betriebswirtschaftliche A 46 ff.
– Branchen A 46 ff.
– IT-Beratung A 60 ff.
– Rechtsberatung A 65
– Restrukturierungs- und Sanierungsberatung A 52 ff.
– Steuerberatung A 62 ff.
– Transaktionsberatung A 47 ff.
– durch Wirtschaftsprüfer A 46 ff.
– – Unbefangenheitsgebot A 151 ff.
– – Vereinbarkeit mit Prüfung A 108 ff., 126 ff.
– – Verschwiegenheitspflicht A 170 ff.

Beratungskosten
– in der GuV
– – Steuerberater F 831

Beratungsvertrag
– Nichtigkeit A 78

Bergbauunternehmen
– Rückstellungen für Gruben- und Schachtversatz F 658

Bergwerkschächte
– Ausweis F 328

Bergwerkseigentum
– Bilanzierung F 330

Berichterstattung
– Ad hoc M 124, 235
– Adressatenorientierung M 97, 135, 167, 545, 855, 1217
– Besonderheiten im Anhang
– – bei Personenhandelsgesellschaft i.S.d. § 264a HGB F 1512 ff.
– Erweiterung der M 150 ff., 449 ff.
– Fremdsprachen M 535
– Grundsätze M 135 ff.
– Konzernlagebericht
– – Ausstrahlungswirkung F 1365 ff.
– mündliche M 1, 19, 102 ff., 339, 1285
– – Dokumentation M 131
– Problemorientierung M 167, 545, 738, 855
– Prognosegegenstand F 1385 ff.
– prüferische Durchsicht P 173 ff.
– Qualitätskontrolle E 234 ff., 250 ff.
– Risiken der künftigen Entwicklung F 1381 ff.
– Schlussbesprechung L 67, 152 f., 531
– Schriftform M 28, 73, 128, 751
– – in elektronischer Form M 128, 505, 533, 637, 943
– Zeitraum M 303, 457, 506, 519, 532, 792
– zusätzliche Anhangangaben
– – bei AG und KGaA F 1264 ff.
– *s. auch Redepflicht*

Berichtsadressaten *s. Adressaten*

Berichtskritik D 68 ff.; M 531

Berufliche Vereinigungen
– Wirtschaftsprüfer als Angestellter bei A 75

Berufsaufsicht A 563 ff., 585
– Ermittlungsgrundsätze A 575 ff.
– Inspektion A 580
– Letztentscheidungsbefugnis A 573
– Maßnahmen A 585 ff.
– – Berufsgesellschaften A 589
– – Bescheid A 588
– – öffentliche Bekanntgabe A 591 ff.
– – Rechtsmittel A 590
– Mehrfachberufler A 587
– Mitwirkungspflichten A 576 ff.
– – Auskunftspflichten A 577
– – Auskunftsverweigerungsrecht A 579
– – Vorlage von Unterlagen A 577
– Nichtkammerangehörige A 575
– Personenkreis A 564 ff.
– rechtliches Gehör A 584
– Verfahrensgrundsätze A 574 ff.
– Wirtschaftsprüfer/Wirtschaftsprüfungsgesellschaften A 555 ff.
– – bei Beurlaubung A 561
– Zuständigkeit A 563, 568
– Zwangsgeld A 555

Berufsausbildung
– Rückstellung für betriebliche **F** 647

Berufsausübung
– Wirtschaftsprüfer **A** 486 ff.
– – Angestelltenverhältnis **A** 515 ff.
– – Einzelpraxis **A** 498
– – freie Mitarbeit **A** 520 f.
– – gemeinschaftliche Berufsausübung **A** 499 ff.
– – selbständige Tätigkeit **A** 496 ff.

Berufsbegleitende Ausbildung
– Programm des IDW **A** 630

Berufsbezeichnung
– Bestätigungsvermerk **M** 779, 948, 1281
– Führung durch Wirtschaftsprüfer **A** 530 ff.
– – andere **A** 531
– – im Berufssiegel **A** 522
– – während der Beurlaubung **A** 561
– – Sozietäten **A** 532
– Konzernprüfungsbericht **M** 637
– Prüfungsbericht **M** 502, 534

Berufsbild
– Wirtschaftsprüfer **A** 67 ff.

Berufseid
– Wirtschaftsprüfer **A** 416

Berufsgenossenschaftsbeiträge
– in der GuV **F** 821
– Rückstellungen **F** 646

Berufsgericht A 597
– Akteneinsicht **A** 599
– Berufung **A** 602
– ehrenamtliche Vertreter **A** 597
– Hauptverhandlung **A** 599

Berufsgerichtliches Verfahren A 585, 598 ff.

Berufsgerichtsbarkeit A 578 ff.
– Beweissicherung **A** 604
– Entscheidungen **A** 601
– – Berufung **A** 602
– – Berufungsfrist **A** 602
– – Revision **A** 603
– – Revisionsfrist **A** 603
– Gerichtsaufbau **A** 597
– Wirtschaftsprüfer
– – bei Ausscheiden aus dem Beruf **A** 567
– – Verfahren **A** 598 ff.
– – während der Beurlaubung **A** 561
– – Zuständigkeit **A** 597

Berufsgrundsätze M 751
– Kommunikation mit dem Aufsichtsgremium **M** 120
– Unabhängigkeit und Unbefangenheit **M** 751
– Vollständigkeitserklärung **M** 940
– *s. auch Berufspflichten*

Berufshaftpflichtversicherung A 78, 536
– bei Anstellung **A** 68, 497
– bei Beurlaubung **A** 561
– bei gemeinschaftlicher Berufsausübung **A** 543
– Deckungsbereich **A** 536, 545
– Fehlen **A** 536
– freiwillige Höherversicherung **A** 539
– Mindestversicherungssumme **A** 537 ff.
– – bei Haftungsbeschränkung durch AAB/AGB **A** 540
– – Pflicht zur Erhöhung **A** 540
– Nachweispflicht
– – bei freier Mitarbeit **A** 521
– – bei gemeinschaftlicher Berufsausübung **A** 543
– – bei gemischter Sozietät **A** 544
– – bei Kooperation **A** 514
– – bei selbständiger Tätigkeit **A** 536 ff.
– bei Tätigkeit als Angestellter **A** 497
– Partnerschaftsgesellschaft **A** 536
– – interprofessionelle einfache **A** 541
– Selbstbehalt **A** 537
– Serienschadenklausel **A** 537
– Versicherungslücke **A** 536

Berufsorganisation
– Accountancy Europe **A** 649 ff.
– Forum of Firms **A** 653
– Global Accounting Alliance **A** 654
– International Accounting Education Standards Board **A** 643
– International Accounting Standards Board **A** 658
– International Auditing and Assurance Standards Board **A** 643
– International Ethics Standards Board for Accountants **A** 643
– International Federation of Accountants **A** 640 ff.
– International Financial Reporting Standards Foundation **A** 657 ff.
– International Public Sector Accounting Standards Board **A** 643, 647

Berufspflichten A 7
- IDW Mitglieder **A** 617
- Wirtschaftsprüfer/Wirtschaftsprüfungsgesellschaften **A** 89 ff., 428
- – Einhaltung **A** 89
- – – Überwachung **A** 563 ff.
- – Folgen der Verletzung **A** 586 ff.

Berufspflichtverletzung
- Ahndung durch die Berufsaufsicht **A** 565
- Unterrichtung über **A** 582

Berufsregister
- Führung durch die WPK **A** 554 ff.

Berufssatzung
- Wirtschaftsprüfer **A** 89 ff., 636

Berufssiegel
- Wirtschaftsprüfer/Wirtschaftsprüfungsgesellschaften **A** 522 ff.
- – bei Anstellungsverhältnis **A** 527
- – gemeinschaftliches **A** 523
- – Inhalt **A** 522
- – Verwendung **A** 524 ff.
- – für Zweigniederlassungen **A** 528
- s. auch Siegel(führung)

Berufssitz
- bei Mehrfachfunktionen **A** 486, 488
- Niederlassungsleiter **A** 487
- überörtliche Sozietät **A** 499
- Wirtschaftsprüfer **A** 486 ff.
- Wirtschaftsprüfungsgesellschaft **A** 489

Berufsständische Grundsätze M 5, 8, 85, 120, 940, 1029, 1117

Berufsurkunde
- Wirtschaftsprüfer **A** 416

Berufsverband
- Tätigkeit des Wirtschaftsprüfers bei **A** 75, 85
- Verbindlichkeiten aus Beiträgen **F** 707

Berufsverbot A 588
- vorläufiges **A** 605

Berufswürdiges Verhalten
- als Berufspflicht des Wirtschaftsprüfers **A** 228 ff.
- – Mandantenschutzklausel **A** 236 ff.
- – Unterrichtung des Auftraggebers über Gesetzesverstöße **A** 229
- – Verbot des Erfolgshonorars **A** 230 f.
- – Verbote bei der Honorargestaltung für gesetzliche AP **A** 233 f.
- – Verbot der Provisionszahlung **A** 235

Berufszugang A 376 ff.
- Anrechnung von Tätigkeiten **A** 383 ff.
- Angehörige ausländischer Prüferberufe **A** 385, 404 ff.
- Befreiung von Prüfungstätigkeit **A** 393
- Steuerberater **A** 380, 401
- vereidigte Buchprüfer **A** 380, 402
- Vorbildung **A** 378 ff.
- s. auch Wirtschaftsprüferexamen

Beschäftigtenzahl
- im Anhang **F** 949, 1060 ff.
- in der Anlage nach PublG **F** 1561
- als Kriterium für Rechnungslegungspflicht **F** 281, 285
- – nach PublG **F** 1515, 1529 f.

Beschäftigungsgrad
- Bewertungsstetigkeit bei Änderung **F** 102
- bei Ermittlung der Herstellungskosten **F** 136

Beschaffungsgeschäfte
- Rückstellungen **F** 628 f.
- schwebend **F** 628 f.

Beschaffungsmarkt
- bei der Bewertung **F** 186 ff.

Bescheinigung
- bei Beschränkungen der Prüfungsdurchführung **M** 699, 1202
- Ergebnis der prüferischen Durchsicht von Abschlüssen **P** 113 ff.
- – Adressierung **P** 125
- – Aussage unmöglich **P** 153 ff.
- – – bei Mängeln **P** 155, 197
- – Beanstandungen **P** 152 ff.
- – – bei Hemmnissen **P** 151, 196
- – – bei Mängeln **P** 148, 195
- – – s. auch Modifizierungen
- – beschreibender Abschnitt **P** 120, 130 ff.
- – – Formulierungsempfehlungen **P** 132 ff.
- – einleitender Abschnitt **P** 120, 126 ff.
- – – Formulierungsempfehlungen **P** 128 ff.
- – Einschränkung **P** 148 f.
- – einzelne Finanzaufstellung **P** 170 ff.
- – Ergänzung **P** 145 ff.
- – – s. auch Hinweise
- – Formulierungsempfehlungen **P** 128 ff., 191 ff.
- – Grundsätze **P** 113 ff.
- – Halbjahresfinanzbericht **P** 16, 21, 116 f., 160 ff.
- – Hemmnis **P** 151, 153

– – Konzernzwischenabschluss **P** 157 ff.
– – Hinweise **P** 145 ff.
– – Lagebericht **P** 90 ff., 143
– – Modifizierungen **P** 148 ff.
– – nach ISRE 2400/2410 **P** 121 ff., 129, 133 f., 136, 146, 150, 157, 161 f., 166 f.
– – – Formulierungsempfehlungen **P** 194, 198
– – negativ formulierte Aussage **P** 3, 113 f., 137 ff.
– – ohne Beanstandungen **P** 139 ff.
– – Struktur **P** 120 ff.
– – Überschrift **P** 124
– – Unterschrift **P** 120, 156
– – Urteil **P** 120, 137 ff.
– – Verantwortung der gesetzlichen Vertreter **P** 128 f.
– – verkürzter Konzernzwischenabschluss **P** 128, 144, 193
– – Versagung **P** 153 ff.
– – Zusammenarbeit mit dem Aufsichtsrat **P** 179 f.
– – Zwischenüberschriften **P** 121 ff., 167
– bei freiwilligen Abschlussprüfungen **M** 697, 715 ff.
– bei Erweiterungen des Prüfungsauftrags **M** 818
– bei Kündigung des Prüfungsauftrags **M** 725, 1219
– Mindestangaben **M** 718
– Offenlegung **M** 1172, 1222
– Offenlegungserleichterungen **M** 1011, 1163, 1224

Beschlagnahmeverbot A 186 f.

Beschlüsse der Gesellschaftsorgane M 27, 78, 518, 727, 864
– Beschlussfähigkeit **M** 260
– Erfordernis eines uneingeschränkten Bestätigungsvermerks **M** 76
– Verstöße gegen **M** 264
– *s. auch Aufschiebende Bedingung*

Besonders befähigte Personen A 439, 442

Besonders wichtige Prüfungssachverhalte
  s. Key Audit Matters

Besserungsschein
– im Anhang **F** 689, 949, 1043
– bei Berechnung der Rücklagenzuführung **F** 498
– Bilanzierung **F** 689
– in der GuV **F** 874 ff.

Bestätigungsleistungen
– im Anhang **F** 1133, 1135

Bestätigungsvermerk M 6, 60 ff., 735 ff.
– Adressaten **M** 84, 97, 735
– Adressierung **M** 786, 1279
– Änderung des Jahresabschlusses **M** 76, 1235
– Ankündigung **M** 752, 1237 ff.
– Anlagen zum **M** 812 ff., 912
– Aufbau, Gliederung und Inhalt **M** 755 ff.
– – Adressierung **M** 786
– – besonders wichtige Prüfungssachverhalte **M** 865 ff.
– – *s. auch Key Audit Matters*
– – Grundlage für die Prüfungsurteile **M** 822 ff.
– – Hinweis zur Nachtragsprüfung **M** 937 ff.
– – Hinweise auf besondere Umstände oder Sachverhalte **M** 848 ff.
– – Prüfungsurteile **M** 789 ff.
– – sonstige gesetzliche und andere rechtliche Anforderungen **M** 914 ff.
– – sonstige Informationen **M** 889 ff.
– – Überschrift **M** 781 ff.
– – übrige Angaben gemäß Art. 10 EU-APrVO **M** 928 ff.
– – Verantwortung der gesetzlichen Vertreter und der für die Überwachung Verantwortlichen **M** 899 ff.
– – Verantwortung des Abschlussprüfers **M** 906 ff.
– – Vermerk über die Prüfung des Jahresabschlusses und des Lageberichts **M** 787 ff.
– – Vermerk über die Prüfung eines sonstigen Prüfungsgegenstands **M** 921 ff.
– – wesentliche Unsicherheit in Zusammenhang mit der Fortführung der Unternehmenstätigkeit **M** 832 ff.
– aufschiebende Bedingung **M** 1225 ff.
– Aussagefähigkeit **M** 93, 95
– Bedeutung
– – rechtliche **M** 60 ff.
– – Signalwirkung **M** 93
– Berichtspflichten
– – i.Z.m. Art. 5 VO (EU) Nr. 537/2014 **M** 742, 824 ff.
– – nach Art. 10 VO (EU) Nr. 537/2014 **M** 742, 770, 774, 776, 824, 865 ff., 910, 920, 928 ff.
– besonders wichtige Prüfungssachverhalte **M** 865 ff.
– *Bestandsgefährdende Tatsachen s. dort*

Stichwortverzeichnis

- beschreibender Abschnitt i.S.v. *IDW PS 400 a.F.* **M** 907
- Bestandteile nach ISA 700 (Revised 2015) **M** 1279
- Beurteilung des Prüfungsergebnisses **M** 970 ff., 1076
- – Gemeinschaftsprüfung **M** 1196 ff.
- – Generalnorm **M** 982 ff.
- – Hinweise zur **M** 848 ff., 973
- – Verwertung der Prüfungsergebnisse anderer Prüfer **M** 1039, 1133
- Datum/Doppeldatum **M** 506, 528, 938, 940; **N** 50
- *Disclaimer of Opinion s. Erklärung über die Nichtabgabe eines Prüfungsurteils*
- einheitlicher **M** 41
- Einschränkung/Versagung
- – Nachtragsprüfung **N** 44 f.
- Einzelabschluss i.S.v. § 325 Abs. 2a HGB
- – Besonderheiten i.Z.m. IFRS **M** 800, 1174 ff.
- Ergänzung
- – Nachtragsprüfung **N** 43
- Erklärung zur Widerspruchsfreiheit von – und Prüfungsbericht **M** 742, 930, 932
- Erstprüfung **M** 1189 ff.
- Erteilung **M** 940 ff.
- – Ankündigung **M** 752, 1237 ff.
- – aufschiebende Bedingung **M** 1225 ff.
- – Berechtigung **M** 942 ff.
- – Ort und Tag **M** 941
- – Rechtsanspruch **M** 82
- – rechtswidrige Erteilung **M** 83
- – Zeitpunkt **M** 71, 940
- – Zwischenbescheid **M** 72, 752
- – zwischenzeitliche Ereignisse vor Auslieferung **M** 953
- Erwartungslücke **M** 95, 739, 907
- Erweiterungen des Prüfungsgegenstands **M** 743 ff., 914 ff.
- Fehler bei Publikation **N** 16
- Feststellung des Jahresabschlusses **M** 74, 77, 527
- Formeltestat **M** 95
- Formulierungsbeispiele **M** 781 ff.
- – Modifizierung von Prüfungsurteilen **M** 1059 ff.
- – uneingeschränkter **M** 1012
- – *Versagungsvermerk* **M** *1081 ff.*
- freiwillige Abschlussprüfung **M** 1201 ff.
- Gemeinschaftsprüfung (Joint Audit) **M** 1195 ff.

- *Generalnorm s. dort*
- Gesamtaussage **M** 747, 782, 1019, 1069, 1089 ff.
- Grundlage für die Prüfungsurteile **M** 822 ff.
- Grundsätze **M** 737 ff.
- Haushaltsgrundsätzegesetz **M** 1010
- Hinweis **M** 832 ff., 848 ff., 937 ff.
- – besondere Umstände oder Sachverhalte **M** 848 ff.
- – bestandsgefährdende Risiken **M** 832 ff.
- – – bei fehlendem Lagebericht **M** 839
- – zur Nachtragsprüfung **M** 937 ff.
- – aufgrund prognostischer Angaben im Lagebericht **M** 862
- – verbleibende wesentliche Unsicherheiten **M** 858
- – bei wesentlicher Unsicherheit in Bezug auf die Fortführung der Unternehmenstätigkeit **M** 832 ff.
- – zulässige Inanspruchnahme von Aufstellungserleichterungen **M** 862
- Inanspruchnahme von Aufstellungs- bzw. Offenlegungserleichterungen **M** 1220 ff.
- Inhalt und Aufbau **M** 755 ff.
- International Standards on Auditing **M** 1256 ff.
- ISA 700 (Revised 2015) **M** 1268 ff.
- kein Gütesiegel **M** 92, 753
- Key Audit Matters **M** 865 ff.
- Konzernabschluss
- – allgemeine Grundsätze **M** 1123 ff.
- – Befreiung durch ausländisches Mutterunternehmen **G** 121, 141
- – Besonderheiten i.Z.m. IFRS **M** 1174 ff.
- – Besonderheiten i.Z.m. PublG **M** 1164 ff.
- – Eigenkapitalspiegel **M** 1126
- – Formulierungsbeispiel **M** 1134
- – Gesamtverantwortung des Konzernabschlussprüfers **M** 1133
- – Modifizierung des Prüfungsurteils **M** 1135 ff.
- – Kapitalflussrechnung **M** 1126
- – Prüfungsergebnisse anderer (Teilbereichs-)prüfer **M** 1133, 1137
- – Segmentberichterstattung **M** 1126
- – zusammengefasster Anhang bzw. Lagebericht **M** 1181 ff.
- Lagebericht **M** 807 ff., 995 ff.
- – inhaltlich nicht geprüfte Angaben **M** 771, 811 ff.
- – Mängel **M** 1062, 1063, 1092 ff.

– – prognostische Angaben **M** 830, 862, 1001 ff., 1092 ff.
– – unzulässige Nichtaufstellung **M** 1063, 1094
– – zulässige Nichtaufstellung **M** 807, 1008, 1154
– Mängel **M** 1248 ff.
– maßgebende Rechnungslegungsgrundsätze **M** 741 ff., 765, 800 ff., 969 ff.
– Maßstab der Normkonformität **M** 89
– Modifizierung von Prüfungsurteilen **M** 62, 64, 964, 1014 ff.
– – Auswirkungen auf die einzelnen Abschnitte **M** 1057
– – Auswirkungen auf die Überschrift **M** 784, 968
– – Begründung und Darstellung der Tragweite **M** 749, 831, 1014 ff., 1044 ff., 1076
– – Modifizierung aufgrund von Einwendungen **M** 1092, 1135
– – Modifizierung aufgrund von Prüfungshemmnissen **M** 1094, 1136
– – Ermessen des Abschlussprüfers **M** 1029, 1041
– – Fehlen der Schlusserklärung zum Abhängigkeitsbericht **M** 482, 1092, 1110
– – Folgen für die Entlastung der gesetzlichen Vertreter **M** 79
– – Folgen für die Feststellung des Jahresabschlusses **M** 77
– – Folgen für die Kapitalerhöhung aus Gesellschaftsmitteln **M** 76
– – Formulierungsbeispiele **M** 1059 ff., 1081 ff.
– – Gründe **M** 1088 ff.
– – umfassende Auswirkungen **M** 1025
– – Verstöße gegen Satzung/Gesellschaftsvertrag **M** 746, 1036
– – Versagungsvermerk **M** 1069 ff.
– – Voraussetzungen **M** 1014 ff.
– – Wesentlichkeit i.Z.m. der **M** 1031 ff.
– Nachtragsprüfung **N** 41 ff.
– Nichtabgabe der Vollständigkeitserklärung **M** 1117
– Nichtigkeit des Jahresabschlusses **M** 21, 83, 1055, 1120 ff.
– Nichtigkeit des Vorjahresabschlusses **M** 267, 1194
– Offenlegung **M** 80, 1011, 1224 ff.
– Ort und Tag der Erteilung **M** 941
– Positivbefund **M** 89, 747, 1018 ff., 1069
– Prüfungsergebnisse Dritter **M** 908
– Prüfungsgegenstand

– – Abschluss **M** 787 ff., 792 ff., 1123 ff.
– – Lagebericht **M** 787 ff., 807 ff., 1123 ff.
– – sonstige Prüfungsgegenstände **M** 774, 914 ff.
– – *s. auch sonstige gesetzliche und andere rechtliche Anforderungen*
– Prüfungshemmnisse **M** 1094, 1136
– Prüfungsumfang **M** 741 ff., 829, 1115
– *s. auch Verantwortung des Abschlussprüfers*
– Prüfungsurteile **M** 789 ff.
– – eingeschränktes **M** 964, 1014 ff.
– – Einklang des Lageberichts mit dem Abschluss **M** 810, 975, 993
– – Einwendungsfreiheit **M** 815 ff., 977
– – Erfüllung der Generalnorm **M** 804, 975, 979 ff.
– – Erklärung der Nichtabgabe **M** 964, 1025, 1042
– – Formen **M** 62, 64, 964, 1023, 1026
– – Gesetzeskonformität des Abschlusses **M** 815 ff., 975
– – Gesetzeskonformität des Lageberichts **M** 995
– – Inhalt und Formen **M** 62, 64, 70, 974 ff., 1014 ff., 1069 ff.
– – nicht modifiziertes **M** 964, 974 ff.
– – versagtes **M** 964, 1025, 1042
– – zutreffende Darstellung der Chancen und Risiken der zukünftigen Entwicklung **M** 975, 1003 ff.
– – zutreffendes Bild von der Lage der Gesellschaft **M** 975, 997 ff.
– Publizitätsgesetz **M** 1142 ff.
– Rechtsanspruch auf Erteilung **M** 82
– Risikofrüherkennungssystem **M** 818, 917, 1115
– Sanierung(smaßnahmen) **M** 858, 1231 ff.
– Satzung/Gesellschaftsvertrag
– – ergänzende Bestimmungen zur Rechnungslegung **M** 746, 1036, 1112
– – Erweiterung des Prüfungsgegenstands **M** 746, 1009
– – Verstöße gegen Satzung/Gesellschaftsvertrag **M** 91, 746, 1036
– Segmentberichterstattung **M** 795, 989, 1126
– Siegel **M** 779, 941 ff., 1200, 1214, 1281
– – elektronische Siegelführung **M** 534
– sonstige gesetzliche und andere rechtliche Anforderungen **M** 914 ff.
– sonstige Informationen **M** 87, 889 ff.
– Tatsachen nach Erteilung **M** 1173

2493

- *Testatsexemplar s. dort*
- *Titulierung s. Überschrift*
- Überschrift **M** 69, 781 ff., 961, 1077
- Übersetzung **M** 956
- übrige Angaben gemäß Art. 10 EU-APrVO **M** 928 ff.
- Unrichtigkeiten **L** 537
- Unternehmen von öffentlichem Interesse **M** 6, 10, 742, 1012
- – Gliederung **M** 755 ff.
- – *Key Audit Matters s. dort*
- – zusätzliche Inhalte **M** 65, 742, 824, 1012
- Unterzeichnung **M** 941 ff.; **N** 30, 51
- – Abschlussprüfer **M** 941
- – Berufsbezeichnung **M** 779, 948, 1281
- – Gemeinschaftsprüfer **M** 946, 1200
- – Ort und Tag **M** 941
- – Sozietäten **M** 947
- – verantwortlicher Wirtschaftsprüfer **M** 945
- – vereidigte Buchprüfer/Buchprüfungsgesellschaft **M** 949
- – Wirtschaftsprüfungsgesellschaft **M** 945
- Verantwortung der gesetzlichen Vertreter und der für die Überwachung Verantwortlichen **M** 899 ff.
- Verantwortung des Abschlussprüfers **M** 906 ff.
- Vereinheitlichung **M** 740
- Vermerk über die Prüfung des Jahresabschlusses und des Lageberichts **M** 787 ff.
- Vermerk über die Prüfung eines sonstigen Prüfungsgegenstands **M** 921 ff.
- Veröffentlichung **M** 80, 864, 955, 1223
- Versagungsvermerk
- – Abgrenzung zur Einschränkung **M** 1017 ff., 1072 ff.
- – Begründung **M** 1075
- – Ermessen des Abschlussprüfers **M** 1024, 1029
- – Formulierungsbeispiele **M** 1081 ff.
- – Gründe **M** 1071 ff., 1088 ff.
- – Nichterteilungsvermerk (Disclaimer of Opinion) **M** 967
- – Prüfungsurteil **M** 961 ff., 1072
- – Versagungsvermerk aufgrund von Einwendungen **M** 1072, 1082
- – Versagungsvermerk aufgrund von *Prüfungshemmnissen* **M** 1073, 1085
- – Voraussetzungen **M** 62, 1070, 1140
- – Wesentlichkeit der Beanstandungen **M** 1072
- Verstöße **L** 537 f.
- – gegen Gesetz, Satzung oder Gesellschaftsvertrag **M** 91, 1036, 1112
- – gegen Vorschriften außerhalb der Rechnungslegung **M** 1034
- – gegen Vorschriften zur Rechnungslegung **M** 1092, 1135
- – gegen § 320 HGB **M** 1094, 1116, 1136
- Vorjahresabschluss
- – fehlende Feststellung **M** 1193, 1233 ff.
- – modifiziertes Prüfungsurteil zum **M** 1191
- – Nichtigkeit **M** 267, 1194
- – ungeprüfter **M** 1193
- wesentliche Unsicherheit in Zusammenhang mit der Fortführung der Unternehmenstätigkeit **M** 832 ff.
- Widerruf **M** 1138, 1173, 1203, 1251; **N** 58 ff.
- – Voraussetzungen **N** 58 ff.
- – Vornahme **N** 72 ff.
- Wiedergabe
- – im Prüfungsbericht **M** 97, 172, 496 ff., 635 ff.
- – bei Offenlegung **M** 80, 955
- Wirksamkeit von Beschlüssen der Gesellschaftsorgane **M** 74 ff.
- zusammengefasster **M** 1181 ff.
- Zwischenbescheid **M** 752

Bestandsaufnahme
- Verzicht auf körperliche **F** 10

Bestandsgefährdende Tatsachen
- Besonderheiten bei Einzelkaufleuten **M** 651, 1157
- Bestätigungsvermerk **M** 207 ff., 767, 832 ff.
- – Einschränkung i.Z.m. **M** 1092, 1094, 1101
- – gesonderter Hinweis nach § 322 Abs. 2 S. 3 HGB **M** 832 ff., 1054
- – Versagungsvermerk i.Z.m. **M** 1082, 1092, 1094, 1101
- Darstellungspflicht der gesetzlichen Vertreter **M** 217, 612, 707, 839, 1157
- Indikatoren **M** 228
- ISA 570 (Revised 2015) **M** 8, 1277
- Konzernprüfungsbericht **M** 54, 564 ff., 663
- private Schulden **M** 649 ff., 663
- Prüfungsbericht **M** 22, 46, 54, 147, 188, 207 ff., 222 ff., 650
- – Umfang und Grenzen der Berichterstattung **M** 268 ff.
- Redepflicht **M** 122, 127

- Rechnungslegungsgrundsatz der Fortführung der Unternehmenstätigkeit **M** 292, 767, 772, 902, 1236
- Sanierung **M** 234, 317, 1231 ff.
- Teilberichte **M** 146
- Tochterunternehmen **M** 565
- Verantwortlichkeiten **M** 92, 236, 772, 902, 976
- s. auch Entwicklungsbeeinträchtigende Tatsachen, Risikofrüherkennungssystem, Vorangestellte Berichterstattung

Bestandsveränderungen
- eigene Aktien **F** 1269
- Erzeugnisse **F** 800
- Handelswaren **F** 803
- in der GuV **F** 789, 800 ff.
- in der Konzern-GuV **G** 522, 536
- nicht abgerechnete Leistungen **F** 803
- selbsterzeugte Roh-, Hilfs- und Betriebsstoffe **F** 802
- unübliche Abschreibungen **F** 801
- durch Wechselkurseinflüsse **G** 780 f.

Bestellobligo
- im Anhang **F** 1042

Bestellung A 413 ff.
- Abschlussprüfer
- – Angaben im Bestätigungsvermerk **M** 742, 931, 1281
- – Angaben im Konzernprüfungsbericht **M** 554
- – Angaben im Prüfungsbericht **M** 179, 294
- – nicht ordnungsgemäße **B** 311
- Gemeinschaftsprüfung **M** 139, 684
- Mängel im Verfahren **M** 83, 751
- Organmitglieder als Mittel der Beherrschung **C** 104
- prüferische Durchsicht **P** 44 ff.
- Sonderprüfer **M** 1100, 1103
- Wirtschaftsprüfer
- – Antrag **A** 413
- – Behörde **A** 416
- – Erlöschen **A** 418
- – Gebühren **A** 427
- – höchstpersönliches Recht **A** 417
- – Rücknahme **A** 421 f.
- – Versagungsgründe **A** 414 f.
- – Verzicht **A** 419
- – Widerruf **A** 423 f.
- – Wiederbestellung **A** 425 f.

Bestellungen
- erhaltene Anzahlungen **F** 402 ff., 696

Beteiligungen
- Abhängigkeit bei – von je 50% **C** 116 ff.
- Abschreibung **F** 381
- im Anhang **F** 949, 1100 ff.
- – börsennotierte Kapitalgesellschaft **J** 28 f.
- an assoziierten Unternehmen **G** 607 ff.
- – Abschreibung **G** 655 ff.
- – Ausweis **G** 648 f.
- – negativer Wert **G** 651 ff.
- Begriff **F** 361 f.
- Bilanzierung **F** 363 ff.
- – Kapitalgesellschaft **F** 361 ff.
- – bei Spaltung **F** 379 f.
- Erträge aus **G** 530 f.
- von Gebietskörperschaften **F** 261
- gegenseitige **G** 451 ff.
- Gesamtengagement **F** 366
- Gewinnanteile bei
- – an Kapitalanlagegesellschaft **F** 372 f.
- – an Kapitalgesellschaft **F** 369, 423
- – an Personengesellschaft **F** 370
- an großer Kapitalgesellschaft
- – im Anhang **F** 949, 1110
- innerer Wert **F** 381
- an Kapitalgesellschaft **F** 361, 369 f.
- im Konzernanhang **G** 687 ff.
- an Personengesellschaft **F** 362, 370
- Prüfung **L** 786, 907
- Satzung bei Erwerb **C** 180
- Unternehmenseigenschaft bei mehrfacher **C** 48
- Veräußerung
- – Erträge **F** 838
- – Verluste **F** 838
- Vereinnahmung von Erträgen **F** 838
- wechselseitige
- – im Anhang der AG **F** 949, 1275
- Zugangszeitpunkt **F** 364

Beteiligungsabsicht F 361

Beteiligungserträge
- in der Anlage nach PublG **F** 1561
- von assoziierten Unternehmen in der Konzern-GuV **G** 648 f.
- Aufwands- und Ertragskonsolidierung **G** 529 f.
- Prüfung **L** 904, 906

Beteiligungsliste
- im Anhang der AG **F** 949, 1266

2495

Beteiligungsvermutung
– Widerlegung **F** 361

Betriebliche Berufsausbildung
– Rückstellungen **F** 647

Betriebsabrechnung
– bei Ermittlung der Herstellungskosten **F** 127
– Prüfung **L** 942
– Prüfungsbericht **M** 334

Betriebsausstattung
– Abschreibung **F** 169
– Ausweis **F** 349

Betriebsergebnis
– Prüfungsbericht **M** 413, 432 ff.

Betriebsführungsvertrag
– Abhängigkeit **C** 107
– Begriff **C** 219, 229
– Charakter **C** 229
– als Unternehmensvertrag **C** 219, 229

Betriebsgemeinschaft
– Ansprüche **F** 362

Betriebskosten
– Aktivierung **F** 124

Betriebspachtvertrag
– Ansprüche aus **C** 263
– Begriff **C** 228
– Verpflichtungen aus **C** 228; **F** 782
– s. auch Unternehmensvertrag

Betriebsprüfungskosten
– Rückstellungen **F** 648

Betriebsschulden
– im Jahresabschluss nach PublG **F** 1558

Betriebssportverein
– Zuweisungen **F** 825

Betriebsstilllegung
– Abschreibungen **F** 801
– Prüfungsbericht **M** 522

Betriebsstoffe
– Abschreibung in der GuV **F** 829
– Anschaffungskosten **F** 124
– Aufwendungen
– – im Anhang **F** 949, 1063
– – in der GuV **F** 808 ff.
– Begriff **F** 398
– bei Ermittlung der Herstellungskosten **F** 139
– Bewertung **F** 185 ff., 196, 400 f., 965
– Erlöse für nicht mehr benötigte **F** 793
– Prüfung **L** 912 ff.

– selbsterzeugte
– – Aufwendungen **F** 802
– – Bestandsveränderung **F** 802

Betriebsüberlassungsvertrag
– Ansprüche aus **C** 263; **F** 362
– Begriff **C** 228
– Nichtigkeit und Anfechtbarkeit **C** 228
– Verpflichtungen aus **C** 228, 263; **F** 783
– s. auch Unternehmensvertrag

Betriebsverpachtung
– Bilanzierung **F** 40

Betriebsvorrichtungen
– Abschreibung **F** 349
– Ausweis **F** 326, 348

Betriebswirtschaftliche Prüfung
– prüferische Durchsicht von Abschlüssen **P** 2

Beurkundung
– GmbH-Unternehmensvertrag **C** 230

Beurkundungsmängel
– Feststellung des Jahresabschlusses **B** 334

Beurlaubung
– Wirtschaftsprüfer **A** 561 f., 567

Beurteilungsspielraum
– Bestätigungsvermerk **M** 1092
– Lagebeurteilung der gesetzlichen Vertreter **M** 209
– s. auch Ermessen

Bewegliches Anlagevermögen
– Inventur **F** 9

Beweissicherung
– im berufsgerichtlichen Verfahren **A** 604

Bewertung
– Anleihen **F** 694
– Anteile an Investmentfonds **F** 372
– Anzahlungen auf **F** 322, 401
– Ausleihungen an verbundene Unternehmen **F** 359 f.
– Bankguthaben **F** 434
– Beteiligungen **F** 365 ff., 381 ff.
– Betriebs und Geschäftsausstattung **F** 352
– Drohverlustrückstellung **F** 627
– Forderungen **F** 415 ff.
– Fremdwährungsverbindlichkeiten **F** 162
– Gebäude **F** 333
– Geschäfts oder Firmenwert **F** 317 ff.
– Grundstücke **F** 333 ff.
– immaterielle Wirtschaftsgüter **F** 307 ff., 314
– Kassenbestände **F** 434

- Kundenforderungen **F** 415 ff.
- langfristige Ausleihungen **F** 360, 362
- latente Steuern **F** 726 ff.
- Maschinen und maschinelle Anlagen **F** 352
- Pensionsverpflichtungen **F** 578, 586 ff.
- Rentenverpflichtungen **F** 163
- retrograde **F** 188
- Rückstellungen **F** 571 f., 575 f., 586 ff., 611, 617, 626 f., 633
- – im Anhang **F** 968 ff., 1111 ff., 1196 ff.
- – Erfüllungsbetrag **F** 575
- Sachdividende **F** 527 f.
- sonstige Vermögensgegenstände **F** 422 f.
- bei Stilllegung **F** 85
- bei stiller Abwicklung **F** 85
- Verbindlichkeiten **F** 156
- verlustfreie **F** 188
- Vorräte **F** 106, 185 ff., 401, 405, 965
- Währungsforderungen **F** 419
- – Prüfung **L** 961
- Wechselforderungen **F** 428
- Wechselverbindlichkeiten **F** 702
- Wertpapiere **F** 427 f., 388 f.
- – Prüfung **L** 911, 969 ff.
- Pensionsverpflichtungen **L** 1008 ff.
- – Prüfung **L** 1008, 1101

Bewertungsanpassung
- Abgrenzung latenter Steuern **G** 546
- bei der Equity-Methode **G** 627 f.
- im Konzernabschluss **G** 266 ff.
- – notwendige **G** 270 f.
- – Verzicht **G** 272 ff.

Bewertungseinheiten
- Absicherung finanzieller Risiken **F** 203, 1189 ff.
- im Anhang **F** 949, 966, 1152, 1187 ff.
- – Grundgeschäft und Sicherungsinstrument **F** 1189
- Anschlusssicherungsinstrument **F** 227
- antizipative **F** 1194
- Bewertung (Wahlrecht) **F** 201 ff.
- in Bilanz und GuV **F** 219
- Bildung **F** 87, 200, 204 f.
- Dokumentation **F** 216
- Durchbuchungsmethode **F** 220, 222 ff.
- Einfrierungsmethode **F** 220, 225
- im Lagebericht **F** 201, 1195, 1403, 1406
- Mindestwirksamkeit **F** 213
- nicht abgesichertes Risiko **F** 223 f.
- prospektive Beurteilung **F** 214, 1192
- retrospektive Wirksamkeit **F** 215, 1193
- Sicherungsabsicht **F** 210
- Wirksamkeit der Sicherungsbeziehung **F** 211, 1191 ff.
- s. auch *Kompensationsverbot*

Bewertungsfreiheit
- für geringwertige Anlagegüter **F** 171

Bewertungsgrundlagen
- Anhangangaben **M** 173, 219, 347, 387
- Bewertungsmethoden
- – Bestätigungsvermerk **M** 797
- – Prüfungsbericht bei PIE **M** 389
- Konzernprüfungsbericht **M** 22, 550, 621 ff.
- Prüfungsbericht **M** 22, 377 ff.
- – bei freiwilligen Prüfungen **M** 709
- – bei Prüfung nach PublG **M** 660, 664
- Verstöße gegen Bewertungsvorschriften
- – Bestätigungsvermerk **M** 1092, 1100
- – Konzernprüfungsbericht **M** 608, 614
- – Prüfungsbericht **M** 247, 345

Bewertungsgrundsätze F 82 ff., 959 ff.
- Abweichung **F** 104 ff.

Bewertungsmethoden
- Abweichungen im Anhang **F** 949, 973 ff.
- Änderung **F** 104, 949, 954, 973 ff.
- im Anhang **F** 949, 952 ff., 959 ff., 1146, 1255
- in der Anlage nach PublG **F** 1561 f.
- Begriff **F** 97, 975
- Beibehaltung **F** 96
- Grundsatz **F** 79 ff.
- – Ausnahmen **F** 104 ff., 178
- im Konzernanhang
- – Abweichungen **G** 718 ff.
- – Angabe zu den **G** 705 ff.
- in der Konzernbilanz
- – Abweichungen **G** 267
- – anwendbare **G** 267 ff.
- – bei Anwendung der Equity-Methode **G** 627 f., 642
- – Stetigkeit **G** 203
- für Rückstellungen **F** 567, 571 f., 945

Bewertungsstetigkeit
- Durchbrechung **F** 101 ff., 949, 984 f.
- – im Anhang **F** 102 f., 949, 954, 973 ff.
- – Buchwertfortführung bei Verschmelzung oder Spaltung **F** 100, 1013
- Grundsatz **F** 96 ff., 178
- in der Konzernbilanz **G** 203

2497

Bewertungsuntergrenze
– bei Ermittlung der Herstellungskosten **F** 132

Bewertungsvereinfachungsverfahren F 4, 194 ff., 949, 1004 f.
– Änderung und Stetigkeitsgebot **F** 101
– Prüfung **L** 937 f.
– Unterschiedsbeträge bei Anwendung **F** 949, 1004 ff.

Bewertungsverfahren F 80

Bewertungsvorschriften F 79 ff.
– nach PublG **F** 1540, 1542

Bewertungswahlrechte F 97 ff.
– bei Ermittlung der Größenkriterien **G** 84, 157
– Neuausübung im Konzernabschluss **G** 266
– in Probebilanzen nach PublG **F** 1523

Bewirtungskosten
– Ausweis **F** 831

Bewusste Auswahl L 87 f., 346 ff.

Beziehungen
– *Bericht des Vorstands über – zu verbundenen Unternehmen s. Abhängigkeitsbericht*
– Bestätigungsvermerk
– – i.Z.m. der Unabhängigkeit des Abschlussprüfers **M** 911
– Prüfungsbericht
– – i.Z.m. der Unabhängigkeit von externen Sachverständigen **M** 317
– *s. auch Verbundene Unternehmen*

Beziehungen zu nahe stehenden Personen
– Prüfung **L** 1082 ff.
– – bedeutsame Risiken **L** 1093 f.
– – Berichterstattung **L** 1094
– – Dokumentation **L** 1096

Bezügebericht *s. Vergütungsbericht*

Bezugsaktien
– bei bedingter Kapitalerhöhung **F** 450, 469

Bezugsrechte
– Bewertung **F** 377
– Erträge aus dem Verkauf **F** 807, 848

BGB-Gesellschaft
– Abhängigkeit bei **C** 120 ff., 122
– Gewinngemeinschaft als **C** 221
– im Konzern **C** 164 ff., 168
– als Konzernobergesellschaft **C** 168.
– *Unternehmenseigenschaft* **C** 51

Biersteuer
– bei Ermittlung der Bilanzsumme nach PublG **F** 1524
– in der GuV **F** 868

Bilanz F 32 ff., 79 ff., 248 ff., 302 ff..; **K** 22 ff.
– im Anhang **F** 935 ff.
– Dritte **K** 23
– Erläuterungen im Anhang **F** 937, 950
– Erleichterungen **F** 301, 1436
– Genossenschaft **H** 27 ff.
– Gliederung **F** 248 ff..
– Pflicht zur Aufstellung **F** 9, 11
– Prüfung **L** 872 f., 1052 ff.

Bilanzansatz
– im Konzernabschluss **G** 250 ff.

Bilanzeid B 168 ff.
– Anwendungsbereich **B** 170; **J** 173
– Datum **B** 184
– Erklärungsinhalt **B** 177
– Form der Erklärungsabgabe **B** 179
– Formulierung **J** 175
– Jahresabschluss **J** 172 ff.
– Konzernabschluss **J** 172 ff.
– Konzernlagebericht **J** 172 ff.
– Lagebericht **B** 178; **F** 1399; **J** 172 ff.
– Offenlegung **B** 186
– Ort der Erklärungsabgabe **B** 180
– Prüfung **B** 185
– Sanktionen **B** 190
– Verbindung mit anderen Erklärungen **B** 188
– Wissensvorbehalt **B** 174, 191
– Zeitpunkt der Erklärungsabgabe **B** 183

Bilanzgewinn
– in der Bilanz
– – Kapitalgesellschaft **F** 522
– – nach PublG **F** 1545
– Verwendung **B** 139 ff.

Bilanzidentität
– Grundsatz **F** 83

Bilanzierbarkeit
– Kriterium **F** 35, 37 f.
– Periodenabgrenzung **F** 95

Bilanzierung
– Grundsatz **F** 3 f., 24 ff., 32 ff.
– Unternehmenseigenschaft **C** 49

Bilanzierungs- und Bewertungsmethoden
– im Anhang **F** 949, 952 ff.
– – Abweichungen **F** 949, 952 ff., 973 f., 976

– im Konzernanhang **G** 705 ff.
– Prüfungsbericht **M** 219, 347, 372 ff., 389

Bilanzierungsgrundsätze
– in der Anlage nach PublG **F** 1561 f.
– Abweichungen im Anhang **F** 949, 952 ff., 973 f., 976

Bilanzierungspflicht
– Rückstellungen **F** 560

Bilanzierungsverbote F 60 ff.

Bilanzierungswahlrecht
– Bewertung des Umlaufvermögens **F** 189
– Rückstellungen **F** 579 f.

Bilanzkontinuität
– Prüfung der Einhaltung **L** 8, 368 ff., 987

Bilanzpolitik
– Bestätigungsvermerk **M** 91, 754
– Beurteilung der Zweckmäßigkeit **M** 91, 378
– Konzernbilanzpolitik **M** 614
– Prüfungsbericht **M** 378, 395

Bilanzsitzung
– Berichterstattung des Abschlussprüfers **M** 102 ff.
– Prüfungsbericht **M** 159, 527 ff.
– Redepflicht und – **M** 129
– Teilnahme des Abschlussprüfers **M** 49, 101, 645; **N** 52
– *s. auch Aufsichtsrat, Prüfungsausschuss*

Bilanzsumme
– als Größenmerkmal **F** 283
– – für die (Konzern-)Rechnungslegungspflicht
– – – nach HGB **G** 156 ff.
– – – nach PublG **F** 1519, 1522 ff.; **G** 77, 84 ff.

Bilanzverlust
– in der Bilanz
– – nach PublG **F** 1545
– – Kapitalgesellschaft **F** 448, 522 ff.
– – Personenhandelsgesellschaft i.S.d. § 264a HGB **F** 1477
– in der GuV der Kapitalgesellschaft **F** 882, 899

Bilanzvermerke F 75
– bei Kaufleuten
– – Rückgriffsforderungen **F** 78
– im Konzernabschluss **G** 288,
– *s. auch Vermerke*

Billigung
– Jahresabschluss **M** 77, 99

– Konzernabschluss **G** 3, 231 f.; **M** 99
– *s. auch Feststellung*

Blockmodell
– bei Altersteilzeit **F** 640

Börseneinführung
– Durchbrechung der Darstellungsstetigkeit **F** 763

Börsenkurs
– Bewertung
– – Beteiligungen **F** 381
– – Wertpapiere **F** 427

Börsennotierte Kapitalgesellschaft
– Anhangangaben
– – Jahresabschluss **J** 12 ff.
– – Konzernabschluss **J** 50 ff.

Börsennotierung J 8
– Tochterunternehmen
– – zusätzliche Angaben **J** 44

Börsenpreis
– Begriff **F** 187
– Bewertung des Umlaufvermögens **F** 185, 187

Bohranteile
– bei der Kapitalgesellschaft **F** 357

Bondstripping F 427

Boni
– bei Ermittlung der Anschaffungskosten **F** 111

Bonitätsprüfung
– Forderungen
– – in ausländischer Währung **L** 961 ff.
– – aus Lieferungen und Leistungen **L** 955 ff.
– – gegen verbundene Unternehmen **L** 964 ff.

Branchenentwicklung
– im Lagebericht **F** 1370

Branntweinsteuer
– bei Ermittlung der Bilanzsumme nach PublG **F** 1524
– in der GuV **F** 868

Brennstoffe
– bei Ermittlung der Herstellungskosten **F** 139
– in der GuV **F** 809

Briefmarken
– Ausweis **F** 429

Bruchteilsgemeinschaft F 362

Brücken
– Ausweis **F** 328

2499

Bruttodarstellung
– im Anlagenspiegel **F** 1009

Bruttoergebnis vom Umsatz
– beim Umsatzkostenverfahren **F** 910

Bruttomethode
– bei Ermittlung der Größenkriterien **G** 150, 152 ff., 156 f., 160 f.

Buchführung
– Bestätigungsvermerk **M** 793
– Eröffnungsbilanzwerte **M** 682
– Grundsätze ordnungsmäßiger
– – Bestätigungsvermerk **M** 803, 975 ff., 1129
– – Prüfungsbericht **M** 22, 332, 344, 369 ff., 620, 654 ff.
– Konzernprüfungsbericht **M** 599, 614, 1128
– Mängel
– – Bestätigungsvermerk **M** 1092 ff.
– – Prüfungsbericht **M** 245 ff., 330 ff.
– Prüfungsbericht **M** 22, 40, 282, 329 ff.
– Prüfungsgegenstand **M** 282, 573
– Verantwortung der gesetzlichen Vertreter **M** 54, 292

Buchführungspflicht
– Adressat **B** 1, 9 ff.
– Ausnahmen **B** 13
– Beginn **B** 19
– Delegation **B** 11 f.
– Ende **B** 20
– Fernbuchführung **B** 11
– Genossenschaft **H** 4
– Konzern **B** 18
– Sanktionen **B** 21 ff.
– Zweigniederlassungen **B** 15 ff.

Buchgewinn
– aus Anlagenabgang **F** 807, 1244
– Ausweis **F** 807
– aus Beteiligungsveräußerung **F** 807, 838
– Veräußerung bedeutender Beteiligungen **F** 1235
– aus Wertpapierverkauf **F** 807

Buchprüfungsgesellschaft
– gesetzlicher Vertreter
– – Wirtschaftsprüfer **A** 86

Buchungsunterschiede
– zeitliche bei Schuldenkonsolidierung **G** 490

Buchverlust
– Abgang von Umlaufvermögen **F** 831, 855
– abgebrochene Gebäude **F** 338
– Anlagenabgang **F** 828, 831, 856, 1244
– Beteiligungsveräußerung **F** 831, 838
– Stilllegung **F** 1235

Buchwert
– Veränderungen konsolidierungspflichtiger Anteile **G** 429 ff.

Buchwertfortführung
– Tauschgeschäfte **F** 122
– Stetigkeit bei Verschmelzung oder Spaltung **F** 1013

Buchwertmethode
– Konsolidierung assoziierter Unternehmen **G** 620 ff.

Bürgschaften
– bei der Konsolidierung **G** 477 f.

Bürgschaftsentgelt
– Ausweis **F** 831

Bürgschaftsprovision
– in der GuV **F** 857

Bürgschaftsübernahmen
– Forderungen **F** 420, 422

Bürgschaftsverpflichtungen
– im Haftungsvermerk **F** 75, 249, 949, 992
– Rückstellungen **F** 659

Büroeinrichtung
– Ausweis **F** 349

Bürogemeinschaft A 512

Büromaterial
– in der GuV
– – Gesamtkostenverfahren **F** 809, 831
– – Umsatzkostenverfahren **F** 915

Bundesamt für Wirtschaft und Ausfuhrkontrolle
– Wirtschaftsprüfer als Angestellter **A** 75

Bundesanstalt für Finanzdienstleistungsaufsicht
– Anzeigepflichten des Abschlussprüfers **M** 16 ff., 133, 847
– Erweiterung des Prüfungsgegenstands durch die **M** 151, 284, 308
– Fehlerfeststellungen durch die **M** 1093
– Geschäftsgenehmigung **M** 264
– Richtlinienkompetenz **M** 12
– Vorlagepflichten des Abschlussprüfers **M** 34, 149, 536, 540
– Wirtschaftsprüfer als Angestellter **A** 75
– Zurverfügungstellung von Berichtsdateien **M** 533

Bundesanzeiger
– Einreichung/Hinterlegung beim Betreiber **M** 37, 80, 864
– Prüfung durch den Betreiber **M** 81
– s. auch *Offenlegung*

Bundesrepublik Deutschland
– Unternehmenseigenschaft **C** 53 ff.

Bundeswehraufträge F 1284

Bußgelder
– Rückstellungen **F** 649

C

Call-Option
– auf Erwerb eigener Anteile **F** 1307
– Mehrheitsbeteiligung **C** 79

Cash Flow Hedge K 175

Cash Settlement F 1314, 1318

Cash-Flow-Analyse M 424

Cash-Pooling M 403

Chancen und Risiken der zukünftigen Entwicklung
– Bestätigungsvermerk **M** 810, 820, 975, 993, 1003 ff., 1110
– – Verantwortung der gesetzlichen Vertreter **M** 899 ff.
– Darstellungspflicht der gesetzlichen Vertreter im Lagebericht **M** 47, 209, 996
– Prüfungsbericht **M** 47, 209, 362 ff.

Chancenberichterstattung
– im Lagebericht **F** 1391

Cloud Computing A 35
– Prüfung **L** 215 ff., 542

Code of ethics A 98

Combined Financial Statements M 1216

Comfort Letter A 41

Commercial Due Diligence A 48

Compliance-Management-System L 229 ff., 497
– Prüfung **A** 29 ff.

Contractual Trust Arrangements F 593, 600

Corporate Governance
– Erklärung zur Unternehmensführung **G** 754; **J** 127 ff., 164 ff.

Courtage
– bei Ermittlung der Anschaffungskosten **F** 107

Credit Default Swap F 1312

Credit Linked Note F 1312

Cross-Currency-Swap F 1153

CSR-Berichterstattung
– als Teil des Lageberichts **B** 29
– nichtfinanzielle Erklärung **B** 29, 40, 102, 178
– nichtfinanzieller Bericht **B** 29, 40, 102
– Prüfung
– – durch den Abschlussprüfer **B** 39
– – durch den Aufsichtsrat **B** 40, 114 ff.

CSR-Richtlinie
– s. *Nichtfinanzielle Berichterstattung*

Cut-off-Prüfung L 919 ff., 1055

D

Damnum
– Abgrenzung **F** 441
– Abschreibung **F** 857
– Erträge aus **F** 853

Darlehen
– in der Bilanz
– – Kapitalgesellschaft **F** 361, 412, 420
– – langfristige **F** 359
– s. auch *Rangrücktritt*

Darlehenszinsen
– in der GuV **F** 849, 857

Darstellung des Geschäftsergebnisses
– im Lagebericht **F** 1359, 1368 ff.

Darstellungsstetigkeit
– Durchbrechung in der GuV
– – Angaben im Anhang **F** 765, 954
– Gliederung von Bilanz und GuV **F** 246, 767 ff., 984 f.
– im Lagebericht **F** 1363
– Rückstellung **F** 650
– Unterbrechung im Anhang **F** 949, 984 f.

Datenschutz
– Berufsregister bei der WPK **A** 554
– – Privacy Shield **A** 560
– WP-Praxis **A** 559

Datenschutzbeauftragter A 45
– Wirtschaftsprüfer als **A** 79, 113

Datensicherungs- und Auslagerungsverfahren L 650, 660, 698, 707

Datum
– Auftragserteilung **M** 180, 554

- Auslieferung von Bestätigungsvermerk und Prüfungsbericht M 528, 953
- behördliche verfügte Auftragserweiterung M 284
- Bestätigungsvermerk L 101 ff., 1212 ff., 1252 f., 1322
- – Beauftragung durch den Aufsichtsrat M 930
- – Geschäftsjahreszeitraum M 796 ff.
- – Unterzeichnung M 779, 940, 1214, 1279
- – Wahl zum Abschlussprüfer M 930
- Doppel- bei Nachtragsprüfung M 938
- Gemeinschaftsprüfung M 691
- Konzernprüfungsbericht M 637
- Prüfungsbericht M 506, 470, 475

Daürschuldverhältnisse
- im Anhang F 949, 1033, 1051, 1175
- Verlustrückstellungen F 623

Davon-Vermerk
- Agio-Beträge F 435
- Altersversorgungsaufwand F 762, 824
- Aufwendungen aus Abzinsung F 857
- Aufwendungen an/Erträge von Gesellschaftern F 1497
- Aufwendungen aus Währungsumrechnung F 834
- außerplanmäßige Abschreibungen F 828
- ausstehende Kapitaleinlagen F 446
- Erträge aus Abzinsung F 849
- Forderungen an Organmitglieder F 408
- konvertible Anleihen F 693
- Restlaufzeit bei Verbindlichkeiten F 691 f.
- Sozialverbindlichkeiten F 705, 707
- Steuerverbindlichkeiten F 706
- Vorjahreszahlen F 288
- Zinserträge F 762

DCGK-Entsprechenserklärung
- Anhangangaben
- – Jahresabschluss J 30 ff.
- – Konzernabschluss J 57

Debitoren- und Kreditorenbestätigungen L 91

Deckblatt M 533, 537, 957
- Prüfungsbericht M 177, 553

Deckungsvermögen F 599 ff., 949, 1204 ff.
- Absonderungsrecht F 600
- Ausschüttungssperre F 541, 544
- Aussonderungsrecht F 600
- Ausweis F 762, 824
- Einzelbewertung F 599 ff.
- Insolvenzsicherheit F 600
- Zeitwert (beizulegender) F 606
- Zweckexklusivität F 599, 601

Dekontaminierungskosten
- Rückstellungen F 651

Delkredereversicherung
- Forderungsbewertung F 416

Demografiefonds
- Rückstellungen F 652

Deputate
- in der GuV F 815, 824
- Rückstellungen F 824

Derivate
- im Anhang F 966, 949, 1150 ff.
- Angabe von Bilanzierungs-/Bewertungsmethoden F 949, 966, 1150 ff.
- Arten F 1153 f.
- Begriff F 1151
- Bestätigungsvermerk
- – fehlende Angaben im Anhang M 1104
- Bewertung F 1155 ff.
- Caps, Floors, Collars F 1317
- Cash Settlement F 1314, 1318
- Credit Linked Note F 1312
- Erträge aus dem Einsatz F 807
- Finanzderivate F 1312 ff.
- Forwards F 1318 f.
- Futures F 1318 f.
- Hedging
- – Anhangangabe F 966
- – Macro-Hedges F 202, 217
- – Micro-Hedges F 202
- – Portfolio-Hedges F 202, 217
- Initial Margin F 1319
- Kreditderivate F 1312
- Optionsgeschäfte F 1314 ff.
- Swapgeschäfte
- – Credit Default Swap F 1312
- – Total Return Swap F 1312
- – Währungsswaps F 1321
- – Zinsswaps F 1320
- Umfang F 1154
- Variation Margin F 1319
- s. auch Futures, Optionen/Optionsgeschäfte, Termingeschäfte, Zinsbegrenzungsverträge

Derivative Finanzinstrumente
- Prüfung L 1038 ff.

Deutsche Prüfstelle für Rechnungslegung A 666 ff.
– Wirtschaftsprüfer als Angestellter A 75

Deutsche Rechnungslegungs Standards
– im Konzernabschluss
– – nach HGB G 11
– – nach PublG G 64

Deutscher Buchprüferverband A 639

Deutscher Corporate Governance Kodex
– Bestätigungsvermerk M 891, 1092, 1105
– *Entsprechenserklärung s. dort*
– Erklärung zum M 261, 1092
– Erklärung zur Unabhängigkeit nach Nr. 7.2.1 M 183
– Erweiterung des Prüfungsgegenstands M 109, 261, 284, 569, 612, 633
– Feststellungen gemäß Nr. 7.2.3 M 109, 261, 468, 483 ff., 633
– sonstige Informationen M 891

Deutsches Rechnungslegungs Standards Commitee A 660 ff.
– Organe A 661
– Standards A 210
– Wirtschaftsprüfer als Angestellter A 75
– Ziele A 660

Devisenkassamittelkurs G 320 ff., 778
– Währungsumrechnung F 233, 237

Dienstleistungen
– Anforderungen A 173
– im Ausland erbrachte A 174
– Erlöse F 793
– Ermittlung der Herstellungskosten F 139
– Umsatzerlöse F 792 f., 1053

Dienstleistungsfreiheit
– Wirtschaftsprüfer A 486

Dienstleistungsunternehmen
– Prüfung bei Auslagerung der Rechnungslegung L 542 ff.

Dienstvertrag
– Abhängigkeit bei C 108
– Verjährung *s. dort*
– Wirtschaftsprüfer A 273

Dienstwohnung
– mietfreie in der GuV F 815

Dingliche Sicherheiten
– Prüfung L 173, 959 f., 1029 ff.

Direktionsmöglichkeit
– Abhängigkeit C 108
– beim faktischen Konzern C 179, 187

Disagio
– Abgrenzung F 159, 441, 702
– Abschreibung F 442, 857
– im Anhang F 968
– Ausweis F 435, 949
– Erträge F 853, 857
– Konsolidierung G 472 f., 484
– Prüfung L 984

Disclaimer of Opinion *s. Erklärung der Nichtabgabe eines Prüfungsurteils, Bestätigungsvermerk, Versagung, Versagungsvermerk*

Diskontaufwand
– in der GuV F 851, 857

Diskonterträge
– in der GuV F 849

Diskontzinsen
– in der GuV F 857

Diversität
– Erklärung zur Unternehmensführung J 133, 162 f.

Dividende
– bei Anwendung der Equity-Methode G 604, 647
– Darstellung in der Konzernkapitalflussrechnung G 769, 790 f.
– in der GuV F 836
– Prüfung L 962, 972, 1029
– Steuerfreiheit G 574

Dividendenergänzungsrücklage F 492

Dividendengarantie C 272 ff.
– in der Konzern-GuV G 533 ff.
– Rückstellung F 659
– vorvertragliche Gewinnrücklagen bei C 259
– vorvertraglicher Gewinnvortrag bei C 259
– Zahlungen aufgrund F 785

Dividendenschein
– Bilanzierung F 429, 704

DM-Bilanzgesetz F 537

Dokumentation
– Beendigung der Abschlussprüfung M 57, 71, 506, 691, 940
– Bestimmung besonders wichtiger Prüfungssachverhalte M 870
– Buchführung M 1094

– Funktion des Bestätigungsvermerks **M** 75
– Funktion des Prüfungsberichts **M** 56 ff., 724
– Kommunikation mit dem Aufsichtsgremium **M** 131
– Konsolidierungsmaßnahmen **M** 1135, 1136
– prüferische Durchsicht von Abschlüssen **P** 112
– Qualitätskontrolle **E** 231 ff.
– Qualitätssicherungssystem **D** 109 ff.
– Risikofrüherkennungssystem **M** 313, 457
– Überprüfung der Arbeit von Teilbereichsprüfern **M** 606
– weitere geprüfte Unterlagen **M** 334

Drittbeteiligung
– bei Berechnung der Mehrheitsbeteiligung **C** 79 ff.

Dritthaftung
– Wirtschaftsprüfer **A** 334 ff.
– – Begrenzung **A** 365 f.
– – bei Pflichtprüfung **A** 325 f.

Drittschadensliquidation A 344

Drohende Verluste F 38, 623

Drohverlustrückstellungen F 38, 559, 623 ff.
– Abgrenzung **F** 566
– Bewertung **F** 627
– Vollkosten **F** 630
– s. auch Rückstellungen

Dual Method L 1249

Due Diligence A 48, 112, 134, 200

Durchschnittsbewertung
– Vorräte **F** 10, 80, 199, 965

Durchschnittsmethode
– Bewertung **F** 80
– Gruppenbewertung **F** 199

E

EDV-Programme
– Bilanzierung **F** 51

eIDAS-VO M 505, 534, 943

Eigene Aktien C 270, 287
– zur Abfindung **C** 287
– im Anhang **F** 509, 949, 1266, 1268 ff.
– Einziehung **F** 459, 473

Eigene Anteile C 71 ff., 92, 95; **K** 186 f.
– bei Berechnung
– – Kapitalmehrheit **C** 71, 72
– – Stimmrechtsmehrheit **C** 92, 95

– in der Bilanz
– – Kapitalgesellschaft **F** 450 ff., 456 ff.
– – Kommanditgesellschaft i.S.d. § 264a HGB **F** 1465 f.
– – Personenhandelsgesellschaft **F** 250, 1460 ff.
– – nach PublG **F** 1545 ff.
– Erwerb **F** 456 ff., 898
– in der GuV **F** 898
– bei der Konsolidierung **G** 446 ff.
– im Konzernanhang **G** 730 f.
– in der Konzernbilanz **G** 246, 446 ff.
– im Konzerneigenkapitalspiegel **G** 797 f.
– Prüfung **L** 787, 997
– Rücklage
– – Ausweis **F** 457, 461
– Veräußerung **F** 463 ff.
– bei wechselseitiger Beteiligung **C** 302, 308, 316
– Wirtschaftsprüfungsgesellschaften **A** 453

Eigenkapital K 42
– anteiliges
– – Equity-Methode **G** 604 ff., 640
– – Kapitalkonsolidierung **G** 362 ff.
– Aufwand für Beschaffung **F** 62
– Bilanzgliederung **M** 418
– Kennzahlen **M** 421 ff.
– negatives („Unterbilanz") **M** 229, 858
– nicht durch – gedeckter Fehlbetrag **M** 858
– Prüfung **L** 991 ff.
– Prüfungsbericht **M** 229, 418 ff.
– Verstöße
– – Bestimmungen in Satzung/Gesellschaftsvertrag **M** 1102
– – gesetzliche Vorschriften **M** 1102

Eigenkapitalersetzende Gesellschafterdarlehen
– Bilanzierung **F** 688

Eigenkapitalfehlbetrag
– in der Bilanz **F** 448
– – Kapitalgesellschaft **F** 447 f.
– – Einzelkaufleute/Personengesellschaft **F** 1547

Eigenkapitalinstrument K 180 ff.
– Abgrenzung **K** 181 ff.
– Ausnahmeregelung **K** 183
– eigene Anteile **K** 186 f.
– Personengesellschaft **K** 182

Eigenkapitalspiegel F 18
– als Bestandteil des Konzernabschlusses **G** 791 ff.

– – Verzicht **G** 280
– kapitalmarktorientiertes Unternehmen **J** 33 ff., 40

Eigenkapitalveränderungsrechnung K 30 f.
– Prüfung **L** 1075

Eigenkapitalzinsen
– Personengesellschaft **F** 1496

Eigenleistungen
– in der GuV
– – Gesamtkostenverfahren **F** 789, 804 ff.
– – Umsatzkostenverfahren **F** 916
– in der Konzern-GuV **G** 522, 528, 536
– selbst erstellte immaterielle Vermögensgegenstände des AV **F** 804

Eigentumsvorbehalt
– im Anhang **F** 1029
– Bilanzierung **F** 44, 399

Eigenverantwortlichkeit
– Gemeinschaftsprüfungen **L** 1350 f.
– Prüfungsergebnisse Dritter **L** 369, 453 ff.
– Wirtschaftsprüfer **A** 220 ff.
– – als Angestellter **A** 223
– – bei gemeinsamer Berufsausübung **A** 226
– – bei Mehrfachfunktionen **A** 227
– – bei Prüfungsdurchführung **A** 220

Eigenverwaltung A 56

Eignungsprüfung A 404 ff.

Eilbedürftigkeit
– Prüfungsbericht **M** 277
– Redepflicht **M** 128, 277

Einbauten
– Abschreibung **F** 327
– in fremden Grundstücken **F** 331

Einberufung
– Hauptversammlung
– – Nichtigkeit bei Mängeln **B** 334

Eingangszölle
– als Anschaffungsnebenkosten **F** 872

Eingebettete Derivate F 1151, 1313 f.

Eingeforderte Einlagen
– Kapitalgesellschaft **F** 446, 451

Eingliederung
– einheitliche Leitung **C** 160
– gesetzliche Rücklage **F** 500
– Konzernverhältnis **C** 160
– Konzernvermutung **C** 158, 160

Einheitliche Leitung
– bei ausländischer Konzernspitze **C** 63
– durch ausländisches Unternehmen **C** 63
– Begriff **C** 150, 167
– bei Beherrschungsvertrag **C** 160
– Dauerhaftigkeit **C** 157
– bei Eingliederung **C** 160
– Gegenstand **C** 152
– bei Gemeinschaftsunternehmen **C** 164
– Gleichordnung **C** 162
– bei Holdinggesellschaften **C** 153, 156
– Konzernvermutung bei fehlender **C** 160
– als Kriterium für den Konzern **C** 148 ff.
– Mittel der **C** 150 ff.
– durch Obergesellschaft **C** 158
– durch Personenidentität der Organmitglieder **C** 113
– beim Unterordnungskonzern **C** 158 ff.
– bei unterschiedlichem Geschäftsgegenstand **C** 156
– durch das Treuhandunternehmen **C** 177

Einheitlichkeit
– Grundsatz der Berichterstattung **M** 146, 153, 154, 451

Einheitsgrundsatz
– als Grundlage der Konzernrechnungslegung **G** 12 ff.

Einkaufskommission F 399
– Erwerb eigener Aktien **F** 1269

Einkaufskontrakte
– Rückstellung für drohende Verluste **F** 653

Einkommensteuer
– Gesellschafter einer Personenhandelsgesellschaft i.S.d. § 264a HGB **F** 861

Einlagen
– Einzelkaufmann aufgrund privater Kredite **F** 1558
– Konsolidierungspflicht **G** 360, 365
– stiller Gesellschafter
– – Ausweis **F** 1324
– verdeckte **F** 488
– s. auch Ausstehende Einlagen

Einlagenrückgewähr C 200, 299
– Bestätigungsvermerk bei Verstoß gegen das Verbot **M** 1034
– bei wechselseitiger Beteiligung **C** 299

Einlagenverzinsung
– Bestätigungsvermerk bei Verstoß gegen das Verbot **M** 1034

Einschränkung
- Prüfungsumfang **L** 12, 1268
- *Bestätigungsvermerk s. dort*

Einsichtnahme L 75, 85, 341 f., 865, 913 f.

Einsichtsrecht
- Prüfungsbericht **M** 32, 36, 40
- *s. auch Vorlagepflichten*

Einstandspflicht
- Befreiung nach § 264 Abs. 3 HGB **F** 267 ff.
- Befreiungsvoraussetzung für die Rechnungslegung
- – Personenhandelsgesellschaft i.S.d. § 264a HGB **F** 1447
- Dauer **F** 271

Einwendungen
- Begriff **M** 1014, 1015
- Bestätigungsvermerk **M** 62 ff., 89, 741, 817, 964, 1014
- – Berücksichtigung i.R.d. Bildung eines Prüfungsurteils **M** 357, 367, 606, 1014 ff., 1030 ff., 1095
- – eingeschränktes Prüfungsurteil aufgrund von **M** 64, 1025 ff., 1092, 1096 ff.
- – Erklärung nach § 322 Abs. 3 S. 1 HGB **M** 815 ff., 977 ff.
- – Umfang der Auswirkungen auf den Prüfungsgegenstand **M** 1025 ff., 1041 ff.
- – versagtes Prüfungsurteil aufgrund von **M** 64, 221, 1025 ff., 1071 ff., 1092, 1096 ff.
- Erstprüfung **M** 680
- Prüfung des Abhängigkeitsberichts **M** 480
- Prüfung der Entflechtung nach § 6b Abs. 3 EnWG **M** 491
- Prüfungsbericht **M** 221, 357, 367, 606
- Teilbereichsprüfer **M** 305, 567
- *s. auch Bestätigungsvermerk*

Einwendungsfreiheit
- Bestätigungsvermerk **M** 815, 977, 982, 1007, 1050, 1129
- – Erklärung nach § 322 Abs. 3 S. 1 HGB **M** 815 ff., 977 ff.
- – Umfang der Aussage **M** 817

Einzahlungsverpflichtungen
- Bilanzierung **F** 385
- persönlich haftender Gesellschafter **F** 1480, 1485 f.

Einzelabschluss
- nach IFRS **F** 30
- – handelsrechtliche Vorschriften **F** 23, 1355
- – zusätzliche Anhangangaben **F** 922
- keine Nichtigkeit **B** 294

Einzelbewertung
- Ausnahmen **F** 87
- Grundsatz **F** 86 ff.
- Stetigkeitsgrundsatz **F** 86

Einzelfallprüfungen L 863 ff.
- Abgänge **L** 891
- Abschreibungen **L** 895
- aktive Rechnungsabgrenzung **L** 983
- Anschaffungs- und Herstellungskosten **L** 882, 887
- Ausleihungen **L** 908
- Beteiligungen **L** 907
- Bilanz **L** 872
- Begriff **L** 81, 85 ff., 310, 340
- Bestandsführung **L** 880
- Eigenkapital **L** 991
- Finanzanlagen **L** 899 ff.
- flüssige Mittel **L** 977 ff.
- Forderungen **L** 946 ff.
- geleistete Anzahlungen **L** 890, 945
- Gliederungsgundsätze **L** 869
- Grundstücke **L** 883 f.
- immaterielle Vermögensgegenstände **L** 873 ff.
- latente Steuern **L** 985 ff., 1036
- passive Rechnungsabgrenzung **L** 1035
- Planung **L** 866
- Rücklagen **L** 999 ff.
- Rückstellungen **L** 1002 ff.
- Sachanlagen **L** 880 ff., 886
- Soll-Ist-Vergleich **L** 340
- Verbindlichkeiten **L** 1019 ff.
- vermerkpflichtige Haftungsverhältnisse **L** 1037 ff.
- Vorräte **L** 912 ff.
- Wertpapiere **L** 911 ff., 969
- Zugänge **L** 883, 888
- Zuschreibungen **L** 894 ff.

Einzelfertigung
- Prüfung **L** 943 f.

Einzelfeststellung
- Qualitätskontrolle **E** 239, 243

Einzelkaufmann
- Anwendung des PublG **F** 1515
- – Anlage zur Bilanz **F** 1561
- – GuV **F** 1552 f.
- – Jahresabschluss **F** 1540 ff.

– – Rechnungslegungspflicht **F** 1515 ff.
– befreiender Konzernabschluss **C** 381
– entwicklungsbeeinträchtigende oder bestandsgefährdende Tatsachen **M** 650 ff., 1157
– Erleichterungsvorschriften nach PublG **M** 648, 653, 665, 1157, 1164, 1168, 1172
– Konzernrechnungslegungspflicht **G** 277
– – Gliederung des Konzernabschlusses **G** 286, 301 ff.
– Lagebericht **M** 648, 1157
– Mutterunternehmen **M** 665, 1164 ff.
– Privatvermögen **G** 289 f.; **M** 651, 1150, 1158, 1170
– – im Jahresabschluss **F** 33, 1555 ff.

Einzelkosten
– Ermittlung der Herstellungskosten **F** 132 ff.

Einzelpraxis
– Wirtschaftsprüfer **A** 496, 498

Einzelrückstellungen F 572

Eisenbahnanlagen
– Ausweis **F** 348

Elektronische Datenverarbeitung
– Führen der Handakten **A** 548

Elektronische Form
– Berichtskopien **M** 533
– Bestätigungsvermerk **M** 534, 943
– eIDAS-VO **M** 505, 534, 943
– Prüfungsbericht **M** 505, 534, 637
– Siegelführung **M** 534, 943
– Unterzeichnung **M** 505, 637, 943

Elektronischer Bundesanzeiger *s. Bundesanzeiger*

Elektroschrott
– Rückstellungen **F** 654

Emissionsrechte
– Erträge aus Verkauf **F** 807
– Rückstellungen **F** 655

Empfänger
– Prüfungsbericht **M** 9, 25 ff., 34, 38
– *s. auch Adressaten, Redepflicht, Vorlagepflichten*

Endorsement K 7 f., 14
– kein – der IFRS for SME **K** 11

Energieaufwand
– in der GuV **F** 810, 813
– Herstellungskosten **F** 139
– Vertriebskosten **F** 913

Enforcement
– Begriff **B** 234 ff.
– Folgen aus der Fehlerfeststellung **B** 258 ff.
– Sanktionen/Haftung **B** 272 ff.
– Verfahren **B** 239 ff.
– – Beteiligte **B** 240
– – erste Stufe **B** 253, 254
– – Mitwirkungs- und Auskunftspflichten **B** 251
– – Prüfungshindernis **B** 252
– – zweite Stufe **B** 255 f.

Entdeckungsrisiko L 48, 277 ff., 287, 405
– Begriff **L** 48, 277, 287 ff., 405
– Ermittlung des maximalen **L** 289
– mathematische Abhängigkeit **L** 288
– bei der Prüfungsplanung **L** 277

Entgelt-/Gebührenabsenkung
– Rückstellungen **F** 656

Entgeltbericht F 1425 ff.
– Befreiung **F** 1429
– Gegenstand **F** 1432
– Lagebericht **F** 1425 ff.
– – Offenlegung **F** 1434 f.

Entgelte
– zurückgewährte
– – bei Ermittlung der Umsatzerlöse **F** 799

Entherrschungsvertrag
– verbundene Unternehmen **C** 92, 136 f., 159

Entity-Level-Controls L 235 ff.

Entkonsolidierung G 460 ff.
– Konzernkapitalflussrechnung **G** 770
– bei Übergang auf Quotenkonsolidierung **G** 464
– Währungsumrechnung **G** 324
– Zeitpunkt **G** 461

Entkontaminierung
– Grundstücksbewertung **F** 333

Entlastung
– Aufsichtsorgan **M** 79, 517
– gesetzliche Vertreter **M** 79, 517
– Prüfungsbericht
– – rechtliche Verhältnisse **M** 517

Entnahmen
– Prüfung **L** 1000

Entsorgungskosten
– Rückstellungen **F** 651

Entsorgungsverpflichtungen
– im Anhang **F** 1045

Entsprechenserklärung F 949, 1130
- Bestätigungsvermerk **M** 1105
- Erklärung nach § 161 AktG **M** 261
- Konzernprüfungsbericht **M** 569, 633
- Prüfung der Anhangangabe **L** 1071 ff.
- Prüfungsbericht **M** 261, 347, 483 ff.
- s. auch *Deutscher Corporate Governance Kodex*

Entwicklungsaufträge
- Anwendung der Schutzklausel **F** 1284

Entwicklungsbeeinträchtigende Tatsachen
- Besonderheiten bei Einzelkaufleuten **M** 651, 1157
- Indikatoren **M** 226
- Konzernprüfungsbericht **M** 564 ff.
- Nachtragsprüfung **N** 37
- Prüfungsbericht **M** 22, 46, 147, 188, 222 ff., 564 ff., 650
- – Umfang und Grenzen der Berichterstattung **M** 268 ff.
- Redepflicht **M** 122, 127
- Teilberichte **M** 146
- s. auch *Bestandsgefährdende Tatsachen, Vorangestellte Berichterstattung*

Entwicklungskosten
- Ermittlung der Herstellungskosten **F** 132, 140
- Umsatzkostenverfahren **F** 903

Entwurf
- Prüfungsbericht **M** 29, 530
- – Leseexemplar **M** 530

Equity-Methode G 200 f., 604 ff.; **K** 317 ff.
- Abschreibungen auf Beteiligungen **G** 655
- abweichender Bilanzstichtag des assoziierten Unternehmens **G** 656 ff.
- Angaben **K** 323
- assoziiertes Unternehmen **K** 318
- Ausweis **K** 322
- Eigenkapitalveränderungen **G** 640 f.
- Eliminierung von Zwischenergebnissen **G** 643 ff.
- Ergebnisübernahmen **G** 647 ff.
- Folgebilanzierung **K** 320
- Folgekonsolidierung **G** 635 ff.
- Gemeinschaftsunternehmen **K** 318
- Kapitalaufrechnung **G** 606
- Konsolidierungstechnik **G** 606, 620 ff.
- bei Konsolidierungswahlrecht **G** 200 f.
- Konzernabschluss des assoziierten Unternehmens **G** 659 f.
- Konzernanhang **G** 683 f., 702 f., 719
- Konzernkapitalflussrechnung **G** 769
- latente Steuern **G** 565 ff., 632, 663
- negativer Beteiligungswert **G** 651 ff.
- Übergang auf die **G** 465
- Übernahme anteiliger Ergebnisse **G** 639 ff.

Erbbaurechte
- Bilanzierung **F** 329

Erbbauzinsen
- Ausweis **F** 329, 831

Erbschaftsteuer
- in der GuV **F** 868

Erdbebenschaden
- Grundstücksbewertung **F** 344

Ereignisse nach dem Abschlussstichtag L 437, 440, 1212, 1258, 1322
- Konzernabschluss **L** 1322
- Prüfung der Angaben im Lagebericht **L** 1212
- wertbegründend **F** 949, 1247 ff.

Ereignisse nach der Berichtsperiode K 63 ff.
- Angaben **K** 63
- berücksichtigungspflichtige **K** 63
- Dividendenbeschluss **K** 66
- nicht berücksichtigungspflichtige **K** 63
- Unternehmensfortführung **K** 64
- Wertaufhellungszeitraum **K** 65

Erfolgsbeteiligungen
- in der GuV **F** 815

Erfolgshonorar
- Verbot **A** 103, 230, 297
- – Ausnahmen **A** 151, 231, 297

Erfolgsneutrale temporäre Differenzen
- latente Steuern **F** 733 ff.

Erfüllungsbetrag
- im Anhang **F** 949, 1204, 1207
- Rückstellungen **F** 571, 575, 586, 612
- – Bewertung **F** 575
- Verbindlichkeiten
- – Bewertung **F** 158 ff.

Ergänzende Prüfung N 54 ff.
- Frist **N** 56
- Gegenstand **N** 54 f.

Ergänzung
- Bestätigungsvermerk
- – Beachtung der ISA **M** 1256 ff.
- – Bestimmungen in Satzung/Gesellschaftsvertrag **M** 656, 705, 746, 793, 808
- – ergänzende Hinweise **M** 748, 842, 848 ff.

… Stichwortverzeichnis

– – gesonderter Hinweis **M** 832 ff., 841
– Konzernprüfungsbericht
– – Bestimmungen in Satzung/Gesellschaftsvertrag **M** 576, 599, 609, 617
– Prüfungsbericht
– – analysierende Darstellungen **M** 198, 202
– – Aufgliederungen und Erläuterungen **M** 174, 406 ff., 526, 771
– – Beachtung der ISA **M** 296,
– – Bestimmungen in Satzung/Gesellschaftsvertrag **M** 283, 332, 344, 359, 656

Ergänzungsabgaben
– in der GuV **F** 860

Ergänzungsprüfung
– im WP-Examen **A** 404

Ergebnis der Prüfung
– Bestätigungsvermerk **M** 1, 84, 735, 961 ff.
– Bilanzsitzung **M** 50
– Prüfungsbericht **M** 19, 22, 42, 135 ff.
– – Erweiterung des Prüfungsauftrags **M** 152, 449 ff., 465 ff.
– Unterrichtung von Behörden über das **M** 16 ff., 40, 109, 133, 196, 244
– Wechsel des Abschlussprüfers **M** 35, 720 ff.
– s. auch *Prüfungsbericht, Bestätigungsvermerk, Bescheinigung*

Ergebnis je Aktie K 330 ff.
– Angabepflicht bei Kapitalmarktorientierung **K** 330, 336
– Ausweis **K** 335
– Ermittlung **K** 331
– unverwässertes **K** 333
– verwässertes **K** 331, 334

Ergebnis nach Steuern F 867

Ergebnisrückrücklage
– Genossenschaft **H** 35 ff.

Ergebnisübernahme
– Equity-Methode **G** 647 ff.
– Konsolidierung(skreis) **G** 529 ff., 540
– – latente Steuern aus **G** 573

Ergebnisübernahmevertrag s. *Gewinnabführungsvertrag, Verlustübernahme*

Ergebnisverwendung
– im Anhang **F** 949, 956, 1250 ff.
– Aufstellung des Jahresabschlusses **F** 495, 519, 878, 1250 ff.
– in der Bilanz
– – Personenhandelsgesellschaft i.S.d. § 264a HGB **F** 1474
– – nach PublG **F** 1545
– Bilanzpolitik **M** 91
– Prüfungsbericht **M** 91, 517

Ergebnisverwendungsbeschluss F 949, 1250 ff.
– nichtiger
– – Bestätigungsvermerk **M** 1194

Ergebnisverwendungsvorschlag F 949, 1250 ff.

Ergebnisvortrag
– im Anhang **F** 522 ff., 949
– in der Bilanz
– – Personenhandelsgesellschaft i.S.d. § 264a HGB **F** 1473 ff.
– – nach PublG **F** 1545
– – in der Konzernbilanz **G** 248 f.

Erhaltungsaufwand
– Gebäude **F** 340 f.

Erholungsanlagen
– Zuschüsse **F** 825 f., 831

Erholungsbeihilfen
– Ausweis **F** 825

Erklärung über die Nichtabgabe eines Prüfungsurteils
– Bestätigungsvermerk **M** 63, 69, 1023 ff., 1041 ff., 1073
– – Formulierungsbeispiel **M** 1063
– – kein Abschnitt „KAM" **M** 886
– – kein Abschnitt „sonstige Informationen" **M** 898
– Prüfungsbericht **M** 221
– Versagungsvermerk **M** 64, 69, 1070, 1073
– s. auch *Bestätigungsvermerk; Versagung, Versagungsvermerk*

Erklärung zur Unternehmensführung
– Bestätigungsvermerk **M** 813, 891, 1092, 1135
– Konzernlagebericht **J** 164 ff.
– Konzernprüfungsbericht **M** 578
– Lagebericht **F** 1423; **J** 127 ff; **M** 287, 360
– – Arbeitsweise von Vorstand und Aufsichtsrat **J** 117 ff.
– – Corporate Governance Bericht **J** 136
– – Datum **J** 138, 141 ff.
– – DCGK-Entsprechenserklärung **J** 143, 145
– – Diversitätskonzept **J** 162 f.
– – Frauenanteil **J** 154 ff.

- – Inhalt **J** 145 ff.
- – Mindestanteil im Aufsichtsrat **J** 160 f.
- – Ort und Form **J** 135 ff.
- – Unternehmensführungspraktiken **J** 146 ff.
- – Unterzeichnung **J** 138
- – Veröffentlichung im Internet **J** 136
- – Verzicht auf **J** 131
- – Zeitpunkt **J** 141 ff.
- – Zuständigkeit **J** 134
- Prüfungsbericht **M** 262, 287, 360
- sonstige Information **M** 272, 891

Erläuterung
- zur Bilanz und GuV **F** 937
- Bilanzsitzung **M** 102 ff.
- Prüfungsbericht **M** 22, 36, 41, 135 ff.
- – Art und Umfang der Prüfung **M** 296 ff.
- – Erläuterungsteil **M** 173 ff., 404 ff., 526
- – Feststellungen und Erläuterungen zur Rechnungslegung **M** 329 ff.
- – vorangestellte Berichterstattung **M** 198 ff.
- *s. auch Aufgliederungen und Erläuterungen*

Erläuterungspflicht
- im Anhang **F** 943
- ggü. Behörden **M** 133

Erleichterungen
- Aufstellung, Prüfung und Offenlegung **M** 1011, 1162, 1172
- – Angabe von Organbezügen **F** 949, 1067
- – Generalnorm **M** 654, 706, 1169
- – nach HGB **M** 694, 935
- – Inventur **F** 10, 197
- – Jahresabschluss und Lagebericht **F** 922, 949, 1436
- – – Kleinstgesellschaft **F** 770 ff.
- – – Hinweis des offenlegenden Unternehmens **M** 1162, 1222
- – – nach PublG **F** 31, 1561, 1564, 1567; **M** 653, 665, 1160 ff.
- – – Prüfungsbericht **M** 285, 352
- – – Vermerk des (Abschluss-)Prüfers **M** 1163, 1224
- Bestätigungsvermerk **M** 1220 ff.
- – Angaben nach Art. 10 EU-APrVO zu Abschlussprüferleistungen **M** 934 ff.
- – Formulierungsbeispiele **M** 863, 905
- – Generalnorm **M** 799, 806, 828, 990 ff., 1168, 1207
- – Hinweis im Bestätigungsvermerk bei Inanspruchnahme **M** 862
- – Pflichtprüfung bei Nichtinanspruchnahme v **M** 654, 694
- – Prüfungsbericht **M** 285, 352, 653, 706
- – – unrechtmäßig in Anspruch genommene **M** 355

Erlösschmälerungen
- Bewertung des Umlaufvermögens **F** 188
- Ermittlung der Umsatzerlöse **F** 792, 799
- Rückstellung für künftige **F** 657

Ermessen
- Abschlussprüfer
- – Berichterstattung über Ermessensspielräume der gesetzlichen Vertreter **M** 103, 111, 200, 219, 331, 377 ff., 621 ff., 660, 709
- – Bestimmung besonders wichtiger Prüfungssachverhalte **M** 869 ff.
- – Gemeinschaftsprüfer **M** 1195
- – Gestaltung des Prüfungsberichts **M** 135, 177, 424, 443, 553, 585
- – Grundsätze für die Berichterstattung **M** 142,
- – Hinweise zum Bestätigungsvermerk **M** 842, 854, 1158
- – Prüfungsdurchführung **M** 324, 773
- – Prüfungsurteil **M** 963, 1020, 1029, 1041, 1090
- – Redepflicht **M** 128
- – Siegelverwendung **M** 501, 637
- – Widerruf des Bestätigungsvermerks **M** 1173
- – zusammengefasster Prüfungsbericht **M** 673
- gesetzliche Vertreter
- – Ermessensentscheidungen **M** 48, 111
- – Ermessensspielräume **M** 103, 384, 877, 983 ff., 1039
- – Willkürverbot **M** 390, 1135
- *s. auch Problemorientierung*

Ermessensspielraum F 974
- *s. auch Ermessen*

Ermittlungsverfahren A 574 ff.

Erneuerungsrücklage
- in der Bilanz **F** 514

Erneuerungsverpflichtung F 40

Eröffnungsbilanz
- Bestätigungsvermerk
- – bei falschen Angaben **M** 1094, 1191
- – bei noch nicht festgestelltem Vorjahresabschluss **M** 1233

– Prüfungsbericht **M** 323, 346, 1190
– – Eröffnungsbilanzwerte **M** 679 ff., 1190
– *s. auch Erstprüfung*

ERP-Systeme
– Prüfung **L** 172, 573, 621, 743

Ersatzkassenbeiträge
– Ausweis einbehaltener **F** 707

Ersatzteile
– Ausweis **F** 348, 351

Erschließungskosten
– Grundstücksbewertung **F** 107

Erstattungsansprüche
– Bilanzierung **F** 949, 989

Erstkonsolidierung
– Equity-Methode **G** 620 ff.
– Kapitalkonsolidierung **G** 349 ff.
– latente Steuern **G** 555 ff.
– Stichtag **G** 349 ff.

Erstmaliger IFRS-Abschluss K 68 ff.
– Eröffnungsbilanz **K** 70
– retrospektive Anwendung **K** 71
– – Ausnahmen **K** 73
– Schätzungen **K** 72
– Übereinstimmungserklärung **K** 69
– Übergangszeitpunkt **K** 70
– Überleitungsrechnung **K** 74
– Vergleichszahlen **K** 70
– Zwischenberichterstattung **K** 74

Erstprüfung
– Bestätigungsvermerk **M** 1094, 1189 ff.
– – bei freiwilliger Abschlussprüfung **M** 1203
– Eröffnungsbilanzwerte **L** 367
– Prüfungsbericht **M** 323, 346, 516, 678 ff.
– Stetigkeitsgrundsatz **M** 680

Erteilung
– Bescheinigung **M** 717, 818, 1202
– Bestätigungsvermerk **M** 498, 940 ff.
– – allgemeine Voraussetzungen **M** 74, 751
– – aufschiebende Bedingung **M** 1225 ff.
– – Berechtigung **M** 942 ff.
– – *einheitlicher* **M** 41
– – Formbedürftigkeit **M** 73
– – Grundsätze **M** 8
– – Rechtsanspruch **M** 82
– – rechtswidrige **M** 83
– – unrichtige **M** 738
– – Wirkung eines uneingeschränkten **M** 76

– – Wirkung eines eingeschränkten/versagten **M** 77 ff.
– – Zeitpunkt **M** 71, 940
– – Zwischenbescheid **M** 72, 752
– Prüfungsauftrag **M** 99, 180

Erträge
– Prüfung **L** 172, 904 ff., 975, 1007, 1046 ff.

Erträge aus Anteilen an verbundenen Unternehmen
– Prüfung **L** 905

Ertrag K 42 ff.
– Auflösung von Rückstellungen **F** 807, 1244
– Ausleihungen **F** 844 ff.
– außergewöhnliche und periodenfremde **F** 787 f.
– – im Anhang **F** 949, 1234 ff.
– Beherrschungsvertrag **F** 836
– Beteiligungen **F** 836 ff.
– – in der Anlage nach PublG **F** 1561
– Gewinnabführungsvertrag **F** 774 ff., 838
– Gewinngemeinschaft **F** 774 ff., 838
– periodenfremde im Anhang **F** 949, 1242 ff.
– private in der GuV nach PublG **F** 1555
– aufgrund von Sonderprüfungen **F** 900
– sonstige betriebliche **F** 807
– Teilgewinnabführungsvertrag **F** 774 ff., 838
– Verlustübernahme **F** 748, 755 f., 812
– verrechnete im Anhang **F** 1208
– Wertaufholungen **F** 807
– Wertpapiere **F** 848
– zinsähnliche **F** 853
– Zuschreibungen **F** 807

Ertragsentwicklung
– im Lagebericht **F** 1372

Ertragslage F 24, 27, 96, 924 ff. 951, 954 ff., 973, 980 ff., 1372
– Prüfung **L** 2, 38, 305, 499, 1064 ff.
– *s. auch Vermögens-, Finanz- und Ertragslage*

Ertragsteuerbelastung F 1493

Ertragsteuern K 248 ff.
– Angaben **K** 257
– in der GuV **F** 860
– latente **K** 249 ff.
– – Ansatzvoraussetzungen **K** 250
– – Ansatzverbot **K** 251
– – Bewertung **K** 254
– – Erfassung **K** 255
– – Temporary Konzept **K** 249
– – ungenutzte Steuergutschriften **K** 253

Stichwortverzeichnis

– – Verlustvorträge **K** 253
– tatsächliche **K** 248
Ertragswert
– zur Beteiligungsbewertung **F** 381
Ertragszuschüsse
– Ausweis **F** 784
Erwartungslücke M 94, 1283
– Bestätigungsvermerk **M** 95, 739, 907
– bei der prüferischen Durchsicht
– – Abschlüsse **P** 36, 130
– – Konzern(zwischen)abschlüsse **P** 159
Erweiterung
– Prüfungsumfang **L** 12, 1268
Erweiterungen des Prüfungsauftrags
– Prüfungsbericht **M** 61, 114, 150 ff., 284, 295, 344, 549, 695
– – Feststellungen aus **M** 449 ff., 631 ff.
– – Gliederung **M** 164 ff., 544 ff.
– Prüfungsgegenstand
– – Berichterstattung i.R.d. Bilanzsitzung **M** 103
– – Bestätigungsvermerk **M** 743, 818, 914 ff., 1009
– s. auch Zusätzlicher Prüfungsauftrag
Erwerb
– eigene Anteile **F** 456 ff.
– entgeltlicher **F** 314 ff.
Erwerbsmethode G 347; **K** 274 ff.
– Ansatz **K** 279 ff.
– auf Basis vorläufiger Werte **K** 284
– Bewertung **K** 279 ff,
– Erwerbszeitpunkt **K** 277
– Full-Goodwill-Methode **K** 293
– Gegenleistung **K** 288 ff.
– Nebenkosten **K** 290
– nicht beherrschende Anteile **K** 285 ff.
– Unterschiedsbetrag **K** 291 ff.
Erzeugnisse
– Abschreibungen auf unfertige **F** 829
– Ausweis **F** 397
– Bewertung **F** 125, 397 f., 401, 800, 965
– fertige **F** 398
– Herstellungskosten beim Umsatzkostenverfahren **F** 902 ff.
– Inventur **L** 941 ff.
– *Prüfung* **L** *941 ff.*
– unübliche Abschreibungen **F** 801, 829

– *Veränderung des Bestandes s. Bestandsveränderungen*
– *s. auch Fertigerzeugnisse*
Europäische Genossenschaft H 9
Europäische Rechtsakte A 4, 563
Europäische Wirtschaftliche Interessenvereinigung
– Wirtschaftsprüfer als Angestellter **A** 76
Europäischer Wirtschaftsraum
– Mutterunternehmen mit Sitz außerhalb **G** 133 ff.
– Mutterunternehmen mit Sitz im **G** 109 ff.
Eventualforderung K 209, 218, 226
Eventualschuld K 209, 218, 226
Eventualverbindlichkeiten F 75 ff., 249, 949, 1217 ff.; **K** 206, 215, 223
– Konzernanhang **G** 744
– Schuldenkonsolidierung **G** 474 f.
Executive Summary
– Bilanzsitzung des Aufsichtsgremiums **M** 102
Exekutivorgan *s. Gesetzliche Vertreter, Geschäftsführung*
Exporte
– Gliederung der Umsatzerlöse **F** 1055

F

Fabrikgebäude
– Ausweis **F** 323, 331
Facharbeit
– des IDW **A** 623
– Fachgremien **A** 626
Fachbeirat A 572
Fachgebietsbezeichnungen
– Wirtschaftsprüfer **A** 261
Fachliche Verlautbarungen
– des IDW **A** 624
– der IFAC **A** 214
Fachmesse
– Teilnahme des Wirtschaftsprüfers **A** 260
Factoring
– Prüfungsbericht **M** 400, 421, 425
– *s. auch Sachverhaltsgestaltende Maßnahmen*
Factoringgeschäft
– Asset Backed Securities **F** 1348
– Bilanzierung **F** 1341 ff.
– echtes **F** 1342

– Rückkaufvereinbarungen **F** 1347
– Übergang Bonitätsrisiko **F** 1344 f.
– unechtes **F** 1343

Fahrlässigkeit
– Haftung **A** 334

Fahrtkostenzuschüsse
– Ausweis **F** 826

Fahrzeuge
– Ausweis **F** 349

Fair Value Hedge K 175

Fairness Opinions A 49

Faktischer Konzern
– Begriff **C** 177, 187 ff.
– Berichterstattungspflicht bei **C** 192
– einfacher **C** 187
– Eingangskontrolle **C** 186 ff.
– Existenzvernichtungshaftung **C** 192 ff.
– GmbH im **C** 188, 193
– Haftung **C** 186 ff.
– Kennzeichen **C** 187
– Konzerninnenfinanzierung **C** 190
– Nachteilsausgleich **C** 192 ff.
– qualifizierter **C** 187
– Rechtsfolgen **C** 192 ff.
– Schadensersatz **C** 193
– Treuepflicht **C** 193
– Verlustübernahme **C** 195
– Weisungsrecht **C** 189

Fakultative Berichtsanlagen
– Konzernprüfungsbericht **M** 640 ff.
– Prüfungsbericht **M** 512 ff.

Familienangehörige F 1177

Familienbeihilfen
– in der GuV **F** 825

Fehlanzeige
– im Konzernlagebericht **M** 619, 1104
– im Lagebericht **F** 1363; **M** 365, 1104
– *s. auch Negativerklärung*

Fehlbetrag
– bei Ermittlung der Bilanzsumme **F** 283
– *nicht durch Eigenkapital gedeckter s. Eigenkapitalfehlbetrag*
– Pensionsrückstellungen **F** 581, 584, 949, 1000, 1090, 1198, 1258 f.
– Pensionsverpflichtungen **F** 581, 584, 949, 1090, 1198, 1258 f.

Fehler K 67
– Jahresabschluss **B** 281 f., 384
– Konzernabschluss **B** 387

Fehlerfeststellungen durch Dritte M 1093

Fehlerrisiko L 45, 82, 88, 279, 290 ff., 411 ff., 462, 693, 1104

Fehlmaßnahmen
– außerplanmäßige Abschreibungen **F** 828

Feiertagsarbeit
– Lohn in der GuV **F** 815

Fernsehwerbung A 266

Fertigerzeugnisse
– Begriff **F** 398
– Bestandsveränderung **F** 800
– Herstellungskosten beim Umsatzkostenverfahren **F** 902 ff.
– Prüfung **L** 941 ff.

Fertigung
– Bewertung bei langfristiger **F** 105, 1349 ff.

Fertigungsgemeinkosten
– Begriff **F** 139
– Ermittlung der Herstellungskosten **F** 129, 132, 136, 139 f.

Fertigungskosten
– Ermittlung der Herstellungskosten **F** 129, 132, 134

Fertigungslöhne
– Begriff **F** 134
– Ermittlung der Herstellungskosten **F** 132, 134, 139

Fertigungsmaterial
– Ermittlung der Herstellungskosten **F** 129, 132 f.

Fertigungsstoffe
– in der GuV **F** 809

Festgelder
– bei Kapitalgesellschaft **F** 430

Feststellung
– Jahresabschluss **F** 17, 21; **M** 21, 31, 52, 57, 99, 537, 1076, 1229
– – Änderung **M** 76
– – Befugnis **M** 31, 52, 91, 99
– – Feststellungssperre **M** 74, 1073, 1229
– – nicht ordnungsmäßige **B** 324 ff., 334
– Konzernabschluss
– – Billigung **M** 99
– – Prüfungsbericht **M** 135 ff., 186 ff.

– Prüfungsfeststellungen **M** 18, 22, 77
– – Bilanzsitzung **M** 103 ff.
– – Redepflicht **M** 124 ff.
– Rechnungslegungspflicht nach PublG **F** 1515 ff.
– Vorjahresabschluss **M** 517, 1231, 1233

Feststellungsklage
– Nichtigkeit des Jahresabschlusses **B** 351 ff.

Festwerte F 196 f.
– im Anhang **F** 965
– Bilanz **F** 196, 811
– Inventur **F** 10, 196 ff.
– Prüfung **L** 788, 898
– Überprüfung **F** 197
– Veränderung **F** 197, 811
– Voraussetzungen **F** 197
– Zugänge in der GuV **F** 831

Fifo s. *First- in first-out Prinzip*

Financial Covenants s. *Finanzkennzahlen*

Finanzabteilung
– Kosten beim Umsatzkostenverfahren **F** 914

Finanzanlagen
– Abschreibungen **F** 855 f., 963, 1143, 1149
– – Gründe für Unterlassung **F** 1143 ff., 1211, 1216
– im Anhang **F** 949, 963, 1143 ff.
– Bewertungseinheiten **F** 966
– in der Bilanz **F** 354 ff.
– Erträge **F** 844 ff.
– Gruppierung **F** 1148
– Prüfung **L** 899 ff.

Finanzbehörde s. *Behörden*

Finanzbuchführung s. *Buchführung*

Finanzderivate F 1312 ff.
– Angabe der Bilanzierungs-/ Bewertungsmethoden **F** 955, 949, 1157
– im Anhang **F** 949, 1039, 1150 ff.
– Arten **F** 1153 f.
– Begriff **F** 1151
– Bewertung **F** 1155 ff.
– Umfang **F** 1154

Finanzergebnis
– in der GuV **F** 755
– Prüfungsbericht **M** 432 ff.

Finanzerträge
– Ausweis **F** 795
– Zusammenfassung der Posten **F** 755, 757, 759, 767

Finanzielle Verpflichtungen
– Bewertung im Anhang **F** 1050

Finanzierung
– Prüfungsbericht **M** 201, 423 ff., 522

Finanzierungskosten
– Bilanzierung **F** 110, 130, 439, 441
– Ermittlung der Herstellungskosten **F** 130

Finanzierungsleasing
– Begriff **F** 1327
– bewegliche Wirtschaftsgüter **F** 1327 ff.
– unbewegliche Wirtschaftsgüter **F** 1332 ff.
– s. auch *Leasing*

Finanzierungssituation
– im Lagebericht **F** 1373

Finanzinstrument K 153 ff.
– Angaben **K** 178, 189
– Anhangangaben **M** 1104
– Ansatz **K** 158
– Ausbuchung **K** 159
– Bestätigungsvermerk
– – Prüfungsurteil **M** 1104
– Deckungsvermögen **F** 1165
– derivative **F** 949, 1150 ff.; **K** 155
– Effektivzinsmethode **K** 156 f.
– Eigenkapitalinstrument **K** 180 ff.
– – Abgrenzung **K** 181 ff.
– – eigene Anteile **K** 186 f.
– – Personengesellschaften **K** 182
– Fair Value Option **K** 162
– finanzielle Verbindlichkeit **K** 160 f., 180
– finanzieller Vermögenswert **K** 160 f., 180
– Folgebewertung **K** 164 ff.
– Klassifizierung **K** 160 ff.
– – Umklassifizierung **K** 163
– originäres Finanzinstrument **K** 155
– Saldierung **K** 188
– Sicherungsgeschäft **K** 171 ff.
– Wertminderung **K** 166 ff.
– Zugangsbewertung **K** 160
– zusammengesetztes Finanzinstrument **K** 185

Finanzkennzahlen
– Prüfungsbericht **M** 201, 228, 428

Finanzlage F 24, 27, 924 ff., 954 ff., 1031 ff., 1041 f., 1173, 1373
– s. auch *Vermögens-, Finanz- und Ertragslage*

Finanzplan(ung)
– Prüfungsbericht **M** 334, 426

Finanzverpflichtungen
– sonstige im Anhang **F** 949, 1040 ff.
– *s. auch Sonstige Finanzverpflichtungen*

Finanzvorstand
– Zuständigkeit für Buchführung **B** 12

Firewall A 150

Firma
– Berufssiegel **M** 534
– Bestätigungsvermerk
– – Adressierung **M** 786, 1205, 1281
– – Nennung der – des geprüften Unternehmens **M** 791
– Prüfungsbericht
– – Angabe auf dem Deckblatt **M** 177
– – Nennung der – des geprüften Unternehmens **M** 179
– Sozietät **A** 532
– Wirtschaftsprüfungsgesellschaft **A** 456 ff.

Firmenwert
– Abschreibung **F** 169, 193, 319, 949, 1114 ff.
– in der Bilanz **F** 123, 317 ff.
– Prüfung **L** 873 ff.

Firmenzeichen
– Verwendung durch Wirtschaftsprüfer/ Wirtschaftsprüfungsgesellschaften **A** 255

First-in first-out Prinzip F 194, 949, 965, 1004

Flüssige Mittel
– Prüfung **L** 977 ff.

Flussregulierung
– Ausweis **F** 328

Folgekonsolidierung
– Equity-Methode **G** 635 ff.
– Kapitalkonsolidierung **G** 394 ff.
– latente Steuern **G** 585

Fonds
– ausschüttender **F** 374

Forderungen F 406 ff., 415 ff.
– Abschreibung in der GuV **F** 829, 831
– im Anhang **F** 967
– Eingang ausgebuchter **F** 807, 1244
– an Gesellschafter
– – GmbH **F** 408
– – persönlich haftende einer KGaA **F** 408, 421, 949, 1485
– aus Gewinnanteilen **F** 369 ff.
– aus Lieferungen und Leistungen **F** 407, 415 ff.
– niedrig verzinsliche **F** 416, 422, 799, 849
– Prüfung **L** 946 ff.
– Quotenkonsolidierung **G** 599
– bei Rückgaberecht **F** 418
– Schuldenkonsolidierung **G** 467 ff.
– uneinbringliche **F** 416
– an Unternehmen mit denen ein Beteiligungsverhältnis besteht **F** 411 ff.
– – Prüfung **L** 965
– an verbundene Unternehmen **F** 411 ff.
– – Prüfung **L** 962 ff.
– unverzinsliche **F** 416, 422, 799, 849
– Verrechnung **F** 65, 67, 410
– zweifelhafte **F** 416
– Vermerk
– – Restlaufzeit von mehr als einem Jahr **F** 409

Forderungsverkauf *s. Factoringgeschäft*

Forderungsverzicht
– gegen Kapitalgesellschaft
– – Besteuerung **F** 482

Forensic/Fraud-Untersuchung A 59

Forfaitierung
– Leasingraten **F** 999
– – Sicherungsübereignung **F** 999

Formblätter F 751
– Jahresabschluss
– – nach PublG **F** 1544, 1551

Formblattunternehmen
– Gliederung des Konzernabschlusses **G** 284, 293

Formen
– Bilanzierung **F** 196

Formwechsel
– Wirtschaftsprüfungsgesellschaft **A** 475

Forschung und Entwicklung
– im Anhang **F** 949, 1183 ff.
– – Gesamtbetrag **F** 313
– Bilanzierung **F** 131 f., 143 f.
– bei Ermittlung der Herstellungskosten **F** 126, 132, 143, 308
– im Konzernlagebericht **G** 841 f.
– im Lagebericht **F** 1407 ff.
– – Art und Umfang **F** 1408 ff.
– – Geschäfts- und Betriebsgeheimnisse **F** 1410
– Kosten beim Umsatzkostenverfahren **F** 903

Forschungsaufträge
– Schutzklausel **F** 1284

Forstwirtschaft
– Unternehmenseigenschaft von Betrieben **C** 50

Fortbestehensprognose s. *Fortführung der Unternehmenstätigkeit*

Fortbildung
- im Lagebericht **F** 1415
- Wirtschaftsprüfer
- – als Berufspflicht des Wirtschaftsprüfers **A** 218

Fortführung der Unternehmenstätigkeit
- Abkehr vom Rechnungslegungsgrundsatz **M** 842, 858
- Annahme **L** 5, 268 ff., 426 ff.
- Bestätigungsvermerk **M** 832 ff., 841, 1092, 1094, 1110
- – Hinweis auf bestandsgefährdende Risiken **M** 90, 237, 767, 832 ff., 1006, 1131, 1156
- – Versagungsvermerk **M** 1101
- Beurteilung im Rahmen der Prüfungsplanung **L** 36, 268 ff.
- erhebliche Zweifel an der **L** 433 ff.
- Fehlen oder unzureichende Einschätzung **L** 451
- Fortbestehensprognose **M** 206, 227
- gesetzliche Vertreter **L** 430
- insolvenzrechtliche Folgen **L** 436
- ISA 570 (Revised 2015) **M** 8, 1277
- Lagebericht **M** 187, 207, 841
- Prüfungsbericht **M** 90, 187, 206, 235, 560
- Prüfungshandlungen **L** 442
- Rechnungslegungsgrundsatz **M** 8, 292, 767, 1236
- Redepflicht **M** 124 ff.
- Sanierung **M** 317, 858, 1231 ff.
- Unterrichtung von Behörden **M** 16, 109, 133
- unzulässiges Zugrundelegen des Rechnungslegungsgrundsatzes **M** 1101
- Verantwortlichkeit der gesetzlichen Vertreter **M** 187, 206, 292, 560, 833
- Verantwortung des Abschlussprüfers **L** 437
- verzögerte Aufstellung **L** 452
- vorangestellte Berichterstattung **M** 186 ff., 222 ff., 560 ff.
- wesentliche Unsicherheit **L** 444 ff.; **M** 207, 841
- s. auch *Bestandsgefährdende Tatsachen, Entwicklungsbeeinträchtigende Tatsachen, Insolvenz, Going Concern*

Forum of Firms A 653

Forwards F 1318 f., 1154

Fracht
- Ausweis **F** 831
- bei Ermittlung
- – Anschaffungskosten **F** 107
- – Umsatzerlöse **F** 799

Francotypwerte
- Ausweis **F** 429

Fraudrisiko L 343, 866, 1238, 1242

Frauenquote s. *Geschlechterquote*

Freie Mitarbeit
- im Wirtschaftsprüferberuf **A** 520 f.
- – Mandantenschutzklauseln **A** 236 ff.

Freier Beruf
- Wirtschaftsprüfer als **A** 7
- – Ausübung eines anderen **A** 69 ff.

Freistellungsverpflichtung
- Vermerk **F** 997

Freiverkehr J 5.

Freiwillige Abschlussprüfung
- Anlässe **L** 6 ff., 13, 161
- Bescheinigung **M** 717
- Bestätigungsvermerk **M** 1201 ff.
- – Erteilung in fremder Sprache **M** 958
- Prüfungsbericht **M** 42, 692 ff.
- – Vorlage in fremder Sprache **M** 536
- Prüfungsvermerk **M** 719
- Siegelführung **A** 525; **M** 73, 501, 637
- Umfang **L** 10, 14, 161

Fremdbezug
- bei Ermittlung der Herstellungskosten **F** 133

Fremdkapitalkosten K 101 ff.
- Angaben **K** 104
- Aktivierung **K** 102
- qualifizierter Vermögenswert **K** 101
- Umfang der aktivierbaren Kosten **K** 103

Fremdkapitalzinsen
- aktivierte beim Umsatzkostenverfahren **F** 916
- im Anlagenspiegel
- – bei Einbeziehung in die Herstellungskosten **F** 1009, 1025
- Ausweis **F** 850, 859, 949, 1007
- Bilanzierung **F** 110, 130
- bei Ermittlung
- – Anschaffungskosten **F** 110
- – Herstellungskosten **F** 130, 132, 949, 1007
- Prüfung **L** 942
- in der Steuerbilanz **F** 110

Fremdlagerbestätigungen L 91

Fremdleistungen
- Ermittlung der Herstellungskosten **F** 133
- in der GuV **F** 813 f.

Fremdreparaturen
- in der GuV **F** 814, 831

Fremdwährung K 56 ff.
- im Anhang **F** 971 f.
- Anschaffungskosten **F** 117
- ausländische Beteiligungen **F** 1103
- Darstellungswährung **K** 57
- Forderungen **F** 419
- Fremdwährungstransaktion **K** 58
- – monetäre Posten **K** 58
- – nicht monetäre Posten **K** 58
- – Stichtagskursmethode **K** 58
- – Umrechnungsdifferenzen
- funktionale Währung **K** 57
- Nettoinvestition in einen ausländischen Geschäftsbetrieb **K** 62
- Umrechnung von Abschlüssen **K** 60 ff.
- – modifizierte Stichtagskursmethode **K** 60
- – Umrechnungsdifferenzen sonstiges Ergebnis **K** 61
- Verbindlichkeiten **F** 162

Frist
- Aktienübernahmeverpflichtung **C** 296
- Anfechtungsklage gegen Feststellungsbeschluss **B** 369
- gesetzliche Rücklage bei Unternehmensvertrag **C** 254 ff.
- Heilung der Nichtigkeit
- – Jahresabschluss **B** 358 ff.
- Sicherheitsanspruch bei Unternehmensvertrag **C** 265
- Veräußerung eigener Aktien **C** 302
- Verzicht oder Vergleich über den Ausgleichsanspruch **C** 264
- *s. auch Aufbewahrungsfrist, Aufstellungsfrist, Einberufungsfrist, Offenlegungsfrist, Vorlagefrist*

Frühwarnfunktion
- Abschlussprüfer **M** 124, 128, 235, 565, 704
- Bestätigungsvermerk **M** 834
- Prüfungsbericht **M** 188, 191, 235
- – Risikofrüherkennungssystem **M** 449 ff.
- *s. auch Redepflicht*

Fuhrparkkosten
- Ausweis beim Umsatzkostenverfahren **F** 913

Fundamente
- Ausweis **F** 348

Fundamentierungskosten
- Bilanzierung **F** 107, 352

Funktionsprüfung L 68 ff., 560, 797 ff.
- Ergebnisse **L** 808 ff.
- Prüfung der Wirksamkeit des internen Kontrollsystems **L** 248 ff., 316, 323, 797 ff.
- Techniken **L** 324, 330, 643, 802
- Vorgehensweise **L** 330, 560, 1105

Funktionstrennung L 32 f., 217 f., 515, 654, 702 f., 729 f., 737 f., 764
- bei der Systemprüfung **L** 227 ff., 654 ff.

Fusion
- Wirtschaftsprüfungsgesellschaften **A** 471 f.

Fußnoten zum Jahresabschluss F 247, 936, 1557
- *s. auch Vermerk*

Futures F 1318 f., 1154
- Marginleistung **F** 1319, 423
- *s. auch Derivate, Termingeschäfte*

G

Gängigkeitsabschreibungen
- im Umlaufvermögen **F** 188

Garantiedividenden
- in der Konzern-GuV **G** 533 ff.

Garantieleistungen
- zukünftiger Lohnaufwand **F** 816

Garantierückstellung F 657
- Prüfung **L** 121, 943, 1018, 1086
- Zuführungen **F** 831

Garantieversprechen
- Bewertung von Forderungen **F** 416
- Vermerk **F** 996 f.

Gasometer
- Ausweis **F** 348

Gebäude
- Abbruch **F** 336 ff.
- Abschreibung **F** 169, 345
- auf fremdem Grund und Boden **F** 331, 336
- in der Bilanz **F** 323 ff.
- Leasingverträge **F** 1332 ff.
- *s. auch Bauten*

Gebietskörperschaft M 34, 53
- Abhängigkeitsbericht **C** 54

2517

– Rechnungslegungspflicht bei Beteiligung F 261
– Unternehmenseigenschaft C 52 ff.

Gebühren
– Abgrenzung F 439
– Ausweis F 831
– sonstige Tätigkeiten A 295 ff.

Gebührenordnung
– WPK A 427

Geburtsbeihilfen
– Ausweis F 825

Gefährdungshaftung
– Rückstellung F 659

Gefälligkeitsakzepte F 698

Gegenseitigkeit
– bei ausländischen Sozien A 500

Gegenstand, Art und Umfang der Prüfung
– Bestätigungsvermerk
– – Beschreibung M 741 ff., 765, 789 ff., 906 ff., 1126
– – ergänzende Hinweise M 858, 862
– Beschreibung in Bescheinigungen M 718
– mündliche Berichterstattung durch den Abschlussprüfer M 104
– Prüfungsbericht M 22, 47, 150, 279 ff., 323, 572 ff., 653, 700
– *s. auch Art und Umfang der Prüfung, Prüfungsgegenstand*

Gehälter
– bei Ermittlung der Herstellungskosten F 132, 144
– in der GuV F 815 ff., 1063
– noch nicht ausgezahlte F 704
– persönlich haftender Gesellschafter F 815
– von Organmitgliedern im Anhang F 930, 949, 1067 ff.
– *s. auch Personalaufwand*

Gehaltsbuchführung A 106

Gehaltsvorschüsse F 816, 1093
– in der Bilanz F 420

Geldbuße A 588
– Rückstellungen F 649

Geldkurs
– Währungsumrechnung F 232, 234

Geldwäschegesetz M 254

Geldwertschulden F 166, 1306

Gelegenheitsgesellschaft
– Abgrenzung von der Gewinngemeinschaft C 222

Geleistete Anzahlungen
– Prüfung L 783 ff., 945

Gemeinde
– Unternehmenseigenschaft C 55

Gemeinkosten
– bei Ermittlung der Herstellungskosten F 138 f.
– nicht aktivierbare beim Umsatzkostenverfahren F 904

Gemeinkostenzuschläge
– Prüfung L 942

Gemeinnützige Organisation
– Tätigkeit des Wirtschaftsprüfers bei A 85

Gemeinsame Vereinbarungen K 301 ff.
– Arten K 302
– – gemeinschaftliche Tätigkeit K 303, 306 f.
– – Gemeinschaftsunternehmen K 304, 308 f.
– gemeinschaftliche Führung K 301

Gemeinschaftliche Berufsausübung
– Wirtschaftsprüfer A 281 ff., 499 ff.
– – Berufshaftpflichtversicherung A 543 f.
– – Besorgnis der Befangenheit A 146 f., 155 f.
– – Eigenverantwortlichkeit A 226
– – Sozietätsfähigkeit A 500 ff.
– – gemeinschaftliche Auftragsübernahme A 281 ff.
– *s. auch Sozietät*

Gemeinschaftliche Tätigkeit K 303
– Einzelabschluss K 306
– Konzernabschluss K 306

Gemeinschaftsprüfung L 1345 ff.
– Bestätigungsvermerk L 1353; M 1195 ff.
– – bei abweichenden Beurteilungen M 1197
– – Unterzeichnung und Vorlage M 1200
– und Eigenverantwortlichkeit L 1350 f.
– Prüfungsbericht L 1352; M 139, 684 ff.
– – bei abweichenden Beurteilungen M 139, 688 ff.
– – Unterzeichnung und Vorlage M 691
– Prüfungsergebnisse Dritter L 1347
– unterschiedliches Gesamturteil L 1352 f.
– Wahl mehrerer Abschlussprüfer L 1346
– *s. auch Joint Audit/Joint Auditors*

Gemeinschaftsunternehmen F 1450; K 308 ff.
– Abhängigkeitsverhältnis C 116, 120, 164 ff.

- Begriff **G** 593 ff.
- Einzelabschluss **K** 308
- Konzernabschluss **K** 308
- – Angaben **K** 310
- – Equity-Methode **K** 308
- – nicht an der gemeinschaftlichen Führung beteiligt **K** 309
- Konzernanhang **G** 685 f.
- – gesonderte Angabe von Arbeitnehmern **G** 745 f.
- Konzernprüfungsbericht **M** 583, 598
- Konzernverhältnis **C** 164
- Quotenkonsolidierung **C** 170; **G** 592 ff.
- rechtliche Qualifikation **C** 119
- separate Einheit **K** 305
- Stetigkeit der Konsolidierungsmethode **G** 16
- als verbundenes Unternehmen **C** 116 ff., 176
- s. auch Teilbereichsprüfer

Gemischte Sozietät
- Haftung bei **A** 281

Genehmigtes Kapital
- im Anhang der AG **F** 453, 949, 1273
- Ausgabe von Belegschaftsaktien aus **M** 76
- Prüfung **L** 96

Generalnorm F 24 ff., 79, 927 ff., 985 f., 1542
- Bestätigungsvermerk **M** 801 ff., 979 ff.
- – Aussage zur Einhaltung **M** 779, 943, 961
- – modifiziertes Prüfungsurteil zur Einhaltung **M** 1061, 1092, 1107, 1135
- Einhaltung
- – Kapitalgesellschaften **M** 369, 1207
- – Kleinstkapitalgesellschaften **M** 349, 379, 706, 806, 992, 1208
- – Konzernabschluss **M** 1129
- – Personenhandelsgesellschaften **M** 805, 991
- – Unternehmen nach PublG **M** 379, 647, 653, 659, 1143, 1151 ff.
- freiwillige Abschlussprüfung **M** 695, 706
- im Jahresabschluss nach PublG **F** 1542
- Konzernprüfungsbericht **M** 620
- Prüfungsbericht **M** 330, 369, 659, 706, 709
- zusätzliche Angaben im Anhang **F** 949, 981 ff.
- s. auch Gesamtaussage, Vermögens-, Finanz- und Ertragslage

Genossenschaft G 68, 278, 284, 301; **H** 1 ff.
- Abschreibungen **H** 15
- Anhangangaben **H** 39 ff.
- Bilanz **H** 27 ff.
- Buchführungspflicht **H** 4
- Ergebnisrückrücklage **H** 35 ff.
- Erleichterungen
- – kleine und mittelgroße **H** 22 f.
- – – Kleinst– **H** 16 ff., 55
- Europäische **H** 9
- Geschäftsguthaben **H** 27 ff.
- Jahresabschluss **H** 10 ff.
- Konzernabschluss/-lagebericht 46 ff.
- Konzernrechnungslegungspflicht **H** 8
- Kreditgenossenschaften **H** 23, 29, 56
- Mindestkapital **H** 32 ff.
- Offenlegung **H** 51 ff.

Genossenschaftsanteile
- Kapitalgesellschaft **F** 357, 362, 420

Genussrechte
- im Anhang **F** 983, 1124 ff.
- in der Bilanz **F** 357, 361, 362, 388, 420, 693, 1322 f.
- in der GuV **F** 783, 844, 849, 857

Genussrechtskapital
- mit Eigenkapitalcharakter **F** 1322 ff.
- Verlustübernahme **F** 889
- Wiederauffüllung **F** 897

Genussscheine F 693

Geprüfte Unterlagen
- Erkenntnishorizont des Abschlussprüfers **M** 22, 187, 193, 213, 563, 669
- Konzernprüfungsbericht **M** 599
- Prüfungsbericht **M** 22, 166, 221, 332 ff.
- Umfang der (weiteren) **M** 212, 334, 414, 669
- Widerspruch **M** 1110, 1135

Geregelter Markt s. Organisierter Markt

Gerichtliche Entscheidung
- höhere Bewertung **F** 900

Gerichtlicher Sachverständiger
- Entschädigung **A** 299 ff.
- Haftung **A** 359
- Wirtschaftsprüfer **A** 299 ff.

Gerichtskosten
- bei Ermittlung der Anschaffungskosten **F** 107
- in der GuV **F** 831

Gerichtsstand
- Honorarklagen des Wirtschaftsprüfers **A** 304 ff.

Geringwertige Wirtschaftsgüter
- Abschreibung **F** 171, 962
- Sammelposten **F** 349, 1011

Gerüstteile F 196

2519

Gesamtaussage
- Bestätigungsvermerk **M** 747, 782, 1019, 1069, 1082, 1089 ff.
- – negative **M** 1019, 1069, 1082, 1089
- Jahresabschluss **M** 173, 330, 369 ff., 382, 398, 404, 702, 1098
- Konzernabschluss **M** 550, 620 ff.
- Konzernprüfungsbericht
- – Feststellungen zur – des Konzernabschlusses **M** 620 ff.
- Prüfungsbericht
- – Feststellungen zur – des Jahresabschlusses **M** 369 ff.
- s. auch Generalnorm

Gesamtergebnisrechnung K 26 ff.
- GuV **K** 27
- sonstiges Ergebnis **K** 28

Gesamthandsgemeinschaft F 362

Gesamtkaufpreis
- Anschaffungskosten **F** 118
- negativer **F** 367

Gesamtkostenverfahren
- GuV **F** 253, 750 ff., 789, 792 ff.
- Konzern-GuV **G** 519 ff.
- Wechsel zum Umsatzkostenverfahren **F** 287, 763

Gesamtleistung
- in der GuV **F** 789

Gesamtschulden
- Verrechnung **F** 69

Gesamtschuldnerische Haftung
- Einstandspflicht **F** 269

Gesamturteil
- entwicklungsbeeinträchtigende oder bestandsgefährdende Tatsachen **M** 231
- Kündigung des Prüfungsauftrags **M** 1218
- Risikofrüherkennungssystem **M** 458
- s. auch Gesamtaussage

Gesamtverantwortung
- Aufsichtsorgan **M** 98
- Gemeinschaftsprüfer **M** 686
- gesetzliche Vertreter **M** 327
- Konzernabschlussprüfer **M** 1133
- s. auch Verantwortung

Gesamtwertmethode F 377

Geschäfte
- Begriff **F** 1032
- mit nahe stehenden Unternehmen und Personen **F** 949, 1167 ff.
- – marktunübliche **F** 1174

Geschäfts- oder Firmenwert
- Abschreibung **G** 401 ff.
- Anpassung der Erstkonsolidierung **G** 384, 634
- Ausweis **G** 385
- Bestimmung der Nutzungsdauer **G** 405
- erfolgsneutrale Verrechnung mit Rücklagen **G** 463
- Fremdwährungsabschluss **G** 329 f.
- im Rahmen der Equity-Methode **G** 606, 625 f., 631, 634, 655, 702
- latente Steuern **G** 556 ff.
- Prüfung **L** 524, 873, 877
- Ursachen **G** 386
- Zuschreibung **G** 409
- s. auch Geschäftswert

Geschäfts-/Betriebsgeheimnisse
- im Lagebericht **F** 1410

Geschäftsanteile
- Angabe unterschiedlicher Gattungen **F** 452

Geschäftsausstattung
- Abschreibung **F** 169
- Bilanzierung **F** 348 ff.

Geschäftsbericht M 87, 272, 813, 892
- Kosten **F** 662
- lageberichtsfremde Angaben **M** 272, 891
- sonstige Informationen **M** 87, 272, 771, 889, 1119
- Verantwortung **M** 895
- zusätzliche Informationen **M** 1241

Geschäftsbesorgungsvertrag A 273
- Begriff **C** 218

Geschäftsbeziehungen
- Abhängigkeit durch **C** 109

Geschäftsbriefbögen
- Wirtschaftsprüfer **A** 511 ff., 532
- Wirtschaftsprüfungsgesellschaft **A** 535

Geschäftsergebnis
- im Lagebericht **F** 1359, 1368 ff.

Geschäftsführerbezüge
- im Anhang **F** 913, 926, 930, 938, 949, 1047 ff., 1067 ff.
- – früherer Mitglieder **F** 949, 1085 ff.
- s. auch Organbezüge

Geschäftsführung
- Bestätigungsvermerk **M** 753, 818, 917, 976, 998
- – Nichtangabe der Gesamtbezüge **M** 982, 1060
- Kollegialorgan **M** 54, 537
- Maßnahmen **M** 157, 204, 403
- als Organ **M** 28, 40, 54, 121, 292, 543
- Prüfung der Ordnungsmäßigkeit
- – Erweiterung des Prüfungsgegenstands **M** 151, 465, 695
- – – Feststellungen aus **M** 469 ff.
- – Prüfungsbericht **M** 151, 465 ff., 511, 695
- Prüfungsbericht
- – Empfänger **M** 25, 30, 31
- – Empfänger des Vorwegexemplars **M** 29, 530
- – Stellungnahme ggü. dem Aufsichtsorgan **M** 28, 40
- – Vorlage an die GmbH-Gesellschafter **M** 25, 31
- Qualität **M** 92, 298, 753, 998
- Sonderprüfung **M** 79
- als Tätigkeit **M** 92, 98, 157, 266, 298, 753, 976, 998
- Überwachung **M** 52, 98, 248
- – Prüfungsbericht **M** 248, 329, 338, 355, 543
- *s. auch Gesetzliche Vertreter*

Geschäftsführungsmitglieder
- im Anhang
- – Prüfung **L** 93, 173, 1069
- Gehalt **F** 815, 930, 938, 949, 1067 ff.
- *s. auch Geschäftsführung, Organmitglieder*

Geschäftsführungsvertrag F 499

Geschäftsgebäude
- Ausweis **F** 323, 331

Geschäftsgrundstücke
- Ausweis **F** 323 ff.

Geschäftsguthaben
- Genossenschaft **H** 27 ff.

Geschäftsjahr
- *abweichendes* **F** 682
- einbezogene Unternehmen **G** 207
- Konzern **G** 205 f., 282

Geschäftsräume
- Betreten **A** 575

Geschäftsrisiken
- und risikoorientierte Abschlussprüfung **L** 246 ff., 191

Geschäftstätigkeit
- Begriff **F** 1236
- gewöhnliche **F** 1236
- bei der Prüfungsplanung **L** 252, 261, 334

Geschäftsverlauf
- im Lagebericht **F** 1358 f., 1368 ff.
- im Konzernlagebericht **G** 827 ff.

Geschäftswert
- Abschreibung **F** 169, 193, 319, 949, 1114 ff.
- in der Bilanz **F** 123, 317 ff.
- Bilanzierung **F** 317 ff.
- latente Steuern **F** 735
- in Zwischenabschlüssen **P** 95
- *s. auch Geschäfts- oder Firmenwert*

Geschätzte Werte
- Berichterstattung **L** 1110 ff.
- Beurteilung von Fehlerrisiken **L** 1100 ff.
- Heranziehung von Sachverständigen **L** 1101
- Prüfung **L** 1099 ff.
- Reaktion auf beurteilte Fehlerrisiken **L** 1104 ff.

Geschlechterquote
- Aufsichtsrat **M** 240, 260
- Bestätigungsvermerk **M** 262, 813
- Erklärung zur Unternehmensführung **J** 130 f., 154 ff.
- Geschäftsführungsorgan **M** 262
- Prüfungsbericht **M** 262

Geschmacks und Gebrauchsmuster
- Bilanzierung **F** 51

Gesellschaft bürgerlichen Rechts
- Tätigkeit von Wirtschaftsprüfern **A** 499 ff.

Gesellschaft mbH & Co. KG
- Rechnungslegung **F** 1442 ff.
- *s. auch Personenhandelsgesellschaft, Kapitalgesellschaft*

Gesellschaft mit beschränkter Haftung
- Abschlussprüferbestellung **B** 397
- Bilanzierung der Anteile an einer **F** 357, 362, 394, 420
- Ermittlung der Kapitalmehrheit **C** 73
- im faktischen Konzern **C** 187 ff.
- Gesellschafter
- – Forderungen an **F** 408, 421
- – Kredite an **F** 391
- – Verbindlichkeiten ggü. **F** 519
- Gewinnrücklagen **F** 519
- Jahres- und Konzernabschluss **B** 396
- Kapitalrücklage **F** 493

2521

- Nachschüsse **F** 489
- rechtsformspezifische Vorschriften **F** 1439 f.
- Unternehmensverbindungen **C** 43
- Unternehmensvertrag mit **C** 201
- – Anwendung aktienrechtlicher Vorschriften **C** 201, 216, 230 ff.
- – Beurkundung **C** 230
- – Eintragung **C** 237
- – Nichtigkeit **C** 230
- – Satzung **C** 230
- – Zulässigkeit **C** 201

Gesellschafter
- Abfindung bei Ausscheiden durch Personenhandelsgesellschaft **F** 1507 ff.
- außenstehende
- – Ausgleichszahlungen in der GuV **F** 785 f.
- – vertraglich zu leistender Ausgleich **F** 785
- – Haftungsverhältnisse zugunsten **F** 1001
- – Kredite an **F** 250
- persönlich haftende der KGaA
- – Anteile **F** 1462 ff.
- – Einzahlungsverpflichtungen **F** 1485
- – Forderungen **F** 408, 421, 1485
- – Gewinn/Verlust **F** 690
- – Pflicht zur Aufstellung des Abhängigkeitsberichts **F** 1424
- Privatvermögen nach PublG **F** 1555 ff.

Gesellschafterbeziehungen
- bei Personenhandelsgesellschaft nach PublG **F** 1560

Gesellschafterdarlehen
- *s. Eigenkapitalersetzende Darlehen*

Gesellschafterkonten
- in der Bilanz der Personenhandelsgesellschaft **F** 250

Gesellschafterrechte
- Auskunft **F** 769

Gesellschafterstruktur
- Bewertungsstetigkeit bei Änderung **F** 102

Gesellschafterversammlung
- Aufsichtsrat **M** 77
- Aufwendungen **F** 831
- Beschlüsse **M** 78, 517, 858, 970, 1092, 1232
- Bestätigungsvermerk **M** 57, 816, 1037
- Einberufung **M** 259
- *Entlastung der Gesellschaftsorgane* **M** 79
- Feststellung des Jahresabschlusses **M** 31, 78
- Funktion als für die Überwachung Verantwortliche **M** 901

- Gesetzesverstöße **M** 240, 256
- Prüfungsbericht **M** 57, 159, 256, 397
- zustimmungspflichtige Geschäfte **M** 264, 1232
- *s. auch Hauptversammlung*

Gesellschaftsvermögen
- im Jahresabschluss der Personengesellschaft **F** 34, 1555
- Partnerschaftsgesellschaft **A** 507

Gesellschaftsvertrag
- Gesellschaft mbH **F** 510, 519
- Personengesellschaft **F** 370
- *s. auch Satzung*

Gesetzesverstöße
- Begriffsabgrenzung **M** 238, 246
- Beherrschungsvertrag **C** 210, 215
- Bestätigungsvermerk
- – Auswirkungen auf das Prüfungsurteil **M** 89, 747, 793, 1015, 1033 ff., 1091 ff., 1135
- – Beschreibung der Verantwortung des Abschlussprüfers **M** 907, 981
- – rechtswidrige Erteilung **M** 83
- durch Arbeitnehmer **M** 91, 188, 241, 253 f., 543, 566, 704
- durch gesetzliche Vertreter **M** 91, 238 ff., 253 ff., 459 ff., 566 ff., 704, 884
- – Maßnahmen **M** 125, 264, 271, 278
- durch Mitglieder des Aufsichtsorgans **M** 240, 255, 260
- – Maßnahmen **M** 125, 271, 277
- Kommunikation mit dem Aufsichtsgremium **M** 14, 109
- Konzernprüfungsbericht **M** 566 ff.
- Nachtragsprüfung **N** 37, 47, 53
- Nichtigkeit des Jahresabschlusses **M** 1120
- persönliche Verantwortung **M** 241, 254
- Prüfungsbericht **M** 23, 91, 188, 238 ff., 253 ff., 704
- Redepflicht des Abschlussprüfers **M** 124 ff., 277
- Redeverbot **M** 126
- Sonderprüfung **M** 79
- Unterrichtungspflichten des Abschlussprüfers **A** 229; **M** 14 ff., 109, 133, 244, 571
- Verwertung von Informationen in Bezug auf **M** 91, 124, 192, 273, 571
- *s. auch Unregelmäßigkeiten, Unrichtigkeiten, Verstöße*

Gesetzliche Rücklage
- AG **F** 497 ff.

- Einstellungen F 892
- Entnahmen F 501 f., 884
- Gesellschaft mbH F 503
- Kapitalerhöhung aus Gesellschaftsmitteln F 501
- Prüfung L 1001
- Unternehmensvertrag C 254 ff., 260; F 499 f., 518
- Unternehmergesellschaft F 504 f.

Gesetzliche Vertreter
- abweichende Auffassung M 275, 374, 389
- Abweichung von Empfehlungen des DRSC M 117, 353, 360, 611, 970
- Aufklärungs- und Nachweispflichten M 324 ff., 593 ff.
- – Bestätigungsvermerk M 851, 1037, 1094, 1116 ff.
- – Prüfungsbericht M 22, 325, 594
- – Verletzung M 207, 326, 595, 1094, 1116 ff., 1136
- – Vollständigkeitserklärung M 327, 596, 1117
- – s. auch Auskunftspflicht
- Aufstellungs- und Publizitätspflichten M 85, 92, 245, 286, 291, 352, 647, 665, 694, 708
- – Verletzung M 207, 246, 266, 354, 1114
- Aushändigung des Prüfungsberichts M 26, 31, 645
- Entlastung M 79, 517
- Gesetzesverstöße M 91, 238 ff., 253 ff., 459 ff., 566 ff., 704, 884
- – Bestätigungsvermerk M 737 ff., 899 ff., 1064, 1112 ff., 1135
- – persönliche Verantwortung M 257
- – Prüfungsbericht M 133, 238 ff., 343, 459, 566 ff.
- Kollegialorgan M 54, 537
- Lagebeurteilung M 203, 207, 442, 841, 1109
- – Nichtaufstellung M 214, 648, 703, 1064, 1094, 1109
- – Nichtvertretbarkeit M 210, 841
- – Stellungnahme des Abschlussprüfers M 22, 46, 197 ff., 560 ff.
- – s. auch Vorangestellte Berichterstattung
- Management Fraud M 127, 340, 1118
- Prüfungsbericht
- – Bedeutung M 45, 53
- – Empfänger M 9, 25 ff.
- – Stellungnahme ggü. dem Aufsichtsgremium M 25, 28, 40
- – Vorwegexemplar M 29, 530
- Schlussbesprechung M 29
- Sorgfaltspflicht M 249, 259, 342
- Stellungnahme zum Prüfungsbericht M 28, 40
- Verantwortung für das Risikofrüherkennungssystem M 54, 292, 462
- Verantwortung für die Rechnungslegung M 54, 92, 292, 327, 597, 754
- – Bestätigungsvermerk M 741, 772, 899 ff.
- – Prüfungsbericht M 65, 107, 327, 597
- – Rechnungslegungsgrundsatz der Fortführung der Unternehmenstätigkeit M 207
- Vollständigkeitserklärung M 327, 596, 1117
- s. auch Geschäftsführung, Vorstand

Gesonderte Berichterstattung
s. Sonderberichte, Teilberichte

Gesonderter Teilbericht
- bei Vorprüfungen L 382

Gesundheitsfürsorge
- im Lagebericht F 1415

Gewährleistungskosten
- beim Umsatzkostenverfahren F 903

Gewährleistungsrückstellungen
- in der Bilanz
- – Kapitalgesellschaft F 620
- – Kaufleute F 560, 635, 659

Gewährleistungsverpflichtungen
- im Anhang F 992, 994, 996 ff.
- eigene Leistung F 998
- fremde Leistungen F 997
- Vermerk F 75, 249, 949, 971, 992

Gewährleistungsvertrag F 996
- bei der Konsolidierung G 477 f.

Gewerbeertragsteuer
- bei Ermittlung der Herstellungskosten F 145
- in der GuV F 860

Gewerbekapitalsteuer
- bei Ermittlung der Herstellungskosten F 145

Gewerbesteuerschulden
- im Jahresabschluss nach PublG F 1557

Gewerbliche Tätigkeit
- Wirtschaftsprüfer A 81 f.
- – Ausnahme vom Verbot A 86
- Notgeschäftsführer A 82

Gewerkschaftsbeiträge
- Verbindlichkeiten F 707

Gewinn
- Tilgung **F** 690, 1043
- unrealisierter **F** 38, 89

Gewinn- und Verlustrechnung
- abgeführte Gewinne
- – nach PublG **F** 1551 ff.
- – Publizitätserleichterung **F** 1561
- im Anhang **F** 935 ff., 951
- Aufwendungen aus Verlustübernahme **F** 774, 780
- Aufstellungspflicht **F** 11, 14, 252 ff., 750 ff.
- außergewöhnliche/periodenfremde Erträge und Aufwendungen **F** 787 f.
- Bestandsveränderungen bei fertigen/unfertigen Erzeugnissen
- – Gesamtkostenverfahren **F** 800 ff.
- Darstellungsstetigkeit **F** 763 ff.
- Erleichterungen **F** 766, 770, 1436
- – für kleine und mittelgroße Gesellschaft **F** 766 ff.
- – nach PublG **F** 31, 1561
- Erträge und Aufwendungen aus Gewinngemeinschaften, (Teil-) Gewinnabführungsverträgen und aus Verlustübernahmen **F** 774 ff.
- Form **F** 253 f., 750, 984 f.
- Gesamtkostenverfahren **F** 789 ff.
- – Abschreibungen auf Finanzanlagen und Wertpapiere des Anlagevermögens **F** 855 ff.
- – Abschreibungen auf immaterielle Vermögensgegenstände **F** 827 f.
- – Abschreibungen auf Vermögensgegenstände des Umlaufvermögens **F** 829 f.
- – andere aktivierte Eigenleistungen **F** 804 ff.
- – Aufwand aus dem Erwerb eigener Anteile **F** 898
- – Aufwendungen für Altersversorgung und für Unterstützung **F** 821 ff.
- – Aufwendungen für bezogene Leistungen **F** 813 f.
- – Bedienung eines Besserungsscheins **F** 874 ff.
- – Bilanzgewinn/Bilanzverlust **F** 899
- – Einstellungen in andere Gewinnrücklagen **F** 896
- – Einstellungen in die gesetzliche Rücklage **F** 892
- – *Einstellungen in die Kapitalrücklage* **F** 891
- – Einstellungen in die Rücklage für Anteile an einem herrschenden oder mehrheitlich beteiligten Unternehmen **F** 893 f.
- – Einstellungen in satzungsmäßige Rücklagen **F** 895
- – Entnahmen aus anderen Gewinnrücklagen **F** 888
- – Entnahmen aus der gesetzlichen Rücklage **F** 884
- – Entnahmen aus der Kapitalrücklage **F** 883
- – Entnahmen aus der Rücklage für Anteile an einem herrschenden oder mehrheitlich beteiligten Unternehmen **F** 885 f.
- – Entnahmen aus Genussrechtskapital **F** 889
- – Entnahmen aus satzungsmäßigen Rücklagen **F** 887
- – Ertrag aufgrund höherer Bewertung nach Sonderprüfung/gerichtlicher Entscheidung **F** 900
- – Ertrag aus der Kapitalherabsetzung **F** 890
- – Erträge aus anderen Wertpapieren und Ausleihungen des Finanzanlagevermögens **F** 844 ff.
- – Erträge aus Beteiligungen **F** 836 ff.
- – Erträge aus Beteiligungen phasengleiche Gewinnvereinnahmung **F** 838
- – Gewinn-/Verlustvortrag **F** 882
- – Jahresüberschuss/Jahresfehlbetrag **F** 877 ff.
- – Materialaufwand **F** 808 ff.
- – Personalaufwand **F** 815 ff.
- – sonstige betriebliche Aufwendungen **F** 831 ff.
- – sonstige betriebliche Erträge **F** 807
- – sonstige Steuern **F** 868 ff.
- – soziale Abgaben **F** 821 ff.
- – Steuern vom Einkommen und Ertrag **F** 860 ff.
- – Umsatzerlöse **F** 792 ff.
- – Vergütung für Genussrechtskapital **F** 873 ff.
- – Vermögensminderung aufgrund von Abspaltungen **F** 881
- – Wiederauffüllung des Genussrechtskapitals **F** 897
- – Zinsen und ähnliche Aufwendungen **F** 857 ff.
- Gliederungsschemata
- – Einfügung neuer Posten **F** 294, 754
- – Kurzbezeichnung **F** 761
- – Leerposten **F** 300, 760
- – mehrere Geschäftszweigen **F** 293, 752
- – Reihenfolge der Posten **F** 756
- – Rohergebnis **F** 755

– – Zusammenfassung von Posten **F** 298 f., 757, 759
– – Zwischensummen **F** 755
– Gliederungsvorschriften **F** 252 ff., 750
– Holdinggesellschaft **F** 756
– Personenhandelsgesellschaft i.S.d. § 264a HGB **F** 750 f., 1493 ff.
– Umsatzkostenverfahren **F** 789 ff., 901 ff.
– – allgemeine Verwaltungskosten **F** 914 f.
– – Bruttoergebnis vom Umsatz **F** 910
– – Herstellungskosten **F** 902 ff.
– – sonstige betriebliche Aufwendungen **F** 917 ff.
– – sonstige betriebliche Erträge **F** 916
– – Umsatzerlöse **F** 901
– – Vertriebskosten **F** 911 ff.

Gewinnabführung
– Ende **C** 262, 265
– in der GuV **F** 774 ff., 838
– Höchstbetrag **C** 257
– *s. auch Ergebnisübernahme*

Gewinnabführungsvertrag
– Abgrenzung **C** 217
– Abfindungsanspruch **C** 286
– Abhängigkeit **C** 220
– Anfechtung **C** 233
– Aufwendungen **F** 774, 776
– Ausgleichsanspruch **C** 272, 275
– Begriff **C** 217
– Charakter **C** 217
– Erträge **F** 774 ff., 838
– gesetzliche Rücklage **C** 254 ff.; **F** 499 ff.
– Inhalt **C** 217, 283, 286
– Konzernverhältnis **C** 161
– Leitungsmacht **C** 220
– Nichtigkeit **C** 286
– Prüfung **C** 234; **L** 188, 904, 1054
– Sicherheitsleistung **C** 265
– Verlustausgleich **C** 260 ff., 262
– Verpflichtungen **F** 683, 690, 780
– vorvertragliche Gewinnvortrag **C** 219
– *s. auch Unternehmensvertrag*

Gewinnabschlag
– Bewertung des Umlaufvermögens **F** 188

Gewinnanspruch
– Ausweis **F** 412
– Bewertung von Beteiligungen **F** 369 ff.
– bei Personengesellschaft **F** 370

Gewinnanteile
– bei Beteiligung **F** 369 f.
– des Kommanditisten **F** 1466
– in der GuV **F** 836
– Personenhandelsgesellschaft **F** 370, 837, 1465 f., 1473 ff.

Gewinnausschüttung
– assoziierte Unternehmen **G** 636 ff.
– aus Kapitalrücklagen **F** 490
– *s. auch Ergebnisübernahme*

Gewinnbeteiligung
– Organmitglieder **F** 1068, 1072

Gewinngemeinschaftsvertrag
– Ansprüche **F** 362
– Begriff **C** 221 ff.
– Erträge in der GuV **F** 774 ff., 838
– – Prüfung **L** 1052
– Gewinnabführung **F** 774 ff.
– Gewinnpoolung **C** 222
– Gleichordnungskonzern **C** 224
– Leitungsmacht **C** 224
– Nichtigkeit **C** 224
– *s. auch Unternehmensvertrag*

Gewinnrealisierung
– Beteiligungen **F** 369 ff.
– Eintritt **F** 4, 36 f., 418, 527
– langfristige Fertigung **F** 105, 1350 ff.
– Rückgaberecht **F** 416
– Sale and Lease Back **F** 1339
– Tauschgeschäfte **F** 122
– Versandhandel **F** 92, 418

Gewinnrücklagen
– *andere s. dort*
– in der Bilanz **F** 494 ff.
– Bildung **F** 494 ff., 513 ff., 892 ff.
– Einstellungen in **F** 494 ff., 513 ff., 892 ff.
– – Wertaufholungen **F** 508, 514, 519
– Entnahmen aus **F** 375, 470 f., 495, 501
– ergänzende Vorschriften über die der AG **F** 496, 880, 949
– bei Ermittlung der Ausgleichszahlung **C** 277
– bei faktischem Konzern **C** 190
– GmbH **F** 503, 510, 519 f., 880, 949
– Konzernabschluss **G** 436 ff., 487 f.
– – Personenhandelsgesellschaft **G** 791
– Nichtigkeit des Jahresabschlusses bei Verstoß gegen Vorschriften **B** 316
– Prüfung **L** 1001
– *vorvertragliche s. Vorvertragliche Rücklagen*

Gewinnschuldverschreibungen
- im Anhang **F** 1126
- in der Bilanz **F** 388, 690, 693
- Zuzahlung **F** 480

Gewinnthesaurierung
- Thesaurierung bei faktischem Konzern **C** 190

Gewinnvereinnahmung
- phasengleiche **F** 840

Gewinnverteilung
- GmbH **F** 519, 877 ff.
- Personenhandelsgesellschaft i.S.d. § 264a HGB **F** 879

Gewinnverwendung
- bei Aufstellung der Bilanz **F** 495, 515
- Grundlage **F** 877 ff.
- Personengesellschaft nach PublG **F** 1557, 1560
- Prüfung **B** 34
- Verwendungsmöglichkeiten **B** 144 ff.
- Vorschlag **B** 33 ff., 102, 140
- – Ansatzverbot latenter Steuern **G** 573
- Zwischenabschluss **G** 215

Gewinnverwendungsbeschluss B 6, 35, 129 ff., 139 ff.
- Änderung **B** 149
- Anfechtung **B** 371
- Auswirkung **F** 839 ff.
- Kapitalerhöhung aus Gesellschaftsmitteln **F** 470
- Nichtigkeit **B** 147, 150 ff.
- Rücklagenzuführung aufgrund
- – Gesellschafterversammlung **F** 519
- – Hauptversammlung **F** 498
- zusätzlicher Aufwand/Ertrag **F** 516

Gewinnverwendungsrechnung
- AG **F** 882 ff.
- Konzern-GuV **G** 295
- Personenhandelsgesellschaft i.S.d. § 264a HGB **F** 1478

Gewinnvortrag F 882, 893, 949, 1461; **G** 249, 488
- in der GuV **F** 882
- bei der Rücklagenzuweisung **F** 498

Gewissenhaftigkeit
- Wirtschaftsprüfer **A** 209 ff.
- – *Beachtung fachlicher Regeln* **A** 210
- – Beachtung fachlicher Verlautbarungen des IDW **A** 210 ff.
- – Fortbildungsverpflichtung **A** 218 f.

- – Qualitätssicherung **A** 216
- – Verletzung der Pflicht zur **A** 219

Gezeichnetes Kapital
- Bewertung **F** 450
- Bilanzierung **F** 450 f.

Gießereien
- Ausweis **F** 348

Gläubigerschutz F 5, 538
- Verstoß gegen Vorschriften **B** 297 ff.

Gleichordnungskonzern G 18, 98
- Abgrenzung **C** 162
- Abhängigkeit **C** 120, 125
- Arbeitsgemeinschaft im **C** 176
- Begriff **C** 162 ff.
- einheitliche Leitung **C** 162
- bei Gewinngemeinschaftsvertrag **C** 224
- Hauptversammlung zum Vertrag über den **C** 162
- verbundene Unternehmen **C** 27, 60, 163, 406
- Verbindung zum Unterordnungskonzern **C** 172
- bei wechselseitiger Beteiligung **C** 162

Gleisanlagen F 196

Gliederung F 244 ff.
- Anhang **F** 937 ff.
- Anlagevermögen **F** 302 ff., 949, 1008 f.
- Anpassung der Postenbezeichnung **F** 295 f., 1546
- Bescheinigung **M** 718
- Bestätigungsvermerk **M** 755 ff.
- – Bestätigungsvermerk nach ISA (Revised 2015) **M** 1268 ff.
- Bilanz **F** 248 ff., 301 ff.
- – Personenhandelsgesellschaft **F** 250
- – nach PublG **F** 1541, 1544 ff.
- Einfügung neuer Posten **F** 294, 754, 756
- GuV
- – Gesamtkostenverfahren **F** 252, 750 ff., 792 ff.
- – Mindestgliederung **F** 253
- – nach PublG **F** 1551 ff.
- – Umsatzkostenverfahren **F** 252, 750 ff., 901 ff.
- Investmentvermögen **F** 1211 f.
- Konzernbilanz **G** 238 ff., 283 ff.
- Konzern-GuV **G** 291 ff., 300 ff.
- Konzernprüfungsbericht **M** 544 ff.
- Lagebericht **F** 1362
- Leasinggesellschaft **F** 295, 756

– mehrere Geschäftszweige **F** 293, 949, 987
– Prüfungsbericht **M** 164 ff.
– Reihenfolge **F** 295, 751 ff., 937
– Untergliederung von Posten **F** 294, 753
– Wegfall von Posten **F** 298, 300, 760, 934, 949, 988
– Zusammenfassung von Posten **F** 298 f., 757, 759, 949, 988

Gliederungsgrundsätze
– Bilanz und GuV **F** 244 ff.
– – nach PublG **F** 1543
– für Personenhandelsgesellschaft **F** 250
– Prüfung der Einhaltung **L** 869 ff.
– – Kapitalgesellschaften **L** 869 ff.
– – Nicht-Kapitalgesellschaften **L** 870

Gliederungsschemata
– Bilanz und GuV **F** 286 ff., 301
– GuV **F** 252 ff., 750 ff., 792 ff., 901 ff.
– Jahresabschluss **F** 244 ff.
– verschiedene
– – im Anhang **F** 949, 987
– *s. auch Formblätter*

Going Concern
– Prüfung **L** 427 ff., 437 ff., 451
– *s. auch Bestandsgefährdende Tatsachen, Entwicklungsbeeinträchtigende Tatsachen, Fortführung der Unternehmenstätigkeit*

Going Concern-Prinzip F 84 f.
– bei Bewertung **F** 84 f.
– – Anlagevermögen **F** 84
– *s. auch Unternehmensfortführung*

Graphiken
– im Anhang **F** 948

Gratifikationen
– in der GuV **F** 815
– Rückstellungen **F** 678, 682

Gratisaktien
– Bewertung **F** 1299 ff.
– Verpflichtung zum Aktienrückkauf **F** 1302

Größenabhängige Erleichterungen
– *bei der Offenlegung s. dort*

Größenmerkmale
– kapitalmarktorientiertes Unternehmen **J** 10
– Konzernrechnungslegungspflicht
– – Befreiung **G** 148 ff.
– – nach PublG **G** 77 ff.
– Rechnungslegungspflicht

– – nach PublG **F** 1519 ff.
– – nach HGB **F** 281 ff.

Großreparaturen
– im Anhang **F** 1045
– Bilanzierung **F** 175
– in der GuV **F** 804

Grubenversatz
– Rückstellungen **F** 658

Gründung
– Anschaffungskosten einer Beteiligung **F** 365, 368
– Rechnungslegungspflicht **F** 282

Gründungsaufwand F 61

Gründungskosten
– Ausweis **F** 831

Gründungsprüfung A 38

Grundbesitz
– Bilanzierung **F** 324

Grundbuch
– bei Prüfung der Grundstücke **L** 883

Grunderwerbsteuer
– bei Ermittlung der Anschaffungskosten **F** 107

Grundgeschäfte F 205
– bei Bewertungseinheiten **F** 205

Grundkapital
– Ausweis **F** 450 ff.
– Mindestnennbetrag **F** 454

Grundpfandrechte
– für eigene Verbindlichkeiten **F** 1029
– für fremde Verbindlichkeiten **F** 388, 999, 1002

Grundsätze ordnungsmäßiger Abschlussprüfung M 272, 296, 823, 869, 932, 963, 1176, 1217, 1256
– Wirtschaftlichkeit **M** 306

Grundsätze ordnungsmäßiger Berichterstattung bei Abschlussprüfungen M 5, 9, 135 ff., 509, 542, 696
– im Anhang **F** 927 ff., 941; **L** 1056
– Einheitlichkeit **M** 146, 153, 451
– Klarheit **M** 158 ff., 232, 513, 675
– im Lagebericht **F** 1358 ff.
– Stetigkeit **M** 161, 167, 433, 545, 675
– Unparteilichkeit **M** 156, 275
– Vollständigkeit **M** 141 ff.
– Wahrheit **M** 139
– Wesentlichkeit **M** 142

Grundsätze ordnungsmäßiger Buchführung
F 4 f., 26; M 330, 369 ff., 620, 654, 980; L 10, 545, 556, 631, 639 ff., 937
– nach PublG F 1542, 1545, 1552
– bei Wahl der Abschreibungsmethode F 173

Grundsätze ordnungsmäßiger Erteilung von Bestätigungsvermerken M 8, 646, 736 ff.

Grundsätze ordnungsmäßiger Konzernrechnungslegung i.S.d. Standards des DRSC M 610, 979, 995

Grundsätzliche Feststellungen
– Prüfungsbericht M 46, 186 ff., 559 ff.

Grundsatz
– Abschreibung (Planmäßigkeit) F 167 ff., 178
– Bilanzidentität F 83; M 1233
– Bilanzierung F 3 f., 24 ff., 32 ff.
– Buchführung F 3
– Einzelbewertung F 86 ff.
– gewissenhafte und getreue Rechenschaftslegung F 1359
– Gliederung F 244 ff.
– Klarheit F 12 f., 65, 78, 245, 252 ff. 286 ff., 1362
– Methodenbestimmtheit F 122
– Methodenfreiheit F 79, 122
– Nichtaufnahme von Privatvermögen F 1493, 1555 ff.
– Rechnungslegung M 283, 330, 369, 574, 610, 654, 741, 800, 969, 1092, 1209
– – Fortführung der Unternehmenstätigkeit M 8, 292, 767, 858 ff., 892, 1092, 1101, 1236
– – Ordnungsmäßigkeit M 801 f., 1017, 1152, 1169
– – sachgerechte Gesamtdarstellung M 801 f., 1049, 1107, 1129
– Redepflicht M 128
– Stetigkeit F 71 ff., 96 ff., 287, 585, 763 ff., 938
– – Abgrenzung des Konsolidierungskreises M 601
– – Ansatz-, Ausweis- und Bewertung M 390, 680, 1100
– – Durchbrechung M 390, 1191
– – Konsolidierungsmethoden M 680
– – Wertansätze und Kontenzuordnung i.Z.m. § 6b EnWG M 492
– Unternehmensfortführung F 84 f.
– *verlustfreie Bewertung* F 188
– Verständlichkeit F 930, 1359
– Vollständigkeit F 3, 32 ff., 929, 1359
– Wahrheit F 904, 1344

– Wesentlichkeit F 929, 958, 978, 1048
– Übersichtlichkeit F 12 f., 65, 78, 245, 252 ff. 286 ff., 1362
– vernünftige kaufmännische Beurteilung F 6, 571
– s. auch Grundsätze ordnungsmäßiger Abschlussprüfung, Grundsätze ordnungsmäßiger Berichterstattung bei Abschlussprüfungen, Grundsätze ordnungsmäßiger Buchführung

Grundsteuer
– bei Ermittlung der Herstellungskosten F 145
– in der GuV F 868

Grundstücke
– Abschreibung F 169, 344 f.
– Anschaffungskosten ersteigerter F 333
– ausgebeutete F 330
– in der Bilanz F 46, 324 f.
– mit fremden Bauten F 325
– Prüfung L 788, 883
– unbebaute F 324, 344

Grundstücksgleiche Rechte F 323 ff.

Grundstückslasten
– Verrechnung mit Grundstücksrechten F 65

Gruppenabschluss M 1216

Gruppenbewertung F 196
– im Anhang F 965, 949, 1004
– bei der Inventur F 10
– Prüfung L 935 ff.
– bei Schulden F 199
– beim Umlaufvermögen F 10, 194 ff., 965
– Verbindlichkeiten F 157
– Voraussetzungen F 196
– Zulässigkeit F 80

Güterverbrauch
– bei Ermittlung der Herstellungskosten F 125

Gutachten
– ergänzender Hinweis zum Bestätigungsvermerk M 859
– Prüfungsbericht M 139, 317, 334

Gutachtergebühren
– bei Ermittlung der Anschaffungskosten F 107

Gutachtertätigkeit
– Haftung A 339
– Siegelverwendung A 525
– Unparteilichkeit A 167
– Vergütung A 295 ff.

Gutschriften
– bei Ermittlung der Umsatzerlöse F 799

– für frühere Jahre **F** 807, 1244
– Prüfung **L** 387, 767 956

H

Hafenanlagen
– Ausweis **F** 348

Hafteinlagen
– Personenhandelsgesellschaft i.S.d. § 264a HGB **F** 949, 1513 f.

Haftung
– Abschlussprüfer **A** 309 ff.
– allgemeine Grundsätze **A** 307 f.
– bei Beherrschungsvertrag **C** 215 f., 260 ff.
– Konzernverhältnis **C** 205
– aus Prospektprüfung **A** 340 ff.
– Sachverständiger **A** 354, 359
– Sozietäten **A** 281, 363
– Versicherungsschutz **A** 362
– Wirtschaftsprüfer **A** 307 ff.
– – Beschränkung **A** 325 ff., 360 ff.
– – Darlegungs- und Beweisfragen **A** 316, 321
– – deliktische **A** 330 ff.
– – ggü. dem Auftraggeber **A** 307 ff.
– – ggü. Dritten **A** 334 ff.
– – bei Mitverschulden des Auftraggebers **A** 324, 367
– – Umfang **A** 325 f.
– – Verjährung **A** 368 ff.

Haftungsausschluss A 375

Haftungsbegrenzung
– bei prüferischer Durchsicht von Abschlüssen **P** 54 ff.

Haftungsbeschränkung
– Wirtschaftsprüfer **A** 360 ff.
– – durch Allgemeine Auftragsbedingungen **A** 362 ff.
– – bei Fahrlässigkeit **A** 364
– – bei der Pflichtprüfung **A** 325 ff.
– – bei Vorsatz **A** 313

Haftungsverhältnisse
– im Anhang **F** 949, 991 ff., 1095, 1217 ff.
– – zugunsten von Organmitgliedern **F** 949, 1001, 1091 ff.
– Aufwendungen **F** 831
– Begriff **F** 75 ff.
– für fremde Verbindlichkeiten **F** 75, 992, 997, 1046
– für Gesellschafter **F** 1001
– im Konzernanhang **G** 743 ff.

– Rückstellung **F** 659
– Schuldenkonsolidierung **G** 474 ff.
– sonstige im Anhang **F** 76, 1001, 1046
– Vermerk **F** 75, 249, 949, 991 f.
– – in der Konzernbilanz **G** 240, 474
– Verpflichtungen ggü. verbundenen oder assoziierten Unternehmen **F** 1003

Halbjahresfinanzbericht
– Bestandteile **P** 16
– prüferische Durchsicht **P** 20 ff.
– Zwischenlagebericht **P** 16, 19

Handakten A 547 ff.
– Aufbewahrung **A** 548 f.; **N** 6
– Begriff **A** 547
– Herausgabepflicht **A** 576 ff., 291; **N** 13
– Prüfungsakte **A** 550
– Vernichtung **A** 551
– Zurückbehaltungsrecht **A** 292

Handelsbetriebe
– Aufgliederung der Umsatzerlöse **F** 1054
– GuV nach dem Umsatzkostenverfahren **F** 909

Handelsbilanz II
– bei assoziierten Unternehmen **G** 641
– Bewertungsanpassungen **G** 253 ff.
– Bruttomethode **G** 150
– Ergebnisauswirkung **G** 313
– Form und Inhalt **G** 308 ff.
– Fortschreibung **G** 314 f.
– latente Steuern **G** 546 ff., 582
– Zwischenabschluss **G** 208, 226

Handelsgesetzbuch
– Geltung für den Jahresabschluss **F** 1, 11

Handelsregister
– Anmeldung des Unternehmensvertrags zur Eintragung **C** 217
– Eintragung
– – Aufhebung des Unternehmensvertrags **C** 246, 249
– – Gesellschafterbeschlüsse bei Sanierungsmaßnahmen **M** 1232

Handelsvertreter
– Rückstellung für Ausgleichsanspruch **F** 644

Handelswaren
– Bestandsveränderung **F** 803
– Bewertung **F** 186
– Erlöse aus dem Verkauf **F** 793

Hard close L 380

2529

Stichwortverzeichnis

Hauptversammlung
- Abhängigkeit bei Präsenzmehrheit **C** 106
- Auskunftsverweigerungsrecht des Vorstands **M** 144
- Berichterstattung des Aufsichtsrats an die **M** 50, 77
- *Beschluss s. Hauptversammlungsbeschluss*
- Billigung des Konzernabschlusses **G** 3, 231
- Einberufung **M** 99, 259
- – bei Verlust der Hälfte des Grundkapitals **M** 259
- Einsichtsrecht in den Prüfungsbericht **M** 32
- Entgegennahme der Abschlüsse **B** 132 ff.
- Erteilung des Prüfungsauftrags **B** 81 f.
- Feststellung des Jahresabschlusses **B** 123 f.
- Gewinnverwendung **B** 34 f., 139 ff., 144 ff.
- Präsenzmehrheit **G** 22
- Rückstellung für Kosten **F** 662
- Teilnahmepflicht des Abschlussprüfers **M** 50, 101
- bei Unternehmensverbindung **C** 20, 181
- bei Unternehmensvertrag **C** 230 ff., 236, 244
- Wahl des Abschlussprüfers **B** 75 ff.
- *s. auch Gesellschafterversammlung*

Hauptversammlungsbeschluss M 517, 970, 1092
- *Anfechtung s. dort*
- Änderung des Jahresabschlusses **M** 76
- Entlastung der Gesellschaftsorgane **M** 79
- Feststellung des Jahresabschlusses **M** 77 f.
- Kapitalmaßnahmen **M** 76, 1232
- *Nichtigkeit s. dort*
- Wahl des Abschlussprüfers **M** 930, 1012
- über Unternehmensvertrag **C** 230 ff., 237

Hauptversammlungsprotokoll
- als Prüfungsunterlage **L** 996

Haushaltsgrundsätzegesetz
- Bestätigungsvermerk **M** 1010
- Prüfungsbericht **M** 151, 465 ff., 511, 1010
- – Erweiterung des Prüfungsgegenstands **M** 151, 171
- – Feststellungen aus Erweiterungen des Prüfungsgegenstands **M** 469 ff.
- – Fragenkatalog nach *IDW PS 720* als obligatorische Anlage **M** 472, 511
- – Risikofrüherkennungssystem **M** 471
- – Teilbericht **M** 146
- – Weitergabe des Prüfungsberichts **M** 34, 540

Hausverwaltungskosten
- in der GuV **F** 831

Hedge
- Macro-Hedges **F** 202, 1189
- Micro-Hedges **F** 202, 1189
- Portfolio-Hedges **F** 202, 1189

Hedge Accounting K 171 ff.
- Angaben **K** 178
- Arten **K** 175
- Effektivität **K** 174
- Fair Value Option **K** 176
- Grundgeschäft **K** 1172
- Kredit-Derivat **K** 176
- Portfolio **K** 177
- Sicherungsinstrument **K** 173
- Voraussetzungen **K** 174

Heilung
- Nichtigkeit
- – Gewinnverwendungsbeschluss **B** 150 ff., 370
- – Jahresabschluss **B** 358 ff.

Heimfallverpflichtungen
- Bilanzierung **F** 660

Heiratsbeihilfen
- Ausweis **F** 825

Heizungsanlagen
- Ausweis **F** 326, 335, 350

Heizungsstoffe
- in der GuV **F** 809

Herstellung
- Zeitraum **F** 137

Herstellungsaufwand
- Begriff **F** 341
- bei Gebäuden **F** 336 ff.

Herstellungskosten
- im Anlagenspiegel **F** 1010 ff.
- Anlagevermögen
- – Abschreibung **F** 167 ff.
- – im Anhang **F** 961
- Bilanzierung **F** 125 ff.
- Definition **F** 125, 132, 902 ff.
- Ermittlung **F** 125 ff., 961
- Gebäude **F** 340 ff.
- Grundstücke **F** 333 ff.
- immaterielle Vermögensgegenstände **F** 126
- *Konzern s. Konzernherstellungskosten*
- bei Leistungen zur Erzielung der Umsatzerlöse **F** 902 ff.
- Mieterein- und -umbauten **F** 327
- Prüfung **L** 882, 887

Stichwortverzeichnis

- Umlaufvermögen **F** 185 ff.
- beim Umsatzkostenverfahren **F** 790, 902 ff., 961
- Vorräte **F** 125 ff., 401
- Zusammensetzung **F** 125 ff., 347, 949, 1007

Herstellungszeitraum F 130, 136 f., 142

Higher Level Controls L 227, 238, 241, 618, 671, 718

Highest in-first out-Prinzip F 194

Hilfslöhne
- bei Ermittlung der Herstellungskosten **F** 134, 139

Hilfsstoffe
- Abschreibung in der GuV **F** 829
- Anschaffungskosten **F** 124
- Aufwendungen im Anhang beim Umsatzkostenverfahren **F** 949, 1063
- Begriff **F** 139, 398
- Bewertung **F** 185 ff., 197, 401, 965
- Erlöse für nicht mehr benötigte **F** 793
- bei Ermittlung der Herstellungskosten **F** 139
- in der GuV **F** 808
- Prüfung **L** 912 ff.
- selbsterzeugte
- – Aufwendungen **F** 802
- – Bestandsveränderung **F** 802

Hinterbliebenenbezüge
- früherer Organmitglieder **F** 1086

Hinweise
- ergänzende zum Bestätigungsvermerk **M** 768, 848 ff.
- – auf sonstigen Sachverhalt **M** 769, 860 ff.
- – zur Hervorhebung eines Sachverhalts **M** 768, 856 ff.
- Geldwäschegesetz **M** 18, 126
- gesonderte auf bestandsgefährdende Risiken **M** 90, 767, 832 ff.
- ISA 706 (Revised 2015) **M** 1276
- i.Z.m. Teilberichten **M** 147
- s. auch Bestätigungsvermerk, Zusätzliche Hinweise

Hochinflationsländer
- Währungsumrechnung **G** 344 ff.

Hochöfen
- Ausweis **F** 348

Hochschullehrer
- Wirtschaftsprüfer als beamteter **A** 73

Hochwasser
- Grundstücksabschreibung **F** 344

Holdinggesellschaft
- Begriff **C** 162
- GuV **F** 756
- als Konzernobergesellschaft **C** 151, 156
- Unternehmenseigenschaft **C** 48

Holz
- Anschaffungskosten **F** 124

Honorar
- Abschlussprüfer **F** 949, 1131 ff.
- Wirtschaftsprüfer **A** 295 ff.
- – Abtretung von -forderungen **A** 205 ff.
- – – Gerichtsstand **A** 304 ff.
- – Inhabilität **B** 83, 315
- – Jahresabschlussprüfung
- – – Verstoß gegen Ausschlussgründe **A** 162 ff.
- – Pauschal- **A** 298
- – Pfändung von -forderungen **A** 207
- – bei Praxisverkauf **A** 208
- – Verjährung **A** 303
- s. auch Honoraranspruch, Gebühren, Vergütung

Honoraranspruch
- Wirtschaftsprüfer Wirtschaftsprüfungsgesellschaft
- – Abtretung **A** 205 f.
- – Pfändung **A** 207
- – Verjährung **A** 303

Honorarklagen
- Gerichtsstand **A** 304 f.

Hotelbettwäsche
- Bilanzierung **F** 196

Hotelgeschirr
- Bilanzierung **F** 196

Hundesteuer
- in der GuV **F** 868

Hypothekenzinsen
- in der GuV **F** 857

I

IDW Akademie A 609

IDW Arbeitstagung A 631

IDW Fachgremien A 626 ff.

IDW Fachgutachten A 617

IDW Hauptfachausschuss A 627

IDW Landesgruppen A 618, 631
IDW Life A 632
IDW Medien A 632 ff.
IDW Prüfungshinweise A 210 f., 625
IDW Prüfungsstandards A 210 f., 625
IDW Rechnungslegungshinweise A 210 f., 625
IDW s. *Institut der Wirtschaftsprüfer*
IDW Stellungnahmen zur Rechnungslegung A 210, 625
IDW Verlag GmbH A 608
IDW Verlautbarungen A 624 f.
IDW Webseite A 633
IFRS for SME K 9 ff.
IFRS-Abschluss
– Bestandteile **K** 20 ff.
– – Anhang **K** 25, 35 ff.
– – Bilanz **K** 23 ff.
– – Eigenkapitalveränderungsrechnung **K** 30 f.
– – Gesamtergebnisrechnung **K** 26 ff.
– – Kapitalflussrechnung **K** 32 ff.
– – Segmentbericht **K** 21, 324 ff.
– erstmaliger **K** 70 f.
– Offenlegung **F** 30
– Vergleichsinformationen **K** 22
IFRS-Normen
– Interpretationen **K** 13
– Rahmenkonzept **K** 15
– Standards **K** 13
IFRS-Umstellung F 661
Immaterielle Vermögensgegenstände F 302 ff.
– Abschreibung **F** 169, 303, 310 ff., 827 f.
– Ansatz **F** 51, 53, 55 ff.
– Ansatzverbot **F** 58, 306
– Ausschüttungssperre **F** 541, 543
– Begriff **F** 51
– Bewertung **F** 51 ff., 126, 602 ff.
– Bilanzierung **F** 51 ff., 302 ff.
– entgeltlich erworbene **F** 314 ff.
– entgeltlicher Erwerb **F** 54
– – REACH-Verordnung **F** 34, 54, 314
– Geschäfts- oder Firmenwert **F** 52
– Herstellungsrisiko **F** 55
– Modifikation **F** 57
– Prüfung **L** 873
– selbstgeschaffene **F** 304 ff.
– – im Anhang **F** 949, 1183
– – Verbot **F** 53, 58
– – Wahlrecht **F** 53, 56 f.
– unentgeltlich erworbene **F** 59, 304 ff.
– Wesensänderung **F** 56
– Zugangsbewertung **F** 307
– Zuschreibungen **F** 311
– s. *auch Immaterielle Vermögenswerte*

Immaterielle Vermögenswerte K 75 ff.
– Abschreibung **K** 82 f.
– Angaben **K** 85
– Ansatzverbote **K** 77
– – Forschungskosten **K** 78
– – selbst geschaffener GoF **K** 77
– Ansatzvoraussetzungen **K** 76 ff.
– – Entwicklungskosten **K** 78
– Ausbuchung **K** 84
– Folgebewertung **K** 80 ff.
– – Anschaffungskostenmodell **K** 80
– – Neubewertungsmodell **K** 80 ff.
– Werthaltigkeitsprüfung **K** 82, 129
– Zugangsbewertung **K** 79
– s. *auch Immaterielle Vermögengegenstände*

Immobilienleasing F 1332, 1336
Imparitätsprinzip F 26, 93, 95
– bei langfristiger Fertigung **F** 105, 1349 ff.
Implementierungsprüfung L 61, 771 ff.
Inaugenscheinnahme L 75, 85, 341 f., 865, 913 f.
Inaugenscheinnahme
– als Prüfungstechnik **L** 75, 341 ff., 525, 653, 701, 865, 913 ff.
Income Statement Method L 1249
Indexverfahren F 195
Indexzahlen L 838
– s. *auch Kennzahlen*
Individualabrede
– als Haftungsbeschränkung **A** 361
Informationsfunktion
– Bestätigungsvermerk **M** 85 ff.
– Lagebericht **F** 1358 ff.
– Prüfungsbericht **M** 44, 135
Informationsinteressen
– Dritter bei Erläuterung des Jahresabschlusses **F** 928, 930
Inhärentes Risiko
– Begriff **L** 46 ff., 275, 280, 402 f.

– Einschätzung **L** 46 ff., 279, 287, 291, 402 f., 778
– im Rahmen der IT **L** 211

Initial Margin F 420, 1319

Initiativrecht
– nach Art. 11 Abs. 2 Unterabs. 3 VO (EU) Nr. 537/2014 **M** 14, 51, 113

Innenrevision *s. Interne Revision*

Innenumsatzerlöse
– Begriff **G** 519
– Konsolidierung
– – Gesamtkostenverfahren **G** 519 ff.
– – Umsatzkostenverfahren **G** 537 f.

Innerer Wert
– Beteiligungen **F** 381, 386

Inpfandnahme
– eigene Aktien **F** 949, 1268

Insiderkenntnisse
– Verwertungsverbot **A** 179

Insolvenz
– Bestandsgefährdung **M** 227
– Bestätigungsvermerk **M** 858
– Einsichtsrechte in den Prüfungsbericht **M** 36, 133
– Prüfungsbericht **M** 222 ff., 427
– Rechnungslegungsgrundsatz der Fortführung der Unternehmenstätigkeit **M** 858
– Verschwiegenheitspflicht bei – des Mandanten **A** 197 f.
– *s. auch Bestandsgefährdende Tatsachen, Fortführung der Unternehmenstätigkeit*

Insolvenzplan A 57

Inspektion
– Anwendungsbereich **E** 34 ff.
– Bericht **E** 122
– Ergebnis **E** 122 ff.
– gesetzliche Grundlagen **E** 23 ff.
– *Joint Inspections s. dort*
– Maßnahmen **E** 126 ff.
– USA **E** 191 ff.
– Verfahren **E** 109 ff.

Inspektionskosten
– bei Ermittlung der Anschaffungskosten **F** 107

Installationen
– Ausweis **F** 326

Instandhaltungen
– Bewertung **F** 125, 139, 332, 342

Instandhaltungsaufwendungen
– bei Ermittlung der Herstellungskosten **F** 139

Instandhaltungsrückstellungen
– in der Bilanz **F** 560, 632
– – Kapitalgesellschaft **F** 620

Institut der Wirtschaftsprüfer in Deutschland e.V. A 606 ff.
– Anforderungen an die Berufsausübung der Mitglieder **A** 617
– Anfragenbeantwortung **A** 623
– Aufgaben **A** 611 ff.
– Aus- und Fortbildung **A** 629 ff.
– Ehrenmitglieder **A** 616
– Entwicklung **A** 606 ff.
– Facharbeit **A** 623 ff.
– Fachgremien **A** 626 ff.
– fachliche Verlautbarungen **A** 624 ff.
– Landesgruppen **A** 618
– Mitglieder **A** 616 ff.
– – Pflichten **A** 617
– – Zeitschrift **A** 632
– Mitgliederversammlung **A** 620
– Organe **A** 619 ff.
– Satzung **A** 611
– Verwaltungsrat **A** 621
– Vorstand **A** 622
– Website **A** 633
– Wirtschaftsprüfer als Angestellter **A** 75
– Wirtschaftsprüfertag **A** 620

Insurance Due Diligence A 48

Interessengemeinschaft
– Ansprüche **F** 362
– Erträge **F** 774 ff., 838

Interessenkollision
– Wirtschaftsprüfer **A** 152 f.

Interessenschwerpunkte
– Kundgabe durch Wirtschaftsprüfer/ Wirtschaftsprüfungsgesellschaften **A** 262

Interessenvertretung
– Wirtschaftsprüfer
– – Befangenheit **A** 118 ff.

Intermediäre
– Wirtschaftsprüfer als **A** 195

International Accounting Education Standards Board A 643

International Accounting Standards *s. International Financial Reporting Standards*

International Auditing and Assurance Standards Board A 643

International Ethics Standards Board for Accountants A 643

International Federation of Accountants A 640 ff.
- Mitgliedsorganisation **A** 640 ff.
- Organe **A** 641
- – Council **A** 641
- – Board **A** 641
- – Nominating Committee **A** 641
- – Officers **A** 641
- Monitoring Group **A** 644
- Public Interest Committee **A** 647
- Public Interest Oversight Board **A** 646
- Subcommittees **A** 642
- Ziele **A** 640
- unabhängige Gremien **A** 643

International Financial Reporting Standards
- Bilanzsitzung **M** 119
- Combined financial statements **M** 1216
- Einzelabschluss
- – Bestätigungsvermerk **M** 795, 797, 800, 1174 ff.
- – Prüfungsbericht **M** 179, 389, 667 ff.
- EU-IFRS **J** 45
- Gruppenabschluss **M** 1216
- Konzernabschluss **G** 278 f.
- – ausschließlich nach **M** 714
- – Bestätigungsvermerk **M** 797, 1165, 1174 ff.
- – Prüfungsbericht **M** 179, 555, 574, 600 ff., 667 ff.
- Rechnungslegungsgrundsätze zur sachgerechten Gesamtdarstellung **M** 802
- Spartenabschluss **M** 1216
- zusammengefasster Anhang und/oder Lagebericht **M** 1183
- zusammengefasster Prüfungsbericht **M** 675

International Financial Reporting Standards Foundation A 657 ff.
- Gremien **A** 658
- IFRS Advisory Council **A** 658
- IFRS Interpretations Committee **A** 658
- International Accounting Standards Board **A** 658
- Monitoring Board **A** 658

International Public Sector Accounting Standards Board A 643, 647

International Standards on Auditing A 645
- Begrifflichkeiten **M** 62, 96, 794
- – Disclaimer of Opinion **M** 967, 1073
- – in allen wesentlichen Belangen **M** 332, 971
- – Modifizierung des Prüfungsurteils **M** 1022
- Bestätigungsvermerk **M** 8, 10, 96, 773, 1256 ff.
- freiwillige Prüfung unter Beachtung **M** 1217, 1268 ff.
- freiwillige Prüfung unter ergänzender Beachtung **M** 1264 ff.
- Key Audit Matters **M** 7, 867 ff., 1274
- Prüfung unter ergänzender Beachtung **M** 296, 1176, 1256 ff.
- Prüfungsbericht **M** 280, 332 ff.

Internationale Berufsorganisationen
- Verlautbarungen **A** 214

Internationale Vergleichbarkeit
- Anwendungsbereich ISRE 2400/2410 **P** 24 ff.
- Maßnahmen der prüferischen Durchsicht
- – zusätzliche Befragungen **P** 86 f., 98 ff.
- Prüfungsstandards **P** 23 ff.

Interne Revision
- Aufgabe **A** 33
- Begriff **L** 227 ff., 746 ff.
- Berücksichtigung der Arbeit **L** 458
- – Bestätigungsvermerk **M** 908
- – Prüfungsbericht **M** 139, 305, 317
- Übernahme durch Wirtschaftsprüfer **A** 79
- – Vereinbarkeit mit Abschlussprüfung **A** 113
- s. auch Innenrevision

Internes Kontroll- und Risikomanagementsystem
- Angaben im Konzernlagebericht **J** 63 ff., 167 ff.
- Angaben im Lagebericht **J** 63 ff.
- Begrifflichkeit **M** 250, 341
- Bilanzsitzung **M** 103
- Bestätigungsvermerk
- – Einwendung **M** 1097
- – Prüfungshemmnis **M** 1094, 1097
- – Verantwortung des Abschlussprüfers **M** 773, 906 ff.
- Initiativrecht **M** 14, 51, 113
- Kommunikation mit dem Aufsichtsgremium **M** 101, 113, 122
- Mängel **M** 14, 113, 342
- – Berichterstattung über Beseitigung **M** 113, 250, 340, 356, 616
- – Initiativrecht zur Beratung über **M** 14

- Prüfung **A** 31
- Prüfungsbericht **M** 250, 263, 292, 305, 311, 340, 356, 616
- Verantwortung der gesetzlichen Vertreter **M** 292

Internes Kontrollsystem
- Abgrenzung **L** 229
- Angemessenheitsprüfung **L** 763
- Aufbauprüfung **L** 682
- Aufgaben **L** 225
- Begriff **L** 225
- Bestandteile **L** 226
- COSO-Modell **L** 237
- Datenanalysen **L** 600 ff.
- Ersterfassung **L** 756
- Funktionsprüfung **L** 797
- Komponenten **L** 228, 764
- Kontrollrisiko **L** 404
- KMU **L** 747
- risikoorientierte Prüfung **L** 243 ff.
- – Planung **L** 258 ff.

Internes Steuerungssystem L 226
- (Konzern-)Lagebericht **J** 61, 66, 167 ff.

Internes Überwachungssystem L 226

Internet
- Werbung von Wirtschaftsprüfern/Wirtschaftsprüfungsgesellschaften **A** 264

Inventar F 9, 11
- Festwerte **F** 10, 196 ff.
- Vorräte **L** 916
- Wertpapiere **L** 970

Inventur F 9 f.
- automatisierte **L** 914
- Beobachtung **M** 296, 315
- körperliche **F** 9, 197
- Nichtteilnahme
- – Auswirkungen auf den Bestätigungsvermerk **M** 829, 1066, 1192
- – Begründung **M** 296
- permanente **L** 914, 926
- Prüfung **L** 912 ff.; **M** 315, 1192
- Prüfungsbericht **M** 296, 375
- Sachanlagevermögen **F** 10, 196
- – Festwertansatz **F** 10

Inventurvereinfachungsverfahren F 10, 197

Investitionen
- im Anhang **F** 1042
- im Lagebericht **F** 1373

Investitionszulagen
- Bilanzierung **F** 420, 736

Investmentfonds
- Anlageziele **F** 1212
- Finanzanlagen **F** 1209 f.

Investmentvermögen
- Abschreibungen **F** 1211
- im Anhang **F** 949, 1204 ff.
- ausländische **F** 1210, 1213
- Bewertung **F** 1213
- Darstellung **F** 1211 ff..
- inländische **F** 1210

IT-Anwendungen L 608 ff., 614, 646, 654 f., 702, 791
- Prüfung **L** 665 ff., 712 ff.

IT-Fehlerrisiken
- Identifikation durch den Abschlussprüfer **L** 211 ff., 222 ff.

IT-gestützte Geschäftsprozesse L 607, 615, 646, 673 ff., 720, 791
- Anforderungen an die Ordnungsmäßigkeit **L** 630 ff.
- – Belegfunktion **L** 632
- – Journalfunktion **L** 633
- – Kontenfunktion **L** 634
- – Nachvollziehbarkeit **L** 214, 630
- Anwendungen **L** 614
- Infrastruktur **L** 613
- IT-Sicherheitsanforderungen **L** 625 f.
- IT-Sicherheitskonzept **L** 628 f.
- Organisation **L** 611
- Umfeld **L** 612
- Verfahrensdokumentation **L** 630 ff.

IT-Infrastruktur L 542, 609, 613 ff., 650 ff., 698 ff.

IT-Kontrollen L 239 ff.

IT-Kontrollsystem L 211, 609, 643, 647, 677 ff.

IT-Organisation L 329, 608 ff., 645 f., 648, 695, 791

IT-Outsourcing A 35

IT-Risiken L 210 ff.

IT-Risikoindikatoren
- Abhängigkeit **L** 213, 215
- Änderungen **L** 213, 216
- Entwicklungsstand **L** 219
- geschäftliche Ausrichtung **L** 218
- Infrastruktur-/Ressourcensicherung **L** 219
- Know-how und Ressourcen **L** 213, 217

– Konkretisierung **L** 219
– Qualität **L** 219
– Schutz **L** 219

IT-Sicherheit L 202 f., 648, 696

IT-Systeme L 205 ff., 223, 608 ff.

IT-Systemprüfung
– Planung **L** 643
– Prüfungsdurchführung **L** 643 ff.
– – anwendungsbezogene Kontrollen **L** 674 f., 721 ff.
– – Berichterstattung **L** 677
– – Informationserhebung **L** 646
– – Infrastruktur **L** 650 ff.
– – IT-Anwendungen **L** 665 ff.
– – IT-gestützte Geschäftsprozesse **L** 672 ff.
– – IT-projektbegleitende Prüfung **L** 670 f.
– – IT-Umfeld und -Organisation **L** 648 ff.
– – Risikoanalyse **L** 645 f.
– – Softwarebescheinigung **L** 669
– Prüfungsgegenstand **L** 617

IT-Umfeld L 329, 363, 608 ff., 643 ff., 648, 695, 791

J

Jagdsteuer
– in der GuV **F** 868

Jahresabschluss F 1, 11, 15, 19
– Änderung **B** 25, 372 ff.; **M** 76, 272
– – im Aufstellungsverfahren **B** 373 ff.
– – Bestätigungsvermerk **M** 272
– – fehlerfreier **B** 388
– – fehlerhafter **B** 384 ff.
– – Korrektur in laufender Rechnung **B** 383
– – nach Erteilung des Bestätigungsvermerks **B** 374
– – nach Feststellung **B** 375 ff.
– – Nachtragsprüfung **M** 76, 837 ff., 1173
– – nichtiger **B** 378 ff.
– – Rückwärtsberichtigung **B** 381 f.
– – Vorjahresabschluss **M** 1233
– – wichtiger Grund **B** 388
– Anfechtung der Feststellung **B** 364 ff.
– Aufstellung
– – Frist **B** 27; **F** 17, 1540
– – Wirkung **B** 2, 25
– – Zuständigkeit **B** 26
– Befreiung (von) **F** 255 ff., 262, 1446 ff.
– – Einzelkaufleute **F** 7
– – Personengesellschaft **F** 1446

– – Voraussetzungen **F** 1532 ff.
– – Vorschriften des PublG **F** 1531 ff.
– – Vorschriften für Personenhandelsgesellschaften **F** 1446 ff.
– Bestandsschutz **B** 82
– Bestandteile **B** 28
– Einzelabschluss nach IFRS **K** 4
– Entgegennahme **B** 132 ff.
– erweiterter **F** 18, 922, 1354
– Fehlerhaftigkeit
– – Modifizierung des Prüfungsurteils **M** 1014 ff., 1069 ff.
– – Versagungsvermerk **M** 1069 ff.
– – Vorjahresabschluss **M** 681, 829, 1038, 1099, 1191 ff.
– – Widerruf des Bestätigungsvermerks **M** 1173
– Feststellung **B** 6, 128 ff.
– – Aufsichtsrat **M** 20, 57, 537
– – Bestätigungsvermerk als Voraussetzung **M** 74, 1073, 1076
– – Bestätigungsvermerk unter aufschiebender Bedingung **M** 1225 ff.
– – Gesellschafterversammlung **M** 20, 31
– – Hauptversammlung **M** 32
– – Prüfungsbericht als Voraussetzung **M** 20, 31, 57
– – Vorjahresabschluss **M** 518, 681, 829, 1231 ff.
– Genossenschaft **H** 10 ff.
– Gesamtaussage
– – Bestätigungsvermerk **M** 803 ff.
– – Prüfungsbericht **M** 331, 369 ff.
– Kapitalgesellschaft **F** 14
– Kaufleute **F** 11
– Nichtigkeit **B** 6, 72, 135 ff., 285 ff.; **M** 20, 74, 78, 83
– – Beseitigung **B** 378 ff.
– – Bestätigungsvermerk **M** 1120
– – Feststellung **B** 351 ff.
– – Folgewirkungen **B** 355 ff.
– – Geltendmachung **B** 351 ff.
– – bei GmbH **B** 289
– – Gründe **B** 295 ff.; **M** 83, 1055, 1098, 1100
– – Heilung **B** 358 ff.
– – Kapitalherabsetzung **B** 332
– – bei Personenhandelsgesellschaften **B** 290
– – Verstoß gegen
– – – Bewertungsvorschriften **B** 338 ff.
– – – Gläubigerschutzvorschriften **B** 297 ff.
– – – Gliederungsvorschriften **B** 335 ff.

– – – Prüfungspflicht **B** 302 ff.
– – Vorjahresabschluss **M** 267, 1194
– – Offenlegung **B** 7; **M** 68, 80, 266, 360, 694, 862, 1220 ff.
– – Ordnungsmäßigkeit **M** 344 ff., 815 ff.
– – Prüfungsgegenstand
– – – Bestätigungsvermerk **M** 792 ff.
– – Publizitätsgesetz **F** 1540 ff.; **M** 647 ff., 1145 ff.
– – Personengesellschaft **F** 14
– – Rechtsnatur **B** 25
– – Sprache und Währung **F** 13, 20, 279, 940, 1356
– – Verantwortung der gesetzlichen Vertreter **M** 54, 92, 292, 327, 899 ff.
– – Vorjahresabschluss **M** 59, 215, 267, 301, 312, 323, 678, 683
– – zusätzliche Bestandteile **F** 18
– – zusätzliche Informationen **M** 1241
– s. auch Konzernabschluss

Jahresabschlusskosten
– in der GuV **F** 831
– Rückstellungen **F** 662

Jahresabschlussprüfung L 1 ff.
– Bestätigungsvermerk **M** 735 ff.
– – Aufbau, Gliederung und Inhalt **M** 755 ff.
– – bei Einzelabschluss nach IFRS **M** 1174 ff.
– – bei freiwilliger **M** 1201 ff.
– – Funktion **M** 84 ff.
– – bei Jahresabschluss nach PublG **M** 1145 ff.
– – rechtliche Bedeutung **M** 60 ff.
– – bei zusammengefasstem Anhang und/oder Lagebericht **M** 1181 ff.
– Erstprüfungen
– – Bestätigungsvermerk **M** 1094, 1189 ff.
– – Prüfungsbericht **M** 323, 346, 516, 678 ff.
– Erweiterungen des Prüfungsauftrags/ -gegenstands **M** 61, 150 ff., 931 ff.,
– – Feststellungen aus **M** 631 ff.
– Funktionen **L** 1
– Projektmanagement **L** 255 ff.
– Prüfungsbericht **M** 135 ff.
– – Aufbau, Gliederung und Inhalt **M** 162 ff.
– – bei Einzelabschluss nach IFRS **M** 667 ff.
– – bei freiwilliger **M** 692 ff.
– – bei Jahresabschluss nach PublG **M** 647 ff.
– – Funktion **M** 42 ff.
– – rechtliche Bedeutung **M** 19 ff.
– – zusammengefasster **M** 672 ff.
– Testatsexemplar **M** 499, 529, 951

– Umfang **L** 6 ff.

Jahresfehlbetrag
– Ausgleich **F** 501, 883
– in der GuV **F** 877 ff.
– Kapitalgesellschaft in der Bilanz **F** 522
– Personenhandelsgesellschaft i.S.d. § 264a HGB
– – in der Bilanz **F** 1477
– – in der GuV **F** 879

Jahresüberschuss
– in der Bilanz **F** 1475, 523
– Einstellungen
– – in gesetzliche Rücklage **F** 892 f.
– – in Gewinnrücklagen **F** 513 ff., 896 ff., 1475 f.
– bei Gewinnabführungsverpflichtung **F** 690
– in der GuV **F** 877 ff.

Jahresverbrauchsabgrenzung
– Versorgungsunternehmen **F** 798 f.

Joint Audit/Joint Auditors *s. Gemeinschaftsprüfung/Gemeinschaftsprüfer*

Joint Inspections E 133 ff.

Joint Ventures
– im Anhang **F** 1101
– Ansprüche aus **F** 362
– Bilanzierung von Anteilen an **F** 357, 362, 394, 420
– in der GuV **F** 807, 831, 836, 844

Jubiläumszuwendungen
– in der GuV **F** 819
– für Organmitglieder **F** 1075
– Rückstellung **F** 663

Juristische Personen des öffentlichen Rechts
– Unternehmenseigenschaft **C** 44, 52

K

Kaffeesteuer
– in der GuV **F** 868

Kalkulationsmethoden
– bei Ermittlung der Herstellungskosten **F** 128

Kalkulatorische Kosten
– bei Ermittlung der Herstellungskosten **F** 127

KAM *s. Key Audit Matters*

Kammer für WP-Sachen A 597 ff.

Kanalbauten
– Ausweis **F** 328

Kantine
- Aufwendungen beim Umsatzkostenverfahren **F** 142
- Zuschüsse **F** 831

Kapital
- bedingtes **F** 453, 469
- genehmigtes **F** 453, 949, 1273
- stilles **F** 142
- konsolidierungspflichtiges
- – Veränderungen **G** 435 ff.
- – Wertansatz **G** 362 ff.

Kapitalanteile
- in der Bilanz nach PublG **F** 1545
- Gesellschafter von Personenhandelsgesellschaften i.S.d. § 264a HGB **F** 1462 ff.
- Kommanditisten von Kommanditgesellschaften i.S.d. § 264a HGB **F** 1462 ff., 1466
- negative **F** 1469
- persönlich haftender Gesellschafter
- – gesonderter Ausweis **F** 1468
- – KGaA **F** 1462 ff.

Kapitalbeschaffungsaufwendungen
- Bilanzierungsverbot **F** 130

Kapitalbeteiligung
- Wirtschaftsprüfer **A** 82
- Wirtschaftsprüfungsgesellschaft **A** 446 f.

Kapitaldienstkosten
- Bewertung des Umlaufvermögens **F** 188

Kapitaleinzahlung
- Wirtschaftsprüfungsgesellschaft **A** 455

Kapitalerhaltung
- Grundsatz bei Unternehmensverbindung **C** 201, 217

Kapitalerhöhung
- Bestätigungsvermerk
- – aufschiebende Bedingung **M** 1232
- gegen Einlagen
- – Bilanzierung **F** 464, 469
- aus Gesellschaftsmitteln
- – Ausgleichszahlung **C** 285
- – Bezugsrecht bei wechselseitiger Beteiligung **C** 319
- – Bilanzierung **F** 470 f.
- – Entnahmen **F** 883
- – gesetzliche Rücklage **F** 470, 501
- – *bei Gewinnabführungsvertrag C 285*
- – aus Kapitalrücklagen **F** 490
- – bei der Konsolidierung **G** 436, 640
- – uneingeschränkter Bestätigungsvermerk als

Vorbedingung **M** 76
- – zugrunde zulegende Bilanz **F** 471
- Prüfung **L** 992, 996, 1075
- Prüfungsbericht **M** 201, 517

Kapitalertragsteuer
- Ansprüche auf anrechenbare **F** 837
- Betriebsausgaben **F** 862
- einbehaltene **F** 704, 706, 837, 847
- in der GuV **F** 837, 847, 862

Kapitalflussrechnung F 18; **K** 31 ff.
- Bestätigungsvermerk
- – Prüfungsgegenstand **M** 713, 795, 989, 1126
- als Bestandteil des Konzernabschlusses **G** 761 ff.
- – Abgrenzung des Finanzmittelfonds **G** 771 ff.
- – Aktivitätsformat **G** 783 ff.
- – einzubeziehende Unternehmen **G** 768 ff.
- – Wechselkurseinflüsse **G** 778 ff.
- DRS 21 **M** 424
- Finanzmittelfonds **K** 32
- kapitalmarktorientiertes Unternehmen **J** 33 ff., 39
- Konzernprüfungsbericht **M** 539, 609, 613
- – obligatorische Anlage **M** 511, 544, 639
- – Prüfungsgegenstand **M** 539, 573, 620, 627, 668, 713
- Prüfung **L** 1074 ff.
- Prüfungsbericht **M** 344, 357, 370, 413
- – obligatorische Anlage **M** 175
- – Prüfungsgegenstand **M** 282, 344
- Publizitätsgesetz **M** 663 ff.

Kapitalgesellschaft
- Ausschüttungs- und Abführungssperre **F** 538 ff.
- Beteiligung an **F** 365 ff.
- Bewertungsvorschriften
- – nachgeltende allgemeine des HGB **F** 79 ff.
- eigene Anteile **F** 898
- Jahresabschluss **F** 14, 1437 ff.
- Kapitalmarktorientierung **F** 14, 282
- unbeschränkt haftender Gesellschafter
- – Angaben im Anhang **F** 949, 1107 ff.
- als Wirtschaftsprüfungsgesellschaft **A** 431 ff.

Kapitalgesellschaft & Co.
- Ausleihungen an Gesellschafter einer **F** 391
- Festwerte **F** 1, 14
- Rechnungslegung **F** 1, 14, 18
- – mit natürlichen Personen als Vollhafter **F** 29, 31, 1143, 1516

– – ohne natürliche Personen als Vollhafter F 1442 ff.

Kapitalherabsetzung M 1232
– Ausweis **F** 450, 459, 472, 477, 949, 1281
– durch Einziehung von Aktien **F** 450
– Ertrag **F** 890
– Prüfung **L** 996
– Kapitalrücklage **F** 477
– *vereinfachte Kapitalherabsetzung s. dort*

Kapitalkonsolidierung
– Begriff **G** 345 ff.
– Erwerbsmethode **G** 60, 347
– im Konzernanhang **G** 699 f.
– latente Steuern **G** 554 ff.
– in mehrstufigen Konzernen **G** 454 ff.
– Währungsumrechnung **G** 327 ff.

Kapitalkonten
– Einzelkaufmann nach PublG **F** 1545
– Gesellschafter **F** 1463 ff.
– Kommanditisten **F** 1463 ff.
– persönlich haftender Gesellschafter einer KGaA **F** 1463 ff.
– Prüfung **L** 991

Kapitalmarktorientiertes Unternehmen
– Anhangangaben **J** 10 ff.
– Definition i.S.d. § 264d HGB **J** 3 ff.
– zusätzliche Angaben im (Konzern-)Lagebericht **J** 58 ff.
– zusätzliche Jahresabschlussbestandteile **J** 33 ff.

Kapitalmarktorientierung
– § 264d HGB **K** 2
– IAS-Verordnung **K** 1
– *s. auch Kapitalmarktorientiertes Unternehmen*

Kapitalmehrheit
– Ermittlung **C** 68 ff.
– – eigene Anteile **C** 71, 73
– – Gesellschaften mbH **C** 73
– – Personengesellschaften **C** 69, 74
– – stille Beteiligung **C** 70
– mittelbare **C** 79 ff.
– unmittelbare **C** 75 ff.
– Wirtschaftsprüfungsgesellschaft **A** 448 ff.

Kapitalrücklage F 474 ff.
– im Anhang **F** 949, 1281
– in der Bilanz
– – GmbH **F** 474 ff., 883
– – Kapitalgesellschaft **F** 466, 474 ff.

– Entnahmen **F** 490
– – in der GuV **F** 883
– – GmbH **F** 493
– bei Kapitalherabsetzung **F** 477, 490, 887, 890, 949, 1281
– für Nachschüsse **F** 489, 474
– Nichtigkeit des Jahresabschlusses bei Verstoß gegen Vorschriften **B** 316 ff.
– Prüfung **L** 1000
– Umwandlung in Gewinnrücklagen **F** 470 f.
– Verwendung **F** 490 ff.
– Zuführungen **F** 474, 477 ff., 483 ff,, 491, 949
– – in der GuV **F** 891

Kapitalrückzahlung F 375, 843
– Personengesellschaft **F** 376

Karenzentschädigung A 236
– Bemessung **A** 236
– Mindesthöhe **A** 236

Kassenbestand
– Bilanzierung **F** 434
– – Kapitalgesellschaft **F** 429
– Prüfung **L** 978 ff.

Katastrophenschäden
– Abschreibungen **F** 183, 801, 1235

Kaufleute
– Jahresabschluss **F** 11

Kaufmann
– Buchführungspflicht **B** 9, 13 f.
– Eigenschaft **B** 9
– Fiktivkaufmann **B** 14
– Formkaufmann **B** 9

Kaufoptionsrecht
– Aufwendungen als Anschaffungsnebenkosten **F** 109
– Leasingverträge **F** 1329, 1333

Kaufpreisaufteilung
– Ermittlung der Anschaffungskosten **F** 118

Kaufpreisrenten
– Anschaffungskosten **F** 115

Kautionen F 353, 420

Kautionswechsel
– Kapitalgesellschaft **F** 699

Kennzahlen L 94, 192 f.
– Analyse **L** 835 ff.
– Berichterstattung in der Bilanzsitzung **M** 111
– Beziehungszahlen **L** 838
– Finanzkennzahlen **M** 228, 428
– Gliederungszahlen **L** 838

2539

– Indexzahlen **L** 838
– Prüfungsbericht **M** 201, 228, 392, 413 ff.

Kernkraftwerke
– Stilllegungskosten **F** 651

Kettenkonsolidierung G 454

Key Audit Matters
– Begriff **M** 7, 867
– Bestätigungsvermerk
– – Mitteilung im **M** 86, 95, 309, 770, 865 ff., 910, 1258, 1264, 1274
– – Nicht-Mitteilung im **M** 886
– – – unter Beachtung der ISA **M** 1264
– Identifizierung **M** 869 ff.
– Kommunikation mit dem Aufsichtsgremium **M** 108, 129
– Konzernprüfungsbericht **M** 585
– Nachtragsprüfung **N** 42
– Nichtigkeit des Vorjahresabschlusses **N** 85
– Prüfungsbericht **M** 305, 309
– Qualität von Prüfungsschwerpunkten **M** 309
– Redepflicht **M** 129

Key Audit Partner *s. Verantwortlicher Prüfungspartner*

Kiesgruben
– Abschreibung **F** 344

Kinderzulage
– in der GuV **F** 815

Kirchensteuer
– übernommene **F** 815

Klarheit
– Berichterstattung
– – im Anhang **L** 105
– – im Lagebericht **L** 12107
– Bestätigungsvermerk **M** 675, 738
– – Gebot **M** 738, 1186, 1252
– GuV **F** 252, 756
– Jahresabschluss **F** 12 f., 65, 78, 245, 252 ff. 286 ff., 1362
– Konzernprüfungsbericht **M** 542
– – Gliederung **M** 545, 551
– Prüfungsbericht **M** 158 ff., 675
– – Gebot **M** 19, 59, 135, 139, 232, 408, 716
– – Gliederung **M** 164, 174, 500
– – Verweise **M** 343, 388, 393, 401
– – Vollständigkeit der Berichterstattung **M** 232
– – vorangestellte Berichterstattung **M** 186
– – Wiedergabe des Bestätigungsvermerks **M** 500

Kleine Kapitalgesellschaften (KapCoGes)
– Abhängigkeitsbericht **M** 478
– Bestätigungsvermerk
– – Prüfungsgegenstand **M** 793, 807, 828, 839, 1036
– – Prüfungsurteil **M** 828, 992, 1207
– freiwillige Abschlussprüfung **M** 693
– Generalnorm **M** 706, 992
– größenabhängige Erleichterungen **M** 285, 1207
– Prüfungsbericht **M** 285

Kleine und mittelgroße Unternehmen
– COSO-SME **L** 236
– IKS **L** 747
– Kontrollen **L** 322

Kleinstgenossenschaft H 16 ff., 55

Kleinstgesellschaft
– Erleichterungen **F** 770 ff.

Kleinstkapitalgesellschaften
– Bestätigungsvermerk **M** 799, 806, 828, 905, 1208
– – Prüfungsgegenstand **M** 793, 799, 807, 828, 839, 905, 1036
– – Prüfungsurteil **M** 806, 828, 992, 1208
– freiwillige Abschlussprüfung **M** 693
– Generalnorm **M** 349, 370, 706, 992, 1208
– größenabhängige Erleichterungen **M** 286, 349, 370, 1208
– Hinterlegung der Bilanz **M** 1011, 1220, 1224
– Prüfungsbericht **M** 286, 349, 379

Know how
– Bilanzierung **F** 51

Körperschaft des öffentlichen Rechts
– Geltung des PublG **F** 1515
– Unternehmenseigenschaft **C** 52 ff., 100

Körperschaftsteuer
– bei Ermittlung der Ausgleichszahlung **C** 278
– bei Ermittlung der Herstellungskosten **F** 145
– bei Gewinnabführungsvertrag **C** 230, 238
– in der GuV **F** 860
– Rückstellung **F** 608

Kokereien
– Ausweis **F** 348

Kommanditeinlage
– in der Bilanz **F** 357, 361

Kommanditgesellschaft auf Aktien
– Abhängigkeitsbericht **F** 1424
– Abschlussprüferbestellung **B** 395

– börsennotiert **J** 8
– Jahres- und Konzernabschluss **B** 394
– persönlich haftender Gesellschafter
– – Forderungen an **F** 390 f., 408, 421, 949, 1485
– – Gewinnanteil **F** 690
– – Kapitaleinlage **F** 1462 ff.
– – nicht gedeckter Verlustanteil **F** 1485, 1479 ff.
– rechtsformspezifische Vorschriften **F** 1441
– Unternehmensvertrag bei **C** 205, 217 f.

Kommanditist
– ausstehende Einlage **F** 1486

Kommission für Qualitätskontrolle
– Aufgaben **E** 40
– Maßnahmen **E** 86 ff.
– Tätigkeitsbericht **E** 42

Kommissionsgeschäfte
– bei Ermittlung der Umsatzerlöse **F** 793

Kommissionskosten
– bei Ermittlung der Anschaffungskosten **F** 107

Kommissionswaren
– Bilanzierung **F** 399
– bei der Inventur **L** 916

Kommunikation
– bei Prüferwechsel **M** 35, 134, 720 ff.
– mit dem Aufsichtsgremium **M** 4, 14, 23, 98 ff.
– – Bestätigungsvermerk **M** 878, 1021, 1247, 1262
– – mündliche **M** 101 ff., 128
– – wechselseitige **M** 120 ff.
– – Prüfungsbericht **M** 4, 23, 44, 149, 300, 487, 585, 590, 634, 871
– mit den gesetzlichen Vertretern **M** 29, 300, 590, 871, 1262
– Redepflicht **M** 124 ff.
– Schriftlichkeit **M** 128, 131
– zwischen Konzernabschlussprüfer und Teilbereichsprüfer **M** 35, 134, 587
– s. auch *Aufsichtsrat*

Kompensationsverbot
– Bewertung **F** 86
– Kursverluste und -gewinne **F** 162, 234 ff.
– s. auch *Verrechnung, Bewertungseinheit*

Komplementärgesellschaft
– Kapitalanteile **F** 1489 ff.
– Personenhandelsgesellschaft i.S.d. 264a HGB **F** 1489
– von Personenhandelsgesellschaft gehaltene Anteile an **F** 358

Konjunktureinschätzung
– im Lagebericht **F** 1370

Konkursausfallgeld
– Umlage in der GuV **F** 821

Konsignationslager
– Prüfung **L** 916

Konsignationslagervereinbarungen
– außerbilanzielle Geschäfte **F** 1033

Konsolidierungsbedingte Anpassungen
– Prüfung **L** 1276, 1317

Konsolidierungskreis G 172 ff.
– Abgrenzung **M** 601, 624, 677
– Änderung **G** 204
– Ausscheiden **G** 460 ff.
– bei befreiendem Konzernabschluss **G** 113 ff.
– Berichterstattung i.R.d. Bilanzsitzung **M** 117
– Bestätigungsvermerk **M** 1130 ff., 1216
– Erkenntnishorizont des Abschlussprüfers **M** 193, 571
– Ermittlung der Größenkriterien **G** 155 ff.
– nach HGB
– – Abgrenzung **C** 331, 340 ff., 351
– – bei befreiendem Konzernabschluss **C** 371, 379 ff.
– – bei treuhänderisch gehaltener Mehrheitsbeteiligung **C** 347 f.
– im Konzernanhang **G** 670
– Konzernprüfungsbericht **M** 544, 575, 582, 589, 600 ff., 624 ff., 677
– Stetigkeit **G** 202 ff.

Konsolidierungsmaßnahmen
– Prüfung **L** 1276, 1320

Konsolidierungsmethoden
– im Anhang **F** 1255
– im Konzernanhang **G** 699 ff., 718 ff.
– Konzernprüfungsbericht **M** 610, 677
– Stetigkeit **G** 16 f.
– Wechsel **G** 464 ff.

Konsolidierungspflicht
– nach HGB **C** 341

Konsolidierungsprozess
– Prüfung **L** 1307 ff.

Konsolidierungswahlrecht G 176 ff.
– beabsichtigte Weiterveräußerung **G** 189 f.
– befreiender Konzernabschluss **G** 115 ff.
– Beschränkungen in der Ausübung der Rechte **G** 176 ff.
– Equity-Methode **G** 200 ff.

2541

– geringe Bedeutung **G** 194 ff.
– im Konzernanhang **G** 199
– unverhältnismäßige Kosten/Verzögerungen **G** 185 ff.

Konsortialbeteiligungen
– Vorstandsmitglieder und Geschäftsführer **F** 949, 1072

Konsortialgeschäfte
– Ansprüche aus **F** 430

Konsortialvertrag
– Abhängigkeit bei **C** 106, 120 f.
– Beherrschung durch **C** 120 f.
– bei Gemeinschaftsunternehmen **C** 166
– bei Konzernunternehmen **C** 168
– Unternehmenseigenschaft **C** 51

Konstruktionskosten
– bei Ermittlung der Herstellungskosten **F** 132, 135, 140

Konsultation D 70

Konto „pro diverse"
– Prüfung **L** 957

Kontoform
– Bilanz **F** 248
– – Kapitalgesellschaft **F** 301
– – GuV **F** 253
– – Einzelkaufleute **F** 252 f., 1551 ff.
– – Personengesellschaft **F** 252 f., 1551 ff.

Kontroll- und Risikomanagementsystem
s. Internes Kontroll- und Risikomanagementsystem

Kontrolle
– fehleraufdeckende **L** 732
– interne **L** 68 f., 235, 274, 503, 672 f., 719 f.
– manuelle **L** 329, 733 ff.
– maschinelle **L** 733 ff., 748, 763
– prozess- und anwendungsbezogene **L** 674, 721
– vorbeugende **L** 732

Kontrollfunktion
– Wahrnehmung bei einheitlicher Leitung **C** 153 f.

Kontrollliste
– Angaben im Anhang **F** 949

Kontrollrisiko L 47 ff., 276, 287 ff., 402 ff.
– *Begriff L 47, 276, 402*
– Einschätzung **L** 49 ff., 287 ff., 460
– mathematische Abhängigkeit **L** 288 f.

Kontrollsystem
– Lagebericht **F** 1420

Konzern
– Auswahl des Abschlussprüfers **B** 68
– Begriff **C** 147 ff., 149
– Bildung **C** 10, 13, 179 ff.
– Buchführungspflicht **B** 18
– *einheitliche Leitung s. dort*
– *faktischer s. dort*
– Grundsätze für die Innenfinanzierung **C** 191
– im Konzern **C** 173 ff.
– i.S.d. AktG **C** 147 ff.
– *s. auch Konzernunternehmen, Konzernverhältnis, Unterordnungskonzern, Unternehmen von öffentlichem Interesse*

Konzernabschluss
– Änderung **B** 372 ff.
– – im Aufstellungsverfahren **B** 373 ff.
– – nach Billigung **B** 377
– – fehlerfreier **B** 390
– – fehlerhafter **B** 387
– – Korrektur in laufender Rechnung **B** 387
– – wichtiger Grund **B** 390
– Aufstellungsfrist **B** 27
– – Kapitalmarktorientierung **J** 49
– befreiender **M** 666, 862, 1160
– Bestätigungsvermerk **M** 1123 ff.
– – ergänzende Hinweise **M** 1132
– – gesonderter Hinweis auf bestandsgefährdende Risiken **M** 1131
– – Modifizierung von Prüfungsurteilen **M** 1135 ff.
– – Versagungsvermerk **M** 62, 1044, 1140
– – bei zusammengefasstem Anhang und/oder Lagebericht **M** 1181 ff.
– Bestandteile **B** 31 f.
– Billigung **B** 125 f., 128 ff.
– einbezogene (Jahres-)Abschlüsse **M** 575, 582, 605 ff., 1138
– Genossenschaft **H** 46 ff.
– nach HGB
– – Aufstellung
– – – bei treuhänderischer Mehrheitsbeteiligung **C** 347 f.
– – – Mutterunternehmen **C** 355 ff.
– – nicht geprüfter **C** 361
– – oberstes Mutterunternehmen **C** 387 ff.
– – weitestgehender **C** 367
– nach IFRS **K** 2
– – Angaben **K** 269 f.

– – Aufstellungspflicht **J** 45 f.; **K** 2, 259
– – einheitliche Bilanzierung und Bewertung **K** 264 ff.
– – freiwillige Aufstellung **J** 46; **K** 3 f.
– – Konsolidierungskreis **K** 260
– – Konsolidierungsmaßnahmen **K** 267 f.
– – Konzernlagebericht nach HGB **K** 6
– – Stichtag **K** 265
– – zusätzliche Angaben nach HGB **K** 6
– Kapitalmarktorientierung **J** 43 ff.
– Konzernprüfungsbericht **M** 538 ff.
– Nichtaufstellung **M** 1114
– Nichtigkeit **B** 291
– Nichtaufstellung eines Konzernlageberichts **M** 862, 1114, 1141, 1215
– Publizitätsgesetz **M** 662 ff., 1164 ff.
– Teilkonzern **M** 644, 693, 1127, 1167

Konzernabschlussbefreiungsverordnung G 134

Konzernabschlussprüfer
– Bestellung **M** 294, 554
– Prüfungs- und Auskunftsrechte **A** 189
– *Redepflicht s. dort*
– Teilbereichsprüfer **M** 117, 139, 305, 317, 567, 583 ff., 596
– – Bestätigungsvermerk **M** 908, 1133, 1137
– – Dokumentation der Tätigkeit **M** 606
– – Kommunikation mit den **M** 35, 134
– Teilnahme an der Bilanzsitzung **M** 116
– Unabhängigkeit **M** 556
– Unterzeichnung
– – Bestätigungsvermerk **M** 1
– – Konzernprüfungsbericht **M** 637
– Verschwiegenheitspflicht **M** 17, 39, 124, 192, 897, 1119, 1171, 1217, 1259
– Vollständigkeitserklärungen **M** 596
– Vorlage des Konzernprüfungsberichts **M** 26, 638
– *s. auch Abschlussprüfer*

Konzernabschlussprüfung
– Bestätigungsvermerk **M** 1123 ff.
– – freiwillige **M** 1215 ff.
– – Konzernabschluss nach IFRS **M** 1174 ff.
– – Konzernabschluss nach PublG **M** 1164 ff.
– – zusammengefasster Anhang und/oder Lagebericht **M** 1181 ff.
– Konzernprüfungsbericht **M** 538 ff.
– – freiwilliger **M** 698 ff.
– – Konzernabschluss nach IFRS **M** 667 ff.
– – Konzernabschluss nach PublG **M** 662 ff.

– – zusammengefasster **M** 672 ff.
– Prüfungsvorgehen **L** 1261 ff.

Konzernabschlussstichtag
– Konzernprüfungsbericht **M** 544, 603

Konzernanhang G 669 ff.
– Angaben zum Honorar des Abschlussprüfers bei PIE **M** 934 ff.
– Beteiligungen an großen Kapitalgesellschaften **J** 51 f.
– DCGK-Entsprechenserklärung **J** 57
– individualisierte Vergütungsangaben **J** 53 ff.
– Konsolidierungskreis **J** 50 ff.
– Konzernanteilsbesitz **J** 50 ff.
– Konzernprüfungsbericht **M** 573, 609 ff., 639
– Verstoß gegen Angabepflichten
– – Bestätigungsvermerk **M** 569, 1132, 1135, 1215
– – Konzernprüfungsbericht **M** 569, 612
– zusätzliche Angaben
– – Börsennotierung **J** 50 ff.
– – Kapitalmarktorientierung **J** 50 ff.
– zusammengefasster **M** 538, 675, 1181 ff.
– *s. auch Anhang*

Konzernanschaffungskosten G 497

Konzernbilanz G 205 ff.
– Ansatz **G** 250 ff., 290
– Bewertung **G** 266 ff., 290
– Gliederung **G** 238 ff., 283
– Privatvermögen **G** 289

Konzernbuchführung G 234, 312, 315

Konzernerklärung zur Unternehmensführung *s. Erklärung zur Unternehmensführung*

Konzerngeschäftsjahr G 205 f., 282

Konzern-Gewinn- und Verlustrechnung G 291 ff.

Konzernherstellungskosten G 499 ff.

Konzerninnenfinanzierung
– Grundsatz **C** 191

Konzernlagebericht G 819 ff.
– Aufgabe **G** 819 ff.
– Aufstellungsfrist
– – Kapitalmarktorientierung **J** 49
– Chancen- und Risikobericht **G** 833
– DRS 20 als Maßstab **M** 460, 612, 618, 1130, 1135, 1185
– Erklärung zur Unternehmensführung **G** 856 ff.; **J** 127 ff.

- Forschung und Entwicklung im **G** 841 f.
- Geschäftsverlauf und Lage **G** 827 ff.
- Grundzüge des Vergütungssystems **J** 91 ff.
- internes Kontrollsystem **G** 847
- kapitalmarktorientierte Unternehmen **J** 58 ff.
- Konzernerklärung zur Unternehmensführung **J** 164 ff.; **M** 578
- Konzernlageberichtseid **G** 837 f.
- Konzernprüfungsbericht **M** 573, 617 ff.
- lageberichtsfremde Angaben **M** 579, 811, 891
- Nichtaufstellung **M** 580, 714, 862, 1114, 1215
- nichtfinanzielle Konzernerklärung **M** 578
- nichtfinanzieller Konzernbericht **J** 94 ff.; **M** 578
- Prognosebericht **G** 834 ff.
- Prüfung **L** 1198 ff., 1336 ff.
- Risikomanagementsystem **G** 847; **J** 167, 170 f.
- Schutzklausel **G** 862 ff.
- Steuerungssystem (konzernweites) **J** 167 ff.
- übernahmerelevante Zusatzangaben **J** 71 ff.
- Vergütungssystem **G** 853
- Verstoß gegen Angabepflichten
- – Bestätigungsvermerk **M** 1135, 1141, 1168
- – Konzernprüfungsbericht **M** 569, 612
- – zusätzliche Angaben
- – – Börsennotierung **J** 58 ff.
- – – Kapitalmarktorientierung **J** 58 ff.
- zusammengefasster Lagebericht **G** 848 f.; **M** 538, 675, 1185
- Zweigniederlassungsbericht **G** 843 ff.
- *s. auch Lagebericht*

Konzernprüfungsbericht M 538 ff.
- Adressaten **M** 6, 25, 98, 540
- Anlagen **M** 551, 639 ff.
- – Auftragsbedingungen **M** 639
- – fakultative Anlagen **M** 640 ff.
- – obligatorische Anlagen **M** 639
- – Übersicht über die involvierten Teilbereichsprüfer **M** 642
- Aufbau **M** 538 ff.
- Aushändigung **M** 540
- Berichtspflichten
- – i.Z.m. Art. 5 VO (EU) Nr. 537/2014 **M** 629
- – nach Art. 11 VO (EU) Nr. 537/2014 **M** 546 ff., 584 ff., 602, 616, 621
- Bestätigungsvermerk
- – Wiedergabe im **M** 635
- *Fortbestand des Konzerns* **M** 560
- freiwillige Konzernabschlussprüfung **M** 692 ff., 713
- Funktion **M** 42 ff., 541
- Gesetzesverstöße **M** 238 ff., 566 ff.
- – Berichtspflichten **M** 571
- Gliederung **M** 544 ff.
- Grundsätze der Berichterstattung **M** 137 ff., 542
- Inhalt **M** 554 ff.
- – Ableitung der Konzernbilanz und -GuV **M** 628, 640
- – Art und Umfang der Prüfung **M** 296 ff., 581 ff.
- – Aufgliederungen und Erläuterungen **M** 626 ff., 642
- – Aufklärungs- und Nachweispflichten der gesetzlichen Vertreter **M** 593 ff.
- – Auftragsbedingungen **M** 557, 639
- – bestandsgefährdende Tatsachen **M** 222 ff., 564
- – Bestimmungen in Gesellschaftsvertrag oder Satzung **M** 566, 576, 599
- – einbezogene Jahresabschlüsse **M** 582, 605 ff.
- – entwicklungsbeeinträchtigende Tatsachen **M** 222 ff., 564
- – erbrachte Steuerberatungs- und Bewertungsleistungen **M** 629
- – Erklärung(en) zur Unabhängigkeit **M** 556
- – Eröffnungsbilanzwerte **M** 679 ff.
- – Feststellung aus Erweiterungen des Prüfungsauftrags **M** 631 ff.
- – Gegenstand, Art und Umfang der Prüfung **M** 572 ff.
- – Generalnorm **M** 620, 1168, 1215
- – Gesamtaussage des Konzernabschlusses **M** 620 ff.
- – grundsätzliche Feststellungen **M** 559 ff.
- – Handelsbilanz II **M** 576, 605 ff., 615, 622, 715
- – Kapitalflussrechnung **M** 573, 613, 627
- – Kommunikation mit dem Aufsichtsgremium **M** 120 ff., 590
- – Konsolidierungskreis **M** 582, 600 ff., 624
- – Konsolidierungsmaßnahmen **M** 575, 582, 622
- – Konsolidierungsmethoden **M** 610, 677
- – Konzernabschlussstichtag **M** 603
- – Konzernanhang **M** 539, 573, 612
- – Konzernbuchführung **M** 573, 614
- – Konzernlagebericht **M** 578 ff., 617 ff.
- – Konzernrechnungslegung **M** 599 ff.
- – Mängel im IKS **M** 616
- – Prüfungsauftrag **M** 554

– – Prüfungsgegenstand **M** 539, 555, 573 ff.
– – *Redepflicht* s. dort
– – Risikofrüherkennungssystem **M** 549, 570, 631
– – sachverhaltsgestaltende Maßnahmen **M** 624
– – Segmentberichterstattung **M** 539, 573, 609, 627
– – Stellungnahme zur Lagebeurteilung der gesetzlichen Vertreter **M** 560 ff.
– – Teilbereichsprüfer **M** 567, 582 ff., 592, 606, 642
– – verantwortliche Prüfungspartner **M** 558, 586
– – Vermögens-, Finanz- und Ertragslage **M** 620, 626 ff.
– – vorangestellte Berichterstattung **M** 46, 559 ff.
– – Währungsumrechnung **M** 615
– – wesentliche Bewertungsgrundlagen **M** 621 ff.
– – Wesentlichkeitsgrenze **M** 588
– – Zwischenabschluss **M** 604
– Nichtaufstellung eines Konzernlageberichts **M** 580,
– Publizitätsgesetz **M** 662 ff.
– rechtliche Wirkung **M** 539
– Reporting Packages **M** 576, 582, 605 ff.
– Teilbereichsprüfer **M** 567, 582 ff., 592, 606, 642
– Unregelmäßigkeiten **M** 238 ff., 566 ff.
– – Berichtspflichten **M** 571
– Unterzeichnung **M** 539
– Vollständigkeitserklärungen **M** 596 ff.
– Vorlage **M** 540
– zusammengefasster Prüfungsbericht **M** 538, 672 ff.
– s. auch Prüfungsbericht

Konzernrechnungslegung
– nach HGB
– – ausländische Mutterunternehmen **C** 371
– – doppelte Konzernzugehörigkeit **C** 368 ff.
– – Größenmerkmale **C** 395 ff.
– – Pflicht **C** 338, 351, 355
– – Treuhandverhältnis **C** 347 f.
– s. auch Konzernabschluss, Konzernprüfungsbericht

Konzernrechnungslegungspflicht
– Genossenschaft **H** 8

Konzernunternehmen
– Begriff **C** 145 ff.
– Gemeinschaftsunternehmen als **C** 164 ff.
– im Gleichordnungskonzern **C** 159, 172
– bei Treuhandverhältnis **C** 177
– im Unterordnungskonzern **C** 158 ff.
– s. auch Konzern

Konzernverbund
– Bewertung bei Einbeziehung oder Entlassung **F** 101

Konzernverhältnis
– bei Abhängigkeit **C** 158 ff., 164 ff.
– i.S.d. AktG **C** 158 ff.
– bei Arbeitsgemeinschaften **C** 176
– bei Gemeinschaftsunternehmen **C** 164 ff.
– bei Gewinnabführungsvertrag **C** 217
– bei Mehrheitsbesitz **C** 67
– bei treuhänderisch gehaltener Beteiligung **C** 177
– Unternehmensverbindung **C** 38 ff.

Konzernvermutung
– bei Abhängigkeit **C** 60, 62, 159
– i.S.d. AktG **C** 36 f., 103
– im HGB **C** 37
– bei Holdinggesellschaften **C** 156
– unwiderlegbare **C** 160
– widerlegbare **C** 60, 158 f.
– Widerlegung **C** 99, 158 f.

Konzernzugehörigkeit
– Angaben zum Mutterunternehmen im Anhang **F** 949, 1117 ff.
– doppelte **C** 164 ff., 368 ff.

Konzessionen
– Abschreibung **F** 169
– Bilanzierung **F** 314
– in der GuV **F** 814

Konzessionsabgaben
– Ausweis **F** 814, 831

Kooperation A 513 f.

Korrekturbilanzen
– nach PublG **F** 1523

Kostenerstattung
– für frühere Jahre **F** 807, 1244

Kostenrechnung
– Änderung
– – Durchbrechung der Darstellungsstetigkeit **F** 763
– beim Umsatzkostenverfahren **F** 790, 902

2545

Kostenvorschuss
– in der Bilanz der Kapitalgesellschaft **F** 420

Kraftanlagen
– Ausweis **F** 348

Kraftfahrzeugsteuer
– in der GuV **F** 868

Kraftwagen
– Ausweis **F** 348

Krane
– Ausweis **F** 348

Krankenhausgesetze
– Bestätigungsvermerk
– – sonstige gesetzliche und andere rechtliche Anforderungen **M** 744, 775, 819, 918
– Prüfungsbericht
– – Erweiterung des Prüfungsgegenstands nach Landesrecht **M** 284
– – Feststellungen aus Erweiterungen des Prüfungsauftrags **M** 465

Krankenversicherung
– Arbeitgeberanteil **F** 821

Krankheit
– Lohn und Gehalt **F** 823
– Unterstützung **F** 825

Kreditauftrag
– im Anhang **F** 994

Kreditderivate F 1312
– s. auch Derivate

Kredite
– Einzelkaufleute für Einlagen **F** 1558
– an Organmitglieder **F** 930, 1091 ff.
– an persönlich haftende Gesellschafter einer KGaA **F** 390 f., 408
– nicht in Anspruch genommene **F** 431

Kreditgarantie
– Erträge **F** 853

Kreditgebühren
– in der GuV **F** 853

Kreditgenossenschaft H 23, 29, 56

Kreditinstitute
– Konzernrechnungslegungspflicht **G** 7
– Prüfungsbericht
– – Erweiterung des Prüfungsgegenstands **M** 151
– – *Teilberichte* **M** 146
– – Vertraulichkeit **M** 145, 194
– – Vorlagepflicht **M** 34, 536

– Unterrichtungspflicht des Abschlussprüfers **M** 17,
– Weitergabe des Prüfungsberichts an **M** 38

Kreditlinien
– Angabe **F** 27, 1373
– Prüfungsbericht **M** 201, 413, 425

Kreditoren
– debitorische **F** 420

Kreditprovisionen
– Aufwendungen **F** 857
– Erträge **F** 853

Kreditrisiko
– Prüfung
– – Forderungen aus Lieferungen und Leistungen **L** 958 ff.

Kreditsicherheiten
– Prüfung **L** 1034

Kreditunterlagen
– bei der Prüfung **L** 1021

Kreditverhandlungen
– Teilnahme an als Auskunftsvertrag **A** 345 ff.

Kühltürme
– Ausweis **F** 348

Kündigung
– Auftrag zur Qualitätskontrolle **E** 212
– Auftrag des Wirtschaftsprüfers **A** 284 ff.
– Entherrschungsvertrag **C** 137
– Prüfungsauftrag
– – Berichterstattung **M** 35, 720 ff.
– – Bestätigungsvermerk **M** 1218
– – Gründe **M** 35, 688, 729, 1218
– – Versagungsvermerk **M** 1074
– Unternehmensvertrag **C** 243, 247 ff.

Kulanzleistungen
– Rückstellungen **F** 560

Kundenschulungskosten
– beim Umsatzkostenverfahren **F** 913

Kuppelprodukte
– Erlöse **F** 793

Kurzarbeit
– im Lagebericht **F** 1415

Kurzbezeichnungen
– Posten des GuV **F** 761

Kurzfristige Forderungen und Verbindlichkeiten
– Prüfung **L** 173, 961

L

Laboratoriumseinrichtung F 196
Labormaterial
– in der GuV **F** 809
Lagebericht F 16, 1354 ff.
– Adressatenkreis **F** 1358
– Arbeitnehmerbelange **F** 1415 f.
– Aufstellungspflicht **F** 16, 1354
– Bestätigungsvermerk
– – Beurteilungsaspekte **M** 362, 975, 993 ff.
– – ergänzender Hinweis i.Z.m. prognostischen Aussagen **M** 769, 862
– – gesonderter Hinweis auf bestandsgefährdende Risiken **M** 767, 832 ff.
– – Gründe für die Modifizierung des Prüfungsurteils **M** 1092 ff., 1109 ff.
– – Prüfungsgegenstand **M** 764, 807 ff.
– – Prüfungsurteil **M** 765, 810, 993 ff., 1014 ff.
– – unzulässige Nichtaufstellung **M** 1063, 1109
– – Verantwortung der gesetzlichen Vertreter **M** 65, 899 ff., 1064
– – zulässige Nichtaufstellung **M** 1008, 1215
– Bilanzeid **B** 178; **F** 1399
– Chancen und Risiken der künftigen Entwicklung **F** 1381 ff.
– Darstellung des Geschäftsergebnisses **F** 1359, 1368 ff.
– DRS 20 als Maßstab **M** 360, 995, 1092
– Einzelabschluss nach IFRS **F** 1355
– Entgeltbericht **F** 1425 ff.
– Erklärung zur Unternehmensführung **F** 1423; **J** 127 f.; **M** 287, 360
– Fehlanzeigen **M** 365
– finanzielle und nichtfinanzielle Leistungsindikatoren **F** 1375 ff., 1380; **J** 119
– Finanzinstrumente
– – Anhangangaben **F** 1406
– – Risikomanagementmethoden **F** 1401 ff.
– Forschung und Entwicklung **F** 1407 ff.
– Gliederung **F** 1362
– Grundsätze der Berichterstattung **F** 1358 ff.
– Inhalt
– – Rentabilität **F** 1375
– – Schlusserklärung aus dem Abhängigkeitsbericht **F** 1424
– – zusätzlicher – bei AG und KGaA **F** 1424
– interne Steuerung **F** 1376
– internes Kontroll- und Risikomanagementsystem **F** 1420; **J** 63 ff.
– – Rahmenkonzept **J** 64
– – rechnungslegungsbezogenes **J** 66
– – rechnungslegungsbezogenes RMS **J** 67
– – Rechnungslegungsprozess **J** 65
– – Umfang der Angaben **J** 70
– kapitalmarktorientierte Unternehmen **J** 58 ff.
– Lage der Gesellschaft **F** 1358 ff.
– lageberichtsfremde Angaben **M** 272, 290, 811, 891
– Nachhaltigkeitsbericht **F** 1419
– nichtfinanzielle Berichterstattung **J** 94 ff.
– – Anwendungsbereich **J** 95 ff.
– – Aspekte **J** 110 ff.
– – Befreiungsmöglichkeiten **J** 99 ff.
– – Berichtsform **J** 104 ff.
– – bestimmter kapitalmarktorientierter Unternehmen **F** 1422 ff.
– – Comply-or-Explain-Ansatz **J** 121 ff.
– – gesonderter nichtfinanzieller Bericht **J** 106
– – Inhalt **J** 108 ff.
– – Konzepte **J** 114 f.
– – nichtfinanzielle Leistungsindikatoren **J** 119
– – – große Kapitalgesellschaft **F** 1415 ff.
– – Offenlegung **J** 107
– – Prüfungsurteil **J** 126
– – Rahmenwerk **J** 123
– – Risiko **J** 116 ff.
– – Schutzklausel **J** 125
– nichtfinanzielle Erklärung **M** 288, 360
– Nichtigkeit **B** 287 f.
– Patentanmeldungen **F** 1408
– Pflicht zur Aufstellung
– – Befreiung **F** 31, 429, 567, 1436
– Prognoseberichterstattung **F** 1381 ff.
– Prognosen **F** 1381 ff.
– Prüfung **L** 93, 1121
– – Angaben zum Vergütungssystem **L** 1187
– – Aufstellungsprozess **L** 1149
– – Bericht zur Gleichstellung und Entgeltgleichheit **L** 1197
– – Chancen und Risiken der künftigen Entwicklung **L** 1199 ff.
– – Chancen- und Risikobericht **L** 1179
– – Dokumentation **L** 1216
– – Ereignisse nach dem Abschlussstichtag **L** 1172 ff.
– – falsche Darstellungen **L** 1152
– – Geschäftsverlauf **L** 1164
– – nichtfinanzieller Bericht **L** 1191
– – Planung **L** 1135
– – Prognosebericht **L** 1171
– – Prüfungsurteil **L** 1221

- – Rahmenbedingungen des Unternehmens L 1162
- – Reaktion auf Risiken L 1154
- – Risikobeurteilung L 1142
- – übernahmerechtliche Angaben L 1188
- – Unternehmenssteuerungssysteme L 1161
- – Unternehmensziele L 1160
- – Verantwortung der gesetzlichen Vertreter L 1124
- – Verständnis vom Unternehmen L 1147
- – VFE-Lage L 1165
- – Vollständigkeitserklärung L 1213
- – Wesentlichkeit L 1138
- Prüfungsbericht
- – Beurteilungsaspekte M 362 ff.
- – Feststellungen zum M 359 ff.
- – Prüfungsgegenstand M 252, 282
- – Schlusserklärung zum Abhängigkeitsbericht M 363
- – unzulässige Nichtaufstellung M 252, 291
- – Verantwortung der gesetzlichen Vertreter M 107, 292
- – zulässige Nichtaufstellung M 291
- nach PublG F 1567
- Risiken bei Verwendung von Finanzinstrumenten F 1401 ff.
- Schutzklausel analog § 286 HGB M 364
- Sonderzuwendungen F 1415
- Sozialbericht F 1415
- Sprache und Währung F 1356
- Stichtagsprinzip (kein) F 1369
- übernahmerelevante Zusatzangaben F 1421; J 71 ff.
- – Änderung der Satzung J 81
- – Aktien mit Sonderrechten J 79
- – Anwendungsbereich J 71
- – Ausgabe und Rückkauf von Aktien J 82 f.
- – Bericht nach § 176 Abs. 1 S. 1 AktG J 71
- – Beteiligungen am Kapital J 77 f.
- – Entschädigungsvereinbarungen J 87 f.
- – Ernennung und Abberufung von Vorstandsmitgliedern J 81
- – gezeichnetes Kapital J 74
- – Kontrollwechsel infolge Übernahmeangebot J 84 ff.
- – Schutzvorschrift J 86
- – Stimmrechts-/Übertragungsbeschränkungen J 75 f.
- – Stimmrechtskontrolle bei Arbeitnehmerbeteiligung J 80
- – Verweis auf Anhang J 73

- Umweltbelange F 1415 f.; J 110
- Unfallschutzmaßnahmen F 1415
- Verantwortung der gesetzlichen Vertreter M 54, 65, 92, 292, 327
- Vergütungssystem F 1413; J 91 ff.
- – individualisierte Offenlegung der Vorstandsbezüge bei börsennotierten AG F 1413
- – Schutzvorschrift J 93
- Verhältnis zum Jahresabschluss B 29
- voraussichtliche Entwicklung der Gesellschaft F 1381 ff.
- zusätzliche Angaben
- – Börsennotierung J 58 ff.
- – Kapitalmarktorientierung J 58 ff.
- Zweigniederlassungen F 1411 f.

Lagebeurteilung der gesetzlichen Vertreter
- Lagebericht M 197, 215, 560
- Stellungnahme des Abschlussprüfers M 46, 197 ff., 234, 252, 560 ff., 648, 696
- – bei zulässiger Nichtaufstellung eines Lageberichts M 214 ff., 649

Lagerbehälter
- Ausweis F 348

Lagerungskosten
- Abgrenzung F 439
- bei Ermittlung der Anschaffungskosten F 107
- in der GuV F 831

Landesgeschäftsstellen
- der WPK A 377

Landwirtschaft
- Unternehmenseigenschaft von Betrieben C 50

Langfristige Fertigung F 105, 1349 ff.
- Fremdkapitalzinsen F 130, 132

Langfristige Forderungen und Verbindlichkeiten
- Prüfung L 173

Langfristige Vermögenswerte
- *zur Veräußerung gehaltene s. dort*

Last-in first-out Prinzip F 194 f., 949, 965, 1004

Latente Steürn
- Abzinsungsverbot F 728; G 583
- aktive
- – Anhang F 949, 1227 ff.
- – Ansatzstetigkeit F 73
- – Ansatzwahlrecht F 443

– – Ausschüttungssperre **F** 444, 545, 716
– im Anhang **F** 732
– Ansatz **F** 443, 711 ff.
– – in der Bilanz **F** 443 f., 709 ff.
– – Ermittlung **F** 443 f., 709 ff., 714
– – bei Geschäfts- oder Firmenwert **F** 735
– – in der GuV **F** 736, 865
– – Verlust- und Zinsvorträge **F** 717 ff.
– Ansatzstetigkeit **F** 73
– Aufwands- und Ertragskonsolidierung **G** 564
– bei ausländischen Betriebsstätten **F** 737 ff.
– Ausschüttungssperre **F** 541, 545, 557
– Ausweis **F** 68, 443 f., 711 ff., 729; **G** 588 ff.
– Bewertung **F** 443, 709 ff., 726 ff.
– Equity-Methode **G** 566 ff.
– erfolgsneutrale temporäre Differenzen **F** 733 ff.
– bei ertragsteuerlicher Organschaft **F** 741 ff.
– Grundsatz **G** 541 ff.
– in der GuV **F** 731
– Inside-Basis-Differences **G** 570
– Kapitalkonsolidierung **G** 555 ff.
– Konzernanhang **G** 736 f.
– Outside-Basis-Differences **G** 570 ff.
– passive
– – Ausweis **F** 709 ff.
– – im Anhang **F** 949, 1223, 1227 ff., 1231 ff.
– bei Personenhandelsgesellschaft i.S.d. § 264a HGB **F** 1498 ff.
– Personengesellschaft **F** 1498 ff.
– Prüfung **L** 985 ff., 1036
– Prüfungsbericht **M** 382, 622
– Quotenkonsolidierung **G** 565
– Realisierung des Steuervorteils **F** 719
– Rückstellungen **F** 608 ff., 709 ff.
– – Ausweis **F** 618
– – bei der Kapitalgesellschaft **F** 613 ff.
– – Steuersatz **F** 617
– – Temporary-Konzept **F** 613
– Schuldenkonsolidierung **G** 561
– steuerliche Planungsrechnung **F** 715, 718, 720
– Steuersatz **G** 579 ff.
– temporäre Differenzen **F** 712
– Temporary-Konzept **F** 709 f.
– Timing-Konzept **F** 710
– Verlustvortrag **F** 717 ff.
– Währungsumrechnung **G** 342
– Wertansatz **F** 713
– Zinsschranke **F** 725
– Zwischenergebniseliminierung **G** 562 f.

Laufzeit
– Ausleihungen **F** 359, 390

Leasing K 105 ff.
– Angaben **K** 109
– Anlagen-Contracting **F** 1340
– Finanzierungsleasing **K** 117
– – Nettoinvestitionswert **K** 117
– Leasinggeber **K** 115 ff.
– – Finanzierungsleasing **K** 117 f.
– – Operating Leasing **K** 118
– – Risk-and-Rewards-Modell **K** 115
– Leasingnehmer **K** 110 ff.
– – GuV **K** 114
– – Kapitalflussrechnung **K** 114
– – Leasingverbindlichkeit **K** 112
– – Nutzungsrecht **K** 107, 113
– – Wahlrechte **K** 111
– Nichtleasingkomponente **K** 108
– Nutzungsrecht **K** 107
– Operating Leasing **K** 118
– Prüfungsbericht **M** 400, 421, 517
– Sale-and-Lease-Back **K** 119 f.
– spezifizierter Vermögenswert **K** 107

Leasinggeber
– Grundsätze für die Bilanzierung **F** 1338

Leasinggesellschaft
– Abgang von Leasinggegenständen in der GuV **F** 810
– Aufgliederung der Umsatzerlöse **F** 1054
– Einstandskosten von Mietkaufgegenständen bei **F** 810
– Gliederung **F** 295, 756
– Materialaufwand **F** 810

Leasingnehmer
– Grundsätze für die Bilanzierung **F** 1338

Leasingraten
– in der GuV **F** 831

Leasingvermögen
– Abschreibungen **F** 827

Leasingverträge F 1325 ff.
– Abgrenzung **F** 439
– Angabe der finanziellen Verpflichtungen **F** 999
– im Anhang **F** 983
– Bilanzierung
– – beim Leasinggeber **F** 1338
– – beim Leasingnehmer **F** 1338
– mit Kaufoption **F** 1329, 1333, 1337

– mit Mietverlängerungsoption **F** 1329 f., 1333, 1337
– Rückstellung für drohende Verluste **F** 666
– Teilamortisationsverträge **F** 1335 ff.
– Vollamortisationsverträge **F** 1327 ff.

Lebensversicherungsbeiträge
– befreiende **F** 819, 821 f.
– für Organmitglieder **F** 1074

Lebensversicherungsvertrag
– Rückdeckungsanspruch **F** 395, 420, 989

Leerkosten
– im Anhang **F** 961

Leerposten F 300, 760, 934, 949

Legal Due Diligence A 48

Lehrtätigkeit
– Wirtschaftsprüfer **A** 73

Leihemballagen F 400
– Rückstellung für Rückzahlungsverpflichtungen **F** 665, 400

Leistungen
– an Arbeitnehmer **K** 190 ff.
– – andere langfristig fällige **K** 206
– – kurzfristig fällige **K** 192 ff.
– – aus Anlass der Beendigung des Arbeitsverhältnisses **K** 207
– – nach Beendigung des Arbeitsverhältnisses **K** 195 ff.
– Aufwendungen für bezogene
– – im Anhang **F** 949, 1063
– – Gesamtkostenverfahren **F** 813 f.
– – nicht abgerechnete **F** 803
– sonstige des Abschlussprüfers
– – im Anhang **F** 1133, 1137
– unfertige **F** 398

Leistungsangebot A 8 ff.

Leistungsindikatoren (nichtfinanzielle)
– Lagebericht
– – große Kapitalgesellschaft **F** 1415 ff.
– – nichtfinanzielle Berichterstattung **J** 119

Leistungskennzahlen L 192 f.
– *s. auch Kennzahlen*

Leitungsmacht
– bei Beherrschungsvertrag **C** 141 f., 205 ff.
– bei Betriebspacht- und Betriebsüberlassungsvertrag **C** 227 ff.
– im faktischen Konzern **C** 179, 187
– bei Gewinnabführungsvertrag **C** 217

– bei Gewinngemeinschaftsvertrag **C** 221 f.
– bei Gemeinschaftsunternehmen **C** 169

Lifo *s. Last-in first-out Prinzip*

Liquidation
– Bestätigungsvermerk
– – ergänzender Hinweis **M** 842, 858
– Pflicht zur Aufstellung eines Abhängigkeitsberichts **M** 477
– Prüfungsbericht **M** 227, 230

Liquidationsraten
– bei Beteiligungen **F** 375

Liquidationsüberschuss
– Tilgungen **F** 689

Liquidität F 27
– im Anhang **F** 1034, 1036 f., 1173
– Bestätigungsvermerk
– – gesonderter Hinweis auf bestandsgefährdende Risiken **M** 837
– – Liquiditätsprobleme **M** 837
– Lagebericht **F** 1373 ff.
– Prüfungsbericht **M** 423 ff.
– – Liquiditätsprobleme **M** 226 ff., 427

Liquiditätsausschüttungen
– Personengesellschaft **F** 376

Liquiditätsrisiken
– im Lagebericht **F** 1404 f.

Lizenzeinnahmen
– in der GuV **F** 793

Lizenzen
– Abschreibung **F** 169
– Bilanzierung **F** 314
– Eigentum an einzelnen Teilrechten **F** 312
– bei Ermittlung der Herstellungskosten **F** 135

Lizenzgebühren
– in der GuV **F** 814, 831

Löhne
– bei Ermittlung der Herstellungskosten **F** 134, 139
– in der GuV **F** 815 ff., 1063
– im Lagebericht **F** 1415
– Nachzahlungen **F** 815
– noch nicht ausbezahlte **F** 704
– Rückstellungen für zukünftige **F** 816
– *s. auch Personalaufwand*

Lohnarbeiten
– Aufwendungen **F** 813

Lohnbuchführung A 106

Lohnfortzahlung
– im Krankheitsfall **F** 823, 825

Lohnsteuer
– einbehaltene **F** 704 f.

Lucky Buy G 393

Lüftungsanlagen
– Ausweis **F** 326

M

Macro-Hedges F 202

Mängel
– Bestätigungsvermerk **M** 1248 ff.
– Entsprechenserklärung zum DCGK **M** 483 ff., 633
– Prüfungsbericht **M** 21, 55, 732 ff.
– Qualitätskontrolle **E** 228 ff., 241 ff., 245
– im rechnungslegungsbezogenen IKS **M** 14, 113, 263, 311, 342, 616
– im Risikofrüherkennungssystem **M** 456 ff., 570

Magazinverkäufe
– Erträge **F** 918

Makler- und Bauträgerverordnung
– Prüfung
– – Besorgnis der Befangenheit **A** 112

Maklergebühren
– bei Ermittlung der Anschaffungskosten **F** 107

Management Approach
– Segmentberichterstattung **G** 801 ff.

Management Fraud M 127, 340, 1118

Management Letter L 165, 642; **M** 130, 149, 339
– Prüfungsbericht **M** 300
– Risikofrüherkennungssystem **M** 130, 463

Management Override L 218, 416, 419, 485, 526 ff., 821

Mandantenschutzklauseln A 236 ff., 519
– mit Angestellten **A** 236 ff., 519
– Dauer **A** 237
– mit freien Mitarbeitern **A** 239
– geltungserhaltende Reduktion **A** 243
– mit Geschäftsführern einer Wirtschaftsprüfungsgesellschaft **A** 240
– Karenzentschädigung bei **A** 236
– bei Praxisveräußerung **A** 242
– Schriftform **A** 236
– mit Sozien **A** 240

Mandats- und Auftragsrisiken L 21 ff., 1187 f.

Manipulation
– Rechnungslegung **L** 479, 483 ff., 492 ff., 503, 515 ff.

Markenrechte
– Bilanzierung **F** 304
– Rückstellung für die Verletzung **F** 669

Marketingabteilung
– Aufwendungen beim Umsatzkostenverfahren **F** 911

Markt
– aktiver **F** 149

Marktforschungsaufwand
– beim Umsatzkostenverfahren **F** 913

Marktpreise
– Begriff **F** 149 f., 187
– bei Bewertung des Umlaufvermögens **F** 185, 187, 401

Marktstellung
– im Lagebericht **F** 1370

Maschinelle Anlagen
– Ausweis **F** 348 ff.

Maschinen
– Abschreibung **F** 169
– Ausweis **F** 348 ff., 352
– in fremdem Grund und Boden eingebaute im Anhang **F** 350

Maßgeblichkeit
– doppelte **F** 186, 188, 628

Maßnahmen
– Aufsichtsgremium **M** 271
– bei bestandsgefährdenden Risiken **M** 191, 209, 233 ff., 277, 858, 1113, 1231 ff.
– Bestätigungsvermerk
– – Verantwortung der gesetzlichen Vertreter **M** 772, 902
– bilanzpolitische **M** 386, 392
– Eilbedürftigkeit **M** 235, 277
– Gegenmaßnahmen **M** 233, 277
– Geschäftsführungs– **M** 157, 204, 230, 403
– der gesetzlichen Vertreter **M** 125, 191, 201, 264, 271, 386, 436
– i.Z.m. Art. 7 VO (EU) Nr. 537/2014 **M** 125
– Konsolidierungs– **M** 575, 582, 1130
– *Sachverhaltsgestaltende s. dort*
– Sanierungs– **M** 234, 858, 1231 ff.
– Schutz– i.Z.m. der Unabhängigkeit des Abschlussprüfers **M** 106, 183, 911

2551

– – Kommunikation mit dem Aufsichtsgremium **M** 106
– *Umstrukturierungsmaßnahmen s. dort*
– unterstützende **M** 234, 310
– des Vorstands i.Z.m. dem Risikofrüherkennungssystem **M** 282, 449 ff., 1115
– *s. auch Prüfungsbericht, Konzernprüfungsbericht*

Materialaufwand
– im Anhang bei Anwendung des Umsatzkostenverfahrens **F** 949, 1063 ff.
– in der GuV **F** 808 ff.
– Leasinggesellschaft **F** 810

Materialgemeinkosten
– Bilanzierung **F** 129, 132, 136
– bei Ermittlung der Herstellungskosten **F** 136, 138 f.

Materiality *s. Wesentlichkeit*

Materialkosten
– bei Ermittlung der Herstellungskosten **F** 129, 132 f.

Materialverbrauch
– bei Ermittlung der Herstellungskosten **F** 129, 132 f.
– in der GuV **F** 809
– Prüfung **L** 173, 1050

Mathematisch-statistische Regeln L 353

Medien
– Werbung in **A** 266

Mehrheitsbesitz
– Abhängigkeitsvermutung **C** 36, 61, 66, 125 ff.
– Aktienübernahme **F** 949, 1266
– Anwendung des AktG **C** 36 f., 65 ff.
– Berechnung der Anteile **C** 68 ff.
– Widerlegung der Abhängigkeitsvermutung **C** 126 ff.

Mehrheitsbeteiligung
– Abhängigkeit bei **C** 60, 100
– Abhängigkeitsvermutung **C** 60, 99, 125 ff.
– im Anhang der AG **F** 949, 1276 ff.
– Begriff **C** 65 ff.
– beherrschender Einfluss **C** 65 ff.
– Berechnung **C** 91 ff., 68 ff.
– Bilanzierung
– – Gewinnansprüche **F** 369, 841
– *Ermittlung* **C** 68 ff., 79 ff., 91 ff.
– – Anteile im Fremdbesitz **C** 83
– – Anteile Dritter **C** 84, 88

– – eigene Anteile **C** 68 ff.
– – bei der GmbH **C** 71
– – bei Nießbrauch **C** 94
– – bei Personengesellschaften **C** 69, 90, 93
– – stille Beteiligung **C** 70
– – Zurechnung von **C** 70 ff., 79 ff.
– – „Gehört"-Begriff bei **C** 75 ff., 79 ff., 95
– Konzernvermutung **C** 36 f.
– mittelbare **C** 79 ff., 97 f.
– bei Treuhandverhältnis **C** 84, 89, 123, 347 f.
– unmittelbare **C** 75 ff., 94 ff.
– bei wechselseitiger Beteiligung **C** 306 ff., 310 ff., 316
– *s. auch Kapitalmehrheit, Stimmrechtsmehrheit*

Mehrjahresübersicht/-vergleich
– Prüfungsbericht **M** 413, 422, 430
– *s. auch Zeitreihenvergleich*

Mehrkomponentengeschäft F 91

Mehrschichtarbeit
– bei Ermittlung der Herstellungskosten **F** 141

Mehrsteuern
– in der GuV nach steuerlicher Außenprüfung **F** 870

Mehrstimmrechtsaktien
– in der Bilanz der AG **F** 450 ff., 1437

Mehrstufige Abhängigkeit
– Begriff **C** 115

Mehrstufige Beteiligung
– Beherrschung **C** 115 f., 140 ff.

Mehrstufiger Konzern
– Kapitalkonsolidierung **G** 454 ff.
– Voraussetzungen für die Inanspruchnahme der Erleichterungen nach § 264 Abs. 3 HGB **F** 272

Mehrwertsteuer
– bei Ermittlung der Umsatzerlöse nach PublG **F** 1526
– im Jahresabschluss nach PublG **F** 1557

Meinungsverschiedenheiten
– Gemeinschaftsprüfung (Joint Audit)
– – Bestätigungsvermerk **M** 1197
– – Prüfungsbericht **M** 139, 688
– Kündigung des Prüfungsauftrags **M** 688

Meldepflicht
– zum Berufsregister **A** 555

Meliorationskosten
– bei Grundstücksbewertung **F** 333

Merkposten
- Ansatz **F** 368

Messe und Ausstellungskosten
- Ausweis beim Umsatzkostenverfahren **F** 913

Messgeräte
- Festwert **F** 196

Methoden
- Ansatzstetigkeit **F** 71

Methodenbestimmtheit
- Grundsatz **F** 79, 122

Methodenfreiheit
- Grundsatz **F** 79

Methodenübersicht s. *Risiko- und prozessorientierter Prüfungsansatz*

Methodenwahlrecht F 4, 79, 93
- Abschreibungen **F** 170 ff.
- Bewertung **F** 93, 97, 178

Micro-Hedges F 202

Mieten
- in der GuV **F** 831, 913
- – beim Umsatzkostenverfahren **F** 913

Mietereinbauten
- Abschreibung **F** 327

Mieterzuschüsse F 113

Mietkauf-Verträge F 1325

Mietverhältnisse
- Rückstellungen für drohende Verluste **F** 666

Mietverlängerungsoption
- Leasingverträge **F** 1329 f., 1333

Mietverträge F 39
- Angabe der finanziellen Verpflichtungen **F** 1042

Mietvorauszahlungen F 40, 439, 353, 435, 704

Minderheitsbeteiligung
- Abhängigkeit bei **C** 106 ff., 114, 133, 139

Minderheitsvotum
- gegen befreienden Konzernabschluss **G** 132 f., 147

Mindestbestandteile
- Bescheinigung **M** 699, 718
- Bestätigungsvermerk **M** 737
- Prüfungsbericht **M** 21 ff.

Mindestgliederung
- Bilanz

- – nach PublG **F** 1544 ff.
- GuV **F** 252 f., 751, 1551 ff.

Mindestinhalt
- Bestätigungsvermerk **M** 95
- Prüfungsbericht **M** 162
- zusätzlicher Bericht an den Prüfungsausschuss **M** 40

Mindestkapital
- Genossenschaft **H** 32 ff.
- Wirtschaftsprüfungsgesellschaft **A** 455

Mindestversicherungssumme
- Berufshaftpflichtversicherung **A** 537

Mineralölsteuer (Energiesteuer)
- Ermittlung der Bilanzsumme nach PublG **F** 1524
- in der GuV **F** 868

Minister
- Wirtschaftsprüfer als **A** 87

Mitarbeiter
- Aufwendungen für Altersversorgung und Unterstützung **F** 824 ff.
- Ausleihungen an
- – Prüfung **L** 908
- Wirtschaftsprüfer
- – Aus- und Fortbildung **A** 218
- – Einsatz fachlich vorgebildeter **A** 224 ff.
- – Haftung für Verschulden **A** 315
- – Verschwiegenheitspflicht **A** 176
- – Zeugnisverweigerungsrecht **A** 185
- s. auch Anstellungsverhältnis

Mitbestimmungsgesetz
- Beherrschung bei Aufsichtsrat nach dem **C** 110

Mitteilungspflicht
- im Anhang der AG **F** 949, 1276 ff.
- bei Beteiligung **C** 62
- bei wechselseitiger Beteiligung **C** 319
- Wirtschaftsprüfungsgesellschaft
- – bei Änderung von Satzung/Gesellschaftsvertrag **A** 481
- s. auch Anzeigepflichten

Mitverschulden
- Auftraggeber **A** 324, 367

Mitzugehörigkeit zu anderen Posten
- im Jahresabschluss **F** 291 f., 949

Mobilien Leasing F 1327 ff., 1335

Modelle
- Aufwendungen bei Ermittlung der Herstellungskosten **F** 135
- Ausweis **F** 196, 349

Modifizierung s. *Bestätigungsvermerk, Prüfungsurteil*

Monetäre Posten
- Währungsumrechnung **F** 232, 237 ff.

Monetary-Unit-Sampling L 89, 361, 866

Monopolabgaben
- Ermittlung
- – Bilanzsumme nach PublG **F** 1524
- – Umsatzerlöse; nach PublG **F** 1526
- – Umsatzerlöse **F** 797

Montagekosten
- Bilanzierung **F** 107, 352

Montagelieferungen
- Bilanzierung **F** 399

Montan-Mitbestimmungsgesetz
- Aufsichtsrat
- – Beherrschungsmöglichkeit **C** 110

Musterverträge
- Wirtschaftsprüfungsgesellschaft **A** 429

Mutterunternehmen
- Angaben zu **G** 696
- in Abwicklung **G** 73
- ausstehende Einlagen **G** 442 f.
- Begriff **G** 18 ff., 65
- Bestätigungsvermerk
- – Adressierung **M** 1125
- – zusammengefasster Bestätigungsvermerk **M** 68, 1181 ff.
- eigene Anteile **G** 446 ff.
- nach HGB
- – abhängiges Unternehmen **C** 173
- – ausländische Unternehmen **C** 63 f., 330, 339, 359, 385 ff.
- – Begriff **C** 338 f.
- – BGB-Gesellschaft **C** 51, 176
- – für mehrere Konzerne **C** 171
- – oberstes **C** 354
- – – nebeneinanderstehende **C** 368 ff.
- – Nichteinbeziehung **C** 358
- – Rechnungslegungspflicht **C** 351
- – Unternehmen der öffentlichen Hand **C** 329
- – als verbundenes Unternehmen **C** 331 f., 338 f.
- – – bei Konzernabschluss nach § 315a HGB **C** 384
- – – bei befreiendem Konzernabschluss des ausländischen **C** 388
- – – bei freiwilligem befreienden Konzernabschluss **C** 371 ff.
- – – bei Nicht-Kapitalgesellschaften als **C** 404 f.
- Konzernprüfungsbericht **M** 538 ff.
- Nichteinbeziehung **G** 98 ff.
- Personenhandelsgesellschaft **G** 55 ff.
- Prüfungsbericht **M** 411, 450, 568
- – Gesetzesverstöße **M** 192, 266, 568
- – zusammengefasster Prüfungsbericht **M** 68, 538, 672 ff.
- Publizitätsgesetz **M** 665
- Rechtsform **G** 6
- Risikofrüherkennungssystem **M** 450, 549, 570, 577
- Rückbeteiligung **G** 446 ff.
- Sitz **G** 110 ff., 134 ff.
- Vollständigkeitserklärung **M** 325, 596 ff.
- zusammengefasster Lagebericht **M** 538, 1185

N

Nachgründungsprüfung A 38

Nachhaltigkeitsbericht M 272
– *s. auch zusätzliche Informationen*

Nachschau D 76 ff.
- Selbstvergewisserung **D** 82

Nachschüsse
- bei Beteiligung **F** 368
- von GmbH Gesellschaftern **F** 489
- – eingeforderte **F** 489

Nachteilsausgleich
- im faktischen Konzern **C** 17, 19, 192 ff.
- bei Gewinnabführungsvertrag **C** 260 f.

Nachtragsbericht
- im Anhang **F** 1247

Nachtragsberichterstattung
- Bestätigungsvermerk
- – Hinweis zur **M** 858
- Erfordernis **M** 110, 199, 357

Nachtragsprüfung N 19 ff.
- Anlass **N** 19 ff.
- Auftrag **N** 20, 25
- Befangenheit **N** 23
- Bestätigungsvermerk **M** 1173; **N** 41 ff.
- – Doppeldatum **N** 50

– – Ergänzung **N** 43
– – Hinweis zur **M** 854, 937 ff., 1012, 1173
– – Unterzeichnung **N** 30, 49, 51
– Erfordernis **M** 76
– Key Audit Matters **N** 42
– Prüfungsbericht **N** 31 ff.
– Redepflicht **N** 37, 47, 53
– Rotation **N** 24
– Stichprobenumfang **N** 29
– Umfang **N** 26 ff.
– Wesentlichkeit **N** 28 ff.

Nachweisfunktion
– Arbeitspapiere **M** 281
– Erklärungen der gesetzlichen Vertreter **M** 324 ff., 532, 593 ff.
– Prüfungsbericht **M** 43, 56 ff., 541
– Prüfungsnachweise **M** 234, 305, 311 ff., 333, 598, 688
– – als Grundlage für die Prüfungsurteile **M** 766, 823, 862, 962, 970
– Vollständigkeitserklärung **M** 327, 596

Nachzahlungen
– Löhne und Gehälter **F** 815

Nahe Beziehungen
– Wirtschaftsprüfer **A** 146

Nahestehende Unternehmen und Personen K 337 ff.
– Angaben **K** 340 ff.
– – Ausnahmen bei staatlichen Einrichtungen **K** 343 f.
– – Geschäftsvorfälle zwischen **K** 342
– – im Konzernanhang **G** 757 ff.
– – Managementvergütung **K** 340 f.
– – Mutter-Tochter-Beziehungen **K** 339
– Personen in Schlüsselpositionen **K** 337, 340 f.
– s. auch *Beziehungen zu nahe stehenden Personen*

Namensaktien
– Prüfung **L** 183, 991

Natürliche Person
– als Vollhafter **F** 1444 f.

Naturalbezüge
– für Organmitglieder **F** 1075

Negativer Geschäftswert F 320

Negativerklärung
– Prüfungsbericht **M** 189, 236, 239, 704
– *s. auch Fehlanzeige*

Negatives Kapitalkonto
– nach PublG **F** 1547
– Personenhandelsgesellschaft **F** 1505

NE-Metallbestände
– Prüfung **L** 932

Nettomethode
– Ermittlung der Größenkriterien **G** 151 ff., 157 f., 160 f.

Netzwerk A 146, 157 ff.
– Definition **A** 157 f.
– Bürogemeinschaft **A** 158
– Mitgliedschaft in Berufsverbänden **A** 158
– Rechtsfolgen **A** 160
– Verfolgung gemeinsamer wirtschaftlicher Interessen **A** 159

Neubewertungsmethode
– Kapitalkonsolidierung **G** 362 ff.

Neugründung
– Rechnungslegungspflicht **F** 7, 282

Neutrales Ergebnis M 432 ff.

Neutralitätsgebot
– Wirtschaftsprüferkammer **A** 634

Neutralitätspflicht
– Wirtschaftsprüfer **A** 167 f.
– – in Gutachten **A** 168
– – im Prüfungsbericht **A** 168
– Wirtschaftsprüferkammer **A** 634

Neuvornahme
– nichtiger Jahresabschlüsse **B** 379

Nicht beherrschende Anteile *s. Anteile anderer Gesellschafter*

Nicht durch Eigenkapital gedeckter Fehlbetrag *s. Eigenkapital*

Nichtaufgriffsgrenze
– Bestimmung **L** 40, 303 ff., 395 ff., 412, 1223 ff.
– Konzernabschlussprüfung **L** 1291 ff.
– Prüfungsfeststellungen **L** 99

Nichterteilungsvermerk *s. Erklärung über die Nichtabgabe eines Prüfungsurteils, Bestätigungsvermerk*

Nichtfinanzielle Berichterstattung B 29, 40, 102; **L** 1191 ff.
– ergänzende Prüfung **N** 54 ff.
– Grundlagen **O** 119 ff.
– Konzernlagebericht **J** 94 ff.
– Lagebericht **J** 94 ff.

– Prüfung **O** 122 ff.
– *s. auch CSR-Berichterstattung*

Nichtfinanzielle Erklärung A 42; **B** 29, 40, 102, 178; **L** 1191 ff.
– Bestätigungsvermerk **M** 87, 889
– ergänzende Prüfung des nichtfinanziellen (Konzern-)Berichts **M** 1173
– nichtfinanzieller (Konzern-)Bericht **M** 288, 578
– Konzernprüfungsbericht **M** 578
– Prüfungsbericht **M** 288, 360
– sonstige Information **M** 272, 891
– *s. auch CSR-Berichterstattung, Nichtfinanzielle Berichterstattung*

Nichtfinanzielle Informationen
– Prüfung **L** 334, 1130, 1232

Nichtfinanzielle Konzernerklärung
s. Nichtfinanzielle Berichterstattung

Nichtigkeit
– Abhängigkeitsbericht **B** 287
– Beherrschungsvertrag **C** 212, 216, 250, 271, 286, 297
– Betriebsüberlassungsvertrag **C** 228
– Einzelabschluss **B** 294
– festgestellter Jahresabschluss **M** 78
– – aufgrund unterlassener Pflichtprüfung **M** 20, 74, 267
– – infolge fehlender Prüferbefähigung **M** 83, 721
– – wegen Gliederungsmängeln **M** 1098
– – wegen Überbewertung **M** 1100
– – wegen unzulässiger Unterbewertung **M** 1100
– Folgen für den Bestätigungsvermerk
– – Hinweis i.R.d. Begründung des modifizierten Prüfungsurteils **M** 1055, 1122
– geänderter Jahresabschluss **M** 76
– Gewinnabführungsvertrag **C** 250, 271, 286, 297
– Gewinngemeinschaftsvertrag **C** 224
– Gewinnverwendungsbeschluss **M** 78
– Jahresabschluss **B** 285 ff.
– – Beseitigung **B** 378 ff.
– – – in laufender Rechnung **B** 383
– – – Nachtragsprüfung **B** 381
– – – Rückwärtsberichtigung **B** 381 f.
– – *bei faktischem Konzern* **C** 190
– – Feststellung **B** 351 ff.
– – Folgewirkungen **B** 355 ff.; **N** 77 ff.

– – Geltendmachung **B** 351
– – GmbH **B** 289
– – Gründe **B** 295 ff.
– – – allgemeine **B** 296 ff., 338 ff.
– – – Feststellung durch Hauptversammlung **B** 330 ff.
– – – Feststellung durch Verwaltung **B** 324 ff.
– – Heilung **B** 358 ff.
– – Kapitalherabsetzung **B** 332
– – Personenhandelsgesellschaften **B** 290
– – Verstoß gegen
– – – Bewertungsvorschriften **B** 338 ff.
– – – Gläubigerschutzvorschriften **B** 297 ff.
– – – Gliederungsvorschriften **B** 335 ff.
– – – Prüfungspflicht **B** 302 ff.
– keine
– – bei rechtswidriger Erteilung des Bestätigungsvermerks **M** 83
– – bei formellen Mängeln des Prüfungsberichts **M** 21
– Konzernabschluss **B** 291
– Lagebericht **B** 287 f.
– Prüfungsauftrag **A** 162 f.
– Vorjahresabschluss **M** 267, 1194

Nichtigkeitsklage
– Hauptversammlungsbeschlüsse **B** 277
– Jahresabschluss **B** 351 ff.

Niederlassung
– berufliche bei Mehrfachfunktionen **A** 487
– Wirtschaftsprüfer **A** 486 ff.
– Wirtschaftsprüfungsgesellschaft **A** 490 ff.
– *s. auch Zweigniederlassung*

Niederlassungsfreiheit
– Wirtschaftsprüfer **A** 486

Niederstwertprinzip
– Ausweis der Abschreibungen **F** 801
– Bewertung **F** 185, 427
– – Umlaufvermögen **F** 185 ff., 965
– – Wertpapiere **F** 427; **L** 974
– Bewertungsstetigkeit **F** 97
– gemildertes **F** 427
– – Anhangangabe bei Anwendung **F** 949, 1143
– Prüfung der Einhaltung **L** 943
– Währungsforderungen
– – Prüfung **L** 961
– Währungsumrechnung **F** 967

Nießbrauch
– im Anhang **F** 1029

Normalbeschäftigung
– bei Ermittlung der Herstellungskosten **F** 136, 141

Notar
– Bestellung des Wirtschaftsprüfers als **A** 70
– Sozietät des Wirtschaftsprüfers mit **A** 501

Notariatskosten
– bei Ermittlung der Anschaffungskosten **F** 107, 365
– in der GuV **F** 831

Notgeschäftsführer
– Wirtschaftsprüfer als **A** 82

Notstandsbeihilfen
– Ausweis **F** 825

Novation F 359, 392, 409, 420

Nullsalden
– Prüfung **L** 866

Nutzungsdauer
– Änderung **F** 178 f.
– Bemessung **F** 174, 179, 1328
– betriebsgewöhnliche
– – Leasing **F** 1328
– beim Geschäfts- oder Firmenwert **F** 319, 949, 1114 ff.
– immaterielle Vermögensgegenstände **F** 174, 303 f., 310
– Korrektur **F** 179
– Schätzung **F** 1115
– zeitlich begrenzte **F** 169

Nutzungsrechte
– Bilanzierung **F** 314
– an Grundstücken **F** 332

O

Obligationen
– Bilanzierung **F** 388

Obligatorische Berichtsanlagen
– Konzernprüfungsbericht **M** 639
– Prüfungsbericht **M** 511

Öffentlicher Dienst
– Tätigkeit des Wirtschaftsprüfers in **A** 87

Öffentlichkeit
– Bestätigungsvermerk **M** 1, 10, 84, 93, 280, 735 ff., 906, 955, 1223, 1285
– – besonders wichtige Prüfungssachverhalte **M** 14, 865 ff., 875, 911, 1264 ff.
– – Übersetzung des Bestätigungsvermerks **M** 956
– öffentliche Bekanntmachung **M** 260
– Öffentlichkeitswirksamkeit **M** 14, 93
– Prüfungsbericht **M** 42
– sonstige Informationen **M** 771, 889 ff., 1119
– *Unternehmen von öffentlichem Interesse s. dort*
– zusätzliche Informationen **M** 272, 1241 ff.
– *s. auch Offenlegung*

Ökobilanz F 1415

Ökopunkte F 315

Off-balance sheet-Geschäfte
– Prüfung **L** 1038 ff.

Offenlegung
– befreiender Konzernabschluss **F** 263 f., 1457 ff.; **G** 126 ff., 144 ff.
– Berichterstattung bei Verletzung der Offenlegungspflicht **M** 266
– im Bundesanzeiger **F** 23, 29 f.
– in deutscher Sprache **M** 955
– Ergebnisverwendungsbeschluss **F** 1250
– – Personenhandelsgesellschaft i.S.d. § 264a HGB **F** 1252
– Erleichterungen **M** 1011, 1160 ff., 1172, 1220 ff.
– – Kleinstgenossenschaften **H** 21
– – Konzernabschluss **F** 255
– – nach PublG **F** 31, 1561
– – nach EntgTranspG **F** 1434 f.
– in Euro **F** 13
– – Angabe des Umrechnungskurses **F** 950
– freiwillige **B** 230 ff.
– Fristwahrung **M** 266, 864
– gemeinsame von Jahres- und Konzernabschluss **M** 68, 1181
– Genossenschaft **H** 51 ff.
– gesetzliche **B** 196 ff.
– – Adressat **B** 200 f.
– – Form **B** 216 f.
– – Fristen **B** 211 f.
– – Gegenstand **B** 203 f.
– – größenabhängige Erleichterungen **B** 209 f.
– – Rechtsfolgen bei Verstoß **B** 218 f.
– – Sinn und Zweck **B** 198 f.
– Nicht-Offenlegung **M** 266
– nach PublG **F** 29 f.
– – Erleichterungen **F** 31, 1561
– Publizitätspflichten **B** 194 f.
– Unternehmensvertrag **C** 234 f.

- Unterstützung durch Abschlussprüfer **N** 18
- Verantwortlichkeit **N** 14
- Verletzung von Offenlegungspflichten **N** 14, 17
- Wiedergabe des Bestätigungsvermerks bei **M** 80, 955, 1173, 1223
- wirtschaftliche Verhältnisse nach § 18 KWG **M** 38
- s. auch *Bundesanzeiger*

Offenlegungskosten
- Ausweis **F** 831

Online-Verzeichnis
- Werbung **A** 264

Operating-Leasing
- außerbilanzielle Geschäfte **F** 1033

Operational Due Diligence A 48

Optionen F 1314 f., 1154

Optionsanleihen
- im Anhang der AG **F** 1127, 1274
- Ausweis **F** 693
- Bewertung **F** 427
- Zuzahlungen **F** 480

Optionsgeschäfte F 1314 ff.
- im Anhang **F** 1072, 1127, 1151, 1154
- Bilanzierung **F** 423, 667
- Rückstellungen **F** 667
- s. auch *Derivate*

Optionspreismodell
- Bewertung der Option **F** 1293, 1304 ff.
- Mehrheitsbeteiligung bei **C** 78

Optionsrechte
- Anschaffungskosten bei Ausübung **F** 109
- Bewertung **F** 423
- Bilanzierung bei Kapitalgesellschaft **F** 423
- Ermittlung des verdeckten Aufgelds **F** 480
- auf Erwerb ausgegebener Aktien **F** 1296 ff.
- – Rückstellungen **F** 1298
- auf Erwerb junger Aktien **F** 1287 ff.
- – Bilanzierung **F** 1296 ff., 1311
- – Einstellung in Kapitalrücklage **F** 1290 f., 1295
- Mehrheitsbeteiligung bei **C** 78
- von Organmitgliedern **F** 949, 1072
- Rücklage für Aufgeld bei Ausgabe **F** 480

Ordnungsmäßigkeit
- Abschluss **M** 344 ff., 395, 655, 670, 815 ff., 974
- Abschlussprüfung **M** 74, 189, 239, 268, 324, 598

- Berichterstattung **M** 5, 136, 170, 509, 542, 646, 692, 716
- Buchführung **M** 249, 332 ff., 682, 803
- – Grundsätze ordnungsmäßiger Buchführung **M** 330, 369 ff., 620, 654, 980
- Erteilung von Bestätigungsvermerken **M** 8, 646, 692, 736 ff.
- Gesamtaussage des Abschlusses **M** 376, 620
- Geschäftsführung **M** 151, 469 ff., 511, 695, 818
- Konsolidierungsmethoden **M** 610
- Lagebericht **M** 359 ff., 702
- Rechnungslegung **M** 89, 112, 143, 329 ff., 541, 599 ff., 611, 725
- Rechnungslegungsgrundsätze zur **M** 801 ff., 816

Ordnungsmäßigkeitsprüfung
- Geschäftsführung **L** 1

Ordnungswidrigkeit
- Abschlussprüfer **A** 162
- Jahresabschluss
- – Nichtigkeit **B** 298

Organbezüge
- Angabezeitpunkt **F** 1087
- im Anhang **F** 930, 938, 949, 1067 ff.
- Begriff **F** 151
- Erstattung durch Dritte **F** 1079
- falsche Darstellungen (Nichtangabe) im Anhang
- – Bestätigungsvermerk **M** 1033, 1048, 1092, 1104
- früherer Mitglieder **F** 949, 1085 ff.
- Gewährung durch verbundenes Unternehmen **F** 1079
- im Konzernanhang **G** 748 ff.
- Verzicht auf die Angabe nach PublG **G** 171, 675
- während der Mitgliedschaft **F** 1069
- s. auch *Vorstandsbezüge*

Organisierter Markt
- Definition i.S.d. § 2 Abs. 11 WpHG **J** 4 f.

Organkredite
- im Anhang **F** 949, 1091 ff.
- in der Bilanz der Kapitalgesellschaft **F** 390 f., 408, 421
- Prüfung **L** 967 f.

Organmitglieder
- Abfindungen **F** 818, 949, 1086
- im Anhang **F** 930, 938, 949, 1067 ff., 1097 ff.

– – Haftungsverhältnisse zugunsten **F** 949, 1001, 1091 ff.
– – Namen **F** 949, 1097
– Aufwendungen für Altersversorgung und Unterstützung **F** 824 ff.
– Beherrschung durch Personenidentität **C** 113, 119
– bei Ermittlung der Beschäftigtenzahl nach PublG **F** 1529
– Forderungen **F** 390 f.
– Kredite **F** 949, 1091 ff.
– – im Anhang **F** 949, 1072, 1091 ff.

Organschaft
– Gewinnabführungsvertrag bei **C** 161, 217, 238
– Steuerausweis **F** 866

Organvergütung s. Organbezüge, Vorstandsbezüge

Ort(sangabe)
– Bestätigungsvermerk **M** 73, 496, 779, 941, 1214, 1279
– – Hinweis zur Nachtragsprüfung **M** 938
– Gemeinschaftsprüfung (Joint Audit) **M** 691
– Kommunikation mit dem Aufsichtsgremium **M** 300
– Prüfungsbericht **M** 506, 637, 691

Overriding F 25

P

Pachtaufwand
– in der GuV **F** 831
– vorausgezahlter **F** 439

Pachteinnahmen
– Bilanzierung **F** 39, 793

Pachtverträge
– Bilanzierung **F** 39
– Rückstellung für Pachterneuerung **F** 668

Pachtvorauszahlungen F 39, 439

Paketbesitz
– beherrschender Einfluss **C** 114

Parkplätze
– Ausweis **F** 328

Partnerschaftsgesellschaft
– als Berufsgesellschaft **A** 431
– Beteiligung von Wirtschaftsprüfern **A** 507 ff.
– einfache **A** 509 ff.
– mit beschränkter Berufshaftung **A** 507 ff.

Parzellierung
– bei der Grundstücksbewertung **F** 334

Passiva F 450 ff.

Passive latente Steuern
– Prüfung **L** 985

Passive Rechnungsabgrenzung
– Prüfung **L** 1035

Passivierungspflicht
– Pensionsverpflichtungen **F** 578
– Rechnungsabgrenzungsposten **F** 708
– Rückstellungen **F** 560, 564 ff., 578 f., 608, 614, 624, 632, 634 f.
– Verbindlichkeiten **F** 687

Passivierungsverbot F 93

Passivierungswahlrecht F 579 ff., 1258 f.
– Pensionsverpflichtungen **F** 579 f.
– Rückstellungen **F** 579 f.

Passivposten
– Verrechnung mit Aktivposten **F** 65 ff., 86, 410

Patentanmeldungen
– im Lagebericht **F** 1408

Patentanwalt
– Tätigkeit des Wirtschaftsprüfers als **A** 69
– Sozietäten von Wirtschaftsprüfern mit **A** 501

Patente
– Abschreibung **F** 169
– Bilanzierung **F** 51
– Rückstellung für Verletzung **F** 669

Patentverwertungsgemeinschaft
– Ansprüche **F** 362

Patronatserklärung
– im Anhang **F** 1095
– Einstandspflicht **F** 268
– in der Konzernbilanz **G** 478
– Vermerk **F** 997

Pauschalhonorar A 298

Pauschalierung
– Anschaffungsnebenkosten **F** 107

Pauschalrückstellungen F 657, 659

Pauschalwertberichtigungen
– Anzahlungen **F** 322
– Forderungen **F** 416

Pensionen K 195 ff.
– beitragsorientierter Plan **K** 195, 197
– leistungsorientierter Plan **K** 195, 198
– – Angaben **K** 205

– – Barwert der leistungsorientierten Verpflichtung **K** 199 ff.
– – Pensionsaufwand **K** 201 f.
– – Planvermögen **K** 200 f.

Pensionsanwartschaften
– Bilanzierung **F** 578, 589

Pensionsgeschäfte
– Bilanzierung **F** 48 ff.
– echte **F** 49
– Gewinnrealisierung **F** 90
– unechte **F** 50
– – außerbilanzielle **F** 1033

Pensionskasse
– Zuweisungen **F** 824
– *s. auch Unterstützungskasse*

Pensionsrückstellungen
– Altzusagen **F** 561, 578, 949, 1258
– Angabe von Fehlbeträge **F** 581, 584, 949, 1000, 1090, 1198, 1258 f.
– im Anhang **F** 587, 590, 949, 1196 ff.
– – Verrechnung **F** 1197
– Ansatzstetigkeit **F** 585
– Auflösung **F** 593
– – Betriebsübergang **F** 594
– – Durchführungsweg (Wechsel) **F** 584
– – Schuldbeitritt **F** 595 ff.
– Ausweis **F** 578
– Bewertung **F** 578, 586 ff., 945
– – Deckungsvermögen **F** 592, 604, 606
– – Erfüllungsbetrag **F** 581, 586
– – Mindestbetrag, Mindestgarantie **F** 568
– – Stichtagsprinzip **F** 586
– Bilanzierung **F** 561 ff., 578 ff.
– Contractual Trust Arrangement **F** 593
– Deputatverpflichtungen **F** 824
– bei Einschaltung einer Unterstützungskasse **F** 580
– mittelbare Pensionsverpflichtungen **F** 580, 590
– Neuzusagen **F** 579
– Organmitglieder **F** 1087, 1090
– Prüfung **L** 1008 ff.
– bei Rückdeckungsversicherung **F** 591
– unterlassene **F** 926, 934
– Unterschiedsbetrag **F** 587, 949, 1201
– Versorgungszusagen (mittelbare)
– – *Garantie* **F** 583
– Versorgungszusagen (wertpapiergebundene) **F** 591

– Vorstandsvergütung **J** 16, 20 f.
– Zuführungen **F** 824

Pensionssicherungsverein
– Umlagen
– – Ausweis **F** 824, 670, 707
– – Rückstellungen **F** 670

Pensionsverpflichtungen
– ähnliche Verpflichtungen **F** 561, 578, 949, 1258
– Altzusagen **F** 579
– Angabe des Fehlbetrages **F** 582, 949, 1000, 1090, 1258
– Ausweis
– – Kapitalgesellschaft **F** 578
– Bewertung **F** 578, 586 ff.
– Bilanzierung **F** 561 ff., 578 ff.
– – Anpassungen **F** 586
– Deckungsvermögen **F** 599 ff.
– ggü. Organmitgliedern **F** 1087, 1090
– mittelbare **F** 580, 590

Pensionszahlungen
– in der GuV **F** 824

Pensionszusage
– alte **F** 579
– arbeitnehmerfinanzierte **F** 580
– Form
– – in der Handelsbilanz **F** 578 ff.
– des Mandanten an den Wirtschaftsprüfer **A** 103

Periodenabgrenzung
– Grundsatz **F** 95
– Prüfung **L** 919 ff.

Periodenfremde Aufwendungen
– in der GuV **F** 788

Periodenfremde Erträge
– in der GuV **F** 788

Periodenfremde Posten
– im Anhang **F** 949, 1242 ff.
– in der GuV **F** 788, 806, 815, 864, 919, 1242 ff.
– Prüfung **L** 984

Permanente Inventur F 10

Persönlich haftender Gesellschafter
– Angabe bei Personenhandelsgesellschaft i.S.d. § 264a HGB im Anhang **F** 949, 1124
– Einlage in der Bilanz der Kapitalgesellschaft **F** 357, 361
– Vergütungen **F** 815

Personalaufwand
- in der Anlage nach PublG **F** 1561
- bei Anwendung des Umsatzkostenverfahrens im Anhang **F** 949, 1063 ff.
- – Herstellungskosten **F** 132, 134, 139
- – Vertriebsgemeinkosten **F** 913
- bei Optionsausübung **F** 1290 ff., 1301
- Prüfung **L** 785 ff., 1050
- s. auch Gehälter und Löhne

Personalkosten s. *Personalaufwand*

Personalleasing
- Aufwendungen in der GuV **F** 817

Personalverwaltung
- Kosten beim Umsatzkostenverfahren **F** 914

Personen
- nahe stehende **F** 1169 ff.

Personengesellschaft
- Jahresabschluss **F** 14, 1442 ff.
- Kapitalmehrheit **C** 69, 74
- Stimmrechtsmehrheit **C** 93
- Unternehmenseigenschaft **C** 43, 69

Personenhandelsgesellschaft
- Abschlussprüferbestellung **B** 399
- alternative Angabeverpflichtungen **F** 408
- Anlage zur Bilanz nach PublG **F** 1561 ff.
- Ansatz von Vermögen und Schulden **F** 1560
- Anwendung der Vorschriften für Kapitalgesellschaften **F** 1442 ff.
- Ausleihungen ggü. Gesellschaftern einer – i.S.d. § 264a HGB **F** 391
- Befreiung nach § 264b HGB **F** 1446 ff.
- Bestätigungsvermerk
- – Inanspruchnahme von §§ 264 Abs. 3, 264b HGB **M** 862 ff.
- – Rechnungslegungsgrundsätze zur Ordnungsmäßigkeit **M** 799, 805
- – Rechnungslegungsgrundsätze zur sachgerechten Gesamtdarstellung **M** 798, 804
- Beteiligung an **F** 362, 370, 383
- freiwillige Abschlussprüfung **M** 693
- Geltung des PublG **F** 1515 f.
- Gesellschafter
- – Abfindung **F** 1507 ff.
- – Verbindlichkeiten **F** 692
- – Gewinnanteile **F** 370, 837, 1465 f., 1473 ff.
- – von einer Kapitalgesellschaft **F** 423
- – Gewinnverteilung **F** 879
- – Gliederungsgrundsätze **F** 250, 286, 1543 ff.
- – GuV nach PublG **F** 1551 ff.
- Jahres- und Konzernabschluss **B** 398
- Jahresabschluss nach PublG **F** 1540 ff.
- – Anhang **F** 1564 ff.
- – Bekanntmachung **F** 29 f., 1520, 1561
- – Eigenkapital im **F** 1549 f.
- – Erleichterungen **F** 31, 1549, 1561
- – Gliederung **F** 1543 ff.
- – Privatvermögen **F** 1555 ff.
- – Steuern **F** 1553, 1557
- Personenhandelsgesellschaften i.S.v. § 264a HGB
- – Generalnorm **M** 654 ff., 706, 979, 991, 1107
- – Inanspruchnahme von §§ 264 Abs. 3, 264b HGB **M** 283, 322, 700
- phasengleiche Gewinnvereinnahmung **F** 840, 842
- Prüfung des Kapitals **L** 998
- Prüfungsbericht **M** 283, 322
- – Besonderheiten nach PublG **M** 643 ff., 807, 1145 ff.
- rechnungslegungsbezogene Bestimmungen des Gesellschaftsvertrags **M** 793, 1036, 1148
- Rechnungslegungspflicht
- – mit natürlichen Personen als Vollhafter **F** 29, 31, 1443
- – ohne natürliche Personen als Vollhafter **F** 1442 ff.
- Rechtsbeziehungen zu Gesellschaftern **F** 1496
- Verlustanteil **F** 383, 1463, 1467, 1473, 1479 ff.

Personenidentität
- Beherrschung bei – der Organmitglieder **C** 113, 119
- einheitliche Leitung bei – der Anteilsinhaber **C** 119

Pfändung
- Honoraransprüche des Wirtschaftsprüfers **A** 207

Pfandbriefe
- Bilanzierung **F** 388

Pfandgeld
- Rückstellung **F** 400, 665

Pfandrechte
- Prüfung **L** 1031 ff.

Pflegeversicherung
- Arbeitgeberanteil in der GuV **F** 821

Pflichtprüfung
- Folgen der unterlassenen **N** 80

Pflichtverletzung
– Wirtschaftsprüfer
– – Schadensersatz **A** 309 ff.

Planmäßige Abschreibungen
– Prüfung **L** 895

Planmäßigkeit
– Grundsatz bei Abschreibungen **F** 167 f., 175, 178

Planung
– prüferische Durchsicht von Abschlüssen **P** 57 ff.

Planungskosten
– bei Ermittlung der Herstellungskosten **F** 335

Planungsrechnung
– Prüfungsbericht **M** 212, 334, 414
– *s. auch Geprüfte Unterlagen*

Plausibilitätsbeurteilung
– bei der Abschlussprüfung **L** 307, 322, 350, 821

Plausibilitätsprüfungen L 835, 842 ff.

Poolvertrag
– Abhängigkeit **C** 120, 168
– Unternehmenseigenschaft bei **C** 51

Portfolio-Hedges F 202

Portokosten F 814, 913
– Ausweis beim Umsatzkostenverfahren **F** 913

Positivbefund
– Bestätigungsvermerk **M** 89, 747, 975, 1018, 1042, 1069, 1106, 1116

Postenaufgliederungen und -erläuterungen
– Prüfungsbericht **M** 173, 406

Postenbezeichnung
– Anpassung **F** 296, 761

Postenhinzufügung F 294, 754, 756

Postenuntergliederung F 294 f., 753

Postenzusammenfassung F 298 ff., 949, 988
– in der GuV **F** 298 f., 757, 759

Postgebühren
– Ausweis **F** 831
– bei Ermittlung der Herstellungskosten **F** 139

Präsentationskosten
– Ausweis beim Umsatzkostenverfahren **F** 913

Präsenzmehrheit
– *beherrschender Einfluss* **C** 106, 114

Praktische Tätigkeiten **A** 380 ff.

Praxisbroschüren A 258

Praxisveräußerung
– Mandantenschutzklausel **A** 242 f.
– Verschwiegenheitspflicht **A** 208

Preisänderungsrisiken
– im Lagebericht **F** 1404 f.

Preisnachlass
– bei Ermittlung
– – Anschaffungskosten **F** 111
– – Umsatzerlöse **F** 799

Preisrückgang
– bei Bewertung des Umlaufvermögens **F** 189

Preisschwankungen L 932

Preissteigerungen
– im Anhang **F** 944, 982

Presseveröffentlichungen
– Verschwiegenheitspflicht des Wirtschaftsprüfers **A** 204

Privatschulden
– nach PublG **F** 1557 ff.
– *s. auch Privatvermögen*

Privatvermögen
– Anteile im bei Ermittlung der Kapitalmehrheit **C** 85
– Bestätigungsvermerk **M** 1143, 1150, 1158, 1170
– Einzelkaufleute **F** 33
– Prüfungsbericht **M** 649 ff., 663
– nach PublG **F** 1555 ff.

Probebilanz
– zur Ermittlung der Bilanzsumme nach PublG **F** 1523

Problemorientierung
– Ausrichtung der Abschlussprüfung **M** 271, 306, 1121
– Berichterstattung **M** 44, 158, 162 ff., 186, 247, 271, 306, 512, 545
– Bestätigungsvermerk **M** 738, 855, 963
– – Hinweise zum **M** 835, 838, 855
– Prüfungsergebnis **M** 972, 1076
– Prüfungsurteil **M** 738, 963, 972
– *s. auch Ermessen*

Process Level Controls L 238, 242

Produkthaftung
– Kosten beim Umsatzkostenverfahren **F** 903
– Rückstellung **F** 659

Produktion
– Aufgliederung der Umsatzerlöse **F** 1054

Produktionskosten
- bei Bewertung des Umlaufvermögens **F** 188

Produktionskostenrechnung/ verfahren
F 789

Prognosen
- Bestätigungsvermerk **M** 830, 858, 862, 994, 1001
- gesetzliche Vertreter **M** 197, 213, 830, 1004
- Fortbestehensprognose **M** 206, 858, 896
- Lagebericht **M** 305, 830, 994, 1092
- Prognoseverfahren **M** 209
- s. *auch Fortführung der Unternehmenstätigkeit, Prognostische Aussagen*

Prognostische Angaben L 852, 1123, 1150, 1171, 1174 ff.

Projected Unit Credit Method F 589

Prokura
- angestellter Wirtschaftsprüfer **A** 222

Prolongationsabreden
- bei Ermittlung der Restlaufzeit **F** 1027

Prospekte
- Beurteilung von **A** 40 ff.

Prospekthaftung A 349 ff.

Provisionen
- Abgrenzung **F** 439
- bei Ermittlung
- – Anschaffungskosten **F** 107, 365
- – Herstellungskosten **F** 144
- beim Erwerb eigener Anteile **F** 462
- in der GuV
- – Gesamtkostenverfahren **F** 815, 831, 857 f.
- – Umsatzkostenverfahren **F** 912
- für Organmitglieder
- – im Anhang **F** 949, 1068
- bei Wiederveräußerung der eigenen Anteile **F** 467

Provisionsgeschäfte
- Befangenheit **A** 151
- Verbot **A** 81, 151, 235

Provisionsverpflichtungen
- Ausweis **F** 672
- Rückstellung **F** 672

Prozessaufnahme L 516, 674 ff., 718 ff.

Prozesskosten
- bei Ermittlung der Anschaffungskosten **F** 107
- Rückstellung **F** 673

Prüfer für Qualitätskontrolle
- Beauftragung **E** 60 ff.
- Registrierung **E** 45 ff.
- Unabhängigkeit **E** 54

Prüferische Durchsicht A 23; **M** 11, 583, 596; **P** 1 ff.
- Abgrenzung zu weiteren Dienstleistungen **P** 28 f.
- Abschlüsse **P** 1 ff.
- – als betriebswirtschaftliche Prüfung **P** 2 ff.
- – *IDW PS 900* **P** 20 ff.
- analytische Beurteilungen **P** 80 ff.
- Anhang **P** 90 ff., 106
- Art und Umfang der Maßnahmen **P** 76 ff.
- und Aufsichtsrat **P** 179 f.
- Auftragsannahme **P** 44 ff.
- – Auftragsbedingungen **P** 51 ff.
- – Haftung **P** 54 ff.
- Aussagesicherheit **P** 3
- außergewöhnliche Geschäftsvorfälle **P** 71
- Befragungen **P** 84 ff.
- begrenzte Sicherheit **P** 105
- Begriff **P** 1, 105
- Berichterstattung **P** 113 ff., 173
- Bescheinigung **P** 113 ff.
- – Abschlüsse für einen speziellen Zweck **P** 164 ff.
- – Adressierung **P** 125
- – Aussage unmöglich **P** 153 ff.
- – Beanstandungen **P** 148 ff.
- – beschreibender Abschnitt **P** 120, 130 ff.
- – – Formulierungsempfehlungen **P** 132 ff.
- – Bestandteile **P** 120 ff.
- – einleitender Abschnitt **P** 120, 126 ff.
- – – Formulierungsempfehlungen **P** 128
- – Einschränkung **P** 148 ff.
- – einzelne Finanzaufstellung **P** 170 ff.
- – Ergänzung der Bescheinigung **P** 145 ff.
- – Ermessen **P** 70, 78, 107, 137, 177
- – Formulierungsempfehlungen **P** 128 ff., 191 ff.
- – Grundsätze **P** 113 ff.
- – Halbjahresfinanzbericht **P** 16, 21, 54, 116 f., 160 ff.
- – Hemmnis **P** 151, 153
- – nach ISRE 2400/2410 **P** 121 ff., 129, 132, 136, 150
- – – Formulierungsempfehlungen **P** 195, 199
- – Konzernzwischenabschluss **P** 157 ff.
- – Lagebericht **P** 88 ff., 143

2563

– – Modifizierungen **P** 148 ff.
– – negativ formulierte Aussage **P** 3, 113 f., 137 ff.
– – ohne Beanstandungen **P** 139 ff.
– – – Formulierungsempfehlungen **P** 140 ff., 191 ff.
– – Struktur **P** 120
– – Überschrift **P** 124
– – Unterschrift **P** 120, 156
– – Urteil **P** 120, 137 ff.
– – Verantwortung der gesetzlichen Vertreter **P** 128 f.
– – verkürzter Konzernzwischenabschluss **P** 144, 193
– – Versagung **P** 153 ff.
– Beschluss zur Wahl **P** 45, 49 ff.
– bestandsgefährdende Tatsachen **P** 147, 176
– Bestellung **P** 44 ff.
– Dokumentation **P** 112
– Durchführung **P** 37 ff.
– Ereignisse nach dem Abschlussstichtag **P** 63
– Ergebnis **P** 104, 114 ff.
– und Erstellung **P** 29
– Ermessensspielraum **P** 70, 85, 107, 137, 177
– erstmalige Beauftragung **P** 59
– Erwartungslücken **P** 36, 130, 159, 188
– Fortführung der Unternehmenstätigkeit **P** 99
– Gegenstand **P** 10 ff.
– Geschäfts- oder Firmenwert **P** 95
– geschätzter Wert **P** 94
– gewisse Sicherheit **P** 3, 105
– Haftung **P** 53 ff.
– Halbjahresfinanzbericht **P** 16, 21, 54, 116 f., 160 ff.
– Informationen von sachverständigen Dritten **P** 97
– Internes Kontrollsystem **P** 59 ff.
– ISRE 2400/2410
– – Anwendungsbereich **P** 24 ff.
– – Auftragsschreiben **P** 53
– – Bescheinigung **P** 119 ff.
– – Maßnahmen **P** 76 ff., 104 ff.
– – zusätzliche Befragungen **P** 86 ff., 100 f.
– Konzernabschluss **P** 14, 69, 75, 97, 157 ff.
– internationale Vergleichbarkeit **P** 23, 186
– Lagebericht **P** 90 ff.
– Maßnahmen **P** 77 ff.
– *nachträgliche P 181 ff.*
– Nachweise **P** 39, 84 ff., 107 ff.
– nahestehende Personen **P** 100
– Organisation **P** 60 ff.

– Planung **P** 57 ff.
– Qualitätskontrollprozess **P** 43
– Rechtsanwaltsauskunft **P** 94
– Regelungen **P** 20 ff.
– – small- and medium-sized entities **P** 27
– sachverständiger Dritte **P** 97
– schriftliche Erklärung des Managements **P** 101 ff.
– Teilkomponenten **P** 13 f.
– Umfang **P** 76 ff.
– Unabhängigkeit **P** 38
– ungebuchte Differenzen **P** 109
– Unregelmäßigkeiten **P** 36, 53, 70, 85, 98, 176
– Überarbeitung von *IDW PS 900* **P** 186 ff.
– Verantwortung der gesetzlichen Vertreter **P** 128 f.
– Vollständigkeitserklärung **P** 69, 101, 103
– Vorbehaltsaufgabe **P** 37
– Vorteile **P** 5 ff.
– Wesentlichkeit **P** 69, 72 ff.
– Zwischenlagebericht **P** 21, 93, 160

Prüferrichtlinie A 95 f.

Prüferwechsel
– Berichterstattung **M** 35, 134, 720 ff.
– Verhalten **A** 169
– *s. auch Kündigung des Prüfungsauftrags*

Prüfgeräte
– Bilanzierung **F** 196

Prüfung
– befreiender Konzernabschluss **G** 121, 140 ff.
– Erwartungslücke **M** 94, 739, 907, 1283
– Erstprüfung
– – Berichterstattung **M** 678 ff.
– – Bestätigungsvermerk **M** 1189 ff.
– – freiwillige
– – – Berichterstattung **M** 692 ff.
– – – Bestätigungsvermerk **M** 1201 ff.
– – – Erweiterung des Prüfungsauftrags **M** 150, 696
– – unter Beachtung der ISA **M** 1217, 1268 ff.
– – unter ergänzender Beachtung der ISA **M** 1264 ff.
– gewissenhafte Berufsausübung **L** 2
– Pflichtprüfung
– – Berichterstattung **M** 19 ff., 135 ff., 538 ff.
– – Bestätigungsvermerk **M** 735 ff., 1123 ff.
– – Erweiterung des Prüfungsauftrags **M** 150, 160
– – unter ergänzender Beachtung der ISA **M** 1256 ff.

Stichwortverzeichnis

– – unterlassene **M** 267, 681, 1234
– projektbegleitende von IT-Projekten **A** 37
– Prüfungsbereitschaft **M** 303
– risikoorientierter Prüfungsansatz **M** 103, 107, 306
– – Kommunikation mit dem Aufsichtsgremium **M** 103, 107
– – Prüfungsbericht **M** 306, 312
– Softwareprodukte **A** 36
– sonstige **L** 15
– Unternehmensvertrag **C** 232
– Ziel **L** 2

Prüfungsakte A 550

Prüfungsansatz
– risikoorientierter **A** 18

Prüfungsauftrag
– Auferlegung von Prüfungshemmnissen **M** 315, 829, 1202
– Erteilung **M** 25 ff., 99, 180, 315
– Ergänzungen **O** 9
– Erweiterung **M** 150 ff., 305, 318, 549; **N** 11, 38, 105; **O** 1 ff.
– – Auftragsverhältnis **O** 11 ff.
– – Auswirkungen auf den Bestätigungsvermerk **O** 16 f.
– – Berichterstattung **O** 15 ff.
– – Bestätigungsvermerk **M** 743, 818, 914 ff., 1009
– – Feststellungen aus **M** 164, 171, 449 ff., 465 ff., 631 ff.
– Gemeinschaftsprüfung **M** 685
– Konzernprüfungsbericht **M** 554 ff., 631 ff., 714
– Kündigung **A** 288 ff.; **L** 133, 540, 1326, 1354; **M** 35, 688, 720 ff., 1074, 1218 ff.
– Nachtragsprüfung **N** 20, 25
– nicht rechtzeitige Ablehnung **A** 328 f.
– Nichtigkeit **A** 262
– Prüfungsbericht **M** 179 ff., 449 ff., 695 ff.
– Unterzeichnung des Bestätigungsvermerks **M** 942
– Unterzeichnung des Prüfungsberichts **M** 502
– Vorlage des Prüfungsberichts **M** 527
– Widerruf **A** 288 ff.; **M** 35, 728
– Zusatzauftrag **M** 154

Prüfungsausschuss
– Aufgaben **B** 41, 43 ff., 59 ff.
– Bilanzsitzung **M** 49, 101, 116
– Einrichtung **B** 4, 43, 101
– Erteilung des Prüfungsauftrags **M** 100

– Initiativrecht **M** 14, 51, 113
– Kommunikation mit dem Abschlussprüfer **M** 4, 14, 44, 123, 300, 847, 1285
– – besonders wichtige Prüfungssachverhalte **M** 869 ff.
– Prüfungsbericht **M** 14, 240, 256, 279, 295, 590
– Unabhängigkeit **B** 100
– Unternehmen von öffentlichem Interesse **B** 59 ff.
– Vorlage des Prüfungsberichts **M** 19, 25 ff., 40, 527, 540
– zusätzlicher Bericht an den **M** 3, 41, 930, 932
– – als Teilband des Prüfungsberichts **M** 41, 321, 447, 504, 528
– s. auch Aufsichtsrat

Prüfungsausschuss
– Wirtschaftsprüfer als Mitglied **A** 78

Prüfungsbericht M 3, 19 ff., 135 ff.
– Adressaten **M** 1, 9, 24, 42 ff., 100
– Adressierung **M** 177, 553
– Anlagen **M** 511 ff., 639 ff.
– – Auftragsbedingungen **M** 175, 511
– – fakultative Anlagen **M** 176, 512 ff.
– – obligatorische Anlagen **M** 175, 511
– – Prüfung nach § 53 HGrG (Fragenkatalog zu IDW PS 720) **M** 511
– – rechtliche Verhältnisse **M** 176, 515 ff.
– – sonstige Aufgliederungen und Erläuterungen **M** 176, 404 ff., 526
– – wirtschaftliche Grundlagen **M** 176, 520 ff.
– Anlagenband **M** 174, 408, 526, 550
– Aufbau **M** 162 ff., 648 ff., 692 ff.
– Aushändigung **M** 26, 31, 645
– Berichtsentwurf **M** 29, 530
– Berichtskritik **M** 531
– Berichtspflichten
– – i.Z.m. Art. 5 VO (EU) Nr. 537/2014 **M** 444 ff.
– – nach Art. 11 VO (EU) Nr. 537/2014 **M** 14, 40, 168, 181, 234, 240, 250, 256, 300 ff., 356, 378, 389
– Bestätigungsvermerk
– – Erklärung zur Widerspruchsfreiheit von – und Prüfungsbericht **M** 742, 930, 932
– – Wiedergabe im Prüfungsbericht **M** 22, 73, 97, 164, 172, 280, 496 ff.
– Bilanzierungs- und Bewertungsmethoden **M** 219, 347, 372 ff., 389
– Deckblatt **M** 177, 553
– Detaillierungsgrad **M** 174, 203, 419, 431, 452

2565

- Einsichtsrecht im Insolvenzfall **N** 99 ff.
- Einzelkaufmann **M** 643 ff.
- elektronische Form **M** 505, 534
- Empfänger **M** 9, 25 ff., 34, 38
- – Informationswert **M** 94, 145, 191, 410, 520 ff., 599, 642
- – ergänzende Bestimmungen in Satzung/Gesellschaftsvertrag **M** 283, 332, 344, 359, 656
- – Erläuterungsteil **M** 174
- – Eröffnungsbilanzwerte **M** 323, 346, 679 ff.
- – Erstprüfungen **M** 323, 346, 516, 678 ff.
- – Fortbestand des Unternehmens **M** 206, 310, 650, 704
- – freiwillige Abschlussprüfung **M** 692 ff.
- – Funktion **M** 42 ff.
- – Gemeinschaftsprüfung (Joint Audit) **M** 139, 684 ff.
- – Gesetzesverstöße **M** 238 ff., 343, 459
- – Gliederung **M** 164 ff.
- – Grundsätze der Berichterstattung **M** 135 ff., 699
- Inhalt **M** 179 ff.
- – – Abgrenzung der Verantwortlichkeiten **M** 292
- – – Abhängigkeitsbericht **M** 153, 294, 363, 477 ff.
- – – abweichende Auffassung **M** 257, 350, 353
- – – Anhangangaben **M** 204, 326 ff.
- – – Art und Umfang der Prüfung **M** 296 ff.
- – – Aufgliederungen und Erläuterungen **M** 173, 404 ff., 526
- – – Aufklärungs- und Nachweispflichten der gesetzlichen Vertreter **M** 324 ff., 699
- – – Auftragsbedingungen **M** 175, 184, 511
- – – bestandsgefährdende Tatsachen **M** 22, 206 ff., 222 ff., 228, 268 ff., 650
- – – Bestandsnachweise **M** 316, 333
- – – Bilanzierung und Bewertung **M** 22, 219, 376, 381 ff.
- – – Buchführung **M** 249 ff. 329 ff.
- – – entwicklungsbeeinträchtigende Tatsachen **M** 22, 206 ff., 222 ff., 226, 268 ff., 650
- – – erbrachte Steuerberatungs- und Bewertungsleistungen **M** 444 ff.
- – – Eröffnungsbilanzwerte **M** 323, 346, 679 ff.
- – – Ertragslage **M** 201, 429 ff.
- – – Erweiterungen des Prüfungsauftrags **M** 150 ff., *171, 284, 295, 344*
- – – Feststellungen aus Erweiterungen des Prüfungsauftrags **M** 171, 449 ff.
- – – Finanzlage **M** 201, 423 ff.

- – – Gegenstand, Art und Umfang der Prüfung **M** 150, 279 ff., 653, 696
- – – Generalnorm **M** 330, 369, 659, 706, 709
- – – geprüfte Unterlagen **M** 22, 166, 221, 332 ff.
- – – Gesamtaussage des Jahresabschlusses **M** 173, 330, 369 ff.
- – – größenabhängige Erleichterungen **M** 151, 284, 344, 352
- – – Grundsätzliche Feststellungen **M** 164, 186 ff.
- – – interne Revision **M** 139, 305, 317
- – – internes Kontrollsystem **M** 250, 263, 292, 305, 311, 356, 616
- – – Kapitalflussrechnung **M** 282, 344, 357, 370, 424, 511
- – – Kapitalmaßnahmen **M** 201, 421, 428, 517
- – – Kennzahlen **M** 201, 392, 413 ff.
- – – *Key Audit Matters s. dort*
- – – Kommunikation mit dem Aufsichtsgremium **M** 120 ff., 300, 487
- – – Kreditlinien **M** 201, 425 ff.
- – – Lagebericht **M** 197, 282, 305, 359 ff., 493
- – – lageberichtsfremde Angaben **M** 272, 290
- – – Liquiditätssituation **M** 228, 423 ff.
- – – neutrales Ergebnis **M** 432 ff.
- – – Ordnungsmäßigkeit der Geschäftsführung **M** 151, 469 ff., 511, 695
- – – Ordnungsmäßigkeit der Rechnungslegung **M** 143, 329 ff., 655, 682, 724
- – – Outsourcing **M** 311
- – – Privatvermögen **M** 651
- – – Prüfungsansatz **M** 306
- – – Prüfungsauftrag **M** 165, 171, 179 ff., 315
- – – Prüfungsergebnis **M** 141, 163, 326, 337, 355, 414
- – – Prüfungsgegenstand **M** 171, 282 ff.
- – – Prüfungshandlungen **M** 263, 269 ff., 281, 297, 319
- – – Prüfungshemmnisse **M** 221, 319, 682
- – – Prüfungsschwerpunkte **M** 270, 279, 305 ff., 585, 679
- – – Prüfungsumfang **M** 150, 297, 313, 453, 485, 702
- – – Rechtsstreitigkeiten **M** 517
- – – Redepflicht **M** 230 ff., 270, 462, 704
- – – Restrukturierungsmaßnahmen **M** 201, 522
- – – sachverhaltsgestaltende Maßnahmen **M** 22, 173, 219, 331, 376, 398 ff.
- – – Sale-and-lease-back **M** 219, 399, 421
- – – Schutzklausel **M** 350, 355, 364
- – – Segmentberichterstattung **M** 344, 357, 370

– – Stellungnahme zur Lagebeurteilung der gesetzlichen Vertreter **M** 197 ff.
– – Substanzerhaltung **M** 413, 695
– – Täuschung **M** 249, 305
– – Teilbereichsprüfer **M** 139, 317
– – Treuhandverhältnisse **M** 517
– – Unregelmäßigkeiten **M** 22, 188 ff., 238 ff.
– – Unrichtigkeiten **M** 188, 238 ff., 306
– – Unternehmensfortführung **M** 204 ff., 310, 650, 704
– – Unternehmensverträge **M** 517
– – verantwortliche Prüfungspartner **M** 185,
– – Verletzung von Aufstellungs- und Publizitätspflichten **M** 245, 266, 291, 354
– – Vermögens-, Finanz- und Ertragslage **M** 48, 173, 201, 417 ff., 369 ff., 404 ff.
– – Versicherungsschutz **M** 525
– – Verstöße **M** 188, 238 ff., 306, 461 ff.
– – Vollständigkeitserklärung **M** 327, 699
– – vorangestellte Berichterstattung **M** 22, 46, 172, 186 ff., 310, 318
– – Vorjahresabschluss **M** 267, 301, 323, 346, 518, 678 ff.
– – Wiedergabe des Bestätigungsvermerks **M** 172, 496 ff., 955
– – wirtschaftliche Lage **M** 143, 203, 410, 442, 520
– – zusätzliche Informationen **M** 272
– – Zusatzauftrag **M** 154
– – Zweigniederlassungen **M** 226, 303, 365
– Insolvenz **M** 36, 227, 427
– kleine Kapitalgesellschaft **M** 285, 693, 706
– Kleinstkapitalgesellschaft **M** 286, 349, 370, 379, 693, 706
– Kündigung des Prüfungsauftrags **M** 720 ff.
– Mängel **M** 732 ff.
– Management Letter **M** 130, 149, 300, 339, 463
– Mindestbestandteile **M** 21 ff.
– Nachtragsprüfung **N** 31 ff.
– nichtiger Vorjahresabschluss **N** 82 ff.
– Organschaft **M** 517
– Personenhandelsgesellschaft **M** 283, 322, 643 ff.
– Problemorientierung **M** 170 ff., 186, 306, 512, 548
– Prüfungszeitraum **M** 146, 303
– Publizitätsgesetz **M** 643 ff.
– rechtliche Bedeutung **M** 19 ff., 59
– Schlussbemerkung **M** 508 ff.
– *Siegel(führung) s. dort*
– Stetigkeit **M** 161, 167, 433
– Teilberichte **M** 146 ff., 277, 299, 451, 470
– Testatsexemplar **M** 499, 529, 951
– Übersetzung **M** 535 ff., 956
– Unparteilichkeit bei Abfassung **A** 168
– Unterzeichnung **M** 501 ff.
– Verständlichkeit **M** 160, 304, 523
– Vertraulichkeit **M** 9, 33 ff., 42, 145
– Vorabbericht **M** 278
– Vorlagepflichten/Vorlagerechte **M** 25 ff., 34, 97, 527 ff.
– Vorwegexemplar **M** 29, 530
– Weitergabe **M** 30, 38
– zusammengefasster **M** 672 ff.
– Zwischenprüfung **M** 146, 303, 451
– *s. auch Jahresabschluss, Konzernabschluss, Konzernprüfungsbericht*

Prüfungsdifferenzen
– nicht korrigierte **L** 89, 98 ff., 133, 1246, 1249 ff.

Prüfungsergebnis
– Aufklärungen und Nachweise der gesetzlichen Vertreter **M** 326, 414
– Auswirkungen der Kommunikation mit dem Aufsichtsgremium **M** 132
– Auswirkungen von Mängeln **M** 337, 355
– Berichterstattung i.R.d. Bilanzsitzung **M** 101 ff., 116 ff.
– Bestätigungsvermerk **M** 6, 741, 963, 972 ff., 1076
– – ergänzender Hinweis **M** 848 ff.
– – kein Hinweis auf die Verwertung der Prüfungsergebnisse Dritter **M** 908, 1133
– *Ermessen s. dort*
– Gemeinschaftsprüfung (Joint Audit) **M** 684 ff., 1195 ff.
– Prüfungsbericht **M** 59, 141, 163, 326, 337, 355, 414, 472, 543,
– Stellungnahme des Aufsichtsrats **M** 32
– Verwertung des – Dritter **M** 305, 582 ff., 908, 1039
– *s. auch Bestätigungsvermerk, Prüfungsbericht*

Prüfungsergebnisse Dritter
– Abgrenzung Gemeinschaftsprüfungen **L** 1347
– andere externe Prüfer **L** 456
– andere interne Prüfer **L** 457
– ausländischer Abschlussprüfer **L** 456
– deutscher Abschlussprüfer **L** 456
– Eigenverantwortlichkeit **L** 453

- interne Revision **L** 458 ff.
- Sachverständige **L** 463 ff., 466 ff., 471 ff.

Prüfungsgegenstand
- Bedeutung **L** 292
- Bestätigungsvermerk **M** 61, 741, 787 ff., 914 ff., 978
- – Berücksichtigung von Erweiterungen **M** 284, 696, 743, 775, 914 ff., 1009
- – Beschreibung **M** 765, 775, 792 ff., 914 ff.
- – bei fehlendem Lagebericht **M** 787, 807, 903, 939
- – ergänzende Hinweise **M** 856 ff., 860 ff.
- Bildung eines Prüfungsurteils **M** 62 ff., 961 ff., 1026
- Erweiterung **M** 114, 151, 171, 284, 653, 695
- gesetzliche Jahresabschlussprüfung **L** 6 ff
- inhaltlich nicht geprüfte Angaben im Lagebericht **M** 272, 360, 771, 811 ff.
- – sonstige Informationen **M** 771, 889 ff.
- lageberichtsfremde Angaben **M** 272, 290, 579
- Prüfungsbericht **M** 47, 61, 171, 282 ff., 573 ff., 653, 695, 745, 818
- – Feststellung aus Erweiterungen des **M** 449 ff., 696
- qualitative Merkmale **L** 292
- quantitative Merkmale **L** 292
- Vorgaben durch Behörden **M** 24, 284

Prüfungsgrundsätze
- Eigenverantwortlichkeit **L** 369, 453, 1350
- Informationsabstufung **L** 1125, 1159
- Wesentlichkeit **L** 40 ff., 293, 303, 345, 395, 1065, 1292 ff.
- Wirtschaftlichkeit **L** 3, 249, 306 ff., 570, 818

Prüfungshandlungen
- Abhängigkeit von Größe und Komplexität des Unternehmens **L** 1149
- analytische **L** 35, 81 ff., 310, 332 ff., 818 ff., 1238 ff.
- Aufsichtsgremium **M** 45
- Auswahl **L** 816 ff.
- Ausweitung **M** 270, 318, 409
- Bestätigungsvermerk
- – Beschreibung der Verantwortung des Abschlussprüfers **M** 909
- – Beschreibung von – i.Z.m. Key Audit Matters **M** 861
- Dokumentation **M** 59, 281
- *Einzelfallprüfungen* **L** 85 ff., 340 ff., 601 f., 863 ff.

- Ereignisse nach dem Abschlussstichtag **M** 195, 199, 858, 1114
- ergebnisorientierte **L** 644
- Erstprüfung **M** 323, 680, 683, 1189
- Kündigung des Prüfungsauftrags **M** 722, 1218
- Nachweis **M** 281
- Prüfungsbericht **M** 139, 263, 269 ff., 297, 305 ff., 323, 581 ff., 683, 829
- – alternative **M** 319, 829
- – von Teilbereichsprüfern durchgeführte **M** 583
- *Prüfungshemmnisse s. dort*
- Prüfungsplanung **L** 66 ff., 249 ff., 847
- sonstige Informationen **M** 1119

Prüfungshemmnisse
- Auferlegung i.R.d. Beauftragung **M** 1202
- Aufklärungs- und Nachweispflichten der gesetzlichen Vertreter **M** 831
- Begriff **M** 1014, 1016
- Bestätigungsvermerk **M** 62 ff., 89, 741, 817, 964, 1014
- – Berücksichtigung i.R.d. Bildung eines Prüfungsurteils **M** 319, 682, 1014 ff., 1037, 1095
- – eingeschränktes Prüfungsurteil aufgrund von **M** 64, 1025 ff., 1094, 1109, 1116 ff.
- – Erklärung der Nichtabgabe eines Prüfungsurteils aufgrund von **M** 64, 221, 1025 ff., 1071 ff., 1094, 1109, 1116 ff.
- – Rückwirkung auf das Mitteilen besonders wichtiger Prüfungssachverhalte **M** 886
- – Umfang der Auswirkungen auf den Prüfungsgegenstand **M** 1025 ff., 1041 ff.
- Erstprüfung **M** 682
- bei prüferischer Durchsicht von Abschlüssen **P** 151, 153
- Prüfungsbericht **M** 319, 326 ff., 682
- Qualitätskontrolle **E** 237
- sonstige Informationen **M** 1119
- Teilbereichsprüfer **M** 1137
- *s. auch Bestätigungsvermerk*

Prüfungskommission A 397

Prüfungskosten
- Ausweis **F** 831
- Rückstellung **F** 662

Prüfungsmethoden
- indirekte **L** 821
- IT-gestützte **L** 389, 643
- *s. auch geschäftsrisikoorientierter Prüfungsansatz*

Stichwortverzeichnis

Prüfungsnachweise
- ausreichende und angemessene **L** 196, 309, 559 ff., 947, 1075, 1094, 1280, 1336

Prüfungspflicht
- Befreiung **F** 256
- – nach PublG **F** 1532 f., 1539
- – Voraussetzungen **F** 263 ff., 1532 ff.
- Jahresabschluss
- – nach PublG **F** 2
- – Kapitalgesellschaft **F** 22
- – Nichtigkeit bei Verstoß **B** 302 ff.

Prüfungsplan
- Erstellung und Dokumentation **L** 387 ff.
- Nachweisfunktion **L** 391
- Planungsmemorandum **L** 389
- Prüfungsanweisungen **L** 388
- s. auch Prüfungsplanung

Prüfungsplanung
- durch den Abschlussprüfer
- – bei Erstprüfungen **L** 366 ff..
- – Berücksichtigung von Unrichtigkeiten und Verstößen **L** 2
- – gesonderter Teilbericht **L** 382
- – Hard close **L** 380
- – Informationsbeschaffung **L** 251
- – Informationsbeschaffungs- und Analyseprozess **L** 261
- – personelle **L** 383 ff..
- – – Aufteilung **L** 383
- – – Betriebsblindheit **L** 384
- – – interne Rotation **L** 384
- – – Unabhängigkeit **L** 383
- – Prüfungsstrategie **L** 251
- – sachliche **L** 260 ff.
- – – Abhängigkeit von Größe und Komplexität des Unternehmens **L** 252
- – – Erfahrungen der Abschlussprüfer **L** 252
- – – Planungsschritte **L** 251
- – Vor- und Zwischenprüfungen **L** 378 ff..
- – wesentliche Beanstandungen **L** 382
- – zeitliche **L** 374 ff.
- Änderungen **L** 258
- analytische Prüfungshandlungen **L** 823 ff.
- Bestimmung der Prüfungshandlungen **L** 251
- Einteilung des Prüfungsstoffs **L** 251
- Erstellung eines Zeit- und Honorarbudgets **L** 257
- Informationsquellen **L** 263
- Informationsumfang **L** 263

- kritische Grundhaltung des Abschlussprüfers **L** 384, 496 ff.
- Projektmanagement **L** 255 f.
- prüferische Durchsicht **P** 57 ff.
- Zeitplanung **L** 374 ff.

Prüfungsprogramme L 49, 62, 388 ff.

Prüfungsprozess L 93, 388, 578, 846

Prüfungsrisiko
- Begriff **L** 16, 45, 49 f., 401
- Bestandteile **L** 50, 273, 402
- Einschätzung **L** 272
- Gemeinschaftsprüfer **L** 1351
- Konzernabschlussprüfung **L** 1280
- mathematische Abhängigkeit **L** 288 ff.
- Risikofaktoren **L** 38, 218, 276, 503, 512 ff., 1078 ff.
- s. auch Entdeckungsrisiko, Fehlerrisiko, Inhärentes Risiko, Kontrollrisiko

Prüfungsschwerpunkte
- Berichterstattung i.R.d. Bilanzsitzung **M** 108
- Berichterstattung i.Z.m. der Prüfung gemäß § 53 HGrG **M** 472
- Erstprüfung **M** 679
- Kommunikation mit dem Aufsichtsgremium **M** 120, 279
- Prüfungsbericht **M** 270, 279, 304 ff., 321, 585, 679
- Setzen **M** 270, 279, 308 ff.
- – besonders wichtige Prüfungssachverhalte **M** 309, 871
- – Fortführung der Unternehmenstätigkeit **M** 310

Prüfungsstrategie
- Aufsichtsrat **L** 152
- Dokumentation **L** 389
- Entwicklung **L** 260 ff., 269 ff.
- IT-Prüfung **L** 643 ff.
- Konzernprüfung **L** 1281, 1292
- laufende Anpassung **L** 258, 1245
- Planung **L** 251
- risikoorientierte **L** 45, 49, 401, 406, 1281

Prüfungstätigkeit A 382, 386 ff.
- als Zulassungsvoraussetzungen für das WP-Examen **A** 380 ff.

Prüfungstechnik
- bei IKS-Prüfung **L** 772 ff.
- bei Prüfung der Bilanz **L** 872 ff.
- bei Prüfung der GuV **L** 1046 ff.
- IT-gestützte **L** 520, 525, 570, 578, 930

Prüfungsumfang
- Bestätigungsvermerk **M** 740, 849, 878, 937
- Berichterstattung
- – Prüfung gemäß § 53 HGrG **M** 471, 472
- – Prüfung Nr. 7.2.3 DCGK **M** 485
- Erweiterungen des Prüfungsauftrags **M** 61, 150 ff.
- Prüfungsbericht **M** 150, 296 ff., 313, 453, 485, 581 ff., 702
- Risikofrüherkennungssystem **M** 313, 453, 471

Prüfungsumfang
- Jahresabschluss
- – Bestimmungskriterien **L** 10
- – Einschränkung **L** 12, 116, 1268
- – Erweiterung **L** 147, 165, 313, 680, 1179
- – wesentliche Prüffelder **L** 40, 80, 109, 247, 307 f., 404, 501, 1099, 1356

Prüfungsunterlagen
- bei Einzelfertigung **L** 173, 942
- bei Massenfertigung **L** 942
- bei Prüfung der Vorräte **L** 912

Prüfungsurteil M 62, 964
- Bestätigungsvermerk **M** 735 ff., 966, 1044 ff., 1057
- eingeschränktes **M** 1017 ff., 1023, 1092 ff.
- Erklärung der Nichtabgabe **M** 1017 ff., 1023, 1042, 1094
- Ermessen des Abschlussprüfers **M** 963, 1020, 1029, 1041
- International Standards on Auditing **M** 1268 ff.
- nicht modifiziertes **M** 964, 974 ff.
- nichtfinanzielle Berichterstattung **J** 126
- Qualitätskontrolle **E** 236, 263
- versagtes **M** 1017 ff., 1023, 1042, 1092
- Versagungsvermerk **M** 1069 ff.
- s. auch Bestätigungsvermerk

Prüfungsverband
- Genossenschaft
- – Anhangangaben **H** 42
- Wirtschaftsprüfer als Angestellter **A** 75

Prüfungsvermerk M 697, 699, 715 ff., 725, 1202
- s. auch Bescheinigung, Bestätigungsvermerk

Public Corporate Governance Kodex
- *Erweiterung des Prüfungsgegenstands* **M** 488
- s. auch Deutscher Corporate Governance Kodex

Public Interest Entity (PIE) *s. Unternehmen von öffentlichem Interesse*

Publizität
- Bestätigungsvermerk **M** 10, 80, 84, 93, 280, 737
- Prüfungsbericht **M** 9, 39, 42, 145
- Publizitätspflichten der gesetzlichen Vertreter **M** 266
- *s. auch Offenlegung, Öffentlichkeit, Veröffentlichung, Vertraulichkeit*

Publizitätsgesetz
- Abschlussprüferbestellung **B** 401
- Anhang **F** 1564 ff.
- Anlage zur Bilanz **F** 1561 ff.
- befreiender Konzernabschluss **M** 666
- Bestätigungsvermerk **M** 1142 ff.
- Bilanz **F** 1544 ff.
- Erleichterungsvorschriften **M** 647, 656, 663, 665
- Generalnorm **M** 653 f., 659, 664
- Geltung **F** 1515 ff.
- GuV **F** 1551 ff.
- Jahres- und Konzernabschluss **B** 400
- Lagebericht **F** 1567
- Privatvermögen **M** 651, 663
- Prüfungsbericht **M** 643 ff.
- Rechnungslegungspflicht **F** 2
- – Größenmerkmale **F** 1519 ff.
- – Rechtsformen **F** 1515

Publizitätspflichten
- Offenlegungsvorschriften **B** 194 ff.

Put-Option
- Mehrheitsbeteiligung **C** 78

Q

Qualifizierter faktischer Konzern C 187 f., 195 f.

Qualität
- Begriff **D** 4 ff.
- Bestimmungsfaktoren **D** 10 ff.

Qualitätsindikatoren D 157 ff.

Qualitätskontrollbericht E 79 ff.

Qualitätskontrolle
- Angemessenheits- und Wirksamkeitsprüfung **E** 221 ff.
- Anwendungsbereich **E** 26 ff.
- Auftragsannahme **E** 207 ff.
- Auskunfts-/Vorlagepflichten **E** 74

- Berichterstattung **E** 234 ff., 250 ff.
- Dokumentation **E** 231 ff.
- Einzelfeststellung von erheblicher Bedeutung **E** 239, 243
- gesetzliche Grundlagen **E** 16 ff.
- Inhalt **E** 29, 69
- Kündigung des Auftrags **E** 212
- Mängel **E** 228 ff., 241 ff., 245
- Prüfungshemmnis **E** 237
- Prüfungsurteil **E** 236, 263
- risikoorientiertes Vorgehen **E** 213 ff.
- Sozietäten **E** 150 ff.
- Sparkassen- und Giroverbände **E** 144 ff.
- Stellungnahme der Praxis **E** 265 ff.
- USA **E** 153 ff.
- Verschwiegenheitspflicht **E** 76 ff.
- Wesentlichkeit **E** 215
- Ziel **E** 8

Qualitätsmanagement D 17

Qualitätssicherung D 19
- auftragsbegleitend **D** 71 ff.
- auftragsbezogen **D** 67

Qualitätssicherungssystem
- Anforderungen der Berufssatzung **D** 62
- Anforderungen des *IDW QS 1* **D** 63
- Begriff **D** 20
- Dokumentation **D** 109 ff.
- gesetzliche Regelungen **D** 43 ff., 56
- Information und Kommunikation **D** 107 ff.
- qualitätsgefährdende Risiken **D** 101 ff.
- Qualitätsumfeld **D** 91 ff.
- Qualitätsziele **D** 99 ff.
- Quality Management Process **D** 143 ff.
- Überwachung **D** 116 ff.
- Ursachenanalyse **D** 156

Qualitätsverluste
- in der GuV **F** 812

Quality Management Process D 143 ff.

Quotenkonsolidierung G 592 ff.
- bei Gemeinschaftsunternehmen **C** 170, 353; **G** 593 ff.
- Konsolidierungstechnik **G** 599
- latente Steuern **G** 565
- Übergang auf die **G** 464
- Währungsumrechnung **G** 339

R

Rabatte
- bei Ermittlung
- – Anschaffungskosten **F** 111
- – Umsatzerlöse **F** 799
- Rückstellungen **F** 680

Rahmenkonzept K 15, 18, 40 ff.
- Abschlussposten (Definition) **K** 40 ff.
- Bewertungsmaßstäbe **K** 47
- Bilanzierungseinheit **K** 41
- Erfassungskriterien **K** 44 ff.
- Grundprinzipien der IFRS-Rechnungslegung **K** 19

Rangrücktritt
- im Jahresabschluss **F** 688

Ratenkauf F 164

Ratenzahlungen
- bei Ermittlung der Restlaufzeit **F** 359

Realisationsprinzip F 89 ff.
- im Konzernabschluss **G** 492

Rechenschaftslegung
- im Anhang **F** 928 ff.
- im Lagebericht **F** 1358 ff.

Rechenzentrum
- Kosten beim Umsatzkostenverfahren **F** 914

Rechnerische Prüfung
- als Prüfungstechnik **L** 341, 928

Rechnungsabgrenzungsposten
- im Anhang **F** 949, 989 f.
- antizipative **F** 435, 708, 949, 989 f.
- in der Bilanz **F** 708, 435, 248
- – Kapitalgesellschaft **F** 435, 440, 708
- Schuldenkonsolidierung **G** 472 f.
- transitorische **F** 439
- Wesentlichkeit **F** 440

Rechnungsabgrenzungsposten
- Prüfung
- – aktive **L** 983 f.
- – passive **L** 1035

Rechnungslegung
- Kapitalgesellschaft **F** 14, 1437 ff.
- Kaufleute **F** 11
- Personengesellschaft **F** 14, 1442 ff.
- Prozess **B** 2
- nach PublG **F** 2, 1515 ff.
- – Befreiung **F** 31, 1531 ff.
- – Pflicht **F** 1519 ff.
- Unternehmensbegriff für **C** 322 ff.

Rechnungslegungsbezogene Kontrollen L 312 ff.

Stichwortverzeichnis

Rechnungslegungsbezogenes internes Kontrollsystem s. *Internes Kontrollsystem*

Rechnungslegungsgrundsätze
- Bestätigungsvermerk
- – Beschreibung **M** 741, 800 ff.
- – Beurteilung durch den Abschlussprüfer **M** 747, 765, 790, 969, 1049, 1052, 1091 ff.
- – Erklärung nach § 322 Abs. 3 S. 1 HGB (Einwendungsfreiheit) **M** 815 ff., 977, 1149
- – Verantwortung der gesetzlichen Vertreter **M** 772, 899 ff.
- zur Fortführung der Unternehmenstätigkeit **M** 8, 292, 767, 842, 858, 1101, 1236
- Grundsätze ordnungsmäßiger Buchführung **M** 245, 330, 369 ff., 620, 654, 803, 980
- Konzernprüfungsbericht
- – Beschreibung der **M** 574
- – Beurteilung durch den Abschlussprüfer **M** 602, 605, 610 ff.
- zur Ordnungsmäßigkeit **M** 801, 816, 1152, 1169
- Prüfungsbericht
- – Beschreibung der **M** 283 ff., 654, 707
- – Beurteilung durch den Abschlussprüfer **M** 245, 292, 389
- zur sachgerechten Gesamtdarstellung **M** 801, 816, 1049, 1103, 1129
- Verstöße gegen **M** 224, 1014, 1091 ff.
- Verhältnis zur Generalnorm **M** 22, 330, 369 ff., 620, 654, 707, 979, 1017, 1107, 1129
- *s. auch Rechnungslegungsvorschriften*

Rechnungslegungsmethode K 67

Rechnungslegungsrelevante IT-Systeme L 212, 365

Rechnungslegungsvorschriften
- Ausrichtung der Abschlussprüfung **M** 292, 306, 615, 741, 754, 1121
- Bestätigungsvermerk
- – Beschreibung **M** 741, 800, 1147
- – Erklärung nach § 322 Abs. 3 S. 1 HGB (Einwendungsfreiheit) **M** 818, 1149, 1211
- Verhältnis zu ergänzenden Bestimmungen in Satzung/Gesellschaftsvertrag **M** 1036
- Verhältnis zur Generalnorm **M** 700, 982 ff., 1211
- Verstöße **M** 306, 566
- *s. auch Rechnungslegungsgrundsätze*

Rechnungslegungsvorschriften
- GoB **L** 10, 545, 625, 631, 639 ff., 937, 1342

Rechnungswesen
- Kosten beim Umsatzkostenverfahren **F** 914

Rechnungszinssatz
- Pensionsrückstellungen **F** 588, 1201

Rechtliche Verhältnisse M 166, 515 ff.

Rechtliches Gehör A 584

Rechtliches und wirtschaftliches Umfeld
- bei der Prüfungsplanung **L** 261

Rechtsabteilung
- Kosten beim Umsatzkostenverfahren **F** 914

Rechtsanwalt
- als Gesellschafter einer WPG **A** 446
- als gesetzlicher Vertreter einer WPG **A** 438
- Sozietät mit **A** 501
- Tätigkeit von Wirtschaftsprüfern als **A** 69

Rechtsanwaltsbestätigungen
- Einholung von bei der Prüfung **L** 91, 816

Rechtsanwaltsgesellschaft
- gesetzlicher Vertreter
- – Wirtschaftsprüfer **A** 86

Rechtsaufsicht
- APAS **A** 563
- WPK **A** 563

Rechtsberatungsbefugnis
- Wirtschaftsprüfer **A** 65

Rechtsfolgen
- Bestätigungsvermerk
- – eingeschränkter **M** 76 ff., 1055, 1121
- – Rechtsanspruch auf Erteilung **M** 82, 1225
- – rechtswidrige Erteilung **M** 83, 1225
- – unrichtiger **M** 82, 1248 ff.
- Nichtigkeit
- – festgestellter Jahresabschluss **M** 74, 1055, 1122
- – Vorjahresabschluss **M** 1194
- Versagungsvermerk **M** 76 ff., 1121

Rechtsform
- bei Aufstellung eines befreienden Konzernabschlusses **C** 379 ff.
- Gesellschaften bei Unternehmensvertrag **C** 201, 230
- Mutterunternehmen **C** 205 f.
- bei verbundenen Unternehmen **C** 42 f.
- bei wechselseitiger Beteiligung **C** 304
- Wirtschaftsprüfungsgesellschaft **A** 431 ff.

Rechtsmittel
– gegen berufsaufsichtliche Entscheidungen A 590, 602 f.

Rechtsprechungsänderung
– Bewertung F 101

Rechtsschutzkosten
– Ausweis F 831
– – Umsatzkostenverfahren F 915

Redepflicht
– Abschlussprüfer M 18, 124 ff., 230 ff.
– Adressaten der Berichterstattung M 127
– Auswirkungen auf Art und Umfang von Prüfungshandlungen M 270
– Dokumentation der Berichterstattung M 128
– entgegenstehendes Redeverbot M 126
– Form der Berichterstattung M 128
– Gegenstand der Berichterstattung M 124, 133, 231, 462, 704
– nichtiger Vorjahresabschluss N 82 ff.
– Verletzung von Offenlegungspflichten N 17
– Zeitpunkt der Berichterstattung M 128, 235
– s. auch Vorangestellte Berichterstattung

Regelmäßigkeit
– Grundsatz bei planmäßigen Abschreibungen F 167, 178

Regionalangaben
– in Firma der WPG A 458 f.

Registergerichtliche Eintragungen M 76, 1227, 1232

Registerkosten
– bei Ermittlung der Anschaffungskosten F 107

Registrierung
– Prüfer für Qualitätskontrolle E 45 ff.

Regulierter Markt s. Organisierter Markt

Regulierungsbehörde s. Behörden

Reinigungsmaterial
– in der GuV F 809

Reisespesen F 814, 831, 915, 1075
– beim Umsatzkostenfahren F 913
– für Organmitglieder F 1075

Reklameaufwand
– Abgrenzung F 436
– in der GuV F 831

Rekultivierungsverpflichtungen
– im Anhang F 1045

Rennwett- und Lotteriesteuer
– in der GuV F 868

Rentabilität
– im Lagebericht F 1375

Rentabilitätsgarantie
– Schuldenkonsolidierung G 533
– Zahlungen aufgrund einer F 786

Rente
– Anschaffungskosten beim Kauf gegen F 115

Rentengarantie
– Schuldenkonsolidierung G 534
– Zahlungen aufgrund F 785

Rentenverpflichtungen
– Anschaffungskosten bei Erwerb gegen F 115
– Bilanzierung F 156, 163, 589

Reparaturen
– Bewertung F 125, 139, 332, 342
– nicht aktivierbare eigene in der GuV F 804

Reparaturen
– Prüfung L 387, 788, 896, 1053

Reparaturkosten
– bei Ermittlung
– – Anschaffungskosten F 139, 342
– – Herstellungskosten F 125, 139, 342
– bei der Grundstücksbewertung F 342

Reparaturmaterial
– in der Bilanz F 351
– in der GuV F 809

Reproduktionskosten
– Bewertung
– – Umlaufvermögen F 188
– – Vorräte F 401

Reserveteile
– in der GuV F 809

Restbuchwert
– Ermittlung F 1328

Restlaufzeit
– Ausleihungen an verbundene Unternehmen F 359
– Ausweis F 359, 691, 949, 1027
– Begriff F 359, 1027
– Forderungen F 409
– – aus Lieferungen und Leistungen im Anhang F 359
– – gegen verbundene Unternehmen F 414
– – gegen Unternehmen, mit denen ein Beteiligungsverhältnis besteht F 414
– sonstige Vermögensgegenstände F 421
– Verbindlichkeiten F 691
– – im Anhang F 949, 1027

Restrukturierungsmaßnahmen
- Kommunikation mit dem Aufsichtsgremium M 110
- Prüfungsbericht M 201, 522
- s. auch Umstrukturierungsmaßnahmen

Restrukturierungsrückstellung
- Handelsbilanz II G 371

Restwert
- Anlagen bei der Abschreibung F 176

Retouren
- Prüfung L 387, 783, 839, 956

Review A 23
- s. auch Prüferische Durchsicht

Reviewbericht P 173 ff.

Reviewbescheinigung P 113 ff.
- Abschlüsse für einen speziellen Zweck P 164 ff.
- Adressierung P 125
- Aussage unmöglich P 153
- Beanstandungen P 148 ff.
- – bei Hemmnissen P 151, 153, 196
- – bei Mängeln P 148 ff., 195
- beschreibender Abschnitt P 120, 130 ff.
- – Formulierungsempfehlungen P 132 ff.
- – Bestandteile P 120 ff.
- einleitender Abschnitt P 120, 126 ff.
- – Formulierungsempfehlungen P 128
- Einschränkung P 148 ff.
- einzelne Finanzaufstellung P 170 ff.
- Ergänzung der Bescheinigung P 145 ff.
- Ermessen P 70, 78, 107, 137, 177
- Formulierungsempfehlungen P 128 ff., 191 ff.
- Grundsätze P 113 ff.
- Halbjahresfinanzbericht P 16, 21, 54, 116 f., 160 ff.
- Hemmnis P 151, 153
- nach ISRE 2400/2410 P 119 ff.
- – Formulierungsempfehlungen P 195, 199
- Konzernzwischenabschluss P 157 ff.
- Lagebericht P 90 ff.
- Modifizierungen P 148 ff.
- negativ formulierte Aussage P 3, 114
- ohne Beanstandungen P 139 ff.
- – Formulierungsempfehlungen P 191 ff.
- Struktur P 120
- Überschrift P 120, 124
- – Unterschrift P 120, 156
- Urteil P 137 ff.

- Verantwortung der gesetzlichen Vertreter P 128 f.
- verkürzter Konzernzwischenabschluss P 128, 144, 193
- Versagung P 153 ff.
- s. auch Prüferische Durchsicht

Revisionsabteilung
- Kosten beim Umsatzkostenverfahren F 914

Rezepte
- Bilanzierung F 51

Ringbeteiligung
- wechselseitige Beteiligung C 311, 313

Risiken
- *bedeutsamste beurteilte Risiken wesentlicher falscher Darstellungen s. Key Audit Matters*
- *bestandsgefährdende Risiken s. Bestandsgefährdende Tatsachen*
- *Chancen und Risiken der zukünftigen Entwicklung s. dort*
- künftige Entwicklung
- – im Lagebericht L 1179 ff., 1199 ff.
- nichtfinanzielle J 116 ff.
- s. auch Vorangestellte Berichterstattung

Risiko- und prozessorientierter Prüfungsansatz
- Kommunikation mit dem Aufsichtsgremium M 103, 107
- Konzernprüfungsbericht M 585, 589, 683
- Prüfungsbericht M 306, 312, 683
- s. auch Methodenübersicht

Risikoberichterstattung F 1381; J 116 ff.

Risikobeurteilung
- Akualisierung L 95, 1226 ff.
- Prüfungshandlungen L 281 ff., 312
- Quantifizierung L 49 ff., 286 ff.
- vorläufige Beurteilung L 27 ff.

Risikoeinschätzung
- aus Eventualverbindlichkeiten im Anhang F 949, 1217 ff.
- Erwägungen F 1218
- Haftungsverhältnisse F 949, 1217 ff.

Risikofaktoren
- auf Ebene des Jahresabschlusses L 283

Risikofrüherkennungs- und Überwachungssystem L 173, 189, 267, 1179; O 18 ff.
- Abgrenzung zum Risikomanagementsystem L 229
- Aktiengesellschaft

– – börsennotierte **M** 22, 313
– – nicht börsennotierte **M** 151, 313, 461
– Berichterstattung i.R.d. Bilanzsitzung
  M 114, 118
– Berichterstattung über die Prüfung **O** 67 ff.
– Bestätigungsvermerk **M** 818, 917, 1115
– Dokumentation **O** 44 ff.
– – Prüfung **O** 64 ff.
– als Gegenstand der Abschlussprüfung **L** 9
– gesetzliche Prüfungspflicht und Auftrags-
  verhältnis **O** 18 ff.
– GmbH **M** 151, 313, 462
– IT **L** 648, 696
– Konzernprüfungsbericht **M** 549, 570, 577,
  631
– im Lagebericht/Konzernlagebericht **J** 68
– Prüfung
– – bei anderen Gesellschaften **L** 9
– – bei börsennotierten AG **L** 9, 267
– – Systemprüfung **L** 243
– – Verwertung der Ergebnisse **L** 440
– Prüfungsbericht **M** 22, 53, 164, 171, 259, 282,
  449 ff., 648, 702
– – Teilbericht **M** 146, 451
– Prüfungsdurchführung **O** 48 ff.
– – Angemessenheitsprüfung **O** 58 ff.
– – Planung **O** 53 ff.
– – Prüfungsziel **O** 50 ff.
– – Wirksamkeitsprüfung **O** 61 ff.
– Prüfungsgegenstand **O** 25 ff.
– Verantwortlichkeit der gesetzlichen Vertreter
  M 53, 292, 459, 570
– Weiterentwicklung des *IDW PS 340* **O** 71 ff.

Risikomanagementmethoden
– Finanzinstrumente im Lagebericht **F** 1401 ff.
– *s. auch Internes Kontroll- und Risikomanagementsystem*

Risikomanagementsystem
– Prüfung **A** 32

Risikoorientierter Prüfungsansatz L 16 ff.,
  109, 246 f., 867, 1099, 1358

Risikoorientiertes Vorgehen
– Qualitätskontrolle **E** 213 ff.

Rohergebnis
– Zusammenfassung zum **F** 66, 755, 766
– – in der GuV **F** 755, 766

Rohrbrücken
– Ausweis **F** 348

Rohrleitungen
– Ausweis **F** 348

Rohstoffe
– Abschreibung in der GuV **F** 829
– Anschaffungskosten **F** 124
– Aufwendungen
– – im Anhang beim Umsatzkostenverfahren
  F 949, 1063
– – in der GuV **F** 808 ff.
– Begriff **F** 398
– Bewertung **F** 185 ff., 197, 401, 965
– – im Anhang **F** 965
– Erlöse für nicht mehr benötigte **F** 793
– Prüfung **L** 912 ff.
– selbsterzeugte
– – Aufwendungen **F** 802
– – Bestandsveränderung **F** 802

Roll-forward L 76, 330, 806, 949

Rollgeld
– bei Ermittlung der Anschaffungskosten **F** 107

Rotation A 138 ff.
– externe **A** 138 ff.
– interne **A** 143 ff.
– Nachtragsprüfung **N** 24

Rückbeteiligung
– im Eigenkapitalspiegel **G** 796
– bei der Konsolidierung **G** 246, 446 ff.

Rückbürgschaft
– im Anhang **F** 994

Rückdeckungsansprüche
– aus Lebensversicherungsverträgen **F** 395,
  420, 989

Rückdeckungsversicherung
– Pensionsrückstellung **F** 591
– Prämien **F** 824

Rückgaberecht
– Lieferungen mit **F** 418

Rückgabeverpflichtungen
– Bilanzierung **F** 40, 50

Rückgriffsansprüche
– aktivierbare
– – Rückstellungsbewertung **F** 573 f.

Rückgriffsforderungen
– Bilanzierung **F** 420
– Vermerk **F** 75, 249, 949, 992

Rückgriffsrechte
– Rückstellungen **F** 573

Rückkäufe
- Anleihen **F** 694

Rücklage für Anteile am herrschenden Unternehmen F 420, 506 ff.
- im Anhang der AG **F** 509
- Auflösung **F** 508 f.
- Einstellung **F** 506 f.
- Entnahme **F** 506 f.

Rücklage für eigene Anteile
- im Anhang der AG **F** 949, 1268 ff.
- Auflösung **F** 470, 886
- Ausweis **F** 457, 461
- Entnahmen **F** 470, 885
- Kapitalerhöhung aus Gesellschaftsmitteln **F** 470
- *s. auch Ausgleichsposten für eigene Anteile, Eigene Anteile, Rückbeteiligung*

Rücklagen F 474 ff., 494 ff., 510 ff., 535 ff., 1545
- Auflösung zweckgebundener **F** 888
- Ausweis bei Personenhandelsgesellschaft i.S.d. § 264a HGB **F** 1471 ff.
- Entnahmen aus **F** 470, 883
- frei verfügbare **F** 542, 556
- *gesetzliche s. dort*
- *Gewinnrücklagen s. dort*
- *Kapitalrücklage s. dort*
- Prüfung **L** 999 ff.
- *satzungsmäßige Rücklagen s. dort*
- unrealisierte Beteiligungserträge **F** 520 f.
- Verstoß gegen Vorschriften
- – Nichtigkeit des Jahresabschlusses **B** 316 ff.
- *vorvertragliche Rücklagen s. dort*
- Zuführungen zu **F** 891

Rücknahme
- Anerkennung als Wirtschaftsprüfungsgesellschaft **A** 476
- Bestellung als Wirtschaftsprüfer **A** 421 f.

Rückstellung
- Prozesskosten/-risiken **L** 1097
- Prüfung **L** 1002 ff.

Rückstellungen K 208 ff.
- Abbruchkosten **F** 636
- Abfallbeseitigung **F** 637
- Abfindung **F** 638; **K** 221
- Abgrenzung **K** 209 f.
- – abgegrenzte Schuld **K** 210
- – *Eventualschuld* **K** 209
- Abzinsung **F** 576
- Altersteilzeit **F** 640

- – Aufstockungsbeträge **F** 640
- – Blockmodell **F** 640
- Angaben **K** 225 f.
- Ansatz **F** 560
- Ansatzverbot
- – Aufwandsrückstellung **K** 213
- – künftige betriebliche Verluste **K** 217
- Ansatzvoraussetzungen **K** 211
- Arbeitsverhältnisse **F** 642
- Aufbewahrungspflichten **F** 643
- Auflösung **F** 577
- – Contractual Trust Arrangements **F** 593
- – Erträge **F** 807, 1244
- – Patent und Markenzeichenverletzungen **F** 669
- – Pensionen **F** 593
- Ausgleichsanspruch des Handelsvertreters **F** 644
- Außenverpflichtung **F** 565
- Begriff **F** 559
- bestimmte Aufwendungen **F** 620
- Betriebsprüfungskosten **F** 648
- Bewertung **F** 571 f., 575 f., 586 ff., 611, 617, 626 f., 633
- – mit bestem Schätzwert **K** 219
- in der Bilanz **F** 559 ff.
- – Kapitalgesellschaft **F** 578
- Datenbereinigung **F** 650
- Demografiefonds **F** 652
- drohende Verluste **F** 38, 560, 623 ff., 653; **K** 214
- – Vollkosten **F** 630
- Elektroschrott **F** 654
- Emissionsrechte **F** 655
- Entgelt- bzw. Gebührenabsenkung **F** 656
- Entsorgungs-, Wiederherstellungs- und ähnliche Verpflichtungen **K** 216
- Erfüllungsbetrag **F** 852
- Gewährleistungen ohne rechtliche Verpflichtung **F** 635
- Haftung aus unerlaubter Handlung **F** 659
- IFRS-Umstellung **F** 661
- latente Steuern **F** 613 ff.
- Leistungspflichten aus Beteiligungen **F** 383
- öffentlich-rechtliche Verpflichtungen **F** 598
- Optionsgeschäfte **F** 667
- Pachterneuerung **F** 668
- Pensionen **F** 578 ff.
- im Personalbereich **F** 663, 670, 673, 678, 682 f.
- Provisionsverpflichtungen **F** 672

- Prozesskosten/-risiken **F** 673
- Rabatte **F** 680
- Restrukturierungsrückstellung **K** 215
- Rückstellungsspiegel **K** 225
- Schadensersatz **F** 657
- schwebende Beschaffungsgeschäfte **F** 628 f.
- bei der Schuldenkonsolidierung **G** 470 ff.
- sonstige **F** 620 ff.
- Sozialplanverpflichtungen **F** 620, 674
- Steuern s. *Steuerrückstellungen*
- Umweltschutz **F** 681
- ungewisse Verbindlichkeiten **F** 559 f., 564 ff.
- – Saldierungsverbot **F** 623
- unterlassene Instandhaltung und Abraumbeseitigung **F** 631 ff.
- Verletzung von Schutzrechten **F** 669
- Wahrscheinlichkeit der Inanspruchnahme **F** 569
- Wahrscheinlichkeit der Inanspruchnahme **F** 685
- wirtschaftliche Verursachung **F** 568
- Zuführungen zu **F** 799, 831
- Zuschüsse **F** 686

Rückvergütungen
- für frühere Jahre **F** 807

Rückzahlungsagio
- Abgrenzung **F** 159, 441
- Ausweis **F** 435, 949

Rüge A 586

Rügebescheid A 588

Rügerecht
- Wirtschaftsprüferkammer **A** 585

Ruhegehälter
- früherer Organmitglieder **F** 1086
- s. auch *Organbezüge*

Rumpfgeschäftsjahr
- Beschäftigtenzahl nach PublG **F** 1530
- Umsatzerlöse nach PublG **F** 1528

Rundfunkwerbung A 266

Rundschreiben
- von Wirtschaftsprüfern und Wirtschaftsprüfungsgesellschaften **A** 258

Rundstempel
- Verbot siegelimitierender **A** 529

Rundungen
- im Jahresabschluss **F** 13

S

Sachanlagen K 86 ff.
- Abschreibung **F** 169, 175, 827 f.; **K** 90 f.
- Angaben **K** 94
- Ansatzvoraussetzungen **K** 87
- – Ersatzteile **K** 87
- – – nachträgliche AHK **K** 93
- – – Wartungsteile **K** 87
- Ausbuchung **K** 93
- Entsorgungs-, Wiederherstellungs- und ähnliche Verpflichtungen **K** 89
- Festwert **F** 811, 827
- Folgebewertung **K** 90 ff.
- – Anschaffungskostenmodell **K** 90
- – Neubewertungsmodell **K** 90
- Inventur **F** 9
- Komponentenansatz **K** 92
- Prüfung **L** 880 ff.
- Werthaltigkeitsprüfung **K** 90, 129
- Zugangsbewertung **K** 88

Sachausschüttung F 525 ff.
- s. auch *Sachdividende*

Sachdividende F 525 ff.
- Bewertung
- – beizulegender Zeitwert **F** 527
- – Buchwert **F** 525 ff.
- – Erfassungszeitpunkt **F** 530 f.
- Gegenstand **F** 526
- Gewinnrealisierung **F** 528
- Vorabausschüttungsbeschluss **F** 531

Sacheinlagen
- Agio **F** 478
- Anschaffungskosten **F** 120, 365
- Prüfung **L** 992

Sachleistungen
- Verpflichtungen zu **F** 166

Sachlichkeitsgebot
- als Berufspflicht des Wirtschaftsprüfers **A** 226

Sachübernahme
- Prüfung nach **L** 992

Sachverhaltsgestaltende Maßnahmen
- Auswirkungen auf die Generalnorm **M** 331, 372, 985
- Kommunikation mit dem Aufsichtsgremium **M** 103, 111
- Konzernprüfungsbericht **M** 550, 624, 677
- – Zusammenspiel mit wesentlichen Bewer-

tungsgrundlagen **M** 625
- Prüfungsbericht **M** 22, 173, 219, 331, 376 ff.,
  398 ff., 660, 664, 709
- Zusammenspiel mit wesentlichen Bewertungsgrundlagen **M** 385, 392

Sachverständige
- Beauftragung durch das Aufsichtsgremium **M** 99
- Bestätigungsvermerk
- – Bestimmung und Mitteilung besonders wichtiger Prüfungssachverhalte **M** 873
- Erklärung zur Unabhängigkeit **M** 317
- Prüfungsbericht **M** 45, 139, 305, 317, 873, 878
- Sanierungsgutachten **M** 317
- versicherungsmathematische Gutachten **M** 139, 317
- Verwertung der Arbeit **L** 463 ff.

Sachverständigentätigkeit
- Vergütung **A** 299 ff.
- Wirtschaftsprüfer **A** 72

Sachzuschüsse F 120

Sachzuzahlungen F 120

Säumnisgelder
- in der GuV **F** 857

Säumniszuschläge
- Ausweis der Rückstellung **F** 612
- in der GuV **F** 857

Saldenbestätigung A 367
- Begriff **L** 947
- Einholung
- – Forderungen **L** 173 f., 340 f., 946 ff.
- – Verbindlichkeiten **L** 173 f., 341, 946 ff., 1029
- Methoden **L** 949

Saldenlisten
- Forderungen **L** 173, 908, 954 f., 963
- als Prüfungsunterlage **L** 94, 742, 856, 1020
- Verbindlichkeiten **L** 173, 945 f., 1023

Saldierungsgebot F 605
- Bewertung **F** 65 ff., 86, 244, 410
- Rückstellungen **F** 623

Sale-and-lease-back M 219, 399, 421, 985
- Gewinnrealisierung bei **F** 90
- s. auch Sachverhaltsgestaltende Maßnahmen

Sammelposten
- im Anlagenspiegel **F** 349, 1011

Sammelrückstellungen F 572

Sanierung
- Abschreibungen **F** 801
- Bestätigungsvermerk
- – Ankündigung eines Bestätigungsvermerks **M** 1237
- – aufschiebende Bedingung **M** 1231 ff.
- – ergänzender Hinweis **M** 858
- Bewertungsstetigkeit **F** 102
- Prüfungsbericht **M** 234, 317
- Sanierungsgutachten **M** 317
- Sanierungsmaßnahmen **M** 858, 1231 ff.

Sanierungskonzept A 53

Satzung
- Aktiengesellschaft **F** 497 f., 501, 513 f.
- Aufstellung des Jahresabschlusses **L** 1, 10 f.
- bei Ausgliederung **C** 181
- Beauftragung des Abschlussprüfers **M** 267, 478
- Bestätigungsvermerk
- – ergänzende Bestimmungen **M** 283, 741 ff., 793, 808, 970
- – Verstöße gegen Bestimmungen **M** 91, 746, 793, 808
- bei Beteiligungserwerb **C** 10, 180
- bei Bilanzierung nach PublG **F** 1548
- Erweiterung des Prüfungsgegenstands **M** 151, 465 ff.
- Konzernprüfungsbericht **M** 566, 576, 599, 609
- Prüfung **L** 181, 1188
- – Konzernabschluss **L** 1275, 1298
- Prüfungsbericht
- – Beachtung von Bestimmungen **M** 40, 283, 329 ff., 654 ff., 693, 793
- – Verstöße gegen Bestimmungen **M** 91, 188, 238, 704
- Wirtschaftsprüfer (Berufs-) **A** 89, 251, 636
- zustimmungspflichtige Geschäfte **M** 99, 264
- s. auch Gesellschaftsvertrag

Satzungsermächtigung
- WPK **A** 89

Satzungsmäßige Rücklagen
- Ausweis **F** 465
- Einstellungen **F** 895
- Entnahmen **F** 887
- Prüfung **L** 999

Schablonen
- bei Ermittlung der Herstellungskosten **F** 135

Schachtanlagen
– Ausweis **F** 328

Schachtversatz
– Rückstellungen **F** 658

Schadensersatzansprüche
– bei Abweichungen vom Unternehmensvertrag **C** 242
– Bilanzierung **F** 420, 422
– im faktischen Konzern **C** 188 f., 192 ff.

Schadensersatzpflicht
– Rückstellungen **F** 657

Schadensersatzzahlungen
– in der GuV **F** 807

Schadstoffemissionsrechte F 315

Schätzungen K 67, 72
– Änderung **K** 67
– erstmaliger IFRS-Abschluss **K** 72

Schätzverfahren
– Bewertung **F** 97
– Bezugsrechte **F** 377
– Pensionsverpflichtungen **F** 589
– Rückstellungen für drohende Verluste **F** 38, 627
– Vorräte **F** 194

Schalungsteile F 196

Schatzwechsel
– in der Bilanz **F** 426

Schaufensteranlagen
– Abschreibung **F** 327

Scheckbestand
– in der Bilanz **F** 433

Scheckbürgschaften F 75, 249, 949, 992
– im Anhang **F** 992

Scheckobligo
– Aufwendungen in der GuV **F** 831
– Rückstellungen **F** 659
– Vermerk **F** 75

Scheinbestandteile
– Gebäude **F** 327

Scheinpartnerschaft A 511

Schenkungsteuer
– in der GuV **F** 868

Schlussbemerkung M 510

Schlusserklärung
– zum Abhängigkeitsbericht

– – im Lagebericht **F** 1424
– s. auch Abhängigkeitsbericht

Schriftform
– Ankündigung eines Bestätigungsvermerks **M** 1239
– Aufklärungen und Nachweise der gesetzlichen Vertreter **M** 122, 324 ff.
– Auftragsbestätigung **M** 533
– Beauftragung des Abschlussprüfers **M** 35, 533, 770, 865, 1259
– Bestätigungsvermerk **M** 1, 13, 97, 941
– – in elektronischer Form **M** 943
– Bericht des Aufsichtsrats an die Hauptversammlung **M** 32
– Entbindung des Abschlussprüfers von der Verschwiegenheitspflicht **M** 1259
– Erklärung des Abschlussprüfers nach Nr. 7.2.1 DCGK zur Unabhängigkeit **M** 183
– Erklärungen von Sachverständigen und Teilbereichsprüfern zur Unabhängigkeit **M** 317
– Kommunikation mit dem Aufsichtsgremium **M** 128, 131
– Konzernprüfungsbericht **M** 538, 698, 716
– Kündigung des Prüfungsauftrags **M** 720 ff.
– Management Letter **M** 130, 339, 463
– Notizen des Abschlussprüfers **M** 131
– Prüfungsbericht **M** 1, 13, 19 ff., 40, 97, 135, 501, 698, 716
– – Mängel **M** 732
– – in elektronischer Form **M** 533
– Redepflicht **M** 128
– Stellungnahmen der gesetzlichen Vertreter **M** 28, 122, 1266
– Vollständigkeitserklärung **M** 327
– Wechsel des Abschlussprüfers **M** 35, 134, 720 ff.
– – Anfrage des Mandatsnachfolgers **M** 35, 728
– zusätzlicher Bericht an den Prüfungsausschuss **M** 41

Schriftlichkeit s. *Schriftform*

Schriftstellerische Tätigkeit
– Wirtschaftsprüfer **A** 77

Schrottverkäufe
– Erlöse **F** 793

Schütt-aus-hol-zurück-Verfahren
– und Beteiligungsbilanzierung **F** 363

Schuld K 40

Schuldbuchforderungen
– Kapitalgesellschaft **F** 389

Schulden F 32, 37, 687 ff.
- Bilanzierungspflicht
- – Einzelkaufleute **F** 33
- – Personengesellschaft **F** 34
- übernommene – als Teil der Anschaffungskosten **F** 116
- *s. auch Verbindlichkeiten*

Schuldenkonsolidierung G 467 ff.
- Aufrechnungsdifferenzen **G** 334 ff.
- ausstehende Einlagen **G** 442, 444
- Drittschuldverhältnisse **G** 481 f.
- erfolgswirksame **G** 483 ff.
- Konzernprüfungsbericht **M** 622, 640
- latente Steuern **G** 561
- Rückstellungen **G** 470 ff.
- Währungsumrechnung **G** 332 ff.
- zeitliche Buchungsunterschiede **G** 490

Schulderlass
- Erträge **F** 807

Schuldscheindarlehen
- in der Bilanz **F** 693
- Zinsen **F** 849

Schuldübernahme
- kumulative **F** 75

Schuldverschreibungen
- Ausweis **F** 388, 693
- Zuzahlungen **F** 480

Schuldwechsel *s. Wechselverbindlichkeiten*

Schutzklausel
- Anhang **F** 1053, 1058, 1082 ff., 1104 f., 1283 ff.: **M** 350
- Anwendung **L** 1068, 1189
- Bestätigungsvermerk **M** 355
- für den Konzernanhang **G** 697
- Lagebericht **M** 364
- Prüfungsbericht **M** 144, 350, 355
- Unterlassen von Angaben **F** 949, 1082 ff., 1364

Schutzkleidung
- Aufwendungen **F** 831

Schutzrechte
- Abschreibung **F** 169
- Bilanzierung **F** 304 ff.
- Rückstellung für die Verletzung **F** 669

Schutzschirmverfahren A 58

Schwebende Beschaffungsgegenstände
- Rückstellungen **F** 628 f.

Schwebende Geschäfte F 38, 564, 623, 1033, 1042, 1160, 1189
- Prüfung **L** 1039 ff.

Schweizer Aktiengesellschaft
- Wirtschaftsprüfer als Mitglied im Aufsichtsrat **A** 78, 81

Schwerbehindertenausgleichsabgabe
- Ausweis **F** 823, 831

Schwund
- in der GuV **F** 812

SE *s. Societas Europaea*

Segmentbericht F 18, 945; **K** 21, 324 ff.
- Angaben **K** 328 f.
- Geschäftssegment **K** 325
- Management Approach **K** 325
- Zusammenfassung von Segmenten **K** 326

Segmentberichterstattung G 799 ff.
- Angabe- und Erläuterungspflichten **G** 816 f.
- i.R.d. Bilanzsitzung **M** 117
- Bestätigungsvermerk **M** 795, 989, 1126, 1135, 1166, 1215
- kapitalmarktorientiertes Unternehmen **J** 33 ff., 41 f.
- Konzernprüfungsbericht **M** 539, 573, 609, 620, 639
- Management Approach **G** 801 ff.
- operatives Segment **G** 806 f.
- Prüfung **L** 1076 ff.
- Prüfungsbericht **M** 344, 357, 370, 441, 511
- Prüfungsgegenstand **M** 344, 539, 573, 668, 795
- Segmentierungsgrundsätze **G** 805 ff.
- Ziel **G** 801
- zusätzliche Informationen **M** 1242

Sektsteuer (Schaumweinsteuer)
- bei Ermittlung der Bilanzsumme nach PublG **F** 1524
- in der GuV **F** 868

Sekundärhaftung A 372 ff.

Selbstbelastungsverbot A 577

Selbstprüfungsverbot
- Wirtschaftsprüfer **A** 105 ff.
- *s. auch Befangenheit*

Selbstverwaltung
- berufliche des Wirtschaftsprüfers **A** 634

Seminarveranstaltung A 74, 81

Serienschadenklausel A 537

Stichwortverzeichnis

Sicherheit
– Begrenze **P** 105
– gewisse **P** 3, 105

Sicherheiten
– für eigene Verbindlichkeiten **F** 949, 1047
– für fremde Verbindlichkeiten **F** 43, 992 ff.
– 666
– Prüfung **L** 1029
– Konzernanhang **G** 721 ff.
– Vermerkpflicht **G** 479

Sicherheitsleistung
– im faktischen Konzern **C** 195
– bei Unternehmensvertrag **C** 265

Sicherungsabtretung
– im Anhang **F** 999
– in der Bilanz **F** 42

Sicherungsgut
– Bilanzierung **F** 42

Sicherungsinstrumente
– bei Bewertungseinheiten **F** 207 ff., 212, 226

Sicherungstreuhandschaft
– Bilanzierung **F** 42

Sicherungsübereignung
– in der Bilanz **F** 42
– bei der Inventur **L** 916
– Prüfung bei **L** 970
– für fremde Verbindlichkeiten **F** 999

Siegel(führung)
– Bestätigungsvermerk **M** 73, 779, 940 ff., 1214, 1281
– elektronische **M** 73, 534, 637, 1287
– Gemeinschaftsprüfung **M** 691, 1200
– Prüfungsbericht **M** 501 ff., 691, 712, 726
– bei Überetzungen **M** 537

Signalanlagen F 196

Signalwirkung
– Bestätigungsvermerk **M** 93

Signature Fee F 1070

Silos F 348

Simultankonsolidierungsverfahren G 455

Sittenwidrigkeit A 332, 356 ff.
– Mandantenschutz-/Wettbewerbsabreden **A** 236 f.

Sitzungsprotokolle
– Vorstand **L** 31, 173, 1161
– Aufsichtsrat **L** 31, 173, 1161, 1180

Skonti
– bei Bewertung der Forderungen **F** 680
– bei Ermittlung
– – Anschaffungskosten **F** 111
– – Umsatzerlöse **F** 799

Societas Europaea
– Abschlussprüferbestellung **B** 393
– Jahres- und Konzernabschluss **B** 392
– Mehrheitsbesitz **C** 69
– Unternehmensverträge **C** 201
– verbundene Unternehmen **C** 42
– s. auch Europäische Aktiengesellschaft

Software
– Bilanzierung **F** 314

Soll-Ist-Vergleich
– bei Einzelfallprüfungen **L** 340, 863 ff.

Sonderabschreibungen
– bei Ermittlung der Herstellungskosten **F** 141

Sonderkosten der Fertigung
– bei Ermittlung der Herstellungskosten **F** 129, 133, 135

Sonderposten
– Ausgleich für aktivierte eigene Anteile **F** 1489 ff.
– Ertrag aufgrund höherer Bewertung **F** 900
– zur Durchführung der Gründung gezeichnetes Kapital **F** 451
– passiver Unterschiedsbetrag aus Unternehmenserwerb **F** 747 ff.
– unentgeltlich ausgegebene Emissionsberechtigungen **F** 746
– Vermögensverrechnung **F** 604

Sonderposten mit Rücklageanteil F 535 ff.
– im Anhang **F** 949, 1260
– Beibehaltung **F** 949, 1260
– in der Bilanz **F** 535 f.
– Kapitalgesellschaft **F** 535 ff.
– Kapitalerhöhung aus Gesellschaftsmitteln **F** 535 ff.

Sonderprüfung
– allgemeine nach § 142 AktG **A** 38
– im Anhang **F** 949, 1282
– gesellschaftsrechtliche **A** 38
– unzulässige Unterbewertung
– – Ertrag **F** 900
– – im Anhang **F** 949, 1282
– Vereinbarkeit mit Abschlussprüfung **A** 112

2581

Sorten
- Bilanzierung F 429

Sozialabgaben
- freiwillig übernommene F 821 ff.
- in der GuV F 821 f., 1063
- noch nicht weitergeleitete F 704

Sozialbericht F 1415

Soziale Aufwendungen
- bei Ermittlung der Herstellungskosten F 129, 132, 142

Sozialeinrichtungen
- Aufwendungen F 825

Sozialleistungen
- bei Ermittlung der Herstellungskosten F 132, 142

Sozialplanaufwand
- in der GuV F 832
- bei Unternehmensfortführung F 84

Sozialplanverpflichtungen
- Ausweis F 707
- Rückstellungen F 674

Sozialversicherungsbeiträge
- einbehaltene F 707
- in der GuV F 821 f.
- freiwillig übernommene F 821
- für Organmitglieder F 1074

Sozietät
- Bestätigungsvermerk M 947
- Qualitätskontrolle E 150 ff.
- Wirtschaftsprüfer A 499 ff.
- mit anderen Freiberuflern A 501
- Auftragsdurchführung A 281 ff.
- mit ausländischen Berufsangehörigen A 500
- Berufsbezeichnung A 532 f.
- Berufshaftpflichtversicherung A 538
- Eigenverantwortlichkeit bei- und Nicht-Wirtschaftsprüfer A 226
- Firma A 532
- gemeinschaftliche Auftragsübernahme A 499
- Haftung A 281
- inraubane A 533
- Mandantenschutzklauseln A 236
- örtliche/überörtliche A 499, 502
- Siegelführung A 523
- sozietätsfähiger Personenkreis A 500 ff.
- s. auch gemeinschaftliche Berufsausübung

Sonderrücklagen
- nach AktG F 477
- nach DMBilG F 537

Sondervergütungen
- an Organmitglieder F 949, 1072

Sonderzuwendungen
- im Lagebericht F 1415

Sonstige Ausleihungen
- in der Bilanz der Kapitalgesellschaft F 390 ff.

Sonstige betriebliche Aufwendungen
- Gesamtkostenverfahren F 831 ff.
- Prüfung L 892, 905, 961
- Umsatzkostenverfahren F 915, 917 ff.

Sonstige betriebliche Erträge
- Gesamtkostenverfahren F 807
- Prüfung L 892, 905, 961
- Umsatzkostenverfahren F 916

Sonstige finanzielle Verpflichtungen
- Prüfung L 173, 1037

Sonstige Finanzverpflichtungen
- im Anhang F 949, 1040 ff.
- in fremder Währung F 1051
- aus Leasingverträgen F 1325 ff., 1042
- aus Mietverträgen F 1042

Sonstige Haftungsverhältnisse F 76, 1001, 1046

Sonstige Informationen
- nach Datum des Bestätigungsvermerks erlangte N 15

Sonstige Rückstellungen
- im Anhang F 949, 970, 1111 ff.
- Kapitalgesellschaft F 620

Sonstige Steuern
- in der GuV F 833, 868 ff.

Sonstige Verbindlichkeiten
- Bilanzierung F 704 ff.
- Prüfung L 1029 ff.

Sonstige Vermögensgegenstände
- Abschreibung in der GuV F 829
- in der Bilanz F 420 ff., 989
- Prüfung L 966 ff.

Sonstige Zinsen
- in der GuV F 849 ff.

Sorgfaltspflicht
- Aufsichtsrat M 49 ff., 77
- gesetzliche Vertreter M 249, 259
- internes Kontrollsystem M 342

Spaltung
- Anschaffungskosten **F** 123
- Beteiligungsansatz **F** 379 f.
- Bewertungsstetigkeit **F** 100
- Buchwertfortführung **F** 100
- Vermögensminderung **F** 881
- Wirtschaftsprüfungsgesellschaft **A** 473

Sparkassen-/Giroverbände
- Qualitätskontrolle **E** 144 ff.

Spartenabschluss M 1216

Speditionskosten
- bei Ermittlung der Anschaffungskosten **F** 107

Speditionsunternehmen
- Gliederungsschema **F** 756, 798

Spenden
- Ausweis **F** 825, 831

Sperrguthaben
- Ausweis **F** 430

Spesen
- Bewertung der Wertpapiere **F** 427
- Ermittlung der Anschaffungskosten **F** 365
- Prüfung **L** 980, 1021

Spezialisierungshinweis A 262

Spezialleasing F 1331, 1334

Sportanlagen
- Zuschüsse **F** 831

Staatsaufsicht
- Wirtschaftsprüferkammer **A** 563

Staffelform
- GuV **F** 253
- - Einzelkaufmann **F** 252 f.
- - nach PublG **F** 1553

Stammkapital
- Ausweis **F** 450, 455

Standardsoftware F 314

Stanzen
- Bilanzierung **F** 196

Statistiken
- im Anhang **F** 948

Statistische Schätzverfahren L 360 f.

Statistische Verfahren L 355, 361, 835

Statusverfahren
- Nichteinrichtung eines Aufsichtsrats **M** 260

Steinbrüche
- Ausweis **F** 330

Stellenanzeigen
- werbende Angaben **A** 256

Stellungnahme des Abschlussprüfers zur Lagebeurteilung der gesetzlichen Vertreter
s. *Vorangestellte Berichterstattung*

Stellungnahmen des IDW A 210 f.

Stellungnahmen
- Aufsichtsrat **M** 32, 1266
- gesetzliche Vertreter **M** 25, 28, 40, 527, 1266
- IDW zur Rechnungslegung *(IDW RS)* **M** 353, 970
- IFRIC bzw. SIC **M** 1254
- Rechtsanwälte **M** 139

Sterbetafel
- Rückstellungen **F** 1203

Stetigkeit
- Abgrenzung des Konsolidierungskreises **G** 202 ff.
- Ansatz **G** 261, 588
- Bestätigungsvermerk **M** 675
- - Standardisierung **M** 739, 755
- Bilanzierungs-/ Bewertungsmethoden **M** 390, 680, 1100
- Durchbrechung **M** 680, 1191
- Erstprüfung **M** 680
- Konsolidierungskreis **M** 601
- Konsolidierungsmethoden **G** 16 f., 385
- Prüfungsbericht **M** 161, 167, 433, 545, 675
- Rechnungslegungspflichten nach § 6b Abs. 3 EnWG **M** 492
- sachliche **F** 98, 585, 1351
- zeitliche **F** 98, 585

Stetigkeitsgrundsatz
- Bewertung **F** 96 ff.
- - Abweichungen im Anhang **F** 101, 104 ff., 949, 973, 976 ff.
- Gliederung **F** 246
- - Abweichungen im Anhang **F** 938, 949, 973, 976 ff.
- - Bilanz **F** 287
- - GuV **F** 763 ff.
- - Umsatzerlöse **F** 1057

Steuerabgrenzung s. *Latente Steuern*

Steuerberatende Tätigkeit
- Wirtschaftsprüfer **A** 62 ff.
- - Vergütung **A** 295 f.

Steuerberater
- Tätigkeit von Wirtschaftsprüfern als **A** 69

Steuerberaterbestätigungen L 91

Steuerberatungsgesellschaft
– gesetzliche Vertreter
– – Wirtschaftsprüfer als **A** 86

Steuerberatungsleistungen
– im Anhang **F** 1133, 1136

Steuererklärung
– Rückstellung für Kosten **F** 662, 675

Steuererstattungen
– Ansprüche **F** 420
– in der GuV **F** 864, 870

Steuerlatenzen
– in der Bilanz **F** 68, 251, 729

Steuermarken
– Ausweis **F** 429

Steuermodelle A 195

Steuern
– Ausweis ausländischer **F** 868
– Ausweis beim Umsatzkostenverfahren **F** 907, 920 f.
– – aktivierte **F** 916
– einbehaltene **F** 704 f.
– – im Anhang **F** 706
– bei Ermittlung
– – Anschaffungskosten **F** 107
– – Herstellungskosten **F** 145
– in der GuV **F** 807, 860 ff., 921
– – Einzelkaufleute nach PublG **F** 1553, 1557
– – Personengesellschaft und der Personenhandelsgesellschaft i.S.d. § 264a HGB **F** 861, 1494
– – nach PublG **F** 1553, 1557
– persönliche der Gesellschafter von Personenhandelsgesellschaft i.S.d. § 264a HGB **F** 1494
– Prüfung **L** 985 ff., 1036
– weiterbelastete **F** 866, 871

Steuernachzahlungen
– Aufwand **F** 864 f., 870
– Ausweis für Vorjahre **F** 864, 1244

Steuerrückstellungen F 608 ff., 969
– Ausweis **F** 608
– Bemessung **F** 609
– für latente Steuern **F** 618
– Prüfung **L** 173, 789, 1007
– Zuführungen **F** 864

Steuersatz
– latente Steuer **F** 617

Steuerschulden
– Ausweis **F** 704
– persönliche **F** 1557

Steuerstrafen
– in der GuV **F** 865

Steuerungssystem
– (Konzern-)Lagebericht **J** 61, 66, 167 ff.

Stichproben
– Nachtragsprüfung **N** 29
– Umfang

Stichprobenauswahl
– bewusste **L** 87 ff., 346
– Kontokorrentkonten **L** 954 f., 1023, 1029
– bei der Prüfung **L** 71, 89, 108, 343 ff., 353 ff., 499, 804
– Verfahren **L** 345 ff.
– Vorräte **L** 913 f.
– zufallsgesteuerte **L** 89, 346, 353 ff., 361, 804

Stichprobenelemente
– Auswahl
– – nach absoluter Bedeutung **L** 351
– – nach relativer Bedeutung **L** 351
– – nach Risikoeinschätzung des Abschlussprüfers **L** 350
– Einbeziehung typischer Fälle **L** 351

Stichprobeninventur F 10

Stichprobenverfahren
– Auswahl aufs Geratewohl **L** 348
– mit bewusster Auswahl **L** 348 ff.
– mit zufallsgesteuerter Auswahl **L** 353 ff.
– – berechenbare Wahrscheinlichkeit **L** 353
– – mathematisch-statistische Regeln **L** 353

Stichtag
– abweichender **G** 206 ff.
– Erstkonsolidierung **G** 349 ff.
– Konzernabschluss **G** 205 f.

Stichtagsinventur
– Prüfung **L** 923 ff.
– vor-/nachverlegte **F** 10; **L** 924 ff.

Stichtagskursmethode
– Konzernanhang **G** 710 ff.
– Währungsumrechnung **G** 318, 320 ff.

Stichtagsprinzip
– Bewertung **F** 94
– Pensionsrückstellungen **F** 586

Stiftungen
– Bestätigungsvermerk **M** 775, 918
– Erhaltung des Vermögens **M** 695, 775

– Geltung des PublG **F** 1515
– Rechnungslegung nach PublG **M** 643 ff.

Stille Beteiligung
– bei Berechnung des Mehrheitsbesitzes **C** 70
– in der Bilanz
– – Kapitalgesellschaft **F** 36, 357
– als Teilgewinnabführung **C** 225

Stille Lasten
– Erstkonsolidierung **G** 362 ff.
– Folgekonsolidierung **G** 399 f.

Stille Reserven
– Erstkonsolidierung **G** 362 ff.
– Folgekonsolidierung **G** 396 ff.
– bei Gewinnabführung **C** 258, 278

Stiller Gesellschafter
– Einlage **F** 1324

Stilles Gesellschaftsverhältnis
– als Teilgewinnabführungsvertrag **C** 225

Stilllegung
– Abschreibungen **F** 828
– im Anhang **F** 1170
– Bewertung **F** 85
– s. auch Betriebsstilllegung

Stimmrechtsausübung
– Beherrschung durch einheitliche **C** 121
– bei Ermittlung der Stimmrechtsmehrheit **C** 92, 94 f.
– bei Unternehmensvertrag **C** 232

Stimmrechtsbindung
– beherrschender Einfluss bei **C** 65 ff.
– bei Berechnung der Stimmrechtsmehrheit **C** 92
– Gemeinschaftsunternehmen **C** 168
– Unternehmensverbindung bei **C** 349 f.
– Widerlegung der Abhängigkeitsvermutung durch **C** 134 ff.

Stimmrechtsmehrheit
– Beherrschungstatbestand **G** 26 ff.
– Ermittlung **C** 96 ff.
– – eigene Anteile bei **C** 71, 73, 92, 95
– – bei Nießbrauch **C** 94
– – Personengesellschaften **C** 93
– Gemeinschaftsunternehmen **G** 593
– Konzernrechnungslegungspflicht bei – des Mutterunternehmens **C** 369
– Mehrheitsbeteiligung bei **C** 91 ff.
– bei Widerlegung der Abhängigkeitsvermutung **C** 134 ff.

Stock Appreciation Rights F 1303 ff.

Stoffverbrauch
– in der GuV **F** 808

Strafvorschriften
– bei Verletzung der Verschwiegenheitspflicht **A** 170

Straßen
– Ausweis **F** 328

Streubesitz
– beherrschender Einfluss **C** 106, 114

Stromsteuer
– in der GuV **F** 868

Strukturierte Finanzinstrumente F 1313

Studienleistungen A 407 ff.
– Berücksichtigung im Wirtschaftsprüferexamen **A** 407 ff.

Stückzinsen
– Bilanzierung **F** 420

Stützen
– Ausweis **F** 348

Stufenkonzept
– Konzernrechnungslegung **G** 107 f., 593

Substanzerhaltung
– im Anhang **F** 944
– Prüfungsbericht **M** 413
– Stiftungsvermögen **M** 695, 775

Substanzerhaltungsrücklage
– in der Bilanz der AG **F** 514

Substanzverringerung
– Absetzungen **F** 344

Subventionen
– Bilanzierung **F** 112
– Erträge **F** 807

Swaps F 1312, 1320, 1154
– Credit Default Swap **F** 1312
– Total Return Swap **F** 1312
– Währungsswaps **F** 1321
– Zinsswaps **F** 1320

Syndikatsabrechnung
– Verlust **F** 831

Syndikus
– Wirtschaftsprüfer als **A** 84

Systemprüfung A 27
– Aufgabe **L** 775
– in ausgewählten Teilbereichen **L** 783 ff.
– s. auch IT-Systemprüfung

T

Tabaksteuer
– bei Ermittlung der Bilanzsumme nach PublG **F** 1524
– in der GuV **F** 868

Tabellen
– im Anhang **F** 948

Tätigkeitsbereich
– Aufgliederung der Umsatzerlöse **F** 949, 1053 ff.

Tätigkeitsbericht
– Kommission für Qualitätskontrolle **E** 42

Tätigkeitsschwerpunkte
– Kundgabe durch WP/WPG **A** 262

Tätigkeitsverbot A 588

Täuschung(sabsicht)
– Kündigung des Prüfungsauftrags **M** 1218
– Prüfungsbericht **M** 249, 305
– *s. auch Prüfungshemmnis*

Tagesgelder
– Ausweis **F** 430

Tanks
– Ausweis **F** 348

Tantiemen
– Ermittlung der Herstellungskosten **F** 145
– in der GuV **F** 831
– Organmitglieder **F** 1070 ff., 1088
– Rücklagenzuführung bei Berechnung **F** 498
– Rückstellung **F** 678

Tauschgeschäfte
– in der Bilanz **F** 122

Tax Due Diligence A 48

Technical Due Diligence A 48

Technische Anlagen
– Ausweis **F** 348 ff.

Teilamortisationsverträge F 1335 ff.

Teilbeherrschungsvertrag
– Charakter **C** 208

Teilbereichsprüfer
– Bestätigungsvermerk
– – Prüfungsergebnisse **M** 1133, 1137
– Konzernprüfungsbericht **M** 567, 582 ff., 592, 606, 642
– Prüfungsbericht **M** 139, 317
– Unabhängigkeit **M** 317, 583, 592
– – Erklärung zur **M** 317

– verantwortliche Prüfungspartner **M** 558, 586
– Zusammenarbeit mit dem Abschlussprüfer **M** 35, 139, 305, 567, 908, 1133
– – Kommunikation zwischen Abschlussprüfer und – **M** 35, 134, 587
– – Überprüfung der Arbeit durch den Abschlussprüfer **M** 606

Teilbereichswesentlichkeiten L 1292 ff., 1299

Teilberichte
– Prüfungsbericht **M** 146 ff., 277, 299,
– – Prüfung nach § 53 HGrG **M** 470
– – Risikofrüherkennungssystem **M** 451
– – Teilband des Prüfungsberichts **M** 41, 321, 447, 504, 528
– Vorabbericht **M** 147, 277
– Zusatzauftrag **M** 154
– zusätzlicher Bericht an den Prüfungsausschuss (Prüfungsbericht) **M** 41, 321, 447, 504, 528
– *s. auch Prüfungsurteil*

Teilgewinnabführungsvertrag
– Aufwand **F** 774, 776
– Begriff **C** 217, 225
– Erträge **F** 774 ff., 838
– Gegenleistung **C** 226
– gesetzliche Rücklage **C** 255, 257
– Verpflichtungen **F** 690
– *s. auch Unternehmensvertrag*

Teilgewinnrealisierung
– bei langfristiger Fertigung **F** 105, 1349 ff.

Teilwert
– Pensionsanwartschaften in der Handelsbilanz **F** 589, 1200
– Vorräte **F** 401

Teilwertabschreibung
– überhöhte Anschaffungskosten **F** 121
– Vorräte **F** 401

Teilzahlungsgeschäfte
– Anschaffungskosten **F** 111

Teilzahlungszuschlag
– in der GuV **F** 853

Teilzeitbeschäftigte
– im Anhang **F** 1061
– bei Ermittlung der Beschäftigtenzahl nach PublG **F** 1530

Telefaxkosten
– Ausweis **F** 831

Telefaxwerbung A 268

Telefonkosten
– bei Ermittlung der Herstellungskosten **F** 139
– in der GuV **F** 814, 831, 913
– – beim Umsatzkostenverfahren **F** 913

Telefonwerbung A 268

Termingeschäfte F 1314, 1318, 1402
– im Anhang **F** 1151
– Drohverlustrückstellung **F** 1316, 1319 f.
– *s. auch Derivate, Futures*

Test of Design L 243

Test of One L 329

Test of operating effectiveness L 68, 797

Testatsexemplar M 499, 529, 951

Testverfahren
– bei der Stichprobenprüfung **L** 362

Thesaurierende Fonds
– Aktivierung **F** 372 f.

Tilgung
– Disagio **F** 442
– Prüfung **L** 908 f., 967, 1019

Tochterunternehmen G 18 ff.
– Aufklärungen und Nachweise **M** 35, 325, 593 ff., 1094, 1116
– – Vollständigkeitserklärung **M** 596, 1117
– bedeutende **M** 565, 586
– bestandsgefährdende Risiken **M** 565, 1131
– erbrachte Steuerberatungs- bzw. Bewertungsleistungen **M** 629
– von geringer Bedeutung **G** 194 ff.
– nach HGB **C** 322 ff.
– – Begriff **C** 326 f.
– Inanspruchnahme von Aufstellungserleichterungen **M** 283, 322, 666, 1210
– – Bestätigungsvermerk **M** 862 ff., 1132, 1160
– Konsolidierungskreis **M** 600 ff.
– Konzernanhang **G** 678 ff.
– Konzernprüfungsbericht **M** 565 ff., 599 ff.
– Pflicht zur Einreichung des Prüfungsberichts **M** 34, 54
– Prüfungsbericht **M** 192, 283, 322
– – Risikofrüherkennungssystem **M** 54, 450, 460, 577
– Rechtsform **G** 6
– Teilbereichsprüfer **M** 568, 583 ff., 592
– verantwortliche Prüfungspartner **M** 586
– als verbundenes Unternehmen **C** 340 ff.

– Verwertung von Erkenntnissen aus der Prüfung **M** 192, 571
– Zwischenabschluss **M** 604, 1132

Toleranzwesentlichkeit
– Begriff **L** 40 ff., 299 ff.
– Festlegung **L** 300
– Neueinschätzung **L** 95, 1222 ff..
– Konzernabschlussprüfung **L** 1292 ff.

Total Return Swap F 1312

Transaktion
– mit hoher Wahrscheinlichkeit erwartete **F** 206

Transitorische Posten
– in der Bilanz **F** 439

Transparenzbericht A 244 ff.
– Frist **A** 244
– Mindestangaben **A** 244
– Veröffentlichung **A** 245

Transportanlagen
– Ausweis **F** 348

Transportbehälter
– Ausweis **F** 349

Transportkosten
– bei Ermittlung der Anschaffungskosten **F** 107
– in der GuV **F** 831
– – Umsatzkostenverfahren **F** 912

Transportversicherung
– bei Ermittlung der Anschaffungskosten **F** 107

Trend
– Lohn/Gehalt/Rente
– – Berechnung von Rückstellungen **F** 1202

Trend- und Kennzahlenanalysen L 836 ff.

Trennungsentschädigung
– in der GuV **F** 815

Treuegelder
– Rückstellung **F** 663

Treuepflicht
– Abschlussprüfer **M** 124, 192
– im faktischen Konzern **C** 193
– Gesellschafter **M** 39
– *s. auch Redepflicht*

Treueprämie
– im Anhang **F** 1070
– bei Ermittlung der Umsatzerlöse **F** 799

Treuhandanstalt
– Unternehmenseigenschaft **C** 56

Treuhandunternehmen
– als verbundene Unternehmen **C** 56

Treuhandverhältnis M 517
– Abhängigkeit bei **C** 123
– bei Berechnung der Mehrheitsbeteiligung **C** 75, 84
– Konzernverhältnis bei **C** 177
– Unternehmensverbindung bei **C** 347 f.

True and fair view F 24

U

Überalterung
– Bewertung bei **L** 214, 784, 934

Überbewertung
– Auswirkungen auf den Bestätigungsvermerk **M** 1100
– Nichtigkeit des Jahresabschlusses wegen **B** 338 ff.; **M** 1100
– – Wesentlichkeit **B** 346 f.

Überholungen
– Bewertung **F** 125

Übernachtungsgeld
– an Arbeitnehmer **F** 817

Übernahmerelevante Angaben
– Konzernlagebericht **J** 71 ff.
– Lagebericht **J** 71 ff.

Überschrift
– Berichtsabschnitte im Prüfungsbericht **M** 166, 232
– Bestätigungsvermerk **M** 69, 757 ff., 762, 781 ff., 1057, 1204
– – Abschnittsüberschriften **M** 758, 894, 966, 1045
– – ergänzende Hinweise **M** 853
– – Hauptabschnittsüberschriften **M** 759, 764, 774, 787, 914
– – ISA 700 ff. (Revised 2015) **M** 1279
– – sonstige Prüfungsgegenstände **M** 775, 921
– – Versagungsvermerk **M** 70, 781 ff., 966, 1057, 1070 ff.

Überschuldung M 227
– buchmäßige und konkursrechtliche **F** 447 f.
– *s. auch Bestandsgefährdende Tatsachen, Entwicklungsbeeinträchtigende Tatsachen, Insolvenz*

Übersetzung
– Bestätigungsvermerk **M** 956 ff.

– Prüfungsbericht **M** 535 ff.
– Rechnungslegungsunterlagen **M** 535, 956

Übersichtlichkeit
– Grundsatz **F** 12 f., 65, 78, 245, 252 ff., 286 ff., 1362
– – Bilanzierung **F** 12, 492, 697, 254
– – GuV **F** 244, 756

Überstundenvergütung
– in der GuV **F** 815

Überziehungsprovision
– in der GuV **F** 857

Umbauten
– Aufwendungen **F** 337

Umbuchungen
– im Anlagespiegel **F** 1009, 1015

Umfang der Prüfung *s. Prüfungsumfang*

Umlagen
– von Obergesellschaften in der GuV **F** 831

Umlaufvermögen F 397 ff.
– Abschreibung **F** 185 ff.
– – im Anhang **F** 1244
– – zur Vermeidung von Wertschwankungen **F** 189 f.
– Bewertung **F** 185 ff., 401, 965
– Bewertungsstetigkeit bei zugegangenem **F** 98
– in der Bilanz **F** 397 ff.
– Gruppenbewertung
– Inventur **F** 10, 194 ff.
– Zuschreibungen
– – im Anhang **F** 1244

Umrechnung F 419, 967, 971
– *s. auch Währungsumrechnung*

Umrechnungsdifferenzen
– aus Währungsumrechnung **G** 323 ff.

Umrechnungskurs
– bei Ermittlung der Umsatzerlöse nach PublG **F** 1527

Umsatzboni
– Rückstellung **F** 680

Umrechnungskurs
– Konzernabschluss **G** 320 ff.

Umsatzabhängigkeit
– Nachtragsprüfung **N** 22

Umsatzerlöse K 234 ff.
– Angaben **K** 247
– im Anhang **F** 949, 1053 ff.
– in der Anlage nach PublG **F** 1561

– Aufgliederung **F** 949, 1053 ff.
– – Schutzklausel **F** 949, 1053, 1058
– Begriff **F** 792, 1053
– Ermittlung **F** 284, 768, 792 ff.
– – Erlösschmälerungen **F** 799
– – für die Rechnungslegungspflicht nach PublG **F** 1525 ff.
– – bei Versorgungsunternehmen **F** 798
– fünf Schritte **K** 235
– Gesamtkostenverfahren **F** 792 ff.
– von Gesellschaftern **F** 807
– Herstellungskosten der Leistungen zur Erzielung **F** 790, 902 ff.
– Kontrollübergang **K** 241; 243
– Kosten der Vertragserfüllung **K** 245
– Kosten der Vertragserlangung **K** 245
– Prüfung **L** 1055 ff.
– Transaktionspreis **K** 238
– Umsatzkostenverfahren **F** 901
– vertraglicher Vermögenswert oder Schuld **K** 246
– Vertragsänderungen **K** 239
– Zeitpunkt der Ertragsrealisierung **K** 241
– zeitpunktbezogene Leistung **K** 243
– zeitraumbezogene Leistung **K** 242

Umsatzkostenverfahren F 901 ff.
– in der GuV **F** 253, 750 ff., 790, 901 ff.
– Handelsbetriebe **F** 909
– Konzern-GuV **G** 536 ff.
– Materialaufwand im Anhang **F** 949, 1063 ff.
– Personalaufwand im Anhang **F** 949, 1063 ff.
– unübliche Abschreibungen auf das Umlaufvermögen beim **F** 386
– Voraussetzungen **F** 790
– Wechsel zum Gesamtkostenverfahren **F** 287, 763

Umsatzprovision
– in der GuV **F** 857

Umsatzsteuer
– Ausweis **F** 796 f., 871
– auf erhaltene Anzahlungen bei Ermittlung der Herstellungskosten **F** 145, 404
– bei Ermittlung
– – Materialaufwand **F** 812
– – Umsatzerlöse **F** 796
– für geleistete Anzahlungen **F** 322, 871

Umsatzvergütung
– bei Ermittlung der Umsatzerlöse **F** 799

Umspannwerke
– Ausweis **F** 348

Umstrukturierungsmaßnahmen
s. Restrukturierungsmaßnahmen

Umwandlung
– Anschaffungskosten **F** 123
– Rechnungslegungspflicht **F** 282
– – nach PublG **F** 1521
– Wirtschaftsprüfungsgesellschaft
– – Verlust der Anerkennung **A** 470

Umwandlungsprüfung A 25

Umweltabgaben
– Passivierung **F** 681

Umweltbelange
– im Lagebericht **F** 1415 f.

Umweltschutz
– Rückstellungen **F** 681

Unabhängigkeit E 54
– Abschlussprüfer **M** 7, 22, 106, 120
– als Berufspflicht des Wirtschaftsprüfers **A** 95 ff.
– – Ausschlussgründe gem. § 319 Abs. 2 HGB **A** 97 ff.
– – wirtschaftliche Abhängigkeit **A** 100 ff.
– äußere **A** 96
– Bestätigung durch den Abschlussprüfer **M** 22, 137, 181, 685, 766, 824
– Bestätigungsvermerk **M** 742, 766, 824, 910 f.
– Erklärung des Abschlussprüfers nach Nr. 7.2.1 DCGK **M** 183
– EU-Empfehlung zur **A** 96
– Gemeinschaftsprüfer **M** 685
– innere **A** 96
– Kommunikation mit dem Aufsichtsgremium **M** 103, 106, 120, 910
– Konzernabschlussprüfer **M** 556
– Prüfer für Qualitätskontrolle **E** 54
– Prüfungsbericht **M** 137, 165, 179 ff., 556
– Sachverständige und Teilbereichsprüfer **M** 317, 583, 592
– Schutzmaßnahmen des Abschlussprüfers **M** 106, 183, 911

Unbebaute Grundstücke
– in der Bilanz **F** 324

Unbefangenheit
– als Berufspflicht des Wirtschaftsprüfers **A** 97 ff.

2589

– – Besorgnis der Befangenheit **A** 97 ff.
– – betroffener Personenkreis **A** 146 ff.
– – Rechtsfolgen bei Verstoß **A** 162 ff.
– – Schutzmaßnahmen **A** 150 ff.
– – Vereinbarkeit von Prüfung und Beratung **A** 151 ff.
– *s. auch Befangenheit*

Uneinbringliche Forderungen F 416

Unentgeltlicher Erwerb
– Begriff **F** 59
– Vermögensgegenstände **F** 119

Unerlaubte Handlung
– Rückstellungen für Haftung **F** 659

Unfallunterstützungen
– Ausweis **F** 825

Unfallversicherung
– für Organmitglieder **F** 1074

Unfertige und fertige Erzeugnisse
– Prüfung **L** 941 ff.

Unparteilichkeit
– als Berufspflicht des Wirtschaftsprüfers **A** 167 f.
– Grundsatz
– – Bestätigungsvermerk **M** 1248
– – Prüfungsbericht **M** 137, 156, 275, 542

Unrealisierte Beteiligungserträge
– Rücklagen **F** 520 f.

Unregelmäßigkeiten
– Begriffsabgrenzung **M** 238
– Bestätigungsvermerk
– – Auswirkungen auf das Prüfungsurteil **M** 89, 747, 793, 1015, 1033 ff., 1091 ff., 1135
– – Verantwortung des Abschlussprüfers **M** 906 ff., 981
– Kommunikation mit dem Aufsichtsgremium **M** 14, 109
– Konzernprüfungsbericht **M** 566 ff.
– Kündigung des Prüfungsauftrags **M** 869
– Maßnahmen der gesetzlichen Vertreter **M** 125, 264, 271, 278
– Maßnahmen des Aufsichtsorgans **M** 125, 271, 277
– persönliche Verantwortung **M** 241, 254
– bei prüferischer Durchsicht von Abschlüssen **P** 36, 53, 70, 85, 98, 176
– *Prüfungsbericht M 23, 91, 188, 238 ff., 253 ff., 704*
– – in der Rechnungslegung **M** 245 ff.

– – sonstige **M** 253 ff.,
– – Umfang und Grenzen der Berichterstattung **M** 268 ff., 568
– Redepflicht des Abschlussprüfers **M** 124 ff., 277
– Redeverbot **M** 126
– Unterrichtungspflichten des Abschlussprüfers **M** 14 ff., 109, 133, 244, 571
– Verwertung von Informationen in Bezug auf **M** 91, 124, 192, 273, 571
– *s. auch Gesetzesverstöße, Unrichtigkeiten, Verstöße*

Unrichtigkeiten
– Abschlussprüfung **L** 38, 499 ff.
– Begriff(sabgrenzung) **L** 2, 478; **M** 238, 246
– – unbewusste Fehler **M** 246
– Berichtspflicht **L** 535 ff.
– *Bestätigungsvermerk s. dort*
– Konzernprüfungsbericht **M** 566 ff.
– Nichtaufgriffsgrenze **L** 303
– Prüfung der Erklärung nach Nr. 7.2.3 DCGK **M** 284, 483 ff., 549, 633
– – Kommunikation mit dem Aufsichtsgremium **M** 109, 122
– Prüfungsbericht **M** 23, 91, 188, 238 ff.
– *s. auch Gesetzesverstöße, Unregelmäßigkeiten, Verstöße*

Unsicherheit
– Bestätigungsvermerk
– – aufschiebende Bedingung **M** 1233
– – ergänzender Hinweis **M** 858, 911, 943, 1132
– – Erklärung der Nichtabgabe eines Prüfungsurteils bei mehreren **M** 1108
– – Key Audit Matters **M** 878, 885
– Ermessensspielräume der gesetzlichen Vertreter **M** 111, 384, 394, 878, 985
– geschätzte Werte in der Rechnungslegung **M** 111, 389, 878, 985
– Kommunikation mit dem Aufsichtsgremium **M** 111
– Nichterstellung eines Zwischenabschlusses **M** 604
– Prüfungshemmnisse **M** 850, 1094, 1116
– Unternehmensfortführung **M** 217 ff., 612, 767, 832 ff., 973, 1092 ff., 1111
– *s. auch Ermessen*

Unterbeschäftigung
– bei Ermittlung der Herstellungskosten **F** 136, 961
– in den Gliederungsschemata **F** 294, 753, 763

Unterbewertung
- Auswirkungen auf den Bestätigungsvermerk **M** 79, 1100
- Nichtigkeit des Jahresabschlusses **B** 338 ff., 348; **M** 1100
- Sonderprüfung wegen unzulässiger **M** 79, 1100

Unterbilanz s. *Eigenkapital, Nicht durch Eigenkapital gedeckter Fehlbetrag*

Unterlagen
- vom Abschlussprüfer benötigte **L** 172

Unterlassungsklage A 595

Unternehmen
- assoziierte **F** 1169
- nahe stehend
- – Begriff **F** 1169 ff.
- – Umfang **F** 1171 ff.

Unternehmen von öffentlichem Interesse
- Abschlussprüfer **B** 56
- – Auswahlverfahren **B** 59, 65 ff.
- – externe Rotation **B** 59, 61, 63 f.
- – Honorare **B** 59
- – Nichtprüfungsleistungen **B** 48 ff., 59
- Anforderungen an den Aufsichtsrat **B** 60, 71, 90, 99
- Bestätigungsvermerk **M** 6 ff., 86, 735 ff., 742, 778, 824, 928
- – Formulierungsbeispiel **M** 1012
- – Gliederung **M** 757, 761 ff.
- – ISA 701 (Revised 2015) **M** 1274
- – Key Audit Matters **M** 309, 770, 865 ff.
- – übrige Angaben gemäß Artikel 10 EU-APrVO **M** 776, 927 ff.
- – Unterzeichnung **M** 778, 950
- Gemeinschaftsprüfung (Joint Audit) **M** 686, 1197
- Initiativrecht **M** 14, 51, 113
- Kommunikation mit dem Aufsichtsorgan **M** 14, 106 ff., 125, 300, 1068
- Konzernprüfungsbericht **M** 571, 584, 602, 621, 629
- – Gliederung **M** 546
- – Mängel im rechnungslegungsbezogenen IKS **M** 616
- Prüfungsbericht **M** 3 ff., 23, 40, 234, 300 ff., 320, 378, 389, 444
- – Gliederung **M** 168
- – Mängel im rechnungslegungsbezogenen IKS **M** 250, 340, 356

- – Unregelmäßigkeiten **M** 244, 256, 271
- – Unterzeichnung **M** 504
- Unabhängigkeit des Abschlussprüfers **M** 7, 23, 181, 556
- Unterrichtungspflichten des Abschlussprüfers **M** 14 ff., 109, 133, 244, 571, 1068
- zusätzlicher Bericht an den Prüfungsausschuss **M** 3, 26
- s. *auch Public Interest Entity*

Unternehmensbegriff
- einheitlicher **C** 44, 323
- i.S.d. AktG **C** 44
- – Abgrenzung **C** 48
- – Körperschaften und Anstalten **C** 52 ff.
- – Kriterien **C** 44 ff.
- – Treuhandunternehmen **C** 56
- i.S.d. HGB **C** 322 ff.

Unternehmensbewertung A 50 ff.

Unternehmenseigenschaft
- nach AktG
- – Aktionär **C** 47
- – Arbeitsgemeinschaft **C** 51
- – Einzelkaufmann **C** 47
- – bei gewerblicher Tätigkeit **C** 49
- – Holdinggesellschaften **C** 48, 156
- – juristische Personen **C** 44
- – Personenvereinigungen **C** 44, 51
- – bei Teilgewinnabführungsvertrag **C** 225
- – Treuhandanstalt **C** 56
- BGB-Gesellschaft **C** 51
- Gebietskörperschaften **C** 52 ff.
- nach HGB **C** 322 ff.
- – ausländische Unternehmen **C** 330
- – Kapitalgesellschaften **C** 328

Unternehmensentwicklung
- Bewertungsstetigkeit bei veränderter Einschätzung **F** 102
- im Lagebericht **F** 1358, 1365 ff., 1371 f., 1381 ff.

Unternehmensfortführung
- Grundsatz s. *Going concern Prinzip*
- s. *auch Bestandsgefährdende Tatsachen, Entwicklungsbeeinträchtigende Tatsachen, Fortführung der Unternehmenstätigkeit, Insolvenz*

Unternehmensführung s. *Erklärung zur Unternehmensführung*

Unternehmenskrise A 53

Unternehmensverbindungen
- nach AktG **C** 1 ff., 22 ff., 38 ff.
- bei Gleichordnungskonzern **C** 162 ff., 406
- nach HGB **C** 22 ff., 331 ff.
- bei Konzernabschluss nach PublG **C** 404 f.
- mehrfache **C** 61 f., 115 ff.
- Überlagerung **C** 61 ff., 115 ff.
- Voraussetzungen **C** 22 ff.
- *s. auch Verbundene Unternehmen*

Unternehmensvertrag
- Abschluss **C** 230 ff., 234 ff., 266
- Änderung **C** 240 ff.
- Anfechtung **C** 216
- Anmeldung **C** 203, 237, 239
- Arten **C** 199 ff.
- Ausgestaltung **C** 202
- mit ausländischen Unternehmen **C** 63, 201
- Beendigung **C** 243 ff.
- Beitritt **C** 241, 285
- Charakter **C** 203
- gesetzliche Rücklage bei **C** 253 ff.
- mit GmbH **C** 230 ff., 243, 260
- bei Hinzukommen außenstehender Aktionäre **C** 244
- Offenlegung **C** 232 f.
- Prüfung **C** 234, 237; **L** 906
- Rechtsform der Gesellschaften **C** 201, 205, 231 f.
- Rücktritt **C** 243
- Rückwirkung **C** 238
- Verlängerung **C** 242
- Verlustübernahme aufgrund von **C** 260 ff.
- Vorschriften des AktG **C** 198 ff., 202, 217
- Vorschriften für die Prüfung **C** 234
- Zulässigkeit **C** 200 ff., 230
- Zustimmungserfordernis **C** 230, 236, 240 ff., 247

Unternehmenszusammenschlüsse K 271 ff.
- Angaben **K** 299 f.
- Beherrschung **K** 272
- *Erwerbsmethode s. dort*
- Folgebewertung **K** 295 ff.
- Geschäftsbetrieb **K** 272
- sukzessiver Anteilserwerb **K** 278

Unterordnungskonzern
- beherrschender Einfluss **C** 106 ff., 158 ff.
- bei Beherrschungsvertrag **C** 160
- bei Eingliederung **C** 160
- einheitliche Leitung **C** 150, 158 ff.
- Konzernrechnungslegungspflicht **C** 170

- Konzernverhältnis **C** 158 ff., 178 ff.
- Verbindung zum Gleichordnungskonzern **C** 172
- verbundene Unternehmen **C** 58 ff.

Unterrichtungspflichten des Abschlussprüfers
- Aufsichtsgremium **M** 14, 109, 124 ff., 196, 571, 847, 1068
- Behörden **M** 15 ff., 40, 109, 133, 196, 244, 571, 1068
- Bestätigungsvermerk
- – gesonderter Hinweis nach § 322 Abs. 2 S. 3 HGB **M** 767, 832 ff.
- gesetzliche Vertreter **M** 14, 196, 244, 571, 1068
- Mandatsnachfolger **M** 134, 720 ff., 728
- Mandatsvorgänger **M** 683, 730
- *s. auch Redepflicht*

Untersagungsverfügung A 594

Unterschiedsbetrag
- Bewertungsänderungen im Anhang **F** 980
- Bewertungsvereinfachungsverfahren im Anhang **F** 949, 1004 ff.
- Equity-Methode **G** 605, 625 ff., 636 ff.
- Kapitalkonsolidierung
- – aktiver **G** 385
- – – Ausweis **G** 243, 348
- – – latente Steuern **G** 557
- – passiver **G** 387 ff.
- – – technischer **G** 401
- – – Ursachen **G** 385 f., 389 ff.
- aus der Vermögensverrechnung **F** 445
- – – im Anhang **F** 1206

Unterschlagungsprüfung L 2, 501

Unterstützende Maßnahmen
- Prüfungsbericht **M** 234, 310
- *s. auch Bestandsgefährdende Tatsachen, Entwicklungsbeeinträchtigende Tatsachen*

Unterstützungsaufwand
- in der GuV **F** 821 ff., 826, 1063 ff.

Unterstützungseinrichtung
- Zusagen **F** 707
- Zuweisungen **F** 825

Unterstützungskasse
- Verpflichtungen des Trägers **F** 580
- Widerruf von Zusagen an eine **F** 578
- Zuweisungen **F** 824
- Zweckgesellschaft **G** 38

Untersuchungsergebnisse Dritter *s. Interne Revision, Prüfungsergebnisse Dritter, Sachverständige,*

Untersuchungsergebnisse Dritter
– *s. Interne Revision, Prüfungsergebnisse Dritter, Sachverständige,*

Untertagebauten
– Ausweis **F** 328

Unterzeichnung
– Anhang **F** 925
– Bescheinigung über die prüferische Durchsicht **P** 120, 156
– Bestätigungsvermerk **M** 73, 941 ff.
– – elektronische **M** 943
– elektronische **M** 505, 534, 637, 943
– Gemeinschaftsprüfung (Joint Audit) **M** 691, 946
– Jahresabschluss **B** 155 ff.
– – Adressaten **B** 157 ff.
– – Datum **B** 164
– – Inhalt der Verpflichtung **B** 162
– – Ort der Unterzeichnung **B** 165
– – Prüfung **B** 167
– – Sanktionen **B** 166
– Kündigung von Prüfungsaufträgen **M** 706
– Lagebericht **F** 1356
– Ort **M** 506, 637, 942
– Prüfungsbericht **M** 19, 501 ff., 637
– – elektronische **M** 505
– Tag bzw. Datum **M** 73, 506, 637, 940 ff.

Unvereinbare Tätigkeit
– Wirtschaftsprüfer **A** 80 ff.
– – Beurlaubung bei **A** 561

Unverzüglichkeit
– Berichterstattung aufgrund Nr. 7.2.3 DCGK **M** 483
– Geltendmachung eines Mangelbeseitigungsanspruchs **M** 732
– Mangelbeseitigung **M** 732, 1251 ff.
– Redepflicht **M** 128
– Unterrichtung von Behörden **M** 17, 847
– *Vorlage/Zuleitung des Prüfungsberichts* **M** 28, 31, 133, 527, 727

Unvollständigkeit
– Lagebericht **F** 1410

Urheberrechte
– Bilanzierung **F** 51, 53
– Rückstellung für die Verletzung **F** 669

Urlaub
– im Lagebericht **F** 1415
– Lohn **F** 815
– Rückstellung **F** 682

USA
– Inspektion **E** 191 ff.
– Qualitätskontrolle **E** 153 ff.

V

Valutaforderungen *s. Währungsforderungen*

Valutarisiko F 419

Valutaschulden *s. Währungsverbindlichkeiten*

Variable Kosten
– bei Ermittlung der Herstellungskosten **F** 132

Variation Margin F 1319

Veräußerung
– eigene Anteile **F** 463 ff., 478

Veräußerungsrente
– Anschaffungskosten bei Kauf gegen **F** 115

Veranstaltungen
– Durchführung **A** 74, 81

Verantwortlicher Prüfungspartner
– Nennung im Konzernprüfungsbericht **M** 558, 586
– Nennung im Prüfungsbericht **M** 185, 302
– *s. auch Key Audit Partner*

Verantwortlicher Wirtschaftsprüfer
– Bestätigungsvermerk
– – Nennung **M** 778
– – Unterzeichnung **M** 503, 945
– Gemeinschaftsprüfung (Joint Audit) **M** 691, 1200
– Prüfungsbericht
– – Nennung **M** 302
– – Unterzeichnung **M** 502 ff.
– Teilnahme an der Bilanzsitzung **M** 101

Verantwortlichkeit
– Organe bei Beherrschungsvertrag **C** 212, 215
– Vorstand bei Unternehmensvertrag **C** 207 ff., 215, 220, 224, 228 ff.

Verantwortung
– Abschlussprüfer **M** 7, 107, 235, 292, 906 ff., 942
– – Kommunikation mit dem Aufsichtsgremium **M** 107
– – Management Letter **M** 130
– Arbeitnehmer **M** 257, 543

- Aufsichtsrat **M** 98, 271, 541, 901
- Bestätigungsvermerk
- – Abschlussprüfer **M** 65, 87, 773, 906 ff., 1064, 1086, 1179
- – gesetzliche Vertreter **M** 65, 92, 772, 899 ff., 1064, 1178
- – die für die Überwachung Verantwortlichen **M** 65, 772, 901, 1258
- Gemeinschaftsprüfer **M** 686, 691, 946, 1200
- gesetzliche Vertreter **M** 54, 92, 257, 271, 327, 597, 754, 899 ff.
- Kommunikation mit dem Aufsichtsgremium **M** 107
- Konzernabschlussprüfer **M** 589, 1133
- Prüfungsbericht
- – Abschlussprüfer **M** 235, 292
- – gesetzliche Vertreter **M** 292, 327, 597
- – die für die Überwachung Verantwortlichen **M** 293
- verantwortlicher Prüfungspartner **M** 185, 302, 558, 586
- verantwortlicher Wirtschaftsprüfer **M** 101, 302, 502, 637, 691, 778, 945, 1200
- *s. auch Gesamtverantwortung*

Verbandsabrechnung
- Verluste **F** 831

Verbandstätigkeit
- Wirtschaftsprüfer **A** 75

Verbindliche Auskunft
- Wirtschaftsprüferexamen **A** 395

Verbindlichkeiten
- Angabe von Restlaufzeiten **F** 691, 949, 1026 ff.
- im Anhang
- – faktische **F** 949, 990
- im Anlagenspiegel
- – Sicherheiten **F** 949, 1026 ff.
- *in ausländischer Währung s. Währungsverbindlichkeiten*
- aus Annahme gezogener Wechsel **F** 698 ff.
- Ausweis **F** 687
- Begriff **F** 37, 687, 158
- aus Begebung und Übertragung von Wechseln **F** 75
- bei Beteiligungsverhältnis **F** 703
- Bewertung **F** 156
- Bilanzierung **F** 156, 687
- – *aus Lieferungen und Leistungen* **F** 697
- – ggü. Kreditinstituten **F** 695
- – im Rahmen der sozialen Sicherheit **F** 704 ff.
- – sonstige **F** 704 ff.

- – aus Steuern **F** 704 f.
- Erfüllungsbetrag **F** 156 f.
- ggü. GmbH Gesellschaftern **F** 359, 391, 446, 949
- ggü. verbundenen Unternehmen **F** 703
- Geldleistungsverpflichtungen **F** 159
- Gliederung **F** 248, 687 ff.
- – Kapitalgesellschaft **F** 693 ff.
- Gruppenbewertung **F** 157
- Prüfung **L** 1019 ff.
- – ggü. Kreditinstituten **L** 1020
- – ggü. Unternehmen mit denen ein Beteiligungsverhältnis besteht **L** 1028
- – ggü. verbundenen Unternehmen **L** 1028
- – aus Lieferungen und Leistungen **L** 1023 ff.
- – Restlaufzeit **L** 1032
- – Sicherheiten **L** 1033 f.
- – sonstige **L** 1029
- Ratenkauf **F** 164
- Rückstellung für ungewisse **F** 559, 564 ff.
- Sicherheiten für **F** 949, 1026 ff.
- *sonstige s. dort, s. auch Schulden*
- Übertragung **F** 687
- *ungewisse s. Rückstellungen*
- unverzinsliche oder niedrig verzinsliche **F** 158, 160
- Verrechnung mit Forderungen **F** 410

Verbindlichkeitenspiegel F 691, 949, 1030

Verbindlichkeitsrückstellungen
- Abgrenzung zu Drohverlustrückstellungen **F** 566

Verbrauchsabgrenzung *s. Jahresverbrauchsabgrenzung*

Verbrauchsfolgeverfahren
- bei der Bewertung **F** 80, 194, 949
- Voraussetzungen **F** 194

Verbrauchsteuern
- Abgrenzung **F** 868
- bei Ermittlung
- – Bilanzsumme nach PublG **F** 1524
- – Herstellungskosten **F** 145
- – Umsatzerlöse **F** 797
- – Umsatzerlöse nach PublG **F** 1526
- beim Umsatzkostenverfahren **F** 907

Verbundene Unternehmen
- an – weitergegebene Wechsel **F** 701
- Anteile an **F** 354 ff., 424
- – im Anhang **F** 949, 1100 ff.
- – Bilanzierung **F** 356

– – Erträge **F** 844 ff.
– Anwendung der Schutzklausel auf **F** 1104 f.
– ausländische Unternehmen als **C** 63, 330, 388
– Ausleihungen an **F** 359
– Begriff **F** 354 f.; **C** 58 ff.
– – i.S.d. AktG **C** 22, 27 ff., 38 ff., 58 ff.
– – i.S.d. HGB **C** 23, 27 ff., 321 ff., 331 ff.
– – – erweiterte Auslegung **C** 407 ff.
– – – Geltung **C** 321 ff.
– – – Struktur **C** 331 ff.
– Beteiligungserträge **F** 836 ff.
– bei einheitlicher Konzernleitung **C** 148 ff., 342
– bei Einspruch der Minderheitsaktionäre **C** 399 f.
– Erstattung von Organbezügen **F** 1079
– finanzielle Verpflichtungen ggü. – im Anhang **F** 1052
– Forderungen an **F** 412 f.
– – Prüfung **L** 962 ff.
– Gemeinschaftsunternehmen als **C** 170, 368 ff.
– bei Gleichordnungskonzern **C** 170, 406
– im Jahresabschluss nach PublG **F** 1550
– Konzernabschluss **C** 351, 378
– – bei ausländischem befreiendem **C** 385 ff., 388
– – bei befreiendem **C** 385 ff., 388
– – bei freiwillig befreiendem **C** 379 ff.
– – bei größenabhängiger Befreiung von der Aufstellung **C** 362, 380 f., 395
– – bei möglichem befreiendem **C** 379 ff., 385 ff.
– – bei Nichtaufstellung **C** 360, 373
– – bei nicht geprüftem **C** 361, 375
– – nach PublG **C** 357, 394, 404 f.
– bei Konzernunternehmen **C** 145 ff.
– im Lagebericht **F** 1424
– Liste
– – als Prüfungsunterlage **L** 963
– bei mehrfacher Konzernzugehörigkeit **C** 370
– bei Mehrheitsbesitz **C** 65 ff.
– Tochterunternehmen als **C** 340 ff.
– bei Treuhandverhältnis **C** 78, 123 ff.
– unterbleibende Angaben zum Eigenkapital und Jahresergebnis **C** 1106
– Vermerk über Beziehungen **F** 292, 432
– Zinsaufwendungen **F** 857 ff.
– Zinserträge **F** 849 ff.
– durch Zurechnung **C** 68 ff., 79 ff., 344 ff.

Verdeckte Einlagen F 488

Verdeckungsrisiko A 104

Veredelungsarbeiten
– Ausweis **F** 399

Vereidigter Buchprüfer
– Beachtung fachlicher Verlautbarungen des IDW **M** 136
– Berufsbezeichnung **M** 949
– Berufsorganisation **A** 639
– als gesetzliche Vertreter von WPG **A** 438
– Unterzeichnung
– – Bestätigungsvermerk **M** 945 ff., 1214
– – Prüfungsbericht **M** 502 ff., 712
– verkürztes WP-Examen **A** 402
– Wahrnehmung von Einsichtsrechten **M** 36
– s. auch Abschlussprüfer, Wirtschaftsprüfer, Wirtschaftsprüfungsgesellschaft

Vereinbare Tätigkeit
– Berufsbild **A** 68
– Wirtschaftsprüfer **A** 68 ff.

Vereinbarte Untersuchungshandlungen
  s. Agreed-Upon Procedures

Vereine M 643, 693
– Geltung des PublG **F** 1515
– als Gesellschafter von Wirtschaftsprüfungsgesellschaften **A** 491 f.

Vereinfachte Kapitalherabsetzung
– Hauptversammlungsbeschluss
– – Nichtigkeit **B** 332
– Verlustausgleich bei **C** 261, 285
– Verwendungsbeschränkung für Kapitalrücklagen nach **F** 490

Vergleichbarkeit
– Angaben im Anhang **F** 949, 973, 986
– Jahresabschlüsse **F** 98, 290, 295
– – Bewertungsänderung **F** 102

Vergleichsbewertung
– bei Bewertungsvereinfachungsverfahren **F** 1005

Vergleichszahlen
– im Rahmen der Abschlussprüfung **L** 861
– im Jahresabschluss **F** 247
– Vorjahreszahlen s. dort

Vergütung
– aktienbasiert
– – im Anhang **F** 1070, 1076 f.
– anteilsbasiert **F** 1286 ff.
– an persönlich haftende Gesellschafter **F** 815
– Wirtschaftsprüfer **A** 295 ff.

– – Sachverständigentätigkeit **A** 299 ff.
– – Verjährung **A** 303
– s. auch Honorar

Vergütungsbericht
– Konzernlagebericht **J** 53, 92
– Lagebericht **J** 13, 92

Vergütungssystem
– Angaben im Konzernlagebericht **J** 53, 91 ff.
– Angaben im Lagebericht **J** 13, 91 ff.

Verhältniszahlen L 35, 332, 837, 847, 856 f.

Verhaftung A 599

Verjährung
– Berufspflichtverletzung **A** 596
– Honoraranspruch **A** 303
– Schadensersatzansprüche gegen den Wirtschaftsprüfer **A** 368 ff.

Verkaufsabteilungen
– Aufwendungen beim Umsatzkostenverfahren **F** 911

Verkaufserlöse
– Umsatzerlöse s. dort

Verkaufsorganisation
– als Maßstab für Umsatzaufgliederung **F** 949, 1053 ff.

Verkehrswert
– Grundstücksbewertung **F** 333

Verkürztes WP-Examen
– Steuerberater **A** 401
– vereidigter Buchprüfer **A** 402

Verlagsrechte
– Bilanzierung **F** 58

Verleger
– Wirtschaftsprüfer als **A** 77

Verlustabdeckung
– aus Kapitalrücklagen **F** 490
– Verpflichtungen
– – Rückstellung **F** 683

Verlustanteil
– nicht gedeckter
– – Kommanditist **F** 1479 ff.
– – persönlich haftender Gesellschafter einer KGaA **F** 1479 ff.
– an Personengesellschaft bei der Kapitalgesellschaft **F** 535
– des Personengesellschafters **F** 383, 1463, 1467, 1473, 1479 ff.
– s. auch Verlustübernahme

Verlustausgleich
– bei Beherrschungsvertrag **C** 209, 260 ff.
– bei Gewinnabführungsvertrag **C** 260 ff.
– s. auch Verlustübernahme

Verluste
– in Höhe der Hälfte des Grund- oder Stammkapitals **M** 229, 259
– Prüfungsbericht **M** 226 ff.
– bei Sanierungsmaßnahmen **F** 94
– aus Schadensfällen **F** 831
– aus schwebenden Geschäften **F** 38, 623
– sonstige
– – Deckung durch Kapitalherabsetzung im Anhang **F** 949, 1281
– aus Syndikats- oder Verbandsabrechnung **F** 831
– unrealisierte **F** 88
– s. auch Bestandsgefährdende Tatsachen, Entwicklungsbeeinträchtigende Tatsachen

Verlustrückstellung
– bei Dauerschuldverhältnissen **F** 623

Verlustrücktrag
– Steuererstattung **F** 864, 1244

Verlustübernahme
– Aufwendungen **F** 774, 780
– als Befreiungsvoraussetzung für die Rechnungslegung **F** 270 f.
– – nach PublG **F** 1532, 1538
– Erträge **F** 774, 781 f., 839
– im faktischen Konzern **C** 192, 196
– bei Unternehmensvertrag **C** 260 ff.
– – Dauer **C** 262

Verlustvortrag
– Ausgleich **F** 501
– bei Gewinnabführung **C** 253 ff., 257
– latente Steuern **F** 717 ff.

Verlustzurechnung
– steuerliche aus Beteiligungen an Personengesellschaft **F** 383

Vermerk
– Ausleihungen an persönlich haftende Gesellschafter der KGaA **F** 390
– außergewöhnliche Aufwendungen **F** 949, 1234 ff.
– außergewöhnliche Erträge **F** 949, 1234 ff.
– bedingtes Kapital **F** 453
– dingliche Sicherheiten
– – langfristige Ausleihungen **F** 392
– Erträge aus Arbeitsgemeinschaften **F** 798

Stichwortverzeichnis

- Forderungen **F** 421
- – aus Lieferungen mit Rückgaberecht **F** 418
- – Restlaufzeit von mehr als einem Jahr **F** 409
- Haftungsverhältnisse **F** 75, 249, 949, 991 f.
- Mitzugehörigkeit zu anderen Posten **F** 291 f., 949
- Restlaufzeit von Verbindlichkeiten **F** 691, 949, 1026 ff.
- Rückgriffsforderungen **F** 75, 249, 949, 992
- Sicherheiten für Verbindlichkeiten **F** 949, 1026 ff.
- – eigene **F** 949, 1047
- – fremde **F** 999
- Sicherungstreuhandschaft **F** 42
- Stimmrechte **F** 432
- Verpflichtungen
- – assoziierte Unternehmen **F** 1052
- – verbundene Unternehmen **F** 1052

Vermerk des unabhängigen Abschlussprüfers s. Bestätigungsvermerk

Vermerkpflichtige Haftungsverhältnisse
- Prüfung **L** 1037

Vermietung
- Erlöse beim Gesamtkostenverfahren **F** 792

Vermittlungsgebühren
- bei Ermittlung der Anschaffungskosten **F** 107

Vermittlungsprovision
- in der GuV **F** 793
- Herausgabe **A** 151
- für Wirtschaftsprüfer **A** 151

Vermögens-, Finanz- und Ertragslage
- Bild der **M** 211, 330, 369 ff., 404 ff.
- Ertragslage
- – erläuterungsbedürftige Veränderungen **M** 439
- – Prüfungsbericht **M** 429 ff.
- Finanzlage
- – erläuterungsbedürftige Veränderungen **M** 427
- – Prüfungsbericht **M** 423 ff.
- Konzernprüfungsbericht **M** 626 ff.
- Prüfungsbericht **M** 48, 173, 369 ff., 404 ff.
- Segmentinformationen **M** 441
- Vermögenslage
- – erläuterungsbedürftige Veränderungen **M** 421
- – Prüfungsbericht **M** 417 ff.
- Verzicht auf Darstellung **M** 411

- s. auch Generalnorm, Mehrjahresübersicht, Sachverhaltsgestaltende Maßnahmen

Vermögensbildungsgesetz
- Ergebnisbeteiligung in der GuV **F** 815

Vermögensgegenstände
- Abschreibung
- – Anlagevermögen **F** 167 ff.
- – Umlaufvermögen **F** 185 ff.
- Bewertung zugegangener **F** 98, 155
- Finanzinstrumente, strukturierte **F** 1313
- geringwertige s. Geringwertige Wirtschaftsgüter
- immaterielle s. dort
- unentgeltlicher Erwerb **F** 119, 309
- sonstige s. dort

Vermögenslage F 24, 27, 65, 924, 927, 950, 954 ff., 981 ff., 1374
- Prüfung **L** 884, 987, 1034, 1249
- s. auch Vermögens-, Finanz- und Ertragslage

Vermögensminderung
- wegen Abspaltung **F** 881

Vermögensschädigung L 479 ff., 486 ff., 491 ff., 536
- Prüfungsbericht **M** 305

Vermögensteuer
- bei Ermittlung der Herstellungskosten **F** 145

Vermögensübertragung
- AG auf einen VVaG
- – Anschaffungskosten **F** 123
- Wirtschaftsprüfungsgesellschaft **A** 474

Vermögensverfall
- Wirtschaftsprüfer **A** 414, 423
- Wirtschaftsprüfungsgesellschaft **A** 483

Vermögensverwaltung
- durch Wirtschaftsprüfer **A** 82

Vermögensverwaltungsgesellschaft
- Beteiligung an **A** 82
- Verbot der Tätigkeit des Wirtschaftsprüfers in **A** 84

Vermögenswert K 40

Vermögenswirksame Leistungen
- Verbindlichkeiten aufgrund **F** 707

Vernünftige kaufmännische Beurteilung
- Bewertung **F** 88
- – Rückstellungen **F** 571
- – Grundsatz **F** 6, 571

2597

Veröffentlichung
- Bestätigungsvermerk **M** 10, 80, 1221, 1223
- – in deutscher Sprache **M** 955
- – sonstige Informationen **M** 87, 771, 869 ff., 1119
- Geschäftsbericht **M** 87, 272, 771, 813, 892
- (Konzern-)Erklärung zur Unternehmensführung **M** 1092, 1135
- nichtfinanzieller (Konzern-)Bericht **M** 1173
- Rechnungslegungsunterlagen **M** 205, 955, 1221, 1223
- sonstige Informationen **M** 272, 514
- Zeitpunkt der – im Bundesanzeiger **M** 864
- zusätzliche Informationen **M** 272
- *s. auch Offenlegung*

Verpachtung
- Erlöse beim Gesamtkostenverfahren **F** 792

Verpackungskosten
- Ausweis **F** 796, 799, 912
- bei Bewertung des Umlaufvermögens **F** 188
- bei Ermittlung
- – Anschaffungskosten **F** 107
- – Umsatzerlöse **F** 796, 799, 912
- Umsatzkostenverfahren **F** 912

Verpfändung
- bewegliche Sachen und Rechte
- – Haftungsvermerk **F** 999

Verpflegungsgeld
- an Arbeitnehmer **F** 817

Verpflichtungen
- im Anhang
- – gesellschaftsrechtliche **F** 1044
- – wirtschaftliche **F** 1045

Verrechnung
- Aktivposten mit Passivposten **F** 65 ff., 86, 410
- Auswirkung von Methodenänderungen **F** 980
- in der Bilanz **F** 65 ff..
- – des Einzelkaufmanns nach PublG **F** 1546
- bei Ermittlung drohender Verluste **F** 630
- Erträge und Aufwendungen **F** 65, 758
- Forderungen und Verbindlichkeiten **F** 67
- Gesamtschulden **F** 69
- Grundstücksrechte und -lasten **F** 65
- Guthaben und Verbindlichkeiten bei Kreditinstituten **F** 431
- *in der GuV* **F** 65 ff., 758, 762, 816, 847, 857, 898
- Kursverluste und gewinnen **F** 162, 234 ff.
- Steuererstattungen und -nachzahlungen **F** 864
- Verbot **F** 65 ff., 410, 758
- – Bewertung **F** 86
- – Einschränkungen **F** 66
- Zinserträge und -aufwendungen **F** 851, 857

Verrechnungsgebot F 65 ff.
- Aufwendungen und Erträge **F** 605
- Deckungsvermögen **F** 606, 762

Versagung
- Bestellung zum WP **A** 414 f.
- Prüfungsurteil **M** 64, 964, 1023, 1057
- – Erklärung der Nichtabgabe **M** 62, 95, 964, 1023, 1051, 1057, 1073
- Reviewbescheinigung **P** 153 ff.
- *s. auch Bestätigungsvermerk, Disclaimer of Opinion, Nichterteilungsvermerk, Versagungsvermerk*

Versagungsvermerk M 62, 375, 966, 1057, 1069 ff., 1140
- Abgrenzung zur Einschränkung **M** 62, 1025, 1041 ff., 1072 ff.
- Abgrenzung zu Hinweisen **M** 850 f.
- Begründung **M** 1044 ff., 1075 ff.
- Formulierungsbeispiele **M** 1081 ff.
- Gründe **M** 62, 1071 ff., 1095 ff.
- – Einwendungen mit umfassenden Auswirkungen **M** 1071, 1092
- – Prüfungshemmnisse mit umfassenden Auswirkungen **M** 1071, 1094
- Konzernabschluss **G** 121, 141
- zugrundeliegende Prüfungsurteile zum Abschluss
- – Erklärung der Nichtabgabe eines Prüfungsurteils **M** 64, 1073
- – versagtes Prüfungsurteil **M** 643, 1072
- *s. auch Bestätigungsvermerk, Prüfungsurteil*

Versandhandel
- Forderungsbewertung **F** 418
- Gewinnrealisierung **F** 92, 418

Versandkosten
- Ausweis **F** 796, 809
- bei Ermittlung der Umsatzerlöse **F** 796

Verschmelzung M 230
- Agio **F** 478
- Anschaffungskosten **F** 123
- Bewertungsstetigkeit **F** 100
- Buchwertfortführung **F** 100, 1013
- *s. auch Umwandlung*

Verschwiegenheitspflicht
- Abschlussprüfer **M** 17, 39, 40, 192, 1158, 1171, 1217
- Aufsichtsrat **M** 40, 145
- Durchbrechung **M** 192
- Entbindung **A** 578; **M** 17, 193, 897, 1119, 1259
- – Dritter von der berufsrechtlichen **M** 1094
- externe Qualitätskontrolle **A** 192
- Gesellschafter **M** 39
- gesetzliche Vertreter **M** 40
- Prüfungsausschuss **M** 40
- Qualitätskontrolle **E** 76 ff.
- Wirtschaftsprüfer **A** 170 ff.
- – Ausnahmen **A** 188 ff.
- – bei Beratung **A** 181
- – bei berechtigtem eigenen Interesse **A** 202 f.
- – bei Due Diligence-Aufträgen **A** 200
- – Beschlagnahme **A** 186 f.
- – Durchbrechung **A** 189 ff.
- – Entbindung von der **A** 197 f.
- – ggü. Aufsichtsbehörde **A** 180
- – ggü. Finanzverwaltung **A** 180, 203
- – Geldwäschegesetz **A** 193 f.
- – bei Honorarabtretung **A** 202 ff.
- – Inhalt **A** 178 ff.
- – bei Insolvenz des Mandanten **A** 197
- – Mitarbeiter **A** 171
- – Personenkreis **A** 171 ff.
- – bei Pfändung **A** 207
- – bei Praxisveräußerung **A** 208
- – bei Presseveröffentlichungen **A** 204
- – in Sozietät **A** 175
- – Strafe bei Verstoß **A** 170
- – Umfang **A** 178 ff.
- – Verdachtsanzeige **A** 193
- – bei widerstreitenden Interessen von Mandanten **A** 182
- – Zeugnisverweigerungsrecht **A** 185 f.
- Wirtschaftsprüfungsgesellschaft **A** 471 f.
- *s. auch Vertraulichkeit*

Versicherungsbeiträge
- bei Ermittlung
- – Anschaffungskosten **F** 107
- – Herstellungskosten **F** 139
- – Umsatzerlöse **F** 799
- in der GuV **F** 814, 831, 913
- – für Mitarbeiter **F** 819, 821 f.
- – für Organmitglieder **F** 949, 1068, 1074
- vorausgezahlte **F** 439

Versicherungsentschädigungen
- Bilanzierung **F** 807

Versicherungslücke
- Berufshaftpflichtversicherung **A** 536

Versicherungsmathematik
- bei Pensionsverpflichtungen **F** 589 f.

Versicherungsschutz
- Prüfungsbericht **M** 525
- Wirtschaftsprüfer **A** 536 ff.

Versicherungsteuer
- in der GuV **F** 868

Versicherungsunternehmen M 17, 34, 151, 931
- Aufstellungsfrist für Konzernabschluss **G** 230
- Konsolidierungskreis **G** 174
- Konzernrechnungslegungspflicht **G** 7, 148, 167

Versicherungsverträge
- Aufwendungen **F** 63

Versorgungsbetriebe
- Zuschüsse **F** 686

Versorgungswerk
- für Wirtschaftsprüfer und vereidigte Buchprüfer **A** 638

Versorgungszusage
- mittelbare **F** 583
- Pensionsverpflichtungen
- – Zusatzversorgung **F** 580
- wertpapiergebundene **F** 591
- an Wirtschaftsprüfer **A** 103

Verspätungszuschläge
- in der GuV **F** 857

Verständlichkeit
- Bestätigungsvermerk **M** 738, 963, 972, 1045, 1076, 1183, 1252, 1285
- – ergänzende Hinweise **M** 855, 1153
- Grundsatz **F** 930, 1359
- Prüfungsbericht **M** 142, 146, 158 ff., 304, 523
- *s. auch Erwartungslücke*

Verstöße
- Arten **L** 477
- – Manipulationen der Rechnungslegung **L** 483 ff.
- – Vermögensschädigungen **L** 483 ff.
- Aufdeckung **L** 2, 294, 484 ff., 505 ff.
- Begriffsabgrenzung **M** 238, 246
- – bewusste Fehler **M** 246

2599

- Berichterstattung im Prüfungsbericht
  L 535 ff.
- *Bestätigungsvermerk s. dort*
- Einzelfallprüfungen zur Aufdeckung L 416, 855 ff.
- Fraud Triangle L 490
- Konzernprüfungsbericht M 566 ff.
- Korruption L 487 ff.
- Management Override L 526 f.
- Manipulationen der Rechnungslegung L 483 ff.
- Merkmale L 500
- Mitteilungspflichten L 528 ff.
- Prüfungsbericht M 23, 91, 188, 238 ff.
- Reaktionen des Abschlussprüfers L 522
- Risiken
- – Abschlussebene L 522
- – Aussageebene L 522
- – bei der Umsatzrealisierung L 520 f.
- Unterrichtungspflichten des Abschlussprüfers M 14 ff., 109, 133, 244, 571
- Verantwortung
- – Abschlussprüfer L 499
- – Aufsichtsorgan L 498
- – gesetzliche Vertreter L 496 f.
- Vorgehensweise des Abschlussprüfers L 503 ff.
- – Befragungen des Aufsichtsorgans L 513 f.
- – Befragungen der gesetzlichen Vertreter und anderer Führungskräfte L 508 f.
- – Befragungen weiterer Personen L 510
- – Einschätzung von Risikofaktoren L 515
- – Erörterungen im Prüfungsteam L 503 ff.
- – zur Erkennung und Beurteilung von Risiken L 506 ff.
- *s. auch Gesetzesverstöße, Unregelmäßigkeiten, Unrichtigkeiten*

Versuchskosten
- bei Ermittlung der Herstellungskosten F 132

Verteidiger
- Wirtschaftsprüfer im berufsgerichtlichen Verfahren A 599

Verteileranlagen
- Ausweis F 348

Verträge
- bedeutsame im Lagebericht F 1371
- Erweiterungen des Prüfungsauftrags/-gegenstands M 141, 151, 743, 1009
- geprüfte Unterlagen M 212, 334, 383
- *Gesellschaftsvertrag s. Satzung*

- Prüfungsauftrag M 12, 60, 698, 699, 733
- – Allgemeine/Besondere Auftragsbedingungen M 184, 732
- Prüfungsbericht M 228, 427, 517, 523
- Unternehmensverträge M 110, 517, 1034
- Vertragsrecht M 732

Vertragskonzern
- Anwendung der Vorschriften C 38 ff.
- – bei Gebietskörperschaften C 54
- Begriff C 160, 198 ff.

Vertraulichkeit M 145
- Daten M 33
- Informationen M 33, 145
- Prüfungsbericht M 9, 37, 39, 42
- *s. auch Verschwiegenheitspflicht*

Vertreterprovision
- bei Ermittlung der Umsatzerlöse F 799

Vertriebseinzelkosten
- Umsatzkostenverfahren F 912

Vertriebsgemeinkosten
- beim Umsatzkostenverfahren F 913

Vertriebsgemeinschaft
- Ansprüche aus F 362

Vertriebskosten F 144, 1185
- bei Ermittlung
- – Herstellungskosten F 144
- – Umsatzerlöse F 799
- in der GuV F 791, 831, 911 ff.
- – Umsatzkostenverfahren F 911 ff.

Verursachung
- wirtschaftliche
- – Bildung einer Rückstellung F 568

Verwaltungskosten
- Aktivierung F 124, 132
- *allgemeine s. dort*
- bei Ermittlung der Herstellungskosten F 132, 142
- beim Umsatzkostenverfahren F 902, 914 ff.

Verwaltungsrat
- IDW A 621
- *s. auch Aufsichtsrat*

Verweisungen
- auf Ausführungen in Vorjahren
- – im Anhang F 931
- – im Lagebericht F 1361

Verwertung
- Arbeitsergebnisse von Sachverständigen
- – Konzernprüfungsbericht M 585, 592

– – Prüfungsbericht **M** 305, 317
– Arbeitsergebnisse von Teilbereichsprüfern
– – Fehlerfeststellungen **M** 1039
– – Konzernprüfungsbericht **M** 582 ff., 592
– – Prüfungsbericht **M** 305, 317
– – Prüfungshemmnisse **M** 1094, 1137
– außerhalb der Abschlussprüfung bekannt gewordene Informationen **M** 17, 192, 273
– – Verwertung nach Art. 12 Abs. 1 Unterabs. 2 VO (EU) Nr. 537/2014 **M** 17, 193
– Prüfungsergebnisse Dritter
– – Prüfung **L** 453 ff.

Verzicht
– Anerkennung als WPG **A** 464 f.
– Bestellung als Wirtschaftsprüfer **A** 413 ff.
– – Wiederbestellung **A** 425 f.

Verzugszinsen
– in der GuV **F** 849, 857

Vinkulierung
– Anteile an WPG **A** 454

Vollamortisationsverträge F 1327 ff.

Vollkonsolidierung G 235 ff.
– als Befreiungsvoraussetzung
– – nach § 264 Abs. 3 HGB **F** 264
– – nach § 264b HGB **F** 1450
– Gemeinschaftsunternehmen **G** 599
– Übergang zur **G** 666

Vollkosten
– Bestandsbewertung **F** 125, 188
– Rückstellungen für drohende Verluste **F** 630
– Umsatzkostenverfahren **F** 905

Vollständigkeit
– Grundsatz **F** 3, 32 ff., 929, 1359
– *Prüfungsbericht s. dort*
– *s. auch Vorwegexemplar*

Vollständigkeitserklärung L 1252 ff.
– Konzernprüfungsbericht **M** 596, 699
– Prüfungsbericht **M** 327, 699
– zeitnahe Einholung **M** 940
– Zusammenhänge mit dem Bestätigungsvermerk **M** 327, 597, 1117

Vorabexemplar *s. Vorwegexemplar*

Vorangestellte Berichterstattung
– Adressat **M** 46
– Gemeinschaftsprüfung (Joint Audit) **M** 687
– Prüfung nach PublG **M** 649
– Prüfungsbericht **M** 22, 46, 91, 186 ff., 268 ff., 559 ff.

– – bei Nichtvorliegen eines Lageberichts **M** 214, 221
– – entwicklungsbeeinträchtigende oder bestandsgefährdende Tatsachen **M** 222 ff., 564
– – Stellungnahme zur Lagebeurteilung der gesetzlichen Vertreter **M** 197 ff., 560 ff.
– – Unregelmäßigkeiten **M** 91, 238 ff., 566 ff.
– – Wiedergabe des Bestätigungsvermerks **M** 172, 500, 636
– Umfang und Grenzen **M** 268 ff., 442
– Zusammenhänge mit der sonstigen Berichterstattung **M** 291, 310, 318, 343, 355, 368, 374, 402, 442, 459, 510
– Zusammenhänge mit dem Bestätigungsvermerk **M** 355, 374, 402, 618, 973
– – gesonderter Hinweis nach § 322 Abs. 2 S. 3 HGB **M** 832 ff., 973
– *s. auch Fortführung der Unternehmenstätigkeit, Gesetzesverstöße, Unrichtigkeiten, Verstöße*

Vorbehaltsaufgabe
– prüferische Durchsicht **P** 37
– Wirtschaftsprüfer **A** 7 ff.

Vorfakturierung
– Prüfung **L** 920, 956

Vorfrachten
– Ausweis **F** 831

Vorgänge von besonderer Bedeutung
– bei Verzicht auf Zwischenabschluss **G** 218 ff.

Vorjahresabschluss
– Bestätigungsvermerk
– – fehlende Feststellung **M** 1193, 1233
– – Mängel **M** 1038, 1099
– – modifiziertes Prüfungsurteil **M** 1038, 1191
– – Nichtigkeit **M** 1194
– – Prüfungshemmnisse in Bezug auf Eröffnungsbilanzwerte **M** 682, 1099
– – ungeprüfter **M** 1193
– Eröffnungsbilanzwerte **M** 346, 680
– Erstprüfung **M** 323, 679 ff.
– Nichtigkeit **M** 267, 1194
– Prüfungsbericht **M** 266, 301, 323, 346, 518, 829
– – Vorjahresvergleichszahlen **M** 414, 417, 430
– *s. auch Aufschiebende Bedingung*

Vorjahresgewinn
– in der Bilanz des Einzelkaufmanns **F** 1545

Vorjahreszahlen
- im Anhang **F** 949, 986
- – nach PublG **F** 1543
- Anpassung **F** 288 ff.
- Erläuterungspflicht
- – Spaltung/Verschmelzung **F** 289, 986
- im Jahresabschluss **F** 247, 288 ff., 933, 949, 986
- – nach PublG **F** 1543
- im Lagebericht **F** 1363
- zusätzliche Jahresabschlussbestandteile **J** 37

Vorlage von Unterlagen A 577

Vorlagepflichten
- Bestätigungsvermerk **M** 26, 97, 951
- gesetzliche Vertreter ggü. dem Abschlussprüfer **M** 593, 699, 1051, 1094
- Konzernprüfungsbericht **M** 540, 638
- Mandatsvorgänger ggü. Mandatsnachfolger **M** 134, 720 ff.
- – i.Z.m. der Methodenübersicht **M** 683, 730
- Prüfungsbericht **M** 25 ff., 34, 40, 97, 527 ff., 951
- – bei freiwilligen Abschlussprüfungen **M** 698
- – bei Gemeinschaftsprüfungen **M** 691
- – bei Kündigung von Prüfungsaufträgen **M** 727
- – bei Prüferwechsel **M** 35, 727
- Qualitätskontrolle **E** 74
- zusätzlicher Bericht an den Prüfungsausschuss **M** 40
- *s. auch Einsichtsrecht*

Vorprüfungen
- Festlegung bei der Prüfungsplanung **L** 323
- Funktionsprüfung **L** 323, 806
- Gegenstand **L** 379 ff.
- gesonderter Teilbericht **L** 382
- Rechtsgrundlage **L** 378
- wesentliche Bestandungen **L** 382

Vorräte K 141 ff.
- Absetzung erhaltener Anzahlungen **F** 65
- Angaben **K** 147
- Ansatz **K** 142
- Bewertung
- – im Anhang **F** 965
- – in der Bilanz **F** 185 ff., 194 ff., 401, 405
- – zu Vollkosten beim Umsatzkostenverfahren **F** 905
- – Folgebewertung **K** 143
- – Bewertungsverfahren **K** 145 f.
- – Nettoveräußerungswert **K** 144

- Gliederung **F** 397 ff.
- – Kapitalgesellschaft **F** 397 ff.
- Inventur **F** 10, 194 ff.
- Prüfung **L** 912 ff.
- Zugangsbewertung **K** 143

Vorratsaktien
- Agio **F** 478
- im Anhang **F** 949, 1266 f.

Vorratsgesellschaft A 84

Vorruhestandsverpflichtungen
- Aufwendungen **F** 684
- Rückstellungen **F** 684, 563
- Vermerk **F** 707

Vorsatz
- Haftung **A** 313

Vorschüsse
- in der Bilanz **F** 420, 429
- *Gehaltsvorschüsse s. dort*
- an Organmitglieder **F** 949, 1091 ff.

Vorsichtsprinzip
- Ausfluss **F** 93
- Bewertung **F** 88 ff.
- bei Ermittlung von Rückstellungen **F** 571
- und Generalnorm **F** 26

Vorstand
- abhängige Aktiengesellschaft
- – Pflicht zur Aufstellung des Abhängigkeitsberichts **F** 1424
- Abhängigkeitsbericht **M** 153, 477 ff.
- – Schlusserklärung zum **M** 363, 482
- *Entsprechenserklärung s. dort*
- Empfänger des Prüfungsberichts **M** 25
- Geschäftsordnung **M** 99
- IDW **A** 622
- Risikofrüherkennungssystem **M** 259, 282, 292, 313, 449 ff.
- Schlussbesprechung **M** 29
- Stellungnahme zum Prüfungsbericht **M** 25, 28
- Verantwortlichkeit bei Unternehmensvertrag **C** 207 ff., 215, 220, 224, 228 f.
- WPK **A** 635
- *s. auch Gesetzliche Vertreter*

Vorstandsbeschlüsse
- keine Nichtigkeits- oder Anfechtungsklage **B** 278

Vorstandsbezüge
- im Anhang **F** 930, 938, 949, 1067 ff.

– – frühere Mitglieder **F** 949, 1085 ff.
– – Prüfung **L** 1069
– s. auch Organbezüge

Vorstandsmitglieder
– Abfindungen **F** 818, 949, 1086
– Gehalt **F** 815, 930, 938, 949, 1067 ff.
– Sozialabgaben **F** 1074
– s. auch Organmitglieder

Vorstandsvergütung
– Befreiungsbeschluss der Hauptversammlung **J** 13, 56
– börsennotierte AG **J** 13
– individualisierte Angaben im Jahresabschluss **J** 13 ff.
– – Änderung der Zusage **J** 22
– – Aufhebungsvereinbarungen **J** 24
– – von Dritten zugesagte Leistungen **J** 25
– – Leistungen bei Beendigung der Tätigkeit **J** 15 ff.
– – reguläre Beendigung der Tätigkeit **J** 17, 19 ff.
– – Vergütungsbestandteile **J** 14
– – vorzeitige Beendigung der Tätigkeit **J** 18
– – während des Geschäftsjahrs ausscheidende Mitglieder **J** 23
– – weitergehende Angaben zu bestimmten Bezügen **J** 26
– individualisierte Angaben im Konzernabschluss **J** 53 ff.
– Vergütungsbericht im (Konzern-)Lagebericht **J** 13, 53, 91 ff.

Vorsteuer
– bei Ermittlung der Anschaffungskosten **F** 110
– in der GuV **F** 812, 871 f.
– nicht abziehbare **F** 110, 322, 812, 871 f.

Vortragstätigkeit
– Wirtschaftsprüfer **A** 73

Vorvertragliche Rücklagen F 518
– bei Dividendengarantie **C** 253 ff.
– bei Verlustübernahme **C** 260

Vorvertraglicher Gewinnvortrag
– bei Gewinnabführung **C** 259
– bei Verlustausgleich **C** 260 ff.

Vorvertraglicher Verlustvortrag
– bei Verlustausgleich **C** 260 ff.

Vorwegberichterstattung s. Vorangestellte Berichterstattung

Vorwegexemplar
– Prüfungsbericht **M** 29, 530

Vorwegverrechnung
– Verluste mit Rücklagenkonto
– – Personenhandelsgesellschaft i.S.d. § 264a HGB **F** 1481

Vorzugsanteile
– Zuzahlungen **F** 481

Vorzugsrecht
– Zuzahlung **F** 480

W

Währungen
– Wertänderungen im Lagebericht **F** 1404 f.

Währungsforderungen
– im Anhang **F** 949, 967, 917
– Bilanzierung **F** 416, 419, 967, 971

Währungsgewinne
– in der GuV **F** 807
– Zeitpunkt der Vereinnahmung **F** 89

Währungsswaps F 1321

Währungsumrechnung F 162, 228 ff., 419, 434, 834, 949, 971, 1213
– Anhang **F** 834, 949, 971 f.
– Bestätigungsvermerk **M** 983, 1135
– Bilanzierung **F** 228 ff.
– Eigenkapitaldifferenz **G** 323, 431 f., 464
– Folgebewertung
– – Devisenkassamittelkurs **F** 237
– geschlossene Positionen bei **F** 419
– GuV **F** 242
– hochinflationäre Währungen **G** 344
– im Konzernabschluss **G** 316 ff.
– im Konzernanhang **G** 710 ff.
– Konzernprüfungsbericht **M** 615, 1135
– – Abschlüsse aus Hochinflationsländern **M** 983
– Kurs **G** 320, 321
– monetäre Posten **F** 232, 237 ff.
– nichtmonetäre Posten **F** 232, 234 ff.
– Prüfungsbericht
– – Abschlüsse aus Hochinflationsländern **M** 370
– – Wechselkursentwicklung **M** 201, 383
– Zusammenhänge mit der Generalnorm **M** 370, 983

Währungsverbindlichkeiten
– Bilanzierung **F** 162, 228 ff., 971

2603

Währungsverluste
– in der GuV F 831

Wahlrechte
– Ausübung M 200, 331, 372, 405, 611
– – Empfehlungen des DRSC M 611
– – Bestätigungsvermerk M 983, 985, 1135
– – zusammengefasster M 675
– Bilanzierungs- und Bewertungswahlrechte M 47, 91, 103, 111, 331, 382, 422, 660, 709
– – Änderungen in der Ausübung von M 377, 390
– – Missbrauch M 1100
– – Zusammenhänge mit der Generalnorm M 372, 664, 983 ff.
– Konsolidierungswahlrechte M 550
– Konzernprüfungsbericht M 550, 621 ff.
– Mitgliedstaatenwahlrecht M 40
– Prüfungsbericht M 200, 331, 382 ff., 660, 709
– – zusammengefasster M 1183
– s. auch Sachverhaltsgestaltende Maßnahmen

Wahrheit
– Grundsatz F 929, 1359

Waisenrente
– Anwartschaft F 578

Walkthrough L 58, 321, 328, 756, 772

Wandelschuldverschreibungen F 693, 949, 1124 ff.
– im Anhang der AG F 949, 1274
– Zuzahlungen F 480

Wandlungsrecht
– Ermittlung des verdeckten Aufgelds F 480

Waren
– Anschaffungskosten F 124
– Aufwendungen für bezogene
– – im Anhang F 949, 1063
– – in der GuV F 809 ff.
– Begriff F 398
– Bewertung F 401
– Bilanzierung F 398, 401
– Teilwert F 401
– unterwegs befindliche F 398

Warenforderungen
– eingefrorene F 392
– Umwandlung F 392

Warenproben
– Kosten beim Umsatzkostenverfahren F 913

Warenzeichen
– Bilanzierung F 51

Wartungskosten
– in der GuV F 831

Wasserbauten
– Ausweis F 328

Wechsel
– *Abschlussprüfer s. Prüferwechsel*
– in der Bilanz F 428
– – Kapitalgesellschaft F 426
– weitergegebene an verbundene Unternehmen F 701

Wechsel zum Prüfungsmandanten A 169

Wechselbürgschaften F 75, 992

Wechseldiskont
– Bilanzierung F 428, 702

Wechselforderungen
– in der Bilanz der Kapitalgesellschaft F 426
– in der Steuerbilanz F 428

Wechselkursschwankungen
– Eigenkapitalveränderungen G 327, 340

Wechselkursschwankungen
– im Anhang F 972

Wechselobligo
– Ausweis F 75, 700, 992 f.
– Rückstellung F 659, 831

Wechselseitige Beteiligung
– Abbau C 302, 315
– Abhängigkeitsvermutung bei C 314, 317
– im Anhang C 319; F 949, 1275
– mit ausländischen Unternehmen C 304
– Begriff C 299 ff.
– Beschränkung der Rechte C 319
– Ermittlung C 306 ff.
– eigene Aktien C 302
– Einlagenrückgewähr C 299
– Mehrheitsbeteiligung C 307 ff.
– Mitteilungspflicht C 319
– Rechtsfolgen C 319 ff.
– Rechtsform C 304
– Sitz C 304
– Voraussetzungen C 306 ff.

Wechselspesen
– Bilanzierung F 428

Wechselverbindlichkeiten F 75, 698 ff., 992
– Prüfung L 1027

Weihnachtsgratifikation
– in der GuV F 815
– Rückstellung F 678

Wein
– Anschaffungskosten **F** 124

Weisungsbefugnis
– ggü. Wirtschaftsprüfer
– – Verbot **A** 221

Weltabschlussprinzip G 172 ff.

Werbeabteilung
– Aufwendungen beim Umsatzkostenverfahren **F** 911

Werbeaufwand
– Abgrenzung **F** 439

Werbung
– Wirtschaftsprüfer **A** 250 ff.
– – belästigende **A** 253
– – Drittwerbung **A** 270
– – irreführende **A** 253
– – Methoden **A** 254
– – Tätigkeit im Ausland **A** 272
– – unlautere **A** 253
– – vergleichende **A** 267

Werkstätten
– Bilanzierung der Einrichtung **F** 349

Werkstoffe
– Begriff **F** 133
– Ermittlung des Verbrauchs **F** 133

Werkswohnungen
– Zuschüsse **F** 826

Werkvertrag
– Wirtschaftsprüfer **A** 273
– – Kündigung **A** 284 ff.
– – Verjährung von Schadensersatzansprüchen aus **A** 303

Werkzeuge
– Ausweis **F** 196, 348 f.
– bei Ermittlung der Herstellungskosten **F** 135

Wertansatz
– in der Probebilanz nach PublG **F** 1523
– Wahlrechte **F** 93, 949, 952, 956

Wertaufhellende Tatsachen
– Abgrenzung zu wertbeeinflussenden **F** 94
– bei der Bewertung **F** 94

Wertaufholung F 191 f.; **K** 139
– Einstellung in Gewinnrücklagen **F** 508, 514, 519
– Erträge **F** 807
– Geschäfts- oder Firmenwert **G** 409, 655
– konsolidierungspflichtige Anteile **G** 434
– Zwischengewinneliminierung **G** 508

Wertaufholungsgebot F 190 ff.
– im Anhang **F** 978
– und andere Gewinnrücklagen **F** 510, 514, 519

Wertaufholungsverbot
– Zwischenabschlüsse **P** 95

Wertberichtigungen
– bei Ermittlung der Bilanzsumme nach PublG **F** 1523
– im Sonderposten mit Rücklageanteil **F** 1260

Wertminderung K 128 ff., 137 ff.
– Angaben **K** 140
– Anlagevermögen
– – dauernde **F** 167, 180, 183
– – vorübergehende **F** 167, 180 f., 381
– Aufwand **K** 137
– Ausgleich durch Kapitalherabsetzung im Anhang **F** 949, 1281
– Ermittlung bei Bezugsrechten **F** 377
– erzielbarer Betrag **K** 128, 132 K.
– – beizulegender Zeitwert abzgl. Veräußerungskosten **K** 133
– – Nutzungswert **K** 134
– Geschäfts- oder Firmenwert **K** 129, 131, 138 f.
– Vorräte **K** 144
– Werthaltigkeitsprüfung **K** 128 ff.
– – Anlässe **K** 130
– zahlungsmittelgenerierende Einheiten **K** 131, 135, 137 ff.

Wertpapiere
– Abschreibung **F** 182, 427
– im Anhang **F** 949, 1125 ff.
– Anlagevermögen **F** 387, 427 f.
– – Abschreibung **F** 427
– Ausweis **F** 354 ff., 361, 387, 424
– Begriff i.S.d. WpHG **J** 6
– Bewertung **F** 388 f., 427
– Bilanzierung **F** 427
– – Zeitpunkt **F** 47
– festverzinsliche **F** 427 f.
– Prüfung **L** 911 ff., 969
– schwer veräußerbare **F** 429
– in der Steuerbilanz **F** 427
– Umlaufvermögen **F** 427
– – Abschreibung **F** 427, 855 f.
– – sonstige **F** 425 f.

Wertpapiererträge
- Kapitalgesellschaft **F** 848
- Prüfung **L** 975

Wertpapierhandelsgesetz M 254

Wertschwankungen
- Abschreibungen **F** 186, 801, 829
- künftige bei der Bewertung **F** 158, 186, 427

Wertsicherungsklauseln
- Anschaffungskosten **F** 115
- beim Ansatz von Verbindlichkeiten **F** 165

Wertsteigerung
- durch Lagerung **F** 124

Wertverzehr s. Abschreibungen

Wesentliche Fehlaussage L 275, 329, 347, 826

Wesentliche Risiken s. Risiken

Wesentlichkeit K 19, 38
- i.R.d.Abschlussprüfung (Konzept) **L** 39 ff., 292 ff., 392, 966, 1065
- Beanstandungen **M** 63
- Bestätigungsvermerk **M** 971, 975
- – bestandsgefährdende Risiken **M** 767, 832 ff., 1006
- – Bildung von Prüfungsurteilen **M** 64, 221, 375, 618, 747, 971, 1024 ff.
- – Einwendungen **M** 63, 747, 1014, 1031
- – Prüfungshemmnisse **M** 63, 747, 1014, 1037
- – sonstige Informationen **M** 896
- – Verantwortung des Abschlussprüfers **M** 906 ff.
- Buchführungsmängel
- – Prüfungsbericht **M** 338 ff.
- – Prüfungsurteil **M** 1092 ff.
- Grundsatz **F** 929, 958, 978, 1048
- – im Lagebericht **F** 1360
- Kommunikation mit dem Aufsichtsgremium **M** 49, 101
- Nachtragsprüfung **N** 28
- bei der prüferischen Durchsicht **P** 69, 72 ff.
- Prüfungsbericht **M** 46, 305 ff., 329 ff.
- – Berichterstattungsmaßstab **M** 137 ff., 198 ff., 247, 543
- – bestandsgefährdende Risiken **M** 16, 188, 207, 217, 222 ff., 564 ff., 612, 704
- – sachverhaltsgestaltende Maßnahmen **M** 398 ff., 624
- – vorangestellte Berichterstattung **M** 268 ff., 559 ff.
- – wesentliche Bewertungsgrundlagen **M** 22, 173, 377, 381 ff., 621 ff., 660

– – *Wesentlichkeitsgrenze s. dort*
- Qualitätskontrolle **E** 215
- Überbewertung
- – Nichtigkeit des Jahresabschlusses **B** 346
- – Unregelmäßigkeiten **M** 211, 238 ff., 566 ff.
- – Unterrichtung von Behörden **M** 15, 16, 133, 196
- wesentliche Gesellschafter
- – Privatvermögen **M** 1171
- – Unterrichtung von Behörden **M** 17, 133
- wesentliche Konzernunternehmen **M** 118, 450, 567, 571, 596
- – *s. auch Key Audit Matters, Toleranzwesentlichkeit, Wesentlichkeitsgrenzen*

Wesentlichkeitsgrenze
- Anpassung **L** 95, 1223 ff.
- Bezugsgrößen **L** 395 ff.
- Festlegung **L** 292 ff., 393 ff.
- – Berücksichtigung qualitativer Faktoren **M** 307
- – Lageberichtprüfung **L** 1138 ff., 1207
- – quantitative **M** 307, 588, 606
- – Teilbereichswesentlichkeiten **M** 588
- Kommunikation mit dem Aufsichtsgremium **M** 107
- Konzernabschlussprüfung **L** 1292 ff.
- Konzernprüfungsbericht **M** 588, 606
- Neueinschätzung **L** 95, 1223 ff.
- Prüfungsbericht **M** 4, 14, 23, 307
- quantitative **M** 307, 588
- – *s. auch Toleranzwesentlichkeit*

Wettbewerbsverbot
- Rückstellungen **F** 685
- Wirtschaftsprüfer **A** 236 ff.

Widerruf
- Bestätigungsvermerk **M** 1138, 1173, 1203, 1251; **N** 58 ff.
- Prüfungsauftrag **M** 35, 728
- Voraussetzungen **N** 58 ff.
- Vornahme **N** 72 ff.

Wiederbeschaffungskosten
- bei der Bewertung **F** 467
- – Umlaufvermögen **F** 188, 401

Wiederbestellung
- Wirtschaftsprüfer **A** 425 f.

Wiederherstellungsverpflichtungen
- Rückstellungen **F** 346, 657 f.

Wiederholungsprüfung
- Anteile an verbundenen Unternehmen bei der L 900
- Geschäfts- bzw. Firmenwert bei der L 873

Wiegegelder
- bei Ermittlung der Anschaffungskosten F 107

Wirksamkeitsprüfung
- Qualitätskontrolle E 221 ff.

Wirtschaftliche Abhängigkeit
- des Wirtschaftsprüfers A 100 f.

Wirtschaftliche Lage
- Bestätigungsvermerk M 92, 753
- Lagebericht M 204, 371, 998
- Prüfungsbericht M 46, 143, 201 ff., 371, 395, 410 ff., 551
- – wirtschaftliche Grundlagen M 176, 520 ff., 642
- *s. auch Bestandsgefährdende Tatsachen, Entwicklungsbeeinträchtigende Tatsachen, Vorangestellte Berichterstattung*

Wirtschaftliche Verursachung
- Rückstellung F 568

Wirtschaftliche Zugehörigkeit F 35 f., 411, 560

Wirtschaftlicher Eigentümer F 36
- bei Leasingverträgen F 1325 f.

Wirtschaftlichkeit
- Prüfungsgrundsatz L 3, 76, 306, 570, 1179

Wirtschaftsbetriebe der öffentlichen Hand C 53 f., 329
- als Mutterunternehmen C 329

Wirtschaftsprüfer A 1 ff.
- Abgeordnetentätigkeit A 88
- Abschlussprüfung als Vorbehaltsaufgabe M 60, 502
- Angestelltentätigkeit A 75 f.
- Auftragsbedingungen M 184
- Berufsaufsicht A 563 ff.
- Berufsausübung A 486 ff.
- – im Anstellungsverhältnis A 515 ff.
- – – als leitender Angestellter A 223
- – – kein Syndikus A 515
- – Bürogemeinschaften A 512
- – Dienstleistungsfreiheit A 486
- – Einzelpraxis A 498
- – freie Mitarbeit A 520 f.
- – gemeinschaftliche A 499 ff.
- – Kooperation A 513 f.

- – Niederlassungsfreiheit A 486
- – Partnerschaftsgesellschaft A 507 ff.
- – Sozietät A 499 ff.
- Berufsbezeichnung A 530 ff.; M 502, 779, 948
- Berufsbild A 8 ff.
- Berufshaftpflichtversicherung A 518 ff.
- Berufsorganisationen
- – IDW A 606 ff.
- – WPK A 634 ff.
- Berufspflichten A 89 ff.
- – berufswürdiges Verhalten A 228 ff.
- – Eigenverantwortlichkeit A 220 ff.
- – Fortbildung A 218
- – Gewissenhaftigkeit A 209 ff.
- – Unabhängigkeit A 95 ff.
- – Unbefangenheit A 97 ff.
- – Unparteilichkeit A 167 f.
- – Verschwiegenheit A 170 ff.
- Berufssatzung A 89, 636
- Berufssiegel A 522 ff.
- Berufssitz A 486 ff.
- Beurlaubung A 561 f.
- *Examen s. Wirtschaftsprüferexamen*
- Fortbildung A 218
- Führung anderer Berufsbezeichnungen A 531
- Funktion A 1
- Gemeinschaftsprüfung (Joint Audit) M 684 ff., 1195
- gesetzliche Vertreter einer Berufsgesellschaft A 69
- Haftung A 307 ff.
- – Beschränkung A 360 ff.
- – Dritten gegenüber A 334 ff.
- – bei gemeinsamer Berufsausübung A 281
- – Konzentration A 363
- – Mitverschulden A 367
- – Verjährung A 368 ff.
- Handakten A 547 ff.
- Interessenvertretung A 118 ff.
- kritische Grundhaltung M 140
- Mitgliedschaft
- – IDW A 616 ff.
- – WPK A 634
- Unterzeichnung
- – Bestätigungsvermerk M 945
- – elektronische M 534, 637, 943
- – Prüfungsbericht M 501 ff., 691, 702
- unvereinbare Tätigkeiten A 80 ff.>
- verantwortlicher
- – Nennung im Bestätigungsvermerk M 778

2607

Stichwortverzeichnis

- – Nennung im Prüfungsbericht **M** 302
- – Teilnahme an der Bilanzsitzung **M** 101
- – Unterzeichnung des Bestätigungsvermerks **M** 503, 637, 691, 945, 1200
- – Unterzeichnung des Prüfungsberichts **M** 502 ff., 637, 691
- Verbot der gewerblichen Tätigkeit **A** 81 f.
- vereinbare Tätigkeiten **A** 68 ff.
- Vergütung **A** 295 ff.
- – Gerichtsstand für Honorarklagen **A** 304 ff.
- – Verjährung von Ansprüchen **A** 303
- Verschwiegenheitspflicht **A** 170 ff., 577 ff.
- – Beisitzer der Berufsgerichte **A** 597
- Wiederbestellung **A** 425 f.
- Zweigniederlassungen **A** 490 ff.
- s. auch Abschlussprüfer, Siegel/Siegelführung

Wirtschaftsprüferexamen A 56 ff.
- Antrag **A** 377
- Berücksichtigung von Studienleistungen **A** 407 ff.
- Eignungsprüfung **A** 404 ff.
- gerichtliche Überprüfung **A** 399
- Nachweise **A** 394
- Prüfungskommission **A** 397
- Prüfungsverfahren **A** 396 ff.
- Steuerberaterqualifikation **A** 390
- Teilzeitbeschäftigung **A** 391
- verbindliche Auskunft **A** 395
- Verkürzung **A** 400 ff.
- Zulassungsverfahren **A** 377
- Zulassungsvoraussetzungen **A** 378 ff.
- Zuständigkeit **A** 377

Wirtschaftsprüferkammer A 634 ff.
- Aufgaben **A** 636 ff. ; **E** 140 ff.
- Aufsicht **A** 637
- Beirat **A** 635 ff.
- Kommission für Qualitätskontrolle **A** 635
- Mitgliedschaft bei Beurlaubung **A** 561
- Organe **A** 635
- Präsident **A** 635
- Satzungsermächtigung **A** 636
- Verschwiegenheit **A** 576, 582
- Versorgungswerk **A** 638
- Vorstand **A** 635
- Wirtschaftsprüfer als Angestellter **A** 75

Wirtschaftsprüfertag A 620

Wirtschaftsprüfungsgesellschaft A 428 ff.
- Allgemeine Geschäftsbedingungen **M** 184
- Anerkennung **A** 429 ff.
- – Anpassungsfrist **A** 480

- – Auflösung **A** 467 f.
- – Firma **A** 456 ff.
- – Erbfall **A** 480
- – Erlöschen **A** 464 ff.
- – Formwechsel **A** 475
- – Gebühren **A** 485
- – Insolvenz **A** 469
- – Musterverträge **A** 429
- – Rücknahme **A** 476
- – Satzungsänderung **A** 481 f.
- – Spaltung **A** 473
- – bei Umwandlung **A** 470 ff.
- – Vermögensübertragung **A** 474
- – bei Vermögensverfall **A** 483
- – bei Verschmelzung **A** 471 f.
- – Verzicht **A** 465
- – Voraussetzungen **A** 429 ff.
- – Widerruf **A** 476
- Beauftragung **A** 280
- Berufssiegel **A** 526, 528
- Berufssitz **A** 489
- besonders befähigte Personen **A** 439, 442
- eigene Anteile **A** 453
- Eigenkapital **A** 455
- Errichtung **A** 429 ff.
- Firma **A** 456 ff., 495, 535
- GbR als Gesellschafter **A** 450
- Gemeinschaftsprüfung **M** 684 ff., 946
- Gesellschaftereigenschaft **A** 447
- gesetzliche Vertretung **A** 436 ff.
- Kapitalbindung **A** 446 ff.
- Mehrheitserfordernisse **A** 448 ff.
- Mindestkapital **A** 455
- Mitgliedschaft
- – IDW **A** 616 ff.
- – WPK **A** 634
- Neugründung **A** 463
- Ort der beruflichen Niederlassung **M** 942
- als Partnerschaftsgesellschaft **A** 433
- Publizitätspflichten **A** 484
- Rechtsform **A** 431 ff.
- Sachgründung **A** 455
- Sozietät mit **A** 504
- Stiftung als Gesellschafter **A** 451 f.
- stille Gesellschaft **A** 435
- Unterzeichnung
- – Bestätigungsvermerk **M** 534, 945 ff.
- – Prüfungsbericht **M** 502, 534
- verantwortliche Führung **A** 428
- verantwortliche Prüfungspartner **M** 185, 302, 558, 586

– Verein als Gesellschafter **A** 451 f.
– Vinkulierung der Anteile **A** 454
– Zweigniederlassungen **A** 490 ff.

Wirtschaftsverband
– Tätigkeit des Wirtschaftsprüfers bei **A** 85

Wohnbauten
– Bilanzierung **F** 323, 331

Wohnungseigentum
– Bewertung bei Wohnungsunternehmen **F** 345

Wohnungsentschädigung
– in der GuV **F** 815

Z

Zahlungsbericht
– Verzicht auf Aufstellung **F** 949, 1257

Zahlungsstromschwankungen
– Risiken aus im Lagebericht **F** 1404 f.

Zahlungsunfähigkeit M 227
– Ausgleichsanspruch **C** 264
– s. auch *Bestandsgefährdende Tatsachen, Entwicklungsbeeinträchtigende Tatsachen, Insolvenz*

Zahlungsverkehr
– Kosten **F** 831

Zahlungsvorgang
– i.S.d. Rechnungsabgrenzung **F** 437

Zeitbezugsmethode
– Währungsumrechnung **G** 319

Zeitplan
– Beschreibung des – der Prüfung
– – Bestätigungsvermerk **M** 909, 1012
– – Prüfungsbericht **M** 304, 587

Zeitraum
– bestimmter i.S. Rechnungsabgrenzungsposten **F** 438
– der Herstellung **F** 130, 136 f., 142

Zeitreihenvergleich
– Prüfungsbericht **M** 416, 433
– s. auch *Mehrjahresübersicht/-vergleich*

Zeitungsanzeigen
– WP/WPG **A** 257

Zeitwert (beizulegender) F 606, 1145 f., 1155, 1162
– Bilanzierung **F** 146 ff.
– bei Gruppierung **F** 1148
– positiv bzw. negativ **F** 1159

– Prüfung **L** 1115 ff.
– Sacheinlagen/Sachzuzahlungen **F** 120 f.
– Tausch **F** 122

Zero Bonds
– Ausweis der Zuschreibungen **F** 849
– Bilanzierung **F** 161, 388, 427, 441

Zeugnisverweigerungsrecht
– ausländische Berufsträger **A** 500
– Wirtschaftsprüfer **A** 185 f., 500, 577

Ziegeleiöfen
– Ausweis **F** 348

Zinsähnliche Aufwendungen
– in der GuV **F** 857 ff.

Zinsanteil
– Pensionsrückstellungen in der GuV **F** 824

Zinsaufwendungen
– Gesamtkostenverfahren **F** 857 ff.
– Umsatzkostenverfahren **F** 907, 913, 921

Zinsbegrenzungsverträge F 1317
– s. auch *Derivate*

Zinsen
– Aufwands- und Ertragskonsolidierung **G** 527, 529
– in der Kapitalflussrechnung **G** 790 f.
– Prüfung **L** 787, 909, 980, 1007, 1019 ff., 1043
– vorausgezahlte **F** 702

Zinsersparnis
– bei Ermittlung der Anschaffungskosten **F** 111
– Kredite an Organmitglieder **F** 949, 1094

Zinserträge
– in der GuV **F** 849 ff.

Zinssatz
– Ausgabe von Schuldverschreibungen und Optionsrechten **F** 480
– Ertragsermittlung **F** 381
– Forderungsbewertung **F** 416
– Kauf und Rentenbasis **F** 115
– Pensionsrückstellungen **F** 587
– Rentenbewertung **F** 163

Zinsscheine
– Bilanzierung **F** 429, 704

Zinsswaps F 1320
– im Anhang **F** 1153
– in der GuV **F** 853, 857

Zinszuschüsse
– der öffentlichen Hand
– – in der GuV **F** 854, 858

2609

Stichwortverzeichnis

Zölle F 868
– Abgrenzung **F** 135, 872
Zollgeld
– bei Ermittlung der Anschaffungskosten **F** 107
Zufallsauswahl L 346, 353 ff.
Zufallskurs
– bei der Bewertung **F** 187
Zugänge
– Anlagen im Bau **F** 353
– Anzahlungen auf Anlagen **F** 353
– Beteiligungen **F** 361, 364
– Bilanzierung **F** 177, 1009, 1011
– konsolidierungspflichtige Anteile **G** 429 ff.
– Prüfung **L** 883 ff.
Zukunft
– nächste **F** 416
Zukunftsaussichten *s. Prognosen*
Zulassung
– *Wirtschaftsprüferexamen s. dort*
Zur Veräußerung gehaltene langfristige Vermögenswerte K 148 ff.
– Angaben **K** 150
– Bewertung **K** 150
– Bilanzausweis **K 148**
– Verbot planmäßiger Abschreibung **K** 150
– Voraussetzungen **K** 149
Zurechnung
– bei Abhängigkeit **C** 81
– bei Ermittlung der Mehrheitsbeteiligung **C** 72, 79 ff.
– – aufgrund von Stimmrechten **C** 97 f.
– – bei mittelbarem Besitz **C** 83
– bei Leasingverträgen **F** 1325 ff.
– verbundene Unternehmen durch **C** 344 ff.
– Vermögensgegenstände **F** 35
– bei wechselseitiger Beteiligung **C** 310 ff., 316
Zurückbehaltungsrecht
– Wirtschaftsprüfer **A** 292 ff.
Zurückgewährte Entgelte
– bei Ermittlung
– – Anschaffungskosten **F** 111
– – Umsatzerlöse **F** 799
Zusätzliche Informationen
– Bestätigungsvermerk **M** 1241 ff.
– Identifizierung und Behandlung von **M** 272, 1245
– Kategorisierung von **M** 1245
– *s. auch Sonstige Informationen*

Zusätzlicher Bericht an den Prüfungsausschuss M 3, 41, 321
– *s. auch Prüfungsbericht*
Zusätzlicher Prüfungsauftrag M 295
– Prüfungsbericht **M** 154, 295
– *s. auch Erweiterung des Prüfungsauftrags*
Zusammenfassung
– *Posten im Jahresabschluss*
  s. Postenzusammenfassungen
Zusammengefasster Anhang M 538, 675, 1181 ff.
– *s. auch Anhang*
Zusammengefasster Bestätigungsvermerk M 68, 1181 ff.
– *s. auch Bestätigungsvermerk*
Zusammengefasster Lagebericht M 677, 1185
– *s. auch Lagebericht*
Zusammengefasster Prüfungsbericht M 154, 538, 672 ff.
– *s. auch Prüfungsbericht*
Zusatzangaben
– zur Erreichung der Generalnorm **F** 824, 981 ff.
Zusatzversorgungseinrichtungen
– Verbindlichkeiten aus Beiträgen **F** 707
Zuschreibungen
– im Anhang **F** 978, 1244
– – außergewöhnliche **F** 926, 964, 1234 ff.
– im Anlagespiegel **F** 1009, 1012, 1017
– Aufwands- und Ertragskonsolidierung **G** 526
– zu Beteiligungen **F** 384, 838
– in der Bilanz
– – zu immateriellen Wirtschaftsgütern **F** 311
– beim Geschäfts- oder Firmenwert **G** 409, 434
– in der GuV **F** 807
– zu konsolidierungspflichtigen Anteilen **G** 434
– Zwischenergebniseliminierung **G** 508
Zuschüsse
– Abgrenzung **F** 439
– im Anhang **F** 1050, 1235
– Bilanzierung, **F** 686, 712
– Erlöse **F** 793 f.
– bei Ermittlung der Anschaffungskosten **F** 112
– Erträge **F** 807
– des Gesellschafters bei der Beteiligungsbewertung **F** 368
– für Sportanlagen **F** 831

– bei Umstrukturierung **F** 367
– verlorene **F** 488
Zuständige Behörde *s. Behörde*
Zustimmungsbeschluss
– für Inanspruchnahme von Befreiungen **F** 266, 275
Zuwendungen der öffentlichen Hand K 95 ff.
– Darlehen **K** 96
– ertragsbezogene **K** 95, 97
– Rückzahlungsverpflichtung **K** 98
– Sachzuwendung **K** 100
– vermögenswertbezogene **K** 95, 99
Zuzahlungen F 474
– Aktionäre **F** 457, 482
– Beteiligungserwerb **F** 367
– Gesellschafter **F** 482 ff., 474 f.
Zwangsversteigerung
– Anschaffungskosten bei Erwerb **F** 333
Zweckgesellschaften G 36 ff., 184, 681
Zweckmäßigkeit M 91, 204
Zweigniederlassungen
– im Konzernlagebericht **G** 846 ff.
– im Lagebericht **M** 365
– Prüfungsbericht **M** 226, 303, 365
– WP/WPG **A** 490 ff.
– – Firma **A** 495, 535
– – Leitung **A** 492 ff.
– – räumliche Einheit mit sonstiger Praxis **A** 496
– – Siegel **A** 528
Zwischenabschluss
– Aufstellung **G** 207 ff., 599
– Bestätigungsvermerk **M** 1132, 1135
– Konzernprüfungsbericht **M** 604
– prüferische Durchsicht **P** 15
– Verzicht auf **G** 208 ff.
– – im Konzernanhang **G** 218

Zwischenbericht K 5
– anzuwendende IFRS-Vorschriften **K** 5
– Aufstellungspflicht nach WpHG **K** 5
Zwischenbescheid M 72, 752
Zwischenergebniseliminierung G 492 ff.; **M** 622, 1135
– im abnutzbaren Anlagevermögen **G** 510
– Ausnahmen **G** 506 ff.
– latente Steuern **G** 582
– Währungsumrechnung **G** 337 ff.
– *s. auch Konsolidierungsmethoden*
Zwischenerzeugnisse
– Erlöse **F** 793
Zwischengewinne
– Rücklage **F** 514
Zwischenposten F 294
– in der GuV **F** 294, 755
Zwischenprüfung
– Berichterstattung im Prüfungsbericht **M** 146, 303, 451
– Festlegung bei der Prüfungsplanung **L** 377
– Rechtsgrundlage **L** 378
– *s. auch Teilbericht*
Zwischensumme
– Ergebnis nach Steuern **F** 867
Zwischenzeitlich behobene Mängel
– im Abschluss **M** 355
– in der Buchführung **M** 340
– in der Eröffnungsbilanz **M** 1191
– im Lagebericht **M** 367
– im Konzernprüfungsbericht **M** 1138
– im Prüfungsbericht **M** 113, 247 ff., 340, 355, 367
Zwischenzeitliche Ereignisse
– Auslieferung des Prüfungsberichts **M** 532
– Bestätigungsvermerk **M** 953

Die WPO praxisnah kommentiert!

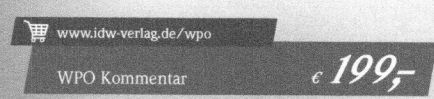

Neuauflage

WPO Kommentar — € 199,-

www.idw-verlag.de/wpo

Hense/Ulrich // Kommentar zum Berufsrecht der Wirtschaftsprüfer und vereidigten Buchprüfer unter Berücksichtigung der EU-Abschlussprüferverordnung // 3., vollständig überarbeitete Auflage // November 2018 // 1.800 Seiten // ISBN 978-3-8021-2125-8

als Buch-Ausgabe: 199,00 €
als zusätzliche Online-Ausgabe zum Buch: € 23,00 p.a.
als Online-Ausgabe: € 69,00 p.a.

In den letzten Jahren wurden die WPO, die Berufssatzung und die Satzung für Qualitätskontrolle grundlegend überarbeitet. Grund genug, um den WPO Kommentar neu aufzulegen. Für die dritte Auflage 2018 wurde das Werk vollständig überarbeitet. Dabei berücksichtigt diese Ausgabe alle relevanten nationalen und europäischen Vorgaben, wie z.B.

- das Abschlussprüferaufsichtsreformgesetz,
- die EU-Abschlussprüferverordnung,
- das Geldwäschegesetz und
- die Datenschutz-Grundverordnung.

Jetzt den WPO Kommentar online bestellen:
www.idw-verlag.de/wpo

Der WPO Kommentar erläutert das neue Berufsrecht der WPO praxisorientiert und zeigt Zusammenhänge auf.

Preis- und Seitenangaben bei noch nicht veröffentlichten Titeln sind ca.-Angaben und können sich bis zum Erscheinungstermin noch ändern.

Telefon: 0211 4561-222   Fax: 0211 4561-206   E-Mail: service@idw-verlag.de
IDW Verlag GmbH   Tersteegenstraße 14   40474 Düsseldorf   idw-verlag.de